NomosKommentar

Dr. Wilfried Rüffer | Dr. Dirk Halbach |
Prof. Dr. Peter Schimikowski [Hrsg.]

Versicherungsvertragsgesetz

VVG | EGVVG | VVG-InfoV | AltZertG | PflVG | KfzPflVV
Allgemeine Versicherungsbedingungen

Handkommentar

3. Auflage

Manuel Baroch Castellvi, Rechtsanwalt, Syndikusanwalt, Bonn | **Dr. Marko Brambach,** Rechtsanwalt, Fachanwalt für Steuerrecht, Syndikusanwalt, Köln | Univ.-Prof. Dr. **Christoph Brömmelmeyer,** Europa-Universität Viadrina Frankfurt (Oder) | **Joachim Felsch,** Richter am Bundesgerichtshof, Karlsruhe | **Dr. Dirk Halbach,** Richter am Oberlandesgericht a.D., Köln | **Dr. Carsten Harms,** Rechtsanwalt, Fachanwalt für Versicherungsrecht, Fachanwalt für Transport- und Speditionsrecht, Hamburg | **Dr. Christoph Karczewski,** Richter am Bundesgerichtshof, Karlsruhe | **Dr. Volker Marko,** LL.M., Assessor iur., München | **Ansgar Mertens,** Rechtsanwalt, Fachanwalt für Versicherungsrecht, Köln | **Dr. Thomas Münkel,** Rechtsanwalt, Fachanwalt für Versicherungsrecht, Saarbrücken | **Dr. Jens Muschner,** Rechtsanwalt, Berlin | **Dr. Jens Rogler,** Richter am Landgericht, Nürnberg-Fürth | **Dr. Wilfried Rüffer,** Rechtsanwalt, Fachanwalt für Versicherungsrecht, Köln | **Prof. Dr. Peter Schimikowski,** Fachhochschule Köln, Institut für Versicherungswesen

Die Deutsche Nationalbibliothek verzeichnet diese Publikation in
der Deutschen Nationalbibliografie; detaillierte bibliografische
Daten sind im Internet über http://dnb.d-nb.de abrufbar.

ISBN 978-3-8487-1984-6

3. Auflage 2015
© Nomos Verlagsgesellschaft, Baden-Baden 2015. Printed in Germany. Alle
Rechte, auch die des Nachdrucks von Auszügen, der fotomechanischen Wiedergabe und der Übersetzung, vorbehalten.

Vorwort

Seit der Reform des Versicherungsvertragsrechts sind mittlerweile mehr als sieben Jahre vergangen. Einige Fragen – etwa zur Form der Belehrung nach § 28 Abs. 4 VVG – sind bereits höchstrichterlich entschieden. Zu anderen Themenbereichen – etwa zur vorvertraglichen Anzeigepflicht, zu den vertraglichen Obliegenheiten oder zur Quotelung bei grob fahrlässiger Herbeiführung des Versicherungsfalls – liegen zahlreiche und zum Teil kontroverse gerichtliche Entscheidungen vor.

Die 3. Auflage des Handkommentars zeigt die gegenwärtigen Entwicklungstendenzen in Rechtsprechung und Literatur auf, arbeitet aktuelle Problemfelder heraus und entwickelt praxisgerechte Lösungsmöglichkeiten.

Aus aktuellem Anlass ist auch eine aus dem VVG aF herrührende Thematik aufgegriffen und erörtert: die Folgen der höchstrichterlich festgestellten Unwirksamkeit der Jahresfrist des § 5a Abs. 2 S. 4 VVG aF bei fehlerhaften Widerspruchsbelehrungen und die damit zusammenhängenden Probleme im Lebensversicherungsbereich.

Neben dem VVG werden – wie bisher – das EGVVG, die VVG-InfoV, das PflVG und die KfzPflVV auf aktuellem Stand kommentiert. Neu aufgenommen sind die vertragsrechtlichen Regelungen für die zertifizierten Verträge nach dem AltZertG. Damit soll den Versicherungsunternehmen eine verlässliche Erläuterung der veränderten gesetzlichen Vorgaben für die Zertifizierungsverfahren geboten werden.

Fortgeführt und vertieft werden auch die Kommentierungen wichtiger Musterbedingungen des GDV. Bei den Erläuterungen zu den AKB 2008 sind auch die AKB 2015 berücksichtigt. Zusätzlich sind nunmehr auch die KfzSBHH behandelt. Neu ist weiterhin, dass neben den ARB 2010 auch die ARB 2012 erläutert werden. Erstmalig werden auch die völlig neu konzipierten AVB PHV kommentiert.

Die nunmehr vorliegende 3. Auflage des Handkommentars soll vor allem dem Praktiker helfen, sichere Argumentationsgrundlagen für Lösungen versicherungsrechtlicher Fragen zu finden, die Bestand haben. Für Anregungen und Hinweise aus dem Kreis der Nutzer sind Autoren, Herausgeber und Verlag dankbar.

Autoren und Herausgeber danken herzlich Frau Rechtsanwältin Gertrud Vorbuchner, die auch diese Neuauflage als Lektorin mit hoher Professionalität begleitet und unterstützt hat.

Köln, im Juli 2015
Wilfried Rüffer
Dirk Halbach
Peter Schimikowski

Inhaltsverzeichnis

Vorwort 5

Bearbeiterverzeichnis 15

Abkürzungsverzeichnis 17

Literaturverzeichnis 25

Einleitung 31

Gesetz über den Versicherungsvertrag
(Versicherungsvertragsgesetz – VVG)

Vom 23.11.2007 (BGBl. I S. 2631)
zuletzt geändert durch Art. 2 Abs. 49 des Gesetzes zur Modernisierung der Finanzaufsicht über Versicherungen vom 1.4.2015
(BGBl. I S. 434, 560)

Teil 1
Allgemeiner Teil

Kapitel 1: Vorschriften für alle Versicherungszweige

Abschnitt 1: Allgemeine Vorschriften

§ 1	Vertragstypische Pflichten	63
§ 2	Rückwärtsversicherung	84
§ 3	Versicherungsschein	98
§ 4	Versicherungsschein auf den Inhaber	107
§ 5	Abweichender Versicherungsschein	111
§ 6	Beratung des Versicherungsnehmers	124
§ 7	Information des Versicherungsnehmers	149
§ 8	Widerrufsrecht des Versicherungsnehmers	162
§ 9	Rechtsfolgen des Widerrufs	172
§ 10	Beginn und Ende der Versicherung	177
§ 11	Verlängerung, Kündigung	179
§ 12	Versicherungsperiode	192
§ 13	Änderung von Anschrift und Name	193
§ 14	Fälligkeit von Geldleistungen	195
§ 15	Hemmung der Verjährung	205
§ 16	Insolvenz des Versicherers	212
§ 17	Abtretungsverbot bei unpfändbaren Sachen	215
§ 18	Abweichende Vereinbarungen	216

Abschnitt 2: Anzeigepflicht, Gefahrerhöhung, andere Obliegenheiten

§ 19	Anzeigepflicht	218
§ 20	Vertreter des Versicherungsnehmers	235
§ 21	Ausübung der Rechte des Versicherers	236

§ 22	Arglistige Täuschung	241
§ 23	Gefahrerhöhung	245
§ 24	Kündigung wegen Gefahrerhöhung	262
§ 25	Prämienerhöhung wegen Gefahrerhöhung	265
§ 26	Leistungsfreiheit wegen Gefahrerhöhung	266
§ 27	Unerhebliche Gefahrerhöhung	274
§ 28	Verletzung einer vertraglichen Obliegenheit	274
§ 29	Teilrücktritt, Teilkündigung, teilweise Leistungsfreiheit	370
§ 30	Anzeige des Versicherungsfalles	373
§ 31	Auskunftspflicht des Versicherungsnehmers	380
§ 32	Abweichende Vereinbarungen	389

Abschnitt 3: Prämie

§ 33	Fälligkeit	390
§ 34	Zahlung durch Dritte	398
§ 35	Aufrechnung durch den Versicherer	400
§ 36	Leistungsort	401
§ 37	Zahlungsverzug bei Erstprämie	402
§ 38	Zahlungsverzug bei Folgeprämie	410
§ 39	Vorzeitige Vertragsbeendigung	419
§ 40	Kündigung bei Prämienerhöhung	422
§ 41	Herabsetzung der Prämie	426
§ 42	Abweichende Vereinbarungen	427

Abschnitt 4: Versicherung für fremde Rechnung

§ 43	Begriffsbestimmung	428
§ 44	Rechte des Versicherten	435
§ 45	Rechte des Versicherungsnehmers	441
§ 46	Rechte zwischen Versicherungsnehmer und Versichertem	443
§ 47	Kenntnis und Verhalten des Versicherten	444
§ 48	Versicherung für Rechnung „wen es angeht"	450

Abschnitt 5: Vorläufige Deckung

§ 49	Inhalt des Vertrags	451
§ 50	Nichtzustandekommen des Hauptvertrags	458
§ 51	Prämienzahlung	460
§ 52	Beendigung des Vertrags	461

Abschnitt 6: Laufende Versicherung

§ 53	Anmeldepflicht	468
§ 54	Verletzung der Anmeldepflicht	472
§ 55	Einzelpolice	473
§ 56	Verletzung der Anzeigepflicht	474
§ 57	Gefahränderung	474
§ 58	Obliegenheitsverletzung	475

Abschnitt 7: Versicherungsvermittler, Versicherungsberater

Unterabschnitt 1: Mitteilungs- und Beratungspflichten

§ 59	Begriffsbestimmungen	478
§ 60	Beratungsgrundlage des Versicherungsvermittlers	487
§ 61	Beratungs- und Dokumentationspflichten des Versicherungsvermittlers	491
§ 62	Zeitpunkt und Form der Information	497
§ 63	Schadensersatzpflicht	498
§ 64	Zahlungssicherung zugunsten des Versicherungsnehmers	500
§ 65	Großrisiken	501
§ 66	Sonstige Ausnahmen	501
§ 67	Abweichende Vereinbarungen	502
§ 68	Versicherungsberater	503

Unterabschnitt 2: Vertretungsmacht

§ 69	Gesetzliche Vollmacht	504
§ 70	Kenntnis des Versicherungsvertreters	521
§ 71	Abschlussvollmacht	525
§ 72	Beschränkung der Vertretungsmacht	526
§ 73	Angestellte und nicht gewerbsmäßig tätige Vermittler	530

Kapitel 2: Schadensversicherung

Abschnitt 1: Allgemeine Vorschriften

§ 74	Überversicherung	530
§ 75	Unterversicherung	540
§ 76	Taxe	546
§ 77	Mehrere Versicherer	550
§ 78	Haftung bei Mehrfachversicherung	559
§ 79	Beseitigung der Mehrfachversicherung	565
§ 80	Fehlendes versichertes Interesse	568
§ 81	Herbeiführung des Versicherungsfalles	573
§ 82	Abwendung und Minderung des Schadens	626
§ 83	Aufwendungsersatz	632
§ 84	Sachverständigenverfahren	637
§ 85	Schadensermittlungskosten	646
§ 86	Übergang von Ersatzansprüchen	649
§ 87	Abweichende Vereinbarungen	679

Abschnitt 2: Sachversicherung

§ 88	Versicherungswert	680
§ 89	Versicherung für Inbegriff von Sachen	683
§ 90	Erweiterter Aufwendungsersatz	684
§ 91	Verzinsung der Entschädigung	686
§ 92	Kündigung nach Versicherungsfall	688
§ 93	Wiederherstellungsklausel	690

§ 94	Wirksamkeit der Zahlung gegenüber Hypothekengläubigern	693
§ 95	Veräußerung der versicherten Sache	695
§ 96	Kündigung nach Veräußerung	698
§ 97	Anzeige der Veräußerung	699
§ 98	Schutz des Erwerbers	700
§ 99	Zwangsversteigerung, Erwerb des Nutzungsrechts	701

Teil 2
Einzelne Versicherungszweige
Kapitel 1: Haftpflichtversicherung
Abschnitt 1: Allgemeine Vorschriften

§ 100	Leistung des Versicherers	706
§ 101	Kosten des Rechtsschutzes	710
§ 102	Betriebshaftpflichtversicherung	712
§ 103	Herbeiführung des Versicherungsfalles	713
§ 104	Anzeigepflicht des Versicherungsnehmers	717
§ 105	Anerkenntnis des Versicherungsnehmers	720
§ 106	Fälligkeit der Versicherungsleistung	721
§ 107	Rentenanspruch	723
§ 108	Verfügung über den Freistellungsanspruch	725
§ 109	Mehrere Geschädigte	728
§ 110	Insolvenz des Versicherungsnehmers	730
§ 111	Kündigung nach Versicherungsfall	731
§ 112	Abweichende Vereinbarungen	733

Abschnitt 2: Pflichtversicherung

§ 113	Pflichtversicherung	734
§ 114	Umfang des Versicherungsschutzes	736
§ 115	Direktanspruch	739
§ 116	Gesamtschuldner	743
§ 117	Leistungspflicht gegenüber Dritten	745
§ 118	Rangfolge mehrerer Ansprüche	749
§ 119	Obliegenheiten des Dritten	752
§ 120	Obliegenheitsverletzung des Dritten	754
§ 121	Aufrechnung gegenüber Dritten	755
§ 122	Veräußerung der von der Versicherung erfassten Sache	755
§ 123	Rückgriff bei mehreren Versicherten	756
§ 124	Rechtskrafterstreckung	758

Kapitel 2: Rechtsschutzversicherung

§ 125	Leistung des Versicherers	759
§ 126	Schadensabwicklungsunternehmen	760
§ 127	Freie Anwaltswahl	761
§ 128	Gutachterverfahren	763
§ 129	Abweichende Vereinbarungen	765

Kapitel 3: Transportversicherung

§ 130	Umfang der Gefahrtragung	767
§ 131	Verletzung der Anzeigepflicht	773
§ 132	Gefahränderung	774
§ 133	Vertragswidrige Beförderung	775
§ 134	Ungeeignete Beförderungsmittel	775
§ 135	Aufwendungsersatz	776
§ 136	Versicherungswert	777
§ 137	Herbeiführung des Versicherungsfalles	777
§ 138	Haftungsausschluss bei Schiffen	781
§ 139	Veräußerung der versicherten Sache oder Güter	782
§ 140	Veräußerung des versicherten Schiffes	783
§ 141	Befreiung durch Zahlung der Versicherungssumme	784

Kapitel 4: Gebäudefeuerversicherung

§ 142	Anzeigen an Hypothekengläubiger	785
§ 143	Fortdauer der Leistungspflicht gegenüber Hypothekengläubigern	787
§ 144	Kündigung des Versicherungsnehmers	789
§ 145	Übergang der Hypothek	791
§ 146	Bestätigungs- und Auskunftspflicht des Versicherers	792
§ 147	Änderung von Anschrift und Name des Hypothekengläubigers	793
§ 148	Andere Grundpfandrechte	794
§ 149	Eigentümergrundpfandrechte	794

Kapitel 5: Lebensversicherung

§ 150	Versicherte Person	795
§ 151	Ärztliche Untersuchung	806
§ 152	Widerruf des Versicherungsnehmers	809
§ 153	Überschussbeteiligung	833
§ 154	Modellrechnung	856
§ 155	Jährliche Unterrichtung	864
§ 156	Kenntnis und Verhalten der versicherten Person	869
§ 157	Unrichtige Altersangabe	870
§ 158	Gefahränderung	872
§ 159	Bezugsberechtigung	874
§ 160	Auslegung der Bezugsberechtigung	883
§ 161	Selbsttötung	887
§ 162	Tötung durch Leistungsberechtigten	898
§ 163	Prämien- und Leistungsänderung	900
§ 164	Bedingungsanpassung	905
§ 165	Prämienfreie Versicherung	912
§ 166	Kündigung des Versicherers	917
§ 167	Umwandlung zur Erlangung eines Pfändungsschutzes	919
§ 168	Kündigung des Versicherungsnehmers	924
§ 169	Rückkaufswert	930

§ 170 Eintrittsrecht 959
§ 171 Abweichende Vereinbarungen 962

Kapitel 6: Berufsunfähigkeitsversicherung

§ 172 Leistung des Versicherers 963
§ 173 Anerkenntnis 997
§ 174 Leistungsfreiheit 1003
§ 175 Abweichende Vereinbarungen 1011
§ 176 Anzuwendende Vorschriften 1011
§ 177 Ähnliche Versicherungsverträge 1012

Kapitel 7: Unfallversicherung

§ 178 Leistung des Versicherers 1012
§ 179 Versicherte Person 1022
§ 180 Invalidität 1023
§ 181 Gefahrerhöhung 1024
§ 182 Mitwirkende Ursachen 1025
§ 183 Herbeiführung des Versicherungsfalles 1026
§ 184 Abwendung und Minderung des Schadens 1026
§ 185 Bezugsberechtigung 1027
§ 186 Hinweispflicht des Versicherers 1027
§ 187 Anerkenntnis 1029
§ 188 Neubemessung der Invalidität 1030
§ 189 Sachverständigenverfahren, Schadensermittlungskosten 1031
§ 190 Pflichtversicherung 1031
§ 191 Abweichende Vereinbarungen 1032

Kapitel 8: Krankenversicherung

§ 192 Vertragstypische Leistungen des Versicherers 1032
§ 193 Versicherte Person; Versicherungspflicht 1048
§ 194 Anzuwendende Vorschriften 1071
§ 195 Versicherungsdauer 1080
§ 196 Befristung der Krankentagegeldversicherung 1085
§ 197 Wartezeiten 1090
§ 198 Kindernachversicherung 1097
§ 199 Beihilfeempfänger 1101
§ 200 Bereicherungsverbot 1105
§ 201 Herbeiführung des Versicherungsfalles 1110
§ 202 Auskunftspflicht des Versicherers; Schadensermittlungskosten 1115
§ 203 Prämien- und Bedingungsanpassung 1119
§ 204 Tarifwechsel 1129
§ 205 Kündigung des Versicherungsnehmers 1147
§ 206 Kündigung des Versicherers 1162
§ 207 Fortsetzung des Versicherungsverhältnisses 1170
§ 208 Abweichende Vereinbarungen 1182

Inhaltsverzeichnis

Teil 3
Schlussvorschriften

§ 209	Rückversicherung, Seeversicherung	1184
§ 210	Großrisiken, laufende Versicherung	1185
§ 211	Pensionskassen, kleinere Versicherungsvereine, Versicherungen mit kleineren Beträgen	1189
§ 212	Fortsetzung der Lebensversicherung nach der Elternzeit	1190
§ 213	Erhebung personenbezogener Gesundheitsdaten bei Dritten	1191
§ 214	Schlichtungsstelle	1212
§ 215	Gerichtsstand	1215
§ 216	Prozessstandschaft bei Versicherermehrheit	1220

Einführungsgesetz zum Versicherungsvertragsgesetz 1223

Verordnung über Informationspflichten bei Versicherungsverträgen
(VVG-Informationspflichtenverordnung – VVG-InfoV) 1251

Gesetz über die Zertifizierung von Altersvorsorge- und
Basisrentenverträgen
(Altersvorsorgeverträge-Zertifizierungsgesetz – AltZertG) [Auszug] 1307

Gesetz über die Pflichtversicherung für Kraftfahrzeughalter
(Pflichtversicherungsgesetz) 1333

Verordnung über den Versicherungsschutz in der Kraftfahrzeug-
Haftpflichtversicherung
(Kraftfahrzeug-Pflichtversicherungsverordnung – KfzPflVV) 1359

Allgemeine Bedingungen für die Kfz-Versicherung AKB 2008 –
Stand: 17.2.2014 1371

Sonderbedingungen zur Kfz-Haftpflicht- und Kaskoversicherung für
Kfz-Handel und -Handwerk (KfzSBHH) 1476

Allgemeine Bedingungen für die Feuerversicherung (AFB 2010) 1487

Allgemeine Wohngebäude Versicherungsbedingungen
(VGB 2010 – Wert 1914) 1547

Allgemeine Hausrat Versicherungsbedingungen
(VHB 2010 – Quadratmetermodell) 1619

Klauseln zu den Allgemeinen Hausrat Versicherungsbedingungen
(PK VHB 2010 – Quadratmetermodell) 1690

Allgemeine Versicherungsbedingungen für die Haftpflichtversicherung
(AHB) 1697

Inhaltsverzeichnis

Allgemeine Versicherungsbedingungen für die
Privathaftpflichtversicherung (AVB PHV) 1791

Allgemeine Bedingungen für die Rechtsschutzversicherung (ARB 2010) .. 1849

Allgemeine Bedingungen für die Rechtsschutzversicherung (ARB 2012) .. 1933

Allgemeine Bedingungen für die Berufsunfähigkeits-Zusatzversicherung
(BB-BUZ) 1981

Allgemeine Unfallversicherungs-Bedingungen (AUB 2010) 2021

Musterbedingungen 2009 für die Krankheitskosten- und
Krankenhaustagegeldversicherung (MB/KK 2009) 2081

Musterbedingungen 2009 für die Krankentagegeldversicherung
(MB/KT 2009) 2127

Stichwortverzeichnis 2155

Bearbeiterverzeichnis

Manuel Baroch Castellvi, Rechtsanwalt, Syndikusanwalt, Bonn
(VVG-InfoV; AltZertG)

Dr. *Marko Brambach*, Rechtsanwalt, Fachanwalt für Steuerrecht, Syndikusanwalt,
Köln (§§ 74–80, 150–171 VVG)

Univ.-Prof. Dr. *Christoph Brömmelmeyer*, Europa-Universität Viadrina Frankfurt
(Oder), Lehrstuhl für Bürgerliches Recht und Europäisches Wirtschaftsrecht
(Einleitung; §§ 1–5, 18 VVG)

Joachim Felsch, Richter am Bundesgerichtshof, Karlsruhe (§ 28 VVG)

Dr. *Dirk Halbach*, Richter am Oberlandesgericht a.D., Köln (§§ 88–99, 142–149
VVG; PflVG; KfzPflVV; AKB 2008; KfzSBHH; VHB 2010 – QM)

Dr. *Carsten Harms*, Rechtsanwalt, Fachanwalt für Versicherungsrecht, Fachanwalt für Transport- und Speditionsrecht, Hamburg (§§ 53–58, 130–141 VVG)

Dr. *Christoph Karczewski*, Richter am Bundesgerichtshof, Karlsruhe
(§§ 23–27, 33–42, 49–52, 81 VVG)

Dr. *Volker Marko, LL.M.*, Assessor iur., München
(§ 193 Abs. 3–11, §§ 203, 204 VVG)

Ansgar Mertens, Rechtsanwalt, Fachanwalt für Versicherungsrecht, Köln
(§§ 172–177 VVG; BB-BUZ)

Dr. *Thomas Münkel*, Rechtsanwalt, Fachanwalt für Versicherungsrecht, Saarbrücken (§§ 6, 59–73, 125–129 VVG; ARB 2010; ARB 2012)

Dr. *Jens Muschner*, Rechtsanwalt, Berlin
(§§ 10–17, 29–32, 43–48, 86, 87, 209–216 VVG; EGVVG)

Dr. *Jens Rogler*, Richter am Landgericht, Nürnberg-Fürth (§ 192, § 193 Abs. 1
und 2, §§ 194–202, 205–208 VVG; MB/KK 2009; MB/KT 2009)

Dr. *Wilfried Rüffer*, Rechtsanwalt, Fachanwalt für Versicherungsrecht, Köln
(§§ 84, 85, 178–191 VVG; AFB 2010; VGB 2010 – Wert 1914; AUB 2010)

Prof. Dr. *Peter Schimikowski*, Fachhochschule Köln, Institut für Versicherungswesen (§§ 7–9, 19–22, 82, 83, 100–124 VVG; AHB; AVB PHV)

Zitiervorschlag:

HK-VVG/*Bearbeiter*, § 1 VVG Rn 1 oder

Bearbeiter, in: Rüffer/Halbach/Schimikowski, § 1 VVG Rn 1

Abkürzungsverzeichnis

aA	anderer Ansicht
aaO	am angegebenen Ort
abgedr.	abgedruckt
abl.	ablehnend
ABl. EG	Amtsblatt der Europäischen Gemeinschaften
ABl. EU	Amtsblatt der Europäischen Union
Abs.	Absatz
abw.	abweichend
AcP	Archiv für die civilistische Praxis
ADS	Allgemeine Deutsche Seeversicherungsbedingungen von 1919
aE	am Ende
AERB 81	Allgemeine Bedingungen für die Versicherung gegen Schäden durch Einbruchdiebstahl und Raub
AEUV	Vertrag über die Arbeitsweise der Europäischen Union
aF	alte Fassung
AFB	Allgemeine Feuerversicherungs-Bedingungen
AFIM-UmsG	Gesetz zur Umsetzung der Richtlinie 2011/61/EU über die Verwalter alternativer Investmentfonds (AIFM-Umsetzungsgesetz) vom 4.7.2013 (BGBl. I S. 1981)
AG	Aktiengesellschaft; Amtsgericht
AGB	Allgemeine Geschäftsbedingungen
AGG	Allgemeines Gleichbehandlungsgesetz
AHB	Allgemeine Versicherungsbedingungen für die Haftpflichtversicherung
ähnl.	ähnlich
AHV	Alters- und Hinterlassenenversicherung
AKB	Allgemeine Bedingungen für die Kfz-Versicherung
allg.	allgemein
allgM	allgemeine Meinung
Alt.	Alternative
AltZertG	Altersvorsorgeverträge-Zertifizierungsgesetz
amtl.	amtlich
Anm.	Anmerkung
AnwBl	Anwaltsblatt
ARB	Allgemeine Bedingungen für die Rechtsschutzversicherung
arg.	argumentum
Art.	Artikel
AsylbLG	Asylbewerberleistungsgesetz
AtG; AtomG	Atomgesetz
AUB	Allgemeine Unfallversicherungs-Bedingungen
Aufl.	Auflage
ausdr.	ausdrücklich
ausf.	ausführlich
AuslPflVersG	Gesetz über die Haftpflichtversicherung für ausländische Kraftfahrzeuge und Kraftfahrzeuganhänger
AVB	Allgemeine Versicherungsbedingungen
AVB-KLV	Allgemeine Versicherungsbedingungen für die kapitalbildende Lebensversicherung
AVB PHV	Allgemeine Versicherungsbedingungen für die Privathaftpflichtversicherung

Abkürzungsverzeichnis

BaFin	Bundesanstalt für Finanzdienstleistungsaufsicht
BAföG	Bundesausbildungsförderungsgesetz
BAG	Bundesarbeitsgericht
BAK	Blutalkoholkonzentration
BAV	Bundesaufsichtsamt für das Versicherungswesen
BB-BUZ	Besondere Bedingungen für die Berufsunfähigkeits-Zusatzversicherung
BB PHV	Besonderen Bedingungen für die Privathaftpflichtversicherung
BBesG	Bundesbesoldungsgesetz
BBG	Bundesbeamtengesetz
BBhV	Bundesbeihilfeverordnung
BBR	Besondere Bedingungen und Risikobeschreibungen
BBR BHV	Besondere Bedingungen und Risikobeschreibungen zur Berufshaftpflichtversicherung/Betriebshaftpflichtversicherung
BBR PHV	Besondere Bedingungen und Risikobeschreibungen zur Privathaftpflichtversicherung
Bd.	Band
BDSG	Bundesdatenschutzgesetz
BeamtVG	Beamtenversorgungsgesetz
Begr.	Begründung
Begr. KE	Begründung Kommissionsentwurf (Abschlussbericht der Kommission zur Reform des Versicherungsvertragsrechts vom 19.4.2004)
Begr. RegE Vermittlergesetz	Begründung des Regierungsentwurfs eines Gesetzes zur Neuregelung des Versicherungsvermittlerrechts vom 23.6.2006 (BT-Drucks. 16/1935)
Begr. RegE, BT-Drucks. 16/3945	Begründung des Regierungsentwurfs eines Gesetzes zur Reform des Versicherungsvertragsrechts vom 20.12.2006 (BT-Drucks. 16/3945)
Beil.	Beilage
Beschl.	Beschluss
BetrAVG	Gesetz zur Verbesserung der betrieblichen Altersversorgung (Betriebsrentengesetz)
BGB	Bürgerliches Gesetzbuch
BGB-InfoV	BGB-Informationspflichten-Verordnung
BGBl.	Bundesgesetzblatt
BGH	Bundesgerichtshof
BGHZ	Entscheidungen des Bundesgerichtshofs in Zivilsachen
BHV	Betriebshaftpflichtversicherung
BhV	Beihilfevorschriften
BinSchG	Binnenschiffahrtsgesetz
BK	Berliner Kommentar zum VVG, hrsg. von *Honsell*, 1999
BNotO	Bundesnotarordnung
BörsG	Börsengesetz
BPflV	Bundespflegesatzverordnung
BRAO	Bundesrechtsanwaltsordnung
BSchG	Beschäftigtenschutzgesetz
BSG	Bundessozialgericht
BT	Bundestag
BT-Drucks.	Drucksache des Deutschen Bundestages
BU	Berufsunfähigkeit
Buchst.	Buchstabe

Abkürzungsverzeichnis

BUV	Berufsunfähigkeitsversicherung
BUZ	Berufsunfähigkeits-Zusatzversicherung
BVerfG	Bundesverfassungsgericht
BVerfGE	Sammlung der Entscheidungen des Bundesverfassungsgerichts
BVerwG	Bundesverwaltungsgericht
BZSt	Bundeszentralamt für Steuern
c.i.c.	culpa in contrahendo
ca.	circa
CMR	Convention relative au Contract de transport international de marchandises par route [Übereinkommen über den Beförderungsvertrag im internationalen Straßengüterverkehr]
DeckRV	Deckungsrückstellungsverordnung
ders.	derselbe
DIHK	Deutscher Industrie- und Handelskammertag
DM	Deutsche Mark
DRV	Deutsche Rentenversicherung
DStR	Deutsches Steuerrecht (Zeitschrift)
DVStB	Verordnung zur Durchführung der Vorschriften über Steuerberater, Steuerbevollmächtigte und Steuerberatungsgesellschaften
E	Entwurf; Entscheidung (in der amtlichen Sammlung)
EFG	Entscheidungen der Finanzgerichte
EGBGB	Einführungsgesetz zum Bürgerlichen Gesetzbuche
EGHGB	Einführungsgesetz zum Handelsgesetzbuch
EGVVG	Einführungsgesetz zum Versicherungsvertragsgesetz
EigRentG	Eigenheimrentengesetz
Einf.	Einführung
Einl.	Einleitung
EIOPA	European Insurance and Occupational Pensions Authority (Europäische Aufsichtsbehörde für das Versicherungswesen und die betriebliche Altersversorgung)
EMRK	Konvention zum Schutze der Menschenrechte und Grundfreiheiten
Entw.	Entwurf
ErbbauRG	Erbbaurechtsgesetz
EStG	Einkommensteuergesetz
EU	Europäische Union
EuGH	Europäischer Gerichtshof
e.V.	eingetragener Verein
evtl	eventuell
EWiR	Entscheidungen zum Wirtschaftsrecht (Zeitschrift)
EWR	Europäischer Wirtschaftsraum
f, ff	folgend(e)
FAKomm-VersR	Fachanwaltskommentar Versicherungsrecht, hrsg. von *Staudinger/Halm/Wendt* (zit.: FAKomm-VersR/*Bearbeiter*)
FeV	Fahrerlaubnis-Verordnung
FG	Finanzgericht
Fn	Fußnote
FS	Festschrift

FZV	Fahrzeug-Zulassungsverordnung
GbR	Gesellschaft bürgerlichen Rechts
GdB	Grad der Behinderung
GDV	Gesamtverband der Deutschen Versicherungswirtschaft e.V.
gem.	gemäß
GewO	Gewerbeordnung
GG	Grundgesetz
GKV	Gesetzliche Krankenversicherung
GKV-WSG	Gesetz zur Stärkung des Wettbewerbs in der gesetzlichen Krankenversicherung (GKV-Wettbewerbsstärkungsgesetz)
GmbH	Gesellschaft mit beschränkter Haftung
GOÄ	Gebührenordnung für Ärzte
grds.	grundsätzlich
GVG	Gerichtsverfassungsgesetz
Hdb	Handbuch
HGB	Handelsgesetzbuch
HK	Handkommentar
hM	herrschende Meinung
Hrsg.	Herausgeber
hrsg.	herausgegeben
Hs	Halbsatz
idF	in der Fassung
idR	in der Regel
idS	in diesem Sinne
iE	im Ergebnis
ieS	im engeren Sinne
IMD 2	Insurance Mediation Directive
insb.	insbesondere
InvG	Investmentgesetz
iSd	im Sinne des/der
iSv	im Sinne von
JR	Juristische Rundschau (Zeitschrift)
KAGB	Kapitalanlagegesetzbuch
KalV	Kalkulationsverordnung
KE	Regelungsvorschlag im Abschlussbericht der Kommission zur Reform des Versicherungsvertragsrechts vom 19.4.2004
Kfz	Kraftfahrzeug
KfzPflVV	Kraftfahrzeug-Pflichtversicherungsverordnung
KfzSBHH	Sonderbedingungen zur Kfz-Haftpflicht- und Kaskoversicherung für Kfz-Handel und -Handwerk
KG	Kammergericht; Kommanditgesellschaft
KH	Kraftfahrthaftpflicht
KHEntgG	Krankenhausentgeltgesetz
krit.	kritisch
LAG	Landesarbeitsgericht
LG	Landgericht
Lit.	Literatur

LPartG	Lebenspartnerschaftsgesetz
LS	Leitsatz; Leitsätze
LSG	Landessozialgericht
lt.	laut
LuftVG	Luftverkehrsgesetz
LVRG	Lebensversicherungsreformgesetz vom 1.4.2014 (BGBl. I S. 1330)
m. Anm.	mit Anmerkung
MAH VersR	Münchener Anwaltshandbuch Versicherungsrecht, hrsg. von *Terbille/Höra* (zit.: MAH VersR/*Bearbeiter*)
MB-BUZ	Musterbedingungen zur Berufsunfähigkeits-Zusatzversicherung
MBKK; MB/KK	Musterbedingungen für die Krankheitskosten- und Krankenhaustagegeldversicherung
MBKT; MB/KT	Musterbedingungen für die Krankentagegeldversicherung
MBPPV	Musterbedingungen für die private Pflegepflichtversicherung
MDR	Monatsschrift für Deutsches Recht
MindZV	Mindestzuführungsverordnung
MMR	Multimedia und Recht (Zeitschrift)
MüKo	Münchener Kommentar
mwN	mit weiteren Nachweisen
n.v.	nicht amtlich veröffentlicht
Nachw.	Nachweise
nF	neue Fassung
NJW	Neue Juristische Wochenschrift
NJWE-VHR	NJW-Entscheidungsdienst Versicherungs- und Haftungsrecht
NJW-RR	NJW-Rechtsprechungs-Report Zivilrecht
Nr.	Nummer
NVersZ	Neue Zeitschrift für Versicherung und Recht
NVwZ-RR	NVwZ-Rechtsprechungs-Report Verwaltungsrecht
NZV	Neue Zeitschrift für Verkehrsrecht
o.a.	oben angegeben, angeführt
o.Ä.	oder Ähnliche(s)
OEG	Opferentschädigungsgesetz
OHG	offene Handelsgesellschaft
OLG	Oberlandesgericht
ÖOGH	Österreichischer Oberster Gerichtshof
OVG	Oberverwaltungsgericht
ÖVVG	Österreichisches Versicherungsvertragsgesetz
PEICL	Principles of European Insurance Contract Law
PflVG	Pflichtversicherungsgesetz
PHi	Produkt- und Umwelthaftpflicht international
PHV	Privat-Haftpflichtversicherung
PKV	Private Krankenversicherung; Verband der privaten Krankenversicherung e.V.
QM	Quadratmetermodell

r+s	Recht und Schaden (Zeitschrift)
RDG	Rechtsdienstleistungsgesetz
RefE	Referentenentwurf
RegE	Regierungsentwurf
RfB	Rückstellung für Beitragsrückerstattung
RfBV	Verordnung über den kollektiven Teil der Rückstellung für Beitragsrückerstattung (RfB-Verordnung)
RG	Reichsgericht
RGBl.	Reichsgesetzblatt
RGZ	Entscheidungen des Reichsgerichts in Zivilsachen
RL	Richtlinie
Rn	Randnummer
Rs.	Rechtssache
Rspr	Rechtsprechung
RVA	Abkommen über den Regressverzicht der Feuerversicherer bei übergreifenden Schadenereignissen
S.	Satz; Seite
s.	siehe
SchiedsVZ	Zeitschrift für Schiedsverfahren
SG	Sozialgericht
SGA	Schlussgewinnanteilsfonds
SGB	Sozialgesetzbuch
SGG	Sozialgerichtsgesetz
Slg	Sammlung von Entscheidungen, Gesetzen etc.
SP	Schaden-Praxis (Zeitschrift)
SpV	Spektrum für Versicherungsrecht (Zeitschrift)
StBerG	Steuerberatergesetz
StGB	Strafgesetzbuch
StPO	Strafprozessordnung
str.	streitig/strittig
stRspr	ständige Rechtsprechung
StVG	Straßenverkehrsgesetz
StVO	Straßenverkehrs-Ordnung
StVZO	Straßenverkehrs-Zulassungs-Ordnung
SVR	Straßenverkehrsrecht (Zeitschrift)
TranspR	Transportrecht (Zeitschrift)
UHV	Umwelthaftpflichtversicherung
UKlaG	Unterlassungsklagengesetz
Urt.	Urteil
USchadG	Umweltschadensgesetz
USV	Umweltschadensversicherung
VAG	Versicherungsaufsichtsgesetz
VdS	Verband der Schadenversicherer
VerBAV	Veröffentlichungen des Bundesaufsichtsamts für das Versicherungswesen
Verf.	Verfasser
VermVO	Verfahrensordnung für Beschwerden im Zusammenhang mit der Vermittlung von Versicherungsverträgen
VersBerater	Versicherungsberater
VersMakler	Versicherungsmakler
VersR	Versicherungsrecht (Zeitschrift)

VersRdsch	Die Versicherungsrundschau (Zeitschrift)
VersVermittler	Versicherungsvermittler
VersVermV	Versicherungsvermittlungsverordnung
VersVertrag	Versicherungsvertrag
VersVertreter	Versicherungsvertreter
VG	Verwaltungsgericht
VGB	Allgemeine Wohngebäude Versicherungsbedingungen
VHB	Allgemeine Hausrat Versicherungsbedingungen
VK	Versicherung und Recht kompakt (Zeitschrift)
VN	Versicherungsnehmer
VomVO	Verfahrensordnung des Versicherungsombudsmanns
Vorbem.	Vorbemerkung
VP	Versicherungspraxis (Zeitschrift)
VR	Versicherer
VRR	Verkehrsrechtliche Rundschau
VRS	Verkehrsrechts-Sammlung
VuR	Verbraucher und Recht (Zeitschrift)
VVaG	Versicherungsverein auf Gegenseitigkeit
VVG	Versicherungsvertragsgesetz
VVG-KE	Regelungsvorschlag im Abschlussbericht der Kommission zur Reform des Versicherungsvertragsrechts vom 19.4.2004
VVG-Reformgesetz	Gesetz zur Reform des Versicherungsvertragsrechts vom 23.11.2007 (BGBl. I S. 2631)
VVG-RegE	Regierungsentwurf eines Gesetzes zur Reform des Versicherungsvertragsrechts vom 20.12.2006 (BT-Drucks. 16/3945)
VW	Versicherungswirtschaft (Zeitschrift)
WPO	Wirtschaftsprüferordnung
WSG	Wehrsoldgesetz
WuB	Entscheidungssammlung zum Wirtschafts- und Bankrecht
ZDG	Zivildienstgesetz
ZEuP	Zeitschrift für Europäisches Privatrecht
zfs	Zeitschrift für Schadensrecht
ZfV	Zeitschrift für Versicherungswesen
ZfW	Zeitschrift für Wasserrecht
Ziff.	Ziffer
ZInsO	Zeitschrift für das gesamte Insolvenzrecht
ZIP	Zeitschrift für Wirtschaftsrecht
zit.	zitiert
ZLW	Zeitschrift für Luft- und Weltraumrecht
ZMR	Zeitschrift für Miet- und Raumrecht
ZPO	Zivilprozessordnung
ZRP	Zeitschrift für Rechtspolitik
zT	zum Teil
zust.	zustimmend
zutr.	zutreffend
ZVersWiss	Zeitschrift für die gesamte Versicherungswissenschaft
zzgl	zuzüglich

Literaturverzeichnis

Armbrüster, Privatversicherungsrecht, 2013
Bach/Moser, Private Krankenversicherung, MB/KK- und MB/KT-Kommentar, 4. Aufl. 2010
Barg, Die vorvertragliche Anzeigepflicht des Versicherungsnehmers im Licht des VVG 2008, 2008
Baroch Castellvi, Altersvorsorgeverträge-Zertifizierungsgesetz (AltZertG), Kommentierung, NomosOnline, 1. Aufl. 2012
Basedow/Meyer/Rückle/Schwintowski, VVG-Reform – Abschlussbericht. Rückzug des Staates aus sozialen Sicherungssystemen. Beiträge zur 14. Wissenschaftstagung des Bundes der Versicherten, VersWissStud Band 29, 2005
Bauer, Die Kraftfahrtversicherung, 6. Aufl. 2010
Baumann/Sandkühler, Das neue Versicherungsvertragsgesetz, 2008
Baumbach/Hopt, Handelsgesetzbuch, Kommentar, 36. Aufl. 2014
Baumgärtel/Laumen/Prütting, Handbuch der Beweislastpraxis im Privatrecht, Bürgerliches Gesetzbuch Allgemeiner Teil, §§ 1–240, Band 2, 3. Aufl. 2007
BAV (Bundesaufsichtsamt für das Versicherungs- und Bausparwesen), Motive zum Versicherungsvertragsgesetz, Nachdruck 1963
Beckmann/Matusche-Beckmann (Hrsg.), Versicherungsrechts-Handbuch, 3. Aufl. 2015 (zit.: Beckmann/Matusche-Beckmann/*Bearbeiter*)
Beenken/Sandkühler, Das neue Versicherungsvermittlergesetz – Die Anpassung an die EU-Versicherungsvermittler-Richtlinie, 2007
Benkel/Hirschberg, Lebens- und Berufsunfähigkeitsversicherung, ALB- und BUZ-Kommentar, 2. Aufl. 2011
Berliner Kommentar zum VVG, Kommentar zum deutschen und österreichischen VVG, hrsg. von *Honsell*, 1999 (zit.: BK/*Bearbeiter*)
Bielefeld/Marlow (Hrsg.), Ein Leben mit der Versicherungswissenschaft, Festschrift für Helmut Schirmer, 2005
Boetius, Private Krankenversicherung – PKV, Kommentar, 2010
Brömmelmeyer, Der Verantwortliche Aktuar in der Lebensversicherung, 2000
Bruck, Das Privatversicherungsrecht, 1930
Bruck/Möller, VVG – Großkommentar zum Versicherungsvertragsgesetz. Band 1: Einführung, §§ 1–32 VVG, 9. Aufl. 2008; Band 2: §§ 33–73 VVG, 9. Aufl. 2010; Band 3: §§ 74–99 VVG, 9. Aufl. 2010; Band 4: §§ 100–124 VVG, Haftpflichtversicherung, Produkt, D&O, Umwelt, 9. Aufl. 2014; Band 6/2: Krankenversicherung, 8. Aufl. 1990 (in Vorb.: Band 10: §§ 192–208 VVG, 9. Aufl. 2015); Band 7: §§ 142–149 VVG (Sachversicherung), 9. Aufl. 2012; Band 8/1: §§ 150–171 VVG (Lebensversicherung), 9. Aufl. 2013; Band 9: §§ 178–191 VVG, Allgemeine Unfallversicherungsbedingungen 2008, 9. Aufl. 2011; Band 11: §§ 209–216 VVG (Schlussvorschriften), 9. Aufl. 2013 (zit.: Bruck/Möller/*Bearbeiter*)
Burmann/Heß/Höke/Stahl, Das neue VVG im Straßenverkehrsrecht, 2008
Burmann/Heß/Stahl, Versicherungsrecht im Straßenverkehr – Kraftfahrthaftpflicht-, Kasko- und Unfallversicherung, 2. Aufl. 2010
Dengler, Die Haftpflichtversicherung im privaten und gewerblichen Bereich, 3. Aufl. 2003
Deutsch, Das neue Versicherungsvertragsrecht – Ein Grundriss, 6. Aufl. 2008

Dietz, Hausratversicherung 84 – Bedingungen, Klauseln, Prämienrichtlinien, Versicherungstechnik, 2. Aufl. 1988

Dietz/Fischer/Gierschek, Wohngebäudeversicherung, Kommentar, 3. Aufl. 2015

Dreher, Die Versicherung als Rechtsprodukt: Die Privatversicherung und ihre rechtliche Gestaltung, 1991

Feyock/Jacobsen/Lemor, Kraftfahrtversicherung, Kommentar, 3. Aufl. 2009

Ganster, Die Prämienzahlung im Versicherungsrecht – Grundlagen und ausgewählte Problemfelder vor dem Hintergrund der VVG-Reform 2008, 2008

Geigel, Der Haftpflichtprozess, 26. Aufl. 2011

Gola/Schomerus, Bundesdatenschutzgesetz – BDSG, Kommentar, 12. Aufl. 2015

Grimm, Unfallversicherungsrecht: AUB, Kommentar zu den Allgemeinen Unfallversicherungsbedingungen (AUB) mit Sonderbedingungen, 5. Aufl. 2013

Grote, Die Rechtsstellung der Prämien-, Bedingungs- und Deckungsstocktreuhänder nach dem VVG und dem VAG, 2002

Günther, Der Regreß des Sachversicherers, 5. Aufl. 2013

Halm/Engelbrecht/Krahe (Hrsg.), Handbuch des Fachanwalts Versicherungsrecht, 5. Aufl. 2015 (zit.: *Bearbeiter*, in: Hdb FA VersR)

Halm/Kreuter-Lange/Schwab (Hrsg.), AKB – Allgemeine Bedingungen für die Kraftfahrtversicherung, Kommentar, 2010

Harbauer, Rechtsschutzversicherung, ARB-Kommentar (ARB 2000/2009 und 75), 8. Aufl. 2010

Hartenstein/Reuschle (Hrsg.), Handbuch des Fachanwalts Transport- und Speditionsrecht, 3. Aufl. 2015

Heldrich/Koller/Prölss (Hrsg.), Festschrift für Claus-Wilhelm Canaris zum 70. Geburtstag, 2 Bände, 2007

Honsell, Berliner Kommentar zum VVG, Kommentar zum deutschen und österreichischen VVG, 1999 (zit.: BK/*Bearbeiter*)

Jacob, Unfallversicherung AUB 2010 – unter Berücksichtigung von AUB 2008/99 und AUB 94/99, Handkommentar, 2013

Jauernig, Bürgerliches Gesetzbuch, Kommentar, 15. Aufl. 2014

Karten, Versicherungsbetriebslehre, Kernfragen aus entscheidungstheoretischer Sicht, 2000

Kins, Der Abschluss des Versicherungsvertrages – Eine Untersuchung des Zusammenspiels von vorvertraglicher Informationspflicht und Abschlussmodell, 2010

Kirsch, Koppelung von Versicherungsanträgen, Bündelung und Kombination von Versicherungsverträgen: Eine Untersuchung über Rechtsfragen der zusammengefassten Versicherungsverhältnisse, 1993

Kirsten, Der Tarif- und Versichererwechsel des Versicherungsnehmers in der privaten Krankenversicherung, 2005

Kloth, Private Unfallversicherung, 2. Aufl. 2014

Kohleick, Die Doppelversicherung im deutschen Versicherungsvertragsrecht – Gesetzliche und vertragliche Regelungen, 1999

Kuwert, Allgemeine Haftpflichtversicherung. Leitfaden durch die AHB, 5. Aufl. 2001

Kuwert/Erdbrügger, Privathaftpflichtversicherung, 2. Aufl. 1990

Langenberg, Die Versicherungspolice, 1972

Langheid/Wandt (Hrsg.), Münchener Kommentar VVG. Band 1: §§ 1–99 VVG (Teil 1. Allgemeiner Teil), Erläuterungen zum EGVVG, 2010; Band 2: §§ 100–191 VVG (Teil 2. Einzelne Versicherungszweige), 2011; Band 3: §§ 192–215 VVG, Synopsen, Materialien, 2009 (zit.: Langheid/Wandt/*Bearbeiter*)

Leverenz, Vertragsschluss nach der VVG-Reform, 2008

Littbarski, AHB – Allgemeine Versicherungsbedingungen für die Haftpflichtversicherung, Kommentar, 2001

Looschelders/Pohlmann (Hrsg.), VVG, Versicherungsvertragsgesetz, Kommentar, 2. Aufl. 2011 (zit.: Looschelders/Pohlmann/*Bearbeiter*)

Lorenz (Hrsg.), Abschlussbericht der Kommission zur Reform des Versicherungsvertragsrechts vom 19. April 2004, 2004

Maier/Stadler, AKB 2008 und VVG-Reform, Auswirkungen auf die Kraftfahrtversicherung, 2008

Marko, Private Krankenversicherung – nach GKV-WSG und VVG-Reform, 2. Aufl. 2010

Marlow/Spuhl, Das Neue VVG kompakt – Ein Handbuch für die Rechtspraxis, 4. Aufl. 2010

Martin, Sachversicherungsrecht, Kommentar zu den Allgemeinen Versicherungsbedingungen für Hausrat, Wohngebäude, Feuer, Einbruchdiebstahl und Raub, Leitungswasser, Sturm einschließlich Sonderbedingungen und Klauseln, 3. Aufl. 1992

Marx, Rettungsobliegenheit und Rettungskostenersatz im Versicherungsvertragsrecht – Ausgewählte Probleme vor dem Hintergrund der VVG-Reform, 2008

Matusche, Pflichten und Haftung des Versicherungsmaklers, 4. Aufl. 1995

Meixner/Steinbeck, Das neue Versicherungsvertragsrecht, 2008

Meixner/Steinbeck, Allgemeines Versicherungsvertragsrecht, 2. Aufl. 2011

Millauer, Rechtsgrundsätze der Gruppenversicherung, 2. Aufl. 1966

Müller-Frank, Aktuelle Rechtsprechung zur Berufsunfähigkeits-(Zusatz-)Versicherung, 7. Aufl. 2007

Münchener Anwaltshandbuch Versicherungsrecht, hrsg. von *Terbille/Höra*, 3. Aufl. 2013 (zit.: MAH VersR/*Bearbeiter*)

Münchener Kommentar VVG, hrsg. von *Langheid/Wandt*, Band 1: §§ 1–99 VVG (Teil 1. Allgemeiner Teil), Erläuterungen zum EGVVG, 2010; Band 2: §§ 100–191 VVG (Teil 2. Einzelne Versicherungszweige), 2011; Band 3: §§ 192–215 VVG, Synopsen, Materialien, 2009 (zit.: Langheid/Wandt/*Bearbeiter*)

Münkel, Die gesetzliche Empfangsvollmacht des Versicherungsvertreters und ihre Beschränkung, VersR-Schriftenreihe, Heft 22, 2003 (zit.: *Münkel*, Empfangsvollmacht)

Neuhaus, Berufsunfähigkeitsversicherung, 3. Aufl. 2014

Niederleithinger, Das neue VVG – Erläuterungen, Texte, Synopse, 2007

Palandt, Bürgerliches Gesetzbuch, Kommentar, 74. Aufl. 2015

Prölss/Martin, Versicherungsvertragsgesetz – VVG. Mit Nebengesetzen, Vermittlerrecht und Allgemeinen Versicherungsbedingungen, Kommentar, 29. Aufl. 2015

Prölss/Martin, Versicherungsvertragsgesetz, Kommentar zu VVG und EGVVG sowie Kommentierung wichtiger Versicherungsbedingungen – unter Berücksichtigung des ÖVVG und österreichischer Rechtsprechung, 27. Aufl. 2004

Reiff, Versicherungsvermittlerrecht im Umbruch – Eine Untersuchung im Auftrag der Hamburger Gesellschaft zur Förderung des Versicherungswesens mbH, 2006

Römer/Langheid, Versicherungsvertragsgesetz – mit VVG-InfoV, Kommentar, 4. Aufl. 2014 (zit.: Römer/Langheid/*Bearbeiter*)

Röthel, Normkonkretisierung im Privatrecht, 2004

Rudzio, Vorvertragliche Anzeigepflicht bei der D&O-Versicherung der Aktiengesellschaft, Diss. 2010

Sander, Die Stellung der Bediensteten von Sozialversicherungsträgern im Lichte von Art. 33 Abs. 4 GG, 2000

Schäfers, Die vorvertragliche Anzeigepflicht des Versicherungsnehmers und das allgemeine Leistungsstörungsrecht – Zugleich zum System der Haftung für vorvertragliche Pflichtverletzungen, 2014

Schimikowski, Versicherungsvertragsrecht, 5. Aufl. 2014

Schimikowski (Hrsg.), Versicherung, Recht und Schaden, Festschrift für Johannes Wälder, 2009

Schimikowski/Höra, Das neue Versicherungsvertragsrecht – Texte, Erläuterungen, Arbeitshilfen, Materialien, 2008

Schmalzl/Krause-Allenstein, Berufshaftpflichtversicherung des Architekten und Bauunternehmers, 2. Aufl. 2006

Schubach/Jannsen, Private Unfallversicherung, Kommentar zu den AUB 2008 und den §§ 178 ff. VVG, 2010

Schulze/Dörner/Ebert/Hoeren/Kemper/Saenger/Schreiber/Schulte-Nölke/Staudinger, Bürgerliches Gesetzbuch, Handkommentar, 8. Aufl. 2014 (zit.: HK-BGB/*Bearbeiter*)

Schwintowski/Brömmelmeyer (Hrsg.), Praxiskommentar zum Versicherungsvertragsrecht, 2. Aufl. 2011 (zit.: Schwintowski/Brömmelmeyer/*Bearbeiter*)

Simitis (Hrsg.), Bundesdatenschutzgesetz, Kommentar, 8. Aufl. 2014

Sodan, Private Krankenversicherung und Gesundheitsreform, Verfassungs- und europarechtliche Probleme des GKV-Wettbewerbsstärkungsgesetzes, 2. Aufl. 2007

Sodan (Hrsg.), Handbuch des Krankenversicherungsrechts, 2. Aufl. 2014

Späte/Schimikowski, Haftpflichtversicherung, Kommentar zu den AHB und weiteren Haftpflichtversicherungsbedingungen, 2. Aufl. 2015 (zit.: Späte/Schimikowski/*Bearbeiter*)

Stange, Rettungsobliegenheiten und Rettungskosten im Versicherungsrecht, 1995

Staudinger/Halm/Wendt (Hrsg.), Fachanwaltskommentar Versicherungsrecht, 2013 (zit.: FAKomm-VersR/*Bearbeiter*)

Staudinger/Kassing, Das neue VVG – Eine synoptische Gegenüberstellung mit der alten Gesetzeslage, 2008

Steinbeck, Die Sanktionierung von Obliegenheitsverletzungen nach dem Alles-oder-Nichts-Prinzip – Ein Rück- und Ausblick: Von den Anfängen bis zur Reform des VVG zum 1.1.2008 unter Berücksichtigung der Rechtsentwicklung im europäischen Binnenmarkt, Diss. 2007

Stiefel/Maier, Kraftfahrtversicherung, AKB-Kommentar, 18. Aufl. 2010

Terbille/Höra (Hrsg.), Münchener Anwaltshandbuch Versicherungsrecht, 3. Aufl. 2013 (zit.: MAH VersR/*Bearbeiter*)

Thume/de la Motte/Ehlers, Transportversicherungsrecht, Kommentar, 2. Aufl. 2011 *van Bühren* (Hrsg.), Handbuch Versicherungsrecht, 6. Aufl. 2014

van Bühren/Plote, Allgemeine Bedingungen für die Rechtsschutzversicherung: ARB, Kommentar, 3. Aufl. 2013

Veenker, Die Fälligkeit von Geldleistungen des Versicherers, 2008

Veith/Gräfe, Der Versicherungsprozess, 2. Aufl. 2010

Vogel/Stockmeier, Umwelthaftpflichtversicherung, Umweltschadensversicherung, Kommentar, 2. Aufl. 2009

Wälder, Über das Wesen der Versicherung, 1998

Wandt, Versicherungsrecht, 5. Aufl. 2010

Wehling/Präve, Versicherungsvertragsrecht 2008, 2008

Winter, Versicherungsaufsichtsrecht, Kritische Betrachtungen, 2007

Wussow/Pürckhauer, AUB – Allgemeine Unfallversicherungsbedingungen, Kommentar, 6. Aufl. 1990

Einleitung

I. Privatversicherungsrecht 1
1. Historische Entwicklung 1
2. Privat- und Sozialversicherung 2
3. Privatautonomie 6
    a) Grundsatz 6
    b) Einschränkungen 8
        aa) Grundrechte 8
        bb) Pflichtversicherung und Kontrahierungszwang ... 10
        cc) (Halb-)Zwingende Vorschriften 14
II. Rechtsquellen 18
1. Allgemeines 18
2. Europäisches Recht 19
3. Deutsches Recht 25
    a) Grundgesetz 25
    b) Versicherungsvertragsgesetz, Einführungsgesetz und Nebengesetze 26
        aa) Versicherungsvertragsgesetz 26
            (1) VVG-Reform 26
            (2) Anwendungsbereich 34
            (3) Regelungssystematik 38
        bb) Einführungsgesetz zum Versicherungsvertragsgesetz 39
            (1) Intertemporales Recht (Übergangsvorschriften) 39
            (2) Internationales Privatrecht 46
        cc) Nebengesetze 47
    c) Versicherungsaufsichtsgesetz 48

    d) Sonstige Rechtsquellen ... 51
        aa) Bürgerliches Gesetzbuch 52
        bb) Handelsgesetzbuch 54
        cc) Allgemeines Gleichbehandlungsgesetz 55
        dd) Versicherungsvermittlungsverordnung 59
III. Allgemeine Versicherungsbedingungen (AVB) 60
1. Begriff und Funktion 60
2. Auslegung 66
3. Einbeziehung der AVB 72
4. Inhaltskontrolle (§§ 307 ff BGB) 77
    a) Begriff und Funktion 77
    b) Reichweite 79
    c) Unangemessene Benachteiligung 82
        aa) Formelle Benachteiligung gem. § 307 Abs. 1 S. 2 BGB (Transparenzgebot) 83
        bb) Materielle Benachteiligung gem. § 307 Abs. 1 S. 1, Abs. 2 BGB 85
5. Bedingungsänderung 89
    a) Bedingungsänderung kraft gesetzlicher Ermächtigung 89
    b) Bedingungsänderungsklauseln 93
    c) Bedingungsänderung nach ergänzender Vertragsauslegung? 94

I. Privatversicherungsrecht

1. Historische Entwicklung. Historisch gesehen ist das **Gesetz über die privaten Versicherungsunternehmungen** vom 12.5.1901,[1] das die staatliche Beaufsichtigung, dh „die öffentlich-rechtliche Seite des (privaten) Versicherungswesens"[2] regelt (heute: VAG), die erste Rechtsquelle des Privatversicherungsrechts. Erst am 30.5.1908 kam das **Gesetz über den Versicherungsvertrag** (Versicherungsvertragsgesetz – VVG 1908)[3] hinzu,[4] das sich auf „die dem Privatrecht angehörenden Verhältnisse zwischen dem Versicherer und dem Versicherungsnehmer, die Rechte, welchen beiden aus dem Versicherungsvertrag erwachsen", konzentriert.[5] Mit dem

---

1 RGBl. S. 139.
2 *BAV*, Motive zum VVG, Nachdruck 1963, S. 59.
3 RGBl. S. 263 (VVG 1908).
4 Im Einzelnen *Duvinage*, Die Vorgeschichte und die Entstehung des Gesetzes über den Versicherungsvertrag, 1987.
5 Motive zum VVG, Nachdruck 1963, S. 59.

Gesetz zur Reform des Versicherungsvertragsrechts vom 23.11.2007[6] hat der Gesetzgeber das VVG 1908, das teils noch den Geist des 19. Jahrhunderts atmete, grundlegend reformiert (Art. 1) und in eine neue, auf das 21. Jahrhundert abgestimmte Kodifikation überführt. Leitmotiv sind die „Bedürfnisse eines modernen Verbraucherschutzes", denen das VVG 1908 „nicht mehr vollständig gerecht" wurde.[7] Seit der Reform ist das VVG mehrfach geändert worden, zuletzt durch Art. 2 Abs. 49 des Gesetzes zur Modernisierung der Finanzaufsicht über Versicherungen vom 1.4.2015[8] (Inkrafttreten zum 1.1.2016), davor durch Art. 2 des Lebensversicherungsreformgesetzes (LVRG) vom 1.8.2014,[9] das am 7.8.2014 als „Gesetz zur Absicherung stabiler und fairer Leistungen für Lebensversicherte" in Kraft getreten ist (Art. 10 S. 2 LVRG).

2 **2. Privat- und Sozialversicherung.** Privat- und Sozialversicherung sind trotz ihrer Komplementarität,[10] trotz aller Parallelen[11] und trotz gewisser Konvergenzen[12] in der Kranken-, Pflege-, Renten- und Unfallversicherung zu trennen.[13] Entscheidendes Differenzierungskriterium ist der **Entstehungsgrund des Rechtsverhältnisses**: Rechtsansprüche auf Sozialleistungen entstehen nicht aufgrund eines – im Regelfall privatautonom geschlossenen (s. Rn 6) – privatrechtlichen Vertrages, sondern gem. § 40 Abs. 1 SGB I kraft Gesetzes.[14] Die Rechtsform des Produktanbieters wirkt sich hingegen nicht auf die Einordnung als Privat- oder Sozialversicherung aus, so dass das VVG anwendbar wäre, wenn Träger der Sozialversicherung auf vertraglicher Basis zusätzliche Versicherungsleistungen anbieten sollten.[15]

3 Bezüge zur Sozialversicherung bestehen insb. in der **privaten Krankenversicherung** (PKV), die die gesetzliche Krankenversicherung (GKV) teils ersetzt (**substitutive Krankenversicherung**, vgl §§ 8 Abs. 1 S. 1 Nr. 4, 12 VAG, §§ 195, 206 Abs. 1 S. 2 VVG) und teils ergänzt. Bisher hat das BVerfG zwar stets betont, dass PKV und GKV grds. verschiedene Systeme bildeten, die „unter ganz unterschiedlichen Gesichtspunkten" Krankheitskosten abdeckten.[16] Beiden sei „nur die Sicherung ihrer Mitglieder oder Kunden gegen eine individuell unkalkulierbare Gefahrenlage" gemeinsam. „Von einer privaten Versicherung, die auf dem Äquivalenzprinzip [scil. der Berechnung risikogerechter Prämien] einerseits und dem Kapitaldeckungsverfahren andererseits sowie der Bildung altersabhängiger Risikogemeinschaften" beruhe, unterscheide sich die Sozialversicherung ganz wesentlich durch das fehlende Gewinnstreben und die zahlreichen Komponenten des sozialen Ausgleichs, wie sie etwa in der beitragsfreien Mitversicherung von Familienangehörigen, der Umlage-

---

6 BGBl. I S. 2631.
7 Begr. RegE, BT-Drucks. 16/3945, S. 47.
8 BGBl. I S. 434, 560. Inkrafttreten am 1.1.2016 (s. Art. 3 Abs. 1 S. 1).
9 BGBl. I S. 1330, 1332.
10 *Heinze*, ZVersWiss 2000, 243, 245, 256.
11 *Heinze*, ZVersWiss 2000, 243, 248 ff; von Maydell/Ruland/*von Maydell*, Sozialrechtshandbuch, 4. Aufl. 2008, Rn 50.
12 *Präve*, VersR 2007, 1049, 1050; vgl auch die Diskussion auf der Jahrestagung des Deutschen Vereins für Versicherungswissenschaften am 5.3.2008 in Dresden.
13 AllgM, BK/*Dörner*, Einl. Rn 15; *Sodan*, in: FS Schirmer, S. 569 („Bipolarität").
14 *Kommission*, in: Lorenz (Hrsg.), Abschlussbericht der Kommission zur Reform des Versicherungsvertragsrechts vom 19.4.2004, S. 9 unter 1.2.2.1.2.1; Beckmann/Matusche-Beckmann/*Lorenz*, § 1 Rn 70, 76; BK/*Dörner*, Vorbem. § 1 Rn 16; Bruck/Möller/*Beckmann*, Einf. A Rn 23; Looschelders/Pohlmann/*Looschelders*, Vorbemerkung A. Rn 17.
15 *Kommission*, in: Lorenz (Hrsg.), Abschlussbericht der Kommission zur Reform des Versicherungsvertragsrechts vom 19.4.2004, S. 9 unter 1.2.2.1.2.1; rechtliche Bedenken gegen solche Zusatzleistungen: *Karl/von Maydell*, Zusatzkrankenversicherung – Dürfen gesetzliche Krankenversicherungen Zusatzversicherungen anbieten?, 2003.
16 BVerfG 4.2.2004 – 1 BvR 1103/03, VersR 2004, 898, 899.

finanzierung und der Bemessung der Beiträge nach dem Entgelt zum Ausdruck kämen.[17]

Die Einführung des branchenweit einheitlichen **Basistarifs** (2009) mit einem der gesetzlichen Krankenversicherung vergleichbaren Leistungsumfang (§ 12 Abs. 1 a VAG)[18] verleiht der privaten Krankenversicherung jedoch sozialrechtliche Konturen: Der Basistarif ist ein staatlich regulierter (substitutiver) Krankheitskostentarif, der – so das BVerfG[19] – vor allem durch Elemente des sozialen Ausgleichs geprägt ist.[20] Darin liegt – angesichts des Kontrahierungszwangs (§ 193 Abs. 5 VVG, § 12 Abs. 1 b VAG),[21] des Höchstbeitrags (§ 12 Abs. 1 c VAG) und der absehbar solidarischen Finanzierung der Krankheitskosten – ein Bruch mit den Traditionen der PKV, insb. mit der risikoäquivalenten Beitragskalkulation.[22] Trotzdem hat das BVerfG die Einführung des Basistarifs für verfassungsgemäß erklärt:[23] Es handle sich um eine zulässige „sozialstaatliche Indienstnahme" der privaten Krankenversicherer. Diese Beurteilung ist grds. zu befürworten, wirft aber die Frage auf, ob die **Privilegierung der gesetzlichen gegenüber der privaten Krankenversicherung im Kartellrecht** (§ 69 S. 1, 2 SGB V *e contrario*) rechtspolitisch noch vertretbar ist.[24]

4

Private Krankenversicherer sind im Übrigen verpflichtet, dem VN ein **amtliches Informationsblatt** auszuhändigen, welches über die verschiedenen Prinzipien der gesetzlichen und der privaten Krankenversicherung informiert (§ 10 a Abs. 2 VAG).[25]

5

3. Privatautonomie. a) Grundsatz. Im Privatversicherungsrecht herrscht grds. Privatautonomie, dh „Selbstbestimmung des Einzelnen im Rechtsleben",[26] die ihre Grenze allerdings in der Entfaltungsfreiheit anderer findet.[27] Privatautonomie setzt voraus, dass die Bedingungen der Selbstbestimmung des Einzelnen auch tatsächlich gegeben sind.[28] Maßgebliches Instrument zur Verwirklichung freien und eigenverantwortlichen Handelns in Beziehung zu anderen ist der Vertrag, mit dem die Vertragspartner im Rahmen des Rechts (s. Rn 10 ff) selbst bestimmen, wie ihre individuellen Interessen bei Vertragsschluss, während der Laufzeit des Vertrages

6

---

17 BVerfG 4.2.2004 – 1 BvR 1103/03, VersR 2004, 898, 899; BVerfG 30.9.1987 – 2 BvR 933/82, BVerfGE 76, 256, 300 ff.
18 Dazu *Sodan*, NJW 2007, 1313, 1319 f; *Richter*, DStR 2007, 810, 811 f.
19 BVerfG 10.6.2009 – 1 BvR 706/08, VersR 2009, 957.
20 Im Detail Schwintowski/Brömmelmeyer/*Brömmelmeyer*, Vor §§ 192–208 Rn 13–19; s. auch *Göbel/Köther*, VersR 2014, 537.
21 Dazu: BGH 16.7.2014 – IV ZR 55/14, VersR 2014, 989; OLG Köln 20.12.2013 – 20 U 120/13, VersR 2014, 945; OLG Köln 2.11.2012 – 20 U 151/12, VersR 2013, 490 m. abl. Anm. *Wiemer*, S. 614.
22 Krit. *Boetius*, VersR 2007, 431; *Sodan*, Private Krankenversicherung und Gesundheitsreform, 2007, S. 113, der die Einführung des Basistarifs u.a. als unverhältnismäßigen Eingriff in die Berufsfreiheit (Art. 12 Abs. 1 GG) der Krankenversicherungsunternehmen bewertet; s.a. *Isensee*, in: Armbrüster et al. (Hrsg.), Recht Genau, Liber amicorum für Jürgen Prölss, 2009, S. 81 ff.
23 BVerfG 10.6.2009 – 1 BvR 706/08, VersR 2009, 957.
24 Skeptisch Voit/*Voit*, Gesundheitsreform 2007, Rechtliche Bewertung und Handlungsoptionen, S. 73, 82. Gegen die Unternehmereigenschaft gesetzlicher Krankenkassen (Art. 81 Abs. 1 EG) aber EuGH 16.3.2004 – Rs. C-264/01, Rs. C-306/01, Rs. C-354/01 und Rs. C-355/01, Slg. 2004, I-2493.
25 Abgedr. bei Prölss/*Präve*, VAG, § 10 a Rn 30.
26 BVerfG 29.5.2006 – 1 BvR 240/98, VersR 2006, 961, 962; BVerfG 15.2.2006 – 1 BvR 1317/96, VersR 2006, 489, 493; BVerfG 26.7.2005 – 1 BvR 80/95, VersR 2005, 1127, 1131 m. Anm. *Brömmelmeyer*, WuB IV F. § 2 ALB 1.06.
27 StRspr, BVerfG 29.5.2006 – 1 BvR 240/98, VersR 2006, 961, 962; BVerfG 15.2.2006 – 1 BvR 1317/96, VersR 2006, 489, 493; BVerfG 26.7.2005 – 1 BvR 80/95, VersR 2005, 1127, 1131.
28 BVerfG 29.5.2006 – 1 BvR 240/98, VersR 2006, 961, 962; BVerfG 26.7.2005 – 1 BvR 80/95, VersR 2005, 1127, 1131; BVerfG 7.2.1990 – 1 BvR 26/84, VersR 1990, 627, 629.

und bei Vertragsende zueinander in einen angemessenen Ausgleich gebracht werden.[29] Der zum Ausdruck gebrachte übereinstimmende Parteiwille lässt deshalb idR auf einen durch den Vertrag hergestellten sachgerechten Interessenausgleich schließen, den der Staat grds. zu respektieren hat.[30]

7 Die Entwicklung des Privatversicherungsrechts ist allerdings dadurch gekennzeichnet, dass es sich – wie andere Rechtsgebiete auch – immer mehr von dem Konzept der „**Richtigkeitsgewähr der Verträge**",[31] dh von einer eher formal verstandenen Vertragsfreiheit, entfernt hat. Das gilt auch im Lichte der **Deregulierung** (1994). Da die hoheitliche Präventivkontrolle der Bedingungen und Tarife entfiel, musste das Vertragsrecht – insb. die **AVB-Kontrolle** anhand der §§ 305 ff BGB[32] – in die Bresche springen, um einen effektiven Schutz der VN zu gewährleisten. Ihren Höhepunkt findet die **Materialisierung des (privaten) Versicherungsrechts** in der Rspr des BVerfG[33] und des BGH[34] in der Lebensversicherung (s. Rn 8). Der Eindruck, der Stern des Verbraucherschutzes überstrahle alles, während der Stern der Produktgestaltungsfreiheit nur noch blass leuchte,[35] trifft indes nicht zu; gerade die umfangreichen Informationspflichten (§ 7 VVG iVm der VVG-InfoV) sind – in Einklang mit der gemeinschaftsrechtlichen Informationsphilosophie[36] – Ausdruck dafür, dass der (Reform-)Gesetzgeber versucht hat, die Freiheit der Produktgestaltung möglichst zu schonen und auf Produktregulierungen zu verzichten; ob die Informationspflichten angesichts der überbordenden **Informationsflut** wirklich der Königsweg des Konsumentenschutzes sind, steht allerdings auf einem anderen Blatt[37] – und das auch, wenn als Maßstab der „mündige" Verbraucher herangezogen wird.[38]

8 **b) Einschränkungen. aa) Grundrechte.** Das BVerfG hält Einschränkungen der Privatautonomie generell für geboten, wenn aufgrund erheblich ungleicher Verhandlungspositionen der Vertragspartner einer von ihnen ein solches Gewicht hat, dass er den Vertragsinhalt faktisch einseitig bestimmen kann.[39] Dann ist es Aufgabe des Rechts, auf die Wahrung der Grundrechtspositionen der beteiligten Parteien hinzuwirken, um zu verhindern, dass sich für einen oder mehrere Vertragsteile die Selbstbestimmung in eine Fremdbestimmung verkehrt.[40] Das Gleiche gilt, wenn die Schwäche eines Vertragspartners durch gesetzliche Regelungen bedingt ist. Der verfassungsrechtliche Schutz der Privatautonomie durch Art. 2 Abs. 1 GG führt dann zu einer Pflicht des Gesetzgebers, für eine rechtliche Ausgestaltung des

---

29 BVerfG 29.5.2006 – 1 BvR 240/98, VersR 2006, 961, 962; BVerfG 26.7.2005 – 1 BvR 80/95, VersR 2005, 1127, 1131; BVerfG 7.2.1990 – 1 BvR 26/84, VersR 1990, 627, 629.
30 BVerfG 29.5.2006 – 1 BvR 240/98, VersR 2006, 961, 962; BVerfG 26.7.2005 – 1 BvR 80/95, VersR 2005, 1127, 1131; BVerfG 6.2.2001 – 1 BvR 12/92, BVerfGE 103, 89, 100; BVerfG 7.2.1990 – 1 BvR 26/84, VersR 1990, 627, 629.
31 Vgl *Schmidt-Rimpler*, AcP 147 (1941), 130 ff.
32 Vgl Römer/Langheid/*Römer*, Vorbem. § 1 Rn 51.
33 BVerfG 26.7.2005 – 1 BvR 782/94 und 1 BvR 957/96, VersR 2005, 1109; BVerfG 26.7.2005 – 1 BvR 80/95, VersR 2005, 1127; BVerfG 15.2.2006 – 1 BvR 1317/96, VersR 2006, 489.
34 BGH 12.10.2005 – IV ZR 162/03, VersR 2005, 1565.
35 *Lorenz*, VersRdsch 2005, 265, 266; *Präve*, VersR 2006, 1190, 1192; *ders.*, VersR 2007, 1046, 1047 mit dem Hinweis auf die Kosten des Verbraucherschutzes.
36 Vgl *Brömmelmeyer*, VersR 2009, 584; *Präve*, in: FS Lorenz, 2004, S. 517, 526.
37 Dazu *Rehberg*, Der Versicherungsabschluss als Informationsproblem, 2003, S. 423 und passim; s.a. *Brömmelmeyer*, VersR 2009, 584, 586, 593.
38 Begr. RegE, BT-Drucks. 16/3945, S. 48.
39 BVerfG 29.5.2006 – 1 BvR 240/98, VersR 2006, 961, 962; BVerfG 26.7.2005 – 1 BvR 80/95, VersR 2005, 1127, 1131.
40 BVerfG 29.5.2006 – 1 BvR 240/98, VersR 2006, 961, 962; BVerfG 26.7.2005 – 1 BvR 80/95, VersR 2005, 1127, 1131.

Rechtsverhältnisses der davon betroffenen Vertragsparteien zu sorgen, die ihren Belangen hinreichend Rechnung trägt.[41] Dementsprechend hat das BVerfG auf **Defizite der Funktionsfähigkeit der Lebensversicherungsmärkte** mit der Extrapolation staatlicher Schutzpflichten reagiert[42] und – auch unter Berufung auf die Eigentumsgarantie (Art. 14 Abs. 1 GG) –

- im Hinblick auf die Überschussbeteiligung verlangt, dass die durch Prämienzahlungen des VN beim VR geschaffenen Vermögenswerte – insb. die **stillen Reserven** – im Falle von **Bestandsübertragungen** (vgl nunmehr § 14 Abs. 4 VAG) als Überschussquellen erhalten bleiben[43] und – unabhängig von Bestandsübertragungen – bei der **Ermittlung des Schlussüberschusses** angemessen berücksichtigt werden;[44]
- angesichts der asymmetrischen Kostenverteilung („**Zillmerung**") darauf bestanden, dass die VN auch bei vorzeitiger Beendigung einer (kapitalbildenden) Lebensversicherung einen adäquaten **Rückkaufswert** erhalten, dessen Höhe auch unter Berücksichtigung in Rechnung gestellter Abschlusskosten in einem angemessenen Verhältnis zu den bisher gezahlten Prämien steht.[45]

Das BVerfG hat allerdings klargestellt, dass der Gesetzgeber nicht für alle Situationen Vorsorge treffen kann, in denen das Verhandlungsgleichgewicht mehr oder weniger beeinträchtigt ist;[46] schon aus Gründen der **Rechtssicherheit** dürfe ein Vertrag nicht bei jeder Störung des Verhandlungsgleichgewichts nachträglich infrage gestellt oder korrigiert werden.[47] Wenn der Gesetzgeber davon absehe, zwingendes Vertragsrecht für bestimmte Lebensbereiche oder für spezielle Vertragsformen – konkret: die Preisbildung in der Unfallversicherung – zu schaffen, bedeute dies keineswegs, dass die Vertragspraxis dem freien Spiel der Kräfte und insb. dem Machteinsatz durch eine Seite unbegrenzt ausgesetzt wäre. Vielmehr griffen dann ergänzend zivilrechtliche **Generalklauseln** ein, v.a. die §§ 134, 138 BGB. Gerade bei der Konkretisierung und Anwendung dieser Generalklauseln seien die Grundrechte zu beachten.[48] Der entsprechende Schutzauftrag richte sich hier an den **Richter**, der den objektiven Grundentscheidungen der Grundrechte in Fällen gestörter Vertragsparität mit den Mitteln des Zivilrechts Geltung zu verschaffen habe.[49]

bb) Pflichtversicherung und Kontrahierungszwang. Das BVerfG[50] hat die Einschränkung der Privatautonomie durch Pflichtversicherungen und Kontrahierungszwang erstmals im Kontext der **privaten Pflegepflichtversicherung** aufgegriffen: Derjenige, der gegen Krankheit bei einem privaten Krankenversicherungsunternehmen versichert ist (gemeint ist die substitutive Krankenversicherung), muss auch eine private Pflegeversicherung abschließen (§§ 1 Abs. 2 S. 2, 23 SGB XI). Die Krankenversicherer trifft ein korrespondierender Kontrahierungszwang (§ 110

---

41 BVerfG 15.2.2006 – 1 BvR 1317/96, VersR 2006, 489, 493; BVerfG 26.7.2005 – 1 BvR 782/94 und 1 BvR 957/96, VersR 2005, 1109, 1117 ff; BVerfG 26.7.2005 – 1 BvR 80/95, VersR 2005, 1127, 1130.
42 Dazu auch *Wallrabenstein*, in: Basedow et al. (Hrsg.), VersWissStud. Bd. 33, 2008, S. 11.
43 BVerfG 26.7.2005 – 1 BvR 782/94 und 1 BvR 957/96, VersR 2005, 1109.
44 BVerfG 26.7.2005 – 1 BvR 80/95, VersR 2005, 1127.
45 BVerfG 15.2.2006 – 1 BvR 1317/96, VersR 2006, 489 (nunmehr: § 169 Abs. 3 S. 1 VVG).
46 BVerfG 29.5.2006 – 1 BvR 240/98, VersR 2006, 961, 962.
47 BVerfG 29.5.2006 – 1 BvR 240/98, VersR 2006, 961, 962; BVerfG 19.10.1993 – 1 BvR 567/89, 1 BvR 1044/89, BVerfGE 89, 214, 232.
48 BVerfG 29.5.2006 – 1 BvR 240/98, VersR 2006, 961, 962; BVerfG 19.10.1993 – 1 BvR 567/89, 1 BvR 1044/89, BVerfGE 89, 214, 232; allg. zu den Einbruchstellen des Zivilrechts: BVerfG 15.1.1958 – 1 BvR 400/51, BVerfGE 7, 198, 206.
49 BVerfG 29.5.2006 – 1 BvR 240/98, VersR 2006, 961, 962; BVerfG 7.2.1990 – 1 BvR 26/84, VersR 1990, 627.
50 BVerfG 3.4.2001 – 1 BvR 2014/95, NJW 2001, 1709.

Abs. 1 Nr. 1 SGB XI.[51] Die Pflegepflichtversicherung ist verfassungsrechtlich nicht zu beanstanden.[52] Da der durch die potenzielle Pflegebedürftigkeit hervorgerufene Hilfsbedarf mit erheblichen finanziellen Belastungen verbunden ist, ist es ein legitimes Konzept, die dafür notwendigen Mittel auf der Grundlage einer Pflichtversicherung sicherzustellen, die im Grundsatz alle Bürger als **Volksversicherung** erfasst.[53]

11 Parallel dazu hat das BVerfG auch die Einführung der **Krankenpflichtversicherung** (§ 193 Abs. 3 VVG) und den Kontrahierungszwang im **Basistarif** (§ 193 Abs. 5 VVG) für zulässig erklärt.[54] Der Schutz der Bevölkerung vor dem Risiko der Erkrankung sei eine Kernaufgabe des Staates; es gelte, ein **allgemeines Lebensrisiko** abzudecken, welches sich bei jedem und jederzeit realisieren und ihn mit **unabsehbaren Kosten** belasten könne. Daher sei es „ein legitimes Konzept des zur sozialpolitischen Gestaltung berufenen Gesetzgebers, die dafür notwendigen Mittel auf der Grundlage einer Pflichtversicherung sicherzustellen".[55] Die Verbindung von Versicherungspflicht und Kontrahierungszwang im Basistarif sei geeignet, dem der privaten Krankenversicherung zugewiesenen Personenkreis einen „**ausreichenden und bezahlbaren Versicherungsschutz**" zu verschaffen.[56]

12 Das Gesetz hat auch die **Kfz-Haftpflichtversicherung** als **Pflichtversicherung** ausgestaltet (§ 1 PflVG) und einen entsprechenden **Kontrahierungszwang** der VR eingeführt (§ 5 Abs. 2 PflVG).

13 Pflichtversicherungen finden sich zudem im Bereich der **Berufshaftpflichtversicherung** – zB für Notare (§§ 19a, 67 Abs. 2 Nr. 3 BNotO), Wirtschaftsprüfer (§ 54 WPO) und Steuerberater (§§ 51ff DVStB).[57]

14 cc) (Halb-)Zwingende Vorschriften. **Privatautonomie** impliziert, dass die Regelung des VVG grds. zur Disposition der Parteien steht. Teils ist sie jedoch halbzwingend oder zwingend. **Halbzwingende Vorschriften** enthielt bereits das VVG 1908. Diese wurden durch die Verordnung zur Vereinheitlichung des Rechts der Vertragsversicherung vom 19.12.1939[58] „nach österreichischem Vorbilde"[59] jeweils am Ende eines Titels vereinigt. Dementsprechend fasst zB § 18 VVG die halbzwingenden Vorschriften des Kapitels 1 Abschnitt 1 (§§ 1–18 VVG) unter der Überschrift „Abweichende Vereinbarungen" zusammen. Halbzwingende Vorschriften schränken die Privatautonomie der Parteien ein; sie tragen der Tatsache Rechnung, dass die Richtigkeitsgewähr der Verträge[60] im Privatversicherungsrecht im Regelfall nicht gewährleistet ist; vielmehr gilt es, den strukturell unterlegenen[61] und schwächeren[62] VN – über die Kontrolle Allgemeiner Versicherungsbedingungen (§§ 305 ff BGB) hinaus – vor Parteivereinbarungen zu schützen, die einseitig die Interessen des VR verwirklichen würden. Daher dürfen die Parteien für den VN günstigere, aber keine für ihn ungünstigeren Regelungen treffen.

15 Mit der Neufassung der §§ 18, 32, 42, 67, 87 VVG usw – früher hieß es lediglich, der VR könne sich auf (nachteilig) abweichende Vereinbarungen „nicht berufen" – ist die Klarstellung verbunden, dass **zum Nachteil des VN abweichende Vereinba-**

---

51 Vertiefend Prölss/*Präve*, VAG, § 12f Rn 1212.
52 BVerfG 3.4.2001 – 1 BvR 2014/95, NJW 2001, 1709.
53 BVerfG 3.4.2001 – 1 BvR 2014/95, NJW 2001, 1709.
54 BVerfG 10.6.2009 – 1 BvR 706/08, VersR 2009, 957.
55 BVerfG 10.6.2009 – 1 BvR 706/08, VersR 2009, 957.
56 BVerfG 10.6.2009 – 1 BvR 706/08, VersR 2009, 957 (Hervorhebung des Verf.); s.a. BVerfG 10.6.2009 – 1 BvR 825/08, VersR 2009, 1057, 1059.
57 Überblick bei Prölss/Martin/*Armbrüster*, Einl. Rn 322 ff.
58 RGBl. S. 2443.
59 *BAV*, Motive zum VVG, Nachdruck 1963, S. 642.
60 *Schmidt-Rimpler*, AcP 147 (1941), 130 ff.
61 Zum Begriff s. BVerfG 19.10.1993 – 1 BvR 567/89, NJW 1994, 36, 38.
62 *BAV*, Motive zum VVG, Nachdruck 1963, S. 63.

rungen unwirksam sind.[63] Daraus folgt, dass sich auch der VN (künftig) nicht (mehr) auf eine abweichende, für ihn nachteilige Regelung berufen kann.[64] Diese Klarstellung ist zu befürworten, denn die frühere Regelung implizierte, dass man nachteilige Abweichungen vereinbaren und dadurch die wahre Rechtslage verschleiern konnte.[65]

Zwingendes Recht findet sich u.a. in §§ 105, 108, 113 Abs. 2 und 190 VVG – ohne dass der Reformgesetzgeber eine entsprechende Klarstellung für erforderlich gehalten hätte.[66] 16

Die Beschränkungen der Vertragsfreiheit sind auf **Großrisiken** und **laufende Versicherungen** (§§ 53 ff VVG) nicht anwendbar (§ 210 VVG; s. Rn 36). 17

II. Rechtsquellen

1. Allgemeines. Rechtsquellen des Privatversicherungsrechts finden sich im europäischen und im deutschen Recht, insb. im VVG (s. Rn 26 ff), im EGVVG (s. Rn 39 ff) und in den Nebengesetzen, insb. in der VVG-Informationspflichtenverordnung (s. Rn 47). Auf die **private Pflegepflichtversicherung** ist gem. § 192 Abs. 6 S. 3 VVG vorrangig das **SGB XI** anwendbar.[67] Relevante Rechtsquellen sind auch das VAG (s. Rn 48 ff), das BGB (s. Rn 52 f), das HGB (s. Rn 54), das AGG (s. Rn 55 ff) sowie das Kartellrecht (s. Rn 63).[68] 18

2. Europäisches Recht. Das Recht der Europäischen Union (EU-Vertrag und AEUV, allgemeine Rechtsgrundsätze und sekundäres EU-Recht) wirkt sich primär auf das Aufsichtsrecht aus. Das galt bereits für die sechs Richtlinien in der Lebens- und Schadensversicherung.[69] Das gilt aber auch und vor allem für die am 6.1.2010 in Kraft getretene **Richtlinie Solvency II**,[70] die v.a. die Effektivität des Risikomanagements der Versicherungsunternehmen erhöhen soll.[71] Mit der sog. **Omnibus II-Richtlinie**[72] hat der europäische Gesetzgeber Solvency II an veränderte Umstände angepasst – u.a. an die Einrichtung der Europäischen Aufsichtsbehörde für das Versicherungswesen und die betriebliche Altersversorgung (EIOPA). Die Richt- 19

---

63 Ebenso Bruck/Möller/*Johannsen*, § 18 Rn 5 mit dem Hinweis auf die Identität der gesetzlichen Regelung in § 18 VVG und § 312g BGB (aF) (heute: § 312k BGB) (s.a. Palandt/*Grüneberg*, § 312k BGB Rn 2).
64 Bruck/Möller/*Johannsen*, § 18 Rn 5; aA Bruck/Möller/*Beckmann*, Einf. A. Rn 128; jeweils unter Berufung auf die frühere Rechtslage (BGH 10.1.1951 – II ZR 21/50, NJW 1951, 231, 232).
65 S. nur *Klimke*, Die halbzwingenden Vorschriften des VVG, 2003, S. 113 mit dem Hinweis, dass „stets die Möglichkeit (bestehe), dass der Versicherungsnehmer die Unverbindlichkeit der ... nachteiligen Regelung" verkenne „und deshalb ihre Anwendung auch in den Fällen" akzeptiere, „in denen sie sich zu seinen Lasten" auswirke.
66 Begr. RegE, BT-Drucks. 16/3945, S. 110.
67 Vgl auch Begr. RegE, BT-Drucks. 16/3945, S. 110.
68 Vertiefend *Dreher/Kling*, Kartell- und Wettbewerbsrecht der Versicherungsunternehmen, 2007, passim; für einen kartellrechtlichen Anspruch auf eine Nettopolice: *Schwintowski*, Anm. zu BGH, NJW 2014, 1658 (1662); dagegen: *Freund*, VersR 2014, 1289.
69 Im Überblick: Prölss/R. *Schmidt/Präve*, VAG, Vorbem. Rn 28 ff; Beckmann/Matusche-Beckmann/*Mönnich*, § 2 Rn 18 ff.
70 Richtlinie 2009/138/EG des Europäischen Parlaments und des Rates vom 25.11.2009 betreffend die Aufnahme und Ausübung der Versicherungs- und der Rückversicherungstätigkeit (Solvabilität II), ABl. EG L Nr. 335 vom 17.12.2009, S. 1 (Inkrafttreten: Art. 311).
71 *Romeike/Müller-Reichhart*, Risikomanagement in Versicherungsunternehmen, S. 134; *Bürkle*, VersR 2007, 1596 („risikoadäquate Eigenmittelausstattung").
72 Richtlinie 2014/51/EU des Europäischen Parlaments und des Rates vom 16.4.2014 zur Änderung der Richtlinien 2003/71/EG und 2009/138/EG und der Verordnungen (EG) Nr. 1060/2009, (EU) Nr. 1094/2010 und (EU) Nr. 1095/2010 im Hinblick auf die Befugnisse der Europäischen Aufsichtsbehörde[n], ABl. L 153 vom 22.5.2014, S. 1.

linie ist bis zum 31.3.2015 bzw bis zum 1.1.2016 umzusetzen.[73] Dementsprechend tritt das **Gesetz zur Modernisierung der Finanzaufsicht über Versicherungen** vom 1.4.2015[74] (Folgeänderungen im VVG: s. Art. 2 Abs. 49) am 1.1.2016 in Kraft (s. Art. 3 Abs. 1 S. 1).

20 Das Europäische Recht beeinflusst auch das **Versicherungsvertragsrecht**[75] – auch wenn Europäisches Parlament, Rat und Kommission eine Harmonisierung des für den Versicherungsvertrag geltenden Rechts nicht (mehr) als „Vorbedingung für die Verwirklichung des Binnenmarkts im Versicherungssektor" ansehen.[76]

- Bereits die „Dritten Richtlinien" – **Dritte Richtlinie Schaden**[77] (mit Ausnahme der Lebensversicherung) **und Dritte Richtlinie Leben**[78] – sahen **Informationspflichten** vor,[79] die der Reformgesetzgeber nunmehr vertragsrechtlich umgesetzt hat (§ 7 VVG iVm der VVG-InfoV).[80] Die **Richtlinie 2002/83/EG über Lebensversicherungen** vom 5.11.2002,[81] die v.a. das bisherige Richtlinienrecht konsolidiert,[82] enthält sogar eigens ein Kapitel über Vertragsrecht und Bedingungen (Art. 32 ff; vgl künftig Art. 181 ff der Solvency II-Richtlinie). Die Beseitigung der staatlichen Präventivkontrolle Allgemeiner und Besonderer Bedingungen und Tarife[83] hat im Übrigen die AVB-Kontrolle anhand der §§ 305 ff BGB erheblich aufgewertet (vgl auch Rn 5).[84]

- Die **Fernabsatzrichtlinie für Finanzdienstleistungen**[85] hat sich ebenfalls in Informationspflichten des VR (Art. 3 der Richtlinie; § 7 VVG iVm der VVG-InfoV), aber auch in dem Widerrufsrecht des VN niedergeschlagen (Art. 6 f, 17 der Richtlinie; §§ 8 f, 152 VVG).

- Informationspflichten ergeben sich ggf auch aus der **Richtlinie über den elektronischen Geschäftsverkehr**.[86]

---

73 Art. 1 Nr. 1 der Richtlinie 2013/58/EU, ABl. Nr. L 341, S. 1.
74 BGBl. I S. 434; aus dem Gesetzgebungsverfahren: RegE, BT-Drucks. 18/2956 vom 22.10.2014, S. 1; Stellungnahme des Bundesrates und Gegenäußerung der Bundesregierung: BT-Drucks. 18/3252 vom 19.11.2014, S. 1; Beschlussempfehlung und Bericht des Finanzausschusses (7. Ausschuss): BT-Drucks. 18/3900 vom 2.2.2015.
75 Beckmann/Matusche-Beckmann/*Mönnich*, § 2 Rn 13; *Beckmann*, ZEuP 1999, 809; Schwintowski/Brömmelmeyer/*Ebers*, Einführung Rn 9 ff; zum Einfluss des EG-Rechts auf die Reform der Lebensversicherung: *Bürkle*, VersR 2006, 1042; zum Einfluss der Richtlinie 2000/31/EG über den Electronic Commerce: Schlussanträge des Generalanwalts *Colomer* vom 15.5.2008 in Rs. C-298/07 (Deutsche Internetversicherung) – verfügbar über die Homepage des Europäischen Gerichtshofs.
76 Vgl Erwägungsgrund Nr. 44 der Richtlinie über Lebensversicherungen; Erwägungsgrund Nr. 18 der 3. Richtlinie Schaden; vertiefend Beckmann/Matusche-Beckmann/*Mönnich*, § 2 Rn 13.
77 Richtlinie des Rates zur Koordinierung der Rechts- und Verwaltungsvorschriften für die Direktversicherung, ABl. EG L Nr. 228 vom 18.6.1992, S. 1.
78 Richtlinie des Rates zur Koordinierung der Rechts- und Verwaltungsvorschriften für die Direktversicherung (Leben), ABl. EG Nr. 360 vom 10.11.1992, S. 1.
79 Art. 31, 43 Abs. 2 und 3 der 3. Richtlinie Schaden; Art. 31 der 3. Richtlinie Leben.
80 Begr. RegE, BT-Drucks. 16/3945, S. 10.
81 ABl. EG L Nr. 345, S. 1; aufgehoben gem. Art. 310 der Richtlinie 2009/138/EG (Solvency II) iVm Art. 1 Nr. 2 der Richtlinie 2013/58/EU zum 1.1.2016.
82 Erwägungsgrund Nr. 1; *Lorenz*, VersR 2003, 175.
83 Art. 29 S. 1 der 3. Richtlinie Schaden; Art. 29 S. 1 der 3. Richtlinie Leben.
84 Ähnl. *Beckmann*, ZEuP 1999, 809, 814 f.
85 Richtlinie 2002/65/EG des Europäischen Parlaments und des Rates vom 23.9.2002 über den Fernabsatz von Finanzdienstleistungen an Verbraucher, ABl. EG L Nr. 271 vom 9.10.2002, S. 16; aufgehoben (s. Art. 31 der Richtlinie 2011/83/EU) und ersetzt durch die Richtlinie 2011/83/EU über die Rechte der Verbraucher, ABl. EU L 304 vom 22.11.2011, S. 64.
86 Richtlinie 2000/31/EG des Europäischen Parlaments und des Rates vom 8.6.2000 über bestimmte rechtliche Aspekte der Dienste der Informationsgesellschaft, insbesondere des

Einleitung

- Die **Richtlinie über Versicherungsvermittlung**[87] ist in den §§ 59 ff VVG umgesetzt worden. Aktuell wird eine neue Richtlinie über Versicherungsvermittlung (IMD II) diskutiert.[88]

Daneben hat die Europäische Union eine Reihe produktspezifischer Richtlinien erlassen, u.a. die **Richtlinie über die Rechtsschutzversicherung**[89] und die **Sechste Kraftfahrzeughaftpflicht-Richtlinie**.[90] Deutsches Recht ist im Rahmen des „nach innerstaatlicher Rechtstradition methodisch Erlaubten" richtlinienkonform auszulegen und anzuwenden.[91]   21

Das Internationale Versicherungsvertragsrecht findet sich seit dem 17.12.2009 in der **Verordnung (EG) Nr. 593/2008 vom 17.6.2008 über das auf vertragliche Schuldverhältnisse anzuwendende Recht (ROM I-Verordnung)**.[92] Die Verordnung regelt das Kollisionsrecht für VersVerträge – abgestuft nach der (abnehmenden) Freiheit der Rechtswahl[93] – in Art. 7. Das bisherige Kollisionsrecht (Art. 27–37 EGBGB; Art. 7–15 EGVVG) wurde aufgehoben,[94] bleibt aber gem. Art. 220 Abs. 1 EGBGB analog auf Altverträge anwendbar, die vor dem 17.12.2009 geschlossen wurden.[95]   22

Explizit berücksichtigt der Gesetzgeber den Binnenmarkt u.a. in der Rechtsschutz- (§ 127 Abs. 2 VVG) und der Krankenversicherung (§ 207 Abs. 3 VVG). In der Lebensversicherung (§ 169 Abs. 3 VVG) akzeptiert er bei der **Berechnung der Rückkaufswerte** EU- und EWR-ausländischer VR ausdrücklich alternative Berechnungsgrößen (Satz 3);[96] insb. im Lichte des EFTA-Urteils[97] könnte eine staatliche Produktregulierung ohne Rücksicht auf EU-/EWR-ausländische VR nämlich als unionsrechtswidrig einzustufen sein.   23

Die Projektgruppe „Restatement of European Insurance Contract Law" hat am 17.12.2007 den Entwurf eines **gemeinsamen Referenzrahmens für ein Europa-VVG (PEICL)** vorgelegt,[98] der als Nukleus eines – fakultativ zu vereinbarenden –   24

---

elektronischen Geschäftsverkehrs, im Binnenmarkt, ABl. EG L Nr. 178 vom 17.7.2000, S. 1; s.a. EuGH 16.10.2008 – C-298/07, VersR 2009, 485.
87 Richtlinie 2002/92/EG des Europäischen Parlaments und des Rates vom 9.12.2002 über Versicherungsvermittlung, ABl. EG L Nr. 9 vom 15.2.2003, S. 2; geändert durch Richtlinie 2014/65/EU vom 15.5.2014 über Märkte für Finanzinstrumente sowie zur Änderung der Richtlinien 2002/92/EG und 2011/61/EU, ABl. EU Nr. L 173 vom 12.6.2014, S. 349.
88 Vgl den Vorschlag für eine Richtlinie des Europäischen Parlaments und des Rates über Versicherungsvermittlung vom 3.7.2012, KOM(2012) 360 endg.; dazu *Werber*, VersR 2012, 1467.
89 Richtlinie 87/344/EWG des Rates vom 22.6.1987 zur Koordinierung der Rechts- und Verwaltungsvorschriften für die Rechtsschutzversicherung, ABl. EG L Nr. 185 vom 4.7.1987, S. 77; aufgehoben durch Art. 310 der Richtlinie 2009/138/EG iVm Art. 1 Nr. 2 der Richtlinie 2013/58/EU zum 1.1.2016.
90 Richtlinie 2009/103/EG des Europäischen Parlaments und des Rates vom 16.9.2009 über die Kraftfahrzeug-Haftpflichtversicherung, ABl. EU Nr. L 263 vom 7.10.2009, S. 11. Dazu *Franck*, VersR 2014, 13.
91 Dazu BVerfG 26.9.2011 – 2 BvR 2216/06 und 469/07, VersR 2012, 1281.
92 Rom I-Verordnung, ABl. EG L Nr. 177 vom 4.7.2008, S. 6. Dazu: *Looschelders/Smarawos*, VersR 2010, 1; *Katschthaler/Leichsenring*, r+s 2010, 45.
93 *Fricke*, VersR 2008, 443, 445; *Katschtaler/Leichsenring*, r+s 2010, 45, 47 ff.
94 Gesetz zur Anpassung der Vorschriften des Internationalen Privatrechts an die Verordnung (EG) Nr. 593/2008 vom 25.6.2009 (BGBl. I S. 1574, 1575).
95 *Looschelders/Smarawos*, VersR 2010, 1.
96 Vertiefend Beckmann/Matusche-Beckmann/*Brömmelmeyer*, § 42 Rn 163, 165.
97 EFTA-Gerichtshof 25.11.2005 – E-1/05, VersR 2006, 249 (*Bürkle*).
98 *Basedow/Birds/Clarke/Cousy/Heiss* (Hrsg.), Principles of European Insurance Contract Law (PEICL), 2009; s.a. Hrsg., Materialien, VersR 2008, 328 sowie *Loacker*, VersR 2009, 289; Looschelders/Pohlmann/*Loacker*, Vorbemerkung C. Rn 57; *Gal*, VersR 2009, 190.

gemeineuropäischen Versicherungsvertragsrechts konzipiert ist.[99] Eine entsprechende Rechtswahl als 29. Regime (neben den Rechtsregimes der heute 28 Mitgliedstaaten) sieht die ROM I-Verordnung (s. Rn 46) allerdings – anders als noch der Entwurf – nicht mehr vor.[100] Die EU-Kommission hat zudem am 17.1.2013 eine Expertengruppe eingesetzt,[101] die der Frage nachgehen sollte, ob die Unterschiede im Versicherungsvertragsrecht der Mitgliedstaaten grenzübergreifende Versicherungsgeschäfte erschweren. Der Bericht der Expertengruppen liegt seit dem 27.2.2014 vor[102] und besagt im Kern, dass die Disparität der (jeweils anwendbaren) nationalen Versicherungsvertragsrechte das grenzüberschreitende Massengeschäft erheblich beeinträchtigt.

25 **3. Deutsches Recht. a) Grundgesetz.** Der Einfluss des Grundgesetzes (GG) auf das Recht der Versicherungsverträge lässt sich aus der bereits referierten (s. Rn 7 f) Rspr des BVerfG ablesen, das v.a. die **allgemeine Handlungsfreiheit (Art. 2 Abs. 1 GG)** und die **Eigentumsgarantie (Art. 14 GG)** hervorhebt und auf dieser Basis sowohl die **Privatautonomie**, dh die Selbstbestimmung des Einzelnen im Rechtsleben,[103] als Rechtsprinzip verankert (s. Rn 7) als auch objektiv-rechtliche (staatliche) **Schutzaufträge** im Privatversicherungsrecht legitimiert.[104] Davon abgesehen hat das BVerfG – im Kontext der Berufsunfähigkeitsversicherung – auch das Recht des VN auf **informationelle Selbstbestimmung (Art. 2 Abs. 1 iVm Art. 1 GG)** hervorgehoben,[105] das die Gerichte als Teil des allgemeinen Persönlichkeitsrechts wirksam schützen müssen.[106] In der rechtspolitischen Diskussion über die Einführung einer **Bürgerversicherung** wird teils auch verfassungsrechtlich argumentiert.[107]

26 **b) Versicherungsvertragsgesetz, Einführungsgesetz und Nebengesetze. aa) Versicherungsvertragsgesetz. (1) VVG-Reform.** Herzstück des Privatversicherungsrechts ist das VVG 2008, das – anstelle des früheren VVG 1908 – als Art. 1 des **Gesetzes zur Reform des Versicherungsvertragsrechts** vom 23.11.2007[108] am 1.1.2008 in Kraft getreten ist (Art. 12 Abs. 1 S. 3 VVG-Reformgesetz); nur § 7 Abs. 2 und 3 VVG 2008 trat bereits am Tage nach der Verkündung des VVG-Reformgesetzes (29.11.2007), dh am 30.11.2007, in Kraft (Art. 12 Abs. 1 S. 2 VVG-Reformgesetz).[109]

27 Bereits geändert wurde das VVG 2008 durch

- Art. 3 des Zweiten Gesetzes zur Änderung des Pflichtversicherungsgesetzes und anderer versicherungsrechtlicher Vorschriften vom 10.12.2007,[110]
- Art. 9 des Pflege-Weiterentwicklungsgesetzes vom 28.5.2008,[111]

---

99 Vertiefend *Basedow*, ZEuP 2007, 280; *ders.*, in: FS Lorenz, 2004, S. 93; s. auch *Looschelders*, VersR 2013, 653.
100 Krit. *Fricke*, VersR 2008, 443, 453, 454.
101 Beschluss der Kommission vom 17.1.2013 zur Einsetzung einer Expertengruppe der Kommission für europäisches Versicherungsvertragsrecht, ABl. C 16 vom 19.1.2013, S. 6.
102 Final Report of the Expert Group, im Internet verfügbar über die Homepage der Kommission, GD Justiz.
103 S. nur BVerfG 26.7.2005 – 1 BvR 80/95, VersR 2005, 1127.
104 BVerfG 26.7.2005 – 1 BvR 80/95, VersR 2005, 1127, 1130 f, 1132.
105 BVerfG 23.10.2006 – 1 BvR 2027/02, VersR 2006, 1669 m. Anm. *Egger*, VersR 2007, 905; BVerfG 17.7.2013 – 1 BvR 3167/08, VersR 2013, 1425; im Einzelnen Schwintowski/Brömmelmeyer/*Klär*, § 213 Rn 4.
106 BVerfG 17.7.2013 – 1 BvR 3167/08, VersR 2013, 1425.
107 *Papier/Schröder*, VersR 2013, 1201 (Rechtsgutachten für den PKV-Verband).
108 BGBl. I S. 2631.
109 Umfassend zu der VVG-Reform Bruck/Möller/*Niederleithinger*, Einf. E.
110 BGBl. I S. 2833, 2834.
111 BGBl. I S. 874, 901.

- Art. 13 des Bilanzrechtsmodernisierungsgesetzes vom 25.5.2009,[112]
- Art. 2 des Gesetzes zur Anpassung der Vorschriften des Internationalen Privatrechts an die Verordnung (EG) Nr. 593/2008 vom 25.6.2009,[113]
- Art. 13a des Gesetzes zur Änderung arzneimittelrechtlicher und anderer Vorschriften vom 17.7.2009,[114]
- Art. 10 des Gesetzes zur Umsetzung der Verbraucherkreditrichtlinie, des zivilrechtlichen Teils der Zahlungsdiensterichtlinie sowie zur Neuordnung der Vorschriften über das Widerrufs- und Rückgaberecht vom 29.7.2009,[115]
- Art. 6 des Sozialversicherungs-Stabilisierungsgesetzes vom 14.4.2010,[116]
- Art. 3 des Gesetzes zur Anpassung der Vorschriften über den Wertersatz bei Widerruf von Fernabsatzverträgen und über verbundene Verträge vom 27.7.2011,[117]
- Art. 2 des Gesetzes zur Änderung von Vorschriften über Verkündung und Bekanntmachungen sowie der Zivilprozessordnung, des Gesetzes betreffend die Einführung der Zivilprozessordnung und der Abgabenordnung vom 22.12.2011,[118]
- Art. 1 des Gesetzes zur Änderung versicherungsrechtlicher Vorschriften vom 24.4.2013,[119]
- Art. 3 des Gesetzes zur Beseitigung sozialer Überforderung bei Beitragsschulden in der Krankenversicherung vom 15.7.2013,[120]
- Art. 9 des Gesetzes zur Umsetzung der Verbraucherrechterichtlinie und zur Änderung des Gesetzes zur Regelung der Wohnungsvermittlung vom 20.9.2013,[121]
- Art. 2 des Lebensversicherungsreformgesetzes (LVRG) vom 1.8.2014,[122]
- Art. 2 Abs. 49 des Gesetzes zur Modernisierung der Finanzaufsicht über Versicherungen vom 1.4.2015.[123]

Die **Übergangsvorschriften** regelt das VVG-Reformgesetz (Art. 2) im EGVVG (s. Rn 39 ff). 28

Die Reform orientiert sich an den „**Bedürfnissen eines modernen Verbraucherschutzes**",[124] ohne dass das VVG reines Verbraucherschutzrecht wäre:[125] Es schützt auch VN, die nicht Verbraucher iSv § 13 BGB sind. Der Reformgesetzgeber hielt insb. Kleinunternehmer und Freiberufler für ähnlich schutzbedürftig.[126] 29

Das Reformgesetz hält an bewährten Regelungen fest und überführt das Richterrecht, insb. die sog. Auge-und-Ohr-Rechtsprechung des BGH,[127] in eine gesetzliche Regelung. Die Reform dient auch dazu, „das Versicherungsvertragsrecht mit den 30

---

112 BGBl. I S. 1102, 1136.
113 BGBl. I S. 1574, 1575; dazu *Thume*, VersR 2009, 1342.
114 BGBl. I S. 1990, 2013.
115 BGBl. I S. 2355, 2387.
116 BGBl. I S. 410, 416.
117 BGBl. I S. 1600, 1607.
118 BGBl. I S. 3044, 3052.
119 BGBl. I S. 932.
120 BGBl. I S. 2423, 2424.
121 BGBl. I S. 3642, 3661.
122 BGBl. I S. 1330, 1332.
123 BGBl. I S. 434, 560. Inkrafttreten am 1.1.2016 (s. Art. 3 Abs. 1 S. 1).
124 BT-Drucks. 16/3945, S. 47.
125 *Niederleithinger*, VersR 2006, 437.
126 BT-Drucks. 16/3945, S. 59 f.
127 BGHZ 102, 194; BGH 27.2.2008 – IV ZR 270/06, VersR 2008, 765.

rechtspolitischen und -tatsächlichen Entwicklungen der letzten Jahrzehnte wieder in Einklang ... zu bringen".[128] Die **Rechtsänderungen** lassen sich am einfachsten anhand einer Synopse nachhalten.[129] Im **Mittelpunkt der VVG-Reform** standen

- die rechtzeitige **Information und Beratung** des VN (§§ 6 f VVG iVm der VVG-InfoV),[130] die sich maßgeblich auf die Mechanik des Vertragsschlusses auswirkt; s. § 1 Rn 45 ff),
- die **Aufgabe des Alles-oder-Nichts-Prinzips** (§ 28 Abs. 2 S. 2 VVG),[131]
- die Einführung eines **allgemeinen Widerrufsrechts** (§§ 8 f VVG),[132] eines Abschnitts über die **vorläufige Deckung** (§§ 49–52 VVG)[133] und die **laufende Versicherung** (§§ 53–58 VVG) sowie eines Direktanspruchs in der **Pflichtversicherung** (§ 115 Abs. 1 VVG) und
- die Reform der **Lebens-, Kranken- und Berufsunfähigkeitsversicherung**, insb. die Umsetzung der Rspr des BVerfG (s. Rn 8)[134] und des BGH[135] in der Lebensversicherung.

31 Im Hinblick auf das **Gesetzgebungsverfahren**[136] sind v.a. die **Materialien**[137] relevant, denn bei noch jungen Gesetzen ist eine historisch-teleologische Auslegung[138] in besonderem Maße geboten:[139]

- **Entwurf eines Gesetzes zur Reform des Versicherungsvertragsrechts** (Regierungsentwurf) vom 11.10.2006, BT-Drucks. 16/3945, S. 1;
- **Stellungnahme des Bundesrates** vom 24.11.2006, BT-Drucks. 16/3945, S. 125 ff;
- **Gegenäußerung der Bundesregierung** vom 20.12.2006, BT-Drucks. 16/3945, S. 130 ff;
- **Beschlussempfehlung und Bericht des Rechtsausschusses** des Deutschen Bundestages vom 20.6.2007, BT-Drucks. 16/5862, S. 1.

32 Hervorzuheben ist auch der **Abschlussbericht** der – von der früheren Bundesministerin der Justiz, *Hertha Däubler-Gmelin*, eingesetzten – **VVG-Kommission** vom 19.4.2004,[140] der den Regierungsentwurf in weiten Teilen prägt.

33 Seit Inkrafttreten des Gesetzes vom 29.7.2009 (s. Rn 26) am 11.6.2010 (s. Art. 11 Abs. 1) enthält § 8 Abs. 5 VVG iVm der Anlage ein **Muster für die Widerrufsbelehrung**. Im Interesse „uneingeschränkter Rechtssicherheit"[141] hat man das Muster –

---

128 BT-Drucks. 16/3945, S. 47.
129 U.a. bei *Staudinger/Kassing*, Das neue VVG – Eine synoptische Gegenüberstellung mit der alten Gesetzeslage, 2008; *Meixner/Steinbeck*, passim.
130 Vertiefend *Werber*, VersR 2008, 285; *Präve*, VersR 2008, 151; *Römer*, VersR 2007, 618; *Schimikowski*, r+s 2007, 133; *Heß/Burmann*, NJW-Spezial 2007, 111; zu den Informationspflichten in der Lebensversicherung *Brömmelmeyer*, VersR 2009, 584.
131 Vertiefend *Schwintowski*, VuR 2008, 1; *Marlow*, VersR 2007, 43; *Baumann*, r+s 2005, 1; *Steinbeck*, Die Sanktionierung von Obliegenheitsverletzungen nach dem Alles-oder-Nichts-Prinzip, 2007.
132 Vertiefend *Armbrüster*, r+s 2008, 493.
133 Vertiefend *Maier*, r+s 2006, 485.
134 U.a. BVerfG 26.7.2005 – 1 BvR 80/95, VersR 2005, 1127.
135 BGH 12.10.2005 – IV ZR 162/03, VersR 2005, 1565.
136 Ausf. *Niederleithinger*, S. 11 ff.
137 Vgl u.a. die Materialiensammlung von *Wehling/Präve*, Versicherungsvertragsrecht, 2008.
138 *Bydlinski*, Juristische Methodenlehre und Rechtsbegriff, 2. Aufl. 1991, S. 449 ff.
139 *Kramer*, Juristische Methodenlehre, 2. Aufl. 2005, S. 122 mwN.
140 Abgedr. u.a. bei *Lorenz* (Hrsg.), Abschlussbericht der Kommission zur Reform des Versicherungsvertragsrechts vom 19.4.2004, 2004.
141 Begr. RegE. BT-Drucks. 16/11643, S. 145.

anders als ursprünglich geplant – nicht durch Rechtsverordnung, sondern durch formelles Gesetz geregelt. Die Widerrufsfrist gem. § 8 Abs. 1 VVG beläuft sich nunmehr auf 14 Tage.

(2) Anwendungsbereich. Ist ein Vertrag als **Versicherungsvertrag** iSv § 1 VVG anzusehen (s. näher § 1 VVG Rn 4), so ist das VVG – als Besonderes Schuldrecht[142] – grds. anwendbar. Das gilt jedoch nicht für die **Rück-** und die **Seeversicherung** (§ 209 VVG). Rückversicherung ist die Versicherung der vom Erstversicherer übernommenen Gefahr;[143] Rechtsbeziehungen zwischen Rückversicherer und VN des Erstversicherers bestehen grds. nicht.[144] Daher soll es den Parteien freistehen, Inhalt und Reichweite der Rückversicherung grds. – unter Beachtung u.a. der §§ 134, 138 BGB – frei zu gestalten.[145]   34

Die **Seeversicherung** ist „Versicherung gegen die Gefahren der Seeschifffahrt"[146] und wird v.a. als Schiffskasko- und als Schiffsgüterversicherung auf der Basis der ADS 1919 und der ADS-Güter 1973, 1984 und 1994 sowie der DTV Güter 2000/2004/2008 und der DTV-ADS 2009 betrieben;[147] ihre gesetzliche Regelung (§§ 778 ff HGB aF) ist aufgehoben (Art. 4 VVG-Reformgesetz[148]); auf Versicherungsverhältnisse, die bis zum 1.1.2008 entstanden sind, waren die bisherigen HGB-Vorschriften allerdings bis zum 31.12.2008 weiter anzuwenden (Art. 63 EGHGB idF von Art. 5 Nr. 2 VVG-Reformgesetz).[149] Obwohl die Seeversicherung ausnahmslos Großrisiken betrifft, „Beschränkungen der Vertragsfreiheit" also ohnehin nicht zum Tragen gekommen wären (§ 210 VVG), befürchtete der Reformgesetzgeber, dass der Rückgriff auf den Allgemeinen Teil erhebliche Rechtsunsicherheiten im Hinblick auf die Inhaltskontrolle nach den §§ 307 ff BGB auslösen und dadurch die internationale Konkurrenzfähigkeit der Deutschen Seeversicherer gefährden könnte.[150]   35

Die Informations- und Beratungspflichten (§§ 6 f, 60–63 VVG) und das Widerrufsrecht (§§ 8 f VVG) sind auf **Großrisiken iSv Art. 10 Abs. 1 S. 2 EGVVG** nicht anwendbar (§§ 6 Abs. 6, 7 Abs. 5, 8 Abs. 3 S. 1 Nr. 4, 65 VVG). Ebenso wenig anwendbar sind die im VVG vorgesehenen „Beschränkungen der Vertragsfreiheit". Das heißt, dass die Parteien sowohl von den dem Schutz des VN dienenden halbzwingenden Regelungen (im Allgemeinen Teil: §§ 18, 32, 42, 52 Abs. 5 VVG; §§ 87 und 112 VVG) als auch von absolut zwingenden Bestimmungen, durch die bestimmte Vereinbarungen für unwirksam erklärt werden (zB §§ 105, 108 VVG), abweichen können. Die abweichende Regelung muss allerdings einer Inhaltskontrolle anhand der §§ 307 ff BGB standhalten.[151] Durch die Präzisierung der Verweisung (Art. 10 Abs. 1 S. 2 EGVVG) wird klargestellt, dass die Vorschrift auch anzuwenden ist, wenn es sich um ein Großrisiko im Ausland handelt. Dies kann insb. bei der Transportversicherung praktisch werden.[152]   36

---

142 *Kommission*, in: Lorenz (Hrsg.), Abschlussbericht der Kommission zur Reform des Versicherungsvertragsrechts vom 19.4.2004, S. 7 f unter 1.2.2.1.1.
143 RG 22.12.1939 – VII 139/39, RGZ 162, 244; RG 22.12.1936 – VII 137/36, RGZ 153, 184.
144 BGH 15.10.1969 – IV ZR 623/68, VersR 1970, 29; Begr. RegE, BT-Drucks. 16/3945, S. 115.
145 Im Einzelnen zur Rückversicherung *Looschelders*, VersR 2012, 1.
146 Begr. RegE, BT-Drucks. 16/3945, S. 115.
147 Dazu *Schwampe*, VersR 2009, 316.
148 BGBl. I 2007, S. 2631, 2668.
149 BGBl. I 2007, S. 2631, 2668; vgl *Niederleithinger*, A Rn 26.
150 Begr. RegE, BT-Drucks. 16/3945, S. 115.
151 BGH 2.12.1992 – IV ZR 135/91, BGHZ 120, 290; Begr. RegE, BT-Drucks. 16/3945, S. 115; Schwintowski/Brömmelmeyer/*Klär*, § 210 Rn 10.
152 Begr. RegE, BT-Drucks. 16/3945, S. 115.

Einleitung

37 Die Freistellung von den „Beschränkungen der Vertragsfreiheit" (§ 210 VVG) gilt auch für **laufende Versicherungen** (§§ 53 ff VVG). Dies hat lt. Begründung[153] „allerdings kaum eine praktische zusätzliche Bedeutung, da es sich in aller Regel um Verträge über ein Großrisiko handelt". Die laufende Versicherung spiele nur im gewerblich-kommerziellen Bereich als Versicherung laufender Geschäftsbeziehungen mit ständig wechselnden Einzelrisiken – insb. als Transport-, Kredit- und technische Versicherung – eine wichtige Rolle. Dort bedürfe der VN nicht des besonderen Schutzes durch halbzwingende Vorschriften.[154]

38 **(3) Regelungssystematik.** Das VVG 2008 ist wie folgt aufgebaut: **Teil 1 (Allgemeiner Teil)** enthält in **Kapitel 1 „Vorschriften für alle Versicherungszweige"** (§§ 1– 73), dh Allgemeine Vorschriften (Abschnitt 1, §§ 1–18) sowie Vorschriften über die Anzeigepflicht, die Gefahrerhöhung und die Obliegenheiten (Abschnitt 2, §§ 19–32), die Prämie (Abschnitt 3, §§ 33–42), die Versicherung für fremde Rechnung (Abschnitt 4, §§ 43–48), die vorläufige Deckung (Abschnitt 5, §§ 49–52), die laufende Versicherung (Abschnitt 6, §§ 53–58) und Versicherungsvermittler und Versicherungsberater (Abschnitt 7, §§ 59–73). **Kapitel 2** widmet sich der **Schadensversicherung** und enthält Allgemeine Vorschriften (Abschnitt 1, §§ 74–87) sowie Vorschriften für die Sachversicherung (Abschnitt 2, §§ 88–99). **Teil 2 (Einzelne Versicherungszweige)** befasst sich mit der Haftpflicht- (Kapitel 1, §§ 100–124), der Rechtsschutz- (Kapitel 2, §§ 125–129), der Transport- (Kapitel 3, §§ 130–141) und der Gebäudefeuerversicherung (Kapitel 4, §§ 142–149) sowie mit der Lebens- (Kapitel 5, §§ 150–171), Berufsunfähigkeits- (Kapitel 6, §§ 172–177), der Unfall- (Kapitel 7, §§ 178–191) und der Krankenversicherung (Kapitel 8, §§ 192–208). Daran schließt sich **Teil 3 (Schlussvorschriften)** an (§§ 209–216).

39 **bb) Einführungsgesetz zum Versicherungsvertragsgesetz. (1) Intertemporales Recht (Übergangsvorschriften).** Im Einführungsgesetz zum Versicherungsvertragsgesetz (EGVVG) vom 30.5.1908,[155] zuletzt geändert durch Art. 2 Abs. 51 des Gesetzes vom 1.4.2015,[156] finden sich insb. die **Übergangsvorschriften zum VVG-Reformgesetz** (Art. 1–7 EGVVG).[157]

40 Nach **Art. 1 Abs. 1 EGVVG** gilt: Auf Versicherungsverhältnisse, die bis zum Inkrafttreten des VVG vom 23.11.2007[158] am 1.1.2008 entstanden sind (**Altverträge**), ist das Gesetz über den Versicherungsvertrag [VVG 1908] in der bis dahin geltenden Fassung bis zum 31.12.2008 anzuwenden.[159] Das heißt: Das VVG 2008 ist grds. anwendbar

- seit dem 1.1.2008 auf alle Versicherungsverträge, die seitdem geschlossen worden sind (**Neuverträge**), und

- ab dem 1.1.2009 auch auf **Altverträge**.[160]

---

153 Begr. RegE, BT-Drucks. 16/3945, S. 115.
154 Begr. RegE, BT-Drucks. 16/3945, S. 115.
155 RGBl. S. 305.
156 BGBl. I S. 434, 560.
157 Vertiefend *Neuhaus*, r+s 2007, 441.
158 BGBl. I S. 2631.
159 Zu Einzelheiten s. *Neuhaus*, r+s 2007, 441; *Brand*, VersR 2011, 557. Aus der Rspr.: BGH 16.4.2014 – IV ZR 153/13, VersR 2014, 735 (Einrede der Verjährung gem. § 12 VVG aF); BGH 8.2.2012 – IV ZR 223/10, VersR 2012, 470 (Klagefrist gem. § 12 Abs. 3 VVG aF); LG Dortmund 16.11./28.12.2009 – 2 S 27/09, VersR 2010, 515 (Rechtsfolgen vorvertraglicher Anzeigepflichten bei Eintritt des Versicherungsfalles bis zum 31.12.2008) m. Anm. *Marlow*; OLG Karlsruhe 11.3.2010 – 9 U 77/09, VersR 2010, 900 (Altvertrag trotz Tarifwechsel).
160 Dazu u.a. KG 5.6.2012 – 6 U 150/11, VersR 2014, 181; LG Köln 7.10.2009 – 23 O 154/09, VersR 2010, 199 (Rücktritt gem. § 19 Abs. 2 VVG).

Daraus hat die Rspr[161] überwiegend entnommen, dass sich der **Gerichtsstand** bei 41
Klagen im Jahre 2008 noch nicht aus § 215 VVG ergeben kann, wenn und weil
der Kläger Ansprüche aus einem Altvertrag geltend macht.

Im Normalfall gilt eine Neuregelung nur für Verträge, die nach Inkrafttreten der 42
Neuregelung geschlossen werden, denn bereits bestehende Verträge genießen Bestandsschutz.[162] Davon weicht Art. 1 Abs. 1 EGVVG angesichts der Langfristigkeit
von Versicherungsverhältnissen aus zwei Gründen ab: (1) Die Parallelität von
VVG 1908 und VVG 2008 würde auf Dauer die Rechtssicherheit beeinträchtigen
und „kaum vertretbare praktische Schwierigkeiten"[163] mit sich bringen. (2) Die
Rechtsstellung des VN soll generell, also auch im Rahmen der Altverträge, gestärkt werden.[164] Die Erstreckung des neuen VVG auf Altverträge stellt eine **unechte Rückwirkung** dar, deren Zulässigkeit lt. Begründung nicht durch überwiegende schutzwürdige Bestandsinteressen der Betroffenen infrage gestellt wird.[165]

Im Hinblick auf **Altverträge** gilt allerdings – abweichend von Art. 1 Abs. 1 43
EGVVG – Folgendes:

- Ist ein **Versicherungsfall** bis zum 31.12.2008 eingetreten,[166] ist das VVG 1908 in der bis zum 31.12.2007 geltenden Fassung insoweit weiter anzuwenden (Art. 1 Abs. 2 EGVVG);[167] anderenfalls bestünde das Risiko, dass sich „bei Eintritt des Versicherungsfalls bestehende Ansprüche und Verpflichtungen" nachträglich ändern, weil auf die (veränderte) Rechtslage im Zeitpunkt der letzten mündlichen Verhandlung abzustellen wäre.[168]

- Im Hinblick auf den **Allgemeinen Teil** gilt: Auf Fristen nach **§ 12 Abs. 3 VVG 1908**, die vor dem 1.1.2008 begonnen haben, ist § 12 Abs. 3 VVG 1908 in der bis zum 31.12.2007 geltenden Fassung auch weiterhin anzuwenden (Art. 1 Abs. 4 EGVVG). §§ **69–73 VVG 2008** über die Vertretungsmacht des Versicherungsvertreters und der in § 73 VVG 2008 erfassten Versicherungsvermittler sind bereits vom 1.1.2008 – und nicht erst vom 1.1.2009 an – auf Altverträge anwendbar (Art. 2 Nr. 1 EGVVG). Ihre **Bedingungen** konnten die VR gem. § 1 Abs. 3 EGVVG an die neue Rechtslage anpassen (s. Rn 89 ff); haben sie darauf verzichtet, so riskieren sie im Falle der Inkompatibilität der Alt-AGB mit dem Neu-VVG Vertragslücken, die zu ihren Lasten gehen.[169]

- In der **Krankenversicherung** gilt: Die §§ **192–208 VVG 2008** (!) waren bereits vom 1.1.2008 an auf Altverträge anwendbar, wenn der VR dem VN die aufgrund dieser Vorschriften (Art. 1 Abs. 3 EGVVG) geänderten AVB und Tarifbestimmungen unter Kenntlichmachung der Unterschiede spätestens einen Monat vor dem Zeitpunkt in Textform mitgeteilt hat, zu dem die Änderungen

---

161 OLG Bamberg 21.9.2010 – 1 W 39/10, VersR 2011, 513; OLG Naumburg 15.10.2009 – 4 W 35/09, VersR 2010, 374; OLG Hamm 20.5.2009 – I-20 U 110/08, VersR 2009, 1345; OLG Stuttgart 18.11.2008 – 7 AR 8/08, VersR 2009, 246; ebenso: OLG Hamburg 30.3.2009 – 9 W 23/09, VersR 2009, 531; LG Osnabrück 30.1.2009 – 9 O 2685/08, VersR 2009, 1101; LG Berlin 8.12.2008 – 7 O 251/08, VersR 2009, 386; **aA**: OLG Köln 9.6.2009 – 9 W 36/09, VersR 2009, 1347; OLG Saarbrücken 23.9.2008 – 5 W 220/08-83, VersR 2008, 1337; LG Hechingen 15.12.2008 – 1 O 240/08, VersR 2009, 665; s.a. *Wagner*, VersR 2009, 1589.
162 Begr. RegE, BT-Drucks. 16/3945, S. 118.
163 Begr. RegE, BT-Drucks. 16/3945, S. 118.
164 Begr. RegE, BT-Drucks. 16/3945, S. 118.
165 Begr. RegE, BT-Drucks. 16/3945, S. 118.
166 Dazu OLG Oldenburg 29.3.2012 – 5 U 11/11, VersR 2012, 1501 (Beweislast).
167 Dazu im Hinblick auf den Rücktritt nach Eintritt des Versicherungsfalles *Grote/Finkel*, VersR 2009, 312; OLG Frankfurt 20.4.2011 – 7 U 124/10, VersR 2012, 1105.
168 Begr. RegE, BT-Drucks. 16/3945, S. 118.
169 BGH 12.10.2011 – IV ZR 199/10, VersR 2011, 1550; dazu *Armbrüster*, VersR 2012, 9; *Günther*, VersR 2012, 549.

wirksam werden sollen (Art. 2 Nr. 2 EGVVG; s.a. Rn 44). „Um die Belange der versicherten Personen und die dauernde Erfüllung der bestehenden Krankenversicherungsverhältnisse auf Dauer zu gewährleisten", hielt die Bundesregierung es für erforderlich, „Vorsorge zu treffen, dass die bestehenden Krankenversicherungsverhältnisse mit den unter neuem Recht zu schließenden Verträgen gemeinsam beobachtet und kalkuliert werden können".[170]

- In der **Lebensversicherung** gilt: § 153 VVG 2008 (Überschussbeteiligung) ist auf Altverträge nicht anzuwenden, wenn eine Überschussbeteiligung nicht vereinbart worden ist (Art. 4 Abs. 1 S. 1 EGVVG). Denn „Verträge, die bisher keine Überschussbeteiligung vorsehen, werden [auch] durch das neue Recht nicht zu überschussberechtigten Verträgen".[171] Ist eine Überschussbeteiligung vereinbart, ist § 153 VVG 2008 ab dem 1.1.2008 auf Altverträge anzuwenden; vereinbarte Verteilungsgrundsätze gelten als angemessen (Art. 4 Abs. 1 S. 2 EGVVG).[172] Davon abgesehen ist auf Altverträge anstelle von § 169 VVG 2008, auch soweit auf ihn verwiesen wird, § 176 VVG 1908 in der bis zum 31.12.2007 geltenden Fassung weiter anzuwenden (Art. 4 Abs. 2 EGVVG).

- In der **Berufsunfähigkeitsversicherung** sind §§ 172, 174–177 VVG 2008 nicht auf Altverträge anzuwenden (Art. 4 Abs. 3 VVG 2008); etwas anderes gilt für § 173 VVG, weil er „einem dringenden Bedürfnis der Praxis entspricht".[173]

44 Bleibt der Hinweis, dass die Neuregelung in der **Krankenversicherung** (§§ 192–208 VVG 2008) nur bis zum 31.12.2008 galt. Die Novelle des Art. 43 GKV-WSG[174] hebt Art. 10 VVG-Reformgesetz wieder auf. Art. 11 Abs. 1 VVG-Reformgesetz, der erst am 1.1.2009 in Kraft trat (Art. 12 Abs. 2 VVG-Reformgesetz), lässt sie – angepasst an das VVG 2008 – wieder aufleben. Danach sind die privaten Krankenversicherungsunternehmen insb. verpflichtet, einen Basistarif einzuführen (§ 193 Abs. 5 VVG; s. Rn 9).[175]

45 Darüber hinaus enthält das EGVVG Übergangsvorschriften zur **Verjährung** (Art. 3) und zu den **Rechten der Gläubiger von Grundpfandrechten in der Gebäudefeuerversicherung** (Art. 5). Nach Art. 6 EGVVG gilt das VVG 2008 nicht für die in § 190 VVG 1908 aufgeführten Altverträge bei Innungsunterstützungskassen und Berufsgenossenschaften.

46 (2) Internationales Privatrecht. Das EGVVG regelte früher auch das **Europäische Internationales Versicherungsvertragsrecht** (Art. 7–15 EGVVG), dh das Kollisionsrecht im EU-/EWR-Raum,[176] das auf Richtlinienrecht beruht.[177] Die **ROM I-Verordnung** (s. Rn 22) hat diese Regelung jedoch ersetzt (s. Art. 28).[178]

47 cc) Nebengesetze. Die **Verordnung über Informationspflichten bei Versicherungsverträgen** (VVG-Informationspflichtenverordnung – VVG-InfoV) vom 18.12.2007[179] konkretisiert die in § 7 Abs. 1 VVG vorgesehenen Informationspflichten des VR. Nach § 7 VVG-InfoV konnte der VR die in der VVG-Informationspflichtenverordnung bestimmten Informationspflichten allerdings **bis zum**

---

170 Begr. RegE, BT-Drucks. 16/3945, S. 118.
171 Begr. RegE, BT-Drucks. 16/3945, S. 119.
172 Vertiefend Beckmann/Matusche-Beckmann/*Brömmelmeyer*, § 42 Rn 30.
173 Begr. Beschlussempfehlung des Rechtsausschusses, BT-Drucks. 16/5862, S. 101.
174 Gesetz zur Stärkung des Wettbewerbs in der gesetzlichen Krankenversicherung (GKV-Wettbewerbsstärkungsgesetz – GKV-WSG) vom 26.3.2007 (BGBl. I S. 378), geändert durch Art. 6 des Gesetzes vom 20.7.2007 (BGBl. I S. 1595).
175 Dazu *Sodan*, NJW 2007, 1313, 1319 f; *Richter*, DStR 2007, 810, 811 f.
176 Dazu *Fricke*, VersR 2008, 443; *ders.*, VersR 2006, 745; *Heiss*, VersR 2006, 185.
177 Beckmann/Matusche-Beckmann/*Roth*, § 4 Rn 6.
178 *Katschtaler/Leichsenring*, r+s 2010, 45, 46; *Looschelders/Smarowos*, VersR 2010, 1.
179 BGBl. I S. 3004; abgedr. u.a. in VersR 2008, 183 f.

30.6.2008 auch dadurch erfüllen, dass er nach den Vorgaben des bis zum 31.12.2007 geltenden Rechts informierte.

c) **Versicherungsaufsichtsgesetz.** Das Gesetz über die Beaufsichtigung der Versicherungsunternehmen (Versicherungsaufsichtsgesetz – VAG) ist idF der Bekanntmachung vom 17.12.1992[180] Rechtsgrundlage der staatlichen Kontrolle der VR, die primär in den Händen der **Bundesanstalt für Finanzdienstleistungsaufsicht** (BaFin) liegt. Eckpfeiler der Beaufsichtigung sind (1) das Konzessionssystem (§§ 5 ff VAG) und (2) die laufende Rechts- und Finanzaufsicht (§§ 81 ff VAG). Ihre Funktion besteht darin, die kollektiven „Belange der Versicherten" (§ 81 Abs. 1 S. 2 VAG) zu schützen[181] und die Funktionsfähigkeit des Versicherungswesens zu gewährleisten.[182] Durch die **Deregulierung** der Versicherungsmärkte[183] ist die (frühere) hoheitliche Präventivkontrolle der Bedingungen und Tarife entfallen.[184] Trotzdem wirkt sich das VAG noch immer nachhaltig auf das Versicherungsvertragsrecht aus: Es enthält u.a. Vorgaben für den **Inhalt der AVB** (§ 10 VAG), die **Konzeption der Antragsformulare** (§ 10a Abs. 1 VAG), die **Bestandsübertragung** (§ 14 VAG) und die **Behandlung der VN im Versicherungsverein auf Gegenseitigkeit** (§§ 15 ff VAG). Umgekehrt verweist auch das VVG vielfach auf das VAG (vgl §§ 16 Abs. 2, 154 Abs. 1, 169 Abs. 4, 203 Abs. 1 und 2, 211 Abs. 1 VVG). Berührungspunkte ergeben sich auch daraus, dass die **Missstandsaufsicht** (§ 81 Abs. 2 S. 1, Abs. 1 S. 4 VAG) der BaFin die **Kontrolle Allgemeiner Versicherungsbedingungen** umfasst.[185]

Besonders sichtbar wird der Einfluss des VAG in der **Lebens- und Krankenversicherung**: Die Überschussbeteiligung gem. § 153 Abs. 1 VVG richtet sich v.a. nach aufsichtsrechtlichen Maßstäben; so beschränkt sich die Beteiligung an den Bewertungsreserven gem. § 56a Abs. 3 VAG auf die Beträge, die den aufsichtsrechtlichen „Sicherungsbedarf" (Abs. 4) übersteigen. Darüber hinaus wirken sich auch die Mindestzuführungsquote zur Rückstellung für Beitragsrückerstattung (RfB) (§ 81c VAG iVm der MindZV[186]) sowie die in der RfB-Verordnung[187] auf der Basis von § 56b Abs. 2 S. 2 VAG geregelte Einrichtung kollektiver Teilrückstellungen nachhaltig auf die Höhe der Überschussbeteiligung aus.

§ 203 Abs. 1 VVG überführt die aufsichtsrechtlichen Maßstäbe für die Kalkulation der Prämie in der nach Art der Lebensversicherung betriebenen **Krankenversicherung** – §§ 12, 12a und 12e VAG iVm § 12c VAG sowie die Kalkulationsverordnung vom 18.11.1996[188] und die Überschussverordnung vom 8.11.1996[189] – in ein vertragsrechtlich verbindliches und richterlich uneingeschränkt überprüfbares

---

180 BGBl. I 1993 S. 2.
181 Prölss/*Präve*, VAG, Vorbem. Rn 56.
182 BVerfG 26.7.2005 – 1 BvR 80/95, VersR 2005, 1127, 1133; s.a. *Eilert*, VersR 2009, 709.
183 Drittes Durchführungsgesetz/EWG zum VAG vom 21.7.1994 (BGBl. I S. 1630, 3134).
184 Zu Einzelheiten s. Prölss/*R. Schmidt*/*Präve*, VAG, Vorbem. Rn 40–42; *Präve*, VW 1994, 800; *ders.*, ZfV 1996, 58.
185 *Präve*, Versicherungsbedingungen und AGB-Gesetz, 1998, Rn 45 ff.
186 Verordnung über die Mindestbeitragsrückerstattung in der Lebensversicherung (Mindestzuführungsverordnung – MindZV) vom 4.4.2008 (BGBl. I S. 690), geändert durch Art. 6 des Gesetzes vom 1.8.2014 (BGBl. I S. 1330, 1332).
187 Verordnung über den kollektiven Teil der Rückstellung für Beitragsrückerstattung (RfB-Verordnung – RfBV) vom 10.3.2015 (BGBl. I S. 300).
188 Verordnung über die versicherungsmathematischen Methoden zur Prämienkalkulation und zur Berechnung der Alterungsrückstellung in der privaten Krankenversicherung (Kalkulationsverordnung – KalV) vom 18.11.1996 (BGBl. I S. 1783), zuletzt geändert durch Art. 1 der Verordnung vom 29.1.2013 (BGBl. I S. 160).
189 Verordnung zur Ermittlung und Verteilung von Überzins und Überschuss in der Krankenversicherung (Überschussverordnung – ÜbschV) vom 8.11.1996 (BGBl. I S. 1687), zuletzt geändert durch Art. 1 der Verordnung vom 16.12.2014 (BGBl. I S. 2219).

Rechtsregime für den individuellen Krankenversicherungsvertrag,[190] das gem. § 208 S. 1 VVG nicht zum Nachteil des VN oder der versicherten Person abgewandelt werden kann.

51 **d) Sonstige Rechtsquellen.** Neben spezifischen, auf bestimmte Versicherungszweige bezogenen Rechtsquellen, zB dem Pflichtversicherungsgesetz (**PflVG**) vom 5.4.1965[191] und der Kraftfahrzeug-Pflichtversicherungsverordnung (**KfzPflVV**) vom 29.7.1994,[192] wirken sich auch eine Reihe allgemeiner Rechtsquellen auf den Versicherungsvertrag aus:

52 **aa) Bürgerliches Gesetzbuch.** Der Versicherungsvertrag ist mehrseitiges **Rechtsgeschäft** und **gegenseitiger Vertrag** (s. § 1 VVG Rn 34) iSd Bürgerlichen Rechts. Folgerichtig ist auch die **Rechtsgeschäftslehre** (§§ 104 ff BGB) auf den Versicherungsvertrag anwendbar. Hinzu kommt die **Kontrolle Allgemeiner Versicherungsbedingungen** anhand der §§ 305 ff BGB (s. näher Rn 72 ff). Fehlt eine gesonderte Regelung im VVG, ist generell auf das BGB zurückzugreifen.[193] Dabei ist das **Primat des VVG** zu beachten. So kommt zB eine Haftung des VN aus culpa in contrahendo (§§ 280 Abs. 1, 241 Abs. 2, 311 Abs. 2 BGB) über die Rechtsfolgen der §§ 19 ff VVG hinaus nicht in Betracht,[194] weil sie das abschließende Regelungssystem des VVG unterlaufen würde.[195] In Einzelfällen verweist das VVG ausdrücklich auf das BGB (zB § 4 Abs. 1 VVG).

53 Der BGH weist in stRspr darauf hin, dass **Treu und Glauben** (§ 242 BGB) im Versicherungsvertragsrecht eine gesteigerte Bedeutung zukommt.[196] In der **Krankenversicherung** vertritt der BGH[197] sogar, dass „der VN bei der Inanspruchnahme einer besonders kostenträchtigen und nicht vital lebensnotwendigen Behandlung in angemessener Weise Rücksicht auf den VR und die Versichertengemeinschaft nehmen" müsse (zum Begriff der Risikogemeinschaft s. § 1 VVG Rn 16).[198] Der VR brauche deshalb jedenfalls ganz unverhältnismäßige Kosten nicht zu erstatten,[199] weil „das private Versicherungsverhältnis ... in besonderem Maß den Grundsätzen von Treu und Glauben (§ 242 BGB)" unterworfen sei.[200] Diese Rspr ist jedoch abzulehnen. Hat der Krankenversicherer ein eindeutiges Leistungsversprechen abgegeben, kann die Inanspruchnahme der geschuldeten Leistung grds. nicht als unzulässige Rechtsausübung anzusehen sein; sittenwidrig überhöhte Behandlungskosten braucht schließlich weder der VN noch der VR zu bezahlen (§ 138 BGB).[201]

---

190 BGH 16.6.2004 – IV ZR 117/02, BGHZ 159, 323 = NJW 2004, 2679; BGH 20.12.2006 – IV ZR 175/05, NJW-RR 2007, 385; *Renger*, VersR 1995, 866, 872; *Werber*, in: FS Winter, S. 599, 611.
191 BGBl. I S. 213 mit späteren Änderungen. Siehe dazu auch die Kommentierung in diesem Werk.
192 BGBl. I S. 1837 mit späteren Änderungen. Siehe dazu auch die Kommentierung in diesem Werk.
193 BK/*Dörner*, Einl. Rn 24; Prölss/Martin/*Prölss*, 28. Aufl., Vorbem. I Rn 9.
194 BGH 7.2.2007 – IV ZR 5/06, VersR 2007, 630.
195 Dagegen *Schäfers*, VersR 2010, 301.
196 BGH 21.9.2005 – IV ZR 113/04, NJW 2005, 3783, 3784; BGH 7.6.1989 – IVa ZR 101/88, VersR 1989, 842; vgl auch BK/*Dörner*, Einl. Rn 92 ff. Zur historischen Bedeutung von Treu und Glauben *Möller*, Versicherung und Treu und Glauben, 1938, S. 37; s. auch BGH 16.7.2014 – IV ZR 88/13, VersR 2014, 1118, 1120 (widersprüchliches Verhalten als Verstoß gegen Treu und Glauben).
197 BGH 21.9.2005 – IV ZR 113/04, NJW 2005, 3783, 3784; BGH 12.3.2003 – IV ZR 278/01, VersR 2003, 581, 585 („Privatklinik"); BGH 17.12.1986 – IVa ZR 78/85, BGHZ 99, 228, 235.
198 BGH 12.3.2003 – IV ZR 278/01, VersR 2003, 581, 585.
199 BGH 12.3.2003 – IV ZR 278/01, VersR 2003, 581, 585.
200 BGH 12.3.2003 – IV ZR 278/01, VersR 2003, 581, 585.
201 Vertiefend Schwintowski/Brömmelmeyer/*Brömmelmeyer*, § 192 Rn 57; zust. Looschelders/Pohlmann/*Looschelders*, Vorbemerkung A. Rn 69.

bb) Handelsgesetzbuch. Das Handelsgesetzbuch (HGB) wirkt sich nur am Rande 54
auf Versicherungsverträge aus. Immerhin beeinflusst es die **Überschussbeteiligung**
(§ 153 Abs. 1 VVG) in der **Lebensversicherung**,[202] die sich nach dem „Rohüberschuss" richtet.[203] Da der Rohüberschuss auf der Basis des Bilanzrechts (§§ 246 ff
HGB) und damit auch des Imparitätsprinzips[204] ermittelt wird, wurden die VN
früher nur an stillen Reserven beteiligt, die während der Laufzeit ihrer Lebensversicherung realisiert wurden (Realisationsprinzip). Das BVerfG[205] hat die frühere
Rechtslage beanstandet, der Reformgesetzgeber hat darauf mit § 153 Abs. 1 und 3
VVG reagiert.

cc) Allgemeines Gleichbehandlungsgesetz. Nach Maßgabe des Allgemeinen 55
Gleichbehandlungsgesetzes (AGG) vom 14.8.2006[206] ist eine Benachteiligung aus
Gründen der Rasse oder wegen der ethnischen Herkunft, wegen des Geschlechts,
der Religion, einer Behinderung, des Alters oder der sexuellen Identität bei der Begründung, Durchführung oder Beendigung privatrechtlicher Versicherungsverhältnisse unzulässig (§ 19 Abs. 1 Nr. 2 AGG).[207] Kosten im Zusammenhang mit
Schwangerschaft und **Mutterschaft** dürfen auf keinen Fall zu unterschiedlichen
Prämien oder Leistungen führen (§ 20 Abs. 2 S. 1 AGG). Eine unterschiedliche Behandlung wegen der Religion, einer Behinderung, des Alters oder der sexuellen
Identität ist im Falle des § 19 Abs. 1 Nr. 2 AGG nur zulässig, wenn diese auf anerkannten Prinzipien risikoadäquater Kalkulation beruht, insbesondere auf einer
versicherungsmathematisch ermittelten Risikobewertung unter Heranziehung statistischer Erhebungen (§ 20 Abs. 2 S. 2 AGG).

Die **geschlechtsabhängige Tarifierung** verstößt gegen Europäisches Recht. Ihre Re- 56
gelung in § 20 Abs. 2 S. 1 AGG aF stand zwar in Einklang mit Art. 5 Abs. 2 der
Gender-Richtlinie (Richtlinie 2004/113/EG). Die Richtlinie war ihrerseits jedoch
unvereinbar mit dem Gleichbehandlungsgrundsatz aus Art. 6 Abs. 2 EU-Vertrag
iVm Art. 21 Abs. 1 und 23 Abs. 1 der Charta der Grundrechte der Europäischen
Union:[208] Das Geschlecht ist nicht verfügbar. Daher kann bspw ein junger Mann,
der eine Risikolebensversicherung abgeschlossen hat, noch so vorsichtig sein und
noch so gesundheitsbewusst leben – er wird statistisch gesehen, aufgrund riskanterer Lebensgewohnheiten seiner gleichaltrigen Geschlechtsgenossen, immer ein erhöhtes Risiko darstellen. Darin liegt eine Diskriminierung gegenüber gleichaltrigen
Frauen, die im Einzelfall risikofreudiger sein können, statistisch gesehen jedoch risikoaverser sind. Die Bildung von Risikokollektiven darf insoweit nicht an das
nicht verfügbare Geschlecht, sie muss an das grds. verfügbare Risikoverhalten anknüpfen. Der EuGH hat Art. 5 Abs. 2 der Richtlinie mit Wirkung vom 21.12.2012
für ungültig erklärt (**Test-Achats**).[209] Eine solche Bestimmung, die es den Mitgliedstaaten gestatte, eine Ausnahme von der Regel geschlechtsneutraler Prämien und
Leistungen unbefristet aufrechtzuerhalten, laufe der Verwirklichung des mit der
Richtlinie 2004/113 verfolgten Ziels der Gleichbehandlung von Frauen und Männern zuwider und sei mit den Art. 21 und 23 der Charta unvereinbar.[210] Die Be-

---

202 Grundlegend *Ebers*, Die Überschussbeteiligung in der Lebensversicherung, passim.
203 Zu Einzelheiten s. Beckmann/Matusche-Beckmann/*Brömmelmeyer*, § 42 Rn 275.
204 *Baetge*, Bilanzen, 9. Aufl. 2007, S. 137 ff.
205 BVerfG 26.7.2005 – 1 BvR 80/95, VersR 2005, 1127 m. Anm. *Brömmelmeyer*, WuB IV
F. § 2 ALB 1.06.
206 BGBl. I S. 1897, zuletzt geändert durch Art. 8 des Gesetzes vom 3.4.2013 (BGBl. I
S. 610, 615).
207 Krit. *Armbrüster*, VersR 2006, 1297 ff.
208 EuGH 1.3.2011 – Rs. C-236/09, VersR 2011, 377; ausf. Schlussanträge der Generalanwältin *Juliane Kokott* vom 30.9.2010 in der Rechtssache C-236/09, VersR 2010, 1571.
209 EuGH 1.3.2011 – Rs. C-236/09, VersR 2011, 377; krit. *Looschelders*, VersR 2011,
421; s. zu den Folgen des EuGH-Urteils auch *Beyer/Britz*, VersR 2013, 1219.
210 EuGH 1.3.2011 – Rs. C-236/09 (Rn 32), VersR 2011, 377.

stimmung sei daher nach Ablauf einer angemessenen Übergangszeit als ungültig anzusehen.[211] Bei Versicherungsverhältnissen, die vor dem 21.12.2012 begründet worden sind, ist eine unterschiedliche Behandlung wegen des Geschlechts im Falle des § 19 Abs. 1 Nr. 2 AGG bei Prämien oder Leistungen nach wie vor zulässig, wenn dessen Berücksichtigung bei einer auf relevanten und genauen versicherungsmathematischen und statistischen Daten beruhenden Risikobewertung ein bestimmender Faktor ist (s. § 33 Abs. 5 S. 1 AGG).[212]

57 Nimmt ein VR den Umstand, dass eine Versicherungsnehmerin bei Beantragung eines Krankenversicherungsvertrages Schwangerschaftskomplikationen nicht angegeben hat, zum Anlass für einen Rücktritt und eine Kündigung, so liegt darin ein Verstoß gegen (heute) § 20 Abs. 2 S. 1 AGG.[213] Nach Meinung des AG Hannover verstößt es nicht gegen (heute) § 20 Abs. 2 S. 1 AGG, wenn ein VR die Annahme eines Antrags auf Abschluss einer Krankenversicherung bei bereits bestehender Schwangerschaft von der Vereinbarung eines Leistungsausschlusses für diese und die anschließende Entbindung abhängig macht.[214] Diese Sichtweise ist indes mit Erwägungsgrund Nr. 20 der der Vorschrift zugrunde liegenden Richtlinie 2004/113/EG unvereinbar. Danach ist eine Schlechterstellung von Frauen aufgrund von Schwangerschaft als unzulässige direkte Diskriminierung einzustufen.[215]

58 Lehnt ein VR die Annahme eines Antrags auf Abschluss einer Krankenhauszusatzversicherung ab, weil der Antragsteller an myotoner Dystrophie leidet und deswegen zu 100 % behindert ist, so verstößt er nicht gegen das Benachteiligungsverbot aus § 19 Abs. 1 Nr. 2 AGG.[216] Eine unmittelbare Benachteiligung scheidet nach Meinung des OLG Karlsruhe aus, weil sich der VR unter Berufung auf die (genetisch bedingte) Erkrankung des Antragstellers (Dystrophie) und nicht unter Berufung auf seine daraus resultierende Behinderung geweigert hat, zu kontrahieren. Eine mittelbare Diskriminierung komme in Betracht, sei jedoch sachlich gerechtfertigt, weil sich risikoadäquate Beitragszuschläge nicht verlässlich ermitteln ließen.[217]

59 **dd) Versicherungsvermittlungsverordnung.** Die Verordnung über die Versicherungsvermittlung und -beratung (Versicherungsvermittlungsverordnung – VersVermV) vom 15.5.2007[218] basiert auf §§ 11a Abs. 5, 34d Abs. 8 und 34e Abs. 3 S. 2–4 GewO; sie regelt gewerberechtliche Fragen der Versicherungsvermittlung (zB Prüfung der Sachkunde, §§ 1–4) und ergänzt die vertragsrechtliche Regelung u.a. um statusbezogene Informationspflichten des Versicherungsvermittlers (§ 11).

III. Allgemeine Versicherungsbedingungen (AVB)

60 **1. Begriff und Funktion.** Inhalt und Reichweite des Versicherungsschutzes ergeben sich in erster Linie aus den Allgemeinen Versicherungsbedingungen (AVB). Das

---

211 EuGH 1.3.2011 – Rs. C-236/09 (Rn 33), VersR 2011, 377.
212 Dazu *Purnhagen*, NJW 2013, 113, der § 33 Abs. 5 AGG für europarechtswidrig hält; s. auch *Hoffmann*, VersR 2012, 1073.
213 OLG Hamm 12.1.2011 – 20 U 102/10, I-20 U 102/10, VersR 2011, 514.
214 AG Hannover 26.8.2008 – 534 C 5012/08, VersR 2009, 348.
215 Vgl Erwägungsgrund Nr. 20, Richtlinie 2004/113/EG des Rates vom 13.12.2004 zur Verwirklichung des Grundsatzes der Gleichbehandlung von Männern und Frauen beim Zugang zu und bei der Versorgung mit Gütern und Dienstleistungen, ABl. EG L Nr. 373 vom 21.12.2004, S. 39.
216 OLG Karlsruhe 27.5.2010 – 9 U 156/09, VersR 2010, 1163.
217 OLG Karlsruhe 27.5.2010 – 9 U 156/09, VersR 2010, 1163.
218 BGBl. I S. 733, 1967; zuletzt geändert durch Art. 2 Abs. 34 des Gesetzes vom 1.4.2015 (BGBl. I S. 434, 560).

„nicht mit den Händen zu greifende",[219] „unsichtbare Produkt"[220] der Versicherung gewinnt erst durch die AVB Kontur; sie geben „der Idee [erst] die feste Gestalt".[221] Ihre **Funktion** besteht in der Produktfestlegung und -beschreibung,[222] der Errichtung einer „rechtlichen Rahmenordnung" für den Versicherungsvertrag,[223] der Risikostandardisierung[224] und der Information des VN,[225] der seine Rechte und Pflichten vollständig aus den AVB soll ablesen können (vgl § 10 Abs. 1 VAG). Dementsprechend verlangt § 7 Abs. 1 S. 1 VVG die rechtzeitige **Mitteilung der AVB in Textform** (§ 126 b BGB).

Allgemeine Versicherungsbedingungen sind alle für eine Vielzahl von Versicherungsverträgen vorformulierten Vertragsbedingungen, die der VR dem VN bei Abschluss des Vertrages stellt (§ 305 Abs. 1 S. 1 BGB; vgl auch § 310 Abs. 3 Nr. 1 BGB). Auch von den VR vorformulierte **Antragsformulare** können AVB enthalten.[226] Den **Antragsfragen** fehlt im Normalfall allerdings der Regelungscharakter. Daher sind sie keine AVB,[227] sind aber so auszulegen, als ob sie AVB wären.[228] Gleichgültig ist, ob die Bestimmungen einen äußerlich gesonderten Bestandteil des Vertrages bilden oder in die Vertragsurkunde selbst aufgenommen werden, welchen Umfang sie haben, in welcher Schriftart sie verfasst sind und welche Form der Vertrag hat (§ 305 Abs. 2 S. 2 BGB). In der Praxis sind AVB typischerweise nicht verhandelbar.[229] 61

Unter den Begriff der Allgemeinen Versicherungsbedingungen fallen auch **Besondere Bedingungen, Tarifbeschreibungen und Tarifbedingungen**.[230] Maßstab ist allein § 305 Abs. 1 BGB; auf die Bezeichnung durch den VR kommt es nicht an.[231] 62

Seit der **Deregulierung** auf der Basis der „Dritten Richtlinien" (s. Rn 20)[232] steht es jedem VR frei, unternehmenseigene AVB zu verwenden.[233] Diese Freiheit der Produktgestaltung führt dazu, dass die Heterogenität der Produkte steigt und die Markttransparenz sinkt.[234] Diese Entwicklung wird teils allerdings kompensiert durch die **Informationspflichten** (früher: § 10 a VAG iVm Anlage D; nunmehr: § 7 Abs. 1 VVG iVm der VVG-InfoV) und den **fakultativen Rückgriff auf die Musterbedingungen:** Der Gesamtverband der Deutschen Versicherungswirtschaft e.V. (GDV) hat eine Reihe von Musterbedingungen entwickelt, die gem. Art. 1 lit. c 63

---

219 *Martin*, Sachversicherungsrecht, 3. Aufl. 1992, A. V Rn 2.
220 *Martin*, VersR 1984, 1107, 1108.
221 *Prölss*, VP 1936, 129.
222 *Präve*, Versicherungsbedingungen und AGB-Gesetz, 1998, Rn 2.
223 *Dreher*, Die Versicherung als Rechtsprodukt, 1991, S. 162.
224 MüKo-BGB/*Basedow*, 4. Aufl. 2003, § 307 Rn 177.
225 *Präve*, Versicherungsbedingungen und AGB-Gesetz, 1998, Rn 2.
226 BGH 18.12.1996 – IV ZR 60/96, VersR 1997, 345; BGH 7.2.1996 – IV ZR 16/95, VersR 1996, 485; *Präve*, Versicherungsbedingungen und AGB-Gesetz, 1998, Rn 110.
227 OLG Saarbrücken 1.2.2006 – 5 U 207/05-17, VersR 2006, 1482, 1483; OLG Bremen 16.11.1993 – 3 U 67/93, VersR 1996, 314; *Präve*, Versicherungsbedingungen und AGB-Gesetz, 1998, Rn 114; aA OLG Frankfurt 23.6.1989 – 2 U 152/88, VersR 1990, 1103.
228 Vgl BGH 22.9.1999 – IV ZR 15/99, VersR 1999, 1481, 1482; OLG Saarbrücken 1.2.2006 – 5 U 207/05-17, VersR 2006, 1482, 1483.
229 BVerfG 26.7.2005 – 1 BvR 80/95, VersR 2005, 1127, 1132; BVerfG 23.2.2006 – 1 BvR 2027/02, VersR 2006, 1669, 1671.
230 BGH 10.1.1996 – IV ZR 125/95, VersR 1996, 357, 358; BGH 13.5.1992 – IV ZR 213/91, VersR 1992, 950, 951; OLG Koblenz 15.6.2007 – 10 U 770/06, VersR 2007, 1548, 1549; Römer/Langheid/*Römer*, Vorbem. § 1 Rn 9.
231 *Präve*, Versicherungsbedingungen und AGB-Gesetz, 1998, Rn 116.
232 Zu Einzelheiten s. Prölss/R. Schmidt/*Präve*, VAG, Vorbem. Rn 40–42; *Präve*, VW 1994, 800; *ders.*, ZfV 1996, 58.
233 S. nur Begr. Drittes Gesetz zur Durchführung versicherungsrechtlicher Richtlinien des Rates der Europäischen Gemeinschaften zu § 10 VAG, BT-Drucks. 12/6959, S. 55.
234 Ähnl. *Leverenz*, Vertragsschluss nach der VVG-Reform, 2008, Rn 1/2.

und Art. 5 f der EG-Verordnung Nr. 358/2003[235] vom Kartellverbot freigestellt waren[236] und die gesetzliche Regelung vervollständigen und konkretisieren. Die Verordnung (EG) Nr. 358/2003 ist allerdings am 31.3.2010 außer Kraft getreten (Art. 12). Die Nachfolgerin – die am 1.4.2010 in Kraft getretene EU-Verordnung Nr. 267/2010,[237] hat die Freistellung der Musterbedingungen aufgegeben, weil sich (angeblich) „gezeigt hat, dass die Aufnahme solcher Vereinbarungen in eine sektorspezifische Gruppenfreistellungsverordnung nicht mehr erforderlich" sei;[238] vielmehr könnten sie „auch Anlass zu [nicht genauer erläuterten] wettbewerbsrechtlichen Bedenken geben", so dass eine „Selbstveranlagung" angemessener sei.[239] Nach Meinung der Kommission können AVB – gemeint sind offenbar standardisierte Musterbedingungen – in vielen Fällen positive Effekte für den Verbraucher haben.[240] Beispielsweise könnten anhand der AVB die von verschiedenen VR angebotenen Produkte verglichen werden, so dass die VN den Inhalt leichter prüfen und besser zwischen VR und Versicherungsprodukten wählen könnten. Verbraucher müssten zwar die Möglichkeit haben, zwischen Versicherungsprodukten zu vergleichen, aber eine zu starke Standardisierung könne den Verbrauchern auch schaden und mangelnden nichtpreislichen Wettbewerb zur Folge haben. Da AVB außerdem unausgewogen sein könnten, sei es angemessen, dass Unternehmen bei Anwendbarkeit von Art. 101 Abs. 1 AEUV eine Selbstveranlagung nach Abs. 3 vornähmen, um nachzuweisen, dass die Zusammenarbeit, an der sie sich beteiligten, Effizienzgewinne erzeuge, die zu einem angemessenen Teil auch den Verbrauchern zugute kämen.[241]

64 Die AVB müssen den in § 10 Abs. 1 VAG vorgesehenen **Mindestinhalt** aufweisen.[242] Dadurch soll gewährleistet werden, dass der VN seine Rechte und Pflichten vollständig aus den AVB ersehen kann.[243]

65 Der VR ist nicht **Verwender der AVB** (§ 305 Abs. 1 S. 1 BGB), wenn sie von einem von dem VN beauftragten Makler entworfen und auf dessen Veranlassung in den VersVertrag einbezogen worden sind.[244] Eine Überprüfung der AVB anhand von §§ 305 ff BGB (zulasten des VR) scheidet in diesen Fällen aus.[245]

---

235 Verordnung (EG) Nr. 358/2003 der Kommission vom 27.2.2003 über die Anwendung von Artikel 81 Absatz 3 EG-Vertrag auf Gruppen von Vereinbarungen, Beschlüssen und aufeinander abgestimmte Verhaltensweisen im Versicherungssektor, ABl. 2003 L Nr. 53, S. 8.
236 Vertiefend Immenga/Mestmäcker/*Veelken*, Wettbewerbsrecht EG/Teil 1, 4. Aufl. 2007, III. D. Rn 34; vgl auch Prölss/*Präve*, VAG, § 10 Rn 2.
237 Verordnung (EU) Nr. 267/2010 der Kommission vom 24.3.2010 über die Anwendung von Artikel 101 Absatz 3 des Vertrags über die Arbeitsweise der Europäischen Union auf Gruppen von Vereinbarungen, Beschlüssen und abgestimmten Verhaltensweisen im Versicherungssektor, ABl. L Nr. 83 vom 30.3.2010, S. 1.
238 Erwägungsgrund Nr. 3.
239 Erwägungsgrund Nr. 3; krit. v. *Hülsen/Manderfeld*, VersR 2010, 559, 565 f; vgl auch *Saller*, VersR 2010, 417.
240 Mitteilung der Kommission über die Anwendung von Artikel 101 Absatz 3 des Vertrags über die Arbeitsweise der Europäischen Union auf Gruppen von Vereinbarungen, Beschlüssen und abgestimmten Verhaltensweisen im Versicherungssektor, ABl. C Nr. 82 vom 30.3.2010, S. 20, Nr. 23.
241 Mitteilung der Kommission, aaO; vertiefend *Brömmelmeyer/Morgenstern*, in: FG Schwintowski, 2012, S. 31.
242 Prölss/*Präve*, VAG, § 10 Rn 4.
243 Begr. Drittes Gesetz zur Durchführung versicherungsrechtlicher Richtlinien des Rates der Europäischen Gemeinschaften zu § 10 VAG, BT-Drucks. 12/6959, S. 55.
244 BGH 22.7.2009 – IV ZR 74/08, VersR 2009, 1477.
245 BGH 22.7.2009 – IV ZR 74/08, VersR 2009, 1477.

Einleitung

2. Auslegung. Nach gefestigter Rspr des BGH (IV. Senat)[246] „sind AVB so auszulegen, wie ein durchschnittlicher VN sie bei verständiger Würdigung, aufmerksamer Durchsicht und Berücksichtigung des erkennbaren Sinnzusammenhangs verstehen muss". Dabei kommt es auf die Verständnismöglichkeiten eines VN ohne versicherungsrechtliche Spezialkenntnisse und damit – auch – auf seine Interessen an.[247] Dieser VN wird in erster Linie vom Wortlaut einer Klausel ausgehen.[248] Die Rspr orientiert sich „am Bedingungswortlaut, weil der Versicherungsnehmer davor geschützt werden soll, bei der Auslegung mit ihm unbekannten Details der Entstehungsgeschichte einer Klausel oder Motiven des Versicherers konfrontiert zu werden".[249] Daraus folgt umgekehrt aber auch, dass der VN seinerseits seinem Verständnis der Klausel kein (vermeintliches) Motiv des VR zugrunde legen darf, solange dieses im Wortlaut oder Sinnzusammenhang der Klausel keinen Niederschlag findet und der VR auch nicht anderweitig den Eindruck erweckt, dass ein solches Motiv für das Klauselverständnis bedeutsam sei.[250] Liegt im konkreten Einzelfall eine Versicherung zugunsten Dritter vor, so kommt es daneben auch auf die Verständnismöglichkeiten durchschnittlicher Versicherter und ihre Interessen an.[251]

66

Dieser Maßstab gilt allerdings nicht, wenn die **Rechtssprache** mit dem verwendeten Ausdruck einen fest umrissenen Begriff verbindet; trifft das zu, so ist im Zweifel anzunehmen, dass auch die Bedingungen darunter nichts anderes verstehen wollen.[252] Ein von der Rechtssprache abweichendes Verständnis kommt nur in Betracht, wenn das allgemeine Sprachverständnis von der Rechtssprache in einem Randbereich deutlich abweicht oder wenn der Sinnzusammenhang der Versicherungsbedingungen etwas anderes ergibt.[253] Begriffe wie „Grundsätze der Prospekthaftung" oder (angeblich) geschäftsübliche Fachbegriffe wie „Effekten" sind indes keine festumrissenen Begriffe der Rechtssprache.[254]

67

Ausgangspunkt der Auslegung ist neben dem **Wortlaut**[255] und dem mit der Klausel verfolgten **Zweck** auch der **erkennbare Sinnzusammenhang**;[256] ggf ist auch ein den „eigentlichen Bedingungen" vorangestellter Hinweis zu berücksichtigen.[257] Eine

68

---

246 BGH 16.7.2014 – IV ZR 88/13, VersR 2014, 1118, 1119; BGH 26.3.2014 – IV ZR 422/12, VersR 2014, 625, 627; BGH 18.2.2009 – IV ZR 11/07, VersR 2009, 623, 624; s. allg. zur Auslegung von AVB aktuell *Koch*, VersR 2015, 133.
247 BGH 16.7.2014 – IV ZR 88/13, VersR 2014, 1118, 1119; BGH 20.1.2010 – IV ZR 24/09, VersR 2010, 757; BGH 10.10.2007 – IV ZR 37/06, VersR 2008, 64 f.
248 BGH 16.7.2014 – IV ZR 88/13, VersR 2014, 1118, 1119; BGH 18.2.2009 – IV ZR 11/07, VersR 2009, 623, 624.
249 BGH 18.2.2009 – IV ZR 11/07, VersR 2009, 623, 624; BGH 17.5.2000 – IV ZR 113/99, VersR 2000, 1090.
250 BGH 18.2.2009 – IV ZR 11/07, VersR 2009, 623, 624.
251 BGH 16.7.2014 – IV ZR 88/13, VersR 2014, 1118, 1119; BGH 22.1.2014 – IV ZR 127/12, juris; BGH 8.5.2013 – IV ZR 233/11, VersR 2013, 853, 855 m. Anm. *Wandt*.
252 StRspr, BGH 8.5.2013 – IV ZR 84/12, VersR 2013, 995, 996; BGH 25.4.2007 – IV ZR 85/05, VersR 2007, 939, 940.
253 BGH 21.5.2003 – VI ZR 327/02, VersR 2003, 1122, 1123; BGH 8.12.1999 – IV ZR 40/99, VersR 2000, 311, 312; OLG Karlsruhe 20.9.2007 – 12 U 27/07, VersR 2008, 346; OLG Saarbrücken 19.7.2006 – 5 U 53/06-5, VersR 2007, 345, 347; Römer/Langheid/*Römer*, Vorbem § 1 Rn 29.
254 BGH 8.5.2013 – IV ZR 84/12, VersR 2013, 995, 996 m. zust. Anm. *Tetzlaff*.
255 BGH 4.7.2013 – I ZR 156/12, VersR 2014, 603, 605; BGH 17.2.2010 – IV ZR 259/08, VersR 2010, 473; BGH 16.1.2008 – IV ZR 271/06, VersR 2008, 527, 528.
256 BGH 16.7.2014 – IV ZR 88/13, VersR 2014, 1118, 1119; BGH 20.1.2010 – IV ZR 24/09, VersR 2010, 757; BGH 18.2.2009 – IV ZR 11/07, VersR 2009, 623; BGH 10.10.2007 – IV ZR 37/06, VersR 2008, 64; BGH 13.3.1991 – IV ZR 37/90, VersR 1991, 574, 379; Römer/Langheid/*Römer*, Vorbem § 1 Rn 20.
257 OLG Karlsruhe 1.6.2006 – 12 U 21/06, VersR 2007, 341, 342.

„gesetzesähnliche" Interpretation ist grds. ausgeschlossen;[258] insb. die Entstehungsgeschichte einer Klausel, die der VN regelmäßig nicht kennt, ist nicht zu berücksichtigen.[259] Ebenso wenig zu berücksichtigen ist die Gesetzessystematik.[260] Versicherungsbedingungen sind mithin *aus sich heraus* zu interpretieren[261] – ohne vergleichende Betrachtung mit anderen Versicherungsbedingungen, die dem VN regelmäßig nicht bekannt sind und auch nicht bekannt sein müssen, so dass ihm eine bedingungsübergreifende Würdigung ohnehin verschlossen bliebe.[262]

69 Bei **Risikoausschlüssen** geht das Interesse des VN regelmäßig dahin, dass der Versicherungsschutz nicht weiter verkürzt wird, als der erkennbare Zweck der Klausel dies gebietet.[263] Ihr Anwendungsbereich darf mithin nicht weiter ausgedehnt werden, als es ihr Sinn unter Beachtung des wirtschaftlichen Ziels und der gewählten Ausdrucksweise erfordert.[264] Denn der durchschnittliche VN braucht nicht damit zu rechnen, dass er Lücken im Versicherungsschutz hat, ohne dass ihm diese hinreichend verdeutlicht werden.[265] Risikoausschlussklauseln sind also grds. **eng** und nicht weiter auszulegen, als es ihr Sinn unter Beachtung ihres wirtschaftlichen Zwecks und der gewählten Ausdrucksweise erfordert.[266]

70 Im **Bürgerlichen Recht** geht der BGH[267] in stRspr davon aus, dass AGB „nach ihrem objektiven Sinn und typischen Inhalt einheitlich so auszulegen (sind), wie sie von verständigen und redlichen Vertragspartnern *unter Abwägung der Interessen der normalerweise beteiligten Verkehrskreise* verstanden werden, wobei die Verständnismöglichkeiten der durchschnittlichen Vertragspartners des Verwenders zugrunde zu legen sind". Dieser Interpretationsmaßstab stimmt mit dem des Versicherungsrechts überein – richtigerweise auch mit Blick auf die hier kursiv gesetzte Interessenanalyse, die in der Formel des IV. Senats (s. Rn 66) allenfalls versteckt enthalten ist.[268]

71 **Unklarheiten** gehen zulasten des VR (§ 305 c Abs. 2 BGB).[269] Unklar sind Klauseln, bei denen nach Ausschöpfung der in Betracht kommenden Auslegungsmetho-

---

258 BGH 17.12.2008 – IV 9/08, VersR 2009, 341; OLG Celle 15.6.2006 – 8 U 26/06, VersR 2006, 1105, 1106; s. aber Prölss/Martin/*Prölss*, 28. Aufl., Vorbem. III Rn 6, der (nur) zugunsten des VN gesetzesähnlich auslegen will; s. auch *Pilz*, VersR 2010, 1289, der dem VN nicht zugängliche Auslegungsmittel zu seinen Gunsten berücksichtigen will, sofern das Auslegungsergebnis dem tatsächlichen bei Vertragsschluss bestehenden Willen des VR entspricht.
259 BGH 27.6.2012 – IV ZR 212/10, VersR 2012, 1253, 1254; BGH 18.2.2009 – IV ZR 11/07, VersR 2009, 623; BGH 9.7.2003 – IV ZR 74/02, VersR 2003, 1163, 1164; BGH 17.5.2000 – IV ZR 113/99, VersR 2000, 1090; OLG Karlsruhe 20.9.2007 – 12 U 27/07, VersR 2008, 346; *Römer*, Vor § 1 Rn 15, 17; s. aber *Baumann*, r+s 2005, 313.
260 BGH 21.2.2001 – IV ZR 259/99, VersR 2001, 489; OLG Karlsruhe 20.9.2007 – 12 U 27/07, VersR 2008, 346.
261 Zust. BGH 22.1.2014 – IV ZR 343/12, VersR 2014, 371, 372.
262 BGH 30.9.2009 – IV ZR 47/09, VersR 2009, 1622; BGH 17.5.2000 – IV ZR 113/99, VersR 2000, 1090.
263 BGH 19.2.2003 – IV ZR 318/02, VersR 2003, 454, 455.
264 BGH 19.2.2003 – IV ZR 318/02, VersR 2003, 454, 455.
265 StRspr, BGH 24.6.2009 – IV ZR 110/07, VersR 2009, 1617 mwN und m. Anm. *Sitz*; BGH 19.2.2003 – IV ZR 318/02, VersR 2003, 454, 455; BGH 21.2.2001 – IV ZR 259/99, VersR 2001, 489; OLG Karlsruhe 19.4.2007 – 12 U 237/06, VersR 2007, 1078, 1079; OLG Karlsruhe 20.9.2007 – 12 U 27/07, VersR 2008, 346.
266 BGH 27.6.2012 – IV ZR 212/10, VersR 2012, 1253, 1254; BGH 24.6.2009 – IV ZR 110/07, VersR 2009, 1617; BGH 25.4.2007 – IV ZR 85/05, VersR 2007, 939, 940.
267 BGH 4.7.2013 – I ZR 156/12, VersR 2014, 603, 604; BGH 23.9.2009 – VIII ZR 344/08, NJW 2009, 3716; BGH 23.11.2005 – VIII ZR 154/04, NJW 2006, 1056; vgl auch Palandt/*Grüneberg*, § 305 c BGB Rn 16 mwN.
268 Dazu Schwintowski/Brömmelmeyer/*Brömmelmeyer*, § 192 Rn 52.
269 Dazu zuletzt OLG Schleswig 14.1.2010 – 16 U 39/09, VersR 2010, 1483; allg. BGH 10.9.2014 – XII ZR 56/11, NJW 2014, 3722, 3724.

den ein nicht behebbarer Zweifel bleibt und mindestens zwei Auslegungen rechtlich vertretbar sind.[270] Die Mehrdeutigkeit einer Klausel kann sich auch aus einem „den eigentlichen Bedingungen vorangestellten" Hinweis ergeben.[271]

3. Einbeziehung der AVB. Die Einbeziehung der AVB richtet sich grds. nach § 305 Abs. 2 BGB.[272] Daher ist „bei Vertragsschluss" grds. erforderlich: **72**

- ein ausdrücklicher Hinweis auf die konkret zu vereinbarenden AVB (Nr. 1 Hs 1),[273]
- die zumutbare Möglichkeit der Kenntnisnahme (Nr. 2 Hs 1), auf die der VN bei Distanzgeschäften allerdings durch Individualvereinbarung verzichten kann,[274] und
- das (ausdrückliche oder konkludente)[275] Einverständnis des VN (§ 305 Abs. 2 BGB aE).

Besonderheiten bestehen bei der vorläufigen Deckung (§ 49 Abs. 2 VVG)[276] und bei Unternehmensverträgen (§§ 310 Abs. 1 S. 1, 14 BGB).[277] Entgegen *Marlow* und *Spuhl*[278] ist § 49 Abs. 2 VVG abseits der vorläufigen Deckung nicht analog anwendbar.[279] Ebenso wenig anwendbar ist § 7 Abs. 1 VVG. Dieser begründet zwar eine Informationspflicht im Hinblick auf die einzubeziehenden AVB. Die Einbeziehung selbst regelt er jedoch nicht.[280] Die Einbeziehung der AVB bei **Gruppenversicherungsverträgen** setzt voraus, dass die Einbeziehungsvoraussetzungen des § 305 Abs. 2 BGB gegenüber dem VN als „andere[r] Vertragspartei" erfüllt werden, nicht auch noch gegenüber den Mitgliedern (versicherte Personen).[281] **73**

Individualabreden haben generell Vorrang gegenüber den einbezogenen AVB (§ 305 b BGB). **74**

Die **Einbeziehung einer (überraschenden) Klausel** scheidet gem. § 305 c Abs. 1 BGB aus, wenn sie nach den Umständen, insb. nach dem äußeren Erscheinungsbild[282] des Vertrages so ungewöhnlich ist, dass der VN „vernünftigerweise"[283] nicht mit ihr zu rechnen brauchte.[284] Der BGH verlangt einen „Überrumpelungsef- **75**

---

270 StRspr, BGH 4.7.2013 – I ZR 156/12, VersR 2014, 603, 605; BGH 26.9.2007 – IV ZR 252/06, VersR 2007, 1690; vgl auch KG 15.8.2006 – 6 U 175/05, VersR 2007, 53, 54; OLG Celle 4.5.2005 – 8 U 181/04, VersR 2006, 1201, 1203; LG Berlin 9.1.2007 – 7 S 31/06, VersR 2007, 941; vertiefend *Prölss*, in: FS Lorenz, 2004, S. 533.
271 OLG Karlsruhe 1.6.2006 – 12 U 21/06, VersR 2007, 341, 342.
272 LG Saarbrücken 14.5.2014 – 14 T 3/14, VersR 2014, 1197.
273 Dazu BGH 14.1.1987 – IVa ZR 130/85, NJW 1987, 2431; OLG Düsseldorf 15.10.1981 – 6 U 188/80, VersR 1982, 872; *Schimikowski*, r+s 2007, 309, 310 („präzise bezeichnete" AVB).
274 Palandt/*Grüneberg*, § 305 BGB Rn 35; MüKo-BGB/*Basedow*, 6. Aufl. 2012, § 305 Rn 67; entscheidend ist die tatsächliche Möglichkeit der Kenntnisnahme, vgl BGH 26.2.2009 – Xa ZR 141/07, VersR 2009, 1087 (für Allgemeine Reisebedingungen).
275 OLG Köln 21.11.1997 – 19 U 128/97, VersR 1998, 725.
276 Dazu *Schimikowski*, r+s 2007, 309.
277 Dazu *Schimikowski*, r+s 2007, 309, 310.
278 *Marlow/Spuhl*, S. 24 Rn 45.
279 Ebenso wie hier *Schimikowski*, r+s 2007, 309, 311.
280 AA *Gaul*, VersR 2007, 21, 24; *Funk*, VersR 2008, 163, 165; beide mit der These, § 7 Abs. 1 S. 3 VVG sei lex specialis gegenüber § 305 Abs. 2 BGB; vgl auch Palandt/*Grüneberg*, § 305 BGB Rn 35.
281 LG Saarbrücken 14.5.2014 – 14 T 3/14, VersR 2014, 1197.
282 OLG München 8.8.2008 – 25 U 5188/07, VersR 2009, 59: falsche Einordnung einer Klausel („geradezu versteckt").
283 BGH 17.3.1999 – IV ZR 137/98, VersR 1999, 745, 747; OLG Celle 4.1.2007 – 8 U 156/06, VersR 2007, 834, 835.
284 Dazu BGH 18.2.2009 – IV ZR 11/07, VersR 2009, 623; OLG München 8.5.2009 – 25 U 5136/08, VersR 2009, 1066; OLG Hamm 17.8.2007 – 20 U 284/06, VersR 2008,

fekt".[285] Erforderlich ist, dass zwischen den Erwartungen des durchschnittlichen VN und dem Inhalt einer Klausel eine deutliche Diskrepanz besteht, mit der der VN nicht zu rechnen brauchte.[286] Das **Produktinformationsblatt** (§ 4 VVG-InfoV) kann einen Überrumpelungseffekt im Einzelfall ausschließen.[287] Eine Klausel ist allerdings unabhängig von ihrem Inhalt dann nicht überraschend, wenn ihr Inhalt dem vom VN beauftragten Versicherungsmakler bekannt ist.[288]

76 Bedingungsanpassungsklauseln „zur Beseitigung von Auslegungszweifeln" sind gem. § 307 Abs. 2 Nr. 1 BGB (s. Rn 85) unwirksam, weil sie von dem Leitbild abweichen, das der Gesetzgeber in § 305 c Abs. 2 BGB für Zweifelsfragen bei der Auslegung von AGB aufstellt (vgl auch Rn 93).[289]

77 **4. Inhaltskontrolle (§§ 307 ff BGB). a) Begriff und Funktion.** Die Inhaltskontrolle (§§ 305 ff BGB) steht gleichberechtigt neben der Kontrolle Allgemeiner Versicherungsbedingungen anhand (halb-)zwingender Vorschriften des VVG;[290] sie erfasst auch (vertragliche) Klauseln, die in der **Satzung eines Versicherungsvereins auf Gegenseitigkeit** (VVaG) enthalten sind,[291] auch wenn sie einen vertrags- und verbandsrechtlichen „Doppelcharakter" aufweisen.[292] Die „Rechtsnatur des Versicherers als VVaG" wirkt sich grds. nicht auf die rechtliche Bewertung von Klauseln aus, die „das Austauschverhältnis der Partner des VersVertrages" betreffen.[293]

78 Bevor eine Klausel anhand der §§ 307 ff BGB überprüft werden kann, ist sie **auszulegen**,[294] denn ohne vorangegangene Auslegung (s. Rn 66 ff) fehlt die notwendige Klarheit darüber, welcher Inhalt der Klausel im Einzelnen anhand der §§ 307 ff BGB zu kontrollieren ist.[295]

79 **b) Reichweite.** Die Inhaltskontrolle gem. §§ 307 ff BGB beschränkt sich – abgesehen von der Transparenzkontrolle (§ 307 Abs. 1 S. 2, Abs. 3 S. 2 BGB) – auf Bestimmungen in AVB, durch die von Rechtsvorschriften abweichende oder diese ergänzende Regelungen vereinbart werden (§ 307 Abs. 3 S. 1 BGB).[296] Nicht kontrollfähig sind:

383, 385; OLG Karlsruhe 15.11.2007 – 19 U 57/07, VersR 2008, 524; OLG Koblenz 4.6.2007 – 10 W 368/07, VersR 2007, 1640.
285 BGH 6.7.2011 – IV ZR 217/09, VersR 2012, 48; BGH 30.9.2009 – IV ZR 47/09, VersR 2009, 1622; BGH 18.2.2009 – IV ZR 11/07, VersR 2009, 623; BGH 17.3.1999 – IV ZR 137/98, VersR 1999, 745, 747.
286 OLG Saarbrücken 25.11.2009 – 5 U 116/09-30, VersR 2010, 519, 520 mwN; OLG Saarbrücken 19.7.2006 – 5 U 53/06-5, VersR 2007, 345 mwN; Prölss/Martin/*Prölss*, 28. Aufl., Vorbem. I Rn 49 m. umf. Nachw. (Rn 51 f).
287 *Römer*, Konzept und erste Erfahrungen mit dem Produktinformationsblatt, Manuskript, S. 5; nicht veröffentlicht.
288 OLG Bremen 18.11.2008 – 3 U 14/08, VersR 2009, 776.
289 BGH 23.1.2008 – IV ZR 169/06, VersR 2008, 482, 483.
290 BGH 18.3.2009 – IV ZR 298/06, VersR 2009, 769; Römer/Langheid/*Römer*, Vorbem. § 1 Rn 52; einschr. *Werber*, in: FS Baumann, S. 359, 369.
291 BGH 8.10.1997 – IV ZR 220/96, VersR 1997, 1517; Römer/Langheid/*Römer*, Vorbem. § 1 Rn 10.
292 BGH 8.10.1997 – IV ZR 220/96, VersR 1997, 1517, 1519.
293 BGH 19.12.2012 – IV ZR 200/10, VersR 2013, 565, 569.
294 BGH 4.7.2013 – IV ZR 156/12, VersR 2014, 603, 604; BGH 2.3.1994 – IV ZR 109/93, VersR 1994, 549, 550; BGH 23.6.1993 – IV ZR 135/92, VersR 1993, 957; s. auch: *Koch*, VersR 2014, 1277, 1279, der dem BGH vorwirft, das Primat der Auslegung in BGH 26.3.2014 – IV ZR 422/12, VersR 2014, 625, zu missachten.
295 BGH 26.9.2007 – IV ZR 252/06, VersR 2007, 1690; BGH 23.6.1993 – IV ZR 135/92, VersR 1993, 957, 958.
296 Allg. zu den Schranken der Inhaltskontrolle *Römer*, in: FS Lorenz, 1994, S. 449 ff; *Adelmann*, Die Grenzen der Inhaltskontrolle Allgemeiner Versicherungsbedingungen, 2008, passim.

- **deklaratorische Klauseln,** die mit einer auch ohne die Klausel anwendbaren Rechtsvorschrift übereinstimmen,[297]
- **Leistungsbeschreibungen,** die Art, Güte und Umfang der Hauptleistung unmittelbar festlegen,[298] und
- **Preisvereinbarungen,** die Art und Umfang der Vergütung unmittelbar regeln.[299]

Nach § 307 Abs. 3 S. 1 BGB ist lediglich die **Leistungsbeschreibung,** die den unmittelbaren Gegenstand der geschuldeten Hauptleistung festlegt und ohne deren Vorliegen mangels Bestimmtheit oder Bestimmbarkeit des wesentlichen Vertragsinhalts ein wirksamer Vertrag nicht mehr angenommen werden kann, einer Überprüfung entzogen.[300] Die Vorschrift hindert eine richterliche Inhaltskontrolle hingegen nicht, wenn die betreffende Klausel nach ihrem Wortlaut und erkennbaren Zweck das vom VR gegebene Hauptleistungsversprechen lediglich einschränkt, verändert, ausgestaltet oder sonst modifiziert.[301] Damit ist nur ein enger Bereich der Leistungsbeschreibung kontrollfrei, ohne den mangels Bestimmtheit kein wirksamer Vertrag vorliegen würde.[302] Der BGH[303] hat auf dieser Basis insb. eine Inhaltskontrolle von Nr. 1.1 AHB 2008 abgelehnt, übersieht dabei jedoch, dass die Klausel mit einer Einschränkung der zu erwartenden Leistungen in der Haftpflichtversicherung (§ 100 VVG) verbunden ist.[304]

Das **Transparenzgebot** ist auch auf grds. kontrollfreie **Leistungsbeschreibungen** anzuwenden. Das ergibt sich aus einer richtlinienkonformen, an Art. 4 Abs. 2 der Richtlinie über missbräuchliche Klauseln in Verbraucherverträgen ausgerichteten Auslegung des § 307 Abs. 1 S. 2 BGB.[305] Der BGH[306] hat eine Transparenzkontrolle von Nr. 1.1 AHG 2008 zu Unrecht abgelehnt; Rechtsfolge der Unwirksamkeit gem. § 307 Abs. 1 BGB wäre mit Blick auf die Rückfallposition des § 100 VVG keineswegs die Unwirksamkeit der abgeschlossenen Betriebshaftpflichtversicherung gewesen.[307]

c) **Unangemessene Benachteiligung.** Bestimmungen in AVB sind unwirksam, wenn sie den VN entgegen den Geboten von Treu und Glauben unangemessen benachteiligen (§ 307 Abs. 1 S. 1 BGB). Eine unangemessene Benachteiligung kann sich

---

297 BGH 18.2.1991 – II ZR 104/90, NJW 1991, 1754; vertiefend MüKo-BGB/*Wurmnest*, 6. Aufl. 2012, § 307 Rn 6.
298 Allg. BGH 12.3.1987 – VII ZR 37/86, BGHZ 100, 159, 173; Palandt/*Grüneberg*, § 307 BGB Rn 44 f; MüKo-BGB/*Wurmnest*, 6. Aufl. 2012, § 307 Rn 12–18.
299 Palandt/*Grüneberg*, § 307 BGB Rn 46 f.
300 BGH 26.3.2014 – IV ZR 422/12, VersR 2014, 625, 627; BGH 26.9.2007 – IV ZR 252/06, VersR 2007, 1690; BGH 27.6.2012 – IV ZR 212/10, VersR 2012, 1253; implizit auch BGH 20.1.2010 – IV ZR 24/09, VersR 2010, 757; zur Arbeitslosigkeitszusatzversicherung LG Wiesbaden 25.9.2012 – 9 S 24/12, VersR 2013, 626.
301 StRspr, BGH 26.3.2014 – IV ZR 422/12, VersR 2014, 625, 627; BGH 18.2.2009 – IV ZR 11/07, VersR 2009, 623, 624; BGH 26.9.2007 – IV ZR 252/06, VersR 2007, 1690.
302 OLG München 8.5.2009 – 25 U 5136/08, VersR 2009, 1066; gegen eine Kontrollfreiheit des Claims-Made-Prinzips in der Haftpflichtversicherung: *Baumann*, VersR 2012, 1462; dafür: *Loritz/Hecker*, VersR 2012, 385.
303 BGH 26.3.2014 – IV ZR 422/12, VersR 2014, 625, 627 unter Berufung auf Prölss/Martin/*Lüke*, 28. Aufl., § 100 VVG Rn 25.
304 *Koch*, VersR 2014, 1277; zu BGH 26.3.2014 – IV ZR 422/12, VersR 2014, 625 s. auch: *Littbarski*, NJW 2014, 2042; *Kubiak*, VersR 2014, 932.
305 AllgM, Prölss/Martin/*Prölss*, 28. Aufl., Vorbem. I Rn 103; Römer/Langheid/*Römer*, Vorbem. § 1 Rn 64.
306 BGH 26.3.2014 – IV ZR 422/12, VersR 2014, 625.
307 Dazu *Koch*, VersR 2014, 1277.

auch daraus ergeben, dass die Bestimmung nicht klar und verständlich ist (§ 307 Abs. 1 S. 2 BGB).

83 **aa) Formelle Benachteiligung gem. § 307 Abs. 1 S. 2 BGB (Transparenzgebot).** Das Transparenzgebot (§ 307 Abs. 1 S. 2 BGB) verpflichtet den Verwender, Rechte und Pflichten seines Vertragspartners in den Allgemeinen Geschäftsbedingungen möglichst klar und durchschaubar darzustellen.[308] Dabei kommt es nicht nur darauf an, dass eine Klausel in ihrer Formulierung für den durchschnittlichen VN verständlich ist.[309] Vielmehr gebieten Treu und Glauben auch, dass sie die wirtschaftlichen Nachteile und Belastungen so weit erkennen lässt, wie dies nach den Umständen gefordert werden kann.[310] Ist der Verwender diesem Gebot nicht gefolgt, liegt schon darin eine unangemessene Benachteiligung.[311] Daher hat der BGH[312] u.a. Klauseln über die Berechnung des **Rückkaufswertes in der Lebensversicherung** (§§ 6 und 15 ALB aF) als intransparent verworfen, weil sie dem VN die **wirtschaftlichen Nachteile** der Kündigung nicht deutlich vor Augen geführt haben.[313] Eine Regelung ist auch dann intransparent, wenn sie an verschiedenen Stellen in den Bedingungen niedergelegt ist, die nur schwer miteinander in Zusammenhang zu bringen sind.[314] Eine Klausel, die die Rechtslage unzutreffend oder missverständlich darstellt und auf diese Weise den Verwender ermöglicht, begründete Ansprüche unter Hinweis auf die in der Klausel getroffene Regelung abzuwehren, benachteiligt den Vertragspartner entgegen den Geboten von Treu und Glauben unangemessen.[315] Das Transparenzgebot verlangt eine dem VN verständliche Darstellung insb. der von ihm hinzunehmenden Nachteile allerdings nur soweit, wie dies den Umständen nach gefordert werden kann.[316]

84 Wird der Versicherungsschutz durch eine AVB-Klausel beschränkt, so muss dem VN deutlich vor Augen geführt werden, in welchem Umfang Versicherungsschutz trotz der Klausel noch besteht.[317] Die tatbestandlichen Voraussetzungen einer Bedingung müssen so genau beschrieben werden, dass sich für den VR keine ungerechtfertigten Beurteilungsspielräume ergeben.[318] Die Intransparenz einer AVB-

---

308 StRspr, BGH 25.7.2012 – IV ZR 201/10, VersR 2012, 1149 m. Anm. *Präve*; BGH 11.2.2009 – IV ZR 28/08, VersR 2009, 533; vgl auch Palandt/*Grüneberg*, § 307 BGB Rn 21.
309 BGH 25.7.2012 – IV ZR 201/10, VersR 2012, 1149, 1155; BGH 26.9.2007 – IV ZR 252/06, VersR 2007, 1690, 1691; zu den sprachwissenschaftlichen Methoden der Verständlichkeitskontrolle s. *Schwintowski*, NVersZ 1998, 97, 98 f; *ders.*, NJW 2003, 632, 637; zust. *Gottschalk*, AcP 2006 (206), 555, 592 ff.
310 BGH 25.7.2012 – IV ZR 201/10, VersR 2012, 1149, 1155; BGH 11.2.2009 – IV ZR 28/08, VersR 2009, 533; zuletzt OLG Köln 1.10.2010 – 20 U 126/09, VersR 2011, 101.
311 BGH 26.9.2007 – IV ZR 252/06, VersR 2007, 1690, 1691; BGH 9.5.2001 – IV ZR 121/00, VersR 2001, 841, 843 f.
312 BGH 9.5.2001 – IV ZR 138/99, VersR 2001, 839.
313 Zu den Transparenzanforderungen an die Rückkaufswerte zuletzt OLG Hamburg 27.7.2010 – 9 U 233/09, VersR 2010, 1631.
314 OLG Köln 12.5.2009 – 20 U 31/09, VersR 2009, 1484; s. auch OLG Stuttgart 24.5.2012 – 7 U 170/11, VersR 2013, 218; *Börner*, VersR 2012, 1471 (mit Blick auf die Cerical-Medical-Fälle).
315 BGH 18.7.2013 – VIII ZR 337/11, NJW 2013, 291; BGH 12.10.2007 – V ZR 283/06, NJW-RR 2008, 251; OLG Köln 17.4.2012 – 9 U 207/11, VersR 2012, 1385, 1386.
316 BGH 24.6.2009 – IV ZR 212/07, VersR 2009, 1210.
317 BGH 11.9.2013 – IV ZR 303/12, VersR 2013, 1397, 1398; OLG Saarbrücken 11.7.2007 – 5 U 643/06-81, VersR 2008, 621, 624; ähnl. OLG Brandenburg 25.4.2007 – 4 U 183/06, VersR 2007, 1071, 1072.
318 OLG Saarbrücken 11.7.2007 – 5 U 643/06-81, VersR 2008, 621, 624 unter Berufung auf Beckmann/Matusche-Beckmann/*Beckmann*, § 10 Rn 234; zu den Grenzen des Transparenzgebots s. *Römer*, in: FS Lorenz, 2004, S. 615 ff; vgl auch *Evermann*, Die

Klausel wird durch ein transparentes Produktinformationsblatt nicht ohne weiteres ausgeglichen.

bb) Materielle Benachteiligung gem. § 307 Abs. 1 S. 1, Abs. 2 BGB. Eine Benachteiligung iSv § 307 Abs. 1 S. 1 BGB setzt voraus, dass die Klausel zum Nachteil des VN von der Rechtslage abweicht, die ohne die Klausel gelten würde.[319] Die Benachteiligung ist **unangemessen**, wenn der VR durch einseitige Vertragsgestaltung missbräuchlich eigene Interessen auf Kosten seines Vertragspartners durchzusetzen versucht, ohne von vornherein auch dessen Belange hinreichend zu berücksichtigen und ihm einen angemessenen Ausgleich zuzugestehen.[320] Erforderlich ist eine umfassende Interessenabwägung.[321] Eine unangemessene Benachteiligung ist im Zweifel anzunehmen, wenn eine Bestimmung (1) mit wesentlichen Grundgedanken der gesetzlichen Regelung, von der abgewichen wird, nicht zu vereinbaren ist oder (2) wesentliche Rechte oder Pflichten, die sich aus der Natur des Vertrages ergeben, so einschränkt, dass die Erreichung des Vertragszwecks gefährdet ist (§ 307 Abs. 2 BGB).

Die **Einschränkung wesentlicher Rechte oder Pflichten**, die sich aus der **Natur des Vertrages** ergeben (§ 307 Abs. 2 Nr. 2 BGB), ist auch unter Berücksichtigung der im Besonderen Teil geregelten **Leitbilder**, dh der charakteristischen Merkmale der in Rede stehenden Versicherung, zu beurteilen. Der Gesetzgeber hat angeblich zwar „generell darauf [verzichtet], ... gesetzliche ‚Leitbilder' ... festzulegen",[322] hat sich aber selbst auf das „Leitbild der PKV" berufen;[323] abgesehen davon lässt es sich gar nicht verhindern, dass der (dispositiven) Regelung vertragstypischer Leistungspflichten eine gewisse Leitbildfunktion im Rahmen von § 307 Abs. 2 BGB zukommt.[324] In der privaten Krankenversicherung (PKV) kann die Regelung der gesetzlichen Krankenversicherung (GKV) grds. nicht als Leitbild herangezogen werden;[325] schon wegen der grundlegenden Strukturunterschiede beider Systeme können Versicherte in der PKV nicht erwarten, in gleicher Weise versichert zu sein wie die Mitglieder der GKV.[326]

Die durch Rspr. und Literatur geprägte **Auslegung des Obliegenheitsbegriffs** gehört zum (produktübergreifenden) gesetzlichen Leitbild iSd § 307 Abs. 2 Nr. 1 BGB:[327] Wegen der einschneidenden Wirkung der Leistungsfreiheit muss das auferlegte Tun oder Unterlassen ausdrücklich vereinbart sein und klar und deutlich erkennen lassen, was im Einzelnen verlangt wird.[328]

Anforderungen des Transparenzgebots an die Gestaltung von Allgemeinen Versicherungsbedingungen, 2002, S. 293 f.
319 Palandt/*Grüneberg*, § 307 BGB Rn 12.
320 BGH 22.1.2014 – IV ZR 343/12, VersR 2014, 371, 372 mwN; OLG Celle 4.1.2007 – 8 U 156/06, VersR 2007, 834, 835.
321 BGH 22.1.2014 – IV ZR 343/12, VersR 2014, 371, 373; BGH 8.12.2011 – VII ZR 111/11, NJW-RR 2012, 626, 627; OLG München 8.5.2009 – 25 U 5136/08, VersR 2009, 1066; OLG Saarbrücken 19.7.2006 – 5 U 53/06-5, VersR 2007, 345, 346; *Präve*, Versicherungsbedingungen und AGB-Gesetz, 1998, Rn 405.
322 Begr. RegE, BT-Drucks. 16/3945, S. 51.
323 Begr. RegE, BT-Drucks. 16/3945, S. 55.
324 Vgl nur Palandt/*Grüneberg*, § 307 BGB Rn 28; BGH 21.12.1983 – VIII ZR 195/82, BGHZ 89, 206, 211; BGH 4.6.1970 – VII ZR 187/68, BGHZ 54, 106, 110; BGH 17.2.1964 – II ZR 98/62, BGHZ 41, 151, 154.
325 StRspr, BGH 11.2.2009 – IV ZR 28/08, VersR 2009, 533; BGH 18.2.2009 – IV ZR 11/07, VersR 2009, 623.
326 BGH 18.2.2009 – IV ZR 11/07, VersR 2009, 623.
327 BGH 16.9.2009 – IV ZR 246/08, VersR 2009, 1659, 1661; BGH 21.4.1993 – IV ZR 33/92, VersR 1993, 830.
328 BGH 16.9.2009 – IV ZR 246/08, VersR 2009, 1659, 1661 m. umfangr. Nachw.

88 Die Einschränkung wesentlicher Rechte und Pflichten muss – unter Berücksichtigung der vertragstypischen Erwartungen des redlichen Geschäftsverkehrs[329] – die **Erreichung des Vertragszwecks** gefährden (§ 307 Abs. 2 Nr. 2 BGB). Das ist nicht bei jeder Leistungseinschränkung der Fall. Denn eine Leistungseinschränkung ist zunächst der freien unternehmerischen Entscheidung des VR überlassen. Eine Gefährdung liegt vielmehr erst dann vor, wenn mit der Begrenzung der Leistung der Vertrag ausgehöhlt werden kann und damit der Versicherungsvertrag in Bezug auf das zu versichernde Risiko zwecklos wird.[330]

89 5. **Bedingungsänderung.** a) **Bedingungsänderung kraft gesetzlicher Ermächtigung.** Eine Ermächtigung zur Bedingungsänderung findet sich in den **Übergangsvorschriften** (Art. 1 Abs. 3 EGVVG) sowie in der **Lebens-, Berufsunfähigkeits- und Krankenversicherung** (§§ 164, 176, 203 f VVG). Die Frage, ob der VR Bedingungsänderungen wirksam in den bestehenden Vertrag einbezogen hat, kann gem. § 1 UKlaG analog im **Verbandsklageverfahren** überprüft werden.[331]

90 Die **Übergangsvorschriften** erlaubten eine Bedingungsänderung bei **Altverträgen** (zum Begriff s. Art. 1 Abs. 1 EGVVG): Der VR konnte seine AVB für Altverträge bis zum 1.1.2009 mit Wirkung zum 1.1.2009 ändern, soweit sie von den Vorschriften des VVG 2008 abwichen und er dem VN die geänderten AVB unter Kenntlichmachung der Unterschiede spätestens einen Monat vor diesem Zeitpunkt in Textform (§ 126 b BGB) mitteile. Eine Rechtspflicht zur Bedingungsanpassung bestand nach dem eindeutigen Wortlaut der Norm nicht („kann").[332] Die Literatur geht teils davon aus, dass im Falle **nicht rechtzeitiger Anpassung** der AVB eine geltungserhaltende Reduktion zumindest hinsichtlich der Klauseln bezüglich der Verletzung vertraglich vereinbarter Obliegenheiten in Betracht komme.[333] Dagegen spricht jedoch, dass der VR die Möglichkeit hatte, seine AVB, wie vorgesehen, umzustellen: Macht er von dieser Umstellungsoption keinen Gebrauch, so nimmt er billigend in Kauf, dass der VN seine – im Rahmen der Reform grds. erweiterten – Rechte aus den (überholten) AVB entnehmen kann; nimmt man nunmehr eine geltungserhaltende Reduktion an, so könnte der VR völlig gefahrlos an den überholten Bedingungen festhalten und sich ggf. (sanktionslos) auf das eben noch Erlaubte zurückfallen lassen. Daher ist eine Abweichung von der Grundregel des Verbots der geltungserhaltenden Reduktion[334] nicht gerechtfertigt.[335] In Betracht kommt aber eine Anwendung der dispositiven gesetzlichen Regelungen gem. § 306 Abs. 2 BGB; so kann zB auf § 81 Abs. 2 VVG, der keine vertragliche Vereinbarung voraussetzt, im Falle der Unwirksamkeit einer Klausel zurückgegriffen

---

329 BGH 24.5.2006 – IV ZR 263/03, VersR 2006, 1066, 1067.
330 BGH 18.2.2009 – IV ZR 11/07, VersR 2009, 623; BGH 11.2.2009 – IV ZR 28/08, VersR 2009, 533; BGH 4.1.2007 – 8 U 156/06, VersR 2007, 834, 836; BGH 15.2.2006 – IV ZR 192/04, VersR 2006, 641, 642; BGH 16.6.2004 – IV ZR 257/03, VersR 2004, 1037; OLG Koblenz 15.6.2007 – 10 U 770/06, VersR 2007, 1548, 1550; OLG Köln 22.6.2005 – 5 U 196/04, VersR 2006, 351, 352.
331 BGH 12.12.2007 – IV ZR 144/06, VersR 2008, 386; BGH 12.12.2007 – IV ZR 130/06, VersR 2008, 246; ebenso bereits OLG Düsseldorf 18.5.2006 – I-6 U 116/05, VersR 2006, 1111; überholt OLG Köln 26.4.2006 – 5 U 147/05, VersR 2006, 1113; alle mit Blick auf die Krankenversicherung.
332 *Hövelmann*, VersR 2008, 612; Looschelders/Pohlmann/*Pohlmann*, Vorbemerkung B. Rn 55.
333 Dafür: *Hövelmann*, VersR 2008, 612, 615 ff; dagegen: *von Fürstenwerth*, r+s 2009, 221, 223, 224; Looschelders/Pohlmann/*Pohlmann*, Vorbemerkung B. Rn 58.
334 Zum Verbot der geltungserhaltenden Reduktion Palandt/*Grüneberg*, § 306 BGB Rn 6 mwN.
335 Jetzt ebenso BGH 12.10.2011 – IV ZR 199/10, VersR 2011, 1550; zuvor bereits wie hier *Klimke*, in: Armbrüster et al. (Hrsg.), Recht Genau, Liber amicorum für Jürgen Prölss, 2009, S. 101, 114 f; s.a. *von Fürstenwerth*, r+s 2009, 221, 223 f.

werden.³³⁶ Ein Informationsschreiben, das den VN ohne inhaltliche Änderung der vereinbarten Versicherungsbedingungen allein über die neue Gesetzeslage informiert, ist keine Vertragsanpassung iSv Art. 1 Abs. 3 EGVVG.³³⁷

Ist in der **Lebensversicherung** eine Klausel durch höchstrichterliche Entscheidung oder bestandskräftigen Verwaltungsakt für unwirksam erklärt, kann sie der VR durch eine neue Regelung ersetzen, wenn dies zur Durchführung des Vertrages notwendig ist oder wenn das Festhalten an dem Vertrag ohne neue Regelung für eine Vertragspartei auch unter Berücksichtigung der Interessen der anderen Vertragspartei eine unzumutbare Härte darstellen würde (§ 164 Abs. 1 S. 1 VVG). Die neue Regelung ist allerdings nur wirksam, wenn sie unter Wahrung des Vertragsziels die Belange der VN angemessen berücksichtigt (§ 164 Abs. 1 S. 2 VVG). Mit Blick auf die **Feststellung der Unwirksamkeit** versteht die Bundesregierung³³⁸ unter „höchstrichterlicher" Rspr „Entscheidungen des BGH oder eines OLG, dessen Entscheidung nicht anfechtbar ist". Das ist jedoch nicht tragfähig. Der BGH geht mit Recht davon aus, dass eine „abschließende Klärung der Wirksamkeit einer Klausel nur durch das **Revisionsgericht** erfolgen" könne.³³⁹ Revisionsgericht ist allein der BGH (§ 133 GVG).³⁴⁰ 91

Hält die Rspr nicht nur die ursprüngliche, sondern auch die an ihre Stelle gesetzte (substituierende) Klausel für unwirksam, so tritt an die Stelle einer erneuten Bedingungsersetzung auf der Basis der §§ 164, 176, 203 VVG die ergänzende richterliche Vertragsauslegung im Rahmen von § 306 Abs. 2 BGB.³⁴¹ Eine **Kettenersetzung** findet also nicht statt.³⁴² 92

b) Bedingungsänderungsklauseln. Bedingungsänderungsklauseln hält der BGH grds. für zulässig;³⁴³ sie dürfen dem VR aber nicht die Befugnis verschaffen, „die vertragliche Position des VN [nachträglich] zu verschlechtern".³⁴⁴ Klauseln in Krankenversicherungsverträgen, die dem VR – abweichend von § 178g Abs. 3 VVG aF – erlauben, mit Zustimmung eines Treuhänders die Bedingungen zu ändern, wenn sich die höchstrichterliche Rspr ändert oder Auslegungszweifel beseitigt werden sollen, hat der BGH jedoch für unwirksam erklärt.³⁴⁵ Im Hinblick auf die Bedingungsänderung im reformierten Lebens-, Berufsunfähigkeits- und Krankenversicherungsrecht (§§ 164, 176, 203 VVG) ergibt sich das bereits daraus, dass die entsprechenden gesetzlichen Regelungen halbzwingend sind (§§ 171 S. 1, 208 S. 1 VVG).³⁴⁶ 93

c) Bedingungsänderung nach ergänzender Vertragsauslegung? Der BGH³⁴⁷ geht davon aus, dass auch eine ergänzende Vertragsauslegung bei sachgerechter Abwägung der beiderseitigen Interessen nach Treu und Glauben (§ 242 BGB) auf ein einseitiges Recht zur Bedingungsänderung hinauslaufen kann.³⁴⁸ 94

---

336 BGH 11.10.2011 – VI ZR 46/10, VersR 2011, 1524.
337 OLG Hamm 11.1.2012 – I-20 U 64/11, VersR 2012, 1246.
338 Begr. RegE, BT-Drucks. 16/3945, S. 55.
339 BGH 12.10.2005 – IV ZR 162/03, VersR 2005, 1565, 1568 (Hervorhebung des Verf.).
340 AA Looschelders/Pohlmann/*Krause*, § 164 Rn 5 (ohne Begründung).
341 BGH 12.10.2005 – IV ZR 162/03, VersR 2005, 1565, 1570.
342 Vgl auch BGH 24.10.2007 – IV ZR 209/03, VersR 2008, 244.
343 BGH 17.3.1999 – IV ZR 218/97, VersR 1999, 697, 698 m. Anm. *Präve*.
344 BGH 17.3.1999 – IV ZR 218/97, VersR 1999, 697, 698; vertiefend Prölss/Martin/*Prölss*, 28. Aufl., Vorbem. I Rn 31 ff.
345 BGH 23.1.2008 – IV ZR 169/06, VersR 2008, 482; vgl auch BGH 17.3.1999 – IV ZR 218/97, VersR 1999, 697, 699 (Rechtsschutzversicherung).
346 Vgl Begr. RegE, BT-Drucks. 16/3945, S. 105.
347 BGH 10.10.2012 – IV ZR 10/11, VersR 2013, 46, 53.
348 Dagegen: *Thüsing/Fütterer*, VersR 2013, 552.

Gesetz über den Versicherungsvertrag (Versicherungsvertragsgesetz – VVG)

Vom 23.11.2007 (BGBl. I S. 2631)[1]

zuletzt geändert durch Art. 2 Abs. 49 des Gesetzes zur Modernisierung der Finanzaufsicht über Versicherungen vom 1.4.2015 (BGBl. I S. 434, 560)

Teil 1
Allgemeiner Teil

Kapitel 1: Vorschriften für alle Versicherungszweige
Abschnitt 1: Allgemeine Vorschriften

§ 1 Vertragstypische Pflichten

[1]Der Versicherer verpflichtet sich mit dem Versicherungsvertrag, ein bestimmtes Risiko des Versicherungsnehmers oder eines Dritten durch eine Leistung abzusichern, die er bei Eintritt des vereinbarten Versicherungsfalles zu erbringen hat. [2]Der Versicherungsnehmer ist verpflichtet, an den Versicherer die vereinbarte Zahlung (Prämie) zu leisten.

I. Normzweck 1	5. Kategorien 29
II. VersVertrag 2	a) Überblick 29
1. Beteiligte 2	b) Schadens- und Summenversicherung 30
2. Begriff der Versicherung 4	c) Personen- und Sachversicherung 31
3. Funktion der Versicherung... 9	d) Pflichtversicherung 32
a) Bestandsaufnahme 9	6. Dogmatische Einordnung.... 33
b) Risikoabsicherung 10	a) Rechtsgeschäft 33
c) Leistung bei Eintritt des vereinbarten Versicherungsfalles 14	b) Gegenseitiger Vertrag..... 34
	aa) Kennzeichen 34
d) Entgelt/Prämie (S. 2) 15	bb) Gefahrtragungstheorie .. 35
e) Ungeschriebene Begriffsmerkmale? 16	cc) Geldleistungstheorie..... 36
	dd) Stellungnahme 37
aa) Bildung einer Risikogemeinschaft 16	7. Rechtsnatur 38
	a) Allgemeines............... 38
bb) Privates Rechtsverhältnis 19	b) Hedging-ähnlicher Risikovertrag 39
cc) Rechtsanspruch des VN 20	
dd) Selbständigkeit........... 21	c) Geschäftsbesorgungsvertrag 40
ee) Beschränkung auf schätzbare, kalkulierbare oder gleichartige Risiken 23	d) Risikovertrag sui generis 41
	8. Vertragsschluss............... 43
4. Grenzfälle 24	a) Allgemeines............... 43
a) Reine Risikoverträge (Spiel und Wette) 25	b) Einbeziehung von AVB ... 44
	c) Informationspflichten des VR 45
b) Prozessfinanzierung 26	
c) Lebens- und Kautionsversicherung 27	d) Antragsmodell............ 46
d) Completion Bond......... 28	e) Invitatiomodell 54

---

1 Verkündet als Art. 1 des Gesetzes zur Reform des Versicherungsvertragsrechts vom 23.11.2007 (BGBl. I S. 2631).

f) Policenmodell 57	2. Nebenleistungs- und Nebenpflichten 66
III. Pflichten des VR (S. 1) 61	IV. Pflichten des VN (S. 2) 67
1. Hauptleistungspflicht 61	1. Hauptleistungspflicht 67
a) Allgemeines 61	2. Nebenleistungs- und Nebenpflichten 69
b) Eintritt des Versicherungsfalles 62	3. Obliegenheiten 71
c) Leistung im Versicherungsfall 65	

I. Normzweck

1 Der Normzweck des § 1 besteht darin, die (**vertragstypischen**) **Hauptleistungspflichten der Parteien** eines VersVertrages zu beschreiben;[1] angesichts der unbestimmten Rechtsbegriffe – „ein bestimmtes Risiko" und „eine Leistung" – ist § 1 allerdings nur eine Rahmenvorschrift, die der Konkretisierung bedarf. Teils findet sich diese Konkretisierung im Besonderen Teil (vgl §§ 100, 125, 130, 172, 178, 192): In der **Unfallversicherung** zB besteht das Risiko in einem Unfall (§ 178 Abs. 1), dh darin, dass die versicherte Person durch ein plötzlich von außen auf ihren Körper einwirkendes Ereignis unfreiwillig eine Gesundheitsschädigung erleidet (§ 178 Abs. 2 S. 1). Diese Definition steht allerdings zur Disposition der Parteien (§ 191 *e contrario*). Der Gesetzgeber hat sich generell gegen verbindliche „gesetzliche Leitbilder" ausgesprochen[2] und mit Blick auf die Unfallversicherung eigens den Rahmencharakter der Vorschrift hervorgehoben.[3] In der **Lebensversicherung** (§§ 150 ff) hat er ganz auf Konkretisierungen verzichtet und stattdessen „die Freiheit der Gestaltung (des) ... Lebensversicherungsgeschäfts und (der) ... Produkte" hervorgehoben.[4] § 1 ist nach alledem als allgemein gehaltene **Einstiegsnorm** zu verstehen, die die Hauptleistungspflichten des VR (S. 1) und des VN (S. 2) vergleichsweise abstrakt umschreibt; gleichzeitig bestimmt sie damit jedoch den „Kern jeder Versicherung"[5] und entscheidet so über den **Anwendungsbereich** des VVG.[6] § 1 ist im Lichte dieser Funktion auszulegen.

II. VersVertrag

2 **1. Beteiligte.** Die Rechte und Pflichten der Parteien ergeben sich in erster Linie aus dem **VersVertrag**. Grundsätzlich herrscht Vertragsfreiheit (s. Einl. Rn 2), die im Interesse des Verbraucherschutzes[7] – aber nicht nur mit Blick auf Verbraucher (§ 13 BGB) – vielfach beschränkt ist (s. näher Einl. Rn 8 ff).

3 Die **Parteien** des VersVertrages bezeichnet S. 1 als **Versicherer** und **Versicherungsnehmer**. Deutsche VR sind AG, Europäische Gesellschaft, VVaG oder Körperschaft oder Anstalt des öffentlichen Rechts (§ 7 Abs. 1 VAG). Der **Rahmenvertragspartner eines Versicherungskonsortiums** ist nicht als VR und somit im Rahmen einer Klage aus dem Versicherungsverhältnis auch nicht als Vertragspartner

---

[1] Begr. RegE, BT-Drucks. 16/3945, S. 56.
[2] Begr. RegE, BT-Drucks. 16/3945, S. 51.
[3] Begr. RegE, BT-Drucks. 16/3945, S. 107.
[4] Begr. RegE, BT-Drucks. 16/3945, S. 51; gegen den Produktbegriff: *Schünemann*, VersR 2000, 144, 148, der auch den von *Dreher*, Die Versicherung als Rechtsprodukt, 1991, geprägten Begriff des Rechtsprodukts als „Phantom" ansieht; unentschieden: *Römer*, in: FS Lorenz, 1994, S. 449.
[5] *Kommission*, in: Lorenz (Hrsg.), Abschlussbericht der Kommission zur Reform des Versicherungsvertragsrechts vom 19.4.2004, S. 9 unter 1.2.1.1.1 (Hervorhebung des Verf.).
[6] Ebenso Looschelders/Pohlmann/*Pohlmann*, § 1 Rn 1; unklar Bruck/Möller/*Baumann*, § 1 Rn 5: „bezieht sich § 1 auf alle vom VVG erfassten Versicherungsverträge".
[7] Begr. RegE, BT-Drucks. 16/3945, S. 47.

anzusehen, wenn sich aus der Vertragsübersicht und den Bedingungen eindeutig ergibt, wer **Risikoträger und damit VR** ist.[8]

Dritte können in unterschiedlichen Rollen in das Versicherungsverhältnis einbezogen werden: Hat der VN in eigenem Namen ein fremdes Interesse versichert (Versicherung für fremde Rechnung, § 43 Abs. 1), so steht dem **Versicherten** der Anspruch auf die Leistung im Versicherungsfall zu (§ 44 Abs. 1 S. 1). Hat der VN eine Lebens-, Berufsunfähigkeits-, Unfall- oder Krankenversicherung auf die Person eines anderen abgeschlossen, so ist der Dritte „**versicherte Person**" (§§ 150 Abs. 1, 176, 179 Abs. 1, 193 Abs. 1). Hat der VN die versicherte Person für fremde Rechnung versichert, so ist die versicherte Person Versicherte(r) iSd §§ 43 ff. Hat er sie für eigene Rechnung versichert, bezeichnet man sie als bloße „**Gefahrsperson**"; ein Rechtsanspruch auf die Leistung steht ihr in diesem Falle nicht zu. Bei Einräumung eines Bezugsrechts in der Lebens- oder Unfallversicherung (§§ 159 f, 185) ist der Dritte **Bezugsberechtigter**, dem das Recht auf die Leistung im Todes- und/oder Erlebensfall zusteht. In der Haftpflichtversicherung (§§ 100 ff) ist Dritter der **Inhaber des Entschädigungsanspruchs** gegen den VN (§ 100).

2. Begriff der Versicherung. Der Reformgesetzgeber hat (angeblich) bewusst „auf eine **Definition** des Begriffs der Versicherung ... verzichtet", um künftigen Entwicklungen nicht vorzugreifen.[9] Er hat sich gleichzeitig jedoch auf bestimmte Begriffsmerkmale festgelegt: Erfüllt ein Rechtsgeschäft den Tatbestand des § 1 – Entgeltliche Risikoabsicherung durch Leistung bei Eintritt des Versicherungsfalles –, so fällt es grds. in die Kategorie des VersVertrages. § 1 enthält also doch eine – wenn auch weit gefasste – Begriffsbestimmung,[10] die den unverzichtbaren „Kern jeder Versicherung"[11] abbildet.

VersVertrag und Versicherungsverhältnis sind zu unterscheiden: Der VersVertrag (§§ 1 f) begründet als gegenseitiger Vertrag ein (rechtsgeschäftliches) Schuldverhältnis (s. § 311 Abs. 1 BGB) im weiteren Sinne,[12] das das VVG als Versicherungsverhältnis bezeichnet (s. nur §§ 6 Abs. 4, 11 Abs. 1). Eine Versicherung beschränkt sich nämlich – anders als bspw ein Kauf – nicht auf einen punktuellen Leistungsaustausch; sie ist vielmehr ein für bestimmte oder unbestimmte Zeit eingegangenes Dauerschuldverhältnis (s. § 11 Abs. 1 und 2) und lässt sich dem von *Reifner* entwickelten Typus der „*Life Time Contracts*" zuordnen.[13] Im Rahmen des Versicherungsverhältnisses haben die Parteien nach Treu und Glauben zu handeln (§ 242 BGB) und Rücksicht auf die Rechte, Rechtsgüter und Interessen des anderen Teils zu nehmen (§ 241 Abs. 2 BGB).[14] Daraus folgt u.a., dass verdeckte Ermittlungen des VR gegen den VN (Observierung) nur zulässig sind, wenn „der über bloße Zweifel an der Richtigkeit der Angaben hinausgehende begründete Verdacht für ein vorsätzlich vertragswidriges Verhalten des VN besteht",[15] und dass der VR grds. zur Korrespondenz mit dem vom VN ausgewählten Vertreter verpflichtet ist.[16]

---

8 OLG Köln 17.6.2008 – 9 U 26/08, VersR 2009, 385; zur kartellrechtlichen Beurteilung von Mitversicherergemeinschaften *Barth/Gießelmann*, VersR 2009, 1454.
9 Begr. RegE, BT-Drucks. 16/3945, S. 56.
10 AA Schwintowski/Brömmelmeyer/*Ebers*, § 1 Rn 2.
11 *Kommission*, in: Lorenz (Hrsg.), Abschlussbericht der Kommission zur Reform des Versicherungsvertragsrechts vom 19.4.2004, S. 8 unter 1.2.2.1.1.
12 Begriff: *Brömmelmeyer*, Schuldrecht AT, 2014, § 1 Rn 2.
13 *Nogler/Reifner*, Life Time Contracts, 2014 (social long-term relations which, with regard to certain periods of the lifetime of individuals, provide essential ... services).
14 BGH 29.5.2013 – IV ZR 165/12, VersR 2013, 841; OLG Köln 3.8.2012 – 20 U 98/12, VersR 2013, 702; zu Treu und Glauben (§ 242 BGB) s. Einl. Rn 53.
15 OLG Köln 3.8.2012 – 20 U 98/12, VersR 2013, 702, 703.
16 BGH 29.5.2013 – IV ZR 165/12, VersR 2013, 841.

5 § 1 definiert nur den **Typus „VersVertrag".**[17] Damit ist der Konflikt zwischen der gebotenen Flexibilität des Rechts – Produktinnovationen erfordern ggf den Rückgriff auf das VVG, auch wenn es sich nicht um konventionelle Versicherungen handelt – einerseits und der Rechtssicherheit und -klarheit – auch bei Produktinnovationen muss der Rückgriff auf das VVG vorhersehbar sein[18] – andererseits gelöst: Die Flexibilität ergibt sich daraus, dass **unbestimmte Rechtsbegriffe** (s. Rn 10 ff) als Delegationsnormen an die Rspr[19] eine wertende Betrachtungsweise erlauben[20] und dass die **Definition** als Typus **nicht abschließend** ist. Daher können weitere Begriffsmerkmale, insb. die Bildung der Risikogemeinschaft (s. Rn 16), herangezogen werden, die für das Rechtsprodukt „Versicherung" charakteristisch, aber verzichtbar sind.[21]

6 Konstitutives Merkmal der Versicherung ist die Pflicht des VR, ein bestimmtes Risiko des VN oder eines Dritten durch eine Leistung abzusichern, die er bei Eintritt des vereinbarten Versicherungsfalles zu erbringen hat (S. 1). Diese Formulierung ist glücklich gewählt, weil sie die Hauptfunktion der Versicherung – die **Risikoabsicherung** – beschreibt, die Leistung des VR (§ 241 Abs. 1 BGB) jedoch an den Eintritt des Versicherungsfalles bindet. Damit verknüpft S. 1 die Erkenntnisse der **Gefahrtragungstheorie** (s. Rn 35), die bereits das „dauernde Bereitsein des Versicherers zu einer geldlichen oder geldeswerten Leistung"[22] als Leistung des VR ansieht, mit der **Geldleistungstheorie** (s. Rn 36), die als rechtlich greifbare Leistung des VR allein die Leistung nach Eintritt des Versicherungsfalles identifiziert hat.

7 Die Definition des § 1 orientiert sich an der **Rspr des BVerwG**[23] und des BGH,[24] die von einer Versicherung (§ 1 VAG, § 1 VVG) ausgehen, wenn ein Unternehmen „gegen Entgelt für den Fall eines ungewissen Ereignisses bestimmte Leistungen übernimmt (Garantieversprechen), wobei das übernommene Risiko auf eine Vielzahl durch die gleiche Gefahr bedrohter Personen verteilt wird und der Risikoübernahme eine auf dem Gesetz der großen Zahl beruhende Kalkulation zugrunde liegt".[25] § 1 übernimmt allerdings nur das „Garantieversprechen", nicht den Risikoausgleich im Kollektiv (sog. polypersonaler Bezug), der ein typisches, aber kein notwendiges Merkmal von Versicherung ist: Einzelrisiken wären anderenfalls gar nicht versicherbar.[26]

---

17 Ähnl. Schwintowski/Brömmelmeyer/*Ebers*, Einführung Rn 17; Prölss/Martin/*Armbrüster*, § 1 Rn 26.
18 Vgl BVerfG 26.7.2005 – 1 BvR 782/94 und 1 BvR 957/96, VersR 2005, 1109, 1122 mit dem Hinweis auf die gebotene „Normenbestimmtheit und -klarheit, welche die Betroffenen befähigen soll, die Rechtslage anhand der gesetzlichen Regelung zu erkennen, damit sie ihr Verhalten danach ausrichten können"; BVerfG 26.7.2005 – 1 BvR 80/95, VersR 2005, 1127, 1131.
19 Dazu *Röthel*, Normkonkretisierung im Privatrecht, 2004, S. 51.
20 *Rüthers*, Rechtstheorie, 3. Aufl. 2007.
21 Ähnl. Prölss/Martin/*Armbrüster*, § 1 Rn 1 (wesentliche Merkmale), Rn 26 (typologische Rechtsfindung); vgl auch *Winter*, Versicherungsaufsichtsrecht, Kritische Betrachtungen, 2007, § 4 S. 101 f; vgl auch *Wälder*, Über das Wesen der Versicherung, 1998, mit einer allg. Kritik an essentialistischen Begriffsbestimmungen; ähnl. *Karten*, Versicherungsbetriebslehre, Kernfragen aus entscheidungstheoretischer Sicht, 2000, S. 343, 355; vertiefend zum Versicherungsvertrag als „Typus" *Dreher*, Die Versicherung als Rechtsprodukt, 1991, S. 66 ff.
22 *Bruck*, Das Privatversicherungsrecht, 1930, S. 367.
23 BVerwG 25.11.1986 – 1 C 54/81, VersR 1987, 297, 298; BVerwG 11.11.1987 – 1 A 45/83, VersR 1987, 273, 274; BVerwG 24.2.1987 – 1 A 49/83, VersR 1987, 453, 454; BVerwG 19.5.1987 – 1 A 88/83, VersR 1987, 701, 702.
24 BGH 29.9.1994 – I ZR 172/92, VersR 1995, 344, 345; BGH 16.3.1988 – IVa ZR 247/84, VersR 1988, 1281; ähnl. bereits BGH 14.7.1962 – III ZR 21/61, VersR 1962, 974, 976.
25 Vgl auch *Präve*, VersR 2007, 1046, 1047.
26 Ähnl. *Thomas/Dreher*, VersR 2007, 731, 734.

Das VVG ist unabhängig von der **Erscheinungsform der Versicherung** als kaufmännische Prämienversicherung, als Versicherung auf Gegenseitigkeit (vgl §§ 15 ff VAG) oder als (hypothetische) Geschäftsbesorgung anwendbar.[27] Bei **Versicherungsvereinen auf Gegenseitigkeit (VVaG)** bestehen neben den rein vertrags- auch vereinsrechtliche Rechtsbeziehungen (§§ 15 ff VAG).[28] Das VVG bleibt jedoch unabhängig davon anwendbar, wie sich „die relevanten Bestimmungen über den Versicherungsschutz auf Vereinssatzung und Einzelvertrag" verteilen.[29]   8

3. **Funktion der Versicherung. a) Bestandsaufnahme.** Die Funktion der Versicherung ist umstritten: Die **Bedarfsdeckungstheorie**[30] geht davon aus, dass die Versicherung einen durch den Eintritt des Versicherungsfalles entstehenden Bedarf abdecken soll. Ihre Kritiker berufen sich u.a. darauf, dass insb. in der Summenversicherung kein, auch kein „abstrakter" Bedarf festzustellen sei.[31] Die **Plansicherungstheorie**[32] sieht die Aufgabe der Versicherung darin, „bestimmte zufallsbedingte Störungen in den Wirtschaftsplänen der versicherten Einzelwirtschaften durch konkrete Versicherungsleistungen auszugleichen, sei es, dass planwidrig entgehende Einnahmen oder außerplanmäßige Ausgaben zu ersetzen sind".[33] Die **Vermögensgestaltungstheorie**,[34] die besagt, dass die Leistung „ein im Vertrag festgelegtes, vom Recht als wirtschaftlich gerechtfertigt anerkanntes Vermögensgestaltungsziel ... sichern soll",[35] unterscheidet sich davon nur in Nuancen. Bezieht man den Bedarf auf den Plan[36] bzw die angestrebte Vermögensgestaltung, so eint alle Theorien ein richtiger Kern: Die Versicherung soll die individuelle Lebensplanung gegen unvorhersehbare Ereignisse absichern, indem sie die damit (potenziell) verbundenen wirtschaftlichen Nachteile ausgleicht. Die Lit.[37] weist der Versicherung – über diese **Sicherungsfunktion** hinaus – teils auch noch eine **Liquiditäts- und Innovationsfunktion** (Erhöhung der Wagnisbereitschaft) zu.   9

b) **Risikoabsicherung.** Mit dem Hinweis auf die **Risikoabsicherung** erhebt § 1 die **Hauptfunktion von Versicherung** zu einem Begriffsmerkmal. Den Begriff „Risikoübernahme" hat der Reformgesetzgeber mit Recht vermieden, weil das Risiko als solches immer ein Risiko des VN bleibt.[38] Der VR sichert dieses Risiko lediglich ab, indem er die mit der Realisierung des Risikos verbundenen wirtschaftlichen Nachteile im vereinbarten Rahmen ausgleicht.   10

Tragfähig ist die Risikoabsicherung nur bei ständiger **Leistungsfähigkeit und Leistungsbereitschaft** des VR,[39] dh bei „dauernder Erfüllbarkeit" der Verträge (zum Begriff s. u.a. §§ 5 Abs. 2, 11a Abs. 3 Nr. 1 S. 2 VAG). Daraus folgt jedoch nicht, dass der VN Einfluss auf das Risikomanagement des VR hätte.[40] Die Risikoabsi-   11

---

27 Begr. RegE, BT-Drucks. 16/3945, S. 56.
28 Vertiefend Prölss/*Weigel*, VAG, § 15 Rn 3 ff und § 20 Rn 7 ff.
29 Begr. RegE, BT-Drucks. 16/3945, S. 56.
30 S. u.a. Bruck/Möller/*Möller*, 8. Aufl., § 1 Anm. 7; *Winter*, Versicherungsaufsichtsrecht, Kritische Bemerkungen, 2007, § 4 S. 174.
31 *Dreher*, Die Versicherung als Rechtsprodukt, 1991, S. 38 f; Prölss/Martin/*Armbrüster*, § 1 Rn 3.
32 *Braeß*, ZVersWiss 1970, 1; Prölss/Martin/*Armbrüster*, § 1 Rn 3.
33 *Braeß*, ZVersWiss 1970, 9.
34 *Schmidt-Rimpler*, VersR 1963, 493 ff; ders., VersR 1964, 792 ff; *Dreher*, Die Versicherung als Rechtsprodukt, 1991, S. 40 ff.
35 *Schmidt-Rimpler*, in: FS Heymann, 1931, Bd. 2, S. 1211, 1247 f.
36 Prölss/Martin/*Armbrüster*, § 1 Rn 4: Bedarf aufgrund der „Diskrepanz zwischen Plan- und Realdaten".
37 BK/*Schwintowski*, § 1 Rn 32; ders., JZ 1996, 702 auf der Basis der Überlegungen *Sinns*, ZVersWiss 1988, 1, 3 ff.
38 S. aber *Deutsch*, Versicherungsvertragsrecht, 6. Auf. 2008, Rn 5, 6 („Risikoübernahmegeschäft"); ähnl. wie hier Bruck/Möller/*Baumann*, § 1 Rn 48.
39 Ähnl. bereits *Bruck*, Die Privatversicherung, S. 367.
40 Ähnl. Schwintowski/Brömmelmeyer/*Ebers*, § 1 Rn 9.

cherung wird v.a. aufsichtsrechtlich gewährleistet, insb. durch die Bestimmungen über die Prämienkalkulation (§§ 11, 12 Abs. 1 VAG) und die Bildung von Rückstellungen (insb. §§ 65, 56 a VAG) sowie durch die Kapitalausstattungsvorschriften (§§ 53 c ff VAG). Zu Einzelheiten s. Rn 61. Die Risikoabsicherung setzt im Regelfall die Bildung von Risikokollektiven voraus (s. näher Rn 16 ff). Eine Risikoabsicherung allein über den Kapitalmarkt (Einsatz von Finanzderivaten) scheitert an den restriktiven aufsichtsrechtlichen Kapitalanlagevorschriften.[41]

12 Ein durchsetzbarer **Rechtsanspruch** auf Risikoabsicherung besteht nicht. Vielmehr ist iSv § 241 Abs. 1 BGB allein geschuldet die durch den Eintritt des Versicherungsfalles aufschiebend bedingte Geld- oder geldwerte Leistung.[42] Die Rechtsauffassungen in dieser Frage gehen jedoch auseinander: *Baumann* meint, der VR schulde eine Sicherungsleistung, die bei Eintritt des Versicherungsfalles in eine Ausgleichsleistung übergehe (sog. kombinierte Theorie).[43] *Pohlmann* hingegen sieht in der Kombination aus (vermeintlich) bedingtem Leistungsversprechen[44] und Leistung nach Eintritt des Versicherungsfalles eine „gestufte Leistung";[45] Leistungsversprechen und Leistung fielen, wie zB im Bankverkehr beim Bürgschaftsversprechen gegen Entgelt, *in uno acto* zusammen. Diese Parallele ist indes nicht tragfähig, weil dem Bürgschaftsversprechen gegen Entgelt ein von der Bürgschaft verschiedenes Avalgeschäft (§ 675 Abs. 1 BGB) zugrunde liegt.[46]

13 Das Risiko braucht kein **Risiko des VN** zu sein. Hat sich der VR verpflichtet, das **Risiko eines Dritten** abzusichern, so fallen VN und versicherte Person auseinander; die versicherte Person kann Versicherte(r) iSd §§ 43 ff sein, wenn der VN im eigenen Namen für fremde Rechnung handelt; sie kann aber auch bloße Gefahrsperson sein, wenn der VN für eigene Rechnung handelt.

14 **c) Leistung bei Eintritt des vereinbarten Versicherungsfalles.** Konkret wird die Risikoabsicherung erst durch **Eintritt des Versicherungsfalles**, dh durch ein im Einzelfall (subjektiv oder objektiv) ungewisses Ereignis, an das die Parteien die konkrete Leistungspflicht des VR knüpfen (s. im Einzelnen Rn 62 ff). Die **Leistung des VR** besteht im Regelfall in Geld, kann aber, wie insb. der Bereich „Managed Care" in der Krankenversicherung (§ 192 Abs. 3) zeigt – auch eine andere (geldwerte) Dienstleistung beinhalten; aufsichtsrechtlich ist allerdings § 7 Abs. 3 S. 1 VAG zu beachten.

15 **d) Entgelt/Prämie (S. 2).** Begriffsmerkmal des VersVertrages ist die Pflicht des VN, die vereinbarte(n) **Prämie**(n) zu entrichten (s. näher Rn 67 f),[47] die S. 2 als „die vereinbarte Zahlung" umschreibt. Die Risikoäquivalenz der Prämie ist kein[48] notwendiges Begriffsmerkmal einer Versicherung; auch die aufsichtsrechtlichen Kalkulationsvorgaben in der Lebens-, Unfall- und Krankenversicherung (§§ 11, 11 d, 12 VAG) wirken sich grds. nicht auf den vertragsrechtlichen Begriff der Versicherung aus.

---

41 Krit. *Dreher*, VersR 2010, 1109 mit Blick auf die daraus resultierende Inländerdiskriminierung bei *Variable Annuities*.
42 Ebenso Prölss/Martin/*Armbrüster*, § 1 Rn 129; *Dreher*, Die Versicherung als Rechtsprodukt, 1991, S. 89; *Thomas/Dreher*, VersR 2007, 731.
43 Bruck/Möller/*Baumann*, § 1 Rn 30 ff; gegen *Baumann*, aaO: Looschelders/Pohlmann/ *Pohlmann*, § 1 Rn 20, die (teils) mit Recht darauf hinweist, dass die Risikoabsicherung auch nach Eintritt des Versicherungsfalles fortbestehe.
44 Mit Recht krit. Bruck/Möller/*Baumann*, § 1 Rn 34.
45 Looschelders/Pohlmann/*Pohlmann*, § 1 Rn 20.
46 Dazu MüKo-BGB/*Habersack*, 6. Aufl. 2013, § 765 Rn 7.
47 Ähnl. bereits BVerwG 25.11.1987 – 1 C 54/87, VersR 1987, 297, 298 auf der Basis von § 1 Abs. 2 aF; vgl auch *Schwintowski*, Der private Versicherungsvertrag zwischen Recht und Markt, 1987, S. 59.
48 Dazu *Boetius*, VersR 2007, 431, 432 f.

e) **Ungeschriebene Begriffsmerkmale? aa) Bildung einer Risikogemeinschaft.** Die **16** Risikogemeinschaft ist typischer, aber kein notwendiger Baustein von Versicherung:[49] Die Risikoabsicherung iSv S. 1 setzt zwar die ständige (abstrakte) Leistungsbereitschaft des VR voraus, die er – unternehmensintern – im Regelfall durch die Risikoäquivalenz der Prämie, die Bildung von Risikokollektiven und den Risikoausgleich gewährleistet. Er kann jedoch auch Einzelrisiken versichern und seine Leistungsfähigkeit durch Rückversicherung oder Risikoaufteilung (*risk-spreading*) absichern. Daher ist der Begriff der Risikogemeinschaft rechtlich gesehen v.a. eine Metapher dafür, dass die Einzelverträge aufgrund der Bildung von Risikokollektiven nicht isoliert nebeneinander stehen; sie beeinflussen sich vielmehr gegenseitig, so dass Interessenkonflikte entstehen können, die bei der Rechtssetzung und -anwendung zu berücksichtigen sind.[50]

In der Lebensversicherung hat das BVerfG ausdrücklich einen **Interessenausgleich** **17** **in der Risikogemeinschaft**[51] verlangt und klargestellt, dass der Gesetzgeber gehindert sei, „die Feststellung des Schlussüberschusses ausschließlich am Interesse der oder eines einzelnen Versicherten oder gar an dem Interesse eines aus dem Versicherungsverhältnis Ausscheidenden an der Optimierung der an ihn auszukehrenden Leistungen auszurichten". Dies widerspräche, so das BVerfG, dem für das Versicherungsrecht typischen Grundgedanken einer Risikogemeinschaft und damit des Ausgleichs der verschiedenen, weder im Zeitablauf noch hinsichtlich des Gegenstands stets identischen Interessen der Beteiligten. Parallel dazu hat auch der BGH[52] versucht, die gegenläufigen Partikularinteressen bei der Bestimmung des Rückkaufswertes (§ 176 Abs. 3 aF) angemessen auszugleichen.

Ein allgemeines **Diskriminierungsverbot in der Risikogemeinschaft** besteht – über **18** §§ 11 Abs. 2, 12 Abs. 4 S. 1 und 21 VAG hinaus – grds. nicht (zum Einfluss des AGG und zur geschlechtsabhängigen Tarifierung s. Einl. Rn 56 ff).[53] Ebenso wenig ist ein allgemeines **Rücksichtnahmegebot** anzuerkennen: Bei Inanspruchnahme der geschuldeten Leistung braucht der VN – anders die Ansicht des BGH[54] – grds. keine Rücksicht auf angebliche Interessen der Risikogemeinschaft zu nehmen (s. Einl. Rn 53).[55]

bb) Privates Rechtsverhältnis. Ein VersVertrag iSv § 1 setzt als Entstehungsgrund **19** ein **privates Rechtsverhältnis** voraus. Das unterscheidet Privat- und Sozialversicherung (s. Einl. Rn 2).

cc) Rechtsanspruch des VN. In Einklang mit der Rspr des BVerwG ist anzunehmen, **20** dass ein VersVertrag einen **Rechtsanspruch des VN** erfordert: Bleibt die Leistungszusage unverbindlich, liegt keine Versicherung vor.[56]

dd) Selbständigkeit. Der BGH vertritt mit Blick auf die Begriffsmerkmale des **21** VersVertrages, dass „das versicherungsvertragliche Element" nicht in einem inne-

---

49 Wie hier *Dreher*, Die Versicherung als Rechtsprodukt, 1991, S. 34 ff; vgl auch *Karten*, Versicherungsbetriebslehre, Kernfragen aus entscheidungstheoretischer Sicht, 2000, S. 343 ff, 365; aA *Deutsch*, Versicherungsvertragsrecht, 6. Aufl. 2008, Rn 13; *Präve*, VersR 2006, 1190.
50 Looschelders/Pohlmann/*Looschelders*, Vorbemerkung A. Rn 65 will gegenläufige Interessen im Sinne einer praktischen Konkordanz zum Ausgleich bringen.
51 BVerfG 26.7.2005 – 1 BvR 80/97, VersR 2005, 1127, 1131 m. Anm. *Brömmelmeyer*, WuB IV F. § 2 ALB 1.06.
52 BGH 12.10.2005 – IV ZR 162/03, VersR 2005, 1565, 1571 m. Anm. *Brömmelmeyer*, WuB IV F. § 172 VVG 1.06.
53 AA *Koppenfels-Spieß*, VersR 2004, 1085, 1088 f.
54 BGH 12.3.2003 – IV ZR 278/01, VersR 2003, 581, 585.
55 Ebenso Looschelders/Pohlmann/*Looschelders*, Vorbemerkung A. Rn 9.
56 BVerwG VerBAV 1963, 24; *Winter*, Versicherungsaufsichtsgesetz, Kritische Betrachtungen, § 4 S. 182 ff; zuletzt VGH Kassel 16.12.2009 – 6 A 1065/08, VersR 2010, 889 m. Anm. *Kaulbach*.

ren Zusammenhang mit einem anderen Vertrag stehen dürfe, der seinerseits kein VersVertrag sei.[57] Die VVG-Reformkommission hat jedoch mit Recht darauf hingewiesen, dass die Beschreibung der vertragstypischen Hauptleistungen (S. 1) – entgeltliche Risikoabsicherung durch Leistung bei Eintritt des vereinbarten Versicherungsfalles – „weitere Leistungsschwerpunkte … und Nebenleistungen" nicht ausschließe[58] und hat als Beispiel die Kapitalanlage in der Lebensversicherung und „Managed-Care" -Produkte in der Krankenversicherung angeführt.[59]

22 Betrachtet man den Begriff „Versicherungsvertrag" (wie hier) **funktional**, im Hinblick auf die Frage, ob das VVG im Einzelfall anwendbar ist oder nicht (s. Rn 1), so stellt sich die Frage nach dem (fehlenden) „inneren Zusammenhang" anders: Entscheidend ist dann, „nach welchen besonderen Rechtsnormen ein typengemischter Vertrag zu beurteilen" ist.[60] Insoweit gelten die allgemeinen, im Einzelnen aber umstrittenen Regeln.[61] Überwiegt ein Vertragsbestandteil und ist er deshalb für das Wesen dieses Vertrages prägend, ist grds. das Recht dieses Bestandteils für den ganzen Vertrag entscheidend.[62] Klarzustellen ist im Übrigen, dass auch die Parteien eines **NichtVersVertrages** die (teilweise) Geltung des VVG vereinbaren können.[63]

23 ee) **Beschränkung auf schätzbare, kalkulierbare oder gleichartige Risiken.** Eine Beschränkung des Versicherungsbegriffs auf **schätzbare, kalkulierbare oder gleichartige Risiken** ist abzulehnen,[64] insb. auch die Homogenität der Risiken, dh die Bedrohung durch die gleiche Gefahr ist kein notwendiges Merkmal von Versicherung.[65]

24 4. **Grenzfälle.** Versicherungen sind gegen andere Produkte abzugrenzen. Rspr und Lit. haben sich u.a. mit Instandsetzungsgarantien,[66] mit Lebensversicherungen ohne biometrisches Risiko[67] und fondsgebundenen Lebensversicherungen mit begrenztem Risikotransfer auseinandergesetzt.[68] Hinzu kommen Spiel und Wette (s. Rn 25), Prozessfinanzierung (s. Rn 26) und Kautionsversicherung (s. Rn 27 a).

25 a) **Reine Risikoverträge (Spiel und Wette).** Reine Risikoverträge (Spiel und Wette) bleiben unverbindlich (§ 762 Abs. 1 BGB)[69] und fallen nicht unter den Begriff der Versicherung.[70] Der Unterschied besteht darin, dass der VR die mit der Realisierung eines **realen** Risikos des VN verbundenen wirtschaftlichen Nachteile absi-

---

57 BGH 29.9.1994 – I ZR 172/92, VersR 1995, 344, 345 mwN; vgl auch BVerwG 19.6.1969 – I A 3/66, VersR 1969, 819, 820; vertiefend Prölss/Martin/*Armbrüster*, § 1 Rn 14; *Schaaf*, VersR 2015, 17, 22.
58 *Kommission*, in: Lorenz (Hrsg.), Abschlussbericht der Kommission zur Reform des Versicherungsvertragsrechts vom 19.4.2004, S. 8 unter 1.2.2.1.1.
59 *Kommission*, in: Lorenz (Hrsg.), Abschlussbericht der Kommission zur Reform des Versicherungsvertragsrechts vom 19.4.2004, S. 8 unter 1.2.2.1.1.
60 BGH 29.9.1994 – I ZR 172/92, VersR 1995, 344, 345.
61 Vgl Palandt/*Grüneberg*, Überbl. vor § 311 BGB Rn 19 ff; MüKo-BGB/*Emmerich*, 6. Aufl. 2012, § 311 Rn 24 ff.
62 BGH 29.9.1994 – I ZR 172/92, VersR 1995, 344, 345 (str.); BGH 15.6.1951 – I ZR 121/50, BGHZ 2, 331, 333; allg. Palandt/*Grüneberg*, Überbl. vor § 311 BGB Rn 25 f.
63 Prölss/Martin/*Armbrüster*, § 1 Rn 22.
64 *Winter*, Versicherungsaufsichtsrecht, Kritische Betrachtungen, 2007, § 4 S. 137.
65 Vgl auch *Karten*, Versicherungsbetriebslehre, Kernfragen aus entscheidungstheoretischer Sicht, 2000, S. 343 ff, 365; aA Prölss/*Präve*, VAG, § 1 Rn 42; vgl auch *Hofmann*, Privatversicherungsrecht, 4. Aufl. 1998, S. 7 f.
66 Dazu u.a. BVerwG 19.6.1969 – I A 3/66, VersR 1969, 819 und BVerwG 19.5.1987 – 1 A 88/83, VersR 1987, 701; *Winter*, Versicherungsaufsichtsrecht, Kritische Betrachtungen, 2007, § 4 S. 137 ff.
67 OLG Hamburg 15.2.2000 – 9 U 17498, VerBAV 2000, 163.
68 *Dreher/Kling*, WM 2008, 377.
69 Zu Einzelheiten s. *Henssler*, Risiko als Vertragsgegenstand, 1994, S. 419 ff.
70 AllgM, *Dreher*, Die Versicherung als Rechtsprodukt, 1991, S. 73; BK/*Dörner*, Einl. Rn 47; Prölss/Martin/*Armbrüster*, § 1 Rn 6 (implizit).

chert,[71] während der Veranstalter von Spiel und Wette ein **künstliches** Risiko schafft und der Spieler darauf spekuliert, dass sich dieses Risiko nicht realisiert (vgl auch Rn 10).

b) Prozessfinanzierung. Die Prozessfinanzierung fällt nicht unter den Begriff der Versicherung,[72] weil der Kunde keine Prämie und – bei Realisierung des Prozesskostenrisikos – überhaupt kein Entgelt zu zahlen hat[73] und weil der Prozesskostenfinanzierer (anders als der Rechtsschutzversicherer) und der Kunde gleichgerichtete, keine gegensätzlichen Interessen verfolgen.[74] Die Übernahme des Prozesskostenrisikos ist zwar nicht nur „unselbständige Nebenabrede",[75] sondern eigentliche Triebfeder der Prozessfinanzierung. Im Mittelpunkt der vertraglichen Rechte und Pflichten der Parteien steht dann jedoch das gemeinsame Bestreben, die Forderung „zu Geld zu machen".[76] 26

c) Lebens- und Kautionsversicherung. Beschränkt sich eine sog. Lebensversicherung auf eine **Kapitalanlage**, ohne irgendein biometrisches Risiko abzusichern, so liegt darin keine Versicherung;[77] spielt das biometrische Risiko nur eine untergeordnete Rolle, so ist neben §§ 6 f auch eine Aufklärung auf der Basis des Kapitalanlagerechts geboten:[78] Der Abschluss einer **kapitalbildenden Lebensversicherung** stellt sich bei wirtschaftlicher Betrachtung als Anlagegeschäft dar, wenn gegenüber der Renditeerwartung die Versicherung des Todesfallrisikos von untergeordneter Bedeutung ist.[79] Der Lebensversicherer ist daher nach den von der Rspr entwickelten Grundsätzen zur Aufklärung bei Anlagegeschäften verpflichtet, den Anleger bereits im Rahmen der Vertragsverhandlungen über alle Umstände verständlich und vollständig zu informieren, die für seinen Anlageentschluss von besonderer Bedeutung sind.[80] 27

Die **Kautionsversicherung** hat der BGH[81] nicht als Versicherung, sondern als Geschäftsbesorgungsvertrag qualifiziert. Die Lit. ist dem nicht gefolgt.[82] Kautionsversicherungen sichern das Insolvenzrisiko des VN ab, indem sich der Kautionsversicherer bereit erklärt, im Rahmen eines bestimmten Limits Bürgschaften zugunsten der Gläubiger des VN zu übernehmen.[83] 27a

---

71 Ähnl. *Dreher*, Die Versicherung als Rechtsprodukt, 1991, S. 73.
72 BAV, Beschl. v. 29.4.1999, VerBAV 1999, 167 ff; Prölss/*Präve*, VAG, § 1 Rn 46; *Müller-Güldemeister/Rollmann*, NJW 1999, 3540; *Jaskolla*, Prozessfinanzierung gegen Erfolgsbeteiligung, 2004, S. 193; Bruck/Möller/*Baumann*, § 1 Rn 298; aA *Fritzsche/Schmidt*, NJW 1999, 2998.
73 *Müller-Güldemeister/Rollmann*, NJW 1999, 3540; *Winter*, Versicherungsaufsichtsrecht, Kritische Betrachtungen, 2007, § 4 S. 142.
74 So v.a. *Müller-Güldemeister/Rollmann*, NJW 1999, 3540, 3541; *Winter*, Versicherungsaufsichtsrecht, Kritische Betrachtungen, 2007, § 4 S. 143.
75 Dafür aber Beschlusskammer (BAV, Beschl. v. 29.4.1999, VerBAV 1999, 167 ff); *Müller-Güldemeister*, NJW 1999, 3540.
76 Beschlusskammer (BAV, Beschl. v. 29.4.1999, VerBAV 1999, 167 ff).
77 *Schaaf*, VersR 2015, 17 mit dem Hinweis auf OLG Hamburg 15.2.2000 – 9 U 174/98, VerBAV 2000, 163.
78 BGH 11.7.2012 – IV ZR 164/11, VersR 2012, 1237; s. auch: BGH 11.7.2012 – IV ZR 271/10, WM 2012, 1577; BGH 11.7.2012 – IV ZR 286/10, VersR 2012, 1237; BGH 11.7.2012 – IV ZR 122/11, BeckRS 2012, 16498; s. auch OLG Köln 31.1.2014 – 20 U 156/13, VersR 2014, 1238.
79 BGH 11.7.2012 – IV ZR 164/11, VersR 2012, 1237, 1241.
80 BGH 11.7.2012 – IV ZR 164/11, VersR 2012, 1237.
81 BGH 13.3.2008 – IX 14/07, VersR 2008, 826; BGH 18.1.2007 – IX ZR 202/05, ZIP 2007, 543; BGH 6.7.2006 – IX ZR 121/05, VersR 2006, 1637.
82 *Thomas/Dreher*, VersR 2007, 731; *Rind/Henning*, VersR 2008, 1601; Prölss/Martin/*Armbrüster*, § 1 Rn 7; s. auch *Staudinger*, VersR 2014, 1153, 1155.
83 Ausf. *Thomas/Dreher*, VersR 2007, 731.

28 **d) Completion Bond.** In der Filmbranche verbreitete Completion Bonds sind atypische VersVerträge für fremde Rechnung (§§ 74 ff analog), bei denen der Produzent eines Filmvorhabens VN ist und die Finanziers Versicherte.[84]

29 **5. Kategorien. a) Überblick.** Die Regelungssystematik des VVG orientiert sich an den Kategorien der Schadens-, Summen-, Personen- und Sachversicherung: Die §§ 74 ff beziehen sich nur auf die Schadensversicherung, die §§ 88 ff nur auf die Schadens- als Sachversicherung. Die §§ 150 ff beziehen sich auf die Lebens-, Berufsunfähigkeits-, Unfall- und Krankenversicherung, die allesamt Personenversicherung sind; Lebens-, Berufsunfähigkeits- und Unfallversicherung sind in aller Regel auch Summenversicherung. Die Krankheitskosten- ist Schadens-, die Krankentagegeldversicherung hingegen Summenversicherung.

30 **b) Schadens- und Summenversicherung.** Kennzeichen der **Schadensversicherung** ist, dass der VR den konkret eingetretenen (messbaren) Schaden ersetzen muss, während er in der **Summenversicherung** die vertraglich vereinbarte Geldsumme auszuzahlen hat.[85] Die Mitversicherung von Hotelkosten in der Hausratversicherung (§ 2 Nr. 1 h VHB 92) ist Schadens-, keine Summenversicherung, so dass der VN entsprechende Kosten behaupten und beweisen müsste.[86] Im Rahmen der Schadensversicherung unterscheidet man die **Aktivenversicherung** (insb. Sachversicherung) von der **Passivenversicherung** (insb. Haftpflicht- und Krankheitskostenversicherung), bei der ein spezifisches Schutzobjekt fehlt.

31 **c) Personen- und Sachversicherung.** Die Begriffe „Personenversicherung" und „Sachversicherung" beziehen sich auf den Risikoträger bzw auf das Risikoobjekt: In der Personenversicherung wird eine Person zB gegen das Todesfall-, Unfall- oder Krankheitsrisiko, in der Sachversicherung werden Sachen oder Inbegriffe von Sachen gegen Verlust, Beschädigung und Zerstörung abgesichert.[87] Die Kategorien der Personen- und Sachversicherung erfassen allerdings nicht alle Erscheinungsformen von Versicherung; genau genommen stehen sich also **Personen- und Nichtpersonenversicherungen** (u.a. auch Sachversicherungen) gegenüber.[88]

32 **d) Pflichtversicherung.** Pflichtversicherungen sind insb. die Kranken- (§ 193 Abs. 1) und Pflegeversicherung (§§ 1 Abs. 2 S. 2, 23 SGB XI) sowie die Kfz-Haftpflichtversicherung (vgl § 1 PflVG). Insbesondere im Bereich der (Berufs-)Haftpflichtversicherungen existieren eine Reihe weiterer Pflichtversicherungen, u.a. die Berufshaftpflichtversicherungen für Notare (§§ 19a, 67 Abs. 2 Nr. 3 BNotO), Wirtschaftsprüfer (§ 54 WPO) und Steuerberater (§§ 51 ff DVOSt).[89]

33 **6. Dogmatische Einordnung. a) Rechtsgeschäft.** Dogmatisch gesehen ist der VersVertrag Rechtsgeschäft[90] iSd BGB, so dass u.a. die Bestimmungen über die Geschäftsfähigkeit (§§ 104 ff BGB), die Willenserklärungen (§§ 116 ff BGB) und den Vertrag (§§ 145 ff BGB) anwendbar sind. Das BGB kommt jedoch nur subsidiär zum Tragen (s. Einl. Rn 52); so entfalten zB die §§ 19 ff eine Sperrwirkung gegenüber der Irrtumsanfechtung gem. §§ 119 f BGB, soweit sie sich auf eine Fehlvorstellung über gefahrerhebliche Umstände stützt.[91]

---

84 OLG Köln 6.11.2007 – 9 U 144/06, VersR 2008, 680; zust. Prölss/Martin/*Armbrüster*, § 1 Rn 8; s.a. *Pickel/Rouvray*, VersR 2003, 436.
85 S. nur Beckmann/Matusche-Beckmann/*Lorenz*, § 1 Rn 82 ff.
86 OLG Celle 20.5.2009 – 8 U 6/09, VersR 2010, 526.
87 Schwintowski/Brömmelmeyer/*Kloth/Neuhaus*, Vorbem. §§ 88 ff Rn 1.
88 Beckmann/Matusche-Beckmann/*Lorenz*, § 1 Rn 89 ff.
89 Verordnung zur Durchführung der Vorschriften über Steuerberater, Steuerbevollmächtigte und Steuerberatungsgesellschaften (DVStB) vom 12.11.1979 (BGBl. I S. 1922), zuletzt geändert durch Art. 5 des Gesetzes vom 15.7.2013 (BGBl. I S. 2386, 2388).
90 *Schwintowski*, JZ 1996, 702.
91 AllgM, BGH 24.9.1986 – IVa ZR 229/84, NJW-RR 1987, 148, 149; BGH 22.2.1995 – IV ZR 158/94, VersR 1995, 457, 458; BK/*Voit*, § 16 Rn 104; Schwintowski/Brömmelmeyer/*Härle*, § 22 Rn 3.

b) Gegenseitiger Vertrag. aa) Kennzeichen. Der VersVertrag ist gegenseitiger Vertrag iSd §§ 320 ff BGB,[92] bei dem die aufschiebend bedingte Leistung des VR und die Prämienzahlung des VN im Synallagma stehen. **Kennzeichen** gegenseitiger Verträge ist, dass jeder Vertragspartner seine Leistung um der anderen Leistung willen verspricht,[93] so dass die Leistung des einen Entgelt für die des anderen ist.[94] Die Leistung des VN besteht in der Prämienzahlung, die Leistung des VR in der (aufschiebend bedingten) Leistung bei Eintritt des Versicherungsfalles; mit *Schmidt-Rimpler*[95] ist ein „Synallagma" auch anzunehmen, wenn sich unbedingte und bedingte Leistungspflichten gegenüberstehen; ausschlaggebend ist allein, dass sich jeder jeweils um der anderen Leistung willen verpflichtet. Die Diskussion über die Leistungspflichten des VR (Gefahrtragung oder Geldleistung) gehört so gesehen v.a. aus historischen Gründen hierher.

34

bb) Gefahrtragungstheorie. Nach der Gefahrtragungstheorie besteht die Leistung des VR in der Gefahrtragung,[96] dh darin, dass er bereits vor Eintritt des Versicherungsfalles das Risiko dieses Eintritts übernimmt. Die Gefahrtragungstheorie korrespondiert zwar mit dem Begriff der Risikoabsicherung, leidet jedoch darunter, dass die Risikoabsicherung vertragsrechtlich nicht fassbar ist; ein individueller Rechtsanspruch auf Gefahrtragung, der als Forderung iSv § 241 Abs. 1 S. 1 BGB konkretisierbar wäre, existiert nicht.[97]

35

cc) Geldleistungstheorie. Nach der Geldleistungstheorie[98] schuldet der VR dagegen nur eine durch den Eintritt des Versicherungsfalles aufschiebend bedingte Geldleistung. Diese Theorie spiegelt die Erkenntnis, dass ein durchsetzbarer Rechtsanspruch des VN erst durch Eintritt des Versicherungsfalles entsteht, vernachlässigt aber die Hauptfunktion der Versicherung, nämlich die Risikoabsicherung durch den VR, die zwar die ständige (abstrakte) Leistungsfähigkeit und Leistungsbereitschaft, nicht aber den Eintritt des Versicherungsfalles und damit die konkrete Leistung des VR voraussetzt:[99] Sicherheit entsteht schon dadurch, dass der (solvente) VR ein aufschiebend bedingtes Leistungsversprechen abgibt.

36

dd) Stellungnahme. Die Gefahrtragungstheorie ist rechtlich gesehen überholt, weil § 1 den Begriff der Leistung eindeutig auf den Eintritt des Versicherungsfalles be-

37

---

92 AllgM, Prölss/Martin/*Armbrüster*, § 1 Rn 150; BK/*Dörner*, Einl. Rn 54; *Dreher*, Die Versicherung als Rechtsprodukt, 1991, S. 89 ff; grundlegend *Schmidt-Rimpler*, Die Gegenseitigkeit bei einseitig bedingten Verträgen, insb. beim Versicherungsvertrag, 1968, passim; einschränkend *Schwintowski*, JZ 1996, 702, 703 („unvollkommen gegenseitig"); allg. *Brömmelmeyer*, Schuldrecht AT, 2014, § 2 Rn 42.
93 Palandt/*Grüneberg*, Einf. v. § 320 BGB Rn 5; ähnl. MüKo-BGB/*Emmerich*, 6. Aufl. 2012, Vorbem. §§ 320 ff Rn 2 f.
94 BGH 21.10.1954 – IV ZR 128/54, BGHZ 15, 105; BGH 13.6.1980 – V ZR 11/79, BGHZ 77, 363.
95 *Schmidt-Rimpler*, Die Gegenseitigkeit bei einseitig bedingten Verträgen, insb. beim Versicherungsvertrag, 1968, S. 63.
96 *Bruck*, Das Privatversicherungsrecht, 1930, S. 364 ff, 374 (Gefahr als Möglichkeit der Entstehung eines Bedarfs); Bruck/Möller/*Möller*, 8. Aufl., § 1 Anm. 40 („geschuldetes Dauerverhalten").
97 S. aber *Bruck*, Das Privatversicherungsrecht, 1930, S. 364, 367, der früher einen Rechtsanspruch auf „Sicherstellung" behauptete, der in der Lebensversicherung regelmäßig durch Bildung der Prämienreserve und „in der Interessenversicherung durch Rückstellung von Prämien, Bildung von Reserven befriedigt" werde. Vgl auch *Hagen*, Einige Grundbegriffe des Privatversicherungsrechts, 1938, S. 27, der eine „ideelle, gedachte Leistung" annimmt.
98 OLG Karlsruhe 2.7.1987 – 12 U 12/87, NJW-RR 1988, 151; zu Einzelheiten s. Prölss/Martin/*Armbrüster*, § 1 Rn 121, 132.
99 Vgl auch R. *Schmidt*, ZVersWiss 1993, 427, 429.

zieht und die Risikoabsicherung lediglich als Funktion diese Leistung beschreibt.[100] Ein individueller, gegenüber der Leistung im Versicherungsfall verselbständigter Rechtsanspruch auf Risikoabsicherung besteht nicht; vielmehr beruht die Risikoabsicherung auf dem Leistungsversprechen des VR. Begriffe wie zB „latente" und „akute" Leistung[101] führen insoweit in die Irre,[102] weil sie juristisch nicht handhabbar sind.

38 **7. Rechtsnatur. a) Allgemeines.** Die Rechtsnatur des VersVertrages hat keine präskriptive Bedeutung, hat aber trotzdem lebhafte Diskussionen ausgelöst.[103] Der BGH hat (angeblich) aus der Rechtsnatur der (gemischten) Kapitallebensversicherung fließende Produktmerkmale mit Recht abgelehnt[104] und sich gegen die obligatorische, aus der Einordnung der Lebensversicherung als Geschäftsbesorgung abgeleitete Trennung von Risiko- und Kapitalanlagegeschäft gewandt.[105] Die Frage der Rechtsnatur hat er bewusst unbeantwortet gelassen.[106]

39 **b) Hedging-ähnlicher Risikovertrag.** In der Lit.[107] wird der VersVertrag teils als (zulässiger) Risikovertrag qualifiziert, der dem Hedging von Kapitalmarktrisiken nahe stehe und im Hinblick auf die Beratungspflichten des VR (jetzt: § 6) Geschäftsbesorgungselemente (§ 675 BGB) aufweise.[108] Bei dem Hinweis auf Hedging-Geschäfte handelt es sich genau genommen jedoch nur um eine (aufschlussreiche) Parallele, nicht um eine Definition. *Schwintowski* selbst hebt hervor, dass der Risikoausgleich bei einer Versicherung typischerweise über die Risikogemeinschaft stattfinde (s. Rn 16), bei einem Hedging-Geschäft hingegen über Kompensationsgeschäfte am Terminmarkt.

40 **c) Geschäftsbesorgungsvertrag.** Die Einordnung der (Lebens-)Versicherung als Geschäftsbesorgung[109] ist abzulehnen;[110] gegen die These *Schünemanns* spricht, dass die Bedrohung durch ein Risiko kein „Geschäft" ist, das der VN auf den VR übertragen könnte; vielmehr sorgt der VR im eigenen Interesse für einen Risikoausgleich im Kollektiv. Darin liegt jedoch kein Geschäft des einzelnen VN.[111] Daran ändert auch die Kodifikation des Überschussbeteiligungsanspruchs (§ 153 Abs. 1) nichts.[112] Hinzu kommt, dass die Einordnung als Geschäftsbesorgung iSd §§ 675,

---

100 AA Bruck/Möller/*Baumann*, § 1 Rn 30 ff, der eine atypische Sicherheitsleistung iSd §§ 232 ff BGB annimmt (Rn 30, 36).
101 Bruck/Möller/*Möller*, 8. Aufl., § 1 Rn 42.
102 Wie hier *Schmidt-Rimpler*, Die Gegenseitigkeit bei einseitig bedingten Verträgen, insb. beim Versicherungsvertrag, 1968, S. 22; s. aber *Deutsch*, Versicherungsvertragsrecht, 6. Aufl. 2006, Rn 5, der die „Garantiegewährung" als Leistung des VR bezeichnet.
103 Theorien, die sich allein auf die Lebensversicherung beziehen (vgl nur *Basedow*, ZVersWiss 1992, 419, der die kapitalbildende Lebensversicherung als „partiarisches Rechtsverhältnis" versteht), werden hier ausgeblendet.
104 BGH 12.10.2005 – IV ZR 162/03, NJW 2005, 3559, 3562.
105 BGH 12.10.2005 – IV ZR 162/03, NJW 2005, 3559, 3562.
106 Vgl BGH 23.11.1994 – IV ZR 124/93, BGHZ 128, 54.
107 *Schwintowski*, JZ 1996, 706.
108 *Schwintowski*, JZ 1996, 706.
109 *Schünemann*, JZ 1995, 430 ff; OLG Nürnberg 23.5.1991 – 8 U 1687/90, VuR 1991, 274, 277; abl. *Schwintowski*, JZ 1996, 702, 703; Prölss/Martin/*Armbrüster*, § 1 Rn 130, 124; ähnl. Entwurf eines Gesetzes zur Reform des VVG (BT-Drucks. 13/8163, S. 1) vom 2.7.1997 (abgedruckt u.a. in VersR 1997, 946; krit. *Hesberg/Karten*, NVersZ 1999, 1; gegen *Hesberg/Karten*, aaO, *Schünemann*, NVersZ 1999, 345, der eine Trennung von Dienstleistungs-, Risiko- und Kapitalanlagegeschäft vorsah.
110 Wie hier u.a. *Winter*, Versicherungsaufsichtsrecht, Kritische Betrachtungen, 2007, § 4 S. 113 ff, 121; Bruck/Möller/*Baumann*, § 1 Rn 208.
111 Ähnl. *Schwintowski*, JZ 1996, 702, 703; *Winter*, Versicherungsaufsichtsrecht, Kritische Betrachtungen, 2007, § 4 S. 116 f.
112 Ausführlich *Eppe*, VersR 2008, 1316.

670 BGB eine Nachschusspflicht nach sich ziehen müsste[113] und dass der Geschäftsherr – hier der VN – gem. §§ 675, 665 BGB e contrario – grds. befugt sein müsste, dem VR im Rahmen der Risikoverwaltung verbindliche Weisungen zu erteilen;[114] auf die Konfiguration der Risikokollektive, auf Fragen der Rückversicherung und auf das (sonstige) Risikomanagement hat der VN jedoch keinen Einfluss. Der BGH[115] ist der Rechtsauffassung *Schünemanns* ebenfalls nicht gefolgt. Klarzustellen ist allerdings, dass der Begriff „Versicherung" iSv § 1 einer nach dem Muster des Geschäftsbesorgungsmodells betriebenen Versicherung grds. nicht entgegenstünde.[116]

d) Risikovertrag sui generis. Hinter der Diskussion über die Rechtsnatur der (Lebens-)Versicherung stehen v.a. rechtspolitische Motive. Die Impulse, die von dieser Diskussion ausgegangen sind, hat der Reformgesetzgeber aufgegriffen und hat u.a. in der Lebens- und Krankenversicherung die Kostentransparenz erhöht (§ 7 Abs. 1 VVG iVm § 2 Abs. 1 Nr. 1–3 VVG-InfoV)[117] und in der kapitalbildenden Lebensversicherung eine Beteiligung an den Bewertungsreserven des VR vorgeschrieben (§ 153 Abs. 1). Die Vorschläge zur Rechtsnatur der Versicherung hat er jedoch nicht übernommen; stattdessen nimmt er Rücksicht auf künftige Produktentwicklungen und hebt zB im Kontext der Lebensversicherung eigens hervor, dass „den Unternehmen die Freiheit der Gestaltung ihres Lebensversicherungsgeschäfts und ihrer Produkte erhalten bleiben" soll.[118] Daraus folgt, dass sich der Reformgesetzgeber weit reichende, aus der (angeblichen) Rechtsnatur entwickelte Forderungen, zB die (obligatorische) Trennung von Risiko- und Sparvertrag in der Lebensversicherung,[119] nicht zu eigen machen wollte.

Im Ergebnis ist der VersVertrag als **Risikovertrag sui generis** anzusehen.[120] Risikoverträge erheben das Risiko zum Vertragsgegenstand, weisen aber keine einheitliche Rechtsnatur auf.[121] Typprägend ist hier die entgeltliche Risikoabsicherung durch die Leistung bei Eintritt des vereinbarten Versicherungsfalles. Daher gehört der VersVertrag – anders als zB Spiel und Wette – zu der Kategorie der Risikoverträge, die Risiken begrenzen oder ausschalten statt sie künstlich zu schaffen bzw spekulativ zu suchen (s. Rn 25).

8. Vertragsschluss. a) Allgemeines. Ein VersVertrag kommt grds. durch **Einigung** zustande. Es gelten die §§ 116 ff, §§ 145 ff BGB.[122] Erforderlich sind also – in der Diktion des § 7 Abs. 1 – **korrespondierende „Vertragserklärungen"**, Angebot und Annahme. Besondere **Formvorschriften** existieren nicht, so dass sich bspw der Inhalt des Antrags des VN aus dem Antragsformular *und* den mündlichen Erklärungen gegenüber dem VersVertreter (vgl. §§ 69 Abs. 1 Nr. 1, 70, 72) ergeben kann.[123] Angebot und Annahme sind empfangsbedürftig; ggf sind Abgabe und Zugang (§ 130 Abs. 1 BGB) zu prüfen. Ein Vertragsschluss im **Internet** ist möglich; ggf hat

---

113 Prölss/Martin/*Armbrüster*, § 1 Rn 130; *Winter*, Versicherungsaufsichtsrecht, Kritische Betrachtungen, 2007, § 4 S. 120.
114 Allg. Palandt/*Sprau*, § 665 BGB Rn 3.
115 BGH 12.10.2005 – IV ZR 162/03, NJW 2005, 3559, 3562.
116 Begr. RegE, BT-Drucks. 16/3945, S. 56.
117 Dazu zuletzt *Schwintowski/Ortmann*, VersR 2014, 1401 (Kosten in der Lebensversicherung).
118 Begr. RegE, BT-Drucks. 16/3945, S. 51.
119 *Schünemann*, NVersZ 1999, 345.
120 Wie hier *Dreher*, Die Versicherung als Rechtsprodukt, 1991, S. 70 ff; Looschelders/Pohlmann/*Pohlmann*, § 1 Rn 72.
121 *Schwintowski*, JZ 1996, 701, 704.
122 Begr. RegE, BT-Druck. 16/3945, S. 48; *Niederleithinger*, VersR 2006, 437, 440; zu den Anforderungen im Fernabsatz *Stockmeier*, VersR 2010, 856.
123 Prölss/Martin/*Armbrüster*, § 1 Rn 32 mit dem Hinweis auf BGHZ 102, 194, 197.

der VR §§ 312 i f BGB zu beachten.[124] In Fällen des § 5 wird die Einigung unwiderlegbar vermutet (Abs. 1) bzw fingiert (Abs. 3); so soll der VN vor **Lücken im Versicherungsschutz** bewahrt werden, die dadurch entstehen, dass er auf seinen Antrag hin einen **abweichenden Versicherungsschein** erhält und wider Erwarten gar nicht versichert ist.[125] Die Vertragserklärung des VN ist **widerruflich** (§§ 8 Abs. 1 S. 1, 152 Abs. 1).

44 b) **Einbeziehung von AVB.** Die Einbeziehung der AVB (s. näher Einl. Rn 72 ff) richtet sich grds. nach den allgemeinen Vorschriften (§§ 305 ff, 310 BGB).[126] Besonderheiten bestehen – im Interesse möglichst einfacher Handhabung[127] – bei der **vorläufigen Deckung** (§ 49 Abs. 2). Diese Regelung lässt sich aber nicht verallgemeinern. Der in § 5 a aF enthaltene Dispens mit Blick auf die Einbeziehungsvoraussetzungen des § 305 Abs. 2 BGB ist ersatzlos entfallen – auch § 7 Abs. 1 S. 3 ändert daran nichts (s. näher Einl. Rn 72 f). Klarzustellen ist allerdings, dass der VN durch Individualvereinbarung[128] auf die Einhaltung von § 305 Abs. 2 Nr. 2 BGB verzichten kann.[129]

45 c) **Informationspflichten des VR.** Die Mechanik des Vertragsschlusses wird v.a. durch die gesetzliche Regelung der **Informationspflichten** geprägt: Nach § 7 Abs. 1 hat der VR den VN „rechtzeitig vor Abgabe von dessen Vertragserklärung" zu informieren. Unter einer Vertragserklärung ist „die auf den Abschluss des Vertrages gerichtete Willenserklärung" zu verstehen, „gleichgültig, ob Angebot oder Annahme".[130] Daher kann der VR wählen: Er kann seine Informationspflichten rechtzeitig **vor Antragstellung (Antragsmodell)** oder rechtzeitig **vor der Annahmeerklärung** des VN (**Invitatiomodell**) erfüllen.[131] Das frühere Policenmodell (§ 5 a aF) ist nach allgM nicht mehr zulässig (s. näher Rn 57 ff)[132] – auch wenn der VN im Einzelfall auf die rechtzeitige Informationserteilung verzichten kann (§ 7 Abs. 1 S. 3).[133] Etwas anderes gilt bei der **vorläufigen Deckung** (§§ 49 ff): Um den Bedürfnissen der Praxis nach Gewährung eines raschen vorläufigen Versicherungsschutzes zu entsprechen,[134] kann vereinbart werden, dass dem VN die Vertragsbestimmungen und die Informationen nach § 7 Abs. 1 nur auf Anforderung und (spätestens) mit dem Versicherungsschein zu übermitteln sind (§ 49 Abs. 1 S. 1).

46 d) **Antragsmodell.** Im Rahmen des Antragsmodells stellt der rechtzeitig und vollständig informierte **VN** den **Antrag**. Das entspricht dem gesetzlichen Leitbild[135] und gestaltet sich (beispielhaft) wie folgt: Der VersVermittler befragt und berät den VN (§ 61 Abs. 1 S. 1), hält die Inhalte des Beratungsgesprächs in einem Beratungsprotokoll fest (§ 61 Abs. 1 S. 2) und teilt dem VN Rat und Begründung „vor dem Abschluss des Vertrags" klar und verständlich mit (§ 62 Abs. 1). Rechtzeitig

---

124 Zu Einzelheiten Prölss/Martin/*Armbrüster*, § 1 Rn 62–82.
125 Ähnl. OGH 31.1.2007 – 7 Ob 242/06 y, VersR 2007, 1015.
126 Vertiefend *Schimikowski*, r+s 2007, 309.
127 Begr. RegE, BT-Drucks. 16/3945, S. 74.
128 Palandt/*Grüneberg*, § 305 BGB Rn 35 mwN.
129 Palandt/*Grüneberg*, § 305 BGB Rn 35 mwN.
130 S. Entwurf eines Gesetzes zur Änderung der Vorschriften über Fernabsatzverträge bei Finanzdienstleistungen, BT-Drucks. 15/2946, S. 20; vgl auch Staudinger/*Thüsing*, 2012, § 312 c BGB Rn 19 im Hinblick auf § 312 c Abs. 1 BGB.
131 Dazu u.a. *Gaul*, VersR 2007, 21; *Honsell*, VW 2007, 359; *Schimikowski*, VW 2007, 715; ausf. *Kins*, Der Abschluss des Versicherungsvertrags, Eine Untersuchung des Zusammenspiels von vorvertraglicher Informationspflicht und Abschlussmodell, 2010.
132 *Langheid*, NJW 2007, 3665, 3666; *Römer*, VersR 2006, 740, 741 (noch auf der Basis des Referentenentwurfs); krit. *Leverenz*, Vertragsschluss nach der VVG-Reform, 2008, Rn 3/92–94; *Franz*, VersR 2008, 298, 301.
133 Ausf. *Brömmelmeyer*, VersR 2009, 584, 587 f.
134 Begr. RegE, BT-Drucks. 16/3945, S. 73.
135 Begr. RegE, BT-Drucks. 16/3945, S. 48; *Franz*, VersR 2008, 298, 301; Marlow/Spuhl/*Spuhl*, S. 20 Rn 33.

vor Abgabe der Vertragserklärung des VN übergibt er auch noch die „Vertragsbestimmungen einschließlich der Allgemeinen Versicherungsbedingungen" (§ 7 Abs. 1 S. 1), das Produktinformationsblatt (§ 7 Abs. 1 VVG iVm § 4 VVG-InfoV) und alle anderen Informationsmaterialien. Daraufhin stellt der VN den **Antrag** (§ 145 BGB). Nimmt der VR den Antrag des VN – ggf auf der Basis einer entsprechenden Risikoprüfung – fristgerecht an (§§ 147 f BGB), liegt ein wirksamer Vers-Vertrag vor.

Die Diskussion über das Antragsmodell konzentriert sich auf die Frage, was unter dem „reichlich unbestimmten"[136] Begriff „**rechtzeitig**" (§§ 7 Abs. 1, 62 Abs. 1) zu verstehen ist, der aus dem Fernabsatzrecht (§ 312c Abs. 1 BGB) stammt (s. auch § 7 Rn 4 ff).[137] Hinter dieser Diskussion steht die Befürchtung, dass das Rechtzeitigkeitserfordernis über ein ohnehin geführtes Beratungsgespräch hinaus weitere kostspielige Besuche durch den Versicherungsvermittler erfordern könnte.[138] 47

Rechtzeitig erteilt sind Informationen, wenn der Kunde eine „**wohl überlegte, ... freie**"[139] **und informierte Entscheidung** treffen kann (vgl auch § 7 Rn 4).[140] Er soll die Möglichkeit erhalten, „sich vor Abgabe einer Vertragserklärung mit den Einzelheiten des Vertrags vertraut zu machen",[141] der Unternehmer soll ihn nicht dadurch „unter Druck setzen können", dass er ihm „die notwendigen Informationen erst so spät übermittelt, dass (ihm) ... keine angemessene Zeit für eine Entscheidungsfindung" bleibt.[142] 48

Die Lit.[143] hält eine **Bedenkzeit über den ersten Beratungstermin hinaus** bei „einfachen Standardprodukten" für entbehrlich, bei „schwierigen" Produkten „mit schwer verständlichen AVB"[144] jedoch uU für geboten;[145] im Regelfall dürfe, so *Marlow* und *Spuhl*,[146] „der Antrag nicht bereits wenige Stunden nach Übergabe der Informationen unterzeichnet werden"; oft werde daher „ein zweiter Termin unerlässlich" sein.[147] 49

Tatsächlich verpflichtet § 7 Abs. 1 S. 1 den VR jedoch selbst bei komplexen Lebens- und Krankenversicherungsverträgen nur, dem Kunden real die **Möglichkeit** zu geben, sich in Ruhe mit den Informationen auseinanderzusetzen. Dafür braucht der VR Kunden, die er vor Abgabe des Antrags informiert, keine Bedenkzeit einzuräumen (dafür aber § 7 Rn 8).[148] Denn die Bedenkzeit ergibt sich schon daraus, dass der Kunde generell nicht verpflichtet ist, umgehend zu reagieren und einen Antrag zu stellen;[149] ggf ist der VR zwar gem. §§ 6, 61 Abs. 1 verpflichtet, den Kunden im Beratungsgespräch darauf hinzuweisen, 50

---

136 *Niederleithinger*, VersR 2006, 437, 441.
137 Dazu *Brömmelmeyer*, Internetwettbewerbsrecht, 2007, S. 301 ff.
138 *Schirmer/Sandkühler*, ZfV 2007, 771.
139 Vgl OLG Hamburg 23.12.2004 – 5 U 17/04, MMR 2005, 318 mit Blick auf § 312c Abs. 1 BGB.
140 Vgl Begr. des Fernabsatzgesetzes, BT-Drucks. 14/2658, S. 38; MüKo-BGB/*Wendehorst*, 6. Aufl. 2012, § 312c Rn 78.
141 Begr. RegE, BT-Drucks. 16/3945, S. 48.
142 Begr. des Fernabsatzgesetzes, BT-Drucks. 14/2658, S. 38; vgl auch *Schirmer/Sandkühler*, ZfV 2007, 771.
143 *Leverenz*, Vertragsschluss nach der VVG-Reform, 2008, Rn 3/60; *Schirmer/Sandkühler*, ZfV 2007, 771.
144 *Leverenz*, Vertragsschluss nach der VVG-Reform, 2008, Rn 3/60.
145 *Leverenz*, Vertragsschluss nach der VVG-Reform, 2008, Rn 3/60; *Franz*, VersR 2008, 298, 303; Schwintowski/Brömmelmeyer/*Ebers*, § 7 Rn 36.
146 *Marlow/Spuhl*, S. 32 Rn 61.
147 *Marlow/Spuhl*, S. 32 Rn 61.
148 Ebenso Prölss/Martin/*Rudy*, § 7 Rn 11.
149 Ähnl. *Stadler*, VW 2006, 1339; wohl auch *Römer*, VersR 2006, 740, 741.

- dass er die Entscheidung für das empfohlene Produkt – angesichts mangelnder Erfahrung und angesichts der Komplexität und wirtschaftlichen Tragweite der Transaktion – vernünftigerweise von einer Bedenkzeit abhängig machen sollte und
- dass er die Freiheit hat, sich nicht ad hoc, sondern erst später für oder gegen das empfohlene Produkt zu entscheiden, um sich in aller Ruhe mit den Informationsmaterialien auseinandersetzen zu können.

51 Der VR ist jedoch nicht verpflichtet, dem Kunden eine Bedenkzeit vorzuschreiben und den Mechanismus des Vertragsschlusses so zu konfigurieren, dass der Kunde diese Bedenkzeit auch ausschöpfen muss. Vielmehr reicht es grds. aus, wenn der Kunde die notwendigen Informationen erhält, bevor er aus eigenem Entschluss den Antrag stellt.[150]

52 Daraus folgt jedoch nicht, dass „dem Begriff ‚rechtzeitig' ... für den Abschluss von Versicherungsverträgen keine eigenständige Bedeutung" zukommt.[151] Vielmehr verhindert er, dass Informationen formal (noch) vor Abgabe der Vertragserklärung erteilt, aber so spät übermittelt werden, dass der VN unter Zeitdruck entscheiden muss: Informations- und Antragszeitpunkt dürfen nicht so miteinander verknüpft werden, dass der Kunde de facto auf die Informationsverarbeitung verzichten müsste, um einen Antrag noch rechtzeitig stellen zu können, zB weil ein bestimmtes Tarifangebot des VR befristet oder bestimmte Kontrahierungsanreize – Beitragsermäßigungen, Rückdatierungen (vgl § 2 Rn 7) usw – nur vorübergehend gewährt werden. Der Faktor „Zeit" darf generell kein Druckmittel sein.

53 **Bedingte Antragsmodelle**[152] sind verkappte Policenmodelle, weil die (aufschiebend bedingte) rechtliche Bindung nur entfallen soll, wenn der VN interveniert;[153] seine informierte Entscheidung soll er jedoch aktiv, nicht passiv treffen.[154] Daran ändert auch der (vergebliche) Rettungsversuch von *Herrmann*[155] nichts, der darauf abstellen will, dass der Kunde aufgrund der Beratungspflicht (§ 6) auf die Notwendigkeit der Intervention aufmerksam gemacht werde.

54 e) **Invitatiomodell.** Das Invitatiomodell[156] ist dadurch gekennzeichnet, dass der potenzielle VN zunächst nur eine – als solche unverbindliche – *invitatio ad offerendum* abgibt.[157] Beispielhaft gilt: Der Kunde bittet aufgrund des Beratungsgesprächs (§ 61 Abs. 1) und der Empfehlung des VersVermittlers um ein **Angebot des VR** und zeigt die für die entsprechende Risikoprüfung erforderlichen Gefahrumstände an (§ 19 Abs. 1). Der VR erstellt auf dieser Basis, ggf nach einer entsprechenden Risikoprüfung, ein befristetes, aber verbindliches Angebot (§ 145 BGB) – uU bereits in Form eines Versicherungsscheins (§§ 3 f) – und übermittelt es mit den vollständigen Informationen (§ 7 Abs. 1) an den VN. Nimmt der VN das Angebot – ggf konkludent, durch Überweisung der Erstprämie – fristgerecht an, liegt ein wirksamer VersVertrag vor.

---

150 Vgl OLG Hamburg 23.12.2004 – 5 U 17/04, MMR 2005, 318, das die Erteilung der Informationen während des Bestelltelefonats im Fernabsatz (§ 312c Abs. 1 BGB) für ausreichend hält; iE wie hier *Gaul*, VersR 2007, 21, 22.
151 So aber *Funck*, VersR 2008, 163, 164.
152 Vgl *Baumann*, VW 2007, 1955; Bruck/Möller/*Baumann*, § 1 Rn 231.
153 *Baumann/Sandkühler*, Nr. 1.5.7, S. 50.
154 Vgl *Leverenz*, Vertragsschluss nach der VVG-Reform, 2008, Rn 3/92; *Marlow/Spuhl*, S. 22 Rn 38 mit dem Hinweis auf die „menschliche Trägheit".
155 Bruck/Möller/*Herrmann*, § 7 Rn 73, der das Policenmodell ohnehin für vereinbar mit dem Verbraucherschutz hält.
156 *Leverenz*, Vertragsschluss nach der VVG-Reform, 2008, Rn 4/42 spricht von „Anfragemodell".
157 Zu Einzelheiten *Schimikowski*, VW 2007, 715.

Das Invitatiomodell ist als solches nicht zu beanstanden.[158] Denn der VN erhält 55
die Vertragsunterlagen **rechtzeitig vor der Annahmeerklärung** iSv § 7 Abs. 1 – es
sei denn, der VR setzt ihn durch eine zu kurz bemessene Annahmefrist (§ 147
BGB) unter Druck. Bedenken bestehen indes bzgl der Praktikabilität: Die Lit.[159]
befürchtet v.a., dass der VN eine vorformulierte Annahmeerklärung uU nicht abgeben
und stattdessen die übersandten Unterlagen einfach abheften und glauben
könnte, ein gültiger VersVertrag liege bereits vor. In Betracht komme zwar eine
konkludente Annahme durch Überweisung der Erstprämie.[160] In der Praxis würden
Prämien jedoch in 70–80 % aller Fälle per Lastschrift eingezogen. In der Duldung
der Prämienabbuchung liege aber nicht ohne weiteres eine konkludente Annahmeerklärung.[161]

Die These *Schimikowskis*,[162] im Rahmen des Invitatiomodells könne die **Annahme** 56
durch den VN fingiert werden, trifft zwar zu. Eine Klausel, die besagt, dass die
Übermittlung der „Police den Antrag des VR" darstelle und dass „der Vertrag als
abgeschlossen" gelte, wenn „der Kunde nicht innerhalb einer bestimmten Frist"
widerspreche,[163] verstößt weder gegen §§ 7 Abs. 1, 18 noch gegen § 307 Abs. 2
Nr. 1 BGB.[164] Entgegen *Franz*[165] ist eine Regelung des Vertragsschlusses durch eine
zuvor vereinbarte Fiktionsklausel auch möglich;[166] sie **verlagert den Informationszeitpunkt**
jedoch **nach vorn**, nicht nach hinten: Da der VN eine „informierte Entscheidung"
soll treffen können (s. Rn 48) und das Policenmodell (§ 5 a aF) gerade
im Hinblick darauf abgeschafft wurde, dass es „dem berechtigten Interesse des VN
an einer **möglichst frühzeitigen Information** über den Inhalt des angestrebten Vertrags
nicht hinreichend Rechnung" trug,[167] wäre bereits die auf die Fiktionsklausel
gerichtete Willenserklärung des VN als – für den Informationszeitpunkt maßgeblicher –
Bestandteil einer geteilten „Vertragserklärung" iSv § 7 Abs. 1 einzuordnen;
anderenfalls könnte der VR die Regelungsabsichten des Reformgesetzgebers unterlaufen,
indem er die Vertragserklärung des VN durch eine Fiktion ersetzt.[168]

f) **Policenmodell.** Im Rahmen des Policenmodells stellte der VN – ggf nach Beratung 57
durch den VersVermittler (§§ 42 c f aF) – den Antrag, indem er ein vom VR
oder VersVermittler vorgelegtes Antragsformular ausfüllte und unterschrieb. Der
VR nahm den Antrag an, indem er dem VN den Versicherungsschein, die AVB und
die sonstigen Verbraucherinformationen (§ 10 a Abs. 1 VAG aF) überreichte.[169]
Der VersVertrag galt auf dieser Basis als abgeschlossen, „wenn der Versicherungs-

---

158 Ebenso *Schimikowski*, VW 2007, 715, 716 f – trotz der Bedenken im Hinblick auf die Kompatibilität mit §§ 8 Abs. 2, 19 Abs. 1; *Gaul*, VersR 2007, 21 ff; vorsichtiger *Franz*, VersR 2008, 298, 302.
159 *Baumann/Sandkühler*, Nr. 1.5.8.1, S. 52; vgl auch *Leverenz*, Vertragsschluss nach der VVG-Reform, 2008, Rn 4/42.
160 *Baumann/Sandkühler*, Nr. 1.5.8.1, S. 52; *Gaul*, VersR 2007, 21, 24; *Leverenz*, Vertragsschluss nach der VVG-Reform, 2008, Rn 4/78.
161 *Baumann/Sandkühler*, Nr. 1.5.8.1, S. 52 mit dem Hinweis, dass BGH 22.5.1991 – IV ZR 107/90, VersR 1991, 910 f insoweit nicht verallgemeinerungsfähig sei; ebenso *Gaul*, VersR 2007, 21, 24; ausf. *Leverenz*, Vertragsschluss nach der VVG-Reform, 2008, Rn 4/42.
162 *Schimikowski*, VW 2007, 715, 718.
163 *Schimikowski*, VW 2007, 715, 718.
164 S. aber *Gaul*, VersR 2007, 21, 25; *Leverenz*, Vertragsschluss nach der VVG-Reform, 2008, Rn 4/79.
165 *Franz*, VersR 2008, 298, 302.
166 OLG Düsseldorf 28.12.2004 – 21 U 68/04, NJW 2005, 1515; Palandt/*Grüneberg*, § 308 BGB Rn 25.
167 Begr. RegE, BT-Drucks. 16/3945, S. 60 (Hervorhebung des Verf.).
168 Skeptisch mit Blick auf die Fiktionslösung auch *Schirmer/Sandkühler*, ZfV 2007, 771, 775; *Gaul*, VersR 2007, 21, 25 – Reanimation des Policenmodells.
169 S. auch *Leverenz*, Vertragsschluss nach der VVG-Reform, 2008, Rn 2/2.

nehmer nicht innerhalb von vierzehn Tagen nach Überlassung der Unterlagen in Textform" widersprach (§ 5 a Abs. 1 S. 1 aF). Die Regelung des Erlöschens des Widerspruchsrechts ein Jahr nach Zahlung der Erstprämie (§ 5 a Abs. 2 S. 4 aF) ist richtlinienkonform so zu reduzieren, dass sie in der Lebensversicherung nicht anwendbar ist.[170]

58 Die **Kontroverse** über das Policenmodell[171] spiegelt sich auch in der rechtspolitischen Diskussion über die VVG-Reform: Während der Rechts- und Wirtschaftsausschuss des Bundesrats das Policenmodell als bewährt, sachgerecht und unbürokratisch lobte,[172] stellte die Bundesregierung fest, dass es „dem berechtigten Interesse des VN an einer möglichst frühzeitigen Information ... nicht hinreichend Rechnung" trage.[173] Der BGH[174] hat die Kompatibilität des Policenmodells mit dem EU-Recht „eindeutig" bejaht, um ein Vorabentscheidungsverfahren (Art. 267 Abs. 3 AEUV) zu vermeiden; richtigerweise müsste er diese Frage jedoch dem EuGH vorlegen, sobald sie entscheidungserheblich wird.[175]

59 Da der VR nunmehr verpflichtet ist, dem VN die einschlägigen Informationen „rechtzeitig vor Abgabe von dessen Vertragserklärung" mitzuteilen (§ 7 Abs. 1 S. 1), steht fest, „dass die vorgeschriebenen Informationen nicht erst bei Vertragsschluss, in der Regel mit Übersendung des Versicherungsscheins, erteilt werden dürfen".[176] Damit ist das Policenmodell – auch mit Rücksicht auf Bedenken gegen die Kompatibilität mit den Dritten Richtlinien – **abgeschafft**.[177] Nur im **Fernabsatz** ist eine nachträgliche Informationsübermittlung nach wie vor möglich (§ 7 Abs. 1 S. 3).[178]

60 Eine **Rettung des Policenmodells**[179] aufgrund der Möglichkeit des **Informationsverzichts** (§ 7 Abs. 1 S. 3) kommt – unabhängig von richtlinienrechtlichen Bedenken[180] – **nicht** in Betracht; auch wenn sich niemand gegen seinen Willen informieren und beraten lassen muss,[181] ergibt sich insb. aus der Beschränkung auf Fälle, in denen der VN durch „gesonderte schriftliche Erklärung" verzichtet, dass die Information nur im Einzelfall **nach**, im Regelfall jedoch rechtzeitig **vor** Abgabe der Vertragserklärung des VN erfolgen muss.[182] Das Policenmodell wird dem nicht gerecht,[183] so dass die BaFin ggf im Rahmen ihrer Missstandsaufsicht (§ 81 Abs. 2)

---

170 BGH 7.5.2014 – IV ZR 76/11, VersR 2014, 817; EuGH 19.12.2013 – C-269/12, VersR 2014, 225. Dazu *Brand*, VersR 2014, 269.
171 Statt aller Befürworter: *Lorenz*, VersR 1995, 616; statt aller Kritiker: BK/*Schwintowski*, § 5 a Rn 5; *ders.*, VuR 1996, 223, 238.
172 BR-Drucks. 701/1/06 vom 13.11.2006, S. 5 (Nr. 8).
173 Begr. RegE, BT-Drucks. 16/3945, S. 60.
174 BGH 16.7.2014 – IV ZR 73/13, VersR 2014, 1065.
175 Vgl *Brömmelmeyer*, VuR 2014, 447, der die Entscheidung im konkreten Einzelfall für vertretbar hält, weil der BGH die Entscheidungserheblichkeit verneinen konnte; auch insoweit gegen den BGH: *Schwintowski*, VuR 2014, 473; krit. auch *Roth*, VersR 2015, 1; zur Vorlagepflicht bzgl § 5 a VVG aF auch BVerfG 3.3.2014 – 1 BvR 2083/11, VersR 2014, 1485; BVerfG 3.3.2014 – 1 BvR 2534/11, VersR 2014, 609; s. auch *Brand*, VersR 2013, 1.
176 Begr. RegE, BT-Drucks. 16/3945, S. 60 (Hervorhebung des Verf.).
177 AllgM, *Langheid*, NJW 2007, 3665, 3666; *Römer*, VersR 2006, 740, 741 (noch auf der Basis des Referentenentwurfs); krit. *Leverenz*, Vertragsschluss nach der VVG-Reform, 2008, Rn 3/92–94.
178 *Franz*, VersR 2008, 298, 301.
179 Dazu ausf. *Brömmelmeyer*, VersR 2009, 584, 587 f.
180 Dazu auch *Franz*, VersR 2008, 298, 302.
181 Begr. RegE, BT-Drucks. 16/3945, S. 60.
182 *Langheid*, NJW 2007, 3665, 3666; *Römer*, VersR 2006, 740, 742.
183 *Römer*, VersR 2006, 740, 742, krit. zur Abschaffung des Policenmodells *Gaul*, VersR 2007, 21, 26; *Leverenz*, Vertragsschluss nach der VVG-Reform, 2008, Rn 3/92 ff.

gegen eine entsprechende Praxis einschreiten müsste.[184] Sanktioniert wird eine verspätete Informationsübermittlung im Übrigen auch dadurch, dass die Widerrufsfrist später zu laufen beginnt (§ 8 Abs. 2 S. 1 Nr. 1) und dass dem VR eine Haftung aus c.i.c. (§§ 280 Abs. 1, 311 Abs. 2, 241 Abs. 1 BGB) droht.[185]

III. Pflichten des VR (S. 1)

1. Hauptleistungspflicht. a) Allgemeines. Begriffsmerkmal einer Versicherung ist die (vertragstypische) Verpflichtung des VR, „ein bestimmtes Risiko des Versicherungsnehmers durch eine Leistung abzusichern, die er bei Eintritt des vereinbarten Versicherungsfalles zu erbringen hat" (S. 1). Die (Haupt-)Leistung des VR setzt also den Eintritt des Versicherungsfalles voraus, während die Risikoabsicherung bereits durch das Leistungsversprechen des VR erreicht wird (s. näher Rn 6, 10 ff). Die Erfüllbarkeit dieses Leistungsversprechens wird aufsichts- (§§ 5 Abs. 2, 11 a Abs. 3 Nr. 1 S. 2, 12 Abs. 3 S. 1 Nr. 1, 81 Abs. 1 S. 5 VAG), aber auch vertragsrechtlich abgesichert (u.a. § 203 Abs. 1).[186] Ist die Leistungsfähigkeit des VR nicht mehr gewährleistet, kann der VN seine Leistung verweigern (§ 321 Abs. 1 S. 1 BGB) und ggf. kündigen (§§ 321 Abs. 2 S. 2, 314 Abs. 1, 313 Abs. 3 S. 2 BGB). Auch eine Haftung des VR gem. § 280 Abs. 1 BGB kommt in Betracht. Ein individueller, gegenüber der Leistung im Versicherungsfall verselbständigter Rechtsanspruch auf Risikoabsicherung besteht nicht (s. Rn 12). **61**

b) Eintritt des Versicherungsfalles. Die Leistungspflicht setzt den **Eintritt des Versicherungsfalles**, dh den Eintritt eines im Einzelfall (subjektiv oder objektiv) ungewissen Ereignisses während des Haftungszeitraums voraus. § 2 Rn 4) voraus, an das die Parteien die Leistung geknüpft haben. Damit ist Versicherungsfall iSd VVG das Ereignis, in dem sich die versicherte Gefahr verwirklicht.[187] *Winter*[188] spricht auf der Basis rechtsvergleichender Beobachtungen[189] davon, dass sich das Ereignis „gegen den Versicherten" richten muss. Die Definition dieses Ereignisses steht grds. zur Disposition der Parteien – auch in Fällen, in denen es, so wie zB die Berufsunfähigkeit (§ 172 Abs. 1) in der Berufsunfähigkeitsversicherung, gesetzlich konkretisiert wird (§ 172 Abs. 2). **62**

Das Ereignis muss **ungewiss** sein.[190] Der BGH stellt insoweit auf die Kenntnisse der Parteien, dh darauf ab, ob das Ereignis **subjektiv ungewiss** ist; auch objektiv gewisse Ereignisse sind also versicherbar – wie insb. die Rückwärtsversicherung (§ 2) zeigt (s. § 2 Rn 3).[191] In der **Schadensversicherung** besteht Ungewissheit auch, wenn das Ereignis gewiss, die **Höhe des Schadens** jedoch ungewiss ist.[192] **63**

Erstreckt sich der Versicherungsfall über ein punktuelles Ereignis hinaus auf einen gewissen Zeitraum, spricht man von einem „**gedehnten Versicherungsfall**".[193] Kennzeichen ist nicht sein schrittweises Eintreten, sondern die Fortdauer des mit **64**

---

184 S. auch Begr. RegE, BT-Drucks. 16/3945, S. 60; *Schirmer/Sandkühler*, ZfV 2007, 771.
185 Begr. RegE, BT-Drucks. 16/3945, S. 60.
186 Dazu Schwintowski/Brömmelmeyer/*Brömmelmeyer*, § 203 Rn 4; BGH 16.6.2004 – IV ZR 117/02, VersR 2004, 991.
187 BGH 18.12.1954 – II ZR 206/53, BGHZ 16, 37, 42; OLG Hamburg 15.10.1996 – 9 U 187/93, VersR 1998, 178; kein Versicherungsfall liegt vor, wenn der VR nur eine Kulanzzahlung ohne Rechtspflicht tätigt: ÖOGH 9.7.2008 – 7 Ob 83/08 v, VersR 2009, 1292.
188 *Winter*, Versicherungsaufsichtsrecht, Kritische Betrachtungen, 2007, § 4 S. 133.
189 Vgl Prudential Insurance v. IRC (1904) 2 KB 658.
190 BGH 2.3.1994 – IV ZR 109/93, VersR 1994, 549, 551.
191 AllgM, vgl nur BK/*Baumann*, § 5 Rn 1.
192 S. aber *Winter*, Versicherungsaufsichtsrecht, Kritische Betrachtungen, 2007, § 4 S. 132 mit dem Hinweis, dass diese Fallgruppe zB in der Rechtsschutzversicherung nicht versichert ist; vgl § 4 Abs. 1 S. 3, Abs. 3 a ARB 1994.
193 BK/*Schwintowski*, § 1 Rn 47.

seinem Eintritt geschaffenen Zustands über einen – mehr oder weniger langen – Zeitraum, sofern diese Fortdauer nicht nur bestimmend ist für die Pflicht des VR zur Erbringung einer einmaligen Versicherungsleistung, sondern deren Umfang im Einzelfall erst bestimmt.[194] Gedehnte Versicherungsfälle können u.a. auftreten in einer Krankheitskostenversicherung, die auf die Dauer der medizinisch notwendigen Heilbehandlung abstellt, in der Unfall- und der Berufsunfähigkeitsversicherung, in denen Rentenleistungen für den Fall und die Dauer einer näher umschriebenen Arbeits- oder Berufsunfähigkeit zugesagt sind,[195] und ebenso in der Betriebsunterbrechungsversicherung.[196] Fällt der Beginn des gedehnten Versicherungsfalles in die Laufzeit des Versicherungsverhältnisses, so haftet der VR nach hM auch für Schäden, die vor Beendigung des Versicherungsfalles, aber nach Beendigung der Laufzeit entstanden sind.[197]

65 c) **Leistung im Versicherungsfall.** Der Inhalt der Leistungspflicht richtet sich nach der Parteivereinbarung („vereinbarte" Leistung, vgl S. 1). In der **Schadensversicherung** hat der VR den konkret eingetretenen (messbaren) Schaden zu ersetzen, während er in der **Summenversicherung** die vertraglich vereinbarte Geldsumme auszuzahlen hat (s. Rn 30).[198] Die Leistung kann aber auch in einer Dienstleistung bestehen, wie § 192 Abs. 3 mit Blick auf „Managed Care" in der privaten Krankenversicherung zeigt.

66 2. **Nebenleistungs- und Nebenpflichten.** Nebenleistungs- und Nebenpflichten des VR ergeben sich teils aus gesetzlichen, teils aus vertraglichen Regelungen. Den VR treffen u.a. Informations- und Beratungspflichten (§§ 6 f); er ist verpflichtet, dem VN einen Versicherungsschein zu übermitteln (§ 3 Abs. 1); in der Lebensversicherung ist er uU verpflichtet, dem VN eine Modellrechnung zu übermitteln (§ 154 Abs. 1) und den VN jährlich über die Entwicklung seiner Ansprüche unter Einbeziehung der Überschussbeteiligung zu unterrichten (§ 155 S. 1). Der BGH geht in stRspr davon aus, dass **Treu und Glauben** (**§ 242 BGB**) im Versicherungsvertragsrecht eine gesteigerte Bedeutung zukommt,[199] so dass auch auf dieser Basis Neben- und Nebenleistungspflichten entstehen können.

IV. Pflichten des VN (S. 2)

67 1. **Hauptleistungspflicht.** Die Hauptleistungspflicht des VN besteht in der Bezahlung der **Prämie**, unter der S. 2 die „vereinbarte Zahlung" versteht. Der Begriff des **Beitrags** ist synonym verwendbar. Die **Fälligkeit** und die **Rechtsfolgen des Erst- und Folgeprämienverzugs** richten sich nach §§ 33 f.[200] Die Prämie geht in das **Eigentum des VR** über, der sie grds. „nach freier unternehmerischer Entscheidung" verwenden kann.[201] Die Pflicht zur Prämienzahlung entfällt, wenn das versicherte

---

194 BGH 12.4.1989 – IVa ZR 21/88, VersR 1989, 588; ÖOGH 11.9.2008 – 7 Ob 171/08, VersR 2009, 954.
195 Beachte jedoch Nr. 2.1.2.1 AUB 2014: „Die Invaliditätsleistung erhalten Sie als Einmalzahlung."
196 BGH 12.4.1989 – IVa ZR 21/88, VersR 1989, 588; BGH 22.2.1984 – IVa ZR 63/82, VersR 1984, 630; BGH 14.11.1957 – II ZR 176/56, VersR 1957, 781; BGH 19.2.1981 – IVa ZR 98/80, VersR 1981, 875.
197 BGH 6.3.1991 – IV ZR 82/90, VersR 1991, 460, 461; ÖOGH 11.9.2008 – 7 Ob 171/08, VersR 2009, 954; Bruck/Möller/*Baumann*, § 1 Rn 113; differenzierend Prölss/Martin/*Armbrüster*, § 1 Rn 170 f.
198 S. nur Beckmann/Matusche-Beckmann/*Lorenz*, § 1 Rn 82 ff.
199 BGH 21.9.2005 – IV ZR 113/04, NJW 2005, 3783, 3784; BGH 7.6.1989 – IVa ZR 101/88, VersR 1989, 842; BGH 28.11.1963 – II ZR 64/62, BGHZ 40, 387, 388; vgl auch BK/*Dörner*, Einl. Rn 92 ff.
200 Dazu umfassend: *Ganster*, Die Prämienzahlung im Versicherungsrecht – Grundlagen und ausgewählte Problemfelder vor dem Hintergrund der VVG-Reform 2008, 2008.
201 BVerfG 26.7.2005 – 1 BvR 80/95, VersR 2005, 1127, 1133.

Interesse fehlt (§ 80 Abs. 1 S. 1), zB weil ein gegen Feuer versichertes Haus bereits vollständig zerstört ist.[202]

Ist die Versicherung für mehrere VN abgeschlossen, so haften alle als **Gesamtschuldner** für die einheitliche Versicherungsforderung (§§ 421 ff BGB).[203] Die Prämienzahlungspflicht des einzelnen (Mit-)VN bemisst sich nicht nach dem jeweils eigenen Interesse. Lediglich im Innenverhältnis können gem. § 426 BGB die internen am jeweiligen Interesse ausgerichteten Ausgleichsregeln dazu führen, dass ein Gesamtschuldner im Ergebnis nur für den auf sein Risiko entfallenden Anteil haftet.

Die **Höhe** der Prämie richtet sich regelmäßig nach dem vereinbarten Tarif (**Tarifprämie**).[204] Die Kalkulation ist teils aufsichtsrechtlich geregelt (§§ 11, 12 a VAG).[205] In der **Krankenversicherung** überführt § 203 Abs. 1 die aufsichtsrechtlichen Maßstäbe – §§ 12, 12 a und 12 e VAG iVm § 12 c VAG sowie die Kalkulationsverordnung vom 18.11.1996[206] und die Überschussverordnung vom 8.11.1997[207] – in ein vertragsrechtlich verbindliches und richterlich uneingeschränkt überprüfbares Rechtsregime für den individuellen Krankenversicherungsvertrag,[208] das gem. § 208 S. 1 nicht zum Nachteil des VN oder der versicherten Person abgewandelt werden kann. In der **Lebensversicherung** ist eine Nettopolice (Prämie in Höhe des Risiko- und Sparbeitrags ohne Kosten) mit gesonderter Kostenausgleichsvereinbarung zulässig, ein Kündigungsausschluss im Rahmen der Kostenausgleichsvereinbarung jedoch unzulässig.[209] 68

2. Nebenleistungs- und Nebenpflichten. In der Krankenversicherung soll der VN bei Inanspruchnahme besonders kostenträchtiger und nicht vital lebensnotwendiger Behandlungen aufgrund von **Treu und Glauben** (s. Einl. Rn 53) verpflichtet sein, Rücksicht auf den VR und die Versichertengemeinschaft zu nehmen.[210] 69

Besondere Dienstleistungen hat der VN uU gesondert zu vergüten. Gemäß § 3 Abs. 5 hat er zB die Kosten für die Erteilung eines Ersatzversicherungsscheins zu tragen. Der VR hat den VN über solche Kosten zu informieren (§ 7 Abs. 1). 70

3. Obliegenheiten. Praxisrelevant sind v.a. die Obliegenheiten des VN. Dabei handelt es sich nicht um echte, unmittelbar erzwingbare Verbindlichkeiten,[211] sondern um bloße Verhaltensnormen, die jeder VN im eigenen Interesse beachten muss, deren Beachtung er also „gegenüber sich selbst" schuldet.[212] Daraus folgt angeblich, 71

---

202 Beispiel nach Schwintowski/Brömmelmeyer/*Kloth/Neuhaus*, § 80 Rn 9.
203 OLG Hamm 1.3.2013 – I-20 U 40/12, VersR 2014, 361.
204 *Wandt*, Versicherungsvertragsrecht, 5. Aufl. 2009, Rn 489.
205 Vertiefend *Brömmelmeyer*, Der Verantwortliche Aktuar in der Lebensversicherung, 2000, S. 171 ff.
206 Verordnung über die versicherungsmathematischen Methoden zur Prämienkalkulation und zur Berechnung der Alterungsrückstellung in der privaten Krankenversicherung (Kalkulationsverordnung – KalV) vom 18.11.1996 (BGBl. I S. 1783), zuletzt geändert durch Art. 1 der Verordnung vom 29.1.2013 (BGBl. I S. 160).
207 Verordnung zur Ermittlung und Verteilung von Überzins und Überschuß in der Krankenversicherung (Überschußverordnung – ÜbschV) vom 8.11.1997 (BGBl. I S. 1687), zuletzt geändert durch Art. 1 der Verordnung vom 16.12.2014 (BGBl. I S. 2219).
208 BGH 16.6.2004 – IV ZR 117/02, VersR 2004, 991; BGH 20.12.2006 – IV ZR 175/05, VersR 2007, 196, 197; *Renger*, VersR 1995, 866, 872 („ausgelagertes Vertragsrecht"); *Werber*, in: FS Winter, 2007, S. 599, 611.
209 Zu Details BGH 12.3.2014 – IV ZR 295/13, VersR 2014, 567 m. Anm. *Reiff*.
210 BGH 21.9.2005 – IV ZR 113/04, NJW 2005, 3783, 3784; BGH 12.3.2003 – IV ZR 278/01, VersR 2003, 581, 585 („Privatklinik"); BGH 17.12.1986 – IVa ZR 78/85, BGHZ 99, 228, 235.
211 Beckmann/Matusche-Beckmann/*Marlow*, § 13 Rn 4.
212 Beckmann/Matusche-Beckmann/*Marlow*, § 13 Rn 4; krit. *Hähnchen*, Obliegenheiten und Nebenpflichten, 2009, S. 197 ff: VR hat ebenfalls Interesse an Erfüllung der Obliegenheiten.

dass es sich nicht um Rechtspflichten handelt, die „bei Nichterfüllung ... zu Schadensersatzansprüchen führen können".[213] Die Rechtsfigur der Obliegenheit steht indes zur Disposition des Gesetzgebers. Das heißt nicht, dass die Kategorie der Obliegenheit als solche abzulehnen wäre. Denn sie erlaubt die Klassifikation bestimmter Rechtspflichten und die Bildung eines gemeinsamen Bezugspunktes im Interesse der Regelungsökonomie. Das heißt aber, dass die vermeintliche – und ohnehin umstrittene – Rechtsnatur der Obliegenheiten den Rückgriff auf § 280 Abs. 1 BGB nicht verbauen kann, solange bestimmte gesetzliche Wertungen im VVG dem nicht entgegenstehen.[214]

§ 2 Rückwärtsversicherung

(1) Der Versicherungsvertrag kann vorsehen, dass der Versicherungsschutz vor dem Zeitpunkt des Vertragsschlusses beginnt (Rückwärtsversicherung).
(2) ¹Hat der Versicherer bei Abgabe seiner Vertragserklärung davon Kenntnis, dass der Eintritt eines Versicherungsfalles ausgeschlossen ist, steht ihm ein Anspruch auf die Prämie nicht zu. ²Hat der Versicherungsnehmer bei Abgabe seiner Vertragserklärung davon Kenntnis, dass ein Versicherungsfall schon eingetreten ist, ist der Versicherer nicht zur Leistung verpflichtet.
(3) Wird der Vertrag von einem Vertreter geschlossen, ist in den Fällen des Absatzes 2 sowohl die Kenntnis des Vertreters als auch die Kenntnis des Vertretenen zu berücksichtigen.
(4) § 37 Abs. 2 ist auf die Rückwärtsversicherung nicht anzuwenden.

I. Normzweck....................	1
II. Rückwärtsversicherung (Abs. 1)..	3
1. Begriff und Funktion.........	3
2. Vertragliche Vereinbarung ...	5
3. Erscheinungsformen..........	11
4. Legitimation..................	13
5. Einzelne Versicherungszweige	15
a) Lebensversicherung.......	16
b) Berufsunfähigkeitsversicherung..................	19
c) Krankenversicherung.....	20
d) Transportversicherung ...	22
6. Verhältnis zur vorläufigen Deckung.....................	23
III. Verlust des Prämienanspruchs (Abs. 2 S. 1, Abs. 3).............	24
1. Bekannte Unmöglichkeit des Versicherungsfalles...........	24
a) Unmöglichkeit des Versicherungsfalles..............	24
b) Kenntnis des VR oder seines Vertreters.............	27
c) Maßgeblicher Zeitpunkt	29
2. Rechtsfolge...................	30
IV. Leistungsfreiheit (Abs. 2 S. 2, Abs. 3).............	31
1. Bekannter Versicherungsfall	31
a) Eintritt des Versicherungsfalles..............	31
b) Kenntnis des VN oder seines Vertreters.............	34
c) Maßgeblicher Zeitpunkt	39
2. Rechtsfolgen..................	42
V. Nicht geregelte Fallgruppen	43
1. Bekannte Unmöglichkeit des Versicherungsfalles...........	44
a) Kenntnis des VN oder seines Vertreters.............	44
b) Kenntnis beider Parteien	45
2. Bekannter Versicherungsfall	46
a) Kenntnis des VR oder seines Vertreters.............	46

---

213 Beckmann/Matusche-Beckmann/*Marlow*, § 13 Rn 4; grundlegend: *Schmidt*, Die Obliegenheiten, 1953, der „Rechtspflichten minderer Intensität" annimmt (S. 313), die keine Haftung auf Schadensersatz auslösen können (S. 317); insoweit aA Bruck/Möller/*Wagner*, Bd. V/2, 8. Aufl. 1988, Anm. F 2 ff mit Blick auf die Lebensversicherung; BK/ *Dörner*, § 33 Rn 3.
214 Zu Einzelheiten Bruck/Möller/*Brömmelmeyer*, § 30 Rn 47 f; *Hähnchen*, Obliegenheiten und Nebenpflichten, 2009, passim (insb. S. 314).

b) Kenntnis beider Parteien 47
VI. Unanwendbarkeit des § 37 Abs. 2
  (Abs. 4) 49
VII. Beweislast........................ 51

I. Normzweck

Abs. 1 überführt den „seit jeher üblichen Begriff der Rückwärtsversicherung"[1] in eine **Legaldefinition**. Abs. 2 reflektiert darauf, dass grds. „nur **ungewisse Risiken** versicherbar sind":[2] Weiß der VR oder sein Vertreter (Abs. 3), dass der Versicherungsfall ausgeschlossen ist (Abs. 2 S. 1), dass eine Risikoabsicherung (§ 1 S. 1) also mangels Risiko ausscheidet, so entfällt sein Prämienanspruch. Weiß der VN oder sein Vertreter (Abs. 3), dass der Versicherungsfall eingetreten ist (Abs. 2 S. 2), so ist der VR leistungsfrei; anderenfalls könnte der VN seinen Informationsvorsprung missbrauchen, um ein bereits realisiertes, nicht rechtzeitig abgesichertes Risiko systemwidrig auf den VR abzuwälzen (Manipulation des versicherten Risikos).[3] Normzweck des Abs. 2 S. 2 ist also die Bekämpfung des strategischen Missbrauchs von Informationsasymmetrien – und nicht die Sicherstellung der Gleichwertigkeit der Leistungen.[4] Abs. 4 schließt die **Einlösungsklausel** (§ 37 Abs. 2) aus, die dem „Wesen der Rückwärtsversicherung" widerspricht (s. Rn 49).[5]

§ 2 ist **abdingbar** (§ 18 *e contrario*).[6]

II. Rückwärtsversicherung (Abs. 1)

1. Begriff und Funktion. Eine **Rückwärtsversicherung** setzt voraus, dass der Versicherungsschutz vor dem Zeitpunkt des Vertragsschlusses beginnt (Abs. 1). Das heißt, der Haftungszeitraum[7] wird vorverlagert – v.a. „um das Risiko des VN für die Zeit zwischen Antrag und Vertragsschluss abzuversichern".[8] Die Rückwärtsversicherung ist zulässig, obwohl sich das Leistungsversprechen des VR ggf auf ein bereits eingetretenes, also objektiv gewisses Ereignis bezieht; subjektive Ungewissheit reicht also aus (s. § 1 Rn 14).[9] Dagegen ist die Parteivereinbarung mangels objektiv oder subjektiv ungewisser Ereignisse keine Rückwärtsversicherung mehr, wenn beide Parteien bei Abgabe ihrer Vertragserklärungen bereits wissen, dass der Eintritt des Versicherungsfalles feststeht oder ausgeschlossen ist;[10] wirksam kann diese Parteivereinbarung – u.a. als Rückdatierung (s. Rn 7) – trotzdem sein (s. Rn 45).[11]

Terminologisch ist wie folgt zu unterscheiden: **Materieller Versicherungsbeginn** ist der Beginn des Haftungszeitraums. Tritt der Versicherungsfall während des Haftungszeitraums ein, ist der VR gem. § 1 S. 1 zur Leistung verpflichtet. **Formeller Versicherungsbeginn** ist der Zeitpunkt des Vertragsschlusses. Eine gem. § 5 Abs. 1 unwiderlegbar vermutete Genehmigung wirkt ggf auf den Zeitpunkt der Vertragserklärung des VR zurück. **Technischer Versicherungsbeginn** ist der Beginn der Prä-

---

1 Begr. RegE, BT-Drucks. 16/3945, S. 56.
2 BGH 16.6.1982 – IVa ZR 270/1980, VersR 1982, 841, 843.
3 BGH 21.3.1990 – IV ZR 39/89, VersR 1990, 729, 730; BGH 5.11.2014 – IV ZR 8/13, VersR 2014, 89.
4 So aber OLG Nürnberg 28.6.2011 – 8 U 2330/10, VersR 2012, 50.
5 Begr. RegE, BT-Drucks. 16/3945, S. 56.
6 Vgl auch BGH 16.6.1982 – IVa ZR 270/80, VersR 1982, 841, 843 (bzgl § 2 Abs. 2 S. 2 aF).
7 Zum Begriff s. Prölss/Martin/*Armbrüster*, § 2 Rn 3.
8 Begr. RegE, BT-Drucks. 16/3945, S. 56.
9 Bruck/Möller/*Johannsen*, § 2 Rn 14; BK/*Baumann*, § 2 Rn 3.
10 Ebenso Looschelders/Pohlmann/*Schneider*, § 2 Rn 44.
11 Prölss/Martin/*Armbrüster*, § 2 Rn 33; Bruck/Möller/*Johannsen*, § 2 Rn 18; Looschelders/Pohlmann/*Schneider*, § 2 Rn 44 ff; aA BK/*Baumann*, § 2 Rn 31; anders auch noch die Vorauflage.

mienzahlungspflicht.[12] Kennzeichen der **Rückwärtsversicherung** ist also, dass der materielle vor dem formellen Versicherungsbeginn liegt.[13] Dementsprechend ist eine Rückwärtsversicherung auch und v.a. gegeben, wenn der materielle Versicherungsbeginn **nach Antragstellung, aber vor Annahme des Antrags** liegt.[14]

5 **2. Vertragliche Vereinbarung.** Die Rückwärtsversicherung muss als solche **vereinbart** werden.[15] Die Vertragserklärungen sind lebensnah **auszulegen**[16] und das gem. §§ 133, 157 BGB objektiv, auf der Grundlage des Empfängerhorizonts.[17] Dabei ist von dem üblichen Wortsinn und den regelmäßig bestehenden Interessen des Erklärenden auszugehen.[18] Hat der VN im Antragsformular einen bestimmten „Beginn der Versicherung" eingetragen, so handelt es sich um eine individuelle Erklärung, in deren Rahmen der vom VR vorformulierte Begriff des Beginns benutzt wird.[19] Die Erklärung ist nach allgemeinen Grundsätzen auszulegen.[20] Die zur Auslegung der AGB entwickelten Grundsätze können nur für den Begriff des Beginns herangezogen werden, aber auch nur insoweit, wie diesem nicht die vorrangige individuelle Erklärung entgegensteht.[21]

6 Mit der **Angabe des Versicherungsbeginns** meint der VN in aller Regel den materiellen Versicherungsbeginn.[22] Dem durchschnittlichen VN liegt erfahrungsgemäß der Gedanke ganz fern, unter „Vertragsbeginn" etwas anderes zu verstehen als den Beginn der Versicherungsschutzes, also den „materiellen" Versicherungsbeginn.[23] Dahin allein gehen idR auch seine Interessen.[24] Daher ist ohne weiteres von einer Rückwärtsversicherung auszugehen, wenn der vereinbarte Versicherungsbeginn vor dem Vertragsschluss liegt.[25] Das ergibt sich schon daraus, dass eine Vorverlagerung der (prämienbelasteten) technischen, nicht aber der materiellen Versicherungsdauer für den VN im Regelfall völlig sinnlos wäre.[26] Daran ändern auch Klauseln, die eine Rückwärtsversicherung ausschließen, grds. nichts; sie sind gem.

---

12 BGH 16.6.1982 – IVa ZR 270/80, VersR 1982, 841.
13 OLG Saarbrücken 30.4.2003 – 5 U 389/02-50, VersR 2004, 1306, 1307.
14 OLG Hamm 12.10.1988 – 20 U 44/88, VersR 1989, 946, 947; Prölss/Martin/*Armbrüster*, § 2 Rn 6; vgl auch BK/*Baumann*, § 2 Rn 4, der von einer „unechten" Rückwärtsversicherung spricht; vgl auch die Fallkonstellation in BGH 17.6.2009 – IV ZR 43/07, r+s 2009, 374.
15 Prölss/Martin/*Armbrüster*, § 2 Rn 7.
16 BGH 16.6.1982 – IVa ZR 270/80, VersR 1982, 841, 842.
17 Allg. Palandt/*Ellenberger*, § 133 BGB Rn 9.
18 BGH 16.6.1982 – IVa ZR 270/80, VersR 1982, 841, 842; stRspr, OLG Hamm 21.8.2002 – 20 U 24/02, VersR 2003, 185, 186; OLG Karlsruhe 19.3.1992 – 12 U 213/91, VersR 1992, 1123, 1124.
19 BGH 16.6.1982 – IVa ZR 270/80, VersR 1982, 841, 842; OLG Karlsruhe 19.3.1992 – 12 U 213/91, VersR 1992, 1123, 1124.
20 OLG Karlsruhe 19.3.1992 – 12 U 213/91, VersR 1992, 1123, 1124.
21 OLG Karlsruhe 19.3.1992 – 12 U 213/91, VersR 1992, 1123, 1124.
22 BGH 16.6.1982 – IVa ZR 270/80, VersR 1982, 841, 842; BGH 21.3.1990 – IV ZR 40/89, VersR 1990, 618; OLG Hamm 21.8.2002 – 20 U 24/02, VersR 2003, 185, 186; OLG Karlsruhe 19.3.1992 – 12 U 213/91, VersR 1992, 1123, 1124; OLG Hamm 19.9.1986 – 20 U 114/86, NJW-RR 1987, 153, 154; vgl auch OLG Frankfurt 16.9.1992 – 7 U 17/91, VersR 1993, 1134.
23 BGH 16.6.1982 – IVa ZR 270/80, VersR 1982, 842, 842.
24 BGH 16.6.1982 – IVa ZR 270/80, VersR 1982, 842, 842.
25 BGH 16.6.1982 – IVa ZR 270/80, VersR 1982, 842, 842; allgM, OLG Karlsruhe 7.4.2005 – 12 U 375/04, VersR 2006, 350; OLG Hamm 21.8.2002 – 20 U 24/02, VersR 2003, 185, 186; Bruck/Möller/*Johannsen*, § 2 Rn 4.
26 Prölss/Martin/*Armbrüster*, § 2 Rn 7; OLG Hamm 21.8.2002 – 20 U 24/02, VersR 2003, 185, 186.

§ 305 b BGB (Vorrang der Individualabrede) unbeachtlich,[27] können sich im Einzelfall allerdings auf die Auslegung des Antrags auswirken (s. Rn 9).

Im Einzelfall kann die Angabe des Versicherungsbeginns ausnahmsweise als **bloße** **Rückdatierung**[28] zu verstehen sein, wenn der VN ein nachvollziehbares Interesse daran hat, den technischen Versicherungsbeginn vorzuverlegen. In der **Lebensversicherung** kann sich dieses Interesse aus der Reduktion der Prämienbelastung bei jüngerem Einstiegsalter[29] und aus der Nichtversicherbarkeit des aktuellen Lebensalters[30] ergeben, in der **Krankenversicherung** daraus, dass Wartezeiten (§ 197 Abs. 1) abgekürzt werden oder der VN in eine günstigere Altersgruppe eingestuft wird.[31] 7

In der **Krankenversicherung** hat der BGH[32] über die Frage, „ob das Interesse an einer Abkürzung von Wartezeiten dazu führt, im Zweifel anzunehmen, es sei nur der technische Versicherungsbeginn bezeichnet ..., oder ob bei der Auslegung von Krankenversicherungsanträgen eine Regel weder in die eine noch in die andere Richtung anzunehmen ist", bewusst nicht entschieden.[33] Richtigerweise ist der vorformulierte Begriff „Versicherungsbeginn" mangels Erläuterung auch dann iSd materiellen Versicherungsbeginns zu verstehen, wenn der VN weiß, dass durch die Rückdatierung ein günstigeres Eintrittsalter gewählt oder die Wartezeit verkürzt werden soll. Dafür spricht, dass sich Rückwärtsversicherung und Rückdatierung nicht gegenseitig ausschließen und dass der VR insb. im Beratungsgespräch (§ 6) klarstellen kann, dass der Versicherungsbeginn nur „pro forma" vorverlagert wird, dass also vor Übermittlung des Versicherungsscheins keinerlei Deckung besteht.[34] Verzichtet der VR in Kenntnis der Mehrdeutigkeit des Begriffs auf eine solche Klarstellung, so ist er zu seinen Lasten auszulegen (§ 305 c Abs. 2 BGB), weil sich der VR klar und unmissverständlich hätte ausdrücken können.[35] 8

Armbrüster[36] geht davon aus, dass sich die Bedeutung des Begriffs „Versicherungsbeginn" in der Krankenversicherung nach § 2 MB/KK richten kann. Danach gilt: „Der Versicherungsschutz beginnt mit dem im Versicherungsschein bezeichneten Zeitpunkt (Versicherungsbeginn), jedoch nicht vor Abschluss des Versicherungsvertrages (insb. Zugang des Versicherungsscheins oder einer schriftlichen Annahmeerklärung) und nicht vor Ablauf von Wartezeiten." Eine schlichte Rückdatie- 9

---

27 BGH 21.3.1990 – IV ZR 39/89, VersR 1990, 729; OLG Karlsruhe 7.4.2005 – 12 U 375/04, VersR 2006, 350, 351; OLG Köln 26.6.1996 – 5 U 182/95, VersR 1997, 51, 52; BK/*Baumann*, § 2 Rn 11; aA OLG Nürnberg 8.2.1990 – 8 U 2247/89, VersR 1990, 1112, 1113; LG Regensburg 6.6.1989 – 3 O 2338/88, VersR 1990, 1112, 1113.
28 Zum Begriff s. Bruck/Möller/*Möller*, 8. Aufl., § 2 Anm. 5.
29 BGH 22.2.1984 – IVa ZR 63/82, VersR 1984, 630, 632; BGH 16.6.1982 – IVa ZR 270/80, VersR 1982, 841, 842.
30 BGH 22.2.1984 – IVa ZR 63/82, VersR 1984, 630, 632.
31 BGH 16.6.1982 – IVa ZR 270/80, Vers 1982, 841, 842; OLG Hamm 21.8.2002 – 20 U 24/02, VersR 2003, 185, 186; OLG Karlsruhe 19.3.1992 – 12 U 213/91, VersR 1992, 1123, 1124 – im konkreten Fall abgelehnt; OLG Hamm 6.7.1983 – 20 U 84/82, VersR 1984, 152, 153.
32 BGH 16.6.1982 – IVa ZR 270/80, VersR 1982, 841, 843.
33 BGH 16.6.1982 – IVa ZR 270/80, VersR 1982, 841, 843; ebenso OLG Hamm 6.7.1983 – 20 U 84/82, VersR 1984, 152, 153; vgl auch AG München 19.11.1991 – 1101 C 24903/91, VersR 1992, 1126, das einer Versicherungskauffrau das Bewusstsein unterstellt, dass die Rückdatierung einer Krankenversicherung ausschließlich der Abkürzung der Wartezeiten dient.
34 Vgl OLG Hamm 6.7.1983 – 20 U 84/82, VersR 1984, 152, 153; vgl auch OLG Köln 30.7.1992 – 5 U 7/92, VersR 1992, 1457, das die Erläuterung „Vertragsbeginn (Lauf des Versicherungsjahres)" zu Unrecht für ausreichend hält.
35 Zust. Langheid/Wandt/*Muschner*, § 2 Rn 10, der ggf eine Haftung des VR gem. §§ 280 Abs. 1, 249 BGB annimmt; vgl allg. auch Palandt/*Grüneberg*, § 305 c BGB Rn 15.
36 Prölss/Martin/*Armbrüster*, § 2 Rn 5.

rung hält *Armbrüster* allerdings auch auf der Basis dieser Klausel für ausgeschlossen, wenn sie lediglich dazu führt, dass der VN eine „nutzlose" Prämie zu zahlen hat.[37] Dem ist mit der Einschränkung zu folgen, dass entsprechende Klauseln ohnehin nur Einfluss auf die Interpretation der ansonsten vorrangigen Individualvereinbarung (§ 305 b BGB)[38] haben können, wenn der VN sie in Kenntnis einer solchen Klausel getroffen hat. Der Nachweis, dass dem (richtig informierten) VN die Bedingungen (§ 7 Abs. 2 S. 1 Nr. 1 VVG, § 1 Nr. 6 Buchst. a VVG-InfoV) rechtzeitig übergeben wurden, reicht dafür nicht aus.[39] Erfahrungsgemäß kann sich der VR nicht darauf verlassen, dass der VN das Kleingedruckte sorgfältig liest und nunmehr weiß, dass seiner Erklärung ein vom – sonst maßgeblichen[40] – allgemeinen Sprachgebrauch abweichender Erklärungswert zukommen soll.

10 Beantragt der VN eine **Pflegepflichtversicherung**, so folgt allein daraus, dass ihn die Versicherungspflicht (§§ 1 Abs. 2 S. 2, 23 SGB XI) bereits vor ihrem formellen Beginn traf, noch nicht, dass er eine Rückwärtsversicherung beantragen wollte; es ist nicht ohne weiteres anzunehmen, dass sich jeder VN rechtstreu verhalten und eine ggf bestehende Deckungslücke nachträglich schließen will.[41]

11 3. Erscheinungsformen. Kennzeichen der **reinen Rückwärtsversicherung** ist, dass Versicherungsschutz ausschließlich in der Phase vor Vertragsschluss gewährt wird.[42] Rechtliche Bedenken gegen die reine Rückwärtsversicherung bestehen nicht. Ob der Text des Abs. 1 wirklich klarstellt, dass eine reine Rückwärtsversicherung möglich ist,[43] ist allerdings fraglich.

12 **Kombinierte Rückwärtsversicherungen** sind dadurch gekennzeichnet, dass nur der Beginn, nicht aber das Ende des Haftungszeitraums vor dem formellen Versicherungsbeginn liegt; Vorwärts- und Rückwärtsversicherung werden also kombiniert. *Armbrüster*[44] will die kombinierte Rückwärtsversicherung ggf aufspalten[45] und dem VR im Falle der Verletzung einer **Nachmeldeobliegenheit** (§ 19 Abs. 1 S. 2) ein Rücktrittsrecht nur mit Blick auf die Vorwärts-, nicht aber mit Blick auf die Rückwärtsversicherung einräumen (s. näher Rn 14).

13 4. Legitimation. Prima vista stellt sich die Frage der **Legitimation der Rückwärtsversicherung** nicht, weil es sich um ein gesetzlich ausgeformtes, „seit jeher übliches"[46] Rechtsinstitut handelt; geht man jedoch mit der Bundesregierung davon aus, dass „die eigentliche Funktion der Rückwärtsversicherung darin besteht, das Risiko des Versicherungsnehmers für die Zeit zwischen Antrag und Vertragsschluss abzusichern",[47] so erhebt sich angesichts der Nachmeldeobliegenheit (§ 19 Abs. 1 S. 2) die Frage, ob der VR nicht stets von einer kombinierten Rückwärtsversicherung abraten und alternativ eine vorläufige Deckung (§§ 49 ff) empfehlen müsste (§ 6 Abs. 1).[48] Der BGH[49] geht davon aus, dass die Rückwärtsversicherung

---

37 Prölss/Martin/*Armbrüster*, § 2 Rn 5.
38 Vgl BGH 21.3.1990 – IV ZR 39/89, VersR 1990, 729, 730.
39 So aber OLG Nürnberg 8.2.1990 – 8 U 2247/89, VersR 1990, 1112, 1113 und LG Regensburg 6.6.1989 – 3 O 2338/88, VersR 1990, 1112, 1113; OLG Hamm 20.12.1988 – 20 W 64/88, VersR 1989, 506; ähnl. OLG Köln 30.7.1992 – 5 U 7/92, VersR 1992, 1457.
40 Vgl MüKo-BGB/*Busche*, § 133 Rn 57.
41 Schleswig-Holsteinisches LSG 14.11.2008 – L 10 P 1/08.
42 Begr. RegE, BT-Drucks. 16/3945, S. 56; BK/*Baumann*, § 2 Rn 3.
43 Begr. RegE, BT-Drucks. 16/3945, S. 56.
44 Prölss/Martin/*Armbrüster*, § 2 Rn 38.
45 Vgl auch OLG Hamm 21.8.2002 – 20 U 24/02, VersR 2003, 185.
46 Begr. RegE, BT-Drucks. 16/3945, S. 56.
47 Begr. RegE, BT-Drucks. 16/3945, S. 56.
48 Dazu Langheid/Wandt/*Muschner*, § 2 Rn 60 (Empfehlung einer vorläufigen Deckung nur, wenn sie auch angeboten wird).
49 BGH 21.3.1990 – IV ZR 40/89, VersR 1990, 618.

die Nachmeldeobliegenheit des VN unberührt lässt.[50] Erfährt der VR jedoch aufgrund der Nachmeldung noch vor Annahme des Antrags von dem Eintritt eines (typischerweise) gefahrerheblichen Versicherungsfalles, so kann er die Rückwärtsversicherung scheitern lassen und so die angestrebte Risikoabsicherung „für die Zeit zwischen Antrag und Vertragsschluss" unterlaufen.

Die Lit. hat zwar **Lösungsvorschläge** im Interesse des VN entwickelt: *Baumann*[51] bejaht bei Nichtanzeige die Leistungspflicht des VR auch im Falle eines Rücktritts (§ 19 Abs. 2) und hält bei Anzeige und Nichtannahme des Antrags „ohne triftigen Grund", dh allein aufgrund des Versicherungsfalles, eine Haftung des VR aus c.i.c. für möglich.[52] *Armbrüster*[53] beschränkt den Rücktritt bei Nichtanzeige auf die (abspaltbare; s. Rn 12) Vorwärtsversicherung und hält den VR bei Anzeige des Versicherungsfalles für verpflichtet, den VN im Hinblick auf die Rückwärtsversicherung so zu behandeln, als habe er, der VR, keine Kenntnis gehabt, dh er muss die Rückwärtsversicherung abschließen, wenn er sie „seinen Geschäftsgrundsätzen entsprechend ohne die Kenntnis abgeschlossen hätte".[54] Beide Lösungsvorschläge sind indes mit Rechtsunsicherheiten für den VN verbunden – u.a., weil er die Risikoprüfungsgrundsätze des VR nicht kennt und die Legitimität eines (vermeintlich) triftigen Grundes nicht ohne weiteres einschätzen kann. Hinzu kommt, dass eine gefestigte Rspr, die eine Risikoabsicherung „für die Zeit zwischen Antrag und Vertragsschluss" (s. Rn 13) garantiert, bisher fehlt. Empfiehlt der VR trotz dieser Bedenken eine Rückwärtsversicherung, so dürfte in Konfliktfällen typischerweise eine Haftung aus § 6 Abs. 5 zum Tragen kommen – es sei denn, der VR verzichtet in allen Fällen, in denen der VN eine Rückwärtsversicherung anstrebt, ausdrücklich auf die Nachmeldeobliegenheit (§ 19 Abs. 1 S. 2) und die ohnehin ausgeschlossene Anzeigepflicht (§ 30 Abs. 1)[55] und weist den VN ausdrücklich darauf hin, dass er den Eintritt eines Versicherungsfalles in der avisierten Rückwärtsversicherung bis zur Annahme seines Antrags im eigenen Interesse für sich behalten sollte, um den angestrebten Versicherungsschutz vor Vertragsschluss nicht zu gefährden.

5. Einzelne Versicherungszweige. § 2 lässt die Rückwärtsversicherung ohne Unterscheidung einzelner Versicherungszweige zu.[56]

a) Lebensversicherung. Die Rückwärtsversicherung ist grds. auch in der Lebensversicherung möglich, scheidet allerdings begrifflich aus, soweit der VN eine Versicherung auf den eigenen Todesfall abschließt und dabei ein vor der Antragstellung liegender Zeitpunkt als Versicherungsbeginn genannt wird.[57] Dagegen ist eine Rückwärtsversicherung auf das Leben eines anderen (§ 150 Abs. 1 Alt. 2) grds. möglich.[58]

Der BGH entnimmt aus §§ 130 Abs. 2, 153 BGB, „dass eine Rückwärtsversicherung auch dann zustande kommen kann, wenn der Versicherungsnehmer, der eine Versicherung auf den eigenen Todesfall beantragt hat, nach dem im Antrag als Versicherungsbeginn bezeichneten Zeitpunkt, aber vor Annahme des Versicherungsantrags verstirbt und der Versicherer nach dem Tod den Versicherungsantrag

---

50 S. aber OLG Hamm 21.8.2002 – 20 U 24/02, VersR 2003, 185, 186, das aus der BGH-Rspr eine Nachmeldeobliegenheit nur mit Blick auf gefahrerhöhende Umstände (konkret: Herzinfarkt) annimmt, die nicht zugleich Versicherungsfall sind (konkret: Berufsunfähigkeit aufgrund des Herzinfarkts).
51 BK/*Baumann*, § 2 Rn 67.
52 BK/*Baumann*, § 2 Rn 68 ff.
53 Prölss/Martin/*Armbrüster*, § 2 Rn 40.
54 Prölss/Martin/*Armbrüster*, § 2 Rn 40.
55 Prölss/Martin/*Armbrüster*, § 2 Rn 39.
56 BGH 21.3.1990 – IV ZR 40/89, VersR 1990, 618.
57 BGH 21.3.1990 – IV ZR 39/89, VersR 1990, 729; BGH 29.5.1991 – IV ZR 157/90, VersR 1991, 986; OLG Köln 26.6.1996 – 5 U 182/95, VersR 1997, 51.
58 BGH 29.5.1991 – IV ZR 157/90, VersR 1991, 986.

unverändert, also auch mit dem im Antrag genannten Versicherungsbeginn annimmt".[59] Den VR hält das OLG Köln[60] in diesem Falle nicht für schutzbedürftig: Er habe es in der Hand, solche Risiken nicht einzugehen. Es sei ausschließlich seine Entscheidung, ob er den Versicherungsschutz auch für einen zurückliegenden Zeitraum gewähre. Entscheide er sich für eine Rückwirkung, müsse er sich daran festhalten lassen.[61]

18 Haben die Parteien den Beginn des Haftungszeitraums in der Lebensversicherung auf einen Zeitpunkt **vor Antragstellung des (versicherten) VN** festgelegt, „so ist der Versicherungsschutz auf den frühestmöglichen Termin, nämlich den des Wirksamwerdens des Antrags, zu erstrecken.[62] Klauseln nach dem Muster von „Ihr Versicherungsschutz beginnt, wenn Sie den ersten oder einmaligen Beitrag (Einlösungsbeitrag) gezahlt haben und wir die Annahme Ihres Antrags schriftlich durch Ausstellung des Versicherungsscheins bestätigt haben" ändern daran nichts (§ 305 b BGB)[63] – es sei denn, der VR hat den VN, der ausnahmsweise ein berechtigtes Interesse an einer (prämienbelasteten) Vorverlegung der technischen Versicherungsdauer hat, eindeutig darauf hingewiesen, dass der Begriff „Versicherungsbeginn" nur in diesem Sinne zu verstehen ist.

19 **b) Berufsunfähigkeitsversicherung.** Eine Rückwärtsversicherung ist nicht nur in der **Berufsunfähigkeitsversicherung**,[64] sondern auch in der **Berufsunfähigkeits-Zusatzversicherung** (BUZ) möglich.[65] Daraus, dass Lebensversicherung und BUZ gem. § 9 BB-BUZ vom 14.10.2009 eine Einheit bilden und eine Rückwärtsversicherung des eigenen Lebens für die Zeit vor Antragstellung nicht in Betracht kommt,[66] ergibt sich nach (richtiger) Einschätzung des OLG Karlsruhe nichts anderes: Einer Klausel wie „Die Berufsunfähigkeits-Zusatzversicherung bildet mit der Versicherung, zu der sie abgeschlossen worden ist (Hauptversicherung), eine Einheit; sie kann ohne die Hauptversicherung nicht fortgesetzt werden" entnimmt auch ein verständiger VN nicht, dass die Rückwärtsversicherung des Berufsunfähigkeitsrisikos ausgeschlossen sein soll.[67] Im Übrigen hätte die Individualvereinbarung über den Versicherungsbeginn (Rückwärtsversicherung) ohnehin Vorrang vor den vereinbarten BB-BUZ (§ 305 b BGB; s. Rn 6, 9, 18).[68] Damit verlässt das OLG Karlsruhe allerdings (mit Recht) die Linie des BGH,[69] die sich das OLG Nürnberg[70] vor kurzem wieder zu eigen gemacht hat (Gesamtbetrachtung).

---

59 BGH 21.3.1990 – IV ZR 39/89, VersR 1990, 729, 730; vgl auch OLG Köln 26.6.1996 – 5 U 182/95, VersR 1997, 51, 52.
60 OLG Köln 26.6.1996 – 5 U 182/95, VersR 1997, 51, 52.
61 OLG Köln 26.6.1996 – 5 U 182/95, VersR 1997, 51, 52.
62 OLG Köln 26.6.1996 – 5 U 182/95, VersR 1997, 51, 52.
63 OLG Köln 26.6.1996 – 5 U 182/95, VersR 1997, 51, 52.
64 BGH 21.3.1990 – IV ZR 39/89, VersR 1990, 729, 730; OLG Karlsruhe 7.4.2005 – 12 U 375/04, VersR 2006, 350, 351.
65 OLG Karlsruhe 7.4.2005 – 12 U 375/04, VersR 2006, 350, 351.
66 BGH 29.5.1991 – IV ZR 157/90, VersR 1991, 986; BGH 21.3.1990 – IV ZR 39/89, VersR 1990, 729.
67 OLG Karlsruhe 7.4.2005 – 12 U 375/04, VersR 2006, 350, 351, auch unter Berücksichtigung von BGH 29.5.1991 – IV ZR 157/90, VersR 1991, 986.
68 OLG Karlsruhe 7.4.2005 – 12 U 375/04, VersR 2006, 350, 351.
69 BGH 29.5.1991 – IV ZR 157/90, VersR 1991, 986: Versicherungsschutz besteht allerdings erst ab Antragstellung, weil „die Berufsunfähigkeits-Zusatzversicherung mit der Lebensversicherung eine Einheit bildet und bei der Lebensversicherung eine Rückwärtsversicherung des eigenen Lebens für die Zeit vor Antragstellung nicht in Betracht kommt"; wie hier Bruck/Möller/*Johannsen*, § 2 Rn 8.
70 OLG Nürnberg 28.6.2011 – 8 U 2330/10, VersR 2012, 50, 52.

c) **Krankenversicherung.** Die **Neugeborenenversicherung** (§ 198 Abs. 1) ist Rückwärtsversicherung,[71] auf die Abs. 2 S. 2 (Leistungsfreiheit bei Kenntnis vom Eintritt des Versicherungsfalles) nicht anzuwenden ist.[72] Dadurch wird ein (lückenloser) Krankenversicherungsschutz gewährleistet. Denn die Neugeborenenversicherung erstreckt sich nicht nur auf angeborene und ererbte Krankheiten und Anomalien,[73] sondern auch auf Schädigungen des Kindes durch den Geburtsvorgang.[74]

20

Im Falle der **Befristung einer Krankentagegeldversicherung** (§ 196 Abs. 1) hat der Reformgesetzgeber „wegen der naheliegenden Gefahr des Missbrauchs"[75] davon abgesehen, bei fehlender Belehrung (Abs. 2) eine Rückwärtsversicherung auf den Zeitpunkt der Vollendung des 65. Lebensjahres einzuführen; stattdessen fällt der materielle Versicherungsbeginn auf den Zeitpunkt des Zugangs des Antrags.

21

d) **Transportversicherung.** In der Transportversicherung liegt allein in der Vereinbarung einer „von-Haus-zu-Haus"-Deckung noch keine Rückwärtsversicherung.[76]

22

6. Verhältnis zur vorläufigen Deckung. Rückwärtsversicherung (§ 2) und vorläufige Deckung (§§ 49 ff) schließen sich nicht gegenseitig aus,[77] überlagern sich aber auch nicht, weil der materielle Beginn der Rückwärtsversicherung als Hauptversicherung die vorläufige Deckung beendet (§ 52 Abs. 1 S. 1; vgl auch Rn 13). Das Institut der vorläufigen Deckung wird durch die Rückwärtsversicherung weder ausgehöhlt noch überflüssig.[78] Es behält seine Bedeutung insb. dort, wo ein Versicherungsschutz aus dem angestrebten Vertrag letztlich nicht zustande kommt.[79]

23

III. Verlust des Prämienanspruchs (Abs. 2 S. 1, Abs. 3)

1. Bekannte Unmöglichkeit des Versicherungsfalles. a) Unmöglichkeit des Versicherungsfalles. Nach Abs. 2 entfällt der Prämienanspruch, wenn der VR davon Kenntnis hat, dass der **Eintritt eines Versicherungsfalles (generell)** ausgeschlossen ist (Abs. 2 S. 1). Diese Formulierung berücksichtigt, dass in der Praxis auch nach Eintritt eines Versicherungsfalles durchaus Interesse am Fortbestand des Vertrages bestehen kann, da künftig und auch noch vor Vertragsschluss weitere Versicherungsfälle eintreten oder bekannt werden können.[80]

24

Unmöglich ist allein die (abstrakte) Risikoabsicherung, dh der Eintritt des die Leistungspflicht auslösenden Ereignisses, während die Leistung in Geld als solche immer möglich ist (zur Leistungspflicht des VR s. § 1 Rn 12, 14).[81] Die Unmöglichkeit führt – anders als sonst bei aufschiebenden Bedingungen[82] – nicht zur Unwirksamkeit: Abs. 2 S. 1 ist *e contrario* zu entnehmen, dass die Rückwärtsversiche-

25

---

71 AllgM, Schwintowski/Brömmelmeyer/*Brömmelmeyer*, 2. Aufl. 2010, § 198 Rn 7; Prölss/Martin/*Voit*, § 198 Rn 3; Bach/Moser/*Hütt*, § 2 MB/KK Rn 45; BK/*Hohlfeld*, § 178 d Rn 1.
72 Begr. RegE, BT-Drucks. 16/3945, S. 112.
73 Begr. BT-Drucks. 12/6959, S. 105; BGH 27.9.2000 – IV ZR 115/99, VersR 2000, 1533, 1534; Prölss/Martin/*Voit*, § 198 Rn 5; Bach/Moser/*Hütt*, § 2 MB/KK Rn 48; BK/*Hohlfeld*, § 178 d Rn 2.
74 Prölss/Martin/*Voit*, § 198 Rn 5; Bach/Moser/*Hütt*, § 2 MB/KK Rn 48; BK/*Hohlfeld*, § 178 d Rn 4.
75 Begr. RegE, BT-Drucks. 16/3945, S. 112.
76 OLG Hamburg 2.3.1989 – I ZR 121/87, VersR 1989, 846.
77 Schwintowski/Brömmelmeyer/*Ebers*, § 2 Rn 6; vgl auch BGH 21.3.1990 – IV ZR 40/89, VersR 1990, 618; OLG Düsseldorf 11.1.1994 – 4 U 96/93, r+s 1994, 85.
78 OLG Düsseldorf 11.1.1994 – 4 U 96/93, r+s 1994, 85.
79 OLG Düsseldorf 11.1.1994 – 4 U 96/93, r+s 1994, 85.
80 Begr. RegE, BT-Drucks. 16/3945, S. 112.
81 Palandt/*Grüneberg*, § 275 BGB Rn 3.
82 Allg. Palandt/*Ellenberger*, Einf. v. § 158 BGB Rn 11; Staudinger/*Bork*, Vorbem. zu §§ 158–163 BGB Rn 30.

rung auch dann wirksam ist, wenn der VR weiß, dass der Eintritt eines Versicherungsfalles ausgeschlossen ist.[83] Es entfällt nur der Prämienanspruch.

26 Im Falle einer **Teilunmöglichkeit** kommt eine Herabsetzung der Prämie in Betracht.[84] Fälle, in denen die Unmöglichkeit nur dem VN (s. Rn 44) oder dem VR und dem VN bekannt ist (s. Rn 3, 45), regelt Abs. 2 S. 1 nicht.

27 b) **Kenntnis des VR oder seines Vertreters.** Maßgeblich ist grds. die **Kenntnis des VR**. Kenntnis ist im Sinne **positiver Kenntnis** zu verstehen. Fahrlässige Unkenntnis (zum Begriff s. § 121 Abs. 2 BGB) reicht nicht aus.[85]

28 Wird der Vertrag von einem Vertreter geschlossen, ist **auch die Kenntnis des Vertreters** zu berücksichtigen (Abs. 3). Damit geht Abs. 3 über § 166 Abs. 1, Abs. 2 S. 1 BGB hinaus: Die Kenntnis des Vertretenen (VR) schadet selbst dann, wenn der Vertreter nicht nach bestimmten Weisungen gehandelt hat. Die Beschränkung auf Bevollmächtigte (§ 2 Abs. 3 aF) ist entfallen.[86]

29 c) **Maßgeblicher Zeitpunkt.** Abs. 2 S. 1 stellt bezüglich der Kenntnis des VR nicht mehr auf den Vertragsschluss (§ 2 Abs. 2 S. 1 aF), sondern auf den Zeitpunkt der Abgabe seiner **Vertragserklärung**, dh seiner auf den Abschluss des Vertrages gerichteten Willenserklärung ab.[87] Im **Antragsverfahren** (s. § 1 Rn 46 ff) bleibt es also bei der früheren Rechtslage.[88] Der Reformgesetzgeber hielt die Neuregelung jedoch in S. 2 und damit – im Interesse der **Kohärenz des Abs. 2** – auch in S. 1 für geboten.[89]

30 2. **Rechtsfolge.** Kennt der VR oder sein Vertreter die Unmöglichkeit des Eintritts eines Versicherungsfalles, entfällt der in § 1 S. 2 vorgesehene Prämienanspruch.

IV. Leistungsfreiheit (Abs. 2 S. 2, Abs. 3)

31 1. **Bekannter Versicherungsfall. a) Eintritt des Versicherungsfalles.** Ist dem VN bei Abgabe seiner Vertragserklärung bekannt, dass ein Versicherungsfall schon eingetreten ist, ist der VR nicht zur Leistung verpflichtet (Abs. 2 S. 2). Die Leistungsfreiheit trägt der Tatsache Rechnung, dass grds. nur (subjektiv oder objektiv) ungewisse Risiken versicherbar sind (s. Rn 3), gewährleistet aber v.a., dass der VN seinen **Informationsvorsprung** nicht missbraucht, um für ein ihm bekanntes, aus seiner Perspektive also objektiv und subjektiv gewisses Ereignis eine Entschädigung zu beanspruchen, die bei der Prämienberechnung nicht berücksichtigt wurde: Der VR kalkuliert die Prämie nämlich auf der Basis stochastisch gewichteter, nicht auf der Basis bekanntermaßen bereits realisierter Risiken.

32 Abs. 2 S. 2 steht grds. zur Disposition der Parteien,[90] so dass der VR sein Leistungsversprechen auch auf bereits eingetretene, (auch) dem VN bekannte Versicherungsfälle ausdehnen kann. Ein solches Leistungsversprechen kann allerdings angesichts der Rückwirkungen auf die Risikogemeinschaft sittenwidrig sein (s. näher Rn 48)[91] – es sei denn, eine Belastung der Risikogemeinschaft scheidet aufgrund ohnehin bestehender Leistungspflicht des VR aus[92] oder ist aufgrund nicht auszu-

---

83 S. auch Prölss/Martin/*Armbrüster*, § 2 Rn 18 (§ 2 Abs. 2 S. 2 e contrario).
84 BK/*Baumann*, § 2 Rn 36.
85 Römer/Langheid/*Rixecker*, § 2 Rn 87.
86 Ebenso Langheid/Wandt/*Muschner*, § 2 Rn 63; aA offenbar Schwintowski/Brömmelmeyer/*Ebers*, § 2 Rn 26.
87 Begr. RegE, BT-Drucks. 16/3945, S. 112.
88 Begr. RegE, BT-Drucks. 16/3945, S. 112.
89 Begr. RegE, BT-Drucks. 16/3945, S. 112.
90 BGH 16.6.1982 – IVa ZR 270/80, VersR 1982, 841, 843.
91 BGH 16.6.1982 – IVa ZR 270/80, VersR 1982, 841, 843.
92 BGH 16.6.1982 – IVa ZR 270/80, VersR 1982, 841, 843.

schließender Leistungspflicht oder einer (potenziellen) Haftung des VR hinzunehmen (s. Rn 47 ff).[93]

Ist der Eintritt des Versicherungsfalles nur dem VR bekannt, kommt Abs. 2 S. 2 nicht zum Tragen (s. Rn 46), ist er dem VN *und* dem VR bekannt, ist Abs. 2 S. 2 typischerweise abbedungen (s. Rn 47). 33

b) Kenntnis des VN oder seines Vertreters. Maßgeblich ist grds. die **Kenntnis des VN.** Kenntnis ist im Sinne **positiver Kenntnis**[94] zu verstehen und setzt voraus, dass der VN ein Ereignis richtig als Versicherungsfall einordnet;[95] in der Krankenversicherung kommt es nicht auf eine präzise und abschließende Diagnose der Vorerkrankung an – auch nicht in der *Dread Disease*-Versicherung.[96] Wird in den Bedingungen einer D&O-Versicherung der Versicherungsfall als Inanspruchnahme eines versicherten Organs definiert (sog. *Claims-Made*-Prinzip), so ist für die Frage der Leistungsfreiheit des VR nach Abs. 2 S. 2 angeblich der Zeitpunkt der Inanspruchnahme und nicht der Zeitpunkt des Pflichtverstoßes des Organs maßgeblich;[97] genau genommen ist jedoch immer der Zeitpunkt der Abgabe der Vertragserklärung ausschlaggebend; weiß der VN zu diesem Zeitpunkt von der Pflichtverletzung, nicht aber von der Inanspruchnahme, scheidet Leistungsfreiheit gem. Abs. 2 S. 2 aus. **Fahrlässige Unkenntnis** (zum Begriff s. § 121 Abs. 2 BGB) reicht nicht aus: Die Feststellung der Kenntnis kann *nicht* durch einen Fahrlässigkeitsvorwurf, dh „durch die Erwägung ersetzt werden, der VN habe den betreffenden Umstand kennen müssen".[98] Es reicht also nicht aus, dass dem VN lediglich Tatsachen bekannt sind, die den möglichen Schluss zulassen oder sogar nahelegen, ein Versicherungsfall könne bereits eingetreten sein.[99] Solange der VN selbst einen solchen Schluss nicht zieht, etwa weil er andere Ursachen für ein ihm (in der Haftpflichtversicherung) bekanntes Schadensbild vermutet oder er keine ausreichenden Überlegungen über die Schadensursache anstellt, hat er noch keine (positive) Kenntnis vom Versicherungsfall.[100] Anders liegt es nur dann, wenn der Tatrichter aufgrund der Umstände des Einzelfalls anhand des Beispiels eines durchschnittlichen VN – beweiswürdigend – die Überzeugung gewinnt und darlegt, der VN habe den sich aufdrängenden Schluss auf die naheliegende Schadensursache tatsächlich gezogen und deshalb erkannt, dass dem Schaden Tatsachen zugrunde liegen, die ein versichertes Ereignis beschreiben.[101] Fälle, in denen sich der VN arglistig besserer Kenntnis verschließt, gibt es nicht;[102] er weiß ggf um den Eintritt des Versicherungsfalles und weigert sich nur (rhetorisch), dies zu akzeptieren. 34

Kenntnis setzt die **Fähigkeit zur Kenntnisnahme**, dh zur Beurteilung der Frage voraus, ob ein Versicherungsfall eingetreten ist.[103] Diese Fähigkeit fehlt zB einem VN 35

---

93 BGH 16.6.1982 – IVa ZR 270/80, VersR 1982, 841, 843; vgl auch OLG Hamm 12.10.1988 – 20 U 44/88, VersR 1989, 946, 948 bzgl Kenntnis beider Parteien.
94 BK/*Baumann*, § 2 Rn 32.
95 Prölss/Martin/*Armbrüster*, § 2 Rn 25; vgl auch KG 11.2.1952 – 4 U 2303/51, VersR 1952, 124.
96 Vgl auch KG 21.9.2010 – 6 U 8/10, VersR 2011, 993 (intensivmedizinische Behandlung bei dringendem Verdacht auf myokardiale Ischämie).
97 OLG Frankfurt 9.6.2011 – 7 U 127/09, VersR 2012, 432; s. auch OLG Koblenz 18.6.2010 – 10 U 1185/09, VersR 2011, 1042 (Leistungspflicht des D&O-Versicherers für Pflichtverletzungen, die „bei Abschluss des Versicherungsvertrages nicht bekannt waren").
98 BGH 5.11.2014 – IV ZR 8/13, VersR 2015, 89.
99 BGH 5.11.2014 – IV ZR 8/13, VersR 2015, 89.
100 BGH 5.11.2014 – IV ZR 8/13, VersR 2015, 89.
101 BGH 5.11.2014 – IV ZR 8/13, VersR 2015, 89.
102 Dafür aber: KG 21.9.2010 – 6 U 8/10, VersR 2011, 993; Prölss/Martin/*Armbrüster*, § 2 Rn 25.
103 BGH 21.6.2000 – IV ZR 157/99, VersR 2000, 1133, 1134.

in der Unfallversicherung, der aufgrund des Unfalls im Koma liegt.[104] Fehlt die Fähigkeit zur Kenntnisnahme, kommt die Kenntnis eines Vertreters in Betracht.[105]

36 Wird der Vertrag von einem Vertreter geschlossen, ist **auch** die **Kenntnis des Vertreters** zu berücksichtigen (Abs. 3). Damit geht Abs. 3 über § 166 Abs. 1, Abs. 2 S. 1 BGB hinaus: Die Kenntnis des Vertretenen (VN) schadet selbst dann, wenn der Vertreter nicht nach bestimmten Weisungen des VN gehandelt hat. Weiß der VN, dass der Versicherungsfall schon eingetreten ist, so ist der VR auch dann von der Leistungspflicht befreit, wenn der Vertreter des VN bei Abgabe des Versicherungsantrags keine Kenntnis vom Eintritt des Versicherungsfalles hat.[106]

37 Vertreter des VN ist nicht nur der **Abschlussvertreter** (§ 2 Abs. 3), sondern auch der **Wissensvertreter**.[107] Wissensvertreter ist jeder, den der Geschäftsherr dazu berufen hat, im Rechtsverkehr für ihn bestimmte Aufgaben in eigener Verantwortung zu erledigen und die dabei anfallenden Informationen zur Kenntnis zu nehmen und ggf weiterzugeben.[108] Darunter fällt auch der Versicherungsmakler, den der VN mit der Weiterleitung seines Antrags an den VR betraut hat.[109] Die Beschränkung auf Bevollmächtigte ist entfallen (s. Rn 28). Die Kenntnis des Ehepartners schadet dem VN gem. Abs. 3 nur, wenn der Ehepartner als sein Vertreter den VersVertrag geschlossen hat.[110]

38 In der Lebens- (§ 156), Berufsunfähigkeits- (§§ 176, 156), Unfall- (§ 179 Abs. 3) und Krankenversicherung (§ 193 Abs. 2) ist auch die Kenntnis der versicherten Person zu berücksichtigen. Das gilt in der Versicherung für fremde Rechnung (§§ 43 ff) generell (§ 47 Abs. 1).

39 c) **Maßgeblicher Zeitpunkt.** Maßgeblicher Zeitpunkt ist die **Abgabe der Vertragserklärung des VN**. Das entspricht der früheren Rechtslage: § 2 Abs. 2 S. 2 aF stellte zwar auf „die Schließung des Vertrags" ab. Der BGH ging jedoch in stRspr davon aus, dass § 2 Abs. 2 S. 2 aF für alle nach Abgabe des Versicherungsantrags eintretenden Versicherungsfälle regelmäßig stillschweigend abbedungen wurde.[111] Darin sah der BGH mit Recht einen „angemessenen Interessenausgleich".[112] Es sei nicht einzusehen, warum die Rechtsfolgen des § 2 Abs. 2 S. 2 aF auch dann eintreten sollten, wenn sich der Versicherungsfall erst nach Antragstellung, im Zeitraum zwischen Antrag und Annahme ereigne; schließlich wolle § 2 Abs. 2 S. 2 aF nur verhindern, dass der VN mit dem Ziel der Manipulation an den VR herantrete.[113]

40 Die **Abgabe** setzt voraus, dass die – an den Erklärungsempfänger (VR) gerichtete[114] – Vertragserklärung mit Willen des Erklärenden (VN) in den Verkehr ge-

---

104 BGH 21.6.2000 – IV ZR 157/99, VersR 2000, 1133, 1134.
105 BGH 21.6.2000 – IV ZR 157/99, VersR 2000, 1133, 1134.
106 BGH 19.2.1992 – IV ZR 106/91, VersR 1992, 484.
107 BGH 21.6.2000 – IV ZR 157/99, VersR 2000, 1133, 1134 (§ 166 BGB analog); Prölss/Martin/*Armbrüster*, § 2 Rn 36.
108 BGH 21.6.2000 – IV ZR 157/99, VersR 2000, 1133, 1134; BGH 24.1.1992 – V ZR 262/90, BGHZ 117, 104, 106 f.
109 BGH 24.1.1992 – V ZR 262/90, BGHZ 117, 104, 106 f; skeptisch Prölss/Martin/*Armbrüster*, § 2 Rn 36.
110 LG Köln 4.6.1975 – 74 O 314/74, VersR 1976, 159.
111 BGH 21.6.2000 – IV ZR 157/90, VersR 2000, 1133, 1134; BGH 21.3.1990 – IV ZR 39/89, VersR 1990, 729, 730; BGH 21.3.1990 – IV ZR 40/89, VersR 1990, 618, 619; vgl auch BGH 19.2.1992 – IV ZR 106/91, VersR 1992, 484; OLG Karlsruhe 19.3.1992 – 12 U 213/91, VersR 1992, 1123, 1124; OLG Hamm 19.9.1986 – 20 U 114/86, NJW-RR 1987, 153.
112 BGH 21.3.1990 – IV ZR 39/89, VersR 1990, 729, 730.
113 BGH 21.3.1990 – IV ZR 39/89, VersR 1990, 729, 730.
114 Allg. BGH 28.2.1989 – XI ZR 80/88, NJW 1989, 1671.

bracht wird.[115] Solange die Erklärung den Machtbereich des Erklärenden noch nicht verlassen hat – bspw weil sie sich noch in Händen eines Boten oder eines (Abschluss-)Vertreters des VN befindet –, besteht die Manipulationsgefahr (s. Rn 39) fort. Daher ist die Vertragserklärung erst als abgegeben iSv Abs. 2 S. 2 anzusehen, wenn sie den Machtbereich des VN verlassen hat.[116] Bei Vertragsschluss nach dem Invitatio-Modell ist Abs. 2 S. 2 mit der Maßgabe anwendbar, dass Kenntnis bereits bei der Aufforderung zu Abgabe des Angebots vorgelegen haben muss; Abs. 2 S. 2 ist in diesem Falle teleologisch zu reduzieren,[117] weil die Missbrauchsgefahr (s. Rn 31) mangels Kenntnis bei Aufforderung nicht besteht.[118]

Hat der VR den Antrag des VN (§ 145 BGB) durch Übermittlung des Versicherungsscheins verspätet (§§ 146 ff BGB) angenommen und nimmt der VN den darin liegenden neuen Antrag (§ 150 Abs. 1 BGB) erst nach Eintritt des Versicherungsfalles durch Bezahlung der Erstprämie konkludent an, ist bei einer so vereinbarten Rückwärtsversicherung im Rahmen von Abs. 2 S. 2 auf die erste Vertragserklärung des VN abzustellen, so dass Kenntnis bei Bezahlung der Erstprämie unschädlich ist.[119] Die Manipulationsgefahr entfällt nach Abgabe des Antrags, weil der VN „danach auf den Zeitpunkt des Abschlusses des Versicherungsvertrags in aller Regel keinen Einfluss mehr nehmen kann und weil Verzögerungen bei der Bearbeitung des Antrags durch den Versicherer nicht zu Lasten des VN gehen dürfen".[120] Hat der VR den Antrag des VN hingegen gem. § 150 Abs. 2 BGB abgelehnt, so ist auf die Kenntnis des VN bei Annahme des geänderten Antrags abzustellen.[121] Hat der VN selbst (gar) keinen Antrag gestellt, dafür aber einen Antrag des VR angenommen, ist ebenfalls auf die Kenntnis bei Annahme abzustellen.[122] Hat der VR allerdings bei Antragstellung vom Eintritt des Versicherungsfalles gewusst, haben die Parteien Abs. 2 S. 2 im Regelfall konkludent abbedungen (s. näher Rn 47).[123]

2. Rechtsfolgen. Die Leistungsfreiheit des VR beschränkt sich auf den dem VN bekannten Versicherungsfall.[124] Den Parteien kann nach Eintritt eines Versicherungsfalles ein **Kündigungsrecht** (vgl § 92 Abs. 1) zustehen.[125]

---

115 Allg. BGH 30.5.1975 – V ZR 206/73, BGHZ 65, 13; BGH 18.12.2002 – IV ZR 39/02, NJW-RR 2003, 384; Palandt/*Ellenberger*, § 130 BGB Rn 4.
116 BGH 21.6.2000 – IV ZR 157/99, VersR 2000, 1133, 1134 – noch auf der Basis des alten Rechts; vgl auch BGH 19.2.1992 – IV ZR 106/91, VersR 1992, 484, 485.
117 Römer/Langheid/*Rixecker*, § 2 Rn 7, will § 2 Abs. 2 entsprechend anwenden: M.E. spricht jedoch dagegen, dass der VN, der bei der Aufforderung zur Abgabe des Angebots Kenntnis hat, auch „bei [der späteren] Abgabe seiner Vertragserklärung" Kenntnis haben wird, so dass Abs. 2 S. 2 ohnehin anwendbar ist; es geht also um eine Ausnahme von, nicht um eine entsprechende Anwendung des Abs. 2.
118 Im Ergebnis ebenso: Römer/Langheid/*Rixecker*, § 2 Rn 7; Looschelders/Pohlmann/*Schneider*, § 2 Rn 34 (Auslegung des Angebots des VR dahin, Abs. 2 S. 1 [sic!] abzubedingen); aA Langheid/Wandt/*Muschner*, § 2 Rn 41.
119 OLG Hamm 19.9.1986 – 20 U 114/86, NJW-RR 1987, 153, 154; s. auch Prölss/Martin/*Armbrüster*, § 2 Rn 13; vertiefend *Klimke*, VersR 2005, 595, 596; einschr. Langheid/Wandt/*Muschner*, § 2 Rn 40, der dem nur bei einer „vorwerfbar verzögerten" Antragsannahme folgen will; s. auch Römer/Langheid/*Rixecker*, § 2 Rn 6, der ggf eine Haftung des VR aus culpa in contrahendo prüfen will.
120 OLG Hamm 19.9.1986 – 20 U 114/86, NJW-RR 1987, 153, 154.
121 KG 21.9.2010 – 6 U 8/10, VersR 2012, 993.
122 Vgl auch *Klimke*, VersR 2005, 595, 599.
123 Abw. OLG Saarbrücken 30.4.2003 – 5 U 389/02, VersR 2004, 1306, 1307; s. auch Prölss/Martin/*Armbrüster*, § 2 Rn 32, 28; *Klimke*, VersR 2005, 595, 597 f.
124 Begr. RegE, BT-Drucks. 16/3945, S. 112.
125 Begr. RegE, BT-Drucks. 16/3945, S. 112.

V. Nicht geregelte Fallgruppen

43 Mit Blick auf die Rechtsfolgen der Kenntnis sind in der Rückwärtsversicherung sechs Fallgruppen zu unterscheiden: Die Unmöglichkeit des Versicherungsfalles kann dem VR (Abs. 2 S. 1; s. Rn 24), dem VN oder dem VR und dem VN, der Eintritt des Versicherungsfalles kann dem VR, dem VN (Abs. 2 S. 2; s. Rn 31) oder dem VR und dem VN bekannt sein.

44 **1. Bekannte Unmöglichkeit des Versicherungsfalles. a) Kenntnis des VN oder seines Vertreters.** Fälle, in denen nur der VN weiß, dass der Eintritt eines Versicherungsfalles ausgeschlossen ist, regelt Abs. 2 S. 1 nicht; ggf entfällt der Prämienanspruch gem. § 80 Abs. 1 S. 1, wenn und weil das versicherte Interesse von Beginn an fehlt. Dem VR steht dann eine „angemessene Geschäftsgebühr" zu (S. 2).

45 **b) Kenntnis beider Parteien.** Ist beiden Parteien bekannt, dass der Eintritt eines Versicherungsfalles ausgeschlossen ist, ist die Parteivereinbarung mangels eines – objektiv oder subjektiv – ungewissen Ereignisses keine Rückwärtsversicherung mehr;[126] trotzdem kann sie wirksam sein (s. Rn 3). In der kombinierten Rückwärtsversicherung (s. Rn 12) kann der VersVertrag ggf auch als Vorwärtsversicherung aufrechterhalten werden, wenn der Eintritt des Versicherungsfalles künftig noch möglich ist.

46 **2. Bekannter Versicherungsfall. a) Kenntnis des VR oder seines Vertreters.** Ist der Eintritt des Versicherungsfalles nur dem VR oder seinem Vertreter bekannt, so ist die Rückwärtsversicherung trotzdem wirksam; sie ist auch unter Berücksichtigung der (hypothetischen) Belastung der Risikogemeinschaft nicht sittenwidrig (§ 138 BGB), weil Sittenwidrigkeit aufgrund der Benachteiligung Dritter generell nur anzunehmen ist, wenn alle Beteiligten sittenwidrig handeln, dh die Tatsachen, die die Sittenwidrigkeit begründen, kennen oder sich der Kenntnis grob fahrlässig verschließen;[127] gem. Abs. 2 S. 2 *e contrario* kommt auch eine Leistungsfreiheit des VR nicht in Betracht.[128]

47 **b) Kenntnis beider Parteien.** Eine Rückwärtsversicherung kann auch vereinbart werden, wenn VN und VR von dem Eintritt eines Versicherungsfalles wissen.[129] Typologisch gesehen handelt es sich allerdings nicht mehr um einen VersVertrag, wenn der Eintritt weiterer Versicherungsfälle ausgeschlossen ist.[130] Leistungsfreiheit gem. Abs. 2 S. 2 scheidet aus,[131] weil Parteien, die in Kenntnis des Versicherungsfalles eine Rückwärtsversicherung abschließen, die in Abs. 2 S. 2 vorgesehene Leistungsfreiheit ohne weiteres abbedingen.[132] Beruht die Rückwärtsversicherung trotz des Versicherungsfalles auf einer vernünftigen kaufmännischen Kalkulation, liegt diese Beurteilung auf der Hand: Ein Krankenversicherer könnte zB attraktive Kunden akquirieren, indem er sich bereiterklärt, bereits entstandene, auf Dauer aber geringfügige Kosten einer medizinisch notwendigen Heilbehandlung zu erstatten.[133] Mangels Informationsasymmetrie braucht der VR vor Manipulationen

---

126 Ebenso Looschelders/Pohlmann/*Schneider*, § 2 Rn 44.
127 BGH 10.1.2007 – XII ZR 72/04, NJW 2007, 1447; BGH 9.10.1991 – VIII ZR 19/91, NJW 1992, 310; BGH 6.12.1989 – VIII ZR 310/88, NJW 1990, 567; Palandt/*Ellenberger*, § 138 BGB Rn 40.
128 BK/*Baumann*, § 2 Rn 37.
129 OLG Düsseldorf 23.3.1999 – 4 U 81/98, VersR 2000, 1537, 1538; OLG Düsseldorf 2.7.1996 – 4 U 107/95, VersR 1996, 1221; OLG Düsseldorf 5.7.1994 – 4 U 164/93, VersR 1995, 460; OLG Hamm 12.10.1988 – 20 U 44/88, VersR 1989, 946, 948; *Deutsch*, Rn 76; unklar: Schwintowski/Brömmelmeyer/*Ebers*, § 2 Rn 23 f.
130 Vgl BK/*Baumann*, § 2 Rn 31, 43, 52.
131 Wie hier: OLG Düsseldorf 23.3.1999 – 4 U 81/98, VersR 2000, 1537, 1538; OLG Hamm 12.10.1988 – 20 U 44/88, VersR 1989, 946, 948; *Klimke*, VersR 2005, 595, 597 f.
132 OLG Düsseldorf 23.3.1999 – 4 U 81/98, VersR 2000, 1537, 1538.
133 Ähnl. bereits Römer/Langheid/*Rixecker*, § 2 Rn 10.

auch nicht geschützt zu werden. Er kann die Rückwärtsversicherung ablehnen oder das realisierte Risiko bei der Prämienberechnung berücksichtigen.

Rspr[134] und Lit.[135] gehen davon aus, dass die Kenntnis beider Parteien zur **Sittenwidrigkeit der Rückwärtsversicherung** führen kann, wenn das Leistungsversprechen als willkürliches Geschenk auf Kosten der Risikogemeinschaft anzusehen ist[136] – es sei denn, eine Belastung der Risikogemeinschaft scheidet aufgrund ohnehin bestehender Leistungspflicht des VR aus[137] oder ist aufgrund nicht auszuschließender Leistungspflicht oder potenzieller Haftung des VR hinzunehmen.[138] Die Einstufung als sittenwidrig ist jedoch bedenklich: Die Risikogemeinschaft ist rechtlich nicht verselbständigt (s. § 1 Rn 16). Dem VN steht allein der VR als Partei gegenüber; schädigt sich der VR durch eine willkürliche, wirtschaftlich sinnlose Rückwärtsversicherung selbst, so kann das allenfalls bei einem VVaG sittenwidrig sein, bei dem die Belastung der Risikogemeinschaft – lässt man die Haftung des Vorstands gem. § 34 S. 1 VAG, § 93 Abs. 2 AktG resp. § 823 Abs. 2 BGB iVm § 263 StGB außer Betracht[139] – unvermeidlich wäre. Bei einer AG wäre der VR aufgrund seiner Loyalitätspflicht (§ 241 Abs. 2 BGB) gegenüber allen anderen VN verpflichtet, die Belastung durch willkürliche Rückwärtsversicherungen aus dem Eigenkapital oder dem Unternehmensgewinn zu finanzieren, Rückwirkungen auf die Risikogemeinschaft müssten also ausbleiben. Hinzu kommt, dass man die **Rechtssicherheit** gefährdet, wenn man Rückwirkungen auf die Risikogemeinschaft zum Maßstab für die Beurteilung der Wirksamkeit der Rechtsgeschäfte eines VR erhebt.

48

VI. Unanwendbarkeit des § 37 Abs. 2 (Abs. 4)

Das **Einlösungsprinzip** (§ 37 Abs. 2 S. 1) besagt, dass der VR nicht zur Leistung verpflichtet ist, wenn die Erst- oder Einmalprämie bei Eintritt des Versicherungsfalles noch nicht gezahlt ist, und ist unvereinbar mit dem Wesen der Rückwärtsversicherung.[140] Eine Rückwärtsversicherung, bei der der VR nur für die nach Zahlung der Erstprämie eintretenden Versicherungsfälle haften würde, wäre ein Widerspruch in sich,[141] weil man den Haftungszeitraum nicht gleichzeitig vor- und – bis zur Bezahlung der Erstprämie – nach hinten verlagern kann. Daher ginge Rspr[142] und Lit.[143] bisher davon aus, dass die Parteien stillschweigend auf die Einlösungsklausel des § 38 Abs. 2 aF verzichteten.[144] Diese Konstruktion erübrigt sich durch den neuen Abs. 4.[145]

49

---

134 BGH 16.6.1982 – IVa ZR 270/80, VersR 1982, 841, 843; OLG Düsseldorf 2.7.1996 – 4 U 107/95, VersR 1996, 1221; OLG Hamm 12.10.1988 – 20 U 55/88, VersR 1989, 946, 948.
135 Römer/Langheid/*Rixecker*, § 2 Rn 10; Langheid/Wandt/*Muschner*, § 2 Rn 46.
136 BGH 16.6.1982 – IVa ZR 270/80, VersR 1982, 841, 843; OLG Hamm 12.10.1988 – 20 U 55/88, VersR 1989, 946, 948.
137 BGH 16.6.1982 – IVa ZR 270/80, VersR 1982, 841, 843.
138 BGH 16.6.1982 – IVa ZR 270/80, VersR 1982, 841, 843; OLG Hamm 12.10.1988 – 20 U 44/88, VersR 1989, 946, 948.
139 Exemplarisch LG Stuttgart 20.11.1972 – IV Ns 950/72, VersR 1973, 455 (noch anhand von § 142 VAG aF).
140 Begr. RegE, BT-Drucks. 16/3945, S. 57; Römer/Langheid/*Römer*, § 2 Rn 6; vertiefend zum Einlösungsprinzip Wandt/*Ganster*, VersR 2007, 1034, 1035 f.
141 Römer/Langheid/*Rixecker*, § 2 Rn 12.
142 BGH 30.5.1979 – IV ZR 138/77, VersR 1979, 709, 710; OLG Hamm 12.10.1988 – 20 U 44/88, VersR 1989, 946, 947; OLG Hamm 19.9.1986 – 20 U 114/86, NJW-RR 1987, 153.
143 Vertiefend BK/*Baumann*, § 2 Rn 19–28.
144 Vgl auch Begr. RegE, BT-Drucks. 16/3945, S. 57.
145 Begr. RegE, BT-Drucks. 16/3945, S. 57.

50 § 37 Abs. 2 S. 2, der an das Einlösungsprinzip (S. 1) anknüpft, also ebenso wenig mit dem Sinn und Zweck der Rückwärtsversicherung zu vereinbaren ist,[146] ist ebenfalls unanwendbar.

VII. Beweislast

51 Beruft sich der VR auf Leistungsfreiheit gem. Abs. 2 S. 2, so muss er die Kenntnis des VN oder seines Vertreters beweisen.[147]

§ 3 Versicherungsschein

(1) Der Versicherer hat dem Versicherungsnehmer einen Versicherungsschein in Textform, auf dessen Verlangen als Urkunde, zu übermitteln.

(2) Wird der Vertrag nicht durch eine Niederlassung des Versicherers im Inland geschlossen, ist im Versicherungsschein die Anschrift des Versicherers und der Niederlassung, über die der Vertrag geschlossen worden ist, anzugeben.

(3) ¹Ist ein Versicherungsschein abhandengekommen oder vernichtet, kann der Versicherungsnehmer vom Versicherer die Ausstellung eines neuen Versicherungsscheins verlangen. ²Unterliegt der Versicherungsschein der Kraftloserklärung, ist der Versicherer erst nach der Kraftloserklärung zur Ausstellung verpflichtet.

(4) ¹Der Versicherungsnehmer kann jederzeit vom Versicherer Abschriften der Erklärungen verlangen, die er mit Bezug auf den Vertrag abgegeben hat. ²Benötigt der Versicherungsnehmer die Abschriften für die Vornahme von Handlungen gegenüber dem Versicherer, die an eine bestimmte Frist gebunden sind, und sind sie ihm nicht schon früher vom Versicherer übermittelt worden, ist der Lauf der Frist vom Zugang des Verlangens beim Versicherer bis zum Eingang der Abschriften beim Versicherungsnehmer gehemmt.

(5) Die Kosten für die Erteilung eines neuen Versicherungsscheins nach Absatz 3 und der Abschriften nach Absatz 4 hat der Versicherungsnehmer zu tragen und auf Verlangen vorzuschießen.

I. Normzweck....................	1
II. Übermittlung des Versicherungsscheins (**Abs. 1**)	2
1. Inhalt und Reichweite des Übermittlungsanspruchs	2
2. Versicherungsschein..........	7
a) Begriff..................	7
b) Funktionen	9
aa) Information.............	9
bb) Legitimation	11
cc) Beweis	12
c) Form	16
aa) Textform...............	16
bb) Urkunde	17
d) Inhalt	18
3. Rechtsfolgen einer Pflichtverletzung......................	24
III. Inhalt des Versicherungsscheins bei Abschluss des VersVertrages über ausländische Niederlassungen (**Abs. 2**)......................	25
IV. Ausstellung eines neuen Versicherungsscheins (**Abs. 3**)............	26
1. Inhalt und Reichweite des Anspruchs (Abs. 3 S. 1).......	26
2. Kraftloserklärung des Originals (Abs. 3 S. 2).............	28
V. Abschriften (**Abs. 4**)	29
1. Inhalt und Reichweite des Anspruchs auf Abschriften (Abs. 4 S. 1)..................	29
2. Fristen und Hemmung der Frist (Abs. 4 S. 2)	34
VI. Kosten (**Abs. 5**)	35

---

146 Begr. RegE, BT-Drucks. 16/3945, S. 57.
147 BGH 21.6.2000 – IV ZR 157/90, VersR 2000, 1133, 1134.

I. Normzweck

Abs. 1 und 2 verfolgen v.a. **Informationszwecke:** Der Versicherungsschein ist dem VN zu übermitteln, „damit er sich über seine Rechte und Pflichten unterrichten kann" (s. näher Rn 9 f).[1] Klarzustellen ist, dass der Versicherungsschein – anders als die Informationspflichten iSv § 7 Abs. 1 iVm der VVG-InfoV (s. näher § 7 Rn 1) – nicht dazu dient, dem VN eine sinnvolle Produktauswahl zu ermöglichen; vielmehr soll er Informationen über die Rechte und Pflichten des VN aus dem bereits abgeschlossenen VersVertrag verfügbar machen und so die Rechtssicherheit und -klarheit erhöhen.[2] Daneben erfüllt der Versicherungsschein auch noch **Legitimations-** (s. Rn 11) **und Beweisfunktionen** (s. Rn 12 ff). Der Anspruch auf Ersatzversicherungsschein (Abs. 3) und auf Abschriften vertragsrelevanter Erklärungen (Abs. 4) beruht ebenfalls auf diesem Funktionstrias (Information, Legitimation und Beweis). 1

II. Übermittlung des Versicherungsscheins (Abs. 1)

1. Inhalt und Reichweite des Übermittlungsanspruchs. Abs. 1 kombiniert die Pflicht des VR zur Übermittlung eines Versicherungsscheins in Textform (§ 126 b BGB) mit dem darüber hinausgehenden Recht des VN, die Übermittlung in Form einer Urkunde zu verlangen. Daraus folgt, dass die Pflicht zur Übermittlung in **Textform** (s. Rn 16) ohne weiteres mit Abschluss des VersVertrages entsteht, während die Pflicht zur Übermittlung einer **Urkunde** (s. Rn 17) voraussetzt, dass der VN den darauf gerichteten Anspruch gegenüber dem VR geltend macht. 2

Dogmatisch gesehen ist die Pflicht zur Übermittlung des Versicherungsscheins eine **selbständige Nebenpflicht**[3] des VR, die sich aus Abs. 1 iVm dem VersVertrag ergibt. Hat der VR den Antrag des VN durch Übermittlung des Versicherungsscheins angenommen (s. näher § 1 Rn 46), so fallen Entstehung und Erfüllung dieser Nebenpflicht *in uno acto* zusammen. Bei Übermittlung des Versicherungsscheins in Textform steht es dem VN allerdings frei, auch noch eine Urkunde zu verlangen, weil insoweit noch keine Erfüllung eingetreten ist. 3

Die **Übermittlung** setzt voraus, dass der VR den Versicherungsschein (im übertragenen Sinne) aus der Hand gibt. Es reicht nicht aus, ihn in einer – ggf über ein Passwort abrufbaren – Datenbank zu hinterlegen, auch nicht, wenn es anschließend zu einem Download kommt. Das ergibt sich zwar nicht ohne weiteres aus der Textform (s. Rn 16),[4] wohl aber aus dem Begriff der Übermittlung.[5] Ferner setzt die Übermittlung voraus, dass der Versicherungsschein dem VN zugeht (vgl § 130 Abs. 1 S. 1 BGB [ggf analog]).[6] 4

Inhaber des Übermittlungsanspruchs ist auch in der Versicherung für fremde Rechnung (§§ 43 ff) der VN (§ 44 Abs. 1 S. 2), der als solcher Partei des VersVertrages ist (vgl § 1 Rn 3).[7] Der **VersVertreter** gilt als bevollmächtigt, die vom VR ausgefertigten Versicherungsscheine zu übermitteln (§ 69 Abs. 1 Nr. 3). Im Falle der **Minderjährigkeit des VN** ist der Versicherungsschein gem. § 131 Abs. 2 S. 1 BGB an den gesetzlichen Vertreter zu übermitteln.[8] 5

Die Übermittlungspflicht besteht auch bei **vorläufiger Deckung** (§ 49 Abs. 1 S. 1). 6

---

1 Begr. RegE, BT-Drucks. 16/3945, S. 57.
2 S. auch *Föllmer*, VW 2006, 616.
3 Ebenso *Dreher*, Die Versicherung als Rechtsprodukt, 1991, S. 258; allg. Palandt/*Grüneberg*, § 242 BGB Rn 25.
4 BGH 29.4.2010 – I ZR 66/08, NJW 2010, 3566; Palandt/*Ellenberger*, § 126 b BGB Rn 3 (Download reicht aus).
5 Zust. Prölss/Martin/*Rudy*, § 3 Rn 3.
6 Wie hier Schwintowski/Brömmelmeyer/*Ebers*, § 3 Rn 8.
7 Dazu auch LAG Köln 30.5.2012 – 3 Sa 1435/11.
8 OLG Hamm 17.9.1971 – 20 U 65/71, VersR 1973, 147.

7 **2. Versicherungsschein. a) Begriff.** Der Versicherungsschein (= **Police**) ist ein (grds.) in Textform (§ 126 b BGB) aufgesetztes Dokument über den bereits abgeschlossenen VersVertrag[9] – es sei denn, in der Übersendung des Versicherungsscheins liegt (vorläufig) nur der Antrag (§ 145 BGB) des VR (s. § 1 Rn 54).[10] Hat der VN diesen Antrag angenommen oder nimmt der VR einen Antrag des VN durch Übermittlung des Versicherungsscheins an, so erfüllt der Versicherungsschein eine Doppelfunktion: Er ist (rechtlich-verbindliche) Vertragserklärung des VR (zum Begriff s. § 7 Abs. 1) *und* Dokumentation des nunmehr abgeschlossenen VersVertrages. Klarzustellen ist jedoch, dass der VersVertrag auch ohne Übermittlung des Versicherungsscheins zustande kommen kann.[11] Konstitutive Bedeutung hat er dann allenfalls noch, wenn er von den getroffenen Vereinbarungen abweicht (§ 5).

8 § 3 ist auch auf **Nachtragsscheine** anwendbar,[12] nicht aber auf die **Versicherungsbestätigung** iSv § 5 Abs. 6 PflVG (früher: Doppelkarte) in der Kfz-Haftpflichtversicherung.[13]

9 **b) Funktionen. aa) Information.** Mit der Police verfügt der VN über ein Dokument, aus dem er seine Rechte und Pflichten aus dem VersVertrag ablesen kann. Diese **Informationsfunktion** wird zwar dadurch relativiert, dass der Versicherungsschein die Rechte und Pflichten der Parteien nicht vollständig abbildet.[14] Etwaige Informationslücken werden jedoch dadurch geschlossen, dass der VN auch Abschriften seiner vertragsrelevanten Erklärungen verlangen kann.[15]

10 Der VN erhält bereits vor Abgabe seiner Vertragserklärung die in **§ 7 Abs. 1 iVm der VVG-InfoV** vorgesehenen Informationen. Das heißt aber nicht, dass der Versicherungsschein diese Informationen generell nicht mehr enthalten müsste.[16]

11 **bb) Legitimation.** Der Versicherungsschein erfüllt auch eine **Legitimationsfunktion**. Durch eine Inhaberklausel (s. nur § 8 Abs. 2 ALB 2014) wird der als Urkunde ausgestellte Versicherungsschein sogar zu einem **qualifizierten Legitimationspapier** (§ 4 Abs. 1 VVG, § 808 BGB),[17] so dass der VR an den jeweiligen Inhaber leisten kann (befreiende Wirkung gem. § 808 Abs. 1 S. 1 BGB), aber nicht muss (§ 808 Abs. 1 S. 2 BGB). Hinzu kommt u.a. die Legitimationsfunktion im Rahmen der Versicherung für fremde Rechnung (vgl §§ 44 Abs. 2, 45 Abs. 2).

12 **cc) Beweis.** Im Hinblick auf die **Beweiskraft** des Versicherungsscheins ist sorgfältig zu unterscheiden: Ist er als Urkunde (zum Begriff s. Rn 17) ausgestellt *und* unterzeichnet, so erlaubt er im Prozess einen Urkundenbeweis (§ 416 ZPO). Nach Abs. 1 kann der VN allerdings nur die Erteilung des Versicherungsscheins als Urkunde, nicht aber ihre Unterzeichnung verlangen (s. Rn 17), so dass sich seine Beweisposition verglichen mit der früheren Rechtslage verschlechtert, wenn der VR die Urkunde nicht von sich aus unterzeichnet.[18]

---

9 Vgl nur BK/*Schwintowski*, § 3 Rn 5, der noch an dem Begriff der Urkunde (§ 3 Abs. 1 aF) anknüpft, und Prölss/Martin/*Rudy*, § 3 Rn 1.
10 Prölss/Martin/*Rudy*, § 3 Rn 1.
11 BGH 31.1.1951 – II ZR 46/50, NJW 1951, 313, 314; OLG Frankfurt 14.5.2003 – 7 U 127/02, VersR 2003, 1523, 1524; OGH 12.8.1965 – 7 OB 210/65, VersR 1967, 148.
12 OLG Hamm 10.6.1992 – 20 U 376/91, VersR 1993, 169; vgl auch OLG Celle 8.10.1982 – 8 U 65/82, VersR 1986, 1099, 1100.
13 LG Düsseldorf 14.10.1975 – 11 O 455/74, VersR 1976, 749; Langheid/Wandt/*Armbrüster*, § 3 Rn 5.
14 Begr. RegE, BT-Drucks. 16/3945, S. 57.
15 Begr. RegE, BT-Drucks. 16/3945, S. 57.
16 So aber Bruck/Möller/*Knops*, § 3 Rn 10.
17 AllgM, BGH 22.3.2000 – IV ZR 23/99, VersR 2000, 709; OLG Koblenz 4.1.2002 – 10 U 595/01, NVersZ 2002, 212; BK/*Schwintowski*, § 4 Rn 3.
18 Der Einwand bei Langheid/Wandt/*Armbrüster*, § 3 Rn 36 (Fn 55), bereits nach früherem Recht (§ 3 Abs. 1 S. 2 aF) habe eine Nachbildung der eigenhändigen Unterschrift genügt,

Ist der Versicherungsschein **als Urkunde ausgestellt und unterzeichnet**, so entfaltet 13
er formelle (§ 416 ZPO)[19] und materielle Beweiskraft. **Formelle Beweiskraft** bedeutet, dass die in der Urkunde enthaltenen Erklärungen als vom VR abgegeben gelten.[20] **Materielle Beweiskraft** bedeutet, dass (widerlegbar) vermutet wird, dass die Urkunde den endgültigen und wohlüberlegten Parteiwillen spiegelt[21] und dass sie vollständig und richtig ist;[22] vermutet wird also, dass der Versicherungsschein alle Parteivereinbarungen erschöpfend enthält[23] und dass der VersVertrag mit dem unterzeichnenden VR[24] und mit dem im Versicherungsschein dokumentierten Inhalt[25] zustande gekommen ist.[26] Die **Beweislast** für außerhalb der Urkunde liegende Umstände trifft die Partei, die sich darauf beruft.[27]

Ist ein Versicherungsschein mit einer echten **qualifizierten elektronischen Signatur** 14
(vgl § 2 Nr. 3 SigG) versehen, so entfaltet er gem. § 371 a Abs. 1 S. 1 ZPO dieselbe Beweiskraft wie ein als Urkunde ausgestellter und unterschriebener Versicherungsschein.[28]

Ein Versicherungsschein, der nur in **Textform** (§ 126 b BGB), zB als E-Mail, vorliegt, 15
unterliegt gem. § 286 Abs. 1 S. 1 ZPO der freien richterlichen Beweiswürdigung. Beweiserleichterungen im Hinblick auf die Echtheit (s. Rn 12) scheiden ebenso aus[29] wie die formelle und materielle Beweiskraft einer unterzeichneten Urkunde (s. Rn 13).

c) Form. aa) Textform. Abs. 1 verlangt **Textform**. Das heißt, dass „die Erklärung 16
in einer Urkunde oder auf andere zur dauerhaften Wiedergabe in Schriftzeichen geeignete Weise abgegeben, die Person des Erklärenden genannt und der Abschluss der Erklärung durch Nachbildung der Namensunterschrift oder anders erkennbar gemacht werden" muss (§ 126 b BGB). Daraus folgt, dass die Police u.a. als **E-Mail, Telegramm oder als Telefax** übermittelt werden kann;[30] auch ein **Computerfax** sowie eine **Diskette** oder eine **CD-ROM** reichen aus.[31] Die Textform ist auch erfüllt, wenn der VR dem VN die Police wie bisher als Urkunde überreicht. Einen als **E-Mail** übermittelten Versicherungsschein muss der VN abrufen, speichern und ausdrucken können.[32] Die Bereitstellung zum **Download** reicht im Hinblick auf § 126 b BGB zwar aus, wenn es tatsächlich zu einem Download

---

trägt nicht, wenn man – anders als *Armbrüster* – annimmt, dass auch eine Nachbildung für eine Privaturkunde ausreicht (so MüKo-ZPO/*Schreiber*, 4. Aufl. 2012, § 416 Rn 6; abl. *Armbrüster*, aaO, unter Berufung auf BGH NJW 1970, 1078; Zöller/*Geimer*, § 416 ZPO Rn 1 f).

19 Irreführend Langheid/Wandt/*Armbrüster*, § 3 Rn 37, der formelle und materielle Beweiskraft verwechselt.
20 BGH 18.12.2002 – IV ZR 39/02, VersR 2003, 229; allg. Stein/Jonas/*Leipold*, ZPO, § 416 Rn 10; Baumbach/Lauterbach/Albers/*Hartmann*, ZPO, § 416 Rn 7.
21 BGH 5.7.2002 – V ZR 143/01, NJW 2002, 3164.
22 OLG Saarbrücken 18.12.1996 – 5 U 800/95-82, VersR 1997, 863, 864; OLG Karlsruhe 17.6.1993 – 12 U 28/92, VersR 1995, 909 (LS); OLG Saarbrücken 25.11.1987 – 5 U 35/87, VersR 1989, 245.
23 Vgl OLG Hamburg, Recht 1917, Nr. 1509.
24 KG VA 1924, 136 Nr. 1420.
25 RG JW 1920, 896; BGH 15.11.2007 – IX ZB 99/05, r+s 2008, 431 (Beweislast für Verfälschung eines mikroverfilmten Antrags).
26 BK/*Schwintowski*, § 3 Rn 14 f.
27 BGH 5.2.1999 – V ZR 353-97, NJW 1999, 1702, 1703.
28 Allg. Stein/Jonas/*Leipold*, ZPO, § 416 Rn 21; Stein/Jonas/*Berger*, ZPO, § 371 a Rn 4 ff, auch zu der aus § 371 a Abs. 1 S. 2 ZPO fließenden Beweiserleichterung im Hinblick auf die Echtheit (aaO, Rn 15).
29 Allg. Stein/Jonas/*Berger*, ZPO, § 371 a Rn 25.
30 Palandt/*Ellenberger*, § 126 b BGB Rn 3; MüKo-BGB/*Einsele*, § 126 b Rn 9; s.a. Altenhofen/Brömmelmeyer/*Knuf*, VW 2009, 1603, 1604 f.
31 Palandt/*Ellenberger*, § 126 b BGB Rn 3.
32 Allg. Palandt/*Ellenberger*, § 126 b BGB Rn 3.

kommt.[33] Das Erfordernis der **Übermittlung** impliziert jedoch, dass der VR die Police selbst und nicht nur die Nachricht versenden muss, dass die Police zum Download bereitsteht.[34]

17 bb) Urkunde. Besteht der VN auf eine **Urkunde**, so hat ihm der VR ein Dokument in Papierform auszuhändigen.[35] Theoretisch wären auch andere Materialien denkbar.[36] Elektronische Dokumente reichen aber nicht aus. Abs. 1 verlangt – anders als § 3 Abs. 1 aF („eine von ihm [dem VR] unterzeichnete Urkunde") – keine Unterschrift des VR. Der Begriff der Urkunde besagt auch nicht, dass die Schriftform iSv § 126 Abs. 1 BGB erfüllt sein müsste. § 126 b BGB ist – entgegen *Ebers*[37] – auch nicht zu entnehmen, dass der VR den Abschluss der Erklärung durch die Nachbildung seiner Namensunterschrift kenntlich machen muss. Denn § 126 b BGB stellt es dem Erklärenden frei, das Ende des Dokuments auch anders zu signalisieren.[38] **Eigentümer der Urkunde** ist gem. § 952 Abs. 1 BGB der Gläubiger.[39]

18 d) Inhalt. Der **Inhalt des Versicherungsscheins** ist gesetzlich nicht geregelt (s. aber § 126 Abs. 1); aus der Informations-, Legitimations- und Beweisfunktion (s. Rn 9 ff) folgt jedoch, dass der Versicherungsschein nicht nur wesentliche Inhalte,[40] sondern den gesamten Inhalt des konkreten VersVertrages erschöpfend wiedergeben muss.[41] Er muss insb. angeben:

- die Parteien, ggf auch versicherte Personen (§§ 150, 179, 193) und Begünstigte (§§ 159 f),
- die Leistungen des VR (§ 1 S. 1),
- die Beiträge des VN (§ 1 S. 2),
- die versicherten Interessen und Gefahren und
- die Laufzeit.[42]

19 Externe Erklärungen werden dadurch Bestandteil der Police, dass sie (1) ebenfalls übermittelt **und** (2) in der Police ausdrücklich in Bezug genommen werden.[43] So hätte der BGH zB eine „Pauschaldeklaration" in der Einbruchdiebstahlversiche-

---

33 BGH 29.4.2010 – I ZR 66/08, NJW 2010, 3566; Palandt/*Ellenberger*, § 126 b BGB Rn 3.
34 Großzügiger Langheid/Wandt/*Armbrüster*, § 3 Rn 8, 25; wie hier Prölss/Martin/*Rudy*, § 3 Rn 3.
35 Begr. RegE, BT-Drucks. 16/3945, S. 57; allg. zum Begriff der Urkunde BGH 6.11.1962 – IV ZR 29/62, NJW 1963, 389.
36 Vgl MüKo-BGB/*Einsele*, § 126 Rn 6.
37 Schwintowski/Brömmelmeyer/*Ebers*, § 3 Rn 14; wie *Ebers* Langheid/Wandt/*Armbrüster*, § 3 Rn 29.
38 BGH 10.11.2010 – VIII ZR 300/09, NJW 2011, 295; Palandt/*Ellenberger*, § 126 b BGB Rn 5.
39 Vgl RG 8.10.1918 – VII 181/18, RGZ 51, 83, 85; OLG Hamburg 27.6.1962 – 4 U 32/62, VersR 1962, 1169; Prölss/Martin/*Rudy*, § 3 Rn 1 mwN; Palandt/*Bassenge*, § 952 BGB Rn 4.
40 So aber Schwintowski/Brömmelmeyer/*Ebers*, § 3 Rn 10; Bruck/Möller/*Knops*, § 3 Rn 4, 9.
41 Wie hier Langheid/Wandt/*Armbrüster*, § 3 Rn 15; Prölss/Martin/*Rudy*, § 3 Rn 4; Römer/Langheid/*Rixecker*, § 3 Rn 2; BK/*Schwintowski*, § 3 Rn 22; *Schreiber*, VersR 1994, 760, 761; *Langenberg*, Die Versicherungspolice, 1972, S. 9.
42 Ebenso Langheid/Wandt/*Armbrüster*, § 3 Rn 17; ähnl. auch Bruck/Möller/*Knops*, § 3 Rn 9.
43 BGH 11.1.1989 – IVa ZR 245/87, VersR 1989, 395; nach OLG Hamm 31.5.1995 – 20 U 63/95, VersR 1996, 829, 830, ist auch ein fest mit dem (verkörperten) Versicherungsschein verbundenes Beiblatt einbezogen; Prölss/Martin/*Rudy*, § 3 Rn 1; Römer/Langheid/*Rixecker*, § 3 Rn 2; vgl auch BGH 14.11.2001 – IV ZR 181/00, VersR 2002, 88, der eine als Anlage zum Versicherungsschein überreichte Rückkaufswert-Tabelle gem. § 5 als vereinbart ansieht.

rung nur dann als Bestandteil des Versicherungsscheins anerkannt, wenn in ihm auf sie Bezug genommen worden wäre.[44]

Da der Inhalt des VersVertrages v.a. durch die **Allgemeinen Versicherungsbedingungen** bestimmt wird (s. Einl. Rn 60), müssen auch diese im Versicherungsschein abgedruckt oder in Bezug genommen werden.[45] In der Unfallversicherung wird eine im Versicherungsschein nicht ausdrücklich genannte Leistungsart nicht schon dadurch Vertragsinhalt, dass der Versicherungsschein auf das Gesamtbedingungswerk mit seinen vielfältigen Leistungsarten verweist.[46] Hat der VR dem VN die AVB bereits vor Abschluss des VersVertrages übergeben (§ 7 Abs. 1), braucht der VR sie von sich aus nicht erneut zu übermitteln, wenn er im Versicherungsschein eindeutig auf sie verweist. Eine erneute Übermittlung kann der VN ohnehin jederzeit verlangen (§ 7 Abs. 4). 20

Die **Dokumentation mehrerer selbständiger VersVerträge** in ein- und derselben Police ist nicht zu beanstanden.[47] Werden Gefahren aus dem Bereich der Rechtsschutzversicherung neben anderen Gefahren versichert, sind der Deckungsumfang in der Rechtsschutzversicherung und die hierfür zu entrichtende Prämie gesondert auszuweisen (§ 126 Abs. 1 S. 1). 21

Im Falle der **Mitversicherung,**[48] die notwendig in einer einzigen Police dokumentiert ist,[49] sind alle VR namentlich mit der Beteiligungsquote aufzuführen, mit der sie haften;[50] anderenfalls weiß der VN im Versicherungsfall uU nicht, wem gegenüber er seinen Leistungsanspruch (§ 1 S. 1) in welcher Höhe geltend machen muss. 22

In Einzelfällen sieht das VVG konkrete **Inhalte des Versicherungsscheins** vor, die teils als obligatorisch (Abs. 2, §§ 5 Abs. 2, 126 Abs. 1 S. 2), teils aber auch als fakultativ (§§ 37 Abs. 2 S. 2, 51 Abs. 1) geregelt sind. 23

3. Rechtsfolgen einer Pflichtverletzung. Hat der VR dem VN die Police nicht oder nicht umgehend übermittelt, bleibt dies nicht folgenlos, denn die Frist für den Widerruf der Vertragserklärung (§ 8 Abs. 1 S. 1) beginnt erst zu laufen, wenn dem VN u.a. auch der Versicherungsschein zugegangen ist (§ 8 Abs. 2 S. 1 Nr. 1). Hinzu kommt, dass die Erst- oder Einmalprämie erst nach Ablauf von 14 Tagen (früher: zwei Wochen) nach Zugang des Versicherungsscheins fällig wird (§ 33 Abs. 1) und dass der VR ggf auf Erfüllung haftet, wenn aufgrund verspäteter oder ausgebliebener Übermittlung des Versicherungsscheins kein Versicherungsschutz bestand.[51] 24

III. Inhalt des Versicherungsscheins bei Abschluss des VersVertrages über ausländische Niederlassungen (Abs. 2)

Wird der Vertrag nicht durch eine Niederlassung des VR im Inland geschlossen, ist im Versicherungsschein die Anschrift des VR und der Niederlassung, über die der Vertrag geschlossen worden ist, anzugeben. Abs. 2 überschneidet sich insoweit mit der vorvertraglichen Informationspflicht des VR aus § 1 Abs. 1 Nr. 1 und 3 VVG- 25

---

44 BGH 11.1.1989 – IVa 245/87, VersR 1989, 395.
45 BGH 11.1.1989 – IVa 245/87, VersR 1989, 395, 396; OLG Saarbrücken 13.11.1991 – 5 U 35/91, VersR 1992, 687; OLG Frankfurt 11.4.1980 – 2 U 31/80, VersR 1980, 838; vgl auch OLG Bamberg 13.3.1997 – 1 U 160/96, VersR 1998, 833.
46 LG Hamburg 30.7.2008 – 302 O 436/07, VersR 2009, 390.
47 BK/*Schwintowski*, § 3 Rn 23.
48 Dazu allg. *Dreher/Lange*, VersR 2005, 717; *dies.*, VersR 2008, 289.
49 *Dreher/Lange*, VersR 2005, 717, 718, 721.
50 Ebenso wie hier Römer/Langheid/*Rixecker*, § 3 Rn 2; aA Schwintowski/Brömmelmeyer/*Ebers*, § 3 Rn 12 unter Berufung auf OLG Hamburg 17.5.1984 – 6 U 244/83, VersR 1984, 980.
51 OLG Karlsruhe 19.12.1990 – 12 U 155/90, VersR 1991, 1125, 1126.

InfoV. Fehlen die entsprechenden Informationen, so haftet der VR gem. § 280 Abs. 1 BGB für die Kosten der Informationsbeschaffung.[52]

IV. Ausstellung eines neuen Versicherungsscheins (Abs. 3)

26 **1. Inhalt und Reichweite des Anspruchs (Abs. 3 S. 1).** Der VN kann die Ausstellung eines neuen Versicherungsscheins verlangen, wenn das Original abhandengekommen oder vernichtet ist. **Abhanden kommt** das Original nicht nur, wenn der Besitzer den unmittelbaren Besitz unfreiwillig verliert,[53] sondern auch, wenn er ihn freiwillig aufgibt.[54] Eine Missbrauchsgefahr besteht nicht, weil der VN die Kosten trägt (Abs. 5). Trotz der von Abs. 1 abweichenden Formulierung ist anzunehmen, dass der VN nicht nur die Ausstellung, sondern auch die **Übermittlung des Ersatzversicherungsscheins** verlangen kann. Die Form der **Ersatzpolice** richtet sich – unbeschadet des Rechts des VN auf Übermittlung einer (Original-)Urkunde (Abs. 1) – nach der des Originals. Im Falle eines Rechtsstreits über die Neuausstellung ist der **Streitwert** gem. § 3 ZPO zu schätzen; in der Hausratversicherung soll er in Höhe des Mindeststreitwerts sein, wenn der VN bereits einen vollständigen Nachtrag zum Versicherungsschein besitzt.[55]

27 Durch einen (irrtümlich) abgeänderten Ersatzversicherungsschein wird der Vertragsinhalt nicht geändert.[56] Der Ersatzversicherungsschein ist grds. auch nicht als Angebot auf Abschluss eines Änderungsvertrages auszulegen. Interpretiert man ihn trotzdem als Angebot, so kann der VR dieses Angebot wegen Inhaltsirrtums (§ 119 Abs. 1 BGB) anfechten.[57]

28 **2. Kraftloserklärung des Originals (Abs. 3 S. 2).** Unterliegt der Versicherungsschein der **Kraftloserklärung** (§§ 1003 ff ZPO), ist der VR erst nach der Kraftloserklärung zur Neuausstellung verpflichtet (Abs. 3 S. 2). Das ist bei **Versicherungsscheinen auf den Inhaber** (§ 4 Abs. 1 iVm § 808 Abs. 2 S. 2 BGB), bei **Order-** (§ 365 Abs. 2 S. 1 HGB) und bei **Einzelpolicen** (§ 55 Abs. 2 S. 1) der Fall.

V. Abschriften (Abs. 4)

29 **1. Inhalt und Reichweite des Anspruchs auf Abschriften (Abs. 4 S. 1).** Der VN hat das Recht, jederzeit **Abschriften** der von ihm – nicht: der von dem VR – abgegebenen (vertragsrelevanten) Erklärungen zu verlangen. Das gilt – angesichts der Textform (zB §§ 5 Abs. 1, 8 Abs. 1 S. 2) bzw der Formfreiheit vertragsrelevanter Erklärungen des VN (zB § 171 S. 2 *e contrario*) nicht nur für schriftliche, sondern auch für elektronische, zB per E-Mail abgegebene Erklärungen: Der VR hat dem VN ggf eine Kopie der gespeicherten Datei zu übermitteln. Das BGB verwendet den Begriff „Abschrift" zwar nur mit Blick auf Urkunden (zB § 355 Abs. 2 S. 3 BGB) bzw schriftliche Erklärungen (zB § 492 Abs. 3 BGB). Da der VN vertragsrelevante Erklärungen auch in Textform abgeben kann, ist der Begriff der Abschrift jedoch – im Lichte der Informationsfunktion des Abs. 3 (s. Rn 9 f) – weit auszulegen. Hat der VR bestimmte Informationen telefonisch abgefragt und die Gesprächsaufzeichnungen archiviert, so kann der VN nach § 3 Abs. 4 auch eine **Kopie dieser Gesprächsaufzeichnungen** verlangen.[58] Eine darüber hinausgehende Transkription

---

52 BK/*Schwintowski*, § 3 Rn 57.
53 Vgl auch die Definition bei Palandt/*Bassenge*, § 935 BGB Rn 3.
54 BK/*Schwintowski*, § 3 Rn 38; Prölss/Martin/*Rudy*, § 3 Rn 8.
55 OLG Köln 23.3.2010 – 9 W 95/09, VersR 2010, 1243.
56 OLG Karlsruhe 29.8.1991 – 12 U 217/90, VersR 1992, 1121; Langheid/Wandt/*Armbrüster*, § 3 Rn 49 mit dem berechtigten Hinweis darauf, dass auch § 5 in diesem Falle nicht (analog) anwendbar ist.
57 OLG Karlsruhe 29.8.1991 – 12 U 217/90, VersR 1992, 1121.
58 Looschelders/Pohlmann/*Schneider*, § 3 Rn 30; aA wohl Langheid/Wandt/*Armbrüster*, § 3 Rn 52.

kann er nicht beanspruchen.[59] Der Anspruch auf Abschriften besteht, solange „das Versicherungsverhältnis noch nicht vollständig beendet und abgewickelt ist".[60]

Statt einer Abschrift kann der VN auch **Auskunft** über den Inhalt der von ihm abgegebenen (vertragsrelevanten) Erklärungen verlangen.[61] Der Anspruch steht dem VN bzw den Erben des VN (§ 1922 Abs. 1 BGB) oder dem Nachlassinsolvenzverwalter (s. § 80 Abs. 1 InsO) auch dann zu, wenn der VN die Ansprüche aus einer Lebensversicherung abgetreten hat (§§ 398 ff BGB), weil die **Abtretung** die Rechtsstellung des Zedenten als VN unberührt lässt;[62] der Zessionar kann das Recht aus Abs. 3 nur dann ausüben, wenn es ihm zusätzlich übertragen worden ist.[63] Ein **Erlöschen** des (jederzeitigen) Auskunftsanspruchs durch Erfüllung (§ 362 Abs. 1 BGB) ist bedenklich.[64]

Es bleibt in jedem Falle dabei, dass der VN (bis zur Grenze des Rechtsmissbrauchs) jederzeit Abschriften auch der Erklärungen verlangen kann, über die der VR bereits Auskunft erteilt hat. Der Anspruch auf Abschriften dient primär der Durchsetzung des Leistungsanspruchs (§ 1 S. 1), kann aber auch zur Durchsetzung anderer (selbständiger) Ansprüche (Schadensersatz usw) geltend gemacht werden.[65] Er besteht deshalb so lange, wie das Versicherungsverhältnis noch nicht beendet und vollständig abgewickelt ist;[66] er besteht insb. dann noch, wenn die Erfüllung der Leistungspflichten (§ 1) – bspw durch (angebliche) Leistung an einen Bezugsberechtigten – erst noch geklärt werden soll.[67]

Relevante **Erklärungen des VN** sind u.a. die Vertragserklärung (§ 7 Abs. 1), Erklärungen über Bezugsrechte[68] (§§ 159 f, 185) und Beitragsfreistellungen (§ 165 Abs. 1), Kündigungs-, Rücktritts- und Anfechtungserklärungen; es muss sich nicht um (rechtlich verbindliche) Willenserklärungen handeln.[69] **Erklärungen Dritter** fallen nicht unter Abs. 4 (zu mittelbaren Einsichtsrechten in der Krankenversicherung s. § 202 Rn 2 f).[70] Einsichtsrechte in das **Schadensgutachten** eines Sachverständigen ergeben sich in der Sachversicherung insb. aus § 242 BGB (Waffengleichheit), nicht aber aus § 3 Abs. 4.[71]

Trotz der von Abs. 1 abweichenden Formulierung ist anzunehmen, dass der VN **Erteilung und Übermittlung** der Abschriften verlangen kann. Anspruchsinhaber ist der VN, nicht die versicherte Person. Im Erbfall steht der Übermittlungsanspruch den Erben zu (vgl § 1922 BGB),[72] nach Veräußerung der versicherten Sache dem Erwerber (§ 95 Abs. 1).

Der **Bestimmtheitsgrundsatz** führt dazu, dass der VN die Erklärungen, von denen er eine Abschrift verlangt, konkret angeben muss;[73] um herauszufinden, welche Erklärungen dem VR vorliegen, muss der VN ggf nach § 810 BGB (s. Rn 33),

---

59 Looschelders/Pohlmann/*Schneider*, § 3 Rn 30.
60 OLG Köln 23.2.1989 – 5 U 215/88, r+s 1989, 171.
61 OLG Saarbrücken 3.3.2010 – 5 U 233/09, NJW-RR 2010, 1333.
62 OLG Saarbrücken 3.3.2010 – 5 U 233/09, NJW-RR 2010, 1333.
63 OLG Saarbrücken 3.3.2010 – 5 U 233/09, NJW-RR 2010, 1333.
64 Dafür: OLG Saarbrücken 3.3.2010 – 5 U 233/09, NJW-RR 2010, 1333.
65 OLG Saarbrücken 3.3.2010 – 5 U 233/09, NJW-RR 2010, 1333.
66 OLG Saarbrücken 3.3.2010 – 5 U 233/09, NJW-RR 2010, 1333.
67 OLG Saarbrücken 3.3.2010 – 5 U 233/09, NJW-RR 2010, 1333.
68 OLG Saarbrücken 3.3.2010 – 5 U 233/09, NJW-RR 2010, 1333.
69 Römer/Langheid/*Rixecker*, § 3 Rn 6.
70 Wie hier u.a. Prölss/Martin/*Ruby*, § 3 Rn 9; aA OLG Köln 18.4.1991 – 5 U 147/90, r+s 1991, 254; vgl auch BGH 17.2.1993 – IV ZR 162/91, VersR 1993, 559.
71 LG Dresden 27.11.2013 – 8 S 269/13; OLG Karlsruhe 26.4.2005 – 12 W 32/05, r+s 2005, 385.
72 Vgl auch OLG Köln 23.2.1989 – 5 U 215/88, r+s 1989, 171.
73 OLG Karlsruhe 20.6.2002 – 19 U 162/01, r+s 2002, 475.

nicht nach Abs. 4 vorgehen.[74] Maßgeblich für die Form der Abschrift ist die **Form der von dem VN abgegebenen Originalerklärung**: Hat der VN eine E-Mail verschickt, kann er von dem VR eine digitale Kopie, keine Kopie der ausgedruckten Datei verlangen.

33 Der **Einsichtnahmeanspruch aus § 810 BGB** (Einsicht in Urkunden) steht selbständig neben Abs. 4,[75] entfällt jedoch ebenfalls, wenn das Versicherungsverhältnis beendet und vollständig abgewickelt ist.[76] Darüber hinaus können sich Einsichtsrechte auch aus § 666 BGB analog sowie aus § 242 BGB ergeben.[77]

34 2. **Fristen und Hemmung der Frist (Abs. 4 S. 2).** Benötigt der VN die Abschrift für fristgebundene Handlungen gegenüber dem VR und ist sie ihm nicht schon früher vom VR übermittelt worden, ist der Lauf der Frist vom Zugang (§ 130 Abs. 1 BGB) des Verlangens beim VR bis zum Eingang (§ 130 Abs. 1 BGB) der Abschriften beim VN gehemmt. Der Bedarf des VN ist objektiv zu ermitteln und besteht, wenn ein verständiger VN seine Entscheidung über eine fristgebundene Handlung vernünftigerweise von der Einsicht in seine frühere(n) Erklärung(en) abhängig machen würde.[78]

VI. Kosten (Abs. 5)

35 Die Kosten für Ersatzversicherungsscheine (Abs. 3) und Abschriften (Abs. 4) trägt der VN. Daraus folgt *e contrario*, dass der VR grds. die Kosten der Originale zu tragen hat.[79] Abs. 5 ist allerdings dispositiv (§ 18 *e contrario*). Daher können die Parteien auch den Umkehrschluss aus Abs. 5 umkehren und vereinbaren, dass der VR dem VN auch die Kosten des Originals gesondert in Rechnung stellen darf.[80]

36 Der VR hat den VN gem. § 2 Abs. 1 Nr. 2 VVG-InfoV über die Kosten zu informieren. Danach sind alle Kosten anzugeben, die dem VN entstehen können, auch wenn sich diese nicht in der Prämie niederschlagen.[81] Dazu gehören lt. Begründung der VVG-InfoV insb. die Kosten für die Ausstellung eines neuen Versicherungsscheins, für die Fristsetzung bei Nichtzahlung von Folgebeiträgen und für Rückläufer im Lastschriftverfahren. Bedingungen, die dem Kunden zB in der Lebensversicherung pauschal zusätzliche Kosten gesondert in Rechnung stellen (§ 17 Abs. 1 ALB 2014), sind also um ein **Kostenverzeichnis** zu ergänzen, aus dem der VN exakt ablesen kann, welche Kosten mit der Inanspruchnahme der jeweiligen Dienstleistung verbunden sind. Die Kosten sind (ausweislich § 2 Abs. 2 VVG-InfoV) in absoluten Euro-Beträgen anzugeben.

37 Das Kostenverzeichnis ist in das **Produktinformationsblatt** aufzunehmen, denn die VVG-InfoV verlangt, dass – im Kontext der Prämienangaben (§ 4 Abs. 2 Nr. 3 VVG-InfoV) – auch die Abschluss- und Vertriebskosten (§ 2 Abs. 1 Nr. 1 VVG-InfoV) sowie die sonstigen Kosten (§ 2 Abs. 1 Nr. 2 VVG-InfoV) „jeweils in Euro gesondert" ausgewiesen werden (§ 4 Abs. 4 VVG-InfoV).

38 Der VR kann einen **Kostenvorschuss** verlangen.

---

74 OLG Karlsruhe 20.6.2002 – 19 U 162/01, r+s 2002, 475.
75 OLG Köln 23.2.1989 – 5 U 215/88, r+s 1989, 171; Prölss/Martin/*Rudy*, § 3 Rn 9.
76 OLG Köln 23.2.1989 – 5 U 215/88, r+s 1989, 171; OLG Saarbrücken 3.3.2010 – 5 U 233/09, NJW-RR 2010, 1333.
77 OLG Saarbrücken 3.3.2010 – 5 U 233/09, NJW-RR 2010, 1333; Römer/Langheid/*Rixecker*, § 3 Rn 9 f.
78 Ähnl. Prölss/Martin/*Rudy*, § 3 Rn 10.
79 Wie hier Bruck/Möller/*Knops*, § 3 Rn 15.
80 Restriktiver *Präve*, VersR 2009, 98 und Langheid/Wandt/*Armbrüster*, § 3 Rn 64, die eine klauselmäßige Kostenabwälzung gem. § 307 Abs. 1 S. 2 BGB für unwirksam halten.
81 Begr. der VVG-InfoV, VersR 2008, 186, 188.

§ 4 Versicherungsschein auf den Inhaber

(1) Auf einen als Urkunde auf den Inhaber ausgestellten Versicherungsschein ist § 808 des Bürgerlichen Gesetzbuchs anzuwenden.
(2) ¹Ist im Vertrag bestimmt, dass der Versicherer nur gegen Rückgabe eines als Urkunde ausgestellten Versicherungsscheins zu leisten hat, genügt, wenn der Versicherungsnehmer erklärt, zur Rückgabe außerstande zu sein, das öffentlich beglaubigte Anerkenntnis, dass die Schuld erloschen sei. ²Satz 1 ist nicht anzuwenden, wenn der Versicherungsschein der Kraftloserklärung unterliegt.

I. Normzweck

Abs. 1 soll verhindern, dass der Versicherungsschein als reines Inhaberpapier ausgestaltet wird.[1] Dementsprechend treten die Rechtsfolgen des § 808 BGB **zwingend** ein.[2] Inhaberpapiere legitimieren den jeweiligen Besitzer als Inhaber der verbrieften Forderung. Nach Abs. 1 iVm § 808 Abs. 1 BGB (Namenspapiere mit Inhaberklausel) darf der VR zwar an den jeweiligen Inhaber leisten (§ 808 Abs. 1 S. 1 BGB), er muss aber nicht.[3] Der Inhaber ist nicht berechtigt, die Leistung zu verlangen (§ 808 Abs. 1 S. 2 BGB). 1

II. Versicherungsschein auf den Inhaber (Abs. 1)

1. Allgemeines. Abs. 1 knüpft an „als Urkunde auf den Inhaber" ausgestellte Versicherungsscheine an, greift also nur, wenn der VR anstelle der Textform (§ 3 Abs. 1, § 126 b BGB) die traditionelle Form der **Urkunde** (s. § 8 Abs. 1 S. 2 ALB 2014) gewählt, dh den Versicherungsschein in Papierform ausgestellt hat (zum Begriff der Urkunde s. näher § 3 Rn 17).[4] Damit trägt Abs. 1 der Tatsache Rechnung, dass das BGB – insb. § 808 – nach wie vor von der Körperlichkeit eines Wertpapiers ausgeht.[5] 2

Durch die Inhaberklausel wird der Versicherungsschein zu einem „Namenspapier mit Inhaberklausel" (§ 808 BGB), dh zu einem **qualifizierten Legitimationspapier**.[6] 3

Abs. 1 enthält einen **Rechtsfolgenverweis**.[7] Das entspricht dem eindeutiger formulierten § 4 Abs. 1 aF („treten die in § 808 BGB bestimmten Wirkungen ein"), der insoweit unverändert bleiben sollte.[8] Hat der VR den Versicherungsschein auf den Inhaber ausgestellt, so wird er grds. durch die Leistung an den Inhaber der Urkunde befreit (§ 808 Abs. 1 S. 1 BGB). Der Inhaber ist aber nicht berechtigt, die Leistung zu fordern (§ 808 Abs. 1 S. 2 BGB).[9] Die Inhaberklausel wirkt sich zu Gunsten des VR aus, dem das Risiko der Doppelzahlung und der Uneinbringlichkeit einer Kondiktion genommen wird.[10] Denn der VR wird durch Leistung an den In- 4

---

1 AllgM, BGH 22.3.2000 – IV ZR 23/99, VersR 2000, 709, 710; OLG Hamm 28.7.1992 – 20 W 51/91, NJW-RR 1993, 296; Bruck/Möller/*Knops*, § 4 Rn 1 f; BK/*Schwintowski*, § 4 Rn 1.
2 *BAV*, Motive zum VVG, Neudruck 1963, S. 77.
3 RG 6.11.1934 – VII 110/34, RGZ 94, 26, 28; RG 14.3.1902 – II 146/01, RGZ 145, 322, 324.
4 Begr. RegE, BT-Drucks. 16/3945, S. 57.
5 Begr. RegE, BT-Drucks. 16/3945, S. 57.
6 AllgM, BGH 20.5.2009 – IV ZR 16/08, VersR 2009, 1061; BGH 22.3.2000 – IV ZR 23/99, VersR 2000, 709; OLG Koblenz 4.1.2002 – 10 U 595/01, NVersZ 2002, 212; OLG Bremen 19.2.2008 – 3 U 45/07, VersR 2008, 1056; *Davis*, VW 2009, 98; BK/*Schwintowski*, § 4 Rn 1 ff.
7 Zust. Langheid/Wandt/*Armbrüster*, § 4 Rn 5.
8 Begr. RegE, BT-Drucks. 16/3945, S. 57.
9 OLG München 14.8.2008 – 25 U 2326/08, VersR 2009, 159.
10 BGH 20.5.2010 – IV ZR 16/08, VersR 2009, 1061; BGH 22.3.2000 – IV ZR 23/99, VersR 2000, 709, 710.

haber auch dann befreit, wenn dieser materiell-rechtlich gesehen nicht der Gläubiger des Erfüllungsanspruchs (§ 1 S. 1) ist.

5 **2. Inhaberklausel.** Inhaberklauseln sind insb. in der Lebensversicherung gang und gäbe: Nach § 8 Abs. 2 ALB 2014 kann der Lebensversicherer „den Inhaber der Urkunde [Versicherungsschein] … als berechtigt ansehen, über die Rechte aus dem Vertrag zu verfügen, insb. Leistungen in Empfang zu nehmen". Der BGH[11] hat diese Klausel mit Recht nicht beanstandet: Mit der dem VR vertraglich eingeräumten Berechtigung, an den Inhaber des Versicherungsscheins mit befreiender Wirkung zu leisten, ohne aber diesem gegenüber zur Leistung verpflichtet zu sein, werde der Versicherungsschein zu einem qualifizierten Legitimationspapier iSd § 808 BGB.[12] Eine Inhaltskontrolle gem. § 307 Abs. 2 Nr. 1 BGB scheitere also schon daran, dass nicht von einer gesetzlichen Regelung abgewichen werde; § 4 hindere eine solche Ausgestaltung nicht; er setze sie vielmehr voraus und umschreibe ihre Wirkungen mit einem Hinweis auf § 808 BGB.[13]

6 Bezeichnet der VN den Inhaber des Versicherungsscheins als Bezugsberechtigten, so beinhaltet dies idR nicht die Einräumung eines **Bezugsrechts** zu Gunsten des jeweiligen Inhabers.[14] Denn anderenfalls würde der Versicherungsschein – dem Normzweck des Abs. 1 zuwider (s. Rn 1) – zu einem echten Inhaberpapier iSd § 793 BGB.[15] Bezugsberechtigt ist in solchen Fällen jedoch derjenige Inhaber, der den Besitz des Versicherungsscheins mit Wissen und Wollen des VN erlangt hat.[16]

7 In der **Seeversicherung** kann die Police auch als Inhaberpapier iSd §§ 793 ff BGB ausgestellt werden, weil Abs. 1 gem. § 209 nicht gilt;[17] regelmäßig handelt es sich bei der Police jedoch nur um ein qualifiziertes Legitimationspapier.[18]

8 **3. Legitimationswirkung.** Die Legitimationswirkung (genauer: **Liberationswirkung**) des § 808 Abs. 1 S. 1 BGB erstreckt sich grds. nur auf die vertraglich versprochenen Leistungen.[19] Dagegen vermittelt ein qualifiziertes Legitimationspapier dem Inhaber regelmäßig nicht das Recht, Willenserklärungen abzugeben, die für den Gläubiger des verbrieften Rechts verbindlich wären.[20] Etwas anderes gilt nur mit Blick auf Willenserklärungen, die zur Empfangnahme der in der Urkunde versprochenen Leistung erforderlich sind. Diese kann auch der Inhaber der Urkunde abgeben, weil anderenfalls die Legitimationswirkung hinfällig wäre.[21] Daraus schließt der BGH mit Blick auf die Zahlung des Rückkaufswertes in der gemischten Kapitallebensversicherung (vgl § 169 Abs. 3) mit Recht, dass der Inhaber des auf den Inhaber ausgestellten Versicherungsscheins auch das **Kündigungsrecht** (§ 168) ausüben kann.[22] Da das Recht auf den Rückkaufwert nur eine andere Er-

---

11 BGH 22.3.2000 – IV ZR 23/99, VersR 2000, 709; OLG Bremen 19.2.2008 – 3 U 45/07, VersR 2008, 1056; *Präve*, VW 2009, 98.
12 BGH 22.3.2000 – IV ZR 23/99, VersR 2000, 709; BGH 24.2.1999 – IV ZR 122/98, VersR 1999, 700; ebenso bereits OLG Hamm 24.2.1995 – 20 U 319/94, VersR 1996, 615.
13 BGH 24.2.1999 – IV ZR 122/98, VersR 1999, 700 (noch anhand von § 9 Abs. 2 Nr. 1 AGBG).
14 OLG Hamm 28.7.1992 – 20 W 51/91, NJW-RR 1993, 296.
15 OLG Hamm 28.7.1992 – 20 W 51/91, NJW-RR 1993, 296.
16 OLG Hamm 28.7.1992 – 20 W 51/91, NJW-RR 1993, 296 mwN.
17 BGH 24.5.1962 – II ZR 199/60, NJW 1962, 1436.
18 BGH 24.5.1962 – II ZR 199/60, NJW 1962, 1436.
19 BGH 22.3.2000 – IV ZR 23/99, VersR 2000, 709, 710; BGH 24.4.1979 – III ZR 147/72, BGHZ 64, 278, 280.
20 BGH 22.3.2000 – IV ZR 23/99, VersR 2000, 709, 710; krit. Staudinger/*Marburger*, § 808 BGB Rn 27.
21 BGH 22.3.2000 – IV ZR 23/99, VersR 2000, 709, 710; BGH 24.4.1979 – III ZR 147/72, BGHZ 64, 278, 287.
22 BGH 10.3.2010 – IV ZR 207/08, VersR 2010, 936; BGH 20.5.2009 – IV ZR 16/08, VersR 2009, 1061; BGH 22.3.2000 – IV ZR 23/99, VersR 2000, 709, 710; OLG

scheinungsform des Rechts auf die Versicherungssumme sei,[23] erstrecke sich, so der BGH, die Legitimationswirkung eines Versicherungsscheins als Urkunde iSd § 808 BGB auch auf das Kündigungsrecht. Der VR könne den Inhaber des Versicherungsscheins deshalb schon nach § 808 BGB als zur Kündigung berechtigt ansehen, wenn dieser die Auszahlung des Rückkaufswertes erstrebe.[24]

Diese Legitimationswirkung entfaltet der Versicherungsschein auch dann, wenn die **Unterschrift unter der Kündigungserklärung gefälscht** sein sollte.[25] Werde mit der Kündigung ein Versicherungsschein vorgelegt, der den Kündigenden als VN ausweise, und sei die Kündigung mit dem Namen des VN unterzeichnet, so habe der VR, so der BGH, grds. keinen Anlass, daran zu zweifeln, dass die Kündigungserklärung vom VN selbst herrühre.[26] Andernfalls wäre der VR gerade auch in Fällen, in denen der VN selbst unter Vorlage des Versicherungsscheins kündige, stets gezwungen, sich der Echtheit der Unterschrift des Kündigenden zu vergewissern, um die befreiende Wirkung seiner Leistung abzusichern.[27] Damit aber würde man die Legitimationswirkung des Versicherungsscheins aushöhlen. Das Risiko, dass die Leistung in die Hände eines materiell Nichtberechtigten gelange, bestehe in diesen Fällen nicht anders als bei Kündigung einer Person, die gar nicht als VN auftrete.[28] Deshalb dürfe der VR den Inhaber des Versicherungsscheins nicht nur als kündigungsberechtigt ansehen, er dürfe grds. auch darauf vertrauen, dass die Kündigung auch von diesem selbst erklärt worden sei.[29] Daran liege, so der BGH weiter, auch keine Überdehnung des Schuldnerschutzes. Denn zur Leistung an den materiell Nichtberechtigten könne es – selbst wenn dieser die Unterschrift unter die Kündigungserklärung unter Verwendung des Namens des VN gefälscht habe – nur dann kommen, wenn sich der VN selbst der Kontrolle über den Versicherungsschein – ob unfreiwillig oder freiwillig – begeben habe und dieser in die Hand eines Dritten gelangt sei.[30]

9

Ist die Abtretung der (Lebensversicherungs-)Ansprüche an den (späteren) Inhaber des Versicherungsscheins aufgrund eines insolvenzrechtlichen Verfügungsverbots (§§ 21 Abs. 2 Nr. 2, 24 Abs. 1, 81 Abs. 1 S. 1 InsO) fehlgeschlagen, so ändert dies nichts an der Liberationswirkung der Leistung des VR an den (materiell-rechtlich nicht berechtigten) Inhaber.[31]

10

Die **Beitragsfreistellung** (§ 165 Abs. 1 S. 1) gehört nicht zu den Befugnissen des Inhabers,[32] weil sie nicht auf die Inanspruchnahme der versprochenen Leistung, sondern auf die (modifizierte) Fortsetzung der Lebensversicherung hinausläuft. Haben die Parteien allerdings eine Klausel nach dem Muster des § 12 Abs. 1 ALB 2009 vereinbart (s. Rn 5), so kann der VR den VN auch als Berechtigten im Falle einer Beitragsfreistellung ansehen.[33]

11

Koblenz 4.1.2002 – 10 U 595/01, NVersZ 2002, 212; OLG Bremen 19.2.2008 – 3 U 45/07, VersR 2008, 1056.
23 BGH 22.3.2000 – IV ZR 23/99, VersR 2000, 709, 710; BGH 17.2.1966 – II ZR 286/63, BGHZ 45, 162, 167.
24 BGH 22.3.2000 – IV ZR 23/99, VersR 2000, 709, 710; OLG Koblenz 4.1.2002 – 10 U 595/01, NVersZ 2002, 212; OLG Saarbrücken 30.7.2014 – 5 U 73/13.
25 BGH 20.5.2009 – IV ZR 16/08, VersR 2009, 1061; anders noch KG 23.3.2007 – 6 U 3/07, r+s 2008, 253 und – auf dieser Basis – Bruck/Möller/*Knops*, § 4 Rn 3 und 4 und Langheid/Wandt/*Armbrüster*, § 4 Rn 8.
26 BGH 20.5.2009 – IV ZR 16/08, VersR 2009, 1061, 1062.
27 BGH 20.5.2009 – IV ZR 16/08, VersR 2009, 1061, 1062.
28 BGH 20.5.2009 – IV ZR 16/08, VersR 2009, 1061, 1062.
29 BGH 20.5.2009 – IV ZR 16/08, VersR 2009, 1061, 1062 mit dem Hinweis auf OLG Bremen 19.2.2008 – 3 U 45/07, VersR 2008, 1056.
30 BGH 20.5.2009 – IV ZR 16/08, VersR 2009, 1061.
31 BGH 10.3.2010 – IV ZR 207/08, VersR 2010, 936 m. Anm. *Nill.*
32 Offen gelassen: BGH 22.3.2000 – IV ZR 23/99, VersR 2000, 709, 710.
33 BGH 22.3.2000 – IV ZR 23/99, VersR 2000, 709, 710.

12 Die **Legitimationswirkung** setzt voraus, dass der Inhaber den Versicherungsschein auch vorgelegt hat:[34] Der Besitz allein reicht nicht aus; eine Befreiung durch Leistung an den Inhaber (§ 808 Abs. 1 S. 1 BGB) kommt nur bei **Vorlage der Urkunde in Betracht**.[35]

Der Inhaber braucht kein eigenes Recht geltend zu machen,[36] die Legitimationswirkung erstreckt sich also auch auf denjenigen, der als **Bevollmächtigter des Berechtigten** auftritt.[37]

13 Die Legitimationswirkung entfällt, wenn der VR die fehlende Berechtigung des Inhabers **positiv kennt**[38] **oder grob fahrlässig verkennt**.[39] Befürwortet man eine Legitimationswirkung auch bei grob fahrlässiger Unkenntnis,[40] so gewährt man dem VR ein Privileg, das ihm nach Treu und Glauben (§ 242 BGB) nicht zusteht,[41] wenn sich die fehlende (materiell-rechtliche) Berechtigung des Inhabers geradezu aufdrängt;[42] nicht nur, dass gerade „das private Versicherungsverhältnis ... in besonderem Maß den Grundsätzen von Treu und Glauben" (§ 242 BGB) unterworfen ist;[43] hinzu kommt, dass die Leistung des VR vielfach eine existenzielle Bedeutung für den VN und/oder seine Rechtsnachfolger haben kann. Demnach braucht der VR die materielle Berechtigung des Inhabers zwar grds. nicht zu überprüfen;[44] er darf Indizien, die die Berechtigung des Inhabers infrage stellen und sich geradezu aufdrängen, aber auch nicht einfach ignorieren;[45] seine Fürsorgepflicht für den VN gebietet es ggf, die Berechtigung des Inhabers zu überprüfen.[46]

14 Die Legitimationswirkung entfällt, wenn der VR die **Leistung gegen Treu und Glauben (§ 242 BGB)** bewirkt.[47] Das ist der Fall, wenn ein Lebensversicherer an den Inhaber des Versicherungsscheins als angeblichen Zessionar leistet, obwohl er weiß, dass eine andere Person als Bezugsberechtigte benannt ist, die Abtretung und der Widerruf des Bezugsrechts erst nach dem Tode des VN mitgeteilt werden (vgl

---

34 OLG Brandenburg 28.8.2012 – 11 U 120/11, ZInsO 2012, 2100; BeckOK-BGB/*Gehrlein*, BGB § 808 Rn 3.
35 OLG Brandenburg 28.8.2012 – 11 U 120/11, ZInsO 2012, 2100.
36 OLG Koblenz 4.1.2002 – 10 U 595/01, NVersZ 2002, 212, 213.
37 Prölss/Martin/*Rudy*, § 4 Rn 1; s. auch Staudinger/*Marburger*, 2002, § 808 BGB Rn 26.
38 BGH 22.3.2000 – IV ZR 23/99, VersR 2000, 709, 710, 711; BGH 24.2.1999 – IV ZR 122/98, VersR 1999, 700; BGH 20.11.1956 – VII ZR 4/58, BGHZ 28, 368, 371; vgl auch OLG Hamm 24.2.1995 – 20 U 319/94, VersR 1996, 615; OLG Köln 29.3.1990 – 5 U 151/89, VersR 1990, 1339.
39 OLG Karlsruhe 3.9.1998 – 9 U 177/97, NVersZ 1999, 67; OLG Karlsruhe 18.1.1979 – 12 U 143/78, VersR 1979, 929; OLG Saarbrücken 30.7.2014 – 5 U 73/13; offen gelassen: BGH 10.3.2010 – IV ZR 207/08, VersR 2010, 936; BGH 20.5.2009 – IV ZR 16/08, VersR 2009, 1061; BGH 24.2.1999 – IV ZR 122/98, VersR 1999, 700, 702; BGH 20.11.1956 – VII ZR 4/58, BGHZ 28, 368, 371; wohl auch OLG Koblenz 29.2.2008 – 10 U 229/07, VersR 2008, 1338 (prüft grobe Fahrlässigkeit).
40 OLG Köln 29.3.1990 – 5 U 151/89, VersR 1990, 1338, 1339; wohl auch OLG Hamm 24.2.1995 – 20 U 319/94, VersR 1996, 615.
41 Ähnl. Staudinger/*Marburger*, § 808 BGB Rn 24 mit Blick auf §§ 793, 808 BGB; iE auch Palandt/*Sprau*, § 808 BGB Rn 4; MüKo-BGB/*Habersack*, § 808 Rn 15.
42 Ähnl. Prölss/Martin/*Rudy*, § 4 Rn 2 bei Evidenz der fehlenden Berechtigung.
43 S. nur BGH 12.3.2003 – IV ZR 278/01, VersR 2003, 581, 585 (Privatklinik).
44 OLG Hamm 24.2.1995 – 20 U 319/94, VersR 1996, 615; OLG Köln 29.3.1990 – 5 U 151/89, VersR 1990, 1338; Schwintowski/Brömmelmeyer/*Ebers*, § 4 Rn 4; BK/*Schwintowski*, § 4 Rn 4; allg. Palandt/*Sprau*, § 808 BGB Rn 4.
45 Dazu OLG Koblenz 29.2.2008 – 10 U 229/07, VersR 2008, 1338 (konkret: keine gravierenden Verdachtsmomente; s. auch Langheid/Wandt/*Armbrüster*, § 4 Rn 13 (keine Legitimationswirkung bei evident fehlender Berechtigung).
46 OLG Saarbrücken 30.7.2014 – 5 U 73/13.
47 BGH 22.3.2000 – IV ZR 23/99, VersR 2000, 709; BGH 24.2.1999 – IV ZR 122/98, VersR 1999, 700.

§ 9 Abs. 4 ALB 2014) und die Bezugsberechtigte anwaltlich mitteilen lässt, dass das Bezugsrecht mit dem Tode des VN unwiderruflich geworden ist.[48]

Die Legitimationswirkung des § 4 iVm § 808 Abs. 1 BGB entfällt auch, wenn der VR die Leistung ohne Genehmigung des Familiengerichts (§ 1812 BGB) an den Vormund ausgezahlt hat.[49] Der **Mündelschutz gem. § 1812 BGB** geht dem Schutz des VR durch § 808 Abs. 1 BGB vor, wenn dem VR die Vormundschaft bekannt gewesen ist.[50] Die Legitimationswirkung des Versicherungsscheins setzt sich jedoch auch **zu Lasten geschäftsunfähiger** VN durch, wenn der VR die Geschäftsunfähigkeit einer volljährigen Person weder kannte noch kennen musste.[51]

Ist der VR durch die Leistung an den nichtberechtigten Inhaber des Versicherungsscheins von seiner Leistungspflicht befreit (Abs. 1 iVm § 808 Abs. 1 S. 2 BGB), scheidet ein **Kondiktionsanspruch des VR** aus § 812 Abs. 1 S. 1 BGB aus – es sei denn, er hat von vornherein auf die Legitimationswirkung verzichtet.[52] Der Kondiktionsanspruch soll allerdings nur entfallen, wenn sich der VR aufgrund seiner Bedenken gegen die materiell-rechtliche Berechtigung des Leistungsempfängers bereits entschieden hatte, von der Liberationswirkung Gebrauch zu machen;[53] bis dahin steht ihm also ein Wahlrecht zu.[54]

III. Leistungspflicht nur gegen Rückgabe des Versicherungsscheins (Abs. 2)

1. Allgemeines. Abs. 2 ist nur anwendbar, wenn „der Versicherer [vereinbarungsgemäß] nur gegen Rückgabe eines als Urkunde ausgestellten Versicherungsscheins zu leisten hat" (S. 1), dieser Versicherungsschein aber nicht der Kraftloserklärung (§§ 1003 ff ZPO) unterliegt (S. 2). Daraus folgt, dass ein auf den Inhaber ausgestellter Versicherungsschein (Abs. 1) trotz Einlösungsklausel nicht unter Abs. 2 fällt, weil er gem. § 808 Abs. 2 S. 2 BGB für kraftlos zu erklären wäre.

2. Öffentliches Anerkenntnis (Abs. 2 S. 1). Ist der VN zur Rückgabe nicht imstande, reicht gem. Abs. 2 S. 1 sein **öffentlich beglaubigtes Anerkenntnis** aus, dass die Schuld erloschen ist. Die Erklärung des VN muss schriftlich abgefasst und seine Unterschrift muss von einem Notar beglaubigt sein (§ 129 Abs. 1 S. 1 BGB).

3. Kraftloserklärung (Abs. 2 S. 2). Die Kraftloserklärung des Versicherungsscheins auf den Inhaber (Abs. 1 iVm § 808 Abs. 2 S. 2 BGB) und der Orderpolice in der Transportversicherung (§ 365 Abs. 2 S. 1 HGB) richtet sich nach den §§ 1003 ff ZPO.

§ 5 Abweichender Versicherungsschein

(1) Weicht der Inhalt des Versicherungsscheins von dem Antrag des Versicherungsnehmers oder den getroffenen Vereinbarungen ab, gilt die Abweichung als genehmigt, wenn die Voraussetzungen des Absatzes 2 erfüllt sind und der Versicherungsnehmer nicht innerhalb eines Monats nach Zugang des Versicherungsscheins in Textform widerspricht.

(2) ¹Der Versicherer hat den Versicherungsnehmer bei Übermittlung des Versicherungsscheins darauf hinzuweisen, dass Abweichungen als genehmigt gelten, wenn der Versicherungsnehmer nicht innerhalb eines Monats nach Zugang des Versiche-

---

48 BGH 24.2.1999 – IV ZR 122/98, VersR 1999, 700.
49 OLG Karlsruhe 3.9.1998 – 9 U 177/97, NVersZ 1999, 67.
50 OLG Karlsruhe 3.9.1998 – 9 U 177/97, NVersZ 1999, 67.
51 OLG Saarbrücken 30.7.2014 – 5 U 73/13.
52 OLG Hamm 24.2.1995 – 20 U 319/94, VersR 1996, 615.
53 OLG Düsseldorf 14.6.2005 – 4 U 109/04, 4 U 109/04, VersR 2006, 1391.
54 S. auch Palandt/*Sprau*, § 812 BGB Rn 67.

rungsscheins in Textform widerspricht. ²Auf jede Abweichung und die hiermit verbundenen Rechtsfolgen ist der Versicherungsnehmer durch einen auffälligen Hinweis im Versicherungsschein aufmerksam zu machen.
(3) Hat der Versicherer die Verpflichtungen nach Absatz 2 nicht erfüllt, gilt der Vertrag als mit dem Inhalt des Antrags des Versicherungsnehmers geschlossen.
(4) Eine Vereinbarung, durch die der Versicherungsnehmer darauf verzichtet, den Vertrag wegen Irrtums anzufechten, ist unwirksam.

I. Normzweck	1
II. Reichweite und Regelungszusammenhang	3
1. Fallgruppen	3
2. Anwendung auf Abweichungen zu Gunsten des VN?	8
3. Anwendung auf Abweichungen in den AVB?	11
4. Regelungszusammenhang	12
III. Unwiderlegbar vermutete Genehmigung des Versicherungsscheins (Abs. 1 und 2)	14
1. Abweichender Versicherungsschein (Abs. 1)	14
a) Versicherungsschein	14
b) Abweichung	17
aa) Abweichung vom Antrag	17
bb) Abweichung von den getroffenen Vereinbarungen	23
2. Belehrungspflichten (Abs. 1 iVm Abs. 2)	24
a) Allgemeines	24
b) Allgemeine Belehrungspflicht (Abs. 2 S. 1)	25
c) Besondere Belehrungspflicht (Abs. 2 S. 2)	26
3. Widerspruch (Abs. 1)	30
a) Allgemeines	30
b) Inhalt	35
c) Form und Frist	36
4. Rechtsfolgen	38
IV. Fingierter Vertragsschluss auf der Basis des Antrags (Abs. 3)	39
1. Allgemeines	39
2. Rechtmäßigkeit des Antrags	41
3. Folgenlosigkeit des Widerspruchs	42
V. Irrtumsanfechtung durch den VN (Abs. 4)	43
VI. Beweislast	46

I. Normzweck

1 Abs. 1 weicht im Interesse der Rechtssicherheit, v.a. aber im Interesse des VN an dem angestrebten (wenn auch modifizierten) Versicherungsschutz, von dem allgemeinen Rechtssatz ab, wonach Schweigen grds. keinen Erklärungswert hat.[1] Abs. 1 erfüllt also eine **Doppelfunktion:** Er erhebt den Inhalt des Versicherungsscheins zum Maßstab für die Rechte und Pflichten der Parteien,[2] um potenzielle Konflikte über den Inhalt des VersVertrages so im Interesse der **Rechtssicherheit und -klarheit** von vornherein auszuschließen, und er bewahrt den VN vor **Lücken im Versicherungsschutz**, die dadurch entstehen können, dass er auf seinen Antrag hin einen abweichenden Versicherungsschein erhält und – evtl wider Erwarten – gar nicht versichert ist.[3] Die Belehrungspflicht (Abs. 2) sowie die Rechtsfolge fehlender Belehrung, nämlich der fingierte Vertragsschluss auf der Basis des Antrags (Abs. 3), sind v.a. ein Korrektiv, das die Privatautonomie des VN schützen und die in der (unwiderlegbaren) Genehmigungsvermutung liegende Missbrauchsgefahr ausräumen soll. Dieses Korrektiv fördert ebenfalls die Rechtssicherheit – mangels

---

[1] *Koziol*, JBl. 1981, 574, 675; allg. BGH 19.9.2002 – V ZB 37/02, NJW 2002, 3629; MüKo-BGB/*Kramer*, Vor § 116 Rn 24; OLG Saarbrücken 27.5.2009 – 5 U 481/08-58, VersR 2010, 63.
[2] S. nur BGH 21.1.1976 – IV ZR 123/74, VersR 1976, 478: „Für den Umfang der gegenseitigen Verpflichtungen aus dem Versicherungsvertrag kommt es in erster Linie ... auf den Inhalt des Versicherungsscheins an."
[3] Ähnl. OGH 31.1.2007 – 7 Ob 242/06 y, VersR 2007, 1015; s. auch OLG Saarbrücken 27.5.2009 – 5 U 481/08-58, VersR 2010, 63.

Belehrung gilt der Inhalt des Antrags – und bewahrt den VN darüber hinaus vor potenziellen Deckungslücken.

Die Abs. 1 bis 3 sind halbzwingend (§ 18), Abs. 4 ist zwingend. 2

II. Reichweite und Regelungszusammenhang

1. Fallgruppen. Abs. 1 setzt voraus, dass der Inhalt des Versicherungsscheins von 3 dem Antrag des VN (Alt. 1) oder von den getroffenen Vereinbarungen (Alt. 2) abweicht, regelt also zwei unterschiedliche Fälle: Im ersten Fall hat der VN einen Antrag (§ 145 BGB) auf Abschluss des VersVertrages gestellt, den der VR durch Übermittlung des abweichenden Versicherungsscheins annimmt (§§ 147 ff BGB).[4] Im zweiten Fall haben sich VR und VN bereits geeinigt, **bevor** der VR den von den getroffenen Vereinbarungen abweichenden Versicherungsschein übermittelt.

Fälle, in denen der VR den **Antrag im Rahmen des Invitatiomodells** (s. § 1 Rn 54) 4 **durch Übermittlung des Versicherungsscheins** stellt, fallen nicht unter § 5: Entweder der VN nimmt den Antrag an oder er lehnt ihn ab. Weicht der Versicherungsschein als Antrag des VR von der (rechtlich unverbindlichen) invitatio ad offerendum des VN ab, besteht eine Abs. 2 vergleichbare Belehrungspflicht, die sich aus § 6 Abs. 1, mangels Beratungspflicht aber auch aus Treu und Glauben (§ 242 BGB) ergeben kann.[5] *Klimke* will *zusätzlich* Abs. 2 S. 2, Abs. 3 analog anwenden.[6] Dafür spricht, dass der VN die Unterschiede in der Mechanik des Vertragsschlusses meist gar nicht bemerken wird und dass er mangels auffälliger Hinweise im Versicherungsschein (s. Abs. 2 S. 2) annehmen wird, dass der Inhalt seiner Aufforderung (zur Abgabe eines Angebots) und der Inhalt des Versicherungsscheins (als Angebot des VR) übereinstimmen. Dafür spricht aber vor allem, dass er durch die Fiktion des Abs. 3 effektiver geschützt wird als durch die ggf mit Beweisproblemen verbundene Haftung gem. § 6 Abs. 5.[7]

Der BGH wendet § 5 bisher nicht (analog) an, wenn der Antrag des VN bei **verspäteter Übermittlung des Versicherungsscheins** bereits erloschen (§§ 147 Abs. 2, 5 148 BGB) und nicht mehr annahmefähig ist.[8] Der Einwand, der VN bedürfe einer Belehrung darüber, dass der Versicherungsschein als neuer Antrag des VR (§ 150 Abs. 1 BGB) von dem Angebot abweiche,[9] wird durch die Beratungspflicht (§ 6 Abs. 1) entschärft, aber nicht ausgeräumt; auch hier besteht das Risiko, dass der VN den Antrag mangels auffälliger Hinweise im Versicherungsschein annimmt, ohne präsumtive Einschränkungen des erwarteten Leistungsversprechens zu bemerken und ohne durch die Haftung gem. § 6 Abs. 5 ausreichend geschützt zu sein. Daher sind Abs. 2 S. 2, Abs. 3 auch hier analog anzuwenden.[10]

§ 5 ist nicht anwendbar, wenn der VN erkennt, dass der VR den Antrag des VN 6 durch Übermittlung des irrtümlich abweichenden Versicherungsscheins unverän-

---

4 Ungenau Bruck/Möller/*Knops*, § 5 Rn 3, der auch bei Disparität von Antrag und Versicherungsschein eine konstitutive Vertrags*änderung* annimmt.
5 Ebenso Prölss/Martin/*Rudy*, § 5 Rn 1.
6 *Klimke*, VersR 2011, 1244, 1248; ähnl. Römer/Langheid/*Rixecker*, § 5 Rn 2.
7 Im Detail *Klimke*, VersR 2011, 1244.
8 BGH 9.7.1986 – IVa ZR 5/85, VersR 1986, 986, 987; BGH 23.2.1973 – IV ZR 129/71, VersR 1973, 409, 410; OLG Frankfurt 8.7.1971 – 15 U 185/70, VersR 1972, 727, 728; OLG Köln 2.12.1982 – 5 U 93/82, VersR 1983, 849 f.
9 Prölss/Martin/*Rudy*, § 5 Rn 2 (für eine Belehrungspflicht gem. § 5 Abs. 2 S. 2 analog); BK/*Schwintowski*, § 5 Rn 7 (ebenfalls für eine Belehrungspflicht gem. § 5 Abs. 2 S. 2 analog).
10 *Klimke*, VersR 2011, 1244; anders noch die Vorauflage (2. Aufl. 2011), aaO; anders auch Römer/Langheid/*Rixecker*, § 5 Rn 2.

dert annehmen bzw die erzielte Einigung unverändert bestätigen wollte.[11] Dann ist allein der wahre Wille des VR maßgeblich:[12] *Falsa demonstratio non nocet.*[13]

7 § 5 ist auch nicht auf die **einseitige Bestimmung des Bezugsberechtigten** anwendbar,[14] die keine Einigung erfordert,[15] dh weder „Antrag" noch „getroffene Vereinbarung" iSv Abs. 1 ist (vgl §§ 159 f, § 12 ALB 2008). Etwas anderes gilt, wenn der Bezugsberechtigte ausnahmsweise vereinbart wird.[16]

8 **2. Anwendung auf Abweichungen zu Gunsten des VN?** Nach stRspr[17] und hL[18] ist Abs. 1 auf alle, Abs. 2 und 3 sind hingegen nur auf die Abweichungen im Versicherungsschein anwendbar, die den VN benachteiligen. Daran ist auch auf der Basis des reformierten VVG festzuhalten. Teile der Lit.[19] wollen allerdings auch Abs. 1 nur auf benachteiligende Abweichungen anwenden und bei begünstigenden Abweichungen die allgemeinen Regeln (§§ 145 ff BGB) heranziehen.[20] Klarzustellen ist, dass sich diese Diskussion nicht auf die Belehrungspflicht als solche bezieht, sondern auf die damit verbundene Einschränkung der Genehmigungsvermutung (vgl Rn 39). Im Einzelnen gilt Folgendes:

- Nach Meinung des **BGH**[21] ist **Abs. 1** auf alle, dh auf (aus der Perspektive des VN) begünstigende und benachteiligende Abweichungen anwendbar. Abs. 1 diene der Rechtssicherheit:[22] Er stelle sicher, dass alle Bedingungen eines Vers-Vertrages in einer einheitlichen Urkunde niedergelegt und damit im Streitfall leicht beweisbar seien.[23] **Abs. 2** hingegen sei eine Schutzvorschrift zugunsten des VN. Es sei kein Grund ersichtlich, weshalb ein VR aus der Verletzung dieser Schutzvorschrift sollte Rechte herleiten können. Ihre Anwendung müsse deshalb auf für den VN ungünstige Abweichungen beschränkt bleiben.[24]

- *Rudy*[25] hingegen hält Abs. 1 bei begünstigenden Abweichungen für unanwendbar und greift stattdessen auf die allgemeinen Regeln zurück: Die Übermittlung des (günstigeren) Versicherungsscheins sei ein neues Angebot (§ 150 Abs. 2 BGB). Dies nehme der VN stillschweigend an, wenn er nicht trotz der Begünstigung erkläre, von einem Vertrag mit dem VR Abstand nehmen zu

---

11 BGH 22.2.1995 – IV ZR 58/94, VersR 1995, 648, 649 mit Blick auf eine den VN begünstigende Abweichung.
12 BGH 22.2.1995 – IV ZR 58/94, VersR 1995, 648, 649; OLG Karlsruhe 5.10.1995 – 12 U 66/95, r+s 1997, 178; OGH 31.1.2007 – 7 Ob 242/06 y, VersR 2007, 1015, 1016.
13 Allg. BGH 20.1.1994 – VII ZR 174/92, NJW 1994, 1528; Palandt/*Ellenberger*, § 133 BGB Rn 8.
14 OLG Frankfurt 23.12.1998 – 5 U 182/98, VersR 1999, 1353; Römer/Langheid/*Rixecker*, § 5 Rn 1; allg. zur Bezugsberechtigung: Beckmann/Matusche-Beckmann/*Brömmelmeyer*, § 42 Rn 219.
15 OLG Frankfurt 23.12.1998 – 5 U 182/98, VersR 1999, 1353.
16 LG Dortmund 27.9.2007 – 2 O 209/07.
17 BGH 21.1.1976 – IV ZR 123/74, VersR 1976, 477, 478.
18 Römer/Langheid/*Rixecker*, § 5 Rn 1; BK/*Schwintowski*, § 5 Rn 16.
19 Prölss/Martin/*Rudy*, § 5 Rn 7; *Schreiber*, VersR 1994, 760, 763; *Koziol*, JBl. 1981, 574, 580 f, 585.
20 Prölss/Martin/*Rudy*, § 5 Rn 7.
21 BGH 21.1.1976 – IV ZR 123/74, VersR 1976, 477, 478; stRspr, BGH 22.2.1995 – IV ZR 58/94, VersR 1995, 648; BGH 9.5.1990 – IV ZR 51/89, VersR 1990, 887; BGH 11.1.1989 – IVa ZR 245/87, VersR 1989, 395; aus der Rspr der OLG: OLG Düsseldorf 24.4.2001 – 4 U 137/00, r+s 2001, 424; OLG Karlsruhe 5.10.1995 – 12 U 66/95, r+s 1997, 178; OLG Frankfurt 9.2.1996 – 24 U 118/94, VersR 1996, 1353; ebenso OGH 31.1.2007 – 7 Ob 242/06 y, VersR 2007, 1015.
22 BGH 21.1.1976 – IV ZR 123/74, VersR 1976, 477.
23 BGH 21.1.1976 – IV ZR 123/74, VersR 1976, 477.
24 BGH 21.1.1976 – IV ZR 123/74, VersR 1976, 477.
25 Prölss/Martin/*Rudy*, § 5 Rn 7.

wollen.[26] Etwaige Lücken im Versicherungsschutz schließt *Rudy*, indem er „für die Zeit vom Zugang des Versicherungsscheins bis zur stillschweigenden Annahme von der Vereinbarung einer Rückwärtsversicherung (§ 2 VVG)" ausgeht.[27]

- *Armbrüster*[28] hat sich im Interesse einer „einheitlichen Auslegung des Begriffs der Abweichung" dafür ausgesprochen, in Abs. 1, 2 *und* 3 jedwede Abweichung genügen zu lassen; es soll dem VR jedoch gemäß § 242 BGB (unzulässige Rechtsausübung) verwehrt sein, „sich darauf zu berufen, dass die Voraussetzungen für die Genehmigungsfiktion bzgl einer dem VN günstigen Abweichung nicht erfüllt seien, etwa weil ein Hinweis nach Abs. 2 fehle."

- Nach Meinung *Schneiders*[29] schließt die (angeblich) eindeutige Regelung in Abs. 1 eine Differenzierung nach vor- und nachteilhaften Regelungen generell aus; auch für den VN günstige Abweichungen könnten im Interesse der Rechtssicherheit „nur dann Vertragsinhalt werden, wenn eine § 5 Abs. 2 entsprechende Belehrung erfolgt" sei.

Im Ergebnis ist dem BGH zu folgen:[30] Abs. 1 ist vom Wortlaut her auf begünstigende und benachteiligende Abweichungen anwendbar; will man ihn „entgegen dem an sich eindeutigen Wortlaut"[31] teleologisch reduzieren[32] und auf begünstigende Abweichungen nicht anwenden, müsste der Normzweck eine solche Einschränkung gebieten. Das ist mit Blick auf Abs. 1 jedoch nicht der Fall, weil er den VN auch bei vorteilhafter Abweichung davor schützt, dass er aufgrund des (uU unbemerkten) Dissenses (wider Erwarten) gar nicht versichert ist. Einzuräumen ist zwar, dass die Konstruktion einer Rückwärtsversicherung[33] zu dem gleichen Ergebnis führt. Eine Norm – Abs. 1 – teleologisch zu reduzieren, um den Normzweck anschließend durch die Fiktion einer Rückwärtsversicherung zu verwirklichen, überzeugt jedoch nicht. Dogmatisch angreifbar ist auch die Lösung über den Einwand der unzulässigen Rechtsausübung (§ 242 BGB).[34] Denn Abs. 1 und 3 weisen dem VR gar keine individuelle Rechtsposition zu, von der er Gebrauch machen könnte oder nicht.

Enthält der Versicherungsschein **zum Teil für den VN günstige, zum Teil ungünstige Abweichungen** oder hängt es vom Lauf der Dinge ab, ob sich eine Abweichung als günstig oder ungünstig erweist, soll Abs. 3 gelten, wenn der VR auf die ungünstige und/oder „neutrale" Abweichung nicht hingewiesen hat.[35] Liegt eine **teils günstige, teils ungünstige Abweichung** vor,[36] ist nach Meinung des OGH[37] subjektiv, aus Sicht des VN zu klären, ob die Abweichung *in toto* günstig oder ungünstig ausfällt. Hat der VN die höhere Prämie anstandslos bezahlt, soll dies für eine Beurteilung als günstig sprechen.[38]

3. Anwendung auf Abweichungen in den AVB? Da das **Policenmodell** (§ 5 a aF) abgeschafft ist (s. dazu § 1 Rn 57), richtet sich die **Einbeziehung der AVB** grds.

---

26 Prölss/Martin/*Rudy*, § 5 Rn 7.
27 Prölss/Martin/*Rudy*, § 5 Rn 7; zust. Bruck/Möller/*Knops*, § 5 Rn 8.
28 Langheid/Wandt/*Armbrüster*, § 5 Rn 29.
29 Looschelders/Pohlmann/*Schneider*, § 5 Rn 16.
30 Ebenso OLG Hamm 3.11.2010 – I-20 U 38/10, VersR 2011, 459, 476 f.
31 Allg. BGH 10.12.1951 – GSZ 3/51, BGHZ 4, 153, 157.
32 Vertiefend BVerfG 17.3.1993 – 1 BvR 720/90, BVerfGE 88, 145, 167.
33 Prölss/Martin/*Rudy*, § 5 Rn 7.
34 Dazu Palandt/*Grüneberg*, § 242 BGB Rn 38 ff.
35 OGH 31.1.2007 – 7 Ob 242/06 y, VersR 2007, 1016 mwN.
36 Beispiel nach OGH 31.1.2007 – 7 Ob 242/06 y, VersR 2007, 1015: erweiterte Deckung gegen höhere Prämie.
37 OGH 31.1.2007 – 7 Ob 242/06 y, VersR 2007, 1015.
38 OGH 31.1.2007 – 7 Ob 242/06 y, VersR 2007, 1015.

nach den §§ 305 ff BGB; allerdings erlaubt Abs. 1 abweichend von § 305 Abs. 2 Nr. 2 BGB im Privatkundengeschäft (§ 310 Abs. 1 S. 1 BGB) eine nachträgliche Einbeziehung von AVB.[39] Anders als *Ebers*[40] und die (nunmehr) hL[41] meinen, sperren § 7, § 305 Abs. 2 Nr. 2 BGB den Rückgriff auf § 5 nicht. Informationspflichten (§ 7 Abs. 1) und Einbeziehungsvoraussetzungen (§ 5, § 305 Abs. 2 Nr. 2 BGB) sind sorgfältig zu trennen. § 5 ist lex specialis gegenüber § 305 Abs. 2 Nr. 2 BGB. Die Befürchtung, durch die Einbeziehung der AVB über § 5 könne „das Policenmodell durch die Hintertür wieder eingeführt werden",[42] ist unbegründet, weil die mit dem Policenmodell verbundene systematische Informationspflichtverletzung (§ 7 Abs. 1) ausreichend sanktioniert ist: Der VR müsste über das Haftungsrisiko gem. §§ 280 Abs. 1, 241 Abs. 2 BGB[43] hinaus sogar die Entziehung der Erlaubnis zum Geschäftsbetrieb[44] in Kauf nehmen. Hinzu kommt, dass er dem VN ein verlängertes Widerrufsrecht (§ 8 Abs. 2 S. 1, Abs. 2 S. 1 Nr. 1) verschaffen würde[45] und dass unklar bleibt, welches Interesse der VR eigentlich an der nachträglichen Einbeziehung der AVB über Abs. 1–3 haben soll: Belehrt er ordnungsgemäß (Abs. 2), stattet er also jede einzelne abweichende – ggf auch erstmals vorgesehene – Klausel mit einem auffälligen Hinweis aus (Abs. 2 S. 2), so provoziert er den VN geradezu zu widersprechen (Abs. 1). Belehrt er nicht ordnungsgemäß, läuft er Gefahr, dass der VersVertrag auf der Basis des Antrags, dh ggf ohne etwaige in den AVB vorgesehene Risikoausschlüsse, zustande kommt (Abs. 3).

12 **4. Regelungszusammenhang.** Abs. 1 Alt. 1 verdrängt § 150 Abs. 2 BGB[46] und § 305 Abs. 2 Nr. 2 BGB. Dagegen lässt das Widerspruchsrecht aus Abs. 1 das allgemeine **Widerrufsrecht** (§ 8 Abs. 1) unberührt und tritt zu diesem hinzu;[47] ggf ist durch Auslegung (§§ 133, 157 BGB) zu ermitteln, ob der VN den Vertrag („seine Vertragserklärung") widerrufen (§ 8 Abs. 1) oder ob er ihn – mit dem beantragten (Abs. 1 Alt. 1) bzw vereinbarten (Abs. 1 Alt. 2) Inhalt – aufrechterhalten will. Begründet der VN einen verspäteten Widerruf (§ 8 Abs. 1 S. 1) mit dem abweichenden Versicherungsschein, so liegt darin ggf (*a maiore ad minus*) ein konkludent erklärter, noch fristgerechter Widerspruch (Abs. 1).

13 Die **Irrtumsanfechtung** (§§ 119 ff, 123 BGB) steht dem VN gem. Abs. 4 frei (s. näher Rn 43 f).

III. Unwiderlegbar vermutete Genehmigung des Versicherungsscheins (Abs. 1 und 2)

14 **1. Abweichender Versicherungsschein (Abs. 1). a) Versicherungsschein.** Der Versicherungsschein (= **Police**) ist ein grds. in Textform (§ 126 b BGB) aufgesetztes Dokument über den bereits abgeschlossenen VersVertrag, es sei denn, in der Übermittlung des Versicherungsscheins liegt ausnahmsweise erst ein Antrag (§ 145 BGB) des VR (s. § 3 Rn 7). Hat der VN diesen Antrag angenommen oder nimmt der VR einen Antrag des VN durch Übermittlung des Versicherungsscheins an, so

---

39 Wie hier Looschelders/Pohlmann/*Schneider*, § 5 Rn 24; *Schimikowski*, r+s 2007, 309, 311, der die Einbeziehung allerdings einer Inhaltskontrolle (sic!) anhand von § 307 Abs. 1 S. 2 BGB unterwerfen will.
40 Schwintowski/Brömmelmeyer/*Ebers*, § 5 Rn 8.
41 Bruck/Möller/*Knops*, § 5 Rn 17; Prölss/Martin/*Rudy*, § 5 Rn 1; Langheid/Wandt/*Armbrüster*, § 5 Rn 20; wie hier: Römer/Langheid/*Rixecker*, § 5 Rn 8.
42 Schwintowski/Brömmelmeyer/*Ebers*, § 5 Rn 8.
43 Begr. RegE, BT-Drucks. 16/3945, S. 60.
44 Begr. RegE, BT-Drucks. 16/3945, S. 60.
45 Begr. RegE, BT-Drucks. 16/3945, S. 60.
46 AllgM, OLG Hamm 12.10.1988 – 20 U 44/88, VersR 1989, 946; Römer/Langheid/*Rixecker*, § 5 Rn 1; OLG Saarbrücken 27.5.2009 – 5 U 481/08-58, VersR 2010, 63, 64 (zu § 5 Abs. 3).
47 Begr. RegE, BT-Drucks. 16/3945, S. 60.

erfüllt der Versicherungsschein eine **Doppelfunktion:** Er ist auch (rechtlich-verbindliche) Vertragserklärung des VR.

§ 5 ist auch auf **Nachtrags- und Verlängerungsscheine** anwendbar,[48] nicht aber auf die **Versicherungsbestätigung** (§ 5 Abs. 6 PflVG) in der Kfz-Haftpflichtversicherung.[49] **Begleitmaterialien** (Begleitbriefe, Erklärungen usw) sind nur Bestandteil des Versicherungsscheins, wenn sie (1) ebenfalls übermittelt und (2) in der Police ausdrücklich in Bezug genommen worden sind;[50] auf Briefe, die nicht Bestandteil des Versicherungsscheins sind, soll Abs. 1 analog anwendbar sein.[51] 15

§ 5 ist nicht auf **Ersatzversicherungsscheine** (zum Begriff s. § 3 Rn 26 f) anwendbar, die versehentlich vom Original abweichen.[52] Legt man den versehentlich abweichenden Ersatzversicherungsschein ausnahmsweise als Angebot auf Abschluss eines Änderungsvertrages aus, so kann der VR dies gem. §§ 119 ff BGB anfechten.[53] 16

b) **Abweichung. aa) Abweichung vom Antrag.** Bezugspunkte der Abweichung sind alternativ der **Antrag** des VN (Abs. 1 Alt. 1) oder die **getroffenen Vereinbarungen** (Abs. 1 Alt. 2): Der **Antrag** iSd §§ 145 f BGB ist eine einseitige, empfangsbedürftige und in der Praxis regelmäßig schriftliche[54] Willenserklärung des VN. Der Inhalt des Antrags ist objektiv, auf der Grundlage des Empfängerhorizonts auszulegen.[55] Hat der VN ein Formular des VR benutzt, ist analog § 305 c Abs. 2 BGB darauf abzustellen, wie der Erklärende das Formular verstehen durfte.[56] Mündliche Erklärungen – insb. gegenüber dem VersVertreter (§ 69 Abs. 1 Nr. 1) – sind zu berücksichtigen.[57] 17

Hat der VN **mehrere rechtlich und tatsächlich selbständige**, dh (erkennbar) getrennte Anträge gestellt, so weicht der Inhalt eines Versicherungsscheins, in dem der VR nur den einen, nicht aber den anderen Antrag annimmt, von vornherein nicht von dem Antrag ab: Abs. 1 ist also gar nicht anwendbar. 18

Hat der VN hingegen **mehrere kombinierte, dh rechtlich selbständige, aber tatsächlich unselbständige Anträge** gestellt, hat er zB unter dem einheitlichen Begriff der Kraftfahrzeugversicherung eine Kfz-Haftpflicht- und eine Kfz-Kaskoversiche- 19

---

48 BGH 9.12.1965 – II ZR 165/63, VersR 1966, 129; OLG Hamm 10.6.1992 – 20 U 376/91, VersR 1993, 169; OGH 10.9.2003 – 7 Ob 191/03, VersR 2005, 1415 (Folgepolice); LG Dortmund 1.4.2014 – 2 S 9/14 Rn 10.
49 LG Düsseldorf 14.10.1975 – 11 O 455/74, VersR 1976, 749.
50 AllgM, BGH 11.1.1989 – IVa ZR 245/87, VersR 1989, 395; OLG Hamm 31.5.1995 – 20 U 63/95, VersR 1996, 829, 830; Prölss/Martin/*Rudy*, § 3 Rn 1; Römer/Langheid/*Rixecker*, § 5 Rn 8 mit dem Hinweis auf den notwendigen „Regelungswillen" der Parteien; vgl auch BGH 14.11.2001 – IV ZR 181/00, VersR 2002, 88 – als Bestandteil des Versicherungsscheins und damit als vereinbart behandelte Rückkaufswert-Tabelle.
51 OLG Hamm 12.10.1988 – 20 U 44/88, VersR 1989, 946; s. aber OLG Saarbrücken 11.1.2006 – 5 U 584/04-62, VersR 2006, 1345, 1346, das in einem ähnlich gelagerten Fall mit Recht eine Haftung aus c.i.c. geprüft hat.
52 OLG Karlsruhe 29.8.1991 – 12 U 217/90, VersR 1992, 1121.
53 OLG Karlsruhe 29.8.1991 – 12 U 217/90, VersR 1992, 1121.
54 BGH 22.5.1991 – IV ZR 107/90, VersR 1991, 910.
55 Allg. Palandt/*Ellenberger*, § 133 BGB Rn 9; nach BGH 16.6.1982 – IVa ZR 270/80, VersR 1982, 841, 842 ist von „dem üblichen Wortsinn und den regelmäßig bestehenden Interessen des Erklärenden" auszugehen.
56 Vgl BGH 17.7.1997 – I ZR 40/95, NJW 1997, 3087.
57 BGH 19.9.2001 – IV ZR 235/00, VersR 2001, 1498, 1499; OLG Celle 26.2.2009 – 8 U 150/08, VersR 2009, 914, 915; OLG Saarbrücken 2.5.2001 – 5 U 766/98, r+s 2003, 3, 5; OLG Düsseldorf 12.8.1997 – 4 U 177/97, r+s 1998, 510, 511; OLG Köln 18.1.1990 – 5 U 106/98, VersR 1990, 1146, 1148; LG Landshut 26.9.2006 – 71 O 816/05, r+s 2008, 79, 80.

rung beantragt,[58] so kommt § 5 grds. zum Tragen:[59] Bei den regelmäßig unter der Bezeichnung „Kraftfahrtversicherung" zusammengefassten Versicherungssparten der Kfz-Haftpflicht- und Kaskoversicherung handelt es sich zwar um eine Koppelung mehrerer rechtlich selbständiger VersVerträge,[60] so dass auch mehrere rechtlich selbständige Anträge anzunehmen sind.[61] Die Kraftfahrtversicherung wird jedoch auf der Basis einheitlicher (Muster-)Bedingungen (Allgemeinen Bedingungen für die Kfz-Versicherung – AKB 2008) und – nach allgemeiner Lebenserfahrung – als einheitliches Produkt angeboten, bei dem der VN unterschiedliche Produktvarianten (u.a. mit oder ohne Kasko) wählen kann. Daher geht der BGH[62] auch in stRspr davon aus, dass die Aushändigung der Versicherungsbestätigung (früher: Doppelkarte) an einen VN, der einen einheitlichen Antrag auf Abschluss einer Kfz-Haftpflicht- und einer Kfz-Kaskoversicherung gestellt hat, nach Treu und Glauben (§ 242 BGB) nur dann nicht als uneingeschränkte Annahme des Antrags auf vorläufigen Deckung zu verstehen ist, wenn der VR dem VN durch einen an ihn gerichteten Hinweis unmissverständlich klargemacht hat, dass entgegen seinem Wunsch nach Kaskoversicherungsschutz vorläufig nur das Haftpflichtrisiko gedeckt sei. Diese Auslegungsregel ist grds. auch auf den Versicherungsschein anwendbar.[63] Weist der VR den VN allerdings (vorvertraglich) ausdrücklich darauf hin, dass er ihm keine Fahrzeugversicherung (Voll-/Teilkasko) anbieten könne, beantragt der VN trotzdem eine Kfz-Versicherung „mit Vollkasko" und übermittelt der VR dann einen Versicherungsschein, der nur eine Kfz-Haftpflichtversicherung ausweist, so kommt trotz Abs. 3 keine Kfz-Kaskoversicherung zustande, weil der VN hier nach Treu und Glauben damit rechnen musste, dass der VR den einen Antrag – bzw den (vermeintlich) einheitlichen Antrag teilweise – ablehnen würde.[64]

20 § 5 ist einschlägig, sobald der Versicherungsschein **in irgendeiner Art und Weise** inhaltlich von dem Antrag abweicht.[65] Im Lichte der Beratungs- und Informationspflichten (§§ 6 f) „vor dem Abschluss des Vertrags" (§ 6 Abs. 2 S. 1) resp. „vor Abgabe (der) Vertragserklärung" des VN (§ 7 Abs. 1 S. 1) ist für eine stillschweigende „Ergänzungsbefugnis" des VR grds. kein Raum.[66] § 5 spiegelt insoweit § 150 Abs. 2 BGB, der nach allgM auch auf unwesentliche Erweiterungen, Einschränkungen oder sonstige Änderungen anwendbar ist.[67]

21 Rspr und Lit. haben zB als **Abweichung qualifiziert**: höhere Prämien,[68] Monats- statt Jahresprämien[69] und Prämienzahlung in bar anstelle eines Lastschriftverfah-

---

58 Dazu OLG Saarbrücken 27.5.2009 – 5 U 481/08-58, VersR 2010, 63.
59 OLG Düsseldorf 3.8.1999 – 4 U 120/98, VersR 2000, 1265; eher restriktiv Prölss/Martin/*Rudy*, § 5 Rn 3.
60 BGH 9.10.1985 – IVa ZR 29/84, VersR 2010, 63 f; OLG Saarbrücken 27.5.2009 – 5 U 481/08-58, VersR 2010, 63, 64.
61 OLG Saarbrücken 27.5.2009 – 5 U 481/08-58, VersR 2010, 63, 64.
62 BGH 14.7.1999 – IV ZR 112/98, VersR 1999, 1274 mwN.
63 Ebenso wohl auch OLG Saarbrücken 27.5.2009 – 5 U 481/08-58, VersR 2010, 63, 65.
64 OLG Saarbrücken 27.5.2009 – 5 U 481/08-58, VersR 2010, 63, 65.
65 Restriktiver: Prölss/Martin/*Rudy*, § 5 Rn 4; *Schreiber*, VersR 1994, 760, 761; AG München 19.11.1991 – 1101 C 24903/91, VersR 1992, 1126 – alle auf der Basis der früheren Rechtslage, und Schwintowski/Brömmelmeyer/*Ebers*, § 5 Rn 13, die keine Abweichung annehmen, nur weil „der Inhalt des Versicherungsscheins nicht in allen Punkten das getreue Spiegelbild des Antrags ist" (AG München 19.11.1991 – 1101 C 24903/91, VersR 1992, 1126).
66 So aber *Schreiber*, VersR 1994, 760, 761 – noch anhand der früheren Rechtslage; wie hier Römer/Langheid/*Rixecker*, § 5 Rn 8.
67 Vgl BGH 18.10.2000 – XII ZR 179/98, NJW 2001, 221, 222; MüKo-BGB/*Kramer*, § 150 Rn 4; Palandt/*Ellenberger*, § 150 BGB Rn 2.
68 Prölss/Martin/*Rudy*, § 5 Rn 5.
69 OGH 21.12.1960 – 3 Ob 139/60, VersR 1961, 476.

rens,[70] die Kombination befristeter Beitragsfreistellung mit einer erneuten Risikoprüfung,[71] den geänderten Beginn,[72] die geänderte Laufzeit,[73] die geänderte Leistungsdauer[74] sowie das geänderte Leistungsversprechen des VR.[75] Fehlt ein an sich vereinbarter Risikoausschluss (kein Feuerversicherungsschutz für Gebäude, bei denen Styropor im Sinne eines Polystyrol-Baustoffs verbaut wurde) im Versicherungsschein, so gilt diese für den VN günstige Abweichung mangels Widerspruchs gem. Abs. 1 als genehmigt.[76] Abweichende AVB[77] (s. Rn 11) und abweichende Parteien[78] fallen ebenfalls unter § 5.[79] Eine Abweichung iSv Abs. 1 liegt auch vor, wenn der Führende in der **offenen Mitversicherung** einen Versicherungsschein ausstellt, der von Vereinbarungen eines (anderen) Mitversicherers mit dem VN abweicht.[80]

„Berichtigt" der VR einen Antrag, der gegen **(halb-)zwingende Vorschriften** (§§ 18, 32 etc.) verstößt, eigenmächtig im Versicherungsschein, ist § 5 anzuwenden.[81] Die allgM,[82] die eine Einigung ohne Widerspruchsrecht (Abs. 1) annimmt, drängt dem VN uU einen so nicht gewollten VersVertrag auf. Richtig ist allerdings, dass ein fingierter Vertragsschluss (Abs. 3) mit dem unzulässigen Inhalt des Antrags ausscheidet (s. Rn 41). 22

bb) Abweichung von den getroffenen Vereinbarungen. Eine Abweichung von den **getroffenen Vereinbarungen** kommt in Betracht, wenn die Parteien bereits einen Vertrag geschlossen haben,[83] wenn der Versicherungsschein also einen Vertrag abbildet, ohne Vertragserklärung des VR zu sein. 23

2. Belehrungspflichten (Abs. 1 iVm Abs. 2). a) Allgemeines. Nach Abs. 2 trifft den VR eine generell-abstrakte (S. 1) und eine individuell-konkrete Belehrungspflicht (S. 2): Er muss **bei Übermittlung des Versicherungsscheins** – nicht früher und auch nicht später[84] – **allgemein** darauf hinweisen, dass Abweichungen als genehmigt 24

---

70 OLG Köln 9.5.2000 – 9 U 127/99, VersR 2000, 1266.
71 OLG Hamm 10.6.1992 – 20 U 376/91, VersR 1993, 169.
72 BGH 16.6.1982 – IVa ZR 270/80, VersR 1982, 841, 842; AG München 19.11.1991 – 1101 C 24903/91, VersR 1992, 1126.
73 LG Aachen 31.3.1989 – 5 S 440/88, r+s 1989, 206.
74 OLG Karlsruhe 20.11.2008 – 12 U 234/07, VersR 2009, 1104, 1105.
75 OGH 31.1.2007 – 7 Ob 242/06 y, VersR 2007, 1015; LG Bielefeld 17.12.1992 – 21 O 380/92, r+s 1994, 115; abzulehnen: LG Augsburg 4.11.1985 – 3 O 1422/85, r+s 1994, 116 und LG Nürnberg-Fürth 1.7.1987 – 12 O 2753/87, r+s 1994, 116; vgl auch LG Landshut 26.9.2006 – 71 O 816/05, r+s 2008, 79 (Einschränkung des Leistungsversprechens in der Berufsunfähigkeitszusatzversicherung) und LG Dortmund 22.7.2009 – 2 O 322/08, r+s 2009, 410, 412 (Leistungsausschlüsse in der Betriebshaftpflichtversicherung für einen Kosmetiksalon).
76 OLG Hamm 3.11.2010 – I-20 U 38/10, VersR 2011, 459, 476 f.
77 Dazu OLG Köln 15.7.2009 – 9 U 121/07, VersR 2009, 488, das eine Abweichung mit Recht verneint, wenn der VN im Rahmen einer Hausratversicherung auf der Basis der VHB 95 eigens „Versicherungsschutz ... nach den erweiterten VHB 2000" beantragt hat und der Versicherungsschein dem Rechnung trägt.
78 OLG Köln 30.7.1979 – 5 U 86/78, VersR 1979, 1094 – anderer VN; aA Langheid/Wandt/*Armbrüster*, § 5 Rn 16 mit der Begründung, § 5 sei auf derart fundamentale Änderungen nicht zugeschnitten.
79 AA BK/*Schwintowski*, § 5 Rn 15 und AG Mannheim 24.11.1981 – 2 C 590/80, VersR 1982, 481 – bei anderem VR.
80 OLG Hamm 3.11.2010 – I-20 U 38/10, VersR 2011, 459, 477 m. zust. Anm. *Naujoks/Heydorn*.
81 Anders OLG Karlsruhe 20.6.2002 – 19 U 162/01, NVersZ 2002, 455; OLG Hamm 26.10.1984 – 20 U 72/84, VersR 1985, 751; Prölss/Martin/*Rudy*, § 5 Rn 5.
82 OLG Hamm 26.10.1984 – 20 U 72/84, VersR 1985, 751; OLG Karlsruhe 20.6.2002 – 19 U 162/01, NVersZ 2002, 455; Prölss/Martin/*Rudy*, § 5 Rn 5.
83 Prölss/Martin/*Rudy*, § 5 Rn 6; Römer/Langheid/*Rixecker*, § 5 Rn 6.
84 Bruck/Möller/*Knops*, § 5 Rn 13.

gelten, wenn der VN nicht form- und fristgerecht widerspricht (S. 1), und er muss **im Versicherungsschein besonders** auf jede Abweichung und ihre Rechtsfolgen hinweisen. Dogmatisch gesehen ist die Belehrungspflicht **Obliegenheit**;[85] *Knops*[86] und *Armbrüster*,[87] die stattdessen eine „echte Rechtspflicht" annehmen, gehen (wohl) von einem anderen Obliegenheitsbegriff aus als der Verfasser.[88] Maßgeblich ist, dass der VR die Belehrungspflichten (auch) im eigenen Interesse erfüllt (s. Abs. 3) und dass eine Klage des VN auf Einhaltung der Belehrungspflichten entfällt: Entweder, der VN hat die Abweichung und die daraus folgende Belehrungspflicht des VR gem. Abs. 2 erkannt, so dass für eine Klage das Rechtsschutzbedürfnis fehlt; oder er hat die Abweichung nicht erkannt, so dass er den VR auch nicht auf die Erfüllung einer – nach seinem subjektiven Eindruck gar nicht bestehenden – Belehrungspflicht verklagen wird.[89] Die Belehrungspflicht setzt **kein besonderes Schutzbedürfnis des VN** voraus,[90] das (im Sinne eines ungeschriebenen Tatbestandsmerkmals) stets zu prüfen wäre. Im Einzelfall kann der VN jedoch nach Treu und Glauben (§ 242 BGB) ausnahmsweise gehindert sein, sich auf die Rechtsfolgen fehlender Belehrung (Abs. 3) zu berufen. Die Belehrungspflicht trifft mit der **Beratungspflicht aus § 6 Abs. 1** zusammen. Ein Beratungsanlass (S. 1) besteht allerdings nur bei erheblichen Abweichungen.

25 b) **Allgemeine Belehrungspflicht (Abs. 2 S. 1).** Der VR hat den VN **bei Übermittlung des Versicherungsscheins** allgemein darauf hinzuweisen, dass Abweichungen als genehmigt gelten, wenn der VN nicht innerhalb eines Monats nach Zugang des Versicherungsscheins in Textform widerspricht (Abs. 2 S. 1). Ein Formerfordernis sieht Abs. 2 S. 1 nicht vor, so dass zB eine mündliche Belehrung bei Übergabe eines als Urkunde ausgestellten Versicherungsscheins ausreicht.

26 c) **Besondere Belehrungspflicht (Abs. 2 S. 2).** Auf jede Abweichung und die hiermit verbundenen Rechtsfolgen ist der VN durch einen **auffälligen Hinweis im Versicherungsschein** aufmerksam zu machen (Abs. 2 S. 2). Anders als früher reicht ein Hinweis durch gesonderte Mitteilung also nicht mehr aus, weil sie nach Meinung des Reformgesetzgebers leichter übersehen werden kann.[91]

27 Abs. 2 S. 2 setzt „keinen aufmerksamen Leser" voraus, sondern einen Leser, „der … aufmerksam zu machen" ist.[92] Damit soll gewährleistet werden, dass auch dem unaufmerksamen, flüchtigen Leser die Abweichungen sofort auffallen.[93] Die auffällige Hervorhebung kann durch eine besondere Schriftfarbe, Schriftart (Drucktypen) oder Umrandung,[94] Einrückung oder durch Symbole erfolgen. Es reicht aus, wenn „der Hinweis als eigener Absatz vom laufenden Text abgesondert und durch Fettdruck so gestaltet" ist, „dass er ins Auge springen" muss.[95] Eine bestimmte **Farbe** ist nicht erforderlich.[96] Ein auffälliger Hinweis fehlt, wenn die Abweichung im Fließtext lediglich mit einem **Sternchen** gekennzeichnet ist und erst am Ende

---

85 Begriff: Beckmann/Matusche-Beckmann/*Marlow*, § 13 Rn 1, 4.
86 Bruck/Möller/*Knops*, § 5 Rn 12.
87 Langheid/Wandt/*Armbrüster*, § 5 Rn 35.
88 Bruck/Möller/*Brömmelmeyer*, § 30 Rn 12; ähnl. *Hähnchen*, Obliegenheiten und Nebenpflichten, 2009, passim.
89 Dazu im Kontext der Informationsobliegenheiten des VR (§§ 30 f): Bruck/Möller/*Brömmelmeyer*, § 30 Rn 12 f.
90 So aber OLG Saarbrücken 27.5.2009 – 5 U 481/08-58, VersR 2010, 63 (unter 1 c); LG Dortmund 1.4.2014 – 2 S 9/14 (Rn 13).
91 Begr. RegE, BT-Drucks. 16/3945, S. 57.
92 OLG Karlsruhe 18.10.1990 – 12 U 134/90, VersR 1992, 227, 228.
93 OLG Karlsruhe 18.10.1990 – 12 U 134/90, VersR 1992, 227, 228.
94 Vgl OLG Köln 17.1.1995 – 9 U 194/94, r+s 1995, 283, 284.
95 LG Heidelberg 29.6.1990 – 5 O 46/90, VersR 1992, 227, 228.
96 LG Heidelberg 29.6.1990 – 5 O 46/90, VersR 1992, 227, 228.

des Versicherungsscheins ein Hinweis „Weicht vom Antrag ab" erfolgt.[97] Dagegen soll ein farblich nicht hervorgehobenes **Doppelkreuz** mit einem fett gedruckten Hinweis am Ende des Textes ausreichen.[98]

Im Hinblick auf **externe Erklärungen**, die Bestandteil der Police sind, weil sie ebenfalls übermittelt und in der Police ausdrücklich in Bezug genommen werden (s. näher § 3 Rn 19),[99] ist es im Interesse der Effektivität der Belehrung geboten, die Abweichungen auch in das als „Versicherungsschein" bezeichnete Hauptdokument aufzunehmen und mit einem auffälligen Hinweis iSv Abs. 2 S. 2 zu versehen; nur dann wird der VN, wie beabsichtigt,[100] unübersehbar auf die Abweichung aufmerksam gemacht. 28

Erhöht sich lt. Versicherungsschein die Prämie, so ist darauf gesondert hinzuweisen – nicht aber darauf, dass sich ggf auch die in die Prämie einkalkulierten Kosten erhöhen. Dabei handelt es sich nämlich nicht um eine „Rechtsfolge" (Abs. 5 S. 2), sondern um eine Kalkulationsgrundlage der Prämienerhöhung.[101] 29

3. Widerspruch (Abs. 1). a) Allgemeines. Bei form- und fristgerechtem Widerspruch entfällt die Genehmigungsvermutung, so dass der Vertrag auch nicht (rückwirkend) wirksam wird. Der Widerspruch ist eine **einseitige, empfangsbedürftige Willenserklärung**, so dass die §§ 104 ff BGB anwendbar sind.[102] 30

Inhaber des Widerspruchsrechts ist der VN oder sein Rechtsnachfolger (§ 1922 BGB, § 95), ggf der Insolvenzverwalter, nicht aber die versicherte Person und auch nicht der Bezugsberechtigte (vgl §§ 167 ff). Die Möglichkeit des Widerrufs durch einen **Bevollmächtigten** richtet sich nach § 174 S. 1 BGB. Bei einer **Mehrheit von VN** ist jeder Einzelne befugt, Abweichungen autonom, dh ohne Rücksprache mit anderen VN, zu widersprechen.[103] 31

Richtiger **Adressat** des Widerspruchs ist der VR. Der VersVertreter gilt gem. § 69 Abs. 1 als bevollmächtigt, den Widerruf entgegenzunehmen (§ 164 Abs. 1 S. 2 BGB). Eine Beschränkung der Empfangsvollmacht wäre unwirksam (§ 72). Im Falle der **Mitversicherung** auf der Basis einer Führungsklausel ist der Widerruf im Regelfall gegenüber dem führenden Mitversicherer zu erklären.[104] 32

Rechtsfolgen entfaltet der Widerspruch nur auf der Basis einer ordnungsgemäßen Belehrung;[105] anderenfalls greift Abs. 3, so dass der Vertragsschluss auf der Basis des Antrags fingiert und der Widerspruch gegenstandslos wird (vgl Rn 42). Ebenso folgenlos bleibt der Widerspruch, wenn der Versicherungsschein – objektiv gesehen – gar nicht vom Antrag oder von den getroffenen Vereinbarungen abweicht. 33

Eine **Rücknahme** des Widerspruchs ist ausgeschlossen,[106] weil es sich um eine rechtsgestaltende Erklärung handelt. 34

b) Inhalt. Der VN muss erklären, dass er die Abweichungen im Versicherungsschein nicht gegen sich gelten lassen will. Der Begriff „Widerspruch" braucht nicht zu fallen. Eine Begründung ist nicht erforderlich. Die Erklärung ist gem. §§ 133, 157 BGB objektiv, auf der Grundlage des Empfängerhorizontes auszulegen;[107] ggf ist zu klären, ob sich der VN von getroffenen Vereinbarungen lösen (Widerruf iSv 35

---

97 OLG Köln 17.1.1995 – 9 U 194/94, r+s 1995, 283.
98 OLG Karlsruhe 18.10.1990 – 12 U 194/90, VersR 1992, 227, 228; LG Heidelberg 29.6.1990 – 5 O 46/90, VersR 1992, 227, 228.
99 BGH 11.1.1989 – IVa ZR 245/87, VersR 1989, 395.
100 Begr. RegE, BT-Drucks. 16/3945, S. 254.
101 Ähnl. *Armbrüster*, r+s 2008, 493, 496.
102 Bruck/Möller/*Knops*, § 5 Rn 9.
103 AllgM, BK/*Schwintowski*, § 5 Rn 18; Prölss/Martin/*Rudy*, § 5 Rn 10.
104 BK/*Schwintowski*, § 5 Rn 19.
105 BGH 16.6.1982 – IVa ZR 270/80, VersR 1982, 841 f.
106 Prölss/Martin/*Rudy*, § 5 Rn 12; aA *Schreiber*, VersR 1994, 760 ff.
107 Allg. Palandt/*Ellenberger*, § 133 BGB Rn 9.

§ 8) oder nur abweichende Vereinbarungen verhindern will (Widerspruch iSv Abs. 1).

36 c) **Form und Frist. Textform** (Abs. 1) bedeutet, dass „die Erklärung in einer Urkunde oder auf andere zur dauerhaften Wiedergabe in Schriftzeichen geeignete Weise abgegeben, die Person des Erklärenden genannt und der Abschluss der Erklärung durch Nachbildung der Namensunterschrift oder anders erkennbar gemacht werden" muss (§ 126 b BGB). Der Widerspruch kann also nicht nur schriftlich (§ 126 BGB) erklärt, er kann auch als **E-Mail**, Telegramm oder als Telefax übermittelt werden;[108] auch ein Computerfax reicht aus.[109] *Dörner*[110] lässt auch eine mündliche Erklärung des Widerspruchs durch den VN genügen, wenn der VR diese akzeptiert und damit den Verzicht auf die Einhaltung der Form erklärt.

37 Die **Monatsfrist** (Abs. 1) **beginnt** mit Zugang[111] des Versicherungsscheins (§ 130 Abs. 1 BGB). Die **Berechnung der Frist** richtet sich nach §§ 187 f, 193 BGB. Der Widerspruch muss nicht nur innerhalb der Monatsfrist abgesandt werden, er muss innerhalb der Monatsfrist zugehen (§ 8 Abs. 1 S. 2 Hs 2 *e contrario*). Die Monatsfrist ist gesetzliche Ausschlussfrist,[112] so dass ihre Einhaltung von Amts wegen zu prüfen ist[113] und das Widerspruchsrecht mit Fristablauf erlischt.[114]

38 **4. Rechtsfolgen.** Hat der VR den VN belehrt, hat der VN aber trotzdem nicht widersprochen, wird unwiderlegbar vermutet,[115] dass er die Abweichungen genehmigt hat (Abs. 1). Hat der VN widersprochen, ist zu unterscheiden: In Fällen, in denen der Inhalt des Versicherungsscheins vom **Antrag** des VN abweicht (Abs. 1 Alt. 1), ist der schwebend unwirksame VersVertrag[116] nunmehr endgültig unwirksam. In Fällen, in denen der Versicherungsschein von **getroffenen Vereinbarungen** abweicht (Abs. 1 Alt. 2), bleibt es hingegen bei dem wirksam vereinbarten (unveränderten) VersVertrag.

IV. Fingierter Vertragsschluss auf der Basis des Antrags (Abs. 3)

39 **1. Allgemeines.** Hat der VR seine Belehrungspflichten (Abs. 2) nicht erfüllt, gilt der Vertrag – bei Abs. 1 Alt. 1 abweichend von § 150 Abs. 2 BGB – als mit **dem Inhalt des Antrags des VN** abgeschlossen (Abs. 3; sog. **umgekehrte Billigungsklausel**). Das Risiko des VR besteht bei mangelnder oder mangelhafter Belehrung also in der Bindung an einen so nicht gewollten Vertrag – mit den korrespondierenden Rechten[117] und Pflichten. Das gilt allerdings nur bei Abweichungen zum Nachteil des VN (s. Rn 8); anderenfalls kommt der VersVertrag gem. Abs. 1 zustande.

40 Unterlässt der VR die Belehrung, weil er irrigerweise glaubt, der Versicherungsschein entspreche dem Antrag des VN, so gilt der Antrag gem. Abs. 3 als unverändert angenommen, ohne dass es auf ein **Verschulden des VR** (§§ 276, 278 BGB) in diesem Zusammenhang ankäme.[118]

---

108 Palandt/*Ellenberger*, § 126 b BGB Rn 3; MüKo-BGB/*Einsele*, § 126 b BGB Rn 9.
109 Palandt/*Ellenberger*, § 126 b BGB Rn 3.
110 Beckmann/Matusche-Beckmann/*Dörner*, § 9 Rn 79.
111 Zum Begriff s. BGH 3.11.1976 – VIII ZR 140/75, BGHZ 67, 271, 275.
112 BK/*Schwintowski*, § 5 Rn 20; Römer/Langheid/*Rixecker*, § 5 Rn 14.
113 Allg. Palandt/*Ellenberger*, Überbl. vor § 194 BGB Rn 13.
114 Allg. BGH 18.1.2006 – VIII ZR 94/05, NJW 2006, 903.
115 Über den Unterschied zwischen Fiktion und unwiderlegbarer Vermutung: *Rüthers*, Rechtstheorie, 3. Aufl. 2007, Rn 132 a f; wie hier Bruck/Möller/*Möller*, § 5 Anm. 15, 17 in 8. Aufl.; anders Bruck/Möller/*Knops*, § 5 Rn 3 f; Römer/Langheid/*Rixecker*, § 5 Rn 1.
116 OLG Frankfurt 10.12.2003 – 7 U 15/03, VersR 2005, 631.
117 OLG Celle 7.12.1959 – 1 U 87/59, VersR 1960, 121, 122.
118 BGH 19.9.2001 – IV ZR 235/00, VersR 2001, 1498, 1499; BGH 25.3.1987 – IVa ZR 224/85, VersR 1987, 663, 664.

2. Rechtmäßigkeit des Antrags. Verstößt der Antrag gegen **(halb-)zwingende Vor- 41 schriften** (vgl §§ 18, 32 etc.), so kann auch die Fiktion des Abs. 3 diesen Makel nicht beseitigen;[119] ggf kommt Teilnichtigkeit (§ 139 BGB) in Betracht.[120] Dagegen gilt die Fiktion unabhängig davon, ob sich der Antrag mit den **AVB** des VR deckt,[121] ob er sich im Rahmen eines (genehmigten) **Mustergeschäftsplans** bewegt[122] oder ob die Risikoabsicherung auf der Basis des Antrags „versicherungstechnisch" zu bewältigen ist.[123] Insbesondere Unmöglichkeit (§ 275 Abs. 1 BGB) scheidet aus, weil die Leistung des VR im Versicherungsfall (§ 1 S. 1) in Geld besteht.[124]

3. Folgenlosigkeit des Widerspruchs. Kommt es aufgrund fehlender oder fehler- 42 hafter Belehrung (Abs. 2) zu einem fingierten Vertragsschluss auf der Basis des Antrags (Abs. 3), so bleibt der **Widerspruch** des VN folgenlos:[125] Der Widerspruch ist „gegenstandslos".[126] Eine wirksame Abweichung des Vertrages vom Antrag liegt nicht vor,[127] weil die Versicherung nicht mit dem Inhalt des Versicherungsscheins zustande gekommen ist, sondern (nach der zugunsten des VN (halb-)zwingenden Bestimmung des Abs. 3) entsprechend dem Inhalt des Antrags. Die Rechtslage entspricht also genau der Rechtslage, die der VN durch den Widerspruch herbeiführen wollte.[128]

V. Irrtumsanfechtung durch den VN (Abs. 4)

Die **Irrtumsanfechtung des VN**, dh das Recht, den mit dem Inhalt des Versiche- 43 rungsscheins (Abs. 1) oder des Antrags (Abs. 3) geschlossenen VersVertrag wegen eines Irrtums gem. §§ 119 ff, 123 BGB anzufechten, ist gem. Abs. 4 unverzichtbar. Das betrifft sowohl die Vertragserklärung des VN (§ 7 Abs. 1) als auch die unwiderlegbar vermutete Genehmigung:[129] Bezogen auf die **Vertragserklärung** stellt Abs. 4 klar, dass der VN allein durch die (unwiderlegbar vermutete) Genehmigung, dh durch Verzicht auf den Widerspruch iSv Abs. 1, nicht auf eine Irrtumsanfechtung verzichtet oder verzichten könnte: Die Genehmigung ist keine Bestätigung (§ 144 Abs. 1 BGB) des anfechtbaren Rechtsgeschäfts. Auch im Falle des Abs. 3 kann der VN seinen Antrag nach wie vor anfechten.

Bezogen auf die (**vermutete**) **Genehmigung** (Abs. 1) besagt Abs. 4, dass die Parteien 44 sie nicht „anfechtungsfest" ausgestalten können. Ein Irrtum über den Erklärungs-

---

119 Richtig, aber überholt: OLG Koblenz 19.2.1976 – 4 U 982/75, VersR 1976, 977, 979 (genehmigte Tarife in der Kraftfahrtversicherung); vgl auch OLG Celle 19.6.1952 – 1 U 51/52, VersR 1952, 283 (beantragte Tierversicherung gegen Unfruchtbarkeit ist rechtens, kann also gem. § 5 Abs. 3 fingiert werden).
120 Prölss/Martin/*Rudy*, § 5 Rn 15.
121 LG Aachen 31.3.1989 – 5 S 440/88, r+s 1989, 206 mit Blick auf die Rechtslage vor der Deregulierung; ähnl. Prölss/Martin/*Rudy*, § 5 Rn 15 (Da Abweichungen des Antrages von den AVB nicht generell zu dessen Unzulässigkeit führen, ist die Fiktion nicht per se ausgeschlossen.).
122 OLG Karlsruhe 20.11.2008 – 12 U 234/07, VersR 2009, 1104, 1105 mit dem Hinweis, dass Verstöße gegen den Mustergeschäftsplan aufsichtsrechtlich zu ahnden seien, vertragliche Ansprüche des VN jedoch nicht schmälern könnten.
123 AA LG Aachen 31.3.1989 – 5 S 440/88, r+s 1989, 206, das sich zu Unrecht auf OLG Celle 19.6.1952 – 1 U 51/52, VersR 1952, 283 beruft.
124 Allg. BGH 30.10.1974 – VIII ZR 69/73, BGHZ 63, 132, 139; Palandt/*Grüneberg*, § 275 BGB Rn 3.
125 StRspr, BGH 16.6.1982 – IVa ZR 270/80, VersR 1982, 841; OLG Köln 17.1.1995 – 9 U 194/94, r+s 1995, 283; OLG Hamm 12.10.1988 – 20 U 44/88, VersR 1989, 946, 947; abl. BK/*Schwintowski*, § 5 Rn 23.
126 BGH 16.6.1982 – IVa ZR 270/80, VersR 1982, 841.
127 BGH 16.6.1982 – IVa ZR 270/80, VersR 1982, 841.
128 BGH 16.6.1982 – IVa ZR 270/80, VersR 1982, 841.
129 *BAV*, Motive zum VVG, Nachdruck 1963, S. 5; *Schreiber*, VersR 1994, 760, 772.

wert des Schweigens ist allerdings unbeachtlich.[130] Mit Blick auf die Rechtsfolgen der Irrtumsanfechtung – Nichtigkeit der Genehmigung *ex tunc* (§ 142 Abs. 1 BGB) – ist zu unterscheiden: Ficht der VN die Genehmigung des vom Antrag abweichenden Versicherungsscheins an (Abs. 1 Alt. 1), ist der VersVertrag unwirksam. Ficht er die Genehmigung eines von den getroffenen Vereinbarungen abweichenden Versicherungsscheins an, bleibt es bei den getroffenen Vereinbarungen.

45 Die **Irrtumsanfechtung des VR** regelt Abs. 4 nicht.[131] *Rudy*[132] geht im Anschluss an *Luckey*[133] davon aus, dass der VR den nach Abs. 3 zustande gekommenen Vertrag gem. § 119 Abs. 1 BGB anfechten kann. Regelungszweck des § 5 sei, so *Luckey*, allein die Dissensvermeidung.[134] Das trifft jedoch nicht zu: Der VR befindet sich *nicht* in einem Inhalts- oder Erklärungsirrtum; er erklärt, was er erklären will. Er übersieht lediglich den Belehrungsanlass oder täuscht sich über die gesetzlichen Anforderungen an die Belehrung. Hinzu kommt, dass eine Irrtumsanfechtung durch einen VR (§ 119 Abs. 1 BGB), der im Nachhinein feststellt, dass er die Belehrung versäumt oder nicht ordnungsgemäß belehrt hat, genau den vertragslosen Zustand herstellen würde, den Abs. 3 vermeiden will (s. Rn 1).

VI. Beweislast

46 In Einklang mit den allgemeinen Beweislastregeln[135] hat der VR, der sich auf die Genehmigungsvermutung beruft, die Übermittlung des Versicherungsscheins[136] und die ordnungsgemäße Belehrung (Abs. 2) zu beweisen.[137] Er hat in diesem Falle auch zu beweisen, dass der Inhalt des Versicherungsscheins von dem – ggf mündlich gestellten oder erweiterten[138] – Antrag oder den getroffenen Vereinbarungen abweicht, und dass der VN nicht form- und fristgerecht widersprochen hat.[139]

§ 6 Beratung des Versicherungsnehmers

(1) ¹Der Versicherer hat den Versicherungsnehmer, soweit nach der Schwierigkeit, die angebotene Versicherung zu beurteilen, oder der Person des Versicherungsnehmers und dessen Situation hierfür Anlass besteht, nach seinen Wünschen und Bedürfnissen zu befragen und, auch unter Berücksichtigung eines angemessenen Verhältnisses zwischen Beratungsaufwand und der vom Versicherungsnehmer zu zahlenden Prämien, zu beraten sowie die Gründe für jeden zu einer bestimmten Versicherung erteilten Rat anzugeben. ²Er hat dies unter Berücksichtigung der Komplexität des angebotenen Versicherungsvertrags zu dokumentieren.

(2) ¹Der Versicherer hat dem Versicherungsnehmer den erteilten Rat und die Gründe hierfür klar und verständlich vor dem Abschluss des Vertrags in Textform zu übermitteln. ²Die Angaben dürfen mündlich übermittelt werden, wenn der Versi-

---

130 Bruck/Möller/*Knops*, § 5 Rn 15; Prölss/Martin/*Rudy*, § 5 Rn 22.
131 Dazu BGH 22.2.1995 – IV ZR 58/94, VersR 1995, 648 (keine Irrtumsanfechtung in „Falsa-demonstratio"-Fällen); BGH 14.11.2001 – IV ZR 181/00, VersR 2002, 88 (keine Teilanfechtung der Rückkaufswerte in der Lebensversicherung); OLG Frankfurt 9.2.1996 – 24 U 118/94, VersR 1996, 1353 (unbeachtlicher Kalkulationsirrtum).
132 Prölss/Martin/*Rudy*, § 5 Rn 16.
133 *Luckey*, VersR 1994, 1261.
134 *Luckey*, VersR 1994, 1261.
135 Vgl BGH 3.7.2002 – IV ZR 145/01, VersR 2002, 1089, 1090.
136 BGH 22.5.1991 – IV ZR 107/90, VersR 1991, 910.
137 OGH 27.4.2001 – 7 Ob 69/01 z, VersR 2002, 1310; OGH 11.9.1986 – 7 Ob 39/86, VersR 1988, 199.
138 BGH 3.7.2002 – IV ZR 145/01, VersR 2002, 1089, 1090; OLG Saarbrücken 4.4.2001 – 5 U 670/00-57, VersR 2001, 1405.
139 Römer/Langheid/*Rixecker*, § 5 Rn 14.

cherungsnehmer dies wünscht oder wenn und soweit der Versicherer vorläufige Deckung gewährt. ³In diesen Fällen sind die Angaben unverzüglich nach Vertragsschluss dem Versicherungsnehmer in Textform zu übermitteln; dies gilt nicht, wenn ein Vertrag nicht zustande kommt und für Verträge über vorläufige Deckung bei Pflichtversicherungen.

(3) Der Versicherungsnehmer kann auf die Beratung und Dokumentation nach den Absätzen 1 und 2 durch eine gesonderte schriftliche Erklärung verzichten, in der er vom Versicherer ausdrücklich darauf hingewiesen wird, dass sich ein Verzicht nachteilig auf seine Möglichkeit auswirken kann, gegen den Versicherer einen Schadensersatzanspruch nach Absatz 5 geltend zu machen.

(4) ¹Die Verpflichtung nach Absatz 1 Satz 1 besteht auch nach Vertragsschluss während der Dauer des Versicherungsverhältnisses, soweit für den Versicherer ein Anlass für eine Nachfrage und Beratung des Versicherungsnehmers erkennbar ist. ²Der Versicherungsnehmer kann im Einzelfall auf eine Beratung durch schriftliche Erklärung verzichten.

(5) ¹Verletzt der Versicherer eine Verpflichtung nach Absatz 1, 2 oder 4, ist er dem Versicherungsnehmer zum Ersatz des hierdurch entstehenden Schadens verpflichtet. ²Dies gilt nicht, wenn der Versicherer die Pflichtverletzung nicht zu vertreten hat.

(6) Die Absätze 1 bis 5 sind auf Versicherungsverträge über ein Großrisiko im Sinn des § 210 Absatz 2 nicht anzuwenden, ferner dann nicht, wenn der Vertrag mit dem Versicherungsnehmer von einem Versicherungsmakler vermittelt wird oder wenn es sich um einen Vertrag im Fernabsatz im Sinn des § 312 c des Bürgerlichen Gesetzbuchs handelt.

I. Normzweck	1
II. Allgemeines	3
III. Vorvertragliche Beratungspflicht (Abs. 1, 2 und 3)	8
1. Grundsätze	8
a) Beratungsanlass; Erkennbarkeit	8
b) Komplexität der Versicherung (produktbezogener Beratungsanlass)	12
c) Person und Situation des VN (VN-bezogener Beratungsanlass)	16
2. Umfang der Beratungspflicht	19
a) Allgemeines	19
b) Fragepflicht (Abs. 1 S. 1)	20
c) Beratungspflicht ieS (Abs. 1 S. 1)	21
d) Begründungspflicht (Abs. 1 S. 1)	25
e) Dokumentationspflicht (Abs. 1 S. 2)	26
3. Zeitpunkt und Form der vorvertraglichen Beratung (Abs. 2)	28
a) Zeitpunkt	28
b) Form	29
4. Beratungsverzicht (Abs. 3)	30
a) Allgemeines	30
b) Wirksamkeitsvoraussetzungen	31
aa) Gesonderte schriftliche Erklärung	31
bb) Hinweispflicht	33
c) Beratungsverzicht als Risiko für VR	34
IV. Beratungspflicht während des Versicherungsverhältnisses (Abs. 4)	35
1. Umfang der Beratungspflicht	35
2. Beratungsverzicht	41
V. Beratungspflicht nach Beendigung des Vertrages	42
VI. Schadensersatzpflicht (Abs. 5)	43
1. Allgemeines	43
2. Pflichtverletzung (Abs. 5 S. 1)	44
3. Verschulden (Abs. 5 S. 2)	45
4. Rechtsfolgen	46
5. Beweislage	47
VII. Ausnahmen (Abs. 6)	48
1. Allgemeines	48
2. Großrisiko	49
3. VersMakler	50
4. Fernabsatz	52
5. Bagatellvermittler	54

I. Normzweck

1 § 6 geht zurück auf die Vermittlerrichtlinie und deren Umsetzung durch das Vermittlergesetz (s. Vor §§ 59–73 Rn 3), die zur gesetzlichen Regelung von Beratungspflichten für VersVermittler geführt haben (§§ 60 ff). Da das Gesetz dem VersVermittler, insb. dem VersVertreter, nicht mehr Beratungspflichten auferlegen kann als dem VR selbst, war der Gesetzgeber gezwungen, einen **Gleichklang mit den Vermittlerpflichten** herzustellen und entsprechende Beratungspflichten des VR zu statuieren.[1] § 6 ist daher den §§ 42 c ff aF bzw §§ 61 ff nachgebildet worden.

2 Für die gesetzliche Regelung von Beratungspflichten des VR gibt es daneben sachliche Gründe. Zwischen VR und VN besteht, was die Ausgestaltung des Versicherungsschutzes angeht, idR ein **erhebliches Informationsgefälle**. Dem besonderen Beratungsbedürfnis des VN, das sich aus dem Charakter der Versicherung als reines „Rechtsprodukt" ergibt, steht eine weit überlegene Sachkunde und Erfahrung des VR gegenüber. Das Beratungsbedürfnis des VN wird dadurch noch gesteigert, dass der Abschluss des VersVertrages für den VN häufig wesentliche finanzielle, wenn nicht gar – man denke an Versicherungen zur Alters- oder Gesundheitsvorsorge oder zur Absicherung von Haftpflichtrisiken – **existenzielle Bedeutung** hat. Diese Umstände rechtfertigen es, den Ausgleich des Informationsgefälles zwischen VR und VN nicht allgemeinen (vor-)vertraglichen Hinweis- und Aufklärungspflichten zu überlassen, sondern besondere Beratungspflichten gesetzlich zu normieren. Der Gesetzgeber will mit Beratungspflichten des VR schließlich den **Wettbewerb im Versicherungswesen** fördern, der nur dann wirklich funktioniert, wenn die VN ihre Entscheidung auf der Grundlage einer rationalen Auswahl aus den unterschiedlichen Versicherungsangeboten treffen können.[2]

II. Allgemeines

3 Die gesetzlichen Beratungspflichten des VR bestehen neben den gesetzlichen **Beratungspflichten des VersVertreters** (§ 61 Abs. 1), entfallen indes bei Vertragsvermittlung durch einen VersMakler (Abs. 6). Während den VersVertreter gesetzliche Beratungspflichten nur vor Vertragsschluss treffen, erlegt § 6 dem VR Beratungspflichten sowohl vor Vertragsschluss (Abs. 1, 2) als auch während des Versicherungsverhältnisses (Abs. 4) auf. Das schließt nicht aus, dass sich der VR zur Erfüllung seiner Beratungspflichten während des Versicherungsverhältnisses auch eines VersVertreters bedient. Soweit Beratungspflichten des VR und des VersVertreters nebeneinander bestehen, insb. also vor Vertragsschluss, muss die Beratung freilich nur einmal erfolgen.[3] VR und VersVertreter sind insoweit Gesamtschuldner.[4] In der Regel erfüllt daher der VersVertreter die Beratungspflicht des VR mit (§ 422 Abs. 1 S. 1 BGB).[5] Ein **Verschulden des VersVertreters** muss sich der VR nach § 278 BGB **zurechnen** lassen, da der Vertreter bei der Beratung zugleich als Erfüllungsgehilfe des VR tätig wird (s. Rn 45). Die Beratungspflicht nach § 6 besteht im Hinblick auf den Gesetzeswortlaut und den Normzweck (s. Rn 2) grds. nur **gegenüber dem VN**, nicht gegenüber einem Versicherten oder einem außerhalb des Versicherungsverhältnisses stehenden Dritten.[6]

4 Die Beratungspflichten nach § 6 treten **neben** die **Informationspflichten** des VR nach § 7. Während die Informationspflichten jedoch generell, dh für jeden VN

---

1 Vgl Begr. RegE, BT-Drucks. 16/3945, S. 58.
2 Vgl Begr. RegE, BT-Drucks. 16/3945, S. 47.
3 Vgl Begr. RegE, BT-Drucks. 16/3945, S. 58.
4 *Werber*, VersR 2008, 285.
5 So auch Begr. RegE, BT-Drucks. 16/3945, S. 58.
6 Langheid/Wandt/*Armbrüster*, § 6 Rn 17; ebenso Marlow/Spuhl/*Spuhl*, Rn 80 (ausnahmsweise auch gegenüber versicherter Person, wenn diese rechtlich und wirtschaftlich betrachtet der „eigentliche Vertragspartner" und dies für den VR erkennbar ist).

gleich und produktbezogen ausgestaltet sind, sind die **Beratungspflichten individuell** auf den einzelnen VN und **anlassbezogen** ausgerichtet. Im Gegensatz zu den Informationspflichten, die vor Abgabe der Vertragserklärung des VN, idR also vor dem Versicherungsantrag, zu erfüllen sind (s. § 7 Rn 2), muss die Beratung lediglich **vor Vertragsschluss**, kann also auch noch nach der Antragserklärung des VN erfolgen (s. Rn 28). Beratungspflichten nach § 6 sind von den im VVG zahlreich normierten **Hinweis- und Belehrungspflichten** des VR (zB § 19 Abs. 5 S. 1, § 28 Abs. 4) zu unterscheiden, deren Verletzung nicht mit einer Schadensersatzpflicht, sondern – entsprechend einer Obliegenheit – mit dem Verlust einer Rechtsposition sanktioniert wird.[7] Neben den Beratungspflichten nach § 6 oder statt ihrer können **Aufklärungspflichten** des VR nach allgemeinen Regeln bestehen; die §§ 241 Abs. 2, 311 Abs. 2, 242 BGB bleiben neben § 6 in vollem Umfange anwendbar.[8] Aus den §§ 241 Abs. 2, 311 Abs. 2, 242 BGB können sich auch andere Pflichten, etwa **Rücksichtnahmepflichten**, ergeben, die durch § 6 nicht ausgeschlossen werden.[9] Beispielhaft seien genannt die Pflicht, einen Versicherungsantrag zügig zu bearbeiten und eine etwaige Ablehnung alsbald mitzuteilen[10] oder die Pflicht, Erklärungen des VN auf ihre Vollständigkeit zu kontrollieren. **Auskunftspflichten**, zB über Bezugsrechte, können auch aus § 3 Abs. 4 folgen.[11]

Der Gesetzgeber hat sich bei der Statuierung der Beratungspflichten für eine **generalklauselartige Regelung** entschieden. § 6 enthält daher eine Vielzahl von unbestimmten, auslegungsbedürftigen Rechtsbegriffen. Dies verleiht der Rechtsprechung zwar die für eine Einzelfallbetrachtung angesichts der Vielfältigkeit der Versicherungsprodukte und Lebenssachverhalte notwendige Flexibilität, bringt aber bis zur Klärung durch höchstrichterliche Urteile eine nicht unerhebliche Rechtsunsicherheit mit sich. 5

Die Beratungspflicht des VR ist **anlassbezogen**. Den VR trifft also keine generelle Beratungspflicht. Dies entspricht im Grundsatz der alten Rechtslage.[12] Deshalb kann bei der Feststellung eines Beratungsanlasses regelmäßig auf die zum alten Recht ergangene Rechtsprechung zurückgegriffen werden,[13] zumal sich der Gesetzgeber erklärtermaßen an dieser Rechtsprechung orientiert hat.[14] Die gesetzlichen Beratungspflichten dürften allerdings über die bisherige Rechtsprechung hinausgehen.[15] Während eine Beratungspflicht nach Vertragsschluss nur dann besteht, wenn der Anlass für den VR erkennbar ist (Abs. 4 S. 1), kommt es auf die Erkennbarkeit des Anlasses für die vorvertragliche Beratungspflicht nicht an (str; s. Rn 10). 6

Die Regelungen in § 6 sind **halbzwingend** (§ 18). Hieraus folgt insb., dass sich der VR von der Haftung für eine Verletzung von Pflichten nach § 6, auch eine solche durch seine Erfüllungsgehilfen, **nicht freizeichnen** und diese Haftung auch nicht beschränken kann.[16] 7

---

7 Schwintowski/Brömmelmeyer/*Ebers*, § 6 Rn 10.
8 Vgl BGH 14.1.2015 – IV ZR 43/14, VersR 2015, 230; eingehend zu diesem Verhältnis Looschelders/Pohlmann/*Pohlmann*, § 6 Rn 8 ff.
9 Römer/Langheid/*Rixecker*, § 6 Rn 2.
10 OLG Saarbrücken 11.1.2006 – 5 U 584/04, VersR 2006, 1345.
11 OLG Saarbrücken 3.3.2010 – 5 U 233/09, NJW-RR 2010, 1333.
12 Vgl hierzu *Kieninger*, AcP 198, 190, 195 f; *Römer*, VersR 1998, 1313 mwN.
13 Langheid/Wandt/*Armbrüster*, § 6 Rn 27.
14 Vgl Begr. RegE Vermittlergesetz, BT-Drucks. 16/1935, S. 24.
15 Beckmann/Matusche-Beckmann/*Rixecker*, § 18 a Rn 3.
16 Vgl Begr. RegE, BT-Drucks. 16/3945, S. 59.

III. Vorvertragliche Beratungspflicht (Abs. 1, 2 und 3)

8 **1. Grundsätze. a) Beratungsanlass; Erkennbarkeit.** Die vorvertragliche Beratungspflicht des VR setzt einen **Beratungsanlass** voraus, der auch die Reichweite der notwendigen Beratung bestimmt („soweit"). Das Gesetz nennt in Abs. 1 S. 1 **zwei Alternativen**, die eine Beratung veranlassen können:

- zum einen die Schwierigkeit, die angebotene Versicherung zu beurteilen, also die Komplexität der betreffenden Versicherung (**produktbezogener Beratungsanlass**; s. Rn 12 ff), und
- zum anderen in der Person sowie der Situation des VN liegende Umstände (**VN-bezogener Beratungsanlass**; s. Rn 16 ff).

Während das Gesetz bei der Komplexität der Versicherung einen typischen Beratungsbedarf unterstellt, wird dieser beim personen- und situationsbezogenen Anlass durch individuelle Umstände begründet. Ob die Benennung der beiden Alternativen von Beratungsanlässen abschließend oder nur beispielhaft[17] ist, spielt praktisch keine Rolle, da sich jeder Beratungsanlass unter eine der beiden Alternativen subsumieren lässt.[18]

9 Eine **umfassende Beratung**, insb. eine **allgemeine Risikoanalyse** fällt nicht unter § 6,[19] sondern kann nur Gegenstand eines selbständigen Beratungsvertrages sein. Wünscht der VR eine solche, muss der VR dem zwar nachkommen, muss dann aber den eingeschränkten Umfang der Beratung deutlich machen.[20] Nicht zu ermitteln hat der VR die Schadenswahrscheinlichkeit bzw die Notwendigkeit einer Versicherung für den VN. Ob es sinnvoll ist, ein bestimmtes Risiko abzudecken, muss der VN selbst beurteilen und entscheiden.[21] Die Beratungspflicht beschränkt sich grds. auf den Risikobereich der angebotenen Versicherung; Risiken außerhalb dieses Risikobereichs sind nicht Gegenstand der Beratungspflicht aus § 6.

10 Im Gegensatz zur Beratungspflicht nach Vertragsschluss (s. Rn 35) ist die vorvertragliche Beratungspflicht des VR nicht davon abhängig, dass der Anlass für den VR erkennbar ist. Für eine Schadensersatzpflicht des VR wegen Verletzung der vorvertraglichen Beratungspflicht ist die **Erkennbarkeit des Beratungsanlasses** gleichwohl erforderlich, denn nur wenn der Anlass für den VR erkennbar ist, hat er eine Verletzung der Beratungspflicht zu vertreten (s. Rn 45). Die Verlagerung des Kriteriums der Erkennbarkeit auf die **Ebene des Vertretenmüssens** hat Auswirkungen auf die **Beweislast**. Da das Verschulden des VR nach Abs. 5 S. 2 vermutet wird, der VR sich also exkulpieren muss, hat der **VR** in einem Schadensersatzprozess wegen Verletzung der vorvertraglichen Beratungspflicht darzulegen und erforderlichenfalls zu beweisen, dass der Anlass für ihn nicht erkennbar war (s. Rn 45).[22] In der Lit. wird demgegenüber verbreitet die Ansicht vertreten, dass die Erkennbarkeit des Beratungsanlasses auch im vorvertraglichen Stadium bereits zum **Tatbestand der Beratungspflicht** gehöre und daher vom VN zu beweisen sei.[23] Diese Ansicht scheint mit dem Gesetzeswortlaut nicht vereinbar. Während Abs. 4 für die Beratungspflicht nach Vertragsschluss ausdrücklich die Erkennbarkeit des

---

17 Hierfür etwa *Stöbener*, ZVersWiss 2007, 465, 469; Langheid/Wandt/*Armbrüster*, § 6 Rn 26; *ders.*, in: FS Schirmer, S. 4.
18 Ähnlich Prölss/Martin/*Rudy*, § 6 Rn 6.
19 Vgl Begr. RegE Vermittlergesetz, BT-Drucks. 16/1935, S. 24.
20 *Stöbener*, ZVersWiss 2007, 465, 472.
21 *Stöbener*, ZVersWiss 2007, 465, 472.
22 So auch *Stöbener*, ZVersWiss 2007, 465, 468 f; Schwintowski/Brömmelmeyer/*Ebers*, § 6 Rn 13; vgl auch *Reiff*, VersR 2007, 717, 725 (zu § 42c Abs. 1 S. 1 aF); Langheid/Wandt/*Reiff*, § 61 Rn 7 (zu § 61 Abs. 1 S. 1).
23 Prölss/Martin/*Rudy*, § 6 Rn 5; Langheid/Wandt/*Armbrüster*, § 6 Rn 88 ff; *Armbrüster*, in: FS Schirmer, S. 8 f; Looschelders/Pohlmann/*Pohlmann*, § 6 Rn 53; Römer/Langheid/*Rixecker*, § 6 Rn 5, 32.

Beratungsanlasses voraussetzt, genügt es für die vorvertragliche Beratungspflicht nach Abs. 1, dass entsprechender „Anlass besteht". Das Argument der Gegenansicht, dass das Erfordernis des Beratungsanlasses, wenn dieser nicht erkennbar sein muss, seine Selektionsfunktion verlieren würde,[24] überzeugt nicht. Das Tatbestandsmerkmal des Beratungsanlasses vermag die vorvertragliche Beratungspflicht des VR auch unabhängig von dessen Erkennbarkeit einzuschränken, da ein Beratungsanlass – objektiv betrachtet – stets auf besonderen Umständen beruht. Die Gegenansicht würde außerdem dazu führen, dass die in Abs. 5 S. 2 vorgesehene Verlagerung der Beweislast zu Lasten des VR bei Verletzung der vorvertraglichen Beratungspflicht weitgehend unterlaufen würde, da das Verschulden des VR im Wesentlichen durch die Erkennbarkeit des Beratungsanlasses bestimmt wird. Dabei ist die Beweislast des VR in Bezug auf die (fehlende) Erkennbarkeit des Beratungsanlasses gerade im Rahmen der vorvertraglichen Beratungspflicht gerechtfertigt, da dem VR im vorvertraglichen Stadium eine besondere Sensibilität gegenüber einem Beratungsanlass sowie, insb. in Form einer Fragepflicht (s. Rn 20), eine besondere Initiative zu dessen Erkundung zuzumuten ist.[25]

11 Erteilt der VR einen Rat, obgleich hierzu **kein Anlass** besteht, so dass der VR hierzu nicht verpflichtet wäre, so muss der Rat gleichwohl richtig sein. Andernfalls verletzt der VR seine **Pflicht** zu **wahrheitsgemäßen Auskünften**.[26] Das ist insb. der Fall, wenn der VR unrealistische Renditen in Aussicht stellt.[27] Eine Haftung folgt in diesen Fällen aber nicht aus § 6, sondern aus §§ 280 Abs. 1, 311 Abs. 2, 241 Abs. 2 BGB.[28]

12 **b) Komplexität der Versicherung (produktbezogener Beratungsanlass).** „Komplexität der Versicherung" definiert das Gesetz in Abs. 1 S. 1 mit „Schwierigkeit, die angebotene Versicherung zu beurteilen". Die Komplexität kann sich aus der Versicherung als Ganzes, aber auch aus einzelnen vertraglichen Bestimmungen ergeben. Anzustellen ist eine **generalisierte**, von den individuellen, insb. in der Person und der Situation des VN liegenden Umständen abstrahierte **Betrachtungsweise**. Maßstab ist der durchschnittliche VN.[29] Besondere Sachkunde des VN lässt einen Beratungsanlass nur dann entfallen, wenn der VN ganz konkret über Informationen verfügt, die die Beurteilungsschwierigkeiten beseitigen.[30]

13 Fraglich ist, ob und inwiefern die nach § 7 dem VN über die Versicherung zu erteilenden **Informationen**, insb. das ihm auszuhändigende **Produktinformationsblatt** nach § 4 VVG-InfoV, auf den Beratungsanlass „Komplexität der Versicherung" Einfluss haben können. Jedenfalls kann der aus der Komplexität der Versicherung folgende Beratungsanlass nicht dadurch gänzlich entfallen, dass der VN in einem Produktinformationsblatt über die wichtigsten Eigenschaften eines als komplex zu bezeichnenden Versicherungsprodukts informiert wird.[31] Dies würde der gesetzgeberischen Wertung zuwiderlaufen, wonach eine Information *und* Beratung des VN zu erfolgen haben. Außerdem ist die Beratung im Gegensatz zur Information einzelfallbezogen (s. Rn 4) und geht über die bloße Information hinaus (s. Rn 21).[32] Denkbar ist allenfalls, dass die dem VN erteilte Information den Beratungsumfang beschränkt.

---

24 Prölss/Martin/*Rudy*, § 6 Rn 5.
25 Diese Initiativlast auch anerkennend Langheid/Wandt/*Armbrüster*, § 6 Rn 88 ff; *Armbrüster*, in: FS Schirmer, S. 8 f; Looschelders/Pohlmann/*Pohlmann*, § 6 Rn 54.
26 Ähnlich *Franz*, VersR 2008, 298, 299.
27 Vgl OLG Düsseldorf 15.8.2000 – 4 U 139/99, VersR 2001, 705.
28 Schwintowski/Brömmelmeyer/*Ebers*, § 6 Rn 9; Bruck/Möller/*Schwintowski*, § 6 Rn 15; Langheid/Wandt/*Armbrüster*, § 6 Rn 301.
29 Schwintowski/Brömmelmeyer/*Ebers*, § 6 Rn 14; Prölss/Martin/*Rudy*, § 6 Rn 6.
30 Schwintowski/Brömmelmeyer/*Ebers*, § 6 Rn 26; Prölss/Martin/*Rudy*, § 6 Rn 6.
31 Anders offenbar *Stöbener*, ZVersWiss 2007, 465, 470.
32 Prölss/Martin/*Rudy*, § 6 Rn 6.

14 Um eine Versicherung beurteilen zu können, müssen ihr Zweck und der wesentliche Deckungsumfang bekannt sein. Als **komplex, weil schwierig zu beurteilen**, muss demnach eine **Versicherung** gelten, deren **Zweck und/oder deren wesentlicher Schutzumfang nicht allgemein bekannt** sind. Es muss sich also um einen komplizierten Vertrag, nicht um ein einfaches Standardprodukt handeln. Die Gesetzesbegründung zu § 61[33] führt als Beispiel für ein einfaches Standardprodukt eine Hundehaftpflichtversicherung an und stellt dieser als komplizierten Vertrag eine Lebensversicherung gegenüber. Als Standardprodukt darf regelmäßig auch die **Kraftfahrzeugversicherung** gelten.[34] Die **Bedeutung**, welche die Versicherung für den VN hat, spielt für die Komplexität der Versicherung streng genommen keine Rolle. Meistens besteht aber ein Zusammenhang zwischen der Bedeutung der Versicherung und ihrer Komplexität. Versicherungen von existenzieller Bedeutung für den VN, etwa zum Zwecke der Alters- oder Gesundheitsvorsorge, sind häufig bereits im Hinblick auf ihren Zweck, meistens jedenfalls hinsichtlich des wesentlichen Deckungsumfangs erläuterungsbedürftig. Vor Abschluss einer **Lebensversicherung** muss der VN daher regelmäßig beraten werden.[35] Stellt sich der Abschluss einer kapitalbildenden Lebensversicherung bei wirtschaftlicher Betrachtung als **Anlagegeschäft** dar, ist der VR entsprechend den von der Rspr entwickelten Grundsätzen zur Aufklärung bei Anlagegeschäften verpflichtet, den VN bereits im Rahmen der Vertragsverhandlungen über alle Umstände verständlich und vollständig zu informieren, die für seinen Anlageentschluss von besonderer Bedeutung sind, insb. die mit der angebotenen Anlage verbundenen Nachteile und Risiken.[36] Bei Abschluss einer Lebensversicherung in Form einer sog. **Nettopolice**, bei der die Abschluss- bzw Vermittlungskosten nicht Bestandteil der vom VN zu zahlenden Versicherungsprämie, sondern Gegenstand einer separaten Vergütungs- oder Kostenausgleichsvereinbarung sind, besteht Anlass zur Beratung im Hinblick darauf, dass die Abschluss- oder Vermittlungskosten auch dann vollständig zu zahlen sind, wenn der Vertrag frühzeitig beendet wird, wohingegen der VN bei der üblichen „**Bruttopolice**" einen Teil dieser Kosten zurückerhält (vgl § 169 Abs. 3 ff).[37] Problematisch ist, inwieweit VersVermittler in diesem Fall zur Beratung verpflichtet sind (s. hierzu § 61 Rn 15). Regelmäßigen Beratungsbedarf wird man auch bei Abschluss einer **privaten Krankenversicherung** annehmen müssen.[38] Beurteilungsschwierigkeiten können sich auch aus dem Bestehen **mehrerer möglicher Versicherungsalternativen** hinsichtlich der Auswahl des günstigsten Produkts ergeben.[39]

15 Komplex, weil schwierig zu beurteilen, können auch **einzelne Regelungen in den AVB** sein. Als Beispiele seien Verweisungsklauseln in der Berufsunfähigkeitsversicherung oder Regelungen zur Berechnung des **Versicherungswertes** in der Sachversicherung[40] genannt. Der VR ist zwar grds. nicht verpflichtet, den Versicherungswert selbst zu ermitteln, er muss den VN aber auf die insoweit maßgeblichen Umstände sowie die Gefahr einer Unterversicherung aufmerksam machen.[41] Der VR hat insb. auf Schwierigkeiten bei der Ermittlung des Versicherungswertes, etwa des „Versicherungswertes 1914" in der Gebäudeversicherung, hinzuweisen und dem

---

33 Begr. RegE Vermittlergesetz, BT-Drucks. 16/1935, S. 24.
34 OLG Hamm 4.12.2009 – 20 U 131/09, VersR 2010, 1215; *Münkel*, jurisPR-VersR 8/2010 Anm. 1.
35 Vgl *Reiff*, VersR 2007, 717, 725 (zu § 42c Abs. 1 aF); Schwintowski/Brömmelmeyer/*Ebers*, § 6 Rn 14; Bruck/Möller/*Schwintowski*, § 6 Rn 10 („stets").
36 BGH 11.7.2012 – IV ZR 164/11, BGHZ 194, 39 = VersR 2012, 1237 mwN.
37 Römer/Langheid/*Rixecker*, § 6 Rn 8, § 9 Rn 26.
38 Schwintowski/Brömmelmeyer/*Ebers*, § 6 Rn 14.
39 Prölss/Martin/*Rudy*, § 6 Rn 7.
40 Hierzu näher Römer/Langheid/*Rixecker*, § 6 Rn 12 f mwN.
41 OLG Karlsruhe 15.1.2013 – 12 U 121/12, VersR 2013, 332.

nicht sachverständigen VN entweder zu empfehlen, hierfür einen Sachverständigen hinzuzuziehen, oder selbst eine fachkundige Beratung anzubieten.[42]

c) **Person und Situation des VN (VN-bezogener Beratungsanlass).** Dieser besteht dann, wenn der VN aufgrund solcher in seiner Person und Situation bei Vertragsschluss liegender Umstände auf eine Beratung angewiesen sein könnte. Der Beratungsanlass muss also nach dem Gesetzeswortlaut zugleich aus der Person *und* der Situation des VN folgen. Dabei besteht zwischen beiden Alternativen aber eine **Wechselwirkung:** Umstände, die in der Person des VN liegen, betreffen stets auch die Situation des VN, nämlich seine persönliche Situation. Umgekehrt beeinflusst eine bestimmte Situation des VN auch die in seiner Person liegenden Verhältnisse. Das gesetzliche Merkmal des VN-bezogenen Anlasses ist also idR auch dann erfüllt, wenn der Beratungsanlass in erster Linie aus in der Person des VN **oder** dessen Situation liegenden Umständen folgt. 16

Berücksichtigungsfähig bei der **Person des VN** sind zB die Vermögens-, private und berufliche Lebenslage, Alter, Bildung, soziale Stellung, Verhaltensweisen, Gewohnheiten, allgemeine Geschäftserfahrung sowie Erfahrungen mit Versicherungen im Allgemeinen und mit Versicherungen der nachgefragten Art im Besonderen. Unterdurchschnittliche Fähigkeiten oder **mangelnde Sprachkenntnisse** können Anlass zur Beratung geben, wobei der VR nicht zur Übersetzung der Beratung in die Muttersprache des VN verpflichtet ist.[43] Lässt zB beim Abschluss einer Kraftfahrzeugversicherung eine türkische Herkunft des VN eine Heimreise im eigenen Kraftfahrzeug in den nichteuropäischen Teil der Türkei vermuten, ist eine Beratung über die Beschränkung des Versicherungsschutzes auf Europa veranlasst.[44] 17

Der **situationsbezogene Beratungsanlass** kann sich sowohl aus der Risikosituation des VN als auch aus der Gesprächssituation ergeben. Aus der **Risikosituation** kann ein Beratungsanlass zB folgen, wenn die Gefahr von Deckungslücken droht oder der vom VN mit der Versicherung verfolgte Zweck verfehlt wird oder dies zumindest droht. Nach der Gesetzesbegründung muss der VR bspw bei Abschluss einer kapitalbildenden Lebensversicherung, die zur Tilgung oder Aufnahme eines Kredits verwandt werden soll, über wirtschaftliche Nachteile solcher Kombinationen bzw daraus resultierende Risiken beraten.[45] **Deckungslücken** drohen zB auch dann, wenn vom VN ausgeübte Tätigkeiten nicht zum Deckungsumfang einer Haftpflichtversicherung gehören,[46] im Besitz des VN befindliche Sachen vom Versicherungsschutz ausgeschlossen sind[47] oder der VN ausgeschlossenen Risiken in besonderer Weise ausgesetzt ist.[48] Umgekehrt können auch die Gefahr eines **zu umfangreichen Versicherungsschutzes** sowie finanzielle Risiken aufgrund der **Prämienbelastung** Anlässe zur Beratung bieten.[49] Letzteres gilt insb. im Bereich der Lebensversicherung.[50] Auch die Möglichkeit von **Prämiennachlässen** kann einen 18

---

42 Vgl BGH 3.2.2011 – IV ZR 171/09, VersR 2011, 622.
43 Prölss/Martin/*Rudy*, § 6 Rn 15.
44 Vgl BGH 20.6.1963 – II ZR 199/61, NJW 1963, 1978, 1980; OLG Hamm 30.11.1990 – 20 U 179/90, VersR 1991, 1238; OLG Karlsruhe 18.3.1987 – 13 U 43/85, VersR 1988, 486; OLG Frankfurt 14.3.1985 – 1 U 196/84, VersR 1987, 579 f; differenzierend Römer/Langheid/*Rixecker*, § 6 Rn 15.
45 Begr. RegE, BT-Drucks. 16/3945, S. 59.
46 Vgl BGH 9.10.1974 – IV ZR 118/73, VersR 1975, 77; OLG Köln 14.1.1993 – 5 U 175/91, VersR 1993, 1385; OLG Düsseldorf 21.8.2001 – 4 U 190/01, VersR 2002, 1273.
47 Vgl BGH 13.12.1978 – IV ZR 177/77, VersR 1979, 343.
48 Vgl OLG Karlsruhe 5.11.1992 – 12 U 112/91, VersR 1994, 1169.
49 Prölss/Martin/*Rudy*, § 6 Rn 12.
50 Vgl BGH 9.7.1998 – III ZR 158/97, VersR 1998, 1093 m. Anm. *Kieninger*, NVersZ 1999, 118; OLG Düsseldorf 30.3.2004 – I-4 U 137/03, VersR 2005, 62; OLG Frankfurt 5.9.2001 – 7 U 29/01, VersR 2001, 1543.

Beratungsanlass begründen.[51] Hierzu zählen etwa **Rabatte** für längere Vertragslaufzeiten, längere Intervalle der Prämienzahlung oder die Beteiligung an **Gruppenversicherungen**. Bei einem **Vertrags- oder Versichererwechsel (Umdeckung)** wird der VN idR weder eine Deckungslücke noch eine Verschlechterung des Versicherungsschutzes in Kauf nehmen wollen.[52] In diesem Fall ist der (neue) VR daher gehalten, über etwaige Unterschiede zwischen altem und neuem Versicherungsschutz zu beraten[53] und auf Gefahren wie Deckungslücken hinzuweisen.[54] Beratungsanlass besteht daher etwa beim Wechsel einer privaten Krankenversicherung, insb. im Hinblick auf den drohenden Verlust von Altersrückstellungen (zu entsprechenden Beratungspflichten des VersVermittlers vgl § 61 Rn 11, 21).[55] Die **Gesprächssituation** gibt zur Beratung Anlass, etwa wenn der VN bestimmte Wünsche zum Umfang des Versicherungsschutzes äußert (vgl aber Rn 20),[56] ausdrücklich Nachfragen stellt oder sich aus seinem Verhalten ergibt, dass er sich falsche Vorstellungen über den Umfang oder die Ausgestaltung des Versicherungsschutzes macht. Dies kann in **zeitlicher** Hinsicht gelten, etwa wenn sofortiger Versicherungsschutz gefragt ist, so dass auf die Möglichkeit und Notwendigkeit einer vorläufigen Deckungszusage hinzuweisen ist,[57] oder in **gegenständlicher** Hinsicht, zB wenn das von Mitarbeitern des VR besuchte Hausgrundstück versichert werden soll und dort sichtbar gewordene Risiken nicht vom angebotenen Vertrag umfasst werden.[58]

19 **2. Umfang der Beratungspflicht. a) Allgemeines.** Liegt ein Beratungsanlass vor, dann ist der VR, soweit der Beratungsanlass reicht, zur Beratung verpflichtet. Die vorvertragliche Beratungspflicht des VR umfasst eine Fragepflicht, eine Beratungspflicht ieS, eine Begründungspflicht sowie eine Dokumentationspflicht. Sämtliche Pflichten beschränken sich auf die Risiken, deren Absicherung der VN wünscht.

20 **b) Fragepflicht (Abs. 1 S. 1).** Der VR ist nicht nur dazu verpflichtet, offensichtlichen Beratungsbedarf zu befriedigen. Vielmehr hat er auch die Pflicht, einen möglichen Beratungsbedarf durch Befragung erst aufzudecken. Die Fragepflicht ist der Beratung vorgelagert und soll der Herstellung einer Beratungsgrundlage dienen. Hintergrund ist, dass der unkundige VN Deckungslücken übersieht und eine sachgerechte und bedarfsorientierte Beratung allein auf Grundlage der Angaben, die der VN von sich aus macht, nicht möglich ist. Die Fragepflicht zielt deshalb auf die Ermittlung des objektiven Bedarfs und subjektiver Wünsche des VN. Zwischen Bedarf und Wünschen besteht kein Rangverhältnis, die Bedarfsermittlung sollte sich vielmehr an den Wünschen des VN orientieren.[59] Den VR trifft wohlgemerkt nur eine **Pflicht zur Frage, nicht zu sonstigen Erkundigungen oder zur Inaugenscheinnahme**; allerdings können eigene Wahrnehmungen dem VR Anlass zu einer Frage geben.[60] Die Fragepflicht des VR ist auch nicht unbegrenzt. Umstände, die den VN nur ganz ausnahmsweise oder nur einen relativ kleinen Teil der VN einer entsprechenden Versicherung betreffen, lösen keine Fragepflicht aus; in diesen Fällen

---

51 Prölss/Martin/*Rudy*, § 6 Rn 18.
52 Vgl OLG München 22.6.2012 – 25 U 3343/11, VersR 2012, 1292 (zu § 61).
53 Prölss/Martin/*Rudy*, § 6 Rn 14; vgl OLG Koblenz 27.10.2006 – 10 U 1615/05, VersR 2007, 482.
54 Langheid/Wandt/*Armbrüster*, § 6 Rn 85.
55 LG Berlin 25.1.2013 – 23 O 238/11, r+s 2014, 7.
56 Vgl OLG Düsseldorf 22.10.1996 – 4 U 144/95, VersR 1998, 224; *Schirmer*, r+s 1999, 133, 135.
57 Vgl BGH 15.3.1978 – IV ZR 115/76, VersR 1978, 457; BGH 30.5.1979 – IV ZR 138/77, VersR 1979, 709, 711.
58 Vgl OLG Köln 14.1.1993 – 5 U 175/91, VersR 1993, 1385.
59 Prölss/Martin/*Rudy*, § 6 Rn 19.
60 Prölss/Martin/*Rudy*, § 6 Rn 19.

muss der VN eigeninitiativ Fragen stellen.[61] Äußert der VN klar einen konkreten, abgrenzbaren **Versicherungswunsch**, ist der VR idR ebenfalls nicht zur Befragung verpflichtet,[62] wenn dieser Wunsch auch objektiv bedarfsgerecht ist.[63] An einen konkreten, abgrenzbaren Versicherungswunsch sind strenge Anforderungen zu stellen; ein solcher ist erst dann anzunehmen, wenn der VN die Art der gewünschten Versicherung bzw den Umfang des gewünschten Versicherungsschutzes so konkret bezeichnet, dass nur ein einziges Produkt des VR in Betracht kommt.[64] Dies kann sich auch daraus ergeben, dass der VN, etwa mit dem Wunsch „wie bisher", auf einen alten VersVertrag Bezug nimmt.[65] Will sich der VR auf einen derartigen Versicherungswunsch berufen, muss er ihn auch beweisen.[66] Ein abstrakter Versicherungswunsch genügt nicht; wünscht der VN also etwa, sein Fahrzeug zu versichern, muss der konkrete Wunsch bzw Bedarf des VN weiter ermittelt werden, zB unter dem Gesichtspunkt, ob Vollkasko- oder nur Teilkaskoversicherungsschutz gewünscht wird und bedarfsgerecht ist.[67]

c) **Beratungspflicht ieS (Abs. 1 S. 1)**. Die Pflicht des VR zur Beratung geht über die Pflicht zur Information und Aufklärung hinaus. Information und Aufklärung sind wertungsfrei, der VN muss hieraus seine eigenen Schlussfolgerungen über Vor- und Nachteile ziehen. Mit **Beratung** ist die **Unterstützung des Entscheidungsprozesses des VN** verbunden.[68] Wer berät, muss unter Abwägung der Vor- und Nachteile grds. die günstigste Handlungsalternative aufzeigen. Der VR muss dem VN das Produkt empfehlen, das seinen Bedürfnissen am ehesten gerecht wird. Dabei hat der VR sämtliche angebotenen Produkte, Tarife und auch Zusatzklauseln in Betracht zu ziehen, zB den Verzicht auf den Einwand grober Fahrlässigkeit bei der Herbeiführung des Versicherungsfalles.[69] Kommen mehrere Versicherungsprodukte in Betracht, ohne dass sich *die* günstigste Alternative rational auswählen lässt, genügt der VR seiner Beratungspflicht, wenn er die Unterschiede sowie die jeweiligen Vor- und Nachteile erläutert.[70] 21

Der VR schuldet dem VN aber keinen „**best advice**". Er braucht daher grds. nicht von bestimmten VersVerträgen abzuraten, selbst wenn sie sich als nicht notwendig oder unwirtschaftlich darstellen[71] oder Wettbewerber bessere bzw günstigere Produkte anbieten.[72] Die Beratungspflicht des VR beschränkt sich auf das von dem VN gewünschte Produkt; für den Fall, dass nach den Wünschen des VN mehrere Produkte in Betracht kommen, auf die eigene Produktpalette des VR.[73] Als Vertragspartei ist der VR den Interessen des VN nicht völlig unterworfen, sondern darf auch eigene geschäftliche Interessen vertreten.[74] Der VR ist daher nicht verpflichtet, Produkte anderer VR in seine Beratung einzubeziehen. Der VR schuldet auch keine eingehende **Rechtsberatung**. Er braucht daher keine rechtlichen Details zu erklären.[75] Die **AVB** muss der VR in seine Beratung nur insoweit einbeziehen, 22

---

61 Prölss/Martin/*Rudy*, § 6 Rn 20.
62 Vgl OLG Hamm 4.12.2009 – 20 U 131/09, VersR 2010, 1215 (zu § 61).
63 Vgl *Münkel*, jurisPR-VersR 8/2010 Anm. 1 (zu § 61).
64 Vgl *Münkel*, jurisPR-VersR 8/2010 Anm. 1 (zu § 61).
65 Vgl OLG Hamm 4.12.2009 – 20 U 131/09, VersR 2010, 1215; *Münkel*, jurisPR-VersR 8/2010 Anm. 1 (jew. zu § 61).
66 Vgl *Münkel*, jurisPR-VersR 8/2010 Anm. 1 (zu § 61).
67 Vgl *Münkel*, jurisPR-VersR 8/2010 Anm. 1 (zu § 61).
68 *Stöbener*, ZVersWiss 2007, 465, 475.
69 *Meixner/Steinbeck*, § 1 Rn 46; Langheid/Wandt/*Armbrüster*, § 6 Rn 49.
70 Ähnlich Prölss/Martin/*Rudy*, § 6 Rn 2.
71 *Stöbener*, ZVersWiss 2007, 465, 475; aA *Neuhaus*, r+s 2008, 449, 456 (bei finanzieller Überforderung); Langheid/Wandt/*Armbrüster*, § 6 Rn 153 (im Einzelfall).
72 Prölss/Martin/*Rudy*, § 6 Rn 24.
73 *Meixner/Steinbeck*, § 1 Rn 45.
74 *Stöbener*, ZVersWiss 2007, 465, 474 f.
75 Prölss/Martin/*Rudy*, § 6 Rn 21.

wie diese einen Beratungsanlass darstellen, weil entweder Zweck und/oder wesentlicher Schutzumfang der Versicherung nicht allgemein bekannt sind oder einzelne AVB-Bestimmungen nicht ohne Weiteres zu verstehen sind (s. Rn 14 f). Der VR ist dagegen nicht verpflichtet, dem VN die AVB in toto zu erklären.[76]

23 **Grundlage** der Beratung sind die dem VR bzw dem VersVertreter bekannten bzw von diesem durch Fragen eruierten Umstände. Kann der VR bzw der VersVertreter die für eine Beratung notwendigen Umstände nicht eruieren, weil sich der VN weigert, seine Fragen zu beantworten, beschränken sich die Beratungspflichten auf das vom VN ausdrücklich gewünschte Versicherungsprodukt.[77]

24 Die **Reichweite** der Beratungspflicht ieS richtet sich zunächst nach den bereits beschriebenen Kriterien, wird also durch den Beratungsanlass (s. Rn 8 ff), den vom VN gewünschten Versicherungsschutz (s. Rn 19) sowie die vom VR angebotene Produktpalette (s. Rn 22) beschränkt. Darüber hinaus muss der **Beratungsaufwand in einem angemessenen Verhältnis zur Prämie** stehen. Die praktische Bedeutung dieser – aus rechtspolitischer Sicht vielfach kritisierten[78] – **Proportionalitätsregel**[79] ist noch unklar.[80] Häufig wird es sich zwar bei einer geringen Prämienhöhe auch um ein einfaches Standardprodukt handeln, so dass es bereits an einem Beratungsanlass fehlt (vgl Rn 14). Selbst in der Gesetzesbegründung zum Vermittlergesetz (s. Vor §§ 59–73 Rn 3)[81] heißt es aber schon einschränkend, dass auch bei Produkten mit einer niedrigeren Prämie – beispielhaft wird dort eine Jahresprämie von 60 € genannt – ein erhöhter Beratungsaufwand erforderlich sein könne. Man denke an eine Privathaftpflichtversicherung, die zu einer Jahresprämie in der genannten Höhe angeboten wird, für den VN aber existenzielle Bedeutung haben kann. Die Gesetzesformulierung („auch"; „Beratungsaufwand") spricht dafür, an diesem Kriterium grds. nur den Umfang der Beratung, nicht die Existenz einer Beratungspflicht per se zu messen.[82] Soweit der Beratungsaufwand zu der vom VN zu zahlenden Prämie nicht in einem angemessenen Verhältnis steht, entfällt nicht der Beratungsanlass.[83] Bei komplexen Produkten hat der VR dem VN die Mindestkenntnisse unabhängig vom Beratungsaufwand zu verschaffen.[84] So gesehen lässt sich die Konformität des Kriteriums der Verhältnismäßigkeit zwischen Beratungsaufwand und Prämie mit der Vermittlerrichtlinie (s. Vor §§ 59–73 Rn 3) kaum in Zweifel ziehen.[85] Selbst wenn man der Richtlinie eine Beratungspflicht – und nicht nur eine Dokumentationspflicht – entnehmen und diese auf VR – und nicht nur auf

---

76 Stöbener, ZVersWiss 2007, 456, 470; Schwintowski/Brömmelmeyer/Ebers, § 6 Rn 23; Prölss/Martin/Rudy, § 6 Rn 22.
77 Begr. RegE Vermittlergesetz, BT-Drucks. 16/1935, S. 33.
78 Etwa von Niederleithinger, VersR 2006, 437, 439; Römer, VersR 2006, 740, 743 („untauglich und überflüssig"); Schwintowski, ZRP 2006, 139, 141; Dörner/Staudinger, WM 2006, 1710, 1711; Reiff, VersR 2007, 717, 725 f.
79 Langheid/Wandt/Armbrüster, § 6 Rn 143.
80 Nach Stöbener, ZVersWiss 2007, 465, 476 sollte dieses Kriterium in seiner Bedeutung nicht überschätzt werden; ebenso Pohlmann, VersR 2009, 327, 330 („viel Lärm um nichts"); noch weiter Marlow/Spuhl/Spuhl, Rn 96 („keine praktische Relevanz").
81 Begr. RegE Vermittlergesetz, BT-Drucks. 16/1935, S. 24.
82 In diese Richtung schon Römer, VersR 2006, 740, 743; aA Looschelders/Pohlmann/Pohlmann, § 6 Rn 56; dies., VersR 2009, 327, 328.
83 In diese Richtung aber OLG Hamm 4.12.2009 – 20 U 131/09, VersR 2010, 1215 (zu § 61).
84 Prölss/Martin/Rudy, § 6 Rn 31; anders Looschelders/Pohlmann/Pohlmann, § 6 Rn 56; dies., VersR 2009, 327, 328 f, die das Gewicht des Beratungsanlasses gegen den Grad der Unangemessenheit des Verhältnisses zwischen Beratungsaufwand und Prämie abwägen will.
85 So aber von Schwintowski, ZRP 2006, 139, 141; Bruck/Möller/Schwintowski, § 6 Rn 27; Looschelders/Pohlmann/Pohlmann, § 6 Rn 58; dies., VersR 2009, 327, 329 f; für richtlinienkonform haltend dagegen Prölss/Martin/Rudy, § 6 Rn 31.

VersVermittler – bezöge, kann der Richtlinie nicht entnommen werden, dass der Umfang der Beratung nicht beschränkt werden kann.[86] Maßgeblich sind der bei Verträgen der fraglichen Art durchschnittlich anfallende Beratungsaufwand und die für derartige Verträge durchschnittlichen Prämieneinnahmen.[87] Schon die Ermittlung dieser beiden Bezugsgrößen bereitet Schwierigkeiten. Wann der Beratungsaufwand zudem in einem angemessenen Verhältnis zu den Prämieneinnahmen steht, ist ebenfalls schwer zu beurteilen. Der Vorschlag, den verhältnismäßigen Beratungsaufwand nach den Kosten zu bemessen, die der VN für eine Beratung als separate Zusatzleistung zu zahlen bereit wäre,[88] erscheint zwar sachgerecht, aber kaum praktikabel.[89] Das Verhältnis kann auch durch die eigene Sachkunde oder eine sachverständige Beratung des VN beeinflusst sein. **Wünsche** und **Fragen** muss der VR jedenfalls beantworten, **Fehlvorstellungen** muss der VR in jedem Fall richtigstellen. Dies gilt auch dann, wenn sich die Antworten aus eindeutig gefassten Versicherungsbedingungen ergeben.

d) Begründungspflicht (Abs. 1 S. 1). Der VR hat außerdem „die Gründe für jeden zu einer bestimmten Versicherung erteilten Rat anzugeben". Zum **Inhalt** der Begründung macht das Gesetz keine Vorgaben. Teilweise wird eine – wenn auch nur zusammenfassende – Darlegung der Bedürfnisse des VN sowie eine – bei mehreren in Betracht kommenden Produkten vergleichende – Bewertung gefordert.[90] Die Begründung muss dabei qua gesetzlicher Anordnung **klar und verständlich** sein. Die Begründung muss sich daher auch auf die wesentlichen Punkte beschränken; im Übrigen ist ein Rückgriff auf die Grundsätze des Transparenzgebots bei AVB (s. Einl. Rn 83 f) erwägenswert.[91] Die Gründe sind dem VN zusammen mit dem Rat vor Vertragsschluss in **Textform** zu übergeben (s. Rn 28 f). Die Begründungspflicht hat den Zweck zu gewährleisten, dass der erteilte Rat für den VN auch nachvollziehbar ist. Der VR braucht freilich nicht zu begründen, warum er den Abschluss einer Versicherung mit ihm und nicht mit anderen Gesellschaften vorschlägt.[92] 25

e) Dokumentationspflicht (Abs. 1 S. 2). Nach Abs. 1 S. 2 hat der VR „dies", also die in S. 1 genannte Befragung, Beratung und deren Begründung zu dokumentieren. In der Regel werden die Beratung und deren Begründung in einem Formular stichwortartig festgehalten und vom VN unterschrieben, der damit die Vollständigkeit und Richtigkeit der Dokumentation bestätigt.[93] Der Gesetzgeber hat „in Anbetracht der sich ständig ändernden Produkte" bewusst davon abgesehen, gesetzliche Vorgaben für solche Formulare zu machen.[94] Nach dem Sinn der Vorschrift muss aus der Dokumentation aber in Ansätzen nachvollzogen werden können, was der **wesentliche Gesprächs- und Beratungsinhalt** war; ein schematisches Ankreuzen nach bestimmten Themenbereichen ohne Erläuterung dazu, ob einzelne Punkte besprochen wurden, und ohne Angaben, welche konkrete Motivation der Beratung zugrunde lag und was die wesentlichen Gründe für den erteilten Rat zu einer bestimmten Versicherung waren, genügt nicht.[95] 26

---

86 Ähnlich Prölss/Martin/*Rudy*, § 6 Rn 31; aA *Pohlmann*, VersR 2009, 327, 329 f.
87 Vgl Looschelders/Pohlmann/*Pohlmann*, § 6 Rn 59 ff; *dies.*, VersR 2009, 327, 329.
88 So von Langheid/Wandt/*Armbrüster*, § 6 Rn 149.
89 In diesem Sinne auch *Pohlmann*, VersR 2009, 327, 329, die auf die „objektive Einkalkulierbarkeit des Beratungsaufwandes" abstellen will; Prölss/Martin/*Rudy*, § 6 Rn 32, der als Obergrenze für den Beratungsaufwand den Preis des Produkts ohne Beratungszuschlag und zur Berechnung dieses Preises die Heranziehung von Prämien für vergleichbare Verträge bei reinen Internetversicherern vorschlägt.
90 So von Prölss/Martin/*Rudy*, § 6 Rn 25.
91 Prölss/Martin/*Rudy*, § 6 Rn 27.
92 Vgl Begr. RegE Vermittlergesetz, BT-Drucks. 16/1935, S. 24 für den Ausschließlichkeitsvertreter iSv § 34 d Abs. 4 GewO.
93 Begr. RegE Vermittlergesetz, BT-Drucks. 16/1935, S. 25.
94 Begr. RegE Vermittlergesetz, BT-Drucks. 16/1935, S. 25.
95 Vgl OLG München 22.6.2012 – 25 U 3343/11, VersR 2012, 1292 (zu § 61).

27 Die Dokumentationspflicht hat erhebliche praktische Bedeutung vor dem Hintergrund, dass die Dokumentation **Beweis** über den Umfang der Beratung erbringen soll (s. Rn 47).

28 3. Zeitpunkt und Form der vorvertraglichen Beratung (Abs. 2). a) Zeitpunkt. Der VR muss seinen Rat und die Gründe hierfür **vor Vertragsschluss** erteilen. Teilweise[96] wird vertreten, der Rat müsse – wie die Information nach § 7 – vor der bindenden Vertragserklärung, idR also der Antragserklärung des VN, erfolgen. Alles andere würde dem Zweck der Beratungspflicht zuwiderlaufen, dem VN Gelegenheit zu geben, alle Informationen und Ratschläge zu würdigen, bevor er sich vertraglich bindet. Auch wenn die praktische Bedeutung dieser Frage gering sein dürfte, weil eine Beratung kaum noch nach Antragstellung, aber vor Vertragsschluss erfolgen wird, ist dieser Ansicht zu widersprechen. Der Gesetzeswortlaut, der von „vor Vertragsschluss" spricht und sich damit eindeutig von der Formulierung in § 7 unterscheidet – § 62 Abs. 1 stellt beide Alternativen sogar ausdrücklich nebeneinander –, lässt keine Auslegung dahingehend zu, dass der Rat bereits vor der Antragserklärung erfolgen muss.[97] Für eine solche Interpretation besteht auch kein Bedürfnis, da dem VN auch noch nach Vertragsabschluss ein Widerrufsrecht nach § 8 Abs. 1 S. 1 zusteht. Dass der VN zur Ausübung dieses Widerrufsrechts selbst tätig und hierzu die „menschliche Trägheit" überwinden muss,[98] vermag einen Schutz des VN über den Gesetzeswortlaut hinaus nicht zu rechtfertigen. Eine Beratung, die erst mit der Annahmeerklärung des VR erfolgt bzw übergeben oder übersandt wird, ist allerdings zu spät, da die Beratung in diesem Fall nicht *vor*, sondern **bei Vertragsschluss** erfolgt.[99]

29 b) Form. Der Rat muss grds. in **Textform** (§ 126 b BGB) erfolgen. Die Pflicht zur schriftlichen Übermittlung der Dokumentation verhindert, dass im Streitfall eine Dokumentation nachträglich erstellt wird. Ausnahmsweise genügt ein **mündlicher** Rat, wenn der VN dies wünscht oder es um vorläufigen Versicherungsschutz geht. In diesen Fällen muss der Rat aber nach Vertragsschluss unverzüglich in **Textform nachgeliefert** werden, es sei denn, es kommt nicht zum Vertragsschluss – dann ist der VN nicht mehr schutzwürdig[100] – oder es um eine vorläufige Deckung bei Pflichtversicherungen, insb. also die vorläufige Deckung im Bereich der Kfz-Haftpflichtversicherung,[101] geht. Diese Einschränkungen gelten aber nicht für den mit dem vorläufigen Versicherungsschutz gleichzeitig beantragten Hauptvertrag.[102]

30 4. Beratungsverzicht (Abs. 3). a) Allgemeines. Die Regelungen über den Beratungsverzicht gegenüber dem VR (Abs. 3) und dem VersVermittler (§ 61 Abs. 2) sind im Vorfeld zur VVG-Reform insb. unter Verbraucherschutzgesichtspunkten heftig kritisiert worden.[103] Dem VR bzw dem VersVermittler würde damit die Möglichkeit geboten, seine Beratungspflichten zu unterlaufen, da es einem geschickten Vermittler immer gelänge, den VN zu einem Beratungsverzicht zu bewegen.[104] Außerdem sei die Verzichtsmöglichkeit in der auch hinter § 6 stehenden Vermittlerrichtlinie (s. Rn 1) nicht vorgesehen. Teilweise wird deshalb die Europa-

---

96 Marlow/Spuhl/*Spuhl*, Rn 82; *Meixner/Steinbeck*, § 1 Rn 32; Langheid/Wandt/*Armbrüster*, § 6 Rn 115; ebenfalls krit. gegenüber der Regelung *Reiff*, VersR 2007, 717, 727.
97 Im Ergebnis ebenso *Römer*, VersR 2006, 740, 743; auch Prölss/Martin/*Rudy*, § 6 Rn 28, der dies aber für „verfehlt" hält.
98 So das Argument von Marlow/Spuhl/*Spuhl*, Rn 83; krit. zur Verweisung des VN auf das Widerrufsrecht auch *Niederleithinger*, A Rn 54.
99 Im Ergebnis ebenso *Niederleithinger*, A Rn 54.
100 Begr. RegE, BT-Drucks. 16/3945, S. 58.
101 Begr. RegE, BT-Drucks. 16/3945, S. 58.
102 *Niederleithinger*, VersR 2006, 437, 440; *ders.*, A Rn 56.
103 Etwa von *Schwintowski*, ZRP 2006, 139, 141; *Römer*, VuR 2007, 94 ff.
104 In diesem Sinne etwa *Römer*, VuR 2007, 94, 95.

rechtskonformität[105] oder sogar die Verfassungsmäßigkeit[106] der Verzichtsregelungen in Zweifel gezogen. Da aber die Vermittlerrichtlinie (s. Vor §§ 59–73 Rn 3) lediglich eine Pflicht zur Dokumentation eines erteilten Rates, keine Beratungspflicht per se vorsieht, kann die Möglichkeit eines Beratungsverzichts auch nicht richtlinienwidrig sein.[107] Auch soweit in einem Beratungsverzicht ein Verzicht auf Dokumentation der Wünsche und Bedürfnisse des VN liegt, verstößt dies nicht gegen die Richtlinie, da diese keine Zwangsdokumentation fordert bzw kein Verzichtsverbot vorsieht.[108] Die Regelung trägt im Übrigen nur dem – selbstverständlichen und aus dem Grundsatz der Privatautonomie folgenden – Umstand Rechnung, dass sich der mündige VN nicht gegen seinen Willen beraten lassen muss. Den Anforderungen des Verbraucherschutzes wird durch die in Abs. 3 und § 61 Abs. 2 geforderten Voraussetzungen für einen Beratungsverzicht, nämlich das Erfordernis einer gesonderten schriftlichen Erklärung und die Belehrung über mögliche nachteilige Auswirkungen auf Schadensersatzansprüche, hinreichend genügt,[109] wobei der dadurch bezweckte Verbraucherschutz Anlass sein sollte, diese Voraussetzungen eng auszulegen.

b) Wirksamkeitsvoraussetzungen. aa) Gesonderte schriftliche Erklärung. Abs. 3 macht einen wirksamen Beratungsverzicht zunächst von einer **gesonderten schriftlichen Erklärung** abhängig. Damit sind mündliche oder konkludente – etwa in der Verweigerung zu Auskünften liegende – Verzichtserklärungen unwirksam. Nach der Begründung zum Vermittlergesetz (s. Vor §§ 59–73 Rn 3),[110] auf welche die Begründung zu § 6 Abs. 3 verweist,[111] „muss die Verzichtserklärung zum Gegenstand einer gesonderten Vereinbarung in einem eigenen Dokument gemacht und vom Kunden unterschrieben werden", um dem Kunden den Verzicht „bewusst vor Augen [zu] führen". Um eine gesonderte schriftliche Erklärung handelt es sich deshalb nur dann, wenn der Beratungsverzicht den einzigen Regelungsgegenstand des Papiers („**Extrablatt**") darstellt.[112] Eine großzügige Betrachtungsweise, wie sie vom BGH[113] zum Merkmal „gesonderte Erklärung" in § 309 Nr. 11 Buchst. a BGB befürwortet wird und wonach die deutliche Trennung vom Vertragstext auf demselben Schriftstück genügt, scheint im Rahmen des Abs. 3 weder sachgerecht noch zum Zwecke einer einheitlichen Begriffsauslegung geboten.[114] Ob die Verzichtserklärung mit anderen Papieren physisch verbunden ist oder nicht, spielt allerdings keine Rolle.[115] Unwirksam ist daher von vornherein die in einem Antragsformular oder Bedingungswerk vorformulierte Beratungsver-

31

---

105 So etwa von *Schwintowski*, ZRP 2006, 139, 141; *Römer*, VuR 2007, 94, 95; *Franz*, VersR 2008, 298, 299; im Anwendungsbereich der Vermittlerrichtlinie auch *Dörner/Staudinger*, WM 2006, 1710, 1711; Prölss/Martin/*Dörner*, § 61 Rn 33.
106 So von *Dörner/Staudinger*, WM 2006, 1710, 1711.
107 *Reiff*, VersR 2007, 717, 726; Langheid/Wandt/*Reiff*, § 61 Rn 33; aA Schwintowski/Brömmelmeyer/*Ebers*, § 6 Rn 35; Looschelders/Pohlmann/*Pohlmann*, § 6 Rn 95.
108 Vgl Begr. RegE Vermittlergesetz, BT-Drucks. 16/1935, S. 24 f; Schwintowski/Brömmelmeyer/*Ebers*, § 6 Rn 35; so auch Prölss/Martin/*Rudy*, § 6 Rn 38; aA Dörner/Staudinger, WM 2006, 1710, 1711; *Schwintowski*, ZRP 2006, 139, 141; *Römer*, VuR 2007, 94, 95.
109 Vgl Begr. RegE Vermittlergesetz, BT-Drucks. 16/1935, S. 32.
110 Begr. RegE Vermittlergesetz, BT-Drucks. 16/1935, S. 32.
111 Begr. RegE, BT-Drucks. 16/3945, S. 58.
112 So auch Langheid/Wandt/*Reiff*, § 61 Rn 30; LG Saarbrücken 16.4.2013 – 14 S 11/12, VersR 2013, 759 (zu § 61 Abs. 2); aA Langheid/Wandt/*Armbrüster*, § 6 Rn 178; *Römer*/Langheid/*Rixecker*, § 6 Rn 24, die eine deutliche Trennung vom übrigen Text für ausreichend halten.
113 BGH 27.4.1988 – VIII ZR 84/87, NJW 1988, 2465, 2466.
114 So auch Looschelders/Pohlmann/*Pohlmann*, § 6 Rn 91; aA Langheid/Wandt/*Armbrüster*, § 6 Rn 178.
115 Im Ergebnis ebenso *Funck*, VersR 2008, 163, 166.

zichtserklärung. Nicht wirksam sind aber auch solche Erklärungen, die in einem (Beratungs-)Protokoll zwischen sonstigen Informationen oder Daten, zB Kundendaten, „versteckt" sind. Das Erfordernis einer **Unterschrift** des VN folgt aus § 126 Abs. 1 BGB.

32 Gesonderte schriftliche Erklärung bedeutet allerdings nicht, dass die Erklärung individuell verfasst sein muss. Entsprechende Erklärungen sind durchaus auch in für eine Vielzahl von Fällen vorformulierter, also **AGB-Form** gültig.[116] Die Gegenansicht[117] vermag nicht zu überzeugen. Teilweise wird angenommen, dass eine entsprechende formularmäßige Erklärung nach § 307 Abs. 2 Nr. 1 BGB unwirksam sei.[118] Zwar gelten nach der Rspr auch einseitige Rechtsgeschäfte des Vertragspartners des Verwenders als AGB.[119] Soweit dem VN der Verzicht freigestellt und nicht zur Bedingung des Vertragsabschlusses gemacht wird, ist aber fraglich, ob es sich bei diesem um eine vom VR „gestellte" Vertragsbedingung handelt.[120] Aus § 307 BGB kann die Unwirksamkeit einer vorformulierten Beratungsverzichtserklärung jedenfalls deshalb nicht folgen,[121] da der VR als Verwender nur von einer ausdrücklichen gesetzlichen Ermächtigung Gebrauch macht, wobei der Gesetzgeber die Gebrauchnahme durch AGB gebilligt hat. Dies zeigt schon ein Vergleich mit Abs. 4 S. 2, wonach ein Beratungsverzicht während des Versicherungsverhältnisses nur „im Einzelfall" möglich ist. Dass der Gesetzgeber eine vom VR vorformulierte Verzichtserklärung vorausgesetzt hat, ergibt sich aber auch daraus, dass ansonsten in dieser Erklärung kein Hinweis des VRs auf etwaige nachteilige Folgen für Schadensersatzansprüche enthalten sein könnte. Etwas anderes ergibt sich auch nicht aus der Gesetzesbegründung. Um zu verhindern, „dass ein Verzicht des Versicherungsnehmers formularmäßig vereinbart wird", soll der Verzicht „in einer ausdrücklichen Erklärung in einem gesonderten vom Versicherungsnehmer unterschriebenen Schriftstück" erfolgen.[122] Der Formulierung nach ging es dem Gesetzgeber also nur darum, dass die Verzichtserklärung nicht in die AVB aufgenommen wird.[123] Bei Abs. 3 handelt es sich deshalb um eine sog. qualifizierte Erlaubnisnorm, bei einem **vorformulierten Verzicht** um eine **erlaubnisnormausfüllende Klausel**. Eine solche Klausel kann einer AGB-rechtlichen Inhaltskontrolle nicht unterworfen sein, da dies auf eine Kontrolle dessen hinausliefe, was der Gesetzgeber selbst für angemessen hält.[124] Auch die regelmäßige oder massenhafte Verwendung von Verzichtserklärungen vermag keine Unwirksamkeit gem. § 307 BGB zu begründen,[125] da sich die AGB-rechtliche Inhaltskontrolle stets nur auf den konkreten Vertrag beziehen kann.[126] Da der Gesetzgeber – wie gerade dargelegt – eine vom VR vorformulierte Verzichtserklärung vorausgesetzt hat, kann Abs. 3 auch

---

116 So auch *Gaul*, VersR 2007, 21, 23; *Funck*, VersR 2008, 163, 166 Fn 38; vgl Langheid/Wandt/*Reiff*, § 61 Rn 30 (für § 61 Abs. 2).
117 ZB *Schimikowski*, r+s 2007, 133, 136 f (zu § 7); *Franz*, VersR 2008, 298, 300; Prölss/Martin/*Rudy*, § 6 Rn 40 iVm § 7 Rn 18.
118 *Schimikowski*, r+s 2007, 133, 136 (zu § 7); *Franz*, VersR 2008, 298, 300; Schwintowski/Brömmelmeyer/*Ebers*, § 7 Rn 42 (zu § 7); wohl auch Langheid/Wandt/*Armbrüster*, § 6 Rn 170 („regelmäßiger Verzicht").
119 BGH 5.5.1986 – II ZR 150/85, NJW 1986, 2428, 2429; BGH 9.4.1987 – III ZR 84/86, NJW 1987, 2011; BGH 16.3.1999 – XI ZR 76/98, VersR 1999, 971; BGH 27.1.2000 – I ZR 241/97, VersR 2000, 864; krit. hierzu *Blankenburg*, VersR 2008, 1446, 1447.
120 Langheid/Wandt/*Armbrüster*, § 6 Rn 168 mwN.
121 So auch *Blankenburg*, VersR 2008, 1446, 1449 f.
122 Begr. RegE, BT-Drucks. 16/3945, S. 60.
123 In diesem Sinne auch *Blankenburg*, VersR 2008, 1446, 1449.
124 Vgl Palandt/*Grüneberg*, § 307 BGB Rn 54 mwN; ausf. zur Kontrollfreiheit sog. erlaubnisnormausfüllender Klauseln *Münkel*, Empfangsvollmacht, S. 322 ff mwN.
125 So aber wohl Langheid/Wandt/*Armbrüster*, § 6 Rn 170.
126 Näher hierzu *Blankenburg*, VersR 2008, 1446, 1450.

nicht teleologisch auf einen individualvertraglichen Verzicht **reduziert** werden.[127] Aus dem Umstand, dass Abs. 3 als Ausnahmetatbestand konzipiert wurde,[128] lässt sich die Unwirksamkeit einer formularmäßigen Verzichtserklärung ebenfalls nicht herleiten. Im Interesse des Verbraucherschutzes sollte man aber den Begriff „gesonderte schriftliche Erklärung" **eng auslegen** und hierunter wirklich nur solche Dokumente fassen, die außer der Verzichtserklärung keine sonstigen Mitteilungen, Informationen oder Daten enthalten. Ist der Beratungsverzicht Ausdruck eines Verhandlungsungleichgewichts zwischen VR und VN und beruht er auf dem überlegenen Wissen des VR bei für diesen offensichtlichem Beratungsbedarf, kann der Verzicht nach § 138 Abs. 1 BGB unwirksam sein.[129] Die regelmäßige oder massenhafte Verwendung von Verzichtserklärungen kann auch **wettbewerbs- oder versicherungsaufsichtsrechtliche Konsequenzen** haben, wenn diese als unlauter iSd § 3 UWG oder als Missstand iSd § 81 Abs. 2 S. 2 VAG anzusehen ist.[130]

bb) Hinweispflicht. Darüber hinaus muss die Erklärung einen ausdrücklichen **Hinweis** darauf enthalten, dass sich der **Beratungsverzicht nachteilig** auf die Möglichkeit auswirken kann, gegen den VR einen **Schadensersatzanspruch** nach Abs. 5 geltend zu machen. Nach dem Gesetzeswortlaut muss also nur pauschal auf die Möglichkeit von nachteiligen Wirkungen, also weder auf die Art der nachteiligen Wirkungen noch darauf, ob die Wirkungen tatsächlich eintreten, hingewiesen werden. Fraglich ist, ob der VR dieser Hinweispflicht bereits dann genügt, wenn er den Gesetzeswortlaut wiederholt.[131] Der am Gesetzeswortlaut orientierte Hinweis, dass der Beratungsverzicht sich nachteilig auf die Möglichkeit auswirken könne, Schadensersatzansprüche nach § 6 Abs. 5 geltend zu machen, ist für den VN in zweierlei Hinsicht unklar. Zum einen wird dem VN nicht deutlich gemacht, dass die Haftung nach § 6 Abs. 5 vollkommen entfällt.[132] Mit den Begriffen „nachteilig", „Möglichkeit", „auswirken", „kann" und „geltend zu machen" wird der mit einem Verzicht verbundene Ausschluss der Haftung gleich mehrfach relativiert. Zum anderen kann bei dem VN der Eindruck entstehen, der Verzicht würde nicht sämtliche Schadensersatzansprüche, sondern nur die „nach § 6 Abs. 5 VVG" betreffen. In dem Hinweis sollte daher klar zum Ausdruck kommen, dass der Verzicht Schadensersatzansprüche wegen unterlassener oder fehlerhafter Beratung ausschließt.[133] 33

c) Beratungsverzicht als Risiko für VR. Im Hinblick auf die vorstehenden Wirksamkeitsvoraussetzungen (s. Rn 31 ff) stellt ein Beratungsverzicht für den **VR** ein nicht unerhebliches **Risiko** dar. Ist der Beratungsverzicht nämlich unwirksam, ist auch mangels Beratungsdokumentation (vgl Rn 47) davon auszugehen, dass eine **Beratung nicht erfolgt** ist.[134] Findet trotz wirksamen Verzichts eine Beratung statt, muss diese auch richtig sein. Andernfalls verletzt der VR – wie bei fehlendem Beratungsanlass (vgl Rn 11) – seine **Pflicht zu wahrheitsgemäßen Auskünften** und haftet hierfür gem. §§ 280 Abs. 1, 311 Abs. 2, 241 Abs. 2 BGB. 34

---

127 So aber Prölss/Martin/*Rudy*, § 6 Rn 40 iVm § 7 Rn 18.
128 *Schimikowski*, r+s 2007, 133, 136 f (zu § 7).
129 Beckmann/Matusche-Beckmann/*Rixecker*, § 18 a Rn 23; Römer/Langheid/*Rixecker*, § 6 Rn 24.
130 Schwintowski/Brömmelmeyer/*Ebers*, § 6 Rn 34; *Blankenburg*, VersR 2008, 1446, 1451; Langheid/Wandt/*Armbrüster*, § 6 Rn 167.
131 Hierfür Looschelders/Pohlmann/*Pohlmann*, § 6 Rn 90; Langheid/Wandt/*Reiff*, § 61 Rn 31 (für § 61 Abs. 2); Prölss/Martin/*Rudy*, § 6 Rn 41.
132 *Meixner/Steinbeck*, § 1 Rn 40.
133 Ähnlich Langheid/Wandt/*Armbrüster*, § 6 Rn 180; Schwintowski/Brömmelmeyer/ *Michaelis*, § 61 Rn 26 (für § 61 Abs. 2).
134 Vgl *Meixner/Steinbeck*, § 1 Rn 40.

IV. Beratungspflicht während des Versicherungsverhältnisses (Abs. 4)

35 **1. Umfang der Beratungspflicht.** Nach Abs. 4 obliegen dem VR die Beratungspflichten nach Abs. 1 S. 1, also Fragepflicht (s. Rn 20), Beratungspflicht ieS (s. Rn 21 ff) und Begründungspflicht (s. Rn 25), auch während der Dauer des Versicherungsverhältnisses. Auch die Beratung während des Versicherungsverhältnisses hat nur **anlassbezogen** zu erfolgen, wobei der Anlass für den VR im Gegensatz zur vorvertraglichen Beratungspflicht **erkennbar** sein muss. Während des Versicherungsverhältnisses hat der VR also „nur" offensichtlichen oder erkennbaren Beratungsbedarf zu befriedigen. Er ist nicht gehalten, etwaigen ihm nicht erkennbaren Beratungsbedarf durch entsprechende Fragen erst aufzudecken. Erkennbaren Beratungsbedarf muss der VR aber durch Nachfragen konkretisieren.

36 Der **Beratungsanlass** kann sich insb. ergeben aus tatsächlichen oder rechtlichen Veränderungen, die Anlass zu einer Vertragsänderung oder zum Abschluss eines neuen VersVertrages geben können,[135] die also etwa zu einer Veränderung des abgesicherten Risikos oder anderer für den VersVertrag und den VN wesentlicher Umstände führen.[136]

Tatsächliche Veränderungen können in den persönlichen Verhältnissen des VN liegen, wie zB bei einer Scheidung im Hinblick auf die Begünstigung im Rahmen einer Lebensversicherung, bei einem Umzug im Hinblick auf den drohenden Verlust des Versicherungsschutzes in der Einbruchdiebstahlversicherung[137] oder im Falle eines Wegzugs ins Ausland hinsichtlich der Beendigung einer privaten Krankenversicherung bzw der Möglichkeit des Abschlusses einer Anwartschaftsversicherung.[138] Ein weiteres Beispiel ist die zum Erlöschen des Versicherungsschutzes führende Betriebsverlegung.[139] Der altersbedingte Wegfall eines Beihilfeanspruchs löst jedoch keine Beratungspflicht des Krankenversicherers aus.[140] Die tatsächlichen Veränderungen können aber auch in der Sphäre des VR liegen, zB wenn sich infolge eines unerwarteten Rückgangs der Überschüsse und Gewinne bei dem VR eine Finanzierungslücke des VN einer Kapital-Lebensversicherung bei der Ablösung eines Baudarlehens abzeichnet.[141] Auch technische Veränderungen, deren Auswirkungen der VN im Gegensatz zum VR nicht erkennt, können eine Beratungspflicht auslösen.[142] **Rechtliche Veränderungen** können in einer Änderung sowohl der gesetzlichen Rahmenbedingungen[143] (zB in einer Änderung der gesetzlichen Anforderungen an Pflichtversicherungen)[144] als auch maßgeblicher (höchstrichterlicher) Rechtsprechung liegen. Erforderlich ist allerdings, dass es sich um eine Rechtsprechung von grundsätzlicher Bedeutung oder um eine richterliche Rechtsfortbildung handelt.[145] Beratungsanlässe sind in jedem Fall solche Veränderungen, die entweder das abgesicherte **Risiko wegfallen** lassen, derart **minimieren**, dass eine Absicherung nicht mehr vernünftig erscheint, oder aber derart **vergrößern**, dass eine Anpassung des VersVertrages, etwa die Erhöhung der Versicherungssumme, geboten erscheint. Auch **An- oder Nachfragen des VN** können zu einer Beratung während des Versicherungsverhältnisses Anlass geben.[146]

---

135 Begr. RegE, BT-Drucks. 16/3945, S. 58 f.
136 Ähnlich *Stöbener*, ZVersWiss 2007, 465, 477.
137 OLG Hamm 3.6.1998 – 20 U 233/97, VersR 1999, 708.
138 Vgl OLG Saarbrücken 14.3.2012 – 5 U 358/11, zfs 2013, 163.
139 Vgl BGH 26.2.1981 – IVa ZR 67/80, VersR 1981, 469.
140 OLG Saarbrücken 6.4.2011 – 5 U 428/10, VersR 2011, 1556.
141 Begr. RegE, BT-Drucks. 16/3945, S. 59.
142 Vgl BGH 13.12.1978 – IV ZR 177/77, VersR 1979, 343.
143 Begr. RegE, BT-Drucks. 16/3945, S. 59.
144 Vgl *Honsell*, VW 2007, 362.
145 Vgl Prölss/Martin/*Rudy*, § 6 Rn 47 (nur bei richterlicher Rechtsfortbildung).
146 LG Landshut 9.8.2013 – 72 O 3570/12, r+s 2014, 360.

Eine **Vertragsänderung** oder der **Abschluss eines neuen Vertrages** können aber auch selbst Anlass zur Beratung geben, wenn durch die Vertragsänderung die Gefahr von Deckungslücken entsteht, wie zB bei Reduzierung der Versicherungssumme,[147] oder wenn sich dadurch der Umfang des Versicherungsschutzes für den VN nicht ohne Weiteres erkennbar vermindert, zB wenn die Verlängerung einer Lebensversicherung wieder einen Zeitraum von drei Jahren in Gang setzt, während dessen der VR im Falle einer Selbsttötung grds. leistungsfrei ist.[148] Entsprechendes wird man für die Wiederingangsetzung von Wartefristen annehmen müssen. Im Übrigen bestehen bei Abschluss eines neuen Vertrages, auch wenn bereits ein gleichartiger Vertrag bestand oder besteht, ohnehin die vorvertraglichen Beratungspflichten des VR nach Abs. 1 (vgl Rn 8 ff).

Ist die Beratung nicht im Hinblick auf eine Vertragsänderung oder den Abschluss eines neuen Vertrages veranlasst, fällt sie nicht unter Abs. 4, sondern allenfalls unter § 242 BGB.[149] § 6 und somit auch Abs. 4 statuieren lediglich **produktbezogene Beratungspflichten**, keine Beratungspflichten in Zusammenhang mit der **Abwicklung des Versicherungsverhältnisses**, insb. nach **Eintritt des Versicherungsfalles**. So kann sich etwa die Pflicht des VR, den VN auf Obliegenheiten im Versicherungsfall hinzuweisen oder eine nicht form- und fristgerechte Kündigung zurückzuweisen,[150] nur aus § 242 BGB ergeben.[151] Gefahrerhöhungen oder Gefahrminderungen können daher nur dann eine Beratungspflicht nach Abs. 4 auslösen, wenn der VR dazu in der Lage ist, den Versicherungsschutz durch Vertragsänderung oder Abschluss eines neuen Vertrages anzupassen.[152] Keinesfalls ist der VR verpflichtet, dem VN die Möglichkeiten zu einer wirksamen Vertragsbeendigung aufzuzeigen.[153] 37

Der Anlass bezieht sich aber ausschließlich auf den **konkreten VersVertrag**. Der VR ist also nicht gehalten, dem VN von sich aus den **Abschluss einer weiteren Versicherung** zu empfehlen, selbst wenn er Umstände erfährt, die den Abschluss der weiteren Versicherung sinnvoll erscheinen lassen.[154] Eine solche Annahme würde wiederum auf die Pflicht zur allgemeinen Risikoberatung hinauslaufen, die im vorvertraglichen Stadium abzulehnen ist (s. Rn 9) und daher auch während des Versicherungsverhältnisses nicht gelten kann. 38

Bereits nach altem Recht höchst umstritten[155] war, ob der VR den VN über die **Einführung neuer bzw günstigerer Tarife oder Bedingungen** informieren muss. Diese Frage ist für die Versicherungswirtschaft von einiger Brisanz. Nähme man eine derartige Verpflichtung uneingeschränkt an, wären die Versicherer gehalten, bei jeder Änderung oder Novellierung von Versicherungsbedingungen ihren gesamten Kundenbestand zu benachrichtigen. Die Frage nach einer entsprechenden 39

---

147 OLG Karlsruhe 15.1.2013 – 12 U 121/12, VersR 2013, 885.
148 OLG Saarbrücken 30.5.2007 – 5 U 704/06-89, VersR 2008, 57.
149 Prölss/Martin/*Rudy*, § 6 Rn 44; Langheid/Wandt/*Armbrüster*, § 6 Rn 219.
150 So schon zum alten Recht OLG Hamm 26.10.1990 – 20 U 71/90, VersR 1991, 663; Römer/Langheid/*Römer*, 2. Aufl. 2003, § 8 Rn 18 mwN.
151 Prölss/Martin/*Rudy*, § 6 Rn 44; Langheid/Wandt/*Armbrüster*, § 6 Rn 219; aA OLG Saarbrücken 19.9.2012 – 5 U 68/12, VersR 2013, 180; *Franz*, VersR 2008, 298, 299.
152 Prölss/Martin/*Rudy*, § 6 Rn 44.
153 *Franz*, VersR 2008, 298, 299.
154 So aber wohl *Armbrüster*, in: FS Schirmer, S. 14; *Stöbener*, ZVersWiss 2007, 465, 477.
155 Vgl zum Diskussionsstand nur *Klimke*, NVersZ 1999, 449 ff; *Armbrüster*, in: FS Schirmer, S. 1 ff; aus der Rspr: BGH 23.9.1981 – IVa ZR 160/08, VersR 1982, 37; OLG Saarbrücken 25.11.1987 – 5 U 35/87, VersR 1989, 245; OLG Hamburg 24.4.1987 – 5 U 143/86, VersR 1988, 620; OLG Hamm 17.3.1993 – 20 U 360/92, VersR 1994, 37; OLG Düsseldorf 2.7.1996 – 4 U 108/95, VersR 1997, 1134; OLG Bamberg 13.3.1997 – 1 U 160/96, VersR 1998, 833; OLG Düsseldorf 10.6.2008 – 4 U 151/07, VersR 2008, 1480.

Hinweispflicht ist nach dem Vorstehenden grds. zu verneinen.[156] Da sich die Beratungspflicht auf den konkreten VersVertrag und die konkreten Versicherungsbedingungen bezieht, muss der VR dem VN keine günstigeren Versicherungsmöglichkeiten außerhalb des bestehenden Vertrages aufzeigen. Etwas anderes gilt aber dann, wenn die Parteien **Vertragsverhandlungen** führen, also über die Änderung oder Verlängerung des bestehenden Vertrages oder den Abschluss eines neuen Vertrages verhandeln. In diesem Fall wird der VR auf neue Tarife oder Bedingungen hinweisen müssen.[157] Dies folgt aber daraus, dass dann wieder die vorvertragliche Beratungspflicht des VR nach Abs. 1 akut wird, die sich auf den gesamten abzusichernden Risikobereich sowie die vom VR angebotene Produktpalette erstreckt (s. Rn 22). **Automatisiert ablaufende Vertragsanpassungen und -änderungen** aufgrund vereinbarter **Fortsetzungsklauseln** oder regelmäßiger **Dynamisierung** von Prämie und Leistungen stehen Vertragsverhandlungen in diesem Zusammenhang nicht gleich.[158] Die Hinweispflicht ist dagegen unabhängig davon, ob mit den neuen Bedingungen eine Risiko- und Prämienerhöhung verbunden ist[159] oder die Bedingungen für den VN ausschließlich oder nur per saldo günstiger sind.[160] Auch die – praktisch ohnehin schwierige – Unterscheidung danach, ob es sich um ein völlig neues Regelwerk handelt oder aber die ursprünglichen Bedingungen nur punktuell verändert wurden,[161] sollte dann keine Rolle spielen. Eine günstige Bedingungsänderung kann für den VN auch dann von wesentlicher Bedeutung sein, wenn sie mit einer Prämienerhöhung verbunden ist, mit einer für den VN ungünstigen Änderung an anderer Stelle einhergeht und/oder nicht im Zuge einer umfassenden Novellierung erfolgt. Dementsprechend wird und darf der VN auch unter solchen Umständen einen Hinweis auf geänderte Bedingungen erwarten. Der Aufwand für den Versicherer ist im Falle von Verhandlungen hingegen immer derselbe. Diese Grundsätze gelten auch für das alte Recht bzw eine Hinweispflicht des VR nach § 242 BGB.[162]

40 Im Gegensatz zum Stadium vor Vertragsschluss ist die Beratung während des Versicherungsverhältnisses **nicht** zu **dokumentieren**, wenngleich dies zu Beweiszwecken sinnvoll ist.[163] Führen die Parteien aber Verhandlungen über die Änderung oder Verlängerung des bestehenden Vertrages oder den Abschluss eines neuen Vertrages, gelten wieder die vorvertraglichen Beratungspflichten und damit gilt auch eine Dokumentationspflicht nach Abs. 1 S. 2 (s. Rn 26).[164]

41 **2. Beratungsverzicht.** Auch auf die Beratung während des Versicherungsverhältnisses kann der VN verzichten. Der Verzicht ist aber nur „im Einzelfall" zulässig. Nach der Gesetzesbegründung soll der Verzicht „nicht generell von vorneherein zulässig" sein.[165] Im Gegensatz zum Verzicht auf die vorvertragliche Beratung (vgl

---

156 Im Ergebnis ebenso *Armbrüster*, in: FS Schirmer, S. 1 ff; *Franz*, VersR 2008, 298, 299; Beckmann/Matusche-Beckmann/*Rixecker*, § 18 A Rn 32; Prölss/Martin/*Rudy*, § 6 Rn 50.
157 Im Ergebnis ebenso *Franz*, VersR 2008, 298, 299.
158 OLG Düsseldorf 2.7.1996 – 4 U 108/95, VersR 1997, 1134; OLG Düsseldorf 10.6.2008 – 4 U 151/07, VersR 2008, 1480; *Münkel*, jurisPR-VersR 12/2009 Anm. 2.
159 Danach differenzierend etwa BGH 23.9.1981 – IVa ZR 160/08, VersR 1982, 37; OLG Saarbrücken 25.11.1987 – 5 U 35/87, VersR 1989, 245.
160 Danach differenzierend etwa OLG Hamburg 24.4.1987 – 5 U 143/86, VersR 1988, 620; OLG Hamm 17.3.1993 – 20 U 360/92, VersR 1994, 37; OLG Düsseldorf 2.7.1996 – 4 U 108/95, VersR 1997, 1134; OLG Bamberg 13.3.1997 – 1 U 160/96, VersR 1998, 833.
161 So angenommen von OLG Düsseldorf 10.6.2008 – 4 U 151/07, VersR 2008, 1480 für den Wechsel von den AUB 88 zu den AUB 2002.
162 Vgl hierzu *Münkel*, jurisPR-VersR 12/2009 Anm. 2 mwN.
163 *Franz*, VersR 2008, 298.
164 Vgl Römer/Langheid/*Rixecker*, § 6 Rn 23 (Abs. 2 analog).
165 Begr. RegE, BT-Drucks. 16/3945, S. 59.

Rn 32) ist ein Verzicht aufgrund einer vorformulierten Erklärung, also durch AGB, daher nicht wirksam.[166] Es bedarf vielmehr einer individuellen Erklärung des VN „von Fall zu Fall".[167] Das Gesetz sieht dann keine Warnpflicht des VR wie beim Verzicht auf die vorvertragliche Beratung nach Abs. 3 (vgl Rn 33) vor.[168] Im Falle eines wirksamen Verzichts entfällt die Beratungspflicht des VR vollständig, also auch seine Fragepflicht.[169]

V. Beratungspflicht nach Beendigung des Vertrages

Eine Beratungspflicht nach Beendigung des VersVertrages sieht § 6 nicht vor. Fraglich ist, ob eine solche Beratungspflicht aus Treu und Glauben folgen kann. Dieses Problem erlangte vor einigen Jahren hohe Aktualität. Nach den höchstrichterlichen Urteilen zur Berechnung von **Rückkaufswerten in der Lebensversicherung**[170] stellte sich die Frage, ob der VR verpflichtet ist, ehemalige VN auf höhere Rückkaufswerte hinzuweisen. Die besseren Argumente sprechen gegen eine entsprechende Hinweispflicht. Zum einen ist es dem VN selbst möglich, die erforderlichen Informationen einzuholen; zum anderen ist es dem VR nicht zumutbar, gegen die eigenen Interessen und die der Versichertengemeinschaft zu handeln.[171] Dadurch, dass in § 6 trotz dieser Problematik von der Normierung einer nachvertraglichen Beratungspflicht abgesehen wurde, hat der Gesetzgeber diese Wertung bestätigt.[172]

42

VI. Schadensersatzpflicht (Abs. 5)

1. Allgemeines. Abs. 5 begründet einen eigenständigen, vom Abschluss eines Vers-Vertrages unabhängigen Schadensersatzanspruch. Es handelt sich hierbei um die spezialgesetzlich eng und allgemeine Anspruchsgrundlagen verdrängende Ausprägung eines Anspruchs aus c.i.c bzw aus positiver Vertragsverletzung (§§ 280 Abs. 1, 311 Abs. 2, 241 Abs. 2 BGB).[173] Ist Abs. 5 nicht einschlägig, kommen demnach alternative Anspruchsgrundlagen, insb. aus c.i.c und positiver Vertragsverletzung, in Betracht.

43

Umstritten ist, ob die in der früheren Rspr[174] gewohnheitsrechtlich anerkannte **Erfüllungshaftung** des VR für **fehlerhafte Beratungen des VersVertreters**, nachdem der Gesetzgeber von einer Kodifizierung dieser Haftung mit der VVG-Reform abgesehen hat, fortgilt. Dies wäre insb. bedeutsam in dem Fall, dass der vom Vers-Vertreter versprochene Versicherungsschutz am Markt gar nicht erhältlich ist, weil die Haftung nach Abs. 5 mangels Kausalzusammenhangs zwischen Pflichtverletzung und Schaden dann nicht greifen kann (s. Rn 46). Nach zutreffender Ansicht[175] ist die Fortgeltung der Erfüllungshaftung jedoch abzulehnen. Hätte der

---

166 So auch Marlow/Spuhl/*Spuhl*, Rn 84.
167 Begr. RegE, BT-Drucks. 16/3945, S. 59.
168 Für eine „Übertragung" der von Abs. 3 geforderten Hinweise plädierend Römer/Langheid/*Rixecker*, § 6 Rn 25.
169 Begr. RegE, BT-Drucks. 16/3945, S. 59.
170 BVerfG 15.2.2006 – 1 BVR 1317/96, VersR 2006, 489; BGH 12.10.2005 – IV ZR 162/03, VersR 2005, 1565.
171 *Stöbener*, ZVersWiss 2007, 465, 480.
172 Vgl *Stöbener*, ZVersWiss 2007, 465, 480.
173 *Franz*, VersR 2008, 298, 300.
174 BGH 9.5.1951 – II ZR 8/51, BGHZ 2, 87 = VersR 1951, 166; BGH 20.6.1963 – II ZR 199/61, BGHZ 40, 22 = VersR 1963, 768.
175 E. *Lorenz*, in: FS Canaris, S. 757, 775; so auch Prölss/Martin/*Rudy*, § 6 Rn 78; Langheid/Wandt/*Armbrüster*, § 6 Rn 334; Beckmann/Matusche-Beckmann/*Rixecker*, § 18 a Rn 64; Römer/Langheid/*Rixecker*, § 6 Rn 3; zweifelnd an der Fortgeltung auch Bruck/Möller/*Schwintowski*, § 6 Rn 5; Prölss/Martin/*Dörner*, § 59 Rn 40; aA OLG Frankfurt 19.5.2011 – 7 U 67/08, VersR 2012, 342; LG Saarbrücken 5.8.2013 – 14 O 152/12,

Gesetzgeber an diesem Institut festhalten wollen, wäre auch insoweit eine gesetzliche Regelung zu erwarten gewesen. Soweit sich der Erfüllungshaftung entsprechende Rechtsfolgen aus **allgemeinen Grundsätzen** ergeben, bleiben diese Grundsätze freilich unberührt.[176] Dies gilt insb. für das Zusammenspiel der Empfangsvollmacht des VersVertreters gem. § 69 Abs. 1 Nr. 1 mit § 5, über das sich Rechtsfolgen entsprechend der Erfüllungshaftung herleiten lassen, wenn der nach einer Falschauskunft des VersVertreters gegenüber diesem abgegebene Versicherungsantrag vom verobjektivierten Empfängerhorizont des Vertreters aus entsprechend der Falschauskunft auszulegen ist und die Situation daher der mündlichen Antragsergänzung gegenüber dem VersVertreter (s. § 69 Rn 24) entspricht.[177] Der von der Rspr zur Erfüllungshaftung angenommene Ausschluss dieser Haftung durch ein erhebliches Eigenverschulden des VN lässt sich möglichst über einen **Missbrauch der Empfangsvollmacht** (s. § 69 Rn 35 ff) erklären. Verkennt der VN in einer den Vorwurf erheblichen Eigenverschuldens rechtfertigenden Weise, dass die Auskunft des VersVertreters mit den Vertragsbedingungen nicht übereinstimmt, ist dem VN in einer die Wirkungen der passiven Stellvertretung gleichsam ausschließenden Weise evident, dass der Vertreter von seiner Empfangsvollmacht in missbräuchlicher Weise Gebrauch macht.[178] Sofern bzw soweit man davon ausgeht, dass Auskünfte des VR die Einordnung einer Klausel als überraschend iSd § 305 c Abs. 1 BGB rechtfertigen können, kann möglicherweise auch die Einbeziehungskontrolle faktisch zu einer Haftung des VR für fehlerhafte, insb. den AVB widersprechende Auskünfte führen.[179]

44 **2. Pflichtverletzung (Abs. 5 S. 1).** Der VR kann sich durch eine Verletzung sämtlicher in Abs. 1, 2 und 4 genannten Pflichten, also der Frage-, Beratungs-, Begründungs- und Dokumentations- und Übermittlungspflicht, schadensersatzpflichtig machen. Eine Verletzung der **Frage- und Beratungspflicht ieS** steht hier zwar im Vordergrund. Aber auch die Verletzung der **Begründungs- und Dokumentationspflicht** sowie der **Pflicht**, dem VN Rat und Gründe in Textform vor Vertragsschluss zu **übermitteln**, wird mit Schadensersatzansprüchen sanktioniert, da Abs. 5 diese Pflichten ausdrücklich in Bezug nimmt. Es dürfte allerdings eher einen Ausnahmefall darstellen, dass allein eine fehlende Begründung, Dokumentation oder Übermittlung trotz ordnungsgemäßer Beratung einen Schaden beim VN verursacht, wenngleich dies möglich ist. Die Dokumentationspflicht dient zwei verschiedenen Zwecken. Neben der Beweisfunktion (s. Rn 47) kommt der Dokumentation, wie die Pflicht zu ihrer Übermittlung vor Vertragsschluss gem. Abs. 2 S. 1 zeigt, auch die Aufgabe zu, dem VN, bevor dieser eine Vertragsbindung eingeht, den erteilten Rat und die Gründe hierfür (nochmals) zu vermitteln und (nochmals) die Möglichkeit zu geben, diese zu reflektieren und zu überprüfen.[180] Dass eine Verletzung der Dokumentationspflicht nur dann zu einem Schadensersatzanspruch führen kann, wenn dem VN ein Beweisnachteil entsteht,[181] ist daher nicht richtig. Eine Haftung allein aufgrund Verletzung der Dokumentationspflicht kommt ausnahmsweise auch dann in Betracht, wenn der VN behauptet, dass er eine Deckungslücke nicht richtig wahrgenommen habe, aufgrund einer rechtzeitig übermittelten Dokumentation aber erkannt und für deren Schließung Sorge getragen

---

VersR 2014, 317; Schwintowski/Brömmelmeyer/*Ebers*, § 6 Rn 56; Schwintowski/Brömmelmeyer/*Michaelis*, § 69 Rn 12; *Pilz*, VuR 2010, 167; *Schimikowski*, r+s 2012, 577, 582.
176 Vgl Prölss/Martin/*Rudy*, § 6 Rn 78.
177 Vgl hierzu *Münkel*, Empfangsvollmacht, S. 128 ff mwN; aA Prölss/Martin/*Rudy*, § 6 Rn 78.
178 *Münkel*, Empfangsvollmacht, S. 150.
179 Vgl hierzu Prölss/Martin/*Rudy*, § 6 Rn 79 mwN.
180 Langheid/Wandt/*Armbrüster*, § 6 Rn 119 ff.
181 So OLG Hamm 4.12.2009 – 20 U 131/09, VersR 2010, 1215 (zu § 63).

hätte.[182] Die **Beweislast** für die Pflichtverletzung liegt bei dem VN. Allerdings trifft den VR insoweit eine sekundäre Darlegungslast; er muss also die Behauptungen des VN substantiiert bestreiten.[183]

3. Verschulden (Abs. 5 S. 2). Das Verschulden des VR wird von Gesetzes wegen **vermutet** (vgl S. 2). Der VR muss sich also exkulpieren. Insofern ist die Regelung der Vorschrift des § 280 Abs. 1 BGB nachgebildet. In der Regel hat der VR eine Verletzung seiner Beratungspflichten nur dann zu vertreten, wenn ihm der die Beratungspflicht erst begründende **Beratungsanlass erkennbar** war. Die Beratungspflicht während des Versicherungsverhältnisses nach Abs. 4 setzt die Erkennbarkeit des Beratungsanlasses schon voraus (s. Rn 35), so dass diese für ein Verschulden nicht mehr gesondert festgestellt werden muss. Im Falle einer Verletzung der vorvertraglichen Beratungspflicht kommt der Erkennbarkeit des Beratungsanlasses dagegen eigenständige Bedeutung zu; aufgrund der Verschuldensvermutung nach Abs. 5 S. 2 muss der VR darlegen und beweisen, dass der Anlass für ihn nicht erkennbar war (str; s. Rn 30). 45

Ein Verschulden des **VersVertreters** muss sich der VR nach § 278 BGB **zurechnen** lassen, da der VersVertreter mit Wissen und Wollen des VR in dessen Pflichtenkreis und damit als dessen Erfüllungsgehilfe tätig wird. Entsprechendes gilt für Innendienstmitarbeiter oder Mitarbeiter des VR an einer Telefonhotline. Hat der VersVertreter zugleich eine eigene Beratungspflicht verletzt, insb. also vor Vertragsschluss, dann haften VR und VersVertreter als Gesamtschuldner (vgl Rn 3). Bei einem **VersMakler** scheidet eine **Zurechnung** grds. aus, da dieser idR nicht als Erfüllungsgehilfe des VR qualifiziert werden kann.[184] Selbst wenn der Makler mit Wissen und Wollen des VR tätig wird, etwa wenn der VR dem Makler Antragsformulare überlässt (vgl § 59 Rn 10), ist der VR bei Vermittlung des VersVertrages durch einen VersMakler nach Abs. 6 von den Beratungspflichten gem. § 6 befreit (s. Rn 50), so dass der VersMakler mit seiner Beratung nicht im Pflichtenkreis des VR tätig wird, sondern nur eigene Beratungspflichten (s. hierzu § 61 Rn 12 ff, 17 ff) erfüllt. Da aber der VR trotz Befreiung von den Beratungspflichten gem. § 6 nach allgemeinen Grundsätzen, insb. den §§ 280 Abs. 1, 311 Abs. 2, 241 Abs. 2, 242 BGB, zur Beratung bzw zur Aufklärung verpflichtet sein kann (s. Rn 48, 50), ist bei Erfüllung dieser Pflichten auch eine Zurechnung nach **§ 278 BGB** möglich. Nach der Rspr[185] muss der VR dann für das Beratungsverschulden eines VersMaklers einstehen, wenn dieser nicht vom VN als Sachwalter beauftragt, sondern vom VR im Rahmen von dessen Vertriebsorganisation mit Aufgaben betraut wird, die dem VR als Anbieter des Versicherungsprodukts typischerweise obliegen.

Da die Regelungen in § 6 halbzwingend sind (§ 18), kann sich der VR von seiner Haftung **nicht freizeichnen** und diese auch **nicht beschränken** (s. Rn 7).

4. Rechtsfolgen. Der VN kann im Wege der **Naturalrestitution** verlangen, so gestellt zu werden, wie er ohne das schädigende Ereignis stehen würde. Der VR hat also diejenigen finanziellen Nachteile zu kompensieren, die der VN durch eine versäumte oder fehlerhafte Beratung erlitten hat. Die Verletzung der Beratungspflicht muss mithin zu einem Schaden des VN geführt haben, wobei zwischen Pflichtverletzung und Schaden ein **Kausalzusammenhang** bestehen muss. Hat der VR seine 46

---

182 Vgl Marlow/Spuhl/*Spuhl*, Rn 122; vgl auch Langheid/Wandt/*Reiff*, § 63 Rn 10; *Münkel*, jurisPR-VersR 8/2010 Anm. 1 (jew. zu § 63); in diesem Sinne etwa die Argumentation des VN im Fall des OLG Hamm 4.12.2009 – 20 U 131/09, VersR 2010, 1215.
183 Vgl OLG Saarbrücken 27.1.2010 – 5 U 337/09, VersR 2010, 1181 m. Anm. *Münkel*, jurisPR-VersR 8/2010 Anm. 1; Langheid/Wandt/*Reiff*, § 63 Rn 47 (jew. zu § 63).
184 LG Köln 6.12.2011 – 21 O 251/11, VersR 2012, 701.
185 BGH 11.7.2012 – IV ZR 164/11, BGHZ 194, 39 = VersR 2012, 1237; OLG Dresden 19.11.2010 – 7 U 1358/09, VersR 2011, 910; OLG Karlsruhe 2.8.2011 – 12 U 173/10, VersR 2012, 1017; vgl zur Zurechnung von Maklerverhalten zu Lasten des VR ausf. *Werber*, VersR 2014, 412 ff.

Beratungspflichten verletzt, dem VN aber gleichwohl ein adäquates Produkt empfohlen oder verkauft, ist dem VN kein Schaden entstanden. An einem kausalen Schaden fehlt es auch, wenn der Schaden auf der Verwirklichung eines Risikos beruht, das faktisch nicht versicherbar ist.

Der VN kann sich entweder darauf berufen, dass er den VersVertrag bei korrekter Beratung überhaupt nicht bzw nicht mit dem vereinbarten Inhalt oder aber – evtl. bei einem anderen VR – einen (anderen) VersVertrag mit weiterreichendem Versicherungsschutz abgeschlossen hätte. Dies wird idR davon abhängen, ob der Versicherungsfall bzw der abzusichernde Fall bereits eingetreten ist oder nicht. Der VN kann dann entweder Aufhebung des VersVertrages und Rückerstattung der gezahlten Prämien beanspruchen oder – wenn der Versicherungsfall bzw der abzusichernde Fall schon eingetreten ist – verlangen, so gestellt zu werden, wie er bei Abschluss eines (anderen) VersVertrages mit adäquatem Versicherungsschutz stehen würde. In letzterem Fall schuldet der VR im Wege des Schadensersatzes das, was der VN bei richtiger Beratung als Versicherungsleistung erhalten hätte („**Quasi-Deckung**").[186] Dabei muss sich der VN allerdings eine hypothetische Prämien-(mehr-)Belastung anrechnen lassen. Auch die **Vertragsaufhebung** setzt einen Vermögensschaden voraus, der aber darin liegen kann, dass der abgeschlossene VersVertrag für den VN wirtschaftlich nachteilig war, was wiederum dann anzunehmen ist, wenn die Versicherungsleistung den Bedürfnissen des VN nicht gerecht wird, den Absprachen der Parteien nicht entspricht oder den Erwartungen des VN widerspricht, die dieser nach der Verkehrsanschauung bei Abschluss eines entsprechenden VersVertrages haben durfte.[187] Will der VN den durch **verlorene Altersrückstellungen in der privaten Krankenversicherung** entstandenen Schaden beziffern, muss er die Differenz zwischen den beim neuen VR gezahlten Beiträgen und denjenigen Beiträgen ermitteln, die er beim alten VR ohne Wechsel gezahlt hätte; die Höhe der beim alten VR gebildeten Altersrückstellung ist nicht maßgeblich.[188]

Ein anspruchskürzendes **Mitverschulden des VN** kommt nur ausnahmsweise in Betracht; dem VN kann das Unterlassen eigener Erkundigungen grds. nicht als Mitverschulden angelastet werden, da dies einer Beratungspflicht des VR widersprechen würde.[189] Ein Mitverschulden des VN ist etwa denkbar, wenn er um Fehlvorstellungen des VR weiß oder wissen muss.[190]

47 5. **Beweislage.** Der VN muss zwar grds. die **Verletzung der Beratungspflicht** beweisen. Insoweit können aber die von der Rechtsprechung entwickelten Grundsätze der **Beweislastverteilung nach Gefahren- und Verantwortungsbereichen**[191] herangezogen werden.[192] Im Schadensersatzprozess muss der VN nur den Anlass für unterlassene Beratung darlegen. Sodann trifft den VR eine Aufzeigelast: Er muss darlegen, wie die Beratung konkret erfolgt ist. Nun muss der VN die unterlassene oder fehlerhafte Beratung beweisen. An dieser Stelle erlangt die Pflicht zur **Dokumentation der Beratung** Bedeutung. Die Beratungsdokumentation soll dem VN den Nachweis von Beratungsfehlern erleichtern. Ein **Verstoß gegen die Dokumentationspflicht** vermag **Beweiserleichterungen** bis zur Umkehr der Beweislast zu

---

186 Langheid/Wandt/*Armbrüster*, § 6 Rn 312; vgl BGH 26.3.2014 – IV ZR 422/12, VersR 2014, 625; Prölss/Martin/*Dörner*, § 63 Rn 16; Langheid/Wandt/*Reiff*, § 63 Rn 19 (jew. zu § 63).
187 Vgl Prölss/Martin/*Dörner*, § 59 Rn 45.
188 Vgl BGH 11.5.2006 – III ZR 228/05, VersR 2006, 1072.
189 Schwintowski/Brömmelmeyer/*Ebers*, § 6 Rn 48; Prölss/Martin/*Rudy*, § 6 Rn 64; vgl auch OLG Hamm 10.6.2010 – 18 U 154/09, zfs 2010, 507 (zu § 42 e aF bzw § 63); aA Langheid/Wandt/*Armbrüster*, § 6 Rn 327.
190 Vgl Prölss/Martin/*Rudy*, § 6 Rn 64.
191 Vgl hierzu nur Palandt/*Grüneberg*, § 280 BGB Rn 37.
192 Vgl Begr. RegE Vermittlergesetz, BT-Drucks. 16/1935, S. 25 f; krit. hierzu *Brand*, VersR 2015, 10, 15.

rechtfertigen.¹⁹³ Aufgrund der drohenden Beweisnot des VN und mit Rücksicht auf den Gesetzesrang der Dokumentationspflicht scheint zumindest eine Umkehr der subjektiven Beweislast (Beweisführungslast) geboten.¹⁹⁴ Bei fehlender oder unvollständiger Dokumentation streitet also eine widerlegliche Vermutung oder ein Anscheinsbeweis dafür, dass eine nicht dokumentierte Beratung auch nicht erfolgt ist; der VR muss diese Vermutung entkräften und den vollen Beweis für die geschuldete Beratung erbringen.¹⁹⁵ Fehlt eine Dokumentation gänzlich, steht mithin zur Beweislast des VR, dass er ordnungsgemäß beraten hat.¹⁹⁶ Lässt die Dokumentation das Thema, nicht aber den Inhalt der Beratung erkennen, muss der VR den Inhalt der Beratung beweisen.¹⁹⁷ Ein Beratungsverzicht nach Abs. 3 spricht dafür, dass überhaupt keine Beratung erfolgt ist.¹⁹⁸

Auch die Beweislast für den **Eintritt eines Schadens** und die **haftungsausfüllende Kausalität** liegt grds. beim VN. Insoweit gilt allerdings das reduzierte Beweismaß nach § 287 Abs. 1 ZPO. Außerdem kommt dem VN die **Vermutung aufklärungsrichtigen Verhaltens**¹⁹⁹ zugute. Es wird also vermutet, dass der VN sich der richtigen Beratung entsprechend verhalten, also etwa den aufgrund richtiger Beratung zu empfehlenden VersVertrag abgeschlossen hätte. Danach muss der VR beweisen, dass der Schaden auch bei pflichtgemäßer Beratung entstanden wäre,²⁰⁰ etwa weil der VN einen umfangreicheren Versicherungsschutz wegen der höheren Prämie nicht vereinbart hätte.

VII. Ausnahmen (Abs. 6)

1. Allgemeines. Die Ausnahmen nach Abs. 6 beziehen sich nur auf die Beratungspflichten nach § 6, aber sowohl die vor Vertragsschluss (Abs. 1, 2) als auch die während des Versicherungsverhältnisses (Abs. 4). Auch soweit eine Ausnahme nach Abs. 6 vorliegt, kann also eine Beratungs- bzw Schadensersatzpflicht aus allgemeinen Grundsätzen, insb. den §§ 280 Abs. 1, 311 Abs. 2, 241 Abs. 2, 242 BGB, folgen, zB wenn das Beratungsbedürfnis trotz Besonderheiten des Vertragsschlusses nach Abs. 6 für den VR evident und diesem eine Beratung auch möglich und zumutbar ist.²⁰¹ 48

2. Großrisiko. Die Beratungspflichten nach § 6 beziehen sich nicht auf VersVerträge über ein Großrisiko iSv § 210 Abs. 2. In diesen Fällen handelt es sich bei dem VN regelmäßig um einen professionellen Marktteilnehmer, der nicht schutzbedürftig ist.²⁰² Damit sind idR auch laufende Versicherungen iSd § 53 vom Anwendungsbereich der Vorschrift ausgenommen, da es sich hierbei regelmäßig um ein Großrisiko handelt.²⁰³ 49

3. VersMakler. Die Beratungspflichten des VR entfallen bei Vermittlung durch einen VersMakler deshalb, da der VersMakler eigene weitgehende Beratungspflichten zu erfüllen hat (§§ 60 Abs. 1, 2 S. 1, 61 Abs. 1). Der VR darf deshalb bei Ein- 50

---

193 Vgl Begr. RegE Vermittlergesetz, BT-Drucks. 16/1935, S. 25 f; zu dieser Formel und ihrer Verwendung in der Rspr näher *Münkel*, jurisPR-VersR 11/2010 Anm. 1.
194 Vgl *Münkel*, jurisPR-VersR 11/2010 Anm. 1 (zu § 61).
195 Ebenso Marlow/Spuhl/*Spuhl*, Rn 109; *Meixner/Steinbeck*, § 1 Rn 34.
196 Vgl BGH 13.11.2014 – III ZR 544/13, VersR 2015, 107; OLG Saarbrücken 27.1.2010 – 5 U 337/09, VersR 2010, 1181 m. Anm. *Münkel*, jurisPR-VersR 11/2010 Anm. 1; *Reiff*, VersR 2010, 1314 (jew. zu § 61); ebenso Prölss/Martin/*Rudy*, § 6 Rn 35.
197 Vgl OLG München 22.6.2012 – 25 U 3343/11, VersR 2012, 1292 (zu § 61).
198 Vgl *Meixner/Steinbeck*, § 1 Rn 40.
199 Vgl allg. hierzu nur Palandt/*Grüneberg*, § 280 BGB Rn 39 mwN.
200 *Reiff*, VersR 2007, 717, 727; vgl zum VersMakler auch BGH 22.5.1985 – IVa ZR 190/83, VersR 1985, 930; BGH 23.10.2014 – III ZR 82/13, VersR 2015, 187.
201 Marlow/Spuhl/*Spuhl*, Rn 119.
202 Langheid/Wandt/*Armbrüster*, § 6 Rn 345.
203 Begr. RegE, BT-Drucks. 16/3945, S. 59.

schaltung eines VersMaklers davon ausgehen, dass dieser seine ihm gegenüber dem VN obliegenden Beratungspflichten erfüllt.[204] Das entspricht der Rspr zum alten Recht.[205] Voraussetzung ist nach dem Wortlaut die Vermittlung des VersVertrages durch einen VersMakler. Hierunter fällt nicht nur die Abschlussvermittlung, sondern auch die Vermittlung während des Versicherungsverhältnisses; der VR ist also nach Abs. 4 auch dann nicht mehr beratungspflichtig, wenn ein VersMakler die Betreuung des VN erst nach Vertragsschluss übernommen hat,[206] wenn sich die Betreuung auf den betreffenden VersVertrag bezieht. Aber auch bei Vermittlung des VersVertrages durch einen VersMakler ist der VR nach **Treu und Glauben** ausnahmsweise zur Aufklärung des VN verpflichtet, etwa wenn für den VR eine Fehlvorstellung des VN und/oder des VersMaklers erkennbar wird.[207] Die Sachkunde des VersMaklers spielt in diesem Zusammenhang keine Rolle.[208] Zur Aufklärung des VN bzw des Maklers verpflichtet ist der VR erst recht, wenn der VN oder der Makler Beratungsbedarf ausdrücklich anmeldet.[209] Ist der VersMakler aufgrund einer individuellen Vereinbarung mit dem VN von einer Beratung des VN während des Versicherungsverhältnisses freigestellt, bestehen ebenfalls Aufklärungspflichten des VR gegenüber dem VN. Ob diese aus einer teleologischen Reduktion des Abs. 6[210] oder aus allgemeinen zivilrechtlichen Vorschriften, insb. § 242 BGB,[211] folgen, spielt praktisch keine Rolle. Jedenfalls muss die Freistellung des VersMaklers dem VR bekannt sein,[212] eine Voraussetzung, die eher für eine Herleitung aus § 242 BGB spricht.

51 Zum Begriff des **VersMaklers** vgl § 59 Rn 23 ff. Unter den Begriff des VersMaklers iSv Abs. 6 fällt dagegen nicht der **Pseudomakler**, obwohl dieser nach § 59 Abs. 3 S. 2 als VersMakler zu gelten hat (s. § 59 Rn 30 ff).[213] Der Ausschluss erstreckt sich aber auf die Einschaltung eines **VersBeraters** iSv § 59 Abs. 4, da auch diesem Beratungspflichten wie einem VersMakler obliegen (§ 68 S. 1).[214] In diesem Fall muss Abs. 6 analog gelten.

52 **4. Fernabsatz.** Den Ausschluss der Beratungspflichten für den Fernabsatz von Versicherungen hat der Gesetzgeber damit begründet, dass derartige Pflichten bei ausschließlicher Verwendung von Fernkommunikationsmitteln praktisch nicht erfüllt werden könnten und der Kunde bei dieser Vertriebsmethode eine spontane Beratung auch nicht erwarte.[215] Es muss sich um einen Vertrag im **Fernabsatz** iSv § 312c BGB handeln, also um einen Vertrag, der unter ausschließlicher Verwendung von Fernkommunikationsmitteln wie Telefon, Brief, Telefax, E-Mail oder Internet zustande kommt. Dabei muss der VR systematisch Fernkommunikationsmittel einsetzen, um den Abschluss von Verträgen regelmäßig im Fernabsatz zu vollziehen.[216] Kein Fernabsatz iSv § 312c BGB liegt vor, wenn ein VR, der sein Vertriebssystem nicht auf den Fernabsatz ausgerichtet hat, ein Fernkommunikati-

---

204 So die Begr. RegE, BT-Drucks. 16/3945, S. 58.
205 Vgl *Schirmer*, r+s 1999, 133, 137.
206 *Werber*, VersR 2007, 1153, 1155; Langheid/Wandt/*Armbrüster*, § 6 Rn 350; Looschelders/Pohlmann/*Pohlmann*, § 6 Rn 19.
207 *Stöbener*, ZVersWiss 2007, 465, 479.
208 *Stöbener*, ZVersWiss 2007, 465, 479.
209 *Stöbener*, ZVersWiss 2007, 465, 479.
210 So Langheid/Wandt/*Armbrüster*, § 6 Rn 351; Prölss/Martin/*Rudy*, § 6 Rn 70; Looschelders/Pohlmann/*Pohlmann*, § 6 Rn 104.
211 So *Grote/Schneider*, BB 2008, 2689, 2690; Beckmann/Matusche-Beckmann/*Rixecker*, § 18a Rn 25; Marlow/Spuhl/*Spuhl*, Rn 119.
212 So auch Langheid/Wandt/*Armbrüster*, § 6 Rn 351; Looschelders/Pohlmann/*Pohlmann*, § 6 Rn 104.
213 Langheid/Wandt/*Armbrüster*, § 6 Rn 349.
214 Begr. RegE, BT-Drucks. 16/3945, S. 58.
215 Begr. RegE, BT-Drucks. 16/3945, S. 58.
216 BGH 21.10.2004 – III ZR 380/03, NJW 2004, 3699 (zu § 312b BGB).

onsmittel in Anspruch nimmt. **Direktversicherer** sind damit von den Beratungspflichten nach § 6, auch solchen während des Versicherungsverhältnisses nach Abs. 4 S. 1,[217] befreit. Dies gilt unabhängig davon, ob der VN wie von § 312c BGB vorausgesetzt **Verbraucher** oder **Unternehmer** ist, denn als Unternehmer ist der VN noch weniger schutzbedürftig.[218] Aber auch Direktversicherer bleiben nach allgemeinen Grundsätzen bei erkennbarem Anlass im Rahmen des Möglichen und Zumutbaren zur Aufklärung verpflichtet.[219] So hat auch der Direktversicherer zB erkennbare Fehlvorstellungen in einem Telefongespräch zu korrigieren oder benötigte Informationen zu beschaffen.[220] Er muss allerdings nicht eigeninitiativ Fragen stellen, um sämtliche Wünsche und Bedürfnisse des VN zu ermitteln und entsprechenden Versicherungsschutz anzubieten.[221] Die hierin liegende Privilegierung des Fernabsatzes von Versicherungen widerspricht der früher vertretenen Meinung,[222] dass der VN nicht weniger schutzwürdig ist, wenn er sich an einen Direktversicherer wendet.[223]

Für den Fall, dass ein **VersVermittler** ein Vertriebssystem im Fernabsatz betreibt, stellt sich die Frage, ob für die Beratungspflichten des VersVermittlers ein Abs. 6 entsprechender Ausschluss anzunehmen ist, obwohl das Gesetz einen solchen Ausschluss nicht vorsieht (s. § 61 Rn 29). Die Beratungspflichten des VR können allein durch den Fernabsatz des Vermittlers jedenfalls nicht entfallen; in diesem Fall greift Abs. 6 nicht ein.[224] Dies würde nicht nur dem Gesetzeswortlaut widersprechen. Es gibt auch keinen sachlichen Grund, einen VR nur deshalb von den gesetzlichen Beratungspflichten zu befreien, weil seine Vermittler Fernabsatz betreiben.

5. Bagatellvermittler. Gemäß § 66 sind Bagatellvermittler iSv § 34d Abs. 9 Nr. 1 GewO von den Beratungspflichten der §§ 60–63 befreit (s. § 66 Rn 1). In diesen Fällen dürfte auch eine Beratungspflicht des VR idR mangels Beratungsanlasses ausscheiden.[225] Ist ein Beratungsanlass aber ausnahmsweise gegeben, dann ist der VR, da das Gesetz keine entsprechende Ausnahme vorsieht, auch nach § 6 und nicht nur nach § 242 BGB zur Beratung verpflichtet.[226]

§ 7 Information des Versicherungsnehmers

(1) ¹Der Versicherer hat dem Versicherungsnehmer rechtzeitig vor Abgabe von dessen Vertragserklärung seine Vertragsbestimmungen einschließlich der Allgemeinen Versicherungsbedingungen sowie die in einer Rechtsverordnung nach Absatz 2 bestimmten Informationen in Textform mitzuteilen. ²Die Mitteilungen sind in einer dem eingesetzten Kommunikationsmittel entsprechenden Weise klar und verständlich zu übermitteln. ³Wird der Vertrag auf Verlangen des Versicherungsnehmers te-

---

217 *Meixner/Steinbeck*, § 1 Rn 55.
218 Langheid/Wandt/*Armbrüster*, § 6 Rn 358; Looschelders/Pohlmann/*Pohlmann*, § 6 Rn 22.
219 *Stöbener*, ZVersWiss 2007, 465, 478.
220 Vgl OLG Köln 29.4.1997 – 9 U 48/96, VersR 1998, 180; *Römer*, VersR 1998, 1313, 1314; Beckmann/Matusche-Beckmann/*Schwintowski*, 2004, § 18 Rn 8, 69.
221 *Stöbener*, ZVersWiss 2007, 465, 478.
222 *Römer*, VersR 1998, 1313, 1314; Beckmann/Matusche-Beckmann/*Schwintowski*, 2004, § 18 Rn 8.
223 Krit. daher *Stöbener*, ZVersWiss 2007, 465, 478.
224 AA Langheid/Wandt/*Armbrüster*, § 6 Rn 357.
225 *Grote/Schneider*, BB 2008, 2689, 2691.
226 AA Langheid/Wandt/*Armbrüster*, § 6 Rn 361 (§ 66 analog); Prölss/Martin/*Rudy*, § 6 Rn 73; Looschelders/Pohlmann/*Pohlmann*, § 6 Rn 20, 106; zweifelnd auch *Grote/Schneider*, BB 2008, 2689, 2691.

lefonisch oder unter Verwendung eines anderen Kommunikationsmittels geschlossen, das die Information in Textform vor der Vertragserklärung des Versicherungsnehmers nicht gestattet, muss die Information unverzüglich nach Vertragsschluss nachgeholt werden; dies gilt auch, wenn der Versicherungsnehmer durch eine gesonderte schriftliche Erklärung auf eine Information vor Abgabe seiner Vertragserklärung ausdrücklich verzichtet.

(2) ¹Das Bundesministerium der Justiz und für Verbraucherschutz wird ermächtigt, im Einvernehmen mit dem Bundesministerium der Finanzen und durch Rechtsverordnung ohne Zustimmung des Bundesrates zum Zweck einer umfassenden Information des Versicherungsnehmers festzulegen,

1. welche Einzelheiten des Vertrags, insbesondere zum Versicherer, zur angebotenen Leistung und zu den Allgemeinen Versicherungsbedingungen sowie zum Bestehen eines Widerrufsrechts, dem Versicherungsnehmer mitzuteilen sind,
2. welche weiteren Informationen dem Versicherungsnehmer bei der Lebensversicherung, insbesondere über die zu erwartenden Leistungen, ihre Ermittlung und Berechnung, über eine Modellrechnung sowie über die Abschluss- und Vertriebskosten und die Verwaltungskosten, soweit eine Verrechnung mit Prämien erfolgt, und über sonstige Kosten mitzuteilen sind,
3. welche weiteren Informationen bei der Krankenversicherung, insbesondere über die Prämienentwicklung und -gestaltung sowie die Abschluss- und Vertriebskosten und die Verwaltungskosten, mitzuteilen sind,
4. was dem Versicherungsnehmer mitzuteilen ist, wenn der Versicherer mit ihm telefonisch Kontakt aufgenommen hat und
5. in welcher Art und Weise die Informationen zu erteilen sind.

²Bei der Festlegung der Mitteilungen nach Satz 1 sind die vorgeschriebenen Angaben nach der Richtlinie 92/49/EWG des Rates vom 18. Juni 1992 zur Koordinierung der Rechts- und Verwaltungsvorschriften für die Direktversicherung (mit Ausnahme der Lebensversicherung) sowie zur Änderung der Richtlinien 73/239/EWG und 88/357/EWG (ABl. EG Nr. L 228 S. 1), der Richtlinie 2002/65/EG des Europäischen Parlaments und des Rates vom 23. September 2002 über den Fernabsatz von Finanzdienstleistungen an Verbraucher und zur Änderung der Richtlinie 90/619/EWG des Rates und der Richtlinien 97/7/EG und 98/27/EG (ABl. EG Nr. L 271 S. 16) sowie der Richtlinie 2002/83/EG des Europäischen Parlaments und des Rates vom 5. November 2002 über Lebensversicherungen (ABl. EG Nr. L 345 S. 1) zu beachten.

(3) In der Rechtsverordnung nach Absatz 2 ist ferner zu bestimmen, was der Versicherer während der Laufzeit des Vertrags in Textform mitteilen muss; dies gilt insbesondere bei Änderungen früherer Informationen, ferner bei der Krankenversicherung bei Prämienerhöhungen und hinsichtlich der Möglichkeit eines Tarifwechsels sowie bei der Lebensversicherung mit Überschussbeteiligung hinsichtlich der Entwicklung der Ansprüche des Versicherungsnehmers.

(4) Der Versicherungsnehmer kann während der Laufzeit des Vertrags jederzeit vom Versicherer verlangen, dass ihm dieser die Vertragsbestimmungen einschließlich der Allgemeinen Versicherungsbedingungen in einer Urkunde übermittelt; die Kosten für die erste Übermittlung hat der Versicherer zu tragen.

(5) ¹Die Absätze 1 bis 4 sind auf Versicherungsverträge über ein Großrisiko im Sinn des § 210 Absatz 2 nicht anzuwenden. ²Ist bei einem solchen Vertrag der Versicherungsnehmer eine natürliche Person, hat ihm der Versicherer vor Vertragsschluss das anwendbare Recht und die zuständige Aufsichtsbehörde in Textform mitzuteilen.

| I. Normzweck.......................... 1
| II. Vorvertragliche Informations-
| pflicht des VR (Abs. 1) 2
| 1. Information vor der Vertrags-
| erklärung des VN 2
| 2. Kriterien der Rechtzeitigkeit   4
| 3. Geschützter Personenkreis ... 10
| 4. Adressaten der Informations-
| pflicht....................... 13
| 5. Art der Informationserfül-
| lung.......................... 14
| a) Textform................... 14
| b) Elektronische Übermitt-
| lung....................... 15
| c) Sprache 16
| 6. Telefonischer Vertragsab-
| schluss, Fernabsatz........... 17

7. Verzicht........................ 21
8. Folgen einer Informationspflichtverletzung 24
   a) Widerrufsfrist................ 24
   b) Unterlassungsansprüche..   25
   c) Schadensersatzansprüche
      aus § 280 BGB................ 27
   d) Aufsichtsrechtliche Maß-
      nahmen 28
   e) Vertragsschluss und Ein-
      beziehung von AVB.......   29
9. Exkurs: Invitatiomodell......   35
III. Informationen lt. VVG-InfoV
     (Abs. 2 und 3) 37
IV. Abschriften (Abs. 4) 38
V. Ausnahmetatbestände (Abs. 5) ...   39

I. Normzweck

Die Festlegung einer vorvertraglichen Informationspflicht des VR bezweckt, das 1 Informationsdefizit auf Seiten des VN auszugleichen. Er soll rechtzeitig über ausreichende Informationen verfügen, um im Hinblick auf den Vertragsabschluss eine rationale Entscheidung treffen zu können. Außerdem wird mit der Regelung das nach § 5a aF praktizierte sog. **Policenmodell** abgeschafft (s. auch § 1 Rn 59).[1] Zu den die Lebens- und die Rentenversicherung betreffenden Rechtsproblemen im Zusammenhang mit dem Policenmodell (§ 5a VVG aF) vgl § 152 Rn 1, 25.[2]

II. Vorvertragliche Informationspflicht des VR (Abs. 1)

1. Information vor der Vertragserklärung des VN. Abs. 1 besagt, der VN müsse 2 die Vertragsunterlagen rechtzeitig, bevor er seine Vertragserklärung abgibt, erhalten. Nach S. 1 hat der VR die Informationen dem VN mitzuteilen; S. 2 legt fest, wie sie zu übermitteln sind.[3] Das entspricht der für die Unterrichtung des Verbrauchers bei Fernabsatzverträgen in § 312c Abs. 1 S. 1 BGB vorgesehenen Bestimmung: Die Information vom Kunden vor Abgabe seiner auf den Abschluss des Vertrages gerichteten Willenserklärung – unabhängig davon, ob es sich um das Angebot oder die Annahmeerklärung handelt – zur Verfügung zu stehen.[4] Der Gesetzgeber geht davon aus, dass das **Antragsmodell**, bei dem der VN den Antrag stellt, der Regelfall für den Abschluss des VersVertrages darstellt. Das ist aus den Regelungen der §§ 8 Abs. 2, 19 Abs. 1 und 33 zu entnehmen. Das Gesetz trifft aber keine dezidierte Entscheidung für ein Vertragsabschlussmodell. Als Alternative kommt das **Invitatiomodell** in Betracht, bei dem der VN nicht Antragender, sondern Annehmender ist (vgl auch Rn 35).[5]

Nach dem Wortlaut des Abs. 1 besteht die Informationspflicht bei der **Vertragsan-** 3 **bahnung**. Kommt es zu einer Vertragsänderung, die rechtlich einen **Neuvertrag** begründet (zB Austausch der versicherten Sache, erhebliche Aufstockung der Versicherungssumme), ist Abs. 1 anzuwenden. Bewirkt die Vertragsänderung lediglich, dass das bisherige Vertragsverhältnis mit teilweise neuem Inhalt fortgeführt wird, bestehen freilich auch Informationsbedürfnisse. Unter „**Vertragserklärung**" ist jede

---

1 Vgl ferner Begr. RegE, BT-Drucks. 16/3945, S. 60 (zu § 7 Abs. 1); *Meixner/Steinbeck*, § 3 Rn 5 ff.
2 Eingehend dazu *Rudy*, r+s 2015, 115 ff.
3 Looschelders/Pohlmann/*Pohlmann*, § 7 Rn 21.
4 Zum Fernabsatzrecht HK-BGB/*Schulte-Nölke*, § 312c Rn 1.
5 Krit. dazu *Meixner/Steinbeck*, § 3 Rn 19.

Willenserklärung zu verstehen, die auf eine Einigung über Vertragsinhalte gerichtet ist. Auch bei einer bloßen **Vertragsänderung** ist die Situation des VN derjenigen beim Neuabschluss vergleichbar. Der VN soll wie beim Neuabschluss die Möglichkeit haben, bei der Entscheidung für den geänderten Vertrag auch Konkurrenzprodukte in seine Entscheidung einzubeziehen.[6] Das erscheint mit dem Wortlaut und Sinn des § 7 auf den ersten Blick schwer vereinbar: Die Regelung ist auf den **Vertragsschluss** zugeschnitten und legt dem VR eine *vorvertragliche* Informationspflicht auf; lediglich § 6 VVG-InfoV begründet Informationspflichten während der Vertragslaufzeit. Jedoch werden auch die Regeln über die vorvertragliche Anzeigepflicht des VN bei Vertragsänderungen angewendet (vgl § 19 Rn 3). Bei einer Vertragsänderung sind Informationen allerdings nicht in demselben Umfang nötig wie beim Neuabschluss.[7] – Führt die vereinbarte Änderung des Vertrages dazu, dass neue AVB zugrunde gelegt werden, handelt es sich rechtlich gesehen um einen neuen Vertrag, so dass die Informationspflichten nach § 7 in vollem Umfang ausgelöst werden.

4 **2. Kriterien der Rechtzeitigkeit.** Der Gesetzgeber ging bei der Abfassung des § 312 c BGB – der Vorbildcharakter für § 7 besitzt – davon aus, dass sich eine konkretisierende, für alle Einzelfälle passende Beschreibung nicht finden lasse und die Ausfüllung des Begriffs „rechtzeitig" der Rspr überlassen bleiben müsse. Zweck der Regelung sei, dass der Verbraucher die Informationen in zumutbarer Weise zur Kenntnis nehmen und eine informierte – wohlüberlegte und freie – Entscheidung treffen kann.[8] § 7 verfolgt den gleichen Schutzzweck. Im Rahmen des **Invitatiomodells** (s. Rn 35) ist es einfach, die beschriebenen Anforderungen zu erfüllen: Erhält der VN die Informationen (spätestens) zusammen mit der Police, dem Antrag des VR, ist das Rechtzeitigkeitserfordernis gewahrt, weil dem VN die Unterlagen zugehen, lange bevor er seine Vertragserklärung abgibt. Wird das **Invitatiomodell mit einer Annahmefiktion kombiniert** (s. Rn 36) – das Angebot des VR gilt als angenommen, wenn der VR nicht innerhalb einer festgesetzten Frist widerspricht[9] –, ist der VN in dem Zeitpunkt zu informieren, in dem die Annahmefiktion vereinbart wird. Das folgt daraus, dass der Zweck des Abs. 1 darauf gerichtet ist, eine Information des VN zu einem Zeitpunkt sicherzustellen, in dem er durch schlichtes Unterlassen den Vertragsabschluss scheitern lassen kann.[10] Entsprechendes gilt beim **Modell der bedingten Antragserklärung:**[11] Die Informationspflicht ist vor Abgabe des bedingten Angebots zu erfüllen.[12]

5 Beim **Antragsmodell** stellt sich die Frage, wie lange vor Antragstellung durch den Kunden die Information erfolgen muss. Eine starre Frist kommt nicht in Betracht angesichts der höchst unterschiedlichen Komplexität von Versicherungsprodukten und angesichts der sehr unterschiedlichen Tragweite der Entscheidungen von Versicherungskunden für bestimmte VersVerträge.[13]

6 Bei der Auslegung ist der Schutzzweck in den Blick zu nehmen: Mit der Verwendung des Begriffs der **Rechtzeitigkeit** soll der Kunde vor kurzfristigem Entscheidungszwang ohne hinreichende Information geschützt werden („Übereilungs-

---

6 Anders noch die 1. Auflage; vgl Looschelders/Pohlmann/*Pohlmann*, § 7 Rn 14; *Leverenz*, Vertragsabschluss nach der VVG-Reform, S. 24 f; Prölss/Martin/*Rudy*, § 7 Rn 3.
7 Looschelders/Pohlmann/*Pohlmann*, § 7 Rn 14.
8 Begr. RegE FernAbsG, BT-Drucks. 14/2658, S. 20, 37, 38. Dazu – statt vieler – *Fuchs*, ZIP 2000, 1273, 1276 f; *Föhlisch*, in: Hoeren/Sieber (Hrsg.), Handbuch Multimediarecht, 2006, 13.4 Rn 66.
9 Dazu *Schimikowski*, VW 2007, 715 ff.
10 Prölss/Martin/*Rudy*, § 7 Rn 10.
11 *Baumann*, VW 2007, 1955 ff; Bruck/Möller/*Hermann*, § 7 Rn 73.
12 Prölss/Martin/*Rudy*, § 7 Rn 8.
13 Vgl *Schimikowski*, r+s 2007, 133 ff mwN.

schutz").[14] Das gilt für den Fernabsatz genauso wie für den konventionellen Vertrieb. Wann eine Information als „rechtzeitig" erfolgt anzusehen ist, muss anhand der tatsächlichen Umstände des Vertragsabschlusses, der Art, des Umfangs und der Bedeutung des Geschäfts ermittelt werden.[15] Eine Aushändigung der AVB und sonstigen Informationen **unmittelbar vor Unterzeichnung des Antrags** kommt bei einfachen Produkten in Betracht, zumindest dann, wenn die AVB kurz gefasst und so verständlich formuliert sind, dass der Kunde innerhalb kurzer Zeit von ihnen Kenntnis nehmen und sie bei seiner Entscheidungsfindung berücksichtigen kann. Bei vielen AVB ist das nicht der Fall, insb. nicht bei der Lebens- oder Krankenversicherung. Bei Reiseversicherungen, Sterbegeldversicherungen und ähnlichen Produkten kann es dagegen genügen, dem Kunden lediglich eine kurze Zeit zum Durchsehen der AVB vor der Vertragsunterzeichnung einzuräumen. Privathaftpflicht-, Kraftfahrzeug-, Hausrat- oder Gebäudeversicherungen sind wichtige Formen der Absicherung existenzieller Risiken. Bei den standardisierten Schadensversicherungen für den privaten Versicherungskunden erscheint es ausreichend, wenn dieser über den Produktinhalt informiert wird und dann vor der Antragstellung einige Minuten Zeit erhält, die AVB durchzusehen, um die Information als „rechtzeitig" erfolgt anzusehen. Schadensversicherungen der genannten Art sind weitgehend standardisiert, der Kunde weiß zumindest im Wesentlichen, „worum es geht" und kann die etwaigen Besonderheiten eines Produkts relativ schnell erfassen. Von Belang ist auch, dass der Abschluss solcher Versicherungen den VN nicht auf längere Sicht bindet, sondern er sich leicht vom Vertrag lösen kann. Dagegen wird eingewandt, die Informationspflicht sei keine individuell-konkrete, sondern eine abstrakt-generelle Pflicht, so dass jede vor Abgabe der Vertragserklärung des VN erfolgte Information als ausreichend erachtet wird.[16] Dann wäre das Wort „rechtzeitig" überflüssig. Es ist dem Fernabsatzrecht entnommen. Dort wird die Auffassung vertreten, dass eine Vertriebspraxis (im Internet) unzulässig sei, bei der dem Verbraucher – nachdem er die Informationen erhalten hat – eine zu kurze Frist für seine Entscheidung über den Vertragsschluss bleibt.[17] Es ist kein Grund ersichtlich, warum das nicht auch beim Vertrieb von Versicherungsprodukten gelten soll.

Bei VersVerträgen für **Unternehmen** erweisen sich (auch) Sach- und Haftpflichtversicherungen meist als komplex. Eine längere Überlegungsfrist ist hier vielfach notwendig, so dass die Antragstellung nicht mit einem einmaligen Vermittlerkontakt „unter Dach und Fach" gebracht werden kann. Unternehmen werden freilich oft von Versicherungsmaklern betreut; dann kann mit der Weitergabe der Information an den Makler die Informationspflicht erfüllt sein. Im Übrigen kann die Informationspflicht hier ganz entfallen, wenn Abs. 5 S. 1 einschlägig ist.

7

Bei den meisten **Personenversicherungen** – Unfallversicherungen mit Invaliditätsleistungen und ähnliche Produkte ausgenommen – ist eine andere Beurteilung angezeigt. Die Gestaltungsvielfalt von Altersvorsorgeprodukten ist beträchtlich, die Inhalte von Lebens-, Berufsunfähigkeits- und Krankenversicherungen differieren stark. Sie unterscheiden sich für den VN von Schadensversicherungen in einem ganz wesentlichen Punkt: Der VN geht idR langfristige Bindungen ein, im Falle vorzeitiger Lösung solcher Verträge hat er oft erhebliche Nachteile zu befürchten. Alles in allem: Bedeutung und Komplexität dieser Versicherungen lassen hier meist

8

---

14 So die Begr. RegE FernAbsG, BT-Drucks. 14/2658, S. 38.
15 *Kamanabrou*, WM 2000, 1417, 1423; vgl auch Beckmann/Matusche-Beckmann/*K. Johannsen*, § 8 Rn 23.
16 So Römer/Langheid/*Langheid*, § 7 Rn 25 mwN.
17 Vgl HK-BGB/*Schulte-Nölke*, § 312 c Rn 1.

eine Bedenkzeit von mehreren Tagen erforderlich erscheinen, bevor der Kunde eine informierte Entscheidung treffen kann.[18]

9 Es kommt also bei der Entscheidung, ob eine Information rechtzeitig ist, auf die **wirtschaftliche Bedeutung der Versicherung** sowie auf die **Komplexität des jeweiligen Produkts** an.[19] Abs. 1 schreibt keineswegs den vielfach beschworenen „zweiten Vertreterbesuch" vor,[20] je nach Lage des Einzelfalles kann er jedoch geboten sein. Es genügen zu lassen, dass der VN Gelegenheit erhält, den Vertragsschluss (gemeint ist wohl: die Vertragserklärung) auf später zu verschieben – so dass stets eine unmittelbar vor der Vertragserklärung erfolgte Information ausreichte[21] (vgl auch § 1 Rn 50) –, erscheint zu pauschal und wird dem Zweck der gesetzlichen Regelung nicht gerecht. Bei komplexeren Verträgen benötigt der VN mehr Zeit, um abschätzen zu können, ob er eine Vertragserklärung abgeben soll oder nicht. Das spricht für die hier vertretene Differenzierung.

10 **3. Geschützter Personenkreis.** Informationsadressat ist der VN, ausgenommen sind lediglich Großrisiken (Abs. 5; s. Rn 39). Der VN kann eine natürliche oder juristische Person sein. Die Gesetzesbestimmung schützt nicht nur den privaten **Verbraucher** iSd § 13 BGB, sondern auch den **Unternehmer** iSd § 14 BGB, solange Letzterer kein Großrisiko darstellt.

11 Gegenüber **versicherten Personen** bestehen keine Informationspflichten. Der Gesetzgeber hat sich nur für den Bereich der betrieblichen Altersversorgung entschieden, eine spezielle Informationspflicht vorzusehen (vgl § 10 a Abs. 2 VAG). Ansonsten stehen versicherten Personen zwar materiell die Rechte aus dem VersVertrag zu (vgl § 44), nach dem eindeutigen Wortlaut des Abs. 1 haben sie aber kein Recht auf Information.[22]

12 Bei **Kollektivversicherungen** ist zu differenzieren: Liegt eine **echte Gruppenversicherung** (s. auch § 206 Rn 15) vor, ist die „Gruppenspitze" – zB eine Firma, ein Kreditinstitut – als VN anzusehen; die Versicherten fungieren lediglich als Gefahrspersonen. Eine solche Gestaltungsform kommt v.a. bei der Firmen- oder Vereins-Gruppenversicherung vor (s. auch Einl. Rn 73).[23] Bei der **unechten Gruppenversicherung** werden Versicherungen durch die Gruppenspitze als bevollmächtigte Vertreterin aller Gruppenmitglieder abgeschlossen. Die Gruppenspitze ist idR zur Führung der Geschäftsverkehrs mit den Gruppenmitgliedern und dem VR bevollmächtigt. Es ist kein einheitlicher VersVertrag gegeben, sondern eine Vielzahl einzelner Verträge,[24] die durch Rahmenvereinbarungen äußerlich und wirtschaftlich zusammengefasst werden. Das Gruppenmitglied ist VN.[25] In diesem Fall sind die Informationspflichten gegenüber den Gruppenmitgliedern zu erfüllen.

---

18 Im Ergebnis wie hier *Leverenz*, Vertragsabschluss nach der VVG-Reform, S. 66, 69; *Steinbeck/Terno*, in: MAH VersR, § 2 Rn 52, die hier auf den Einzelfall abstellen und in Rn 63 von einer abstrakt-generellen Pflicht sprechen – das ist widersprüchlich.
19 Bruck/Möller/*Herrmann*, § 7 Rn 60; Looschelders/Pohlmann/*Pohlmann*, § 7 Rn 18; Schwintowski/Brömmelmeyer/*Ebers*, § 7 Rn 36; *Wandt*, Versicherungsrecht, Rn 284; *Meixner/Steinbeck*, § 3 Rn 15.
20 Vgl auch *Franz*, VersR 2008, 301; *Funk*, VersR 2008, 165.
21 So aber Prölss/Martin/*Rudy*, § 7 Rn 11.
22 *Leverenz*, Vertragsabschluss nach der VVG-Reform, S. 17. Für eine analoge Anwendung des § 7 Abs. 1 auf versicherte Personen bei der Gruppenversicherung (s. Rn 12) *Marlow/Spuhl*, Rn 52.
23 Vgl auch *Funk*, VersR 2008, 1565; Prölss/Martin/*Rudy*, § 7 Rn 5. Zur Einbeziehung der AVB s. LG Saarbrücken 14.5.2014 – 14 T 3/14, VersR 2014, 1197; *Schneider*, VersR 2014, 1295 ff; *Göbel/Köther*, VersR 2015, 425, 426.
24 *Millauer*, Rechtsgrundsätze der Gruppenversicherung, S. 15.
25 *Millauer*, Rechtsgrundsätze der Gruppenversicherung, S. 99 ff; zum Ganzen auch *Schneider*, VersR 2014, 1295 ff.

4. Adressaten der Informationspflicht. Die Informationspflicht trifft allein den VR. Sofern es sich nicht um Vertrieb im Fernabsatz handelt, erfüllt der VR seine Pflichten durch seine VersVertreter. Erfolgt der Vertrieb über **VersMakler**, kann zwischen VR und Makler vereinbart werden, dass die Informationen dem VN durch den Makler mitgeteilt werden müssen. Dann erfüllt der VR seine Informationspflichten, indem er dem Makler die Vertragsinformationen zur Verfügung stellt. Dabei kann es genügen, dass der VR dem Makler Intranetzugang verschafft. Unabhängig von solchen Vereinbarungen gilt: Ist der VersMakler bevollmächtigt, für den VN Vertragserklärungen abzugeben, und/oder besitzt er eine Empfangsvollmacht, ist davon auszugehen, dass die Informationen als dem VN zugegangen gelten, wenn der Makler über sie verfügt.[26] In diesem Fall ist der VersMakler Stellvertreter, so dass § 166 BGB einschlägig ist.[27] Liegt ein schriftlicher Maklerauftrag vor, ist aus diesem ersichtlich, wie weit die Vollmachten des Maklers gehen. Ist ein schriftlicher bzw in Textform erteilter Maklerauftrag nicht gegeben – was im Massengeschäft häufig vorkommt –, ergibt sich bereits aus der Stellung als **Sachwalter** des VN (s. dazu § 61 Rn 18), dass der Makler die vertragsbezogenen Informationen entgegenzunehmen und weiterzuleiten hat.[28]

5. Art der Informationserfüllung. a) Textform. Die Informationen haben in Textform (§ 126 b BGB) zu erfolgen.[29] Die Pflicht nach Abs. 1 kann erfüllt werden, indem AVB und sonstige Verbraucherinformationen in ausgedruckter Form dem VN zur Verfügung gestellt werden. Auch **Broschüren-Lösungen** sind denkbar, allerdings müssen diejenigen Informationen – insb. AVB –, die für den Vertrag des Kunden relevant sind, präzise bezeichnet werden, andernfalls ist nicht von einer gesetzeskonformen Information auszugehen. Wenn der VN sich die für seinen Vertrag passenden Informationen aus einer Vielzahl von Texten heraussuchen muss, ist der Schutzzweck des Abs. 1 nicht zu realisieren. Schließlich verlangt Abs. 1 S. 2, dass die „Mitteilungen" dem VN **klar und verständlich** zu übermitteln sind. Es ist also Transparenz gefordert; ein Verstoß dagegen bleibt im VVG ohne Sanktion: Auch wenn die AVB intransparent sind, beginnt die Widerrufsfrist zu laufen.[30]

b) Elektronische Übermittlung. Es genügt eine elektronische Übermittlung, insb. in Form einer **E-Mail**. Möglich ist es auch, die Informationen auf einem Datenträger gespeichert dem VN zu überlassen. Die nach Abs. 1 geforderten Informationen können auf einer **CD** oder einem **USB-Stick** gespeichert werden. Die für den konkreten Vertrag wichtigen Informationen müssen dem VN genau angegeben werden, wenn auf dem Datenträger auch andere Informationen enthalten sind. Nur so ist eine transparente Übermittlung iSd Abs. 1 S. 2 gewährleistet. - Auf einem USB-Stick gespeicherte Daten können gelöscht werden; dies kann Beweisschwierigkeiten auslösen (s. Rn 29). Es kommt auch in Betracht, dem Kunden einen konkreten Hinweis auf einen **Link** zu geben, über den die Vertragsinformationen zur Kenntnis genommen werden können. Der VR wird freilich nachweisen müssen, dass es zum **Download** gekommen ist, weil nur dann eine Übermittlung angenommen werden kann.[31]

---

26 Näher dazu *Leverenz*, Vertragsabschluss nach der VVG-Reform, S. 17 ff; *Schirmer/Sandkühler*, ZfV 2007, 771, 773 f; *Funk*, VersR 2008, 163, 164.
27 Vgl Looschelders/Pohlmann/*Pohlmann*, § 7 Rn 12.
28 Zum Ganzen *Schimikowski*, Beil. r+s 1/2011, 96, 98 sowie *ders.*, r+s 2012, 577.
29 Die Möglichkeit der Einsichtnahme auf einem Bildschirm während des Kundengesprächs genügt daher nicht, vgl *Hoeren*, ZVersWiss. 2012, 45, 50.
30 Vgl FAKomm-VersR/C. *Schneider/Reuter-Gehrken*, § 7 VVG Rn 45. – Vgl auch unten Rn 29.
31 Ebenso *Leverenz*, Vertragsabschluss nach der VVG-Reform, S. 70; Looschelders/Pohlmann/*Pohlmann*, § 7 Rn 20. – Eine Internet-Website ist dann ein „dauerhafter Datenträger", wenn die Informationen so gespeichert sind, dass sie nicht einseitig vom VersVermittler geändert werden können, vgl EFTA-Gerichtshof 27.1.2010 – E-4/09, VersR 2010,

16 c) **Sprache.** Wer in Deutschland einen VersVertrag abschließen will, muss grds. davon ausgehen, dass die Vertragsinformationen in deutscher Sprache abgefasst sind. Es ist Sache des VN, falls er der deutschen Sprache nicht (ausreichend) mächtig ist, sich Beistand zu holen. Das ist allerdings dann anders zu sehen, wenn die Vertragsverhandlungen ausschließlich in der Muttersprache des VN geführt wurden. In diesem Fall werden auch die Informationen nach Abs. 1 in dieser Sprache zu erfolgen haben (vgl dazu auch § 8 Rn 20).[32]

17 **6. Telefonischer Vertragsabschluss, Fernabsatz.** Einen Sonderweg sieht **Abs. 1 S. 3 Hs 1** für den Fall eines **telefonischen Vertragsabschlusses** vor. Bei dieser – in der Praxis seltenen – Form des Zustandekommens des VersVertrages sind die Informationen unmittelbar nach Vertragsabschluss nachzuholen.[33] Geschieht dies, werden die AVB Vertragsbestandteil (in Abweichung von § 305 Abs. 2 BGB).[34] Gleiches gilt, wenn der Vertrag unter Verwendung eines **anderen Kommunikationsmittels** geschlossen wird, das eine Information vor Abgabe der Vertragserklärung durch den VN nicht zulässt. Auch diese Alternative kommt in der Praxis selten vor.[35]

18 Der Wortlaut der Regelung verlangt, dass der Vertrags**abschluss** telefonisch (oder durch ein anderes Kommunikationsmittel) erfolgen muss. Es soll demnach nicht genügen, wenn der VN seine Vertragserklärung telefonisch (und der VR die seine schriftlich) abgibt. Für diese Auffassung wird angeführt, dass ansonsten eine Umgehung des Abs. 1 S. 1 ermöglicht würde.[36] Von einer durch den VR veranlassten Umgehung kann aber keine Rede sein, wenn – wie es die Vorschrift verlangt – der VN telefonisch einen Antrag stellen *will*. Das Anliegen des VN kann durch besondere Eilbedürftigkeit begründet sein. Gerade in solchen Konstellationen macht es Sinn, Abs. 1 S. 3 Hs 1 analog anzuwenden.[37] Der Vertragsabschluss muss **auf Verlangen des VN** telefonisch (oder durch ein anderes Kommunikationsmittel, etwa SMS) erfolgt sein. Die Initiative muss also vom VN ausgegangen sein.[38] Abs. 1 S. 3 Hs 1 setzt vom Wortlaut her nicht voraus, dass es sich um einen Vertrieb von Versicherungsprodukten im Fernabsatz handelt.[39] Es gibt aber gute Gründe dafür, die (Ausnahme-)Regelung im Wege richtlinienkonformer Reduktion nur dann anzuwenden, wenn die Anbahnung und der Abschluss des Vertrages im Rahmen eines auf Fernabsatz angelegten Vertriebssystems erfolgt.[40]

19 Die Vorschrift ist bei **Fernabsatz** von Versicherungsprodukten über das **Internet** nicht anzuwenden.[41] Hier ist der VR verpflichtet, die entsprechenden Unterlagen zum **Download** zur Verfügung zu stellen. Wird mit dem Kunden per Brief oder per

---

793. Danach genügt es, wenn der Verbraucher „mit an Sicherheit grenzender Wahrscheinlichkeit" zum Download angehalten wird (vgl *Reiff*, VersR 2010, 798).

32 Ebenso Schwintowski/Brömmelmeyer/*Ebers*, § 7 Rn 38; FAKomm-VersR/C. *Schneider/Reuter-Gehrken*, § 7 VVG Rn 47; Langheid/Wandt/*Armbrüster*, § 7 Rn 101; HK-BGB/*Schulze*, § 355 Rn 11; LG Köln 8.3.2002 – 32 S 66/01; AG Peine 23.2.2006 – 5 C 405/05; **aA** LG Bielefeld 13.7.2011 – 21 S 68/10.

33 Das Gesetz verwendet das Wort „unverzüglich". Hier ist die Legaldefinition des § 121 BGB („ohne schuldhaftes Zögern") maßgebend; anders Schwintowski/Brömmelmeyer/*Ebers*, § 7 Rn 41; dagegen FAKomm-VersR/C. *Schneider/Reuter-Gehrken*, § 7 VVG Rn 49 Fn 56.

34 Vgl auch Römer/Langheid/*Langheid*, § 7 Rn 31 mwN.

35 Zu weiteren denkbaren Konstellationen des telefonischen Vertragsabschlusses vgl *Kins*, Der Abschluss des Versicherungsvertrags, 2010, S. 339 f.

36 Dazu *Kins*, Der Abschluss des Versicherungsvertrags, S. 344.

37 Dafür: *Funk*, VersR 2008, 163, 164; Looschelders/Pohlmann/*Pohlmann*, § 7 Rn 26; Langheid/Wandt/*Armbrüster*, § 7 Rn 73.

38 Looschelders/Pohlmann/*Pohlmann*, § 7 Rn 27; *Kins*, Der Abschluss des Versicherungsvertrags, S. 345 f.

39 Vgl auch *Stockmeier*, VersR 2008, 717, 721; anders *Franz*, VersR 2008, 298, 301.

40 Dazu *Kins*, Der Abschluss des Versicherungsvertrags, S. 338 ff, 348.

41 AA wohl Bruck/Möller/*Hermann*, § 7 Rn 88.

E-Mail kommuniziert, gestatten diese Kommunikationsmittel, die Informationen dem (potenziellen) VN in Textform zukommen zu lassen, bevor er seine Vertragserklärung abgibt.[42]

Bei neuen Vertriebsformen wie **Teleunderwriting** oder **Teleinterviewing** erfolgt idR zuvor ein Beratungsgespräch mit einem Vermittler.[43] Nur dann, wenn der Vertragsabschluss telefonisch erfolgt, greift Abs. 1 S. 3 Hs 1. 20

7. Verzicht. Nach **Abs. 1 S. 3 Hs 2** kann der Kunde schriftlich auf die Überlassung der Informationen verzichten.[44] Der Wortlaut lässt die Einschätzung zu, dass den Versicherungsunternehmen die Möglichkeit eröffnet werde, generell oder zumindest auf bestimmte Sparten bezogen schriftliche Verzichtserklärungen vorzubereiten, sie unterzeichnen zu lassen und im Übrigen nach dem Policenmodell (§ 5 a aF) weiterzuverfahren. Dem Sinn und Zweck der Regelung liefe eine solche Praxis zuwider. Abs. 1 S. 1 erhebt zur Regel, dass der Kunde vollständig zu informieren ist, bevor er seine Vertragserklärung abgibt. Die vertragsbezogenen Informationen sollen ihm helfen, eine überlegte Entscheidung zu treffen. Abs. 1 S. 3 Hs 2 ist als **Ausnahmetatbestand** konzipiert.[45] Das spricht dafür, einen Missstand iSd § 81 VAG anzunehmen, der ein Einschreiten der Aufsichtsbehörde ermöglicht, wenn Versicherungsunternehmen die Verzichtserklärung zum Standard machen wollten.[46] Formularmäßig vorbereitete Verzichtserklärungen können als AVB angesehen werden; das gilt selbst dann, wenn der VersVertreter die Verzichtserklärung handschriftlich zu Papier bringt und vom Kunden unterschreiben lässt.[47] Sie unterliegen daher der AGB-rechtlichen Kontrolle. Ein standardmäßig verwendeter, **vorformulierter** Verzicht könnte nach § 307 Abs. 2 Nr. 1 BGB für unwirksam erklärt werden.[48] Die Gegenansicht[49] hebt darauf ab, Abs. 1 S. 3 Hs 2 lasse Verzichtserklärungen in Form von AVB zu, so dass keine Abweichung von einer gesetzlichen Regelung vorliege. Dagegen ist einzuwenden, dass der Wortlaut und die Systematik der gesetzlichen Bestimmung dafür sprechen, den Verzicht als Ausnahmefall anzusehen: In Abs. 1 S. 1 wird die Regel formuliert – rechtzeitige Information vor Abgabe der Vertragserklärung – und in Abs. 3 finden sich zwei Ausnahmetatbestände. Insoweit weicht eine vom VN zu akzeptierende Vorgabe einer Verzichtserklärung im Wege einer AVB vom gesetzlichen Leitbild ab.[50] Wird eine nach § 306 Abs. 1 BGB unwirksame Verzichtserklärung verwendet, liegt eine Verletzung von Informati- 21

---

42 *Stockmeier*, VersR 2010, 856.
43 Dazu *Bornemann/Schwer/Hefer*, VW 2008, 574 ff.
44 Begr. RegE, BT-Drucks. 16/3945, S. 60 (zu § 7 Abs. 1). Zur Vereinbarkeit mit EU-Recht vgl *Brömmelmeyer*, VersR 2009, 584 ff; *Kins*, Der Abschluss des Versicherungsvertrags, S. 349 ff, jew. mwN. Im Ergebnis ist Abs. 1 S. 3 Hs 2 europarechtskonform dahin gehend auszulegen, dass die Bestimmung bei Fernabsatz und im Bereich der Lebensversicherung nicht gilt, vgl Langheid/Wandt/*Armbrüster*, § 7 Rn 83; *Schimikowski*, r+s 2007, 133, 137.
45 Ebenso *Langheid*, VersR 2007, 3565, 3566.
46 Zweifelnd auch *Römer*, VersR 2006, 740, 742; aA *Wandt*, Versicherungsrecht, Rn 285 a.
47 Wie hier *Kins*, Der Abschluss des Versicherungsvertrags, S. 355 f; anders *Blankenburg*, VersR 2008, 1446 ff.
48 Ebenso *Leverenz*, Vertragsabschluss nach der VVG-Reform, S. 76; *Franz*, VersR 2008, 298, 300. Nach Prölss/Martin/*Rudy*, § 7 Rn 18 ist Abs. 1 S. 3 teleologisch dahin zu reduzieren, dass ein formularmäßiger Verzicht nicht in Betracht kommt.
49 Looschelders/Pohlmann/*Pohlmann*, § 7 Rn 30 f. Insoweit zustimmend Bruck/Möller/*Herrmann*, § 7 Rn 93, der allerdings eine Unwirksamkeit nach § 307 Abs. 1 BGB annimmt, wenn der Verzicht zum Regelfall wird. Im Ergebnis deckt sich die letztere Auffassung mit der hier vertretenen.
50 Anders LG Saarbrücken 30.3.2012 – 13 S 49/11, r+s 2013, 275 mwN. Wie hier Beckmann/Matusche-Beckmann/*K. Johannsen*, § 8 Rn 17; Schwintowski/Brömmelmeyer/*Ebers*, § 7 Rn 43. AA *Kins*, Der Abschluss des Versicherungsvertrags, S. 359 ff; Langheid/Wandt/*Armbrüster*, § 7 Rn 81; *Meixner/Steinbeck*, § 3 Rn 10.

onspflichten vor, so dass – je nach Lage des Einzelfalles – Schadensersatzforderungen nach §§ 280, 311 BGB möglich sind.[51]

22 Der Verzicht hat durch eine **ausdrückliche** und **gesonderte schriftliche Erklärung** zu erfolgen. Dies kann nur durch ein vom Antragsformular getrenntes Schriftstück geschehen. Dafür sprechen zwei Gesichtspunkte: Der VN muss seine Verzichtserklärung abgeben, bevor er die Antragstellung vollzieht. Allein das lässt eine Zäsur zwischen beiden Erklärungen erforderlich erscheinen. Zum anderen will die gesetzliche Bestimmung den VN vor übereilten Entschlüssen schützen – das ist der Sinn der formalen Hürden. Verzichtserklärung und Antragstellung auf einem Formular tragen dem nicht Rechnung.[52] Formularmäßig vorformulierte Verzichtserklärungen verbieten weder der Wortlaut noch der Sinn der Regelung, sie dürfen freilich nicht flächendeckend verwendet werden.[53]

23 Liegt ein (wirksam erteilter) Verzicht vor, muss die Information unverzüglich nach Vertragsschluss nachgeholt werden. Es handelt sich also (nur) um einen Verzicht auf *rechtzeitige* Information.[54] Der VR muss die Unterlagen also ohne schuldhaftes Zögern (§ 121 Abs. 1 S. 1 BGB) übermitteln, nachdem der Vertrag zustande gekommen ist. Eine Überlegungsfrist steht dem VR nicht zu.[55]

24 **8. Folgen einer Informationspflichtverletzung. a) Widerrufsfrist.** Die Verletzung der vorvertraglichen Informationspflichten ist nach § 8 Abs. 2 dadurch sanktioniert, dass die Frist für das Widerrufsrecht nicht zu laufen beginnt.[56]

25 **b) Unterlassungsansprüche.** Nach § 2 UKlaG besteht ein Unterlassungsanspruch, wenn Verhaltensweisen vorliegen, die einen Verstoß gegen Verbraucherschutzvorschriften darstellen. § 7 ist eine solche Vorschrift, da es dort um Informationspflichten geht.[57] Der Anspruch besteht, wenn der Unternehmer gegenüber dem Verbraucher Informationspflichten nicht erfüllt und insoweit eine ernsthafte Wiederholungsgefahr besteht.[58] Das kann insb. dann der Fall sein, wenn der VR ständig gegen das Rechtzeitigkeitserfordernis verstößt oder standardmäßig mit Formular-Verzichtserklärungen arbeitet (s. dazu Rn 21). Aktivlegitimiert sind u.a. Verbraucherverbände als qualifizierte Einrichtungen gem. § 3 Abs. 2 Nr. 1 UKlaG.

26 Die Nichtbefolgung von Informationspflichten kann eine wettbewerbswidrige Handlung iSd UWG darstellen und u.a. einen Unterlassungsanspruch begründen.[59] Es ist anerkannt, dass der Unterlassungsanspruch nach § 8 UWG neben dem Anspruch aus dem UKlaG geltend gemacht werden kann, sofern der Tatbestand einer unerlaubten Wettbewerbshandlung nach § 3 UWG erfüllt ist. Außerdem kommen Schadensersatzansprüche und Gewinnabschöpfung in Betracht (§§ 9, 10 UWG).[60]

27 **c) Schadensersatzansprüche aus § 280 BGB.** In der Lit. zum Fernabsatzrecht werden auch Ansprüche aus §§ 280, 311 BGB für berechtigt erachtet.[61] Auch in der versicherungsrechtlichen Lit. wird diese Möglichkeit bejaht.[62] Der VN wird aller-

---

51 Vgl auch Bruck/Möller/*Herrmann*, § 7 Rn 82.
52 Zum Streitstand *Kins*, Der Abschluss des Versicherungsvertrags, S. 353 ff; aA Römer/Langheid/*Langheid*, § 7 Rn 30 mwN.
53 Zum Ganzen *Leverenz*, Vertragsabschluss nach der VVG-Reform, S. 74 f; *Stockmeier*, VersR 2008, 717, 723. Anders als hier *Blankenburg*, VersR 2008, 1446, 1450.
54 *Meixner/Steinbeck*, § 3 Rn 10.
55 Looschelders/Pohlmann/*Pohlmann*, § 7 Rn 33.
56 Vgl *Dörner/Staudinger*, WM 2006, 1710, 1713.
57 FAKomm-VersR/*C. Schneider/Reuter-Gehrken*, § 7 VVG Rn 67.
58 *Hoffmann*, ZIP 2005, 829, 834.
59 Vgl HK-BGB/*Schulte-Nölke*, § 312 c Rn 10.
60 Vgl *Hoffmann*, ZIP 2005, 829, 834.
61 MüKo-BGB/*Wendehorst*, § 312 c Rn 76; *Hoffmann*, ZIP 2005, 829, 836 mwN.
62 Vgl auch *Dörner/Staudinger*, WM 2006, 1710, 1713, die ohne weitere Diskussion davon ausgehen, dass ein solcher Ersatzanspruch grds. besteht; vgl auch *Armbrüster*, PrivatversR, Rn 794.

dings nur in Ausnahmefällen einen Schadensersatzanspruch beziffern können. Denkbar ist, dass in einem Schadensfall eine Deckungslücke aufgedeckt wird und der VN vorträgt, bei rechtzeitiger Information hätte er sich für ein anderes Produkt mit einem umfangreicheren Versicherungsschutz entschieden. In derartigen Fällen wird allerdings bereits ein Schadensersatzanspruch aus § 6 Abs. 5 bzw § 63 in Betracht kommen. Es kommt auch ein Anspruch auf **Vertragsaufhebung** in Betracht.[63]

d) Aufsichtsrechtliche Maßnahmen. Verletzungen der Pflicht zu rechtzeitiger Information des VN können einen Missstand iSd § 81 VAG darstellen. Das ist zB anzunehmen, wenn ein VR standardmäßig mit der Verzichtserklärung arbeitet und so das Policenmodell „durch die Hintertür" einführt.[64]   28

e) Vertragsschluss und Einbeziehung von AVB. Die Verletzung von Informationspflichten **hindert das Zustandekommen eines wirksamen Vertrages nicht.** Ein unter Verletzung der vorvertraglichen Informationspflichten zustande gekommener Vertrag ist wirksam, solange von dem Widerrufsrecht des § 8 Abs. 1 kein Gebrauch gemacht wird. Problematisch kann die Einbeziehung von AVB sein. Entscheidend ist, ob die **Einbeziehungsvoraussetzungen des § 305 Abs. 2 BGB** erfüllt sind (s. auch Einl. Rn 72 ff, § 1 Rn 44). Bei Verträgen mit **Unternehmen** genügt ein Hinweis auf die Verwendung von AVB (vgl § 310 BGB).[65] Bei VersVerträgen, die mit **Privatkunden** abgeschlossen werden, muss der Kunde durch seinen Vertragspartner „bei Vertragsabschluss" auf die Verwendung von AGB hingewiesen werden und in zumutbarer Weise Kenntnis von ihrem Inhalt nehmen können. Der Kunde muss sich mit der Verwendung der AVB zumindest stillschweigend einverstanden erklären. Alle drei Voraussetzungen müssen kumulativ erfüllt sein. Der **Hinweis** (§ 305 Abs. 2 Nr. 1 BGB) muss eindeutig sein und klar erkennen lassen, welche AVB einbezogen werden sollen.[66] Die bloße Aushändigung einer **Broschüre**, eines **USB-Sticks** oder einer **CD** mit allen AVB, die Verträgen mit Privatkunden zugrunde liegen können, genügt ohne konkreten Hinweis auf die vertragsrelevanten Bedingungen nicht den gesetzlichen Anforderungen. Es muss dem Kunden **präzise** bezeichnet werden, welche AVB für den Vertrag, dessen Abschluss er anstrebt, zugrunde liegen sollen. Der Kunde muss in zumutbarer Weise vom Inhalt der AVB Kenntnis nehmen können (§ 305 Abs. 2 Nr. 2 BGB). Insbesondere bei den oben angesprochenen Broschüren-, USB-Stick- oder CD-Lösungen (s. Rn 14 f) sind Zweifel angebracht, ob sie den Anforderungen des § 305 Abs. 2 Nr. 2 BGB gerecht werden, wenn auf diesen Datenträgern AVB für verschiedenartige Produkte gespeichert sind.[67]   29

Die Einbeziehungsvoraussetzungen sind grds. in dem **Zeitpunkt** zu erfüllen, in dem der VN seine Vertragserklärung abgibt. Erfüllt der VR die ihm nach geltendem Recht auferlegten vorvertraglichen Informationspflichten – und kann er dies im Streitfall beweisen –, ist die Rechtslage unproblematisch: Hat der VR dem Kunden die AVB rechtzeitig iSv Abs. 1 zur Verfügung gestellt, ist die Einbeziehung gem. § 305 Abs. 2 BGB zu bejahen. Die weitergehenden Anforderungen des Abs. 1 sind (freilich) keine Voraussetzungen für eine wirksame Einbeziehung der AVB in den Vertrag.[68]   30

---

63 Prölss/Martin/*Rudy*, § 7 Rn 40. Ausführlich zum ganzen Problemkreis Schwintowski/Brömmelmeyer/*Ebers*, § 7 Rn 57 ff.
64 Langheid/Wandt/*Armbrüster*, § 7 Rn 81; *Gaul*, VersR 2006, 740, 742; *Stockmeier*, VersR 2008, 717, 723.
65 Vgl nur HK-BGB/*Schulte-Nölke*, § 305 a Rn 19.
66 Vgl BeckOK-BGB/*Becker*, § 305 Rn 45 ff.
67 Krit. zur „zweistufigen Transparenzkontrolle" HK-BGB/*Schulte-Nölke*, § 305 Rn 16.
68 Vgl dazu *Heinrichs*, NJW 1999, 944.

31 Hat der VN die AVB nach Antragstellung, also **verspätet, aber noch vor Vertragsabschluss** erhalten, ist zwar Abs. 1 nicht Rechnung getragen, eine Einbeziehung nach § 305 Abs. 2 BGB aber noch möglich.[69] Der Wortlaut des § 305 Abs. 2 BGB lässt dieses Verständnis zu. Zumindest ist von einer (nachträglichen) Einbeziehungsvereinbarung auszugehen, insb. dann, wenn die Initiative zur Übersendung der AVB vom Kunden ausgegangen ist. Das kann selbst dann gelten, wenn der VN nach Vertragsabschluss moniert, keine AVB erhalten zu haben und er nunmehr deren Aushändigung verlangt. Lässt der VN nicht erkennen, dass er mit den AVB nicht einverstanden ist, wird von einer konkludenten Zustimmung zur Einbeziehungsvereinbarung auszugehen sein.[70]

32 Ist die **Einbeziehung der AVB gescheitert**, weil die Anforderungen des § 305 Abs. 2 BGB nicht erfüllt sind, ist ein VersVertrag zustande gekommen, dem keine AVB zugrunde liegen. Es gilt Gesetzesrecht (§ 306 Abs. 2 BGB). Soweit gesetzliche Regeln nicht gegeben sind, muss im Einzelfall eine **ergänzende Vertragsauslegung** erfolgen. Eine Analogie zu § 49 Abs. 2[71] kommt nicht in Betracht, denn diese Regelung nimmt auf die besonderen Umstände bei der vorläufigen Deckung – insb. auf die häufig gegebene Eilbedürftigkeit – Rücksicht. Ein verallgemeinerungsfähiger Rechtsgedanke wohnt dem nicht inne.[72] Sollen die AVB **nachträglich einbezogen** werden, ist grds. eine **Änderungsvereinbarung** notwendig; der Kunde muss der Geltung der AVB zustimmen. Das gilt selbst dann, wenn der VN bereits Leistungen aus dem Vertrag in Anspruch genommen hat.[73] Neben einer Änderungsvereinbarung kommt auch in Betracht, dass nach der **Billigungsklausel** (§ 5) verfahren wird: Der VR kann die AVB zB mit der Police übersenden, er muss den Kunden auf die AVB hinweisen und ihn über das Widerspruchsrecht belehren; nutzt der Kunde das Widerspruchsrecht nicht, sind die AVB Vertragsbestandteil. Im Ausnahmefall kann das ein gangbarer Weg sein, wenn etwa versäumt worden ist, dem VN vor dessen Antragstellung die AVB zur Verfügung zu stellen.[74]

33 Ist die Einbeziehung der AVB gescheitert, eine erfolgreiche nachträgliche Einbeziehung nicht vollzogen und tritt im **Versicherungsfall** ein, ist eine **ergänzende Vertragsauslegung** unausweichlich. Dabei werden idR die branchenüblichen Musterbedingungen des GDV herangezogen.[75] Im Hinblick auf Obliegenheiten und Einschränkungen des Versicherungsschutzes durch Risikoausschlüsse kann das aber nur für Regelungen gelten, mit denen der VN selbstverständlich rechnen musste.[76] Verwendet der VR AVB, die dem VN günstiger sind als die Musterbedingungen des GDV, sind die AVB des VR maßgeblich; der VR darf nicht von der Nichteinbeziehung seiner eigenen AVB profitieren.[77] Hat der VR mit den für den VN günstigen AVB geworben, gelangt man unter Heranziehung des Rechtsgedankens von § 242 BGB zu dem Ergebnis, dass diese Regelungen als einbezogen gelten müssen:

---

69 *Schimikowski*, r+s 2007, 311; Langheid/Wandt/*Armbrüster*, § 7 Rn 160; aA Prölss/Martin/*Rudy*, § 7 Rn 49.
70 Vgl HK-BGB/*Schulte-Nölke*, § 305 Rn 13; anders Prölss/Martin/*Rudy*, § 7 Rn 49, 51; Bruck/Möller/*Beckmann*, Einf. C Rn 92, 93. Wie hier Langheid/Wandt/*Armbrüster*, § 7 Rn 161.
71 Dafür *Marlow/Spuhl*, Rn 45.
72 Beckmann/Matusche-Beckmann/*Beckmann*, § 10 Rn 90; Prölss/Martin/*Rudy*, § 7 Rn 53.
73 Das ist außerhalb des Versicherungsrechts ganz hM, vgl BGH NJW 1984, 1112; KG NJW-RR 1994, 1265.
74 Dagegen Beckmann/Matusche-Beckmann/*Beckmann*, § 10 Rn 94 mwN; ablehnend auch Prölss/Martin/*Rudy*, § 7 Rn 50; Schwintowski/Brömmelmeyer/*Ebers*, § 5 Rn 8: „Sperrwirkung der §§ 305 Abs. 2 BGB, 7 VVG"; Langheid/Wandt/*Armbrüster*, § 7 Rn 162.
75 *Wandt*, Versicherungsrecht, Rn 293. Steinbeck/Terno, in: MAH VersR, § 2 Rn 77 wollen dagegen die bei Antragstellung vom VR verwendeten AVB Vertragsbestandteil werden lassen. Eine solche Umgehung des § 305 Abs. 2 BGB erscheint nicht statthaft.
76 Näher dazu *Schimikowski*, r+s 2012, 577, 579.
77 So Prölss/Martin/*Rudy*, § 7 Rn 57.

Es ist ein widersprüchliches Verhalten von Seiten des VR, wenn er mit bestimmten Vertragsinhalten und -regelungen geworben hat, er durch sein Verhalten (ungewollt) verhindert, dass sie Vertragsbestandteil werden, und er sich nun auf ihre Nichtgeltung beruft.[78]

Die geschilderte Problematik stellt sich v.a. dann, wenn der VR den Zugang der AVB beim VN nicht beweisen kann. Kommt der Vertrag nach dem **Antragsmodell** zustande, kann sich der VR dadurch absichern, dass er sich den Erhalt der – genau bezeichneten AVB – durch den VN bestätigen lässt.[79] Verfährt der VR beim Vertragsabschluss nach dem **Invitatiomodell**, sind die Nachweisprobleme entschärft: Der VR kann beim Versand der Police, die sein Vertragsangebot darstellt, alle vertragsrelevanten Unterlagen, einschließlich der AVB, beifügen und alles miteinander verklammern.[80] 34

9. Exkurs: Invitatiomodell. Der Gesetzeswortlaut lässt neben dem Antragsmodell auch das Invitatiomodell als Vertragsabschlussverfahren zu (s. auch Rn 2). Beim Invitatiomodell teilt der Kunde dem VR bzw dem VersVermittler seine Wünsche und Bedürfnisse mit, ohne sich bindend zu erklären. Es handelt sich dabei nicht um einen Antrag des (potenziellen) VN, sondern um eine invitatio ad offerendum. Der VR fertigt – soweit keine weitere Risikoprüfung notwendig ist – die Police aus und sendet sie dem VN zu. Damit liegt ein Antrag des VR zum Vertragsabschluss vor. Selbst dann, wenn eine umfangreichere Risikoprüfung notwendig ist, kann das Angebot vom VR ausgehen.[81] Dieses kann der VN durch ausdrückliche Erklärung oder zB konkludent durch Zahlung der Erstprämie annehmen.[82] 35

Es kommt auch eine **Annahmefiktion** in Betracht: Dann muss mit dem Kunden, bei oder nach der Beratung, spätestens im Zeitpunkt der invitatio (der Angebotsanfrage)[83] vereinbart werden, dass nach Zugang der Police und Ablauf einer bestimmten Frist sein Schweigen den Vertragsabschluss bewirkt. Unter dieser Konstellation ist § 308 Nr. 5 BGB auch auf Erklärungsfiktionen anzuwenden, welche die Bedeutung haben, dass sich der Kunde mit dem **Abschluss** eines Vertrages einverstanden erklärt.[84] Es wird eine **Parteiabrede** getroffen, nach welcher Schweigen auf ein Vertragsangebot in bestimmter Frist als Vertragsannahme gilt.[85] Diese Abrede erfolgt „im Vorfeld" des Vertragsabschlusses. Sie muss – um rechtlich haltbar zu sein – den Anforderungen des § 308 Nr. 5 BGB entsprechen.[86] Vgl auch Rn 4. 36

III. Informationen lt. VVG-InfoV (Abs. 2 und 3)

Nach Abs. 2 und 3 ist die Bundesregierung ermächtigt, bestimmte besondere Informationspflichten festzulegen. Von dieser Ermächtigungsgrundlage hat die Bundesregierung Gebrauch gemacht und die „Verordnung über Informationspflichten bei Versicherungsverträgen (VVG-Informationspflichtenverordnung – VVG-InfoV)" 37

---

78 Weitere Einzelheiten bei *Schimikowski*, r+s 2007, 309 ff.
79 Das Empfangsbekenntnis muss gesondert unterschrieben werden (vgl § 309 Nr. 12 Buchst. b BGB; AG Tettnang 24.9.2009 – 8 C 998/08, VersR 2010, 1076).
80 Zu § 5 a aF AG Bonn VersR 1999, 1096 m. zust. Anm. *Eberhardt*.
81 Zu einzelnen Problemen – etwa beweisrechtlicher Art – vgl *Schimikowski*, r+s 1997, 89 ff; krit. zum Invitatiomodell *Stockmeier*, VersR 2008, 713, 719 ff mwN.
82 Zweifelnd, ob auch das widerspruchslose Hinnehmen der Abbuchung der Erstprämie vom Konto des VN als stillschweigende Annahmeerklärung zu werten sein kann, *Gaul*, VersR 2007, 21, 24; Beckmann/Matusche-Beckmann/*K. Johannsen*, § 8 Rn 21. Zustimmend *Kins*, Der Abschluss des Versicherungsvertrags, S. 253 f.
83 *Gaul*, VersR 2007, 21, 24.
84 Anders HK-BGB/*Schulte-Nölke*, § 308 Rn 18; BeckOK-BGB/*Becker*, § 308 Nr. 5 Rn 10.
85 Vgl Jauernig/*Jauernig*, Vor § 116 Rn 9.
86 Vgl auch *Gaul*, VersR 2007, 21, 25. Ablehnend mit Hinweis auf § 307 Abs. 2 Nr. 1 BGB *Kins*, Der Abschluss des Versicherungsvertrags, S. 267 ff; FAKomm-VersR/*C. Schneider/Reuter-Gehrken*, § 7 VVG Rn 38; dagegen oben § 1 Rn 56.

vom 18.12.2007[87] erlassen. Ihre Inhalte werden gesondert in diesem Kommentar erläutert.[88]

IV. Abschriften (Abs. 4)

38 Die Vorschrift setzt Art. 5 Abs. 3 der Fernabsatzrichtlinie für Finanzdienstleistungen[89] um. Der VN kann verlangen, dass alle Vertragsunterlagen in **Papierform** überlassen werden. Der Anspruch ist mit einer Leistungsklage durchsetzbar.[90]

V. Ausnahmetatbestände (Abs. 5)

39 Die Informationspflichten treffen den VR nicht, wenn der VN ein **Großrisiko** darstellt (Abs. 5).[91] Im Einzelfall ist uU im Zeitpunkt der Abgabe der Vertragserklärung nicht klar, ob die Voraussetzungen des § 210 Abs. 2 erfüllt sind oder nicht. Das Risiko liegt beim VR. Wenn es sich um VersVerträge für Großrisiken handelt – was nach § 210 Abs. 2 zB bei Kredit- und Kautionsversicherungen der Fall ist –, besteht eine Pflicht zu rechtzeitiger Information nicht. Es kann insoweit auch weiterhin das Policenmodell (§ 5 a aF) praktiziert werden.

40 Zur Rechtslage bei der vorläufigen Deckung s. § 49 Abs. 1, zu Pensionskassen s. § 211 Abs. 2.

§ 8 Widerrufsrecht des Versicherungsnehmers

(1) ¹Der Versicherungsnehmer kann seine Vertragserklärung innerhalb von 14 Tagen widerrufen. ²Der Widerruf ist in Textform gegenüber dem Versicherer zu erklären und muss keine Begründung enthalten; zur Fristwahrung genügt die rechtzeitige Absendung.

(2) ¹Die Widerrufsfrist beginnt zu dem Zeitpunkt, zu dem folgende Unterlagen dem Versicherungsnehmer in Textform zugegangen sind:

1. der Versicherungsschein und die Vertragsbestimmungen einschließlich der Allgemeinen Versicherungsbedingungen sowie die weiteren Informationen nach § 7 Abs. 1 und 2 und

2. eine deutlich gestaltete Belehrung über das Widerrufsrecht und über die Rechtsfolgen des Widerrufs, die dem Versicherungsnehmer seine Rechte entsprechend den Erfordernissen des eingesetzten Kommunikationsmittels deutlich macht und die den Namen und die ladungsfähige Anschrift desjenigen, gegenüber dem der Widerruf zu erklären ist, sowie einen Hinweis auf den Fristbeginn und auf die Regelungen des Absatzes 1 Satz 2 enthält.

²Der Nachweis über den Zugang der Unterlagen nach Satz 1 obliegt dem Versicherer.

(3) ¹Das Widerrufsrecht besteht nicht

1. bei Versicherungsverträgen mit einer Laufzeit von weniger als einem Monat,

---

87 BGBl. I S. 3004 mit weiteren Änderungen.
88 Dazu auch *Leverenz*, Vertragsabschluss nach der VVG-Reform, S. 28 ff.
89 Richtlinie 2002/65/EG des Europäischen Parlaments und des Rates vom 23.9.2002 über den Fernabsatz von Finanzdienstleistungen an Verbraucher und zur Änderung der Richtlinie 90/619/EWG des Rates und der Richtlinien 97/7/EG und 98/27/EG (ABl. EG Nr. L 271, S. 16, 20).
90 Schwintowski/Brömmelmeyer/*Ebers*, § 7 Rn 49; Langheid/Wandt/*Armbrüster*, § 7 Rn 165.
91 Dazu *Freitag*, r+s 2008, 96 ff.

2. bei Versicherungsverträgen über vorläufige Deckung, es sei denn, es handelt sich um einen Fernabsatzvertrag im Sinn des § 312 c des Bürgerlichen Gesetzbuchs,
3. bei Versicherungsverträgen bei Pensionskassen, die auf arbeitsvertraglichen Regelungen beruhen, es sei denn, es handelt sich um einen Fernabsatzvertrag im Sinn des § 312 c des Bürgerlichen Gesetzbuchs,
4. bei Versicherungsverträgen über ein Großrisiko im Sinn des § 210 Absatz 2.

²Das Widerrufsrecht erlischt, wenn der Vertrag von beiden Seiten auf ausdrücklichen Wunsch des Versicherungsnehmers vollständig erfüllt ist, bevor der Versicherungsnehmer sein Widerrufsrecht ausgeübt hat.

(4) Im elektronischen Geschäftsverkehr beginnt die Widerrufsfrist abweichend von Absatz 2 Satz 1 nicht vor Erfüllung auch der in § 312 i Absatz 1 Satz 1 des Bürgerlichen Gesetzbuchs geregelten Pflichten.

(5) ¹Die nach Absatz 2 Satz 1 Nr. 2 zu erteilende Belehrung genügt den dort genannten Anforderungen, wenn das Muster der Anlage zu diesem Gesetz in Textform verwendet wird. ²Der Versicherer darf unter Beachtung von Absatz 2 Satz 1 Nr. 2 in Format und Schriftgröße von dem Muster abweichen und Zusätze wie die Firma oder ein Kennzeichen des Versicherers anbringen.

I. Normzweck 1	c) Sprache 20
II. Widerrufsrecht (Abs. 1).......... 2	d) Zeitpunkt................. 21
1. Anwendungsbereich 2	4. Zugang (Abs. 2 S. 2)......... 22
2. Ausübung des Widerrufsrechts 6	IV. Ausnahmetatbestände 23
III. Beginn der Widerrufsfrist (Abs. 2) 12	1. Kurzfristige Verträge (Abs. 3 S. 1 Nr. 1)............. 23
1. „Ewiges Widerrufsrecht" und Verwirkung 12	2. Vorläufige Deckung (Abs. 3 S. 1 Nr. 2)............. 24
2. Überlassung des Versicherungsscheins und der Vertragsinformationen (Abs. 2 S. 1 Nr. 1)......... 13	3. Pensionskassen (Abs. 3 S. 1 Nr. 3)............. 26
3. Belehrung (Abs. 2 S. 1 Nr. 2) 16	4. Großrisiken (Abs. 3 S. 1 Nr. 4)............. 27
a) Transparenz 17	5. Erfüllte Verträge (Abs. 3 S. 2) 28
b) Widerrufsrecht und weitere Informationen 18	V. Widerrufsfrist bei elektronischem Geschäftsverkehr (Abs. 4) 30
	VI. Muster-Widerrufsbelehrung (Abs. 5) 31

I. Normzweck

Mit der in § 8 getroffenen Regelung wird dem VN ein einheitliches, unabhängig von der Art des Vertriebs eines Versicherungsprodukts bestehendes Widerrufsrecht zugesprochen. Der VN soll das Recht haben, sich vom Vertrag zu lösen, gleichgültig, ob der VR seine vorvertraglichen Informationspflichten erfüllt hat oder nicht. Der VN hat die Gelegenheit, seine Entscheidung zu überdenken und ggf zu korrigieren. Er erhält für den Fall, dass ihn der Vertragsabschluss reut, ein **Lösungsrecht**. Gleichzeitig wird mit der Regelung die EU-Fernabsatzrichtlinie II[1] umgesetzt. Für die Lebensversicherung gilt eine Sonderregelung (§ 152), die auch in der Berufsunfähigkeitsversicherung Anwendung findet (§ 176).

---

1 Richtlinie 2002/65/EG des Europäischen Parlaments und des Rates vom 23.9.2002 über den Fernabsatz von Finanzdienstleistungen an Verbraucher und zur Änderung der Richtlinie 90/619/EWG des Rates und der Richtlinien 97/7/EG und 98/27/EG (ABl. EG Nr. L 271, S. 16).

II. Widerrufsrecht (Abs. 1)

1. Anwendungsbereich. Nach **Abs. 1 S. 1** kann der VN seine Vertragserklärung innerhalb von 14 Tagen widerrufen. In der **Lebensversicherung** beträgt die Widerrufsfrist 30 Tage (§ 152 Abs. 1). Beim **Antragsmodell** (s. § 7 Rn 3) ist die Vertragserklärung der Antrag des VN, beim **Invitatiomodell** (s. § 7 Rn 35) seine Annahmeerklärung. Das Widerrufsrecht steht dem VN zu; das Gesetz differenziert nicht zwischen natürlichen und juristischen Personen. Lediglich bei Großrisiken iSd § 210 Abs. 2 besteht kein Widerrufsrecht (Abs. 3 S. 1 Nr. 4). Im Übrigen schützt das Gesetz also sowohl **Verbraucher** iSd § 13 BGB als auch **Unternehmen** iSd § 14 BGB.

Bei verbundenen Verbraucherdarlehens- und Restschuldversicherungen geht § 8 **nicht** als **Spezialregelung** vor, steht also einer Anwendung der §§ 358, 359 BGB nicht entgegen.[2] Meist wird es sich allerdings nicht um verbundene Verträge handeln.[3] Kein verbundenes Geschäft liegt vor bei Kombination eines Verbraucherdarlehensvertrages mit einem zur Darlehenstilgung dienenden Kapitallebensversicherungsvertrag, wenn die Versicherungsprämie nicht als Einmalprämie geleistet wird, die durch das Darlehen finanziert wird. In diesem Fall ist § 358 BGB nicht – auch nicht analog – anwendbar.[4] – Bei nicht verbundenen, aber zusammenhängenden Verträgen gilt § 360 BGB.[5]

Das Widerrufsrecht ist auf den **Neuabschluss** von Verträgen zugeschnitten. Vereinbaren die Vertragspartner eine **Verlängerung des Vertrages**, kommt dies einem Neuabschluss gleich; anders ist es, wenn eine schlichte Verlängerungsoption eingreift.[6] Der Zweck des Abs. 1 S. 1 besteht darin, dem VN Bedenkzeit einzuräumen, wenn er sich vertraglich bindet. Diese Bedenkzeit muss dem VN auch dann zur Verfügung stehen, wenn er sich durch Abgabe seiner auf Vertragsverlängerung gerichteten Erklärung (erneut) bindet – unabhängig davon, ob der alte Vertrag weitergeführt oder abgeändert wird.[7]

Wird ein **bestehender Vertrag einvernehmlich geändert** und stellt dies rechtlich einen Neuabschluss dar, steht dem VN das Widerrufsrecht zu.[8] Eine Vertragsänderung, bei der rechtlich der bestehende Vertrag fortgesetzt wird, begründet ein Widerrufsrecht (und auch Informationspflichten des VR, vgl § 7 Rn 3) in Bezug auf die vereinbarte Änderung.[9] Es ist also nicht entscheidend, ob es sich rechtlich um einen Neuabschluss handelt.[10]

2. Ausübung des Widerrufsrechts. Der VN kann seine Vertragserklärung **sofort widerrufen**, nachdem er sie abgegeben hat; er braucht nicht etwa den Beginn der Widerrufsfrist abzuwarten.[11] Der Widerruf führt dazu, dass mit Zugang der Erklärung beim VR der gesamte **Vertrag beendet** ist. Handelt es sich um die Abände-

---

2 BGH 15.12.2009 – XI ZR 45/09, VersR 2010, 469; dazu *Heinig*, VersR 2010, 863 ff; vgl auch Bruck/Möller/*Knops*, § 8 Rn 12 sowie Looschelders/Pohlmann/*Looschelders/ Heinig*, § 8 Rn 7 ff m. zahlr. Nachw. – Der Widerruf der Restschuldversicherung soll sich nach §§ 8, 152 richten, so LG Mönchengladbach 6.7.2014 – 2 S 133/13; anders LG Bielefeld 30.4.2014 – 18 O 264/13.
3 Dazu *Jacob*, jurisPR-VersR 1/2010 Anm. 1 mwN. Für die Annahme verbundener Verträge LG Berlin 23.9.2014 – 4 O 65/14 m. Nachw. zum Streitstand.
4 BGH 5.5.2015 – XI ZR 406/13.
5 Zur Rückabwicklungsproblematik s. Römer/Langheid/*Rixecker*, § 8 Rn 21 ff.
6 Römer/Langheid/*Rixecker*, § 8 Rn 2.
7 Looschelders/Pohlmann/*Looschelders/Heinig*, § 8 Rn 27.
8 Vgl *Armbrüster*, r+s 2008, 493, 494.
9 Vgl Bruck/Möller/*Knops*, § 8 Rn 12, der bei jeder Änderung oder Ergänzung des Vertrages ein Widerrufsrecht annimmt; ebenso Prölss/Martin/*Prölss*, § 8 Rn 2.
10 So Looschelders/Pohlmann/*Looschelders/Heinig*, § 8 Rn 27.
11 *Armbrüster*, r+s 2008, 493, 498; Looschelders/Pohlmann/*Looschelders/Heinig*, § 8 Rn 59; zu § 5 a VVG aF Römer/Langheid/*Römer*, 2. Aufl. 2003, § 5 a Rn 40.

rung eines bestehenden Vertrages, erstreckt sich der Widerruf nur auf die geänderten Vertragsinhalte.[12]

Ist der Widerruf wirksam geworden und will der VN nun seine Gestaltungserklärung **zurücknehmen**, ist idR eine einvernehmliche Beseitigung der Gestaltungswirkung durch die Vertragspartner möglich, wodurch rechtlich ein neues Vertragsverhältnis begründet wird. Die Informationspflichten des VR werden damit indes nicht (erneut) ausgelöst, sofern der Wille der Vertragspartner darauf ausgerichtet ist, die Folgen des Widerrufs zu beseitigen.[13] 7

Versäumt der VN die Widerrufsfrist, kann der **verspätete Widerruf** in eine Kündigung zum nächst möglichen Zeitpunkt **umgedeutet** werden, wenn der VN eindeutig zu erkennen gibt, sich vom Vertrag lösen zu wollen.[14] 8

Abs. 1 S. 2 entspricht im Wesentlichen den für Verbraucherverträge geltenden Bestimmungen des allgemeinen Rechts (§ 355 Abs. 1 S. 2 BGB). Die Widerrufserklärung bedarf der **Textform**, eine Begründung ist nicht erforderlich (Abs. 1 S. 2 Hs 1). Die Widerrufserklärung kann also durch Fax oder E-Mail erfolgen.[15] Das niedrigere Formerfordernis der Textform (§ 126 b BGB) kann stets durch höhere Formen – elektronische Form (§ 126 a BGB) oder Schriftform (§ 126 BGB) – erfüllt werden.[16] Eine mündliche Widerrufserklärung genügt den Formanforderungen nicht.[17] Dass **keine Begründung** erforderlich ist, versteht sich von selbst: Das Widerrufsrecht besteht voraussetzungslos. 9

Die Frist des Abs. 1 S. 1 (bzw § 152 Abs. 1 in der Lebensversicherung) ist gewahrt, wenn die Erklärung **rechtzeitig abgesendet** wird (Abs. 1 S. 2 Hs 2). Es ist nicht erforderlich, dass die Erklärung des VN dem VR innerhalb der Frist zugeht. Erreicht die abgesendete Widerrufserklärung den VR nicht, so hat der VN seine Erklärung unverzüglich zu wiederholen, damit die Frist als gewahrt gilt.[18] Die **Beweislast** dafür, dass die Widerrufserklärung rechtzeitig auf den Weg gebracht wurde, trägt der VN; Gleiches gilt für den Zugang beim VR.[19] 10

Der VN muss in seiner Erklärung zum Ausdruck bringen, dass er seine auf einen Vertragsabschluss gerichtete Willenserklärung zurücknehmen will. Das Wort „Widerruf" muss er nicht verwenden; es genügt, dass der Wortlaut seiner Erklärung erkennen lässt, dass sein Wille darauf gerichtet ist, den Vertrag zu stornieren. Wenn der VN erklärt, er wolle vom Vertrag nichts mehr wissen, er fechte ihn an, er wolle zurücktreten oder er nehme vom Vertrag Abstand, kann dies als **Widerrufserklärung** zu verstehen sein.[20] Der Widerruf ist – als Ausübung eines Gestaltungsrechts – unwiderruflich und bedingungsfeindlich.[21] 11

III. Beginn der Widerrufsfrist (Abs. 2)

1. „Ewiges Widerrufsrecht" und Verwirkung. Der VN soll vor Ablauf der Widerrufsfrist an seine Vertragserklärung nicht gebunden sein (Abs. 1 S. 2). Die Rege- 12

---

12 Bruck/Möller/*Knops*, § 8 Rn 12.
13 Langheid/Wandt/*Armbrüster*, § 8 Rn 25 mwN.
14 Langheid/Wandt/*Armbrüster*, § 8 Rn 24; Bruck/Möller/*Knops*, § 8 Rn 15.
15 Nach § 355 BGB nF ist Textform nicht (mehr) erforderlich, es genügt eine mündliche Erklärung, vgl BeckOK-BGB/*Christmann*, § 355 Rn 13.
16 Jauernig/*Jauernig*, § 126 b Rn 4; Bruck/Möller/*Knops*, § 8 Rn 18.
17 Dies wird für europarechtswidrig erachtet, weil die Fernabsatzrichtlinie für Finanzdienstleistungen kein Formerfordernis enthält; *Rott*, BB 2005, 53, 60. Nach § 355 BGB nF genügt eine mündliche Erklärung.
18 HK-BGB/*Schulze*, § 355 Rn 9.
19 Bruck/Möller/*Knops*, § 8 Rn 19.
20 Vgl Looschelders/Pohlmann/*Looschelders/Heinig*, § 8 Rn 33; Bruck/Möller/*Knops*, § 8 Rn 14; HK-BGB/*Schulze*, § 355 Rn 6; Römer/Langheid/*Rixecker*, § 8 Rn 3.
21 Bruck/Möller/*Knops*, § 8 Rn 16.

lung führt dazu, dass der Vertragsabschluss unter eine auflösende Bedingung gestellt wird. Solange der VN das Widerrufsrecht nicht ausübt, ist der Vertrag voll wirksam (vgl auch § 9 Rn 2).[22] Die Frist für das Widerrufsrecht beginnt erst, wenn die Informationspflichten nach § 7 vollständig erfüllt sind, der VN den Versicherungsschein erhalten hat und über das Widerrufsrecht sowie die Rechtsfolgen des Widerrufs belehrt worden ist (Abs. 2 S. 1). Solange dies nicht der Fall ist, kann der Vertrag widerrufen werden. Das hat zur Folge, dass der VN einen VersVertrag auch noch Jahre nach seinem Abschluss widerrufen kann. Vor allem: Hat der VR – aus welchen Gründen auch immer – die geforderte Information nicht geliefert bzw kann er deren Zugang beim VN nicht beweisen, steht dem VN das „ewige" Widerrufsrecht zu. Eine zeitliche Höchstgrenze ist – anders als noch in § 5a Abs. 2 S. 4 aF[23] – nicht vorgesehen. In einzelnen Fällen wird – so steht zu erwarten – die Rspr nach § 242 BGB eine **Verwirkung** des Widerrufsrechts annehmen.[24] Dies kommt in Betracht, wenn der VR aufgrund des Verhaltens des VN darauf vertrauen darf, dass dieser nicht mehr widerrufen werde.[25] Dabei ist Voraussetzung, dass der VN positive Kenntnis davon hat, dass er (noch) widerrufen kann, er sein Recht aber nicht ausübt („illoyale Verspätung").[26] Dass ein treuwidriges Verhalten schon dann angenommen werden soll, wenn der VN über viele Jahre hinweg Prämien gezahlt und gar Versicherungsleistungen entgegengenommen hat,[27] erscheint zumindest dann fragwürdig, wenn der VN erst später von seinem Widerrufsrecht erfährt. Eine entsprechende Anwendung des Abs. 3 S. 2 kommt nicht in Betracht.[28]

13 **2. Überlassung des Versicherungsscheins und der Vertragsinformationen (Abs. 2 S. 1 Nr. 1).** Der VN muss den Versicherungsschein, die Vertragsbestimmungen einschließlich der AVB sowie die weiteren in § 7 Abs. 1 und 2 iVm VVG-InfoV genannten Informationen erhalten. Die Erfüllung der Informationspflichten nach § 7 hat größte Bedeutung für den VR. Nicht nur bei völlig **unterbliebener** Information beginnt die Widerrufsfrist nicht zu laufen, sondern auch dann nicht, wenn sie nur **unrichtig** ist. Ebenso ist auch hinsichtlich der zahlreichen dem VN nach der VVG-InfoV zu überlassenden Informationen anzunehmen, dass sie nur dann den Lauf der Widerrufsfrist in Gang setzen, wenn sie vollständig sind.[29] Dabei ist jedoch zwischen solchen Informationen, die für die Entscheidung über den Vertragsabschluss wichtig sein können, und solchen, die darauf keinen Einfluss haben können, zu differenzieren.[30] – Ist eine Klausel AGB-rechtlich nicht haltbar, hindert das den Beginn der Widerrufsfrist nicht. Ist eine Regelung in den AVB inhaltlich zu beanstanden, richten sich die Rechtsfolgen ausschließlich nach den §§ 305c, 306, 307 ff BGB.[31]

---

22 Bruck/Möller/*Knops*, § 8 Rn 4; Looschelders/Pohlmann/*Looschelders/Heinig*, § 8 Rn 39.
23 Diese Regelung ist mit der 2. Lebensversicherungsrichtlinie nicht vereinbar, EuGH 19.12.2013 – C-209/12, r+s 2014, 57; sie ist daher auf Lebens- und Rentenversicherungen nicht anwendbar, BGH 7.5.2014 – IV ZR 76/11, BB 2014, 1345.
24 Zur Verwirkung des Widerrufsrechts aus Abs. 4 aF vgl KG 21.6.2002 – 6 U 7713/00, r+s 2003, 98.
25 Vgl dazu Looschelders/Pohlmann/*Looschelders/Heinig*, § 8 Rn 63 mwN.
26 Dazu auch Bruck/Möller/*Knops*, § 8 Rn 46, der darüber hinaus umfangreiche europarechtliche Bedenken gegen eine Verwirkung anführt (Rn 47 ff).
27 So aber wohl Römer/Langheid/*Rixecker*, § 8 Rn 17.
28 BVerfG 10.10.2013 – 1 BvR 1848/13, r+s 2014, 6.
29 Vgl Schwintowski/Brömmelmeyer/*Ebers*, § 8 Rn 26. Diese Auffassung wurde auch bereits zu § 5a aF vertreten, vgl Römer/Langheid/*Römer*, 2. Aufl. 2003, § 5a Rn 34.
30 *Armbrüster*, r+s 2008, 493, 496; Looschelders/Pohlmann/*Looschelders/Heinig*, § 8 Rn 44. Nach Prölss/Martin/*Prölss*, § 8 Rn 10 soll Abs. 2 S. 1 Nr. 1 teleologisch zu reduzieren sein.
31 *Neuhaus*, ZAP 2008, 1159, 1161; *Armbrüster*, r+s 2008, 493, 495; Looschelders/Pohlmann/*Looschelders/Heinig*, § 8 Rn 43.

Kommt der VersVertrag – etwa durch gesonderte Erklärung des VR oder im Wege der Annahmefiktion gem. § 5 Abs. 3 S. 1 PflVG – zustande, bevor der Versicherungsschein zugeht, beginnt die Widerrufsfrist gleichwohl erst dann, wenn (auch) der Versicherungsschein dem VN vorliegt. Das ergibt sich eindeutig aus dem Wortlaut der Norm.[32]

14

Die Regelung des Abs. 2 S. 1 Nr. 1 harmoniert mit dem **Antragsmodell** (s. § 7 Rn 3), dagegen nicht mit dem **Invitatiomodell** (s. § 7 Rn 35); sie geht davon aus, dass der VN der Antragsteller ist. Abs. 2 ist eine halbzwingende Bestimmung (vgl § 18). Beim Invitatiomodell beginnt die Widerrufsfrist, wenn die Annahmeerklärung des VN dem VR zugegangen ist.[33] Dieses Verständnis steht im Einklang mit dem Normzweck, dem VN eine Überlegungsfrist einzuräumen, nachdem der Vertrag zustande gekommen ist. Auf den Zeitpunkt der Abgabe der Vertragserklärung des VN abzustellen und die vierzehntägige Widerrufsfrist um einen „Sicherheitszuschlag" zu verlängern,[34] findet im Gesetz keine Stütze.

15

3. Belehrung (Abs. 2 S. 1 Nr. 2). Eine den gesetzlichen Anforderungen entsprechende Belehrung ist Voraussetzung für den Fristbeginn. Das „ewige" Widerrufsrecht (s. Rn 12) kann also auch dann bestehen, wenn die Informationen nach § 7 erteilt worden sind, aber die Belehrungen nach Abs. 2 S. 1 Nr. 2 nicht ordnungsgemäß sind.

16

a) Transparenz. Die Belehrung hat **deutlich gestaltet** zu sein. **Formale** Transparenz: Der Inhalt der Belehrung muss drucktechnisch deutlich hervortreten. Eine gesonderte Belehrung im Sinne eines eigenständigen Formulars ist nicht notwendig; allerdings darf sie mit anderen Informationen nicht so verbunden werden, dass ihre Wahrnehmung behindert wird.[35]

17

Inhaltliche Transparenz: Der Wortlaut der Belehrung und die erforderlichen Angaben müssen klar und verständlich sein.[36] An einer deutlich gestalteten Belehrung über das Widerrufsrecht und die Rechtsfolgen des Widerrufs fehlt es, wenn in der Widerrufsbelehrung für den VersVertrag nicht darauf hingewiesen wird, dass im Falle eines Widerrufs eines Vertrages über eine private Rentenversicherung auch der Vertrag über eine Kostenausgleichsvereinbarung nicht zustande kommt.[37] Eine Belehrung über das Widerrufsrecht, in der unter Beachtung von Abs. 2 und 5

- darauf hingewiesen wird, dass der VN gem. §§ 8, 152 seine Vertragserklärung innerhalb von 30 Tagen widerrufen kann,

- erläutert wird, dass der Widerruf ohne Angaben von Gründen und in Textform erfolgen kann,

- die Anschrift des Erklärungsempfängers angegeben wird,

- darauf hingewiesen wird, dass die Widerrufsfrist erst nach Erhalt der im Einzelnen bezeichneten Unterlagen beginnt, zur Wahrung des Widerrufs die rechtzeitige Absendung des Widerrufs genügt und zutreffend über die Widerrufsfolgen belehrt wird,

---

32 Zu europarechtlichen Bedenken s. Bruck/Möller/*Knops*, § 8 Rn 21.
33 So *Leverenz*, Vertragsabschluss nach der VVG-Reform, S. 170 f; Looschelders/Pohlmann/*Looschelders/Heinig*, § 8 Rn 66 ff; für die Belehrung ergeben sich freilich Unsicherheiten, vgl Prölss/Martin/*Prölss*, § 8 Rn 17.
34 Dafür: *Gaul*, VersR 2007, 21, 26; Schwintowski/Brömmelmeyer/*Ebers*, § 8 Rn 32. Meine in VW 2007, 715, 716 vertretene Position halte ich nicht aufrecht. – Nach Bruck/Möller/*Knops*, § 8 Rn 34 beginnt die Widerrufsfrist, wenn der VN seine Vertragserklärung abgibt; eine zeitliche Erweiterung der Frist wird „aus Gründen der Fairness" empfohlen.
35 Vgl auch Bruck/Möller/*Knops*, § 8 Rn 25.
36 HK-BGB/*Schulze*, § 355 Rn 13.
37 BGH 12.3.2014 – IV ZR 255/13, VuR 2014, 195.

ist nicht zu beanstanden. Ein fehlender Hinweis auf die Rechtsfolgen des Widerrufs nach § 9 Abs. 1 S. 1 ist unschädlich.[38]

18 **b) Widerrufsrecht und weitere Informationen.** Der VR kann eine **Musterbelehrung** verwenden (Abs. 5). Soweit der VR davon keinen Gebrauch macht, legt das Gesetz die Inhalte der Belehrung fest: Die Belehrung muss folgende Mindestinhalte haben: Der VN muss zunächst darüber informiert werden, dass ihm ein Widerrufsrecht zusteht. Ferner ist der **Fristbeginn** anzugeben. Wichtig ist, dass dem VN das Ereignis angegeben wird, das den Fristbeginn auslöst.[39] Verfährt der VR nach dem **Antragsmodell**, ist der Zugang des Versicherungsscheins entscheidend. Beim **Invitatiomodell** kann der Zeitpunkt als maßgebend festgelegt werden, in dem der VN seine Vertragserklärung abgibt.

19 Ferner sind der **Widerrufsempfänger** und seine Anschrift anzugeben. Der VN ist auch darauf hinzuweisen, dass der Widerruf einer **Begründung** nicht bedarf (vgl Rn 9) und dass die rechtzeitige Absendung des Widerrufs genügt, um die Frist zu wahren.[40] Schließlich ist auf die Folgen eines Widerrufs hinzuweisen (s. dazu auch § 9 Rn 7).

20 **c) Sprache.** Die Belehrung erfolgt in deutscher Sprache. Haben die Vertragsverhandlungen in ausländischer Sprache stattgefunden, ist über das Widerrufsrecht **in der Verhandlungssprache** zu belehren (vgl auch § 7 Rn 16).[41]

21 **d) Zeitpunkt.** Die Belehrung hat – beim **Antragsmodell** – vor Antragstellung zu erfolgen; bei Zusendung des Versicherungsscheins ist der VN erneut auf das Widerrufsrecht hinzuweisen.[42] Dass der VN vor seiner Vertragserklärung über das Widerrufsrecht zu belehren ist, ergibt sich aus der Fernabsatzrichtlinie für Finanzdienstleistungen.[43] Beim **Invitatiomodell** genügt es, wenn die Belehrung zusammen mit der Übersendung des Versicherungsscheins erfolgt. Vom Schutzzweck der Regelung her hat die Belehrung zu einem Zeitpunkt zu erfolgen, in dem für den VN gleichsam die dauerhafte Bindung an den Vertrag „droht".[44] Dann soll er angeregt werden, seine Vertragserklärung zu überdenken. Regelmäßig ist deshalb der VN dann über sein Widerrufsrecht zu belehren, wenn er die Versicherungspolice erhält. Hat der VR den VN nicht oder nicht ordnungsgemäß belehrt, kann er die Belehrung nachholen. Damit wird dann die Überlegungsfrist für den VN in Gang gesetzt.[45]

22 **4. Zugang (Abs. 2 S. 2).** Der VR hat zu beweisen, dass dem VN die Unterlagen nach Abs. 2 S. 1 zugegangen sind. Diesen Beweis führen zu können, ist von elementarer Bedeutung, da ansonsten die Widerrufsfrist nicht zu laufen beginnt. Der VR kann sich eine Empfangsbestätigung geben lassen.[46] Beim **Antragsmodell** kann der Beweis für den Zugang der Belehrung nach Abs. 2 S. 1 Nr. 2 als geführt angesehen werden, wenn der VR die Widerrufsbelehrung mit dem Versicherungsschein verklammert und der VN bestätigt, den Versicherungsschein erhalten zu haben.[47] Für den Erhalt der Informationen nach Abs. 2 S. 1 Nr. 1 benötigt der VR als Zugangsnachweis eine Bestätigung von Seiten des VN. Stimmt der Versicherungs-

---

38 BGH 14.5.2014 – IV ZA 5/14, WM 2014, 1118.
39 Vgl HK-BGB/*Schulze*, § 355 Rn 11 mwN.
40 Zum Ganzen *Schneider*, VW 2008, 1168 ff.
41 Palandt/*Grüneberg*, § 355 BGB Rn 17; HK-BGB/*Schulze*, § 355 Rn 11 mwN; Bruck/Möller/*Knops*, § 8 Rn 29; Langheid/Wandt/*Armbrüster*, § 8 Rn 35.
42 Vgl *Leverenz*, Vertragsabschluss nach der VVG-Reform, S. 110.
43 *Wandt*/*Ganster*, VersR 2008, 425, 431, Formulierungsvorschlag S. 437.
44 Zust. Römer/Langheid/*Rixecker*, § 8 Rn 14.
45 Bruck/Möller/*Knops*, § 8 Rn 40.
46 Eine Unterschrift ist nicht gesetzlich vorgesehen; vgl dazu Jauernig/*Stadler*, § 355 Rn 15.
47 Nach Looschelders/Pohlmann/*Looschelders*/*Heinig*, § 8 Rn 76 kann der Zugang der Unterlagen vermutet werden, wenn feststeht, dass dem VN der Versicherungsschein zugegangen ist und dieser idR zusammen mit den anderen Unterlagen versandt wird.

schein nicht mit dem Antrag des VN überein, greifen die Regelungen der **Billigungsklausel** (§ 5), so dass neben der Widerrufsfrist des § 8 die Frist für das Widerspruchsrecht nach § 5 Abs. 1 zu laufen beginnt. Verfährt der VR nach dem Invitatiomodell, können alle Unterlagen miteinander verbunden werden (s. § 7 Rn 34). Beweiserleichterungen[48] kommen dem VR – insb. für den Zugang der Belehrung – nicht zugute.[49] Allerdings können Beweisanzeichen für den Zugang sprechen.[50]

IV. Ausnahmetatbestände

1. Kurzfristige Verträge (Abs. 3 S. 1 Nr. 1). Diese Regelung beruht auf Art. 6 Abs. 2 Buchst. b der Fernabsatzrichtlinie für Finanzdienstleistungen. Sie betrifft Verträge mit einer **Laufzeit von weniger als einen Monat**. In diesen Fällen steht dem VN kein Widerrufsrecht zu. Dem Gesetzestext ist nicht zu entnehmen, dass es sich um Versicherungen handeln muss, die den Reise- und Gepäckversicherungen ähnlich sind.[51] Zwar spricht Art. 6 Abs. 2 Buchst. b der Fernabsatzrichtlinie für Finanzdienstleistungen von „Reise- und Gepäckversicherungsversicherungen ... und ähnlichen Versicherungspolicen ...", doch handelt es sich dabei um eine beispielhafte Aufzählung. Ist eine Laufzeit von weniger als einem Monat vereinbart, sieht der Vertrag allerdings eine automatische Verlängerung vor; falls keine Kündigung erfolgt, steht dem VN ein Widerrufsrecht zu, dessen Frist beginnt, sobald der Vertrag über den ersten Monat hinaus (weiter-)läuft.[52]

2. Vorläufige Deckung (Abs. 3 S. 1 Nr. 2). Hat der VR vorläufige Deckung erteilt, steht dem VN kein Widerrufsrecht zu, soweit der – rechtlich selbständige – Vertrag über vorläufigen Versicherungsschutz nicht im Wege des Fernabsatzes zustande gekommen ist. Der Ausnahmetatbestand gilt nur für die vorläufige Deckung. Im Hinblick auf den Hauptvertrag, der mit dem gleichen oder einem anderen VR abgeschlossen werden kann, bleibt es beim Widerrufsrecht des VN.

Ist der Vertrag über vorläufige Deckung im **Fernabsatz** zustande gekommen, steht dem Kunden ein Widerrufsrecht zu. Diese Regelung musste vom deutschen Gesetzgeber in dieser Weise vorgenommen werden, weil Art. 6 Abs. 2 der Fernabsatzrichtlinie für Finanzdienstleistungen keinen Ausnahmetatbestand für vorläufige Deckung vorsieht. Allerdings kann – bei kurzfristiger Dauer der vorläufigen Deckung – der Ausnahmetatbestand nach Abs. 3 S. 1 Nr. 2 anzuwenden sein. In der Praxis kommt es nicht selten vor, dass die vorläufige Deckungszusage zustande kommt, ohne dass ein persönlicher Kontakt zwischen einem Vermittler und dem Kunden stattgefunden hat. Fernabsatz liegt allerdings nur dann vor, wenn die personellen, sachlichen und organisatorischen Voraussetzungen gegeben sind, die notwendig sind, um regelmäßig Geschäfte im Fernabsatz zu bewältigen. Eine nur gelegentliche und eher zufällige Nutzung des Telefons bzw. der Post genügt nicht. Ist die vorläufige Deckung – als rechtlich selbständiger Vertrag – im Fernabsatz zustande gekommen, kann der VN seine Vertragserklärung widerrufen. Da für die vorläufige Deckung regelmäßig kein Versicherungsschein ausgestellt wird, kann der Beginn der Widerrufsfrist nicht an den Zeitpunkt des Zugangs des Versicherungsscheins geknüpft werden. Insoweit ist eine teleologische Reduktion des Abs. 2 S. 1 Nr. 1 angezeigt.[53]

3. Pensionskassen (Abs. 3 S. 1 Nr. 3). Bei VersVerträgen mit Pensionskassen, die auf arbeitsvertraglichen Regelungen beruhen, steht dem VN kein Widerrufsrecht

---

48 Dafür *Armbrüster*, VersR 2012, 513 ff.
49 Vgl näher *Schimikowski*, r+s 2012, 577 f.
50 Anschauungsbeispiel: OLG Hamm 9.10.2013 – 20 U 81/13, r+s 2014, 222.
51 So aber *Schneider*, VersR 2004, 696, 704; Bruck/Möller/*Knops*, § 8 Rn 52.
52 Looschelders/Pohlmann/*Looschelders/Heinig*, § 8 Rn 14.
53 *Maier*, r+s 2006, 485, 488; Looschelders/Pohlmann/*Looschelders/Heinig*, § 8 Rn 18.

zu (vgl bereits § 5a Abs. 1 S. 2 aF). Bei Fernabsatz greift der Ausnahmetatbestand nicht ein.

27 **4. Großrisiken (Abs. 3 S. 1 Nr. 4).** Der Gesetzgeber nimmt Verträge über Großrisiken (§ 210 Abs. 2) vom Schutzbereich des VVG weitgehend aus. Die Regelung, dass bei solchen Verträgen ein Widerrufsrecht des VN entfällt, korrespondiert mit der Bestimmung, dass bei derartigen Verträgen keine Informationspflicht besteht (s. § 7 Rn 39).

28 **5. Erfüllte Verträge (Abs. 3 S. 2).** Mit dieser Bestimmung werden die Vorgaben des Art. 6 Abs. 2 Buchst. c der Fernabsatzrichtlinie für Finanzdienstleistungen umgesetzt. Die praktische Bedeutung für VersVerträge ist gering, da es sich hier um Dauerschuldverhältnisse handelt. Bei noch nicht beendeten VersVerträgen kommt eine vollständige Erfüllung kaum jemals in Betracht.[54] Dies ist erst dann der Fall, wenn der VR alle geschuldeten Leistungen erbracht und der VN alle Prämien gezahlt hat. Ist die Prämie für eine Restschuldversicherung zu Beginn des VersVertrages geleistet und die Versicherungssumme vollständig ausbezahlt, bevor der Widerruf erklärt worden ist, ist eine vollständige Erfüllung gegeben.[55] Weitere Voraussetzung ist, dass der VN ausdrücklich die Vollerfüllung verlangt hat.[56] Eine Belehrungspflicht ist nicht explizit vorgeschrieben; in der Muster-Widerrufsbelehrung ist allerdings ein Hinweis auf die Voraussetzungen und Rechtsfolgen des Abs. 3 S. 2 enthalten.[57]

29 Die gesetzliche Regelung spricht in der aktuellen Fassung nun davon, dass das Widerrufsrecht „erlischt". In Abs. 3 S. 2 aF war davon die Rede, das Widerrufsrecht sei „ausgeschlossen". Die Neufassung diente der textlichen Präzisierung, inhaltliche Auswirkungen für die Praxis sind damit nicht verbunden.[58]

V. Widerrufsfrist bei elektronischem Geschäftsverkehr (Abs. 4)

30 Die Widerrufsfrist beginnt im elektronischen Geschäftsverkehr erst dann, wenn die in § 312i Abs. 1 S. 1 BGB enthaltenen Pflichten erfüllt sind. Elektronischer Geschäftsverkehr liegt vor, wenn sich der VR eines Tele- oder Mediendienstes bedient, um den Vertrag zum Abschluss zu bringen. Das betrifft insb. den Abschluss von VersVerträgen via **Internet**. Wird der Vertrag ausschließlich durch individuelle Kommunikation – etwa via E-Mail – geschlossen, gelten die in § 312i Abs. 1 S. 1 Nr. 1–3 BGB vorgesehenen Pflichten nicht (§ 312i Abs. 2 S. 1 BGB). Ist der VN ein Unternehmer, kann vereinbart werden, dass die in § 312i Abs. 1 S. 1 Nr. 1–3 BGB niedergelegten Pflichten nicht bestehen (§ 312i Abs. 2 S. 2 BGB). Die gesetzlichen Pflichten betreffen die Möglichkeit zur Korrektur von Eingabefehlern des VN, die rechtzeitige Informationsverschaffung, die Bestätigung des Zugangs der Antragstellung sowie das Abrufen und Speichern der AVB.[59] Die Pflicht, dem Kunden die Möglichkeit zu verschaffen, die Vertragsbestimmungen einschließlich der Allgemeinen Geschäftsbedingungen bei Vertragsschluss abzurufen und in wiedergabefähiger Form zu speichern (§ 312i Abs. 1 S. 1 BGB), bleibt unberührt.

VI. Muster-Widerrufsbelehrung (Abs. 5)

31 Verwendet der VR das in der Anlage zum VVG enthaltene Muster, genügt die Belehrung den in Abs. 2 S. 1 Nr. 2 aufgestellten Anforderungen. Das Muster entfaltet ab dem 11.6.2010 Gesetzeswirkung, konnte aber auch schon vorher verwendet

---

54 Bruck/Möller/*Knops*, § 8 Rn 57; Looschelders/Pohlmann/*Looschelders/Heinig*, § 8 Rn 25.
55 AG München 12.6.2009 – 121 C 33038/08.
56 Dazu *Armbrüster*, r+s 2008, 493, 500; Bruck/Möller/*Knops*, § 8 Rn 57.
57 BR-Drucks. 639/09; vgl auch Looschelders/Pohlmann/*Looschelders/Heinig*, § 8 Rn 24.
58 Langheid/Wandt/*Armbrüster*, § 7 Rn 43.
59 Zum Ganzen BeckOK-BGB/*Maume*, § 312i Rn 21 ff.

werden. Abs. 5 S. 1 stellt damit eine gesetzliche Fiktion auf, so dass etwaige Mängel des Musters nicht zulasten des VR gehen.[60] Die Muster-Belehrung ist im VVG selbst und nicht in einer Rechtsverordnung geregelt. Grund hierfür ist die Rechtsvereinheitlichung; es ist eine einheitliche Gestaltung im Verbraucherkredit- und im Versicherungsrecht erfolgt.

Nach Abs. 5 S. 2 darf der VR andere Formate und Schriftgrößen verwenden sowie Firmennamen und Kennzeichen hinzusetzen. Dies ist eine abschließende Regelung, andere Zusätze und Abweichungen dürfen deshalb nicht vorgenommen werden. Weicht die vom VR verwendete Belehrung von der Muster-Belehrung ab, entfällt die gesetzliche Fiktion; ob sie den gesetzlichen Anforderungen gerecht wird, ist im Einzelfall zu prüfen. 32

In der Muster-Widerrufsbelehrung wird zunächst auf das Widerrufsrecht hingewiesen und sodann auf die Widerrufsfolgen. In diesem Zusammenhang soll der VR den Betrag angeben, den der VR im Falle eines Widerrufs einbehalten darf. Einen festen Betrag anzugeben, ist idR nicht möglich. Es ist daher ausreichend, dem VN aufzuzeigen, wie er den Betrag errechnen kann.[61] 33

Die Muster-Widerrufsbelehrung hat folgenden Inhalt: 34

---

60 Anders wohl Bruck/Möller/*Knops*, § 8 Rn 62.
61 Langheid/Wandt/*Armbrüster*, § 8 Rn 60.

Anlage
(zu § 8 Abs. 5 Satz 1)

**Muster
für die Widerrufsbelehrung**

Widerrufsbelehrung

Widerrufsrecht

Sie können Ihre Vertragserklärung innerhalb von [14][1] Tagen ohne Angabe von Gründen in Textform (z. B. Brief, Fax, E-Mail) widerrufen. Die Frist beginnt, nachdem Sie den Versicherungsschein, die Vertragsbestimmungen einschließlich der Allgemeinen Versicherungsbedingungen, die weiteren Informationen nach § 7 Abs. 1 und 2 des Versicherungsvertragsgesetzes in Verbindung mit den §§ 1 bis 4 der VVG-Informationspflichtenverordnung und diese Belehrung jeweils in Textform erhalten haben [2]. Zur Wahrung der Widerrufsfrist genügt die rechtzeitige Absendung des Widerrufs. Der Widerruf ist zu richten an:[3]

Widerrufsfolgen

Im Falle eines wirksamen Widerrufs endet der Versicherungsschutz, und wir erstatten Ihnen den auf die Zeit nach Zugang des Widerrufs entfallenden Teil der Prämien, wenn Sie zugestimmt haben, dass der Versicherungsschutz vor dem Ende der Widerrufsfrist beginnt. Den Teil der Prämie, der auf die Zeit bis zum Zugang des Widerrufs entfällt, dürfen wir in diesem Fall einbehalten; dabei handelt es sich um [einen Betrag in Höhe von ...] [4].[5] Die Erstattung zurückzuzahlender Beträge erfolgt unverzüglich, spätestens 30 Tage nach Zugang des Widerrufs. Beginnt der Versicherungsschutz nicht vor dem Ende der Widerrufsfrist, hat der wirksame Widerruf zur Folge, dass empfangene Leistungen zurückzugewähren und gezogene Nutzungen (z. B. Zinsen) herauszugeben sind.[6]

Besondere Hinweise

Ihr Widerrufsrecht erlischt, wenn der Vertrag auf Ihren ausdrücklichen Wunsch sowohl von Ihnen als auch von uns vollständig erfüllt ist, bevor Sie Ihr Widerrufsrecht ausgeübt haben.

(Ort), (Datum), (Unterschrift des Versicherungsnehmers)[7]

Gestaltungshinweise:

[1] Für die Lebensversicherung lautet der Klammerzusatz: „30".

[2] Bei Verträgen im elektronischen Geschäftsverkehr (§ 312i Absatz 1 Satz 1 des Bürgerlichen Gesetzbuchs) ist vor dem Punkt am Satzende Folgendes einzufügen: „ , jedoch nicht vor Erfüllung unserer Pflichten gemäß § 312i Absatz 1 Satz 1 des Bürgerlichen Gesetzbuchs in Verbindung mit Artikel 246c des Einführungsgesetzes zum Bürgerlichen Gesetzbuche".

[3] Hier sind einzusetzen: Name/Firma und ladungsfähige Anschrift des Widerrufsadressaten. Zusätzlich können angegeben werden: Telefaxnummer, E-Mail-Adresse und/oder, wenn der Versicherungsnehmer eine Bestätigung seiner Widerrufserklärung an den Versicherer erhält, auch eine Internet-Adresse.

[4] Der Betrag kann auch in anderen Unterlagen, z. B. im Antrag, ausgewiesen sein; dann lautet der Klammerzusatz je nach Ausgestaltung: „...auf den Antrag/im ... auf Seite .../unter Ziffer ... ausgewiesenen Betrag".

[5] Bei der Lebensversicherung ist ggf. folgender Satz einzufügen: „Den Rückkaufswert einschließlich der Überschussanteile nach § 169 des Versicherungsvertragsgesetzes zahlen wir Ihnen aus."

[6] Wird der Versicherungsvertrag mit einem zusammenhängenden Vertrag abgeschlossen, ist am Ende des Absatzes zu „Widerrufsfolgen" folgender Satz anzufügen:
„Haben Sie Ihr Widerrufsrecht nach § 8 des Versicherungsvertragsgesetzes wirksam ausgeübt, sind Sie auch an einen mit dem Versicherungsvertrag zusammenhängenden Vertrag nicht mehr gebunden. Ein zusammenhängender Vertrag liegt vor, wenn er einen Bezug zu dem widerrufenen Vertrag aufweist und eine Dienstleistung des Versicherers oder eines Dritten auf der Grundlage einer Vereinbarung zwischen dem Dritten und dem Versicherer betrifft. Eine Vertragsstrafe darf weder vereinbart noch verlangt werden."

[7] Ort, Datum und Unterschriftsleiste können entfallen. In diesem Falle sind diese Angaben entweder durch die Wörter „Ende der Widerrufsbelehrung" oder durch die Wörter „Ihr(e) [einsetzen: Firma des Versicherers]" zu ersetzen.

§ 9 Rechtsfolgen des Widerrufs

(1) ¹Übt der Versicherungsnehmer das Widerrufsrecht nach § 8 Abs. 1 aus, hat der Versicherer nur den auf die Zeit nach Zugang des Widerrufs entfallenden Teil der Prämien zu erstatten, wenn der Versicherungsnehmer in der Belehrung nach § 8 Abs. 2 Satz 1 Nr. 2 auf sein Widerrufsrecht, die Rechtsfolgen des Widerrufs und den zu zahlenden Betrag hingewiesen worden ist und zugestimmt hat, dass der Versicherungsschutz vor Ende der Widerrufsfrist beginnt; die Erstattungspflicht ist

unverzüglich, spätestens 30 Tage nach Zugang des Widerrufs zu erfüllen. ²Ist der in Satz 1 genannte Hinweis unterblieben, hat der Versicherer zusätzlich die für das erste Jahr des Versicherungsschutzes gezahlten Prämien zu erstatten; dies gilt nicht, wenn der Versicherungsnehmer Leistungen aus dem Versicherungsvertrag in Anspruch genommen hat.

(2) ¹Hat der Versicherungsnehmer sein Widerrufsrecht nach § 8 wirksam ausgeübt, ist er auch an einen mit dem Versicherungsvertrag zusammenhängenden Vertrag nicht mehr gebunden. ²Ein zusammenhängender Vertrag liegt vor, wenn er einen Bezug zu dem widerrufenen Vertrag aufweist und eine Dienstleistung des Versicherers oder eines Dritten auf der Grundlage einer Vereinbarung zwischen dem Dritten und dem Versicherer betrifft. ³Eine Vertragsstrafe darf weder vereinbart noch verlangt werden.

I. Normzweck 1	bb) Zeitpunkt der Hinweispflicht 10
II. Regelungsinhalt 2	cc) Zustimmung des VN 11
1. Allgemeines 2	dd) Rechtsfolgen 13
2. Rechtsfolgenregelung 4	c) Unterbliebener oder fehlerhafter Hinweis
a) Überblick 4	(Abs. 1 S. 2) 16
b) Hinweispflicht des VR (Abs. 1 S. 1) 7	d) Mit dem VersVertrag zusammenhängender Vertrag (Abs. 2) 20
aa) Umfang der Hinweispflicht 7	

I. Normzweck

Die Regelung legt in **Abs. 1** die Rechtsfolgen fest, die sich ergeben, wenn der VN 1
seine Vertragserklärung gem. § 8 Abs. 1 widerruft. Gleichzeitig sollen die Vorgaben des Art. 7 der Fernabsatzrichtlinie für Finanzdienstleistungen[1] umgesetzt werden. Die Regelung in Abs. 1 ist auch darauf gerichtet, die Pflicht des VR zur Rückerstattung geleisteter Prämien zu begrenzen. Mit **Abs. 2** ist mWv 1.5.2013 eine zusätzliche Bestimmung über den Widerruf bei „hinzugefügten Verträgen" getroffen worden; die Fernabsatzrichtlinie war ursprünglich in diesem Punkt nicht vollständig umgesetzt worden.[2]

II. Regelungsinhalt

1. Allgemeines. Der VersVertrag ist auch bei bestehendem Widerrufsrecht **voll** 2
wirksam.[3] Der VN hat demnach einen Anspruch auf die Leistung auch während des Laufs der Widerrufsfrist. Auch dann, wenn die Widerrufsfrist noch gar nicht zu laufen begonnen hat, stehen dem VN aus dem „schwebend wirksamen" Vertrag Ansprüche zu. Gleichzeitig kann der VR Prämienzahlung verlangen – soweit die Fälligkeit nach § 33 gegeben ist –, auch wenn der VN seine Willenserklärung noch widerrufen kann (s. aber § 33 Rn 5);[4] dies kann der Fall sein, wenn der VR den Zugang aller nach § 7 zu erteilenden Informationen und/oder den Zugang der Widerrufsbelehrung nicht zu beweisen vermag. Übt der VN das Widerrufsrecht aus, ist der Vertrag ab dem Zeitpunkt beendet, in dem die Erklärung des VN dem VR zugegangen ist. In diesem Zeitpunkt erlöschen alle vertraglichen Leistungs-

---

[1] Richtlinie 2002/65/EG des Europäischen Parlaments und des Rates vom 23.9.2002 über den Fernabsatz von Finanzdienstleistungen an Verbraucher und zur Änderung der Richtlinie 90/619/EWG des Rates und der Richtlinien 97/7/EG und 98/27/EG (ABl. EG Nr. L 271, S. 16).
[2] BT-Drucks. 17/11469, S. 1, 10.
[3] Vgl. zur vergleichbaren Rechtslage bei § 355 BGB Jauernig/*Stadler*, § 355 Rn 3, 7.
[4] Vgl. auch Prölss/Martin/*Rudy*, § 9 Rn 5 f.

pflichten. Der Vertrag wandelt sich in ein Rückgewährschuldverhältnis; die Rückabwicklung wird durch Abs. 1 jedoch stark eingeschränkt.[5]

3 Die Vorschrift des **Abs. 1** findet **keine Anwendung**, wenn der Versicherungsschutz nicht vor Ablauf der Widerrufsfrist beginnt. Soweit der VN aus einem abgeschlossenen Vertrag keinen Schutz genießt, richten sich die Rechtsfolgen nach §§ 346 ff BGB, wenn der VN widerruft.[6] Grundsätzlich sind dann alle empfangenen Leistungen sowohl vom VR als auch vom VN zurückzuerstatten; der VN schuldet keinen Wertersatz für vom VR geleisteten Versicherungsschutz („Gefahrtragung").[7]

4 **2. Rechtsfolgenregelung. a) Überblick. Abs. 1** enthält ein abgestuftes System:
- Der VR hat nur den auf die Zeit nach Zugang des Widerrufs entfallenden Teil der Prämien zu erstatten, wenn der VN auf das Widerrufsrecht, die Rechtsfolgen des Widerrufs und den zu zahlenden Betrag hingewiesen worden ist und er zugestimmt hat, dass der Versicherungsschutz vor Ende der Widerrufsfrist beginnt (Abs. 1 S. 1 Hs 1).
- Ist der in Abs. 1 S. 1 vorgesehene Hinweis unterblieben und hat der VN keine Leistungen in Anspruch genommen, muss der VR zusätzlich die für das erste Jahr des Versicherungsschutzes gezahlten Prämien erstatten (Abs. 1 **S. 2**). Die in Abs. 1 S. 2 getroffene Regelung ist nur dann anwendbar, wenn die in Abs. 1 S. 1 verlangte Zustimmung des VN vorliegt, dass der Versicherungsschutz vor Ablauf der Widerrufsfrist beginnen soll.

5 In der **Lebensversicherung** hat der VN das Recht, zusätzlich den Rückkaufswert einschließlich der Überschussanteile zu verlangen (§ 152 Abs. 2 S. 1). Unter den Voraussetzungen des Abs. 1 S. 2 hat der VR den Rückkaufswert oder – wenn dies dem VN günstiger ist – die Prämie für das erste Versicherungsjahr zu zahlen (§ 152 Abs. 2 S. 2).

6 Die **Beweislast** für die Voraussetzungen, unter denen der VR nach Abs. 1 nur eingeschränkt verpflichtet ist, dem VN Prämien zu erstatten, liegt beim VR.[8] Er hat insb. darzulegen und ggf zu beweisen, dass er seine Informationspflichten erfüllt hat.[9]

7 **b) Hinweispflicht des VR (Abs. 1 S. 1). aa) Umfang der Hinweispflicht.** Die in Abs. 1 S. 1 genannten **Hinweispflichten** statuieren eigenständige Voraussetzungen, unter denen der VR die Prämienzahlung bzw einen Anteil davon behalten darf. Im Ergebnis muss der nach Abs. 1 S. 1 zu erteilende Hinweis den Anforderungen des § 8 Abs. 2 S. 1 Nr. 2 entsprechen.[10] Dagegen wird eingewandt, das Gesetz gehe über Art. 7 der Fernabsatzrichtlinie für Finanzdienstleistungen hinaus, die insoweit verbindliche Vorgaben für die nationale Gesetzgebung enthalte. Die Vorschrift sei daher **richtlinienkonform** dahin auszulegen sein, dass eine ordnungsgemäße Belehrung lediglich den vom VN im Fall eines Widerrufs zu zahlenden Betrag bezeichnen müsse.[11] Jedoch lässt Art. 7 Abs. 2 der Fernabsatzrichtlinie für Finanzdienstleistungen eine nationale Regelung zu, die eine Zahlungspflicht des VN von weiteren Voraussetzungen abhängig macht.[12] Der VN ist daher – wie der Gesetzestext

---

5 Looschelders/Pohlmann/*Looschelders/Heinig*, § 9 Rn 6.
6 *Langheid*, VersR 2007, 3665, 3667; Schwintowski/Brömmelmeyer/*Ebers*, § 9 Rn 1; Looschelders/Pohlmann/*Looschelders/Heinig*, § 9 Rn 2, 28.
7 Schwintowski/Brömmelmeyer/*Ebers*, § 8 Rn 12; Looschelders/Pohlmann/*Looschelders/Heinig*, § 9 Rn 37 ff; Langheid/Wandt/*Eberhardt*, § 9 Rn 7.
8 Looschelders/Pohlmann/*Looschelders/Heinig*, § 9 Rn 41.
9 Langheid/Wandt/*Eberhardt*, § 9 Rn 30.
10 Looschelders/Pohlmann/*Looschelders/Heinig*, § 9 Rn 10; Bruck/Möller/*Knops*, § 9 Rn 18; *Armbrüster*, r+s 2008, 493, 501.
11 So *Wandt/Ganster*, VersR 2008, 425, 431; dagegen Prölss/Martin/*Armbrüster*, § 9 Rn 10.
12 *Armbrüster*, r+s 2008, 493, 501.

es verlangt – auf das Widerrufsrecht, die Rechtsfolgen und den zu zahlenden Betrag hinzuweisen. Der VN ist also zunächst darauf hinzuweisen, dass überhaupt ein Widerrufsrecht besteht.

Der vom Gesetz geforderte Hinweis auf die **Rechtsfolgen des Widerrufs** umfasst eine Information über die Folgen eines Widerrufs, der aufgrund ordnungsgemäßer Information erfolgt. Zumindest soweit der VR die Muster-Widerrufsbelehrung (Anlage zu § 8 Abs. 5 S. 1) verwendet, muss er nicht auf mögliche Rechtsfolgen vorschriftswidrigen Verhaltens hinweisen.[13]

In der Regel kann ein konkreter Betrag nicht angegeben werden. Es genügt deshalb auch, wenn der VR auf die Berechnung hinweist.[14] Der Schutzzweck der Regelung wird auch verwirklicht, wenn der VN darauf hingewiesen wird, dass er verpflichtet ist, die bis zum Widerruf angefallenen Prämien zu zahlen.[15] Damit wird dem VN vor Augen geführt, dass er – unter den Voraussetzungen des Abs. 1 S. 1 – keinen Anspruch auf Rückzahlung von Prämien hat.

bb) Zeitpunkt der Hinweispflicht . Die Belehrung hat zu erfolgen, bevor der VN seine Vertragserklärung abgibt. Das folgt aus § 7 Abs. 2 iVm § 1 Abs. 1 Nr. 13 VVG-InfoV und auch aus Art. 7 Abs. 3 S. 1 iVm Art. 3 Abs. 1 Nr. 3 a der Fernabsatzrichtlinie für Finanzdienstleistungen.[16]

cc) Zustimmung des VN. Die **Zustimmung** des VN ist anzunehmen, wenn er einen Versicherungsbeginn beantragt hat, der vor dem Zeitpunkt liegt, in dem das Widerrufsrecht abläuft.[17] Gleiches ist anzunehmen, wenn der VN vor Ablauf der Widerrufsfrist die Erst- oder Einmalprämie bezahlt oder einer Abbuchung der Prämie aufgrund einer erteilten Einzugsermächtigung nicht widerspricht.[18] Dem wird entgegengehalten, allein die Zahlung der Erstprämie stelle keine konkludente Erklärung des VN dar.[19] Das leuchtet insb. dann nicht ein, wenn der VN – wie üblich und gesetzlich gefordert (§ 37 Abs. 2 S. 2) – bei der Aufforderung, die Prämie zu bezahlen, darüber belehrt wird, dass kein Versicherungsschutz für einen eingetretenen Versicherungsfall besteht, wenn die Prämie nicht rechtzeitig gezahlt wurde. Der VN gibt (auch) hier zu erkennen, dass er Versicherungsschutz begehrt. Einer ausdrücklichen Erklärung bedarf es nicht.[20] Sie ist weder durch den Wortlaut des Gesetzes noch durch die Fernabsatzrichtlinie für Finanzdienstleitungen gefordert.[21]

Fraglich ist, ob von einer **konkludenten Zustimmung** auch dann auszugehen ist, wenn der VN gar nicht weiß, dass er noch widerrufen kann; diese Konstellation kann sich ergeben, wenn der VR den VN **nicht ordnungsgemäß belehrt** hat. Dazu wird die Auffassung vertreten, der VN müsse damit einverstanden sein, dass der

---

13 Langheid/Wandt/*Eberhardt*, § 9 Rn 14.
14 *Funk*, VersR 2008, 163, 166; *Armbrüster*, r+s 2008, 493, 502; Looschelders/Pohlmann/*Looschelders/Heinig*, § 9 Rn 9; Langheid/Wandt/*Eberhardt*, § 9 Rn 13.
15 So Bruck/Möller/*Knops*, § 9 Rn 13.
16 Schwintowski/Brömmelmeyer/*Ebers*, § 9 Rn 17; Bruck/Möller/*Knops*, § 9 Rn 14; Looschelders/Pohlmann/*Looschelders/Heinig*, § 9 Rn 11; Prölss/Martin/*Armbrüster*, § 9 Rn 13; *Armbrüster*, r+s 2008, 493, 501.
17 Vgl auch *Leverenz*, Vertragsschluss nach der VVG-Reform, S. 116.
18 Ebenso Langheid/Wandt/*Eberhardt*, § 9 Rn 19, 20.
19 So Bruck/Möller/*Knops*, § 9 Rn 15; Looschelders/Pohlmann/*Looschelders/Heinig*, § 9 Rn 14.
20 Im Ergebnis ebenso Marlow/Spuhl, Rn 139; Römer/Langheid/*Rixecker*, § 9 Rn 9 mwN.
21 So *Wandt/Ganster*, VersR 2008, 425, 427 ff; Looschelders/Pohlmann/*Looschelders/Heinig*, § 9 Rn 13; FAKomm-VersR/*Reusch*, § 9 VVG Rn 8; anders Schwintowski/Brömmelmeyer/*Ebers*, § 9 Rn 16.

Versicherungsschutz einsetzt, obwohl er sein Widerrufsrecht noch ausüben kann. Anderenfalls enthalte die Vertragserklärung allein keine Zustimmung.[22]

13 **dd) Rechtsfolgen.** Soweit die Voraussetzungen des Abs. 1 S. 1 erfüllt sind, kann der VN nur **Erstattung geleisteter Prämien ab dem Zeitpunkt des Zugangs des Widerrufs** verlangen. Prämien, die der VN zuvor gezahlt hat, stehen dem VR zu. Der VN kann nur diejenigen Zahlungen zurückverlangen, die er schon für die Zukunft geleistet hat. Die Erstattung hat nach Abs. 1 S. 1 Hs 2 unverzüglich (§ 121 Abs. 1 S. 1 BGB) zu erfolgen. Spätestens nach einem Monat tritt Verzug ein (§ 286 Abs. 2 Nr. 2 BGB), danach ist der zu erstattende Betrag zu verzinsen (§ 288 BGB). Der VR ist nicht berechtigt, Kosten in Abzug zu bringen.[23]

14 **Ausstehende Prämien:** Gesetzlich nicht geregelt ist die Frage, wie zu verfahren ist, wenn bei Wirksamwerden des Widerrufs noch Prämien ausstehen. Da es um die Gegenleistung für Versicherungsschutz geht, der in der Vergangenheit gewährt worden ist, kann von einem insoweit fortbestehenden vertraglichen Anspruch ausgegangen werden. Ist indes der VN mit der Zahlung der Erstprämie in Verzug, hat der VR noch keine Gefahr getragen, weil der materielle Versicherungsschutz noch gar nicht begonnen hatte. Deshalb wird mit dem Zugang des Widerrufs beim VN auch der Anspruch auf die Prämie als erloschen gelten müssen.[24]

15 **Erhaltene Versicherungsleistungen** darf der VN behalten. Auch das ist gesetzlich nicht explizit geregelt. Allerdings kann aus der Sonderbestimmung, dass der VN den Prämienrückerstattungsanspruch für das erste Versicherungsjahr besitzt, falls er keine Versicherungsleistung in Anspruch genommen hat (Abs. 1 S. 2 Hs 2), darauf geschlossen werden, dass – soweit § 9 Anwendung findet – erbrachte Leistungen des VR beim VN verbleiben sollen.[25] Dieses Ergebnis steht auch mit Art. 7 Abs. 5 der Fernabsatzrichtlinie für Finanzdienstleistungen in Einklang.[26] Tritt ein Versicherungsfall vor Zugang des Widerrufs beim VR ein und stehen dem VN Versicherungsleistungen zu, hat der VR keinen Rückerstattungsanspruch.[27]

16 **c) Unterbliebener oder fehlerhafter Hinweis (Abs. 1 S. 2).** Hat der VR den Hinweis nach Abs. 1 S. 1 **nicht, unvollständig oder nicht rechtzeitig** erteilt, greifen die Rechtsfolgen nach Abs. 1 S. 2 ein. Die gesetzliche Regelung ist abschließend; sie verweist ausschließlich auf die Belehrung nach § 8 Abs. 2 S. 1 Nr. 2. Erfüllt der VR die ihm nach § 7 Abs. 1 und 2 obliegenden Informationspflichten nicht, löst dies allein nicht die Rechtsfolgen des Abs. 1 S. 2 aus.[28]

17 **Begrenzte Rückzahlungspflicht:** Unter den Voraussetzungen des Abs. 1 **S. 2 Hs 1** hat der VR **zusätzlich** zu dem nach Abs. 1 S. 1 zu zahlenden Betrag (s. Rn 13) die vom VN im ersten Versicherungsjahr geleistete Prämie zu erstatten.[29] Handelt es sich um einen **Lebensversicherungsvertrag**, hat der VR, soweit es dem VN günstiger ist, den Rückkaufswert einschließlich der Überschussanteile zu zahlen (§ 152 Abs. 2 S. 2).

18 **Richtlinienwidrigkeit:** Die in Abs. 1 S. 2 Hs 1 getroffene Bestimmung über die begrenzte Rückzahlungspflicht des VR verstößt gegen Art. 7 Abs. 3 der Fernabsatz-

---

22 So Looschelders/Pohlmann/*Looschelders/Heinig*, § 9 Rn 15; Prölss/Martin/*Armbrüster*, § 9 Rn 18.
23 Bruck/Möller/*Knops*, § 9 Rn 17.
24 So *Armbrüster*, r+s 2008, 493, 501; vgl auch Looschelders/Pohlmann/*Looschelders/Heinig*, § 9 Rn 21.
25 *Schneider*, VW 2008, 1168, 1171.
26 Looschelders/Pohlmann/*Looschelders/Heinig*, § 9 Rn 23 f.
27 FAKomm-VersR/*Reusch*, § 9 VVG Rn 15 mwN.
28 Looschelders/Pohlmann/*Looschelders/Heinig*, § 9 Rn 27; anders *Leverenz*, Vertragsabschluss nach der VVG-Reform, S. 118.
29 Krit. dazu Bruck/Möller/*Knops*, § 9 Rn 20: Die Zuerkennung von Prämienansprüchen schaffe Anreiz zum Rechtsbruch und sei damit grds. verfehlt.

richtlinie für Finanzdienstleistungen, denn danach ist der nicht ordnungsgemäß unterrichtete Verbraucher nicht zahlungspflichtig.[30] In der Lit. wird eine teleologische Reduktion im Wege richtlinienkonformer Rechtsfortbildung erwogen. Danach bliebe es außerhalb des Anwendungsbereichs der Fernabsatzrichtlinie für Finanzdienstleistungen bei der in Abs. 1 S. 2 Hs 1 vorgesehenen begrenzten Rückzahlungspflicht des VR, während der VR bei Fernabsatzverträgen die Prämie nicht behalten dürfte, wenn der VN erst nach Ablauf des ersten Versicherungsjahres den Widerruf erklärt.[31]

Ausnahme: Hat der VN Leistungen vom VR empfangen, ist der VR nicht verpflichtet, die für das erste Versicherungsjahr gezahlten Prämien zu erstatten (Abs. 1 S. 2 Hs 2). In diesem Fall hat der VR lediglich diejenigen Prämienanteile zu erstatten, die auf die Zeit entfallen, nachdem der Vertrag durch Widerruf beendet worden ist. Die empfangenen Leistungen darf der VN behalten, wenn ihm ein Anspruch darauf zusteht (vgl auch Rn 15).[32] Die Problematik der Richtlinienwidrigkeit (s. Rn 18) stellt sich auch bei Abs. 1 S. 2 Hs 2. Ist jedoch die erhaltene Versicherungsleistung höher als die geleistete Prämie, erleidet der VN finanziell keinen Nachteil. Im Anwendungsbereich der Fernabsatzrichtlinie für Finanzdienstleistungen – hier kommt es grds. zur Rückabwicklung des Vertrages, wenn der Hinweis nicht ordnungsmäßig erfolgte – ist eine analoge Anwendung des Abs. 1 S. 2 Hs 2 sachgerecht, so dass der VN die Versicherungsleistung behalten darf.[33] Übersteigen dagegen die geleisteten Prämien die erhaltene Versicherungsleistung, ist Abs. 1 S. 2 Hs 2 nicht anzuwenden, um den Konflikt mit Art. 7 Abs. 3 der Fernabsatzrichtlinie für Finanzdienstleistungen zu vermeiden. Es kommt dann zur Rückabwicklung des Vertrages; somit erwächst dem VN also kein Nachteil. Dieses Ergebnis wird durch eine richtlinienkonforme Auslegung des Abs. 1 S. 2 Hs 2 erreicht, gegen die hier keine Bedenken bestehen.[34]

d) Mit dem VersVertrag zusammenhängender Vertrag (Abs. 2). Die mWv 1.5.2013 eingeführte Regelung des Abs. 2[35] führt die Widerrufswirkung auch für mit dem VersVertrag zusammenhängende Verträge herbei (Abs. 2 S. 1). Dieser zusätzliche Vertrag braucht vom VN also nicht gesondert widerrufen zu werden.[36] Eine Vertragsstrafe darf nicht vereinbart und verlangt werden (Abs. 2 S. 3). Die praktische Bedeutung des Abs. 2 dürfte eher gering sein.[37]

§ 10 Beginn und Ende der Versicherung

Ist die Dauer der Versicherung nach Tagen, Wochen, Monaten oder einem mehrere Monate umfassenden Zeitraum bestimmt, beginnt die Versicherung mit Beginn des Tages, an dem der Vertrag geschlossen wird; er endet mit Ablauf des letzten Tages der Vertragszeit.

---

30 Langheid/Wandt/*Eberhardt*, § 9 Rn 22 mwN.
31 So Looschelders/Pohlmann/*Looschelders/Heinig*, § 9 Rn 30, 31. Zust. jetzt auch Prölss/Martin/*Armbrüster*, § 9 Rn 29 (anders noch die 28. Aufl., § 9 Rn 25). Zum Ganzen auch FAKomm-VersR/*Reusch*, § 9 VVG Rn 17 mwN.
32 Looschelders/Pohlmann/*Looschelders/Heinig*, § 9 Rn 33.
33 *Wandt/Ganster*, VersR 2008, 425, 437 Fn 70; FAKomm-VersR/*Reusch*, § 9 VVG Rn 26.
34 *Armbrüster*, r+s 2008, 493, 503; Langheid/Wandt/*Eberhardt*, § 9 Rn 28.
35 Durch Art. 1 Nr. 1 Buchst. b des Gesetzes zur Änderung versicherungsrechtlicher Vorschriften v. 24.4.2013 (BGBl. I S. 932).
36 Vgl dazu FAKomm-VersR/*Reusch*, § 9 VVG Rn 27.
37 Zu Anwendungsfällen s. Prölss/Martin/*Armbrüster*, § 9 Rn 44.

I. Normzweck

1 Grundsätzlich obliegt es allein den Versicherungsvertragsparteien, den Beginn und das Ende der Versicherung zu vereinbaren, soweit der gesetzliche Rahmen dies zulässt (zu beachten sind insb. die §§ 305 ff BGB). Die Parteien können festlegen, an welchem Tag und zu welcher Stunde die Versicherung beginnen und enden soll.

2 Wenn die Parteien eine solche explizite Regelung allerdings nicht getroffen haben, trägt § 10 als **dispositive**[1] **Zweifelsregel**[2] und **lex specialis zu den §§ 187 ff BGB** dem Rechnung. Die Vorschrift soll nur fehlende Erklärungen der Parteien über den Beginn und das Ende der materiellen Versicherung ersetzen.[3] Auf sonstige zugangsbedürftige Willenserklärungen oder auf die Berechnung von Zahlungsfristen oder Rücktrittsfristen kann sie nicht erweitert werden.[4]

3 Nach § 7 Abs. 1 aF war für den Beginn und das Ende einer Versicherung der Mittag des bezeichneten Tages als Regelfall bezeichnet (**Mittagsregel**). Diese Regelung war aber zB im Fall der privaten Krankenversicherung unpraktikabel, weil die gesetzliche Krankenversicherung vom Beginn und Ende eines Tages ausgeht und damit bei einem Wechsel zwischen gesetzlicher und privater Krankenversicherung Deckungslücken von 12 Stunden[5] entstehen konnten, was es zu vermeiden galt.[6] Auch bei dem Übergang von einer Gruppenversicherung, die üblicherweise mit einer Mitternachtsregelung abgeschlossen wird, zu einer Einzelversicherung mit einer Mittagsregelung traten Lücken auf.[7] In der Kraftfahrzeug-Pflichtversicherung sind ebenfalls Beginn und Ende eines Tages maßgebend (vgl § 1 Abs. 2 KfzPflVV). Die Mittagsregel in § 7 Abs. 1 aF wurde daher aufgegeben.

II. Beginn der Versicherung (Hs 1)

4 **1. Mitternachtsregel.** Es gilt die **Mitternachtsregel**.[8] Danach beginnt die Versicherung mit Beginn des Tages, an dem der Vertrag geschlossen wird, wenn dessen Dauer nach Tagen, Wochen, Monaten oder einem mehrere Monate umfassenden Zeitraum bestimmt ist. Seinem Wortlaut nach bestimmt § 10 nicht nur die Uhrzeit, sondern auch den Tag des Versicherungsbeginns.

5 Ist im VersVertrag kein bestimmtes Datum vorgesehen, beginnt die Haftungszeit am Beginn des Tages des Vertragsschlusses, mithin um 0 Uhr.[9] „Haftung" ist dabei die aufgrund des abgeschlossenen VersVertrages bedingte Leistungspflicht des VR,[10] der sog. **materielle Versicherungsbeginn**.[11] Dies galt in der Vergangenheit auch bereits in den Fällen, in denen im Vertrag bestimmt war, dass der (vorläufige) Deckungsschutz „mit" dem Tage des Eingangs des Antrags vom VR einsetzt. Hier begann der Versicherungsschutz um 0.00 Uhr des Eingangs.[12]

6 **2. Auseinanderfallen von Vertragsabschluss und Haftungsbeginn.** Der Streit um eine entsprechende Anwendung der Vorgängervorschrift des § 7 aF (Mittagsregel; s. Rn 3) auf solche Fälle, in denen der Zeitpunkt des Vertragsabschlusses und jener

---

1 S. Marlow/Spuhl/*Spuhl*, Rn 9.
2 So auch BK/*Gruber*, § 7 Rn 1 (zur Vorgängervorschrift).
3 Vgl Römer/Langheid/*Römer*, 2. Aufl. 2003, § 7 Rn 1 (zur Vorgängervorschrift).
4 BGH 13.12.1989 – IVa ZR 177/88, VersR 1990, 258 = NJW-RR 1990, 285.
5 Begr. RegE, BT-Drucks. 16/3945, S. 62.
6 Vgl Marlow/Spuhl/*Spuhl*, Rn 8.
7 Begr. RegE, BT-Drucks. 16/3945, S. 62.
8 *Meixner/Steinbeck*, S. 35 f; *Wandt/Ganster*, VersR 2007, 1034, 1037.
9 *Meixner/Steinbeck*, S. 35 f; *Baumann/Sandkühler*, S. 56 f.
10 BK/*Gruber*, § 7 Rn 1.
11 *Baumann/Sandkühler*, S. 192; vgl auch *Deutsch*, § 7 Rn 72.
12 LG Saarbrücken 23.7.2001 – 1 2 O 478/00, r+s 2003, 187.

des materiellen Versicherungsbeginns nicht deckungsgleich waren,[13] hat sich weitgehend erledigt. Gegeben war ein solcher Fall etwa dann, wenn der materielle Versicherungsbeginn von dem Eintritt eines bestimmten Ereignisses abhängig war. **Beispiel:** Der VN hat mit dem VR einen LebensVersVertrag am 1.1.2008 mit einer Bindungsfrist von vier Wochen beantragt. Der VR nimmt diesen Antrag am 20.1.2008 an mit dem Hinweis: „Versicherungsbeginn 1. Februar".[14] Diskutiert wurde insb., ob dann nach analoger Anwendung des § 7 Abs. 1 aF der materielle Versicherungsbeginn iSd Mittagsregel erst um 12.00 Uhr des Ereignistages gegeben war oder bereits mit Beginn dieses Tages.[15] Nach § 10 (Mitternachtsregel) ist materieller Versicherungsbeginn nun aber jedenfalls der Beginn des Ereignistages, also 0.00 Uhr.

Hinsichtlich des Zeitraums zwischen dem Beginn des Tages des Vertragsschlusses und dem Zeitpunkt des Vertragsschlusses führt die Regelung des § 10 zu einer **Rückwärtsversicherung** iSd § 2.[16] Anwendung findet allerdings auch die Regelung des § 2 Abs. 2 S. 2, so dass positive Kenntnis des VN vom Eintritt des Versicherungsfalles bei Abgabe der Vertragserklärung zur Leistungsfreiheit des VR führt.[17]

III. Ende der Versicherung (Hs 2)

Nach Hs 2 tritt das Ende des VersVertrages um 24.00 Uhr des letzten Tages der Versicherungsvertragslaufzeit ein. Dies gilt jedoch nur, soweit keine abweichenden Vereinbarungen getroffen wurden.[18]

Die **Laufzeiten** von VersVerträgen unterliegen grds. keinen Beschränkungen. Zu beachten ist jedoch § 11 Abs. 4, wonach zum Schutz des VN vor überlangen Laufzeiten ein nicht abdingbares Sonderkündigungsrecht zum Schutz des dritten oder jeden darauf folgenden Jahres mit einer Frist von drei Monaten gegeben ist.

IV. Hinweise für die Praxis

Die **Mitternachtsregel** kann im VersVertrag und in den AVB beibehalten werden.[19] Nahe liegt dies in Versicherungszweigen, in denen häufiger nächtliche Versicherungsfälle vorkommen, die schwerlich der Zeit vor und nach Mitternacht zuzuordnen sind.[20]

§ 11 Verlängerung, Kündigung

(1) Wird bei einem auf eine bestimmte Zeit eingegangenen Versicherungsverhältnis im Voraus eine Verlängerung für den Fall vereinbart, dass das Versicherungsverhältnis nicht vor Ablauf der Vertragszeit gekündigt wird, ist die Verlängerung unwirksam, soweit sie sich jeweils auf mehr als ein Jahr erstreckt.

(2) ¹Ist ein Versicherungsverhältnis auf unbestimmte Zeit eingegangen, kann es von beiden Vertragsparteien nur für den Schluss der laufenden Versicherungsperio-

---

13 Vgl auch Prölss/Martin/*Armbrüster*, § 10 Rn 1. Zur Vorgängervorschrift: Prölss/Martin/*Prölss*, 27. Aufl., § 7 Rn 1; Römer/Langheid/*Römer*, 2. Aufl. 2003, § 7 Rn 3; *Bruck/Möller*, § 7 Rn 5; BK/*Gruber*, § 7 Rn 1.
14 Vgl das Beispiel bei Römer/Langheid/*Römer*, 2. Aufl. 2003, § 7 Rn 3.
15 Vgl Römer/Langheid/*Römer*, 2. Aufl. 2003, § 7 Rn 3, der eine Vertragsauslegung für vorrangig hält.
16 Langheid/Wandt/*Fausten*, § 10 Rn 11; Prölss/Martin/*Armbrüster*, § 10 Rn 2.
17 Langheid/Wandt/*Fausten*, § 10 Rn 11.
18 Vgl *Meixner/Steinbeck*, S. 35 f; *Baumann/Sandkühler*, S. 56 f.
19 So auch *Baumann/Sandkühler*, S. 56 f.
20 Begr. RegE, BT-Drucks. 16/3945, S. 63.

de gekündigt werden. ²Auf das Kündigungsrecht können sie einvernehmlich bis zur Dauer von zwei Jahren verzichten.

(3) Die Kündigungsfrist muss für beide Vertragsparteien gleich sein; sie darf nicht weniger als einen Monat und nicht mehr als drei Monate betragen.

(4) Ein Versicherungsvertrag, der für die Dauer von mehr als drei Jahren geschlossen worden ist, kann vom Versicherungsnehmer zum Schluss des dritten oder jedes darauf folgenden Jahres unter Einhaltung einer Frist von drei Monaten gekündigt werden.

I. Normzweck 1	1. Anwendungsbereich 40
II. Verlängerungsklausel und Kündigung (Abs. 1) 3	2. Kündigung 42
1. Verlängerungsklausel 4	a) Ordentliche Kündigung .. 42
2. Kündigung 7	aa) Kündigung bis zum Schluss der laufenden Versicherungsperiode (Abs. 2 S. 1) 43
a) Kündigungsgrund und Kündigungsrecht 7	
b) Kündigungserklärung 8	bb) Kündigungsverzicht (Abs. 2 S. 2) 44
aa) Inhalt 8	
bb) Form 11	cc) Kündigungsausschluss ... 45
c) Berechtigter 13	b) Außerordentliche Kündigung 46
d) Übertragung 14	
e) Vollmacht 15	IV. Kündigungsfrist (Abs. 3) 49
f) Umdeutung 18	V. Sonderkündigungsrecht (Abs. 4) 53
g) Erklärungsempfänger 23	1. Aktuelle Regelung 53
h) Zurückweisungspflicht des VR 26	2. Überblick über frühere Laufzeitregelungen 58
i) Rücknahme/Widerruf 31	a) Vertragsschluss bis zum 31.12.1990 58
j) Aufhebungsvertrag 33	
k) Teilkündigung 37	b) Vertragsschluss zwischen dem 1.1.1991 und 24.6.1994 59
l) Zusammentreffen zweier Kündigungen 38	
m) Treu und Glauben 39	c) Vertragsschluss nach dem 24.6.1994 61
III. Verträge auf unbestimmte Zeit (Abs. 2) 40	

I. Normzweck

1 Das VVG enthält keine Beschränkung der tatsächlichen Laufzeit eines VersVertrages. Der VersVertrag läuft so lange, bis der VN oder der VR von einem vereinbarten ordentlichen Kündigungsrecht oder ggf von anderen Kündigungs- bzw Lösungsrechten Gebrauch macht. Der VersVertrag ist damit idR ein **Dauerschuldverhältnis** iSd §§ 308 Nr. 3, 309 Nr. 1 und 9, 314 BGB.[1] Dem entspricht auch die Regelung des § 11, nach der es grds. allein der freien Entscheidung der Vertragsparteien überlassen bleibt, für welchen Zeitraum sie einen VersVertrag schließen wollen.[2] § 11 schafft zudem einen klaren Rahmen für Fragen nach der Vertragsverlängerung sowie der Kündigung eines VersVertrages.

2 Zu beachten sind die **Sonderregelungen** in der Lebensversicherung (§§ 166 und 168), die nach § 176 auch auf die Berufsunfähigkeitsversicherung anzuwenden sind. Für die Krankenversicherung gelten die §§ 205 und 206.

---

1 Beckmann/Matusche-Beckmann/*Wandt*, § 11 Rn 1; BK/*Dörner*, Einl. Rn 83.
2 Vgl *Niederleithinger*, A Rn 82; Marlow/Spuhl/*Spuhl*, Rn 10.

II. Verlängerungsklausel und Kündigung (Abs. 1)

Die Vorschrift des Abs. 1 trifft Regelungen für den Fall, in dem ein VersVertrag zunächst auf bestimmte Zeit geschlossen wurde und die Parteien vereinbart haben, dass eine Verlängerung des Vertragsverhältnisses dann erfolgt, wenn es nicht vor Ablauf der Vertragszeit gekündigt wird.

1. Verlängerungsklausel. Die Regelung in § 8 Abs. 1 aF zu Vereinbarungen von Vertragsverlängerung (**Verlängerungsklauseln**) bei zeitlich begrenzten VersVerträgen wird sachlich unverändert beibehalten. Der Wortlaut der Vorschrift ist lediglich aus redaktionellen Gründen geringfügig geändert worden. Dies trägt dem Umstand Rechnung, dass die Vorschrift alle auf bestimmte Zeit geschlossenen Verträge mit Verlängerungsklausel erfassen soll und nicht nur solche Verträge, die als stillschweigend verlängert gelten.[3]

Nach der zwingenden Vorschrift des Abs. 1 ist eine Vereinbarung der Vertragsverlängerung nur wirksam, soweit sie nicht mehr als ein Jahr beträgt. Die Vereinbarung einer Verlängerung, die auch bei kurzfristigen Versicherungsverhältnissen möglich ist, muss nicht ausdrücklich getroffen werden. Schlüssiges Verhalten der Vertragspartner ist ausreichend.[4] Den VR trifft keine Pflicht, auf den Ablauf des VersVertrages hinzuweisen. Dem VN kann bei schuldhafter Irreführung durch den VR aber ein Schadensersatzanspruch aus §§ 280 Abs. 1, 311 Abs. 2 BGB zustehen.[5]

Ob die aufgrund einer Verlängerungsklausel eingetretene Vertragsverlängerung denselben Vertrag bestehen lässt[6] oder ob jeweils ein dem bisherigen Vertrag inhaltsgleicher neuer Vertrag zustande kommt,[7] ist zweifelhaft. In jedem Fall bleiben jedoch dieselben AVB Vertragsbestandteil, die bei Vertragsbeginn zugrunde gelegt wurden, es sei denn, der Vertrag enthielt eine Einbeziehungsvereinbarung für neue AVB.[8] Liegt eine zulässige Vereinbarung der Verlängerung vor, ist die vorvertragliche Anzeigepflicht nicht neu zu erfüllen.[9]

2. Kündigung. a) Kündigungsgrund und Kündigungsrecht. Kündigungsgrund und Kündigungsrecht ergeben sich aus Abs. 2 und 4 sowie insb. aus § 24 Abs. 1, § 38 Abs. 3 S. 1, § 40 und § 96 und den AVB (zB § 19 Abs. 2 ARB, § 9 Abs. 1 VGB, § 4 Abs. 2 S. 2 AUB 88, § 14 MB/KT).

b) Kündigungserklärung. aa) Inhalt. Die Kündigungserklärung muss erkennen lassen, dass sich der Erklärende endgültig vom Vertrag lösen will.[10] Im Zweifel ist die Erklärung auszulegen.

---

3 Begr. RegE, BT-Drucks. 16/3945, S. 63.
4 Römer/Langheid/*Rixecker*, § 11 Rn 3.
5 BGH 4.3.1968 – II ZR 52/65, VersR 1968, 467.
6 So Römer/Langheid/*Rixecker*, § 11 Rn 4.
7 So BGH 16.10.1974 – VIII ZR 74/73, NJW 1975, 40 (für einen Pachtvertrag); Langheid/Wandt/*Fausten*, § 11 Rn 13: Für die Interpretation der durch eine Verlängerung bewirkten Fortsetzung desselben VersVertrages spricht, dass der Terminus „Verlängerung" ein bestehendes bzw sich perpetuierendes Versicherungsverhältnis impliziert und die Tatsache, dass das Gesetz anlässlich einer Verlängerung gem. Abs. 1 keine vorvertraglichen Anzeigepflichten (für einen neuen Vertrag) nach § 19 Abs. 1 vorsieht. Das setzt allerdings voraus, dass der Vertrag inhaltlich unverändert fortgesetzt wird und von Seiten des VR keine in Textform gekleideten Fragen gestellt werden; aA Prölss/Martin/*Armbrüster*, § 11 Rn 2–4.
8 OLG Saarbrücken 25.11.1987 – 5 U 35/87, VersR 1989, 245 = NJW-RR 1989, 92; Römer/Langheid/*Rixecker*, § 11 Rn 4.
9 Prölss/Martin/*Armbrüster*, § 11 Rn 2.
10 LG Berlin 22.1.1959 – 7 S 16/058, VersR 1959, 421; *Ebnet*, NJW 2006, 1697.

9 Eine Kündigungserklärung wurde **bejaht** bei:
- der Erklärung der Anfechtung[11] oder des „Rücktritts";[12]
- einer im Zusammenhang mit der Leistungsablehnung getätigten Erklärung des VR, er sei zur Kündigung berechtigt und die Kündigung werde einen Monat nach Zugang des Schreibens wirksam.[13]

10 Eine Kündigungserklärung wurde **verneint** bei:
- einer Leistungsverweigerung mit dem Hinweis, dass der Vertrag in einem vergangenen Zeitpunkt erloschen sei;[14]
- dem Verlangen nach Prämienerhöhung, sofern nicht geboten wird, das Schreiben im Falle mangelnden Einverständnisses als Kündigung aufzufassen;[15]
- dem Antrag auf Herabsetzung der Versicherungssumme;[16]
- der Einstellung der Prämienzahlung;[17]
- der Mitteilung vom Verkauf des versicherten Tieres.[18]

11 bb) **Form.** Die Kündigung ist grds. **formlos** möglich.[19] Aus den AVB ergibt sich jedoch idR ein **Schriftformerfordernis**. Möglich ist eine solche Vereinbarung jedoch nur im Hinblick auf Abs. 1, da die Abs. 2 und 4 nach § 18 nicht zu Lasten des VN abbedungen werden dürfen. Unwirksam ist die Vereinbarung der Notwendigkeit eines Einschreibens aufgrund § 309 Nr. 13 BGB.

12 Im Rahmen der Regelungen zur Veräußerung der versicherten Sache (§§ 95 ff) bestimmt § 98 S. 2, dass für die Kündigung des Erwerbers nach § 96 Abs. 2 Schriftform oder Textform bestimmt werden kann.

13 c) **Berechtigter.** Grundsätzlich sind sowohl VR als auch VN Inhaber des Kündigungsrechts. Dies gilt auch dann, wenn eine Fremdversicherung vorliegt.[20] Die Wirksamkeit der Kündigung kann dann jedoch von der Zustimmung des Versicherten abhängen, soweit sich dies aus einem dem Versicherten ausgestellten Sicherungsschein ergibt. Bei mehreren VN ist die Kündigung nur wirksam, wenn alle VN gemeinsam kündigen.[21]

14 d) **Übertragung.** Als Gestaltungsrecht ist das Kündigungsrecht grds. abtretbar.[22] Mit der Abtretung verliert der VN das Kündigungsrecht. Dies gilt auch dann, wenn der Abtretungsgrund inzwischen weggefallen ist.[23] Ist das Kündigungsrecht einem Dritten übertragen worden, kann der VN vor Rückübertragung selbst dann nicht kündigen, wenn der Dritte zur Rückübertragung verpflichtet ist. Kündigt der Ehegatte des VN ohne Vertretungszusatz, nennt aber die richtige Versicherungs-

---

11 OLG Hamm 19.12.1980 – 20 U 156/80, VersR 1981, 275; LG Berlin 9.8.2001 – 7 O 176/01, NVersZ 2002, 161; *Bach*, VersR 1977, 881; aA OLG Düsseldorf 11.4.1961 – 4 U 133/60, VersR 1961, 1014.
12 OLG Hamm 19.12.1980 – 20 U 156/80, VersR 1981, 275; LG Berlin 9.8.2001 – 7 O 176/01, NVersZ 2002, 161; *Ebnet*, NJW 2006, 1697; *Bach*, VersR 1977, 881; aA OLG Düsseldorf 11.4.1961 – 4 U 133/60, VersR 1961, 1014.
13 OLG Karlsruhe 30.6.1994 – 12 U 61/94, r+s 1994, 466.
14 OLG Hamm 5.12.1997 – 20 U 126/97, VersR 1999, 50.
15 RG 27.2.1923 – VII 124/22, RGZ 106, 333.
16 LG Karlsruhe VA 1950, 262.
17 LG Düsseldorf VA 1951, 125.
18 AG Hildesheim 13.1.1953 – 12 C 1053/52, VersR 1953, 495.
19 Vgl *Ebnet*, NJW 2006, 1697.
20 *Ebnet*, NJW 2006, 1697, 1698.
21 Vgl RG 28.11.1932 – VIII 371/32, RGZ 138, 186; LG Saarbrücken 22.4.1965 – 2 S 25/64, VersR 1965, 945; Prölss/Martin/*Armbrüster*, Vor § 11 Rn 17.
22 Römer/Langheid/*Rixecker*, § 11 Rn 8.
23 Vgl auch zum Folgenden OLG Karlsruhe 1.8.1991 – 12 U 95/91, r+s 1992, 325.

nummer und verwendet Briefpapier des VN, dann ist die Kündigung im Namen des VN erfolgt.[24]

e) **Vollmacht.** Wird eine Vollmacht erteilt, so muss sich die Vollmachtsurkunde auf die Kündigung beziehen und im Original oder einer notariell beglaubigten Ausfertigung vorgelegt werden.[25] Keine Vollmachtsurkunde iSd § 174 BGB ist eine Kopie oder ein Telefax.[26] Auch eine anwaltlich beglaubigte Abschrift oder Fax-Kopie erfüllt nicht die Formvorschriften.[27]

Beispiele: Kündigungsvollmacht

- Eine Kündigungsvollmacht eines Wohnungseigentumsverwalters kann in dem Verwaltervertrag enthalten sein.[28]
- Eine Kündigungsvollmacht des Maklers ergibt sich nicht schon aus den vertragstypischen Pflichten des Versicherungsmaklerauftrags zur Betreuung, Verwaltung und Vermittlung.[29]
- Bei einem Vertreter des VR ergibt sich die Vertretung idR aus dem Handelsregister. Es bedarf daher keiner gesonderten Vollmacht zur Kündigung.[30] Die Zurückweisung der Kündigung durch den VN ist in diesen Fällen gem. § 174 S. 2 BGB ausgeschlossen,[31] ansonsten jedoch grds. möglich.[32]

Weist der VR die Kündigung zurück, hat dies **unverzüglich** zu erfolgen,[33] wobei eine Überlegungsfrist zu berücksichtigen ist. Unverzüglich ist nicht zurückgewiesen, wenn die Kündigung drei Tage bei dem Sachbearbeiter unbearbeitet liegen blieb.[34]

f) **Umdeutung.** Ob eine unzulässige Kündigung in eine zulässige Kündigung oder in ein noch annahmebedürftiges Angebot auf Abschluss eines Aufhebungsvertrages umgedeutet werden kann, lässt sich nicht generell beurteilen. Es ist vielmehr eine **interessenabhängige Frage des Einzelfalles**.[35] Gemäß § 140 BGB ist entscheidend, dass bei Kenntnis der Unwirksamkeit eine wirksame Kündigung gewollt ist. Der potenzielle Wille des die Kündigung Erklärenden muss aufgrund äußerer Tatsachen feststellbar sein.

---

24 OLG Hamm 9.9.1987 – 20 U 161/87, VersR 1988, 514.
25 Vgl BGH 15.10.1987 – III ZR 235/86, BGHZ 102, 60, 63 = NJW 1988, 697.
26 BGH 10.2.1994 – IX ZR 109/93, VersR 1994, 938 = NJW 1994, 1472; OLG Hamm 26.10.1990 – 20 U 71/90, VersR 1991, 663 = NJW 1991, 1191, 1185.
27 OLG Hamm 26.10.1990 – 20 U 71/90, VersR 1991, 663 = NJW 1991, 1185 = r+s 1991, 152; LG Berlin 11.1.1993 – 67 S 239/92, MM 1993, 184.
28 LG Essen 3.5.1978 – 1 S 115/78, VersR 1979, 80 m. Anm. *Martin*.
29 OLG Hamm 27.9.1991 – 20 U 130/91, r+s 1992, 143.
30 LG Baden-Baden 6.12.1991 – 1 O 314/91, r+s 1993, 90; vgl aber zum Prokuristen, der ausweislich des Handelsregisters nur Gesamtprokura hat, AG Rastatt VersR 2002, 963.
31 LG Baden-Baden 6.12.1991 – 1 O 314/91, r+s 1993, 90; LG Duisburg 30.6.1989 – 4 T 155/89, VersR 1989, 1255.
32 Prölss/Martin/*Armbrüster*, Vor § 11 Rn 17.
33 LG Berlin 6.8.2002 – 7 S 6/02, NVersZ 2002, 552 (vier Tage = zu spät).
34 OLG Hamm 26.10.1990 – 20 U 71/90, VersR 1991, 663 = NJW 1991, 1185 = r+s 1991, 152.
35 Vgl ausf. *Bach*, VersR 1977, 881, 884 ff; so auch Römer/Langheid/*Rixecker*, § 11 Rn 13; wohl aA *Ebnet*, NJW 2006, 1697, 1699; vgl ferner OLG Hamm 19.12.1980 – 20 U 156/80, VersR 1981, 275; OLG Köln 9.3.1973 – 9 U 108/72, VersR 1974, 462; LG Düsseldorf 15.1.1964 – 11 S 301/63 b, VersR 1964, 741; LG Saarbrücken 22.4.1965 – 2 S 256/64, VersR 1965, 945; LG Berlin 16.4.1956 – 7 S 4/56, VersR 1957, 12; LG Dortmund 27.6.1956 – 11 S 132/56, VersR 1957, 121; LG Lüneburg 10.11.1977 – 6 S 420/77, VersR 1978, 658; BK/*Gruber*, § 8 Rn 50; *Behne*, VW 1951, 121; LG Köln 30.11.1960 – 6 S 168/60, VersR 1961, 409; LG Köln 25.3.1971 – 1 S 291/70, VersR 1973, 26; *Surminski*, VersR 1974, 638; *Bommer*, VW 1951, 227.

19 ■ Kündigt der VN außerordentlich, weil der VR vermeintliche Ansprüche nicht reguliert, kann in eine ordentliche Kündigung umgedeutet werden, weil offenbar ist, dass der VN wegen seiner Verärgerung den Vertrag auf keinen Fall mehr fortsetzen will.[36]

20 ■ Ebenso verhält es sich, wenn der VN erkennbar aufgrund von Meinungsverschiedenheiten mit dem VR gekündigt hat[37] oder wenn der Zeitraum zwischen dem vom VN genannten und dem nächsten zulässigen Termin so gering ist, dass eine erneute und rechtzeitige Kündigung nach „Zurückweisung" nicht mehr möglich wäre.

21 ■ Keine Umdeutung aber wird angenommen, wenn der nächste zulässige Termin zum Zeitpunkt der Kündigung noch nicht feststeht, sondern noch vom Eintritt künftiger Ereignisse abhängt[38] oder in ferner Zukunft liegt.[39]

22 ■ Dass der VN nicht bereit ist, die Versicherungsprämie zu zahlen, die er im Falle einer Umdeutung noch zahlen müsste, spricht gegen eine Umdeutung.[40]

23 g) **Erklärungsempfänger.** Als einseitige, empfangsbedürftige Willenserklärung wird die Kündigung nach § 130 BGB erst mit Zugang beim richtigen Erklärungsempfänger, idR dem Vertragspartner, wirksam.

24 **Richtige** Erklärungsempfänger sind:

■ bei minderjährigen VN der gesetzliche Vertreter;

■ der Vorstand des VR am Sitz des Unternehmens[41] sowie nach § 69 Nr. 2 der Vertreter des VR; bei mehreren VR ist die Kündigung allen gegenüber zu erklären, wenn der Vertrag mit allen gelöst werden soll und keine Führungsklausel vereinbart ist;[42]

■ bei Veräußerung der versichten Sache der Erwerber (§§ 96 Abs. 1 S. 1, 95 Abs. 1) oder, soweit der VR keine Kenntnis von der Veräußerung hat, der Veräußerer (§ 95 Abs. 3);[43]

■ im Insolvenzverfahren des VN der Insolvenzverwalter.[44]

25 **Falsche** Erklärungsempfänger sind: Bezugsberechtigte,[45] Abtretungsempfänger,[46] Pfandgläubiger,[47] Pfändungsgläubiger,[48] der VR, wenn er nicht im Besitz des Versicherungsscheins ist,[49] und der Makler.

26 h) **Zurückweisungspflicht des VR.**[50] Der VR ist verpflichtet, den VN bei einer unvollständigen, formunwirksamen, verspäteten oder aus anderem Grund unwirksa-

---

36 Vgl OLG Düsseldorf 21.12.2000 – 4 U 222/99, NVersZ 2001, 571 = r+s 2001, 453.
37 Vgl LG Hanau 26.7.1988 – 2 S 196/88, zfs 1988, 283; AG Garmisch-Partenkirchen 7.4.1971 – 4 C 1/71, VersR 1972, 344.
38 Vgl LG Bielefeld 29.9.1965 – 1 S 172/65, VersR 1967, 27.
39 LG Lüneburg 15.5.1986 – 6 S 110/86, r+s 1988, 281 (über drei Jahre).
40 OLG Koblenz 29.9.2000 – 10 U 1937/99, VersR 2002, 699.
41 *Ebnet,* NJW 2006, 1697.
42 Vgl Römer/Langheid/*Rixecker,* § 11 Rn 10; *Ebnet,* NJW 2006, 1697.
43 Vgl zur Vorgängervorschrift BGH 6.6.1990 – IV 142/89, VersR 1990, 881 = NJW-RR 1990, 1306.
44 Römer/Langheid/*Rixecker,* § 11 Rn 10.
45 Römer/Langheid/*Rixecker,* § 11 Rn 10.
46 Römer/Langheid/*Rixecker,* § 11 Rn 10.
47 Römer/Langheid/*Rixecker,* § 11 Rn 10.
48 OLG Bremen 23.6.1953 – 2 U 219/052, VersR 1953, 450.
49 OLG Hamburg 11.9.1979 – 7 U 43/79, VersR 1980, 375.
50 Vgl allgemein *Leverenz,* VersR 1999, 525.

men Kündigung über den Mangel zu informieren.[51] Den VR trifft nach Treu und Glauben eine Zurückweisungspflicht.[52]

Die Zurückweisungspflicht wurde **bejaht**, 27
- wenn für die Wirksamkeit der Kündigung noch innerhalb einer bestimmten Frist beizubringende Unterlagen fehlen und eine fristgerechte Beibringung noch möglich erscheint;[53]
- bei verspätet erfolgter Kündigung; es entspricht der Sorgfalt eines ordentlichen Versicherungskaufmanns, die durch eine verspätete Kündigung des VN entstandene Rechtsunklarheit durch eine ausdrückliche Antwort zu beseitigen.[54] Die verspätet erfolgte Kündigung des VN kann jedoch als Angebot zur einvernehmlichen Aufhebung des VersVertrages auszulegen sein. In diesem Fall bedarf es einer Annahmeerklärung durch den VR, soweit nicht die Voraussetzungen des § 151 BGB vorliegen.[55]

Eine erneute Zurückweisung und Belehrung sind nicht erforderlich, wenn der VN abermals unzulässig kündigt und die Gründe der Unzulässigkeit fortbestehen.[56]

Die Zurückweisungspflicht des VR wurde **verneint**, wenn der VN die Unwirksamkeit wenigstens grob fahrlässig verkennt oder der Mangel der Kündigung nichts mit deren gesetzlicher oder vertraglicher Regelung zu tun hat.[57] 28

Trifft den VR eine Zurückweisungspflicht, kann er aus dem eigenen **treuwidrigen Verhalten** – dem **Unterlassen der Zurückweisung** – grds. keine Rechte für sich herleiten.[58] Kommt der VR seiner Zurückweisungspflicht nicht nach, ist die Kündigung indes nicht als wirksam anzusehen. Der BGH hat mit Beschluss vom 5.6.2013[59] und für das Recht der privaten Krankenversicherung mit Urteil vom 14.1.2015[60] klargestellt, dass eine unwirksame Kündigung des VersVerhältnisses 29

---

51 *Ebnet*, NJW 2006, 1697, 1698.
52 OLG Karlsruhe 18.10.2001 – 12 U 161/01, VersR 2002, 1497; OLG Düsseldorf 13.5.2003 – 4 U 219/02, VersR 2004, 996; OLG Koblenz 14.8.1998 – 10 U 1273/97, VersR 1999, 875; OLG Hamm 29.6.1977 – 20 U 11/77, VersR 1977, 999; LG Köln 25.10.1989 – 24 O 153/88, r+s 1991, 243; LG Hannover 13.10.1976 – 11 S 172/76, VersR 1977, 351; AG Hamburg 3.11.1993 – 12 C 820/93, VersR 1994, 665; AG Melsungen 4.6.1987 – 4 C 15/87, VersR 1988, 1014; Prölss/Martin/*Armbrüster*, Vor § 11 Rn 29; BK/*Gruber*, § 8 Rn 48; *Martin*, Sachversicherungsrecht, L II Rn 16, 54, 55; Bruck/Möller/*Johannsen*, § 11 Rn 27; *Ebnet*, NJW 2006, 1697, 1698; *Rogler*, r+s 2007, 140; aA LG Bremen 1.12.1999 – 4 S 278/99 (b), 4 S 278/99, VersR 2000, 305; *Jonczak*, VersR 2000, 306.
53 Vgl OLG Hamm 29.6.1977 – 20 U 11/77, VersR 1977, 999.
54 BGH 1.7.1987 – IVa ZR 63/86, VersR 1987, 923 = NJW 1988, 482.
55 BGH 1.7.1987 – IVa ZR 63/86, VersR 1987, 923 = NJW 1988, 482.
56 OLG Koblenz 14.8.1998 – 10 U 1237/97, VersR 1999, 875 = r+s 1998, 397 = NVersZ 1999, 122.
57 Prölss/Martin/*Armbrüster*, Vor § 11 Rn 29; AG Berlin-Neukölln 28.9.1999 – 12 C 13/99, VersR 2000, 877; aA Römer/Langheid/*Rixecker*, § 11 Rn 11.
58 BGH 1.7.1987 – IVa ZR 63/86, VersR 1987, 923 = NJW 1988, 482.
59 BGH 5.6.2013 – IV ZR 277/12, r+s 2013, 424.
60 Nach BGH 14.1.2015 – IV ZR 43/14, VersR 2015, 230 führt die Verletzung der Hinweispflicht des VR im Rahmen des § 205 Abs. 6 (Hinweis auf Unwirksamkeit der Kündigung wegen Fehlens des Anschlussversicherungsnachweises) nicht dazu, dass sich der VR so behandeln lassen müsste, als habe der VN die Kündigungsvoraussetzungen schon zu einem früheren Zeitpunkt erfüllt. In diesem Fall besteht das Krankenversicherungsverhältnis fort, weil anderenfalls das vom Gesetzgeber intendierte Ziel ununterbrochenen Versicherungsschutzes in der privaten Krankenversicherung unterlaufen würde. Ein für die Zeit des Vertragfortlaufs bestehender Prämienzahlungsanspruch des VR gegen den VN ist nach Treu und Glauben (§ 242 BGB) allerdings nur dann anzunehmen, wenn der VR den VN nachweisbar auf die Unwirksamkeit der Kündigung hingewiesen hat. Nur so

durch den VN nicht dadurch geheilt werden kann, dass der VR die Kündigung nicht unverzüglich zurückweist. Diese Auffassung hatte er bereits im Urteil vom 26.10.1989[61] vertreten; dem hatte sich – im Einvernehmen mit dem BGH – auch der 12. Senat des BSG angeschlossen und seine Auffassung ausführlich begründet.[62] Es kann bei einer Schutzzweckbetrachtung eine entsprechende Hinweispflicht des VR nur dem Zweck dienen, den VN über seine wahren Rechte ins Bild zu setzen und ihm Klarheit über den Fortbestand des Vertrages zu geben. Dagegen soll eine derartige Rechtspflicht von vornherein nicht darauf abzielen, dem VN neue Möglichkeiten der Vertragsbeendigung zu eröffnen, die ihm nach Gesetz und Vertrag nicht zustehen. Das treuwidrige Verhalten des VR erschöpft sich in einer mangelnden Aufklärung des VN über die Rechtslage. Zöge man daraus die Konsequenz, jede Kündigung als wirksam zu behandeln, so stünde der VN bei Verletzung der Zurückweisungs- und Hinweispflicht durch den VR deutlich besser dar, als wenn Letzterer seiner Pflicht genügt hätte. Das Prinzip von Treu und Glauben würde so dem VN die Möglichkeit verschaffen, nach Belieben Kündigungsgründe zu erfinden, die bei fehlerhafter Reaktion des VR ein Eigenleben gewinnen würden. Maßstab für die Folgen der Verletzung einer Hinweispflicht kann nur das **unterstellte ordnungsgemäße Verhalten des VR** sein. Der VN ist deshalb nur so zu stellen, wie er stünde, wenn der VR auf die unwirksame Kündigung mit deren Zurückweisung unter Benennung der Gründe für die Unwirksamkeit reagiert hätte. Auf eine solche Pflichtverletzung ist also nach schadensersatzrechtlichen Maßstäben zu reagieren.[63]

30 Der VR ist nicht verpflichtet, eine wirksame Kündigung zu **bestätigen**. Dies lässt sich auch nicht als Nebenpflicht aus dem VersVertrag herleiten. Zweifelt der VN an der Wirksamkeit seiner Kündigung, ist es an ihm, für Klarheit zu sorgen.[64]

31 i) **Rücknahme/Widerruf.** Eine Kündigung kann einseitig weder zurückgenommen noch widerrufen werden.[65] Ist der VersVertrag wirksam gekündigt, lebt er nur dann wieder auf, wenn beide Vertragsparteien dies vereinbaren.[66] Dies ist auch noch dann möglich, wenn die Wirkungen der Kündigung bereits eingetreten sind.[67]

32 In der Erklärung des VN, die Kündigung werde zurückgenommen, ist ein Angebot auf Abschluss eines Vertrages zur Fortsetzung des früheren VersVertrages zu sehen.[68] Insoweit bedarf es der Annahme durch den VR. Diese kann konkludent erklärt werden.[69] Eine **konkludente Annahmeerklärung** wurde in folgenden Fällen **verneint**:

---

wird für den VN sichergestellt, dass er nicht zeitgleich zwei Versicherungen mit demselben Leistungsinhalt und doppelter Prämienzahlungsverpflichtung unterhält.
61 BGH 26.10.1989 – IVa ZR 140/87, r+s 1989, 69.
62 BSG 29.11.2006 – B 12 P 1/05 R, r+s 2007, 144.
63 BSG 29.11.2006 – B 12 P 1/05 R, r+s 2007, 144; LG Koblenz 15.8.2012 – 12 S 49/12, BeckRS 2013, 12087; *Rogler*, r+s 2007, 140, 143; Prölss/Martin/*Armbrüster*, Vor § 11 Rn 33; Römer/Langheid/*Rixecker*, § 11 Rn 11; aA OLG Karlsruhe MDR 2002, 581; OLG Hamm 29.6.1977 – 20 U 11/77, VersR 1977, 999; LG Hannover 13.10.1976 – 11 S 172/76, VersR 1977, 351; OGH 8.3.1990 – 7 Ob 10/90, VersR 1991, 367.
64 OLG Schleswig 11.10.1995 – 16 W 222/95, VersR 1997, 178 = r+s 1996, 425.
65 *Ebnet*, NJW 2006, 1697, 1699.
66 BGH 26.2.1969 – IV ZR 537/68, VersR 1969, 415; BGH 3.10.1084 – IVa ZR 76/83, VersR 1985, 54; OLG Karlsruhe 6.11.1980 – 12 U 154/79, VersR 1981, 646; OLG Hamm 24.8.1990 – 20 U 302/89, VersR 1991, 452; *Ebnet*, NJW 2006, 1697, 1699.
67 BGH 22.6.1988 – IVa ZR 25/87, VersR 1988, 1013; OLG Koblenz 4.7.2002 – 10 W 285/02, NVersZ 2002, 497 = r+s 2002, 446.
68 OLG Karlsruhe 6.11.1980 – 12 U 154/79, VersR 1981, 646.
69 *Ebnet*, NJW 2006, 1697, 1699.

- Im Fall der Krankentagegeldversicherung liegt bei der Vertragsbeendigung wegen des Wegfalls der Versicherungsfähigkeit in der Entgegennahme einer weiteren Prämie keine Fortsetzung des Versicherungsverhältnisses.[70]
- Dies gilt auch dann, wenn der VR bei widerspruchsloser Abbuchung mehrerer Prämien im Wege des Lastschriftverfahrens den Wegfall der Versicherungsfähigkeit nicht kannte, obschon dies aus dem Abschluss anderer (Kranken-)Versicherungen hervorging.[71]
- Keine Annahme liegt in einer Rechnung des VR über Beiträge, die über den gekündigten Zeitpunkt hinausgehen.[72]
- Bucht der VR nach der Kündigungserklärung weiterhin vom Konto des VN ab, ist dies in erster Linie ein technischer Vorgang, dem nur in Ausnahmefällen ein Erklärungswert beizumessen ist.[73] Hier ist regelmäßig keine Annahme zu erkennen.
- Diese Bewertung gilt auch dann, wenn der VR gekündigt hat.[74]

j) Aufhebungsvertrag. Auch ein Aufhebungsvertrag kann das Versicherungsverhältnis beenden.[75] Dieser kann auch konkludent geschlossen werden.[76]

Ein **konkludenter Aufhebungsvertrag** wurde in folgendem Fall **bejaht**: Das Angebot zum Abschluss eines Aufhebungsvertrages kann in einer verspäteten Kündigung gesehen werden.[77] Weist der VR die Kündigung zurück, liegt hierin idR eine Ablehnung des Angebots auf Vertragsaufhebung.[78]

Konkludenter Aufhebungsvertrag wurde **verneint**:

- Die Formulierung „Ich möchte zum nächstmöglichen Termin meine Kfz-Kasko-Versicherung kündigen" stellt keinen Antrag auf Aufhebung des VersVertrages zu einem vom VR zu wählenden Zeitpunkt dar.[79]
- Teilt der VR dem VN mit, dass der VersVertrag erloschen sei, so beinhaltet dies kein Angebot auf Abschluss eines Aufhebungsvertrages.[80]
- Schweigt der VN auf ein Angebot des VR auf Auflösung des VersVertrages, so liegt hierin grds. keine Annahme.[81] Ausnahmsweise kann hierin jedoch eine Annahme zu sehen sein, wenn sich der VN zuvor von dem Vertrag lösen wollte.[82]

Soweit ein Antrag zur vorzeitigen Vertragsaufhebung bejaht werden kann, bedarf es jedenfalls noch der Annahme durch den VR.[83] Diese ist auch konkludent mög-

---

70 LG Köln 19.5.1982 – 24 O 16/82, VersR 1983, 676.
71 OLG Köln 22.4.1982 – 5 U 156/81, VersR 1983, 527; zur Abgrenzung OLG Brandenburg 19.2.1997 – 1 U 17/96, VersR 1998, 362.
72 Vgl OLG Hamm 3.9.1993 – 20 U 436/93, r+s 1994, 161.
73 OLG Köln 22.4.1982 – 5 U 156/81, VersR 1983, 527.
74 LG Leipzig 9.11.1994 – 3 O 2844/94, r+s 1995, 427.
75 BGH 12.7.1968 – IV ZR 503/68, VersR 1968, 1035; BGH 26.10.1988 – IVa ZR 140/87, r+s 1989, 69; OLG Hamm 16.6.1982 – 20 U 6/82, VersR 1983, 528; OLG Hamm 23.11.1984 – 20 U 109/84, VersR 1985, 853.
76 Vgl Römer/Langheid/*Rixecker*, § 11 Rn 14.
77 BGH 1.7.1987 – IVa ZR 63/86, VersR 1987, 923 = NJW 1988, 482.
78 Vgl OLG Karlsruhe 1.8.1991 – 12 U 95/91, r+s 1992, 325.
79 BGH 10.2.1999 – IV ZR 56/98, VersR 1999, 576 = NVersZ 1999, 270 = NJW-RR 1999, 818.
80 OLG Hamm 5.12.1997 – 20 U 126/97, VersR 1999, 50.
81 OLG Hamm 23.11.1984 – 20 U 109/84, VersR 1985, 853.
82 OLG Koblenz 25.9.1992 – 10 U 873/91, r+s 1993, 68.
83 *Ebnet*, NJW 2006, 1697, 1699.

lich. Sie liegt jedoch nicht stets schon dann vor, wenn der VR die Zurückweisung unterlassen hat.[84]

37 **k) Teilkündigung.** Eine Teilkündigung ist – vorbehaltlich anderweitiger Regelung oder abweichender Vereinbarung – grds. unzulässig. Sie ist jedoch möglich, wenn sich mehrere Verträge auf denselben Gegenstand beziehen oder wenn mehrere selbständige Verträge mit eigenständigen Versicherungsbedingungen in einem Versicherungsschein gebündelt sind.[85] Eine Umdeutung der Teilkündigung gem. § 140 BGB in einen Antrag auf Vertragsänderung ist möglich.

38 **l) Zusammentreffen zweier Kündigungen.** Bei Zusammentreffen zweier Kündigungen geht diejenige vor, die das Versicherungsverhältnis früher beendet.[86]

39 **m) Treu und Glauben.** Eine an sich zulässige ordentliche Kündigung des VR verstößt gegen Treu und Glauben, wenn der VR auf den Antrag des VN verpflichtet ist,[87] sogleich einen Vertrag gleichen Inhalts neu abzuschließen.[88] Kündigt ein VR einem Ausländer, ist dies dann rechtsmissbräuchlich, wenn dies allein durch die ausländische Staatsangehörigkeit motiviert ist.[89]

III. Verträge auf unbestimmte Zeit (Abs. 2)

40 **1. Anwendungsbereich.** Die Regelung des Abs. 2 gilt für solche Verträge, die auf unbestimmte Zeit geschlossen wurden. Auf die Lebens- und Krankenversicherung ist Abs. 2 nicht anwendbar; insoweit gehen die §§ 166, 168 bzw §§ 194, 205 und 206 vor.[90] Gegenüber Abs. 2 sind zudem diejenigen gesetzlichen Regelungen Spezialvorschriften, die eine Kündigung an besondere Voraussetzungen knüpfen:

- Gefahrerhöhung (§ 24),
- Prämienverzug (§ 38 Abs. 3),
- Prämienerhöhung (§ 40),
- Kündigung nach Eintritt des Versicherungsfalles (§§ 92, 111),
- Kündigung gegenüber dem Erwerber (§ 96).

41 Eine Verlängerungsklausel iSd Abs. 1 macht den Vertrag nicht zu einem solchen „auf unbestimmte Zeit".[91] Ist ein Verlängerungszeitraum nicht bestimmt und kommt es zu einer Verlängerung, verwandelt sich das Versicherungsverhältnis in ein solches auf unbestimmte Zeit.[92] Die Vorschrift regelt nicht die materielle Zulässigkeit einer Kündigung. Sie legt nur den zeitlichen Rahmen fest, innerhalb dessen eine Kündigung ausgesprochen werden muss.[93]

42 **2. Kündigung. a) Ordentliche Kündigung.** Abs. 2 regelt die **ordentliche Kündigung** eines auf unbestimmte Zeit geschlossenen VersVertrages.

---

84 BGH 1.7.1987 – IVa ZR 63/86, VersR 1987, 923 = NJW 1988, 482; *Rogler*, r+s 2007, 140, 143.
85 *Ebnet*, NJW 2006, 1697, 1700.
86 BGH 19.1.1956 – II ZR 103/54, VersR 1956, 121; OLG Braunschweig 6.4.1954 – 1 U 7/54, VersR 1954, 313.
87 Vgl § 5 PflVersG.
88 BGH 30.9.1981 – IVa ZR 1987/80, VersR 1982, 259.
89 LG Berlin 31.5.1989 – 17 T 2/89, NJW-RR 1989, 1112; LG Rottweil 30.12.1988 – 3 O 540/88, NJW-RR 1989, 536.
90 Vgl OLG Köln 30.9.1998 – 5 U 44/98, VersR 2000, 619 = r+s 2000, 522.
91 ÖOGH 11.7.2001 – 7 Ob 152/01 f, VersR 2003, 90; BK/*Gruber*, § 8 Rn 16; *Fenyves*, VersRdsch 2001, 90.
92 ÖOGH 7.5.2003 – IV ZR 239/02, VersR 2003, 90.
93 Vgl auch BGH 3.6.1987 – VIII ZB 9/87, VersR 1988, 78; *Werber*, VersR 1986, 1.

aa) **Kündigung bis zum Schluss der laufenden Versicherungsperiode (Abs. 2 S. 1).** 43
S. 1 stimmt mit § 8 Abs. 2 S. 1 aF überein.[94] Die Vorschrift legt fest, dass ein auf unbestimmte Zeit eingegangenes Versicherungsverhältnis nur für den Schluss der laufenden Versicherungsperiode gekündigt werden kann. Dies gilt für beide Parteien.

bb) **Kündigungsverzicht (Abs. 2 S. 2).** S. 2 übernimmt die Vorschrift des § 8 Abs. 2 44
S. aF, nach der die Vertragsparteien einvernehmlich bis zur Dauer von zwei Jahren auf eine Kündigung verzichten können.[95]

cc) **Kündigungsausschluss.** Bei einer Rentenversicherung gegen Einmalzahlung 45
(Sofortrente) kann in den AVB wirksam vereinbart werden, dass der VN kein Recht zur ordentlichen Kündigung hat.[96]

b) **Außerordentliche Kündigung.** Auf VersVerträge findet das bei Dauerschuldver- 46
hältnissen mögliche außerordentliche Kündigungsrecht aus wichtigem Grund nach § 314 BGB Anwendung.[97] Voraussetzung hierfür ist, dass einem Vertragspartner die Fortsetzung des Versicherungsverhältnisses nicht mehr zuzumuten ist.[98]

Der Auffassung,[99] es solle dem VR verwehrt sein, sich auf das außerordentliches 47
Kündigungsrecht zu berufen, wenn ihn der VN bei Abschluss oder Schadensregulierung anderer Verträge arglistig getäuscht hat, kann in ihrer Absolutheit nicht gefolgt werden.[100] Es muss vielmehr eine Betrachtung des **Einzelfalles** erfolgen.

Problematisch kann eine außerordentliche Kündigung des VR aus wichtigem 48
Grund in den Versicherungssparten sein, in denen die Versicherung die wirtschaftliche und soziale Existenz des VN berührt.[101] Dies kann bspw im Fall der Krankenversicherung gegeben sein. Auch hier ist jedoch in besonderen Fällen eine außerordentliche Kündigung aus wichtigem Grund möglich. Ein wichtiger Grund in diesem Sinne liegt für den VR dann vor, wenn der VN in besonders schwerwiegender Weise die Belange des VR aus Eigennutz nicht berücksichtigt[102] und wenn Tatsachen vorliegen, die dem Kündigenden die Fortsetzung des Vertrages unzumutbar machen.[103] Dies ist etwa der Fall, wenn sich der VN Leistungen aus der Versicherung erschleicht oder zu erschleichen versucht.[104]

IV. Kündigungsfrist (Abs. 3)

Die Vorschrift des Abs. 3 stimmt mit § 8 Abs. 2 S. 2 aF überein. Durch die Verlage- 49
rung in einen gesonderten Absatz wird der früher auf Verträge auf unbestimmte Zeit beschränkte Anwendungsbereich auf Verträge mit bestimmter Laufzeit mit Verlängerungsklausel erstreckt. In diesen Fällen soll der Vertrag auch keine Kündi-

---

94 Begr. RegE, BT-Drucks. 16/3945, S. 63.
95 Begr. RegE, BT-Drucks. 16/3945, S. 63.
96 OLG Hamm 17.8.2007 – 20 U 284/06, VersR 2008, 381.
97 Vgl hierzu *Ebnet*, NJW 2006, 1697, 1701.
98 OLG Hamm 1.10.1999 – 20 U 213/98, VersR 2000, 1219 = NJW-RR 2000, 406 (für eine Aussteuerversicherung).
99 OLG Hamm 11.11.1998 – 20 U 49/89, VersR 1999, 1265 = r+s 1999, 250.
100 S. Römer/Langheid/*Rixecker*, § 11 Rn 8.
101 Vgl BGH 6.7.1983 – IVa ZR 206/81, BGHZ 88, 78 = NJW 1983, 2632 = VersR 1983, 848.
102 OLG Nürnberg 20.3.2006 – 8 U 527/05, VersR 2008, 388.
103 BGH 18.7.2007 – IV ZR 129/06, VersR 2007, 1260.
104 BGH 3.10.1984 – IVa ZR 76/83, VersR 1985, 54; BGH 18.7.2007 – IV ZR 129/06, VersR 2007, 1260; OLG Hamm 24.8.1990 – 20 U 302/89, VersR 1991, 452 = r+s 1991, 140 = NJW-RR 1991, 610; OLG Köln 31.5.1990 – 5 U 262/89, VersR 1991, 410; OLG Saarbrücken 11.5.1994 – 5 U 965/93-67/5, VersR 1996, 362; OLG Koblenz 10.3.1995 – 10 U 359/94, r+s 1995, 234; OLG Saarbrücken 23.11.2005 – 5 U 70/05-8, VersR 2006, 644; OLG Hamm 24.2.2006 – 20 U 179/05, VersR 2007, 236; OLG Nürnberg 20.3.2006 – 8 U 527/05, VersR 2008, 388.

gungsfristen von mehr als drei Monaten oder weniger als einem Monat vorsehen dürfen.[105] Teilweise kann es auch hier geboten sein, eine **Umdeutung** vorzunehmen, was grds. zulässig ist.[106]

50 Die Umdeutung einer fristlosen Kündigung des VR in eine ordentliche Kündigung wurde für den Fall **bejaht**, wenn die Kündigungsfrist kurz bemessen ist.[107]

51 Die Umdeutung wurde allerdings für den Fall **verneint**, dass der VN die Unwirksamkeit der fristlosen Kündigung kennt. Dies sei eine Absage an eine wirksame Beendigung des Versicherungsverhältnisses zum nächstmöglichen Zeitpunkt für den Fall, dass der VR die Kündigung nicht akzeptiert.[108]

52 Kündigt der VN fristlos und schweigt sodann auf die Erklärung des VR, dass das Versicherungsverhältnis nunmehr zu dem Zeitpunkt aufgelöst werden könne, zu dem es bei ordentlicher Kündigung beendet gewesen wäre, kann das **Schweigen** als Einverständnis aufzufassen werden. Das Problem der Umdeutung stellt sich in diesem Falle nicht mehr.[109]

V. Sonderkündigungsrecht (Abs. 4)

53 **1. Aktuelle Regelung.** Zum Schutz des VN vor überlanger vertraglicher Bindung begründet Abs. 4 ein zwingendes (§ 18) Sonderkündigungsrecht des VN **zum Ende des dritten und jedes folgenden Versicherungsjahres**.[110] Dieses Sonderkündigungsrecht steht aufgrund eines einheitlichen Schutzbedürfnisses **allen VN** und nicht nur Verbrauchern iSd § 13 BGB zu.[111] Dem **VR** steht ein solches Sonderkündigungsrecht nur dann zu, wenn dies in den AVB vereinbart ist.[112] Somit gilt nunmehr, dass ein VN einen VersVertrag, der für die Dauer von mehr als drei Jahren geschlossen worden ist, zum Schluss des dritten oder jedes darauf folgenden Jahres kündigen kann. Er hat hierbei eine Drei-Monats-Frist einzuhalten.

54 Auf die von der VVG-Kommission vorgeschlagene Beschränkung der neuen Regelung auf VersVerträge mit Verbrauchern wurde verzichtet. Entsprechend dem Votum der VVG-Kommission wird auf eine Regelung über das Kündigungsrecht des VR verzichtet.[113] Der VR kann sich ein den Vorschriften der Abs. 2 und 3 entsprechendes Recht in seinen AVB vorbehalten; insoweit ergibt sich auch aus § 18 keine Beschränkung.

55 **Sonderregelungen** ergeben sich für die Krankenversicherung (vgl § 205), für die Lebensversicherung (vgl § 168) sowie über § 176 auch für die Berufsunfähigkeitsversicherung.[114]

56 Abs. 4 regelt nur die Kündigung von Verträgen mit längerer Laufzeit als drei Jahren, gibt aber keine absolute Höchstlaufzeit vor. Der Rechtsausschuss stellte klar, dass es selbstverständlich möglich sei, auch Verträge mit einer Dauer von mehr als drei Jahren abzuschließen und entsprechende Rabattvereinbarungen zu treffen.[115]

57 Für die **Fristenberechnung** des Abs. 4 in der **Übergangszeit** bei Altverträgen vgl Art. 3 EGVVG Rn 21 ff.

---

105 Begr. RegE, BT-Drucks. 16/3945, S. 63.
106 OLG Hamm 24.5.1985 – 20 U 260/84, VersR 1986, 759.
107 Vgl BGH 12.1.1981 – VIII ZR 332/79, NJW 1981, 976.
108 OLG Hamm 24.5.1985 – 20 U 260/84, VersR 1986, 759.
109 Prölss/Martin/*Armbrüster*, Vor § 11 Rn 40.
110 Marlow/Spuhl/*Spuhl*, Rn 10.
111 Vgl Begr. RegE, BT-Drucks. 16/3945, S. 63; *Franz*, VersR 2008, 298, 306.
112 So auch *Franz*, VersR 2008, 298, 306; Marlow/Spuhl/*Spuhl*, Rn 10 bezeichnet es im Hinblick auf § 18 als „fraglich", ob sich der VR ein entsprechendes Kündigungsrecht in den AVB vorbehalten kann.
113 Begr. RegE, BT-Drucks. 16/3945, S. 63.
114 Vgl auch Begr. RegE, BT-Drucks. 16/3945, S. 63.
115 Beschluss und Bericht des Rechtsausschusses, BT-Drucks. 16/5862, S. 98 f.

Kapitel 1: Vorschriften für alle Versicherungszweige § 11

2. Überblick über frühere Laufzeitregelungen.[116] **a) Vertragsschluss bis zum 31.12.1990.** Bei Verträgen, die bis zum 31.12.1990 abgeschlossen wurden, hat die Rspr eine als vorher unkündbar vorgesehene Laufzeit von zehn Jahren für bestimmte Versicherungsarten insoweit für unzulässig erklärt, als er es dem VR untersagt hat, sich auf diese Laufzeiten zu berufen. Das gilt für UnfallVersVerträge,[117] für HausratVersVerträge[118] und für Hausrat- mit GlasVersVerträge[119] sowie für Privathaftpflicht- und[120] WohngebäudeVersVerträge.[121] Diese Rspr bezieht sich auf Verträge, denen ein Antragsformular zugrunde lag, das eine Laufzeit von zehn Jahren vorgab. Es kommt nicht darauf an, ob das Formular auch noch andere Laufzeiten ermöglichte.[122] Eine unkündbare Laufzeit von fünf Jahren wurde durch die Rspr gebilligt, da sie nicht gegen § 307 Abs. 1 und 2 BGB verstößt.[123] Für das Gebiet der ehemaligen DDR gilt für Verträge, die vor dem 31.12.1991 abgeschlossen wurden, eine Sonderregelung.[124]

58

b) Vertragsschluss zwischen dem 1.1.1991 und 24.6.1994. Für Verträge, die im Zeitraum vom 1.1.1991 bis einschließlich 24.6.1994 geschlossen wurden, gilt folgende Regelung: „Der VN kann ein Versicherungsverhältnis, das für eine Dauer von mehr als drei Jahren eingegangen ist, zum Ende des dritten Jahres oder jedes darauf folgenden Jahres unter Einhaltung einer Frist von drei Monaten kündigen, es sei denn, dass der Versicherer dem Versicherungsnehmer schriftlich vor Abschluss des Vertrages auch Verträge für die Dauer von einem Jahr, drei, fünf und zehn Jahren angeboten hat und dabei auf Verträge mit einer Dauer von fünf und mehr Jahren einen Prämiennachlass einräumt, dessen Vomhundertsatz mindestens der Dauer der Laufzeit entspricht." Danach sind auch Zehnjahresverträge wirksam. Sie können aber zum Ende des dritten oder jeden darauf folgenden Jahres mit einer Frist von drei Monaten gekündigt werden. Diese Kündigungsmöglichkeit besteht jedoch nicht, wenn dem VN schriftlich vor Vertragsschluss auch Verträge mit einer Laufzeit von einem, drei und fünf Jahren angeboten wurden und dabei auf Verträge von mehr als fünf Jahren ein Prämiennachlass eingeräumt war. Bei Verträgen mit einer Laufzeit von fünf und mehr Jahren muss hinzukommen, dass der VR einen bestimmten Prämiennachlass eingeräumt hat. Nur wenn diese Voraussetzungen nicht oder nicht ordnungsgemäß erfüllt sind, hat der VN das Recht, einen auf mehr als drei Jahre eingegangenen Vertrag zu kündigen.

59

Nicht betroffen sind von dieser Regelung Lebensversicherungen, weil sie nach den seinerzeit noch genehmigungspflichtigen AVB jährlich gekündigt werden können, und Krankenversicherungen, bei denen die Vertragsdauer auf höchstens drei Jahre begrenzt ist, sowie Kfz-Versicherungen, bei denen nur Jahresverträge abgeschlossen werden.

60

c) Vertragsschluss nach dem 24.6.1994. § 8 Abs. 3 aF ersetzte[125] die vorige Vorschrift vollständig und war auf VersVerträge anzuwenden, die nach dem

61

---

116 Vgl hierzu auch Römer/Langheid/*Römer*, 2. Aufl. 2003, § 8 Rn 30 ff.
117 BGH 13.7.1994 – IV ZR 107/93, BGHZ 127, 35 = VersR 1994, 1049 = NJW 1994, 2693 = r+s 1994, 363 = zfs 1994, 411; BGH 13.7.1994 – IV ZR 183/93, VersR 1994, 1213.
118 BGH 13.7.1994 – IV ZR 227/93, VersR 1994, 1052 = zfs 1994, 409.
119 BGH 13.7.1994 – IV ZR 219/93, BB 1994, 1736.
120 BGH 13.7.1994 – IV ZR 219/93, BB 1994, 1736.
121 BGH 22.2.1995 – IV ZR 44/95, VersR 1995, 459 = NJW 1995, 1289 = zfs 1995, 228.
122 Vgl BGH 18.12.1996 – IV ZR 60/96, VersR 1997, 345 = zfs 1997, 217.
123 BGH 26.3.1997 – IV ZR 71/96, VersR 1997, 685 = NJW 1997, 1849; BGH 6.12.1995 – IV ZR 380/94, VersR 1996, 177 = NJW 1996, 519 = r+s 1996, 41 = zfs 1996, 97; vgl ferner OLG Karlsruhe 1.12.1994 – 12 U 252/94, VersR 1995, 326 = r+s 1996, 293.
124 *Baumann*, ZVersWiss 1991, 37; *Präve*, VW 1991, 488.
125 3. DurchfG/EWG vom 21.7.1994 (BGBl. I S. 1630).

24.7.1994 abgeschlossen wurden.[126] Nach der alten Regelung steht das Kündigungsrecht beiden Vertragsparteien zu. Verträge, die eine Laufzeit von fünf Jahren und weniger haben, waren nicht nach Abs. 3 kündbar. Auf Verträge über Lebens- und Krankenversicherung ist diese Kündigungsregelung nicht anwendbar (S. 2). Insoweit gelten die Sondervorschriften.

§ 12 Versicherungsperiode

Als Versicherungsperiode gilt, falls nicht die Prämie nach kürzeren Zeitabschnitten bemessen ist, der Zeitraum eines Jahres.

I. Normzweck

1 Die Vorschrift trifft im Hinblick auf die Versicherungsperiode eine **Zweifelsregelung** für den Fall, dass die Versicherungsprämie nicht nach einem kürzeren Zeitraum als ein Jahr bemessen ist.

II. Versicherungsperiode

2 **1. Dauer.** Die Versicherungsperiode ist der Zeitabschnitt, nach dem bei Zeitversicherungen (VersVerträgen mit mehrjähriger Laufzeit) und solchen auf unbestimmte Zeit iSd § 11 Abs. 2 die Versicherungsprämie bemessen wird. Sie beträgt nach § 12 **ein Jahr**, wenn kein kürzerer Zeitabschnitt vereinbart ist. Letzteres ist jedoch idR nicht der Fall.

3 **2. Anwendungsfälle.** Bedeutsam ist die Regelung für alle Fälle, in denen es auf die laufende Versicherungsperiode ankommt (zB § 2 Abs. 2 S. 2, § 11 Abs. 2 S. 1, § 19 Abs. 4 S. 2, § 29 Abs. 2 S. 2, § 39 Abs. 1 und Abs. 2 S. 1, § 92 Abs. 2 und 3, § 95 Abs. 2, § 96 Abs. 2 S. 1, § 165 Abs. 1 S. 1 und Abs. 3 S. 1, § 168 Abs. 1 und § 169 Abs. 3 S. 1).

4 **3. Im Voraus erhobene Prämien.** Werden die Prämien für die gesamte Vertragsdauer im Voraus erhoben, sind sie nach mehreren einjährigen Perioden bemessen. Verlängert wird die Versicherungsperiode damit nicht. Sie wird auch nicht verkürzt, wenn eine nach vollen Jahren bemessene Prämie vom VR nach Zeitabschnitten gestaffelt angeboten wird.[1] Aus der Versicherungsperiode von einem Jahr ergibt sich nämlich nicht, dass als Zahlungsweise kraft Gesetzes eine jährliche Zahlungsweise vorgesehen ist.[2]

5 **4. Abdingbarkeit.** Obschon die Vorschrift in § 18 keine Erwähnung findet, ist sie insoweit nicht zu Ungunsten des VN abdingbar und damit halbzwingend, als sie in gesetzlichen Regelungen genannt ist, die ihrerseits nicht zum Nachteil des VN abdingbar sind (zB § 11 Abs. 2 S. 1, § 39 Abs. 1, § 95 Abs. 2).[3] Eine Vereinbarung, die eine Versicherungsperiode von länger als einem Jahr vorsieht, ist damit unwirksam.

6 **5. Vereinbarungen über die Fälligkeit der Prämie.** Die Fälligkeit der Prämie kann unabhängig von der Versicherungsperiode in den Grenzen der §§ 305 ff BGB frei vereinbart werden. Beispielsweise entspricht eine vertraglich festgelegte unterjährige Zahlung von Folgeprämien dem maßgeblichen dispositiven Recht in § 271 Abs. 1 BGB über die frei zu vereinbarende Leistungszeit und damit die Fälligkeit

---

126 Art. 16 § 5 Abs. 3 des 3. DurchfG/EWG.
1 BGH 6.2.2013 – IV ZR 230/12, VersR 2013, 341; LG Lüneburg 10.11.1977 – 6 S 429/77, VersR 1978, 658; Prölss/Martin/*Armbrüster*, § 12 Rn 2.
2 BGH 6.2.2013 – IV ZR 230/12, VersR 2013, 341.
3 Vgl OLG Hamm 28.3.1980 – 20 U 21/80, VersR 1981, 725; Langheid/Wandt/*Fausten*, § 12 Rn 22.

der VersPrämien.[4] Bei Anschlussverträgen, deren Versicherungsperiode an einem anderen Tag als die eines vorausgegangenen VersVertrages beginnt, kann vereinbart werden, dass der Fälligkeitsmonat der Jahresprämie nicht mit dem Monat des Beginns der Versicherungsperiode übereinstimmt.[5] Derartige einvernehmliche Regelungen können für den VN vorteilhaft sein. So kann etwa die aus dem vorangegangenen Vertrag gewohnte Jahresfälligkeit beibehalten werden. Auch Nachteile sind denkbar. Beispielsweise sind Verwechslungen des Ablauftermins möglich, vor dem jedoch fristgerecht gekündigt werden muss.

§ 13 Änderung von Anschrift und Name

(1) [1]Hat der Versicherungsnehmer eine Änderung seiner Anschrift dem Versicherer nicht mitgeteilt, genügt für eine dem Versicherungsnehmer gegenüber abzugebende Willenserklärung die Absendung eines eingeschriebenen Briefes an die letzte dem Versicherer bekannte Anschrift des Versicherungsnehmers. [2]Die Erklärung gilt drei Tage nach der Absendung des Briefes als zugegangen. [3]Die Sätze 1 und 2 sind im Fall einer Namensänderung des Versicherungsnehmers entsprechend anzuwenden.

(2) Hat der Versicherungsnehmer die Versicherung in seinem Gewerbebetrieb genommen, ist bei einer Verlegung der gewerblichen Niederlassung Absatz 1 Satz 1 und 2 entsprechend anzuwenden.

I. Normzweck und Anwendungsbereich

Die Vorschrift des § 13 trägt dem Umstand Rechnung, dass das Versicherungsgeschäft idR ein Massengeschäft ist und vom VR daher nur eine begrenzte, den organisatorischen Kapazitäten entsprechende Nachforschungsmöglichkeit hinsichtlich einer etwaigen Anschriftenänderung des VN verbleibt. Die Regelung stellt insoweit eine gesetzliche Begünstigung des VR dar, die diesem den rationellen Betrieb erleichtern soll.[1] Sie ist zu Gunsten des VR eine Ausnahme von den Regelungen des § 130 BGB. 1

Auf Fälle **vorübergehender Abwesenheit** des VN ist § 13 weder unmittelbar noch analog anwendbar.[2] Musste der VN aber mit dem Eingang rechtsgeschäftlicher Erklärungen rechnen, hat er bei längerer Abwesenheit dafür Sorge zu tragen, dass ihn Erklärungen auch erreichen können. Dies ist zB nach einer Schadensanzeige beim VR der Fall. Unterlässt er dies, muss sich der VN so behandeln lassen, als seien ihm die Erklärungen zugegangen.[3] 2

II. Anschriftenänderung (Abs. 1 S. 1)

1. Wohnanschrift. Die Regelungen in Abs. 1 S. 1 und 2 stimmen mit § 10 Abs. 1 aF überein. Die redaktionellen Änderungen, wie zB die Ersetzung des Wortes „Wohnung" durch „Anschrift", sind rein sprachlicher Natur. Hieraus und in Abgrenzung zu Abs. 2 ergibt sich, dass in Abs. 1 lediglich die Änderung der Wohnanschrift gemeint ist. 3

2. Änderung der Wohnanschrift. a) Keine Mitteilung; eingeschriebener Brief. Nach Abs. 1 S. 1 kann der VR eine Erklärung durch Absendung eines eingeschriebenen Briefes an die letzte ihm bekannte Adresse des VN tätigen, wenn dieser sei- 4

---

4 BGH 6.2.2013 – IV ZR 230/12, VersR 2013, 341.
5 Vgl Prölss/Martin/*Armbrüster*, § 12 Rn 3.
1 Prölss/Martin/*Armbrüster*, § 13 Rn 1.
2 Vgl zur Vorgängervorschrift BGH 18.12.1970 – IV ZR 52/69, VersR 1971, 262; vgl ferner BGH 26.11.1997 – VIII ZR 22/97, VersR 1998, 472.
3 BGH 18.12.1970 – IV ZR 52/69, VersR 1971, 262.

ne neue Anschrift nicht mitgeteilt hat. Wann eine „**Mitteilung**" iSd Vorschrift vorliegt, ist durch Auslegung zu ermitteln. Es kann genügen, dass der VN in einem an den VR gerichteten Schreiben die neue Anschrift im Briefkopf trägt.[4] Die Vorschrift gilt entsprechend, wenn **bei Vertragsschluss** eine **falsche Adresse** angegeben wurde.[5]

5 Voraussetzung für die Begründung der gesetzlichen Fiktion ist die Versendung eines **eingeschriebenen Briefes**. Für eine Analogie bei einfachem Brief ist kein Raum.[6] Weitere Voraussetzung für die Fiktion des Zugangs ist, dass der VR die Erklärung an die ihm zuletzt bekannte Anschrift gesandt hat.[7]

6 b) **Willenserklärung.** Abs. 1 S. 1 spricht von einer Willenserklärung. Eine solche liegt idR vor, wenn es sich um Kündigung, Rücktritt, Anfechtung, Mahnung und eine Leistungsablehnung[8] des VR handelt. Leistungen wie etwa die Zahlung der Versicherungssumme sind keine Willenserklärungen. Anders dagegen die Zusendung des Versicherungsscheins.[9] Hierin ist jedenfalls dann eine Willenserklärung zu erkennen, wenn der Vertrag mit der Zusendung des Versicherungsscheins geschlossen werden soll, in der Zusendung mithin die Annahmeerklärung liegt.

7 c) **Wissenszurechnung.** Weiß der Vertreter des VR von der Änderung der Anschrift des VN, muss sich der VR dessen Kenntnis iSd Auge-und-Ohr-Rechtsprechung[10] zurechnen lassen. Dies ergibt sich nach Aufnahme der Auge-und-Ohr-Rechtsprechung in das Gesetz (§§ 69, 70) nunmehr unmittelbar aus dem Wortlaut der Vorschrift. Dieser besagt, dass „die Kenntnis des Versicherungsvertreters der Kenntnis des Versicherers gleich[steht]", „soweit nach diesem Gesetz die Kenntnis des Versicherers erheblich ist". Von der Erheblichkeit kann hier ausgegangen werden.

8 d) **Gesetzliche Obliegenheit.** Abs. 1 S. 1 formuliert eine gesetzliche Obliegenheit. Damit ist § 28 nicht anwendbar. Für die in Abs. 1 S. 2 gesetzte Rechtsfolge, die Zugangsfiktion, kommt es nicht darauf an, ob der VN die Anzeige vorsätzlich oder grob fahrlässig unterlassen hat. Vielmehr ist für den Eintritt der Rechtsfolge die objektive Verletzung der Obliegenheit ausreichend.

9 e) **§ 242 BGB.** Der VR handelt rechtsmissbräuchlich, wenn er sich auf die Nichtanzeige des Wohnungswechsels beruft, obwohl er auf andere Weise Kenntnis von der Anschriftenänderung erlangt hat. Der Regelungsgehalt der Vorschrift soll nur verhindern, dass der VR erforderliche Willenserklärungen gegenüber dem VN nicht abgeben kann, weil ihm dessen Anschrift unbekannt ist.[11]

10 Sinn des § 13 ist es, den VR vor Informationsaufwand zu entlasten. Es besteht daher keine Erkundigungspflicht des VR.[12] Dies gilt auch dann, wenn der VN eine unklare Mitteilung macht[13] oder ein sonstiger Anlass zu Nachforschungen besteht.[14]

---

4 Römer/Langheid/*Rixecker*, § 13 Rn 6 sowie Prölss/Martin/*Armbrüster*, § 13 Rn 9, jeweils mit dem Hinweis, dass es nicht ausreichend ist, wenn die Absenderanschrift lediglich außen auf dem Briefumschlag stand; LG Köln 17.4.1986 – 1 S 450/85, JurBüro 1987, 620.
5 So zur Vorgängervorschrift Prölss/Martin/*Prölss*, 27. Aufl., § 10 Rn 1; BK/*Gruber*, § 10 Rn 5; aA Römer/Langheid/*Römer*, 2. Aufl. 2003, § 10 Rn 2.
6 OLG Hamburg 11.7.1979 – 4 U 88/79, VersR 1980, 38.
7 BGH 4.12.1974 – IV ZR 197/73, VersR 1975, 365.
8 BGH 4.12.1974 – IV ZR 197/73, VersR 1975, 365.
9 OLG Hamm 9.6.1978 – 20 W 25/77, VersR 1978, 1107.
10 BGH 11.11.1987 – IVa ZR 240/86, BGHZ 102, 194 = VersR 1988, 234 = NJW 1988, 973.
11 Vgl zur Vorgängervorschrift BGH 6.6.1990 – IV ZR 142/89, VersR 1990, 881.
12 Vgl RG Pr. 35, 50; aA KG JR 1938, 171.
13 Fall KG VA 18 Nr. 1019; aA Langheid/Wandt/*Fausten*, § 13 Rn 40.
14 *Jabornegg*, VersRdsch 1992, 337, 353.

3. Dreitagesfiktion (Abs. 1 S. 2).

Der VVG-RegE hat den Kommissionsvorschlag zu Abs. 1 S. 2 und 3 nicht aufgenommen. Hiernach sollte es heißen: „Die Erklärung wird zu dem Zeitpunkt wirksam, zu dem sie ohne Anschriftenänderung bei regelmäßiger Beförderung dem Versicherungsnehmer zugegangen sein würde. Die Sätze 1 und 2 sind im Falle einer Namensänderung des Versicherungsnehmers entsprechend anzuwenden." Der Gesetzgeber hat vielmehr eine begrüßenswerte klare **Fiktion des Zugangs** in Abs. 1 S. 2 festgelegt, um Streitigkeiten über die Dauer der „regelmäßigen Beförderung" eines eingeschriebenen Briefes auszuschließen. Der Zugang eines Briefes wird nunmehr drei Tage nach dessen Absendung fingiert.

III. Namensänderung (Abs. 1 S. 3)

Mit dem VVG 2008 hat der Gesetzgeber die Regelung auf die Fälle einer Namensänderung in Abs. 1 S. 3 erstreckt. Hierfür besteht wegen der heute häufigeren Namensänderung von VN ein praktisches Bedürfnis.

IV. Verlegung der gewerblichen Niederlassung (Abs. 2)

Die Vorschrift des Abs. 2 legt die entsprechende Anwendung des Abs. 1 für den Fall fest, dass der VN die Versicherung in seinem Gewerbebetrieb genommen hat und die gewerbliche Niederlassung später verlegt, ohne dies dem VR mitzuteilen.

V. Hinweise für die Praxis

Es ist für die Anwendbarkeit des § 13 nicht erforderlich, dass der VR nachweist, er habe das Schriftstück unter der alten Anschrift zugestellt (oder die Zustellung dort versucht).[15] Die Absendung des eingeschriebenen Briefes reicht entsprechend dem klaren Gesetzeswortlaut aus. Behauptet der VN, von der Adressänderung Mitteilung gemacht zu haben, muss er substantiiert darlegen, auf welche Weise die Mitteilung erfolgt ist.[16]

§ 14 Fälligkeit von Geldleistungen

(1) Geldleistungen des Versicherers sind fällig mit der Beendigung der zur Feststellung des Versicherungsfalles und des Umfanges der Leistung des Versicherers notwendigen Erhebungen.

(2) ¹Sind diese Erhebungen nicht bis zum Ablauf eines Monats seit der Anzeige des Versicherungsfalles beendet, kann der Versicherungsnehmer Abschlagszahlungen in Höhe des Betrags verlangen, den der Versicherer voraussichtlich mindestens zu zahlen hat. ²Der Lauf der Frist ist gehemmt, solange die Erhebungen infolge eines Verschuldens des Versicherungsnehmers nicht beendet werden können.

(3) Eine Vereinbarung, durch die der Versicherer von der Verpflichtung zur Zahlung von Verzugszinsen befreit wird, ist unwirksam.

I. Normzweck..................... 1	d) Andere Leistungen........ 9
II. Fälligkeit (Abs. 1)................. 3	3. Notwendige Erhebungen..... 10
1. Allgemeines................... 3	a) Definition................ 11
2. Anwendungsbereich.......... 5	b) Voraussetzungen.......... 12
a) Allgemeines................ 5	aa) Allgemeines............. 12
b) Betroffener Personenkreis 6	bb) Anzeige 14
c) Geldleistungen............ 8	cc) Notwendige Unterlagen 15

---

15 AA *Jabornegg*, VersRdsch 1992, 337, 352.
16 Bruck/Möller/*Johannsen*, § 13 Rn 11.

dd) Nichterteilung der Einwilligung zur Erhebung personenbezogener Gesundheitsdaten durch den VN oder Widerspruch gegen die Erhebung 16	a) Endgültige Ablehnung.... 26
c) Dritte 17	b) Sonstiges 28
aa) Sachverständige......... 17	6. Einzelne Versicherungsarten 29
bb) Behördliches Handeln ... 18	a) Unfallversicherung 29
d) Erklärungen des VR 23	b) BUZ...................... 30
e) Sachverständigenverfahren 24	**III. Abschlagszahlung und Hemmung (Abs. 2)** 31
4. Prüfung der Notwendigkeit zu Rücktritt oder Anfechtung des VR.................... 25	1. Abschlagszahlung (Abs. 2 S. 1)................... 31
5. Beendigung der Feststellungen........................... 26	2. Hemmung (Abs. 2 S. 2)....... 33
	IV. Verzug 35
	1. Voraussetzungen 35
	2. Rechtsfolgen.................. 38
	3. Verzugszinsen (Abs. 3) 39
	V. Abdingbarkeit 40

I. Normzweck

1 Die Vorschrift des § 14[1] bestimmt als **lex specialis zu § 271 BGB** die Fälligkeit der Versicherungsleistungen. Während die allgemeine Vorschrift des § 271 BGB regelt, dass der Gläubiger im Zweifel sofort, also nach Entstehung des Anspruchs, die geschuldete Leistung verlangen kann, trägt die Regelung des § 14 den versicherungsrechtlichen Besonderheiten Rechnung und lässt den Zeitpunkt der Fälligkeit interessengerecht erst dann eintreten, wenn der VR ausreichend Gelegenheit hatte, seine Leistungspflicht nach Eintritt des Versicherungsfalles zu überprüfen.

2 Bedeutsam ist § 14 insb. für die Fragen, wann der VN mit Aussicht auf Erfolg Klage erheben kann, wann die Verzugsfolgen eintreten mit der Möglichkeit, den Verzugsschaden geltend zu machen, und wann die Verjährung nach §§ 195 ff BGB[2] beginnt.

II. Fälligkeit (Abs. 1)

3 **1. Allgemeines.** Es sind „Geldleistungen" des VR dann fällig, wenn die „zur Feststellung des Versicherungsfalles und des Umfanges der Leistung des Versicherers notwendigen Erhebungen" beendet sind.

4 Vor Abschluss der Prüfung kommt auch eine Klage des VN auf Feststellung der Eintrittspflicht dem Grunde nach nicht in Betracht.[3]

5 **2. Anwendungsbereich. a) Allgemeines.** Die Vorschrift betrifft nur **Deckungsansprüche** gegen den VR aus einem Vertragsverhältnis.[4] Nicht umfasst sind Nebenleistungsansprüche des VN (etwa auf Prämienrückerstattung oder auf Ersatz von Rettungs- oder Ermittlungskosten).[5] Vom Regelungsbereich des § 14 erfasst ist hingegen auch der Anspruch auf Erstattung des **Rückkaufswerts in der Lebensver-**

---

1 Vgl allgemein zur Vorgängervorschrift *Asmus*, NVersZ 2000, 361.
2 Vgl hierzu ausf. *Muschner/Wendt*, MDR 2008, 609.
3 OLG Hamm 28.11.1990 – 20 U 158/90, VersR 1991, 1369.
4 Umstritten ist die Anwendbarkeit des Abs. 1, wenn nach einer Abtretung iSd § 108 Abs. 2 der Dritte gegen den VR mit der Folge vorgeht, dass sich ein unmittelbarer Zahlungsanspruch aus dem Deckungsverhältnis ergibt; vgl hierzu ausf. *Baumann*, VersR 2010, 984, 987 f.
5 Looschelders/Pohlmann/*C. Schneider*, § 14 Rn 6.

sicherung, weil er nur eine andere Erscheinungsform des Anspruchs auf die Versicherungssumme ist.[6]

b) Betroffener Personenkreis. Es ist umstritten, ob die Fälligkeitsregel in Abs. 1 nur für Ansprüche des VN gilt oder auch auf **Zahlungsansprüche Dritter** Anwendung findet, mithin etwa bei der Fremdversicherung oder bei Direktansprüchen des Geschädigten nach § 115 Abs. 1.[7] Während teilweise eine Beschränkung der Anwendung auf Ansprüche nur des VN vertreten wird,[8] spricht für die erweiterte Anwendbarkeit der Fälligkeitsregelung deren systematische Stellung in den für sämtliche Versicherungszweige geltenden Allgemeinen Vorschriften des 1. Kapitels des VVG.[9] Auch Sinn und Zweck der Fälligkeitsregel sprechen für eine erweiterte Anwendung: Die Notwendigkeit, dem VR vor der Regulierungsentscheidung erst eine Klärung von Sachverhalt und Rechtslage zu ermöglichen, gilt unabhängig von der Person des Anspruchstellers.[10] Der BGH hat die Frage des Anwendungsumfangs des § 14 ausdrücklich unentschieden gelassen.[11]

Die Anwendung des § 14 auf Ansprüche Dritter bleibt aber in jedem Fall auf Abs. 1 beschränkt, so dass Forderungen Dritter gegen den VR auf Abschlagszahlungen (Abs. 2 S. 1) nicht in Betracht kommen.[12]

c) Geldleistungen. Die Regelung des Abs. 1 findet grds. nur auf **Geldleistungen** Anwendung, nicht dagegen auf Ansprüche auf Sorgeleistung des Rechtsschutzversicherers und Kostenbefreiung gem. ARB oder Rechtsschutzleistungen des Haftpflichtversicherers nach den AHB sowie die Schuldbefreiung nach VVG (§§ 100, 106). Ausnahmsweise gilt dies jedoch dann nicht, wenn sich ein Befreiungsanspruch nach Leistung durch den VN in einen Kostenerstattungsanspruch gewandelt hat.[13] Dann ist die Fälligkeit dieses Kostenerstattungsanspruchs nach Abs. 1 zu beurteilen,[14] jedoch nur dann, wenn der Befreiungsanspruch noch nicht fällig war.

d) Andere Leistungen. Die Fälligkeit anderer Leistungen des VR bestimmt sich nach den Vorschriften des BGB.[15]

3. Notwendige Erhebungen. Abs. 1 erfuhr insoweit eine sprachliche Änderung zu § 11 Abs. 1 aF, als die Regelung seither von „notwendigen" Erhebungen spricht, nicht mehr von „nötigen". Inhaltlich ergeben sich hierdurch keinerlei Änderungen.

a) Definition. Notwendige Erhebungen sind Maßnahmen, die ein durchschnittlich sorgfältiger VR des entsprechenden Versicherungszweiges anstellen muss, um den Versicherungsfall, seine wem gegenüber bestehende Leistungspflicht und den Umfang der von ihm zu erbringenden Leistung zu prüfen und anschließend festzustel-

---

6 *Abel/Winkens*, VersR 2007, 527; Looschelders/Pohlmann/*C. Schneider*, § 14 Rn 6; aA OLG Oldenburg 13.11.2012 – 5 U 140/12, VersR 2013, 845.
7 Die Anwendbarkeit des § 14 auf Direktansprüche Dritter gegen den VR bejahend: OLG Dresden 27.11.2014 – 4 W 1304/14.
8 Römer/Langheid/*Rixecker*, § 14 Rn 4.
9 Langheid/Wandt/*Fausten*, § 14 Rn 12.
10 *Hasse*, NVersZ 2000, 497, 500; Looschelders/Pohlmann/*C. Schneider*, § 14 Rn 8.
11 BGH 18.11.2008 – VI ZB 22/08, VersR 2009, 128. Demhingegen hat das KG Berlin in einer Entscheidung vom 30.3.2009 – 22 W 12/09, VersR 2009, 1262 die Regelung des Abs. 1 ohne weitere Problematisierung auch auf Direktansprüche des Geschädigten gegen den Kfz-Haftpflichtversicherer zugelassen. Letzterem müsse auch in einfach gelagerten Fällen eine angemessene Überprüfungszeit zur Klärung des Haftungsgrundes sowie der Schadenhöhe zugestanden werden. Eine starre Frist sei nicht anzuwenden; Klageveranlassung bestehe erst, wenn erkennbar werde, dass eine angemessene Prüfung verzögert oder dem Anspruch bereits ohne Prüfung entgegengetreten werde.
12 Langheid/Wandt/*Fausten*, § 14 Rn 12.
13 BGH 14.3.1984 – IVa ZR 24/82, VersR 1984, 530.
14 OLG Karlsruhe 4.7.1991 – 12 W 59/91, VersR 1992, 735.
15 Begr. RegE, BT-Drucks. 16/3945, S. 63.

12 **b) Voraussetzungen. aa) Allgemeines.** Erforderlich für die Möglichkeit notwendiger Erhebungen sind die **Anzeige** des Versicherungsfalles durch den VN[19] sowie die Einreichung sämtlicher zur Beurteilung des Anspruchs **notwendiger Unterlagen**.[20] Aus dem inhaltlichen Gleichklang des § 14 Abs. 1 nF zu § 11 Abs. 1 aF ergibt sich, dass es dem VN auch zukünftig möglich sein wird, den Beginn der Verjährung hinauszuschieben, indem er die Anzeige des Versicherungsfalles unterlässt oder bei einer Erhebung nicht mitwirkt.[21] Anders als früher kann ein derartiges Verhalten nunmehr sogar dann sanktionslos bleiben, wenn der VR Mitwirkungsobliegenheiten in den AVB formuliert hat. Denn selbst bei vorsätzlicher Obliegenheitsverletzung ist dem VN nunmehr ein Kausalitätsgegenbeweis möglich.[22]

Die Frage der Notwendigkeit ist vom VR aus der ex-ante-Sicht zum Zeitpunkt der Erhebung zu beurteilen.[17] Die Prüfung und Feststellung umfassen auch eine erforderliche Überlegungsfrist.[18]

len.[16]

13 Ungeachtet bestehender Obliegenheitsregelungen sind bei der Bestimmung des Verjährungsfristenbeginns jedoch auch künftig die von der Rspr entwickelten Maßstäbe zu **missbräuchlichem Verhalten** anzuwenden.[23] Wenn das Unterbleiben oder die Verzögerung der Mitwirkung des VN berechtigte Interessen des VR erheblich verletzt, ist von einem Verjährungsbeginn bereits mit Schluss des Jahres auszugehen, in dem die Erhebungen des VR ohne das Verschulden des VN beendet gewesen wären.[24] Nicht erforderlich ist, dass dem VN über den Verschuldensvorwurf hinaus rechtsmissbräuchliches Verhalten vorgehalten werden kann.[25]

14 **bb) Anzeige.** Die Anzeige hat direkt an den VR zu erfolgen.

15 **cc) Notwendige Unterlagen.** Solange dem VR die zur Prüfung notwendigen Unterlagen nicht vorliegen, tritt keine Fälligkeit ein.[26] **Beispiele** für notwendige Unterla-

---

16 Vgl OLG Karlsruhe 3.12.1992 – 12 U 115/92, r+s 1993, 443; OLG Hamm 8.6.1977 – 20 U 67/76, VersR 1977, 954; OLG Bremen 16.3.1965 – 3 U 5/65, VersR 1965, 653; OLG Frankfurt 16.5.2001 – 7 U 111/00, VersR 2002, 566; OLG Hamburg 19.8.1966 – 1 U 37/66, VersR 1967, 392; Römer/Langheid/*Rixecker*, § 14 Rn 7; Prölss/Martin/*Armbrüster*, § 14 Rn 8.
17 *Veenker*, Die Fälligkeit von Geldleistungen des Versicherers, 2008, S. 100; Looschelders/Pohlmann/C. *Schneider*, § 14 Rn 12.
18 BGH 1.2.1974 – IV ZR 2/72, VersR 1974, 639; OLG Köln 21.1.1982 – 5 U 93/81, zfs 1983, 56; OLG Karlsruhe 6.5.1999 – 12 U 185/97, r+s 1999, 468; OLG Hamm 30.10.1959 – 9 W 50/59, VersR 1961, 118; LG Münster 12.7.1976 – 16 O 135/76, VersR 1977, 658; LG Bonn 26.9.1989 – 13 O 239/89, VersR 1990, 303; LG Köln 21.9.1981 – 74 O 283/80, VersR 1983, 385; LG Köln 29.10.1998 – 24 O 44/98, r+s 2000, 191; OLG Bremen 16.3.1965 – 3 U 5/65, VersR 1965, 653; vgl auch *Lichtblau*, ZfW 1974, 103.
19 OLG Hamm 24.10.1990 – 20 U 290/89, VersR 1991, 869.
20 BGH 13.3.2002 – IV ZR 40/01, VersR 2002, 698; OLG Saarbrücken 26.7.2004 – 5 W 85/04, VersR 2004, 1301; OLG München 18.3.2003 – 25 U 4558/02, NJW-RR 2003, 1034; AG Bonn 9.7.2003 – 9 C 773/02, zfs 2003, 551; Beckmann/Matusche-Beckmann/*Reichel*, § 21 Rn 15.
21 BGH 13.3.2002 – IV ZR 40/01, VersR 2002, 698; vgl Marlow/Spuhl/*Spuhl*, Rn 25; *Meixner/Steinbeck*, S. 96 Rn 348.
22 S. auch Marlow/Spuhl/*Spuhl*, Rn 25 Fn 33.
23 BGH 13.3.2002 – IV ZR 40/01, VersR 2002, 698 = r+s 2002, 217 = NVersZ 2002, 309; vgl Römer/Langheid/*Rixecker*, § 14 Rn 3.
24 Schwintowski/Brömmelmeyer/*Ebers*, § 14 Rn 15; Beckmann/Matusche-Beckmann/*Reichel*, § 21 Rn 51 ff; Looschelders/Pohlmann/C. *Schneider*, § 14 Rn 23.
25 Looschelders/Pohlmann/C. *Schneider*, § 14 Rn 23.
26 Vgl zur Vorgängervorschrift LG Schweinfurt 27.7.1989 – 2 O 371/88, VersR 1990, 617.

gen sind: Erbschein,[27] Original-Schadensgutachten,[28] fachärztliches Gutachten,[29] Krankenunterlagen, soweit der VN gehalten ist, deren Einsichtnahme zu ermöglichen,[30] und explizit erbetene Informationen.[31]

dd) Nichterteilung der Einwilligung zur Erhebung personenbezogener Gesundheitsdaten durch den VN oder Widerspruch gegen die Erhebung. Ebenfalls tritt keine Fälligkeit ein, wenn der VN dem VR keine Einwilligung zur Erhebung personenbezogener Daten iSd § 213 erteilt (vgl § 213 Rn 51 ff).[32] Dem VR ist eine informierte Regulierungsentscheidung so lange nicht möglich, bis er die notwendigen Daten über den Gesundheitszustand des VN, ärztliche Behandlungen pp. hat. Bis dahin ist keine Fälligkeit festzustellen.[33] Dies gilt auch dann, wenn der aktuelle Gesundheitszustand des VN bekannt ist und der VR allein die Richtigkeit der Gesundheitsangaben des VN bei Antragstellung (und mithin die Voraussetzungen für einen möglichen Rücktritt oder eine Vertragsanfechtung) prüfen möchte (vgl Rn 25).[34]

c) Dritte. aa) Sachverständige. Soweit sich der VR bei den notwendigen Erhebungen sachverständiger Hilfe eines Dritten bedient und die Gefahr besteht, dass die wirtschaftliche Existenz des VN durch eine lange Prüfung gefährdet wird, hat der VR auf eine zügige Sachbearbeitung auch beim Sachverständigen zu drängen.[35]

bb) Behördliches Handeln. Das Handeln der Polizei, Staatsanwaltschaft oder des Strafgerichts im Rahmen eines behördlichen **Ermittlungsverfahrens** hat grds. keine Auswirkung auf die Fälligkeit der Versicherungsleistung iSd § 14, ausnahmsweise jedoch dann, wenn das Ergebnis der Ermittlungen Einfluss auf die Zahlungspflicht des VR hat.[36] Daher tritt Fälligkeit nicht ein, bevor der VR Gelegenheit hatte, Einsicht in behördliche Ermittlungen zu nehmen,[37] und eine Feststellung der für die

---

27 OLG Karlsruhe 15.2.1979 – 12 U 60/78, VersR 1979, 564.
28 LG Hannover 16.3.2001 – 4 S 35/01-3, 4 S 35/01, VersR 2003, 446.
29 LG Freiburg 9.7.1997 – 2 O 499/96, VersR 2000, 716; LG Kassel 11.11.1998 – 6 O 813/98, VersR 2000, 750.
30 LG Schweinfurt 27.7.1989 – 2 O 371/88, VersR 1990, 617; LG Düsseldorf 20.8.2007 – 11 O 76/07, VersR 2008, 628.
31 LG München I 20.1.1993 – 4 O 12156/92, r+s 1993, 202.
32 LG Dortmund 1.4.2010 – 2 S 56/09, juris; Marlow/Spuhl/*Spuhl*, Rn 1474; *Fricke*, VersR 2009, 297; Looschelders/Pohlmann/*C. Schneider*, § 14 Rn 20.
33 So auch OLG Nürnberg 8.10.2007 – 8 U 1031/07, VersR 2008, 627; Marlow/Spuhl/*Spuhl*, Rn 1474; *Höra*, r+s 2008, 89, 93; Langheid/Wandt/*Eberhardt*, § 213 Rn 76; Prölss/Martin/*Voit*, § 213 Rn 58; Bach/Moser/*Kalis*, § 213 Rn 19; Bruck/Möller/*Höra*, § 213 Rn 70.
34 OLG Köln 13.1.2014 – 20 W 91/13, VersR 2015, 305; KG 8.7.2014 – 6 U 134/13, VersR 2014, 1191; LG Berlin 12.6.2013 – 23 O 341/12, VersR 2014, 230; Prölss/Martin/*Voit*, § 213 Rn 59; Prölss/Martin/*Armbrüster*, § 14 Rn 18 mit Hinweis auf LG München I 20.1.1993 – 4 O 12156/92, r+s 1993, 202; Bruck/Möller/*K. Johannsen*, § 14 Rn 5; Beckmann/Matusche-Beckmann/*Reichel*, § 21 Rn 20; *Britz*, VersR 2015, 410, 411.
35 OLG Hamm 23.6.1993 – 20 U 91/93, VersR 1994, 717 = r+s 1994, 23.
36 BGH 9.1.1991 – IV ZR 97/89, VersR 1991, 331 = NJW-RR 1991, 537 = r+s 1991, 100; OLG Frankfurt 16.5.2001 – 7 U 111/00, VersR 2002, 566; KG Berlin 20.10.1996 – 6 U 3638/97, NVersZ 1999, 387; aA *Magnusson*, MDR 1994, 1160; vgl im Hinblick auf Vorschusszahlungen OLG Köln 12.5.1995 – 9 U 232/94, r+s 1995, 265.
37 BGH 1.2.1974 – IV ZR 2/72, VersR 1974, 639; OLG Hamm 6.2.1987 – 20 W 2/87, VersR 1987, 1129; OLG Hamm 22.3.1991 – 20 U 327/90, VersR 1992, 230; OLG Frankfurt 16.5.2001 – 7 U 111/00, VersR 2002, 566; OLG Karlsruhe 21.1.1993 – 12 U 103/92, r+s 1993, 443; OLG Saarbrücken 8.8.2001 – 5 U 670/01-6, 5 U 670/01, zfs 2002, 80; *Martin*, VersR 1978, 392; aA OLG Saarbrücken 16.11.1990 – 3 U 199/89, NZV 1991, 312; OLG Saarbrücken 27.2.2007 – 4 U 470/06, MDR 2007, 1190; OLG Dresden 29.6.2009 – 7 U 499/09, NZV 2009, 604.

Leistungspflicht des VR bedeutsamen Tatsachen erwartet werden kann.[38] In diesen Fällen ist für die Fälligkeit nicht der Zeitpunkt der Verfahrenseinstellung entscheidend, sondern der Zeitpunkt der Kenntnisnahme des VR vom Ermittlungsergebnis.[39] Prüft der VR die Ermittlungsakten im Hinblick auf die Auswirkung des Ermittlungsverfahrens auf die eigenen Ermittlungen, darf er diese Prüfung nicht verzögern.[40]

19 Auch den Ausgang eines mit einer Einstellung endenden Ermittlungsverfahrens darf der VR abwarten, solange die Einstellung nicht förmlich verfügt ist,[41] weil dann immer noch die Möglichkeit einer Anklage besteht. Allerdings ist nicht auf den rechtskräftigen Abschluss des Verfahrens abzustellen, so dass eine vorläufige Einstellung genügt.[42] Ausnahmsweise können die notwendigen Erhebungen auch vor dem förmlichen Abschluss des Ermittlungsverfahrens beendet sein, wenn nämlich mögliche weitere Erkenntnisse für den VR keine Relevanz für sein Regulierungsverhalten mehr haben können.[43]

20 Fraglich ist, ob in dem Fall, in dem das Ermittlungsverfahren noch nicht rechtskräftig eingestellt war und es etwa aufgrund einer Beschwerde des VR wieder aufgenommen wurde, Fälligkeit eingetreten ist. Dagegen spricht, dass der VR in diesem Fall seine notwendigen Erhebungen idR noch nicht abgeschlossen haben wird.[44] Es steht dem VR frei, nach Abschluss des behördlichen Ermittlungsverfahrens weitere erforderliche Prüfungen vorzunehmen.[45]

21 Der VR darf den Ausgang eines **Strafverfahrens** abwarten.[46] Das Interesse des VN, möglichst schnell die Versicherungsleistung zu erhalten, rechtfertigt es nicht, den VR auf vorläufige Erkenntnisse zu verweisen, die sich im Laufe eines nicht abgeschlossenen Verfahrens noch ändern können.[47] Dem entspricht auch die Regelung

---

38 BGH 9.1.1991 – IV ZR 97/89, VersR 1991, 331; nach OLG Saarbrücken 9.11.2005 – 5 U 286/05, r+s 2006, 385 darf der VR mit der Auszahlung der Lebensversicherungssumme den Abschluss sachverständiger Ermittlungen im Ermittlungsverfahren dann nicht abwarten, wenn kein objektiver Anhalt für eine Selbsttötung des Versicherten vorliegt.
39 BGH 1.2.1974 – IV ZR 2/72, VersR 1974, 639; BGH 17.2.1993 – IV ZR 32/92, r+s 1993, 188; OLG Frankfurt/M 16.5.1991 – 7 U 111/00, VersR 2002, 566 = NVersZ 2002, 128 = zfs 2002, 243.
40 BGH 17.2.1993 – IV ZR 32/92, r+s 1993, 188; OLG Hamm 6.12.1985 – 20 U 188/85 VersR 1987, 602; vgl zur wohl angemessenen Frist LG Bonn 26.9.1989 – 13 O 239/89, VersR 1990, 303; vgl zur Verschleppung der Bearbeitung OLG Hamm 23.8.2000 – 20 U 45/00, NVersZ 2001, 163 = r+s 2001, 263 = zfs 2001, 419; OLG Köln 21.1.1982 – 5 U 93/81, VersR 1983, 922; OLG Hamburg 6.8.1981 – 5 W 18/81, VersR 1982, 543.
41 OLG Köln 12.5.1995 – 9 U 232/94, r+s 1995, 265.
42 BGH 21.10.1998 – IV ZR 228/97, VersR 1999, 227; OLG Karlsruhe 6.5.1999 – 12 U 185/97, r+s 1999, 468.
43 BGH 9.1.1991 – IV ZR 97/89, VersR 1991, 331; OLG Köln 17.4.2007 – 9 U 210/06, r+s 2007, 458.
44 Vgl hierzu auch LG Bonn 26.9.1989 – 13 O 239/89, VersR 1990, 303; *Martin*, Sachversicherungsrecht, Y I Rn 21; Looschelders/Pohlmann/*C. Schneider*, § 14 Rn 18; Prölss/Martin/*Armbrüster*, § 14 Rn 17 hält eine zunächst eingetretene Fälligkeit als durch die Wiederaufnahme von Ermittlungen auflösend bedingt; aA Römer/Langheid/*Rixecker*, § 14 Rn 13; Langheid/Wandt/*Fausten*, § 14 Rn 41; Bruck/Möller/*Johannsen*, § 14 Rn 18.
45 OLG Karlsruhe 21.1.1993 – 12 U 103/92, r+s 1993, 443.
46 BGH 1.2.1974 – IV ZR 2/72, VersR 1974, 639; BGH 9.1.1991 – IV ZR 97/89, VersR 1991, 331; OLG Köln 4.12.1991 – 9 U 229/00, NVersZ 2002, 222; OLG Karlsruhe 6.5.1999 – 12 U 185/97, r+s 1999, 468; LG Münster 12.7.1976 – 16 O 135/76, VersR 1977, 658 m. Anm. *Martin*; BK/*Gruber*, § 34 Rn 11, 38; aA OLG Hamm 6.2.1987 – 20 W 2/87, VersR 1987, 1129; OLG Hamm 28.11.1990 – 20 U 158/90, VersR 1991, 1369; OLG Hamm 22.3.1991 – 20 U 327/90, VersR 1992, 230; LG Wiesbaden 2.5.1994 – 1 S 186/93, VersR 1995, 332.
47 KG Berlin 20.10.1998 – 6 U 3638/97, NVersZ 1999, 387.

in Abs. 2, wonach eine Abschlagszahlung nur verlangt werden kann, wenn der Grund des Anspruchs außer Streit ist. Dieser Regelungsinhalt zeigt, dass das Gesetz Ansprüche des VR aus § 812 BGB nicht als eine Kompensation ansieht, die es rechtfertigt, den VR trotz unvollständiger Klärung des Sachverhalts zu Zahlungen zu nötigen.

Regelungen in den AVB, wonach der VR im Fall behördlicher Verfahren die Leistung aufschieben darf, sind nicht nach § 307 Abs. 2 BGB zu beanstanden. Sehen die AVB vor, dass der VR die Zahlung verschieben kann, solange ein behördliches Verfahren gegen den VN läuft, hat der VR dann kein Leistungsverweigerungsrecht mehr, wenn das Verfahren vorläufig eingestellt wird.[48] Die Fälligkeit richtet sich dann aber nach § 14, tritt also nicht ein, wenn der VR noch Anlass zu eigenen Ermittlungen hat und diese auch anstellt.

d) Erklärungen des VR. Erklärt der VR, er werde nach Vorlage bestimmter Unterlagen zahlen, bedarf es nach Vorlage zur Prüfung seiner Leistungspflicht keiner längeren Zeitspanne mehr.[49] Erklärt der VR, dass und inwieweit er seine Leistungspflicht anerkennt, bringt er damit zum Ausdruck, dass er die notwendigen Erhebungen selbst für beendet hält; damit wird die Entschädigung nach Abs. 1 oder der besonderen Regelung der AVB fällig. Das Gleiche gilt, wenn der VR (trotz Zweifelhaftigkeit des Versicherungsfalles) einen Teil der Entschädigung zahlt und im Hinblick auf den Rest keine von der Feststellung des Versicherungsfalles unabhängigen Ermittlungen mehr erforderlich sind.[50]

e) Sachverständigenverfahren. Haben die Parteien die Möglichkeit der Durchführung eines Sachverständigenverfahrens zur Ermittlung der Schadenhöhe vereinbart, kann der VR fehlende Fälligkeit hiermit begründen.[51] Dies gilt jedoch nur dann, wenn er nicht bereits zuvor seine Eintrittspflicht dem Grunde nach abgelehnt und somit die Fälligkeit des Anspruchs herbeigeführt hat.

4. Prüfung der Notwendigkeit zu Rücktritt oder Anfechtung des VR. Fälligkeit tritt nicht ein, solange der VR zeitlich angemessen und erforderlichenfalls prüft, ob Rücktrittsvoraussetzungen oder Gründe zur Anfechtung wegen arglistiger Täuschung vorliegen.[52]

5. Beendigung der Feststellungen. a) Endgültige Ablehnung. Nach Abs. 1 sind die Leistungen des VR fällig, wenn dieser die notwendigen Erhebungen beendet hat. Davon ist auszugehen, wenn der VR Leistungen endgültig ablehnt. Denn damit stellt der VR klar, dass keine weiteren Feststellungen zur Entschließung über den erhobenen Anspruch erforderlich sind. Deshalb gilt: **Lehnt der VR die Leistung zu Unrecht ab**, wird die Leistung mit dem Zugang des Schreibens über die endgültige Regulierungsablehnung fällig,[53] auch wenn sie mit einem Vergleichsangebot ver-

---

48 BGH 21.10.1998 – IV ZR 228/97, VersR 1999, 227 = NVersZ 1999, 142.
49 KG Berlin 18.12.1950 – 4 U 1452/50, VersR 1951, 73.
50 OLG Schleswig 29.12.1994 – 16 U 77/94, VersR 1996, 93.
51 OLG Hamm 5.10.1988 – 20 U 344/87, VersR 1989, 906; OLG Hamm 28.11.1990 – 20 U 158/90, VersR 1991, 1369; OLG Koblenz 14.8.1998 – 10 U 1332/97, r+s 1998, 404; OLG Köln 4.12.2001 – 9 U 229/00, zfs 2002, 295; AG Gummersbach 15.11.2011 – 15 C 151/11, SP 2012, 231; Looschelders/Pohlmann/C. Schneider, § 14 Rn 19.
52 OLG Köln 13.1.2014 – 20 W 91/13, VersR 2015, 305; KG 8.7.2014 – 6 U 134/13, VersR 2014, 1191; OLG Hamburg 2.3.2010 – 9 U 186/09, VersR 2010, 749; OLG Köln 19.3.2010 – 20 U 173/09, n.v.; LG Berlin 12.6.2013 – 23 O 341/12, VersR 2014, 230; LG München I 20.1.1993 – 4 O 12156/92, r+s 1993, 202; Prölss/Martin/Armbrüster, § 14 Rn 18; Langheid/Wandt/Fausten, § 14 Rn 22; Looschelders/Pohlmann/C. Schneider, § 14 Rn 13; Britz, VersR 2015, 410, 411; Veenker, Die Fälligkeit von Geldleistungen des Versicherers, 2008, S. 24 f.
53 BGH 22.3.2000 – IV ZR 233/99, NVersZ 2000, 332 = VersR 2000, 753 = r+s 2000, 348; BGH 27.9.1989 – IVa ZR 156/88, VersR 1990, 153 = r+s 1990, 58; BGH 10.2.1971 – IV ZR 159/69, VersR 1971, 433; OLG Düsseldorf 21.6.1994 – 4 U 206/93,

bunden ist.⁵⁴ Ebenso werden die Ansprüche des Realgläubigers mit Zugang des Ablehnungsschreibens fällig.⁵⁵ Die Fälligkeit entfällt nicht durch „Wiedereintritt" des VR in die Prüfung (etwa durch Erklärung erneuter Prüfbereitschaft), wenn der VR gleichzeitig weiterhin Leistungsfreiheit geltend macht.⁵⁶ Andererseits führt eine Leistungsablehnung des VR aus anderem Grunde (etwa Prämienverzug) nicht zu einer Fälligkeit noch nicht entstandener Ansprüche.⁵⁷

27 In dem Antrag des VR auf Klageabweisung liegt eine endgültige Ablehnung. Damit ist eine Abweisung der Klage wegen fehlender Fälligkeit als zurzeit unbegründet nicht möglich.⁵⁸

28 b) **Sonstiges.** In Fällen **unsachgemäßer Verzögerungen** bei den Ermittlungen des VR tritt Fälligkeit zu dem Zeitpunkt ein, an dem die Erhebungen bei sachgerechtem Verhalten beendet gewesen wären.⁵⁹ Beweisbelastet für die Verzögerung und den Zeitpunkt, zu dem die Ermittlungen hätten abgeschlossen werden können, ist der VN.⁶⁰ Voraussetzung für die Durchsetzbarkeit etwaiger Schadensersatzansprüche des VN ist jedoch ferner, dass sich der VR zusätzlich in Verzug befunden hat.⁶¹ Mit einer **in den AVB getroffenen Fälligkeitsvereinbarung** wird § 14 dann nicht abbedungen, wenn die Regelung nichts über die Fälligkeit bei Deckungsablehnung sagt.⁶²

29 6. **Einzelne Versicherungsarten.** a) **Unfallversicherung.** Im Recht der privaten Unfallversicherung wird diskutiert, ob § 14 von den Regelungen des § 187 VVG, Ziff. 9.1 und 9.2 AUB 2014 (Ziff. 9.1 AUB 2010; § 11 I. AUB 88/94) als speziellere Vorschriften verdrängt wird. In diesem Fall wäre die Verpflichtung des VR zur Abgabe eines Anerkenntnisses mit der Folge der Zahlungspflicht binnen zwei Wochen bedingungsgemäß ausschließlich an das Vorliegen der Unterlagen zum Unfallhergang, zu den Unfallfolgen und beim Invaliditätsanspruch zum weitgehenden Abschluss des Heilverfahrens geknüpft, soweit dies für die Invalidität von Bedeutung ist. Innerhalb der zur Verfügung stehenden Prüfungsfrist (nach den AUB ein Monat bzw. bei Invalidität drei Monate) müssten also auch Gesundheitsdaten eingeholt werden. Stünde dem der Widerspruch des VN (§ 213) entgegen, würde dies die Fälligkeit des Leistungsanspruchs nicht berühren.

Zutreffend erscheint indes, dass die Regelungen in § 187 Abs. 2 VVG, Ziff. 9.1 und 9.2 AUB 2014 Spezialregeln zur Fälligkeit nur für die Fälle bereithält, in denen der VR positiv über den erhobenen Anspruch entscheidet, also ein Anerkenntnis ausspricht. In den Fällen allerdings, in denen sich der VR nicht innerhalb der Frist zu seiner Leistungspflicht erklärt, gilt sowohl nach dem bisherigen Verständnis der Bedingungsregelungen als auch nach der Gesetzesbegründung die allgemeine Regelung des § 14 fort.

VersR 1994, 1460; OLG Hamm 26.4.1989 – 20 U 252/88, VersR 1990, 82; OLG Hamm 4.9.1990 – 20 W 35/90, VersR 1991, 535; OLG Hamm 28.1.1994 – 20 U 265/93, r+s 1994, 241; OLG Köln 26.10.1989 – 5 U 55/89, VersR 1990, 373; LG Dortmund 22.10.2010 – 2 O 382/09.
54 OLG Dresden 11.3.2010 – 4 U 846/09, VersR 2010, 1212; OLG Köln 17.9.1987 – 5 U 12/87, VersR 1987, 1210.
55 OLG Hamm 28.1.1994 – 20 U 265/93, VersR 1994, 1106 = r+s 1994, 241.
56 OLG Köln 9.5.2006 – 9 U 219/05, zfs 2007, 217.
57 BGH 27.2.2002 – IV ZR 238/00, VersR 2002, 472.
58 OLG Köln 4.7.2000 – 9 U 154/99, NVersZ 2001, 34 = r+s 2000, 468.
59 OLG Saarbrücken 9.11.2005 – 5 U 286/05, r+s 2006, 385; OLG Hamm 23.8.2000 – 20 U 45/00, r+s 2001, 263; OLG Düsseldorf 21.6.1994 – 4 U 206/93, VersR 1994, 1460.
60 *Asmus*, NVersZ 2000, 361, 364; Looschelders/Pohlmann/*C. Schneider*, § 14 Rn 25.
61 Looschelders/Pohlmann/*C. Schneider*, § 14 Rn 25.
62 Vgl BGH 22.3.2000 – IV ZR 233/99, NVersZ 2000, 332 = VersR 2000, 753 = r+s 2000, 348.

b) BUZ. Wenn der VN die Fragen des VR beantwortet hat und sich auch ansonsten den Ermittlungen des VR unterzogen hat, ist ihm ein längeres Zuwarten nicht mehr abzuverlangen, wenn ihm nicht konkret erklärt wird, welche weiteren Angaben oder Informationen erforderlich sind, um die Einstandspflicht abschließend beurteilen zu können. Ein bloßer Hinweis des VR auf „dürftige Angaben zur berufskundlichen Sachlage" verdeutlicht dem VN nicht, welche konkreten Angaben noch zu machen sind. Die bloße Ankündigung einer weiteren Leistungsprüfung für den Fall „entsprechender" Konkretisierung stellt aus Sicht des VN keine ernstzunehmende Fortführung der Leistungsprüfung dar und muss damit dieselben Folgen haben wie eine endgültige Leistungsverweigerung des VR (nämlich den Eintritt der Fälligkeit).[63]

III. Abschlagszahlung und Hemmung (Abs. 2)

1. Abschlagszahlung (Abs. 2 S. 1). Die Regelung des Abs. 2 S. 1 gibt dem VN einen Anspruch auf Abschlagzahlungen in Höhe des Betrages, den der VR zumindest schuldet. Als **Voraussetzung** des Anspruchs muss feststehen, dass der VR dem Grunde nach eintrittspflichtig ist.[64] Dem VR soll nicht zugemutet werden, Geldleistungen zu erbringen, ohne dass seine Haftung für den Schaden unzweifelhaft ist. Auch der Höhe nach geht der Anspruch auf Abschlagzahlung nur auf das, was der VR in jedem Falle zu zahlen hat.[65]

Fehlen zur endgültigen Feststellung des Schadens teilweise noch Unterlagen, hat der VR zu prüfen, ob nicht auch ohne sie der Mindestschaden festgestellt werden kann. Der VR ist in jeder Lage des Verfahrens – auch während eines Prozesses – gehalten, in Höhe des jeweils festzustellenden Schadens Abschlagszahlungen zu leisten.[66] Auch mit der Abschlagszahlung kann der VR in Verzug kommen, so dass ein Anspruch auf Ersatz des Verzugsschadens entstehen kann.

2. Hemmung (Abs. 2 S. 2). Nach Ablauf der Monatsfrist kann die Abschlagszahlung verlangt werden. Die Frist ist gehemmt, wenn der VN schuldhaft zur Verzögerung beiträgt. **Schuldhafte Verzögerung** wird angenommen, wenn der VN keine hinreichenden Auskünfte gibt oder den Sachverständigen nicht benennt.

Ist die Monatsfrist abgelaufen, hat das weitere Verhalten des VN auf die Verzinsung keinen Einfluss mehr.[67]

IV. Verzug

1. Voraussetzungen. Der VR gerät nicht zugleich mit der Fälligkeit des Geldleistungsanspruchs in Verzug. Die Verzugsvoraussetzungen richten sich nach der allgemeinen Vorschrift des § 286 BGB. Danach tritt Verzug ein bei **Nichtleistung** des VR trotz **Fälligkeit** und **Mahnung**. Ein **Verschulden** des VR wird widerleglich vermutet (§ 286 Abs. 4 BGB).

Eine **Zahlung des VR unter Vorbehalt** (bzw **ohne Anerkennung einer Rechtspflicht**) hat – jedenfalls wenn der Vorbehalt nur zum Ausschluss der Rechtsfolgen des § 814 BGB diente – Erfüllungswirkung und stellt keine Nichtleistung iSd § 286 Abs. 1 BGB dar.[68] Leistet der VR trotz Fälligkeit nicht, tritt Verzug mit der Mah-

---

63 OLG Hamm 26.9.2012 – 20 U 23/12, zfs 2013, 217.
64 OLG Frankfurt 15.6.2012 – 7 U 246/11, juris; OLG Zweibrücken 14.7.2004 – 1 U 11/04, OLGR Zweibrücken 2005, 59.
65 BGH 2.10.1985 – IVa ZR 18/84, VersR 1986, 77; OLG Frankfurt 15.6.2012 – 7 U 246/11, juris; OLG Hamm 28.11.1990 – 20 U 158/90, VersR 1991, 1369.
66 Vgl OLG Hamm 23.6.1993 – 20 U 91/93, r+s 1994, 23.
67 Vgl BGH 10.4.1984 – VI ZR 222/82, VersR 1984, 1136.
68 Prölss/Martin/*Armbrüster*, § 14 Rn 27; Langheid/Wandt/*Fausten*, § 14 Rn 106; Looschelders/Pohlmann/C. *Schneider*, § 14 Rn 45.

nung des VN ein (§ 286 Abs. 1 BGB). Ausnahmsweise ist eine Mahnung dann entbehrlich, wenn der VR die Leistung ernsthaft und endgültig verweigert hat.[69] Bereits dem Grunde nach nicht anwendbar ist die Regelung des § 286 Abs. 3 BGB, wonach der Schuldner einer Entgeltforderung 30 Tage nach Fälligkeit und Zugang einer Rechnung oder einer gleichwertigen Zahlungsaufforderung in Verzug gerät. Denn „Entgeltforderungen" iSd Gesetzes sind nur solche Ansprüche, die auf Zahlung eines Entgelts für die Lieferung von Gütern oder die Erbringung von Dienstleistungen gerichtet sind. Dies ist bei Deckungsansprüchen aus einem VersVertrag nicht der Fall.[70]

37 Vom gesetzlich vermuteten Verschulden kann sich der VR dann exkulpieren, wenn er einen unverschuldeten Rechts- oder Tatsachenirrtum darlegt und beweist. An die Sorgfaltspflichten des VR werden insoweit strenge Anforderungen gesetzt. Ein **Rechtsirrtum** etwa ist nur dann unverschuldet, wenn der VR nach sorgfältiger Prüfung der Sach- und Rechtslage mit einem Unterliegen im Rechtsstreit nicht zu rechnen brauchte. Dies kann vor allem bei höchstrichterlich noch ungeklärten Rechtsfragen der Fall sein.[71] Von einem unverschuldeten **Tatsachenirrtum** kann dann auszugehen sein, wenn der VR keinen Anlass hatte, an der ihm zum Zeitpunkt der Regulierungsentscheidung vorliegenden Tatsachengrundlage zu zweifeln und auch der VN die erkennbar zugrunde gelegten Tatsachen nicht richtigstellte.[72]

38 **2. Rechtsfolgen.** Im Fall des Verzugs hat der VR den Verzugsschaden zu ersetzen, der regelmäßig in den Kosten der Rechtsverfolgung, namentlich den **Rechtsanwaltskosten**, sowie in den Verzugszinsen (§§ 288 Abs. 1, 247 BGB) besteht. Hierbei ist zu berücksichtigen, dass Rechtsanwaltskosten nur dann erstattungsfähig sind, wenn sie nach Verzugseintritt entstanden. Fand die Beauftragung des Rechtsanwalts durch den VN bereits vor dem Verzugseintritt statt, kann der VN Ersatz der Anwaltskosten auch dann nicht verlangen, wenn der VR später in Verzug gerät.[73]

39 **3. Verzugszinsen (Abs. 3).** Der Regelungsgehalt des § 11 Abs. 4 aF wird in Abs. 3 unverändert beibehalten.[74] Die Vorschrift legt fest, dass eine Vereinbarung, durch die der VR von der Verpflichtung zur Zahlung von Verzugszinsen befreit wird, unwirksam ist.

V. Abdingbarkeit

40 Da Abs. 1 nach § 18 nicht zwingend ist,[75] können sich Abweichungen aus den AVB ergeben. Halbzwingend (und daher nicht zu Lasten des VN abdingbar) ist allein das in Abs. 2 S. 1 geregelte Recht, Abschlagszahlungen zu verlangen. Ferner gilt gem. Abs. 3 die Unwirksamkeit einer Vereinbarung, die den VR von der Verpflichtung zur Zahlung von Verzugszinsen befreit (vgl Rn 39).

---

69 BGH 27.9.1989 – IVa ZR 156/88, VersR 1990, 153.
70 Vgl ausf. Looschelders/Pohlmann/C. *Schneider*, § 14 Rn 47.
71 BGH 6.12.2006 – IV ZR 34/05, VersR 2007, 537.
72 OLG Düsseldorf 11.4.2000 – 4 U 54/99, VersR 2001, 885.
73 OLG Köln 4.12.2001 – 9 U 229/00, r+s 2002, 188; OLG Saarbrücken 7.7.1999 – 5 U 139/99, VersR 2000, 358; AG Köln 25.11.1993 – 117 C 292/93, VersR 1994, 1170; Looschelders/Pohlmann/C. *Schneider*, § 14 Rn 52.
74 Begr. RegE, BT-Drucks. 16/3945, S. 63.
75 S. Marlow/Spuhl/*Spuhl*, Rn 25; *Meixner/Steinbeck*, S. 96 Rn 348.

§ 15 Hemmung der Verjährung

Ist ein Anspruch aus dem Versicherungsvertrag beim Versicherer angemeldet worden, ist die Verjährung bis zu dem Zeitpunkt gehemmt, zu dem die Entscheidung des Versicherers dem Anspruchsteller in Textform zugeht.

I. Normzweck 1	3. Anmeldung des VN 17
II. Verjährung 3	4. Entscheidung des VR......... 19
1. Anwendbare Verjährungsregelungen 3	a) Ende der Hemmung durch Entscheidung 19
2. Fristbeginn 4	b) Ende der Hemmung durch Nichtbeantwortung 20
a) Allgemeines 4	
b) Objektives Element in § 199 Abs. 1 BGB......... 5	c) Ende der Hemmung aufgrund offensichtlich nicht vorhandenen Verfolgungsinteresses des VN... 21
c) Subjektives Element – Kenntnis oder grob fahrlässige Unkenntnis........ 8	
d) Jahresschluss.............. 9	5. Form............................ 22
3. Fristdauer..................... 10	6. Empfänger der Entscheidung 23
a) Regelverjährung gem. § 195 BGB 11	7. Berechnung................... 24
	8. Wirkung der Hemmung...... 25
b) Verjährungshöchstgrenzen gem. § 199 Abs. 3 und 4 BGB 12	a) § 209 BGB 25
	b) Erneute Verhandlungen .. 26
4. Fristende...................... 14	c) Prozesshandlungen, weitere Handlungen.......... 28
III. Hemmung der Verjährung........ 15	
1. Allgemeines................... 15	9. Beweislast 29
2. Anspruch aus dem Versicherungsvertrag.................. 16	

I. Normzweck

Die Regelung des § 15 schützt den VN vor Verjährungseintritt bei länger währenden Verhandlungen mit dem VR. Der VN wird in der Zeit, in der seine Ansprüche noch in der Schwebe sind, vor dem Weiterlaufen der Verjährungsfrist bewahrt. Die Durchsetzung seiner Ansprüche soll durch die Verjährung nicht gefährdet werden.[1] Die Hemmung der Verjährung endet erst dann, wenn der VN die **Regulierungsentscheidung des VR** erhalten hat. Dann besteht Klarheit und der VN bedarf des Schutzes nicht mehr. Ferner werden durch die redaktionellen Änderungen des § 12 Abs. 2 aF die Fälle berücksichtigt, in denen der angemeldete Anspruch nicht dem VN, sondern einem Pfandgläubiger oder Zessionar zusteht.[2] 1

Eine Parallelvorschrift für Direktansprüche eines Dritten gegen den (Pflicht-)Versicherer des Schädigers findet sich in § 115 Abs. 2 S. 3. 2

II. Verjährung

1. Anwendbare Verjährungsregelungen. Es gelten auch für Ansprüche aus dem VersVertrag die allgemeinen Verjährungsvorschriften der §§ 195 ff BGB.[3] 3

2. Fristbeginn. a) Allgemeines. Für Neuverträge gilt das sog. subjektive System des § 199 Abs. 1 BGB.[4] Neben die objektive Voraussetzung, dass zur Begründung 4

---

1 So zur Vorgängervorschrift OLG Hamm 13.1.1993 – 20 U 224/92, VersR 1993, 1473 = r+s 1993, 237; vgl ferner auch BGH 30.4.1991 – VI ZR 229/90, VersR 1991, 878.
2 Begr. RegE, BT-Drucks. 16/3945, S. 64.
3 Begr. RegE, BT-Drucks. 16/3945, S. 64; vgl ausf. *Muschner/Wendt*, MDR 2008, 609.
4 S. Marlow/Spuhl/*Spuhl*, Rn 22.

des Fristbeginns der „Anspruch entstanden" sein muss, tritt als subjektives Element die Notwendigkeit der Kenntnis der den Anspruch begründenden Umstände sowie der Person des Schuldners bzw grob fahrlässige Unkenntnis hiervon.[5] Die Verjährung beginnt mit Ablauf des Jahres, in dem beide Voraussetzungen erstmals vorliegen.[6]

5 **b) Objektives Element in § 199 Abs. 1 BGB.** Die für den Verjährungsbeginn von Ansprüchen aus dem VersVertrag maßgebende Regelung des § 199 Abs. 1 Nr. 1 BGB setzt voraus, das „der Anspruch entstanden ist". Dieses Tatbestandsmerkmal ist in seiner Bedeutung eigenständig für das Verjährungsrecht auszulegen.[7] Die Verjährung beginnt erst, wenn der Anspruch – notfalls im Klagewege – durchgesetzt werden kann.[8] Im Sinne des § 199 Abs. 1 Nr. 1 BGB ist der Anspruch daher erst mit **Fälligkeit** entstanden. Erst mit Fälligkeit des Anspruchs iSd § 14 beginnt die Verjährungsfrist zu laufen.[9]

Ansprüche auf **wiederkehrende Leistungen** entstehen regelmäßig mit der Fälligkeit der einzelnen Leistung.[10] Ein auf wiederkehrende Leistungen gerichteter Anspruch entsteht für jede Teilleistung besonders und gesondert mit dem Zeitpunkt, in dem die Teilleistung verlangt werden kann.[11] Stellen die einzelnen Leistungen jedoch „Nutzungen" eines in sich geschlossenen „Stammrechts" dar, verjährt das „Stammrecht" (der Anspruch im Ganzen) neben den Ansprüchen auf die einzelnen Teilleistungen.[12]

Nach der Rspr des BGH zur **privaten Unfallversicherung**[13] sind dortige Leistungsansprüche nicht als Ansprüche aus einem Versicherungsfall, sondern eben als Ansprüche aus einem solchen „Stammrecht" zu bewerten, welches seinerseits der Verjährung zugänglich ist. Zur **BUZ** hat der BGH[14] zu § 12 Abs. 3 aF entschieden, dass der VN mit der Anzeige des Versicherungsfalles den gesamten Anspruch auf die zu gewährende Versicherungsrente – dem Grunde nach – als „Stammrecht" erhoben hat. Einer weiteren Aufforderung zur Zahlung der aus diesem Stammrecht fließenden Rentenbeträge bedurfte es nicht mehr. Es verjährt somit der **Gesamtanspruch** aus dem Unfallversicherungs- oder BUZ-Vertrag innerhalb der geltenden Verjährungsfrist.[15]

Der nach einem **Widerspruch gem.** § 5 a aF geltend gemachte Bereicherungsanspruch ist nicht bereits mit jeder einzelnen Prämienzahlung, sondern erst mit dem Widerspruch entstanden. Der Bereicherungsanspruch wird nämlich erst fällig, wenn der VN den Widerspruch erklärt und damit den bis dahin schwebend unwirksamen VersVertrag endgültig die Wirksamkeit versagt.[16]

---

5 S. Marlow/Spuhl/*Spuhl*, Rn 27.
6 S. Palandt/*Ellenberger*, § 199 BGB Rn 2; HK-BGB/*Dörner*, § 199 Rn 2; vgl *Rixecker*, zfs 2007, 430, 431.
7 S. auch zum Folgenden *Pohlmann*, Jura 2005, 1, 3.
8 BGH 17.2.1971 – VIII ZR 4/70, BGHZ 55, 340, 341; BGH 22.2.1979 – VII ZR 256/77, BGHZ 73, 363, 365; BGH 18.12.1980 – VII ZR 41/80, BGHZ 79, 176, 178.
9 BGH 12.2.1970 – VII ZR 168/67, BGHZ 53, 222, 225; BGH 17.2.1971 – VIII ZR 4/70, BGHZ 55, 340, 341; BGH 19.12.1990 – VIII ARZ 5/90, BGHZ 113, 193; OLG Stuttgart 3.4.2014 – 7 U 228/13, VersR 2014, 1115; Palandt/*Ellenberger*, § 199 BGB Rn 3; HK-BGB/*Dörner*, § 199 Rn 3; *Pohlmann*, Jura 2005, 1, 3; Langheid/Wandt/*Fausten*, § 15 Rn 22; Prölss/Martin/*Armbrüster*, § 15 Rn 2.
10 Palandt/*Ellenberger*, § 199 BGB Rn 3.
11 MüKo-BGB/*Grothe*, § 199 Rn 8.
12 MüKo-BGB/*Grothe*, § 199 Rn 8, § 194 Rn 3, § 217 Rn 4.
13 BGH 20.1.1955 – II ZR 108/54, VersR 1955, 97.
14 BGH 2.11.2005 – IV ZR 15/05, VersR 2006, 102.
15 Mit ausführlicher Begründung OLG Stuttgart 3.4.2014 – 7 U 228/13, VersR 2014, 1115 (zur BUZ); ebenso für die Erwerbsunfähigkeitsversicherung OLG Hamm 26.11.2014 – 20 W 35/14.
16 BGH 8.4.2015 – IV ZR 103/15, WM 2015, 865.

Da es zur Begründung der Fälligkeit mitunter **Mitwirkungshandlungen des VN** bedarf, kann dieser den Beginn der Verjährung hinausschieben, wenn er etwa die Anzeige des Versicherungsfalles unterlässt oder bei einer Erhebung nicht mitwirkt.[17] Ein derartiges Verhalten kann sogar dann sanktionslos bleiben, wenn der VR Mitwirkungsobliegenheiten in den AVB formuliert hat. Denn selbst bei vorsätzlicher Obliegenheitsverletzung ist dem VN nach § 28 ein Kausalitätsgegenbeweis möglich.[18]

Allerdings sind bei der Bestimmung des Verjährungsfristbeginns von der Rspr entwickelte Maßstäbe zur Verhinderung **missbräuchlichen Verhaltens** anzuwenden.[19] Wenn das Unterbleiben oder die Verzögerung der Mitwirkung des VN berechtigte Interesse des VR erheblich verletzt, ist von einem Verjährungsbeginn bereits zum Schluss des Jahres auszugehen, in dem die Mitwirkungshandlung hätte redlicherweise erfolgen müssen.[20] Nicht erforderlich ist, dass dem VN über den Verschuldensvorwurf hinaus rechtsmissbräuchliches Verhalten vorgehalten werden kann.[21] Jedenfalls ist von einem derart vorzeitigen Fristbeginn aber dann auszugehen, wenn der VN seine Mitwirkung ohne plausiblen Grund verzögert und die Verschlechterung der Position des VR im Hinblick auf Einwendungen gegen seine Leistungspflicht in Kauf nimmt, wenn nicht sogar beabsichtigt.[22]

c) Subjektives Element – Kenntnis oder grob fahrlässige Unkenntnis. Die Regelung des § 199 Abs. 1 BGB knüpft für den Beginn des Verjährungsfristenlaufs nicht nur an die objektive Voraussetzung der Fälligkeit des Anspruchs auf Versicherungsleistung an. Vielmehr stellt § 199 Abs. 1 BGB für den Beginn der Verjährung kumulativ zusätzliche subjektive Anforderungen. Es muss **Kenntnis oder grob fahrlässige Unkenntnis** des Gläubigers von den „den Anspruch begründenden Tatsachen und der Person des Schuldners" bestanden haben. In den meisten Versicherungsverhältnissen setzt allerdings bereits die Begründung der Fälligkeit eines Anspruchs Mitwirkungshandlungen des VN (wie etwa die Anzeige des Versicherungsfalls, die Beibringung von Unterlagen) voraus.[23] Es liegt daher in der Natur der Sache, dass der VN in diesen Fällen bereits Kenntnis von den anspruchsbegründenden Tatsachen hat. Ein VN kann keinen Versicherungsfall anmelden, den er nicht kennt. Das subjektive Element wird daher in der Praxis eher selten Bedeutung erlangen.[24]

d) Jahresschluss. Gemäß § 199 Abs. 1 BGB beginnt der Lauf der Verjährungsfrist nicht in dem Zeitpunkt, in dem die Voraussetzungen der Fälligkeit nach § 199 Abs. 1 Nr. 1 BGB und der Kenntnis bzw grob fahrlässigen Unkenntnis nach § 199 Abs. 1 Nr. 2 BGB vorliegen, sondern erst mit Schluss des Jahres, in dem die Voraussetzungen erstmals gegeben sind.

3. Fristdauer. Für Neuverträge bestimmt sich die Fristdauer seit dem 1.1.2008 grds. nach den §§ 195 ff BGB.[25]

a) Regelverjährung gem. § 195 BGB. Nach § 195 BGB beträgt die regelmäßige Verjährungsfrist **drei Jahre**. Sie gilt grds für alle Ansprüche aus dem VersVertrag (vgl Rn 3), soweit das Gesetz keine kürzere oder längere Verjährungsfrist vor-

---

17 BGH 13.3.2002 – IV ZR 40/01, VersR 2002, 698; vgl Marlow/Spuhl/*Spuhl*, Rn 25 Fn 33; *Meixner/Steinbeck*, S. 96 Rn 348.
18 S. auch Marlow/Spuhl/*Spuhl*, Rn 25 Fn 33.
19 BGH VersR 2002, 698 = r+s 2002, 217 = NVersZ 2002, 309.
20 Schwintowski/Brömmelmeyer/*Ebers*, § 14 Rn 15; Beckmann/Matusche-Beckmann/*Reichel*, § 21 Rn 51 ff; Looschelders/Pohlmann/*C. Schneider*, § 14 Rn 23; aA Looschelders/Pohlmann/*Klenk*, § 15 Rn 3.
21 Looschelders/Pohlmann/*C. Schneider*, § 14 Rn 23.
22 Prölss/Martin/*Armbrüster*, § 15 Rn 4; Bruck/Möller/*Johannsen*, § 15 Rn 12.
23 S. auch *Meixner/Steinbeck*, S. 95 Rn 345.
24 So auch Marlow/Spuhl/*Spuhl*, Rn 27; *Grote/Schneider*, BB 2007, 2869, 2700.
25 S. *Niederleithinger*, A Rn 83; *Deutsch*, S. 128; vgl *Hering*, SVR 2008, 5; *Jost*, VP 2007, 208, 209; *Jost*, VP 2008, 2, 5.

schreibt oder die Parteien keine Fristverlängerung bzw -verkürzung vereinbart haben.[26]

12 **b) Verjährungshöchstgrenzen gem. § 199 Abs. 3 und 4 BGB.** Die Regelung des § 199 Abs. 1 BGB erfordert als subjektives Element Kenntnis oder grob fahrlässige Unkenntnis (s. Rn 8). Der Zeitpunkt der Kenntniserlangung des Gläubigers ist dabei zumeist jedoch unbestimmt und tritt unter besonderen Umständen evtl niemals ein. Im Interesse der Rechtssicherheit müssen daher zusätzliche absolute Höchstfristen festgelegt werden, die unabhängig von der Kenntnis des Gläubigers ablaufen. Dem trägt § 199 Abs. 4 BGB Rechnung. Dort ist eine Verjährungshöchstgrenze von **zehn Jahren** für solche Ansprüche vorgesehen, die nicht Schadensersatzansprüche sind. Die Verjährungshöchstgrenze gilt auch für Leistungsansprüche aus dem VersVertrag.[27]

13 Schadensersatzansprüche iSd § 199 Abs. 3 BGB[28] verjähren nach § 199 Abs. 3 Nr. 1 BGB ohne Rücksicht auf Kenntnis oder grob fahrlässige Unkenntnis in zehn Jahren von ihrer Entstehung an. Ohne Rücksicht auf die Entstehung und die Kenntnis oder grob fahrlässige Unkenntnis tritt Verjährung gem. § 199 Abs. 3 Nr. 2 BGB in **30 Jahren** nach Eintritt des Ereignisses ein, das den Schaden ausgelöst hat.[29]

14 **4. Fristende.** Das Fristende bestimmt sich nach § 188 Abs. 2 BGB. Da sich die Regelverjährung auf einen mehrere Monate umfassenden Zeitraum erstreckt, nämlich drei Jahre, und sie idR mit Abschluss des Jahres am 31.12. beginnt, endet die Frist gem. § 188 Abs. 2 BGB idR nach Ablauf der drei Jahre am 31.12. Dies gilt jedoch nur dann, wenn keine Hemmung nach § 15 eingetreten ist.

III. Hemmung der Verjährung

15 **1. Allgemeines.** Eine Ausnahme zur Anwendung der Verjährungsvorschriften des BGB auf Neuverträge ist die besondere Regelung zur Verjährungshemmung in § 15.[30] Nach § 15 ist die Verjährung eines beim VR angemeldeten Anspruchs aus dem VersVertrag bis zu dem Zeitpunkt gehemmt, in dem die Entscheidung des VR dem Anspruchsteller in Textform zugeht.

16 **2. Anspruch aus dem Versicherungsvertrag.** Ansprüche „aus dem Versicherungsvertrag" iSd § 15 sind solche, die ihre rechtliche Grundlage in dem VersVertrag haben.[31] In der **Lebensversicherung** gilt die Fünf-Jahres-Frist des § 12 Abs. 1 aF auch für die Erstattung des Rückkaufswerts nach § 176 aF.[32] Die Ansprüche auf eine Rückvergütung aus gekündigten Lebens- und RentenVersVerträgen verjähren spätestens fünf Jahre nach Ablauf des Jahres, in dem der VR den Vertrag abgerechnet hat.[33] Maßgebend für den Beginn der Verjährungsfrist sind nur die Entstehung des Anspruchs auf Auszahlung des Rückkaufswerts und dessen Fälligkeit. Der Anspruch auf eine Rückvergütung entsteht bereits mit der durch die Kündigung herbeigeführten Vertragsbeendigung; fällig wird er spätestens mit der Abrechnung der VersVerträge durch den VR. Dies gilt unverändert für (weitergehende) Ansprüche

---

26 Vgl Palandt/*Ellenberger*, § 195 BGB Rn 2; HK-BGB/*Dörner*, § 195 Rn 1; beachte zur Möglichkeit der vertraglichen Vereinbarung von Fristen die Grenzen nach § 202 BGB.
27 So auch *Meixner/Steinbeck*, S. 95 Rn 347.
28 Dies sind solche Schadensersatzansprüche, die nicht iSd § 199 Abs. 2 BGB auf der Verletzung des Lebens, des Körpers, der Gesundheit oder der Freiheit beruhen, mithin u.a. Ansprüche wegen Verletzung des Eigentums und des Vermögens, vgl Palandt/*Ellenberger*, § 199 BGB Rn 43.
29 Vgl auch *Jost*, VP 2007, 208, 209.
30 Vgl *Niederleithinger*, A Rn 83; Marlow/Spuhl/*Spuhl*, Rn 28.
31 BGH 14.1.1960 – II ZR 146/58, VersR 1960, 145.
32 Prölss/Martin/*Armbrüster*, Einleitung Rn 138.
33 BGH 14.7.2010 – IV ZR 208/09, VersR 2010, 1067.

auf eine höhere Rückvergütung, die sich aus einer veränderten Abrechnung nach Maßgabe der Senatsurteile vom 9.5.2001[34] und 12.10.2005[35] ergeben. Für den Verjährungsbeginn kommt es nicht darauf an, ob die VN zum Abrechnungszeitpunkt die Unwirksamkeit der Versicherungsbedingungen erkennen konnten.[36]

3. Anmeldung des VN. Die Hemmung der Verjährung hängt davon ab, dass „ein Anspruch aus dem Versicherungsvertrag ... angemeldet worden" ist. Die **Anmeldung** ist die **Erhebung des Anspruchs**,[37] die konkludent durch die Schadensanzeige erfolgen kann.[38] Die **Schadensanzeige** muss kenntlich machen, dass der VN eine Forderung geltend machen will. Dass aus der Anmeldung konkrete Angaben zur Höhe des geltend gemachten Anspruchs hervorgehen, ist nicht zwingend erforderlich.[39] Die Anforderungen an die Anmeldung bestimmen sich nach dem Einzelfall: 17

- In der **Unfallversicherung** ist die bloße Anzeige über den Unfall allein nicht ausreichend. Da in der Unfallversicherung meist mehrere Leistungen vertraglich zugesichert werden (etwa Heilkosten, Invaliditätsentschädigung), hat der VN dem VR mitzuteilen, welchen Anspruch er konkret geltend machen will.[40]

- In der **Kfz-Haftpflichtversicherung** ist es nicht ausreichend, wenn der geschädigte Dritte gegenüber dem VR Ansprüche geltend macht.[41] Dies gilt auch dann, wenn der VN dem Geschädigten die Adresse des VR sowie die Versicherungsnummer mitgeteilt hat.[42]

- In der **Rechtsschutzversicherung** genügt die Übersendung des Kostenfestsetzungsbeschlusses.[43]

Macht der VN keine ausreichenden Angaben, liegt keine wirksame Anmeldung des Anspruchs vor.[44] 18

4. Entscheidung des VR. a) Ende der Hemmung durch Entscheidung. Die Vorschrift des § 15 spricht von der „Entscheidung" des VR. Dies ist die eindeutige und abschließende Stellungnahme zu Grund und Umfang der Leistungspflicht.[45] Sie muss dem VN gegenüber kenntlich machen, dass sich der VR erschöpfend und abschließend zu dem Anspruch erklären wollte.[46] Nicht lediglich die ablehnende 19

---

34 BGH 9.5.2001 – IV ZR 138/99, BGHZ 147, 373 = VersR 2001, 839.
35 BGH 12.10.2005 – IV ZR 177/03, BGHZ 164, 297.
36 BGH 14.7.2010 – IV ZR 208/09, VersR 2010, 1067.
37 OLG Hamm 3.11.1976 – 20 U 51/76, VersR 1977, 1155; vgl Langheid/Wandt/*Fausten*, § 15 Rn 60.
38 BGH 20.1.1955 – II ZR 108/54, VersR 1955, 97; BGH 29.9.1960 – II ZR 135/58, VersR 1960, 988 = NJW 1960, 2187; BGH 5.3.1964 – II ZR 208/62, VersR 1964, 477; BGH 25.1.1978 – IV ZR 122/76, VersR 1978, 313.
39 BGH 25.1.1978 – IV ZR 122/76, VersR 1978, 313.
40 Vgl auch zum Folgenden OLG Hamm 13.1.1993 – 20 U 224/92, VersR 1993, 1473 = r+s 1993, 237.
41 OLG Köln 25.4.1985 – 5 U 171/84, r+s 1985, 235.
42 OLG Koblenz 27.2.1975 – 4 U 695/74, VersR 1975, 442; OLG Koblenz 11.12.1975 – 4 U 531/75, VersR 1976, 1080.
43 KG Berlin 24.4.1990 – 6 U 2186/89, r+s 1991, 23.
44 Vgl etwa OLG Düsseldorf 13.3.1990 – 4 U 146/89, r+s 1992, 322.
45 Vgl BGH 13.7.1982 – VI ZR 281/80, VersR 1982, 1006; BGH 30.4.1991 – VI ZR 229/90, VersR 1991, 878 = NJW 1991, 1954; OLG Düsseldorf 17.11.1975 – 1 U 59/75, VersR 1976, 674; OLG Hamburg 22.6.1983 – 4 U 154/82, r+s 1986, 55; OLG Köln 17.9.1987 – 5 U 12/87, VersR 1987, 1210; OLG Köln 18.4.1991 – 5 U 147/90, r+s 1991, 254; Prölss/Martin/*Armbrüster*, § 15 Rn 15; vgl auch die vormalige Parallelvorschrift des § 3 PflVG aF und hierzu BGH 30.4.1991 – VI ZR 229/90, VersR 1991, 878.
46 Vgl OLG Düsseldorf 31.3.1998 – 4 U 78/97, VersR 1999, 873 = NVersZ 2000, 239 = r+s 1999, 397; *Rogler*, jurisPR-VersR 3/2009 Anm. 2.

Entscheidung des VR beendet mithin die Hemmung, sondern ebenso eine anerkennende Entscheidung.[47]

20 **b) Ende der Hemmung durch Nichtbeantwortung.** Fraglich ist, ob und wann die Hemmung endet, wenn der VN Fragen des VR nicht beantwortet. Mit Rücksicht auf die eindeutige gesetzliche Regelung kommt ein Ende der Hemmung vor der Entscheidung des VR in Textform lediglich dann in Betracht, wenn der VN durch seine Weigerung, bei den Erhebungen des VR mitzuwirken, den Ablauf der Hemmung treuwidrig verhindert hat. In diesem Fall kann es angezeigt sein, eine Beendigung der Hemmung bereits für den Zeitpunkt anzunehmen, zu dem bei einem ordnungsgemäßen Verhalten des VN mit einer sachlichen Entscheidung des VR zu rechnen gewesen wäre.[48] In jedem Fall bleibt dem VR, die Leistung abzulehnen und damit die Verjährung in Gang zu setzen.

21 **c) Ende der Hemmung aufgrund offensichtlich nicht vorhandenen Verfolgungsinteresses des VN.** Verfolgt der VN einen angemeldeten Anspruch offensichtlich nicht mehr weiter, besteht für ihn **kein Schutzbedürfnis** mehr.[49] Die Interessen des VN sind in diesem Sinne auch dann nicht mehr schützenswert, wenn der VR eine abschließende Regulierung wegen fehlender Mitwirkung des VN zurückstellt.[50] Es bedarf in diesem Fall keiner Ablehnung durch den VR. Liefert der VN trotz Aufforderung notwendige Unterlagen nicht, kann der VR die Hemmung der Verjährung unterbrechen, indem er dem VN mitteilt, dass er sich aufgrund des bisherigen Sachvortrags noch nicht zu einer Schadensregulierung entschließen kann.[51]

22 **5. Form.** Das noch in § 12 aF festgelegte Schriftformerfordernis für die Mitteilung des VR wird durch die **Textform** (§ 126 b BGB) ersetzt.

23 **6. Empfänger der Entscheidung.** Empfänger der Entscheidung ist der VN. Dies gilt nur dann, wenn er Anspruchsinhaber ist. Handelt es sich, wie etwa bei der Versicherung für fremde Rechnung, um Ansprüche eines Versicherten, ist die Entscheidung diesem gegenüber abzugeben. Gleiches gilt für Bezugsberechtigte oder Realgläubiger.

24 **7. Berechnung.** Der Zeitraum der Hemmung wird der dreijährigen Verjährungsfrist hinzugerechnet.[52] Eingeschlossen sind die Tage, an denen der Hemmungsgrund entsteht und entfällt, wobei die konkrete Fristberechnung nach Ende der Hemmung von Beginn des Folgetages an erfolgt.[53] Für Ansprüche aus VersVerträgen gilt im Fall der Hemmung nach § 15, dass die dreijährige Verjährungsfrist des § 195 BGB erst am Folgetag des Zugangs der schriftlichen Entscheidung des VR beim VN zu laufen beginnt. Die Hemmung nach § 15 kommt nur dann zum Tragen, wenn der Lauf der Verjährungsfrist schon begonnen hat. Die Verjährungsfrist verlängert sich also ebenfalls ausschließlich um den zwischen Verjährungsfristbe-

---

47 BGH 30.4.1991 – VI ZR 229/90, VersR 1991, 878 = NJW 1991, 1954.
48 Vgl OLG Hamm 3.11.1976 – 20 U 51/76, VersR 1977, 1155; aA Römer/Langheid/*Rixecker*, § 15 Rn 12.
49 BGH 14.12.1976 – VI ZR 1/76, VersR 1977, 335 = NJW 1977, 674; OLG Düsseldorf 31.3.1998 – 4 U 78/97, VersR 1999, 873 = NVersZ 2000, 239 = r+s 1999, 436; OLG Hamm 19.12.1990 – 20 U 190/90, VersR 1991, 1397 = r+s 1991, 289; OLG Hamburg 22.6.1983 – 4 U 154/82, r+s 1986, 55; vgl auch OLG Karlsruhe 23.1.1987 – 14 U 184/85, VersR 1988, 351. Nach LG Hamburg 26.11.2007 – 306 O 119/07, VersR 2008, 907 führt eine Untätigkeit des VN bei der Anspruchsverfolgung von mehr als fünf Jahren zum Wegfall der Hemmung.
50 OLG Celle 20.10.1994 – 8 U 164/93, VersR 1995, 1173.
51 OLG Düsseldorf 3.8.1999 – 4 U 175/98, VersR 2000, 756 = NJW-RR 2000, 910 = NVersZ 2000, 387.
52 S. auch zum Folgenden HK-BGB/*Dörner*, § 209 Rn 1.
53 Das Ultimo-Prinzip gilt dann nicht, vgl hierzu BGH 9.12.1982 – III ZR 182/81, BGHZ 86, 104; HK-BGB/*Dörner*, § 209 Rn 1.

ginn und der Entscheidung des VR liegenden Zeitraum, nicht jedoch um die zwischen Anmeldung und Verjährungsfristbeginn liegende Zeit.[54]

8. Wirkung der Hemmung. a) § 209 BGB. Nach § 209 BGB bewirkt die Hemmung, dass die Zeitspanne, in der die Verjährung gehemmt ist, nicht in die Verjährungsfrist eingerechnet wird. Läuft die Verjährungsfrist bereits bei Erhebung des Anspruchs, ist sie gehemmt, bis der VN den wirksamen Bescheid des VR erhält.[55] Fehlende Geschäftsfähigkeit hemmt nur den Verjährungsablauf; Beginn und Dauer der Verjährung werden nicht geändert.[56] 25

b) Erneute Verhandlungen. Verhandeln die Parteien nach ablehnender Entscheidung des VR erneut, wirkt sich dies lediglich dann auf die Hemmungswirkung aus, wenn der VR kenntlich mach, dass die vorangegangene Entscheidung keinen Bestand haben soll. Dies ist der Fall, wenn der VR mitteilt, dass er die Frage seiner Leistungspflicht wieder als offen betrachte und erneut entscheiden wolle,[57] nicht aber schon dann, wenn sich der VR erneut mit der Frage der Leistungspflicht auseinandersetzt.[58] Erneute Verhandlungen wirken sich lediglich auf die Verjährungshemmung des zugrunde liegenden Verhandlungsgegenstands aus. 26

Beispiel: Der VN meldet nach einem Unfall Ansprüche aus der Unfallversicherung und der Krankenversicherung an. Nach erster Entscheidung des VR verhandeln die Parteien im Hinblick auf die Unfallversicherung erneut. Die Ansprüche aus der Krankenversicherung bleiben von der durch die erneuten Verhandlungen eintretende Hemmung der Verjährung unberührt.[59] Die Hemmung endet, wenn der VR erneut in Textform entschieden hat.[60]

Haben sich **zwei VR** auf einen gemeinsamen Gutachtenauftrag für einen Versicherungsfall und die federführende Bearbeitung dessen durch einen der VR geeinigt, bedeutet ein nach abschließender Begutachtung ergehender Bescheid auch des nicht federführend gewesenen VR ohne weiteres seine abschließende – die Hemmung beendende – Entscheidung iSd § 15.[61] Etwaige weitere Verhandlungen des anderen VR führen insoweit nicht zu einer weiteren Hemmung.[62] 27

c) Prozesshandlungen, weitere Handlungen. Eine Hemmung tritt jedenfalls mit Vorliegen der Voraussetzungen der §§ 203 ff BGB ein. Im Falle einer Teilklage ist die Verjährung nur in Höhe des eingeklagten Teilanspruchs gehemmt.[63] Eine nach Zahlung eines unter Vorbehalt geleisteten Vorschusses erhobene Klage des VR auf Rückforderung unterbricht nicht die Verjährung des Deckungsanspruchs.[64] Eine Beschwerde des VN beim Versicherungsombudsmann hemmt nach § 12 S. 1 der 28

---

54 Vgl insoweit noch zu § 12 Abs. 2 aF OLG Köln 17.9.1987 – 5 U 12/87, VersR 1987, 1210; OLG Köln 10.6.2008 – 9 U 144/07, VersR 2009, 391; Prölss/Martin/*Armbrüster*, § 15 Rn 14.
55 Vgl OLG Köln 17.9.1987 – 5 U 12/87, VersR 1987, 1210.
56 OLG Hamm 24.11.2000 – 20 U 108/00, VersR 2001, 1269 = r+s 2001, 445 = NVersZ 2001, 210.
57 OLG Koblenz 14.11.2008 – 10 U 592/07, VersR 2009, 771; OLG Hamm 14.7.1993 – 20 U 6/93, VersR 1994, 465; OLG Hamm 18.4.1980 – 20 U 263/79, VersR 1981, 727; OLG Hamm 30.5.1986 – 20 W 49/85, r+s 1986, 221; OLG Hamm 22.11.1991 – 20 U 145/91, VersR 1992, 729 = r+s 1992, 146.
58 OLG Hamm 24.11.2000 – 20 U 108/00, VersR 2001, 1269 = r+s 01, 445 = NVersZ 2001, 210; OLG Köln 23.9.1982 – 5 U 53/82, VersR 1983, 774; OLG Köln 17.9.1987 – 5 U 12/87, VersR 1987, 1210.
59 OLG Hamm 22.11.1991 – 20 U 145/91, VersR 1992, 729 = r+s 1992, 146.
60 OLG Köln 10.6.2008 – 9 U 144/07, VersR 2009, 391.
61 OLG Koblenz 11.12.2009 – 10 U 27/09, VersR 2010, 756 (zur Regelung des § 12 VVG aF).
62 OLG Koblenz 11.12.2009 – 10 U 27/09, VersR 2010, 756.
63 BGH 2.2.1984 – III ZR 13/83, VersR 1984, 390, 391 mwN.
64 OLG Köln 26.10.1989 – 5 U 55/89, VersR 1990, 373.

Verfahrensordnung des Versicherungsombudsmanns die Verjährung, eine Beschwerde bei der BaFin dagegen nicht.[65]

29 **9. Beweislast.** Die für den Beginn der Hemmung erforderliche Anmeldung des Anspruchs hat der VN darzulegen und zu beweisen. Für Umstände, aus denen sich das Ende der Hemmung ergibt, ist der VR darlegungs- und beweispflichtig.[66]

§ 16 Insolvenz des Versicherers

(1) Wird über das Vermögen des Versicherers das Insolvenzverfahren eröffnet, endet das Versicherungsverhältnis mit Ablauf eines Monats seit der Eröffnung; bis zu diesem Zeitpunkt bleibt es der Insolvenzmasse gegenüber wirksam.
(2) Die Vorschriften des Versicherungsaufsichtsgesetzes über die Wirkungen der Insolvenzeröffnung bleiben unberührt.

I. Normzweck

1 Die Vorschrift des § 16 regelt den seltenen, aber in Zeiten neuer unbekannter Risiken (etwa in der Umweltschadensversicherung) denkbaren Fall, in dem über das Vermögen eines VR das Insolvenzverfahren eröffnet wird, insb. im Hinblick auf die Wirksamkeit des zwischen VR und VN bestehenden Versicherungsverhältnisses. Die Regelung überlagert die allgemeine Vorschrift des § 103 InsO. Anders als dort besteht nach § 16 kein Wahlrecht des Insolvenzverwalters, Erfüllung der Verträge zu verlangen oder abzulehnen.[1] Die Norm des § 16 dient dem Schutz des VN, der innerhalb der Monatsfrist des Abs. 1 sich anderweitigen Versicherungsschutz verschaffen kann.

2 Eine Sonderregelung findet sich für die Pflichtversicherung in § 117 Abs. 6. Auf die frühere Sonderregelung des § 14 aF wird verzichtet, weil für ein besonderes Kündigungsrecht des VR kein hinreichender Bedarf erkennbar ist.[2]

II. Eröffnung des Insolvenzverfahrens (Abs. 1)

3 Abs. 1 regelt das Ende des Versicherungsverhältnisses bei Eröffnung des Insolvenzverfahrens gegen einen Schadensversicherer (der nicht die in § 77b VAG aufgeführten Versicherungsgeschäfte betreibt) sowie die Wirksamkeit gegenüber der Insolvenzmasse.

4 **1. Ende des Versicherungsverhältnisses (Abs. 1 Hs 1). a) Anwendungsbereich.** Abs. 1 Hs 1 findet nur dann Anwendung, wenn über das Vermögen des VR das Insolvenzverfahren eröffnet wurde, nicht jedoch, wenn der VersVertrag während der Monatsfrist aus anderen Gründen (etwa Kündigung nach dem Schadenfall) endet.[3] Nach § 143 Abs. 2 entfaltet die Beendigung iSd Abs. 1 keine Wirkung gegenüber dem Realgläubiger.

5 Die **Monatsfrist** des Abs. 1 beginnt mit dem Erlass des Eröffnungsbeschlusses. Die Berechnung der Frist erfolgt gem. §§ 187 Abs. 1, 188 Abs. 2 und 3 BGB. Die Anwendung des § 10 ist ausgeschlossen.[4] Während der Monatsfrist hat der VN vertragliche Obliegenheiten weiter zu erfüllen.[5]

---

65 AG Köln 30.11.1992 – 119 C 285/92, VersR 1993, 215.
66 Looschelders/Pohlmann/*Klenk*, § 15 Rn 37.
1 Bruck/Möller/*Johannsen*, § 16 Rn 3.
2 Begr. RegE, BT-Drucks. 16/3945, S. 64.
3 Prölss/Martin/*Armbrüster*, § 16 Rn 2.
4 Bruck/Möller/*Johannsen*, § 16 Rn 12.
5 Prölss/Martin/*Armbrüster*, § 16 Rn 3.

b) Versicherungsprämie. Endet das Versicherungsverhältnis nach Abs. 1, kann der VN den auf die Zeit nach der Beendigung des Versicherungsverhältnisses entfallenden Teil der Prämie unter Abzug der für diese Zeit aufgewendeten Kosten gem. § 39 Abs. 2 zurückfordern.[6] Sind Prämien nach Insolvenzeröffnung voll bezahlt, besteht der gleiche Anspruch als Masseschuld nach § 55 Abs. 1 Nr. 3 InsO.

c) Ansprüche des VN. aa) Primärleistung. Tritt der Versicherungsfall vor Eröffnung des Insolvenzverfahrens oder im Laufe der Monatsfrist des Abs. 1 ein, hat der VN Anspruch auf die Versicherungsleistung. Ansprüche des VN gegen den Haftpflichtversicherer auf Rechtsschutz wandeln sich gem. § 45 InsO um. Ihr Wert ist zur Zeit der Eröffnung des Insolvenzverfahrens zu schätzen.[7] Im Bereich der Kfz-Haftpflichtversicherung ist ab Stellung des Insolvenzantrags gem. § 12 Abs. 1 Nr. 4 PflVG der Entschädigungsfonds für Schäden aus Kfz-Unfällen (= Verkehrsopferhilfe e.V.)[8] eintrittspflichtig; dieser ist nicht subsidiär gegenüber Schadensersatzansprüchen gegen den Schädiger. Für Versicherungsfälle nach Ablauf der Monatsfrist hat der VR nicht mehr einzustehen.

bb) Sekundärleistung. Bei Beendigung des Vertrages steht dem VN kein Schadensersatzanspruch gegen den VR aus § 103 Abs. 2 S. 1 InsO analog zu, der auf Erstattung der Differenz zwischen dem bisher an den insolventen VR und nunmehr an einen anderen VR bis zum frühesten Zeitpunkt der vorgesehenen Vertragsbeendigung zu zahlenden Betrag gerichtet wäre.[9] Die Vorschrift des § 16 verdrängt gerade die anders lautende Regelung des § 103 Abs. 2 InsO, so dass für eine analoge Anwendung dieser Vorschrift kein Platz bleibt.[10]

2. Wirksamkeit gegenüber der Insolvenzmasse (Abs. 1 Hs 2). Abs. 1 Hs 2 stellt klar, dass das Versicherungsverhältnis der Insolvenzmasse gegenüber so lange wirksam bleibt, bis die nach Abs. 1 Hs 1 bestehende Monatsfrist abgelaufen ist.

3. Besonderheit: Kautionsversicherung. a) Problemdarstellung. Zwei Urteile des Insolvenzsenats des BGH[11] zur Kautionsversicherung haben eine Diskussion um die **Rechtsnatur** dieser Versicherung entfacht, mithin ob ihr ein VersVertrag oder ein Geschäftsbesorgungsvertrag zugrunde liegt. Je nach Klassifizierung hat dies unmittelbare Folgen für die Anwendbarkeit des § 103 InsO. Das hierin festgelegte Wahlrecht des Insolvenzverwalters besteht lediglich im Falle eines VersVertrages. Bei Vorliegen eines Geschäftsbesorgungsvertrages erlischt dagegen die Kautionsversicherung mit Eröffnung des Insolvenzverfahrens gem. §§ 115, 116 InsO.

b) Rechtsprechung. Die Rspr bewertet die Rechtsnatur der Kautionsversicherung uneinheitlich.[12] Der BGH[13] klassifizierte die Kautionsversicherung als Geschäftsbesorgungsvertrag iSd § 675 BGB. Er begründete die Einordnung als Geschäftsbesorgungsvertrag damit, dass als Geschäftsbesorgung jede selbständige Tätigkeit

---

6 Bruck/Möller/*Johannsen*, § 16 Rn 12.
7 Vgl hierzu *Helm*, ZfV 1964, 237; *Sieg*, VersR 1964, 639; Looschelders/Pohlmann/*Klenk*, § 16 Rn 13.
8 Vgl Verordnung über den Entschädigungsfonds für Schäden aus Kraftfahrzeugunfällen vom 14.12.1965 (BGBl. I S. 2093), geändert durch Verordnung vom 17.12.1994 (BGBl. I S. 3845).
9 Vgl Bruck/Möller/*Johannsen*, § 16 Rn 14; Prölss/Martin/*Armbrüster*, § 16 Rn 6; aA Looschelders/Pohlmann/*Klenk*, § 16 Rn 12.
10 Bruck/Möller/*Johannsen*, § 16 Rn 14.
11 BGH 6.7.2006 – IX ZR 121/05, VersR 2006, 1637 = WM 2006, 1814 = ZIP 2006, 1781 = BB 2006, 2101 = ZInsO 2006, 1055 = NZI 2006, 637 = NJW-RR 2007, 50 = MDR 2007, 107; BGH 18.1.2007 – IX ZR 202/05, VersR 2007, 1367 = WM 2007, 514 = ZIP 2007, 543 = NZI 2007, 234 = NJW-RR 2007, 848.
12 Übersicht bei *Thomas/Dreher*, VersR 2007, 731, 732.
13 BGH 6.7.2006 – IX ZR 121/05, VersR 2006, 1637 = NJW-RR 2007, 50 m. Anm. *Habersack*; BGH 18.1.2007 – IX ZR 202/05, VersR 2007, 1367 = NJW-RR 2007, 848; aA KG Berlin 4.6.2004 – 7 U 363/03, ZInsO 2004, 979 = KGR Berlin 2006, 871.

wirtschaftlicher Art zur Wahrnehmung fremder Vermögensinteressen anzusehen sei, für die ursprünglich der Geschäftsherr selbst zu sorgen hatte, die ihm aber durch den Geschäftsbesorger abgenommen werde.[14] Seiner wirtschaftlichen Funktion nach sei der KautionsVersVertrag mit dem Avalkreditvertrag vergleichbar,[15] der als Geschäftsbesorgungsvertrag einzuordnen sei, soweit sich die Bank zur Übernahme einer Bürgschaft verpflichte.[16] Darüber hinaus halte der Kautionsversicherer – abgesehen von der ihm zu stellenden Sicherheit – für den VN den Liquiditätsspielraum bei dessen Hausbank frei.[17]

12 **c) Literatur.** Die Literatur ordnet die Kautionsversicherung ebenfalls uneinheitlich als Geschäftsbesorgungsvertrag[18] oder als VersVertrag[19] ein. Für die Einordnung als Geschäftsbesorgungsvertrag wird insb. angeführt, dass die Kautionsversicherung ihrer ökonomischen Struktur zufolge die Kreditgewährung des VR an den Kunden auf dem Wege der Bereitstellung von Bürgschaften und insoweit mit dem sog. Avalkredit von Banken vergleichbar sei.[20] Dieser Avalkredit sei Geschäftsbesorgungsvertrag.[21] Für den KautionsVersVertrag könne daher nichts anderes gelten, da er rechtlich nicht anders zu bewerten sei.[22]

13 Dem ist nicht zuzustimmen.[23] Die Kautionsversicherung ist ein Versicherungsverhältnis, dem ein VersVertrag zugrunde liegt. Die Einordnung als Geschäftsbesorgungsvertrag trägt den versicherungsrechtlichen Besonderheiten der Kautionsversicherung nicht ausreichend Rechnung. Die Kautionsversicherung ist eine Schadensversicherung. Eine solche beruht auf dem Prinzip der konkreten Bedarfsdeckung, dh, es wird der konkret durch den Versicherungsfall eingetretene Vermögensschaden ersetzt.[24] Dies trifft auch auf die Kautionsversicherung zu. Der Kautionsversicherer verpflichtet sich vertraglich, den konkreten anfallenden Geldbetrag zu erbringen, den der VN aufgrund seiner Zahlungsunfähigkeit gegenüber seinem Geschäftspartner nicht erbringen kann. Die Leistung aus der Kautionsversicherung ist damit keine Erfüllung einer Hauptleistung anstelle des VN. Sie ist vielmehr eine Geldleistung auf versicherungsvertragsrechtlicher Grundlage.

---

14 BGH 6.7.2006 – IX ZR 121/05, VersR 2006, 1637 = NJW-RR 2007, 50 unter Hinweis auf BGH 25.4.1966 – II ZR 120/64, BGHZ 45, 223, 228 f; BGH 8.4.2004 – III ZR 432/02, WM 2004, 2398 f.
15 BGH 6.7.2006 – IX ZR 121/05, VersR 2006, 1637 = NJW-RR 2007, 50 unter Hinweis auf *Proske*, ZIP 2006, 1035.
16 BGH 6.7.2006 – IX ZR 121/05, VersR 2006, 1637 unter Hinweis auf BGH 19.9.1985 – IX ZR 16/85, BGHZ 95, 375, 380 f.
17 BGH 18.1.2007 – IX ZR 202/05, VersR 2007, 1367 = NJW-RR 2007, 848.
18 So *Cranshaw*, jurisPR-InsR 25/2006 Anm. 1; *ders.*, jurisPR-InsR 8/2007 Anm. 1; *Hess*, WuB VI A § 116 InsO 1.07; *Braun/Kroth*, InsO, § 116 Rn 15; *Kersting*, JRfdPV 1928, 361; *Müller*, LKM 2006, 196784; *Proske*, ZIP 2006, 1035, 1036; *Splied*, EWiR 2005, 573; *Vosberg*, ZIP 2002, 968, 970; *Wegener*, in: Frankfurter Kommentar zur InsO, 4. Aufl. 2006, § 116 Rn 11 a; vgl ferner *Bitter/Rauhut*, WuB VI A § 41 InsO 1.07.
19 Vgl *Gottschalk*, JW 1930, 3642; *v. Ammon*, ZVersWiss 1966, 401; *ders.*, ZVersWiss 1970, 521; *Bruck/Möller*, § 1 Anm. 4; *Berliner*, JRfdPV 1929, 27; *Gärtner*, VersR 1967, 118 mwN in Fn 5.
20 Vgl *Cranshaw*, jurisPR-InsR 25/2006 Anm. 1 unter Hinweis auf *Proske*, ZIP 2006, 1035, 1036.
21 S. auch BGH 19.9.1985 – IX ZR 16/85, BGHZ 95, 375, 381.
22 Vgl etwa *Vosberg*, ZIP 2002, 968, 970.
23 Vgl auch *Thomas/Dreher*, VersR 2007, 731, 738; *Gottschalk*, JW 1930, 3642; *v. Ammon*, ZVersWiss 1966, 401; *ders.*, ZVersWiss 1970, 521; *Bruck/Möller*, § 1 Anm. 4; *Berliner*, JRfdPV 1929, 27; *Gärtner*, VersR 1967, 118 mwN in Fn 5.
24 Vgl grundlegend BGH 24.9.1969 – IV ZR 776/68, VersR 1969, 1036; BGH 7.11.1973 – IV ZR 128/71, VersR 1974, 184.

III. Anwendung des VAG (Abs. 2)

Nach Abs. 2 bleiben die Vorschriften des VAG über die Wirkungen der Insolvenzeröffnung ausdrücklich unberührt. Nach der Sonderregelung des § 77b S. 1 VAG erlöschen bestimmte Verträge bei Insolvenz des VR bereits mit Eröffnung des Insolvenzverfahrens und nicht erst nach Ablauf der Monatsfrist. Dies betrifft Lebensversicherungen, substitutive Krankenversicherungen (§ 12 VAG), private Pflegeversicherungen (§ 12 f VAG) und Unfallversicherungen mit Prämienrückgewähr (§§ 77 b S. 1, 65 Abs. 4, 11 d VAG). VR dieser Art müssen einem Sicherungsfonds angehören (§§ 124 ff VAG), der die Verträge weiterzuführen imstande ist (§§ 125, 126 VAG). 14

§ 17 Abtretungsverbot bei unpfändbaren Sachen

Soweit sich die Versicherung auf unpfändbare Sachen bezieht, kann eine Forderung aus der Versicherung nur auf solche Gläubiger des Versicherungsnehmers übertragen werden, die diesem zum Ersatz der zerstörten oder beschädigten Sachen andere Sachen geliefert haben.

I. Normzweck

Der Gläubiger soll in Bezug auf eine Versicherungsforderung nicht besser stehen, als er bei einer unpfändbaren Sache stünde. Aus diesem Grund sieht § 17 vor, dass bei einer Versicherung, die sich auf nicht pfändbare Sachen bezieht, Forderungen der Vertragsparteien aus dem Versicherungsverhältnis nur auf den in der Vorschrift benannten Gläubigerkreis übertragen werden können. 1

II. Keine Abtretbarkeit

Die Regelung des § 17 formuliert eine **Ausnahme** zum **Grundsatz der freien Abtretbarkeit** von Ansprüchen aus Versicherungsverhältnissen. Welche Forderungen im Einzelnen nicht abgetreten und mithin nicht gepfändet werden können (§ 400 BGB), richtet sich nach der versicherten Sache und ihrer Unpfändbarkeit. 2

Über den Wortlaut („Sachen") hinaus greift die Regelung auch bei Versicherungen, die keine Sachen versichern, wie zB Kranken-, Lebens-, Berufsunfähigkeits- und Unfallversicherungen, soweit die Versicherungsleistungen den in §§ 850 a, 850 b Abs. 1 ZPO aufgeführten Leistungen entsprechen.[1] 3

Eine wirksame Abtretung ist nur an einen Gläubiger des VN möglich, der diesem zum Ersatz der zerstörten oder beschädigten Sache andere Sachen geliefert hat. Diese Regelung soll jedenfalls die wertmäßige Erhaltung des Pfändungsschutzes durch die Ersatzlieferung gewährleisten, so dass die Abtretung der Versicherungsforderung den Pfändungsschutz nicht unterläuft.[2] 4

III. Rechtsfolgen

1. Bei wirksamer Abtretung oder Pfändung/Verpfändung. Erfolgt eine Abtretung oder Verpfändung an einen in der Vorschrift genannten Gläubiger, der zum Ersatz der zerstörten oder beschädigten versicherten (und unpfändbaren) Sache eine andere geliefert hat, rückt dieser in die Rechtsstellung des VN. Er muss sich die Ein- 5

---

[1] BGH 25.1.1978 – VIII ZR 137/76, VersR 1978, 447; OLG Frankfurt 22.2.1995 – 23 U 158/94, VersR 1996, 614; OLG Saarbrücken 9.11.1995 – 5 U 69/94-3, 5 U 69/94, r+s 1996, 243; OLG München 12.7.1993 – 26 U 3586/92, VersR 1996, 318; Römer/Langheid/*Rixecker*, § 17 Rn 4; BK/*Gruber*, § 15 Rn 5.

[2] BK/*Gruber*, § 15 Rn 11.

wendungen entgegenhalten lassen, die der VR dem VN gegenüber hätte geltend machen können.[3]

6 Der VN verliert die Verfügungsbefugnis, bleibt aber Vertragspartner des VR mit der Folge, dass er etwa weiterhin Obliegenheiten zu erfüllen hat, anhaltend Prämienschuldner ist, ferner auch der richtige Adressat für Erklärungen, die sich auf das Versicherungsverhältnis beziehen, wie etwa Mahnung oder Kündigung.[4]

7 **2. Bei unwirksamer Abtretung oder Pfändung/Verpfändung.** Erfolgt eine Abtretung oder Verpfändung an einen nicht nach § 15 privilegierten Gläubiger, ist sie absolut (dh gegenüber jedermann) unwirksam.[5] Ein Schutz des VR wird durch § 409 BGB, § 836 Abs. 2 ZPO gewährleistet.[6] Hat der VR versehentlich an den Zessionar geleistet, richtet sich sein Rückforderungsanspruch nicht gegen ihn, sondern gegen den VN als seinen Vertragspartner.[7]

§ 18 Abweichende Vereinbarungen

Von § 3 Abs. 1 bis 4, § 5 Abs. 1 bis 3, den §§ 6 bis 9 und 11 Abs. 2 bis 4, § 14 Abs. 2 Satz 1 und § 15 kann nicht zum Nachteil des Versicherungsnehmers abgewichen werden.

I. Normzweck

1 Halbzwingende Vorschriften schränken die **Privatautonomie** der Parteien ein. Sie tragen der Tatsache Rechnung, dass die Richtigkeitsgewähr der Verträge[1] nicht immer gewährleistet ist, und schützen den strukturell unterlegenen[2] und schwächeren VN[3] – über die Kontrolle Allgemeiner Versicherungsbedingungen (§§ 305 ff BGB) hinaus – vor Parteivereinbarungen, die einseitig die Interessen des VR verwirklichen. Ist der VN nicht schutzbedürftig, ist § 18 gem. §§ 209 f nicht anwendbar.[4]

II. Halbzwingende Vorschriften

2 Die Regelung der **Beratungs- und Informationspflichten** (§§ 6 f) ist gem. § 18 halbzwingend, § 6 Abs. 3 erkennt jedoch ausdrücklich die Möglichkeit eines Beratungsverzichts an. Parallel dazu steht auch die vorvertragliche Informationspflicht des VR zur Disposition (e § 7 Abs. 1 S. 3) – auch wenn eine Rückkehr zum Policenmodell nach allgemeiner Meinung ausscheidet (s. § 1 Rn 57 ff). § 7 Abs. 2 und 3 und § 8 Abs. 5 sind der Disposition der Parteien kraft „Natur der Sache" vollständig entzogen.[5] Dass § 5 Abs. 4 nicht zur Disposition der Parteien steht, ergibt sich ebenfalls aus der Norm selbst.

---

3 Prölss/Martin/*Armbrüster*, § 17 Rn 21.
4 OLG Frankfurt 3.2.1995 – 25 U 155/94, VersR 1996, 90; Prölss/Martin/*Armbrüster*, § 17 Rn 19; Römer/Langheid/*Rixecker*, § 17 Rn 8.
5 Römer/Langheid/*Rixecker*, § 17 Rn 3; Prölss/Martin/*Armbrüster*, § 17 Rn 11.
6 Prölss/Martin/*Armbrüster*, § 17 Rn 11.
7 BGH 2.11.1988 – IVb ZR 102/87, BGHZ 105, 365 = VersR 1989, 900; Prölss/Martin/ *Armbrüster*, § 17 Rn 22, 23; BK/*Gruber*, § 15 Rn 17; aA *Koch*, VersR 1989, 892; *Dörner*, NJW 1990, 473.
1 Vgl *Schmidt-Rimpler*, AcP 147 (1941), 130 ff.
2 Zum Begriff BVerfG 19.10.1993 – I BvR 567/89, NJW 1994, 36, 38.
3 *BAV*, Motive zum VVG, Nachdruck 1963, S. 63.
4 Im Einzelnen, insb. zu den Großrisiken iSv Art. 10 Abs. 1 EGVVG: BGH 1.12.2004 – IV ZR 291/03, VersR 2005, 266; OLG Hamburg 26.10.2006 – 6 U 208/05, TransportR 2007, 258.
5 Begr. RegE, BT-Drucks. 16/3945, S. 64.

Halbzwingende Vorschriften schützen den VN davor, dass ihm die gesetzlich eingeräumte (vorteilhafte) Rechtsposition durch Parteivereinbarung – oder durch einseitigen Verzicht[6] – entzogen wird.[7] Auch die **Beweislastverteilung** darf nicht zulasten des VN abgeändert werden.[8] Halbzwingende Vorschriften stehen auch **nachträglich getroffenen nachteilhaften Vereinbarungen** entgegen.[9] Dafür spricht, dass der VN insb. in der Regulierungsphase dazu neigen wird, dem VR – auf Kosten eigener Interessen – entgegenzukommen,[10] und dass er die Risiken nachteilig abweichender Vereinbarungen im Regelfall auch nachträglich nicht ohne weiteres abschätzen kann.[11]

Ein Verstoß gegen halbzwingende Vorschriften liegt generell nur vor, „wenn die Würdigung der (von der gesetzlichen Regelung abweichenden) Klausel im Gesamtzusammenhang unter Berücksichtigung aller Vor- und Nachteile ergibt, dass sie zum Nachteil des Versicherungsnehmers abweicht".[12] Rspr[13] und Lit.[14] haben die Frage, ob Vor- und Nachteile einer abweichenden Regelung saldiert werden können, überwiegend bejaht.[15] Die **Bilanzierung der Vor- und Nachteile** setzt eine Beurteilung *ex ante* aus der Perspektive eines aufgeklärten und verständigen VN voraus, der die abweichende Vereinbarung sorgfältig analysiert.[16]

III. Rechtsfolgen

Vereinbarungen, die zum Nachteil des VN von den in § 18 aufgeführten Vorschriften abweichen, sind **unwirksam**;[17] während es früher lediglich hieß, der VR könne sich auf solche Vereinbarungen nicht berufen (§ 15 a aF), kann nunmehr „nicht (mehr) zum Nachteil des Versicherungsnehmers abgewichen werden". Diese Klar-

---

6 Prölss/Martin/*Armbrüster*, § 18 Rn 1.
7 *Klimke*, Die halbzwingenden Vorschriften des VVG, S. 28.
8 BGH 2.4.2014 – IV ZR 124/13, VersR 2014, 699; BK/*Riedler*, § 42 Rn 5; *Klimke*, Die halbzwingenden Vorschriften des VVG, S. 39.
9 BGH 22.6.1988 – IVa ZR 25/87, VersR 1988, 1013 und OLG Hamm 17.5.1991 – 20 U 326/90, r+s 1992, 77 – beide mit Blick auf das frühere Kündigungserfordernis aus §§ 6 Abs. 1 S. 3, 15 a aF; OLG Saarbrücken 26.2.1988 – 3 U 96/86, VersR 1988, 1038 mit Blick auf das heute in §§ 86 Abs. 3, 87 geregelte Familienprivileg; Prölss/Martin/*Armbrüster*, § 18 Rn 3; aA OLG Köln 9.4.1959 – 1 U 168/58, VersR 1960, 894; im Einzelnen: *Klimke*, Die halbzwingenden Vorschriften des VVG, S. 41 ff; ebenso wie hier Looschelders/Pohlmann/*Klenk*, § 18 Rn 5.
10 BGH 22.6.1988 – IVa ZR 25/87, VersR 1988, 1014.
11 Ähnlich, aber mit Differenzierungen im Einzelfall: *Klimke*, Die halbzwingenden Vorschriften des VVG, S. 47 f, 328.
12 OLG Dresden 30.6.2005 – 4 U 232/05, VersR 2006, 61, 62 (noch anhand von § 34 a S. 1 aF).
13 OLG Dresden 30.6.2005 – 4 U 232/05, VersR 2006, 61, 62; OLG Hamm 24.9.1999 – 20 W 10/99, NVersZ 2000, 517; OLG Hamm 28.1.1992 – 20 U 305/91, NJW-RR 1992, 1058 f.
14 Prölss/Martin/*Armbrüster*, § 18 Rn 4; Römer/Langheid/*Rixecker*, § 18 Rn 3; Bruck/Möller/*Johannsen*, § 18 Rn 4; Langheid/Wandt/*Fausten*, § 18 Rn 26; *Klimke*, Die halbzwingenden Vorschriften des VVG, S. 68.
15 Abl. *Gebauer*, NVersZ 2000, 7, 13; *Michaelis*, DAR 1997, 433, 435.
16 Ähnl. *Klimke*, Die halbzwingenden Vorschriften des VVG, S. 93 f.
17 Ebenso Bruck/Möller/*Johannsen*, § 18 Rn 5; Looschelders/Pohlmann/*Klenk*, § 18 Rn 3, 9; Römer/Langheid/*Rixecker*, § 18 Rn 1; *Werber*, VersR 2010, 1253, 1257; s. auch Langheid/Wandt/*Fausten*, § 18 Rn 8, 32 mit einer mit dem Normtext nicht zu vereinbarenden Einschränkung bei Individualvereinbarungen, die bei einem berechtigten oder [sic] überwiegenden Interesse des autonom agierenden VN zu seinen Lasten von der gesetzlichen Regelung abweichen; Prölss/Martin/*Armbrüster*, § 18 Rn 7 ff, mit dem Hinweis auf ein untechnisches Wahlrecht: weil sich der VR gem. § 242 BGB idR nicht auf den Verstoß gegen eine dem Schutz des VN dienende Vorschrift berufen könne.

stellung ist zu befürworten, denn die hM auf der Basis des § 15 a aF[18] implizierte, dass man nachteilige Abweichungen vereinbaren und dadurch die wahre Rechtslage verschleiern konnte.[19]

IV. Inhaltskontrolle anhand der §§ 307 ff BGB

6 Die Inhaltskontrolle anhand der §§ 307 ff BGB steht selbständig neben der Prüfung anhand von § 18.[20] Daher kann eine Klausel, die mit § 18 vereinbar ist, gleichwohl wegen Verstoßes gegen die §§ 307 ff BGB unwirksam sein.[21] Diese „Doppelkontrolle"[22] ist nach allgM geboten, soweit das VVG so, wie zB im Hinblick auf die Transparenzanforderungen iSv § 307 Abs. 1 S. 2 BGB, keine einschlägigen Regelungen enthält, wird teils aber angezweifelt, soweit halbzwingende Vorschriften des VVG einen (angeblich) als *lex posterior* vorrangigen Prüfungsmaßstab verkörpern.[23] Ob die zur Begründung herangezogene Befürchtung, der Rückgriff auf die §§ 307 ff BGB könne die in den halbzwingenden Vorschriften verankerte Bilanzierung von Vor- und Nachteilen (s. Rn 4) unterlaufen,[24] berechtigt ist, ist jedoch mehr als fraglich. Denn bei der Prüfung einer unangemessenen (!) Benachteiligung gem. § 307 Abs. 1 BGB ist die angegriffene Klausel nach stRspr des BGH[25] vor dem Hintergrund des gesamten Vertrages auszulegen und zu bewerten.

Abschnitt 2: Anzeigepflicht, Gefahrerhöhung, andere Obliegenheiten

§ 19 Anzeigepflicht

(1) ¹Der Versicherungsnehmer hat bis zur Abgabe seiner Vertragserklärung die ihm bekannten Gefahrumstände, die für den Entschluss des Versicherers, den Vertrag mit dem vereinbarten Inhalt zu schließen, erheblich sind und nach denen der Versicherer in Textform gefragt hat, dem Versicherer anzuzeigen. ²Stellt der Versicherer nach der Vertragserklärung des Versicherungsnehmers, aber vor Vertragsannahme Fragen im Sinn des Satzes 1, ist der Versicherungsnehmer auch insoweit zur Anzeige verpflichtet.

(2) Verletzt der Versicherungsnehmer seine Anzeigepflicht nach Absatz 1, kann der Versicherer vom Vertrag zurücktreten.

(3) ¹Das Rücktrittsrecht des Versicherers ist ausgeschlossen, wenn der Versicherungsnehmer die Anzeigepflicht weder vorsätzlich noch grob fahrlässig verletzt hat. ²In diesem Fall hat der Versicherer das Recht, den Vertrag unter Einhaltung einer Frist von einem Monat zu kündigen.

---

18 BGH 10.1.1951 – II ZR 21/50, NJW 1951, 231, 232; Prölss/Martin/*Prölss*, 27. Aufl. 2004, Vorbem. I Rn 4; *Klimke*, Die halbzwingenden Vorschriften des VVG, S. 115; wie hier bereits auf der Basis des früheren Rechts: Römer/Langheid/*Langheid*, 1. Aufl., § 34 a Rn 1.
19 S. nur *Klimke*, Die halbzwingenden Vorschriften des VVG, S. 113 mit dem Hinweis, dass „stets die Möglichkeit (bestehe), dass der Versicherungsnehmer die Unverbindlichkeit der … nachteiligen Regelung" verkenne „und deshalb ihre Anwendung auch in den Fällen" akzeptiere, „in denen sie sich zu seinen Lasten" auswirke.
20 Vgl BGH 18.3.2009 – IV ZR 298/06, VersR 2009, 769 und BGH 26.9.2007 – IV ZR 252/06, VersR 2007, 1690 – noch anhand der früheren Rechtslage.
21 Schwintowski/Brömmelmeyer/*Ebers*, § 18 Rn 5 mwN.
22 *Werber*, VersR 2010, 1253, 1256.
23 *Werber*, VersR 2010, 1253, 1257.
24 *Werber*, VersR 2010, 1253, 1257.
25 BGHZ 106, 263; BGHZ 136, 27, 30.

(4) ¹Das Rücktrittsrecht des Versicherers wegen grob fahrlässiger Verletzung der Anzeigepflicht und sein Kündigungsrecht nach Absatz 3 Satz 2 sind ausgeschlossen, wenn er den Vertrag auch bei Kenntnis der nicht angezeigten Umstände, wenn auch zu anderen Bedingungen, geschlossen hätte. ²Die anderen Bedingungen werden auf Verlangen des Versicherers rückwirkend, bei einer vom Versicherungsnehmer nicht zu vertretenden Pflichtverletzung ab der laufenden Versicherungsperiode Vertragsbestandteil.

(5) ¹Dem Versicherer stehen die Rechte nach den Absätzen 2 bis 4 nur zu, wenn er den Versicherungsnehmer durch gesonderte Mitteilung in Textform auf die Folgen einer Anzeigepflichtverletzung hingewiesen hat. ²Die Rechte sind ausgeschlossen, wenn der Versicherer den nicht angezeigten Gefahrumstand oder die Unrichtigkeit der Anzeige kannte.

(6) ¹Erhöht sich im Fall des Absatzes 4 Satz 2 durch eine Vertragsänderung die Prämie um mehr als 10 Prozent oder schließt der Versicherer die Gefahrabsicherung für den nicht angezeigten Umstand aus, kann der Versicherungsnehmer den Vertrag innerhalb eines Monats nach Zugang der Mitteilung des Versicherers ohne Einhaltung einer Frist kündigen. ²Der Versicherer hat den Versicherungsnehmer in der Mitteilung auf dieses Recht hinzuweisen.

I. Normzweck 1	III. Rücktrittsrecht des VR (Abs. 2) .. 37
II. Anzeigepflicht (Abs. 1) 4	IV. Voraussetzungen für den Ausschluss des Rücktrittsrechts (Abs. 3) 38
1. Gefahrerhebliche Umstände (Abs. 1 S. 1) 4	1. Grob fahrlässige und vorsätzliche Verletzung der Anzeigepflicht (Abs. 3 S. 1) 38
a) Rechtsnatur und Voraussetzungen der Anzeigepflicht 4	
b) Fragen in Textform 8	2. Einfach fahrlässige und schuldlose Verletzung der Anzeigepflicht (Abs. 3 S. 2) .. 40
c) Gefahrerheblichkeit 16	
aa) Gestaltung der Fragen ... 17	V. Recht zur Vertragsänderung (Abs. 4) 41
bb) Beweislast 19	
d) Zeitpunkt der Anzeige 21	1. Ausschluss des Rücktritts- und Kündigungsrechts (Abs. 4 S. 1) 41
e) Nachfragepflicht des VR 23	
f) Auge-und-Ohr-Stellung des VersVertreters 26	2. Vertragsanpassung (Abs. 4 S. 2) 42
aa) Grundsätze der „Auge-und-Ohr-Rechtsprechung" 26	VI. Voraussetzungen für die Geltendmachung der Rechte des VR (Abs. 5) 44
bb) Kollusives Zusammenwirken und evidenter Missbrauch der Vertretungsmacht 31	1. Belehrungserfordernis (Abs. 5 S. 1) 44
cc) Personenversicherung ... 32	2. Keine Kenntnis des VR (Abs. 5 S. 2) 50
g) Träger der Anzeigepflicht 33	
2. Keine generelle Nachmeldepflicht 34	VII. Kündigungsrecht des VN bei Vertragsanpassung (Abs. 6) 54

I. Normzweck

Das VVG berücksichtigt (auch), dass der VR ein Informationsdefizit hat – wenn es nämlich um die Frage geht, ob ein beantragter Vertragsabschluss zustande gebracht werden soll oder nicht. Die §§ 19 ff bezwecken in erster Linie sicherzustellen, dass der VR das zu versichernde Risiko zutreffend beurteilen und er eine rationale Entscheidung über die Risikozeichnung treffen kann. Die Regelungen dienen insoweit dem Schutz des VR bzw der Versichertengemeinschaft.[1] Die §§ 19 ff bezwecken zumindest auch, den VN vor dem Verlust des Versicherungsschutzes zu bewahren, wenn ihn an der Obliegenheitsverletzung ein geringeres Verschulden trifft. Das Vertragsanpassungsrecht soll den VR veranlassen, bereits im Vorfeld zu bestimmen, welches Gewicht den Angaben für die Annahmeentscheidung zukommen soll.

2 Die §§ 19 ff sind **abschließend**, lediglich Anfechtung wegen arglistiger Täuschung bleibt neben den in § 19 vorgesehenen Rechten – Rücktritts-, Kündigungs- und Vertragsanpassungsrecht – möglich (vgl § 22). Damit hat der VR kein Recht zur **Anfechtung wegen Irrtums** (§ 119 BGB), und es stehen ihm auch keine Schadenersatzansprüche aus § 280 Abs. 1 iVm § 311 Abs. 2 BGB zu.[2] Wo allerdings die §§ 19 ff nicht eingreifen oder andere geschützte Interessen des VR nicht abschließend behandeln, kommt ein über die Sanktionen der §§ 19 ff hinausgehendes **Leistungsverweigerungsrecht** in Betracht. Das kann der Fall sein bei Schadenersatzansprüchen des VR aus unerlaubter Handlung, insb. aus §§ 826, 823 Abs. 2 BGB.[3]

3 Die Regelungen setzen nach dem Wortlaut voraus, dass der Abschluss eines **neuen Vertrages** angestrebt wird. Allerdings hat der BGH zum alten Recht die vorvertragliche Anzeigepflicht auch bei vertraglichem **Einschluss neuer oder erhöhter Gefahren**, bei **Erhöhung der Versicherungssumme** und die **Verlängerung der Vertragsdauer** bejaht. Auch dann, wenn kein Neuabschluss vorliegt, sondern die bisherige Leistungspflicht des VR inhaltlich oder zeitlich erweitert werden soll, habe der VR ein erkennbares und anerkennenswertes Interesse an einer Prüfung der aktuellen Gefahrenlage.[4] Nach neuem Recht kommt es in den beiden zuletzt genannten Fällen allerdings darauf an, ob der VR Fragen nach Abs. 1 stellt.[5] Verwendet der VR etwa bei Vertragsverlängerungen **Renewal-Fragebögen** und macht der VN unzutreffende Angaben, kommen die Rechtsfolgen nach Abs. 2–4 nicht in Betracht, wohl aber Schadenersatzansprüche wegen Vertragsverletzung. Werden mit einer Vertragsänderung Leistungserweiterungen bezweckt und hat der VR Fragen gestellt, stehen ihm die Rechte aus Abs. 2–4 im Hinblick auf die Leistungsänderungen zu.[6]

II. Anzeigepflicht (Abs. 1)

4 **1. Gefahrerhebliche Umstände (Abs. 1 S. 1). a) Rechtsnatur und Voraussetzungen der Anzeigepflicht.** Die vorvertragliche Anzeigepflicht ist nicht als Rechtspflicht, sondern als gesetzliche **Obliegenheit** ausgestaltet (zur Rechtsnatur der Obliegenheiten s. § 28 Rn 5 ff).[7] Die Anzeige selbst ist eine **Wissenserklärung**; die Regelungen über Willenserklärungen – etwa über den Zugang (§ 130 BGB) – sind entsprechend anzuwenden.[8]

5 Das Gesetz sieht in Abs. 1 S. 1 zwei **Voraussetzungen** für eine Anzeigepflicht des VN vor: Der VR muss nach einem Umstand in Textform fragen und der Umstand

---

1 Prölss/Martin/*Armbrüster*, § 19 Rn 1; Beckmann/Matusche-Beckmann/*Knappmann*, § 14 Rn 1; Looschelders/Pohlmann/*Looschelders*, § 19 Rn 3; vgl auch Langheid/Wandt/*Langheid*, § 19 Rn 9, 12 f; *Schäfers*, Die vorvertragliche Anzeigepflicht des Versicherungsnehmers und das allgemeine Leistungsstörungsrecht, 2014, S. 31 ff.
2 Anders *Schäfers*, VersR 2010, 301 ff.
3 StRspr, vgl BGH 22.2.1984 – IVa ZR 63/82, VersR 1984, 630; BGH 7.2.2007 – IV ZR 5/06, r+s 2007, 233.
4 BGH 9.12.1992 – IV ZR 232/91, r+s 1993, 88; dazu Langheid/Wandt/*Langheid*, § 19 Rn 36 ff; Prölss/Martin/*Armbrüster*, § 19 Rn 106.
5 Vgl dazu auch Beckmann/Matusche-Beckmann/*Knappmann*, § 14 Rn 53.
6 Langheid/Wandt/*Langheid*, § 19 Rn 117.
7 Looschelders/Pohlmann/*Looschelders*, § 19 Rn 2; Bruck/Möller/*Rolfs*, § 19 Rn 6.
8 Vgl *Barg*, Die vorvertragliche Anzeigepflicht des Versicherungsnehmers im Licht des VVG 2008, S. 18 ff.

muss vertragserheblich sein.⁹ Beides sind voneinander unabhängig zu beurteilende gesetzliche Voraussetzungen. Anders als nach § 16 Abs. 1 S. 3 aF entfaltet die Tatsache, dass der VR in Textform nach einem Umstand fragt, keine Vermutungswirkung dahin, dass Gefahrerheblichkeit vorliege.

Der VN ist verpflichtet, ihm **bekannte** Gefahrumstände anzuzeigen. Das setzt **positive Kenntnis** voraus; Kennenmüssen genügt nicht. Hat der VN Erinnerungslücken, hat er den VR darauf hinzuweisen.[10] Unerheblich ist, ob der VN die Gefahrerheblichkeit richtig einschätzt oder nicht. Auch wenn er einen Umstand für „nicht so wichtig" oder zum Zeitpunkt der Antragstellung ausgeheilt erachtet, muss er auf eine entsprechende Frage hin zutreffende Angaben machen. Die vom VN anzuzeigenden Umstände zu bewerten, ist allein Sache des VR.[11] Die **Fehleinschätzung** ist bei der Beurteilung der Verschuldensfrage zu berücksichtigen.[12] Geht es um Gesundheitsfragen, sind nur tatsächlich und erkennbar belanglose Symptome nicht anzuzeigen. Für die Personenversicherung gilt, dass jede **Gesundheitsbeeinträchtigung**, die nicht offensichtlich belanglos ist und alsbald vergeht, anzuzeigen ist.[13] 6

Nach dem am 1.1.2010 in Kraft getretenen **Gendiagnostikgesetz** darf der VR weder eine genetische Untersuchung verlangen (Lebensversicherungen mit sehr hoher Versicherungssumme ausgenommen) noch Auskünfte über durchgeführte Untersuchungen.[14] Erkrankungen hat der VN – auf entsprechende Fragen hin – freilich anzugeben.[15] Auch § 19 Abs. 1 Nr. 2 AGG schränkt das Fragerecht des VR ein.[16] 7

b) Fragen in Textform. Der VN ist nach Abs. 1 S. 1 verpflichtet, ihm bekannte Gefahrumstände mitzuteilen, die für den Entschluss des VR, den Vertrag mit dem vereinbarten Inhalt zu schließen, erheblich sind. Die Anzeigepflicht besteht jedoch nur bei solchen Gefahrumständen, nach denen der VR **in Textform** (§ 126 b BGB) gefragt hat. Das Gesetz geht davon aus, dass nur in Textform gestellte Fragen gefahrerheblich sein können. 8

Das Gesetz erlegt dem VR eine **Frageobliegenheit** auf;[17] nur wenn er ihr genügt, kann er die ihm eingeräumten Rechte – soweit die anderen Voraussetzungen erfüllt sind – in Anspruch nehmen.[18] Abs. 1 S. 1 erhebt den Umstand, dass die Frage in Textform gestellt wurde, neben der materiellen Gefahrerheblichkeit zur Voraussetzung für eine Verletzung der vorvertraglichen Anzeigepflicht.[19] Das bedeutet: Fragen, die der VR bzw sein Vertreter ausschließlich mündlich stellt, entsprechen nicht den Anforderungen des Gesetzes, denn es fehlt an der dauerhaften Verkörperung der Schriftzeichen. 9

Die Fragen müssen dem VN **formwirksam zugehen**, damit der VN von ihnen Kenntnis nehmen kann.[20] Der VN muss das Antragsformular in Textform zur Ver- 10

---

9 *Lange*, r+s 2008, 56, 57.
10 Vgl Beckmann/Matusche-Beckmann/*Knappmann*, § 14 Rn 54; Langheid/Wandt/*Langheid*, § 19 Rn 60.
11 BGH 2.3.1994 – IV ZR 99/93, r+s 1995, 324; BGH 20.9.2000 – IV ZR 203/99, r+s 2003, 118.
12 Beckmann/Matusche-Beckmann/*Knappmann*, § 14 Rn 85 mwN.
13 StRspr, vgl OLG Saarbrücken 15.4.1998 – 5 U 928/97, r+s 2000, 432.
14 Einzelheiten bei *Präve*, VersR 2009, 857 ff.
15 Vgl OLG Saarbrücken 20.10.2011 – 5 W 220/11, VersR 2012, 557; zum Ganzen *Karczewski*, r+s 2012, 521, 524 f.
16 Dazu *Karczewski*, r+s 2012, 521, 524.
17 So *Reusch*, VersR 2007, 1313.
18 LG Hagen 16.12.2009 – 23 O 40/09, r+s 2010, 276; OLG Hamm 3.11.2010 – 20 U 38/10, dazu *Schimikowski*, jurisPR-VersR 2/2011 Anm. 6.
19 *Langheid*, NJW 2007, 3665, 3667.
20 *Barg*, Die vorvertragliche Anzeigepflicht des Versicherungsnehmers im Licht des VVG 2008, S. 78.

fügung gestellt bekommen, damit die Informations- und Dokumentationsfunktion des § 126 b BGB gewahrt ist.[21] Bloßes **Mitlesenlassen genügt nicht.**

11 Fraglich ist, ob es genügt, wenn dem VN, nachdem die Antragsfragen mündlich gestellt und beantwortet worden sind, das Formular mit den Antragsfragen und den Antworten in Textform – also als Papierdokument oder elektronisches Dokument[22] – zur Durchsicht vorgelegt wird. Der Wortlaut der Norm lässt diese Verfahrensweise zu. Sie verwirklicht auch den Regelungszweck, nämlich die Schaffung von Rechtssicherheit durch Dokumentation.[23] Es genügt, wenn der VN die Gelegenheit erhält, die Fragen in Textform zur Kenntnis zu nehmen.[24] In der Praxis wird das Erfordernis des Zugangs der Fragen in Textform erfüllt, wenn dem VN eine Kopie des Antragsformulars ausgehändigt wird, das den Fragenkatalog enthält, und der Kunde gleichzeitig aufgefordert wird, sich die Fragen und Antworten sorgfältig durchzulesen und ggf Angaben zu korrigieren.[25] Das kann auch dann gelten, wenn der Versicherungsvermittler die Fragen gar nicht vorgelesen, sondern sie zunächst ohne Rückfrage beantwortet hatte. Gibt er anschließend dem VN das Formular zum Durchlesen, sind die Formerfordernisse des Abs. 1 gewahrt. Legt er es dagegen dem VN nur zur Unterschrift vor, sind die Fragen dem VN nicht zur Kenntnis gelangt.[26] Das gilt auch dann, wenn der VersVertreter die Fragen falsch oder unvollständig[27] oder so schnell vorgelesen hat, dass der VN sie nicht erfassen konnte.[28] Eine **ungeprüfte Unterschrift** unter das Formular stellt keine Anzeigepflichtverletzung dar.[29]

12 Unterschreibt der VN das Antragsformular **blanko**, überlässt er das Ausfüllen dem VersVertreter und verzichtet er auf das Durchlesen, soll eine Anzeigepflichtverletzung abzulehnen sein.[30] Nach aA soll sich der VN nach § 242 BGB nicht darauf berufen können, die Fragen nicht zur Kenntnis erhalten zu haben, wenn er blanko unterschreibt und den Versicherungsvertreter zu eigenmächtigem Ausfüllen ermächtigt hat.[31]

13 Die Regelung bringt ferner mit sich, dass für den VN **keine spontane Anzeigepflicht** besteht. Er muss nur solche Fragen beantworten, die in Textform gestellt worden sind. Das Risiko einer Fehleinschätzung, ob ein Umstand gefahrerheblich ist oder nicht, liegt danach nicht mehr beim VN, sondern wird auf den VR verlagert.[32] Nach der gesetzlichen Konzeption kann der VR die Rechte aus Abs. 2–4 nur geltend machen, wenn er Fragen in Textform gestellt hat. Für die Annahme

---

21 *Karczewski*, r+s 2012, 521, 526; *Neuhaus*, VersR 2012, 1477, 1478; Prölss/Martin/*Armbrüster*, § 19 Rn 33, 55; aA *Marlow/Spuhl*, Rn 159.
22 Dazu HK-BGB/*Dörner*, § 126 b Rn 4.
23 So wohl auch *Neuhaus*, r+s 2008, 45, 47; Looschelders/Pohlmann/*Looschelders*, § 19 Rn 18.
24 *Barg*, Die vorvertragliche Anzeigepflicht des Versicherungsnehmers im Licht des VVG 2008, S. 79; *Schimikowski*, r+s 2009, 353 f.
25 Vgl auch *Nugel*, MDR 2009, 186. Krit. *Marlow/Spuhl*, Rn 159 mit dem Hinweis darauf, dass der VN in eine „psychologisch ungünstige Situation" gerate, weil er Falschangaben zugeben müsse. Anders als hier LG Berlin 25.1.2013 – 23 O 238/11, r+s 2014, 7.
26 BGH 13.3.1991 – IV ZR 218/90, r+s 1991, 151; Prölss/Martin/*Armbrüster*, § 19 Rn 56 mwN.
27 *Neuhaus*, VersR 2012, 1477, 1478.
28 OLG Stuttgart 19.4.2012 – 7 U 157/11, r+s 2012, 386.
29 OLG Hamm 24.7.1998 – 20 U 53/98, r+s 1999, 10; in Ausnahmefällen kann fehlende Überprüfung ein Verschulden begründen, so Beckmann/Matusche-Beckmann/*Knappmann*, § 14 Rn 82.
30 So OLG Köln 16.9.1993 – 5 U 145/92, r+s 1993, 474.
31 Looschelders/Pohlmann/*Looschelders*, § 19 Rn 19; Römer/Langheid/*Langheid*, § 19 Rn 79 mwN.
32 Begr. RegE, BT-Drucks. 16/3945, S. 64; vgl auch *Marlow/Spuhl*, Rn 158; Grote/Schneider, BB 2007, 2689, 2693.

weitergehender Offenbarungspflichten unter dem Gesichtspunkt von **Treu und Glauben** (§ 242 BGB) ist angesichts der in Abs. 1 getroffenen Vorgaben kein Raum.[33] Eine **Anfechtung wegen arglistiger Täuschung** (§ 22 VVG, § 123 BGB) bleibt möglich,[34] weil für diese die formalen Voraussetzungen des Abs. 1 nicht gelten. Vom (Weiter-)Bestehen einer „spontanen" Anzeigepflicht zu sprechen,[35] ist jedoch nicht angebracht. In der Praxis sind kaum Konstellationen vorstellbar, in denen eine arglistige Täuschung vorliegt[36] bzw vom VR bewiesen werden kann.[37] Macht der VR von seinem Fragerecht keinen Gebrauch, darf der VN idR davon ausgehen, dass ihn keine Anzeigepflicht trifft.[38] – Vgl auch § 22 Rn 7.

Beim **Vertrieb von Versicherungsprodukten durch VersMakler** werden oft die vom VR vorgesehenen Fragebögen nicht verwendet. Soweit die vom Makler an seinen Kunden zum Zweck der Risikoerfassung gerichteten Fragen nur einen Ausschnitt des Fragebogens des VR umfassen, sind dem Kunden die übrigen Fragen des VR nicht iSd Abs. 1 gestellt.[39] Schließt der VR den Vertrag ab, obgleich er erkennt, dass Punkte aus seinem Fragenkatalog nicht beantwortet sind, ist ihm bezüglich der nicht beantworteten Fragen verwehrt, sich auf Leistungsfreiheit zu berufen. Er hat insoweit seine **Nachfragepflicht** verletzt.[40] Die Situation ist vergleichbar mit dem Offenlassen eines Antwortfeldes im Fragebogen.[41] Bei der Anbahnung gewerblicher und industrieller Schadenversicherungen ist die dargestellte Rechtslage für den VR zuweilen noch ungünstiger, wenn der VR keine Fragebögen verwendet und der Ausschreibung lediglich ein Exposé beigefügt ist, das der Versicherungsmakler erstellt hat.[42] Die Verträge enthalten darüber hinaus meist eine sog. **Anerkenntnisklausel**. Danach erkennt der VR an, dass ihm alle Umstände bekannt geworden sind, die im Zeitpunkt der Antragstellung gegeben und für die Übernahme der Gefahr erheblich waren. Lediglich für arglistig verschwiegene Umstände gilt dies nicht. Diese Klausel schließt aus, dass sich der VR bei **nicht angezeigten** Gefahrumständen auf Rücktritt, Kündigung oder Vertragsanpassung gem. Abs. 2–4 wegen vorsätzlicher, grob oder einfach fahrlässiger oder schuldloser Verletzung der vorvertraglichen Anzeigepflicht berufen kann. Für **falsch angezeigte** Gefahrumstände gilt die Anerkennungsklausel idR nicht.[43] Im Ergebnis kommt allenfalls eine Anfechtung wegen arglistiger Täuschung in Frage, nicht aber ein Rücktritt vom Vertrag. Liegt auf Seiten des VersMaklers **Arglist** vor, muss der VN sich diese gem. § 166 Abs. 1 BGB zurechnen lassen.[44] Das ist allerdings nur dann gerechtfer-

14

---

33 OLG Düsseldorf 29.6.2009 – I-4 W 20/09, r+s 2010, 326.
34 So auch der Abschlussbericht der Kommission zur Reform des Versicherungsvertragsrechts vom 19. April 2004, S. 38 (= VersR-Schriftenreihe Bd. 25). Vgl auch *Metz*, VersR 2010, 1265, 1266.
35 *Reusch*, VersR 2009, 1179 ff; vgl auch *Neuhaus*, r+s 2008, 45, 46 f; *Niederleithinger*, A Rn 87.
36 Bruck/Möller/*Rolfs*, § 22 Rn 10 nennt als Beispiel eine Krankheit, deren Gefahrerheblichkeit für den VN auf der Hand liegt und die noch keinen Eingang in den Fragenkatalog des VR gefunden hat, weil sie erst in jüngerer Zeit erstmals aufgetreten oder medizinisch erforscht worden ist. Für eine Pflicht zur (ungefragten) Angabe unentdeckter Straftaten *Metz*, VersR 2010, 1265 ff.
37 Vgl auch *Schimikowski*, Versicherungsvertragsrecht, 5. Aufl. 2014, Rn 181.
38 *Schimikowski*, r+s 2009, 353, 354; zum Ganzen *Karczewski*, r+s 2012, 521, 531 mwN.
39 Je nach Lage des Einzelfalles kann der VersMakler freilich als Stellvertreter des VN (auch) im Hinblick auf den Erhalt des Fragenkatalogs des VR angesehen werden, so zutr. *Marlow/Spuhl*, Rn 158 Fn 7.
40 Zur Nachfragepflicht vgl Bruck/Möller/*Rolfs*, § 19 Rn 91 ff.
41 OLG Düsseldorf 2.3.1999 – 4 U 37/98, r+s 1999, 356.
42 OLG Hamm 3.11.2010 – 20 U 38/10, r+s 2011, 198.
43 Vgl dazu Beckmann/Matusche-Beckmann/*Philipp*, § 31 Rn 136.
44 BGH 12.3.2014 – IV ZR 306/13, VersR 2014, 565; BGH 12.3.2008 – IV ZR 330/06, VersR 2008, 809; vgl auch Langheid/Wandt/*Langheid*, § 19 Rn 19. – Der VersMakler ist

tigt, wenn der VersMakler als Vertreter oder Verhandlungsgehilfe gegenüber dem VR aufgetreten ist.[45]

15 Bei **Maklerfragen** kommt in Betracht, dass der VR sich diese **zu eigen** macht. Dazu wird gefordert, dass für den VN erkennbar sein muss, dass die Fragen auf einen konkret benannten VR zurückgehen und für ihn von Relevanz sind.[46] Enthält das Antragsformular des VersMaklers sämtliche Informationen, die der VR zur Prüfung der Annahmefähigkeit des Antrags benötigt, kann sich dem VN – so das OLG Köln – bereits aus diesem Zweck erschließen, dass auch die Beantwortung der Gesundheitsfragen gegenüber dem VR erfolgt.[47] Das erscheint zu weitgehend. Nach Abs. 1 S. 1 muss der VR Fragen stellen, und das muss der VN erkennen können. – Stellt der VR dem Makler die Beratungstechnologie für einen Versicherungsantrag mit den Antragsfragen als Software-Programm zur Verfügung, handelt es sich bei den Fragen zu den Gefahrumständen nicht um Maklerfragen, sondern um Fragen des VR.[48]

16 c) **Gefahrerheblichkeit.** Nur dann, wenn der VR nach einem bestimmten Umstand fragt, kommt eine Gefahrerheblichkeit in Betracht.

17 aa) **Gestaltung der Fragen.** Wie die Fragen gestaltet sein müssen, ist vom Einzelfall abhängig. **Globale Fragen** etwa nach „Krankheiten, Beschwerden oder Gesundheitsstörungen in den letzten 5 Jahren" sind statthaft;[49] es kann sich freilich im Streitfall die Frage stellen, ob ein bestimmter Gefahrumstand von der Frage erfasst ist.[50] Insbesondere kann eine weit gefasste Frage, die der VN nicht richtig versteht, bei der Festlegung des Maßes des Verschuldens zu berücksichtigen sein.[51] Ist die Frage **unklar formuliert**, kann im Einzelfall anzunehmen sein, dass sie keine Anzeigepflicht auslöst.[52] **Beispiele:**

- Die Frage, ob der Antragsteller „gewohnheitsmäßig" Medikamente, Alkohol oder Drogen zu sich genommen habe oder nehme, verlangt ein Werturteil über einen unklaren Begriff und stellt keine ausdrückliche Frage dar.[53]
- Fragt der VR nach ärztlichen Behandlungen in den vergangenen fünf Jahren und unmittelbar anschließend nach Krankheiten und Gesundheitsstörungen, darf der VN annehmen, die zweite Frage beziehe sich auch nur auf die letzten fünf Jahre.[54]
- Auf die Frage nach Krankheiten, Beschwerden und Störungen muss der VN einen etwaigen Alkoholmissbrauch nicht angeben.[55]

„Dritter" iSd § 123 Abs. 2 S. 1 BGB, vgl OLG Hamm 3.11.2010 – 20 U 38/10, VersR 2011, 469.
45 LG Dortmund 14.3.2013 – 2 O 321/12, r+s 2013, 322; OLG Saarbrücken 16.6.2010 – 5 U 272/08, zfs 2012, 704.
46 LG Dortmund 2.1.2013 – 2 O 213/12, r+s 2013, 324; vgl auch *Tschersich*, r+s 2012, 53, 55; iE ebenso Beckmann/Matusche-Beckmann/*Knappmann*, § 14 Rn 23.
47 OLG Köln 15.2.2013 – 20 U 207/12, r+s 2013, 370; wohl zust. Prölss/Martin/*Armbrüster*, § 19 Rn 32; vgl auch *Neuhaus*, VersR 2014, 432, 434 ff.
48 LG Dortmund 14.3.2013 – 2 O 321/12, r+s 2013, 322.
49 Vgl auch Langheid/Wandt/*Langheid*, § 19 Rn 55; *Karczewski*, r+s 2012, 521, 523; Prölss/Martin/*Armbrüster*, § 19 Rn 38 mwN.
50 Vgl *Neuhaus*, r+s 2008, 45, 47.
51 *Lange*, r+s 2008, 56, 57, insb. Fn 13 mwN; Beckmann/Matusche-Beckmann/*Knappmann*, § 14 Rn 29; vgl auch BK/*Voit*, § 16 Rn 34.
52 Vgl *Barg*, Die vorvertragliche Anzeigepflicht des Versicherungsnehmers im Licht des VVG 2008, S. 80 ff mwN, der eine Inhaltskontrolle nach §§ 305 ff BGB zutreffend ablehnt.
53 OLG Oldenburg 1.12.1993 – 2 U 102/93, VersR 1994, 1169; krit. Langheid/Wandt/*Langheid*, § 19 Rn 108; krit. auch Prölss/Martin/*Armbrüster*, § 19 Rn 44.
54 OLG Oldenburg 26.3.1997 – 2 U 267/96, VersR 1998, 835.
55 OLG Saarbrücken 14.6.2006 – 5 U 697/05, r+s 2007, 464.

Neben dem formellen Kriterium des Fragenstellens ist die materielle Anforderung 18
der **Gefahrerheblichkeit** Voraussetzung für die Anwendung des § 19. Fragt der VR
nach einem unerheblichen Umstand und gibt der VN **keine oder eine unrichtige
Antwort**, ist dem VR der Rücktritt verwehrt, weil nur dann eine Anzeigepflicht besteht, wenn es sich um einen gefahrerheblichen Umstand handelt. Gefahrerheblich
sind alle Umstände, die für den Entschluss des VR, einen Vertrag überhaupt oder
zu bestimmten Bedingungen abzuschließen, von Belang sind. Entscheidend sind die
jeweiligen Risikoprüfungsgrundsätze, von denen sich der VR leiten lässt.[56]

bb) Beweislast. Hat der VR nach einem (konkreten) Umstand gefragt, ist damit 19
die **Gefahrerheblichkeit indiziert.** Der VN hat darzulegen und ggf zu beweisen,
dass ein Umstand, nach dem der VR gefragt hat, nicht gefahrerheblich ist. Dabei
genügt nach der Rspr die pauschale Behauptung, der Umstand sei nicht gefahrerheblich; dann hat der VR substantiiert die Grundsätze seiner Risikoprüfung darzulegen. Diese Erleichterung der Darlegungslast für den VN gilt allerdings nicht,
wenn die Gefahrerheblichkeit auf der Hand liegt.[57] **Beispiele:**

- Die Gefahrerheblichkeit der wiederholten Diagnose „leichte Fettleber" und
  „schlechte Leberwerte" liegt auch dann auf der Hand, wenn eine Behandlung
  von Seiten des Arztes nicht für erforderlich gehalten und lediglich Alkoholabstinenz empfohlen wurde.[58]
- Bei Helicobakter-Befall und chronischer Gastritis liegt die Gefahrerheblichkeit
  auf der Hand.[59]
- Eine wegen eines Erschöpfungssyndroms absolvierte dreiwöchige Kur in einer
  Rehabilitationseinrichtung ist für einen 54 Jahre alten Arbeitnehmer (Antragsteller) ersichtlich für die Annahme von Anträgen auf Kapitallebens- und Berufsunfähigkeitsversicherung erheblich.[60]

Der VR ist nur dann gehalten, seine Risikoprüfungsgrundsätze offenzulegen, wenn 20
es sich um eine Gesundheitsstörung handelt, die offenkundig als leicht einzuordnen, nicht wiederholt aufgetreten ist und deshalb von vornherein keinen Anlass
dafür bietet, dass sie für die Risikoeinschätzung des VR von Bedeutung sein könnte.[61] Davon kann zB bei einer Behandlung wegen Anpassungsstörung mit einer
über einen Monat währenden Krankschreibung sowie Verordnung von Tabletten
gegen Kopf- und Rückenschmerzen nicht ausgegangen werden.[62]

d) Zeitpunkt der Anzeige. Der VN hat nach Abs. 1 S. 1 die vorvertragliche Anzei- 21
gepflicht bis zur Abgabe seiner Vertragserklärung zu erfüllen. Bis zu diesem Zeitpunkt muss die Anzeige dem VR zugegangen sein (§ 130 Abs. 1 BGB); Zugang
beim VersVertreter genügt wegen § 69 Abs. 1 Nr. 1.[63] Verfährt der VR nach dem
Antragsmodell – also der VN Antragender und der VR Annehmender –, hat der
VN nach der Regel des Abs. 1 S. 1 bis zu dem Zeitpunkt seiner Antragstellung alle
gefahrerheblichen Umstände, die erfragt wurden, dem VR mitzuteilen.

Verfährt der VR nach dem **Invitatiomodell** – hier ist der VR Antragender und der 22
VN Annehmender (s. § 7 Rn 35) –, stellt sich die Situation für den VN ungünstiger
dar: Faktisch bleibt es bei der Rechtslage nach § 16 Abs. 1 S. 1 aF, denn beim Invi-

---

56 Prölss/Martin/*Armbrüster*, § 19 Rn 2 f mwN.
57 Vgl BGH 20.9.2000 – IV ZR 203/99, r+s 2003, 118 mwN.
58 OLG Düsseldorf 19.11.2002 – 4 U 81/02, r+s 2003, 205.
59 OLG Düsseldorf 14.5.2002 – 4 U 181/01, r+s 2003, 252.
60 BGH 11.2.2009 – IV ZR 26/06, r+s 2009, 361.
61 Vgl dazu *Karczewski*, r+s 2012, 521, 522 f mwN.
62 LG Dortmund 10.3.2011 – 2 O 380/10.
63 Sollte der Zugang der abgegebenen Anzeige ausnahmsweise erst nach Abgabe der Vertragserklärung erfolgen, wird idR weder Vorsatz noch grobe Fahrlässigkeit auf Seiten des
VN vorliegen, so dass dem VR kein Rücktrittsrecht zusteht; vgl *Barg*, Die vorvertragliche
Anzeigepflicht des Versicherungsnehmers im Licht des VVG 2008, S. 84 mwN.

tatiomodell bringt die ausdrückliche oder konkludente Erklärung des VN den Vertrag formell zustande. Bis spätestens zu diesem Zeitpunkt muss der VN dem VR gefahrerhebliche Umstände anzeigen. Der VN ist also verpflichtet, nachdem er das Beratungsgespräch mit dem Versicherungsvermittler führte und dieser dem VR die „Invitatio" zuleitete, weitere gefahrerhebliche Umstände – zB neu diagnostizierte Krankheiten – dem VR nachzumelden. Das werden viele Versicherungskunden nicht erfassen. Aus dem vorvertraglichen Schuldverhältnis heraus besteht für den VR eine Pflicht, den Kunden auf die geschilderten Besonderheiten hinzuweisen (§§ 241, 311 BGB). Den VersMakler trifft eine entsprechende (Neben-)Pflicht aus dem Geschäftsbesorgungsvertrag (§ 675 BGB). Der Hinweis hat zu erfolgen, wenn der VN die Police erhält, die rechtlich das Angebot des VR darstellt. Unterbleibt der Hinweis, wird dem VN idR kein Verschulden anzulasten sein, wenn er einen Umstand nicht **nachmeldet**, von dem er erst nach dem Beratungsgespräch erfährt. Nach aA ist beim Invitatiomodell die Anfrage des Kunden seine Vertragserklärung iSd Abs. 1.[64] Das ist mit dem Gesetzeswortlaut nicht vereinbar. Die hier bevorzugte Lösung kommt einer Nachfragepflicht entsprechend Abs. 1 S. 2 gleich.[65] Im Ergebnis liegen die beiden aufgezeigten Ansätze nicht sehr weit auseinander.

23 **e) Nachfragepflicht des VR.** Der VR ist nach § 242 BGB verpflichtet, bei **widersprüchlichen Angaben** des Kunden nachzufragen, sonst verliert er das Rücktrittsrecht.[66] Macht der VN gegenüber dem VersVertreter erkennbar unvollständige Angaben, hat der VersVertreter für die gebotene Rückfrage zu sorgen.[67]

24 Die Nachfragepflicht des VR besteht nur, wenn die Angaben des VN **Anlass zu Zweifeln an ihrer Vollständigkeit oder Richtigkeit** geben.[68] Die bloße Angabe des Hausarztes löst keine Pflicht des VR aus, dort nachzufragen. **Beispiele aus der Rspr:**

- Der VR ist nicht verpflichtet, ohne Hinweise auf gefahrerhebliche Umstände weitere Nachforschungen über den Gesundheitszustand des VN anzustellen. Der VR hat ohne Anlass keine Verpflichtung, glaubhaft erscheinende Angaben auf ihren Wahrheitsgehalt zu überprüfen. Gibt der VN den Namen des Hausarztes an und bekundet er gleichzeitig, in den letzten fünf Jahren habe keine ärztliche Behandlung stattgefunden, so ist dies noch nicht widersprüchlich (die Aussage war allerdings falsch, da ein Leberleiden aufgrund Alkoholmissbrauchs vorlag).[69]

- Gibt der VN im Antragsformular für eine BUZ eine Behandlung – hier Operation wegen Bänderabrisses – an, löst dies keine Rückfragepflicht des VR aus, ob weitere Behandlungen stattgefunden haben.[70]

- Der VR hat (nur) bei widersprüchlichen oder lückenhaften Angaben nachzufragen; eine generelle Pflicht zur Überprüfung aller Angaben des VN besteht hingegen nicht.[71]

---

64 So Schwintowski/Brömmelmeyer/*Härle*, § 19 Rn 100; *Marlow/Spuhl*, Rn 156 (analoge Anwendung des Abs. 1 bei der invitatio); ebenso Bruck/Möller/*Heiss*, § 7 Rn 68; *Neuhaus*, r+s 2008, 45, 48; Beckmann/Matusche-Beckmann/*Knappmann*, § 14 Rn 47.
65 Zumindest im Ergebnis ebenso Bruck/Möller/*Rolfs*, § 19 Rn 69; zum Ganzen *Schimikowski*, r+s 2009, 353, 354; vgl auch Prölss/Martin/*Armbrüster*, § 19 Rn 100.
66 Vgl BGH 20.9.2000 – IV ZR 203/99, r+s 2003, 118; Beckmann/Matusche-Beckmann/*Knappmann*, § 14 Rn 74; Prölss/Martin/*Armbrüster*, § 19 Rn 88, jew. mwN. – Die Nachfragepflicht gilt auch für Direktversicherer, OLG Karlsruhe 30.6.2009 – 12 U 6/09, VersR 2010, 1641.
67 OLG Hamm 10.12.2010 – 20 U 21/09, r+s 2012, 612.
68 BGH 11.5.2011 – IV ZR 148/09, r+s 2011, 324.
69 OLG München 7.7.1997 – 31 U 1545/97, VersR 1998, 1361.
70 OLG Frankfurt 28.1.1998 – 7 U 33/97, r+s 2000, 477.
71 OLG Frankfurt 7.6.2000 – 7 U 249/98, r+s 2003, 208.

- Es besteht kein Nachfragebedarf, wenn der VN sich unter Angabe des Hausarztes als völlig gesund bezeichnet.[72]
- Die Nennung des Hausarztes gibt dem VR keinen Anlass, weitere Nachforschungen anzustellen.[73]
- Hat der VN ein Antwortfeld freigelassen, muss der VR zurückfragen, weil die **Nichtbeantwortung** einer Frage grds. nicht als Verneinung gewertet werden kann.[74] Dagegen ist ein **Strich im Antwortfeld** als Verneinung zu verstehen und löst keine Nachfragepflicht aus.[75]

Die Verletzung der Nachfragepflicht führt nicht zum Verlust des Rechts auf Anfechtung des Vertrages wegen **arglistiger Täuschung**; der VN ist in diesem Fall nicht schutzwürdig.[76]

f) Auge-und-Ohr-Stellung des VersVertreters. aa) Grundsätze der „Auge-und-Ohr-Rechtsprechung". Die Stellung des VersVertreters als „Auge und Ohr" des VR wird in §§ 69, 70, 72 festgelegt und geschützt. Die zum alten Recht ergangene Rspr ist zum größten Teil weiter von Bedeutung. Vgl insb.:

- Wenn der VN substantiiert geltend macht, er habe den VersAgenten zutreffend informiert, kann der VR den Beweis des objektiven Tatbestands einer Verletzung der Anzeigepflicht nicht allein mit der Vorlage des unzutreffend ausgefüllten Formulars führen.[77]
- Hat der VersAgent den Antrag nach Angaben des VN ausgefüllt, hat der VR nachzuweisen, dass der VN den Agenten unzutreffend informierte. Kann der VersAgent sich nicht mehr an Details erinnern, geht dies zu Lasten des VR.[78]

Grundsätzlich steht der VersVertreter „im Lager" des VR, so dass Letzterer sich das Wissen seines Vertreters zurechnen lassen muss. Das kann ausnahmsweise anders sein, wenn der VersVertreter dem VN persönlich nahesteht.[79]

Das ausgefüllte (Antrags-)Formular ist eine Urkunde. Behauptet jedoch der VN in nachvollziehbarer Weise, dass er dem VersVertreter gegenüber Angaben zu gefahrerheblichen Umständen gemacht hat, ist das ausgefüllte Formular kein hinreichender Beweis für eine Anzeigepflichtverletzung. Vermag der VR nicht darzulegen und zu beweisen, dass die Behauptung des VN, er habe den VersVertreter informiert, unrichtig ist – insb. wenn sich der VersVertreter nicht erinnern kann –, sind die §§ 19 ff unanwendbar, weil eine Verletzung der vorvertraglichen Anzeigepflicht nicht vorliegt bzw nicht beweisbar ist.[80] – Wird im Prozess der vom VR als Zeuge benannte VersVertreter vernommen, hat (auch) eine Anhörung des VN zu erfolgen.[81]

Die Grundsätze der Auge-und-Ohr-Rechtsprechung gelten auch dann, wenn der Mitarbeiter eines Finanzdienstleisters in Untervollmacht eines in die Vertriebsorganisation des VR eingebundenen VersAgenten den Antrag aufnimmt.[82]

---

72 BGH 7.3.2001 – IV ZR 254/00, r+s 2001, 261.
73 OLG Saarbrücken 5.12.2001 – 5 U 568/01, r+s 2004, 206.
74 OLG Düsseldorf 2.3.1999 – 4 U 37/98, r+s 1999, 356; aA Römer/Langheid/*Langheid*, § 19 Rn 77 mwN.
75 OLG Bremen 29.7.1997 – 3 U 160/96, VersR 1998, 1149.
76 BGH 11.5.2011 – IV ZR 148/09, r+s 2011, 324; BGH 15.3.2006 – IV ZR 26/05, VersR 2007, 96; OLG Saarbrücken 12.10.2005 – 5 U 82/05, r+s 2006, 252.
77 BGH 21.11.1989 – IVa ZR 269/88, r+s 1990, 101.
78 OLG Frankfurt 1.9.2000 – 24 U 150/99, r+s 2003, 29.
79 LG Dortmund 10.3.2011 – 2 O 380/10; dazu *Münkel*, jurisPR-VersR 6/2011 Anm. 5.
80 StRspr, vgl BGH 1.7.2004 – IV ZR 161/03, r+s 2005, 10, 11 mwN.
81 *Karczewski*, r+s 2010, 489, 493.
82 OLG Hamm 18.12.2002 – 20 U 28/02, VersR 2003, 1113.

30 Für den **Maklervertrieb** gelten die oben angestellten Ausführungen grds. nicht, denn der VersMakler ist nicht Auge und Ohr des VR.[83] Das ist im Einzelfall in der gewerblichen oder industriellen Versicherung, je nach den vertraglichen Vereinbarungen insb. über die (Empfangs-)Vollmachten, anders.[84]

31 bb) Kollusives Zusammenwirken und evidenter Missbrauch der Vertretungsmacht. Auf kollusives Zusammenwirken zwischen dem VN und dem VersVertreter oder auf evidenten Missbrauch der Vertretungsmacht kann sich der VR im Einzelfall berufen.[85] Kollusion setzt voraus, dass der VN auf die Auskunft des VersVertreters, eine erhebliche **Vorerkrankung** sei nicht anzeigepflichtig, nicht vertraut, sondern im Bewusstsein der Anzeigepflicht erkennt und billigt, dass der VR durch das Vorgehen des VersVertreters getäuscht und dadurch in der Entscheidung über den Abschluss des Vertrages beeinflusst wird.[86] Ein Agent, der mit Wissen und Billigung des VN dem VR gefahrerhebliche Umstände vorenthält, kann nicht mehr als dessen Auge und Ohr bezeichnet werden. Ist für den VN evident erkennbar, dass der Agent seine Empfangsvertretungsmacht bzw Wissensvertretungsmacht missbraucht, liegt keine Erfüllung der Anzeigeobliegenheit vor.[87] Kollusives Zusammenwirken kann auch dann vorliegen, wenn der VersAgent **private Kenntnis** von nicht angezeigten Gefahrumständen dem VR vorenthält.[88]

32 cc) Personenversicherung. Wissen des Arztes: Wird auf Verlangen des VR ein ärztliches Zeugnis erstellt, ist der Arzt grds. Stellvertreter des VR (vergleichbar dem Agenten) bei der Entgegennahme der „Erklärungen vor dem Arzt". Was dem Arzt zur Beantwortung der vom VR vorformulierten Fragen gesagt ist, ist dem VR gesagt, auch wenn der Arzt die Antworten des VN nicht in die Erklärung aufnimmt.[89] Hat der Arzt Kenntnisse nicht im Rahmen der Erklärung erlangt, sondern ergeben sich diese aus früheren Behandlungen, erfolgt eine Wissenszurechnung nicht.[90]

33 g) Träger der Anzeigepflicht. Die Anzeigepflicht trifft den VN. Ist der VN geschäftsunfähig oder beschränkt geschäftsfähig, trifft die Anzeigepflicht den gesetzlichen Vertreter. Bei juristischen Personen und rechtsfähigen Personengesellschaften sind die vertretungsberechtigten Organe Träger der Anzeigepflicht. Sind mehrere VN an einem Vertrag beteiligt, ist jeder von ihnen zur Anzeige verpflichtet. Ob versicherte Personen ebenfalls anzeigepflichtig sind,[91] erscheint zweifelhaft.[92] Zumindest aber kann ihre Kenntnis von gefahrerheblichen Umständen dem VN zugerechnet werden (vgl §§ 47 Abs. 1, 156, 179 Abs. 3). Der Versicherte hat dafür zu sorgen, dass seine Kenntnis von den Gefahrumständen entweder unmittelbar durch ihn oder über den VN an den (künftigen) VR gelangen. Versäumt der Versi-

---

83 Dazu *Baumann*, NVersZ 2000, 16 ff; *Reusch*, NVersZ 2000, 120 ff.
84 Langheid/Wandt/*Langheid*, § 19 Rn 94.
85 Vgl OLG Hamm 24.7.1998 – 20 U 53/98, r+s 1999, 10 mwN.
86 BGH 1.7.2004 – IV ZR 161/03, r+s 2005, 10; BGH 27.2.2008 – IV ZR 207/06, r+s 2008, 284.
87 OLG Düsseldorf 12.12.2000 – 4 U 60/00, VersR 2001, 881 m. Anm. *Reiff*.
88 OLG Koblenz 31.3.2000 – 10 U 1097/99, r+s 2000, 226.
89 BGH 7.3.2001 – IV ZR 254/00, r+s 2001, 261; Beckmann/Matusche-Beckmann/*Knappmann*, § 14 Rn 71.
90 BGH 11.2.2009 – IV ZR 26/06, r+s 2009, 361 m. Anm. *Wendt/Jularic*. BGH 7.3.2001 – IV ZR 254/00, r+s 2001, 261 hatte eine Wissenszurechnung (lediglich) bei arglistiger Täuschung verneint.
91 Dafür Römer/Langheid/*Langheid*, § 19 Rn 21. Anders *Lange*, VersR 2006, 605, 606; BK/*Voit*, § 16 Rn 54, 59; *Barg*, Die vorvertragliche Anzeigepflicht des Versicherungsnehmers im Licht des VVG 2008, S. 22 ff. Diff. Römer/Langheid/*Rixecker*, § 47 Rn 2; Prölss/Martin/*Klimke*, § 47 Rn 3 ff.
92 Ebenso Bruck/Möller/*Rolfs*, § 19 Rn 25; Prölss/Martin/*Armbrüster*, § 19 Rn 61: Anzeigepflicht des Versicherten nur, wenn ihn der VR fragt; ansonsten Kenntniszurechnung nach § 47 Abs. 1.

cherte dies, sind Kenntnis und Verhalten dem VN zuzurechnen.[93] Vgl dazu auch § 47 Rn 3 ff. – Hat der VN einen anderen damit betraut, Erklärungen über gefahrerhebliche Umstände gegenüber dem VR abzugeben, und macht dieser unrichtige Angaben, kann der andere als Wissenserklärungsvertreter anzusehen sein, so dass eine Zurechnung in Betracht kommt (s. dazu § 28 Rn 126 ff).[94] Hat der VN einen Arzt beauftragt, Gesundheitsfragen zu beantworten, muss er sich dessen (unzutreffenden) Angaben zurechnen lassen.[95]

2. Keine generelle Nachmeldepflicht. Die Anzeigepflicht besteht nur bis zu dem Zeitpunkt, in welchem der VN seine Vertragserklärung – idR ist das die Antragstellung durch den Kunden – abgibt (vgl Rn 21). Nach § 16 Abs. 1 S. 1 aF bestand für den VN eine generelle Nachmeldepflicht, denn die Anzeigepflicht galt bis zum Vertragsabschluss: Der VN musste danach auch noch solche Umstände dem VR angeben, von denen er erst nach Antragstellung erfuhr. Diese Verpflichtung war den Versicherungskunden oft nicht bekannt. Die generelle Nachmeldepflicht ist im geltenden Recht nicht vorgesehen. Vielmehr muss der VR nach der Vertragserklärung des VN entsprechende **Fragen stellen**, nur dann hat der VN dem VR Gefahrumstände (etwa Erkrankungen) zu melden, von denen er **in der Zeit zwischen Stellung und Annahme des Antrags** erfährt (Abs. 1 S. 2). Der Gesetzeswortlaut bringt klar zum Ausdruck, dass der VR die Fragen zu stellen hat, nachdem der VN seine Vertragserklärung abgegeben hat. Es genügt also nicht, wenn der VR den VN im Antragsformular auffordert, auch später bekannt werdende Umstände nachzumelden. Die Umstände, welche der VN nachträglich angeben soll, sind konkret zu bezeichnen.[96] Eine pauschale Frage – etwa: ob sich der Gesundheitszustand nachteilig verändert hat – genügt nicht. Die Fragen dürfen nicht über die Antragsfragen hinausgehen; das ergibt sich daraus, dass der VN nach Abs. 1 S. 2 zu ergänzenden Angaben auf Fragen iSd Satzes 1 verpflichtet ist.[97] Eine **spontane Nachmeldepflicht** gibt es nicht, so dass die Rechtsfolgen nach Abs. 2–4 von vornherein ausscheiden.[98] Eine Anfechtung wegen arglistiger Täuschung kommt idR nicht in Betracht, denn der VN darf davon ausgehen, dass ihn keine Anzeigepflicht trifft, wenn der VR von seinem Nachfragerecht aus Abs. 1 S. 2 keinen Gebrauch macht.[99] 34

Hat der VR die Annahmefrist verstreichen lassen, stellt die **verspätete Annahmeerklärung** ein neues Angebot des VR dar (§ 150 Abs. 1 BGB). In diesem Fall lebt die Anzeigepflicht des VN nicht wieder auf; vielmehr muss der VR von seinem Fragerecht Gebrauch machen, andernfalls würde Abs. 1 S. 2 ausgehebelt[100] (vgl auch Rn 13 sowie § 22 Rn 7). 35

Kommt der Vertrag nach dem **Invitatiomodell** (vgl § 7 Rn 35) zustande, ist der VN verpflichtet, bis zur Abgabe seiner Erklärung, mit der er den Antrag des VR annimmt, gefahrerhebliche Umstände anzugeben. Der Wortlaut des Abs. 1 gibt nicht her, dass die Abfrage der Umstände durch den VR die zeitliche Grenze für die Er- 36

---

93 BGH 18.9.1991 – IV ZR 189/90, r+s 1991, 423; Prölss/Martin/*Klimke*, § 47 Rn 7.
94 OLG Köln 1.6.2010 – 9 U 2/10; dazu *Schimikowski*, jurisPR-VersR 7/2010.
95 So *Knappmann*, VersR 2005, 199 ff; Looschelders/Pohlmann/*Looschelders*, § 19 Rn 13. Anders Prölss/Martin/*Prölss*, §§ 16, 17 Rn 18.
96 Vgl auch Prölss/Martin/*Armbrüster*, § 19 Rn 102.
97 *Höra*, r+s 2008, 89, 92. Anders Begr. RegE, BT-Drucks. 16/3945, S. 65; Bruck/Möller/*Rolfs*, § 19 Rn 71.
98 Looschelders/Pohlmann/*Looschelders*, § 19 Rn 16.
99 Gegen die Wiedereinführung der Nachmeldepflicht „durch die Hintertür" *Marlow/Spuhl*, Rn 168. Vgl auch *Barg*, Die vorvertragliche Anzeigepflicht des Versicherungsnehmers im Licht des VVG 2008, S. 94 f.
100 *Barg*, Die vorvertragliche Anzeigepflicht des Versicherungsnehmers im Licht des VVG 2008, S. 60 f.

füllung der Anzeigepflicht auch beim Invitatiomodell darstelle (vgl auch Rn 22).[101] Der Fassung des Abs. 1 ist zu entnehmen, dass der Gesetzgeber vom Antragsmodell als Regelfall ausgeht oder zumindest ein anderes Vertragsabschlussverfahren nicht bedacht worden ist. Es erscheint sinnvoll, wenn VR, die nach dem Invitatiomodell verfahren, vertraglich mit dem Kunden festlegen, dass die Anzeigepflicht grds. im Zeitpunkt der Abfrage der Umstände durch den VR zu erfüllen ist und nur dann, wenn der VR danach weitere Angaben ausdrücklich einfordert, eine Nachmeldepflicht besteht. Diese Nachfrage wird idR erfolgen, bevor der VR die Police ausfertigt und dem Kunden zukommen lässt. Soweit anders verfahren wird – Nachfrage erst zusammen mit der Übersendung der Police –, muss sich der VR durch eine aufschiebende Bedingung (§ 158 BGB) absichern, die dem VN hinreichend zu verdeutlichen ist.[102]

III. Rücktrittsrecht des VR (Abs. 2)

37 Das Gesetz stellt den Grundsatz auf, dass der VR vom Vertrag zurücktreten kann, wenn der VN seine vorvertragliche Anzeigepflicht verletzt (Ausnahme: § 131). Den objektiven Tatbestand der Anzeigepflichtverletzung hat der VR darzulegen und ggf zu **beweisen**. Der Grundsatz, dass der VR zurücktreten kann, erfährt in den nachfolgenden Regelungen einschneidende Ausnahmen.

IV. Voraussetzungen für den Ausschluss des Rücktrittsrechts (Abs. 3)

38 **1. Grob fahrlässige und vorsätzliche Verletzung der Anzeigepflicht (Abs. 3 S. 1).** Das Gesetz legt in Abs. 3 S. 1 eine Ausnahme zu Abs. 2 fest: Soweit dem VN nicht vorsätzliche oder grob fahrlässige Obliegenheitsverletzung zur Last fällt, kommt ein Rücktrittsrecht nicht in Betracht. Im Umkehrschluss ergibt sich daraus, dass dann, wenn der VN die vorvertragliche Anzeigepflicht vorsätzlich verletzt, dem VR ein Rücktrittsrecht zusteht. Das Gleiche gilt grds., wenn der VN grob fahrlässig handelte; von diesem Grundsatz macht das Gesetz in Abs. 4 eine Ausnahme. Vorsatz verlangt Wissen und Wollen im Hinblick auf die Verletzung der Anzeigeobliegenheit; bedingter Vorsatz genügt. Grobe Fahrlässigkeit liegt vor, wenn die im Verkehr erforderliche Sorgfalt in besonderem Maße verletzt wurde. Das ist gegeben, wenn der VN eine Angabe zu einer Erkrankung unterlassen hat, obwohl es jedem anderen in gleicher Lage sofort eingeleuchtet hätte, dass er Angaben machen musste. Subjektive Entschuldbarkeit im Einzelfall kann zu berücksichtigen sein.[103]

39 Das Gesetz trifft zur Frage der **Beweislast** keine ausdrückliche Regelung. Da Abs. 3 und 4 dem VN günstige Ausnahmen von der Regel des Abs. 2 enthalten, ist zu folgern, dass der VR nur für den objektiven Tatbestand beweisbelastet ist und für den subjektiven Tatbestand der VN darlegungs- und beweispflichtig ist. Es wird also Vorsatz vermutet, der VN muss sich ggf zu entlasten suchen. Der VN hat die Umstände darzulegen und zu beweisen, die einen Rücktritt abwenden können, also mangelnden Vorsatz und fehlende grobe Fahrlässigkeit.[104]

40 **2. Einfach fahrlässige und schuldlose Verletzung der Anzeigepflicht (Abs. 3 S. 2).** Hat der VN nur **einfach fahrlässig** oder **schuldlos** gehandelt, kann der VR den Vertrag **kündigen** (Abs. 3 S. 2). Der VR hat also kein Rücktrittsrecht, wenn es dem VN gelingt, den Vorwurf vorsätzlicher oder grob fahrlässiger Obliegenheitsverlet-

---

101 So aber *Neuhaus*, r+s 2008, 45, 48; Beckmann/Matusche-Beckmann/*Knappmann*, § 14 Rn 38; Langheid/Wandt/*Langheid*, § 19 Rn 52; Schwintowski/Brömmelmeyer/*Härle*, § 19 Rn 100; wie hier *Niederleithinger*, A Rn 89.
102 *Neuhaus*, r+s 2008, 45, 48; vgl im Übrigen auch *Schimikowski*, r+s 2009, 353, 354.
103 Vgl Langheid/Wandt/*Langheid*, § 19 Rn 135. Zum Begriff der groben Fahrlässigkeit s. § 81 Rn 8.
104 S. auch *Neuhaus*, r+s 2008, 45, 54; *Nugel*, MDR 2009, 186, 190.

zung zu entkräften. Mangelndes Verschulden des VN kommt in der Praxis selten vor. Deutet der VN eine Frage unzutreffend und beantwortet er sie deshalb falsch, wird es oft schon an einer Anzeigeobliegenheitsverletzung fehlen. Erachtet der VN einen Umstand (irrig) für unerheblich, trifft ihn idR gleichwohl zumindest der Vorwurf fahrlässigen Verhaltens. Bietet das Anzeigeformular zu wenig Raum und hat der VN gravierende Umstände angegeben, kann die Annahme fehlenden Verschuldens des VN in Betracht kommen.[105] In der Krankenversicherung ist das Kündigungsrecht des VR bei vom VN nicht zu vertretender Verletzung der Anzeigepflicht ausgeschlossen (§ 194 Abs. 1 S. 3).

V. Recht zur Vertragsänderung (Abs. 4)

1. Ausschluss des Rücktritts- und Kündigungsrechts (Abs. 4 S. 1). Bei **grob fahrlässiger** Verletzung der Anzeigepflicht kann der VR grds. vom Vertrag zurücktreten (Abs. 2, Abs. 3 S. 1), allerdings nur dann, wenn er den Vertrag bei Kenntnis der nicht oder falsch angezeigten Umstände nicht geschlossen hätte. Hätte er den Antrag, wenn auch zu anderen Bedingungen, angenommen, steht dem VR kein Rücktrittsrecht zu. Handelte der VN nur einfach fahrlässig oder war er schuldlos, entfällt das Kündigungsrecht des VR, wenn der Vertrag bei Kenntnis der Umstände zu anderen Bedingungen zustande gekommen wäre (Abs. 4 S. 1). Die Beweislast dafür, dass der VR bei Kenntnis von dem Umstand den Vertrag dennoch – wenn auch zu anderen Bedingungen – geschlossen hätte, liegt beim VN. Soweit eine substantiierte Behauptung des VN vorliegt, trifft den VR eine **sekundäre Darlegungslast**, dh, er hat seine **Annahmegrundsätze** darzulegen. Der VR hat darzutun, dass der nicht oder falsch angegebene Umstand nach den zum Zeitpunkt des Vertragsabschlusses geltenden Geschäftsgrundsätzen vertragshindernd war. 41

2. Vertragsanpassung (Abs. 4 S. 2). Handelte es sich um einen vertragsändernden Umstand, steht dem VR statt des Rücktritts- bzw Kündigungsrechts ein Recht auf Vertragsänderung zu. Hätte der VR den Antrag bei Kenntnis von den Umständen nicht abgelehnt, sondern den Vertrag unter anderen Bedingungen abgeschlossen, werden diese Vertragsbestandteil (Abs. 4 S. 2). Vom Recht auf Vertragsänderung bei schuldloser, leicht oder grob fahrlässiger Verletzung der Anzeigeobliegenheit kann der VR in zweierlei Hinsicht Gebrauch machen: Er kann – je nach den zum Zeitpunkt des Vertragsabschlusses geltenden Geschäftsgrundsätzen – eine höhere Prämie verlangen oder den nicht bzw falsch angezeigten Umstand vom Versicherungsschutz ausschließen. Die Vertragsänderung kann bei einfacher oder grober Fahrlässigkeit des VN rückwirkend, bei schuldloser Obliegenheitsverletzung ab der laufenden Versicherungsperiode erfolgen. Das Vertragsanpassungsrecht besteht in der Krankenversicherung nicht, soweit der VN schuldlos seine Obliegenheit verletzte (§ 194 Abs. 1 S. 3). 42

Die Rechtsfolgenregelung des Gesetzes enthält in einem Punkt einen gravierenden **Wertungswiderspruch:** Hat der VN leicht fahrlässig die Angabe eines Umstands unterlassen und steht fest, dass der VR bei Kenntnis von diesem Umstand den Vertrag nicht geschlossen hätte, kann der VR lediglich kündigen; für einen bereits eingetretenen Versicherungsfall genießt der VN Versicherungsschutz. Hat es sich dagegen um einen lediglich vertragsändernden Umstand gehandelt, kann der VR einen Ausschluss rückwirkend zum Vertragsbestandteil machen; beruht der Versicherungsfall auf dem nicht oder falsch angezeigten Umstand, ist der VR dann nicht mehr in der Leistungspflicht. Zum gleichen Ergebnis kommt es, wenn den VN kein Verschuldensvorwurf trifft, der VR bei Kenntnis vom nicht oder unrichtig angezeigten Umstand einen Ausschluss vorgesehen hätte und er nun von seinem Vertragsanpassungsrecht Gebrauch macht. Hat sich der Versicherungsfall zur Zeit 43

---

105 Vgl dazu Prölss/Martin/*Armbrüster*, § 19 Rn 110.

der laufenden Versicherungsperiode zugetragen, besteht (auch) für den schuldlos handelnden VN kein Versicherungsschutz. Es liegt nahe anzunehmen, dass diese Konsequenzen im Gesetzgebungsverfahren nicht bedacht worden sind, so dass von einem Redaktionsversehen gesprochen werden kann. Es ist dann Sache der Rspr, im Einzelfall korrigierend einzugreifen.[106] Zumindest kann sich das Berufen auf Leistungsfreiheit auf Seiten des VR als rechtsmissbräuchlich darstellen, wenn selbst durch Rücktritt eine Leistungsfreiheit nicht begründet würde.[107]

VI. Voraussetzungen für die Geltendmachung der Rechte des VR (Abs. 5)

44 **1. Belehrungserfordernis (Abs. 5 S. 1).** Dem VR steht sowohl das Rücktritts- als auch das Kündigungs- und das Vertragsanpassungsrecht nur dann zu, wenn der VN entsprechend **belehrt** worden ist (vgl Abs. 5 S. 1). Es muss für den VN erkennbar sein, dass die Belehrung **vom VR** stammt; dies ist nicht immer gewährleistet, wenn Maklerfragebögen Verwendung finden (vgl auch Rn 14 f).[108]

45 Die **Belehrung** soll **gesondert** erfolgen. Dieses Erfordernis ist als erfüllt anzusehen, wenn es sich um einen Text handelt, der von den Antragsfragen **deutlich abgesetzt und drucktechnisch hervorgehoben** ist, so dass der VN ihn nicht übersehen kann.[109] Die Regelung soll präventiv wirken, indem der Kunde unter Hinweis auf die möglichen Rechtsfolgen davor gewarnt wird, falsche oder unvollständige Angaben zu machen. Die Belehrung sollte im Kontext mit den Antragsfragen erfolgen. Ein gesondertes Druckstück zu verlangen, erscheint nicht sinnvoll.[110] Die Warnfunktion wird verwirklicht, wenn die Belehrung gesondert von anderen Informationen und deutlich hervorgehoben auf dem Antragsformular vor den Antragsfragen erfolgt.[111] Ihr wird auch dann Genüge getan, wenn sie unmittelbar vor der Unterschriftsleiste erfolgt.[112] Beide Standorte für die Belehrung sind rechtlich grds. möglich,[113] solange die Warnfunktion erfüllt wird. Die Platzierung der Hinweise auf die Rechtsfolgen falscher Gesundheitsangaben in einem Antragsformularsatz auf der letzten Seite, mehrere Seiten nach der Unterschrift, kann bei der Antragstellung leicht übersehen werden und ist aus diesem Grund nicht ausreichend.[114] Ein **Extrablatt** vermag die Warnungsfunktion auch zu erfüllen, wenn die Belehrung nicht zwischen anderen Informationsblättern verborgen ist.[115] Nimmt etwa ein Vermittler den Antrag auf und erhält der VN einen **ausgedruckten Hinweis** auf die Rechtsfolgen unterlassener oder unrichtiger Angaben, bevor er die Antragsfragen beantwortet bzw die Unterschrift unter das ausgefüllte Dokument

---

106 *Marlow/Spuhl*, Rn 187 f; Beckmann/Matusche-Beckmann/*Knappmann*, § 14 Rn 134; Schwintowski/Brömmelmeyer/*Härle*, § 19 Rn 127; *Schimikowski*, r+s 2009, 353, 355; Looschelders/Pohlmann/*Looschelders*, § 19 Rn 63. Anders *Tschersich*, r+s 2012, 53, 54 f; FAKomm-VersR/*Pilz/Gramse*, § 19 VVG Rn 138; *Nugel*, MDR 2009, 186, 190; Langheid/Wandt/*Langheid*, § 19 Rn 145; Prölss/Martin/*Armbrüster*, § 19 Rn 117; *Wandt*, Versicherungsrecht, Rn 807; *Neuhaus*, r+s 2009, 309, 313, jew. mwN.
107 Ähnlich *Lange*, r+s 2008, 56, 59 ff, insb. Fn 53.
108 Vgl *Tschersich*, r+s 2012, 53, 55.
109 LG Dortmund 13.6.2013 – 2 O 450/12; OLG Stuttgart 17.4.2014 – 7 U 253/13, MDR 2014, 721 mwN.
110 LG Dortmund 17.12.2009 – 2 O 399/09, r+s 2010, 101, 102. Aus der Lit. vgl *Grote/Schneider*, BB 2007, 2689, 2693; *Leverenz*, VersR 2008, 709 ff; *Nugel*, MDR 2009, 186, 187; Beckmann/Matusche-Beckmann/*Knappmann*, § 14 Rn 10 mwN; anders *Reusch*, VersR 2007, 1313, 1319; *Funk*, VersR 2008, 163, 166; Bruck/Möller/*Rolfs*, § 19 Rn 115; *Neuhaus*, r+s 2008, 45, 52.
111 *Barg*, Die vorvertragliche Anzeigepflicht des Versicherungsnehmers im Licht des VVG 2008, S. 112; *Nugel*, MDR 2009, 186, 187.
112 Dafür LG Dortmund 17.12.2009 – 2 O 399/09, r+s 2010, 101, 102.
113 Prölss/Martin/*Armbrüster*, § 19 Rn 127.
114 OLG Stuttgart 26.9.2013 – 7 U 101/13, r+s 2014, 86.
115 Vgl *Tschersich*, r+s 2012, 53, 56; *Lange*, r+s 2008, 56, 57 Fn 14.

setzt, ist dem Gesetzeszweck Genüge getan.[116] Zugang der Belehrung in Textform ist also nicht gegeben, wenn der Versicherungsvertreter den Kunden nur **im Laptop mitlesen** lässt. Dagegen genügt es, wenn der Versicherungsvertreter den Text vorliest und ihn dem Kunden vor Unterzeichnung in dauerhaft lesbarer Form zur Verfügung stellt.[117] Die Überlassung einer **von dem Antragsformular getrennten „Mitteilung"** über die Folgen der Verletzung vorvertraglicher Anzeigeobliegenheit genügt allerdings den Anforderungen an eine gesonderte Belehrung nicht, wenn nicht im Zusammenhang mit den Antragsfragen hinreichend deutlich auf diese Information **hingewiesen wird**.[118]

Der **Zeitpunkt**, in dem der Versicherungskunde belehrt werden muss, ist gesetzlich nicht festgelegt. Die Warnfunktion wird erfüllt, wenn die Belehrung unmittelbar *vor* der Beantwortung der Antragsfragen erfolgt.[119] Eine nach den Antragsfragen und vor der Unterschriftenleiste platzierte Belehrung ist ausreichend, wenn der Kunde noch die Möglichkeit hat, seine Angaben zu kontrollieren und korrigieren,[120] denn in diesem Fall ist der Hinweis so rechtzeitig erfolgt, dass der VN seine Anzeigepflicht noch erfüllen kann.[121] 46

Fraglich ist, ob der VR eine **versäumte Belehrung** bis zum Vertragsabschluss nachholen kann.[122] Nach dem Schutzzweck des Abs. 5 S. 1 ist ein Hinweis auf die Rechtsfolgen unvollständiger oder falscher Angaben, der erfolgt, nachdem die Fragen beantwortet sind, nicht ausreichend.[123] Das kann ausnahmsweise anders zu beurteilen sein, wenn der verspätete Hinweis sich klar auf die bereits beantworteten Fragen bezieht und alles nochmals „auf den Prüfstand gestellt" wird. Wenn der VN aufgefordert wird, alle Fragen und Antworten zu überprüfen und ggf zu korrigieren, hat er zu diesem Zeitpunkt (nochmals) Gelegenheit, seine Anzeigepflicht zu erfüllen. Damit ist dem Gesetzeszweck Genüge getan.[124] In jedem Fall ist zu fordern, dass die Belehrung erfolgt, bevor der VN durch seine Unterschrift die Angaben bestätigt.[125] Hier kann auch ein deutlicher – etwa vor der Unterschriftleiste platzierter – Hinweis auf einen an anderer Stelle abgedruckten Belehrungstext genügen.[126] In jeden Fall ist ein enger zeitlicher Zusammenhang mit der Beantwortung der Fragen zu fordern.[127] 47

Inhaltlich verlangt die gesetzliche Regelung lediglich, dass der VN auf die Folgen einer Verletzung der Anzeigepflicht hinzuweisen ist. Die Belehrung kann also auf die in Betracht kommenden Rechtsfolgen – Rücktritt, Kündigung, Vertragsanpassung, Leistungsfreiheit im Versicherungsfall – beschränkt werden.[128] Dabei ist auch auf die Möglichkeit einer rückwirkenden Vertragsanpassung und die daraus uU folgende Leistungsfreiheit des VR hinzuweisen.[129] Ein bloßer Hinweis auf die 48

---

116 Beckmann/Matusche-Beckmann/*Knappmann*, § 14 Rn 10.
117 KG 23.5.2014 – 6 U 210/13, VersR 2014, 1357.
118 OLG Saarbrücken 7.5.2014 – 5 U 45/13, VersR 2015, 91.
119 *Grote/Schneider*, BB 2007, 2689, 2692; *Lange*, r+s 2008, 56, 57.
120 *Leverenz*, VersR 2008, 712.
121 Vgl Begr. RegE, BT-Drucks. 16/3945, S. 66. Vgl auch LG Köln 14.7.2010 – 23 O 377/09, zfs 2010, 505.
122 Dazu *Wandt*, Versicherungsrecht, Rn 810.
123 Beckmann/Matusche-Beckmann/*Knappmann*, § 14 Rn 22; aA Römer/Langheid/*Langheid*, § 19 Rn 122 mwN.
124 *Schimikowski*, r+s 2009, 353, 356 f.
125 Vgl LG Dortmund 17.12.2009 – 2 O 309/09, r+s 2010, 101.
126 *Tschersich*, r+s 2012, 53, 57.
127 So Prölss/Martin/*Armbrüster*, § 19 Rn 128 gegen Langheid/Wandt/*Langheid*, § 19 Rn 159.
128 Formulierungsbeispiel bei *Neuhaus*, r+s 2008, 45, 52. – Krit. zu einem Belehrungsmuster des GDV *Marlow/Spuhl*, Rn 199 ff.
129 LG Dortmund 14.3.2013 – 2 O 321/12, r+s 2013, 322; LG Dortmund 17.12.2009 – 2 O 399/09, r+s 2010, 101, 103; aA KG 23.5.2014 – 6 U 210/13, VersR 2014, 1357.

einschlägigen VVG-Regelungen genügt nicht, weil dem VN daraus nicht klar wird, mit welchen Rechtsfolgen er rechnen muss. Eine wortgetreue Wiedergabe der einschlägigen VVG-Vorschriften ist nicht ausreichend, um dem VN die Folgen einer Verletzung der vorvertraglichen Anzeigepflicht transparent zu machen.[130] *Knappmann* vertritt die Auffassung, es müsse dem VN mitgeteilt werden, „dass und wann dem VR ein Rücktritts- oder Kündigungsrecht zusteht und wann er eine Vertragsanpassung verlangen kann".[131] Das Gesetz besagt jedoch nur, dass der VR auf die Folgen einer Anzeigepflichtverletzung hinzuweisen hat. Außerdem ist zu bedenken: Dem VN im Einzelnen darzulegen, unter welchen Voraussetzungen der VR welche Rechte ausüben kann und welche Folgen das für den VN hat, ist angesichts des komplizierten abgestuften Sanktionssystems der Abs. 2–4 diffizil und macht einen langen Text notwendig.[132] Diesen wird der VN nicht lesen oder – wenn er ihn liest – nicht verstehen. Damit wird das Ziel der gesetzlichen Regelung verfehlt. Für VR, die solche intransparenten Texte verwenden, besteht die Gefahr, dass die Belehrung für unwirksam erachtet wird.[133] Es erscheint also nicht geboten, die Voraussetzungen der Rechte des VR im Einzelnen anzugeben.[134] Soweit die unterschiedlichen Verschuldensgrade jedoch angegeben werden, muss dies korrekt und vollständig erfolgen.[135] Die materielle Unrichtigkeit einer Belehrung führt dazu, dass dem VR sämtliche Gestaltungsrechte aus Abs. 2–4 nicht zustehen.[136]

49 Auf die Möglichkeit einer Anfechtung wegen arglistiger Täuschung muss der VR **nicht hinweisen**. Das ergibt sich zum einen daraus, dass der arglistig täuschende VN nicht schutzwürdig ist, zum anderen ist dem VVG der allgemeine Grundsatz zu entnehmen, dass sich der VR bei arglistiger Täuschung auf Leistungsfreiheit auch dann berufen kann, wenn der VN nicht belehrt worden ist.[137]

50 **2. Keine Kenntnis des VR (Abs. 5 S. 2).** Das Rücktritts-, Kündigungs- oder Vertragsanpassungsrecht steht dem VR nur dann zu, wenn er keine Kenntnis vom nicht oder unrichtig angezeigten Gefahrumstand besaß. Der VR muss **sichere Kenntnis** von dem (verschwiegenen) Umstand haben, ein bloßer Verdacht reicht nicht aus.[138]

51 Die Bestimmung ist nur dann anzuwenden, wenn eine Anzeigepflichtverletzung vorliegt. Hat der VN den VersVertreter (mündlich) über einen Umstand informiert, hat der VN seiner Anzeigepflicht genügt. Hier ist Abs. 5 S. 2 nicht einschlä-

---

130 Vgl *Reusch*, VersR 2007, 1313, 1320. AA *Lange*, r+s 2008, 56, 58, der eine Wiedergabe des Gesetzestextes für ausreichend erachtet; ebenso *Nugel*, MDR 2009, 186, 188; FAKomm-VersR/*Pilz/Gramse*, § 19 VVG Rn 164; Prölss/Martin/*Armbrüster*, § 19 Rn 132.
131 Beckmann/Matusche-Beckmann/*Knappmann*, § 14 Rn 11.
132 Vgl *Tschersich*, r+s 2012, 53, 57. AA Langheid/Wandt/*Langheid*, § 19 Rn 164, der einen „umfassenden Hinweis" fordert, der auch die Darstellung der „komplizierten Vorgänge im Zusammenhang mit dem jeweils erforderlichen Verschulden und den vertragshindernden bzw -ändernden Umständen" umfassen soll. Ähnlich wohl auch Beckmann/Matusche-Beckmann/*Knappmann*, § 14 Rn 11; Bruck/Möller/*Rolfs*, § 19 Rn 116.
133 Vgl *Marlow/Spuhl*, Rn 199; *Reusch*, VersR 2007, 1313. Für eine knappe Fassung der Belehrung auch Looschelders/Pohlmann/*Looschelders*, § 19 Rn 67. Nach LG Dortmund 17.12.2009 – 2 O 399/09, r+s 2010, 101, 103 ist es zweifelhaft, ob auch angegeben werden muss, unter welchen Voraussetzungen dem VR die Gestaltungsrechte zustehen. Die Wiedergabe der vollständigen Gesetzessystematik könne den VN eher überfordern, als dass er in transparenter Weise vor den Gefahren einer Obliegenheitsverletzung gewarnt würde.
134 Ebenso Prölss/Martin/*Armbrüster*, § 19 Rn 131.
135 OLG Brandenburg VersR 2010, 1301.
136 LG Dortmund 13.6.2013 – 2 O 450/12; dazu *Neuhaus*, jurisPR-VersR 9/2013 Anm. 3.
137 BGH 12.3.2014 – IV ZR 306/13, VersR 2014, 565; krit. Beckmann/Matusche-Beckmann/*Knappmann*, § 14 Rn 14.
138 Römer/Langheid/*Langheid*, § 19 Rn 123 mwN.

gig, denn die Pflicht aus Abs. 1 ist nicht verletzt. Die Unterscheidung ist wichtig, weil die Beweislast für die Verletzung der Anzeigepflicht beim VR liegt. Kenntnis des VR iSd Abs. 5 S. 3 ist als Ausschlussgrund für Rechte des VR konzipiert und daher vom VN zu beweisen.

Eine **Wissenszurechnung** unter konzernverbundenen Unternehmen ist im Gesetz nicht vorgesehen, ein entsprechender Vorschlag der Reformkommission ist nicht umgesetzt worden. Der Gesetzgeber überlässt die Entscheidung über diese Frage der Rspr.[139] Die Rspr des BGH, wonach ein VR sich die Kenntnisse eines anderen VR zurechnen lassen muss, wenn er Anlass hatte und in der Lage war, entsprechende Dateien abzurufen, bleibt wichtig. Ein Anlass liegt insb. dann vor, wenn der VN im Antragsformular auf gegenüber einem anderen VR erteilte Angaben hinweist.[140] Tatsächliche Möglichkeit der Einsichtnahme und Einwilligung des VN müssen kumulativ vorliegen.[141] 52

Auch auf **eigene Datensammlungen** muss der VR nur dann zugreifen, wenn Anlass dazu besteht. Anlass, sie abzurufen, besteht, wenn der Antragsteller im Antrag auf Abschluss oder Änderung eines VersVertrages hinreichend deutlich auf das Vorhandensein der Daten in der Datensammlung des VR hinweist.[142] 53

VII. Kündigungsrecht des VN bei Vertragsanpassung (Abs. 6)

Das Recht auf Vertragsänderung bei schuldloser, leicht oder grob fahrlässiger Verletzung der Anzeigeobliegenheit eröffnet dem VR die Möglichkeit, eine höhere Prämie zu verlangen oder den nicht bzw falsch angezeigten Umstand vom Versicherungsschutz auszuschließen. Beträgt die Prämienerhöhung mehr als 10 % oder formuliert der VR einen Ausschluss, kann der VN den Vertrag kündigen (Abs. 6 S. 1). Die Regelung ist abschließend. Bei anderen Änderungen – etwa wenn der VR den Selbstbehalt erhöht – steht dem VN kein Kündigungsrecht nach Abs. 6 S. 1 zu. Für die Annahme einer ungewollten Regelungslücke[143] ist kein Grund ersichtlich, so dass eine analoge Anwendung auf den Fall, dass der VR lediglich seine Leistungspflicht im Versicherungsfall im Wege der Vertragsanpassung beschränkt, nicht in Betracht kommt.[144] 54

Der VR hat den VN auf das Kündigungsrecht hinzuweisen (Abs. 6 S. 2). Dies kann zusammen mit der Mitteilung nach Abs. 5 S. 1 geschehen, aber auch gesondert.[145] Die Mitteilung ist das Verlangen nach Abs. 4 S. 2. Unterbleibt der Hinweis, beginnt die Monatsfrist für die Kündigung nicht zu laufen. 55

§ 20 Vertreter des Versicherungsnehmers

¹Wird der Vertrag von einem Vertreter des Versicherungsnehmers geschlossen, sind bei der Anwendung des § 19 Abs. 1 bis 4 und des § 21 Abs. 2 Satz 2 sowie Abs. 3 Satz 2 sowohl die Kenntnis und die Arglist des Vertreters als auch die Kenntnis und die Arglist des Versicherungsnehmers zu berücksichtigen. ²Der Versicherungsnehmer kann sich darauf, dass die Anzeigepflicht nicht vorsätzlich oder grob fahrläs-

---

139 Begr. RegE, BT-Drucks. 16/3945, S. 50.
140 BGH 14.7.1993 – IV ZR 153/92, r+s 1993, 361; ausf. BK/*Voit*, § 16 Rn 84 ff mwN.
141 *Barg*, Die vorvertragliche Anzeigepflicht des Versicherungsnehmers im Licht des VVG 2008, S. 117.
142 BGH 14.7.1993 – IV ZR 153/92, r+s 1993, 361; Prölss/Martin/*Armbrüster*, § 19 Rn 124; FAKomm-VersR/*Pilz/Gramse*, § 19 VVG Rn 169.
143 Dafür Bruck/Möller/*Rolfs*, § 19 Rn 160.
144 Langheid/Wandt/*Langheid*, § 19 Rn 171.
145 *Neuhaus*, r+s 2008, 45, 50.

sig verletzt worden ist, nur berufen, wenn weder dem Vertreter noch dem Versicherungsnehmer Vorsatz oder grobe Fahrlässigkeit zur Last fällt.

1 Soweit der VN den Vertrag von einem Vertreter abschließen lässt, sind für die Anwendung des § 19 Abs. 1–4 sowie des § 21 Abs. 2 S. 2, Abs. 3 S. 2 sowohl die Kenntnis und die Arglist des Vertreters als auch die des VN maßgebend. Die Vorschrift begründet also eine **Kenntnis- und Verschuldenszurechnung**. Die praktische Bedeutung der Norm ist eher gering.

2 Auf die Anfechtung des Vertrages wegen arglistiger Täuschung nach § 22 ist sie nicht anzuwenden. Das ergibt sich bereits daraus, dass im Wortlaut des § 20 auf die Möglichkeit der Anfechtung nach § 22 nicht Bezug genommen wird.[1] Im Falle der Anfechtung wegen arglistiger Täuschung kommt eine Kenntnis- und Verhaltenszurechnung nach § 166 BGB und § 123 Abs. 2 BGB in Betracht.

3 S. 1 bringt zum Ausdruck, dass neben der eigenen Kenntnis des VN von gefahrerheblichen Umständen auch die Kenntnis seines Vertreters für den VR die Rechte nach § 19 Abs. 2–4 und die Anwendung des § 21 Abs. 2 S. 2 begründen kann. Es kommt zu einer Kenntniszurechnung, wenn ein **rechtsgeschäftlicher** oder ein **gesetzlicher Vertreter** den Vertrag abgeschlossen hat. Die Regelung ist also nicht nur bei rechtsgeschäftlich übertragener Vertretungsmacht, sondern (auch) dann anwendbar, wenn zB Eltern, Betreuer, Insolvenzverwalter oder Organe juristischer Personen den Vertrag abgeschlossen haben.[2] Soweit einem VersVermittler keine Vertretungsmacht vom VN eingeräumt wurde, ist er nicht Vertreter iSd § 20.[3] Daneben kann die Kenntnis eines Wissenserklärungs- oder Wissensvertreters (s. § 28 Rn 126 ff, 129 ff) oder eines Repräsentanten (s. § 28 Rn 113 ff) von Belang sein; auch Wissens- und Verhaltenszurechnung nach §§ 47, 156, 179 Abs. 3, 193 Abs. 2 kommt in Betracht.

4 S. 2 verweist lediglich auf Vorsatz und grobe Fahrlässigkeit. Will der VN sich darauf berufen, dass die Anzeigepflicht weder vorsätzlich noch grob fahrlässig verletzt worden sei, dürfen weder ihm selbst noch seinem Vertreter Vorsatz oder grobe Fahrlässigkeit zur Last fallen. Kenntnis und Verhalten des Vertreters werden dem VN nach § 20 zugerechnet. Bei leichter Fahrlässigkeit oder Schuldlosigkeit – in diesen Fällen kann der VR zur Kündigung berechtigt sein – kann eine Zurechnung von Kenntnis und Verhalten nur nach allgemeinen Grundsätzen erfolgen; § 20 ist nicht einschlägig.[4]

§ 21 Ausübung der Rechte des Versicherers

(1) [1]Der Versicherer muss die ihm nach § 19 Abs. 2 bis 4 zustehenden Rechte innerhalb eines Monats schriftlich geltend machen. [2]Die Frist beginnt mit dem Zeitpunkt, zu dem der Versicherer von der Verletzung der Anzeigepflicht, die das von ihm geltend gemachte Recht begründet, Kenntnis erlangt. [3]Der Versicherer hat bei der Ausübung seiner Rechte die Umstände anzugeben, auf die er seine Erklärung

---

1 OLG Hamm 3.11.2010 – 20 U 38/10, r+s 2011, 198 (unter B. II. 1. a); Römer/Langheid/*Langheid*, § 20 Rn 5.
2 Schwintowski/Brömmelmeyer/*Härle*, § 20 Rn 4; Langheid/Wandt/*Muschner*, § 20 Rn 3; aA Bruck/Möller/*Rolfs*, § 20 Rn 5, 8; FAKomm-VersR/*Pilz/Gramse*, § 20 VVG Rn 1; Prölss/Martin/*Armbrüster*, § 20 Rn 2.
3 Prölss/Martin/*Armbrüster*, § 20 Rn 2.
4 Bruck/Möller/*Rolfs*, § 20 Rn 17; vgl auch Langheid/Wandt/*Muschner*, § 20 Rn 9; aA Looschelders/Pohlmann/*Looschelders*, § 20 Rn 8; FAKomm-VersR/*Pilz/Gramse*, § 20 VVG Rn 4 (analoge Anwendung bzw erweiternde Auslegung des § 20 S. 2). Zweifel an der Sinnhaftigkeit dieser Regelung bei Prölss/Martin/*Armbrüster*, § 20 Rn 5.

stützt; er darf nachträglich weitere Umstände zur Begründung seiner Erklärung angeben, wenn für diese die Frist nach Satz 1 nicht verstrichen ist.

(2) [1]Im Fall eines Rücktrittes nach § 19 Abs. 2 nach Eintritt des Versicherungsfalles ist der Versicherer nicht zur Leistung verpflichtet, es sei denn, die Verletzung der Anzeigepflicht bezieht sich auf einen Umstand, der weder für den Eintritt oder die Feststellung des Versicherungsfalles noch für die Feststellung oder den Umfang der Leistungspflicht des Versicherers ursächlich ist. [2]Hat der Versicherungsnehmer die Anzeigepflicht arglistig verletzt, ist der Versicherer nicht zur Leistung verpflichtet.

(3) [1]Die Rechte des Versicherers nach § 19 Abs. 2 bis 4 erlöschen nach Ablauf von fünf Jahren nach Vertragsschluss; dies gilt nicht für Versicherungsfälle, die vor Ablauf dieser Frist eingetreten sind. [2]Hat der Versicherungsnehmer die Anzeigepflicht vorsätzlich oder arglistig verletzt, beläuft sich die Frist auf zehn Jahre.

I. Normzweck	1	3. Begründungspflicht (Abs. 1 S. 3)	10
II. Fristgerechte Geltendmachung der Rechte und Begründungspflicht (Abs. 1)	2	III. Leistungsfreiheit und Kausalitätserfordernis (Abs. 2)	13
1. Überblick	2	IV. Ausschlussfristen (Abs. 3)	20
2. Fristbeginn (Abs. 1 S. 1, 2)	4	1. Fünf-Jahres-Frist	20
a) Zeitpunkt	4	2. Zehn-Jahres-Frist	23
b) Sichere Kenntnis	7		

I. Normzweck

Die Regelung will zum einen Ausübungsregeln festlegen, die der VR zu beachten hat, wenn er von seinen Rechten Gebrauch machen will. Zum anderen wird bestimmt, dass der VR trotz erklärten Rücktritts und trotz Vorliegens eines Rücktrittsgrundes nur dann leistungsfrei ist, wenn der nicht oder unrichtig angezeigte Umstand für den Eintritt des Versicherungsfalles und für den Umfang der Leistungspflicht des VR ursächlich war, solange der VN nicht arglistig handelte. Schließlich legt das Gesetz Ausschlussfristen fest, die den VN vor einer Vertragsrückabwicklung oder rückwirkenden Anpassung bewahren sollen, wenn der Vertrag schon eine Reihe von Jahren bestand. 1

II. Fristgerechte Geltendmachung der Rechte und Begründungspflicht (Abs. 1)

1. Überblick. Der VR muss seine ihm gem. § 19 Abs. 2–4 zustehenden Rechte innerhalb eines Monats ab Kenntnis von der Anzeigepflichtverletzung schriftlich geltend machen (Abs. 1 S. 1 und 2). Ferner hat der VR die Gründe für seine Rücktritts-, Kündigungs- oder Vertragsänderungserklärung anzugeben. Die nachträgliche Angabe weiterer Umstände zur Begründung der Erklärung ist nur innerhalb der Monatsfrist möglich (Abs. 1 S. 3). **Fristversäumung** führt zum Rechtsverlust. 2

Erklärungsempfänger ist der VN; soweit mehrere VN an einem Vertrag beteiligt sind, muss die Rechtsausübung allen gegenüber erfolgen.[1] Ist der VN verstorben, ist die Erklärung an den oder die Erben zu richten, falls nicht der VN mit dem VR vereinbart hatte, dass eine andere Person Empfänger solcher Erklärungen sein soll. Durch Rechtsgeschäft, auch durch AVB kann festgelegt werden, wer Erklärungsempfänger sein soll.[2] Bei der echten Gruppenversicherung ist der VN (= Gruppenspitze) derjenige, gegenüber dem die Rechte ausgeübt werden müssen, nicht die Gefahrsperson.[3] Neben dem VN und rechtsgeschäftlich bestellten Personen kom- 3

---

1 BK/*Voit*, § 20 Rn 14.
2 BGH 24.3.1993 – IV ZR 36/92, NJW-RR 1993, 794.
3 *Wriede*, VersR 1996, 873 f.

men auch Testamentsvollstrecker, Nachlasspfleger bzw -verwalter sowie Insolvenzverwalter als Erklärungsempfänger in Betracht.[4]

4 **2. Fristbeginn (Abs. 1 S. 1, 2). a) Zeitpunkt.** Erlangt der VR davon Kenntnis, dass der VN seine vorvertragliche Anzeigepflicht verletzt hat, vermag er idR die subjektive Seite nicht sofort sicher zu beurteilen, da ihm Angaben des VN über die Gründe für die falschen oder unterbliebenen Angaben meist fehlen. Die in Abs. 1 getroffene Regelung setzt den VR unter Zugzwang. Der Wortlaut und der Sinn der Regelung verbieten es dem VR nicht, den Rücktritt vom Vertrag zu erklären und **hilfsweise** den Vertrag zu kündigen und ebenfalls hilfsweise von seinem Recht auf Vertragsanpassung Gebrauch zu machen.[5] Die Begründungspflicht verlangt, dass der VR bereits seine Annahmegrundsätze darzutun hat.[6]

5 Nach **aA** soll der Lauf der Frist gem. Abs. 1 S. 2 erst bei Kenntnis von der Verletzung der Anzeigepflicht und allen weiteren Umständen, die Voraussetzung für eine Rechtsausübung des VR sind, beginnen. **Fristbeginn** ist nach diesem Ansatz erst dann gegeben, wenn der VR von der objektiven Verletzung der Anzeigepflicht weiß und er alle den Verschuldensgrad bestimmenden Umstände kennt, die auf Seiten des VN vorliegen.[7] Dem ist nicht zu folgen. Das Gesetz knüpft den Lauf der Frist an die Kenntnis von der Verletzung der Anzeigepflicht, also an den objektiven Tatbestand. Der VR darf vermuten, dass auf Seiten des VN Vorsatz vorliegt; die **Beweislast** für den subjektiven Tatbestand liegt beim VN, er muss dartun und ggf beweisen, dass ein geringerer Verschuldensgrad als Vorsatz geben ist. Die Frist für die Rechtsausübung beginnt, sobald der Sachbearbeiter des VR (sichere) Kenntnis hat, dass der VN unrichtige oder unvollständige Angaben gemacht hat.[8]

6 Nach der hier vertretenen Auffassung[9] darf und muss der VR reagieren, sobald er sicher weiß, dass der VN unrichtige oder unvollständige Angaben gemacht hat. Solange dem VR keine Angaben des VN vorliegen, die eine sichere Beurteilung des Verschuldens ermöglichen, bleibt ihm als Möglichkeit der Absicherung die beschriebene (s. Rn 4) Kette hilfsweiser Rechtsausübung. Für die Praxis **empfiehlt** sich folgende Vorgehensweise: Hätte der VR den Vertrag bei Kenntnis des Umstands nicht geschlossen, kann er zurücktreten und hilfsweise kündigen. Hätte er den Vertrag geschlossen, kann er zurücktreten und hilfsweise die Vertragsanpassung erklären. Bei der Vertragsanpassung kann er den Zeitpunkt des Vertragsabschlusses, hilfsweise den Beginn der laufenden Versicherungsperiode vorsehen.[10]

7 **b) Sichere Kenntnis.** Die Frist beginnt, sobald der VR (bei mehreren VR: der „Führende") zuverlässige („sichere") Kenntnis erlangt hat, dass gefahrerhebliche Umstände nicht oder falsch angegeben worden sind. Kenntnis vom Verschulden braucht nach hier vertretener Ansicht nicht gegeben zu sein (s. Rn 5). Maßgebend ist der Zeitpunkt, in dem der für die Feststellung der Verletzung der vorvertraglichen Anzeigepflicht **zuständige Mitarbeiter** des VR Kenntnis erlangt hat.[11] Das ist

---

4 Zum Ganzen Prölss/Martin/*Armbrüster*, § 21 Rn 3 f; Beckmann/Matusche-Beckmann/*Knappmann*, § 14 Rn 105 mwN.
5 Vgl auch FAKomm-VersR/*Pilz/Gramse*, § 21 VVG Rn 12.
6 Vgl näher *Reusch*, VersR 2007, 1313, 1316; *Langheid/Goergen*, VP 2007, 161, 164; *Höra*, r+s 2008, 89, 92.
7 So *Lange*, r+s 2008, 56, 58 f; *Nugel*, MDR 2009, 353, 357; *Neuhaus*, r+s 2009, 309, 314; *Marlow/Spuhl*, Rn 208; Beckmann/Matusche-Beckmann/*Knappmann*, § 14 Rn 109; Langheid/Wandt/*Muschner*, § 21 Rn 7; Looschelders/Pohlmann/*Looschelders*, § 21 Rn 3. Vgl auch *Barg*, Die vorvertragliche Anzeigepflicht des Versicherungsnehmers im Licht des VVG 2008, S. 120 f.
8 Im Ergebnis ebenso FAKomm-VersR/*Pilz/Gramse*, § 21 VVG Rn 16.
9 Wie hier Schwintowski/Brömmelmeyer/*Härle*, § 21 Rn 5; Bruck/Möller/*Rolfs*, § 21 Rn 24; *Rixecker*, zfs 2007, 369, 370 f; *Schimikowski*, r+s 2009, 353, 357.
10 So Prölss/Martin/*Armbrüster*, § 21 Rn 11 f.
11 BGH 17.4.1996 – IV ZR 202/95, r+s 1996, 252.

idR der zuständige Sachbearbeiter in der Leistungsabteilung, zu dessen Aufgaben es gehört, die Antragsfragen zu überprüfen.[12] Kenntnis anderer Abteilungen oder anderer Konzerngesellschaften genügt grundsätzlich nicht.[13]

Auf einen **bloßen Verdacht** hin braucht die Geltendmachung der Rechte nicht zu erfolgen. Liegen Anhaltspunkte dafür vor, dass die Anzeigepflicht verletzt wurde, darf der VR (aber) den Lauf der Monatsfrist nicht unterlaufen, indem er gebotene Rückfragen unterlässt. Vielmehr beginnt dann die Frist in dem Zeitpunkt zu laufen, in dem der VR Klarheit durch eine entsprechende Rückfrage erlangt hätte.[14] Eine rechtlich nicht haltbare Rücktrittserklärung kann zur Schadenersatzpflicht gem. § 280 BGB führen. Der VR wird also gehalten sein, ggf den VersVertreter anzuhören und/oder die Risikoprüfungsgrundsätze heranzuziehen.[15]   8

Kenntnis des VR und Zeitpunkt der Kenntniserlangung darzulegen und zu **beweisen** ist grds. Sache des VN. Den VR trifft allerdings eine sekundäre Darlegungslast.[16] Für Fälle, in denen der zuständige Sachbearbeiter etwa erkrankt oder in Urlaub ist, wird vorgeschlagen, eine unwiderliche Vermutung anzunehmen, dass eine Woche nach Eingang der Informationen in die Organisation des VR dieser sichere Kenntnis erlangt habe.[17] Das ist mit dem Gesetz nicht vereinbar.[18]   9

3. Begründungspflicht (Abs. 1 S. 3). Der VR muss in seiner Erklärung gegenüber dem VN darlegen, auf welche Tatsachen er die Rechtsausübung stützt. Fehlt es an einer (ausreichenden) Begründung, ist die Ausübung des Gestaltungsrechts (Rücktritt, Kündigung, Vertragsanpassung) unwirksam. Auch wenn sich nachträglich erweist, dass die vom VR angegebenen Gründe unzutreffend sind, hat er dennoch seine Pflicht erfüllt.[19] Sind die für das ausgeübte Gestaltungsrecht geltend gemachten Gründe objektiv nicht stichhaltig, steht dem VR freilich das Recht nicht zu.[20]   10

Inhaltlich verlangt Abs. 1 S. 3 Hs 1, dass dem VN die falschen oder unterbliebenen Angaben dargestellt werden; der VN muss sein Fehlverhalten „lokalisieren" können.[21]   11

Ein **Nachschieben von Gründen** (Abs. 1 S. 3 Hs 2) ist innerhalb der Frist des Abs. 1 S. 1 zulässig. Das bedeutet, dass die Monatsfrist für diese Gründe beginnt, sobald der VR von ihnen sichere Kenntnis hat.[22] Innerhalb dieser Frist gestattet es das Gesetz dem VR, „weitere Umstände zur Begründung seiner Erklärung" anzugeben. Nach aA können weitere Gründe nur innerhalb der Monatsfrist nachgeschoben werden, die ab dem ersten bekannt gewordenen Grund läuft. Gegebenenfalls muss – nach dieser Ansicht – dann der VR einen neuen Umstand mit erneuter Ausübung des Gestaltungsrechts einführen.[23] Das wird in der Lit. mit Recht als „Förmelei" kritisiert.[24]   12

---

12 OLG Stuttgart 28.9.2006 – 7 U 111/06, VersR 2007, 340.
13 Dazu Prölss/Martin/*Armbrüster*, § 21 Rn 25, 27.
14 StRspr, vgl BGH 30.9.1998 – IV ZR 248/97, r+s 1999, 85. Zu Einzelheiten *Müller*, r+s 2000, 485 ff.
15 OLG Frankfurt 16.2.2012 – 7 U 72/11, r+s 2012, 453 (unter III.); dazu FAKomm-VersR/ *Pilz/Gramse*, § 21 VVG Rn 27.
16 OLG Stuttgart 28.9.2006 – 7 U 111/06, VersR 2007, 340.
17 *Hövel*, VersR 2008, 315 ff.
18 Prölss/Martin/*Armbrüster*, § 21 Rn 28.
19 *Lange*, r+s 2008, 56, 60; *Rixecker*, zfs 2007, 369, 370.
20 Prölss/Martin/*Armbrüster*, § 21 Rn 14; Beckmann/Matusche-Beckmann/*Knappmann*, § 14 Rn 104.
21 *Neuhaus*, r+s 2008, 45, 53.
22 So FAKomm-VersR/*Pilz/Gramse*, § 21 VVG Rn 14; Römer/Langheid/*Langheid*, § 21 Rn 11.
23 *Neuhaus*, r+s 2008, 45, 53; *Lange*, r+s 2008, 56, 60.
24 *Marlow/Spuhl*, Rn 217; ausf. Langheid/Wandt/*Muschner*, § 21 Rn 40 ff; dagegen Prölss/ Martin/*Armbrüster*, § 21 Rn 17.

III. Leistungsfreiheit und Kausalitätserfordernis (Abs. 2)

13 Für einen vor dem Rücktritt gem. § 19 Abs. 2 eingetretenen Versicherungsfall ist der VR bei vorsätzlicher oder grob fahrlässiger Anzeigepflichtverletzung leistungsfrei, wenn Kausalität gegeben ist (Abs. 2 S. 1). Bei arglistiger Täuschung entfällt – wie im alten Recht – das Kausalitätserfordernis (Abs. 2 S. 2, § 22).

14 **Kausalität** iSd Abs. 2 S. 1 liegt vor, wenn der nicht oder unrichtig angezeigte Umstand einen Einfluss auf den Eintritt oder die Feststellung des Versicherungsfalles und auf die Feststellung oder den Umfang der Leistungspflicht des VR gehabt hat. Mitursächlichkeit ist ausreichend.[25] Es genügt also nicht die Feststellung, dass der VR bei Kenntnis des Umstands den Vertrag nicht oder allenfalls zu anderen Konditionen abgeschlossen hätte. Daher führen unterbliebene Angaben zum **subjektiven Risiko** meist (wenn nicht Arglist angenommen werden kann) nicht zur Leistungsfreiheit des VR: Eine falsche Angabe zu **Vorversicherungen** beeinflusst ebenso wenig den Eintritt des Versicherungsfalles wie die unterlassene Angabe **weiterer Versicherungen**.[26] Falsche Angaben zum subjektiven Risiko – betreffend etwa Vorschäden oder weitere bestehende Versicherungen – können allerdings im Einzelfall den VR von einer eingehenden Schadensprüfung abhalten und damit die Feststellungen beeinträchtigen.[27]

15 Abs. 2 S. 1 verlangt auch, dass die Anzeigepflichtverletzung nicht ursächlich für den **Umfang der Leistungspflicht** des VR ist. Stellt sich nun heraus, dass der VR bei Kenntnis von einem erfragten, vom VN aber nicht angegebenen Umstand zB eine geringere Versicherungssumme oder einen höheren Selbstbehalt vereinbart hätte, soll sich der VR auf volle Leistungsfreiheit berufen können, da Kausalzusammenhang bestehe.[28] Hier wird in der Lit. eine teleologische Reduktion für erforderlich gehalten.[29] Das erscheint nicht geboten: Wenn der VR sich nicht darauf berufen kann, er hätte bei Kenntnis eines bestimmten Umstands den Vertrag nicht abgeschlossen, kann er auch nicht geltend machen, er hätte ihm dann einen anderen Inhalt gegeben.[30]

16 Betreffen die falschen oder unterbliebenen Angaben ohnehin **nicht versicherte Schadenteile**, ist keine Kausalität gegeben.[31] Kausalität liegt dagegen vor, wenn etwa verschwiegene Umstände – zB die Verwendung bestimmter Baustoffe/Dämmstoffe – den Brandschaden erhöhen.[32]

17 Abs. 2 S. 1 gilt nur für **vor** dem Rücktritt eingetretene Versicherungsfälle. Für **nach** dem Rücktritt eintretende Versicherungsfälle ist der VR unabhängig von der Kausalität leistungsfrei.[33]

18 Den **Kausalitätsgegenbeweis** zu führen, ist Sache des VN. Er hat darzulegen und ggf zu beweisen, dass der Versicherungsfall aus einem anderen Grund als dem falsch oder nicht angezeigten Umstand eingetreten ist. Ebenso hat er darzutun,

---

25 BGH 25.10.1989 – IVa ZR 141/88, VersR 1990, 297; OLG Hamm 23.11.1990 – 20 U 37, r+s 1991, 66.
26 So etwa OLG Frankfurt 29.1.1991 – 8 U 244/89, VersR 1992, 41 zum Verschweigen weiterer Unfallversicherungen; *Barg*, Die vorvertragliche Anzeigepflicht des Versicherungsnehmers im Licht des VVG 2008, S. 143. Anders Römer/Langheid/*Langheid*, § 21 Rn 32 sowie Langheid/Wandt/*Muschner*, § 21 Rn 55.
27 Prölss/Martin/*Armbrüster*, § 21 Rn 37; Römer/Langheid/*Langheid*, § 21 Rn 32; FAKomm-VersR/*Pilz/Gramse*, § 21 VVG Rn 35, jew. mwN.
28 Bruck/Möller/*Rolfs*, § 21 Rn 42.
29 FAKomm-VersR/*Pilz/Gramse*, § 21 VVG Rn 38.
30 Beckmann/Matusche-Beckmann/*Knappmann*, § 14 Rn 123.
31 Bruck/Möller/*Rolfs*, § 21 Rn 41; Beckmann/Matusche-Beckmann/*Knappmann*, § 14 Rn 122; aA Römer/Langheid/*Langheid*, § 21 Rn 38.
32 *Neuhaus*, r+s 2008, 45, 53; Beckmann/Matusche-Beckmann/*Knappmann*, § 14 Rn 122.
33 BGH 23.5.2001 – IV ZR 94/00, r+s 2001, 402.

dass keine Kausalität zwischen dem nicht oder falsch angezeigten Umstand und der Leistung und den Feststellungen des VR besteht. Den VR trifft – auch hier – eine sekundäre Darlegungslast.

Bei **Arglist** auf Seiten des VN entfällt das Kausalitätserfordernis (Abs. 2 S. 2). Das entspricht einem durchgängigen Grundsatz des VVG (vgl. § 28 Abs. 3 S. 2, § 82 Abs. 3 S. 3). Die praktische Bedeutung dieser Bestimmung ist gering. Der VR wird in solchen Fällen idR wegen arglistiger Täuschung nach § 22 (§ 123 BGB) anfechten. Abs. 2 S. 2 betrifft den Fall, dass der VR den Vertrag nicht wegen arglistiger Täuschung anficht, sondern (nur) den Rücktritt wegen Verletzung der vorvertraglichen Anzeigepflicht erklärt.

IV. Ausschlussfristen (Abs. 3)

1. Fünf-Jahres-Frist. Die Rechte des VR sind nach fünf Jahren ausgeschlossen, wenn der VN die Verletzung der vorvertraglichen Anzeigepflicht nicht zu vertreten hat oder wenn ihm einfache oder grobe Fahrlässigkeit zur Last fällt (Abs. 3 S. 1 Hs 1).

Für vor Fristablauf eingetretene Versicherungsfälle gilt das nicht (Abs. 3 S. 1 Hs 2). Dabei ist der objektive Eintritt des Versicherungsfalles entscheidend, nicht der Zeitpunkt der Geltendmachung eines Leistungsanspruchs. Damit soll verhindert werden, dass der VN in rechtsmissbräuchlicher Weise die Anzeige bis zum Fristablauf hinauszögert.[34] Hier gilt also die Fünf-Jahres-Frist nicht. Fraglich ist, ob der VR nun von seinen Rechten unbefristet Gebrauch machen kann, wenn der Versicherungsfall vor Ablauf der Fünf-Jahres-Frist eintritt, oder ob die Zehn-Jahres-Frist des Abs. 3 S. 2 gilt.[35] Das Gesetz regelt diese Konstellation nicht. Das spricht auf den ersten Blick dafür, eine zeitlich unbegrenzte Möglichkeit der Rechtsausübung zu bejahen. Allerdings kann Abs. 3 S. 2 der Grundsatz entnommen werden, dass der VR nach Ablauf von zehn Jahren seiner Rechte beraubt sein soll.[36]

In der **Krankenversicherung** beträgt – abweichend von Abs. 3 S. 1 – die Frist für die Geltendmachung der Rechte des VR **drei Jahre** (§ 194 Abs. 1 S. 4).

2. Zehn-Jahres-Frist. Bei Vorsatz und Arglist beträgt die Frist zehn Jahre (Abs. 3 S. 2). Der VN braucht sich auf die Ausschlussfrist nicht zu berufen, sie ist von Amts wegen zu beachten.[37] Die Vorschrift verlängert lediglich die Ausschlussfrist des Abs. 3 S. 1 Hs 1. Dabei handelt es sich um eine absolute Höchstfrist; Abs. 3 S. 1 Hs 2 ist nicht entsprechend anwendbar.[38]

§ 22 Arglistige Täuschung

Das Recht des Versicherers, den Vertrag wegen arglistiger Täuschung anzufechten, bleibt unberührt.

I. Normzweck

Die Vorschrift stellt klar, dass der VR den Vertrag auch wegen arglistiger Täuschung anfechten kann. Darauf weist § 22 hin. Gleichzeitig soll dem VR die Mög-

---

34 *Rixecker*, zfs 2007, 360, 370; Römer/Langheid/*Langheid*, § 21 Rn 41.
35 Für die Geltung der Zehn-Jahres-Frist für alle Fälle, in denen das Gesetz keine Frist vorsieht, *Marlow/Spuhl*, Rn 222.
36 Anders Langheid/Wandt/*Muschner*, § 21 Rn 65; Römer/Langheid/*Langheid*, § 21 Rn 41.
37 Rechtspolitische Bedenken zur Regelung bei Langheid/Wandt/*Muschner*, § 21 Rn 63.
38 FAKomm-VersR/*Pilz/Gramse*, § 21 VVG Rn 42; Prölss/Martin/*Armbrüster*, § 21 Rn 45; Bruck/Möller/*Rolfs*, § 21 Rn 51. Anders die Vorauflage (2. Aufl. 2011, Rn 22) sowie *Neuhaus*, r+s 2008, 45, 54; Looschelders/Pohlmann/*Looschelders*, § 21 Rn 26.

lichkeit eröffnet bleiben, auch bei fehlender Kausalität den Versicherungsschutz zu versagen. Der VR benötigt einen Anfechtungsgrund (§ 123 BGB); wenn ein solcher besteht und das Anfechtungsrecht rechtzeitig ausgeübt wird, ist der Vertrag nichtig (§ 142 BGB). Der VR ist unter diesen Voraussetzungen auch dann leistungsfrei, wenn der Umstand, über den der VN getäuscht hat, nicht kausal für den Eintritt oder die Feststellung des Versicherungsfalles und für den Umfang oder die Feststellung des Umfangs der Leistungspflicht des VR war; § 21 Abs. 2 gilt in diesem Fall nicht.

II. Begriff der arglistigen Täuschung

2 1. **Voraussetzungen.** Arglistige Täuschung ist anzunehmen, wenn der VN mit seiner Täuschung bewusst und gewollt Einfluss auf die Willensentschließung des VR nehmen will und er sich bewusst ist, dass der VR den Vertrag möglicherweise nicht oder nur zu erschwerten Bedingungen abschließen werde, wenn er richtige oder vollständige Angaben macht.[1] Es ist nicht erforderlich, dass der VN in der Absicht handelt, sich einen Vermögensvorteil zu verschaffen oder den VR zu schädigen.[2]

3 Die **Beweislast** trifft den VR. Falsche Angaben in einem Versicherungsantrag allein rechtfertigen den Schluss auf eine arglistige Täuschung nicht; einen allgemeinen Erfahrungssatz des Inhalts, dass eine bewusst unrichtige Beantwortung einer Antragsfrage immer und nur in der Absicht erfolgt, auf den Willen des VR einzuwirken, gibt es nicht. In **subjektiver Hinsicht** setzt die Annahme von Arglist vielmehr zusätzlich voraus, dass der **VN erkennt und billigt**, dass der VR seinen Antrag bei Kenntnis des wahren Sachverhalts gar nicht oder nur zu anderen Konditionen annehmen werde.[3] Auf Arglist als „innere Tatsache" kann meist nur auf der Grundlage hinreichender Indizien geschlossen werden. Sie können sich aus Art und Umfang der unrichtigen Angaben, aus der Persönlichkeit des Täuschenden, aus den besonderen Umständen bei der Antragstellung und aus der Art der gestellten Fragen ergeben.[4] Liegen objektiv falsche Angaben vor, trifft den VN eine **sekundäre Darlegungslast**. Er muss plausibel darlegen, wie und weshalb es zu den falschen Angaben gekommen ist.[5]

4 Aus der (umfangreichen) Rspr:[6]

- Die Angabe des Hausarztes spricht nicht gegen die Annahme einer arglistigen Täuschung.[7]
- Die Nichtangabe eines Suizidversuchs rechtfertigt den Vorwurf arglistiger Täuschung.[8]

---

1 BGH 28.2.2007 – IV ZR 331/05, r+s 2007, 234; OLG Koblenz 20.4.2001 – 10 U 1003/00, NVersZ 2001, 503; OLG Karlsruhe 7.4.2005 – 12 U 391/04, VersR 2006, 205; LG Dortmund 8.11.2013 – 2 O 452/12, dazu *Laux*, jurisPR-VersR 1/2014 Anm. 2; vgl auch *Fuchs*, jurisPR-VersR 2/2008 Anm. 1. Vgl ferner Bruck/Möller/*Rolfs*, § 22 Rn 20; Prölss/Martin/*Armbrüster*, § 22 Rn 7; Langheid/Wandt/*Müller-Frank*, § 22 Rn 23 f.
2 Vgl Römer/Langheid/*Langheid*, § 22 Rn 9 mwN.
3 StRspr, vgl nur BGH 24.11.2010 – IV ZR 252/08, r+s 2011, 58.
4 Vgl FAKomm-VersR/*Pilz/Gramse*, § 22 VVG Rn 1 ff mwN.
5 BGH 7.11.2007 – IV ZR 103/06, r+s 2008, 62; OLG Saarbrücken 5.12.2002 – 5 U 568/01, VersR 2003, 890, 891; Römer/Langheid/*Langheid*, § 22 Rn 12; Prölss/Martin/*Armbrüster*, § 22 Rn 44 mwN.
6 Zur Kasuistik Prölss/Martin/*Armbrüster*, § 22 Rn 17 ff.
7 OLG Saarbrücken 5.12.2001 – 5 U 568/01, r+s 2004, 206.
8 OLG Frankfurt 7.2.2002 – 15 U 138/01, r+s 2004, 296.

- Gibt der VN bei einem Antrag auf BUZ als Beruf „Hausmann" an, obgleich er in Wirklichkeit eine Freiheitsstrafe verbüßt, kann dies eine arglistige Täuschung gegenüber dem VR sein.[9]

- Verschweigt der VN bei Beantragung einer Unfallversicherung einen insulinpflichtigen Diabetes mellitus Typ 2 und eine infolgedessen einige Wochen zuvor durchgeführte Amputation der linken Kleinzehe, ist von einer arglistigen Täuschung auszugehen.[10]

- Macht der Antragsteller „ins Blaue hinein" objektiv unrichtige Angaben, ohne offen zu legen, dass ihm eine zuverlässige Beurteilungsgrundlage fehlt, kommt arglistige Täuschung in Betracht.[11]

- Hat der VN den VersVertreter mündlich über einen Umstand informiert, scheidet arglistige Täuschung aus.[12] Bei kollusivem Zusammenwirken greifen freilich die Grundsätze der Auge-und-Ohr-Rechtsprechung nicht (s. § 19 Rn 31).

- Von Arglist des VN kann bei einem Zusatzkrankenversicherungsantrag eines VN nicht ohne Weiteres ausgegangen werden, wenn wegen Schwerhörigkeit des VN ausgeschlossen werden kann, dass dieser die Aufklärung des Arztes über eine objektiv bestehende und im Antrag nicht angegebene Vorerkrankung nicht gewusst hat.[13]

Arglistige Täuschung ist idR anzunehmen, wenn der VN Umstände, deren Gefahrerheblichkeit auf der Hand liegt, verschweigt, insb. dann, wenn er gleichzeitig weniger gravierende Umstände angibt. Aus der Auswahl der angegebenen und verschwiegenen Tatsachen kann auf arglistiges Verhalten des VN geschlossen werden.[14] Gibt der VN eine weit zurückliegende Operation an, eine aktuelle Erkrankung aber nicht, spricht dies für eine arglistige Täuschung.[15] Die üblichen Indizien können durch besondere Umstände des Einzelfalles – wenn etwa der VersVertreter aus eigener Initiative den (späteren) VN angesprochen und ihn mehrfach besucht hat (Ausspannen im Wege der „Kaltakquise") – entwertet sein.[16]

Eine verwerfliche Gesinnung auf Seiten des VN oder ein moralisches Unwerturteil über die Handlungsweise ist grds. nicht erforderlich, um eine arglistige Täuschung annehmen zu können.[17] Auch wenn zB der VN (trotz entsprechender Frage) das Bestehen einer weiteren Unfallversicherung bei Antragstellung nicht angibt, kommt arglistige Täuschung in Betracht, wenn der VN in der Absicht handelte, damit den Vertragsabschluss „reibungsloser" zustande zu bringen. Damit steht fest, dass er auf die Entscheidung des VR Einfluss nehmen will. Fraglich ist im Einzelfall jedoch, ob er in dem Bewusstsein handelte, dass der VR bei korrekter Angabe den Antrag nicht oder nur unter erschwerten Konditionen annehmen könnte. Im Einzelfall kann es auch an der Kausalität fehlen; dies ist der Fall, wenn die Entscheidung des VR durch die unrichtige Angabe nicht beeinflusst worden ist. Die Täuschung muss **kausal** gewesen sein, also den Annahmeentschluss des VR beein-

---

9 OLG Hamm 1.12.2006 – 20 U 138/06, r+s 2008, 122.
10 OLG Oldenburg 21.4.2010 – 5 U 78/09, VersR 2011, 387.
11 KG 10.1.2006 – 6 U 122/05, r+s 2007, 333; Prölss/Martin/*Armbrüster*, § 22 Rn 9 mwN.
12 Römer/Langheid/*Langheid*, § 22 Rn 26 mwN.
13 OLG Karlsruhe 29.7.2014 – 12 U 159/13, NJW 2014, 3733.
14 OLG Koblenz 19.12.2012 – 2 U 1194/11, VersR 2013, 1113; OLG Saarbrücken 16.6.2010 – 5 U 272/08, zfs 2012, 704; OLG Karlsruhe 7.4.2005 – 12 U 391/04, VersR 2006, 205.
15 OLG Saarbrücken 15.4.1998 – 5 U 928/97, r+s 2000, 432.
16 OLG Stuttgart 26.9.2013 – 7 U 101/13, r+s 2014, 86.
17 Für das Versicherungsrecht OLG Karlsruhe 7.4.2005 – 12 U 391/04, VersR 2006, 205; zu § 463 S. 2 BGB vgl BGH 3.3.1995 – V ZR 43/94, NJW 1995, 849; BGH 11.5.2001 – V ZR 14/00, NJW 2001, 2326. Vgl auch *Wandt*, Versicherungsrecht, Rn 572; Langheid/Wandt/*Müller-Frank*, § 22 Rn 23.

flusst haben.[18] Für den Nachweis der Kausalität kommt der Anscheinsbeweis zumindest insoweit in Betracht, als die Gefahrerheblichkeit der falschen oder unterbliebenen Angaben auf der Hand liegt. Ansonsten muss der VR seine Risikoprüfungsgrundsätze darlegen.[19]

7 **2. Insbesondere: Spontane Anzeigepflicht.** Umstritten ist, ob eine arglistige Täuschung in Betracht kommt, wenn der VN einen Umstand nicht angibt, den der VR nicht erfragt hat.[20] Während § 19 Abs. 1 die Anzeigepflicht auf eine Antwortpflicht beschränkt, ist die Möglichkeit, einen Vertrag wegen arglistiger Täuschung anzufechten, nicht von der formalen Frage abhängig, ob der VR Fragen gestellt hat. Insoweit kann gar nicht in Abrede gestellt werden, dass grds. eine Anfechtung wegen arglistiger Täuschung auch dann möglich ist, wenn der VN **nicht erfragte Umstände nicht angezeigt** hat. Eine Arglistanfechtung erscheint deshalb möglich, wenn der VN **von sich aus unzutreffende Angaben** macht.[21] Das gilt auch für den Fall, dass der VersMakler ungefragt unzutreffende Angaben macht, die dem VN gem. § 166 BGB zugerechnet werden. In anderen Fällen werden die Voraussetzungen für die Annahme einer arglistigen Täuschung nicht erfüllt sein. Hat der VR zB nicht nach Erkrankungen des Magen-Darm-Traktes (sondern nur nach bestimmten anderen Erkrankungen) gefragt, wird der VN, der an einer solchen Magen-Darm-Krankheit leidet und sie nicht angibt, nicht in dem Bewusstsein handeln, dadurch auf die Entscheidung des VR über die Annahme des Antrags Einfluss nehmen zu wollen. Zumindest wird die Arglist nicht nachweisbar sein, solange der VN eine etwaige Täuschungsabsicht nicht zugibt (vgl § 19 Rn 13).[22] Gleichfalls scheidet die Annahme von Arglist aus, wenn der VN erst nach Abgabe des Antrags von einer Erkrankung erfährt, sofern der VR keine Nachfrage gem. § 19 Abs. 1 S. 2 gestellt hat.[23]

8 **3. Anfechtungsgegenstand.** Anfechtungsgegenstand ist die auf den Abschluss des Vertrages gerichtete Willenserklärung. Soweit der VN bei einer **Vertragsänderung** arglistig getäuscht hat, erfasst die Arglistanfechtung nur die Änderung; Gleiches gilt für eine Vertragsverlängerung.[24]

9 **4. Verhalten und Kenntnis Dritter.** Sofern ein Dritter die Täuschung verübt hat, ist die Vertragserklärung nur dann anfechtbar, wenn der VN die Täuschung kannte oder kennen musste (§ 123 Abs. 2 S. 1 BGB). Eine Person, deren Verhalten und Kenntnis dem VN zugerechnet wird, ist nicht Dritter iSd § 123 Abs. 2 S. 1 BGB. Außenstehender Dritter ist nicht, wer im Pflichtenkreis des VN tätig wird und als Hilfsperson zu betrachten ist.[25] Eine Zurechnung kommt ferner insb. unter dem Gesichtspunkt der Wissenserklärung und nach § 47 in Betracht (s. dazu auch § 19 Rn 33).

10 Bei der **Versicherung auf die Person eines anderen** sind in der Lebens-, Unfall- und Krankenversicherung nach §§ 156, 179 Abs. 3, 193 Abs. 2 Verhalten und Kenntnis des anderen zu berücksichtigen. Diese Vorschriften können auf andere Versiche-

---

18 BGH 24.11.2010 – IV ZR 252/08, r+s 2011, 58; Römer/Langheid/*Langheid*, § 22 Rn 11; Prölss/Martin/*Armbrüster*, § 22 Rn 8; Langheid/Wandt/*Müller-Frank*, § 22 Rn 19 ff.
19 Prölss/Martin/*Armbrüster*, § 22 Rn 46.
20 Dafür *Grote/Schneider*, BB 2007, 2689, 2693; *Reusch*, VersR 2008, 1179, 1183; *Franz*, VersR 2008, 298, 306; *Günther/Spielmann*, r+s 2008, 133 ff; Looschelders/Pohlmann/*Looschelders*, § 22 Rn 6; Langheid/Wandt/*Müller-Frank*, § 22 Rn 6; Prölss/Martin/*Armbrüster*, § 22 Rn 3; *Armbrüster*, Privatversicherungsrecht, Rn 807; diff. *Brand*, VersR 2009, 715, 721.
21 *Marlow/Spuhl*, Rn 169.
22 Vgl *Schimikowski*, Versicherungsvertragsrecht, Rn 181; Schwintowski/Brömmelmeyer/*Härle*, § 22 Rn 6; *Rixecker*, zfs 2008, 340.
23 Ebenso Prölss/Martin/*Armbrüster*, § 22 Rn 6.
24 OLG Saarbrücken 16.5.2007 – 5 U 590/06, r+s 2008, 76.
25 OLG Köln 1.6.2010 – 9 U 2/10; dazu *Schimikowski*, jurisPR-VersR 7/2010.

III. Verlust des Anfechtungsrechts

Der VR hat die Möglichkeit, auf das Recht zur Anfechtung des Vertrages zu verzichten. Eine automatisierte Handlung genügt hier nicht, um eine konkludente Verzichtserklärung anzunehmen: Hat der VR fristgerecht die Vertragsanfechtung erklärt und wurde versehentlich die Folgeprämie abgebucht, kommt dem keine Bedeutung zu. Die Abbuchung ist nicht als Willenserklärung zu werten, die etwa darauf gerichtet sei, auf die Anfechtung zu verzichten, sondern sie ist ein rein formaler, buchungstechnischer Vorgang ohne Erklärungswert.[27] Auch verwirkt der VR nicht wegen widersprüchlichen Verhaltens das Recht, sich auf die Anfechtung wegen arglistiger Täuschung zu berufen, wenn der VN, nachdem die Anfechtung erklärt wurde, einen Nachtrag zum Versicherungsschein übersendet, aus dem sich eine Prämienerhöhung ergibt.[28] **11**

Ein **im Voraus vereinbarter Ausschluss** des Anfechtungsrechts aus § 123 Abs. 1 BGB ist unwirksam, wenn die Täuschung vom Geschäftspartner selbst oder von einer Person verübt wird, die nicht Dritter iSd § 123 Abs. 2 BGB ist.[29] **12**

Wegen Verletzung der **Nachfragepflicht** bei widersprüchlichen oder unvollständigen Angaben des VN verliert der VR sein Recht zur Anfechtung wegen arglistiger Täuschung nicht (s. § 19 Rn 25).[30] **13**

Auch wenn eine wirksame **Belehrung** nach § 19 Abs. 5 nicht vorliegt, kann der VR wegen arglistiger Täuschung anfechten (vgl § 19 Rn 49).[31] **14**

§ 23 Gefahrerhöhung

(1) Der Versicherungsnehmer darf nach Abgabe seiner Vertragserklärung ohne Einwilligung des Versicherers keine Gefahrerhöhung vornehmen oder deren Vornahme durch einen Dritten gestatten.

(2) Erkennt der Versicherungsnehmer nachträglich, dass er ohne Einwilligung des Versicherers eine Gefahrerhöhung vorgenommen oder gestattet hat, hat er die Gefahrerhöhung dem Versicherer unverzüglich anzuzeigen.

(3) Tritt nach Abgabe der Vertragserklärung des Versicherungsnehmers eine Gefahrerhöhung unabhängig von seinem Willen ein, hat er die Gefahrerhöhung, nachdem er von ihr Kenntnis erlangt hat, dem Versicherer unverzüglich anzuzeigen.

I. Normzweck	1	a) Anzeigepflicht, §§ 19 ff...	4
II. Anwendungsbereich und Abgrenzungsfragen	2	b) Obliegenheitsverletzung, § 28	6
1. Anwendungsbereich	2	c) Herbeiführung des Versicherungsfalles, § 81	7
2. Abdingbarkeit	3		
3. Abgrenzungsfragen	4		

---

26 BGH 16.10.2013 – IV ZR 390/12, r+s 2014, 34.
27 OLG Köln 29.6.1995 – 5 U 245/94, VersR 1998, 85.
28 OLG Celle 3.2.2000 – 8 U 263/98, r+s 2000, 390.
29 BGH 21.9.2011 – IV ZR 38/09, r+s 2012, 32 mwN. Zu Lösungsansätzen für die D&O-Versicherung *Gädtke*, r+s 2013, 313.
30 BGH 11.5.2011 – IV ZR 148/09, r+s 2011, 324; Römer/Langheid/*Langheid*, § 22 Rn 16 mwN.
31 BGH 12.3.2014 – IV ZR 306/13, VersR 2014, 565.

III. Subjektive und objektive Gefahrerhöhung. 8
IV. Begriff der Gefahrerhöhung...... 13
 1. Risikoerhöhung 13
 2. Nach Abgabe der Vertragserklärung 17
 3. Dauerhaftigkeit.............. 19
 4. Gefahrenkompensation 22
 5. Unterlassen 25
V. Fallgruppen..................... 28
 1. Sachversicherung............. 28
  a) Brand 28
  b) Leitungswasser 31
  c) Sturm 33
  d) Einbruch 34
 2. Insbesondere: Kraftfahrzeuge 35
  a) Kfz-Kaskoversicherung... 35
  b) Kfz-Haftpflichtversicherung....................... 43
 3. Sonstiges: Verhältnis zu AVB 48
VI. Beweislast........................ 50
 1. Beweislast des VR............ 50
 2. Beweislast des VN............ 53

I. Normzweck

1 Die Parteien setzen idR einen Gefahrenstand voraus, den sie zur Grundlage des Vertragsschlusses machen. Insbesondere der VR nimmt eine bestimmte Risikoprüfung vor, um ein angemessenes Verhältnis zwischen Risiko und Prämie zu ermitteln. Hierbei kann der VR, um die hierfür wesentlichen Umstände zu ermitteln, dem VN vor Vertragsschluss entsprechende Fragen stellen, deren Falschbeantwortung mit den Folgen der §§ 19 ff verbunden ist. Da es aber weder theoretisch möglich noch praktisch handhabbar ist, sämtliche möglichen Gefahrverwirklichungen bereits im Stadium der Vertragsanbahnung zu berücksichtigen, gibt das Gesetz dem VR im Falle einer nachträglichen **Störung des Äquivalenzverhältnisses** durch eine eingetretene Gefahrerhöhung das Recht, sich unter bestimmten Voraussetzungen vom Vertrag zu lösen, eine Prämienerhöhung zu verlangen, das betreffende Risiko auszuschließen sowie sich auf Leistungsfreiheit zu berufen. Durch die §§ 23 ff soll mithin das Gleichgewicht zwischen **Prämienaufkommen und Versicherungsleistung** erhalten bleiben. Der VR soll nicht gezwungen werden, am VersVertrag festzuhalten, obwohl sich die Risikolage so geändert hat, dass das Verhältnis zwischen Risiko und Prämie nicht mehr der Risikolage entspricht, die er bei Vertragsschluss voraussetzen durfte.[1] Insoweit handelt es sich bei den §§ 23 ff um einen gesetzlich normierten Spezialfall des Wegfalls der Geschäftsgrundlage.[2]

II. Anwendungsbereich und Abgrenzungsfragen

2 **1. Anwendungsbereich.** Die im Allgemeinen Teil enthaltenen Vorschriften über die Gefahrerhöhung gelten grds. für alle Versicherungszweige, soweit das Gesetz nicht Sondervorschriften vorsieht. **Sonderregelungen** bestehen für die laufende Versicherung (§ 57), die Transport- (§ 132), die Lebens- (§ 158), die Berufsunfähigkeits- (§§ 176, 158), die Unfallversicherung (§ 181) und die Haftpflichtversicherung (Ziff. 21 AHB 2008). Vollständig ausgeschlossen sind die Regelungen über die Gefahrerhöhung nur in der Krankenversicherung (§ 194 Abs. 1 S. 2). Die Geschlechtsumwandlung eines ursprünglich männlichen VN berechtigt den privaten Krankenversicherer daher nicht, die versicherte Person abweichend vom vertraglich vereinbarten Männertarif in den Frauentarif einzustufen.[3]

3 **2. Abdingbarkeit.** Zu beachten ist, dass nach § 32 von den Regelungen über die Gefahrerhöhung **nicht zum Nachteil des VN abgewichen** werden darf, was sich insb. auf die Definition der Gefahrerhöhung und auf die Kündigungs- und Prämi-

---

1 BGH 16.6.2010 – IV ZR 229/09, VersR 2010, 1032; BGH 23.6.2004 – IV ZR 219/03, VersR 2005, 218; BGH 5.5.2004 – IV ZR 183/03, VersR 2004, 895; BGH 6.6.1990 – IV ZR 142/89, VersR 1990, 881; BGH 11.12.1980 – IVa ZR 18/80, VersR 1981, 245; BGH 15.11.1978 – IV ZR 103/77, VersR 1979, 73; Prölss/Martin/*Armbrüster*, § 23 Rn 1 ff.
2 *Schimikowski*, Rn 199; zum Normzweck ferner Schwintowski/Brömmelmeyer/*Loacker*, § 23 Rn 1–5; Langheid/Wandt/*Wrabetz/Reusch*, § 23 Rn 1–6.
3 BGH 9.5.2012 – IV ZR 1/11, VersR 2012, 980.

enanpassungsregelungen bezieht.[4] Umgekehrt gilt das selbstverständlich nicht. Wird also in AVB eine Gefahrerhöhung speziell beschrieben, etwa für Sicherungsmaßnahmen an einem Haus bei längerer Ortsabwesenheit, so folgt hieraus zugleich, dass bei Nichtvorliegen dieser Voraussetzung keine Gefahrerhöhung vorliegen soll bzw diese als mitversichert gilt.

3. Abgrenzungsfragen. a) Anzeigepflicht, §§ 19 ff. Die Regelungen über die Gefahrerhöhung nach §§ 23 ff sowie über die Anzeigepflicht nach §§ 19 ff finden **nebeneinander Anwendung**.[5] Zwar stellt § 19 Abs. 1 S. 1 grds. auf die Pflicht zur Angabe der bis zur Abgabe der Vertragserklärung bekannt gewordenen Gefahrumstände ab, während Abs. 1 sich auf das Verbot der Gefahrerhöhung nach Abgabe der Vertragserklärung bezieht, so dass sich die Anwendungsbereiche beider Normbereiche grds. nicht überschneiden. Indessen bestimmt § 19 Abs. 1 S. 2, dass der VN auch dann zur Anzeige verpflichtet ist, wenn der VR nach der Vertragserklärung des VN, aber vor Vertragsannahme Fragen stellt. In dieser Zwischenphase kann gleichzeitig eine Gefahrerhöhung liegen. 4

Hat der VR bei Antragstellung nicht nach einem gefahrerheblichen Umstand gefragt, sperrt dies nicht von vornherein den Anwendungsbereich der §§ 19 ff.[6] Es ist weder möglich noch praktikabel, bereits im Antragsstadium nach sämtlichen theoretisch in Betracht kommenden gefahrerhöhenden Umständen zu fragen. Allenfalls im Rahmen eines Indizes kann berücksichtigt werden, ob nach einem Umstand gefragt wurde oder nicht. 5

b) Obliegenheitsverletzung, § 28. Die Vorschriften über die Gefahrerhöhung stehen **selbständig** neben denjenigen über Obliegenheitsverletzungen vor Eintritt des Versicherungsfalles nach § 28 Abs. 1.[7] Vollständige Leistungsfreiheit tritt sowohl bei Obliegenheitsverletzungen nach § 28 Abs. 2 als auch bei Gefahrerhöhung nach § 26 nur bei Vorsatz ein, während grobe Fahrlässigkeit in beiden Bereichen nur zu einer anteiligen Leistungskürzung führt sowie einfache Fahrlässigkeit überhaupt nicht schadet. 6

c) Herbeiführung des Versicherungsfalles, § 81. Nebeneinander anwendbar sind schließlich die Vorschriften über die Gefahrerhöhung sowie § 81 hinsichtlich der Herbeiführung des Versicherungsfalles (zum Konkurrenzverhältnis im Einzelnen vgl § 81 Rn 3).[8] Eine gewisse Angleichung haben beide Regelungsgebiete dadurch erhalten, dass nach § 26 Abs. 1 auch bei der Gefahrerhöhung iSv Abs. 1 ebenso wie bei § 81 nur noch Vorsatz und grobe Fahrlässigkeit schaden. Ein Unterschied besteht allerdings hinsichtlich der Beweislast beim Verschulden. Während der VR bei § 81 Vorsatz und grobe Fahrlässigkeit beweisen muss, hat der VR bei der Gefahrerhöhung nur den Vorsatz zu beweisen, während der VN nach § 26 Abs. 1 S. 2 Hs 2, Abs. 2 S. 2 Hs 2 den Nachweis für das Nichtvorliegen grober Fahrlässigkeit führen muss. 7

---

4 Schwintowski/Brömmelmeyer/*Loacker*, § 23 Rn 56–70; vgl ferner Prölss/Martin/*Armbrüster*, § 23 Rn 116–118.
5 Langheid/Wandt/*Wrabetz/Reusch*, § 23 Rn 106–112; Römer/Langheid/*Langheid*, § 23 Rn 7, 51 f.
6 FAKomm-VersR/*Segger/Degen*, § 23 VVG Rn 28–30.
7 Prölss/Martin/*Armbrüster*, § 23 Rn 120 f; Bruck/Möller/*Matusche-Beckmann*, § 23 Rn 66; Langheid/Wandt/*Wrabetz/Reusch*, § 23 Rn 113–123.
8 OLG Celle 9.8.2007 – 8 U 62/07, r+s 2007, 449; OLG Köln 25.4.2006 – 9 U 175/05, VersR 2007, 204; Römer/Langheid/*Langheid*, § 23 Rn 53; Prölss/Martin/*Armbrüster*, § 23 Rn 119; Bruck/Möller/*Matusche-Beckmann*, § 23 Rn 68; Langheid/Wandt/*Wrabetz/Reusch*, § 23 Rn 124–133.

III. Subjektive und objektive Gefahrerhöhung

8 § 23 differenziert zwischen **drei Formen der Gefahrerhöhung**, nämlich der **subjektiven** in Abs. 1 und 2 sowie der **objektiven** in Abs. 3. Eine **subjektive** oder **gewillkürte** Gefahrerhöhung liegt vor, wenn der VN selbst eine Gefahrerhöhung vorgenommen oder deren Vornahme durch einen Dritten gestattet hat. Abs. 1 betrifft hierbei den Fall der bereits ursprünglich mit Wissen des VN vorgenommenen Gefahrerhöhung (subjektiv gewollte Gefahrerhöhung), Abs. 2 die zunächst vom VN zwar vorgenommene, aber erst nachträglich erkannte Gefahrerhöhung (nachträglich erkannte subjektive Gefahrerhöhung).[9] Eine **objektive** oder **ungewollte** Gefahrerhöhung iSv Abs. 3 liegt dagegen vor, wenn diese unabhängig vom Willen des VN eintritt, also nicht von seinem Verhalten beeinflusst wurde.[10] Unter Abs. 3 fallen etwa Naturereignisse, das Verhalten dritter Personen, zB Bombendrohungen durch den getrennt lebenden Ehemann,[11] oder Änderungen der Gesetzeslage. § 23 fasst diese drei Formen der Gefahrerhöhung einheitlich zusammen und legt die Sanktionen gemeinsam in den §§ 24–26 fest.

9 **Abs. 1** verbietet es dem VN, nach Abgabe seiner Vertragserklärung ohne Einwilligung des VR eine Gefahrerhöhung vorzunehmen oder deren Vornahme durch einen Dritten zu gestatten, wobei hierunter auch die Gefahrerhöhung durch subjektive Umstände beim VN zählt, zB Krankheiten.[12] Nach **Abs. 2** hat der VN, wenn er nachträglich erkennt, dass er ohne Einwilligung des VR eine Gefahrerhöhung vorgenommen oder gestattet hat, die Gefahrerhöhung unverzüglich dem VR anzuzeigen. Den VN trifft nach **Abs. 3** ebenfalls eine Pflicht zur unverzüglichen Anzeige, wenn nach Abgabe der Vertragserklärung des VN eine Gefahrerhöhung unabhängig von seinem Willen eintritt. Lediglich Abs. 1 stellt mithin ein echtes **Verbot der Vornahme** einer Gefahrerhöhung ohne Einwilligung des VR dar, während die zunächst subjektiv ungewollte und die objektive Gefahrerhöhung nach Abs. 2 und 3 lediglich **Anzeigepflichten** nach sich ziehen. Der Begriff der Unverzüglichkeit in Abs. 2 und 3, dh ein Handeln ohne schuldhaftes Zögern gem. § 121 BGB, ist einzelfallabhängig und entzieht sich starren Fristen.[13]

10 Eine Gefahrerhöhung setzt immer voraus, dass der VN die Umstände **kennt**, die eine Gefahrerhöhung begründen.[14] Das ergibt sich aus dem Verhältnis von Abs. 2 und 3 einerseits sowie Abs. 1 andererseits. Während Abs. 2 und 3 für die Fälle einer subjektiv ungewollten und einer objektiven Gefahrerhöhung ausdrücklich den Beginn der Anzeigepflicht an die Kenntnis der Gefahrerhöhung anknüpfen, ist für die verbleibenden Fälle der subjektiv gewollten Gefahrerhöhung die Regelung in Abs. 1 maßgeblich. Diese kann sich mithin nur auf solche Fälle beziehen, in denen der VN selbst oder mit seiner Gestattung ein Dritter bereits ursprünglich mit Kenntnis des VN die Gefahrerhöhung vorgenommen hat. Für diese Kenntnis ist **positives Wissen** erforderlich, während bloßes Wissenmüssen nicht genügt.[15] Nicht

---

9 Kritisch zur Einordnung des § 23 Abs. 2 zur subjektiven Gefahrerhöhung Schwintowski/Brömmelmeyer/*Loacker*, § 23 Rn 8.
10 Zur Abgrenzung der ungewollten Gefahrerhöhung von der Gestattung einer Gefahrerhöhung durch Dritte s. Bruck/Möller/*Matusche-Beckmann*, § 23 Rn 41.
11 BGH 27.1.1999 – IV ZR 315/97, VersR 1999, 484.
12 Langheid/Wandt/*Wrabetz/Reusch*, § 23 Rn 79–85.
13 So auch Schwintowski/Brömmelmeyer/*Loacker*, § 23 Rn 100; weitergehend Römer/Langheid/*Langheid*, § 23 Rn 75, der dem VN allenfalls drei Werktage zubilligen will.
14 BGH 10.9.2014 – IV ZR 322/13, VersR 2014, 1313; BGH 23.6.2004 – IV ZR 219/03, VersR 2005, 218; LG Stuttgart 13.1.2006 – 22 O 362/05, DAR 2006, 514; Prölss/Martin/*Armbrüster*, § 23 Rn 95; Römer/Langheid/*Langheid*, § 23 Rn 39.
15 BGH 21.1.1999 – IV ZR 315/97, VersR 1999, 484; Römer/Langheid/*Langheid*, §§ 23–25 Rn 28.

erforderlich ist dagegen, dass dem VN gerade der gefahrerhöhende Charakter der gefahrerhöhenden Umstände bekannt war.[16]

Im Einzelfall kann es auch genügen, wenn der VN sich der **Kenntnis** der die Gefahrerhöhung begründenden Umstände **arglistig entzieht**.[17] Die Anforderungen an die Arglist sind hoch anzusetzen, so dass insb. im Bereich der Kfz-Versicherung den VN keine allgemeine Pflicht zur Überprüfung des Fahrzeugzustands trifft.[18] An einer derartigen Kenntnis bzw einem arglistigen Entziehen der Kenntnis fehlt es etwa, wenn dem VN nicht bewusst war, dass die Bitumen-Dachschindeln des versicherten Gebäudes alterungsbedingt schadhaft geworden waren, zumal den VN keine Pflicht trifft, den Zustand des Daches regelmäßig durch einen Fachmann kontrollieren zu lassen.[19]

11

Beweispflichtig für die Kenntnis bzw das arglistige Entziehen von der Kenntnis ist der VR.[20]

12

IV. Begriff der Gefahrerhöhung

1. Risikoerhöhung. Das Gesetz selbst regelt nicht näher, was unter dem Begriff der Gefahrerhöhung zu verstehen ist. Auch die Materialien schweigen hierzu.[21] Insoweit kann weitgehend auf die bisher von der Rspr entwickelten Grundsätze zurückgegriffen werden. Hiernach liegt eine **Gefahrerhöhung** vor, wenn nach Abgabe der Vertragserklärung des VN eine auf gewisse Dauer angelegte Änderung der gefahrerheblichen Umstände eingetreten ist, die die Grundlage eines neuen natürlichen Geschehensablaufs sein kann und damit den Eintritt des Versicherungsfalles zu fördern geeignet ist.[22] Maßgebend ist mithin, ob nachträglich eine Gefahrenlage eingetreten ist, die eine **nachhaltige Erhöhung der Möglichkeit der Risikoverwirklichung** in Bezug auf den Schadenseintritt, die Vergrößerung des Schadens und/oder eine ungerechtfertigte Inanspruchnahme des VR darstellt, bei der der VR den Vers-Vertrag überhaupt nicht oder jedenfalls nicht zu der vereinbarten Prämie abgeschlossen hätte.[23] Hierbei kommt es nicht nur auf einzelne Gefahrumstände an, sondern es ist zu fragen, wie sich die Gefahrenlage seit Antragstellung insgesamt entwickelt hat. Dabei sind alle gefahrerheblichen Umstände in Betracht zu ziehen, so dass gefahrerhöhende und -vermindernde Umstände gegeneinander abzuwägen

13

---

16 BGH 10.9.2014 – IV ZR 322/13, VersR 2014, 1313; BGH 26.5.1982 – IVa ZR 76/80, VersR 1982, 793; Bruck/Möller/*Matusche-Beckmann*, § 23 Rn 25.
17 BGH 26.5.1982 – IVa ZR 76/80, VersR 1982, 793; OLG Köln 25.4.2006 – 9 U 175/05, VersR 2007, 204; OLG Celle 23.9.2004 – 8 U 128/03, VersR 2005, 640; OLG Düsseldorf 2.3.2004 – 4 U 185/03, DAR 2004, 391; OLG Düsseldorf 20.4.2004 – 4 U 183/03, VersR 2004, 1408; LG Bonn 18.7.2002 – 6 S 93/02, SP 2003, 68; zu den maßgeblichen Kriterien der Arglist vgl ferner Schwintowski/Brömmelmeyer/*Loacker*, § 23 Rn 73–75; Prölss/Martin/*Armbrüster*, § 23 Rn 97; Langheid/Wandt/*Wrabetz/Reusch*, § 23 Rn 52–56.
18 Schwintowski/Brömmelmeyer/*Loacker*, § 23 Rn 75.
19 OLG Koblenz 15.5.2009 – 10 U 1018/08, VersR 2009, 1619.
20 Prölss/Martin/*Armbrüster*, § 23 Rn 114.
21 Begr. RegE, BT-Drucks. 16/3945, S. 67 f.
22 BGH 20.6.2012 – IV ZR 150/11, VersR 2012, 1300; BGH 27.1.1999 – IV ZR 315/97, VersR 1999, 484; Prölss/Martin/*Armbrüster*, § 23 Rn 7; Bruck/Möller/*Matusche-Beckmann*, § 23 Rn 4; Römer/Langheid/*Langheid*, § 23 Rn 11; ferner Langheid/Wandt/ *Wrabetz/Reusch*, § 23 Rn 25–34.
23 BGH 16.6.2010 – IV ZR 229/09, VersR 2010, 1032; BGH 23.6.2004 – IV ZR 219/03, VersR 2005, 218; OLG Celle 9.8.2007 – 8 U 62/07, r+s 2007, 683; OLG Saarbrücken 2.7.2004 – 5 W 134/04, NJW-RR 2004, 1339; Römer/Langheid/*Langheid*, § 23 Rn 12 ff; *Schimikowski*, Rn 200 f (Stabilisierung der Gefahrenlage auf erhöhtem Niveau); *Wandt*, Rn 829; Schwintowski/Brömmelmeyer/*Loacker*, § 23 Rn 13–16; zum Eintritt gefahrerhöhender Umstände im Einzelnen vgl Prölss/Martin/*Armbrüster*, § 23 Rn 12–24.

sind.²⁴ In jedem Fall muss aber zunächst eine Änderung des bisherigen Zustands erfolgen, woran es etwa beim Fortbestand des Rohbauzustands des versicherten Gebäudes über die zeitliche Befristung der Versicherung hinaus fehlt.²⁵ Anders liegt es dagegen, wenn sich bloße Absichten eines VN im Hinblick auf eine Gefahrerhöhung derart verdichtet haben, dass ihre Umsetzung bereits begonnen hat. So kann es liegen, wenn der VN die Betriebsart in einer Gebäudeversicherung zunächst mit „Hausverwaltung (reiner Bürobetrieb)" angegeben hat, dann indessen eine Nutzungsänderung zu einem Bordell beantragt und mit Umbauarbeiten beginnt.²⁶

14 Eine für jeden Fall praktikable Definition der Gefahrerhöhung lässt sich auch mit diesen Begrifflichkeiten indessen nicht erzielen. Es kommt immer auf die **Umstände des Einzelfalles** an. Einen Anhaltspunkt bietet immerhin die **Wertung des § 27**, wonach die §§ 23–26 nicht anzuwenden sind, wenn nur eine unerhebliche Erhöhung der Gefahr vorliegt oder wenn nach den Umständen als vereinbart anzusehen ist, dass die Gefahrerhöhung mitversichert sein soll.²⁷ Keine Gefahrerhöhung stellen deshalb **quantitativ, räumlich und zeitlich nur geringfügige Veränderungen** gegenüber dem Rechtszustand bei Antragstellung dar. Ferner stellen **qualitativ** solche Umstandsänderungen keine Gefahrerhöhung dar, bei der nach den Grundsätzen einer sach- und interessengerechten Auslegung des Vertrages davon auszugehen ist, dass die Parteien diesen Umstand mitversichert hätten, wenn nicht der Versicherungsschutz ausgehöhlt werden soll. Kriterien hierfür sind die von den Parteien bei Vertragsschluss zugrunde gelegten Umstände, wie sie sich aus Antrag, Police und Versicherungsbedingungen entnehmen lassen, die Vorhersehbarkeit von Änderungen, die Grundsätze vernünftiger Versicherungstechnik, Risikoeinschätzungen von Rückversicherern, fortdauernde Gewährleistung des Versicherungsschutzes für den Kernbereich der Versicherung etc. Auf dieser Grundlage hat der BGH etwa in der Einbruchdiebstahlversicherung eine – auch nicht mitversicherte – Gefahrerhöhung angenommen bei einer über längere Zeit andauernden (erfolglosen) Schutzgelderpressung eines Gastwirts mit Drohungen und Sachbeschädigungen, die dann bei einem erneuten Einbruch in eine Verwüstung des Lokals mündeten.²⁸ Keine Gefahrerhöhung bejaht wurde durch die Rspr dagegen bei den Terroranschlägen vom 11.9.2001 in den USA, so dass kein Recht des VR zur Kündigung einer Ausfallversicherung für die Fußballweltmeisterschaft 2002 bestand, weil das realisierte Schadenspotenzial bereits früheren Terroranschlägen innewohne und sich lediglich in größerem Ausmaß realisierte.²⁹ Das erscheint nicht zweifelsfrei.³⁰ Bedenklich ist es demgegenüber, eine Gefahrerhöhung zugrunde zu legen, nachdem in einen Getränkemarkt mit hochwertigen Spirituosen eingebrochen wurde, in dem der VN zusätzlich noch Prämien für ein Bonussystem (Handtücher, T-Shirts) eingelagert hatte.³¹

---

24 BGH 20.6.2012 – IV ZR 150/11, VersR 2012, 1300; BGH 16.6.2010 – IV ZR 229/09, VersR 2010, 1032; BGH 17.2.2010 – IV ZR 349/07, VersR 2010, 944; BGH 23.6.2004 – IV ZR 219/03, VersR 2005, 218.
25 OLG Schleswig 30.10.2008 – 16 U 22/08, VersR 2009, 1620.
26 BGH 20.6.2012 – IV ZR 150/11, VersR 2012, 1300.
27 Vgl Römer/Langheid/*Langheid*, § 23 Rn 17–20.
28 BGH 16.6.2010 – IV ZR 229/09, VersR 2010, 1032 m. Anm. *Looschelders/Weckmann*, VersR 2010, 1446; vgl aber auch Prölss/Martin/*Armbrüster*, § 23 Rn 18; Langheid/Wandt/*Wrabetz/Reusch*, § 23 Rn 105.
29 LG Köln 22.12.2003 – 24 O 497/01, VersR 2004, 636; LG München I 16.4.2002 – 25 O 1836/02, NVersZ 2002, 454; zust. Schwintowski/Brömmelmeyer/*Loacker*, § 23 Rn 26; Langheid/Wandt/*Wrabetz/Reusch*, § 23 Rn 240.
30 Vgl Römer/Langheid/*Langheid*, § 23 Rn 10.
31 So LG Wiesbaden 20.10.2006 – 3 O 216/05, zfs 2007, 282 m. krit. Anm. *Rixecker*, zfs 2007, 136.

Problematisch sind ferner die Fälle, bei denen es zu einer Gefahrerhöhung durch eine Veränderung subjektiver Umstände beim VN kommt, etwa Erkrankungen, Alkoholismus, kriminelle Neigungen, Medikamenteneinfluss, sog. Brandreden etc.[32]

Keine Gefahrerhöhung liegt vor, wenn sich nicht die Wahrscheinlichkeit des Eintritts der bisher versicherten Gefahr ändert, sondern eine **völlig neue Gefahr eintritt**, auf die sich die Versicherung bereits von Anfang an nicht bezog. Ein solcher **Gefahrwechsel** oder eine **Gefahränderung** liegt etwa vor, wenn ein bisher zu Wohnzwecken benutztes Gebäude in eine Produktionsstätte umgebaut wird.[33]

2. Nach Abgabe der Vertragserklärung. Die Gefahrerhöhung muss nach Abgabe der Vertragserklärung des VN erfolgen. Das ist idR der **Zeitpunkt der Antragserklärung**.[34] Erforderlich ist, dass die maßgeblichen Umstände sich **nachträglich geändert** haben. Nicht erfasst von §§ 23 ff werden mithin Gefahrstände, die bereits im Zeitpunkt der Abgabe der Vertragserklärung des VN vorhanden waren, mögen diese auch dem VR nicht bekannt gewesen sein. Die Rechtsfolgen der irrigen Beurteilung der Risikolage bei Abgabe der Vertragserklärung richten sich mangels Änderung der Gefahrenlage alleine nach §§ 19 ff.[35] Keine Gefahrerhöhung liegt daher etwa vor, wenn der VN bereits vor Abschluss eines Kompaktversicherungsvertrages Feuerwerkskörper in einer Lagerhalle aufbewahrt hat.[36] In diesen Fällen besteht von vornherein keine Deckung für die neue Gefahr.

Eine (vermeintliche) Ausnahme macht die Rspr allerdings traditionell im Bereich der **Kfz-Haftpflichtversicherung**. Hier finden die Vorschriften über die Gefahrerhöhung auch dann Anwendung, wenn das Fahrzeug bereits bei Abgabe der Vertragserklärung in einem verkehrsunsicheren Zustand war.[37] Maßgebend ist hier also nicht der Ist-Zustand, sondern der sich aus der StVZO ergebende Soll-Zustand. Das lässt sich zum einen damit rechtfertigen, dass es bei der Kfz-Haftpflichtversicherung auch um den Schutz von Leib, Leben und Eigentum anderer Verkehrsteilnehmer geht und wegen des Charakters der Pflichtversicherung eine Risikoprüfung nach §§ 19 ff nicht stattfindet. Zum anderen dürfte es sich tatsächlich eher um ein Scheinproblem handeln, da die eigentliche Gefahrerhöhung nicht der verkehrsunsichere Zustand des Fahrzeugs selbst, sondern erst dessen erstmalige bzw fortgesetzte Nutzung im Straßenverkehr nach Abgabe der Vertragserklärung darstellt.[38] Jedenfalls kann diese Rspr nicht pauschal auf andere Versicherungszweige übertragen werden.[39]

3. Dauerhaftigkeit. Die Gefahrerhöhung muss einen **gewissen Dauerzustand** erreichen. Der Zustand erhöhter Gefahr muss mindestens von einer solchen Dauer sein, dass er die Grundlage eines neuen natürlichen Gefahrenverlaufs bilden kann

---

32 Hierzu im Einzelnen Schwintowski/Brömmelmeyer/*Loacker*, § 23 Rn 20–24; Prölss/Martin/*Armbrüster*, § 23 Rn 21 f.
33 Vgl zu dieser Problematik *Wandt*, Rn 834.
34 Begr. RegE, BT-Drucks. 16/3945, S. 67.
35 BGH 15.1.1978 – IV ZR 103/77, VersR 1979, 73; OLG Köln 30.5.2006 – 9 U 129/05, r+s 2006, 379 (für eine bereits bei Vertragsschluss nur mit einem Schloss versehene Hauseingangstür); OLG Karlsruhe 18.12.2003 – 12 U 97/03, VersR 2004, 374.
36 LG Köln 3.4.2008 – 24 O 104/07, r+s 2010, 246.
37 BGH 18.10.1989 – IVa ZR 29/88, VersR 1990, 80; BGH 22.6.1967 – II ZR 154/64, VersR 1967, 746; Römer/Langheid/*Langheid*, § 23 Rn 72.
38 Vgl Prölss/Martin/*Armbrüster*, § 23 Rn 10, 68.
39 BGH 15.11.1978 – IV ZR 103/77, VersR 1979, 73; weitergehend aber OLG Celle 9.8.2007 – 8 U 62/07, r+s 2007, 449, das auch beim Aufbewahren eines Kfz-Scheins im Pkw im Bereich der Kaskoversicherung diese Grundsätze anwenden will, wobei es im konkreten Fall hierauf nicht ankam, weil die Gefahrerhöhung durch das dauerhafte Aufbewahren des Kfz-Scheins im Pkw erst nach dessen Übergabe erfolgte, als bereits ein VersVertrag abgeschlossen worden war.

und damit den Eintritt des Versicherungsfalles generell zu fördern geeignet ist.[40] Bei nur kurzfristigen oder vorübergehenden Änderungen des Gefahrstandes ist zum einen nicht ersichtlich, wie dann die Anzeigeverpflichtung des VN nach § 23 Abs. 2 und 3 realisiert werden soll. Zum anderen kann bei bloß kurzfristigen Änderungen idR angenommen werden, dass diese bereits nach dem Parteiwillen zum Zeitpunkt der Vertragserklärungen mitversichert sein sollen. Schließlich muss eine Abgrenzung zur Herbeiführung des Versicherungsfalles nach § 81 erreicht werden. Dort genügen auch kurzfristige und einmalige Handlungen, was umgekehrt mit einer Beweislast des VR für grobe Fahrlässigkeit und die Kausalität verbunden ist. Bei der Gefahrerhöhung ist demgegenüber ein längerer Zustand erforderlich, was hier dann umgekehrt für den VN mit dem Entlastungsbeweis für grobe Fahrlässigkeit und fehlende Kausalität verknüpft ist.[41]

20 An der Dauerhaftigkeit fehlt es deshalb etwa bei einer nur einmaligen Drohung des Ehemannes anlässlich einer tätlichen Auseinandersetzung mit dem neuen Lebensgefährten seiner Ehefrau, er werde sich und die Ehefrau mit dem ihr gehörenden Haus in die Luft sprengen.[42] Ebenso fehlt es an einer die Anwendung der §§ 23 ff auslösenden Gefahrerhöhung bei einer einmaligen Trunkenheitsfahrt,[43] einer Fahrt unter Medikamenteneinfluss,[44] zwei aufeinander folgenden Fahrten im Zustand einer durch Schlafentzug oder Alkoholkonsum ausgelösten Epilepsie,[45] der Benutzung eines abgefahrenen Reservereifens für eine kurze Strecke nach Hause oder zur Werkstatt,[46] einer Brandrede unmittelbar am Vorabend vor der Tat[47] oder dem einmaligen Belassen des Schlüssels in der Mittelarmkonsole eines Fahrzeugs.[48]

21 Ausreichend für das Element der Dauerhaftigkeit ist das Leerstehen eines Wohngebäudes über einen längeren Zeitraum,[49] das wiederholte und regelmäßige Überladen eines Fahrzeugs[50] oder ein wochenlang unrepariert gebliebenes Seitenfenster eines Pkw.[51] Zweifelhaft ist das Dauerelement ferner beim lediglich einmaligen Abstellen eines Traktors (Schleppers) für einen Zeitraum von einigen Stunden in einer Scheune.[52]

22 **4. Gefahrenkompensation.** In der Praxis immer wieder nicht hinreichend beachtet wird der Umstand, dass eine Gefahrerhöhung nicht schon dann vorliegt, wenn sich ein einzelner Umstand nach Abgabe der Vertragserklärung verändert und isoliert betrachtet die Gefahr des Eintritts des Versicherungsfalles erhöht. Da der VR nur

---

40 BGH 10.9.2014 – IV ZR 322/13, VersR 2014, 1313; BGH 16.6.2010 – IV ZR 229/09, VersR 2010, 1032; BGH 27.1.1999 – IV ZR 315/97, VersR 1999, 484; FAKomm-VersR/ *Segger/Degen*, § 23 VVG Rn 35 f; *Wandt*, Rn 829–831 (auch zur Abgrenzung zu § 103); grds. auch Prölss/Martin/*Armbrüster*, § 23 Rn 33; krit. Römer/Langheid/*Langheid*, § 23 Rn 26–28; Langheid/Wandt/*Wrabetz/Reusch*, § 23 Rn 35 f.
41 Schwintowski/Brömmelmeyer/*Loacker*, § 23 Rn 33–38 weist deshalb mit Recht darauf hin, dass auch nach der Neuregelung von § 81 wegen der fortbestehenden Unterschiede in der Struktur zu §§ 23 ff das Erfordernis der Dauerhaftigkeit seine Berechtigung behält.
42 BGH 27.1.1999 – IV ZR 315/97, VersR 1999, 484.
43 BGH 18.10.1952 – II ZR 72/52, BGHZ 7, 311.
44 OLG Düsseldorf 6.7.2004 – 4 U 222/03, VersR 2005, 348.
45 OLG Nürnberg 22.4.1999 – 8 U 4173/98, VersR 2000, 46.
46 OLG Hamm 12.2.1988 – 20 U 221/87, VersR 1988, 1260.
47 OLG Düsseldorf 27.6.1995 – 4 U 211/94, VersR 1997, 231.
48 LG Köln 15.1.2009 – 24 O 365/08, SP 2009, 261
49 OLG Hamm 27.7.2005 – 20 U 118/05, VersR 2006, 113.
50 OLG Hamm 29.11.1989 – 20 U 115/89, VersR 1991, 51.
51 OLG Hamm 30.3.1995 – 6 U 150/94, VersR 1996 448.
52 BGH 10.9.2014 – IV ZR 322/13, VersR 2014, 1313 (das Berufungsgericht war im konkreten Fall von einer Gefahrerhöhung wegen des mehrfachen Abstellens des Traktors in der Scheune ausgegangen); ferner OLG Hamm 12.4.1978 – 20 U 271/77, VersR 1979, 49.

dann nicht mehr am Vertrag festgehalten werden soll, wenn das Verhältnis zwischen Risiko und Prämie nicht mehr den ursprünglich zugrunde gelegten Voraussetzungen entspricht, kommt es auf eine ganzheitliche Betrachtungsweise an. Maßgebend ist also nicht, ob einzelne neue Gefahrenquellen entstanden sind, sondern ob sich die Risikolage insgesamt erhöht hat. Es hat deshalb eine **Gesamtabwägung aller gefahrrelevanten Umstände** zu erfolgen.[53] Soweit gefahrerhöhenden Umständen gefahrvermindernde entgegenstehen, liegt eine Gefahrenkompensation vor, die je nach dem Ergebnis der Abwägung eine relevante Gefahrerhöhung iSd §§ 23 ff ausschließen kann. Auch das Gesetz selbst berücksichtigt den Zustand der Gefahrenkompensation, indem nach § 24 Abs. 3 Hs 2 das Kündigungsrecht des VR ausgeschlossen ist, wenn der Zustand wiederhergestellt ist, der vor der Gefahrerhöhung bestanden hat. Zu beachten ist allerdings, dass der ursprüngliche Zustand der Gefahrerhöhung wiederhergestellt wird, wenn ein gefahrkompensierender Umstand nachträglich wieder wegfällt, etwa eingestelltes Wachpersonal zum Ersatz für eine ausgefallene Alarmanlage wieder entlassen wird.[54]

Besondere Bedeutung kommt der Gefahrenkompensation im Rahmen von (verbundenen) **Gebäudeversicherungen** zu, da hier insb. bei der Aufgabe der bisherigen Nutzung oder dem Leerstand der Eintritt einer neuen Gefahrenquelle häufig mit dem Wegfall bisheriger Gefahren verbunden ist. Hier hat eine Abwägung im Einzelfall zu erfolgen, ob „unter dem Strich" noch von einer nachhaltigen Gefahrerhöhung ausgegangen werden kann, etwa betreffend die Feuergefahr in einer stillgelegten Diskothek,[55] die Brandgefahr in einer nicht mehr betriebenen Diskothek bei gleichzeitig nicht mehr hinreichendem Verschluss der Noteingangstür,[56] die Gefahr eines Leitungswasserschadens bei nicht mehr benutzten Räumlichkeiten[57] oder die Gefahr eines Einbruchdiebstahls nach Einstellung des Kinobetriebs.[58]

Nicht erforderlich ist ferner, dass die gefahrvermindernden Umstände sich gerade konkret gegen die Gefahren richten, deren Eintritt durch das Vorliegen gefahrerhöhender Umstände begünstigt wird, sog. **Kompensationskongruenz** oder **Stoßrichtungsgleichheit**.[59] So kann eine Gefahrenkompensation in der **Leitungswasserversicherung** etwa eintreten, wenn in ungenutzten Räumlichkeiten zwar einerseits die Gefahr unzureichender Beheizung und Wartung von Rohren steigt, andererseits aber typische Gefahren bei der Nutzung von Räumlichkeiten, zB durch ungenügende Beaufsichtigung wasserführender Haushaltsgeräte oder von Verstopfungen von Leitungsrohren, entfallen.[60] Allerdings ist bei Verträgen, die mehrere Gefahren absichern, erforderlich, dass der gefahrvermindernde Umstand sich zumindest auf denselben Gefahrenbereich bezieht, in dem auch der gefahrerhöhende

---

53 BGH 16.6.2010 – IV ZR 229/09, VersR 2010, 1032; BGH 17.2.2010 – IV ZR 349/07, VersR 2010, 944; BGH 23.6.2004 – IV ZR 219/03, VersR 2005, 218; BGH 5.5.2004 – IV ZR 183/03, VersR 2004, 895; BGH 6.6.1990 – IV ZR 142/89, VersR 1990, 881; BGH 11.12.1980 – IVa ZR 18/80, VersR 1981, 245; vgl ferner Römer/Langheid/*Langheid*, § 23 Rn 34 ff; Bruck/Möller/*Matusche-Beckmann*, § 23 Rn 9–12; Langheid/Wandt/*Wrabetz/Reusch*, § 23 Rn 40–46; Prölss/Martin/*Armbrüster*, § 23 Rn 28 stellt auf die Kompensation der jeweils in Frage stehenden Gefahr ab.
54 Hierzu Schwintowski/Brömmelmeyer/*Loacker*, § 23 Rn 52; Prölss/Martin/*Armbrüster*, § 23 Rn 29 nimmt hier dann nur eine objektive Gefahrerhöhung nach § 23 Abs. 3 an.
55 BGH 5.5.2004 – IV ZR 183/03, VersR 2004, 895.
56 BGH 11.12.1980 – IVa ZR 18/80, VersR 1981, 245.
57 BGH 23.6.2004 – IV ZR 219/03, VersR 2005, 218.
58 BGH 6.6.1990 – IV ZR 142/89, VersR 1990, 881.
59 BGH 23.6.2004 – IV ZR 219/03, VersR 2005, 218; BGH 6.6.1990 – IV ZR 142/89, VersR 1990, 881; krit. Römer/Langheid/*Langheid*, § 23 Rn 37; Prölss/Martin/*Armbrüster*, § 23 Rn 28.
60 BGH 23.6.2004 – IV ZR 219/03, VersR 2005, 218.

Umstand eingetreten ist.[61] Eine Gefahrenkompensation kann mithin nicht angenommen werden, wenn bei einer verbundenen Wohngebäudeversicherung bei einem leer stehenden Gebäude die Gefahr eines Einbruchdiebstahls steigt, dafür wegen der fehlenden Nutzung aber die Brandgefahr herabgesetzt wird.[62] Wegen der unterschiedlichen Kalkulationsgrundlagen für die einzelnen Gefahren wie Feuer, Leitungswasser, Einbruch, Sturm etc. ist es nicht möglich, hier eine Gesamtabwägung vorzunehmen.

25 5. **Unterlassen.** Eine **subjektive Gefahrerhöhung gem. Abs. 1 und 2** kann nur durch aktives Tun, **nicht** dagegen **durch Unterlassen** verwirklicht werden.[63] Hiernach nimmt ein VN, der es unterlässt, eine von anderer Seite gegen seinen Willen oder zwar nicht von einem Dritten aber für ihn ungewollt herbeigeführte Gefahrerhöhung zu beseitigen oder durch ihm zumutbare und mögliche Maßnahmen auszugleichen, keine subjektive Gefahrerhöhung vor, da ihn in derartigen Fällen gem. Abs. 3 lediglich eine Anzeigeobliegenheit trifft, nicht dagegen eine gesetzliche Obliegenheit, die Gefahrerhöhung wieder zu beseitigen. Diese vom Grunde her nicht bestehende allgemeine Pflicht des VN zur Vermeidung einer Gefahr darf nicht durch die Einebnung der Unterschiede zwischen Abs. 1 und Abs. 3 unterlaufen werden, indem bereits das Unterlassen aktivem Tun nach Abs. 1 gleichgestellt wird.[64] Entsprechend liegt keine Gefahrerhöhung iSd Abs. 1 vor im Falle eines infolge eines Defekts verklemmten und deshalb nur teilweise heruntergelassenen Rollgitters vor einem Geschäft bei nachfolgendem Einbruchdiebstahl,[65] beim Unterlassen der Reparatur einer von Einbrechern beschädigten Tür[66] oder bei unterlassener Instandsetzung eines beschädigten Daches.[67] Eine Leistungsfreiheit des VR kommt hier nur in Betracht bei Verstoß gegen die Anzeigeobliegenheit nach Abs. 3 bzw dann, wenn im Verhalten des VN zugleich eine Herbeiführung des Versicherungsfalles nach § 81 oder die Verletzung einer gefahrverhütenden Obliegenheit nach § 28 Abs. 1 liegt.

26 Hieraus folgt etwa, dass im Falle der Weiterbenutzung eines Kfz bei **Verlust oder Diebstahl eines Kfz-Schlüssels** eine Gefahrerhöhung gem. Abs. 1 nicht vorliegt, sondern den VN lediglich eine Anzeigepflicht nach Abs. 3 trifft.[68] Die Gefahrerhö-

---

61 Bruck/Möller/*Matusche-Beckmann*, § 23 Rn 9; vgl aber auch BGH 6.6.1990 – IV ZR 142/89, VersR 1990, 881.
62 Vgl auch Langheid/Wandt/*Wrabetz/Reusch*, § 23 Rn 45.
63 BGH 21.1.1987 – IVa ZR 112/85, VersR 1987, 653; BGH 11.12.1980 – IVa ZR 18/80, VersR 1981, 245; OLG Celle 23.9.2004 – 8 U 128/03, VersR 2005, 640; FAKomm-VersR/*Segger/Degen*, § 23 VVG Rn 46 ff; MAH VersR/*Steinbeck/Terno*, § 2 Rn 163; im Ergebnis auch *Schimikowski*, Rn 203; Bruck/Möller/*Matusche-Beckmann*, § 23 Rn 21–24; krit. Römer/Langheid/*Langheid*, § 23 Rn 32 f; *Wandt*, Rn 839, der darauf abstellt, wie sich jemand verhalten hätte, der nicht versichert war, was aber nicht überzeugt, da durch die Versicherung gerade bestimmte Gefahren und auch ihre Änderung dem VN abgenommen werden sollen; für die Berücksichtigung des Unterlassens auch Langheid/Wandt/*Wrabetz/Reusch*, § 23 Rn 68; ferner Prölss/Martin/*Armbrüster*, § 23 Rn 106, der darauf abstellt, ob der VN einen Aufwand betreiben muss, um der Leistungsfreiheit nach § 81 zu entgehen.
64 So zu Recht auch Schwintowski/Brömmelmeyer/*Loacker*, § 23 Rn 90–92; Prölss/Martin/*Armbrüster*, § 23 Rn 106.
65 BGH 21.1.1987 – IVa ZR 112/85, VersR 1987, 653.
66 BGH 11.12.1980 – IVa ZR 18/80, VersR 1981, 245.
67 Anders LG Kiel 28.12.2009 – 3 O 68/07, VersR 2010, 1366, welches Unterlassen jedenfalls dann dem Handeln gleichstellen will, wenn aufgrund bauordnungsrechtlicher Vorschriften eine Pflicht zum Handeln bestand. Öffentlich-rechtliche Pflichten sind aber für die Einordnung von Handeln oder Unterlassen im Rahmen des § 23 unerheblich.
68 BGH 21.2.1996 – IV ZR 351/94, VersR 1996, 703; OLG Celle 23.9.2004 – 8 U 128/03, VersR 2005, 640; OLG Nürnberg 28.3.2002 – 8 U 4326/01, r+s 2003, 233; OLG Stuttgart 18.11.1993 – 7 U 223/92, r+s 1995, 90; OLG Hamm 6.12.1991 – 20 U 231/91, VersR 1992, 121; *Schimikowski*, Rn 203; ferner Prölss/Martin/*Armbrüster*, § 23 Rn 82;

hung liegt in derartigen Fällen nämlich nicht in der nach außen neutralen Weiterbenutzung des Kraftfahrzeugs, sondern in der Erhöhung der Diebstahlsgefahr durch das Unterlassen von Sicherungsmaßnahmen, etwa dem Auswechseln von Schlössern. Entsprechend macht es im Sinne der Gefahrerhöhung keinen Unterschied, ob der VN den Pkw nach dem Diebstahl des Schlüssels überhaupt oder dieser ungenutzt bis zum Diebstahl vor seiner Haustür steht. Die Gegenansicht widerspricht dem Grundsatz, dass eine generelle Schadensverhütungspflicht des VN nicht besteht und unterläuft die gesetzliche Unterscheidung zwischen subjektiver und objektiver Gefahrerhöhung.

Anders liegt es in der **Kfz-Haftpflicht- und der Kfz-Kaskoversicherung** dagegen dann, wenn der Schwerpunkt des Vorwurfs nicht in einem Unterlassen, sondern in einem **Tun** liegt, insb. bei der Benutzung von Fahrzeugen entgegen den einschlägigen Bestimmungen der StVZO, etwa bei Fahren mit Reifen unter Unterschreitung der Mindestprofiltiefe.[69] Hier tritt die Gefahrerhöhung gerade durch die Nutzung des Pkw im Straßenverkehr, nicht dagegen durch die reine Unterlassung des Auswechselns der Reifen oder der Reparatur ein, da Letzteres bei einer nicht stattfindenden Nutzung des Fahrzeugs überhaupt nicht gefahrerhöhend wirkt. 27

V. Fallgruppen

1. Sachversicherung. a) Brand. Steht ein Gebäude, welches bei Vertragsschluss noch bewohnt war, später infolge Auszugs der Eigentümer, Pächter oder Nutzer dauerhaft leer, so begründet alleine dieses **Leerstehen des Gebäudes** noch **keine relevante Erhöhung der Brandgefahr**.[70] Zwar besteht hier eine erhöhte Brandgefahr wegen des Eindringens unbefugter Personen und der verminderten Kontrollmöglichkeit. Andererseits wird die Feuergefahr vermindert, weil bestimmte mit der Benutzung verbundene Gefahrenquellen, zB die Benutzung elektrischer Geräte, wegfallen. Das gilt jedenfalls für regelmäßig überwachte Gebäude in geschlossenen Ortslagen.[71] Anders liegt es dagegen, wenn zu dem Leerstehen weitere Umstände hinzukommen, insb. die unbeobachtete Lage außerhalb des Ortes, eine seit dem Auszug der letzten Nutzer erheblich verstrichene Zeit sowie ein nach außen offenkundig verwahrloster Zustand, insb. bzgl nicht mehr ordnungsgemäß funktionierender Türen und Fenster.[72] In einem solchen Fall kann davon ausgegangen werden, dass das Gebäude zu einem Anziehungspunkt für Wohnsitzlose, Jugendliche oder andere Unbefugte wird, die erfahrungsgemäß mit fremdem Eigentum eher sorglos umgehen, so dass die erhöhte Gefahr einer vorsätzlichen oder fahrlässigen Brandstiftung besteht. Auch hier kommt es immer auf die Umstände des Einzelfal- 28

---

aA OLG Karlsruhe 18.1.1990 – 12 U 216/89, VersR 1990, 1386; OLG Stuttgart 30.7.1986 – 4 U 49/86, r+s 1987, 62; LG Wiesbaden 21.10.1993 – 2 O 326/93, VersR 1994, 855.
69 OLG Köln 25.4.2006 – 9 U 175/05, VersR 2007, 204; OLG Düsseldorf 2.3.2004 – 4 U 185/03, DAR 2004, 391; LG Stuttgart 13.1.2006 – 22 O 362/05, DAR 2006, 514; LG Bonn 18.7.2002 – 6 S 93/02, SP 2003, 68; LG Saarbrücken 27.3.2002 – 12 O 34/00, SP 2003, 248.
70 BGH 13.1.1982 – IVa ZR 197780, VersR 1982, 466; OLG Rostock 16.7.2007 – 6 U 171/06, zfs 2008, 35; Römer/Langheid/*Langheid*, § 23 Rn 60; Schwintowski/Brömmelmeyer/*Loacker*, § 23 Rn 17 f; Bruck/Möller/*Matusche-Beckmann*, § 23 Rn 44; hierzu auch Prölss/Martin/*Armbrüster*, § 23 Rn 46–48; Langheid/Wandt/*Wrabetz/Reusch*, § 23 Rn 174–179.
71 Vgl OLG Celle 24.9.2009 – 8 U 99/09, VersR 2010, 383 für den Fall, dass sich die Mieter eines Wohnhauses in U-Haft befinden, das an einer Dorfdurchgangsstraße liegende Haus aber regelmäßig durch von den Mietern beauftragte Personen kontrolliert wird.
72 BGH 13.1.1982 – IVa ZR 197780, VersR 1982, 466; OLG Koblenz 27.1.2005 – 10 U 1252/03, VersR 2005, 1283; LG Darmstadt 3.2.2005 – 2 O 193/04, zfs 2005, 352; LG Mannheim 12.9.2008 – 11 O 246/07, zfs 2009, 280; ferner Römer/Langheid/*Langheid*, § 23 Rn 60.

les an. So kann eine Gefahrerhöhung auch bei Gebäuden in Betracht kommen, die nicht außerhalb einer geschlossenen Bebauung liegen, wenn das Gebäude frei zugänglich ist, eine Sicht von Nachbargrundstücken auf dieses versperrt ist und es bereits seit längerer Zeit zu einer Nutzung durch Unbefugte zum Drogenkonsum und mit Vandalismusschäden gekommen ist.[73] Ebenso stellt ein Bauzaun keine geeignete Sicherungsmaßnahme dar, um den Zutritt zu einem unbewohnten Gebäude ohne Eingangstür und mit offen stehenden Fensteröffnungen durch Unbefugte zu verhindern.[74]

29 Geht es nicht um Wohngebäude, sondern um gewerblich genutzte Objekte, bei denen es nach Vertragsschluss zu einer **Aufgabe des Betriebs** kommt, muss besonders sorgfältig geprüft werden, inwieweit hier durch die Stilllegung der unternehmerischen Tätigkeit eine Kompensation der ursprünglich vorhandenen Gefahren eingetreten ist. Insoweit hat der für das Vorliegen der objektiven Voraussetzungen einer Gefahrerhöhung beweispflichtige VR darzulegen, welches Ergebnis sich aus einer Gegenüberstellung der Gefahrenlage bei Abschluss des Vertrages mit derjenigen ergibt, die nach einer Veränderung der für die Gefahr maßgeblichen Umstände eingetreten ist, wobei die Gefahrenlage aufgrund einer Gesamtabwägung aller gefahrrelevanten Umstände des Einzelfalles zu bestimmen ist.[75] In derartigen Fällen können gerade der Wegfall der mit dem Betrieb verbundenen Brandgefahren und die damit verbundene Gefahrenkompensation dazu führen, dass eine Gefahrerhöhung nicht in Betracht kommt. So liegt etwa keine Gefahrerhöhung für einen Brand vor, wenn beim Verkauf eines Gebäudegrundstücks eine ursprünglich saisonale Imbissversorgung auf der Terrasse im Winter eingestellt wird, aber bis zum Brand während der Wintermonate zwei Leute täglich mit Renovierungsarbeiten am Gebäude beschäftigt waren, der VN nur 300 m entfernt vom Haus wohnte, sich um dieses kümmerte und es auch im Übrigen keinen verwahrlosten Eindruck machte.[76]

30 Eine Gefahrerhöhung kann ferner in der **Lagerung feuergefährlicher Materialien**, der Durchführung feuergefährlicher Arbeiten und/oder dem **Missachten von Sicherheitsvorschriften** liegen.[77] Das ist etwa der Fall, wenn nicht schwer entflammbare Polstereimaterialien in einem Wohngebäude gelagert werden,[78] Sprengstoff in eine Wohnung eingebracht wird[79] oder ein VN einen Holzofen im Dachgeschoss eines Hauses einbaut, der keinen genügenden Sicherheitsabstand zu einer Rigipswand hat, eine Abnahme durch den Schornsteinfeger nicht erfolgt ist, der Ofen mit Koks befeuert wird und der VN das Haus während des Betriebs des Ofens verlässt.[80] Schließlich kann eine Gefahrerhöhung auch durch **Brandreden** in Betracht kommen, wobei es sich aber erforderlich ist, dass es sich um ernsthafte, wiederholte und nachdrückliche Erklärungen handelt, nicht dagegen um allgemein gehaltene und nicht ernst gemeinte Äußerungen.[81] Ferner muss sich die Brandrede gerade

---

73 OLG Hamm 27.7.2005 – 20 U 118/05, VersR 2006, 113; ähnl. OLG Hamm 6.2.1998 – 20 U 159/97, VersR 1999, 359; OLG Köln 28.3.2000 – 9 U 78/88, r+s 2000, 207.
74 OLG Frankfurt 16.2.1999 – 12 U 233/07, juris.
75 BGH 5.5.2004 – IV ZR 183/03, VersR 2004, 895; BGH 11.12.1980 – IVa ZR 18/80, VersR 1981, 245 – jeweils zum Brand in einem Diskothekenbetrieb; Römer/Langheid/*Langheid*, § 23 Rn 61; Langheid/Wandt/*Wrabetz/Reusch*, § 23 Rn 182 f.
76 BGH 17.6.2009 – IV ZR 43/07, VersR 2009, 1114.
77 Vgl Römer/Langheid/*Langheid*, § 23 Rn 62.
78 LG Düsseldorf 7.12.2007 – 11 O 248/03, zfs 2008, 279.
79 LG Augsburg 31.7.2008 – 9 O 4946/07, zfs 2009, 97.
80 OLG Celle 9.7.2009 – 8 U 40/09, MDR 2009, 1390.
81 Vgl BGH 27.1.1999 – IV ZR 315/97, VersR 1999, 484; OLG Hamm 19.1.1994 – 20 U 141/93, VersR 1994, 1419; OLG Düsseldorf 23.6.1995 – 4 U 211/94, VersR 1997, 231; Langheid/Wandt/*Wrabetz/Reusch*, § 23 Rn 184–189.

auf das versicherte Gebäude beziehen und darf nicht etwa nur eine Drohung gegenüber einer anderen Person darstellen.[82]

b) Leitungswasser. Ebenfalls in der Leitungswasserversicherung ist zu beachten, dass der bloße Leerstand eines Gebäudes noch nicht ohne Weiteres eine Gefahrerhöhung darstellt. Auch hier kommt eine **Gefahrenkompensation** in Betracht, weil sich bei einem Leerstand zwar einerseits das Risiko erhöht, dass infolge unzureichender Beheizung und Wartung der Rohre ein Leitungswasserschaden eintritt und nicht zeitnah entdeckt wird, andererseits aber für Leitungswasserschäden typische Risikofaktoren wegfallen, die bei regelmäßig genutzten Räumen auftreten, wie etwa Verstopfungen von Rohren, fehlende Aufsicht und Defekte bei wasserführenden Haushaltsgeräten wie Waschmaschinen, Geschirrspülern oder Duschen. Auch hier muss deshalb immer eine Gesamtbetrachtung angestellt werden.[83]

Eine Gefahrerhöhung kann in derartigen Fällen regelmäßig dann in Betracht kommen, wenn in einer strengen **winterlichen Frostperiode** die wasserführenden Rohre in einem leer stehenden Haus oder einer Wohnung über einen längeren Zeitraum hin nicht entleert werden.[84] Hier kann eine Gefahrenkompensation dann nur durch ausreichendes Heizen und Kontrollieren erreicht werden.[85] Schließlich wirkt der besondere Umstand der Gefahrerhöhung durch eine strenge winterliche Frostperiode nicht durchgängig, sondern endet mit der jeweiligen Frostperiode, so dass auch eine Anzeigepflicht nach Abs. 3 nur bis zum Ende des betreffenden Winterhalbjahres besteht.[86]

c) Sturm. Führt der VN **Arbeiten an einem Gebäudedach** durch, wird dieses hierzu teilweise abgedeckt und kommt es anschließend infolge eines Sturms gerade infolge des teilweise abgedeckten Daches zu einem Schaden, so stellt das zwar eine (kurzfristige) Gefahrerhöhung dar. Eine Leistungsfreiheit des VR kommt hier im Regelfall gleichwohl nicht in Betracht, weil die grundsätzliche Notwendigkeit von Reparaturen an einem Gebäude auch dem VR bereits bei Vertragsschluss bekannt ist, so dass nach § 27 Alt. 2 von einer Mitversicherung der Gefahrerhöhung auszugehen ist.[87]

d) Einbruch. In der Hausratversicherung kommt bei einem Einbruchdiebstahl eine Gefahrerhöhung insb. bei einem **längeren Leerstehenlassen des Gebäudes** in Betracht.[88] Auch hier kommt es immer auf die Umstände des Einzelfalles an wie

---

82 BGH 27.1.1999 – IV ZR 315/97, VersR 1999, 484 bei Drohung des Ehemannes, er werde sich und seine Ehefrau zusammen mit dem der Ehefrau gehörenden Haus in die Luft sprengen; ferner OLG Karlsruhe 11.4.1997 – 14 U 6/96, NVersZ 1999, 226; Römer/Langheid/*Langheid*, § 23 Rn 63.
83 BGH 23.6.2004 – IV ZR 219/03, VersR 2005, 218; ferner Langheid/Wandt/*Wrabetz/Reusch*, § 23 Rn 223–230.
84 OLG Hamm 11.11.1998 – 20 U 10/98, VersR 1999, 1409.
85 Verneint durch OLG Hamm 11.11.1998 – 20 U 10/98, VersR 1999, 1409 bei nur leichtem Beheizen und einer Kontrolle von einmal täglich (zu weitgehend); vgl auch BGH 25.6.2008 – IV ZR 233/06, VersR 2008, 1207, der zu § 11 Nr. 1 d) VGB 88 die Auffassung vertritt, dass eine „genügend häufige" Kontrolle nicht zwingend ein Kontrollintervall von zweimal pro Woche voraussetzt, sondern es darauf ankomme, inwieweit die jeweilige Heizungsanlage nach der Verkehrsanschauung und Lebenserfahrung mit Blick auf ihre Bauart, ihr Alter, ihre Funktionsweise, Wartung, Zuverlässigkeit und Störanfälligkeit kontrolliert werden muss, um ein störungsfreies Funktionieren nach dem gewöhnlichen Lauf der Dinge zu gewährleisten. Diese Rspr wird auch bei der Frage der Gefahrkompensation im Falle einer in Betracht kommenden Gefahrerhöhung zu berücksichtigen sein.
86 BGH 23.6.2004 – IV ZR 219/03, VersR 2005, 218.
87 BGH 18.3.1992 – IV ZR 87/91, VersR 1992, 606; Langheid/Wandt/*Wrabetz/Reusch*, § 23 Rn 231–233.
88 Vgl OLG Saarbrücken 2.7.2004 – 5 W 134/04, NJW-RR 2004, 1339; Langheid/Wandt/*Wrabetz/Reusch*, § 23 Rn 221.

Lage des Gebäudes, Dauer des Leerstandes, Einbruchssicherheit von Fenstern und Türen oder nach dem Auszug zur Gefahrenkompensation getroffene zusätzliche Sicherungsmaßnahmen und Kontrollen. Eine Gefahrerhöhung kann ferner vorliegen beim Verlust von Schlüsseln und Nichtauswechseln der Schlösser eines Hauses (zur Problematik der sich hier stellenden Gefahrerhöhung durch Unterlassen s. Rn 25 ff),[89] über längere Zeit offenstehende oder nicht mehr ordnungsgemäß zu verschließende Türen und Fenster[90] oder beim Aufstellen von Baugerüsten, wenn dadurch die Fensterfront verdeckt wird.[91] Keine Gefahrerhöhung liegt dagegen in dem Umstand, dass der VN in einer Zeitungsannonce Kunstgegenstände aus seiner Wohnung zum Verkauf anbietet, hierbei seine Handynummer angibt und drei Kaufinteressenten in das Haus gelassen hat.[92]

35 **2. Insbesondere: Kraftfahrzeuge. a) Kfz-Kaskoversicherung.** In der Kaskoversicherung[93] liegt eine Gefahrerhöhung vor, wenn der VN dauerhaft einen **Zweitschlüssel** des Wagens in diesem verwahrt, mag das auch versteckt geschehen.[94] Hierdurch wird das Risiko einer Entwendung durch die erleichterte Möglichkeit des Wegfahrens sowie der anschließenden Verwertung des Fahrzeugs deutlich erhöht.

36 Ob Ähnliches auch bei der **Aufbewahrung** eines **Kfz-Scheins** in Betracht kommt, wird unterschiedlich beurteilt. Während eine Gefahrerhöhung jedenfalls beim nur vorübergehenden und gelegentlichen Aufbewahren eines Kfz-Scheins hinter der Sonnenblende verneint wird,[95] soll eine Gefahrerhöhung dann in Betracht kommen können, wenn eine dauerhafte Lagerung des Kfz-Scheins im Fahrzeug erfolgt.[96] Die Problematik besteht hier darin, ob durch den Kfz-Schein überhaupt eine relevante Erhöhung des Diebstahlsrisikos stattfindet. Dagegen spricht, dass in dem Kfz-Schein durch die Zulassungsstelle lediglich nach § 24 StVZO bescheinigt wird, dass einer bestimmten Person für ein bestimmtes Fahrzeug ein Kennzeichen zugeteilt wurde. Zu öffentlichem Glauben wird alleine bekundet, dass das Fahrzeug zum öffentlichen Verkehr zugelassen ist, so dass dem Schein grds. für die Verwertung des Fahrzeugs keine entscheidende rechtliche Legitimationswirkung zukommt. Soweit der Kfz-Schein rein faktisch zur Legitimation eines Fahrzeugführers eingesetzt werden und einem Dieb insb. den Grenzübertritt nach dem Diebstahl erleichtern kann, betrifft dies lediglich die strafrechtliche Beendigung der Tat in Form einer Gewahrsamssicherung, während der Versicherungsfall in diesem Zeitpunkt bereits eingetreten ist.[97]

37 Sowohl bzgl der Aufbewahrung des Schlüssels als auch des Kfz-Scheins stellt sich ferner die Problematik, ob eine Gefahrerhöhung überhaupt in Frage kommen kann, wenn der VN Schlüssel und Kfz-Schein bereits **von Anfang an im Fahrzeug aufbewahrt** hat. Grundsätzlich muss die Gefahrerhöhung nämlich nach Abgabe der Vertragserklärung erfolgen. Überwinden lässt sich das entweder, wenn man die für die Kfz-Haftpflichtversicherung aufgestellten Grundsätze heranzieht und auf die Abweichung vom vertraglich vorausgesetzten Sollstandard abstellt, jedenfalls

---

89 BGH 8.7.1987 – IVa ZR 19/86, VersR 1987, 921; OLG Köln 20.4.1989 – 5 U 131/88, r+s 1989, 160.
90 OLG Frankfurt 2.7.1987 – 16 U 50/86, VersR 1988, 820.
91 BGH 9.7.1975 – IV ZR 95/73, VersR 1975, 845; Bruck/Möller/*Matusche-Beckmann*, § 23 Rn 51; zu weiteren Fällen der Gefahrerhöhung in der Einbruchdiebstahlversicherung vgl Römer/Langheid/*Langheid*, § 23 Rn 68; Prölss/Martin/*Armbrüster*, § 23 Rn 62 f.
92 OLG Köln 30.5.2006 – 9 U 129/05, r+s 2006, 379.
93 Zu den Fallgruppen vgl Langheid/Wandt/*Wrabetz/Reusch*, § 23 Rn 162–170.
94 OLG Koblenz 25.4.1997 – 10 U 1437/96, VersR 1998, 233.
95 OLG Koblenz 30.8.2002 – 10 U 1415/01, r+s 2002, 448.
96 OLG Celle 9.8.2007 – 8 U 62/07, VersR 2008, 204; hierzu *Schmid*, VersR 2008, 471.
97 Gegen eine Gefahrerhöhung durch Aufbewahren des Kfz-Scheins im Fahrzeug etwa OLG Hamm 3.7.2013 – 20 U 226/12, r+s 2013, 373; OLG Oldenburg 7.7.2010 – 5 U 153/09, r+s 2010, 367.

soweit es an einer individuellen Risikoprüfung fehlt, weil das Kaskorisiko zusammen mit dem Haftpflichtrisiko in einem Abschlussvorgang versichert wurde.[98] Oder es wird rein tatsächlich auf die – wenn auch kurze – Zeitspanne zwischen Abgabe der Vertragserklärung und der dann erfolgten Lagerung von Schlüssel und Kfz-Schein im Auto abgestellt.

Eine Gefahrerhöhung kann ferner in der **dauerhaften unsicheren Lagerung von Pkw-Schlüsseln** liegen. Hierfür genügt indessen noch nicht die Aufbewahrung einer sog. Keyless-Go-Karte in einem unverschlossenen Spind eines nicht abgeschlossenen Aufenthaltsraums in einer Arztpraxis, der nur für den Zugang von Mitarbeitern, nicht von Patienten vorgesehen ist.[99]

Kommt ein **Fahrzeugschlüssel** wegen **Diebstahls oder Verlusts** abhanden und wird das vom VN bemerkt, so liegt hierin wegen der gesteigerten Diebstahlsgefahr idR eine objektive Gefahrerhöhung mit der Folge der Anzeigepflicht nach § 23 Abs. 3.[100] Das gilt allerdings nicht einschränkungslos. Der Verlust des Schlüssels erhöht die Diebstahlsgefahr dann nicht, wenn ein unbekannter Finder den Schlüssel nicht einem konkreten Fahrzeug zuordnen kann (Beispiel: Der in Hamburg wohnende VN, der dort seinen PKW abgestellt hat, verliert seinen Autoschlüssel bei einem Besuch in Berlin, wohin er mit der Bahn gereist ist).[101]

Eine Gefahrerhöhung kann ferner in der **Art und Weise des Abstellens eines Fahrzeugs** liegen. Das ist etwa der Fall, wenn der VN ein Motorrad regelmäßig ohne Betätigung des werkseitig als Diebstahlssicherung vorgesehenen Lenkungsschlosses in einer Garage abstellt, deren Tor sich auch ohne passenden Schlüssel öffnen lässt,[102]

Gefahrerhöhungen können in der Kfz-Kaskoversicherung ferner im generell verkehrsunsicheren **Zustand des Fahrzeugs** beim **Fahren mit stark abgenutzten Reifen** oder nicht mehr hinreichend sicheren Bremsen in Betracht kommen (zur Kfz-Haftpflichtversicherung s. Rn 43 ff). Zu weitgehend erscheint es dagegen, wenn eine zur Leistungsfreiheit führende Gefahrerhöhung auch angenommen wird beim Ausstatten eines Pkw mit nicht zugelassenen Breitreifen und einem Sportfahrwerk im Hinblick auf einen erhöhten Diebstahlsanreiz für „jugendliche, sportiv orientierte Täter"[103] oder beim Tuning eines Pkw mit verschiedenen technischen Veränderungen, die für den Unfall des Fahrers zwar nicht unmittelbar ursächlich sind, bei denen aber von einem unfallursächlichen Einfluss auf das Fehlverhalten des Fahrers durch riskante Fahrmanöver auszugehen sein soll.[104] Nachträgliche Einbauten eines Musikverstärkers, eines Navigationsgerätes, eines Subwoofers und eines Steuergerätes für geänderte Rücklichter können allenfalls dann eine Gefahrerhöhung darstellen, wenn die Einbauten mangelhaft sind und der VN deren Mangelhaftigkeit erkannt hat.[105]

Schließlich kann eine Gefahrerhöhung auch in der **Person des Fahrers** liegen, insb. in einem zur Fahruntüchtigkeit führenden körperlichen Zustand.[106] Allerdings muss es sich hier immer um einen auf gewisse Dauer angelegten Zustand handeln, so dass nur bei einzelnen Fahrten auftretende körperliche oder geistige Beeinträch-

---

98 OLG Koblenz 30.8.2002 – 10 U 1415/01, r+s 2002, 448; OLG Celle 9.8.2007 – 8 U 62/07, r+s 2007, 449.
99 OLG Celle 23.9.2004 – 8 U 128/03, VersR 2005, 640.
100 Vgl OLG Celle 23.9.2004 – 8 U 128/03, VersR 2005, 640; OLG Nürnberg 28.3.2002 – 8 U 4326/01, r+s 2003, 233; AG Bad Segeberg 28.4.2011 – 17 C 99/09, r+s 2013, 65.
101 Vgl OLG Hamm 3.7.2013 – 20 U 226/12, r+s 2013, 373.
102 LG Hagen 16.2.1999 – 7 S 104/08, SP 2009, 336.
103 So OLG Rostock 2.11.2004 – 6 U 90/04, SP 2005, 203.
104 So OLG Koblenz 14.7.2006 – 10 U 56/06, VersR 2007, 534.
105 OLG Karlsruhe 17.9.2013 – 12 U 43/13, VersR 2014, 326.
106 Hierzu im Einzelnen Prölss/Martin/*Armbrüster*, § 23 Rn 75–79; Bruck/Möller/*Matusche-Beckmann*, § 23 Rn 61.

tigungen nicht ausreichen. Entsprechend fehlt es an einer Gefahrerhöhung, soweit der VN einen Unfall durch eine infolge Schlafentzug und Alkoholkonsum verursachte Epilepsie erlitten hat und es zuvor erst zu einem weiteren vergleichbaren Vorfall gekommen war.[107]

43 **b) Kfz-Haftpflichtversicherung.** In der Kfz-Haftpflichtversicherung soll es für die Gefahrerhöhung nicht auf den tatsächlichen Zustand bei Vertragsschluss ankommen, sondern auf den durch die StVZO vorgeschriebenen **Sollzustand eines verkehrssicheren Fahrzeugs** (zur Problematik s. 18).[108] In der Benutzung eines Kraftfahrzeugs, das in seiner Verkehrssicherheit wesentlich beeinträchtigt ist, liegt jedenfalls eine Gefahrerhöhung iSv § 23.[109] Hierbei kommen **verschiedenste Mängel oder Umbauten** eines Fahrzeugs in Betracht,[110] etwa technische Veränderungen an einem Mofa etc. zur Erzielung einer höheren Geschwindigkeit,[111] Fahren mit defekter Bremsanlage,[112] wiederholte Überschreitung des zulässigen Ladegewichts,[113] defekte Lenkung[114] etc.[115]

44 Auch eine Gefahrerhöhung infolge des **Zustands des Fahrers** ist möglich, etwa wenn dieser wegen der Überschreitung der täglichen Lenk- und Arbeitszeiten müde geworden ist.[116]

45 Keine Gefahrerhöhung liegt dagegen in der bloßen Benutzung eines abgemeldeten Kfz[117] oder in der Verwendung von **Winter- statt Sommerreifen**.[118] Anders liegt es dagegen bei der Benutzung von Sommerreifen im Winter, jedenfalls soweit dies über einen gewissen Zeitraum geschieht und winterliche Straßenverhältnisse kein sicheres Fahren mit Sommerreifen mehr ermöglichen.

46 In der jüngeren Rspr stellte sich ferner immer wieder die Frage einer Gefahrerhöhung bei Benutzung eines Fahrzeugs unter Unterschreiten der in § 36 Abs. 2 S. 4 StVZO vorgeschriebenen **Mindestprofiltiefe für Reifen** von 1,6 mm. Das objektive Vorliegen einer Gefahrerhöhung ist in derartigen Fällen meist unproblematisch, weil eine zu geringe Profiltiefe die Gefahr von Unfällen infolge ungenügender Haftung der Reifen idR erhöht.[119] Allerdings kommt keine Gefahrerhöhung in Betracht, wenn das betriebsunsicher gewordene Fahrzeug nur für eine begrenzte Fahrt zur Reparaturwerkstatt oder nach Hause benutzt werden soll.[120] Problema-

---

107 OLG Nürnberg 22.4.1999 – 8 U 4173/98, VersR 2000, 46.
108 BGH 18.10.1989 – IVa ZR 29/88, VersR 1990, 80; BGH 22.6.1967 – II ZR 154/64, VersR 1967, 746; Römer/Langheid/*Langheid*, § 23 Rn 72; Bruck/Möller/*Matusche-Beckmann*, § 23 Rn 59; Langheid/Wandt/*Wrabetz/Reusch*, § 23 Rn 141.
109 BGH 26.5.1982 – IVa ZR 76/80, VersR 1982, 793.
110 Zu den Fallgruppen im Einzelnen vgl Langheid/Wandt/*Wrabetz/Reusch*, § 23 Rn 147–159.
111 BGH 16.12.2003 – Ss 508/03, DAR 2004, 283; BGH 18.10.1989 – IVa ZR 29/88, VersR 1990, 80.
112 BGH 16.9.1986 – VI ZR 159/85, VersR 1987, 38; LG Düsseldorf 17.7.2008 – 11 O 377/04, r+s 2009, 188.
113 OLG Hamm 29.11.1989 – 20 U 115/89, VersR 1991, 50; keine Gefahrerhöhung hat das LG Hamburg 11.7.2003 – 306 O 85/02, ZLW 2004, 111 in der Kaskoversicherung eines Ultraleichtflugzeugs bei einer bloß geringfügigen Überladung von weniger als 40 kg angenommen.
114 OLG Nürnberg 18.12.1980 – 8 U 1446/80, VersR 1982, 460.
115 Weitere Beispiele bei Prölss/Martin/*Armbrüster*, § 23 Rn 68–74; Römer/Langheid/*Langheid*, § 23 Rn 72.
116 BGH 10.2.1971 – IV ZR 54/69, VersR 1971, 433.
117 BGH 14.5.1986 – IVa ZR 191/84, VersR 1986, 693.
118 BGH 26.2.1969 – IV ZR 606/68, VersR 1969, 365.
119 LG Saarbrücken 27.3.2002 – 12 O 34/00, SP 2003, 248; AG Rheinsberg 2.3.2004 – 10 C 129/03, SP 2005, 101.
120 BGH 22.5.1967 – II ZR 96/65, VersR 1967, 745; anders OLG Saarbrücken 15.1.2003 – 5 U 261/02, r+s 2003, 147, wenn der VN das Fahrzeug vorher noch zu einer Fahrt

tisch ist in diesen Fällen der zu geringen Profiltiefe häufig, ob und inwieweit der VN hiervon Kenntnis hatte. Dem VN muss nämlich der Mangel des Fahrzeugs entweder positiv bekannt sein oder er muss sich der Kenntnisnahme arglistig entzogen haben.[121] Ein derartiges arglistiges Entziehen der Kenntnisnahme liegt vor, wenn der VN mit der Möglichkeit rechnen muss, dass das Fahrzeug Mängel aufweist, die seine Verkehrssicherheit beeinträchtigen, er ferner damit rechnet, dass es für den Versicherungsschutz auf seine Kenntnis von den Mängeln ankommt und er von einer Überprüfung des Fahrzeugs Abstand genommen hat, um seinen Versicherungsschutz nicht zu gefährden.[122] Von einer derartigen Kenntnis oder dem arglistigen Entziehen der Kenntnis kann in Fällen mangelnder Profiltiefe nicht ohne Weiteres ausgegangen werden.[123] Das gilt insb. dann, wenn die zu geringe Profiltiefe nicht gleichmäßig bei allen Reifen vorhanden ist, sondern diese unterschiedlich stark abgenutzt wurden,[124] oder wenn die Reifen noch nicht völlig abgefahren sind, sondern die Unterschreitung der Mindestprofiltiefe nur geringfügig war.[125]

Zu beachten ist schließlich, dass die §§ 23 ff keine Anwendung finden, soweit Einschränkungen des Versicherungsschutzes nach D.1 und D.2 AKB 2008 iVm § 5 KfzPflVV in Betracht kommen, also insb. bei Überlassen des Fahrzeugs an einen Fahrer ohne gültige Fahrerlaubnis oder bei Trunkenheitsfahrten. In diesen Fällen gehen die **Regelungen der AKB iVm § 5 KfzPflVV** den §§ 23 ff als **Spezialregelungen** vor.[126]

3. Sonstiges: Verhältnis zu AVB. Ob in der **D&O-Versicherung** (Vermögensschaden-Haftpflichtversicherung von Unternehmensleitern und Leitenden Angestellten) ein **Beherrschungswechsel** eine nach Abs. 3 anzeigepflichtige Gefahrerhöhung darstellt, hat der BGH offen gelassen.[127] Jedenfalls enthielten die vereinbarten Allgemeinen Versicherungsbedingungen für die Vermögensschaden-Haftpflichtversicherung von Unternehmensleitern und Leitenden Angestelltem (ULLA) eine abschließende Regelung, die einen Rückgriff auf die gesetzlichen Vorschriften der §§ 23 ff ausschließen

Das Verhältnis der gesetzlich geregelten Gefahrerhöhung und vertraglicher Bestimmungen betraf ferner eine Entscheidung des OLG Stuttgart.[128] Hiernach ist eine Vertragsstrafenklausel in einem KfZ-Versicherungsvertrag, wonach bei **unterlassener Mitteilung** eines Merkmals zur Beitragsberechnung (**Jahreskilometerleistung**) der VN zur Zahlung einer zusätzlichen Jahresprämie verpflichtet wird, gem. § 307 Abs. 2 und Abs. 2 Nr. 1 BGB unwirksam, wenn der VR nicht gleichzeitig auf seine gesetzlichen Rechte wegen Gefahrerhöhung verzichtet.

VI. Beweislast

1. Beweislast des VR. Der VR ist darlegungs- und beweispflichtig sowohl für das Vorliegen der objektiven Umstände, die eine **Gefahrerhöhung** begründen, als auch

---

zur Arbeitsstelle genutzt hat und es dann auf dem Weg zur Werkstatt zum Unfall kommt.
121 BGH 26.5.1982 – IVa ZR 76/80, VersR 1982, 793.
122 BGH 26.5.1982 – IVa ZR 76/80, VersR 1982, 793.
123 OLG Köln 25.4.2006 – 9 U 175/05, VersR 2007, 204; OLG Düsseldorf 2.3.2004 – 4 U 185/03, DAR 2004, 391.
124 Vgl OLG Düsseldorf 20.4.2004 – 4 U 183/03, VersR 2004, 1408; LG Bonn 18.7.2002 – 6 S 93/02, SP 2003, 68.
125 LG Stuttgart 13.1.2006 – 22 O 362/05, DAR 2006, 514.
126 BGH 14.5.1986 – IVa ZR 191/84, VersR 1986, 693.
127 BGH 12.9.2012 – IV ZR 171/11, VersR; eine Gefahrerhöhung noch bejahend OLG Frankfurt 20.7.2011 – 7 U 7/10, r+s 2012, 292, als Vorinstanz.
128 OLG Stuttgart 25.7.2013 – 7 U 33/13, VersR 2013, 1528.

für die **Kenntnis des VN** von diesen Umständen.[129] Nicht erforderlich ist dagegen, dass der VN auch die gefahrerhöhende Eigenschaft dieser Umstände gekannt hat.[130] Es muss sich aber in jedem Fall um positive Kenntnis der die Gefahrerhöhung begründenden Umstände handeln, so dass grobe Fahrlässigkeit oder auch „bodenloser Leichtsinn" noch nicht genügen.[131]

51 Der positiven Kenntnis steht es indessen gleich, wenn sich der VN ihr arglistig entzogen hat, wofür erforderlich ist, dass er mit der Möglichkeit des Vorliegens gefahrerhöhender Umstände rechnen muss, er davon ausgeht, dass es für den Erhalt des Versicherungsschutzes auf seine Kenntnis von diesen Umständen ankommt, sowie er von einer Überprüfung Abstand nimmt, um seinen Versicherungsschutz nicht zu gefährden.[132]

52 Dieser Nachweis der Kenntnis bzw der arglistigen Unkenntnis ist vom VR nicht immer leicht zu führen, zumal hier im subjektiven Bereich nicht mit den Grundsätzen des Anscheinsbeweises gearbeitet werden kann.[133] Es wird deshalb in erster Linie auf Indizien ankommen, wobei insb. beim Vorliegen schwerer und offenkundiger Mängel eines Fahrzeugs Kenntnis des VN in Betracht kommen dürfte.

53 **2. Beweislast des VN.** Der VN ist demgegenüber beweispflichtig für die Einwilligung des VR in die Gefahrerhöhung sowie die unverzügliche Anzeigeerstattung.[134]

§ 24 Kündigung wegen Gefahrerhöhung

(1) ¹Verletzt der Versicherungsnehmer seine Verpflichtung nach § 23 Abs. 1, kann der Versicherer den Vertrag ohne Einhaltung einer Frist kündigen, es sei denn, der Versicherungsnehmer hat die Verpflichtung weder vorsätzlich noch grob fahrlässig verletzt. ²Beruht die Verletzung auf einfacher Fahrlässigkeit, kann der Versicherer unter Einhaltung einer Frist von einem Monat kündigen.

(2) In den Fällen einer Gefahrerhöhung nach § 23 Abs. 2 und 3 kann der Versicherer den Vertrag unter Einhaltung einer Frist von einem Monat kündigen.

(3) Das Kündigungsrecht nach den Absätzen 1 und 2 erlischt, wenn es nicht innerhalb eines Monats ab der Kenntnis des Versicherers von der Erhöhung der Gefahr ausgeübt wird oder wenn der Zustand wiederhergestellt ist, der vor der Gefahrerhöhung bestanden hat.

I. Fristlose Kündigung (Abs. 1 S. 1)

1 Verletzt der VN seine Verpflichtung aus § 23 Abs. 1, nach Abgabe seiner Vertragserklärung nicht ohne Einwilligung des VR eine Gefahrerhöhung vorzunehmen oder deren Vornahme durch einen Dritten zu gestatten (subjektiv gewollte Gefahrerhöhung), so kann der VR den Vertrag fristlos kündigen, es sei denn, der VR hat

---

129 OLG Karlsruhe 20.2.2003 – 12 U 211/02, VersR 2003, 1124; Römer/Langheid/*Langheid*, § 23 Rn 41; Prölss/Martin/*Armbrüster*, § 23 Rn 114; Bruck/Möller/*Matusche-Beckmann*, § 23 Rn 80.
130 BGH 26.5.1982 – IVa ZR 76/80, VersR 1982, 793; OLG Nürnberg 22.4.1999 – 8 U 4173/98, VersR 2000, 46.
131 BGH 26.5.1982 – IVa ZR 76/80, VersR 1982, 793; BGH 25.9.1968 – IV ZR 520/68, BGHZ 50, 392; OLG Celle 23.9.2004 – 8 U 128/03, VersR 2005, 640.
132 BGH 26.5.1982 – IVa ZR 76/80, VersR 1982, 793.
133 Vgl etwa BGH 15.1.1996 – IVa ZR 30/84, VersR 1986, 255, wo Kenntnis von einer defekten Bremsanlage abgelehnt wurde, weil der VN das Fahrzeug erst kurze Zeit in Betrieb hatte und vorsichtig gefahren war, so dass ihm der Mangel nicht zwingend hatte auffallen müssen; krit. zur Auffassung der Rspr etwa Langheid/Wandt/*Wrabetz/Reusch*, § 23 Rn 277.
134 Bruck/Möller/*Matusche-Beckmann*, § 23 Rn 81.

die Verpflichtung weder **vorsätzlich** noch **grob fahrlässig** verletzt. Im Falle leichter Fahrlässigkeit besteht lediglich das befristete Kündigungsrecht des Abs. 1 S. 2, während im Falle schuldlosen Handelns der VR statt des früheren befristeten Kündigungsrechts überhaupt keine Möglichkeit mehr hat, sich vom Vertrag zu lösen.[1] Da der VR nicht immer genau wird beurteilen können, ob grobe oder einfache Fahrlässigkeit vorliegt, ist es zulässig, primär die fristlose und hilfsweise die fristgemäße Kündigung zu erklären.[2] Das ist schon deshalb erforderlich, um ein Erlöschen des Kündigungsrechts wegen Fristablaufs nach Abs. 3 Alt. 1 zu verhindern.

Die **Beweislast** ist dahin geregelt, dass der VR den Verstoß des VN gegen seine Verpflichtung aus § 23 Abs. 1 beweisen muss, der VN dagegen, dass er weder vorsätzlich noch grob fahrlässig gehandelt hat.[3] Diese Regelung stimmt auch mit der Beweislastverteilung beim Rücktrittsrecht des VR wegen Verletzung der Anzeigepflicht nach § 19 Abs. 3 sowie dem Kündigungsrecht des VR bei Verletzung einer Obliegenheit vor Eintritt des Versicherungsfalles nach § 28 Abs. 1 überein.

II. Befristete Kündigung (Abs. 1 S. 2 und Abs. 2)

Hat der VN seine Verpflichtung aus § 23 Abs. 1 nur **leicht fahrlässig** verletzt, so kann der VR unter Einhaltung einer **Frist** von **einem Monat** kündigen (Abs. 1 S. 2). Auffällig ist hier, dass – anders als bei der Obliegenheitsverletzung nach § 28 – dem VR weiterhin ein Recht eingeräumt wird, sich vom Vertrag zu lösen, auch wenn nur einfache Fahrlässigkeit des VN vorliegt. Das ist deshalb gerechtfertigt, weil es sich bei der Gefahrerhöhung um einen den VR auch in Zukunft belastenden Dauerverstoß handelt, der eine unübersehbare Zahl von Versicherungsfällen nach sich ziehen kann. Er soll nicht gezwungen werden, sehenden Auges ein permanentes Ungleichgewicht von Risiko und Prämie hinnehmen zu müssen.[4] Insoweit könnte der Gefahrerhöhung zukünftig eine verstärkte Bedeutung zukommen, weil der VR bei nur leichter Fahrlässigkeit des VN nur so die Möglichkeit hat, sich vor Eintritt des Versicherungsfalles vom Vertrag zu lösen, während dies bei Obliegenheitsverletzungen nicht mehr möglich ist.[5] Maßgebend wird deshalb sein, inwieweit vor Eintritt des Versicherungsfalles begangene Obliegenheitsverletzungen zugleich eine Gefahrerhöhung darstellen. Die Beweislast für die einfache Fahrlässigkeit trifft den VR, wenn der VN zuvor den Entlastungsbeweis bezüglich des Vorsatzes und der groben Fahrlässigkeit geführt hat.[6] Bei fehlendem Verschulden kommt mithin keine Kündigung in Betracht.[7]

Ebenfalls eine befristete Kündigung mit einer Frist von einem Monat kommt in Betracht in den Fällen der **nachträglich erkannten subjektiven Gefahrerhöhung** nach § 23 Abs. 2 sowie der **objektiven Gefahrerhöhung** nach § 23 Abs. 3. Während in

---

1 Anders Bruck/Möller/*Matusche-Beckmann*, § 24 Rn 5 sowie FAKomm-VersR/*Segger/Degen*, § 24 VVG Rn 10, die einen Wertungswiderspruch darin sehen, dass bei schuldlosem Handeln in den Fällen des § 23 Abs. 2 und 3 der VR den Vertrag kündigen kann, bei vorgenommener schuldloser Gefahrerhöhung nach § 23 Abs. 1 dagegen nicht, weshalb sie dem VR auch in diesen Fällen eine Anzeigeobliegenheit auferlegen und § 24 Abs. 2 analog anwenden wollen. Das dürfte mit dem Wortlaut des Gesetzes aber kaum zu vereinbaren sein.
2 Begr. RegE, BT-Drucks. 16/3945, S. 67; Schwintowski/Brömmelmeyer/*Loacker*, § 24 Rn 7.
3 Begr. RegE, BT-Drucks. 16/3945, S. 67; *Schimikowski/Höra*, S. 127; *Felsch*, r+s 2007, 485, 487; *Meixner/Steinbeck*, § 1 Rn 282; Prölss/Martin/*Armbrüster*, § 24 Rn 12.
4 Vgl Begr. RegE, BT-Drucks. 16/3945, S. 67; *Felsch*, r+s 2007, 485, 488 f; *Meixner/Steinbeck*, § 1 Rn 279; *Wandt*, Rn 852.
5 Vgl *Rixecker*, zfs 2007, 136.
6 *Wandt*, Rn 851; Schwintowski/Brömmelmeyer/*Loacker*, § 24 Rn 16; aA Prölss/Martin/*Armbrüster*, § 24 Rn 12, wonach den VN die Beweislast für das Fehlen einfacher Fahrlässigkeit trifft, wenn es um die Wirksamkeit einer fristgebundenen Kündigung geht.
7 *Wandt*, Rn 854.

den Fällen des § 23 Abs. 1 der VN bereits von Anfang an die Gefahrerhöhung in Kenntnis der diese begründenden Umstände vornimmt, der Schwerpunkt seiner Verpflichtung also im Unterlassen einer derartigen Gefahrerhöhung ohne Einwilligung des VR liegt, betrifft § 23 Abs. 2 und 3 Fallgestaltungen, bei denen die Gefahrerhöhung zunächst ohne Kenntnis des VN oder unabhängig von seinem Willen eintritt. Hier liegt der Kern der Verpflichtung des VN darin, nach Kenntnis über die erfolgte Gefahrerhöhung den VR hiervon zu informieren. Abs. 2 enthält zwar – anders als Abs. 1 – kein Verschuldenserfordernis. Doch folgt hieraus nicht, dass es hier auf keinerlei Verschulden (genauer gesagt: ein subjektives Element) ankäme.[8] Eine Verletzung der Anzeigepflicht setzt nämlich immer voraus, dass der VN nachträglich Kenntnis von den die Gefahrerhöhung begründenden Umständen hatte oder sich dieser Kenntnis zumindest arglistig entzogen hat.[9]

III. Erlöschen des Kündigungsrechts (Abs. 3)

5 Das Kündigungsrecht erlischt für alle Fälle der Gefahrerhöhung zunächst, wenn es seitens des VR nicht **innerhalb eines Monats ab der Kenntnis von der Erhöhung der Gefahr** ausgeübt wird (**Abs. 3 Alt. 1**). Hierbei schadet nur positive Kenntnis, während fahrlässige Unkenntnis nicht genügt. Ebenso wie bzgl des VN gilt eine Ausnahme dann, wenn der VR sich der Kenntnis der die Gefahrerhöhung begründenden Umstände arglistig entzieht. Trotz erfolgter Kündigung innerhalb der Monatsfrist kann die Ausübung dieses Rechts ferner wegen Verstoßes gegen Treu und Glauben nach § 242 BGB ausgeschlossen sein. Das kommt in Betracht, wenn der VR noch vor der Kündigungserklärung innerhalb der Kündigungsfrist in Kenntnis der die Gefahrerhöhung begründenden Umstände durch sein Verhalten beim VN die berechtigte Erwartung auf eine Fortsetzung des Vertrages geweckt hat. Das wurde etwa angenommen für die Kündigung eines Ausfallversicherungsvertrages für die Fußballweltmeisterschaft 2002 nach den Terroranschlägen in den USA am 11.9.2001, wenn der VR am 2.10.2001 dem VN in Kenntnis der Sicherheitslage die Bestätigung des Bestandes des Vertrages erklärt, dann aber ohne weitere Veränderung der Sicherheitslage am 10.10.2001 die Kündigung des Vertrages ausspricht.[10]

6 Schließlich kommt nach **Abs. 3 Alt. 2** keine Kündigung in Betracht, wenn der **Zustand wiederhergestellt** ist, der vor der Gefahrerhöhung bestand. Demgegenüber nützt es dem VN nichts mehr, wenn er den ursprünglichen Zustand erst nach Zugang der Kündigungserklärung wiederherstellt. Abs. 3 knüpft insoweit an die Ausübung des Kündigungsrechts und nicht an den Ablauf der Kündigungsfrist an.[11]

---

8 So auch *Wandt*, Rn 844; MAH VersR/*Steinbeck/Terno*, § 2 Rn 172; Langheid/Wandt/*Wrabetz/Reusch*, § 24 Rn 10; aA Schwintowski/Brömmelmeyer/*Loacker*, § 24 Rn 9; Prölss/Martin/*Armbrüster*, § 24 Rn 10, der meint, eine Kündigung setze keine Verletzung der Anzeigepflicht voraus, sondern sei schon beim Vorliegen der anzuzeigenden Gefahrerhöhung möglich.
9 Weitergehend FAKomm-VersR/*Segger/Degen*, § 24 VVG Rn 11–14, die dem VR analog § 24 Abs. 2 ein Kündigungsrecht mit einer Frist von einem Monat einräumen wollen, sobald er erkennt, dass der VN eine unverschuldet subjektive Gefahrerhöhung vorgenommen hat.
10 LG Köln 22.12.2003 – 24 O 497/01, VersR 2004, 636.
11 So im Ergebnis auch Schwintowski/Brömmelmeyer/*Loacker*, § 24 Rn 14 f; Bruck/Möller/*Matusche-Beckmann*, § 24 Rn 19; FAKomm-VersR/*Segger/Degen*, § 24 VVG Rn 22; aA Prölss/Martin/*Armbrüster*, § 24 Rn 11; diff. Langheid/Wandt/*Wrabetz/Reusch*, § 24 Rn 18.

§ 25 Prämienerhöhung wegen Gefahrerhöhung

(1) ¹Der Versicherer kann an Stelle einer Kündigung ab dem Zeitpunkt der Gefahrerhöhung eine seinen Geschäftsgrundsätzen für diese höhere Gefahr entsprechende Prämie verlangen oder die Absicherung der höheren Gefahr ausschließen. ²Für das Erlöschen dieses Rechtes gilt § 24 Abs. 3 entsprechend.

(2) ¹Erhöht sich die Prämie als Folge der Gefahrerhöhung um mehr als 10 Prozent oder schließt der Versicherer die Absicherung der höheren Gefahr aus, kann der Versicherungsnehmer den Vertrag innerhalb eines Monats nach Zugang der Mitteilung des Versicherers ohne Einhaltung einer Frist kündigen. ²Der Versicherer hat den Versicherungsnehmer in der Mitteilung auf dieses Recht hinzuweisen.

I. Regelungsgehalt

Das Kündigungsrecht des VR wird den Interessen beider Parteien nicht immer gerecht. Der VN wird häufig ein Interesse an einer **Fortführung des Versicherungsverhältnisses** haben, wenn er anderenfalls Schwierigkeiten hätte, das Risiko zu ähnlichen Bedingungen wie bisher bei einem anderen VR einzudecken. Umgekehrt wird es auch nicht immer im Interesse des VR liegen, wenn er gezwungen wird, das Versicherungsverhältnis zu kündigen, nur um sich später bei Eintritt des Versicherungsfalles auf Leistungsfreiheit berufen zu können. Sachgerecht ist deshalb eine Lösung, die es trotz Gefahrerhöhung erlaubt, den Vertrag unter Anpassung an die geänderten Bedingungen fortzuführen.¹ Insoweit stellt sich § 25 als spezialgesetzliche Ausprägung des § 313 BGB hinsichtlich des Wegfalls der Geschäftsgrundlage dar. Zu beachten ist, dass nach § 32 S. 1 auch von § 25 nicht zum Nachteil des VN abgewichen werden darf. Bereits bisher in der Praxis verwendete Prämienanpassungsklauseln müssen deshalb zukünftig den Vorgaben des § 25 entsprechen. Unzulässig sind ferner Vertragsstrafen, soweit sie vom gesetzlichen Leitbild der §§ 23 ff abweichen.² 1

II. Voraussetzungen (Abs. 1)

Der VR kann an Stelle einer Kündigung entweder ab dem Zeitpunkt der Gefahrerhöhung eine seinen Geschäftsgrundsätzen für diese höhere Gefahr entsprechende Prämie verlangen oder die Absicherung der höheren Gefahr ausschließen (**Abs. 1 S. 1**). Insoweit handelt es sich um ein **Wahlrecht des VR**.³ 2

Probleme können sich aber daraus ergeben, dass nach dem Wortlaut von Abs. 1 der Ausschluss der Gefahr rückwirkend ab dem Zeitpunkt der Gefahrerhöhung möglich ist. Das kann dann in einen Wertungswiderspruch zu § 26 führen, wenn die dort genannten Voraussetzungen für eine Leistungsfreiheit des VR nicht vorliegen und der VR erst nach Eintritt des Versicherungsfalles von seinem Wahlrecht nach Abs. 1 hinsichtlich des rückwirkenden Ausschlusses der Gefahr Gebrauch macht. Das führt indessen nicht dazu, dass entgegen dem eindeutigen Wortlaut sowie der Entstehungsgeschichte das Wahlrecht des VR eingeschränkt wäre und er nach Eintritt des Versicherungsfalles die Gefahr nicht mehr rückwirkend ausschließen könnte.⁴ Vielmehr ist der Konflikt dadurch aufzulösen, dass der VR zwar die Gefahr rückwirkend ausschließen kann, dies aber auf seine Leistungspflicht für

---

1 Zur Neuregelung des § 25 vgl auch *Felsch*, r+s 2007, 485, 487; *Rixecker*, zfs 2007, 136.
2 Hierzu im Einzelnen Prölss/Martin/*Armbrüster*, § 25 Rn 14; Bruck/Möller/*Matusche-Beckmann*, § 25 Rn 11.
3 Begr. RegE, BT-Drucks. 16/3945, S. 68; *Wandt*, Rn 858 f.
4 So aber Schwintowski/Brömmelmeyer/*Loacker*, § 25 Rn 6; ausf. *Loacker*, VersR 2008, 1285–1292.

den konkret geltend gemachten Versicherungsfall keine Auswirkungen hat, da für die Frage der Leistungsfreiheit insoweit § 26 als Spezialregelung anzusehen ist.[5]

3 Voraussetzung für die Ausübung des Wahlrechts ist immer, dass zunächst die Voraussetzungen für eine Kündigung nach § 24 vorliegen.[6] Fehlt es an einer dieser Kündigungsbedingungen, so kommt auch weder eine Prämienanpassung noch ein Risikoausschluss in Betracht. Hat etwa der VN im Falle des § 23 Abs. 1 schuldlos gehandelt und liegen auch die Voraussetzungen des § 23 Abs. 2 und 3 nicht vor, so stehen dem VR auch die Rechte nach § 24 nicht zu.

4 Der VR muss sein **Prämienanpassungs- oder Risikoausschlussrecht** ferner in der Frist des § 24 Abs. 3 ausüben (**Abs. 1 S. 2**). Das Recht erlischt mithin, wenn es nicht innerhalb eines Monats ab der Kenntnis des VR von der Erhöhung der Gefahr ausgeübt wird oder wenn der Zustand wiederhergestellt wird, der vor der Gefahrerhöhung bestand.

III. Kündigungsrecht des VN (Abs. 2)

5 Der VN soll, wenn der VR sein Prämienanpassungs- oder Risikoausschlussrecht ausübt, seinerseits nicht gezwungen sein, am Vertrag festzuhalten. Ihm ist die Möglichkeit einzuräumen, das Risiko entweder anderweitig zu versichern oder – soweit zulässig – überhaupt auf Versicherungsschutz zu versichern. Der VN kann den Vertrag deshalb fristlos kündigen, wenn entweder die Prämie als Folge der Gefahrerhöhung um mehr als 10 % steigt oder der VR die Absicherung der höheren Gefahr gänzlich ausgeschlossen hat. Im Umkehrschluss folgt hieraus, dass bei Prämienerhöhungen bis zu 10 % der VR den VN am Vertrag festhalten kann.

6 Das Kündigungsrecht des VN wirkt nach der klaren gesetzgeberischen Wertung nur ex nunc, was zur Folge hat, dass der VN uU für mehrere Jahre rückwirkend erhöhte Prämien zahlen muss.[7] Das ist aber letztlich nur die Folge davon, dass der VN ohne Einwilligung des VR eine Gefahrerhöhung nach § 23 Abs. 1 vorgenommen hat oder seiner Anzeigepflicht nach § 23 Abs. 2 und 3 nicht entsprochen hat.

7 Der VN muss das **fristlose Kündigungsrecht** ferner innerhalb eines Monats nach Zugang der Mitteilung des VR ausüben. Damit die Ausübung dieses Kündigungsrechts nicht durch Unwissenheit verloren geht, ist der VR verpflichtet, den VN in der Mitteilung über die Prämienanpassung oder den Risikoausschluss auf dieses Kündigungsrecht hinzuweisen. Unterbleibt der **Hinweis**, beginnt die Kündigungsfrist nicht zu laufen.[8] Ferner kann ein Schadensersatzanspruch des VN gegen den VR nach § 280 Abs. 1 BGB in Betracht kommen.[9]

§ 26 Leistungsfreiheit wegen Gefahrerhöhung

(1) ¹Tritt der Versicherungsfall nach einer Gefahrerhöhung ein, ist der Versicherer nicht zur Leistung verpflichtet, wenn der Versicherungsnehmer seine Verpflichtung

---

5 So auch Römer/Langheid/*Langheid*, § 25 Rn 5; Langheid/Wandt/*Wrabetz/Reusch*, § 25 Rn 9, 16 f; ähnl. *Wandt*, Rn 859, der den Risikoausschluss erst ab dem Zeitpunkt wirken lassen will, ab dem Leistungsfreiheit nach § 26 besteht; vgl auch Prölss/Martin/*Armbrüster*, § 25 Rn 7; anders FAKomm-VersR/*Segger/Degen*, § 25 VVG Rn 6, die eine einschränkende Auslegung des § 25 im Hinblick auf dessen Wortlaut ablehnen.
6 Begr. RegE, BT-Drucks. 16/3945, S. 68.
7 Kritisch zu dieser Regelung schwer Schwintowski/Brömmelmeyer/*Loacker*, § 25 Rn 10; *Loacker*, VersR 2008, 1285; Langheid/Wandt/*Wrabetz/Reusch*, § 23 Rn 22 f will hier § 21 Abs. 3 analog anwenden.
8 *Schimikowski/Höra*, S. 127; *Meixner/Steinbeck*, § 1 Rn 285; *Schimikowski*, Rn 861; Langheid/Wandt/*Wrabetz/Reusch*, § 25 Rn 28.
9 Hierzu Schwintowski/Brömmelmeyer/*Loacker*, § 25 Rn 12.

nach § 23 Abs. 1 vorsätzlich verletzt hat. ²Im Fall einer grob fahrlässigen Verletzung ist der Versicherer berechtigt, seine Leistung in einem der Schwere des Verschuldens des Versicherungsnehmers entsprechenden Verhältnis zu kürzen; die Beweislast für das Nichtvorliegen einer groben Fahrlässigkeit trägt der Versicherungsnehmer.

(2) ¹In den Fällen einer Gefahrerhöhung nach § 23 Abs. 2 und 3 ist der Versicherer nicht zur Leistung verpflichtet, wenn der Versicherungsfall später als einen Monat nach dem Zeitpunkt eintritt, zu dem die Anzeige dem Versicherer hätte zugegangen sein müssen, es sei denn, dem Versicherer war die Gefahrerhöhung zu diesem Zeitpunkt bekannt. ²Er ist zur Leistung verpflichtet, wenn die Verletzung der Anzeigepflicht nach § 23 Abs. 2 und 3 nicht auf Vorsatz beruht; im Fall einer grob fahrlässigen Verletzung gilt Absatz 1 Satz 2.

(3) Abweichend von den Absätzen 1 und 2 Satz 1 ist der Versicherer zur Leistung verpflichtet,
1. soweit die Gefahrerhöhung nicht ursächlich für den Eintritt des Versicherungsfalles oder den Umfang der Leistungspflicht war oder
2. wenn zur Zeit des Eintrittes des Versicherungsfalles die Frist für die Kündigung des Versicherers abgelaufen und eine Kündigung nicht erfolgt war.

I. Regelungsgehalt 1	dd) Einbruch 12
II. Subjektiv gewollte Gefahr-	ee) Fahrzeuge 13
erhöhung (Abs. 1) 2	III. Nachträglich erkannte subjektive
1. Vorsatz 2	sowie objektive Gefahrerhöhung
2. Grobe Fahrlässigkeit 3	(Abs. 2) 15
a) Abkehr vom „Alles-oder-	1. Grundsätze 15
Nichts-Prinzip" 3	2. Verschulden und Beweislast.. 17
aa) Quotales Leistungskür-	IV. Wegfall der Leistungsfreiheit
zungsrecht; Beweislast... 3	(Abs. 3) 19
bb) Methodik und Lösungs-	1. Kausalitätsgegenbeweis
modelle 5	(Nr. 1) 19
b) Fallgruppen 9	2. Unterbliebene Kündigung
aa) Grundsätze 9	(Nr. 2) 22
bb) Brandschäden 10	
cc) Leitungswasser- und	
Sturmschäden 11	

I. Regelungsgehalt

Die Regelung über die Leistungsfreiheit in § 26 enthält zunächst eine einheitliche 1
Darstellung sämtlicher Fälle, in denen bei einer Gefahrerhöhung eine Leistungsfreiheit in Betracht kommen kann. Während bei Vorsatz der VR vollständig leistungsfrei ist, wird für die Fälle der groben Fahrlässigkeit das frühere „Alles-oder-Nichts-Prinzip" aufgegeben und durch eine Quotenregelung ersetzt.[1] Bei leichter Fahrlässigkeit bleibt der VR sogar in vollem Umfang zur Leistung verpflichtet. Ferner werden wie schon bei der Kündigung nach § 24 die nachträglich erkannte subjektive Gefahrerhöhung und die objektive Gefahrerhöhung einander gleichgestellt.

II. Subjektiv gewollte Gefahrerhöhung (Abs. 1)

1. Vorsatz. Nach Abs. 1 S. 1 ist der VR bei Eintritt eines Versicherungsfalles nach 2
einer Gefahrerhöhung **nicht zur Leistung verpflichtet**, wenn der VN seine Verpflichtung nach § 23 Abs. 1 vorsätzlich verletzt hat. Während es im Rahmen von § 23 Abs. 1 allein darauf ankommt, dass der VN Kenntnis von den gefahrerhöhen-

---

[1] Begr. RegE, BT-Drucks. 16/3945, S. 68.

den Umständen hat, setzt **Vorsatz** das **Bewusstsein der gefahrerhöhenden Eigenschaft der Handlung** voraus. Im Falle des § 23 Abs. 1 wird zwar vielfach Vorsatz des VN zu bejahen sein, da bereits die subjektive Gefahrerhöhung eine Kenntnis des VN von den risikorelevanten Umständen voraussetzt (Beispiel: Fahren mit Reifen zu geringer Profiltiefe). Keinesfalls kann allerdings generell die Kenntnis der gefahrerhöhenden Umstände mit der Schuldform des Vorsatzes gleichgesetzt werden. Anderenfalls wären kaum noch Fälle denkbar, in denen lediglich grob fahrlässiges, leicht fahrlässiges oder gar schuldloses Verhalten des VN in Betracht kommt. Damit wäre das auch vom Gesetzgeber vorgesehene abgestufte Modell des Abs. 1 mit der Abschaffung des Alles-oder-Nichts-Prinzips weitgehend obsolet. So hat der BGH entschieden, alleine aus dem bewussten Einstellen eines Traktors (Schleppers) für mehrere Stunden in einer Scheune könne nicht ohne Weiteres auf Vorsatz geschlossen werden.[2] Am Vorsatz kann es etwa fehlen, wenn dem VN Beurteilungsfehler im Hinblick auf den gefahrerhöhenden Charakter der Umstände unterlaufen sind, wenn er irrig von einer Gefahrkompensation oder einer Einwilligung des VR in die Gefahrerhöhung ausging oder etwa auf das Urteil eines Sachverständigen über das Fehlen einer Gefahrerhöhung vertraut hat. **Beweispflichtig für das Vorliegen des Vorsatzes ist der VR.**[3]

3 **2. Grobe Fahrlässigkeit. a) Abkehr vom „Alles-oder-Nichts-Prinzip". aa) Quotales Leistungskürzungsrecht; Beweislast.** In den Fällen grober Fahrlässigkeit ist der VR nach Abs. 1 S. 2 berechtigt, seine Leistung in einem die Schwere des Verschuldens des VN entsprechenden Verhältnis zu kürzen. Es kommt hier also wie bei §§ 28 und 81 zu einer **quotalen Entschädigung**.

4 Hinsichtlich der **Beweislast** bestimmt Abs. 1 S. 2 aE, dass der VN sich entlasten muss. Es wird mithin **grobe Fahrlässigkeit vermutet**.[4]

5 **bb) Methodik und Lösungsmodelle.** Bezüglich der Art und Weise, wie die Quotelung konkret erfolgen soll, schweigt das Gesetz. In der Begründung wird auf § 28 verwiesen, wo lediglich allgemein darauf abgestellt wird, ob die grobe Fahrlässigkeit im konkreten Fall eher nahe beim bedingten Vorsatz oder im Grenzbereich zur einfachen Fahrlässigkeit liegt.[5] Da das Gesetz auf die Schwere des Verschuldens abstellt, spielen andere Umstände, wie die wirtschaftliche oder soziale Lage des VN, eine unterschiedliche objektive Gewichtung der verletzten Sorgfaltsnorm, die Schadenshöhe oder allgemeine Billigkeitserwägungen grds. keine Rolle.[6] Von Bedeutung sein können demgegenüber die Dauer des Verstoßes, die mehr oder weniger nahe liegende Möglichkeit der Realisierung der Gefahr oder wiederholte Verstöße.[7] Zu berücksichtigen sind ferner weitere subjektive Elemente in der Person des VN wie Umfang der Einsichts- und Urteilsfähigkeit, Augenblicksversagen, besondere Rücksichtslosigkeit, Handeln aus Gewinnstreben etc.[8]

---

2 BGH 10.9.2014 – IV ZR 322/13, VersR 2014, 1313: Im konkreten Fall hatte der VN den Traktor für mehrere Stunden in eine Scheune eingestellt und es kam zu einem Brand in der Scheune mit der Zerstörung der auf dem Dach befindlichen Photovoltaikanlage, wobei die genaue Brandursache nicht festgestellt werden konnte.
3 *Schimikowski/Höra*, S. 127; *Rixecker*, zfs 2007, 136; *Felsch*, r+s 2007, 285, 287; Prölss/Martin/*Armbrüster*, § 26 Rn 10; zur vorsätzlichen Gefahrerhöhung vgl ferner *Günther/Spielmann*, r+s 2008, 133, 135 f.
4 *Felsch*, r+s 2007, 485, 487; Prölss/Martin/*Armbrüster*, § 26 Rn 12.
5 Begr. RegE, BT-Drucks. 16/3945, S. 68 f.
6 Schwintowski/Brömmelmeyer/*Loacker*, § 26 Rn 8; *Veith*, VersR 2008, 1580–1589.
7 Schwintowski/Brömmelmeyer/*Loacker*, § 26 Rn 8.
8 *Veith*, VersR 2008, 1580–1589.

Sachgerecht erscheint es auch hier, wie im Bereich des § 81 von einem **Regelfall der Kürzung um 50 %** auszugehen, sog. **Mittelwertmodell** (s. § 81 Rn 97 ff).[9] Alternativ bleibt die Möglichkeit einer reinen Einzelfallbetrachtung[10] oder einer Bildung von Fallgruppen mit konkreten Einstiegsquoten für den „Normalfall" grober Fahrlässigkeit.[11] Ob diese Auffassungen in der Praxis zu wesentlich unterschiedlichen Ergebnissen führen werden, bleibt der weiteren Entwicklung, insb. der Rspr, vorbehalten, dürfte aber eher zweifelhaft sein.

6

Abzulehnen ist aber in jedem Fall die teilweise vertretene Ansicht, für den Regelfall einer groben Fahrlässigkeit des VN, bei der dieser keine durchgreifenden Entlastungsumstände anzuführen vermöge, komme eine Leistungskürzung von 100 % zu Lasten des VN in Betracht.[12] Keinesfalls kann jeder grob fahrlässige Verstoß zunächst mit einem Wert von 100 angesetzt werden. Das steht in diametralem Gegensatz zur Wertung des Gesetzgebers, dass im Regelfall nur bei Vorsatz eine vollständige Leistungsfreiheit des VR in Betracht, während es im Übrigen bei grober Fahrlässigkeit auf die Schwere des Verschuldens ankommt. Wenn hier der Grundsatz einer 100 %igen Kürzung gälte und der VN auch noch voll beweispflichtig für alle Umstände sein soll, die entlastend vom Regelfall einer solchen groben Fahrlässigkeit abweichen,[13] würde dies in der Praxis dazu führen, dass in einer Vielzahl von Fällen es zu überhaupt keiner Quotenbildung käme, sondern der VR wie früher vollständig leistungsfrei wäre.

7

Ausgehend von der hier vertretenen Lösung (s. Rn 6) ergibt sich demgegenüber Folgendes: Da das Kürzungsrecht dem VR zusteht, hat er, wenn er eine **Kürzung um mehr als 50 %** erstrebt, die Umstände darzulegen und zu **beweisen**, die hierfür in Betracht kommen. Das steht auch nicht im Widerspruch zur Regelung des Gesetzes, dass den VN die Beweislast für das Fehlen grober Fahrlässigkeit trifft. Hierbei geht es nur um die Frage, ob überhaupt grobe Fahrlässigkeit vorliegt und wen hierfür die Beweislast trifft. Steht fest, dass grobe Fahrlässigkeit vorliegt, so muss der VR die Umstände dartun und beweisen, die für die von ihm vorgenommene Kürzung entsprechend der Schwere des Verschuldens sprechen.[14] Erstrebt der VN abweichend vom Regelfall der 50 %igen Kürzung eine geringere Quote, so bleibt es auch hier bei der grundsätzlichen Beweislast des VR.[15] Allerdings wird dem VN insoweit eine sekundäre Darlegungslast aufzuerlegen sein, die Umstände darzulegen, die für einen geringeren Kürzungsgrad sprechen. Der VR hat diese dann ggf zu widerlegen und das Gegenteil zu beweisen (vgl § 81 Rn 100).

8

b) Fallgruppen. aa) Grundsätze. Fallgruppenbildungen sind gerade im Bereich der Gefahrerhöhung nicht leicht vorzunehmen, da bereits an das Vorliegen des objektiven Tatbestands der Gefahrerhöhung keine zu geringen Anforderungen zu stellen sind. Liegt dann überhaupt eine Gefahrerhöhung vor, was idR nur bei erheblichen Risikoerhöhungen der Fall sein wird, kann nicht im Hinblick auf den hiermit verbundenen Schweregrad ohne Weiteres eine Erhöhung der Quote über 50 % hinaus vorgenommen werden. Im Regelfall ist hier deshalb eine Kürzung von 50 % sach- und interessengerecht. Die Kürzungen sollten hier aus Praktikabilitätsgründen jeweils in **Schritten von 10 %** erfolgen. Auf dieser Grundlage kann man, wobei im-

9

---

9 So auch Bruck/Möller/*Matusche-Beckmann*, § 26 Rn 16; Langheid/Wandt/*Wrabetz/Reusch*, § 26 Rn 4; abl. aber Schwintowski/Brömmelmeyer/*Loacker*, § 26 Rn 8; *Veith*, VersR 2008, 1580–1589; *Günther/Spielmann*, r+s 2008, 177, 178.
10 So Schwintowski/Brömmelmeyer/*Loacker*, § 26 Rn 8.
11 So *Günther/Spielmann*, r+s 2008, 177, 178.
12 So ausdr. *Veith*, VersR 2008, 1580–1589.
13 So *Veith*, VersR 2008, 1580–1589.
14 AA *Veith*, VersR 2008, 1580–1589, der die Beweislast auch insoweit in vollem Umfang beim VN sieht, da eine Differenzierung zwischen dem Vorliegen der groben Fahrlässigkeit an sich sowie ihrem Schweregrad nicht gerechtfertigt sei.
15 Anders Bruck/Möller/*Matusche-Beckmann*, § 26 Rn 16 (Beweislast des VN).

mer auch die Umstände des Einzelfalles berücksichtigt werden müssen, folgende erste Einordnungen vornehmen.

10 bb) **Brandschäden.** In der Sachversicherung bei Brandschäden erscheint beim **Leerstehenlassen eines Gebäudes** oder bei **Betriebsaufgabe** eine Kürzung von 50 % idR sachgerecht. In Fällen leichter zu bewertender Unaufmerksamkeit kann auch eine Kürzung auf nur 20–30 % in Frage kommen, während umgekehrt bei besonders gravierenden Gefahrerhöhungen, etwa bei sehr langen Leerständen, völlig ungenügender Sicherung des Objektes oder früheren Brandschäden, auch eine Kürzung auf 70–80 % möglich ist, wobei es sich allerdings um besonders gelagerte Ausnahmefälle handeln muss.[16] Bei der **Lagerung feuergefährlicher Materialien** oder der Durchführung feuergefährlicher Arbeiten sind 50 % idR sachgerecht. Abweichungen nach unten bis auf 20–30 % kommen bei nur kurzfristiger Unaufmerksamkeit, insb. in Fällen des sog. **Augenblicksversagens**, in Betracht, während besonders gravierende **Verstöße gegen Sicherheitsvorschriften** auch zu einer Kürzung bis zu 80 %, im Extremfall sogar bis zum vollständigen Leistungsausschluss führen können.

11 cc) **Leitungswasser- und Sturmschäden.** Bei derartigen Schäden ist, soweit im Hinblick auf die Gefahrenkompensation überhaupt eine Gefahrerhöhung in Betracht kommt, eine Kürzung um 50 % für die meisten Fallgestaltungen sachgerecht. In Ausnahmefällen kann bei einem geringer zu wertenden Verschulden eine Kürzung nur um 20–30 % sachgerecht sein. Höhere Quoten als 50 % dürften auch hier auf Ausnahmefälle beschränkt sein.

12 dd) **Einbruch.** Geht es um Fälle des Einbruchs, ist eine Kürzung von 50 % für den Regelfall sachgerecht. Wie bei § 81 kommen aber auch hier bei geringfügigeren Unaufmerksamkeiten im Hinblick auf den einzuhaltenden Sicherheitsstandard geringere Quoten von 20–30 % in Betracht, während bei besonders gravierenden Verstößen eine Erhöhung auf 70–80 % möglich ist. Auf das Element der Dauer als Kriterium kommt es hier nur in zweiter Linie an, weil die Dauerhaftigkeit bereits Voraussetzung ist, um überhaupt eine Gefahrerhöhung anzunehmen (s. § 23 Rn 19).

13 ee) **Fahrzeuge.** In der **Kaskoversicherung** bei Fahrzeugen ist, soweit es um die Erleichterung des **Diebstahls** im Zusammenhang mit Schlüsseln und/oder Fahrzeugpapieren geht, die Kürzung von 50 % für die Mehrzahl der Fälle die interessengerechte Lösung.[17] Bei einem geringer zu bewertenden Verschulden kann aber im Einzelfall auch eine Quote von 20–30 % ausreichen.

14 Bei sonstigen Gefahrerhöhungen im Bereich der Kasko- und der Haftpflichtversicherung wegen des **Zustands des Fahrzeugs** im Hinblick auf Mängel und Umbauten oder wegen in der **Person des Fahrers** liegender Umstände sind Verallgemeinerungen wegen der Vielschichtigkeiten möglicher Fallgestaltungen nur schwer möglich. Hier dürfte ausgehend vom Regelfall von 50 % eine Bandbreite nach oben und unten im Bereich von 30–70 % in Betracht kommen.[18] In Ausnahmefällen ist aber auch eine höhere Kürzung möglich, etwa wenn der VN schon seit längerer

---

16 Anders *Günther/Spielmann*, r+s 2008, 177, 179, die bereits von einer Einstiegsquote von 7/10 ausgehen.
17 Vgl LG Traunstein 12.5.2011 – 1 O 3826/10 zur Leistungskürzung um 50 %, wenn der VN sein hochwertiges Fahrzeug auf einem unbewachten Parkplatz in Sarajevo abstellt, den Fahrzeugschein und den Zweitschlüssel im Handschuhfach zurücklässt und Wertgegenstände sichtbar im Fahrzeuginneren belässt.
18 Vgl LG Passau 19.7.2011 – 1 O 329/11, VRR 2013, 32 zur Leistungskürzung um 75 %, wenn die Profiltiefe 1 mm beträgt und der VN mit einem hochmotorisierten Sportwagen bei einem Überholmanöver auf regennasser Fahrbahn von der Straße abkommt; LG Darmstadt 19.5.2011 – 1 O 9/11, VRR 2011, 464 zur Kürzung um 50 %, wenn der VN bei einer Profiltiefe der Reifen von 0,4 mm von der Fahrbahn abkommt.

Zeit mit fast vollständig **abgefahrenen Reifen** fährt, wenn in diesen Fällen nicht ohnehin von Vorsatz auszugehen ist.

III. Nachträglich erkannte subjektive sowie objektive Gefahrerhöhung (Abs. 2)

1. Grundsätze. In den Fällen der nachträglich erkannten subjektiven Gefahrerhöhung nach § 23 Abs. 2 sowie der objektiven Gefahrerhöhung nach § 23 Abs. 3 ist der VR nicht zur Leistung verpflichtet, wenn der **Versicherungsfall später als ein Monat nach dem Zeitpunkt eintritt, zu dem die Anzeige dem VR hätte zugegangen sein müssen**, es sei denn, dem VR war die Gefahrerhöhung zu diesem Zeitpunkt bekannt. Voraussetzung für die Anzeigepflicht ist mithin zunächst die Kenntniserlangung des VN von der durch ihn bzw mit seiner Gestattung vorgenommenen oder der objektiven, dh unabhängig von seinem Willen, erfolgten Gefahrerhöhung. Erst ab diesem Zeitpunkt kann mithin die Anzeigepflicht einsetzen. **Beweisbelastet** hinsichtlich dieser Kenntniserlangung des VN und ihres Zeitpunkts sowie damit auch des Eintritts des Versicherungsfalles erst nach dem Zeitpunkt, in dem die Anzeige ihm hätte zugehen müssen, ist der VR.[19] Der positiven Kenntnis ist auch hier die arglistige Unkenntnis gleichzustellen. Tritt sodann innerhalb eines Monats nach dem Zeitpunkt, zu dem dem VR die Anzeige hätte zugehen müssen, der Versicherungsfall ein, so besteht weiterhin eine volle Einstandspflicht des VR. Die Monatsfrist ist hierbei nicht exakt mit dem Zeitpunkt der Kenntniserlangung gleichzusetzen, da nach § 23 Abs. 2 und 3 die Anzeige der Gefahrerhöhung unverzüglich, dh ohne schuldhaftes Zögern, zu erfolgen hat. **Unverzüglich** wird der VN nach erkannter Gefahrerhöhung idR dann handeln, wenn er die Anzeige dem VR innerhalb von drei Tagen zusendet. Immer kommt es aber auf die Umstände des Einzelfalles an. Liegt der Eintritt des Versicherungsfalles außerhalb der Monatsfrist, so kommt unter den Voraussetzungen des Abs. 2 S. 2 Leistungsfreiheit des VR in Betracht. Eine Ausnahme hiervon gilt wiederum dann, wenn dem VR in dem Zeitpunkt, in dem ihm die Anzeige hätte zugehen müssen, die Gefahrerhöhung bereits bekannt war. Dann hätte er nämlich selbst die Gelegenheit gehabt, das Versicherungsverhältnis unter Einhaltung der Monatsfrist nach § 24 Abs. 2 zu kündigen. Darlegungs- und beweispflichtig für diese Kenntnis des VR ist der VN.

Unter die Anzeigepflicht des Abs. 2 fallen in der Praxis insb. die Fälle des **Verlusts** oder des **Diebstahls** eines Kfz-Schlüssels, da das Unterlassen von Sicherungsmaßnahmen gerade keine Gefahrerhöhung iSv § 23 Abs. 1 darstellt (vgl § 23 Rn 26).[20] Erfasst sein kann ferner in der Feuerversicherung beim Leerstand eines Gebäudes ein dem VN bekannt gewordener vorangegangener **Brand**,[21] die frühere Beschädigung einer Eingangstür durch Einbrecher[22] oder in der Leitungswasserversicherung die Kenntnis vom Leerstand benachbarter Räumlichkeiten während einer winterlichen Frostperiode.[23]

2. Verschulden und Beweislast. Durch Abs. 2 S. 2 wird grds. das bereits aus Abs. 1 sowie aus den §§ 28 und 81 bekannte System der **Differenzierung nach Verschuldensgraden** übernommen. Erfolgt die Nichtanzeige der Gefahrerhöhung vorsätzlich, ist der VR in vollem Umfang leistungsfrei (**Abs. 2 S. 2 Hs 1**). Ist die Verletzung der Anzeigepflicht grob fahrlässig erfolgt, gilt Abs. 1 S. 2 (**Abs. 2 S. 2 Hs 2**), dh, es findet eine Quotelung entsprechend der Schwere des Verschuldens statt.

Problematisch ist dagegen die **Beweislastverteilung**. Die Bestimmung in Abs. 2 S. 2 Hs 1, wonach der VR zur Leistung verpflichtet ist, wenn die Verletzung der Anzei-

---

19 BGH 11.12.1980 – IVa ZR 18/80, VersR 1981, 245.
20 OLG Celle 23.9.2004 – 8 U 128/03, VersR 2005, 640.
21 OLG Rostock 16.7.2007 – 6 U 171/06, OLGR 2007, 899.
22 BGH 11.12.1980 – IVa ZR 18/80, VersR 1981, 245.
23 BGH 23.6.2004 – IV ZR 219/03, VersR 2005, 218.

gepflicht nicht auf Vorsatz beruht, deutet vom reinen Wortlaut her darauf hin, dass der **Vorsatz** in diesen Fällen **vermutet** wird und der VN sich entlasten muss.[24] Hierbei handelt es sich indessen um einen offensichtlich versehentlich erfolgten **gesetzgeberischen Missgriff**, der im Wege teleologischer Auslegung zu beseitigen ist. So ergibt sich aus den Gesetzesmaterialien eindeutig, dass für die Begrenzung der Leistungsfreiheit in S. 2 die gleichen Neuerungen gelten sollen, wie sie zu Abs. 1 beschrieben wurden.[25] Zu Abs. 1 verweist der Gesetzgeber indessen ausdrücklich auf die Vorschrift des § 28 Abs. 2 S. 2.[26] Sowohl für § 28 Abs. 2 als auch für Abs. 1 ergibt sich indessen aus der Gesetzessystematik eindeutig, dass Vorsatz durch den VR zu beweisen ist, während der VN sich von der zu seinen Lasten sprechenden Vermutung grober Fahrlässigkeit entlasten muss. Insoweit besteht auch kein sachlicher Grund, warum der VN bei der nachträglichen erkannten subjektiven sowie bei der objektiven Gefahrerhöhung in Abs. 2 schlechter stehen soll als bei der subjektiv gewollten Gefahrerhöhung nach Abs. 1.[27] Das wäre aber der Fall, wenn er sich in den Fällen des § 23 Abs. 2 und 3 von der Vorsatzvermutung entlasten müsste, während in den Fällen des § 23 Abs. 1 der VR den Vorsatz beweisen müsste. Die Fälle einer nachträglich erkannten subjektiven oder einer objektiven Gefahrerhöhung wirken auch von der Sache her nicht gewichtiger als die subjektiv gewollte Gefahrerhöhung. Immerhin räumt der Gesetzgeber im Gegenteil bei subjektiv gewollter Gefahrerhöhung, soweit diese vorsätzlich oder grob fahrlässig erfolgt, dem VR ein außerordentliches Kündigungsrecht ein, während dieses für die Fälle der nachträglich erkannten subjektiven sowie der objektiven Gefahrerhöhung nur befristet ist. Schließlich würde sich bei einer Beweislast des VN für sein fehlendes Verschulden auch ein Widerspruch zu Abs. 2 S. 2 Hs 2 ergeben, der für die grobe Fahrlässigkeit auf Abs. 1 S. 2 verweist. Dieser enthält aber gerade die Regelung, dass den VN die Beweislast für das Nichtvorliegen grober Fahrlässigkeit trifft. Für eine derartige Verweisung bestünde aber keine Veranlassung, wenn den VN bereits die Beweislast für fehlenden Vorsatz träfe. Richtigerweise ist deshalb **Abs. 2 S. 2 Hs 1** trotz seines missverständlichen Wortlauts dahin zu verstehen, dass den VR die **Beweislast für Vorsatz des VN** trifft.[28]

IV. Wegfall der Leistungsfreiheit (Abs. 3)

19   1. **Kausalitätsgegenbeweis (Nr. 1).** Der VR bleibt abweichend von den Absätzen 1 und 2 zu Leistung verpflichtet, soweit die Gefahrerhöhung nicht ursächlich für den Eintritt des Versicherungsfalles oder den Umfang der Leistungspflicht war. Darlegungs- und **beweispflichtig** für diesen Kausalitätsgegenbeweis ist der **VN**.[29]

20   Einschränkungen dieses Kausalitätsgegenbeweises gibt es nach dem Wortlaut der Vorschrift nicht, so dass sie an sich auch bei **arglistigem Verhalten des VN** eingreift. Ein Vergleich mit den gesetzgeberischen Wertungen der §§ 21 Abs. 2 S. 2, 28 Abs. 3 S. 2 und 82 Abs. 4 S. 1 zeigt indessen, dass der Gesetzgeber den arglistig

---

24 So Römer/Langheid/*Langheid*, § 26 Rn 6; FAKomm-VersR/*Segger/Degen*, § 26 VVG Rn 14; *Wandt*, Rn 867; Schwintowski/Brömmelmeyer/*Loacker*, § 26 Rn 12; Bruck/Möller/*Matusche-Beckmann*, § 26 Rn 20; Langheid/Wandt/*Wrabetz/Reusch*, § 26 Rn 16–18; zur Problematik *Felsch*, r+s 2007, 485, 488; *Rixecker*, zfs 2007, 136 f.
25 Begr. RegE, BT-Drucks. 16/3945, S. 68.
26 Begr. RegE, BT-Drucks. 16/3945, S. 68.
27 So zu Recht auch *Felsch*, r+s 2007, 485, 488.
28 So ausdr. schon *Felsch*, r+s 2007, 485, 488; ferner MAH VersR/*Steinbeck/Terno*, § 2 Rn 179; Prölss/Martin/*Armbrüster*, § 26 Rn 10.
29 BGH 5.5.2004 – IV ZR 185/03, VersR 2004, 895; BGH 11.12.1980 – IVa ZR 18/80, VersR 1981, 245; Prölss/Martin/*Armbrüster*, § 26 Rn 13.

handelnden VN für nicht schutzwürdig hält. Die Regelungen sollten daher analog angewendet werden.[30]

Der VN muss zum Führen des Kausalitätsgegenbeweises nachweisen, dass sich die Gefahrerhöhung nicht ausgewirkt hat, so dass es schon bei Mitursächlichkeit bei der Leistungsfreiheit des VR bleibt. In der Praxis führt dies dazu, dass dem VN idR der Nachweis fehlender Kausalität nicht gelingt.[31] So liegt es etwa[32] beim dauerhaften Verwahren eines Kfz-Scheins im Fahrzeug,[33] beim Verlust eines Schlüssels mit nachfolgendem Diebstahl des Pkw,[34] bei ernsthaften Brandreden des VN,[35] bei technischen Umbauten an einem Mofa[36] oder bei einer nicht hinreichend verschlossenen Terrassentür bei einem Wohnungseinbruch.[37] Problematisch und zu weitgehend ist es dagegen, wenn dem VN der Kausalitätsgegenbeweis in Fällen abgeschnitten wurde, wo ein mit nicht zugelassenen Breitreifen und einem Sportfahrwerk nachgerüsteter Pkw gestohlen wurde[38] oder ein jugendlicher Fahrer eines „getunten" Fahrzeugs einen Unfall verursacht, obwohl die technischen Veränderungen sich auf den konkreten Unfall nicht ausgewirkt hatten, aber angenommen wurde, diese hätten generell zu einer riskanten Fahrweise beigetragen.[39] In Betracht kommen kann der Kausalitätsgegenbeweis ferner bei Reifen unterhalb der vorgeschriebenen Profiltiefe, wenn feststeht, dass dieses sich auf einen Unfall in keiner Weise ausgewirkt hat, weil die Haftung dieser profillosen Reifen auf trockener Fahrbahn nicht schlechter ist als die von Reifen mit ausreichendem Profil.[40]

2. Unterbliebene Kündigung (Nr. 2). Der VR bleibt gem. Abs. 3 Nr. 2 ferner zur Leistung verpflichtet, wenn zur Zeit des Eintritts des Versicherungsfalles die Frist für die Kündigung des VR abgelaufen und eine Kündigung nicht erfolgt war. Das rechtfertigt sich aus der Überlegung, dass dem VR nicht die Vorteile einer Leistungsfreiheit zugute kommen sollen, wenn er diese bereits durch eine zuvor erfolgte Kündigung hätte erzielen können, diese Möglichkeit aber nicht wahrgenommen hat. Diese Regelung stellt insoweit einen spezialgesetzlichen Ausdruck des Verbotes widersprüchlichen Verhaltens dar. Zu beachten ist, dass der VR insb. dann nicht von der Verpflichtung zur Leistung frei wird, wenn er entsprechend der Regelung in § 25 auf eine Kündigung verzichtet und stattdessen von seinem Recht auf rückwirkende Prämienerhöhung oder Ausschluss der Gefahr Gebrauch macht.[41] Hinsichtlich des Ausschlusses der Gefahr bleibt es bei der Leistungspflicht aber nur hinsichtlich des bereits eingetretenen Versicherungsfalles. Für weitere Leistungsfälle nach Ausschluss der Gefahr kommt dagegen eine Eintrittspflicht des VR trotz des insoweit missverständlichen Wortlauts des Abs. 3 Nr. 2 nicht in Betracht.[42]

---

30 Anders noch die Vorauflage (2. Aufl. 2011, § 26 Rn 19); so auch Römer/Langheid/*Langheid*, § 26 Rn 9; Schwintowski/Brömmelmeyer/*Loacker*, § 26 Rn 17; Langheid/Wandt/*Wrabetz/Reusch*, § 26 Rn 35; FAKomm-VersR/*Segger/Degen*, § 26 VVG Rn 17.
31 Anders kann es allenfalls liegen, wenn sich die Gefahrerhöhung abgrenzbar nur in einem bestimmten Bereich für den Versicherungsfall oder den Schaden ausgewirkt hat, worauf die Formulierung „soweit" hindeutet, vgl Langheid/Wandt/*Wrabetz/Reusch*, § 26 Rn 25 f.
32 Zu einzelnen Fallgruppen vgl Langheid/Wandt/*Wrabetz/Reusch*, § 26 Rn 31–34.
33 OLG Celle 9.8.2007 – 8 U 62/07, r+s 2007, 449.
34 OLG Nürnberg 28.3.2002 – 8 U 4326/01, r+s 2003, 233.
35 OLG Schleswig 27.2.1991 – 9 U 79/88, VersR 1992, 1258.
36 OLG Saarbrücken 17.3.1989 – 3 U 164/84, VersR 1990, 779.
37 LG Bremen 22.12.1988 – 2 O 1254/88, VersR 1989, 365.
38 So OLG Rostock 2.11.2004 – 6 U 90/04, SP 2005, 203.
39 OLG Koblenz 14.7.2006 – 10 U 56/06, VersR 2007, 534.
40 Vgl OLG Karlsruhe 1.3.1984 – 12 U 49/82, VersR 1986, 882; anders im konkreten Fall aufgrund sachverständiger Feststellungen OLG Saarbrücken 15.1.2003 – 5 U 261/02, r+s 2003, 147.
41 Begr. RegE, BT-Drucks. 16/3945, S. 68.
42 *Wandt*, Rn 870.

§ 27 Unerhebliche Gefahrerhöhung

Die §§ 23 bis 26 sind nicht anzuwenden, wenn nur eine unerhebliche Erhöhung der Gefahr vorliegt oder wenn nach den Umständen als vereinbart anzusehen ist, dass die Gefahrerhöhung mitversichert sein soll.

1 Die Regelung des § 27 nimmt vom Anwendungsbereich der §§ 23–26 Fälle **quantitativ** (1. Alt.) oder **qualitativ** (2. Alt.) **unerhebliche** Gefahrerhöhungen aus. Insoweit kann auf die Ausführungen zur Risikoerhöhung verwiesen werden (vgl § 23 Rn 13 ff).[1] Ein Anhaltspunkt dafür, ob ein Fall der Mitversicherung vorliegt, kann sich aus § 19 ergeben. Hat der VR nach bestimmten Umständen vor Vertragsschluss nicht ausdrücklich gefragt, kann dies dafür sprechen, dass er ihnen keine entscheidende Bedeutung beimisst, so dass sie als mitversichert gelten. Allerdings handelt es sich hier nur um einen ersten Anhaltspunkt, da der VR häufig gar nicht in der Lage ist, jede Art möglicher Gefahrerhöhungen vorauszusehen.[2]

2 Darlegungs- und **beweispflichtig** für das Vorliegen einer Gefahrerhöhung ist generell der VR, was auch für die Frage gilt, ob quantitativ und/oder qualitativ eine solche Erheblichkeitsschwelle überschritten ist, dass überhaupt eine Gefahrerhöhung vorliegt.[3]

§ 28 Verletzung einer vertraglichen Obliegenheit

(1) Bei Verletzung einer vertraglichen Obliegenheit, die vom Versicherungsnehmer vor Eintritt des Versicherungsfalles gegenüber dem Versicherer zu erfüllen ist, kann der Versicherer den Vertrag innerhalb eines Monats, nachdem er von der Verletzung Kenntnis erlangt hat, ohne Einhaltung einer Frist kündigen, es sei denn, die Verletzung beruht nicht auf Vorsatz oder auf grober Fahrlässigkeit.

(2) [1]Bestimmt der Vertrag, dass der Versicherer bei Verletzung einer vom Versicherungsnehmer zu erfüllenden vertraglichen Obliegenheit nicht zur Leistung verpflichtet ist, so ist er leistungsfrei, wenn der Versicherungsnehmer die Obliegenheit vorsätzlich verletzt hat. [2]Im Fall einer grob fahrlässigen Verletzung der Obliegenheit ist der Versicherer berechtigt, seine Leistung in einem der Schwere des Verschuldens des Versicherungsnehmers entsprechenden Verhältnis zu kürzen; die Beweislast für das Nichtvorliegen einer groben Fahrlässigkeit trägt der Versicherungsnehmer.

(3) [1]Abweichend von Absatz 2 ist der Versicherer zur Leistung verpflichtet, soweit die Verletzung der Obliegenheit weder für den Eintritt oder die Feststellung des Versicherungsfalles noch für die Feststellung oder den Umfang der Leistungspflicht des Versicherers ursächlich ist. [2]Satz 1 gilt nicht, wenn der Versicherungsnehmer die Obliegenheit arglistig verletzt hat.

(4) Die vollständige oder teilweise Leistungsfreiheit des Versicherers nach Absatz 2 hat bei Verletzung einer nach Eintritt des Versicherungsfalles bestehenden Auskunfts- oder Aufklärungsobliegenheit zur Voraussetzung, dass der Versicherer den

---

1 Vgl ferner Römer/Langheid/*Langheid*, § 27 Rn 2 f; Bruck/Möller/*Matusche-Beckmann*, § 27 Rn 3–11; Langheid/Wandt/*Wrabetz/Reusch*, § 27 Rn 2–19.
2 Schwintowski/Brömmelmeyer/*Loacker*, § 26 Rn 6 f; Langheid/Wandt/*Wrabetz/Reusch*, § 23 Rn 73–75; ferner Bruck/Möller/*Matusche-Beckmann*, § 23 Rn 7.
3 Römer/Langheid/*Langheid*, § 27 Rn 4; ähnl. Prölss/Martin/*Armbrüster*, § 27 Rn 7; ferner Schwintowski/Brömmelmeyer/*Loacker*, § 27 Rn 11, wonach zumindest denjenigen die Substantiierungslast trifft, der sich auf die Notwendigkeit einer ergänzenden Vertragserklärung beruft; Langheid/Wandt/*Wrabetz/Reusch*, § 27 Rn 20 differenziert danach, wer sich auf eine mitversicherte Gefahrerhöhung beruft.

Versicherungsnehmer durch gesonderte Mitteilung in Textform auf diese Rechtsfolge hingewiesen hat.
(5) Eine Vereinbarung, nach welcher der Versicherer bei Verletzung einer vertraglichen Obliegenheit zum Rücktritt berechtigt ist, ist unwirksam.

I. Regelungsgehalt und Normzweck	1
1. Gesetzesgeschichte	1
2. Begriff der Obliegenheit	2
a) Gefahrbezogene Obliegenheiten und Informationsobliegenheiten	2
b) Wesensmerkmale, Rechtsnatur	4
c) Vertragliche Vereinbarung	9
aa) Geltungsbereich	9
bb) Klarheit	10
cc) AGB-Kontrolle	16
d) Abgrenzungen	17
aa) Grundsätze	17
bb) Verhüllte Obliegenheiten und Abgrenzung zu Risikoausschlüssen	19
(1) Abgrenzungskriterien	19
(2) Rspr-Übersicht	20
(a) Obliegenheiten bejaht	21
(b) Risikoausschlüsse oder -beschreibungen bejaht	22
(3) Zur Kritik an der Rechtsfigur der verhüllten Obliegenheiten	23
cc) Straftatklauseln	29
dd) Fristbestimmungen	32
(1) Abgrenzung zur Fristbestimmung	32
(2) Fristen in der Unfallversicherung	33
ee) Verwirkungsklauseln	36
II. Die tragenden Elemente des Sanktionensystems des § 28	37
1. Tatbestand der Obliegenheitsverletzung	37
a) Vor und nach Versicherungsfall; Bestimmtheitsgebot; Beweislast	37
b) Gefahrvorbeugende und gefahrbezogene Obliegenheiten	39
c) Aufklärungs- und Auskunftsobliegenheiten	43
2. Rechtswidrigkeitszusammenhang/Normzweckverletzung	46
a) Auskunfts- und Aufklärungsobliegenheiten: Schutzwürdigkeit, Kenntnisse und Kennenmüssen des VR	47
aa) Leistungsablehnung	47
bb) Anderweitige Erkenntnisquellen des VR/Fallgruppen	49
b) Gefahrdämmung: Eignung der Obliegenheit zur Gefahrvorbeugung	55
3. Kausalität (Abs. 3)	56
a) Kausalitätsgegenbeweis, vorsätzliche folgenlose Obliegenheit, Relevanzrechtsprechung	56
b) Subjektive Gefahrerhöhungen	57
c) Begriff der Kausalität	60
d) Die missbilligten Folgen nach Abs. 3	63
aa) Einfluss auf den Eintritt des Versicherungsfalles	63
bb) Einfluss auf die Feststellung des Versicherungsfalles	64
cc) Einfluss auf Feststellung und Umfang der Versicherungsleistung	65
e) Kausalitätsgegenbeweis	66
f) Arglistgrenze (Abs. 3 S. 2)	69
4. Verschulden	71
a) Bedeutung im Sanktionensystem des § 28	71
b) Formen	74
aa) Vorsatz	74
(1) Begriff	74
(2) Wissenselement	75
(3) Wollenselement	82
bb) Arglist	87
(1) Kennzeichen	87
(2) Arglist im Versicherungsverhältnis	88
(3) Darlegungs- und Beweislast	90
cc) Fahrlässigkeit	92
(1) Elemente der Fahrlässigkeit	92
(2) Bewusste und unbewusste Fahrlässigkeit	93
(3) Einfache Fahrlässigkeit	95
(4) Grobe Fahrlässigkeit	96
(a) Begriff und Wesen	96

(b) Revisionsrechtliche Prüfung	99
(c) Kasuistik, Augenblicksversagen, Rotlichtverstoß	101
(d) Unkenntnis des VN von Verpflichtungslage	104
(e) Irrtum des VN	105
(f) Entlastende Umstände ...	106
(g) Ersetzungsbefugnis des VN bei Maßnahmen zur Sicherung?	108
c) Zurechnung des Verhaltens Dritter	109
aa) Unanwendbarkeit des § 278 BGB	109
bb) Mehrere Versicherte	110
cc) Repräsentantenhaftung ..	113
(1) Erscheinungsformen	113
(2) Risikoverwaltung	114
(3) Vertragsverwaltung	119
(4) Zurechnungsbeschränkung	121
dd) Einzelfälle	124
d) Wissenszurechnung	125
aa) Unterschied zur Repräsentanz	125
bb) Wissenserklärungsvertreter	126
cc) Wissensvertreter	129
dd) Einzelfälle	130
ee) Bote	131
ff) Abschlussvertreter des VN	132
gg) Rechtsanwaltsverhalten	133
III. Kündigungsrecht (Abs. 1)	134
1. Grundsatz	134
2. Obliegenheitsverletzung vor dem Versicherungsfall, gedehnter Versicherungsfall ..	138
3. Kündigungserklärungsfrist, Kenntnis des VR vom Kündigungsgrund	140
a) Monatsfrist	140
b) Fristende	141
c) Zurückweisung der Kündigung des VR	142
d) Fristbeginn	143
4. Verschulden, Entlastungsgegenbeweis	146
5. Wegfall des Kündigungserfordernisses des § 6 Abs. 1 S. 3 aF	148
6. Rechtsmissbrauch	150
a) Rechtsmissbräuchliche Verweigerung der Kündigung	150
b) Rechtsmissbräuchliche Kündigung	151
IV. Leistungsfreiheit des VR (Abs. 2)	154
1. Grundzüge des Sanktionenmodells	154
2. Vorsätzliche Obliegenheitsverletzung (Alles-oder-Nichts-Prinzip)	159
a) Volle Leistungsfreiheit mit Einschränkungen	159
b) Begrenzung der Leistungsfreiheit des VR nach Treu und Glauben	160
c) Sonderfälle	161
3. Grob fahrlässige Obliegenheitsverletzung (Abs. 2 S. 2) ..	164
a) Grobe Fahrlässigkeit des VN als gesetzlich vermuteter Normalfall einer Obliegenheitsverletzung ..	164
b) Gesetzliche Vermutung (Abs. 2 S. 2 Hs 2)	168
aa) Beweislast des VN	168
bb) Exkurs: Nachträgliche Berichtigung falscher Angaben des VN	169
c) Leistungskürzung (Quotenregelung)	171
aa) Vorbemerkung	171
bb) Quotelung	173
(1) Zur Methodik	173
(2) Zulässigkeit einer Quote von 0 bzw 100 % in Ausnahmefällen	175
(3) Einstiegsgröße für die Quotelung (50 %) – Mittelwertmodell	178
(4) Geeignete Quotelungsparameter	188
(a) Eignung zur Beschreibung des Maßes grober Fahrlässigkeit	188
(b) Dauer der Sorgfaltswidrigkeit	193
(c) Grad der Ursächlichkeit	194
(d) Schadenshöhe	195
(e) Subjektive Besonderheiten in der Person des VN/Augenblicksversagen	197
(f) Subjektive Leistungsfähigkeit des VN (Bewusstseinsstörungen, Zurechnungsunfähigkeit)	199
(g) Schuldkompensation und tätige Reue des VN	200
(h) Berichtigung falscher Angaben	202

(i) Wirtschaftliche Verhältnisse des VN 203
(j) Mitverschulden des VR .. 205
(k) Bisheriger Versicherungsverlauf, Kulanz 206
(l) Mehrere Obliegenheitsverletzungen, Lösungsmodelle 207
(m) Gesamtwürdigung der schuldrelevanten Fallumstände 213
(n) Rspr-Übersicht: Kürzungsquoten 219
(o) Regressobergrenzen nach der KfzPflVV 220
(p) Zulässigkeit von Quotenpauschalierungen? 221
V. Belehrungserfordernis (Abs. 4) ... 222
1. Entstehungsgeschichte 222
2. Regelung 223
a) Betroffene Obliegenheiten 223
b) Inhalt und Form der Belehrung 225
c) Zeitpunkt der Belehrung 230
d) Adressat und Sprache der Belehrung 232
e) Wiederholung der Belehrung 234

VI. Ausschluss der Vereinbarung eines Rücktrittsrechts (Abs. 5) 235
VII. Prozessuale Fragen 236
1. Berufung auf die Obliegenheitsverletzung 236
2. Zeitpunkt der Geltendmachung, Verwirkung, Verzicht 238
3. Unrichtiger Prozessvortrag des VN 242
4. Beweislastverteilung im Rückforderungsrechtsstreit .. 245
VIII. Übergangsregelung 249
1. Übergangsfrist, Stichtag 249
2. Beweislast für den Zeitpunkt des Versicherungsfalles 252
3. Bedingungsanpassung 253
a) Problem 253
b) Unterbliebene Bedingungsanpassung, Rechtsfolgen 257
IX. Schematische Darstellung des Sanktionssystems des § 28 259
1. Kündigungsrecht des VR nach § 28 Abs. 1 259
2. Leistungsfreiheit des VR nach § 28 260

I. Regelungsgehalt und Normzweck

1. Gesetzesgeschichte. Seit der ursprünglichen Fassung des VVG von 1908[1] enthielt der damalige § 6 Bestimmungen über die Rechtsfolgen von Obliegenheitsverletzungen des VN. Nach dem damaligen Konzept wurde streng zwischen Verletzungen von Obliegenheiten vor und nach dem Versicherungsfall unterschieden. Waren Erstere schuldhaft erfolgt, führte dies zur Leistungsfreiheit und dem Rücktrittsrecht des VR. Bei Obliegenheitsverletzungen nach dem Versicherungsfall blieben diese Rechtsfolgen nur dann aus, wenn die Obliegenheitsverletzung weder auf Vorsatz noch auf grober Fahrlässigkeit beruhte. Durch Gesetz vom 7.11.1939[2] trat insoweit das zunächst in § 32 geregelte Kausalitätserfordernis hinzu, nach dem der VN den Kausalitätsgegenbeweis antreten konnte. Rechtsverordnungen vom 19.12.1939[3] und 28.12.1942[4] entwickelten die Rechte des VN in kleinen Schritten fort. Erste Errungenschaften des Verbraucherschutzes waren u.a. das Kündigungserfordernis des § 6 Abs. 1 S. 3 aF[5] und das Verbot einer Rücktrittsvereinbarung in § 6 Abs. 4 aF. Erst der VVG-KE[6] – und ihm folgend der Gesetzgeber – hat für die Sanktion der Leistungsfreiheit die bisherige Differenzierung zwischen Verletzungen **vor** und **nach** dem Versicherungsfall im Grundsatz aufgegeben, weil das Verständnis der Sanktionsnorm dadurch unnötig erschwert worden sei. Die

---

1 Zur Vorgeschichte s. ausf. Langheid/Wandt/*Wandt*, § 28 Rn 4 ff.
2 RGBl. I S. 2223.
3 RGBl. I S. 2443.
4 RGBl. I S. 740.
5 Vgl – auch zur früheren Abdingbarkeit bei Großrisiken – BGH 1.12.2004 – IV ZR 291/03, VersR 2005, 269 = NJW-RR 2005, 394.
6 VVG-KE unter 3.1 zu § 28, S. 315.

Neufassung ist nunmehr eingebettet in das von der Refomkommission entwickelte System, das einheitliche Grundsätze für sämtliche vertraglichen Verpflichtungen des VN aufstellt.[7]

2. Begriff der Obliegenheit. a) Gefahrbezogene Obliegenheiten und Informationsobliegenheiten. Obliegenheiten, für die das Gesetz nach wie vor keine Legaldefinition enthält, um die Weiterentwicklung des Begriffs durch die Rspr nicht zu behindern,[8] sind das kennzeichnende Steuerungsinstrument des Versicherungsvertragsrechts. Sie bezwecken meist, den VN zu einem bestimmten Verhalten zu bewegen, das allerdings nicht erzwungen werden kann, sondern im Weigerungsfalle lediglich nachteilige Rechtsfolgen (meist Leistungsfreiheit, Rücktritts- oder Kündigungsrecht des anderen Vertragspartners) nach sich zieht.

Ohne die mögliche Vielfalt von Obliegenheiten erschöpfend zu beschreiben, lassen sich Obliegenheiten in **zwei große Gruppen** einteilen: **gefahrbezogene Obliegenheiten** und **Informationsobliegenheiten**. Erstere dienen dem Zweck, das bei Vertragsschluss ausgehandelte Äquivalenzverhältnis zwischen Prämie und versichertem Risiko aufrecht zu erhalten. Sie sind meist darauf gerichtet, besondere Gefährdungssituationen zu meiden, drohenden Gefahren entgegenzuwirken, Gefahrerhöhungen zu unterlassen oder bei Eintritt jedenfalls wieder zu beseitigen, und sind regelmäßig vor dem Versicherungsfall zu erfüllen. Auch danach können aber bspw noch Schadensminderungsobliegenheiten einsetzen. **Informationsobliegenheiten** (oft auch als Anzeige- und/oder Aufklärungsobliegenheiten bezeichnet) erfüllen im Wesentlichen zwei Zwecke: Vor dem Versicherungsfall sollen sie den VR in die Lage versetzen, das versicherte Risiko zutreffend einzuschätzen und die Risikoentwicklung zu beobachten. Dem VN kann es deshalb u.a. obliegen, Risikoveränderungen, insb. Risikoerhöhungen, zu melden. Nach dem Versicherungsfall geht es u.a. darum, dem VR eine sachgerechte Aufklärung zur Prüfung seiner Leistungspflicht sowohl dem Grunde wie der Höhe nach zu ermöglichen.

b) Wesensmerkmale, Rechtsnatur. § 28 befasst sich nur mit Obliegenheiten, die dem VR gegenüber zu erfüllen sind. Insoweit scheidet Letzterer als **Adressat** im Rahmen des § 28 aus.

Obliegenheiten, die ihre Grundlage in gesetzlichen Bestimmungen haben können (zB vorvertragliche Anzeigepflicht nach § 19 Abs. 1; Anzeige einer eingetretenen Gefahrerhöhung nach § 23 Abs. 3; Anzeige des Versicherungsfalles nach § 30 Abs. 1; Auskunftspflicht nach Eintritt des Versicherungsfalles nach § 31 Abs. 1), überwiegend aber durch die vertraglich vereinbarten Versicherungsbedingungen aufgestellt werden, bilden – ähnlich wie echte Rechtspflichten – Verhaltensnormen, die darauf gerichtet sind, den Adressaten zu einem Tun oder Unterlassen anzuhalten. Anders als bei echten Rechtspflichten kann die Obliegenheitserfüllung, die nach der heute herrschenden **Voraussetzungstheorie**[9] lediglich eine Voraussetzung für den Erhalt der Rechte aus dem VersVertrag darstellt, nicht unmittelbar erzwungen werden. Insbesondere gibt es dafür weder Klage- noch Vollstreckungsmöglichkeiten. Auch einen Schadensersatzanspruch begründet die Obliegenheitsverletzung nicht. Der mittelbare Zwang, der von einer Obliegenheit ausgeht, erschöpft sich vielmehr darin, dass den Adressaten bei Nichtbeachtung des Normbefehls **Rechtsverluste** treffen, die in einem im Vertrag begründeten Funktionsbezug[10] zu der verletzten Obliegenheit stehen müssen. Hierin unterscheiden sich die

---
7 VVG-KE unter 3.1 zu § 28, S. 315.
8 VVG-KE unter 3.1 zu § 28, S. 316; VVG-RefE zu § 28, S. 58.
9 Vgl Bruck/Möller/*Möller*, 8. Aufl. 1961, § 6 Anm. 8–10; BK/*Schwintowski*, § 6 Rn 18; BGH 13.7.1957 – II ZR 35/57, BGHZ 24, 378, 382 = NJW 1957, 1233 m. Hinw. auf die Rspr des RG; aA als Vertreter der Verbindlichkeitstheorie: Prölss/Martin/*Prölss*, 27. Aufl. 2004, § 6 Rn 30.
10 BK/*Schwintowski*, § 6 Rn 6.

Obliegenheiten auch von Strafvorschriften im weiteren Sinne. Nach heutigem Verständnis wohnt den Sanktionen für Obliegenheitsverletzungen kein bestrafendes (pönales) Element inne. Sie haben also **keinen Strafcharakter**, sind insb. nicht als Vertragsstrafe gedacht, sondern spiegeln lediglich die mit der Obliegenheitsverletzung im Vertrag eingetretene Äquivalenzstörung wider, die mit den Rechtsfolgen der Obliegenheitsverletzung behoben oder ausgeglichen werden soll. Diese Funktionsbezogenheit der Sanktion war nicht nur die Grundlage der früheren Relevanzrechtsprechung des BGH[11] für folgenlose Obliegenheitsverletzungen, sondern bildet auch ein entscheidendes Motiv für die Abkehr vom früheren Alles-oder-Nichts-Prinzip bei nicht vorsätzlichen Obliegenheitsverletzungen, gegen das u.a. mit Blick auf die Verhältnismäßigkeit der Sanktion zum vorangegangenen Verstoß oftmals Bedenken bestanden.[12]

Die Parteien des VersVertrages sind allerdings nicht gehindert, einzelne Verhaltensnormen kraft vertraglicher Vereinbarung zu echten Rechtspflichten oder auch Vertragsstrafen auslösenden Tatbeständen auszugestalten.[13] Ergibt die Auslegung, dass eine echte Rechtspflicht gewollt ist, und sehen die Versicherungsbedingungen gleichzeitig als Sanktion für den Verstoß die Leistungsfreiheit des VR vor, so kann darin im Einzelfall die Vereinbarung einer **Vertragsstrafe** liegen.[14]

Ungeachtet der beschriebenen grundlegenden Unterschiede in der Rechtsnatur nimmt das Gesetz auch in seiner Neufassung **keine saubere sprachliche Trennung** vor und spricht an vielen Stellen von „Pflichten" oder „Verpflichtung", wo in Wahrheit Obliegenheiten gemeint sind (zB § 19 „Anzeigepflicht"; § 30 Abs. 2 „Anzeigepflicht"; § 31 Abs. 2 „Pflichten nach Abs. 1"). Offenbar benutzt das Gesetz den Begriff der „Pflicht" hier in einem weiten Sinne, der nicht der dogmatischen Unterscheidung von echten Rechtspflichten und Obliegenheiten dient. Insoweit erschwert der Gesetzeswortlaut mitunter die Abgrenzung, bei der es regelmäßig auf den materiellen Gehalt einer Verhaltensnorm ankommt (s. dazu Rn 17 ff). Der Versuch der Vertreter der Verbindlichkeitstheorie,[15] vom unpräzisen Sprachgebrauch des Gesetzgebers auf die Rechtsnatur der Obliegenheiten zu schließen, überzeugt dagegen nicht.

Obliegenheiten formulieren Erwartungen an den Adressaten, deren Nichterfüllung ihn selbst durch Rechtsverlust schädigt. Insofern spricht man auch von einer „**Verpflichtung, die der Adressat sich selbst schuldet**" oder einem „**Gebot des eigenen Interesses**".[16]

c) Vertragliche Vereinbarung. aa) Geltungsbereich. § 28 regelt ausschließlich die Sanktionen, die auf die Verletzung **vertraglich vereinbarter Obliegenheiten** folgen. Für die zahlreichen gesetzlich begründeten Obliegenheiten (zB in §§ 13, 30 Abs. 1; § 31 Abs. 1; § 77 Abs. 1; § 82 Abs. 1 und 2; § 97 Abs. 1; § 104 Abs. 1 und 2) gilt die Vorschrift nicht. Meist stellt das Gesetz für diese Obliegenheiten jeweils eigene Sanktionsnormen auf. Das Sanktionenregime des § 28 wird in diesen Fällen auch nicht dadurch eröffnet, dass Versicherungsbedingungen die gesetzlichen Regelungen wortgetreu oder inhaltsgleich wiederholen und damit zugleich zum Gegen-

---

11 Vgl BGH 5.5.1969 – IV ZR 532/68, VersR 1969, 651; BGH 16.1.1970 – IV ZR 645/68, BGHZ 53, 160 = NJW 1970, 465; BGH 16.1.1970 – IV ZR 647/68, VersR 1970, 337; BGH 13.7.1977 – IV ZR 127/76, VersR 1977, 1021; BGH 9.11.1977 – IV ZR 160/76, VersR 1978, 74; BGH 24.6.1981 – IVa ZR 133/80, VersR 1982, 182; BGH 7.12.1983 – IV ZR 231/81, VersR 1984, 228; BGH 21.4.1993 – IV ZR 34/92, BGHZ 122, 250 = VersR 1993, 828 = NJW 1993, 1862; BGH 21.1.1998 – IV ZR 10/97, VersR 1998, 447.
12 Zur früheren Kritik vgl BK/*Schwintowski*, § 6 Rn 7.
13 Vgl OLG Hamm 9.12.1992 – 20 U 146/92, VersR 1993, 1519.
14 OLG Hamm 9.12.1992 – 20 U 146/92, VersR 1993, 1519; zust. BK/*Schwintowski*, § 6 Rn 19; aA Prölss/Martin/*Prölss*, 28. Aufl., § 28 Rn 39.
15 Vgl Prölss/Martin/*Prölss*, 28. Aufl., § 28 Rn 38.
16 BK/*Schwintowski*, § 6 Rn 15; Palandt/*Grüneberg*, vor § 241 BGB Rn 13.

stand vertraglicher Abreden machen.[17] Anders liegt es, wenn gesetzlich normierte Obliegenheiten nicht sanktionsbewehrt sind, wie zB die Melde- und Auskunftsobliegenheiten nach Eintritt des Versicherungsfalles gem. §§ 30 Abs. 1 und 31 Abs. 1. Übernehmen die Vertragsparteien entsprechende Obliegenheiten in ihr Vertragswerk und fügen sie dabei – sei es mittels Allgemeiner Versicherungsbedingungen oder durch Individualvereinbarung – korrespondierende Sanktionsnormen hinzu, so ist § 28 auf diese vertraglichen Bestimmungen anzuwenden.[18] Ebenso gilt das, wenn vertragliche Bestimmungen (insoweit unvollständige) gesetzliche Vorschriften über Obliegenheitsverletzungen anderweitig konkretisieren, ergänzen oder verändern.[19]

10 **bb) Klarheit.** Der VR kann die Rechte aus § 28 nur dann geltend machen, wenn die betreffende Obliegenheit im Vertrag klar vereinbart ist und sich nicht erst durch eine komplizierte Auslegung des VersVertrages herauslesen ließe.[20] Angesichts der Schwere der Rechtsfolgen einer Obliegenheitsverletzung ist der VN in besonderem Maße darauf angewiesen, dass er aufgrund des Vertrages **klar erkennen** kann, welche Verhaltensweisen von ihm gefordert sind.[21] **Konkludent** vereinbarte Obliegenheiten gibt es deshalb nicht. Nur in besonderen Ausnahmefällen nimmt die Rspr an, der VN könne den Versicherungsschutz durch arglistiges Verhalten nach Treu und Glauben auch dann verwirken, wenn dies im Vertrage nicht ausdrücklich geregelt ist.[22] Das hat streng genommen aber nichts mit der konkludenten Vereinbarung von Obliegenheiten zu tun, sondern ist unmittelbare Rechtsfolge einer gesetzlichen Bestimmung (§ 242 BGB).

11 Zu den sog. **verhüllten Obliegenheiten** s. Rn 19.

12 Das Gebot der Klarheit steht in engem Zusammenhang mit dem **Transparenzgebot** aus § 307 Abs. 1 S. 2 BGB. Im Bereich der Obliegenheiten erschöpft es sich nicht in einer lediglich formalen Anforderung, sondern berührt den Kern des gesetzlichen Leitbildes für vertraglich vereinbarte Obliegenheiten. Gemessen an den dem VN drohenden Rechtsfolgen bei Nichtbefolgung einer Obliegenheit ist es ein Gebot der Fairness, dem VR die weitgehenden Rechte aus § 28 nur dann zuzugestehen, wenn die betreffende Obliegenheit im Vertrag klar vereinbart ist, welches Verhalten der VR vom VN erwartet. Dementsprechend hat der BGH etwa im Rahmen eines in mündlicher Verhandlung gegebenen rechtlichen Hinweises die in der Rechtsschutzversicherung regelmäßig vereinbarte Obliegenheit, soweit die VN-Interessen nicht unbillig beeinträchtigt werden, alles zu vermeiden, was eine unnötige Erhöhung der Kosten oder eine Erschwerung ihrer Erstattung durch die Gegenseite verursachen könnte (zB § 15 Abs. 1 d, cc ARB 75; § 17 Abs. 5 c, cc ARB 94), für unwirksam erachtet. Das hat – offensichtlich zur Vermeidung entsprechender Revisionsentscheidungen – zu Anerkenntnissen der beklagten Rechtsschutzversicherer geführt.[23] Mit den genannten Klauseln wird dem VN die Aufgabe gestellt,

---

17 BGH 11.2.1987 – IVa ZR 194/85, BGHZ 100, 60, 64, 65 = VersR 1987, 477.
18 BGH 10.1.1951 – II ZR 21/50, VersR 1951, 67; OLG Düsseldorf 5.7.1996 – 4 U 119/95, VersR 1997, 56; OLG Oldenburg 10.7.1985 – 2 U 61/85, VersR 1985, 977.
19 OLG Hamm 14.8.1985 – 20 U 407/84; BK/*Schwintowski*, § 6 Rn 21 mwN; Prölss/Martin/*Armbrüster*, 29. Aufl., § 28 Rn 2; Prölss/Martin/*Prölss*, 28. Aufl., § 28 Rn 3 mwN; Römer/Langheid/*Römer*, § 6 Rn 3 mwN.
20 BGH 14.2.1996 – IV ZR 334/94, NJW-RR 1996, 981; BGH 9.12.1987 – IVa ZR 155/86, VersR 1988, 267 unter III; Prölss/Martin/*Armbrüster*, 29. Aufl., § 28 Rn 3; Prölss/Martin/*Prölss*, 28. Aufl., § 28 Rn 3; Römer/Langheid/*Römer*, § 6 Rn 16; BK/*Schwintowski*, § 6 Rn 37 mwN.
21 BGH 18.12.1989 – IV ZR 34/89, VersR 1990, 384; BK/*Schwintowski*, § 6 Rn 37 mwN.
22 BGH 8.7.1991 – II ZR 65/90, VersR 1991, 1129 unter Hinw. auf die Rspr des RG; krit. dazu *Lücke*, VersR 1992, 182; krit. auch Prölss/Martin/*Armbrüster*, 29. Aufl., § 28 Rn 283; Prölss/Martin/*Prölss*, 28. Aufl., § 28 Rn 106.
23 Revisionsverfahren: IV ZR 65/07 und IV ZR 352/07.

eine unnötige Erhöhung von Rechtsverfolgungskosten zu vermeiden. Dazu müsste er zunächst wissen, welche prozessualen Schritte welche Kosten auslösen, und vor jedem seiner Schritte nachforschen, ob Kosten die Folge sind und wie sie sich minimieren ließen. Da § 2 ARB 75 oder § 5 ARB 94/2000 ihm allenfalls noch zeigt, dass der VR grds. die gesetzliche Vergütung eines für den VN tätigen Rechtsanwalts, ferner Gerichtskosten, Entschädigung von Zeugen und Sachverständigen, weiter die Kosten für Verwaltungs-, Schieds- und Schlichtungsverfahren bis zur Höhe der Gebühren bei Anrufung eines zuständigen staatlichen Gerichts erster Instanz, schließlich Reisekosten und dem Gegner entstehende Kosten übernimmt, wird der VN letztlich auf sämtliche kostenrechtliche Bestimmungen einschließlich der dazu erlassenen umfangreichen Kosten- und Gebührenverzeichnisse und -tabellen verwiesen. Aus ihnen müsste er – um unnötige Kosten zu vermeiden – die für seinen Rechtsschutzfall zutreffenden Kostentatbestände ermitteln, Handlungsalternativen kostenrechtlich einander gegenüberstellen und danach vorausschauend beurteilen, welche Kosten für sein Rechtsschutzbegehren objektiv unbedingt erforderlich und welche unnötig, also vermeidbar wären. Um parallel dazu die Gleichwertigkeit der prozessualen Handlungsmöglichkeiten im Hinblick auf sein Rechtsschutzziel beurteilen zu können, benötigte der VN zugleich auch materielle und prozessuale Rechtskenntnisse, weil nur aus deren Zusammenspiel die Vor- und Nachteile verschiedener prozessualer Vorgehensweisen ergäbe. Sodann müsste der VN in Erfahrung bringen, von welchen Voraussetzungen die Kostenerstattung durch die Gegenseite abhängt und wie er diese Kostenerstattung überhaupt beeinflussen kann. Weiter müsste er sich fragen, durch welche seiner Handlungen diese Kostenerstattung erschwert werden könnte und ob insoweit dennoch eine Notwendigkeit für entsprechendes Verhalten seinerseits gegeben wäre. Zuguterletzt müsste er den gesamten kostenrechtlichen Sachverhalt noch einer umfassenden Würdigung nach dem Maßstab unterziehen, ob es ihm zuzumuten sei, als vermeidbar erkannte Kosten im konkreten Fall nicht entstehen zu lassen, oder ob dadurch seine Interessen unbillig beeinträchtigt wären. Das erforderte eine Prognose des gesamten Verlaufs des Rechtsschutzbegehrens mit umfassender Abwägung der eigenen und der VR-Interessen. Der BGH hat in all dem eine unzulässige Überforderung des VN gesehen.

Auch **bloße Beschreibungen** des versicherten Risikos können nicht als Begründung einer Obliegenheit ausgelegt werden. Enthält bspw ein HausratVersVertrag den Hinweis auf eine vorhandene Alarmanlage, so folgt daraus noch nicht die Obliegenheit des VN, diese Anlage zu bestimmten Zeiten oder Situationen auch einzusetzen.[24] Wird vom VN verlangt, er habe die Sorgfalt eines ordentlichen Kaufmanns zu wahren, so kann auch darin keine ausreichend konkret bestimmte Verhaltensnorm gesehen werden.[25] Eine Obliegenheit enthält eine solche Bestimmung mithin nicht, sondern allenfalls eine Modifikation des vereinbarten, im Rahmen anderer Obliegenheitsverletzungen oder im Rahmen von § 81 bedeutsamen Verschuldensmaßstabes.[26]

13

Das Gebot der Klarheit der vertraglichen Regelung schließt es allerdings nicht aus, dass Letztere – auch pauschal, dh ohne ausdrückliche Benennung der einzelnen Normen – **auf Gesetzes- oder Sicherheitsvorschriften Bezug nimmt**, um den Inhalt der Obliegenheit zu beschreiben oder zu konkretisieren. Das hat der BGH bspw für die sog. **Explosionsklausel** in HaftpflichtVersVerträgen entschieden, wonach der VR nicht für Schäden haften soll, die durch „vorschriftswidrigen Umgang mit brennbaren oder explosiven Stoffen" verursacht sind.[27] „Vorschriftswidrig" meint

14

---

24 BGH 21.4.1993 – IV ZR 33/92, VersR 1993, 830.
25 BGH 24.11.1974 – IV ZR 135/69, VersR 1972, 85.
26 BK/*Schwintowski*, § 6 Rn 39.
27 BGH 9.5.1990 – IV ZR 51/89, VersR 1990, 887.

allein den Verstoß gegen bestehende **Vorschriften.** Das sind nicht nur Gesetze und Rechtsverordnungen, sondern auch andere Gefahr- und Unfallverhütungsvorschriften, sofern sie von einer zuständigen Stelle aufgrund gesetzlicher Ermächtigung erlassen worden sind, auch allgemeinverbindliche Anordnungen, die von einer Polizei-(Ordnungs-)behörde zum Zwecke der Gefahrenabwehr getroffen werden, ebenso Unfallverhütungsvorschriften, die die Berufsgenossenschaften aufgrund ihres gesetzlichen Auftrags erlassen. Dagegen fehlt bei Ermahnungen, Empfehlungen, Gebrauchsanweisungen, Haus- oder Benutzungsordnungen und sonstigen Ratschlägen von privater Seite – auch wenn sie schriftlich abgefasst sind – ein wesentliches Merkmal einer Vorschrift, nämlich die **allgemeine rechtliche Verbindlichkeit.** In Betracht kommen im Übrigen nur Vorschriften, die erkennbar der Verhütung der mit der Obliegenheit bekämpften Gefahr dienen sollen (**Schutzzweckgedanke**). Wer zB sein privat genutztes Diesel-Kraftfahrzeug mit Heizöl betankt, verübt möglicherweise ein Steuervergehen und geht deshalb vorschriftswidrig mit explosionsgefährlichen Stoffen um; gleichwohl ist dieser Verstoß, gemessen am Normzweck einer Obliegenheit, die erkennbar der Brand- und Explosionsverhütung dienen soll, irrelevant. Schließlich muss es sich um **allgemeingültige Regeln** handeln; lediglich auf den Einzelfall bezogene Anordnungen (etwa Verwaltungsakte) fallen ebenso wenig unter den Begriff der Vorschrift[28] wie Verpflichtungen, die aufgrund vertraglicher Rechtsbeziehungen eingegangen werden. Haus- oder Benutzerordnungen etwa mögen viele Adressaten haben, stellen aber dennoch keine allgemeinverbindlichen Regeln im o.g. Sinne dar.

15 Der VR, zu dessen Schutz die vom VN zu erfüllenden Obliegenheiten vereinbart werden, ist stets frei darin, die sich aus der Obliegenheitsverletzung für ihn ergebenden Rechte und Vorteile zu nutzen. Schon deshalb trifft es zu – und verstößt nicht gegen das Gebot der Klarheit der Vereinbarung –, wenn Vertragsbestimmungen zum Ausdruck bringen, dass der VN bei Verletzung einer Obliegenheit zB seinen Leistungsanspruch verlieren oder der VR den Vertrag kündigen „**kann**", denn eine Verpflichtung des VR, die aus der Obliegenheitsverletzung ihm erwachsenden Rechte auch in Anspruch zu nehmen, besteht nicht.[29]

16 cc) **AGB-Kontrolle.** Die vertragliche Vereinbarung von Obliegenheiten, für die eine Schriftform nirgends vorgeschrieben, aber in jedem Falle zweckmäßig ist, kann durch Individualabrede geschehen; häufiger ist die Regelung im Rahmen von AVB, die – wie andere Allgemeine Geschäftsbedingungen auch – der Kontrolle nach den §§ 305 ff BGB unterliegen. Zu der in § 307 Abs. 2 Nr. 1 BGB (früher: § 9 Abs. 2 Nr. 1 AGBG) genannten gesetzlichen Regelung gehören auch alle Rechtssätze, die von Rspr und Rechtslehre durch Auslegung, Analogie oder Rechtsfortbildung aus einzelnen gesetzlichen Bestimmungen hergeleitet werden.[30] Maßstab für die Kontrolle vertraglich vereinbarter Obliegenheiten ist deshalb auch § 28 in dem Gepräge, das er durch die Rspr erfährt. Das ist insb. dort bedeutsam, wo das Gesetz der Rspr Spielräume eröffnet, etwa bei der Verantwortlichkeit des VN für das Verhalten oder das Wissen Dritter. Insoweit sind die Rechtsprechungsgrundsätze zur sog. Repräsentantenhaftung (s. Rn 109 ff, 113 ff) und der Wissenszurechnung Dritter (s. Rn 125 ff) bei der AVB-Kontrolle heranzuziehen. Demgegenüber ist die frühere Relevanzrechtsprechung durch die neue Regelung in Abs. 2 überholt. Sind einzelne Bestimmungen des § 28 zum Nachteil des VN abbedungen, was wegen § 32 und Abs. 5 im Normalfall nicht wirksam möglich ist, bei Großrisiken iSv Art. 10 EGVVG aber von § 210 gestattet wird, bleibt im Rahmen der AVB-Kon-

---

28 BGH 9.5.1990 – IV ZR 51/89, VersR 1990, 887; Bruck/Möller/*Johannsen*, 8. Aufl., Bd. 4, F 16 Abs. 1 aE.
29 BGH 18.12.1989 – IV ZR 34/89, VersR 1990, 384.
30 BGH 21.4.1993 – IV ZR 33/92, VersR 1993, 830; BGH 12.3.1987 – VII ZR 37/86, BGHZ 100, 157, 163.

trolle weiterhin zu prüfen, ob vertraglich vereinbarte Obliegenheiten den Kerngehalt des § 28 berühren.[31] Dazu gehören in jedem Falle das Verschuldensprinzip, ferner das Kausalitätserfordernis.[32] Nach der Neuregelung des Abs. 2 wird man weiter davon ausgehen können, dass eine Sanktionsregelung für Obliegenheitsverletzungen künftig die Verhältnismäßigkeit zwischen der Schwere des dem VN angelasteten Verstoßes und der Schwere der Sanktion im Auge behalten muss.[33]

d) **Abgrenzungen. aa) Grundsätze.** Die Anwendung von § 28 ist nur dann eröffnet, wenn der VN eine Obliegenheit verletzt. Diese muss von anderen das Leistungsversprechen einschränkenden Bestimmungen – das sind insb. Risikoausschlüsse, Ausschlussfristen und Anspruchsvoraussetzungen – streng abgegrenzt werden. Das ist schon deshalb schwierig, weil der Wortlaut von Versicherungsbedingungen oftmals keine klare Hilfestellung für die Abgrenzung bietet. Ein einheitlicher Sprachgebrauch zur Kennzeichnung der unterschiedlichen Leistungseinschränkungen in AVB hat sich nicht entwickelt. Vielmehr gibt es nach bisher übereinstimmender Auffassung in Lit. und Rspr **verhüllte Obliegenheiten** (s. Rn 17 ff), die dem äußeren Anschein nach als Risikoausschluss erscheinen mögen,[34] ebenso wie Risikoausschlüsse, welche an schuldhaftes Verhalten des VN anknüpfen (etwa Straftatklauseln in der Unfallversicherung) und insofern vom äußeren Anschein her Obliegenheiten ähneln. Der BGH hat es abgelehnt, dem VR die Möglichkeit zu eröffnen, allein durch die Wortwahl seiner AVB die dem Sanktionensystem des VVG für Obliegenheitsverletzungen innewohnenden Schutzmechanismen (zB Exkulpation oder Kausalitätsgegenbeweis) dadurch außer Kraft zu setzen, dass eine Verhaltensnorm in die Form eines **Risikoausschlusses** gekleidet wird.[35]

Deshalb gilt bislang als **Faustregel:** Auch wenn – wie immer bei der Auslegung von AVB – für die Abgrenzung zunächst vom Wortlaut einer Klausel und ihrer systematischen Stellung im Gefüge des Bedingungswerkes auszugehen ist, kommt es letztlich auf den **materiellen Gehalt der Klausel** an. Entscheidend ist, ob die Klausel eine individualisierende Beschreibung eines bestimmten Wagnisses enthält, für das der VR von vornherein keinen Versicherungsschutz gewähren will (dann Risikobeschränkung oder auch Anspruchsvoraussetzung), oder ob sie in erster Linie ein bestimmtes (meist Gefahr verhütendes oder auch aufklärendes) Verhalten des VN fordert, von dem es abhängt, ob er einen zugesagten Versicherungsschutz behält oder ob er ihn verliert. Wird von vornherein nur ausschnittsweise Deckung gewährt, handelt es sich idR um eine Risikobeschränkung. Wird hingegen ein eigentlich gegebener Versicherungsschutz wegen (vorwerfbar) nachlässigen Verhaltens des VN wieder entzogen, liegt regelmäßig eine Obliegenheit vor.[36]

bb) **Verhüllte Obliegenheiten und Abgrenzung zu Risikoausschlüssen. (1) Abgrenzungskriterien.** Kennzeichnend für Obliegenheiten soll es nach ganz hM sein, dass der VN ein ursprünglich im Vertrag vereinbartes Leistungsrecht durch schuldhaftes Verhalten nachträglich wieder verliert. Obliegenheiten sind also im Kern Verhaltensnormen, die den VN mit Blick auf den Schutz des Vertragszwecks steuern sollen.[37] Deshalb deutet regelmäßig auf eine Obliegenheit hin, wenn eine Vertrags-

---

31 Zur früheren Rechtslage: BGH 1.12.2004 – IV ZR 291/03, VersR 2005, 266.
32 BGH 2.12.1992 – IV ZR 135/91, BGHZ 120, 290 = VersR 1993, 223.
33 Dieser Ansatz findet sich auch schon bei BGH 9.5.1984 – IVa ZR 176/82, VersR 1984, 830.
34 BGH 24.10.1979 – IV ZR 182/77, VersR 1980, 153 unter 1.
35 BGH 24.10.1979 – IV ZR 182/77, VersR 1980, 153 unter 1.
36 StRspr, vgl BGH 14.5.2014 – IV ZR 288/12, r+s 2014, 350 Rn 18; 16.11.2005 – IV ZR 120/04, VersR 2006, 215 unter II 1 a; BGH 16.6.2004 – IV ZR 201/03, VersR 2004, 1132 unter II 3 a; BGH 24.5.2000 – IV ZR 186/99, VersR 2000, 969 unter 1 a; BGH 14.12.1994 – IV ZR 3/94, VersR 1995, 328 unter II 2 a; Römer/Langheid/*Römer*, § 6 Rn 7; BK/*Schwintowski*, § 6 Rn 25, 26.
37 BGH 24.10.1979 – IV ZR 182/77, VersR 1980, 153 unter 1.

klausel ein missbilligtes Verhalten des VN näher beschreibt und/oder eine Exkulpationsmöglichkeit für den VN vorsieht.[38] Wird in einer Klausel demgegenüber deutlich, dass der VR von vornherein nicht in den Streit hineingezogen werden möchte, ob ein VN schuldhaft gehandelt hat oder nicht, sondern losgelöst davon bei der in der Klausel näher umschriebenen Situation unter keinen Umständen eintreten will, so liegt ein **Risikoausschluss** vor.[39] Ebenfalls auf einen Risikoausschluss deutet es hin, wenn einer Leistungseinschränkung ein erkennbarer Bezug zur Prämienhöhe innewohnt,[40] wenn also deutlich wird, dass die Leistungseinschränkung primär auf die Wahrung der Äquivalenz zwischen Risiko und Prämie zielt. Indiz dafür kann u.a. sein, dass die Leistungseinschränkung in einem vom VR alternativ angebotenen (höheren) Tarif nicht enthalten ist.

20 **(2) Rspr.-Übersicht.** Im Übrigen hat sich – in Ermangelung trennschärferer materieller Kriterien[41] – eine reichhaltige Kasuistik[42] zur Abgrenzung von Obliegenheiten zu Risikobeschreibungen/-ausschlüssen entwickelt.

21 **(a) Obliegenheiten bejaht.** Obliegenheiten enthalten danach:

Versicherungszweig	Klausel	Entscheidung
Allgemeine Haftpflichtversicherung	Auflagenklausel § 4 II Nr. 3 AHB	BGH 29.11.1972 – IV ZR 162/71, VersR 1973, 145
Bauleistungsversicherung	§ 2 Nr. 3 b ABU 1995	OLG Frankfurt am Main 13.5.2009 – 7 U 55/08, n.v.[43]
Berufshaftpflichtversicherung	Explosionsklausel	BGH 24.10.1979 – IV ZR 182/77, VersR 1980, 153
Betriebshaftpflichtversicherung (hier: Kosmetikstudio)	Klausel 70 (Friseurbetriebe und Kosmetiksalons) Nr. 4 Nichtversicherung von Eingriffen mittels ärztlicher Instrumente	LG Dortmund 22.7.2009 – 2 O 322/08, r+s 2009, 410 (Frage letztlich offen gelassen)
Garantieversicherung zum Gebrauchtwagenkauf	§ 4.1 Ziff. 10 GarantieBed Einsatz einer erkennbar reparaturbedürftigen Sache	LG Dortmund 14.5.2014 – 2 O 388/13, Schaden-Praxis 2014, 346 (unwirksam/intransparent)
Hausratversicherung	§ 2 Nr. 4 b VHB 66	OLG Düsseldorf 8.10.1996 – 4 U 172/95, VersR 1997, 308

---

38 OLG Hamm 25.10.1995 – 20 U 103/95, r+s 1996, 50.
39 BGH 16.11.2005 – IV ZR 120/04, VersR 2006, 215.
40 BK/*Schwintowski*, § 6 Rn 27.
41 Prölss/Martin/*Prölss*, 28. Aufl., § 28 Rn 12.
42 Weitere Beispiele bei Prölss/Martin/*Armbrüster*, 29. Aufl., § 28 Rn 45 ff.
43 Nichtzulassungsbeschwerde zurückgewiesen (ohne Zusatzbegründung) durch BGH 27.1.2010 – IV ZR 125/09, n.v.; die gegenteilige Auffassung von *Martin*, VW 1974, 993, 998 ist aufgegeben in Prölss/Martin/*Voit/Knappmann*, 27. Aufl. 2004, ABU/ABN Anm. 3 b.

Kapitel 1: Vorschriften für alle Versicherungszweige § 28

Versicherungszweig	Klausel	Entscheidung
	§ 3 B Nr. 6 c VHB 74 Nachtzeitklausel für Fahrräder	AG Köln 20.8.1986 – 112 C 261/86, VersR 1988, 76
	§ 4 c ABEH Verwahrung von Wertgegenständen	BGH 16.6.2004 – IV ZR 201/03, VersR 2004, 1132
Juwelier-, Reise- und Warenlagerversicherung	Bewachungsklausel (unbewachte Aufbewahrung von Waren in Pkw nur bis zu 2 Stunden)	BGH 12.6.1985 – IVa ZR 261/83, VersR 1985, 979
	Bewachungsklausel (Kfz-Klausel Nr. 2.2.2)	OLG Karlsruhe 29.9.1988 – 12 U 235/87, VersR 1990, 786
Kraftfahrzeugversicherung	§ 2 Abs. 2 b AKB Verwendungsklausel	BGH 13.7.1993 – VI ZR 278/92, VersR 1993, 1092
Luftfahrt-Kaskoversicherung	4 1.1.3 HVB Pilotenlizenzen	BGH 14.5.2014 – IV ZR 288/12, r+s 2014, 350 Rn 17
	Nr. 4.1.3 AKB-LU Sicherungspflicht	OLG Köln 29.10.1996 – 9 U 58/96, r+s 1997, 42
	Nr. 4.1.3 AKB-LU Sicherungspflicht	OLG Düsseldorf 24.10.1995 – 4 U 173/94, VersR 1996, 970
Rechtsschutzversicherung	Führerscheinklausel § 26 Abs. 6 ARB 75	LG Münster 23.5.1990 – 1 S 98/90, NJW-RR 1990, 1121
Reisegepäckversicherung	§ 1 Nr. 4 b ReiseGepAVB 1980 Verschlusspflicht bei Aufbewahrung von Gepäck	OLG Saarbrücken 9.10.1984 – 2 U 55/83, VersR 1984, 1187; LG Zweibrücken 26.2.1991 – 3 S 267/90, VersR 1991, 997
	§ 1 Nr. 4 d ReiseGepAVB 1980 Beaufsichtigung versicherter Sachen	LG Berlin 20.2.1986 – 7 O 299/85, VersR 1987, 811
	§ 3 Nr. 2 a ReiseGepAVB 1980 Mangelhafte Verpackung/mangelhafter Verschluss	LG Hamburg 15.2.1989 – 74 O 134/89, VersR 1990, 1234
	§ 5 Nr. 1 b ReiseGepAVB 1980 Nachtklausel für Diebstahl aus Fahrzeugen	LG Lüneburg 23.5.1985 – 1 S 46/85, VersR 1986, 589

Versicherungszweig	Klausel	Entscheidung
	§ 5 Nr. 1 d ReiseGepAVB 1980 Besondere Wertsachen in Kfz	BGH 3.7.1985 – IVa ZR 4/84, VersR 1985, 854
	§ 6 Nr. 1 ReiseGepAVB 1980 Gepäckaufbewahrung zu Hause bis kurz vor Reiseantritt	OLG Hamm 26.11.1986 – 20 U 66/86, VersR 1988, 371
Schaustellerversicherung	Vereinbarung einer Diebstahlsicherung	OLG Hamm 20.6.1997 – 20 U 1/97, VersR 1998, 847
Schiffsversicherung	§ 61 ADS Schaden infolge Durchbrechung feststehenden Eises	BGH 8.3.1982 – II ZR 10/81, VersR 1982, 645
Sportbootkaskoversicherung	§ 3 Nr. 3.4.6 AVBW Bootstransport mit geeignetem Transportmittel	OLG Frankfurt 15.3.1995 – 23 U 77/94, VersR 1997, 446
Transportversicherung	KVO/CMR-V AVB Nr. 10 Bewachungsklausel	OLG Hamm 9.12.1992 – 20 U 146/92, VersR 1993, 1519
	Allg. Transportvers. Bed. Nr. 1.2 S. 2	OLG Köln 5.11.1992 – 5 U 45/92, VersR 1993, 574
	Kühlung von verderblichem Transportgut	OLG Hamburg 24.4.1997 – 6 U 332/96, OLGR Hamburg 1997, 369
	Mitversicherung von Schwertransporten bei Beachtung der gesetzlichen Vorschriften	OLG Köln 17.3.1998 – 9 U 187/97, VersR 1999, 618
Valoren-Versicherung	§ 5 Nr. 1 b AVBSP 85 Gewahrsamsklausel	OLG Köln 21.1.1997 – 9 U 243/95, VersR 1997, 966
	Nr. 5.1.4 AVBSP 76 Kofferraumklausel	BGH 12.10.1988 – IVa ZR 46/87, VersR 1989, 141
	Nr. 5.1.4 AVBSP 76 Kofferraumklausel	OLG Köln 12.4.1994 – 9 U 27/94, r+s 1994, 311
	Nr. 5.5.1 und 2 AVBSP 76 Safe- und Depotklausel	BGH 21.5.1986 – IVa ZR 132/84, VersR 1981, 781

Kapitel 1: Vorschriften für alle Versicherungszweige § 28

Versicherungszweig	Klausel	Entscheidung
	Nr. 6.1.2 – 6 AVBSP 76 Verwahrklausel und Nr. 5.1.3 Verschlussklausel	BGH 20.11.1984 – IVa ZR 62/84, VersR 1985, 156
Warenkreditversicherung	§ 14 AVB Warenkredit 83	BGH 2.12.1992 – IV ZR 135/91, VersR 1993, 223
Werkverkehr-Versicherung	Nr. 6.1.5 AVB Werkverkehr Haftungsausschluss für Schäden, die durch nicht verkehrssicheren Fahrzeugzustand verursacht sind	BGH 24.5.2000 – IV ZR 186/99, VersR 2000, 969

(b) Risikoausschlüsse oder -beschreibungen bejaht. Risikoausschlüsse oder -beschreibungen enthalten dagegen: 22

Versicherungszweig	Klausel	Entscheidung
Architekten-Haftpflicht-Versicherung	BBR Nr. 4 Leistungsfreiheit bei bewusstem Pflichten- oder Gesetzesverstoß	BGH 17.12.1986 – IVa ZR 166/85, VersR 1987, 174
	Pflichtwidrigkeitsklausel des BBR Nr. 4 Abs. 8	OLG Köln 2.7.1996 – 9 U 14/96, r+s 1997, 105
Bauleistungsversicherung	§ 2 Nr. 5 a ABN	LG Osnabrück 17.5.2010 – 16 O 505/09, VersR 2011, 918
Berufs-Haftpflichtversicherung	§ 4 Nr. 6 S. 1 AVB-WB	BGH 26.9.1990 – IV ZR 147/89, VersR 1991, 176
	§ 4 Nr. 6 AVB-WB 0 Wissentliches Abweichen von Gesetz, Vorschrift, Anweisung oder Bedingung des Auftraggebers oder durch sonstige wissentliche Pflichtverletzung	OLG Koblenz 28.2.1989 – 12 W 96/89, VersR 1990, 41
Diebstahls- und Raubversicherung	§ 2 Nr. 3 AEB Bargeld nur in verschlossenen Behältnissen versichert (entspricht § 4 Nr. 3 AERB 87)	BGH 26.4.1972 – IV ZR 19/71, VersR 1972, 575
Frachtverkehrversicherung	3.2.1 AVB Überladungsklausel	OLG München 3.3.2011 – 23 U 4357/10, r+s 2011, 437

Felsch

Versicherungszweig	Klausel	Entscheidung
Gebäudeversicherung (Österreich)	Art. 1 Abs. 7 e AStB 1986 (keine Haftung für durch Gebäudemängel verursachte Schäden)	OGH 8.3.2007 – 7 Ob 274/06 d, VersR 2008, 563
Hausratversicherung	§ 2 Nr. 8 VHB 74 Verschlossene Aufbewahrung von Goldsachen	BGH 16.3.1983 – IV ZR 111/81, VersR 1983, 573
	§ 3 B Nr. 5 VHB 74 Nachtzeitklausel für Kfz (str., vgl Römer/Langheid/ Römer, § 6 VHB 74 Rn 8)	AG Bad Homburg 3.7.1987 – 2 C 430/87, VersR 1988, 795
	§ 3 B Nr. 5 VHB 74 Nachtzeitklausel für Kfz	AG Charlottenburg 13.12.1984 – 19 C 429/84, VersR 1986, 565
	§ 3 B Nr. 5 VHB 74 Nachtzeitklausel für Kfz	AG Meschede 28.11.1985 – 3 G 647/85, VersR 1986, 333
	Klausel 7110 zu den VHB 92 und Klausel E zu den HRB 01/03 (Voraussetzungen für den Versicherungsschutz für Fahrräder)	BGH 18.6.2008 – IV ZR 87/07, VersR 2008, 1107
Kfz-Kasko-Versicherung	§ 12 Abs. 1 I b S. 2 AKB (Herausnahme best. Unterschlagungen vom Versicherungsschutz für Diebstahl)	LG Coburg 29.4.2009 – 13 O 717/08, r+s 2009, 325
Krankenversicherung	§ 4 Abs. 2 MBKK Freie Arztwahl	OLG München 21.12.1989 – 24 U 478/89, VersR 1990, 614
	§ 4 Abs. 5 MBKK Gemischte Anstalt	OLG Karlsruhe 2.8.1989 – 13 U 214/87, VersR 1990, 37
	§ 4 Abs. 5 MBKK Gemischte Anstalt	OLG Hamm 25.9.1991 – 20 U 104/91, VersR 1992, 687
	Kostenplan bei Tarif für zahnärztliche Behandlung	BGH 14.12.1994 – IV ZR 3/94, VersR 1995, 328
	Pt. 2.1 Buchst. e AVB für die Krankheitskosten- und Krankenhaus-Tagegeldversicherung 1999 (Österreich) – Alkoholmissbrauchsklausel	OGH 17.11.2004 – 7 Ob 260/04 t, VersR 2005, 1755

Versicherungszweig	Klausel	Entscheidung
Krankenhaustagegeld-versicherung	§ 4 Abs. 5 MBKK (Gemischte Anstalt – Notwendigkeit einer Leistungszusage des VR vor Behandlungsbeginn)	LG Duisburg 2.10.2008 – 12 S 51/08, juris
Luftfahrt-Haftpflichtversicherung	§ 4 Nr. 1 Buchst. a der „Besonderen Bedingungen für die Haftpflichtversicherung der Luftfahrzeughalter und Luftfrachtführer"	BGH 31.1.1990 – IV ZR 227/88, VersR 1990, 482
Luftfahrt-Kaskoversicherung	AKB-Lu Nr. 4.2.1 und 2 Gesetzwidriger Zustand des Luftfahrzeugs und fehlende Erlaubnis	OLG Oldenburg 11.12.1996 – 2 U 169/96, VersR 1998, 839
	AKB-Lu 2007 § 1 Nr. 5 b Vorliegen der erf. Erlaubnisse und Berechtigungen für Luftfahrzeugführer	OLG Celle 11.2.2010 – 8 U 125/09, ZLW 2010, 447
Maschinen-Betriebsunterbrechungs-Versicherung	§ 3 Abs. 2 lit. d AMBUB 94 Kapitalmangelklausel	BGH 16.11.2005 – IV ZR 120/04, VersR 2006, 215
Produkthaftpflichtversicherung	Erprobungsklausel BBR Nr. 6.6	OLG Bremen 30.9.1998 – 3 U 142/97, VersR 1999, 1102
Rechtsschutzversicherung	§ 4 Abs. 4 ARB 75 Meldefrist = Ausschlussfrist	BGH 15.4.1992 – IV ZR 198/91, VersR 1992, 819
	§ 4 Abs. 2 a ARB Vorsätzliche Herbeiführung des Versicherungsfalles	OLG Hamm 12.5.1995 – 20 U 41/95, NJW-RR 1996, 601
Reisegepäckversicherung	§ 1 Nr. 4 AVBR 80 Aufbewahrung von Fotogeräten (str., vgl Römer/Langheid/*Römer*, § 6 AVBR 80 Rn 8 mwN)	BGH 17.9.1986 – IVa ZR 232/84, VersR 1986, 1097
	§ 1 Nr. 4 AVBR 80 Aufbewahrung von Fotogeräten (str., vgl Römer/Langheid/*Römer*, § 6 AVBR 80 Rn 8 mwN)	OLG Karlsruhe 19.12.1990 – 12 U 165/90, VersR 1991, 995
	§ 1 Nr. 4 AVBR 80 Aufbewahrung von Fotogeräten (str., vgl Römer/Langheid/*Römer*, § 6 AVBR 80 Rn 8 mwN)	LG Köln 4.4.1996 – 24 S 61/95, VersR 1997, 486

Versicherungszweig	Klausel	Entscheidung
	§ 1 Nr. 5 AVBR 80 Ausschluss für Luftfahrzeuge	OLG München 27.4.1993 – 18 U 6597/92, VersR 1994, 344
	§ 5 Nr. 1 b AVBR 80 Nachtzeitklausel für Diebstähle aus Fahrzeugen	OLG Hamm 7.12.1984 – 20 U 107/84, VersR 1985, 855
Transportversicherung	Versicherung nur angemeldeter Transporte	OLG Köln 16.11.1999 – 9 U 81/99, OLGR Köln 2000, 147
Valoren-Versicherung	§ 1 Nr. 2 a AVBS 65 Bestimmungsgemäßes Tragen von Schmuck	BGH 10.7.1980 – IVa ZR 16/80, VersR 1980, 1042
Valoren-Transport-Versicherung	Nr. 2.1.4 AVB Valoren (81), Haftungsgrenze bei fehlender Deklaration des Wertes versicherter Sachen	LG Frankfurt 5.7.1989 – 3/7 O 222/88, VersR 1990, 155
Vertrauensschaden-Versicherung	§ 4 Nr. 2 AVB Schadensmeldung binnen 2 Jahren	LG Wiesbaden 16.5.2011 – 5 O 265/09, juris
Warenkreditversicherung	§ 2 WaKredAVB 1984 Eigentumsvorbehaltsklausel	OLG Köln 16.5.2000 – 9 U 139/99, NVersZ 2002, 39
Wassersport-Kasko	4.4.2 AVB Ausschluss für Alters-, Abnutzungs- und Bearbeitungsschäden	OLG München 26.6.2013 – 14 U 3796/12, BinSchiff 2013, Nr. 12, 52

23 **(3) Zur Kritik an der Rechtsfigur der verhüllten Obliegenheiten.** Ob künftig an der Rechtsfigur der verhüllten Obliegenheit festgehalten werden kann oder soll, erscheint aus mehreren Gründen fraglich.[44]

24 Schon die Aussage, für die Unterscheidung der verhüllten Obliegenheit vom Risikoausschluss sei nicht der Bedingungswortlaut, sondern die wahre Rechtsnatur der Regelung entscheidend, schafft ein kaum zu überbrückendes Spannungsverhältnis zu den sonst geltenden Maßstäben der Bedingungsauslegung, nach denen es auf das Klauselverständnis eines juristisch nicht vorgebildeten durchschnittlichen VN ankommen soll, der in erster Linie vom Wortlaut einer Klausel ausgehen wird. Die wahre Rechtsnatur einer Risikoausschlussklausel von der einer verhüllten Obliegenheit zu unterscheiden, setzt juristische Kenntnisse voraus. Es kommt hinzu, dass idR für den durchschnittlichen VN nirgends erkennbar wird, dass er überhaupt aufgerufen ist, die o.g. Unterscheidung zu treffen. Woher soll er erkennen, dass es rechtlich für ihn einen Unterschied macht, ob mit einem – dem äußeren Anschein nach – Risikoausschluss ein VN-Verhalten gesteuert oder ein Risikobereich von vornherein vom Versicherungsschutz ausgenommen werden soll?

---

44 Vgl *Armbrüster*, Privatversicherungsrecht, Rn 1594; Prölss/Martin/*Armbrüster*, 29. Aufl., § 28 Rn 11 ff, 44; *Felsch*, r+s 2015, 53 ff; Bruck/Möller/*Heiss*, 9. Aufl., § 28 Rn 31; *Koch*, VersR 2014, 283 ff; *Schimikowski*, jurisPR-VersR 7/2014 Anm. 4.

Zudem bestehen **AGB-rechtliche Bedenken**. Mit der Figur der verhüllten Obliegenheit hat die Rspr schon zu Zeiten des Reichsgerichts ein an der Regelung des § 6 aF orientiertes Instrument der Klauselkontrolle entwickelt,[45] das mit dem heutigen AGB-Recht nicht mehr kompatibel ist. Denn die AGB-Kontrolle beschreitet mittlerweile ganz andere Wege, wenn es um die Frage geht, ob eine Vertragsklausel den Vertragspartner des AGB-Verwenders unangemessen benachteiligt. Die Rspr zur verhüllten Obliegenheit versucht, die betreffenden Klauseln unter Heranziehung eines aus dem früheren § 6 aF abgeleiteten Gebots, Fehlverhalten des VN allein mittels des für Obliegenheitsverletzungen errichteten Sanktionssystems zu ahnden, von vornherein VN-freundlich auszulegen. Auf diesem Wege nimmt sie letztlich ungeschriebene Klauselvoraussetzungen in die überprüfte AVB-Regelung mit auf, so dass am Ende der Erhalt der fraglichen Klausel unter zusätzlichen – für den VN aber nicht transparenten – Prämissen steht. Bei der Klauselkontrolle nach den §§ 305 c, 307 ff BGB ist die zu überprüfende Vertragsklausel demgegenüber zunächst aus dem Verständnishorizont des Verbrauchers auszulegen und dabei der weiteren Klauselkontrolle das kundenfeindlichste Auslegungsergebnis[46] zugrunde zu legen. Hält eine Klausel in dieser Auslegung der weiteren Kontrolle anhand der in den §§ 307 ff BGB aufgestellten Maßstäbe nicht stand, hindert das **Verbot geltungserhaltender Reduktion**[47] daran, die Klausel mit geändertem, verbraucherfreundlichem Inhalt fortbestehen zu lassen. Dahinter steht das Ziel des AGB-Rechts, auf einen angemessenen Inhalt der AGB hinzuwirken. Dem Verbraucher könnte eine sachgerechte Information über seine aus dem Vertrag erwachsenden Rechte und Pflichten nicht gegeben werden, wenn jeder AGB-Verwender mit seinen Bedingungen zunächst einmal ungefährdet über die Grenze des Zulässigen hinausgehen könnte und in diesem Falle allenfalls besorgen müsste, die Rspr werde die betreffenden Bedingungen lediglich auf das zulässige Maß zurechtstutzen. Denn das schüfe eine Motivation zur Grenzüberschreitung. Daraus erwächst das Gebot, Klauseln in AGB, die gegen die §§ 307 ff BGB verstoßen, in vollem Umfang als unwirksam zu betrachten.[48]

Mit einer Umformung scheinbarer Risikoausschlüsse in verhüllte Obliegenheiten durch Richterspruch wird der Effekt gefördert, dem man im AGB-Recht mit dem Verbot geltungserhaltender Reduktion entgegentreten will. Als Folge davon sind die als verhüllte Obliegenheiten angesehenen Klauseln mitunter jahrzehntelang unverändert in Bedingungswerken beibehalten worden, und VN werden ein ums andere Mal über ihr wahres Wesen im Unklaren gelassen. Die Rspr zur verhüllten Obliegenheit führt mithin zu geltungserhaltender Reduktion und zwingt die Klauselverwender nicht, den Bedingungswortlaut der betreffenden Regelungen transparenter zu gestalten.

Der BGH hat klargestellt,[49] dass dem VN nachteilige Abweichungen von halbzwingenden Vorschriften des VVG uneingeschränkt der AGB-Kontrolle nach den §§ 307 ff BGB (früher: §§ 9 ff AGBG) unterliegen und dabei an der halbzwingenden VVG-Norm, die insoweit eine Leitbildfunktion iSv § 307 Abs. 2 Nr. 1 BGB einnimmt, zu messen ist. Die Rechtsfolge eines Verstoßes gegen halbzwingendes Recht (etwa § 15 a aF/§ 32 nF) bestimmt sich mithin nach AGB-Recht, weshalb das Verbot geltungserhaltender Reduktion auch hier zu beachten ist. Gleiches gilt für das Transparenzerfordernis des § 307 Abs. 1 S. 2 BGB.[50] Deshalb kann auch

---

45 Zur historischen Entwicklung *Felsch*, r+s 2015, 53 ff.
46 BGH 5.4.1984 – III ZR 2/83, BGHZ 91, 55, 61 = NJW 1984, 2161 und ständig.
47 StRspr, vgl nur BGH 17.5.1982 – VII ZR 316/81, BGHZ 84, 109, 114 ff = NJW 1982, 2309; BGH 13.11.2012 – XI ZR 145/12, juris Rn 63 mwN.
48 BGH 17.5.1982 – VII ZR 316/81, BGHZ 84, 109, 116 = NJW 1982, 2309.
49 BGH 26.9.2007 – IV ZR 252/06, r+s 2008, 25 (Rn 22 ff, 26 ff); BGH 18.3.2009 – IV ZR 298/06, r+s 2009, 242 (Rn 8).
50 BGH 26.9.2007 – IV ZR 252/06, r+s 2008, 25 (Rn 16).

nicht angenommen werden, AGB-Kontrolle nach BGB und die Rechtsfigur der verhüllten Obliegenheit stellten zwei voneinander unabhängige Rechtsinstitute der AVB-Kontrolle dar.

26 Mittlerweile treten auch **spezifisch versicherungsrechtliche Bedenken** hinzu. Die Diskussion über die (Un-)Wirksamkeit nicht ans neue VVG angepasster Alt-Regelungen über Obliegenheiten im Vorfeld der BGH-Entscheidung vom 12.10.2011[51] (s. dazu Rn 257) hat die Erwartungen präzisiert, die heute an Obliegenheiten-Regelungen gestellt werden. Schon unter Geltung des alten VVG bestand Einigkeit darüber, dass die Schwere der im Falle einer Obliegenheitsverletzung drohenden Sanktion es gebot, dem VN deutlich zu machen, welches Verhalten von ihm erwartet wird oder was er zu unterlassen hat. Diesem Erfordernis ist die Lehre von der verhüllten Obliegenheit bislang dadurch begegnet, dass ihr zufolge die verhüllte Obliegenheit zunächst um die gesetzliche Rechtsfolgenregelung des früheren § 6 aF ergänzt und erst die so zusammengesetzte Regelung einer Prüfung nach den §§ 3 und 9 des früheren AGB-Gesetzes unterzogen wurde, die erst dadurch positiv ausfiel.[52] Vereinzelt wurde allerdings schon zur Zeit des alten Rechts angenommen, verhüllte Obliegenheiten seien intransparent, weil der durchschnittliche VN ihnen seine Verteidigungsmöglichkeiten etwa in Bezug auf Verschulden und Kausalität nicht entnehmen könne.[53] Die Diskussion um die Rechtsfolgen einer unterbliebenen Anpassung von Altbedingungen an das neue VVG warf die Frage auf, inwieweit sich das für Obliegenheitsklauseln geltende Klarheitsgebot auch auf die Rechtsfolgenseite der Obliegenheitenregelung erstreckt. Schon unter dem alten VVG beschränkten sich Obliegenheitsklauseln nicht allein auf den Verhaltensbefehl, sondern beschrieben auch das Sanktionensystem des damaligen § 6 aF. Dabei wurde überwiegend angenommen, eine solche Informationspflicht folge aus § 10 Abs. 1 Nr. 1 VAG, wonach Versicherungsbedingungen u.a. vollständige Angaben über die Fälle enthalten müssen, wo aus besonderen Gründen die Leistungspflicht des VR entfallen soll. Gerade deshalb waren die Klauseln in Konflikt mit der Neuregelung des § 28 geraten (vgl Rn 257).

Der Gesetzgeber wollte die Schließung von Vertragslücken, die durch das neue VVG entstanden sind, ausschließlich durch Ausübung der Anpassungsoption des Art. 1 Abs. 3 EGVVG zulassen, weil es ihm darum ging, eine ausreichende Transparenz des vertraglichen Regelwerkes aus sich heraus zu gewährleisten. Einem Vorschlag des Bundesrates, eine ergänzende Auslegung bestehender Versicherungsbedingungen unter Berücksichtigung des fiktiven Willens der Vertragsparteien für den Fall der Kenntnis der neuen Rechtslage zu gestatten,[54] war der Gesetzgeber nicht gefolgt. Damit hatte er nicht nur einer ergänzenden Vertragsauslegung eine Absage erteilt, sondern zugleich verdeutlicht, dass es ohne eine Anpassung gem. Art. 1 Abs. 3 EGVVG für den VR keine Möglichkeit geben sollte, aus der Verletzung vertraglicher Obliegenheiten in Altverträgen nachteilige Rechtsfolgen für den VN abzuleiten.

Das belegt, dass die VVG-Reform darauf abzielte, die Stellung des VN deutlich zu stärken und insb. die Transparenz von Versicherungsbedingungen zu verbessern.[55]

---

51 BGH 12.10.2011 – IV ZR 199/10, BGHZ 191, 159 ff = r+s 2012, 9–14; vorangehend: OLG Köln 17.8.2010 – 9 U 41/10, r+s 2010, 406.
52 Vgl etwa Prölss/Martin/*Prölss*, 24. Aufl., Anm. 1 C b und auch noch in der 28. Aufl., § 28 Rn 27 mwN; krit. dazu *Koch*, VersR 2014, 283, 285.
53 LG Hamburg 15.12.1989 – 74 O 134/89, VersR 1990, 1234; vgl auch *van de Loo*, Angemessenheitskontrolle Allgemeiner Versicherungsbedingungen, 1987, S. 76; Ulmer/Brandner/Hansen/*Brandner*, AGB-Gesetz, 9. Aufl. 2001, Anh. §§ 9–11 Rn 860 mwN.
54 BR-Drucks. 707/06 [Beschluss], S. 10.
55 BGH 12.10.2011 – IV ZR 199/10, BGHZ 191, 159 = r+s 2012, 9–14 Rn 38. Vgl Gesetzentwurf, BT-Drucks. 16/3945, S. 1.

Obliegenheitenregelungen müssen demnach aus sich heraus verständlich sein und den VN umfassend über drohende Rechtsverluste und deren Voraussetzungen informieren, ohne dass er gehalten wäre, sich die einzelnen Sanktionsvoraussetzungen aus verschiedenen Rechtsquellen zu erschließen. Deshalb hat der BGH eine Lückenfüllung von im Rechtsfolgenteil nicht mehr aktuellen Altbedingungen durch Abs. 2 S. 2 über die allgemeine Bestimmung des § 306 Abs. 2 BGB nicht zugelassen. Es wäre so für den VN eine intransparente Sanktionsregelung entstanden, bei der – wie das Urteil vom 12.10.2011[56] hervorhebt (s. Rn 257) – er dem Vertrag vor allem nicht seine von § 28 eröffneten, erweiterten Verteidigungsmöglichkeiten entnehmen könnte.

Eine Obliegenheitsklausel muss dem VN aber auch diese Verteidigungsmöglichkeiten vor Augen führen, mithin aufzeigen, welche Bedeutung die Frage der Kausalität der Obliegenheitsverletzung für die Feststellung und den Umfang der Leistungspflicht hat, inwieweit unterschiedliche Verschuldensformen sich auf die Rechtsfolge auswirken und wie sich die Beweislage zu diesen Fragen gestaltet.

Dem BGH-Urteil vom 12.10.2011 sind deshalb zahlreiche nicht angepasste Altbedingungen zum Opfer gefallen, obwohl und gerade weil sie bis zum Inkrafttreten des neuen VVG die Rechtslage nach dem früheren § 6 aF vollständig, transparent und zutreffend wiedergegeben hatten. Schon deshalb können fragmentarische Obliegenheitenregelungen, die dem VN noch nicht einmal ihren rechtlichen Charakter, geschweige denn irgendwelche Informationen über die auf der Rechtsfolgenseite geltenden Regeln, offenbaren, weder – wenn es sich um Alt-Bedingungen handelt – den Systemwandel ohne Anpassung an das neue Recht wirksam überstehen, noch genügen neue verhüllte Obliegenheiten den dargelegten Transparenzerfordernissen.[57] Es erscheint im Übrigen auch problematisch, die damit gegebene Intransparenz verhüllter Obliegenheiten gem. § 306 Abs. 2 BGB durch eine entsprechende Anwendung des Abs. 2 zu beheben,[58] weil das die Intransparenz der Klausel letztlich perpetuiert.

27

Die Auslegung verhüllter Obliegenheiten aus dem Blickwinkel eines durchschnittlichen VN wird infolge des Wortlauts und der systematischen Stellung solcher Klauseln im jeweilgen VersVertrag in aller Regel dazu führen, dass sie als Riskoausschlüsse anzusehen sind, was auch die „kundenfeindlichste" Auslegungsvariante wäre. Ausgehend davon sollten die bisher als verhüllte Obliegenheiten verstandenen Klauseln sodann einer Inhaltskontrolle nach den Regelungen des BGB unterzogen und geprüft werden, inwieweit die Sanktion des Verlusts der Versicherungsleistung, soweit sie an ein missbilligtes Verhalten des VN anknüpft, diesen unangemessen benachteiligt, wenn sie ohne Rücksicht auf sein Verschulden und/oder Fragen der Kausalität eintreten soll. Dabei kann der Sanktionsregelung des § 28 Leitbildfunktion zukommen mit der Folge, dass Klauseln, die den völligen Leistungsverlust an ein Fehlverhalten des VN knüpfen, ohne dass es auf Fragen des Verschuldens oder der Kausalität ankäme, den VN unangemessen benachteiligen (§ 307 Abs. 2 Nr. 1 BGB).

28

cc) Straftatklauseln. Eine Ausnahmestellung in der Abgrenzung nehmen sog. **Straftatklauseln** (zB § 2 I (2) AUB 94 oder § 3 Nr. 1 b BB-BUZ) und auch Pflichtwidrigkeitsklauseln (zB § 4 Abs. 2 ARB 75 oder – in der Architekten-Haftpflichtversicherung – BBR Nr. 4 Abs. 8) ein, die den VR leistungsfrei stellen, wenn der VN den Versicherungsfall dadurch erleidet, dass er eine (idR vorsätzliche) Straftat begeht bzw versucht oder bewusst gegen besondere Pflichten, etwa Berufspflichten, verstößt. Obwohl hier zweifelsohne vom VN erwartet wird, ein durch Strafgesetze näher beschriebenes Verhalten zu unterlassen oder besondere Richtlinien oder Be-

29

---

56 BGH 12.10.2011 – IV ZR 199/10, BGHZ 191, 159 = r+s 2012, 9 (Rn 18 ff).
57 Vgl auch LG Dortmund 14.5.2014 – 2 O 388/13, Schaden-Praxis 2014, 346.
58 So OLG Naumburg 28.3.2014 – 10 U 5/13, VersR 2015, 102, 106.

rufspflichten einzuhalten, also jeweils eine Verhaltensnorm formuliert ist, nimmt die ganz hM an, es handele sich dennoch um echte **Risikoausschlüsse**.[59] Das hat freilich den Hintergrund, dass die sonst Obliegenheiten kennzeichnende Verschuldensfrage ohnehin geklärt werden muss, um zu entscheiden, ob eine Straftat oder ein sonstiger bewusster Pflichtenverstoß vorliegt. Insoweit ist ein zusätzlicher Rückgriff auf das Sanktionssystem des § 28 (§ 6 aF) nicht erforderlich. Durch eine Verweisung auf **gesetzliche Straftatbestände** macht sich der VR diese im Rahmen seiner AVB zunutze. Die Straftatbestände werden deshalb Tatbestandsmerkmale der versicherungsvertraglichen Ausschlussregelung. Die zivilrechtliche Bewertung des Verhaltens des Versicherten hat sich dann aber nach rein strafrechtlichen Gesichtspunkten zu richten.[60]

30 Prozessual gilt hier wie im Strafprozess die Beweislastregel „in dubio pro reo", dh, der VR muss die tatsächlichen Voraussetzungen für **alle Elemente der Strafbarkeit** beweisen. Das gilt auch für die Frage der Schuld. Bleiben nicht behebbare Zweifel an der Schuldfähigkeit des Täters/Versicherten, so ist – ebenso wie im Strafprozess – zu seinen Gunsten zu entscheiden.[61] Auf die §§ 827, 828 BGB kann er sich demgegenüber nicht stützen.

31 War ein Versicherter zur Tatzeit Jugendlicher iSv § 1 Abs. 2 JGG, so ist auch die sog. **Strafmündigkeit** des Täters iSv § 3 JGG eine Schuldvoraussetzung, die der VR – allerdings entlastet von einer sekundären Darlegungslast des VN – darzulegen hat.[62]

32 dd) **Fristbestimmungen. (1) Abgrenzung zur Fristbestimmung.** Fristbestimmungen können zwar Obliegenheiten enthalten. Häufig sind sie aber nicht vorrangig zu dem Zweck in die Vertragsbedingungen aufgenommen, den VN zu einer rechtzeitigen Handlung – etwa der Schadensmeldung binnen einer festgesetzten Frist – anzuhalten, sondern dienen objektiv der zeitlichen Begrenzung der Leistungspflicht des VR, um ihn davor zu schützen, dass er für regelmäßig nach einem gewissen Zeitablauf schwer aufzuklärende Schäden eintreten muss.[63] Der in diesem Zusammenhang häufig bemühte Begriff sog. **Spätschäden** ist irreführend, denn es kann hier ebenso gut um Leistungsfreiheit für Schäden gehen, die durchaus in versicherter Zeit und zeitnah zum Versicherungsfall aufgetreten sind, deren Aufklärung sich aber möglicherweise erschwert, wenn dem VR erst nach Fristablauf die Untersuchung ermöglicht wird.[64] In diesen Fällen geht die Rspr von **Ausschlussfristen** aus, die im Ansatz wie echte Risikobegrenzungen wirken. Lässt der VN sie verstreichen, wird der VR grds. leistungsfrei, ohne dass dafür das Sanktionssystem des § 28 bemüht werden muss. Allerdings lässt die Rspr es – anders als bei Risikobeschränkungen – zu, dass der VN den Beweis dafür erbringen kann, dass seine Fristversäumnis nicht schuldhaft war.[65] Gelingt ihm dieser Entschuldigungsbeweis, bleibt der VR zur Leistung verpflichtet. Ein Kausalitätsgegenbeweis des Inhalts,

---

59 Prölss/Martin/*Knappmann*, 28. Aufl., Nr. 5 AUB 2008 Rn 30; BGH 10.1.1957 – II ZR 162/55, BGHZ 23, 76 = NJW 1957, 381 unter 3.
60 BGH 29.6.2005 – IV ZR 33/04, VersR 2005, 1226 unter II 1 zu § 19 der Allgemeinen Bedingungen zur Erwerbsunfähigkeitsversicherung (EWO700); BGH 5.12.1990 – IV ZR 13/90, VersR 1991, 289 unter II 2 mwN zu § 3 Nr. 1 b BB-BUZ.
61 BGH 29.6.2005 – IV ZR 33/04, VersR 2005, 1226 unter II 1; BGH 23.9.1998 – IV ZR 1/98, VersR 1998, 1410 unter II.
62 BGH 29.6.2005 – IV ZR 33/04, VersR 2005, 1226 unter II 2.
63 BGH 24.3.1982 – IVa ZR 226/80, VersR 1982, 567; BGH 28.6.1978 – IV ZR 7/77, VersR 1978, 1036.
64 BK/*Schwintowski*, § 6 Rn 29.
65 BGH 24.3.1982 – IVa ZR 226/80, VersR 1982, 567, 568; OLG Hamm 16.9.1992 – 20 U 138/92, VersR 1993, 300; BGH 5.7.1995 – IV ZR 43/94, VersR 1995, 1179 = BGHZ 130, 171; BGH 19.11.1997 – IV ZR 348/96, BGHZ 137, 174–178 = VersR 1998, 175.

dass die Fristversäumnis im konkreten Fall die Aufklärbarkeit des Versicherungsfalles nicht beeinträchtigt hätte, wird hingegen nicht zugelassen. Ausschlussfristen nehmen nach allem eine **Zwitterstellung** zwischen Obliegenheiten und Risikobeschränkungen ein. Ihre Berechtigung ist teilweise umstritten, weil gerade bei nur kurzfristiger Fristüberschreitung oftmals auf der Hand liegt, dass der vorgebliche Schutzzweck, den VR vor der schwierigen Aufklärung länger zurückliegender Sachverhalte zu schützen, nicht berührt ist und der Grund für die Leistungsfreiheit mithin ein rein formaler bleibt.[66] Ein in der gerichtlichen Praxis bedeutsames **Beispiel** für eine solche Ausschlussfrist ist die in der **Unfallversicherung** geforderte **Geltendmachung** von Invalidität spätestens 15 Monate nach dem Unfall (zB Nr. 2.1.1.1 AUB 99 und § 7 I (1) AUB 94). Der BGH hat die Klausel AGB-rechtlich nicht beanstandet, was vorwiegend darauf beruht, dass mit der Möglichkeit, die Fristversäumnis zu entschuldigen, wesentliche Härten der Regelung abgemildert sind.[67] Gleiches gilt für die Frist zur Anzeige von Berufsunfähigkeit und die Geltendmachung von Leistungen in der Berufsunfähigkeits-Zusatzversicherung.[68]

(2) Fristen in der Unfallversicherung. Schärfer als Ausschlussfristen wirken Fristbestimmungen in AVB dann, wenn die Befristung eine **Anspruchsvoraussetzung** für die Versicherungsleistung aufstellt. Erst hier geht es ausschließlich darum, bestimmte schwer zu kalkulierende Spätschäden von vornherein vom Versicherungsschutz auszuschließen. Das ist zB der Fall bei dem von den meisten Unfallversicherungsbedingungen für die Geltendmachung von Invaliditätsentschädigung geforderten erstmaligen Auftreten der Invalidität binnen eines Jahres nach dem Unfall (sog. **Jahresfrist**) und der ärztlichen Feststellung der Invalidität binnen 15 Monaten nach dem Unfall (sog. **15-Monatsfrist für die ärztliche Invaliditätsfeststellung**; zB § 7 I (1) AUB 94).[69] Treten die innerhalb der Fristen geforderten Ereignisse nicht fristgerecht ein, gelangt der Anspruch auf Versicherungsleistungen von vornherein nicht zur Entstehung. Auf Verschuldens- oder Kausalitätsgesichtspunkte kommt es dann nicht mehr an. 33

Nach der Rspr ist es der kaufmännischen Entscheidung des VR überlassen, den Versicherungsschutz in dieser Weise zu begrenzen, solange er dies in einem klar formulierten Leistungsversprechen zum Ausdruck bringt[70] und der Vertrag nicht durch eine zu weitgehende Leistungseinschränkung ausgehöhlt wird.[71] Im Gegenzug hat der BGH die Situation für den VN einer Unfallversicherung dadurch erleichtert, dass insb. an die ärztliche Feststellung der Invalidität keine hohen Anforderungen gestellt werden. Zwar lässt sich Invalidität iSd AUB nicht ohne Angabe eines konkreten, die Arbeitsfähigkeit des Versicherten beeinflussenden Dauergesundheitsschadens feststellen.[72] Unerlässlich sind deshalb die Benennung der ärztlich angenommenen Ursache und die Art ihrer Auswirkungen auf die Gesundheit des Versicherten.[73] Andererseits wird nicht gefordert, dass die ärztlichen Feststellungen richtig sein oder der Invaliditätsgrad bereits benannt werden müssten.[74] 34

Nur in besonderen Einzelfällen kann die Berufung des VR auf den Fristablauf einmal **treuwidrig** sein, insb. dann, wenn der VR durch eigenes Verhalten den VN da- 35

---

66 Zur Kritik BK/*Schwintowski*, § 6 Rn 29.
67 BGH 19.11.1987 – IV ZR 348/96, BGHZ 137, 174 = VersR 1998, 175.
68 ZB § 1 Nr. 3 S. 2 BB-BUZ, vgl dazu BGH 2.11.1994 – IV ZR 324/93, VersR 1995, 82; OLG Hamm 28.9.1994 – 20 U 105/94, r+s 1995, 196.
69 BGH 19.11.1987 – IV ZR 348/96, BGHZ 137, 174 mwN = VersR 1998, 175.
70 Zur Transparenz der Fristenregelung in § 7 AUB 94: BGH 23.2.2005 – IV ZR 273/03, BGHZ 162, 210–218 = VersR 2005, 639.
71 BGH 19.11.1987 – IV ZR 348/96, BGHZ 137, 174 mwN = VersR 1998, 175.
72 BGH 5.7.1995 – IV ZR 43/94, BGHZ 130, 171, 177, 178 = VersR 1995, 1179.
73 BGH 6.11.1996 – IV ZR 215/95, VersR 1997, 442 unter II.
74 StRspr, vgl BGH 16.12.1987 – IVa ZR 195/86, VersR 1988, 286; BGH 6.11.1996 – IV ZR 215/95, VersR 1997, 442.

von abhält, die Frist zu wahren,[75] etwa indem er falsche Auskünfte über die Bedeutung der Frist gibt oder den falschen Anschein erweckt, er werde selbst durch Beauftragung eines Gutachters für die rechtzeitige ärztliche Feststellung einer Invalidität Sorge tragen. Das ist weiter dann anzunehmen, wenn dem VR ein **Belehrungsbedarf** des VN hinsichtlich der Rechtsfolgen der Fristversäumnis deutlich wird, er aber gleichwohl eine solche Belehrung unterlässt.[76]

36 ee) **Verwirkungsklauseln.** Zahlreiche AVB sehen – insb. mit Blick auf das Verhalten des VN nach Eintritt eines Versicherungsfalles – neben Obliegenheitenregelungen zusätzlich besondere **Verwirkungsklauseln** vor (zB Nr. 17 VBG 98, § 22 VHB 84). Der VN kann den Leistungsanspruch danach vollständig verlieren, wenn er den VR bei dessen Prüfung der Leistungspflicht **arglistig täuscht** oder auch nur zu täuschen versucht. Diese Klauseln stützen sich im Kern auf § 242 BGB[77] und enthalten eine Sanktion, die losgelöst vom Sanktionensystem des § 28 eintritt. Die dortigen Beschränkungen gelten hier nicht, die Klauseln verstoßen auch nicht gegen § 32 Abs. 1, weil die in § 28 Abs. 1–4 enthaltenen Schutzbestimmungen für arglistig handelnde VN ohnehin nicht gelten (zur Belehrung vgl Rn 226). Im Einzelfall kann sich eine Beschränkung der Sanktion freilich aus § 242 BGB selbst ergeben, wenn sich der vollständige Leistungsverlust für den VN trotz seines Fehlverhaltens im Ergebnis als übermäßige Härte erweist,[78] so wenn falsche Angaben lediglich zu einem Punkt erfolgen, den der VR zu Unrecht als für seine Leistungspflicht erheblich angesehen hat,[79] die Angaben nur einen ganz geringen Teil des Gesamtschadens betreffen, sich der Versuch einer arglistigen Täuschung erkennbar als untauglich erweist oder dem VR seinerseits ein schwerwiegender Vertragsverstoß zur Last fällt.[80] Ob und inwieweit die Leistungsfreiheit des VR in solchen Fällen einzuschränken ist, bleibt immer eine Frage des Einzelfalles, bei der der VR – und im Prozess später auch der Tatrichter – eine Gesamtwürdigung aller Umstände vorzunehmen hat.[81]

II. Die tragenden Elemente des Sanktionensystems des § 28

37 1. **Tatbestand der Obliegenheitsverletzung. a) Vor und nach Versicherungsfall; Bestimmtheitsgebot; Beweislast.** Die das Sanktionenregime des früheren § 6 aF kennzeichnende strenge Unterscheidung zwischen Obliegenheitsverletzungen **vor und nach dem Versicherungsfall** mit jeweils daran anknüpfenden unterschiedlichen Rechtsfolgen (§ 6 Abs. 1 S. 1, Abs. 2 und 3 aF) ist in § 28 weitgehend aufgegeben. Dem Gesetzgeber erschien die – mitunter nicht einfach zu treffende (s. Rn 138 ff) – Unterscheidung als sachlich nicht mehr gebotene „unnötige Komplizierung".[82] Lediglich für das Kündigungsrecht des VR nach Abs. 1, welches nur von Obliegenheitsverletzungen **vor** dem Versicherungsfall ausgelöst wird, ferner für die Belehrungspflicht des VR nach Abs. 4, die nur im Hinblick auf Obliegenheitsverletzungen **nach** dem Versicherungsfall besteht, spielt die Unterscheidung nach wie vor eine Rolle.

38 Was zum Tatbestand der Obliegenheit gehört, muss im Vertrag unter Beachtung des **Bestimmtheitsgrundsatzes** klar und eindeutig geregelt sein (s. Rn 10).[83] Dem

---

75 OLG Hamm 12.1.1990 – 20 U 189/89, VersR 1990, 1344.
76 BGH 30.11.2005 – IV ZR 154/04, VersR 2006, 352; BGH 23.2.2005 – IV ZR 273/03, BGHZ 162, 210 ff = VersR 2005, 639.
77 BGH 13.3.2013 – IV ZR 110/11, r+s 2013, 273 (Rn 26).
78 BGH 22.6.2011 – IV ZR 174/09, r+s 2011, 447 (Rn 30).
79 BGH 25.6.2008 – IV ZR 233/06, VersR 2008, 1207 (Rn 3 ff).
80 BGH 7.6.1989 – IVa ZR 101/88, r+s 1989, 842 unter 2 c.
81 BGH 22.6.2011 – IV ZR 174/09, r+s 2011, 447 (Rn 30).
82 Begr. RegE, BT-Drucks. 16/3945, S. 69.
83 BGH 18.12.1989 – II ZR 34/89, VersR 1990, 384 unter 3; BGH 12.6.1985 – IVa ZR 261/83, VersR 1985, 979 unter 4 b.

VN kann es danach obliegen, ein bestimmtes Verhalten zu unterlassen oder umgekehrt gerade eine bestimmte Handlung vorzunehmen. Der objektive Tatbestand der Obliegenheitsverletzung ist jeweils dann erfüllt, wenn der VN gegen diese Unterlassens- oder Handlungsgebote verstößt. Die **Beweislast** dafür trägt der VR.

b) Gefahrvorbeugende und gefahrbezogene Obliegenheiten. Im Weiteren unterscheiden sich gefahrvorbeugende und gefahrbezogene Obliegenheiten (s. Rn 39 ff) von Auskunfts- und Aufklärungsobliegenheiten (s. Rn 43 ff). 39

Zielt eine Obliegenheit darauf, die versicherte Gefahr gering zu halten oder nicht zu erhöhen, ergibt sich für den VN aus der entsprechenden Regelung der Bedingungen meist ohne Weiteres, welches Verhalten oder Unterlassen von ihm erwartet wird. Allerdings ist nicht immer der in unmittelbarer Nähe zu einem Schadensereignis Stehende Adressat von Obliegenheiten. Vielmehr kann eine Obliegenheit auch **durch mangelnde Organisation einer im Hintergrund stehenden Person** verletzt werden, etwa durch einen Inhaber eines Fuhrunternehmens, der seine Lkw-Fahrer nicht ausreichend über nach dem VersVertrag einzuhaltende Bewachungsobliegenheiten instruiert oder ihnen nicht die dafür nötigen Mittel oder das erforderliche Personal an die Hand gibt,[84] oder auch durch einen Zahnarzt, der sein Praxispersonal nicht ausreichend anweist, bei Verlassen der Praxisräume über Nacht alle Fenster geschlossen zu halten.[85] 40

Fordert eine Obliegenheit **unverzügliches** Handeln, so ist damit derselbe Maßstab angesprochen wie in § 121 Abs. 1 BGB definiert, dh der VN muss die Obliegenheit **ohne schuldhaftes Zögern** erfüllen.[86] Die Unklarheitenregelung des § 305 c Abs. 2 BGB ist darauf nicht anzuwenden. 41

Die Verbindung der Obliegenheit zur versicherten Gefahr kann aber auch darin bestehen, dass das Interesse des VR daran geschützt werden soll, die Äquivalenz von Prämie und Risiko im Auge zu behalten, um ggf auf eine Änderung der vertraglichen Abmachungen hinzuwirken. Insoweit kann auf die Kommentierung der Vorschriften über die Gefahrerhöhung (§§ 23–27) verwiesen werden. Der frühere Streit darüber, ob die Verletzung solcher Obliegenheiten nur unter den Voraussetzungen des § 6 Abs. 2 aF zur Leistungsfreiheit führen, ob – mit anderen Worten – ein Kausalitätsgegenbeweis des VN die Leistungspflicht entstehen lässt,[87] ist durch die Neufassung des § 28 erledigt, weil nunmehr in Abs. 3 S. 1 für die Kausalitätsfrage nicht mehr zwischen gefahrmindernden (bzw -verhütenden) und sonstigen Obliegenheiten differenziert wird. 42

c) Aufklärungs- und Auskunftsobliegenheiten. Für den VN ist es oft ungleich schwieriger zu erkennen, was im Rahmen von Aufklärungs- und Auskunftsobliegenheiten von ihm konkret erwartet wird, wann er den objektiven Tatbestand einer solchen Obliegenheit verletzt. Das liegt zunächst daran, dass solche Obliegenheiten meist weit gefasste Tatbestände haben und – wie etwa § 7 I (2) S. 3 AKB – von ihm fordern, alles zu tun, was zur Schadensaufklärung dienlich sein kann. Oft setzen solche Regelungen auch eine vorangegangene Bewertung oder Erfassung eines Sachverhalts durch den VN voraus, er muss zB bestimmte Umstände kennen, die er dann seinerseits mitzuteilen hat, oder er muss wissen oder erkennen, dass eine von ihm zunächst gegebene Auskunft unvollständig ist oder nicht der Wahrheit entspricht. Erst wenn er diese Kenntnisse oder Erkenntnisse hat, ist er in der Lage, entsprechend zu handeln. 43

---

84 Vgl BGH 16.2.1984 – I ZR 197/81, VersR 1984, 551; BGH 29.1.2003 – IV ZR 41/02, VersR 2003, 445; BGH 1.12.2004 – IV ZR 291/03, VersR 2005, 266; OLG Karlsruhe 29.6.1995 – 12 U 186/94, VersR 1995, 1306 m. Anm. *Bayer* und *Lorenz*.
85 LG Saarbrücken 12.2.2009 – 14 O 205/04, VersR 2009, 1655.
86 OLG Hamburg 12.7.1989 – 14 U 252/88, VersR 1990, 304.
87 Vgl dazu BK/*Schwintowski*, § 6 Rn 106 mwN.

44 Hier war lange umstritten, ob die **Kenntnis mitzuteilender Umstände** zum **objektiven Tatbestand** einer Obliegenheitsverletzung gehört mit der Folge, dass der VR dies darlegen und beweisen muss, oder allein zur **Verschuldensfrage**, bei der der VN sich entlasten muss (s. Rn 71 ff). Zur Begründung der letztgenannten Auffassung wurde darauf hingewiesen, dass nur so entsprechende Obliegenheitsverletzungen wirkungsvoll unterbunden werden könnten.[88] Dem wird aber – auch vom BGH[89] – entgegengehalten, ein VN könne nur das anzeigen, was ihm auch bekannt sei, so dass zum Nachweis eines – objektiven – Verstoßes gegen die Auskunftsobliegenheit auch der Nachweis gehöre, dass der VN die Tatsachen kennt, die von der Aufklärungsobliegenheit erfasst werden.[90] Die positive Kenntnis der nach Eintritt des Versicherungsfalles mitzuteilenden Umstände gehört zum objektiven Tatbestand der Verletzung der Aufklärungsobliegenheit, den der **VR** zu **beweisen** hat. Wenn eine Vertragsklausel wie § 7 (I) Abs. 2 S. 3 AKB den VN zB verpflichtet, alles zu tun, was zur Aufklärung des Tatbestands des Versicherungsfalles und zur Minderung des Schadens dienlich sein kann, so muss der VN demgemäß seinem VR alle Umstände mitteilen, die mit dem Ereignis in Zusammenhang stehen, das den Schaden verursacht hat, um ihm so eine sachgemäße Prüfung der Voraussetzungen der Leistungspflicht zu ermöglichen. Dazu gehören selbst solche mit dem Schadensereignis in Zusammenhang stehende Tatsachen, aus denen sich die Leistungsfreiheit des VR ergeben *kann*.[91] Das setzt aber stets voraus, dass der VN die mitzuteilenden Umstände oder Tatsachen kennt. Fehlt diese Kenntnis, läuft die Aufklärungsobliegenheit schon objektiv ins Leere.[92] Die Auffassung des BGH bedeutet eine wesentliche Verbesserung der Rechtsstellung des VN, denn der Entlastungsbeweis, etwas nicht gewusst zu haben, war regelmäßig schwer zu führen, umgekehrt wird nun der VR mit dem oft schwer zu führenden Beweis belastet, dass der VN einen bestimmten Umstand gekannt habe. Insoweit wird – da es um Vorgänge in der Wissenssphäre des VN geht – dem VR die Aufgabe im Einzelfall jedenfalls durch eine sekundäre Darlegungslast des VN zu erleichtern sein.

45 Davon zu unterscheiden sind Fälle, in denen der VN behauptet, ursprüngliches Wissen durch eine **Bewusstseinsstörung** iSv § 827 BGB wieder verloren zu haben. Behauptet ein an einem Verkehrsunfall selbst beteiligter VN, er können zum Unfallhergang nichts mehr sagen, weil er infolge einer unfallbedingten Amnesie keine Erinnerung an den Unfallhergang mehr habe, so gilte die Beweislastverteilung aus einer analogen Anwendung des § 827 Abs. 1 BGB.[93]

46 **2. Rechtswidrigkeitszusammenhang/Normzweckverletzung.** Von der später noch zu erörternden Frage der Kausalität (s. Rn 60 ff) streng zu unterscheiden ist die Überlegung, inwieweit der einer Obliegenheit zugrunde liegende Normzweck durch eine Obliegenheitsverletzung berührt ist. Die Sanktionen des § 28 treffen den VN nur dann, wenn ein solcher **Normzweckzusammenhang** festgestellt werden kann.[94] Auch hier treten je nach Eigenart der Obliegenheit unterschiedliche Probleme auf.

47 **a) Auskunfts- und Aufklärungsobliegenheiten: Schutzwürdigkeit, Kenntnisse und Kennenmüssen des VR. aa) Leistungsablehnung.** Besteht der Zweck einer Aus-

---

88 OLG Oldenburg 7.12.1994 – 12 U 185/94, VersR 1995, 952, 953; OLG Düsseldorf 30.5.1996 – 4 U 153/94, NJW-RR 1996, 1496, 1497; iE ebenso Prölss/Martin/*Prölss*, 27. Aufl. 2004, § 6 Rn 125.
89 BGH 13.12.2006 – IV ZR 252/05, r+s 2007, 93 = VersR 2007, 389.
90 OLG Hamm 21.3.1990 – 20 U 207/89, NJW-RR 1990, 1310; OLG Hamm 26.11.1993 – 20 U 214/93, r+s 1994, 42, 43 m. Anm. *Langheid*; ebenso Römer/Langheid/*Römer*, § 6 Rn 113.
91 BGH 1.12.1999 – IV ZR 71/99, VersR 2000, 222 unter II 2 mwN.
92 BGH 13.12.2006 – IV ZR 252/05, r+s 2007, 93 = VersR 2007, 389 Tz 14.
93 BGH 13.12.2006 – IV ZR 252/05, r+s 2007, 93 = VersR 2007, 389 Tz 15.
94 Vgl BGH 17.4.2002 – IV ZR 91/01, VersR 2002, 928 unter 4 (Brandmauer-Fall).

kunfts-, Aufklärungs- oder Mitwirkungsobliegenheit darin, den VR dabei zu unterstützen, die für seine Entscheidungen maßgeblichen Umstände zu ermitteln, so verliert er diesen Schutz dann, wenn er unmissverständlich zu erkennen gibt, dass er den Sachverhalt nicht länger prüfen will, sei es, weil er meint, seine Prüfung abgeschlossen zu haben, sei es, dass er eine weitere Prüfung für entbehrlich hält, weil er zB überzeugt ist, der VN habe den Versicherungsfall vorsätzlich herbeigeführt oder der Vertrag sei wegen arglistiger Täuschung ohnehin wirksam angefochten. Geschützt ist also nur der noch grds. prüfungs-, leistungs- oder zumindest verhandlungsbereite VR.[95] Daraus folgt zum einen, dass der Schutz durch Aufklärungsobliegenheiten nach einer endgültigen Leistungsablehnung endet,[96] andererseits aber auch wieder aufleben kann, wenn der VR unmissverständlich zu erkennen gibt, dass er erneut in eine Prüfung seiner Leistungspflicht eintritt.[97] Zum anderen ist der VR insb. im Prozess um die Versicherungsleistungen nicht mehr obliegenheitsgeschützt,[98] so dass allein ein **falscher Vortrag im Prozess** jedenfalls nicht als Verletzung der Aufklärungsobliegenheit gewertet werden kann,[99] es sei denn, ein besonderes Zwischenergebnis des Rechtsstreits zwingt den VR dazu, seine bisherige Leistungsablehnung zu überdenken und die Sachprüfung wieder aufzunehmen (s. näher Rn 242 ff).[100]

Der BGH hat diese Grundsätze auch auf **Verwirkungsklauseln** (s. Rn 36) übertragen. Auch hier ist nur der prüfungsbereite VR geschützt. Falschangaben des VN erst nach einer Leistungsablehnung des VR lösen damit die Verwirkungsfolge nicht mehr aus.[101]

bb) Anderweitige Erkenntnisquellen des VR/Fallgruppen. Heftig umstritten ist seit langem, inwieweit der Zweck einer Auskunfts- oder Aufklärungsobliegenheit noch berührt ist, wenn der VR einen beim VN erfragten Umstand bereits kennt, jedenfalls aber kennen könnte und möglicherweise müsste, oder wenn sich der VR zeitgleich anderweitiger Erkenntnisquellen bedient oder bedienen könnte. Im Zeitalter fortschreitender Datenerfassung gewinnt die Frage an Bedeutung, weil VR zunehmend bestrebt sind, sich gegen falsche VN-Informationen durch Sammlung und Vernetzung der Erkenntnisse über Personen und Sachen sowohl im eigenen Unternehmen als auch unternehmensübergreifend zu schützen. Das Problem lässt sich in verschiedenen Fallgruppen darstellen:

Die **erste Fallgruppe** ist dadurch gekennzeichnet, dass der VR einen **erfragten Umstand schon im Zeitpunkt seiner Frage positiv kennt**. Hierzu hat der BGH entschieden, dass der VR dann des Schutzes der Aufklärungsobliegenheit nicht mehr bedarf.[102] Dem lag ein Fall aus der Kfz-Kaskoversicherung zugrunde, bei dem der VN im Rahmen einer Diebstahlsanzeige einen Vorschaden des angeblich gestohlenen Fahrzeugs verschwiegen hatte, den derselbe Kfz-Versicherer wenige Monate zuvor selbst reguliert hatte.

Wenig Probleme bereiten auch die Fälle einer **zweiten Fallgruppe**, bei denen der VR aus einer Angabe des VN **ohne Weiteres erkennen kann**, dass diese ergänzungsbedürftig und -fähig ist, weil sich aus den Angaben bereits der Hinweis er-

---

95 StRspr, vgl BGH 7.6.1989 – IVa ZR 101/88, BGHZ 107, 368–376 = VersR 1989, 842 unter 2 a mwN.
96 BGH 7.6.1989 – IVa ZR 101/88, BGHZ 107, 368–376 = VersR 1989, 842 unter 2 a; BGH 11.12.1991 – IV ZR 238/90, VersR 1992, 345.
97 BGH 8.7.1991 – II ZR 65/90, VersR 1991, 1129; BGH 13.3.2013 – IV ZR 110/11 (Rn 19).
98 BGH 23.6.1999 – IV ZR 211/98, VersR 1999, 1134 unter 4.
99 Römer/Langheid/*Römer*, § 6 Rn 144 mwN.
100 Vgl BGH 8.7.1991 – II ZR 65/90, VersR 1991, 1129.
101 BGH 13.3.2013 – IV ZR 110/11, r+s 2013, 273 (Rn 24).
102 BGH 26.1.2005 – IV ZR 239/03, VersR 2005, 439; ähnl. OLG Oldenburg 15.9.2004 – 3 U 43/04, zfs 2005, 85 ff.

gibt, dass an anderer Stelle noch weitere bedeutsame Informationen vorhanden sind. Hier muss der VR dem Hinweis, der sich aus den Angaben des VN ergibt, nachgehen, sei es durch Nachfrage beim VN, sei es durch anderweitige Recherche. Das betrifft indes nur Fälle, in denen der VN den VR gerade auf weitere Erkenntnisquellen hinweist, und darf **nicht verwechselt** werden mit der **Nachfrageobliegenheit des VR bei vorvertraglichen Anzeigeobliegenheiten des VN**. Die dazu entwickelten Rechtsprechungsgrundsätze sind auf die Aufklärungsobliegenheit des VN nicht zu übertragen.[103]

52 In der **dritten Fallgruppe** geht es um die Frage, inwieweit **Datensammlungen**, wie etwa die von Kfz-Versicherern unterhaltene **Uniwagnis-Datei**,[104] die Anwendbarkeit der Aufklärungsobliegenheit und die Rechtsfolgen ihrer Verletzung beeinflussen. Das KG hatte eine routinemäßige Anfrage des VR bei der Uniwagnis-Datei genügen lassen, um die Leistungsfreiheit des VR trotz unvollständiger Angaben des VN zu verneinen, das OLG Saarbrücken war unter Hinweis auf die Unvollständigkeit der in der Datei enthaltenen Daten zum gegenteiligen Ergebnis gelangt. Der BGH hat in der auf das letztgenannte Urteil hin ergangenen Revisionsentscheidung[105] daran festgehalten, dass der VR sich darauf verlassen können muss, dass der VN von sich aus richtige und lückenlose Angaben über den Versicherungsfall macht. Ein VN, der dieses Vertrauen mittels vorsätzlich falscher Angaben enttäuscht, kann sich hinterher nicht darauf berufen, der VR habe den wahren Sachverhalt noch rechtzeitig erfahren oder sich die erforderlichen Kenntnisse anderweitig verschaffen können.[106] Denn die Aufklärungsobliegenheit würde in ihr Gegenteil verkehrt und in ein Recht zur Lüge verwandelt werden, wenn sich der zur Aufklärung gehaltene VN damit rechtfertigen könnte, der VR sei in der Lage gewesen, ihn oder seine falschen Angaben zu durchschauen.[107]

53 Die Möglichkeit einer solchen Dateiabfrage lässt die Aufklärungsobliegenheit des VN deshalb zunächst und grds. unberührt, weil das Aufklärungsinteresse des VR regelmäßig nicht entfällt. Die Datei ist ersichtlich geschaffen, um Versicherungsbetrug entgegenzuwirken. Dem BGH zufolge darf daraus kein Schutz für den unredlichen VN entstehen. Erfolgt die Dateiabfrage erst nach Eingang eines vom VN ausgefüllten Fragebogens und deckt der Datenabgleich vorsätzlich falsche Angaben des VN auf, liegt auf der Hand, dass durch die so erlangte nachträgliche Kenntnis des VR nicht rückwirkend dessen Aufklärungsbedürfnis entfallen kann.

54 Findet die Dateiabfrage bereits vor oder zeitgleich mit Eingang der vom VN beantworteten Fragen beim VR statt, lassen auch die daraus gewonnenen Erkenntnisse das Aufklärungsinteresse des VR grds. unberührt. Ausgenommen sind nur die Fälle, in denen der VR, ohne dass es weiterer Nachforschungen bedürfte, zu denen er nicht gehalten ist, unmittelbare und aktuelle eigene Kenntnis von einem verschwiegenen Umstand hat. Jedenfalls: Die Uniwagnis-Datei bietet derart vollständige Informationen derzeit noch nicht, zumal sie bspw auch solche Vorschäden an Kraftfahrzeugen nicht erfassen kann, die keinem beteiligten VR gemeldet wurden.

55 b) Gefahrdämmung: Eignung der Obliegenheit zur Gefahrvorbeugung. Dient eine Obliegenheit der Vorbeugung vor Gefahren und will sich der VR – gestützt auf die Verletzung der Obliegenheit durch den VN – nach einem eingetretenen Schaden auf Leistungsfreiheit berufen, so muss – losgelöst von der Frage der Kausalität –

---

103 BGH 17.1.2007 – IV ZR 106/06, VersR 2007, 629 m. Anm. *Langheid*.
104 BGH 17.1.2007 – IV ZR 106/06, VersR 2007, 629 m. Anm. *Langheid*; vgl dazu u.a. KG 8.12.2000 – 6 U 215/99, zfs 2001, 502; OLG Saarbrücken 22.3.2006 – 5 U 45/05-40, VersR 2006, 1208.
105 BGH 17.1.2007 – IV ZR 106/06, VersR 2007, 629 m. Anm. *Langheid*.
106 Vgl auch BGH 26.1.2005 – IV ZR 239/03, VersR 2005, 493 unter 2 a.
107 Vgl BGH 24.6.1981 – IVa ZR 133/80, VersR 1982, 182, 183.

ein innerer Zusammenhang (**Schutzzweckzusammenhang**) zwischen der durch den VN geschaffenen Gefahrenlage und der Schadensfolge bestehen. Fehlt er deshalb, weil die Schadenfolge nicht zu denjenigen gehört, denen die Schutzvorschrift vorbeugen will (oder kann), darf sich der VR nicht auf Leistungsfreiheit berufen, weil dies dann nicht im Schutzbereich der Obliegenheit liegt. Denn die Vereinbarung der Leistungsfreiheit hat für den durchschnittlichen VN erkennbar nur den Sinn, den VR vor dem erhöhten Risiko zu schützen, das im Allgemeinen mit der Missachtung einer bestimmten gefahrvorbeugenden Obliegenheit einhergeht.[108] Der BGH hat deshalb einem VN, der es auflagewidrig unterlassen hatte, eine Mauer zwischen zwei Gebäudeteilen zur Brandmauer auszubauen, Versicherungsleistungen des Feuerversicherers für denjenigen Gebäudeteil zugesprochen, in dem ein Unbekannter Feuer gelegt hatte. Denn eine solche Brandstiftung wäre auch mittels einer ordnungsgemäßen Brandmauer niemals zu vereiteln gewesen, die diesbezügliche Auflage in der Baugenehmigung konnte diesem Zweck mithin auch nicht dienen. Demgegenüber war der Gebäudeversicherer leistungsfrei, soweit das Feuer – ungehindert von einer Brandmauer – auf den nicht ordnungsgemäß geschützten benachbarten Gebäudeteil übergegriffen hatte.

3. Kausalität (Abs. 3). a) Kausalitätsgegenbeweis, vorsätzliche folgenlose Obliegenheit, Relevanzrechtsprechung. Die Regelung des Abs. 3 eröffnet dem VN ausnahmslos für alle unter § 28 fallenden, nicht arglistig begangenen Obliegenheitsverletzungen, die nach **Abs. 2** mögliche **Leistungsfreiheit** des VR durch den **Kausalitätsgegenbeweis** abzuwenden. Kann der VN nachweisen, dass seine Obliegenheitsverletzung weder für den Eintritt oder die Feststellung des Versicherungsfalles noch für die Festsstellung oder den Umfang der Leistungspflicht des VR ursächlich war, bleibt der VR zur Leistung verpflichtet. Damit weicht die Neuregelung zugunsten des VN wesentlich von der früheren Regelung des § 6 ab, der den generellen Kausalitätsgegenbeweis in Abs. 2 lediglich für Obliegenheiten vorsah, die der Gefahrverminderung oder der Verhütung einer Gefahrerhöhung dienten, während bei der Verletzung von nach dem Versicherungsfall zu beachtenden Obliegenheiten ein Kausalitätsgegenbeweis nur im Falle grober Fahrlässigkeit des VN eröffnet war. Eine zur Leistungsfreiheit führende **vorsätzliche und folgenlose Obliegenheitsverletzung** gibt es – abgesehen von Arglistfällen (Abs. 3 S. 2; s. Rn 69 f) – nach neuem Recht deshalb nicht mehr. Die eigens hierfür über lange Jahre entwickelte **Relevanzrechtsprechung**[109] ist damit auf die Neuregelung des § 28 nicht mehr anzuwenden.

b) Subjektive Gefahrerhöhungen. An die frühere Differenzierung hatte eine umfangreiche Diskussion um die Frage angeknüpft, ob auch sog. **subjektive Gefahrerhöhungen** (oder auch „Erhöhungen des subjektiven Risikos", nicht zu verwechseln mit dem für Fälle des § 23 Abs. 1 verwendeten, leider gleichlautenden Begriff; insoweit ist die Terminologie unglücklich, und man sollte hier besser von „**Fällen erhöhter Vertragsgefahr**" sprechen)[110] dem § 6 Abs. 2 aF zuzurechnen und damit dem Kausalitätsgegenbeweis zugänglich waren. Es ging dabei um Obliegenheiten, die der Verhinderung oder Verminderung einer typischen Vertragsgefahr – das ist die Gefahr für den VR, vom VN zu Unrecht in Anspruch genommen zu werden – dienen.

Ein typisches **Beispiel** ist die Obliegenheit des VN in der Krankentagegeldversicherung, keine anderweitige Krankentagegeldversicherung ohne Zustimmung seines

---

108 BGH 17.4.2002 – IV ZR 91/01, VersR 2002, 928 unter 4 (Brandmauer-Fall).
109 BGH 5.5.1969 – IV ZR 532/68, VersR 1969, 1385; BGH 16.1.1970 – IV ZR 645/68, BGHZ 53, 160 = VersR 1970, 241; zur Entwicklung s. Römer/Langheid/*Römer*, § 6 Rn 55.
110 Zum Begriff s. Prölss/Martin/*Prölss*, 27. Aufl., § 6 Rn 3.

VR abzuschließen.[111] Der Umfang der Gefahr, die besteht, wenn der VN nur bei einer Versicherungsgesellschaft eine Krankentagegeldversicherung abgeschlossen hat, verliert an Überschaubarkeit und kann zu betrügerischem Verhalten Anreiz geben, wenn der VN entsprechende Versicherungen ohne Wissen des VR auch anderweitig abgeschlossen hat. Um diese Gefahr auszuschließen, verlangt der VR vor Vertragsschluss regelmäßig eine Mitteilung des VN darüber, ob und in welcher Höhe **solche Versicherungen bereits bei anderen Versicherungsgesellschaften abgeschlossen** sind. Bei Verletzung dieser oder ähnlicher Obliegenheiten hatte die bisherige Rspr angenommen, dass § 6 Abs. 2 aF mit der Möglichkeit des Kausalitätsgegenbeweises nicht zur Anwendung komme, sondern die Obliegenheitsverletzung allein an § 6 Abs. 1 aF zu messen sei,[112] wobei dann allerdings über Treu und Glauben nach Wegen gesucht wurde, die durch die Loslösung von jeglichen Kausalitätserwägungen entstehenden Härten abzumildern.

59 Einzelheiten hierzu sind an dieser Stelle nicht mehr zu erörtern, denn die Regelung des Abs. 3 eröffnet dem VN für alle unter § 28 fallende Obliegenheitsverletzungen den **Kausalitätsgegenbeweis**. Gelingt es zB dem VN einer Krankentagegeldversicherung zu beweisen, dass er sich nicht deshalb ins Krankenhaus begeben hat (oder länger dort geblieben ist), weil er Tagegeld aus mehreren VersVerträgen zu erwarten hatte, scheidet eine Leistungsfreiheit des VR aus. Dieser Beweis kann allerdings – gerade bei unklarer Diagnostik – im Einzelfall durchaus schwer sein.[113]

60 **c) Begriff der Kausalität.** Kausalität bedeutet grds, dass die (aktive) Obliegenheitsverletzung eine notwendige Bedingung für die missbilligte Folge gesetzt haben muss (**Bedingungs-** oder **conditio-sine-qua-non-Formel**) und diese Bedingung dem missbilligten Erfolg auch bei einer einschränkenden rechtlichen Bewertung anhand des sog. **Adäquanzerfordernisses** zugerechnet werden kann. Adäquat ist eine Bedingung (nur) dann, wenn das Ereignis im Allgemeinen und nicht nur unter besonders eigenartigen, unwahrscheinlichen und nach dem gewöhnlichen Verlauf der Dinge außer Betracht zu lassenden Umständen geeignet ist, einen Erfolg der fraglichen Art herbeizuführen.[114] Adäquanz kann fehlen, wenn ein Dritter in völlig ungewöhnlicher oder unsachgemäßer Weise in den schadensträchtigen Geschehensablauf eingreift und eine weitere Ursache setzt, die den Schaden endgültig herbeiführt.[115] Besteht die Obliegenheitsverletzung in einem **Unterlassen**, wandelt sich die Bedingungsformel dahin, dass danach gefragt wird, ob der missbilligte Erfolg entfiele, wenn man sich das von der Obliegenheit gebotene Verhalten des VN hinzudenkt.

61 Um die Kausalität der Obliegenheitsverletzung für die in **Abs. 3** aufgezählten Folgen zu bejahen, reicht **Mitverursachung** aus.[116] Gerade das macht den Kausalitätsgegenbeweis für den VN schwierig, denn er ist erst erfolgreich, wenn er belegen kann, dass die Obliegenheitsverletzung in keiner Weise auf den Eintritt oder die Feststellung des Versicherungsfalles oder Feststellung/Umfang der Leistungspflicht eingewirkt hat. Der Beweis scheitert nach hM schon dann, wenn die Obliegenheitsverletzung den Schadenseintritt mit einer nur **statistisch höheren Wahrschein-**

---

111 Dazu BGH 28.4.1971 – IV ZR 174/69, VersR 1971, 662.
112 BGH 28.4.1971 – IV ZR 174/69, VersR 1971, 662; BGH 13.11.1980 – IV ZR 23/80, BGHZ 79, 6, 12 = VersR 1981, 183; BGH 4.10.1989 – IVa ZR 220/87, VersR 1989, 1250; weitere Rspr-Nachweise bei Römer/Langheid/*Römer*, § 6 Rn 37–41; BK/*Schwintowski*, § 6 Rn 106.
113 Dazu Römer/Langheid/*Römer*, § 6 Rn 41.
114 StRspr, vgl BGH 11.1.2005 – X ZR 163/02, NJW 2005, 1420 unter 2 b; BGH 4.7.1994 – II ZR 126/94, NJW 1995, 126, 127.
115 BGH 11.1.2005 – X ZR 163/02, NJW 2005, 1420 unter 2 b; BGH 7.1.1993 – IX ZR 199/91, NJW 1993, 1587, 1589.
116 BGH 8.1.1969 – IV ZR 505/68, VersR 1969, 247.

lichkeit begünstigt hat.[117] Stellt sich ein Unfall aus Sicht des VN als höhere Gewalt iSv § 7 Abs. 2 StVG dar, wird der Kausalitätsgegenbeweis meist Erfolg haben.

Soweit in der Lit. teilweise die Auffassung vertreten wird, Bedingungs- und Adäquanzformel reichten häufig nicht aus, um den besonderen Kausalitätsproblemen bei Obliegenheitsverletzungen gerecht zu werden,[118] erfordert dies nach der hier vertretenen Auffassung **nicht** die Entwicklung eines „**obliegenheitsspezifischen Kausalitätsbegriffs**", vielmehr kann grds. auf die im Allgemeinen Schuldrecht entwickeln Kriterien zurückgegriffen werden. Es muss allerdings die schon vorangestellte Normzwecküberlegung (s. Rn 46 ff) im Auge behalten werden, mit der sich auch die von *Römer* angeführten **Beispielfälle** lösen: 62

Schädigt ein Taxifahrer ohne Personenbeförderungsschein durch einen Unfall einen Fahrgast, so ist für die Kausalitätsbetrachtung nicht der Umstand maßgebend, dass er verbotswidrig gefahren ist, sondern es ist danach zu fragen, ob er über die Voraussetzungen verfügte, die zum Erwerb eines Personenbeförderungsscheins erforderlich sind, und ob sich deren Fehlen auf den Unfall ausgewirkt hat. Ausreichende Frostsicherung von Wasserleitungen bezweckt nicht die Verhinderung von Sabotageschäden; anders ist es aber, wenn die Obliegenheit, alle Wasserleitungen abzusperren, der Sicherung eines leer stehenden Hauses dient.[119] Geschwindigkeitsbeschränkungen verfolgen nicht das Ziel zu verhindern, dass ein Fahrzeug zu einem (früheren) Zeitpunkt eine bestimmte Stelle passiert.

d) Die missbilligten Folgen nach Abs. 3. aa) Einfluss auf den Eintritt des Versicherungsfalles. Ob eine Obliegenheitsverletzung den Eintritt des Versicherungsfalles (mit-)verursacht hat, ist anhand der dargestellten Kausalitätskriterien zu ermitteln (s. Rn 60 ff). 63

bb) Einfluss auf die Feststellung des Versicherungsfalles. Eine Obliegenheitsverletzung hat nach der Rspr nicht schon dann Einfluss auf die Feststellung des Versicherungsfalles, wenn das Feststellungsverfahren bei dem gebotenen Verhalten des VN anders verlaufen wäre.[120] Es geht demnach vorrangig um das „**Ob**", nicht um das „**Wie**" der Feststellung. Nicht das Feststellungsverfahren, sondern die **Feststellung selbst** muss **inhaltlich beeinflusst** sein. Verspätete Anzeige eines Versicherungsfalles führt demnach nicht zur Leistungsfreiheit, wenn der VR von dritter Seite umfassende informiert wird. Erfolglose Versuche, die Feststellungen zu beeinflussen, bleiben bis zur **Arglistgrenze** des **Abs. 3 S. 2** sanktionslos. Allerdings werden Störungen des Feststellungsverfahrens, etwa – in der Berufsunfähigkeits-Zusatzversicherung – die Vereitelung von Kontrolluntersuchungen,[121] die Weigerung, sich einer ärztlichen Untersuchung zu stellen, oder die Vereitelung der Schadensbesichtigung[122] – regelmäßig die Feststellungen auch inhaltlich beeinflussen. Der VN ist freilich nicht losgelöst von eigens dafür in den Vertrag aufgenommenen Klauseln (wie etwa § 13 Nr. 1 f AFB 87) generell verpflichtet, ein eingetretenes Schadensbild für den VR unverändert zu lassen, es sei denn, der VR richtet eine ausdrückliche Untersuchungsanforderung an ihn. Auch dann muss er aber nicht unbegrenzte Zeit mit der Beseitigung des Schadens zuwarten; vielmehr ist – soweit dies nicht in sog. Zumutbarkeitsklauseln der AVB geregelt ist – aufgrund der Gesamtumstände zu ermitteln, wie lange ein Abwarten dem VN zumutbar erscheint.[123] 64

---

117 Römer/Langheid/*Römer*, § 6 Rn 36; OLG Düsseldorf 22.6.1993 – 4 U 72/92, r+s 1994, 205, 207.
118 Römer/Langheid/*Römer*, § 6 Rn 34.
119 BGH 3.12.1975 – IV ZR 34/74, VersR 1976, 134.
120 BGH 4.5.1964 – II ZR 153/61, BGHZ 41, 327, 337 = VersR 1964, 709; BGH 4.4.2001 – IV ZR 63/00, VersR 2001, 756 unter 2 b aa.
121 OLG Frankfurt 22.2.1980 – 22 U 110/78, VersR 1980, 326.
122 OLG Celle 18.12.1991 – 8 U 44/91, VersR 1992, 1000.
123 OLG Hamm 24.10.1990 – 20 U 35/90, VersR 1991, 923.

Das kann – etwa bei der Beseitigung eines Tierkadavers – naturgemäß auch einmal relativ kurz sein, muss dem VR aber auch dann jedenfalls die Möglichkeit zeitnaher Feststellungen offen halten.[124]

65 **cc) Einfluss auf Feststellung und Umfang der Versicherungsleistung.** Ähnlich wie bei der Feststellung des Versicherungsfalles kann eine Obliegenheitsverletzung dazu führen, dass auch die Feststellung derjenigen Tatsachen und Umstände gestört wird, die für die **Bestimmung der Höhe der Versicherungsleistung** maßgeblich sind. Insoweit können hier ähnliche Störungen des Feststellungsverfahrens eintreten wie bereits dargestellt. Mit dem Tatbestandsmerkmal „**Umfang**" macht das Gesetz deutlich, dass nicht nur dann eine Obliegenheitsverletzung zur Leistungsfreiheit des VR führen kann, wenn sie sich auf die Feststellung von Tatsachen auswirkt, sondern immer auch dann, wenn sie im Ergebnis die Rechtsfolge des Leistungsumfangs beeinflusst.

66 **e) Kausalitätsgegenbeweis.** Der Kausalitätsgegenbeweis erfordert den Nachweis, dass die Obliegenheitsverletzung unter Berücksichtigung der konkreten Fallumstände keinerlei Einfluss auf die in Abs. 3 aufgezählten Umstände hatte. Es handelt sich um einen **Negativbeweis**, dessen Anforderungen letztlich vom Prozessvortrag des VR abhängen. Zunächst muss der VN nur die denkbaren Zusammenhänge ausräumen, deren Prüfung sich aufgrund des Sachverhalts aufdrängt oder die zumindest nahe liegt. Danach ist es im Rahmen einer sekundären Darlegungslast zunächst Sache des VR, weitere mögliche Zusammenhänge aufzuzeigen, etwa zu behaupten, er hätte, wäre die Obliegenheit vom VN ordnungsgemäß erfüllt worden, bestimmte Maßnahmen ergriffen oder Aufklärungsmöglichkeiten genutzt und dabei bestimmte anderweitige Erfolge erzielt.[125] Insoweit darf der VN den entsprechenden Vortrag des VR, der sich nicht in allgemeinen Erwägungen erschöpfen darf, zunächst abwarten. Trägt der VR entsprechend vor, ist es erneut Aufgabe des VN, die vom VR behaupteten Zusammenhänge auszuräumen.[126]

67 Häufig misslingt der Kausalitätsgegenbeweis in der Sachversicherung bei verspäteter Vorlage von **Stehlgutlisten oder Schadensaufstellungen**. Versicherungsbedingungen, die eine Vorlage zeitnah nach dem Versicherungsfall verlangen (zB § 13 Nr. 1 b AERB; in der Hausratversicherung § 21 Nr. 1 b VHB 84), bezwecken damit vor allem[127] eine rasche Fahndung nach entwendeten Gegenständen. Deshalb ist oft vorgesehen, dass die Vorlage einer Stehlgutliste nicht nur beim VR, sondern insb. bei der Polizei zu erfolgen hat. Handelt der VN hier nicht unverzüglich, reicht es im Weiteren nicht aus, wenn er darlegt, dass die Polizei die gestohlenen Sachen auch bei rechtzeitiger Vorlage der Stehlgutliste mit hoher oder überwiegender Wahrscheinlichkeit nicht gefunden hätte.[128] Selbst Hinweise auf schlechte polizeiliche Aufklärungsstatistiken helfen idR nicht weiter. Nur wenn der VN nachweisen kann, dass auch bei rechtzeitiger Vorlage mit Sicherheit keine erfolgreiche Sachfahndung möglich gewesen wäre, oder wenn umgekehrt auch ohne

---

124 LG Trier 10.1.1991 – 6 O 253/90, r+s 1991, 280.
125 BGH 4.5.1964 – II ZR 153/61, BGHZ 41, 327, 336; BGH 4.4.2001 – IV ZR 63/00, VersR 2001, 756.
126 OLG Hamburg 12.7.1989 – 14 U 252/88, VersR 1990, 304.
127 Vgl dazu, dass es sich dennoch nicht um eine reine Schadensminderungs- (so OLG Köln 15.10.2013 – 9 U 69/13, r+s 2013, 604), sondern auch um eine Aufklärungsobliegenheiten handelt, die grds. eine Belehrung nach Abs. 4 erfordert, *Felsch*, r+s 2014, 555 (Entscheidungsanm. zu OLG Köln).
128 AA – für einen gestohlenen Nerzmantel – offenbar OLG Düsseldorf 16.1.1996 – 4 U 267/94, r+s 1996, 237; OLG Köln 21.2.1995 – 9 U 248/94, VersR 1996, 323 (Stehlgutliste über „Allerweltssachen"); gegen beide krit. Römer/Langheid/*Römer*, § 6 Rn 120.

Vorlage der Stehlgutlisten ein schneller Fahndungserfolg eingetreten ist, ist sein Kausalitätsgegenbeweis erfolgreich. Meist wird das nicht gelingen.[129]

Im Übrigen wird der Kausalitätsgegenbeweis regelmäßig dort schwierig, wo durch verzögertes Handeln des VN Aufklärungsmöglichkeiten unwiederbringlich verloren gehen. 68

f) **Arglistgrenze (Abs. 3 S. 2).** Die Regelung des Abs. 3 S. 2 schließt den Kausalitätsgegenbeweis für **arglistige Obliegenheitsverletzungen** kategorisch aus. Der VN handelt bei einer Obliegenheitsverletzung dann arglistig, wenn der VN einen gegen die Interessen des VR gerichteten Zweck verfolgt, wozu es ausreicht, wenn er vorsätzlich einer Obliegenheit zuwider vorgeht und ihm bei seiner Handlung oder seiner Unterlassung zudem **bewusst** ist, dass er damit gegen die Interessen des VR verstößt.[130] Im Bereich der Obliegenheitsverletzungen nach dem Versicherungsfall ist das anzunehmen, wenn dem vorsätzlich handelnden VN bewusst ist, dass sein Obliegenheitsverstoß Einfluss auf die Feststellung des Versicherungsfalles oder der Leistungspflicht des VR oder den Umfang dieser Leistung hat oder haben kann.[131] Dabei muss der VN nicht einmal in der Absicht rechtswidriger Bereicherung oder aus Gewinnstreben handeln. Auch dann, wenn die Obliegenheitsverletzung dem Ziel dient, „an sich" begründete Ansprüche – etwa durch Manipulation der Beweislage – durchzusetzen, die Obliegenheit also nach Vorstellung des VN nur der vermeintlichen Erleichterung oder Beschleunigung der rechtmäßigen Regulierung dient, kann Arglist gegeben sein.[132] Zum Begriff der Arglist s. im Übrigen auch Rn 87. 69

Mithin kennt das neue Recht zwar nicht mehr die zur Leistungsfreiheit des VR führende **vorsätzliche folgenlose Obliegenheitsverletzung**, wohl aber noch die **arglistige und folgenlose Obliegenheitsverletzung**. Auch ihretwegen muss allerdings die frühere **Relevanzrechtsprechung** (s. Rn 156) nicht mehr bemüht werden, denn mit § 28 hat der Gesetzgeber insoweit in Kenntnis der früheren Relevanzrechtsprechung ein neues Bewertungssystem für Obliegenheitsverletzungen errichtet, das Elemente der Relevanzrechtsprechung – etwa die **Belehrungspflicht nach Abs. 4** – eingeflossen sind. In Arglistfällen kann sich der VN allerdings nicht darauf berufen, der VR habe ihn nicht nach Abs. 4 belehrt (vgl Rn 226). 70

4. Verschulden. a) Bedeutung im Sanktionensystem des § 28. Schon während der Geltung des § 6 aF zählte zum **unantastbaren Kern der Regelung** (iSv § 307 Abs. 2 Nr. 1 BGB), dass den VN Sanktionen nach einer Obliegenheitsverletzung nur dann treffen konnten, wenn Letztere **schuldhaft** begangen war. Insbesondere die scharfe Rechtsfolge der Leistungsfreiheit musste selbst dort an ein schuldhaftes Verhalten des VN angeknüpft bleiben, wo § 187 aF (jetzt § 203 nF) es zuließ, die Regelungen aus § 6 aF für sog. Großrisiken abzubedingen.[133] Mit seiner Entscheidung, Leistungsfreiheit des VR oder Leistungskürzungen nach **Abs. 2** nur noch dann zuzulas- 71

---

129 OLG Celle 1.6.1995 – 8 U 78/94, zfs 1996, 307 (Einreichung einer Liste über gestohlenen Schmuck 2 Monate nach dem Einbruch); OLG Hamm 19.6.1991 – 20 U 32/91, VersR 1992, 489 (Einreichung der Stehlgutliste 2,5 Monate nach Einbruch in ein Textilgeschäft); LG Hamburg 11.7.1990 – 326 O 110/90, VersR 1991, 769 (Stehlgutlistenvorlage mehr als einen Monat nach Einbruch); OLG Köln 21.2.1995 – 9 U 248/94, VersR 1996, 323 (Stehlgutliste über „Allerweltssachen").
130 Vgl BGH 2.10.1985 – IVa ZR 18/84, VersR 1986, 77 mwN.
131 Vgl BGH 12.5.1993 – IV ZR 120/92, VersR 1993, 1351.
132 BGH 16.6.1993 – IV ZR 145/92, VersR 1994, 45; BGH 18.11.1986 – IVa ZR 99/85, VersR 1987, 149; BGH 8.2.1984 – IVa ZR 203/81, VersR 1984, 453; BGH 19.2.1981 – IVa ZR 43/80, VersR 1981, 446.
133 BGH 2.12.1992 – IV ZR 135/91, BGHZ 120, 290, 295 f = VersR 1993, 223; BGH 2.12.1999 – III ZR 132/98, VersR 2000, 494 unter II 2 c; BGH 1.12.2004 – IV ZR 291/03, VersR 2005, 266 unter II 3 c.

sen, wenn der VN zumindest grob fahrlässig gehandelt hat, hat der Gesetzgeber das Verschuldenserfordernis nicht nur bestätigt, sondern sogar noch verschärft.

72 Der **Begriff des Verschuldens** ist bei § 28 grds. **kein anderer als in § 276 BGB.** Die Rspr des BGH war bisher darauf bedacht, insoweit die Einheit der Zivilrechtsordnung zu wahren und von einer Entwicklung versicherungsspezifischer Verschuldenskriterien abzusehen. Sie wird daran voraussichtlich auch in Zukunft festhalten.

73 Über das Verschulden wird eine wertende Beziehung zwischen dem äußeren Geschehen und der inneren Haltung des Handelnden oder Täters hergestellt, die Letzterer diesem Geschehen gegenüber einnimmt und aus der erst die rechtliche Missbilligung des Täterverhaltens im Sinne einer individuellen Vorwerfbarkeit erwächst.

74 b) **Formen.** aa) **Vorsatz.** (1) **Begriff.** Die den Vorsatz kennzeichnende innere Haltung setzt sich aus kognitiven und voluntativen Elementen zusammen. Vorsatz ist nach einer gängigen Kurzformel **Wissen und Wollen.** Eine in der Rspr häufig gebrauchte Formel spricht vom **Wollen der Obliegenheitsverletzung im Bewusstsein des Vorhandenseins (oder der Existenz) der Verhaltensnorm.**[134] Ob der VN im konkreten Einzelfall beide Elemente des Vorsatzes erfüllt, ist immer eine **Tatfrage**; der Tatrichter hat sie unter Berücksichtigung und Würdigung der Sachlage zu entscheiden, dabei wird ihm auch eine noch so akribische Aufzählung von Kasuistik idR wenig weiterhelfen. Umgekehrt ist seine Entscheidung der revisionsrechtlichen Prüfung weitgehend entzogen, weil sie nur nach den Maßstäben zur Überprüfung von Beweiswürdigung auf Rechtsfehler hin untersucht werden kann.

75 (2) **Wissenselement.** Das **Wissen** des VN muss sich auf die maßgeblichen Tatumstände, insb. auch eine bestehende Pflichtenlage oder Verhaltensnorm beziehen. Der VN muss also erkennen (nicht nur erkennen können), was er im Begriff ist zu tun (oder zu unterlassen) und was von ihm rechtlich verlangt wird. Dabei wird allerdings keine juristisch vollkommene Erkenntnis gefordert, es genügt vielmehr, wenn er die wesentlichen Tatumstände im Kern richtig erfasst. Auch die Verhaltensnorm, etwa eine AVB-Klausel, braucht er nicht im Wortlaut zu erfassen, sondern es genügt, wenn er im Kern erkennt, welches Verhalten oder Unterlassen geboten ist.[135] Auch hier genügt also zur Unrechtsbegründung eine „Parallelwertung in der Laiensphäre".[136] Für zahlreiche „Standardsituationen" des öffentlichen Straßenverkehrs setzt die Rspr allerdings die Normkenntnis des VN ohne Weiteres voraus, etwa das Wissen darum, dass man sich nach einem Unfall entsprechend § 142 StGB nicht vom **Unfallort entfernen** darf,[137] weil dies das Aufklärungsinteresse des VR am Unfallhergang beeinträchtigt. Selbst bei einem Unfall ohne Fremdbeteiligung erkennt der durchschnittliche VN, dass er mit einem **Nachtrunk** am Unfallort die Aufklärung der jedenfalls für die Kaskoversicherung entscheidenden Frage behindert, inwieweit Alkoholgenuss vor dem Unfall für das Unfallgeschehen ursächlich war.[138] Das schließt es allerdings nicht aus, dem VN im Einzelfall zu glauben, er habe aufgrund besonderer Umstände nicht an die Aufklärungsobliegenheit gedacht, etwa weil er starke, unfallbedingte Schmerzen mit Alkohol betäuben wollte.[139]

---

134 StRspr, vgl BGH 21.4.1993 – IV ZR 33/92, VersR 1993, 830, 832 unter II 2; BGH 3.10.1979 – IV ZR 45/78, VersR 1979, 1117 unter II 4 mwN; vgl auch die Rspr-Übersicht bei Prölss/Martin/*Prölss*, 28. Aufl., § 28 Rn 113.
135 Vgl BGH 8.5.1958 – II ZR 1/57, VersR 1958, 359.
136 Vgl dazu BGH 10.7.1984 – VI ZR 222/82, VersR 1984, 1071 = NJW 1985, 134 unter II 2 b aa.
137 BGH 1.12.1999 – IV ZR 71/99, VersR 2000, 222 unter II 1 mwN.
138 Vgl dazu BGH 22.5.1970 – IV ZR 1084/68, VersR 1970, 826; BGH 12.11.1975 – IV ZR 5/74, VersR 1976, 84.
139 BGH 12.11.1975 – IV ZR 5/74, VersR 1976, 84.

Bei obliegenheitswidrigen **Fristüberschreitungen** – etwa **verspäteten Schadensmeldungen** – hat sich demgegenüber eine Rspr herausgebildet, nach der der Tatrichter bei der Vorsatzfrage in seine Erwägungen die Überlegung mit einbeziehen muss, dass sich nach der Lebenserfahrung regelmäßig **kein vernünftiger VN Rechtsnachteile im Versicherungsverhältnis zuziehen will**.[140] Dieser Gesichtspunkt gewinnt iRd Abs. 2, der keine Vorsatzvermutung mehr kennt, voraussichtlich sogar noch an Gewicht und wird den dem VR obliegenden Vorsatzbeweis in diesem Bereich erschweren.

76

Probleme kann die **Abgrenzung der Vorsatzfrage zum objektiven Tatbestand** bereiten, wenn schon der **Tatbestand** ein **bestimmtes Wissen des VN** voraussetzt. Verbietet eine Obliegenheitsklausel zB unwahre oder unvollständige Angaben, macht der VN solche und behauptet später, er habe geglaubt, wahrheitsgemäße bzw vollständige Angaben zu machen (dh er habe die Unwahrheit oder Unvollständigkeit nicht gekannt), so konnte es nach der Beweislastverteilung des früheren § 6 einen großen Unterschied machen, ob der VR zum Beweis der objektiven Obliegenheitsverletzung beweisen musste, dass der VN die Unwahrheit/Unvollständigkeit seiner Angaben kannte, oder ob der VN im Rahmen des ihm obliegenden Entschuldigungsbeweises belegen musste, dass er die Wahrheit nicht gekannt hatte. Der BGH hat angenommen, das Wissen um die Unwahrheit/Unvollständigkeit einer Angabe gehöre zum objektiven Tatbestand.[141] Bei § 28 ist das Problem dadurch entschärft, dass in Abs. 2 jedenfalls für die Leistungsfreiheit des VR der Vorsatz des VN nicht mehr vermutet wird, so dass den VR – will er Vorsatz beweisen – insoweit in jedem Falle die Beweislast trifft.

77

Knüpft eine Obliegenheitsklausel allein an einen missbilligten Erfolg an, untersagt sie etwa dem VN Handlungen, die die Aufklärung des Versicherungsfalles vereiteln oder erschweren, oder gebietet sie Handlungen, die den Schaden mindern, so **gehört zu dem einen Vorsatz des VN begründenden Wissen die Erkenntnis des Kausalverlaufs**. Der VN muss also wissen, dass eine bestimmte Handlung oder Unterlassung geeignet ist, die Aufklärung zu beeinträchtigen oder eine mögliche Schadensminderung nicht eintreten lassen. Davon zu unterscheiden ist die Frage, ob sich das Wissen auch auf die dem VN drohende Rechtsfolge (also die Sanktion, die Kündigungsmöglichkeit oder Leistungsfreiheit des VR) erstrecken muss. Das ist zu verneinen.[142]

78

Ob zur vorsätzlichen Obliegenheitsverletzung als **ungeschriebenes Merkmal** auch deren **Rechtswidrigkeit** gehört und sich der Vorsatz des VN auch auf die Rechtswidrigkeit der Handlung erstrecken muss, muss für Obliegenheitsverletzungen iSv § 28 verneint werden. Grundsätzlich beschreiben Obliegenheiten lediglich vertragliche Erwartungen des VR an den VN. Das bedeutet aber noch nicht, dass sich rechtswidrig verhält, wer als VN diese Erwartungen nicht erfüllt. Zwar war dies bei der in gewisser Hinsicht verwandten „Pflichtenlage" nach § 152 aF umstritten.[143] Dagegen schien zu sprechen, dass nach dem Modell der §§ 227 ff BGB die Rechtfertigung des Handelnden einen rechtshindernden Einwand gibt, dessen Voraussetzungen derjenige beweisen muss, der den Einwand erhebt. Inzwischen bestimmt § 104 (als Nachfolgeregelung zu § 152 aF), dass nur die vorsätzliche und **widerrechtliche** Schadensherbeiführung zur Leistungsfreiheit des Haftpflichtversicherers führt. Das weist zum einen darauf hin, dass **gesetzlich ausdrücklich ge-**

79

---

140 BGH 3.10.1979 – IV ZR 45/78, VersR 1979, 1117 unter II 4 mwN; BGH 8.1.1981 – IVa ZR 60/80, VersR 1981, 321 unter II; weitere Nachweise bei Römer/Langheid/*Römer*, § 6 Rn 77.
141 BGH 13.12.2006 – IV ZR 252/05, r+s 2007, 93 = VersR 2007, 389.
142 BGH 16.2.1967 – II ZR 73/65, BGHZ 47, 101, 103 = VersR 1967, 441.
143 OLG Hamm 18.1.2006 – 20 U 159/05, VersR 2006, 781 m. krit. Anm. *Weitzel*, VersR 2006, 738.

rechtfertigte Handlungen die versicherungsrechtliche Sanktion oft nicht nach sich ziehen dürfen. Dies hätte sich ohnehin – insoweit auch für § 28 – aus dem Grundsatz der Einheit der Rechtsordnung ergeben. Wenn ein Verhalten des VN durch **Notwehr** oder **Notstand** gerechtfertigt ist, kann es nicht zugleich eine sanktionsbewehrte Obliegenheitsverletzung darstellen. Man muss iRd § 28 jedoch nach **Rechtfertigungsgründen** unterscheiden. So entbinden etwa strafprozessuale **Zeugnis- oder Auskunfts- oder Aussageverweigerungsrechte** den VN nicht, seinen Auskunfts- und Aufklärungsobliegenheiten gegenüber dem VR nachzukommen. Das folgt daraus, dass diese Rechte der StPO sich auf die Zwecke des Strafverfahrens beschränken und den VN nicht daran hindern, vertraglich anderweitig darüber zu disponieren. Aus dem verfassungsrechtlich gesicherten Grundsatz, dass niemand gezwungen werden darf, durch eigene Aussage die Voraussetzungen für eine strafgerichtliche Verurteilung zu liefern, folgt weder ein Beweisverwertungsverbot für die Angaben, die ein VN gegenüber seinem VR macht, noch eine Sperrwirkung für die Sanktionen des § 28. Es bleibt damit jedem VN – allerdings möglicherweise um den Preis des Verlusts des Leistungsanspruchs – unbenommen, zur Vermeidung einer – strafprozessual nicht gebotenen – Selbstbelastung die Erfüllung einer Auskunftsobliegenheit zu verweigern. Die StPO und das GG garantieren in solchen Fällen aber nicht, dass ein solcher Tatverdächtiger sich zugleich einerseits der Gefahr einer Bestrafung entziehen, andererseits aber dennoch private Rechte voll durchsetzen kann.[144]

80 Dass sich aus § 104 weitergehend herleiten ließe, dass das Wissen um die **Rechtswidrigkeit** einer Handlung auch bei § 28 stets zum Vorsatz des VN gehörte, ist wegen des Wesens von Obliegenheiten schon im Ansatz abzulehnen. § 104 spricht die haftungsbegründende Schädigung Dritter an, wozu nach dem Haftungsrecht die Rechtswidrigkeit der Schädigung gehört. Vertraglich vereinbarte Obliegenheiten ziehen demgegenüber nicht die indizielle Annahme der Rechtswidrigkeit nach sich (hier indiziert die Tatbestandsmäßigkeit keine Rechtswidrigkeit), sie sind – gemessen an der allgemeinen Rechtsordnung – überwiegend wertneutral-zweckorientiert. Es ist bspw nicht rechtswidrig, wenn das Opfer eines Wohnungseinbruchs keine Anzeige erstattet oder der Polizei keine Stehlgutliste vorlegt. Da Obliegenheiten keine einklagbaren Pflichten beinhalten, erscheint es im Regelfalle entbehrlich, sie in den Kategorien rechtmäßiges oder unrechtmäßiges Verhalten zu fassen. Entscheidend ist deshalb allein, dass ein Verstoß gegen vertragliche Vereinbarungen vorliegt. Aus diesem Grunde muss der VN nicht die Vorstellung haben, rechtswidrig zu handeln; es genügt, dass er die **Vertrags- oder besser: Obliegenheitswidrigkeit erkennt** (s. hierzu Rn 77). Soweit ausnahmsweise die Obliegenheitswidrigkeit durch einen gesetzlichen Rechtfertigungsgrund überlagert wird (Beispiele: Der VN setzt die versicherte Sache in einer Notwehr- oder Notstandssituation einer erhöhten Gefahr aus; er verzichtet auf eine Diebstahlsanzeige, weil die Täter ihn für diesen Fall mit dem Tode bedrohen o.Ä.), sollte es bei der Beweislastverteilung aus §§ 227 ff BGB bleiben.

81 Der **Irrtum des VN** – sei er tatsächlicher oder rechtlicher Art – schließt den Vorsatz aus, weil es dann an dem erforderlichen Wissen in einem wesentlichen Punkt fehlt. Dieses **Wissen** lässt sich auch **nicht durch die Erwägung ersetzen**, der VN habe sich **nicht ausreichend um die Ausräumung oder Klarstellung seines Irrtums bemüht**. Insoweit wird häufig zu Unrecht – gestützt auf eine Entscheidung des OLG Nürnberg[145] – angenommen, bei nicht ausreichendem Bemühen des VN scheide die Annahme eines den Vorsatz ausschließenden Irrtums aus. Das trifft nicht zu. Steht fest, dass die Kenntnis des VN gefehlt hat, ist das für den Vorsatz-Vorwurf nur in dem besonderen Fall unbeachtlich, in dem sich feststellen lässt, dass der VN

---

144 BVerfG 7.7.1995 – 2 BvR 1778/94, NZV 1996, 203 = NStZ 1995, 599.
145 OLG Nürnberg 1.3.1979 – 8 U 128/77, VersR 1979, 561 unter I 3 a.

diese Unkenntnis absichtlich aufrechterhalten hat. Wer also ahnt, dass es eine Verhaltensnorm gibt, die für ihn bedeutsam sein kann, und gerade deshalb die Augen davor verschließt, darf sich auf die so konservierte Unkenntnis nicht berufen. In allen übrigen Fällen kann – und wird – sich regelmäßig nur die Frage stellen, ob die Unkenntnis selbst grob fahrlässig, einfach fahrlässig oder gar nicht vorwerfbar war.[146] Das OLG Nürnberg hat deshalb auch nur davon gesprochen, dass ein Irrtum des VN „Vorsatz oder grobe Fahrlässigkeit" bei entsprechendem Bemühen des VN um Klarheit ausschließe.

(3) **Wollenselement.** Das vorwerfbare **Wollen** des VN kann entweder dahin gehen, dass es ihm trotz seines oben beschriebenen Wissens gerade darauf ankommt, die Obliegenheit zu verletzen. Er handelt dann mit **Absicht (dolus directus ersten Grades)**. Das wird meist nur bei betrügerischem Verhalten des VN festzustellen sein, mitunter auch bei durch Imponierverhalten oder ähnlich irrationalen Motiven ausgelösten Fehlhandlungen im Straßenverkehr. Häufiger sind Fälle, in denen der VN es nicht in erster Linie auf eine Obliegenheitsverletzung anlegt, sie aber als zwangsläufige Folge seiner Handlungsweise erkennt und sich dennoch nicht davon abbringen lässt; man spricht insoweit von **direktem Vorsatz (dolus directus zweiten Grades)**. Die Abgrenzung zwischen beiden Vorsatzformen spielt – wegen der identischen Rechtsfolgen – im Rahmen des § 28 keine große Rolle. 82

Mitunter wird übersehen, dass Tatumstände, die rechtlich häufig unter ganz anderen Aspekten diskutiert werden – etwa der Versuch des VN, eine falsche Auskunft nachträglich richtig zu stellen –, auf der Ebene der Beweiswürdigung durchaus auch bedeutsam für die Frage sein können, ob der VN vorsätzlich gehandelt, im Beispiel zuvor (s. Rn 77) also eine vorsätzlich falsche Auskunft gegeben hat. Denn jedenfalls dann, wenn der VN eine falsche Angabe berichtigt, ohne durch irgendwelche äußeren Umstände dazu gezwungen zu sein, kann das einen entscheidenden Hinweis darauf geben, dass er von vornherein vorhatte, die Auskunft nach bestem Wissen zu erteilen.[147] 83

Für den Vorsatz des VN genügt es allerdings, wenn Letzterer erkennt, dass sein Verhalten gegen eine Obliegenheit verstoßen kann und er sich von dieser Erkenntnis nicht beeinflussen lässt, sondern handelt (oder etwas unterlässt) und dabei in Kauf nimmt, dass die Obliegenheit verletzt wird. Auch dieser **bedingte Vorsatz (dolus eventualis)** genügt,[148] um die Sanktionen des § 28 auszulösen. 84

Wegen der Neuverteilung der Beweislast und der differenzierten Rechtsfolgen des Abs. 2 steht zu erwarten, dass die **Abgrenzung des bedingten Vorsatzes zur groben Fahrlässigkeit** künftig weitaus mehr Bedeutung gewinnen wird als unter der Geltung von § 6 aF. Grundsätzlich verläuft die Grenze bei der **Geschehensprognose**, die der Täter bei seiner Handlung anstellt. Sowohl beim bedingten Vorsatz als auch bei einer bewussten Fahrlässigkeit erkennt der VN die Tatumstände und die Tatsache, dass sein geplantes Verhalten eine Obliegenheit verletzen kann. Der bedingt vorsätzlich handelnde VN nimmt im Weiteren diese Obliegenheitsverletzung in Kauf, sie ist ihm nicht Anlass genug, sein Verhalten zu ändern. In irgendeiner Form wünschen oder innerlich begrüßen muss der VN die Obliegenheitsverletzung trotz der früher häufig gebräuchlichen Rechtsprechungsformel von der „billigenden Inkaufnahme" zur Beschreibung des Eventualvorsatzes nicht. „Billigen" umfasst auch die eigentlich unerwünschte Folge und bedeutet lediglich, dass die missbilligte Folge hingenommen wird, ohne das Verhalten des VN/Handelnden zu beeinflussen, weil sich die Ziele, die der Handelnde in erster Linie verfolgt, aus seiner 85

---

146 Prölss/Martin/*Prölss*, 27. Aufl., § 6 Rn 122.
147 BGH 5.12.2001 – IV ZR 225/00, VersR 2002, 173 unter 4; vgl auch OLG Hamm 30.11.1984 – 20 U 195/84, VersR 1985, 535 f.
148 BGH 29.5.1970 – IV ZR 148/69, VersR 1970, 732.

Sicht eben nicht anders erreichen lassen.¹⁴⁹ Der **bedingt vorsätzlich Handelnde** erkennt mithin die mögliche schädliche Folge seines Verhaltens, ihm ist dieses Verhalten aber so wichtig, dass er sich mit der drohenden Schadensfolge abfindet, anstatt mit Rücksicht auf die erkannte Gefahr davon Abstand zu nehmen. Der **bewusst** (und damit meist auch grob) **fahrlässig** handelnde VN hingegen lässt sich von der – wenn auch uU objektiv unbegründeten – Hoffnung leiten, die Obliegenheit werde trotz seines Verhaltens nicht verletzt (etwa deshalb, weil er sich die Hoffnung macht, sein Verhalten falle nicht unter den Tatbestand der Obliegenheit oder werde eine für möglich erachtete unerwünschte Folge am Ende doch nicht nach sich ziehen).¹⁵⁰ Hier wird also gegen die gebotene Sorgfalt verstoßen, weil der Täter subjektiv darauf vertraut, es werde „schon nichts passieren".

86 Eine **verminderte Zurechnungsfähigkeit**, etwa ausgelöst durch Störungen der Art, wie sie in § 21 StGB angesprochen sind, schließt vorsätzliches Handeln oder Unterlassen nicht aus. Solange ein VN nicht den Zustand einer Zurechnungsunfähigkeit iSv § 827 BGB erreicht, ein Ausschluss der Wahrnehmungsfähigkeit oder der freien Willensbestimmung also noch nicht eingetreten ist, bleibt vorsätzliches Handeln möglich.¹⁵¹ Will der VN sich auf völlige Zurechnungsunfähigkeit berufen, so trägt er dafür analog § 827 BGB die **Beweislast**.¹⁵² Gleiches gilt im Übrigen auch im Bereich der Fahrlässigkeit.

87 **bb) Arglist. (1) Kennzeichen.** Arglist,¹⁵³ wie sie **Abs. 3 S. 2** für den Ausschluss des Kausalitätsgegenbeweises voraussetzt, beschreibt einen gegenüber dem normalen Vorsatz **gesteigerten Verschuldensvorwurf**. Er ist gekennzeichnet durch den **Angriff auf die freie Willensentscheidung eines anderen**. Es genügt hier nicht, dass der Handelnde um die Pflichtwidrigkeit seines Verhaltens weiß, ohne sich von dieser Erkenntnis von seiner Handlungsweise abbringen zu lassen. Vielmehr muss hinzutreten, dass die missbilligte Handlung (oder das Unterlassen) in einer gewissen rechtsfeindlichen Gesinnung („Arg") erfolgt und nach der Vorstellung des Täters ähnlich wie beim Betrug darauf gerichtet ist, eine **von Irrtum beeinflusste Willensbildung eines anderen** („listig") **herbeizuführen**. Der arglistig Handelnde verstößt deshalb nicht nur wissentlich und willentlich gegen Verbotsnormen, sondern ist sich darüber hinaus des Umstandes bewusst, dass er damit zugleich die freie rechtsgeschäftliche Willensentscheidung seines Gegenübers unlauter beeinflusst. Dabei ist eine unmittelbare **Schädigungsabsicht** als schwerste Form zwar denkbar, aber **nicht Voraussetzung** der Arglist; es genügt nach der Rspr vielmehr, dass der Täter – ähnlich wie beim bedingten Vorsatz – erkennt und sich damit abfindet,¹⁵⁴ dass sein Verhalten den anderen täuschen und dadurch in seiner Willensentscheidung beeinflussen kann.¹⁵⁵

88 **(2) Arglist im Versicherungsverhältnis.** Übertragen auf die besondere Situation des Versicherungsverhältnisses begegnen uns Arglistfälle wegen des Täuschungscharakters der arglistigen Handlung vorwiegend dort, wo der VN gehalten ist, dem VR die für seine rechtsgeschäftlichen Entscheidungen (Risikoprüfung, Aufklärung des Versicherungsfalles) erforderlichen Informationen zu geben. Er handelt hier

---

149 Vgl dazu BGH 11.11.2003 – VI ZR 371/02, NJW 2004, 446; BGH 26.6.2001 – IX ZR 209/98, BGHZ 148, 175, 182 = NJW 2001, 3187.
150 BGH 26.6.2001 – IX ZR 209/98, BGHZ 148, 175, 182 = NJW 2001, 3187.
151 Vgl dazu BGH 11.9.2005 – IV ZR 146/04, VersR 2006, 108 unter II 2 b bb; BGH 22.11.1962 – II ZR 79/60, VersR 1963, 79 unter I 2 und 4; BGH 17.11.1966 – II ZR 156/64, VersR 1967, 125 unter IV 2 mwN; Palandt/*Sprau*, § 827 BGB Rn 2.
152 BGH 29.10.2003 – IV ZR 16/03, VersR 2003, 1561 unter II 2 a mwN.
153 Dazu *Schirmer*, Arglistiges Verhalten des VN im neuen VVG, r+s 2014, 533.
154 Die Rspr spricht auch insoweit meist von einer „billigenden" Inkaufnahme, vgl BGH 12.11.1986 – IVa ZR 186/85, VersR 1987, 91.
155 StRspr, vgl BGH 20.11.1990 – IV ZR 113/89, NJW-RR 1991, 411; BGH 28.11.1984 – IVa ZR 81/83, VersR 1985, 156; BGH 12.11.1986 – IVa ZR 186/85, VersR 1987, 91.

arglistig, wenn er **wissentlich falsche Angaben** macht und erkennt, dass diese Angaben geeignet sind, die rechtsgeschäftliche Entschließung des VR zu dessen Nachteil zu beeinflussen. Das betrifft zum einen häufig die **vorvertragliche Anzeigeobliegenheit** und dort u.a. die sog. **Gesundheitsfragen** bei Anbahnung von Personenversicherungen (insofern ist ergänzend auf die Kommentierung zu den §§ 19 und 22 zu verweisen), im Rahmen der Obliegenheiten iSv § 28 u.a. die Aufklärungsobliegenheit nach Eintritt des Versicherungsfalles.

Beispiele: Vortäuschung des Versicherungsfalles; Verschleierung von Umständen, die die Leistungspflicht des VR entfallen lassen könnten (etwa unerlaubtes Entfernen vom Unfallort zur Verdeckung von Trunkenheit als Unfallursache, Verschleierung einer schadensursächlichen Missachtung von Sicherheitsvorschriften; falsche Angaben zur Schadenshöhe, zu Vorschäden; falsche Angaben zu Zeit oder zu Urhebern des Versicherungsfalles (Letzteres scheint in der privaten Haftpflichtversicherung nicht ganz selten zu sein) usw.

Dennoch sind Arglistfälle auch im Zusammenhang mit vielen anderen vertraglich vereinbarten Obliegenheiten denkbar. Denn auch die Vernachlässigung einer gefahrvorbeugenden Obliegenheit kann von der Vorstellung des VN begleitet sein, dadurch den Eintritt eines Versicherungsfalles zu begünstigen und eine insoweit nicht gerechtfertigte Versicherungsleistung in Anspruch zu nehmen, die der VR bei Kenntnis der Obliegenheitsverletzung verweigern würde. 89

(3) **Darlegungs- und Beweislast.** Die Beweislast für Arglist iSv Abs. 3 S. 2 trägt der VR. Beweiserleichterungen des Inhalts, dass etwa allein schon das Vorliegen objektiv falscher Angaben des VN zugleich dessen Arglist belege, kommen ihm dabei nicht zugute.[156] Die Rspr erkennt weder einen solchen Erfahrungssatz noch einen entsprechenden Anscheinsbeweis an. Sie nimmt aber dennoch Rücksicht darauf, dass der VR hier Umstände zu beweisen hat, die sich – als sog. innere Tatsachen – überwiegend in der Gedankenwelt des VN zutragen. Steht fest, dass der VN in einem bedeutsamen Punkt objektiv die Unwahrheit gesagt hat, wird von ihm im Rahmen einer **sekundären Darlegungslast** erwartet, dass er eine plausible Erklärung dafür gibt, wie es zu diesem Fehler gekommen ist. Bringt er solche Entlastungsgründe vor, dann ist es allerdings wiederum Sache des VR, diese zu widerlegen;[157] insofern ist die in der Rspr öfters angewendete Formel, der VN müsse solche entlastenden Umstände im Rahmen seiner sekundären Darlegungslast „vortragen und beweisen",[158] unzutreffend. Der VN hat hier nur eine **sekundäre Darlegungs-**, aber **keine sekundäre Beweislast**.[159] Dieser sekundären Darlegungslast des VN liegt zugrunde, dass er die Umstände offenlegen muss, die sich in seiner Sphäre abgespielt haben, so dass der VR sie nicht kennen und vortragen kann; denn substantiierter Vortrag kann von einer Partei nicht gefordert werden, wenn nur der Gegner die wesentlichen Tatsachen kennt und es ihm zumutbar ist, dazu nähere Angaben zu machen.[160] 90

Auch wenn sich jenseits des Prozessvortrags des VN, etwa aus dem Inbegriff der mündlichen Verhandlung (§ 286 ZPO), Anhaltspunkte dafür ergeben, dass der VN mit seinen unrichtigen Angaben keine Täuschung des VR bezweckte, muss der VR – will er Arglist des VN beweisen – im Rahmen seiner Darlegungs- und Beweislast 91

---

156 BGH 20.11.1990 – IV ZR 113/89, NJW-RR 1991, 411; BGH 22.2.1984 – IVa ZR 63/82, VersR 1984, 630.
157 BGH 19.2.1981 – IVa ZR 43/80, VersR 1981, 446; BGH 20.11.1970 – IV ZR 1074/68, VersR 1971, 142; BGH 7.11.2007 – IV ZR 103/06, NJW-RR 2008, 343 mwN aus der OLG-Rspr.
158 ZB OLG Frankfurt/M 2.5.2001 – 7 U 58/00, r+s 2001, 401.
159 Vgl dazu auch BGH 7.11.2007 – IV ZR 103/06, NJW-RR 2008, 343.
160 Vgl dazu BGH 7.12.1998 – II ZR 266/97, BGHZ 140, 156, 158 = NJW 1999, 579 mwN; BGH 7.11.2007 – IV ZR 103/06, NJW-RR 2008, 343.

diesen Umständen entgegengetreten und die durch sie begründeten Zweifel an einer Arglist des VN ausräumen. Der VR muss – wenn ein objektiver Pflichtenverstoß vorliegt – zum Beweis einer Arglist des VN also auf dessen Entlastungsvorbringen und auf anderweitig zutage getretenen entlastenden Umstände (im Streitfalle mit entsprechenden Beweisantritten) eingehen. Man kann aber vom ihm nicht verlangen, dass er von vornherein alle nur denkbaren Entschuldigungsgründe ausräumt.

92 cc) **Fahrlässigkeit. (1) Elemente der Fahrlässigkeit.** Auch Fahrlässigkeit setzt sich aus verschiedenen Elementen zusammen. Objektiv knüpft der Fahrlässigkeitsvorwurf zunächst daran an, dass jemand eine **im Rechtsverkehr geltende Sorgfaltspflicht** verletzt. Weiter wird vorausgesetzt, dass dieser Sorgfaltsmaßstab objektiv erkennbar war, der Handelnde – oder wenn der Vorwurf sich gerade auf ein Unterlassen stützt – der nicht Handelnde) **bei objektiver Betrachtung** den missbilligten Erfolg (der insoweit in einem normwidrigen Verhalten oder einem Schaden bestehen kann) voraussehen und vermeiden konnte. Anders als im Strafrecht, welches das Erfordernis der objektiven Sorgfaltspflichtverletzung für den Schuldvorwurf um das weitere Erfordernis der subjektiven Leistungsfähigkeit des Täters und die daraus resultierende Vorwerfbarkeit ergänzt, wird **einfache Fahrlässigkeit im Zivilrecht** an einem **ausschließlich objektiven Sorgfaltsmaßstab** gemessen.[161] Grund dafür ist das Bedürfnis nach Rechtssicherheit, insb. sollen alle Teilnehmer des Rechtsverkehrs in ihrem Vertrauen darauf geschützt werden, dass der jeweils andere die für die Erfüllung der ihn treffenden Sorgfaltspflichten die dafür erforderlichen Fähigkeiten und Kenntnisse besitzt.

93 **(2) Bewusste und unbewusste Fahrlässigkeit.** Wegen dieser objektiven Ausrichtung macht es für den Fahrlässigkeitsvorwurf im Ergebnis grds. keinen Unterschied, ob bewusste oder unbewusste Fahrlässigkeit vorliegt. Bei der **bewussten Fahrlässigkeit** erkennt der Handelnde, dass sein Verhalten zu einer rechtlich missbilligten Folge führen kann, er ist also auch in der Lage, die eigentlich gebotene Sorgfalt zu erkennen, vertraut jedoch vorwerfbar darauf, dass die Folge ausbleiben wird und lässt sich deshalb nicht von seiner sorgfaltswidrigen Handlungsweise abbringen. Anders als beim bedingten Vorsatz wird die missbilligte Folge dabei aber nicht billigend hingenommen (vgl Rn 84 ff).

94 **Unbewusste Fahrlässigkeit** liegt vor, wenn der Handelnde die drohende Folge seines Verhaltens nicht vorhersieht und/oder den an sein Verhalten anzulegenden Sorgfaltsmaßstab nicht erkennt, gerade darin aber das vorwerfbare Fehlverhalten liegt, weil bei der gebotenen Anstrengung die Konsequenzen der Handlung und die daraus folgenden Handlungsrichtlinien erkennbar gewesen wären. Auch diese gebotene Anstrengung wird dabei an der im Rechtsverkehr (objektiv) erforderlichen Sorgfalt gemessen, wobei das Fehlverhalten hier schon früher, nämlich bei der fehlerhaften Erfassung der Pflichtenlage, einsetzt. Zur Zeit der Geltung des früheren § 6 hat es die Rspr idR als fahrlässig angesehen, wenn ein VN die für seine Obliegenheiten maßgeblichen AVB nicht kannte.[162] Das reicht nach der neuen Rechtslage allerdings nicht mehr aus, um die Rechtsfolgen des § 28 auszulösen. Vielmehr ist nun danach zu fragen, ob die Unkenntnis auch als **grob fahrlässig** zu bewerten ist (s. dazu Rn 96 ff).

95 **(3) Einfache Fahrlässigkeit.** An die einfache Fahrlässigkeit des VN bei einer Obliegenheitsverletzung werden im neuen § 28 weder in Abs. 1 noch in Abs. 2 Sanktio-

---

[161] BGH 11.4.2000 – X ZR 19/98, NJW 2000, 2812 unter II 2 a; BGH 26.10.1989 – III ZR 194/87, BGHZ 106, 323, 330 = VersR 1989, 369; BGH 21.5.1963 – VI ZR 254/62, BGHZ 39, 281, 283; Palandt/*Grüneberg*, § 276 BGB Rn 15 mwN.
[162] Beispielsweise BGH 13.11.1980 – IV ZR 13/80, BGHZ 79, 6, 11; BGH 24.3.1982 – IVa ZR 226/80, VersR 1982, 567; BGH 4.10.1989 – IVa ZR 220/87, VersR 1989, 1250; BGH 15.4.1992 – IV ZR 198/91, VersR 1992, 819 unter II 2 a.

nen geknüpft.[163] Die Frage, ob eine Obliegenheitsverletzung (einfach) fahrlässig begangen worden ist, wird sich beim Entschuldigungsbeweis des VN nur noch „absteigend", dh in Abgrenzung zu der vom Gesetz in Abs. 2 regelmäßig vermuteten groben Fahrlässigkeit des VN, stellen.

(4) Grobe Fahrlässigkeit. (a) Begriff und Wesen. Grobe Fahrlässigkeit, an die – als Untergrenze maßgeblichen Verschuldens – die Sanktionen des § 28 anknüpfen, beschreibt einen deutlich schwerer wiegenden Grad fahrlässigen Verhaltens. Diese Rechtsfigur dient meist dazu, an fahrlässiges Verhalten besondere Folgen oder Sanktionen zu knüpfen und muss sich deshalb dazu eignen, das zu beschreiben, was den gesteigerten Schuldvorwurf ausmacht. Infolgedessen werden hier **auch subjektiv-individuelle Kriterien für die Bewertung des Verhaltens mit herangezogen.**[164] Nach stRspr des BGH gilt für den Begriff der groben Fahrlässigkeit also nicht ein ausschließlich objektiver, nur auf die Verhaltensanforderungen des Rechtsverkehrs abgestellter Maßstab. Sondern hier sind auch Umstände zu berücksichtigen, die die subjektive, personale Seite der Verantwortlichkeit betreffen.[165] 96

Subjektive Besonderheiten können im Einzelfall im Sinne einer Entlastung von dem schweren Vorwurf der groben Fahrlässigkeit ins Gewicht fallen, sie können aber umgekehrt auch den schweren Vorwurf erst begründen. Grob fahrlässig handelt, wer die im Verkehr erforderliche Sorgfalt angesichts der konkreten Fallumstände in besonders grober Weise, also in einem besonders hohen Maße und damit – wie die Rspr manchmal plakativ formuliert hat – „schlechthin unentschuldbar"[166] missachtet. Das ist nach der in der Rspr gebräuchlichen Formel dann der Fall, wenn der VN nicht beachtet, was unter den gegebenen Umständen jedem hätte einleuchten müssen,[167] wenn der Handelnde es also versäumt, schon einfachste, ganz nahe liegende Überlegungen anzustellen,[168] die ihn zur gebotenen Verhaltensweise hätten führen können. 97

Das zwingt zu einer **Gesamtbewertung der objektiven und subjektiven Fallumstände**, soweit sie für die Sorgfaltspflichtverletzung Bedeutung haben. 98

(b) Revisionsrechtliche Prüfung. Die revisionsrechtliche Kontrolle darüber, ob ein Tatrichter zu Recht grobe Fahrlässigkeit verneint oder bejaht hat, gestaltet sich rechtlich anspruchsvoller als beim Vorsatz, wo es fast ausschließlich um reine Tatfragen geht (s. Rn 74). Grobe Fahrlässigkeit ist ein Rechtsbegriff, der als solcher der vollen Rechtskontrolle in der revisionsrechtlichen Nachprüfung darüber unterliegt, ob der Tatrichter den **Rechtsbegriff in seiner Bedeutung und Aussage zutreffend eingeschätzt** oder aber verkannt hat.[169] Das gilt insb. für die Frage, ob der Tatrichter die grobe Fahrlässigkeit zutreffend gegenüber den Merkmalen einfacher Fahrlässigkeit oder auch bedingten Vorsatzes abgegrenzt, die Unter- und Obergrenze also richtig bestimmt hat. 99

---

163 Begr. RegE, BT-Drucks. 16/3945, S. 68 f; zur Kritik an dieser Grundentscheidung des Gesetzgebers: *Marlow*, VersR 2007, 43 f.
164 BGH 8.7.1992 – IV ZR 223/91, BGHZ 119, 147, 149 = VersR 1992, 1085 unter 3 a; zur Kritik daran Prölss/Martin/*Prölss*, 28. Aufl., § 28 Rn 122 mwN, der eine „objektive" grobe Fahrlässigkeit zu favorisieren schien; vgl nunmehr aber Prölss/Martin/*Armbrüster*, 29. Aufl., § 28 Rn 209, der ebenfalls auch auf die subjektive Seite abstellt.
165 StRspr, vgl BGH 8.7.1992 – IV ZR 223/91, BGHZ 119, 147, 149 = VersR 1992, 1085 unter 3 a; BGH 11.7.1967 – VI ZR 14/66, BGHZ 10, 14, 17 = VersR 1967, 909, 910; krit. *Müller*, VersR 1985, 1101.
166 ZB BGH 22.2.1989 – IVa ZR 274/87, VersR 1989, 469 unter 2.
167 BGH 28.2.1989 – IVa ZR 57/88, VersR 1989, 582 unter 2.
168 BGH 11.5.1953 – IV ZR 170/52, BGHZ 10, 14, 16 mwN; BGH 23.3.1988 – IVa ZR 261/86, VersR 1988, 569 unter 2; weitere umfangr. Rspr-Nachweise bei Prölss/Martin/*Prölss*, 28. Aufl., § 28 Rn 121 f.
169 BGH 11.5.1953 – IV ZR 170/52, BGHZ 10, 14, 16.

100 Dagegen ist es im Weiteren eine reine Tatfrage, ob die nach dem Maßstab grober Fahrlässigkeit erforderlichen Voraussetzungen durch Fallumstände im konkreten Einzelfall erfüllt sind oder nicht. Auf dieser **Tatsachenebene** beschränkt sich die Revisionsprüfung auf die Überprüfung der Beweiswürdigung des Tatrichters nach den dafür geltenden, eingeschränkten Regeln der Rechtsprüfung, dh, es wird im Grundsatz lediglich überprüft, ob diese Würdigung gegen Denkgesetze oder Erfahrungssätze verstößt, Widersprüche enthält, lückenhaft erscheint, weil nahe liegende oder sich aufdrängende Gesichtspunkte außer Acht gelassen worden sind, oder ob sie Beweislastregeln missachtet.[170] Häufig wird sich das Revisionsgericht mit der Frage auseinanderzusetzen haben, ob die Bewertung des Tatrichters darunter leidet, dass nicht alle maßgeblichen Fallumstände festgestellt oder bei der Bewertung berücksichtigt worden sind.[171]

101 (c) **Kasuistik, Augenblicksversagen, Rotlichtverstoß.** Für die Bestimmung, ob grobe Fahrlässigkeit vorliegt, kann die von der Rspr entwickelte **Kasuistik** mit ihren darin herausgebildeten **Fallgruppen** hilfreich sein, weil häufig die fallübergreifende Rechtsfrage nach dem zutreffenden Maßstab für grobe Fahrlässigkeit angesprochen ist. Dennoch sollte der Rechtsanwender bei der Heranziehung von Beispielfällen stets die vorgenannte Unterscheidung im Auge behalten und kritisch danach fragen, ob ein vermeintlicher Präzedenzfall nicht lediglich Tatfragen des Einzelfalles betrifft.

102 Vorsicht erscheint auch insoweit geboten, als die Rspr gerade dann, wenn sie Massenphänomene wie den öffentlichen Straßenverkehr zum Gegenstand hat, im Interesse weitestgehender Rechtssicherheit mitunter der Versuchung unterliegt, den Vorwurf grober Fahrlässigkeit etwas holzschnittartig vorwiegend am objektiv schweren Pflichtenverstoß – etwa der Missachtung des Rotlichts einer Ampel[172] – festzumachen und die Reichweite subjektiver Entlastungsmomente, zB eines sog. **Augenblicksversagens**, weitgehend einzuschränken. Grundsätzlich ist es aber systemwidrig anzunehmen, eine bestimmte objektive Pflichtverletzung ziehe immer – und ohne Rücksicht auf Besonderheiten des Einzelfalles – das Verdikt grober Fahrlässigkeit nach sich.[173] Allerdings ist natürlich nicht zu leugnen, dass gerade von häufig zu beobachtenden schweren objektiven Normüberschreitungen (Beispiele aus dem Straßenverkehr sind etwa der **Rotlichtverstoß**, das Rechtsüberholen auf Autobahnen, die Missachtung der Geschwindigkeitsbeschränkung in Tempo-30-Zonen u.Ä.) eine erhebliche Indizwirkung für die Annahme grober Fahrlässigkeit ausgeht. Man muss nur stets im Auge behalten, dass es im **Einzelfall** immer **besondere Umstände** geben kann, die diese **Indizwirkung entkräften** können. Das Nichtbeachten roten Ampellichts wird wegen der damit verbundenen erheblichen Gefahren in aller Regel als objektiv grob fahrlässig anzusehen sein. Aber im Einzelfall kann es schon an objektiven oder an subjektiven Voraussetzungen grober Fahrlässigkeit fehlen, etwa wenn die Ampel nur schwer zu erkennen oder verdeckt ist oder bei besonders schwierigen, insb. überraschend eintretenden Verkehrssituationen.[174] Eine Beurteilung als nicht grob fahrlässig kann auch in Betracht kommen,

---

170 Vgl Zöller/*Gummer*, ZPO, § 546 Rn 13; zur Revisibilität vgl auch die Rspr-Nachweise bei BK/*Schwintowski*, § 6 Rn 140.
171 Vgl zB BGH 10.2.1999 – IV ZR 60/98, VersR 1999, 1004.
172 BGH 8.7.1992 – IV ZR 223/91, BGHZ 119, 147.
173 Zum Rotlichtverstoß klarstellend: BGH 29.1.2003 – IV ZR 173/01, VersR 2003, 364 = NJW 2003, 1118 mwN.
174 Vgl OLG Hamm 25.10.2000 – 20 U 66/00, VersR 2002, 603 f; OLG Köln 4.8.1998 – 9 U 10/98, NVersZ 1999, 331 f; OLG Nürnberg 7.3.1996 – 8 U 2564/95, NJW-RR 1996, 986 f; OLG Köln 24.1.1991 – 5 U 111/90, r+s 1991, 82 f.

wenn der Fahrer zunächst bei „Rot" angehalten hat und dann in der irrigen Annahme, die Ampel habe auf „Grün" umgeschaltet, wieder angefahren ist.[175]

Diese Beispiele sind nicht abschließend. Der BGH hat darauf hingewiesen, dass wegen der „Verschlingung" objektiver und subjektiver Gesichtspunkte und der Notwendigkeit, die Würdigung auf die besonderen Umstände des Einzelfalles abzustellen, sich nur mit großen Vorbehalten allgemeine (vorwiegend am objektiven Geschehen anknüpfende) Regeln darüber aufstellen lassen, wann eine Fahrlässigkeit als grobe zu qualifizieren ist.[176] Das gilt für das Recht der Obliegenheiten in gleicher Weise. Auch hier lassen sich keine objektiven Verstöße aufzählen, die stets nur grob fahrlässig geschehen könnten. Andererseits können auch hier bestimmte Obliegenheitsverletzungen – etwa mangelnde Beheizung eines leer stehenden Hauses mit wasserführenden Leitungen bei strengem Frost – ein starkes Indiz für grobe Fahrlässigkeit geben. 103

(d) Unkenntnis des VN von Verpflichtungslage. Die Unkenntnis der für das Verhalten des VN **nach einem eingetretenen Versicherungsfall** maßgeblichen **Obliegenheitsregelungen** der AVB hat die Rspr mehrfach als grob fahrlässig erachtet.[177] Denn auch wenn von einem Versicherten nicht verlangt wird, dass er die AVB auswendig lernt oder anderweitig ständig vor Augen hat, muss er sich, wenn ein Versicherungsfall eintritt, darüber informieren, was ihm im Weiteren obliegt, um sich den Anspruch auf die Versicherungsleistung zu erhalten. Es liegt für jedermann nahe und ist auch allgemein bekannt, dass AVB bestimmte Verhaltensvorschriften (Anzeige-, Aufklärungs- und Mitwirkungspflichten) aufstellen, die nach Eintritt eines Versicherungsfalles zu beachten sind. Den VN entlastet in solchen Fällen meist auch nicht, wenn er über nicht ausreichende deutsche Sprachkenntnisse verfügt,[178] andererseits darf er sich auf den eingeholten Rat eines Rechtsanwalts in aller Regel verlassen und ist bei einer anwaltlichen Beratung meist nicht mehr dem Vorwurf grober Fahrlässigkeit ausgesetzt. Das gilt selbst dann, wenn der anwaltliche Rat nicht im Einklang mit dem Wortlaut der Versicherungsbedingungen oder der Rechtslage steht.[179] 104

(e) Irrtum des VN. Ist der Vorsatz des VN infolge eines **Irrtums** über die Rechtslage, insb. auch den Inhalt bestimmter Obliegenheiten, ausgeschlossen, schließt sich daran regelmäßig die Prüfung an, ob der Rechtsirrtum als solcher grob fahrlässig entstanden oder aufrechterhalten worden ist. Allgemein gilt insoweit, dass vom VN gefordert wird, sich seinen Verhältnissen entsprechend zu informieren und um 105

---

175 Vgl OLG Hamm 26.1.2000 – 20 U 166/99, r+s 2000, 232; OLG Jena 30.10.1996 – 4 U 819/95 [91], VersR 1997, 691 f; OLG München 28.7.1995 – 10 U 2249/95, NJW-RR 1996, 407.
176 BGH 29.1.2003 – IV ZR 173/01, VersR 2003, 364 = NJW 2003, 1118 mwN; BGH 11.7.1967 – VI ZR 14/66, VersR 1967, 909.
177 OLG Köln 19.12.1985 – 5 U 104/85, VersR 1986, 906 (betr. Nachweis der Arbeitsunfähigkeit in der Krankentagegeldversicherung); OLG Hamm 19.6.1991 – 20 U 32/91, VersR 1992, 489 (Einreichung einer Stehlgutliste bei der Polizei); OLG Hamm 3.11.1972 – 20 U 180/72 (Arbeitsunfähigkeitsnachweis in der Krankentagegeldversicherung); LG Berlin 22.5.1984 – 7 O 433/83, VersR 1984, 1057 und LG Berlin 6.6.1978 – 7 O 182/77, VersR 1979, 366 (unverzügliche Vorlage einer Stehlgutliste); KG 25.8.2000 – 6 U 465/00, r+s 2003, 199 (Stehlgutliste); LG Köln 5.2.1986 – 24 O 87/85, VersR 1986, 859 (Anzeige des Versicherungsfalles in der Haftpflichtversicherung); weitere Rspr-Nachweise bei Prölss/Martin/*Prölss*, 28. Aufl., § 28 Rn 123; Prölss/Martin/*Armbrüster*, 29. Aufl., § 28 Rn 210.
178 OLG Köln 26.3.1992 – 5 U 136/91, r+s 1992, 318; die Sachlage ist ähnlich zu beurteilen wie bei Versäumung der Frist des § 12 Abs. 3 aF, dazu OLG Hamm 24.11.1989 – 20 W 48/89, r+s 1990, 187; zur Pflicht ausländischer Mitbürger, sich über wichtige Rechtsvorschriften zu informieren, vgl auch BVerfG 7.4.1976 – 2 BvR 728/75, NJW 1976, 1021 (Widerspruch gegen Bußgeldbescheid).
179 BGH 8.1.1981 – IVa ZR 60/80, VersR 1981, 321.

Klarheit zu bemühen. Insoweit gilt im Schuldrecht grds. ein strenger Sorgfaltsmaßstab.[180] Die entsprechende Unterlassung kann demgemäß auch einmal grob fahrlässig sein. Selbst wenn man nämlich in Rechnung stellt, dass die zur Begründung strenger Erkundigungspflichten zur Ausräumung von Rechtsirrtümern herangezogenen BGH-Entscheidungen[181] (s. auch Rn 104) überwiegend gegen gewerblich tätige Parteien und mit Blick auf echte schuldrechtliche Pflichtenlagen ergangen sind, wird man hier jedenfalls diejenigen Maßstäbe zu beachten haben, die allgemein für die Unkenntnis des VN von den AVB (s. Rn 75) entwickelt worden sind. Das bedeutet, dass jedenfalls nach Eintritt eines Versicherungsfalles der VN gehalten ist, sich über die Rechtslage und die ihn treffenden Obliegenheiten zu informieren.

106 **(f) Entlastende Umstände.** Insgesamt muss, nachdem die einfache Fahrlässigkeit zur Sanktionsbegründung in § 28 nicht mehr genügt, beim Auftauchen entlastender Umstände stärker als unter Geltung des § 6 aF darauf geachtet werden, ob diese **Entlastungsgründe** im Rahmen der Gesamtbewertung dazu führen, dass die Schwelle zur sanktionsfreien einfachen Fahrlässigkeit unterschritten wird. Mithin stellt sich die Frage nach der **Abgrenzung der beiden Fahrlässigkeitsgrade viel schärfer als früher.**

107 Im Rahmen der Gesamtbetrachtung der Fallumstände kann es sich bspw auch einmal zugunsten des VN auswirken und dem Vorwurf grober Fahrlässigkeit entgegenstehen, wenn der **VR sich seinerseits falsch verhält**. Ungeachtet der Verpflichtung des VN, sich jedenfalls nach Eintritt des Versicherungsfalles über die danach zu beachtenden Obliegenheiten zu informieren, kann es den VN zB entlasten, wenn der VR oder sein Agent eine Fehlvorstellung oder Unkenntnis des VN erkennen und ihn darin durch ihr Verhalten noch bestärken.[182] Geschieht dies vorsätzlich, wird daneben aber auch zu prüfen sein, ob die Berufung auf die Obliegenheitsverletzung treuwidrig erscheint.

108 **(g) Ersetzungsbefugnis des VN bei Maßnahmen zur Sicherung?** Mitunter kann der Vorwurf einer grob fahrlässigen Obliegenheitsverletzung auch deswegen entfallen, weil der VN Maßnahmen, die er seinerseits zur Gefahrverhütung getroffen hat, für ebenso wirksam halten durfte wie die ihm durch Obliegenheitsregelungen auferlegten. So hat der BGH angenommen, der Tatrichter müsse gesondert prüfen, ob der VN einer Gebäudeversicherung, der es obliegenheitswidrig unterlassen hatte, die Wasserleitungen zu zwei leer stehenden oberen Stockwerken des versicherten Hauses im Winter mit Hilfe vorhandener Absperrhähne stillzulegen, grob fahrlässig gehandelt habe, obwohl er gleichzeitig durch (von den AVB nicht geforderte) regelmäßige Kontrollgänge in dem leer stehenden Stockwerk versucht habe, Leitungsschäden vorzubeugen.[183] Allerdings gibt diese Entscheidung, die lediglich eine Erörterungslücke des Berufungsurteils anspricht, dem VN keinen Freibrief, jegliches nach Obliegenheitsklauseln von ihm erwartete Verhalten nach Gutdünken durch selbst erdachte anderweitige Maßnahmen zu ersetzen.[184] Gerade das Beispiel zeigt, dass die von den AVB geforderte Maßnahme (Absperren der Leitungen) einen ungleich größeren Schutz vor Frostschäden bot als die regelmäßige Kontrolle, mit der ein längerer Wasseraustritt in den Kontrollintervallen gerade

---

180 BGH 14.6.1994 – XI ZR 210/93, NJW 1994, 2754 f (Irrtum über die Berechtigung einer Bank, von einer Sicherungsabtretung Gebrauch zu machen); BGH 11.1.1984 – VIII ZR 255/82, BGHZ 89, 296 = NJW 1984, 1028 (Irrtum über die Wirksamkeit der Kündigung eines Gewerberaum-Mietverhältnisses).
181 Vgl Palandt/*Grüneberg*, § 276 BGB Rn 22.
182 OLG Hamm 27.5.1994 – 20 U 396/93, r+s 1994, 307, wo die Notwendigkeit der Vorlage einer Stehlgutliste bei der Polizei selbst einem VersVertreter nicht bekannt war und er dem VN die Vorlage deshalb nur „empfohlen" hatte.
183 BGH 23.6.2004 – IV ZR 219/03, VersR 2005, 218 unter II 2 c.
184 Vgl OLG Hamm 23.9.1998 – 20 U 25/98, VersR 1999, 1145 aE.

nicht zu verhindern war. Alternative Sicherungsmaßnahmen werden den VN deshalb nur in besonders gelagerten Ausnahmefällen entlasten können.

c) Zurechnung des Verhaltens Dritter. aa) Unanwendbarkeit des § 278 BGB. 109
Ebenso wie bei § 82 (§ 61 aF) treten die Sanktionen des § 28 grds. nur bei eigenem Verschulden des VN ein. Inwieweit er daneben auch für ein Fehlverhalten Dritter einzustehen hat, kann **nicht nach** § 278 BGB beantwortet werden. Dabei ist die hierfür oft gegebene formale Begründung, die darauf verweist, dass Obliegenheiten wesensverschieden von echten vertraglichen Pflichten sind (s. Rn 5) und daher vom Wortlaut des § 278 BGB nicht erfasst werden,[185] eher vordergründig, denn ließen sich vergleichbare Interessenlagen der Beteiligten feststellen, wäre zumindest an eine analoge Anwendung des § 278 BGB zu denken. Der entscheidende Grund dafür, weshalb sich § 278 BGB auf Obliegenheitsverletzungen im Versicherungsrecht nicht übertragen lässt, ist ein materieller. VersVerträge werden von VN regelmäßig auch zu dem Zweck geschlossen, gegen Fehlverhalten von Dritten geschützt zu werden, die im Geschäfts- oder Risikobereich des VN angesiedelt sind. Davon gehen beide Vertragsparteien aus, der VR macht diesen Schutz zu einem Bestandteil seines Leistungsversprechens. Die Anwendung des § 278 BGB würde dieser Zwecksetzung regelmäßig zuwiderlaufen.[186] So wäre etwa der Versicherungsschutz einer Maschinen-Betriebsunterbrechungsversicherung weitgehend entwertet, wenn der versicherte Unternehmer sich entgegenhalten lassen müsste, ein Maschinenschaden sei durch schuldhaftes Verhalten eines seiner zahlreichen Arbeiter verursacht worden. Da andererseits der VN sich auch nicht zu Lasten der Versichertengemeinschaft in der Weise aus jeder Obliegenheitsgebundenheit darf zurückziehen können, dass er die Obhut über eine versicherte Sache in dritte Hände legt,[187] war die Rspr gefordert, ein versicherungs- und obliegenheitsspezifisches Zurechnungssystem eigener Art zu entwickeln, das inzwischen allgemein als **Repräsentantenhaftung**[188] bezeichnet wird. Um die Bedeutung dieses Instituts zu erfassen, muss es zunächst von anderen Rechtssituationen unterschieden werden, in denen ebenfalls eine Zurechnung des Verhaltens Dritter erfolgen kann.

bb) Mehrere Versicherte. Schützt ein VersVertrag **mehrere Mitversicherte**, so sind 110
diese grds. **nicht als "Dritte"**, dh Außenstehende iSd Terminologie der Rspr zur Repräsentantenhaftung, anzusehen. Mit anderen Worten erfolgt die wechselseitige Zurechnung schuldhaften Verhaltens hier weder nach § 278 BGB noch aus den Regeln der Repräsentantenhaftung. Vielmehr ist nach der Eigenart des versicherten Interesses wie folgt zu unterscheiden:

- Versichern mehrere Personen gemeinsam ein Risiko in der Weise, dass jeder von ihnen mit dem VersVertrag das ungeteilte und gemeinschaftliche Interesse aller an der versicherten Sache schützen will, ist also jeder Mitversicherte daran interessiert, die gesamte Sache für alle zu erhalten, weil sie nur so auch für ihn selbst von Nutzen sein kann, verbindet dies die Mitversicherten zu einer **versicherungsrechtlichen Schicksalsgemeinschaft**, in der jeder für schuldhaftes Verhalten des anderen einzustehen hat.[189] Solche Gemeinschaften werden insb.

---

185 Vgl schon BGH 25.11.1953 – II ZR 7/53, BGHZ 11, 120, 122 f = VersR 1953, 494 mwN zur Rspr des RG; BGH 30.4.1981 – IVa ZR 129/80, VersR 1981, 948 unter III 2 b.
186 BGH 20.5.2009 – XI ZR94/07, VersR 2009, 1123 Rn 14; aA (Anwendung des § 278 BGB in begrenztem Umfang) Prölss/Martin/*Prölss*, 28. Aufl., § 28 Rn 54.
187 BGH 20.5.1981 – IVa ZR 86/80, VersR 1981, 822; BGH 10.7.1996 – IV ZR 287/95, VersR 1996, 1229 unter 2 b bb.
188 Zur historischen Entwicklung in der Rspr s. BK/*Schwintowski*, § 6 Rn 207–210.
189 BGH 30.4.1991 – IV ZR 255/90, NJW-RR 1991, 1372 mwN (Feuerversicherung); auch BGH 24.1.1996 – IV ZR 270/94 unter II 5; BGH 28.3.2001 – IV ZR 163/99, VersR 2001, 713 (betr. Miteigentum an versichertem Gebäude); OLG Hamm

dann begründet, wenn die versicherte Sache allen Mitversicherten zur **gesamten Hand** zusteht, wie dies bei Personengesellschaften der Fall ist.[190]

- Anders liegt der Fall, wenn jeder Mitversicherte mit dem VersVertrag – wie etwa bei der Haftpflichtversicherung – nur ein **eigenes Schutzinteresse** verfolgt, das letztlich losgelöst vom versicherten Interesse der anderen bestehen kann und wirtschaftlich Sinn macht. Hier zielt der VersVertrag auf isolierbare, eigene Ansprüche der jeweiligen Mitversicherten. In diesem Rahmen findet eine **wechselseitige Schuldzurechnung nicht statt**.[191]

111 Aus der vorgenannten Unterscheidung erklärt sich auch die unterschiedliche Zurechnung des Verhaltens des Fahrers in der Kfz-Versicherung: In der **Kfz-Haftpflichtversicherung** ist er von Gesetzes wegen mitversicherte Person, dh **nicht Dritter** iSd Repräsentantenhaftung. Schuldhaftes Fahrerverhalten wird – bei Personenmehrheit – dem VN der Kfz-Haftpflichtversicherung deshalb nicht nach den Grundsätzen der Repräsentantenhaftung und auch nicht nach den o.g. Grundsätzen über die Zurechnung des Verhaltens Mitversicherter zugerechnet.[192] Anders ist es in der **Kfz-Kaskoversicherung**: Ist der Fahrer dort nicht mit dem VN und Eigentümer (oder jedenfalls einem Miteigentümer) des versicherten Fahrzeugs identisch, so ist er **mangels versichertem eigenen Sachinteresse nicht mitversichert**, sondern „Dritter" in Bezug auf die versicherte Sache. Hier kommt deshalb für die Verschuldenszurechnung die Repräsentantenhaftung zum Zuge, wenn der **Fahrer die Kriterien eines Repräsentanten** (s. Rn 113 ff) erfüllt, was sich allerdings nicht schon allein daraus ergibt, dass er das Fahrzeug berechtigt nutzt (s. dazu Rn 117).[193]

112 Ebenfalls **kein Anwendungsfall** für die **Repräsentantenhaftung**, sondern strukturell der Verschuldenszurechnung unter Mitversicherten verwandt ist die Zurechnung des Verhaltens der **versicherten Person** beim VersVertrag für fremde Rechnung (**Fremdversicherung**). Insoweit kann auf die Kommentierung zu § 47 (früher § 79 aF) und – für die Unfallversicherung – zu § 179 Abs. 3 nF (entspricht § 179 Abs. 2 aF) verwiesen werden.

113 cc) **Repräsentantenhaftung. (1) Erscheinungsformen.** Auch das VVG 2008 enthält keine gesetzliche Regelung für die Zurechnung des Verhaltens Dritter im Rahmen von Obliegenheitsverletzungen. Stattdessen wird offenbar vorausgesetzt, dass die bisher von der Rspr entwickelten Zurechnungskriterien sich als geeignet erwiesen haben und auch deren Weiterentwicklung in den Händen der Rspr verbleiben soll. Tatsächlich hat sich die Rechtsfigur der **Repräsentantenhaftung** als derart fester Bestandteil des Sanktionengefüges für Obliegenheitsverletzungen – und ebenso bei § 61 aF (entspricht § 81 nF) – etabliert, dass sie im Rahmen der AVB-Kontrolle mittlerweile als Teil des gesetzlichen Leitbildes der §§ 6 und 61 aF (entspricht §§ 28 und 81 nF) begriffen wird.[194] Das Zurechnungsmodell knüpft heute[195] alter-

---

28.1.1987 – 20 U 238/86, VersR 1988, 508 (Hausratversicherung); OLG Hamm 20.9.1989 – 20 U 272/88, VersR 1990, 846 (Kfz-Kasko).
190 Römer/Langheid/*Römer*, § 6 Rn 74.
191 BGH 13.6.1957 – II ZR 35/57, BGHZ 24, 378, 380 = VersR 1957, 458 (Kfz-Haftpflichtversicherung); OLG Düsseldorf 28.2.1984 – 4 U 173/83, VersR 1984, 1060 (Abgrenzung und Zurechnungsunterschiede Kfz-Haftpflichtversicherung von Kfz-Kaskoversicherung).
192 BGH 13.6.1957 – II ZR 35/57, BGHZ 24, 378; BGH 20.5.1969 – IV ZR 616/68, VersR 1969 695 = NJW 1969, 1387; Römer/Langheid/*Römer*, § 6 Rn 157.
193 ZB BGH 10.7.1996 – IV ZR 287/95, VersR 1996, 1229; BK/*Schwintowski*, § 6 Rn 234; Römer/Langheid/*Römer*, § 6 Rn 156, jeweils m. zahlr. Rspr-Nachweisen.
194 BGH 21.4.1993 – IV ZR 33/92, VersR 1993, 830 unter I 3 = NJW-RR 1993, 1049 = EWiR 1993, 627 (m. Anm. *van Bühren*) = LM AGBG § 9 Bk Nr. 19 (m. Anm. *Schmidt-Salzer*).
195 Zur Entwicklung der Rspr s. BK/*Schwintowski*, § 6 Rn 207 ff.

nativ an zwei Szenarien an, entweder die **Risikoverwaltung** oder die **Vertragsverwaltung**.[196] Das Verhalten desjenigen, dem er das versicherte Risiko übertragen hat, muss sich der VN zurechnen lassen, eine Zurechnung kommt aber auch hinsichtlich des Verhaltens solcher Personen in Betracht, die vom VN allein mit der eigenverantwortlichen Verwaltung des VersVertrages betraut sind.

(2) Risikoverwaltung. Die Risikoverwaltung ist dadurch gekennzeichnet, dass der VN einen Dritten in dem Geschäftsbereich, zu dem das versicherte Risiko gehört, aufgrund eines Vertretungs- oder vertretungsähnlichen Verhältnisses an seine Stelle treten lässt.[197] Das bedeutet, dass der VN dem Dritten die Rolle in Bezug auf das versicherte Risiko überträgt, die er eigentlich selbst spielen müsste. Ob das der Fall ist, lässt sich nur aufgrund einer Gesamtbewertung der Umstände beantworten. Entscheidend ist, dass der Dritte selbständig und in nicht ganz unbedeutendem Umfang befugt sein soll, für den VN zu handeln, also nicht nur für längere Zeit die Obhut über die versicherte Sache ausübt, sondern daneben nach der mit dem VN getroffenen Abrede **in Bezug auf die versicherte Sache** auch wesentliche Aufgaben und Befugnisse aus dessen Pflichtenkreis wahrnehmen und selbständig ausüben soll. Demgegenüber braucht aber nicht noch hinzuzutreten, dass der Dritte auch Rechte und Pflichten **aus dem VersVertrag** wahrzunehmen hat.[198]

114

An lediglich einzelnen Befugnissen allein lässt sich die Repräsentantenstellung also nicht festmachen. Die bloße Überlassung der Obhut über die versicherte Sache etwa reicht nicht aus.[199] Ebenso wenig begründen allein enge persönliche Beziehungen zum VN oder ein bloßes Nutzungsverhältnis eine Repräsentantenstellung. Insbesondere die **Ehe** oder eine **Lebensgemeinschaft** mit dem VN ist – für sich genommen – für die Repräsentantenstellung ohne jeden Belang,[200] mag sie im Einzelfall auch das Motiv dafür abgeben, dem Partner die Befugnisse eines Repräsentanten zu übertragen. Allein ein **Miet-** oder **Pachtverhältnis** über die versicherte Sache reicht ebenfalls nicht aus.[201]

115

Repräsentant in Form des Risikoverwalters kann vielmehr nur sein, wer bei Würdigung der Gesamtumstände[202] befugt ist, selbständig in einem gewissen, nicht ganz unbedeutenden Umfang für den VN zu handeln.

116

Das lässt sich am **Beispiel** eines **Dienstwagens** wie folgt aufzeigen: Derjenige Arbeitnehmer, der das Fahrzeug vom Arbeitgeber (= VN) zur Nutzung gestellt bekommt, wird allein dadurch noch nicht zum Repräsentanten. Das ändert sich aber, wenn dem Mitarbeiter die langfristige Nutzung und daneben auch die Aufgabe übertragen sind, für regelmäßige Wartung und Pflege des Fahrzeugs, insb. die Aufrechterhaltung seiner Verkehrssicherheit (Inspektionen, saisonbedingte Reifenwechsel, turnusgemäße Vorstellung bei TÜV und ASU usw), eigenverantwortlich – und sei es auch auf Kosten des Arbeitgebers – zu sorgen.[203] In diesem Fall ändert

117

---

196 BGH 21.4.1993 – IV ZR 34/92, BGHZ 122, 250 = VersR 1993, 828 = NJW 1993, 1862.
197 BGH 14.5.2003 – IV ZR 166/02, NJW-RR 2003, 1250; BGH 10.7.1996 – IV ZR 287/95, VersR 1996, 1229 unter 2 b aa; BGH 26.4.1989 – IV ZR 242/87, BGHZ 107, 229, 230, 231 mwN; BGH 21.4.1993 – IV ZR 34/92, BGHZ 122, 250, 253 = VersR 1993, 828 = NJW 1993, 1862.
198 BGH 10.7.1996 – IV ZR 287/95, VersR 1996, 1229; BGH 21.4.1993 – IV ZR 34/92, BGHZ 122, 250, 253 = VersR 1993, 828 = NJW 1993, 1862.
199 BGH 14.5.2003 – IV ZR 166/02, NJW-RR 2003, 1250; BGH 2.5.1990 – IV ZR 48/89, VersR 1990, 736 unter 1 b.
200 BGH 14.5.2003 – IV ZR 166/02, NJW-RR 2003, 1250; BGH 2.5.1990 – IV ZR 48/89, VersR 1990, 736 unter 1 b; BGH 4.7.1990 – IV ZR 158/89, NJW-RR 1990, 1305 unter II 1.
201 BGH 26.4.1989 – IV ZR 242/87, BGHZ 107, 229, 231 f mwN.
202 BGH 4.7.1990 – IV ZR 158/89, NJW-RR 1990, 1305 unter II 1.
203 Vgl BGH 10.7.1996 – IV ZR 287/95, VersR 1996, 1229.

es auch nichts an der Repräsentanz, wenn dem Arbeitgeber das Recht verbleibt, den ordnungsgemäßen Umgang des Arbeitnehmers mit dem Fahrzeug zu kontrollieren und im Einzelfall Weisungen zu erteilen (etwa ein Verbot, das Fahrzeug Dritten zu überlassen).

118 Der VN muss sich der versicherten Sache also **nicht vollständig entäußern**. Insoweit hat die BGH-Rspr inzwischen auch die früher häufig verwendete Formulierung relativiert, wonach der VN sich „der Verfügungsbefugnis und Verantwortlichkeit" für den versicherten Gegenstand „vollständig begeben" haben, einem Repräsentanten also die „alleinige" Verantwortlichkeit für die versicherte Sache „vollständig" übertragen sein musste.[204] In einem Fall, in dem die VN ihrem Ehemann die Obhut über ein in ihrem Eigentum stehendes, jedoch von ihm finanziertes und bewirtschaftetes Gaststättenanwesen mit Ausnahme eines einzigen, von ihr weiterhin selbst gewerblich genutzten Raumes übertragen hatte, hat der BGH angenommen, die weitere Nutzung des einen Raumes durch die VNin stehe bei Gesamtbewertung aller Umstände der Annahme nicht entgegen, der Ehemann sei ihr Repräsentant.[205] Es kommt also weniger auf den Umfang der Nutzung, sondern darauf an, inwieweit der Dritte bei der Risikoverwaltung Einschränkungen unterliegt.

119 **(3) Vertragsverwaltung.** Die Vertragsverwaltung ist von der Risikoverwaltung zu unterscheiden.[206] Sie kann die Repräsentantenhaftung eigenständig begründen. In der früheren Rspr ist das insoweit nicht immer beachtet worden, als risikoverwaltender Repräsentant nur sein sollte, wer neben der Befugnis zum selbständigen Umgang mit der versicherten Sache für den VN „auch dessen Rechte und Pflichten als VN" wahrzunehmen hatte.[207] Mit dieser Doppelformel war indes der Anwendungsbereich der Verschuldenszurechnung über die Repräsentantenhaftung auf die wenigen Ausnahmefälle begrenzt, bei denen zur Übertragung der Sachwaltung auch noch die Übertragung vertraglicher Befugnisse trat.[208] Seit der Entscheidung vom 21.4.1993[209] geht der BGH allerdings davon aus, dass die Vertragsverwaltung eine Repräsentantenstellung des Dritten unabhängig von der Obhut über die versicherte Sache begründen kann, andererseits aber nicht eine zusätzliche notwendige Bedingung für Repräsentanz aufgrund von Risikoverwaltung darstellt.

120 **Vertragsverwaltung** liegt vor, wenn der VN einen Dritten damit betraut, für ihn Rechte und Pflichten/Obliegenheiten aus dem VersVertrag wahrzunehmen bzw zu beachten oder zu erfüllen. Allerdings wird der Dritte dabei erst dann zum Repräsentanten, wenn seine Aufgabe so umfassend ist, dass er an die Stelle des VN tritt. Einzelne begrenzte Aufgaben, etwa die Erstattung einer konkreten Schadensmeldung, lassen den Beauftragten noch nicht zum vertragsverwaltenden Repräsentanten werden.

121 **(4) Zurechnungsbeschränkung.** Nach hM findet die Verschuldenszurechnung keine Grenze in dem Rahmen, den der VN dem Repräsentanten möglicherweise abgesteckt hat. Es ist also unerheblich, ob sich der Repräsentant im Sinne des erklärten oder mutmaßlichen Willens des VN bewegt oder ob er sich eigenmächtig verhält und gegen die Interessen des VN verstößt (**Repräsentantenexzess**). Solange der Re-

---

204 BGH 4.7.1990 – IV ZR 158/89, NJW-RR 1990, 1305; BGH 26.4.1989 – IV ZR 242/87, BGHZ 107, 229, 230; BGH 2.5.1990 – IV ZR 48/89, VersR 1990, 736.
205 BGH 14.5.2003 – IV ZR 166/02, NJW-RR 2003, 1250.
206 BGH 21.4.1993 – IV ZR 34/92, BGHZ 122, 250, 253 = VersR 1993, 828 = NJW 1993, 1862.
207 Vgl noch BGH 26.4.1989 – IV ZR 242/78, BGHZ 107, 229, 231; dazu auch Römer/Langheid/*Römer*, § 6 Rn 149.
208 Römer/Langheid/*Römer*, § 6 Rn 149.
209 BGH 21.4.1993 – IV ZR 34/92, BGHZ 122, 250, 253 = VersR 1993, 828 = NJW 1993, 1862.

präsentant auf der Grundlage der ihm vom VN eingeräumten Möglichkeiten handelt, muss sich der VN das zurechnen lassen.[210]

Lange ungeklärt war die Frage, ob eine Zurechnung des Verhaltens des Repräsentanten **nur im Rahmen des übernommenen Aufgabenkreises** in Betracht kommt. Hier wird man fordern müssen, dass die schuldhafte Handlung des Dritten in einem inneren Zusammenhang mit den übernommenen Aufgaben steht. Das sieht inzwischen auch der BGH so. In einem Fall, in welchem der Vertragsverwalter der VNin in Verdacht stand, einen Brand gelegt zu haben, bei dem versicherte Sachen zerstört wurden, hat er entschieden, der VN müsse sich Repräsentantenverhalten nur insoweit zurechnen lassen, als er den Dritten an seine Stelle habe treten lassen. Überträgt ein VN dem Dritten die selbständige Wahrnehmung seiner Befugnisse nur in einem bestimmten abgrenzbaren Geschäftsbereich, bleibt auch die Zurechnung darauf beschränkt und kann nicht auf andere Tätigkeitsbereiche ausgedehnt werden.[211] Eine solche auf einen bestimmten Bereich bezogene Repräsentantenstellung kommt insb. bei Geschäfts- und Betriebsversicherungen in Betracht.[212] Für die Übertragung der Vertragsverwaltung folgt daraus, dass der VN sich in einem solchen Fall ein Fehlverhalten des Repräsentanten nur in Vertragsangelegenheiten zurechnen lassen muss. 122

Hat der VN die Vertragsverwaltung seiner Kfz-Versicherung einem Dritten übertragen und stößt er dann am Steuer des versicherten Fahrzeugs ausgerechnet mit dem Fahrzeug des Vertragsverwalters auf einer Kreuzung zusammen, weil Letzterer grob fahrlässig ein rotes Lichtzeichen missachtet hat, so muss der VN sich die grob fahrlässige Zerstörung des versicherten Autos durch den Repräsentanten nicht entgegenhalten lassen. Gleiches gilt, wenn der Vertragsverwalter die versicherte Sache, deren Obhut ihm nicht übertragen ist, beschädigt, weil er sich mit dem VN überworfen hat. Anders ist es aber, wenn ein Vertragsverwalter die versicherte Sache zerstört, um vorherige eigene falsche Angaben über deren Wert der Sache zu vertuschen oder einen betrügerischen Gewinn aus dem VersVertrag zu ziehen. 123

dd) Einzelfälle. Die Frage, ob ein VN die Risikoverwaltung einer versicherten Sache in dem geschilderten Maße auf einen Dritten übertragen hat, ist im Übrigen in erster Linie eine Frage tatrichterlicher Bewertung der gesamten Umstände eines Falles. Man darf deshalb den Nutzen von – auch umfangreichen – Fallsammlungen[213] vermeintlicher Präzedenzentscheidungen für die konkret anstehende Falllösung nicht überbewerten.[214] Ferner ist gerade bei älteren Entscheidungen stets in Rechnung zu stellen, dass die Rspr – wie dargestellt (s. Rn 121 f) – sich in den letzten Jahren teilweise gewandelt hat. Dies vorausgeschickt, finden sich in der schier unüberschaubaren Rspr u.a. die nachfolgenden Fallbeispiele: 124

---

210 *Knappmann*, VersR 1997, 261, 263 mwN in Fn 26; Römer/Langheid/*Römer*, § 6 Rn 148 aE.
211 BGH 14.3.2007 – IV ZR 102/03, BGHZ 171, 304 = VersR 2007, 673; BGH 19.3.1986 – IVa ZR 182/84, VersR 1986, 541 unter 3.
212 BGH 14.3.2007 – IV ZR 102/03, BGHZ 171, 304 = VersR 2007, 673; BGH 25.3.1992 – IV ZR 17/91, VersR 1992, 865 unter 2; BGH 14.4.1971 – IV ZR 17/70, VersR 1971, 538 unter 3.
213 Vgl zB die umf. Rspr-Nachweise bei Prölss/Martin/*Prölss*, 28. Aufl., § 28 Rn 73–85; Prölss/Martin/*Armbrüster*, 29. Aufl., § 28 Rn 117 ff; BK/*Schwintowski*, § 6 Rn 215–236.
214 Vgl BGH 9.6.2004 – IV ZR 454/02, GuT 2004, 183; BGH 14.5.2003 – IV ZR 166/02, NJW-RR 2003, 1250.

Stichwort	Repräsentant = (+) Kein Repräsentant = (–)	Entscheidung
Auslieferungsfahrer eines Textilherstellers	–	OLG Köln 20.2.2001 – 9 U 155/00, r+s 2001, 349
Baustellenleiter bei größerem Bauvorhaben	+	OLG Celle 18.3.1999 – 8 U 48/98, VersR 2001, 453
Betriebsleiter mit eingeschränkten Befugnissen	–	BGH 25.3.1992 – IV ZR 17/91, VersR 1992, 865
Bewacher einer Segelyacht	–	OLG München 21.3.2006 – 25 U 2432/04, juris
Bruder des VN, dem die Betreuung des versicherten Fahrzeugs vollen Umfangs übertragen ist	+ Nur Kasko!	OLG Oldenburg 22.6.1994 – 2 U 124/93, VersR 1996, 840
Charterer eines Luftfahrzeuges	–	OLG Hamburg 3.7.2002 – 14 U 36/02, VersR 2002, 1507
Ehefrau, die alleine den versicherten Schmuck trägt	+	OLG Köln 23.6.1998 – 9 U 201/97, VersR 1999, 311
Ehegatten bei wechselweiser Benutzung des Kfz	–	OLG Hamm 21.9.1994 – 20 U 124/94, VersR 1995, 1086
Ehemann als einfacher Angestellter der Ehefrau	–	OLG Hamm 28.3.1990 – 20 U 146/89, VersR 1990, 1230; OLG Köln 17.3.1983 – 5 U 209/82, VersR 1983, 1174
Ehemann bzgl Gegenstände, die er im Alleingebrauch hat	+	OLG Düsseldorf 27.9.1994 – 4 U 166/93, r+s 1995, 428
Ehemann und Prokurist bei gelegentlicher Fahrzeugbenutzung	–	OLG Koblenz 20.11.1998 – 10 U 1428/97, VersR 1999, 1231
Ehemann, der Kfz der Ehefrau ständig fährt und die wirtschaftlichen Kosten trägt	+	AG Düsseldorf 24.1.1990 – 29 C 10453/89, VersR 1990, 1229
Ehepartner allein wegen dieser Eigenschaft		BGH 4.5.1994 – IV ZR 298/93, r+s 1994, 284; OLG Karlsruhe 21.6.1990 – 12 U 56/90, VersR 1991, 1048
Ehemann der VNin, der wesentliche Entscheidungen über das versicherte Objekt trifft	+	OLG Celle 16.4.2009 – 11 U 220/08, VuR 2009, 307
Fahrer in der Kfz-Haftpflichtversicherung	–	BGH 20.5.1969 – IV ZR 616/68, VersR 1969, 695; BGH 17.12.1964 – II ZR 17/63, VersR 1965, 149

Kapitel 1: Vorschriften für alle Versicherungszweige § 28

Stichwort	Repräsentant = (+) Kein Repräsentant = (–)	Entscheidung
Faktischer Betriebsinhaber/ Betriebsleiter	+	OLG Köln 21.2.1995 – 9 U 108/94, VersR 1996, 94; OLG Köln 17.8.2004 – 9 U 170/03, r+s 2004, 464; OLG Düsseldorf 25.9.2001 – 4 U 198/00, r+s 2002, 379
Handelsvertreter, der für Unterhaltung und Verkehrssicherheit des Dienstfahrzeugs sorgen muss	+ Nur Kasko!	OLG Frankfurt 27.7.1994 – 17 U 259/93, VersR 1996, 838; OLG Koblenz 22.12.2000 – 10 U 508/00, VersR 2001, 1507
Hausverwalter mit umfassender Verwaltungsaufgabe	+	OLG Hamburg 8.4.2004 – 9 U 10/04, VersR 2005, 221
Hüter von Reisegepäck	+	OLG Düsseldorf 27.9.1994 – 4 U 166/93, VersR 1996, 749; LG Hamburg 19.6.1992 – 317 S 76/91, VersR 1993, 226; LG Nürnberg-Fürth 2.10.1990 – 13 S 601/90, VersR 1991, 224, 225
Kapitän eines Schiffes bzgl versicherter Ladung	–	BGH 28.4.1980 – II ZR 241/78, BGHZ 77, 81, 90 = VersR 1980, 964; OLG Hamburg 18.8.1983 – 6 U 25/82, VersR 1983, 1151
Kapitän in der Schiffskaskoversicherung	+	BGH 7.2.1983 – II ZR 20/82, VersR 1983, 479
Leasingnehmer eines Kfz, der sämtliche Fahrzeugkosten trägt	+ Nur Kasko!	OLG Hamm 8.3.1995 – 20 U 290/94, VersR 1996, 225
Lebensgefährte als solcher	–	OLG Hamm 24.1.1990 – 20 U 160/89, NJW-RR 1990, 993
Lebensgefährte als wahrer Eigentümer der versicherten Sache	+	OLG Karlsruhe 16.5.1991 – 12 U 25/91, VersR 1992, 1391
Liebhaber der Mieterin in Bezug zum Hauseigentümer	–	BGH 7.6.1989 – IVa ZR 94/88, VersR 1989, 909
Makler, der ein leer stehendes Haus verwaltet	+	OLG Celle 25.4.1986 – 8 U 25/85, r+s 1986, 214
Mieter oder Pächter als solcher	–	BGH 26.4.1989 – IVa ZR 242/87, BGHZ 107, 229, 231 = VersR 1989, 737; OLG Hamm 12.9.2001 – 20 U 186/00, VersR 2002, 433

Felsch

Stichwort	Repräsentant = (+) Kein Repräsentant = (−)	Entscheidung
Mieter eines Flugzeuges	−	BGH 9.6.2004 − IV ZR 454/02, GuT 2004, 183
Pilot eines Unternehmens in Bezug auf dessen Flugzeug	+	OLG Oldenburg 11.12.1996 − 2 U 169/96, VersR 1998, 839
Polier bei größeren Baustellen	−	OLG Hamm 16.6.1999 − 20 U 92/98, VersR 2000, 1104
Prokurist, dem die Sorge für das Dienstfahrzeug weitgehend übertragen ist	+ Nur Kasko!	BGH 10.7.1996 − IV ZR 287/95, NJW 1996, 2935
Prokurist, der umfassend die Geschäfte des Unternehmens führt	+	OLG Hamburg 17.3.1988 − 6 U 8/88, VersR 1988, 1147
Rechtsanwalt bei der Schadensanzeige in der BUZ	−	BGH 8.1.1981 − IVa ZR 60/80, NJW 1981, 1098
Rechtsanwalt in der Rechtsschutzversicherung	+ wohl zu Unrecht (s. dazu Rn 133)	OLG Hamm 13.5.1983 − 20 W 90/82, VersR 1984, 31, 32; OLG Köln 24.4.2001 − 9 U 174/00, VersR 2002, 704[215]
Rechtsanwalt als Berater des VN während der Leistungsprüfung in der Unfallversicherung	−	OLG Hamm 11.12.2009 − 20 U 67/09, VK 2010, 55 und juris
Schachtmeister bei größerem Bauvorhaben	−	OLG Celle 18.3.1999 − 8 U 48/98, VersR 2001, 453
Sicherheitsbeauftragter	+	LG Zweibrücken 14.7.1983 − 1 O 38/83, VersR 1985, 932
Skipper einer Segelyacht	−	OLG Köln 30.4.2002 − 9 U 94/01, r+s 2004, 432
Sohn als Angestellter des väterlichen Lebensmittelgeschäfts	−	OLG Hamm 22.9.1989 − 20 U 118/89, r+s 1990, 345
Sohn, der im elterlichen Haus während Abwesenheit der Eltern „nach dem Rechten sieht"	−	OLG Hamm 12.3.1982 − 20 U 312/81, VersR 1982, 966
Sohn, dessen Mutter sein Fahrzeug wegen günstigeren Tarifs Kfz-versichert	+ Nur Kasko!	OLG Oldenburg 21.6.1995 − 2 U 105/95, VersR 1996, 746; OLG Oldenburg 26.6.1996 − 2 U 106/96, NJW-RR 1996, 1310; vorangehend: LG Osnabrück 14.3.1996 − 10 O 317/95, r+s 1996, 431

---

215 Dagegen: BGH im Rahmen eines rechtlichen Hinweises in den Verfahren IV ZR 65/07 und IV ZR 352/07; s. auch oben Rn 133.

Stichwort	Repräsentant = (+) Kein Repräsentant = (−)	Entscheidung
Sohn, der das elterliche Auto nutzt, betankt und pflegt, nicht aber weitergehend darüber bestimmen darf	−	OLG Köln 20.4.2004 − 9 U 86/03, Schaden-Praxis 2005, 23
Sohn, dem das elterliche Fahrzeug zur Nutzung überlassen wurde	+	OLG Köln 27.9.2002 − 9 U 143/00, r+s 2003, 56
Tochter des Fahrzeughalters wegen Überlassung des Fahrzeugs an sie	−	OLG Koblenz 4.2.2005 − 10 U 1561/03, NJW-RR 2005, 828
Tochter einer an Alzheimer erkrankten VNin im Hinblick auf die leer stehende Wohnung der Mutter	−	OLG Koblenz 27.1.2005 − 10 U 1252/03, VersR 2005, 1283
Vater (überschuldet), der eine Gaststätte führt, für die der Sohn pro forma als Konzessionsträger (und VN) auftritt	+	BGH 19.6.1991 − IV ZR 169/90, NJW-RR 1991, 1307
Wachpersonal (hier: Bewachung von Schiffen)	−	BGH 29.9.1960 − II ZR 25/59, BGHZ 33, 216, 222 = WM 1960, 1391
WEG-Verwalter, dem die Erledigung von Versicherungsangelegenheiten übertragen ist	+	OLG Köln 23.1.2001 − 9 U 114/00, NVersZ 2001, 329
Zwangsverwalter	+	BGH 19.10.1994 − IV ZR 159/93, VersR 1994, 1465

d) **Wissenszurechnung. aa) Unterschied zur Repräsentanz.** Von der Repräsentanz 125 zu unterscheiden[216] ist die **Zurechnung von Kenntnissen und Erklärungen über bestimmte Sachverhalte**, wenn auf Seiten des VN bei Erfüllung von Obliegenheiten Dritte auftreten. Es geht dabei nicht unmittelbar um die Frage, inwieweit ein Verschulden dieser Personen dem VN angelastet werden kann, sondern darum, auf wessen Wissen es ankommt, wenn − wie etwa bei einer falschen Auskunft − der Schuldvorwurf darauf fußt, dass eine Person etwas weiß, was sie nicht offenbart, oder dass ein bestimmtes Wissen (zB Kenntnis vom Eintritt des Versicherungsfalles) eine Obliegenheit auslöst (zB unverzügliche Schadensmeldung).

bb) **Wissenserklärungsvertreter.** Kenntnisse und Erklärungen darüber (Wissenserklärungen) werden dem VN in entsprechender Anwendung des § 166 BGB zugerechnet, wenn der Dritte **Wissenserklärungsvertreter** ist. Das ist dann der Fall, wenn er vom VN ausdrücklich oder stillschweigend mit der Übermittlung von Kenntnissen oder der Abgabe von Wissenserklärungen betraut ist.[217] Darunter hat man sich keinen formalen Rechtsakt vorzustellen, es muss weder eine förmliche Bevollmächtigung noch eine ausdrückliche Beauftragung vorliegen. Entscheidend ist nur, dass der **Wille des VN zutage tritt**, der **Dritte solle für ihn etwas erklären**. 126

---

216 Vgl BGH 19.1.1967 − II ZR 37/64, VersR 1967, 343 unter VI.
217 BGH 2.6.1993 − IV ZR 72/92, BGHZ 122, 388 = VersR 1993, 960 unter II 1 a mwN; OLG Düsseldorf 30.9.1997 − 4 U 97/96, VersR 1999, 1106.

Unerheblich ist es dann, ob der Dritte eigenes Wissen weitergibt oder ob er sich auf der Grundlage ihm vom VN erteilter Informationen äußert. Die Erklärung über eigenes Wissen ist also nicht kennzeichnendes Merkmal eines Wissenserklärungsvertreters.[218]

127 Demgegenüber liegt in Fällen sog. **bloßer Schreibhilfe** keine Vertretung bei der Wissenserklärung vor, sondern lediglich eine Erklärung des VN selbst. Es geht dabei zum einen um Fälle, in denen der VN ein Erklärungsformular – zB einen Fragebogen zur Schadensanzeige – blanko unterschreibt und sodann einen Dritten bittet, den Rest des Formulars nach seinen Informationen auszufüllen. Der Dritte ist in solchen Fällen nicht Erklärungsvertreter, sondern lediglich Schreibgehilfe bei der Erstellung einer Erklärung des Unterzeichners.[219] Im Ergebnis ähnlich ist eine Erklärung des VN – und nicht des Dritten – abgegeben, wenn zwar der Dritte das Formular vollständig nach eigenem Wissen ausfüllt, der VN dann aber abschließend unterschreibt und sich damit die gesamte Erklärung zu eigen macht.[220]

128 Liegt echte Wissenserklärungsvertretung vor, so stellt sich mitunter die Frage, inwieweit eine analoge Anwendung von § 166 Abs. 2 BGB in Betracht kommt, wenn der Wissenserklärungsvertreter gutgläubig die Unwahrheit bekundet, während der VN als Hintermann über überlegenes Wissen verfügt und die Unwahrheit der Erklärung daher kennt. Ist der Vertreter nur **im Einzelfall betraut**, ist regelmäßig § 166 Abs. 2 BGB anzuwenden, der VN wird also durch die **Gutgläubigkeit des Dritten** nicht entlastet, weil es auf sein Wissen ankommt. Anders kann es aber sein, wenn der Dritte **generell damit betraut** ist, Erklärungen für den VN abzugeben und sich der VN im Einzelfall auch nicht darum kümmert, was der Vertreter erklärt, also keine bestimmten Weisungen iSv § 166 Abs. 2 BGB erteilt. Hier wird allein auf die Kenntnisse des Erklärungsvertreters abzustellen sein,[221] solange nicht festgestellt werden kann, dass der VN die Fäden dergestalt in der Hand hält, dass er den gutgläubigen Erklärungsvertreter agieren lässt, um sich mit seinem überlegenen Wissen vorsätzlich dahinter zu verstecken.

129 cc) **Wissensvertreter.** Wissen kann für den Schuldvorwurf bei einer Obliegenheitsverletzung nicht nur im Rahmen der Abgabe von Erklärungen, also der Kundgabe von Wissen, bedeutsam werden. Vielmehr kann die Kenntnis bestimmter Sachverhalte dazu führen, dass eine Obliegenheit dadurch erst ausgelöst wird. Weiß der VN von einem solchen Umstand nichts und unterlässt er dementsprechend die ihm obliegende Handlung (der VN weiß zB nicht, dass jemand Schadensersatzansprüche gegen seine in der Haftpflichtversicherung mitversicherte Ehefrau erhebt, und unterlässt deshalb die Schadensanzeige beim VR), so kann sich die Frage stellen, ob er gleichwohl so zu behandeln ist, als habe er das erforderliche Wissen gehabt, und zwar deshalb, weil ein Dritter, etwa ein mit der Vertragsverwaltung beauftragter Rechtsanwalt, das erforderliche Wissen hatte. Das hängt davon ab, ob der Dritte als **Wissensvertreter**[222] für den VN fungiert. Er ist es dann, wenn er – in nicht ganz untergeordneter Stelle – vom VN damit betraut ist (zum Begriff des Betrautseins vgl Rn 126), für diesen Tatsachen zur Kenntnis zu nehmen, die für den

---

218 *Knappmann*, VersR 1997, 261 ff; OLG Hamm 31.5.1996 – 20 U 281/96, NJW-RR 1997, 91 = r+s 1996, 296.
219 OLG Hamm 1.12.1999 – 20 U 58/99, VersR 2000, 1135 = NJW-RR 2000, 765; OLG Hamm 29.9.1993 – 20 U 75/93, VersR 1994, 802.
220 BGH 14.12.1994 – IV ZR 304/93, BGHZ 128, 167 = VersR 1995, 281 mwN (gegen OLG Stuttgart 24.6.1975 – 2 U 46/73, VersR 1979, 366); OLG Köln 23.2.1998 – 9 U 83/98, r+s 1999, 315.
221 OLG Hamm 14.7.1995 – 20 U 58/95, NJW-RR 1996, 96; BK/*Schwintowski*, § 6 Rn 243.
222 Krit. dazu BK/*Schwintowski*, § 6 Rn 204, 248, der die Rechtsfigur neben der Repräsentantenhaftung für verzichtbar hält.

VersVertrag rechtserheblich sind.[223] Wenngleich an das Betrautsein bekanntlich keine hohen formellen Erwartungen zu stellen sind, muss doch in irgendeiner Form der Wille des VN erkennbar werden, dass der Dritte für ihn Wahrnehmungen machen soll. Allein faktische Möglichkeiten der Wahrnehmung, etwa infolge größerer Sachnähe, machen den Dritten noch nicht zum Wissensvertreter.[224]

dd) Einzelfälle

130

Stichwort	Wissenserklärungsvertreter = WEV Wissensvertreter = WV Weder WEV noch WV = (−)	Entscheidung
Angestellte, mit der Bearbeitung einer Versicherungssache umfassend betraut	WEV	OLG Köln 21.9.1989 − 5 U 36/89, VersR 1990, 1225
Angestellter eines Versicherungsmaklers	WEV	OLG Hamm 17.3.2004 − 20 U 233/03, VersR 2004, 1398
Angestellter Fahrer (in Bezug auf Wahrnehmungen zur Verkehrssicherheit des Fahrzeugs)	−	OLG Hamm 17.12.1980 − 20 U 201/80, VersR 1981, 227
Arzt, der Gesundheitsfragen *für den VN* beantworten soll	WEV	OLG Hamm 6.2.1985 − 20 U 292/84, VersR 1985, 1032
Arzt, der *im Auftrag des VR* tätig wird (im Verhältnis zum VN)	−	BGH 21.11.1989 − IVa ZR 269/88, VersR 1990, 77; OLG Frankfurt 17.8.1992 − 27 U 48/91, VersR 1993, 425
Ausfüllerin eines Schadensmeldungsformulars, die der (anwesenden) VNin lediglich wegen ihrer schöneren Schrift die Arbeit abnimmt	−	OLG Brandenburg 6.1.2010 − 4 U 66/06, zfs 2010, 391
Ehefrau, die Schadensanzeige während des Krankenhausaufenthalts des unfallgeschädigten VN ausfüllt (bei nicht intakter Ehe)	−	BGH 10.2.1982 − IVa ZR 194/80, VersR 1982, 463 unter II

---

223 Römer/Langheid/*Römer*, § 6 Rn 167; BGH 23.6.2004 − IV ZR 219/03, VersR 2005, 218 unter II 1 c (3); BGH 14.4.1971 − IV ZR 17/70, VersR 1971, 538 (angestellter Lkw-Fahrer kein Wissensvertreter); BGH 13.5.1970 − IV ZR 1058/68, VersR 1970, 613 (Angestellter eines Mietwagenunternehmens als Wissensvertreter); BGH 24.5.1977 − VI ZR 75/76, VersR 1977, 739 (Rentenantrag entgegennehmendes Versicherungsamt war nicht Wissensvertreter der BfA); BK/*Schwintowski*, § 6 Rn 249.
224 OLG Hamm 23.11.1994 − 20 U 57/94, VersR 1995, 1437 (Fahrer, dem ein Kfz des VN zum Gebrauch überlassen wird, wird dadurch allein noch nicht zum Wissensvertreter).

Stichwort	Wissenserklärungsvertreter = WEV Wissensvertreter = WV Weder WEV noch WV = (–)	Entscheidung
Ehegatte, der vom anderen mit der „Schadensabwicklung bei der Versicherung" betraut ist	WEV	OLG Köln 29.10.1990 – 5 U 200/89, VersR 1991, 95; OLG Köln 20.1.1994 – 5 U 92/93, VersR 1994, 1419; OLG Stuttgart 7.2.1991 – 7 U 176/90, r+s 1992, 331; LG Köln 18.1.1989 – 24 O 206/88, VersR 1989, 1295
Ehegatten/Lebensgefährten als solche	–	BGH 2.6.1993 – IV ZR 72/92, BGHZ 122, 388 = VersR 1993, 960
Kfz-Mieter und mitversicherter Fahrer	–	BGH 20.5.1969 – IV ZR 616/68, NJW 1969, 1387
Lebensgefährtin, mit Abwicklung des gesamten Schriftverkehrs mit VR beauftragt	WEV + WV	OLG Köln 26.4.2005 – 9 U 113/04, VersR 2005, 1528
Mieter des VN	–	OLG Hamm 24.2.1989 – 20 U 276/88, VersR 1990, 265
Mitgesellschafter in Veranstaltungs-Ausfall-Versicherung, der Gesundheitsfragen beantwortet	WEV	OLG Köln 1.6.2010 – 9 U 2/10, juris
Mutter des VN, die aufgrund einer Generalvollmacht Erklärungen zur Schadensregulierung abgibt	WEV	OLG Koblenz 31.10.2008 – 10 U 1515/07, OLGR Koblenz 2009, 162
Rechtsanwalt in der Rechtsschutzversicherung	WEV	OLG Köln 23.9. 2003 – 9 U 174/02, VersR 2004, 639; OLG Köln 13.5.2003 – 9 U 138/02, r+s 203, 414[225]
Rechtsanwalt, allein für Haftpflichtprozess neben dem vom Haftpflichtversicherer gestellten Anwalt bestellt	–	BGH 30.4.1981 – IVa ZR 129/80, VersR 1981, 948

---

[225] Dagegen: BGH im Rahmen eines rechtlichen Hinweises in den Verfahren IV ZR 65/07 und IV ZR 352/07; s. auch oben Rn 133.

Stichwort	Wissenserklärungsvertreter = WEV Wissensvertreter = WV Weder WEV noch WV = (–)	Entscheidung
Rechtsanwalt, der nach Versicherungsfall mit VR verhandelt/ Rechtsanwalt, der mit Schadensabwicklung betraut ist	WEV	OLG Bremen 18.2.1988 – 4 U 12/88, zfs 1989, 132; OLG Celle 5.7.1989 – 8 U 208/88, VersR 1990, 376; OLG Hamm 31.5.1996 – 20 U 281/95, r+s 1996, 296 = NJW-RR 1997, 91; OLG Köln 26.11.1979 – 5 U 33/79, VersR 1981, 669
Repräsentant (Risikoverwaltung)	WEV	OLG Bamberg 4.10.2004 – 1 U 96/04, Schaden-Praxis 2005, 316
Schadensabwickler, von VN beauftragt	WEV	OLG Köln 17.11.2009 – 9 U 53/09, VersR 2010, 943
Sohn, dem der väterliche Pkw zur vollständigen alleinigen Nutzung übertragen ist	WV	OLG Saarbrücken 15.1.2003 – 5 U 261/02, r+s 2003, 147
Versicherungsmakler	WV	BGH 21.6.2000 – IV ZR 157/99, VersR 2000, 1133 unter II 4 b
Zessionar, der aus abgetretenem Anspruch vom VR Leistungen begehrt und deshalb Schadensanzeige ausfüllt	WEV	OLG Köln 18.11.2003 – 9 U 32/03, VersR 2004, 907

ee) Bote. Auf **Boten** lassen sich die vorstehenden Grundsätze nicht übertragen; für Fehlverhalten von Boten braucht der VN daher nicht einzustehen, ihr Wissen ist ihm nicht zuzurechnen. Allerdings kann im Einzelfall einmal ein eigenes Verschulden des VN in der Auswahl eines ungeeigneten Boten liegen.[226]

ff) Abschlussvertreter des VN. Für Vertreter, die den VN bei Abschluss des Vertrages vertreten (Abschlussvertreter des VN), enthält § 20 eine gesonderte Regelung; § 31 Abs. 2 regelt die Verantwortlichkeit für Auskünfte nach dem Eintritt des Versicherungsfalles, wenn neben dem VN ein Bezugsberechtigter vorhanden ist. Insoweit wird auf die entsprechenden Kommentierungen verwiesen.

gg) Rechtsanwaltsverhalten. Soweit die obergerichtliche Rspr in der Rechtsschutzversicherung häufig angenommen hat, der VN müsse sich das Verschulden des von ihm im Rahmen eines Rechtsschutzbegehrens beauftragten Rechtsanwalts – etwa bei der Nichtbeachtung der Obliegenheit aus § 15 Abs. 1 d, cc ARB 75 – zurechnen lassen, trifft das nicht zu. § 287 BGB kommt insoweit nicht zum Zuge; der Rechtsanwalt, der nur in einem Fall tätig wird, ist nach den o.g. Maßstäben nicht Repräsentant, insb. nicht Vertragsverwalter. Er ist vom VN aber auch nicht mit der Erklärung über Tatsachen gegenüber dem VR betraut, ebenso wenig damit,

---

226 Römer/Langheid/*Römer*, § 6 Rn 163.

anstelle des VN Wissen über Tatsachen zu erlangen. Das Wissen um den Inhalt und die Auslegung der in Betracht kommenden Kostenvorschriften zählt nicht als eine solche Tatsachenkenntnis, sondern berührt lediglich Rechtsfragen. Dementsprechend hat der BGH im Rahmen eines rechtlichen Hinweises eine Zurechnung des Rechtsanwaltsverhaltens verneint.[227]

III. Kündigungsrecht (Abs. 1)

134 **1. Grundsatz.** Abs. 1 hält im Grundsatz an der schon in § 6 Abs. 1 S. 2 aF getroffenen Regelung fest, dass eine schuldhafte Verletzung einer vor dem Versicherungsfall zu erfüllenden Obliegenheit dem VR ein Recht zur **fristlosen Kündigung** des VersVertrages gibt. Das wurde – soweit nach früherer Rechtslage dafür auch einfache Fahrlässigkeit des VN genügte – häufig, insb. bei existenzsichernden Versicherungszweigen, wie der privaten Kranken- oder Krankentagegeldversicherung oder auch der Berufsunfähigkeitszusatzversicherung, als besonders harte Regelung empfunden, die die Rspr allerdings nur halbherzig abzumildern versucht hat, indem zB die Leistungsfreiheit des Krankenversicherers an zusätzliche Voraussetzungen geknüpft und bei folgenloser Obliegenheitsverletzung mit geringem Verschulden des VN als nicht eintretend erachtet wurde. Die Konsequenz, in solchen Fällen auch das Kündigungsrecht einzuschränken, ist demgegenüber meist nicht gezogen worden.[228] Dem daraus verbleibenden Unbehagen versucht die Neuregelung in Abs. 1 in zweifacher Hinsicht entgegenzukommen: Zum einen ist – eingepasst in das gesamte neue Sanktionengefüge bei Obliegenheitsverletzungen – auch hier die **nur einfach-fahrlässige Obliegenheitsverletzung nicht mehr ausreichend**, um das Kündigungsrecht des VR auszulösen. Die amtliche Begründung des RegE verweist insoweit darauf, dass viele VR in ihren AVB bereits eine entsprechende Einschränkung vorgenommen hatten.[229] Zum anderen ist das Kündigungserfordernis des früheren § 6 Abs. 3 als Voraussetzung für die Leistungsfreiheit des VR aufgegeben. Beide Regelungen haben ihre Schönheitsfehler, wie noch zu zeigen sein wird (s. Rn 150 ff).

135 Eine besondere **Form**, insb. **Schriftform**, sieht das Gesetz **nicht** vor, wird aber häufig in AVB vereinbart, was unbedenklich ist, solange dem **VN** aus der Schriftformvereinbarung kein Nachteil entsteht (§ 32).

136 Als einseitige, empfangsbedürftige, rechtsgestaltende Willenserklärung ist die Kündigung **bedingungsfeindlich**.[230] Aus ihr muss der Wille des VR, den Vertrag zu beenden, unmissverständlich hervorgehen. Sehen AVB vor, dass der VR anstelle einer fristlosen eine fristgebundene Kündigung aussprechen kann (zB § 7 Nr. 2 Abs. 1 S. 2 AFB 87, § 11 Nr. 2 Abs. 1 S. 1 VGB 88), so modifiziert das die gesetzliche Sanktion des Abs. 1 zugunsten des VN, was nach § 32 zulässig ist.[231] Eine wirksame fristlose Kündigung nach Abs. 1 ist dann ausgeschlossen, sie soll nach hM auch

---

227 *Wendt*, r+s 2010, 221, 230; vgl auch OLG Hamm 10.8.2011 – 20 U 31/11, r+s 2011, 471 unter IV.
228 BGH 13.11.1980 – IVa ZR 23/80, BGHZ 79, 6, 14 = VersR 1981, 183; BGH 6.7.1983 – IVa ZR 206/81, BGHZ 88, 78, 81 = VersR 1983, 848; vgl aber andererseits BGH 4.10.1989 – IVa ZR 220/87, VersR 1989, 1250 unter II 1 c (3).
229 Begr. RegE, BT-Drucks. 16/3945, S. 69.
230 Vgl BGH 16.2.2005 – VIII ZR 6/04, MDR 2005, 680 unter II 2 e; BGH 22.10.2003 – XII ZR 112/02, BGHZ 156, 328 unter II 2 a; BGH 1.12.1993 – VIII ZR 129/92, NJW 1994, 443 unter II 1 a aa; vgl auch OLG Celle 15.4.1983 – 8 U 189/82, VersR 1984, 437, 439.
231 Vgl zu §§ 6 Abs. 4, 15 a aF: OLG Hamm 19.11.1971 – 20 U 120/71, VersR 1972, 265; BK/*Schwintowski*, § 6 Rn 80 mwN.

nicht in eine den AVB entsprechende fristgerechte Kündigung umgedeutet werden können.²³²

Nach einer Kündigung verbleibt die **Prämie** für das laufende Versicherungsjahr nach § 39 Abs. 1 nur noch **anteilig** entsprechend dem Zeitraum bis zur Wirksamkeit der Kündigung beim VR. Damit weicht die Neuregelung erheblich von der früheren Bestimmung in § 40 Abs. 1 aF ab, wonach die volle Jahresprämie beim VR blieb. 137

2. Obliegenheitsverletzung vor dem Versicherungsfall, gedehnter Versicherungsfall. 138
Während das neue Recht – abweichend von der früheren Regelung in § 6 Abs. 1 S. 1, Abs. 2 und 3 aF – für die **Leistungsfreiheit des VR** in Abs. 2 die Unterscheidung zwischen Obliegenheitsverletzungen vor und nach dem Versicherungsfall als sachlich nicht geboten und unnötig kompliziert aufgegeben hat, spielt diese Unterscheidung für das Kündigungsrecht des VR nach Abs. 1 nach wie vor eine entscheidende Rolle: Nur Obliegenheitsverletzungen **vor** dem Versicherungsfall lösen das Kündigungsrecht des VR aus.

Ob eine Obliegenheit vor oder erst nach Eintreten des Versicherungsfalles greift, war früher u.a. bei den sog. **gedehnten Versicherungsfällen** umstritten. Die Rspr. geht davon aus, dass sowohl für die hier in Rede stehende Abgrenzung wie auch für die Frage, ob sich der Versicherungsfall in versicherter Zeit ereignet hat, der maßgebliche Zeitpunkt in diesen Fällen grds. schon am Beginn des gedehnten Zeitraums liegt.²³³ Das entscheidende Wesensmerkmal eines gedehnten Versicherungsfalles ist nicht sein schrittweises Eintreten, sondern die Fortdauer des mit seinem Eintritt geschaffenen Zustands über einen gewissen Zeitraum, der nicht nur bestimmend ist für die Pflicht des VR zur Erbringung einer einmaligen Versicherungsleistung, sondern von dem auch der Umfang der Versicherungsleistung abhängt.²³⁴ Gedehnte Versicherungsfälle können zB auftreten in einer Krankheitskostenversicherung, die auf die Dauer der notwendigen medizinischen Heilbehandlung abstellt, in der Unfall- und der Berufsunfähigkeitsversicherung, wo Rentenleistungen für den Fall und die Dauer einer in den Bedingungen jeweils näher umschriebenen Arbeits- oder Berufsunfähigkeit zugesagt werden, und ebenso in der Betriebsunterbrechungsversicherung.²³⁵ Stets ist allerdings genau zu untersuchen, ob der gedehnte Versicherungsfall wirklich schon begonnen hat oder sich noch in der Entwicklung befindet. 139

3. Kündigungserklärungsfrist, Kenntnis des VR vom Kündigungsgrund. a) Monatsfrist. Wird der VN bei einer vor dem Versicherungsfall begangenen Obliegenheitsverletzung vom VR ertappt, gerät er – mag er auch schuldhaft gehandelt haben – in eine schwer erträgliche Lage, denn er kann zunächst nicht mehr absehen, was der VersVertrag, für den er Prämien zahlt, für ihn noch wert ist. Er weiß weder, in welchem Umfang sich der VR künftig auf Leistungsfreiheit berufen will, noch ob der VR überhaupt am Vertrage festhält. Wegen dieser Unsicherheit zwingt Abs. 1 (wie schon § 6 Abs. 1 S. 2 aF) den VR, das Kündigungsrecht **binnen eines Monats ab Kenntnis** von der Obliegenheitsverletzung auszuüben. 140

b) Fristende. Binnen der Monatsfrist muss die Kündigungserklärung dem VN **zugegangen** sein. Das ergibt sich im Gegenschluss aus § 13 (früher aus § 10 aF), der 141

---

232 Römer/Langheid/*Römer*, § 6 Rn 93; BK/*Schwintowski*, § 6 Rn 80; *Martin*, Sachversicherungsrecht, M II Rn 4.
233 BGH 22.2.1984 – IVa ZR63/82, VersR 1984, 630. Vgl aber zum sog. versicherungsübergreifenden Leitungswasserschaden einerseits OLG Celle 10.5.2012 – 8 U 213/11, r+s 2012, 493, andererseits *Felsch*, r+s 2014, 313, 323 ff.
234 BGH 12.4.1989 – IV ZR 21/88, BGHZ 107, 170, 173 = VersR 1989, 588.
235 Vgl die Nachweise in BGH 12.4.1989 – IV ZR 21/88, BGHZ 107, 170, 173 = VersR 1989, 588.

für den VR eine Erleichterung nur für den Fall schafft, dass der VN eine Adressänderung nicht mitgeteilt hat.[236]

142 c) **Zurückweisung der Kündigung des VR.** Als einseitige rechtsgeschäftliche Erklärung kann die Kündigung vom VN nach § 174 BGB zurückgewiesen werden, wenn sie von einem Vertreter des VR ausgesprochen ist, der dazu keine **Originalvollmacht** vorlegt. Eine Fotokopie – auch Fernkopie (Telefax) – genügt insoweit nicht.[237] Kann die Kündigung danach nicht mehr fristgemäß wiederholt werden, muss der VR das Vertragsverhältnis fortsetzen. Allerdings ist auch für die (einseitige) Zurückweisungserklärung, welche unverzüglich erfolgen muss, § 174 BGB zu beachten; ein Rechtsanwalt, der die Zurückweisung für den VN erklärt, muss deshalb seinerseits eine Originalvollmacht beifügen.[238] Eine nach § 174 BGB uU gebotene Wiederholung wird häufig nicht mehr unverzüglich sein.

143 d) **Fristbeginn.** Die Kündigungserklärungsfrist beginnt in dem Moment, in dem der VR vom objektiven Tatbestand der Obliegenheitsverletzung erfährt. Ob der VN schuldhaft gehandelt hat, ist insofern ohne Belang, als sich die Kenntnis des VR darauf nicht zu erstrecken braucht.[239]

144 **Positive Kenntnis** des objektiven Geschehens ist erforderlich; grds. genügt es nicht, dass der VR den Sachverhalt hätte kennen müssen.[240] Davon ist aber eine Ausnahme zu machen, wenn versucht wird, die Kündigungserklärungsfrist dadurch zu verlängern, dass sich der VR weiterer, sich aufdrängender Erkenntnis durch Verzögerung seiner Ermittlungen verschließt. Hier kann, wenn genügend Anhaltspunkte für eine Obliegenheitsverletzung des VN vorliegen, weil bereits vorliegendes Tatsachenmaterial dem VR vor Augen führt, dass eine Kündigung wegen Obliegenheitsverletzung ernstlich in Betracht kommt, auch einmal eine klärende Rückfrage geboten sein, deren Unterlassung zur Folge hat, dass die spätere Kündigung nicht mehr rechtzeitig erfolgt,[241] wobei der Fristbeginn dann auf den Zeitpunkt fingiert wird, zu dem die gebotene Rückfrage dem VR Klarheit gebracht hätte.[242]

145 Schon weil es für die den Fristlauf auslösende Kenntnis des VR nicht darauf ankommt, ob er sich ein zutreffendes Bild vom Verschulden des VN machen kann, gerät der VR bei der Ausübung seines Kündigungsrechts auch nicht mit der gesetzlichen **Unschuldsvermutung** aus Art. 6 Abs. 2 EMRK in Konflikt. Er ist also nicht etwa gezwungen, den rechtskräftigen Abschluss eines Ermittlungs- und Strafverfahrens abzuwarten, wenn die Obliegenheitsverletzung zugleich Gegenstand dieses Verfahrens ist. Umgekehrt **darf** der VR auch nicht so lange warten, will er die Kündigungserklärungsfrist wahren, sondern muss davon ausgehen, dass die Monatsfrist für ihn zu laufen beginnt, sobald sich bei ihm ausreichendes Wissen über einen objektiven Obliegenheitsverstoß angesammelt hat.[243] Kommt es zB auf die Frage an, ob ein VN vor dem Versicherungsfall alkoholisiert war, und ergibt eine im Auftrag der Staatsanwaltschaft eingeholte BAK-Bestimmung einen BAK-Wert von 2,2 ‰, so beginnt die Frist für den VR unabhängig vom Stand des Ermittlungsverfahrens dann zu laufen, wenn er – etwa durch Akteneinsicht eines von ihm beauftragten Rechtsanwalts – zuverlässig von diesem Wert erfährt. Demge-

---

236 Im gleichen Sinne zur früheren Rechtslage: Prölss/Martin/*Prölss*, 27. Aufl. 2004, § 8 Rn 15, nunmehr (28. Aufl.) § 11 Rn 29.
237 BGH 10.2.1994 – IX ZR 109/93, VersR 1994, 938 = NJW 1994, 1472; OLG Hamm 26.10.1990 – 20 U 71/90, VersR 1991, 663 = NJW 1991, 1185.
238 Römer/Langheid/*Römer*, § 6 Rn 95.
239 StRspr, vgl BGH 14.11.1960 – II ZR 263/58, BGHZ 33, 281, 283 = NJW 1961, 267 unter 2.
240 OLG Frankfurt 2.10.1969 – 15 U 36/69, VersR 1971, 71.
241 Vgl BGH 20.9.1989 – IVa ZR 107/88, BGHZ 108, 326 = VersR 1989, 1249 = NJW 1990, 47 unter 3.
242 OLG Köln 18.1.2000 – 9 U 111/99, VersR 2000, 1217.
243 Vgl BK/*Schwintowski*, § 6 Rn 84 mwN.

genüber reicht es für den Fristlauf noch nicht aus, wenn der VR nur weiß, dass die Polizei nachts eine Blutprobe beim VN veranlasst hat, denn diese wird lediglich aufgrund eines Verdachts der Alkoholisierung angeordnet.

4. Verschulden, Entlastungsgegenbeweis. Ebenso wie die Leistungsfreiheit des VR hat auch das Kündigungsrecht zur Voraussetzung, dass der VN die Obliegenheit **vorsätzlich oder grob fahrlässig** verletzt hat. **Einfache Fahrlässigkeit** genügt nicht, eine darauf gestützte Kündigung des VR war schon zur Zeit der Geltung des § 6 Abs. 1 S. 2 aF in Einzelfällen – insb. in der privaten Krankenversicherung[244] – als unverhältnismäßige Härte angesehen worden, weshalb auch schon unter dem alten Recht einzelne Versicherungsbedingungen für die fristlose Kündigung einen verschärften Verschuldensmaßstab vorgesehen hatten. Die Neuregelung in **Abs. 1** folgt auch für die Kündigung des VR dem Grundsatz, dass einfach fahrlässiges Fehlverhalten des VN künftig ohne Sanktion bleiben soll. Zwar hat dieser Aspekt der Neuregelung auch Kritik erfahren.[245] Ausweislich der Gesetzesbegründung[246] hat sich der Gesetzgeber jedoch für die seinem neuen Sanktionensystem konforme Regelung bewusst entschieden. Für eine analoge Anwendung etwa der Bestimmungen über die Kündigung bei Gefahrerhöhung (§ 24 Abs. 1 S. 2) mit der Folge, dass auch iRv Abs. 1 ein fahrlässiges Verhalten des VN einen Kündigungsgrund abgeben könnte, fehlt es schon an einer Regelungslücke. Immerhin besteht für den VR aber weiterhin die Möglichkeit, bei einfacher Fahrlässigkeit des VN den Vertrag mit einer Kündigungsfrist von einem Monat nach § 24 Abs. 1 S. 2 zu kündigen, wenn eine Obliegenheitsverletzung nicht nur Episode bleibt, sondern das Äquivalenzgefüge des VersVertrages zwischen Risiko und Prämie dauerhaft im Sinne einer Gefahrerhöhung verschiebt.

Dass der VN schuldhaft iSv Abs. 1 (grob fahrlässig oder vorsätzlich) gehandelt hat, wird von Abs. 1 **vermutet**. Dagegen kann der VN lediglich den vollen **Entlastungsgegenbeweis** führen. Es bleibt hier also dabei, dass in **Abs. 1** für das Kündigungsrecht die gesetzliche Vermutung besteht, der VN habe **vorsätzlich** gehandelt. Insoweit wird auch nicht die neue Linie der Beweislastverteilung umgesetzt, nach der grds. der VR Vorsatz des VN zu beweisen hat. Das kann in der Praxis dazu führen, dass – bei einem non liquet in der Verschuldens- und insb. der Vorsatzfrage – das Gericht auch einmal gezwungen sein kann, in Ansehung der Kündigung von vorsätzlicher Obliegenheitsverletzung und hinsichtlich der Leistungsfreiheit von nur grob fahrlässiger Begehung auszugehen, weil es auch nach einer unergiebigen Beweisaufnahme schlicht bei den gesetzlichen Vermutungen bleiben muss. Jedenfalls mit Blick auf dieses Problem ist es zu begrüßen, dass § 28 nicht mehr am früheren Kündigungserfordernis des § 6 Abs. 1 S. 3 aF festhält.

5. Wegfall des Kündigungserfordernisses des § 6 Abs. 1 S. 3 aF. Die Regelung des § 6 Abs. 1 S. 3 aF erlaubte es dem VR nur dann, sich auf eine vereinbarte Leistungsfreiheit wegen Verletzung einer vor dem Versicherungsfall zu erfüllenden Obliegenheit zu berufen, wenn er die Obliegenheitsverletzung auch zum Anlass genommen hatte, binnen eines Monats nach Kenntnis die Kündigung auszusprechen (sog. **Kündigungsobliegenheit des VR**). Mit dem Kündigungserfordernis wollte das Gesetz dem VR die Möglichkeit nehmen, sich den Einwand der Leistungsfreiheit quasi „auf Vorrat" bis zum nächsten Versicherungsfall vorzubehalten und gleichzeitig weiterhin Prämienzahlungen des VN entgegenzunehmen, die in einem solchen Falle gar nicht mehr dazu hätten dienen können, dem VN die Versicherungsleistung im Versicherungsfall zu erhalten.[247] Nach der Rspr verfolgte die Regelung

146

147

148

---

244 Vgl einerseits BGH 13.11.1980 – IVa ZR 23/80, BGHZ 79, 6 = VersR 1981, 183 unter II 3; andererseits BGH 4.10.1989 – IVa ZR 220/89, VersR 1989, 1250 unter II 1 c.
245 ZB *Marlow*, VersR 2007, 43.
246 Begr. RegE, BT-Drucks. 16/3945, S. 69.
247 Römer/Langheid/*Römer*, § 6 Rn 96; Prölss/Martin/*Prölss*, 27. Aufl. 2004, § 6 Rn 109.

daneben auch den Zweck, den VR zu einer raschen Entscheidung darüber zu zwingen, ob er einer erkannten Obliegenheitsverletzung derartiges Gewicht beimaß, dass er bereit war, sich deshalb vom Vertrag zu lösen. Letzteres sollte – da fristgebunden – zur alsbaldigen Klarheit zwischen den Vertragsparteien darüber führen, ob eine Obliegenheitsverletzung Konsequenzen haben sollte oder nicht (sog. Klarstellungsfunktion).[248]

149 Die Neuregelung sieht – im Anschluss an § 30 Abs. 2 VVG-KE – das **Kündigungserfordernis** als Voraussetzung für die Leistungsfreiheit **nicht mehr** vor. In der amtlichen Begründung[249] wird dies lediglich damit begründet, dass eine Kündigung nicht immer im Interesse des VN liege. Das mag sich u.a. anlehnen an Entscheidungen des BGH zur Abdingbarkeit des früheren Kündigungserfordernisses bei sog. Großrisiken. Insbesondere für die Frachtführerhaftpflichtversicherung hatte der BGH ausgeführt, in Anbetracht der hohen mit dem Transport von Gütern verbundenen Risiken und des Umstands, dass idR der gesamte Fahrzeugbestand des VN versichert sei (und sein müsse), bestehe regelmäßig ein existenzielles Interesse des Transportunternehmers am Fortbestand eines den Betrieb des Unternehmens sichernden, lückenlosen Versicherungsschutzes. Dieser wäre aber erheblich gefährdet, wenn der VR gezwungen würde, bei Obliegenheitsverletzungen stets das gesamte Versicherungsverhältnis zu kündigen, um im Einzelfall leistungsfrei zu werden. Denn es könne nicht davon ausgegangen werden, dass ein Transportunternehmer im Kündigungsfall ohne Weiteres zu zumutbaren Bedingungen sofort anderweitig Versicherungsschutz erlangen könne.[250]

150 **6. Rechtsmissbrauch. a) Rechtsmissbräuchliche Verweigerung der Kündigung.** Das erschöpft die Problematik aber nicht ansatzweise, weil die Neuregelung und ihre Begründung nicht klar erkennen lassen, ob das Kündigungserfordernis – gemessen an den o.g. Zwecken der früheren Regelung – nur deshalb aufgegeben worden ist, um (einseitig) den VN-Interessen besser gerecht werden zu können, oder ob – wofür der knappe Wortlaut der Neuregelung zu sprechen scheint – zugleich die früheren Ziele (Verhinderung zwecklosen Prämiengenusses und Klarstellungsfunktion) vom Gesetzgeber als nicht mehr schützenswert angesehen worden sind. Möglicherweise wird sich die Rspr irgendwann die Frage stellen, ob der Kern der früheren Regelung zumindest im Rahmen von Treu und Glauben fortlebt, sich zB ein VR auch noch dann auf Leistungsfreiheit wegen einer ihm bekannten Verletzung einer Obliegenheit vor dem Versicherungsfall berufen darf, wenn er nicht gekündigt und stattdessen in Kenntnis des Verstoßes weiterhin Prämienzahlungen des VN entgegengenommen hat. Zumindest wird man mit Blick auf das besondere Vertrauensverhältnis im VersVertrag fordern müssen, dass der VR, der von einer solchen Obliegenheitsverletzung Kenntnis erhält, den VN binnen angemessener Frist (etwa der bisher für die Kündigungsobliegenheit geltenden Monatsfrist) darüber informiert, dass er sich infolge der Obliegenheitsverletzung bis auf Weiteres nicht mehr für leistungspflichtig hält, falls es zu einem Versicherungsfall kommen sollte, und er auch beabsichtigt, sich auf die Leistungsfreiheit zu berufen. Denn damit gibt er dem VN zum einen zumindest die Gelegenheit, sein fehlerhaftes Verhalten uU zu korrigieren, zum anderen kann der VN dann entscheiden, welchen Wert weitere Prämienzahlungen für ihn noch haben (etwa mit der Folge einer ordentlichen Kündigung des Vertrages zum nächstmöglichen Zeitpunkt). Liegt der Fall so, dass trotz der Obliegenheitsverletzung künftige Versicherungsleistungen noch denkbar erscheinen, etwa weil die Obliegenheitsverletzung nur eines von mehreren versi-

---

248 BGH 31.1.1952 – II ZR 259/51, BGHZ 4, 369, 375; BGH 14.3.1984 – IVa ZR 91/82, VersR 1984, 550 unter II 2 mwN; BGH 15.1.1997 – IV ZR 335/95, VersR 1997, 443 unter 2 b mwN; Römer/Langheid/*Römer*, § 6 Rn 96; BK/*Schwintowski*, § 6 Rn 88; aA Prölss/Martin/*Prölss*, 27. Aufl. 2004, § 6 Rn 109.
249 Begr. RegE, BT-Drucks. 16/3945, S. 69.
250 BGH 1.12.2004 – IV ZR 291/03, VersR 2005, 266 unter II 3 c.

cherten Objekten betrifft oder der VN aufgrund der Mitteilung des VR alsbald in der Lage ist, den vertragswidrigen Zustand abzustellen, mag es mit der warnenden Mitteilung des VR sein Bewenden haben. Anders kann es aber dann sein, wenn die Obliegenheitsverletzung unbehebbar und die künftige Leistungsfreiheit derart unausweichlich ist, dass der wirtschaftliche Zweck des gesamten VersVertrages für den VN weitgehend ausgehöhlt wird. Hier kann es eine Frage des Einzelfalles sein, auch dem VN zur Vermeidung sinnloser Prämienzahlungen nach Treu und Glauben sogar ein Recht zur außerordentlichen Kündigung zuzugestehen, um insoweit Waffengleichheit zur Rechtsposition des VR nach Abs. 1 herzustellen. Der amtlichen Begründung, die den Wegfall des Kündigungserfordernisses allein mit dem Interesse des VN begründet, kann jedenfalls nicht ohne Weiteres entnommen werden, dass die früher in § 6 Abs. 1 S. 3 aF verfolgten Zwecke völlig gegenstandslos geworden seien und überhaupt nicht mehr beachtet werden müssten. Denn auch wenn das Klarstellungserfordernis und das Gebot, bei nicht mehr bestehender Leistungsbereitschaft auch keine weiteren Prämien zu vereinnahmen, nun keinen gesetzlichen Niederschlag bei der Kündigungsregelung mehr finden, ergeben sich beide als Nebenpflichten auch aus dem VersVertrag.

b) Rechtsmissbräuchliche Kündigung. Umgekehrt kann auch einmal die Kündigung rechtsmissbräuchlich sein.[251] Rechtsmissbrauch kann bei Ausnutzung einer nur formalen Rechtsstellung vorliegen, zB wenn der VR die Kündigung darauf stützt, der VN habe entgegen den Versicherungsbedingungen (zB § 9 Abs. 5 und 6 MBKK 94) eine Mehrfachversicherung nicht angezeigt und auch nicht die Einwilligung des VR dazu eingeholt, obwohl er die Einwilligung erteilt hätte oder auch bei früherer Mehrfachversicherung bereits geduldet hatte oder wenn die Ablehnung aus anderen Gründen als willkürlich erscheint.[252] Ebenso hat die Rspr in Fällen – freilich meist schwer beweisbarer – apokrypher Kündigungsgründe Rechtsmissbrauch angenommen, etwa wenn eine geringfügige Obliegenheitsverletzung in der Krankheitskostenversicherung vom VR zum Anlass genommen wird, sich von einem gestiegenen Risiko (älter werdender oder ernsthaft erkrankter VN) zu trennen.[253]

Gerade in der privaten Krankenversicherung ist es allerdings für den VN von großem Vorteil, dass das frühere Junktim von Kündigung und Leistungsfreiheit beseitigt ist. Denn hier stellte sich – schon wegen des Verlustes der Altersrückstellungen und der Schwierigkeit, einen neuen VR zu finden – die Kündigung als Reaktion auf eine einzelne Obliegenheitsverletzung oft als besondere Härte dar, während umgekehrt dem VR mit Blick auf § 6 Abs. 1 S. 3 aF schwerlich der Vorwurf treuwidrigen Verhaltens zu machen war, wenn er seine Leistungsfreiheit mit Hilfe einer Kündigung durchsetzen wollte.[254]

Nunmehr ist die **Frage der Leistungsfreiheit von der Kündigung abgekoppelt**, so dass mit Blick auf die besonderen Kündigungsfolgen für den VN die Frage der Treuwidrigkeit der Kündigung losgelöst von einem uU gerechtfertigten Interesse des VR an Leistungsfreiheit im einzelnen Versicherungsfall geprüft werden kann. Das wird dem VR voraussichtlich die Kündigung erschweren, jedoch zugleich die Berufung auf Leistungsfreiheit erleichtern.

IV. Leistungsfreiheit des VR (Abs. 2)

1. Grundzüge des Sanktionenmodells. Abs. 2 bestimmt nicht, dass der VR infolge der Verletzung einer Obliegenheit leistungsfrei werde; das müssen die Parteien viel-

---

251 Vgl Römer/Langheid/*Römer*, § 6 Rn 106.
252 BGH 4.10.1989 – IVa ZR 220/87, VersR 1989, 1250 unter II 6 a und b.
253 BGH 4.10.1989 – IVa ZR 220/87, VersR 1989, 1250 unter II 6 c; OLG Köln 11.4.1994 – 5 U 43/93, r+s 1994, 231.
254 Vgl Prölss/Martin/*Prölss*, 28. Aufl., § 10 MB/KK 94 Rn 8.

mehr selbst im VersVertrag klar und unmissverständlich (s. Rn 9) vereinbart haben. Gegenstand der darauf aufbauenden Regelung des Abs. 2 ist sodann die inhaltliche Ausgestaltung der Rechtsfolgen, mithin der Leistungsfreiheit und ihrer Grenzen. Nur insoweit ist es gerechtfertigt, von einem „Sanktionenregime" des § 28 zu sprechen. Aus der Systematik des Abs. 2 folgt ohne Weiteres, dass die Bestimmung – wie schon früher § 6 aF – für alle dort genannten Sanktionen die wirksame vertragliche Vereinbarung einer Obliegenheit voraussetzt.[255]

155 Das frühere VVG war seit seiner Entstehung beherrscht vom sog. **Alles-oder-Nichts-Prinzip**, wonach bei vereinbarer Leistungsfreiheit als Folge von Obliegenheitsverletzungen selbst geringfügige Verstöße losgelöst davon, in welchem Umfang sie sich zum Nachteil des VR auswirkten, die Leistungspflicht des VR vollständig entfallen ließen. Verschiedene Novellen zur Änderung des früheren § 6 führten zwar zu einer schrittweisen Abmilderung, niemals jedoch zur Aufgabe des Prinzips zugunsten einer dem **Kausalitätsprinzip** folgenden Sanktionenregelung.[256] Kausalitätserwägungen flossen nur bruchstückhaft in die gesetzliche Regelung ein, so bei der Zulassung des Kausalitätsgegenbeweises nach Verstößen gegen gefahrvorbeugende Obliegenheiten iSd § 6 Abs. 2 aF und nach lediglich grob fahrlässigen Verletzungen von nach dem Versicherungsfall zu erfüllenden Obliegenheiten (§ 6 Abs. 3 S. 2 aF). Eine gewisse Abmilderung wurde ferner dadurch erreicht, dass die Vorschrift des § 30 aF (Teilrücktritt, Teilkündigung, teilweise Leistungsfreiheit) im Rahmen des § 6 aF analoge Anwendung fand. Schließlich führten auch Regelungen in einzelnen Versicherungszweigen, etwa der verbleibende Anspruch des VN einer Kapitallebensversicherung auf den Rückkaufswert nach § 176 Abs. 2 aF, zu einer faktischen Abmilderung der Härtefolgen des Alles-oder-Nichts-Prinzips. In der Pflichtversicherung kamen Regelungen hinzu, die verhindern sollten, dass Leistungsfreiheit nach Obliegenheitsverletzungen auf besonders geschützte Dritte durchschlug (zB §§ 158 c Abs. 1, 158 i aF).

156 Für den Bereich der vorsätzlichen und folgenlosen Verletzung von nach dem Versicherungsfall zu erfüllenden Obliegenheiten hat die frühere **Relevanzrechtsprechung** des BGH[257] versucht, die Härtefolgen für den VN abzumildern. Durch Richterrecht waren als zusätzliche Voraussetzungen für die Leistungsfreiheit des VR ein gesteigertes Maß an Verschulden des VN, die generelle Eignung seines Verstoßes zur Beeinträchtigung von VR-Interessen und eine ordnungsgemäße Belehrung des VN durch den VR über die Rechtsfolgen einer vorsätzlichen und folgenlosen Obliegenheitsverletzung aufgestellt worden. Diese Rspr ist durch die Neuregelung in § 28 gegenstandslos geworden.

157 Die Befürworter des Alles-oder-Nichts-Prinzips haben zu seiner Rechtfertigung immer auf ein besonderes Bedürfnis des VR und der von ihm repräsentierten Versichertengemeinschaft nach Generalprävention gegen insb. vorsätzliche Obliegenheitsverletzungen verwiesen, dem das reine Kausalitätsprinzip nicht ausreichend Rechnung trage.[258] Demgegenüber beinhalte das Alles-oder-Nichts-Prinzip für vertragstreue VN auch eine „Redlichkeitsgarantie", nicht gegenüber unlauteren VN

---

255 So auch Langheid/Wandt/*Wandt*, Art. 1 EGVVG Rn 24.
256 Bruck/Möller/*Möller*, 8. Aufl. 1961, § 6 Anm. 21.
257 Vgl BGH 5.5.1969 – IV ZR 532/68, VersR 1969, 651; BGH 16.1.1970 – IV ZR 645/68, BGHZ 53, 160 = NJW 1970, 465; BGH 16.1.1970 – IV ZR 647/68, VersR 1970, 337; BGH 13.7.1977 – IV ZR 127/76, VersR 1977, 1021; BGH 9.11.1977 – IV ZR 160/76, VersR 1978, 74; BGH 24.6.1981 – IVa ZR 133/80, VersR 1982, 182; BGH 7.12.1983 – IV ZR 231/81, VersR 1984, 228; BGH 21.4.1993 – IV ZR 34/92, BGHZ 122, 250 = VersR 1993, 828 = NJW 1993, 1862; BGH 21.1.1998 – IV ZR 10/97, VersR 1998, 447.
258 Vgl Prölss/Martin/*Prölss*, 27. Aufl. 2004, § 6 Rn 98 mwN; *Armbrüster*, Abstufungen der Leistungsfreiheit bei grob fahrlässigem Verhalten des Versicherungsnehmers, in: Basedow/Meyer/Rückle/Schwintowski, VVG-Reform – Abschlussbericht Rückzug des

ins Hintertreffen oder am Ende gar in die Minderheit zu geraten.[259] Das Sanktionengefüge für Obliegenheitsverletzungen wurde mithin als Strafrechts-ähnlich verstanden, sollte sog. pönale Zwecke verfolgen.

Die Neuregelung hält in Abs. 2 am **Alles-oder-Nichts-Prinzip** nur noch für Fälle vorsätzlicher Obliegenheitsverletzungen uneingeschränkt fest. Im Übrigen hat sich im Zuge der Gesetzesreform die Überzeugung davon durchgesetzt, dass sich das Alles-oder-Nichts-Prinzip in der Praxis insgesamt als unbefriedigender Lösungsweg erwiesen habe.[260] Die zunächst zwar relativ einfach anmutende Regelung habe insb. den Nachteil, dass in der Praxis schwer vorzunehmende Abgrenzungen zwischen verschiedenen Verschuldensformen zu weitreichenden Konsequenzen führten (nämlich entweder vollständige Leistungsfreiheit oder aber uneingeschränkte Leistungspflicht), ohne dass dazwischen ausreichende Bewertungsspielräume eröffnet gewesen wären.[261] Daraus ist eine Neuregelung entstanden, die versucht, das Sanktionenregime des § 28 in ein weitgehend **vereinheitlichtes Rechtsfolgensystem für Pflicht- und Obliegenheitsverletzungen** des VN einzubetten, dessen Grundzüge die amtliche Begründung u.a. wie folgt skizziert:[262]

- Zur Leistungsfreiheit können grds. nur solche Verstöße führen, die kausal für den Versicherungsfall oder den Umfang der Leistung des VR sind. Nur betrügerisches Verhalten des VN vor und nach dem Versicherungsfall führt ausnahmsweise, auch wenn es nicht kausal geworden ist, zur Leistungsfreiheit.

- Einfach fahrlässig verursachte Verstöße bleiben folgenlos.

- Vorsätzliche Verstöße führen zur Leistungsfreiheit.

- Bei grob fahrlässigen Verstößen des VN gegen Obliegenheiten kann der VR seine Leistung entsprechend der Schwere des Verschuldens kürzen.

- Der VN soll nicht von der Leistungsfreiheit überrascht werden: Es werden Belehrungspflichten des VR vorgesehen, die den VN warnen und ihn zu richtigem Verhalten anhalten sollen.

- Die Beweislast wird klar und einheitlich geregelt: Bei objektiver Tatbestandsverwirklichung wird von grober Fahrlässigkeit ausgegangen, dh die Beweislast für Vorsatz trägt der VR, von grober Fahrlässigkeit muss sich der VN entlasten. Die Beweislast für Kausalität soll dagegen unverändert bleiben; Obliegenheitsverletzungen bleiben folgenlos, wenn der VN nachweist, dass sein Verhalten nicht kausal war.

2. Vorsätzliche Obliegenheitsverletzung (Alles-oder-Nichts-Prinzip). a) Volle Leistungsfreiheit mit Einschränkungen. Entsprechend den vorgenannten Grundsätzen wird in der Neuregelung am Alles-oder-Nichts-Prinzip nur für die Ahndung vorsätzlicher Obliegenheitsverletzungen festgehalten. Doch auch hier ist die Rechtsstellung des VN in mehrfacher Hinsicht gegenüber der früheren Rechtslage verbessert: Zum einen enthält Abs. 2 nicht mehr die gesetzliche Vorsatzvermutung, wie sie noch in § 6 Abs. 1 und 3 aF enthalten war. Steht die objektive Verletzung einer Obliegenheit fest, geht Abs. 2 vielmehr vom „**Normalfall**" **grob fahrlässiger Begehung** aus. Erstrebt der VR vollständige Leistungsfreiheit wegen vorsätzlicher Obliegenheitsverletzung, muss er den Vorsatz des VN beweisen (**Abs. 2 S. 1**). Das ist – wegen der fließenden Grenzen zwischen grober Fahrlässigkeit und Eventualvorsatz, ferner wegen des Umstandes, dass es dabei um den Beweis innerer Tatsachen

---

Staates aus sozialen Sicherungssystemen, VersWissStud 29. Bd., 2005, S. 26 f; *Baumann*, in: Festschrift Ulrich Weber, 2004, S. 1, 12, 17.
259 Vgl Prölss/Martin/*Prölss*, 27. Aufl. 2004, § 6 Rn 98 mwN.
260 Begr. RegE, BT-Drucks. 16/3945, S. 49.
261 Begr. RegE, BT-Drucks. 16/3945, S. 49.
262 Begr. RegE, BT-Drucks. 16/3945, S. 49.

geht, der sich meist nur über Indizien erschließt – nicht einfach. Zum anderen wird das Alles-oder-Nichts-Prinzip stärker durch das Kausalitätsprinzip überlagert als früher. Sah § 6 aF den Entlastungsgegenbeweis des VN nur für die Verletzung von Obliegenheiten zur Gefahrverminderung oder Verhinderung einer Gefahrerhöhung iSv § 6 Abs. 2 aF oder aber für lediglich grob fahrlässige Verstöße gegen nach Eintritt des Versicherungsfalles zu erfüllende Obliegenheiten vor, lässt **Abs. 3** den **Kausalitätsgegenbeweis** nunmehr flächendeckend bis zur Arglistgrenze zu (vgl Rn 69) und bestimmt, dass der VR zur Leistung verpflichtet bleibt, **soweit** die Obliegenheitsverletzung folgenlos geblieben ist (s. Rn 59 ff).

160 **b) Begrenzung der Leistungsfreiheit des VR nach Treu und Glauben.** Wegen der Quotierungsregelung für grob fahrlässige Obliegenheitsverletzungen und der damit eröffneten Möglichkeit, in Härtefällen auch über die Quote einen gerechten Interessenausgleich zwischen VN und VR zu erreichen, wird sich die Frage, inwieweit es dem VR nach **Treu und Glauben** versagt sein kann, sich auf Leistungsfreiheit zu berufen, künftig u.a. auf die Fälle vorsätzlicher Obliegenheitsverletzungen beschränken. Der Grundsatz von Treu und Glauben beherrscht das Versicherungsverhältnis stärker als viele andere Vertragsverhältnisse.[263] Gerade hierin fand sich im früheren Recht letztlich ja auch die Rechtfertigung für die dem allgemeinen Vertragsrecht eher fremde Sanktion des Anspruchverlustes trotz Folgenlosigkeit des Pflichtverstoßes.[264] Treu und Glauben setzen aber umgekehrt auch der Leistungsfreiheit des VR Grenzen. Allerdings kommt eine Verwirkung des Rechts auf Leistungsfreiheit unter Geltung des neuen Rechts nur in seltenen Ausnahmefällen in Betracht, denn das Sanktionenregime des § 28 ist im Grundsatz schon dazu geschaffen, einen interessengerechten Ausgleich zwischen VR und VN in Fällen der Verletzung vertraglich vereinbarter Obliegenheiten herbeizuführen. Eine Korrektur der gesetzlichen Bestimmung über § 242 BGB kann deshalb nur dort erfolgen, wo ihre Anwendung im Einzelfall das vorgenannte Ziel offensichtlich verfehlt. Die Korrekturmöglichkeit aus § 242 BGB ist nicht in Fällen eröffnet, in denen ein auskunftspflichtiger VN Tatsachen verschweigt, die der VR bereits kennt.[265] Denn insoweit hat der VR gar keinen Aufklärungsbedarf mehr, so dass für die Anwendung von Aufklärungsobliegenheiten von vornherein kein Raum bleibt.[266] Im Übrigen ist für die Einschränkung der Rechte des VR nach vorsätzlicher Obliegenheitsverletzung über § 242 BGB stets eine Gesamtabwägung der Fallumstände entscheidend,[267] wobei der VN, will er geltend machen, der VR übe sein Recht auf Leistungsfreiheit missbräuchlich aus, die diesen Vorwurf tragenden Umstände beweisen muss.[268] Für die Abwägung kann es bspw bedeutsam sein, ob die vollständige Leistungsfreiheit den VN in seiner Existenz bedroht, wenn umgekehrt den VN besonders entlastende Umstände gegenüberstehen.[269] Volle Leistungsfreiheit des VR kommt uU sogar trotz arglistiger Täuschung seitens des VN dort nicht in Betracht, wo eine Gefährdung schutzwürdiger Versichererinteressen ausgeschlossen erscheint.[270] Allerdings ist darauf hinzuweisen, dass der BGH in seiner neueren Rspr

---

263 BGH 2.10.1985 – IVa ZR 18/84, BGHZ 96, 88; BGH 28.11.1963 – II ZR 64/62, BGHZ 40, 387, 388.
264 BGH 2.10.1985 – IVa ZR 18/84, BGHZ 96, 88; BGH 6.5.1965 – 217/62, BGHZ 44, 1, 8.
265 Für die Anwendung von § 242 BGB noch OLG Hamm 14.6.1996 – 20 U 251/95, VersR 1997, 997 (LS); zust. Römer/Langheid/*Römer*, § 6 Rn 133.
266 BGH 26.1.2005 – IV ZR 239/03, VersR 2005, 439 unter II 2 a; BGH 11.7.2007 – IV ZR 332/05, NJW 2007, 2700 unter II 1 a.
267 BGH 8.2.1984 – IVa ZR 203/81, VersR 1984, 453, 454 unter II; BGH 29.5.1985 – IVa ZR 259/83, VersR 1985, 875 unter 2 c; BGH 9.11.1977 – IV ZR 160/76, VersR 1978, 74, 76.
268 BGH 2.10.1985 – IVa ZR 18/84, VersR 1986, 77 = BGHZ 96, 88 unter III 3.
269 BGH 2.10.1985 – IVa ZR 18/84, BGHZ 96, 88.
270 BGH 6.5.1965 – II ZR 217/62, BGHZ 44, 1, 11.

einer **Arglist des VN** zu dessen Lasten wieder größeres Gewicht in der Interessenabwägung beimisst, wie sich aus der geänderten Rspr zu der Frage ergibt, ob den arglistig getäuschten VR vor Vertragsschluss dennoch eine Nachfrageobliegenheit treffen kann.[271]

c) **Sonderfälle.** Der VR darf aber jedenfalls falsche Angaben des VN **nicht seinerseits treuwidrig veranlasst haben.**[272] Bei Großschäden etwa darf er nicht durch bloße Verzögerungen des Feststellungsverfahrens und der Entschädigungszahlung die wirtschaftliche Existenz des VN bedrohen. Lehnt er den Versicherungsschutz oder die Anerkennung bestimmter Schadenspositionen in schlechthin unvertretbarer Weise ab[273] und veranlasst er damit den VN zum Gebrauch unlauterer Mittel, kann das dazu führen, dass der VR trotz vorsätzlicher Obliegenheitsverletzung des VN zur Leistung verpflichtet bleibt.

Die Berufung auf Leistungsfreiheit infolge einer Obliegenheitsverletzung kann dem VR nach Treu und Glauben ferner verwehrt sein, wenn er sich so verhält, dass der VN über das Bestehen der Obliegenheit irritiert oder verunsichert wird. So hat der BGH die Berufung eines Hausratversicherers auf die Nichtvorlage der Stehlgutliste bei der Polizei für treuwidrig erachtet, weil der VR dem VN im Rahmen der Schadensregulierung eine Liste mit zahlreichen Handlungsanweisungen übersandt hatte, die einerseits den Anschein der Vollständigkeit erweckte, andererseits aber gerade jeden Hinweis auf die Notwendigkeit der Stehlgutlistenvorlage vermissen ließ.[274]

Die Berufung auf die Leistungsfreiheit darf sich auch nicht aus anderen Gründen als **unzulässige Rechtsausübung** darstellen.[275] Deren Annahme setzt aber immer **ganz besondere Umstände des Einzelfalles** voraus. Der Verlust des Versicherungsschutzes muss dann für den VN eine **übermäßige Härte** darstellen. Dabei kommt es entscheidend auf das Maß des Verschuldens an und auf die Folgen, welche dem VN bei Wegfall des Versicherungsschutzes drohen. Eine unzulässige Rechtsausübung ist bspw dort anzunehmen, wo die Täuschung lediglich einen geringen Teil des versicherten Schadens betrifft und bei der Billigkeitsprüfung weitere Gesichtspunkte zugunsten des VN ins Gewicht fallen. Dabei können auch einmal die Motive des VN bedeutsam sein, die ihn zu seinem Fehlverhalten verleitet haben, insb. ob übersteigertes Gewinnstreben im Spiel war oder lediglich die Durchsetzung eines berechtigten Anspruchs gefördert werden sollte.[276]

3. **Grob fahrlässige Obliegenheitsverletzung (Abs. 2 S. 2). a) Grobe Fahrlässigkeit des VN als gesetzlich vermuteter Normalfall einer Obliegenheitsverletzung.** Das sog. **quotale Leistungskürzungsrecht des VR**[277] in Kombination mit der gesetzli-

---

271 Vgl einerseits BGH 25.3.1992 – IV ZR 55/91, VersR 1992, 603 = BGHZ 117, 385 m. Anm. *Glimm*, VK 2007, 23, 24, andererseits BGH 15.3.2006 – IV ZA 26/05, VersR 2007, 96; BGH 7.3.2001 – IV ZR 254/00, VersR 2001, 620; BGH 10.10.2001 – IV ZR 6/01, VersR 2001, 1541.
272 Vgl dazu BGH 2.10.1985 – IVa ZR 18/84, BGHZ 96, 88; BGH 23.3.1971 – VI ZR 199/69, NJW 1971, 1126.
273 BGH 3.12.1975 – IV ZR 34/74, VersR 1976, 134, 135.
274 BGH 17.9.2008 – IV ZR 317/05, VersR 2008, 1491 entgegen OLG Köln 25.9.2007 – 9 U 193/06, VersR 2008, 917 und KG 25.8.2000 – 6 U 465/00, r+s 2003, 199.
275 BGH 2.10.1985 – IVa ZR 18/84, BGHZ 96, 88; BGH 8.2.1984 – IVa ZR 203/81, VersR 1984, 453, 454 unter II; BGH 28.11.1963 – II ZR 64/62, BGHZ 40, 387, 388; BGH 26.2.1969 – IV ZR 549/68, VersR 1969, 411.
276 BGH 2.10.1985 – IVa ZR 18/84, BGHZ 96, 88 ff.
277 Vgl dazu: *Armbrüster*, VersR 2003, 675; *Auer*, Das Leistungskürzungsrecht des Versicherers bei grob fahrlässigen Obliegenheitsverletzungen des Versicherungsnehmers nach § 28 Abs. 2 Satz 2 VVG, Diss. 2012; *Böhm/Nugel*, MDR 2012, 693; *dies.*, MDR 2013, 1328; *Brand*, in: FS E. Lorenz, 2014, S. 55; *Feifel*, Die Quotelung bei Obliegenheitsverletzungen, 2011; *Felsch*, r+s 2007, 485, 490 ff; *Franz*, VersR 2008, 298, 304 ff; *Grote/Schneider*, BB 2007, 2689; *Günther*, r+s 2009, 492; *Günther/Spielmann*, r+s 2008,

chen Vermutung (**Abs. 2 S. 2 Hs 2**), dass – bei erwiesener objektiver Obliegenheitsverletzung – der VN grob fahrlässig gehandelt habe, ist ein Kernstück der VVG-Reform, die für diesen zentralen Bereich die Abkehr vom Alles-oder-Nichts-Prinzip vollzieht. Der VR soll bei grob fahrlässig begangenen Obliegenheitsverletzungen (lediglich) berechtigt sein, seine Leistung **in einem der Schwere des Verschuldens des VN entsprechenden Verhältnis** zu kürzen. Entsprechende Quotierungsregelungen finden sich auch bei den Vorschriften über die Gefahrerhöhung (§ 26 Abs. 1) und die Rettungsobliegenheit (§ 82 Abs. 3 S. 2), wo – wie bei Abs. 2 S. 2 – eine grobe Fahrlässigkeit des VN vom Gesetz (widerlegbar) vermutet wird, ferner bei der Herbeiführung des Versicherungsfalles (§ 81 Abs. 2) (wo der VR allerdings schon die grobe Fahrlässigkeit des VN beweisen muss, so dass diese Vorschrift gerade hinsichtlich der Beweislast für quotenbestimmende Umstände anderen Regeln folgen muss als bei denjenigen Vorschriften, die – wie Abs. 2 – die grobe Fahrlässigkeit des VN vermuten).

165 Die amtliche Begründung des Regierungsentwurfs zu § 28 erläutert das dahin, dass sich der Umfang der Leistungspflicht hier künftig allein nach dem **Verschuldensmaß** bestimmen, die Leistungskürzung mithin „**dem Grad der groben Fahrlässigkeit**" des VN entsprechen solle. Entscheidend sei demnach, ob die grobe Fahrlässigkeit im konkreten Fall nahe beim Vorsatz (dann hohe Leistungskürzung) oder eher im Grenzbereich zur einfachen Fahrlässigkeit (geringe Leistungskürzung) liege.[278] Gerade wegen dieser **Verengung des Quotierungsmaßstabes allein auf den Verschuldensgrad** hat die Praktikabilität der Neuregelung im Vorfeld der Reform erhebliche Skepsis und Kritik ausgelöst.[279] In der Tat weist die amtliche Begründung einen gewissen inneren Widerspruch auf, wenn sie einerseits die Abkehr vom Alles-oder-Nichts-Prinzip u.a. damit begründet, dass die rechtliche Abgrenzung zwischen den drei Verschuldensstufen „Fahrlässigkeit", „grober Fahrlässigkeit" und „Vorsatz" zu diffizil sei, um damit weiterhin den Unterschied zwischen voller Leistungsfreiheit und voller Leistungspflicht zu rechtfertigen,[280] andererseits aber zugleich eine noch schwerer zu leistende Binnendifferenzierung der Verschuldensgrade innerhalb grober Fahrlässigkeit zu fordern scheint. Die anfängliche Kritik meinte, anstatt Abgrenzungsprobleme zwischen verschiedenen Verschuldensgraden künftig zu entschärfen oder zu erübrigen, zwinge die Neuregelung zu einer praktisch nicht zu leistenden, noch weitergehenden und subtileren Differenzierung, als

---

133/177; *Heß*, r+s 2013, 1; *Heß/Burmann*, NZV 2009, 7; *Knappmann*, VRR 2008, 10; *Kutschera*, VuR 2008, 409; *Langheid*, NJW 2007, 3665, 3669 f; *Looschelders*, VersR 2008, 1, 6 f (zu § 81 Abs. 2); *Maier*, r+s 2007, 89; *Marlow*, VersR 2007, 43; *Marlow/Spuhl/Marlow*, Rn 321 ff; *Meixner/Steinbeck*, § 1 Rn 216 ff; *Moosbauer*, Das quotale Leistungskürzungsrecht des Versicherers bei der grob fahrlässigen Verletzung einer vertraglichen Obliegenheit nach § 28 II S. 2 VVG, 2011; *Nugel*, Sonderbeil. zu MDR 2007, Heft 22, S. 23 ff; *ders.*, Kürzungsquoten nach dem VVG, 2011; *Pohlmann*, VersR 2008, 437; *Rixecker*, zfs 2009, 3; *ders.*, ZVersWiss 2009, 3; *Stahl*, VersR 2008, 1580; *Weidner/Schuster*, r+s 2007, 363.

278 Begr. RegE, BT-Drucks. 16/3945, S. 69.
279 *Armbrüster*, Abstufungen der Leistungsfreiheit bei grob fahrlässigem Verhalten des Versicherungsnehmers, in: Basedow/Meyer/Rückle/Schwintowski, VVG-Reform – Abschlussbericht Rückzug des Staates aus sozialen Sicherungssystemen, VersWissStud 29. Bd., 2005, S. 26 ff; *ders.*, ZVersWiss 2005, 385 ff; *ders.*, VersR 2003, 675; *ders.*, Das Alles-oder-Nichts-Prinzip im Privatversicherungsrecht, 2003; *Kurzka*, VersR 2001, 698, 700 mwN; *Marlow*, Vertragliche Obliegenheiten vor und nach dem Versicherungsfall – Erste Anmerkungen zum Entwurf der VVG-Reformkommission, 2005, S. 49 ff, in: Die Vorschläge der Reformkommission für ein neues Versicherungsvertragsrecht: ein Jahrhundertwerk am Horizont? 9. Kölner Versicherungssymposium (Schriftenreihe des FB Versicherungswesen der Fachhochschule Köln, 21); *ders.*, VersR 2007, 43 ff.
280 Begr. RegE, BT-Drucks. 16/3945, S. 49.

deren Folge in der Zukunft nichts anderes entstehen könne als eine weitgehende Rechtsunsicherheit über Quoten und deren Begründung.[281]

Dem ist aber entgegenzuhalten, dass die Prämisse, es müssten zunächst feste Unterkategorien der groben Fahrlässigkeit definiert werden, um daran anknüpfend die Quotelung zu begründen, nicht zwingend ist. Die Anforderung, innerhalb eines rechtlich vorgegebenen Rahmens aus einer Gesamtbewertung unterschiedlichster Parameter feste Rechengrößen zu ermitteln, ist der Rechtsordnung nicht fremd. Sie begegnet uns bei der strafrechtlichen Strafzumessung ebenso wie bei der Festlegung eines Schmerzensgeldes oder auch der Ermittlung von Mitverschuldensquoten nach § 254 BGB. Bei keiner dieser Bewertungen ist der Tatrichter gezwungen, den weiten rechtlichen Handlungsrahmen zunächst in feste, abstrakt definierte Unterkategorien zu untergliedern, um die Besonderheiten des Einzelfalles erst danach in eine dieser Untergruppen „einzufächern". Ein solches Vorgehen würde der Vielfalt denkbarer Sachverhalte ohnehin nicht gerecht.

166

Erforderlich ist lediglich, dass man zunächst Klarheit darüber gewinnt, **welche Parameter zulässige Bewertungsgesichtspunkte darstellen**. Diese können sodann im Rahmen einer Gesamtwürdigung gegenübergestellt und gewichtet werden. Rechtssicherheit entsteht dabei erst allmählich durch die statistisch-empirische Beobachtung der Rechtsprechungspraxis (wie sie zB in Schmerzensgeldtabellen ihren Niederschlag findet). Das lässt sich besonders gut an der gerichtlichen Strafzumessungspraxis aufzeigen, wo sich für häufig wiederkehrende Delikte (etwa aus dem Bereich des Straßenverkehrs oder der Eigentumskriminalität) relativ gut prognostizierbare Strafmaße entwickelt haben.

167

b) Gesetzliche Vermutung (Abs. 2 S. 2 Hs 2). aa) Beweislast des VN. Nach Abs. 2 S. 2 Hs 2 trägt der VN die **Beweislast** für das **Nichtvorliegen einer groben Fahrlässigkeit**. Anders als im früheren § 6 VVG (wo sich der VN von jeglicher Schuld im Wege des Gegenbeweises entlasten musste, was auf eine Vorsatz-Vermutung hinauslief)[282] sieht das Gesetz, wenn die Obliegenheitsverletzung objektiv feststeht, nunmehr die **grob fahrlässige Begehungsweise** als den **vermuteten Normalfall** an, der den Bereich des quotalen Leistungskürzungsrechts der VR eröffnet. Will der VR vollständige Leistungsfreiheit nach **Abs. 1** erreichen, muss er dem VN dessen Vorsatz (zum Begriff s. Rn 74 ff) nachweisen. Umgekehrt kann der VN die volle Versicherungsleistung nur dann erlangen, wenn er den Beweis führt, dass sein Verhalten unterhalb der Schwelle zur groben Fahrlässigkeit (zum Begriff s. Rn 96 ff) anzusiedeln ist, also allenfalls einfach fahrlässig (s. Rn 95) war.

168

bb) Exkurs: Nachträgliche Berichtigung falscher Angaben des VN. Ob und unter welchen Voraussetzungen Leistungsfreiheit **wegen vorsätzlicher Verletzung der Aufklärungsobliegenheit** durch **nachträgliches Verhalten des VN** wegfällt, wurde in Rspr und Lit. nicht immer einheitlich und klar beantwortet.[283] Die Frage lässt sich nicht generell, sondern nur anhand der jeweiligen Fallgestaltung beantworten. Dabei wird u.a. zu unterscheiden sein zwischen dem Nachholen fehlender Anga-

169

---

281 *Armbrüster*, Abstufungen der Leistungsfreiheit bei grob fahrlässigem Verhalten des Versicherungsnehmers, in: Basedow/Meyer/Rückle/Schwintowski, VVG-Reform – Abschlussbericht. Rückzug des Staates aus sozialen Sicherungssystemen, VersWissStud 29. Bd., 2005, S. 27 f; *ders.*, VersR 2003, 675, 677; *Marlow*, Vertragliche Obliegenheiten vor und nach dem Versicherungsfall – Erste Anmerkungen zum Entwurf der VVG-Reformkommission, 2005, S. 49 ff, in: Die Vorschläge der Reformkommission für ein neues Versicherungsvertragsrecht: ein Jahrhundertwerk am Horizont? 9. Kölner Versicherungssymposium (Schriftenreihe des FB Versicherungswesen der Fachhochschule Köln, 21); *ders.*, VersR 2007, 44 ff.
282 Vgl BGH 5.12.2001 – IV ZR 225/00, VersR 2002, 173 unter 2 a mwN; weitere Rspr-Nachweise bei Römer/Langheid/*Römer*, § 6 Rn 121.
283 Vgl dazu Römer/Langheid/*Römer*, § 6 Rn 16; BK/*Schwintowski*, § 6 Rn 43; Stiefel/*Hofmann*, AKB, § 7 Rn 40; *Rixecker*, zfs 2000, 395, jeweils mwN.

ben zu gestellten Fragen, der Ergänzung unvollständiger Angaben, dem Nachreichen von Unterlagen und der Berichtigung falscher Angaben. Für die **Berichtigung falscher Angaben** gilt Folgendes:

- Sie erfüllen schon den objektiven Tatbestand einer Verletzung der Aufklärungsobliegenheit dann nicht, wenn sie so schnell berichtigt werden, dass die korrigierte Information dem VR bereits in dem Zeitpunkt vorliegt, in dem er sich erstmals mit dem Vorgang befasst.[284]
- Die Berichtigung falscher Angaben kann auch geeignet sein, die **Vorsatzvermutung zu widerlegen**. Das kommt dann in Betracht, wenn das Gesamtverhalten des VN nach Überzeugung des Tatrichters darauf schließen lässt, dass die Falschangabe auf einem Irrtum beruht.[285]

170 Ist die Vorsatzvermutung nicht widerlegt, kann sich der VR gleichwohl nach **Treu und Glauben (§ 242 BGB) auf Leistungsfreiheit nicht berufen,** wenn der Zweck der Aufklärungsobliegenheit durch die Berichtigung der falschen Angaben letztlich doch erreicht ist. Die Bestimmungen über die Aufklärungsobliegenheiten tragen dem Gedanken Rechnung, dass der VR, um sachgemäße Entschlüsse fassen zu können, sich darauf verlassen muss, dass der VN von sich aus richtige und lückenlose Angaben über den Versicherungsfall macht und dass der drohende Verlust seines Anspruchs geeignet ist, ihn zu wahrheitsgemäßen und vollständigen Angaben anzuhalten.[286] Diesem Zweck der Aufklärungsobliegenheit entspricht es nicht, wenn es dem VN von vornherein abgeschnitten wäre, die Sanktion der Leistungsfreiheit durch eine Korrektur seiner Angaben zu vermeiden. Das wirtschaftliche Interesse des VR an richtigen Angaben besteht vielmehr fort, solange ihm durch die falschen Angaben noch kein Nachteil, etwa durch Verlust von Aufklärungsmöglichkeiten, entstanden und ihm die Unrichtigkeit noch nicht aufgefallen ist. Der VN, der die Vermögensinteressen des VR durch falsche Angaben bereits gefährdet hat, kann dem drohenden Anspruchsverlust aber nur dann entgehen, wenn er dem VR den wahren Sachverhalt aus **eigenem Antrieb, vollständig und unmissverständlich offenbart und nichts verschleiert oder zurückhält.** Dass dies geschehen ist, hat er darzulegen und ggf zu beweisen.[287] Kann nicht ausgeschlossen werden, dass die falschen Angaben bereits zu einem Nachteil für den VR geführt haben oder nicht freiwillig berichtigt worden sind, bleibt es bei der Leistungsfreiheit.[288]

171 c) **Leistungskürzung (Quotenregelung). aa) Vorbemerkung.** Seit Inkrafttreten des neuen VVG ist der Rspr die Aufgabe gestellt, die Quotenregelung des Abs. 2 S. 2 in der Praxis umzusetzen.[289] Entgegen mancher Erwartung hat der Streit um die

---

284 Vgl BGH 5.12.2001 – IV ZR 225/00, VersR 2002, 173 unter 4; BGH 30.11.1967 – II ZR 13/65, VersR 1968, 137 unter II; OLG Hamm 19.11.1999 – 20 U 205/98, VersR 2000, 577 unter 1.
285 BGH 5.12.2001 – IV ZR 225/00, VersR 2002, 173 unter 4; OLG Hamm 24.2.1984 – 20 U 236/83, VersR 1985, 535 f.
286 BGH 5.12.2001 – IV ZR 225/00, VersR 2002, 173 unter 4; BGH 24.6.1981 – IVa ZR 133/80, VersR 1982, 182 f; Römer/Langheid/*Römer*, § 6 Rn 38.
287 BGH 5.12.2001 – IV ZR 225/00, VersR 2002, 173 unter 4; BGH 8.2.1984 – IVa ZR 203/81, VersR 1984, 453 unter I 4.
288 BGH 5.12.2001 – IV ZR 225/00, VersR 2002, 173 unter 4; BGH 24.6.1981 – IVa ZR 133/80, VersR 1982, 182 f; BGH 28.5.1975 – IV ZR 112/73, VersR 1975, 752 unter III; BGH 12.5.1993 – IV ZR 120/92, VersR 1993, 1351 unter II 3 b.
289 OLG Hamm 25.8.2010 – 20 U 74/10, VK 2010, 208 (Kurzwiedergabe) m. Anm. *Nugel*, jurisPR-VerkR 23/2010 Anm. 2; OLG Hamm 21.4.2010 – 20 U 152/09, NJW-Spezial 2010, 297 (Kurzwiedergabe) m. Anm. *Nugel*, jurisPR-VerkR 9/2010 Anm. 1 und 215/2010 Anm. 4; LG Münster 20.8.2009 – 15 O 141/09, VersR 2009, 1615; LG Münster 6.1.2010 – 15 O 141/09, juris; LG Göttingen 18.11.2009 – 5 O 118/09, juris (zu § 81); LG Köln 21.1.2010 – 24 O 458/09, r+s 2010, 104; LG Dortmund 15.7.2010 – 2 O 8/10, zfs 2010, 515; LG Nürnberg-Fürth 4.8.2010 – 8 O 744/10, r+s 2010, 412.

Quotelung der Versicherungsleistung die Gerichte seltener beschäftigt als befürchtet. Insbesondere sind damit im Zusammenhang stehende grundsätzliche Fragen bisher noch kaum an den BGH herangetragen worden. Das mag schon daran liegen, dass – wenn sich der Streit darauf beschränkt, ob eine Leistungskürzung um 10 oder 20 % zu hoch oder zu niedrig ausgefallen ist – ökonomische Gründe gegen ein Durchschreiten dreier Instanzen sprechen mögen. Es kommt hinzu, dass die Schuldbewertung, die der Leistungskürzung nach dem Gesetz voranzugehen hat, ureigenste Aufgabe des Tatrichters ist, so dass – ähnlich wie die Ermessenskontrolle im Allgemeinen – die Überprüfung der Quotelung revisionsrechtlich einem eingeschränkten Prüfungsmaßstab unterläge. Immerhin wird man aber – gleichviel, welches der nachfolgend beschriebenen Modelle für die Methodik der Leistungskürzung sich durchsetzen wird – fordern können, dass eine die Leistungskürzung begründende Entscheidung **diejenigen Umstände gegenüberstellt und darlegt, welche zum einen für eine höhere, zum anderen für eine geringere Leistungskürzung sprechen**. Es dürfte nicht ausreichen, wenn – wie bisweilen zu beobachten – der Tatrichter nur das Vorliegen grober Fahrlässigkeit des VN darlegt und daraus ohne weitere Begründung folgert, die Leistung sei deshalb um X % zu kürzen.

Wie zu erwarten war, haben die schweizerischen Erfahrungen mit der Quotenregelung des seit mehr als 100 Jahren geltenden Art. 14 Abs. 2 des **schweizerischen VVG**, der freilich nur die Herbeiführung des Versicherungsfalles durch den VN betrifft (also dem neuen § 81 Abs. 2 entspricht), die deutsche Rspr kaum beeinflusst.[290] Die bisherige rechtsvergleichende Befassung mit der Schweizer Bestimmung hat – soweit ersichtlich – jedenfalls kein zur Nachahmung geeignetes Modell oder auch nur eine Systematisierung in Fallgruppen zutage gefördert.[291]

bb) Quotelung. (1) Zur Methodik. Es ist nicht erforderlich, nach Schweregraden abgestufte Untergruppen der groben Fahrlässigkeit zu definieren, um anschließend die Bewertung der Besonderheiten des jeweiligen Einzelfalles daran auszurichten.[292] Der Versuch einer solchen Vorgehensweise wäre angesichts der Vielfalt möglicher Sachverhalte und der ohnehin schon schwierigen Abgrenzung von Vorsatz, grober Fahrlässigkeit und einfacher Fahrlässigkeit ohnehin zum Scheitern verurteilt. Erforderlich ist allein eine **Abwägung und Bewertung derjenigen den Einzelfall kennzeichnenden Fallumstände**, die sich auf den **Schuldvorwurf** der **groben Fahrlässigkeit erschwerend oder mildernd** auswirken.[293]

Bei der Ermittlung der Quoten zeichnet sich ab, dass sich „greifbare" Quoten, etwa **Drittel-, Viertel- und Fünftelschritte oder 10 %-Schritte**, etablieren, weil weitergehende Verfeinerungen angesichts des Umstandes, dass es in diesem Bereich ohnehin keine mathematische Genauigkeit geben kann, in der Regelfall nicht zu vermitteln sein werden.[294] Gesetzliche Vorgaben gibt es insoweit aber nicht. Es ist deshalb denkbar, dass im Einzelfall, insb. beim Zusammentreffen mehrerer Fehlhandlungen des VN, die jeweils eine Leistungskürzung zur Folge haben, am Ende auch einmal eine Quote außerhalb der groben Rasterung geboten ist. Man sollte sich auch

---

290 Zur Diskussion s. Vorauflage (2. Aufl. 2011), § 28 Rn 164.
291 AA für den Bereich der Trunkenheit im Straßenverkehr offenbar *Maier*, r+s 2007, 90, jedoch ohne ausreichende Nachweise aus der Schweizer Rspr.
292 *Felsch*, r+s 2007, 485, 490 ff.
293 OLG Hamm 25.8.2010 – 20 U 74/10, VK 2010, 208 (Kurzwiedergabe); OLG Hamm 21.4.2010 – 20 U 182/09, NJW-Spezial 2010, 297; LG Münster 20.8.2009 – 15 O 141/09, VersR 2009, 1615; LG Münster 6.1.2010 – 15 O 141/09, juris; LG Dortmund 15.7.2010 – 2 O 8/10, zfs 2010, 515; LG Nürnberg-Fürth 4.8.2010 – 8 O 744/10, r+s 2010, 412.
294 *Rixecker*, zfs 2007, 15, 16; LG Münster 20.8.2009 – 15 O 141/09, VersR 2009, 1615; LG Münster 6.1.2010 – 15 O 141/09, juris; dagegen: LG Dortmund 15.7.2010 – 2 O 8/10, zfs 2010, 515.

175 **(2) Zulässigkeit einer Quote von 0 bzw 100 % in Ausnahmefällen.** Der BGH hat inzwischen geklärt, dass es im Rahmen des Abs. 2 S. 2 sog. 100 : 0-Fälle geben kann,[295] die Quotelung also im Extremfall zur völligen Leistungsfreiheit des VR oder – das ist umgekehrt die Konsequenz der Entscheidung – auch einmal ausnahmsweise zum Erhalt der ungekürzten Versicherungsleistung führen kann. Die Entscheidung knüpft an ein zuvor bereits zu § 81 ergangenes Urteil[296] an und entspricht der zuvor wohl bereits überwiegenden Auffassung in Lit. und Rspr.[297] Der dagegen erhobene Einwand, es widerspreche der Systematik des Abs. 2, auch im Bereich zwischen einfacher Fahrlässigkeit (keine Leistungskürzung) und Vorsatz (volle Leistungsfreiheit des VR) **Null-Quoten** zuzulassen,[298] findet im Wortlaut des Abs. 2 S. 2 keine ausreichende Stütze, erst recht nicht mehr, seit auf Initiative des Rechtsausschusses des Deutschen Bundestages in **Abs. 2 S. 1** (ursprüngliche Fassung des RegE: „... ist er *nur* leistungsfrei, wenn der Versicherungsnehmer die Obliegenheit vorsätzlich verletzt hat") das Wort „nur" gestrichen worden ist.[299] Es sind durchaus Fälle denkbar, in denen die grobe Fahrlässigkeit des VN bei Bewertung aller den Verschuldensgrad kennzeichnenden Umstände praktisch ein dem Vorsatz vergleichbares Gewicht erreicht. Umgekehrt sind auch Fälle vorstellbar, in denen besondere Milderungsgründe das VN-Verhalten selbst dann, wenn es gerade noch als grob fahrlässig anzusehen sein sollte, kaum schwerwiegender erscheinen lassen als einfach fahrlässiges Verhalten. Es wäre Förmelei, wollte man in solchen Fällen Quoten von zB „99 : 1" fordern, nur um einer angeblichen Gesetzessystematik Genüge zu tun, die so im Gesetzestext nicht (mehr) angelegt ist. Denn allein daraus, dass das Gesetz den VR bei vorsätzlicher Obliegenheitsverletzung leistungsfrei stellt, folgt nicht das Verbot, dass die bei fahrlässiger Obliegenheitsverletzung gebotene Abwägung im Einzelfall aufgrund besonderer Umstände zum selben Ergebnis gelangen kann.

176 Allerdings hat der BGH in beiden Entscheidungen betont, eine 100%-ige Kürzung müsse seltenen Ausnahmefällen mit ganz besonderen Fallumständen vorbehalten bleiben, denn der Gesetzgeber hat sich in Abs. 2 im Grundsatz dafür entschieden, dass grob fahrlässig begangene Obliegenheitsverletzungen, mögen sie auch objektiv schwer wiegen, lediglich die Leistungskürzung, nicht hingegen den vollständigen Leistungsverlust zur Folge haben sollen. Bestrafungszwecke sollen damit nicht verfolgt werden. Es erscheint insoweit bedenklich, wenn der „**Goslarer Orientierungsrahmen**" (vgl dazu Fn 297) im Grundsatz die volle Leistungskürzung für **alle Fälle des grob fahrlässigen Führens eines Kfz im Zustand alkoholbedingter absoluter Fahruntauglichkeit** fordert. Immerhin handelt es sich insoweit um ein alltäglich

---

295 BGH 11.1.2012 – IV ZR 251/10, r+s 2012, 166 (Rn 12, 13) für einen Fall alkoholbedingter absoluter Fahruntauglichkeit.
296 BGH 22.6.2011 – IV ZR 225/10, BGHZ 190, 120 = r+s 2011, 376 (Rn 21 ff mwN).
297 *Rixecker*, zfs 2007, 16; *ders.*, zfs 2007, 73; *Römer*, VersR 2006, 741; *Römer*, Das Alles-oder-Nichts-Prinzip, in: Basedow/Meyer/Rückle/Schwintowski, VVG-Reform – Abschlussbericht Rückzug des Staates aus sozialen Sicherungssystemen, VersWissStud 29. Bd., 2005, S. 11, 19, 20; Empfehlungen des 47. Deutschen Verkehrsgerichtstages, Januar 2009 („Goslarer Orientierungsrahmen"), verkehrsanwaelte.de/arbeitshilfen/goslarer-orientierungsrahmen.pdf; dazu *Nehm*, zfs 2010, 12.
298 So wohl *Marlow*, VersR 2007, 43, 45; Marlow/Spuhl/*Marlow*, Rn 325.
299 BGH 22.6.2011 – IV ZR 225/10, BGHZ190, 120 = r+s 2011, 376 (Rn 28); vgl dazu die Stellungnahme von *Rixecker* vor dem Rechtsausschuss des Deutschen Bundestages, veröffentlicht unter http://www.bundetag.de/ausschuesse/a06/anhoerungen/16_versicherungsvertragsrecht/04_stellungnahmen/stellungnahme_rixecker.pdf.

auftretendes Delikt, dem insoweit kein ganz besonderer Ausnahmecharakter zukommt, zumal die absolute Fahruntauglichkeit lediglich eine von der Rspr entwickelte Alkoholisierungsgrenze darstellt, die die Beweiserhebung über den Grad der alkoholbedingten Beeinträchtigung des Fahrers mittels Sachverständigengutachtens entbehrlich macht. Ob ein danach absolut fahruntauglicher Fahrer unter stärkeren Ausfallerscheinungen leidet als ein anderer, relativ fahruntauglicher Fahrer, der aber vielleicht nicht ebenso alkoholgewöhnt ist, bleibt offen. Maßstab für die Leistungskürzung soll indessen gerade die **individuelle Schuld des konkreten Täters** sein.[300]

Zum Teil scheint die Praxis dem Erfordernis, bei einer 100 %-Kürzung die Umstände darzulegen, die die Obliegenheitsverletzung als besonderen Ausnahmefall im Sinne der BGH-Rspr kennzeichnen, zu geringe Beachtung zu schenken. Falsch ist es bspw, die vollständige Leistungskürzung als regelmäßige Folge bestimmter objektiver Verstöße zu fordern, weil damit allein schon die objektive Pflichtverletzung ohne Rücksicht auf die subjektiven Tatumstände von vornherein zum Ausnahmefall erklärt wird.

(3) Einstiegsgröße für die Quotelung (50 %) – Mittelwertmodell. Die Ermittlung der Leistungsfreiheitsquote wird insb. so lange Probleme bereiten, wie jeder **Bezugspunkt für eine wertmäßige Einordnung** fehlt. Das legt es nahe, gedanklich zunächst eine **Einstiegsgröße für die weitere Quotelung** festzulegen. Das bereitet bei § 81 Abs. 2 größere Schwierigkeiten als bei Abs. 2 S. 2, denn infolge der gesetzlichen Vermutung, der VN habe grob fahrlässig gehandelt, erscheint es nicht fernliegend anzunehmen, dass diese gesetzlich ohne Weiteres **vermutete grob fahrlässige Begehungsweise des VN** eine solche ist, die im **durchschnittlichen, mittleren Bereich grober Fahrlässigkeit** angesiedelt ist und daher zunächst mit einer **Leistungsfreiheitsquote von 50 %** korrespondiert.

Dieser Einstieg ermöglicht eine **klare Verteilung der Darlegungs- und Beweislast zwischen VN und VR**. Will der VN schuldprägende Umstände geltend machen, die eine Senkung der Leistungsfreiheitsquote auf unter 50 % rechtfertigen, so muss er die sie tragenden Tatsachen vortragen und beweisen. Ihm dies aufzuerlegen ist schon deshalb sinnvoll, weil diese Umstände oft in die gleiche Richtung weisen wie der dem VN ohnehin obliegende Entlastungsbeweis. Der VN kann also auf dem Weg zum vollen Beweis, dass er nur einfach fahrlässig (oder noch weniger vorwerfbar) gehandelt habe, zugleich Zwischenschritte darlegen und beweisen, die jedenfalls den Schuldvorwurf abmildern und damit die Leistungsfreiheitsquote absenken können. Umgekehrt kann und muss der VR, dem nach Abs. 2 S. 1 schon der Beweis für vorsätzliche Begehungsweise aufgebürdet ist, auf dem Wege dorthin Teilerfolge erzielen, indem er zumindest Umstände darlegt und beweist, die die grobe Fahrlässigkeit des VN gewichtiger erscheinen lassen und deshalb eine Leistungsfreiheitsquote von mehr als 50 % rechtfertigen.

Eine solche klare Verteilung der Darlegungs- und Beweislast könnte im Rechtsstreit in vielen Fällen auch zu schneller Entscheidungsreife führen: Fordert zB der VN einer Kfz-Kaskoversicherung Entschädigung für sein bei einem Unfall zerstörtes Auto und wendet der VR unbestritten lediglich ein, der VN habe den Unfall (unter Verstoß gegen die Obliegenheit aus § 2 b (1) e AKB) nach Genuss dreier Biere im Zustand der alkoholbedingten Fahruntauglichkeit erlitten (ohne diese nach BAK-Grad weiter zu präzisieren), so kann – wenn kein weiterer Vortrag der Parteien erfolgt – aufgrund der Vermutung grob fahrlässiger Obliegenheitsverletzung dem VN 50 % der Versicherungsleistung zugesprochen werden. Will der VR weniger leisten, muss er weiter zum Grad der Alkoholisierung und Fahruntauglichkeit des VN vortragen.

---

300 Krit. zum Versuch, an bestimmte Alkoholisierungsgrade bestimmte korrespondierende Kürzungsquoten zu binden: Beckmann/Matusche-Beckmann/*Marlow*, § 13 Rn 106.

181 Das hier vorgeschlagene **Mittelwertmodell** hat in der Lit. zwar teilweise Zustimmung gefunden[301] (vgl hierzu auch § 81 Rn 100 ff), überwiegend stößt es aber auf Ablehnung.[302] Auch die bisher veröffentlichte Rspr lehnt es im Grundsatz überwiegend ab,[303] befürwortet stattdessen eine jeweils einzelfallbezogene Abwägung der konkreten Umstände, ohne sich auf eine besondere Methodik festzulegen,[304] kommt aber im Ergebnis häufig zur Halbierung der Versicherungsleistung.[305]

182 Kritiker des 50 %-Ansatzes wenden vorwiegend ein, er widerspreche der in der amtlichen Begründung zum RegE gegebenen Erläuterung, wonach der VR die Beweislast für das Maß der groben Fahrlässigkeit trage.[306] Auch wird der Einstieg der Bewertung der groben Fahrlässigkeit bei 50 % als vermeintlich willkürlich gewählt abgelehnt. Teilweise wird stattdessen vorgeschlagen, die Einstiegsquote anhand der konkret vorliegenden, objektiven Obliegenheitsverletzung von Fall zu Fall zu bestimmen.[307]

183 Da der Gesetzgeber die außerordentlich wichtige Frage der Beweislastverteilung für die quotenbestimmenden Tatsachen gerade nicht im Gesetz geregelt hat, ist der *en passant* gegebene Hinweis auf eine angebliche Beweislastverteilung in der amtlichen Begründung wenig hilfreich. Trägt der VR die Beweislast für alle Umstände, auf die die Leistungsquotelung gestützt wird, so kommt es hinsichtlich den VN entlastender Umstände regelmäßig zu einer jeweils gespaltenen Beweislast. Im Rahmen des dem VN obliegenden Entlastungsbeweises würde ein non liquet zur Verneinung des entlastenden Umstandes (und zum Festhalten an der gesetzlich vermuteten groben Fahrlässigkeit) führen. Im Anschluss daran müsste dasselbe non liquet aber zur Folge haben, dass für die Quotenbildung von dem behaupteten entlastenden Umstand auszugehen wäre.[308]

184 Der Gesetzgeber hat mit seinem Hinweis in der amtlichen Begründung Verwirrung gestiftet, die bis hin zu dem Vorschlag reicht, die Beweislast entgegen der amtli-

---

301 *Nugel*, MDR 2007, 23, 26; *Weidner/Schuster*, r+s 2007, 363; *Knappmann*, VRR 2009, 9; *Langheid*, NJW 2007, 3665; *Grote/Schneider*, BB 2007, 2689; *Unberath*, NZV 2008, 53.
302 *Burmann/Heß/Höke/Stahl*, Das neue VVG im Straßenverkehrsrecht, 2008, Rn 155, 180, 323, 430; *Deutsch*, Das neue Versicherungsvertragsrecht, 6. Aufl. 2008, Rn 159 (für § 26 Abs. 1 und 2) und Rn 212, 222 (für § 28 Abs. 2); Marlow/Spuhl/*Marlow*, Rn 327, 328; *Marlow*, VersR 2007, 43, 44; *Mergner*, NZV 2007, 385; *Rixecker*, zfs 2007, 73.
303 OLG Hamm 25.8.2010 – 20 U 74/10, VK 2010, 208 (Kurzwiedergabe); OLG Hamm 21.4.2010 – 20 U 182/09, NJW-Spezial 2010, 297; LG Münster 20.8.2009 – 15 O 141/09, VersR 2009, 1615; LG Münster 6.1.2010 – 15 O 141/09, juris; LG Dortmund 15.7.2010 – 2 O 8/10, zfs 2010, 515; LG Nürnberg-Fürth 4.8.2010 – 8 O 744/10, r+s 2010, 412; OLG Saarbrücken 30.10.2014 – 5 U 165/13, juris (Rn 64) (zu § 81 Abs. 2).
304 LG Dortmund 15.7.2010 – 2 O 8/10, zfs 2010, 515 unter Hinweis auf Langheid/Wandt/*Wandt*, § 28 Rn 239 f; Bruck/Möller/*Heiss*, 9. Aufl., § 28 Rn 190 f; Marlow/Spuhl/*Marlow*, Rn 327; Schwintowski/Brömmelmeyer/*Schwintowski*, § 28 Rn 78.
305 OLG Hamm 21.4.2010 – 20 U 182/09, NJW-Spezial 2010, 297; LG Münster 20.8.2009 – 15 O 141/09, VersR 2009, 1615.
306 Begr. RegE, BT-Drucks. 16/3945, S. 68. Zur Kritik am 50 %-Modell: Prölss/Martin/*Armbrüster*, 29. Aufl., § 28 Rn 238; *Looschelders*, ZVersWiss 2009, 13, 28; Marlow/Spuhl/*Marlow*, Rn 327, 328; *Nugel*, MDR 2008, 1320, 1321; *Pohlmann*, VersR 2008, 437, 440; LG Dortmund 15.7.2010 – 2 O 8/10, zfs 2010, 515.
307 Prölss/Martin/*Armbrüster*, 29. Aufl., § 28 Rn 238; *Günther/Spielmann*, r+s 2009, 492 (zu § 81); *Looschelders*, ZVersWiss 2009, 13, 28 f; Langheid/Wandt/*Wandt*, § 28 Rn 264.
308 Zu diesem Problem auch *Pohlmann*, VersR 2008, 437, 439, die zu Recht darauf hinweist, dass eine derartige Spaltung der Beweis- und Darlegungslast innerhalb eines gesetzlichen Tatbestands der Rechtsordnung im Übrigen fremd ist.

chen Begründung vollständig dem VN aufzuerlegen.[309] Vor diesem Hintergrund erscheint es mit Blick auf die Praktikabilität und Verständlichkeit der Quotenbildung, aber auch zur Gewährleistung materieller Gerechtigkeit, sinnvoll, auf grundlegende Verteilungsregeln zurückzugreifen und ausgehend vom Halbteilungsgrundsatz im Weiteren zu fordern, dass jede Partei die Umstände, die ihr bei der Quotenbildung günstig sind, darlegen und beweisen muss. Anderenfalls, dh unter Zugrundelegung der in der amtlichen Gesetzesbegründung angenommenen Beweislastverteilung, käme es zu einer Aufspaltung der Beweislast für identische Sachverhalte auf unterschiedlichen rechtlichen Bewertungsebenen innerhalb desselben gesetzlichen Tatbestands.

Beispiel 1: Eine Gaststätte brennt ab, weil die Wirtin (VN) nach Geschäftsschluss Zigarettenreste unsachgemäß in eine offen stehende Blechdose entsorgt und diese unter einer Holzplatte abgestellt hat (was zB einen Verstoß gegen § 7 Ziff. 1 a AFB 87 iVm Sicherheitsvorschriften für das Gaststättengewerbe darstellt). VN verteidigt ihr Fehlverhalten damit, sie habe sich während des Aufräumens plötzlich um ihr seinerzeit schwer erkranktes Kleinkind kümmern müssen, das an Atemnot gelitten habe, und darüber die unsachgemäß platzierte Dose vergessen.

185

Führt die VN das zum Beweis gegen die gesetzliche Vermutung grob fahrlässigen Verhaltens (aus Abs. 2) ins Feld, scheitert sie voraussichtlich daran, dass der einzige Zeuge, ihr Kleinkind, den Vorgang noch nicht bestätigen kann. Demnach stünde zunächst fest, dass sie grob fahrlässig gehandelt hat. Im Weiteren hätte aber der VR im Streit um die Schwere des Verschuldens zu beweisen, dass die Darstellung der VN nicht zutrifft, woran auch er aus demselben Grunde scheitern müsste. Dann wäre für die Quotenbildung davon auszugehen, dass die VN grob fahrlässig gehandelt hat, ihr Verschulden allerdings so gering ist, als habe sie sich einfach fahrlässig verhalten.

Beispiel 2: Der VN einer Hausratversicherung erklärt nach einem Versicherungsfall (Einbruch in seine Wohnung) die unterlassene Vorlage einer Stehlgutliste bei der Polizei damit, dass der zuständige Sachbearbeiter des VR ihm gesagt habe, die Liste sei nicht mehr vonnöten.

186

Wird der betreffende VR-Sachbearbeiter später als Zeuge vernommen und kann sich das Gericht vom Wahrheitsgehalt seiner – der VN-Darstellung widersprechenden – Angaben nicht überzeugen, müsste bei der Quotenbildung davon ausgegangen werden, dass der VN grob fahrlässig gehandelt hat, sein Verschulden aber nicht schwer wiegt, möglicherweise noch nicht einmal so schwer, wie das beim Vorwurf grober Fahrlässigkeit normalerweise gefordert wäre.

In beiden Beispielsfällen stellt sich die Frage, welchen Sinn die gesetzliche Vermutung grob fahrlässigen Verhaltens machen und wie das Verfahrensergebnis den Parteien vermittelt werden soll. Das Mittelwertmodell stellt einen Versuch dar, solche Beweislastbrüche zu vermeiden.

187

Der BGH hatte bisher noch keine Gelegenheit, über die Frage der Beweislastverteilung iRv Abs. 2 zu befinden.

(4) Geeignete Quotelungsparameter. (a) Eignung zur Beschreibung des Maßes grober Fahrlässigkeit. Grobe Fahrlässigkeit wird nicht ausschließlich anhand objektiver, nur auf die Verhaltensanforderungen des Rechtsverkehrs abgestellter Kriterien beschrieben (s. Rn 96), sondern es wird auch auf Umstände abgestellt, die die subjektive, personale Seite der Verantwortlichkeit betreffen.[310] Das eröffnet Spielräume für die Binnendifferenzierung innerhalb des Bereichs grober Fahrlässigkeit. Sowohl objektive wie auch subjektive Besonderheiten können den Einzelfall im Sinne

188

---

309 *Pohlmann*, VersR 2008, 437, 441.
310 StRspr, vgl BGH 8.7.1992 – IV ZR 223/91, BGHZ 119, 147, 149 = VersR 1992, 1085 unter 3 a; BGH 11.7.1967 – VI ZR 14/66, BGHZ 10, 14, 17 = VersR 1967, 909, 910.

einer Be- oder Entlastung des VN prägen. Deshalb ist auf der Suche nach zulässigen Parametern jeweils zu fragen, inwieweit sich bestimmte Kriterien dazu eignen, die Höhe der Leistungsfreiheitsquote zu beeinflussen:

189 Die vielfach geäußerte Erwartung, es würden sich künftig Fallgruppen herausbilden, in denen bestimmte Verstöße mit relativ festen Quoten korrespondierten, hat in erster Linie Fälle im Auge, bei denen das **objektive Gewicht der verletzten Sorgfaltspflicht** den Grad des Verschuldens im Wesentlichen prägt. Innerhalb des Bereichs grober Fahrlässigkeit lässt sich eine Differenzierung nach diesem Kriterium vornehmen,[311] und es steht – schon wegen eines insoweit gesteigerten Bedürfnisses nach Rechtssicherheit – zu erwarten, dass u.a. im Bereich von massenhaft auftretenden und gleichgelagerten Phänomenen, insb. also bei **Verstößen gegen die Regeln des Straßenverkehrs**, mit der Zeit Quoten entwickelt werden, die sich – möglicherweise angelehnt an den Bußgeldkatalog – vorwiegend an der Art und Intensität der objektiven Sorgfaltsverletzung orientieren.[312]

190 Der Tatrichter wird dabei freilich im Auge behalten müssen, dass sich hier möglicherweise – ähnlich wie bei der Strafzumessung im Strafrecht – schnell einmal das **Problem der sog. Doppelverwertung** von Tatsachen stellen kann.[313] Denn es ist noch ungeklärt, ob und inwieweit Umstände, die den Rahmen des Abs. 2 S. 2 überhaupt eröffnen, also den Vorwurf grober Fahrlässigkeit erst begründen, im Weiteren noch dazu herangezogen werden dürfen, um die Leistungsfreistellungsquote zu erhöhen.

Beispiel aus dem Bereich des § 81 Abs. 2: Wird der Verteidigung des VN, er habe nicht grob fahrlässig die Lichtzeichenanlage einer Kreuzung missachtet, sondern sei durch einen an einem Anfallsleiden erkrankten Beifahrer abgelenkt worden, vom Gericht entgegengehalten, die Annäherung an eine mit Lichtzeichenanlagen geregelte Kreuzung erfordere stets ein erhöhtes Maß an Aufmerksamkeit, das der VN nicht aufgebracht habe, so ist fraglich, ob dieses Argument damit „verbraucht" ist oder es im Weiteren auch noch zur Begründung einer erhöhten Leistungsfreiheitsquote ein zweites Mal bemüht werden kann.

191 Man wird im Beispielfall danach zu differenzieren haben, ob die Schwere der Sorgfaltspflichtverletzung insgesamt benötigt („aufgebraucht") wird, um überhaupt den Vorwurf grober Fahrlässigkeit zu erheben oder aufrecht zu erhalten. In diesem Falle scheidet sie im Weiteren als Argument für eine Quotenerhöhung aus. Anders ist es, wenn ein „überschießender Rest" verbleibt: Hat das Rotlicht der Lichtzeichenanlage im Beispielfall schon drei Sekunden geleuchtet, als der VN in die Kreuzung einfuhr, ist ein solcher überschießender, für die Quotenerhöhung verwertbarer Rest gegeben, denn grob sorgfaltswidrig wäre auch schon eine Missachtung von weniger als einer Sekunde Rotlicht gewesen.[314]

Die hM verweist freilich darauf, dass – in Ermangelung einer dem § 46 Abs. 3 StGB vergleichbaren Vorschrift – das Doppelverwertungsverbot im Zivilrecht nicht gelte.[315] Diese Sichtweise birgt die Gefahr höher Kürzungsquoten, denn Umstände, die zunächst nur die grobe Fahrlässigkeit von einfacher abheben, werden unter Wechsel des Bezugspunkts zugleich herangezogen, um innerhalb des mit

---

311 *Felsch*, r+s 2007, 485, 493; Marlow/Spuhl/*Marlow*, Rn 330 hat seine noch in der Vorauflage (3. Aufl. 2008, S. 97) erhobenen Bedenken anscheinend zurückgestellt.
312 Vgl *Rixecker*, zfs 2007, 15, 16.
313 Vgl dazu *Armbrüster*, Abstufungen der Leistungsfreiheit bei grob fahrlässigem Verhalten des Versicherungsnehmers, in: Basedow/Meyer/Rückle/Schwintowski, VVG-Reform – Abschlussbericht Rückzug des Staates aus sozialen Sicherungssystemen, VersWissStud 29. Bd., 2005, S. 21, 27 unten.
314 AA die hM, vgl u.a. Prölss/Martin/*Armbrüster*, 29. Aufl., § 28 Rn 219 (kein Verbot der Doppelverwertung im Privatrecht).
315 Römer/Langheid/*Rixecker*, 3. Aufl., § 28 Rn 77.

ihrer Hilfe erst eröffneten Spektrums der groben Fahrlässigkeit darzulegen, dass diese grobe Fahrlässigkeit eine überdurchschnittlich schwere sei, sich also auch von Fällen normaler grober Fahrlässigkeit abhebe.

Der vorgeschlagene Einstieg in die Quotenermittlung bei 50 % (s. Rn 178 ff) kann den Blick dafür schärfen, dass nach Feststellung grober Fahrlässigkeit die Bewertung ihrer Schwere eines gesonderten gedanklichen Schritts bedarf. Zu Unrecht wird dieser Einstieg häufig dahin missverstanden, er wolle sich über die objektiven Besonderheiten der konkreten Obliegenheitsverletzung hinwegsetzen und ungeachtet dessen nivellierend an der 50 %-Marge festhalten; es wird beanstandet, der 50 %-Ansatz „lasse außer Acht",[316] dass jedenfalls in Gestalt der konkreten Obliegenheitsverletzung ein Minimum an Sachverhalt vorliege, welches eine erste Einstufung der Schwere des Verschuldens zulasse. Das unterscheidet nicht ausreichend zwischen den zwei Schritten, die das Mittelwertmodell für die Quotenbildung vorsieht: **Nur der Einstieg wird bei einer Quote von 50 % gewählt.** Sodann treten in der **zweiten Phase die die Quote letztlich bestimmenden Parameter** in Erscheinung. Deren wichtigster wird voraussichtlich die von der objektiven Obliegenheitsverletzung (nach Art des Bußgeldkatalogs im Straßenverkehrs-Ordnungswidrigkeitenrecht) ausgehende Indizwirkung für die Schuldschwere werden. Mit anderen Worten: Korrespondiert eine Obliegenheitsverletzung bereits mit einer weithin anerkannten Quote – hat sich zB durch die Rspr für einen bestimmten Verstoß eine regelmäßig anzusetzende Quote herausgebildet –, so bestimmt diese im Weiteren natürlich auch die Quotenbildung. Besteht die Obliegenheitsverletzung etwa in einer **Trunkenheitsfahrt**, so wird die Quote für die Leistungsfreiheit des VR nicht bei 50 % verharren, sondern höher (wie hoch, wird die künftige Praxis einzuordnen haben) anzusetzen sein. Sie kann nur dann wieder nach unten korrigiert werden, wenn es dem VN im Gegenzuge gelingt, maßgebliche Entlastungsumstände darzulegen und zu beweisen. Diese Flexibilität des 50 %-Einstiegs ist auch der Grund dafür, weshalb die bisher in Lit. und Rspr vertretenen unterschiedlichen Lösungsansätze jedenfalls im Ergebnis nicht selten zu gleichen Kürzungsquoten gelangten.

(b) Dauer der Sorgfaltswidrigkeit. Bedeutsam für die Quote kann sein, ob – bei Versäumung gefahrverhütender Obliegenheiten – der VN einen sorgfaltswidrigen Zustand vorwerfbar **nur für kurze Zeit oder aber über einen langen Zeitraum** aufrechterhält. Wer zB Wasserleitungen eines versicherten, leer stehenden Gebäudes einen ganzen Winter lang nicht gegen Frost schützt, geht sorgloser mit der versicherten Sache um als derjenige, der dies wegen eines Kurzurlaubs nur ein Wochenende lang versäumt und ausgerechnet dabei von einem strengen Nachtfrost überrascht wird.

(c) Grad der Ursächlichkeit. Das Maß des Verschuldens wird auch davon geprägt, inwieweit ein Sorgfaltspflichtverstoß für den Eintritt oder die Feststellung des Versicherungsfalles bzw die Feststellung oder den Umfang der Leistungspflicht des VR (vorhersehbar) ursächlich geworden ist. Allerdings ist insoweit zunächst eine Abgrenzung zum Kausalitätsgegenbeweis nach **Abs. 3** geboten: Geht es dort um die Frage, inwieweit der Quotelungsrahmen des **Abs. 2 S. 2** überhaupt eröffnet ist, was der Tatrichter vorrangig zu prüfen hat (s. Rn 56 ff), so geht es hier lediglich um den Grad der als solche bereits feststehenden Ursächlichkeit und – das schafft die Verbindung zum Verschulden – die subjektive Vorhersehbarkeit der Ursachenkette.[317] War die Obliegenheitsverletzung alleinige Ursache dafür, dass eine missbilligte Folge eingetreten ist (Beispiel: Ob ein Verkehrsunfall alkoholbedingt ge-

---

316 *Pohlmann*, VersR 2008, 437, 440.
317 AA offenbar *Armbrüster*, Abstufungen der Leistungsfreiheit bei grob fahrlässigem Verhalten des Versicherungsnehmers, in: Basedow/Meyer/Rückle/Schwintowski, VVG-Reform – Abschlussbericht Rückzug des Staates aus sozialen Sicherungssystemen, VersWissStud 29. Bd., 2005, S. 33, der einen Zusammenhang zwischen Ursächlichkeits-

schehen ist, lässt sich infolge eines – ausnahmsweise nicht nachweisbar vorsätzlichen – **Nachtrunks** des VN nicht mehr feststellen), so wiegt das Verschulden des VN an der Verletzung der Aufklärungsobliegenheit nach dem Versicherungsfall schwerer, als wenn neben der Sorgfaltspflichtverletzung des VN der Zufall oder etwa das Verhalten eines nicht mit dem VN zusammenwirkenden Dritten eine große Rolle gespielt hat, so dass den VN nur ein – vielleicht sogar geringer – Mitverursachungsanteil trifft.

195 (d) **Schadenshöhe.** In Grenzen kann sich die Quote auch an der Schadenshöhe orientieren. Wer durch eine grobe Unachtsamkeit großen Schaden verursacht, bedeutende Sachwerte vernichtet oder gar Leib oder Leben anderer Menschen schädigt oder zerstört, lädt idR schwerere Schuld auf sich als derjenige, dessen Unachtsamkeit lediglich zu vergleichsweise geringem Sachschaden, etwa dem Verlust einzelner versicherter Hausratsgegenstände, führt. Das hängt damit zusammen, dass Sorgfaltspflichten und auf sie aufbauende Obliegenheiten sich meist auf bestimmte Schutzobjekte beziehen und aus der Qualität dieser Schutzobjekte ihre Bedeutung gewinnen. So wiegt die Obliegenheit, ein Kraftfahrzeug in verkehrssicherem Zustand zu halten, schwerer als die Obliegenheit, versicherte Gegenstände zum Schutz gegen Entwendung verschlossen aufzubewahren. Dennoch bedarf die Frage, inwieweit die Schadenshöhe als Quotelungskriterium taugt, differenzierter Betrachtung.

196 Das beruht u.a. darauf, dass die Schuldbewertung den Zweck des jeweiligen VersVertrages nicht völlig aus dem Blick verlieren darf. *Armbrüster* hat zu Recht darauf hingewiesen, dass das Interesse des VN an ungeschmälerter Versicherungsleistung mit der **Schadenshöhe** zunimmt. Insoweit kann es dem Sinn des VersVertrages widersprechen, gerade bei großen Schäden die Versicherungsleistung in größerem Umfange zu kürzen.[318] Das gilt insb. dann, wenn sich die Schadenshöhe aus der Sicht des VN als nachgerade zufällig darstellt. Deshalb darf die Aussage, es liege ein besonders hoher Schaden vor, nur anhand des übernommenen Risikos des konkreten VersVertrages und in Bezug dazu getroffen werden, dh dass sich etwa für Gebäudeversicherung und Hausratversicherung ganz unterschiedliche Bezugsgrößen ergeben können. Zum anderen wird, da es um die Bewertung des Verschuldensgrades im Rahmen grober Fahrlässigkeit geht, dem VN ein besonders hoher Schaden nur dann angelastet werden können, wenn er diesen bei der Obliegenheitsverletzung auch vorhersehen konnte.

197 (e) **Subjektive Besonderheiten in der Person des VN/Augenblicksversagen.** Weil der Vorwurf grober Fahrlässigkeit nicht ausschließlich anhand objektiver Kriterien erhoben wird, sondern auch auf Umstände abstellt, die die subjektive, personale Seite der Verantwortlichkeit betreffen,[319] kommt der „inneren Tatseite" bei der Quotenfestsetzung nach Abs. 2 S. 2 insoweit besondere Bedeutung zu, als sich hier zahlreiche Variablen finden lassen, die in die Bewertung einfließen können.

198 Es macht zB einen Unterschied, ob sich ein Verhalten als Ausdruck einer **mehr oder weniger „rechtsfeindlichen" Grundeinstellung** des VN beschreiben lässt (Beispiele: Der VN setzt sich zum wiederholten Male ans Steuer, ohne sich darum zu kümmern, dass er zuvor Alkohol genossen hat; ein Landwirt lässt mit Blick auf betriebliche Zwecke wiederholt ausländische Erntehelfer mit zum bäuerlichen Be-

---

grad und Verschulden verneint, jedoch gleichwohl den Ursächlichkeitsgrad als für die Quotelung geeignetes Kriterium ansieht.

318 *Armbrüster*, Abstufungen der Leistungsfreiheit bei grob fahrlässigem Verhalten des Versicherungsnehmers, in: Basedow/Meyer/Rückle/Schwintowski, VVG-Reform – Abschlussbericht Rückzug des Staates aus sozialen Sicherungssystemen, VersWissStud 29. Bd., 2005, S. 21, 33.
319 StRspr, vgl BGH 8.7.1992 – IV ZR 223/91, BGHZ 119, 147, 149 = VersR 1992, 1085 unter 3 a; BGH 11.7.1967 – VI ZR 14/66, BGHZ 10, 14, 17 = VersR 1967, 909, 910.

trieb gehörigen Kraftfahrzeugen im öffentlichen Straßenverkehr fahren, ohne ausreichend darauf zu achten, ob sie eine in Deutschland gültige Fahrerlaubnis besitzen) oder ob sich das Fehlverhalten – mag es auch als grob fahrlässig zu bewerten sein – als Unachtsamkeit darstellt, die früher oder später selbst gewissenhaften VN einmal unterläuft, wie dies früher insb. unter dem Stichwort des „**Augenblicksversagens**" diskutiert worden ist.[320] Hier können deshalb alle subjektiven Umstände gewichtet werden, die den objektiv groben Sorgfaltsverstoß in einem milderen Licht erscheinen lassen (etwa Überforderung des VN in der konkreten Situation, verständliche Irritationen des VN usw) oder aber auch zu einem gesteigerten Schuldvorwurf führen (zB gesteigertes Gewinnstreben, besondere Gleichgültigkeit gegenüber vereinbarten Obliegenheiten oder deren Schutzobjekten).

(f) Subjektive Leistungsfähigkeit des VN (Bewusstseinsstörungen, Zurechnungsunfähigkeit). Berücksichtigung müssen bei der Quotelung auch Umstände finden, die die subjektive Leistungsfähigkeit des VN beeinträchtigt haben. Es ist danach zu fragen, ob Gründe, auf die der VN eine unbewiesene Behauptung der völligen Unzurechnungsfähigkeit (Beweislast insoweit: analog § 827 BGB) gestützt hat, Anhaltspunkte dafür geben, dass zumindest eine erhebliche Beeinträchtigung des Bewusstseins (unterhalb der Schwelle völliger Unzurechnungsfähigkeit) im Sinne einer erheblichen Verminderung der Einsichts- oder Hemmungsfähigkeit vorgelegen haben kann, die den Vorwurf grober Fahrlässigkeit ggf abmildern. Beruft sich ein VN zB auf eine Krankheit, die das Gedächtnis- und Konzentrationsvermögen im Allgemeinen beeinträchtigt, so ist dies zunächst im Rahmen der Prüfung grober Fahrlässigkeit, sodann (bei Bejahung grober Fahrlässigkeit) auch bei der Quotelung zu berücksichtigen, weil eine eingeschränkte Verantwortlichkeit des VN in Betracht kommen kann.[321]

(g) Schuldkompensation und tätige Reue des VN. Eine **Schuldkompensation** kann im Einzelfall ebenfalls zur Senkung der Leistungsfreiheitsquote, also einer höheren Versicherungsleistung, führen, jedoch ist darauf zu achten, dass auch dem VR zugute kommt. So ist das im Strafrecht durchaus gebräuchliche Argument, der Täter sei bereits durch die Folgen seiner Tat in einem gewissen Grade bestraft (etwa bei fahrlässiger Tötung eines nahen Angehörigen) hier nicht tauglich, weil dem VR – bezogen auf den mit der verletzten Obliegenheit verfolgten Zweck – kein Vorteil erwächst. Missachtet bspw der VN einer Gebäudeversicherung Brandschutzauflagen und kommt deshalb bei einem Gebäudebrand ein Kind des VN ums Leben, so kann dies die strafrechtlich noch auszugleichende Schuld des VN erheblich mindern, nicht aber zugleich den Vorwurf, die gefahrvorbeugende Obliegenheit grob fahrlässig missachtet zu haben. Denn anders als die Kriminalstrafe bezwecken solche Obliegenheiten und ihre Rechtsfolgen nicht (mehr) eine spezialpräventive Einwirkung auf die Person des VN (etwa eine Besserung), sondern sie sollen lediglich die Versichertengemeinschaft vor ungerechtfertigter Inanspruchnahme schützen. Insoweit ist mit dem Eintritt des Versicherungsfalles ein Schaden eingetreten, der nicht dadurch vermindert werden kann, dass den VN infolge seines Fehlverhaltens anderweitige Schicksalsschläge treffen.

Anders kann es aber sein bei einem nachträglichen Verhalten des VN, welches sich als **tätige Reue** bewerten lässt und auf die Feststellung oder den Umfang der Versicherungsleistung auswirkt. Anzunehmen ist dies zB, wenn der VN einer Haftpflichtversicherung den vom VR zu ersetzenden Schaden dadurch mindert, dass er weitgehende kostenlose handwerkliche Eigenleistungen (zB als Kfz-Mechaniker, Autolackierer) gegenüber dem Geschädigten erbringt.

---

320 BGH 29.1.2003 – IV ZR 173/01, VersR 2003, 364 unter II 4; BGH 8.7.1992 – IV ZR 223/91, BGHZ 119, 147 = VersR 1992, 1085 unter 3, jeweils mwN.
321 Vgl für die grob fahrlässige Herbeiführung des Versicherungsfalles: BGH 29.10.2003 – IV ZR 16/03, VersR 2003, 1561 (Schlafapnoe).

202 **(h) Berichtigung falscher Angaben.** Die Verletzung der Aufklärungsobliegenheit nach dem Versicherungsfall kann in einem milderen Licht erscheinen, wenn sich der VN im Weiteren um **nachträgliche Richtigstellung und Aufklärung** bemüht. Die relativ starren zeitlichen Grenzen und sonstigen Voraussetzungen für den Erhalt der Versicherungsleistung infolge nachträglicher Berichtigung falscher Angaben, die die Rspr unter der Geltung des Alles-oder-Nichts-Prinzips entwickelt hat (s. Rn 169 ff)[322] und die im Bereich der vorsätzlichen Obliegenheitsverletzung weiterhin uneingeschränkt gelten, können im Rahmen der Quotelung flexibler gehandhabt werden. So lässt sich die Leistungsfreiheitsquote auch dann herabsenken, wenn der VN im Ausgangspunkt zwar nicht völlig freiwillig (sondern weil er zB mit einer seinen bisherigen Angaben widersprechenden Zeugenaussage konfrontiert wird) damit beginnt, unvollständige Angaben zu ergänzen, sodann aber aus Eigeninitiative zugutterletzt große Bemühungen unternimmt, um an der Aufklärung des Versicherungsfalles nach Kräften mitzuwirken.

203 **(i) Wirtschaftliche Verhältnisse des VN.** Dass der Verlust der Versicherungsleistung für den VN mitunter eine ganz besondere, auch existenzbedrohende Härte darstellen kann, war einer der Ansatzpunkte für die Entwicklung der früheren Relevanzrechtsprechung. In die neu geschaffene Quotierungsregelung lässt sich dieser Gesichtspunkt allerdings nur schwer einbinden, weil im Regelfall der Verschuldensgrad mit den wirtschaftlichen Verhältnissen des VN streng genommen nichts zu tun hat. Gerade die Hinwendung zum Kausalitätsprinzip in Abs. 2 S. 2 belegt, dass sich das Gesetz für den Bereich grober Fahrlässigkeit von pönalen Zwecken der Leistungsfreiheit weitgehend abgekehrt hat, so dass für den Gedanken, die Leistungsfreiheit sei ab einer bestimmten Quote eine „zu harte Strafe" für den VN, eigentlich kein Raum mehr ist.[323] Die Sachlage ähnelt insoweit derjenigen bei anderen schweren Folgen der Obliegenheitsverletzung (s. Rn 195 f), aus denen dem VR und der von ihm repräsentierten Versichertengemeinschaft kein Vorteil erwächst. In der Regel muss es deshalb dabei bleiben, dass besondere wirtschaftliche Härten für den VN allenfalls über den Grundsatz von Treu und Glauben (§ 242 BGB) im Einzelfall ausgeglichen werden können.

204 Demgegenüber kann es den VN aber iRv Abs. 2 S. 2 entlasten, wenn etwa eine wirtschaftlich bedrängte Situation dazu geführt hat, dass er bspw kostspielige Sicherungsmaßnahmen versäumt oder jedenfalls nicht rechtzeitig ergriffen hat.

205 **(j) Mitverschulden des VR.** Soll die Quote der Leistungsfreiheit dem (Verschuldens-)Grad der dem VN anzulastenden groben Fahrlässigkeit entsprechen, wird man künftig nicht umhinkommen, ein Mitverschulden des VR an der Obliegenheitsverletzung, das sich etwa in missverständlichem oder widersprüchlichem Verhalten manifestieren kann, in die Betrachtung einzubeziehen. Damit hält erstmals der **Rechtsgedanke des § 254 BGB** Einzug in das System der Sanktionen für Verletzung vertraglich vereinbarter Obliegenheiten. Die Konsequenzen sind derzeit noch nicht ansatzweise abzusehen.

206 **(k) Bisheriger Versicherungsverlauf, Kulanz.** Möglicherweise lässt sich der VR bei seiner Entscheidung darüber, zu welchem Prozentsatz er die Versicherungsleistung des grob fahrlässig handelnden VN kürzt, im Vorfeld gerichtlicher Auseinandersetzungen auch vom **bisherigen Versicherungsverlauf** beeinflussen. So darf zB der seit dreißig Jahren schadenfreie VN vielleicht trotz einmaligen Fehlverhaltens auf größeres Entgegenkommen hoffen als derjenige, der in vier Jahren seine Versicherung schon dreimal in Anspruch genommen hat. All das bewegt sich indes auf dem Ge-

---

322 BGH 5.12.2001 – IV ZR 225/00, VersR 2002, 173 unter 4.
323 Krit. zu einer teilweise anderen Handhabung im Schweizer Recht: *Armbrüster*, Abstufungen der Leistungsfreiheit bei grob fahrlässigem Verhalten des Versicherungsnehmers, in: Basedow/Meyer/Rückle/Schwintowski, VVG-Reform – Abschlussbericht Rückzug des Staates aus sozialen Sicherungssystemen, VersWissStud 29. Bd., 2005, S. 21, 35.

biete der **Kulanz** und lässt sich rechtlich nicht in eine ausschließlich verschuldensproportionale Quotenermittlung einbringen. Anders ist es natürlich dann, wenn etwa der VN sich schon bei früheren Versicherungsfällen Unregelmäßigkeiten hat zuschulden kommen lassen und daraus die Überzeugung erwächst, er stehe seinen versicherungsvertraglichen Obliegenheiten in besonderem Maße gleichgültig gegenüber. So etwas kann die Leistungsfreiheitsquote sicherlich erhöhen, dh die Versicherungsleistung schmälern.

(l) **Mehrere Obliegenheitsverletzungen, Lösungsmodelle.** Eine Besonderheit des neuen Quotelungsverfahrens besteht darin, dass nicht nur das Aufeinandertreffen mehrerer grob fahrlässiger Obliegenheitsverletzungen zu bewerten sein wird, sondern hinzutritt, dass die Versicherungsleistung zugleich auch noch aus anderen Gründen, etwa der grob fahrlässigen Herbeiführung des Versicherungsfalles oder einer Gefahrerhöhung, einer durch Quotelung zu ermittelnden Kürzung unterliegt. Das wirft die Frage auf, ob und wie sich dies in einer **Gesamtquote** niederschlagen muss.

Beispiele: 1. Der VN einer Kfz-Versicherung fährt alkoholisiert und macht gegenüber dem VR später unvollständige Angaben zum Hergang des alkoholbedingten Unfalls.

2. Der VN einer Hausratversicherung meldet einen Wohnungseinbruch zunächst nicht dem VR und reicht auch die Stehlgutliste verspätet bei der Polizei ein (§ 21 Nr. 1 a und b VHB 84; § 26 Nr. 1 c VHB 2000).

3. Der VN einer Leitungswasserversicherung sorgt im Winter nicht für ausreichende Beheizung eines leer stehenden Gebäudes und macht nach dem dadurch hervorgerufenen Frostschaden überhöhte Angaben zum Schadensumfang.

Nach § 6 aF stellte sich dieses Problem nicht. Mehrere grob fahrlässig begangene Obliegenheitsverletzungen konnten jede für sich die (vollständige) Leistungsfreiheit des VR begründen. Nach neuem Recht gestaltet sich die Ermittlung der Rechtsfolgen mehrerer Obliegenheitsverletzungen oder anderer zur Leistungskürzung berechtigender Verstöße weitaus aufwändiger, weil nunmehr jedem einzelnen Verstoß Bedeutung für die Ermittlung der Gesamt-Kürzungsquote zukommen kann. Das setzt künftig die Aufklärung sämtlicher Verstöße voraus, die der VR dem VN im Einzelfall anlastet.

Ob und inwieweit kumulierende Obliegenheitsverletzungen zu einer Addition von Leistungsfreiheitshöchstbeträgen führen konnte, hatte die Rspr im früheren Recht nur mit Blick auf die Regressobergrenzen der §§ 5 Abs. 3 und 6 Abs. 1 und 3 Kfz-PflVV zu klären.[324] Die Möglichkeit der quotalen Leistungskürzung wirft nun erstmals die Frage auf, was der VR leisten muss, wenn ihn bspw die erste Obliegenheitsverletzung des VN – jeweils für sich betrachtet – zu 60 % leistungsfrei stellt und eine weitere Obliegenheitsverletzung zu 50 %.

Denkbare Lösungen wären:

- eine reine **Quotenaddition**,[325] die voraussichtlich de facto auf eine weitgehende Beibehaltung des Alles-oder-Nichts-Prinzips hinausliefe, weil Verletzungen mehrerer Obliegenheiten nicht selten sind und die Einzelquoten sich schnell auf 100 % addieren müssten;

---

324 BGH 14.9.2005 – IV ZR 216/04, VersR 2005, 1720 (Addition der Leistungsfreiheitsobergrenzen bei Verletzung einer Obliegenheit vor und nach dem Versicherungsfall); BGH 9.11.2005 – IV ZR 146/04, VersR 2006, 108 (Addition der Leistungsfreiheitsobergrenzen bei mehreren Versicherungsfällen mit jeweiliger Verletzung der Aufklärungsobliegenheit durch unerlaubtes Entfernen vom Unfallort).
325 Vgl dazu *Maier/Stadler*, AKB 2008 und VVG-Reform, Rn 144, 146; *Schimikowski*, jurisPR-VersR 7/2007 Anm. 4.; ablehnend Prölss/Martin/*Armbrüster*, 29. Aufl., § 28 Rn 229.

- eine **Quotenmultiplikation**[326] in der Weise, dass etwa der VR die Leistung zunächst aufgrund einer ersten Obliegenheitsverletzung nach dem einleitenden Beispiel um 60 %, die restliche 40 %-Leistung dann aber nochmals aufgrund der zweiten Obliegenheitsverletzung um weitere 40 % auf zuletzt noch verbleibende 24 % der ursprünglichen Gesamtleistung kürzen dürfte. Schon nach einer dritten grob fahrlässigen Fehlhandlung des VN gelangte man allerdings auch mittels dieser Methode schnell zu einer Leistungskürzung im 90 %-Bereich.

212 Solche „Mathematismen" sind indes schon wegen ihrer Starre abzulehnen, denn sie sind ungeeignet, den Besonderheiten und Zielen einer rechtlich-wertenden Betrachtung des Gesamtverhaltens des VN ausreichend Rechnung zu tragen.[327] Allenfalls ist daran zu denken, mittels einer Gesamtbewertung aller grob fahrlässigen Verstöße zu einer einheitlichen Leistungsfreiheitsquote zu finden.

213 **(m) Gesamtwürdigung der schuldrelevanten Fallumstände.** An dem in der ersten Auflage[328] vorwiegend aus Gründen der Prozessökonomie vertretenen Vorschlag einer reinen **Quotenkonsumtion**, bei der sich im Ergebnis allein diejenige Fehlhandlung des VN auf die Leistungshöhe auswirkt, die dem VR die höchste Freistellungsquote eröffnet, wird nicht mehr festgehalten, nachdem dieser Lösungsansatz auf breite Ablehnung gestoßen ist.[329] Die ganz hM sieht darin eine nicht gerechtfertigte Privilegierung besonders sorgloser VN, die durch mögliche Vorteile in der prozessualen Handhabung der Quotenbildung nicht aufgewogen wird.

214 Eine Mathematisierung, also die Addition oder Multiplikation von Quoten, wird dem Wesen des rechtlich-wertenden Vorgangs der Quotenfestsetzung wegen zu starrer Festsetzungsmechanismen allerdings nicht gerecht. So kann es – wie schon bei der Addition von Höchstgrenzen der Leistungsfreiheit nach der KfzPflVV – einen Unterschied machen, ob mehrere Obliegenheitsverletzungen dasselbe Interesse des VR oder unterschiedliche Interessen (etwa an Schadensfreiheit einerseits und an sachgerechter Aufklärung andererseits) berühren. Ein festen Rechenregeln folgendes Zusammenzählen von Einzelquoten ist nicht geeignet, Besonderheiten Rechnung zu tragen, die sich etwa daraus ergeben können, dass sich ein Fehlverhalten des VN in einem weiteren fortsetzt.[330] Beispielsweise erscheint es weniger verwerflich, wenn der VN einer Sachversicherung den Versicherungsfall nicht nur durch mangelnde Obhut über einen Schlüssel grob fahrlässig herbeiführt und diesen Umstand anschließend – schuldbewusst – nicht offen legt (also insoweit auch die Aufklärungsobliegenheit verletzt), als wenn sich zur grob fahrlässigen Herbeiführung des Versicherungsfalles auch noch unredliche Angaben zur Schadenshöhe gesellen.

215 Solchen Einwänden einerseits und dem durch mehrfaches Fehlverhalten des VN erhöhten Schuldvorwurf andererseits ist mittels einer Quotenfestsetzung im Rahmen einer **wertenden Gesamtbetrachtung** der gesamten für das Maß des Verschuldens relevanten Fallumstände Rechnung zu tragen.[331]

---

326 *Günther/Spielmann*, r+s 2008, 177, 186; Marlow/Spuhl/*Marlow*, Rn 347; *Nugel*, MDR 2008, 1320, 1325; Schwintowski/Brömmelmeyer/*Kloth/Neuhaus*, § 81 Rn 76 f.
327 *Looschelders*, ZVersWiss 2009, 13, 30; Langheid/Wandt/*Wandt*, § 28 Rn 251.
328 1. Auflage 2009, § 28 Rn 189.
329 U.a. *Grote/Schneider*, BB 2007, 2689, 2695; *Günther*, r+s 2009, 492, 496; *Hess/Burmann*, NZV 2009, 7, 10; *Knappmann*, r+s 2002, 485, 486; *Looschelders*, ZVersWiss 2009, 13, 30; Marlow/Spuhl/*Marlow*, Rn 347; *Nugel*, MDR 2007, Beil. zu Heft 22, S. 23, 31; Looschelders/Pohlmann/*Pohlmann*, § 28 Rn 123; Prölss/Martin/*Prölss*, 28. Aufl., § 28 Rn 132; Prölss/Martin/*Armbrüster*, 29. Aufl., § 28 Rn 228; *Rixecker*, zfs 2009, 5, 8; *Schimikowski*, jurisPR-VersR 7/2007 Anm. 4; Langheid/Wandt/*Wandt*, § 28 Rn 252; LG Dortmund 15.7.2010 – 2 O 8/10, zfs 2010, 515 ff.
330 Dazu *Rixecker*, ZVersWiss 2009, 3, 9; Langheid/Wandt/*Wandt*, § 28 Rn 249.
331 Prölss/Martin/*Armbrüster*, 29. Aufl., § 28 Rn 231.

Teilweise wird dafür in der Lit. danach unterschieden, ob der Mehrfachverstoß durch eine oder mehrere selbständige Handlungen des VN begangen worden ist.[332] Im erstgenannten Fall soll eine Anspruchskonkurrenz der Leistungskürzungsrechte des VR bestehen.[333] Diese Differenzierung erscheint indessen entbehrlich, wenn sich die Gesamtbewertung stattdessen im Grundsatz daran orientiert, ob der Mehrfachverstoß, also ein im Zusammenhang mit einem Versicherungsfall an den Tag gelegtes Verhalten des VN, das mehrere Leistungskürzungstatbestände erfüllt, unterschiedliche schützenswerte Interessen des VR verletzt.[334] Eine solche wertende Gesamtbetrachtung beschreitet einen Weg, den der BGH bereits bei anderer Gelegenheit mit zwei Entscheidungen[335] bei der Frage nach der Additionsfähigkeit der Regressobergrenzen der KfzPflVV vorgezeichnet hat. Darin wird unterschieden, ob der VN mit mehreren Obliegenheitsverletzungen sowohl das Integritätsinteresse des VR, also sein Interesse daran, dass der Versicherungsfall nicht eintritt, als auch das Aufklärungsinteresse des VR verletzt. Nur dann, wenn beide Interessen des VR berührt werden, ist es zulässig, die Regressobergrenzen der KfzPflVV zu Lasten des VN zu erhöhen. Dem liegt der Rechtsgedanke zugrunde, dass eine solche Erhöhung der Regressobergrenzen nur dann gerechtfertigt ist, wenn zwei Obliegenheitsverletzungen auch unterschiedliche Interessen des VR verletzen. Im Umkehrschluss scheidet eine Erhöhung der Regressobergrenzen aus, wenn zwei Verstöße dasselbe Interesse des Versicherers berühren: Macht also der VN zweimal hintereinander falsche Angaben zur Aufklärung eines Unfalls, so verdoppelt sich die Regressobergrenze der KfzPflVV nicht.

216

Das lässt sich jedenfalls im Ansatz auf die hier gebotene Gesamtbewertung in der Weise übertragen, dass danach gefragt wird, welches Interesse des VR mehrfaches Fehlverhalten des VN jeweils berührt ist und wie weit der VN es verletzt. Eine Erhöhung der Leistungsfreiheitsquote des VR kommt grds. nur dort in Betracht, wo mehrere verletzte Tatbestände auch unterschiedliche VR-Interessen schützen. Allerdings kann sowohl das Integritätsinteresse als auch das Aufklärungsinteresse des VR vom VN auch mehrfach beeinträchtigt sein. Ein VN kann zB die Unfallgefahr für das kaskoversicherte Kraftfahrzeug steigern, indem er es nicht nur in verkehrsunsicherem Zustand (zB mit defekten Bremsen oder abgefahrenen Reifen), sondern darüber hinaus auch noch in angetrunkenem Zustand benutzt. Der VN kann die Aufklärung des Versicherungsfalles sowohl durch falsche Angaben zum Schadenshergang (zB Verschweigen eigenen Fehlverhaltens) als auch zur Schadenshöhe (falsche Angaben über den Wert einer versicherten Sache) gefährden. In beiden Fällen wird die Gesamtkürzungsquote berücksichtigen können und müssen, dass das mehrfache Fehlverhalten des VN das Integritäts- bzw das Aufklärungsinteresse des VR intensiver verletzt, als wenn nur ein Verstoß vorgelegen hätte.

217

Zu beachten ist im Rahmen der gebotenen Gesamtwürdigung, dass das **Kausalitätsprinzip** im neuen Sanktionenregime des § 28 (Abs. 3) weitergehend umgesetzt ist als im § 6 aF. Das wird häufig dazu führen, dass nicht sämtliche zur Leistungskürzung berechtigende Verstöße des VN sich im Kern auf die gesamte Versicherungsleistung auswirken, sondern nur **eine Kürzungsquote in Bezug auf die bereits durch das Kausalitätserfordernis ("soweit") gequotelte Versicherungsleistung** zu bilden ist. Fließen solche Kürzungen in eine Gesamtquotenbildung ein, muss die

218

---

332 Bruck/Möller/*Heiss*, 9. Aufl., § 28 Rn 200; Looschelders/Pohlmann/*Pohlmann*, § 28 Rn 123; Langheid/Wandt/*Wandt*, § 28 Rn 248, 249.
333 Looschelders/Pohlmann/*Pohlmann*, § 28 Rn 123.
334 Langheid/Wandt/*Wandt*, § 28 Rn 249.
335 BGH 14.9.2005 – IV ZR 216/04, VersR 2005, 1720 (Addition der Leistungsfreiheitsobergrenzen bei Verletzung einer Obliegenheit vor einer und einer nach dem Versicherungsfall); BGH 9.11.2005 – IV ZR 146/04, VersR 2006, 108 (Addition der Leistungsfreiheitsobergrenzen bei mehreren Versicherungsfällen mit jeweiliger Verletzung der Aufklärungsobliegenheit durch unerlaubtes Entfernen vom Unfallort).

Begründung der Gesamtquote erkennen lassen, dass sich der Tatrichter dieser Problematik bewusst war. Auch hier ist aber kein mathematischen Regeln folgender Prozess, sondern eine rechtlich-wertende Betrachtung geboten.[336]

219 **(n) Rspr-Übersicht: Kürzungsquoten.** Beispiele für Leistungskürzung nach Abs. 2 aus der bisher veröffentlichten Rspr:[337]

Versicherungszweig	Kürzungsquote in %	Sachverhalt	Fundstelle
Kfz-Versicherung[338]	100	Führen eines Kfz mit mehr als 2,1 ‰ BAK	BGH 11.1.2012 – IV ZR 251/10, r+s 2012, 166
	100	Führen eines Kfz mit mind. 2,45 ‰ BAK	OLG Saarbrücken 4.4.2013 – 4 U 31/12, r+s 2013, 485
	50*	(Aufklärungsobliegenheit) wegen Alters überforderter Fahrer unterlässt leichtfertig die Untersuchung des geschädigten Fahrzeugs nach einem Anstoß	AG Mühlheim 26.4.2011 – 27 C 1727/10, juris
	50*	Mangelnde Reifenprofiltiefe mit Abkommen von der Fahrbahn (Kürzung hier wegen Gefahrerhöhung)	LG Darmstadt 19.5.2014 – 1 O 9/11, juris
PKV	90	Verspätete Übersendung einer Arbeitsunfähigkeitsbescheinigung (VN = Versicherungsmakler)	OLG Oldenburg 19.2.2013 – 5 U 3/13, juris
Wohngebäudeversicherung und Hausratversicherung	2 x 50 = 100*	Unverschlossene Wohnungstür *und* verspätete Stehlgutlistenvorlage bei Polizei 4 Wochen nach Einbruch bei 16.000 € Schaden; Quotenaddition (!) von 2 x 50 auf 100	LG Kassel 27.5.2010 – 5 O 2653/09, zfs 2011, 33
	90*	Unzureichende Beheizung eines bewohnten Gebäudes (Leitungswasserschaden durch Frost)	LG Erfurt 8.6.2010 – 8 O 1204/09, VersR 2011, 335
	90*	Wasserleitungen in leerstehendem Haus bei Frostperiode nicht entleert	LG Magdeburg 24.2.2012 – 11 O 1926/11, juris
	70*	Unzureichende Beheizung eines teilweise bewohnten Gebäudes (Leitungswasserschaden durch Frost)	LG Essen 16.2.2010 – 9 O 178/09, juris

---

336 Langheid/Wandt/*Wandt*, § 28 Rn 253.
337 Die mit * gekennzeichneten Entscheidungen sind den Rspr-Übersichten von *Nugel/Böhm* in MDR 2008, 1320; 2010, 597; 2011, 1148; 2012, 693 und 2013, 1328 entnommen.
338 Bei Trunkenheitsfahrten beruht die Leistungskürzung überwiegend auf § 81 Abs. 2, vgl deshalb ergänzend die dortige Kommentierung.

Versicherungszweig	Kürzungsquote in %	Sachverhalt	Fundstelle
	60	Verspätete Meldung des Versicherungsfalles	LG Frankfurt/M 14.2.2014 – 208 O 172/13, r+s 2015, 75[339]
	> 50*	Unzureichende Maßnahmen (Beheizung) *nach* Frostbruchschaden in einer Lagerhalle	OLG Saarbrücken 15.12.2010 – 5 U 147/10, r+s 2012, 392
	mind. 50	Nichtentleeren von Wasserleitungen in leerstehendem Gebäude	LG Frankfurt/M 27.2.2012 – 2-08 O 273/11, zfs 2012, 397
	50*	Unzureichende Überwachung, ob in einem Neubau eingesetzte Arbeitskräfte während starken Frosts die Wasserleitungen leeren und geleert halten	LG Bonn 18.5.2010 – 10 O 372/09, VersR 2010, 1079
	40	Verspätete Stehlgutlistenvorlage bei Polizei 5 Wochen nach Einbruch; Schmuckdiebstahl	OLG Köln 15.10.2013 – 9 U 69/13, r+s 2013, 604[340]
	40*	Verspätete Stehlgutlistenvorlage bei Polizei 6 Wochen nach Einbruch bei 8.000 € Schaden (i.Ü. Kausalitätsgegenbeweis für weiteren Schaden von ca. 182.000 €; zusätzliche Kürzung um 60 % wegen Nichtmontage eines vereinbarten Panzerriegels, Gesamtquotenbildung	LG Dortmund 15.7.2010 – 2 O 8/10, VersR 2010, 1594
	40*	Verspätete Stehlgutlistenvorlage bei Polizei 4 Wochen nach Einbruch bei 20.000 € Schaden	LG Oldenburg 9.7.2010 – 13 O 3064/09, VersR 2011, 69
	35*	Mangelnde Frostvorsorge bei leerstehender Lagerhalle	LG Mannheim 15.9.2010 – 8 O 37/10, VersR 2011, 665
	25*	Verspätete Stehlgutlistenvorlage bei Polizei 8 Wochen nach Einbruch (davon 4 Wochen Urlaub) bei 7.700 € Schaden und Sprachschwierigkeiten des VN	AG Bergheim 1.10.2010 – 23 C 56/10, juris

---

339 Mit Anm. *Felsch*.
340 Vgl dazu Anm. *Felsch*, r+s 2014, 555.

Versicherungszweig	Kürzungsquote in %	Sachverhalt	Fundstelle
	20*	Verspätete Stehlgutlistenvorlage bei Polizei 17 Tage nach Einbruch bei 8.000 € Schaden	LG Hannover 8.8.2010 – 8 O 312/09, zfs 2010, 637
Wassersportversicherung	50*	Unterbleiben einer vertraglich vereinbarten zusätzlichen Sicherung eines wertvollen Außenbordmotors	OLG Hamm 21.4.2010 – 20 U 182/09, juris

220 **(o) Regressobergrenzen nach der KfzPflVV.** Die bisherigen Regressbegrenzungen für den Kfz-Haftpflichtversicherer nach den §§ 5 und 6 KfzPflVV nehmen an einer Quotelung nach Abs. 2 nicht in der Weise teil, dass auch sie korrespondierend mit der Leistungsfreiheitsquote des VR quotal herabzusetzen wären. Vielmehr sind die in der KfzPflVV festgesetzten Grenzen für die Leistungsfreiheit des VR nach wie vor als absolute Obergrenzen (im Sinne einer absoluten „Deckelung") zu verstehen, die den jeweiligen Oberwert für die Leistungsfreiheit (und damit den Regress des VR beim VN) festlegen, und zwar losgelöst davon, aufgrund welcher Leistungsfreiheitsquote der VR vorgeht.[341]

221 **(p) Zulässigkeit von Quotenpauschalierungen?** Ob die Vereinbarung pauschalierter Quoten grds. zulässig ist, hat die Rspr. noch nicht geklärt. Mit Blick auf § 32 wird dabei allerdings zu beachten sein, dass die Vereinbarung nicht zum Nachteil des VN von Abs. 2 abweichen darf. Deshalb müsste auch eine Quotenpauschalierung dem VN im Einzelfall zumindest den Nachweis eröffnen, dass seine grobe Fahrlässigkeit im konkreten Fall nahe bei der einfachen Fahrlässigkeit liegt, dh weniger schwer wiegt, als für den Regelfall der pauschalierten Quote angenommen. Damit stellt sich indes ein weiteres Problem, denn wenn man mit der derzeit wohl hM annimmt, der VR müsse sämtliche Voraussetzungen für den Grad der Leistungskürzung beweisen, müsste selbst eine pauschal vereinbarte Quote, die dem VN den Nachweis eröffnet, im konkreten Fall geringere Schuld auf sich geladen zu haben als in der Pauschalquote veranschlagt, zu einer echten Beweislastumkehr führen, die den VN jedenfalls insoweit abweichend von Abs. 2 benachteiligte. Da Abs. 2 eine direkte Proportionalität der konkreten Schuldschwere im Einzelfall zur Höhe der Leistungskürzung bezweckt, wird mithin eine Quotenpauschalierung voraussichtlich an § 32 scheitern.

V. Belehrungserfordernis (Abs. 4)

222 **1. Entstehungsgeschichte.** Mit seiner zunächst zu § 7 AKB entwickelten, dann aber auf alle vorsätzlich-folgenlosen Verletzungen vertraglich vereinbarter Auskunfts- und Aufklarungsobliegenheiten übertragenen Relevanzrechtsprechung[342] hatte der BGH zur Zeit der Geltung des alten VVG versucht, die Konsequenzen des „Alles-oder-Nichts-Prinzips" abzumildern. Geleitet von der Erwägung, der völlige Leistungsfreiheit des VR sei eine zu harte „Strafe" für den VN, wenn sie ihn ohne Rücksicht darauf treffe, ob dem VR durch eine Obliegenheitsverletzung überhaupt Nachteile entstanden seien,[343] hatte er im Rahmen einer Härtekorrek-

---

341 Vgl dazu auch Marlow/Spuhl/*Marlow*, Rn 342; *Maier*, r+s 2007, 89, 91; Langheid/Wandt/*Wandt*, § 28 Rn 255 mwN.
342 Vgl dazu u.a. BGH 16.1.1970 – IV ZR 645/68, BGHZ 53, 160, 164 = NJW 1970, 465; BGH 24.6.1981 – IVa ZR 133/80, VersR 1982, 182 mwN; Prölss/Martin/*Prölss*, 27. Aufl. 2004, § 6 Rn 101 mwN; Römer/Langheid/*Römer*, § 6 Rn 39 mwN.
343 Vgl dazu BGH 21.4.1982 – IVa ZR 267/80, BGHZ 84, 84, 87 = VersR 1982, 742.

tur u.a. die Forderung aufgestellt, dass die völlige Leistungsfreiheit des VR in diesen besonderen Fällen nur dann eintreten dürfe, wenn der VR den VN über die auch bei **folgenloser, aber vorsätzlicher** Obliegenheitsverletzung drohende Rechtsfolge rechtzeitig belehrt hatte. Auf diese Rspr geht die Regelung in **Abs. 4** über die Belehrungspflichten des VR zurück.[344]

2. Regelung. a) Betroffene Obliegenheiten. Der Gesetzgeber hat das Belehrungserfordernis sowohl in § 19 Abs. 5 für die vorvertragliche Anzeigeobliegenheit als auch hier für die **Auskunftsobliegenheit nach Eintritt des Versicherungsfalles (§ 31 Abs. 1)** übernommen, allerdings – anders als die Relevanzrechtsprechung – nicht länger auf die folgenlosen Verstöße beschränken können, weil die Erweiterung des Kausalitätsgegenbeweises in **Abs. 3** auch auf vorsätzliche Obliegenheitsverletzungen dazu geführt hat, dass vorsätzlich-folgenlose Obliegenheitsverletzungen im Regelfall (Ausnahme: Arglist) keine Leistungsfreiheit des VR mehr begründen können. Die Belehrungspflicht trifft den VR allerdings nur, soweit er mit einer Äußerung des VN rechnen kann oder muss. 223

Vielfach wird angenommen, die Belehrungspflicht entfalle bereits, wenn eine Obliegenheit ihrem Wesen „spontan" zu erfüllen sei.[345] Das trifft aber in dieser Allgemeinheit nicht zu. Die Belehrungsobliegenheit des VR ist **anlassbezogen**.[346] Dem VN soll erst vor Erfüllung einer Aufklärungs- oder Auskunftsobliegenheit, insb. vor Beantwortung entsprechender Fragen des VR, eindringlich vor Augen geführt werden, welche Bedeutung vollständige, rechtzeitige und wahrheitsgemäße Informationen für die Leistungsverpflichtung des VR haben und welche Rechtsfolgen dem VN bei Verletzung der Obliegenheit drohen. Daraus ergibt sich die Notwendigkeit, erst dann zu belehren, wenn vom VN Angaben zu einem konkreten Versicherungsfall erwartet werden; **rein vorsorgliche, nicht anlassbezogene** Belehrungen können diesen Zweck nicht erfüllen. Deshalb kann die Belehrungsobliegenheit für den VR dann nicht entstehen, wenn er schon aus Gründen des konkreten zeitlichen Ablaufs nicht anlassbezogen belehren kann,[347] denn Unmögliches kann vom VR nach Abs. 4 nicht verlangt werden. Damit entfällt das Belehrungserfordernis aus tatsächlichen Gründen in Fällen, in denen der VN Auskunfts- oder Aufklärungsobliegenheiten „spontan", dh von sich aus und vom VR unerwartet, erfüllt, etwa unaufgefordert eine (falsche) Schadensmeldung erstattet. Eine Belehrung ist dem VR auch dann unmöglich, wenn der VN – bspw bei der Wartepflicht am Unfallort – seine Obliegenheit zu einem Zeitpunkt erfüllen muss, zu dem der VR vom Versicherungsfall noch gar nichts weiß.[348] Es widerspricht aber Inhalt und Zweck der gesetzlichen Regelung, die Hinweispflicht generell schon dann zu verneinen, wenn eine Obliegenheit lediglich ihrem Wesen nach in aller Regel spontan zu erfüllen ist. Eine entsprechende Ausnahme von der Belehrungspflicht sieht Abs. 4 nach dem Gesetzeswortlaut, der den Begriff der **„spontan zu erfüllenden Obliegenheit"** nicht kennt, nicht vor. Sie ergibt sich auch nicht aus der mit der vom Gesetz bezweckten Warnung des VN. Die Belehrung erweist sich nur dann als sinnlos, 224

---

344 Begr. RegE, BT-Drucks. 16/3945, S. 69.
345 OLG Saarbrücken 19.9.2012 – 5 U 68/12, r+s 2012, 543, 544; OLG Köln 28.3.2000 – 9 U 112/99, r+s 2000, 339, 340; OLG Köln 23.1.1996 – 9 U 393/94, r+s 1998, 250, 251; Bruck/Möller/*Heiss*, 9. Aufl., § 28 Rn 174; FAKomm-VersR/*Nugel*, § 28 VVG Rn 171 ff; Römer/Langheid/*Rixecker*, 4. Aufl., § 28 Rn 109.
346 BGH 9.1.2013 – IV ZR 197/11, BGHZ 196, 67 (Rn 17 f).
347 Vgl dazu auch BT-Drucks. 16/3945, S. 69; Looschelders/Pohlmann/*Pohlmann*, 2. Aufl., § 28 Rn 127; Prölss/Martin/*Prölss*, 28. Aufl., § 28 Rn 152; Prölss/Martin/*Armbrüster*, 29. Aufl., § 28 Rn 262; Langheid/Wandt/*Wandt*, § 28 Rn 320 ff; *Knappmann* in Anm. zu OLG Karlsruhe, Urteil vom 20. September 2011 – 12 U 89/11, r+s 2011, 517, 519.
348 *Knappmann* in Anm. zu OLG Karlsruhe, Urteil vom 20. September 2011 – 12 U 89/11, r+s 2011, 517, 519; Prölss/Martin/*Prölss*, 28. Aufl., § 28 Rn 152; Langheid/Wandt/*Wandt*, § 28 Rn 320 ff.

wenn sie zwangsläufig zu spät käme.[349] Das hängt aber nicht davon ab, ob eine Obliegenheit ihrem Wesen nach in aller Regel spontan zu erfüllen ist, sondern allein davon, ob die rechtzeitige Belehrung im konkreten Fall dem VR aufgrund des Zeitablaufs möglich ist. Entscheidend ist deshalb **nicht** der abstrakte Rechtscharakter einer sog. **Spontanobliegenheit**, sondern der **tatsächliche Ablauf der Ereignisse**.[350] Zudem hat der BGH bereits früher entschieden, dass selbst eine regelmäßig spontan zu erfüllende Obliegenheit diese Rechtsnatur jedenfalls dann verliere, wenn der VR im konkreten Fall zu ihrer Erfüllung auffordere.[351]

225 **b) Inhalt und Form der Belehrung.** Versicherungsrechtliche Belehrungen entfalten ihre Rechtswirkungen nur dann, wenn sie inhaltlich und formell den gesetzlichen Anforderungen entsprechen. Anderenfalls gilt eine Belehrung als nicht erteilt, es kann die an sie geknüpfte Rechtswirkung des Abs. 4 also nicht eintreten.

226 Der früher von der Relevanzrechtsprechung empfohlene Belehrungstext[352] muss von den VR künftig geändert und der neuen Rechtslage angepasst werden. Dem Umstand, dass allein im **Arglistfalle (Abs. 3 S. 2)** auch folgenlose Verstöße Leistungsfreiheit nach sich ziehen können, muss die Belehrung allerdings nicht notwendigerweise Rechnung tragen (wobei ein Hinweis darauf umgekehrt sicherlich nicht schadet). Denn nach der im Wesentlichen auf die der Vorstellung des Gesetzgebers gestützten Rspr des BGH ist die **Belehrung im Arglistfalle ohnehin nicht Voraussetzung für die Leistungsfreiheit**.[353] Dieses eingeschränkte Verständnis des **Abs. 4**, das im Gesetzeswortlaut (anders als etwa in der verwandten Regelung des **Abs. 3 S. 2**) leider keinen unmittelbaren Niederschlag gefunden hat, deckt sich im Übrigen mit der früheren Rspr, die den Schutz der Relevanzrechtsprechung arglistig handelnden VN seit jeher versagte.[354]

Der Belehrungstext könnte wie folgt formuliert werden:

▶ Vorsätzlich falsche oder unwahre Angaben oder unvollständige oder verspätete Auskünfte können den vollständigen Verlust der Versicherungsleistung, grob fahrlässig falsche oder unwahre Angaben oder unvollständige oder verspätete Auskünfte können eine – der Schwere Ihres Verschuldens entsprechende – Kürzung der Versicherungsleistung zur Folge haben, es sei denn, diese Angaben werden weder für die Feststellung des Versicherungsfalles noch für die Feststellung oder den Umfang unserer Leistungspflicht ursächlich. (Die zuletzt genannte Einschränkung gilt nicht, wenn die falschen oder unwahren Angaben von Ihnen arglistig gemacht werden.) ◀

227 Der Gesamtverband der Deutschen Versicherungswirtschaft e.V. (GDV) empfiehlt seinen Mitgliedern folgenden – längeren – Mustertext:[355]

---

349 *Knappmann* in Anm. zu OLG Karlsruhe, Urteil vom 20. September 2011 – 12 U 89/11, r+s 2011, 517, 519.
350 Vgl in Looschelders/Pohlmann/*Looschelders*, 2. Aufl., § 30 Rn 18; Langheid/Wandt/*Wandt*, § 28 Rn 323.
351 BGH 17.9.2008 – IV ZR 317/05, r+s 2008, 513 (Rn 11).
352 Vgl BGH 21.1.1998 – IV ZR 10/97, VersR 1998, 447; OLG Köln 11.5.1999 – 9 U 14/98, NVersZ 2000, 278 („Falsche unwahre oder unvollständige Angaben führen auch dann zum Verlust der Versicherungsleistung, wenn dem VR daraus kein Nachteil entsteht.").
353 Vgl zu § 19 Abs. 1: BGH 12.3.2014 – IV ZR 306/13, BGHZ 200, 286 = VersR 2014, 565 (Rn 9 ff); Die Entscheidung stützt sich (Rn 16) maßgeblich auf die Gesetzesbegründung zu § 28 Abs. 4; Begr. RegE, BT-Drucks. 16/3945, S. 69.
354 StRspr, vgl BGH 20.11.1970 – IV ZR 1074/68, VersR 1971, 142; BGH 12.3.1976 – IV ZR 79/73, VersR 1976, 383; BGH 30.11.1977 – IV ZR 42/75, VersR 1978, 121.
355 Abgedruckt u.a. auch bei Langheid/Wandt/*Wandt*, § 28 Rn 336; Schwintowski/Brömmelmeyer/*Mauntel*, § 4 VVG-InfoV Rn 32; Marlow/Spuhl/*Marlow*, S. 675 f; Bruck/Möller/*Heiss*, 9. Aufl., § 28 Rn 180.

▶ **Mitteilung nach § 28 Abs. 4 VVG über die Folgen bei Verletzungen von Obliegenheiten nach dem Versicherungsfall**

Sehr geehrte Kundin, sehr geehrter Kunde,
wenn der Versicherungsfall eingetreten ist, brauchen wir Ihre Mithilfe.

Auskunfts- und Aufklärungsobliegenheiten

Aufgrund der mit Ihnen getroffenen vertraglichen Vereinbarungen können wir von Ihnen nach Eintritt des Versicherungsfalls verlangen, dass Sie uns jede Auskunft erteilen, die zur Feststellung des Versicherungsfalls oder des Umfangs unserer Leistungspflicht erforderlich ist (Auskunftsobliegenheit), und uns die sachgerechte Prüfung unserer Leistungspflicht insoweit ermöglichen, als Sie uns alle Angaben machen, die zur Aufklärung des Tatbestands dienlich sind (Aufklärungsobliegenheit). Wir können ebenfalls verlangen, dass Sie uns Belege zur Verfügung stellen, soweit es Ihnen zugemutet werden kann.

Leistungsfreiheit

Machen Sie entgegen der vertraglichen Vereinbarungen vorsätzlich keine oder nicht wahrheitsgemäße Angaben oder stellen Sie uns vorsätzlich die verlangten Belege nicht zur Verfügung, verlieren Sie Ihren Anspruch auf die Versicherungsleistung. Verstoßen Sie grob fahrlässig gegen diese Obliegenheiten, verlieren Sie Ihren Anspruch zwar nicht vollständig, aber wir können unsere Leistung im Verhältnis zur Schwere Ihres Verschuldens kürzen. Eine Kürzung erfolgt nicht, wenn Sie nachweisen, dass Sie die Obliegenheit nicht grob fahrlässig verletzt haben.

Trotz Verletzung Ihrer Obliegenheiten zur Auskunft, zur Aufklärung oder zur Beschaffung von Belegen bleiben wir jedoch insoweit zur Leistung verpflichtet, als Sie nachweisen, dass die vorsätzliche oder grob fahrlässige Obliegenheitsverletzung weder für die Feststellung des Versicherungsfalls noch für die Feststellung oder den Umfang unserer Leistungspflicht ursächlich war.

Verletzen Sie die Obliegenheit zur Auskunft, zur Aufklärung oder zur Beschaffung von Belegen arglistig, werden wir in jedem Fall von unserer Verpflichtung zur Leistung frei.

Hinweis:

Wenn das Recht auf die vertragliche Leistung nicht Ihnen, sondern einem Dritten zusteht, ist auch dieser zur Auskunft, zur Aufklärung und zur Beschaffung von Belegen verpflichtet. ◀

Zu Recht weist *Wandt*[356] darauf hin, dass diese Belehrung den Fall der Verletzung der Auskunfts- oder Aufklärungsobliegenheit durch verspätete Auskünfte nicht erfasst.[357] Dementsprechend ist auch der hier vorgeschlagene Belehrungstext ergänzt worden.

Mittels einer **gesonderten Mitteilung** und in **Textform**[358] hat die Belehrung zu erfolgen. Dem Erfordernis ist genügt, wenn der VR die Belehrung in ein **Schadenmeldeformular** oder ein sonstiges Schreiben aufnimmt, in welchem dem VN Fragen zur Aufklärung des Versicherungsfalles gestellt werden.[359] Demgegenüber kann die Belehrung **nicht in den Versicherungsbedingungen oder der Police** wirk-

228

---

356 In: Langheid/Wandt/*Wandt*, § 28 Rn 336.
357 AA Bruck/Möller/*Heiss*, 9. Aufl., § 28 Rn 80.
358 Vgl dazu die Legaldefinition in § 126 b BGB: „Ist durch Gesetz Textform vorgeschrieben, so muss die Erklärung in einer Urkunde oder auf andere zur dauerhaften Wiedergabe in Schriftzeichen geeignete Weise abgegeben, die Person des Erklärenden genannt und der Abschluss der Erklärung durch Nachbildung der Namensunterschrift oder anders erkennbar gemacht werden."
359 BGH 9.1.2013 – IV ZR 197/11, BGHZ 196, 67 = r+s 2013, 114 (Rn 15).

sam erteilt werden. Ein „Extrablatt" für die Belehung ist zulässig (kann allerdings den Streit über den Zugang beim VN auslösen), jedoch vom Gesetz nicht geboten.

229 Im Zeitalter fortschreitender Digitalisierung werden dem VN Fragebögen des VR mitunter nicht mehr in Papierform unterbreitet. So ist es zB bei der Stellung von Versicherungsanträgen vermehrt zu beobachten, dass die Antworten des Antragstellers auf die vom VR formularmäßig gestellten Fragen direkt in den **Computer** (das **Notebook**, den **Laptop**) eines VersVertreters eingegeben werden. Auch für Schadensermittlungs-Fragebögen ist eine solche Vorgehensweise denkbar. Teilweise wird die Auffassung vertreten, es reiche für eine „gesonderte Mitteilung der Belehrung" aus, wenn in diesem Falle die auf dem Bildschirm erscheinende Maske des Fragebogens die Belehrung nach den § 19 Abs. 5/§ 28 Abs. 4 enthalte.[360] Dem ist nicht zuzustimmen. Eine gesonderte Mitteilung in Textform muss dem VN in einer Art und Weise übermittelt werden, die es ihm erlaubt, den Text nach eigenem Gutdünken mehrfach zu lesen. Gerade darin liegt der Vorteil der Textform gegenüber dem flüchtigen Wort. Eine gesonderte Mitteilung an den VN in Textform liegt deshalb nicht vor, wenn er lediglich Gelegenheit erhält, die Belehrung als Teil eines Computerformulars beim Blick über die Schulter des Agenten auf dessen Computerbildschirm zur Kenntnis zu nehmen.[361]

230 c) **Zeitpunkt der Belehrung.** Die Auskunfts- und Aufklärungsobliegenheiten, für deren Verletzung die Belehrungspflicht gilt, setzen immer erst nach einem Versicherungsfall ein. Gerade dem Verbot, die Belehrung schon „auf Vorrat" mit den Versicherungsbedingungen zu verbinden, ferner dem Hinweis der Gesetzesbegründung auf die bisherige Relevanzrechtsprechung[362] kann entnommen werden, dass die Belehrungsobliegenheit des VR dann einsetzt, wenn er vom Versicherungsfall erfährt und demgemäß mit entsprechenden, auf diesen Versicherungsfall bezogenen weiteren Informationen des VN rechnet oder sie sogar erwartet. Dann muss der VR dafür Sorge tragen, dass die Belehrung den VN alsbald und so rechtzeitig erreicht, dass Letzterer sie bei seinen weiteren Auskünften und Mitteilungen beherzigen kann. Den Zugang der Belehrung hat im Streitfall der VR zu beweisen.

231 Für **spontane Auskünfte** des VN – etwa die Meldung des Versicherungsfalles selbst – gilt das Belehrungserfordernis nicht (s. iÜ zur sog. Spontanobliegenheit Rn 224).

232 d) **Adressat und Sprache der Belehrung.** Die Belehrung ist **an den VN** zu richten. Über den Gesetzeswortlaut hinaus wird der VR aber auch eine versicherte Person, der gegenüber er sich wegen einer Obliegenheitsverletzung iSv **Abs. 4** berufen will, in gleicher Weise belehren müssen. Das jedenfalls entspricht der bisherigen Rspr.[363]

233 Den **Belehrungstext** muss der VR nicht in einer anderen als der Vertragssprache verfassen, wenn der VN die Vertragssprache nicht beherrscht.[364] Im Regelfall genügt daher ein deutscher Belehrungstext. Der VN muss sich notfalls Rat holen und/oder den Text übersetzen lassen.

234 e) **Wiederholung der Belehrung.** Hat der VR den VN einmal ordnungsgemäß belehrt, bleibt es eine Frage des Einzelfalles, ob der VN später aufgrund besonderer Umstände erneut derart schutzwürdig erscheint, dass der Grundsatz von Treu und

---

360 Marlow/Spuhl/*Marlow*, Rn 198.
361 Langheid/Wandt/*Wandt*, § 28 Rn 340.
362 Begr. RegE, BT-Drucks. 16/3945, S. 69.
363 Vgl BGH 12.3.1976 – IV ZR 79/73, juris; Marlow/Spuhl/*Marlow*, Rn 374.
364 Prölss/Martin/*Armbrüster*, 29. Aufl., § 28 Rn 377; Langheid/Wandt/*Wandt*, § 28 Rn 337; OLG Saarbrücken 22.3.2006 – 5 U 405/05-40, VersR 2006, 1208, 1210; OLG Hamm 2.10.1996 – 20 U 82/96, r+s 1997, 1; OLG Nürnberg 22.12.1994 – 8 U 2596/94, VersR 1995, 1224, 1225; aA (nicht bei positiver Kenntnis des VR von den Sprachproblemen des VN): OLG Köln 16.6.1994 – 5 U 117/93, VersR 1995, 201; Schwintowski/Brömmelmeyer/*Schwintowski*, § 28 Rn 115.

Glauben es dem VR gebietet, die bereits gegebene **Belehrung zu wiederholen**. Das kann ausnahmsweise einmal der Fall sein, wenn der VN bei einer späteren Nachfrage den Bezug zu den Fragen der Schadensmeldung und seiner Aufklärungsobliegenheit wegen einer besonderen Fragestellung nicht mehr ohne Weiteres erkennen kann oder wenn eine Nachfrage nach besonders langer Zeit erfolgt und deshalb die Sorge begründet, der VN könne die ursprüngliche Belehrung nicht mehr vor Augen haben.[365] Ob solche besonderen Umstände gegeben sind, kann nur aufgrund einer **Gesamtwürdigung der Umstände des Einzelfalles** beantwortet werden und hängt insb. auch davon ab, ob der VN ausreichende Anhaltspunkte dafür hat, sich an die frühere Belehrung zu erinnern. Jedenfalls muss die Belehrung nicht bei jeder Nachfrage des VR wiederholt werden.[366] Ebenso wenig sind feste Fristen vorzusehen, nach deren Ablauf jeder Nachfrage eine erneute Belehrung beizufügen wäre.[367]

VI. Ausschluss der Vereinbarung eines Rücktrittsrechts (Abs. 5)

Sachlich unverändert übernimmt **Abs. 5** die in § 6 Abs. 4 aF enthaltene Regelung.[368] Die Vorschrift ist absolut zwingend, sie schützt den VN vor Vertragsbedingungen, die es dem VR über die Sanktionen des § 28 hinaus ermöglichen, sich infolge einer Obliegenheitsverletzung rückwirkend vom Vertrag zu lösen, wie das bei Verletzung der vorvertraglichen Anzeigeobliegenheit möglich ist.

VII. Prozessuale Fragen

1. Berufung auf die Obliegenheitsverletzung. Da die Leistungsfreiheit nicht unmittelbar aus dem Gesetz folgt, sondern Abs. 2 voraussetzt, dass sie für den Fall der Obliegenheitsverletzung vertraglich vereinbart sein muss, beruht sie auf einer Vereinbarung, die zum Schutz und im Interesse des VR in den Vertrag aufgenommen ist. Dem entspricht es, dass der VR auch nach einer Obliegenheitsverletzung des VN die freie Disposition darüber behält, ob er sich auf die daraus erwachsende Leistungsfreiheit berufen will oder nicht.[369] Es bedarf mithin einer Erklärung des VR, aus der der VN entnehmen kann, dass sich der VR auf die vereinbarte Leistungsfreiheit beruft. Im Prozess führt das dazu, dass das Gericht **nicht von Amts wegen** prüfen darf, ob Leistungsfreiheit infolge einer Obliegenheitsverletzung eingetreten ist.[370] Vielmehr muss der VR einen entsprechenden **Einwand ausdrücklich** erheben; ein allgemeiner Antrag auf Abweisung der Klage genügt dafür nicht.

Soweit das Gericht – etwa weil es darin einen „griffigen" Klageabweisungsgrund wittert – im Streit um Versicherungsleistungen von sich aus die Parteien auf die Möglichkeit hinweist, dass sich der VR auch auf eine Obliegenheitsverletzung berufen könne, obwohl der VR seinerseits einen solchen Einwand nicht erhoben hat, verstößt es – ähnlich wie bei einem Hinweis auf die Möglichkeit einer bisher nicht erhobene Verjährungseinrede – gegen seine Neutralitätspflicht.[371] In der Revision ist ein solcher Verfahrensfehler allerdings nicht mehr zu beheben, denn es kann materiell-rechtlich nicht zu Lasten des VR gehen, wenn das **Gericht** einen ihm günstigen Hinweis erteilt und er sich sodann tatsächlich auf die Obliegenheitsver-

---

365 Vgl dazu OLG Hamm 25.8.2000 – 20 U 178/98, NVersZ 2001, 271.
366 BGH 28.2.2007 – IV ZR 152/05, VersR 2007, 683 (mit Berichtigungsbeschluss 18.4.2007, VersR 2007, 982); aA früher OLG Oldenburg 20.8.1997 – 2 U 138/97, r+s 1997, 450.
367 AA Römer/Langheid/*Römer*, § 6 Rn 65.
368 Begr. RegE, BT-Drucks. 16/3945, S. 69.
369 BGH 18.12.1989 – II ZR 34/89, VersR 1990, 384.
370 HM, Römer/Langheid/*Römer*, § 6 Rn 130; Bruck/Möller/*Möller*, 8. Aufl. 1961, § 6 Anm. 44; aA Prölss/Martin/*Prölss*, 28. Aufl., § 28 Rn 108.
371 BGH 26.1.2005 – IV ZR 239/03, VersR 2005, 493.

letzung beruft. Aus dem prozessual unzulässigen Vorgehen des Gerichts folgt kein Rechtsmissbrauch des VR. Die Berufung auf die Obliegenheitsverletzung ist aus der Sicht des VR mithin nicht unzulässig und daher im Weiteren auch prozessual zu beachten. Dem VN und seinem Prozessbevollmächtigten bleibt in einem solchen Falle deshalb nur die Möglichkeit, auf den unzulässigen rechtlichen Hinweis sofort mit einem **Befangenheitsgesuch** zu reagieren.[372]

238 **2. Zeitpunkt der Geltendmachung, Verwirkung, Verzicht.** Häufig wird von VN im Rechtsstreit um die Versicherungsleistung beanstandet, der VR habe nach § 242 BGB sein Leistungsverweigerungsrecht wegen Obliegenheitsverletzung dadurch verloren (sei es durch Verwirkung, sei es durch „**konkludenten Verzicht**"), dass er sich nicht sofort zu Beginn des Rechtsstreits, sondern erstmals zum Ende des ersten Rechtszugs oder gar erst in der Berufungsinstanz auf die Obliegenheitsverletzung berufen habe. Das OLG Düsseldorf[373] hatte bspw entschieden, der VR verliere seinen Leistungsfreiheits-Einwand, wenn er ihn nicht unverzüglich in erster Instanz erhebe.[374] Werde der Einwand nicht sogleich oder zumindest alsbald in erster Instanz erhoben, so gebe der VR damit zu erkennen, dass er die Obliegenheitsverletzung nicht als so gravierend angesehen habe, dass eine Berufung auf Leistungsfreiheit wegen Obliegenheitsverletzung gerechtfertigt sei. Das muss man wohl so verstehen, als habe das OLG darin eine **Form des konkludenten Verzichts** gesehen.[375]

239 Der BGH ist dem insoweit entgegengetreten,[376] als seiner Auffassung nach günstige, dispositive Rechtspositionen einer Partei im Regelfall nicht durch bloßen Zeitablauf oder vermeintlich konkludente Verzichtserklärungen verloren gehen. In der bloßen zeitlichen Verzögerung der Geltendmachung liegt insb. auch kein (konkludenter) Verzicht auf die Rechtsposition. Der **Verzicht** – als rechtsgestaltende Willenserklärung, mit der der Erklärende eine ihm günstige Rechtsposition endgültig aufgibt – setzt einen in der Erklärung zum Ausdruck kommenden Verzichtswillen und ein irgendwie nachvollziehbares Motiv voraus. Insoweit ist das Gebot einer interessegerechten Auslegung in besonderem Maße zu beachten.[377] Danach muss grds. davon ausgegangen werden, dass der Erklärende, nachdem er eine ihm günstige Rechtsposition erworben hat, diese nicht einfach und ohne ersichtlichen Grund wieder aufgeben will. Ein Verzicht ist deshalb nach der Rspr des BGH im Allgemeinen nicht zu vermuten.[378] Soll dennoch ein **stillschweigender Verzicht** angenommen werden, erfordert dies ein Verhalten, aus dem – nach Bewertung aller Fallumstände – unzweideutig der Wille entnommen werden kann, die günstige Rechtsposition aufzugeben. Es müssen dann zum Schweigen aber ganz besondere Umstände hinzutreten, denen der Erklärungsgegner einen solchen Aufgabewillen entnehmen kann.[379] Regelmäßig scheidet die Annahme eines stillschweigenden Verzichts schon dann aus, wenn kein nachvollziehbares Motiv dafür zu erkennen ist.[380]

---

372 BGH 2.10.2003 – V ZB 22/03, BGHZ 156, 269, 270 f mwN.
373 OLG Düsseldorf 5.4.1993 – 4 U 30/92, VersR 1993, 425.
374 Im Ergebnis ähnlich: OLG Saarbrücken 20.10.1993 – 5 U 40/92, r+s 1994, 196 = VersR 1994, 969; OLG Koblenz 20.11.1981 – 10 U 464/81, VersR 1982, 260, jeweils zu § 12 Abs. 3 aF.
375 Dagegen: OLG Schleswig 5.2.1994 – 9 U 37/91, VersR 1994, 169.
376 BGH 19.10.2005 – IV ZR 89/05, VersR 2006, 57 unter II 3 b bb (1) zu § 12 Abs. 3 aF.
377 BGH 15.1.2002 – X ZR 91/00, WM 2002, 822 unter 4 mwN.
378 BGH 16.11.1993 – XI ZR 70/93, WM 1994, 13 unter II 2 b.
379 ZB OLG Hamm 14.7.1993 – 20 U 79/93, r+s 1994, 229: Jahrelange Erstattungen von Heilbehandlungskosten einer gemischten Anstalt iSv § 4 MB/KK ohne die nach den Versicherungsbedingungen erforderliche vorherige Leistungszusage des VR kann für den privaten Krankenversicherer am Ende zur Verwirkung des Einwandes führen, die notwendige Leistungszusage habe nicht vorgelegen.
380 Vgl dazu BGH 10.5.2001 – VII ZR 356/00, WM 2001, 1387 unter II 1 b.

Auch für einen **Verwirkungstatbestand** reicht im Regelfalle die lediglich verzögerte Geltendmachung eines Rechts im Prozess noch nicht aus. Soweit zur Prüfung der Leistungsfreiheit wegen Obliegenheitsverletzung streitiger Parteivortrag berücksichtigt werden muss, ergibt sich ein ausreichendes prozessuales Korrektiv für eine zu späte Geltendmachung aus den Präklusionsvorschriften der ZPO. Ein Rechtsmissbrauch iSd § 242 BGB mit der Folge eines materiellen Rechtsverlustes kann demgegenüber erst dann gegeben sein, wenn besondere Umstände hinzutreten, die geeignet sind, ein **Vertrauen** des VN darauf zu begründen, der VR werde die ihm entstandenen Rechtsvorteile nicht mehr in Anspruch nehmen. Dass der VR sich gegen den vom VN erhobenen Anspruch auf Versicherungsleistungen zunächst mit anderen Verteidigungsmitteln zur Wehr setzt, begründet für sich genommen ein solches Vertrauen noch nicht.[381] 240

Diese zu § 12 Abs. 3 aF entwickelten Grundsätze sind ohne Weiteres auf die Geltendmachung von Leistungsfreiheit infolge einer Obliegenheitsverletzung zu übertragen. Der BGH hat deshalb im Urteil vom 19.10.2005 gerade auch der oben genannten Entscheidung des OLG Düsseldorf (s. Rn 238) ausdrücklich widersprochen. 241

3. Unrichtiger Prozessvortrag des VN. Nach Eintritt des Versicherungsfalles trifft den VN die Obliegenheit zur Auskunft und Aufklärung. Unrichtige Angaben können – je nachdem, ob sie vorsätzlich oder grob fahrlässig erfolgen – Leistungsfreiheit des VR oder Leistungskürzung nach sich ziehen. Das gilt freilich nur so lange, wie der VR noch bereit ist, den Versicherungsfall und seine Leistungspflicht zu prüfen. Lehnt er die Versicherungsleistung endgültig ab, endet auch die Obliegenheit des VN (s. näher Rn 47). Eine solche Leistungsablehnung kann auch im Antrag auf Abweisung der Klage auf Versicherungsleistungen liegen.[382] Da dem Rechtsstreit um die Versicherungsleistung regelmäßig eine Leistungsablehnung des VR vorausgeht, der VR zudem häufig volle Abweisung der Klage beantragen wird, unterliegt der VN insoweit keinen Auskunfts- und Aufklärungsobliegenheiten mehr. Das hat zur Folge, dass unrichtige Angaben im Rahmen von Prozessvortrag des VN, sogar wenn sie arglistig erfolgen, regelmäßig nicht mehr die Sanktionen des § 28 auslösen können.[383] 242

Im **Prozess** muss der VN allerdings beachten, dass Situationen eintreten können, die denjenigen ähneln, in denen die Prüfungsbereitschaft des VR wieder einsetzt. Damit leben uU auch die auf Information des prüfungsbereiten VR gerichteten Obliegenheiten in gewisser Weise wieder auf, so dass nachfolgende Falschangaben, auch wenn sie im Prozess erfolgen, dann doch Sanktionen nach sich ziehen können. 243

In einem vom BGH am 8.7.1991 entschiedenen Fall[384] um die Versicherungsleistungen für eine gestohlene Motoryacht war in einem ersten Revisionsverfahren das klagabweisende erste Berufungsurteil teilweise aufgehoben und die Sache an das Berufungsgericht zurückverwiesen worden.[385] Dem Berufungsgericht war die Klärung aufgetragen worden, ob dem Kläger über die ihm rechtskräftig zuerkannte Entschädigung hinaus eine Neuwertdifferenz zustand. Dies hing nach dem ersten Revisionsurteil davon ab, ob die Verwendung der Entschädigung zur Wiederbeschaffung eines gleichwertigen neuen Schiffs sichergestellt war. In der Neuauflage der Berufung legte der VN dazu eine falsche Rechnung vor. Der BGH hat insoweit 244

---

381 BGH 19.10.2005 – IV ZR 89/05, VersR 2006, 57 unter II 3 b bb (1) (zu § 12 Abs. 3 aF).
382 BGH 7.6.1989 – IVa ZR 101/88, BGHZ 107, 368, 372 = VersR 1989, 842.
383 BGH 23.6.1999 – IV ZR 211/98, VersR 1999, 1134 unter 4; zur Arglist: OLG Hamm 12.6.1991 – 20 U 305/90, VersR 1992, 301 m. zust. Anm. *Bach*.
384 BGH 8.7.1991 – II ZR 65/90, VersR 1991, 1129.
385 BGH 8.2.1988 – II ZR 210/87, BGHZ 103, 228 ff.

ein arglistiges Verhalten und – wegen der Besonderheiten des Falles – ausnahmsweise auch eine materiell-rechtliche Verwirkung des Anspruchs auf die Neuwertspitze angenommen. Auch wenn im Regelfalle Arglist des VN im Prozess nicht die Sanktionen für Obliegenheitsverletzungen nach sich ziehe, sei hier eine besondere Konstellation gegeben, bei der der VN seinen Anspruch mittels Arglist zT verwirkt habe. Selbst wenn manchem diese Begründung fragwürdig erscheinen mag,[386] und sie mittlerweile möglicherweise auch in Widerspruch zum Senatsurteil vom 13.3.2013[387] steht, muss sich der VN jedenfalls darauf einstellen, dass falscher Prozessvortrag, wenn er arglistig erfolgt (und sich insb. als versuchter Prozessbetrug erweist), bei Hinzutreten besonderer Begleitumstände zum Verlust der Versicherungsleistung führen kann.

245 **4. Beweislastverteilung im Rückforderungsrechtsstreit.** Nicht selten kann oder muss der VR seine Leistungsfreiheit (nunmehr auch: Leistungskürzung) infolge einer Obliegenheitsverletzung gegenüber dem VN erst zu einem Zeitpunkt geltend machen, zu dem er die Versicherungsleistung bereits erbracht hat. Das ist zum einen der Fall, wo er erst nach Leistung an den VN von dessen Obliegenheitsverletzung nachträglich Kenntnis erlangt; häufiger sind Fälle, in denen der VR – wie etwa bei der Kfz-Haftpflichtversicherung – kraft gesetzlicher Bestimmungen verpflichtet ist, ungeachtet der Obliegenheitsverletzung des VN Direktansprüche Dritter zu befriedigen. Will der VR sich anschließend darauf berufen, dem VN gegenüber wegen dessen Obliegenheitsverletzung nichts oder jedenfalls weniger (Leistungskürzung nach Abs. 2) zu schulden, als er im Vorwege geleistet hat bzw leisten musste, so verfolgt er mit dem darauf gestützten **Regress** einen **Bereicherungsanspruch**. Denn im Rückforderungsrechtsstreit geht es um die Frage, ob der VR die Versicherungsleistung **ohne Rechtsgrund** erbracht hat. Alle tatbestandlichen Voraussetzungen, die diese zentrale Voraussetzung der Kondiktion ausfüllen, hat der VR als derjenige, der den Anspruch geltend macht, darzulegen und zu beweisen. Dazu gehören auch **sämtliche tatbestandlichen Voraussetzungen der zur Leistungsfreiheit führenden Obliegenheitsverletzung**.[388] Die Beweislastregelungen des § 28 gelten im Rückforderungsrechtsstreit also nicht: Der VR muss nicht nur das objektive Vorliegen der Obliegenheitsverletzung, sondern auch das maßgebliche Verschulden des VN und die Kausalität der Obliegenheitsverletzung für die in **Abs. 3** genannten Folgen beweisen. Lediglich für entscheidungserhebliche **innere Tatsachen** des VN kann dessen **sekundäre Darlegungslast** zum Tragen kommen (s. Rn 90).

246 Die Rechtsstellung des VN in Bezug auf ihm vorgeworfene Obliegenheitsverletzungen verbessert sich mithin erheblich, sobald der VR an ihn oder einen geschädigten Dritten geleistet hat.

247 **Beispiel:** Der VR verlangt nach einem Unfall, in das das haftpflichtversicherte Fahrzeug verwickelt war, im Regresswege vom VN die an den geschädigten Dritten aufgrund dessen Direktanspruchs gezahlte Haftpflichtleistung zurück. Der VR beruft sich darauf, der Fahrer des Kfz, dem der VN den Wagen bei der Unglücksfahrt überlassen hatte, sei zum Unfallzeitpunkt nicht im Besitz der vorgeschriebenen deutschen, sondern lediglich einer in Deutschland nicht gültigen ausländischen Fahrerlaubnis gewesen. Im Rechtsstreit lässt sich trotz Beweisaufnahme nicht klären, ob der VN dies erkennen musste (= Frage des Verschuldens) und ob dem Unglücksfahrer, hätte er sie rechtzeitig beantragt, eine deutsche Fahrerlaubnis erteilt

---

386 Abl. *Lücke*, VersR 1992, 182; zust. *Langheid*, r+s 1992, 3.
387 BGH 13.3.2013 – IV ZR 110/11, r+s 2013, 273 Rn 24; vgl auch oben Rn 48.
388 Vgl dazu BGH 14.12.1994 – IV ZR 304/94, BGHZ 128, 167 ff = VersR 1995, 281 = NJW 1995, 662.

oder aber wegen Eignungsmängeln versagt worden wäre (= Frage der Kausalität der Obliegenheitsverletzung für den Eintritt des Versicherungsfalles).[389]
Das „non liquet" zur Verschuldens- und Kausalitätsfrage geht im Rückforderungsrechtsstreit zu Lasten des nach § 812 BGB Regress nehmenden und deshalb darlegungs- und beweispflichtigen VR. Seine Klage ist im Beispielsfall (s. Rn 247) abzuweisen. Ohne vorherige Befriedigung des Geschädigten hätte im (originären) Streit um die Kürzung der Versicherungsleistung der VN die Vermutung grober Fahrlässigkeit (Abs. 2) ebenso wenig ausgeräumt gehabt wie die Kausalitätsvermutung (Abs. 3), dh der VR hätte dem VN gegenüber bis zur Erfüllung des Direktanspruchs die Versicherungsleistung mit guten Aussichten auf gerichtlichen Erfolg kürzen können. Durch die Leistung an den Geschädigten verschlechtert sich seine Rechtsposition erheblich.

VIII. Übergangsregelung

1. Übergangsfrist, Stichtag. Der Gesetzgeber hat sich bei der VVG-Reform bewusst dagegen entschieden, die neuen vertragsrechtlichen Regelungen nur für Verträge gelten zu lassen, die nach dem Inkrafttreten des Gesetzes geschlossen werden. Zwar genießen die **am Umstellungsstichtag bestehenden Vertragsverhältnisse (Altverträge)** grds. Bestandsschutz. Eine moderate Abkehr von diesem Grundsatz erscheint aber aus zwei Gründen geboten: Versicherungen sind nicht selten auf eine sehr lange Vertragsdauer angelegt; ein reiner Bestandsschutz für Altverträge hätte eine Parallelführung zweier gesetzlicher Regelungswerke noch über Jahrzehnte bedeutet, was für die VR kaum vertretbare verwaltungstechnische Belastungen, für das Publikum erhebliche Rechtsunsicherheit mit sich gebracht hätte. Insoweit entspricht die Geltung des neuen Rechts auch für Altverträge der Regelung des Schuldrechtsmodernisierungsgesetzes in Art. 229 § 5 S. 2 EGBGB für Dauerschuldverhältnisse.[390] Zudem sollte ein wesentliches Reformziel, die Verbesserung der Rechtsstellung des VN auch für bestehende Verträge, verwirklicht werden. Der Gesetzgeber war sich dabei des Umstandes bewusst, dass die Erstreckung des neuen VVG auf Altverträge eine unechte Rückwirkung der Neuregelung bedeutet, deren Zulässigkeit nur dann nicht durch überwiegende schutzwürdige Bestandsinteressen der Betroffenen in Frage gestellt ist, wenn die Übergangsregelung den Interessen der Vertragsparteien ausreichend Rechnung trägt.[391]

Das neue Recht gilt zunächst ohne Einschränkung für ab dem Tage des Inkrafttretens (1.1.2008) abgeschlossene **Neuverträge**.

Für Obliegenheitsverletzungen im Rahmen sog. **Altverträge** (Vertragsschluss vor dem 1.1.2008) galt § 6 aF aufgrund der Übergangsregelung in Art. 1 Abs. 1 EGVVG zunächst einmal für eine **Übergangszeit bis zum 31.12.2008** weiter. Den VR sollte damit ausreichende Gelegenheit zur verwaltungstechnischen Umstellung eingeräumt werden.[392] Die Anwendbarkeit des alten VVG verlängerte sich überdies wegen der Regelung in Art. 1 Abs. 2 EGVVG, denn danach ist § 6 aF bei Altverträgen auch noch auf alle Versicherungsfälle anzuwenden, die bis zum 31.12.2008 eingetreten sind. Das dient dem Bestandsschutz, denn Rechte, die der VR schon bis zum 31.12.2008 erlangt – etwa die volle Leistungsfreiheit wegen grob fahrlässiger Missachtung einer Sicherheitsvorschrift für einen am 28.12.2008 eintretenden Versicherungsfall –, sollen ihm allein durch den zum 31.12.2008 eintretenden Systemwechsel nicht mehr entzogen werden. Die an den Eintritt des Versicherungsfalles geknüpfte **Stichtagsregelung** des Art. 1 Abs. 2 EGVVG sollte also für laufende Schadensfälle verfassungsrechtlich problematische Rückwirkungen

---

389 Vgl dazu OLG Köln 12.5.1998 – 8 U 191/97, VersR 1999, 704.
390 Begr. RegE, BT-Drucks. 16/3945, S. 118.
391 Begr. RegE, BT-Drucks. 16/3945, S. 118.
392 Begr. RegE, BT-Drucks. 16/3945, S. 118.

des neuen Gesetzes vermeiden helfen.[393] Wurde bspw dem VN einer Kfz-Vollkaskoversicherung das versicherte Fahrzeug in der Silvesternacht 2008 vor Mitternacht gestohlen, war auch die Erfüllung aller zur Aufklärung dieses Versicherungsfalles dienenden Anzeige-, Auskunfts- und Aufklärungsobliegenheiten – mochte sie sich auch noch weit in das Jahr 2009 (oder Folgejahre) erstrecken – nach Art. 1 Abs. 2 EGVVG weiterhin an der alten Regelung des § 6 zu messen. Der Ansicht, es sei für die Frage der Geltung neuen Rechts nicht auf den Eintritt des Versicherungsfalles, sondern den Zeitpunkt der Obliegenheitsverletzung abzustellen,[394] ist angesichts des klaren Wortlauts der Übergangsregelung nicht zu folgen.

252 **2. Beweislast für den Zeitpunkt des Versicherungsfalles.** Den gesetzlichen Regelfall für Altverträge stellt es nach Art. 1 Abs. 1 EGVVG dar, ab dem 1.1.2009 auf Obliegenheitsverletzungen auch iRv Altverträgen die Neuregelung des § 28 anzuwenden. Art. 1 Abs. 2 EGVVG macht davon eine Ausnahme für Versicherungsfälle, die schon vor dem 1.1.2009 eingetreten sind. Problematisch ist, wer insoweit die **Beweislast** für den Zeitpunkt des Eintritts des Versicherungsfalles trägt. Soweit § 6 aF dem VR weitergehende Rechte einräumt als die Neuregelung (etwa volle Leistungsfreiheit auch bei grob fahrlässigem Verhalten des VN, Einschränkungen beim Kausalitätsgegenbeweis des VN) und er sich darauf berufen will, trägt der VR auch die Beweislast dafür, dass die Voraussetzung der für ihn günstigen Ausnahme erfüllt, also der Versicherungsfall bis zum Stichtag (31.12.2008), eingetreten ist. Kann deshalb im obigen Beispiel nicht geklärt werden, ob das Auto in der Silvesternacht vor oder nach Mitternacht gestohlen wurde, findet insoweit das neue Recht (§ 28) Anwendung. Allerdings bietet die alte Rechtslage auch dem VN den Vorteil des Kündigungserfordernisses des § 6 Abs. 1 S. 3 aF. Will der VN sich also darauf berufen, der VR müsse schon deshalb die volle Versicherungsleistung erbringen, weil er aus Anlass der Obliegenheitsverletzung nicht gekündigt habe, so muss der VN beweisen, dass der Versicherungsfall vor dem Stichtag eingetreten ist; insoweit geht ein „non liquet" zu seinen Lasten.

253 **3. Bedingungsanpassung. a) Problem.** Versicherungsbedingungen in Altverträgen hatten ursprünglich – soweit sie Obliegenheiten enthielten – meist das Sanktionenregime des § 6 aF aufgegriffen und dem VN entsprechende Rechtsfolgen für den Fall der Obliegenheitsverletzung angedroht. Mit dem Wirksamwerden des neuen § 28, bei Altverträgen also ab dem 1.1.2009, haben solche Bedingungen einen mit der Rechtslage nicht mehr in Einklang stehenden Inhalt und sind deshalb zumindest hinsichtlich der vereinbarten Sanktion, uU aber sogar insgesamt, dh auch soweit sie eine Obliegenheit begründen, unwirksam. Denn nicht immer ist nur die Rechtsfolgenseite betroffen, sondern es kann auch vorkommen, dass der Tatbestand einer Obliegenheit mit dem neuen Recht kollidiert, so etwa das in der Haftpflichtversicherung früher weit verbreitete Anerkenntnisverbot (jetzt unwirksam nach § 105). Zur Schweigepflichtsentbindung in der Personenversicherung – um ein weiteres Beispiel zu nennen – enthält § 213 eine Neuregelung, der frühere Klauseln nicht entsprechen dürften.

254 Vor diesem Hintergrund hat der Gesetzgeber in **Art. 1 Abs. 3 EGVVG** den VR das Recht eingeräumt, ihre **Bedingungen für Altverträge, soweit sie von den Vorschriften des (neuen) VVG abweichen, durch einseitige Bestimmung zum 1.1.2009 zu ändern**. VR konnten danach zum Umstellungsstichtag nicht nach Belieben Neues in den VersVertrag hineinschreiben, sondern müssen im Streitfall darlegen können, dass die Änderung durch eine Kollision der früheren Klausel mit dem neuen VVG bedingt ist.[395] Das schließt es aus, Klauseln, die schon unter der Geltung des alten

---

393 Begr. RegE, BT-Drucks. 16/3945, S. 118.
394 LG Potsdam 12.12.2012 – 2 O 223/12, r+s 2013, 140.
395 Begr. RegE, BT-Drucks. 16/3945, S. 118.

VVG unwirksam waren, ebenfalls nach Art. 1 Abs. 3 EGVVG durch einseitige Erklärung des VR gegen neue Bestimmungen auszutauschen.

Formelle Wirksamkeitsvoraussetzung der Änderung ist lediglich, dass der VR die neuen Bedingungen dem VN bis spätestens einen Monat vor dem 1.1.2009 (also bis zum 1.12.2008) in Textform mitteilt und in diesem Text die Unterschiede zur früheren Bedingungslage **kenntlich gemacht** werden. Besondere drucktechnische oder sonstige Gestaltungsmittel schreibt das Gesetz dafür nicht vor. 255

Ein Problem der Anpassungsregelung liegt darin, dass den **VR im Streitfall die Beweislast für den Zugang beim VN trifft**. Ein Zugangsnachweis mittels Einschreiben und Rückschein erschien den VR angesichts der Vielzahl von Altverträgen idR als zu teuer, weshalb VN von Altverträgen die Wirksamkeit der Bedingungsumstellung durch bloßes Bestreiten des Zugangs der Änderungserklärung in Frage stellen können. Auch sonst erschien vielen VR eine flächendeckende Bedingungsanpassung aus verschiedenen weiteren Gründen offenbar so kostenintensiv, dass sie von der Anpassungsmöglichkeit keinen Gebrauch gemacht haben. Das hat den Streit darüber ausgelöst, wie sich die Rechtslage darstellt, wenn die Anpassung unterblieben ist. 256

b) Unterbliebene Bedingungsanpassung, Rechtsfolgen. Der Gesetzgeber hat den VR nur deshalb ein einseitiges Bedingungs-Anpassungsrecht eingeräumt, weil er offensichtlich der Meinung war, dass in früheren AVB vereinbarte Klauseln über vom VN zu erfüllende Obliegenheiten und deren Verletzung nicht mehr mit der neuen Rechtslage in Einklang stünden. Die rechtlichen Folgen dieses Befundes waren allerdings lebhaft umstritten.[396] Inzwischen hat der BGH entschieden, dass die Sanktionsregelung nicht an das neue VVG angepasster Obliegenheitsklauseln in Altverträgen unwirksam sind.[397] 257

Unklar ist bisher noch, ob mit der „Nichtanpassungsentscheidung" des BGH die Obliegenheitsklauseln in Altverträgen völlig unbeachtlich sind oder ob sich die vom BGH angenommene Unwirksamkeit lediglich auf die Rechtsfolgeregelung erstreckt, während die in den Obliegenheiten enthaltenen Verhaltensanweisungen davon unberührt sind.[398] Letzteres hätte Konsequenzen für die Begründung von Arglisttatbeständen oder auch die Beschreibung der im Verkehr erforderlichen Sorgfalt bei der Vorbeugung vor Versicherungsfällen. Letzteres könnte im Rahmen von § 81 bedeutsam sein, etwa wenn der VN eines Alt-Gebäudeversicherungsvertrages mit nicht angepassten Obliegenheitsregelungen sein Haus im Winter leerstehen lässt, ohne die Wasserleitungen zu entleeren. Bei der Frage, ob er den Leitungswasserschaden aus dem Versicherungsfall „Frostbruch" grob fahrlässig iSv § 81 Abs. 2 herbeigeführt hat, könnte sich der VR für die Beschreibung der im Verkehr erforderlichen Sorgfalt nach wie vor auf die entsprechende Obliegenheit im VersVertrag berufen, auch wenn deren unmittelbare Sanktionsregelung entfallen ist. Das OLG Köln[399] hat angenommen, die Nichtanpassungsentscheidung des BGH habe die in den Obliegenheitsklauseln eingeschlossenen Verhaltensnormen unberührt gelassen, weshalb ihre **arglistige Verletzung** ungeachtet fehlender Anpassung ans neue Recht Leistungsfreiheit des VR – letztlich gestützt auf § 242 BGB – 258

---

396 Vgl dazu Vorauflage (2. Aufl. 2011), § 28 Rn 250 ff.
397 BGH 12.10.2011 – IV ZR 199/10, BGHZ 191, 159 = r+s 2012, 9 (Rn 18 ff); vorangehend: LG Köln 21.1.2010 – 24 O 458/09, r+s 2010, 104 und OLG Köln 17.8.2010 – 9 U 41/10, r+s 2010, 406.
398 *Armbrüster*, VersR 2012, 9, 12/13; *Günther/Spielmann*, VersR 2012, 549; *Neuhaus*, MDR 2013, 1201, 1202; Looschelders/Pohlmann/*Pohlmann*, 2. Aufl., Vorbem. B., Rn 63; s. auch *Wittchen*, NJW 2012, 2480, 2482; OLG Köln 17.1.2014 – 20 U 208/12, juris (Rn 29).
399 OLG Köln 17.1.2014 – 20 U 208/12, juris (Rn 29).

begründen könne. Der BGH hat die dagegen erhobene Nichtzulassungsbeschwerde des VN mit Formularbeschluss zurückgewiesen.[400]

IX. Schematische Darstellung des Sanktionensystems des § 28

1. Kündigungsrecht des VR nach § 28 Abs. 1

259

> Vermutung Vorsatz

> Recht des VR zur fristlosen Kündigung nur bei Verletzung von Obliegenheiten vor Versicherungsfall
>
> Es sei denn:
> - VN räumt mit Entlastungsgegenbeweis (Beweislast: VN) Vorsatz und grobe Fahrlässigkeit aus (keine Kündigungsmöglichkeit bei einfacher Fahrlässigkeit des VN)

2. Leistungsfreiheit des VR nach § 28

260

> Vermutung grober Fahrlässigkeit

> Verschuldungsproportionale Quotelung der Leistung

> Volle Leistungsfreiheit des VR nur bei Vorsatz des VN (Beweislast: VR)
>
> Es sei denn:
> - VN führt vollen Kausalitätsgegenbeweis (Beweislast: VN); Ausnahme: Arglist des VN (Beweislast: VR)
> - Obliegenheiten nach Versicherungsfall und VR kann ordnungsgemäße Rechtsfolgenbelehrung nicht beweisen (§ 28 Abs. 4)

> Volle Leistung des VR, wenn VN nur einfach fahrlässig oder schuldlos handelt (Beweislast: VN)

§ 29 Teilrücktritt, Teilkündigung, teilweise Leistungsfreiheit

(1) Liegen die Voraussetzungen, unter denen der Versicherer nach den Vorschriften dieses Abschnittes zum Rücktritt oder zur Kündigung berechtigt ist, nur bezüglich eines Teils der Gegenstände oder Personen vor, auf die sich die Versicherung bezieht, steht dem Versicherer das Recht zum Rücktritt oder zur Kündigung für den übrigen Teil nur zu, wenn anzunehmen ist, dass für diesen allein der Versicherer den Vertrag unter den gleichen Bedingungen nicht geschlossen hätte.

(2) ¹Macht der Versicherer von dem Recht zum Rücktritt oder zur Kündigung bezüglich eines Teils der Gegenstände oder Personen Gebrauch, ist der Versicherungsnehmer berechtigt, das Versicherungsverhältnis bezüglich des übrigen Teils

---

400 BGH 10.12.2014 – IV ZR 59/14 (Formularbeschluss, unveröffentlicht).

zu kündigen. ²Die Kündigung muss spätestens zum Schluss der Versicherungsperiode erklärt werden, in welcher der Rücktritt oder die Kündigung des Versicherers wirksam wird.

(3) Liegen die Voraussetzungen, unter denen der Versicherer wegen einer Verletzung der Vorschriften über die Gefahrerhöhung ganz oder teilweise leistungsfrei ist, nur bezüglich eines Teils der Gegenstände oder Personen vor, auf die sich die Versicherung bezieht, ist auf die Leistungsfreiheit Absatz 1 entsprechend anzuwenden.

I. Normzweck

Die Norm bezieht sich auf den gesamten Zweiten Abschnitt (§§ 19–32) und damit ausdrücklich auch auf das vertragliche Obliegenheitsrecht. Der Vorschrift des **Abs. 1** ist der **Grundsatz der Vertragserhaltung** zu entnehmen: Es wird dem VR nur dann das Recht zum Rücktritt oder zur Kündigung auch des nicht betroffenen Teils des Vertrages zugestanden, wenn er diesen isoliert so nicht abgeschlossen hätte. Für den Fall der Teilkündigung räumt **Abs. 2** dem VN ein **außerordentliches Kündigungsrecht** für den noch bestehenden Restvertrag ein. In den Fällen, in denen der VR aufgrund von Vorschriften der Gefahrerhöhung leistungsfrei ist, beschränkt **Abs. 3** die Leistungsfreiheit auf den Teil des Vertrages, der von der Gefahrerhöhung betroffen ist. Leistungsfreiheit insgesamt kommt für den VR nur in Betracht, wenn er den nicht berührten Vertragsteil nicht unter den gleichen Bedingungen geschlossen hätte. – Die Regelung des § 29 dient insgesamt dem **Bestandsschutz** und damit dem Schutz des VN gegenüber unverhältnismäßiger Sanktionierung von Obliegenheitsverletzungen.[1]   1

II. Anwendungsbereich

Gemäß § 194 Abs. 1 S. 2 ist die Norm des § 29 ausdrücklich **nicht** auf die **Krankenversicherung** anwendbar. Auch wenn nur einzelne Vertragsteile vom Rücktritts- oder Kündigungsrecht des VR betroffen sind, ist dort mithin grds. eine Vertragsbeendigung insgesamt möglich. Teilweise findet sich in der Rspr jedoch die Tendenz, in der Krankheitskosten- und Krankentagegeldversicherung die Voraussetzungen des § 29 über die Vorschrift des § 205 Abs. 5 (§ 178 h Abs. 5 aF) einzuführen und dem VR damit einen umfassenden Rücktritt bzw eine Kündigung zu versagen, sofern sich der jeweilige Grund der Kündigung nur auf einen Teil auswirkt.[2] Nachdem der Gesetzgeber aber auch nach der VVG-Reform eine Anwendbarkeit des § 29 auf die Krankenversicherung ausgeschlossen hat, ist dem nicht zu folgen,[3] mithin eine Vertragsbeendigung insgesamt zulässig.[4] Der VR kann sich allerdings nach § 205 Abs. 5 vorbehalten, seine Kündigung auf bestimmte Personen oder Tarife zu beschränken (vgl § 14 Abs. 4 MB/KK 2009). Für diese Fälle steht dem VN ein Gegen-Kündigungsrecht nach § 205 Abs. 5 S. 1 zu.   2

Ebenfalls **keine Anwendung** findet § 29 auf Fälle der **arglistigen Täuschung**, deren Beurteilung sich nach § 139 BGB bemisst.[5] Ferner ist § 29 nicht anwendbar auf   3

---

1 Langheid/Wandt/*Wandt*, § 29 Rn 2.
2 So für das Erschleichen von Leistungen in der Krankentagegeldversicherung OLG Karlsruhe 7.11.2006 – 12 U 250/05, VersR 2007, 530; LG Dortmund 19.10.2006 – 2 O 559/03, juris.
3 Ebenso anknüpfend an den Wortlaut des § 30 aF OLG Stuttgart 25.4.2006 – 10 U 238/05, VersR 2006, 1485; OLG Koblenz 20.9.2007 – 10 U 1726/06, VersR 2008, 1482.
4 Ebenso jedenfalls für eine Kündigung aus wichtigem Grund Prölss/Martin/*Armbrüster*, § 29 Rn 9 f; aA Langheid/Wandt/*Wandt*, § 29 Rn 20.
5 OLG Saarbrücken 5.10.2011 – 5 U 90/11, VersR 2012, 429; OLG Düsseldorf 23.8.2005 – I-4 U 140/04, VersR 2006, 785; Langheid/Wandt/*Wandt*, § 29 Rn 6; Prölss/Martin/*Armbrüster*, § 29 Rn 8; Bruck/Möller/*Heiss*, § 29 Rn 11.

das **Vertragsanpassungsrecht** nach § 19 Abs. 4 S. 1. Das nach Abs. 1 vorausgesetzte Kündigungs- bzw Rücktrittsrecht besteht dort gerade nicht.[6]

III. Voraussetzungen

1. **Einheitlicher Vertrag über mehrere Gegenstände oder Personen. a) Einheitlicher Vertrag.** Die Regelung des § 29 findet nur bei Vorliegen eines einheitlichen Vertrages Anwendung. Ob ein einheitlicher Vertrag oder mehrere Geschäfte vorliegen, ist entscheidend von dem nach die Umständen des Einzelfalles zu ermittelnden **Parteiwillen** abhängig.[7] Existiert nur ein Versicherungsschein, spricht eine tatsächliche Vermutung dafür, dass auch nur ein Vertrag vorliegt.[8] Bei mehreren Versicherungsscheinen ergibt sich die gegenteilige Vermutung.[9] **Beispiele** für einen **einheitlichen Vertrag** sind: Lebensversicherung mit Unfallzusatzversicherung auf verbundene Leben von Ehepartnern,[10] Lebensversicherung mit Berufsunfähigkeits-Zusatzversicherung,[11] Krankenversicherung mit Krankentagegeld- und Pflegeversicherung[12] und Versicherung nach mehreren Tarifen in der Krankenversicherung.[13] Mehrere **selbständige Verträge** wurden hingegen angenommen bei Haftpflicht-, Fahrzeug-, Unfall- und/oder Gepäckversicherung in der Kfz-Versicherung trotz einheitlichen Antrags,[14] Gebäudeversicherung und Hausratversicherung.[15]

b) Mehrere Personen oder Gegenstände. Durch den Vertrag müssen unterschiedliche Gegenstände oder Personen versichert sein. Damit findet nach dem Wortlaut der Vorschrift, an dem auch nach der Reform festgehalten wurde, die Regelung des § 29 dann keine Anwendung, wenn nur eine Person oder ein Gegenstand gegen mehrere Gefahren versichert ist. Hat der VN etwa ein einzelnes Gebäude zugleich gegen Feuer und Einbruchdiebstahl versichert, kann er bei erfolgreichem Rücktritt des VR von der Einbruchdiebstahlversicherung nicht die Aufrechterhaltung des Vertrages gegen die Feuergefahr fordern.[16]

In Abweichung vom Wortlaut der Vorschrift hat der BGH jedoch für die Berufsunfähigkeits-Zusatzversicherung entschieden, dass ein Rücktritt von der BUZ nicht zugleich auch einen Rücktritt von der mit ihr verbundenen Lebensversicherung begründet,[17] und dies, obgleich es sich hierbei idR um einen einheitlichen Vertrag handelt (s. Rn 4). Ob die dieser Entscheidung zugrunde liegenden Erwägungen auch auf andere Versicherungszweige (namentlich die Sachversicherung) übertragen werden können, ist zweifelhaft.[18] Dies insb., nachdem der Gesetzgeber im Gesetzgebungsverfahren zum neuen VVG ausdrücklich an den Voraussetzungen der Regelung festgehalten hat. In der Gesetzesbegründung finden sich keine Ausfüh-

---

6 Looschelders/Pohlmann/*Klenk*, § 29 Rn 6.
7 Looschelders/Pohlmann/*Klenk*, § 29 Rn 10.
8 Römer/Langheid/*Rixecker*, § 29 Rn 3; Bruck/Möller/*Heiss*, § 29 Rn 15.
9 OLG Stuttgart 25.4.2006 – 10 U 238/05, VersR 2006, 1485; AG Melsungen 4.6.1987 – 4 C 15/78, VersR 1988, 1014; Römer/Langheid/*Rixecker*, § 29 Rn 3.
10 BGH 10.12.1986 – IVa ZR 94/85, VersR 1987, 177.
11 BGH 8.3.1989 – IVa ZR 17/88, VersR 1989, 689.
12 OLG Stuttgart 25.4.2006 – 10 U 238/05, VersR 2006, 1485.
13 OLG Celle 22.3.1985 – 8 U 150/84, VersR 1986, 569.
14 BGH 23.2.1973 – IV ZR 129/71, VersR 1973, 409.
15 BGH 21.9.1964 – II ZR 40/62, BGHZ 42, 295.
16 Bruck/Möller/*Möller* (8. Aufl. 1961), § 30 Anm. 13; aA Prölss/Martin/*Armbrüster*, § 29 Rn 4; differenzierend Langheid/Wandt/*Wandt*, § 29 Rn 18, der sich für eine analoge Anwendung des § 29 ausspricht, wenn die unterschiedlichen versicherten Gefahren bezüglich der Bedeutung und Auswirkung von Obliegenheitsverletzungen eindeutig und problemlos abgrenzbar sind.
17 BGH 20.9.1989 – IVa ZR 107/88, VersR 1989, 1249.
18 Römer/Langheid/*Rixecker*, § 29 Rn 5.

rungen hierzu, was darauf schließen lässt, dass der Gesetzgeber keinen Bedarf für eine Änderung der Anforderungen erkannt hat.

2. Kein Abschluss des verbleibenden Vertragsverhältnisses. Der VR kann sich auf den Rücktritt oder die Kündigung des gesamten Vertrages nur berufen, wenn er den nicht betroffenen Teil der Versicherung so nicht abgeschlossen hätte. Dies hat der VR zu beweisen. Hierbei ist – wie auch bei § 19 Abs. 1 hinsichtlich der Bestimmung eines Gefahrumstands – ein subjektiver Maßstab heranzuziehen. Hierfür bieten die allgemeinen Geschäftsgrundsätze des VR einen Anhaltspunkt. 7

IV. Auswirkung auf die Prämienzahlung/Rechtsfolge

Sofern der VR sich nach § 29 nur teilweise vom Vertrag lösen kann, steht ihm nach der Reform grds. nur noch die Prämie für den Zeitraum zu, in welchem er auch das jeweilige Risiko getragen hat (§ 39 Abs. 1). Anderes galt noch vor der Reform unter Geltung des Grundsatzes der Unteilbarkeit der Prämie, der nunmehr abgeschafft wurde.[19] 8

V. Kündigungsrecht des VN (Abs. 2)

Macht der VR von seinem Recht zum Teilrücktritt oder zur Teilkündigung Gebrauch, wird dem VN mit Abs. 2 ein Kündigungsrecht für den gesamten Vertrag eingeräumt. Die Kündigung muss in der laufenden Versicherungsperiode erfolgen. Ein Begründungserfordernis sieht das Gesetz nicht vor. 9

VI. Anwendbarkeit auf die Gefahrerhöhung (Abs. 3)

Sofern eine teilweise oder umfassende Leistungsfreiheit wegen Gefahrerhöhung nach § 26 in Betracht kommt, findet Abs. 1 hierauf Anwendung. 10

§ 30 Anzeige des Versicherungsfalles

(1) [1]Der Versicherungsnehmer hat den Eintritt des Versicherungsfalles, nachdem er von ihm Kenntnis erlangt hat, dem Versicherer unverzüglich anzuzeigen. [2]Steht das Recht auf die vertragliche Leistung des Versicherers einem Dritten zu, ist auch dieser zur Anzeige verpflichtet.

(2) Auf eine Vereinbarung, nach welcher der Versicherer im Fall der Verletzung der Anzeigepflicht nach Absatz 1 Satz 1 nicht zur Leistung verpflichtet ist, kann sich der Versicherer nicht berufen, wenn er auf andere Weise vom Eintritt des Versicherungsfalles rechtzeitig Kenntnis erlangt hat.

I. Normzweck und Rechtsnatur	1	III. Rechtsfolgen der Verletzung	15
II. Voraussetzungen (Abs. 1 S. 1)	3	1. § 28	15
1. Eintritt des Versicherungsfalles	3	2. Schadensersatzanspruch des VR	16
2. Kenntnis	4	a) Anzeigepflicht des VN	16
3. Frist	5	b) Anzeigepflicht des Dritten	18
4. Schadensanzeige	10	3. (Teilweise) Leistungsfreiheit	21
a) Inhalt	10	a) § 28	21
b) Adressat	11	b) Keine anderweitige Kenntnis (Abs. 2)	25
c) Form	12	c) Verwirken des Anspruchs	26
5. Anzeigepflicht des Dritten (Abs. 1 S. 2)	13	IV. Beweislast	27

---

19 Zur ehemaligen Problematik der Übertragbarkeit der Grundsätze des § 30 aF auf § 41 aF Römer/Langheid/*Langheid*, 2. Aufl. 2003, § 30 Rn 6.

I. Normzweck und Rechtsnatur

1 Die Anzeigepflicht des § 30 soll sicherstellen, dass der VR unverzüglich von dem eingetretenen Versicherungsfall erfährt. Nur dann kann er noch rechtzeitig den Schaden in seiner ursprünglichen Gestalt untersuchen und sämtliche für seine Eintrittspflicht erheblich Tatsachen in Erfahrung bringen. Durch die Anzeige wird es dem VR auch ermöglicht, etwaige Weisungen an den VN zu erteilen und damit ggf den Schaden zu minimieren oder auch weitere Schäden zu verhindern (Schadensminderungsobliegenheit nach § 82).

2 Die Regelung des § 30 wird seitens des Gesetzgebers ausdrücklich als **Obliegenheit** statuiert[1] und systematisch auch im Zweiten Abschnitt des Gesetzes verortet. Damit ergeben sich nach der Reform keine Probleme mehr mit der rechtlichen Qualifizierung der Norm.[2] Nachdem sich idR eine Anzeigeobliegenheit zusätzlich auch in den Bedingungswerken der VR befindet, richten sich die **Rechtsfolgen der Verletzung** nach § 28 Abs. 2. Aus diesem Grund hat der Gesetzgeber von einer gesonderten Regelung etwaiger Sanktionen bei Verletzung der Anzeigepflicht abgesehen.[3]

II. Voraussetzungen (Abs. 1 S. 1)

3 **1. Eintritt des Versicherungsfalles.** Sobald sich das versicherte Risiko realisiert hat und damit eine Leistungspflicht des VR begründet wird, ist der Versicherungsfall eingetreten. Der konkrete Zeitpunkt des Eintritts richtet sich nach dem jeweiligen Versicherungstyp. Bei einer **Schadensversicherung** wird idR auf das konkrete Einwirken auf die jeweilige Sache abzustellen sein. Dauert der Versicherungsfall über einen gewissen Zeitrahmen an (gedehnter Versicherungsfall),[4] ist der Beginn der Schadensverwirklichung ausschlaggebend; dieser muss in die versicherte Zeitspanne fallen.[5]

4 **2. Kenntnis.** Dem VN obliegt nur dann die Anzeige des Versicherungsfalles, wenn entweder er, sein Repräsentant (bzw Wissenserklärungsvertreter) oder Stellvertreter positive Kenntnis von diesem hatte. Grob fahrlässige Unkenntnis in Form des bloßen Kennenmüssens soll nach der Rspr nicht genügen,[6] ein bedingter Vorsatz ist hingegen ausreichend.[7] Sofern es sich um eine Versicherung für fremde Rechnung handelt, ist auch die Kenntnis des Versicherten relevant (vgl § 47 Rn 3).

5 **3. Frist.** Die Anzeige muss **unverzüglich** und somit „ohne schuldhaftes Zögern" iSd § 121 BGB erstattet werden. Wann dies der Fall ist, kann nicht verallgemeinernd bestimmt werden, ist aber anhand von Sinn und Zweck der Anzeigeobliegenheit zu ermitteln. Je nach Einzelfall ist die schnelle Reaktion des VR erforderlich, um die Aufklärungen voranzutreiben oder auch etwaige Schäden einzudämmen. **Beispiele:** Zwei Wochen unter Bezugnahme auf § 1 Abs. 2 AKB;[8] Anzeige eines Rohrbruchs nicht erst zehn Tage nach Beginn der Reparaturen;[9] Anzeige zwölf

---

1 Begr. RegE, BT-Drucks. 16/3945, S. 70.
2 Zum alten Recht: BK/*Dörner*, § 33 Rn 3; Römer/Langheid/*Langheid*, 2. Aufl. 2003, § 33 Rn 2.
3 Begr. RegE, BT-Drucks. 16/3945, S. 70.
4 BGH 12.4.1989 – IVa ZR 21/88, BGHZ 107, 170.
5 BGH 13.3.1974 – IV ZR 36/73, VersR 1974, 741; BGH 6.3.1991 – IV ZR 82/90, VersR 1991, 460; ausf. Prölss/Martin/*Armbrüster*, § 1 Rn 167 ff mwN.
6 BGH 3.11.1966 – II ZR 52/64, VersR 1967, 776; krit. dazu Römer/Langheid/*Rixecker*, § 30 Rn 4.
7 OLG Düsseldorf 27.9.1988 – 4 U 245/87, VersR 1990, 411; zur Abgrenzung BGH 30.4.2008 – IV ZR 227/06, VersR 2008, 905.
8 BGH 17.2.1988 – IVa ZR 205/86, NJW-RR 1988, 728; OLG Köln 17.4.1986 – 5 U 191/85, r+s 1984, 144.
9 LG Hanau 2.2.2006 – 4 O1474/05, zfs 2006, 399.

Tage nach Schadenseintritt in der Wassersportversicherung ist nicht mehr unverzüglich.[10]

Feste Fristen finden sich in:

- § 104 Abs. 1: eine Woche (Haftpflichtversicherung);
- § 119 Abs. 1: zwei Wochen für die Anzeige eines Dritten in der Pflichtversicherung;
- § 142 Abs. 2 (Anzeige des Versicherungsfalles gegenüber dem Hypothekengläubiger in der Gebäudefeuerversicherung).

Einige Fristen wurden durch die Reform abgeschafft, zB:

- § 110 aF; § 92 aF (Hagelversicherung);
- § 171 Abs. 1 aF (Lebensversicherung).

Fraglich ist, ob für das Einhalten der Frist das rechtzeitige **Absenden** der Anzeige ausreichend ist. Vor der Reform war dies anerkannt. Abgeleitet wurde diese Ansicht aus einem den Normen der §§ 92, 110, 153, 171 aF zugrunde liegenden allgemeinen Prinzip.[11]

Eine Übernahme dieser Regelungen in das VVG 2008 ist aber nicht umfassend erfolgt (vgl Rn 7). Lediglich mit § 104 findet sich für die Haftpflichtversicherung und in § 119 Abs. 1 für die Pflichtversicherung noch eine Regelung solchen Inhalts. Zwar wird dort ausdrücklich ein rechtzeitiges Absenden der Schadensanzeige als fristwahrend angesehen, jedoch kann aus diesen Sonderregelungen nicht mehr auf ein allgemeines Prinzip geschlossen werden. Dies gilt umso mehr, weil der Gesetzgeber bei der Neuregelung des § 30 sich nicht zu den Anforderungen der Fristwahrung äußert. Es kann mithin nicht davon ausgegangen werden, dass hier von dem allgemeinen Erfordernis des Zugangs zur Fristwahrung abgewichen werden sollte. Wäre der Gesetzgeber von einem allgemein anerkannten Prinzip ausgegangen, so wären gerade in Anbetracht seines Schweigens in der Gesetzesbegründung (Ausnahme-)Normen wie § 104 Abs. 3 S. 1 oder § 119 Abs. 1 nicht erforderlich gewesen. Auch in § 142 Abs. 2 (Anzeige des Versicherungsfalles gegenüber dem Hypothekengläubiger in der Gebäudefeuerversicherung) wird nicht auf das Absenden der Anzeige abgestellt. Demnach kann nach der Reform nicht mehr davon ausgegangen werden, dass – abweichend von dem grds. vorherrschendem Erfordernis des Zugangs einer Erklärung zur Fristwahrung – das Absenden der Schadensanzeige hierfür ausreicht. Das Gesetz liefert für diese Auffassung keine Anhaltspunkte mehr, insb. kann aus dem Schweigen des Gesetzgebers nichts Gegenteiliges geschlossen werden.[12]

4. Schadensanzeige. a) Inhalt. Der Inhalt der Schadensanzeige ergibt sich aus ihrem Sinn und Zweck. Dem VR müssen all diejenigen Informationen zukommen, die er benötigt, um eine Schadensermittlung vorzunehmen.[13] Eine Abgrenzung zur Auskunftspflicht des § 31, die durch das Verlangen des VR nach weiterer Auskunft ausgelöst wird, kann mitunter schwierig sein.[14] Dennoch kann die bloße Mitteilung, dass sich ein Schaden ereignet hat, dem Sinn und Zweck der Anzeigeobliegenheit nicht ausreichend Rechnung tragen, weil hierdurch dem VR noch keine Ermittlungen oder auch Einschätzungen zum Umfang des Schadens ermöglich

---

10 OLG Hamburg 12.7.1989 – 14 U 252/88, VersR 1990, 304.
11 BK/*Dörner*, § 33 Rn 15; Prölss/Martin/*Armbrüster*, § 30 Rn 7 f.
12 AA Langheid/Wandt/*Wandt*, § 30 Rn 32; Prölss/Martin/*Armbrüster*, § 30 Rn 8; Bruck/Möller/*Brömmelmeyer*, § 30 Rn 34.
13 BGH 23.11.1967 – II ZR 105/65, VersR 1968, 58.
14 BGH 23.11.1967 – II ZR 105/65, VersR 1968, 58; BGH 24.6.1981 – IVa ZR 133/80, VersR 1982, 182.

werden.[15] Die Anzeige muss noch nicht genau den Schaden spezifizieren, wohl aber einen Einstieg in die Ermittlungen ermöglichen, in deren Rahmen der VN zur weiteren Aufklärung im Rahmen des § 31 herangezogen werden kann.

11 **b) Adressat.** Der Eintritt des Versicherungsfalles ist dem VR gegenüber anzuzeigen. Ebenfalls kann die Anzeige gegenüber einem VersVertreter abgegeben werden (§ 69 Abs. 1 Nr. 2). Eine Beschränkung der Empfangszuständigkeit des jeweiligen VersVertreters in den AVB kann dem VN nicht mehr entgegengehalten werden (§ 72).[16]

12 **c) Form.** Anforderungen an die Form der Anzeige sieht das Gesetz nicht vor. In den AVB kann aber Schrift- oder Textform vereinbart werden (§ 32 S. 2). Ist dies der Fall und unterlässt der VN eine schriftliche Anzeige, entlastet es ihn nicht, dass der VR ihm die Übermittlung eines Schadensformulars zugesagt hat, von dem offen ist, ob es den VN erreicht hat.[17]

13 **5. Anzeigepflicht des Dritten (Abs. 1 S. 2).** Gemäß Abs. 1 S. 2 wird neben dem VN auch der Dritte, der Inhaber des Anspruchs ist, zur Anzeige verpflichtet. Dem Dritten kann die Recht durch Abtretung oder aber auch vertraglich zustehen – damit wird die Versicherung für fremde Rechnung erfasst.[18] Zuvor fand sich eine ähnliche Regelung nur für die Lebensversicherung (§ 171 Abs. 2 aF). Unterlässt der Dritte die (rechtzeitige) Anzeige trotz Kenntnis, soll ein Schadensersatzanspruch des VR in Betracht kommen (s. hierzu Rn 18).[19]

14 Die Statuierung einer Anzeigepflicht in Abs. 1 S. 2 ist jedoch für die Versicherung für fremde Rechnung letztlich nicht notwendig. Der Versicherte hat die Obliegenheiten des Vertrages ohnehin neben dem VN zu erfüllen. Dies ergibt sich aus dem Grundsatz des § 47 sowohl für gesetzliche als auch für vertragliche Obliegenheiten.[20] Dementsprechend trifft den Versicherten auch die Pflicht zur Anzeige des Versicherungsfalles. Die Neuregelung scheint daher für diese Konstellation überflüssig.

III. Rechtsfolgen der Verletzung

15 **1. § 28.** Es finden sich keine ausdrücklichen Sanktionen für die Nichtanzeige bzw. die verspätete Anzeige des Versicherungsfalles in der Norm selbst. Der Gesetzgeber sah hierfür keine Notwendigkeit, nachdem die Rechtsfolgen für Obliegenheitsverletzungen in § 28 geregelt sind (s. Rn 2).[21]

16 **2. Schadensersatzanspruch des VR. a) Anzeigepflicht des VN.** Fraglich ist, ob die Verletzung der Anzeigeobliegenheit durch den VN einen Schadensersatzanspruch des VR nach allgemeinen Regeln auslöst. Vor der Neuregelung der Norm wurde dies überwiegend unter Einordnung der Anzeige als Vertragspflicht des VN bejaht.[22] Sofern hingegen der Charakter der Obliegenheit betont wurde, kamen als Folge eines Verstoßes nur ein eigener Rechtsverlust und gerade kein Schadenser-

---

15 LG München I 15.9.1999 – 15 S 21907/98, r+s 2000, 165; OLG Köln 21.4.1998 – 9 U 207/96, r+s 1998, 458; Prölss/Martin/*Armbrüster*, § 30 Rn 5.
16 Begr. RegE, BT-Drucks. 16/3945, S. 78. Zur Rspr vor der Reform, die eine Beschränkung für Erklärungen nach Vertragsschluss für zulässig erachtete: BGH 10.2.1999 – IV ZR 324/97, VersR 1999, 565.
17 AG Coburg 18.6.2009 – 15 C 378/09, zfs 2009, 576.
18 Begr. RegE, BT-Drucks. 16/3945, S. 70.
19 Begr. RegE, BT-Drucks. 16/3945, S. 70.
20 BGH 29.1.2003 – IV ZR 41/02, VersR 2003, 445; OLG Köln 14.1.1997 – 9 U 111/96, VersR 1998, 184; Prölss/Martin/*Klimke*, § 47 Rn 9; BK/*Hübsch*, § 79 Rn 3.
21 Begr. RegE, BT-Drucks. 16/3945, S. 70.
22 OLG Karlsruhe 7.7.1993 – 13 U246/92, VersR 1994, 421; BK/*Dörner*, § 33 Rn 34; Prölss/Martin/*Armbrüster*, § 30 Rn 10.

satzanspruch in Betracht.[23] Obliegenheiten formulieren letztlich nur Erwartungen an den Adressaten, durch ihre Nichterfüllung schadet sich dieser durch den eintretenden Rechtsverlust nur selbst.[24]

Die Unsicherheit der Einordnung der Anzeigepflicht basierte auf ihrer Verortung im Gesetz (s. Rn 2). Nunmehr befindet sich die Norm im Recht der Obliegenheiten, der Gesetzgeber sieht die Anzeigepflicht auch ausdrücklich als eine solche iSd § 28 an.[25] Basierend auf der Charakterisierung der Anzeigepflicht als Obliegenheit und dem Hinweis auf die Sanktionen des § 28 kann ein Schadensersatzanspruch des VR bei Nichtanzeige oder nicht rechtzeitiger Anzeige des Versicherungsfalles wohl nicht in Betracht kommen.[26] 17

b) Anzeigepflicht des Dritten. Sofern ein Dritter den Versicherungsfall nicht oder verspätet anzeigt, soll dies hingegen einen Schadensersatzanspruch nach den allgemeinen Regeln auslösen. Der Gesetzgeber weist hierauf ausdrücklich hin, ohne dies näher zu begründen.[27] 18

Hier ist jedoch zu differenzieren. Sofern es sich um eine Versicherung für fremde Rechnung handelt, richten sich die Obliegenheiten immer auch an den Versicherten (s. Rn 4). Damit ist er mit derselben „Pflicht" konfrontiert wie der VN auch. Die Rechtsnatur kann sich nicht ihm gegenüber ändern, zumal seine Stellung von dem jeweiligen Vertrag abhängig ist, in dem die Obliegenheit vereinbart wurde. Nachdem es sich bei der Anzeigepflicht um eine Obliegenheit und nicht um eine Pflicht im rechtstechnischen Sinne handelt, kann bei einer Versicherung für fremde Rechnung hieraus kein Schadensersatzanspruch gegenüber dem Versicherten folgen. 19

Etwas anders kann sich für die seitens des Gesetzgebers angeführte Konstellation der Abtretung ergeben. Hier kann der Dritte einen Anspruch gegen den VR geltend machen, ohne zugleich Versicherter zu sein. Für den Abtretungsempfänger stellt sich die gesetzliche Aufforderung zur rechtzeitigen Anzeige des Versicherungsfalles als Pflicht dar, deren Verletzung Schadensersatzansprüche des VR gegen ihn begründen kann. 20

3. (Teilweise) Leistungsfreiheit. a) § 28. Die Rechtsfolgen eines Verstoßes gegen die Anzeigeobliegenheit des Abs. 1 richten sich nach § 28 Abs. 2 (s. hierzu § 28 Rn 154 ff).[28] Liegt eine grob fahrlässige Verletzung vor, kommt nur eine der Schwere des Verschuldens entsprechende Kürzung des Anspruchs in Betracht. Umfassend leistungsfrei wird der VR nur dann, wenn die Obliegenheit vorsätzlich verletzt wurde. Hierfür ist der VR beweispflichtig, von dem Vorwurf der groben Fahrlässigkeit muss sich hingegen der VN entlasten.[29] Voraussetzungen für eine vorsätzliche Verletzung ist hierbei die Kenntnis von der Anzeigefrist; daran wird es teilweise fehlen.[30] Zudem herrscht die allgemeine Annahme vor, dass eine verspätete Anzeige idR eher auf Nachlässigkeit als auf Vorsatz beruhen wird.[31] Dies sei darauf zurückzuführen, dass der VN selten mutwillig seinen Versicherungsschutz 21

---

23 Römer/Langheid/*Rixecker*, § 30 Rn 11.
24 BK/*Schwintowski*, § 6 Rn 15.
25 Begr. RegE, BT-Drucks. 16/3945, S. 70.
26 Ebenso Langheid/Wandt/*Wandt*, § 30 Rn 42; aA Bruck/Möller/*Brömmelmeyer*, § 30 Rn 13.
27 Begr. RegE, BT-Drucks. 16/3945, S. 70.
28 Zur Abgrenzung zu Ausschlussfristen LG Saarbrücken 14.5.2014 – 14 T 3/14, VersR 2014, 1197.
29 Begr. RegE, BT-Drucks. 16/3945, S. 69.
30 BGH 3.10.1979 – IV ZR 45/78, VersR 1979, 1117; OLG Düsseldorf 16.8.1994 – 4 U 151/93, VersR 1995, 1301.
31 OLG Köln 21.11.1991 – 5 U 46/91, VersR 1992, 1460; *Schimikowski*, jurisPR-VersR 8/2009 Anm. 5.

gefährden wolle.[32] Somit wird häufig eine vorsätzliche Verletzung seitens der Rspr verneint.

22 **Vorsatz** wurde zB in folgenden Fällen angenommen: Anzeige eines selbständigen Beweisverfahrens sowie einer Klage gegen den VN in der Haftpflichtversicherung erst nach mehreren Monaten ohne nachvollziehbare Gründe;[33] keine Anzeige einer Klage gegen den VN in der Berufshaftpflichtversicherung in der Annahme, den Prozess auch ohne Zutun des Haftpflichtversicherers zu gewinnen.[34]

23 Durch die Neuregelung des § 28 Abs. 2 wird der VR nur dann von der Leistung frei, wenn sich die Obliegenheitsverletzung auf die Feststellung des Versicherungsfalles bzw auf die Feststellung oder den Umfang der Leistungspflicht auswirkt. Eine Belehrung – wie sie noch zur alten Rechtslage für den Fall folgenloser vorsätzlicher Verletzungen diskutiert wurde[35] – ist demnach nicht mehr notwendig, da nicht mehr zwischen Vorsatz und grober Fahrlässigkeit differenziert wird. Eine Belehrung ist nur für die Verletzung der Auskunfts- und Aufklärungsobliegenheit in § 28 Abs. 4 vorgesehen.

24 **Grobe Fahrlässigkeit** wurde hingegen bspw in folgenden Fällen angenommen: Verspätete Anzeige des Versicherungsfalles erst 10 Tage nach Beginn der Reparaturarbeiten;[36] Anzeige in der Leitungswasserversicherung erst zwei Monate nach dem Schaden;[37] Eingang der Schadensanzeige samt Stehlgutliste in der Reisegepäckversicherung erst im zweiten Halbjahr nach dem Schaden;[38] Anzeige des Versicherungsfalles nach 15 Monaten.[39]

25 **b) Keine anderweitige Kenntnis (Abs. 2).** Auf die (ggf nur teilweise) Leistungsfreiheit kann sich der VR dann nicht berufen, wenn er von dem Versicherungsfall innerhalb der jeweiligen Frist, in der die Anzeige hätte zugehen müssen („rechtzeitig"), anderweitig Kenntnis erlangte.[40] Hierbei soll die bloße Möglichkeit der Kenntnisnahme durch Einblick in eigenes Datenmaterial nicht der positiven Kenntnis gleichstehen, sofern für den VR kein Anlass zur Recherche bestand.[41]

26 **c) Verwirken des Anspruchs.** Der VR kann seinen Anspruch nicht dadurch verwirken, dass er sich nicht sofort auf die Leistungsfreiheit beruft. Ihm ist das Berufen auf die Leistungsfreiheit (entgegen einer zeitweise vertretenen Ansicht in der Rspr)[42] auch dann nicht verwehrt, wenn er sich erstmalig im Berufungsverfahren auf diese bezieht.[43] Aus einer späteren Geltendmachung darf nicht der Schluss ge-

---

32 BGH 3.10.1979 – IV ZR 45/78, VersR 1979, 1117; BGH 8.1.1981 – IVa ZR 60/80, VersR 1981, 321; OLG Düsseldorf 21.9.1999 – 4 U 179/98, VersR 2001, 452; BK/Dörner, § 33 Rn 28; krit. Römer/Langheid/Rixecker, § 30 Rn 12.
33 OLG Saarbrücken 22.8.1990 – 5 U 21/90, VersR 1991, 872.
34 OLG Düsseldorf 27.9.1988 – 4 U 245/87, VersR 1990, 411.
35 Zur alten Rechtslage: OLG Düsseldorf 27.9.1988 – 4 U 245/87, VersR 1990, 411; OLG Saarbrücken 14.10.1992 – 5 U 12/92, r+s 1993, 10.
36 LG Hanau 2.2.2006 – 4 O1474/05, zfs 2006, 399.
37 OLG Köln 23.1.2001 – 9 U 114/00, r+s 2001, 255.
38 LG München I 15.9.1999 – 15 S 21907/98, r+s 2000, 165.
39 OLG München 5.8.1981 – 3 U 3919/80, VersR 1982, 1089.
40 LG Dortmund 25.9.2008 – 2 S 37/06, juris.
41 OLG Celle 4.1.2007 – 8 U 134/06, OLGR Celle 2007, 686; OLG Düsseldorf 3.12.1996 – 4 U 226/95, VersR 1997, 1393; zur vorvertraglichen Anzeigepflicht: BGH 14.7.1993 – IV ZR 153/92, VersR 1993, 1089; zur Aufklärungsobliegenheit: BGH 17.1.2007 – IV ZR 106/06, VersR 2007, 481.
42 OLG Düsseldorf 4.8.1992 – 4 U 30/92, VersR 1993, 425; OLG Köln 16.9.1993 – 5 U 236/92, r+s 1993, 407.
43 Ebenso wie hier: OLG Schleswig 16.6.1993 – 9 U 37/91, VersR 1994, 169; OLG Hamm 2.10.1992 – 20 U 81/92, r+s 1993, 210; Römer/Langheid/Rixecker, § 30 Rn 14; Langheid/Müller-Frank, NJW 1993, 2652; hier ist jedoch fraglich, inwieweit neues Vorbringen nach § 531 Abs. 2 Nr. 3 ZPO in zweiter Instanz präkludiert sein könnte.

zogen werden, dass der VR die Verletzung nicht als wesentlich angesehen habe.[44] Insbesondere handelt der VR dabei nicht treuwidrig, nachdem das Gesetz sowie die entsprechenden AVB keine Frist für die Geltendmachung der Leistungsfreiheit vorschreiben.[45] In diesem Sinne hat nun auch der BGH entschieden.[46]

IV. Beweislast

Der VR hat den **objektiven Tatbestand** der Verletzung einer Obliegenheit zu beweisen.[47] Demnach muss er beweisen, dass der VN trotz positiver Kenntnis vom Eintritt des Versicherungsfalles diesen nicht oder verspätet angezeigt hat. Nicht ausreichend ist der Nachweis des VR, dass die Anzeige nicht bei ihm eingegangen ist. Er muss darlegen und beweisen, dass der VN sie nicht abgeschickt hat.[48] 27

Im Schrifttum wird die Beweislastverteilung für den objektiven Tatbestand der Anzeigeobliegenheit teilweise kritisiert, weil der VR dadurch mit einem Negativbeweis belastet wird, obwohl es dem VN ein Leichtes wäre, die Anzeige nachzuweisen.[49] Nachdem die Anzeigepflicht als Obliegenheit ausgestaltet ist (s. Rn 2) und dem VN ein positives Tun abverlangt, soll nach dieser Ansicht der VN analog § 362 BGB beweisen, dass er die Anzeigeobliegenheit erfüllt hat.[50] 28

Dem kann jedenfalls nach der gesetzlichen Neuregelung aber wohl nicht mehr gefolgt werden. Der Gesetzgeber geht von einer einheitlichen Beweislastverteilung im Recht der Obliegenheiten aus,[51] Abweichungen sind für die Anzeigeobliegenheit nicht vorgesehen. Zur Lösung des Problems ist zwischen **Beweislast** und **Substantiierung** zu differenzieren.[52] Sofern der VR die Verletzung der Anzeigeobliegenheit des VN behauptet, hat dieser im Rahmen seiner sekundären Darlegungslast substantiiert zu bestreiten. Eine Beweislastumkehr kommt hingegen nicht in Betracht. 29

Nachdem bei den **Rechtsfolgen** der Vorsatz in § 28 – anders als noch bei § 6 Abs. 3 aF – nicht mehr vermutet wird, muss der VR zur Begründung einer vollständigen Leistungsfreiheit nach § 28 Abs. 2 S. 1 ein vorsätzliches Handeln des VN nachweisen. Will sich der VN von der gesetzlichen Vermutung grober Fahrlässigkeit entlasten, muss er einen Sachvortrag liefern, der einen Rückschluss auf bloß einfach fahrlässiges Verhalten zulässt, und dies nachweisen. Ferner kann er fehlende Kausalität iSd § 28 Abs. 3 dartun. 30

---

44 OLG Schleswig 16.6.1993 – 9 U37/91, VersR 1994, 169.
45 OLG Hamm 2.10.1992 – 20 U 81/92, r+s 1993, 210.
46 BGH 19.10.2005 – IV ZR 89/05, VersR 2006, 57.
47 BGH 3.11.1966 – II ZR 52/64, VersR 1967, 56; BGH 13.12.2006 – IV ZR 252/05, VersR 2007, 389; OLG Köln 19.11.1992 – 5 U 103/91, VersR 1993, 310; OLG Hamm 18.5.1988 – 20 U 260/87, r+s 1988, 302.
48 OLG Hamm 3.11.1989 – 20 U 68/89, r+s 1993, 26; für telefonische Schadensanzeige: OLG Köln 19.11.1992 – 5 U 103/91, VersR 1993, 310. Nach OLG Oldenburg 19.2.2013 und 8.4.2013 – 5 U 3/13, juris, ist die Behauptung eines VN, eine Arbeitsunfähigkeitsbescheinigung unverzüglich übersandt zu haben, dann nicht glaubhaft, wenn eine solche Bescheinigung beim VR nicht eintraf und der VN die über eine längere Zeit ausbleibende Reaktion des VR nicht zum Anlass nahm, sich nach dem Zugang zu erkundigen.
49 Prölss/Martin/*Armbrüster*, § 30 Rn 22; *Niewerth/Vespermann*, VersR 1995, 1290; *Martin*, r+s 1988, 317.
50 *Martin*, r+s 1988, 317.
51 Begr. RegE, BT-Drucks. 16/3945, S. 49.
52 So auch der Ansatz bei Römer/Langheid/*Römer*, 2. Aufl. 2003, § 6 Rn 112.

§ 31 Auskunftspflicht des Versicherungsnehmers

(1) ¹Der Versicherer kann nach dem Eintritt des Versicherungsfalles verlangen, dass der Versicherungsnehmer jede Auskunft erteilt, die zur Feststellung des Versicherungsfalles oder des Umfanges der Leistungspflicht des Versicherers erforderlich ist. ²Belege kann der Versicherer insoweit verlangen, als deren Beschaffung dem Versicherungsnehmer billigerweise zugemutet werden kann.

(2) Steht das Recht auf die vertragliche Leistung des Versicherers einem Dritten zu, hat auch dieser die Pflichten nach Absatz 1 zu erfüllen.

I. Normzweck und Rechtsnatur 1	5. Belehrungspflicht............. 26
II. Voraussetzungen (Abs. 1)......... 3	6. Beispiele für Auskunftsobliegenheiten 27
1. Versicherungsfall 3	a) Allgemein................. 27
2. Auskunftsverlangen des VR.. 4	b) Fahrzeugversicherung 28
a) Allgemeines.............. 4	c) Berufsunfähigkeits-(Zusatz-)Versicherung.... 30
b) Umfang des Verlangens... 5	d) Private Krankenversicherung..................... 34
3. Prüfbereitschaft des VR 7	III. Rechtsfolgen..................... 35
4. Verletzung der Auskunftspflicht....................... 11	IV. Auskunftspflicht des Dritten (Abs. 2) 36
a) Allgemeines.............. 11	V. Beweislast....................... 37
b) Kenntnis des VR.......... 15	
c) Berichtigung falscher Angaben 20	
d) Zumutbarkeit der Beibringung von Belegen (Abs. 1 S. 2).............. 24	

I. Normzweck und Rechtsnatur

1 Durch die Auskunftspflicht, welche die Pflicht zur Vorlage in zumutbarer Weise zu beschaffender Belege umfasst, soll dem VR eine sachgerechte Prüfung seiner Leistungspflicht ermöglicht und erleichtert werden. Hierfür benötigt er nähere Informationen über den Schadenseintritt, den Verlauf sowie den Umfang des Schadens. Diese hat ihm der VN auf Nachfrage zu übermitteln.

2 Zur **Rechtsnatur** des § 31 gelten die Ausführungen zu § 30 entsprechend (s. § 30 Rn 2). Es handelt sich bei § 31 ebenfalls um eine **Obliegenheit**,[1] die idR vertraglich vereinbart wird (s. § 30 Rn 2). Sanktionen im Falle eines Verstoßes finden sich nicht in der Norm selbst geregelt. Voraussetzung für eine – ggf anteilige – Leistungsfreiheit des VR ist die vertragliche Vereinbarung einer entsprechenden Rechtsfolge.[2] In diesem Fall gelangt uneingeschränkt § 28 Abs. 2 zur Anwendung. Aufgrund ihrer Rechtsnatur als Obliegenheit kommen Schadensersatzansprüche des VR gegen den VN im Falle ihrer Verletzung (etwa im Umfang von Ermittlungskosten) nicht in Betracht.[3]

II. Voraussetzungen (Abs. 1)

3 **1. Versicherungsfall.** Hierzu gilt das zu § 30 Ausgeführte (s. § 30 Rn 3).

4 **2. Auskunftsverlangen des VR. a) Allgemeines.** Anders als die spontane Anzeigeobliegenheit in § 30 entsteht die Auskunftsobliegenheit erst mit dem Auskunftsverlangen des VR nach Eintritt des Versicherungsfalles.[4] Der VN ist grds. nur ver-

---

[1] Begr. RegE, BT-Drucks. 16/3945, S. 70.
[2] Langheid/Wandt/*Wandt*, § 31 Rn 12; Looschelders/Pohlmann/*Looschelders*, § 31 Rn 2.
[3] LG Berlin 16.1.2013 – 23 S 27/12, VersR 2013, 746.
[4] BGH 16.11.2005 – IV ZR 307/04, VersR 2006, 258; OLG Karlsruhe 6.4.2006 – 12 U 266/05, VersR 2006, 1206; OLG Köln 17.8.2010 – 9 U 41/10, VersR 2010, 1592.

pflichtet, die ihm seitens des VR gestellten Fragen wahrheitsgemäß zu beantworten;[5] die Anforderungen an ihn ergeben sich demnach aus dem Auskunftsverlangen selbst.[6] Der auskunftspflichtige VN muss sich über Tatsachen, zu denen der VR berechtigt Auskunft verlangt, ggf erkundigen.[7] Ausnahmsweise kann den VN eine aus Treu und Glauben resultierende spontane Offenbarungspflicht treffen, wenn außergewöhnliche und besondere Umstände vorliegen, die das Aufklärungsinteresse des VR so grundsätzlich berühren, dass sich dem VN ihre Mitteilungsbedürftigkeit auch ohne Auskunftsverlangen aufdrängen muss (zu Einzelfällen vgl Rn 12).[8] Die Auskunftsobliegenheit des VN besteht nicht allein gegenüber dem VR, sondern auch gegenüber Personen oder Institutionen, die der VR mit der Schadensabwicklung betraut hat, etwa einem vom VR beauftragten Sachverständigen.[9]

b) Umfang des Verlangens. Die Vorschrift des Abs. 1 erfasst all diejenigen Auskünfte, die zur Feststellung des Versicherungsfalles oder des Umfangs der Leistungspflicht des VR **erforderlich** sind. Damit bezieht sich der Wortlaut nicht explizit auf solche Fragen, die die **Feststellung der Leistungspflicht** an sich betreffen, was bereits vor Inkrafttreten des neuen Gesetzes bemängelt wurde.[10] Zutreffend sind nach Sinn und Zweck der Vorschrift über ihren Wortlaut hinaus all jene Fragen des VR wahrheitsgetreu zu beantworten, die er zur Prüfung seiner Leistungspflicht benötigt.[11] Der Gesetzgeber geht an anderer Stelle selbst davon aus, dass dem VR eine Prüfung der Leistungspflicht ohne weiteres ermöglicht werden muss. Hierfür räumt er dem VR die Möglichkeit einer Datenerhebung für die Beurteilung ein (vgl § 213 Rn 17). Auch denklogisch hat eine Prüfung der Leistungspflicht dem Grunde nach einer solchen des Umfangs vorzugehen, woraus man schließen kann, dass diese mit umfasst sein soll. Damit müssen dem VR zB auch solche Fragen gestattet sein, die allein darauf abzielen, eine vorvertragliche Anzeigepflichtverletzung oder den Versuch einer arglistigen Täuschung aufzudecken.[12]

Die Reichweite des Auskunftsersuchens bemisst sich danach, welche Angaben der VR zur Ermittlung des Sachverhalts für erforderlich hält, um eine Entscheidung über die Leistungspflicht auf ausreichender und gesicherter Tatsachenbasis treffen zu können. Dazu gehören auch Umstände, die lediglich Anhaltspunkte für oder wider das Vorliegen eines Versicherungsfalles liefern können. Nicht maßgebend ist, ob sich die vom VN geforderten Angaben am Ende nach dem Ergebnis der Prüfung tatsächlich als wesentlich erwiesen. Die Frage der Erforderlichkeit ist vielmehr aus Ex-ante-Sicht zu beurteilen und dem VR ist ein erheblicher Beurteilungsspielraum zuzumessen.[13]

Bei gleich lautender Gesetzesformulierung („Feststellung des Versicherungsfalles und des Umfanges der Leistung des Versicherers") ist im Rahmen des § 14 (§ 11 aF) bei der Prüfung der Fälligkeit von Geldleistungen des VR zudem anerkannt,

---

5 OLG Hamm 28.11.1990 – 20 U 174/89, VersR 1991, 1168.
6 BGH 11.6.1976 – IV ZR 84/75, VersR 1976, 821.
7 BGH 22.10.2014 – IV ZR 242/13, VersR 2015, 45.
8 BGH 19.5.2011 – IV ZR 254/10, VersR 2011, 1549.
9 LG Saarbrücken 6.9.2011 – 14 S 2/11, VersR 2012, 98; Langheid/Wandt/*Wandt*, § 31 Rn 85; Prölss/Martin/*Armbrüster*, § 31 Rn 7.
10 Stellungnahme *Rixecker* zum RegE, S. 7.
11 Vgl *Britz*, VersR 2015, 410, 411 mit dem zutreffendem Hinweis, dass sprachliche (Gesetzes-)Formulierungen regelmäßig kontextabhängig sind, so dass auch der mögliche (Gesetzes-)Wortsinn, der die Grenze der Auslegung markiert, im Wege der Auslegung zu ermitteln ist.
12 OLG Köln 13.1.2014 – 20 W 91/13, VersR 2015, 305; KG 8.7.2014 – 6 U 134/13, VersR 2014, 1191; OLG Hamburg 2.3.2010 – 9 U 186/09, VersR 2010, 749 m. zust. Anm. *Schulze*.
13 BGH 22.10.2014 – IV ZR 242/13, VersR 2015, 45.

dass **Fälligkeit nicht** eintritt, solange der VR zeitlich angemessen und erforderlichenfalls prüft, ob Rücktrittsvoraussetzungen oder Gründe zur Arglistanfechtung vorliegen.[14] Auch dort wird das entsprechende Prüfungsrecht des VR – zutreffend – vom Sinn und Zweck der Vorschrift erfasst und vom Gesetzeswortlaut gedeckt angesehen.

7 **3. Prüfbereitschaft des VR.** Sinn und Zweck der Auskunftsobliegenheit ist die Ermöglichung der sachgerechten Prüfung der Leistungspflicht durch den VR. Lehnt der VR die Deckung ab, ist diese Prüfungsphase (zunächst) beendet. Den VN kann dann so lange keine Auskunftsobliegenheit mehr treffen,[15] bis der VR eindeutig zum Ausdruck bringt, dass er die Prüfung seiner Leistungspflicht wieder aufnimmt.[16] Setzt sich der VR gegen eine Klage des VN mit einem Klageabweisungsantrag zur Wehr, wird hierin ebenfalls eine **Deckungsablehnung** erkannt.[17]

8 Fraglich ist, wie es sich auswirkt, wenn der VN **nach der Regulierungsablehnung** noch **weitere (unwahre) Angaben** macht, um den VR doch noch umzustimmen. In der Rspr wird davon ausgegangen, dass ein unrichtiger Sachvortrag dann keine Leistungsfreiheit mehr begründen könne.[18] Den VN treffe die Obliegenheit aus den genannten Gründen nicht mehr. Als Folge der unrichtigen Behauptung kämen dann allenfalls Schadensersatzansprüche oder auch die Anwendung des § 242 BGB in Betracht,[19] weil den Parteien nunmehr allein die Befugnisse durch das Gesetz eingeräumt würden, die jedem Beteiligten eines schuldrechtlichen Verhältnisses zustehen.[20] Diese Auffassung wurde unter Geltung des Alles-oder-Nichts-Prinzips auch damit begründet, dass den VN bereits bei teilweise unrichtigen Angaben die Sanktion der umfassenden Leistungsfreiheit treffen könnte. Mit einer solch weit reichenden Folge solle der VN aber nur für den Zeitraum rechnen müssen, in dem der VR die Aufklärungshilfe noch zur Entscheidungsfindung benötigte.[21]

9 Diese Ansicht hat Kritik erfahren.[22] Zwar sei der VN nach einer Deckungsablehnung des VR zunächst von der Obliegenheit frei. Sofern er sie aber freiwillig erfülle, müsse er dies auch korrekt tun.[23] Für diese Ansicht könnte nunmehr auch das neue abgestufte Rechtsfolgensystem des § 28 sprechen. Unter Abschaffung des Alles-oder-Nichts-Prinzips kommt bei grob fahrlässiger Obliegenheitsverletzung nur

---

14 OLG Köln 13.1.2014 – 20 W 91/13, VersR 2015, 305; KG 8.7.2014 – 6 U 134/13, VersR 2014, 1191; OLG Hamburg 2.3.2010 – 9 U 186/09, VersR 2010, 749; Langheid/Wandt/*Fausten*, § 14 Rn 22; Prölss/Martin/*Armbrüster*, § 14 Rn 18; Römer/Langheid/*Rixecker*, § 14 Rn 12, jeweils mit Hinweis auf LG München I 20.1.1993 – 4 O 12156/92, r+s 1993, 202; Looschelders/Pohlmann/*C. Schneider*, § 14 Rn 13; Beckmann/Matusche-Beckmann/*Reichel*, § 21 Rn 13; *Britz*, VersR 2015, 410, 411.
15 BGH 13.3.2013 – IV ZR 110/11, VersR 2013, 609; BGH 11.12.1991 – IV ZR 293/90, VersR 1992, 345; BGH 7.6.1989 – IVa ZR 101/88, VersR 1989, 842; BGH 8.1.1981 – IVa ZR 60/80, VersR 1981, 321; OLG Koblenz 12.4.1996 – 10 U 1169/96, VersR 1997, 1390.
16 BGH 13.3.2013 – IV ZR 110/11, VersR 2013, 609; BGH 7.6.1989 – IVa ZR 101/88, VersR 1989, 842.
17 Krit. dazu Römer/Langheid/*Rixecker*, § 31 Rn 20; zum Sonderfall der Vereinbarung einer Gerichtsklausel in der D&O-Versicherung und ihre Auswirkung auf § 31: *v. Westphalen*, VersR 2006, 17.
18 BGH 13.3.2013 – IV ZR 110/11, VersR 2013, 609; BGH 22.9.1999 – IV ZR 172/98, VersR 1999, 1535; OLG Hamm 12.6.1991 – 20 U 305/90, VersR 1992, 301.
19 OLG Hamm 12.6.1991 – 20 U 305/90, VersR 1992, 301; OLG Köln 25.7.1991 – 5 U 131/89, r+s 1991, 315; zur Verwirkung nach § 242 BGB: BGH 8.7.1991 – II ZR 65/90, VersR 1991, 1129; krit. zur möglichen Anwendung des § 242 BGB: *Lücke*, VersR 1992, 182.
20 BGH 7.6.1989 – IVa ZR 101/88, VersR 1989, 842.
21 BGH 13.3.2013 – IV ZR 110/11, VersR 2013, 609; OLG Hamm 29.4.1988 – 20 U 323/87, VersR 1988, 1289.
22 *Langheid*, NJW 1991, 268; *Bach*, VersR 1992, 302; aA *Knappmann*, NVersZ 2000, 68.
23 Römer/Langheid/*Rixecker*, § 31 Rn 12.

eine teilweise Leistungsfreiheit des VR in Betracht, ferner muss sich nun auch eine vorsätzliche Verletzung tatsächlich auswirken. Der VN, der freiwillig eine Obliegenheit erfüllt und hierbei falsche Angaben macht, würde daher nicht immer mit einer vollständigen Leistungsfreiheit des VR rechnen müssen und ist demnach nicht mehr derart schutzbedürftig wie zuvor von der hM angenommen.

Fraglich bleibt aber weiterhin der Anknüpfungspunkt für die Rechtsfolgen. Sofern die Obliegenheit durch die Ablehnung nicht mehr besteht, wird auch die freiwillige Angabe diese samt Sanktionsmöglichkeit nicht wieder aufleben lassen. Den Angaben des VN kann hierbei nicht die Bedeutung zugemessen werden, dass er sich durch seinen – unredlichen – „Umstimmungsversuch" freiwillig wieder der an sich erloschenen Obliegenheit unterwerfen will. Zwar hat der VN bei freiwilligen Angaben diese auch korrekt zu tätigen, dies gilt jedoch für alle Schuldverhältnisse. Die Folge aus einer Verletzung wird sich daher auch nach der Reform mangels bestehender Obliegenheit schwer auf § 28, sondern ggf auf § 242 BGB stützen lassen.

4. Verletzung der Auskunftspflicht. a) Allgemeines. Der VN hat den VR in die Lage zu versetzen, eine sachgemäße Entscheidung über seine Eintrittspflicht dem Grunde (s. Rn 5 f) und der Höhe nach treffen zu können. Bei seinen Aufklärungsbemühungen hat der VN den VR unabhängig davon zu unterstützen, ob diese sich negativ für ihn auswirken können.[24] Dem VN wird idR vom VR mit der Bitte um schriftliche Schadensanzeige ein Fragenkatalog übermittelt, es sind jedoch auch nicht formularmäßige Fragen zu beantworten.[25] Eine Verletzung der Anzeigepflicht kommt nicht nur durch eine **unwahre Beantwortung** in Betracht, vielmehr kann der VN auch durch eine **Nichtbeantwortung**[26] oder eine **unwahre Erklärung mit Nichtwissen** (zB durch Vermerken eines Fragezeichens bei der Nachfrage nach Vorschäden)[27] die Anzeigepflicht verletzen.

Darüber hinaus muss der VN ggf auch **ungefragt** Auskünfte erteilen, so zB wenn ersichtlich war, dass ein von den üblichen Schadensfällen abweichender Fall vorliegt und damit die Formularfrage diesem nicht gerecht wird.[28] Ebenso hat der VN eine bereits erfolgte Schadensregulierung von sich aus anzugeben, weil diese ersichtlich das elementare Interesse des VR betrifft.[29] Gleiches gilt für die Eröffnung eines Verbraucherinsolvenzverfahrens ein knappes halbes Jahr vor dem Versicherungsfall (Wohnungsbrand).[30] Unterliegt der VR erkennbar einem Irrtum bei der Sachverhaltserfassung, muss der VN ihn auf diesen hinweisen.[31] Sofern der VN keine Kenntnis von den Umständen hat, die der Auskunftspflicht unterliegen, muss er sich im Bereich des Zumutbaren die jeweiligen Informationen beschaffen (**Erkundigungspflicht**).[32]

---

24 BGH 12.11.1997 – IV ZR 338/96, VersR 1998, 228; BGH 12.11.1975 – IV ZR 5/74, VersR 1976, 84; LG Hanau 16.4.1985 – 2 S 555/84, VersR 1986, 1093.
25 LG Berlin 6.6.1985 – 7 S 6/85, VersR 1986, 135.
26 BGH 20.12.1968 – IV ZR 510/68, VersR 1969, 214; OLG Köln 30.8.1990 – 5 U 3/90, VersR 1991, 183; OLG Hamm 22.8.1984 – 20 U 25/84, VersR 1985, 387; OLG Frankfurt 18.5.1995 – 16 U 53/94, VersR 1996, 704; aA OLG Hamm 8.2.1995 – 20 U 236/94, VersR 1996, 53; Prölss/Martin/*Armbrüster*, § 31 Rn 19.
27 OLG Köln 21.3.1985 – 5 U 211/84, r+s 1985, 262; OLG Hamm 26.6.1997 – 6 U 17/97, r+s 1998, 363.
28 BGH 21.4.1993 – IV ZR 34/92, BGHZ 122, 250; OLG Düsseldorf 19.11.2002 – 4 U 62/02, r+s 2003, 230; Langheid/Wandt/*Wandt*, § 31 Rn 62; Prölss/Martin/*Armbrüster*, § 31 Rn 24, 27; aA OLG Saarbrücken 7.10.1992 – 5 U 13/92, VersR 1993, 216; LG Potsdam 21.5.2007 – 2 O 199/06, r+s 2008, 102.
29 OLG Köln 31.5.1990 – 5 U 262/89, VersR 1991, 410.
30 BGH 19.5.2011 – IV ZR 254/10, VersR 2011, 1549.
31 OLG Hamm 8.12.1982 – 20 U 386/81, VersR 1981, 1124.
32 BGH 21.4.1993 – IV ZR 34/92, BGHZ 122, 250; krit. *Lücke*, VersR 1993, 1098.

13 Hat der VN aus dem Grund eine falsche Auskunft erteilt, dass über die wahre Sachlage keine Kenntnis hatte, war umstritten, ob die Kenntnis Teil des objektiven Tatbestands der Obliegenheitsregelung war (und mithin vom VR zu beweisen) oder erst als Teil des Verschuldens zu qualifizieren war (mit der gesetzlichen Vermutung grober Fahrlässigkeit). Der BGH[33] hat sich der erstgenannten Auffassung angeschlossen. Das Nachkommen der Aufklärungspflicht setze voraus, dass der VN Kenntnis von den Umständen oder Tatsachen hat, die er seinem VR in Erfüllung der Obliegenheit mitzuteilen hat. Fehlt ihm diese Kenntnis, läuft die Aufklärungsobliegenheit ins Leere. Schon objektiv kann der VN sie nicht verletzen, denn es gibt nichts, worüber er nach seinem Kenntnisstand den VR aufklären könnte.

14 Sofern eine vom VR gestellte **Frage** derart **unklar** war, dass der VN diese in dem von ihm beantworteten Sinne verstehen durfte, liegt keine Verletzung der Aufklärungspflicht vor. Zur Beurteilung ist wie auch bei § 19 auf die Verständnismöglichkeit eines durchschnittlichen VN abzustellen.[34] Ebenso unterfallen der Aufklärungspflicht nur solche Fragen, die der VR für **sachdienlich** halten darf.[35]

15 **b) Kenntnis des VR.** Eine Regelung wie die des § 30 Abs. 2 (§ 33 Abs. 2 aF), nach welcher sich der VR nicht auf eine Verletzung der Anzeigepflicht berufen kann, wenn er anderweitig Kenntnis vom Versicherungsfall erlangt, findet sich für die Aufklärungsobliegenheit nicht (zur Kenntnis s. ausf. auch § 28 Rn 47 ff).

16 Der BGH verneint eine entsprechende Anwendbarkeit des § 33 Abs. 2 aF, weil sich die Obliegenheiten in ihrem Sinn und Zweck nicht decken.[36] Die unverzügliche Anzeige soll den VR so schnell wie möglich in die Lage versetzen, mit den Schadensermittlungen und -verhandlungen zu beginnen und die damit verbundenen Feststellungen zu treffen. Diese Handlungen können jedoch bereits ab dem Zeitpunkt vorgenommen werden, in dem der VR aus anderer Quelle von dem Versicherungsfall erfährt. Ein schutzwürdiges Interesse besteht ab diesem Zeitpunkt nicht mehr. Die Aufklärungspflicht trägt dahingegen dem Gedanken Rechnung, dass der VR sich auf die Angaben des VN über den Versicherungsfall verlassen müsse. Werden vorsätzlich Fragen des VR nicht oder nicht richtig beantwortet, soll sich der VN nicht darauf berufen können, dass der VR die wahren Umstände noch rechtzeitig von anderer Seite erfahren habe.[37] Dies käme einem Recht zur Lüge gleich.

17 Nach der Rspr bleibt es dabei, dass **keine Erkundigungspflicht des VR** besteht. Es ist daher nicht relevant, dass sich der VR die Informationen ohne weiteres hätte selbst beschaffen können,[38] zB durch Einsicht in die Ermittlungsakten[39] oder einen Zusatzfragebogen,[40] durch Hinzuziehung beigefügter Unterlagen[41] oder durch Recherche in den für ihn zugänglichen EDV-Daten, sofern kein Anlass dazu bestand.[42] Die **Möglichkeit der Kenntnisnahme** hat weiterhin keine Bedeutung. Insbesondere entfällt das Aufklärungsinteresse des VR nicht bereits dadurch, dass

---

33 BGH 13.12.2006 – IV ZR 252/05, VersR 2007, 389.
34 BGH 26.10.1988 – IVa ZR 243/87, r+s 1989, 5.
35 BGH 16.2.1967 – II ZR 73/65, BGHZ 47, 101; zum Problem der Anzeige von Vorversicherungen und Vorschäden: Römer/Langheid/*Rixecker*, § 31 Rn 11.
36 BGH 15.11.1965 – II ZR 164/63, VersR 1965, 1190; BGH 24.6.1981 – IVa ZR 133/80, VersR 1982, 182.
37 BGH 15.11.1965 – II ZR 164/63, VersR 1965, 1190; Prölss/Martin/*Armbrüster*, § 31 Rn 19.
38 BGH 17.1.2007 – IV ZR 106/06, VersR 2007, 481.
39 BGH 11.3.1965 – II ZR 25/63, VersR 1965, 451; BGH 24.6.1981 – IVa ZR 133/80, zfs 1982, 122; OLG Karlsruhe 19.9.1991 – 12 U 57/91, VersR 1992, 1256.
40 OLG Köln 21.9.1989 – 5 U 36/89, VersR 1990, 1225.
41 OLG Frankfurt/M 7.4.1993 – 7 U87/92, VersR 1994, 927.
42 OLG München 28.9.1999 – 25 U 2206/99, r+s 2000, 393; OLG Celle 4.1.2007 – 8 U 134/06, OLGR Celle 2007, 686; BGH 14.7.1993 – IV ZR 153/92, VersR 1993, 1089 (zu

dieser seine Mitarbeiter anweist, bei der Bearbeitung von Schadensfällen stets eine Dateiabfrage vorzunehmen.[43]

Es wird vom BGH bei Falschangaben des VN eine Obliegenheitsverletzung wegen fehlenden Aufklärungsbedürfnisses des VR allerdings dann verneint, wenn dieser bereits **positive Kenntnis** von dem verschwiegenen Umstand hatte.[44] Die Sanktion der Leistungsfreiheit sei dann nicht mehr gerechtfertigt. In den Sachverhalten, die den beiden Entscheidungen zugrunde lagen, wurde in der Fahrzeugversicherung die Frage nach Vorschäden nicht korrekt beantwortet. Das Besondere war hierbei, dass der VR vor kurzer Zeit diese Vorschäden selbst reguliert hatte und der betroffene VR daher mit dem Vorgang vertraut war. Es waren mithin keinerlei Nachforschungen notwendig, um den Umstand in Erfahrung zu bringen.[45] Die aktuelle und unmittelbare Kenntnis lag damit bereits zum Zeitpunkt der Schadensanzeige vor.[46]

18

Hier ist dem BGH wohl zuzustimmen, dass es in dieser besonderen Konstellation von Anfang an und damit v.a. auch bereits zum Zeitpunkt der Fragstellung an einem Aufklärungsbedürfnis des VR fehlen kann. Unklar ist allerdings, wann der VR als juristische Person von einem Umstand positive Kenntnis erlangt hat. In seinem Urteil[47] hält es der IV. Zivilsenat für ausreichend, dass **irgendein Sachbearbeiter** vom Schaden Kenntnis habe. Es sei dann allein eine Frage der innerbetrieblichen Organisation des VR, wie er dieses Wissen auch anderen Sachbearbeitern zugänglich mache. Im Ergebnis weicht der IV. Senat mit diesen Erwägungen allerdings von der Rspr des VI. Zivilsenates ab, der erst mit Kenntnis des **zuständigen Sachbearbeiters** vom maßgebenden Sachverhalt eine Kenntnis des VR annimmt.[48]

19

c) Berichtigung falscher Angaben. Vor der Reform war anerkannt, dass bei einer Korrektur falscher Angaben durch den VN eine Leistungsfreiheit des VR dann nicht in Betracht komme, wenn die Berichtigung noch rechtzeitig und freiwillig aus eigenem Antrieb erfolgte, ohne dass dem VR ein Nachteil entstanden war.[49] Nur unter diesen Voraussetzungen werde der Zweck der Aufklärungsobliegenheit durch die Korrektur noch erreicht und dem VR sollte es nach § 242 BGB versagt sein, sich auf die Leistungsfreiheit zu berufen.[50]

20

Nachdem nunmehr auch für die vorsätzliche Verletzung einer vertraglichen Obliegenheit das Kausalitätserfordernis eingeführt wurde (§ 28 Abs. 3), stellt sich das Problem der Auswirkung nachträglicher Berichtigung des VN in dieser Form nicht mehr. Der VN muss gerade nicht mehr wie zuvor damit rechnen, bei einer folgenlosen vorsätzlichen Verletzung seinen Leistungsanspruch zu verlieren. Korrigiert der VN noch so rechtzeitig seine vorsätzlich falschen Antworten, dass sich die

21

---

§ 16 aF); aA OLG Brandenburg 15.6.2006 – 12 U 188/05, VersR 2007, 99 bei genereller Anweisung zur Datenabfrage.
43 BGH 17.1.2007 – IV ZR 106/06, VersR 2007, 481 m. zust. Anm. *Langheid*, VersR 2007, 629; *Ripke*, VersR 2006, 774; OLG Hamm 23.1.2008 – 20 U 109/07, VersR 2008, 958; aA OLG Oldenburg 15.9.2004 – 3 U 43/04, VersR 2005, 782; KG Berlin 8.12.2001 – 6 U 215/99, VersR 2002, 703.
44 BGH 11.7.2007 – IV ZR 332/05, VersR 2007, 1267 m. abl. Anm. *Höher*, NJW 2007, 2701; BGH 26.1.2005 – IV ZR 239/03, VersR 2005, 493; bereits zuvor OLG Hamm 12.2.1992 – 20 U 89/91, r+s 1993, 442.
45 Dies betont auch LG Köln 12.1.2006 – 24 O 189/05, VersR 2006, 1211.
46 Dieser Unterschied wird in einer anderen Entscheidung des BGH auch hervorgehoben: BGH 17.1.2007 – IV ZR 106/06, VersR 2007, 481.
47 BGH 11.7.2007 – IV ZR 332/05, VersR 2007, 1267.
48 Vgl BGH 28.11.2006 – VI ZR 196/05, VersR 2007, 513; auf die Divergenz in der Rspr der Senate weist zutreffend auch *Höher*, NJW 2007, 2701 hin.
49 BGH 5.12.2001 – IV ZR 225/00, VersR 2002, 173; KG Berlin 21.2.2003 – 6 U 195/01, r+s 2004, 408; Römer/Langheid/*Rixecker*, § 28 Rn 94.
50 BGH 5.12.2001 – IV ZR 225/00, VersR 2002, 173; LG Berlin 9.6.2005 – 17 O 541/04, SP 2006, 145.

Falschangaben nicht auf die Feststellung oder den Umfang der Leistungspflicht auswirken, fehlt es an der Ursächlichkeit der Verletzung.

22 Ist dem VR jedoch bereits ein Nachteil entstanden (zB Verlust etwaiger Aufklärungsmöglichkeiten), hat sich die Verletzung bereits ausgewirkt. Eine Berichtigung bleibt dann – ebenso wie zur alten Rechtslage – ohne Auswirkung auf die Rechtsfolgen des § 28 Abs. 2.[51] Eine sachgerechte Lösung findet sich über die Kausalität.

23 Weiterhin kann eine Berichtigung je nach Sachverhalt aber auch geeignet sein, die Vorsatzvermutung zu widerlegen.[52] Zudem fehlt es bereits an einer Verletzung der Auskunftspflicht, wenn der VN die Aussage so schnell korrigiert, dass dem VR die berichtigten Angaben zum Zeitpunkt des Beginns der Bearbeitung vorliegen.[53]

24 **d) Zumutbarkeit der Beibringung von Belegen (Abs. 1 S. 2).** Der VN hat zur Erfüllung der Auskunftspflicht entsprechende Belege vorzulegen. Begrenzt wird diese Verpflichtung durch das Merkmal der **Zumutbarkeit**. Unzumutbar ist die Beibringung der Belege, wenn die Unterlagen auf dem Postweg zum VR verloren gegangen sind[54] oder die Erstellung der Belege nicht wirtschaftlich sinnvoll ist (Nachweis über die wechselnden Bestände einer Zierfischzucht).[55] Ist der VN außerstande, Belege beizubringen, tritt Leistungsfreiheit des VR nur dann ein, wenn vertraglich eine Obliegenheit vereinbart war, solche anzufertigen oder zu sammeln.[56]

25 Durch die Obliegenheit des VN, Belege beizubringen, wird seine Möglichkeit, den erforderlichen Nachweis auf andere Weise – etwa durch **Zeugen** oder **andere Urkunden** – zu führen, nicht beschränkt. Andernfalls hätte ein VN bei der Vernichtung aller Anschaffungsbelege durch einen versicherten Brand keinen durchsetzbaren Versicherungsschutz.[57]

26 **5. Belehrungspflicht.** Mit § 28 Abs. 4 wurde erstmalig für die Auskunftspflicht ein Belehrungserfordernis eingeführt. Hiernach kann sich der VR nur dann auf die (teilweise) Leistungsfreiheit berufen, wenn er den VN zuvor auf die Folge des etwaigen Anspruchsverlusts in Textform hingewiesen hat (zu den Anforderungen und zu Problemfällen s. näher § 28 Rn 222 ff). Anderes gilt bei arglistigem Verhalten des VN. Dort tritt Leistungsfreiheit des VR auch ohne Belehrung ein.[58]

27 **6. Beispiele für Auskunftsobliegenheiten. a) Allgemein.** Auskunftsobliegenheiten bzw deren Verletzung werden allgemein in folgenden Bereichen angenommen: Vorversicherungen;[59] VersVerträge bei anderen VR;[60] gleichzeitige Schadensmeldung bei anderen VR;[61] Vereitelung des Zugangs der Auskunftsaufforderung des VR durch Verschleiern der postalischen Anschrift;[62] körperlicher Angriff auf Scha-

---

51 Krit. dazu bereits zur alten Rechtslage: Prölss/Martin/*Armbrüster*, § 31 Rn 40.
52 BGH 5.12.2001 – IV ZR 225/00, VersR 2002, 173; OLG Saarbrücken 9.1.2008 – 5 U 281/07-24, VersR 2008, 1528.
53 BGH 5.12.2001 – IV ZR 225/00, VersR 2002, 173; Prölss/Martin/*Armbrüster*, § 31 Rn 39.
54 OLG Oldenburg 15.6.1994 – 2 U 80/94, VersR 1995, 90.
55 LG Kiel 14.5.1971 – 12 O 3/71, VersR 1972, 871.
56 OLG Hamburg 1.10.2007 – 6 U 285/06, VersR 2008, 488.
57 BGH 19.11.2008 – IV ZR 341/07, r+s 2009, 64.
58 BGH 12.3.2014 – IV ZR 306/13, VersR 2014, 565.
59 BGH 24.6.1981 – IVa ZR 133/80, VersR 1982, 182; OLG Köln 7.6.1984 – 5 U 280/83, VersR 1986, 544.
60 BGH 19.3.1981 – IVa ZR 75/80, VersR 1981, 625; OLG Saarbrücken 22.11.2006 – 5 U 269/06, VersR 2007, 977; OLG Saarbrücken 4.4.2007 – 5 U 450/06, VersR 2008, 208; OLG Saarbrücken 12.11.2008 – 5 U 122/08-14, 5 U 122/08, VersR 2009, 1254; OLG Köln 13.7.1981 – 5 U9/81, VersR 1983, 389; OLG Frankfurt 3.12.1981 – 9 U 8/81, VersR 1983, 390.
61 OLG Saarbrücken 4.4.2007 – 5 U 450/06, VersR 2008, 208.
62 OLG Karlsruhe 4.6.2006 – 12 U 266/05, VersR 2006, 1206.

densregulierer;[63] Vorschäden;[64] Verlust der Verfügungsbefugnis des VN über sein eigenes Vermögen wegen Eröffnung des Insolvenzverfahrens.[65]

b) **Fahrzeugversicherung.** Begeht der VN eine Unfallflucht iSd § 142 StGB, liegt darin eine Auskunftspflichtverletzung.[66] Dies gilt auch bei eindeutiger Haftungslage, weil ansonsten dem VR wesentliche Prüfungsmöglichkeiten abgeschnitten werden.[67] Die aus § 142 StGB folgende strafrechtliche Rechtspflicht ist allgemein bekannt und wird von der Auskunftspflicht auch ohne nähere vertragliche Vereinbarung umfasst.[68] Durch die Aufnahme der Obliegenheit, den Unfallort nicht zu verlassen, in die AKB (E.1.3 AKB 2008) wurde eine vom Strafrecht unabhängige Regelung geschaffen, so dass – entgegen § 142 StGB – auch ein grob fahrlässiger Verstoß möglich ist.[69]

28

Falschangaben bzgl der **Laufleistung**,[70] des **Abstellorts**,[71] des gezahlten **Kaufpreises**[72] sowie der **Anzahl der Schlüssel**[73] des vermeintlich gestohlenen Wagens können die Auskunftspflicht verletzen. Ferner hat der VN nach Aufforderung eine detaillierte **Unfallskizze** für den VR anzufertigen.[74] Auch **Vorschäden** sind anzugeben.[75] Hierunter fallen nicht nur solche Schäden, die noch vorhanden sind, sondern ebenso reparierte Schäden, unabhängig davon, ob es sich um Unfallschäden handelt.[76] Sofern nach **Unfällen** gefragt wird, sind ebenso auch solche anzugeben, deren Folge schon beseitigt wurde.[77]

29

c) **Berufsunfähigkeits-(Zusatz-)Versicherung.** In der Berufsunfähigkeits-(Zusatz-)Versicherung (BUZ) entsprach es der gängigen Praxis, den VN, gestützt auf § 4 BB-BUZ, eine **Schweigepflichtentbindung** erteilen zu lassen. Auf diesem Wege sollte es dem VR ermöglicht werden, über seine Eintrittspflicht durch Rücksprache mit den behandelnden Personen (Aufzählung in § 4 Abs. 2 BB-BUZ) zu entscheiden. Weigerte sich der VN, diese umfassende und im vornherein zu erteilende Schweigepflichtentbindung abzugeben, wurde hierin eine Auskunftspflichtverletzung gesehen, selbst wenn angeboten wurde, den VR jeweils gesondert dazu zu berechtigen.[78] Das BVerfG sah in der bisherigen Praxis der Erteilung einer formular-

30

---

63 OLG Rostock 3.12.2003 – 6 U 25/02, r+s 2006, 506.
64 LG Hannover 18.12.2003 – 14 O 44/02, VersR 2004, 1599.
65 BGH 19.5.2011 – IV ZR 254/10, VersR 2011, 1549; OLG Frankfurt 9.11.2010 – 3 U 68/09, r+s 2010, 514.
66 BGH 1.12.1999 – IV ZR 71/99, VersR 2000, 222; OLG 24.11.1998 – 9 U 97/98, VersR 1999, 963; OLG Köln 19.9.1995 – 9 U 338/94, VersR 1996, 839; *Majerle*, VersR 2011, 1492; aA OLG Saarbrücken 9.7.1997 – 9 U 91/97, VersR 1998, 883.
67 BGH 1.12.1999 – IV ZR 71/99, VersR 2000, 222; aA OLG Saarbrücken 9.7.1997 – 9 U 91/97, VersR 1998, 883.
68 BGH 12.11.1975 – IV ZR 5/74, VersR 1976, 84; BGH 1.12.1999 – IV ZR 71/99, VersR 2000, 222.
69 *Majerle*, VersR 2011, 1492, 1494.
70 OLG Saarbrücken 9.1.2008 – 5 U 281/07-24, VersR 2008, 1528; OLG Hamm 18.2.2000 – 20 U 68/99, VersR 2001, 1419; OLG Celle 4.1.2007 – 8 U 134/06, OLGR Celle 2007, 686; LG Koblenz 11.4.1989 – 1 O 532/88, zfs 1989, 276.
71 OLG Celle 4.1.2007 – 8 U 134/06, OLGR Celle 2007, 686.
72 OLG Köln 16.12.1993 – 5 U 60/93, VersR 1994, 1462.
73 LG Berlin 13.1.2005 – 17 O 271/04, n.v.
74 OLG Karlsruhe 19.9.1991 – 12 U 57/91, VersR 1992, 1256.
75 BGH 5.12.2001 – IV ZR 225/00, VersR 2002, 173; OLG Bremen 29.7.1997 – 3 U 160/96, VersR 1998, 1149; OLG Hamm 23.1.2008 – 20 U 109/07, VersR 2008, 958.
76 BGH 5.12.2001 – IV ZR 225/00, VersR 2002, 173; Prölss/Martin/*Armbrüster*, § 31 Rn 14.
77 KG Berlin 10.5.2002 – 6 U 23/02, NJW-RR 2003, 604; LG Saarbrücken 6.9.2011 – 14 S 2/11, VersR 2012, 98.
78 LG Saarbrücken 27.7.2005 – 14 O 31/05, zfs 2007, 580; OLG Celle 28.2.2002 – 8 U 59/01, r+s 2005, 166.

mäßigen Schweigepflichtentbindung einen Verstoß gegen das Recht auf informationelle Selbstbestimmung.[79]

31 Als verfassungsrechtlich bedenkenlos hat das BVerfG eine – auch generelle – Schweigepflichtentbindung allerdings dann angesehen, wenn dem betroffenen VN Alternativen zum Schutz seiner informationellen Selbstbestimmung angeboten werden. Ausreichend sei es, wenn der Informationsfluss so ausgestaltet werden kann, dass die befragte Stelle die relevanten Informationen dem VN zur Weiterleitung zur Verfügung stelle, dieser sie dann ergänzen könne oder **unter Verzicht auf seinen Leistungsanspruch** von ihrer Weiterleitung absehe.[80]

32 Eine vertragliche Obliegenheit, die dem VN (alternativ zur Erteilung einer Schweigepflichtentbindung) aufgibt, die Gesundheitsdaten selbst zu beschaffen und dem VR zur Verfügung zu stellen, dürfte somit den Vorgaben des BVerfG zur Wahrung des informationellen Selbstbestimmungsrechts genügen, keinen Verstoß gegen die auf der Grundlage der Entscheidung des BVerfG geschaffenen Vorschrift des § 213 darstellen und daher wirksam sein (vgl § 213 Rn 55).[81]

33 Das in den AVB der BUZ geregelte Recht des VR, im Nachprüfungsverfahren **einmal jährlich** umfassende **ärztliche Untersuchungen** des VN veranlassen zu können, verstößt ebenfalls nicht gegen § 307 Abs. 1 BGB.[82] Die Regelung erscheint sachgerecht, weil sich der Gesundheitszustand des VN – mitunter auch entgegen ärztlicher Prognose – verbessern kann. Auch können sich im beruflichen Umfeld Änderungen ergeben, aufgrund derer die ursprüngliche Einschätzung des Grades der BU nicht länger aufrechterhalten werden kann (zB Entwicklung neuer Arbeitsmethoden oder Technologien). Nur wenn im konkreten Fall feststeht, dass die bisherigen (die BU bestätigenden) Untersuchungsergebnisse Bestand haben (etwa aufgrund der Unheilbarkeit der Krankheit), kann es für die Nachuntersuchung an der nach Abs. 1 S. 1 vorausgesetzten Erforderlichkeit der Auskunft fehlen.[83]

34 d) **Private Krankenversicherung.** Es ergibt sich im Rahmen der durch Abs. 1 S. 1 und § 9 Abs. 2 MB/KK definierten Auskunftsobliegenheit, dass der VN gehalten ist, dem VR im Rahmen der Erforderlichkeit **Krankenunterlagen** zur Verfügung zu stellen oder dafür Sorge zu tragen, dass der behandelnde Arzt dem VR die Unterlagen überlässt.[84] Nur die dort festgehaltenen Befunde und die Dokumentation von Diagnostik und Therapie ermöglichen eine objektive Überprüfung des Versicherungsfalles.[85] Atteste oder ärztliche Pauschalbescheinigungen hingegen reichen in Ermangelung eben jener Informationen regelmäßig nicht aus.[86]

III. Rechtsfolgen

35 Die Rechtsfolgen richten sich nach § 28. Es kommt eine (teilweise) Leistungsbefreiung in Betracht (s. dazu näher § 28 Rn 154 ff).

---

79 BVerfG 23.10.2006 – 1 BvR 2027/02, VersR 2006, 1669.
80 BVerfG 23.10.2006 – 1 BvR 2027/02, VersR 2006, 1669.
81 KG 4.7.2013 – 6 U 30/13, VersR 2015, 94 (zur Untersuchungsobliegenheit des § 9 Abs. 3 MB/KK); Römer/Langheid/*Rixecker*, § 213 Rn 22; *Muschner*, in: FS für Heidrich, S. 93; *Britz*, VersR 2015, 410, 415; aA Marlow/Spuhl/*Spuhl*, Rn 1473; tendenziell für die Private Krankenversicherung eine Unwirksamkeit der Vertragsregelung des § 9 Abs. 2 AVB (Vorlage von Patientendokumentation) annehmend: OLG München 6.9.2012 – 14 U 4805/11, VersR 2013, 169.
82 OLG Bremen 12.9.2011 – 3 U 12/11, NJW 2012, 322.
83 OLG Bremen 12.9.2011 – 3 U 12/11, NJW 2012, 322.
84 *Bähr/Reuter*, VersR 2011, 953, 954; Bach/Moser/*Sauer*, §§ 9, 10 MB/KK Rn 12; zweifelnd OLG München 6.9.2012 – 14 U 4805/11, VersR 2013, 169.
85 OLG Düsseldorf 22.3.1983 – U (Kart) 31/82, VersR 1984, 274; LG Nürnberg-Fürth 30.8.1993 – 2 O 1234/93, r+s 1995, 30; OLG Nürnberg 28.4.1994 – 8 U 3123/93, r+s 1995, 30, 31; LG Köln 13.11.1996 – 23 O 153/95, r+s 1997, 473.
86 *Bähr/Reuter*, VersR 2011, 953, 954.

IV. Auskunftspflicht des Dritten (Abs. 2)

Wie auch bei § 30 Abs. 1 S. 2 ist neben dem VN ein Dritter zur Auskunft verpflichtet, sofern er Inhaber des Anspruchs ist. Es gelten die Ausführungen zu § 30 Abs. 1 S. 2 (s. § 30 Rn 13). 36

V. Beweislast

Der VR hat die objektive Verletzung der Obliegenheit zu beweisen. Ist diese nachgewiesen, wird eine grob fahrlässige Verletzung vermutet, einen etwaigen Vorsatz muss der VR nachweisen, vom Vorwurf der groben Fahrlässigkeit hat sich der VN zu entlasten.[87] Zu den Einzelheiten ist auf die Ausführungen zu § 28 zu verweisen (s. § 28 Rn 168). 37

§ 32 Abweichende Vereinbarungen

[1]Von den §§ 19 bis 28 Abs. 4 und § 31 Abs. 1 Satz 2 kann nicht zum Nachteil des Versicherungsnehmers abgewichen werden. [2]Für Anzeigen nach diesem Abschnitt, zu denen der Versicherungsnehmer verpflichtet ist, kann jedoch die Schrift- oder die Textform vereinbart werden.

I. Halbzwingende Vorschriften im Zweiten Abschnitt (S. 1)

Gemäß S. 1 sind die Regelungen über die **vorvertragliche Anzeigepflicht** (§§ 19–22), die Vorschriften über die **Gefahrerhöhung** (§§ 23–28), die Bestimmungen über die Verletzung einer **vertraglichen Obliegenheit** (§ 28 Abs. 1–4) sowie die **Belegpflicht** im Rahmen der Auskunftspflicht des § 31 Abs. 1 S. 2 halbzwingend. Eine Abänderung zum Nachteil des VN ist demnach nicht möglich. 1

Ist statt einer Risikoprüfung in den AVB einer Restschuldversicherung ein Risikoausschluss für ernstliche Erkrankungen vereinbart, soll diese Klausel wegen Abweichens von den gesetzlichen Regelungen der §§ 19 ff (§§ 16 ff aF) unwirksam sein.[1] Gleiches soll gelten für eine Klausel in der Invaliditäts-Zusatzversicherung, die Versicherungsschutz für Invalidität aufgrund angeborener Krankheiten ausschließt.[2] 2

II. Schrift- oder Textform (S. 2)

Nach S. 2 kann für die Anzeigen, die dem VN nach dem Zweiten Abschnitt (§§ 19–32) obliegen, Schriftform (§ 126 BGB), zur Erleichterung der Anforderungen aber auch Textform (§ 126 b BGB) vereinbart werden. In Ausnahme zu S. 1 ist die Vereinbarung eines Schrift- oder Textformerfordernisses auch dann zulässig, wenn dieses nachteilig für den VN wäre.[3] Von S. 2 erfasst werden die gesetzlichen Anzeigeobliegenheiten des § 19 Abs. 1 und § 23 Abs. 2 und 3, nicht hingegen die Anzeige- und Auskunftspflichten des VN nach Eintritt des Versicherungsfalles (§ 30 und § 31 Abs. 1 S. 1).[4] Da die Regelung des § 31 Abs. 1 S. 1 vollständig dispositiv ist, ist die Vereinbarung eines Schrift- oder Textformerfordernisses unbedenklich.[5] 3

---

87 Begr. RegE, BT-Drucks. 16/3945, S. 69.
1 LG Dortmund 26.11.2009 – 2 O 320/09, VuR kompakt 2010, 82.
2 BGH 26.9.2007 – IV ZR 252/06, VersR 2007, 1690.
3 Langheid/Wandt/*Wandt*, § 32 Rn 34.
4 Prölss/Martin/*Armbrüster*, § 32 Rn 2; Langheid/Wandt/*Wandt*, § 32 Rn 35; Bruck/Möller/*Brömmelmeyer*, § 32 Rn 24.
5 Prölss/Martin/*Armbrüster*, § 32 Rn 2; Langheid/Wandt/*Wandt*, § 32 Rn 35; Bruck/Möller/*Brömmelmeyer*, § 32 Rn 24.

4 Ist **Schriftform** vereinbart, genügt gem. § 127 Abs. 2 BGB – vorbehaltlich eines abweichend erkennbaren Parteiwillens – auch eine telekommunikative Übermittlung (etwa per Telefax oder E-Mail).[6] Erforderlich ist indes, dass sich der Aussteller eindeutig erkennen lässt.[7] Ein Telefonat reicht nicht.[8] Bei vereinbarter **Textform** kann die Anzeige als E-Mail, Telegramm oder Telefax übermittelt werden. Es reicht auch die Übermittlung einer Diskette, einer CD-ROM, eines USB-Stick oder eines ähnlichen Speichermediums aus, soweit die Person des Erklärenden genannt wird und der Abschluss der Erklärung durch Nachbildung der Namensunterschrift oder anders erkennbar gemacht wird.[9]

5 Sofern durch die Vereinbarung des Schriftformerfordernisses in den AVB die dem VersVermittler in § 69 eingeräumte Empfangsvollmacht eingeschränkt wird, ist dies in Anbetracht des § 72 nicht zulässig.[10] Hierbei ist nunmehr nicht mehr zwischen Anzeigen vor oder nach Vertragsschluss zu differenzieren. Für Anzeigen gegenüber dem VR kann hingegen Schriftform vereinbart werden.[11]

Abschnitt 3: Prämie

§ 33 Fälligkeit

(1) Der Versicherungsnehmer hat eine einmalige Prämie oder, wenn laufende Prämien vereinbart sind, die erste Prämie unverzüglich nach Ablauf von 14 Tagen nach Zugang des Versicherungsscheins zu zahlen.

(2) Ist die Prämie zuletzt vom Versicherer eingezogen worden, ist der Versicherungsnehmer zur Übermittlung der Prämie erst verpflichtet, wenn er vom Versicherer hierzu in Textform aufgefordert worden ist.

I. Normzweck 1	b) Rechtzeitigkeit der Leistungshandlung 10
II. Grundsätze über die Fälligkeit der Prämie (Abs. 1) 2	aa) Grundsätze 10
1. Begriff der Prämie 2	bb) Einzelne Zahlungsarten 11
2. Prämienschuldner und Prämiengläubiger 3	(1) Barzahlung 12
	(2) Banküberweisungen 13
3. Fälligkeit der Prämie 4	(3) Lastschriftverfahren 14
a) Grundsatz 4	(4) Aufrechnung 17
b) Auseinanderfallen von Widerspruchsfrist und Prämienfälligkeit 5	5. Unterjährige Prämienzahlung 18
	III. Abholung der Prämie (Abs. 2) 19
	IV. Weitere praktische Hinweise 21
c) „Unverzüglich" und Zahlungsaufforderung durch den VR 7	1. Beweislast 21
	a) Zugang des Versicherungsscheins 21
d) Stundung 8	b) Zahlung der Prämie 23
4. Tilgung der Prämienschuld ... 9	2. Abdingbarkeit 24
a) Erfüllungswirkung 9	

---

6 Langheid/Wandt/*Wandt*, § 32 Rn 41; Bruck/Möller/*Brömmelmeyer*, § 32 Rn 30; aA im Hinblick auf E-Mails Prölss/Martin/*Armbrüster*, § 32 Rn 5.
7 Bruck/Möller/*Brömmelmeyer*, § 32 Rn 30.
8 Begr. RegE, BT-Drucks. 14/4987, S. 43.
9 Langheid/Wandt/*Wandt*, § 32 Rn 42.
10 Begr. RegE, BT-Drucks. 16/3945, S. 78; Übersicht zur früheren Rechtslage: Römer/Langheid/*Langheid*, 2. Aufl. 2003, § 34a Rn 7.
11 Begr. RegE, BT-Drucks. 16/3945, S. 78.

Kapitel 1: Vorschriften für alle Versicherungszweige § 33

I. Normzweck

§ 33 enthält eine **Sonderregelung** für die allgemeine bürgerlich-rechtliche **Fälligkeitsregelung** des § 271 BGB. Sie ist insofern von erheblicher Bedeutung, als die Voraussetzungen des Rücktritts und der Leistungsfreiheit nach §§ 37, 38 von der nicht rechtzeitigen Zahlung der Prämie abhängen. Zu beachten ist allerdings, dass Abs. 1 nur für eine Einmalprämie oder die Erstprämie bei fortlaufender Prämienzahlung gilt. Eine Regelung über die Fälligkeit von Folgeprämien bei fortlaufender Prämienzahlung enthält das Gesetz nicht. Diese ist meist in den zugrunde liegenden Versicherungsbedingungen geregelt. Fehlt es hieran, so ist die Folgeprämie nach § 271 Abs. 1 BGB sofort, also am ersten Tag der jeweiligen Versicherungsperiode, zu zahlen.

II. Grundsätze über die Fälligkeit der Prämie (Abs. 1)

1. Begriff der Prämie. Die Prämie wird definiert in § 1 S. 2 als das **vereinbarte Entgelt**. Hierunter fallen auch, wie dies im früheren § 1 Abs. 2 S. 2 ausdrücklich geregelt war, Beiträge für den VVaG. Zur Prämie gehören auch vertraglich vereinbarte Nebenentgelte, zB Gebühren für die Ausfertigung des Versicherungsscheins oder das vom VR übernommene Inkasso, sowie die Versicherungssteuer.[1] Keine Prämie stellen dagegen Zinsen eines Policendarlehens dar.[2] Die Höhe der Prämie ergibt sich aus der Parteivereinbarung, wobei meist konkludent auf die von den VR verwendeten Tarife zurückgegriffen werden kann.[3] Liegt eine Parteivereinbarung nicht vor, finden die §§ 315 f BGB Anwendung.

2. Prämienschuldner und Prämiengläubiger. Prämienschuldner ist der VN. Mehrere VN haften als Gesamtschuldner. Keine Prämienschuldner sind demgegenüber der Versicherte, der Bezugsberechtigte, der Zessionar oder sonstige Vollstreckungsgläubiger.[4] Prämiengläubiger ist der VR.[5] Handelt es sich um Mitversicherer, liegt Teilgläubigerschaft nach § 420 BGB vor, wobei vertraglich aber idR vereinbart ist, dass der führende VR zum Einzug aller Prämien berechtigt ist. Möglich sind nach § 69 Abs. 2 auch Zahlungen an den VersVertreter, der als bevollmächtigt gilt, Zahlungen im Zusammenhang mit der Vermittlung oder dem Abschluss des Vertrages anzunehmen. Eine mögliche Beschränkung dieser Empfangsvollmacht muss der VN nur gegen sich gelten lassen, wenn er diese kannte oder infolge grober Fahrlässigkeit nicht kannte. Keine Befugnis zur Annahme der Prämie gilt dagegen den VersMakler. Anderes kommt nur in Betracht, wenn der VR diesem eine entsprechende Vollmacht erteilt hatte oder die Voraussetzungen einer Rechtsscheinvollmacht (Duldungs- oder Anscheinsvollmacht) vorliegen.

3. Fälligkeit der Prämie. a) Grundsatz. Die entscheidende Neuregelung gegenüber dem § 35 S. 1 und 2 aF liegt darin, dass die Prämie nicht mehr sofort nach Abschluss des Vertrages fällig wird. Das kommt nach dem neuen Recht nicht mehr in Betracht, weil der neu geschaffene § 8 dem VN nunmehr das Recht einräumt, seine Vertragserklärung innerhalb von zwei Wochen zu widerrufen. Da der VN an seine Vertragserklärung mithin erst nach Ablauf der Widerrufsfrist gebunden ist, kann vorher auch keine Fälligkeit der Verpflichtung zur Prämienzahlung bestehen. Um hier die erforderliche Kongruenz zwischen dem Widerrufsrecht des VN sowie der Fälligkeit der Prämie zu erreichen, bestimmt § 35 Abs. 1, dass die erste Prämie

---

1 Vgl im Einzelnen Langheid/Wandt/*Staudinger*, § 33 Rn 5–10; Bruck/Möller/*Beckmann*, § 33 Rn 10–31.
2 BGH 27.1.1999 – IV ZR 72/98, VersR 1999, 433.
3 Hierzu *Wandt*, Rn 486–491; Bruck/Möller/*Beckmann*, § 33 Rn 34–37; zur Einführung der sog. Unisex-Tarife vgl Römer/Langheid/*Rixecker*, § 33 Rn 15.
4 Zu weiteren Fällen vgl Prölss/Martin/*Knappmann*, § 33 Rn 9; Langheid/Wandt/*Staudinger*, § 33 Rn 15–18; Bruck/Möller/*Beckmann*, § 33 Rn 38–40.
5 Hierzu Bruck/Möller/*Beckmann*, § 33 Rn 41 f.

unverzüglich nach Ablauf von 14 Tagen (mit Wirkung ab dem 11.6.2010; davor: zwei Wochen) nach Zugang des Versicherungsscheins zu zahlen ist. Dies beruht auf der Überlegung, dass idR die Frist nach § 8 Abs. 1 von 14 Tagen mit dem Zugang des Versicherungsscheins zu laufen beginnt.[6]

5 **b) Auseinanderfallen von Widerspruchsfrist und Prämienfälligkeit.** Dass die Frist nach § 8 Abs. 1 von zwei Wochen mit dem Zugang des Versicherungsscheins zu laufen beginnt, ist indessen keineswegs zwingend. Die Widerrufsfrist beginnt nämlich nach § 8 Abs. 2 zwar mit dem Tag des Vertragsschlusses, jedoch nicht vor dem Zeitpunkt, zu dem der VN die Vertragsbestimmungen einschließlich der AVB und die weiteren Informationen nach § 7 Abs. 1 und 2 sowie eine deutlich gestaltete Belehrung über das Widerrufsrecht und über die Rechtsfolgen des Widerrufs erhalten hat. Sind diese Voraussetzungen ausnahmsweise trotz Übersendung des Versicherungsscheins nicht eingehalten, so beginnt auch die Widerrufsfrist nicht zu laufen. Entsprechend kann auch trotz Zugang des Versicherungsscheins die Frist des § 33 Abs. 1 nicht zu laufen beginnen, da dieses dazu führen würde, dass der VN die Prämie zu leisten hätte, obwohl seine Widerrufsfrist noch nicht abgelaufen ist. Abs. 1 wird daher dahin **einschränkend auszulegen** sein, dass die Frist erst dann zu laufen beginnt, wenn dem VN die **erforderlichen Unterlagen nach § 8 Abs. 2 zugegangen sind und seine Widerrufsfrist zu laufen beginnt.**[7] Anderenfalls würde durch die Neuregelung die Rechtsstellung des VN gegenüber der früheren Rechtslage verschlechtert, was vom Gesetzgeber offensichtlich nicht beabsichtigt war. Nach dem früherem § 35 S. 1 war die Prämie sofort nach Abschluss des Vertrages zu zahlen. Das Policenmodell nach § 5 a aF bestimmte indessen, dass der Vertrag, wenn dem VN bei Antragstellung – wie weitgehend üblich – nicht die Versicherungsbedingungen und die Verbraucherinformationen überlassen wurde, erst dann als abgeschlossen gilt, wenn der VN nicht innerhalb von vierzehn Tagen nach Überlassung der Unterlagen in Textform widerspricht. Die Prämie wurde hier mithin erst nach Ablauf der Widerspruchsfrist fällig.[8] Gegen diese Auslegung des Abs. 1 spricht auch nicht, dass der VN auf diese Weise noch Jahre nach Vertragsbeginn behaupten könnte, die Widerrufsfrist des § 8 habe nicht zu laufen begonnen, die von ihm gezahlten Prämien seien nicht fällig gewesen und er könne diese nunmehr zurückfordern. Soweit der VN hierauf gestützt den Widerruf des Vertrages erklärt, enthält § 9 eine Sonderregelung über die für den Falle des Widerrufs zu erstattenden Prämien. Einer Rückforderung der Prämie mangels Fälligkeit unabhängig von einem Widerruf steht ferner § 813 Abs. 2 BGB entgegen, wonach eine Rückforderung bei der vorzeitigen Erfüllung einer betagten Verbindlichkeit ausgeschlossen ist. Der VR kann diese Probleme auch dadurch vermeiden, dass er durch Sicherstellung des Zugangs der Unterlagen gem. § 8 Abs. 2 die zweiwöchige Widerrufsfrist des § 8 Abs. 1 in Gang setzt. Die hier vertretene Ansicht hat aber nicht nur Vorteile für den VN. Wird die Fälligkeit der Prämie wegen noch nicht oder länger laufender Widerrufsfrist hinausgeschoben, kann dies auch dazu führen, dass dem VN in den Fällen, in denen der Versicherungsschutz von der Zahlung der Erstprämie abhängt, kein Versicherungsschutz bei Eintritt eines Versicherungsfalles zusteht. Will der VN hier gleichwohl Versicherungsschutz erhalten, bleibt es ihm aber natürlich unbenommen, die Prämie auch vor Fälligkeit zu zahlen.

6 Diese **fehlende Kongruenz** zwischen Widerspruchsfrist und Fälligkeitsregelung zeigt sich ferner in den Fällen, in denen der **Versicherungsschein vom Antrag ab-**

---

6 Vgl Begr. RegE, BT-Drucks. 16/3945, S. 70.
7 So auch Prölss/Martin/*Knappmann*, § 33 Rn 1; *Wandt/Ganster*, VersR 2007, 1034 Fn 5; Looschelders/Pohlmann/*Stagl*, § 33 Rn 9; Langheid/Wandt/*Staudinger*, § 33 Rn 19; FAKomm-VersR/*Thessinga*, § 33 VVG Rn 9; aA *Schimikowski/Höra*, S. 117; *Schimikowski*, Rn 152; *Wandt*, Rn 503; Bruck/Möller/*Beckmann*, § 33 Rn 47–49; Römer/Langheid/*Rixecker*, § 33 Rn 4.
8 OLG Hamm 29.1.1999 – 20 U 159/98, VersR 1999, 1229.

weicht. Hier bestimmt § 5 Abs. 1, dass die Abweichung als genehmigt gilt, wenn der VN trotz ordnungsgemäßer Belehrung nach § 5 Abs. 2 nicht innerhalb eines Monats nach Zugang des Versicherungsscheins in Textform widerspricht. Auch in diesen Fällen kann nicht nach Abs. 1 die Fälligkeit der Prämie 14 Tage nach Übersendung des Versicherungsscheins begründet werden, wenn noch die Monatsfrist des § 5 läuft. Das wird auch vom Gesetzgeber so gesehen,[9] der ebenfalls nur allgemein darauf abstellt („In aller Regel wird die Frist von 14 Tagen nach § 8 Abs. 1 VVG-E mit dem Zugang des Versicherungsscheins zu laufen beginnen"), diese Ansicht hat aber keinen Eingang in den Gesetzestext gefunden. Ferner ist auch noch der Fall zu bedenken, dass nach § 8 Abs. 3 überhaupt kein Widerrufsrecht besteht, also bei Verträgen mit einer Laufzeit von weniger als einem Monat, idR bei Verträgen über vorläufige Deckung, bei Verträgen über ein Großrisiko nach § 210 sowie auf Wunsch des VN von beiden Parteien vor Ausübung des Widerrufsrechts vollständig erfüllten Verträgen. Das ist im Ergebnis indessen unbedenklich, da Abs. 1 zum einen gem. § 42 abdingbar ist und zum anderen keine Fälligkeit der Prämie vor Vertragsschluss begründet wird. Zu beachten ist schließlich, dass in der Lebensversicherung nach § 152 Abs. 3 die einmalige oder erste Prämie unverzüglich erst 30 Tage nach Zugang des Versicherungsscheins zu zahlen ist.

c) **„Unverzüglich" und Zahlungsaufforderung durch den VR.** Nicht näher bestimmt wird durch das Gesetz die Frage, was unter „unverzüglich" zu verstehen ist. Diese Bestimmung kann zunächst nicht einfach als „Füllwort" ohne inhaltliche Aussage mit der Folge angesehen werden, dass Fälligkeit unmittelbar nach Ablauf der 14 Tage eintritt.[10] Da dem VN hier andererseits aber bereits die vierzehntägige Widerrufsfrist zur Verfügung steht, vor deren Ablauf keine Fälligkeit eintritt, besteht keine Veranlassung, für die bei nicht erfolgtem Widerruf dann vorzunehmende Zahlung noch eine längere Überlegungsfrist zuzubilligen. „Ohne schuldhaftes Zögern" iSv § 121 BGB und damit „unverzüglich" wird eine Zahlung idR dann sein, wenn sie innerhalb von **drei Tagen** nach Ablauf der Widerrufsfrist erfolgt.[11] Diese gesetzliche Neuregelung hat auch Bedeutung für Zahlungsaufforderungen des VR. Sie müssen sich künftig streng daran orientieren, dass Zahlungen erst „unverzüglich" nach Ablauf von zwei Wochen nach Zugang des Versicherungsscheins zu leisten sind. Zu vermeiden sind mithin Formulierungen, wonach Zahlungen innerhalb von 14 Tagen nach Erhalt des Versicherungsscheins oder einer Rechnung zu leisten sind. Die Zahlungsaufforderung darf also keinesfalls den Eindruck erwecken, eine Zahlung sei vor oder bis spätestens zum Ablauf der Frist zu leisten. Läuft die Widerspruchsfrist gar länger als die Zwei-Wochen-Frist, zB in den Fällen der Abweichung des Versicherungsscheins vom Antrag nach § 5, so sollte nach der hier vertretenen Lösung dies auch in der Zahlungsaufforderung berücksichtigt werden und Leistung erst nach Ablauf der einmonatigen Widerspruchsfrist verlangt werden. **Vorsicht** ist ferner **bei der Verwendung von Zahlungsfristen** geboten. Werden hier unabhängig vom Gesetzeswortlaut des Abs. 1 allgemeine Zahlungsfristen gesetzt, so sind diese im Falle einer nicht hinreichend klaren Regelung dahin auszulegen, dass die Frist überhaupt erst nach Ablauf der gesetzlichen 14-Tages-Frist des Abs. 1 beginnt.[12] Sinnvollerweise sollte der VR deshalb auf das

---

9 Begr. RegE, BT-Drucks. 16/3945, S. 70; ferner Bruck/Möller/*Beckmann*, § 33 Rn 46.
10 So aber *Funck*, VersR 2008, 163 (zu VI.).
11 So auch Prölss/Martin/*Knappmann*, § 33 Rn 6; *Schimikowski/Höra*, S. 133; *Schimikowski*, Rn 151; Schwintowski/Brömmelmeyer/*Michaelis*, § 33 Rn 4; Bruck/Möller/*Beckmann*, § 33 Rn 44.
12 So auch schon zum früheren Recht und einer gesetzten Zahlungsfrist in den Fällen des § 5 a aF OLG Hamm 29.1.1999 – 20 U 159/98, VersR 1999, 1229.

Setzen weiterer Fristen verzichten, sondern sich in der Zahlungsaufforderung grds. auf die Wiedergabe der gesetzlichen Regelung in Abs. 1 beschränken.[13]

8 **d) Stundung.** Unabhängig von Abs. 1 steht den Parteien die Möglichkeit einer Stundungsvereinbarung offen. Diese liegt auch nach der gesetzlichen Neuregelung allerdings nicht in der schlichten Übersendung des Versicherungsscheins ohne zusätzliche Zahlungsaufforderung, da sich die Zahlungspflicht unmittelbar aus dem Gesetz ergibt. Zur Klarstellung bleibt ein Hinweis auf die gesetzliche Regelung indessen sinnvoll. Liegt eine über Abs. 1 hinausgehende Stundung vor, so muss jeweils durch Auslegung ermittelt werden, ob entsprechend § 37 Abs. 2 S. 1 in diesen Fällen auch kein Versicherungsschutz bestehen soll oder ob ein Fall der sog. **deckenden Stundung** vorliegt. Bei vorläufiger Deckung liegt grds. ein Fall deckender Stundung vor, es sei denn, der VR hat nach § 51 ausdrücklich den Beginn des Versicherungsschutzes von der Zahlung der Prämie abhängig gemacht. Deckende Stundung ist ferner bei Vereinbarung eines Einziehungsermächtigungsverfahrens anzunehmen, da dieses dem Interesse des VR dient und der VN keinen Einfluss auf den Zeitpunkt der Einziehung hat.[14]

9 **4. Tilgung der Prämienschuld. a) Erfüllungswirkung.** Erfüllt gem. § 362 BGB ist die Prämienschuld erst, wenn die **Zahlung** beim VR **eingegangen** ist. Das kann entweder durch Barzahlung, zB an den Versicherungsagenten, oder durch Gutschrift des Prämienbetrages auf dem Konto des VR erfolgen.[15] Beim Lastschriftverfahren genügt dagegen die Gutschrift nicht. Hier tritt die Tilgungswirkung erst mit der wirksamen Belastung des Kontos des VN ein. Im Falle einer Einzugsermächtigung ist die Erfüllung bis zum Ablauf der Frist für das Widerrufsrecht auflösend bedingt.

10 **b) Rechtzeitigkeit der Leistungshandlung. aa) Grundsätze.** Streng von der Frage der Erfüllungswirkung ist die der Rechtzeitigkeit der Leistungshandlung des VN zu trennen. Das ergibt sich daraus, dass die Prämienzahlungspflicht des VN – jedenfalls nach bisheriger Einordnung – eine **qualifizierte Schickschuld** nach § 36 darstellt (s. näher § 36 Rn 1 f).[16] Der VN hat deshalb nur die Leistungshandlung an seinem Wohnsitz rechtzeitig vorzunehmen, also das für die Übermittlung der Prämie seinerseits Erforderliche zu veranlassen. Er trägt somit nicht die Gefahr einer Leistungsverzögerung, wenn er die Leistungshandlung rechtzeitig vorgenommen hat, so dass in diesem Fall auch kein Verzug besteht.[17] Verantwortlich bleibt der VN dagegen selbstverständlich dafür, dass die Zahlung überhaupt erfolgt und beim VR Erfüllungswirkung eintritt.

11 **bb) Einzelne Zahlungsarten.** Für die Frage der Rechtzeitigkeit der Leistungshandlung ist nach einzelnen in Betracht kommenden Zahlungsarten zu differenzieren:[18]

---

13 Weitergehend *Schimikowski/Höra*, S. 136, der eine „kundenfreundliche" Drei-Wochen-Frist für vertretbar hält.
14 OLG Hamm 19.10.1983 – 20 U 1/83, VersR 1984, 231; Römer/Langheid/*Rixecker*, § 33 Rn 6; zur Stundung ferner Schwintowski/Brömmelmeyer/*Michaelis*, § 33 Rn 5 f.
15 BGH 5.12.1963 – II ZR 219/62, VersR 1964, 129.
16 BGH 20.11.1970 – IV ZR 58/69, VersR 1971, 216; *Wandt*, Rn 509; MAH VersR/*Steinbeck/Terno*, § 2 Rn 186; vgl aber auch Langheid/Wandt/*Staudinger*, § 36 Rn 3 ff, der unter Berufung auf die Entscheidung EuGH NJW 2008, 1935 auf den Leistungserfolg abstellt, wobei die Entscheidung unmittelbar allerdings auf das Rechtsverhältnis zu Verbrauchern nicht anwendbar ist; hierzu ferner *Knöpper*, NJW-Spezial 2009, 105; Bruck/Möller/*Beckmann*, § 36 Rn 15–25.
17 BGH 7.10.1965 – II ZR 120/63, BGHZ 44, 178.
18 Vgl auch Schwintowski/Brömmelmeyer/*Michaelis*, § 33 Rn 7–11; Prölss/Martin/*Knappmann*, § 33 Rn 14–18; Bruck/Möller/*Beckmann*, § 36 Rn 26–42.

(1) Barzahlung. Bei Bareinzahlungen bei der Bank oder Post bzw Postbank kommt es auf den Zeitpunkt der Geldübergabe bei der zuständigen Einziehungsstelle an.[19]

12

(2) Banküberweisungen. Bei den in der Praxis vielfach geläufigen Banküberweisungen ist die Erfüllungshandlung spätestens vorgenommen, wenn die Prämie vom Konto des VN abgebucht wurde.[20] Auf den Zeitpunkt der Gutschrift auf dem Konto des VR kommt es dagegen nicht an.[21] Streitig ist, ob es für die Rechtzeitigkeit sogar ausreichen kann, dass der Überweisungsauftrag rechtzeitig beim Kreditinstitut eingegangen ist. Der BGH hat diese Frage bisher offen gelassen.[22] Nicht ausreichend ist es jedenfalls, wenn der VN den Überweisungsauftrag bzgl der Erstprämie erst am Abend vor dem Versicherungsfall nach Geschäftsschluss in den Hausbriefkasten seiner Bank einwirft, der nächste Tag ein gesetzlicher Feiertag ist und Zugang bei der Bank deshalb erst am Morgen des nächsten Arbeitstages und damit nach Eintritt des Versicherungsfalles angenommen werden kann.[23] In jedem Fall ist die Leistungshandlung immer nur dann ordnungsgemäß vorgenommen, wenn hinreichende Deckung auf dem Konto vorhanden ist.

13

(3) Lastschriftverfahren. Besonderheiten sind im Lastschriftverfahren zu beachten, bei dem der VN dem VR eine Einzugsermächtigung erteilt hat. In diesen Fällen wandelt sich die Schickschuld in eine Holschuld um.[24] Der VN hat in diesem Fall lediglich dafür zu sorgen, dass spätestens nach Eingang des Lastschriftbeleges bei seiner Bank auf seinem Konto eine entsprechende Deckung vorhanden ist. Da der VN insb. bei der Erstprämie idR weder deren genaue Höhe kennt noch weiß, wann diese eingezogen werden soll, ist der VR verpflichtet, ihm den Lastschrifteinzug rechtzeitig vorher anzukündigen.[25] Diese **Ankündigung**, die etwa zusammen mit der Übersendung des Versicherungsscheins erfolgen kann, muss inhaltlich der Erstprämienforderung entsprechen. Dasselbe gilt für die dann erteilte Lastschrift. Dem VN muss klar vor Augen geführt werden, welcher genaue Betrag von ihm zur Erlangung oder Erhaltung des Versicherungsschutzes aufzuwenden ist.

14

Da zudem Abbuchungen im Lastschriftverfahren nur ganz und nicht teilweise widersprochen werden kann, folgt hieraus ferner, dass die Zusammenfassung verschiedener Prämien in einer Lastschrift unzulässig ist, sondern der VR für jede Versicherungssparte die jeweils fällige Einzelprämie in einem eigenen Lastschriftbeleg anzufordern hat.[26]

15

Nicht zu Lasten des VN gehen ferner Verzögerungen in der Einreichung der Lastschrift durch den VR oder dessen Bank. Dagegen hat der VN seine Leistungshandlung nicht rechtzeitig vorgenommen, wenn bei zulässiger Abbuchung seitens des VR später ein Widerruf durch den VN erfolgt.[27]

16

(4) Aufrechnung. Die rechtzeitige Leistungshandlung kann schließlich durch eine Aufrechnung des VN erfolgen, soweit nicht gesetzliche (§ 26 VAG: keine Aufrechnung gegen Beitragsforderung des VVaG) oder vertragliche Aufrechnungsverbote bestehen, wobei in Allgemeinen Geschäftsbedingungen die Regelung des § 309 Nr. 3 BGB zu beachten ist. Erfüllt ist gem. § 389 BGB zu dem Zeitpunkt, zu dem

17

---

19 BGH 5.12.1963 – II ZR 219/62, VersR 1964, 129.
20 BGH 20.11.1970 – IV ZR 58/969, VersR 1971, 216.
21 BGH 5.12.1963 – II ZR 219/62, VersR 1964, 129.
22 BGH 5.12.1963 – II ZR 219/62, VersR 1964, 129.
23 OLG Köln 16.7.2002 – 9 U 48/01, VersR 2002, 1225.
24 BGH 30.1.1985 – IVa ZR 91/83, VersR 1985, 447; *Wandt*, Rn 511.
25 BGH 30.1.1985 – IVa ZR 91/83, VersR 1985, 447.
26 BGH 30.1.1985 – IVa ZR 91/83, VersR 1985, 447.
27 Prölss/Martin/*Knappmann*, § 33 Rn 17.

sich die Forderungen aufrechenbar gegenüberstanden, während es auf den Zugang der Aufrechnungserklärung nicht ankommt.[28]

5. Unterjährige Prämienzahlung. In der Praxis kommt es, etwa im Bereich von Lebens- oder Kaskoversicherungen, häufig vor, dass der VR dem VN die Möglichkeit anbietet, eine Prämie nicht zu Jahresbeginn in einem Einmalbetrag zu zahlen, sondern über das Jahr verteilt abschnittsweise (sog. **unterjährige Prämienzahlung**). Die Summe dieser Teilzahlungen übersteigt idR die Einmalzahlung (Beispiel: Prämienzahlung zum 1.1. eines Jahres iHv 1.100 € oder zum Beginn jeden Quartals iHv je 300 €). Streitig war, ob dem VN in diesen Fällen wegen eines entgeltlichen Zahlungsaufschubs ein verbraucherkreditrechtliches Widerrufsrecht gem. §§ 506 Abs. 1, 495 Abs. 1, 355 BGB zusteht. Das hat der BGH nunmehr verneint.[29]

Die vertragliche Regelung einer Zahlung der Versicherungsprämie in Zeitabschnitten weicht nicht vom dispositiven Recht ab, denn es gibt im VVG keine gesetzliche Regelung zur Fälligkeit der Folgeprämien. Geregelt ist in § 33 nur die Fälligkeit der Erst- oder Einmalprämie. Es liegt daher **kein Zahlungsaufschub** vor, wenn der VR dem VN nach Zeitabschnitten gestaffelte Prämien anbietet, auch wenn diese je nach gewähltem Zeitabschnitt unterschiedlich hoch sind. Aus der Versicherungsperiode von einem Jahr iSd § 12 ergibt sich nicht, dass als Zahlungsweise kraft Gesetzes eine jährliche Zahlungsweise vorgesehen ist. Eine vertraglich festgelegte unterjährige Zahlung von Folgeprämien entspricht dem maßgeblichen dispositiven Recht in § 271 Abs. 1 BGB über die frei zu vereinbarende Leistungszeit und damit die Fälligkeit der Versicherungsprämien. Aber auch wenn in den AVB zunächst eine Jahresprämie vorgesehen ist und selbst wenn die Parteien eine entsprechende Vereinbarung getroffen haben, können sie abweichend davon eine unterjährige Zahlungspflicht mit entsprechender Fälligkeit bestimmen. Es macht inhaltlich keinen Unterschied, ob dem Versicherungsnehmer nach den AVB zunächst eine Jahresprämie angeboten und ihm dann davon abweichend die Möglichkeit eingeräumt wird, eine unterjährige Zahlungsweise zu wählen, oder ob von vornherein eine unterjährige Zahlungsperiode vorgesehen ist. Dies ist für den VN erkennbar lediglich eine Frage der Formulierung ohne materiell-rechtliche Auswirkungen auf die eröffnete Ausgestaltung des VersVertrages durch die Vertragsparteien in Bezug auf die festzulegende Zahlungsweise. Es ändert nichts daran, dass die Berechnung in beiden Fällen dazu führt, dass der Betrag der jährlichen Einmalzahlung unter der Summe der unterjährig gezahlten Prämien liegt. Europarechtliche Bedenken gegen ein derartiges Verständnis bestehen ebenfalls nicht.

III. Abholung der Prämie (Abs. 2)

Abs. 2 übernimmt mit leichten sprachlichen Abänderungen, inhaltlich aber im Wesentlichen unverändert, den § 37 aF.[30] Die Regelung betrifft zum einen die früher häufig, heute aber kaum mehr praktizierte Abholung der Prämie in bar durch einen Versicherungsagenten beim VN. Hat der VR zuletzt mindestens zwei Prämien beim VN abholen lassen, so muss er diese Übung gegen sich gelten lassen, bis er dem VN das Gegenteil in Textform mitteilt. Die bloße Übersendung eines qualifizierten Mahnschreibens ohne zusätzlichen ausdrücklichen Hinweis genügt nicht.[31]

Zum anderen ist die Regelung weiterhin bedeutsam für den Fall einer dem VR erteilten **Einzugsermächtigung**. Allerdings muss von dieser auch tatsächlich Gebrauch gemacht worden sein. Eines besonderen Hinweises zum Abstandnehmen von dieser Vorgehensweise bedarf es daher nicht, wenn trotz erteilter Einzugser-

---

28 Prölss/Martin/*Knappmann*, § 33 Rn 19.
29 BGH 6.2.2013 – IV ZR 230/12, VersR 2013, 341; Römer/Langheid/*Rixecker*, § 33 Rn 14.
30 Hierzu im Einzelnen Bruck/Möller/*Beckmann*, § 33 Rn 57–61.
31 OLG Hamm 9.5.1979 – 20 U 43/79, VersR 1979, 1047.

mächtigung in der Vergangenheit nie über diese ein Prämieneinzug erfolgte[32] oder der VN den Widerruf erfolgter Lastschriften erklärt.

IV. Weitere praktische Hinweise

1. Beweislast. a) Zugang des Versicherungsscheins. Der VR ist im Rahmen von Abs. 1 zunächst darlegungs- und beweispflichtig für den Zugang des Versicherungsscheins, da erst ab diesem Zeitpunkt die 14-Tages-Frist sowie die anschließende Verpflichtung zur unverzüglichen Zahlung der Prämie beginnt.[33] Will er deshalb aus der nicht rechtzeitigen Prämienzahlung Rechte herleiten, so obliegt ihm der Zugangsnachweis. Insoweit hat sich sachlich keine Änderung zu § 35 S. 2 aF ergeben, der dem VN ein Zurückbehaltungsrecht zur Zahlung der Prämie gegen Aushändigung des Versicherungsscheins gab. Auch hier war bereits anerkannt, dass der VR für den Zugang des Versicherungsscheins beweispflichtig ist.[34] Da VR in der Praxis in aller Regel darauf verzichten, den Versicherungsschein mit **Einschreiben/Rückschein** zu versenden, können sich für sie **erhebliche Beweisprobleme** ergeben. Insbesondere beweist nicht etwa die Absendung auch den Zugang. Der VN kann sich in diesen Fällen auch auf ein schlichtes Bestreiten mit Nichtwissen beschränken. Diese Folgen muss der VR als Ausgleich für die erreichte Kostenersparnis tragen. Der Beweis des Zugangs wird sich in diesen Fällen in aller Regel nur durch Indizien führen lassen, wenn sich etwa aus nachfolgender Korrespondenz ergibt, dass der VN auf Angaben Bezug nimmt, die er nur aus dem Versicherungsschein haben kann.

Ob – wie noch zum Zurückbehaltungsrecht nach § 35 S. 2 aF vertreten[35] – der VN sich nach Treu und Glauben nicht auf den fehlenden Erhalt des Versicherungsscheins berufen kann, wenn er mehrere Mahnungen und Belehrungen des VR erhalten hat, aus denen er ersehen kann, dass dieser vom Zugang des Versicherungsscheins ausging, hierauf aber zunächst nicht reagiert, erscheint zweifelhaft und dürfte auf seltene Fälle rechtsmissbräuchlichen Verhaltens zu beschränken sein. Der Nachweis der Tatbestandsvoraussetzung des Abs. 1 kann nicht leichthin mit **Treu und Glauben** umgangen werden. Die vorgenannten Grundsätze gelten auch, wenn der Versicherungsschein zwar unstreitig zugegangen ist, der Zeitpunkt aber nicht feststeht. Insbesondere gibt es keinen Satz der Lebenserfahrung dahin, dass Postsendungen keine Laufzeit von mehreren Wochen haben.[36] Auch aus dem Datum der Ausstellung des Versicherungsscheins kann hier kein Indiz entnommen werden, da dieses wegen weiterer interner Sachbearbeitung des VR durchaus erheblich vor seiner tatsächlichen Absendung liegen kann. Da ein VN idR auch nicht darauf achtet, wann ihm ein Versicherungsschein zugeht, kann er sich, obwohl dieser Umstand aus seiner Sphäre rührt, idR auch darauf berufen, er wisse nicht mehr, wann er den Versicherungsschein erhalten habe und habe dies vergessen.

b) Zahlung der Prämie. Unter der Geltung von § 35 aF war streitig, ob generell der VN die Zahlung der Prämie beweisen muss, und zwar auch in den Fällen, in denen der VR Rechte nach §§ 37 f (= §§ 38 f aF) geltend macht,[37] oder ob davon zumindest dann eine Ausnahme zu machen ist, wenn der Versicherungsschein ausgehändigt wurde, so dass hier eine Indizwirkung des Versicherungsscheins als

---

32 OLG Celle 30.4.1976 – 8 U 70/75, VersR 1976, 854; Prölss/Martin/*Knappmann*, § 33 Rn 22.
33 Schwintowski/Brömmelmeyer/*Michaelis*, § 33 Rn 12; Bruck/Möller/*Beckmann*, § 33 Rn 65.
34 OLG Hamm 20.11.1995 – 20 U 186/95, VersR 1996, 1408; LG Hannover 22.11.1988 – 15 O 99/88, VersR 1990, 1377.
35 LG Hannover 22.11.1988 – 15 O 99/88, VersR 1990, 1377.
36 OLG Hamm 20.11.1995 – 20 U 186/95, VersR 1996, 1408.
37 So BGH 29.1.1969 – IV ZR 545/68, VersR 1969, 368.

Quittung in Betracht kommt.[38] Nach der Neufassung von § 35 Abs. 1 kann letztgenannter Ansicht jedenfalls nicht mehr gefolgt werden, da die Aushändigung des Versicherungsscheins und die Pflicht zur Prämienzahlung nicht zeitlich kongruent sind, sondern der Zugang des Versicherungsscheins überhaupt erst die 14-Tages-Frist in Gang setzt. Der VN ist deshalb dafür **beweispflichtig**, dass er die von ihm als positive Leistung geschuldete Zahlung der Prämie vorgenommen hat.[39]

24 2. Abdingbarkeit. Abs. 1 ist nach § 42 abdingbar.[40] Es kann mithin vereinbart werden, dass der Versicherungsschein erst nach Zahlung der Prämie übergeben werden soll. Ferner kann die Fälligkeit der Prämie rückwirkend auf einen vor Vertragsschluss liegenden Zeitpunkt verlegt werden.[41] Zulässig dürfte es ferner sein, wenn durch AVB die Fälligkeit der Prämie bereits auf einen Zeitpunkt vor Ablauf der Widerrufsfrist vorverlagert wird, da der VN hierdurch Versicherungsschutz schon während der Widerruflichkeit des Vertrages erhält.[42] Nicht abdingbar ist dagegen weiterhin Abs. 2.

§ 34 Zahlung durch Dritte

(1) Der Versicherer muss fällige Prämien oder sonstige ihm auf Grund des Vertrags zustehende Zahlungen vom Versicherten bei einer Versicherung für fremde Rechnung, von einem Bezugsberechtigten, der ein Recht auf die Leistung des Versicherers erworben hat, sowie von einem Pfandgläubiger auch dann annehmen, wenn er die Zahlung nach den Vorschriften des Bürgerlichen Gesetzbuchs zurückweisen könnte.

(2) Ein Pfandrecht an der Versicherungsforderung kann auch wegen der Beträge einschließlich ihrer Zinsen geltend gemacht werden, die der Pfandgläubiger zur Zahlung von Prämien oder zu sonstigen dem Versicherer auf Grund des Vertrags zustehenden Zahlungen verwendet hat.

I. Normzweck

1 Nach allgemeinen Grundsätzen des Bürgerlichen Rechts kann zwar gem. § 367 BGB auch ein Dritter die Leistung ohne Einwilligung des Schuldners bewirken. Allerdings kann der Gläubiger die Leistung ablehnen, wenn der Schuldner widerspricht. Lediglich in den Fällen des § 268 Abs. 1 BGB, also bei einer Zwangsvollstreckung des Gläubigers in das Vermögen des Schuldners, ist ein Dritter, der hierdurch ein Recht zu verlieren droht, zur Ablösung auch gegen den Willen des Schuldners berechtigt. Dieses **Ablösungsrecht des Dritten** wird durch § 34 erweitert, so dass es auf einen Widerspruch des VN in diesen Fällen nicht ankommt.

II. Ablösungsrecht Dritter (Abs. 1)

2 **Ablösungsberechtigt** sind ausschließlich der Versicherte bei einer Versicherung für fremde Rechnung (§§ 43–48), der Bezugsberechtigte mit eigenem Leistungsrecht,

---

38 So Prölss/Martin/*Knappmann*, 27. Aufl. 2004, § 35 Rn 22; anders jetzt auch in der 29. Aufl., § 33 Rn 21.
39 So auch Schwintowski/Brömmelmeyer/*Michaelis*, § 33 Rn 13 f.
40 Zur Unwirksamkeit von Prämienregelungen in einer umfassenden Sach-, Betriebsunterbrechungs-, Betriebshaftpflicht-, Kraftfahrzeughaftpflicht-, Kraftfahrzeug- und Umweltschadensversicherung wegen Verstoßes gegen § 307 BGB vgl LG Bonn 24.6.2014 – 10 O 4/14, r+s 2014, 416.
41 BGH 25.6.1956 – II ZR 101/55, BGHZ 21, 122, 135 = VersR 1956, 482.
42 Grundlegend hierzu *Wandt/Ganster*, VersR 2007, 1034; ferner *Wandt*, Rn 506; enger Langheid/Wandt/*Staudinger*, § 33 Rn 26, der eine unmissverständliche Individualabrede fordert.

was idR eine unwiderrufliche Begünstigung (etwa in der Lebensversicherung) voraussetzt, sowie der Pfandgläubiger der Versicherungsforderung, zB im Fall des § 1127 BGB. Nicht ausreichend ist dagegen ein lediglich bestehendes Pfandrecht am versicherten Gegenstand.[1] Wegen des **Ausnahmecharakters** von Abs. 1 ist die Vorschrift **eng** zu interpretieren, so dass sie keine Anwendung findet auf lediglich widerruflich Begünstigte, den Inhaber eines Versicherungsscheins nach § 4, den Zedenten der Versicherungsforderung, Geschädigte in der Haftpflichtversicherung oder denjenigen, auf dessen Person eine Unfall- oder Lebensversicherung genommen wurde.[2]

Entgegen dem insoweit etwas missverständlichen Wortlaut von Abs. 1 begründet die Norm **keinen durchsetzbaren Anspruch des Dritten gegen den VR** auf Entgegennahme der Prämie. Es handelt sich vielmehr lediglich um eine **Obliegenheit** des VR, die es ihm verwehrt, sich gegenüber dem VN auf Zahlungsverzug zu berufen, wenn ein Dritter ihm berechtigterweise die Prämie angeboten hat.[3] Die Annahmeverweigerung des VR bewirkt mithin **keine Erfüllung**. Diese Erfüllungswirkung kann der Dritte nur durch Hinterlegung nach § 372 Abs. 1 BGB erreichen. Hat der Dritte gezahlt, so geht auf ihn in entsprechender Anwendung von § 268 Abs. 3 BGB die Forderung des VR gegen den VN über. Selbstverständlich ist, dass der VR selbst gegen den ablösungsberechtigten Dritten kein eigenes Forderungsrecht erwirbt.

Problematisch ist in der Praxis, dass der Dritte von dem Prämienrückstand des VN häufig gar nichts erfahren wird, weil weder VN noch VR ihn hierüber unterrichtet haben. Nach hM ist mit § 34 auch **kein Recht auf Mitteilung des Prämienrückstands** verbunden.[4] Das ist vom Grunde gerechtfertigt, weil schon aus Datenschutzgründen den Dritten die wirtschaftlichen Verhältnisse des VN nichts angehen. Anderes muss aber nach Treu und Glauben gelten, wenn die Versicherung einem besonderen sozialen Schutzbedürfnis des Dritten unterliegt. So liegt es etwa, wenn ein Arbeitgeber mit einem VR eine Direktversicherung nach § 1 Abs. 2 BetrAVG mit unwiderruflicher Bezugsberechtigung für den Arbeitnehmer geschlossen hat. Hier ist der VR nach Treu und Glauben verpflichtet, den Arbeitnehmer über den Prämienverzug des Arbeitgebers zu informieren, um ihm die Möglichkeit zu geben, sich den Versicherungsschutz, der eine staatlich geförderte Altersvorsorge darstellt, zu sichern.[5]

III. Pfandrecht (Abs. 2)

Soweit der Pfandrechtsgläubiger gezahlt hat und die Prämienforderung des VR auf ihn nach § 268 Abs. 3 BGB übergegangen ist, sichert das Pfandrecht zusätzlich nunmehr auch diese übergegangene Forderung.

IV. Praktische Hinweise

§ 34 wird in § 44 nicht bei den halbzwingenden Normen genannt. Er ist also grds. wie auch schon § 35 a aF abdingbar. Allerdings dürfte das praktisch kaum in Be-

---

1 Prölss/Martin/*Knappmann*, § 34 Rn 4.
2 Prölss/Martin/*Knappmann*, § 34 Rn 5; Schwintowski/Brömmelmeyer/*Michaelis*, § 34 Rn 3–5; Langheid/Wandt/*Staudinger*, § 34 Rn 5; Bruck/Möller/*Beckmann*, § 34 Rn 11 f; aA Looschelders/Pohlmann/*Stagl*, § 34 Rn 3.
3 Prölss/Martin/*Knappmann*, § 34 Rn 1; Langheid/Wandt/*Staudinger*, § 34 Rn 2.
4 OLG Köln 7.12.1989 – 5 U 232/89, VersR 1990, 1261, 1264; Prölss/Martin/*Knappmann*, § 34 Rn 7; Schwintowski/Brömmelmeyer/*Michaelis*, § 34 Rn 10; Römer/Langheid/*Rixecker*, § 34 Rn 2.
5 So zu Recht OLG Düsseldorf 17.12.2002 – 4 U 78/02, VersR 2003, 627; ferner Langheid/Wandt/*Staudinger*, § 34 Rn 9; Bruck/Möller/*Beckmann*, § 34 Rn 17 f; für ein weitergehendes Informationsrecht des Dritten auch Looschelders/Pohlmann/*Stagl*, § 33 Rn 4.

tracht kommen, da jedenfalls nicht im VersVertrag zu Lasten des an diesem nicht beteiligten Dritten das Ablösungsrecht ausgeschlossen werden darf.[6]

§ 35 Aufrechnung durch den Versicherer

Der Versicherer kann eine fällige Prämienforderung oder eine andere ihm aus dem Vertrag zustehende fällige Forderung gegen eine Forderung aus der Versicherung auch dann aufrechnen, wenn diese Forderung nicht dem Versicherungsnehmer, sondern einem Dritten zusteht.

I. Normzweck

1   § 35 enthält zu Gunsten des VR eine **Ausnahme** von der in den §§ 387 ff, 406 BGB grds. erforderlichen **Gegenseitigkeit**. Insoweit soll verhindert werden, dass der VR einerseits Leistungen an den forderungsberechtigten Dritten in vollem Umfang erbringen muss, andererseits aber Prämienansprüche etc. isoliert noch gegenüber dem VN verfolgen muss und insoweit dessen Insolvenzrisiko trägt. Erforderlich ist allerdings immer, dass sich die wechselseitigen Forderungen aus demselben VersVertrag ergeben müssen. Sind allerdings in einem Vertrag mehrere Sachen versichert, so kann der VR mit der Gesamtprämienforderung aufrechnen, auch wenn es nur um Versicherungsleistungen für einen Gegenstand geht.[1] Das kann etwa der Fall sein, wenn ein Unternehmen mehrere Fahrzeuge versichert hat und Ansprüche nur wegen Beschädigung oder Diebstahls eines Fahrzeugs geltend gemacht werden. Grundsätzlich besteht auch keine zeitliche Beschränkung der Aufrechnungsmöglichkeit auf solche Prämien, die bereits im Zeitpunkt des Versicherungsfalles fällig waren.[2] Klargestellt wird durch die Regelung des § 35, dass die sonstigen dort erwähnten Forderungen des VR außer der Prämie ebenfalls fällig sein müssen.

II. Person des Dritten

2   Dritter kann grds. jeder sein, der nicht Vertragspartner ist.[3] In Betracht kommen hier etwa Versicherte einer Versicherung auf fremde Rechnung,[4] der Bezugsberechtigte der Versicherungsforderung, der Erwerber der versicherten Sache, wenn der VR innerhalb der Monatsfrist des § 96 Abs. 1 gekündigt hat und der Versicherungsfall in dieser Frist eintritt, der Dritte in der Haftpflichtversicherung oder der Hypothekengläubiger in den Fällen der §§ 143 ff. Die Aufrechnungserklärung erfolgt gegenüber dem Dritten, nicht gegenüber dem VN.

III. Besonderheiten in der Pflichtversicherung und der Haftpflichtversicherung

3   Keine Anwendung findet § 35 auf die Pflichtversicherung, vgl § 121.[5] In der allgemeinen Haftpflichtversicherung ist § 35 zwar anwendbar, doch führt hier deren Sozialbindung, wie sie in § 108 zum Ausdruck kommt, dazu, dass der Dritte sich

---

6   Prölss/Martin/*Knappmann*, § 34 Rn 10.
1   BGH 2.2.1977 – IV ZR 165/77, VersR 1977, 346; OLG Köln 18.2.2003 – 9 U 94/02, r+s 2003, 409; ferner Bruck/Möller/*Beckmann*, § 35 Rn 11.
2   BGH 2.2.1977 – IV ZR 165/77, VersR 1977, 346; OLG Köln 18.2.2003 – 9 U 94/02, r+s 2003, 409; Prölss/Martin/*Knappmann*, § 35 Rn 1.
3   Prölss/Martin/*Knappmann*, § 35 Rn 4; Langheid/Wandt/*Staudinger*, § 35 Rn 9 f; Bruck/Möller/*Beckmann*, § 35 Rn 8–10.
4   OLG Köln 18.2.2003 – 9 U 94/02, r+s 2003, 409.
5   Hierzu BGH 8.4.1987 – IVa ZR 12/86, VersR 1987, 655; LG Düsseldorf 17.5.2002 – 40 O 93/01, VersR 2002, 1553.

nur solche Prämienansprüche entgegenhalten lassen muss, die vor dem Versicherungsfall fällig geworden sind.[6]

§ 36 Leistungsort

(1) ¹Leistungsort für die Zahlung der Prämie ist der jeweilige Wohnsitz des Versicherungsnehmers. ²Der Versicherungsnehmer hat jedoch auf seine Gefahr und seine Kosten die Prämie dem Versicherer zu übermitteln.

(2) Hat der Versicherungsnehmer die Versicherung in seinem Gewerbebetrieb genommen, tritt, wenn er seine gewerbliche Niederlassung an einem anderen Ort hat, der Ort der Niederlassung an die Stelle des Wohnsitzes.

I. Normzweck

Abs. 1 und 2 treten im Bereich des Versicherungsrechts an die Stelle der §§ 269, 270 BGB.[1] Sie enthalten insofern eine abweichende Regelung, als es nicht auf die Verhältnisse bei Entstehung des Schuldverhältnisses, sondern auf den jeweiligen Wohnsitz bzw der gewerbliche Niederlassung ankommt. § 36 betrifft hierbei nur den Leistungsort, also den Ort, an dem der VN seine Leistungshandlung vorzunehmen hat, während Erfüllungsort der Sitz des VR bleibt. Die **Übermittlungsgefahr** trägt damit der **VN**, nach bisherigem Verständnis nicht dagegen die Gefahr, dass sich die Zahlung verzögert, nachdem er das seinerseits Erforderliche zur Bewirkung der Leistung getan hat. 1

Diese Einordnung als **qualifizierte Schickschuld** kommt allerdings aufgrund der Rspr des EuGH zur Zahlungsverzugsrichtlinie zumindest für durch den VN im Rahmen seiner unternehmerischen Tätigkeit abgeschlossene VersVerträge nicht mehr in Frage.[2] Hiernach ist der **VN** auch für die **rechtzeitige Übermittlung der Zahlung** verantwortlich. Streitig ist, ob diese richtlinienkonforme Auslegung von § 270 BGB und § 36 VVG im Wege der einheitlichen innerstaatlichen Auslegung auch auf den Zahlungsverkehr mit Verbrauchern zu übertragen ist. Teilweise wird eine derartige einheitliche Auslegung befürwortet.[3] Hierfür könnte sprechen, dass so eine gespaltene Auslegung der maßgeblichen Vorschriften mit der Schwierigkeit der Abgrenzung zwischen Unternehmern und Verbrauchern/VN vermieden wird. Auch steht dem Verbraucher/VN bei Verzögerung der Ausführungsfrist ein Schadensersatzanspruch gem. §§ 675 y, 675 z, § 280 Abs. 1 BGB zu.[4] Gegen diese Auffassung wird vorgebracht, dass durch die einheitliche Anwendung der Richtlinie die bisherige günstige Rechtsstellung von Verbrauchern (hier: VN) verschlechtert würde, ohne dass dies durch die Richtlinie vorgegeben wäre.[5] Der BGH hat die Frage bisher offen gelassen.[6] 2

---

6 BGH 8.4.1987 – IVa ZR 12/86, VersR 1987, 655.
1 Ausf. zum Leistungsort Bruck/Möller/*Beckmann*, § 36 Rn 6–14.
2 EuGH 3.4.2008 – C-306/06, NJW 2008, 1935 zur Auslegung der Richtlinie 2000/35/EG des Europäischen Parlaments und des Rats vom 29.6.2000 zur Bekämpfung von Zahlungsverzug im Geschäftsverkehr, ABl. EG 2000 Nr. L 200, S. 35.
3 So Palandt/*Grüneberg*, § 270 BGB Rn 5 f; Langheid/Wandt/*Staudinger*, § 36 Rn 4–12; *Mayen*, in: Schimansky/Bunte/Lwowski, Bankrechtshandbuch, 4. Aufl. 2011, Rn 199–202; vgl ferner Bruck/Möller/*Beckmann*, § 36 Rn 15–25.
4 *Mayen*, in: Schimansky/Bunte/Lwowski, Bankrechtshandbuch, 4. Aufl. 2011, Rn 201 unter Hinweis auf die kurze Ausführungsfrist des § 675 BGB.
5 Gegen eine erweiternde Auslegung daher FAKomm-VersR/*Thessinga*, § 27 VVG Rn 21; ebenso Prölss/Martin/*Knappman*, § 36 Rn 2.
6 BGH 13.7.2010 – VIII ZR 129/98, NJW 2010, 2879.

II. Abdingbarkeit von § 36

3 Wie auch nach früherem Recht wird die Regelung über den Leistungsort nicht bei den gem. § 42 nicht abdingbaren Vorschriften zum Nachteil des VN genannt. Hieraus folgt, dass grds. auch eine Abänderung möglich ist, insb. also die Leistung einer **Bringschuld** vereinbart werden kann.[7] Für die Rechtzeitigkeit der Zahlung kommt es in diesen Fällen der Vereinbarung einer Bringschuld also nicht auf die Rechtzeitigkeit der Leistungshandlung, sondern auf den Zeitpunkt des Leistungserfolges an. Fraglich ist allerdings, ob derartige Abänderungen zum Nachteil des VN auch in AVB vereinbart werden können und mit § 307 BGB vereinbar sind. Entsprechende Regelungen enthalten etwa § 7 Abs. 4 ARB 75. Insoweit trägt der VN nämlich die Gefahr, dass er seines Versicherungsschutzes ohne eigenes Verschulden verlustig geht, weil es etwa zu Verzögerungen bei der Bank des VR kommt. Derartige Abweichungen von § 36 könnten deshalb mit § 307 Abs. 2 Nr. 1 BGB nicht vereinbar sein.[8]

§ 37 Zahlungsverzug bei Erstprämie

(1) Wird die einmalige oder die erste Prämie nicht rechtzeitig gezahlt, ist der Versicherer, solange die Zahlung nicht bewirkt ist, zum Rücktritt vom Vertrag berechtigt, es sei denn, der Versicherungsnehmer hat die Nichtzahlung nicht zu vertreten.
(2) ¹Ist die einmalige oder die erste Prämie bei Eintritt des Versicherungsfalles nicht gezahlt, ist der Versicherer nicht zur Leistung verpflichtet, es sei denn, der Versicherungsnehmer hat die Nichtzahlung nicht zu vertreten. ²Der Versicherer ist nur leistungsfrei, wenn er den Versicherungsnehmer durch gesonderte Mitteilung in Textform oder durch einen auffälligen Hinweis im Versicherungsschein auf diese Rechtsfolge der Nichtzahlung der Prämie aufmerksam gemacht hat.

I. Normzweck.................... 1	1. Einlösungsprinzip
II. Abgrenzung von Erstprämie und	(Abs. 2 S. 1).................. 14
Folgeprämie..................... 2	2. Verschulden 16
1. Allgemeines................. 2	3. Belehrungspflicht des VR
2. Begriff der Erstprämie....... 3	(Abs. 2 S. 2).................. 19
3. Ersetzung des alten durch	a) Anwendungsbereich...... 19
einen neuen VersVertrag 5	b) Anforderungen an die
III. Nicht rechtzeitige Zahlung....... 6	Belehrung................ 20
1. Leistungshandlung 6	aa) Form.................... 20
2. Leistungsanforderung durch	bb) Inhalt 22
den VR 7	VI. Ausschluss der Leistungsfreiheit
3. Teilleistungen des VN 10	nach Abs. 2 24
4. Aufrechnung und Verrech-	1. Verzicht..................... 24
nung des VN 11	2. Sicherungsschein 25
IV. Rücktritt bei verschuldeter nicht	3. Vorläufige Deckung.......... 26
rechtzeitiger Zahlung (Abs. 1).... 12	4. Treu und Glauben,
1. Rücktritt.................... 12	§ 242 BGB................... 27
2. Verschulden 13	VII. Abdingbarkeit 28
V. Leistungsfreiheit des VR (Abs. 2) 14	VIII. Praktische Hinweise 29

---

[7] BGH 20.11.1970 – IV ZR 58/69, VersR 1971, 216.
[8] Bedenken gegen die Abweichung in AVB auch Prölss/Martin/*Knappmann*, § 36 Rn 3; Römer/Langheid/*Rixecker*, § 36 Rn 3; Schwintowski/Brömmelmeyer/*Michaelis*, § 36 Rn 4; anders Langheid/Wandt/*Staudinger*, § 36 Rn 26; Bruck/Möller/*Beckmann*, § 36 Rn 43.

I. Normzweck

Abs. 1 stellt eine **Sonderregelung zu § 323 BGB bei Zahlung der Erstprämie** dar.[1] Anders als nach Allgemeinem Schuldrecht ist hier für die Berechtigung zum Rücktritt vom Vertrag keine Fristsetzung erforderlich. Abs. 2 beinhaltet das sog. **Einlösungsprinzip**, wonach der Versicherungsschutz erst mit der Zahlung der Erstprämie beginnt. Wird diese nicht geleistet, besteht, ohne dass es – im Gegensatz zur Folgeprämie bei § 38 – einer weiteren Mahnung des VR bedarf, kein Versicherungsschutz. Zum Schutz des VN ist nunmehr allerdings eine vorhergehende Belehrung über die Folgen der Leistungsfreiheit im Versicherungsschein oder durch besondere textliche Mitteilung erforderlich.

II. Abgrenzung von Erstprämie und Folgeprämie

1. Allgemeines. § 37 regelt nur die **Erstprämie** oder **einmalige Prämie**, während § 38 die Folgeprämie betrifft. Die Abgrenzung bleibt auch trotz der in Abs. 2 S. 2 eingeführten Belehrungspflicht von Bedeutung, weil es bei der Erstprämie, anders als bei der Folgeprämie, keiner qualifizierten Mahnung nach § 38 bedarf.

2. Begriff der Erstprämie. Erstprämie ist bei laufender Prämienzahlungspflicht die **erstmals zu entrichtende Prämie**. Das gilt auch dann, wenn diese gestundet ist, so dass unter die Vorschrift auch die erste Prämie für den endgültigen VersVertrag nach vorläufiger Deckungszusage fällt, auch wenn in ihr die Prämie für die vorangegangene vorläufige Deckung mit enthalten ist.[2] Erstprämie ist also die Prämie, die erforderlich ist, um den materiellen Versicherungsschutz beginnen zu lassen. Scheitert die Abbuchung der Erstprämie durch den VR mangels Deckung auf dem Konto des VN und verschieben die Parteien daraufhin den Versicherungsbeginn um zwei Monate, so handelt es sich bei der dann zu zahlenden Prämie um die Erstprämie.[3]

Bei **Ratenzahlung** kommt es für die Abgrenzung darauf an, ob der Gesamtbetrag der Prämie sofort fällig ist und der VR die Prämie infolge einer teilweisen Stundung nur in Raten erhebt oder ob für den VN generell vertraglich Zahlung in bestimmten Raten vorgesehen ist. Im ersten Fall liegt hinsichtlich des Gesamtbetrages eine Erstprämie vor, während im zweiten Fall nur die erste Rate Erstprämie ist, die weiteren dagegen Folgeprämien. Im Zweifel wird der Wille der Parteien für die zweite Auslegung sprechen.[4]

3. Ersetzung des alten durch einen neuen VersVertrag. In der Praxis stellt sich immer wieder die Frage, ob bei der Ersetzung eines alten VersVertrages durch einen neuen die Prämie im neuen Vertrag **Erst- oder Folgeprämie** ist.[5] Maßgebend ist aufgrund einer Gesamtbetrachtung, ob der neue Vertrag den alten nur abändern oder ob auch inhaltlich ein neuer Vertrag begründet werden soll. Hierbei kommt nicht in erster Linie auf formale Umstände wie ein neues Antragsformular oder einen neuen Versicherungsschein an. Maßgeblich ist vielmehr, ob es zu **wesentlichen materiellen Änderungen** bzgl des versicherten Objektes, der Versicherungssumme, der Prämie, der Vertragsdauer, der Vereinbarung anderer AVB etc. kommt.[6] Alleine eine nicht wesentliche Erhöhung der Versicherungssumme dürfte

---

1 Bruck/Möller/*Beckmann*, § 37 Rn 2 f.
2 BGH 25.6.1956 – II ZR 101/55, BGHZ 21, 122; Schwintowski/Brömmelmeyer/*Michaelis*, § 37 Rn 4; *Wandt*, Rn 526; Prölss/Martin/*Knappmann*, § 37 Rn 3.
3 OLG Oldenburg 8.10.2003 – 3 U 52/03, NJW-RR 2004, 182.
4 Prölss/Martin/*Knappmann*, § 37 Rn 9; Schwintowski/Brömmelmeyer/*Michaelis*, § 37 Rn 3.
5 Hierzu etwa Prölss/Martin/*Knappmann*, § 37 Rn 5; Langheid/Wandt/*Staudinger*, § 37 Rn 6–14; Bruck/Möller/*Beckmann*, § 37 Rn 8–16; Römer/Langheid/*Rixecker*, § 37 Rn 4 f; Schwintowski/Brömmelmeyer/*Michaelis*, § 37 Rn 5; *Wandt*, Rn 529; Looschelders/Pohlmann/*Stagl*, § 37 Rn 4; FAKomm-VersR/*Thessinga*, § 37 VVG Rn 5–10.
6 Vgl OLG Köln 16.7.2002 – 9 U 48/01, VersR 2002, 1225.

nicht ausreichen. Ebenso wenig reicht ohne sonstige Änderung eine Abänderung von Versicherungsbedingungen. Werden Versicherungssumme und Prämie dagegen wesentlich abgeändert sowie andere AVB in den Vertrag einbezogen, spricht dies für einen neuen Vertrag.[7] Ein neuer Vertrag liegt ferner vor, wenn es zu einer wesentlichen Änderung des versicherten Risikos kommt, zB Umwandlung einer Teil- in eine Vollkaskoversicherung. Auch das vollständige Auswechseln des Versicherungsobjektes spricht für einen Neuvertrag. In der Kraftfahrtversicherung ist allerdings zu beachten, dass nach der ausdrücklichen Regelung in C.3 AKB 2008 bei Veräußerung eines Fahrzeugs und Neuanschaffung eines Fahrzeugs gleicher Art und gleichen Verwendungszwecks für die hierfür geschuldete Erstprämie die Regelung über die Folgeprämie nach § 39 aF (jetzt: § 38) eingreift.

III. Nicht rechtzeitige Zahlung

6   **1. Leistungshandlung.** Für die Rechtzeitigkeit der Zahlung kommt es nach bisherigem Verständnis nicht auf den Zeitpunkt der Tilgung durch Erfüllung, sondern – jedenfalls im Verhältnis zu Verbrauchern (zur Problematik s. § 36 Rn 1 f) – auf den der Leistungshandlung an.[8] Für diese Rechtzeitigkeit ist der VN beweispflichtig. Die Prämie muss vor Eintritt des Versicherungsfalles gezahlt sein (zum Sonderfall des Eintritts des Versicherungsfalles noch während des Laufs der Widerrufsfrist s. Rn 16–18 ff). Daran fehlt es etwa, wenn der VN den Überweisungsauftrag bzgl der Erstprämie erst am Abend vor dem Versicherungsfall nach Geschäftsschluss bei seiner Bank einwirft, der nächste Tag ein gesetzlicher Feiertag ist und Zugang bei der Bank deshalb erst am Morgen nach dem Versicherungsfall anzunehmen ist.[9]

7   **2. Leistungsanforderung durch den VR.** Da an die nicht rechtzeitige Zahlung der Erstprämie weitreichende Folgen geknüpft werden, ist es erforderlich, dass der VR dem VN zuvor eine **inhaltlich präzise Erstprämienanforderung** hat zukommen lassen. Eine solche Erstprämienanforderung liegt nur dann vor, wenn in ihr mit zutreffender Bezifferung und mit richtiger Kennzeichnung derjenige Betrag ausgewiesen wird, den der VN zur Erlangung des betreffenden Versicherungsschutzes aufwenden muss.[10] Insbesondere muss der angeforderte Betrag inhaltlich richtig berechnet sein, so dass bereits **geringfügige Mehrforderungen** zur Unwirksamkeit der Zahlungsaufforderung führen.[11] Diese streng formalisierte Betrachtung ist aus Gründen der Rechtssicherheit und -klarheit zwingend geboten, da dem VN, für den die Erlangung des Versicherungsschutzes auf dem Spiel steht, klar vor Augen geführt werden muss, welcher genaue Betrag von ihm zur Erlangung des Versicherungsschutzes aufzuwenden ist. Werden vom VR **mehrere Prämien** für unterschiedliche Versicherungen angefordert, etwa für eine Kfz-Haftpflicht- und eine Kaskoversicherung, so müssen die jeweils geschuldeten Beträge gesondert aufgeführt werden.[12] Werden gleichzeitig Erst- und Folgeprämie oder Prämien anderer Versicherungen angefordert, muss die Prämienanforderung deshalb eine klare Trennung zwischen den einzelnen Beträgen vornehmen und eine Belehrung darüber enthal-

---

7   OLG Köln 16.7.2002 – 9 U 48/01, VersR 2002, 1225.
8   *Wandt*, Rn 516; *Schimikowski*, Rn 157; Prölss/Martin/*Knappmann*, § 37 Rn 12; FAKomm-VersR/*Thessinga*, § 37 VVG Rn 18–21; aA Langheid/Wandt/*Staudinger*, § 37 Rn 15.
9   OLG Köln 16.7.2002 – 9 U 48/01, VersR 2002, 1225.
10 BGH 9.7.1986 – IVa ZR 5/85, VersR 1986, 986; Römer/Langheid/*Rixecker*, § 37 Rn 7; *Wandt*, Rn 517; Bruck/Möller/*Beckmann*, § 37 Rn 25.
11 BGH 30.1.1985 – IVa ZR 91/83, VersR 1985, 447 (26,05 DM statt 19 DM); BGH 9.3.1988 – IVa ZR 225/86, VersR 1988, 484.
12 BGH 9.10.1985 – IVa ZR 29/84, VersR 1986, 54.

ten, dass allein die Zahlung der angeforderten Erstprämie genügt, um Versicherungsschutz zu erhalten.[13]

Besonderheiten bestehen ferner im **Lastschriftverfahren**. Da hier nach den maßgeblichen Regularien der Bankwirtschaft eine Einzugsermächtigung nur vollständig oder gar nicht ausgeführt wird, Teilzahlungen unzulässig sind und auch nur ein Gesamtwiderspruch gegen die Abbuchung möglich ist, muss der VR für jede Versicherungssparte die jeweils fällige Einzelprämie in einem eigenen Lastschriftbeleg anfordern.[14] Dem VN muss nämlich bei nicht ausreichenden finanziellen Mitteln die Wahl bleiben, durch Zahlung welcher Prämie er sich Versicherungsschutz verschaffen will oder nicht. Haben die Parteien ferner ein Lastschriftverfahren vereinbart, so ist der VR zunächst verpflichtet, einen Einzug der Prämie auf diesem Weg zu versuchen und darf nicht stattdessen von VN Zahlung verlangen.[15] Ferner darf er, wenn monatliche Prämienzahlung vereinbart ist, nicht sofort Zahlung der Erst- und der Folgeprämie verlangen, ohne entsprechend zwischen beiden Prämien zu differenzieren.[16] Außerdem muss der VR den VN darüber belehren, dass bei Einzug das Konto entsprechende Deckung aufweisen muss.[17] Demgegenüber ist der VR nicht verpflichtet, vorab ein genaues Datum der Abbuchung abzugeben. Unter dem Gesichtspunkt der Bestimmtheit ist es vielmehr ausreichend, wenn aus dem Versicherungsschein hervorgeht, dass die Abbuchung innerhalb der nächsten 14 Tage erfolgen wird. Hier ist es dem VN zuzumuten, für diesen überschaubaren Zeitpunkt für Deckung auf seinem Konto zu sorgen.[18] 8

Wichtig ist, dass der VR, wenn er sich auf eine nicht rechtzeitige Zahlung der Prämie berufen will, den **Nachweis des Zugangs der ordnungsgemäßen Zahlungsaufforderung** erbringen muss. Verzichtet er aus wirtschaftlichen Gründen darauf, die idR mit der Ausfertigung des Versicherungsscheins verbundene Zahlungsaufforderung dem VN durch Einschreiben mit Rückschein zuzustellen, sondern benutzt er nur einen einfachen Brief, so gehen Unklarheiten bzgl des Zeitpunktes des Zugangs zu seinen Lasten. Es besteht demgegenüber kein Anscheinsbeweis dafür, dass ein einfacher Brief innerhalb der nächsten 1–2 Tage oder innerhalb kurzer Frist zugeht.[19] 9

3. Teilleistungen des VN. Der VN ist nicht berechtigt, lediglich Teilleistungen zu erbringen. Wegen der einschneidenden Folgen von Rücktritt und Leistungsfreiheit hat die Rspr indessen dem VR das Berufen auf ganz **geringfügige Rückstände** unter dem Gesichtspunkt von **Treu und Glauben** verwehrt.[20] So wurden als geringfügig etwa angesehen 2,70 DM von 47,30 DM,[21] ferner 2,70 DM von 162 DM.[22] Demgegenüber wurden bereits als nicht mehr geringfügig erachtet 32,10 DM von 704,40 DM[23] oder 52,50 DM von 1.052,50 DM.[24] Grundsätzlich ist die Anwendung von § 242 BGB in diesen Fällen restriktiv zu handhaben. So wie der VR einerseits verpflichtet ist, die angeforderten Erst- und Folgeprämien exakt zu be- 10

---

13 OLG Hamm 10.2.1988 – 20 U 154/87, VersR 1988, 709.
14 BGH 30.1.1985 – IVa ZR 91/83, VersR 1985, 447.
15 OLG Köln 9.5.2000 – 9 U 127/99, VersR 2000, 1266.
16 OLG Köln 9.5.2000 – 9 U 127/99, VersR 2000, 1266.
17 OLG Celle 10.1.1986 – 8 U 79/85, NJW-RR 1986, 1359.
18 AG Flensburg 20.12.2002 – 67 C 328/02, VersR 2003, 989.
19 OLG Braunschweig 31.3.2003 – 7 U 21/02, VersR 2005, 1556; LG Konstanz 14.9.2007 – 4 O 130/07, zfs 2008, 30.
20 BGH 25.6.1956 – II ZR 101/55, BGHZ 21, 122; *Schimikowski*, Rn 158; Schwintowski/Brömmelmeyer/*Michaelis*, § 37 Rn 7; Prölss/Martin/*Knappmann*, § 37 Rn 13; Bruck/Möller/*Beckmann*, § 37 Rn 28–34.
21 BGH 25.6.1956 – II ZR 101/55, BGHZ 21, 122.
22 OLG Düsseldorf 28.10.1875 – 4 U 26/5, VersR 1976, 429.
23 BGH 9.10.1985 – IVa ZR 29/84, VersR 1986, 54.
24 BGH 5.6.1985 – IVa ZR 113/83, VersR 1985, 981.

zeichnen und getrennt auszuweisen, muss der VN seinerseits die geschuldeten Erst- und Folgeprämien ungekürzt überweisen, wenn er sich Versicherungsschutz verschaffen oder erhalten will.[25] In derartigen Fällen ist aus Gründen der Rechtssicherheit und -klarheit eine formalisierte Betrachtungsweise geboten. So kann ein VN grds. nicht erwarten, dass ihm der VR auch dann eintrittspflichtig ist, wenn er eigenmächtig Kürzungen der vereinbarten Prämienzahlungen vornimmt. Hieraus folgt, dass die Anwendung von § 242 BGB, die auch unter dem neu geschaffenen § 37 grds. weiter möglich bleibt,[26] nur in Betracht kommt, wenn es sich einerseits um ganz geringfügige Rückstände handelt (1–3 % der Prämie, höchstens 20–30 €) sowie andererseits der VN die Leistungskürzung nicht bewusst und gewollt trotz Kenntnis seiner Verpflichtung vorgenommen hat.[27]

4. Aufrechnung und Verrechnung des VN. Rechnet der VN nach Eintritt des Versicherungsfalles mit dem Entschädigungsanspruch gegen die Prämienforderung des VR auf, stellt dies keine rechtzeitige Zahlung dar und beseitigt eine einmal eingetretene Leistungsfreiheit des VR nach Abs. 2 nicht. Anders liegt es nur dann, wenn die Aufrechnungslage schon vor Eintritt des Versicherungsfalles bestand, dem VN etwa also noch andere Forderungen gegen den VR zustanden.[28] Schuldet der VN mehrere Erstprämien, so entscheidet gem. § 366 Abs. 1 BGB seine **Tilgungsbestimmung**, auf welche Forderung gezahlt wird. Nur wenn es hieran fehlt, findet § 366 Abs. 2 BGB Anwendung. Der VR ist also nicht etwa berechtigt, eine eigenmächtige Buchung eingegangener Beträge vorzunehmen. Zahlt der VN auf eine von mehreren Rechnungen genau den dort angeforderten Betrag, so will er im Zweifel gerade diese Forderung begleichen.[29]

IV. Rücktritt bei verschuldeter nicht rechtzeitiger Zahlung (Abs. 1)

1. Rücktritt. Liegt eine nicht rechtzeitige Zahlung der einmaligen oder ersten Prämie vor, so ist der VR zum Rücktritt vom Vertrag berechtigt. Dieser Rücktritt muss **ausdrücklich erklärt** werden. Zu Problemen kann es kommen, wenn der VR zwar berechtigt vom Vertrag zurücktritt, sich auf Leistungsfreiheit nach Abs. 2 aber wegen der Nichteinhaltung der dort statuierten Förmlichkeiten nicht berufen kann. Teilweise wird erwogen, dass hier zur Harmonisierung eine Korrektur des Abs. 1 erforderlich ist.[30] Diese Konsequenz ist allerdings vom Gesetz gewollt und hinzunehmen. Es bleibt in diesen Fällen dabei, dass der VR berechtigt ist, vom Vertrag, der sich in ein Rückgewährschuldverhältnis verwandelt, zurückzutreten, aber sich im Einzelfall gleichwohl nicht auf Leistungsfreiheit im Versicherungsfall berufen kann.[31]

2. Verschulden. Das Rücktrittsrecht des VR ist **verschuldensabhängig**. Hierfür genügt es selbstverständlich nicht, dass der VN nicht über die finanziellen Mittel zur Bezahlung verfügt. Vielmehr muss es sich um besondere in seiner Person liegende

---

25 BGH 9.3.1988 – IVa ZR 225/86, VersR 1988, 484; BGH 9.10.1985 – IVa ZR 29/84, VersR 1986, 54; gegen eine Koppelung der Pflichten von VR und VN dagegen Looschelders/Pohlmann/*Stagl*, § 37 Rn 9.
26 Begr. RegE, BT-Drucks. 16/3945, S. 71.
27 Vgl auch Römer/Langheid/*Rixecker*, § 37 Rn 8; Prölss/Martin/*Knappmann*, § 37 Rn 13; Langheid/Wandt/*Staudinger*, § 37 Rn 16 hält eine Quote bis 5 % für hinnehmbar.
28 OLG Hamm 30.5.1986 – 21 W 21/86, VersR 1987, 354.
29 Vgl Prölss/Martin/*Knappmann*, § 37 Rn 15.
30 So *Wandt*, Rn 518.
31 Langheid/Wandt/*Staudinger*, § 37 Rn 27 kommt zum selben Ergebnis, will aber einem Rücktritt ohnehin nur ex-nunc-Wirkung zusprechen; ähnl. Bruck/Möller/*Beckmann*, § 37 Rn 52; noch anders FAKomm-VersR/*Thessinga*, § 37 VVG Rn 31, wonach Abs. 2 ohnehin nur für den Fall des Fortbestands des Vertrages Anwendung findet.

Umstände handeln, die eine rechtzeitige Zahlung verhinderten, zB kurzfristige Ortsabwesenheit oder Erkrankung.[32]

V. Leistungsfreiheit des VR (Abs. 2)

1. Einlösungsprinzip (Abs. 2 S. 1). Ist die einmalige Prämie oder Erstprämie bei Eintritt des Versicherungsfalles nicht gezahlt, so ist der VR nicht zur Leistung verpflichtet. Auch bzgl dieser Leistungsfreiheit wird nunmehr wie schon für den Rücktritt durch das Gesetz klargestellt, dass diese Rechtsfolge nicht eintritt, wenn der insoweit darlegungs- und beweispflichtige VN die Nichtzahlung nicht zu vertreten hat. Wegen dieses Erfordernisses der **Einlösung des Versicherungsscheins durch Prämienzahlung** wird auch vom sog. Einlösungsprinzip gesprochen.   14

Zahlreiche Versicherungsbedingungen sehen indessen vor, dass der Versicherungsschutz rückwirkend auf einen vereinbarten Zeitpunkt vorverlegt wird, wenn der VN die Prämie nach Aufforderung unverzüglich zahlt. Bei dieser sog. **erweiterten Einlösungsklausel** ist Abs. 2 zu Gunsten des VN abbedungen.[33] Häufig wird der vereinbarte Zeitpunkt als derjenige der Annahme des Antrages definiert. Wird er noch weiter zurückverlagert, etwa auf den Zeitpunkt der Antragstellung, so liegt eine Rückwärtsversicherung vor, für die Abs. 2 ohnehin keine Anwendung findet.   15

2. Verschulden. Voraussetzung für einen Versicherungsschutz ist mithin, dass die Prämie nach Aufforderung unverzüglich gezahlt wird, wobei wegen des Widerrufsrechts des VN nach § 8 hier nunmehr die Regelung des § 33 Abs. 1 zu beachten ist. Da die Fälligkeit der Prämie erst unverzüglich 14 Tage nach Zugang des Versicherungsscheins eintritt, kann es zu Fallkonstellationen kommen, in denen der **Versicherungsfall bereits vor Ablauf der Widerrufsfrist und Zahlung der Prämie** eingetreten ist.   16

Beispiel: Der VN erhält den Versicherungsschein nebst ordnungsgemäßer Belehrung am 1.7. Als Versicherungsbeginn ist der 1.7. vorgesehen. Am 6.7. tritt ein Versicherungsfall ein und am 10.7. wird die Prämie gezahlt.   17

Obwohl die Prämie mithin bei Eintritt des Versicherungsfalles nicht gezahlt ist, kommt eine Leistungsfreiheit des VR nach Abs. 2 S. 1 nicht in Betracht, weil der VN die Nichtzahlung im Zeitpunkt des Versicherungsfalles nicht zu vertreten hat, da die Verpflichtung zur Prämienzahlung noch gar nicht fällig war. In derartigen Fällen besteht mithin Deckungsschutz.[34] Der VN muss hier die Möglichkeit haben, durch Zahlung der Prämie innerhalb der ihm vom Gesetz in § 33 Abs. 1 genannten Frist Versicherungsschutz zu erlangen. Anderenfalls wäre er gezwungen, um sofort Deckung zu erhalten, unmittelbar nach Zugang des Versicherungsscheins Zahlung zu leisten. Hierzu ist er indessen nach § 33 Abs. 1 nicht verpflichtet. Wäre der Versicherungsschutz in derartigen Fällen ausgeschlossen, „würde dies auf eine gesetzliche Irreführung des VN hinauslaufen".[35]   18

3. Belehrungspflicht des VR (Abs. 2 S. 2). a) Anwendungsbereich. Zu beachten ist ferner die **Belehrungspflicht** in Abs. 2 S. 2. Hiernach ist der VR nur dann leistungsfrei, wenn er den VN durch besondere Mitteilung in Textform oder durch einen   19

---

32 Schwintowski/Brömmelmeyer/*Michaelis*, § 37 Rn 10; Prölss/Martin/*Knappmann*, § 37 Rn 17; Langheid/Wandt/*Staudinger*, § 37 Rn 18 ff; Bruck/Möller/*Beckmann*, § 37 Rn 41–45.
33 Römer/Langheid/*Rixecker*, § 37 Rn 22.
34 *Johannsen*, in: FS für Helmut Schirmer, 2005, S. 263 ff; *Schimikoswki/Höra*, S. 134 f; *Meixner/Steinbeck*, § 1 Rn 189; MAH VersR/*Steinbeck/Terno*, § 2 Rn 196; Langheid/Wandt/*Staudinger*, § 37 Rn 22; aA *Wandt/Ganster*, VersR 2007, 1034, 1035 f, die das Kriterium des Vertretenmüssens erst für die Zeit nach Eintritt der Fälligkeit für anwendbar halten; FAKomm-VersR/*Tessinga*, § 37 VVG Rn 34; krit. auch Bruck/Möller/*Beckmann*, § 37 Rn 55–59, der auf die Belehrungspflicht nach § 37 Abs. 2 S. 2 abstellt.
35 Vgl *Johannsen*, in: FS für Helmut Schirmer, 2005, S. 263 ff.

auffälligen Vermerk im Versicherungsschein auf diese Rechtsfolge der Nichtzahlung der Prämie hingewiesen hat. Dieser Warnhinweis gilt nach dem ausdrücklichen Willen des Gesetzgebers für sämtliche Fälle einer möglichen Leistungsfreiheit nach Abs. 2.[36]

20 **b) Anforderungen an die Belehrung. aa) Form.** Die Belehrung muss durch eine **gesonderte Mitteilung in Textform**[37] oder durch einen **auffälligen Hinweis im Versicherungsschein** erfolgen. Wegen des erforderlichen Warnzwecks reicht deshalb weder ein Hinweis im Versicherungsantrag noch gar erst im späteren Rücktrittsschreiben.[38]

21 Die Belehrung muss ferner **drucktechnisch deutlich** gestaltet sein. Im Versicherungsschein wird sie idR auf dessen Vorderseite erfolgen müssen.[39] Eine Belehrung auf der Rückseite reicht nur dann, wenn auf der Vorderseite in Fett- oder Großdruck auf die rückseitige Belehrung verwiesen wird.[40] Allein eine Belehrung auf den Folgeseiten genügt trotz Hervorhebung einer Überschrift im Fettdruck jedenfalls dann nicht, wenn diese Hervorhebung durch andere, ebenfalls im Fettdruck gehaltene Hinweise im Gesamtkontext des Versicherungsscheins abgeschwächt ist.[41]

22 **bb) Inhalt.** Ferner muss die Belehrung inhaltlich zutreffend und vollständig sein. So muss **eindeutig** erkennbar sein, welchen Betrag der VN aufwenden muss, um den Versicherungsschutz zu erhalten. Eine bloße Belehrung darüber, die Prämie unverzüglich zu zahlen, den Versicherungsschutz rechtzeitig einzulösen oder die Erstprämie rechtzeitig zu zahlen, genügt nicht.[42] Eine Belehrung ist auch nicht ordnungsgemäß, wenn der VR gegenüber dem VN im Versicherungsschein und einem Anschreiben unterschiedliche Angaben zu der Frist macht, innerhalb derer der Erstbetrag bezahlt werden muss.[43] Außerdem darf die Erstprämie nicht mit weiteren Prämien vermischt und eine Belehrung dann für die Gesamtprämie erteilt werden, da der unzutreffende Eindruck entstehen kann, die Gesamtprämie sei die Erstprämie.[44] Schließlich darf der Hinweis nicht fehlen, bei einem Einzug im Lastschriftverfahren müsse das Konto Deckung oder Kredit aufweisen.[45]

23 In der Kraftfahrtversicherung muss zwischen Haftpflicht- und Kaskoprämie differenziert und der VN darauf hingewiesen werden, dass er den Versicherungsschutz in einer der beiden Versicherungen erhält, auch wenn er nur die eine oder die andere Prämie zahlt.[46]

---

36 Begr. RegE, BT-Drucks. 16/3945, S. 71.
37 Zu diesem Begriff vgl *Leverenz*, VersR 2009, 709–713.
38 OLG Celle 4.3.1999 – 14 U 97/98, VersR 2000, 314; Prölss/Martin/*Knappmann*, § 37 Rn 30; Schwintowski/Brömmelmeyer/*Michaelis*, § 37 Rn 17; Langheid/Wandt/*Staudinger*, § 37 Rn 21.
39 Vgl LG Duisburg 27.7.2012 – 6 O 15/12, SP 2013, 27.
40 OLG Naumburg 23.6.2011 – 4 U 94/10, VersR 2012, 973; LG Dortmund 19.1.2011 – 2 O 192/10, VuR kompakt 2011, 121; LG Bremen 18.5.1994 – 4 S 125/94, VersR 1995, 287; Römer/Langheid/*Rixecker*, § 37 Rn 15; FAKomm-VersR/*Thessinga*, § 37 VVG Rn 41.
41 OLG Naumburg 23.6.2011 – 4 U 94/10, VersR 2012, 973.
42 OLG Hamm 6.12.1978 – 20 U 125/78, VersR 1980, 178; LG Dortmund 4.8.2011 – 2 O 130/11, r+s 2012, 482.
43 LG Dortmund 19.1.2011 – 2 O 192/10, VuR kompakt 2011, 121.
44 OLG Hamm 6.7.1994 – 2 U 71/94, r+s 1994, 446.
45 OLG Celle 10.1.1986 – 8 U 78/85, NJW-RR 1986, 1359.
46 OLG Hamm 24.1.1990 – 20 U 160/89, VersR 1991, 220; Prölss/Martin/*Knappmann*, § 37 Rn 29.

VI. Ausschluss der Leistungsfreiheit nach Abs. 2

1. Verzicht. Mit der Annahme eines Verzichts des VR auf die Rechtsfolgen des § 37 Abs. 2 bzw eines Verstoßes gegen Treu und Glauben ist Zurückhaltung geboten. So bedeutet zunächst die bloße Schadensermittlung und -feststellung durch Regulierungsbeauftragte des VR keine konkludente Erklärung, der VR werde sich nicht auf Leistungsfreiheit berufen. Dem für die Schadensaufnahme zuständigen Außendienstmitarbeiter muss auch nicht zwingend bekannt sein, ob und welche Prämienrückstände bestehen.[47] Ein Verzicht liegt grds. auch nicht darin, dass der VR nach Eintritt des Versicherungsfalles die Prämie angenommen hat, da sie ihm auch bei Leistungsfreiheit weiter zusteht. Hier wird aber immer sorgfältig zu prüfen sein, ob uU weitere Umstände neben der Annahme der Prämie hinzukommen, die einen Verzicht nahelegen könnten. Gegen **Treu und Glauben** dürfte es jedenfalls verstoßen, wenn der VR trotz Nichtzahlung der Erstprämie kommentarlos Folgeprämien entgegennimmt, ohne den VN auf die Nichtzahlung der Erstprämie hinzuweisen, soweit dieser sich hierüber ersichtlich in einem Irrtum befindet.[48]

2. Sicherungsschein. Ein Sicherungsschein stellt eine Bescheinigung des VR gegenüber einem Kreditgeber des VN, insb. Banken und Leasinggebern, dar, mit dem der VR sich ihm gegenüber zur Zahlung der Entschädigung sowie zur Weitergabe bestimmter Mitteilungen verpflichtet.[49] Hat der VR einen derartigen Sicherungsschein ausgestellt, in dem Deckung bestätigt wird, so kann er sich gegenüber einem redlichen Inhaber des Versicherungsscheins später nicht auf die fehlende Zahlung der Erstprämie berufen.[50] Soweit es um die vielfach vereinbarte Mitteilung des Zahlungsrückstands seitens des VR an den Kreditgeber geht, ist ferner zu beachten, dass das BVerfG mangels eines vorliegenden Einverständnisses des VN einen Verstoß gegen das informationelle Selbstbestimmungsrecht des VN jedenfalls dann angenommen hat, wenn der VN wegen einer von ihm erklärten Aufrechnung einen Zahlungsrückstand bestreitet.[51]

3. Vorläufige Deckung. Bei der vorläufigen Deckung gelten nunmehr die Sondervorschriften der §§ 51 Abs. 1 und 52 Abs. 1. Schon nach früherem Recht war anerkannt, dass bei vorläufiger Deckung die Anwendung des § 38 Abs. 2 aF ausgeschlossen war.[52]

4. Treu und Glauben, § 242 BGB. Dem VR ist es verwehrt, sich auf Leistungsfreiheit zu berufen, wenn für ihn bei Fälligwerden der Erstprämie die **Möglichkeit einer Aufrechnung bzw Verrechnung** bestand.[53] Die Gegenforderung kann auch die streitige Versicherungsforderung sein, selbst wenn der VN zu diesem Zeitpunkt selbst noch keine Zahlung verlangen konnte. Die Anwendung von Treu und Glauben wird nicht dadurch ausgeschlossen, dass sich der Prämien- und der Entschädigungsanspruch nicht aus derselben Versicherung ergeben. So ist der VR deshalb ggf gehalten, einen Anspruch des VN auf Kaskoentschädigung mit einem eigenen Anspruch auf die nicht gezahlte Haftpflichtprämie zu verrechnen.[54]

---

47 Vgl Prölss/Martin/*Knappmann*, § 37 Rn 26.
48 Römer/Langheid/*Rixecker*, § 37 Rn 19.
49 Einzelheiten bei Prölss/Martin/*Knappmann*, AKB 2008 A.2.14 Rn 12 ff.
50 BGH 5.6.1985 – IVa ZR 113/83, VersR 1985, 981; OLG Hamm 24.2.1988 – 20 U 267/87, VersR 1989, 35; Prölss/Martin/*Knappmann*, § 37 Rn 28.
51 BVerfG 14.12.2001 – 2 BvR 152/01, VersR 2002, 1406.
52 Vgl zuletzt BGH 26.4.2006 – IV ZR 248/04, VersR 2006, 913.
53 BGH 12.6.1985 – IVa ZR 108/83, VersR 1985, 877; OLG Hamm 22.11.1995 – 20 U 186/95, VersR 1996, 1408; Prölss/Martin/*Knappmann*, § 37 Rn 23; *Schimikowski*, Rn 158.
54 OLG Hamm 22.11.1995 – 20 U 186/95, VersR 1996, 1408.

VII. Abdingbarkeit

28 § 37 ist zu Lasten des VN nicht abdingbar (§ 42). Zu Gunsten des VN ist eine Abdingbarkeit möglich, was insb. bei der vorläufigen Deckung und der Rückwärtsversicherung in Betracht kommt.[55]

VIII. Praktische Hinweise

29 Die Leistungsfreiheit des VR wegen Nichtzahlung der Erstprämie enthält eine ganze **Reihe von Fallstricken**. Bei der praktischen Abwicklung werden insb. folgende oben im Einzelnen behandelte Punkte zu beachten sein:

- Klare Regelung, ob Erst- oder Folgeprämie vorliegt, insb. beim Abschluss eines neuen Vertrages;
- inhaltlich zutreffende und eindeutige Zahlungsaufforderung nebst Sicherstellung des Zugangs dieser Zahlungsaufforderung;
- nach Nichtzahlung der Prämie wegen Wegfalls der Rücktrittsfunktion anzustellende Überlegung des VR, ob Rücktritt erklärt werden soll;
- keine Leistungsfreiheit bei Eintritt des Versicherungsfalles während der Widerrufsfrist mit anschließender rechtzeitiger Prämienzahlung;
- Aufnahme einer klaren und unmissverständlichen Belehrung nach Abs. 2 S. 2;
- Berücksichtigung etwaiger Aufrechnungslagen.

§ 38 Zahlungsverzug bei Folgeprämie

(1) ¹Wird eine Folgeprämie nicht rechtzeitig gezahlt, kann der Versicherer dem Versicherungsnehmer auf dessen Kosten in Textform eine Zahlungsfrist bestimmen, die mindestens zwei Wochen betragen muss. ²Die Bestimmung ist nur wirksam, wenn sie die rückständigen Beträge der Prämie, Zinsen und Kosten im Einzelnen beziffert und die Rechtsfolgen angibt, die nach den Absätzen 2 und 3 mit dem Fristablauf verbunden sind; bei zusammengefassten Verträgen sind die Beträge jeweils getrennt anzugeben.

(2) Tritt der Versicherungsfall nach Fristablauf ein und ist der Versicherungsnehmer bei Eintritt mit der Zahlung der Prämie oder der Zinsen oder Kosten in Verzug, ist der Versicherer nicht zur Leistung verpflichtet.

(3) ¹Der Versicherer kann nach Fristablauf den Vertrag ohne Einhaltung einer Frist kündigen, sofern der Versicherungsnehmer mit der Zahlung der geschuldeten Beträge in Verzug ist. ²Die Kündigung kann mit der Bestimmung der Zahlungsfrist so verbunden werden, dass sie mit Fristablauf wirksam wird, wenn der Versicherungsnehmer zu diesem Zeitpunkt mit der Zahlung in Verzug ist; hierauf ist der Versicherungsnehmer bei der Kündigung ausdrücklich hinzuweisen. ³Die Kündigung wird unwirksam, wenn der Versicherungsnehmer innerhalb eines Monats nach der Kündigung oder, wenn sie mit der Fristbestimmung verbunden worden ist, innerhalb eines Monats nach Fristablauf die Zahlung leistet; Absatz 2 bleibt unberührt.

I. Normzweck	1	III. Anforderungen an das qualifizierte Mahnschreiben (Abs. 1 S. 2)	5
II. Bestimmung einer Zahlungsfrist (Abs. 1 S. 1)	2	1. Grundsätze	5
1. Nicht rechtzeitige Zahlung	2	2. Einzelfragen	7
2. Setzen einer Zahlungsfrist	3		

---

55 Zur Rückwärtsversicherung vgl Römer/Langheid/*Römer*, § 2 Rn 5 ff.

a) Angabe des Zahlungsrückstands	7
b) Zugang des Mahnschreibens	8
3. Beweisfragen	11
a) Grundsätze	11
b) Einzelfragen	14
aa) Erwähnung vorangegangener Mahnung	14
bb) Zeitpunkt des Zugangs des Mahnschreibens	15
cc) Anderer Inhalt des Mahnschreibens	16
dd) Schadensersatz bei nicht bewiesenem Zugang	17
IV. Leistungsfreiheit bei Zahlungsverzug (Abs. 2)	18
1. Grundsatz der Leistungsfreiheit	18
2. Ausnahmen von der Leistungsfreiheit	20
a) Verzicht	20
b) Stundung	22
V. Kündigung des Vertrages (Abs. 3)	24
1. Kündigungserklärung (Abs. 3 S. 1, 2)	24
2. Wegfall der Kündigungswirkung (Abs. 3 S. 3)	26
VI. Praktische Hinweise	28

I. Normzweck

§ 38 betrifft den Verzug des VN mit einer Folgeprämie. Er tritt als Sonderregelung an die Stelle von § 323 BGB.[1] **Folgeprämie** ist jede Prämie, die nicht einmalige oder erste Prämie iSv § 37 ist. § 38 ist hierbei auch dann auf eine Folgeprämie anwendbar, wenn die erste Prämie nach § 37 nicht gezahlt wurde, der VR aber von seinem Rücktrittsrecht keinen Gebrauch gemacht hat.

II. Bestimmung einer Zahlungsfrist (Abs. 1 S. 1)

1. Nicht rechtzeitige Zahlung. Voraussetzung für das Setzen einer Zahlungsfrist ist zunächst, dass der VN eine Folgeprämie nicht rechtzeitig gezahlt hat. Entscheidend ist auch hier nach bisheriger Lesart nicht der Leistungserfolg, sondern die Rechtzeitigkeit der Leistungshandlung. Jedenfalls im Geschäftsverkehr mit Unternehmern und öffentlichen Stellen wird nunmehr allerdings auf den Leistungserfolg abzustellen sein (zur Problematik vgl § 36 Rn 1 f).[2] Ein Verschulden oder Verzug ist hier zunächst nicht erforderlich.[3] Vielmehr genügt es, wenn der VN die Prämie **objektiv bei Fälligkeit nicht entrichtet** hat. Allerdings muss umgekehrt der VR das seinerseits Erforderliche veranlassen, um die rechtzeitige Zahlung der Prämie sicherzustellen. Das ist nicht der Fall, wenn dem VR eine Einzugsermächtigung erteilt worden ist und die Prämie bei Fälligkeit rechtzeitig vom Konto hätte abgebucht werden können.[4] Ferner ist es nicht zulässig, wenn der VR, nachdem eine einzelne frühere Lastschrift im Einzugsverfahren zunächst rückbelastet wurde, später aber doch noch eine Zahlung erfolgte, ohne weitere Ankündigung gegenüber dem VN vom Einzugsverfahren abweicht und für eine Folgeprämie, für die bei Fälligkeit Deckung vorhanden war, nur das Mahnverfahren nach § 39 Abs. 2 aF eingeleitet hat.[5]

2. Setzen einer Zahlungsfrist. Ist keine rechtzeitige Zahlung erfolgt, so kann der VR dem VN auf dessen Kosten eine Zahlungsfrist setzen, die **mindestens zwei Wochen** betragen muss. Zur Bemessung der Frist muss sodann genau festgestellt werden, wann die Mahnung zugegangen ist.[6]

---

1 Bruck/Möller/*Beckmann*, § 38 Rn 4.
2 Vgl ferner FAKomm-VersR/*Thessinga*, § 38 VVG Rn 6.
3 Prölss/Martin/*Knappmann*, § 38 Rn 5.
4 BGH 19.10.1977 – IV ZR 149/76, VersR 1977, 1153.
5 OLG Oldenburg 28.4.1999 – 2 U 28/99, VersR 2000, 617.
6 BGH 7.10.1992 – IV ZR 247/91, NJW 1993, 130.

4 Ferner muss die **Frist genau bezeichnet** werden.[7] So ist die Formulierung, die Zahlung müsse nach Zugang der Mahnung „innerhalb von zwei Wochen" erfolgen, unzureichend, da hiermit suggeriert wird, die Zahlung sei fristgerecht, wenn sie am 14. Tag nach der Mahnung erfolgt, während nach dem Gesetzestext auch eine Zahlung am 15. Tag nach Zugang der Mahnung noch rechtzeitig ist.[8] Nicht ausreichend ist ferner die Belehrung dahin, der VN habe für die Überweisung des rückständigen Betrages eine Frist von zwei Wochen nach Zustellung des Mahnschreibens und es bestehe kein Versicherungsschutz, wenn er im Zeitpunkt eines nach Fristablauf eingetretenen Versicherungsfalles die Prämie noch nicht vollständig beglichen habe, weil tatsächlich das Mahnschreiben formlos übersandt wurde und es auf die Rechtzeitigkeit der Leistungshandlung, nicht dagegen den Leistungserfolg („beglichen") ankommt.[9]

III. Anforderungen an das qualifizierte Mahnschreiben (Abs. 1 S. 2)

5 **1. Grundsätze.** Neben einer ordnungsgemäßen Fristsetzung ist für das qualifizierte Mahnschreiben erforderlich, dass die rückständigen Beträge der Prämie, Zinsen und Kosten im Einzelnen beziffert und die Rechtsfolgen angegeben werden, die nach den Absätzen 2 und 3 mit dem Fristablauf verbunden sind. Fehlt es an einem dieser Erfordernisse, so ist die Zahlungsbestimmung unwirksam, so dass der VR sich weder auf Leistungsfreiheit nach Abs. 2 berufen kann noch ihm das Kündigungsrecht nach Abs. 3 zusteht. An dieses Mahnschreiben werden von der Rspr seit jeher **strenge Anforderungen** gestellt.

6 Die **Belehrung** muss vollständig inhaltlich richtig und für einen durchschnittlichen VN aus sich heraus verständlich sein. Der VN ist deshalb nicht nur über einzelne, sondern über sämtliche Folgen einer Nichtbeachtung der gesetzten Zahlungsfrist zu belehren.[10] So darf er durch die erteilte Belehrung nicht in den Glauben versetzt werden, eine Zahlung nach Fristablauf könne ihm nichts mehr nützen. Deshalb ist es mit einer ordnungsgemäßen Belehrung nicht zu vereinbaren, dass schlechthin als Folge des Verzugs auf ein Freiwerden des VR von der Leistungspflicht und sein Recht zur Vertragskündigung verwiesen wird. Fehlt es in dem Mahnschreiben an den Erfordernissen dieser umfassenden Belehrung, so genügt auch ein auf der Rückseite des Mahnschreibens erfolgter Abdruck des vollständigen Wortlauts des § 38 nicht, diesen Mangel zu beheben.[11] Die Belehrung muss den VN instand setzen, ohne Zeitverlust, der bei Zweifeln über die Rechtslage entstehen kann, tätig zu werden, um sich den Versicherungsschutz zu erhalten. Nicht ausreichend ist deshalb eine Belehrung, mit der auch noch zahlreiche andere Fälle berücksichtigt werden, zB Nichtzahlung der Erstprämie oder andere Versicherungszweige, um die es im konkreten Fall überhaupt nicht geht.[12] Diese strenge Formalisierung des Vorgehens ist für beide Vertragsbeteiligten wegen der einschneidenden Rechtsfolgen unabdingbar und aus Gründen der Rechtssicherheit und -klarheit geboten.[13]

7 **2. Einzelfragen. a) Angabe des Zahlungsrückstands.** Der Zahlungsrückstand muss im Einzelnen nach Prämie, Zinsen und Kosten beziffert werden. Durch den neuen Abs. 1 S. 2 Hs 2 wird klargestellt, dass in den Fällen, in denen einzelne Verträge im Versicherungsschein zusammengefasst werden, die rückständigen Beträge für jeden

---

7 Schwintowski/Brömmelmeyer/*Michaelis*, § 38 Rn 9.
8 OLG München 15.2.2000 – 25 U 4815/99, VersR 2000, 1094.
9 OLG Oldenburg 16.5.2001 – 2 U 80/01, VersR 2002, 555.
10 BGH 9.3.1988 – IVa ZR 225/86, VersR 1988, 484; vgl auch *Wandt*, Rn 521; *Schimikowski*, Rn 164; Prölss/Martin/*Knappmann*, § 38 Rn 23; Bruck/Möller/*Beckmann*, § 38 Rn 41–49.
11 BGH 9.3.1988 – IVa ZR 225/86, VersR 1988, 484.
12 BGH 6.10.1999 – IV ZR 118/98, VersR 1999, 1525.
13 BGH 9.3.1988 – IVa ZR 225/86, VersR 1988, 484.

Vertrag gesondert angegeben werden müssen. Das hat Bedeutung insb. für die Fälle der Kraftfahrzeugversicherung, in der häufig Haftpflicht- und Kaskoversicherung zusammengeführt werden.[14] Erst recht ist eine getrennte Ausweisung geboten, wenn es sich um mehrere rechtlich selbständige VersVerträge mit verschiedenen Versicherungsscheinen handelt. Auch hier muss eine deutliche Trennung in der Zahlungsanforderung vorgenommen werden.[15] Auch muss eine klare Differenzierung zwischen Erst- und Folgeprämie erfolgen. Wichtig ist ferner, dass der tatsächliche Rückstand exakt und korrekt angegeben wird. Selbst **geringfügige Zuvielforderungen** machen die **Mahnung unwirksam**.[16] Für eine Differenzierung zwischen unbeachtlichen und beachtlichen Zuvielforderungen ist kein Raum. Vom VR muss erwartet werden, dass er den Rückstand „auf Heller und Pfennig" genau berechnet.[17]

b) Zugang des Mahnschreibens. Das Mahnschreiben muss dem Empfänger gem. § 130 BGB zugehen, dh so in seinen Empfangsbereich gelangen, dass er unter normalen Umständen Kenntnis nehmen kann.[18] Beim Einwurf in einen Hausbriefkasten oder in ein Schließfach geht das Schreiben in dem Zeitpunkt zu, zu dem üblicherweise mit einer Leerung gerechnet werden kann. Auf persönliche Verhinderungen des Empfängers wie Urlaub oder Krankheit kommt es dagegen nicht an.

8

Die Fristsetzung mit einer Folgeprämie muss bei einer **Mehrheit von VN**, auch wenn diese unter derselben Anschrift wohnhaft sind, durch gesonderte schriftliche Mitteilung gegenüber jedem VN erfolgen.[19] Dieses Erfordernis besteht unabhängig von der Frage des Zugangs nach § 130 BGB und rechtfertigt sich aus dem besonderen Schutzbedürfnis des VN. Wegen der weitreichenden Folgen des Verlusts des Versicherungsschutzes für mehrere VN bei Nichtzahlung der Prämie muss jedem einzelnen von ihnen gesondert die Möglichkeit gegeben werden, die rückständige Prämie noch rechtzeitig zu entrichten, um wieder in den Genuss des Versicherungsschutzes zu gelangen.

Als Besonderheit im Versicherungsrecht gilt ferner § 13. Hiernach genügt, wenn der VN dem VR eine Anschriften- oder Namensänderung nicht mitgeteilt hat, für eine ihm gegenüber abzugebende Willenserklärung die Absendung eines eingeschriebenen Briefes an die letzte bekannte Anschrift bzw den letzten bekannten Namen des VN. In der Praxis kommt dieser Vorschrift keine große Bedeutung zu, weil nur wenige Sendungen mit Einschreiben versandt werden. Wird der VN nicht angetroffen, so kann auch die **Übergabe an eine dritte Person** genügen, wenn diese als zur Empfangnahme berechtigt anzusehen ist. Ausreichend ist deshalb etwa die Übergabe an einen Ehegatten (nicht im Falle des Getrenntlebens), den Partner einer nichtehelichen Lebensgemeinschaft, die Eltern, wenn der VN noch bei diesen wohnt, oder die Putzfrau, wenn diese im Einverständnis des VN für diesen die Post in Empfang nahm.[20]

9

---

14 Vgl BGH 9.10.1985 – IVa ZR 29/84, VersR 1986, 54.
15 Sehr weitgehend OLG Düsseldorf 17.8.2010 – I-4 U 2/10, VersR 2010, 1439 m. abl. Anm. *Reinhard*, welches zusammengesetzte Verträge auch angenommen hat, wenn für mehrere Familienmitglieder mit unterschiedlichen Tarifen Krankheitskosten- und Krankentagegeld versichert war.
16 BGH 7.10.1992 – IV ZR 247/91, NJW 1993, 130 (215,80 DM statt 215,20 DM, 213,90 DM statt 213,60 DM und 548,60 DM statt 548 DM); OLG Oldenburg 8.3.2000 – 2 U 304/99, OLGR 2000, 142 (0,16 DM zu viel); ferner Prölss/Martin/*Knappmann*, § 38 Rn 20; Langheid/Wandt/*Staudinger*, § 35 Rn 5; Bruck/Möller/*Beckmann*, § 38 Rn 29 f; Römer/Langheid/*Rixecker*, § 38 Rn 5.
17 OLG Oldenburg 8.3.2000 – 2 U 304/99, OLGR 2000, 142.
18 BGH 3.11.1976 – VIII ZR 140/75, BGHZ 67, 271, 275.
19 BGH 8.1.2014 – IV ZR 206/13, VersR 2014, 229.
20 Hierzu im Einzelnen Prölss/Martin/*Knappmann*, § 38 Rn 10; Langheid/Wandt/ *Staudinger*, § 38 Rn 9; Bruck/Möller/*Beckmann*, § 38 Rn 20.

10 Bei **Einschreibesendungen** ersetzt der vom Zusteller hinterlassene Benachrichtigungszettel nicht den Zugang des Einschreibens, weil der VN Kenntnis vom Schreiben selbst und nicht nur vom Benachrichtigungszettel nehmen muss.[21] Allerdings muss sich der VN nach Treu und Glauben so behandeln lassen, als sei ihm das Schreiben rechtzeitig zugegangen, wenn er sich trotz erhaltener Benachrichtigung nicht in zumutbarer Weise um die Abholung bemüht. Durch schlichtes Ignorieren des Benachrichtigungszettels kann die dann erfolgte Fiktion des Zugangs mithin nicht vereitelt werden. Hierbei kommt es immer auf die Umstände des Einzelfalles an. Ist ein VN nur kurzzeitig abwesend, zB 1–2 Wochen, muss er keine Vorkehrungen dafür treffen, dass ihn Nachrichten des VR erreichen.[22] Anders dürfte es bei längerer Abwesenheit jedenfalls dann liegen, wenn der VN mit Schreiben des VR rechnen musste.

11 **3. Beweisfragen. a) Grundsätze.** Das eigentliche Problem des qualifizierten Mahnschreibens liegt in der Frage, ob es dem VN überhaupt zugegangen ist. In der Praxis ist immer wieder zu beobachten, dass VN, sobald es um die Frage der Leistungsfreiheit bzw der Kündigung wegen Nichtzahlung der Folgeprämie geht, den Zugang der Mahnung bestreiten. Durch Urkunden lässt sich dieser idR nicht nachweisen, da die VR aus Kostengründen darauf verzichten, die Mahnschreiben durch Einschreiben mit Rückschein zu versenden. In diesen Fällen trifft den **VR die Darlegungs- und Beweislast** für den **Zugang** des Mahnschreibens.[23] Hierbei beweist die Absendung nicht auch den Zugang. Erst recht gilt dies, wenn im Zuge der elektronischen Datenverarbeitung das Mahnverfahren über EDV abgewickelt wird und der Sachbearbeiter des VR nicht einmal feststellen kann, ob das Schreiben tatsächlich zur Post aufgegeben wurde. Das gilt insb. in den Fällen, in denen sich bei einem verzweigten Versicherungsunternehmen mit verschiedenen Niederlassungen die Poststelle an einem ganz anderen Ort befindet als die den Vertrag verwaltende Abteilung. In diesen Fällen kann weder durch das EDV-Programm noch durch die Vernehmung des Sachbearbeiters überhaupt nachgewiesen werden, dass das Schreiben tatsächlich abgesandt wurde.[24]

12 Selbst wenn indessen die Absendung bewiesen ist, kommen dem VR keine Beweiserleichterungen zu. Insbesondere gibt es **keinen Beweis des ersten Anscheins** dafür, dass eine Postsendung den Empfänger auch erreicht.[25] Trotz der nur geringen Verlustquote bei der Beförderung von Postsendungen kommt es immer wieder zum Verlust von Schriftstücken, so dass weder die statistisch geringe Wahrscheinlichkeit des Verlustes noch der Umstand, dass der VN vorher und/oder nachher andere Schreiben des VR erhalten hat, den Zugang gerade des qualifizierten Mahnschreibens beweist.[26] In diesen Fällen kann allenfalls durch **Indizien** nachgewiesen werden, dass der VN das Schreiben erhalten hat, etwa wenn er in der Folgekorrespondenz selbst auf den Inhalt der Mahnung Bezug nimmt oder dieser bei der spä-

---

21 BGH 3.11.1976 – VIII ZR 140/75, BGHZ 67, 271, 275; BGH 18.12.1970 – IV ZR 52/69, VersR 1971, 262; *Schimikowski*, Rn 163; Prölss/Martin/*Knappmann*, § 38 Rn 13.
22 OLG Köln 20.6.1991 – 5 U 183/90, r+s 1991, 290; vgl auch MAH VersR/*Steinbeck/Terno*, § 2 Rn 214; Prölss/Martin/*Knappmann*, § 38 Rn 14.
23 OLG München 21.4.2004 – 7 U 5648/03, VersR 2005, 674; OLG Köln 23.10.2001 – 9 U 226/00, r+s 2001, 447; Römer/Langheid/*Rixecker*, § 38 Rn 20; Prölss/Martin/*Knappmann*, § 38 Rn 16; Langheid/Wandt/*Staudinger*, § 38 Rn 28; *Schimikowski*, Rn 163; Looschelders/Pohlmann/*Stagl*, § 38 Rn 9; Bruck/Möller/*Beckmann*, § 38 Rn 85.
24 Großzügiger LG Düsseldorf 13.3.2003 – 21 S 427/01, r+s 2003, 445.
25 OLG München 21.4.2004 – 7 U 5648/03, VersR 2005, 674; OLG Köln 23.10.2001 – 9 U 226/00, r+s 2001, 447; LG Düsseldorf 24.9.2004 – 20 S 82/04, r+s 2006, 13; Römer/Langheid/*Rixecker*, § 38 Rn 20; Prölss/Martin/*Knappmann*, § 38 Rn 16.
26 Weitergehend dagegen OLG München 21.4.2004 – 7 U 5648/03, VersR 2005, 674, das den Zugang als geführt ansieht, wenn andere Mahnungen sowie der Mahnbescheid zugegangen sind und der VN die Prämie zwei Tage nach dem Schadensereignis gezahlt hat; in diese Richtung auch LG Düsseldorf 30.12.2004 – 21 S 304/04, SP 2005, 351.

teren Zahlung einen Überweisungsträger benutzt, auf dem Buchstaben und Ziffern vermerkt sind, die ihm nur aus dem Inhalt des Mahnschreibens bzw aus einem mit diesem übersandten teilweise ausgefüllten Überweisungsträger bekannt sein können.[27] Demgegenüber genügt rein isoliert der spätere Umstand der Prämienzahlung nicht, um den Zugang des qualifizierten Mahnschreibens zu beweisen, wenn dem VN die Prämienhöhe auch aus dem Versicherungsschein oder aus sonstigen Mahnungen bekannt sein kann.[28] Möglich ist es ferner, dass der VN den Zugang bei den Regulierungsverhandlungen gegenüber einem VersVertreter einräumt. Vorsicht ist hier allerdings bei **vorformulierten Erklärungen des VR über eine Bestätigung des Zugangs** geboten, wenn es an einer Erörterung im Einzelnen mit dem VN über die Bedeutung seiner Erklärung fehlt. Derartige vorformulierte Erklärungen oder gar bereits in den Versicherungsbedingungen enthaltene Klauseln über den Zugang, verbunden mit einer Umkehr der Beweislast, dürften vielfach nicht mit §§ 308 Nr. 6, 309 Nr. 12 BGB vereinbar sein. Der VR kann letztlich alle diese Probleme vermeiden, wenn er selbst für den Zugang durch ein Einschreiben mit Rückschein sorgt.[29] Wer sich selbst für ein preiswertes Massenverfahren und gegen die Zugangssicherung durch ein **Einschreiben mit Rückschein** entscheidet, muss auch die beweismäßigen Risiken des Massenverfahrens tragen.[30]

Besonderheiten bestehen ferner beim sog. **Einwurfeinschreiben**.[31] Hier fehlt es an einem Rückschein und einem Benachrichtigungszettel. Allerdings wird durch den Zusteller der Post auf einem Formular zunächst dienstintern vermerkt, in welcher Form und wann die Zustellung erfolgt ist. Ergibt sich hieraus, dass das Schreiben tatsächlich in den Machtbereich des Empfängers gelangt ist, dürfte der Beweis des ersten Anscheins für den Zugang sprechen, so dass der VN einen ernsthaft in Betracht kommenden anderen Geschehensablauf darlegen und beweisen muss.[32] Selbst wenn man in diesen Fällen keinen Anscheinsbeweis annimmt, steht dem VR der Nachweis des Zugangs jedenfalls durch die Zeugenvernehmung des Zustellers offen.

b) Einzelfragen. aa) Erwähnung vorangegangener Mahnung. Wird in einem späteren Schreiben des VR eine vorangegangene Mahnung erwähnt, so ist der VN entgegen einer teilweise vertretenen Ansicht nicht verpflichtet, unverzüglich deren Zugang zu bestreiten, mit der Folge, dass sich anderenfalls die Beweislast umdreht.[33] Eine Verpflichtung des VN, den Zugang unverzüglich zu bestreiten, lässt sich weder aus dem Gesetz noch aus der Natur des Versicherungsverhältnisses oder aus Treu und Glauben ableiten. Für derartige Beweiserleichterungen zu Gunsten des VR besteht, da ihm die Möglichkeit des Einschreibens per Rückschein zusteht, keine Veranlassung. Es entspricht auch nicht der Lebenserfahrung, dass ein VN bei späteren Schreiben sein Augenmerk gerade auf die darin erwähnte Mahnung erstreckt, so dass ihm immer zwingend sofort auffallen müsste, dass er keine erhalten hat.

---

27 OLG Köln 23.10.2001 – 9 U 226/00, r+s 2001, 447; AG Köln 18.5.2000 – 115 C 386/98, r+s 2001, 228.
28 AG Königs Wusterhausen 4.2.2003 – 4 C 156/02, IHV 2003, 146.
29 So zutr. auch OLG Köln 7.5.2004 – 9 U 75/03, r+s 2004, 316.
30 LG Düsseldorf 24.9.2004 – 20 S 82/04, r+s 2006, 13.
31 Hierzu *Friedrich*, VersR 2001, 1090; *Hunke*, VersR 2002, 663.
32 So auch AG Hannover 4.2.2003 – 543 C 16601/02, VersR 2004, 317; *Schimikowski*, Rn 163.
33 So auch OLG Köln 23.10.2001 – 9 U 226/00, r+s 2001, 447; OLG Köln 7.5.2004 – 9 U 75/03, r+s 2004, 316; LG Düsseldorf 24.9.2004 – 20 S 82/04, r+s 2006, 13; Römer/Langheid/*Rixecker*, § 38 Rn 22; Prölss/Martin/*Knappmann*, § 38 Rn 18; aA LG Hamburg 27.6.1991 – 405 O 161/90, VersR 1992, 85.

15 **bb) Zeitpunkt des Zugangs des Mahnschreibens.** Grundsätzlich ist der VR auch für den Zeitpunkt des Zugangs des Mahnschreibens beweispflichtig.[34] Trotz § 138 Abs. 4 ZPO kann von einem durchschnittlichen VN nicht erwartet werden, dass er sich an das konkrete Datum des Zugangs des Mahnschreibens erinnert, sofern nicht besondere Gründe hierfür vorliegen. Auch das feststehende Datum der Absendung des Schreibens beweist nicht – auch nicht im Wege des Anscheinsbeweises – den Zugang innerhalb postüblicher Laufzeiten von 1–3 Tagen.[35] Es kommt nämlich in der Praxis immer wieder vor, dass Sendungen erst verspätet zugestellt werden. Hinzu kommt, dass das Datum des Mahnschreibens des VR wegen der internen Aufgabenverteilung innerhalb eines VR zwischen sachbearbeitender Stelle und Versand nicht immer beweist, dass das Schreiben auch an dem Tag versandt wurde, als es verfasst wurde.

16 **cc) Anderer Inhalt des Mahnschreibens.** Steht dagegen der Zugang des Mahnschreibens fest, so ist davon auszugehen, dass dieses tatsächlich auch die qualifizierte Mahnung mit dem vom VR behaupteten Inhalt enthält.[36] Will der VN hier einen inhaltlich **anderen** oder gar **fehlenden Inhalt** dieses Schreibens behaupten, wird er dies substantiiert darzulegen und zu beweisen haben. Anderenfalls könnte sich jeder VN selbst bei per Einschreiben/Rückschein festgestelltem Zugang schlicht darauf berufen, der Brief habe überhaupt kein Mahnschreiben erhalten.

17 **dd) Schadensersatz bei nicht bewiesenem Zugang.** Der fehlende Nachweis des Zugangs kann für den VR sogar mit einer Schadensersatzpflicht verbunden sein. Kann etwa der VR den Zugang des qualifizierten Mahnschreibens wegen Prämienrückstandes nicht beweisen und hat er im Vertrauen auf den Zugang der Zulassungsstelle das Erlöschen des Versicherungsschutzes mitgeteilt, so steht dem VN ein Schadensersatzanspruch wegen Nutzungsentgangs zu, bis das Fahrzeug nach Zahlung der rückständigen Prämien wieder zugelassen wird.[37] Allerdings ist der Anspruch wegen Mitverschuldens des VN zu kürzen, weil er durch die Nichtzahlung der Prämie die erste Ursache für den Schadensverlauf gesetzt hat.

IV. Leistungsfreiheit bei Zahlungsverzug (Abs. 2)

18 **1. Grundsatz der Leistungsfreiheit.** Tritt der **Versicherungsfall nach Ablauf der gesetzten Frist** ein und ist der VN zu diesem Zeitpunkt mit der Zahlung der Prämie oder der Zinsen oder Kosten in Verzug, so ist der VR von der Leistungspflicht befreit.[38] Hat der VN mithin trotz Verzugs noch vor Eintritt des Versicherungsfalles gezahlt, kommt eine Leistungsfreiheit nicht in Betracht. War der Versicherungsfall demgegenüber bereits eingetreten, so kommt es darauf an, ob der VN zu diesem Zeitpunkt mit der Zahlungspflicht noch im Verzug war. Die Rechtzeitigkeit der Zahlung hat der VN zu beweisen.[39] Hierbei kommt es nicht auf den Leistungserfolg, sondern auf die Rechtzeitigkeit der Leistungshandlung an. Verzug muss ferner gerade mit der Prämie bestehen, die der VR qualifiziert angemahnt hat, so dass der Verzug mit nicht angemahnten Prämien unbeachtlich ist.[40]

---

34 OLG Koblenz 28.7.2000 – 10 U 192/99, r+s 2000, 441; Römer/Langheid/*Rixecker*, § 38 Rn 23; Bruck/Möller/*Beckmann*, § 38 Rn 86.
35 AA LG Köln 10.9.2003 – 23 S 58/03, IHV 2003, 279, wonach ein Zugang innerhalb von 3–4 Tagen anzunehmen ist.
36 Römer/Langheid/*Rixecker*, § 38 Rn 21; Prölss/Martin/*Knappmann*, § 38 Rn 18; Langheid/Wandt/*Staudinger*, § 38 Rn 29.
37 AG Hannover 12.6.2008 – 514 C 14075/07, SP 2008, 376.
38 Zur Konstellation eines sich bereits vor Zahlung ankündigenden Versicherungsfalles vgl Schwintowski/Brömmelmeyer/*Michaelis*, § 38 Rn 12; Prölss/Martin/*Knappmann*, § 38 Rn 39.
39 Römer/Langheid/*Rixecker*, § 38 Rn 24.
40 OLG Köln 16.9.1992 – 5 W 29/92, r+s 1992, 398.

Der VR ist ferner nur dann von der Leistungspflicht frei, wenn den VN an der nicht oder erst verspäteten Zahlung ein **Verschulden** trifft. Darlegungs- und **beweispflichtig** für das fehlende Verschulden ist der VN (§ 286 Abs. 4 BGB). Hieran kann es fehlen, wenn der VN über die Höhe der Prämie infolge des eigenen Verhaltens des VR im Unklaren war und er nach Behebung der Ungewissheit zahlt. Dagegen soll der Beweis fehlenden Verschuldens nicht geführt sein, wenn der eigene Versicherungsmakler des VN diesem mitteilt, er habe bereits Prämien überzahlt, das aber in offensichtlichem Widerspruch zu dem Mahnschreiben des VR steht.[41] Am Verschulden kann es ferner fehlen, wenn der VN ein Zurückbehaltungsrecht ausübt oder wenn der VR sich durch Aufrechnung befriedigen kann, sofern die Gegenforderung vor Ablauf der Frist entstanden ist.[42] Im letzteren Fall verstößt jedenfalls bei einem relativ geringen Prämienrückstand das Berufen des VR auf die Leistungsfreiheit gegen Treu und Glauben, wenn der VR nicht von einer anderweitigen Verrechnungsmöglichkeit Gebrauch macht und sein Prämieninteresse deshalb hinreichend gesichert ist.[43]

Der Leistungsfreiheit des VR steht es dagegen nicht entgegen, wenn der VN auch nur mit vergleichsweise **geringen Beträgen** im Verzug ist. Hat der VN bewusst und gewollt eine Prämienforderung nicht vollständig erfüllt, so bleibt für Billigkeitserwägungen mit der Überlegung, der Rückstand sei verhältnismäßig geringfügig, kein Raum.[44] Das ergibt sich daraus, dass umgekehrt der VR den zu zahlenden Betrag genau anzumahnen hat. Ebenso ist es unerheblich, ob der VN die Prämie kurz nach Eintritt des Versicherungsfalles bezahlt hat.

2. Ausnahmen von der Leistungsfreiheit. a) Verzicht. Eine Leistungsfreiheit und ebenso eine Kündigung kommen nicht in Betracht, wenn der VR auf die ihm in Abs. 2 und 3 eingeräumten Rechtsfolgen verzichtet.[45] Ein derartiger Verzicht liegt zunächst allerdings nicht darin, dass der VR nach Eintritt des Versicherungsfalles die Prämie widerspruchslos entgegennimmt, weil er Anspruch auf diese auch trotz Leistungsfreiheit hat.[46] Dasselbe gilt entsprechend für die gerichtliche Geltendmachung der Prämie. Ebenso wenig liegt ein Verzicht darin, dass eine spätere als die rückständige und angemahnte Folgeprämie oder eine spätere von mehreren angemahnten Folgeprämien vom VR entgegengenommen wird.[47] Allerdings kann es im Einzelfall einen Verstoß gegen **Treu und Glauben** darstellen, wenn der VR laufend und regelmäßig **Folgeprämien entgegengenommen** hat und dann Leistungsfreiheit wegen einer Jahre zurückliegenden Folgeprämie geltend macht.[48] Außerdem muss der VR den VN ausdrücklich darüber aufklären, wenn er erkennen muss, dass der VN eine Leistungspflicht annimmt, weil er trotz offener Erstprämie die Folgeprämie zahlt.[49]

Im Übrigen kommt es für die Frage des Verzichts auf eine **Auslegung** der wechselseitigen Erklärungen der Vertragsparteien an. Das kann etwa bei einer sog. Wiederherstellungsvereinbarung in Betracht kommen, wenn der VR zunächst einen Vertrag wegen Prämienrückstands wirksam gekündigt hat, anschließend aber den

---

41 LG Berlin 8.7.2003 – 7 O 319/00, r+s 2005, 95.
42 MAH VersR/*Steinbeck/Terno*, § 2 Rn 218.
43 OLG Frankfurt/M 3.8.2005 – 7 U 84/04, VersR 2006, 537.
44 BGH 9.3.1988 – IVa ZR 225/86, VersR 1988, 484; OLG Düsseldorf 3.12.2005 – I-4 U 3/03, zfs 2006, 523 (Zahlung nur einer von zwei ausstehenden Raten über jeweils 32,20 DM); Römer/Langheid/*Rixecker*, § 38 Rn 12.
45 Hierzu im Einzelnen Prölss/Martin/*Knappmann*, § 38 Rn 43; Römer/Langheid/*Rixecker*, § 38 Rn 14; Langheid/Wandt/*Staudinger*, § 38 Rn 21.
46 BGH 24.1.1963 – II ZR 89/61, VersR 1963, 376.
47 BGH 24.1.1963 – II ZR 89/61, VersR 1963, 376.
48 BGH 24.1.1963 – II ZR 89/61, VersR 1963, 376; Schwintowski/Brömmelmeyer/*Michaelis*, § 38 Rn 15; Prölss/Martin/*Knappmann*, § 38 Rn 38.
49 BGH 24.1.1963 – II ZR 89/61, VersR 1963, 376.

Vertrag durch Vereinbarung mit dem VN im Sinne einer Fortführung des ursprünglichen Vertrages unter der Bedingung der Nachzahlung der Prämien wieder in Kraft setzt, selbst wenn die Nachzahlung der Versicherungsprämien dann erst nach Eintritt des Versicherungsfalles erfolgt ist.[50]

22 **b) Stundung.** Erklärt sich der VR zu einer Stundung der Folgeprämie bereit, so muss zum einen danach unterschieden werden, ob die Stundung vor oder nach Eintritt der Leistungsfreiheit gewährt wurde. Zum anderen muss immer festgestellt werden, dass tatsächlich eine Stundungsvereinbarung getroffen wurde und es nicht noch um Verhandlungen der Parteien um diese ging.[51] Wird die Stundungsabrede bereits **vor** Eintritt des Versicherungsfalles getroffen, so wird die gesetzte Zahlungsfrist bis zum Ablauf der Stundungsfrist verlängert. Erfolgt die Stundung dagegen erst **nach** Eintritt der Leistungsfreiheit, so berührt sie diese grds. nicht. Eine Leistungspflicht des VR tritt dann erst ex nunc bei Ausgleich der Rückstände ein. Allerdings soll der VR in diesen Fällen verpflichtet sein, auf seine für die Vergangenheit bestehende Leistungsfreiheit hinzuweisen.

23 Dieselben Grundsätze gelten für den Fall der Vereinbarung des **Ruhens** einer Versicherung.[52]

V. Kündigung des Vertrages (Abs. 3)

24 **1. Kündigungserklärung (Abs. 3 S. 1, 2).** Als weitere Rechtsfolge des Fristablaufs im Zusammenhang mit dem qualifizierten Mahnschreiben besteht für den VR ein Kündigungsrecht ohne Einhaltung einer Frist, wenn der VN mit der Zahlung der geschuldeten Beträge in Verzug ist (**Abs. 3 S. 1**). Die Kündigung kann ferner **mit der Bestimmung der Zahlungsfrist verbunden** werden, so dass sie mit Fristablauf wirksam wird, wenn der VN zu diesem Zeitpunkt mit der Zahlung in Verzug ist (**Abs. 3 S. 2 Hs 1**). Geht der VR – wie in der Praxis häufig – in dieser zweit genannten Art und Weise vor, muss er den VN hierauf bei der Kündigung **ausdrücklich hinweisen** (**Abs. 3 S. 2 Hs 2**). Wird die Kündigung dagegen nicht mit der qualifizierten Mahnung verbunden, so muss sie nach Fristablauf gesondert und eindeutig ausgesprochen werden. Nicht ausreichend ist also die bloße Ankündigung einer Kündigung.[53]

25 Eine ausdrückliche **zeitliche Grenze** für das Kündigungsrecht enthält das Gesetz nicht, so dass sich hier allenfalls Begrenzungen unter dem Gesichtspunkt von Treu und Glauben ergeben können. Verzögert der VR die Kündigung länger als über einen angemessenen Zeitraum hinaus, so kann dies in Extremfällen zu einer Verwirkung des Kündigungsrechts führen, wobei hierfür aber eine erhebliche Zeit vergangen sein und der VN sich auch bedingt durch das weitere Verhalten des VR berechtigt auf den Fortbestand des Vertrages eingestellt haben muss. Unabhängig hiervon kann eine verspätet ausgesprochene Kündigung allerdings auch dazu führen, dass diese selbst zwar wirksam ist, dem VR aber gem. § 39 Abs. 1 S. 1 die Prämie nur bis zu dem Zeitpunkt zusteht, der einer angemessenen Überlegungsfrist für eine Kündigung entspricht. Durch rechtsmissbräuchliches Hinausschieben der Kündigung ohne plausible Gründe kann der VR jedenfalls nicht den ihm nach § 39 zustehenden anteiligen Prämienanspruch erhöhen.[54]

---

50 OLG München 30.1.1998 – 14 U 337/97, NVersZ 1999, 213.
51 Zur Problematik Prölss/Martin/*Knappmann*, § 38 Rn 44–48.
52 Prölss/Martin/*Knappmann*, § 38 Rn 49.
53 OLG Köln 19.3.1992 – 5 U 134/91, r+s 1992, 151 („... werden wir kündigen").
54 Vgl auch schon zum früheren Recht bei § 40: OLG Düsseldorf 20.2.2001 – 4 U 107/00, VersR 2002, 217; OLG Koblenz 29.9.2000 – 10 U 1937/99, VersR 2002, 699; *Schimikowski*, Rn 523; Langheid/Wandt/*Staudinger*, § 38 Rn 19; aA *Funck*, VersR 2008, 163, 167, der eine Obliegenheit des VR zum Ausspruch einer Kündigung verneint; weitergehend Looschelders/Pohlmann/*Stagl*, § 38 Rn 14, der eine Hinweispflicht des VR nach

2. Wegfall der Kündigungswirkung (Abs. 3 S. 3). Nach Abs. 3 S. 3 wird die Kündigung unwirksam, wenn der VN innerhalb eines Monats nach der Kündigung oder, wenn sie mit der Fristbestimmung verbunden worden ist, innerhalb eines Monats nach Fristablauf **Zahlung leistet.** Diese Regelung enthält eine sachliche Änderung gegenüber dem früheren § 39 Abs. 3 S. 3 insofern, als der VN die Kündigung durch Zahlung der Prämie auch dann noch verhindern kann, wenn bereits der Versicherungsfall eingetreten ist.[55] Das war nach früherem Recht ausgeschlossen. Unberührt hiervon bleibt allerdings – was durch den letzten Halbsatz von Abs. 3 S. 3 klargestellt wird – die Leistungsfreiheit des VR nach Abs. 2. Durch diese Neuregelung soll dem VN die Möglichkeit eröffnet werden, durch Nachzahlung der Prämie das Versicherungsverhältnis fortzusetzen, woran er etwa wegen der Höhe der Prämie oder gesonderter Risikoprüfung bei Neuabschluss eines Vertrages ein berechtigtes Interesse haben kann.

Da Abs. 3 S. 3 von einer Nachholung der Zahlung spricht, handelt es sich um ein vom VN auszuübendes **Gestaltungsrecht.** Nicht ausreichend ist es deshalb, wenn der VR selbst die Befriedigung seiner Ansprüche bewirkt, indem er etwa die Prämienforderung mit einem dem VN zustehenden Zahlungsanspruch verrechnet.[56] Ebenso liegt es, wenn die Befriedigung nur dadurch erfolgt, dass der VR erfolgreich die Zwangsvollstreckung betreibt oder der VN lediglich zur Abwendung der Zwangsvollstreckung zahlt.[57] Auch insoweit fehlt es an der freiwilligen Ausübung eines Gestaltungsrechts durch den VN. Anders mag es dann liegen, wenn der VN im Zusammenhang mit der Vollstreckung eine ergänzende Erklärung dahin abgibt, die Zahlung solle zugleich zum Wegfall der Kündigung führen.

VI. Praktische Hinweise

Genauso wie § 37 (vgl § 37 Rn 29) birgt auch der Zahlungsverzug bei der Folgeprämie nach § 38 erhebliche Risiken für den VR, wenn er sich auf Leistungsfreiheit berufen oder die Kündigung erklären will. Zu beachten sind insbesondere:

- Setzen einer zeitlich exakten Zahlungsfrist;
- genaue Angabe der rückständigen Prämie, Zinsen und Kosten für den jeweiligen VersVertrag;
- unmissverständliche und eindeutige Belehrung;
- Sicherung des Zugangs des qualifizierten Mahnschreibens;
- keine unangemessen lange Hinauszögerung des Kündigungsschreibens;
- klare Regelungen, soweit es um möglichen Verzicht oder Stundung geht.

§ 39 Vorzeitige Vertragsbeendigung

(1) [1]Im Fall der Beendigung des Versicherungsverhältnisses vor Ablauf der Versicherungsperiode steht dem Versicherer für diese Versicherungsperiode nur derjenige Teil der Prämie zu, der dem Zeitraum entspricht, in dem Versicherungsschutz bestanden hat. [2]Wird das Versicherungsverhältnis durch Rücktritt auf Grund des § 19 Abs. 2 oder durch Anfechtung des Versicherers wegen arglistiger Täuschung beendet, steht dem Versicherer die Prämie bis zum Wirksamwerden der Rücktritts-

---

§ 242 BGB annimmt, den VN auf die Rechtsfolgen des Verzuges hinzuweisen, wenn der VN weitere Folgeprämien zahlt.
55 Begr. RegE, BT-Drucks. 16/3945, S. 71.
56 AG Neuss 30.10.2002 – 42 C 3872/02, NJW-RR 2003, 893.
57 Römer/Langheid/*Rixecker*, § 38 Rn 19; Schwintowski/Brömmelmeyer/*Michaelis*, § 38 Rn 18; so jetzt Prölss/Martin/*Knappmann*, § 38 Rn 35.

oder Anfechtungserklärung zu. ³Tritt der Versicherer nach § 37 Abs. 1 zurück, kann er eine angemessene Geschäftsgebühr verlangen.

(2) Endet das Versicherungsverhältnis nach § 16, kann der Versicherungsnehmer den auf die Zeit nach der Beendigung des Versicherungsverhältnisses entfallenden Teil der Prämie unter Abzug der für diese Zeit aufgewendeten Kosten zurückfordern.

I. Normzweck und Entstehungsgeschichte

1 Die frühere Regelung des § 40 Abs. 1 und Abs. 2 S. 1 gewährte dem VR das Recht, die Prämie bis zum Ende der laufenden Versicherungsperiode auch dann zu verlangen, wenn der Vertrag vorher durch Rücktritt, Kündigung oder Anfechtung beendet wurde (sog. **Grundsatz der Unteilbarkeit der Prämie**). Das führte dazu, dass der VN die Prämie auch für den Teil der Versicherungsperiode zu zahlen hat, für den ihm kein vertraglicher Leistungsanspruch zusteht. Ferner wurden VN einheitlich zur Zahlung der Prämie bis zum Schluss der Versicherungsperiode verpflichtet, auch wenn das Versicherungsverhältnis zu unterschiedlichen Zeitpunkten endete, etwa einerseits im ersten Monat, andererseits erst im elften Monat der Versicherungsperiode. Der Gesetzgeber hat sich mit dem neuen VVG entschieden, das **Prinzip der Unteilbarkeit der Prämie aufzugeben**, weil es vielfach zu einer unangemessenen Begünstigung des VR zu Lasten des VN führt.[1] § 39 enthält daher eine grundlegende Umgestaltung des früheren Rechts.

II. Zeitanteilige Prämienerstattung (Abs. 1 S. 1)

2 Die zentrale Neuregelung des Abs. 1 S. 1 besteht darin, dass dem VR im Falle der Beendigung des Vertragsverhältnisses vor Ablauf der laufenden Versicherungsperiode (vgl § 12) nur der **Teil der Prämie** zusteht, der dem vom VR **zeitanteilig** übernommenen Risiko entspricht (sog. pro rata temporis-Grundsatz).[2] Abs. 1 S. 1 greift in den Fällen ein, in denen es durch die Ausübung eines besonderen Kündigungsrechts zu einer vorzeitigen Vertragsbeendigung kommt, also insb. bei Verletzung einer vertraglichen Obliegenheit nach § 28 Abs. 1, bei Gefahrerhöhung nach § 24, bei Zahlungsverzug des VN mit einer Folgeprämie nach § 38 Abs. 3 und bei Prämienerhöhung nach § 19 Abs. 6 und § 25 Abs. 2. Wird der Vertrag nicht ex nunc durch Kündigung, sondern ex tunc durch Anfechtung oder Rücktritt beendet, so besteht überhaupt kein Prämienanspruch, da die vertragliche Gefahrtragung durch den VR rückwirkend wegfällt.[3] Der VN kann dann Erstattung der bisher geleisteten Prämien verlangen.

Kein Fall von § 39 liegt ferner bei Beendigung eines Lebensversicherungsvertrages durch den Tod der versicherten Person vor.[4] § 39 erfasst von seinem Sinn und Zweck nur das außerplanmäßige Ende des VersVertrages, woran es beim Lebensversicherungsvertrag mit dem Todesfall als Eintritt des Versicherungsfalles fehlt. Die Höhe der Jahresprämie beruht auf einer Kalkulation des VR, wie hoch das Risiko anzunehmen ist, dass während des Versicherungsjahres der Versicherungsfall eintritt. Dabei macht es keinen Unterschied, zu welchem Zeitpunkt während der Versicherungsperiode die versicherte Person ggf verstirbt.

Ausnahmen von § 39 hat der Gesetzgeber nur für die Fälle vorgesehen, bei denen es zu einer Unwirksamkeit des Vertrages durch betrügerisches Handeln des VN gekommen ist, nämlich in den Fällen des § 74 Abs. 2 (Überversicherung), § 78 Abs. 3

---

1 Begr. RegE, BT-Drucks. 16/3945, S. 72.
2 Begr. RegE, BT-Drucks. 16/3945, S. 72; Bruck/Möller/*Beckmann*, § 39 Rn 8–11.
3 Langheid/Wandt/*Staudinger*, § 39 Rn 7 nimmt für den Fall der Anfechtung insoweit ein Redaktionsversehen an.
4 BGH 23.7.2014 – IV ZR 304/13.

(Mehrfachversicherung) und § 80 Abs. 3 (fehlendes versichertes Interesse). Hier steht dem VR die Prämie bis zu dem Zeitpunkt zu, zu dem er von den die Nichtigkeit des Vertrages begründenden Umständen Kenntnis erlangt hat. Eine generelle Ausnahme von der zeitanteiligen Prämienerstattung enthält schließlich § 92 Abs. 3 für die Hagelversicherung wegen der dort typischen Risikosituation. Kündigt der VR hier für einen früheren Zeitpunkt als den Schluss der Versicherungsperiode, steht dem VR gleichwohl die Prämie für die laufende Versicherungsperiode zu.

III. Sonderfall: Rücktritt nach § 19 Abs. 2 und Anfechtung wegen arglistiger Täuschung (Abs. 1 S. 2)

Eine wichtige Sonderregelung enthält ferner Abs. 1 S. 2 insb. für die Fälle des Rücktritts des VR nach § 19 Abs. 2 wegen der Verletzung einer vorvertraglichen Anzeigepflicht oder der Anfechtung des Vertrages durch den VR wegen einer arglistigen Täuschung durch den VN (§ 123 BGB iVm § 22). Tritt der VR wegen **Verletzung einer Anzeigepflicht** zurück, so bleibt er gem. § 21 Abs. 2 zur Leistung verpflichtet, wenn die Verletzung weder Einfluss auf den Eintritt und die Feststellung des Versicherungsfalles noch auf die Feststellung oder den Umfang der Leistungspflicht gehabt hat. In diesem Fall wäre es nicht gerechtfertigt, wenn der VR zur Leistung verpflichtet bliebe, ihm gleichwohl aber kein Prämienanspruch zustünde. Vielmehr bleibt dem VR in diesem Fall der **Prämienanspruch bis zum Zeitpunkt des Wirksamwerdens der Rücktrittserklärung** erhalten.[5]

Soweit es um eine **Anfechtung wegen arglistiger Täuschung** geht, ist dem VN der Kausalitätsgegenbeweis zwar nach der ausdrücklichen Regelung in § 21 Abs. 2 S. 2 – anders als beim Rücktritt – nicht eröffnet. Gleichwohl widerspräche es hier der Billigkeit, wenn der VN dann wegen rückwirkenden Wegfalls des Vertrages gänzlich von seiner Prämienzahlungspflicht frei bliebe. Das würde ihm weitgehend risikolos ermöglichen, einen Vertragsschluss durch arglistige Täuschung zu bewirken. Wird diese nicht bemerkt, erhält er die vertraglichen Leistungen. Wird sie bemerkt, erhält er zwar keine Leistungen, müsste aber auch keine Prämien zahlen. Hier ist es deshalb gerechtfertigt, dass dem VR auch in diesem Fall die **Prämie bis zum Wirksamwerden der Anfechtungserklärung** verbleibt.[6]

IV. Geschäftsgebühr (Abs. 1 S. 3)

Unverändert übernommen wird in Abs. 1 S. 3 die frühere Regelung des § 40 Abs. 2 S. 2. Tritt der VR nach § 37 Abs. 1 wegen Nichtzahlung der Einmal- oder Erstprämie zurück, so kann der VR eine **angemessene Geschäftsgebühr** verlangen. Eine Konkretisierung hat der Gesetzgeber nicht vorgenommen.[7] Darlegungs- und beweisbelastet für die Angemessenheit ist der VR, doch sollte hier im Interesse einer praktikablen Abwicklung dieses Massengeschäfts mit Pauschalierungen gearbeitet werden, die im Prozess ggf nach § 287 ZPO zu schätzen sind. In der Kfz-Versicherung ist nach C.1.3 AKB 2008 in diesen Fällen eine entsprechend der Dauer des

---

5 Vgl Prölss/Martin/*Knappmann*, § 39 Rn 5; Bruck/Möller/*Beckmann*, § 39 Rn 12 f.
6 Vgl Begr. RegE, BT-Drucks. 16/3945, S. 72; Römer/Langheid/*Rixecker*, § 39 Rn 2; enger Prölss/Martin/*Knappmann*, § 39 Rn 6, der dem VR auch bei der Anfechtung den Anspruch auf die Prämienzahlung nur innerhalb einer angemessenen Überlegungsfrist nach Kenntnis von der Täuschung geben will, die entsprechend §§ 19 Abs. 1 S. 4, 24 Abs. 3, 28 Abs. 1 einen Monat betragen soll. Eine derartige feste zeitliche Beschränkung lässt sich dem Gesetzeswortlaut nicht entnehmen, so dass nur bei einem gegen Treu und Glauben verstoßenden Hinausschieben der Anfechtungerklärung (innerhalb der Frist des § 124 BGB) der anteilige Prämienanspruch entfallen kann.
7 Hierzu Langheid/Wandt/*Staudinger*, § 39 Rn 6, wonach bisher 18,5–27,5 % einer Jahresprämie für gerechtfertigt erachtet wurden; ferner Römer/Langheid/*Rixecker*, § 39 Rn 3.

Versicherungsverhältnisses berechnete Geschäftsgebühr zu zahlen, die auf einen bestimmten Prozentsatz des Jahresbeitrages begrenzt wird.

V. Insolvenz des VR (Abs. 2)

6 Unverändert übernommen wurde die frühere Regelung in § 40 Abs. 3, die bereits eine Ausnahme vom Grundsatz der Unteilbarkeit der Prämie vorsah. Im Falle einer Insolvenz des VR endet das Versicherungsverhältnis mit Ablauf des Monats nach der Eröffnung des Insolvenzverfahrens. In diesem Fall kann der VN den auf die Zeit nach der Beendigung des Versicherungsverhältnisses entfallenden Teil der Prämie unter Abzug der für diese Zeit aufgewendeten Kosten zurückfordern.

§ 40 Kündigung bei Prämienerhöhung

(1) ¹Erhöht der Versicherer auf Grund einer Anpassungsklausel die Prämie, ohne dass sich der Umfang des Versicherungsschutzes entsprechend ändert, kann der Versicherungsnehmer den Vertrag innerhalb eines Monats nach Zugang der Mitteilung des Versicherers mit sofortiger Wirkung, frühestens jedoch zum Zeitpunkt des Wirksamwerdens der Erhöhung, kündigen. ²Der Versicherer hat den Versicherungsnehmer in der Mitteilung auf das Kündigungsrecht hinzuweisen. ³Die Mitteilung muss dem Versicherungsnehmer spätestens einen Monat vor dem Wirksamwerden der Erhöhung der Prämie zugehen.

(2) Absatz 1 gilt entsprechend, wenn der Versicherer auf Grund einer Anpassungsklausel den Umfang des Versicherungsschutzes vermindert, ohne die Prämie entsprechend herabzusetzen.

I. Normzweck

1 § 40 regelt das **außerordentliche Kündigungsrecht des VN** im Falle einer **Prämienerhöhung bei unverändertem Versicherungsschutz**. Dem VN wird durch das Sonderkündigungsrecht die Möglichkeit eingeräumt, sich einseitig vom Versicherungsverhältnis zu lösen, wenn das bei Vertragsschluss vorhandene Äquivalenzverhältnis zwischen Versicherungsumfang und Prämie nicht mehr gewahrt ist, weil der VR infolge einer Prämienanpassungsklausel den Umfang der Gegenleistungspflicht des VN bei gleichzeitig gleichbleibender Hauptleistungspflicht erhöht hat. Der VN hat hier also die Wahl, ob er den VersVertrag mit den geänderten Konditionen fortführen oder sich von diesem lösen will. Zu einer derartigen Störung des Äquivalenzverhältnisses kommt es ferner dann, wenn trotz gleichbleibender Prämie der Umfang des Versicherungsschutzes herabgesetzt wird, so dass hierin eine versteckte Prämienerhöhung liegt. Für diesen Fall wird nunmehr durch den neu eingeführten Absatz 2 klargestellt, dass das Kündigungsrecht auch in diesem Fall gilt.

II. Anwendungsvoraussetzungen (Abs. 1 S. 1 und Abs. 2)

2 1. Änderung des Äquivalenzverhältnisses. a) Allgemeines. Grundvoraussetzung für das Eingreifen des außerordentlichen Kündigungsrechts ist eine **Erhöhung der Prämie ohne Änderung des Umfangs der Versicherung** (Abs. 1 S. 1) bzw eine **Verminderung des Versicherungsschutzes bei gleichbleibender Prämie** (Abs. 2). Die Regelung greift daher nicht ein, wenn mit der Änderung der Prämie zugleich eine Veränderung des Umfangs des Versicherungsschutzes verbunden ist. Der Umfang des Versicherungsschutzes ergibt sich aus den Risikobeschreibungen nebst Ausschlüssen und Wiedereinschlüssen, die sich aus dem Versicherungsschein, den Versicherungsbedingungen und den einschlägigen Tarifen entnehmen lassen. § 40 findet daher etwa keine Anwendung, wenn in einer Gewerbehaftpflichtversicherung

die Prämie rückwirkend erhöht worden ist, weil auf eine Anfrage des VR die Jahreslohn- und Gehaltssumme wesentlich höher als zunächst angegeben wurde, da in dem Betrieb mehr Personen beschäftigt waren.[1]

b) Erhöhung der Versicherungssumme. Bleibt die allgemeine Risikobeschreibung identisch, wird aber die Versicherungssumme erhöht, ist bei der Anwendung von § 40 zu differenzieren. Derartige reine Erhöhungen der Versicherungssumme sind in der Praxis vielfach geläufig, etwa bei individueller Vereinbarung, insb. aber auch bei dynamischen und gleitenden Summenanpassungen, die etwa in der Lebens-, Unfall- oder Berufsunfähigkeitsversicherung, aber auch in der Gebäudeversicherung bei einer gleitenden Neuwertversicherung üblich sind (vgl etwa § 13 VGB 88). Entspricht die Erhöhung der Prämie der Erweiterung der Versicherungssumme, so ist für eine Anwendung von § 40 kein Raum. Anders liegt es dagegen, wenn der Prämienfaktor stärker steigt als der für die Bemessung der Versicherungssumme maßgebliche Summenfaktor. Im letztgenannten Fall ist § 40 anwendbar.[2] 3

c) Gefahrerhöhung. Durch die Sonderregelung des § 25 Abs. 2 wird klargestellt, dass der VN, wenn sich die Prämie als Folge der Gefahrerhöhung um mehr als 10 % erhöht oder der VR die Absicherung der höheren Gefahr ausschließt, den Vertrag kündigen kann. 4

2. Prämienerhöhung. a) Keine Einschränkungen durch § 40. Das außerordentliche Kündigungsrecht setzt ferner eine Prämienerhöhung des VR – oder nach Abs. 2 die Verminderung des Deckungsumfangs – voraus. Hierbei genügt jede auch noch so geringe Prämienerhöhung, so dass bestimmte Grenzwerte in absoluten Zahlen oder Prozentwerte nicht überschritten werden müssen. Ob eine derartige Prämienerhöhung zulässig ist, ergibt sich aus § 40 dagegen nicht. Auffällig ist insoweit, dass die Norm auch weiterhin **keine materiellen Regelungen über die Voraussetzungen für eine Prämienerhöhung** enthält. Spezielle Regelungen enthält das Gesetz – wie auch schon früher – für die Lebensversicherung in § 163 Abs. 1 und für die Krankenversicherung in § 203 Abs. 2. Hieraus kann zwar gefolgert werden, dass deren Voraussetzungen nicht ohne Weiteres auf Prämienerhöhungen in anderen Versicherungszweigen übertragen werden dürfen. Umgekehrt folgt daraus aber keineswegs, dass in den gesetzlich nicht geregelten Bereichen eine Prämienerhöhung schrankenlos zulässig wäre. 5

b) Vereinbarkeit von Anpassungsklauseln mit § 307 BGB. aa) Allgemeines. Vielmehr sind vertragliche Prämienanpassungsklauseln an § 307 BGB zu messen, soweit es sich – wie idR üblich – um Allgemeine Versicherungsbedingungen handelt.[3] Zunächst müssen also die Voraussetzungen erfüllt sein, die die Prämienanpassungsklausel selbst fordert, zB Abschnitt „A" § 10 VHB 2008, § 15 AHB oder § 8 a MBKK bzw MBKT. Im Übrigen ist die Klausel an § 307 BGB zu messen, dh, sie muss zum einen hinreichend klar und verständlich sein (Transparenzgebot nach § 307 Abs. 1 S. 2 BGB) und darf zum anderen den VN nicht entgegen den Geboten von Treu und Glauben unangemessen benachteiligen (§ 307 Abs. 1 S. 1 BGB). Hieraus folgt zunächst, dass die Klausel überhaupt **Kriterien für die Beitragserhöhung** enthalten muss. Unzulässig ist es daher, wenn eine Klausel überhaupt keine Kriterien enthält, nach denen der VR seine Prämie erhöhen darf und als einzige Begrenzung vorsieht, dass die Erhöhung die für Neuverträge geltenden Prämien- 6

---

1 LG Berlin 9.12.2003 – 7 S 54/02, VersR 2004, 726.
2 So auch Prölss/Martin/*Knappmann*, § 40 Rn 29; Bruck/Möller/*Beckmann*, § 40 Rn 12; aA Römer/Langheid/*Rixecker*, § 40 Rn 2.
3 Hierzu im Einzelnen Prölss/Martin/*Knappmann*, § 40 Rn 4–18; Bruck/Möller/*Beckmann*, § 40 Rn 27–58; Römer/Langheid/*Rixecker*, § 40 Rn 4–7; Schwintowski/Brömmelmeyer/*Michaelis*, § 40 Rn 4; Langheid/Wandt/*Staudinger*, § 40 Rn 5–8.

sätze nicht übersteigen darf.[4] Im Übrigen werden folgende Aspekte in die Beurteilung einzubeziehen sein:

7 **bb) Transparenz.** Die Klausel muss derart klar und verständlich formuliert sein, dass ein durchschnittlicher VN erkennen kann, wann und unter welchen Voraussetzungen eine Prämienerhöhung stattfindet.[5] Ferner muss sie inhaltlich hinreichend bestimmt sein.

8 **cc) Erhebliche, nicht nur vorübergehende und unvorhersehbare Änderung der Verhältnisse.** Inhaltlich kommt eine Prämienanpassung grds. nur dann in Betracht, wenn es nach Vertragsschluss zu einer **nicht unwesentlichen** und nicht nur vorübergehenden **Änderung** der für die Prämiengestaltung maßgebenden Umstände gekommen ist und dies für den VR bei Vertragsschluss auch **nicht voraussehbar** war.[6] Das kommt insb. bei für eine längere Vertragsdauer geschlossenen Versicherungsverhältnissen in Betracht, bei denen es zu einer nicht nur unerheblichen Erhöhung der Kosten des VR kommt. Das sind in erster Linie erhöhte Kosten infolge gestiegener Aufwendungen für die Regulierung von Schadensfällen, was wiederum sowohl in einer erhöhten Anzahl von Versicherungsfällen als auch in allgemeinen Kostensteigerungen infolge der Preisentwicklung seine Ursache haben kann. Aber auch gestiegene Verwaltungskosten des VR schließen eine Prämienerhöhung nicht aus. Auf die Ursache der Kostensteigerungen kommt es grds. nicht an. Allerdings dürfte es einem VR nach Treu und Glauben verwehrt sein, sich auf Kostensteigerungen zu berufen, die er selbst voraussehbar verursacht hat, etwa durch übermäßige Verwaltungsaufwendungen oder Verluste durch Beteiligung an risikoreichen und spekulativen Rechtsgeschäften.

9 Nicht zulässig sein dürfte ferner eine Prämienerhöhung bei ansonsten unveränderten Umständen alleine zur Gewinnverbesserung des VR.[7] Das ergibt sich auch nicht daraus, dass nach Auffassung des BVerwG eine Prämienerhöhung als Bezugspunkt die Bruttoprämie wählen darf, dh einschließlich des Verwaltungskostenanteils.[8] Abgesehen davon, dass das BVerwG dies nur unter einschränkenden Voraussetzungen für zulässig erachtet hat (Geringfügigkeitsgrenze; Änderung erst nach dem ersten Versicherungsjahr; kein Übersteigen des zur Zeit der Erhöhung geltenden Tarifbeitrages), dürfte die Zulässigkeit dieser Orientierung an der Bruttoprämie eher auf praktischen Gesichtspunkten beruhen, da hier eine differenzierende Berechnung unter Außerachtlassung der Verwaltungskosten in dem Massengeschäft der VersVerträge mit einem unverhältnismäßigen Aufwand verbunden wäre. Das rechtfertigt es indessen nicht, dass der VR unter Außerachtlassung des Grundsatzes „pacta sunt servanda" nachträglich einseitig versucht, seine Gewinnmarge zu erhöhen. Die hier genannten Kriterien müssen ferner in der Anpassungsklausel aufgeführt sein.

10 **dd) Gruppenspezifische Berechnung des Erhöhungssatzes.** Nicht zulässig ist es ferner, dass der VR einheitlich den Beitrag für sämtliche VN erhöht, wenn die Schadensentwicklung bei den einzelnen Gruppen von VR völlig unterschiedlich verläuft. Hier muss der VR die Erhöhung vielmehr **gruppenspezifisch berechnen,** so dass nur die abgrenzbare und für eine Beurteilung hinreichend große Gruppe mit

---

4 LG Lüneburg 14.3.1997 – 8 O 11/97, VersR 1998, 449.
5 Vgl Römer/Langheid/*Rixecker*, § 30 Rn 5.
6 Grundlegend BVerwG 14.10.1980 – 1 A 12/78, VersR 1981, 221 zur Genehmigungsfähigkeit von Anpassungsklauseln in der Rechtsschutzversicherung; ferner BGH 1.7.1992 – IV ZR 191/91, VersR 1992, 1211 zur Vereinbarkeit von § 8 a MBKK und MBKT mit § 9 AGBG; Prölss/Martin/*Knappmann*, § 40 Rn 5.
7 So auch Römer/Langheid/*Rixecker*, § 40 Rn 5.
8 BVerwG 14.10.1980 – 1 A 12/78, VersR 1981, 221; krit. Prölss/Martin/*Knappmann*, § 40 Rn 15.

einer Prämienerhöhung belastet wird, die tatsächlich von höheren Kosten betroffen ist.[9]

ee) Branchenbezogenheit. Zwar muss eine Prämienerhöhung grds. durch die Entwicklung bei dem jeweils betroffenen VR gerechtfertigt sein. Indessen ist es zulässig und sinnvoll, hier auf die **Grundlage von Branchenwerten** zu arbeiten.[10] Hierdurch werden kurzfristige und teilweise zufällige Schwankungen bei dem einzelnen Unternehmen ausgeschlossen. Arbeitet der VR auf der Grundlage von Branchenzahlen, so muss indessen durch die Klausel sichergestellt werden, dass es nicht zu Erhöhungen kommt, wenn die Geschäftsentwicklung bei dem betroffenen VR dauerhaft günstiger verläuft als in der jeweiligen Branche. Zulässig ist es allerdings auch, wenn der VR sich alleine an seinen eigenen Unternehmenszahlen orientiert, was in der Klausel aber hinreichend zum Ausdruck kommen muss. Auf Veränderungen in der Branche kann er sich dann natürlich nicht berufen.

ff) Geringfügigkeitsgrenze. Da unwesentliche Änderungen der für die Prämienkalkulation maßgebenden Umstände außer Betracht bleiben müssen, ist ferner eine Geringfügigkeitsgrenze zu beachten, die man je nach Höhe der jährlichen Versicherungsprämie etwa im Bereich von 3–5 % ansiedeln kann.[11]

gg) Höchstgrenze. Eine bestimmte Höchstgrenze für die Prämienerhöhung besteht grds. nicht. Allgemein gilt hier nur der Grundsatz, dass das Ausmaß der Prämienanpassung in einem **angemessenen Verhältnis** zum Umfang der eingetretenen Änderung stehen und die berechtigten Belange des VN gewahrt sein müssen.[12] Zweifelhaft ist, ob die Erhöhung auf den zum Zeitpunkt der Erhöhung für Neuverträge geltenden Prämiensatz zu begrenzen ist, wie dies einige Versicherungsbedingungen ausdrücklich vorsehen (vgl zB § 16 Ziff. 2 a) VHB 92). Grundsätzlich wird man das nicht annehmen können, da der VR nicht verpflichtet ist, Altkunden auch die Vorteile zugute kommen zu lassen, die er Neukunden gewährt, zumal dies auf den verschiedensten Umständen wie etwa einem gesteigerten Preiswettbewerb der VR beruhen kann. Allerdings ist zu beachten, dass das BVerwG es für die Zulässigkeit der Erhöhung der Bruttoprämie als wesentlichen Umstand angesehen hat, dass der erhöhte Beitrag den zum Zeitpunkt der Tariferhöhung geltenden Beitrag nicht übersteigen darf.[13] Jedenfalls in den Fällen, in denen der VR die Prämienerhöhung nach der Bruttoprämie und nicht nur nach dem reinen Wagnisanteil berechnet, wird er deshalb eine Begrenzung auf den für Neugeschäfte geltenden Tarif zu beachten haben.

hh) Einräumung eines Kündigungsrechts. Nicht erforderlich ist, dass in der Klausel dem VN ausdrücklich ein Kündigungsrecht eingeräumt wird, da sich dieses bereits aus dem Gesetz ergibt und ein Hinweis hierauf nunmehr bei der konkreten Prämienerhöhung erfolgen muss (**Abs. 1 S. 2**).

III. Kündigung des VN (Abs. 1 S. 1–3)

Liegen die Voraussetzungen des Abs. 1 S. 1 vor, so steht dem VN ein **Kündigungsrecht innerhalb eines Monats** nach Zugang der Mitteilung des VR über die Prämienerhöhung mit sofortiger Wirkung zu, frühestens jedoch zum Zeitpunkt des Wirksamwerdens der Erhöhung. Durch den neu eingeführten **Abs. 1 S. 2** wird der VR verpflichtet, den VN in der Mitteilung über die Prämienerhöhung auf sein

---

9 BVerwG 14.10.1980 – 1 A 12/78, VersR 1981, 221; Prölss/Martin/*Knappmann*, § 40 Rn 13; Römer/Langheid/*Rixecker*, § 401 Rn 10.
10 BVerwG 14.10.1980 – 1 A 12/78, VersR 1981, 221; Prölss/Martin/*Knappmann*, § 40 Rn 12.
11 Vgl Prölss/Martin/*Knappmann*, § 40 Rn 16 (5 % bei kleiner Prämie bis 150 € und 3 % bei höheren Prämien).
12 BVerwG 14.10.1980 – 1 A 12/78, VersR 1981, 221.
13 BVerwG 14.10.1980 – 1 A 12/78, VersR 1981, 221.

Kündigungsrecht hinzuweisen. Das rechtfertigt sich daraus, dass der VN in diesen Fällen oft über sein gesetzliches Kündigungsrecht nicht informiert ist, zumal dies nicht gesondert in der Prämienanpassungsklausel erwähnt werden muss. Eine **fehlende Belehrung** über das Kündigungsrecht dürfte nicht nur dazu führen, dass die Monatsfrist für den VN zur Erklärung der Kündigung nicht zu laufen beginnt,[14] sondern zur Unwirksamkeit der Prämienerhöhung insgesamt, wobei dem VR aber die Möglichkeit gegeben sein sollte, eine derartige Belehrung mit Wirkung ex nunc nachzuholen.[15]

16 Ferner muss ausweislich des ebenfalls neu eingeführten **Abs. 1 S. 3** die Mitteilung über die Prämienerhöhung dem VN **spätestens einen Monat** vor dem Wirksamwerden der Erhöhung der Prämie **zugehen**. Hierdurch soll dem VN Gelegenheit gegeben werden, entweder rechtzeitig für eine Kontodeckung zu sorgen oder von seinem Kündigungsrecht Gebrauch zu machen.[16]

17 Nicht erforderlich für die Wirksamkeit der Kündigung ist es ferner, dass die Prämienerhöhung nach den oben dargelegten Grundsätzen wirksam war. Auch im Falle einer **unwirksamen Prämienerhöhung** muss dem VN das Kündigungsrecht zustehen, zumal er häufig selbst die Wirksamkeit der Erhöhung gar nicht überblicken kann.[17] Wird im Falle einer unwirksamen Erhöhung der Vertrag nicht gekündigt, so besteht der Vertrag mit der bisherigen Prämie fort.

§ 41 Herabsetzung der Prämie

¹Ist wegen bestimmter gefahrerhöhender Umstände eine höhere Prämie vereinbart und sind diese Umstände nach Antragstellung des Versicherungsnehmers oder nach Vertragsschluss weggefallen oder bedeutungslos geworden, kann der Versicherungsnehmer verlangen, dass die Prämie ab Zugang des Verlangens beim Versicherer angemessen herabgesetzt wird. ²Dies gilt auch, wenn die Bemessung der höheren Prämie durch unrichtige, auf einem Irrtum des Versicherungsnehmers beruhende Angaben über einen solchen Umstand veranlasst worden ist.

I. Normzweck

1 § 41 stellt das Gegenstück zur Kündigung bei Prämienerhöhung gem. § 40 dar. Er regelt den **Fall einer Gefahrverminderung** nach Antragstellung bzw nach Vertragsschluss. Insoweit handelt es sich um eine Sonderregelung, neben der die allgemeinen Grundsätze über das Fehlen oder den Wegfall der Geschäftsgrundlage nicht zur Anwendung kommen.[1]

Eine Prämienherabsetzung kann immer nur für die **Zukunft**, dh für die Zeit ab Zugang des Verlangens beim VR, verlangt werden. Das gilt auch dann, wenn die Gefahrverminderung bereits zuvor weggefallen war. Eine Rückzahlung geleisteter Prämien für die Vergangenheit ist mithin nicht möglich.[2]

---

14 So AG Charlottenburg 2.10.2012 – 235 C 158/12, r+s 2013, 12.
15 Hierzu auch Schwintowski/Brömmelmeyer/*Michaelis*, § 40 Rn 7; Langheid/Wandt/*Staudinger*, § 40 Rn 12; Bruck/Möller/*Beckmann*, § 40 Rn 22–24; enger Prölss/Martin/*Knappmann*, § 40 Rn 24; ferner FAKomm-VersR/*Thessings*, § 40 VVG Rn 8, wonach das ganze Verfahren neu begonnen werden muss.
16 Begr. RegE, BT-Drucks. 16/3945, S. 72.
17 Langheid/Wandt/*Staudinger*, § 40 Rn 13; Bruck/Möller/*Beckmann*, § 40 Rn 15, 60.
1 BGH 5.2.1981 – IVa ZR 42/80, VersR 1981, 621; Bruck/Möller/*Beckmann*, § 41 Rn 4; Römer/Langheid/*Rixecker*, § 41 Rn 2.
2 Langheid/Wandt/*Staudinger*, § 41 Rn 6; krit. hierzu Schwintowski/Brömmelmeyer/*Michaelis*, § 41 Rn 4.

II. Grundsätze der Prämienanpassung

Ob gefahrerhöhende Umstände nachträglich weggefallen sind bzw irrtümlich als von Anfang an vorhanden angegeben wurden, ist nicht nur danach zu beurteilen, ob ein gefahrenerhöhender Umstand weggefallen ist. Maßgeblich ist vielmehr eine **Gesamtabwägung**, so dass ein Herabsetzungsanspruch nicht besteht, wenn zwar ein gefahrerhöhender Umstand weggefallen ist, dies aber durch das Hinzutreten eines anderen gefahrerhöhenden Umstandes wieder kompensiert wird.[3]

Ferner ist erforderlich, dass der gefahrerhöhende Umstand **auf Dauer weggefallen** ist. Beruhen die Prämienzuschläge auf prognostischen Erwägungen, weil es sich um Erkrankungen handelt, die nicht durch eine einmalige Behandlung geheilt werden können und bei denen das Risiko von Folgebeschwerden besteht, so lassen vom VN geltend gemachte beschwerde- oder behandlungsfreie Zeiten die Risikoerheblichkeit nicht entfallen.[4]

Unerheblich für die Anwendung von § 40 ist dagegen, ob eine entsprechende Regelung über die Prämienerhöhung wegen eines gefahrerheblichen Zustands aus dem VersVertrag zu ersehen ist oder dem VN gar die Prämienkalkulation des VR offengelegt wurde.[5] Allein maßgeblich ist, dass vorher tatsächlich ein Zuschlag in die Prämie eingerechnet war.

Über die **Angemessenheit** der Prämienherabsetzung entscheidet der bei Vertragsschluss zugrunde gelegte Tarif mit seinem Prämienberechnungssystem. Der Richter ist daher nicht berechtigt, selbst über die Angemessenheit der neuen Prämie frei zu entscheiden und dies gar gem. § 287 ZPO zu schätzen. Der Anspruch nach § 40 lässt das **frühere Prämienberechnungssystem** unberührt.[6] Es sind lediglich anstelle der ursprünglichen die veränderten Risikofaktoren in die Berechnung einzustellen, wobei es immer auf die Verhältnisse im Zeitpunkt des Vertragsschlusses ankommt. Unerheblich ist also, welche Prämie ein VR nach der Marktlage im Zeitpunkt des Herabsetzungsverlangens ohne den gefahrerhöhenden Umstand verlangt hätte.[7] Das kann indessen für den für die Angemessenheit der Verringerung beweisbelasteten VN Schwierigkeiten mit sich bringen, wenn der ursprüngliche Zuschlag nicht durch eine bestimmte Summe im Antrag oder Versicherungsschein ausgewiesen ist, sondern auf einer rein internen Kalkulation des VR beruht. In diesem Fall ist der VR im Rahmen seiner sekundären Darlegungslast verpflichtet, substantiiert darzulegen, wie es zu der ursprünglichen Prämienberechnung gekommen ist.[8]

§ 42 Abweichende Vereinbarungen

Von § 33 Abs. 2 und den §§ 37 bis 41 kann nicht zum Nachteil des Versicherungsnehmers abgewichen werden.

§ 42 bestimmt wie früher halbzwingend, dass von bestimmten Vorschriften zu Lasten des VN nicht abgewichen werden kann. Hierbei kommt es für die Frage der Abweichung zum Nachteil des VN auf eine **generalisierende Betrachtungsweise**

---

3 Bruck/Möller/*Beckmann*, § 41 Rn 6.
4 LG Berlin 17.4.2013 – 23 O 262/11, VersR 2014, 97 (für Wirbelsäulenerkrankung, Hypertrophie der Nasenmuschel und Kopfschmerzen); ferner OLG Karlsruhe 31.3.2011 – 12 U 164/10, VersR 2011, 788.
5 BGH 5.2.1981 – IVa ZR 42/80, VersR 1981, 621.
6 OLG Karlsruhe 31.3.2011 – 12 U 164/10, VersR 2011, 788; Bruck/Möller/*Beckmann*, § 41 Rn 15.
7 BGH 5.2.1981 – IVa ZR 42/80, VersR 1981, 621.
8 Vgl OLG Karlsruhe 21.3.2011 – 12 U 174/10, VersR 2011, 788; Prölss/Martin/*Knappmann*, § 41 Rn 6; FAKomm-VersR/*Thessinga*, § 41 VVG Rn 11.

ohne Berücksichtigung der Umstände des Einzelfalles an. Weicht eine Regelung zT zu Gunsten und zT zu Lasten des VN von der gesetzlichen Regelung ab, so kommt es in einer Gesamtbetrachtung darauf an, ob die Nachteile überwiegen.[1] Bezüglich der in § 42 nicht genannten Vorschriften ist deren jeweilige Vereinbarkeit mit §§ 307 ff BGB zu prüfen.[2]

Abschnitt 4: Versicherung für fremde Rechnung

§ 43 Begriffsbestimmung

(1) Der Versicherungsnehmer kann den Versicherungsvertrag im eigenen Namen für einen anderen, mit oder ohne Benennung der Person des Versicherten, schließen (Versicherung für fremde Rechnung).

(2) Wird der Versicherungsvertrag für einen anderen geschlossen, ist, auch wenn dieser benannt wird, im Zweifel anzunehmen, dass der Versicherungsnehmer nicht als Vertreter, sondern im eigenen Namen für fremde Rechnung handelt.

(3) Ergibt sich aus den Umständen nicht, dass der Versicherungsvertrag für einen anderen geschlossen werden soll, gilt er als für eigene Rechnung geschlossen.

I. Normsystematik 1	b) Versicherung bei Gesamthandsgemeinschaft 12
II. Begriff der Versicherung für fremde Rechnung (Abs. 1)........ 3	c) Versicherung bei Wohnungseigentümergemeinschaft 14
1. Allgemeines................ 3	
2. Besondere Versicherungsverhältnisse 5	d) Gebäudeversicherung..... 16
a) Kraftfahrtversicherung ... 5	e) D&O-Versicherung....... 21
aa) Kfz-Haftpflichtversicherung................... 5	f) Krankenversicherung..... 23
bb) Kfz-Kaskoversicherung.. 7	III. Auslegungsregel des Abs. 2....... 26
	IV. Vermutung des Abs. 3 27

I. Normsystematik

1 Die Regelungen über die Versicherung für fremde Rechung (sog. **Fremdversicherung**) finden sich nunmehr im Allgemeinen Teil des VVG nF, so dass sie für sämtliche Versicherungszweige Anwendung finden. Der Streitstand, inwiefern die Regelungen über die Fremdversicherung auch auf die Summenversicherung Anwendung finden, hat sich damit erledigt.[1]

2 **Sonderregelungen** finden sich in der Lebens-, Kranken- und Unfallversicherung (vgl § 156, § 193 Abs. 2 und § 179 Abs. 3). Der Grund für die besondere Regelungsbedürftigkeit liegt darin, dass es sich in der Lebens-, Kranken- und Unfallversicherung beim Auseinanderfallen von VN und Versichertem nicht notwendigerweise um eine Fremdversicherung handeln muss.[2] In der Krankenversicherung kann gem. § 194 Abs. 3 S. 1 ausschließlich die versicherte Person die Versicherungsleistung empfangen, sofern sie als Empfangsberechtigte benannt wurde. Auch kann dort der VN entgegen § 45 Abs. 2 ohne Versicherungsschein die Leistung verlangen (§ 194 Abs. 3 S. 3). Eine weitere Sonderregelung findet sich in § 89 Abs. 2

---

1 Hierzu Prölss/Martin/*Knappmann*, § 42 Rn 1; Langheid/Wandt/*Staudinger*, § 42 Rn 2; Römer/Langheid/*Rixecker*, § 42 Rn 1; aA Bruck/Möller/*Beckmann*, § 42 Rn 6–8, wonach es jeweils nur auf die konkreten Umstände des Einzelfalles ankommt.
2 Looschelders/Pohlmann/*Stagl*, § 42 Rn 2–6.
1 Zum alten Streitstand vgl BK/*Hübsch*, § 74 Rn 2.
2 Begr. RegE, BT-Drucks. 16/3945, S. 73.

S. 2 („Versicherung für Inbegriff von Sachen"). Unter den dortigen Voraussetzungen gilt eine Versicherung für einen „Inbegriff von Sachen" als Fremdversicherung für die Sachen der Personen, mit denen der VN bei Eintritt des Schadens in häuslicher Gemeinschaft lebt oder die zu diesem Zeitpunkt in einem Dienstverhältnis zum VN stehen und ihre Tätigkeit an dem Ort ausüben, für den die Versicherung gilt.

II. Begriff der Versicherung für fremde Rechnung (Abs. 1)

1. Allgemeines. Es liegt eine **Fremdversicherung** vor, wenn der VN im eigenen Namen das Interesse eines Dritten (des Versicherten) versichert. Eine Benennung des Versicherten ist dabei ausdrücklich nicht erforderlich. Das Vertragsverhältnis entsteht zwischen dem VN und dem VR, das versicherte Interesse liegt jedoch beim Versicherten. Den VN treffen sämtliche Vertragspflichten, wobei eine Zurechnung des Verhaltens und der Kenntnis des Versicherten nach § 47 in Betracht kommt. Der Versicherte hat gem. § 44 Abs. 1 einen eigenen materiellen Anspruch gegen den VR, ihm fehlt es nach § 44 Abs. 2 jedoch an der Verfügungsbefugnis über diesen.

Abzugrenzen ist die Fremdversicherung von der **Eigenversicherung**. Letztere liegt vor, wenn der VN ein eigenes Interesse für eigene Rechnung versichert. Eine Eigenversicherung wird nicht bereits dadurch zur Fremdversicherung, dass der VN

- den Anspruch gegen den VR von vornherein einem Dritten zuwendet,[3]
- einen Bezugsberechtigten einsetzt[4] oder
- die versicherte Sache veräußert.[5]

Auch wenn der VN lediglich ein eigenes Interesse versichern will, dass Gefahren für die Person oder die Güter eines Dritten abgesichert werden, ist der Dritte nicht Versicherter (so dass die Regelungen der §§ 43 ff keine Anwendung finden),[6] sondern **Gefahrperson**.[7] Etwa mit der Einbeziehung minderjähriger Kinder in den privaten Krankenversicherungsvertrag deckt der sorgeberechtigte VN typischerweise allein eigene, durch die Krankheit des Kindes verursachte Einbußen.[8] In der Filmausfallversicherung ist der Schausteller lediglich Gefahrperson, weil der Vertrag nur den Vermögensschaden des Filmproduzenten (VN) durch Unterbrechung seiner Dreharbeiten versichert und daher als Vermögensschadensversicherung zu qualifizieren ist.[9] Die Gefahrperson hat gegen den VR keinen eigenen vertraglichen Anspruch auf Leistung.

Die Abgrenzung der Fremdversicherung zur Eigenversicherung erfolgt durch **Auslegung**. Zur Auslegungsregel des Abs. 2 s. Rn 26. Zur Vermutungsregel des Abs. 3 s. Rn 27 f.

---

3 BGH 2.2.1977 – IV ZR 165/75, VersR 1977, 346.
4 Insb. in der Lebensversicherung, vgl Beckmann/Matusche-Beckmann/*Armbrüster*, § 6 Rn 92, 153.
5 Vielmehr erlangt der neue Interessenträger gem. § 95 Abs. 1 die Stellung als neuer VN; ebenso Bruck/Möller/*Brand*, § 43 Rn 16.
6 Zu der anstelle dessen vorzunehmenden analogen Anwendung der §§ 156, 179 Abs. 3 und 193 Abs. 2 vgl BGH 16.10.2013 – IV ZR 390/12, VersR 2014, 59.
7 BGH 16.10.2013 – IV ZR 390/12, VersR 2014, 59; BGH 10.10.2007 – IV ZR 37/06, VersR 2008, 64; Römer/Langheid/*Rixecker*, § 43 Rn 3.
8 Beckmann/Matusche-Beckmann/*Armbrüster*, § 6 Rn 92; Römer/Langheid/*Rixecker*, § 43 Rn 3; zur gleichgelagerten Interessenlage bei einer Krankenhaustagegeldversicherung OLG Saarbrücken 3.3.2010 – 5 U 246/09, VersR 2011, 614.
9 BGH 16.10.2013 – IV ZR 390/12, VersR 2014, 59; zuvor bereits OLG Köln 6.11.2012 – 9 U 66/12, juris.

5 **2. Besondere Versicherungsverhältnisse. a) Kraftfahrtversicherung. aa) Kfz-Haftpflichtversicherung.** Die Kfz-Haftpflichtversicherung ist eine Fremdversicherung für die Personen, die nach § 2 Abs. 2 KfzPflVV mitversichert sind. Namentlich sind dies: Halter, Eigentümer, Fahrer, Beifahrer (dh Personen, die im Rahmen ihres Arbeitsverhältnisses zum VN oder Halter den berechtigten Fahrer zu seiner Ablösung oder zur Vornahme von Lade- und Hilfsarbeiten nicht nur gelegentlich begleiten), Omnibusschaffner, soweit sie im Rahmen ihres Arbeitsverhältnisses zum VN oder Halter tätig werden, und der Arbeitgeber oder der öffentliche Dienstherr des VN, wenn das versicherte Fahrzeug mit Zustimmung des VN für dienstliche Zwecke gebraucht wird. Nach § 10 Nr. 3 AKB können diese Personen aber entgegen § 44 Abs. 2 selbständig über ihre Ansprüche verfügen; der Besitz des Versicherungsscheins ist nicht erforderlich.

6 Bei vorsätzlicher Schadensherbeiführung durch den versicherten Fahrer (§ 103) ist umstritten, ob der VR auch gegenüber dem VN (Halter, Fahrer) leistungsfrei ist. Entgegen der wohl hM,[10] die eine Leistungsfreiheit gegenüber dem VN verneint, dürfte diese anzunehmen sein. Denn es handelt sich bei § 103 um einen subjektiven Risikoausschluss, der sogar die Haftung gegenüber dem geschädigten Dritten ausschließt.[11] Der VR kann dem Geschädigten auch im Rahmen des § 115 entgegenhalten, dass der VN bzw der Versicherte den Schaden vorsätzlich herbeigeführt hat. Im Innenverhältnis besteht dann kein Deckungsschutz und es gilt § 117 Abs. 3 S. 1, wonach der VR nur „im Rahmen der von ihm übernommenen Gefahr" zur Leistung verpflichtet ist. Die „übernommene Gefahr" beinhaltet aber gerade nicht die Deckung für Vorsatztaten.[12]

7 **bb) Kfz-Kaskoversicherung.** Die Kfz-Kaskoversicherung (Fahrzeugversicherung) als Schadensversicherung deckt das Interesse an der Erhaltung des Fahrzeugs (sog. **Eigentümerinteresse** bzw **Sacherhaltungsinteresse**).[13] Dabei muss der VN nicht notwendigerweise auch der Eigentümer sein.[14] Bei **Eheleuten** stellt eine von einem Ehepartner abgeschlossene Vollkaskoversicherung neben der Eigenversicherung zugunsten des VN die davon zu trennende Fremdversicherung des Ehegatten dar, wenn und soweit sich das versicherte Fahrzeug gem. § 1008 BGB im Miteigentum beider Ehegatten befunden hat. Mangels anderer Anhaltspunkte ist gem. § 742 BGB von einem hälftigen Miteigentum beider Eheleute auszugehen.[15]

Bei einer vom VN genommenen Versicherung für ein **geleastes Fahrzeug** handelt es sich um eine Fremdversicherung zu Gunsten des Leasinggebers als Eigentümer, deckt also dessen **Sacherhaltungsinteresse**.[16] Daneben besteht das Interesse des Leasingnehmers, bei Verschlechterung oder Untergang der Sache dem Leasinggeber Schadensersatz leisten zu müssen (sog. **Sachersatzinteresse**). Dieses Interesse ist ebenfalls mitversichert.[17]

8 Kommt es zur Beschädigung der versicherten Sache, ist zur Berechnung der Entschädigungszahlung allein auf die Verhältnisse des Leasinggebers als Eigentümer

---

10 BGH 15.12.1970 – VI ZR 97/69, VersR 1971, 239; OLG Koblenz 25.6.1993 – 10 U 1274/92, VersR 1994, 715; OLG Schleswig 15.11.1994 – 9 U 85/93, VersR 1995, 827; OLG Frankfurt 23.5.1996 – 12 U 125/95, VersR 1997, 224.
11 *Langheid*, VersR 1997, 348; *Lorenz*, VersR 1997, 349; Beckmann/Matusche-Beckmann/ *Armbrüster*, § 6 Rn 124.
12 Römer/Langheid/*Langheid*, 2. Aufl. 2003, § 3 PflVG Rn 20.
13 BGH 27.10.1993 – 4 ZR 33/93, VersR 1994, 85 = r+s 1994, 3.
14 OLG Celle 4.1.2007 – 8 U 195/05, VersR 2007, 1217.
15 OLG Karlsruhe 18.1.2013 – 12 U 117/12, VersR 2013, 1123.
16 U.a. OLG Celle 7.8.2014 – 8 U 94/14, juris; OLG Köln 3.6.1996 – 12 U 29/69, VersR 1997, 57 im Anschluss an BGH 14.7.1993 – IV ZR 181/92, VersR 1993, 1223; LG Bochum 9.9.2011 – 4 O 29/11, r+s 2012, 483.
17 BGH 14.7.1993 – IV ZR 181/92, VersR 1993, 1223; LG Dortmund 27.2.2014 – 2 O 370/13, juris.

abzustellen; das Sachersatzinteresse des Leasingnehmers ist bei der Schadensberechnung unmaßgeblich. Der Grund hierfür liegt in der Natur der Fahrzeugversicherung als Schadensversicherung, ein Sachschaden entsteht aber nur beim Eigentümer.[18] Bei einer Leistung durch den VR muss der Leasinggeber als Versicherter die Versicherungsleistung für die Reparatur der beschädigten Sache zur Verfügung stellen.[19]

Anders als in der Kfz-Haftpflichtversicherung ist in der Kaskoversicherung (bei fehlender Personenidentität von VN und Fahrer) der berechtigte **Fahrer** grds. nicht mitversichert. Sein Sachersatzinteresse ist nicht in den Versicherungsschutz einbezogen. Der Fahrer ist damit „Dritter" iSd § 86 und kann im Fall schuldhafter Beschädigung oder Zerstörung des Fahrzeugs nach Anspruchsübergang vom VR grds. in Anspruch genommen werden. Allerdings ist gem. § 15 Abs. 2 AKB der Regress des VR gegen den berechtigten Fahrer auf Fälle grober Fahrlässigkeit oder Vorsatz beschränkt. Soweit allerdings der VR in den AKB gegenüber dem VN auf den Einwand der grob fahrlässigen Herbeiführung des Versicherungsfalles nach § 81 verzichtet, ist auch der Regress des VR gegen den berechtigten Fahrer nicht mit grober Fahrlässigkeit zu begründen.

Ebenso wenig ist der **Alleingesellschafter** einer Ein-Mann-GmbH in der von der GmbH abgeschlossenen Kaskoversicherung mitversichert. Es ist zwischen dem Eigentum der GmbH und dem des Alleingesellschafters zu trennen.[20]

Hat eine Personengesellschaft für ein zum Gesellschaftsvermögen gehörendes Fahrzeug eine Kaskoversicherung genommen, ist Träger des Sacherhaltungsinteresses die rechtliche verselbständigte Gesamthand. Es ist jedoch regelmäßig das Sachersatzinteresse der Gesellschafter als mitversichert anzusehen, die gesellschaftsintern dazu berufen sind, das versicherte Fahrzeug zu nutzen.[21]

b) Versicherung bei Gesamthandsgemeinschaft. Der VersVertrag für eine Gesamthandsgemeinschaft ist grds. keine Fremdversicherung. Aufgrund regelmäßig fehlender Rechtsfähigkeit der Gesamthand (zB Erbengemeinschaft,[22] eheliche Gütergemeinschaft) liegt eine Eigenversicherung jedes einzelnen Mitglieds vor.[23]

Ist die Gesamthandsgemeinschaft ausnahmsweise rechtsfähig (zB GbR,[24] OHG, KG), wird sie selbst VN und kann ihre Eigeninteressen versichern. Allein für besondere Interessen der einzelnen Mitglieder kann der Vertrag eine Fremdversicherung darstellen, etwa in der Schadensversicherung das Interesse der Mitglieder, nicht auf Schadensersatz in Anspruch genommen zu werden (Sachersatzinteresse). Der gesonderte Schutz der Mitglieder könnte dann geboten sein, wenn diese aufgrund ihrer Stellung eine gesteigerte Einwirkungsmöglichkeit auf die versicherte Sache haben.[25] Die Mitglieder könnten unter diesen Umständen erkennbar erwarten, einen eigenen Anspruch gegen den VR zu erlangen.[26]

c) Versicherung bei Wohnungseigentümergemeinschaft. Schließt eine Wohnungseigentümergemeinschaft einen GebäudeVersVertrag ab, wird die Eigentümergemein-

---

18 BGH 14.7.1993 – IV ZR 181/92, VersR 1993, 1223.
19 BGH 12.2.1985 – X ZR 31/84, VersR 1985, 679.
20 BGH 27.10.1993 – 4 ZR 33/93, VersR 1994, 85 = r+s 1994, 3.
21 BGH 5.3.2008 – IV ZR 89/07, zfs 2008, 274 = VersR 2008, 634.
22 BGH 11.9.2002 – XII ZR 187/00, NJW 2002, 3389.
23 Römer/Langheid/*Rixecker*, § 43 Rn 10.
24 BGH 29.1.2001 – II ZR 331/00, NJW 2001, 1056; BGH 18.2.2002 – II ZR 331/00, NJW 2002, 1207; BVerfG 2.9.2002 – 1 BvR 1103/02, NJW 2002, 3533.
25 Prölss/Martin/*Klimke*, § 43 Rn 10.
26 Beckmann/Matusche-Beckmann/*Armbrüster*, § 6 Rn 137.

schaft VN, der einzelne Wohnungseigentümer ist lediglich Mitversicherter.[27] Versichert ist das Sachersatzinteresse jedes Wohnungseigentümers, mithin das Interesse, nicht auf Ersatz von Sachschäden am Gemeinschaftseigentum und am Sondereigentum der übrigen Eigentümer in Anspruch genommen zu werden.[28] Der mitversicherte einzelne Wohnungseigentümer kann grds. (mangels besonderer Regelung) selbst keine Ansprüche gegen den VR wegen Schäden an seinem Sondereigentum klagweise geltend machen, § 44 Abs. 2.[29] Da es sich bei dem Schaden herbeiführenden Miteigentümer somit um einen Mitversicherten und nicht um einen „Dritten" iSd § 86 handelt, scheidet ein Regress des VR nach Leistungserbringung gem. § 86 aus.

15 Auch dem geschädigten Miteigentümer ist es grds. versagt, den schadenverursachenden Miteigentümer in Anspruch zu nehmen, wenn der Schaden Bestandteil des in der Gebäudeversicherung versicherten Interesses ist und der Gebäudeversicherer nicht Regress nehmen könnte, sofern nicht besondere Umstände ausnahmsweise eine Inanspruchnahme des Schädigers rechtfertigen.[30] Grund hierfür ist die zwischen den Mitgliedern einer Wohnungseigentümergemeinschaft bestehende schuldrechtliche Sonderbeziehung, aus der Treue- und Rücksichtnahmepflichten entspringen können. Das Regressverbot gilt auch dann, wenn der Miteigentümer haftpflichtversichert ist.[31]

16 **d) Gebäudeversicherung.** Beim Abschluss einer Gebäudeversicherung durch den Eigentümer war es lange Zeit umstritten, ob das Sachersatzinteresse des Mieters oder Pächters in den Vertrag mit einbezogen sei. Der IV. Senat des BGH hatte zunächst die Frage aufgeworfen, ob ein Regress des Gebäudeversicherers gegen den Mieter namentlich in den Fällen eines Feuerschadens bereits aus dem Grund ausgeschlossen sein könnte, dass der Mieter als Mitversicherter in den Versicherungsschutz des GebäudeVersVertrages mit einbezogen und daher nicht Dritter iSd § 86 Abs. 1 S. 1 sei.[32]

17 Klarstellend entschied der BGH indes, dass das Sachersatzinteresse des Mieters nicht in den Schutz eines GebäudefeuerVersVertrages einbezogen sei. Dieser decke als Sachversicherung allein das Interesse des versicherten Eigentümers am Erhalt der Sache, nicht auch das Interesse des Mieters, nicht auf Schadensersatz in Anspruch genommen zu werden.[33]

18 Nach einem zwischenzeitlich favorisierten „haftungsrechtlichen Lösungsansatz" vertritt der BGH zur Frage der schadensersatzrechtlichen Rückgriffsmöglichkeit gegen den schädigenden Mieter nunmehr die sog. **versicherungsvertragliche Lösung** (vgl im Einzelnen § 86 Rn 78). Eine ergänzende Auslegung des GebäudeVersVertrages ergebe, dass der VR den Mieter nur in Fällen grob fahrlässiger oder vorsätzlicher Schadensherbeiführung in Regress nehmen dürfe.[34] Diese Regressbeschränkung gilt

- unabhängig davon, ob der Mieter eine eigene Haftpflichtversicherung unterhält, die Mietschäden deckt;[35]

---

27 OLG Frankfurt 12.4.2006 – 7 U 88/05, VersR 2006, 1636 = r+s 2007, 21; OLG Hamm 3.1.2008 – 15 W 420/06; OLG Hamm 3.3.1995 – 20 U 335/94, VersR 1996, 1234; Prölss/Martin/*Klimke*, § 43 Rn 12; *Armbrüster*, ZWE 2012, 201.
28 BGH 28.3.2001 – IV ZR 163/99, VersR 2001, 713.
29 LG Frankfurt/Main 8.4.2011 – 2-08 O 384/10, zfs 2011, 459.
30 BGH 10.11.2006 – V ZR 62/06, VersR 2007, 411 = NJW 2007, 292.
31 BGH 10.11.2006 – V ZR 62/06, VersR 2007, 411 = NJW 2007, 292.
32 BGH 7.3.1990 – IV ZR 342/88, VersR 1990, 625; BGH 9.1.1991 – IV ZR 97/89, VersR 1991, 331.
33 BGH 18.12.1991 – IV ZR 259/91, VersR 1992, 311; BGH 13.12.1995 – VIII ZR 41/95, BGHZ 131, 288; BGH 8.11.2000 – IV ZR 298/99, VersR 2001, 94.
34 BGH 8.11.2000 – IV ZR 298/99, BGHZ 145, 393.
35 BGH 13.9.2006 – IV ZR 273/05, BGHZ 169, 86.

- auch bei einem auf Dauer angelegten unentgeltlichen Nutzungsverhältnis;[36]
- nicht beim Rückgriff eines Hausratsversicherers gegen den schädigenden Mieter.[37]

Mit der Annahme einer Rückgriffsbeschränkung im Wege ergänzender Vertragsauslegung wird zum Schutz des Mieters seine Mitversicherung im GebäudeVers-Vertrag nicht benötigt, sein Sachersatzinteresse ist also nicht mitversichert.[38] Diese Lösung ist insbesondere für den VN von Vorteil: Wäre das Sachersatzinteresse des Mieters mitversichert, könnte er diesen nicht selbst auf Schadensersatz in Regress nehmen, sondern müsste sich an den VR halten.[39] Dies aber könnte eine für ihn nachteilige Vertragskündigung des VR oder eine Prämienerhöhung nach sich ziehen.[40]

In der Gebäudeversicherung mitversichert ist allerdings das Interesse des Mieters an seinem Wegnahmerecht iSd §§ 552, 539 Abs. 2 BGB, also an seinem Recht zur Wegnahme von Einrichtungen, die nach Einbringung gem. § 539 Abs. 2 BGB in das Eigentum des Vermieters übergegangen sind.[41]

e) **D&O-Versicherung.** Die sog. D & O-Versicherung (director's & officer's liability insurance) ist eine freiwillige Vermögensschaden-Haftpflichtversicherung von Unternehmensleitern. Sie wird idR von dem jeweiligen Unternehmen als VN abgeschlossen. Sie stellt eine Versicherung für fremde Rechnung dar und bezweckt den Schutz des versicherten Organmitglieds vor einer etwaigen Innenhaftung (Schadensersatzpflicht gegenüber der die Versicherung nehmenden Gesellschaft) oder vor einer Außenhaftung (Schadensersatzpflicht gegenüber Dritten).[42]

Auch in den Fällen der (die Regel bildenden)[43] Innenhaftung, in denen der VN Schadensersatzansprüche gegen das mitversicherte Organmitglied geltend macht, handelt es sich um eine Fremdversicherung und nicht um eine Eigenschadensversicherung[44] der Gesellschaft.[45] Denn Voraussetzung für eine Deckung des Haftpflichtanspruchs ist immer (also auch beim VN) die begründete Inanspruchnahme der versicherten Person aufgrund einer von ihr begangenen Pflichtverletzung.[46] Bei der Innenhaftung ist somit die vom versicherten Organmitglied geschädigte Gesellschaft zugleich VN und Gläubigerin eines etwaigen Schadensersatzanspruchs. Das grds. in der Haftpflichtversicherung vorherrschende Trennungsprinzip findet auch auf die D & O-Versicherung als Vermögensschaden-Haftpflichtversicherung An-

---

36 BGH 13.9.2006 – IV ZR 116/05, VersR 2006, 1533.
37 BGH 13.9.2006 – IV ZR 26/04, VersR 2006, 1398.
38 Römer/Langheid/*Rixecker*, § 43 Rn 13.
39 BGH 3.11.2004 – VIII ZR 28/04, VersR 2005, 498; *Armbrüster*, NVersZ 2001, 193; *Prölss*, ZMR 2001, 157.
40 Beckmann/Matusche-Beckmann/*Armbrüster*, § 6 Rn 136.
41 BGH 16.3.1994 – IV ZR 282/92, VersR 1994, 1103; Römer/Langheid/*Rixecker*, § 43 Rn 13.
42 OLG München 15.3.2005 – 25 U 3940/04, VersR 2005, 540.
43 Die Innenhaftung bildet aus dem Grund den Normalfall, dass sich geschädigte Dritte mit Schadensersatzansprüchen allein an die Gesellschaft halten können, welcher ihrerseits die Möglichkeit eines Innenregresses gegen das pflichtverletzende Organmitglied zur Schadloshaltung offen steht, vgl OLG München 15.3.2005 – 25 U 3940/04, VersR 2005, 540, 541.
44 Bei der Eigenschadensversicherung handelt es sich um die Versicherung eines eigenen Interesses des VN bei Schädigung durch einen Dritten.
45 Es sei denn, der VersVertrag sieht dies ausdrücklich vor, OLG München 15.3.2005 – 25 U 3940/04, VersR 2005, 540, 541.
46 *Langheid/Grote*, VersR 2005, 1165, 1168.

wendung. Ein unmittelbar gegen den VR gerichteter Haftpflichtanspruch steht der Gesellschaft (VN) im Fall der Schädigung durch ein Organmitglied nicht zu.[47]

23 **f) Krankenversicherung.** In der privaten Krankenversicherung besteht die Modifikation der §§ 43 ff gem. § 194 Abs. 3 S. 1 darin, dass ausschließlich die versicherte Person die Versicherungsleistungen erhalten kann, wenn der VN sie als empfangsberechtigte Person benannt hat.[48]

24 Wird der **Ehepartner** des VN gem. § 193 Abs. 1 mitversichert und enthalten die AVB keine besonderen Bestimmungen über seine Rechte aus dem VersVertrag, liegt ein KrankheitskostenVersVertrag für fremde Rechnung und damit ein echter Vertrag zugunsten Dritter vor. Unmaßgeblich ist dabei, ob der mitversicherte Ehepartner einer bezahlten Erwerbstätigkeit nachgeht oder durch Tätigkeit im Haushalt zum Familienunterhalt beiträgt. Nach § 328 Abs. 1 BGB kann der mitversicherte Ehepartner eine ihn betreffende Versicherungsleistung im eigenen Namen geltend machen. Hiervon ist die Berechtigung eingeschlossen, den Fortbestand des Versicherungsverhältnisses als grundlegende Anspruchsvoraussetzung gerichtlich feststellen zu lassen.[49]

25 Etwas anderes gilt bei mitversicherten **minderjährigen Kindern**. Trotz deren Einbeziehung in den Krankheitskostenvertrag ist hier von einer reinen Eigenversicherung des VN (unterhaltspflichtiger Elternteil) auszugehen, der sich lediglich gegen eigene wirtschaftliche Einbußen schützen will, die für ihn mit der Erkrankung der versicherten Person verbunden sind.[50]

III. Auslegungsregel des Abs. 2

26 Die Vorschrift des Abs. 2, die inhaltlich mit der Altregelung des § 74 Abs. 2 übereinstimmt, enthält eine **Auslegungsregel** zur Feststellung des Vorliegens einer Fremdversicherung. Abs. 2 findet nur dann Anwendung, wenn sicher ist, dass die Versicherung für einen anderen genommen wurde, und wenn sich nach allgemeinen Auslegungsregeln nicht bestimmen lässt, ob es sich dabei um die Versicherung eines Eigen- oder eines Fremdinteresses handelt.[51] Im Zweifel soll dann der Handelnde nicht lediglich als Vertreter für einen anderen tätig geworden sein, sondern als Vertragsschließender selbst gegenüber dem VR in der Verpflichtung stehen.[52] Auf diese Weise ist sichergestellt, dass der VR über einen sicher greifbaren Schuldner und befugten Adressaten rechtsgeschäftlicher Erklärungen verfügt.[53]

IV. Vermutung des Abs. 3

27 Anders als Abs. 2 beinhaltet Abs. 3 nicht nur eine Auslegungsregel, sondern eine **widerlegbare Vermutung** für eine **Eigenversicherung**. Diese aufgestellte Vermutung kann dann widerlegt werden, wenn sich aus den Umständen ergibt, dass zumindest auch fremde Interessen mitversichert sein sollen. Hierfür ist es erforderlich, dass die Einbeziehung des fremden Interesses aufgrund objektiver Merkmale er-

---

47 OLG München 15.3.2005 – 25 U 3940/04, VersR 2005, 540, 541; LG Marburg 3.6.2004 – 4 O 2/03, DB 2005, 437; *Langheid/Grote*, VersR 2005, 1165; aA *Lange*, VersR 2007, 893; krit. auch *Säcker*, VersR 2005, 10.
48 Bruck/Möller/*Brand*, vor §§ 43–48 Rn 26.
49 Grundlegend BGH 8.2.2006 – IV ZR 205/04, VersR 2006, 686 = NJW 2006, 1434 = r+s 2006, 202; BGH 10.10.2007 – IV ZR 37/06, VersR 2008, 64 = r+s 2008, 24.
50 LG Dortmund 9.11.2006 – 2 O 172/06, VuR 2007, 120; *Voit*, NJW 2006, 2225; Bruck/Möller/*Brand*, vor §§ 43–48 Rn 26.
51 BGH 11.12.1996 – IV ZR 284/95, VersR 1997, 477.
52 Beckmann/Matusche-Beckmann/*Armbrüster*, § 6 Rn 97.
53 BGH 11.12.1996 – IV ZR 284/95, VersR 1997, 477.

kennbar ist.[54] Erst wenn die Vermutung des Abs. 3 widerlegt ist, kann auf die Auslegungsregel des Abs. 2 zurückgegriffen werden. Denn wenn bereits eigenes Interesse versichert ist, stellt sich die Frage gar nicht, ob der Vertragsschließende als Vertreter oder in eigenem Namen für einen anderen aufgetreten ist.[55]

Beispiele: 28

- Bei der Versicherung fremden Eigentums wird die Vermutung des Abs. 3 idR widerlegt sein, weil im Zweifel das Interesse am Erhalt der Sache (Eigentümerinteresse) mitversichert sein soll.[56]
- Demnach widerlegt auch die Erteilung eines Sicherungsscheines an den Sicherungsgeber die Vermutung der Eigenversicherung (zu den Leasingfällen s. Rn 7 f).[57]
- Die Vermutung der Eigenversicherung wird nicht dadurch widerlegt, dass der Mieter im Rahmen der Nebenkosten die Gebäudeversicherung mitfinanziert (zur Mitversicherung des Mieters s. Rn 16 ff).[58]

§ 44 Rechte des Versicherten

(1) ¹Bei der Versicherung für fremde Rechnung stehen die Rechte aus dem Versicherungsvertrag dem Versicherten zu. ²Die Übermittlung des Versicherungsscheins kann jedoch nur der Versicherungsnehmer verlangen.

(2) Der Versicherte kann ohne Zustimmung des Versicherungsnehmers nur dann über seine Rechte verfügen und diese Rechte gerichtlich geltend machen, wenn er im Besitz des Versicherungsscheins ist.

I. Normzweck 1	b) Zustimmung des VN 10
II. Dem Versicherten zustehende Rechte (Abs. 1) 2	c) Rechtsmissbrauch 11
1. Allgemeines...................... 2	d) Fehlende Anwendbarkeit der Regelung.............. 14
2. Sonderfall: Sicherungsschein 4	e) Direkter Zahlungsanspruch des VN 16
a) Allgemeines................. 4	3. Abdingbarkeit 19
b) Rückzahlungsanspruch des VR 6	a) Allgemeines.............. 19
c) Prozessuales 7	b) Eigene Prozessführungsbefugnis des Versicherten 20
III. Verfügungsbefugnis (Abs. 2)...... 8	c) Ausschließliche Prozessführungsbefugnis des VN 21
1. Grundsatz 8	
2. Ausnahmen.................... 9	
a) Versicherungsschein 9	

I. Normzweck

Die Vorschrift des § 44 stellt klar, dass gem. Abs. 1 zwar der Versicherte der materielle Inhaber der Ansprüche aus der Fremdversicherung ist, er nach Abs. 2 aber selbst nur dann über diese selbständig verfügen kann, wenn der VN dem zustimmt 1

---

54 Römer/Langheid/*Rixecker*, § 43 Rn 19; BGH 6.7.1988 – IVa ZR 241/87, VersR 1988, 949; BGH 7.5.2003 – IV ZR 239/02, VersR 2003, 1171; *Thume*, VersR 2004, 1222.
55 Römer/Langheid/*Rixecker*, § 43 Rn 19.
56 BGH 6.7.1988 – IVa ZR 241/87, VersR 1988, 949; LG Berlin 28.4.1994 – 7 O 1/94, r+s 1995, 109.
57 LG Duisburg 2.12.1986 – 2 C 594/86, VersR 1987, 875; Umkehrschluss aus OLG München 17.12.1987 – 24 U 325/87, zfs 1988, 147.
58 LG Düsseldorf 1.2.1995 – 23 S 177/94, r+s 1996, 79; OLG Düsseldorf 16.12.1993 – 13 U 35/93, r+s 1996, 110.

oder der Versicherte im Besitz des Versicherungsscheins ist. Durch diese **Aufspaltung** zwischen **Verfügungsbefugnis** und **Gläubigerstellung** wird sichergestellt, dass eine Abwicklung im jeweiligen Vertragsverhältnis erfolgt. Die rechtliche Konstruktion soll dem VR die Abwicklung erleichtern, er soll grds. nur mit seinem Vertragspartner, dem VN, konfrontiert werden. Der Versicherte tritt bei der Fremdversicherung nicht an die Stelle des VN und wird auch nicht zu einem zweiten VN.[1]

II. Dem Versicherten zustehende Rechte (Abs. 1)

1. Allgemeines. Der Versicherte hat grds. einen materiellen Anspruch auf die Versicherungsleistung. Ebenso stehen ihm all diejenigen Rechte zu, die mit dieser Leistung zusammenhängen,[2] zB Verzugsschäden und Verzugszinsen.[3] Im Fall einer Insolvenz gehen die Ansprüche in die Insolvenzmasse des Versicherten über, nur dessen Gläubiger können sie pfänden. Hierbei ist § 46 zu berücksichtigen.

Da der Versicherte aber nicht Vertragspartei ist, kann er keine Gestaltungsrechte, die den Vertrag betreffen (zB Kündigung, Rücktritt), ausüben. Er ist auch nicht der richtige Empfänger für vertragsgestaltende Erklärungen des VR.[4] Der Versicherte kann auch nicht den Fortbestand eines Vertrages beanspruchen.[5] Mangels Prämienzahlungspflicht des Versicherten ist er auch nicht Inhaber eines Anspruchs auf Prämienrückerstattung.[6] Etwaige Einwendungen, die sich aus dem Verhältnis des VR zum VN ergeben, kann der VN ebenso dem Versicherten entgegenhalten.

2. Sonderfall: Sicherungsschein. a) Allgemeines. Wird dem Versicherten ein Sicherungsschein ausgestellt, verbessert sich seine Rechtsposition. Sinn und Zweck der Erteilung eines Sicherungsscheins ist es zu gewährleisten, dass der Kreditgeber (zB der Vorbehaltsverkäufer, das kreditgebende Geldinstitut oder – am praxisrelevantesten – der **Leasinggeber**) bei Verlust des die Verpflichtung sichernden Guts Ersatz erhält.[7] Mit der Ausstellung des Sicherungsscheins werden idR (konkludent) die Regelungen des Abs. 2 sowie des § 45 abbedungen.[8] Somit kann der versicherte Leasinggeber die Rechte aus dem VersVertrag eigenständig geltend machen, ohne im Besitz des Versicherungsscheins zu sein. Zudem verpflichtet sich der VR im Sicherungsschein häufig, bei Eintritt des Versicherungsfalles an den versicherten Leasinggeber und nicht an den VN zu leisten sowie ihn über einen Zahlungsverzug des VN zu unterrichten. Es wird idR vereinbart, dass eine Kündigung des VersVertrages nur mit Einwilligung des versicherten Leasinggebers erfolgen darf.[9]

Mit dem Sicherungsschein erteilt der VR auch insgesamt Auskunft über das Versicherungsverhältnis. Dies ist erforderlich, damit der Leasinggeber entscheiden kann, ob ihm die Versicherung ausreichend Sicherheit für den Fall des Verlusts des Leasingguts bietet.[10] Ihm muss all das mitgeteilt werden, was für die Werthaltig-

---

1 BGH 25.11.1963 – II ZR 54/61, BGHZ 40, 297.
2 OGH 22.9.1983 – 7 Ob 19/83, VersR 1984, 1196; OLG Hamm 17.1.1986 – 20 U 183/85, r+s 1986, 317; Bruck/Möller/*Brand*, § 44 Rn 4.
3 OLG Hamm 28.9.1990 – 20 U 308/89, VersR 1991, 918.
4 OLG Hamburg 11.9.1979 – 7 U 43/79, VersR 1980, 375; aA für den Fall der Gruppenversicherung: OLG München 27.10.1994 – 19 U 3605/94, VersR 1995, 902; krit. dazu *Wriede*, VersR 1996, 873.
5 BGH 8.2.2006 – IV ZR 205/04, VersR 2006, 1434.
6 Ebenso Bruck/Möller/*Brand*, § 44 Rn 7.
7 BGH 25.11.1963 – II ZR 54/61, BGHZ 40, 297; Römer/Langheid/*Rixecker*, § 44 Rn 11; Bruck/Möller/*Brand*, § 44 Rn 30.
8 OLG Köln 26.7.2005 – 9 U 189/04, r+s 2005, 459.
9 Römer/Langheid/*Rixecker*, § 44 Rn 12.
10 BGH 6.12.2000 – IV ZR 28/00, VersR 2001, 235.

keit des Versicherungsanspruchs von Bedeutung ist.[11] Der versicherte Leasinggeber darf auf die Richtigkeit der Aussagen vertrauen.[12]

b) Rückzahlungsanspruch des VR. Leistet der VR aufgrund der Abrede im Sicherungsschein in Unkenntnis eines leistungsbefreienden Tatbestands direkt an den Versicherten, richtet sich der bereicherungsrechtliche Rückzahlungsanspruch nach der Rspr des BGH dennoch nicht gegen ihn, sondern gegen den VN.[13] Eine Leistungsbeziehung im bereicherungsrechtlichen Sinne besteht nach hM zwischen dem VR und dem VN, weil durch die Zahlung an den Versicherten die Leistungspflicht des VR aus dem (vermeintlich intakten) Vertragsverhältnis erfüllt werden sollte. Da allein in diesem Verhältnis der Fehler aufgetreten ist, hat die Rückabwicklung zwischen den Vertragsparteien zu erfolgen.[14]

6

c) Prozessuales. Ist im Sicherungsschein vereinbart, dass der versicherte Leasinggeber die Forderung selbst gerichtlich oder außergerichtlich geltend machen kann, ist er klagebefugt. Sofern indes – wie häufig – der VN (Leasingnehmer) im Leasingvertrag ermächtigt wurde, treuhänderisch die Rechte für den Versicherten (Leasinggeber) geltend zu machen, liegt darin eine Ermächtigung zur gewillkürten Prozessstandschaft.[15] Das für die Zulässigkeit der Prozessstandschaft erforderliche eigene schutzwürdige Interesse des VN (Leasingnehmers) ergibt sich daraus, dass mit der Zahlung der Versicherungsleistung etwaige offene Darlehensraten an den Leasinggeber getilgt werden können.[16] Der prozessführungsberechtigte VN kann allerdings Zahlung an sich selbst nur verlangen, wenn er auch materiell zur Einziehung berechtigt ist, dh über eine wirksame Einziehungsermächtigung bzgl der geltend gemachten Fremdforderung verfügt.[17] In der Regel wird der Klageantrag auf Zahlung an den Versicherten (Leasinggeber) gerichtet sein.[18]

7

---

11 BGH 6.12.2000 – IV ZR 28/00, VersR 2001, 235; Bruck/Möller/*Brand*, § 44 Rn 32.
12 BGH 25.11.1963 – II ZR 54/61, BGHZ 40, 297.
13 BGH 10.3.1993 – XII ZR 253/91, BGHZ 122, 46; fortgeführt für den Fall einer im Rahmen eines Factoringvertrages abgetretenen, nicht bestehenden Forderung: BGH 19.1.2005 – VIII ZR 173/03, NJW 2005, 1396.
14 Römer/Langheid/*Rixecker*, § 44 Rn 12; Beckmann/Matusche-Beckmann/*Armbrüster*, § 6 Rn 106; aA Prölss/Martin/*Klimke*, § 44 Rn 19; *Sieg*, VersR 1994, 210. Für die Auffassung, die eine direkte bereicherungsrechtliche Rückabwicklung zwischen VR und Versichertem vorsieht, sprechen beachtliche Argumente. Ein direktes Leistungsverhältnis zwischen VR und Versichertem dürfte jedenfalls dann in Betracht kommen, wenn der VN seine Verfügungsbefugnis dem Versicherten zugesprochen hat, sei es durch Ausstellen des Sicherungsscheins oder durch Übergabe des Versicherungsscheins. Sodann fallen nämlich auf Seiten des Versicherten sowohl der originäre materiell-rechtliche Anspruch als auch die Verfügungsbefugnis hierüber zusammen und er kann uneingeschränkt über seine Ansprüche verfügen. Auch könnte anderenfalls der Versicherte als Zuwendungsempfänger keine Einwendungen aus dem Deckungsverhältnis erheben. Dies widerspricht jedoch dem Rechtsgedanken des § 334 BGB, wonach ihm diese Rechte ausdrücklich zustehen. Für ein direktes Leistungsverhältnis zwischen VR und Versichertem könnte auch sprechen, dass der Versicherte bei identischer Interessenlage nicht schlechter gestellt werden darf als der VN. Bei Letzterem ist in der Rspr anerkannt, dass er gegen Prämienforderungen des VR mit Leistungsansprüchen des Versicherten aufrechnen kann, wenn er Verfügungsberechtigter ist, OLG Hamm 24.7.2002 – 20 U 71/02, VersR 2003, 190. Eine Aufrechnung muss dann aber auch dem Versicherten möglich sein, wenn er selbst Verfügungsberechtigter ist.
15 OLG Hamm 5.12.1997 – 20 U 230/96, VersR 1999, 44.
16 OLG Hamm 20.11.1987 – 20 U 135/87, VersR 1988, 926.
17 BGH 23.3.1999 – VI ZR 101/98, VersR 1999, 892; Beckmann/Matusche-Beckmann/*v. Rintelen*, § 23 Rn 40.
18 BK/*Hübsch*, § 75 Rn 22.

III. Verfügungsbefugnis (Abs. 2)

1. Grundsatz. Der Versicherte kann, obwohl er materieller Inhaber des Anspruchs ist, nicht über diesen verfügen oder diesen gerichtlich geltend machen. Ihm fehlt bei einer Klage gegen den VR auf Zahlung die Prozessführungsbefugnis. Er kann lediglich die gerichtliche Feststellung begehren, in den Versicherungsschutz miteinbezogen zu sein.[19]

2. Ausnahmen. a) Versicherungsschein. Sofern der Versicherte den Versicherungsschein besitzt, ist er verfügungs- und klagebefugt. Denn idR wird der Versicherte mit Willen des VN in den Besitz des Versicherungsscheins gekommen sein, was dessen Einverständnis mit der Verfügungs- und Klagebefugnis des Versicherten impliziert. Sogar ein abhanden gekommener Versicherungsschein soll bei der Versicherung für fremde Rechnung Legitimationswirkung entfalten.[20] Sinn und Zweck der Ausnahme in Abs. 2 ist es zu gewährleisten, dass der VR nicht gleichzeitig mit dem VN und dem Versicherten konfrontiert wird. Einige AVB weichen von dieser Ausnahme ab und räumen dem Versicherten auch bei Besitz des Versicherungsscheins keine Aktivlegitimation ein (zB § 7 Abs. 1 S. 2 AHB). Ermächtigt der VN den Versicherten aber dennoch zur Geltendmachung der Ansprüche, ist der Versicherte dann klagebefugt, wenn der VR dem nicht widerspricht.[21] Gegebenfalls kann es auch als rechtsmissbräuchlich anzusehen sein, wenn sich der VR hier auf die fehlende Prozessführungsbefugnis beruft (vgl Rn 11 ff).

b) Zustimmung des VN. Die Verfügungs- und Klagebefugnis steht dem Versicherten auch dann zu, wenn der VN zustimmt (§§ 183, 185 BGB). Dies kann auch konkludent erfolgen. Es kann in einer vermeintlichen „Abtretung der Forderung" (tatsächlich ist der Versicherte von vornherein Inhaber des materiellen Anspruchs, so dass eine solche „Abtretung" ins Leere läuft) seitens des VN eine solche Zustimmung erkannt werden (s. § 45 Rn 7).[22] Ist VN eine WEG, reicht zur Begründung der Klagebefugnis nicht die Behauptung aus, die Verwalterin habe die Ermächtigung zur Klageerhebung erteilt. Denn eine solche Ermächtigung wäre nicht von der Zustimmung der Wohnungseigentümer gedeckt. Ein Fall der Berechtigung nach § 27 WEG liegt nicht vor.[23]

c) Rechtsmissbrauch. Abweichend von den normierten Ausnahmen (s. Rn 9 f) wird dem Versicherten von der Rspr auch dann eine Klage- und Verfügungsbefugnis zugestanden, wenn der VN erkennbar ohne billigenswerten Grund den Anspruch nicht weiterverfolgen will. In dieser Konstellation wird es als rechtsmissbräuchlich angesehen, wenn sich der VR wegen unterbliebener Zustimmung des VN auf die fehlende Klage- bzw Verfügungsbefugnis des Versicherten beruft.[24]

Auf diese stRspr zur alten Rechtslage nimmt die Gesetzesbegründung keinen Bezug, übernimmt deren Grundsätze auch nicht in den Gesetzestext. Dennoch ist wohl von einer andauernden Geltung auszugehen, weil in der Gesetzesbegründung ausdrücklich auf die Altregelungen Bezug genommen wird und die Fremdversiche-

---

19 BGH 4.5.1983 – IVA ZR 106/81, VersR 1983, 823.
20 Bruck/Möller/*Brand*, § 44 Rn 22; Schwintowski/Brömmelmeyer/*Hübsch*, § 44 Rn 20; aA Langheid/Wandt/*Dageförde*, § 44 Rn 4.
21 BGH 7.1.1965 – II ZR 115/62, BGHZ 43, 42.
22 OLG Stuttgart 7.2.1991 – 7 U 176/90, r+s 1992, 331; LG Hamburg 20.9.2007 – 409 O 53/06, juris.
23 OLG Köln 1.3.2004 – 9 U 196/03, r+s 2004, 290; OLG Köln 6.5.2013 – 9 U 143/02, r+s 2003, 371; OLG Hamm 3.3.1995 – 20 U 335/94, VersR 1996, 1234; LG Frankfurt/Main 8.4.2011 – 2-8 O 384/10, zfs 2011, 459.
24 BGH 13.12.2006 – IV ZR 261/04, VersR 2007, 238; BGH 4.5.1964 – II ZR 153/61, BGHZ 41, 327; BGH 14.12.1994 – IV ZR 14/94, VersR 1995, 332; OLG Hamm 1.3.1996 – 20 U 205/95, VersR 1997, 309.

Kapitel 1: Vorschriften für alle Versicherungszweige § 44

rung keine wesentlichen inhaltlichen Änderungen durch die Gesetzesreform erfahren soll.

Dem Versicherten steht nicht bereits dann die Befugnis zur Klage zu, wenn er etwa eine zwischen VN und VR ausgehandelte Entschädigung für unzureichend erachtet.[25] Hiermit würde der Gesetzeszweck der vereinfachten Abwicklung für den VR gefährdet. Der Versicherte ist gehalten, sich in einem solchen Fall zur Schadenskompensation an den VN zu richten.[26]

d) Fehlende Anwendbarkeit der Regelung. In der privaten Krankenversicherung ist durch die Regelung des § 194 Abs. 1 die Anwendbarkeit der §§ 43–48 ausgeschlossen. Wird der **Ehepartner** des VN gem. § 193 Abs. 1 mitversichert und liegen keine abweichenden Regelungen in den AVB vor, sind uneingeschränkt die Regelungen über den Vertrag zugunsten Dritter (dort insb. §§ 328 Abs. 1 und 335 BGB) einschlägig. Nach § 328 Abs. 1 BGB kann der mitversicherte Ehepartner eine ihn betreffende Versicherungsleistung gegenüber dem VR im eigenen Namen – auch gerichtlich – geltend machen. Auch hat er die Befugnis, das Bestehen grundsätzlicher Anspruchsvoraussetzungen gerichtlich feststellen zu lassen. Die Einschränkung des Abs. 2 greift nicht.[27]

Etwas anderes gilt bei der Mitversicherung **minderjähriger Kinder**. Trotz deren Einbeziehung in den Krankheitskostenvertrag ist hier von einer reinen Eigenversicherung des VN (unterhaltspflichtiger Elternteil) auszugehen, der sich lediglich gegen eigene wirtschaftliche Einbußen schützen will, die für ihn mit der Erkrankung der versicherten Person verbunden sind. Auf den Willen der Parteien, dem Kind ein eigenes Forderungsrecht einzuräumen, kann nicht geschlossen werden, zumal bei Minderjährigkeit des Kindes allein die gesetzlichen Vertreter Partei des Behandlungsvertrages und somit Kostenschuldner sind.[28] Die Anspruchsdurchsetzung durch das Kind ist vielmehr unpraktikabel, weil es hierfür einerseits der gesetzlichen Vertretung im Regelfall durch beide Elternteile bedarf und zu vereinnahmende Erstattungsleistungen ebenfalls in die Empfangszuständigkeit beider Elternteile fallen.[29]

e) Direkter Zahlungsanspruch des VN. Fraglich ist, ob in der **D & O-Versicherung** im Fall der Innenhaftung ein direkter Zahlungsanspruch (und nicht lediglich ein solcher auf Freistellung) des VN gegen den VR in Betracht kommt. Häufig ist der Geschädigte gerade die Gesellschaft als VN des Vertrages, in welchem auch die Haftpflichtinteressen der schadensbegründenden Organmitglieder mitversichert sind. Wenn nun der Deckungsanspruch des Organmitglieds (Versicherter) auf Freistellung an die geschädigte Gesellschaft (VN) abgetreten wird, ist Letztere damit sowohl Inhaberin des Freistellungsanspruchs als auch Gläubigerin des Schadensersatzanspruchs.

Nach alter Rechtslage stand der Entstehung einer solchen Konstellation das regelmäßig in den AVB vereinbarte Abtretungsverbot entgegen. Nach der Einführung des § 108 Abs. 2 ist ein bedingungsgemäß vorgesehenes Abtretungsverbot von Deckungsansprüchen aber nun unwirksam. Obgleich es aber mit der Regelung des § 108 Abs. 2 dem geschädigten Dritten ausdrücklich ermöglicht werden soll, direkt gegen den VR vorzugehen,[30] kann die Abtretung des Deckungsanspruchs keinen

---

25 Prölss/Martin/*Klimke*, § 44 Rn 11; Beckmann/Matusche-Beckmann/*Armbrüster*, § 6 Rn 108; aA LG Berlin 15.9.1983 – 7 O 630/82, VersR 1984, 250.
26 Prölss/Martin/*Klimke*, § 44 Rn 11; Beckmann/Matusche-Beckmann/*Armbrüster*, § 6 Rn 108.
27 Grundlegend BGH 8.2.2006 – IV ZR 205/04, VersR 2006, 686 = NJW 2006, 1434 = r+s 2006, 202; BGH 10.10.2007 – IV ZR 37/06, VersR 2008, 64 = r+s 2008, 24.
28 LG Dortmund 9.11.2006 – 2 O 172/06, VuR 2007, 120; *Voit*, NJW 2006, 2225.
29 LG Dortmund 9.11.2006 – 2 O 172/06, VuR 2007, 120.
30 Begr. RegE, BT-Drucks. 16/3945, S. 87.

Direktanspruch produzieren. Der VR kann nicht durch die Abtretung eines versicherungsvertraglichen Freistellungsanspruchs Anspruchsgegner eines Haftungsanspruchs werden.[31]

18 Ein unmittelbarer Zahlungsanspruch der Gesellschaft (VN) gegen den VR ergibt sich dennoch aufgrund des durch die Abtretung bewirkten Zusammenfallens von Haftungs- und Deckungsanspruch. Es entspricht stRspr, dass sich in diesen Fällen der Freistellungsanspruch in einen Zahlungsanspruch umwandelt.[32] Die Möglichkeit des VN, direkt gegen den VR vorzugehen, macht jedoch den Deckungsprozess nicht zum Haftungsprozess. Die Haftungsfrage ist bei der Zahlungsklage jedoch inzident zur Ermittlung notwendig, ob und ggf in welcher Höhe ein Haftungsanspruch gegen das Organmitglied (Versicherter) begründet ist, auf den die Freistellung gerichtet gewesen wäre.[33]

19 **3. Abdingbarkeit. a) Allgemeines.** Die Regelung des Abs. 1 ist – wie zuvor bereits nach alter Rechtslage im Schrifttum vertreten[34] – ausdrücklich nicht abdingbar.[35] Allerdings ist die Regelung des Abs. 2 dispositiv.

20 **b) Eigene Prozessführungsbefugnis des Versicherten.** Es ist gelegentlich in den AVB das Recht des Versicherten geregelt, seine Versicherungsansprüche selbständig gerichtlich geltend machen zu dürfen (zB in § 10 Abs. 4 AKB für die in der Kfz-Haftpflichtversicherung mitversicherten Personen).

21 **c) Ausschließliche Prozessführungsbefugnis des VN.** Durchaus häufiger ist in den AVB hingegen vereinbart, dass ausschließlich der VN aktivlegitimiert ist, das Verfügungsrecht des Versicherten wird ausgeschlossen (zB in § 3 Abs. 2 S. 1 AKB).[36] Hiermit wird dem Interesse des VR Rechnung getragen, sich nur mit seinem Vertragspartner auseinandersetzen und nur insoweit das Prozessrisiko tragen zu müssen.[37]

22 Auch hier gelten die Grundsätze über den Rechtsmissbrauch (s. Rn 11 ff). Ist für den VR leicht erkennbar, dass der den Anspruch geltend machende Versicherte in den Deckungsbereich einbezogen ist, darf sich der VR nach Treu und Glauben nicht auf die Abbedingung des Abs. 2 berufen.[38] Es kommt dann wieder darauf an, ob der VN dem VR nach Abs. 2 die Zustimmung zur Klageerhebung erteilt hat.

23 Einen Rechtsmissbrauch des VR stellt es hingegen nicht bereits dar, wenn er sich trotz unmittelbarer vorprozessualer Korrespondenz mit dem Versicherten (anstelle des VN) im Prozess auf die fehlende Prozessführungsbefugnis des Versicherten beruft.[39] Dies würde das berechtigte Schutzinteresse des VR, welches u.a. auch umfasst, das Prozesskostenrisiko eines Rechtsstreits mit dem Versicherten nicht tragen zu wollen, über Gebühr hintanstellen.

---

31 *Langheid/Goergen*, VP Nr. 9/2007, 161, 166.
32 BGH 27.2.1964 – II ZR 179/62, VersR 1964, 502, 504; KG Berlin 17.1.2006 – 6 U 275/04, VersR 2007, 349.
33 *Langheid*, VersR 2007, 865; *Langheid/Goergen*, VP Nr. 9/2007, 161; *Grote/Schneider*, BB 2007, 2689, 2698 f.
34 Römer/Langheid/*Rixecker*, § 44 Rn 11; BK/*Hübsch*, § 75 Rn 18.
35 Begr. RegE, BT-Drucks. 16/3945, S. 73.
36 Zur Wirksamkeit der Regelung des § 3 Abs. 2 AKB zuletzt OLG Hamm 6.10.2004 – 20 U 53/04, VersR 2005, 934 = r+s 2005, 406.
37 BGH 4.5.1964 – II ZR 153/61, BGHZ 41, 327; OLG Hamm 6.10.2004 – 20 U 53/04, NJW-RR 2005, 113.
38 BGH 4.5.1983 – IVa ZR 106/81, VersR 1983, 823, OLG Stuttgart 7.2.1992 – 7 U 187/91, r+s 1992, 331; *Looschelders*, VersR 2000, 23; Beckmann/Matusche-Beckmann/*v. Rintelen*, § 23 Rn 59.
39 Prölss/Martin/*Klimke*, § 44 Rn 14, 26; aA OLG Hamm 6.10.2004 – 20 U 53/04, VersR 2005, 934; OLG Düsseldorf 11.4.2000 – 4 U 67/99, VersR 2001, 888.

§ 45 Rechte des Versicherungsnehmers

(1) Der Versicherungsnehmer kann über die Rechte, die dem Versicherten aus dem Versicherungsvertrag zustehen, im eigenen Namen verfügen.

(2) Ist ein Versicherungsschein ausgestellt, ist der Versicherungsnehmer ohne Zustimmung des Versicherten zur Annahme der Leistung des Versicherers und zur Übertragung der Rechte des Versicherten nur befugt, wenn er im Besitz des Versicherungsscheins ist.

(3) Der Versicherer ist zur Leistung an den Versicherungsnehmer nur verpflichtet, wenn der Versicherte seine Zustimmung zu der Versicherung erteilt hat.

I. Normzweck

1 Die Regelung des § 45 weist die Befugnis, über die Rechte des Versicherten aus dem VersVertrag zu verfügen, dem VN zu. Die Regelung überlässt ihm die Ansprüche des Versicherten „zu treuen Händen".[1] Der VN nimmt daher eine **Treuhänderstellung** ein, das Treuhandverhältnis kann, muss aber nicht durch einen privatrechtlichen Vertrag (etwa Leasing-, Miet-, Arbeits-, Dienst-, Verwahrungs-, Kommissions- oder Frachtvertrag) weiter modifiziert werden.

II. Verfügungsbefugnis des VN (Abs. 1)

2 Der VN ist zwar nicht Inhaber der sich aus dem VersVertrag ergebenden materiellen Rechte, hat aber alle vertraglichen Gestaltungsrechte.[2] Er kann den Vertrag kündigen oder ändern. Er ist insgesamt befugt, verbindliche Erklärungen zu Höhe und Grund des Versicherungsanspruchs abzugeben, sich mit dem VR zu vergleichen oder auch etwaige Zahlungsmodalitäten zu vereinbaren.[3] Der VN kann ferner einen **Erlassvertrag** oder auch eine **Entschädigungsfeststellungsvereinbarung** schließen, sofern § 138 BGB dem im Einzelfall nicht entgegensteht.[4] Auch ist es bis zur Grenze der Treu- und Sittenwidrigkeit zulässig, dass der VN und der VR einvernehmlich einen geschlossenen GruppenVersVertrag zulasten von bereits entstandenen Leistungsansprüchen von Versicherten **rückwirkend** ändern.[5] Aus der Einräumung der Verfügungsbefugnis folgt auch, dass der VN gegen eine Prämienforderung des VR mit dem Anspruch des Versicherten **aufrechnen** kann.[6] Trotz des Auseinanderfallens von Verfügungsbefugnis und materieller Inhaberschaft werden diese Forderungen als „gegenseitig" iSd § 387 BGB angesehen.

3 Der VN ist der richtige Adressat für Willenserklärungen des VR.[7] Wenn der VR an den VN zahlt, ist dies eine **Erfüllung** gegenüber dem Versicherten,[8] sofern nicht Abs. 2 einschlägig ist. Aus dem Treuhandverhältnis zwischen dem Versicherten und dem VN (s. Rn 1, 4) ergibt sich jedoch eine Verpflichtung zur Auskehrung in der Höhe des dem VN im Innenverhältnis nicht zustehenden Betrags an den Versicherten.

4 Hinsichtlich dieses Treuhänderverhältnisses ist jedoch die besondere Fallgestaltung zu beachten, in der der VN dem Versicherten seine Verfügungsbefugnis zugesprochen hat. Ist sowohl der materielle Anspruch aus dem VersVertrag als auch die Verfügungsbefugnis auf Seiten des Versicherten, so wird diesem die Leistung im

---

1 BGH 12.12.1990 – IV ZR 213/89, BGHZ 113, 151.
2 Römer/Langheid/*Rixecker*, § 45 Rn 1.
3 OLG Hamm 28.9.2001 – 20 U 48/01, NJW-RR 2002, 534.
4 LG Berlin 15.9.1983 – 7 O 630/82, VersR 1984, 250; Bruck/Möller/*Brand*, § 45 Rn 7.
5 BGH 8.5.2013 – IV ZR 233/11, VersR 2013, 853 m. Anm. *Wandt*.
6 OLG Hamm 24.7.2002 – 20 U 71/02, VersR 2003, 190; Bruck/Möller/*Brand*, § 45 Rn 20.
7 Römer/Langheid/*Rixecker*, § 45 Rn 1.
8 BGH 12.6.1991 – XII ZR 17/90, VersR 1994, 1101.

Falle der Beanspruchung unmittelbar zugewendet. Die Rspr führt zum Treuhandverhältnis aus, dass anerkannt sei, dass § 76 aF dem VN das Verfügungsrecht über die Rechte des Versicherten aus dem VersVertrag nur zu treuen Händen überlässt. Dieses Treuhandverhältnis in Verbindung mit dem Bereicherungsverbot für den VN verpflichtet diesen, den ihm nicht zustehenden Entschädigungsbetrag einzuziehen und dem Geschädigten auszukehren.[9] Für ein solches Treuhandverhältnis besteht aber dann kein Bedarf mehr, wenn der VN das ihm durch damals § 76 aF und nunmehr § 45 nF „zu treuen Händen" überlassene Verfügungsrecht wiederum dem Versicherten überlassen hat. Das Treuhandverhältnis dient lediglich dem Schutz des Versicherten. Dieser bedarf dieses Schutzes jedoch dann nicht mehr.

5 Die dem VN zugewiesene Verfügungsmacht schließt die **Prozessführungsbefugnis** des VN in Bezug auf die Rechte des Versicherten ein.[10] Der VN hat ggf auch die Kosten des Rechtsstreits zu tragen.[11] Der VN klagt in Prozessstandschaft,[12] die Rechtskraft erstreckt sich auch gegen den Versicherten. Der Versicherte ist im Prozess des VN nicht Partei und kann als Zeuge gehört werden.[13]

III. Besonderheit bei Ausstellung eines Versicherungsscheins (Abs. 2)

6 **1. Annahme der Entschädigung.** Sofern ein Versicherungsschein ausgestellt ist, kann der VN die Entschädigungsleistung des VR nur annehmen, wenn er im Besitz des Scheins ist. Der Begriff der Annahme umfasst die **Entgegennahme** der Entschädigung oder eine andere Handlung, durch welche die Schuld des VR erlischt (zB Annahme an Erfüllungs statt, Aufrechnung). Damit ist die gerichtliche Geltendmachung, das Bewirken eines Mahnbescheids oder auch die Beantragung von Zwangsvollstreckungsmaßnahmen nicht davon umfasst.[14]

7 **2. Übertragung der Rechte des Versicherten.** Der VN kann die Forderung ohne Zustimmung des Versicherten nur abtreten oder verpfänden, wenn er im Besitz des Versicherungsscheins ist. Eine „Abtretung" an den Versicherten selbst ist hiervon nicht erfasst, da der Versicherte bereits Inhaber dieser Forderung ist. Es handelt sich dabei vielmehr um eine Zustimmung iSd § 44 Abs. 2 (s. § 44 Rn 10).[15]

IV. Pflicht zur Leistung an den VN bei Zustimmung des Versicherten zur Versicherung (Abs. 3)

8 Die Regelung des § 76 Abs. 3 aF bewirkte, dass der Anspruch des Versicherten gegen den VR auf Erbringung der Regulierungsleistung so lange nicht fällig war, bis der VN die Zustimmung des Versicherten zur Versicherung nachgewiesen hatte.[16] § 76 Abs. 3 aF forderte ausdrücklich den „Nachweis" der Zustimmung. Demgegenüber macht Abs. 3 die Auszahlung davon abhängig, dass „der Versicherte seine Zustimmung zur Versicherung erteilt hat". Obgleich eine Nachweiserbringung im Wortlaut der Vorschrift nicht mehr vorgesehen ist, muss diese im Streitfall vom

---

9 BGH 12.6.1991 – XII ZR 17/90, VersR 1994, 1101, 1102.
10 OLG München 15.3.2005 – 25 U 2940/04, VersR 2005, 540; OLG Düsseldorf 21.12.2006 – I-4 U 6/06; Bruck/Möller/*Brand*, § 45 Rn 10.
11 BGH 24.9.1998 – IV ZR 21/97, VersR 1998, 887.
12 OLG Köln 13.11.2001 – 9 U 14/00, NVersZ 2002, 515; aA OLG Düsseldorf 21.12.2006 – I-4 U 6/06, juris, wonach der VN bereits aufgrund gesetzlicher Regelung prozessführungsbefugt ist, so dass es auf das Vorliegen der Voraussetzungen für die Zulässigkeit einer Prozessstandschaft nicht ankommt.
13 Ebenso Bruck/Möller/*Brand*, § 45 Rn 14.
14 BK/*Hübsch*, § 76 Rn 9.
15 OLG Stuttgart 7.2.1991 – 7 U 176/90, r+s 1992, 331; LG Hamburg 20.9.2007 – 409 O 53/06, juris.
16 LG Nürnberg-Fürth 17.11.1977 – 10 O 4617/77, VersR 1978, 73; LG Berlin 28.4.1994 – 7 O 1/94, r+s 1995, 109.

VN wohl trotzdem erbracht werden. Für den Fall, dass der VN die Auszahlung an sich selbst begehrt, muss er im Bestreitensfall bereits nach den allgemeinen Beweislastregeln den Beweis erbringen, dass die Zustimmung des Versicherten vorliegt. Diese kann auch weiterhin vor oder nach Eintritt des Versicherungsfalles erteilt werden.[17]

V. Abdingbarkeit

Die Regelung des § 45 ist abdingbar. Es ist die Vereinbarung zulässig, dass der VN unabhängig vom Besitz des Versicherungsscheins die Leistung annehmen und auch die Forderung abtreten kann.

§ 46 Rechte zwischen Versicherungsnehmer und Versichertem

¹Der Versicherungsnehmer ist nicht verpflichtet, dem Versicherten oder, falls über dessen Vermögen das Insolvenzverfahren eröffnet ist, der Insolvenzmasse den Versicherungsschein auszuliefern, bevor er wegen seiner Ansprüche gegen den Versicherten in Bezug auf die versicherte Sache befriedigt ist. ²Er kann sich für diese Ansprüche aus der Entschädigungsforderung gegen den Versicherer und nach deren Einziehung aus der Entschädigungssumme vor dem Versicherten und dessen Gläubigern befriedigen.

I. Normzweck

Zwischen dem Versicherten und dem VN besteht ein **gesetzliches Treuhandverhältnis**, aus welchem sich die Verpflichtung des VN ergibt, die Entschädigung für den Versicherten einzuziehen und an diesen auszukehren (s. § 45 Rn 1, 4). § 46 bestimmt die Grenzen dieser Pflichten. Dem VN wird in S. 1 das Recht eingeräumt, den Versicherungsschein so lange einzubehalten, bis seine eigenen Ansprüche gegen den Versicherten in Bezug auf die versicherte Sache befriedigt wurden. Der VN hat ferner ein vorrangiges Befriedigungsrecht (S. 2).

II. Auswirkung des Treuhandverhältnisses

1. Pflichten des VN. Im Innenverhältnis zum Versicherten (Treuhandverhältnis) treffen den VN neben der Pflicht zur Einziehung und Auskehrung der Versicherungsleistungen noch weitere Verpflichtungen. Zur Vorbereitung des Anspruchs auf Einziehung und Auskehrung muss er dem Versicherten **Auskunft** über das Bestehen des VersVertrages, über dessen Inhalt sowie die Höhe der zu erwartenden Leistungen erteilen.[1] Zudem muss der VN die Interessen des Versicherten angemessen berücksichtigen.

Kommt der VN seinen Pflichten schuldhaft nicht nach, hat der Versicherte einen Anspruch auf **Schadensersatz**.[2] Anspruchsgrundlagen sind etwa das Treuhandverhältnis iVm § 280 Abs. 1 BGB,[3] ein dem Treuhandverhältnis zugrunde liegendes privatrechtliches Vertragsverhältnis iVm § 280 Abs. 1 BGB[4] oder § 826 BGB.[5]

---

17 Ebenso Looschelders/Pohlmann/*Koch*, § 45 Rn 17; aA Bruck/Möller/*Brand*, § 45 Rn 29.
1 BGH 12.6.1991 – XII ZR 17/90, VersR 1994, 1101.
2 OLG Köln 18.10.1989 – 11 U 327/88, VersR 1990, 847.
3 Prölss/Martin/*Klimke*, § 46 Rn 4, 5, 16.
4 BGH 23.4.1963 – VI ZR 142/62, VersR 1963, 521; KG Berlin 29.7.1954 – 4 W 2011/54, VersR 1954, 454.
5 Beckmann/Matusche-Beckmann/*Armbrüster*, § 6 Rn 116.

4 **Beispiele** für Schadensersatzansprüche des Versicherten:
- Der VN macht sich gegenüber dem Versicherten schadensersatzpflichtig, wenn er unter Verstoß gegen das dem Treuhandverhältnis mit dem Versicherten zugrunde liegende Vertragsverhältnis gegenüber dem VR auf den Versicherungsanspruch verzichtet.[6]
- Eine Schadensersatzpflicht des VN ist begründet, wenn er die Versicherungsleistung des VR an diesen zurücküberweist und nicht an den Versicherten auskehrt.[7]
- Der VN ist dem Versicherten zu einer Schadensersatzleistung verpflichtet, wenn er gegen Obliegenheiten verstößt und dies eine (anteilige) Leistungsfreiheit des VR zur Folge hat.[8]

5 **2. Grenzen außerhalb des Anwendungsbereichs des § 46.** Der VN ist dem Versicherten allerdings dann nicht zur Einziehung bzw zur Auskehrung verpflichtet, wenn der Versicherte gegen einen anderen VR einen sicheren Anspruch hat und aus diesem Grund nicht schutzbedürftig ist.[9] Etwa für den Fall einer **Insassenunfallversicherung** ist anerkannt, dass der VN mit einem Schadensersatzanspruch, der aus demselben Unfallereignis herrührt, gegen den Anspruch des Versicherten auf Auskehrung der erlangten Versicherungsleistung aufrechnen kann.[10] Kann der Versicherte vom VN Schadensersatz aufgrund des Unfallgeschehens verlangen, kann der VN bei der Auskehrung der Versicherungsleistung bestimmen, dass diese auf den Schadensersatzanspruch angerechnet wird.[11]

III. Zurückbehaltungsrecht des S. 1

6 Der VN muss den **Versicherungsschein** erst dann an den Versicherten herausgeben, wenn seine ihm bzgl der versicherten Sache zustehenden Ansprüche befriedigt sind. Es muss sich hierbei um Ansprüche aus dem Versicherungsverhältnis handeln.[12] S. 1 stellt ein spezielles Zurückbehaltungsrecht dar, ebenso stehen dem VN die Zurückbehaltungsrechte aus §§ 273, 320 BGB oder § 369 HGB zu.[13]

IV. Befriedungsrecht (S. 2)

7 S. 2 räumt dem VN ein vorrangiges Befriedigungsrecht an der Versicherungsforderung ein, welches jedoch nur für die Sachversicherung gilt.[14] Für andere Versicherungszweige ergeben sich aus dem Treuhandverhältnis ggf Anrechnungsmöglichkeiten.

§ 47 Kenntnis und Verhalten des Versicherten

(1) Soweit die Kenntnis und das Verhalten des Versicherungsnehmers von rechtlicher Bedeutung sind, sind bei der Versicherung für fremde Rechnung auch die Kenntnis und das Verhalten des Versicherten zu berücksichtigen.

---

6 BGH 23.4.1963 – VI ZR 142/62, VersR 1963, 521.
7 OLG Köln 18.10.1989 – 11 U 327/88, VersR 1990, 847.
8 BGH 10.10.1985 – I ZR 124/83, VersR 1986, 285.
9 BGH 7.5.1975 – IV ZR 209/73, BGHZ 64, 260 = VersR 1975, 703.
10 BGH 4.4.1973 – IV ZR 130/71, VersR 1973, 634.
11 BGH 7.5.1975 – IV ZR 209/73, BGHZ 64, 260 = VersR 1975, 703.
12 AA Looschelders/Pohlmann/*Koch*, § 46 Rn 15; Bruck/Möller/*Brand*, § 46 Rn 22.
13 Prölss/Martin/*Klimke*, § 46 Rn 18.
14 Beckmann/Matusche-Beckmann/*Armbrüster*, § 6 Rn 114.

(2) ¹Die Kenntnis des Versicherten ist nicht zu berücksichtigen, wenn der Vertrag ohne sein Wissen geschlossen worden ist oder ihm eine rechtzeitige Benachrichtigung des Versicherungsnehmers nicht möglich oder nicht zumutbar war. ²Der Versicherer braucht den Einwand, dass der Vertrag ohne Wissen des Versicherten geschlossen worden ist, nicht gegen sich gelten zu lassen, wenn der Versicherungsnehmer den Vertrag ohne Auftrag des Versicherten geschlossen und bei Vertragsschluss dem Versicherer nicht angezeigt hat, dass er den Vertrag ohne Auftrag des Versicherten schließt.

I. Normzweck

Die Vorschrift des § 47 beruht auf zwei Grundgedanken. Zum einen soll die versicherte Person, die den VN mit dem Abschluss eines VersVertrages in ihrem Interesse beauftragt, sicherstellen müssen, dass der VN den VR bei Vertragsschluss über alle vertragswesentlichen Umstände informiert. Der Versicherte soll ihm obliegende vorvertragliche Anzeigepflichten nicht dadurch umgehen können, dass er den VN mit deren Beantwortung betraut.[1] Zum anderen war es das gesetzgeberische Leitbild, dass eine Fremdversicherung mit Wissen und Wollen der versicherten Person abgeschlossen wird. Vor Vertragsschluss – so die gesetzgeberische Prämisse – findet ein Austausch zwischen VN und Versichertem über die vertragsrelevanten Umstände statt, an dem auch der VR zur adäquaten Risikoeinschätzung einbezogen wird. Mit der Regelung des § 47 wird der VR vor etwaigen Kommunikationsdefiziten oder -störungen im Verhältnis des VN zur mitversicherten Person geschützt.[2]

II. Verhältnis zu den allgemeinen zivilrechtlichen Zurechnungsregeln

Das Verhältnis zwischen § 47 und den allgemeinen Regeln der Wissenszurechnung bei der juristischen Person (Zurechnung des Handelns und der Kenntnis ihrer Organe, §§ 31, 166 BGB) ist umstritten. Ein Teil des Schrifttums lässt § 47 wegen der „größeren Sachnähe" als lex specialis vorgehen.[3] Dies hätte aufgrund der Abbedingbarkeit des § 47 zur möglichen Folge, dass eine juristische Person die Zurechnung vollständig einschränken könnte.[4]

Nach zutreffender Auffassung handelt es sich bei § 47 indes nicht um eine lex specialis. Voraussetzung hierfür wäre, dass die speziellere Regel sämtliche Merkmale der allgemeinen Regel und darüber hinaus noch mindestens ein weiteres Merkmal enthält.[5] Diese Voraussetzung ist für das Verhältnis des § 47 zu den Regeln der Wissenszurechnung bei der juristischen Person nicht erfüllt.[6] Während Letztere die normative Frage beantworten, wie das zurechenbare Organwissen zu fassen ist, um ein lückenloses Wissen der juristischen Person selbst zu schaffen, bezweckt § 47, Nachteile des VR aus der Aufspaltung zwischen formaler Vertragspartnerschaft des VN und materieller Berechtigung der Versicherten zu verhindern.[7] Die Vorschrift stellt eine Erweiterung des Verkehrsschutzgedankens im Bereich des Versicherungsrechts dar und baut auf den Regeln der Wissenszurechnung zur juristischen Person auf. Die Regelungsgehalte von § 47 und der Wissenszurechnung bei der juristischen Person weisen eine Schnittmenge im positiven Wissen der Or-

---

1 *Langheid/Grote*, VersR 2005, 1165, 1167.
2 BK/*Hübsch*, § 79 Rn 24.
3 *Gruber/Mitterlechner/Wax*, D&O-Versicherung, § 9 Rn 112; *Winterling/Harzenetter*, VW 2007, 1792, 1794.
4 Prölss/Martin/*Klimke*, § 47 Rn 23; Looschelders/Pohlmann/*Koch*, § 47 Rn 28.
5 *Larenz/Canaris*, Methodenlehre, 3. Aufl. 1996, S. 88.
6 *Gädtke*, r+s 2013, 313, 319; Bruck/Möller/*Gädtke*, Ziff. 7/8 AVB-AVG 2011/2013 Rn 17.
7 *Gädtke*, r+s 2013, 313, 319; Bruck/Möller/*Gädtke*, Ziff. 7/8 AVB-AVG 2011/2013 Rn 17.

ganmitglieder der VN auf, sind darüber hinaus aber eigenständig.[8] Auf eine Zurechnung nach § 47 etwa bei der D&O-Versicherung kommt es daher nur an, wenn das Wissen der betreffenden versicherten Person nicht bereits aufgrund einer Zurechnung auf der höheren Ebene der Organwalter als eigenes Wissen der juristischen Person anzusehen ist.[9]

III. Gleichstellung (Abs. 1)

3   1. **Grundatz.** Die Regelung des Abs. 1 stellt dem Grundsatz nach Kenntnis und Verhalten von VN und versicherter Person gleich. Für die Zurechnung kommt es nicht auf die Eigenschaft des Versicherten als Repräsentant oder Wissenserklärungsvertreter an.[10]

4   2. **Pflichtverletzung des VN.** Begeht unmittelbar der VN die Pflichtverletzung, ist der gesamte Vertrag betroffen. Eine Aufspaltung in tangierte Eigen- und Fremdinteressen scheitert daran, dass eine originäre Vertragsverletzung vorliegt und jedwede Zurechnung über § 47 gar nicht stattfindet.[11] Bei der arglistigen Täuschung durch den VN bleibt mithin keine Leistungspflicht des VR gegenüber den Versicherten bestehen.[12]

5   3. **Pflichtverletzung des alleinigen Versicherten.** Die vertraglichen und gesetzlichen Obliegenheiten (auch die vorvertraglichen Anzeigeobliegenheiten) und Risikoausschlüsse (etwa § 81) treffen neben dem VN auch den Versicherten.[13] Die Verletzung vertraglicher Pflichten des Versicherten wird dem VN zugerechnet.

6   4. **Pflichtverletzung eines von mehreren Versicherten.** Bei einer Fremdversicherung zugunsten mehrerer Versicherter muss sich der VN Verhalten und Kenntnis sämtlicher Versicherter zurechnen lassen.[14] Macht ein Versicherter aus einer u.a. zu seinen Gunsten geschlossenen Fremdversicherung gerichtlich eigene Ansprüche gegen den VR geltend, kann er dem Einwand des VR, wegen Obliegenheitsverletzung des Versicherten ihm gegenüber leistungsfrei zu sein, nicht seine fehlende Kenntnis der (vom VR allein dem VN übermittelten) Versicherungsbedingungen entgegenhalten. Hinsichtlich der Kenntnis der Versicherungsbedingungen kommt es gem. Abs. 1 allein auf die Kenntnis des VN an, die dem Versicherten zugerechnet wird.[15]

7   5. **Pflichtverletzung des Versicherten bei kombinierter Eigen- und Fremdversicherung.** Liegt eine kombinierte Eigen- und Fremdversicherung vor, erfolgt eine Zurechnung der Kenntnis und des Verhaltens des Versicherten nach Abs. 1 („soweit") nur in Bezug auf das Fremdinteresse.[16] Der eigene Anspruch des VN gegen den

---

8   *Gädtke,* r+s 2013, 313, 319; Bruck/Möller/*Gädtke,* Ziff. 7/8 AVB-AVG 2011/2013 Rn 17.
9   *Rudzio,* Vorvertragliche Anzeigepflicht bei der D&O-Versicherung der Aktiengesellschaft, Diss. 2010, S. 150; *Gädtke,* r+s 2013, 313, 319.
10 OLG Hamm 25.4.1998 – 20 U 251/97, r+s 1998, 455; OLG Hamm 4.2.1994 – 20 U 222/92, VersR 1994, 1464; Looschelders/Pohlmann/*Koch,* § 47 Rn 1; für die Besonderheiten bei der Zurechnung der Obliegenheitsverletzung einer minderjährigen Mitversicherten vgl OLG Rostock 28.1.2011 – 5 U 93/10, juris.
11 *Langheid/Grote,* VersR 2005, 1165, 1169; Bruck/Möller/*Brand,* § 47 Rn 29.
12 BGH 21.9.2011 – IV ZR 38/09, VersR 2011, 1563 („Heros II").
13 BGH 3.6.1987 – IVa ZR 292/85, VersR 1987, 924; BGH 18.9.1991 – IV ZR 189/90, VersR 1991, 1404; OLG Celle 19.11.2009 – 8 U 238/08, r+s 2010, 424; Römer/Langheid/*Rixecker,* § 45 Rn 1; Beckmann/Matusche-Beckmann/*Armbrüster,* § 6 Rn 99.
14 OLG Hamm 10.12.1993 – 20 U 195/93, VersR 1994, 1223; Römer/Langheid/*Rixecker,* § 47 Rn 1.
15 LG Stade 16.1.2013 – 2 S 34/12, VersR 2014, 58.
16 BGH 29.1.2003 – IV ZR 41/02, VersR 2003, 445; BGH 13.6.1957 – II ZR 35/57, BGHZ 24, 378 = VersR 1957, 458; BGH 10.3.1966 – II ZR 247/63, VersR 1966, 674; BGH 20.5.1969 – IV ZR 616/68, VersR 1969, 695; BGH 15.12.1970 – VI ZR 97/69, VersR 1971, 239; OLG Karlsruhe 18.1.2013 – 12 U 117/12, VersR 2013, 1123; OLG

VR[17] bleibt unberührt,[18] sofern es sich bei dem Versicherten nicht um einen Repräsentanten oder einen Wissenserklärungsvertreter handelt.[19]

Ist aber die pflichtverletzende Person nicht Versicherter, sondern nur **Gefahrperson**, schlägt in analoger Anwendung der §§ 156, 179 Abs. 3, 193 Abs. 2 dessen Vertragsverletzung direkt auf den VN durch. Bei der Versicherung einer Gefahrperson liegt nämlich gerade keine kombinierte Fremd- und Eigenversicherung, sondern allein eine Eigenversicherung des VN vor (vgl § 43 Rn 4), so dass eine Vergleichbarkeit der Interessenlagen nicht gegeben ist.[20]

Beispiele für kombinierte Eigen- und Fremdversicherung:

- **Hausratversicherung:** Wird der Versicherungsfall von einem Ehegatten des VN, der nicht Repräsentant ist,[21] vorsätzlich (oder grob fahrlässig) herbeigeführt, besteht Leistungsfreiheit (oder ein anteiliges Leistungskürzungsrecht) des VR nur in Bezug auf die im Alleineigentum des mitversicherten Ehegatten stehenden Sachen. Hat der VN an den beschädigten Gegenständen Miteigentum, hat der VR im Umfang des Miteigentumsanteils an ihn zu leisten.[22]

- **Kfz-Kaskoversicherung:** Führt der Ehegatte der Versicherungsnehmerin einen Unfall grob fahrlässig herbei, muss sich die Versicherungsnehmerin dieses Verhalten nach § 47 im Umfang des Fremdversicherungsanteils der Kaskoversicherung entgegenhalten lassen. Der Kasko-Versicherungsvertrag umfasst neben der Eigenversicherung zugunsten der Versicherungsnehmerin (Ziff. A.2.1.1 AKB 2009) die davon zu trennende Fremdversicherung des Ehemanns (Ziff. 2.4 AKB 2009), weil sich der Unfallwagen gem. § 1008 BGB im Miteigentum beider Eheleute befunden hat. Mangels anderer Anhaltspunkte ist gem. § 742 BGB von einem hälftigen Miteigentum der Eheleute auszugehen. Der VR ist gegenüber der Versicherungsnehmerin nach Maßgabe der §§ 47, 81 Abs. 2 hälftig leistungsfrei.[23] Auch als Leasingnehmer ist der (den Unfall grob fahrlässig herbeigeführt habende) Ehemann der Versicherungsnehmerin als Mitversicherter in den Kasko-VersVertrag einbezogen, so dass eine Zurechnung ebenfalls nach §§ 47, 81 Abs. 2 stattfindet.[24]

- **Kfz-Haftpflichtversicherung:** Ein vorsätzliches Verhalten des mitversicherten Fahrers ist dem VN nicht zuzurechnen, sein Anspruch bleibt daher bestehen. Lediglich der Versicherte verliert seinen Anspruch nach § 103 (§ 152 aF).[25]

- **Vermögensschaden-Haftpflichtversicherung:** Der subjektive Risikoausschluss nach Ziff. 4.5 AVB-VH, wonach sich der Versicherungsschutz nicht auf Haftpflichtansprüche wegen Schäden durch wissentliche Abweichung von Gesetz, Vorschrift, Anweisung oder Bedingung des Machtgebers (Berechtigten) oder durch sonstige wissentlichen Pflichtverletzungen erstreckt, ist dem VN dann nicht zuzurechnen, wenn er sich in der Person eines Mitversicherten verwirk-

---

Hamm 4.2.1994 – 20 U 222/92, VersR 1994, 1464; OLG Schleswig 15.11.1994 – 9 U 85/93, VersR 1995, 827; Prölss/Martin/*Klimke*, § 47 Rn 12; Römer/Langheid/*Rixecker*, § 47 Rn 5.

17 Der Innenanspruch des VN gegen den Versicherten kann durch den Wegfall von dessen Deckungsanspruch gegen den VR allerdings tangiert sein, vgl *Langheid/Grote*, VersR 2005, 1165, 1169.
18 OLG Köln 30.4.2002 – 9 U 94/01, r+s 2003, 296.
19 BGH 29.1.2003 – IV ZR 41/02, VersR 2003, 445.
20 BGH 16.10.2013 – IV ZR 390/12, VersR 2014, 59.
21 OLG Karlsruhe 20.11.1997 – 12 U 211/97, r+s 1998, 162.
22 OLG Hamm 4.2.1994 – 20 U 222/92, VersR 1994, 1464.
23 OLG Karlsruhe 18.1.2013 – 12 U 117/12, VersR 2013, 1123.
24 LG Dortmund 27.2.2014 – 2 O 317/13, juris.
25 BGH 15.12.1970 – VI ZR 97/69, VersR 1971, 239.

licht hat. Der Risikoausschluss wirkt sich allein in dem jeweils betroffenen Versicherungsverhältnis aus. Die Zurechnung auf die VN erfolgt nicht.[26]

10 **6. Fehlende Kausalität.** Kommt es bei einer Mehrheit von Versicherten zur Verletzung der vorvertraglichen Anzeigeobliegenheit durch einen Versicherten, muss sich dies der VN nach Abs. 1 zurechnen lassen. Fraglich ist aber, ob diese Zurechnung „über den VN" auch zu Lasten der weiteren Mitversicherten geht, so dass der VR insgesamt leistungsbefreiend vom Vertrag zurücktreten könnte.

11 Hier scheint die Anwendung des § 21 Abs. 2 interessengerechte Ergebnisse zu ermöglichen. Danach darf sich der VR vom Vertrag lösen, bleibt aber hinsichtlich der Versicherungsfälle eintrittspflichtig, deren Eintritt nicht kausal mit dem verschwiegenen Umstand in Zusammenhang steht. Mitversicherte Personen, die ohne den Rücktritt Versicherungsansprüche genießen würden, bleiben geschützt.[27]

12 **7. Arglist.** Handelt der **VN** selbst arglistig, beseitigt die Anfechtung den VersVertrag insgesamt (also auch in Bezug auf die Rechte der Versicherten) mit ex-tunc-Wirkung.[28] Der Versicherte kann Rechte aus dem VersVertrag nur erwerben, wie der VN sie gestaltet.[29] Die Regelung des § 21 Abs. 2 findet keine Anwendung.

13 Handelt eine **versicherte Person** arglistig, ist dem VR ebenfalls eine Vertragsanfechtung möglich. Nach **§ 123 Abs. 1, Abs. 2 S. 1 BGB** ist der VR auch dann zur Anfechtung berechtigt, wenn ihn ein „Nichtdritter" iSd § 123 Abs. 2 S. 1 BGB getäuscht hat. Die Regelung des § 123 Abs. 2 BGB verteilt das Anfechtungsrisiko zwischen dem Anfechtungserklärenden (VR) und dem gutgläubigen Erklärungsempfänger (VN).[30] Es soll das Interesse des Anfechtungserklärenden nur dann nachrangig sein, wenn die Täuschung durch einen Dritten begangen wurde. Als Dritter iSd § 123 Abs. 2 S. 1 BGB kommt nur derjenige in Betracht, der am Geschäft unbeteiligt ist und dessen Verhalten sich der Erklärungsempfänger nicht zurechnen lassen muss. Eine Zurechnung erfolgt aber bereits dann, wenn der Täuschende bei wertender Betrachtung auf Seiten des Erklärungsempfängers steht oder die Täuschung ihm nach Billigkeitsgesichtspunkten unter Berücksichtigung der Interessenlage zuzuschreiben ist.[31] Dabei ist anerkannt, dass der Begriff des Dritten restriktiv zu handhaben und der Täuschende im Zweifel als Nichtdritter iSd § 123 Abs. 2 S. 1 BGB zu betrachten ist.[32] Das bedeutet, dass der Ausschluss der Zurechnung nach Abs. 1 nicht gleichzeitig zur Folge hat, dass die versicherte Person als Dritter iSd § 123 Abs. 2 S. 1 BGB anzusehen ist. Es ist vielmehr maßgebend, dass die versicherten Personen wesentlich auch im Interesse des VN versichert werden, so dass sie in dessen Lager (und nicht im Lager des VR) stehen. Eine

---

26 LG Berlin 27.11.2012 – 7 O 395/11, juris.
27 Vgl für die D & O-Versicherung *Langheid/Grote*, VersR 2005, 1165, 1169; ebenso Langheid/Wandt/*Dageförde*, § 47 Rn 12; aA Prölss/Martin/*Klimke*, § 47 Rn 17; Looschelders/Pohlmann/*Koch*, § 47 Rn 12.
28 BGH 21.9.2011 – IV ZR 38/09, VersR 2011, 1563; OLG Celle 19.11.2009 – 8 U 238/08, r+s 2010, 424; OLG Düsseldorf 23.8.2005 – 4 U 140/04, VersR 2006, 785; LG Hannover 27.5.2009 – 6 O 122/08, juris; Beckmann/Matusche-Beckmann/*Armbrüster*, § 6 Rn 98; aA OLG Saarbrücken 5.10.2011 – 5 U 90/11, VersR 2012, 429, welches die Erstreckung der Anfechtungswirkung auf den Gesamtvertrag nach § 139 BGB bemisst; LG Hannover 28.1.2009 – 23 O 103/07, juris.
29 *Langheid/Grote*, VersR 2005, 1165.
30 Staudinger/*Singer*, § 123 BGB Rn 48; MüKo-BGB/*Kramer*, 5. Aufl., § 123 BGB Rn 22; *Gädtke*, r+s 2013, 313, 320 f; Bruck/Möller/*Gädtke*, Ziff. 7/8 AVB-AVG 2011/2013 Rn 42; *Lange*, ZIP 2006, 1680, 1681.
31 BGH 8.12.1989 – V ZR 259/87, NJW 1990, 1661; MüKo-BGB/*Armbrüster*, 6. Aufl., § 123 Rn 64; MüKo-BGB/*Kramer*, 5. Aufl., § 123 Rn 23.
32 Palandt/*Ellenberger*, § 123 BGB Rn 13; Erman/*Arnold*, § 123 BGB Rn 33.

versicherte Person ist daher kein Dritter iSd § 123 Abs. 2 S. 1 BGB.[33] Ihr arglistig täuschendes Verhalten rechtfertigt eine Anfechtung des VR auch mit Wirkung gegen dem VN und alle weiteren versicherten Personen.[34]

Der Regelung des **§ 123 Abs. 2 S. 2 BGB** fällt insoweit keine maßgebende Rolle zu.[35] Die Täuschung erfolgt im Anwendungsbereich der Norm entweder durch die versicherte Person, einen Dritten oder den Erklärungsempfänger. Täuscht die versicherte Person, kann der VR sowohl ihr gegenüber (gem. § 123 Abs. 2 S. 2 BGB) die Anfechtung aussprechen, aber eben auch gegenüber dem VN, weil die versicherte Person ja gerade Nichtdritter iSd § 123 Abs. 2 S. 1 BGB ist.[36] Mit der Regelung des § 123 Abs. 2 S. 2 BGB sollen die Handlungsmöglichkeiten des Anfechtenden gerade erweitert und nicht etwa eingeschränkt werden.[37]

14

Eine Einschränkung dieser Zurechnung wird unter Bezugnahme auf den Sinn und Zweck der Regelung des § 47 vertreten. Danach soll die Anfechtung in diesen Fällen den VersVertrag grds. nur in Bezug auf das versicherte Interesse der arglistig Täuschenden beseitigen.[38] Es dürfe der Versicherungsschutz der übrigen Mitversicherten nicht gefährdet sein, wenn weder sie noch der ihnen den Vertrag vermittelt habende VN sich etwas hätten zu Schulden kommen lassen und lediglich eine „Dreiecksbeziehung" zum täuschenden Versicherten bestehe.[39] Anders sei dies nur, wenn der VR den Vertrag bei Offenbarung der arglistig verschwiegenen Vorerkrankung des Versicherten insgesamt nicht abgeschlossen hätte (§ 139 BGB). Für diese Beurteilung sind die Vertragsgrundsätze des VR maßgeblich.[40]

Nun ist aber zu konstatieren, dass der Wortlaut des § 47 für eine derartige Einschränkung der Wissenszurechnung keine Grundlage bietet.[41] Auch würde eine solche teleologische Reduktion der Vorschrift die Rechtslage des VN oder der redlichen Mitversicherten nicht verbessern, weil sich die Anfechtbarkeit ja bereits – und zwar, ohne dass es auf eine Wissenszurechnung ankommt – aus § 123 Abs. 2 S. 1 BGB ergibt. Bei fehlender rechtlicher Auswirkung zugunsten von VN oder Mitversicherten ist das Bedürfnis für eine teleologische Reduktion indes nicht erkennbar.[42]

IV. Ausnahmen von der Zurechnung der Kenntnis (Abs. 2 S. 1)

1. Allgemeines. In Abs. 2 finden sich **Ausnahmen** für die Zurechnung der **Kenntnis**, nicht aber des Verhaltens des Versicherten auf den VN. Bei Vorliegen dieser Ausnahmen ist etwa das Verschweigen von gefahrerheblichen Umständen, die allein der versicherten Person bekannt sind, ohne Belang.

15

---

33 OLG Celle 29.1.2009 – 8 U 41/08, BeckRS 2009, 04747; Looschelders/Pohlmann/*Koch*, § 47 Rn 14; Beckmann/Matusche-Beckmann/*Armbrüster*, § 6 Rn 98; *Gädtke*, r+s 2013, 313, 321.
34 *Gädtke*, r+s 2013, 313, 320 f; Bruck/Möller/*Gädtke*, Ziff. 7/8 AVB-AVG 2011/2013 Rn 42.
35 *Gädtke*, r+s 2013, 313, 321; Bruck/Möller/*Gädtke*, Ziff. 7/8 AVB-AVG 2011/2013 Rn 43; aA Prölss/Martin/*Klimke*, § 47 Rn 8 a, 13, 13 a; Römer/Langheid/*Rixecker*, § 47 Rn 7.
36 *Gädtke*, r+s 2013, 313, 321; Bruck/Möller/*Gädtke*, Ziff. 7/8 AVB-AVG 2011/2013 Rn 43.
37 MüKo-BGB/*Kramer*, 5. Aufl., § 123 Rn 26; *Rudzio*, Vorvertragliche Anzeigepflicht bei der D&O-Versicherung der Aktiengesellschaft, Diss. 2010, S. 176.
38 OLG Saarbrücken 5.10.2011 – 5 U 90/11, VersR 2012, 429; Prölss/Martin/*Klimke*, § 47 Rn 15 ff; Römer/Langheid/*Rixecker*, § 47 Rn 2; Bruck/Möller/*Brand*, § 47 Rn 32; ebenso noch die hiesige Auffassung in der Vorauflage (2. Aufl. 2011, § 47 Rn 11).
39 OLG Saarbrücken 5.10.2011 – 5 U 90/11, VersR 2012, 429.
40 OLG Saarbrücken 5.10.2011 – 5 U 90/11, VersR 2012, 429.
41 *Gädtke*, r+s 2013, 313, 321.
42 *Gädtke*, r+s 2013, 313, 321.

16 2. **Vertragsschluss ohne Wissen des Versicherten (Alt. 1).** Schließt der VN den VersVertrag **ohne Wissen** des Versicherten ab, erfolgt keine Zurechnung der Kenntnis des Versicherten. Dieser hat aufgrund fehlender Information über den Vertragsschluss keinen Anlass, seine Kenntnisse dem VN oder dem VR anzuzeigen.[43]

17 3. **Benachrichtigung des VN nicht möglich oder nicht zumutbar (Alt. 2).** Ebenso kommt eine Zurechnung nicht in Betracht, wenn eine Übermittlung des Wissens dem Versicherten **nicht möglich** bzw **nicht zumutbar** war. Damit übernimmt der neue Gesetzestext die Definition der Umschreibung „nicht tunlich" in § 79 Abs. 2 aF.[44]

V. Rückausnahme (Abs. 2 S. 2)

18 Eine „**Rückausnahme**" von den Regelungen in Abs. 2 S. 1 (und mithin wieder eine Gleichstellung von Kenntnis und Verhalten des VN und Versicherten) enthält die Vorschrift des Abs. 2 S. 2. Danach bleibt es bei der grundsätzlichen Zurechnung, wenn der VN dem VR bei Abschluss der Fremdversicherung **nicht angezeigt** hat, dass er ohne Auftrag des Versicherten handelt. Erfolgt ein solcher Hinweis nicht, kann der VN sich auch nicht auf die fehlende Kenntnis des Versicherten vom Vertrag berufen, Abs. 2 S. 1 findet keine Anwendung.

19 Der Grund für die Rückausnahme liegt darin, dass die versicherte Person in diesen Fällen (Vertragsabschluss ohne ihren Auftrag) den notwendigen Informationsfluss zum VR gar nicht gewährleisten kann. Falls der VN aber offenlegt, dass der Informationsfluss gestört oder unvollständig sein kann, ist es wiederum Sache des VR, bei Bedarf weiter Rückfrage zu nehmen. Unterlässt er dies, bleibt es bei der Ausnahme des Abs. 2 S. 1; das Wissen der versicherten Person wird nicht zugerechnet.[45]

§ 48 Versicherung für Rechnung „wen es angeht"

Ist die Versicherung für Rechnung „wen es angeht" genommen oder ist dem Vertrag in sonstiger Weise zu entnehmen, dass unbestimmt bleiben soll, ob eigenes oder fremdes Interesse versichert ist, sind die §§ 43 bis 47 anzuwenden, wenn sich aus den Umständen ergibt, dass fremdes Interesse versichert ist.

I. Normzweck

1 Entsprechend der Regelung in § 48 kann es im VersVertrag zunächst offen bleiben, ob eigenes oder fremdes Interesse versichert wird. Sofern eine solche Versicherung „für wen es angeht" genommen wurde, muss dann im Schadensfall festgestellt werden, ob das Fremdinteresse betroffen ist und damit die §§ 43–47 Anwendung finden.

II. Versicherung „für wen es angeht"

2 Eine Versicherung „für wen es angeht" liegt dann vor, wenn der Träger des Interesses nicht benannt wird. Dies kann darin begründet liegen, dass dieser nicht bekannt ist (zB Unsicherheit bei Eigentumserwerb und vereinbartem Eigentumsvorbehalt oder Sicherungsübereignung) oder aber auch ein Wechsel des Interessenträ-

---

43 Römer/Langheid/*Rixecker*, § 47 Rn 10.
44 Vgl Römer/Langheid/*Rixecker*, § 47 Rn 10.
45 *Langheid/Grote*, VersR 2005, 1165, 1167; Schwintowski/Brömmelmeyer/*Hübsch*, § 47 Rn 15; Bruck/Möller/*Brand*, § 47 Rn 5.

gers zu erwarten ist (zB Übergabe der versicherten Sache an Spediteur und Frachtführer).[1]

Beispiele: 3
- Rotes Kfz-Zeichen in der Sammelversicherung für Kfz-Handel und Handwerk;[2]
- Abschluss einer Wohngebäudeversicherung durch den Verwalter für die noch nicht existierende Wohnungseigentümergemeinschaft;[3]
- streitig bei der Gebäudeversicherung hinsichtlich des Interesses eines potenziellen Käufers zwischen Gefahrübergang und Eigentumswechsel;[4]
- Seeversicherung.[5]

In der Versicherung „für wen es angeht" stehen demjenigen, der sich als Träger 4
des versicherten Interesses legitimieren kann, die Rechte eines Versicherten zu.[6]

Abschnitt 5: Vorläufige Deckung

§ 49 Inhalt des Vertrags

(1) [1]Bei einem Versicherungsvertrag, dessen wesentlicher Inhalt die Gewährung einer vorläufigen Deckung durch den Versicherer ist, kann vereinbart werden, dass dem Versicherungsnehmer die Vertragsbestimmungen und die Informationen nach § 7 Abs. 1 in Verbindung mit einer Rechtsverordnung nach § 7 Abs. 2 nur auf Anforderung und spätestens mit dem Versicherungsschein vom Versicherer zu übermitteln sind. [2]Auf einen Fernabsatzvertrag im Sinn des § 312c des Bürgerlichen Gesetzbuchs ist Satz 1 nicht anzuwenden.

(2) [1]Werden die Allgemeinen Versicherungsbedingungen dem Versicherungsnehmer bei Vertragsschluss nicht übermittelt, werden die vom Versicherer zu diesem Zeitpunkt für den vorläufigen Versicherungsschutz üblicherweise verwendeten Bedingungen, bei Fehlen solcher Bedingungen die für den Hauptvertrag vom Versicherer verwendeten Bedingungen auch ohne ausdrücklichen Hinweis hierauf Vertragsbestandteil. [2]Bestehen Zweifel, welche Bedingungen für den Vertrag gelten sollen, werden die zum Zeitpunkt des Vertragsschlusses vom Versicherer verwendeten Bedingungen, die für den Versicherungsnehmer am günstigsten sind, Vertragsbestandteil.

I. Begriff

Die vorläufige Deckung stellt einen **eigenständigen** VersVertrag dar, mit dem die 1
Parteien für einen vorübergehenden Zeitraum Versicherungsschutz bis zum Abschluss des beabsichtigten Hauptvertrages vereinbaren. Diese vom Zustandekommen und Inhalt des Hauptvertrages unabhängige vorläufige Deckung als eigenständiger VersVertrag ist von der Rspr seit langem anerkannt und nunmehr in

---

1 BGH 16.11.1967 – II ZR 253/64, VersR 1968, 42.
2 BGH 11.3.1987 – IVa ZR 240/85, NJW-RR 1987, 856.
3 OLG Koblenz 31.5.1996 – 10 U 632/95, r+s 1996, 450; ähnl. OLG Brandenburg 20.12.2006 – 13 U 85/06.
4 Bejahend u.a. OLG Thüringen 11.5.2004 – 4 U 857/03, r+s 2004, 331; *Martin*, VersR 1974, 821; aA *Sieg*, VersR 1995, 125.
5 KG Berlin 2.7.1999 – 6 U 8103/97, TranspR 2000, 461.
6 Beckmann/Matusche-Beckmann/*Armbrüster*, § 6 Rn 147.

Abs. 1 normiert.[1] Es handelt sich hierbei auch dann um zwei rechtlich selbständige Verträge, wenn später die Prämie und die Zeit der vorläufigen Deckung mit in den Versicherungsschein für den endgültigen Vertrag einbezogen werden. Wegen dieser Unabhängigkeit von Hauptvertrag und vorläufiger Deckung ist es deshalb grds. auch ohne Bedeutung, ob später überhaupt ein endgültiger VersVertrag zustande kommt oder nicht.[2] In der Praxis kommen Verträge über vorläufige Deckung v.a. in der Kfz-Haftpflicht- und -Kaskoversicherung sowie im Bereich der Lebens-, Unfall- und Berufsunfähigkeitsversicherung, aber auch in der Sach- und Haftpflichtversicherung vor.[3]

II. Zustandekommen des Vertrages

2 1. **Grundsätze.** Da es sich bei der vorläufigen Deckung um einen selbständigen Vertrag (s. Rn 1) handelt, der schon vor dem Beginn eines endgültigen VersVertrages und unabhängig von ihm einen Anspruch auf Versicherungsschutz entstehen lässt, müssen die allgemeinen Voraussetzungen eines Vertragsschlusses, also Angebot und Annahme, vorliegen. Das kann aber auch formlos und stillschweigend erfolgen. Insbesondere für den in der Praxis wichtigen Fall der Kfz-Haftpflichtversicherung bestimmt B.2.1 AKB 2008, dass die Aushändigung der zur behördlichen Zulassung notwendigen **Versicherungsbestätigung** oder **Versicherungsbestätigungs-Nummer** (§ 29 a StVZO), früher als sog. **Doppelkarte** bezeichnet, als Zusage einer vorläufigen Deckung gilt. In diesem Fall ist gem. § 9 KfzPflVV vorläufiger Deckungsschutz in der Kfz-Haftpflichtversicherung vom Zeitpunkt der behördlichen Zulassung des Fahrzeugs oder bei einem zugelassenen Fahrzeug vom Zeitpunkt der Einreichung der Versicherungsbestätigung bei der Zulassungsstelle bis zur Einlösung des Versicherungsscheins zu gewähren.[4]

3 In allen anderen Fällen ist es, wenn es an einer ausdrücklichen Vereinbarung fehlt, Auslegungsfrage, ob nur der Abschluss einer Hauptversicherung, ggf in der Ausgestaltung einer Rückwärtsversicherung gem. § 2, oder ein eigenständiger Vertrag über eine vorläufige Deckung gewollt ist. Diese **Abgrenzung** zwischen **vorläufiger Deckung** und **Rückwärtsversicherung** ist deshalb von Belang, weil die Rückwärtsversicherung nur eingreift, wenn es zum späteren Abschluss des Hauptvertrages kommt, während dies für die vorläufige Deckung keine Rolle spielt.[5] Entgegen einer teilweise vertretenen Ansicht kann alleine aus dem Umstand, dass der für den VR handelnde Agent in dem Antrag das Antragsdatum zugleich als Versicherungsbeginn angibt, nicht angenommen werden, dass dies zugleich als Annahme des Angebots über eine vorläufige Deckung zu werten ist.[6] Hier spricht mehr dafür, dass in diesen Fällen lediglich eine Rückwärtsversicherung abgeschlossen werden soll.

---

1 Grundlegend BGH 25.6.1956 – II ZR 101/55, BGHZ 21, 122; zuletzt etwa BGH 26.4.2006 – IV ZR 248/04, VersR 2006, 913.
2 BGH 21.2.2001 – IV ZR 259/99, VersR 2001, 489; BGH 25.1.1995 – IV ZR 328/93, VersR 1995, 409; OLG Köln 6.7.2004 – 9 U 152/03, SP 2005, 139; *Wandt*, Rn 452; *Schimikowski*, Rn 91.
3 Zu Wesen, historischer Entwicklung und Verbreitung der vorläufigen Deckung vgl Bruck/Möller/*Höra*, Vor §§ 49 ff Rn 1–7; im dortigen Anh. §§ 49 ff sind die Musterbedingungen für den vorläufigen Versicherungsschutz in der Lebensversicherung abgedruckt.
4 Vgl Langheid/Wandt/*Rixecker*, § 49 Rn 14; Römer/Langheid/*Rixecker*, § 48 Rn 5; vgl aber auch AG Bremen 10.6.2014 – 18 C 0187/13, wonach der Halter nicht per se Vertragspartner für das vorläufige Deckungsschutzverhältnis in der Kfz-Haftpflichtversicherung wird.
5 Bruck/Möller/*Höra*, Vor §§ 49 ff Rn 9 und 10 f (dort auch zur Abgrenzung zu anderen Verträgen); FAKomm-VersR/*Halbach*, § 49 VVG Rn 4.
6 So etwa LG Hannover 26.7.1979 – 15 O 112/79, VersR 1980, 350; aA zu Recht OLG München 15.3.1988 – 5 U 5239/87, r+s 1988, 272; Prölss/Martin/*Klimke*, Vor § 49 Rn 7; Langheid/Wandt/*Rixecker*, § 49 Rn 11; teilweise anders Bruck/Möller/*Höra*, Vor §§ 49 ff Rn 13.

Der VN wird, wenn sich Gegenteiliges nicht aus dem Inhalt des Antrags ergibt, nicht erwarten können, dass ein ersichtlich als Antrag gefasstes Formular zugleich die Annahme eines Vertrages über eine vorläufige Deckung begründet. Anders kann es liegen, wenn der VN ersichtlich ein Interesse an einem sofortigen Versicherungsbeginn hat, so wenn er einen Tag vor einer zweiwöchigen Urlaubsreise eine Vollkaskoversicherung für seinen Pkw beantragt, der Versicherungsagent den Antrag ohne weitere Aufklärung über den Beginn des Versicherungsschutzes entgegennimmt und den VN zur sofortigen Zahlung der Prämie veranlasst.[7]

Wird tatsächliche vorläufige Deckung durch den **Versicherungsagenten** zugesagt, so kann sich der VR später auf eine von ihm behauptete fehlende Vollmacht des Agenten (vgl die Beschränkung der gesetzlichen Vollmacht des Agenten in § 69 Abs. 1 Nr. 1–3) nur berufen, wenn er dies bereits bei Vertragsschluss dem VN, etwa durch eine eindeutige Regelung im Antrag bzw in den beiliegenden Bedingungen, klarstellt.[8] Andernfalls können jedenfalls Anscheins- und Duldungsvollmacht in Betracht kommen. Ob daneben die Grundsätze über die versicherungsrechtliche Vertrauenshaftung in Betracht kommen, hängt namentlich davon ab, ob das Rechtsinstitut der gewohnheitsrechtlichen Erfüllungshaftung auch unter Geltung des neuen VVG noch fortbesteht. Im Schrifttum wird teilweise die Auffassung vertreten, dieses Rechtsinstitut sei mit dem Inkrafttreten des neuen VVG obsolet geworden, weil der Gesetzgeber in § 6 Abs. 5 eine umfassende Schadensersatzverpflichtung des VR für den Fall der Falschberatung eingeführt habe, eine Kodifikation des gewohnheitsrechtlichen Rechtsinstituts der Erfüllungshaftung dagegen unterblieben sei.[9] Demgegenüber halten die neuere Instanzrechtsprechung sowie ein Teil des Schrifttums daran fest, dass auch unter der Geltung des neuen VVG die Grundsätze der gewohnheitsrechtlichen Erfüllungshaftung Anwendung finden.[10] Der BGH hat die Frage bisher nicht entschieden. 4

Insbesondere bei Erteilung einer vorläufigen Deckungszusage, für die häufig ein Eilbedürfnis besteht und bei der der VN idR zunächst nur Kontakt mit dem Agenten und nicht dem VR hat, besteht erkennbar ein Schutzbedürfnis des VN. Wird das Formular so ausgestaltet, dass der VN davon ausgehen durfte, der das Formular ausfüllende Vermittler sei berechtigt, vorläufige Deckung zu gewähren, oder werden diesem sogar vom VR faksimilierte Versicherungsbestätigungskarten überlassen, so sollte es nicht in Frage kommen, dass sich der VR im nachhinein auf eine fehlende Vollmacht berufen kann.[11] Fehlt es trotz erkennbaren Interesses und Bedürfnisses des VN an einer Aufklärung des VR bzw seines Agenten über die Möglichkeit einer vorläufigen Deckung, so kommt ferner jedenfalls eine Haftung wegen Verschuldens bei Vertragsschluss (§§ 280, 311 Abs. 2 BGB) in Betracht.

2. Verbraucherinformationen und Beratung. Nach § 7 Abs. 1 S. 1 sind dem VN vor Vertragsschluss die Vertragsbestimmungen einschließlich der Allgemeinen Versicherungsbedingungen sowie die weiteren in einer Rechtsverordnung nach § 7 Abs. 2 bestimmten Informationen in Textform mitzuteilen. Diese Art der Übermittlung der **Verbraucherinformationen** wäre bei einem Vertrag über eine vorläufige Deckung, bei dem es idR um eine schnelle und möglichst unkomplizierte Abdeckung eines Risikos geht, auch aus der Sicht des VN unpraktisch. Abs. 1 sieht des- 5

---

7 OLG Hamm 6.5.1992 – 20 U 344/91, VersR 1992, 1462.
8 So der Fall OLG München 15.3.1988 – 5 U 5239/87, r+s 1988, 272.
9 So Langheid/Wandt/*Armbrüster*, § 6 Rn 332–334; Prölss/Martin/*Rudy*, § 6 Rn 78; Römer/Langheid/*Rixecker*, § 6 Rn 3; FAKomm-VersR/*Halbach*, § 49 VVG Rn 16.
10 So OLG Frankfurt 19.5.2011 – 7 U 67/08, VersR 2012, 342; LG Saarbrücken 5.8.2013 – 14 O 152/12, VersR 2014, 317, 318 f; Schwintowski/Brömmelmeyer/*Ebers*, § 6 Rn 56 f; Bruck/Möller/*Schwintowski*, § 6 Rn 5; vgl ferner Looschelders/Pohlmann/*Pohlmann*, § 6 Rn 14 f.
11 OLG Köln 6.7.2004 – 9 U 152/03, SP 2005, 139; LG Köln 10.10.2002 – 24 O 569/01, r+s 2003, 100; Langheid/Wandt/*Rixecker*, § 49 Rn 19.

halb vor, dass vereinbart werden kann, diese Unterlagen dem VN **nur auf Aufforderung** und **spätestens mit dem Versicherungsschein** zu übermitteln. Derartige Vereinbarungen werden in der Praxis häufig wegen der Eilbedürftigkeit auch konkludent zustande kommen, so dass an den Abschluss einer derartigen Vereinbarung keine zu hohen Anforderungen gestellt werden dürfen.[12] Eine unangemessene Benachteiligung des VN liegt hierin wegen seines Bedürfnisses nach schnellem Versicherungsschutz, der idR nur kurzen Dauer des Vertrages und der Beendigungsmöglichkeiten nach § 52 nicht.[13]

Umstritten ist, bis zu welchem Zeitpunkt die Verbraucherinformationen übermittelt werden müssen. Wortlaut und Entstehungsgeschichte könnten dafür sprechen, dass in diesen Fällen die Erteilung der Verbraucherinformation immer von einer Anforderung des VN abhängig ist.[14] Im Interesse des Verbraucherschutzes ist es dagegen sachgerecht anzunehmen, dass die Verbraucherinformation stets auf Anforderung des Verbrauchers, aber auch ohne diese spätestens mit dem Versicherungsschein zu übermitteln ist.[15] Wegen EU-rechtlicher Vorgaben (Fernabsatzrichtlinie II) sieht ferner Abs. 1 S. 2 vor, dass auf die Übermittlung der Verbraucherinformationen bei Fernabsatzverträgen die Erleichterungen von Abs. 1 S. 1 keine Anwendung finden. Allerdings kann in diesen Fälle nach § 7 Abs. 1 S. 3 die Information auch noch unverzüglich nach Vertragsschluss nachgeholt werden, wenn der Vertrag auf Verlangen des VN telefonisch oder unter Verwendung eines anderen Kommunikationsmittels geschlossen wird, das die Information in Textform vor der Vertragserklärung des VN nicht gestattet.[16]

6 Nicht ausgenommen von der Anwendbarkeit für die vorläufige Deckung werden die Verpflichtung des VR zur **Beratung des VN nach § 6** sowie die **Beratungs- und Dokumentationspflichten des VersVermittlers nach den §§ 61, 62**.[17] Lediglich hinsichtlich der ansonsten erforderlichen schriftlichen Fixierung sieht § 6 Abs. 2 (ebenso § 62 Abs. 2) vor, dass die erforderlichen Angaben auch mündlich übermittelt werden dürfen. In diesen Fällen sind die Angaben dann unverzüglich nach Vertragsschluss in Textform zu übermitteln. Entbehrlich ist die Nachholung nur, wenn nach vorläufiger Deckung ein endgültiger Vertrag überhaupt nicht zustande kommt sowie bei Verträgen über vorläufige Deckung bei Pflichtversicherungen (§ 6 Abs. 2 S. 3 aE). Hierbei stellt sich die Frage, ob die Beratung unmittelbar nach Abschluss des Vertrages über die vorläufige Deckung für diesen separat erfolgen muss oder ob diese auch erst im Zusammenhang mit dem Hauptvertrag möglich ist.[18] Der Wortlaut von § 6 Abs. 2 S. 2 sowie der Umkehrschluss zu § 6 Abs. 2 S. 3 aE sprechen für eine gesonderte Beratungsinformation bereits nach Abschluss des Vertrages über die vorläufige Deckung. In der Sache erscheint eine derartige doppelte schriftliche Beratungsinformation bei Abschluss des Vertrages über die vorläufige Deckung und des Hauptvertrages allerdings wenig sinnvoll, wenn es in der Sache um dieselben Punkte geht.

---

12 *Schimikowski/Höra*, S. 138; Schwintowski/Brömmelmeyer/*Schwintowski*, § 49 Rn 18–21; *Wandt*, Rn 454; Prölss/Martin/*Klimke*, § 49 Rn 5; Bruck/Möller/*Höra*, § 49 Rn 3; FAKomm-VersR/*Halbach*, § 49 VVG Rn 19.
13 Begr. RegE, BT-Drucks. 16/3945, S. 73.
14 Vgl Begr. RegE, BT-Drucks. 16/3945, S. 73; Beckmann/Matusche-Beckmann/*Hermanns*, § 7 Rn 21.
15 Prölss/Martin/*Klimke*, § 49 Rn 6; Schwintowski/Brömmelmeyer/*Schwintowski*, § 49 Rn 21.
16 Vgl ferner Bruck/Möller/*Höra*, § 49 Rn 4.
17 Looschelders/Pohlmann/*Kammerer-Galahn*, § 49 Rn 4.
18 Zu dieser Problematik *Maier*, r+s 2006, 487.

III. Inhalt des Vertrages

1. Allgemeines. Der Inhalt des Vertrages bestimmt sich nach den jeweiligen Parteivereinbarungen und wird sich im Regelfall weitgehend an dem zu schließenden endgültigen Vertrag anlehnen. Soweit nichts anderes vereinbart ist, beginnt die Deckung sofort mit Abschluss des Vertrages, sie kann aber auch mit einem bestimmten Anfangstermin versehen sein.[19] Eine **zeitliche Befristung** der vorläufigen Deckung in AVB, unabhängig von der Frage, ob und wann ein endgültiger Vertrag zustande kommt, ist unwirksam, weil der VN, der gerade ein Interesse an lückenloser Absicherung bis zum Abschluss des endgültigen Vertrages hat, hierdurch gem. § 307 BGB unangemessen benachteiligt würde.[20] Auch sonst ist jeweils die Vereinbarung von besonderen Bedingungen für die vorläufige Deckung mit den §§ 307 ff BGB zu prüfen.[21] Das gilt namentlich für Risikoausschlussklauseln, die der fehlenden oder nur eingeschränkten Risikoprüfung durch den VR entgegenwirken sollen.[22] In der Praxis treten beim Inhalt der vorläufigen Deckung häufig folgende zwei Probleme auf:

2. Einbeziehung von Allgemeinen Versicherungsbedingungen (Abs. 2). Häufig werden bei Vertragsschluss über die vorläufige Deckung Versicherungsbedingungen nicht oder nur teilweise vorliegen. Das ist, wie sich aus Abs. 1 ergibt, grds. zulässig. In diesen Fällen fragt sich, ob überhaupt und ggf welche Versicherungsbedingungen Vertragsbestandteil werden.

Diese Problematik hat der Gesetzgeber nun weitgehend durch Abs. 2 gelöst.[23] Da der Versicherungsschutz idR überhaupt nur auf der Grundlage von AVB bestimmt ist und VersVerträge praktisch durchgängig nur unter Geltung bestimmter AVB geschlossen werden, wird nunmehr in bewusster Abweichung zu § 305 Abs. 2 BGB bestimmt, dass Vertragsbestandteil die vom VR zu diesem Zeitpunkt für den vorläufigen Versicherungsschutz **üblicherweise verwendeten Bedingungen** werden. Derartige spezielle Regelungen existieren etwa für die Lebensversicherung. Fehlt es – wie regelmäßig – an derartigen speziellen Regelungen, so werden die für den Hauptvertrag vom VR verwendeten Bedingungen auch ohne ausdrücklichen Hinweis Vertragsbestandteil. Lediglich klarstellend wird dann in Abs. 2 S. 2 noch bestimmt, dass bei Zweifeln, welche Bedingungen für den Vertrag gelten sollen, Vertragsbestandteil die Bedingungen werden, die für den VN am **günstigsten** sind. Das kann etwa dann von Bedeutung sein, wenn der VR je nach Tarif Bedingungen für einen Basis- und einen weitergehenden Schutz bietet. Entsprechendes ergibt sich ohnehin schon aus der Zweifelsregelung des § 305c Abs. 2 BGB. Maßgeblicher Zeitpunkt für die Beurteilung des Günstigkeitsvergleichs, der sich am konkreten

---

19 Zum Beginn des Versicherungsschutzes im Einzelnen s. Bruck/Möller/*Höra*, Vor §§ 49 ff Rn 19.
20 BGH 3.4.1996 – IV ZR 152/95, VersR 1996, 743; FAKomm-VersR/*Halbach*, § 49 VVG Rn 31.
21 Vgl BGH 21.2.2001 – IV ZR 259/99, VersR 2001, 489, wonach in der Lebensversicherung die Klausel „Unsere Leistungspflicht ist – soweit nicht etwas anderes vereinbart ist – ausgeschlossen für Versicherungsfälle aufgrund von Ursachen, die vor Unterzeichnung des Antrags erkennbar geworden sind, auch wenn diese im Antrag angegeben wurden" gegen § 307 BGB verstößt, weil sämtliche, auch entfernt liegende Mitursachen ausgeschlossen werden, wodurch der Vertragszweck gefährdet wird; ferner Prölss/Martin/*Klimke*, § 49 Rn 26; zu verwendeten Ausschlussklauseln vgl ferner Bruck/Möller/*Höra*, Vor §§ 49 ff Rn 27–30.
22 FAKomm-VersR/*Halbach*, § 49 VVG Rn 32 f.
23 Hierzu *Maier*, r+s 2006, 487 f; Schwintowski/Brömmelmeyer/*Schwintowski*, § 49 Rn 27; *Wandt*, Rn 456.

VN auszurichten hat,[24] ist der des Vertragsschlusses.[25] Nicht geregelt ist die Frage der Einbeziehung „unüblicher" AVB. Diese werden grds. auch Vertragsbestandteil und es hat lediglich eine Prüfung am Maßstab der §§ 305 c, 307–309 BGB zu erfolgen.

10 **3. Kraftfahrtversicherung.** In der Kraftfahrtversicherung stellt sich häufig die Frage, ob in der Aushändigung der Versicherungsbestätigung oder der Nennung der Bestätigungsnummer bei der elektronischen Versicherungsbestätigung (vgl § 23 FZV) nicht nur eine vorläufige Deckung für die Haftpflicht-, sondern auch für die Kaskoversicherung zu sehen ist. Insoweit entspricht es gefestigter Rspr, dass die **Aushändigung der Versicherungsbestätigung (Doppelkarte)** an den VN, der einen einheitlichen Antrag auf Abschluss einer Kfz-Haftpflicht- und Kaskoversicherung gestellt hat, **zugleich eine vorläufige Deckung für die Fahrzeugversicherung** enthält, wenn nicht der VR durch einen an den VN gerichteten Hinweis unmissverständlich klarstellt, dass entgegen seinem Wunsch nach Kaskoschutz vorläufig nur das Haftpflichtrisiko gedeckt werden soll.[26] Die Aushändigung der Doppelkarte erweckt nämlich bei einem durchschnittlichen VN die berechtigte Erwartung, der VR behandele beide Versicherungen identisch. Hierbei ist es, da der Vertrag über die vorläufige Deckung unabhängig vom Abschluss des Hauptvertrages ist, auch nicht erforderlich, dass im Zeitpunkt der Aushändigung der Doppelkarte bereits ein verbindlicher schriftlicher Antrag auf Abschluss des Hauptvertrages gestellt wurde. Vielmehr reicht aus, dass der VN – wie in der Praxis vielfach üblich – dem VR bzw seinem Agenten telefonisch oder sonst mündlich den Wunsch auch nach Kaskoversicherungsschutz mitgeteilt hat.[27] Diesen Wunsch muss der VN allerdings auch klar zum Ausdruck bringen. So reicht ohne Hinzutreten weiterer Umstände etwa alleine die Tatsache, dass bereits das Vorgängerfahrzeug kaskoversichert war, nicht in jedem Fall aus.[28] Allerdings kann hier für den VR eine Beratungspflicht nach § 6 bestehen, wenn für ihn Anhaltspunkte dafür bestehen, dass der VN den Umfang der vorläufigen Deckung fehlerhaft beurteilt. Insoweit kann dann ein Schadensersatzanspruch nach § 280 Abs. 1 BGB eingreifen. Entsprechende Grundsätze gelten bei der **elektronischen Versicherungsbestätigung** nach § 23 Abs. 3 FZV.

11 Für den mithin zu fordernden **klaren Hinweis des VR**, dass keine vorläufige Deckung für die Fahrzeugversicherung erteilt wird, reicht auch der bloße formularmäßige Hinweis auf der Doppelkarte, etwa durch das Ankreuzen entsprechender Kästchen, über die vorläufige Deckung für den Haftpflichtbereich nicht aus.[29] Ein durchschnittlicher VN wird nicht annehmen, dass der VR durch die Aushändigung der Doppelkarte entgegen seinem bereits gestellten Antrag oder zumindest geäu-

---

24 Langheid/Wandt/*Rixecker*, § 49 Rn 50.
25 Looschelders/Pohlmann/*Kammerer-Galahn*, § 49 Rn 9; Schwintowski/Brömmelmeyer/*Schwintowski*, § 49 Rn 27; Bruck/Möller/*Höra*, § 49 Rn 10; aA Prölss/Martin/*Klimke*, § 49 Rn 23 f, der auf einen ex-post-Vergleich abstellen will, was aber dazu führt, dass je nach Sachverhalt verschiedene AVB zugunsten des VN zur Anwendung kommen und er sich die jeweils günstigsten aussuchen kann.
26 BGH 14.7.1999 – IV ZR 12/98, VersR 1999, 1274; BGH 19.3.1986 – IVa ZR 182/84, VersR 1986, 541; OLG Schleswig 24.5.2007 – 7 U 64/06, OLGR 2007, 726; OLG Saarbrücken 20.4.2006 – 5 U 575/05, zfs 2006, 514; OLG Karlsruhe 20.7.2006 – 12 U 86/06, r+s 2006, 414; Langheid/Wandt/*Rixecker*, § 49 Rn 15; Schwintowski/Brömmelmeyer/*Schwintowski*, § 49 Rn 4–7; *Wandt*, Rn 471; MAH VersR/*Steinbeck/Terno*, § 2 Rn 229–231; FAKomm-VersR/*Halbach*, § 49 VVG Rn 10.
27 OLG Schleswig 24.5.2007 – 7 U 64/06, OLGR 2007, 726; OLG Saarbrücken 20.4.2006 – 5 U 575/05, zfs 2006, 514; OLG Karlsruhe 20.7.2006 – 12 U 86/06, r+s 2006, 414.
28 AG Pirmasens 27.6.2007 – 3 C 98/97, zfs 2008, 33 m. zust. Anm. *Rixecker*; anders jetzt aber Langheid/Wandt/*Rixecker*, § 49 Rn 16, 18; Bruck/Möller/*Höra*, Vor §§ 49 ff Rn 15.
29 BGH 14.7.1999 – IV ZR 12/98, VersR 1999, 1274; OLG Saarbrücken 20.4.2006 – 5 U 575/05, zfs 2006, 514.

ßerten Wunsch nur ein begrenztes Risiko eingehen will. Das ergibt sich schon daraus, dass die Doppelkarte selbst sich für den VN überhaupt nicht so darstellt, als ob sie überhaupt eine an ihn gerichtete Willenserklärung enthält, weil die eine Hälfte der Doppelkarte bei der Zulassungsstelle verbleibt und die andere Hälfte an den VR zurückgeschickt wird. Hinzu kommt, dass die Aushändigung von Doppelkarten in der Praxis nur noch eine geringe Rolle spielt, da seit dem 1.3.2007 gem. § 23 Abs. 3 FZV die Versicherungsbestätigungen vom VR elektronisch an die Zulassungsstelle übermittelt werden.

An dieser Rechtslage hat sich auch durch die Einfügung von **§ 1 Ziff. 3 AKB** nichts geändert.[30] Hiernach gilt die Aushändigung der zur behördlichen Zulassung notwendigen Versicherungsbestätigung nur für die Kfz-Haftpflichtversicherung als Zusage einer vorläufigen Deckung. Allein mit dieser Bestimmung, die dem VN mangels Aushändigung der Versicherungsbedingungen beim Antrag auf vorläufige Deckung häufig überhaupt nicht bekannt sein wird, ändert sich nämlich an der Vorstellung des VN von der grds. einheitlichen Behandlung seines Antrags auf Versicherungsschutz in beiden Versicherungen nichts. Der VR wird daher, wenn er keine vorläufige Deckung für die Kraftfahrtversicherung erteilen will, den VN hierauf durch eine gesonderte mündliche oder schriftliche Erklärung, etwa durch ein zusätzliches Schreiben oder durch einen drucktechnisch hervorgehobenen Hinweis im Versicherungsantrag, aufmerksam machen müssen. Die neue Formulierung in B.2.1 und B.2.2 AKB 2008 ist zwar inhaltlich deutlicher gefasst als § 1 Ziff. 3 AKB aF, weil hier ausdrücklich bestimmt ist, dass in der Kaskoversicherung vorläufiger Versicherungsschutz nur dann besteht, wenn dieser ausdrücklich zugesagt wird. Auch hier bleibt es aber dabei, dass diese Regelung in den AKB dem VN mangels Übermittlung der AKB im Antragszeitpunkt häufig gar nicht bekannt sein wird.[31]

Fraglich kann in Einzelfällen sein, **mit wem** ein Vertrag über die vorläufige Deckung zustande kommt. Wird in der Versicherungsdoppelkarte oder der elektronischen Versicherungsbestätigung eine Person als VN eingetragen, die von derjenigen abweicht, die die Zulassung des Fahrzeugs als Halter erwirkt, so kommt idR nur mit demjenigen, der in der Versicherungsbestätigung genannt wird, ein Vertrag über die vorläufige Deckung zustande. Gegen den Fahrzeughalter besteht in einem solchen Fall auch kein Anspruch aus ungerechtfertigter Bereicherung.[32]

IV. Rücktritt und Anfechtung

Da der Vertrag über die vorläufige Deckung ein selbständiger VersVertrag ist, finden auf ihn auch die allgemeinen Vorschriften der §§ 19 ff bzgl Anzeigepflicht, Anfechtung, Gefahrerhöhung und anderer Obliegenheiten Anwendung.[33] In der Praxis fraglich ist häufig, ob der VR auch vom Vertrag über die vorläufige Deckung wegen **unterbliebener Mitteilung anzeigepflichtiger Umstände** zurücktreten oder diesen anfechten kann. Unproblematisch ist dies, wenn in einem schriftlichen Versicherungsantrag, der sich sowohl auf die vorläufige Deckung als auch auf den Hauptvertrag bezieht, inhaltlich identische Angaben des VN gemacht werden, bei denen zumindest durch Auslegung erkennbar ist, dass sie sich auch auf die vorläufige Deckung beziehen sollen. So kann etwa eine vorläufige Deckungszusage in der Wohngebäudeversicherung wegen arglistiger Täuschung angefochten werden,

---

30 So zu Recht OLG Saarbrücken 20.4.2006 – 5 U 575/05, zfs 2006, 514; OLG Karlsruhe 20.7.2006 – 12 U 86/06, r+s 2006, 414; *Wandt*, Rn 471.
31 So auch Bruck/Möller/*Höra*, Vor §§ 49 ff Rn 15; zweifelnd zur Neuregelung auch *Wandt*, Rn 471.
32 LG Heidelberg 22.7.2012 – 5 S 62/11, NJW-RR 2013, 95.
33 Schwintowski/Brömmelmeyer/*Schwintowski*, § 49 Rn 31; Langheid/Wandt/*Rixecker*, § 49 Rn 34–38.

wenn der VN als Versicherungssumme den von ihm gezahlten Grundstückskaufpreis angibt, obwohl er bereits bei Antragstellung entschlossen war, das Wohngebäude abzureißen und das Grundstück neu zu bebauen.[34] So liegen die meisten Fälle indessen nicht. Insbesondere in der Kfz-Haftpflicht und -Kaskoversicherung erteilt der VR häufig eine vorläufige Deckungszusage, ohne dass überhaupt schon ein schriftlicher Versicherungsantrag gestellt wurde oder ohne dass trotz gestellten Antrags irgendeine Art von Risikoprüfung stattfindet. Nimmt der VR von jeder Risikoprüfung Abstand, was insb. dann der Fall ist, wenn vorab eine Doppelkarte ausgehändigt wird oder die vorläufige Deckung bereits mit Zugang des schriftlichen Antrags beim VR einsetzen soll, so scheiden Rücktritt und Anfechtung aus.[35] Eine Grenze der Eintrittspflicht kommt hier nur unter dem Gesichtspunkt des **Rechtsmissbrauchs** bzw der **Arglistanfechtung** in Betracht, wenn der VN in Kenntnis der fehlenden Risikoprüfung vorläufige Deckung beantragt, obwohl er weiß, dass der VR bei Kenntnis der Sachlage keinesfalls einen Vertrag mit ihm abschließen würde.[36]

15 Die Eintrittspflicht des VR kann grds. auch nicht dadurch ausgeschlossen werden, dass er bei fehlender Risikoprüfung durch AVB die Leistungspflicht für Versicherungsfälle aufgrund von Ursachen ausschließt, die vor Unterzeichnung des Vertrages erkennbar geworden sind, auch wenn diese im Antrag angegeben wurden.[37] Wenn der VR **vorläufige Deckung ohne vorherige Risikoprüfung** gewährt, verzichtet er auf die ihm nach §§ 19 ff möglichen Erkenntnismöglichkeiten und auf das Recht zum Rücktritt bei dem VN bekannten Gefahrumständen, die er schuldhaft verschwiegen hat. Die Rechte des VN werden hier in einer den Vertragszweck gefährdenden Weise eingeschränkt, wenn der VR durch diese Ausschlussklausel Leistungsfreiheit erhält, die sogar noch über diejenige infolge einer Risikoprüfung, auf die er indessen verzichtet hat, hinausgeht.[38]

§ 50 Nichtzustandekommen des Hauptvertrags

Ist der Versicherungsnehmer verpflichtet, im Fall des Nichtzustandekommens des Hauptvertrags eine Prämie für die vorläufige Deckung zu zahlen, steht dem Versicherer ein Anspruch auf einen der Laufzeit der vorläufigen Deckung entsprechenden Teil der Prämie zu, die beim Zustandekommen des Hauptvertrags für diesen zu zahlen wäre.

I. Normzweck

1 Kommt im Anschluss an die vorläufige Deckung ein **Hauptvertrag mit demselben VR** zustande, so wird die **Prämie für den Zeitraum der vorläufigen Deckung** üblicherweise mit in den Versicherungsschein für den Hauptvertrag einbezogen. Kommt es dagegen nicht zum Abschluss eines Hauptvertrages und fehlt es – wie in der Praxis üblich – an der Ausstellung eines Versicherungsscheins für den Zeitraum der vorläufigen Deckung und an einer Prämienanforderung mit Beginn des

---

34 OLG Schleswig 17.12.1992 – 16 U 5/92, r+s 1995, 26; zur Problematik ferner Prölss/Martin/*Klimke*, Vor § 49 Rn 11–13.
35 Vgl OLG Karlsruhe 20.7.2006 – 12 U 86/06, r+s 2006, 414, wenn der VR dem VN eine Doppelkarte vor dem Erhalt der angeforderten Fahrzeugunterlagen aushändigt; Langheid/Wandt/*Rixecker*, § 49 Rn 35; Bruck/Möller/*Höra*, Vor §§ 49 ff Rn 26; Römer/Langheid/*Rixecker*, § 49 Rn 11.
36 Prölss/Martin/*Klimke*, Vor § 49 Rn 12a; Langheid/Wandt/*Rixecker*, § 49 Rn 35, 38; Bruck/Möller/*Höra*, Vor §§ 49 ff Rn 25.
37 BGH 21.2.2001 – IV ZR 259/99, VersR 2001, 489.
38 Vgl hierzu ferner Langheid/Wandt/*Rixecker*, § 49 Rn 39–41.

Versicherungsschutzes, so ist fraglich, ob und welche Prämie dem VR in diesen Fällen zusteht. Auch wenn es in der Praxis vorkommt, dass VR bei später gescheiterten Vertragsverhandlungen keine Prämie fordern, bedeutet dies nicht, dass ihnen kein solcher Anspruch zustünde. Da es sich beim Hauptvertrag und dem Vertrag über die vorläufige Deckung um zwei rechtlich selbständige Verträge handelt und der VR Deckungsschutz auch für den Zeitraum der vorläufigen Deckung zu erteilen hat, steht ihm grds. auch dann ein entsprechender Prämienanspruch zu, wenn es nicht zum Abschluss des Hauptvertrages kommt.[1] Insbesondere bei der sofortigen Versicherung von Haftpflichtrisiken wird der VR vorläufigen Deckungsschutz idR nicht ohne Prämie anbieten wollen.

Soweit in § 50 vom Nichtzustandekommen des Hauptvertrages die Rede ist, bedeutet dies nicht, dass überhaupt kein Hauptvertrag zustande gekommen sein darf. Die Regelung findet vielmehr auch dann Anwendung, wenn der VN den **Hauptvertrag mit einem anderen VR** als demjenigen abschließt, bei dem die vorläufige Deckung bestanden hat.[2] Für den Prämienanspruch des VR der vorläufigen Deckung spielt es keine Rolle, ob später überhaupt kein Hauptvertrag oder ein solcher mit einem anderen VR geschlossen wird.

II. Höhe der Prämie

§ 50 bestimmt, dass für den Zeitraum der vorläufigen Deckung der entsprechende Teil der Prämie zu zahlen ist, die beim Zustandekommen des Hauptvertrages für diesen zu zahlen wäre. Es findet mithin grds. eine **Abrechnung pro rata temporis** statt.[3] Diese Regelung ist erforderlich, weil es regelmäßig an einer Vereinbarung der Parteien darüber fehlt, welche Prämie isoliert für den Zeitraum der vorläufigen Deckung zu zahlen ist. § 50 ist aber nicht als zwingend ausgestaltet, so dass es den Parteien freisteht, auch eine Abrechnung nach Kurztarif zu vereinbaren, soweit diese Vereinbarung den allgemeinen Grundsätzen, etwa dem Transparenzgebot, genügt.[4] Diese Abrechnung pro rata temporis findet sich auch in **B.2.7 AKB 2008**.

Nicht geregelt von § 50 ist die von der Zahlung der Prämie zu trennende Frage, ob auch weitere, den Versicherungsanspruch des Hauptvertrages betreffende Erstattungsregelungen auf die vorläufige Deckung übertragen werden können. Das betrifft etwa die Frage, ob eine **Selbstbeteiligung**, die im Falle des Zustandekommens des Hauptvertrages vereinbart worden wäre, auch im Rahmen der vorläufigen Deckung zu berücksichtigen ist. Insoweit soll weiterhin eine Bemessung nach § 315 BGB möglich sein.[5] Das dürfte aber nur dann in Betracht kommen, wenn der VN bereits einen Antrag für den Hauptvertrag gestellt hat und ihm deshalb die Höhe einer möglichen Selbstbeteiligung bekannt war und er diese akzeptieren wollte, es dann aber nicht mehr zum Vertragsschluss kam. Ist über die Frage der Selbstbeteiligung dagegen überhaupt noch nicht gesprochen worden, kann ein Abzug zu Lasten des VN allenfalls dann in Betracht kommen, wenn sich Entsprechendes bereits aus den nach § 49 Abs. 2 Vertragsbestandteil gewordenen Allgemeinen Versicherungsbedingungen ergibt.

---

1 OLG Düsseldorf 29.2.2000 – 4 U 44/99, VersR 2000, 1355; LG Kassel 29.1.2004 – 9 O 81/03, IHV 2004, 110; zu den verschiedenen Fallkonstellationen Langheid/Wandt/Rixecker, § 49 Rn 1–4; ferner Bruck/Möller/Höra, § 50 Rn 2; FAKomm-VersR/Halbach, § 50 VVG Rn 1.
2 Vgl Düsseldorf 29.2.2000 – 4 U 44/99, VersR 2000, 1355.
3 Maier, r+s 2006, 488 f; Schwintowski/Brömmelmeyer/Schwintowski, § 50 Rn 2; Schimikowski, Rn 94; Prölss/Martin/Klimke, § 50 Rn 4; Langheid/Wandt/Rixecker, § 49 Rn 6.
4 Begr. RegE, BT-Drucks. 16/3945, S. 74.
5 OLG Saarbrücken 20.4.2006 – 5 U 575/05, zfs 2006, 514; Looschelders/Pohlmann/Kammerer-Galahn, § 49 Rn 10; Schwintowski/Brömmelmeyer/Schwintowski, § 49 Rn 8.

§ 51 Prämienzahlung

(1) Der Beginn des Versicherungsschutzes kann von der Zahlung der Prämie abhängig gemacht werden, sofern der Versicherer den Versicherungsnehmer durch gesonderte Mitteilung in Textform oder durch einen auffälligen Hinweis im Versicherungsschein auf diese Voraussetzung aufmerksam gemacht hat.

(2) Von Absatz 1 kann nicht zum Nachteil des Versicherungsnehmers abgewichen werden.

I. Grundsatz: Versicherungsschutz vor Prämienzahlung

1 In vielen Fällen gewährt der VR dem VN sofort Versicherungsschutz für ein bestimmtes Risiko, weil der VN hierauf Wert legt und Eile geboten ist. Das kommt insb. beim vorläufigen Versicherungsschutz in der **Kfz-Haftpflichtversicherung** durch **Aushändigung der Versicherungsbestätigung** nach § 29a StVZO in Betracht (§ 1 Abs. 3 AKB aF, B.2.1 AKB 2008, § 9 S. 1 KfzPflVV). In derartigen Fällen wird der VR deshalb idR darauf verzichten, den Beginn des Versicherungsschutzes in der vorläufigen Deckung von der Zahlung der Prämie abhängig zu machen. Teilweise fehlt es in diesen Fällen noch vollständig an einer schriftlichen Antragsaufnahme, teilweise liegt im Zeitpunkt der Erteilung der vorläufigen Deckung gerade einmal der Antrag auf Abschluss des Hauptvertrages vor. In derartigen Fällen gewährt der VR dem VN auch dann Deckungsschutz, wenn keine gesonderte Prämie für die vorläufige Deckung und erst recht noch nicht die Prämie für den Hauptvertrag gezahlt wurde. Von einem derartigen stillschweigenden **Abbedingen** ist nunmehr auch für **§ 37 Abs. 2** auszugehen.[1]

II. Ausnahme: Prämienzahlung vor Versicherungsschutz

2 Von diesem Grundsatz weicht auch § 51 nicht ab. Er gibt indessen dem VR das Recht, den Beginn des vorläufigen Versicherungsschutzes von der vorherigen Prämienzahlung abhängig zu machen.[2] In diesem Fall ist dann § 37 Abs. 2 anwendbar, was mit einer entsprechenden Leistungsfreiheit des VR verbunden ist.[3] Um den VN vor diesen weitreichenden Folgen, die er gerade bei der vorläufigen Deckung nicht immer übersehen wird, zu schützen, schreibt § 51 vor, dass der VR den VN entsprechend der Neuregelung in § 37 Abs. 2 S. 2 auf diese Abhängigkeit des Versicherungsschutzes von der vorläufigen Prämienzahlung durch **gesonderte Mitteilung in Textform** oder durch einen **auffälligen Hinweis im Versicherungsschein** aufmerksam zu machen hat.[4] Da idR noch kein Versicherungsschein über den Hauptvertrag vorliegt und Versicherungsscheine über vorläufige Deckung vielfach nicht ausgestellt werden, wird der VR idR eine gesonderte Belehrung in Textform vorzunehmen haben. Das kann entweder durch ein gesondertes Schreiben oder durch einen drucktechnisch auffälligen Hinweis im Antrag für den Hauptvertrag erfolgen, sofern dieser zeitgleich mit dem Beginn der vorläufigen Deckung gestellt wird. Von dieser Belehrung kann auch durch Individualvereinbarung nicht

---

1 Schwintowski/Brömmelmeyer/*Schwintowski*, § 51 Rn 1, 8; *Schimikowski*, Rn 94; Looschelders/Pohlmann/*Kammerer-Galahn*, § 51 Rn 2; Prölss/Martin/*Klimke*, § 51 Rn 7; Langheid/Wandt/*Rixecker*, § 49 Rn 24, § 51 Rn 1; Römer/Langheid/*Rixecker*, § 51 Rn 1.
2 Begr. RegE, BT-Drucks. 16/3945, S. 74.
3 Zur analogen Anwendung von § 37 im Rahmen des § 51 vgl Prölss/Martin/*Klimke*, § 51 Rn 3; abl. zur Anwendbarkeit des § 37 Abs. 2 im Rahmen von § 51 Langheid/Wandt/*Rixecker*, § 51 Rn 5 mit der Folge, dass es auf das Nichtvertretenmüssen der Zahlung durch den VN nicht ankommt; dagegen zu Recht Bruck/Möller/*Höra*, § 50 Rn 4 sowie FAKomm-VersR/*Halbach*, § 51 VVG Rn 2, weil für eine unterschiedliche Behandlung des Vertretenmüssens in § 37 Abs. 2 und § 51 kein Grund besteht.
4 Schwintowski/Brömmelmeyer/*Schwintowski*, § 51 Rn 3; Langheid/Wandt/*Rixecker*, § 51 Rn 3.

zum Nachteil des VN abgewichen werden (Abs. 2). Zu beachten ist, dass mit der in § 51 genannten Prämienzahlung nur diejenige für die vorläufige Deckung gemeint ist. Demgegenüber kann die vorläufige Deckung, wie sich auch aus Abs. 2 ergibt, nicht von der Prämienzahlung für den Hauptvertrag abhängig gemacht werden.[5] Mit einer derartigen Klausel muss ein VN auch nicht rechnen, zumal eine derartige Verknüpfung zu einer Gefährdung des Vertragszwecks der vorläufigen Deckung führt (§ 307 Abs. 2 Nr. 2 BGB).

III. Rücktritt

Nicht ausdrücklich geregelt wird von § 51 die Frage eines Rücktritts des VR wegen **Prämienverzugs**. Hier findet mithin die allgemeine Regelung des § 37 Abs. 1 Anwendung. Der VR ist also bei nicht rechtzeitiger Zahlung der Prämie, solange die Zahlung nicht bewirkt ist, zum Rücktritt vom Vertrag berechtigt, es sei denn, der VN hat die Nichtzahlung nicht zu vertreten.[6] In diesen Fällen kommt mithin bei entsprechender Vereinbarung, die auch in AVB möglich ist, ein **rückwirkender Wegfall der vorläufigen Deckung** in Betracht.[7] § 52 Abs. 1 steht nicht entgegen, weil dort lediglich bestimmt ist, dass der Vertrag über die vorläufige Deckung „spätestens" zum Zeitpunkt des Verzugs mit der Erstprämie endet. Eine entsprechende Regelung für die Kfz-Haftpflichtversicherung enthalten § 9 S. 2 KfzPflVV sowie B.2.4 AKB 2008.[8] Ausdrücklich nicht übernommen hat der Gesetzgeber den Vorschlag der VVG-Kommission und des Referentenentwurfs, wonach eine Vereinbarung über den rückwirkenden Wegfall der vorläufigen Deckung bei Verzug des VN mit der Zahlung der Prämie für die vorläufige Deckung oder der Erstprämie für den Hauptvertrag ausgeschlossen werden sollte.[9] Für einen derartigen Ausschluss des Rücktrittsrechts gibt es indessen keine Veranlassung, weil der VN, sofern es um die Frage des Versicherungsschutzes geht, durch die Belehrungspflicht nach Abs. 1 hinreichend geschützt ist.[10] Warum der VR dann trotz verschuldeter Nichtzahlung der Prämie und erteilter Belehrung nicht zum Rücktritt vom Vertrag über die vorläufige Deckung berechtigt sein soll, erschließt sich nicht und wäre unangemessen.[11] Dem VR stünde sonst bei Nichtzahlung der Prämie keine hinreichende Sanktionsmöglichkeit zu.

§ 52 Beendigung des Vertrags

(1) [1]Der Vertrag über vorläufige Deckung endet spätestens zu dem Zeitpunkt, zu dem nach einem vom Versicherungsnehmer geschlossenen Hauptvertrag oder

---

5 Schwintowski/Brömmelmeyer/*Schwintowski*, § 51 Rn 6; Prölss/Martin/*Klimke*, § 51 Rn 11.
6 Vgl auch Prölss/Martin/*Klimke*, § 51 Rn 8–10.
7 So auch Langheid/Wandt/*Rixecker*, § 52 Rn 30 ff; Römer/Langheid/*Rixecker*, § 52 Rn 13 (der zu Unrecht meint, in diesem Kommentar werde die Gegenauffassung vertreten); Looschelders/Pohlmann/*Kammerer-Galahn*, § 52 Rn 12 f; Schwintowski/Brömmelmeyer/*Schwintowski*, § 52 Rn 12; Bruck/Möller/*Höra*, § 52 Rn 14; differenzierend Prölss/Martin/*Klimke*, § 52 Rn 37–39, der allerdings eine Vereinbarung über den rückwirkenden Wegfall der vorläufigen Deckung für den Fall, dass der VN mit der Zahlung der Prämie für die vorläufige Deckung in Verzug ist, für zulässig hält.
8 Hierzu *Wandt*, Rn 463.
9 Vgl § 53 Abs. 2 RefE, hierzu VVG-RefE, S. 74.
10 Vgl auch Langheid/Wandt/*Rixecker*, § 51 Rn 5; aA zum Belehrungserfordernis bei Rücktritt FAKomm-VersR/*Halbach*, § 51 VVG Rn 5.
11 Begr. RegE, BT-Drucks. 16/3945, S. 74; zur Problematik s. *Maier*, r+s 2006, 485 f; krit. zur Neuregelung dagegen *Römer*, VersR 2006, 865; Schwintowski/Brömmelmeyer/*Schwintowski*, § 52 Rn 22.

einem weiteren Vertrag über vorläufige Deckung ein gleichartiger Versicherungsschutz beginnt. ²Ist der Beginn des Versicherungsschutzes nach dem Hauptvertrag oder dem weiteren Vertrag über vorläufige Deckung von der Zahlung der Prämie durch den Versicherungsnehmer abhängig, endet der Vertrag über vorläufige Deckung bei Nichtzahlung oder verspäteter Zahlung der Prämie abweichend von Satz 1 spätestens zu dem Zeitpunkt, zu dem der Versicherungsnehmer mit der Prämienzahlung in Verzug ist, vorausgesetzt, dass der Versicherer den Versicherungsnehmer durch gesonderte Mitteilung in Textform oder durch einen auffälligen Hinweis im Versicherungsschein auf diese Rechtsfolge aufmerksam gemacht hat.

(2) ¹Absatz 1 ist auch anzuwenden, wenn der Versicherungsnehmer den Hauptvertrag oder den weiteren Vertrag über vorläufige Deckung mit einem anderen Versicherer schließt. ²Der Versicherungsnehmer hat dem bisherigen Versicherer den Vertragsschluss unverzüglich mitzuteilen.

(3) Kommt der Hauptvertrag mit dem Versicherer, mit dem der Vertrag über vorläufige Deckung besteht, nicht zustande, weil der Versicherungsnehmer seine Vertragserklärung nach § 8 widerruft oder nach § 5 Abs. 1 und 2 einen Widerspruch erklärt, endet der Vertrag über vorläufige Deckung spätestens mit dem Zugang des Widerrufs oder des Widerspruchs beim Versicherer.

(4) ¹Ist das Vertragsverhältnis auf unbestimmte Zeit eingegangen, kann jede Vertragspartei den Vertrag ohne Einhaltung einer Frist kündigen. ²Die Kündigung des Versicherers wird jedoch erst nach Ablauf von zwei Wochen nach Zugang wirksam.

(5) Von den Absätzen 1 bis 4 kann nicht zum Nachteil des Versicherungsnehmers abgewichen werden.

I. Grundzüge

1 § 52 enthält Regelungen darüber, wann der Vertrag über die vorläufige Deckung endet.[1] Hier hatten sich in der bisherigen Praxis **zahlreiche Zweifelsfragen** ergeben, die aus dem **Verhältnis von vorläufiger Deckung und Hauptvertrag** resultieren. Durch die gesetzliche Neuregelung werden seither zumindest die wesentlichen Grundzüge über das Ende der vorläufigen Deckung geregelt. Abweichungen von den gesetzlichen Regelungen sind nach der halbzwingenden Regelung des Abs. 5 zu Lasten des VN nicht möglich.

II. Abschluss des Hauptvertrages oder eines weiteren Vertrages über die vorläufige Deckung (Abs. 1 S. 1)

2 Nach der Grundregel des Abs. 1 S. 1 endet der Vertrag über die vorläufige Deckung spätestens zu dem Zeitpunkt, zu dem nach einem vom VN geschlossenen **Hauptvertrag** oder **einem weiteren Vertrag über die vorläufige Deckung** ein gleichartiger Versicherungsschutz beginnt. Maßgebend ist also nicht der Zeitpunkt des formalen Vertragsschlusses bzgl des Hauptvertrages, sondern der Zeitpunkt, zu dem der VN nach dem Hauptvertrag den Versicherungsschutz erlangt, der im Wesentlichen dem vorläufigen Versicherungsschutz entspricht. Durch dieses Anknüpfen an den Beginn des materiellen Versicherungsschutzes wird eine Deckungslücke für den Zeitraum zwischen formellem Vertragsschutz und Beginn des materiellen Versicherungsschutzes beim Hauptvertrag vermieden.[2] Zu beachten ist, dass der Versicherungsschutz bereits dann endet, wenn durch den Hauptvertrag ein gleich-

---

[1] Hierzu *Maier*, r+s 2006, 489; *Schimikowski/Höra*, S. 139–141; *Wandt*, Rn 464–469; *Schimikowski*, Rn 96–99.
[2] So auch schon die bisherige Rspr, vgl BGH 26.4.2006 – IV ZR 248/04, VersR 2006, 913; ferner Schwintowski/Brömmelmeyer/*Schwintowski*, § 52 Rn 2; Looschelders/Pohlmann/ *Kammerer-Galahn*, § 52 Rn 2; Bruck/Möller/*Höra*, § 52 Rn 4; Prölss/Martin/*Klimke*, § 52

artiger **Versicherungsschutz** gewährt wird. Hierfür ist es ausreichend, wenn der Versicherungsschutz im Hauptvertrag im Wesentlichen dem aus der vorläufigen Deckung entspricht, mag auch die vorläufige Deckung in Teilbereichen inhaltlich weiter reichen als der Hauptvertrag.[3] Einer gesonderten Kündigung für den aus der vorläufigen Deckung überschießenden Teil nach Abs. 4 bedarf es in diesen Fällen nur bei wesentlicher Abweichung des Hauptvertrages von der vorläufigen Deckung.

Keiner Kündigung bedarf es, wenn es zwar an der Gleichartigkeit des Vertrages über die vorläufige Deckung mit dem Hauptvertrag fehlt, dies aber aus der eigenen Entscheidung des VN im Rahmen der Vertragsverhandlungen folgt. Erteilt etwa der VR eine vorläufige Deckung für die Haftpflicht- und die Kaskoversicherung eines Fahrzeugs, kommt es dann aber nach Vertragsverhandlungen nur zum Abschluss eines Vertrages über die Haftpflichtversicherung und wird dieser Versicherungsschein vom VN durch Zahlung der Prämie eingelöst, so bedarf es auch aus Gründen des Schutzes des VN keiner gesonderten Kündigung des Vertrages über die vorläufige Deckung bzgl der Kaskoversicherung mehr. Vielmehr ist hier auch für den VN ersichtlich, dass der VR sich nicht weitergehend als geschehen binden wollte.[4] Anders liegt es dagegen, wenn der VR einen Antrag auf Haftpflicht- und Kaskoversicherung nur bzgl der Haftpflichtversicherung annimmt. Hier muss der VR nach Abs. 4 kündigen.[5] 3

Ebenso liegt es, wenn es überhaupt nicht zum Abschluss eines Hauptvertrages kommt, sondern die **Vertragsverhandlungen scheitern oder einschlafen**. In diesem Fall gebietet es der Schutz des VN, der Klarheit darüber benötigt, ob und bis wann er noch Versicherungsschutz hat, dass der VR ausdrücklich eine **Kündigung** des eigenständigen Vertrages über die vorläufige Deckung ausspricht.[6] Das kommt nunmehr auch in Abs. 4 zum Ausdruck, wonach der Vertrag über die vorläufige Deckung von jeder Partei fristlos gekündigt werden kann, die Kündigung des VR aber erst nach Ablauf von zwei Wochen nach Zugang wirksam wird. Der VN hat dann hinreichend Zeit, sich um den Abschluss eines Hauptvertrages oder eines über die vorläufige Deckung bei einem anderen VR zu bemühen. Einer derartigen Kündigung seitens des VR bedarf es aber nicht, wenn der VN selbst nicht schutzwürdig ist. So besteht kein Versicherungsschutz aus einer vorläufigen Deckung, wenn sich der VN, ohne jemals irgendeine Zahlung zu erbringen, ein offensichtliches Versehen bzw einen Irrtum des VR zu nutze macht und über fünf Jahre hinweg ohne Abschluss eines Hauptvertrages das Fahrzeug nur über die vorläufige Deckung laufen lässt.[7] 4

III. Beendigung des Vertrages bei Prämienverzug (Abs. 1 S. 2)

1. Prämienverzug. Abs. 1 S. 2 regelt den Fall, dass der Beginn des Versicherungsschutzes in dem Hauptvertrag oder in dem weiteren Vertrag über die vorläufige Deckung von der Zahlung der Prämie durch den VN abhängig ist (sog. **erweiterte Einlösungsklausel**). In diesem Fall endet der Vertrag über die vorläufige Deckung 5

Rn 5; *ders.*, aaO, Rn 6–10 auch zur Frage der Rückwärtsversicherung oder zum fehlenden Zustandekommen des Hauptvertrages.
3 Begr. RegE, BT-Drucks. 16/3945, S. 75; *Maier*, r+s 2006, 489; *Wandt*, Rn 466; zur Gleichartigkeit ferner Prölss/Martin/*Klimke*, § 52 Rn 11–13; Langheid/Wandt/*Rixecker*, § 52 Rn 5; Römer/Langheid/*Rixecker*, § 52 Rn 4; Bruck/Möller/*Höra*, § 52 Rn 5 f.
4 So auch OLG Saarbrücken 22.3.2000 – 5 U 818/99, VersR 2001, 325; Prölss/Martin/*Klimke*, § 52 Rn 12 f; Bruck/Möller/*Höra*, § 52 Rn 5; vgl auch Langheid/Wandt/*Rixecker*, § 52 Rn 6.
5 Vgl auch Langheid/Wandt/*Rixecker*, § 52 Rn 6.
6 So schon zum bisherigen Recht OLG Hamm 28.5.1997 – 20 U 5/97, NJW-RR 1998, 208; zur Neuregelung Bruck/Möller/*Höra*, § 52 Rn 9.
7 OLG Nürnberg 2.8.2007 – 8 U 988/07, VersR 2008, 70.

bei Nichtzahlung oder verspäteter Zahlung der Prämie abweichend von der Grundregel in S. 1 spätestens zu dem **Zeitpunkt**, zu dem der VN mit der **Prämienzahlung in Verzug** ist. Hierfür ist idR eine Mahnung nach § 286 Abs. 1 BGB erforderlich, sofern nicht ein Fall von § 286 Abs. 2 Nr. 2 BGB vorliegt.[8] Durch diese Regelung soll verhindert werden, dass der VN durch Nichtzahlung bzw verspätete Zahlung der Prämie den Beginn des Versicherungsschutzes aus dem Hauptvertrag hinausschiebt und sich dadurch weiteren Versicherungsschutz aus der vorläufigen Deckung verschafft, ohne dass idR in diesem Zeitpunkt bereits Prämien für die vorläufige Deckung gezahlt worden wären. Die Regelung gilt allerdings auch für den Fall, dass der Beginn des Versicherungsschutzes in der vorläufigen Deckung von der Zahlung der Prämie abhängig gemacht wurde. Auch hier muss der Fall geregelt werden, dass der Beginn des Versicherungsschutzes im Hauptvertrag oder in einem weiteren Vertrag über die vorläufige Deckung von der Zahlung der Prämie für diesen Folgevertrag abhängig gemacht wird. Ansonsten könnte auch in einem solchen Fall die vorläufige Deckung auf unabsehbare Zeit verlängert werden, mag ursprünglich für sie auch einmal eine Prämie gezahlt worden sein.[9]

6 **2. Belehrungspflicht.** Da der VN in diesen Fällen des Schutzes aus der vorläufige Deckung verlustig gehen kann, obwohl weder ein Hauptvertrag geschlossen wurde, die Vertragsverhandlungen gescheitert sind oder eine Kündigung des Vertrages erfolgte, ist es zum Schutz des VN erforderlich, dass er über diese weitreichenden **Folgen des Verlustes seines Versicherungsschutzes belehrt** wird. Da die Situation insoweit mit der bei Nichtzahlung der Erstprämie vergleichbar ist, hat der Gesetzgeber die Regelung des § 37 Abs. 2 S. 2 der Sache nach übernommen. Das Ende der vorläufigen Deckung setzt mithin neben dem Prämienverzug voraus, dass der VR den VN durch gesonderte Mitteilung in Textform oder durch einen auffälligen Hinweis im Versicherungsschein auf diese Rechtsfolge aufmerksam gemacht hat.

7 Diese Belehrungspflicht gilt nicht nur dann, wenn nach den Versicherungsbedingungen, wie etwa in B.2.4 AKB 2008, bei Nichtzahlung der Prämie ein **rückwirkender Verlust der vorläufigen Deckung** droht, sondern auch dann, wenn die nicht unverzügliche Zahlung der Erstprämie lediglich die **vorläufige Deckung für die Zukunft** beendet. Insoweit differenziert Abs. 1 S. 2 nicht zwischen diesen beiden Fallgruppen. Das entsprach auch schon der jüngeren Rspr des BGH, der dieses Belehrungserfordernis auch bei einer bloßen Beendigung des Vertrages ex nunc annahm.[10] Dies rechtfertigt sich daraus, dass der VN in beiden Fällen gleichermaßen schutzwürdig ist, mag auch der rückwirkende Wegfall der vorläufigen Deckung mit noch einschneidenderen Folgen verbunden sein. Zu beachten ist, dass Abs. 1 S. 2 sich zu der Frage, ob bei Zahlungsverzug die vorläufige Deckung rückwirkend oder nur für die Zukunft entfällt, nicht äußert. Aus der Formulierung „spätestens" ergibt sich vielmehr, dass die vorläufige Deckung auch vor dem Zeitpunkt enden kann, zu dem der VN mit der Zahlung in Verzug ist. Will der VR einen derartigen rückwirkenden Wegfall der Deckung erreichen, muss das vertraglich aber ausdrücklich vereinbart sein, wie etwa B.2.4 AKB 2008. Bedenken bzgl der Wirksamkeit einer solchen Regelung bestehen nicht.[11] Nach allgemeinen Grundsätzen tritt

---

8 *Schimikowski/Höra*, S. 139 f; *Wandt*, Rn 467 Fn 63; zur Anwendung von § 286 Abs. 2 Nr. 2 BGB in derartigen Fällen Prölss/Martin/*Klimke*, § 52 Rn 19; Langheid/Wandt/*Rixecker*, § 52 Rn 11.
9 FAKomm-VersR/*Halbach*, § 52 VVG Rn 9; aA Schwintowski/Brömmelmeyer/*Schwintowski*, § 52 Rn 8, der in dieser Fallkonstellation nur § 51 für anwendbar hält.
10 BGH 26.4.2006 – IV ZR 248/04, VersR 2006, 913; aA noch OLG München 30.7.2001 – 25 W 1841/01, VersR 2003, 195.
11 FAKomm-VersR/*Halbach*, § 52 VVG Rn 23.

dagegen ein rückwirkender Wegfall der Deckung nicht ein (vgl auch § 51 Rn 3).[12] Ist nichts vereinbart, endet sie erst für die Zukunft.

An die **Belehrungspflicht** sind genauso wie bei den §§ 37 und 38 **strenge Anforderungen** zu stellen. Sie muss umfassend und vollständig unter Angabe der mit der Nichtzahlung der Prämie verbundenen Rechtsfolgen erfolgen.[13] Insbesondere muss sie darauf hinweisen, dass der Verlust der vorläufigen Deckung nur bei verschuldeter Nichtzahlung oder verspäteter Zahlung eintritt, während bei unverschuldeter Verspätung klarzustellen ist, dass der VN sich in diesem Fall den Versicherungsschutz durch rechtzeitige Nachzahlung erhalten kann. Unzureichend ist deshalb eine Formulierung, wonach die vorläufige Deckung bereits dann außer Kraft tritt, wenn die Erstprämie nicht unverzüglich gezahlt wird, da ein durchschnittlicher VN dies dahingehend verstehen darf, schon eine objektiv verspätete Zahlung ohne Verschulden führe zum Verlust des Versicherungsschutzes.[14] Ferner muss der VR bei der zu setzenden Zahlungsfrist, damit diese einen Verzug des VN begründen kann, die zweiwöchige Frist des VN zum Widerruf seiner Vertragserklärung nach § 8 Abs. 1 und 2 sowie das einmonatige Widerspruchsrecht nach § 5 Abs. 1 bei einem vom Antrag abweichenden Versicherungsschein beachten.[15] Die Belehrung muss weiter entweder durch gesonderte Mitteilung in Textform oder durch einen auffälligen Hinweis im Versicherungsschein erfolgen. Darlegungs- und beweispflichtig für den Zugang dieser Mitteilung beim VN ist der VR. Versucht der VR deshalb erfolglos die Einziehung der Prämie von dem nicht gedeckten Konto des VN, so endet die vorläufige Deckung gleichwohl nicht, wenn der VR den Nachweis des Zugangs des Versicherungsscheins nicht führen kann, weil er diesen nicht mit Einschreiben/Rückschein versandt hat.[16] Ist die Belehrung unterblieben oder unzureichend, so kommt es auch nicht darauf an, ob dies zu einer für die verspätete Prämienzahlung des VN ursächlichen Fehlvorstellung geführt hat. Der dem Gesetz zugrunde liegende Verwirkungsgedanke schließt einen Kausalitätsgegenbeweis des VR aus.[17]

Außerdem muss sich der VR an das **vereinbarte Zahlungsverfahren** halten. So fällt der vorläufige Deckungsschutz trotz fehlender Deckung auf dem Konto nicht weg, wenn der VR trotz Vereinbarung eines Lastschriftverfahrens die Prämie nicht innerhalb der 14-Tages-Frist des B.2.4 AKB 2008 einzieht.[18] Ob das Konto auch in diesen 14 Tagen nicht gedeckt war, ist unerheblich, da die Pflichtverletzung des VN hier nicht kausal für die verspätete Zahlung der Erstprämie geworden ist. Umgekehrt ist aber auch der VN nicht von jeden Verpflichtungen frei. So kann es einen Verzug des VN mit der Prämienzahlung begründen, wenn er wegen des Ablaufs einer gewissen Zeit nach Aushändigung der Versicherungsdoppelkarte mit der Zusendung des Versicherungsscheins und der Beitragsrechnung rechnen musste, es trotz vierwöchiger Abwesenheit aber unterlässt, durch einen Nachsendeantrag oder sonstige geeignete Mittel sicherzustellen, dass ihn Posteingänge erreichen.[19]

---

12 BGH 26.4.2006 – IV ZR 248/04, VersR 2006, 913; Langheid/Wandt/*Rixecker*, § 52 Rn 30 ff.
13 Prölss/Martin/*Klimke*, § 52 Rn 23; Langheid/Wandt/*Rixecker*, § 52 Rn 12 f; Bruck/Möller/*Höra*, § 52 Rn 13.
14 BGH 26.4.2006 – IV ZR 248/04, VersR 2006, 913; OLG Hamm 29.1.1999 – 20 U 159/98, VersR 1999, 1229; LG Köln 10.10.2002 – 24 O 569/01, r+s 2003, 100.
15 Vgl hierzu auch schon zum bisherigen Recht und dem Policenmodell nach § 5 aF BGH 26.4.2006 – IV ZR 248/04, VersR 2006, 913; OLG Köln 17.6.2003 – 9 U 187/01, r+s 2003, 495; OLG Hamm 29.1.1999 – 20 U 159/98, VersR 1999, 1229.
16 OLG Saarbrücken 14.1.2004 – 5 U 457/03, VersR 2005, 215.
17 BGH 26.4.2006 – IV ZR 248/04, VersR 2006, 913; Prölss/Martin/*Klimke*, § 52 Rn 24.
18 LG Flensburg 11.4.2004 – 7 S 9/93, VersR 2003, 1526.
19 LG Bremen 19.12.2002 – 6 O 1558/02, SP 2003, 145.

IV. Abschluss des Vertrages mit einem anderen VR (Abs. 2)

10 Klargestellt wird durch Abs. 2 ferner, dass der Vertrag über die vorläufige Deckung auch dann **endet**, wenn der VN den Hauptvertrag oder den weiteren **Vertrag** über die vorläufige Deckung **mit einem anderen VR** schließt. Das entsprach schon der früheren Rspr[20] Diese Regelung ergibt sich unmittelbar aus dem Zweck der vorläufigen Deckung. Sie soll die mögliche Lücke im Versicherungsschutz zwischen Antragstellung und Beginn des Versicherungsschutzes im Hauptvertrag schließen. Für eine vorläufige Deckung besteht aber dann kein Bedürfnis mehr, wenn ein Hauptvertrag oder ein weiterer Vertrag über eine vorläufige Deckung geschlossen wurde. Hierbei kann es dann keinen Unterschied machen, ob der Hauptvertrag oder der Vertrag über die weitere vorläufige Deckung mit dem VR geschlossen wurde, bei dem die erste vorläufige Deckung bestanden hat, oder mit einem anderen VR. Ein Nebeneinander von vorläufiger Deckung bei dem einen VR und Hauptvertrag/weiterer vorläufiger Deckung bei einem anderen VR widerspräche nicht nur dem Zweck der vorläufigen Deckung, sondern würde auch zu einer nicht gerechtfertigten Besserstellung des VN führen. So könnte etwa der VN weiter Versicherungsschutz aus der vorläufigen Deckung beanspruchen, auch wenn der Hauptvertrag mit dem weiteren VR aus von ihm zu vertretenden Gründen bereits beendet wurde, zB wegen Nichtzahlung der Prämien. Hätte er vorläufige Deckung und Hauptvertrag dagegen bei ein und demselben VR geschlossen, so könnte er bei Beendigung des Hauptvertrages keinen weiteren Versicherungsschutz aus der vorläufigen Deckung mehr erlangen (vgl **Abs. 1 S. 2**).

11 Der VN ist ferner verpflichtet, dem bisherigen VR den Vertragsschluss **unverzüglich mitzuteilen**. Der VR hat insoweit ein schutzwürdiges Interesse daran, möglichst frühzeitig darüber unterrichtet zu werden, dass der VN sich anderweitig Deckung verschafft hat und der Vertrag mit ihm beendet ist. Kommt der VN seiner Mitteilungspflicht nicht nach, kann dem VR nach den allgemeinen Vorschriften der §§ 280 ff BGB ein Schadensersatzanspruch zustehen.[21] Wichtig zu beachten ist, dass die Unterrichtung durch den VN keine Voraussetzung für die Beendigung des Vertragsverhältnisses mit dem bisherigen VR ist, sondern es nur auf den isolierten Abschluss des weiteren Vertrages ankommt. Anderenfalls würde es bei Verzögerungen der Mitteilungspflicht des VN zu unerwünschten Mehrfachversicherungen kommen.[22]

V. Widerruf und Widerspruch des VN (Abs. 3)

12 Das Gesetz gewährt dem VN in § 8 Abs. 1 und 2 ein allgemeines Widerrufsrecht für seine Vertragserklärung binnen zweier Wochen. Ferner steht ihm nach § 5 Abs. 1 ein einmonatiges Widerspruchsrecht zu, wenn der Inhalt des Versicherungsscheins von seinem Antrag abweicht. Macht der VN von diesem Widerrufs- oder Widerspruchsrecht bzgl des Hauptvertrages Gebrauch, so gibt er damit zum Ausdruck, dass er am Zustandekommen eines Vertrages mit dem VR nicht mehr interessiert ist. In diesen Fällen muss auch der bisherige Vertrag über die vorläufige Deckung beendet werden. Einer Kündigung seitens einer der Parteien gerade für die vorläufige Deckung bedarf es in diesen Fällen nicht. Vielmehr **endet** der Vertrag über die vorläufige Deckung spätestens mit dem **Zugang des Widerrufs oder des Widerspruchs** beim VR. Auch eine weitere Nachfrist wie nach Abs. 4 S. 2 kommt hier nicht in Betracht, weil der VN selbst innerhalb der laufenden Widerrufs- oder

---

20 BGH 25.1.1995 – IV ZR 328/93, VersR 1995, 409; OLG Karlsruhe 7.2.2002 – 19 U 137/01, SP 2002, 363; vgl auch Prölss/Martin/*Klimke*, § 52 Rn 14 f.
21 *Schimikowski*, Rn 96; Schwintowski/Brömmelmeyer/*Schwintowski*, § 52 Rn 23; Prölss/Martin/*Klimke*, § 52 Rn 16; Langheid/Wandt/*Rixecker*, § 52 Rn 15; Bruck/Möller/*Höra*, § 52 Rn 18; FAKomm-VersR/*Halbach*, § 52 VVG Rn 15.
22 Vgl Begr. RegE, BT-Drucks. 16/3945, S. 75.

Widerspruchsfrist für neue Deckung sorgen kann.[23] Aus Sinn und Zweck der Regelung folgt, dass sie nur für die Fälle gilt, bei denen aus der Erklärung des VN folgt, er sehe den Hauptvertrag endgültig als gescheitert an, nicht dagegen, wenn er noch am Abschluss des Hauptvertrages, ggf zu anderen Bedingungen, interessiert ist. Hier gilt die vorläufige Deckung fort und der VR kann sich nur durch Kündigung nach Abs. 4 lösen.[24] Zu beachten ist ferner, dass Abs. 3 nur für die Fälle gilt, dass der VR des Hauptvertrages und der vorläufigen Deckung **identisch** ist.[25]

Abs. 3 findet ferner entsprechende Anwendung, wenn der VN seinen Antrag **zurücknimmt**.[26]

Im Bereich der Kraftfahrtversicherung ist eine Anpassung an die gesetzliche Regelung durch B.2.6 AKB 2008 erreicht, wonach der Versicherungsschutz aus der vorläufigen Deckung mit dem Zugang der Widerrufserklärung des VN nach § 8 beim VR endet.

VI. Kündigung (Abs. 4)

Ist der Vertrag über die vorläufige Deckung – wie in der Praxis regelmäßig – **auf unbestimmte Zeit** eingegangen, kann ihn jede Vertragspartei grds. ohne Einhaltung einer Frist und ohne Angabe von Gründen kündigen. Die Kündigung des VR wird allerdings erst nach Ablauf von zwei Wochen nach Zugang wirksam. Hierdurch soll dem VN die Möglichkeit eröffnet werden, sich bei einem anderen VR um eine erneute vorläufige Deckung oder um einen Hauptvertrag zu bemühen. Auf eine Kündigung kommt es hierbei ohnehin nur dann an, wenn der Vertrag über die vorläufige Deckung nicht bereits nach Abs. 1–3 endete. Praktische Anwendungsfälle sind insb. das Fehlen eines Antrags des VN auf Abschluss eines Hauptvertrages oder das Scheitern bzw das Einschlafen von Vertragsverhandlungen. Aus dem Kündigungserfordernis folgt umgekehrt, dass der Vertrag über die vorläufige Deckung noch nicht alleine durch das bloße Scheitern der Vertragsverhandlungen endet.[27]

Nicht geregelt hat der Gesetzgeber die Frage **befristet** abgeschlossener Verträge über vorläufige Deckung. Nach dem Willen des Gesetzgebers sollen sie grds. zulässig sein und nach allgemeinem Vertragsrecht mit Fristablauf enden. Auch auf ein Kündigungsrecht für den VN hat der Gesetzgeber verzichtet, weil hierfür wegen der Regelung in Abs. 1 kein praktisches Bedürfnis bestehe.[28] Diese Begründung vermag allenfalls für individuell ausgehandelte Befristungen gelten. Demgegenüber verstößt nach der Rspr des BGH eine Klausel in AVB für den vorläufigen Versicherungsschutz in der Lebensversicherung, nach der vorläufiger Versicherungsschutz spätestens zwei Monate nach Unterzeichnung des VersVertrages endet, gegen § 307 Abs. 2 Nr. 2 BGB, weil hierdurch die Erreichung des Vertragszwecks gefähr-

---

23 Vgl aber *Wandt*, Rn 469, der rechtspolitisch auch hier für die Aufnahme eines Belehrungserfordernisses entsprechend § 52 Abs. 1 S. 2 plädiert, was indessen im Sinne der Schutzbedürftigkeit des VN nicht erforderlich erscheint.
24 Vgl Looschelders/Pohlmann/*Kammerer-Galahn*, § 52 Rn 7; Prölss/Martin/*Klimke*, § 52 Rn 31; Langheid/Wandt/*Rixecker*, § 52 Rn 20; aA Bruck/Möller/*Höra*, § 52 Rn 21.
25 Prölss/Martin/*Klimke*, § 52 Rn 28.
26 Begr. RegE, BT-Drucks. 16/3945, S. 75; Römer/Langheid/*Rixecker*, § 52 Rn 11; FAKomm-VersR/*Halbach*, § 52 VVG Rn 18; zur entsprechenden Anwendung von Abs. 3 bei ausdrücklicher Ablehnung des Antrags des VR durch den VN sowie Anfechtung des Hauptvertrages durch den VN ferner Prölss/Martin/*Klimke*, § 52 Rn 30.
27 *Wandt*, Rn 97; Schwintowski/Brömmelmeyer/*Schwintowski*, § 52 Rn 27; Bruck/Möller/*Höra*, § 52 Rn 9.
28 Begr. RegE, BT-Drucks. 16/3945, S. 75.

det wird.²⁹ Das ergibt sich daraus, dass für den VN eine zeitweilige Lücke im Versicherungsschutz zwischen Antragstellung und Abschluss des Hauptvertrages besteht, wenn zwar die zwei Monate abgelaufen sind, beide Parteien sich aber noch mit dem Ziel eines Vertragsschlusses in Verhandlungen befinden. Das Ziel, diese Lücke zu schließen, ist aber gerade Zweck des Vertrages über die vorläufige Deckung und kann nicht durch eine Befristung der vorläufigen Deckung vereitelt werden.

Abschnitt 6: Laufende Versicherung

Vorbemerkung zu §§ 53–58

1 Die laufende Versicherung wurde als besondere Kategorie wieder neu in das VVG aufgenommen. Sie war jedoch bereits in § 187 Abs. 2 idF vor dem 1.7.1990 mit einer Legaldefinition und der Regelung enthalten, dass die im VVG enthaltenen Beschränkungen der Vertragsfreiheit für laufende Versicherungen nicht galten. Dieser Rechtszustand wurde jetzt wieder zum Gesetz, wobei die Legaldefinition sich – anders als in § 187 idF vor dem 1.7.1990 – nicht nur auf die Schadensversicherung, sondern auf jede Art von Versicherung bezieht.¹ Wie in der Zeit bis 1990 gilt für die laufende Versicherung gem. § 210 dieselbe **Vertragsfreiheit** wie für Großrisiken. Erstmals enthält das VVG jedoch einige besondere Vorschriften zur Bestimmung des gesetzlichen Leitbildes der laufenden Versicherung, was für die AGB-Kontrolle von Bedeutung ist.²

§ 53 Anmeldepflicht

Wird ein Vertrag in der Weise geschlossen, dass das versicherte Interesse bei Vertragsschluss nur der Gattung nach bezeichnet und erst nach seiner Entstehung dem Versicherer einzeln aufgegeben wird (laufende Versicherung), ist der Versicherungsnehmer verpflichtet, entweder die versicherten Risiken einzeln oder, wenn der Versicherer darauf verzichtet hat, die vereinbarte Prämiengrundlage unverzüglich anzumelden oder, wenn dies vereinbart ist, jeweils Deckungszusage zu beantragen.

I. Begriff der laufenden Versicherung

1 Zum einen muss das versicherte Interesse nur der Gattung nach bezeichnet sein, zum anderen darf es erst nach seiner Entstehung dem VR einzeln aufgegeben werden. Diese einzelne Aufgabe kann durch Anmeldung des jeweils einzelnen Risikos oder durch Mitteilung der vereinbarten Prämiengrundlage geschehen. Alternativ kann der VersVertrag vorsehen, dass jeweils einzeln Deckungszusagen zu beantragen sind. Die Definition der laufenden Versicherung entspricht im Wesentlichen (zur Abweichung vgl Rn 2) der Definition in § 187 Abs. 2 idF bis zum 1.7.1990.¹

2 Ob ein versichertes Interesse² nur der **Gattung** nach bezeichnet oder als „**Einzelinteresse**" anzusehen ist, ist eine Frage der Formulierung in den Versicherungsbedin-

---
29 BGH 3.4.1996 – IV ZR 152/95, VersR 1996, 743; ferner Prölss/Martin/*Klimke*, § 52 Rn 35; Langheid/Wandt/*Rixecker*, § 52 Rn 2 f; Römer/Langheid/*Rixecker*, § 52 Rn 2.
1 Ebenso FAKomm-VersR/*Wolf*, Vor §§ 53–58 VVG Rn 5.
2 So schon zum nach § 187 idF vor dem 1.7.1990 dispositiven Recht, BGH 2.12.1992 – IV ZR 135/91, BGHZ 120, 290, 295.
1 So Begr. RegE, BT-Drucks. 16/3945, S. 75.
2 Zum Begriff des „versicherten Interesses" vgl *Langheid*, Die laufende Versicherung, in: FS Wälder, 2009, S. 23, 24; vgl auch die Nutzung desselben Begriffs in § 80.

gungen.³ So gut wie jedes Interesse lässt sich als Gattung definieren, wenn man es in Einzel-Risiken zerlegt. Das erste Tatbestandsmerkmal der „Bezeichnung des versicherten Interesses nur der Gattung nach" ist deshalb stets und nur zusammen mit dem zweiten Tatbestandsmerkmal, der Verpflichtung des VN, das bei Vertragsschluss noch nicht entstandene Einzelinteresse dem VR einzeln aufzugeben, zu definieren und zu subsumieren. Der frühere Streit, ob eine laufende Versicherung nur dann vorliegt, wenn nach dem Vertrag die Einzelaufgabe nur deklaratorisch und nicht konstitutiv wirkt,⁴ hat sich durch die gegenüber der in § 187 Abs. 2 (idF bis zum 1.7.1990) erweiterten Definition erledigt. Auch wenn nach dem Vertrag die Einzelaufgabe für den Versicherungsschutz konstitutiv ist, kann eine laufende Versicherung vorliegen.⁵ Denn selbst eine Vertragsgestaltung, bei der unter einem Rahmenvertrag Deckungszusagen einzeln eingeholt werden müssen, also Einzelverträge geschlossen werden, ist in § 53 umfasst.⁶

Da sich durch geschickte Formulierung so gut wie jedes versicherte Interesse als Gattung mit der Verpflichtung zur Anmeldung von Einzelinteressen darstellen lässt, besteht die Gefahr, dass die zum Schutze des VN zwingenden Vorschriften des VVG durch die Ausgestaltung des Versicherungsverhältnisses als „laufende Versicherung" ausgehebelt werden. Bei der Einordnung eines bestimmten VersVertrages in die Rubrik der „laufenden Versicherung" ist deshalb insb. der **Zweck** der gesetzlichen Regelungen zu beachten, mit dem sichergestellt werden sollte, dass bestimmte vor 1990 der Vertragsfreiheit unterliegende Versicherungen im kaufmännischen Bereich auch künftig der **Vertragsfreiheit** unterliegen, selbst wenn sie nicht als Großrisiken gelten. Auch VersVerträge mit Verbrauchern lassen sich nach dem Wortlaut des Gesetzes jedoch als „laufende Versicherung" ausgestalten.⁷ Weiter wollte der Gesetzgeber mit der Schaffung bestimmter Sondervorschriften für die laufende Versicherung dafür sorgen, dass das geänderte gesetzliche Leitbild des übrigen VVG nicht bei der AGB-Kontrolle auf die laufende Versicherung durchschlägt.⁸ 3

Das klassische **Beispiel** für laufende Versicherungen sind General- und Umsatzpolicen in der Gütertransportversicherung.⁹ 4

Wird von einem Bedingungswerk aber auf die Anmeldung der Einzelrisiken verzichtet und wird darüber hinaus eine von vornherein feste Versicherungsprämie vereinbart, liegt keine laufende Versicherung vor, auch wenn das versicherte Interesse der Gattung nach bezeichnet wird.¹⁰ 5

Die Rspr hat folgende **Versicherungen** als laufende Versicherungen beurteilt: 6

- Versicherung des Frachtführers für seine Haftung im internationalen Straßengüterverkehr (CMR) unter einer Generalpolice;¹¹

---

3 Vgl *Flach*, TranspR 2008, 56, 63; *Langheid*, Die laufende Versicherung, in: FS Wälder, 2009, S. 23.
4 Vgl die Darstellung bei *Langheid*, Die laufende Versicherung, in: FS Wälder, 2009, S. 23, 26.
5 Ebenso *Langheid*, Die laufende Versicherung, in: FS Wälder, 2009, S. 23.
6 Ebenso Prölss/Martin/*Armbrüster*, § 53 Rn 12; Thume/de la Motte/Ehlers/*Ehlers*, § 53 Rn 125.
7 *Langheid*, Die laufende Versicherung, in: FS Wälder, 2009, S. 23, meint jedoch, dass solche die Vertragsfreiheit ausnutzenden Produkte „wohl kaum konkurrenzfähig" wären.
8 Vgl RegE, BT-Drucks. 16/3945, S. 50 (unter 6.); *Abele*, Transporthaftungsversicherung und laufende Versicherung nach § 210 VVG, in: FS Thume, 2008, S. 119.
9 Vgl *Ehlers*, TranspR 2007, 5, 8; weitere Beispiele bei Thume/de la Motte/Ehlers/*Ehlers*, § 53 Rn 127–147; Prölss/Martin/*Armbrüster*, Vor §§ 53–58 Rn 5.
10 Zu Recht *Flach*, TranspR 2008, 56, 65.
11 OLG München 17.9.1980 – 7 U 1459/80, VersR 1982, 257 – der veröffentlichte Sachverhalt lässt eine Überprüfung dieser Ansicht allerdings nicht zu.

- die Gütertransportversicherung, bei der die einzelnen Transporte anzumelden sind und bei der die Prämie nach diesen Anmeldungen berechnet wird;[12]
- die Speditionsversicherung (alter Art), in der der Spediteur nicht für einzelne Verkehrsverträge, sondern unter einer Generalpolice u.a. seine Haftung für seinen Betrieb insgesamt mit der Folge deckt, dass alle von ihm abgeschlossenen Verkehrsverträge dem Versicherungsschutz unterfallen, wobei ihn nur die Verpflichtung trifft, die einzelnen Verträge anzumelden;[13]
- die Gütertransportversicherung (ausgestaltet als laufende Versicherung).[14]

7 **Nicht** als laufende Versicherung bezeichnet wurde eine reine Betriebshaftpflichtversicherung, denn Gegenstand der Betriebshaftpflichtversicherung der im Streitfall betroffenen Parteien sei das Interesse, das die VNin daran hatte, dass das betriebene Unternehmen ihr Vermögen nicht mit Haftpflichtverbindlichkeiten belaste. Da es sich um ein einziges Interesse eines einzigen Interessenten handele, das durch den Abschluss des VersVertrages genau bestimmt sei, liege keine laufende Versicherung vor.[15] Nicht als laufende Versicherung angesehen hat offensichtlich das OLG Frankfurt eine CMR-Haftpflichtversicherung, bei der die einzelnen Transporte einzeln anzumelden waren, wobei offen bleibt, ob dieser Punkt nicht vom Gericht schlichtweg übersehen wurde.[16]

8 Nach den Vorstellungen des Gesamtverbandes der Deutschen Versicherungswirtschaft e.V. (GDV) sind folgende unverbindliche **Musterbedingungen** als solche laufender Versicherungen zu verstehen:[17]

- DTV Güterversicherungsbedingungen 2000/2011, Bestimmungen für die laufende Versicherung;
- DTV Valoren-Transportversicherungsbedingungen 2000/2008, Bestimmungen für die laufende Versicherung;
- DTV Güterversicherungsbedingungen 2000/2011 besondere Bedingungen für die laufende Versicherung von Ausstellungen und Messen;
- Allgemeine Bedingungen für die laufende Versicherung gegen Zoll- und Abgabenforderungen 2005/2008;
- DTV-Verkehrshaftungsversicherungs-Bedingungen für die laufende Versicherung für Frachtführer, Spediteure und Lagerhalter 2003/2011.[18]

II. Überblick über die besonderen Regelungen für laufende Versicherungen

9 Die wichtigste Folge der Einordnung einer Versicherung als laufende Versicherung ist die für sie geltende **Vertragsfreiheit:** Gemäß § 210 sind die Beschränkungen der

---

12 OLG Köln 16.11.1999 – 9 U 81/99, OLGR Köln 2000, 147 und juris; Revisionsentscheidung hierzu: BGH 17.1.2001 – IV ZR 282/99, VersR 2001, 368 = TranspR 2002, 258. Der BGH wendet sich nicht gegen die Auslegung des VersVertrages als laufende Versicherung, sondern hebt die Entscheidung des OLG Köln aus anderen Gründen auf.
13 BGH 31.1.1974 – I ZR 23/73, VersR 1975, 417, 419.
14 BGH 23.6.1986 – II ZR 266/85, VersR 1986, 1202 = TranspR 1986, 447; BGH 5.12.1966 – II ZR 83/64, VersR 1967, 151.
15 BGH 22.6.1967 – II ZR 183/64, NJW 1967, 2205, 2206.
16 OLG Frankfurt 25.10.1977 – 5 U 14/77, VersR 1978, 535 – der nur in der Anmerkung hierzu wiedergegebene Sachverhalt lässt eine Überprüfung dieser Ansicht nicht zu, vgl *Schönwerth,* VersR 1978, 536.
17 S. Homepage des GDV: www.tis-gdv.de. Vgl die Kommentierung zu den meisten dieser Bedingungswerke in *Thume/de la Motte/Ehlers* (Hrsg.), Transportversicherungsrecht, 2. Aufl. 2011.
18 Hierzu insb. *Abele,* Transporthaftungsversicherung und laufende Versicherung nach § 210 VVG, in: FS Thume, 2008, S. 119; *Thume,* Probleme des Verkehrshaftungsversicherungsrechts nach der VVG-Reform, VersR 2010, 849.

Vertragsfreiheit nach dem VVG nicht auf laufende Versicherungen anzuwenden. Die Definition der „laufenden Versicherung" in § 53, auf die § 210 Bezug nimmt, ist allerdings als Voraussetzung für die nach § 210 eröffnete Vertragsfreiheit nicht abänderbar.[19] Die laufende Versicherung wird somit parallel zum Großrisiko (§ 210) behandelt. Allerdings gelten für die laufende Versicherung folgende Vorschriften des Verbraucherschutzes, die für Großrisiken nicht gelten, wobei sämtliche Regelungen **dispositiv** sind:

- Beratungspflicht nach § 6 Abs. 1–5;
- Pflicht zur Information des VN gem. § 7 Abs. 1–4;
- Widerrufsrecht des VN gem. § 8 Abs. 1 und 2 (vgl § 8 Abs. 3 S. 1 Nr. 4);
- Beratung und Information durch VersVermittler gem. §§ 60–63 (s. § 65).[20]

Auch wenn diese Vorschriften gem. § 210 abdingbar sind, bleiben sie als Prüfungsgrundlage für die AGB-Kontrolle bestehen (s. § 210 Rn 10). 10

Viele laufende Versicherungen sind gleichzeitig **Großrisiken** iSv § 210, so dass die eben genannten Verbraucherschutzvorschriften nicht gelten. Die Verkehrshaftungsversicherung des Spediteurs im engeren Sinne und des Lagerhalters – eine typischerweise nur im kaufmännischen Bereich abgeschlossene Versicherung – ist jedoch kein Großrisiko und für sie gilt die völlige Vertragsfreiheit nach VVG deshalb nur dann, wenn sie als laufende Versicherung ausgestaltet ist.[21] 11

Besondere – abdingbare – Regelungen zur laufenden Versicherung in Abweichung von den allgemeinen Regelungen des VVG sind im Wesentlichen folgende: 12

- Es bleibt beim Alles-oder-Nichts-Prinzip für Obliegenheitsverletzungen vor Eintritt des Versicherungsfalles (§ 58 Abs. 1), wobei die Leistungsfreiheit eintritt, ohne dass im Vertrag die Leistungsfreiheit für den Fall einer Obliegenheitsverletzung angeordnet sein muss.
- Für die Leistungsfreiheit des VR in diesen Fällen reicht bereits leichte Fahrlässigkeit des VN (§ 58 Abs. 1).
- Der VN darf die Gefahr erhöhen, muss dies dem VR jedoch anzeigen (§ 57 statt § 23).

III. Pflicht des VN zur Anmeldung

§ 53 stellt iVm § 54 klar, dass es sich bei der Anmeldung nicht um eine objektive Voraussetzung für das Entstehen des Versicherungsschutzes handelt, sondern um eine **Obliegenheit**;[22] nach dem gesetzlichen Leitbild ist die fehlende Anmeldung somit kein Risikoausschluss.[23] Der VN muss die einzelnen versicherten Risiken nicht 13

---

19 Ebenso Prölss/Martin/*Armbrüster*, Vor §§ 53–58 Rn 7; zweifelnd offenbar *Langheid*, Die laufende Versicherung, in: FS Wälder, 2009, S. 28 bei Fn 21; aA Schwintowski/Brömmelmeyer/*Schwintowski*, Vor §§ 53–58 Rn 7, der entgegen dem Wortlaut des § 53 und der dort angewandten üblichen Gesetzestechnik der „Klammerdefinition" meint, es fehle an „Anhaltspunkten" im Gesetz für eine begrifflich zwingende gesetzliche Vorgabe; diese Frage als „für die Praxis nicht von hervorgehobener Bedeutung" bezeichnend FAKomm-VersR/*Wolf*, Vor §§ 53–58 VVG Rn 23.
20 Hierzu krit. *Flach*, TranspR 2008, 56, 62 f.
21 Thume/de la Motte/Ehlers/*Ehlers*, § 54 Rn 142.
22 Ebenso Prölss/Martin/*Armbrüster*, § 54 Rn 5 (mit Hinweisen auf Literaturmeinungen, nach denen es sich um eine Rechtspflicht handeln soll, etwa bei Bruck/Möller/*Renger*, § 53 Rn 3 und 34, § 54 Rn 10; Schwintowski/Brömmelmeyer/*Schwintowski*, § 54 Rn 2; Thume/de la Motte/Ehlers/*Ehlers*, § 54 Rn 149; vgl zur alten Speditionsversicherung BGH 31.1.1975 – I ZR 23/73, VersR 1975, 417: Alle Verkehrsverträge des Spediteurs sind versichert, er hat nur Anmeldepflichten zu erfüllen.
23 So zum alten Recht bei einer Verzugsfolgenregelung in den AVB für Prämienanmeldungen und Prämienzahlung in einer laufenden Versicherung: BGH 17.1.2001 – IV ZR

zwingend vor oder unmittelbar nach ihrer Entstehung dem VR aufgeben. Vielmehr hängt es von der Ausgestaltung des Vertrages ab, ob die Einzelrisiken vor ihrer Entstehung, unmittelbar nach ihrer Entstehung oder am Schluss bestimmter Perioden nur gesammelt oder sogar nur in einer kompilierten Art mitzuteilen sind, nach der die Prämie berechnet werden kann. In all diesen Fällen bleibt es dabei, dass es sich um eine laufende Versicherung handelt. Im VersVertrag kann die Anmeldung aber durchaus als Rechtsplicht – und nicht nur als Obliegenheit – vereinbart werden.[24]

14 Mangels besonderer Regelung im VersVertrag sieht § 53 vor, dass der VN verpflichtet ist, die versicherten Risiken **einzeln** anzumelden. Die Anmeldung ist keine Willenserklärung, sondern Tatsachenerklärung.[25] Sieht der Vertrag hingegen eine konstitutive Wirkung der Anmeldung vor, etwa bei Einholung einzelner Deckungszusagen, ist sie geschäftsähnliche Handlung.[26] Der Zeitpunkt, von dem ab der VN „unverzüglich" anmelden muss, ist der der Entstehung des Einzelrisikos oder der nach dem Vertrag gewählte Stichtag für die Ermittlung der Prämiengrundlage.[27] Abweichende Regelungen sind möglich.[28] Einzeln **Deckungszusagen** einholen muss der VN nur, wenn dies im Vertrag so geregelt ist.

§ 54 Verletzung der Anmeldepflicht

(1) ¹Hat der Versicherungsnehmer die Anmeldung eines versicherten Risikos oder der vereinbarten Prämiengrundlage oder die Beantragung der Deckungszusage unterlassen oder fehlerhaft vorgenommen, ist der Versicherer nicht zur Leistung verpflichtet. ²Dies gilt nicht, wenn der Versicherungsnehmer die Anmelde- oder Antragspflicht weder vorsätzlich noch grob fahrlässig verletzt hat und die Anmeldung oder den Antrag unverzüglich nach Kenntniserlangung von dem Fehler nachholt oder berichtigt.

(2) ¹Verletzt der Versicherungsnehmer die Anmelde- oder Antragspflicht vorsätzlich, kann der Versicherer den Vertrag fristlos kündigen. ²Die Versicherung von Einzelrisiken, für die der Versicherungsschutz begonnen hat, bleibt, wenn anderes nicht vereinbart ist, über das Ende der laufenden Versicherung hinaus bis zu dem Zeitpunkt bestehen, zu dem die vereinbarte Dauer der Versicherung dieser Einzelrisiken endet. ³Der Versicherer kann ferner die Prämie verlangen, die bis zum Wirksamwerden der Kündigung zu zahlen gewesen wäre, wenn der Versicherungsnehmer die Anmeldepflicht erfüllt hätte.

1 **Abs. 1 S. 1** regelt die Rechtsfolgen der Verletzung der Anmeldeverpflichtung aus § 53 iVm den vorrangigen Regelungen im VersVertrag. Eine schuldlos oder einfach fahrlässig unterlassene oder fehlerhafte Anmeldung bleibt nach **Abs. 1 S. 2** folgenlos, wenn sie vom VN unverzüglich nachgeholt oder berichtigt wird, nachdem er von seiner Pflichtverletzung Kenntnis erlangt hat. Die Anmeldeverpflichtung ist in Verbindung mit § 53 als **Obliegenheit** ausgestaltet (s. § 53 Rn 13). Den VR trifft

---

282/99, VersR 2001, 368 = TranspR 2002, 258 – der Sachverhalt ist umfangreicher wiedergegeben in der Entscheidung der Vorinstanz OLG Köln 16.11.1999 – 9 U 81/99, OLGR Köln 2000, 147 und juris.
24 Prölss/Martin/*Armbrüster*, § 54 Rn 5; Schwintowski/Brömmelmeyer/*Schwintowski*, § 54 Rn 2; Thume/de la Motte/Ehlers/*Ehlers*, § 54 Rn 150.
25 Begr. RegE, BT-Drucks. 16/3945, S. 76.
26 So mit Recht differenzierend Prölss/Martin/*Armbrüster*, § 53 Rn 12; differenzierend auch Thume/de la Motte/Ehlers/*Ehlers*, § 53 Rn 125; vgl Schwintowski/Brömmelmeyer/ *Schwintowski*, § 53 Rn 4.
27 Darauf weist Langheid/Wandt/*Reinhard*, § 53 Rn 36 und 39 hin.
28 Langheid/Wandt/*Reinhard*, § 53 Rn 36.

die **Beweislast** dafür, dass die gebotene Mitteilung des VN unterlassen oder fehlerhaft vorgenommen wurde. Gelingt ihm der Beweis, ist er von seiner Leistungsverpflichtung hinsichtlich des betroffenen Einzelrisikos frei. Der VN kann diese Rechtsfolge dann seinerseits dadurch abwenden, dass er nachweist, dass die Verletzung der Anmelde- oder Antragspflicht weder vorsätzlich noch grob fahrlässig war und dass er zusätzlich die Anmeldung oder den Antrag ohne schuldhaftes Zögern nach Kenntniserlangung von seinem Fehler nachholt oder berichtigt.

Ist der VN nach dem Vertrag verpflichtet, einzeln **Deckungszusagen** einzuholen, gilt dieselbe Regelung. Neben dem unverzüglichen Nachholen der Deckungsanfrage ist es für eine Leistungspflicht des VR jedoch zusätzlich erforderlich, dass dieser die Deckung dann auch erteilt.[1] 2

Kausalität iSv § 28 Abs. 3 wird nicht vorausgesetzt.[2] 3

Abs. 2 S. 1 gibt dem VR bei vorsätzlicher Verletzung der Anmelde- und Antragspflicht das Recht, den gesamten laufenden VersVertrag **fristlos** zu **kündigen.** Nach Abs. 2 S. 2 und 3 gilt das Prinzip der **Auslaufhaftung,** der VR bleibt also für andere, von der vorsätzlichen Anmeldepflichtverletzung nicht betroffene, aber noch laufende Risiken verpflichtet, solange die vereinbarte Dauer der Versicherung dieser Einzelrisiken andauert. In **Abs. 2 S. 2** wird noch einmal (nämlich neben § 210) betont, dass vertraglich anderes vereinbart werden kann. 4

§ 55 Einzelpolice

(1) ¹Ist bei einer laufenden Versicherung ein Versicherungsschein für ein einzelnes Risiko (Einzelpolice) oder ein Versicherungszertifikat ausgestellt worden, ist der Versicherer nur gegen Vorlage der Urkunde zur Leistung verpflichtet. ²Durch die Leistung an den Inhaber der Urkunde wird er befreit.

(2) ¹Ist die Urkunde abhandengekommen oder vernichtet, ist der Versicherer zur Leistung erst verpflichtet, wenn die Urkunde für kraftlos erklärt oder Sicherheit geleistet ist; eine Sicherheitsleistung durch Bürgen ist ausgeschlossen. ²Dies gilt auch für die Verpflichtung des Versicherers zur Ausstellung einer Ersatzurkunde.

(3) ¹Der Inhalt der Einzelpolice oder eines Versicherungszertifikats gilt abweichend von § 5 als vom Versicherungsnehmer genehmigt, wenn dieser nicht unverzüglich nach der Übermittlung widerspricht. ²Das Recht des Versicherungsnehmers, die Genehmigung wegen Irrtums anzufechten, bleibt unberührt.

Abs. 1 soll nach dem Willen des Gesetzgebers klarstellen, dass der VN einer laufenden Versicherung vom VR über ein einzelnes Risiko eine Einzelpolice verlangen kann. Dies wird insb. dann wichtig, wenn es sich im Einzelfall um eine Versicherung für fremde Rechnung handelt, wie häufig bei der Transportversicherung.[1] Die Einzelpolice ist „der Versicherungsschein" iSd Gesetzes; für sie gilt § 3, soweit § 55 keine besondere Regelung enthält.[2] 1

Abs. 2 enthält eine Sonderregelung zu § 3 Abs. 3. 2

Abs. 3 S. 1 regelt abweichend von § 5 Abs. 1–3, dass der Inhalt der in Textform übermittelten (§ 3 Abs. 1) Einzelpolice als genehmigt gilt, wenn der VN nicht un- 3

---

1 Begr. RegE, BT-Drucks. 16/3945, S. 76; krit. FAKomm-VersR/*Wolf*, § 54 VVG Rn 7 und Looschelders/Pohlmann/*Looschelders/Gesing*, § 54 Rn 5.
2 So FAKomm-VersR/*Wolf*, § 54 VVG Rn 5; Langheid/Wandt/*Reinhard*, § 54 Rn 12.
1 Begr. RegE, BT-Drucks. 16/3945, S. 76.
2 Begr. RegE, BT-Drucks. 16/3945, S. 76.

verzüglich nach der Übermittlung widerspricht.³ Das in **Abs. 3 S. 2** genannte Anfechtungsrecht des VN wegen Irrtums ist abweichend von § 5 Abs. 4 abdingbar.⁴

§ 56 Verletzung der Anzeigepflicht

(1) ¹Abweichend von § 19 Abs. 2 ist bei Verletzung der Anzeigepflicht der Rücktritt des Versicherers ausgeschlossen; der Versicherer kann innerhalb eines Monats von dem Zeitpunkt an, zu dem er Kenntnis von dem nicht oder unrichtig angezeigten Umstand erlangt hat, den Vertrag kündigen und die Leistung verweigern. ²Der Versicherer bleibt zur Leistung verpflichtet, soweit der nicht oder unrichtig angezeigte Umstand nicht ursächlich für den Eintritt des Versicherungsfalles oder den Umfang der Leistungspflicht war.

(2) ¹Verweigert der Versicherer die Leistung, kann der Versicherungsnehmer den Vertrag kündigen. ²Das Kündigungsrecht erlischt, wenn es nicht innerhalb eines Monats von dem Zeitpunkt an ausgeübt wird, zu welchem dem Versicherungsnehmer die Entscheidung des Versicherers, die Leistung zu verweigern, zugeht.

1　Die Vorschrift regelt nicht die Verletzung von Pflichten bei Beantragung einer Einzeldeckungszusage, sondern erfasst die bei Vertragsschluss des Rahmenvertrages gebotenen Anzeigepflichten,¹ wobei § 19 modifiziert wird.² Die Vorschrift entspricht wörtlich § 131. Auf die dortige Kommentierung wird verwiesen.

§ 57 Gefahränderung

(1) Der Versicherungsnehmer hat dem Versicherer eine Änderung der Gefahr unverzüglich anzuzeigen.

(2) ¹Hat der Versicherungsnehmer eine Gefahrerhöhung nicht angezeigt, ist der Versicherer nicht zur Leistung verpflichtet, wenn der Versicherungsfall nach dem Zeitpunkt eintritt, zu dem die Anzeige dem Versicherer hätte zugehen müssen. ²Er ist zur Leistung verpflichtet,

1. wenn ihm die Gefahrerhöhung zu dem Zeitpunkt bekannt war, zu dem ihm die Anzeige hätte zugehen müssen,
2. wenn die Anzeigepflicht weder vorsätzlich noch grob fahrlässig verletzt worden ist oder
3. soweit die Gefahrerhöhung nicht ursächlich für den Eintritt des Versicherungsfalles oder den Umfang der Leistungspflicht war.

(3) Der Versicherer ist abweichend von § 24 nicht berechtigt, den Vertrag wegen einer Gefahrerhöhung zu kündigen.

1　Die Vorschrift entspricht in den Absätzen 2 und 3 wörtlich den Absätzen 2 und 3 des § 132. Absatz 1 entspricht § 132 Abs. 1 S. 2. Die einzige Änderung gegenüber § 132 besteht darin, dass es dort in einem zusätzlichen Eingangssatz heißt: „Der Versicherungsnehmer darf abweichend von § 23 die Gefahr erhöhen oder in anderer Weise ändern und die Änderung durch einen Dritten gestatten." Obwohl dieser Eingangssatz in § 57 fehlt, geht die Regierungsbegründung davon aus, dass auch

---

3　So Begr. RegE, BT-Drucks. 16/3945, S. 76.
4　So Begr. RegE, BT-Drucks. 16/3945, S. 76.
1　Prölss/Martin/*Armbrüster*, § 56 Rn 1; Römer/Langheid/*Rixecker*, § 56 Rn 1.
2　So jedenfalls Begr. RegE, BT-Drucks. 16/3945, S. 76.

bei der laufenden Versicherung § 23 Abs. 1–3 offenbar vollständig durch § 57 ersetzt wird. Dann darf der VN der laufenden Versicherung also die Gefahr erhöhen oder die Gefahrerhöhung durch Dritte gestatten; er hat lediglich diese Gefahränderung unverzüglich anzuzeigen.[1]

Abweichend von § 26 Abs. 1 und 2 bleibt es bei der laufenden Versicherung beim 2
früheren Alles-oder-Nichts-Prinzip (s. hierzu § 132 Rn 3).

Abs. 1 umfasst dabei – anders als der insoweit missverständliche Abs. 1 des § 132 3
– jede Gefahränderung, also auch und gerade die, die ohne oder gegen den Willen des VN durch einen Dritten vorgenommen wird.

Der Ausschluss des Kündigungsrechts nach § 24 gem. **Abs. 3** ist – wie alle Regelungen der laufenden Versicherung – abdingbar, was die Regierungsbegründung besonders betont.[2] In der Lit. ist umstritten, ob dem VR die in § 25 genannten Rechte verbleiben, eine höhere Prämie zu verlangen oder die Absicherung der höheren Gefahr auszuschließen. Die Befürworter verweisen darauf, dass in Abs. 3 nur § 24, nicht aber § 25 genannt wird.[3] Die Gegner betonen, dass diese Rechte nach dem Wortlaut des § 25 nur „an Stelle der Kündigung" gewährt werden. Mit dem Ausschluss des Kündigungsrechts entfielen auch die an ihrer Stelle gewährten Rechte.[4] Entscheidend dürfte sein, dass dem VN nach § 57 eine Gefahrerhöhung gestattet wird (s. Rn 1). Dazu passt aber kein Recht des VR, dennoch den Versicherungsschutz abzulehnen. Da diese Ablehnung nach § 25 gleichberechtigt neben dem Recht zur Prämienerhöhung steht, findet § 25 auf die laufende Versicherung keine Anwendung. Im VersVertrag können jedoch ein Recht zur Ablehnung und ein Recht zur Prämienerhöhung vereinbart werden.[5]

§ 58 Obliegenheitsverletzung

(1) Verletzt der Versicherungsnehmer bei einer laufenden Versicherung schuldhaft eine vor Eintritt des Versicherungsfalles zu erfüllende Obliegenheit, ist der Versicherer in Bezug auf ein versichertes Einzelrisiko, für das die verletzte Obliegenheit gilt, nicht zur Leistung verpflichtet.

(2) Bei schuldhafter Verletzung einer Obliegenheit kann der Versicherer den Vertrag innerhalb eines Monats, nachdem er Kenntnis von der Verletzung erlangt hat, mit einer Frist von einem Monat kündigen.

Die Vorschrift regelt das gesetzliche Leitbild für die laufende Versicherung anders 1
als § 28:

- Es gilt das Alles-oder-Nichts-Prinzip, der VR wird also vollkommen frei und nicht nur quotal entsprechend dem Grad des Verschuldens.
- Es reicht bereits die einfach fahrlässige Obliegenheitsverletzung.
- Anders als bei § 28 Abs. 2 ist für die Leistungsfreiheit (ob anteilig oder total) nicht Voraussetzung, dass der VersVertrag diese Rechtsfolge besonders anord-

---

1 Begr. RegE, BT-Drucks. 16/3945, S. 76.
2 Begr. RegE, BT-Drucks. 16/3945, S. 76.
3 *Langheid*, Die laufende Versicherung, in: FS Wälder, 2009, S. 23, 35; Prölss/Martin/*Armbrüster*, § 57 Rn 4; der Wortlaut schließe die Anwendung des § 25 nicht aus: FAKomm-VersR/*Wolf*, § 57 VVG Rn 11.
4 Schwintowski/Brömmelmeyer/*Schwintowski*, § 57 Rn 13; Langheid/Wandt/*Reinhard*, § 57 Rn 19, der allerdings meint, die Regelung gehe „über den Normzweck hinaus"; Römer/Langheid/*Rixecker*, § 57 Rn 3.
5 Schwintowski/Brömmelmeyer/*Schwintowski*, § 57 Rn 13; Römer/Langheid/*Rixecker*, § 57 Rn 3.

net.[1] Insoweit geht das Gesetz noch zugunsten des VR über die Fassung des § 6 Abs. 1 aF hinaus.

2 Die in **Abs. 1** geregelte Leistungsfreiheit des VR bezieht sich auf das versicherte Einzelrisiko, für das die verletzte Obliegenheit gilt. Ob diese Obliegenheit im Gesetz, im Rahmenvertrag oder in einer Einzelpolice niedergeschrieben ist, ist unerheblich.[2] Wichtig ist nicht der Ort der Regelung, sondern ihr Geltungsbereich. Allerdings erhält der VR bei leicht fahrlässiger Verletzung einer Obliegenheit gem. **Abs. 2** das Recht, innerhalb eines Monats den gesamten VersVertrag zu **kündigen**. Er muss dies nur innerhalb eines Monats, nachdem er Kenntnis von der Verletzung erlangt hat, tun. Abs. 2 gibt somit dem VR die Möglichkeit, auf die Erschütterung des Vertrauensverhältnisses durch Kündigung des gesamten VersVertrages zu reagieren.[3] Kündigt der VR nicht, bleibt sein Leistungsverweigerungsrecht nach Abs. 1 für das betroffene Einzelrisiko unberührt.

3 Abs. 1 dürfte lediglich eine Sonderregelung für die in § 28 Abs. 1 und 2 geregelten Tatbestände darstellen. Auch wenn der Wortlaut des § 58 sich anders verstehen ließe, ist deshalb das Leistungsverweigerungsrecht nach Abs. 1 dann ausgeschlossen, wenn gem. § 28 Abs. 3 der VN nachweist, dass seine Obliegenheitsverletzung weder für den Eintritt noch die Feststellung des Versicherungsfalles noch für die Feststellung oder den Umfang der Leistungspflicht des VR ursächlich war, soweit er nicht arglistig gehandelt hat.[4]

4 Abs. 1 regelt nicht die Rechtsfolgen einer nach Eintritt des Versicherungsfalles verletzten Obliegenheit. Für diese gilt vielmehr § 28 Abs. 4, der wiederum auf § 28 Abs. 2 mit der Quotenregelung verweist. Da auch diese Vorschriften gem. § 210 abdingbar sind, ist der VR jedoch nicht gehindert, auch für nach Eintritt des Versicherungsfalles zu erfüllende Obliegenheiten das Alles-oder-Nichts-Prinzip einzuführen oder die besondere Hinweisobliegenheit in Textform nach § 28 Abs. 4 abzubedingen. So ist es bspw in den Ziff. 7.3.1 und 7.3.2 der DTV VHV 2003/2011 geschehen.[5] Dort schaden allerdings dem VN nur Vorsatz und grobe Fahrlässigkeit.

5 Das Kündigungsrecht nach Abs. 2 besteht auch bei Verletzung einer *nach* Eintritt des Versicherungsfalles zu erfüllenden Obliegenheit.[6]

---

1 Ebenso Prölss/Martin/*Armbrüster*, § 58 Rn 3; Bruck/Möller/*Renger*, § 58 Rn 8; FAKomm-VersR/*Wolf*, § 58 VVG Rn 2; zweifelnd Thume/de la Motte/Ehlers/*Ehlers*, § 58 Rn 199, der die Norm als insoweit „nicht eindeutig" bezeichnet.
2 Ebenso Prölss/Martin/*Armbrüster*, § 58 Rn 2; ähnlich Looschelders/Pohlmann/*Looschelders/Gesing*, § 58 Rn 6; aA Schwintowski/Brömmelmeyer/*Schwintowski*, § 58 Rn 5; differenzierend Thume/de la Motte/Ehlers/*Ehlers*, § 58 Rn 199.
3 Begr. RegE, BT-Drucks. 16/3945, S. 77.
4 Ebenso Thume/de la Motte/Ehlers/*Ehlers*, § 58 Rn 200; Prölss/Martin/*Armbrüster*, § 58 Rn 3; mit ausführlicher Begründung Langheid/Wandt/*Reinhard*, § 58 Rn 7; Römer/Langheid/*Rixecker*, § 58 Rn 1; Kausalitäts-Gegenbeweis über § 242 BGB: Looschelders/Pohlmann/*Looschelders/Gesing*, § 58 Rn 7; zweifelnd FAKomm-VersR/*Wolf*, § 58 VVG Rn 3.
5 DTV-Verkehrshaftungsversicherungs-Bedingungen für die laufende Versicherung für Frachtführer, Spediteure und Lagerhalter 2003/2011, abrufbar auf der Homepage des GDV: www.tis-gdv.de.
6 So FAKomm-VersR/*Wolf*, § 58 VVG Rn 6; Langheid/Wandt/*Reinhard*, § 58 Rn 9; Römer/Langheid/*Rixecker*, § 58 Rn 2; Prölss/Martin/*Armbrüster*, § 58 Rn 4; aA Looschelders/Pohlmann/*Looschelders/Gesing*, § 58 Rn 11.

Abschnitt 7: Versicherungsvermittler, Versicherungsberater

Vorbemerkung zu §§ 59–73

I. Allgemeines

Versicherungsunternehmen akquirieren ihre Kunden traditionell über **VersVermittler**. Der – auf Mittelspersonen verzichtende – **Direktvertrieb** spielt auf dem Versicherungsmarkt trotz zunehmender Bedeutung des Internets als Absatzmedium bis heute eine untergeordnete Rolle. Der Anteil des Direktvertriebs am Beitragsaufkommen der deutschen Versicherungswirtschaft beträgt im Bereich der Sachversicherung lediglich rund 10 %, im Bereich der Lebens- und privaten Krankenversicherung unter 5 %.[1] Die Ursachen hierfür hängen mit dem Wesen des Produkts „Versicherung" zusammen, das dem persönlichen Kundenkontakt insb. beim Vertrieb einen besonderen Stellenwert verleiht. Die Entscheidung, einen VersVertrag abzuschließen, setzt die Auseinandersetzung mit einem künftigen, ungewissen und Verlust bringenden Ereignis voraus und wird daher gerne verdrängt. Das Bedürfnis nach Versicherungsschutz muss daher häufig erst aufgedeckt, das Interesse am Abschluss einer Versicherung erst geweckt werden. Als reines „Rechtsprodukt" ist die Versicherung zudem erklärungsbedürftig. Die Einschaltung von Vermittlern bietet aber nicht nur bei der Kundenakquisition Vorteile. Auch während des Versicherungsverhältnisses steht der Vermittler dem VN als Ansprechpartner zur Verfügung, bietet ihm insb. im Versicherungsfall eine erste Anlaufstelle. Der Vermittler ist damit gerade in den für den Versicherungsschutz maßgeblichen Phasen des Versicherungsverhältnisses, nämlich bei Vertragsschluss und nach Eintritt des Versicherungsfalles, in die Korrespondenz zwischen den Vertragsparteien eingebunden. Aus diesem Grund werden bei der Prüfung von Versicherungsansprüchen häufig Fragen des Versicherungsvermittlerrechts tangiert.

II. Reformen

Die Vorschriften über VersVermittler haben mit den jüngeren Reformen eine erhebliche Umgestaltung erfahren, die sich bislang in zwei Stufen vollzogen hat.

Die erste Stufe stellte das Gesetz zur Neuregelung des Versicherungsvermittlerrechts vom 19.12.2006 („**Vermittlergesetz**" – VersVermG)[2] dar, mit dem die am 15.1.2003 veröffentlichte Richtlinie 2002/92/EG des Europäischen Parlaments und des Rates vom 9.12.2002 über Versicherungsvermittlung („**Vermittlerrichtlinie**")[3] in deutsches Recht umgesetzt wurde. Ziel der Richtlinie war, EU-weit einheitliche Standards der Berufszulassung und -ausübung für VersVermittler festzulegen. Dies hat bei der Umsetzung neben Änderungen der GewO insb. zur Einfügung der §§ 42 a–42 g aF, der heutigen §§ 59–68, geführt. Aufgrund des Ursprungs der §§ 59–68 in der EU-Vermittlerrichtlinie muss sich deren **Auslegung** auch an der **Richtlinienkonformität** orientieren.[4]

Als zweite Stufe schloss sich mit der **VVG-Reform** eine Überarbeitung der ursprünglichen Vorschriften zum Recht der Versicherungsagenten (§§ 43–48 aF) an. Zielvorgabe dabei war insb., höchstrichterliche Rspr, die zur Auslegung der §§ 43–48 aF ergangen war und die sich dem Gesetzeswortlaut nicht mehr ohne weiteres entnehmen ließ, in Gesetzesform zu gießen. Hervorzuheben ist in diesem Zusammenhang die vom BGH im Jahre 1987 eingeleitete „**Auge-und-Ohr-Rechtspre-**

---

1 *GDV*, Statistisches Taschenbuch 2014, S. 24.
2 BGBl. I S. 3232.
3 ABl. EG L Nr. 9 vom 15.1.2003, S. 3 ff.
4 Vgl hierzu näher Prölss/Martin/*Dörner*, Vor § 59 Rn 3.

chung",[5] die in den §§ 69 Abs. 1 Nr. 1, 70 ihren gesetzlichen Niederschlag gefunden hat (s. § 69 Rn 26, § 70 Rn 2).

Am 3.7.2012 verabschiedete die Europäische Kommission einen **Vorschlag zur Neufassung der Richtlinie über Versicherungsvermittlung** („Insurance Mediation Directive – IMD 2").[6] Ziel des Vorschlags ist, für alle am Vertrieb von Versicherungsprodukten beteiligten Akteure gleiche Wettbewerbsbedingungen zu gewährleisten und den Schutz der Versicherungsnehmer zu verbessern.[7]

Unterabschnitt 1: Mitteilungs- und Beratungspflichten

§ 59 Begriffsbestimmungen

(1) Versicherungsvermittler im Sinn dieses Gesetzes sind Versicherungsvertreter und Versicherungsmakler.

(2) Versicherungsvertreter im Sinn dieses Gesetzes ist, wer von einem Versicherer oder einem Versicherungsvertreter damit betraut ist, gewerbsmäßig Versicherungsverträge zu vermitteln oder abzuschließen.

(3) [1]Versicherungsmakler im Sinn dieses Gesetzes ist, wer gewerbsmäßig für den Auftraggeber die Vermittlung oder den Abschluss von Versicherungsverträgen übernimmt, ohne von einem Versicherer oder von einem Versicherungsvertreter damit betraut zu sein. [2]Als Versicherungsmakler gilt, wer gegenüber dem Versicherungsnehmer den Anschein erweckt, er erbringe seine Leistungen als Versicherungsmakler nach Satz 1.

(4) Versicherungsberater im Sinn dieses Gesetzes ist, wer gewerbsmäßig Dritte bei der Vereinbarung, Änderung oder Prüfung von Versicherungsverträgen oder bei der Wahrnehmung von Ansprüchen aus Versicherungsverträgen im Versicherungsfall berät oder gegenüber dem Versicherer außergerichtlich vertritt, ohne von einem Versicherer einen wirtschaftlichen Vorteil zu erhalten oder in anderer Weise von ihm abhängig zu sein.

I. Normzweck 1	b) Erscheinungsformen und praktische Bedeutung..... 27
II. VersVermittler (Abs. 1) 2	2. Pseudomakler (Abs. 3 S. 2)... 30
III. VersVertreter (Abs. 2)............. 4	V. VersBerater (Abs. 4) 33
1. Voraussetzungen 4	1. Allgemeines................. 33
a) Betrauung................ 4	2. Voraussetzungen 35
b) Gewerbsmäßige Vermittlungstätigkeit 12	3. Erscheinungsformen und praktische Bedeutung 37
c) Selbständigkeit 13	VI. Abgrenzung zwischen VersVertretern, VersMaklern und VersBeratern...................... 40
2. Erscheinungsformen und praktische Bedeutung 14	
IV. VersMakler (Abs. 3) 23	VII. Weitere praktische Hinweise 43
1. „Echter" VersMakler (Abs. 3 S. 1)................. 23	1. Vermittlerregister............. 43
a) Voraussetzungen.......... 24	2. Beweislast 44

I. Normzweck

Die Vorschrift steckt den **Anwendungsbereich** der nachfolgenden §§ 60–73 in **persönlicher Hinsicht** ab. Wesentliches Regelungsziel dabei ist, die verschiedenen Typen von VersVermittlern voneinander und diese von VersBeratern **abzugrenzen**.

---

5 BGH 11.11.1987 – IVa ZR 240/86, BGHZ 102, 194 ff = VersR 1988, 234 ff.
6 COM(2012) 360 final.
7 Näher hierzu *Werber*, VersR 2012, 1467 ff; *Schönleiter*, r+s 2014, 53 ff.

Das Fehlen einer Legaldefinition im alten VVG hatte in der Praxis häufig zu Schwierigkeiten bei der Abgrenzung insb. zwischen VersVertretern und VersMaklern geführt.[1] Die Vorschrift macht einen Rückgriff auf die handelsrechtlichen Begriffsbestimmungen zum VersVertreter in § 92 Abs. 1 HGB und Handelsmakler in § 93 Abs. 1 HGB überflüssig. Dieser Rückgriff war wegen des unterschiedlichen Regelungszusammenhangs ohnehin problematisch, zumal sich insb. die Rechtsfigur des VersMaklers durch Rspr und Rechtsübung von dem im HGB statuierten Leitbild des Handelsmaklers weit entfernt hat.[2]

II. VersVermittler (Abs. 1)

Das Gesetz definiert **VersVermittler** als **Oberbegriff** über die beiden Untergruppen „VersVertreter" und „VersMakler" und stellt damit auf die im deutschen Rechtskreis seit jeher typischen Vermittlertypen ab. Das Gesetz hat damit zugleich das zu Zeiten des alten VVG herrschende Begriffsverständnis[3] übernommen. Der Gesetzgeber hat bewusst nicht den – funktional definierten – Vermittlerbegriff der Vermittlerrichtlinie (s. Vor §§ 59–73 Rn 3) übernommen, um eine klare Abgrenzung vorzunehmen.[4] Sachliche Unterschiede zwischen dem Vermittlerbegriff der Richtlinie und dem des Gesetzes, die Zweifel an der Richtlinienkonformität des § 59 Abs. 1 begründen könnten, bestehen nicht.[5] 2

VersVertreter und VersMakler werden wiederum in Abs. 2 und 3 **legaldefiniert**. Während der **VersVertreter** für den VR auftritt und damit „im Lager" des VR steht, wird der **VersMakler** aufgrund eines Maklervertrages mit dem VN, also für diesen tätig. 3

Sogenannte **Tippgeber**, also Personen, die sich darauf beschränken, eine Möglichkeit zum Abschluss von VersVerträgen namhaft zu machen oder einen Kontakt zwischen Kunden und VR oder zwischen Kunden und VersVermittlern herzustellen, betreiben keine Versicherungsvermittlung; auf sie finden die Vorschriften über VersVermittler daher keine Anwendung.[6] Der Begriff des Tippgebers ist gesetzlich nicht definiert. Die **Abgrenzung** zwischen VersVermittler und Tippgeber kann daher im Einzelfall schwierig sein. Sie richtet sich nach dem objektiven Erscheinungsbild der ausgeübten Tätigkeit; auf vertragliche Absprachen mit dem VR kommt es nicht an.[7] Als Tippgeber wird nach der Gesetzesbegründung tätig, wer nicht auf eine konkrete Willenserklärung des Interessenten zum Abschluss eines VersVertrages, der Gegenstand der Vermittlung ist, abzielt, sondern lediglich Kontaktdetails weitergibt, ohne dass eine Konkretisierung auf ein bestimmtes Produkt stattgefunden hat.[8] Bewirbt ein Handelsunternehmen im Rahmen seines Internetauftritts konkrete Versicherungsprodukte und ermöglicht es den Online-Abschluss von VersVerträgen auf der Internetseite eines VR oder eines VersVermittlers, ist auch das Handelsunternehmen jedenfalls dann VersVermittler, wenn dem Verbraucher

---

1 Vgl nur BGH 22.9.1999 – IV ZR 15/99, NVersZ 2000, 124; OLG Nürnberg 27.1.1994 – 8 U 1184/93, NJW-RR 1995, 227; OLG Hamm 8.3.1996 – 20 U 229/95, VersR 1996, 697; OLG Oldenburg 13.1.1999 – 2 U 246/98, VersR 1999, 757; zur Abgrenzung nach altem Recht: Prölss/Martin/*Kollhosser*, 27. Aufl. 2004, § 43 Rn 12 ff; Beckmann/Matusche-Beckmann/*Reiff*, 2004, § 5 Rn 15 ff.
2 Vgl BGH 22.5.1985 – IVa ZR 190/83, BGHZ 94, 356 = VersR 1985, 930.
3 Aus der Rspr zB BGH 22.5.1985 – IVa ZR 190/83, BGHZ 94, 356 = VersR 1985, 930; aus der Lit. etwa Prölss/Martin/*Kollhosser*, 27. Aufl. 2004, § 43 Rn 1; Bruck/Möller/*Möller*, 8. Aufl. 1961, Vor §§ 43–48 Anm. 13.
4 Begr. RegE Vermittlergesetz, BT-Drucks. 16/1935, S. 22.
5 *Reiff*, Versicherungsvermittlerrecht im Umbruch, S. 26 f.
6 Begr. RegE Vermittlergesetz, BT-Drucks. 16/1935, S. 17 f (zu § 34 d Abs. 1 GewO).
7 BGH 28.11.2013 – I ZR 7/13, VersR 2014, 497.
8 Vgl Begr. RegE Vermittlergesetz, BT-Drucks. 16/1935, S. 17 f (zu § 34 d Abs. 1 GewO).

der Wechsel des Betreibers der Internetseite verborgen bleibt.[9] Ein Supermarktbetreiber, der Versicherungsunterlagen verkauft und anbietet, im Falle des Abschlusses des VersVertrages die Versicherungsprämien mit dem gezahlten Kaufpreis zu verrechnen bzw bei Rückgabe der Versicherungsunterlagen den Kaufpreis zurückzuzahlen, agiert ebenfalls nicht mehr als Tippgeber, sondern betreibt bereits Versicherungsvermittlung.[10]

III. VersVertreter (Abs. 2)

4 1. **Voraussetzungen. a) Betrauung.** Ein VersVermittler muss, um VersVertreter zu sein, von einem VR oder von einem anderen VersVertreter mit der Vermittlung oder dem Abschluss von VersVerträgen **betraut** sein. Unter Betrauung versteht man die Beauftragung zur Versicherungsvermittlung als einer Geschäftsbesorgung iSd § 675 Abs. 1 BGB.[11] Betraut ist der VersVermittler also nur dann, wenn er gegenüber dem VR verpflichtet ist, sich um die Vermittlung oder den Abschluss von VersVerträgen zu bemühen.[12] Durch die Betrauung wird der Vertreter in die Absatzorganisation des VR eingebunden und grds. dessen Weisungen unterworfen (vgl § 665 BGB).

5 In der Regel wird die Betrauung des VersVertreters durch den Abschluss eines schriftlichen **Vermittlungs- oder Agenturvertrages** dokumentiert. Zwingend ist der Abschluss eines schriftlichen Vertrages für die Annahme einer Betrauung indes nicht. Die Betrauung ist nicht formbedürftig und mithin auch mündlich oder sogar konkludent möglich. Dies zu beweisen, kann allerdings schwierig sein. Über **Indizien** lässt sich der Nachweis einer Betrauung idR nicht führen.

6 Dies gilt zunächst für das **äußere Auftreten des Vermittlers**. Dass der Vermittler über **Antragsformulare** des VR verfügt, rechtfertigt noch nicht die Annahme, dass der Vermittler von dem VR betraut ist. Die Überlassung von Antragsformularen erfolgt gegenüber VersVertretern wie VersMaklern aus organisatorischen Gründen, ohne dass ihr der Erklärungswert einer Verpflichtung des Vermittlers zu Vermittlungsbemühungen für den VR entnommen werden kann.[13] Auch die Ausfüllung des Antragsformulars und das Vorlesen und Erläutern der dort vorgedruckten Fragen sprechen nicht für eine Betrauung des Vermittlers durch den VR.[14] Es gehört auch zu den wesentlichen Pflichten eines VersMaklers, auf eine vollständige und wahrheitsgemäße Beantwortung der Antragsfragen zu dringen, so dass sich das Verhalten eines pflichtbewussten VersMaklers insofern nicht von dem eines VersVertreters unterscheidet.[15] Schließlich spricht auch eine wiederholte, uU sogar dauerhafte Vermittlung von Kunden an denselben VR nicht für den Vertreterstatus. Gerade bei unspezifischen „Jedermann-Risiken" wird ein Makler schon deshalb häufig denselben VR auswählen, weil er dessen Angebot für optimal hält.[16]

7 Auch die bloße **Zusammenarbeit des Vermittlers mit einem VR** lässt sich nur in seltenen Ausnahmefällen mit hinreichender Gewissheit als eine Betrauung mit Vermittlungsaufgaben interpretieren. Eine zwischen VR und Vermittler getroffene **Courtagevereinbarung** hält – mag ihr Inhalt auch auf eine langfristige Vermittlungstätigkeit hindeuten – lediglich Regelungen über eine Vergütung für den Fall

---

9 BGH 28.11.2013 – I ZR 7/13, VersR 2014, 497.
10 LG Wiesbaden 14.5.2008 – 11 O 8/08, VersR 2008, 919.
11 Vgl zum Handelsvertreter Baumbach/Hopt/*Hopt*, HGB, § 84 Rn 41; anders Langheid/Wandt/*Reiff*, § 59 Rn 27, der in der Betrauung nur die vertragliche Erteilung von „Geschäftsbesorgungsmacht" sieht.
12 AA Langheid/Wandt/*Reiff*, § 59 Rn 27 (s. vorherige Fn).
13 BGH 22.9.1999 – IV ZR 15/99, VersR 1999, 1481.
14 So aber offenbar OLG Nürnberg 27.1.1994 – 8 U 1184/93, NJW-RR 1995, 227, 229.
15 *Matusche-Beckmann*, VersR 1995, 1391, 1396; *Baumann*, NVersZ 2000, 116, 119.
16 Vgl *Matusche-Beckmann*, VersR 1995, 1391, 1395; *Baumann*, NVersZ 2000, 116, 118.

einer bereits erfolgreichen Vermittlung bereit, erlegt dem Vermittler aber keine Tätigkeitsverpflichtung auf.[17] Auch ein eigenes wirtschaftliches Interesse des VersVermittlers an Vertragsabschlüssen mit einem bestimmten VR, etwa aufgrund einer Beteiligung des Vermittlers an dem VR bzw an einem Konzern, zu dem der VR gehört, genügt nicht, um eine Betrauung mit der Vermittlungtätigkeit anzunehmen.[18]

Auch wenn der Vermittler als Betreuer **im Versicherungsschein** ausdrücklich **benannt** ist, stellt dies weder allein noch in Verbindung mit der Überlassung von Antragsformularen einen indiziellen Umstand für den Vertreterstatus dar. Eine solche Bezeichnung ist auch im Falle eines von dem VR unabhängigen Maklers zweckmäßig, da der VN in jedem Fall wissen soll, an wen er sich bei Fragen oder Problemen das Versicherungsverhältnis betreffend wenden kann.[19]

8

Allenfalls wenn der VR den Vermittler mit der gesamten **Geschäftsführung** im Hinblick auf den konkreten VersVertrag beauftragt hat, kann eine konkludente Betrauung und damit der Vertreterstatus unterstellt werden.[20]

9

Zu § 43 aF, der zwar keine Legaldefinition vorsah, den Begriff der Betrauung aber ebenfalls schon enthielt, wurde vielfach[21] vertreten, jeden VersVermittler wie einen VersVertreter zu behandeln, der **mit Wissen und Wollen des VR** tätig wird. Ein solches Begriffsverständnis wird vom Wortlaut des Abs. 2 und dem Definitionsmerkmal der Betrauung nicht gedeckt. Ein Vermittler, der mit Wissen und Wollen des VR tätig ist, muss nicht von diesem betraut sein. Besteht die Verbindung eines VR zu einem Vermittler etwa nur darin, dass der VR dem Vermittler Antragsformulare überlässt, so findet dessen Vermittlungstätigkeit zwar mit Wissen und Wollen des VR statt. Eine Verpflichtung zu Vermittlungsbemühungen gegenüber dem VR, wie sie einer Betrauung immanent ist (s. Rn 4), ist damit allerdings noch nicht verbunden.[22]

10

Kein VersVertreter iSv Abs. 2 sind auch sog. **Pseudovertreter** („**Anscheinsagenten**"), also Vertreter, die, etwa um sich der Reputation eines VR zu bedienen, ein Näheverhältnis zu diesem suggerieren,[23] indem sie ausschließlich dessen Formulare verwenden, sich als Vertreter des VR ausdrücklich bezeichnen und/oder dessen Erkennungszeichen gebrauchen. Denkbar ist ein entsprechendes Gebaren des Vermittlers schließlich auch zu dem Zweck, sich den – weiteren – Maklerpflichten (s. § 61 Rn 17 ff) zu entziehen. In § 43 Abs. 1 S. 2 Alt. 2 ÖVVG werden solche Pseudovertreter VersVertreten gleichgestellt. Hiervon hat der deutsche Gesetzgeber abgesehen. Zu einer evtl analogen Anwendung der für VersVertreter geltenden Vollmachtsstandardisierungen des § 69 auf „Pseudovertreter" s. § 69 Rn 10 ff.

11

b) Gewerbsmäßige Vermittlungstätigkeit. Die Betrauung des VersVertreters muss, damit die Voraussetzungen der Legaldefinition des Abs. 2 erfüllt sind, zudem auf eine **gewerbsmäßige** Vermittlungstätigkeit gerichtet sein. Zur Auslegung des Begriffs der Gewerbsmäßigkeit ist der Rückgriff auf den handelsrechtlichen Gewerbebegriff statthaft. Gewerbsmäßig ist die Vermittlungstätigkeit danach, wenn sie

12

---

17 *Matusche-Beckmann*, VersR 1995, 1391, 1394; aA OLG Nürnberg 27.1.1994 – 8 U 1184/93, NJW-RR 1995, 227, 229.
18 BGH 7.11.2007 – IV ZR 103/06, VersR 2008, 242 (Sparkassenangestellter).
19 BGH 22.9.1999 – IV ZR 15/99, VersR 1999, 1481, 1482.
20 Vgl BGH 17.1.2001 – IV ZR 282/99, VersR 2001, 368, 369.
21 ZB OLG Hamm 8.3.1996 – 20 U 229/95, VersR 1996, 697, 700; OLG Hamm 10.7.1996 – 20 U 21/96, NJW-RR 1997, 220, 221; OLG Hamm 18.11.1998 – 20 U 105/98, NVersZ 1999, 284, 285; Prölss/Martin/*Kollhosser*, 27. Aufl. 2004, § 43 Rn 10; Römer/Langheid/*Langheid*, 2. Aufl. 2003, § 43 Rn 6; Beckmann/Matusche-Beckmann/*Reiff*, 2004, § 5 Rn 5.
22 So schon zum alten Recht *Münkel*, Empfangsvollmacht, S. 22 f.
23 *Fenyves*, ecolex 1994, 597, 603.

auf Dauer angelegt, selbständig und auf Gewinnerzielung ausgerichtet ist.[24] Gewerbsmäßig kann auch derjenige Vertreter tätig sein, der die Versicherungsvermittlung nur **nebenberuflich** betreibt. Nach dem Wortlaut des Abs. 2 genügt es, wenn der Vermittler mit der gewerbsmäßigen Vermittlung betraut ist. Ob der Vermittler darüber hinaus tatsächlich in gewerbsmäßigem Umfang tätig ist, ist nicht maßgeblich, kann für die Anwendung der §§ 69–72 aber auch dahinstehen, da § 73 Vertreter, die tatsächlich nicht gewerbsmäßig tätig sind, ausdrücklich in den Regelungsbereich dieser Vorschriften einbezieht.

13 c) **Selbständigkeit.** Die Merkmale der Betrauung und der Gewerbsmäßigkeit implizieren, dass der Vertreter auch **selbständig** tätig ist. Damit werden **Angestellte des VR im Werbeaußendienst** von der Legaldefinition nicht erfasst. Soweit die §§ 69–72 betroffen sind, spielt dies praktisch wiederum keine Rolle, da § 73 diese Vorschriften auf bei dem VR angestellte Vermittler für entsprechend anwendbar erklärt. Bei den §§ 60–68 ist dies dagegen nicht der Fall. Daher stellt sich die Frage einer analogen Anwendung der §§ 60–68 auf beim VR angestellte Vermittler (s. § 60 Rn 6, § 61 Rn 2).

14 **2. Erscheinungsformen und praktische Bedeutung.** Die **Erscheinungsformen** des VersVertreters sind vielfältig.

15 VersVertreter unterscheiden sich zunächst in der Zahl der von ihnen vertretenen Versicherungsgesellschaften. Überwiegend sind die VersVertreter als **Einfirmenvertreter** („**Ausschließlichkeitsvertreter**") für ein einziges Versicherungsunternehmen tätig. Diesen stehen die sog. **Konzernvertreter** gleich, die zwar mehrere, allerdings zum selben Konzern gehörende, nicht miteinander konkurrierende Einzelunternehmen vertreten. Hiervon sind die (echten) **Mehrfirmenvertreter** („**Mehrfachagenten**") zu unterscheiden, die Produkte von unmittelbar miteinander konkurrierenden Gesellschaften anbieten.

16 Nach dem Aufgabenbereich lassen sich die lediglich mit der Antragsaufnahme betrauten **Vermittlungsvertreter** und die darüber hinaus zur Annahme des Versicherungsantrags befugten **Abschlussvertreter** (vgl § 71) unterscheiden. Da ein VR die Entscheidung über die Übernahme des Risikos nur selten in die Hände seiner Vertreter legt, kommt der Abschlussvertreter in der Praxis eher selten, allenfalls in solchen Versicherungszweigen vor, wo – wie zB in der Kfz-Haftpflichtversicherung – die Risikoprüfung weitgehend standardisiert und der VN sofort auf Versicherungsschutz angewiesen ist.

17 VersVertreter unterscheiden sich auch im Umfang ihrer Geschäftstätigkeit. Dem **hauptberuflich** tätigen VersVertreter steht eine abnehmende Zahl von VersVertretern im **Nebenberuf** gegenüber.

18 Der **Hauptvertreter** – häufig „Generalagent" genannt – kann wiederum **Untervertreter** einsetzen.

19 VersVertreter gibt es in den unterschiedlichsten **Rechtsformen**. Als VersVertreter können nicht nur natürliche Personen, sondern auch Personen- oder Kapitalgesellschaften bzw juristische Personen gelten, die wiederum durch ihre Vertreter – Angestellte oder Selbständige – nach außen repräsentiert werden. Um VersVertreter kann es sich auch bei den großen, hierarchisch gegliederten **Finanzvermittlungsunternehmen** („**Strukturvertriebe**") handeln, die idR auch für einen oder mehrere VR vermittelnd tätig werden.

20 Vorausgesetzt, dass die Betrauung durch einen VR vorliegt, können schließlich auch **branchenfremde Vermittler** respektive deren Repräsentanten als VersVertreter fungieren. Praktisch bedeutsam ist dies bei VersVerträgen, die einen engen sachlichen Bezug zu der jeweils hauptsächlich angebotenen Ware oder Dienstleistung aufweisen („**Annexvertrieb**"). Erwähnenswert sind in diesem Zusammenhang

---

24 Vgl nur Baumbach/Hopt/*Hopt*, HGB, § 1 Rn 12.

insb. **Banken,** die ihren Kunden in zunehmendem Ausmaße VersVerträge vermitteln, sei es, dass sie mit dem Versicherungsunternehmen im Konzern oder im Rahmen von Kooperationsvereinbarungen verbunden sind, sei es, dass von ihnen vermittelte Policen – man denke etwa an Lebens- oder Rentenversicherungen – zu den angebotenen Finanz- und Kapitalanlageprodukten eine Ergänzung oder Alternative darstellen. Weitere praktische Beispiele für branchenfremde VersVermittler und damit auch potenzielle VersVertreter sind Kaufhäuser, Autohäuser, Kreditkartenorganisationen oder Reisebüros.[25]

VersVertreter bilden die größte Gruppe von Handelsvertretern. Vor Inkrafttreten des Vermittlergesetzes (s. Vor §§ 59–73 Rn 3) wurde die **Zahl** der als VersVertreter tätigen Vermittler auf ca. 500.000 geschätzt.[26] Dabei stellten die im Nebenberuf tätigen Vertreter die weitaus größte Gruppe. Erwartungsgemäß hat sich aufgrund des Vermittlerregisters (s. Rn 40) und der dadurch vergrößerten Transparenz des Vermittlerstatus sowie des zunehmenden Kundenbewusstseins hierfür die Zahl der gebundenen, insb. nebenberuflich tätigen Vermittler zugunsten der Zahl unabhängiger Vermittler, also VersMakler, wesentlich reduziert.[27] Im Jahr 2013 waren noch rund 200.000 VersVertreter registriert.[28] 21

Das **Aufgabenspektrum** des VersVertreters erschöpft sich nicht im Vertrieb bzw in der vorvertraglichen Beratung. Der VersVertreter bleibt dem VN auch während des Versicherungsverhältnisses, insb. im Versicherungsfall, als Ansprechpartner erhalten. Dem trägt das Gesetz Rechnung, indem es den Vertreter auch mit Vollmachten nach Vertragsschluss ausstattet (s. § 69 Rn 33 f). 22

IV. VersMakler (Abs. 3)

1. „Echter" VersMakler (Abs. 3 S. 1). Während der VersVertreter in die Absatzorganisation des VR eingebunden ist, steht der VersMakler „im Lager" bzw fungiert als Interessenvertreter des VN. 23

a) Voraussetzungen. VersMakler ist, wer für den VN als seinen Auftraggeber die Vermittlung oder den Abschluss von VersVerträgen übernimmt. **Übernahme** bedeutet – wie die Betrauung des VersVertreters (s. Rn 4) – die Eingehung einer Verpflichtung zu Vermittlungsbemühungen. Dies setzt den Abschluss eines **Maklervertrages** voraus. Hierbei handelt es sich um einen Geschäftsbesorgungsvertrag iSd § 675 Abs. 1 BGB. 24

Ein VersMaklervertrag wird meistens **schriftlich** geschlossen. Notwendig ist dies nicht. Ein Maklervertrag kann auch **mündlich** oder **konkludent,** also durch schlüssiges Verhalten, geschlossen werden. Geriert sich der Vermittler gegenüber dem VN als VersMakler, so ist idR von dem konkludenten Abschluss eines Maklervertrages auszugehen, wenn der VersMakler einen Auftrag des Kunden ausführt oder der Kunde das Wirken des Maklers ohne Widerspruch entgegennimmt oder ausnutzt.[29] Letzteres ist spätestens dann der Fall, wenn der VN den vom Vermittler vorgeschlagenen Versicherungsschutz beantragt.[30] In diesen Fällen muss der Kunde auf Grundlage eines verobjektivierten Empfängerhorizonts von dem Abschluss eines Maklervertrages ausgehen, auch wenn es sich um einen VersVertrag des täg- 25

---

25 OLG Hamm 15.5.1996 – 20 U 11/96, NJW-RR 1996, 1374; LG Berlin 9.2.2000 – 28 O 321/99, VersR 2000, 1413.
26 Vgl zB *Beenken/Sandkühler,* Das neue Versicherungsvermittlergesetz, S. 12.
27 Näher hierzu Langheid/Wandt/*Reiff,* Vor § 59 Rn 14.
28 *GDV,* Statistisches Taschenbuch 2014, S. 23.
29 Vgl BGH 25.3.1987 – IVa ZR 224/85, VersR 1987, 663, 664; OLG Hamm 8.10.2009 – 18 U 26/08, VersR 2010, 388; *Baumann,* NVersZ 2000, 116, 117; vorsichtiger dagegen OLG Hamm 8.3.1996 – 20 U 229/95, VersR 1996, 697, 699; *Reiff,* r+s 1998, 89, 91.
30 Vgl OLG Hamm 8.10.2009 – 18 U 26/08, VersR 2010, 388; *Münkel,* jurisPR-VersR 1/2010 Anm. 6.

lichen Lebens handelt.[31] Etwas anderes gilt, wenn der Vermittler sich als ein **Mehrfirmenvertreter** zu erkennen gibt. Mag dieser mit der Auswahl unter verschiedenen VR auch eine maklertypische Tätigkeit ausüben, die in ihrer Bedeutung mit der Anzahl der vertretenen Gesellschaften zunimmt;[32] das Zustandekommen eines Maklervertrages bewirkt diese Tätigkeit allein noch nicht.[33]

26 Der VersMakler muss, um die gesetzlichen Merkmale zu erfüllen, **gewerbsmäßig**, dh nicht nur gelegentlich tätig sein (vgl Rn 12).

27 **b) Erscheinungsformen und praktische Bedeutung.** Auch VersMakler treten in unterschiedlichen **Erscheinungsformen** am Markt auf. Unter den VersMaklern findet man natürliche Personen ebenso wie Personen- oder Kapitalgesellschaften. Auch Versicherungsmakler können **Untervertreter**, zB Handelsvertreter, bestellen.

28 Die **praktische Bedeutung** des VersMaklers ist weitaus geringer als die des VersVertreters (vgl dazu Rn 21). Die **Zahl** der in Deutschland tätigen VersMakler wurde vor Inkrafttreten des Vermittlergesetzes (s. Vor §§ 59–73 Rn 3) nur auf etwa 7.000 geschätzt.[34] Die Zahl der Mitte 2009 registrierten Makler lag bereits um ein Fünffaches höher.[35] Diese Erhöhung war als Folge des Vermittlerregisters (s. Rn 40), der dadurch vergrößerten Transparenz des Vermittlerstatus und des zunehmenden Kundenbewusstseins hierfür zu erwarten. Im Jahre 2013 waren schon knapp 50.000 VersMakler registriert.[36] Der **Schwerpunkt** der Maklertätigkeit liegt traditionell im gewerblichen Bereich, insb. bei industriellen Versicherungen und Transportversicherungen. Zunehmend beginnen sich VersMakler aber auch im Privatkundengeschäft zu engagieren.[37]

29 Wie der VersVertreter hat auch der VersMakler in erster Linie die **Aufgabe**, einen VersVertrag zu vermitteln. Im Gegensatz zum VersVertreter, der seine Haupttätigkeit vor bzw im Zusammenhang mit dem Abschluss eines Versvertrages entfaltet und dessen Tätigkeit sich nach Vertragsschluss auf eine eher passive Rolle beschränkt, besteht ein wesentlicher Teil der dem VersMakler obliegenden Pflichten während der Laufzeit des VersVertrages. Dem trägt das Gesetz leider keine Rechnung (s. § 61 Rn 28, § 68 Rn 6).

30 **2. Pseudomakler (Abs. 3 S. 2).** Abs. 3 S. 2 betrifft den sog. Pseudomakler, also einen VersVermittler, der gegenüber dem VN nur den Anschein erweckt, als Versmakler tätig zu sein. Das bedeutet, dass es sich zumeist tatsächlich um einen VersVertreter, also einen von einem oder mehreren VR bzw VersVertreter(n) betrauten VersVermittler handelt, der die Betrauung durch einen oder mehrere VR bzw VersVertreter verschweigt, meist um den Eindruck der Objektivität und der VersMaklern von der Verkehrsauffassung zugeschriebenen besonderen Fachkompetenz zu erwecken.[38] Die hierin liegende Täuschung kann sich nicht nur als Missstand iSd § 81 Abs. 2 S. 1 VAG mit der Möglichkeit aufsichtsrechtlicher Maßnahmen, sondern auch als wettbewerbswidrig darstellen.[39]

31 Nach Abs. 3 S. 2 „gilt" ein Pseudomakler als **VersMakler**. Das Gesetz ordnet damit eine – unwiderrufliche – **Fiktion** an, die aber nur im Verhältnis zwischen Pseu-

---

31 Insoweit anders OLG Hamm 8.3.1996 – 20 U 229/95, VersR 1996, 697, 699.
32 *Matusche-Beckmann*, VersR 1995, 1391, 1393.
33 Vgl *Matusche-Beckmann*, VersR 1995, 1391, 1394; *Baumann*, NVersZ 2000, 116, 117.
34 Vgl nur *Beenken/Sandkühler*, Das neue Versicherungsvermittlergesetz, S. 12.
35 Langheid/Wandt/*Reiff*, Vor § 59 Rn 14.
36 GDV, Statistisches Taschenbuch 2014, S. 23.
37 Vgl *Hopt*, ZIP 1996, 1809, 1810; *Zinnert*, VersR 2000, 399.
38 *Benkel/Reusch*, VersR 1992, 1302, 1304; *Heinemann*, VersR 1992, 1319, 1323; *Matusche-Beckmann*, VersR 1995, 1391, 1393.
39 Beckmann/Matusche-Beckmann/*Reiff*, 2. Aufl. 2009, § 5 Rn 38.

domakler und VN gilt.[40] Der Gesetzgeber ist damit der ganz hM zum altem Recht[41] gefolgt, wonach der Pseudomakler wie ein VersMakler zu haften hat. Voraussetzung für die Haftung des Pseudomaklers entsprechend einem VersMakler ist nach dem Gesetzeswortlaut, dass bei dem VN der Anschein einer Tätigkeit als VersMakler „erweckt" wird. Hat der VN positive Kenntnis darüber, dass es sich nicht um einen VersMakler, sondern um einen VersVertreter handelt, kann er sich folglich nicht auf Abs. 3 S. 2 berufen; (grob) fahrlässige Unkenntnis des VN ist allerdings unschädlich.[42]

Vom Gesetz nicht beantwortet wird die Frage, ob ein „Pseudomakler" im Verhältnis zum VR, insb. im Hinblick auf die Empfangsvollmacht nach § 69 Abs. 1 Nr. 1 und 2 oder die Wissenszurechnung nach § 70, auch als **VersVertreter** gelten kann (s. § 69 Rn 9, § 70 Rn 5).[43] 32

V. VersBerater (Abs. 4)

1. Allgemeines. Mit dem Vermittlergesetz (s. Vor §§ 59–73 Rn 3) wurden auch die VersBerater in das neue Regelungssystem für VersVermittler integriert. Damit haben sich für VersBerater, die zuvor nach dem Rechtsberatungsgesetz zugelassen wurden und nunmehr wie Vertreter und Makler einer Erlaubnis nach der GewO bedürfen, in erster Linie die Berufszugangsvoraussetzungen – in verfassungsgemäßer Weise[44] – geändert. Mit der Legaldefinition in Abs. 4 findet der – traditionsreiche[45] – Stand der VersBerater nunmehr erstmals auch im VVG Erwähnung. 33

Der VersBerater ist **kein VersVermittler** (vgl Abs. 1). Die Versicherungsberatung stellt keine Versicherungsvermittlung, sondern die Besorgung fremder Rechtsangelegenheiten dar. 34

2. Voraussetzungen. Anders als der VersVertreter und ebenso wie der VersMakler ist der VersBerater Interessenvertreter des VN. Vom VersMakler **unterscheidet** sich der VersBerater dadurch, dass er von dem VR keine Courtage erhält. Die Legaldefinition setzt daher voraus, dass der VersBerater von einem VR keinen wirtschaftlichen Vorteil erhalten und auch nicht in anderer Weise von ihm abhängig sein darf. 35

Wie VersVertreter und VersMakler müssen auch VersBerater, um die gesetzliche Definition auszufüllen, **gewerbsmäßig** tätig sein (s. Rn 12). 36

3. Erscheinungsformen und praktische Bedeutung. Wie VersMakler treten auch VersBerater in unterschiedlichen Formen, insb. als Einzelpersonen oder größere Unternehmen, am Markt auf. 37

Verglichen mit VersVermittlern ist die **Zahl** der in Deutschland zugelassenen VersBerater verschwindend gering. Im Jahre 2013 soll sie bei rund 300 gelegen haben.[46] 38

Anders als bei VersVertretern und VersMaklern macht das Gesetz bei der Begriffsbestimmung zum VersBerater deutlich, dass das **Tätigkeitsspektrum** über die Beratung beim Abschluss von VersVerträgen hinausgeht, indem es ausdrücklich auch die Beratung und außergerichtliche Vertretung des VN bei Änderung und Prüfung 39

---

40 Langheid/Wandt/*Reiff*, § 59 Rn 51; iE ebenso Beckmann/Matusche-Beckmann/*Matusche-Beckmann*, § 5 Rn 224, die Abs. 3 S. 2 entsprechend teleologisch reduzieren will.
41 OLG Oldenburg 13.1.1999 – 2 U 246/98, VersR 1999, 757; Prölss/Martin/*Kollhosser*, 27. Aufl. 2004, § 43 Rn 13; Beckmann/Matusche-Beckmann/*Reiff*, 2004, § 5 Rn 22 f; *Reiff*, r+s 1998, 89, 91.
42 Langheid/Wandt/*Reiff*, § 59 Rn 54 f; aA Beckmann/Matusche-Beckmann/*Matusche-Beckmann*, § 5 Rn 223, die den VN auch bei grob fahrlässiger Unkenntnis nicht für schutzwürdig hält.
43 So auch Langheid/Wandt/*Reiff*, § 59 Rn 51.
44 BVerfG 8.5.2007 – 1 BvR 999/07, r+s 2007, 483.
45 Vgl hierzu BVerfG 5.5.1987 – 1 BvR 981/81, VersR 1988, 145.
46 *GDV*, Statistisches Taschenbuch 2014, S. 23.

VI. Abgrenzung zwischen VersVertretern, VersMaklern und VersBeratern

40 Um die Einordnung als VersVertreter, VersMakler oder VersBerater gegenüber dem Kunden transparent zu machen, ist mit dem Vermittlergesetz (s. Vor §§ 59–73 Rn 3) ein **Vermittlerregister** eingeführt worden, aus dem der Status des Vermittlers hervorgehen soll (§ 11 a GewO). Das Register verfolgt neben der **Transparenz** den Zweck der **Polarisierung** zwischen VersVertretern, VersMaklern und VersBeratern, um die zu Zeiten des alten Rechts nicht seltenen Mischformen, allen voran Pseudomakler (s. Rn 30), weitgehend zu verhindern. Ist ein VersVermittler nicht entsprechend seiner Registereintragung – also ein als VersVertreter eingetragener Vermittler als VersMakler, ein als VersMakler eingetragener Vermittler als VersVertreter oder ein Vermittler sowohl als Makler und Vertreter tätig – kann dies **gewerberechtliche** und evtl auch **wettbewerbsrechtliche Konsequenzen** nach sich ziehen. Damit ist für die Abgrenzung zwischen VersVertreter, VersMakler und VersBerater schon viel gewonnen.

41 Gleichwohl stellt sich die Frage, ob die Registereintragung für die Einordnung eines Vermittlers iSd §§ 60 ff zwingend ist, was gewissermaßen einem „öffentlichen Glauben" des Registers gleichkäme. Die Frage ist zu verneinen. Die Registereintragung ist nicht mehr als ein – wenn auch gewichtiges – **Indiz** für die Einordnung als VersVertreter, VersMakler oder VersBerater. Maßgeblich für die Qualifizierung des Vermittlers iSd §§ 60 ff ist, ob der Vermittler bei dem konkreten Vermittlungsvorgang, dh unter den konkreten Umständen und im Verhältnis zu dem konkreten VR bzw VN, die Tatbestandsvoraussetzungen der entsprechenden Legaldefinition des § 59 erfüllt.

42 Danach kann die Qualifizierung des Vermittlers durchaus von der Registereintragung **abweichen**. Möglich ist zum einen, dass die Registrierung des Vermittlers falsch ist, entweder weil dieser bei der Registrierung gegenüber der Registerbehörde unzutreffende Angaben gemacht oder eine Änderung der maßgeblichen Verhältnisse entgegen § 6 Abs. 1 S. 2 VersVermV nicht mitgeteilt hat. Zu berücksichtigen ist zum anderen, dass der Status als Vertreter oder Makler nach den Legaldefinitionen des § 59 weder unabänderlich noch alternativ ist. Der Vermittler kann durchaus vorübergehend das „Lager" wechseln, wie etwa ein Vertreter, der nur für einen bestimmten Versicherungszweig bestellt, in einem anderen aber ebenfalls vermittlerisch, dort aber als Makler, tätig wird oder einen Vertrag, weil der vertretene VR den Antrag ablehnt, einer nicht von ihm repräsentierten Gesellschaft zuführt („Ventillösung"[47]).[48] Dem Grundsatz der Vertragsfreiheit entsprechend bleibt es einem Vertreter insb. mehrerer VR auch unbenommen, einen Maklervertrag mit dem künftigen Vertragspartner des von ihm vertretenen VR abzuschließen und auf diese Weise – so unerwünscht dieses Ergebnis auch sein mag – die Begriffsmerkmale von Vertreter und Makler während ein und desselben Vermittlungsvorgangs in sich zu vereinigen.[49] Dies ist zB bei den in Abs. 3 S. 2 geregelten **Pseudomaklern** zumeist der Fall (s. Rn 30). Abs. 3 S. 2 stellt damit den besten Beleg dafür dar, dass die Eintragung im Vermittlerregister nicht unbedingt maßgeblich ist.

---

47 Vgl nur *Teichler*, VersR 2002, 385, 386 Fn 8.
48 Vgl *Matusche*, Versicherungsmakler, S. 19.
49 Vgl OLG Hamm 8.10.2009 – 18 U 26/08, VersR 2010, 388 m. Anm. *Münkel*, jurisPR-VersR 1/2010 Anm. 6; OLG Oldenburg 13.1.1999 – 2 U 246/98, VersR 1999, 757, 758; OLG Hamm 3.2.1994 – 18 U 113/93, VersR 1995, 167; *Matusche-Beckmann*, VersR 1995, 1391, 1393; *Reiff*, r+s 1998, 89, 91; anders dagegen *Zinnert*, VersR 1999, 1343; *ders.*, VersR 2000, 399, 400.

VII. Weitere praktische Hinweise

1. Vermittlerregister. Stellt sich die Frage, ob es sich bei einer Hilfsperson im Zusammenhang mit dem Abschluss eines VersVertrages oder der Betreuung des VN um einen VersVertreter, einen VersMakler oder VersBerater handelt, empfiehlt sich als erster Schritt ein Blick in das bei den Industrie- und Handelskammern geführte und im Internet[50] kostenlos einsehbare Vermittlerregister. Dadurch wird der **Vermittlerstatus indiziert.** Um den Status endgültig zu bestimmen, sollte in einem zweiten Schritt – soweit möglich – die im Vermittlerregister dokumentierte Eintragung daraufhin überprüft werden, ob sie für den konkreten Vermittlungsvorgang, dh unter den konkreten Umständen und im Verhältnis zu dem konkreten VR bzw VN, der einschlägigen Legaldefinition in § 59 entspricht.

2. Beweislast. Die Beweislast für den Status des VersVermittlers oder VersBeraters bestimmt sich nach dem Rechtssatz, für dessen Anwendung der Status relevant ist, insb. danach, wer für die Voraussetzungen dieses Rechtssatzes beweispflichtig ist, weil der Rechtssatz eine für ihn günstige Rechtsfolge anordnet. Beruft sich der VR zB auf eine Verletzung der Anzeigepflicht nach § 19 Abs. 2, behauptet der VN, die Anzeigepflicht gegenüber dem VersVermittler erfüllt zu haben, und ist der Status des VersVermittlers streitig, muss der VR, der die Beweislast für eine Verletzung der Anzeigepflicht trägt (§ 69 Abs. 3 S. 2), beweisen, dass es sich nicht um einen – nach § 69 Abs. 1 Nr. 1, 2 zum Empfang der Anzeige(n) bevollmächtigten – VersVertreter, sondern um einen VersMakler gehandelt hat. Wendet der VN gem. § 19 Abs. 5 S. 2 dagegen ein, dass der VersVermittler den nicht angezeigten Umstand gekannt hat, muss der – insoweit beweispflichtige (s. § 70 Rn 11) – VN beweisen, dass der Vermittler VersVertreter war.

§ 60 Beratungsgrundlage des Versicherungsvermittlers

(1) ¹Der Versicherungsmakler ist verpflichtet, seinem Rat eine hinreichende Zahl von auf dem Markt angebotenen Versicherungsverträgen und von Versicherern zu Grunde zu legen, so dass er nach fachlichen Kriterien eine Empfehlung dahin abgeben kann, welcher Versicherungsvertrag geeignet ist, die Bedürfnisse des Versicherungsnehmers zu erfüllen. ²Dies gilt nicht, soweit er im Einzelfall vor Abgabe der Vertragserklärung des Versicherungsnehmers diesen ausdrücklich auf eine eingeschränkte Versicherer- und Vertragsauswahl hinweist.

(2) ¹Der Versicherungsmakler, der nach Absatz 1 Satz 2 auf eine eingeschränkte Auswahl hinweist, und der Versicherungsvertreter haben dem Versicherungsnehmer mitzuteilen, auf welcher Markt- und Informationsgrundlage sie ihre Leistung erbringen, und die Namen der ihrem Rat zu Grunde gelegten Versicherer anzugeben. ²Der Versicherungsvertreter hat außerdem mitzuteilen, für welche Versicherer er seine Tätigkeit ausübt und ob er für diese ausschließlich tätig ist.

(3) Der Versicherungsnehmer kann auf die Mitteilungen und Angaben nach Absatz 2 durch eine gesonderte schriftliche Erklärung verzichten.

I. Normzweck

Die Informations- und Beratungspflichten der VersVermittler gem. §§ 60–63 sollen – wie die Beratungspflichten des VR nach § 6 (s. § 6 Rn 2; zum Verhältnis s. § 6 Rn 3) – den VN in die Lage versetzen, die Entscheidung über den Abschluss eines VersVertrages, insb. die Auswahl unter den verschiedenen Versicherungsangeboten, in Kenntnis der wesentlichen Umstände und damit auf rationaler Grundlage

---

50 Unter www.vermittlerregister.info.

zu treffen. Dieser **Zweck** wird nur dann erreicht, wenn der VersVermittler – wie grds. im Falle des VersMaklers – in seine Beratung eine Vielzahl von Versicherungsprodukten und -gesellschaften einbezieht oder, wenn er hierzu als VersMakler nicht in der Lage bzw als VersVertreter nicht verpflichtet ist, den VN auf die eingeschränkte Auswahl hinweist. § 60 trifft daher **Vorgaben für die Beratungsgrundlagen von VersVermittlern** und die Information des VN hierüber.

II. Allgemeines

2 Die beratungsbezogenen Informationspflichten nach Abs. 2 sind von den **statusbezogenen Informationspflichten** nach § 11 Abs. 1 VersVermV zu unterscheiden. Danach muss der VersVermittler dem VN beim ersten Geschäftskontakt klar und verständlich in Textform Name und Anschrift, Eintragung im Vermittlerregister, Anschrift, Telefonnummer und Internetadresse der Registerstelle, eine direkte oder indirekte Beteiligung von mehr als 10 % entweder des VersVermittlers an einem VR oder eines VR an dem VersVermittler sowie die Anschrift des Ombudsmanns für Versicherungen e.V. mitteilen. Nach der Begründung zu § 11 Abs. 1 VersVermV ist eine Übermittlung per Visitenkarte zulässig.[1]

3 § 60 ist **halbzwingend** (s. § 67 Rn 1) und gilt nicht für Bagatellvermittler iSv § 34 d Abs. 9 Nr. 1 GewO (s. § 66 Rn 1).

III. Beratungsgrundlage und Informationspflichten des VersMaklers (Abs. 1, Abs. 2 S. 1)

4 **1. Hinreichende Auswahl (Abs. 1 S. 1).** Grundsätzlich hat der VersMakler (zum Begriff s. § 59 Rn 23 ff) seiner Beratung eine hinreichende Zahl von auf dem Markt angebotenen VersVerträgen und Versicherungsgesellschaften zugrunde zu legen. Dies entspricht der Aufgabe des VersMaklers, den für den VN geeigneten Versicherungsschutz aus der Palette der auf dem Markt angebotenen Produkte auszuwählen. Entsprechendes war deshalb schon nach altem Recht, ohne dass die Beratungsgrundlage des VersMaklers explizit gesetzlich geregelt war, anerkannt.[2] Was eine „**hinreichende Zahl**" ist, wird in Abs. 1 S. 1 funktional definiert: Der VersMakler muss so viele Versicherungsangebote berücksichtigen, dass er „nach fachlichen Kriterien" einen für die Bedürfnisse des VN geeigneten VersVertrag empfehlen kann. Zu den **fachlichen Kriterien** gehören in erster Linie der Umfang des Deckungsschutzes, sonstige Bedingungen bzw Tarifmerkmale und die Prämienhöhe, aber auch die Finanzstärke des Unternehmens und etwaige Rentabilität des Versicherungsprodukts. Der VersMakler hat daher eine **Marktuntersuchung** vorzunehmen, deren Tiefe von dem zu versichernden Risiko und der Anzahl der Anbieter abhängt; bei speziellen Policen, die nur von wenigen VR angeboten werden, darf der VN erwarten, dass der Makler alle Produkte berücksichtigt; dagegen muss der VersMakler bei Standardprodukten nicht mehrere hundert Angebote vergleichen.[3] Er darf aber auch keinen bedeutenden VR unberücksichtigt lassen, wobei sich die Bedeutung des VR nicht nur aus dem Marktanteil, sondern auch aus besonders günstigen AVB oder einem besonders günstigen Preis ergeben kann.[4] In der Regel genügen regelmäßige Erhebungen mit Hilfe von **Vergleichssoftware** oder **Rankings**, eine besondere Untersuchung für jeden einzelnen Kunden ist dagegen nicht erforderlich.[5] Der VersMakler darf sich grds. auf den **deutschen Markt** be-

---

1 Begr. VersVermV, BR-Drucks. 207/07, S. 31.
2 Vgl nur Prölss/Martin/*Kollhosser*, 27. Aufl. 2004, nach § 48 Rn 5.
3 Prölss/Martin/*Dörner*, § 60 Rn 5; ähnl. *Fetzer*, jurisPR-VersR 5/2007 Anm. 4; Beckmann/Matusche-Beckmann/*Matusche-Beckmann*, § 5 Rn 290.
4 Langheid/Wandt/*Reiff*, § 60 Rn 21.
5 Vgl BT-Drucks. 16/1935, S. 23.

schränken, ohne schon deshalb auf eine eingeschränkte Auswahl hinweisen zu müssen.[6]

Fraglich ist, ob der VersMakler auch solche Angebote bzw Gesellschaften berücksichtigen muss, die eigentlich nicht zum „Maklermarkt" gehören, wie zB **Direktversicherer**, oder andere VR, die eine Zusammenarbeit mit dem VersMakler verweigern oder von denen der VersMakler keine Vermittlungsvergütung zu erwarten hat. Teilweise wird vertreten, dass der VersMakler seine Beratungsgrundlage insoweit beschränken kann, darauf aber gem. Abs. 1 S. 2 hinweisen muss (s. Rn 5), wenn er solche Angebote bzw Gesellschaften unberücksichtigt lassen will.[7] Dies vermag jedoch nicht zu überzeugen. Der VN kann von dem VersMakler nicht erwarten, Angebote solcher VR zu empfehlen, die zu einer Zusammenarbeit mit dem oder zur Zahlung einer Vergütung an den Makler nicht bereit sind.[8] Der VersMakler muss dem eindeutigen Wortlaut des Abs. 1 S. 1 nicht alle VR bzw Versicherungsangebote, sondern nur eine „hinreichende Zahl" zugrunde legen. Diese Grundlage wird nicht dadurch gefährdet, dass der Makler Direktversicherer, denen ohnehin ein relativ geringer Marktanteil zukommt (s. Vor §§ 59–73 Rn 1), aus seiner Prüfung ausnimmt. Den VersMakler insoweit auf eine Hinweispflicht nach Abs. 1 S. 2 zu verweisen, ist auch deshalb nicht sachgerecht, da der VersMakler seine Beratungsgrundlage danach nur ausnahmsweise (s. Rn 5) beschränken kann, der VersMakler Direktversicherer aber aus jedem Vermittlungsvorgang ausschließen will.[9]

2. Eingeschränkte Auswahl (Abs. 1 S. 2, Abs. 2 S. 1). Nach Abs. 1 S. 2 muss der VersMakler seiner Beratung ausnahmsweise („im Einzelfall") nicht eine hinreichende Zahl von Produkten und Gesellschaften zugrunde legen, wenn er den VN, bevor dieser seine Vertragserklärung, idR also seinen Versicherungsantrag, abgibt, hierauf **hinweist**.[10] Gegebenenfalls muss der VersMakler **mitteilen**, auf welcher Markt- und Informationsgrundlage er seine Leistung erbringt und welche Gesellschaften er berücksichtigt (Abs. 2 S. 1). Nach dem eindeutigen Gesetzeswortlaut, der die Beschränkung der Beratungsgrundlage lediglich von einem **Hinweis** des VersMaklers an den VN abhängig macht, ist für eine wirksame Beschränkung **keine Vereinbarung** mit dem VN erforderlich.[11] Zwar kann eine derartige Vereinbarung regelmäßig angenommen werden, wenn der VN die Beratungsleistungen des VersMaklers nach einem entsprechenden Hinweis widerspruchslos entgegennimmt. Ist der VN mit der Beschränkung der Beratungsgrundlage dagegen nicht einverstanden, kann er hieraus keine Schadensersatzansprüche aus § 63 herleiten, wenn er die Beratungsleistungen gleichwohl in Anspruch nimmt. Da die Beschränkung der Beratungsgrundlage nur „im Einzelfall" erfolgen darf, ist eine Beschränkung durch Hinweis in **AGB** unwirksam (zur identischen Formulierung in § 6 Abs. 4 S. 2 vgl § 6 Rn 41).[12] Es bedarf vielmehr eines **individuellen Hinweises** des VersMaklers an den VN. Mit der Beschränkung der Beratungsgrundlage wird dem

5

---

6 So auch *Werber*, VersR 2010, 553, 554; aA Looschelders/Pohlmann/*Baumann*, § 60 Rn 19.
7 So *Meixner/Steinbeck*, § 1 Rn 394; Looschelders/Pohlmann/*Baumann*, § 60 Rn 9; Prölss/Martin/*Dörner*, § 60 Rn 4; ähnl. schon nach altem Recht *Matusche*, Versicherungsmakler, S. 61 ff.
8 *Fetzer*, jurisPR-VersR 5/2007 Anm. 4; Langheid/Wandt/*Reiff*, § 60 Rn 20; Beckmann/Matusche-Beckmann/*Matusche-Beckmann*, § 5 Rn 288 f.
9 Langheid/Wandt/*Reiff*, § 60 Rn 20.
10 Nach Looschelders/Pohlmann/*Baumann*, § 60 Rn 22 soll es beim Vertragsschluss nach dem Invitatiomodell der Schutzzweck der Norm gebieten, dass der Hinweis vor Abgabe der Invitatio des VN erfolgt.
11 AA Prölss/Martin/*Dörner*, § 60 Rn 8.
12 Im Ergebnis ebenso Prölss/Martin/*Dörner*, § 60 Rn 11, der die Unwirksamkeit jedoch aus § 307 BGB herleiten will; auf die Wirksamkeitskontrolle nach §§ 305 ff BGB hinweisend auch Römer/Langheid/*Rixecker*, § 60 Rn 6; aA Langheid/Wandt/*Reiff*, § 60 Rn 25;

VersMakler gestattet, den VN auch dann zu beraten, wenn ihm in dem betreffenden Bereich der notwendige Marktüberblick fehlt.[13] Insoweit weicht das Gesetz von der früheren Rechtslage ab, nach der der VersMakler seine Auswahlpflichten grds. nicht beschränken durfte.[14] Da die eingeschränkte Beratungsgrundlage vom Gesetz als **Ausnahmefall** („im Einzelfall") konzipiert ist,[15] wird das Wesen des VersMaklers dadurch nicht in Frage gestellt.[16] Ein VersMakler, der jedoch regelmäßig, zB durch AGB, eine Beschränkung der Beratungsgrundlage herbeiführt oder herbeizuführen beabsichtigt, entfernt sich so weit vom Leitbild der Versicherungsmaklertätigkeit, dass ein Widerruf der Gewerbeerlaubnis in Betracht kommt.[17]

IV. Informationspflichten des VersVertreters (Abs. 2)

6 Abs. 2 betrifft auch den **VersVertreter** (zum Begriff s. § 59 Rn 4 ff), da dessen Beratungsgrundlage naturgemäß auf den oder die von ihm vertretenen VR beschränkt ist. Damit wird der **Angestellte des VR im Werbeaußendienst** allerdings nicht erfasst (vgl § 59 Rn 13). Eine analoge Anwendung scheidet insoweit ebenfalls aus, da es im Hinblick auf § 73, der den Angestellten im Werbeaußendienst lediglich in den Regelungsbereich der §§ 69–72 einbezieht (s. § 73 Rn 1), an einer planwidrigen Regelungslücke fehlt.

7 Der VersVertreter muss dem VN ebenfalls mitteilen, auf welcher Markt- und Informationsgrundlage seine Beratung erfolgt (Abs. 2 S. 1). Beim Ausschließlichkeitsvertreter (Einfirmenvertreter; s. § 59 Rn 15) hat diese Pflicht keine praktische Bedeutung.[18] Darüber hinaus hat der VersVertreter mitzuteilen, ob er für mehrere VR oder einen VR ausschließlich tätig wird, und diese(n) zu benennen (Abs. 2 S. 2). Dadurch soll der VN in die Lage versetzt werden, die Kompetenz und die Interessenlage des VersVertreters einzuschätzen.[19]

V. Informationsverzicht (Abs. 3)

8 Der VN kann auf die Mitteilungen nach Abs. 2 durch eine gesonderte schriftliche Erklärung verzichten. Unverzichtbar ist damit der Hinweis auf die eingeschränkte Auswahl durch einen VersMakler nach Abs. 1 S. 2. Um eine gesonderte schriftliche Erklärung handelt es sich nur, wenn der Verzicht den einzigen Regelungsgegenstand des Papiers („**Extrablatt**") darstellt (vgl § 6 Rn 31).[20] Die Erklärung muss außerdem vom VN unterschrieben werden (§ 126 Abs. 1 BGB). Der Informationsverzicht ist auch durch vom VersVermittler für eine Vielzahl von Fällen vorformu-

---

unter Hinweis auf den Schutzzweck der Norm wohl auch Looschelders/Pohlmann/*Baumann*, § 60 Rn 16.
13 Begr. RegE Vermittlergesetz, BT-Drucks. 16/1935, S. 23.
14 Vgl nur Beckmann/Matusche-Beckmann/*Matusche-Beckmann*, 2004, § 5 Rn 237 mwN.
15 AA Schwintowski/Brömmelmeyer/*Michaelis*, § 60 Rn 13, der den Bedeutungsgehalt des Merkmals „im Einzelfall" nur darin sieht, dass der Hinweis für jeden VersVertrag gesondert und daher nicht in den AGB zu erteilen ist.
16 *Reiff*, VersR 2007, 717, 724; krit. dagegen *Schimikowski*, VW 2005, 1912, 1913 f.
17 Prölss/Martin/*Dörner*, § 60 Rn 12.
18 Schwintowski/Brömmelmeyer/*Michaelis*, § 60 Rn 16 und Langheid/Wandt/*Reiff*, § 60 Rn 34 wollen daher Abs. 2 S. 1 auf den Ausschließlichkeitsvertreter aufgrund teleologischer Reduktion nicht anwenden.
19 Begr. RegE Vermittlergesetz, BT-Drucks. 16/1935, S. 23.
20 In diesem Sinne auch Looschelders/Pohlmann/*Baumann*, § 60 Rn 35 („eigenes Dokument"); aA Römer/Langheid/*Rixecker*, § 60 Rn 9 (nur „Absonderung von anderen Texten").

lierte Erklärungen möglich (vgl § 6 Rn 32).[21] Die gegenüber einem Beratungsverzicht nach § 6 Abs. 3 vorgebrachten Bedenken (vgl § 6 Rn 30) sind auf den Informationsverzicht nach Abs. 3 nicht übertragbar.[22] Im Übrigen muss sich der VN nicht gegen seinen Willen belehren bzw informieren lassen.[23]

§ 61 Beratungs- und Dokumentationspflichten des Versicherungsvermittlers

(1) ¹Der Versicherungsvermittler hat den Versicherungsnehmer, soweit nach der Schwierigkeit, die angebotene Versicherung zu beurteilen, oder der Person des Versicherungsnehmers und dessen Situation hierfür Anlass besteht, nach seinen Wünschen und Bedürfnissen zu befragen und, auch unter Berücksichtigung eines angemessenen Verhältnisses zwischen Beratungsaufwand und der vom Versicherungsnehmer zu zahlenden Prämien, zu beraten sowie die Gründe für jeden zu einer bestimmten Versicherung erteilten Rat anzugeben. ²Er hat dies unter Berücksichtigung der Komplexität des angebotenen Versicherungsvertrags nach § 62 zu dokumentieren.

(2) Der Versicherungsnehmer kann auf die Beratung oder die Dokumentation nach Absatz 1 durch eine gesonderte schriftliche Erklärung verzichten, in der er vom Versicherungsvermittler ausdrücklich darauf hingewiesen wird, dass sich ein Verzicht nachteilig auf die Möglichkeit des Versicherungsnehmers auswirken kann, gegen den Versicherungsvermittler einen Schadensersatzanspruch nach § 63 geltend zu machen.

I. Normzweck	1	3. Beratungspflichten des VersMaklers	12
II. Allgemeines	2	IV. Beratungsverzicht (Abs. 2)	16
III. Anlass und Umfang der Beratung (Abs. 1)	5	V. Sonstige Pflichten des VersMaklers	17
1. Beratungspflichten des VersVermittlers allgemein	5	VI. Ausnahmen	29
2. Beratungspflichten des VersVertreters	9		

I. Normzweck

Die Beratungs- und Dokumentationspflichten des VersVermittlers dienen den gleichen Zwecken wie die Beratungs- und Dokumentationspflichten des VR (vgl § 6 Rn 2, 44, 47). 1

II. Allgemeines

§ 61 gilt für alle **VersVermittler** (s. § 59 Rn 2 f), also für VersVertreter (s. § 59 Rn 4 ff) und VersMakler (s. § 59 Rn 23 ff) gleichermaßen, mit Ausnahme von Bagatellvermittlern iSv § 34 d Abs. 9 Nr. 1 GewO (s. § 66 Rn 1). § 61 ist nicht anwendbar auf Angestellte des VR im Werbeaußendienst (vgl § 60 Rn 6). 2

---

21 So auch Langheid/Wandt/*Reiff*, § 60 Rn 36; Looschelders/Pohlmann/*Baumann*, § 60 Rn 37; aA Prölss/Martin/*Dörner*, § 60 Rn 25 für den Verzicht gegenüber einem VersMakler.
22 Vgl *Reiff*, VersR 2007, 717, 724 f; aA Prölss/Martin/*Dörner*, § 60 Rn 22 („rechtspolitisch problematisch und kaum richtlinienkonform").
23 Vgl *Reiff*, VersR 2007, 717, 725.

3 Wie § 6 für den VR (s. § 6 Rn 3) statuiert auch § 61 für den VersVermittler nur Beratungspflichten **gegenüber dem VN**, nicht etwa gegenüber dem Bezugsberechtigten aus einer Lebensversicherung.[1]

4 Die gesetzlichen Beratungspflichten des VersVermittlers sind von den **Beratungspflichten des VR** zu unterscheiden. Da die Beratungspflichten des VR bei Vertragsvermittlung durch einen **VersMakler** entfallen (§ 6 Abs. 6), ist in diesem Fall allein der VersMakler zur Beratung verpflichtet. Dagegen können Beratungspflichten des VR und des **VersVertreters** zusammenfallen, allerdings nur bei Vertragsschluss, da den VersVertreter – anders als den VR (§ 6 Abs. 4) – während des Versicherungsverhältnisses keine Beratungspflichten treffen. Auch wenn Beratungspflichten des VR und des VersVertreters nebeneinander bestehen, muss die Beratung nur einmal erfolgen.[2] VR und VersVertreter sind insoweit Gesamtschuldner.[3] In der Regel erfüllt daher der VersVertreter die Beratungspflicht des VR mit (§ 422 Abs. 1 S. 1 BGB).[4]

III. Anlass und Umfang der Beratung (Abs. 1)

5 **1. Beratungspflichten des VersVermittlers allgemein.** Die Beratungs- und Dokumentationspflichten des VersVermittlers sind – wie die Beratungspflichten des VR (s. § 6 Rn 6) – **anlassbezogen**. Den VersVermittler trifft also keine generelle Beratungspflicht. Zum Beratungsanlass vgl § 6 Rn 6, 8 ff. Auf die Erkennbarkeit des Beratungsanlasses kommt es nicht an (vgl § 6 Rn 10, str).

6 Die Beratungspflicht des VersVermittlers umfasst – wie die des VR (s. § 6 Rn 19) – eine **Fragepflicht**, eine **Beratungspflicht ieS**, eine **Begründungspflicht** sowie eine **Dokumentationspflicht**. Zum Umfang dieser Pflichten vgl § 6 Rn 19 ff.

7 Auch der **Beratungsaufwand** des VersVermittlers muss grds. in einem **angemessenen Verhältnis zur Prämie** stehen (vgl hierzu § 6 Rn 24), da die dem VersVermittler zufließende Provision oder Courtage idR von der Prämienhöhe abhängig ist.

8 Der VersVermittler muss dem VN das Produkt empfehlen, das seinen Bedürfnissen gerecht wird. Dies gilt für VersVertreter und VersMakler gleichermaßen. Jedoch ist die **Beratungsgrundlage** unterschiedlich (vgl § 60 Abs. 1, 2), was wiederum Auswirkungen auf **Art und Umfang der Beratung** hat (s. dazu Rn 9 ff).

9 **2. Beratungspflichten des VersVertreters.** Die Beratungspflichten des VersVertreters stimmen im Wesentlichen mit denen des **VR** überein (vgl § 6 Rn 19 ff). Auch der VersVertreter muss in seine Beratung nur die Produkte des oder der von ihm vertretenen VR einbeziehen, wenn er auch dabei sämtliche Produkte, Tarife und Zusatzklauseln zu berücksichtigen hat. Für den Fall, dass mehrere Versicherungsprodukte für den VN in Betracht kommen, ohne dass sich *die* günstigste Alternative rational auswählen lässt, genügt der VersVertreter – wie der VR – seiner Beratungspflicht, wenn er die Unterschiede sowie die jeweiligen Vor- und Nachteile erläutert. Wie der VR schuldet auch der VersVertreter keinen „**best advice**", braucht also grds. nicht von bestimmten VersVerträgen abzuraten, selbst wenn sie sich als nicht notwendig oder unwirtschaftlich darstellen oder Wettbewerber bessere bzw günstigere Produkte anbieten.

10 Der VersVertreter schuldet auch ebenso wenig wie der VR eine eingehende Rechtsberatung; die AVB muss er nur insoweit erläutern, als ein besonderer Beratungsanlass besteht.

11 Aber auch der VersVertreter muss über solche Punkte, die für den Abschluss des konkreten Vertrages üblicherweise von wesentlicher Bedeutung sind, aufklären

---

[1] Vgl OLG Hamm 6.5.2013 – 18 U 114/12, r+s 2014, 419 (zu § 42 c aF).
[2] Vgl Begr. RegE, BT-Drucks. 16/3945, S. 58.
[3] *Werber*, VersR 2008, 285.
[4] So auch Begr. RegE, BT-Drucks. 16/3945, S. 58.

und etwaige irrige Vorstellungen des VN in zentralen Punkten richtigstellen.[5] Dies gilt insb. bei einem **Versichererwechsel**, da der VN in diesem Fall typischerweise einen nahtlosen Übergang und keine Verschlechterung des Versicherungsschutzes erwartet.[6] In diesem Fall muss der VersVertreter etwaige sich durch den Wechsel ergebende Lücken im Versicherungsschutz sowie die zentralen Unterschiede zwischen dem alten und dem neuen Vertrag feststellen und benennen.[7] Beim **Wechsel einer privaten Krankenversicherung** muss der VersVertreter über den drohenden Verlust von Altersrückstellungen beraten.[8]

3. Beratungspflichten des VersMaklers. Demgegenüber liegt der Schwerpunkt der Beratungspflichten des VersMaklers im Vergleich der Produkte einer Vielzahl von VR. Der VersMakler muss dabei aber auch nur ein Produkt auswählen, das geeignet ist, die Bedürfnisse des VN zu erfüllen (§ 60 Abs. 1 S. 1). Das entspricht nicht der auf Grundlage des alten Rechts vielfach propagierten Pflicht des VersMaklers zu einem „**best advice**"; das Gesetz verpflichtet den VersMakler lediglich zur Beschaffung passenden Versicherungsschutzes („**suitable advice**").[9]

Der VersMakler muss allerdings auch in **rechtlicher** Hinsicht **beraten** und dabei jedenfalls die geltende Rechtslage, einschließlich der höchstrichterlichen Rechtsprechung,[10] beachten; künftige Änderungen der Rechtslage muss er nur berücksichtigen, soweit diese absehbar sind.[11]

Die Beratungspflichten des VersMaklers nach Abs. 1 beziehen sich nur auf den zu vermittelnden VersVertrag, **nicht** auf den **Maklervertrag**, bei dem sich der Makler und der VN wie bei anderen Verträgen mit entgegengesetzten Interessen selbständig gegenüberstehen; insoweit ist der VersMakler nur ausnahmsweise nach Treu und Glauben (§ 242 BGB) zur Aufklärung verpflichtet, wenn wegen besonderer Umstände des Einzelfalls davon ausgegangen werden muss, dass der VN nicht hinreichend unterrichtet ist und die Verhältnisse nicht durchschaut.[12]

Fraglich ist daher, inwieweit der VersMakler zur Beratung verpflichtet ist, wenn er eine **Lebensversicherung** in Form einer sog. „**Nettopolice**" vermittelt, bei der die Abschluss- bzw Vermittlungskosten nicht Bestandteil der vom VN zu zahlenden Versicherungsprämie, sondern Gegenstand einer zwischen VN und Makler abgeschlossenen Vergütungs- oder Kostenausgleichsvereinbarung sind. Da der Abschluss dieser Vereinbarung aber mit der Ausgestaltung des Versicherungsverhältnisses unmittelbar verknüpft ist und diese Ausgestaltung von der üblichen Erscheinungsweise einer Lebensversicherung in Form einer „**Bruttopolice**" wesentlich abweicht, wird man den VersMakler insoweit für beratungspflichtig halten müssen.[13] Im Hinblick auf die Folgen bei einer vorzeitigen Beendigung des VersVertrages besteht auch durchaus ein Beratungsanlass (vgl § 6 Rn 14), selbst wenn die Vergü-

---

5 OLG München 22.6.2012 – 25 U 3343/11, VersR 2012, 1292.
6 OLG München 22.6.2012 – 25 U 3343/11, VersR 2012, 1292.
7 OLG München 22.6.2012 – 25 U 3343/11, VersR 2012, 1292.
8 OLG München 22.6.2012 – 25 U 3343/11, VersR 2012, 1292; vgl für den VersMakler auch schon OLG Frankfurt 21.7.2005 – 12 U 6/05, OLGR Frankfurt 2006, 53.
9 Schwintowski/Brömmelmeyer/*Michaelis*, § 60 Rn 6; *Werber*, VersR 2010, 553, 554; gegen die Pflicht des VersMaklers zum „*best advice*" auch schon nach altem Recht Looschelders/Pohlmann/*Baumann*, § 60 Rn 5.
10 OLG Frankfurt 13.12.2010 – 12 U 214/06, r+s 2009, 218.
11 BGH 27.5.2009 – III ZR 231/08, VersR 2009, 1224.
12 Vgl BGH 14.6.2007 – III ZR 269/06, VersR 2007, 1127; BGH 18.10.2012 – III ZR 106/11, NJW 2012, 3718.
13 Im Ergebnis so auch Römer/Langheid/*Rixecker*, § 6 Rn 8, § 9 Rn 26; aA *Reiff*, VersR 2012, 645, 655 f; *ders.*, VersR 2013, 762, 763.

tungsvereinbarung klar und verständlich ist.[14] Für die Vermittlung durch einen VersVertreter kann nichts anderes gelten.[15]

IV. Beratungsverzicht (Abs. 2)

16 Nach Abs. 2 kann der VN auf eine Beratung und Dokumentation durch den Vers-Vermittler verzichten. Eine entsprechende Verzichtsmöglichkeit sieht § 6 Abs. 3 für die Beratungspflichten des VR vor; zur Kritik an dieser Regelung vgl § 6 Rn 30. Der Verzicht ist allerdings nur wirksam, wenn er durch eine **gesonderte schriftliche Erklärung** erfolgt. Zu den Anforderungen an eine gesonderte schriftliche Erklärung vgl § 6 Rn 31. Diese kann auch als **AGB** für eine Vielzahl von Fällen vorformuliert sein (vgl § 6 Rn 32).[16] Sie muss aber einen ausdrücklichen **Hinweis** darauf enthalten, dass sich der **Beratungsverzicht nachteilig** auf die Möglichkeit auswirken kann, gegen den VersVermittler **Schadensersatzansprüche** nach § 63 geltend zu machen. Zu diesem Hinweis vgl § 6 Rn 33. Die regelmäßige oder massenhafte Verwendung von Verzichtserklärungen kann den VersVermittler als unzuverlässig erscheinen lassen und zur Entziehung der Erlaubnis führen. Im Hinblick auf diese Wirksamkeitsvoraussetzungen stellt ein Beratungsverzicht für den **VersVermittler** ein nicht unerhebliches **Risiko** dar. Ist der Beratungsverzicht nämlich unwirksam, ist gleichzeitig davon auszugehen, dass eine Beratung nicht erfolgt ist.[17]

V. Sonstige Pflichten des VersMaklers

17 Abs. 1 spiegelt mit seiner einheitlichen Regelung aller VersVermittler die einem VersMakler in der Praxis regelmäßig gegenüber dem VN obliegenden Pflichten nur unvollständig wider. Insbesondere erfasst Abs. 1 nur vorvertragliche Beratungspflichten. Der Pflichtenkreis des VersMaklers erschöpft sich aber idR nicht in der Vermittlung oder dem Abschluss von VersVerträgen. Der VersMakler bleibt dem VN als seinem Kunden bzw Auftraggeber aufgrund des Maklervertrages und im Rahmen eines Dauerschuldverhältnisses auch **nach Vertragsschluss**, insb. zur ständigen Überprüfung und Verwaltung laufender VersVerträge, verpflichtet.

18 Die Pflichten des VersMaklers gehen weit. Als Vertrauter und Berater des VN hat der VersMakler dessen Interessen wahrzunehmen und für diesen individuellen und passenden Versicherungsschutz zu besorgen.[18] Wegen seiner umfassenden Pflichten kann der VersMakler für den Bereich des Versicherungsverhältnisses des von ihm betreuten VN als dessen **treuhänderischer Sachwalter** bezeichnet und insoweit mit sonstigen Beratern verglichen werden.[19]

19 Aus dem **Maklervertrag** ergibt sich insb. die **Verpflichtung** des VersMaklers, alle Versicherungsinteressen des VN zu betreuen und den VN entsprechend zu beraten. Dies setzt eine sorgfältige **Risikoanalyse** voraus, ohne die der VersMakler seine Beratungspflichten gar nicht erfüllen kann. Der VersMakler muss also von sich das

---

[14] AA *Reiff*, VersR 2013, 762; *Schwintowski*, VersR 2014, 49.
[15] Im Ergebnis ebenso OLG Karlsruhe 19.9.2013 – 12 U 85/13, VersR 2014, 45; LG Saarbrücken 16.4.2013 – 14 S 11/12, VersR 2013, 759; LG Wuppertal 3.4.2012 – 16 S 46/11, juris; für die Gleichbehandlung von VersMakler und VersVertreter plädierend auch *Reiff*, VersR 2012, 645, 656; *ders.*, VersR 2013, 762; *Rixecker*, zfs 2013, 458.
[16] AA Prölss/Martin/*Dörner*, § 61 Rn 36 f.
[17] Vgl *Meixner/Steinbeck*, § 1 Rn 40.
[18] BGH 22.5.1985 – IVa ZR 190/83, BGHZ 94, 356, 359 = VersR 1985, 930 f; BGH 14.6.2007 – III ZR 269/06, VersR 2007, 1127; BGH 26.3.2014 – IV ZR 422/12, VersR 2014, 625.
[19] BGH 22.5.1985 – IVa ZR 190/83, BGHZ 94, 356, 359 = VersR 1985, 930 f; BGH 14.6.2007 – III ZR 269/06, VersR 2007, 1127; BGH 16.7.2009 – III ZR 21/09, VersR 2009, 1495; BGH 26.3.2014 – IV ZR 422/12, VersR 2014, 625.

Risiko untersuchen bzw das zu versichernde Objekt prüfen.[20] Erforderlichenfalls muss der VersMakler hierzu beim VN nachfragen.[21] Zu den Pflichten des Vers-Maklers gehört auch die Ermittlung der **richtigen Versicherungsart** und der **bedarfsgerechten Versicherungssumme**.[22]

Die Aufklärungs- und Beratungspflichten des VersMaklers gelten auch dann, wenn der VN **Wünsche** äußert oder **Weisungen** erteilt. Es ist gerade Aufgabe des Vers-Maklers, Wünsche und Weisungen des VN auf ihre Bedarfsgerechtigkeit zu überprüfen. Wünscht etwa der VN einen Versicherungsschutz, in dem erhebliche Risiken nicht versichert sind, hat der VersMakler den VN auf den lückenhaften Versicherungsschutz und auf die Möglichkeit eines erweiterten Versicherungsschutzes hinzuweisen; denn der Wunsch des VN kann auf Fehlvorstellungen beruhen, die der VersMakler zu korrigieren hat. Gibt der VN interessen- oder sachwidrige Weisungen, geht die Aufklärungs- und Beratungspflicht vor; muss der VersMakler also davon ausgehen, dass eine Befolgung der Weisungen für den VN nachteilig wäre, muss er diesen darauf hinweisen und darf der Weisung erst nachkommen, wenn der VN trotz begründeten Abratens darauf besteht.[23]

Die Pflichten des VersMaklers zur Beratung und Betreuung sowie zum Hinweis auf Risiken beziehen sich nicht nur auf den zu vermittelnden Vertrag, sondern auch auf die **Abwicklung** eines etwaigen **Vorvertrages**.[24] Bei der **Umdeckung** von Risiken auf einen anderen VR muss der VersMakler daher von einer Kündigung des alten Vertrages abraten, solange das Zustandekommen des neuen Vertrages nicht hinreichend gesichert ist.[25] Um dies in der Personenversicherung beurteilen zu können, müssen die konkreten **Gesundheitsfragen** des neuen VR detailliert beantwortet sein; die knappe Beantwortung von allgemeinen Fragen, zB nach etwaigen Vorerkrankungen, bietet hierfür noch keine ausreichende Beurteilungsgrundlage.[26] Um über die gesundheitlichen Voraussetzungen für einen erfolgreichen Wechsel zutreffend beraten zu können, muss der VersMakler über den Gesundheitszustand des VN ausreichend unterrichtet sein, wobei er sich die notwendigen Informationen durch Befragen des VN oder aus anderen ihm zugänglichen Quellen beschaffen muss.[27] Selbstverständlich treffen auch den VersMakler besondere Beratungspflichten im Zusammenhang mit dem **Wechsel einer privaten Krankenversicherung** wegen des Problems der Altersrückstellungen.[28]

Während seiner **Vermittlungsbemühungen** ist der VersMakler verpflichtet, den VN ständig, unverzüglich und ungefragt über die für ihn wichtigen Zwischen- und Endergebnisse seiner Bemühungen zu unterrichten.[29]

Im Falle einer **Antragsablehnung** muss der VersMakler den VN unverzüglich informieren und uU sogleich ein gleichwertiges Angebot eines anderen VR einholen

---

20 BGH 22.5.1985 – IVa ZR 190/83, BGHZ 94, 356, 359 = VersR 1985, 930 f; BGH 14.6.2007 – III ZR 269/06, VersR 2007, 1127; BGH 26.3.2014 – IV ZR 422/12, VersR 2014, 625.
21 BGH 26.3.2014 – IV ZR 422/12, VersR 2014, 625.
22 OLG Hamm 30.4.2012 – 18 U 141/06, NJW-RR 2013, 38.
23 OLG Stuttgart 30.3.2011 – 3 U 192/10, juris.
24 OLG Hamm 10.6.2010 – 18 U 154/09, zfs 2010, 507; *Münkel*, jurisPR-VersR 4/2011 Anm. 3.
25 OLG Hamm 10.6.2010 – 18 U 154/09, zfs 2010, 507; *Münkel*, jurisPR-VersR 4/2011 Anm. 3.
26 OLG Hamm 10.6.2010 – 18 U 154/09, zfs 2010, 507; *Münkel*, jurisPR-VersR 4/2011 Anm. 3.
27 Vgl OLG Frankfurt 13.12.2007 – 12 U 214/06, r+s 2009, 218.
28 OLG Frankfurt 13.12.2007 – 12 U 214/06, r+s 2009, 218; OLG Frankfurt 21.7.2005 – 12 U 6/05, OLGR Frankfurt 2006, 53; vgl zum VersVertreter auch OLG München 22.6.2012 – 25 U 3343/11, VersR 2012, 1292.
29 BGH 22.5.1985 – IVa ZR 190/83, BGHZ 94, 356, 359 = VersR 1985, 930.

und dem VN zum Abschluss eines entsprechenden VersVertrages raten.[30] Auch dann, wenn es dem VersMakler innerhalb angemessener Frist nicht gelingt, das Risiko überhaupt oder zu den gewünschten oder abgesprochenen Bedingungen einzudecken, muss der VersMakler den VN unterrichten.[31]

24 **Nach Vertragsschluss** hat der VersMakler den VersVertrag ungefragt auf erforderliche Anpassungen sowie Verlängerungen zu überprüfen und den VN rechtzeitig darauf hinzuweisen.[32] **Anpassungsbedarf** kann sich sowohl aus Änderungen in der Sphäre des VN, etwa durch Wert- oder Risikoerhöhungen, als auch aus einer wesentlichen Änderung der Rechtslage oder der AVB ergeben. Deshalb muss der VersMakler das versicherte Risiko, die Rechtslage sowie die AVB-Landschaft beobachten und den vermittelten Vertrag mit entsprechenden Alternativen vergleichen. Freilich hat der VersMakler den VN nicht über sämtliche Neuerungen auf dem Versicherungsmarkt zu informieren.

25 Der VersMakler ist zudem verpflichtet, den **Zahlungsverkehr zu fördern**. Hierzu muss er über ihn geleitete Prämienrechnungen überprüfen und unverzüglich an den VN weiterleiten. Unter Umständen trifft den VersMakler auch die Pflicht, den VN auf die Fälligkeit von Prämien hinzuweisen. Leistungsabrechnungen muss der VersMakler prüfen; Entschädigungszahlungen hat er sofort an den VN auszukehren. Umgekehrt ist der VersMakler verpflichtet, Zahlungen des VN unverzüglich an den VR weiterzuleiten.

26 Im **Versicherungsfall** muss der VersMakler die Interessen des VN bei der Schadenregulierung wahrnehmen, den VN sachkundig beraten, für rechtzeitige Schadensanzeigen sorgen bzw den VN auf Fristen aufmerksam machen. Beispielsweise muss der VersMakler auf die in der privaten Unfallversicherung für die ärztliche Feststellung der Invalidität und deren Geltendmachung bestehenden Fristen hinweisen, wenn für ihn erkennbar wird, dass Ansprüche wegen Invalidität ernsthaft in Betracht kommen.[33]

27 Nach **Beendigung des Maklervertrages** hat der VersMakler dem VN die Versicherungsunterlagen herauszugeben.[34]

28 An diesen aus dem Maklervertrag folgenden Pflichten hat sich mit § 61 nichts geändert.[35] Eine entsprechende gesetzliche Klarstellung entsprechend § 68 S. 2 für den VersBerater wäre daher sinnvoll gewesen.[36] Soweit der VersMakler solche über Abs. 1 hinausgehenden Pflichten verletzt, kann sich eine Haftung aber nicht aus § 63, sondern nur aus § 280 Abs. 1 BGB ergeben.

VI. Ausnahmen

29 Ausnahmen von den in § 61 vorgeschriebenen Beratungs- und Dokumentationspflichten des VersVermittlers gibt es grds. keine. Insbesondere ist der VersVermittler von den gesetzlichen Beratungs- und Dokumentationspflichten nicht dadurch befreit, dass er sich gegenüber dem VN Fernkommunikationsmittel bedient.[37] Beim **Fernabsatz** von VersVerträgen lässt das Gesetz nur die dem VR obliegenden

---

30 OLG Hamm 8.10.2009 – 18 U 26/08, VersR 2010, 388; *Münkel*, jurisPR-VersR 1/2010 Anm. 6.
31 *Münkel*, jurisPR-VersR 1/2010 Anm. 6.
32 BGH 10.5.2000 – IV ZR 297/98, NVersZ 2000, 389.
33 BGH 16.7.2009 – III ZR 21/09, VersR 2009, 1495.
34 Eingehend zu den aus dem Maklervertrag resultierenden weiteren Pflichten Beckmann/Matusche-Beckmann/*Matusche-Beckmann*, § 5 Rn 303 ff; *Matusche*, Versicherungsmakler, S. 40 ff, jeweils mwN.
35 Vgl *Reiff*, VersR 2007, 717, 724; *Meixner/Steinbeck*, § 1 Rn 408.
36 *Reiff*, VersR 2007, 717, 724.
37 So iE auch *Grote/Schneider*, BB 2007, 2689, 2691; ebenso Prölss/Martin/*Dörner*, § 61 Rn 4; *Stockmeier*, VersR 2008, 717, 722.

Beratungs- und Dokumentationspflichten entfallen (§ 6 Abs. 6). In § 61 ist kein entsprechender Ausschluss für Beratungs- und Dokumentationspflichten des VersVermittlers vorgesehen.[38] Nach hM[39] soll § 6 Abs. 6 auf VersVermittler, die im Fernabsatz tätig sind, zB reine **Internetvermittler**, analoge Anwendung finden, so dass solche VersVermittler von den gesetzlichen Beratungs- und Dokumentationspflichten befreit sind. Dem ist zu widersprechen.[40] Da § 6 den §§ 61 ff nachgebildet wurde (s. § 6 Rn 1), ist schon zweifelhaft, ob insoweit überhaupt eine planwidrige Regelungslücke besteht. Jedenfalls fehlt es an einer identischen Interessenlage. Anders als von einem Direktversicherer wird der VN jedenfalls von einem VersMakler auch dann eine Beratung erwarten, wenn dieser mit ihm ausschließlich und systematisch (vgl § 6 Rn 52) über Fernkommunikationsmittel in Kontakt tritt. Dies gilt auch, soweit der VersMakler ein **Internetportal** betreibt, zumal der dort zumeist angebotene Vergleich von Versicherungsprodukten bereits eine typische Beratungsleistung des VersMaklers darstellt (vgl Rn 12), die der Kunde auch bewusst in Anspruch nimmt. Werden dabei einfache Standardprodukte, wie zB Kraftfahrzeugversicherungen (vgl § 6 Rn 14), verglichen, kann eine über den Vergleich hinausgehende Beratungspflicht aber deshalb entfallen, weil es an einem Beratungsanlass fehlt (vgl § 6 Rn 8 ff). Schließlich ist die analoge Anwendung des § 6 Abs. 6 auf im Fernabsatz tätige VersVermittler auch rechtsdogmatisch bedenklich, da die Stellung einer Norm als Ausnahme von einem gesetzlichen Grundsatz eine restriktive Anwendung der Norm gebietet.[41]

§ 62 Zeitpunkt und Form der Information

(1) Dem Versicherungsnehmer sind die Informationen nach § 60 Abs. 2 vor Abgabe seiner Vertragserklärung, die Informationen nach § 61 Abs. 1 vor dem Abschluss des Vertrags klar und verständlich in Textform zu übermitteln.

(2) ¹Die Informationen nach Absatz 1 dürfen mündlich übermittelt werden, wenn der Versicherungsnehmer dies wünscht oder wenn und soweit der Versicherer vorläufige Deckung gewährt. ²In diesen Fällen sind die Informationen unverzüglich nach Vertragsschluss, spätestens mit dem Versicherungsschein dem Versicherungsnehmer in Textform zu übermitteln; dies gilt nicht für Verträge über vorläufige Deckung bei Pflichtversicherungen.

I. Normzweck

§ 62 soll sicherstellen, dass der VN die Informationen zur Beratungsgrundlage des VersVermittlers, dessen Rat und die Gründe hierfür nachvollziehen kann. Deshalb sollen diese dem VN in Textform zur Verfügung gestellt werden, und zwar grds. vor seiner Vertragserklärung bzw dem Vertragsschluss.

II. Grundsatz (Abs. 1)

Dem VN sind die Informationen zur eingeschränkten Beratungsgrundlage des VersVermittlers nach § 60 Abs. 2, der Rat des VersVermittlers und die Gründe

---

38 Nach *Grote/Schneider*, BB 2007, 2689, 2691 soll dies der Vermittlerrichtlinie geschuldet sein.
39 Langheid/Wandt/*Armbrüster*, § 6 Rn 362; Langheid/Wandt/*Reiff*, § 61 Rn 38; Looschelders/Pohlmann/*Baumann*, § 61 Rn 4; Prölss/Martin/*Rudy*, § 6 Rn 72; eine analoge Anwendung des § 6 Abs. 6 in Erwägung ziehend auch Looschelders/Pohlmann/*Pohlmann*, § 6 Rn 23; *Fischer*, BB 2012, 2773, 2775.
40 Dagegen auch Römer/Langheid/*Rixecker*, § 61 Rn 6.
41 Vgl zB BGH 3.11.2004 – VIII ZR 375/03, NJW 2005, 53, 54 (zu § 312d Abs. 4 Nr. 5 BGB aF).

hierfür nach § 61 Abs. 1 jeweils klar und verständlich (vgl hierzu § 6 Rn 25) in **Textform** (§ 126 b BGB) zu übermitteln. Im Hinblick auf den **Zeitpunkt** ist zu unterscheiden: Die Informationen zur eingeschränkten Beratungsgrundlage sind dem VN bereits vor dessen Vertragserklärung, idR also vor dessen Versicherungsantrag, zu erteilen. Demgegenüber müssen Rat und Gründe dem VN „nur" vor Vertragsschluss in Textform vorliegen. Zum Zeitpunkt „vor Vertragsschluss" vgl § 6 Rn 28.

III. Ausnahmen (Abs. 2)

3 Ausnahmsweise dürfen die Informationen **mündlich** übermittelt werden, wenn der VN dies wünscht oder es um vorläufigen Versicherungsschutz geht. In diesen Fällen müssen die Informationen aber nach Vertragsschluss unverzüglich, spätestens mit dem Versicherungsschein, in **Textform nachgeliefert** werden, es sei denn, dass es um eine vorläufige Deckung bei Pflichtversicherungen, insb. also die vorläufige Deckung im Bereich der Kfz-Haftpflichtversicherung,[1] geht. Diese Einschränkungen gelten aber nicht für den mit dem vorläufigen Versicherungsschutz gleichzeitig beantragten Hauptvertrag.[2]

§ 63 Schadensersatzpflicht

[1]Der Versicherungsvermittler ist zum Ersatz des Schadens verpflichtet, der dem Versicherungsnehmer durch die Verletzung einer Pflicht nach § 60 oder § 61 entsteht. [2]Dies gilt nicht, wenn der Versicherungsvermittler die Pflichtverletzung nicht zu vertreten hat.

I. Normzweck

1 § 63 sanktioniert die Verletzung von Informations- und Beratungspflichten der §§ 60 und 61 mit einer Schadensersatzpflicht des VersVermittlers gegenüber dem VN. Damit bietet § 63 eine spezialgesetzliche **Anspruchsgrundlage** für Schadensersatzansprüche gegen den VersVermittler persönlich.

II. Haftungsregime

2 § 63 führt zu einer nicht unwesentlichen Änderung des Haftungsregimes für VersVermittler. Während die persönliche Haftung des **VersMaklers** aufgrund der vertraglichen Verbindung mit dem VN in Form des Maklervertrages (s. § 59 Rn 24 f) schon immer selbstverständlich war, sah sich der **VersVertreter** nach altem Recht nur ausnahmsweise einem persönlichen Haftungsrisiko ausgesetzt, nämlich dann, wenn er ein eigenes wirtschaftliches Interesse am Vertragsschluss oder besonderes Vertrauen des VN in Anspruch genommen hatte.[1] Durch § 63, an dem mangels vertraglicher Beziehung des VersVertreters mit dem VN des Öfteren – mit Blick auf § 311 Abs. 3 BGB nicht zu Unrecht – systematische Zweifel geäußert wurden,[2] wird die persönliche Haftung des VersVertreters also wesentlich verschärft.

3 Die Haftung des **VersVertreters** gegenüber dem VN für Beratungs- und Dokumentationsfehler ist in § 63 praktisch abschließend geregelt; insoweit werden die §§ 280 Abs. 1, 311 Abs. 3, 241 Abs. 2 BGB verdrängt.[3] Eine Haftung des VersVertreters nach diesen allgemeinen Regeln kommt allenfalls dann noch in Betracht,

---

1 Vgl Begr. RegE, BT-Drucks. 16/3945, S. 58.
2 *Niederleithinger*, VersR 2006, 437, 440; *ders.*, Das neue VVG, A Rn 56.
1 Vgl nur Prölss/Martin/*Kollhosser*, 27. Aufl. 2004, § 43 Rn 42 mwN.
2 Vgl *Abram*, r+s 2005, 137, 142; *Niederleithinger*, VersR 2006, 437, 438.
3 Vgl *Reiff*, VersR 2007, 717, 727; Prölss/Martin/*Dörner*, § 59 Rn 58, § 63 Rn 9.

wenn der Vertreter andere Pflichten als Beratungs- und Dokumentationspflichten verletzt, zB die Ausstellung des Versicherungsscheins verzögert oder den VN zu falschen Angaben verleitet.[4] Eine Pflichtverletzung des VersVertreters gegenüber dem VN kann auch darin liegen, dass er mündliche Anzeigen des VN nicht an den VR weiterleitet bzw nicht in ein der Anzeige dienendes Formular einträgt. Die Haftung des **VersMaklers** geht wesentlich über § 63 hinaus. § 63 regelt lediglich einen Ausschnitt der Maklerhaftung, nämlich für die Verletzung von Informations- und Beratungspflichten gem. §§ 60 und 61 und damit für die Verletzung vorvertraglicher Pflichten. Dem VersMakler obliegen typischerweise auch während des Versicherungsverhältnisses Pflichten (s. § 61 Rn 17 ff). Für deren Verletzung haftet der VersMakler nach § 280 BGB.[5] Gänzlich unberührt von § 63 bleiben etwaige **deliktische Ansprüche** gegen den **VersVermittler**, insb. aus § 823 Abs. 2 BGB, wobei als Schutzgesetze insb. die §§ 263, 266 StGB oder auch § 11 VersVermV verletzt sein können.

Mit § 63 wird eine einheitliche **statusunabhängige Haftung** des VersVermittlers begründet. Dies erleichtert im Falle einer Verletzung von Informations- und Beratungspflichten nach §§ 60 und 61 durch einen VersVermittler die Rechtsdurchsetzung, da der – uU umstrittene (vgl § 59 Rn 40 ff) – Vermittlerstatus, abgesehen von der unterschiedlichen Beratungsgrundlage (s. § 60 Rn 4 ff), keine Rolle mehr spielt.[6] 4

III. Haftungsvoraussetzungen

Der VersVermittler kann sich durch eine Verletzung sämtlicher in §§ 60 und 61 genannter Informations-, Frage-, Beratungs-, Begründungs- und Dokumentationspflichten schadensersatzpflichtig machen (S. 1). Eine Verletzung der **Frage- und Beratungspflicht** ieS steht hier – wie bei der Haftung des VR für eine Verletzung der Beratungspflicht (s. § 6 Rn 44) – im Vordergrund. Zwar wird auch die Verletzung der **Begründungs- und Dokumentationspflicht** mit Schadensersatzansprüchen sanktioniert. Größere praktische Bedeutung dürfte dies jedoch nicht erlangen (vgl § 6 Rn 44). Eine Verletzung der in § 62 vorgesehenen Pflicht des VersVermittlers, dem VN Informationen zur Beratungsgrundlage gem. § 60 Abs. 2 sowie Rat und Gründe gem. § 61 Abs. 1 in Textform oder ausnahmsweise mündlich zu **übermitteln**, kann ebenfalls Schadensersatzansprüche gegen den VersVermittler nach § 63 begründen. § 62 wird in § 63 – anders als § 6 Abs. 2 in § 6 Abs. 5 S. 1 (vgl § 6 Rn 44) – zwar nicht ausdrücklich genannt, von § 63 im Falle des § 61 Abs. 1 aber über § 61 Abs. 1 S. 2 erfasst, der seinerseits auf § 62 verweist.[7] § 60 Abs. 2 ordnet die Mitteilungspflicht im Grunde nach bereits selbst an, so dass die gänzliche Versäumung einer Mitteilung ebenfalls nach § 63 schadensersatzbewehrt ist; entspricht die Mitteilung nach § 60 Abs. 2 nur nicht den formellen Anforderungen des § 62, kann dies indes keine Schadensersatzpflicht nach § 63 begründen.[8] 5

Das **Verschulden** des VersVermittlers wird von Gesetzes wegen **vermutet** (S. 2). Der VersVermittler muss sich also exkulpieren. Diese Regelung ist § 280 Abs. 1 BGB nachgebildet. Eine Verletzung seiner Beratungspflichten nach § 61 Abs. 1 hat der VersVermittler idR nur dann zu vertreten, wenn ihm der die Beratungspflicht erst begründende **Beratungsanlass erkennbar** war. Aufgrund der Verschuldensvermutung nach S. 2 muss der VersVermittler also darlegen und beweisen, dass der Anlass für ihn nicht erkennbar war (str, vgl § 6 Rn 10). Verletzt der **VersVertreter** sei- 6

---

4 Prölss/Martin/*Dörner*, § 59 Rn 58.
5 *Koch*, VW 2007, 248, 252 f.
6 Vgl *Schimikowski*, VW 2005, 1912, 1916.
7 Langheid/Wandt/*Reiff*, § 63 Rn 11; *Reiff*, VersR 2010, 1314, 1315; aA OLG Saarbrücken 27.1.2010 – 5 U 337/09, VersR 2010, 1181; Marlow/Spuhl/*Spuhl*, Rn 525.
8 Langheid/Wandt/*Reiff*, § 63 Rn 12.

ne Beratungspflicht nach § 61 Abs. 1, ist regelmäßig auch die **Beratungspflicht des VR** verletzt, da der VersVertreter die Beratungspflicht des VR miterfüllt und sich der VR das Verschulden des VersVertreters als seinem Erfüllungsgehilfen zurechnen lassen muss (s. § 6 Rn 3), so dass VR und VersVertreter als Gesamtschuldner haften. Da die Vorschrift halbzwingend ist (§ 67), kann sich der VersVermittler von seiner Haftung **nicht freizeichnen** und diese auch nicht beschränken (s. § 67 Rn 1 ff).

IV. Rechtsfolgen

7 Zu den Rechtsfolgen einer Schadensersatzpflicht des VersVermittlers nach § 63 vgl § 6 Rn 46. Der VersVermittler, insb. der VersMakler, ist also dazu verpflichtet, den VN so zu stellen, wie dieser stünde, wenn ihm adäquater Versicherungsschutz vermittelt worden wäre. Auch der VersVermittler, insb. der VersMakler, kann also schadensersatzweise das schulden, was der VN bei richtiger Beratung als Versicherungsleistung erhalten hätte („**Quasi-Deckung**").[9] Ist wegen fehlerhafter Beratung durch einen VersMakler ein Wechsel der privaten Krankenversicherung gescheitert und nimmt der VN einen Verdienstausfall in Kauf, um sich gesetzlich versichern zu können, kann der VersMakler auf Ersatz des Verdienstausfalls haften.[10] Beruft sich der VN darauf, dass er bei richtiger Beratung den VersVertrag gar nicht abgeschlossen hätte, kann der VersVermittler freilich nicht zur Aufhebung des VersVertrages verpflichtet sein, da er nicht Partei dieses Vertrages ist. Der VersVermittler hat den VN in diesem Fall nach § 251 Abs. 1 BGB in Geld zu entschädigen, diesem also **gezahlte Prämien** zu **ersetzen** und ihn von der Pflicht zu weiteren **Prämienzahlungen freizustellen**. Um sich nicht dem Einwand des Mitverschuldens auszusetzen, muss der VN den VersVertrag aber schnellstmöglich kündigen.[11]

V. Beweislast

8 Zur Beweislage vgl § 6 Rn 47. Behauptet der VN, dass er im Falle ordnungsgemäßer Beratung durch einen VersMakler einen Vertrag bei einem anderen VR abgeschlossen hätte, muss er im Bestreitensfalle beweisen, dass entsprechender Versicherungsschutz für ihn überhaupt erhältlich gewesen wäre; hierauf erstreckt sich die Vermutung aufklärungsrichtigen Verhaltens nicht.[12] Die Behauptung, ein VR hätte den Versicherungsantrag in Kenntnis von Vorerkrankungen angenommen, ist dem Sachverständigenbeweis zugänglich.[13]

§ 64 Zahlungssicherung zugunsten des Versicherungsnehmers

Eine Bevollmächtigung des Versicherungsvermittlers durch den Versicherungsnehmer zur Annahme von Leistungen des Versicherers, die dieser auf Grund eines Versicherungsvertrags an den Versicherungsnehmer zu erbringen hat, bedarf einer gesonderten schriftlichen Erklärung des Versicherungsnehmers.

1 Während der VersVertreter kraft Gesetzes mit Geldempfangsvollmacht für den VR ausgestattet ist (§ 69 Abs. 2), betrifft § 64 den umgekehrten Fall einer Zahlung des

---

9 BGH 26.3.2014 – IV ZR 422/12, VersR 2014, 625; vgl zum alten Recht auch schon etwa BGH 22.5.1985 – IVa ZR 190/83, BGHZ 94, 356, 359 = VersR 1985, 930; OLG Hamm 8.10.2009 – 18 U 26/08, VersR 2010, 388; OLG Düsseldorf 10.11.1995 – 7 U 81/94, VersR 1996, 1104.
10 Vgl OLG Frankfurt 13.12.2007 – 12 U 214/06, r+s 2009, 218.
11 Langheid/Wandt/*Reiff*, § 63 Rn 17.
12 BGH 23.10.2014 – III ZR 82/13, VersR 2015, 187.
13 BGH 23.10.2014 – III ZR 82/13, VersR 2015, 187.

VR an den VersVermittler. Diese Zahlung hat nur dann schuldbefreiende Wirkung für den VR, wenn der VersVermittler vom VN mit der Inempfangnahme der Leistung bevollmächtigt ist. § 64 ordnet an, dass diese Bevollmächtigung einer gesonderten schriftlichen Erklärung des VN bedarf. Erforderlich ist also ein gesondertes, durchaus vom VR vorformuliertes Dokument („**Extrablatt**"), das vom VN unterschrieben wird (vgl § 6 Rn 31 f). Hierdurch will der Gesetzgeber verhindern, dass eine derartige Bevollmächtigung in den AGB des VersVermittlers „versteckt" wird.[1] Die Regelung gilt nicht für Bagatellvermittler iSv § 34 d Abs. 9 Nr. 1 GewO (§ 66).

§ 65 Großrisiken

Die §§ 60 bis 63 gelten nicht für die Vermittlung von Versicherungsverträgen über Großrisiken im Sinn des § 210 Absatz 2.

Die Beratungspflichten nach §§ 60–63 beziehen sich nicht auf die Vermittlung von 1
VersVerträgen über ein **Großrisiko** iSv § 210 Abs. 2. In diesen Fällen handelt es sich bei dem VN regelmäßig um einen professionellen Marktteilnehmer, der nicht schutzbedürftig ist (vgl § 6 Rn 49). Damit sind idR auch **laufende Versicherungen** iSd § 53 vom Anwendungsbereich der genannten Vorschriften ausgenommen, da es sich hierbei regelmäßig um ein Großrisiko handelt.[1] Liegt bei einer laufenden Versicherung ausnahmsweise kein Großrisiko vor, ist eine analoge Anwendung von § 65 zu erwägen.[2] § 65 befreit wohlgemerkt nicht von der Zahlungssicherung des § 64 und entbindet auch nicht von Pflichten, insb. des VersMaklers oder VersBeraters (§ 68 S. 1), die über die §§ 60–63 hinausgehen. Für die Beratungspflichten des VR gilt ein entsprechender Ausschluss (§ 6 Abs. 6).

§ 66 Sonstige Ausnahmen

Die §§ 60 bis 64, 69 Abs. 2 und § 214 gelten nicht für Versicherungsvermittler im Sinn von § 34 d Abs. 9 Nr. 1 der Gewerbeordnung.

Nach § 66 werden VersVermittler iSv § 34 d Abs. 9 Nr. 1 GewO von den Informa- 1
tions- und Beratungspflichten der §§ 60–63 befreit und von der Zahlungssicherung zugunsten des VN nach § 64, der Inkassovollmacht für den VR nach § 69 Abs. 2 und dem Schlichtungsverfahren nach § 214 ausgenommen. Es handelt sich hierbei um sog. **Bagatellvermittler**, die nicht hauptberuflich und ausschließlich Versicherungen als Zusatzleistung zur Lieferung einer Ware oder Erbringung einer Dienstleistung vermitteln, für die nur Kenntnisse des angebotenen Versicherungsschutzes erforderlich und Jahresprämien von nicht mehr als 500 € zu zahlen sind. Es darf sich dabei nicht um Lebens- oder Haftpflichtversicherungen handeln, die Gesamtlaufzeit darf einschließlich etwaiger Verlängerungen nicht mehr als fünf Jahre betragen. Diese Voraussetzungen erfüllen zB Reisebüros bei Vermittlung von Reiserücktritts- oder Reisekrankenversicherungen, Kredit- oder Kreditkartenvermittler bei der Vermittlung von Arbeitslosigkeitsversicherungen, Brillenhändler bei der Vermittlung von Brillenversicherungen, Reifenhändler bei der Vermittlung von Reifenversicherungen, Versand- und Einzelhändler bei der Vermittlung von Garan-

---

1 Begr. RegE Vermittlergesetz, BT-Drucks. 16/1935, S. 26.
1 Vgl Begr. RegE, BT-Drucks. 16/3945, S. 59.
2 Dafür Langheid/Wandt/*Reiff*, § 65 Rn 3; dagegen Schwintowski/Brömmelmeyer/*Michaelis*, § 65 Rn 4.

tie- oder Reparaturversicherungen oder Fahrradhändler bei der Vermittlung von Fahrrad-Unfall- oder -Diebstahlversicherungen.[1] Der Gesetzgeber wollte mit § 66 der Vermittlerrichtlinie (s. Vor §§ 59–73 Rn 3) entsprechen und Bagatellvermittler von unverhältnismäßigen Belastungen befreien.[2] Die §§ 69 Abs. 1, Abs. 3, 70–72, also die Regelungen zur Empfangs- und Wissensvertretung, bleiben wohlgemerkt auch auf den Bagatellvermittler anwendbar.

§ 67 Abweichende Vereinbarungen

Von den §§ 60 bis 66 kann nicht zum Nachteil des Versicherungsnehmers abgewichen werden.

1 § 67 erklärt die §§ 60–66 für halbzwingend, so dass von ihnen nicht zum Nachteil des VN abgewichen werden darf, auch nicht durch Individualvereinbarung. Hieraus folgt insb., dass sich der VersVermittler von einer Haftung für eine schuldhaft begangene Verletzung von **Pflichten aus den §§ 60, 61,** auch eine solche seiner Erfüllungsgehilfen, **nicht freizeichnen** und diese Haftung auch nicht begrenzen kann.[1] § 67 verbietet auch eine Beschränkung des Haftungsmaßstabs.[2] Selbstverständlich ist es dem VersVermittler nach § 67 auch versagt, die sich aus den §§ 60, 61 ergebenden Pflichten selbst abzubedingen oder einzuschränken.

2 Soweit die Haftung des VersVermittlers für die Verletzung **anderer, nicht in den §§ 60, 61 bestimmter Pflichten** ausgeschlossen oder – auf bestimmte Verschuldensformen oder Haftungssummen – beschränkt werden soll, ist dies individualvertraglich in den Grenzen der §§ 138, 134, 242, 276 Abs. 3 BGB möglich. Ein formularmäßiger Ausschluss bzw eine formularmäßige Beschränkung unterliegt zusätzlich den Schranken einer AGB-rechtlichen Einbeziehungs- und Inhaltskontrolle (§§ 305–310 BGB). Dies gilt auch für die formularmäßige Beschränkung des Pflichtumfangs, insb. auf das vorvertragliche Stadium.[3] Danach ist eine **Haftungsfreizeichnung** oder Haftungsbeschränkung jedenfalls insoweit unwirksam, als eine Haftung für grobes Verschulden ausgeschlossen oder beschränkt werden soll (§ 309 Nr. 7 Buchst. b BGB).

3 VersMakler können eine Haftung für die Verletzung nicht in §§ 60, 61 bestimmter Pflichten formularmäßig nicht einmal für Fälle **einfacher Fahrlässigkeit** ausschließen oder beschränken, soweit es sich – wie regelmäßig – um Kardinalpflichten iSv § 307 Abs. 2 Nr. 2 BGB handelt. Dies gilt auch für eine Reduzierung der Haftungssumme.[4] Eine Abkürzung gesetzlicher Verjährungsfristen ist in Maklerverträgen wegen der Leitbildfunktion der gesetzlichen Verjährungsregeln idR ebenfalls unwirksam.[5] Dies muss auch für die bloße Verlegung des Verjährungsbeginns auf den Zeitpunkt der Anspruchsentstehung gelten.[6]

---

1 Beispiel nach Langheid/Wandt/*Reiff*, § 66 Rn 8.
2 Begr. RegE Vermittlergesetz, BT-Drucks. 16/1935, S. 32.
1 Begr. RegE Vermittlergesetz, BT-Drucks. 16/1935, S. 26.
2 Prölss/Martin/*Dörner*, § 63 Rn 3; aA Looschelders/Pohlmann/*Baumann*, § 63 Rn 8.
3 *Werber*, VersR 2010, 553, 555 f; aA Beckmann/Matusche-Beckmann/*Matusche-Beckmann*, § 5 Rn 319, die hierin eine leistungsbeschreibende Klausel iSd § 307 Abs. 3 BGB sieht und daher lediglich eine Einbeziehungskontrolle nach § 305 c Abs. 1 BGB vornehmen will.
4 Prölss/Martin/*Dörner*, § 59 Rn 107; aA Beckmann/Matusche-Beckmann/*Matusche-Beckmann*, § 5 Rn 353; Langheid/Wandt/*Reiff*, § 63 Rn 41.
5 *Abram*, VersR 2002, 1331, 1334 ff; Langheid/Wandt/*Reiff*, § 63 Rn 45; grds. auch Beckmann/Matusche-Beckmann/*Matusche-Beckmann*, § 5 Rn 354 ff.
6 AA Beckmann/Matusche-Beckmann/*Matusche-Beckmann*, § 5 Rn 356 unter Hinweis auf § 68 StBerG und § 51 b BRAO, die allerdings zum 15.12.2004 aufgehoben wurden.

§ 68 Versicherungsberater

¹Die für Versicherungsmakler geltenden Vorschriften des § 60 Abs. 1 Satz 1, des § 61 Abs. 1 und der §§ 62 bis 65 und 67 sind auf Versicherungsberater entsprechend anzuwenden. ²Weitergehende Pflichten des Versicherungsberaters aus dem Auftragsverhältnis bleiben unberührt.

I. Normzweck

§ 68 regelt den Umfang der dem VersBerater (s. § 59 Rn 33 ff) gegenüber dem VN obliegenden Pflichten. S. 1 verweist auf die für den VersMakler geltenden Pflichten der §§ 60–65. Die Regelung des S. 2 stellt klar, dass weitere Pflichten des VersBeraters aus dem seiner Tätigkeit zugrunde liegenden Vertragsverhältnis folgen können.

II. Anwendbare Vorschriften (S. 1)

§ 68 erklärt auf den VersBerater die für den VersMakler geltenden Vorschriften der §§ 60–65 für entsprechend anwendbar, mit Ausnahme von § 60 Abs. 2, 3 und § 61 Abs. 2. Damit kann der VersBerater – anders als der VersMakler – seine **Beratungsgrundlage nicht beschränken**. Der VN kann gegenüber dem VersBerater auch nicht – wie gegenüber dem VersMakler – auf Informationen über die Beratungsgrundlage sowie die Beratung verzichten. Beides wäre nach Ansicht des Gesetzgebers mit dem Berufsbild des VersBeraters nicht vereinbar.[1]

Bei der entsprechenden Anwendung von § 60 Abs. 1 **zur Beratungsgrundlage** ist zu beachten, dass der VersBerater – im Gegensatz zum VersMakler (vgl § 60 Rn 4) – Direktversicherer in seine Überlegungen einbeziehen muss; VR, die eine Zusammenarbeit mit dem VersBerater ablehnen oder von denen der VersBerater keine Vergütung zu erwarten hat, kommen naturgemäß gar nicht in Betracht, da der VersBerater generell weder mit dem VR kooperiert noch von diesem eine Vergütung erhält (vgl § 59 Abs. 4).

Die **Beratungspflichten gem. § 61 Abs. 1** passen auf den VersBerater eigentlich nicht, da dieser idR und im Unterschied zu einem VersVertreter oder VersMakler **weder anlassbezogen noch produktpreisabhängig** zu beraten hat.[2] Gleichwohl erscheint es nicht unzulässig, § 61 Abs. 1 auf VersBerater schlicht ohne diese Einschränkungen anzuwenden.[3] Dies ist auch nicht erforderlich, da S. 2 ausdrücklich klarstellt, dass „**weitergehende Pflichten**" des VersBeraters aus dem Vertragsverhältnis zum VN durch den gesetzlichen Pflichtenumfang nicht eingeschränkt werden (s. Rn 6). Unter „weitergehende Pflichten" fallen nicht nur vertragliche Pflichten, die in den in S. 1 genannten Vorschriften der §§ 60 ff gar nicht geregelt sind, sondern auch solche vertragliche Pflichten, die in den §§ 60 ff geregelte Pflichten über das gesetzliche Maß hinaus ausdehnen. Hierzu gehört auch im Regelfall, dass der VersBerater vertraglich dazu verpflichtet ist, den VN unabhängig von einem Anlass und der Prämienhöhe zu beraten.

Entsprechendes gilt für die **Übermittlungspflicht nach § 62 Abs. 1**. Der VersBerater ist regelmäßig dazu verpflichtet, die nach § 60 Abs. 2 zu erteilenden Informationen sowie seinen Rat nebst entsprechender Begründung dem VN zu übermitteln, bevor dieser eine auf den Abschluss eines VersVertrages gerichtete Willenserklärung abgibt.[4] Auch dies ergibt sich aus einer über § 62 Abs. 1 hinaus- und damit weiterge-

---

1 BT-Drucks. 16/1935, S. 26 (zu § 42 j VVG aF).
2 In diesem Sinne zutreffend Langheid/Wandt/*Reiff*, § 68 Rn 9.
3 So aber Langheid/Wandt/*Reiff*, § 68 Rn 10 („offene Norm"); für eine weite Auslegung auch Schwintowski/Brömmelmeyer/*Michaelis*, § 68 Rn 4.
4 So zu Recht Langheid/Wandt/*Reiff*, § 68 Rn 14.

henden vertraglichen Pflicht des VersBeraters, nicht aus einer extensiven Auslegung der §§ 68 S. 1, 62 Abs. 1.[5]

III. Vertragsverhältnis (S. 2)

6 Aus dem zwischen VersBerater und VN bestehenden Vertragsverhältnis – hierbei handelt es sich nicht, wie es im Gesetz missverständlich heißt, um einen „Auftrag", sondern um einen **entgeltlichen Geschäftsbesorgungsvertrag** – ergeben sich idR Pflichten des VersBeraters, die über den Pflichtenkatalog der §§ 60 ff hinausgehen. Hierzu gehören insb. die in § 59 Abs. 4 erwähnten Pflichten zur Prüfung von VersVerträgen, zur Wahrnehmung von Ansprüchen aus Versverträgen im Versicherungsfall sowie zur außergerichtlichen Vertretung des VN gegenüber dem VR. S. 2 stellt klar, dass diese Pflichten durch den Umfang der gesetzlichen Pflichten nicht eingeschränkt werden.[6] Gleiches gilt für den Versicherungsmaklervertrag (s. § 61 Rn 28), so dass eine entsprechende Klarstellung auch für den **VersMakler** wünschenswert gewesen wäre.[7] Soweit der VersBerater weitergehende Pflichten verletzt, kann sich eine Haftung nicht aus § 63, sondern nur aus § 280 Abs. 1 BGB ergeben. Da § 67 aufgrund der Verweisung in S. 1 auch für den VersBerater gilt, ist die Haftungsgrundlage bedeutsam für die Möglichkeit einer Haftungsbeschränkung (vgl § 67 Rn 1).

Unterabschnitt 2: Vertretungsmacht

§ 69 Gesetzliche Vollmacht

(1) Der Versicherungsvertreter gilt als bevollmächtigt,

1. Anträge, die auf den Abschluss eines Versicherungsvertrags gerichtet sind, und deren Widerruf sowie die vor Vertragsschluss abzugebenden Anzeigen und sonstigen Erklärungen vom Versicherungsnehmer entgegenzunehmen,
2. Anträge auf Verlängerung oder Änderung eines Versicherungsvertrags und deren Widerruf, die Kündigung, den Rücktritt und sonstige das Versicherungsverhältnis betreffende Erklärungen sowie die während der Dauer des Versicherungsverhältnisses zu erstattenden Anzeigen vom Versicherungsnehmer entgegenzunehmen und
3. die vom Versicherer ausgefertigten Versicherungsscheine oder Verlängerungsscheine dem Versicherungsnehmer zu übermitteln.

(2) [1]Der Versicherungsvertreter gilt als bevollmächtigt, Zahlungen, die der Versicherungsnehmer im Zusammenhang mit der Vermittlung oder dem Abschluss eines Versicherungsvertrags an ihn leistet, anzunehmen. [2]Eine Beschränkung dieser Vollmacht muss der Versicherungsnehmer nur gegen sich gelten lassen, wenn er die Beschränkung bei der Vornahme der Zahlung kannte oder infolge grober Fahrlässigkeit nicht kannte.

(3) [1]Der Versicherungsnehmer trägt die Beweislast für die Abgabe oder den Inhalt eines Antrags oder einer sonstigen Willenserklärung nach Absatz 1 Nr. 1 und 2. [2]Die Beweislast für die Verletzung der Anzeigepflicht oder einer Obliegenheit durch den Versicherungsnehmer trägt der Versicherer.

---

5 So aber Langheid/Wandt/*Reiff*, § 68 Rn 14.
6 Begr. RegE Vermittlergesetz, BT-Drucks. 16/1935, S. 27.
7 *Reiff*, VersR 2007, 717, 724.

I. Normzweck	1	aa) Bedeutung	39
II. Persönlicher Anwendungsbereich	4	bb) Maßstab	40
III. Empfangsvollmacht (Abs. 1 Nr. 1 und 2)	17	cc) Anzeigen und Auskünfte	43
1. Allgemeines	17	dd) Antragsergänzungen	45
2. Vorvertragliche Empfangsvollmacht (Abs. 1 Nr. 1)	22	IV. Übermittlungsvollmacht (Abs. 1 Nr. 3)	47
a) Willenserklärungen	22	V. Geldempfangsvollmacht (Abs. 2)	48
b) Anzeigen	26	1. Entgegennahme von Zahlungen (Abs. 2 S. 1)	48
c) Sonstige Erklärungen	31	2. Beschränkung (Abs. 2 S. 2)	49
3. Empfangsvollmacht während des Versicherungsverhältnisses (Abs. 1 Nr. 2)	33	VI. Sonstige Vollmachten	50
		VII. Beweislast (Abs. 3)	52
a) Willenserklärungen	33	1. Willenserklärungen (Abs. 3 S. 1)	52
b) Anzeigen, Auskünfte	34	a) Beweislast	52
4. Missbrauch der Empfangsvollmacht	35	b) Beweisführung	53
a) Allgemeines	35	2. Anzeigeobliegenheit (Abs. 3 S. 2)	54
b) Kollusion	36	a) Beweislast	54
c) Evidenter Missbrauch der Empfangsvollmacht	39	b) Beweisführung	55

I. Normzweck

Ein Rechtsgeschäft durch oder gegenüber einem Vertreter wirkt nur dann für und gegen den Geschäftsherrn, wenn der Vertreter über entsprechende Vertretungsmacht verfügt (§ 164 Abs. 1, 3 BGB). Einem Dritten sind Existenz und Umfang der Vertretungsmacht nicht ohne weiteres ersichtlich. Im Privatrechtsverkehr, wo die Stellvertretung den Ausnahmefall darstellt und der Dritte sich daher nicht auf sie einlassen muss, mag dieses Risiko zumutbar sein. Im Handelsverkehr, der ohne Stellvertretung nicht funktioniert, besteht ein besonderes Bedürfnis nach Rechtssicherheit im Umgang mit Vertretern. Hiermit wäre es unvereinbar, wenn der Dritte das Risiko der Unwirksamkeit des von oder gegenüber dem Vertreter vorgenommenen Rechtsgeschäfts zu tragen hätte. Aus diesem Grund sieht schon das allgemeine Handelsrecht **gesetzliche Vollmachtsstandardisierungen** wie insb. die Prokura oder Handlungsvollmacht vor.

Anders als Prokuristen oder Handlungsbevollmächtigte erwecken **VersVertreter** zwar nicht den Anschein, umfassend legitimiert zu sein. Der VN ist aber, um mit dem VR in Kontakt zu treten, idR darauf angewiesen, sich an den jeweils zuständigen Vertreter zu wenden. Im Unterschied zu vielen anderen Bereichen des Handelsverkehrs erschließt die Versicherungskundschaft zudem Kreise, die über keine oder allenfalls geringe Geschäftserfahrung verfügen und daher individuelle Unterstützung durch einen Vertreter benötigen. Vor diesem Hintergrund muss sich der VN, so die Gesetzesbegründung zur Vorgängerregelung des § 43 aF,[1] darauf verlassen können, dass der Vertreter jeweils über ein solches Spektrum an Befugnissen auch tatsächlich verfügt, das zur Erfüllung der ihm anvertrauten Aufgaben erforderlich ist und ohne welches der Zweck, dem seine Bestellung dient, sich nicht oder doch nicht in genügender Weise erreichen lässt. In diesem Umfang soll § 69 die Vollmacht des VersVertreters gesetzlich standardisieren. § 69 dient damit dem **Verkehrsschutz** und der **Rechtssicherheit**. Der VN soll keine Rechtsnachteile dadurch erleiden, dass er nicht unmittelbar mit dem VR in Kontakt tritt, zumal der VR für die Einbindung des Vertreters verantwortlich ist.

---

1 *BAV*, Motive zum VVG, Nachdruck 1963, S. 115.

3 Abs. 3 trifft Klarstellungen zur **Beweislast** im Zusammenhang mit der Vollmacht des VersVertreters, obwohl insoweit keine Abweichungen zum allgemeinen Zivilrecht gelten.[2]

II. Persönlicher Anwendungsbereich

4 Die Vorschrift gilt ausschließlich für **VersVertreter** iSd § 59 Abs. 2 (s. § 59 Rn 4 ff) und zwar in allen Erscheinungsformen (s. § 59 Rn 14 ff), auch den nach § 71 zusätzlich legitimierten Abschlussvertreter.[3] Auf die Wirksamkeit des Vermittlungs- oder Agenturvertrages kommt es nicht an.[4]

5 Ungeschriebene Voraussetzung ist, dass der VersVertreter im Rahmen des konkreten Vermittlungsvorgangs auch **in Ausübung der Stellvertretung für den VR** tätig wird.[5] Hieran fehlt es ausnahmsweise dann, wenn der Vertreter nicht in seiner den VR repräsentierenden Funktion auftritt, sondern die Vermittlungsbemühungen von vornherein im Interesse des Kunden aufnimmt und dem VR in dieser Zielrichtung als ein rechtsgeschäftlicher Vertreter des VN gegenübertritt.[6] In einem solchen Fall kann § 69 in Ermangelung der ihm zugrunde liegenden Funktion des VersVertreters als Mittelsperson des VR ausnahmsweise keine Anwendung finden. Eine Zurechnung zu Lasten des VR verbietet sich auch dann, wenn der VersVertreter als Wissenserklärungsvertreter des VN (s. § 28 Rn 126 ff) tätig wird.[7]

6 Entsprechende Anwendung findet § 69 auf Vermittler, die beim VR **angestellt** sind (sog. **Angestellte im Werbeaußendienst**), sowie auf nicht gewerbsmäßig tätige Gelegenheitsvertreter (§ 73).

7 **Nicht anwendbar** ist die Vorschrift damit auf (echte) **VersMakler** iSd § 59 Abs. 3 S. 1. In der Regel gelten VersMakler also insb. nicht als dazu bevollmächtigt, Erklärungen oder Zahlungen des VN für den VR in Empfang zu nehmen.[8]

8 Etwas anderes gilt **ausnahmsweise** dann, wenn der VersMakler von einem VR zum Empfang von Erklärungen ausdrücklich bevollmächtigt worden ist. In der Praxis geschieht dies durch sog. **Maklerklauseln** in für den VN bestimmten Vertragsunterlagen. Die durch eine Maklerklausel erteilte Vollmacht ist Außenvollmacht iSd § 167 Abs. 1 Alt. 2 BGB, hat also mit der gesetzlichen Empfangsvollmacht nach § 69 nichts zu tun.[9] Im Übrigen kann die „Maklerklausel" auch erst ab ihrem Zugang bei dem VN, im praktischen Regelfall, dass eine entsprechende Bestimmung in den Versicherungsschein aufgenommen wird, also nicht schon im vorvertraglichen Stadium Wirksamkeit entfalten.[10] „Maklerklauseln" sind in der Praxis eher selten, da VR einem Makler wegen der Gefahr der Interessenkollision nur ausnahmsweise

---

2 BGH 3.7.2002 – IV ZR 145/01, VersR 2002, 1089; krit. zur gesetzlichen Regelung daher *Reiff*, Versicherungsvermittlerrecht im Umbruch, S. 118 ff.
3 Begr. RegE, BT-Drucks. 16/3945, S. 77.
4 Looschelders/Pohlmann/*Koch*, § 69 Rn 7; Prölss/Martin/*Dörner*, § 69 Rn 3.
5 BGH 11.11.1987 – IVa ZR 240/86, BGHZ 102, 194, 198 = VersR 1988, 234, 237; BGH 22.9.1999 – IV ZR 15/99, VersR 1999, 1481, 1482.
6 BGH 12.3.2008 – IV ZR 330/06, VersR 2008, 809, 810; BGH 19.9.2001 – IV ZR 235/00, VersR 2001, 1498, 1499; OLG Dresden 31.1.2006 – 4 U 2298/05, VersR 2006, 1526, 1527.
7 *Münkel*, jurisPR-VersR 6/2011 Anm. 5; in diesem Sinne auch schon OLG Dresden 31.1.2006 – 4 U 2298/05, VersR 2006, 1526; vgl. auch LG Dortmund 10.3.2011 – 2 O 380/10, juris („Wissensvertretung").
8 So schon zum alten Recht BGH 25.3.1987 – IVa ZR 224/85, VersR 1987, 663, 664; Prölss/Martin/*Kollhosser*, 27. Aufl. 2004, § 43 Rn 3; *Meyer-Reim/Testorf*, VersR 1994, 1137, 1140.
9 Vgl. Prölss/Martin/*Kollhosser*, 27. Aufl. 2004, § 43 Rn 4.
10 Vgl. *Reusch*, NVersZ 2000, 120, 122; *Teichler*, VersR 2002, 385, 388.

ein solches Vertrauen erweisen.[11] An das Vorliegen einer nicht ausdrücklich von dem VR erklärten Bevollmächtigung des VersMaklers sind deshalb auch strenge Anforderungen zu stellen. Aus der bloßen **Überlassung von Antragsformularen** lässt sich auf eine solche jedenfalls weder im Hinblick auf den objektiven Erklärungswert dieses Verhaltens noch unter Rechtsscheinsgesichtspunkten schließen.[12] Die Überlassung von Antragsformularen an den Makler erfolgt in erster Linie zu dem Zweck, die Antragsaufnahme zu vereinfachen bzw zu beschleunigen; als Ausdruck einer rechtsgeschäftlichen Bevollmächtigung kann sie nicht ohne weiteres interpretiert werden.[13]

Fraglich ist die Anwendbarkeit des § 69 auf „**Pseudomakler**", die tatsächlich Vers-Vertreter sind und sich nur als VersMakler ausgeben (s. § 59 Rn 30). Diese gelten nach § 59 Abs. 3 S. 2 zwar als VersMakler, allerdings nur im Verhältnis zum VN, was bedeutet, dass die den VersMakler betreffenden Vorschriften der §§ 60 ff auch auf Pseudomakler anzuwenden sind. Damit ist nicht ausgeschlossen, dass ein „Pseudomakler" im Verhältnis zum VR wie ein VersVertreter behandelt werden kann. Für § 69 ist dies zu bejahen.[14] Zwar erscheint der „Pseudomakler" dem VN gegenüber nicht als dem „Lager" des VR zugehörig, so dass der VN kein Vertrauen in eine Empfangsvollmacht des Pseudomaklers entwickelt.[15] Auch steht der VN wegen der persönlichen Haftung des „Pseudomaklers" nicht schutzlos, wobei die Berufshaftpflichtversicherung des VersVertreters dessen Haftung nach Maklergrundsätzen womöglich nicht deckt.[16] Gleichwohl muss hier – wie auch schon nach altem Recht[17] – eine Zurechnung zu Lasten des VR erfolgen, der für einen „Pseudomakler" wie für einen VersVertreter einzustehen hat. Zum einen ist kein Grund ersichtlich, den VR von einer Zurechnung über den „Pseudomakler" zu entbinden und insoweit zu privilegieren. Von diesem betraut ist der „Pseudomakler" – wie jeder andere VersVertreter auch – in die Absatzorganisation des VR eingebunden und diesem auch dann verpflichtet, wenn er sich nach außen als unabhängiger Makler geriert. Vor allem aber soll § 69 nicht ein individuelles, sondern ein typisches Vertrauen des VN in die Legitimation des vom VR betrauten Vertreters schützen. Anderenfalls wäre die Anwendung des § 69 von dem jeweiligen Gebaren des VersVertreters gegenüber dem VN abhängig – ein Zustand, der dem mit der gesetzlichen Vollmachtsstandardisierung bezweckten Regelungsziel (s. Rn 2) widersprechen würde: Wäre der Schutz des VN über § 69 vom individuellen Verhalten des Vertreters abhängig, würden nicht nur die mit der standardisierten Vollmacht herzustellende Rechtssicherheit über die Legitimation des VersVertreters in Frage gestellt, sondern dem VR auch Möglichkeiten eröffnet, durch entsprechende Verhaltensanweisungen gegenüber dem Vertreter über den mit der Vollmachtstypisierung bezweckten Verkehrsschutz zu bestimmen.

Eine **Erweiterung des Anwendungsbereichs** des § 69 im Wege der Rechtsanalogie auf von dem VR nicht betraute Vermittler ist weder im Interesse eines effektiven Verkehrsschutzes erforderlich noch sachgerecht. § 69 gilt daher nicht für VersVer-

---

11 Vgl *Matusche-Beckmann*, VersR 1995, 1391, 1397; *Meyer-Reim/Testorf*, VersR 1994, 113, 1140.
12 Vgl *Matusche-Beckmann*, VersR 1995, 1391, 1397 f; aA *Lücke*, VersR 1994, 128 („im Einzelfall"); anders offenbar auch OLG Nürnberg 27.1.1994 – 8 U 1184/93, NJW-RR 1995, 227, 230.
13 Vgl *Matusche-Beckmann*, VersR 1995, 1391, 1397 f.
14 So auch Langheid/Wandt/*Reiff*, § 59 Rn 51; § 69 Rn 6; aA Prölss/Martin/*Dörner*, § 69 Rn 4, der stattdessen eine Wissenszurechnung gem. § 166 Abs. 1 BGB analog annimmt.
15 Hierauf abstellend Prölss/Martin/*Dörner*, § 69 Rn 4.
16 *Werber*, VW 1988, 1159, 1163.
17 Vgl Prölss/Martin/*Kollhosser*, 27. Aufl. 2004, § 43 Rn 13; Beckmann/Matusche-Beckmann/*Reiff*, 2004, § 5 Rn 28; *ders.*, r+s 1998, 89, 91; *Reusch*, NVersZ 2000, 120, 122; *Schimikowski*, r+s 1999, 485, 488; *ders.*, r+s 2000, 353, 358.

mittler, die von einem VR zwar nicht betraut, aber **mit dessen Wissen und Wollen** tätig sind (s. § 59 Rn 10), auch nicht für sog. **Pseudovertreter** (s. § 59 Rn 11).[18] Auch Vermittler, die **zu dem VR in wirtschaftlicher Abhängigkeit oder Verflechtung** stehen, ohne von diesem betraut zu sein, fallen nicht unter § 69.[19]

11 Gegen eine Erweiterung bzw Analogie spricht zum einen das mit der gesetzlichen Vollmachtstypisierung verfolgte Regelungsziel. Die Vollmachtsstandardisierung findet ihre Rechtfertigung in dem mit der Einschaltung des VersVertreters verfolgten Zweck (s. Rn 2). Der Vertreter soll zum Schutze des Rechtsverkehrs gerade über dasjenige Maß an Befugnissen verfügen, das für die Erfüllung der ihm anvertrauten Vermittlungsaufgaben unentbehrlich ist. Mit anderen Worten soll die gesetzlich typisierte Vollmacht des Vertreters den vom VR ausgehenden **Vermittlungsauftrag** widerspiegeln. Einen solchen Vermittlungsauftrag gibt es bei vom VR nicht betrauten Vermittlern gerade nicht, mag der VR von deren Vermittlungstätigkeit auch rein faktisch profitieren.

12 Gegen eine Erweiterung der Vollmachtsstandardisierungen des § 69 auf Vermittler, die von dem VR nicht betraut sind, spricht auch die Überlegung, dass dem VR die mit der Einschaltung von Vertretern verbundenen Risiken grds. nur dann zu überantworten sind, wenn dieser über bessere **Gefahrbeherrschungs- und Kontrollmöglichkeiten** verfügt als der VN. Dies ist aber lediglich dann der Fall, wenn der Vermittler von dem VR mit Vermittlungsaufgaben betraut worden, in die Absatzorganisation des VR eingebunden und dessen Weisungen unterworfen ist. Nur dann ist es dem VR möglich, über Anweisungen gegenüber dem Vermittler auf Modalitäten der Vermittlungstätigkeit – man denke an Richtlinien für die Ausfüllung von Formularen – einzuwirken. Auch macht sich der Vermittler im Falle eines Fehlverhaltens gegenüber dem VR nur dann schadensersatzpflichtig, wenn er dem VR gegenüber vertraglich verpflichtet ist. Der Gedanke der Gefahrbeherrschung rechtfertigt eine generelle Zurechnung von Vermittlungsrisiken auf den VR also auch nur bei Vermittlern, die vom VR beauftragt sind.

13 Diese Betrachtungsweise führt auch nicht zu **Schutzlücken**. Geriert sich der Vermittler als von Versichererseite unabhängiger Makler, kommt regelmäßig ein Maklervertrag, sei es auch nur mündlich oder durch schlüssiges Verhalten, zustande, wenn der Vermittler den Auftrag ausführt oder der VN dessen Wirken ohne Widerspruch entgegennimmt oder ausnutzt (vgl § 59 Rn 25). Auf Grundlage des Maklervertrages kann sich der VN bei einem pflichtwidrigen und schuldhaften Fehlverhalten an dem insoweit **haftpflichtigen VersMakler** selbst schadlos halten. Erweckt der Vermittler indes den Eindruck, der Repräsentant eines VR zu sein, weil Letzterer in zurechenbarer Weise den Rechtsschein einer Betrauung, ohne dass sie tatsächlich erfolgt wäre, verursacht hat, wird schon über die allgemeinen Grundsätze von **Duldungs- und Anscheinsvollmacht** eine Verantwortlichkeit des VR begründet. Es ist allerdings nur konsequent, das Verhalten eines dem VR nicht verpflichteten Vermittlers nur dann zuzurechnen, wenn es dem VN auch gelingt, die Voraussetzungen einer dem VR zurechenbaren Duldungs- oder Anscheinsvollmacht, also die Veranlassung des Rechtsscheins durch den VR und ein hierin in schutzwürdiger Weise investiertes Vertrauen, darzulegen und im Bestreitensfalle zu beweisen. Anderenfalls würde nicht nur der VR unüberschaubaren Zurechnungsrisiken für nicht in seinem Verantwortungsbereich stehende Vermittler ausgesetzt, sondern es würde auch einer missbräuchlichen Ausnutzung der Vollmachtsstandardisierung Vorschub geleistet.

14 Vor diesem Hintergrund sind die in Rspr und Lit. unternommenen Versuche, den Begriff des VersVertreters bzw den persönlichen Anwendungsbereich der gesetzli-

---

18 AA Beckmann/Matusche-Beckmann/*Reiff*, § 5 Rn 62 ff.
19 Vgl BGH 7.11.2007 – IV ZR 103/06, VersR 2008, 242 (Sparkassenangestellter); aA Beckmann/Matusche-Beckmann/*Reiff*, § 5 Rn 66; Langheid/Wandt/*Reiff*, § 69 Rn 13.

chen Vollmachtsstandardisierungen mit Hilfe von Rechtsscheinserwägungen auszudehnen, nicht überzeugend. Bezeichnenderweise wird in diesen Fällen die Anwendung des § 69 von zusätzlichen, in § 69 nicht genannten Voraussetzungen abhängig gemacht, die – wie die Kenntnis des VR vom Auftritt des Vermittlers oder dessen Billigung durch den VR – in der Sache den Voraussetzungen von Duldungs- und Anscheinsvollmacht entsprechen.[20] Hierdurch werden aber verschiedene Institute – die gesetzliche Vollmachtsstandardisierung nach § 69 auf der einen Seite, die Grundsätze von Duldungs- und Anscheinsvollmacht auf der anderen Seite – miteinander vermengt. Konsequenter ist es dagegen, § 69 auf die unmittelbare Anwendung zu beschränken und daneben, um Rechtsscheinserwägungen Geltung zu verschaffen, die allgemeinen Grundsätze von Duldungs- und Anscheinsvollmacht anzuwenden.

Aus den dargelegten Gründen scheidet auch eine (analoge) Anwendung des § 69 auf **Mitarbeiter eines VR** aus, die zwar Kundenkontakt, allerdings **keinen Vermittlungsauftrag** haben, zB **Mitarbeiter an einer Telefonhotline** oder **Regulierungsbeauftragte**. Bei diesen kommt aber eine Wissenszurechnung über § 166 Abs. 1 BGB (analog) in Betracht (s. § 70 Rn 12).

15

Nach der Rspr des BGH[21] steht aber der mit der Erstellung eines ärztlichen Zeugnisses beauftragte **Arzt** bei der Aufnahme einer „**Erklärung vor dem Arzt**" einem VersVertreter gleich. Danach gilt der Arzt ebenfalls als vom VR **empfangsbevollmächtigt**.[22] Dies ist nicht unbedenklich, da der Arzt nicht in die Absatzorganisation des VR eingebunden ist (vgl Rn 11 f). Richtigerweise kommt im Verhältnis zwischen Arzt und VR nur eine **Wissenszurechnung** in Betracht (s. § 70 Rn 13), was im Rahmen von gesetzlichen Anzeigeobliegenheiten für die Beweislast durchaus von Bedeutung ist (s. § 70 Rn 11, 14).

16

III. Empfangsvollmacht (Abs. 1 Nr. 1 und 2)

1. Allgemeines. Abs. 1 Nr. 1 und 2 stellt die **gesetzliche Vermutung einer Empfangsvollmacht**[23] auf und verleiht dem VersVertreter damit die Rechtsstellung eines Empfangsvertreters des VR. Bei der **Empfangsvertretung** wird die bloße Tatsache des Empfangs einer Erklärung zugerechnet (§ 164 Abs. 3 BGB). Das bedeutet, dass sich die Voraussetzungen für das Wirksamwerden einer Erklärung, insb. der Zugang schriftlicher Erklärungen nach § 130 Abs. 1 S. 1 BGB oder die Vernehmung mündlicher Erklärungen, nach der Person des VersVertreters richten. Die gegenüber dem VersVertreter abgegebene Erklärung wird also schon dann wirksam, wenn sie dem Vertreter zugeht bzw von diesem vernommen wird.[24] Damit wird der Zugang bzw die Vernehmung und folglich das **Wirksamwerden der Erklärung für und gegen den VR zeitlich vorverlagert**. Das wiederum hat zur Folge – und hierin liegt die eigentliche Bedeutung der Empfangsvertretung –, dass eine Erklärung, sobald sie dem VersVertreter zugegangen oder von diesem vernommen worden ist, unabhängig davon wirksam ist, ob sie dem VR überhaupt noch übermittelt wird.

17

Die Empfangsvertretung ist von der **Wissensvertretung** (s. § 70 Rn 3) zu **unterscheiden**, auch wenn sich beide Zurechnungsprinzipien naturgemäß nahestehen. Deren Verwandtschaft ist dann besonders eng, wenn es nicht um die Entgegennahme von auf die Herbeiführung bestimmter Rechtsfolgen gerichteter Willenserklärungen geht, sondern der Empfang von Wissenserklärungen infrage steht, die al-

18

---

20 So etwa von Langheid/Wandt/*Reiff*, § 69 Rn 10, 12.
21 BGH 11.2.2009 – IV ZR 26/06, VersR 2009, 529; BGH 7.3.2001 – IV ZR 254/00, VersR 2001, 620.
22 So auch *Knappmann*, VersR 2005, 199; *Wendt/Jularic*, VersR 2008, 41, 42.
23 Vgl zur Rechtsnatur eingehend *Münkel*, Empfangsvollmacht, S. 32 ff mwN (zu § 43 aF).
24 Vgl nur BGH 27.1.1965 – VIII ZR 11/63, NJW 1965, 965.

lein auf die Vermittlung von Wissen angelegt sind. Der Empfang der Wissenserklärung hat grds. den Erwerb des mit der Erklärung transferierten Wissens zur Folge; die Zurechnung des Erklärungsempfangs bedeutet daher mittelbar die Zurechnung des Wissens.[25] Beide Zurechnungsformen unterscheiden sich in diesem Fall aber in ihrem **Anknüpfungspunkt:** Über die Wissensvertretung wird das Wissen des Mittlers um bestimmte Tatsachen als ein geistiger Zustand, über die Passivvertretung der Empfang der Wissenserklärung als ein, wenn auch rein passiver und daher nicht nach außen erkennbarer Vorgang zugerechnet.[26] Empfangs- und Wissensvertretung sind im Rahmen gesetzlicher Anzeigeobliegenheiten klar voneinander getrennt (s. Rn 27, § 70 Rn 8).

19 Die Vollmachtsstandardisierung knüpft unmittelbar an die **Betrauung** des VersVertreters mit der Vermittlungstätigkeit an, setzt also **keine Bevollmächtigung** des Vertreters voraus. § 69 typisiert nicht – wie § 49 HGB für die Prokura – nur den Umfang einer tatsächlich schon bestehenden Vollmacht. Die Gegenansicht[27] ist mit dem Normzweck des Verkehrsschutzes (s. Rn 2) nicht vereinbar. Ein solcher ist nur zu verwirklichen, wenn die vom Gesetz angeordnete Vertretungsmacht mit dem Auftritt des Vertreters für den VR im Rechtsverkehr auch ohne tatsächliche Bevollmächtigung Geltung entfaltet.[28]

20 Die Zurechnung über die Empfangsvollmacht findet ihre Grenze in den Grundsätzen des **Missbrauchs der Vertretungsmacht** (s. Rn 35 ff).

21 Zur **Beschränkung** der Empfangsvollmacht s. § 72 Rn 2 ff.

22 **2. Vorvertragliche Empfangsvollmacht (Abs. 1 Nr. 1). a) Willenserklärungen.** Nach Abs. 1 Nr. 1 ist der VersVertreter zunächst dazu bevollmächtigt, **Versicherungsanträge,** dh Anträge des VN auf Abschluss eines VersVertrages, entgegenzunehmen. Hierdurch wird sichergestellt, dass für den VR eine etwaige Annahmefrist iSd § 148 BGB bereits mit der Entgegennahme des Antrags durch den Vertreter und nicht erst mit dem möglicherweise verzögerten Empfang durch den VR selbst beginnt.[29] Umgekehrt profitiert aber auch der VR von der Empfangsvollmacht seines Vertreters für den Versicherungsantrag, tritt doch so bereits mit der Entgegennahme des Antrags durch den Vertreter die Bindung des VN an den Antrag ein (§ 145 BGB).

23 Die Empfangsvollmacht des VersVertreters bezieht sich auf den Versicherungsantrag, **nicht** auf das **Antragsformular.** Als Antrag gilt die auf den Abschluss eines VersVertrages gerichtete Willenserklärung des VN in seiner Gesamtheit und mit dem Inhalt, mit dem sie vom Vertreter entgegen genommen wurde. Die Vollmacht schließt daher auch **mündliche Antragsergänzungen** ein. Von dem VersVertreter nach Entgegennahme des (schriftlichen) Antrags eigenmächtig vorgenommene **Antragsänderungen** sind unerheblich.

24 Stellt der VR in solchen Fällen der mündlichen Antragsergänzung oder eigenmächtigen Antragsänderung einen dem schriftlichen Antrag entsprechenden Versicherungsschein aus, **weicht** dieser von dem eigentlichen Versicherungsantrag **ab** (§ 5 Abs. 1). Da der VR den VN mangels Kenntnis von der Abweichung hierauf nicht nach § 5 Abs. 2 hinweisen kann, ist die Abweichung des Versicherungsscheins für den VN unverbindlich und der VersVertrag kommt mit dem Inhalt des Versicherungsantrags zustande (§ 5 Abs. 3).[30] Dies kann der VR auch nicht mit dem „Pau-

---

25 *Reiff,* r+s 1998, 89, 95.
26 Vgl Bruck/Möller/*Möller,* 8. Aufl. 1961, § 44 Anm. 3.
27 Looschelders/Pohlmann/*Koch,* § 69 Rn 7; zu § 43 aF vertreten etwa von Bruck/Möller/*Möller,* 8. Aufl. 1961, § 43 Anm. 3; BK/*Gruber,* § 43 Rn 2.
28 Vgl *Münkel,* Empfangsvollmacht, S. 33 ff (zu § 43 aF).
29 *BAV,* Motive zum VVG, Nachdruck 1963, S. 116.
30 BGH 25.3.1987 – IVa ZR 224/85, VersR 1987, 663, 664; BGH 19.9.2001 – IV ZR 235/00, VersR 2001, 1498, 1499; OLG Celle 26.2.2009 – 8 U 150/08, VersR 2009, 914.

schalhinweis" verhindern, dass der Versicherungsschein auf Grundlage des Antragsformulars ausgestellt wurde,[31] denn § 5 Abs. 2 S. 2 verlangt einen speziellen Hinweis auf die jeweilige Abweichung. Auch eine Anfechtung seiner Vertragserklärung stellt keinen Ausweg für den VR dar, da eine solche jedenfalls die Pflicht zum Ersatz des Vertrauensschadens auslösen würde (§ 122 Abs. 1 BGB).[32] Prozessual wird dieses Zurechnungsrisiko für den VR dadurch entschärft, dass der VN nach Abs. 3 S. 1 die **Beweislast** für mündliche Antragsergänzungen trägt (s. Rn 52). Ebenso empfangsbevollmächtigt ist der VersVertreter für den **Widerruf des Versicherungsantrags.**

25

b) Anzeigen. Die in Abs. 1 Nr. 1 normierte Empfangsvollmacht schließt ausdrücklich die **vor Vertragsschluss abzugebenden Anzeigen** ein. Hiermit sind in erster Linie vorvertragliche Gefahranzeigen iSd § 19 Abs. 1 gemeint. Mit dieser ausdrücklichen Erwähnung hat der Reformgesetzgeber die sog. **Auge-und-Ohr-Rechtsprechung** zu § 43 aF[33] umgesetzt. In § 43 aF waren Anzeigen vor Vertragsschluss nicht erwähnt; die Erstreckung der Empfangsvollmacht auf vorvertragliche Gefahranzeigen entnahm der BGH der Vorschrift des § 43 aF durch Auslegung. Danach stellten die Entgegennahme eines Antrags auf Abschluss eines VersVertrages und die Kenntnisnahme der von dem VN bei dieser Gelegenheit erstatteten – mündlichen – Gefahranzeigen einen „einheitlichen Lebensvorgang dar, der keine juristische Aufspaltung erlaubt". Der empfangsbevollmächtigte und auf alleinige Veranlassung des VR tätige VersVertreter stünde dem VN bei Entgegennahme des Antrags, bildhaft ausgedrückt, als „das Auge und Ohr des VR" mit der Folge gegenüber, dass sich der VR all das, was dem VersVertreter gesagt und vorgelegt werde, zurechnen lassen müsse. Das Bild vom „Auge und Ohr des VR" beschreibt anschaulich die Bedeutung und die Konsequenzen der Empfangsvollmacht des VersVertreters für vorvertragliche Gefahranzeigen. Die gegenüber dem VersVertreter erstatteten Gefahranzeigen werden dem VR so zugerechnet, als ob dieser sie selbst bzw mit eigenen Sinnen wahrgenommen hätte.

26

Dies kann sich insb. auf die Rechte des VR wegen **Verletzung der vorvertraglichen Anzeigepflicht** gem. § 19 Abs. 2–4 auswirken. Gilt der Vertreter als zur Entgegennahme vorvertraglicher Gefahranzeigen bevollmächtigt, werden diese aufgrund der Zurechnungswirkung der Empfangsvertretung bereits dann wirksam, wenn sie dem Vertreter zugegangen oder von diesem vernommen worden sind (s. Rn 17). In diesem Fall ist die Obliegenheit des VN zur vorvertraglichen Gefahranzeige erfüllt. Auch wenn der VR von der Anzeige eines gefahrerheblichen Umstands gegenüber dem Vertreter nicht erfährt, fehlt es bereits an der Grundvoraussetzung für die Entstehung der Rechte aus § 19 Abs. 2–4, der „Verletzung" der Anzeigepflicht (§ 19 Abs. 2). Die Frage nach einem Ausschluss des Rücktrittsrechts gem. § 19 Abs. 5 S. 2 wegen Kenntnis des VR von dem Gefahrumstand und nach der in diesem Zusammenhang erheblichen **Wissenszurechnung** stellt sich dann nicht mehr (s. auch § 70 Rn 8). Die beiden Zurechnungsprinzipien Empfangsvertretung und Wissensvertretung sind im Regelungssystem der vorvertraglichen Anzeigepflicht also klar voneinander getrennt – ein Umstand, der in Rspr und Lit. häufig missachtet wird. Insoweit war schon die auch mit einer Wissenszurechnung argumentierende „Auge-und-Ohr-Rechtsprechung" dogmatisch fragwürdig.[34]

27

Ähnlich sind die Auswirkungen der Empfangsvollmacht des VersVertreters für vorvertragliche Gefahranzeigen auf das **Anfechtungsrecht des VR wegen arglistiger**

28

---

31 So aber Prölss/Martin/*Prölss*, 27. Aufl. 2004, § 5 Rn 15; *ders.*, in: FS BGH, S. 551, 578 f; *Schreiber*, VersR 1994, 760, 767.
32 Hierzu näher *Münkel*, Empfangsvollmacht, S. 124 ff.
33 Eingeleitet durch BGH 11.11.1987 – IVa ZR 240/86, BGHZ 102, 194 ff = VersR 1988, 234 ff; eingehend zu dieser Rspr *Münkel*, Empfangsvollmacht, S. 47 ff.
34 Vgl *Münkel*, Empfangsvollmacht, S. 64 ff.

Täuschung nach § 123 BGB. Gilt der VersVertreter nach Abs. 1 Nr. 1 als zum Empfang vorvertraglicher Gefahranzeigen bevollmächtigt und erfüllt der VN mit der Entgegennahme der Anzeige durch den Vertreter seine Anzeigeobliegenheit, scheidet eine Täuschung seitens des VN aus,[35] da es dann an einem den Täuschungsvorwurf begründenden, objektiven Verschweigen gefahrerheblicher Tatsachen fehlt. Abgesehen davon wird man einem VN, der einen gefahrerheblichen Umstand gegenüber dem Vertreter anzeigt, kaum den Vorwurf arglistigen Verhaltens machen können.

29 Die Empfangsvollmacht des VersVertreters iSd Abs. 1 Nr. 1 bezieht sich ausdrücklich nur auf vorvertragliche Gefahranzeigen, die der **VN** erstattet („vom Versicherungsnehmer"). Da auf Gefahranzeigen als Wissenserklärungen die für Willenserklärungen geltenden Vorschriften über die Stellvertretung gem. §§ 164 ff BGB entsprechend anzuwenden sind,[36] ist eine **Vertretung durch Dritte** möglich. Auch in diesem Fall muss nach Abs. 1 Nr. 1 eine Zurechnung des Empfangs der Anzeige erfolgen. Denkbar ist eine ausdrückliche oder stillschweigende Vollmacht des Dritten oder eine solche aufgrund Rechtsscheins. Der BGH[37] hat zum alten Recht die Zurechnung von Mitteilungen eines Dritten angenommen, der ein **eigenes wirtschaftliches Interesse** am Abschluss des VersVertrages hat. Man wird in diesem Fall häufig eine die Zurechnung zugunsten des VN jedenfalls rechtfertigende konkludente Bevollmächtigung oder zumindest Rechtsscheinvollmacht des Dritten annehmen dürfen. Zu weit ginge es indes, die Empfangsvollmacht des VersVertreters auf Anzeigen von Personen zu erstrecken, die nicht von dem VN zur Erklärungsabgabe bevollmächtigt sind. Erklärungen solcher Personen können dem VN nicht zugerechnet werden.

30 Besondere Brisanz kommt der Empfangsvollmacht des VersVertreters nach Abs. 1 Nr. 1 im Zusammenspiel mit der **Nachfrageobliegenheit des VR** (s. § 19 Rn 23 ff) zu. Die Kombination beider Institute führt zu einer besonders weit reichenden Zurechnung zu Lasten des VR[38] und begründet ein erhebliches **praktisches Konfliktpotential**. Gerade wenn der VN, der wegen gefahrerheblicher Umstände um die uneingeschränkte Annahme seines Versicherungsantrags fürchtet, jene Umstände im Antragsgespräch mit dem VersVertreter beschönigt oder nur andeutet, werden jene Gefahrumstände von dem VersVertreter häufig nicht im Antragsformular dokumentiert. Obwohl der VR von den Angaben des VN so nichts erfährt, droht er seine Rechte aus § 19 Abs. 2–4 zu verlieren, wenn ihm die Angaben Anlass zu Rückfragen geboten hätten.[39] Dies gilt nach der Rspr aber dann nicht, wenn der VN dabei arglistig gehandelt hat (s. § 19 Rn 25).

31 c) **Sonstige Erklärungen.** Abs. 1 Nr. 1 erwähnt auch sonstige vorvertragliche Erklärungen und dokumentiert damit den Willen des Gesetzgebers, die Empfangsvollmacht auf sämtliche vorvertraglichen Erklärungen des VN, die an den VR gerichtet und für das Versicherungsvertragsverhältnis relevant sind, zu erstrecken.

---

35 Vgl OLG Hamm 16.3.1990 – 20 U 145/88, VersR 1990, 1105, 1106; iE auch OLG Saarbrücken 15.5.1990 – 5 W 77/90, VersR 1991, 1280; Bruck/Möller/*Möller*, 8. Aufl. 1961, § 44 Anm. 19 („Ein Wissender kann nicht getäuscht werden").
36 Bruck/Möller/*Möller*, 8. Aufl. 1961, § 44 Anm. 3; Palandt/*Ellenberger*, Überbl. v. § 104 BGB Rn 6 f.
37 BGH 25.1.1989 – IVa ZR 333/87, VersR 1989, 398, 399.
38 Vgl auch *Knappmann*, r+s 1996, 81, 83; *Lücke*, VersR 1994, 128, 129 f; *ders.*, VersR 1996, 785, 790.
39 Vgl BGH 11.11.1992 – IV ZR 271/91, VersR 1993, 871, 872; BGH 5.3.2008 – IV ZR 119/06, VersR 2008, 668; OLG Hamm 23.7.1999 – 20 U 162/98, VersR 2000, 878, 880; OLG Hamm 30.5.2001 – 20 U 231/98, VersR 2002, 342, 343; OLG Hamm 9.7.2008 – 20 U 195/07, VersR 2009, 1649; OLG Hamm 10.12.2010 – I-20 U 21/09, VersR 2011, 994; OLG Oldenburg 30.8.2000 – 2 U 70/99, NVersZ 2001, 409.

Dies gilt für Willens- und Wissenserklärungen gleichermaßen, zB den Widerruf 32
oder die Anfechtung des Antrags vor Vertragsschluss oder auch den Verzicht auf
Beratung oder Information. Geht der Antrag auf Abschluss des VersVertrages von
dem VR aus, wie insb. bei dem sog. **Invitatiomodell** (s. § 7 Rn 35), so bezieht sich
die Empfangsvollmacht des VersVertreters auf die **Annahmeerklärung** des VN.[40]
Unter „sonstige Erklärungen" fallen ebenso **Auskünfte** des VN, deren Unterschied
zu Anzeigen wesensmäßig darin besteht, dass sie nicht spontan, sondern auf konkrete Nachfrage des VR erteilt werden.[41]

3. Empfangsvollmacht während des Versicherungsverhältnisses (Abs. 1 Nr. 2). 33
a) Willenserklärungen. Als Willenserklärungen, die der VN gegenüber dem VersVertreter während des Versicherungsverhältnisses abgibt, kommen zunächst die in
Abs. 1 Nr. 2 genannten Erklärungen, nämlich Anträge auf Verlängerung oder Änderung eines VersVertrages, deren Widerruf sowie Kündigungs- und Rücktrittserklärungen in Betracht. Unter „sonstige das Versicherungsverhältnis betreffende Erklärungen" fallen insb. **Widerrufs-, Anfechtungs-, Abtretungs- oder Verpfändungserklärungen**, aber auch etwa die Anforderung eines Vorschusses auf die Versicherungsleistung oder die Anerkennung einer Prämienforderung.[42] Hierzu zählt auch
die Bezeichnung eines Bezugsberechtigten in der Lebensversicherung.[43] Dass mit
der Empfangsvollmacht auch die Befugnis verbunden ist, Willenserklärungen nach
§ 174 BGB oder wegen eines (Form-)Mangels zurückzuweisen,[44] kann nicht angenommen werden, da es sich bei der Zurückweisung um die Ausübung aktiver Vertretungsmacht handelt.[45] Abs. 1 Nr. 2 begründet auch keine Zustellungsbevollmächtigung für eine gegen den VR gerichtete Klage.[46]

b) Anzeigen, Auskünfte. Nach Abs. 1 Nr. 2 gilt der VersVertreter auch als dazu be- 34
vollmächtigt, während des Versicherungsverhältnisses durch den VN (vgl Rn 29)
zu erstattende **Anzeigen** entgegenzunehmen. Der Gesetzgeber hat hier insb. die Anzeige über eine **Gefahrerhöhung** iSd § 23 Abs. 2, 3 und diejenige vom **Eintritt des Versicherungsfalles** nach § 30 Abs. 1 im Blick gehabt. Die Schadensanzeige kann
auch noch nach Beendigung des VersVertrages gegenüber dem VersVertreter erstattet werden.[47] Eine gesetzliche Ausgestaltung hat in § 97 weiterhin die Anzeige von
der Veräußerung der versicherten Sache gefunden. Von besonderer praktischer Relevanz ist schließlich die Anzeige von der **Abtretung** oder der **Verpfändung** von
Ansprüchen oder von der Einräumung oder dem Widerruf des **Bezugsrechts** aus
einer **Lebensversicherung**. Die Vorschrift des Abs. 1 Nr. 2 erfasst ebenso **Auskünfte**
des VN, wie insb. über den Versicherungsfall iSd § 31 (vgl Rn 32).

4. Missbrauch der Empfangsvollmacht. a) Allgemeines. Wie jede Stellvertretung, 35
so findet auch die Empfangsvertretung durch den VersVertreter ihre Grenze in den
Grundsätzen zum Missbrauch der Vertretungsmacht.[48] Die Vertretungsmacht ist
von dem zugrunde liegenden Rechtsverhältnis abstrakt.[49] Ist das Handeln des Vertreters zwar von der Empfangsvollmacht gedeckt, verstößt dieser aber gegen interne Pflichten gegenüber dem VR, geht dieser Missbrauch der Empfangsvollmacht
grds. zu Lasten des VR. Dies entspricht dem mit dem **Abstraktionsprinzip** be-

---

40 Vgl Langheid/Wandt/*Reiff*, § 69 Rn 24, der die Annahmeerklärung jedoch unter „Anträge" subsumiert.
41 Bruck/Möller/*Möller*, 8. Aufl. 1961, § 43 Anm. 19.
42 Prölss/Martin/*Dörner*, § 69 Rn 9.
43 Vgl BGH 8.6.1967 – II ZR 248/64, VersR 1967, 795.
44 So etwa Prölss/Martin/*Kollhosser*, 27. Aufl. 2004, § 43 Rn 22; Römer/Langheid/*Langheid*, 2. Aufl. 2003, § 43 Rn 33.
45 Looschelders/Pohlmann/*Koch*, § 69 Rn 19; Prölss/Martin/*Dörner*, § 69 Rn 14.
46 Prölss/Martin/*Dörner*, § 69 Rn 9.
47 Prölss/Martin/*Kollhosser*, 27. Aufl. 2004, § 43 Rn 20.
48 AA, aber iE ebenso *Prölss*, VersR 2002, 961.
49 Vgl nur §§ 165, 168 S. 2 BGB; Palandt/*Ellenberger*, Einf. v. § 164 BGB Rn 2.

zweckten Verkehrsschutz. Etwas anderes gilt, wenn der VN nicht schutzwürdig ist, weil er entweder kollusiv mit dem VersVertreter zusammenwirkt oder ihm der Missbrauch der Empfangsvollmacht durch den Vertreter evident ist. Die **Beweislast** für einen derartigen Missbrauch der Empfangsvollmacht durch den VersVertreter liegt stets beim VR.

36 **b) Kollusion.** Von Kollusion spricht man, wenn VersVertreter und VN jeweils bewusst zum Nachteil des VR zusammenwirken. Eine bloße Parallelität der Interessen von VersVertreter und VN genügt hierfür nicht. Erforderlich ist vielmehr über den beiderseitigen Vorsatz zur Schädigung des VR hinaus eine zumindest stillschweigende Übereinkunft über die Unrechtmäßigkeit des Handelns. Vertreter und VN müssen sich darüber einig sein, dass eine vollständige und wahrheitsgemäße Weiterleitung der Angaben des VN an den VR deshalb nicht erfolgen soll, da der VN sonst nachteilige Konsequenzen, insb. die Ablehnung seines Versicherungsantrags oder zusätzliche Bedingungen des VR wie Risikoausschlüsse oder Prämienzuschläge, fürchten müsste.[50] Der Vorsatz muss sich einerseits auf die unterlassene Weiterleitung an den VR als solche, andererseits auf die Pflichtwidrigkeit eines derartigen Verhaltens, also etwa die Anzeigepflichtigkeit eines gefahrerheblichen Umstands, beziehen.

37 Der **Nachweis** des kollusiven Zusammenwirkens, insb. der Vorsatz des VN, ist in der Praxis schwierig. Dem beweisbelasteten VR steht als Beweismittel regelmäßig nur das **Zeugnis** seines **Vertreters** zur Verfügung, der sich mit dem Eingeständnis eines kollusiven Zusammenwirkens mit dem VN selbst einer eklatanten Pflichtverletzung gegenüber dem VR, uU der Teilnahme an einem strafbaren Betrug(-sversuch) bezichtigen würde. Von einer beiderseits und übereinstimmend vorsätzlichen Schädigung des VR wird man nur ausnahmsweise dann ausgehen können, wenn die **Anzeigepflichtigkeit** eines Umstands im Rahmen des zwischen VN und VersVertreter geführten Gesprächs **offen ausgesprochen** worden, die Eintragung in das jeweilige Formular aber gleichwohl unterblieben ist. Zu denken ist an Fallgestaltungen, in denen der VN dem das Antragsformular ausfüllenden VersVertreter mündlich einen gefahrerheblichen Umstand mitteilt, der VersVertreter darauf erwidert, dass der VN bei Angabe dieses Umstands entweder überhaupt keinen Versicherungsschutz oder zumindest nicht zu den gewünschten Bedingungen erlangen kann und in der Folge von der Eintragung jenes Umstands in das Formular absieht.[51]

38 Im Falle der Kollusion ist das Vertretergeschäft nach § 138 BGB nichtig.[52] Für den kollusiven Gebrauch der Empfangsvollmacht durch den VersVertreter bedeutet dies, dass die Erklärung des VN dem VR noch nicht mit der Empfangnahme durch den Vertreter als zugegangen gilt.

39 **c) Evidenter Missbrauch der Empfangsvollmacht. aa) Bedeutung.** Als praktisch weitaus bedeutsamer stellt sich die zweite Alternative eines die Empfangsvertretung ausschließenden missbräuchlichen Gebrauchs der Empfangsvollmacht, der evidente Vollmachtsmissbrauch, dar. Hierin liegt zugleich eine wichtige Grenze des „Auge-und-Ohr-Grundsatzes" (s. Rn 26). Die **Vertretungswirkung** ist im Falle eines evidenten Vollmachtsmissbrauchs ebenfalls **ausgeschlossen**, da es sich hierbei um eine unzulässige, weil nach Treu und Glauben nach § 242 BGB widersprechende Rechtsausübung handelt.[53]

40 **bb) Maßstab.** Ein evidenter Missbrauch der Vertretungsmacht liegt **grds.** vor, wenn der Vertreter von seiner Vertretungsmacht in ersichtlich verdächtiger Weise

---

50 Vgl *Gröning*, VersR 1990, 710, 714.
51 So etwa bei OLG Saarbrücken 9.7.1997 – 5 U 180/97-17, VersR 1998, 444.
52 Vgl nur Palandt/*Ellenberger*, § 164 BGB Rn 13.
53 BGH 25.3.1968 – II ZR 208/64, BGHZ 50, 112, 114; BGH 31.1.1991 – VII ZR 291/88, BGHZ 113, 315, 320.

Gebrauch macht, so dass beim Vertragsgegner begründete Zweifel entstehen müssen, ob nicht ein Treueverstoß des Vertreters gegenüber dem Vertretenen vorliegt.[54] Erforderlich ist danach eine durch massive Verdachtsmomente getragene objektive Evidenz des Missbrauchs.[55] Die Grundsätze gelten für den Empfang von Willens- und Wissenserklärungen gleichermaßen. Aufgrund der dogmatischen Grundlage im Prinzip von Treu und Glauben verbietet sich eine schematische Beurteilung. Vielmehr sind immer die **Einzelfallumstände** daraufhin zu würdigen, ob es dem Geschäftsgegner verwehrt sein muss, sich auf die dem Vertreter nach außen zustehende Vertretungsmacht zu berufen.

41 Nach der Rspr des **BGH**[56] ist an den Missbrauch der Empfangsvollmacht des VersVertreters ein **besonders strenger Maßstab** anzulegen, um der Bedeutung des VersVertreters und dessen Rolle als „Auge und Ohr des VR" Rechnung zu tragen. Die Erwartungen des VN an den Vertreter würden dadurch bestimmt, dass dieser die Beratungspflichten des VR zu erfüllen habe. Es sei nicht Sache des VN, den VersVertreter im Hinblick auf dessen Auskunft, was in das Formular eingetragen werden müsse und was nicht, zu kontrollieren.

42 An einem besonders strengen Maßstab für den evidenten Missbrauch der Empfangsvollmacht des VersVertreters ist zu Recht **Kritik** geübt worden.[57] Das schutzwürdige Vertrauen des VN in die Empfangsvollmacht des VersVertreters ist Grund für die gesetzliche Vollmachtsvermutung, vermag qualifizierte Voraussetzungen eines Vollmachtsmissbrauchs aber nicht zu rechtfertigen. Die Stellung des VersVertreters als „Auge und Ohr" des VR mag im Hinblick auf einen Missbrauch der Empfangsvollmacht jedoch Anlass dafür sein, die Frage nach einer Evidenz kritisch zu prüfen.

43 **cc) Anzeigen und Auskünfte.** Offenkundig muss für den VN zunächst sein, dass der Vertreter **beabsichtigt**, die Mitteilung **nicht** an den VR **weiterzuleiten**. Dies ist für den VN idR daran erkennbar, dass der Vertreter den mitgeteilten Umstand nicht in das für die Anzeigeerstattung oder Auskunftserteilung vorgesehene Formular, etwa das Antragsformular, einträgt.[58] Noch deutlicher wird dies für den VN, wenn der Vertreter die mündliche Anzeige oder Auskunft ausdrücklich zurückweist, etwa mit dem Hinweis darauf, dass der mitgeteilte Umstand in das Formular nicht eingetragen werden müsse,[59] oder er, der Vertreter, den Umstand „gar nicht wissen wolle".[60]

44 Evident muss dem VN darüber hinaus aber auch die **Mitteilungspflichtigkeit** der von dem Vertreter unterschlagenen Umstände sein. Dies ist eine Frage des Einzelfalles.[61] Allgemeingültige Kriterien können daher nicht gegeben, stattdessen nur einige Leitlinien aufgezeigt werden. Den VN trifft insoweit jedenfalls keine Prüfungsobliegenheit, das bedeutet auch, dass er gegenüber dem VersVertreter kein generelles Misstrauen aufbringen muss.[62] Ein solches würde nicht nur der Beratungs-, sondern auch der „Sortierungsfunktion" des VersVertreters (vgl Rn 56), der aus der Gesamtheit der Angaben des VN vor deren Weiterleitung an den VR

---

54 So etwa BGH 19.4.1994 – XI ZR 18/93, NJW 1994, 2082.
55 So etwa BGH 19.4.1994 – XI ZR 18/93, NJW 1994, 2082, 2083.
56 BGH 30.1.2002 – IV ZR 23/01, VersR 2002, 425 f m. krit. Anm. *Prölss*, VersR 2002, 961 f; BGH 27.2.2008 – IV ZR 270/06, NJW-RR 2008, 977.
57 *Reiff*, VersR 2002, 597, 598 f; *ders.*, VersR 2004, 1539, 1540; *Münkel*, Empfangsvollmacht, S. 145 f; s. ferner Vorauflage (2. Aufl. 2011, aaO).
58 Vgl OLG Düsseldorf 12.12.2000 – 4 U 60/00, VersR 2001, 881, 882; OLG Schleswig 7.7.1994 – 16 U 150/93, VersR 1995, 406, 407.
59 So bei OLG Düsseldorf 12.12.2000 – 4 U 60/00, VersR 2001, 881; OLG Schleswig 7.7.1994 – 16 U 150/93, VersR 1995, 406, 407.
60 So bei OLG Karlsruhe 25.7.1996 – 12 U 70/96, VersR 1997, 861.
61 *Büsken*, VersR 1992, 272, 278; *Gröning*, VersR 1990, 710, 714 f.
62 *Gröning*, VersR 1990, 710, 715.

die wirklich mitteilungspflichtigen Umstände auswählen und nicht erhebliche Umstände auszusondern hat, widersprechen. Der VN darf sich der Mitteilungspflichtigkeit gefahrerheblicher Umstände aber nicht verschließen. Evident ist die Mitteilungspflicht dann zu werten, wenn sie sich dem VN – womöglich gar entgegen anders lautender Belehrungen des Vertreters – geradezu aufdrängen muss. Dabei sind sämtliche individuellen Umstände in einer Gesamtschau zu würdigen. Die mündliche Mitteilung an den Vertreter ist insoweit zumindest ein starkes Indiz dafür, dass der VN selbst von der Anzeigewürdigkeit des jeweiligen Umstands ausgeht.[63] Auch die Eintragung anderer, weniger schwerwiegender Risikofaktoren in das Formular mag dem VN die Mitteilungspflichtigkeit vor Augen führen.[64] Während im Bereich der Personenversicherung zB die Anzeige eines Herzinfarkts auf der Hand liegt,[65] ist die von länger zurückliegenden, folgenlos ausgeheilten Krankheiten oder Verletzungen oder die eines Beobachtungsaufenthalts im Krankenhaus, der nicht zur Feststellung einer Erkrankung geführt hat,[66] nicht derart offensichtlich.

45 **dd) Antragsergänzungen.** Auch im Hinblick auf mündliche Antragsergänzungen kann der VersVertreter seine Empfangsvollmacht missbrauchen. Die Evidenz eines Vollmachtsmissbrauchs setzt insoweit – wie bei Anzeigen und Auskünften (vgl Rn 43) – zunächst voraus, dass für den VN offensichtlich ist, dass der Vertreter die Ergänzung **nicht** an den VR **weiterzuleiten beabsichtigt**. Dies kann schwierig zu beantworten sein. Anders als bei Anzeigen oder Auskünften offenbart sich eine solche Intention nicht unbedingt daran, dass der VersVertreter auf eine Dokumentation, zB im Antragsformular, verzichtet. Erklärt der VersVertreter etwa im Anschluss an eine ergänzende Antragserklärung des VN, das ergänzend beantragte Risiko sei nach den Versicherungsbedingungen ohnehin mitversichert, wird der VN eine Dokumentation der Antragsergänzung nicht erwarten. Für den VN ist dann nicht offensichtlich, dass ein Teil seines Versicherungsantrags nicht an den VR weitergeleitet werden soll.

46 Damit ein Missbrauch der Empfangsvollmacht des VersVertreters bei mündlichen Antragsergänzungen als evident bezeichnet werden kann, muss für den VN darüber hinaus eindeutig **erkennbar** sein, dass das **betreffende Risiko** von dem **Versicherungsschutz bedingungsgemäß nicht umfasst** ist. Auch dies ist eine Frage des Einzelfalles.

IV. Übermittlungsvollmacht (Abs. 1 Nr. 3)

47 Die Vollmacht zur Übermittlung der vom VR ausgefertigten **Versicherungs- und Verlängerungsscheine** hat keine große praktische Bedeutung, da diese heute idR zentral durch den VR versandt werden.[67] Die Vollmacht umfasst nach der Gesetzesbegründung[68] auch Einzelpolicen und Versicherungszertifikate im Rahmen einer **laufenden Versicherung** nach § 55. Die Regelung des Abs. 1 Nr. 3 begründet eine bloße Übermittlungsvollmacht, schließt also keine Vollmacht zu rechtsgeschäftlichen Erklärungen für den VR ein, mögen diese auch mit dem übermittelten Versicherungs- oder Verlängerungsschein in Zusammenhang stehen.[69]

---

63 OLG Karlsruhe 25.7.1996 – 12 U 70/96, VersR 1997, 861; OLG Zweibrücken 26.9.2001 – 1 U 69/01, VersR 2002, 1017, 1018.
64 OLG Schleswig 7.7.1994 – 16 U 150/93, VersR 1995, 406, 407.
65 OLG Karlsruhe 25.7.1996 – 12 U 70/96, VersR 1997, 861.
66 Vgl OLG Hamm 22.12.1976 – 20 W 37/76, VersR 1978, 31 (LS).
67 *Reiff*, ZVersWiss 2002, 103, 119.
68 Begr. RegE, BT-Drucks. 16/3945, S. 77.
69 Vgl Prölss/Martin/*Dörner*, § 69 Rn 22.

V. Geldempfangsvollmacht (Abs. 2)

1. Entgegennahme von Zahlungen (Abs. 2 S. 1). Mit der Neuregelung der Geldempfangsvollmacht wird den Vorgaben der Vermittlerrichtlinie (s. Vor §§ 59–73 Rn 3) zur Zahlungssicherung zugunsten des VN entsprochen.[70] Danach gilt der VersVertreter nunmehr als bevollmächtigt, jede Zahlung, die der VN im Zusammenhang mit der Vermittlung oder dem Abschluss des VersVertrages an ihn leistet, entgegenzunehmen (Abs. 2 S. 1). Gemeint sind nicht nur Barzahlungen, sondern auch Überweisungen und Lastschriften.[71] Hiervon sind auch ganz hM auch Folgeprämien erfasst, die während des laufenden VersVertrages gezahlt werden;[72] ob dies aus Abs. 2 S. 1 unmittelbar folgt, weil auch Folgeprämien im weitesten Sinne noch im Zusammenhang mit der Vermittlung des VersVertrages stehen, oder aufgrund einer Rechtsanalogie anzunehmen ist, kann dahinstehen. Die Altregelung in § 43 Nr. 4 aF hatte die Geldempfangsvollmacht des Vertreters noch davon abhängig gemacht, dass dieser sich in Besitz einer Prämienrechnung befindet. Diese Voraussetzung ist entfallen. Die Geldempfangsvollmacht führt dazu, dass der VR mit der Entgegennahme des Geldes durch den Vertreter bzw Eingang auf dessen Konto als befriedigt gilt. Die Vollmacht gilt nicht für Bagatellvermittler iSv § 34 d Abs. 9 Nr. 1 GewO (§ 66).

2. Beschränkung (Abs. 2 S. 2). Abs. 2 S. 2 enthält eine speziell für die Geldempfangsvollmacht geltende Regelung zur Vollmachtsbeschränkung, die nach der Gesetzbegründung neben § 72 gelten soll.[73] Danach muss der VN eine Beschränkung insoweit nur dann gegen sich gelten lassen, wenn er die Beschränkung bei der Vornahme der Zahlung kannte oder infolge grober Fahrlässigkeit[74] nicht kannte. Eine formularmäßige Beschränkung der Inkassovollmacht durch vorformulierte Hinweise in den AVB oder vorgedruckten Teilen anderer Vertragsunterlagen, insb. des Antragsformulars, scheidet nach § 72, der im Anwendungsbereich des Abs. 2 S. 2 ebenfalls gilt, aus.[75] Mithin kommt nur eine individuelle Beschränkung der Inkassovollmacht in Betracht, die wenig praktikabel sein dürfte.

VI. Sonstige Vollmachten

Die gesetzliche Vollmachtsstandardisierung bzw Vollmachtsvermutung des § 69 ist auf die in Abs. 1 und 2 bezeichneten Fälle beschränkt. Es handelt sich um eine **abschließende Aufzählung**. Danach gilt der VersVertreter nach § 69 insb. nicht als bevollmächtigt, Erklärungen für den VR abzugeben, zB Anträge des VN anzunehmen oder abzulehnen, Deckungszusagen zu erteilen, Abtretungen zu genehmigen, Fristen zu bestimmen oder zu verlängern, mit Ansprüchen des VR aufzurechnen oder Prämien zu stunden; ebenso wenig bevollmächtigt ist der VersVertreter, Prozesse für den VR zu führen, Zustellungen für diesen entgegenzunehmen oder Versicherungsleistungen auszuzahlen.[76]

Die gesetzlich standardisierte Vollmacht kann jedoch **rechtsgeschäftlich** durch den VR **erweitert** werden. Über die gesetzliche Vollmacht hinausgehende Befugnisse

---

[70] Begr. RegE, BT-Drucks. 16/3945, S. 77.
[71] Römer/Langheid/*Rixecker*, § 69 Rn 12.
[72] *Reiff*, VersR 2007, 727; Beckmann/Matusche-Beckmann/*Reiff*, § 5 Rn 91; Langheid/Wandt/*Reiff*, § 69 Rn 42; Looschelders/Pohlmann/*Koch*, § 69 Rn 26; Prölss/Martin/*Dörner*, § 69 Rn 25; Schwintowski/Brömmelmeyer/*Michaelis*, § 69 Rn 6; aA *Niederleithinger*, VersR 2006, 437, 445.
[73] BT-Drucks. 16/3945, S. 77.
[74] Zum Begriff der groben Fahrlässigkeit im Zusammenhang mit Vollmachtsbeschränkungen vgl ausf. *Münkel*, Empfangsvollmacht, S. 368 ff.
[75] AA Beckmann/Matusche-Beckmann/*Reiff*, § 5 Rn 94; Langheid/Wandt/*Reiff*, § 69 Rn 44; Schwintowski/Brömmelmeyer/*Michaelis*, § 69 Rn 7.
[76] Vgl Prölss/Martin/*Dörner*, § 69 Rn 14.

des VersVertreters können sich aus Rechtsscheinsgesichtspunkten, also unter den Voraussetzungen von **Duldungs- und Anscheinsvollmacht**, ergeben. Werden dem Vertreter zB blanko unterschriebene Deckungszusagen ausgehändigt, folgt hieraus idR die Duldungsvollmacht zur Erteilung entsprechender Deckungszusagen; eine auf die Kfz-Haftpflichtversicherung beschränkte Vollmacht für Deckungszusagen erstreckt sich aber nicht aber ohne Weiteres auf die Kaskoversicherung, schon gar nicht auf sonstige Versicherungszweige, eine Vollmacht für Deckungszusagen nicht auf den Abschluss des endgültigen Vertrages.[77] Die Vollmacht erlischt, wenn der VR den zugrunde liegenden Antrag auf Abschluss des Hauptvertrages endgültig abgelehnt hat.[78] Die – rechtsgeschäftliche oder aus Rechtsscheinsgesichtspunkten folgende – Vollmacht zum **Abschluss von VersVerträgen** löst die weitere Vollmachtsstandardisierung des § 71 aus.

VII. Beweislast (Abs. 3)

52 **1. Willenserklärungen (Abs. 3 S. 1). a) Beweislast.** Nach Abs. 3 S. 1 trägt der VR die Beweislast für die Abgabe und den Inhalt einer Willenserklärung. Besondere Bedeutung hat dies für den Inhalt des **Versicherungsantrags**. Danach trägt der VN insb. die Beweislast dafür, dass der in einem Formular verbriefte Versicherungsantrag von ihm gegenüber dem Vertreter mündlich **ergänzt** worden ist. Dies entspricht dem Grundsatz, dass derjenige, der einen Antrag bestimmten Inhalts behauptet, dessen Vorliegen auch beweisen muss.[79] Dementsprechend ging auch die Rspr[80] bereits nach altem Recht von der Beweislast des VN aus. Gleiches gilt für die Behauptung des VN, dass der VersVertreter den Antrag nach Entgegennahme eigenmächtig **abgeändert** habe; auch hierfür ist der VN beweispflichtig. Abs. 3 S. 1 ist aber einschränkend auszulegen: Die Beweislast des VN gilt nur insoweit, wie sich der VN auf einen bestimmten – ihm günstigen – Inhalt seiner Willens-, insb. Antragserklärung beruft; der VN muss also nicht die Behauptung des VR, der VN habe einen eingeschränkten Antrag oder einen Änderungsantrag gestellt, widerlegen.[81]

53 **b) Beweisführung.** Der Beweis der mündlichen Antragsergänzung ist für den VN schwierig.[82] Als Beweismittel steht ihm allenfalls das **Zeugnis** des den Antrag aufnehmenden VersVertreters, evtl bei Antragstellung noch anwesender Personen zur Verfügung, da das Antragsformular die mündliche Ergänzung gerade nicht dokumentiert. Sowohl dem VersVertreter als auch einem etwaigen anderen Zeugen wird, sofern diesen konkrete Aussagen über den Inhalt der Antragsverhandlungen überhaupt noch möglich sind, meistens ein persönliches oder wirtschaftliches Interesse an einem bestimmten Ausgang des Rechtsstreits zu unterstellen sein. Der VersVertreter wird darüber hinaus kaum eingestehen wollen, die Eintragung einer mündlichen Antragsergänzung versäumt und sich auf diese Weise einer Pflichtverletzung gegenüber dem VR schuldig gemacht zu haben.

54 **2. Anzeigeobliegenheit (Abs. 3 S. 2). a) Beweislast.** Nach Abs. 3 S. 2 bleibt der VR für die Verletzung einer Anzeigepflicht oder -obliegenheit beweisbelastet. Auch dies stellt lediglich eine gesetzliche Klarstellung dar, da dies bereits aus allgemeinen beweisrechtlichen Grundsätzen folgt. Der VR trägt grds. die Beweislast für die

---

77 Prölss/Martin/*Dörner*, § 69 Rn 15 mwN.
78 BGH 21.2.1969 – IV ZR 605/68, VersR 1969, 436.
79 Vgl zB Baumgärtel/Laumen/Prütting/*Laumen*, Beweislast, § 145 BGB Rn 1.
80 BGH 3.7.2002 – IV ZR 145/01, VersR 2002, 1089, 1090; OLG Saarbrücken 4.4.2001 – 5 U 670/00-57, VersR 2001, 1405, 1406 f; OLG Celle 26.2.2009 – 8 U 150/08, VersR 2009, 914.
81 Beckmann/Matusche-Beckmann/*Reiff*, § 5 Rn 96; Langheid/Wandt/*Reiff*, § 69 Rn 47.
82 Vgl etwa OLG Saarbrücken 4.4.2001 – 5 U 670/00-57, VersR 2001, 1405, 1406 f.

Verletzung der Anzeigepflicht bzw Anzeigeobliegenheit,[83] da er aus diesem Tatbestand eine für ihn günstige Rechtsfolge ableitet. Dass sich an dieser Beweislastverteilung nichts ändert, wenn die Anzeige gegenüber einem VersVertreter erfolgt, ist Folge der mit der Empfangsvollmacht nach Abs. 1 Nr. 1, 2 verbundenen Zurechnung. Demnach war die Beweislast des VR für die Verletzung einer gegenüber dem VersVertreter zu erfüllenden Anzeigepflicht bereits nach altem Recht anerkannt.[84] Ist also zwischen den Parteien die Erstattung einer Anzeige gegenüber dem VersVertreter streitig, muss der VR beweisen, dass diese nicht erfolgt ist.

b) Beweisführung. Für die Beweisführung des VR entscheidend ist, ob er sich auf das **Antragsformular** berufen kann bzw welche beweisrechtliche Bedeutung dem Antragsformular zukommt. Immerhin stellt das unterschriebene Antragsformular eine Privaturkunde iSv § 416 ZPO dar und ist, soweit in dem Antragsformular Tatsachen bestätigt werden, mit einer Quittung iSv § 368 S. 1 BGB vergleichbar. Insoweit gilt es danach zu unterscheiden, ob der VersVertreter oder der VN das Antragsformular **ausgefüllt** hat. 55

Hat – wie zumeist – der **VersVertreter** das Antragsformular **ausgefüllt** und behauptet der VN **substantiiert**, den Vertreter mündlich über Umstände unterrichtet zu haben, die keinen Eingang in das Formular gefunden haben, kann sich der VR zum Beweis des Gegenteils nicht auf das Antragsformular berufen.[85] Der das Antragsformular ausfüllende VersVertreter hat die Aufgabe, die mündlichen Angaben des VN zu sortieren, dh aus der Gesamtheit aller Mitteilungen die nicht anzeigepflichtigen Umstände auszusondern und nur die anzeigewürdigen Umstände in das Formular einzutragen. Aufgrund dieser „**Sortierungsfunktion**" des VersVertreters fehlt für eine **Vermutung**, dass das Antragsformular die Angaben des VN richtig und vollständig wiedergibt, die Grundlage.[86] 56

Die **Substantiierungslast** des VN hinsichtlich der Behauptung, er habe den VersVertreter über gefahrerhebliche Tatsachen, die dieser nicht in das Antragsformular eingetragen hat, gleichwohl (mündlich) informiert, folgt schon aus der Erklärungspflicht nach § 138 Abs. 1 ZPO. Auch wenn diese immer eine Frage des Einzelfalles, zudem von den eigenen Erkenntnismöglichkeiten abhängig ist, wird man, nicht nur um der Beweisnot des VR Rechnung zu tragen, sondern v.a. einer missbräuchlichen Ausnutzung der Beweissituation durch den VN Einhalt zu bieten, an jene „Begründungslast" gewisse Anforderungen zu stellen haben. Der pauschale Hinweis auf die mündliche Unterrichtung des Vertreters reicht idR nicht aus. Kann sich der VN daran erinnern, den VersVertreter über risikorelevante Tatsachen informiert zu haben, die von diesem nicht in das Antragsformular eingetragen wurden, sollte es ihm auch möglich sein, die Gesprächssituation zu umschreiben, also etwa über die Formulierung der Anzeige sowie die Reaktion des VersVertreters Auskunft zu geben und damit nachvollziehbar zu erklären, warum diese Umstände nicht oder anders lautend in das Formular eingetragen wurden. Die Anforderungen an die Substantiierung dürfen aber auch nicht überspannt werden. Der VN muss nicht darlegen, dem VersVertreter eine medizinisch exakte Schilderung von Krankheitsbild, Diagnose und Behandlung gegeben zu haben; es genügt, wenn er laienhaft schildert, welche Beschwerden und Krankheitsbilder er dem VersVertreter genannt habe.[87] Kann sich der VN nur nicht vorstellen, den fraglichen Um- 57

---

83 Vgl nur Prölss/Martin/*Armbrüster*, § 19 Rn 155 ff mwN.
84 BGH 23.5.1989 – IVa ZR 72/88, BGHZ 107, 322, 325 = VersR 1989, 833, 834.
85 BGH 23.5.1989 – IVa ZR 72/88, BGHZ 107, 322, 325 = VersR 1989, 833, 834.
86 OLG Saarbrücken 4.4.2001 – 5 U 670/00-57, VersR 2001, 1405, 1407; Prölss/Martin/*Armbrüster*, § 19 Rn 157; Prölss/Martin/*Prölss*, 27. Aufl. 2004, §§ 16, 17 Rn 42; Prölss/Martin/*Kollhosser*, 27. Aufl. 2004, § 43 Rn 19 b.
87 BGH 9.3.2011 – IV ZR 130/09, VersR 2011, 737; OLG Brandenburg 10.8.2012 – 11 U 116/11, juris.

stand dem VersVertreter gegenüber verschwiegen zu haben, stellt dies eine Behauptung „ins Blaue hinein" dar und ist damit prozessual unbeachtlich.

58 Hat dagegen der **VN** selbst das Antragsformular **ausgefüllt**, stellen die Eintragungen nicht das Ergebnis eines Sortierungsvorgangs dar. Vielmehr kann dann dem Grunde nach von dem Erfahrungssatz ausgegangen werden, dass der VN über die Eintragungen im Antragsformular hinaus keine gefahrerheblichen Umstände geäußert hat. Da das unterschriebene Antragsformular eine Privaturkunde iSd § 416 ZPO darstellt, spricht in diesem Fall eine tatsächliche **Vermutung** dafür, dass das Antragsformular die von dem VN erstatteten Anzeigen richtig und vollständig wiedergibt.[88] Diese Vermutung kann durchaus erschüttert werden. Denkbar ist zB, dass der VN, wenn er im Zuge der Antragsausfüllung an der Bedeutung einer Antragsfrage oder an der Anzeigepflichtigkeit eines Umstands zweifelt, gegenüber dem VersVertreter Umstände benennt, diese aber, etwa weil der Vertreter sie für unerheblich erklärt, **nicht in das Formular einträgt**. Dies stellt aber lediglich einen Ausnahmefall dar, der nicht dazu geeignet ist, einer tatsächlichen Vermutung der Richtigkeit und Vollständigkeit des Formulars – wie im Regelfall einer Antragsausfüllung durch den VersVertreter (s. Rn 56) – die Grundlage zu entziehen. Da die Tatsachen, aus denen sich die Möglichkeit eines von dem tatsächlich vermuteten Geschehensablauf abweichenden Sachverhalts ergibt, im Bestreitensfalle des vollen Beweises bedürfen,[89] muss der VN idR eine mündliche Anzeige gegenüber dem VersVertreter beweisen.[90] Die Vermutung, dass das Antragsformular die Angaben des VN richtig und vollständig wiedergibt, kann aber auch schon dann erschüttert sein, wenn dem VN der Nachweis gelingt, dass die Angaben mit dem VersVertreter mündlich erörtert wurden.

59 Sollte streitig sein, ob das Formular von dem VersVertreter oder dem VN **ausgefüllt** wurde, so trifft den **VR** die **Beweislast** dafür, dass der VN das Formular selbst ausgefüllt hat, da dieser sich zum Nachweis einer Anzeigepflicht- oder Obliegenheitsverletzung auf das Formular als Beweismittel berufen will.

60 In der Regel kann der Nachweis einer Verletzung der Anzeigeobliegenheit gegenüber dem VersVertreter daher nur über den **Zeugenbeweis** geführt werden, wobei als Zeuge meist nur der VersVertreter zur Verfügung steht. Kann dieser sich an die jeweilige Gesprächssituation nicht mehr erinnern, bedeutet dies allerdings nicht zwingend, dass der dem VR obliegende Nachweis gescheitert ist. Vielmehr sind auch dann die Äußerungen des VersVertreters zur gewöhnlichen Vorgehensweise bei der Antragsaufnahme und dessen Interessenlage zu berücksichtigen.[91] Auf dieser Grundlage kann der Beweis der Anzeigepflichtverletzung oder arglistigen Täuschung durchaus als geführt angesehen werden.[92] Gegen den Nachweis kann aber

---

88 Vgl Prölss/Martin/*Dörner*, § 69 Rn 32; Römer/Langheid/*Langheid*, § 19 Rn 40; aA Römer/Langheid/*Rixecker*, § 69 Rn 19; näher zur beweisrechtlichen Relevanz des Antragsformulars als Urkunde *Münkel*, Empfangsvollmacht, S. 94 ff.
89 Vgl nur BGH 23.5.1952 – I ZR 163/51, BGHZ 6, 169; BGH 17.1.1995 – X ZR 82/93, VersR 1995, 723.
90 Vgl OLG Karlsruhe 2.11.1989 – 12 U 173/89, VersR 1990, 1264, 1265; Römer/Langheid/*Langheid*, § 19 Rn 40; vgl auch BGH 23.5.1989 – IVa ZR 72/88, BGHZ 107, 322, 325 = VersR 1989, 833, 834 („andere Situation als bei eigenhändigem Ausfüllen durch den Antragsteller selbst"); aA Römer/Langheid/*Rixecker*, § 69 Rn 19; Prölss/Martin/ *Dörner*, § 69 Rn 32; näher hierzu *Münkel*, Empfangsvollmacht, S. 98 ff.
91 OLG Saarbrücken 29.11.2006 – 5 U 105/06, VersR 2007, 826; OLG Saarbrücken 22.11.2006 – 5 U 46/06, OLGR Saarbrücken 2007, 353; OLG Saarbrücken 9.11.2005 – 5 U 50/05, VersR 2006, 681; OLG Hamm 14.7.2004 – 20 U 20/04, VersR 2005, 773; OLG Hamm 5.1.1996 – 20 U 308/94, r+s 1997, 215; *Münkel*, jurisPR-VersR 10/2012 Anm. 4.
92 So etwa bei OLG Saarbrücken 9.11.2005 – 5 U 50/05, VersR 2006, 681; OLG Hamm 14.7.2004 – 20 U 20/04, VersR 2005, 773; OLG Hamm 5.1.1996 – 20 U 308/94, r+s 1997, 215.

sprechen, wenn der VersVertreter bekundet, die mündlichen Angaben des VN gewöhnlich selbst einer Relevanzprüfung zu unterziehen.[93] Hieran sollten sich erforderlichenfalls der Prozessvortrag und die Vernehmung des VersVertreters orientieren.[94]

§ 70 Kenntnis des Versicherungsvertreters

[1]Soweit nach diesem Gesetz die Kenntnis des Versicherers erheblich ist, steht die Kenntnis des Versicherungsvertreters der Kenntnis des Versicherers gleich. [2]Dies gilt nicht für die Kenntnis des Versicherungsvertreters, die er außerhalb seiner Tätigkeit als Vertreter und ohne Zusammenhang mit dem betreffenden Versicherungsvertrag erlangt hat.

I. Normzweck

Mit S. 1 wird dem VR das Wissen des VersVertreters zugerechnet. Damit soll der VR so gestellt werden, wie er stünde, wenn er über die Kenntnisse des VersVertreters selbst verfügt bzw zu dem maßgeblichen Zeitpunkt verfügt hätte. Grund für diese Zurechnungswertung ist, dass der VR die Tätigkeit des VersVertreters veranlasst, von der damit bezweckten Arbeitsteilung profitiert und in der Lage ist, die damit verbundenen Risiken zu beherrschen. S. 2 schließt von der Zurechnung daher solche Kenntnisse aus, die der Vertreter außerhalb seiner konkreten Vertretertätigkeit erlangt hat. 1

Der Gesetzgeber hat mit § 70 – zusammen mit § 69 Abs. 1 Nr. 1 – die **„Auge-und-Ohr-Rechtsprechung"** umsetzen wollen,[1] obwohl diese, streng genommen, nicht auf einer Wissenszurechnung, sondern einer Zurechnung über die Empfangsvollmacht des VersVertreters beruht (s. § 69 Rn 27). 2

II. Gegenstand der Wissenszurechnung; Wissensvertreter

Die **Wissenszurechnung** oder **Wissensvertretung** beschäftigt sich allgemein mit der Frage, ob das Wissen, das eine erste Person besitzt, dem Wissen einer zweiten Person, für die es rechtlich relevant ist, die über das Wissen aber nicht verfügt, normativ mit der Folge gleichgestellt werden kann, dass die zweite Person so behandelt wird, wie wenn sie wüsste, was die erste Person weiß.[2] Aufgrund der Wissenszurechnung nach S. 1 wird der VR demnach so gestellt, wie wenn er wüsste, was der VersVertreter weiß. Die Wissenszurechnung bzw Wissensvertretung ist von der **Empfangsvertretung** zu unterscheiden (s. § 69 Rn 18). 3

Die **zentrale Norm der Wissenszurechnung** findet sich in § 166 Abs. 1 BGB. Danach wird allgemein das Wissen eines Vertreters dem Geschäftsherrn zugerechnet. § 166 Abs. 1 BGB setzt eine rechtsgeschäftliche Stellvertretung voraus, erlaubt eine Wissenszurechnung also nur im Zusammenhang mit der Abgabe oder Entgegennahme von Willenserklärungen.[3] Der § 166 Abs. 1 BGB zugrunde liegende Rechtsgedanke hat sich allerdings gewohnheitsrechtlich verselbständigt und in Rspr und Lit. iE übereinstimmend zur Herausbildung einer Rechtsfigur geführt, die eine Wissenszurechnung unabhängig von rechtsgeschäftlicher Stellvertretung impliziert, 4

---

93 OLG Brandenburg 10.8.2012 – 11 U 116/11, juris.
94 *Münkel*, jurisPR-VersR 10/2012 Anm. 4.
1 Begr. RegE, BT-Drucks. 16/3945, S. 77.
2 Bruck/Möller/*Möller*, 8. Aufl. 1961, § 44 Anm. 3; *Meyer-Reim/Testorf*, VersR 1994, 1137, 1138.
3 *Waltermann*, AcP 192 (1992), 181, 187.

dem sog. **Wissensvertreter**.[4] Dem BGH[5] zufolge ist Wissensvertreter „jeder, der nach der Arbeitsorganisation des Geschäftsherrn dazu berufen ist, im Rechtsverkehr als dessen Repräsentant bestimmte Aufgaben in eigener Verantwortung zu erledigen und die dabei erhaltenen Informationen zur Kenntnis zu nehmen sowie gegebenenfalls weiterzuleiten". Voraussetzung einer Wissenszurechnung über den Wissensvertreter ist allerdings, dass dieser das entsprechende Wissen in Wahrnehmung seiner Aufgabe als Repräsentant erworben hat.[6] Danach kann die Wissenszurechnung zwischen VersVertreter und VR nicht in Frage stehen.[7] Im Zusammenhang mit der Entgegennahme des Versicherungsantrags folgt die Wissenszurechnung unmittelbar aus § 166 Abs. 1 BGB. Im Übrigen ist der VersVertreter Wissensvertreter des VR analog § 166 Abs. 1 BGB, da der VersVertreter vom VR mit Aufgaben betraut ist, die typischerweise mit der Kenntnisnahme von vertragsrelevanten Informationen verbunden sind. § 70 hat vor diesem Hintergrund nur klarstellende Bedeutung, weshalb im Vorfeld der VVG-Reform teilweise gefordert wurde, § 44 aF einfach zu streichen.[8]

III. Anwendungsbereich

5 § 70 gilt ausschließlich für **VersVertreter** – Vermittlungs- und Abschlussvertreter (s. § 59 Rn 16) – sowie für die diesen nach § 73 insoweit gleichgestellten Angestellten des VR und Gelegenheitsvertreter; die Vorschrift findet auf **VersMakler** also keine Anwendung. Nicht erfasst von § 70 werden damit auch Mitarbeiter des VR, die keinen Vermittlungsauftrag haben, wie zB Mitarbeiter an einer **Telefonhotline** oder **Regulierungsbeauftragte** des VR. Bei Letzteren kommt aber eine Wissenszurechnung nach § 166 Abs. 1 BGB analog in Betracht (s. Rn 12). Wie § 69 ist auch § 70 auf „**Pseudomakler**" (s. § 59 Rn 30) anwendbar (vgl § 69 Rn 9). Wie die Zurechnung nach § 69 Abs. 1 (s. § 69 Rn 5) steht auch die Wissenszurechnung nach S. 1 unter dem Vorbehalt, dass der VersVertreter im Rahmen des Vermittlungsvorgangs weder als rechtsgeschäftlicher Vertreter noch als Wissenserklärungsvertreter (s. § 28 Rn 126 ff) **für den VN** tätig wird.[9]

6 Nach der Rspr[10] zum alten Recht steht einem VersVertreter im Zusammenhang mit der Wissenszurechnung ein vom VR bei Abschluss eines VersVertrages mit der Aufnahme einer „**Erklärung vor dem Arzt**" beauftragter **Arzt** hinsichtlich der in diesem Zusammenhang erteilten Auskünfte gleich. Diese Gleichstellung ließe sich nur über eine Analogie zu § 70 begründen, die aber nicht unproblematisch ist.[11] Überzeugender dürfte deshalb sein, § 70 auf VersVertreter zu beschränken und eine Wissenszurechnung im Verhältnis zwischen VR und Arzt nach allgemeinen Grundsätzen, insb. nach § 166 Abs. 1 BGB analog, zu beurteilen (s. Rn 13). Auf das Ergebnis hat dies keinen Einfluss.

7 Die Vorschrift gilt des Weiteren nur für die **nach dem VVG erhebliche Kenntnis des VR**. Dies stellt eine wichtige sachliche Beschränkung des § 70 dar. Damit bezieht sich die Vorschrift lediglich auf solche VVG-Regelungen, die ausdrücklich für den VR nachteilige Rechtsfolgen an dessen Kenntnis von vertragsrelevanten Umstän-

---

4 Vgl nur Palandt/*Ellenberger*, § 166 BGB Rn 6 ff.
5 BGH 24.1.1992 – V ZR 262/90, BGHZ 117, 104, 106 f.
6 BGH 24.1.1992 – V ZR 262/90, BGHZ 117, 104, 106 f.
7 So auch *Reiff*, r+s 1998, 130, 137.
8 *Münkel*, Empfangsvollmacht, S. 437; zust. *Reiff*, VersR 2004, 1539, 1540.
9 *Münkel*, jurisPR-VersR 6/2011 Anm. 5; in diesem Sinne auch schon OLG Dresden 31.1.2006 – 4 U 2298/05, VersR 2006, 1526; vgl auch LG Dortmund 10.3.2011 – 2 O 380/10, juris („Wissensvertretung").
10 BGH 11.2.2009 – IV ZR 26/06, VersR 2009, 529; BGH 7.3.2001 – IV ZR 254/00, VersR 2001, 620.
11 AA *Wendt/Jularic*, VersR 2008, 41, 46; *dies.*, r+s 2009, 363, 365 f (§ 70 unmittelbar).

den knüpfen, sog. **Wissensnormen**.[12] Solche finden sich zB in § 19 Abs. 5 S. 2, § 21 Abs. 1 S. 2, § 24 Abs. 3, § 26 Abs. 2 S. 1, § 28 Abs. 1, § 30 Abs. 2, § 95 Abs. 3, § 96 Abs. 1 S. 2 und § 97 Abs. 2.

Mit dieser Beschränkung ist die **Abgrenzung** der Wissensvertretung von der Empfangsvertretung nach § 69 Abs. 1 im Regelungssystem **gesetzlicher Anzeigeobliegenheiten** verknüpft. Der wichtigste Fall ist die **vorvertragliche Anzeigepflicht** nach § 19. Soweit Gefahranzeigen über die Empfangsvollmacht des VersVertreters wirksam werden und die Gefahranzeigeobliegenheit des VN damit erfüllt wird, können die Rechte aus § 19 Abs. 2–4 schon nicht entstehen, da es an einer „Verletzung" der Anzeigepflicht (§ 19 Abs. 2) fehlt. Die Frage nach einem Ausschluss des Rücktrittsrechts gem. § 19 Abs. 5 S. 2 wegen Kenntnis des VR von dem Gefahrumstand und nach der in diesem Zusammenhang erheblichen **Wissenszurechnung** stellt sich dann nicht mehr (s. § 69 Rn 27). Diese wird vielmehr nur dann relevant, wenn feststeht, dass die Anzeigeobliegenheit auch mit Rücksicht auf die Äußerungen gegenüber dem VersVertreter bzw dessen Empfangsvollmacht verletzt ist. Entsprechendes gilt für §§ 26 Abs. 2 S. 1, 30 Abs. 2 und 97 Abs. 2. Im Regelungssystem gesetzlicher Anzeigeobliegenheiten geht die Frage nach der Empfangsvertretung der Frage nach der Wissenszurechnung stets vor.

Hieraus und mit Rücksicht darauf, dass die Empfangsvollmacht des VersVertreters formularmäßig nicht beschränkbar ist (§ 72), folgt, dass § 70 im Rahmen gesetzlicher Anzeigeobliegenheiten praktisch nur noch ein sehr **beschränkter Anwendungsbereich** zukommt. § 70 gilt insoweit nur noch für solches – dienstliches (s. Rn 10) – Wissen des VersVertreters, das dieser nicht durch Anzeigen des VN, sondern zB durch optische Sinneswahrnehmung erworben hat.

IV. Zurechenbares Wissen

Mit Rücksicht auf S. 2 ist dem VR nur dasjenige Wissen des Vertreters zurechenbar, das dieser im Rahmen seiner Tätigkeit als VersVertreter oder im Zusammenhang mit dem betreffenden VersVertrag erlangt hat. Dies lässt sich allgemein als „**dienstliches Wissen**" des Vertreters umschreiben. Nicht zurechenbar ist nach S. 2 solches Wissen, das der VersVertreter außerhalb seiner Tätigkeit als Vertreter und ohne Zusammenhang mit dem betreffenden VersVertrag erlangt hat. Solches Wissen lässt sich allgemein als „**privates Wissen**" bezeichnen.[13] Gemeint sind damit Kenntnisse, die der Vertreter etwa im Rahmen eines rein privaten Kontakts mit dem VN gewonnen hat. Die beiden in S. 2 genannten Voraussetzungen müssen, um eine Wissenszurechnung auszuschließen, **kumulativ** vorliegen; für den Ausschluss genügt also nicht, dass der Vertreter die fragliche Kenntnis ohne Zusammenhang mit dem betreffenden VersVertrag, aber während der Vertretertätigkeit, zB im Zusammenhang mit einem anderen VersVertrag, erlangt hat.[14] Die Gegenansicht,[15] nach der die Wissenszurechnung von dem kumulativen Vorliegen beider Voraussetzungen abhängig ist, für den Ausschluss der Zurechnung also schon das Vorliegen eine der beiden Voraussetzungen, etwa das Fehlen eines Zusammenhangs mit dem betreffenden Versicherungsvertrag, genügt, ist mit dem Wortlaut von S. 2 („und") nicht vereinbar. Auch mit der Gesetzesbegründung steht die Gegenansicht nicht in Einklang; danach soll die Zurechnung nur für „privat erworbenes Wissen" ausgeschlossen sein und „in allen anderen Fällen" eine Zurech-

---

12 Vgl *Waltermann*, AcP 192 (1992), 181, 185; ebenso *Taupitz*, in: FS E. Lorenz, S. 673, 680.
13 Begr. RegE, BT-Drucks. 16/3945, S. 77 („privat erworbenes Wissen").
14 Prölss/Martin/*Dörner*, § 70 Rn 7.
15 Römer/Langheid/*Rixecker*, § 70 Rn 4; wohl auch Looschelders/Pohlmann/*Koch*, § 70 Rn 8.

nung nach S. 1 erfolgen.[16] Seine Vertretertätigkeit kann der Vertreter durchaus auch während der **Freizeit** ausüben, wenn er währenddessen in seiner Rolle als VersVertreter kontaktiert wird.[17] Von dem VersVertreter privat erworbenes Wissen ist dem VR aber auch dann nicht zurechenbar, wenn dem Vertreter das Wissen und dessen Relevanz für den VR während der Vertretertätigkeit bewusst werden.[18] Maßgeblich ist allein, in welchem Zusammenhang der Vertreter die Kenntnis „erlangt" hat.

V. Beweislast

11 Die tatbestandliche Beschränkung auf „Wissensnormen" des VVG (s. Rn 7) und die damit verknüpfte Abgrenzung zur Empfangsvertretung im Regelungssystem gesetzlicher Anzeigeobliegenheiten (s. Rn 8) hat Auswirkungen auf die **Beweislast**. Der VR ist für die Verletzung der (vorvertraglichen) Anzeigeobliegenheit auch dann beweispflichtig, wenn die Anzeigen gegenüber dem zu ihrem Empfang bevollmächtigten VersVertreter erfolgen (§ 69 Abs. 3 S. 2). Im Streitfalle muss also der VR beweisen, dass die Anzeige gegenüber dem VersVertreter nicht erfolgt ist (s. § 69 Rn 54). Die Beweislast für die Voraussetzungen von Wissensnormen (§§ 19 Abs. 5 S. 2, 26 Abs. 2 S. 1, 30 Abs. 2, 97 Abs. 2) liegt dagegen, da solche Normen für den VR nachteilige Rechtsfolgen an dessen Kenntnis von vertragsrelevanten Umständen knüpfen (s. Rn 7), grds. beim **VN**. Dieser hat damit auch die für eine Wissenszurechnung notwendigen Tatsachen, insb. also nach § 70 relevantes Wissen des VersVertreters zu beweisen. Insofern ist die Abgrenzung zwischen Empfangsvertretung und Wissenszurechnung im Rahmen gesetzlicher Anzeigeobliegenheiten (s. Rn 8) durchaus von praktischer Relevanz.

VI. Exkurs: Wissenszurechnung über § 166 Abs. 1 BGB analog

12 Neben § 70 treten die allgemeinen Grundsätze der Wissenszurechnung bzw Wissensvertretung nach § 166 Abs. 1 BGB analog (s. Rn 4). Eine Wissenszurechnung zu Lasten des VR ist daher nicht auf den Fall des VersVertreters beschränkt, sondern erstreckt sich auf alle Personen, die als **Wissensvertreter des VR** qualifiziert werden können. Hierzu gehören Mitarbeiter oder Beauftragte des VR, die zwar keinen Vermittlungsauftrag haben und daher keine VersVertreter iSd § 59 Abs. 2 sind, die aber vom VR mit einer Aufgabe betraut sind, mit der die Wahrnehmung bzw der Erhalt von für den VR relevanten Informationen typischerweise verbunden ist. Dies trifft zB auf Mitarbeiter des VR an einer **Telefonhotline** oder **Regulierungsbeauftragte** des VR zu.

13 Wissensvertreter des VR können auch **Ärzte** sein, allerdings nur, wenn sie **vom VR** – zB mit einer Untersuchung bzw der Erstellung eines ärztlichen Gutachtens oder Zeugnisses – **beauftragt** wurden.[19] Das Wissen eines Arztes, der eine für den VR bestimmte Untersuchung vornimmt oder ein für den VR bestimmtes Zeugnis erteilt, der vom VR aber nicht beauftragt bzw ausgewählt wurde, weil der VR dem VN die Auswahl des Arztes überlassen hat, ist dem VR also nicht zurechenbar.[20] Soweit Personen als Wissensvertreter des VR qualifiziert werden können, ist die Wissenszurechnung auf dasjenige Wissen beschränkt, das diese Person im Zuge der Wahrnehmung der vom VR übertragenen Aufgabe oder des von diesem erteil-

---

16 Begr. RegE, BT-Drucks. 16/3945, S. 77.
17 Prölss/Martin/*Dörner*, § 70 Rn 7.
18 Hierfür aber Beckmann/Matusche-Beckmann/*Reiff*, § 5 Rn 129; Langheid/Wandt/*Reiff*, § 70 Rn 18, jeweils mit Verweis auf OGH 19.3.2003 – 7 Ob 266/02 x, VersR 2004, 538.
19 Vgl BGH 11.2.2009 – IV ZR 26/06, VersR 2009, 529.
20 Missverständlich noch BGH 7.3.2001 – IV ZR 254/00, VersR 2001, 620, der es für die Zurechnung genügen ließ, dass das ärztliche Zeugnis „auf Betreiben des Versicherers" erstellt wird.

ten Auftrags erworben hat (vgl Rn 4). Das Wissen eines mit der Erstellung eines ärztlichen Zeugnisses beauftragten Arztes ist dem VR also nur insoweit zurechenbar, als der Arzt es von dem VN im Rahmen der „**Erklärung vor dem Arzt**" erlangt hat; Wissen des Arztes, das dieser anlässlich einer früheren, vom VR nicht veranlassten Untersuchung oder Behandlung erworben hat, muss sich der VR daher keinesfalls zurechnen lassen.[21]

Für eine Wissenszurechnung nach § 166 Abs. 1 BGB analog gilt das zur **Beweislast** im Rahmen gesetzlicher Anzeigeobliegenheiten Gesagte (s. Rn 11) entsprechend. Danach ist der VN beweispflichtig dafür, dass der Wissensvertreter des VR zurechenbares Wissen erworben hat. Soll dieses Wissen des Wissensvertreters auf einer Äußerung des VN beruhen, so muss dieser also im Bestreitensfalle beweisen, dass die Äußerung erfolgt ist.

14

§ 71 Abschlussvollmacht

Ist der Versicherungsvertreter zum Abschluss von Versicherungsverträgen bevollmächtigt, ist er auch befugt, die Änderung oder Verlängerung solcher Verträge zu vereinbaren sowie Kündigungs- und Rücktrittserklärungen abzugeben.

I. Normzweck

§ 71 dient als Vollmachtsstandardisierung – wie § 69 (s. § 69 Rn 2) – dem **Verkehrsschutz** und der **Rechtssicherheit**. Der VN soll in seinem Vertrauen auf eine weit reichende Vollmacht des Abschlussvertreters geschützt werden.

1

II. Voraussetzungen

§ 71 knüpft an die Abschlussvollmacht des VersVertreters an, gilt also nur für den – in der Praxis eher seltenen – **Abschlussvertreter** (s. § 59 Rn 16), dem entsprechend bevollmächtigte Angestellte und Gelegenheitsvertreter des VR wiederum gleichgestellt sind (§ 73).

2

Die Abschlussvollmacht kann vom VR ausdrücklich – als Innenvollmacht gegenüber dem VersVertreter oder als Außenvollmacht gegenüber dem VN – erteilt sein oder aus Rechtsscheinsgesichtspunkten folgen.[1] Wenn der Versvertreter unter einem auf eine leitende Position hindeutenden Titel, zB „Generalvertreter", auftritt, darf der VN noch nicht annehmen, dass der Vertreter auch Abschlussvollmacht besitzt.[2]

III. Umfang der Abschlussvollmacht

Der Abschlussvertreter gilt nach § 71 als dazu bevollmächtigt, **Verträge** zu **ändern** oder zu **verlängern**. Dies gilt auch für Verträge, die der Vertreter selbst nicht abgeschlossen hat („solcher Verträge"). Der Abschlussvertreter ist außerdem befugt, **Kündigungs- und Rücktrittserklärungen**, gleich aus welchem Rechtsgrund, vorzunehmen. Die Abschlussvollmacht berechtigt auch zur Erteilung von Deckungszusagen.[3] Darüber hinaus darf der Abschlussvertreter Prämien stunden und mahnen.[4]

3

---

21 BGH 11.2.2009 – IV ZR 26/06, VersR 2009, 529; offen gelassen noch von BGH 7.3.2001 – IV ZR 254/00, VersR 2001, 620, 621 f; so auch schon nach altem Recht Prölss/Martin/*Kollhosser*, 27. Aufl. 2004, § 44 Rn 2; Prölss/Martin/*Prölss*, 27. Aufl. 2004, §§ 16, 17 Rn 27; BK/*Voit*, § 16 Rn 89; aA *Knappmann*, VersR 2005, 199.
1 Prölss/Martin/*Dörner*, § 71 Rn 2, 7; Römer/Langheid/*Rixecker*, § 71 Rn 2 mwN.
2 Beckmann/Matusche-Beckmann/*Reiff*, § 5 Rn 110 mwN.
3 Prölss/Martin/*Dörner*, § 71 Rn 4; Römer/Langheid/*Rixecker*, § 70 Rn 3.
4 Römer/Langheid/*Rixecker*, § 70 Rn 3.

4   Auch die Vollmacht des Abschlussvertreters umfasst demnach nicht die Entgegennahme von Zustellungen, die Anerkennung oder Ablehnung von Versicherungsleistungen oder die Prozessführung für den VR.[5]

§ 72 Beschränkung der Vertretungsmacht

Eine Beschränkung der dem Versicherungsvertreter nach den §§ 69 und 71 zustehenden Vertretungsmacht durch Allgemeine Versicherungsbedingungen ist gegenüber dem Versicherungsnehmer und Dritten unwirksam.

I. Normzweck

1   § 72 soll den mit den Vollmachtsstandarisierungen nach §§ 69 und 71 (s. § 69 Rn 2, § 71 Rn 1) bezweckten Vertrauensschutz absichern, indem er dem VR die Möglichkeit nimmt, die standardisierte Vollmacht formularmäßig zu beschränken.

II. Allgemeines

2   Die mit der Empfangsvollmacht des VersVertreters verbundene Zurechnung (s. § 69 Rn 17 ff) und der nur begrenzte Schutz über die Grundsätze des Missbrauchs der Vertretungsmacht (s. § 69 Rn 35 ff) begründen ein Interesse des VR, die standardisierte Empfangsvollmacht des Vertreters zu beschränken. Dementsprechend haben die VR in der Vergangenheit vielfältige Versuche unternommen, die Empfangsvollmacht ihrer Vertreter zumindest teilweise auszuschließen. In den geläufigen Bedingungswerken nahezu aller Versicherungssparten fanden sich früher Klauseln, die auf eine Beschränkung der Vertretervollmacht abzielten (s. Rn 7).

3   Ihre **Rechtsgrundlage** finden Vollmachtsbeschränkungen in den §§ 167 Abs. 1, 168 S. 2, 3 BGB. Als actus contrarius zur Bevollmächtigung stellt die Vollmachtsbeschränkung grds. ein einseitiges Rechtsgeschäft dar, das sowohl gegenüber dem Vertreter als auch gegenüber dem VN erfolgen kann. Hieran vermag die gesetzliche Standardisierung der Vollmacht in den §§ 69, 71 nichts zu ändern.[1] Vollmachtsbeschränkungen sind **nicht formbedürftig**, also auch mündlich oder konkludent möglich. In der Überlassung bzw Verwendung von Antragsformularen kann aber keine konkludente Beschränkung der Empfangsvollmacht auf schriftliche Erklärungen gesehen werden.[2]

4   Mit seiner Formulierung, wonach die Vollmachtsbeschränkung „gegenüber dem VN und Dritten unwirksam" ist, macht § 72 deutlich, dass er nicht die Beschränkung der in §§ 69 und 71 standardisierten Vertretungsmacht als solche verbietet. Die Wirkung von § 72 besteht vielmehr darin, der im Innenverhältnis zwischen VR und Vertreter ohne Weiteres zulässigen Vollmachtsbeschränkung, wenn sie durch AVB erfolgt, ihre **Außenwirkung** zu nehmen.[3] § 72 lässt also im Falle einer Vollmachtsbeschränkung durch AVB eine **Rechtsscheinsvollmacht** an die Stelle der beschränkten gesetzlichen Vollmachtsvermutung treten.[4]

III. Erscheinungsformen von Vollmachtsbeschränkungen

5   Nach §§ 167 Abs. 1, 168 S. 2, 3 BGB kann die Vollmachtsbeschränkung durch Erklärung entweder gegenüber dem Vertreter oder gegenüber dem VN erfolgen; in

---

5   Prölss/Martin/*Dörner*, § 71 Rn 5.
1   AA Langheid/Wandt/*Reiff*, § 72 Rn 12.
2   BGH 11.11.1987 – IVa ZR 240/86, BGHZ 102, 194, 199 = VersR 1988, 234, 237.
3   Vgl zu § 54 Abs. 3 HGB *Bork*, JA 1990, 249, 252.
4   Vgl zu § 47 aF *Münkel*, Empfangsvollmacht, S. 37; zu § 54 Abs. 3 HGB *Bork*, JA 1990, 249, 252.

dem ersteren Falle spricht man von einer **internen Beschränkung**, letzterer Fall stellt eine **externe Beschränkung** dar.[5]

Als Regelungsort für eine **interne Beschränkung** der dem VersVertreter kraft Geset- 6
zes zustehenden Empfangsvollmacht kommt insb. der **Versicherungsvertreter-** bzw **Agenturvertrag** zwischen VR und Vertreter in Betracht. Auf diese Weise wird die Vollmacht unmittelbar gegenüber dem VersVertreter eingeschränkt oder, genauer gesagt, von vornherein nur als eine – verglichen mit der gesetzlichen Vollmachts-vermutung – eingeschränkte Vollmacht erteilt. Entsprechenden Klauseln in den AVB kommt dann nicht mehr die Funktion einer Willenserklärung, sondern nur die einer Deklaration der internen Vollmachtsbeschränkung zu.

Eine **externe Beschränkung** erfolgt idR formularmäßig in **AVB** oder in vorgedruck- 7
ten Teilen des **Antragsformulars**. Als Beispiele für entsprechende AVB-Regelungen in älteren Bedingungswerken seien § 14 Nr. 3 ALB aF, § 12 Abs. 1 ALB 86, § 13 Abs. 1 ALB 94, § 16 MBKK 94, § 16 MBKT 94, § 13 AUB 88, § 11 AHB, § 9 AKB, § 26 Nr. 1 VGB 88 oder § 16 ARB 94 genannt. In älteren Antragsformularen können sich Klauseln insb. im Zusammenhang mit den zur Beantwortung von Antrags-, etwa Gesundheitsfragen vorgesehenen Feldern, in Unterschriftsnähe oder auf der Rückseite des Formulars befinden.

IV. Wirksamkeit von Vollmachtsbeschränkungen

1. Vollmachtsbeschränkungen durch AVB. § 72 erklärt die durch AVB erfolgenden 8
Vollmachtsbeschränkungen für unwirksam. Der Gesetzgeber hat damit auf die zum alten Recht ergangene Rspr[6] reagiert, wonach die Empfangsvollmacht des VersVertreters im vorvertraglichen Stadium nicht – zumindest nicht formular-mäßig – beschränkbar sein sollte.[7] Als **AVB** gelten alle für eine Vielzahl von Fällen vorformulierten Bestimmungen, sei es in selbständigen Bedingungswerken, sei es in Formularen wie dem Antragsformular oder in sonstigen Vertragsunterlagen. § 72 bezieht sich ausschließlich auf die **externe Beschränkung**, da nur bei dieser die Vollmachtsbeschränkung durch AVB erfolgen kann (vgl Rn 5 ff). Auf die **interne Beschränkung** (s. Rn 6) ist § 72 nicht – zumindest nicht unmittelbar – anwendbar. Dies gilt auch dann, wenn die interne Vollmachtsbeschränkung in AVB deklariert wird, da die Vollmachtsbeschränkung dann nicht „durch AVB" erfolgt. Ob dies dem Gesetzgeber bewusst war, ist zweifelhaft, zumal dies in der Gesetzesbegrün-dung[8] keine Erwähnung findet. Eine sonst offensichtlich entstehende Regelungslü-cke wird man dadurch schließen können, dass man den VN bzw den Dritten im Falle einer internen Vollmachtsbeschränkung durch eine **Rechtsscheinsvollmacht** des Vertreters schützt, die in ihrem Umfang idR den Vollmachtsvermutungen der §§ 69, 71 entspricht und die sich mit einer Deklaration der Vollmachtsbeschrän-kung in den AVB nicht zerstören lässt.[9]

2. Individuelle Vollmachtsbeschränkungen. Die Wirksamkeit von Vollmachtsbe- 9
schränkungen, die nicht durch AVB erfolgen oder in AVB deklariert, sondern indi-viduell gegenüber dem VN vorgenommen oder deklariert werden, ist **unbedenk-lich**, da in diesen Fällen sichergestellt ist, dass der VN von der Vollmachtsbe-schränkung Kenntnis erhält. Dies gilt auch für die vorvertragliche Empfangsvoll-

---

5 Bruck/Möller/*Möller*, 8. Aufl. 1961, § 47 Anm. 16 iVm § 43 Anm. 9; *Münkel*, Empfangs-vollmacht, S. 163.
6 BGH 18.12.1991 – IV ZR 299/90, BGHZ 116, 387 ff = VersR 1992, 217 f; BGH 10.2.1999 – IV ZR 324/97, VersR 1999, 565 ff; BGH 24.3.1999 – IV ZR 90/98, VersR 1999, 710 ff; BVerwG 25.6.1998 – 1 A 6/96, VersR 1998, 1137 ff.
7 Krit. zu dieser Rspr *Münkel*, Empfangsvollmacht, S. 292 ff.
8 Begr. RegE, BT-Drucks. 16/3945, 78.
9 Zur Kenntnisnahmeobliegenheit in Bezug auf AVB vgl *Münkel*, Empfangsvollmacht, S. 384 ff, 400 ff, 408.

macht nach § 69 Abs. 1 Nr. 1, die nicht einem generellen „Spaltungsverbot", wie es die Rspr[10] nach altem Recht für das Stadium der Antragstellung angenommen hatte, unterliegt. Dieses – ohnehin wenig überzeugende[11] – Argument hat mit der generellen Unwirksamkeit formularmäßiger Vollmachtsbeschränkungen jede Rechtfertigung verloren.

10 Die individuell vorgenommene oder deklarierte Vollmachtsbeschränkung ist aber **praktisch** kaum relevant. Den Vertreter damit zu betrauen, die Schranken der eigenen Vollmacht dem VN gegenüber individuell zu erklären, ist wenig praktikabel. Auf diese Weise dürfte nicht nur eine einheitliche Praxis der Vollmachtsbegrenzung mangels Neigung von VersVertretern, die eigenen Kompetenzgrenzen kundzutun, gefährdet sein. Vor allem würde die zwischen VersVertreter und VN angestrebte und nicht zuletzt für die Kundenakquisition wichtige Vertrauensbeziehung erheblich beeinträchtigt, wenn nicht gänzlich zerstört werden. Eine individuelle Vollmachtsbeschränkung ist für den VR schließlich kaum beweisbar.[12]

11 Ist die Vollmacht des VersVertreters ausnahmsweise **wirksam**, weil **individuell beschränkt**, kann insoweit auch keine Rechtsscheinsvollmacht mehr bestehen. Ob der VersVertreter, soweit er in seiner Empfangsvollmacht beschränkt ist, als Empfangsbote des VR betrachtet werden kann, war bereits nach altem Recht umstritten.[13] Nach zutreffender Ansicht ist dies zu verneinen, da für den VN aufgrund der Vollmachtsbeschränkung offensichtlich ist, dass der VersVertreter nicht mehr empfangsberechtigt sein soll.[14] Damit kann der VN auch keine Empfangsbotenermächtigung mehr annehmen. Allerdings kann über den in seiner Empfangsvollmacht beschränkten VersVertreter noch eine Wissenszurechnung nach § 70 S. 1 stattfinden, was allerdings Einfluss auf die Beweislast im Rahmen gesetzlicher Anzeigeobliegenheiten hätte (vgl § 70 Rn 11).

V. Schriftformklauseln

12 Fraglich ist, ob auch **Schriftformklauseln** eine Beschränkung der Empfangsvollmacht des VersVertreters, nämlich auf schriftliche Erklärungen, darstellen. Wäre dies nicht der Fall, könnte der VR, ohne dass § 72 dem entgegenstehen würde, die Empfangsvollmacht des VersVertreters für mündliche Anzeigen, insb. Gefahranzeigen anlässlich der Antragstellung, – mittelbar – dadurch ausschalten, dass er in AVB für solche Anzeigen die Schriftform ausbedingt, was ihm in §§ 32 S. 2, 98 S. 2 ausdrücklich gestattet ist.

13 Die **Gesetzesbegründung**[15] äußert sich zu dieser Frage zwar, ist aber missverständlich. Danach soll als Beschränkung der Empfangsvollmacht auch eine Klausel gelten, die für Erklärungen des VN „gegenüber dem Versicherungsvertreter" Schrift- oder Textform verlangt. Nicht ausgeschlossen seien dagegen Klauseln, wonach bestimmte Willenserklärungen oder Anzeigen des VN „gegenüber dem Versicherer" der Schriftform bedürfen, wobei die Änderung eines Bezugsrechts oder die Anzeige einer Abtretung beispielhaft genannt werden. Die darin liegende Unterscheidung

---

10 BGH 11.11.1987 – IVa ZR 240/86, BGHZ 102, 194 = VersR 1988, 234; BGH 18.12.1991 – IV ZR 299/90, BGHZ 116, 387 = VersR 1992, 217; BGH 10.2.1999 – IV ZR 324/97, VersR 1999, 565; BGH 24.3.1999 – IV ZR 90/98, VersR 1999, 710; BVerwG 25.6.1998 – 1 A 6/96, VersR 1998, 1137.
11 Vgl *Münkel*, Empfangsvollmacht, S. 292 ff.
12 Vgl *Rüther*, NVersZ 2001, 241, 242.
13 Dagegen OLG Hamburg 11.3.1998 – 5 U 211/96, VersR 1998, 627, 630; dafür OLG Hamm 22.12.2000 – 20 W 16/00, VersR 2001, 1499; OLG Hamm 25.1.2008 – 20 U 89/07, VersR 2008, 908; vgl zum Meinungsstand in der Lit. *Münkel*, Empfangsvollmacht, S. 210 f.
14 Vgl *Münkel*, Empfangsvollmacht, S. 202 ff (zu § 47 aF); ebenso Looschelders/Pohlmann/*Koch*, § 69 Rn 20.
15 Begr. RegE, BT-Drucks. 16/3945, S. 78.

zwischen Klauseln, welche die Schriftform für Erklärungen gegenüber dem Vers-Vertreter vorschreiben, und solchen, die für Erklärungen bzw Anzeigen gegenüber dem VR gelten, ist wenig hilfreich, wenn Erklärungen oder Anzeigen, die für den VR bestimmt sind, gegenüber dem VersVertreter abgegeben werden.

Ob Schriftformabreden bzw -klauseln einen die Empfangsvollmacht beschränkenden Inhalt haben, war schon nach altem Recht umstritten.[16] Die Rspr[17] hat zwischen **Schriftformklauseln** und **Vollmachtsbeschränkungen** tatbestandlich immer streng unterschieden. Richtigerweise wird man aber auch Schriftformabreden als Beschränkung der Empfangsvollmacht des VersVertreters betrachten müssen. Zwar kann die Ausbedingung der Schriftform nur durch vertragliche Vereinbarung, sei es auch unter Einbeziehung von AVB, erfolgen, während die Vollmachtsbeschränkung ein einseitiges Rechtsgeschäft darstellt. Dieser Unterschied schließt es indes nicht aus, eine Schriftformabrede als Vollmachtsbeschränkung zu interpretieren. Für den durchschnittlichen VN ist auch ohne weiteres erkennbar, dass eine Schriftformabrede bzw -klausel in erster Linie darauf abzielt, mündlichen Erklärungen bzw Anzeigen gegenüber dem VersVertreter – denn nur insoweit ist die mündliche Ausdrucksform praktisch relevant – die Wirksamkeit zu nehmen. Darüber hinaus müssen Schriftformabreden bzw -klauseln, um Schutzlücken zu vermeiden, den gleichen Beurteilungsmaßstäben bzw Grenzen unterliegen wie Vollmachtsbeschränkungen.[18] Es erscheint daher nur konsequent, Schriftformabreden bzw -klauseln von vornherein einen die Empfangsvollmacht des VersVertreters beschränkenden Inhalt beizumessen.[19] Folglich können Schriftformklauseln in AVB wegen § 72 grds. nicht verhindern, dass auch mündliche Anzeigen gegenüber dem VersVertreter Wirksamkeit entfalten.[20]

Fraglich ist, ob dies auch für die Anzeige von der Abtretung oder der Verpfändung von Ansprüchen oder von der Einräumung oder dem Widerruf des Bezugsrechts aus einer **Lebensversicherung** (vgl § 69 Rn 34) gilt. Teilweise wird dies vereint und vertreten, dass der VR für diese Anzeigen entgegen § 72 auch formularmäßig die Schriftform ausbedingen kann, mit der Folge, dass entsprechende mündliche Anzeigen gegenüber dem VersVertreter keine Wirksamkeit entfalten.[21] Diese Ansicht scheint dem Willen des Gesetzgebers zu entsprechen; nach der Gesetzesbegründung, die die „Änderung eines Bezugsrechts oder die Anzeige einer Abtretung" ausdrücklich nennt (s. Rn 13), sollte in der Tat wohl genau für solche Anzeigen die Ausbedingung der Schriftform zulässig sein. Der Wille des Gesetzgebers hat im Gesetz allerdings keinen Ausdruck gefunden. Eine Ausnahme kann daher nur im Wege einer teleologischen Reduktion angenommen werden.[22] Eine teleologische Reduktion erscheint trotz des Hinweises in der Gesetzesbegründung aber nicht zweifelsfrei. Zwar dienen entsprechende Formbestimmungen v.a. der Rechtssicherheit; auch berühren sie in erster Linie die Interessen derjenigen, die Adressat der

---

16 Dafür zB Prölss/Martin/*Kollhosser*, 27. Aufl. 2004, § 47 Rn 1; *Beckmann*, NJW 1996, 1378; *Büsken/Dreyer*, NVersZ 1999, 455, 456; dagegen etwa Bruck/Möller/*Möller*, 8. Aufl. 1961, § 47 Anm. 14; *Dörstling*, VersR 1951, 202; *Fricke*, VersR 1993, 399, 401 Fn 27; *Reiff*, r+s 1998, 133, 135.
17 BGH 24.3.1999 – IV ZR 90/98, VersR 1999, 565, 566; BVerwG 25.6.1998 – 1 A 6/96, VersR 1998, 1137, 1139 f; OLG Karlsruhe 25.7.1996 – 12 U 70/96, VersR 1997, 861, 862.
18 So auch die Rspr nach altem Recht: BGH 24.3.1999 – IV ZR 90/98, VersR 1999, 565, 566; BVerwG 25.6.1998 – 1 A 6/96, VersR 1998, 1137, 1139 f.
19 Ausführlicher hierzu *Münkel*, Empfangsvollmacht, S. 181 ff.
20 Im Ergebnis ebenso Beckmann/Matusche-Beckmann/*Reiff*, § 5 Rn 83; Langheid/Wandt/ *Reiff*, § 72 Rn 16, der § 72 als gegenüber § 32 S. 2 vorrangig betrachtet.
21 So Beckmann/Matusche-Beckmann/*Reiff*, § 5 Rn 86 ff; Beckmann/Matusche-Beckmann/ *Brömmelmeyer*, § 42 Rn 199; Langheid/Wandt/*Reiff*, § 69 Rn 19.
22 So auch Prölss/Martin/*Dörner*, § 72 Rn 10.

jeweiligen Verfügung sind, oder der Gläubiger bzw Rechtsnachfolger des VN.[23] Dass der von § 69 Abs. 1 geschützte VN von entsprechenden Klauseln gar nicht betroffen ist,[24] stimmt allerdings nicht. Der Schutzzweck des § 72, der darin besteht, den mit den Vollmachtsstandardisierungen nach §§ 69 und 71 bezweckten Vertrauensschutz abzusichern (s. Rn 1), kommt auch in diesen Fällen zum Tragen, da der VN auch bei einer entsprechenden Anzeige in der Lebensversicherung darauf vertraut, dass der VersVertreter zur Entgegennahme der Anzeigen befugt ist bzw dass die Anzeige bereits mit der Entgegennahme durch den Vertreter bewirkt ist.

§ 73 Angestellte und nicht gewerbsmäßig tätige Vermittler

Die §§ 69 bis 72 sind auf Angestellte eines Versicherers, die mit der Vermittlung oder dem Abschluss von Versicherungsverträgen betraut sind, und auf Personen, die als Vertreter selbständig Versicherungsverträge vermitteln oder abschließen, ohne gewerbsmäßig tätig zu sein, entsprechend anzuwenden.

1 § 73 stellt im Rahmen der §§ 69–72 VersVertretern iSv § 59 Abs. 2 Angestellte des VR, die mit der Vermittlung oder dem Abschluss von VersVerträgen betraut sind (sog. **Angestellte im Werbeaußendienst**), sowie nicht gewerbsmäßig tätige **Gelegenheitsvertreter** gleich. Dass die Vollmachtsstandardisierung nicht zwingend von der Selbständigkeit des Vertreters abhängt, war schon nach altem Recht allgemein anerkannt.[1] Mit der Einbeziehung der Gelegenheitsvertreter in den Regelungsbereich der §§ 69–72 ist der Gesetzgeber der hM zum alten Recht[2] gefolgt, die ebenfalls schon auf das Kriterium einer **ständigen** Betrauung des VersVertreters verzichtet hatte.

2 Ohne diese Gleichstellung würde der mit den gesetzlichen Vollmachtsstandardisierungen verfolgte Zweck des Vertrauensschutzes (s. § 69 Rn 2, § 71 Rn 1) gefährdet. Die Ausgestaltung der **internen Rechtsbeziehung** zwischen dem VR und seinem Vertreter ist für den VN nicht ersichtlich. Der VR darf nicht die Möglichkeit haben, durch die Ausformung des Innenverhältnisses zu seinem Vertreter über den Schutz des Rechtsverkehrs zu bestimmen.

Kapitel 2: Schadensversicherung
Abschnitt 1: Allgemeine Vorschriften

§ 74 Überversicherung

(1) Übersteigt die Versicherungssumme den Wert des versicherten Interesses (Versicherungswert) erheblich, kann jede Vertragspartei verlangen, dass die Versicherungssumme zur Beseitigung der Überversicherung unter verhältnismäßiger Minderung der Prämie mit sofortiger Wirkung herabgesetzt wird.

---

23 Beckmann/Matusche-Beckmann/*Reiff*, § 5 Rn 86 f; Langheid/Wandt/*Reiff*, § 72 Rn 19.
24 So aber Beckmann/Matusche-Beckmann/*Reiff*, § 5 Rn 86 f; Langheid/Wandt/*Reiff*, § 72 Rn 19.
1 Stellvertretend für viele: Prölss/Martin/*Kollhosser*, 27. Aufl. 2004, § 43 Rn 11; Römer/Langheid/*Langheid*, 2. Aufl. 2003, § 43 Rn 7; Bruck/Möller/*Möller*, 8. Aufl. 1961, Vor § 43 Anm. 12.
2 Etwa Prölss/Martin/*Kollhosser*, 27. Aufl. 2004, § 43 Rn 10; BK/*Gruber*, Vorbem. §§ 43–48 Rn 3; Beckmann/Matusche-Beckmann/*Reiff*, 2004, § 5 Rn 5; *ders.*, r+s 1998, 89, 90.

(2) Schließt der Versicherungsnehmer den Vertrag in der Absicht, sich aus der Überversicherung einen rechtswidrigen Vermögensvorteil zu verschaffen, ist der Vertrag nichtig; dem Versicherer steht die Prämie bis zu dem Zeitpunkt zu, zu dem er von den die Nichtigkeit begründenden Umständen Kenntnis erlangt.

I. Normzweck	1	4. Zeitpunkt	24
II. Anwendungsbereich	4	5. Erheblichkeit der Abweichung	25
III. Überversicherung (Abs. 1)	6	IV. Rechtsfolgen	27
1. Versicherungssumme	6	V. Betrügerische Überversicherung (Abs. 2)	28
2. Versichertes Interesse	7	VI. Sonstiges	30
3. Versicherungswert	8	1. Beweislast	30
a) Allgemeines	8	2. Abdingbarkeit	31
b) Einzelheiten	10	3. Anfechtung nach § 123 BGB	32
c) Ausnahme	22		
d) Selbstbeteiligungen, Entschädigungsgrenzen und Haftzeiten	23		

I. Normzweck

Die Regelungen zur Überversicherung (§ 74) und zur Unterversicherung (§ 75) stehen in engem Zusammenhang und legen die Rechtsfolgen bei einem erheblichen Abweichen der Versicherungssumme vom Versicherungswert in der Schadensversicherung fest. § 74 reagiert darauf, dass nicht selten Situationen entstehen, in denen bei Vertragsabschluss weder der VR noch der VN den Versicherungswert exakt taxieren können. Während bei unerheblichen Abweichungen eine gesetzliche Reaktion nicht notwendig erscheint, weil das Äquivalenzverhältnis von Prämie und Leistungsversprechen nur unerheblich gestört wird, ist bei erheblichen Abweichungen eine Spezialregelung deswegen erforderlich, weil die allgemeinen Vorschriften des § 313 BGB für die Schadensversicherung zu hohe Anforderungen stellen und im Hinblick auf die Rechtsfolgen zu offen formuliert sind. Bei einer im Verhältnis zum Versicherungswert erheblich höheren Versicherungssumme sollen daher beide Parteien im Wege eines einseitigen Verlangens die Versicherungssumme und die Prämie herabsetzen können. 1

Der VN wird diese Regelung regelmäßig deshalb in Anspruch nehmen, weil er einerseits nur eine möglichst geringe Prämie zahlen will und andererseits im Versicherungsfall regelmäßig keinen Anspruch in Höhe der Versicherungssumme, sondern lediglich in Höhe des geringeren Versicherungswertes hat.[1] Demgegenüber liegt es im Interesse des VR, dass der VN kein wirtschaftliches Interesse am Eintritt des Versicherungsfalles oder gar an dessen Herbeiführung hat.[2] Es handelt es sich für den VR also um ein Instrument, den Anreiz zum Versicherungsbetrug zu verringern.[3] 2

Grundsätzlich ist es Sache des VN, den **Versicherungswert**, also den Wert der zu versichernden Sache, anzugeben und für ausreichenden Versicherungsschutz zu sorgen. Der VN ist nämlich regelmäßig besser über die zu versichernde Sache informiert als der VR.[4] Schaltet der VN einen Makler ein, so wird und muss ihn dieser bei der richtigen Bemessung des Versicherungswertes beraten. Andererseits trifft auch den VR bzw dessen Vertreter eine **Beratungsplicht** in Abhängigkeit von der Sachkunde des VN. Gerade gegenüber einem Verbraucher führt diese Bera- 3

---

[1] Prölss/Martin/*Armbrüster*, § 74 Rn 1; *Steinbeck/Terno*, in: MAH VersR, § 2 Rn 352.
[2] OLG Karlsruhe 29.8.2013 – 9 U 24/11, ZIP 2014, 867.
[3] Prölss/Martin/*Armbrüster*, § 74 Rn 1.
[4] Langheid/Wandt/*Halbach*, § 74 Rn 19; *Steinbeck/Terno*, in: MAH VersR, § 2 Rn 368

tungspflicht dazu,⁵ dass der VR bzw dessen Vertreter auf einen möglichst sinnvollen Risikoschutz hinwirken muss. Dies spiegelt sich in dem Zusammenspiel der Regelungen von Über- und Unterversicherung wider, nach denen das Risiko nicht erheblicher Abweichungen vom VR zu tragen ist, das Risiko erheblicher Abweichungen vom VN. Sofern gleichwohl eine erheblich Unterversicherung auf eine Verletzung der Beratungspflicht des Vermittlers bzw des VR zurückzuführen ist, kann dem VN ein Anspruch auf Schadensersatz nach § 63 oder nach § 6 zustehen.⁶

II. Anwendungsbereich

4 Bereits aus der Überschrift zum Zweiten Kapitel („Schadensversicherung") ergibt sich, dass die Norm grds. nur für die **Schadensversicherung** gilt. § 74 gilt daher namentlich nicht für die Summenversicherung und damit regelmäßig nicht in der Personenversicherung, zumal es hier bestimmungsgemäß keinen von der Versicherungssumme abweichenden Versicherungswert geben kann (zur Differenzierung zwischen diesen beiden Versicherungsarten s. § 1 Rn 29 ff).⁷ Fraglich ist, ob von diesem Grundsatz für die **Kreditrestschuldversicherung** eine Ausnahme zu machen ist, weil sich die Versicherungssumme am Saldo des Kredites orientiert. Deswegen wird eine Anpassung zwar nicht nach § 74, wohl aber nach § 313 BGB für möglich gehalten, wenn der Kreditvertrag mit dem VersVertrag in einer Weise verbunden ist, dass die jeweilige tatsächliche Höhe des Betrages, den der Kreditgeber beanspruchen darf, die Geschäftsgrundlage des VersVertrages zwischen dem Kreditnehmer und dem VR darstellt.⁸ Voraussetzung ist insoweit, dass der VR um die Höhe des Kredits und den planmäßigen Verlauf der Tilgung weiß und es sich um eine erhebliche Abweichung handelt, die eine unveränderte Vertragserfüllung des VN unzumutbar erscheinen lässt.⁹ Diese Fälle dürften aber auch bei der Restschuldversicherung praktisch die Ausnahme bilden, da für den VR regelmäßig unerheblich ist, ob nach dem Tod der versicherten Person ein Darlehen zu tilgen oder eine Familie zu versorgen ist. Ferner findet die Norm keine Anwendung bei einer **Versicherung auf erstes Risiko**, da bei solchen Versicherungen vereinbarungsgemäß jeder Schaden bis zur Höhe der Versicherungssumme ersetzt wird und es auf einen niedrigeren Versicherungswert nicht ankommt.¹⁰

5 Im Bereich der Schadensversicherung, zu der auch die Haftpflichtversicherung zählt,¹¹ kann § 74 ferner nur dann gelten, wenn ein **Versicherungswert** feststellbar ist.¹² Hieran fehlt es zB bei der privaten Krankenversicherung, auch wenn diese nach Art der Schadensversicherung kalkuliert ist.¹³ Dem wird berechtigterweise entgegengehalten, dass § 194 Abs. 1 die Norm ausdrücklich für anwendbar erklärt.¹⁴ Offen bleibt allerdings, wie die Norm anzuwenden ist, wenn sich in der Praxis gerade kein Versicherungswert feststellen lässt und es deswegen auch an der

---

5 Langheid/Wandt/*Halbach*, § 74 Rn 19; *Steinbeck/Terno*, in: MAH VersR, § 2 Rn 368.
6 *Langheid*, NJW 2007, 3745.
7 BGH 30.5.1990 – IV ZR 22/89, NJW 1990, 2808; Beckmann/Matusche-Beckmann/Lorenz, § 1 Rn 87; Langheid/Wandt/*Halbach*, § 74 Rn 3; Prölss/Martin/*Armbrüster*, § 74 Rn 2.
8 BGH 30.5.1990 – IV ZR 22/89, NJW 1990, 2808; Römer/Langheid/*Langheid*, § 74 Rn 1.
9 BGH 30.5.1990 – IV ZR 22/89, NJW 1990, 2808.
10 Römer/Langheid/*Langheid*, § 74 Rn 1; Langheid/Wandt/*Halbach*, § 74 Rn 3; Prölss/Martin/*Armbrüster*, § 74 Rn 2; *Deutsch*, Rn 297.
11 BGH 31.3.1976 – IV ZR 29/76, VersR 1976, 847.
12 Prölss/Martin/*Armbrüster*, § 74 Rn 2.
13 OLG Frankfurt 24.5.2006 – 3 U 145/05, OLGR Frankfurt 2006, 949; aA Prölss/Martin/*Armbrüster*, § 74 Rn 2; Römer/Langheid/*Langheid*, § 74 Rn 1.
14 Prölss/Martin/*Armbrüster*, § 74 Rn 2.

Festlegung einer Versicherungssumme fehlt. Daher mag die Norm zwar grds. anwendbar sein, dürfte allerdings keinen praktischen Anwendungsfall finden, da § 74 nur den Fall eines geringeren Versicherungswertes regelt.[15] Bei fehlendem Versicherungswert oder fehlendem versicherten Interesse ist nicht § 74, sondern § 80 anzuwenden.[16]

III. Überversicherung (Abs. 1)

1. Versicherungssumme. Eine Überversicherung liegt vor, wenn die Versicherungssumme den Versicherungswert erheblich übersteigt. Die Versicherungssumme wird als Vertragsbestandteil des VersVertrages üblicherweise im Versicherungsantrag durch den VN beziffert und im Versicherungsschein festgelegt. Soweit in einem VersVertrag differenziert wird und für unterschiedliche Risiken oder verschiedene Gegenstände einzelne Versicherungssummen mit den jeweils zugehörigen Prämien angegeben werden, ist die Norm im Hinblick auf jede einzelne Position anwendbar.[17] Unerheblich für die Frage der Überversicherung ist, ob das versicherte Risiko überhaupt der erwarteten Gefahr ausgesetzt wird.[18]

2. Versichertes Interesse. Der Wert des versicherten Interesses wird legal als „Versicherungswert" definiert (Abs. 1 S. 1). Das versicherte Interesse selber wird nicht legal definiert. Man versteht hierunter eine Wertbeziehung eines Rechtssubjektes zu einem Vermögensgut, dessen Beeinträchtigung ihm einen wirtschaftlichen Nachteil bringt.[19] Worum es sich bei dem versicherten Interesse handelt, ergibt sich aus dem VersVertrag[20] als Antwort auf die Frage, wovor der VersVertrag den VN schützen soll. Das versicherte Interesse ist daher regelmäßig ein von den Parteien des VersVertrages bei Vertragsabschluss für möglich gehaltener Vermögensnachteil, der im Falle seines Eintritts durch die Versicherungsleistung ausgeglichen werden soll.[21]

3. Versicherungswert. a) Allgemeines. In Abhängigkeit von dem versicherten Vermögensgut greifen unterschiedliche Wertermittlungsmöglichkeiten für den Versicherungswert. Der Gesetzgeber hat für die Sachversicherung und die Transportversicherung abdingbare Regelungen zur Ermittlung des Versicherungswertes getroffen. Für die **Sachversicherung** (§ 88) ist entsprechend der hM[22] der Versicherungswert der Betrag, den der VN zur Zeit des Eintritts eines Versicherungsfalles für die Wiederbeschaffung oder Wiederherstellung der versicherten Sache in neuwertigem Zustand unter Abzug des sich aus dem Unterschied zwischen alt und neu ergebenden Minderwertes aufzuwenden hat.

Für die **Transportversicherung** gilt gem. § 136 der gemeine Handelswert und in dessen Ermangelung der gemeine Wert, den die Güter am Ort der Absendung bei Beginn der Versicherung haben, zuzüglich verschiedener Kosten als Versicherungswert.

b) Einzelheiten. Üblicher- und zulässigerweise finden sich in den AVB Regelungen oder Hinweise zur Ermittlung des Versicherungswertes. Gibt es solche Regelungen, so sind diese vorrangig gegenüber den folgenden allgemeinen Erwägungen.

---

15 Looschelders/Pohlmann/*Reinhard*, § 194 Rn 8.
16 Prölss/Martin/*Armbrüster*, § 74 Rn 1; Römer/Langheid/*Langheid*, § 74 Rn 3.
17 Prölss/Martin/*Armbrüster*, § 74 Rn 4; Langheid/Wandt/*Halbach*, § 74 Rn 6.
18 *Steinbeck/Terno*, in: MAH VersR, § 2 Rn 348.
19 Prölss/Martin/*Armbrüster*, Vor § 74 Rn 28; BK/*Schauer*, Vorbem. §§ 49–68 a Rn 43; Beckmann/Matusche-Beckmann/*Lorenz*, § 1 Rn 121.
20 Prölss/Martin/*Armbrüster*, Vor § 74 Rn 37.
21 BGH 20.1.1988 – IVa ZR 165/86, NJW-RR 1988, 727.
22 BGH 22.2.1984 – IVa ZR 145/82, NJW 1984, 2165; Prölss/Martin/*Armbrüster*, § 74 Rn 5; Bruck/Möller/*Sieg*, § 52 Anm. 5.

11 Ausgehend von der Regelvermutung der §§ 88 und 136 für die Sach- und Transportversicherung wird regelmäßig der sog. Gemeine Wert, Wiederbeschaffungswert oder Substanzwert des Vermögensgutes auch bei den anderen Schadensversicherungen die Höhe des Versicherungswertes bestimmen. Begründen lässt sich das mit der Überlegung, dass der VN regelmäßig zunächst ein Interesse am Behalten des betroffenen Vermögensgutes hat. Andererseits ist dieser Wert für den VR regelmäßig ausreichend sicher kalkulierbar. Der **Wiederbeschaffungswert oder -preis** ist der Betrag, den ein beliebiger Dritter anstelle des VN zur Wiederbeschaffung einer Sache von gleicher Art, Güte und Funktion aufwenden müsste. Es ist also bei der Ermittlung des Wertes die spezifische Situation zu berücksichtigen, in der sich der VN befindet.[23] Beispielsweise ist maßgeblich, ob der VN zum Vorsteuerabzug berechtigt ist[24] und ob er im Hinblick auf die betroffene Sache Verbraucher, Einzel- oder Großhändler ist.[25] Beim Verbraucher schließt der Wiederbeschaffungswert daher regelmäßig sowohl die Mehrwertsteuer als auch den Händlergewinn mit ein.[26] Andererseits sind zu Gunsten des VR stets marktgängige Rabatte und Vergünstigungen zu berücksichtigen.[27] Dies gilt unabhängig davon, ob der VN diese bei einer Wiederbeschaffung erst auf Nachfrage oder sogar gar nicht erzielt hat.[28] Einem Listenpreis oder einer unverbindlichen Preisempfehlung des Herstellers kommt für die Feststellung des Wiederbeschaffungspreises im Verhältnis zu einer Internetrecherche damit inzwischen in der Praxis eine deutlich untergeordnete Bedeutung zu. Teilweise ist dies auch in den AVB geregelt (zB Nr. A.2.11 S. 3 AKB 2008); notwendig ist dies aber nicht, da für die Schadensregulierung stets ein objektiver Maßstab gilt.[29]

12 Sollte der VN eine **Ersatzanschaffung** getätigt haben, so kommt dem gezahlten und nachgewiesenen Wiederanschaffungspreis jedenfalls zu Lasten des VN indizielle Bedeutung zu. Die bei der Wiederbeschaffung erzielten individuellen Preisvorteile sind grds. zu berücksichtigen.[30] Dies ist hM, soweit ein Dritter anstelle des VN dieselben individuellen Preisvorteile erzielen kann, die der VN erzielen konnte.[31] Ganz unstreitig ist dies, wenn marktübliche Rabatte erzielt wurden.[32] Auch ein Werksangehörigenrabatt, auf den der VN einen Anspruch hat, wirkt sich anspruchsmindernd, eine eventuelle diesbezügliche Steuerbelastung anspruchserhöhend aus.[33]

13 *Armbrüster*[34] weist nunmehr darauf hin, dass eine **überobligatorische Anstrengung** vorliegt, wenn der VN auf Grund eines besonderen Verhandlungsgeschicks oder einer besonderen Marktmacht besondere **Nachlässe** erzielt. Solche Nachlässe wie auch erhöhte Nachlässe aufgrund persönlicher Verbundenheit müsse sich der VN

---

23 BGH 22.2.1984 – IVa ZR 145/82, NJW 1984, 2165; Langheid/Wandt/*Halbach*, § 74 Rn 9.
24 BGH 2.10.1985 – IVa ZR 184/83, NJW 1986, 431; Langheid/Wandt/*Halbach*, § 74 Rn 9.
25 BGH 22.2.1984 – IVa ZR 145/82, NJW 1984, 2165; Langheid/Wandt/*Halbach*, § 74 Rn 9.
26 BGH 2.10.1985 – IVa ZR 184/83, NJW 1986, 431.
27 BGH 2.10.1985 – IVa ZR 184/83, NJW 1986, 431; Prölss/Martin/*Armbrüster*, Vor § 74 Rn 115 ff.
28 Prölss/Martin/*Armbrüster*, Vor § 74 Rn 115.
29 Prölss/Martin/*Armbrüster*, Vor § 74 Rn 115.
30 Prölss/Martin/*Armbrüster*, Vor § 74 Rn 116 ff; abl. Langheid/Wandt/*Halbach*, § 74 Rn 9.
31 Prölss/Martin/*Armbrüster*, Vor § 74 Rn 115 ff.
32 BGH 8.11.2007 – I ZR 60/05, I ZR 121/06, I ZR 192/06, NJW 2008, 1888; Prölss/Martin/*Armbrüster*, Vor § 74 Rn 116 ff; offen gelassen von Langheid/Wandt/*Halbach*, § 74 Rn 9.
33 Köln 30.8.1990 – 5 U 274/89, VersR 1991, 804; Frankfurt/M VersR 2006, 1069; *Armbrüster*, VersR 2008, 1160.
34 Prölss/Martin/*Armbrüster*, Vor § 74 Rn 118; *ders.*, VersR 2008, 1157.

nicht anrechnen lassen. Sachbezogene Rabatte, die der VN allein aufgrund einer dauernden Geschäftsbeziehung oder einer bestimmten Mengenabnahme erhält, hingegen schon. Dieser Argumentation ist entgegenzuhalten, dass in der Praxis eine trennscharfe Differenzierung nach den aufgezeigten Kriterien nicht möglich erscheint und daher Theorie bleiben muss. So hat auch der BGH entschieden, dass es für die Frage der Höhe des Schadens darauf ankommt, ob ein vernünftig und wirtschaftlich denkender Geschädigter unter dem Aspekt des Wirtschaftlichkeitsgebots zu einer Nachfrage nach einem günstigeren Preis gehalten gewesen wäre, so dass es sich hierbei bereits um eine Frage der Höhe des Schadens und bei einem Unterlassen gerade nicht um eine Verletzung der Schadensminderungspflicht handelt.[35] Daraus lässt sich allgemein ableiten, dass auch diese persönlichen Faktoren bereits bei der Frage nach der Höhe des entstandenen Schadens zu berücksichtigen sind und eben keine Frage der Schadensminderungspflicht sind. Daher besteht dann auch keine Möglichkeit eines „überobligatorischen" Verhaltens. Ausschlaggebend ist nach der hier vertreten Meinung, dass der VN bei einer Ersatzbeschaffung zu einem günstigeren Preis nur in Höhe dieses günstigeren Preises und darüber hinaus nicht geschädigt ist. Durch den VN bei der Ersatzbeschaffung erzielte **Preisvorteile** wirken sich also stets **zu Gunsten des VR** aus.

Die indizielle Wirkung des tatsächlich gezahlten Wiederanschaffungspreises zu Gunsten des VN ist bei der Wiederbeschaffung eingeschränkt, denn es ist vorstellbar, dass der VN durch mangelnde Sorgfalt oder wegen der grds. gegebenen Eintrittspflicht des VR bei der Ersatzbeschaffung nicht sämtliche Sparmöglichkeiten ausschöpft. Ein solches Verhalten des VN kann aber nach der hier vertretenen Auffassung nicht zu einer Erhöhung des Schadens führen. Folgt man der hier vertretenen Meinung nicht, so läge eine Fragestellung im Bereich der Schadensminderungspflicht vor. Dies hätte ganz praktische Folgen, denn es wäre nicht mehr der VN für die Darlegung und den Beweis der Höhe des Schadens, sondern der VR für die Darlegung und den Beweis der Verletzung der Schadensminderungspflicht zuständig.

In der Praxis wird aufgrund dieser Umstände der VR häufig nach einer Ersatzanschaffung und dem entrichteten Preis fragen. Grundsätzlich ist der VN auch nach § 31 zu einer wahrheitsgemäßen Auskunft verpflichtet. Dieser Wissbegierde kann der VN mit dem Hinweis darauf begegnen, dass er zu einer Ersatzanschaffung nicht verpflichtet ist, und den Wiederbeschaffungspreis in anderer Art und Weise, etwa durch die Vorlage eines Angebots, glaubhaft machen. Selbstverständlich ist der VR seinerseits nicht daran gehindert, den Wiederbeschaffungspreis durch die Einholung entsprechender anderweitiger Angebote, insb. über das Internet, festzustellen und ggf dem VN entgegenzuhalten. Nimmt der VN tatsächlich eine Ersatzbeschaffung vor, so hat er gewährte Rabatte dem VR auch dann offenzulegen, wenn sie in dem Angebot oder in der Rechnung nicht aufgeführt waren.[36] Zuvor falsche Angaben sind zu berichtigen. Stets ist zu berücksichtigen, dass es sich bei der Frage nach der Höhe der Kosten in erster Linie um die Darlegung der Schadenshöhe und nicht um eine Frage der Schadensminderungspflicht handelt, für die der Geschädigte die Darlegungs- und Beweislast trägt.[37]

Dem Gemeinen Wert sehr ähnlich, aber vermutlich nur selten gleich hoch, ist der **Zeitwert**. Der regelmäßig lediglich geringe Unterschied zwischen diesen beiden Werten kommt durch eine etwas andere Art der Berechnung zustande: Der Zeitwert ist der Neuwert, also der Wiederbeschaffungspreis für ein vergleichbares Ver-

---

35 BGH 9.3.2010 – VI ZR 6/09, NJW 2010, 2569.
36 Prölss/Martin/*Armbrüster*, Vor § 74 Rn 121.
37 BGH 9.3.2010 – VI ZR 6/09, NJW 2010, 2569.

mögensgut in neuwertigem Zustand, abzüglich der Wertminderung, die sich aus Alter und Abnutzung ergibt.[38]

17 Ein besonderes **Affektionsinteresse** an einem ganz bestimmten Vermögensgut, das kein weiterer Interessent mit dem VN teilt, ist in der Schadensversicherung nicht versicherbar und kann nicht zur Bestimmung des Versicherungswertes herangezogen werden.[39] So sind bei der Wertbemessung einer Kommode, die für die Erlangung des Meisterdiploms gefertigt wurde, reichhaltige Intarsienarbeiten nicht zu berücksichtigen, da sie für den Zweck der Kommode als häuslichem Einrichtungsgegenstand nur sekundäre Bedeutung haben.[40] Die Versicherung eines derartigen Interesses bleibt der Summenversicherung oder ggf der Vereinbarung einer Taxe vorbehalten.[41]

18 Der Wiederbeschaffungswert ist etwas anderes als die **Wiederherstellungskosten**, wenn die Wiederherstellungskosten den Betrag bezeichnen, der zur Reparatur des konkret versicherten Gutes erforderlich ist. Da die Wiederherstellungskosten ein Affektionsinteresse schützen, können sie nicht zur Ermittlung des Gemeinen Wertes oder des Wiederbeschaffungspreises herangezogen werden.[42] Grundlage zur Ermittlung des Gemeinen Wertes und damit des Wiederbeschaffungspreises können indes die Kosten sein, die für die Wiederherstellung des Zustands vor dem Schadensereignis erforderlich sind.

19 Denkbar ist auch, dass sich die Parteien auf den **Neuwert** als Versicherungswert verständigen. Der Neuwert ist der Wiederbeschaffungspreis von Vermögensgütern gleicher Art und Güte in neuwertigem Zustand, also ohne einen Abzug „neu für alt".[43] Bei Gebäuden ist dies der ortsübliche Neubauwert einschließlich der Konstruktions- und Planungskosten.

20 Die Parteien können sich weiterhin darauf verständigen, den **Ertragswert** des Vermögensgutes, allein oder zusätzlich zum Substanzwert, insgesamt oder für einen bestimmten Zeitraum (zB in der Betriebsunterbrechungsversicherung) als maßgebend festzulegen. Dies ist auch nach Wegfall des § 53 aF, der dies explizit vorsah, möglich, denn diese Regelung war im Hinblick auf die allgemeine Vertragsfreiheit schlicht überflüssig.[44]

21 Die Maßgeblichkeit des Ertragswertes muss nicht ausdrücklich vereinbart werden, sondern kann sich auch **konkludent** aus den Umständen, namentlich aus dem Sinn und Zweck der Versicherung für den VN, ergeben. Im Hinblick auf die Usancen in der Versicherungswirtschaft, den Ersatz des entgangenen Gewinns regelmäßig nur bei bestimmten Schadensversicherungen einzuschließen, so insb. bei der Haftpflichtversicherung,[45] ist bei der Annahme eines konkludenten Einschlusses des entgangenen Gewinns Zurückhaltung geboten. Als Indizien für oder gegen einen solchen Einschluss können neben der Art der Versicherung zB auch der Umfang der Beratung, die Nähe des Beraters zur einen oder anderen Partei, die Sachkunde des VN, das Schutzbedürfnis des VN, die Höhe der Prämie im Marktvergleich oder das abgelehnte Angebot anderer Deckungen herangezogen werden. Je größer die Sachkunde des VN oder seines Maklers und je intensiver die Beratung, desto

---

38 Prölss/Martin/*Kollhosser*, 27. Aufl. 2004, § 52 Rn 8.
39 LG Köln 14.6.1978 – 74 O 95/77, VersR 1979, 125; Langheid/Wandt/*Halbach*, § 74 Rn 10.
40 LG Köln 14.6.1978 – 74 O 95/77, VersR 1979, 125.
41 Prölss/Martin/*Kollhosser*, 27. Aufl. 2004, § 52 Rn 5.
42 LG Köln 14.6.1978 – 74 O 95/77, VersR 1979, 125; Prölss/Martin/*Kollhosser*, 27. Aufl. 2004, § 52 Rn 5.
43 Prölss/Martin/*Armbrüster*, Vor § 74 Rn 74.
44 Prölss/Martin/*Kollhosser*, 27. Aufl. 2004, § 53 Rn 1.
45 Prölss/Martin/*Kollhosser*, 27. Aufl. 2004, § 53 Rn 1.

zurückhaltender wird man bei der Annahme von konkludenten Einschlüssen sein müssen.

c) Ausnahme. Die Parteien können in Form einer **Taxe** (§ 76) den Versicherungswert für die künftige Vertragsbeziehung verbindlich festlegen. Die Regelungen zur Über- und Unterversicherung bleiben aber trotz einer solchen Festlegung anwendbar.[46]

d) Selbstbeteiligungen, Entschädigungsgrenzen und Haftzeiten. Keinen Einfluss auf die Höhe des Versicherungswertes haben vereinbarte Selbstbeteiligungen, Entschädigungsgrenzen und Haftzeiten, die zwar den Umfang der Entschädigung begrenzen, nicht aber den Versicherungswert verändern.[47] Die Unterscheidung, ob eine einzelne Regelung des VersVertrages eine Beschreibung des versicherten Risikos darstellt oder als Entschädigungsgrenze zu interpretieren ist, kann schwierig sein. Definiert der Vertrag eine Entschädigungsgrenze ohne Angabe eines bestimmten Betrages zB als Wiederbeschaffungswert einer bestimmten versicherten Sache, so dürfte hierin eher eine Beschreibung des versicherten Risikos liegen als eine Entschädigungsgrenze, so dass die Höhe des Versicherungswertes geregelt wird. Damit wäre eine solche Regelung bereits bei der Frage zu berücksichtigen, ob eine Über- oder Unterversicherung vorliegt, wohingegen eine tatsächliche Entschädigungsgrenze, die definitionsgemäß niedriger als die Versicherungssumme ist, für eine solche Beurteilung ohne Relevanz wäre und erst im Rahmen der konkreten Schadensberechnung Berücksichtigung fände.[48]

4. Zeitpunkt. Maßgeblicher Zeitpunkt für die Berechnung des Versicherungswertes ist der, zu dem die Herabsetzung verlangt wird.[49] Grundsätzlich unerheblich ist, aus welchen Gründen und wie lange die Überversicherung bereits bestanden hat.[50] Es spielt also keine Rolle, ob eine Überversicherung bereits bei Vertragsabschluss bestand (**anfängliche Überversicherung**) oder erst während der Vertragslaufzeit entstanden ist (**nachträgliche Überversicherung**).[51]

5. Erheblichkeit der Abweichung. Erheblich ist die Abweichung nur, wenn die Ermäßigung der Prämien im Fall der Beseitigung der Überversicherung ins Gewicht fällt.[52] Eine lediglich vorübergehende Überversicherung ist nicht erheblich, selbst wenn sie auf den maßgeblichen Zeitpunkt bezogen gewichtig erscheinen mag.[53] Eine feste Grenze, nach der stets eine erhebliche Abweichung vorliegt, kann nicht angegeben werden, da der Gesetzgeber hierauf bewusst verzichtet hat. Die Grenze ist also stets unter Berücksichtigung der Umstände des Einzelfalles festzulegen.[54] Regelmäßig dürfte allerdings eine dauerhafte Abweichung von **10 % oder mehr** als erheblich einzustufen sein.[55]

Ob ein erhebliches Übersteigen vorliegt, ist auch eine Frage der erwarteten Entwicklung des Wertes des versicherten Gutes. Ist etwa mit einer Wertänderung durch einen Neuzugang oder Abgang von Sachen bei der Versicherung einer Sach-

---

46 Prölss/Martin/*Armbrüster*, § 74 Rn 5.
47 Langheid/Wandt/*Halbach*, § 74 Rn 10.
48 Prölss/Martin/*Kollhosser*, 27. Aufl. 2004, § 50 Rn 14.
49 Langheid/Wandt/*Halbach*, § 74 Rn 5; Prölss/Martin/*Armbrüster*, § 74 Rn 6; Römer/Langheid/*Langheid*, § 74 Rn 3.
50 Prölss/Martin/*Armbrüster*, § 74 Rn 6.
51 Looschelders/Pohlmann/*von Koppenfeld-Spies*, § 74 Rn 7.
52 Prölss/Martin/*Armbrüster*, § 74 Rn 7; Römer/Langheid/*Langheid*, § 74 Rn 3.
53 Langheid/Wandt/*Halbach*, § 74 Rn 35; Prölss/Martin/*Armbrüster*, § 74 Rn 7; Römer/Langheid/*Langheid*, § 74 Rn 3.
54 BGH 4.4.2001 – IV ZR 138/00, NJW 2001, 3539; Römer/Langheid/*Langheid*, § 74 Rn 3; *Steinbeck/Terno*, in: MAH VersR, § 2 Rn 348; Marlow/Spuhl/*Spuhl*, Rn 548.
55 BGH 4.4.2001 – IV ZR 138/00, NJW 2001, 3539; Prölss/Martin/*Armbrüster*, § 74 Rn 7; Römer/Langheid/*Langheid*, § 74 Rn 3; *Steinbeck/Terno*, in: MAH VersR, § 2 Rn 348; Marlow/Spuhl/*Spuhl*, Rn 548.

gesamtheit, durch Inflation oder durch allgemeine Marktentwicklungen zu rechnen, so kann deswegen schon eine geringere Abweichung ausreichen oder eine größere Abweichung als 10 % zur Erfüllung des Merkmals der Erheblichkeit notwendig sein.[56] Im Übrigen empfiehlt sich bei Sachgesamtheiten eine dezidierte vertragliche Regelung, wenn sich deren Zusammensetzung laufend oder häufig ändert, wie dies bei **Warenbeständen** häufig anzutreffen ist. Hier kann bspw mit Durchschnittswerten oder Stichtagsregelungen gearbeitet werden.[57]

IV. Rechtsfolgen

27 Die Vertragspartner, also VN und VR, nicht aber der Versicherte[58] oder ein eventueller Bezugsberechtigter[59] können verlangen, dass die Versicherungssumme und verhältnismäßig die Prämie herabgesetzt werden. Nach der **Gestaltungstheorie** ist das Verlangen dieser Herabsetzung durch rechtsgestaltende Erklärung gegenüber dem anderen Teil geltend zu machen.[60] Die Erklärung muss zugehen, ist formfrei und unbefristet, muss aber hinreichend bestimmt sein.[61] Die Wirkung tritt mit Zugang der Erklärung für die Zukunft ein,[62] eine Rückwirkung kann nicht verlangt werden.[63] Die Versicherungssumme wird dann auf den aktuellen Versicherungswert herabgesetzt und die Prämie verhältnismäßig gemindert. Dabei ergibt sich die Höhe der herabgesetzten Prämie aus dem einschlägigen Tarif des VR und entspricht darum nicht automatisch, sondern eher selten, dem Prozentsatz der Summenminderung.[64]

V. Betrügerische Überversicherung (Abs. 2)

28 Eine betrügerische Überversicherung liegt vor, wenn der VN, sein Vertreter, ein Repräsentant oder sein Wissensvertreter den Vertrag in der Absicht schließt, sich aus der Überversicherung einen rechtswidrigen Vermögensvorteil zu verschaffen. Dabei muss die unredliche Absicht beim VN bereits im Zeitpunkt des Vertragsabschlusses vorliegen.[65] Dem Vertragsabschluss steht der Zeitpunkt einer späteren Veränderung, insb. einer Erhöhung der Versicherungssumme gleich.[66] Ein rechtswidriger Vermögensvorteil ist dabei jeder Anspruch auf eine Entschädigung, der in einem Versicherungsfall unter Zugrundelegung der überhöhten Versicherungssumme über das versicherte Interesse hinaus entstehen würde. Nicht erforderlich ist die Absicht, auch tatsächlich einen Versicherungsfall herbeizuführen.[67]

29 Liegen die Voraussetzungen des Abs. 2 vor, so ist der ganze Vertrag von Anfang an **nichtig**. Die Nichtigkeit erfasst auch dann den ganzen Vertrag, wenn die Betrugsabsicht sich nur auf einzelne Vertragsteile, zB einzelne Positionen mit gesonderten

---

56 Ähnl. Langheid/Wandt/*Halbach*, § 74 Rn 5.
57 Vgl Langheid/Wandt/*Halbach*, § 74 Rn 4.
58 Prölss/Martin/*Armbrüster*, § 74 Rn 9; Langheid/Wandt/*Halbach*, § 74 Rn 11.
59 Looschelders/Pohlmann/*von Koppenfels-Spies*, § 74 Rn 13.
60 HM, Langheid/Wandt/*Halbach*, § 74 Rn 12; Prölss/Martin/*Armbrüster*, § 74 Rn 10; Römer/Langheid/*Langheid*, § 74 Rn 4.
61 Langheid/Wandt/*Halbach*, § 74 Rn 12.
62 Prölss/Martin/*Armbrüster*, § 74 Rn 11; Römer/Langheid/*Langheid*, § 74 Rn 4; *Meixner/Steinbeck*, § 2 Rn 7.
63 *Meixner/Steinbeck*, § 2 Rn 7.
64 Langheid/Wandt/*Halbach*, § 74 Rn 13; Prölss/Martin/*Armbrüster*, § 74 Rn 11; Römer/Langheid/*Langheid*, § 74 Rn 5.
65 BGH 4.7.1990 – IV ZR 158/89, NJW-RR1990, 1305; Prölss/Martin/*Armbrüster*, § 74 Rn 15; Römer/Langheid/*Langheid*, § 74 Rn 6.
66 Prölss/Martin/*Armbrüster*, § 74 Rn 15; Römer/Langheid/*Langheid*, § 74 Rn 6.
67 Langheid/Wandt/*Halbach*, § 74 Rn 15; Prölss/Martin/*Armbrüster*, § 74 Rn 17.

Versicherungssummen, bezieht.[68] Die Nichtigkeit ist unheilbar.[69] Dem VR steht indes aus Betrugspräventionsgründen[70] die Prämie bis zu dem Zeitpunkt zu, zu dem er von den die Nichtigkeit begründenden Umständen Kenntnis erlangt hat. Ein darüber hinausgehender Schadensersatzanspruch aus § 823 Abs. 2 BGB iVm §§ 263, 22, 23 StGB ist hierdurch nicht ausgeschlossen. Als Schadenspositionen kommen insbesondere allgemeine Verwaltungs- und Abschlusskosten sowie die Kapitalkosten des VR in Betracht. Speziell zur Aufdeckung des Einzelfalles aufgewandte Beträge wirken schadenserhöhend. Eine solche Anspruchsberechnung empfiehlt sich für den VR insb. dann, wenn der Betrug relativ früh aufgedeckt wird, da dann die dem VR verbleibende Prämie den Abschluss- und Verwaltungsaufwand, der regelmäßig zu Beginn der Vertragsverhältnisse entsteht, nicht deckt. Darüber hinaus kann der VR nach § 812 Abs. 1 S. 1, 1. Fall BGB bereits erbrachte Versicherungsleistungen zurückverlangen, wobei der VN verschärft nach § 819 BGB haftet.[71]

VI. Sonstiges

1. Beweislast. Für die Voraussetzungen der Herabsetzung ist nach allgemeinen Grundsätzen beweisbelastet, wer sie verlangt.[72] Für das Vorliegen der Betrugsabsicht (Abs. 2) und der zugrunde liegenden Überversicherung ist der VR beweisbelastet,[73] für die Kenntnis des VR der VN.[74] Da beides idR nur schwer nachzuweisen sein wird, kommt Indizien entscheidende Bedeutung zu. Zur objektiven Tatsache der Überversicherung müssen zum Nachweis einer Betrugsabsicht weitere Umstände hinzutreten, zB eine hohe Verschuldung des VN,[75] die Angabe eines hohen Scheinkaufpreises für die zerstörte Sache zur Bemessung der Versicherungssumme[76] oder eine Brandstiftung durch den VN.[77] Diese Indizien können dann bereits alleine oder jedenfalls in einer Gesamtschau die entsprechenden Schlussfolgerungen auf die betrügerische Absicht bereits bei Vertragsabschluss und damit den Beweis ermöglichen.[78] Auch die Angabe des Grundstückskaufpreises als Versicherungssumme einer Wohngebäudeversicherung ist ein ausreichendes Indiz für eine Betrugsabsicht, wenn der VN entschlossen war, das Gebäude abzureißen und das Grundstück neu zu bebauen, so dass das Gebäude für ihn wertlos war.[79]

2. Abdingbarkeit. Nach § 87 kann von § 74 nicht zum Nachteil des VN abgewichen werden. Darüber hinaus ist Abs. 2 Hs 1 auch zu Gunsten des VR zwingend.[80]

3. Anfechtung nach § 123 BGB. Die Möglichkeit einer Anfechtung nach § 123 BGB wegen arglistiger Täuschung besteht grds. auch dann, wenn eine Nichtigkeit

---

68 Langheid/Wandt/*Halbach*, § 74 Rn 16; Prölss/Martin/*Armbrüster*, § 74 Rn 18; *Kohleick*, Doppelversicherung, S. 187 ff mwN.
69 Prölss/Martin/*Armbrüster*, § 74 Rn 18; *Kohleick*, Doppelversicherung, S. 187.
70 Begr. RegE, BT-Drucks. 16/3945, S. 78.
71 Prölss/Martin/*Armbrüster*, § 74 Rn 18.
72 Prölss/Martin/*Armbrüster*, § 74 Rn 20.
73 OLG Karlsruhe 5.6.1997 – 12 U 33/96, VersR 1998, 977.
74 Prölss/Martin/*Armbrüster*, § 74 Rn 20; Römer/Langheid/*Langheid*, § 74 Rn 6.
75 BGH 5.5.1982 – IVa ZR 207/80, VersR 1982, 689; Prölss/Martin/*Armbrüster*, § 74 Rn 20.
76 BGH 19.11.1962 – II ZR 207/60, BB 1963, 290; Prölss/Martin/*Armbrüster*, § 74 Rn 20.
77 BGH 5.5.1982 – IVa ZR 207/80, VersR 1982, 689; Prölss/Martin/*Armbrüster*, § 74 Rn 20.
78 BGH 5.5.1982 – IVa ZR 207/80, VersR 1982, 689; OLG Bremen 22.5.2003 – 2 U 97/02, VersR 2004, 107.
79 Schleswig-Holsteinisches OLG 17.12.1992 – 16 U 5/92, r+s 1995, 26.
80 Begr. RegE, BT-Drucks. 16/3945, S. 78; allgM, Langheid/Wandt/*Halbach*, § 74 Rn 18; Prölss/Martin/*Armbrüster*, § 74 Rn 21; Römer/Langheid/*Langheid*, § 74 Rn 9.

nach Abs. 2 nicht festgestellt werden kann, weil das Vorliegen einer Überversicherung nicht bewiesen werden kann.[81]

§ 75 Unterversicherung

Ist die Versicherungssumme erheblich niedriger als der Versicherungswert zur Zeit des Eintrittes des Versicherungsfalles, ist der Versicherer nur verpflichtet, die Leistung nach dem Verhältnis der Versicherungssumme zu diesem Wert zu erbringen.

I. Normzweck...................... 1	4. Ausschluss der Unterversicherung............................ 20
II. Anwendungsbereich und Voraussetzungen 3	V. Allgemeines...................... 22
III. Rechtsfolge 6	1. Darlegungs- und Beweislast.. 22
IV. Regelungen in den AVB 10	2. Obliegenheiten 25
1. Allgemeines.................. 10	3. Abdingbarkeit................ 26
2. Entschädigungsgrenzen 11	VI. Beratungspflicht 27
3. Vermeidung der Unterversicherung.................. 16	

I. Normzweck

1 Die Regelungen zur Über- und Unterversicherung (§§ 74 f) stehen in engem Zusammenhang (vgl § 74 Rn 1). In der Schadensversicherung wird die Versicherungsleistung regelmäßig durch eine vereinbarte Versicherungssumme begrenzt, die zugleich Berechnungsgrundlage der Prämie ist. Ist die Versicherungssumme zum Zeitpunkt des Versicherungsfalles niedriger als der Versicherungswert, liegt eine **Unterversicherung** vor, die nicht ohne Einfluss auf die Versicherungsleistung bleiben kann. Für den Fall eines **Totalschadens**, besser **Vollschadens**, sehen üblicherweise bereits die AVB vor, dass unabhängig von der tatsächlichen Höhe des Schadens maximal die Versicherungssumme zu ersetzen ist.

2 § 75 regelt die **Folgen** einer Unterversicherung bei einem **Teilschaden** und stellt das Äquivalenzverhältnis zwischen Leistung und Gegenleistung für die Entschädigung her,[1] indem die bereits bisher geltende **Proportionalitätsregel** beibehalten wird. Hierfür hatte sich die VVG-Kommission ausgesprochen, da nicht nur in Deutschland die meisten Sachversicherungen auf dieser Grundlage und nicht auf „Erstrisiko"-Basis konzipiert sind und abgeschlossen werden. Interessengerecht sei eine solche Regelung allerdings nur dann, wenn insb. unerfahrene VN vor Vertragsschluss darüber informiert werden, dass sie nur bei ausreichender Versicherungssumme eine volle Ersatzleistung erhalten können. Von Bedeutung für die Empfehlung war auch, dass verschiedene VR inzwischen Produkte anbieten, bei denen auf die Einrede der Unterversicherung unter bestimmten Voraussetzungen, zB bei bestimmten Mindestversicherungssummen je Quadratmeter Wohnfläche in der Hausratversicherung, verzichtet wird.[2]

II. Anwendungsbereich und Voraussetzungen

3 § 75 ist nur in der **Schadensversicherung** anwendbar (vgl § 74 Rn 4 f).[3] Die **Versicherungssumme** muss, anders als bei der Vorgängervorschrift des § 56 aF und anders als durch die VVG-Kommission vorgeschlagen, „**erheblich**" niedriger als der

---

81 So auch Langheid/Wandt/*Halbach*, § 74 Rn 16.
1 Looschelders/Pohlmann/*von Koppenfels-Spies*, § 75 Rn 2.
2 VVG-Kommission Dok. AB 10 S. 3.
3 Langheid/Wandt/*Halbach*, § 75 Rn 4.

Versicherungswert zur Zeit des Eintritts des Versicherungsfalles sein. Zur Auslegung der Tatbestandsmerkmale „Versicherungssumme" und „erheblich" s. § 74 Rn 6 und 25, da hier dieselben Anforderungen zu stellen sind wie bei § 74.[4]

Maßgeblicher **Zeitpunkt** ist der Eintritt des Versicherungsfalles. Auf die Ursache für den Eintritt einer Unterversicherungssituation kommt es grds. nicht an. Die Norm bietet keine Anknüpfungsmöglichkeit für die Berücksichtigung eines Verschuldens der einen oder anderen Seite. Daher kann aus einem evtl **Beratungsverschulden** des VR nicht hergeleitet werden, dass sich der VR auf das Vorliegen einer Unterversicherung nicht berufen darf.[5] Allerdings kommt bei einem Beratungsverschulden des VR oder des Versicherungsberaters ein Schadensersatzanspruch nach § 6 Abs. 5 bzw § 63 in Betracht (s. § 6 Rn 43 ff, § 63 Rn 1 ff).[6]

Sind bei einem **Inbegriff von Sachen** einzelne Positionen oder Gruppen getrennt versichert oder sind mehrere Versicherungssparten in einem Vertrag zusammengefasst worden, muss das Vorliegen einer Unterversicherung für jede Position, Gruppe oder Versicherungssparte getrennt geprüft werden.[7]

III. Rechtsfolge

Das Vorliegen einer Unterversicherung hat keine Auswirkung auf die Gültigkeit des VersVertrages[8] und gibt auch keinen Anspruch für den VN auf eine Vollwertversicherung oder für den VR auf eine höhere Versicherungsprämie.[9] Liegt eine Unterversicherung vor und ist nichts Abweichendes vereinbart, so wird die Höhe der Entschädigung für einen Teilschaden nach der **Proportionalitätsregel** berechnet.[10] Die zu leistende Entschädigung entspricht dem Verhältnis zwischen Versicherungssumme und Versicherungswert. Als Formel ausgedrückt bedeutet dies:

$$\text{Entschädigung} = \frac{\text{Schaden} \times \text{Versicherungssumme}}{\text{Versicherungswert}}$$

Durch den Wegfall von § 50 aF und die Aufnahme des Tatbestandsmerkmals „erheblich" stellt sich die Frage, ob der VR bei einem **Vollschaden** mehr als die Versicherungssumme leisten muss, wenn die Versicherungssumme nur unerheblich niedriger als der Versicherungswert ist. Nach alter Rechtslage war die Ersatzpflicht des VR unstrittig auf die Versicherungssumme begrenzt.[11] Die VVG-Kommission wollte hieran nichts ändern.[12] Auch im neuen VVG findet sich keine Norm, nach der eine über die Versicherungssumme hinausgehende Leistungspflicht des VR besteht. Insbesondere stellt § 75, der lediglich die Rechtsfolgen einer Unterversicherung bei Teilschäden festlegt,[13] keine solche Regelung dar. Der VN kann darüber hinaus auch kein schützenswertes Interesse geltend machen, da er die Versicherungssum-

---

4 Langheid/Wandt/*Halbach*, § 75 Rn 5; Prölss/Martin/*Armbrüster*, § 75 Rn 5.
5 OLG Saarbrücken 5.12.2001 – 5 U 903/00-83, VersR 2003, 195; aA Römer/Langheid/*Langheid*, § 75 Rn 2; *Steinbeck/Terno*, in: MAH VersR, § 2 Rn 369.
6 BGH 7.12.1988 – IVa ZR 193/87, r+s 1989, 58; OLG Frankfurt 11.11.2005 – 24 U 55/05, VersR 2006, 406; Looschelders/Pohlmann/*von Koppenfels-Spies*, § 75 Rn 4.
7 Langheid/Wandt/*Halbach*, § 75 Rn 5; Römer/Langheid/*Langheid*, § 75 Rn 6; Beckmann/Matusche-Beckmann/*Höke*, § 19 Rn 24.
8 OLG Karlsruhe 1.3.1979 – 12 U 168/78, VersR 1979, 926; Langheid/Wandt/*Halbach*, § 75 Rn 6; Prölss/Martin/*Armbrüster*, § 75 Rn 1.
9 Prölss/Martin/*Kollhosser*, 27. Aufl. 2004, § 56 Rn 7; Marlow/Spuhl/*Spuhl*, Rn 547.
10 Römer/Langheid/*Langheid*, § 75 Rn 4; Beckmann/Matusche-Beckmann/*Höke*, § 19 Rn 24.
11 Römer/Langheid/*Römer*, 3. Aufl., § 56 Rn 3; Beckmann/Matusche-Beckmann/*Höke*, § 19 Rn 24.
12 VVG-Kommission Dok. AB 10 S. 2.
13 Looschelders/Pohlmann/*von Koppenfels-Spies*, § 75 Rn 10.

me eindeutig dem Vertrag entnehmen kann. Daher bleibt es auch nach dem neuen VVG dabei, dass die im VersVertrag festgelegte Versicherungssumme grds. die Grenze der Entschädigungspflicht des VR darstellt.[14] Dem VN bleibt ggf ein Schadensersatzanspruch gegen den VR oder den Vermittler, wenn die Unterversicherung aus einer schlechten Beratung resultiert, vgl §§ 6, 63. Das Erheblichkeitsmerkmal dient danach dazu, Streitigkeiten darüber zu vermeiden, wie sich die Versicherungssumme auf den geschädigten und den nicht geschädigten Teil bei Teilschäden verteilt.

8 Die Rechtsfolgen einer Unterversicherung erfassen auch **Nebenleistungen**, so dass diese im selben Verhältnis wie die Entschädigung gekürzt werden.[15]

9 Ist eine **Selbstbeteiligung**, auch **Eigenbeteiligung** oder **Selbstbehalt** genannt, vereinbart, so ist zunächst die Entschädigung nach der Proportionalitätsregelung zu errechnen und alsdann von dem errechneten Betrag die Selbstbeteiligung abzuziehen.[16] Unabhängig davon, ob ein fester Betrag oder ein Abzugsprozentsatz als Selbstbeteiligung gewählt wurde, erfolgt der Abzug also von der Entschädigung, wie sie ohne Selbstbeteiligung zu leisten wäre.[17] Eine proportionale Herabsetzung der Selbstbeteiligung kommt nicht in Betracht, da sie auf Basis der Versicherungssumme und nicht auf Basis des Versicherungswertes kalkuliert wurde.

IV. Regelungen in den AVB

10 **1. Allgemeines.** Da die Regelungen des § 75 abdingbar sind (s. Rn 20 f), kann in den AVB Abweichendes vereinbart werden. Daher enthalten die meisten AVB Regelungen zur Unterversicherung, die entweder § 75 wörtlich oder sinngemäß wiederholen oder ganz oder teilweise abbedingen.

11 **2. Entschädigungsgrenzen.** Regelmäßig stellt die **Versicherungssumme** die äußerste Grenze der Entschädigung bei Eintritt eines Versicherungsfalles dar. Über diese Summe hinaus ist der VR nur aufgrund besonderer Bestimmungen zur Leistung verpflichtet.[18] Grundsätzlich steht die Versicherungssumme je Versicherungsfall zur Verfügung, mit der Folge, dass sie bei weiteren Versicherungsfällen erneut in voller Höhe zur Verfügung steht.[19]

12 Es ist möglich zu vereinbaren, dass die Leistung des VR die Versicherungssumme für den Rest der Periode vermindert. So war dies u.a. für die Feuerversicherung in § 95 aF gesetzlich vorgesehen. Auch kann neben der Entschädigungsgrenze pro Versicherungsfall eine Entschädigungsgrenze für die **Versicherungsperiode** festgelegt werden, indem zB die Gesamtleistungspflicht für alle Schadensereignisse einer Versicherungsperiode auf ein Vielfaches der vereinbarten Deckungssumme begrenzt wird. Im Versicherungsschein würden dann die jeweiligen Deckungssummen je Versicherungsfall und Versicherungsjahr angegeben. Aus Transparenzgründen empfiehlt es sich nicht, die Höchstgrenze je Versicherungsjahr ausschließlich in den AVB zu regeln und auf einen gesonderten Ausweis im Versicherungsschein zu verzichten.

13 Ist eine Minderung der Deckungssumme aufgrund der vertraglichen Vereinbarungen als Folge eines Schadensereignisses eingetreten, so können die Parteien eine

---

14 Prölss/Martin/*Armbrüster*, § 75 Rn 1; Langheid/Wandt/*Halbach*, § 75 Rn 6; Looschelders/Pohlmann/*von Koppenfels-Spies*, § 75 Rn 10.
15 Langheid/Wandt/*Halbach*, § 75 Rn 7; Römer/Langheid/*Langheid*, § 75 Rn 7; Beckmann/Matusche-Beckmann/*Höke*, § 19 Rn 24.
16 Römer/Langheid/*Langheid*, § 75 Rn 8; Looschelders/Pohlmann/*von Koppenfels-Spies*, § 75 Rn 11.
17 Prölss/Martin/*Armbrüster*, § 75 Rn 14; Römer/Langheid/*Langheid*, § 75 Rn 8; Beckmann/Matusche-Beckmann/*Höke*, § 19 Rn 25.
18 Prölss/Martin/*Armbrüster*, Vor § 74 Rn 14 ff, § 75 Rn 1.
19 Prölss/Martin/*Armbrüster*, Vor § 74 Rn 16.

vollständige oder teilweise Wiederauffüllung der Deckungssumme auf die Versicherungssumme für den Rest der Versicherungsperiode vereinbaren.[20]

Die Parteien haben auch die Möglichkeit, eine **Bruchteilsversicherung** abzuschließen. Bei einer solchen Versicherung wird von vornherein nicht der gesamte Versicherungswert, sondern nur ein Bruchteil des Versicherungswertes als beziffertes Betrag oder als Prozentsatz des Versicherungswertes versichert. Eine solche Vereinbarung bietet sich an, wenn ein Totalverlust durch ein einziges Ereignis nicht zu befürchten ist. Die Bruchteilssumme bildet dann eine Entschädigungsgrenze. Richtig formuliert führt eine solche Deckung nicht zur Unterversicherung, wenn deutlich gemacht wird, dass die Entschädigungsgrenze geringer angesetzt wurde als die Versicherungssumme und Letztere dem Versicherungswert entspricht. Aber auch in diesen Fällen kann es zu einer Unterversicherung kommen.[21]

Beispiel: Versicherungssumme 100.000 €, Versicherungswert 120.000 €, versicherter Bruchteil: 50.000 €, eingetretener Schaden 30.000 €. – Es liegt eine Unterversicherung vor, da der Versicherungswert die Versicherungssumme erheblich übersteigt. Die Entschädigung beträgt daher nicht 30.000 €, sondern zunächst nur 25.000 €.

$$\frac{30.000\ \text{€} \times 100.000\ \text{€}}{120.000\ \text{€}} = 25.000\ \text{€}$$

3. Vermeidung der Unterversicherung. Zur Vermeidung der Unterversicherung gibt es eine Vielzahl von unterschiedlichen Klauseln. Bei **Summenanpassungsklauseln** wird die Versicherungssumme nach Maßgabe eines im Voraus vereinbarten Indexes oder Prozentsatzes angepasst, um so eine Wertsicherung gegen Geldentwertung oder Wertsteigerungen der versicherten Sache zu erreichen.

Bei den **Wertzuschlagsklauseln** besteht die Versicherungssumme aus einer Grundsumme, die den Wert der versicherten Sache in Preisen des Basisjahrs angibt, zuzüglich eines Wertzuschlages, welcher die Preissteigerungen der versicherten Sache in der Zeit bis zur aktuellen Versicherungsperiode wiedergibt.

Soll ein Warenlager versichert werden, bei dem sich der Bestand und damit auch der Versicherungswert ständig ändert, bieten sich **Stichtagsklauseln** an. Danach hat der VN dem VR periodisch binnen einer festgesetzten Frist von wenigen Tagen nach den vereinbarten Stichtagen den Wert der versicherten Sachen zu diesen Stichtagen zu melden. Das Lager ist dann jeweils mit dem Wert der vorausgegangenen Stichtagsmeldung versichert, jedoch nicht über eine ggf vereinbarte Höchstversicherungssumme hinaus.[22]

Sind mehrere Versicherungssummen für verschiedene Vermögensgüter vereinbart, könnte es sich anbieten, einen **Summenausgleich** zu vereinbaren. Dies hat zur Folge, dass sich Über- oder Unterversicherungen einzelner Positionen ausgleichen und daher nicht nachteilig auswirken, sondern sämtliche Versicherungswerte einerseits und Versicherungssummen andererseits zu addieren sind. Die Summen werden dann zur Ermittlung einer Unterversicherung gegenübergestellt.[23]

4. Ausschluss der Unterversicherung. Der VR kann in den AVB auf die Anwendung des § 75 ganz oder teilweise verzichten. Intendiert der VR lediglich einen teilweisen Verzicht, so tut er gut daran, dies ausreichend deutlich zu formulieren. Der VR kann den Verzicht von Voraussetzungen abhängig machen, etwa von dem Erreichen einer bestimmten Mindestversicherungssumme pro versicherte Fläche in der Hausratversicherung (vgl Abschnitt A § 9 Abs. 3 a) VHB 2008 (QM)).

---

20 Prölss/Martin/*Kollhosser*, 27. Aufl. 2004, § 50 Rn 13.
21 *Wandt*, in: Hdb FA VersR, Kap. 1 Rn 240.
22 Prölss/Martin/*Armbrüster*, Vor § 74 Rn 8.
23 Römer/Langheid/*Langheid*, § 75 Rn 6.

21 Bei einer **Versicherung auf erstes Risiko** ist § 75 abbedungen.[24] Der VR trägt hier auf „erstes Risiko" den Schaden bis zur Höhe der Versicherungssumme ohne Rücksicht auf einen messbaren Versicherungswert. Für den über die Versicherungssumme hinausgehenden Schaden trägt der VN das „zweite Risiko" seinerseits in vollem Umfang.[25] Er hat natürlich die Möglichkeit, das bei ihm verbleibende Risiko ebenfalls zu versichern.[26]

V. Allgemeines

22 **1. Darlegungs- und Beweislast.** Die Beweislast für den Versicherungswert als Berechnungsgrundlage für die Vollentschädigung trägt der VN nach allgemeinen Grundsätzen.[27] Der VN trägt darüber hinaus die Darlegungs- und Beweislast für die Höhe des entstandenen Schadens. Insofern hat er ausreichende Anhaltspunkte und Anknüpfungstatsachen vorzutragen und ggf zu beweisen, um dem Gericht zumindest eine Schätzung gem. § 287 ZPO zu ermöglichen.[28]

23 Falls sich der VR auf das Vorliegen einer Unterversicherung beruft, hat er als deren Voraussetzung substantiiert darzulegen und ggf zu beweisen, dass der Versicherungswert höher als die Versicherungssumme ist.[29] Der VR genügt seiner Darlegungslast dabei nicht, wenn er lediglich behauptet, dass aufgrund allgemeiner Erfahrungssätze oder allgemeiner Vermutungen, etwa dem Hinweis auf die allgemeine Preisentwicklung, der Versicherungswert höher als die Versicherungssumme gelegen haben dürfte.[30] In der Hausratversicherung reicht der Schluss von der Größe der gesamten Wohn- und Nutzfläche auf den Versicherungswert nicht aus.[31]

24 Steht die Unterversicherung fest, so ist es Sache des den Anspruch geltend machenden VN, nicht nur den tatsächlich eingetretenen Schaden darzulegen, sondern darüber hinaus auch den Versicherungswert bzw ausreichende Anknüpfungspunkte für die Schätzung des Versicherungswertes vorzutragen und zu beweisen.[32] Unterlässt der VN derartige Angaben, ist die Klage in vollem Umfang abzuweisen.[33]

25 **2. Obliegenheiten.** Ohne Mitwirkung des VN ist es dem VR häufig nicht möglich, seiner Darlegungs- und Beweislast zu genügen. Daher ist der VN in diesen Fällen aufgrund einer allgemeinen **Aufklärungsobliegenheit** gehalten, dem VR die Möglichkeit zu geben, an Ort und Stelle den Versicherungswert festzustellen.[34] Spezielle Regelungen sind regelmäßig in den AVB enthalten. Eine Verletzung dieser Obliegenheiten dürfte regelmäßig vorsätzlich sein, so dass sie bei Vorliegen der weiteren Voraussetzungen des § 28 Abs. 2 zur Leistungsfreiheit führt. Außerdem kommt der

---

24 OLG Düsseldorf 24.2.2001 – 4 U 137/00, VersR 2002, 183; Prölss/Martin/*Armbrüster*, § 75 Rn 21; Römer/Langheid/*Langheid*, § 75 Rn 10; Beckmann/Matusche-Beckmann/*Höke*, § 19 Rn 24.
25 Langheid/Wandt/*Halbach*, § 75 Rn 16.
26 Langheid/Wandt/*Halbach*, § 75 Rn 16.
27 Prölss/Martin/*Armbrüster*, § 75 Rn 22; Römer/Langheid/*Langheid*, § 75 Rn 19.
28 OLG München 1.8.1990 – 7 U 6730/89, VersR 1991, 659; Römer/Langheid/*Langheid*, § 75 Rn 9.
29 OLG Hamm 23.1.1987 – 20 U 273/86, NJW-RR 1987, 859; Prölss/Martin/*Armbrüster*, § 75 Rn 22; Römer/Langheid/*Langheid*, § 75 Rn 4; *Steinbeck/Terno*, in: MAH VersR, § 2 Rn 356.
30 Prölss/Martin/*Armbrüster*, § 75 Rn 22; Römer/Langheid/*Langheid*, § 75 Rn 9.
31 OLG Köln 14.2.1991 – 5 U 272/89, r+s 1991, 136.
32 *Steinbeck/Terno*, in: MAH VersR, § 2 Rn 356.
33 OLG München 1.8.1990 – 7 U 6730/89, VersR 1991, 659; Römer/Langheid/*Langheid*, § 75 Rn 9.
34 OLG München 1.8.1990 – 7 U 6730/89, VersR 1991, 659; LG Köln 15.11.1989 – 10 S 265/89, r+s 1990, 25; Prölss/Martin/*Armbrüster*, § 75 Rn 22; Römer/Langheid/*Langheid*, § 75 Rn 9; *Steinbeck/Terno*, in: MAH VersR, § 2 Rn 356.

Auskunftsanspruch nach § 31 gegen den VN in Betracht,[35] nach dem der VN wahrheitsgemäße Angaben über den Versicherungswert machen muss.

3. Abdingbarkeit. Die Regelungen zur Unterversicherung sind dispositiv.[36] 26

VI. Beratungspflicht

Bereits vor Inkrafttreten der VVG-Reform haben verschiedene Gerichte besondere 27 Beratungspflichten bei der Ermittlung des richtigen Versicherungswertes beim VR gesehen. Mit der VVG-Reform sind die Beratungspflichten des VR durch Einfügung von § 6 tendenziell ausgeweitet worden. Soweit also bereits nach altem Recht eine Beratungspflicht des VR bestand und damit Grundlage eines Schadensersatzanspruchs aus culpa in contrahendo sein konnte, besteht diese auch nach neuem Recht. **Anspruchsgrundlage** ist allerdings nicht mehr das Verschulden bei Vertragsabschluss, sondern § 6 Abs. 5 bzw § 63 bei der Einschaltung eines VersVermittlers.

Bislang wurde eine Beratungspflicht dann angenommen, wenn die Ermittlung des 28 Versicherungswertes aus rechtlichen oder tatsächlichen Gründen Schwierigkeiten bereitet, mit denen ein Laie idR nicht rechnet, die aber einem VR oder seinem Vertreter aufgrund deren Fachkenntnis im Allgemeinen bekannt sind.[37] In diesen Fällen ist der VR verpflichtet, den VN auf die Unvollständigkeit und Unrichtigkeit der Ermittlung des Versicherungswertes und auf die richtige Versicherungssumme hinzuweisen und ihn über das aus seiner Sicht richtige Vorgehen zu beraten. Maßgeblich für das Bestehen und den Umfang einer Beratungspflicht ist das jeweilige **Beratungsbedürfnis** des VN in seiner konkreten Lage.[38] Derartige besondere Beratungspflichten wurden bislang zB beim „Versicherungswert 1914" in der Gebäudeversicherung zum gleitenden Neuwert angenommen.[39] Gegenüber einem durch einen Makler vertretenen VN besteht eine Beratungspflicht des VR grds. nicht.

Demgegenüber geht die hM bislang davon aus, dass es in der Eigenverantwortung 29 des VN liegt, eine Unterversicherung zu vermeiden, weil er idR über den Wert der zu versichernden Sache besser informiert ist als der VR.[40] Dabei wird freilich vorausgesetzt, dass der VR, der die von ihm angebotenen Versicherungsformen am besten kennt, bei der Beratung über die Vor- und Nachteile einzelner Tarife auch über die Bedeutung der Versicherungssumme aufgeklärt hat. Hierzu gehört die Angabe, ob der maßgebliche Versicherungswert als Neuwert, Zeitwert oder gemeiner Wert zu ermitteln ist.[41] Jedenfalls diesbezüglich besteht auch nach der neuen Rechtslage eine Beratungspflicht.

Ob darüber hinaus ggf Anlass zu einer weitergehenden Aufklärung und Beratung 30 durch den VR besteht, ist zweifelhaft. Zu weitgehend waren insofern selbst nach neuem Recht Forderungen, dass der VR bzw dessen Vermittler zB bei der Hausratversicherung darüber aufklären müsse, dass Bücher, Tonträger, Videos und Dekorationen einzubeziehen seien, dass der VR ungefragt bei der Werterfassung von Schmuck und Armbanduhren helfen müsse, dass der VR auf Teuerungsraten hinweisen und dass er auf die Berücksichtigung von außerhalb der eigentlichen Woh-

---

35 Looschelders/Pohlmann/*von Koppenfels-Spies*, § 75 Rn 15.
36 OLG Karlsruhe 17.12.1975 – 13 U 33/75, VersR 1976, 239; OLG Düsseldorf 24.4.2001 – 4 U 137/00, VersR 2002, 183; Prölss/Martin/*Armbrüster*, § 75 Rn 34; Römer/Langheid/*Langheid*, § 75 Rn 9; Beckmann/Matusche-Beckmann/*Höke*, § 19 Rn 24.
37 OLG Frankfurt/M 21.11.2001 – 7 U 35/01, VersR 2002, 1022.
38 OLG Frankfurt/M 21.11.2001 – 7 U 35/01, VersR 2002, 1022; zur alten Rechtslage Prölss/Martin/*Armbrüster*, § 75 Rn 26 ff, nunmehr weitergehend.
39 OLG Frankfurt/M 21.11.2001 – 7 U 35/01, VersR 2002, 1022; OLG Saarbrücken 5.12.2001 – 5 U 903/00-83, VersR 2003, 195; Prölss/Martin/*Armbrüster*, § 75 Rn 27.
40 OLG Frankfurt/M 21.11.2001 – 7 U 35/01, VersR 2002, 1022; Prölss/Martin/*Kollhosser*, 27. Aufl. 2004, § 56 Rn 21.
41 OLG Frankfurt/M 12.9.2001 – 7 U 120/00, NVersZ 2002, 90.

nung mitversicherten Sachen bei der Wertermittlung hinwirken müsse.[42] Derartige Forderungen würden die Beratungspflichten des VR ohne Not überspannen, denn die Ermittlung der Höhe des Risikos in der Schadensversicherung ist etwas, bei dem der aufgeklärte Verbraucher grds. keiner (ungefragten) Unterstützung bedarf. Selbstverständlich ist aber darauf zu achten, dass Kommunikationsdefizite, etwa bei der Frage, ob der Neuwert oder der Zeitwert maßgeblich ist, zwischen VR und VN durch entsprechende Formulierungen im Versicherungsantrag oder Fragebogen erst gar nicht entstehen. Darüber hinaus sehen die AVB vieler Versicherungen ohnehin eine Indexanpassung vor, um eines der beschriebenen Probleme zu vermeiden.

31 Liegt eine **Beratungspflichtverletzung** vor, so wird man regelmäßig annehmen dürfen, dass der VN bei richtiger Beratung die Versicherungssumme dem tatsächlichen bzw dem relevanten Versicherungswert angepasst hätte.[43] Im Rahmen der Schadensersatzberechnung sind Mehrprämien, die der VN wegen der höheren Versicherungssumme zwischen Beratungspflichtverletzung und Schadenseintritt zu zahlen gehabt hätte, schadensmindernd zu berücksichtigen.[44]

§ 76 Taxe

¹Der Versicherungswert kann durch Vereinbarung auf einen bestimmten Betrag (Taxe) festgesetzt werden. ²Die Taxe gilt auch als der Wert, den das versicherte Interesse bei Eintritt des Versicherungsfalles hat, es sei denn, sie übersteigt den wirklichen Versicherungswert zu diesem Zeitpunkt erheblich. ³Ist die Versicherungssumme niedriger als die Taxe, so hat der Versicherer, auch wenn die Taxe erheblich übersetzt ist, den Schaden nur nach dem Verhältnis der Versicherungssumme zur Taxe zu ersetzen.

I. Normzweck

1 Vor der VVG-Reform hatte die Vorschrift den Zweck, die Feststellung des Versicherungswertes und damit des zu ersetzenden Schadens zu Gunsten des beweispflichtigen VN durch die **pauschalierende Vereinbarung eines festen Betrages (= Taxe)** zu erleichtern, da die Ermittlung des Versicherungswertes im Versicherungsfall schwierig sein kann.[1] Durch diese Möglichkeit sollten Streitigkeiten über die Höhe des Versicherungswertes und insb. des zu ersetzenden Schadens vermieden werden. Daher wurde in Kauf genommen, dass die Taxe im Versicherungsfall den Versicherungswert – wenn auch nur unerheblich – übersteigt oder auch dahinter zurückbleibt und damit die eine oder die andere Partei begünstigt wird.[2] Diese Bedeutung kommt der Norm auch nach der VVG-Reform im Bereich der Vollschäden zu.

2 Durch die Einführung des Merkmals der Erheblichkeit bei der Unterversicherung (s. § 75 Rn 3) ist die Möglichkeit der Vereinbarung einer Taxe für **Teilschäden** bedeutungslos geworden.

---

42 So *Terbille*, in: MAH VersR, 2. Aufl., § 2 Rn 314 f; nun deutlich zurückhaltender *Steinbeck/Terno*, in: MAH VersR, 3. Aufl., § 2 Rn 368 f; der hier vertretenen Auffassung zust. Langheid/Wandt/*Halbach*, § 75 Rn 22.
43 OLG Köln 3.6.1993 – 5 U 112/92, VersR 1994, 342; Römer/Langheid/*Langheid*, § 75 Rn 2.
44 Römer/Langheid/*Langheid*, § 75 Rn 2.
1 Prölss/Martin/*Armbrüster*, § 76 Rn 1; Römer/Langheid/*Langheid*, § 76 Rn 1.
2 Prölss/Martin/*Armbrüster*, § 76 Rn 1; Römer/Langheid/*Langheid*, § 76 Rn 1.

II. Anwendungsbereich

Die Regelung gilt nach dem Willen des Gesetzgebers und aufgrund ihrer systematischen Einordnung in den Abschnitt über die Schadensversicherung generell für die Schadensversicherung, also auch für die Sachversicherung, aber nicht über diese hinaus.[3] Nach Wegfall des § 87 aF gilt § 76 nunmehr auch für die Feuerversicherung.[4] Sie gilt weiter auch für die Versicherung entgehenden Gewinns.[5] Die Vorschrift ist in der Summenversicherung grds. nicht anwendbar, auch wenn im Bereich der Unfallversicherung (Ziff. 2 AUB 2008) der Begriff der „Gliedertaxe" verwandt wird. Hierbei handelt es sich nicht um eine Taxe iSd § 76, sondern um eine Sonderregelung zur vereinfachten Abrechnung der Invaliditätsleistung bei bestimmten Gesundheitsschäden.[6]

III. Voraussetzungen

Voraussetzung für die Anwendung von § 76 ist die **Vereinbarung** der Parteien bei Vertragsabschluss oder auch später, den Versicherungswert auf eine bestimmte Summe (Taxe) festzusetzen (**S. 1**). Eine besondere Form ist nicht vorgeschrieben, so dass die Vereinbarung grds. sogar stillschweigend erfolgen kann.[7]

Schätzen die Parteien bei Abschluss des VersVertrages den Wert der zu versichernden Sache gemeinsam und bemessen aufgrund dieser Schätzung die Versicherungssumme, so dürfte darin noch keine Vereinbarung einer Taxe liegen.[8] Es müssen vielmehr Umstände hinzutreten, aus denen deutlich wird, dass die Parteien sich im Rahmen der vorgegebenen Grenzen tatsächlich vom Versicherungswert lösen wollen, um stattdessen einen bestimmten Betrag festzusetzen, der im Vollschadensfall ohne weiteren Nachweis der Schadenshöhe ausgezahlt werden soll.[9] Das kann zB dann der Fall sein, wenn es für das zu versichernde Interesse keinen allgemeinen Marktwert gibt und daher die Wertermittlung schwierig ist, wie dies bei Kunstwerken, Antiquitäten oder Sammlerstücken der Fall ist. Auch für die Höhe einer Gewinneinbuße bei einer Betriebsunterbrechungsversicherung lassen die stets absehbaren Bewertungsschwierigkeiten tendenziell auf die Absicht der Parteien schließen, eine Taxe vereinbaren zu wollen. Zweifelhaft ist insofern die Annahme einer **Wertdeklaration**, wenn die Wertangabe ohne Hinzuziehung eines Sachverständigen erfolgte,[10] denn gerade bei Kunstwerken dürfte auf beiden Vertragsseiten stets derart tief greifende Sachkenntnis vorhanden sein, dass die Zuziehung eines Sachverständigen nur dann notwendig ist, wenn die Vorstellungen über den Wert zwischen VR und VN stark differieren. Daher wird man vom Fehlen eines Sachverständigengutachtens alleine nicht auf das Vorliegen einer bloßen Wertdeklaration schließen können.

Eine förmliche Vereinbarung oder die Bezeichnung als „Taxe" ist ebenso wenig erforderlich[11] wie das tatsächliche Vorliegen von Bewertungsschwierigkeiten.[12] Allerdings ist die Bezeichnung als „Taxe" stets ein starkes Indiz dafür, dass auch eine

---

3 BT-Drucks. 16/3945, S. 78 f; Prölss/Martin/*Armbrüster*, § 76 Rn 2; Langheid/Wandt/*Halbach*, § 76 Rn 3.
4 Langheid/Wandt/*Halbach*, § 76 Rn 3.
5 Prölss/Martin/*Armbrüster*, § 76 Rn 2.
6 Langheid/Wandt/*Halbach*, § 76 Rn 3.
7 Langheid/Wandt/*Halbach*, § 76 Rn 4; Prölss/Martin/*Armbrüster*, § 76 Rn 4.
8 Prölss/Martin/*Armbrüster*, § 76 Rn 5; Römer/Langheid/*Langheid*, § 76 Rn 1; Langheid/Wandt/*Halbach*, § 76 Rn 4.
9 Prölss/Martin/*Armbrüster*, § 76 Rn 4.
10 LG Mainz 30.5.1995 – 3 S 391/94, VersR 1996, 226 geht von einer Taxe aus, Prölss/Martin/*Armbrüster*, § 76 Rn 5 regelmäßig von einer bloßen Wertdeklaration.
11 Prölss/Martin/*Armbrüster*, § 76 Rn 4; Langheid/Wandt/*Halbach*, § 76 Rn 4.
12 Prölss/Martin/*Armbrüster*, § 76 Rn 3.

Taxe im versicherungstechnischen Sinne vereinbart wurde.[13] Auch wenn S. 1 der Vorschrift die Taxe nur als einen „bestimmten Betrag" definiert, ist es aufgrund der allgemeinen Vertragsfreiheit ausreichend, wenn dieser **Betrag bestimmbar** ist.[14] Statt eines festen Betrages können die Parteien also Kriterien festlegen, nach denen der Versicherungswert verbindlich bestimmt bzw berechnet werden soll. Auch für eine solche Festlegung dürfte § 76 anwendbar sein.[15] Bei der Versicherung mehrerer Gegenstände können eine oder auch mehrere Taxen vereinbart werden.[16]

IV. Rechtsfolgen

7 **1. Maßgeblichkeit der Taxe.** Durch die Festlegung der Taxe bestimmen die Parteien verbindlich den Versicherungswert, auch für den Versicherten.[17] Statt des tatsächlichen Versicherungswertes gilt der Betrag der Taxe.

8 **2. Ausnahme bei erheblicher Übersetzung (S. 2).** Die Maßgeblichkeit der Taxe wird durch S. 2 eingeschränkt. Übersteigt die Taxe den wirklichen Versicherungswert im Zeitpunkt des Versicherungsfalles **erheblich**, so ist nicht die Taxe, sondern der wirkliche Versicherungswert maßgeblich (**S. 2 Hs 2**).[18] So weit herrscht Einigkeit. Strittig ist, ob die erheblich überhöhte Taxe unwirksam[19] oder zwar wirksam, bei Eintritt des Versicherungsfalles aber unbeachtlich ist, wie dies S. 3 nahe legt.[20] Zu unterschiedlichen praktischen Auswirkungen führt dieser Streit nur, wenn man die Vereinbarung der Taxe als wirksam ansieht und den Parteien ein Anpassungsrecht bezüglich der Versicherungssumme und Versicherungsprämie nach § 74 verwehrt, weil es bei Vereinbarung einer Taxe auf diese und nicht den wirklichen Versicherungswert ankomme. Eine solche Interpretation ist aber aus teleologischen Gründen und mit Blick auf die Interessen der Vertragsparteien abzulehnen. Vielmehr wäre § 74 dahin gehend zu interpretieren, dass es auf den wirklichen Versicherungswert ankommt. Ferner hätten die Parteien nach § 242 BGB das Recht zur Anpassung der Taxe an den wirklichen Versicherungswert, wie dies verschiedene Versicherungsbedingungen auch ausdrücklich vorsehen (zB § 6 Abs. 2 ADS). Daher kommt es in der Praxis nicht zu unterschiedlichen Ergebnissen und der Streit ist nicht zu entscheiden.[21] Zum Merkmal der **Erheblichkeit** vgl zunächst § 74 Rn 25 f.

9 Auch im Rahmen von § 76 ist unerheblich, warum die Taxe zu hoch bemessen wurde. Es spielt auch keine Rolle, ob die Taxe bereits ursprünglich zu hoch war oder erst während der Vertragsdauer durch ein Absinken des Versicherungswertes zu hoch wurde.[22]

10 Bei der im Einzelfall vorzunehmenden Beurteilung der Erheblichkeit[23] ist zusätzlich zu berücksichtigen, dass die Parteien regelmäßig mit der Vereinbarung einer Taxe auch eine Erleichterung für die Feststellung der Höhe der Leistungspflicht des VR schaffen und Streit hierdurch vermeiden wollten.[24] Wird zB die Höhe des

---

13 Looschelders/Pohlmann/*von Koppenfels-Spies*, § 76 Rn 5.
14 Looschelders/Pohlmann/*von Koppenfels-Spies*, § 76 Rn 5.
15 Prölss/Martin/*Armbrüster*, § 76 Rn 5; Langheid/Wandt/*Halbach*, § 76 Rn 4.
16 Langheid/Wandt/*Halbach*, § 76 Rn 4; Prölss/Martin/*Armbrüster*, § 76 Rn 4.
17 Langheid/Wandt/*Halbach*, § 76 Rn 7.
18 Prölss/Martin/*Armbrüster*, § 76 Rn 11; Langheid/Wandt/*Halbach*, § 76 Rn 8; *Meixner/Steinbeck*, § 7 Rn 19.
19 Langheid/Wandt/*Halbach*, § 76 Rn 7; auch der BGH 4.4.2001 – IV ZR 138/00, NJW 2001, 3539 spricht ohne weitere Begründung von einer Unwirksamkeit;
20 Prölss/Martin/*Armbrüster*, § 76 Rn 15.
21 So auch Looschelders/Pohlmann/*von Koppenfels-Spies*, § 76 Rn 10.
22 Römer/Langheid/*Langheid*, § 76 Rn 3.
23 OLG Köln 15.4.2014 – 9 U 202/13, VersR 2014, 1251.
24 BGH 4.4.2001 – IV ZR 138/00, NJW 2001, 3539; Langheid/Wandt/*Halbach*, § 76 Rn 8; *Meixner/Steinbeck*, § 7 Rn 19.

Schadens durch eine Vielzahl von Faktoren bestimmt, die nicht sicher vorhersehbar sind, und unterliegt der Markt der versicherten Gütern großen Preisschwankungen, so kann davon ausgegangen werden, dass die Parteien mit größeren Schwankungen bei der Höhe eines potenziellen Schadens gerechnet haben. Solange sich dann der tatsächliche Schaden im Rahmen dieser antizipierten Schwankungsbreite hält, wird man diese Abweichung nicht als erheblich ansehen können.[25]

Entspricht die Versicherungssumme der Taxe – was regelmäßig der Fall sein dürfte – und liegt der Fall des S. 2 vor, so liegt zugleich eine Überversicherung vor und beide Parteien können eine Anpassung des Vertrages verlangen.

3. Unterversicherung bei Vereinbarung einer Taxe (S. 3). Die Regelung des S. 3 stellt klar, dass auch bei Vereinbarung einer Taxe eine Unterversicherung iSd § 75 vorliegen kann.[26] Da die Parteien mit der Vereinbarung einer Taxe oberhalb der Versicherungssumme ihren Willen zum Ausdruck gebracht haben, dass der VN einen Teil des Schadens nach diesem Verhältnis selbst tragen soll, soll es auch im Fall einer erheblich übersetzten Taxe bei ihrer Entscheidung bleiben, obwohl nach S. 2 die Taxe nicht als Versicherungswert gilt.[27] Zur Berechnung der Höhe der Entschädigung s. § 75 Rn 6.

Beispiel: Taxe: 200.000 €, Versicherungswert: 100.000 €, Versicherungssumme: 150.000 €, Schaden: 100.000 €.

$$\text{Entschädigung} = \frac{\text{Schaden} \times \text{Versicherungssumme}}{\text{Taxe}} = 75.000 \text{ €}$$

V. Abdingbarkeit

Die Regelung ist wie bereits § 57 VVG aF abdingbar.[28] Vertraglich kann daher die Befugnis des VR zur Herabsetzung der Taxe vereinbart werden, wie dies teilweise in den AVB für einzelne Versicherungszweige vorgesehen ist. Sofern es an einer entsprechenden Regelung fehlt, dürfte es, wenn die Taxe den wirklichen Versicherungswert erheblich übersteigt, eine Verpflichtung nach § 242 BGB geben, sich der verlangten Anpassung des Vertrages an die wirklichen Verhältnisse nicht zu verweigern.

Übersteigt als Folge einer Herabsetzung die Versicherungssumme den Taxbetrag erheblich, so hat jede Partei nach § 74 das Recht, durch einseitige, rechtsgestaltende Willenserklärung die Versicherungssumme herabzusetzen und die Prämie entsprechend zu mindern.[29]

VI. Beweislast

Für die Vereinbarung einer Taxe ist die Partei beweispflichtig, die sich darauf beruft.[30] Die Beweislast für eine erhebliche Überhöhung der Taxe bei Eintritt des Versicherungsfalles trägt der VR.[31] Gelingt ihm dieser Beweis, so muss der VN den richtigen Versicherungswert nachweisen.[32]

---

25 BGH 4.4.2001 – IV ZR 138/00, NJW 2001, 3539.
26 BGH 4.4.2001 – IV ZR 138/00, NJW 2001, 3539; Römer/Langheid/*Langheid*, § 76 Rn 2; Looschelders/Pohlmann/*von Koppenfels-Spies*, § 76 Rn 11.
27 Prölss/Martin/*Armbrüster*, § 76 Rn 16; Langheid/Wandt/*Halbach*, § 76 Rn 9.
28 BT-Drucks. 16/3945, S. 79.
29 Prölss/Martin/*Armbrüster*, § 76 Rn 8.
30 Prölss/Martin/*Armbrüster*, § 76 Rn 19.
31 OLG Karlsruhe 5.6.1997 – 12 U 33/96, VersR 1998, 977; Prölss/Martin/*Armbrüster*, § 76 Rn 19; Schwintowski/Brömmelmeyer/*Kloth/Neuhaus*, § 76 Rn 9; Römer/Langheid/*Langheid*, § 76 Rn 2.
32 Prölss/Martin/*Armbrüster*, § 76 Rn 19.

§ 77 Mehrere Versicherer

(1) ¹Wer bei mehreren Versicherern ein Interesse gegen dieselbe Gefahr versichert, ist verpflichtet, jedem Versicherer die andere Versicherung unverzüglich mitzuteilen. ²In der Mitteilung sind der andere Versicherer und die Versicherungssumme anzugeben.

(2) Wird bezüglich desselben Interesses bei einem Versicherer der entgehende Gewinn, bei einem anderen Versicherer der sonstige Schaden versichert, ist Absatz 1 entsprechend anzuwenden.

I. Allgemeines 1	1. Anzeigepflicht (Abs. 1 S. 2) .. 12
1. Normzweck 1	2. Folgen der Verletzung der
2. Begrifflichkeiten............. 2	Anzeigepflicht 15
3. Anwendungsbereich.......... 3	IV. Sonstiges........................ 17
II. Tatbestandsvoraussetzungen	1. Beweislast 17
(Abs. 1 S. 1)...................... 4	2. Abdingbarkeit................ 18
1. Normadressat 4	V. Arten der Mehrfachversicherung 19
2. Mehrere Versicherungen bei	1. Nebenversicherung........... 19
mehreren VR 6	2. Mehrfachversicherung 20
3. Identität von Interesse und	3. Mitversicherung............. 21
Gefahr 7	VI. Subsidiaritätsklauseln 29
a) Allgemeines zur versicherten Gefahr 7	1. Allgemeines................... 29
b) Einzelheiten zur versicherten Gefahr 9	2. Einfache Subsidiaritätsklausel 30
c) Identität des VN.......... 10	3. Qualifizierte Subsidiaritätsklausel 33
d) Zeitliche und örtliche Identität.................... 11	4. Zusammentreffen mehrerer Subsidiaritätsklauseln 34
III. Rechtsfolgen..................... 12	

I. Allgemeines

1 **1. Normzweck.** In der Schadensversicherung besteht nach § 77 eine Anzeigepflicht bei Vorliegen mehrerer konkurrierender Versicherungen, damit die jeweiligen VR über die nebeneinander bestehenden Versicherungen informiert werden. Die VR sollen prüfen können, ob sie dauerhaft die mehrfache Versicherung des versicherten Interesses gegen die versicherte Gefahr akzeptieren wollen.[1] Bei einer Mehrfachversicherung ist die Mitteilung deswegen von besonderer Bedeutung, weil die VR ohne die entsprechende Kenntnis ihre Rechte aus § 78 Abs. 2 nicht geltend machen könnten.[2]

2 **2. Begrifflichkeiten.** In Abgrenzung zur in § 78 legaldefinierten „Mehrfachversicherung" hat *Langheid*[3] als Oberbegriff für die mehr als einfache Versicherung eines Interesses gegen dieselbe Gefahr den Begriff „**Vielfachversicherung**", *Kloth/Neuhaus*[4] den der „**Mehrversicherung**" vorgeschlagen. Ob es eines solchen Begriffs überhaupt bedarf und welcher der Vorschläge das Potential hat, sich durchzusetzen, bleibt abzuwarten. Zu den einzelnen Arten s. Rn 19 ff.

3 **3. Anwendungsbereich.** Aufgrund ihrer systematischen Stellung ist die Norm nur in der Schadensversicherung anwendbar.[5] Sie gilt also nicht in der Summenversi-

---
1 Prölss/Martin/*Armbrüster*, § 77 Rn 1; Römer/Langheid/*Langheid*, § 77 Rn 1.
2 Prölss/Martin/*Armbrüster*, § 77 Rn 1; Langheid/Wandt/*Halbach*, § 77 Rn 3; Römer/Langheid/*Langheid*, § 77 Rn 1.
3 Römer/Langheid/*Langheid*, § 77 Rn 1.
4 Schwintowski/Brömmelmeyer/*Kloth-Neuhaus*, § 77 Rn 2.
5 Langheid/Wandt/*Halbach*, § 77 Rn 3; Prölss/Martin/*Armbrüster*, § 77 Rn 3.

cherung⁶ und damit in der Krankenversicherung nur, wenn diese nach Art der Schadensversicherung Versicherungsschutz gewährt, nicht aber in der Unfallversicherung.⁷ Für eine analoge Anwendung auf das Nebeneinander von Privatversicherung und Sozialversicherung ist kein Raum.⁸ Der VR kann § 77 allerdings auch in der Summenversicherung in den AVB für anwendbar erklären oder dort eine entsprechende Regelung vorsehen.⁹

II. Tatbestandsvoraussetzungen (Abs. 1 S. 1)

1. Normadressat. Aufgrund der Tatbestandsmerkmale „wer" und „versichert" ist zunächst der VN Normadressat, der selber bei mehreren VR identische oder teilidentische Deckungen einkauft bzw eingekauft hat. Strittig ist allerdings, ob es ausreicht, wenn der VN nur einen der VersVerträge abschließt und in den zweiten durch Rechtsnachfolge als VN einrückt oder Versicherter eines zweiten (fremden) VersVertrages wird. Nach Auffassung der hM ist ihm auch in diesen Fällen eine Informationspflicht zuzumuten und das Informationsinteresse des VR besteht hier in gleicher Weise. Eine unbillige Haftung für Schadensersatzansprüche sei durch das angemessen zu handhabende Verschuldenserfordernis ausgeschlossen.¹⁰ Die Gegenauffassung kann sich auf den Wortlaut berufen, der gegen die Informationspflicht bei einer Fremdversicherung spricht, sowie darauf, dass eine Anzeige für eine fremde Versicherung billigerweise nicht erwartet werden könne.¹¹

Aufgrund der Einschätzung der hM wird der VN nur dann auf der sicheren Seite sein, wenn er den VR über weitere VersVerträge informiert, selbst wenn er diese nicht selber abgeschlossen hat. Der VR seinerseits hat es in der Hand, durch geeignete AVB eine Mehrfachversicherung zu untersagen oder zumindest von seinem Einverständnis abhängig zu machen und eine Informationspflicht auch für solche VersVerträge aufzunehmen, die aus Sicht seines VN fremd sind, bzw die Anwendung des § 77 auch für diese Fälle klarzustellen.

2. Mehrere Versicherungen bei mehreren VR. Weitere Voraussetzung ist der Abschluss wenigstens zweier Versicherungen nebeneinander bei verschiedenen VR. Unerheblich ist, ob diese VR einverständlich zusammenwirken,¹² da ein Zusammenwirken der VR nicht dazu führt, dass die Tatbestandsvoraussetzungen nicht verwirklicht sind, sondern lediglich dazu, dass der VN bereits im Zusammenhang mit den Vertragsabschlüssen seiner Mitteilungspflicht genügt. **Verschieden** sind VR dann, wenn es sich um jeweils eigenständige juristische Personen handelt, mögen sie auch zu demselben Konzern gehören.¹³ Unerheblich ist auch, ob die Versicherungen gleichzeitig oder nacheinander abgeschlossen werden.¹⁴ Änderungen eines bestehenden VersVertrages, insb. die Ausweitung des Versicherungsschutzes, stehen dem Abschluss einer Versicherung gleich.¹⁵

---

6 Looschelders/Pohlmann/*von Koppenfels-Spies*, § 77 Rn 2.
7 Langheid/Wandt/*Halbach*, § 77 Rn 3; Prölss/Martin/*Armbrüster*, § 77 Rn 3; Looschelders/Pohlmann/*von Koppenfels-Spies*, § 77 Rn 2.
8 Langheid/Wandt/*Halbach*, § 77 Rn 3; Prölss/Martin/*Armbrüster*, § 77 Rn 3; offen gelassen von Looschelders/Pohlmann/*von Koppenfels-Spies*, § 77 Rn 2.
9 Römer/Langheid/*Langheid*, § 77 Rn 21; Langheid/Wandt/*Halbach*, § 77 Rn 3; Prölss/Martin/*Armbrüster*, § 77 Rn 3.
10 BGH 31.3.1976 – IV ZR 29/75, VersR 1976, 547; BGH 25.1.1990 – I ZR 19/87, BGHZ 110, 156; Prölss/Martin/*Armbrüster*, § 77 Rn 10, 12; Langheid/Wandt/*Halbach*, § 77 Rn 23; Looschelders/Pohlmann/*von Koppenfels-Spies*, § 77 Rn 2.
11 Römer/Langheid/*Römer*, 3. Aufl., § 58 Rn 9; Römer/Langheid/*Langheid*, § 77 Rn 19, 22.
12 Langheid/Wandt/*Halbach*, § 77 Rn 24; aA Prölss/Martin/*Armbrüster*, § 77 Rn 4.
13 Langheid/Wandt/*Halbach*, § 77 Rn 24; Prölss/Martin/*Armbrüster*, § 77 Rn 4; Looschelders/Pohlmann/*von Koppenfels-Spies*, § 77 Rn 14.
14 Langheid/Wandt/*Halbach*, § 77 Rn 24; Prölss/Martin/*Armbrüster*, § 77 Rn 11.
15 Prölss/Martin/*Armbrüster*, § 77 Rn 11.

7 **3. Identität von Interesse und Gefahr. a) Allgemeines zur versicherten Gefahr.** Die Versicherungen müssen dasselbe Interesse gegen dieselbe Gefahr absichern. Dabei ist es ausreichend, wenn das versicherte Interesse und die versicherte Gefahr jeweils teilweise identisch sind.[16] Zum Begriff des versicherten Interesses s. § 74 Rn 7. Unter der **versicherten Gefahr** versteht man das abstrakte Risiko, für das der VR nach den Versicherungsbedingungen eintreten will.[17]

8 Ob **Voll- oder Teilidentität** bezüglich des Interesses und der Gefahr vorliegt, ist auf Basis des VersVertrages und der konkreten AVB im Wege der Auslegung zu beurteilen.[18] Dabei kann man unterstellen, dass die Parteien weder Deckungsüberschneidungen noch Deckungslücken gewollt haben. In der Rspr sind insofern Tendenzen erkennbar, durch Auslegung die AVB mehrere Haftpflichtversicherungsarten so gegeneinander abzugrenzen, dass sie überschneidungsfrei und nahtlos ineinander greifen.[19]

9 **b) Einzelheiten zur versicherten Gefahr.** Bei Vorliegen einer **Zeit-** und einer **Neuwertversicherung** von Sachen ist strittig, ob Teil- oder Vollidentität vorliegt. Der Streit ist nicht akademisch, da für die Berechnung einer evtl Limitierung der Entschädigung gegenüber dem VN und des Ausgleichs zwischen den VR nur der identische Teil zugrunde gelegt werden darf. Die hM geht davon aus, dass **Identität** nur insoweit vorliegt, als beide Versicherungen den Zeitwert abdecken. Für den Neuwertteil bestände demgegenüber keine Identität des versicherten Interesses.[20] Dem ist zu entgegnen, dass das versicherte Interesse gerade nicht durch die Frage definiert wird, wie der Wert zu bestimmen ist. Wäre die Frage der Wertermittlung ein Kriterium für die Kennzeichnung des versicherten Interesses, so gäbe es keinen Unterschied zwischen dem versicherten Interesse und dem Versicherungswert. Dieser Unterschied wird aber gerade in § 74 Abs. 1 unterstellt. Daher ist bei beiden Versicherungen stets nur das Sacherhaltungsinteresse versichert, auch wenn diesem ein unterschiedlicher Wert beigemessen wird. Auch bei Zeit- und Neuwertversicherungen bezüglich derselben Sache liegt daher Vollidentität selbst dann vor, wenn sich Neu- und Zeitwert nicht entsprechen.[21]

10 **c) Identität des VN.** Für die notwendige Identität von Interesse und Gefahr ist eine **Identität des VN** nicht erforderlich.[22] Daher können Mehrfachversicherungen auch bei einer Kombination einer Eigen- mit einer Fremdversicherung vorliegen.[23] Fehlt es allerdings an einer Identität der VN, wird auf den ersten Blick häufig ein unterschiedliches Interesse vorliegen, da die Beziehung unterschiedlicher Rechtssubjekte zu einem Vermögensgut selten identisch ist. So deckt eine Sachversicherung regelmäßig das Sacherhaltungsinteresse des Eigentümers oder des Besitzers, die Haftpflichtversicherung das Interesse des Schädigers an einer Befreiung von der

---

16 BGH 20.1.1988 – IVa ZR 165/86, NJW-RR 1988, 727; Prölss/Martin/*Armbrüster*, § 77 Rn 5; Langheid/Wandt/*Halbach*, § 77 Rn 25; Römer/Langheid/*Langheid*, § 77 Rn 18.
17 *Wandt*, in: Hdb FA VersR, Kap. 1 Rn 249.
18 BGH 20.1.1988 – IVa ZR 165/86, NJW-RR 1988, 727.
19 BGH 28.11.1990 – IV ZR 233/89, VersR 1991, 172; OLG Nürnberg 8.12.1975 – 5 U 104/75, VersR 1976, 330; OLG Nürnberg 26.5.1995 – 6 U 409/95, VersR 1997, 180; LG Dortmund 18.3.2010 – 2 S 51/09, r+s 2010, 466; Prölss/Martin/*Armbrüster*, § 77 Rn 5.
20 Römer/Langheid/*Langheid*, § 77 Rn 18; Prölss/Martin/*Armbrüster*, § 77 Rn 7; Looschelders/Pohlmann/*von Koppenfels-Spies*, § 77 Rn 12.
21 Bruck/Möller/*Schnepp*, § 77 Rn 32; so mit anderer Begründung *Kohleick*, Doppelversicherung, S. 33.
22 BGH 31.3.1976 – IV ZR 29/75, VersR 1976, 547; BGH 25.1.1990 – I ZR 19/87, BGHZ 110, 156; BGH 20.1.1988 – IVa ZR 165/86, NJW-RR 1988, 727; LG Köln 24.2.1982 – 24 O 484/81, VersR 1982, 1165; Römer/Langheid/*Langheid*, § 77 Rn 19; Prölss/Martin/*Armbrüster*, § 77 Rn 10; Looschelders/Pohlmann/*von Koppenfels-Spies*, § 77 Rn 8.
23 BGH 20.2.1974 – IV ZR 94/73, NJW 1974, 1139; Römer/Langheid/*Langheid*, § 77 Rn 19; Prölss/Martin/*Armbrüster*, § 77 Rn 10.

Schadensersatzpflicht.[24] Auf die insoweit bereits fehlende Identität reagieren die VR häufig mit Subsidiaritätsklauseln oder entsprechenden Beschränkungen des Schadensbegriffs in den AVB und verhindern so, dass der Schaden wirtschaftlich doppelt ersetzt werden muss. Auch das Vorliegen solcher Subsidiaritätsklauseln bzgl der Einstandspflicht hindert die Annahme der Identität (vgl näher Rn 29 ff).

d) Zeitliche und örtliche Identität. Zur Annahme von Voll- oder zumindest Teilidentität wird es stets erforderlich sein, dass sich der zeitliche und örtliche Geltungsbereich der Versicherungen (teilweise) deckt.[25]

III. Rechtsfolgen

1. Anzeigepflicht (Abs. 1 S. 2). Dem VR sind die (jeweils) andere Versicherung und die Versicherungssumme mitzuteilen (Abs. 1 S. 2). Im Hinblick auf den Schutzzweck der Norm sind dem VR darüber hinaus – zumindest auf Anforderung – die Informationen zu geben, die zur Beurteilung der Frage, ob eine Mehrfachversicherung vorliegt, notwendig sind.[26] Dazu gehören insb. die Allgemeinen und Besonderen Vertragsbedingungen der anderen Versicherung und die versicherte Versicherungssumme. Nicht notwendig ist demgegenüber eine Mitteilung der Versicherungsprämie.

Die Anzeigepflicht besteht grds. bei jeder Art konkurrierender Versicherungen, also sowohl bei der Neben- als auch bei der Mehrfachversicherung. Bei der Mitversicherung erfolgt die Information freilich stets mit Vertragsabschluss, so dass hier faktisch erst dann wieder eine Informationspflicht für den VN besteht, wenn ein Mitversicherer durch einen anderen ersetzt wird.

Die Anzeige ist **unverzüglich** iSv § 121 BGB nach Vertragsschluss der weiteren Versicherung dem jeweils anderen VR zu erstatten.[27] Der VN hat also regelmäßig wenigstens zwei Anzeigen vorzunehmen. Die Mitteilung kann formlos erfolgen.[28] Nach einer Auffassung ist die Norm teleologisch zu reduzieren, da nach Sinn und Zweck der Norm für eine Anzeige kein Bedürfnis besteht, wenn der andere VR anderweitig sichere Kenntnis von der Versicherung, dem VR und der Deckungssumme erlangt hat.[29] Unabhängig davon, ob man dieser Meinung folgt, ergibt sich in der Praxis kein Problem, da bei sicherer Kenntnis des VR von der anderen Versicherung ein etwaiger Schaden nicht adäquat-kausal durch die unterlassene Anzeige verursacht worden sein kann.

2. Folgen der Verletzung der Anzeigepflicht. § 77 sieht für den Fall der Verletzung der Anzeigepflicht keine Rechtsfolge vor. Auch im Übrigen finden sich im VVG keine Sanktionen. Damit greifen die allgemeinen Grundsätze, insb. § 280 BGB, nach denen der VN bei schuldhafter Verletzung dem VR zum Schadensersatz verpflichtet ist.[30]

In den Grenzen der §§ 305 ff BGB ist der VR nicht daran gehindert, Rechtsfolgen für den Fall der unterlassenen Anzeige in seine AVB aufzunehmen.[31] Für diesen Fall besteht – soweit ersichtlich – Einigkeit, dass es sich bei der vertraglichen Mit-

---

24 Römer/Langheid/*Langheid*, § 77 Rn 20.
25 Prölss/Martin/*Armbrüster*, § 77 Rn 9; Looschelders/Pohlmann/*von Koppenfels-Spies*, § 77 Rn 8.
26 Looschelders/Pohlmann/*von Koppenfels-Spies*, § 77 Rn 15.
27 Prölss/Martin/*Armbrüster*, § 77 Rn 15; Römer/Langheid/*Langheid*, § 77 Rn 21; Looschelders/Pohlmann/*von Koppenfels-Spies*, § 77 Rn 15.
28 Prölss/Martin/*Armbrüster*, § 77 Rn 15.
29 Prölss/Martin/*Armbrüster*, § 77 Rn 16.
30 Römer/Langheid/*Langheid*, § 77 Rn 24; Looschelders/Pohlmann/*von Koppenfels-Spies*, § 77 Rn 18.
31 Römer/Langheid/*Langheid*, § 77 Rn 24, 30.

teilungspflicht um eine vertragliche Obliegenheit handelt, so dass § 28 einzuhalten ist.[32]

IV. Sonstiges

1. Beweislast. Die Beweislast für eine Verletzung der Anzeigepflicht trägt nach den allgemeinen Regeln der VR. Hat der VR diesen Beweis erbracht und verlangt er Schadensersatz, so ist der VN beweispflichtig dafür, dass die Anzeigepflichtverletzung nicht auf Verschulden beruht.[33] Sofern der VN behauptet, dass der VR rechtzeitig anderweitige Kenntnis von der anderen Versicherung erhalten hat, ist er hierfür ebenfalls beweispflichtig.[34]

2. Abdingbarkeit. § 77 ist abdingbar, so dass der VR in den AVB auf eine Mitteilung ganz verzichten oder die Anforderungen an die Erfüllung der Mitteilungspflicht verschärfen kann.[35]

V. Arten der Mehrfachversicherung

1. Nebenversicherung. Eine Nebenversicherung liegt vor, wenn dasselbe Interesse gegen dieselbe Gefahr bei mehreren VR versichert worden ist, die Summe der Versicherungssummen kleiner als der Versicherungswert ist und es an einem bewussten Zusammenwirken der betroffenen VR fehlt.[36]

2. Mehrfachversicherung. Der präzisere Begriff „Mehrfachversicherung" ersetzt qua gesetzlicher Definition in § 78 Abs. 1 den Begriff „**Doppelversicherung**", wie er in § 59 Abs. 1 aF definiert wurde. Die Mehrfachversicherung unterscheidet sich von der Nebenversicherung dadurch, dass die Versicherungssummen zusammen den Versicherungswert übersteigen oder die Summe der Entschädigungen, die von jedem einzelnen VR ohne Bestehen der anderen Versicherung zu zahlen wäre, den Gesamtschaden übersteigt. Neben- und Mehrfachversicherungen lassen sich durch die Vereinbarung von Subsidiaritätsklauseln (s. Rn 29 ff) verhindern, indem die Nachrangigkeit der Einstandspflicht aufgrund der einen Versicherung explizit vereinbart wird.[37]

3. Mitversicherung. Die Mitversicherung ist gekennzeichnet durch die einvernehmliche Beteiligung mehrerer VR an der Versicherung eines bestimmten Interesses gegen eine bestimmte Gefahr in der Weise, dass jeder VR gegenüber dem VN lediglich eine Quote übernimmt.[38] Die VR haften für ihre Quote als Teilschuldner, § 420 BGB, und nicht als Gesamtschuldner, § 421 BGB.[39] Eine abweichende Vereinbarung, wonach die VR als Gesamtschuldner haften, ist möglich.

Die „**offene Mitversicherung**" zeichnet sich dadurch aus, dass alle Mitversicherer eine vertragliche Beziehung zum VN haben,[40] und zwar in Form einer Mehrzahl

---

32 Römer/Langheid/*Langheid*, § 77 Rn 24; Looschelders/Pohlmann/*von Koppenfels-Spies*, § 77 Rn 16, 19.
33 Prölss/Martin/*Armbrüster*, § 77 Rn 29.
34 Prölss/Martin/*Armbrüster*, § 77 Rn 29.
35 Prölss/Martin/*Armbrüster*, § 77 Rn 29; Looschelders/Pohlmann/*von Koppenfels-Spies*, § 77 Rn 4.
36 Römer/Langheid/*Langheid*, § 77 Rn 3; Looschelders/Pohlmann/*von Koppenfels-Spies*, § 77 Rn 5; Beckmann/Matusche-Beckmann/*Armbrüster*, § 6 Rn 47.
37 Beckmann/Matusche-Beckmann/*Armbrüster*, § 6 Rn 80.
38 OLG Hamburg 19.2.2008 – 6 U 119/07, VersR 2008, 1249; Prölss/Martin/*Armbrüster*, Vor § 77 Rn 1; Römer/Langheid/*Langheid*, § 77 Rn 6; Looschelders/Pohlmann/*von Koppenfels-Spies*, § 77 Rn 5; Beckmann/Matusche-Beckmann/*Armbrüster*, § 6 Rn 40.
39 Römer/Langheid/*Langheid*, § 77 Rn 8; Beckmann/Matusche-Beckmann/*Armbrüster*, § 6 Rn 40.
40 OLG Hamburg 19.2.2008 – 6 U 119/07, VersR 2008, 1249; Beckmann/Matusche-Beckmann/*Armbrüster*, § 6 Rn 40.

von rechtlich selbständigen Verträgen.[41] Demgegenüber hat bei der „**verdeckten Mitversicherung**" der VN nur eine vertragliche Beziehung zu einem VR, der seinerseits einen oder mehrere Verträge mit anderen (Rück-)Versicherern unter Aufteilung von Prämie und Risiko abschließt. Wegen der fehlenden Vertragsbeziehungen zwischen VN und den verdeckten VR handelt es sich aus Sicht des VN um eine Rückversicherung.[42] Nach aA ist diese Konstruktion einer Rückversicherung nur sehr ähnlich, da auch das dem VN unbekannte Versicherungsverhältnis das Versicherungsinteresse des VN und nicht das (Rück-)Versicherungsinteresse des VR abdeckt.[43]

Bei der **offenen Mitversicherung** finden sich unterschiedliche **Gestaltungsvarianten**: Bei der **Quotenmitversicherung** haften die Konsorten jeweils quotal, also zu einem bestimmten Prozentsatz für den Schaden. Ein solches Konstrukt ist dann sinnvoll, wenn der potentielle Schaden so groß ist, dass ein einzelner VR diesen nicht alleine tragen will oder der VN Zweifel daran hat, dass dieser ihn alleine tragen kann. Deswegen liegen jeweils selbständige Einzelverträge vor, die sich ergänzen und inhaltlich voneinander abhängig sind. So ist es zwar einerseits kartellrechtlich sinnvoll, die Prämien jeweils getrennt zu verhandeln. Andererseits haben die beteiligten Parteien kein Interesse an voneinander abweichenden und nicht aufeinander abgestimmten Klauselwerken oder an abweichendem Regulierungsverhalten. Der BFH geht insoweit davon aus, dass der VR einem Mitbewerber auch eine Beteiligung anbieten kann.[44]

Ist der andere VR bereit, das Risiko mitzutragen, entsteht die offene Mitversicherung technisch durch Aufnahme einer Beteiligungsklausel in den VersVertrag, wonach eine Mehrzahl von Versicherungsunternehmen anteilig nach einer bestimmten Quote Versicherungsschutz bietet. Die Versicherungsgesellschaft, die den Kundenkontakt hergestellt hat, übernimmt regelmäßig die Führung innerhalb des Mitversicherungsgeschäfts.[45] Alternativ findet sich häufig die Übernahme der Führung durch den beteiligten VR, der die höchste Quote übernimmt. Dieses sog. **Führungsgeschäft** beinhaltet die Durchführung der bei Begründung und Abwicklung der Verträge anfallenden Verwaltungsaufgaben wie Besichtigungen, Berechnungen, Ausstellung des Versicherungsscheins, Einziehung der Prämien, Regulierung der Schäden und Ähnliches. Die Prämie wird von dem VN entweder anteilig an die einzelnen VR gezahlt oder aber – regelmäßig im Interesse der Einfachheit – als Ganzes an die führende Gesellschaft. Von der Gesamtprämie erhält die führende Gesellschaft für den Abschluss und die Bearbeitung des Geschäfts einen besonderen Anteil iHv 1–3 % der Gesamtprämie.[46] Die übrigen VR folgen den entsprechenden Entscheidungen des führenden, ersparen sich also die entsprechenden Verwaltungsaufwendungen. Dies kann in entsprechenden Führungsklauseln dann auch festgehalten werden. Der BFH geht davon aus, dass Führungsverträge in aller Regel nicht ausdrücklich geschlossen werden, sondern stillschweigend oder in Form von Handelsbräuchen Geltung erlangen.[47] Während der Zusammenschluss der Mitversicherer zu einer offenen Mitversicherung nach überwiegender Ansicht als Innengesellschaft bürgerlichen Rechts qualifiziert wird, ist nach Ansicht des BFH die Führungsvereinbarung als ein von dem gesellschaftsrechtlichen Zusammenschluss zu trennendes Rechtsverhältnis zwischen dem Führenden und den beteiligten Mitversicherern anzusehen. Denn der Führende vertrete im Außenverhält-

---

41 BFH 24.3.2013 – XI R 7/11, DStRE 2013, 995 Rn 26.
42 BFH 24.3.2013 – XI R 7/11, DStRE 2013, 995 Rn 25; OLG Hamburg 19.2.2008 – 6 U 119/07, VersR 2008, 1249; Looschelders/Pohlmann/*von Koppenfels-Spies*, § 77 Rn 5.
43 Römer/Langheid/*Langheid*, § 77 Rn 6.
44 BFH 24.3.2013 – XI R 7/11, DStRE 2013, 995.
45 BFH 24.3.2013 – XI R 7/11, DStRE 2013, 995.
46 BFH 24.3.2013 – XI R 7/11, DStRE 2013, 995.
47 BFH 24.3.2013 – XI R 7/11, DStRE 2013, 995 Rn 27.

nis zum VN, da Vertragspartner des VN jeweils der einzelne Mitversicherer ist, nicht die (Innen-)Gesellschaft bürgerlichen Rechts, sondern vielmehr den einzelnen Mitversicherer hinsichtlich des von diesem übernommenen Anteils am Gesamtrisiko; die Führungsvereinbarung bilde das Grundverhältnis der dem Führenden von den Mitversicherern insoweit erteilten Vollmachten.[48]

25 Diese Interpretation des Sachverhalts entspricht indes nicht den Interessen der Beteiligten: Der Grund für eine Mitversicherung liegt regelmäßig darin, dass das Risiko zwischen mehreren VR aufgeteilt werden soll. Damit soll aber gerade kein erhöhter und vom VN zu tragender Verwaltungsaufwand einhergehen. Deswegen erfolgt die Abwicklung des Versicherungsverhältnisses ausschließlich zwischen VN und führendem VR. Die beteiligten VR wollen nur die Haftungsstrecke übernehmen, nicht indes Verwaltungs- oder Schadenregulierungskapazitäten vorhalten. Ihre Prämie ist von vornherein anders, nämlich ohne Verwaltungsaufwand kalkuliert. Der führende VN wickelt den Vertrag primär in seinem eigenen Interesse ab und hat für die diesbezüglich entstehenden Kosten auch seine Prämie kalkuliert. Richtig ist, dass ihn bestimmte Informations- und Treuepflichten auch gegenüber den anderen Mitversicherern treffen. Diese gehen aber nicht soweit, dass man hieraus eine Vollmacht, einen Auftrag oder ein Geschäftsbesorgungsverhältnis konstruieren kann.

26 Mit der Führung einer Mitversicherungsgemeinschaft und der damit verbundenen Verwaltung des gesamten Vertrages ist höherer Aufwand verbunden als mit der bloßen Entgegennahme und Verbuchung des Prämienanteils und ggf einer Auszahlung im Schadenfall, was eine im Verhältnis zu den Konsorten auch höhere Prämie oder Provision rechtfertigt.

27 Fraglich war, ob diese Führungsprovision **umsatzsteuerpflichtig** oder umsatzsteuerfrei iSd § 4 Nr. 10 UStG ist. Der BFH hat die Annahme eines Geschäftsbesorgungsvertrages mit Dienstleistungscharakter gegen Entgelt durch das Finanzgericht für rechtsfehlerfrei gehalten und im Ergebnis die Umsatzsteuerpflicht angenommen, obwohl auch eine andere Würdigung möglich wäre.[49]

28 Der Grad, in dem die VR auf eine eigene Verwaltung verzichten, kann von Fall zu Fall variieren. Dementsprechend können ausgeschriebene „Führungsklauseln" auch ganz unterschiedlichen Inhalt haben: So kann eine solche Klausel schon für die Schadenregulierung oder auch erst für eine gerichtliche Auseinandersetzung gelten. Sie kann dem beteiligten VN die gesamte Verwaltung abnehmen, so dass er nur die Prämie erhält und einen Anteil am Schaden zahlen muss, oder aber auch nur der Verwaltungsvereinfachung für den VN dienen, indem der führende VR eine Empfangsvollmacht oder eine umfassende, sog. aktive Vollmacht erhält.

VI. Subsidiaritätsklauseln

29 **1. Allgemeines.** Mit dem Ziel, eine Mehrfachversicherung zu vermeiden, enthalten einige Versicherungsbedingungen, aber auch vereinzelt das Gesetz (§ 117 Abs. 3 S. 2), in sehr unterschiedlicher Weise **Subsidiaritäts- oder Nachrangklauseln**.[50] Geregelt wird mit diesen Klauseln, dass eine Entschädigung aus dem entsprechenden Vertrag nur verlangt werden kann, wenn nicht bereits aus einem anderen Vertrag eine Deckungspflicht besteht. **Abzugrenzen** sind diese Subsidiaritätsklauseln von sog. **Zessionsklauseln**, bei denen ein eigentlich subsidiär haftender Versicherer sich zwar zur Vorausleistung verpflichtet, im Gegenzug aber eine Abtretung des Anspruchs gegen den primär eintrittspflichtigen VR vereinbart ist.[51] Derartige Klau-

---

48 BFH 24.3.2013 – XI R 7/11, DStRE 2013, 995 Rn 28.
49 BFH 24.3.2013 – XI R 7/11, DStRE 2013, 995.
50 Beckmann/Matusche-Beckmann/*Armbrüster*, § 6 Rn 80.
51 Beckmann/Matusche-Beckmann/*Armbrüster*, § 6 Rn 81.

seln dienen neben der Vermeidung der Mehrfachversicherung auch der schnelleren Schadenskompensation.

2. Einfache Subsidiaritätsklausel. Eine einfache oder eingeschränkte Subsidiaritätsklausel liegt vor, wenn und soweit eine Leistung nicht verlangt werden kann, weil der VN oder der Versicherte eine Entschädigung wegen desselben Interesses aus einem anderen VersVertrag verlangen kann.[52]

Formulierungsbeispiel 1:[53] „Soweit im Versicherungsfall eine Entschädigung aus anderen Versicherungsverträgen beansprucht werden kann, gehen diese Leistungsverpflichtungen vor. Dies gilt auch dann, wenn in einem dieser Versicherungsverträge ebenfalls eine nachrangige Haftung vereinbart ist."

Formulierungsbeispiel 2: „Leistungsverpflichtungen aus anderen Versicherungsverträgen gehen der Eintrittspflicht der E vor. Dies gilt insbesondere für die gesetzlichen Leistungen der Sozialversicherungsträger."

Haben die durch den betroffenen Vertrag geschützten Personen keinen anderweitigen durchsetzbaren Entschädigungsanspruch im Zeitpunkt des Eintritts des Versicherungsfalles, so greift der subsidiäre Versicherungsschutz ein.[54] Es kommt dabei nicht auf den Grund an, aus dem keine anderweitige Deckung besteht. Es ist also unerheblich, ob gar kein anderer VersVertrag abgeschlossen wurde oder ob durch Obliegenheitsverletzungen, Prämienzahlungsverzug oder aus anderen Gründen im Zeitpunkt des Schadensereignisses der Versicherungsschutz entfallen war.[55] Da sich aufgrund einer solchen Klausel das Risiko des VR mindert, kann dies durch den VR mit einer geringeren Prämie honoriert werden.[56]

Leistet bei Vorliegen einer einfachen Subsidiaritätsklausel der Primärversicherer an den VN, hat er keinen Ausgleichsanspruch aus § 78 Abs. 2. Leistet der Sekundärversicherer, so tut er dies entweder ohne Rechtsgrund oder als Dritter auf die Schuld des Primärversicherers, mit der Folge, dass nach § 86 der Anspruch gegen den Primärversicherer auf ihn übergeht.[57]

3. Qualifizierte Subsidiaritätsklausel. Eine qualifizierte Subsidiaritätsklausel liegt dann vor, wenn der Verwender seine Haftung für den Fall ausschließt, dass für den eingetretenen Schaden ein anderer VersVertrag besteht. Unerheblich ist demgegenüber bei solchen Klauseln, ob der VR des konkurrierenden VersVertrages tatsächlich zur Leistung verpflichtet ist.[58]

4. Zusammentreffen mehrerer Subsidiaritätsklauseln. Nicht alle Subsidiaritätsklauseln treffen Vorkehrungen dafür, dass sie mit einer anderen Subsidiaritätsklausel konkurrieren. Daher richtet sich die Folge des Aufeinandertreffens mehrerer Subsidiaritätsklauseln nach dem Ergebnis einer ergänzenden Vertragsauslegung.[59] Trifft eine einfache Subsidiaritätsklausel auf eine qualifizierte, so setzt sich die qualifizierte Klausel ohne Rücksicht auf die zeitliche Reihenfolge der Vertragsab-

---

52 BGH 23.11.1988 – IVa ZR 143/87, VersR 1989, 250; Beckmann/Matusche-Beckmann/*Armbrüster*, § 6 Rn 84.
53 OLG München 3.7.2012 – 25 U 995/12, BeckRS 2014, 04879; BGH 19.2.2014 – IV ZR 389/12, VersR 2014, 450.
54 Prölss/Martin/*Armbrüster*, § 78 Rn 30; Beckmann/Matusche-Beckmann/*Armbrüster*, § 6 Rn 84.
55 Beckmann/Matusche-Beckmann/*Armbrüster*, § 6 Rn 84.
56 Prölss/Martin/*Armbrüster*, § 78 Rn 30.
57 Prölss/Martin/*Armbrüster*, § 78 Rn 29.
58 Langheid/Wandt/*Halbach*, § 78 Rn 17; Prölss/Martin/*Armbrüster*, § 78 Rn 31; Beckmann/Matusche-Beckmann/*Armbrüster*, § 6 Rn 86.
59 Prölss/Martin/*Armbrüster*, § 78 Rn 33; Beckmann/Matusche-Beckmann/*Armbrüster*, § 6 Rn 88.

schlüsse durch, mit der Folge, dass ausschließlich der einfach subsidiär haftende VR zur Leistung verpflichtet ist.[60]

35 Zwei qualifizierte Vereinbarungen führen dazu, dass keiner der VR eintrittspflichtig ist,[61] da hier die Subsidiarität beider Klauseln eben gerade nicht davon abhängt, dass der jeweils andere VR auch tatsächlich eintrittspflichtig ist.

36 Sofern zwei einfache Subsidiaritätsklauseln aufeinandertreffen, so entspricht es wohl regelmäßig dem Willen aller Beteiligten, dass der VN nicht schutzlos bleiben soll.[62] Dementsprechend kommt es bei diesen Klauseln darauf an, dass der andere VR auch tatsächlich eintrittspflichtig ist. Würde man der Auffassung folgen, dass zwei einfache Subsidiaritätsklauseln so zu behandeln sind wie zwei qualifizierte[63] und damit im Ergebnis der VN nicht geschützt wäre, so würde dies weder dem Willen der Parteien entsprechen noch den Voraussetzungen der Klauseln Genüge getan. Ebenso wenig überzeugend ist die Auffassung, dass es auf die zeitliche Reihenfolge des Abschlusses der Verträge ankäme,[64] denn bis zum Eintritt des Versicherungsfalles kann die erste Deckung wieder weggefallen sein, so dass bei der Verhandlung der zweiten hierauf keine Rücksicht genommen werden kann. Im Ergebnis überzeugend ist daher, dass sich die Klauseln in einem solchen Fall gegenseitig aufheben bzw deren Voraussetzungen nicht erfüllt sind, damit also Deckung aus beiden Verträgen besteht und bei Vorliegen einer Überversicherung § 78 Anwendung findet.[65]

37 Weitergehend stellt sich die Frage, ob der VR überhaupt das Aufeinandertreffen von zwei einfachen Subsidiaritätsklauseln anders regeln kann. Das OLG München[66] hält die Regelung einer „doppelten Subsidiaritätsklausel", nach der die Haftung auch gegenüber der Haftung eines anderen VR, der seinerseits nur nachrangig haften will, gleichwohl nachgeht, so dass dieser trotz der von ihm mit dem VN vereinbarten nachrangigen Haftung voll haften würde, für einen unzulässigen Vertrag zu Lasten Dritter. Der Ansatz des Gerichts ist zwar zu begrüßen, denn er führt dazu, dass komplizierte und streitanfällige Regelungen vermieden werden. Die Argumentation ist aber trotzdem nicht zwingend, denn der die Klausel nutzende VR beschreibt seine eigene Haftung und der angeblich benachteiligte VR hätte auch dann haften müssen, wenn der nutzende VR eine qualifizierte Klausel verwandt hätte oder aus anderen Gründen nicht einstandspflichtig wäre. Vor diesem Hintergrund erscheint die Begründung des Gerichts, mit der die bewusste Abgrenzung gegen einen anderen VR beschränkt wird, aus lediglich allgemeinen Rechts- oder Gerechtigkeitserwägungen („… ist mit der Privatautonomie nicht vereinbar und im BGB nicht vorgesehen") gekünstelt. Nach der hier vertretenen Auffassung sollten grds. auch zwei einfache Subsidiaritätsklauseln abstufbar sein, ohne dass ein VR gleich zu einer qualifizierten Klausel greifen muss. Der BGH hat diese Frage offen gelassen.[67]

---

60 Prölss/Martin/*Armbrüster*, § 78 Rn 34; Beckmann/Matusche-Beckmann/*Armbrüster*, § 6 Rn 88; *Kohleick*, Doppelversicherung, S. 171.
61 Prölss/Martin/*Armbrüster*, § 78 Rn 35; Beckmann/Matusche-Beckmann/*Armbrüster*, § 6 Rn 88; *Kohleick*, Doppelversicherung, S. 171 f.
62 Prölss/Martin/*Armbrüster*, § 78 Rn 36.
63 So Beckmann/Matusche-Beckmann/*Armbrüster*, § 6 Rn 88.
64 *Vollmar*, VersR 1987, 735.
65 BGH 19.2.2014 – IV ZR 389/12, VersR 2014, 450; OLG München 3.7.2012 – 25 U 995/12, BeckRS 2014, 04879; LG Hamburg 11.1.1978 – 2 S 142/77, VersR 1978, 933; Prölss/Martin/*Armbrüster*, § 78 Rn 36.
66 OLG München 3.7.2012 – 25 U 995/12, BeckRS 2014, 04879.
67 BGH 19.2.2014 – IV ZR 389/12, VersR 2014, 450.

§ 78 Haftung bei Mehrfachversicherung

(1) Ist bei mehreren Versicherern ein Interesse gegen dieselbe Gefahr versichert und übersteigen die Versicherungssummen zusammen den Versicherungswert oder übersteigt aus anderen Gründen die Summe der Entschädigungen, die von jedem Versicherer ohne Bestehen der anderen Versicherung zu zahlen wären, den Gesamtschaden (Mehrfachversicherung), haften die Versicherer in der Weise als Gesamtschuldner, dass jeder Versicherer den von ihm nach dem Vertrag zu leistenden Betrag zu zahlen hat, der Versicherungsnehmer aber insgesamt nicht mehr als den Betrag des Schadens verlangen kann.

(2) ¹Die Versicherer sind im Verhältnis zueinander zu Anteilen nach Maßgabe der Beträge verpflichtet, die sie dem Versicherungsnehmer nach dem jeweiligen Vertrag zu zahlen haben. ²Ist auf eine der Versicherungen ausländisches Recht anzuwenden, kann der Versicherer, für den das ausländische Recht gilt, gegen den anderen Versicherer einen Anspruch auf Ausgleichung nur geltend machen, wenn er selbst nach dem für ihn maßgeblichen Recht zur Ausgleichung verpflichtet ist.

(3) Hat der Versicherungsnehmer eine Mehrfachversicherung in der Absicht vereinbart, sich dadurch einen rechtswidrigen Vermögensvorteil zu verschaffen, ist jeder in dieser Absicht geschlossene Vertrag nichtig; dem Versicherer steht die Prämie bis zu dem Zeitpunkt zu, zu dem er von den die Nichtigkeit begründenden Umständen Kenntnis erlangt.

I. Normzweck und Anwendungsbereich 1	III. Rechtsfolgen 18
1. Normzweck 1	1. Haftung gegenüber dem VN 18
2. Anwendungsbereich 3	2. Ausgleich der VR untereinander (Abs. 2) 21
II. Tatbestandsvoraussetzungen des Abs. 1 7	IV. Betrügerisches Verhalten des VN (Abs. 3) 25
1. Mehrfachversicherung 7	V. Sonstiges 26
2. Erste Tatbestandsalternative: Versicherungssummen übersteigen den Versicherungswert 10	1. Beweislast 26
	2. Abdingbarkeit 27
	3. Verjährung 28
3. Zweite Tatbestandsalternative: Mehrfachversicherung aus anderen Gründen 14	

I. Normzweck und Anwendungsbereich

1. Normzweck. Die Vorschriften zur Mehrfachversicherung (früher: „Doppelversicherung") verhinderten schon vor Aufgabe des Bereicherungsverbots (§ 55 aF) völlig unabhängig von diesem eine Bereicherung des VN und bezwecken dies auch weiterhin.[1] Zu einer Bereicherung käme es fast zwangsläufig in den Fällen, in denen die Versicherungssummen den Versicherungswert übersteigen.[2] Die Norm verbietet die Mehrfachversicherung nicht.[3] Es gibt Fallgestaltungen, bei denen eine Mehrfachversicherung für den VN unvermeidbar ist. Je nach individuellem Bedarf ist es diesem nämlich gar nicht möglich, den gewünschten Schutz zu erreichen, ohne dass es zu Überschneidungen im Deckungsumfang kommt. Der Grund hierfür liegt darin, dass der VN regelmäßig die AVB der VR nicht ändern kann.[4] Unter

---

1 So auch Langheid/Wandt/*Halbach*, § 78 Rn 1.
2 Langheid/Wandt/*Halbach*, § 78 Rn 1; Römer/Langheid/*Langheid*, § 78 Rn 1; Looschelders/Pohlmann/*von Koppenfels-Spies*, § 78 Rn 1.
3 Langheid/Wandt/*Halbach*, § 78 Rn 2; Römer/Langheid/*Langheid*, § 78 Rn 2; Looschelders/Pohlmann/*von Koppenfels-Spies*, § 78 Rn 2.
4 Langheid/Wandt/*Halbach*, § 78 Rn 2; Römer/Langheid/*Langheid*, § 78 Rn 2.

Berücksichtigung dieser Umstände wäre es verfehlt, eine Mehrfachversicherung zu verbieten. Vielmehr reicht es aus, eine Bereicherung des VN durch Limitierung der Entschädigung auf den Versicherungswert zu verhindern.

2 Außerdem sind mit der Teilnahme an vielen Veranstaltungen, mit der Mitgliedschaft in verschiedenen Vereinen und als Nebenleistungen bei eigentlich versicherungsfremden Produkten, zB bei Kreditkarten, Versicherungsdeckungen verbunden, die der Versicherte im Einzelfall gar nicht kennt.[5] Selbst im gewerblichen und industriellen Bereich kommt es häufig zu einer Mehrfachversicherung, wenn im Rahmen von Kooperationen die jeweiligen Versicherungspakete der Vertragspartner nicht (ausreichend) aufeinander abgestimmt werden. Für alle diese Fälle soll die Norm nicht nur eine Überentschädigung verhindern, sondern insgesamt einen fairen Ausgleich der unterschiedlichen Interessen ermöglichen. Zuletzt kann sich auch der VN freiwillig zu einer Mehrfachversicherung entscheiden, etwa um eine Unterversicherung zu vermeiden.

3 **2. Anwendungsbereich.** Aufgrund der systematischen Stellung ist § 78 nur in der **Schadensversicherung** einschließlich der Haftpflichtversicherung anwendbar.[6] Auch kann es in der Summenversicherung nicht zu einer Mehrfachversicherung kommen, da sich das versicherte Interesse regelmäßig nicht als ein bezifferbarer Höchstschaden darstellen lässt.[7]

4 Eine analoge Anwendung der Norm kommt in Betracht, wenn dasselbe Interesse und dieselbe Gefahr zwar mit verschiedenen Verträgen, aber bei demselben VR versichert sind.[8]

5 Darüber hinaus ist eine analoge Anwendung dann in Betracht zu ziehen, wenn verschiedene **Subsidiaritätsklauseln** aufeinander treffen und man der hier vertretenen Auffassung nicht folgt und daher keiner der betroffenen VR vorrangig leistungsverpflichtet ist.[9] Zu Subsidiaritätsklauseln vgl näher § 77 Rn 10, 29.

6 Zuletzt ist schon die Vorgängervorschrift § 59 aF im Falle des Regressverzichts des Wohngebäudeversicherers gegen den Haftpflichtversicherer des Mieters bei Brandschäden analog angewendet worden:[10] Der Ausgleichsanspruch in analoger Anwendung des § 59 aF wurde entwickelt zur Schließung einer Regelungslücke, die sich dadurch ergeben hat, dass die Rspr einen stillschweigenden Regressverzicht des Gebäudeversicherers zugunsten des Mieters entwickelt hat, für den Fall, dass der Mieter einen Brand mit nur leichter Fahrlässigkeit verursacht hat und dass er aufgrund seiner mietvertraglichen Verpflichtung anteilig die Kosten der Gebäudeversicherung des Vermieters trägt.[11] Dieser **Regressverzicht zugunsten des Mieters** hatte die – unerwünschte – Folge, dass der Haftpflichtversicherer des Mieters seine Einstandspflicht verneinen konnte, da sein VN trotz an sich gegebener Haftung wegen leicht fahrlässiger Verursachung des Brandschadens nicht in Anspruch genommen werden konnte. Zweck des Regressverzichts war der Schutz der Interes-

---

5 Langheid/Wandt/*Halbach*, § 78 Rn 2; *Kohleick*, Doppelversicherung, S. 2.
6 BGH 28.11.1990 – IV ZR 233/89, VersR 1991, 172; Langheid/Wandt/*Halbach*, § 78 Rn 4; Looschelders/Pohlmann/*von Koppenfels-Spies*, § 78 Rn 3.
7 Römer/Langheid/*Langheid*, § 78 Rn 3; Looschelders/Pohlmann/*von Koppenfels-Spies*, § 78 Rn 3; *Kohleick*, Doppelversicherung, S. 11.
8 BGH 28.11.1990 – IV ZR 233/89, VersR 1991, 172; Langheid/Wandt/*Halbach*, § 78 Rn 6; Looschelders/Pohlmann/*von Koppenfels-Spies*, § 78 Rn 3; Römer/Langheid/*Langheid*, § 78 Rn 3; Beckmann/Matusche-Beckmann/*Armbrüster*, § 6 Rn 48.
9 OLG München 3.7.2012 – 25 U 995/12, BeckRS 2014, 04879; Prölss/Martin/*Kollhosser*, 27. Aufl. 2004, § 59 Rn 25 ff.
10 BGH 13.12.1995 – VIII ZR 41/95, r+s 1996, 98; BGH 13.9.2006 – IV ZR 273/05, r+s 2006, 500; BGHZ 169, 86 (zu § 59 aF); OLG Koblenz 16.1.2014 – 10 U 1470/12, VersR 2014, 1500.
11 BGH 13.12.1995 – VIII ZR 41/95, r+s 1996, 98; BGH 13.9.2006 – IV ZR 273/05, r+s 2006, 500.

sen des Vermieters und des Mieters.[12] Er sollte jedoch nicht dem Haftpflichtversicherer des Mieters zugute kommen, der seinem VN durch den Einschluss der gesetzlichen Haftpflicht aus der Beschädigung von Wohnräumen und sonstigen zu privaten Zwecken gemieteten Räumen in Gebäuden einen entsprechenden Versicherungsschutz versprochen hat. Zum Ausgleich dieser ungewollten, den Interessen von Vermieter und Mieter zuwiderlaufenden, den dem Mieter versprochenen Versicherungsschutz aushöhlenden Folge des Regressverzichts zugunsten des Mieters wurde in **analoger Anwendung des § 59 aF ein direkter Ausgleichsanspruch des Gebäudeversicherers gegenüber dem Haftpflichtversicherer entwickelt** und so die durch die Entwicklung des Regressverzichts entstandene Regelungslücke wieder geschlossen.[13] Eine über den Fall der **leichten Fahrlässigkeit** hinausgehende analoge Anwendung des § 78 ist abzulehnen, da es in diesem Fall bei der Regressmöglichkeit des Gebäudeversicherers gegen den Schädiger bleibt, eine Regelungslücke nicht vorhanden ist und für die Annahme eines direkten Anspruchs gegen den Haftpflichtversicherer keine Notwendigkeit besteht.[14]

II. Tatbestandsvoraussetzungen des Abs. 1

1. **Mehrfachversicherung.** Voraussetzung für die Anwendung der Norm ist das Vorliegen mehrerer VersVerträge, die voll- oder teilidentische Interessen gegen voll- oder teilidentische Gefahren versichern.[15] Fehlt es hieran, weil unterschiedliche Interessen versichert sind, so scheidet eine Mehrfachversicherung aus.[16] Sind die VersVerträge bei unterschiedlichen VR abgeschlossen, so ist § 78 unmittelbar anwendbar; sind die Verträge bei demselben VR abgeschlossen, so ist § 78 analog anzuwenden.[17] Eine Personenidentität des VN wird – anders als in § 77[18] – nicht gefordert.[19] Im Übrigen liegt eine Identität des versicherten Interesses unter denselben Voraussetzungen vor wie bei § 77 (zu diesem Merkmal s. § 77 Rn 7 f). Eine Mehrfachversicherung kann daher auch dann vorliegen, wenn ein oder mehrere VR für den vereinbarungsgemäß zu ersetzenden Schaden nur teilweise haften, weil zB in den VersVerträgen die Versicherungssumme unter dem Versicherungswert liegt, während die Entschädigungssummen zusammen den Versicherungswert übersteigen oder wenn eine Selbstbeteiligung vereinbart wurde.[20]

Für das Bestehen einer Mehrfachversicherung ist nicht notwendig, dass es sich um ein Nebeneinander originär vertraglicher Ansprüche handelt. So genügt die gesetzlich zB durch § 143 angeordnete Fortdauer der Leistungspflicht trotz Beendigung oder Nichtigkeit des ursprünglich vertraglich geschuldeten Versicherungsschutzes für die Annahme der Mehrfachversicherung, wenn ein Interesse gegen dieselbe Gefahr versichert ist.[21]

Demgegenüber liegt **keine** Mehrfachversicherung vor, wenn eine Versicherung gerade dazu dient, die Deckungslücke einer anderen Versicherung zu schließen. So regelt bspw § 93 Abs. 2 S. 3 AktG, dass eine Gesellschaft beim Abschluss einer sog. D&O-Versicherung, also einer Versicherung gegen Risiken aus der Tätigkeit

---

12 BGH 13.9.2006 – IV ZR 273/05, r+s 2006, 500.
13 OLG Koblenz 16.1.2014 – 10 U 1470/12, VersR 2014, 1500.
14 OLG Koblenz 16.1.2014 – 10 U 1470/12, VersR 2014, 1500.
15 BGH 20.1.1988 – IVa ZR 165/86, NJW-RR 1988, 727; *Kohleick*, Doppelversicherung, S. 17 ff.
16 OLG München 16.5.1986 – 18 U 1964/86, VersR 1986, 1116; Beckmann/Matusche-Beckmann/*Armbrüster*, § 6 Rn 50; *Sieg*, VersR 1995, 127.
17 BGH 28.11.1990 – IV ZR 233/89, VersR 1991, 172; Römer/Langheid/*Langheid*, § 78 Rn 3.
18 BGH 20.1.1988 – IVa ZR 165/86, NJW-RR 1988, 727.
19 BGH 31.3.1976 – IV ZR 29/75, VersR 1976, 847.
20 Beckmann/Matusche-Beckmann/*Armbrüster*, § 6 Rn 53.
21 OLG Hamm 6.7.2012 – I-20 U 102/11, VersR 2013, 901.

der beruflichen Vorstandsmitglieder für die Gesellschaft, einen Selbstbehalt von 10 % des Schadens bis mindestes zur Höhe des Eineinhalbfachen der festen jährlichen Vergütung vereinbaren muss. Schließt die Aktiengesellschaft nun eine solche Versicherung ab und entschließt sich das Vorstandsmitglied, sich für den verbleibenden Selbstbehalt auf eigene Kosten zu versichern, so kann dies kein Fall der Mehrfachversicherung sein. Vielmehr dürfte es in diesen Fällen an der Identität des versicherten Interesses fehlen.

10 **2. Erste Tatbestandsalternative: Versicherungssummen übersteigen den Versicherungswert.** Die Norm ist bei zwei unterschiedlichen Fallgestaltungen anwendbar. Bei der ersten Alternative müssen die kumulierten Versicherungssummen, soweit sie das mehrfach versicherte Interesse betreffen, dessen Versicherungswert übersteigen. Es reicht insofern bereits eine geringe Differenz aus, denn anders als die §§ 74 ff enthält § 78 kein Erheblichkeitsmerkmal.[22] Maßgeblicher **Zeitpunkt** für die Bewertung ist der Zeitpunkt des Versicherungsfalles.[23] Zum Versicherungswert s. § 74 Rn 7 ff.

11 Nach einer starken Meinung in der Lit.[24] ist die erste Alternative dahingehend **teleologisch** zu **reduzieren**, dass die Regelungen zur Mehrfachversicherung nur dann angewendet werden, wenn kumulativ auch die Voraussetzungen der zweiten Alternative erfüllt sind, also die zu zahlende Entschädigung höher als der Gesamtschaden ist. Dies sei zB dann der Fall, wenn ein Selbstbehalt vereinbart worden ist und der VN daher nur eine um den Selbstbehalt verringerte Entschädigung erhalten würde und er deswegen seinen Schaden nicht voll kompensiert bekäme.

12 Gegen diese Auffassung sprechen nach der VVG-Reform massive Gründe. Zunächst besteht kein Anlass für eine teleologische Reduktion. Sodann wäre die erste Alternative schlicht überflüssig, da sie keinen Anwendungsbereich hätte. Ferner ist die Aufhebung des § 55 aF Konsequenz des Willens des Gesetzgebers zur Aufhebung des Bereicherungsverbotes. Wird indes die Frage einer Überentschädigung in die Hände der Parteien gelegt, so ist es konsequent, sich auch im Hinblick auf die sonstigen Vereinbarungen, etwa die Vereinbarung eines Selbstbehalts, nach dem Parteiwillen auszurichten. Dann darf man allerdings die schadenpräventive Wirkung eines Selbstbehalts nicht bei Bestehen einer Mehrfachversicherung ganz oder teilweise aushebeln. Zuletzt ist es zu kurz gegriffen, den Schutzzweck der Norm allein in der Verhinderung einer Überentschädigung zu sehen.

13 Nach alledem verbleibt auch der ersten Alternative ein eigenständiger Anwendungsbereich[25] und der von *Kollhosser* beispielhaft gebildete Fall[26] wäre wie folgt zu lösen: Versicherungswert: 100.000 €, Totalschaden, Versicherungssumme der ersten Versicherung (V1) 100.000 € mit Selbstbehalt 30.000 € und der zweiten Versicherung (V2) mit einer Versicherungssumme von 30.000 €. Entgegen der Auffassung von *Kollhosser*, der dem VN 100.000 € Entschädigung zusprechen würde, liegt nach hier vertretener Meinung die Voraussetzung der ersten Alternative vor, da die Versicherungssummen mit 130.000 € den Versicherungswert von 100.000 € übersteigen. Rechtsfolge ist, dass V1 zur Leistung von 70.000 € und V2 zur Leistung von 30.000 € verpflichtet ist, aber der VN nur den Schaden verlangen kann. Fraglich ist, wie hoch der Betrag des Schadens ist, den der VN verlangen kann. Hier kann nur der versicherte Schaden gemeint sein, der sich aus dem tatsächlichen materiellen Schaden des VN unter Berücksichtigung von Selbstbehalten

---

22 Römer/Langheid/*Langheid*, § 78 Rn 7; Prölss/Martin/*Armbrüster*, § 78 Rn 3; Langheid/Wandt/*Halbach*, § 78 Rn 8.
23 Römer/Langheid/*Langheid*, § 78 Rn 7; Langheid/Wandt/*Halbach*, § 78 Rn 8.
24 Prölss/Martin/*Armbrüster*, § 78 Rn 7; BK/*Schauer*, § 59 Rn 6.
25 Zögernd Langheid/Wandt/*Halbach*, § 78 Rn 9.
26 Prölss/Martin/*Kollhosser*, 27. Aufl. 2004, § 59 Rn 6; Prölss/Martin/*Armbrüster*, § 78 Rn 7.

etc. ergibt. Dieser Schaden ist stets geringer als der Versicherungswert. Durch die Vereinbarung des Selbstbehalts sind die ersten 30.000 € des Versicherungswertes bei V1 nicht gedeckt. Bei V2, bei dem eine Unterversicherung vorliegt, ergibt sich aus dem Regelungsgedanken des § 75, dass nicht die ersten 30.000 € gedeckt sind, sondern eine quotale Verteilung der zu geringen Versicherungssummen erfolgt. Das bedeutet, dass 30 Hundertstel der Versicherungssumme von 30.000 € auf die ersten 30.000 € des versicherten Interesses entfallen, also 9.000 €. Dementsprechend kann der VN diese 9.000 € zuzüglich der 70.000 €, mithin 79.000 € als versicherten Schaden verlangen. Der Selbstbehalt nach Kombination der beiden Versicherungen beträgt in diesem Fall 21.000 €. Im Innenverhältnis zwischen den VR trägt V1 von diesem Betrag 70 % und V2 30 %.

3. Zweite Tatbestandsalternative: Mehrfachversicherung aus anderen Gründen. 14
Die zweite Tatbestandsalternative ist sicherlich die relevantere, da die erste Alternative für Haftpflichtversicherungen, bei denen es keinen Versicherungswert gibt, keine Anwendung finden kann.[27] Für die Anwendung der zweiten Alternative ist Voraussetzung, dass die Summe der Entschädigungen, die von jedem VR zu zahlen wäre, den Gesamtschaden übersteigt. Es ist also in einem ersten Schritt festzustellen, welche Entschädigung die betroffenen VR jeweils ohne Vorliegen einer Mehrfachversicherung zahlen müssten. Bereits aus dem Wortlaut ergibt sich, dass ein VR, der bereits vor Eintritt des Versicherungsfalles leistungsfrei geworden ist, nicht einzubeziehen ist.[28] Im Übrigen sind bei der Feststellung der Höhe der zu leistenden Entschädigung alle vertraglichen und gesetzlichen Regelungen heranzuziehen. Es sind also vereinbarte Selbstbehalte[29] und Entschädigungsgrenzen[30] ebenso zu berücksichtigen wie die Regelungen zur Über- und Unterversicherung. Maßgeblich sind bei Teilidentität nur die Entschädigungsleistungen, die auf den mehrfach gedeckten Schaden entfallen.[31]

Im zweiten Schritt wird die Summe der so ermittelten einzelnen Entschädigungen dem Gesamtschaden gegenübergestellt. Ist der (versicherte) Gesamtschaden geringer als die Summe der Entschädigungen, so liegt eine Mehrfachversicherung vor. 15

Das Merkmal „aus anderen Gründen" skizziert lediglich die Abgrenzung zur ersten Alternative. Da es sich bei der zweiten Alternative um einen **Auffangtatbestand** handelt, kommt ihm keine weitere Bedeutung zu.[32] 16

Praxishinweis: Da die Mehrzahl der Fälle unter die zweite Alternative fällt und zudem die Prüfung des Versicherungswertes häufig größere Schwierigkeiten bereitet als die ohnehin notwendige Prüfung der Höhe des Schadens, sollte stets mit der Prüfung der zweiten Alternative begonnen werden. Nur wenn deren Voraussetzungen nicht vorliegen, muss die erste Alternative noch geprüft werden. 17

III. Rechtsfolgen

1. Haftung gegenüber dem VN. Gegenüber dem VN haftet jeder VR als **Gesamtschuldner**, allerdings maximal für den Betrag, der von ihm nach seinem Vertrag zu leisten ist. Der VN kann aber insgesamt nicht mehr als den Betrag des versicherten Schadens verlangen. Die VR können, soweit sie Gesamtschuldner sind, gemeinsam verklagt werden. Der Umfang dieser Gesamtschuldnerschaft ist streitig.[33] 18

---

27 Römer/Langheid/*Langheid*, § 78 Rn 9; Langheid/Wandt/*Halbach*, § 78 Rn 9.
28 BGH 5.3.1986 – IVa ZR 63/84, VersR 1986, 380; Prölss/Martin/*Armbrüster*, § 78 Rn 9; Langheid/Wandt/*Halbach*, § 78 Rn 10.
29 Römer/Langheid/*Langheid*, § 78 Rn 10.
30 Prölss/Martin/*Armbrüster*, § 78 Rn 9; Langheid/Wandt/*Halbach*, § 78 Rn 10.
31 Prölss/Martin/*Armbrüster*, § 78 Rn 10.
32 Langheid/Wandt/*Halbach*, § 78 Rn 10.
33 Prölss/Martin/*Armbrüster*, § 78 Rn 15.

19 Offen ist, inwieweit **Selbstbehalte** des VN zu berücksichtigen sind. Da diese einerseits regelmäßig für die Risikoeinschätzung des VR große Bedeutung haben und andererseits der VN akzeptiert hat, diesen Teil seines wirtschaftlichen Schadens nicht ersetzt zu erhalten, wäre es nicht richtig, diese nicht zu berücksichtigen. Vielmehr muss sich der VN wirtschaftlich in Höhe der Selbstbehalte beteiligen. Entsprechendes gilt für VR, die keinen Selbstbehalt vereinbart haben. Dies vorausgesetzt, sind die einzelnen vertraglichen Regelungen nicht nur bei der Ermittlung der potenziellen Entschädigung, sondern auch bei dem Betrag des Schadens, den der VN von dem jeweiligen VR verlangen kann, zu berücksichtigen.

20 Besonderheiten ergeben sich bei Fallgestaltungen, in denen es die Parteien nicht in der Hand haben, ob ein Selbstbehalt vereinbart werden soll, weil die Vereinbarung eines Selbstbehalts gesetzlich vorgesehen ist (vgl Rn 9). In diesen Fällen muss es dem Betroffenen möglich sein, mit dem Risiko, das nach der Vorstellung des Gesetzgebers ihm verbleiben soll und das er damit wirtschaftlich tragen soll, selber verantwortlich umzugehen. Durch den Eingriff des Gesetzgebers in § 93 Abs. 2 S. 3 AktG bei **D&O-Deckungen** der Aktiengesellschaft für ihre Vorstandsmitglieder wird das eigentlich einheitliche versicherte Interesse zu zwei unterschiedlichen versicherten Interessen, da der Gesetzgeber zwingende gesetzliche Regelungen zur Haftung aufstellt. Im Ergebnis hat in diesen Fällen das betroffene Organ also die Möglichkeit, zu entscheiden, ob es sich gegen dieses im ersten Schritt bei ihm verbleibende Risiko versichern will oder nicht. Die Gefahr einer Mehrfachversicherung besteht dabei nicht, weil der Gesetzgeber bereits zwischen dem Risiko unterscheidet, das die Gesellschaft tragen darf, und demjenigen, das beim Organ verbleiben muss. Auch die angesprochene schadenspräventive Funktion des Selbstbehalts kommt nicht zu kurz, weil die VR um die Versicherbarkeit wissen und das übliche Verhalten der Organmitglieder kennen. Im Ergebnis kann also das Organ eine Versicherung für das von ihm zu tragende Risiko abschließen.

21 **2. Ausgleich der VR untereinander (Abs. 2).** Es besteht ein Ausgleichsanspruch der VR untereinander. Bei diesem **Ausgleichsanspruch** handelt es sich um einen Unterfall des § 426 BGB. Eine Ausgleichspflicht besteht nach ganz hM selbst dann, wenn der zugrunde liegende Anspruch des Gläubigers gegen den Schädiger bereits verjährt ist.[34]

22 Die VR sind nach dem Wortlaut im Verhältnis zueinander zu Anteilen nach Maßgabe der Beträge verpflichtet, die sie dem VN nach dem jeweiligen VersVertrag zu zahlen haben. In einem ersten Schritt sind also zunächst die Verpflichtungen der betroffenen VR im Außenverhältnis zu ermitteln. Die Summe dieser Verpflichtungen ist sodann zum versicherten Schaden ins Verhältnis zu setzen. Die Leistungspflicht im Innenverhältnis ergibt sich dann als verhältnismäßiger Anteil. Dabei werden allerdings nur die bedingungsmäßigen Leistungen berücksichtigt, nicht hingegen rechtsgrundlose Leistungen aufgrund von Irrtum oder **Kulanz**.[35] Bei rechtsgrundlosen Leistungen hat der VR lediglich die bereicherungsrechtlichen Ansprüche gegen den VN.

23 Dem Grunde nach entsteht der Ausgleichanspruch wie stets bei Gesamtschuldnern mit dem Eintritt des Versicherungsfalles,[36] also nicht erst mit der Zahlung an den VN. Der VR, der seiner Quote im Innenverhältnis entsprechend an den VN geleistet hat, hat für die darüber hinausgehende Leistungsverpflichtung im Außenverhältnis einen Freistellungsanspruch gegen den bzw die anderen VR.[37]

---

34 BGH 9.3.1972 – VII ZR 178/70, VersR 1972, 587; Palandt/*Heinrichs*, § 426 BGB Rn 3.
35 BGH 19.3.1981 – IVa ZR 75/80, VersR 1981, 625; BGH 5.3.1986 – IVa ZR 63/84, VersR 1986, 380; Prölss/Martin/*Armbrüster*, § 78 Rn 19.
36 BGH 21.3.1991 – IX ZR 286/90, BGHZ 114, 117; Prölss/Martin/*Armbrüster*, § 78 Rn 18.
37 Prölss/Martin/*Armbrüster*, § 78 Rn 18.

Nach **Abs. 2 S. 2** gilt die Ausgleichspflicht im Verhältnis zu Versicherungen, für die **ausländisches Recht** anzuwenden ist, nur eingeschränkt. So kann der VR, für den das ausländische Recht gilt, einen Anspruch auf Ausgleichung nur dann geltend machen, wenn er selbst nach dem für ihn maßgeblichen Recht zur Ausgleichung verpflichtet ist.

IV. Betrügerisches Verhalten des VN (Abs. 3)

Nach Abs. 3 führt die in betrügerischer Absicht abgeschlossene Mehrfachversicherung zur Nichtigkeit aller in dieser Absicht geschlossenen Verträge. Der VN kann dementsprechend aus diesen Verträgen keine Rechte herleiten.[38] Voraussetzung ist allerdings, dass die betrügerische Absicht bereits bei Abschluss des jeweiligen Vertrages vorlag. Lag sie bei Abschluss des ersten Vertrages noch nicht vor, so bleibt der erste Vertrag bestehen und dem VN bleiben die Ansprüche aus diesem Vertrag erhalten.[39] Trotz der Nichtigkeit hat der VR einen Anspruch auf die Prämie bis zu dem Zeitpunkt, zu dem er von den die Nichtigkeit begründenden Umständen Kenntnis erlangt.

V. Sonstiges

1. **Beweislast.** Die Beweislast richtet sich nach den allgemeinen Regeln.
2. **Abdingbarkeit.** § 78 ist überwiegend abdingbar.[40] Lediglich für Abs. 3 sieht § 87 vor, dass von den diesbezüglichen Regelungen nicht zum Nachteil des VN abgewichen werden darf. Soweit die hM für § 59 Abs. 1 aF davon ausging, dass die Regelung insoweit zwingend sei, als die Gesamtentschädigung den Gesamtschaden nicht übersteigen dürfe,[41] so dürfte im Hinblick auf den Wegfall des allgemeinen Bereicherungsverbots hieran nicht festzuhalten sein.[42] Ein entsprechender Wille der Parteien kann aber nur dann unterstellt werden, wenn die Parteien von der Entstehung einer Überversicherung wussten und diese wollten.
3. **Verjährung.** Der Ausgleichsanspruch nach Abs. 2 verjährt nach den allgemeinen Verjährungsvorschriften der §§ 195, 199 BGB kenntnisabhängig nach drei Jahren. Die Verjährungsfrist des § 195 BGB beginnt dabei erst dann, wenn der berechtigte VR Kenntnis oder grobfahrlässige Unkenntnis von der Mehrfachversicherung hat.

§ 79 Beseitigung der Mehrfachversicherung

(1) Hat der Versicherungsnehmer den Vertrag, durch den die Mehrfachversicherung entstanden ist, ohne Kenntnis von dem Entstehen der Mehrfachversicherung geschlossen, so kann er verlangen, dass der später geschlossene Vertrag aufgehoben oder die Versicherungssumme unter verhältnismäßiger Minderung der Prämie auf den Teilbetrag herabgesetzt wird, der durch die frühere Versicherung nicht gedeckt ist.

(2) ¹Absatz 1 ist auch anzuwenden, wenn die Mehrfachversicherung dadurch entstanden ist, dass nach Abschluss der mehreren Versicherungsverträge der Versicherungswert gesunken ist. ²Sind in diesem Fall die mehreren Versicherungsverträge gleichzeitig oder im Einvernehmen der Versicherer geschlossen worden, kann der

---

38 Römer/Langheid/*Langheid*, § 78 Rn 25.
39 Römer/Langheid/*Langheid*, § 78 Rn 25; Langheid/Wandt/*Halbach*, § 78 Rn 11; Bruck/Möller/*Schnepp*, § 78 Rn 151.
40 Prölss/Martin/*Armbrüster*, § 78 Rn 27 f; Römer/Langheid/*Langheid*, § 78 Rn 29 ff.
41 Prölss/Martin/*Kollhosser*, 27. Aufl. 2004, § 59 Rn 22.
42 Langheid/Wandt/*Halbach*, § 78 Rn 31; Römer/Langheid/*Langheid*, § 78 Rn 29; aA Prölss/Martin/*Armbrüster*, § 78 Rn 27.

Versicherungsnehmer nur die verhältnismäßige Herabsetzung der Versicherungssummen und der Prämien verlangen.

I. Normzweck und Anwendungsbereich

1 Die Regelungen zur Mehrfachversicherung – §§ 78, 79 – stehen in einem engen Zusammenhang: Während § 78 den VR schützt, wird mit § 79 vermieden, dass der schutzwürdige VN eine im Verhältnis zu seinen Ansprüchen im Schadensfall zu hohe Prämie zahlt, da die Ansprüche im Schadensfall durch § 78 begrenzt sind.[1] Wie § 78 ist die Vorschrift des § 79 nur in der Schadensversicherung anwendbar (vgl § 78 Rn 3). § 79 gibt nur dem VN, nicht aber dem VR die Möglichkeit, den späteren Vertrag zu kündigen oder anzupassen.[2]

2 Abs. 1 regelt den Fall der **anfänglichen** unbewussten Mehrfachversicherung. Demgegenüber regelt Abs. 2 den Fall der **nachträglichen** Mehrfachversicherung, die durch ein Absinken des Versicherungswertes entstanden ist. Dem Absinken des Versicherungswertes steht dabei der Fall gleich, dass der Versicherungswert entgegen den Erwartungen der Parteien nicht steigt. In einem solchen Fall entsteht die Mehrfachversicherung dadurch, dass die Versicherungssumme durch eine vereinbarte Wertsicherungsklausel stärker als der Versicherungswert gestiegen ist.

3 Nicht geregelt wird der Fall, dass eine ursprüngliche Mehrfachversicherung durch gleichzeitig abgeschlossene Verträge entstanden, aber nicht erkannt worden ist. In diesem Fall kommt eine entsprechende Anwendung des Abs. 2 S. 2 in Betracht, so dass der VN die verhältnismäßige Herabsetzung von Prämie und Versicherungssumme von beiden VR verlangen kann.[3]

II. Voraussetzungen

4 Tatbestandsvoraussetzung ist das Vorliegen einer **Mehrfachversicherung** (vgl hierzu § 78 Rn 7). Maßgeblich für die Beurteilung, ob eine Mehrfachversicherung vorliegt, ist im Fall des Abs. 1 der **Zeitpunkt**, in dem der Vertrag geschlossen wird, der zu der Mehrfachversicherung geführt hat.[4] Ferner muss die Mehrfachversicherung im Zeitpunkt der Ausübung des Verlangens noch vorliegen.[5] Im Fall des Abs. 2 ist der Zeitpunkt maßgeblich, in dem das Verlangen durch den VN geltend gemacht wird. In diesem Zeitpunkt muss der Versicherungswert dauerhaft gesunken sein. Wird die Mehrfachversicherung erst durch oder im Zeitpunkt des Eintritts des Versicherungsfalles aufgedeckt, so gilt nicht § 79, sondern § 78, da andernfalls § 78 mit Ausnahme der betrügerischen Mehrfachversicherung leer laufen würde.[6]

5 Der VN darf bei Abschluss des zweiten Vertrages keine Kenntnis von dem Entstehen der Mehrfachversicherung durch diesen Vertragsschluss haben. Aus der Formulierung „**ohne Kenntnis**" ergibt sich, dass dem VN lediglich seine eigene positive Kenntnis oder die seines Vertreters und nicht bereits Kennenmüssen oder grobfahrlässige Unkenntnis schadet.[7] Aus der Norm lässt sich also keine Erkundigungspflicht zu Lasten des VN herleiten. Da zwei oder mehr Verträge nicht zwangsläufig das Vorliegen einer Mehrfachversicherung bedeuten, liegen die Voraussetzungen der Norm nur dann nicht vor, wenn der VN auch von der Übersiche-

---

[1] Römer/Langheid/*Langheid*, § 79 Rn 1; Looschelders/Pohlmann/*von Koppenfels-Spies*, § 79 Rn 1.
[2] Römer/Langheid/*Langheid*, § 79 Rn 1.
[3] Looschelders/Pohlmann/*von Koppenfels-Spies*, § 79 Rn 4.
[4] Römer/Langheid/*Langheid*, § 79 Rn 3.
[5] Prölss/Martin/*Armbrüster*, § 79 Rn 22.
[6] Römer/Langheid/*Langheid*, § 79 Rn 3.
[7] Prölss/Martin/*Armbrüster*, § 79 Rn 9; Römer/Langheid/*Langheid*, § 79 Rn 5.

rung Kenntnis hat.[8] Bislang[9] wurde vertreten, dass eine entsprechende Kenntnis des Versicherten nicht ausreicht.[10] Dieser Auffassung wurde in der Lit. unter Hinweis auf § 47 entgegengetreten.[11] In der Tat bietet § 47 ein interessengerechtes Regelungskonzept und keinen Anhaltspunkt dafür, die Norm nicht auch bei Vertragsabschlusssachverhalten anzuwenden. Der hierdurch entstehende wirtschaftliche Nachteil für den VN wäre dann im Verhältnis zwischen dem VN und der versicherten Person einem gerechten Ausgleich zuzuführen.

Auf eine Kenntnis des VR kommt es nicht an. Deswegen ist Abs. 1 auch auf den Fall anwendbar, in dem der zweite Vertrag im Einvernehmen der Versicherer geschlossen wurde.[12] Für eine analoge Anwendung des Abs. 2 S. 2 auf diese Fallgestaltung besteht insofern kein Raum. Sofern im Einzelfall das Ergebnis unbillig erscheint und die Weigerung des ersten VR gegen eine verhältnismäßige Herabsetzung auch seiner Prämie ausnahmsweise treuwidrig erscheint, ist eine Lösung über § 242 BGB möglich. 6

Die Möglichkeit zur Kündigung nach § 96 Abs. 2 schließt die Nutzung der Rechte aus § 79 nach allgemeiner Auffassung dann nicht aus, wenn das Kündigungsrecht nicht genutzt wird.[13] Allerdings ist für die Frage, welche Versicherung aufzuheben ist, der Zeitpunkt des Vertragsabschlusses maßgeblich, nicht der des Vertragsübergangs, so dass regelmäßig die durch den VN abgeschlossene Versicherung betroffen ist, weil die übergegangene Versicherung die ältere ist.[14] Abweichende Vereinbarungen, etwa eine Aufhebung des ersten Vertrages, zwischen dem ersten VR und dem VN sind aber natürlich möglich. Ein schutzbedürftiges Interesse des zweiten VR, das zu einer Kündigungspflicht des zweiten Vertrages führen könnte, ist nicht ersichtlich. 7

III. Rechtsfolge

1. Vertragsaufhebung. Der VN des später geschlossenen Vertrages kann verlangen, dass dieser aufgehoben oder die Versicherungssumme unter verhältnismäßiger Minderung der Prämie herabgesetzt wird. Eine Frist für dieses Verlangen gibt es entgegen dem früheren Recht nicht mehr. Die beiden Alternativen des Abs. 1 stehen sich gleichwertig gegenüber. Verlangt der VN die Aufhebung des jüngeren Vertrages, so endet dieser mit Wirkung für die Zukunft. Die frühere Regelung, dass die Aufhebung zum Ende der laufenden Versicherungsperiode erfolgt, ist durch den Gesetzgeber bewusst aufgegeben worden.[15] Der VR hat dem VN insofern nach § 812 BGB die Prämie zu erstatten, die zeitanteilig auf die noch nicht abgelaufene Versicherungsperiode entfällt. Dies ergibt sich aus § 39. Liegt nur eine Teilidentität der versicherten Interessen vor, so kommt eine Aufhebung des jüngeren Vertrages nicht in Betracht und der VN kann lediglich eine Vertragsanpassung verlangen.[16] 8

2. Vertragsanpassung. Der VN kann alternativ zur Vertragsaufhebung (s. Rn 8) auch eine Anpassung des jüngeren Vertrages verlangen. 9

---

8 Römer/Langheid/*Langheid*, § 79 Rn 5; Prölss/Martin/*Armbrüster*, § 79 Rn 9; Looschelders/Pohlmann/*von Koppenfels-Spies*, § 79 Rn 6.
9 So auch bis zur 2. Auflage 2011 (s. dort § 79 Rn 5).
10 Römer/Langheid/*Langheid*, § 79 Rn 5; Prölss/Martin/*Armbrüster*, § 79 Rn 9.
11 Bruck/Möller/*Schnepp*, § 79 Rn 39; Looschelders/Pohlmann/*von Koppenfels-Spies*, § 79 Rn 7.
12 AA Looschelders/Pohlmann/*von Koppenfels-Spies*, § 79 Rn 4.
13 Prölss/Martin/*Armbrüster*, § 79 Rn 4; Römer/Langheid/*Langheid*, § 79 Rn 4.
14 Römer/Langheid/*Langheid*, § 79 Rn 4.
15 Begr. RegE, BT-Drucks. 16/3945, S. 79.
16 Prölss/Martin/*Armbrüster*, § 79 Rn 13.

10 Es gibt auch Fälle, in denen nur eine Vertragsanpassung möglich ist: Eine Vertragsaufhebung kommt nach **Abs. 2 S. 2** dann nicht in Betracht, wenn der **Versicherungswert gesunken** ist und mehrere VersVerträge gleichzeitig oder im Einvernehmen mit dem VR geschlossen worden sind. In diesen Fällen kann der VN nur eine verhältnismäßige Herabsetzung der Versicherungssummen und der Prämien verlangen, wobei hier die gleichzeitig oder einvernehmlich nacheinander geschlossenen Verträge anzupassen sind und das Anpassungsrecht nicht auf den jüngeren beschränkt ist.

11 Wählt der VN die Vertragsanpassung, so soll eine verhältnismäßige Minderung der Prämie und der Versicherungssumme für die Zukunft erfolgen. Dies kann im Einzelfall problematisch sein, wenn nur eine teilweise Mehrfachversicherung besteht. Insbesondere geht ein Anpassungsverlangen ins Leere, wenn die Überschneidung so gering ist, dass sie sich nach dem Tarif des VR nicht auswirkt.[17]

IV. Sonstiges

12 **1. Beweislast.** Nach den allgemeinen Regeln trägt der VN die Beweislast dafür, dass die tatbestandlichen Voraussetzungen vorliegen, wozu auch die Unkenntnis von der Mehrfachversicherung gehört.[18]

13 **2. Abdingbarkeit.** In Ermangelung einer Erwähnung in § 87 kann Abweichendes vereinbart werden.[19]

§ 80 Fehlendes versichertes Interesse

(1) ¹Der Versicherungsnehmer ist nicht zur Zahlung der Prämie verpflichtet, wenn das versicherte Interesse bei Beginn der Versicherung nicht besteht; dies gilt auch, wenn das Interesse bei einer Versicherung, die für ein künftiges Unternehmen oder für ein anderes künftiges Interesse genommen ist, nicht entsteht. ²Der Versicherer kann jedoch eine angemessene Geschäftsgebühr verlangen.

(2) Fällt das versicherte Interesse nach dem Beginn der Versicherung weg, steht dem Versicherer die Prämie zu, die er hätte beanspruchen können, wenn die Versicherung nur bis zu dem Zeitpunkt beantragt worden wäre, zu dem der Versicherer vom Wegfall des Interesses Kenntnis erlangt hat.

(3) Hat der Versicherungsnehmer ein nicht bestehendes Interesse in der Absicht versichert, sich dadurch einen rechtswidrigen Vermögensvorteil zu verschaffen, ist der Vertrag nichtig; dem Versicherer steht die Prämie bis zu dem Zeitpunkt zu, zu dem er von den die Nichtigkeit begründenden Umständen Kenntnis erlangt.

I. Normzweck 1	1. Tatbestandsvoraussetzungen 11
II. Anwendungsbereich 2	2. Rspr-Beispiele 13
III. Anfänglicher Interessenmangel (Abs. 1) 5	3. Rechtsfolge 16
1. Tatbestandvoraussetzungen.. 5	V. Teilweiser Interessenmangel...... 18
2. Rechtsfolge 9	VI. Betrügerische Absicht (Abs. 3) ... 19
IV. Nachträglicher Interessenmangel (Abs. 2) 11	VII. Beweislast....................... 20
	VIII. Abdingbarkeit 21

---

17 Römer/Langheid/*Langheid*, § 79 Rn 10.
18 Prölss/Martin/*Armbrüster*, § 79 Rn 27.
19 Römer/Langheid/*Langheid*, § 79 Rn 12; Looschelders/Pohlmann/*von Koppenfels-Spies*, § 79 Rn 24.

I. Normzweck

Die Norm beschreibt implizit das Synallagma in der Schadensversicherung dahin gehend, dass der VN eine Prämie für die Absicherung des versicherten Interesses bezahlt, und greift so § 1 auf.[1] Sie regelt die **Folgen einer Störung dieses Synallagmas**, die durch das **Fehlen oder den Wegfall des versicherten Interesses** entstehen. Insofern enthält sie den allgemeinen und wenig überraschenden Rechtsgedanken, dass der VR für den Zeitraum, in dem er das Risiko trägt, einen Anspruch auf die kalkulierte Prämie hat. Dies gilt auch, wenn der Zeitraum der Risikotragung kürzer ist als von den Parteien angenommen, denn dann tritt an die Stelle der vereinbarten Prämie die vom VR für diesen Zeitraum kalkulierte (geringere) Prämie. Trägt er tatsächlich kein Risiko, so reduziert sich die kalkulierte Prämie weiter auf eine angemessene Geschäftsgebühr.

II. Anwendungsbereich

Die Vorschrift des § 80 ist aufgrund ihrer systematischen Stellung zunächst in der **Schadensversicherung** anwendbar.[2]

Eine analoge Anwendung für die Personen- oder Summenversicherung scheidet auch dann aus, wenn diese einen schadensrechtlichen Einschlag hat, wie dies etwa bei der **Restschuldversicherung** der Fall ist.[3] Denn allein der Umstand, dass eine Versicherung, deren versichertes Interesse das Leben einer Person ist, dazu benutzt wird, auch andere Interessen abzusichern, rechtfertigt keine analoge Anwendung, wenn diese anderen Interessen gar nicht erst zur Entstehung gelangen oder wegfallen. Das Leben der versicherten Person für die bestimmte Zeit bleibt das versicherte Interesse.[4] Dass das so verstandene versicherte Interesse gar nicht erst entsteht oder wegfallen könnte, ist bislang nicht dargelegt worden,[5] so dass für eine analoge Anwendung kein Bedarf besteht. Eine andere Frage ist, ob bei Restschuldverträgen eine Vertragsanpassung nach § 313 BGB notwendig und möglich ist, wenn der nach dem gemeinsamen Willen der Vertragsparteien abzusichernde Kreditvertrag unwirksam ist.[6] Voraussetzung ist dann, dass es sich um eine wesentliche Abweichung handelt, die eine unveränderte Vertragserfüllung für den VN unzumutbar erscheinen lässt.

Demgegenüber kommt eine (analoge) Anwendung für bestimmte **Haftpflichtversicherungen** in Betracht, wenn sich die Versicherung auf die Tätigkeit einer Person (zB Steuerberater, Arzt, Architekt oder Rechtsanwalt) bezieht.[7] Aufgrund der Verweisung in § 194 Abs. 1 S. 1 ist die Norm auf Krankenversicherungen anwendbar, die nach den Grundsätzen der Schadensversicherung gewährt werden.[8]

III. Anfänglicher Interessenmangel (Abs. 1)

1. Tatbestandvoraussetzungen. Voraussetzung ist, dass das **versicherte Interesse** bei Beginn der Versicherung nicht besteht. Dies ist dann der Fall, wenn der versicherte Gegenstand oder die Beziehung zu ihm, die das versicherte Interesse an ihm begründet, im Zeitpunkt des technischen Versicherungsbeginns nicht besteht und

---

1 Looschelders/Pohlmann/*von Koppenfels-Spies*, § 80 Rn 1.
2 Prölss/Martin/*Armbrüster*, § 80 Rn 4.
3 BGH 30.5.1990 – IV ZR 22/89, VersR 1990, 884; Prölss/Martin/*Armbrüster*, § 80 Rn 4; Römer/Langheid/*Langheid*, § 80 Rn 1; Looschelders/Pohlmann/*von Koppenfels-Spies*, § 80 Rn 3.
4 BGH 30.5.1990 – IV ZR 22/89, VersR 1990, 884.
5 *Hasse*, VersR 2010, 1118 erweitert das versicherte Interesse um Motive des VN, bei deren Wegfall dann eine analoge Anwendung notwendig sei.
6 BGH 30.5.1990 – IV ZR 22/89, VersR 1990, 884.
7 Römer/Langheid/*Langheid*, § 80 Rn 1.
8 Looschelders/Pohlmann/*von Koppenfels-Spies*, § 80 Rn 3.

auch mit Sicherheit nicht (mehr) entstehen kann oder entstehen wird.[9] Dabei fehlt das versicherte Interesse nicht notwendig schon dann, wenn lediglich die Gefahr nicht entstanden oder weggefallen ist oder sich vermindert hat.[10] Wenn also objektiv ein Warenlager noch vor dem im VersVertrag festgelegten Versicherungsbeginn untergeht, so fehlt die Gefahr für die Ware, nicht aber das versicherte Interesse, wenn der VN die alsbaldige Neuanschaffung plant, da unterstellt werden kann, dass er hierfür keine neue Versicherung abschließen möchte.[11]

6 Nach aA kommt es nur darauf an, dass das versicherte Interesse im Zeitpunkt des Versicherungsbeginns fehlt, so dass ein neuer Vertrag geschlossen werden muss, wenn es später entsteht.[12]

7 Andererseits kann sich das fehlende versicherte Interesse auch daraus ergeben, dass der VN Eigenschaften hat, die den Versicherungsschutz ausschließen:[13] Im Familien- und Verkehrsrechtsschutz für Nichtselbständige (§ 26 ARB 1988) ist der VN nur solange versichert, als er keine hauptberufliche selbständige Tätigkeit ausübt. Da sich die Abgrenzung von nebenberuflich und hauptberuflich an den Umsatzgrenzen eines Jahres festmacht, führt ein Überschreiten der Umsatzgrenze im ersten Jahr bereits dazu, dass das versicherte Interesse fehlt.

8 Hat der VR **Kenntnis vom Interessenmangel** und schließt den VersVertrag dennoch ab, so verstößt er nach einer Auffassung mit der Geltendmachung der angemessenen Geschäftsgebühr gegen Treu und Glauben.[14] Soweit § 2 Abs. 2 S. 1 einschlägig ist, weil der VR sicher weiß, dass der Eintritt des Versicherungsfalles ausgeschlossen ist, ist dem beizupflichten.[15] Soweit allerdings aus Sicht des VR das Interesse noch zum Entstehen gelangen kann, zB wenn bei einer Bauplanungsversicherung noch gar nicht klar ist, ob der versicherte Architekt überhaupt den Auftrag erhält, so verstößt der VR nicht gegen Treu und Glauben, wenn er die angemessene Geschäftsgebühr verlangt, nachdem die Auftragsvergabe an einen anderen Architekten erfolgt ist und daher das versicherte Interesse nicht mehr entstehen kann.

9 **2. Rechtsfolge.** Ein fehlendes Interesse bei Versicherungsbeginn führt dazu, dass der VN zur Zahlung der Prämie nicht verpflichtet ist. Sofern die Prämie bereits gezahlt wurde, kann er sie zurückfordern. Der VR kann seine Leistung, nämlich die Gefahrtragung, nicht erbringen. Da aber die Frage der Entstehung und das Vorhandensein des versicherten Interesses der Sphäre des VN zuzurechnen sind, kann der VR statt der Prämie eine **angemessene Geschäftsgebühr** verlangen (**Abs. 1 S. 2**). Aufgrund dieses Anspruchs wird der VR stets nur einen Teil der bereits gezahlten Prämie erstatten und im Übrigen aufrechnen.

10 Was „**angemessen**" ist, ist nach den Umständen des Einzelfalles zu beurteilen. Anhaltspunkte für die Angemessenheit liefern die anteiligen Grundkosten des VR für den Vertrag zuzüglich der speziellen Aufwendungen im Einzelfall.[16] Nach aA ist nicht auf die Grundkosten, sondern auch die durchschnittlichen Kosten für die Antragsbearbeitung zuzüglich etwaiger spezieller Auslagen abzustellen.[17] Dies greift zu kurz, denn der Erstversicherer muss seinerseits für die eingegangene Verpflichtung auch dann angemessenes Risikokapital oder eine Rückversicherungsdeckung zur Verfügung stellen, wenn das Risiko gar nicht zur Entstehung gelangt ist.

---

9 OLG Hamm 5.12.1997 – 20 U 126/97, VersR 1999, 50; Prölss/Martin/*Armbrüster*, § 80 Rn 5; Römer/Langheid/*Langheid*, § 80 Rn 2.
10 Prölss/Martin/*Armbrüster*, § 80 Rn 6; Römer/Langheid/*Langheid*, § 80 Rn 3.
11 Römer/Langheid/*Langheid*, § 80 Rn 3; Langheid/Wandt/*Halbach*, § 80 Rn 4.
12 Looschelders/Pohlmann/*von Koppenfeld-Spies*, § 80 Rn 9.
13 Römer/Langheid/*Langheid*, § 80 Rn 10.
14 Prölss/Martin/*Kollhosser*, 27. Aufl. 2004, § 68 Rn 1.
15 Prölss/Martin/*Armbrüster*, § 80 Rn 21.
16 Römer/Langheid/*Langheid*, § 80 Rn 7.
17 Prölss/Martin/*Armbrüster*, § 80 Rn 20.

Obergrenze für die Geschäftsgebühr ist im Massengeschäft die Prämie für die nach dem Tarif des VR geringste Versicherungsdauer.[18] Jedenfalls bei größeren Risiken bietet es sich an, auf die Kosten- oder Schadensquoten des VR abzustellen. Da kein Schaden entstehen kann, ist eine Geschäftsgebühr angemessen, die sich aus der Versicherungsprämie abzüglich des Teils errechnet, der zur Schadensdeckung bei diesem VR dient zuzüglich eines etwaigen Aufwands für eine Rückversicherungsdeckung. Unterstellt man also eine Schadensquote von 60 % für die betroffene Sparte, so beliefe sich die angemessene Geschäftsgebühr auf 40 % der Versicherungsprämie, wenn der VR keine Rückversicherung abgeschlossen hat. Sofern der Einzelfall Besonderheiten aufweist, sind diese zusätzlich zu berücksichtigen.

IV. Nachträglicher Interessenmangel (Abs. 2)

1. Tatbestandsvoraussetzungen. Ein **nachträglicher Interessenmangel** liegt vor, wenn das bei Beginn der Versicherung vorhandene versicherte Interesse während der Versicherungsperiode wegfällt. Das versicherte Interesse darf dann unter keinem Gesichtspunkt mehr gegeben sein und der Wegfall darf nicht nur vorübergehend, sondern muss dauerhaft sein.[19] Die geringere Wahrscheinlichkeit des Eintritts eines Versicherungsfalles reicht auch für die zweite Alternative des nachträglichen Interessenmangels nicht aus. Weder die Zerstörung eines Hauses in der Grundstückshaftpflichtversicherung[20] noch die Verringerung des Personals in der Haftpflichtversicherung[21] führt zu einem nachträglichen Interessenwegfall. Die Veräußerung eines versicherten Gegenstands ist kein Fall des § 80, da hier § 95 Abs. 1 eingreift, der § 80 als lex specialis vorgeht.[22]   11

Anders als nach altem Recht ist die Norm auch für den Fall des Interessenwegfalls wegen Eintritts des Versicherungsfalles anwendbar,[23] da der dies ausschließende § 68 Abs. 4 aF ersatzlos weggefallen ist. Begründet wird diese Neuregelung mit dem Wegfall des Grundsatzes der Unteilbarkeit der Prämie.[24]   12

2. Rspr-Beispiele. Für den nachträglichen Interessenwegfall gibt es eine umfangreiche **Einzelfalljudikatur:** Sind Inventar und Warenvorräte in Betriebsräumen gegen Feuer versichert, so entfällt das Interesse nicht schon dann, wenn der Betrieb eingestellt wird, da sich hierdurch allenfalls die Gefahr vermindert.[25] Wird ein Speiselokal in ein Bistro umgewandelt, liegt ebenfalls kein Interessenwegfall vor.[26]   13

Ein Wegfall des Interesses liegt ferner dann nicht vor, wenn ein Kfz vorübergehend stillgelegt wird oder nur ein wirtschaftlicher Totalschaden eintritt.[27] Erst der wirtschaftliche und technische Totalschaden lässt das Interesse endgültig entfallen.[28] Nach einer anderen Entscheidung fällt in der Kfz-Haftpflichtversicherung das versicherte Interesse erst mit dem völligen Untergang des Fahrzeugs weg.[29] Auch ein Diebstahl eines Fahrzeugs führt nicht zum Interessenwegfall, denn eine Beschädi-   14

---

18 Prölss/Martin/*Armbrüster*, § 80 Rn 20; Römer/Langheid/*Langheid*, § 80 Rn 7; Langheid/Wandt/*Halbach*, § 80 Rn 15; Bruck/Möller/*Schnepp*, § 80 Rn 67.
19 Römer/Langheid/*Langheid*, § 80 Rn 8; Looschelders/Pohlmann/*von Koppenfeld-Spies*, § 80 Rn 11.
20 BGH 24.1.1951 – II ZR 12/50, NJW 1951, 314; Prölss/Martin/*Armbrüster*, § 80 Rn 8.
21 Prölss/Martin/*Armbrüster*, § 80 Rn 8.
22 Römer/Langheid/*Langheid*, § 80 Rn 8; Bruck/Möller/*Schnepp*, § 80 Rn 18.
23 Begr. RegE, BT-Drucks. 16/3945, S. 79.
24 Begr. RegE, BT-Drucks. 16/3945, S. 79.
25 OLG Hamm 12.6.1874 – 20 U 335/73, VersR 1975, 174.
26 LG Köln 25.10.1989 – 24 O 153/88, r+s 1991, 243.
27 OLG Köln 7.5.2004 – 9 U 139/03, VersR 2004, 1596; OLG Köln 17.6.2003 – 9 U 187/01, r+s 2003, 495.
28 OLG Frankfurt 18.1.1996 – 12 U 71/95, VersR 1996, 1532; OLG Hamm 30.6.1993 – 20 U 372/92, VersR 1994, 802; Römer/Langheid/*Langheid*, § 80 Rn 16.
29 KG Berlin 16.1.2001 – 6 U 4248/99, NVersZ 2001, 426.

gung des Fahrzeugs und damit ein weiterer Versicherungsfall sind nach einer solchen Tat nicht selten.[30]

15 In der Rechtsschutzversicherung kann das Interesse dann entfallen, wenn sich die Anknüpfungspunkte ändern. So bei der Rechtsschutzversicherung für Nichtselbständige, wenn diese hauptberuflich eine selbständige Tätigkeit aufnehmen,[31] oder in der Landwirtschafts-Rechtsschutzversicherung, wenn der Landwirt seine Tätigkeit aufgibt.[32]

16 **3. Rechtsfolge.** Rechtsfolge des Wegfalls des versicherten Interesses ist die **Beendigung** des Versicherungsverhältnisses.[33] Bei einem Wegfall des Interesses steht dem VR allerdings trotz der Beendigung des Versicherungsverhältnisses diejenige Prämie zu, die er hätte beanspruchen können, wenn die Versicherung nur bis zu dem Zeitpunkt beantragt worden wäre, zu dem der VR vom Wegfall des Interesses Kenntnis erlangt hat. Hintergrund ist der Umstand, dass der VR für die Zeit bis zum Wegfall tatsächlich auch seine Gegenleistung, nämlich die Gefahrtragung, erbracht hat.[34] Bereits aus dem Wortlaut ergibt sich, dass hiermit nicht die zeitanteilige Prämie gemeint ist, denn dann hätte der Gesetzgeber eine andere Formulierung wählen müssen.[35] Vielmehr richtet sich die Höhe des Prämienanspruchs danach, wie lang die **kürzeste wählbare Versicherungsperiode** ist, die gleichzeitig länger als der Zeitraum vom Beginn der vertraglichen Versicherungsperiode bis zur Kenntnis des Wegfalls des Interesses ist. Nach einer Auffassung steht dem VR bei einem Wegfall des versicherten Interesses bereits im ersten Jahr und nicht vorhandenem Kurztarif die Prämie lediglich pro rata zuzüglich eines angemessenen Kostenanteils zu.[36] Lediglich dann, wenn der VR nachweisbar auch bei Kenntnis der kürzeren Laufzeit einen Vertrag nur zur vollen Jahresprämie abgeschlossen hätte, stehe ihm bei vorzeitigem Versicherungswegfall die volle Jahresprämie zu.[37] Folgt man dieser Ansicht, so ist im Massengeschäft dieser Nachweis schon dann erbracht, wenn der VR im Allgemeinen keinen Kurztarif anbietet. Kann dieser Nachweis nicht erbracht werden, so gebührt dem VR die pro rata Prämie zuzüglich einer angemessenen Geschäftsgebühr.[38]

17 Fällt das Interesse erst nach Ablauf der ersten vertraglichen Versicherungsperiode weg, so soll dies nicht zur Anwendung eines Kurztarifs für diese Periode, sondern zu einem pro rata temporis Prämienanspruch für den VN führen. Dies wird damit begründet, dass der VR bei anfänglicher Kenntnis des späteren Wegfalls auch keinen Kurztarif zur Anwendung gebracht hätte.[39] Da die Formulierung der Rechtsfolgen offengehalten ist, kommt es nicht darauf an, was üblich ist oder andere VR machen, sondern wie der konkrete VR die Prämie für den fraglichen Zeitraum berechnet hätte.

---

30 BGH 24.4.1985 – IVa ZR 166/83, VersR 1985, 775; Römer/Langheid/*Langheid*, § 80 Rn 16.
31 LG München I 12.10.1993 – 17 O 5443/92, r+s 1994, 261; Römer/Langheid/*Langheid*, § 80 Rn 10.
32 LG Hannover 11.9.1992 – 9 S 59/92, r+s 1993, 220; Römer/Langheid/*Langheid*, § 80 Rn 10.
33 Begr. RegE, BT-Drucks. 16/3945, S. 79.
34 Römer/Langheid/*Langheid*, § 80 Rn 19.
35 Im Ergebnis ebenso OLG Hamm 4.6.1993 – 20 U 17/93, VersR 1993, 1514.
36 Römer/Langheid/*Langheid*, § 80 Rn 20.
37 OLG Hamm 4.6.1993 – 20 U 17/93, VersR 1993, 1514; Römer/Langheid/*Langheid*, § 80 Rn 20.
38 Prölss/Martin/*Armbrüster*, § 80 Rn 23.
39 Looschelders/Pohlmann/*von Koppenfeld-Spies*, § 80 Rn 13; Römer/Langheid/*Langheid*, § 80 Rn 21.

V. Teilweiser Interessenmangel

§ 80 ist nur für den Fall des vollständigen Interessenmangels zuschnitten und anwendbar. Fällt nur ein Teil des Interesses weg, so ist § 80 nur dann anwendbar, wenn für diesen Teil eine gesonderte Prämie ausgewiesen ist, es sich also um mehrere Versicherungen handelt, die in einer Police zusammengefasst wurden. In den übrigen Fällen dürfte durch den Teilwegfall eines Risikos eine Überversicherung iSd § 74 entstehen.[40]

VI. Betrügerische Absicht (Abs. 3)

Nach Abs. 3 ist der VersVertrag nichtig, wenn der VN ein nicht bestehendes Interesse in der Absicht versichert hat, sich dadurch einen rechtswidrigen Vermögensvorteil zu verschaffen. In diesem Fall, der den entsprechenden Regelungen zur Überversicherung und Mehrfachversicherung (§§ 74 Abs. 2, 78 Abs. 3) nachgebildet wurde, steht dem VR trotz der Nichtigkeit die Prämie bis zu dem Zeitpunkt zu, zu dem er von den die Nichtigkeit begründenden Umständen Kenntnis erlangt (vgl näher § 74 Rn 29). Auf Basis dieser Vorschrift behält also der VR den Anspruch auf die zeitanteilige Prämie, ohne zu einer Gegenleistung verpflichtet zu sein. Ein darüber hinausgehender Schadensersatzanspruch aus § 823 Abs. 2 BGB iVm § 263 StGB ist hierdurch keinesfalls ausgeschlossen. Es existiert auch kein Rückforderungsanspruch nach § 812 BGB für bereits geleistete Prämien, da ein solcher nach § 814 BGB ausgeschlossen ist.[41]

VII. Beweislast

Grundsätzlich gelten die allgemeinen Beweislastregeln. Die Beweislast für den Zeitpunkt der Kenntnis des VR vom Wegfall des versicherten Interesses trifft den VN.[42] Für das Vorliegen der betrügerischen Absicht (Abs. 3) trägt der VR die Beweislast. Vereinbaren die Parteien eine Geschäftsgebühr für den Fall, dass das versicherte Interesse nicht entsteht, so muss nicht mehr der VR deren Angemessenheit beweisen, sondern der VN die Unangemessenheit, weil er sich darauf beruft, dass diese Vereinbarung gegen § 87 verstößt, was nur bei einer unangemessen hohen Geschäftsgebühr der Fall ist.

VIII. Abdingbarkeit

Von den Regelungen des § 80 kann nach § 87 nicht zum Nachteil des VN abgewichen werden. Dies muss die Parteien allerdings nicht daran hindern, sich über eine angemessene, ggf gestaffelte Geschäftsgebühr zu verständigen. Dies bietet sich insb. bei herausgehobenen Einzelrisiken an, bei denen die Entstehung des versicherten Interesses noch ungewiss ist, der VN aber trotzdem bereits in diesem früheren Stadium wissen möchte, ob und zu welchen Konditionen er das Risiko versichern kann.

§ 81 Herbeiführung des Versicherungsfalles

(1) Der Versicherer ist nicht zur Leistung verpflichtet, wenn der Versicherungsnehmer vorsätzlich den Versicherungsfall herbeiführt.

---

40 Prölss/Martin/*Armbrüster*, § 80 Rn 2.
41 OLG Karlsruhe 3.5.2005 – 12 U 373/04, VersR 2005, 1269.
42 OLG Hamm 4.6.1993 – 20 U 17/93, VersR 1993, 1514; Looschelders/Pohlmann/*von Koppenfeld-Spies*, § 80 Rn 41.

(2) Führt der Versicherungsnehmer den Versicherungsfall grob fahrlässig herbei, ist der Versicherer berechtigt, seine Leistung in einem der Schwere des Verschuldens des Versicherungsnehmers entsprechenden Verhältnis zu kürzen.

I. Normzweck.................... 1	aa) Brandschaden............ 46
II. Anwendungsbereich und Abgrenzungsfragen.............. 2	(1) Brennenlassen einer Kerze.................... 46
III. Herbeiführung des Versicherungsfalles...................... 5	(2) Verwenden offenen Feuers, insb. Rauchen, Kaminfeuer.............. 49
1. Objektiver Tatbestand....... 5	(3) Arbeiten des VN an oder mit Gegenständen, die einen Brand verursachen können................... 51
a) Unterschreiten des Sicherheitsstandards............ 5	
b) Unterlassen............... 6	
2. Verschulden................. 7	bb) Wasserschaden........... 53
a) Vorsatz................... 7	b) Einbruchsdiebstahl-, Raub- und Hausratversicherung................. 55
b) Grobe Fahrlässigkeit..... 8	
c) Insbesondere: Augenblicksversagen........... 9	
d) Schuldunfähigkeit........ 12	aa) Einbruch in Wohnungen und Häuser.............. 55
IV. Fallgruppen..................... 14	
1. Fahrzeugversicherung....... 14	bb) Einbruch in Kellerräume 60
a) Diebstahl................. 14	c) Reisegepäck-, Transport- und sonstige Hausratversicherung.................. 62
aa) Art und Weise des Abstellens des Fahrzeugs 15	
bb) Diebstahl von Schlüsseln (außerhalb des Fahrzeugs).................... 18	d) Sturmversicherung........ 65
	e) Sonstige Fälle............. 66
	V. Zurechnung der Handlungen Dritter............................ 67
cc) Schlüssel und/oder Papiere in oder am Fahrzeug...................... 22	1. Begriff des Repräsentanten; Erscheinungsformen der Repräsentantenhaftung; Grenzen der Zurechnung.... 67
(1) Verlassen des unverschlossenen Pkw......... 23	
(2) Zurücklassen der Schlüssel im verschlossenen Pkw...................... 25	2. Fallgruppen................. 70
	a) Fahrzeugversicherung.... 70
	b) Gebäudeversicherung.... 77
(3) Zurücklassen des Kfz-Briefes im Fahrzeug...... 26	c) Hausratversicherung..... 79
	d) Übrige Versicherungszweige.................... 80
(4) Zurücklassen des Kfz-Scheins im Fahrzeug..... 27	3. Sonstiges................... 82
	VI. Darlegungs- und Beweislast...... 83
b) Rotlichtverstöße.......... 28	1. Objektiver Tatbestand....... 84
aa) Grundsätze.............. 28	a) Grundsätze............... 84
bb) Einzelfälle................ 30	b) Fingierte Versicherungsfälle...................... 85
c) Alkohol, Drogen und Medikamente............. 33	aa) Eigenbrandstiftung...... 85
aa) Alkohol: Absolute Fahruntüchtigkeit............ 33	bb) Einbruchdiebstahl- und Kaskoversicherung...... 87
bb) Alkohol: Relative Fahruntüchtigkeit............ 36	2. Kausalität.................... 88
cc) Drogen und Medikamente..................... 39	3. Verschulden und Unzurechnungsfähigkeit............. 93
d) Sonstige Verstöße im Straßenverkehr........... 41	VII. Rechtsfolgen...................... 95
	1. Vorsatz (Abs. 1)............. 96
e) Brand..................... 44	2. Grobe Fahrlässigkeit: Abkehr vom „Alles-oder-Nichts-Prinzip" (Abs. 2)............. 97
f) Selbstmord............... 45	
2. Sachversicherung (ohne Kraftfahrzeuge)........ 46	
a) Gebäudeversicherung..... 46	

Kapitel 2: Schadensversicherung § 81

a) Grundsatz: Kürzung auf 50 % als Einstiegsgröße – Mittelwertmodell 97	(2) Rotlichtverstöße 121
aa) Quotales Leistungskürzungsrecht 97	(3) Alkohol, Drogen und Medikamente 122
bb) Methodik und Meinungsstand/Lösungsmodelle 100	(4) Sonstige Verstöße im Straßenverkehr 124
	(5) Sachversicherung: Wasser- und Brandschaden .. 126
cc) Kürzungsschritte......... 106	(6) Einbruchdiebstahl in Wohnungen und Häuser 128
dd) Kürzung um 100 %? 107	(7) Einbruchdiebstahl in Kellerräume.............. 129
ee) Quotenerhöhung bei Mehrfachverstößen 109	(8) Reisegepäckversicherung 130
b) Fallgruppen............... 114	cc) Fazit...................... 131
aa) Grundsätze 114	VIII. Abweichende Regelung in AVB .. 132
bb) Fallgruppenbildung...... 119	1. Allgemeines................... 132
(1) Fahrzeugversicherung ... 120	2. Quotierungen................. 134

I. Normzweck

§ 81 verfolgt den Zweck, das subjektive Risiko für den VR zu begrenzen, welches 1 durch ein vorsätzliches oder grob fahrlässiges Verhalten des VN bezüglich des versicherten Risikos entsteht. Es handelt sich insoweit einen **subjektiven Risikoausschluss** bzw um eine **subjektive Risikobegrenzung**.[1] Dagegen begründet die Vorschrift keine allgemeine Schadensverhütungspflicht des VN.[2] Zu ihrer Verwirklichung ist weder erforderlich, dass der VN gegen Gesetze oder AVB verstößt. Ausreichend ist vielmehr jedes ursächliche Verhalten des VN oder eines ihm zurechenbaren Dritten, durch das vorsätzlich oder grob fahrlässig der Versicherungsfall herbeigeführt wird.

II. Anwendungsbereich und Abgrenzungsfragen

§ 81 gilt nur für den Bereich der **Schadensversicherung**. **Sonderreglungen** bestehen 2 für die Haftpflichtversicherung nach § 103 (nur Vorsatz schädlich) sowie für die Transportversicherung nach § 137 (genereller Leistungsausschluss bei Vorsatz und grober Fahrlässigkeit). In der Personenversicherung ist § 81 ebenfalls nicht anwendbar (vgl § 194 für die Krankenversicherung). Hier bestehen teilweise gesonderte Bestimmungen, zB § 183 für die Unfallversicherung sowie §§ 161, 162 für die Lebensversicherung.[3]

Die Regelung des § 81 gilt **neben** den Vorschriften über die **Gefahrerhöhung** nach 3 §§ 23 ff.[4] Herbeiführung des Versicherungsfalles und Gefahrerhöhung berechtigen im Einzelfall den VR jeweils, sich auf Leistungsfreiheit zu berufen. Ihre Voraussetzungen sind unterschiedlich, da nicht jede Herbeiführung des Versicherungsfalles eine Gefahrerhöhung darstellt, insb. wenn es nur um kurzfristige Veränderungen geht. Umgekehrt muss nicht jede über eine gewisse Dauer erfolgte Gefahrerhöhung zugleich die Verwirklichung des Tatbestands des § 81 nach sich ziehen. Die unterschiedlichen Beweislastregeln für den Nachweis der groben Fahrlässigkeit sowie die Kausalität stellen deshalb keinen Wertungswiderspruch dar. Eine gewisse An-

---

1 BGH 21.9.1964 – II ZR 40/62, BGHZ 42, 295; Römer/Langheid/*Langheid*, § 81 Rn 6; *Schimikowski*, Rn 263; *Wandt*, Rn 899; Looschelders/Pohlmann/*Schmidt-Kessel*, § 81 Rn 9 f; Bruck/Möller/*Baumann*, § 81 Rn 19; Stiefel/Maier/*Halbach*, AKB, § 81 Rn 1; Prölss/Martin/*Armbrüster*, § 81 Rn 3; Langheid/Wandt/*Looschelders*, § 81 Rn 7.
2 BGH 5.10.1983 – IVa ZR 210/81, VersR 1984, 25.
3 Vgl auch Langheid/Wandt/*Looschelders*, § 81 Rn 19–21.
4 OLG Celle 9.8.2007 – 8 U 62/07, r+s 2007, 449; OLG Koblenz 25.4.1997 – 10 U 1437/96, VersR 1998, 234; Römer/Langheid/*Langheid*, § 81 Rn 117; Langheid/Wandt/ *Looschelders*, § 81 Rn 26 f; Bruck/Möller/*Baumann*, § 81 Rn 220–223.

gleichung haben beide Regelungsgebiete dadurch erhalten, dass nach § 26 Abs. 1 auch bei der Gefahrerhöhung iSv § 23 Abs. 1 nur noch Vorsatz und grobe Fahrlässigkeit schaden.

4 Auch § 28 mit seiner Regelung der Leistungsfreiheit des VR bei **Verletzung vertraglicher Obliegenheiten** findet neben § 81 Anwendung. So wie es bei § 81 einerseits nicht erforderlich ist, dass vertragliche Obliegenheiten verletzt wurden, so genügt umgekehrt der Verstoß gegen Obliegenheiten alleine zur Annahme der vorsätzlichen oder grob fahrlässigen Herbeiführung des Versicherungsfalles nicht. Eine Angleichung von § 28 und § 81 ist auch hier insoweit erfolgt, als Leistungsfreiheit nur bei Vorsatz und grober Fahrlässigkeit in Betracht kommt. Unterschiede bestehen hinsichtlich der Beweislast für das Vorliegen grober Fahrlässigkeit sowie der Kausalität.

III. Herbeiführung des Versicherungsfalles

5 **1. Objektiver Tatbestand. a) Unterschreiten des Sicherheitsstandards.** Das Handeln des VN oder eines ihm zurechenbaren Dritten muss **adäquat kausal**[5] den Versicherungsfall herbeigeführt haben. Hierfür ist weder ein Verstoß gegen gesetzliche Bestimmungen noch gegen vertraglich ausdrücklich vereinbarte Obliegenheiten erforderlich. Auch ist es für die Kausalität ausreichend, dass das Verhalten des VN mitursächlich war. Es braucht ferner nicht unmittelbar zum Eintritt des Versicherungsfalles geführt zu haben, also gewissermaßen das letzte Glied in der Kette zu sein. Erforderlich ist in objektiver Hinsicht aber eine **deutliche Unterschreitung des vertraglich vorausgesetzten Sicherheitsstandards**.[6] Wegen des Erfordernisses eines Unterschreitens des bei Vertragsschluss vorausgesetzten Sicherheitsstandards bzw umgekehrt einer Erhöhung der Gefahr der Risikoverwirklichung findet § 81 keine Anwendung, wenn der zum Eintritt des Versicherungsfalles führende Umstand bereits unverändert seit Vertragsschluss bestand und Grundlage einer Risikoprüfung des VR war oder hätte sein können.[7]

6 **b) Unterlassen.** Der Tatbestand des § 81 kann nicht nur durch positives Handeln, sondern auch durch Unterlassen verwirklicht werden.[8] Das kann etwa in Betracht kommen beim Nichtentfernen eines Fahrzeugs trotz drohenden Hochwassers[9] oder dem unterlassenen Verschließen eines Erdgeschossfensters über Nacht.[10] Wer infolge schweren Verschuldens selbst für den Eintritt des Versicherungsfalles verantwortlich ist, setzt sich treuwidrig zu seinem Verhalten in Widerspruch, wenn er gleichwohl Versicherungsschutz beansprucht. Voraussetzung ist das **Unterlassen des Ergreifens geeigneter Sicherheitsvorkehrungen** trotz der Möglichkeit und Zumutbarkeit ihrer Wahrnehmung. Ferner muss der VN die Umstände gekannt haben, aus denen sich ergibt, dass der Eintritt des Versicherungsfalles in den Bereich der praktisch unmittelbar in Betracht zu ziehenden Möglichkeiten gerückt ist.[11]

---

5 Zu Einzelfragen der Kausalität vgl Bruck/Möller/*Baumann*, § 81 Rn 38–45.
6 BGH 15.10.1997 – IV ZR 264/96, VersR 1998, 44; Römer/Langheid/*Langheid*, § 81 Rn 14; Langheid/Wandt/*Looschelders*, § 81 Rn 40 f; krit. hierzu Bruck/Möller/*Baumann*, § 81 Rn 47; Prölss/Martin/*Armbrüster*, § 81 Rn 22.
7 OLG Hamm 18.5.1988 – 20 U 232/87, r+s 1990, 386.
8 BGH 14.4.1976 – IV ZR 29/74, VersR 1976, 649; BGH 27.5.1992 – IV ZR 42/91, VersR 1992, 1987; Römer/Langheid/*Langheid*, § 81 Rn 15–17; *Wandt*, Rn 904; Langheid/Wandt/*Looschelders*, § 81 Rn 10; Bruck/Möller/*Baumann*, § 81 Rn 31; Prölss/Martin/*Armbrüster*, § 81 Rn 10.
9 BGH 14.4.1976 – IV ZR 29/74, VersR 1976, 649; OLG Köln 19.8.1997 – 9 U 88/96, VersR 1998, 1227.
10 BGH 27.5.1992 – IV ZR 42/91, VersR 1992, 1987.
11 BGH 23.6.2004 – IV ZR 219/03, VersR 2005, 218, 220; Prölss/Martin/*Armbrüster*, § 81 Rn 11; FAKomm-VersR/*Schneider*, § 81 VVG Rn 17; grob fahrlässige Unkenntnis genügt

2. **Verschulden. a) Vorsatz.** Vorsatz stellt nach allgemeinem zivilrechtlichem Verständnis das Wissen und Wollen des pflichtwidrigen Erfolges dar.[12] Da bei § 81 weder ein Verstoß gegen gesetzliche Vorschriften noch gegen vertragliche Obliegenheiten vorliegen muss, ist ein Bewusstsein der Rechtswidrigkeit des Erfolges nicht erforderlich. Ausreichend ist vielmehr das **Wissen und Wollen der Handlung selbst sowie des dazugehörigen Erfolges**.[13] Hierbei muss es sich nicht um eine Absicht und ein Wollen im engeren Sine handeln, vielmehr kommt Vorsatz auch in den Fällen des Eventualvorsatzes (dolus eventualis) in Betracht, wenn der VN die Möglichkeit des Schadenseintritts kennt und dessen Verwirklichung um des erstrebten Zieles willen billigend in Kauf nimmt.[14] Insoweit ist eine **Abgrenzung** zur bewussten Fahrlässigkeit erforderlich, bei der der VN ebenfalls die Möglichkeit einer Verwirklichung des Erfolges erkennt, aber darauf vertraut, dass dieser nicht eintreten werde.[15] Nicht erforderlich für die Annahme von Vorsatz ist eine Kenntnis des genauen Schadensumfangs sowie des Kausalverlaufs, sofern dieser nicht völlig atypisch verläuft und eine Zurechnung deshalb ausschließt.[16] Dem Gesetzeswortlaut lässt sich – anders als etwa bei § 103 – nicht entnehmen, dass der Vorsatz sich auch auf den Schaden beziehen muss. 7

b) Grobe Fahrlässigkeit. Grob fahrlässig handelt in objektiver Hinsicht derjenige, der die im Verkehr erforderliche Sorgfalt nach den gesamten Umständen in ungewöhnlich hohem Maß verletzt und unbeachtet lässt, **was im gegebenen Fall jedem hätte einleuchten müssen**.[17] Im Gegensatz zur einfachen Fahrlässigkeit muss es sich bei einem grob fahrlässigen Verhalten um ein auch in subjektiver Hinsicht **unentschuldbares Fehlverhalten** handeln, das ein gewöhnliches Maß erheblich übersteigt. Es muss mithin auch in subjektiver Hinsicht unentschuldbar sein.[18] Hierbei kann nach der Rspr des BGH vom äußeren Geschehensablauf und vom Ausmaß des objektiven Pflichtverstoßes auf innere Vorgänge und deren gesteigerte Vorwerfbarkeit geschlossen werden.[19] Hieraus folgt indessen nicht, dass gewissermaßen regelhaft aus einem objektiv groben Pflichtverstoß die subjektive Unentschuldbarkeit folgt oder gar den VN für die subjektive Entschuldbarkeit die Beweislast träfe. Auch für die subjektive Seite der groben Fahrlässigkeit ist der VR darlegungs- und beweispflichtig, wobei es lediglich im Rahmen einer sekundären Darlegungslast Sache des VN ist, ihn entlastende Tatsachen vorzutragen, zumal diese sich häufig alleine in seiner Sphäre abspielen und vom VR nicht erkannt werden.[20] 8

---

entgegen der noch in der Vorauflage vertretenen Ansicht nicht (2. Aufl. 2011, aaO); so aber MAH VersR/*Steinbeck/Terno*, § 2 Rn 429.
12 Palandt/*Grüneberg*, § 276 BGB Rn 10.
13 Römer/Langheid/*Langheid*, § 81 Rn 45; ferner Langheid/Wandt/*Looschelders*, § 81 Rn 57–65; Bruck/Möller/*Baumann*, § 81 Rn 58–62.
14 BGH 17.9.1985 – IV ZR 73/84, NJW 1986, 180.
15 BGH 17.4.1997 – I ZR 131/95, NJW-RR 1998, 34.
16 Vgl im Einzelnen FAKomm-VersR/*Schneider*, § 81 VVG Rn 24 f.
17 BGH 10.5.2011 – VI ZR 196/10, VersR 2011, 916; BGH 29.1.2003 – IV ZR 173/01, VersR 2003, 364; BGH 18.12.1996 – IV ZR 321/95, VersR 1997, 351; Römer/Langheid/*Langheid*, § 81 Rn 47; ferner Prölss/Martin/*Armbrüster*, § 81 Rn 30 ff.
18 BGH 10.5.2011 – VI ZR 196/10, VersR 2011, 916; Langheid/Wandt/*Looschelders*, § 81 Rn 66 f; Stiefel/Maier/*Halbach*, AKB, § 81 Rn 9; zu hier im Bereich der subjektiven Seite maßgeblichen Umständen vgl MAH VersR/*Steinbeck/Terno*, § 2 Rn 442; anders Looschelders/Pohlmann/*Schmidt-Kessel*, § 81 Rn 32, der nur auf einen objektiven Pflichtverstoß abstellen will.
19 BGH 29.1.2003 – IV ZR 173/01, VersR 2003, 364; BGH 8.7.1992 – IV ZR 223/91, VersR 1992, 1085; BGH 8.2.1989 – IVa ZR 57/88, VersR 1989, 582; Langheid/Wandt/*Looschelders*, § 81 Rn 72.
20 BGH 10.5.2011 – VI ZR 196/10, VersR 2011, 916 (fehlende Erfahrung und Unerfahrenheit im Umgang mit der Zubereitung von Speisen, hier Erhitzen von Fett auf dem Küchenherd); BGH 29.1.2003 – IV ZR 173/01, VersR 2003, 364; vgl ferner LG Nürnberg-Fürth 2.6.2014 – 8 O 9666/13, r+s 2014, 493 (kein in subjektiver Hinsicht völlig unent-

9 c) Insbesondere: Augenblicksversagen. In der Praxis taucht immer wieder die Frage auf, ob der VN vom Vorwurf grober Fahrlässigkeit befreit ist, weil er sich erfolgreich auf ein sog. Augenblicksversagen beruft.[21] Hierbei handelt es sich um das Vergessen eines von verschiedenen Handgriffen, das auch einem üblicherweise mit seinem Eigentum sorgfältig umgehenden VN passieren kann.[22] Nachdem insb. bei **Rotlichtverstößen** im Straßenverkehr auch die Instanzgerichte immer wieder die Grundsätze des Augenblicksversagens angewendet haben, hat der BGH in seiner „Rotlicht"-Entscheidung aus dem Jahre 1992 nunmehr darauf abgestellt, ein bloßes Augenblicksversagen sei allein nicht ausreichend, den Schuldvorwurf der groben Fahrlässigkeit herabzustufen, wenn die objektiven Merkmale der groben Fahrlässigkeit gegeben seien.[23] Eine Vielzahl der Fälle unbewusster Fahrlässigkeit, insb. im Straßenverkehr, beruhe gerade darauf, dass der Handelnde für eine kurze Zeit unaufmerksam ist. Das **schließt grobe Fahrlässigkeit allein nicht aus**. Vielmehr müssen weitere, in der Person des Handelnden liegende, besondere Umstände hinzukommen, die den Grund des momentanen Versagens erkennen und in einem milderen Licht erscheinen lassen. Hierbei kommt es auf die Umstände des Einzelfalles an, die sich aus der Person des Handelnden oder den äußeren Umständen ergeben können. Dabei spielt auch die Gefährlichkeit der Handlung eine Rolle, da mit der Größe der möglichen Gefahr auch das Maß der zu erwartenden Sorgfalt wächst. Insbesondere im Straßenverkehr und hier gerade in den „Rotlichtfällen" wird ein grobe Fahrlässigkeit entfallen lassendes Augenblicksversagen deshalb nur in einer eher begrenzten Zahl von Fällen vorkommen.

10 **Verneint** wurde ein **Augenblicksversagen** in der neueren Rspr etwa in folgenden Fällen:

- Überfahren des Rotlichts an einer übersichtlichen und gut ausgebauten Bundesstraße.[24]

- Überfahren des Rotlichts an einer weithin sichtbaren Einmündung trotz langjähriger Unfallfreiheit, Ortsunkundigkeit, Stresssituation und „Mitschwimmens" im Verkehr.[25]

- Abstellen des Pkw in einem Bereich mit einem Gefälle von 10 % und Anziehen der Handbremse ohne Einlegen des ersten Gangs.[26]

- Durchfahren einer Brückenunterführung mit einem deutlich die lichte Höhe der Brücke überragenden Wohnmobil trotz Ankündigung durch mehrere Verkehrszeichen[27] oder mit einem Lkw trotz Verkehrszeichen und rot-weißen Farbanstrichs an der Unterseite der Brücke.[28]

---

schuldbares Fehlverhalten bei Ausweichen vor einem Fuchs und anschließender Kollision mit der Mittelleitplanke).
21 Zur Problematik Römer/Langheid/*Langheid*, § 81 Rn 86–91; Prölss/Martin/*Armbrüster*, § 81 Rn 40; Stiefel/Maier/*Halbach*, AKB, § 81 Rn 10; Langheid/Wandt/*Looschelders*, § 81 Rn 78 f; Bruck/Möller/*Baumann*, § 81 Rn 70 f.
22 BGH 8.2.1989 – IVa ZR 57/88, NJW 1989, 1355.
23 BGH 8.7.1992 – IV ZR 223/91, VersR 1992, 1085; ebenso BGH 29.1.2003 – IV ZR 173/01, VersR 2003, 364.
24 BGH 8.7.1992 – IV ZR 223/91, VersR 1992, 1085.
25 OLG Köln 19.11.2002 – 9 U 54/02, NZV 2003, 138.
26 OLG Karlsruhe 8.3.2007 – 19 U 127/07, r+s 2007, 190.
27 OLG Oldenburg 27.1.2006 – 3 U 107/05, VersR 2006, 920 (3,08 m hohes Wohnmobil bei Brückenhöhe von 2,50 m und drei vorangegangenen Warnschildern).
28 OLG Karlsruhe 29.7.2004 – 19 U 94/04, VersR 2004, 1305.

Bejaht wurden ein **Augenblicksversagen** und damit der Wegfall grober Fahrlässigkeit in folgenden Konstellationen: 11

- VN erhitzt Fett im Kochtopf und verlässt für einen Augenblick die Küche, um sich in das Wohnzimmer zu begeben (Einzelfall).[29]
- VN hält zunächst bei Rot an und fährt dann los, weil er durch ein optisches Signal zu der irrigen Überzeugung gelangt, die Ampel sei auf Grün umgesprungen.[30]
- Fahrer hält an der Abbiegerspur zunächst an roter Ampel an und fährt dann in der irrigen Annahme, die grüne Ampel für den Geradeausverkehr gelte auch für ihn, los[31] (in dieser Allgemeinheit wegen der besonderen Gefahren des Straßenverkehrs wohl zu weitgehend).
- Mieterin verlässt Wohnung, ohne die Herdplatte mit einem Topf erhitzten Schmalzes abzuschalten mit anschließendem Wohnungsbrand.[32]

d) Schuldunfähigkeit. Ist der VN schuldunfähig, so kommt eine Verwirklichung 12 des Tatbestands des § 81 nicht in Betracht. Insoweit ist anerkannt, dass § 827 S. 1 BGB auch bei der Frage, ob eine Obliegenheitsverletzung schuldhaft begangen wurde, **entsprechende Anwendung** findet.[33] Hiernach ist derjenige, der im Zustand der Bewusstlosigkeit oder in einem die freie Willensbildung ausschließenden Zustand krankhafter Störung der Geistestätigkeit einem anderen Schaden zufügt, für den Schaden nicht verantwortlich. Die Darlegungs- und Beweislast für die behauptete Unzurechnungsfähigkeit trifft den VN.[34]

Solange der VN nicht den Zustand der Unzurechnungsfähigkeit iSv § 827 BGB erreicht, ein Ausschluss der Wahrnehmungsfähigkeit oder der freien Willensbestimmung also noch nicht eingetreten ist, bleibt vorsätzliches oder grob fahrlässiges Handeln möglich.[35] Allerdings ist es im Rahmen der Prüfung grober Fahrlässigkeit zu berücksichtigen, wenn ein VN sich auf eine Krankheit beruft, die das Gedächtnis- und Konzentrationsvermögen beeinträchtigt, auch wenn nicht erwiesen ist, dass die Krankheit im Unfallzeitpunkt zur völligen Unzurechnungsfähigkeit geführt hatte.[36]

Indessen kann grobe Fahrlässigkeit auch trotz erheblich eingeschränkter Einsichts- und Hemmungsfähigkeit zu bejahen sein, wenn ganz elementare Verhaltensregeln verletzt werden, deren Einhaltung auch in diesem Zustand unbedingt bewahrt werden muss. So verhält es sich idR bei **Trunkenheitsfahrten**.[37] Das Führen eines Kraftfahrzeugs in alkoholbedingt fahruntüchtigem Zustand stellt einen groben Verstoß gegen die im Verkehr erforderliche Sorgfalt dar.

Unzurechnungsfähigkeit bei **Trunkenheitsfahrten** nimmt die Rspr idR erst ab 13 einem Wert von 3,0 ‰ an,[38] während geringere Alkoholmengen nicht ohne Weite-

---

29 BGH 10.5.2011 – VI ZR 196/10, VersR 2011, 916.
30 BGH 29.1.2003 – IV ZR 173/01, VersR 2003, 364.
31 OLG Brandenburg 25.9.2002 – 14 U 40/02, VRS 105, 187.
32 OLG Düsseldorf 10.12.2009 – I-10 U 88709, NJW-RR 2010, 695.
33 BGH 22.6.2011 – IV ZR 225/10, BGHZ 190, 120; BGH 9.11.2005 – IV ZR 146/04, VersR 2006, 108.
34 BGH 22.6.2011 – IV ZR 225/10, BGHZ 190, 120; BGH 29.10.2003 – IV ZR 16/03, VersR 2003, 1561; BGH 22.2.1989 – IVa ZR 274/87, VersR 1989, 469; OLG Saarbrücken 11.12.2002 – 5 U 17/00, VersR 2003, 1518; OLG Köln 27.9.2002 – 9 U 143/00, r+s 2003, 56.
35 BGH 9.11.2005 – IV ZR 146/04, VersR 2006, 108.
36 BGH 22.6.2011 – IV ZR 225/10, BGHZ 190, 120; BGH 29.10.2003 – IV ZR 16/03, VersR 2003, 1561; BGH 17.6.1998 – IV ZR 163/97, VersR 1998, 1011.
37 BGH 22.2.1989 – IVa ZR 274/87, VersR 1989, 469.
38 BGH 22.6.2011 – IV ZR 225/10, BGHZ 190, 120; BGH 17.11.1966 – II ZR 156/64, VersR 1967, 125.

res genügen.[39] Teilweise werden sogar Werte von über 3,0 ‰ als nicht ausreichend erachtet, wenn es keine sonstigen Indizien für eine Unzurechnungsfähigkeit gibt.[40] Umgekehrt kann aber auch bei einem Wert von unter 3,0 ‰ Unzurechnungsfähigkeit in Betracht kommen, wenn es hierfür aufgrund der sonstigen Umstände des Falles Indizien gibt. Maßgebend hierfür ist, dass es grds. keinen allgemeingültigen Wert für eine Unzurechnungsfähigkeit infolge Alkoholkonsums gibt. Unzurechnungsfähigkeit kommt nur dann in Betracht, wenn neben dem Promillewert **weitere äußere Anhaltspunkte** als Anknüpfungstatsachen hinzukommen, zB Angaben zur physischen und psychischen Konstitution des Fahrers, eine Alkoholgewöhnung, die an den Tag gelegte Fahrweise sowie Angaben der Polizei und des Arztes anlässlich der Blutentnahme. Selbst wenn der VN im Tatzeitpunkt infolge Alkoholisierung unzurechnungsfähig war, kann gleichwohl im Einzelfall § 81 eingreifen.

Da die Leistungsfreiheit lediglich an einen Erfolg, nämlich die Herbeiführung des Versicherungsfalles, nicht dagegen an ein bestimmtes Verhalten, etwa das Führen eines Fahrzeugs in alkoholisiertem Zustand, anknüpft, kann auch auf ein **zeitlich vorangehendes Verhalten** des VN abgestellt werden. Rechnet der VN schon vor Trinkbeginn damit, dass er später unter Alkoholeinfluss mit einem Fahrzeug fahren und dabei möglicherweise einen Unfall herbeiführen werde, oder musste er damit rechnen und verschließt sich dem grob fahrlässig, so setzt der Vorwurf der schuldhaften Herbeiführung des Versicherungsfalles bereits zu diesem früheren Zeitpunkt an, ohne dass es eines Rückgriffs auf die Rechtsfigur der „actio libera in causa" oder des Rechtsgedankens des § 827 S. 2 BGB bedarf.[41]

IV. Fallgruppen[42]

14 **1. Fahrzeugversicherung. a) Diebstahl.** Eine Vielzahl von Entscheidungen befasst sich mit der Frage, unter welchen Umständen der VN den Diebstahl seines Pkw grob fahrlässig herbeiführt. In diesen Fallgestaltungen ist neben der Prüfung des Unterschreitens des vertraglich vorausgesetzten Sicherheitsstandards (s. Rn 5 f) und der auch in subjektiver Hinsicht erhöhten personalen Vorwerfbarkeit (s. Rn 7 ff) immer zu prüfen, ob der Versicherungsfall gerade hierdurch verursacht wurde. Im Wesentlichen geht es um drei Fallgruppen:

15 **aa) Art und Weise des Abstellens des Fahrzeugs.** Soweit es um das Abstellen eines ordnungsgemäß gesicherten und abgeschlossenen Fahrzeugs geht, kommt eine **Leistungsfreiheit des VR nur in Ausnahmefällen** in Betracht, wenn der VN durch sein Verhalten den als vertragsgemäß vorausgesetzten Standard an Sicherheit gegenüber der Diebstahlsgefahr deutlich unterschritten hat. Hierbei muss im Hinblick auf die Art des Abstellens und des gewählten Platzes dringende Diebstahlsgefahr bestanden haben.[43] Hierbei ist insb. zu beachten, dass auch das ordnungsgemäße Abstellen hochwertiger Fahrzeuge im Ausland in Ländern, bei denen erfahrungsgemäß eine hohe Diebstahlsgefahr besteht, nicht grob fahrlässig ist. Solange

---

39 BGH 17.11.1966 – II ZR 156/64, VersR 1967, 125 (2,66 ‰); BGH 17.6.1998 – IV ZR 163/97, VersR 1998, 1011 (2,56 ‰); BGH 22.2.1989 – IVa ZR 274/87, VersR 1989, 469 (2,23 ‰); OLG Hamm 31.5.2000 – 20 U 231/99, r+s 2001, 55 (2,58 ‰); OLG Hamburg 23.10.1991 – 4 U 95/91, VersR 1992, 1126 (2,0 ‰); AG Aschaffenburg 23.2.1990 – 12 C 2753/89, zfs 1990, 207 (2,45 ‰).
40 OLG Frankfurt/M 14.4.1999 – 7 U 87/98, VersR 2000, 883 (3,0–3,3 ‰); OLG Köln 7.6.1994 – 9 U 70/94, VersR 1995, 205 (3,0–3,3 ‰).
41 BGH 22.6.2011 – IV ZR 225/10, BGHZ 190, 120.
42 Hierzu auch Schwintowski/Brömmelmeyer/*Kloth/Neuhaus*, § 81 Rn 20–23; Bruck/Möller/*Baumann*, § 81 Rn 72–79.
43 BGH 15.10.1997 – IV ZR 264/96, VersR 1998, 44; BGH 6.3.1996 – IV ZR 383/94, VersR 1996, 621; BGH 21.2.1996 – IV ZR 321/94, VersR 1996, 576; vgl Römer/Langheid/*Langheid*, § 81 Rn 68.

die VR weiter Versicherungsschutz auch für derartige Länder anbieten, können sie dem VN nicht vorwerfen, dass er entsprechend verfährt.

Keine grobe Fahrlässigkeit wurde daher in folgenden Fällen angenommen:
- Abstellen eines DB Roadster 500 SL auf einem Parkplatz in Warschau in der Nähe des Hotels, den der VN für bewacht halten durfte.[44]
- Parken eines Porsche 911 für 1,5 Tage in Mailand mit eingeschalteter Alarmanlage.[45]
- Abstellen eines BMW Z 1 in einer öffentlich zugänglichen Tiefgarage, auch wenn der VN beim Kauf nicht alle Originalschlüssel des Fahrzeugs erhalten hat.[46]
- Parken eines Rolls-Royce in der Bahnhofstraße in Kattowitz (Polen) zwischen 22.00 und 24.00 Uhr.[47]
- Abstellen eines Cabriolets auf einem belebten Platz für weniger als 1 Stunde.[48]
- Unverschlossenes Abstellen eines Pkw mit den Schlüsseln im Fahrzeug in einer mit zwei Vorhängeschlössern gesicherten Halle.[49]
- Unverschlossenes Abstellen eines Fahrzeugs durch den VN während eines kurzen Besuchs bei seinen Eltern in einer ländlich geprägten Umgebung.[50]
- Unverschlossenes Abstellen eines Pkw mit Schlüsseln und Kfz-Schein tagsüber vor dem Haus des VN mit anschließendem Diebstahl in der Nacht.[51]

Grobe Fahrlässigkeit des VN wurde dagegen in folgenden Konstellationen **bejaht:**
- VN lässt sein Wohnmobil unverschlossen und mit offener linker Schiebetür vor einem polnischen Getränkemarkt während des Einkaufs zurück.[52]
- Abstellen einer wertvollen Baumaschine durch einen Baumaschinenvermieter auf telefonische Anforderung eines Unbekannten ohne schriftlichen Vertrag, ohne Ausweisvorlage und ohne Kaution auf einem nicht zum Betriebsgelände gehörenden, mehrere Kilometer entfernten Platz.[53]
- Belassen eines Motorrades ohne Aktivierung der Lenkradsperre in einer unverschlossenen Garage.[54]
- Stehenlassen eines Cabriolets mit geöffnetem Verdeck über Nacht im Zentrum einer Großstadt.[55]
- Ungesichertes Abstellen eines Wohnwagens für 5 Tage auf einem BAB-Parkplatz.[56]
- Abstellen eines nur mit dem Lenkradschloss gesicherten Motorrades ohne zusätzliche Sicherung gegen Wegnahme 6 Tage auf dem Parkplatz einer Autobahnraststätte.[57]

---

44 BGH 15.10.1997 – IV ZR 264/96, VersR 1998, 44.
45 BGH 21.2.1996 – 21.2.1996 – IV ZR 321/94, VersR 1996, 576.
46 BGH 6.3.1996 – IV ZR 383/94, VersR 1996, 621.
47 OLG Hamm 26.2.1996 – 6 U 152/95, r+s 1996, 430.
48 AG Münster 23.1.1991 – 29 C 612/90, zfs 1991, 386.
49 OLG Düsseldorf 5.12.1989 – 4 U 26/89, VersR 1991, 540.
50 OLG Saarbrücken 24.10.2007 – 5 U 238/07, zfs 2008, 96.
51 OLG Koblenz 26.3.2009 – 10 U 1243/08, VersR 2009, 1527.
52 OLG Hamburg 23.12.2004 – 14 U 163/04, zfs 2005, 247.
53 OLG Frankfurt/M 26.2.2004 – 3 U 152/03, OLGR 2004, 229.
54 Öst. OGH 27.1.1999 – 7 Ob 8/99 y, zfs 1999, 247.
55 LG Aachen 19.12.1991 – 2 O 261/91, VersR 1992, 997.
56 OLG Hamburg 3.12.1987 – 6 U 192/87, zfs 1988, 51.
57 OLG Köln 21.2.1991 – 5 U 96/90, VersR 1991, 1240.

- Abstellen eines Wohnwagens ohne Zugfahrzeug und ohne Diebstahlssicherung mehrere Tage an einer viel befahrenen Straße.[58]
- VN lässt Motorrad, das ohne Zündschlüssel gestartet werden kann, in der Garage zurück, die ohne Schlüssel geöffnet werden kann.[59]

17 Die drei letztgenannten Entscheidungen sind nicht unproblematisch. Selbst wenn man das **mehrtägige Abstellen** für grob fahrlässig hält, muss der VR immer noch beweisen, dass gerade hierauf der Diebstahl beruht. Diese Kausalität wird er aber idR gerade nicht nachweisen können, weil nicht auszuschließen ist, dass das Fahrzeug bereits in den ersten Stunden nach dem Abstellen gestohlen wurde, als die Grenze zur groben Fahrlässigkeit noch nicht überschritten war.[60]

18 bb) **Diebstahl von Schlüsseln (außerhalb des Fahrzeugs).** Vielfach kommt es dadurch zum Diebstahl eines Fahrzeugs, dass der Täter sich der Schlüssel für dieses bemächtigt, die außerhalb des Fahrzeugs aufbewahrt werden. Hier geht es um die Frage, wann die Art und Weise der Verwahrung der Schlüssel als grob fahrlässig anzusehen ist. Grundsätzlich hat der VN die Schlüssel so aufzubewahren, dass sie vor unbefugten Zugriffen Dritter geschützt sind. Maßgebend ist, ob in der konkreten Situation ein **erheblich erleichterter Zugriff für unbefugte Dritte** bestand, was für den VN auch ohne Weiteres ersichtlich war. Dagegen liegt keine grobe Fahrlässigkeit vor, wenn der VN nicht ohne Weiteres mit einem Diebstahl der Schlüssel rechnen konnte.

19 Auf dieser Grundlage ist **grobe Fahrlässigkeit** in folgenden Fällen **angenommen** worden:[61]

- VN wirft Fahrzeugschlüssel nach Geschäftsschluss in den nicht besonders gesicherten Außenbriefkasten einer Werkstatt, um so eine Reparatur des auf dem Werkstattgelände abgestellten Pkw am nächsten Tag zu ermöglichen.[62] Das gilt auch dann, wenn die Werkstatt dem Kunden ausdrücklich die Möglichkeit eines derartigen Vorgehens einräumt. Anders liegt es, wenn der Briefkasten in der Eingangstür oder der Hauswand angebracht ist und die Schlüssel in nicht ohne Weiteres erreichbarer Entfernung auf den Boden fallen und auch nicht mit einer Einsichtnahme von außen zu rechnen ist, oder wenn an den Briefkästen besondere Sicherungen angebracht sind, die ein Herausnehmen des Inhalts auch mit Werkzeugen als weitgehend ausgeschlossen erscheinen lassen.
- Dauerhaftes Aufbewahren des Schlüssels in einer offenen Tonschale auf dem Tresen durch den Restaurantbesitzer ohne Gewährleistung einer ständigen Überwachung.[63]
- Ablage des Schlüssels durch einen Gast auf dem Tresen einer Gaststätte über mehrere Stunden bei erheblichem Alkoholgenuss.[64]
- Zurücklassen der Schlüssel in der Jacke an der nicht beaufsichtigten Garderobe eines Gemeindehauses, wenn diese frei zugänglich ist.[65]
- VN stellt nach Diebstahl der Kfz-Schlüssel zusammen mit einer Geldbörse, in der sich Visitenkarten des von ihm betriebenen Hotels befinden, den Pkw in

---

58 OLG Schleswig 26.11.2009 – 16 U 18/09, NJW-RR 2010, 845.
59 LG Hagen 23.4.2012 – 7 S 104/08, r+s 2013, 123.
60 So zutr. OLG Karlsruhe 20.6.2002 – 12 U 15/02, VersR 2002, 1550.
61 Vgl Römer/Langheid/*Langheid*, § 81 Rn 67.
62 OLG Hamm 14.9.2005 – 20 U 117/05, VersR 2006, 403; OLG Celle 9.6.2005 – 8 U 182/04, NJW-RR 2005, 1192; OLG Köln 31.10.2000 – 9 U 65/00, VersR 2002, 604; OLG Düsseldorf 2.5.2000 – 4 U 68/99, OLGR 2001, 160; aA OLG Hamm 2.11.1999 – 20 W 17/99, OLGR 2000, 152.
63 OLG Celle 14.7.2005 – 8 U 31/05, NJW-RR 2005, 1345.
64 OLG Hamm 26.4.1991 – 20 U 284/90, NJW-RR 1992, 360.
65 OLG Stuttgart 10.8.2004 – 7 U 127/04, DAR 2005, 708.

100 m Entfernung zum Hotel ab, ohne weitere Sicherungsmaßnahmen zu treffen.[66]
- Jacke mit Autoschlüsseln an einer unbewachten Garderobe einer Diskothek.[67]
- Nichtauswechseln von Schlüsseln, wenn diese offenkundig aus dem offenen Spind im Umkleideraum der Arbeitsstätte des VN entwendet wurden.[68]
- Ablegen des Schlüssels in der Jacke in einer unbeaufsichtigten und für eine Vielzahl von Personen zugänglichen Umkleidekabine einer Sporthalle[69] oder in der Hose in einem unverschlossenen und unbeaufsichtigten Umkleideraum eines Tennisvereins.[70]
- Belassen der Kfz-Schlüssel in einem Raum eines Reiterhofes, der für Unbefugte frei zugänglich war, bei bereits früher erfolgten Diebstählen.[71]
- Schlüssel in der über einen Stuhl gehängten Lederjacke in einer Gaststätte ohne Möglichkeit ständiger Kontrolle bei gleichzeitigem erheblichem Alkoholkonsum des VN.[72]
- Schlüssel in Tasche einer über den Stuhl gelegten Jacke in einem Lokal in der Tschechischen Republik.[73]
- VN lässt auf Volksfest seine Motorradjacke, in der sich die Schlüssel des Motorrades befinden, zeitweise unbeaufsichtigt.[74]
- Belassen der Schlüssel in der Jacke in einem Raum für mehrere Stunden, der für eine Vielzahl von Gästen eines Grillfestes unkontrolliert zugänglich ist.[75]
- Zurücklassen der Schlüssel in einer Badetasche mit Kleidungsstücken auf der Liegewiese eines Schwimmbades, um für 15 Minuten in dem nicht in Sichtweite befindlichen Schwimmbecken zu baden.[76]
- VN lässt Pkw an üblicher Stelle über Nacht vor seiner Wohnung stehen, obwohl er weiß, dass eine Kassette mit einem Kfz-Schlüssel am Vorabend von einem Besucher aus seiner Wohnung entwendet wurde.[77]
- VN stellt Handtasche mit Schlüsseln in einer Diskothek während des Tanzens ab, auch wenn sie Freundinnen bittet, auf die Handtasche aufzupassen.[78]

Keine grobe Fahrlässigkeit wurde dagegen in nachstehenden Konstellationen angenommen:[79] 20
- Aufbewahren des Zweitschlüssels für einen Pkw in einem unverschlossenen Spind im Privatraum einer Arztpraxis.[80]

---

66 OLG Köln 19.1.1999 – 9 U 34/98, VersR 2000, 49.
67 OLG Frankfurt/M 13.11.1991 – 17 U 78/90, NJW-RR 1992, 537.
68 LG Mainz 9.6.1995 – 7 O 8/95, VersR 1996, 705.
69 OLG Koblenz 19.2.1999 – 10 U 129/98, r+s 2003, 319; LG Berlin 9.1.2013 – 42 O 397/11, r+s 2013, 488.
70 OLG Stuttgart 24.9.1992 – 7 U 134/92, r+s 1996, 393.
71 OLG Köln 11.6.1996 – 9 U 252/95, r+s 1996, 392.
72 OLG Oldenburg 28.2.1996 – 2 U 304/95, r+s 1996, 172.
73 OLG Bremen 9.8.1994 – 3 U 32/94, VersR 1995, 1230.
74 OLG München 24.11.1993 – 30 U 458/93, VersR 1994, 1060.
75 OLG Koblenz 2.5.1988 – 12 U 1385/87, VersR 1991, 541.
76 OLG Karlsruhe 10.1.2002 – 19 U 130/01, SP 2002, 394.
77 OLG Düsseldorf 16.7.2002 – 4 U 218/01, SP 2003, 104.
78 OLG Saarbrücken 31.3.2010 – 5 U 102/09, zfs 2010, 506.
79 Vgl Römer/Langheid/*Langheid*, § 81 Rn 70.
80 OLG Celle 23.9.2004 – 8 U 128/03, OLGR 2004, 575: Das gilt auch dann, wenn VN nach einem Einbruch in die Praxis, bei dem keine Wertgegenstände gestohlen und die Täter gestört wurden, nicht gezielt überprüft, ob der Schlüssel noch vorhanden ist.

- Täter verschafft sich durch zum Lüften geöffnete Haustür Zutritt zum Haus und entwendet dort offenliegenden Pkw-Schlüssel vom Tisch, während sich VN in einem anderen Raum aufhält.[81]
- Restaurantbesitzer legt Schlüssel innerhalb des Blickfeldes auf den Tresen ab und bleibt dort selbst ununterbrochen sitzen.[82]
- Schlüssel eines Kellners in einem offenen Tresenfach, das dem unmittelbaren Zugriff der Gäste entzogen ist.[83]
- Zündschlüssel eines reparierten Kfz werden in den Büroräumen einer Werkstatthalle aufbewahrt.[84]
- VN unterlässt es, nach Verlust eines Schlüssels die Codierung zu ändern, wenn keine Anhaltspunkte dafür vorliegen, dass ein Finder die Schlüssel einem bestimmten Fahrzeug zuordnen kann.[85]
- Aufbewahren eines Schlüssels nachts unter dem Kopfkissen der VNin, auch wenn 18-jähriger Sohn in der Vergangenheit das Fahrzeug bereits wiederholt unbefugt benutzt hat.[86]
- Schlüssel werden in einem privaten Wohnhaus auf den Esstisch der Wohnung gelegt, von dem der Mitbewohner sie wegnimmt und mit dem Pkw in alkoholisiertem Zustand und ohne Führerschein einen Unfall verursacht.[87]
- Fahrzeugschlüssel werden in Wohnhaus aufbewahrt, an dem sich keine Einbruchspuren befinden, VN hat aber Wohnungs-Ersatzschlüssel in einer frei zugänglichen Gartenlaube deponiert.[88]

21 Ist grobe Fahrlässigkeit anzunehmen, so stellt sich häufig die weitere und in der Praxis nicht immer hinreichend beachtete Frage der **Kausalität**, ob also der Diebstahl des Pkw gerade durch den Diebstahl der Schlüssel verursacht wurde oder ob der Täter den Pkw ohne die Schlüssel entwendet hat. Taucht der Pkw wieder auf, kann dies meist anhand der Spurenlage geklärt werden. Bleibt der Pkw dagegen verschwunden, so muss der VR nachweisen, dass es zum Diebstahl des Pkw gerade durch das grob fahrlässig verursachte Entwenden der Schlüssel gekommen ist. Das wird idR nur durch Indizien möglich sein. Lassen sich die Schlüssel ohne Schwierigkeiten einem bestimmten Pkw zuordnen, der in der Nähe des Ortes abgestellt ist, an dem die Schlüssel abhanden gekommen sind, und ist es in nahem zeitlichem Zusammenhang zum Diebstahl der Schlüssel zur Entwendung des Pkw gekommen, so spricht alles dafür, dass dies unter Verwendung der Schlüssel geschah. Je größer der räumliche und zeitliche Abstand zwischen gestohlenen Schlüsseln und dem Diebstahl des Pkw ist, umso schwieriger wird der Beweis zu führen sein.

22 **cc) Schlüssel und/oder Papiere in oder am Fahrzeug.** Hier sind verschiedene Fallkonstellationen zu unterscheiden:

23 **(1) Verlassen des unverschlossenen Pkw.** Zunächst ist allgemein anerkannt, dass das Verlassen des unverschlossenen Pkw mit einem im Zündschloss steckenden Zündschlüssel eine den **Vorwurf grober Fahrlässigkeit** begründende erhebliche

---

81 OLG Karlsruhe 21.11.2006 – 12 U 150/06, VersR 2007, 984.
82 OLG Schleswig 1.7.2004 – 16 U 92/03, NJW-RR 2004, 1337 (keine grobe Fahrlässigkeit, auch wenn VN, nachdem er den Diebstahl bemerkt hat, den Pkw 5 Minuten aus den Augen lässt, um seine Ehefrau telefonisch zu bitten, den Zweitschlüssel zu bringen).
83 OLG Hamm 9.2.1994 – 20 U 326/93, VersR 1994, 1462.
84 OLG Saarbrücken 12.7.2006 – 5 U 610/05, zfs 2006, 693.
85 OLG Frankfurt/M 2.4.2003 – 7 U 123/01, r+s 2004, 279.
86 OLG Celle 15.11.2007 – 8 U 75/07, OLGR 2008, 7.
87 AG Würzburg 19.3.2009 – 17 C 2390/08, r+s 2009, 327.
88 OLG Naumburg 14.3.2013 – 4 U 47/12, r+s 2013, 597.

Herabsetzung des vertraglich vorausgesetzten Sicherheitsstandards darstellt.[89] Zu den ohne Weiteres zu erwartenden Sicherheitsvorkehrungen gehört es, ein Fahrzeug gem. § 14 Abs. 2 S. 2 StVO gegen unbefugte Benutzung zu sichern, wenn der Fahrer es verlässt, und zur Vermeidung eines Fahrzeugdiebstahls die Schlüssel so aufzubewahren, dass sie vor dem Zugriff beliebiger Dritter geschützt sind. Wer indessen die Schlüssel im Zündschloss stecken lässt, gibt durch sein Verhalten den Pkw dem Zugriff von jedermann in einer Weise preis, die ein sofortiges Wegfahren des Fahrzeugs ermöglicht. Grobe Fahrlässigkeit kann hierbei auch dann vorliegen, wenn zunächst ein Beifahrer am Fahrzeug verbleibt, der VN sich aber nicht durch vorherige Absprache vergewissert hat, dass er dort auch bleiben wird.[90] Dasselbe gilt, wenn der VN bei einer Probefahrt bei laufendem Motor aussteigt, um dem als Kaufinteressenten auftretenden Dritten, dessen Identität er nicht festgestellt hatte, das Steuer zu überlassen.[91] Erst recht gilt das, wenn der VN sein Motorrad einem ihm unbekannten Kaufinteressenten überlassen hat, ohne dessen Personalien festzustellen, er sich vielmehr damit begnügt hat, dass der Kaufinteressent einen Rucksack bei ihm mit der unzutreffenden Behauptung abgestellt hat, darin befänden sich seine Geldbörse und seine Ausweispapiere.[92] Auch ist es grob fahrlässig, die Schlüssel außen im Kofferraumschloss stecken zu lassen und sich vom Pkw zu entfernen.[93] Dasselbe gilt, wenn sich der Schlüssel des unverschlossenen Pkw hinter der Sonnenblende im Fahrzeug befindet.[94] Grobe Fahrlässigkeit liegt ebenfalls vor, wenn der VN in Polen aus seinem Fahrzeug aussteigt, dabei den Schlüssel stecken lässt, um das Auto herum auf die Beifahrerseite geht und sich dort mit einem Passanten unterhält.[95]

Lediglich in Ausnahmefällen kann hier grobe Fahrlässigkeit entfallen. Das wurde etwa angenommen, wenn der VN bei einer Panne behilflich sein will und seinen Pkw in unmittelbarer Nähe zum anderen Fahrzeug mit steckendem Schlüssel stehen lässt, wenn sich ihm die Möglichkeit einer vorgetäuschten Panne nicht aufdrängen musste.[96] Gleiches soll gelten, wenn der VN sich beim Tanken zur Bezahlung der Rechnung begibt und sein Pkw zwischen zwei anderen Fahrzeugen eingeparkt ist.[97] In subjektiver Hinsicht wurde grobe Fahrlässigkeit verneint beim Abstellen eines unverschlossenen Pkw auf der Straße zum Entladen mit einem sich in der Jacke auf dem Rücksitz befindlichen Schlüssel, wenn der VN beim Entladen kurzfristig aufgehalten wurde.[98]

(2) Zurücklassen der Schlüssel im verschlossenen Pkw. Wird der Schlüssel im verschlossenen Pkw zurückgelassen, so kommt es zunächst darauf an, ob er von außen zu sehen war. Ist das der Fall, ist im Regelfall von grober Fahrlässigkeit auszugehen.[99] Ist er von außen nicht sofort zu erkennen, so schließt auch das grobe Fahrlässigkeit nicht von vornherein aus, da grds. damit gerechnet werden muss, dass Diebe zunächst den Pkw aufbrechen, um dann zu klären, ob sie den Schlüssel im Fahrzeug finden. Entsprechend liegt grobe Fahrlässigkeit vor, wenn ein Schlüs-

---

89 OLG Koblenz 5.2.2007 – 10 U 903/06, r+s 2008, 11; OLG Koblenz 28.4.2000 – 10 U 1146/99, VersR 2001, 1278; OLG Hamm 26.10.1990 – 20 U 163/90, zfs 1991, 245; OLG Hamm 26.3.1982 – 20 U 343/81, VersR 1982, 1137; OLG Celle 25.1.1985 – 8 U 125/84, VersR 1986, 1013; LG Köln 24.7.1991 – 24 O 489/90, VersR 1993, 348; LG Essen 11.12.1987 – 12 O 522/87, zfs 1988, 321.
90 LG Traunstein 19.12.1991 – 1 O 3568/91, VersR 1993, 47.
91 OLG Frankfurt/M 20.2.2002 – 7 U 54/01, zfs 2002, 240.
92 LG Coburg 29.4.2009 – 13 O 717/08, r+s 2009, 325.
93 OLG Hamm 27.9.1999 – 6 U 52/99, VersR 2000, 1233.
94 OLG Hamm 13.6.1997 – 20 U 1297, VersR 1998, 489.
95 OLG Rostock 7.11.2008 – 5 U 153/08, MDR 2009, 745.
96 OLG Frankfurt/M 28.11.2002 – 3 U 239/01, MDR 2003, 632.
97 OLG Frankfurt/M 11.9.2002 – 7 U 203/99, VersR 2003, 319.
98 OLG Celle 18.6.2009 – 8 U 188/08, r+s 2010, 149.
99 BGH 14.7.1986 – IVa ZR 22/85, VersR 1986, 962.

sel im unverschlossenen Handschuhfach zurückgelassen wird.[100] Dasselbe gilt, wenn ein Notfallschlüssel in einem Versteck unter der Motorhaube verwahrt wird.[101] Keine grobe Fahrlässigkeit liegt dagegen regelmäßig vor, wenn das Handschuhfach abgeschlossen ist, weil hierdurch eine zusätzliche Sicherung gegen die Wegnahme geschaffen wird.[102] Wird der Schlüssel dagegen in einem außen am Fahrzeug angebrachten Schlüsseltresor angebracht, ist wegen des hierdurch geschaffenen optischen Tatanreizes von grober Fahrlässigkeit auszugehen.[103] Dasselbe gilt, wenn ein Notfallschlüssel unter der Motorhaube versteckt wird.[104] Grob fahrlässig handelt ferner, wer den Pkw in einer polnischen Stadt verschlossen mit einer Jacke im Auto abstellt, in der sich ein Zweitschlüssel, Geld und Papiere befinden.[105] Insbesondere bei nicht auf den ersten Blick erkennbaren Schlüsseln muss allerdings feststehen, dass das Zurücklassen der Schlüssel überhaupt kausal für den Diebstahl geworden ist, was der VR nachweisen muss.[106]

26 **(3) Zurücklassen des Kfz-Briefes im Fahrzeug.** Besondere Probleme stellen sich, wenn der Kfz-Brief im Fahrzeug zurückgelassen wird. Zwar mag es grds. grob fahrlässig sein, den Kfz-Brief im Fahrzeug zu belassen, da sein Auffinden es einem Dieb erleichtert, das Fahrzeug wegen der ihm zukommenden Legitimationswirkung zu veräußern. Gleichwohl kommt hier Leistungsfreiheit des VR nur dann in Betracht, wenn gerade das Zurücklassen des Kfz-Briefes den Diebstahl verursacht hat, was der VR beweisen muss. Das wird nach der Lebenserfahrung idR nur dann in Betracht kommen, wenn der Kfz-Brief offen sichtbar abgelegt wird.[107] Ist er dagegen nicht ohne Weiteres zu sehen, wäre die Kausalität nur dann gegeben, wenn es eine Lebenserfahrung dahin gebe, dass potenzielle Diebe das Auto bewusst nach Papieren durchsuchen, um nach deren Auffinden (aber ohne passende Schlüssel) sich zur Entwendung zu erschließen. Das dürfte eher fernliegend sein.[108] Die Kausalität kann auch nicht damit begründet werden, dass das Zurücklassen des Briefes die Verwertbarkeit des Fahrzeugs erleichtert, weil in diesem Zeitpunkt der Diebstahl bereits vollendet ist.[109]

27 **(4) Zurücklassen des Kfz-Scheins im Fahrzeug.** Wird der Kfz-Schein zurückgelassen, so fehlt es ebenfalls an der Kausalität, wenn er nicht offen sichtbar im Fahrzeug lag. Das Belassen des Fahrzeugscheins kann insoweit für einen bereits vorher gefassten Diebstahlsentschluss nicht ursächlich sein.[110] Dass der Täter, der ein Fahrzeug zunächst aus anderen Gründen aufbricht, sich dann spontan nach Auffinden des Kfz-Scheins zum Diebstahl entschließt, liegt eher fern und ist jedenfalls vom VR zu beweisen.

---

100 OLG Frankfurt/M 28.1.1988 – 1 U 208/86, VersR 1988, 1122.
101 OLG Nürnberg 28.10.1993 – 8 U 1179/93, VersR 1994, 1417.
102 BGH 14.7.1986 – IVa ZR 22/85, VersR 1986, 962; OLG Koblenz 15.4.2002 – 2 U 1513/01, PVR 2002, 371.
103 LG Hamburg 31.7.1991 – 329 O 186/91, VersR 1992, 1464; aA OLG Oldenburg 3.3.1993 – 2 U 213/92, VersR 1994, 170.
104 OLG Nürnberg 28.10.1993 – 8 U 1179/93, VersR 1994, 1417.
105 OLG Hamm 14.11.2005 – 16 O 190/05, r+s 2007, 414.
106 Verneinend etwa OLG Koblenz 13.3.2009 – 10 U 1038/08, VersR 2009, 1526 bei Fahrzeugschlüssel in der Innentasche einer im Fußraum hinter dem Fahrersitz abgelegten Jacke bei nicht wiederaufgefundenem Fahrzeug; sowie LG Köln 12.8.2009 – 24 O 365/08, r+s 2010, 14 bei Schlüssel in abgedeckter Mittelarmkonsole.
107 So zu Recht OLG München 9.2.1998 – 17 U 4971/97, VersR 1999, 1360.
108 So aber LG Bonn 21.7.2003 – 10 O 299/03.
109 OLG Köln 12.9.2003 – 9 W 50/03, VersR 2004, 999.
110 BGH 6.3.1996 – IV ZR 383/94, VersR 1996, 621; BGH 17.5.1995 – IV ZR 279/94, VersR 1995, 909; OLG Hamm 3.7.2013 – 20 U 226/12, r+s 2013, 373; OLG Oldenburg 7.7.2010 – 5 U 153/09, r+s 2010, 367; OLG Celle 9.8.2007 – 8 U 62/07, OLGR 2007, 683; OLG Jena 5.8.1998 – 4 U 135/98, NVersZ 1999, 87.

b) Rotlichtverstöße. aa) Grundsätze. Soweit es zunächst um den **objektiven** 28
Pflichtverstoß geht, wird das Nichtbeachten des roten Ampellichtes wegen der damit verbundenen Gefahren, insb. wenn es sich um wechselseitige Lichtzeichenanlagen in einem Kreuzungsbereich handelt, **in aller Regel** als **grob fahrlässig** anzusehen sein.[111] Insoweit sind besonders hohe Anforderungen an die Sorgfalt eines Verkehrsteilnehmers zu stellen. Von einem durchschnittlich sorgfältigen Kraftfahrer kann und muss verlangt werden, dass er an die Kreuzung mit einem Mindestmaß an Konzentration heranfährt, das es ihm ermöglicht, die Verkehrssignalanlage wahrzunehmen und zu beachten. Er darf sich nicht von weniger wichtigen Vorgängen und Eindrücken ablenken lassen. Allerdings kann es nach den Umständen des Einzelfalles bereits an den objektiven Voraussetzungen der groben Fahrlässigkeit fehlen, etwa wenn die Ampel nur schwer zu erkennen oder verdeckt ist,[112] und bei schwierigen, insb. überraschend auftretenden Verkehrssituationen. Hierbei kann je nach den Umständen des Einzelfalles – eine Generalisierung ist gerade bei dieser Fallgruppe kaum möglich – eine mildere Beurteilung in Betracht kommen, wenn der Fahrer zunächst bei Rot angehalten hat und dann in der irrigen Annahme, die Ampel habe auf Grün umgeschaltet, wieder losfährt.[113]

Steht der objektive Pflichtverstoß fest, so muss es sich auch in **subjektiver Hinsicht** 29
um ein unentschuldbares Fehlverhalten handeln, das ein gewöhnliches Maß erheblich übersteigt. Hierbei gibt es keinen allgemeinen Grundsatz des Inhalts, dass aus einem objektiv groben Pflichtverstoß bei Nichtbeachten des Rotlichtes stets auf die subjektive Unentschuldbarkeit geschlossen werden könnte. Ferner bleibt der VR auch für die subjektive Seite des Schuldvorwurfs nach § 81 darlegungs- und beweispflichtig. Allerdings kann indiziell vom äußeren Geschehensablauf und vom Ausmaß des objektiven Pflichtverstoßes auf innere Vorgänge und deren gesteigerte Vorwerfbarkeit geschlossen werden. Insoweit ist es im Rahmen der sekundären Darlegungslast zunächst Aufgabe des VN, ihn entlastende Tatsachen vorzutragen, die – soweit erheblich – dann vom VR widerlegt werden müssen. Hierbei ist insb. die bloße Berufung auf ein „**Augenblicksversagen**" auch nach neuerer Rspr des BGH alleine nicht geeignet, grobe Fahrlässigkeit zu verneinen.[114] Die momentane Unaufmerksamkeit kann verschiedene Ursachen haben. Trägt der VN schlüssig nichts zur Ursache des kurzzeitigen Fehlverhaltens vor, kann der Tatrichter auch weiterhin den Schluss ziehen, dass ein objektiv grob fahrlässiges Missachten des Rotlichtes auch subjektiv als unentschuldbares Fehlverhalten zu werten ist.

bb) Einzelfälle. In der Rspr hat sich bei Rotlichtverstößen bis heute keine einheitliche Linie gebildet.[115] Insgesamt ist jedoch eine deutliche Tendenz erkennbar, wegen der besonderen Gefährlichkeit beim Überfahren einer roten Ampel objektiv und subjektiv grob fahrlässiges Verhalten anzunehmen. 30

So wurde **grobe Fahrlässigkeit angenommen** in folgenden Fällen: 31

- Überfahren einer roten Ampel bei behaupteter Rauchentwicklung im Fahrzeug.[116]

---

111 BGH 29.1.2003 – IV ZR 173/01, VersR 2003, 364; BGH 8.7.1992 – IV ZR 233/91, VersR 1992, 1085; OLG Düsseldorf 28.10.2008 – I-4 254/07, SP 2009, 260.
112 BGH 15.7.2014 – VI ZR 452/13, VersR 2014, 1135 (ortsfremder Kraftfahrer überfährt auf der Suche nach einem Restaurant die Lichtzeichenanlage, die nur schwer zu erkennen oder verdeckt ist).
113 BGH 29.1.2003 – IV ZR 173/01, VersR 2003, 364; BGH 8.7.1992 – IV ZR 233/91, VersR 1992, 1085.
114 BGH 29.1.2003 – IV ZR 173/01, VersR 2003, 364.
115 Römer/Langheid/*Langheid*, § 81 Rn 48 f.
116 OLG Düsseldorf 18.11.2008 – 24 U 131/08, r+s 2009, 323.

- Anhalten an der Ampel bei Rotlicht und Anfahren, ohne durch äußere Umstände hierzu veranlasst worden zu sein und ohne erneut die Ampel zu kontrollieren.[117]
- Überfahren des Rotlichtes für die Geradeausspur an einer mehrspurigen Kreuzung, wenn auf der Rechtsabbiegerspur haltendes Fahrzeug anfährt und der Fahrer den grünen Rechtsabbiegerpfeil als für ihn geltendes grünes Ampellicht einordnet.[118]
- Zunächst anhaltender Fahrer überfährt rote Ampel, weil er das Grünlicht für Fußgänger mit dem für ihn geltenden Grünlicht verwechselt.[119]
- Ungebremstes Überfahren einer bereits seit mehreren Sekunden auf Rot geschalteten Ampel infolge Ablenkung des ortsunkundigen Fahrers wegen der Suche nach einem Hinweisschild[120] oder einer bestimmten Adresse.[121]
- Überfahren des Rotlichtes bei kurzfristiger Ablenkung durch Mitfahrer und persönlicher Sorge um Angehörige.[122]
- Ungebremstes Überfahren eines Rotlichtes infolge der behaupteten Blendung durch Sonnenlicht.[123]
- Ortsunkundiger Fahrer fährt an roter Ampel los, weil der rechts neben ihm haltende Lkw, der die Lichtzeichenanlage verdeckt, ebenfalls anfährt, ohne sich zu vergewissern, ob auch die für ihn geltende Ampel Grünlicht zeigt.[124]
- Ungebremstes Überfahren eines roten Ampellichtes, wenn eine Sichtbehinderung durch Bäume und Sträucher nicht nachgewiesen ist und der Fahrer wegen einer Fahrbahnmarkierung mit einer einmündenden Straße rechnen musste.[125]
- Überfahren des Rotlichtes mit 60 km/h innerorts bei eingeschaltetem Tempomaten.[126]
- Nichtbeachten des Rotlichts auf einer Hauptverkehrsstraße mit drei Richtungsspuren, wenn VN seine Fahrt in Geradeausrichtung fortsetzen will.[127]
- Einfahrt bei Rot in übersichtlich gestaltete Kreuzung.[128]

32 **Keine grobe Fahrlässigkeit** wurde dagegen in folgenden Fällen bejaht:
- In einer nach Rangieren eingetretenen Verkehrssituation ist der Blick auf die inzwischen Rot zeigenden Ampeln erschwert.[129]
- An roter Ampel haltender Fahrer dreht sich nach hinten zu seinen Kindern um und fährt los, weil er aufgrund eines Hupsignals irrig davon ausgeht, die Ampel sei auf Grün umgesprungen.[130]

---

117 OLG Hamm 8.9.2004 – 20 U 44/04, r+s 2005, 99; OLG Karlsruhe 20.11.2003 – 12 U 89/03, NJW-RR 2004, 389.
118 OLG Hamburg 17.11.2004 – 14 U 80/04, DAR 2005, 87.
119 OLG Köln 2.11.2004 – 9 U 36/04, SP 2005, 350; ähnl. OLG Celle 27.10.1994 – 8 U 14/94, NZV 1995, 363.
120 OLG Hamm 27.2.2000 – 20 U 162/01, SP 2002, 314.
121 OLG Frankfurt/M 26.6.2002 – 7 U 194/01, OLGR 2003, 22.
122 Thüringisches OLG 3.12.2003 – 4 U 760/03, VersR 2004, 463.
123 OLG Köln 2.9.2003 – 9 U 19/03, r+s 2003, 451; LG Essen 30.6.2005 – 3 O 195/95, r+s 2006, 492; LG Münster 20.8.2009 – 15 O 141/09, VersR 2009, 1615 m. Anm. *Nugel*, zfs 2000, 643 f.
124 OLG Köln 12.3.2002 – 9 U 143/01, zfs 2002, 293.
125 OLG Köln 25.6.2002 – 9 U 137/01, r+s 2002, 407.
126 OLG München 28.7.2002 – 10 U 1512/02, NZV 2002, 562.
127 OLG Düsseldorf 28.10.2008 – I-U 254/07, SP 2009, 260.
128 LG Essen 5.2.2010 – 10 S 32/10, zfs 2010, 393.
129 OLG Köln 27.2.2007 – 9 U 1/06, r+s 2007, 149.
130 OLG Koblenz 17.10.2003 – 10 U 275/03, VersR 2004, 728.

- Anfahren auf Geradeausspur bei Rotlicht, weil daneben stehender Pkw auf Rechtsabbiegerspur ebenfalls anfährt und VN Grünlicht der Ampeln für Geradeausverkehr und Rechtsabbieger verwechselt (unter zweifelhafter Berufung auf ein Augenblicksversagen).[131]
- Zunächst anhaltender Fahrer verwechselt Rot- und Grünlicht für Geradeaus- und Abbiegerspuren.[132] Hier kommt es aber immer auf die Umstände des Einzelfalles, insb. das örtliche Anbringen der Ampeln, den übrigen Verkehrsfluss etc., an.

c) Alkohol, Drogen und Medikamente. aa) Alkohol: Absolute Fahruntüchtigkeit. 33
Bei absoluter Fahruntüchtigkeit unter Überschreitung des Grenzwertes von 1,1 ‰ ist grds. von **grober Fahrlässigkeit** auszugehen.[133] In diesem Fall wird im Wege des **Beweises des ernsten Anscheins** auch die **Kausalität** zwischen Alkoholbeeinflussung und Herbeiführung des Versicherungsfalles vermutet. Dieser Beweis kann zwar entkräftet werden. Doch muss der hierfür beweispflichtige VN Umstände nachweisen, aus denen sich die ernsthafte und nicht nur theoretische Möglichkeit eines anderen Geschehensablaufs ergibt.[134] Die allgemein und immer bestehende abstrakte Möglichkeit, dass auch einem Nüchternen der Unfall hätte zustoßen können, genügt hierbei nicht.

Auch die gesteigerte **subjektive Vorwerfbarkeit** ist in Fällen absoluter Fahruntüchtigkeit idR gegeben und kann indiziell aus dem objektiven Fehlverhalten hergeleitet werden. Zwar ist es im Rahmen der Prüfung grober Fahrlässigkeit zu berücksichtigen, wenn ein VN sich auf eine Krankheit beruft, die das Gedächtnis- und Konzentrationsvermögen beeinträchtigt, auch wenn nicht erwiesen ist, dass die Krankheit im Unfallzeitpunkt zur völligen Unzurechnungsfähigkeit geführt hatte.[135] 34

Indessen kann grobe Fahrlässigkeit auch trotz erheblich eingeschränkter Einsichts- und Hemmungsfähigkeit zu bejahen sein, wenn ganz elementare Verhaltensregeln verletzt werden, deren Einhaltung auch in diesem Zustand unbedingt beachtet werden muss. So verhält es sich idR bei **Trunkenheitsfahrten**.[136] Das Führen eines Kraftfahrzeugs in alkoholbedingt fahruntüchtigem Zustand stellt einen groben Verstoß gegen die im Verkehr erforderliche Sorgfalt dar. Daraus folgt in aller Regel auch das für die Annahme grober Fahrlässigkeit gesteigerte Verschulden. Dass sich ein unter starker Alkoholeinwirkung stehender Fahrer nicht mehr an das Steuer seines Kraftfahrzeugs setzen darf und dass er durch ein Fahren in fahruntüchtigem Zustand andere Verkehrsteilnehmer, sich selbst und sein Fahrzeug einer unverantwortlichen Gefährdung aussetzt, stellt heutzutage so sehr ein Allgemeingut dar, dass unbedenklich davon ausgegangen werden kann, dass bei fast jedem Kraftfahrer die Hemmschwelle für ein Fahren trotz alkoholbedingter Fahruntüchtigkeit stark heraufgesetzt ist. 35

bb) Alkohol: Relative Fahruntüchtigkeit. Bei einer unter 1,1 ‰ liegenden Alkoholisierung folgt die Fahruntüchtigkeit nicht alleine aus dem Grad der Alkoholisierung. Hier müssen zur Feststellung der relativen Fahruntüchtigkeit, die etwa ab einem Blutalkoholgehalt von 0,3 ‰ beginnt, vielmehr **zusätzliche Anzeichen für** 36

---

131 OLG Schleswig 4.3.1992 – 9 U 194/90, r+s 1992, 294.
132 OLG Hamm 26.1.2000 – 20 U 166/99, r+s 2000, 232; OLG Jena 30.10.1996 – 4 U 819/95, VersR 1997, 691; OLG München 28.7.1995 – 10 U 2249/95, NJW-RR 1996, 407.
133 BGH 22.6.2011 – IV ZR 225/10, BGHZ 190, 120; BGH 9.10.1991 – IV ZR 264/90, VersR 1991, 1367; OLG Düsseldorf 28.11.2006 – 4 U 193/05, r+s 2008, 9.
134 BGH 9.10.1991 – IV ZR 264/90, VersR 1991, 1367.
135 BGH 29.10.2003 – IV ZR 10/03, VersR 2003, 1561; BGH 22.2.1989 – IVa ZR 247/87, VersR 1989, 469.
136 BGH 22.2.1989 – IVa ZR 247/87, VersR 1989, 469.

eine **alkoholbedingte Fahruntüchtigkeit** hinzukommen, insb. alkoholtypische Fahrfehler oder Ausfallerscheinungen, wie sie etwa im Blutentnahmeprotokoll festgehalten werden.[137]

37 Diese relative Fahruntüchtigkeit ist vom VR zu beweisen. Hierbei darf nicht kraft Anscheinsbeweises auf die Fahruntüchtigkeit geschlossen werden, weil es insoweit einer individuellen Feststellung bedarf. Die Anforderungen an die Beweisanzeichen für das Vorliegen alkoholbedingter Fahrfehler oder Ausfallerscheinungen sind allerdings um so geringer, je stärker sich der Blutalkoholgehalt der Grenze von 1,1 ‰ annähert.[138] Typische **alkoholbedingte Fahrfehler** sind hierbei das Abkommen von der Fahrbahn auf gerader Strecke oder in Kurven ohne erkennbaren äußeren Anlass.[139] Werden hier einfache Verkehrssituationen nicht gemeistert, spricht das dafür, dass der VN alkoholbedingt zu einer sachgerechten Reaktion nicht mehr in der Lage war. Kombiniert liegen diese Fahrfehler häufig mit einer Überschreitung der zulässigen Höchstgeschwindigkeit infolge Enthemmung und Überschätzung der eigenen Fähigkeiten vor.[140] Einen typischen alkoholbedingten Fahrfehler stellt es ferner dar, wenn ein eingeleitetes Überholmanöver trotz entgegenkommenden Verkehrs nicht abgebrochen wird.[141] Allerdings rechtfertigt auch ein alkoholtypischer Unfall den Schluss auf grobe Fahrlässigkeit nur dann, wenn der Fahrzeugführer zum Unfallzeitpunkt nachweislich Alkohol getrunken hatte. Daran fehlt es, wenn der beweispflichtige VR den vom VN behaupteten Nachtrunk nicht widerlegen kann.[142]

38 Ist hiernach die Fahruntüchtigkeit festgestellt, spricht dann wiederum der **Beweis des ersten Anscheins** dafür, dass der Unfall durch die relative Fahruntüchtigkeit verursacht wurde.[143] Hierbei genügt noch nicht jede beliebige Erklärung, dass der Unfall auch einem nüchternen Fahrer hätte passieren können oder dass eine völlig alkoholunabhängige Ursache zu dem Unfall geführt hat. Vielmehr muss es sich um eine plausible und nachvollziehbare Erklärung handeln.[144] Sorgfältiger Prüfung bedarf in Fällen relativer Fahruntüchtigkeit auch die Frage der **subjektiv gesteigerten Vorwerfbarkeit** in den Fällen, in denen zwischen Ende des Alkoholkonsums und Beginn der Fahrt eine längere Zeitspanne liegt. Grundsätzlich muss es sich allerdings einem Verkehrsteilnehmer aufdrängen, dass er nach erheblichem Alkoholkonsum alleine durch einen mehrstündigen Schlaf und die Zunahme von Nahrung

---

137 BGH 24.2.1988 – IVa ZR 193/86, VersR 1988, 733; OLG Saarbrücken 7.4.2004 – 5 U 588/03, VersR 2004, 1262.
138 Thüringisches OLG 27.11.2002 – 4 U 621/02, NJW-RR 2003, 320.
139 OLG Saarbrücken 7.4.2004 – 5 U 588/03, VersR 2004, 1262; OLG Köln 6.5.2003 – 9 U 160/02, r+s 2003, 315; OLG Karlsruhe 21.2.2000 – 19 U 167/01, VersR 2002, 969; OLG Koblenz 26.4.2002 – 10 U 1109/01, OLGR 2002, 276; sehr weitgehend dagegen OLG Saarbrücken 28.1.2009 – 5 U 698/05, zfs 2009, 510, das grobe Fahrlässigkeit auch bei einem VN annimmt, der mit 0,7 ‰ in eine wenig übersichtliche bevorrechtigte Straße einfährt und dort mit einem die zulässige Höchstgeschwindigkeit beachtenden anderen Fahrzeug kollidiert.
140 Vgl etwa OLG Nürnberg 11.5.2000 – 8 U 66/00, NVersZ 2001, 235; OLG Koblenz 28.6.2002 – 10 U 110/02, SP 2003, 140; OLG Celle 25.3.1999 – 8 U 107/98, zfs 1999, 384.
141 OLG Naumburg 16.9.2004 – 4 U 38/04, VersR 2005, 1233; OLG Koblenz 25.2.2002 – 12 U 955/00, r+s 2002, 498.
142 OLG Karlsruhe 5.6.2008 – 12 U 13/08, r+s 2009, 105.
143 BGH 24.2.1988 – IVa ZR 193/86, VersR 1988, 733.
144 OLG Saarbrücken 7.4.2004 – 5 U 688/03, VersR 2004, 1262 (zum behaupteten plötzlichen Platzen eines Reifens); OLG Saarbrücken 3.3.2004 – 5 U 663/04, zfs 2005, 349 (zum Abkommen von der Straße bei plötzlichem Qualm aus der Motorhaube).

noch nicht weiter ohne Weiteres von der Wiederherstellung seiner Fahrtüchtigkeit ausgehen darf.[145]

cc) Drogen und Medikamente. Anders als bei Alkohol gibt es bei Drogen und Medikamenten **keine festen Grenzwerte**, jenseits derer ohne Weiteres Fahruntüchtigkeit angenommen werden könnte. Hier sind deshalb wie bei relativer Fahruntüchtigkeit im Bereich des Alkohols konkrete Feststellungen im Einzelfall zu treffen. So belegt alleine der Nachweis von Drogenwirkstoffen im Blut eine Fahruntüchtigkeit nicht. Vielmehr bedarf es **zusätzlich weiterer aussagekräftiger Beweisanzeichen**, wobei alleine eine Beeinträchtigung der Sehfähigkeit infolge einer drogenbedingten Pupillenstarre nicht genügt.[146]

39

Bei der Unfallverursachung infolge **Medikamenteneinnahme** ist im Bereich des subjektiv grob fehlerhaften Verhaltens zu beachten, dass zwar bei Kraftfahrern die Hemmschwelle für ein Fahren trotz alkoholbedingter Fahruntüchtigkeit stark heraufgesetzt ist, dass das aber auf die Fahruntüchtigkeit infolge der Einnahme von Medikamenten nicht ohne Weiteres übertragbar ist.[147] Das gilt insb. dann, wenn der VN bei ärztlich verordneten Medikamenten, die bereits über längere Zeit eingenommen wurden, keine Ausfallerscheinungen verspürt hatte.[148]

40

d) Sonstige Verstöße im Straßenverkehr. Unter diese Fallgruppe fallen verschiedenartigste Verstöße gegen die StVO, bei denen sich eine **typisierende Einordnung** eines Verhaltens als grob fahrlässig – anders als bei Rotlicht- oder Alkoholverstößen – idR **verbietet**. Hier kommt es immer auf die Umstände des Einzelfalles an, wobei namentlich die subjektive Seite der groben Fahrlässigkeit zu beachten ist.

41

Auf dieser Grundlage hat die Rspr **grobe Fahrlässigkeit** in folgenden Fallkonstellationen angenommen:[149]

42

- Befahren einer kurvenreichen Strecke und Abkommen von der Fahrbahn bei deutlich überhöhter Geschwindigkeit.[150]

- Einklemmen einer vom Armaturenbrett heruntergefallenen Straßenkarte mit den Beinen und Greifen mit der Hand nach dieser bei Befahren einer BAB mit 100 km/h.[151]

- Verkehrsunfall während einer Bergabfahrt in einem hoch gelegenen Wintersportort unter Benutzung von Sommerreifen.[152]

- Missachtung einer Durchfahrtshöhenbegrenzung durch das Verkehrszeichen nach § 41 StVO Zeichen 265.[153] Das dürfte aber jedenfalls im Hinblick auf die subjektive Seite der groben Fahrlässigkeit nur in Betracht kommen, wenn dem Fahrer die Höhe seines Fahrzeugs geläufig ist und sich optisch die fehlende Durchfahrthöhe aufdrängt. Das kann etwa in Frage kommen, wenn ein 3,45 m hoher Lkw eine nur 2,70 m hohe Unterführung durchfährt, an dieser zusätzlich ein rot-weißer Farbanstrich vorhanden ist und bereits 100 m vor der

---

145 OLG Karlsruhe 21.2.2002 – 19 U 167/01, VersR 2002, 969 (wenn Fahrer 5 Stunden nach Trinkende mit 0,65 ‰ von der Fahrbahn abkommt); großzügiger OLG Köln 9.6.1998 – 9 U 3/98, VersR 1999, 577, das grobe Fahrlässigkeit bei 0,9 ‰ um 4.30 Uhr nach Trinkende um 22.00 Uhr verneint, wenn Fahrer ungebremst gegen einen vor ihm fahrenden Lkw fährt (zweifelhaft).
146 BGH 3.11.1998 – 4 StR 395/98, VersR 1999, 72.
147 OLG Düsseldorf 6.7.2004 – 4 U 222/03, VersR 2005, 348.
148 LG Düsseldorf 19.9.2000 – 4 U 156/0999, VersR 2002, 477.
149 Vgl auch Römer/Langheid/*Langheid*, § 81 Rn 53–66.
150 OLG Köln 11.3.2003 – 9 U 45/02, r+s 2004, 11 (90 km/h statt erlaubter 50 km/h).
151 OLG Rostock 13.9.2004 – 6 U 175/03, DAR 2004, 707.
152 OLG Frankfurt/M 10.7.2003 – 3 U 186/02, VersR 2004, 1260.
153 OLG Dresden 7.10.2003 – 5 U 882/03, NJW-RR 2004, 387 sowie neuerdings LG Konstanz 26.11.2009 – 3 O 119/09, zfs 2010, 214 und LG Göttingen 18.11.2009 – 5 O 118/09, r+s 2010, 194 m. Anm. *Schimikowski*.

Durchfahrt ein entsprechendes Hinweisschild angebracht war,[154] oder wenn ein 3,08 m hohes Wohnmobil eine nur 2,50 m hohe Brückenunterführung befährt bei drei hintereinander angebrachten Hinweisschildern.[155]

- Abstellen eines Pkw in einem Bereich mit einem Gefälle von 10 % und Anziehen der Handbremse ohne Einlegen des ersten Ganges oder des Rückwärtsganges.[156] Ebenso: Abstellen eines Pkw auf einer stark abschüssigen Rampe wenige Meter vor einem Fluss ohne Einlegen eines Ganges und Anziehen der Handbremse nur zu drei Viertel.[157]

- Plötzliches Umdrehen nach hinten bei einer nächtlichen Fahrt während des Durchfahrens einer Kurve.[158] Hier kommt es aber immer darauf an, was konkret Anlass für das Verhalten des Fahrers war und wie sich die aktuelle Verkehrssituation gestaltete. Keine grobe Fahrlässigkeit liegt etwa vor, wenn der Fahrer sich infolge einer spontanen Schreckreaktion umdreht, weil sein auf dem Rücksitz befindliches Kind nach einem lauten Knall plötzlich aufschreit.[159]

- Überholen in einer Kurve trotz Sichtbehinderung durch ein vorausfahrendes größeres Fahrzeug und Kollision mit Gegenverkehr.[160] Ebenso liegt es beim Überholen einer Fahrzeugkolonne in einer Linkskurve trotz Dunkelheit und nasser Fahrbahn mit Temperaturen um den Gefrierpunkt bei bereits nahendem Gegenverkehr.[161]

- Lkw fährt ungebremst auf ein auf der rechten Fahrspur der BAB stehendes gut sichtbares Baustellenfahrzeug auf.[162]

- Motorschaden durch Befahren einer überfluteten Straßenunterführung auf einer Stecke von 26 Metern.[163]

- Wenden auf der Autobahn oder einer Zufahrt.[164]

- Verbotswidriges Abbiegen nach links auf einer durch einen Mittelstreifen geteilten Straße und Zusammenstoß mit Gegenverkehr.[165]

- Wettrennen auf der Autobahn.[166]

- Auffahren mit 200 km/h auf Autobahn auf ein vorausfahrendes überholendes Fahrzeug mit 180 km/h und Unfall infolge Bremsvorganges.[167]

- Befahren einer Kurve mit 100 km/h statt erlaubter 50 km/h.[168]

---

154 OLG Karlsruhe 29.7.2004 – 19 U 94/04, VersR 2004, 1305.
155 OLG Oldenburg 27.1.2006 – 3 U 107/05, VersR 2006, 920.
156 OLG Karlsruhe 8.3.2007 – 19 U 127/07, r+s 2007, 190.
157 OLG Hamburg 16.8.2004 – 14 U 112/04, r+s 2005, 57.
158 OLG Saarbrücken 14.1.2004 – 5 U 396/03, MDR 2004, 874.
159 OLG Saarbrücken 13.2.2004 – 5 W 24/04, zfs 2004, 223.
160 BGH 30.6.1982 – IVa ZR 18/81, VersR 1982, 203; OLG Karlsruhe 4.3.2004 – 12 U 151/03, VersR 2004, 776; ferner OLG Köln 30.5.2000 – 9 U 1/99, MDR 2001, 87 (Überholen in gefährlicher Kurve mit überhöhter Geschwindigkeit).
161 OLG Düsseldorf 15.12.1998 – 4 U 235/97, r+s 1999, 311.
162 OLG Köln 29.1.2002 – 9 U 59/01, zfs 2002, 295.
163 OLG Frankfurt/M 15.3.2000 – 7 U 53/99, NJW-RR 2000, 1419.
164 OLG Hamm 29.11.1991 – 20 U 105/91, r+s 1992, 42.
165 OLG Köln 16.9.1993 – 5 U 246/92, r+s 1993, 406.
166 OLG Köln 16.5.2000 – 9 U 121/99, MDR 2001, 29.
167 OLG Hamm 5.6.1991 – 30 U 199/90, DAR 1991, 455.
168 OLG Koblenz 5.3.1999 – 10 U 155/98, VersR 2000, 720; ferner OLG Hamm 10.8.2007 – 20 U 218/06, r+s 2007, 453 (Anfahren an Ampel mit weit überhöhter Geschwindigkeit, „Qualmwolke" sowie Schleudern um die eigene Achse in der nächsten Kurve).

- Überschreiten der zulässigen Höchstgeschwindigkeit um 25 km/h und Abkommen von der Fahrbahn nach einem Überholvorgang.[169]
- Abkommen von der Fahrbahn bei Greifen nach Gegenständen auf dem Beifahrersitz.[170]
- Bücken nach einer heruntergefallenen brennenden Zigarette.[171] An Raucher sind hier besonders hohe Sorgfaltsanforderungen zu stellen, damit nicht Zigaretten, Glut oder Asche herunterfallen und sie dann nur noch reflexartig reagieren können.[172] Das reine Rauchen im Pkw und das Herauswerfen der Kippe aus dem geöffneten Fenster sind dagegen nicht grob fahrlässig.[173]
- Herunterbeugen in den Fußraum des Beifahrersitzes auf der Suche nach heruntergefallenem Handy[174] oder anderem Gegenstand.[175]
- Ungesicherter Aufenthalt eines Hundes im Fußraum vor dem Beifahrersitz.[176]
- Unfall infolge Benutzung eines Handys und dadurch bedingter Unaufmerksamkeit.[177]
- Übermäßige Reaktion beim Ausweichen vor kleineren Tieren (Hase, Dachs, Fuchs) auf der Straße.[178] Anders liegt es bei größeren Tieren wie Hirsch, Reh oder Wildschwein.[179]
- Schleudern nach einem „Rennfahrerstart" an einer Lichtzeichenanlage.[180]
- Abkommen von der Straße eines voll beladenen Sattelzuges nebst Anhänger bei Bremsmanöver und Geschwindigkeit von 75–80 km/h trotz extrem winterlicher Witterungsverhältnisse.[181]
- Abkommen von der Fahrbahn, wenn VN während des Führens eines mit Gefahrgutflüssigkeit beladenen Sattelzuges auf frostbedingt rutschiger Fahrbahn bei der Displayanzeige „durchdrehende Räder" sich eine Zigarette anzündet.[182]

---

169 OLG Saarbrücken 19.11.2008 – 5 U 78/08, zfs 2009, 157.
170 OLG Celle 13.5.1993 – 8 U 66/92, VersR 1994, 1221.
171 OLG Zweibrücken 10.3.1999 – 1 U 65/98, r+s 1999, 406.
172 OLG Frankfurt/M 8.2.1995 – 23 U 108/94, VersR 1996, 446; aA nicht überzeugend LG München I 10.8.1988 – 15 S 1386/88, NJW-RR 1989, 95.
173 OLG Stuttgart 20.6.1986 – 2 U 10/86, VersR 1986, 1119.
174 OLG Frankfurt/M 21.2.2001 – 7 U 214/99, NVersZ 2001, 322.
175 Anders aber OLG Hamm 31.8.1990 – 20 U 57/90, r+s 1991, 186 bei heruntergefallener Kassette, wenn Blick nicht von der Fahrbahn abgewendet wird.
176 OLG Nürnberg 14.10.1993 – 8 U 1482/93, VersR 1994, 1291.
177 OLG Köln 19.9.2000 – 9 U 43/00, NJW-RR 2001, 22 (bei 120 km/h auf nasser Autobahn und Nebel); AG Berlin-Mitte 4.11.2004 – 105 C 3123/03, NJW 2005, 442 (bei hoher Geschwindigkeit und Fahrt in der Kurve mit nur einer Hand am Lenkrad); AG München 19.5.2000 – 343 C 7070/00, SP 2001, 138 (bei Sichtkontrolle, ob eine Nachricht eingegangen ist, während des Anfahrens vor einer Ampel).
178 BGH 25.6.2003 – IV ZR 276/02, VersR 2003, 1250 (Fuchs); BGH 18.12.1996 – IV ZR 321/95, VersR 1997, 351 (Hase); OLG Frankfurt/M 23.1.2002 – 7 U 100/01, NVersZ 2002, 316 (Fuchs); weitergehend OLG Brandenburg 20.2.2002 – 14 U 56/01, VersR 2002, 1274, wenn beim Kreuzen eines Hasen zwar eine Vollbremsung eingeleitet wird, es aber zu keiner Fahrtrichtungsänderung kommt.
179 OLG Naumburg 30.6.2000 – 2 U 163/99, OLGR Naumburg 2001, 289 (Reh); ebenso AG Nördlingen 30.11.2005 – 5 C 29/05, zfs 2006, 396 (Biber), aber zweifelhaft.
180 OLG Hamm 10.8.2007 – 20 U 218/06, zfs 2007, 692.
181 LG Potsdam 8.2.2008 – 6 O 170/07, zfs 2010, 97.
182 OLG Naumburg 3.12.2009 – 4 U 133/08, r+s 2010, 319.

43 Verneint wurde **grobe Fahrlässigkeit** dagegen in folgenden Fällen:
- Überfahren eines Stoppschildes, weil dieses wegen des fehlenden vergleichbaren optischen Effektes nicht generell mit einer roten Ampel gleichgesetzt werden kann.[183] Anders liegt es aber dann, wenn besondere Umstände vorliegen, etwa eine optisch deutlich erkennbare Vorfahrtberechtigung der kreuzenden Straße, Geschwindigkeitsbegrenzung, Stoppschilder an beiden Fahrbahnseiten, Darstellung der vorfahrtberechtigten Straße auf einem zusätzlichen Schild sowie insb. das Vorhandensein einer durchgezogenen Haltelinie.[184]
- Fahrer kommt bei Tagessicht und trockener Fahrbahn infolge Sekundenschlafs nach einer Nachtschicht von 11 Stunden von der Straße ab, hatte aber bei Fahrtbeginn noch keine Übermüdungszeichen festgestellt und fuhr auch in der Vergangenheit problemlos jeweils von Nachtschichten nach Hause.[185] Anders liegt es aber, wenn der Fahrer sich trotz erkannter Übermüdung an das Steuer setzt oder eine solche während der Fahrt bemerkt und gleichwohl weiterfährt. Darlegungs- und beweispflichtig für eine Verursachung des Unfalls trotz erkennbarer Übermüdung und für das Ausscheiden anderer Ursachen ist der VR.[186]
- VN überholt an einem Sonntagmorgen mit einem Porsche bei 200 km/h auf einer dreispurigen Autobahn ohne Geschwindigkeitsbeschränkung ein anderes Fahrzeug und verliert beim Zurückwechseln auf die mittlere Spur die Kontrolle über den Pkw.[187]
- Abkommen von einer schmalen Fahrbahn auf den Grünstreifen.[188]
- Einfahrt auf eine die Fahrbahn am Ortseingang teilende Verkehrsinsel mit 50 km/h, weil der Fahrer durch die Bedienung des Autoradios abgelenkt war.[189]
- Unterlassen einer regelmäßigen Reifenkontrolle im Hinblick auf deren Profiltiefe.[190]
- Abkommen von der Fahrbahn in einer Linkskurve bei 50 km/h anlässlich des Wechselns einer Kassette.[191]
- Abwehr eines Insektes ohne Abwenden des Blicks von der Fahrbahn.[192]
- VN vergreift sich beim Betanken des Fahrzeugs in der Kraftstoffsorte (Ottostatt Dieselkraftstoff), wenn die beiden Zapfsäulen sich unmittelbar nebeneinander befinden und nicht durchgehend farblich voneinander abweichen.[193]

44 **e) Brand.** Gerät ein Fahrzeug in Brand, so kommt grobe Fahrlässigkeit insb. dann in Betracht, wenn der VN in dessen Nähe **gefährliche Tätigkeiten**, insb. Schweiß-

---

[183] OLG Bremen 23.4.2002 – 3 U 72/01, VersR 2002, 1502.
[184] OLG Köln 19.2.2002 – 9 U 132/01, r+s 2003, 277 (zwei Stoppschilder und Haltelinie); OLG Köln 18.1.2005 – 9 U 91/04, r+s 2005, 14 (Stoppschild mit Wegweis- und Richtungstafel an einer T-Kreuzung); OLG Köln 3.9.2009 – 9 U 63/09, r+s 2010, 14.
[185] OLG Celle 3.2.2005 – 8 U 82/04, r+s 2005, 456; ebenso OLG Koblenz 11.1.2007 – 10 U 949/06, r+s 2007, 151 (bei Unfall nach Rückflug aus den USA); LG Nürnberg-Fürth 27.1.2010 – 8 O 10700/08, r+s 2010, 145 (bei Unfall um 5.30 Uhr mit vorangegangener Fahrtdauer von weniger als einer Stunde).
[186] OLG Hamm 7.10.1992 – 20 U 53/92, r+s 1993, 93.
[187] OLG Köln 9.5.2006 – 9 U 64/05, r+s 2006, 416.
[188] OLG Hamm 7.2.2007 – 20 U 134/06, zfs 2007, 276.
[189] OLG Nürnberg 25.4.2005 – 8 U 4033/04, NJW-RR 2005, 1193.
[190] OLG Köln 25.4.2006 – 9 U 175/05, zfs 2007, 40.
[191] OLG München 24.1.1992 – 10 U 4963/91, NJW-RR 1992, 538; anders, aber zu weitgehend: OLG Nürnberg 25.10.1990 – 8 U 1458/90, NJW-RR 1992, 360.
[192] OLG Bamberg 20.9.1990 – 1 U 36/90, r+s 1990, 404.
[193] OLG Düsseldorf 28.10.2008 – I-4 U 12/08, zfs 2009, 451.

arbeiten, durchgeführt hat. Das gilt jedenfalls dann, wenn keine hinreichenden Sicherheitsvorkehrungen getroffen wurden und die Arbeiten in der Nähe des Tanks oder der Benzinleitung erfolgen.[194] Keine grobe Fahrlässigkeit liegt dagegen vor, wenn ein ermüdeter und angetrunkener Lkw-Fahrer sich vor dem Aufsuchen der Schlafkoje zunächst auf den Beifahrersitz gesetzt hat, um noch eine Zigarette zu rauchen, und es dann zum Brand kommt, weil er eingeschlafen ist.[195]

f) **Selbstmord.** Gelegentlich stellt sich die Frage, ob der Unfall des VN von diesem in Selbsttötungsabsicht vorsätzlich herbeigeführt wurde. Für den hierfür vom VR zu führenden Nachweis gelten die Grundsätze des Anscheinsbeweises nicht, weil es wegen der individuellen Verhaltensweise von Menschen in bestimmten Lebenslagen keine hinreichend gesicherte Typizität gibt.[196] Allerdings kann der Beweis durch **Indizien** geführt werden, wobei zur Überzeugungsbildung nach § 286 ZPO keine unumstößliche Gewissheit, sondern ein für das praktische Leben brauchbarer Grad von Gewissheit genügt, der den Zweifeln Schweigen gebietet, ohne sie völlig auszuschließen. Insbesondere muss nicht der lückenlose Nachweis für eine Selbsttötung erbracht werden. Es genügt vielmehr, dass ein sehr hoher Grad der Wahrscheinlichkeit für die freiwillige Herbeiführung des Unfalls spricht.[197] Anhaltspunkte für eine freiwillige Selbsttötung sind das Abkommen von einer geraden und trockenen Straße ohne erkennbare äußere Einwirkung, das Fehlen von Brems- und Kratzspuren, keine feststellbaren Mängel am Kfz, persönliche und wirtschaftliche Schwierigkeiten des VN, frühere Selbstmordversuche oder Ankündigungen.[198] Sache des Anspruchstellers ist es dann, im Rahmen der sekundären Darlegungslast Umstände vorzutragen, die für die ernsthafte Möglichkeit eines anderen Geschehensablaufs sprechen.

2. Sachversicherung (ohne Kraftfahrzeuge). a) Gebäudeversicherung.[199] **aa) Brandschaden. (1) Brennenlassen einer Kerze.** Zunächst handelt es sich immer wieder um Fälle, bei denen es durch das Brennenlassen von Kerzen an Weihnachtsbäumen, Adventskränzen etc. zum Brand kommt. Eine schematische Beurteilung kommt in diesen Fällen nicht in Betracht. Nicht jedes Brennenlassen einer Kerze begründet den Vorwurf der groben Fahrlässigkeit.[200] Das kommt insb. dann nicht in Betracht, wenn der VN nur kurzfristig abgelenkt war, es sich nicht um eine besonders auffällige Kerze handelt, die Kerze erst wenig heruntergebrannt war oder bereits andere Kerzen gelöscht waren und nur eine übersehen wurde. In der Regel wird grobe Fahrlässigkeit zu verneinen sein, wenn sich eine erwachsene Person in wachem Zustand im selben Raum aufhält, in dem die brennende Kerze steht. Grobe Fahrlässigkeit ist dagegen anzunehmen, wenn der VN das Haus oder auch nur das Zimmer für längere Zeit verlässt, ohne sich um die brennenden Kerzen zu kümmern.

Keine grobe Fahrlässigkeit wurde daher in folgenden Fällen angenommen:

- Brennenlassen einer Kerze an einem Adventsgesteck, wenn weitere Kerzen gelöscht wurden.[201]

- Brennenlassen von zwei Kerzen im hinteren Teil eines Wohnmobils, wenn VN sich auf dem Fahrersitz befindet und Sichtkontakt zu den Kerzen hat.[202]

---

194 OLG München 10.7.1991 – 3 U 2047/91, r+s 1992, 207; OLG Celle 2.12.1987 – 8 U 135/86, VersR 1988, 617.
195 OLG Stuttgart 19.10.2000 – 7 U 108/00, NVersZ 2001, 170.
196 BGH 4.5.1988 – IVa ZR 278/86, VersR 1988, 683; BGH 18.3.1987 – IVa ZR 205/85, VersR 1987, 503.
197 LG Köln 7.12.1988 – 24 O 127/88, zfs 1989, 169.
198 Vgl etwa OLG Düsseldorf 15.3.1988 – 4 U 113/87, zfs 1989, 243.
199 Vgl etwa Römer/Langheid/*Langheid*, § 81 Rn 75 f.
200 BGH 4.12.1985 – IVa ZR 130/84, VersR 1986, 254.
201 BGH 4.12.1985 – IVa ZR 130/84, VersR 1986, 254.
202 BGH 2.4.1986 – IVa ZR 187/84, VersR 1986, 671.

- Löschen anderer Kerzen und Einschlafen vor dem Fernseher bei einer nicht oder nicht richtig gelöschten Kerze.[203]
- VN verlässt an Weihnachten mit quengelndem Kind das Haus, um draußen den neuen Puppenwagen auszuprobieren, und löscht nicht dicke Kerzen an einem Adventsgesteck, die erst zu einem Viertel abgebrannt waren.[204]
- Nichtaufklärbarkeit, ob der Brand auf dem Brennenlassen der Kerzen beim Verlassen der Wohnung oder darauf beruht, dass sich durch tatsächlich ausgeblasene Kerzen Funkenflug entwickelte.[205]
- 8 cm hohe, erst seit 30 Minuten brennende Stumpenkerze, wird für 2–10 Minuten unbeobachtet gelassen.[206]
- Verlassen des Zimmers unter Löschen der Kerzen am Weihnachtsbaum unter Übersehen einer nicht im Blickfeld liegenden Kerze.[207]

48 **Angenommen** wurde **grobe Fahrlässigkeit** dagegen in folgenden Konstellationen:
- VN verlässt das Haus trotz brennender Kerzen am Adventsgesteck für 30 Minuten, um einen Hundezwinger zu reinigen, auch wenn er sich während der Arbeiten mehrfach vergewisserte, dass die Kerze ordnungsgemäß brannte (zweifelhaft).[208]
- Verlassen des Hauses für 15 Minuten, um Nachbarn zu besuchen, bei Nichtlöschen der Kerzen an einem Adventskranz.[209]
- Unbeaufsichtigtes Brennenlassen eines Grablichtes auf dem Nachttisch bei geschlossener Schlafzimmertür und geöffnetem Schlafzimmerfenster über einen längeren Zeitraum.[210]
- VN lässt Kerzenständer mit fünf Kerzen in Partyraum brennen, während er infolge Alkoholgenusses einschläft.[211]

49 **(2) Verwenden offenen Feuers, insb. Rauchen, Kaminfeuer.** Strenge Anforderungen kommen beim sonstigen Verwenden offenen Feuers, insb. beim **Rauchen** oder bei der Benutzung eines Kaminfeuers, in Betracht. So verstößt ein VN gröblich gegen seine Sorgfaltspflicht, wenn er mit einer brennenden Zigarette im Bett einschläft.[212] Geht es um die Entsorgung von Zigarettenresten, so kommt es insb. auf die Zeitspanne zwischen dem Ende des Rauchens und dem Wegwerfen der Zigarettenreste sowie auf die Art des benutzten Behältnisses an. Keine grobe Fahrlässigkeit liegt deshalb etwa vor, wenn die Zigarettenreste erst 10 Minuten nach Ende des Rauchens in einen Müllsack geworfen werden[213] oder ein Gastwirt entgegen seiner Absicht und jahrelanger Übung einen Plastikbehälter mit der Asche infolge kurzfristiger Ablenkung nicht in den Müllcontainer entleerte.[214]

50 Leistungsfrei ist der VR dagegen, wenn ein unter einer Überdachung stehender offener **Kamin**, in dem über mehrere Stunden Papier und Pappe verbrannt wurde,

---

203 OLG Koblenz 1.3.2002 – 10 U 433/01, VersR 2002, 1145.
204 OLG Düsseldorf 3.3.1998 – 4 U 49/97, NJW-RR 1998, 1636.
205 OLG Köln 27.9.1994 – 9 U 150/94, VersR 1995, 1480.
206 OLG Hamm 3.5.1989 – 20 U 297/88, VersR 1989, 1295.
207 LG Münster 13.7.1983 – 10 O 173/83, r+s 1984, 64.
208 LG Krefeld 20.4.2006 – 5 O 422/05, r+s 2007, 65.
209 OLG Hamburg 5.5.1993 – 5 U 231/92, VersR 1994, 89.
210 KG 8.12.2006 – 6 U 199/06, zfs 2007, 278.
211 OLG Köln 19.11.2009 – 9 U 113/09, VersR 2010, 479.
212 OLG Bremen 1.2.2012 – 3 U 53/11, NJW-RR 2012, 996; OLG Köln 16.9.1993 – 5 U 40/93, r+s 1994, 24; ferner OLG Oldenburg 10.10.1990 – 2 U 117/90, r+s 1992, 208 (wenn ein VN ständig unter Alkoholeinfluss im Bett raucht); AG Celle 10.1.2007 – 13 C 744/06, zfs 2007, 578.
213 BGH 16.5.1990 – IV ZR 334/88, VersR 1990, 893.
214 OLG Düsseldorf 22.4.1986 – 4 U 155/86, r+s 1988, 83.

für eine Stunde trotz noch nicht vollständig erloschener Glut, leichtem Wind und Lagerung trockenen Holzes in der Nähe unbeaufsichtigt gelassen wird.[215] Anders liegt es dagegen, wenn der VN zur Entflammung eines Kaminfeuers mehrere Zündmaterialien übereinander schichtet und nach dem Anzünden das Feuer kurze Zeit unbeaufsichtigt lässt, wenn er seinen Kamin seit mehreren Jahren problemlos so entzündet hatte.[216]

(3) **Arbeiten des VN an oder mit Gegenständen, die einen Brand verursachen können.** Geht es um Arbeiten des VN an oder mit Gegenständen, die einen Brand verursachen können, so wird **grobe Fahrlässigkeit** nur dann **anzunehmen** sein, wenn in gravierender Weise gegen die anerkannten Regeln der Technik oder gegen jedermann ohne Weiteres einleuchtende Vorsichtsmaßnahmen verstoßen wurde. Das kann etwa in Betracht kommen, wenn

- ohne jede Sicherheitsvorkehrungen Schweißarbeiten an einem Fahrzeug in einer Garage durchgeführt werden,[217]
- ein holzbetriebener Heizungsofen in unmittelbarer Nähe großer Mengen Sägemehl und Holzreste in Betrieb genommen wird,[218]
- auf dem teilweise geöffneten Dach eines landwirtschaftlichen Gebäudes wenige Meter über einer großen Menge gelagerten Strohs mit einem Winkelschleifer Schneidearbeiten an einem Trapezblech mit einem erkennbaren Funkenflug von 30 cm stattfinden,[219]
- Öl unbeaufsichtigt auf dem Herd in der Küche erhitzt wird,[220]
- ein Wohnungsinhaber Frittierfett in einem offenen Topf auf einer elektrischen Heizplatte erhitzt und sich während des Vorgangs auf die Wohnzimmercouch setzt, wo er einschläft,[221]
- ein VN einen Holzofen im Dachgeschoss eines Hauses einbaut, dieser keinen genügenden Sicherheitsabstand zu einer mit einer Holzverlattung befestigten Rigipswand hat, eine Abnahme durch den Schornsteinfegemeister nicht erfolgt ist, der Ofen mit Koks befeuert wird und der VN während des Betriebs des Ofens das Haus verlässt,[222]
- der VN beim Verlegen von Schweißbahnen auf dem Flachdach des Gebäudes einen Gasbrenner eingesetzt hat, er diesen kurz zuvor in einem Baumarkt erworben hat, wenn er keine Erfahrung im Umgang mit einem solchen Gerät hatte, er die Gebrauchsanweisung nicht zur Kenntnis genommen und keine Vorkehrungen für den Fall eines Brandes getroffen hat,[223]
- ein Wohnungsbrand durch den Mieter infolge von bewusstem Entweichenlassen von Butangas im Badezimmer – vermutlich zur Herstellung von Cannabisöl – verursacht wird[224] oder wenn
- brennbares Material nahe einem Saunaofen gelagert wird.[225]

---

215 OLG Koblenz 6.12.2002 – 10 U 193/01, r+s 2003, 112.
216 OLG Hamm 24.10.1990 – 30 U 35/90, VersR 1991, 923.
217 OLG München 10.7.1991 – 3 U 2047/91, r+s 1992, 207.
218 OLG Hamm 27.3.1985 – 20 U 298/84, VersR 1986, 561.
219 OLG Oldenburg 16.12.1998 – 2 U 221/98, r+s 1999, 162.
220 LG Karlsruhe 12.10.2007 – 6 O 177/07, zfs 2008, 152.
221 OLG Köln 25.10.1995 – 13 U 42/95, VersR 1996, 1491.
222 OLG Celle 9.7.2009 – 8 U 40/09, VersR 2010, 67.
223 OLG Schleswig 9.10.2008 – 16 U 39/07, VersR 2009, 633; ähnl. LG Lübeck 4.2.2009 – 4 O 16/08, VersR 2009, 1655.
224 OLG Koblenz 20.6.2013 – 10 U 1470/12, r+s 2014, 461.
225 LG München II 8.5.2014 – 10 O 4590/13, r+s 2014, 560.

52 Keine grobe Fahrlässigkeit liegt dagegen vor, wenn

- trotz zweier ähnlicher bereits drei Jahre zurückliegender Vorgänge vor einem Einkaufsmarkt herausgestelltes Verpackungsmaterial von Jugendlichen und Kindern angezündet wird,[226]
- der VN den Einsatz einer Heumesssonde unterlässt und es dann zur Selbstentzündung kommt,[227]
- ein VN als bautechnischer Laie beim Anbringen einer Holzverkleidung an der Einführung des Rauchrohres eines Ölofens in die Wand einen Sicherheitsabstand von 3 cm für ausreichend hält,[228]
- der VN einer ersichtlich einfach strukturierten Person einen Winkelschleifer überlässt, ohne den genauen Ort der Schleifarbeiten vorher zu kennen,[229]
- der VN Schweißarbeiten in einem leeren Raum durchführt, wenn nicht berücksichtigt wird, dass über der durch ein Trapezblech gesicherten Balkendecke auf dem Dielenboden Heu lagert[230] oder wenn
- der VN einen technisch intakten Backofen in der Küche unbeaufsichtigt lässt sowie die Küche verlässt, ohne die Stellung der Schalter für das Ceranfeld zu überprüfen.[231]

53 **bb) Wasserschaden.** Vielfach kommt es zu Gebäudeschäden auch durch das Platzen oder die sonstige Beschädigung von Wasserzulaufschläuchen und -rohren oder deren Verbindungen bei Waschmaschinen, Geschirrspülern, Heizungsanlagen etc. Da die Kenntnis der Problematik solcher Schäden weit verbreitet ist, nimmt die Rspr **grobe Fahrlässigkeit** jedenfalls dann an, wenn der VN **Wohnung oder Haus für längere Zeit verlässt**, ohne die Absperrventile abzudrehen.

54 Leistungsfreiheit wurde deshalb angenommen, wenn der VN eine mehrtägige Urlaubsreise antritt, ohne den Wasserhahn der unter Druck stehenden Wasserleitung zur Heizungsanlage zuzudrehen,[232] oder wenn bei Beginn einer mehrwöchigen Urlaubsreise das Absperrventil der Kaltwasserleitung, an dem der zum Geschirrspüler führende Wasserschlauch angeschlossen ist, nicht geschlossen wird.[233] Bei kürzerer Abwesenheit dürfte grobe Fahrlässigkeit dagegen nicht anzunehmen sein, so dass es zu weit gehen dürfte, wenn dies vom OLG Karlsruhe bereits bei zweistündiger Abwesenheit angenommen wird.[234] Dagegen ist Leistungsfreiheit zu bejahen, wenn der VN den Wasserzulauf eines Gartenschlauchs nicht abstellt, er sich für 6 Stunden entfernt und der Gartenschlauch dann vom Wasseranschluss abspringt.[235] Grobe Fahrlässigkeit liegt ferner vor, wenn der Mieter als VN weiß, dass die oberhalb der von ihm angemieteten Räumlichkeiten liegenden zwei Geschosse leer stehen und im Winter nicht beheizt werden, es dann zu einem Leitungswasserschaden an seinen Sachen kommt und er in der Lage gewesen wäre, diesen Zustand zu ändern.[236]

---

226 BGH 13.9.2006 – IV ZR 378/02, VersR 2006, 1530.
227 OLG Oldenburg 25.6.1997 – 2 U 109/97, VersR 1998, 490.
228 OLG Saarbrücken 29.1.1992 – 5 U 47/91, VersR 1992, 741.
229 OLG Naumburg 13.5.2004 – 4 U 14/04, OLGR Naumburg 2005, 67.
230 OLG Frankfurt/M 28.4.2004 – 7 U 169/02, zfs 2006, 461.
231 OLG Naumburg 11.11.2013 – 6 U 21/13, NJW-RR 2014, 925.
232 BGH 16.7.2003 – IV ZR 145/02, NJW-RR 2003, 1461; OLG Zweibrücken 10.4.2002 – 1 U 135/01, zfs 2004, 126.
233 OLG Düsseldorf 16.8.1988 – 4 U 232/87, VersR 1989, 697; OLG Oldenburg 18.10.1995 – 2 U 135/95, VersR 1996, 1492.
234 OLG Karlsruhe 4.12.1986 – 12 U 173/86, r+s 1987, 231.
235 AG Bonn 18.1.2007 – 4 C 294/06, zfs 2007, 457; sehr weitgehend dagegen LG Essen 20.11.2007 – 12 O 375/05, zfs 2008, 280, das grobe Fahrlässigkeit bereits beim unbeaufsichtigten Bewässern der Balkonpflanzen mit einem Gartenschlauch für mehr als 1 Stunde annimmt.
236 OLG Bremen 4.9.2003 – 2 U 64/02, OLGR 2003, 533.

b) Einbruchsdiebstahl-, Raub- und Hausratversicherung. aa) Einbruch in Wohnungen und Häuser. In diesen Fällen geht es darum, ab welchem Grad des Unterschreitens des vertraglich vorausgesetzten Sicherheitsstandards von grober Fahrlässigkeit beim Einbruch in eine Wohnung oder in ein Haus ausgegangen werden kann. Hierbei kommt es bei Einbrüchen über Fenster und Türen auf die Lage des Hauses, die Einsehbarkeit nicht hinreichend gesicherter Fenster oder Türen, deren Lage im Erd- oder Obergeschoss, die Tageszeit sowie die Dauer der Abwesenheit des Wohnungsinhabers an. Ferner ist zu berücksichtigen, wie es zu der objektiv nicht hinreichenden Sicherung gekommen ist, so dass im Einzelfall trotz objektiv grober Fahrlässigkeit jedenfalls der subjektiv erhöhte Schuldvorwurf fehlen kann.

Auf dieser Grundlage kommt **grobe Fahrlässigkeit** insb. in folgenden Fällen in Betracht:[237]

- Offenlassen einer ebenerdigen Terrassentür zur Nachtzeit auch bei im angrenzenden Zimmer schlafendem VN.[238]

- Verlassen einer Wohnung über Nacht unter Zuziehen, aber unterbliebenem Abschließen der mit einer Glasscheibe versehenen Wohnungseingangstür, wenn der Täter diese einschlägt und von innen die Türklinke herunterdrückt.[239]

- Verlassen des Hauses auch nur für kurze Zeit bei einem geöffneten und um die horizontale Mittelachse schwenkbaren Fenster, welches aufgrund seiner Bauart ohne Weiteres hochgedrückt werden kann.[240]

- Ausbauen des Oberlichtes eines ebenerdigen auf der Rückseite einer Gaststätte belegenen Fensters durch den VN und Nichtanwesenheit von Personen in der Gaststätte während der Nachtzeit.[241]

- Kellerfenster wird während urlaubsbedingter Abwesenheit des VN in Kippstellung belassen.[242]

- VN verlässt seine im Erdgeschoss belegene Wohnung für die halbe Nacht, ohne ein auf Kipp stehendes, leicht zu öffnendes und nicht ohne Weiteres einsehbares Fenster zu schließen.[243]

- Toilettenfenster im Erdgeschoss eines Hauses wird nachts unverriegelt gelassen, auch wenn im Garten des Grundstücks in einem Zwinger ein Hund gehalten wird.[244]

- Verlassen einer Wohnung für mehrere Stunden ohne Verriegeln der Tür (vgl aber auch Rn 57).[245]

- Verlassen einer im Untergeschoss eines Hauses befindlichen Wohnung, bei der der untere Teil eines Fensters eine sog. Katzenklappe aufweist, der obere Teil des Fensters über einen arretierbaren Fenstergriff verfügt, der VN diese Arretierung aber nicht betätigt.[246]

---

237 Römer/Langheid/*Langheid*, § 81 Rn 77.
238 OLG München 25.10.2005 – 7 U 4196/05, NJW-RR 2006, 103.
239 OLG Oldenburg 2.8.2005 – 3 U 34/05, NJW-RR 2005, 1552.
240 OLG Köln 30.8.2005 – 9 U 214/04, r+s 2006, 75.
241 OLG Celle 14.7.2005 – 8 U 31/05, NJW-RR 2005, 1345.
242 OLG Saarbrücken 4.6.2003 – 5 U 670/02, VersR 2004, 1265.
243 OLG Celle 10.6.1992 – 8 U 164/91, VersR 1993, 572; so auch OLG Oldenburg 20.3.1996 – 2 U 12/96, VersR 1997, 999 (bei auf Kipp stehendem Fenster des Abstellraumes und Verlassen des Gebäudes nachts für 11 Stunden).
244 LG München I 14.9.1988 – 29 O 4307/88, VersR 1989, 740.
245 OLG Köln 14.2.2008 – 9 U 148/07, zfs 2008, 580.
246 AG Dortmund 31.3.2008 – 433 C 10580/07, zfs 2008, 634.

57 **Keine grobe Fahrlässigkeit** hat die Rspr dagegen in folgenden Fällen angenommen:[247]

- Kurzfristiges Verlassen einer Wohnung in einem Mehrfamilienhaus oder eines Hauses tagsüber unter Zuziehen der Eingangstür, ohne diese gleichzeitig abzuschließen.[248] Insoweit hat auch der BGH eine Sicherheitsvorschrift in der Hausratversicherung, wonach auch bei nur kurzfristiger Abwesenheit die Wohnungstür abgeschlossen werden muss, als unwirksam angesehen, weil sie den Verlust des Versicherungsschutzes auch in Fällen einfacher Fahrlässigkeit bedeuten würde.[249]
- Nur kurzfristiges Verlassen des Hauses tagsüber bei in Kippstellung belassenem Fenster.[250]
- Belassen eines neben einer Terrassentür befindlichen Fensters in Kippstellung, wenn die Terrassentür nicht durch einfaches Hindurchgreifen, sondern nur mittels eines Werkzeugs geöffnet werden kann und der VN während der ganzen Nacht im Schlafzimmer anwesend war.[251]
- Jedenfalls keine subjektive grobe Fahrlässigkeit bei gekipptem Fensterflügel in einem Einfamilienhaus und Abwesenheit für 10 Stunden, wenn der VN unwiderlegt dargetan hat, beim Verlassen des Hauses immer Fenster und Türen abzuschließen und er nicht angeben kann, warum das Fenster diesmal versehentlich offen geblieben ist.[252]
- Kein subjektiv unentschuldbares Verhalten bei Kippstellung eines Fensters und Verlassen der Wohnung für 2,5 Stunden, wenn VN sich möglicherweise darauf verließ, seine Ehefrau werde das Fenster noch schließen.[253]
- Zwei Meter über dem Erdboden liegendes Schlafzimmerfenster wird für einige Stunden bei Ortsabwesenheit in Kippstellung gehalten und Einbruch bei Dunkelheit.[254]
- Verlassen eines Einfamilienhauses tagsüber für 2,5 Stunden ohne Verschließen der von einem Nachbarhaus zu beobachtenden Nebeneingangstür.[255]

58 Besondere Probleme können sich in derartigen Fällen ferner bei der **Kausalität** ergeben. Ist im konkreten Fall nicht bereits das kurzfristige Verlassen des Hauses bei nur gekipptem Fenster, reinem Zuziehen der Tür o.Ä. als grob fahrlässig anzusehen, wohl aber eine längere Abwesenheit, und kommt es bei der tatsächlich gegebenen längeren Abwesenheit zu einem Einbruch, so lässt sich im nachhinein idR nicht mehr feststellen, ob der Einbruch bereits nach dem kurzfristigen Verlassen des Hauses oder erst in dem als grob fahrlässig einzustufenden Zeitintervall geschehen ist. Diese Unaufklärbarkeit geht zu Lasten des darlegungs- und beweispflichtigen VR, der nachweisen muss, dass die grobe Fahrlässigkeit ursächlich für den Versicherungsfall geworden ist.[256] Hier kann weder mit den Grundsätzen des

---

247 Römer/Langheid/*Langheid*, § 81 Rn 78.
248 OLG Nürnberg 7.3.1996 – 8 U 3803/95, NJW-RR 1996, 1118; OLG Düsseldorf 19.3.1996 – 4 U 26/95, NJW-RR 1996, 1119; aA OLG Bremen 8.1.1991 – 4 W 20/90, VersR 1991, 1240.
249 BGH 16.5.1990 – IV ZR 137/89, VersR 1990, 896.
250 OLG Hamm 20.12.2000 – 20 U 160/00, VersR 2001, 1234.
251 LG Gießen 31.5.2001 – 4 O 585/00, VersR 2002, 354.
252 OLG Oldenburg 9.3.1994 – 2 U 7/94, r+s 1994, 309.
253 OLG Hamm 20.12.1991 – 20 U 198/91, VersR 1993, 96.
254 OLG Hamburg 31.3.1987 – 8 U 141/86, NJW-RR 1989, 797.
255 OLG Schleswig 4.3.2010 – 16 U 44/09, zfs 2010, 509.
256 OLG Schleswig 4.3.2010 – 16 U 44/09, zfs 2010, 509; OLG Hamm 20.12.2000 – 20 U 160/00, VersR 2001, 1234; OLG Nürnberg 7.3.1996 – 8 U 3803/95, NJW-RR 1996, 1118; krit. Prölss/Martin/*Armbrüster*, § 81 Rn 51, der meint, die durch das grob fahr-

Anscheinsbeweises gearbeitet werden noch kommt eine Umkehr der Beweislast in Betracht.[257]

Geht es nicht um den Einbruch in das Haus über Fenstern und Türen, sondern um den **Diebstahl der Schlüssel**, mit denen sich der Dieb dann ungehindert Zutritt verfasst, so kommt es darauf, inwieweit die Schlüssel **ordnungsgemäß verwahrt** wurden. Insoweit kann weitgehend auf die Ausführungen in Rn 18–21 (Diebstahl von Pkw-Schlüsseln) verwiesen werden. Als grob fahrlässig ist es etwa anzusehen, wenn der VN die Wohnungsschlüssel am Abend der Tat in verschiedenen Gaststätten in unbeaufsichtigten Garderoben oder am Stuhl belassen hat und er wusste, dass seine Jacke in den einschlägigen Lokalen bekannt war und deshalb ohne Weiteres seiner Wohnung zugeordnet werden konnte.[258] Ebenso ist der VR leistungsfrei, wenn der Hauptschlüssel des Betriebes des VN von dessen Schreibtisch gestohlen wird, er die Schlösser nicht auswechselt und es 1,5 Monate später mit dem entwendeten Schlüssel zu einem Einbruchdiebstahl kommt.[259] Im Falle eines Raubes hat der BGH dagegen keine grobe Fahrlässigkeit angenommen, wenn der Eigentümer eines bescheidenen Uhren- und Schmuckgeschäftes in ländlicher Gegend nach 20.00 Uhr auf ein Klopfen die hintere Haustür öffnet und dann überfallen wird.[260] Keine grobe Fahrlässigkeit soll ferner bei der unterlassenen Auswechslung der Wohnungsschlösser vorliegen, wenn der VN die Wohnungsschlüssel bei Kfz-Werkstattbesuchen nur für kurze Zeit und während seiner Anwesenheit einem Werkstattmitarbeiter übergeben hat und wenn die Ehefrau den Wohnungsschlüssel während des Besuchs des Sportstudios im Spind abgelegt hat, ohne dass Anzeichen des gewaltsamen Öffnens des Spindes erkennbar waren.[261]

bb) Einbruch in Kellerräume. Kommt es zu einem Einbruch in einen Keller, so wird eine erhebliche Unterschreitung des vertraglich vereinbarten Sicherheitsstandards und damit grobe Fahrlässigkeit idR anzunehmen sein, wenn **wertvolle Sachen** (Grenze bei ca. 5.000 €) in einem weitgehend **ungesicherten Kellerraum** eines Mehrfamilienhauses gelagert werden.[262] Das ergibt sich zunächst daraus, dass in einen üblichen Kellerraum ungleich leichter eingebrochen werden kann als in eine Wohnung. So kann ein an der Kellertür angebrachtes Bügelvorhängeschloss ohne Weiteres durch Durchschneiden, Entfernen der Befestigungsschrauben, Anwendung roher Gewalt etc. aufgebrochen werden, was bei Sicherheitsschlössern an einer Wohnungseingangstür wesentlich schwieriger ist. Hinzu kommt, dass der Tä-

---

lässige Verhalten des VN entstandenen Aufklärungsschwierigkeiten müssten dem VN zugerechnet werden.
257 BGH 19.12.1979 – IV ZR 91/78, VersR 1980, 180 (für den Fall des Diebstahls eines wegen Urlaubs für drei Wochen auf einem öffentlichen Parkplatz abgestellten Pkw); Langheid/Wandt/*Looschelders*, § 81 Rn 41; Bruck/Möller/*Baumann*, § 81 Rn 159.
258 OLG Köln 26.7.2004 – 9 U 96/04, r+s 2005, 467.
259 OLG Köln 17.8.2004 – 9 U 170/03, r+s 2004, 464.
260 BGH 23.3.1988 – IVa ZR 261/86, VersR 1988, 569.
261 OLG Koblenz 10.11.2011 – 10 U 771/11, r+s 2012, 246.
262 OLG Frankfurt/M 7.6.2001 – 3 U 183/00, OLGR 2001, 249 (Teppiche im Wert von mehr als 13.000 DM); OLG Köln 13.2.1996 – 9 U 124/94, r+s 1996, 190 (Wein für 227.000 DM im Keller); KG 7.10.1994 – 6 U 4056/93, VersR 1996, 972 (Teppiche im Wert von 19.000 DM im Kellerverschlag eines Mehrfamilienhauses); OLG Hamburg 6.8.1986 – 10 W 14/86, r+s 1987, 48 (Gegenstände im Wert von 10.000 DM); LG Köln 11.1.2006 – 20 O 185/05, r+s 2007, 289 (Gegenstände im Wert von 9.300 €); LG Wiesbaden 25.11.1988 – 6 O 135/88, zfs 1989, 176 (Kleidung im Wert von 12.000 DM im Keller); LG Rottweil 19.9.2007 – 1 S 69/07, zfs 2008, 153 (Schmuck im Wert von 5.000 € in einem mit einer Metalltür gesicherten Keller); AG Bremen 31.3.2009 – 4 C 296/08, r+s 2009, 336 (Lagerung einer Musikanlage im Wert von mehr als 7.000 € während der Renovierungsarbeiten in der Wohnung in einem durch Lattentür mit Sichtschutz verschlossenen Keller trotz fehlender objektiver Notwendigkeit einer derartigen Unterbringung).

ter bei dem Aufbrechen der Kellertür in erheblich geringerem Umfang der Gefahr der Entdeckung ausgesetzt ist als beim Einbruch in eine Wohnung. Ferner kann gerade bei einem Mehrfamilienhaus nicht zuverlässig damit gerechnet werden, dass die Hauseingangstür oder die Zugangstür zu den Kellern immer abgeschlossen ist. Hier kommt es erfahrungsgemäß häufig dazu, dass derartige Türen absichtlich oder versehentlich offen stehen, so dass sich ein Täter weitgehend unbemerkt Zutritt zum Keller verschaffen kann.

61 Allerdings kommt es auch hier immer auf die Umstände des Einzelfalles an. Zum einen kann es an grober Fahrlässigkeit fehlen, wenn etwa wegen Renovierungsarbeiten oder Umzuges wertvolle Gegenstände nur kurzfristig im Keller aufbewahrt werden.[263] Zum anderen ist zu berücksichtigen, dass bestimmte Gegenstände, mögen sie auch einen höheren Wert haben, traditionell in Kellern aufbewahrt werden, zB Fahrräder, Werkzeuge, Sport- und Freizeitausrüstung. Hier wird grobe Fahrlässigkeit deshalb nur bei Hinzutreten besonderer Umstände anzunehmen sein, zB ganz offensichtlich ungenügende Sicherungsmaßnahmen, leichte Einsehbarkeit von außen oder frühere Diebstahlsfälle.

62 **c) Reisegepäck-, Transport- und sonstige Hausratversicherung.** In der Reisegepäck-, Transport- und Hausratversicherung kommt es in besonderem Maß auf die **Umstände des Einzelfalles** an, insb. darauf, wann und wo sich ein Diebstahl ereignete, in welchem Zeitraum der VN seine Sachen außer Acht gelassen hat und ob sonstige Sicherungsmöglichkeiten bestanden. Generell wird man zu beachten haben, dass Reisende häufig durch neue Eindrücke, die gehobene Stimmung bei einem Urlaub und die Konzentration auf andere ungewohnte Dinge leicht abgelenkt sind, so dass bezüglich der vorschnellen Annahme von grober Fahrlässigkeit Vorsicht geboten ist.

63 **Angenommen** wurde **grobe Fahrlässigkeit** in folgenden Fällen:[264]

- Zurücklassen von wertvollem Schmuck in der unverschlossenen Kommode eines Hotelzimmers auf Mallorca, wenn das Hotel einen Safe zur Verfügung stellt.[265]

- Abstellen einer Tasche mit wertvollem Schmuck und Juwelen auf dem Boden bei der Anmeldung im Hotel, wenn kein ständiger Sicht- und Körperkontakt zu der Tasche besteht.[266]

- Diebstahl einer auf den ersten Blick sehr wertvollen Uhr vom Handgelenk des VN, wenn sich dieser nachts schlafend alleine in einem Zugabteil befindet und die Uhr vom Gang aus sofort sichtbar ist (zweifelhaft).[267]

- Mitsichführen wertvollen Schmucks, einer kostbaren Armbanduhr und Bargeld von 2.000 DM nach einem nächtlichen Restaurantbesuch in Marseille und Überfall in einer unbeleuchteten Grünanlage.[268]

- Zurücklassen von Gepäck im Kofferraum eines in Messina (Sizilien, Italien) abgestellten Pkw über die Dauer von 5 Stunden, obwohl VN das hohe Diebstahlsrisiko in dieser Region aus früheren Schadensfällen kennt und sein Gepäck hätte anderweitig unterbringen können.[269]

---

263 LG Berlin 18.3.2004 – 7 S 57/03, IHV 2004, 151.
264 Römer/Langheid/*Langheid*, § 81 Rn 79.
265 OLG Saarbrücken 15.1.2003 – 5 U 582/02, zfs 2003, 246.
266 OLG Düsseldorf 5.2.2002 – 4 U 144/01, r+s 2002, 483; so auch LG Hamburg 19.6.1992 – 317 S 76/91, VersR 1993, 226, wenn ein Koffer im Eingangsbereich eines Flughafens in unmittelbarer Nähe, aber ohne ständigen Körper- und Sichtkontakt abgestellt wird.
267 OLG Düsseldorf 15.11.2005 – 4 U 12/05, VersR 2006, 923.
268 OLG Celle 13.1.1988 – 8 U 72/87, zfs 1989, 213.
269 LG München I 26.5.1992 – 23 O 3266/92, VersR 1993, 1145.

Kapitel 2: Schadensversicherung § 81

- VN lässt Mantel und Koffer im geschlossenen Cabriolet zurück, obwohl es ihm möglich, die Sachen mit in das Haus zu nehmen.[270]
- Einklemmen einer 7.000 DM teuren Videobox in einem öffentlichen Linienbus in Kenia zwischen den Beinen, aber Verbindung nur durch einen locker durchhängenden, über den rechten Unterarm gelegten Textilgurt (zu weitgehend).[271]
- Verlassen des Taxi vor Bezahlen unter Zurücklassen des Gepäcks im Taxi, um eine Gepäckkarre zu holen, wobei Taxifahrer dann sofort wegfährt (abzulehnen, da hiermit nicht ernsthafterweise gerechnet werden kann).[272]
- Ablegen einer Videokamera am Strand und Schwimmen in Küstennähe trotz ansteigender Flut.[273]
- Transport einer größeren Bargeldmenge (37.600 €) durch die Filialleiterin einer Bank zu Fuß von einer Tankstelle zu der in einiger Entfernung liegenden Bank in einer Plastiktüte.[274]
- Zurücklassen eines Notebooks in einer Plastiktüte im Inneren eines Pkw in einer gefährlichen Gegend in Teheran.[275]
- Aufsuchen eines unbeaufsichtigten und abgedunkelten Separées in einer Gaststätte mit einer unbekannten Person unter Mitsichführen von wertvollen Schmuckstücken bei anschließendem Raub.[276]

Keine grobe Fahrlässigkeit lag dagegen in folgenden Konstellationen vor: 64
- Zurücklassen eines Leopardenmantels im Wageninneren eines in Lyon vor einem hell erleuchteten, großen Hotel verschlossenen und unter Betätigung einer Alarmanlage abgestellten Wagens, wenn der Mantel von einem unscheinbaren Wäschesack verdeckt wird.[277]
- Verstauen von Gepäck im verschlossenen Kofferraum eines vor einem Hotel in Amsterdam um 7.30 Uhr abgestellten Pkw, wenn VN noch frühstücken und danach abreisen will, bei Diebstahl bis 10.00 Uhr.[278]
- Belassen eines Fotoapparates in einer verschlossenen und nicht einsehbaren Reisetasche im Gepäckraum eines Busses.[279]
- Übernachten des VN mit einer am selben Tag kennengelernten Frau in einem Gasthof, wenn die Umstände des Kennenlernens unverfänglich sind und die Frau richtige Angaben zu ihren Personalien gemacht hat.[280]
- Mitnahme einer wertvollen Armbanduhr und Halskette zum Oktoberfest in München bei erheblichem Alkoholgenuss.[281]
- Tragen einer wertvollen goldenen Uhr mittags in einer belebten Einkaufstraße in der Innenstadt von Neapel.[282]

d) Sturmversicherung. In der Sturmversicherung handelt ein VN grob fahrlässig, 65
wenn er eine Markise bei in den Medien gemeldetem heranziehenden Sturm (hier:

---

270 OLG Köln 4.3.1993 – 5 U 114/92, VersR 1994, 49.
271 OLG Nürnberg 17.12.1987 – 8 U 1885/87, DAR 1988, 243.
272 LG Itzehoe 3.3.1988 – 4 S 286/87, VersR 1988, 797.
273 LG Zweibrücken 13.10.1992 – 3 S 177/92, r+s 1994, 38.
274 LG Frankfurt/M 5.4.2006 – 3-03 O 60/05, zfs 2007, 96.
275 LG Köln 21.2.2007 – 24 S 62/06, VersR 2007, 989.
276 OLG Brandenburg 19.12.2007 – 4 U 64/07, zfs 2008, 213.
277 BGH 12.10.1988 – IVa ZR 46/87, VersR 1989, 141.
278 OLG Karlsruhe 2.4.1987 – 12 U 191/86, NJW-RR 1987, 1382.
279 LG Frankfurt/M 2.8.1986 – 2/24 S 16/86, NJW-RR 1986, 1156.
280 OLG Hamm 16.11.1990 – 20 U 72/90, VersR 1991, 689.
281 OLG Hamm 9.5.1990 – 20 U 3/90, r+s 1991, 29.
282 OLG Köln 13.3.2007 – 9 U 26/05, r+s 2007, 157.

„Kyrill" am 18.1.2007) nicht einzieht und die Markise dann durch herabfallende Dachziegel beschädigt wird.[283] Dagegen liegt keine grobe Fahrlässigkeit vor, wenn der VN keine konkreten Anhaltspunkte dafür hat, dass sich das Dach des versicherten Objektes nicht in einem ordnungsgemäßen Zustand befindet, zumal eine Pflicht zur Durchführung regelmäßiger Kontrollen nicht besteht.[284]

66 e) **Sonstige Fälle.** Steuert ein Bootsführer bei trübem Wasser in größerer Uferentfernung sein Schiff in eine unbekannte Bucht und wird der Rumpf durch einen unter Wasser befindlichen Felsen geschädigt, so soll dies grob fahrlässig sein, weil der VN sich nicht auf eine ausreichende Wassertiefe verlassen darf.[285] Ferner handelt ein VN grob fahrlässig, wenn er an Bord seines in einem Hafen liegenden Schiffes die Netzschlüssel für die Elektrik hat stecken und die Motorschlüssel an Bord in einem nicht verschlossenen Fach hat liegen lassen.[286] Grobe Fahrlässigkeit kann ferner bei der Verursachung eines Versicherungsfalles durch zu schnelles Fahren mit einem „Powerspeed-Sportboot" auf einem Binnengewässer vorliegen, auch wenn am Unfallort keine absolute Geschwindigkeitsbeschränkung gilt.[287]

V. Zurechnung der Handlungen Dritter

67 **1. Begriff des Repräsentanten; Erscheinungsformen der Repräsentantenhaftung; Grenzen der Zurechnung.** Im Versicherungsrecht stellt sich häufig die Frage, ob dem VN auch das Verhalten Dritter zuzurechnen ist. Ausdrückliche Regelungen auch im Rahmen des § 81 fehlen. Die allgemeinen Regeln des BGB, insb. § 278 BGB, finden keine Anwendung.[288]

Um diese Lücke zu füllen, nimmt der BGH in stRspr an, dass der VN sich das **Verhalten seines Repräsentanten zurechnen** lassen muss. Repräsentant ist, wer in dem Geschäftsbereich, zu dem das versicherte Risiko gehört, aufgrund eines Vertretungs- oder ähnlichen Verhältnisses an die Stelle des VN getreten ist.[289] Die bloße Überlassung der Obhut über die versicherte Sache reicht hierbei nicht aus. Repräsentant kann vielmehr nur sein, wer befugt ist, selbständig in einem gewissen, nicht ganz unbedeutenden Umfang für den VN zu handeln, sog. **Risikoverwaltung.** Hierbei braucht nicht noch hinzuzutreten, dass der Dritte auch Rechte und Pflichten aus dem VersVertrag wahrzunehmen hat. Übt allerdings der Dritte aufgrund eines Vertrags- oder ähnlichen Verhältnisses die Verwaltung des VersVertrages eigenständig aus, so kann unabhängig von der Übergabe der versicherten Sache eine Repräsentantenstellung in Betracht kommen, sog. **Vertragsverwaltung.** Grund der Haftungszurechnung ist in derartigen Fällen, dass der VN nicht dadurch besser und der VR nicht dadurch schlechter gestellt werden darf, dass der VN einen Dritten hinsichtlich der Gefahrverwaltung an seine Stelle hat treten lassen.

68 Hieraus folgen aber zugleich die **Grenzen der Zurechnung.** Der VN muss sich das Handeln eines Repräsentanten nur insoweit zurechnen lassen, als der Dritte tatsächlich an seine Stelle getreten ist. Wird deshalb dem Dritten nur für einen bestimmten Bereich, also die Risiko- oder die Vertragsverwaltung, die Repräsentan-

---

283 LG Kleve 23.11.2007 – 5 S 119/07, zfs 2008, 399.
284 OLG Koblenz 15.5.2009 – 10 U 1018/08, VersR 2009, 1619.
285 OLG Frankfurt/M 19.3.2003 – 7 U 150/02, NJW-RR 2004, 28.
286 OLG Celle 18.12.2003 – 8 U 39/03, VersR 2004, 585 (wo Leistungsfreiheit aber mangels Kausalität nicht in Betracht kam, weil nicht feststand, ob das Boot nicht ohne die Schlüssel durch ein anderes Schiff aus dem Hafen geschleppt wurde).
287 OLG Köln 12.10.2010 – 9 U 84/10, VersR 2011, 1051.
288 BGH 13.9.2006 – IV ZR 378/02, VersR 2006, 1530; Langheid/Wandt/*Looschelders*, § 81 Rn 104; Bruck/Möller/*Baumann*, § 81 Rn 99.
289 BGH 14.5.2003 – IV ZR 166/02, NJW-RR 2003, 1250; BGH 10.7.1996 – IV ZR 287/95, VersR 1996, 1228; BGH 21.4.1993 – IV ZR 34/92, VersR 1993, 828; hierzu auch *Schimikowski*, Rn 276 ff; Langheid/Wandt/*Looschelders*, § 81 Rn 106–112; Bruck/Möller/*Baumann*, § 81 Rn 111–114; Prölss/Martin/*Armbrüster*, § 81 Rn 6.

tenstellung eingeräumt, so kommt eine Zurechnung des Verhaltens für andere Bereiche nicht in Betracht.[290] Streitig ist ferner, ob eine Zurechnung auch dann in Betracht kommt, wenn der Repräsentant den Versicherungsfall vorsätzlich herbeigeführt hat, um den VN zu schädigen. Während die Rspr das bejaht,[291] wird das im Schrifttum teilweise abgelehnt, weil es am sachlichen und inneren Zusammenhang mit dem übertragenen Aufgabenbereich fehle.[292]

Darlegungs- und beweispflichtig für die Umstände, die die Repräsentanteneigenschaft begründen, ist der VR.[293] 69

2. Fallgruppen.[294] **a) Fahrzeugversicherung.** Im Bereich der **Kfz-Kaskoversicherung** begründet **alleine** die **Überlassung der Obhut** an dem Fahrzeug an den berechtigten Fahrer noch **nicht** dessen Repräsentantenstellung.[295] Auch die Rechtsstellung eines Ehegatten, Verwandten oder Lebenspartners genügt zur Begründung der Repräsentanz nicht.[296] Entscheidend ist vielmehr, dass der Dritte selbständig und in nicht ganz unbedeutendem Umfang befugt ist, für den VN zu handeln. 70

Ein wesentliches Kriterium für die Risikoverwaltung stellt die **Verpflichtung** dar, **umfassend für die Verkehrssicherheit des Fahrzeugs zu sorgen und dessen Erhaltung** durch umsichtige Benutzung und durch regelmäßige Wartung und Pflege **sicherzustellen**.[297] Einer Repräsentantenstellung steht es hierbei nicht entgegen, dass dem Repräsentanten nicht die alleinige Verantwortung für die versicherte Sache vollständig übertragen ist. Die versicherte Sache muss nicht von dem Repräsentanten alleine genutzt werden.[298] Ein zusätzlicher Anhaltspunkt für die Repräsentantenstellung kann es ferner sein, dass der Dritte dauerhaft die laufenden Kosten für das Fahrzeug wie Steuern, Versicherungen und Benzin trägt.[299] Alleine entscheidend kann dieser Umstand aber nicht an. Für die Risikoverwaltung kommt es nämlich nicht darauf an, wer die finanziellen Lasten des Fahrzeugs zu tragen hat.[300] 71

Maßgebend ist vielmehr in erster Linie die tatsächliche Betreuung des Fahrzeugs durch Übernahme der Obhut für längere Zeit verbunden mit der Verpflichtung, für die Verkehrs- und Betriebssicherheit zu sorgen. 72

Keine entscheidende Rolle spielt es ferner, wer die Abwicklung des Versicherungsschadens gegenüber dem VR übernommen hat. Für die Repräsentantenstellung 73

---

290 BGH 14.3.2007 – IV ZR 102/03, VersR 2007, 673 (keine Zurechnung, wenn der Repräsentant im Bereich der Vertragsverwaltung den Versicherungsfall herbeiführt, ohne dass zugleich die Risikoverwaltung übertragen wurde); ferner *Wandt*, Rn 636.
291 BGH 20.5.1981 – IV ZR 86/80, VersR 1981, 822.
292 Bruck/Möller/*Baumann*, § 81 Rn 116.
293 OLG Koblenz 4.2.2005 – 10 U 1561/03, NJW-RR 2005, 828.
294 Vgl auch den Überblick bei Bruck/Möller/*Baumann*, § 81 Rn 120–123; Römer/Langheid/*Langheid*, § 81 Rn 26–37.
295 BGH 21.4.1993 – IV ZR 34/92, VersR 1993, 321; OLG Frankfurt/M 22.5.2002 – 7 U 179/01, r+s 2003, 146; *Schimikowski*, Rn 277; Langheid/Wandt/*Looschelders*, § 81 Rn 115.
296 BGH 2.5.1990 – IV ZR 48/89, VersR 1990, 736.
297 BGH 10.7.1996 – IV ZR 287/95, VersR 1996, 1229; OLG Celle 23.3.2000 – 8 U 32/99, SP 2000, 388; OLG Koblenz 20.11.1998 – 10 U 1428/97, VersR 1999, 1231.
298 BGH 14.5.2003 – IV ZR 166/02, NJW-RR 2003, 1250; BGH 10.7.1996 – IV ZR 287/95, VersR 1996, 1229.
299 OLG Koblenz 4.2.2005 – 10 U 1561/03, NJW-RR 2005, 828; OLG Köln 27.9.2002 – 9 U 143/00, r+s 2003, 56; OLG Oldenburg 21.6.1995 – 2 U 105/95, VersR 1996, 746; OLG Hamm 8.3.1995 – 20 U 290/94, VersR 1996, 225; LG Karlsruhe 27.8.1999 – 9 S 120/99, VersR 2000, 967.
300 BGH 10.7.1996 – IV ZR 287/95, VersR 1996, 1229; OLG Frankfurt/M 11.8.2004 – 7 U 156/03, VersR 2005, 1232.

durch Übernahme der Risikoverwaltung ist es gerade nicht erforderlich, dass der Dritte auch Rechte und Pflichten aus dem VersVertrag wahrzunehmen hat.[301]

74 Bejaht wurde die Repräsentanteneigenschaft in folgenden Fällen:
- Prokurist übt über längere Zeit Obhut über das Fahrzeug aus und hat für Verkehrssicherheit, Wartung und Pflege zu sorgen, auch wenn die Kosten für Wartung und Pflege von dem VN übernommen werden.[302]
- Abschluss eines langfristigen Leihvertrages unter Übertragung der gesamten Obhut und Übernahme sämtlicher Kosten für die Nutzung eines Pkw im Ausland.[303]
- Ehegatte des VN hat Pkw alleine gekauft und finanziert sowie die Versicherung erst später wegen Schwierigkeiten mit dem Schadensfreiheitsrabatt auf den anderen Ehepartner umgestellt.[304]
- Auf den Namen der Mutter versicherter Pkw wurde durch deren Sohn ausschließlich aus eigenen Mitteln erworben, dem auch die alleinige Verfügungsgewalt zusteht und der außer der Versicherungsprämie sämtliche Kosten trägt.[305]
- Spezialanhänger für Motocross-Rennen von Motorrädern wird vom Sohn nur „aus versicherungstechnischen Gründen" auf seine Mutter zugelassen und versichert.[306]
- Ehemann nutzt Fahrzeug unter Übernahme der Kosten und Abschluss des VersVertrages mit der Ehefrau, die selbst über ein Fahrzeug verfügt; dies beruht nur darauf, dass sie als Mitarbeiterin im öffentlichen Dienst über einen höheren Schadensfreiheitsrabatt verfügt.[307]
- Ehemann ist Leasingnehmer, Halter und überwiegender Nutzer des zu seinem Betriebsvermögen gehörenden Fahrzeugs.[308]

75 Verneint wurde die Repräsentanteneigenschaft dagegen in nachstehenden Konstellationen:
- Dritter, dem vom Mieter in der gewerblichen Fahrzeugvermietung ein Fahrzeug überlassen wird.[309]
- Tochter wird im Versicherungsantrag und der Schadensanzeige als Halterin aufgeführt, das Fahrzeug wird aber auch vom VN unter Übernahme eines Großteils der Kosten genutzt.[310]
- Nutzung des Pkw durch Ehemann der VN an Werktagen, die indessen Aufträge für Reparaturen und Inspektionen erteilt hat.[311]
- Nutzung des Pkw durch Sohn des VN und Tragen der Betriebskosten.[312]

---

301 BGH 10.7.1996 – IV ZR 287/95, VersR 1996, 1229.
302 BGH 10.7.1996 – IV ZR 287/95, VersR 1996, 1229; der Arbeitnehmer, dem vom Arbeitgeber ein Fahrzeug zur eigenverantwortlichen Nutzung zur Verfügung gestellt wird, kann aber nicht generell als Repräsentant angesehen werden, vgl *Schimikowski*, Rn 278.
303 OLG Celle 23.3.2000 – 8 U 32/99, SP 2000, 388.
304 OLG Brandenburg 12.6.1997 – 2 U 123/96, r+s 1999, 59.
305 LG Karlsruhe 27.8.1999 – 9 S 120/99, VersR 2000, 967.
306 OLG Oldenburg 26.6.1996 – 2 U 106/96, VersR 1997, 997.
307 OLG Oldenburg 21.6.1995 – 2 U 105/95, VersR 1996, 746.
308 OLG Hamm 8.3.1995 – 20 U 290/94, VersR 1996, 225.
309 BGH 20.5.2009 – XII ZR 94/07, zfs 2009, 637.
310 OLG Koblenz 4.2.2005 – 10 U 1561/03, NJW-RR 2005, 828.
311 OLG Frankfurt/M 11.8.2004 – 7 U 156/03, VersR 2005, 1232.
312 OLG Hamm 2.11.1994 – 20 U 142/94, VersR 1995, 1348; ähnl. OLG Köln 20.4.2004 – 9 U 86/03, SP 2005, 23.

- Gelegentliche Benutzung des Fahrzeugs durch den Ehemann der VNin als Prokurist des Hotelbetriebes.[313]

Zu beachten ist, dass in der **Kfz-Haftpflichtversicherung** der Fahrer grds. ebenfalls kein Repräsentant des Halters, sondern nach A.1.2 AKB 2008 mitversichert ist.[314]

b) Gebäudeversicherung. In der Gebäudeversicherung sind der **Mieter** und **Pächter** sowie sonstige Nutzer grds. **nicht als Repräsentant** anzusehen.[315] Hierfür genügt insb. weder die Übertragung der Verkehrssicherungspflicht oder anderer Instandhaltungsarbeiten auf ihn. Anders kann es sich aber darstellen, wenn dem Mieter oder sonstigen Dritten zusätzliche Aufgaben für einen bestimmten Wirkungskreis übertragen wurden, er etwa in der Frostperiode für den Betrieb der Heizung und den Öleinkauf zu sorgen hat,[316] der VN seiner Cousine für längere Zeit als einzige Schlüsselinhaberin die Verwaltung des Gebäudes überlässt[317] oder ein für den VN handelnder Ingenieur ein unbewohntes Gebäude für ein Jahr betreut.[318] Die Repräsentantenstellung wird dann aber nur für den jeweiligen Wirkungskreis begründet.

Als Repräsentant anzusehen ist ferner grds. der Hausverwalter, dem alleine die Verwaltung übertragen wird, während der Eigentümer und VN sich hierum nicht kümmert.[319] Auch ein „faktischer Betriebsinhaber", der tatsächlich trotz formaler Rechtsübertragung der Eigentümerstellung oder Betriebsinhaberschaft weiter alleine die beherrschende Stellung in dem Unternehmen ausübt und das wesentliche wirtschaftliche Interesse hat, ist Repräsentant.[320] Schließlich können Mitmieter eines Gebäudes Repräsentanten eines Mieters sein, wenn das Gebäude gemeinschaftlich angemietet wurde und der als VN fungierende Mieter keinen Einfluss auf die Art und Weise der Gebäudenutzung hat.[321]

c) Hausratversicherung. In der Hausratversicherung sind **Ehegatten, Kinder und Lebensgefährten** idR **nicht** als Repräsentanten anzusehen, weil die bloße Übertragung der Obhut für einzelne Sachen und die Mitbenutzung zusammen mit dem VN für eine Übertragung der Risikoverwaltung nicht genügt.[322] Anders kann es aber liegen, wenn dem Ehegatten bestimmte Aufgaben zur eigenverantwortlichen Erledigung übertragen wurden, zB bei Urlaubsabwesenheit des anderen Ehegatten.[323] Allerdings muss es sich hier um eine Aufgabenübertragung für eine gewisse Dauer handeln, so dass der einmalige Auftrag des VN an seine Ehefrau, beim Verlassen des Hauses für die Sicherung der Fenster und Türen zu sorgen, nicht genügen dürfte.[324] Nicht in derselben Wohnung lebende Familienangehörige, die bei vorübergehender Abwesenheit des VN gelegentlich dessen Wohnung kontrollieren

---

313 OLG Koblenz 20.11.1998 – 10 U 1428/97, VersR 1999, 1231.
314 *Schimikowski*, Rn 280.
315 BGH 26.4.1989 – IVa ZR 242/87, VersR 1989, 737; Langheid/Wandt/*Looschelders*, § 81 Rn 117.
316 OLG Hamm 24.2.1989 – 20 U 276/88, VersR 1990, 265.
317 OLG Frankfurt/M 7.1.1987 – 17 U 27/86, NJW-RR 1987, 611.
318 OLG Celle 25.4.1986 – 8 U 25/85, r+s 1986, 214.
319 OLG Hamburg 8.4.2004 – 9 U 10/04, OLGR 2005, 742; OLG Köln 24.8.1999 – 9 U 182/99, r+s 1999, 517.
320 BGH 14.5.2003 – IV ZR 166/02, NJW-RR 2003, 1250 (Gaststätte); BGH 21.4.1993 – IV ZR 34/92, VersR 1993, 828 (Reitstall); BGH 19.6.1991 – IV ZR 169/90, NJW-RR 1991, 1307 (Gaststätte); LG Köln 17.8.2004 – 9 U 170/03, r+s 2004, 464.
321 OLG Celle 2.12.1987 – 8 U 135/86, VersR 1988, 617.
322 BGH 2.5.1990 – IV ZR 48/89, VersR 1990, 736; Römer/Langheid/*Langeid*, § 61 Rn 26; Langheid/Wandt/*Looschelders*, § 81 Rn 115.
323 OLG München 17.1.1986 – 8 U 3884/85, NJW-RR 1986, 656.
324 Anders aber OLG Karlsruhe 20.11.1997 – 12 U 211/97, r+s 1998, 162.

sollen, sind idR nicht als Repräsentanten anzusehen.[325] Anders kann es aber bei länger dauernder Abwesenheit liegen, wenn dem Dritten vom VN konkrete Kontroll- und Obhutsaufgaben übertragen werden. Klauseln in AVB, die über diese Grundsätze hinausgehen, verstoßen gegen § 307 Abs. 2 BGB, so die frühere Regelung in § 9 Nr. 3 a VHB 84, wonach Schäden nicht versichert sind, die eine mit dem VN in häuslicher Gemeinschaft lebende volljährige Person grob fahrlässig herbeiführt.[326]

d) Übrige Versicherungszweige. Für weitere Versicherungszweige ist Repräsentanz in folgenden Fällen angenommen worden:

- Dritter soll während der Abwesenheit des VN dessen Gepäck in der Flughafenhalle bewachen.[327]
- Ehegatte ist mit dem Gepäck alleine ohne den VN unterwegs.[328]
- Bankkassierer und Filialleiter von Geldinstituten.[329]
- Betriebsleiter nur dann, wenn er eigenverantwortlich im Bereich des versicherten Risikos statt des VN auftritt.[330]
- Rechtsanwalt in der Rechtsschutzversicherung[331] sowie nach überwiegender Ansicht auch in den übrigen Versicherungszweigen.[332]
- Bauleiter einer Baustelle, nicht dagegen der Polier[333] oder ein Schachtmeister.[334]

Keine Repräsentantenstellung liegt dagegen vor, wenn ein Skipper eine Segelyacht in Anwesenheit des an Bord befindlichen VN lediglich während einer Überführungsfahrt von und zu einem bestimmten Hafen segeln soll.[335] Entsprechendes gilt für den Mieter eines Flugzeugs, wenn der VN dieses trotz Vermietung weiterhin in erheblichem Umfang nutzt und sich um dessen Zustand kümmert.[336]

3. Sonstiges. Sind an dem Vertrag **mehrere VN** beteiligt, ist dasselbe Sachinteresse zur gesamten Hand versichert und führt nur einer der VN den Versicherungsfall herbei, so wird sein Verhalten den übrigen VN zugerechnet.[337] Auf die Frage der Repräsentantenstellung kommt es hier nicht an.

Ist demgegenüber **Miteigentum nach Bruchteilen** versichert, so schadet das Verhalten eines Miteigentümers, der nicht VN ist, dem anderen Miteigentümer als VN nur dann, wenn er zugleich dessen Repräsentant ist. Anderenfalls kommt nur teilweise Leistungsfreiheit des VR gegenüber dem den Versicherungsfall herbeiführenden Miteigentümer in Betracht.[338]

---

325 OLG Hamm 12.3.1982 – 20 U 312/81, VersR 1982, 966; LG Karlsruhe 30.11.1984 – 2 U 111/84, VersR 1985, 380.
326 BGH 21.4.1993 – IV ZR 34/92, VersR 1993, 830.
327 LG Nürnberg-Fürth 2.10.1990 – 13 S 601/90, VersR 1991, 224.
328 OLG Düsseldorf 27.9.1994 – 4 U 166/03, VersR 1996, 749.
329 Römer/Langheid/*Langheid*, § 81 Rn 31.
330 BGH 9.4.1997 – IV ZR 73/96, r+s 1997, 294; BGH 25.3.1992 – IV ZR 17/91, NJW-RR 1992, 921.
331 OLG Hamm 13.5.1983 – 20 W 90/82, VersR 1984, 31.
332 OLG Bamberg 12.11.1992 – 1 U 161/91, r+s 1993, 173.
333 OLG Hamm 10.6.1999 – 20 U 92/99, zfs 2000, 113.
334 OLG Celle 18.3.1999 – 8 U 48/98, VersR 2001, 453.
335 OLG Köln 30.4.2002 – 9 U 94/01, r+s 2003, 296.
336 BGH 9.6.2004 – IV ZR 454/02, GuT 2004, 183.
337 BGH 16.11.2005 – IV ZR 307/04, VersR 2006, 258; OLG Hamm 20.1.1987 – 20 U 238/86, VersR 1988, 508; OLG Düsseldorf 16.8.1988 – 4 U 227/87, r+s 1989, 43 (bei einer KG); aA Langheid/Wandt/*Looschelders*, § 81 Rn 96–98.
338 Öst. OGH 29.10.1997 – 7 Ob 241/91, VersR 1998, 1535; OLG Saarbrücken 9.7.1997 – 5 U 91/97, VersR 1998, 883; Bruck/Möller/*Baumann*, § 81 Rn 86; Römer/Langheid/*Langheid*, § 81 Rn 40.

Bei **Gesamthandsgesellschaften** ist zu beachten, dass diese nach neuerer Auffassung, wenn sie am Wirtschaftsleben teilnehmen, eine eigene Rechtspersönlichkeit haben.[339] Ist VN deshalb nur die Gesellschaft, so muss sie sich unmittelbar – ebenso wie das bei juristischen Personen der Fall ist – nur das Verhalten ihrer geschäftsführenden Gesellschafter zurechnen lassen, dasjenige ihrer übrigen Gesellschafter nur dann, wenn diese Repräsentanten sind.

Im Fall einer **Versicherung für fremde Rechnung** schadet das Verhalten des Versicherten dem VN nur, wenn er dessen Repräsentant ist. Anderenfalls schadet das Verhalten des Mitversicherten nur diesem selbst.[340]

VI. Darlegungs- und Beweislast

Den **VR** trifft im Rahmen von § 81 die **Darlegungs- und Beweislast** für den objektiven Tatbestand der Herbeiführung des Versicherungsfalles, die Ursächlichkeit zwischen dem Handeln des VN und dem Erfolgseintritt sowie für das Verschulden.[341]

1. Objektiver Tatbestand. a) Grundsätze. Hinsichtlich der Herbeiführung des objektiven Tatbestands hat der VR den **Vollbeweis nach § 286 ZPO** der erheblichen Unterschreitung des vertragsgemäß vorausgesetzten Sicherheitsstandards zu führen. Ihm kommen keine Beweiserleichterungen zu. Insbesondere finden die Grundsätze des Anscheinsbeweises keine Anwendung, weil sich im Bereich vorsätzlicher oder grob fahrlässiger Herbeiführung des Versicherungsfalles keine durch die Lebenserfahrung gesicherte Typizität menschlichen Verhaltens und seiner Begleitumstände ausmachen lässt.[342] Vielmehr ist grds. der Strengbeweis zu führen, wobei hier allerdings ein Nachweis auch durch Indizien in Betracht kommt.[343]

b) Fingierte Versicherungsfälle. aa) Eigenbrandstiftung. In der Praxis geht es bei fingierten Versicherungsfällen im Rahmen des § 81 häufig um den Nachweis der Eigenbrandstiftung bei der **Feuerversicherung**. Dem VR kommen bei dem von ihm zu führenden Nachweis keine Beweiserleichterungen zugute, so dass er den Vollbeweis zu führen hat.[344] Weder gelten hier die Grundsätze des Anscheinsbeweises[345] noch reicht es aus, wenn – wie in Fällen des Kfz- oder des Einbruchdiebstahls – der VR nur die erhebliche Wahrscheinlichkeit für die Eigenbrandstiftung nachweist. Im Rahmen des in diesen Fällen deshalb regelmäßig zu führenden **Indizienbeweises** dürfen allerdings auch die Anforderungen an die richterliche Überzeugungsbildung nach § 286 ZPO nicht überspannt werden. Vielmehr darf sich der Richter mit

---

339 BGH 29.1.2001 – II ZR 331/00, VersR 2001, 510.
340 Römer/Langheid/*Langheid*, § 81 Rn 41; Langheid/Wandt/*Looschelders*, § 81 Rn 95; Bruck/Möller/*Baumann*, § 81 Rn 83; aA Looschelders/Pohlmann/*Schmidt-Kessel*, § 81 Rn 42.
341 StRspr des BGH, vgl BGH 23.1.1985 – IVa ZR 128/83, VersR 1985, 440; Römer/Langheid/*Langheid*, § 81 Rn 103; Prölss/Martin/*Armbrüster*, § 81 Rn 67; Langheid/Wandt/*Looschelders*, § 81 Rn 146–153; Bruck/Möller/*Baumann*, § 81 Rn 153.
342 BGH 4.5.1988 – IVa ZR 278/86, VersR 1988, 683 (für Brand); BGH 18.3.1987 – IVa ZR 205/85, VersR 1987, 503 (für Freitod); BGH 29.1.2003 – IV ZR 173/01, VersR 2003, 364 (für den Schluss vom objektiv groben Pflichtverstoß auf die subjektive Unentschuldbarkeit); ferner OLG Celle 3.2.2005 – 8 U 82/04, r+s 2005, 456; OLG Nürnberg 25.4.2005 – 8 U 4033/04, NJW-RR 2005, 1193; zur Problematik ferner Bruck/Möller/*Baumann*, § 81 Rn 167–169.
343 Vgl Bruck/Möller/*Baumann*, § 81 Rn 164–166; zu den Indizien für eine Unfallmanipulation etwa OLG Köln 2.3.2010 – 9 U 122/09, VersR 2010, 1361; zur Vortäuschung eines Vandalismusschadens LG Hannover 28.1.2010 – 8 O 68/09, r+s 2010, 202.
344 BGH 13.4.2005 – IV ZR 62/04, VersR 2005, 1387; BGH 14.4.1999 – IV ZR 181/98, NJW-RR 1999, 1184; Langheid/Wandt/*Looschelders*, § 81 Rn 155 f; aA Römer/Langheid/*Langheid*, § 81 Rn 111.
345 BGH 4.5.1988 – IVa ZR 278/86, VersR 1988, 683.

einem für das praktische Leben brauchbaren Grad von Gewissheit begnügen, der Zweifeln Schweigen gebietet, ohne sie völlig auszuschließen.[346] Auf dieser Grundlage handelt es sich jeweils um eine Einzelfallwürdigung, wobei in jedem Fall eine Gesamtwürdigung der für und gegen eine Eigenbrandstiftung sprechenden Indizien vorzunehmen ist.

86 Insoweit können folgende Indizien mit in die Beurteilung einfließen:[347]

- Keine natürliche oder technische Ursache für den Brand, sondern Legen des Feuers unter Verwendung von Brandbeschleunigern;[348]
- angespannte bis aussichtslose wirtschaftliche Verhältnisse des VN;[349]
- fehlende oder vorgetäuschte Einbruchspuren;[350]
- ernst gemeinte Brandreden des VN;[351]
- keine Hinweise für Racheakte dritter Personen;[352]
- frühere strafrechtliche Auffälligkeit des VN[353] bzw. häufige Brände in seiner Umgebung;[354]
- keine Fortführung des Betriebes trotz nicht gravierender Schäden und Durchführung einer Notreparatur;[355]

---

346 Deutlich noch einmal BGH 22.11.2006 – IV ZR 212/05, r+s 2007, 59, wenn der Tatrichter zahlreiche Indizien für eine Eigenbrandstiftung nicht berücksichtigt; ferner OLG Koblenz 24.11.2008 – 10 U 263/08, VersR 2010, 110.
347 Vgl OLG Köln 28.8.2012 – 9 U 88/11, r+s 2013, 289; OLG Jena 12.6.2012 – 4 U 302/11, r+s 2013, 76; OLG Koblenz 24.11.2011 – 16 O 518/10, r+s 2012, 447; LG Magedeburg 17.1.2013 – 11 O 111/11, r+s 2013, 502; LG Lübeck 21.12.2012 – 4 O 286/10, r+s 2013, 292; zum nicht geführten Beweis einer vom VN vorsätzlich herbeigeführten Explosion vgl etwa OLG Hamm 20.12.2011 – 21 U 19/09, r+s 2014, 130.
348 OLG Köln 26.8.2009 – 9 U 208/07, r+s 2009, 414; OLG Köln 18.1.2005 – 9 U 35/04, VersR 2005, 1281; OLG Köln 7.5.2003 – 9 W 33/02, r+s 2005, 25; OLG Köln 10.9.2002 – 9 U 220/00, r+s 2002, 515 (gleichzeitiger Brand an sechs Stellen); OLG Düsseldorf 3.2.1998 – 4 U 33/97, r+s 1999, 208; OLG Karlsruhe 22.2.2007 – 19 U 33/06, zfs 2007, 577.
349 OLG Köln 26.8.2009 – 9 U 208/07, r+s 2009, 414; OLG Köln 18.1.2005 – 9 U 35/04, VersR 2005, 1281; OLG Köln 7.5.2003 – 9 W 33/02, r+s 2005, 25; OLG Köln 10.9.2002 – 9 U 220/00, r+s 2002, 515; KG 12.12.2003 – 6 W 145/03, r+s 2005, 293; OLG Braunschweig 21.3.2001 – 3 U 118/00, r+s 2005, 21; OLG Düsseldorf 2.4.2001 – 4 W 8/01, r+s 2005, 23; OLG Bremen 19.1.1999 – 3 U 87/97, VersR 2000, 759; OLG Celle 12.9.2002 – 8 U 79/01, VersR 2003, 453.
350 OLG Karlsruhe 22.2.2007 – 19 U 33/06, MDR 2007, 656; KG 6.8.2004 – 6 W 68/04, VersR 2006, 70; KG 12.12.2003 – 6 W 145/03, r+s 2005, 293; OLG Bremen 19.1.1999 – 3 U 87/97, VersR 2000, 759; OLG Düsseldorf 15.7.2003 – 4 U 136/02, r+s 2004, 109; aber nicht, wenn die Möglichkeit des Zugangs durch Dritte auf andere Weise bestand, vgl OLG Köln 21.10.2003 – 9 U 115/02, r+s 2003, 507; OLG Celle 2.6.1989 – 8 U 34/88, r+s 1990, 93; LG Berlin 27.5.2003 – 7 O 502/02, r+s 2004, 153.
351 BGH 13.3.1991 – IV ZR 74/90, VersR 1991, 924; OLG Schleswig 27.2.1991 – 9 U 79/88, VersR 1992, 1258; nicht aber bloßes Gerede und Witzeleien, vgl OLG Düsseldorf 27.6.1995 – 4 U 211/94, VersR 1997, 231; OLG Hamm 19.1.1994 – 20 U 141/93, VersR 1994, 1419.
352 OLG Köln 18.1.2005 – 9 U 35/04, VersR 2005, 1281; OLG Düsseldorf 2.4.2001 – 4 W 8/01, r+s 2005, 23.
353 OLG Braunschweig 21.3.2001 – 3 U 118/00, r+s 2005, 21.
354 OLG Düsseldorf 3.2.1998 – 4 U 33/97, r+s 1999, 208; OLG Köln 28.10.2005 – 9 U 156/04, r+s 2006, 21.
355 OLG Braunschweig 21.3.2001 – 3 U 118/00, r+s 2005, 21.

- Fortschaffen von persönlichen Gegenständen durch den VN kurz vor dem Brand[356] bzw Aufenthalt im Objekt kurz vor dem Brand;[357]
- versuchte Beeinflussung von Zeugen durch den VN;[358]
- vom VN vor der Tat geäußerte Selbstmordabsichten;[359]
- wiederholte Falschangaben des VN zum Geschehensablauf;[360]
- Manipulationen an der Alarmanlage;[361]
- drastische Erhöhung der Versicherungssumme ohne nachvollziehbare Gründe;[362]
- Schlüsselverhältnisse und Zugangsmöglichkeiten durch Dritte.[363]

bb) Einbruchdiebstahl- und Kaskoversicherung. Besonderheiten bestehen nach der Rspr in den Fällen, bei denen mit einem Einbruchdiebstahl in ein Gebäude oder mit dem Diebstahl eines Pkw Brand und/oder Vandalismus an Einrichtungsgegenständen bzw am Fahrzeug einhergehen oder diesem nachfolgen. Grundsätzlich hat der VR auch hier den Vollbeweis der Herbeiführung des Versicherungsfalles zu führen. Liegt allerdings eine erhebliche Wahrscheinlichkeit für eine bloße Vortäuschung des Diebstahls vor, so kommt diesem Gesichtspunkt auch indizielle Bedeutung für den Nachweis der vorsätzlichen Herbeiführung des nachfolgenden Brandes oder des Vandalismusschadens zu.[364]

2. Kausalität. Der VR ist ferner **beweispflichtig** dafür, dass das vorsätzliche oder grob fahrlässige Verhalten des VN kausal für den Eintritt des Versicherungsfalles geworden ist. Insoweit ist zunächst nicht erforderlich, dass der VR die konkrete Begehensweise im Einzelnen nachweist, soweit nur feststeht, dass der Versicherungsfall jedenfalls durch das mindestens grob fahrlässige Verhalten des VN verursacht wurde.[365]

Ferner ist nicht erforderlich, dass das Verhalten die einzige Ursache des Versicherungsfalles war. Es genügt also **Mitursächlichkeit**.[366] Zumindest diese muss aber feststehen. Kommt ernsthafterweise neben dem vorsätzlich oder grob fahrlässig herbeigeführten Geschehensablauf auch ein solcher in Betracht, bei dem der VN schuldlos oder nur leicht fahrlässig gehandelt hat, so greift § 81 nicht ein, wenn der VR nicht den Nachweis für die Kausalität des mindestens grob fahrlässigen Verhaltens führen kann.[367] Steht dagegen fest, dass das mindestens grob fahrlässi-

---

356 OLG Düsseldorf 2.4.2001 – 4 W 8/01, r+s 2005, 23.
357 OLG Hamm 14.10.2005 – 20 U 101/05, VersR 2006, 651; KG 12.12.2003 – 6 W 145/03, r+s 2005, 293; OLG Köln 10.9.2002 – 9 U 220/00, r+s 2002, 515; OLG Celle 12.9.2002 – 8 U 79/01, VersR 2003, 453.
358 OLG Hamm 14.6.2002 – 20 U 198/01, r+s 2002, 359.
359 OLG Bremen 17.8.2004 – 3 U 103/03, VersR 2005, 788.
360 OLG Hamm 14.10.2005 – 20 U 101/05, VersR 2006, 651; anders aber, wenn Ungereimtheiten in der Sachverhaltsschilderung nachvollziehbar und glaubhaft aufgelöst werden, vgl OLG Köln 15.5.2007 – 9 U 117/06, r+s 2007, 274.
361 OLG Köln 18.1.2005 – 9 U 35/04, VersR 2005, 1281.
362 OLG Köln 26.8.2009 – 9 U 208/07, r+s 2009, 414.
363 OLG Celle 24.9.2009 – 8 U 99/09, VersR 2010, 383.
364 BGH 8.11.1995 – IV ZR 221/94, VersR 1996, 186; OLG Köln 15.1.2002 – 9 U 221/00, SP 2002, 396; Römer/Langheid/*Langheid*, § 81 Rn 113; zum Nachweis eines manipulierten Verkehrsunfalls vgl OLG Köln 27.2.2013 – 7 U 114/12, r+s 2013, 327 sowie zu einem vorgetäuschten Einbruchdiebstahl LG Hannover 28.1.2010 – 8 O 68/09, r+s 2010, 202.
365 BGH 11.2.2009 – IV ZR 156/08, VersR 2009, 540; BGH 9.4.1997 – IV ZR 73/96, NJW-RR 1997, 1112; Bruck/Möller/*Baumann*, § 81 Rn 177.
366 BGH 14.7.1987 – IVa ZR 22/85, VersR 1986, 962.
367 Vgl OLG Celle 18.12.2003 – 8 U 39/03, VersR 2004, 585 (keine Leistungsfreiheit des VR, wenn der VN an Bord seines in einem Hafen liegenden Schiffes zwar die Netz-

ge Verhalten des VN mitursächlich für den Eintritt des Versicherungsfalles war, so muss der VN beweisen, dass der Versicherungsfall auch ohne sein Verhalten eingetreten wäre.[368] Insoweit handelt es sich um einen Fall hypothetischer Kausalität.

90 Kommen ferner **mehrere Geschehensabläufe** in Betracht, die jeweils den Vorwurf mindestens grober Fahrlässigkeit rechtfertigen, so muss nicht geklärt werden, welcher tatsächlich ursächlich geworden ist.[369]

91 Eine Beweislastumkehr unter dem Gesichtspunkt der **Beweisvereitelung** kommt ferner in Betracht, wenn der VN zunächst einen Sachverhalt einräumt, aus dem sich grobe Fahrlässigkeit ergibt, später aber eine andere Sachverhaltsschilderung abgibt, so dass der VR Aufklärungsmaßnahmen nicht mehr nachholen kann.[370]

92 Besondere Schwierigkeiten des Nachweises der Kausalität ergeben sich bei einem über längere Zeit gestreckten Verhalten des VN, das zunächst nicht als und **erst nach einem gewissen Zeitablauf als grob fahrlässig** anzusehen ist. **Beispiele:** Der VN verlässt seine Wohnung mit auf Kipp gestelltem Fenster; der VN stellt sein Motorrad auf einem ungesicherten öffentlichen Parkplatz ab. Wird hier in die Wohnung eingebrochen oder das Motorrad gestohlen, so lässt sich häufig nicht feststellen, wann die Tat erfolgte. Ist sie bereits kurze Zeit nach dem Verlassen der Wohnung oder dem Abstellen des Motorrades geschehen und ist diese Handlung noch nicht als grob fahrlässig anzusehen, was jeweils von den Umständen des Falles abhängt, so ist der VR zur Leistung verpflichtet. Ist es zu der Tat dagegen erst nach Ablauf einer längeren Frist gekommen und das Verhalten des VN jedenfalls dann als grob fahrlässig anzusehen, könnte der VR sich auf § 81 berufen. Die Rspr legt die Beweislast dafür, dass es zur Tat erst in einer grobe Fahrlässigkeit begründenden Zeit gekommen ist, dem VR auf.[371] Wird kein Täter ermittelt, wird dem VR dieser Beweis idR nicht gelingen.

93 **3. Verschulden und Unzurechnungsfähigkeit.** Der **VR** ist ferner **beweispflichtig** für das **Verschulden** des VN, also Vorsatz oder grobe Fahrlässigkeit. In der Regel wird dieser Beweis nur durch Indizien zu führen sein, indem der VR – meist mehrere – Anknüpfungspunkte benennt, aus denen dann im Falle einer streitigen Auseinandersetzung auf das schwere Verschulden geschlossen werden kann.[372] Insbesondere im Bereich der groben Fahrlässigkeit muss zu dem objektiven Vorwurf eines groben Pflichtverstoßes hinzukommen, dass es sich auch in subjektiver Hinsicht um ein unentschuldbares Fehlverhalten handelt, welches ein gewöhnliches Maß erheblich übersteigt.[373] Auch für diese subjektive Unentschuldbarkeit trifft den VR die Beweislast. Es tritt weder eine Beweislastumkehr ein noch finden die Grundsätze des Anscheinsbeweises Anwendung.[374] Allerdings ist es im Rahmen der sekundären Darlegungslast zunächst Sache des VN, bei einem gegebenen objektiv groben Pflichtverstoß ihn subjektiv entlastende Tatsachen vorzutragen.[375] Fehlt es

---

schlüssel für die Elektrik und die Motorenschlüssel zurückgelassen hat, aber nicht festgestellt werden kann, ob das Schiff überhaupt mit Hilfe dieser Schlüssel gestartet oder durch ein anderes Schiff aus dem Hafen geschleppt wurde).
368 BGH 14.7.1987 – IVa ZR 22/85, VersR 1986, 962.
369 OLG Nürnberg 14.7.1986 – 17 U 21/85, NJW-RR 1986, 1154.
370 LG Münster 29.8.1991 – 8 S 144/91, VersR 1992, 695.
371 BGH 13.9.2006 – IV ZR 378/02, VersR 2006, 1530; BGH 19.12.1979 – IV ZR 91/78, VersR 1980, 180; OLG Karlsruhe 20.6.2002 – 12 U 15/02, VersR 2002, 1550; OLG Hamm 20.12.2000 – 20 U 160/00, VersR 2001, 1234; instruktiv MAH VersR/*Steinbeck/Terno*, § 2 Rn 444.
372 Vgl Römer/Langheid/*Langheid*, § 81 Rn 116.
373 BGH 10.5.2011 – IV ZR 196/10, VersR 2011, 916; BGH 18.12.1996 – IV ZR 321/95, VersR 1997, 351.
374 BGH 10.5.2011 – IV ZR 196/10, VersR 2011, 916; BGH 29.1.2003 – IV ZR 173/01, VersR 2003, 364.
375 Römer/Langheid/*Langheid*, § 81 Rn 116.

hier an schlüssigem Vortrag, so ist es zulässig, vom äußeren Geschehensablauf und vom Ausmaß des objektiven Pflichtverstoßes auf innere Vorgänge und deren gesteigerte Vorwerfbarkeit zu schließen.[376]

Anders zu beurteilen ist die Beweislast lediglich für die vom Verschulden zu trennende Frage der **Schuldunfähigkeit bzw Unzurechnungsfähigkeit des VN.** Insoweit ist anerkannt, dass die Beweislastregelung des § 827 S. 1 BGB, wonach die Beweislast für behauptete Unzurechnungsfähigkeit den Täter trifft, im Rahmen von § 81 entsprechende Anwendung findet.[377] Gelingt dem VN dieser Beweis nicht, so muss allerdings geprüft werden, ob die Gründe für die erhebliche Beeinträchtigung des Bewusstseins, die noch unterhalb der Schwelle völliger Unzurechnungsfähigkeit liegen, wegen erheblicher Verminderung der Einsichts- und Hemmungsfähigkeit den Vorwurf grober Fahrlässigkeit jedenfalls im Sinne eines auch subjektiv unentschuldbaren Verhaltens entfallen lassen können.[378] Hierbei stellt im Bereich des Straßenverkehrs eine Blutalkoholkonzentration ab 3,00 ‰ zumindest ein Anzeichen für Schuldunfähigkeit dar.[379]   94

VII. Rechtsfolgen

Als Rechtsfolge einer vorsätzlichen oder grob fahrlässigen Herbeiführung des Versicherungsfalles sieht das Gesetz nicht einheitlich eine Leistungsfreiheit des VR vor. Vielmehr erfolgt in **Abkehr vom „Alles-oder-Nichts-Prinzip"** eine Differenzierung danach, ob der Versicherungsfall vorsätzlich oder grob fahrlässig herbeigeführt wurde.   95

1. Vorsatz (Abs. 1). Im Falle vorsätzlicher Herbeiführung des Versicherungsfalles bleibt es bei der **vollständigen Leistungsfreiheit des VR** (Abs. 1). Das ist sachgerecht, weil anderenfalls dem VN ein nicht gewünschter Anreiz für unredliches Verhalten gegeben würde.[380] Eine vorsätzliche Schädigung des VR soll auch weiterhin mit dem Verdikt vollständiger Leistungsfreiheit verbunden sein. In der bisherigen Praxis spielte die Frage der vorsätzlichen Herbeiführung des Versicherungsfalles nur eine eher untergeordnete Rolle und war in erster Linie für die Fälle relevant, in denen es um fingierte Versicherungsfälle ging, zB diejenigen der Eigenbrandstiftung (vgl Rn 85 f). In allen anderen Fällen konnte, wenn jedenfalls grobe Fahrlässigkeit vorlag, die Frage des Vorsatzes offen bleiben, da in beiden Fällen vollständige Leistungsfreiheit des VR bestand. Da das nunmehr mit der bei grober Fahrlässigkeit nur noch vorgesehenen Quotierung nicht mehr der Fall ist, wird der Abgrenzung zwischen Vorsatz und grober Fahrlässigkeit erstmals Relevanz zukommen. Nur wenn dem VR der Nachweis vorsätzlichen Verhaltens gelingt, kann er sich im Regelfall noch mit Erfolg auf vollständige Leistungsfreiheit berufen.   96

2. Grobe Fahrlässigkeit: Abkehr vom „Alles-oder-Nichts-Prinzip" (Abs. 2). a) Grundsatz: Kürzung auf 50 % als Einstiegsgröße – Mittelwertmodell. aa) Quotales Leistungskürzungsrecht. Hat der VN den Versicherungsfall nur grob fahrlässig herbeigeführt, so ist der VR berechtigt, seine Leistung in einem der **Schwere des Verschuldens des VN** entsprechenden Verhältnis zu kürzen (Abs. 2). Diese Regelung orientiert sich an der vergleichbaren Regelung in Art. 14 Abs. 2 des Schweizerischen Bundesgesetzes über den Versicherungsvertrag.[381] Während der VR nach früherem Recht im Falle grober Fahrlässigkeit vollständig leistungsfrei war,   97

---

376 BGH 29.1.2003 – IV ZR 173/01, VersR 2003, 364.
377 BGH 22.6.2011 – IV ZR 225/10, BGHZ 190, 120.
378 BGH 22.6.2011 – IV ZR 225/10, BGHZ 190, 120.
379 BGH 22.6.2011 – IV ZR 225/10, BGHZ 190, 120.
380 Begr. RegE, BT-Drucks. 16/3945, S. 79.
381 Die dortige Regelung lautet: „Hat der Versicherungsnehmer oder der Anspruchsberechtigte das Ereignis grob fahrlässig herbeigeführt, so ist der Versicherer berechtigt, seine Leistung in einem dem Grad des Verschuldens entsprechenden Verhältnis zu kürzen."

kommt nunmehr nur noch eine **anteilige Kürzung** des Erstattungsanspruchs in Betracht. Durch die Einführung dieser Quotelung soll den berechtigten Interessen des VN daran Rechnung getragen werden, auch im Fall grober Fahrlässigkeit durch eine Abwägung im Einzelfall zumindest einen Teil des Leistungsanspruchs zu behalten. Die Neuregelung eröffnet eine sachgerechte am jeweiligen Einzelfall orientierte Abwägung und vermeidet die schematischen Lösungen des früheren Rechts, bei denen die Rspr, wenn ein Ergebnis als „ungerecht" angesehen wurde, versucht hatte, dem VN durch hohe Anforderungen an das Vorliegen grober Fahrlässigkeit (insb. im subjektiven Bereich) zu helfen, um ihm den Versicherungsschutz zu erhalten.[382] Auch nach der Neuregelung bleibt indessen die Notwendigkeit der Abgrenzung von grober und leichter Fahrlässigkeit erhalten, wenn auch die Schärfe auf der Rechtsfolgenseite gemindert wurde. Bei leicht fahrlässigem Verhalten des VN bleibt der Versicherungsschutz nämlich in vollem Umfang bestehen, während bei grober Fahrlässigkeit ein Kürzungsrecht des VR besteht.

98 Wie dieses Kürzungsrecht im Einzelfall oder in bestimmten Fallgruppen auszugestalten ist, lässt sich indessen weder dem Gesetzeswortlaut noch der Entstehungsgeschichte entnehmen. Dort wird nur allgemein darauf verwiesen, für die Leistungsfreiheit des VR sei entscheidend, ob die grobe Fahrlässigkeit näher beim bedingten Vorsatz oder aber eher im Grenzbereich zur einfachen Fahrlässigkeit liege.[383]

99 Wie eine praktische Handhabung dieser Neuregelung aussehen könnte, ist bereits Gegenstand verschiedener Untersuchungen gewesen.[384] Auch ein Symposium des Deutschen Verkehrsgerichtstages hat für den Bereich der Kraftfahrtversicherung einen sog. **Goslarer Orientierungsrahmen** entwickelt.[385]

100 **bb) Methodik und Meinungsstand/Lösungsmodelle.** Vom Ansatz her erscheint es sachgerecht, im **Regelfall** der grob fahrlässigen Herbeiführung des Versicherungsfalles eine **Kürzung um 50 %** vorzunehmen, sog. **Mittelwertmodell** (so auch § 28 Rn 178 ff).[386] Diese Vorgehensweise fügt sich nahtlos in einen dreistufigen Aufbau ein, wonach bei leichter Fahrlässigkeit eine volle Leistungspflicht des VR besteht, bei Vorsatz der Anspruch des VN ganz entfällt und bei grober Fahrlässigkeit eine Leistungskürzung vorzunehmen ist. Diese liegt für den Regelfall mit 50 % genau auf der Hälfte zwischen voller Erstattung und vollständiger Leistungsverweigerung. Selbstverständlich handelt es sich hierbei nur um einen ersten Anhaltspunkt, der den Einstieg für die weitere Prüfung bietet. Kommt eine geringere Kürzungsquote als 50 % in Betracht, so bleibt es auch hier bei der **Beweislast** des VR. Die Kürzung um 50 % bedeutet nicht etwa, dass nunmehr den VN die Beweislast für ein unter 50 % liegendes Verschulden träfe.[387] Auch bedeutet das Vorliegen grober

---

382 Vgl *Schimikowski*, Rn 266.
383 Begr. RegE, BT-Drucks. 16/3945, S. 80.
384 Vgl *Nugel*, Sonderbeil. MDR 2007, 23 ff; *ders.*, MDR 2008, 1320 ff; *Rixecker*, zfs 2007, 15 f; *Weidner/Schuster*, r+s 2007, 363 ff; ferner *Baumann*, r+s 2005, 1 ff; *Römer*, VersR 2006, 740 f; *Felsch*, r+s 2007, 485, 490 ff (zum Leistungskürzungsrecht des VR bei § 28); *Veith*, VersR 2008, 1580 ff; *Günther/Spielmann*, r+s 2008, 133 ff, 177 f; *Günther*, r+s 2009, 492 ff; *Baumann*, r+s 2010, 51 ff; *Looschelders*, VersR 2008, 1 ff.
385 Vgl SpV 2010, 4 f; Pressemitteilung in zfs 2010, 12 ff.
386 So auch *Nugel*, Sonderbeil. MDR 2007, 23, 26, 33; *ders.*, MDR 2008, 1320, 1322 f; *Weidner/Schuster*, r+s 2007, 363, 364; *Schimikowski*, Rn 266; ferner *Felsch*, r+s 2007, 485, 493 (zu § 28); aus der neueren Rspr in diese Richtung auch OLG Hamm 25.8.2010 – 20 U 74/10, VersR 2011, 206 für Fälle relativer Fahruntüchtigkeit; LG Hannover 17.9.2010 – 13 O 153/08, VersR 2011, 112; LG Konstanz 26.11.2009 – 3 O 119/09, zfs 2010, 214; AG Hamburg – St. Georg 28.10.2009 – 916 C 359/09, r+s 2010, 323; AG Freiburg (Breisgau) 24.10.2008 – 1 C 2690/08, SVR 2010, 110.
387 So zu Recht *Günther*, r+s 2009, 492, 495; *Nugel*, Sonderbeil. MDR 2007, 23, 27; *ders.*, MDR 2008, 1320, 1321 f; Bruck/Möller/*Baumann*, § 81 Rn 154; FAKomm-VersR/*Schneider*, § 81 VVG Rn 113; aA AG Hamburg – St. Georg 28.10.2009 – 916 C

Fahrlässigkeit nicht, dass maximal eine Entschädigung von 50 % in Betracht kommt.[388] Aus Wortlaut und Entstehungsgeschichte ergibt sich eindeutig, dass der VR für jede Kürzung unabhängig von ihrer Größenordnung beweispflichtig ist. Allerdings wird man dem VN, der eine Kürzung von weniger als 50 % erreichen will, zumindest eine sekundäre Darlegungslast aufzuerlegen haben, die Umstände darzulegen, die für einen geringeren Verschuldensgrad sprechen.[389] Ist der VN dieser sekundären Darlegungslast nachgekommen, so ist es Aufgabe des VR, der eine höhere Kürzung erstrebt, diese Umstände zu widerlegen und ggf das Gegenteil zu beweisen. Will der VR eine Leistungskürzung von mehr als 50 % vornehmen, so obliegt ihm ohnehin die Darlegungs- und Beweislast für alle hierfür in Betracht kommenden Umstände.

Andere lehnen dagegen jede Quotenbildung auch als Einstiegsgröße ab und wollen eine Entscheidung alleine ausgerichtet auf den **jeweiligen Einzelfall** treffen.[390] Soweit für diese Auffassung vorgebracht wird, sie sei gerechter, weil auch Fälle denkbar seien, in denen schon ohne Hinzutreten besonderer Umstände eine höhere oder niedrigere Quote als 50 % angemessen sei,[391] mag das zutreffen, spricht aber nicht gegen einen Einstieg bei 50 %, der dann eine sachgerechte Abstufung im Einzelfall nach oben oder unten erlaubt. Auch sollte es angesichts der Vielzahl der Fälle, in denen in der Praxis die Frage der groben Fahrlässigkeit des VR eine Rolle spielt, zumindest im Ansatz der Versuch einer möglichst gleichmäßigen und berechenbaren Eingruppierung vergleichbarer Fälle vorgenommen werden, um eine auch für den VN und den VR nachvollziehbare Regulierungspraxis zu erreichen. Ein reines Abstellen auf den Einzelfall ohne jede Einstiegsgröße oder Fallgruppenbildung mag im konkreten Fall auf den ersten Blick zu größerer Einzelfallgerechtigkeit führen, ist aber mit dem Nachteil mangelnder Prognostizierbarkeit und schwierigerer Handhabung in diesem „Massenbereich" des Versicherungswesens verbunden.[392] Keinesfalls führt die auf den Einzelfall abstellende Ansicht auch immer zu günstigeren Ergebnissen für den VN. So hat etwa das LG Münster bei einem Rotlichtverstoß die vom VR bereits vorab vorgenommene Kürzung von 50 % gebilligt und ausgeführt, diese sei mindestens sachgerecht.[393]

Teilweise wird ferner vertreten, dem VR stehe bei einem feststehenden grob fahrlässigen Verhalten des VN, bei dem der VN keine Entlastungsmomente für sich ins Feld führen könne, ein Ermessen dahin zu, eine **Leistungskürzung von 100 : 0 zu Lasten des VN** vorzunehmen.[394] Diese Auffassung ist abzulehnen.[395] Sie führt zum

---

359/09, r+s 2010, 323; Römer/Langheid/*Langheid*, § 81 Rn 3, 98; *Weidner/Schuster*, r+s 2007, 363 ff; anders auch *Felsch*, r+s 2007, 485 ff (im Bereich von § 28).
388 So aber *Baumann*, r+s 2005, 1, 9; dagegen zu Recht *Weidner/Schuster*, r+s 2007, 363, 365.
389 *Nugel*, Sonderbeil. MDR 2007, 23; *ders.*, MDR 2008, 1320, 1321 f; *ders.*, Anm. zu LG Münster 20.8.2009 – 15 O 141/09, zfs 2009, 641, in: zfs 2009, 643 f; *Schimikowski*, Rn 266; in diese Richtung auch *Schimikowski/Höra*, S. 150 f; *Rixecker*, zfs 2009, 5, 9 f.
390 So OLG Düsseldorf 23.12.2010 – 4 U 101/10, VersR 2011, 1388; LG Münster 20.8.2009 – 15 O 141/09, VersR 2009, 1615; *Wandt*, Rn 604 (zu § 28); LG Trier 3.2.2010 – 4 O 241/09, zfs 2010, 510 (für § 90); Schwintowski/Brömmelmeyer/*Kloth/Neuhaus*, § 81 Rn 57 f; *Maier*, jurisPR-VersR 7/2010 Anm. 2; Looschelders/Pohlmann/*Schmidt-Kessel*, § 81 Rn 54; Stiefel/Maier/*Halbach*, AKB, § 81 Rn 19–21; wohl auch *Rixecker*, zfs 2009, 5, 7; abl. zu einer Ausgangsquote von 50 % auch *Veith*, VersR 2008, 1580 ff.
391 Vgl *Günther*, r+s 2009, 492.
392 Kritisch zu einem bloßen Abstellen auf den Einzelfall ohne jede Orientierungshilfen mit Blick auf Erfahrungen im schweizerischen Recht auch *Günther*, r+s 2009, 492, 494; vgl auch *Bücken*, SpV 2010, 5, der hier von einer „Quotenlotterie" spricht.
393 LG Münster 20.8.2009 – 15 O 141/09, VersR 2009, 1615.
394 So *Veith*, VersR 2008, 1580, 1587 ff.
395 LG Münster 20.8.2009 – 15 O 141/09, VersR 2009, 1616; *Baumann*, r+s 2010, 51, 52.

einen dazu, dass es im Regelfall grober Fahrlässigkeit, bei denen es an zugunsten des VN heranzuführenden Umständen fehlt, auch weiterhin zu einer völligen Leistungsfreiheit des VR kommt. Das steht in diametralem Widerspruch zu der Intention des Gesetzgebers, das „Alles-Oder-Nichts-Prinzip" für die grobe Fahrlässigkeit dem Grunde nach abzuschaffen. Es darf nicht durch eine Einsatzquote der Kürzung von 100 %, bei der der VN überdies noch die ihn entlastenden Umstände in vollem Umfang vorzubringen hat, durch die Hintertür wieder eingeführt werden. Auch steht dem VR nicht im eigentlichen Sinn ein „Ermessen" zu. Ob und inwieweit eine Leistungskürzung in Betracht kommt, unterliegt vielmehr in vollem Umfang richterlicher Nachprüfung.

103 Ebenfalls abzulehnen ist eine weitere Auffassung, die bei grober Fahrlässigkeit **höchstens 50 % als Entschädigung** für den VN vorsieht.[396] Hiergegen spricht, dass sich dem Gesetz eine derartige Höchstgrenze der Entschädigung nicht entnehmen lässt und sie einseitig nur die Interessen des VR wahrt, weil ihm die Möglichkeit eröffnet wird, Kürzungen über 50 % hinaus vorzunehmen, während dem VN umgekehrt der Weg zu einer Kürzung unter 50 % versperrt ist.

104 Weiter wird vertreten, es sollten **Fallgruppen** gebildet und für diese jeweils **konkrete Einstiegsquoten** für den „Normalfall" mittlerer grober Fahrlässigkeit gebildet werden.[397] Eine derartige Vorgehensweise ist grds. möglich, da auch nach der hier vertretenen Auffassung des Mittelwertmodells (s. Rn 100) die Bildung von Fallgruppen in Betracht kommt. Allerdings sollte es an der grundsätzlichen Orientierung des Ausgangspunkts einer Kürzung von 50 % verbleiben, da diese für den Regelfall sach- und interessengerecht ist und überdies nicht alle Lebenssachverhalte bestimmten Fallgruppen zugeordnet werden können.

105 Weiter wird ein „**Drei-Bereichs-Modell**" dahin gehend favorisiert, es komme darauf an, ob die Schwere des Verschuldens in der Nähe zur einfachen Fahrlässigkeit, im mittleren Bereich oder in Richtung des bedingten Vorsatzes liege.[398] Zwar wird hiermit eine Orientierung an dem im Gesetz erwähnten Begriff der Schwere des Verschuldens (vgl Rn 97) erreicht, doch werden die Abgrenzungsprobleme nur dahin verlagert, ob leichte, mittlere oder schwere grobe Fahrlässigkeit vorliegt.

Schließlich wird ein **zweigleisiges Vorgehen** propagiert.[399] Hiernach soll eine Skala für die objektive und eine für die subjektive Seite gebildet werden, ausgerichtet am Maßstab der Personengruppe, der der VN angehört, einerseits und an der konkreten Situation des VN andererseits. Aus den sich ergebenden Werten soll dann ein Mittelwert gebildet werden. Eine fassbare Hilfe für den Einzelfall wird, da es jeweils auf die Bemessung der Einsatzquoten ankommt, hierdurch allerdings nicht. Eher werden durch unterschiedliche Quoten für objektive und subjektive grobe Fahrlässigkeit weitere Anwendungsprobleme geschaffen.

106 cc) **Kürzungsschritte.** Aus Praktikabilitätsgründen sollte die **Kürzung in Schritten von jeweils 10 %** erfolgen.[400] Eine weitere Feindifferenzierung führt lediglich zu Unübersichtlichkeit, ohne dass in der Sache eine größere Einzelfallgerechtigkeit erreicht wird. Aus Gründen der besseren Vergleichbarkeit der einzelnen Fallgruppen

---

396 So *Baumann*, r+s 2005, 1, 9; *ders.*, r+s 2010, 51, 52 unter Hinweis darauf, dass es sich nur um einen Vorschlag de lege ferenda handeln soll; dagegen zu Recht *Weidner/Schuster*, r+s 2007, 363, 365.
397 *Günther/Spielmann*, r+s 2008, 177, 178; *Günther*, r+s 2009, 492, 493 f; *Römer/Langheid/Langheid*, § 81 Rn 97–99.
398 So LG Hannover 17.9.2010 – 13 O 153/08, VersR 2011, 112; Langheid/Wandt/*Looschelders*, § 81 Rn 128; ferner *Baumann*, r+s 2010, 51, 53 mit Einstiegsquoten von 25 %, 50 % und 75 %; *ders.*, in: Bruck/Möller, § 81 Rn 126.
399 Prölss/Martin/*Armbrüster*, § 81 Rn 61.
400 So auch *Nugel*, MDR 2008, 1320 f; *Günther/Spielmann*, r+s 2008, 177 f; Looschelders/Pohlmann/*Schmidt-Kessel*, § 81 Rn 55; *Günther*, r+s 2009, 492, 494 f.

sollte ferner auf die Verwendung von Brüchen verzichtet werden.[401] Im Regelfall wird sich die Kürzung mithin im Bereich zwischen 10 % und 90 % bewegen. Quoten über 90 % und unter 10 % werden nur in Ausnahmefällen vorkommen. Nicht überzeugend ist es demgegenüber, die Quoten in noch größeren Schritten mit 0 %, 25 %, 50 %, 75 % und 100 % zu bilden,[402] da diese Grobeinteilung weder einer sachgerechten Fallgruppenbildung noch der Einzelfallgerechtigkeit dient.[403]

dd) Kürzung um 100 %? In Extremfällen ist es ferner nicht ausgeschlossen und kann in der Sache gerechtfertigt sein, dass **auch eine Kürzung um 100 %** auf Null erfolgt.[404] Insbesondere lässt sich weder dem Wortlaut des Gesetzes noch der Entstehungsgeschichte entnehmen, dass eine Kürzung um 100 % bei grober Fahrlässigkeit generell nicht in Betracht kommt. Bei der Regelung über Obliegenheitsverletzungen in § 28 wurde im Gesetzgebungsverfahren gerade die Bestimmung, dass Leistungsfreiheit „nur" bei Vorsatz in Betracht kommt, durch das Streichen des Wortes „nur" geändert (vgl § 28 Rn 175). Auch in § 81 ist nicht die Rede davon, dass vollständige Leistungsfreiheit des VR nur bei Vorsatz in Betracht kommt. Es ist auch wenig sinnvoll, wenn in der Praxis Quotelungen von 99 % zu 1 % oder ähnlich gebildet werden, nur um das Verdikt einer 100 %-Kürzung zu vermeiden. Allerdings ist eine Leistungskürzung auf Null nur in Ausnahmefällen möglich. Das kann etwa für die Fälle absoluter Fahruntüchtigkeit in Betracht kommen. Allerdings muss auch hier – wie in allen anderen Fällen auch – eine Abwägung der Umstände des Einzelfalles erfolgen. Eine vorschnelle Leistungskürzung auf Null kommt nicht in Betracht. 107

Allerdings wird es sich hier um Einzelfälle handeln, weil eine vollständige Leistungskürzung jedenfalls grds. nur bei Vorsatz in Betracht kommt (s. Rn 96). Zu denken sein könnte hier etwa an die Verursachung von Verkehrsunfällen unter Alkoholeinfluss im Zustand absoluter Fahruntüchtigkeit.[405] Umgekehrt kann es bei Vorliegen besonderer Umstände auch Fälle geben, in denen trotz grober Fahrlässigkeit wegen der gegebenen Nähe zu einfacher Fahrlässigkeit überhaupt keine Kürzung in Betracht kommt. 108

ee) Quotenerhöhung bei Mehrfachverstößen. Nicht geregelt ist die Frage, wie die Quote zu bilden ist, wenn **mehrere grob fahrlässige Handlungen** des VN gleichzeitig zur Herbeiführung des Versicherungsfalles geführt haben, wenn etwa der VN im Zustand alkoholbedingter Fahruntüchtigkeit unter deutlicher Überschreitung 109

---

401 Anders Schwintowski/Brömmelmeyer/*Kloth/Neuhaus*, § 81 Rn 50, die eine Differenzierung in 5 %-Schritten oder in Brüchen empfehlen; ähnl. *Rixecker*, zfs 2009, 5, 7, der eine Quotierung mit Dritteln, Vierteln und Fünfteln empfiehlt.
402 So aber LG Münster 20.8.2009 – 15 O 141/09, VersR 2009, 1616; FAKomm-VersR/*Schneider*, § 81 VVG Rn 85.
403 So zu Recht auch *Nugel*, Anm. zu LG Münster 20.8.2009 – 15 O 141/09, zfs 2009, 641, in: zfs 2009, 643 f und *Maier*, Anm. zu LG Münster 24.9.2009 – 15 O 275/09, r+s 2010, 321, in: jurisPR-VersR 7/2010 Anm. 2; LG Trier 3.2.2010 – 4 O 241/09, zfs 2010, 510.
404 BGH 22.6.2011 – IV ZR 225/10, BGHZ 190, 120; *Weidner/Schuster*, r+s 2007, 363, 364; *Günther/Spielmann*, r+s 2008, 133, 141 f; *Günther*, r+s 2009, 495 f; *Felsch*, r+s 2007, 485, 492 (für § 28); *Schimikowski*, Rn 266; *Rixecker*, zfs 2009, 5, 6 f; *Looschelders*, VersR 2008, 1 ff; *Veith*, VersR 2008, 1580 ff; Langheid/Wandt/*Looschelders*, § 81 Rn 125; Bruck/Möller/*Baumann*, § 81 Rn 127; Looschelders/Pohlmann/*Schmidt-Kessel*, § 81 Rn 55; Stiefel/Maier/*Halbach*, AKB, § 81 Rn 27; „Goslarer Orientierungsrahmen", SpV 2010, 4; aA *Nugel*, Sonderbeil. MDR 2007, 23, 27; *ders.*, MDR 2008, 1320, 1323 f; *Schimikowski/Höra*, S. 148.
405 So ausdr. LG Tübingen 26.4.2010 – 4 O 326/09, zfs 2010, 394; LG Münster 24.9.2009 – 15 O 275/09, r+s 2010, 321; LG Oldenburg 24.9.2010 – 13 O 1964/10, r+s 2010, 461; AG Berlin-Mitte 17.3.2010 – 114 C 3271/09, zfs 2010, 576; ferner *Schimikowski*, in: Schimikowski/Höra, S. 149, der für eine entsprechende Quotenregelung in AVB eintritt.

der zulässigen Höchstgeschwindigkeit eine rote Ampel überfährt. Hier werden **verschiedene Lösungsmodelle** vorgeschlagen.[406]

110 Teilweise wird vertreten, die verschiedenen Quoten zu addieren, sog. **Quotenaddition**.[407] Gegen eine solche Addition spricht indessen, dass diese schnell zu Quoten von über 100 % führt und damit zu einer völligen Leistungsfreiheit des VR, was der gesetzgeberischen Intention der Neuregelung nicht entspricht. Außerdem hängen die einzelnen als grob fahrlässig zu bewertenden Handlungsweisen häufig inhaltlich eng zusammen.

111 Andere nehmen eine **Quotenkonsumtion** vor, wonach alleine die am höchsten anzusetzende Einzelquote zu berücksichtigen ist, während die geringeren Quoten überhaupt nicht in Ansatz gebracht werden.[408] Diese Auffassung hat den Vorzug leichter Handhabbarkeit für sich und vermeidet insb. im Prozess, dass das Gericht sich mit einer Vielzahl von grob fahrlässigen Handlungsweisen des VN auseinandersetzen muss. Gleichwohl vermag diese Auffassung nicht zu überzeugen, weil sie zu einer ungerechtfertigten Besserstellung des VN führt, dem mehrere grob fahrlässige Verhaltensweisen vorzuwerfen sind. Sieht man etwa im Beispiel (s. Rn 109) die höchste Quote im Rotlichtverstoß, so ist nicht einzusehen, warum daneben die alkoholbedingte Fahruntüchtigkeit und die Geschwindigkeitsüberschreitung vollständig unter den Tisch fallen sollen.[409]

112 Eine weitere Auffassung hat ein **Stufen- bzw Quotenmultiplikationsmodell** entwickelt, wonach zunächst die Quote für die erste grob fahrlässige Handlungsweise zu ermitteln ist und dann von dem jeweiligen Restbetrag die Quoten für weitere grob fahrlässige Verhaltensweisen abzuziehen sind.[410] Dagegen ist aber in diesem Feld zu führen, dass hier eine mathematische Gewissheit vorgespiegelt wird, die es schlicht nicht gibt. Bereits die Festsetzung der verschiedenen Einsatzquoten ist nicht fest vorgegeben, sondern hängt von den Umständen des Einzelfalles und der Beurteilung durch das jeweilige Gericht ab. Es entspricht dann nicht der Gerechtigkeit im Einzelfall und der Lebenswirklichkeit, wenn hier durch mathematische Formeln Berechnungen vorgenommen werden, obwohl es sich in der Sache um eine Bewertungsfrage handelt. Hinzu kommt, dass unklar ist, ob die erste zu bildende Quote sich an der nach dem Verschuldensgrad höchsten Einzelquote oder nach dem zeitlich ersten Verstoß richtet, der aber nicht immer leicht festzustellen sein wird.

113 **Überzeugend** ist demgegenüber alleine eine **Gesamtbeurteilung**, die eine Quote unter Berücksichtigung sämtlicher Teilaspekte bildet.[411] Hierbei sind zunächst die Einzelquoten für die verschiedenen Verhaltensweisen zu bilden und dann ausgehend von der höchsten Einzelquote durch einheitliche Erhöhung unter Gewichtung

---

406 Überblick bei *Nugel*, MDR 2008, 1320, 1324f und *Günther*, r+s 2009, 492, 496; FAKomm-VersR/*Schneider*, § 81 VVG Rn 83–95.
407 LG Kassel 27.5.2010 – 5 O 2653/09, zfs 2011, 33 m. Anm. *Nugel*: grob fahrlässige Herbeiführung des Versicherungsfalles durch bloßes Zuziehen Eingangstür sowie Obliegenheitsverletzung durch verspätete Vorlage der Stehlgutlist, je mit 50 % bewertet; *Maier/Stadler*, AKB 2008 und VVG-Reform, Rn 144, 146.
408 So noch *Felsch*, r+s 2007, 485; anders jetzt *ders.*, § 28 Rn 204; *Veith*, VersR 2008, 1580ff.
409 *Felsch*, Vorauflage (1. Aufl. 2009), § 28 Rn 190, spricht hier selbst von einer „Gerechtigkeitslücke"; abl. zu einer Konsumtion auch Langheid/Wandt/*Looschelders*, § 81 Rn 130; *Günther*, r+s 2009, 492, 496.
410 LG Hechingen 3.12.2012 – 1 O 124/12, zfs 2013, 392 m. abl. Anm. *Rixecker*; *Günther/Spielmann*, r+s 2008, 17, 185; ähnl. *Nugel*, MDR 2008, 1320, 1324f; Bruck/Möller/*Baumann*, § 81 Rn 133–136.
411 Langheid/Wandt/*Looschelders*, § 81 Rn 130; Schwintowski/Brömmelmeyer/*Kloth/Neuhaus*, § 81 Rn 76f; *Wandt*, Rn 614; *Rixecker*, zfs 2009, 5, 8; Looschelders/Pohlmann/*Schmidt-Kessel*, § 81 Rn 57; Stiefel/Maier/*Halbach*, AKB, § 81 Rn 28; „Goslarer Orientierungsrahmen", SpV 2010, 4, 5; so auch LG Dortmund 15.7.2010 – 2 O 8/10, zfs 2010, 515 für mehrere Obliegenheitsverletzungen bei § 28.

der weiteren Verstöße eine Gesamtquote zu bilden. Es findet hier mithin entsprechend dem Rechtsgedanken des § 54 Abs. 1 S. 2 StGB zur Bildung der Gesamtstrafe durch Erhöhung der höchsten Einzelquote eine Gesamtquotenbildung statt. Ein grober Anhaltspunkt für die Erhöhung kann hierbei in der Hälfte der Summe der Einsatzquote verbleibenden restlichen Einzelquoten sein.[412] Diese Lösung hat den Vorzug, dass sie einerseits dem Umstand Rechnung trägt, dass der VN durch mehrere grob fahrlässige Handlungen den VN herbeigeführt hat, andererseits aber eine schematisierende Betrachtungsweise vermieden wird, sondern den Umständen des Einzelfalles wertend Rechnung getragen werden kann.

b) Fallgruppen. aa) Grundsätze. Verallgemeinerungen sind wegen der individuellen Umstände jedes Falles **nur mit Einschränkungen möglich** und werden auch bei Quoten für bestimmte Fallgruppen nie einen Maßstab der Allgemeinverbindlichkeit haben.

114

Da es bei § 81 um den Grad des Verschuldens des VN geht (vgl Rn 97), sind die Grundsätze, die zu § 254 BGB entwickelt wurden, nicht heranzuziehen, da es dort um die Abwägung der Verursachungsanteile von Schädiger und Geschädigtem geht, es im Falle von § 81 aber an dieser Mitverursachung des Versicherungsfalles durch den VR fehlt.[413]

115

Wegen des alleinigen Abstellens auf die Schwere des Verschuldens können mithin andere Umstände wie die reine Kausalität ohne jeden Bezug zum Verschulden, das Ausmaß der persönlichen und wirtschaftlichen Belastung des VN oder allgemeine Billigkeitserwägungen über § 242 BGB keine Rolle spielen.[414]

116

Als Umstände, die in die Bewertung einfließen können, kommen **zu Lasten des VN** in Betracht:

117

- ein Verschulden, das im Sinne bewusster Fahrlässigkeit bereits in Richtung des bedingten Vorsatzes geht;
- eine besondere Leichtsinnigkeit oder Rücksichtslosigkeit bei der Durchsetzung eigener Interessen;
- die Handlungsmotive des VN;
- die zugleich erfolgte Verwirklichung von Straftatbeständen;
- die Schwere und Dauerhaftigkeit des Verstoßes;
- die zugleich gegebene Möglichkeit der Verletzung Dritter, insb. im Straßenverkehr;
- die erkennbare Wahrscheinlichkeit der Gefahrverwirklichung und ihres Umfangs (nicht dagegen die erst ex post festgestellte tatsächliche Schadenshöhe);
- das objektive Gewicht der verletzten Sorgfaltsnorm;
- eine „Vorbelastung" des VN durch ähnliche frühere Verhaltensweisen etc.[415]

---

412 Schwintowski/Brömmelmeyer/*Kloth/Neuhaus*, § 81 Rn 77; krit. *Günther*, r+s 2009, 492, 496.
413 *Rixecker*, zfs 2007, 15, 16.
414 *Wandt*, Rn 607; *Looschelders*, VersR 2008, 1 ff; Looschelders/Pohlmann/*Schmidt-Kessel*, § 81 Rn 53; Langheid/Wandt/*Looschelders*, § 81 Rn 121 f; ähnl. *Rixecker*, zfs 2009, 5, 8 f; *Veith*, VersR 2008, 1580 ff.
415 Vgl hierzu *Nugel*, Sonderbeil. MDR 2007, 23, 28 f; ferner *Felsch*, r+s 2007, 485, 493 ff (für § 28); Looschelders/Pohlmann/*Schmidt-Kessel*, § 81 Rn 52; Langheid/Wandt/ *Looschelders*, § 81 Rn 123; *Veith*, VersR 2008, 1580 ff (mit allerdings jeweils unterschiedlicher Akzentuierung der zu berücksichtigenden Umstände).

118 **Zu Gunsten des VN** ist in Rechnung zu stellen:
- ein Verschulden, das objektiv und subjektiv am unteren Ende der groben Fahrlässigkeit liegt und in Richtung einfacher Fahrlässigkeit geht;
- ein Augenblicksversagen;
- das Verhalten des VN nach der Tat (soweit es einen Rückschluss auf sein Verschulden im Tatzeitpunkt erlaubt);
- eine verminderte Schuldfähigkeit, die noch nicht die Grenze des § 827 BGB erreicht, soweit der VN diese nicht wiederum selbst herbeigeführt hat, zB durch Alkoholkonsum vor Fahrtantritt;
- Alter, Ausbildung und individuelle Vorkenntnisse des VN;
- eingeschränkte Urteils- und Reaktionsfähigkeit in der konkreten Situation.[416]

119 **bb) Fallgruppenbildung.** Im Schrifttum sind auf dieser Grundlage Versuche zu Fallgruppenbildungen unternommen worden.[417] Unter Berücksichtigung der entwickelten Fallgruppen (s. Rn 14 ff) können zwar Orientierungen in Betracht kommen, die aber immer einzelfallabhängig sind.

120 **(1) Fahrzeugversicherung.** In der Fahrzeugversicherung beim Diebstahl erscheinen 50 % Kürzung bei grober Fahrlässigkeit im Zusammenhang mit der Art und Weise des Abstellens idR sachgerecht.[418] Geht es um den Diebstahl von außerhalb des Pkw aufbewahrter Schlüssel zur späteren Entwendung des Pkw, so kann insb. bei relevantem Augenblicksversagen auch eine geringere Quote als 50 % in Betracht kommen. Bei besonders leichtfertiger Unachtsamkeit ist auch eine höhere Quote als 50 % möglich.[419] Befinden sich die Schlüssel am oder im unverschlossenen Pkw, so dürfte wegen des besonders gravierenden Verschuldens eine Kürzung von 70–90 % möglich sein.[420] Sind Schlüssel und/oder Papiere im verschlossenen Fahrzeug, so sind 50 % wiederum die zutreffende Richtschnur. Insgesamt dürften die Kürzungen beim Diebstahl in der Fahrzeugversicherung – mit Ausnahme des Sonderfalles des unverschlossenen Fahrzeugs – im Bereich von 30–70 % liegen.[421]

121 **(2) Rotlichtverstöße.** Bei Rotlichtverstößen kann in Fällen des Augenblicksversagens eine geringere Quote als 50 % in Betracht kommen, die im Übrigen für den

---

416 *Nugel*, Sonderbeil. MDR 2007, 23, 29 f; *Veith*, VersR 2008, 1580 ff.
417 *Nugel*, Sonderbeil. MDR 2007, 23, 31 ff; *Rixecker*, zfs 2007, 15, 16; *ders.*, zfs 2009, 5, 8 f unter Differenzierung danach, ob das Verhalten des VN zugleich mit einer Kriminalstrafe oder einem Bußgeld bedroht ist; Schwintowski/Brömmelmeyer/*Kloth/Neuhaus*, § 81 Rn 62; *Günther/Spielmann*, r+s 2008, 177, 182–184.
418 So auch Looschelders/Pohlmann/*Schmidt-Kessel*, § 81 Rn 90.
419 Vgl etwa OLG Koblenz 14.5./9.7.2012 – 10 U 1292/11, r+s 2012, 430 (50 % bei Entwendung von Kfz-Schlüsseln, die die VN in einem Korb in einem nicht abgeschlossenen Raum eines Seniorenheims während einer Nachtschicht aufbewahrt hatte); LG Neubrandenburg 22.6.2012 – 2 O 8/12, NJW-RR 2013, 484 (Kürzung auf Null bei unbeaufsichtigtem Überlassen von Fahrzeugschlüsseln an einen Kaufinteressenten); sehr weitgehend LG Kleve 13.1.2011 – 6 S 79/10, r+s 2011, 206, das eine Kürzung von 100 % vornimmt, wenn VN Verlust der Pkw-Schlüssel bemerkt und keine geeigneten Sicherungsmaßnahmen ergreift. Soweit der „Goslarer Orientierungsrahmen" (SpV 2010, 4, 5) umgekehrt bei gefahrgeneigtem Umgang mit Schlüsseln nur 25 % ansetzen will, erscheint dies als genereller Maßstab zu niedrig.
420 Looschelders/Pohlmann/*Schmidt-Kessel*, § 81 Rn 90 (bis zu 90 %); „Goslarer Orientierungsrahmen", SpV 2010, 4, 5 (75 %).
421 Schwintowski/Brömmelmeyer/*Kloth/Neuhaus*, § 81 Rn 62 gehen von 25–50 % aus.

Regelfall angemessen erscheinen.[422] Bei besonderer Rücksichtslosigkeit und Fremdgefährdung kommt auch eine höhere Kürzung in Betracht.

(3) **Alkohol, Drogen und Medikamente.** Bei **alkoholbedingten** Versicherungsfällen wird, wenn hier zugleich die Straftatbestände der §§ 315, 316 StGB verwirklicht sind, grds. ein strengerer Maßstab anzulegen sein. In Fällen absoluter Fahruntüchtigkeit dürfte die Kürzungsquote bei 70–100 % liegen.[423] Hierbei kommt es auf den Grad der Alkoholisierung und das Ausmaß der Fremdgefährdung an. In Fällen relativer Fahruntüchtigkeit dürfte die Quote bei 50–80 % liegen, wobei es hier wie auch bei der absoluten Fahruntüchtigkeit auf den Grad der Alkoholisierung und das Ausmaß der Fremdgefährdung ankommt.[424] Eine Quote von unter 50 % dürfte in diesen Fällen idR ausscheiden.[425] Wegen der erheblichen Gefahren auch bezüglich einer Fremdgefährdung und die an einen Kraftfahrer zu richtenden hohen Sorgfaltsanforderungen überzeugen niedrigere Berechnungen, die etwa von der Formel „Promillegehalt x 20 = Kürzungsgrad in Prozent" ausgehen, nicht. Dies würde bei einem Promillegehalt von 1,0 ‰ gerade einmal zu einer Kürzung von 20 % und bei 2,0 ‰ von 40 % führen, was im Regelfall deutlich zu gering ist. Umgekehrt erscheint es problematisch, wegen der nur in Ausnahmefällen zulässigen Kürzung auf Null eine solche bereits bei relativer Fahruntüchtigkeit anzunehmen.[426]

122

---

422 LG Münster 20.3.2009 – 15 O 141/09, VersR 2009, 1615; AG Essen 18.12.2009 – 135 C 209/09, r+s 2010, 320; „Goslarer Orientierungsrahmen", SpV 2010, 4, 5; anders Schwintowski/Brömmelmeyer/*Kloth/Neuhaus*, § 81 Rn 62, die eine Kürzung von 60–90 % vorschlagen, was aber für den Durchschnittsfall zu hoch sein dürfte; Looschelders/Pohlmann/*Schmidt-Kessel*, § 81 Rn 94 hält Fallgestaltungen vom Wegfall einer Kürzung bis zu einer Kürzung um 100 % für möglich.

423 BGH 22.6.2011 – IV ZR 225/10, VersR 2011, 1037 (2,7 ‰); OLG Stuttgart 18.8.2010 – 7 U 102/10, NJW-RR 2011, 185 (100 % bei 1,29 ‰); LG Dortmund 27.2.2014 – 2 O 370/13, zfs 2014, 339 (100 % bei 2,07 ‰); LG Tübingen 26.4.2010 – 4 O 326/09, zfs 2010, 394 (100 % bei absoluter Fahruntüchtigkeit von 1,29 ‰); LG Münster 24.9.2009 – 15 O 275/09, r+s 2010, 321 (100 % Kürzung bei 1,67 ‰); LG Bonn 31.7.2009 – 10 O 115/09, DAR 2010, 24 (75 % Kürzung bei Ermöglichung der Fahrt durch einen Fahrer im Zustand absoluter Fahruntüchtigkeit); LG Oldenburg 24.9.2010 – 13 O 1964/10, r+s 2010, 461 (100 % Kürzung bei 1,5 ‰); AG Berlin-Mitte 17.3.2010 – 114 C 3271/09, zfs 2010, 576 (100 % Kürzung bei 2,13 ‰); ähnl. *Nugel*, Sonderbeil. MDR 2007, 23, 32 (70–90 %); Looschelders/Pohlmann/*Schmidt-Kessel*, § 81 Rn 85; ferner *Rixecker*, zfs 2007, 15, 16, Langheid/Wandt/*Looschelders*, § 81 Rn 132, „Goslarer Orientierungsrahmen", SpV 2010, 4, 5, die im Regelfall eine Kürzung um 100 % befürworten; so auch *Schimikowski*, in: Schimikowski/Höra, S. 151 für eine entsprechende Vereinbarung in AVB.

424 OLG Karlsruhe 15.4.2014 – 9 U 135/13, NJW-RR 2014, 1181 (75 % bei 1,09 ‰); KG 28.9.2010 – 6 U 87/10, VersR 2011, 487 (80 % bei 1,05 ‰); OLG Hamm 25.8.2010 – 20 U 74/10, VersR 2011, 206 (50 % bei 0,59 ‰); LG Siegen 30.11.2012 – 14 C 2166/12, zfs 2013, 90 (75 % bei 0,70 ‰); LG Flensburg 24.8.2011 – 4 O 9/11, zfs 2011, 700 (50 % bei 0,4 ‰); AG Dipoldiswalde 18.9.2013 – 1 C 270/13, r+s 2014, 122 (70 % bei knapp 1/1 ‰); AG Düren 15.8.2012 – 44 C 76/12, zfs 2013, 631 (75 % bei 0,54 ‰); *Rixecker*, zfs 2007, 15, 16; *Nugel*, Sonderbeil. MDR 2007, 23, 32 hält Kürzungen von 50–70 % für sachgerecht; krit. Looschelders/Pohlmann/*Schmidt-Kessel*, § 81 Rn 85.

425 Anders Schwintowski/Brömmelmeyer/*Kloth/Neuhaus*, § 81 Rn 62, die je nach Alkoholisierungsgrad zwischen 25 und 100 % kürzen wollen; ferner „Goslarer Orientierungsrahmen", SpV 2010, 4, 5, der erst ab 0,5 ‰ um 50 % kürzen und darunter auf die Umstände des Einzelfalles abstellen will; vgl auch OLG Düsseldorf 23.12.2010 – 4 U 101/10, VersR 2011, 1388: 25 % bei 0,55 ‰.

426 So aber LG Kaiserslautern 7.2.2014 – 3 O 323/13, r+s 2014, 408 bei 0,9 ‰.

123 Für **Drogen** und **Medikamente** wird ebenfalls eine Kürzung im Bereich von 50–100 % in Betracht kommen, wobei hier aber die Problematik häufig fehlender Grenzwerte zu beachten ist.[427]

124 **(4) Sonstige Verstöße im Straßenverkehr.** Bei sonstigen Verkehrsverstößen kommt es, da es hier um ganz verschiedene Fallgruppen geht, auf die Umstände des Einzelfalles an, wobei die Dauerhaftigkeit des Verstoßes, die Fremdgefährdung, das Ausmaß der Rücksichtslosigkeit etc. eine Rolle spielen. Auch hier dürfte die Bandbreite im Regelfall mit 30–70 % erfasst sein.[428]

So wurden bei der Missachtung der **Durchfahrtshöhe** mit anschließender Beschädigung des Fahrzeugs Kürzungen von 1/3–2/3 angenommen,[429] beim fehlerhaften Befüllen eines Tanks mit Dieselkraftstoff von 50 %[430] sowie beim nächtlichen Ausweichen vor einem Fuchs auf einer Landstraße mit 70–80 km/h von 60 %.[431] In Ausnahmefällen kommen auch höhere Kürzungen in Betracht, wenn etwa der VN während des Führens eines Sattelzuges mit Gefahrgutflüssigkeit auf frostbedingt rutschiger Fahrbahn und der Displayanzeige „durchdrehende Räder" sich unmittelbar vor dem Abkommen von der Fahrbahn eine Zigarette anzündet (hier: 75 %).[432]

125 Außerhalb des Straßenverkehrs wurde im Bereich der **Wassersportfahrzeugkaskoversicherung** eine Leistungskürzung um 30 % in einem Fall für sachgerecht erachtet, bei dem der Bootsführer bei einer Alleinfahrt und einer Geschwindigkeit von 25–27 Knoten den Steuerstand verlassen, sich in den Heckbereich begeben hat und dort über Bord gefallen ist, so dass das Boot herrenlos auf Land zu steuerte.[433]

126 **(5) Sachversicherung: Wasser- und Brandschaden.** In der Sachversicherung bei Wasserschäden an Gebäuden dürfte die Kürzung um 50 % vielfach interessengerecht sein.[434] Geht es um jedenfalls subjektiv leichter zu bewertende Verstöße, insb. bei bloß einmaliger Unaufmerksamkeit oder besonderer Ablenkung, kann aber auch eine geringere Kürzungsquote im Bereich von 20–30 % in Betracht kommen.[435] Im Hinblick auf den Ausnahmecharakter der Leistungskürzung auf Null ist es nicht unbedenklich, wenn in der Instanzrechtsprechung bei **Frostschäden** wegen ungenügender Beheizung oder Nichtentleerens wasserführender Leitungen häufig eine Kürzung um 100 % vorgenommen wird.[436]

---

427 „Goslarer Orientierungsrahmen", SpV 2010, 4, 5; krit. zu einer Quote von über 50 % daher etwa Looschelders/Pohlmann/*Schmidt-Kessel*, § 81 Rn 91.
428 Weitgehend ähnlich Schwintowski/Brömmelmeyer/*Kloth/Neuhaus*, § 81 Rn 62, die von Quoten zwischen 0 und 75 % ausgehen; ferner „Goslarer Orientierungsrahmen", SpV 2010, 4, 5 mit Kürzungen von 0–25 % bei der Überlassung des Fahrzeugs an einen Fahrer ohne Fahrerlaubnis, 25 % bei Missachten des Stoppschildes sowie 25 % bei verkehrsunsicherer Bereifung, wobei diese Einsatzquoten recht niedrigangesetzt erscheinen.
429 OLG Düsseldorf 17.9.2012 – 24 U 54/12, r+s 2012, 586 (40 % bei Höhenbegrenzung von 2,60 m und Höhe Lkw von 3,50 m); LG Köln 11.4.2012 – 26 O 174/10, r+s 2012, 587 (2/3 bei Höhenbegrenzung von 1,80 m und 2,73 m hohem Fahrzeug); LG Hagen 1.8.2012 – 7 S 31/12, r+s 2012, 538 (50 %).
430 AG Freiburg (Breisgau) 24.10.2008 – 1 C 2690/08, SVR 2010, 110.
431 LG Trier 3.2.2010 – 4 O 241/09, zfs 2010, 510.
432 OLG Naumburg 3.12.2009 – 4 U 133/08, r+s 2010, 319.
433 OLG Köln 24.6.2014 – 9 U 225/13, VersR 2014, 1205.
434 Vgl aber auch LG Osnabrück 20.4.2012 – 9 O 762/10, VersR 2013, 233 (Kürzung um 70 % bei Nichtabsperren des Zulaufschlauchs einer sich nicht im Betrieb befindlichen Waschmaschine ohne Aquastopp und Verlassen der Wohnung für eine Stunde).
435 Schwintowski/Brömmelmeyer/*Kloth/Neuhaus*, § 81 Rn 62 nehmen beim Brennenlassen einer Kerze 0–80 % und beim Rauchen im Bett 0–100 % an.
436 Vgl OLG Frankfurt/M. 11.5.2012 – 3 U 153/11, VersR 2013, 356 (seit Längerem leerstehendes Haus mit Frostschaden an wasserführenden Leitungen bei Temperaturen im zweistelligen Minusbereich); OLG Hamm 27.4.2012 – 20 U 144/11, r+s 2012, 391 (Stilllegen der Heizung und Nichtentleeren der Leitungen bei Temperaturen von – 0°);

Bei besonders sorglosem Umgang insb. mit offenem Feuer ist auch eine höhere 127
Quote als 50 % denkbar,[437] etwa beim Rauchen im Bett.[438] Demgegenüber dürfte
es nicht gerechtfertigt sein, bereits für jedes grob fahrlässige Brennenlassen von
Kerzen oder bei erhitzter Herdplatte von einer Einstiegsquote von 6/10 auszugehen.[439] Die Rspr hat beim Erhitzen von Fett und Verlassen des Hauses nach Einschalten der Herdplatte durch die VN, um ihre Tochter von der Schule abzuholen,
eine Kürzung um 50 % vorgenommen.[440] Besonderes Augenmerk ist in diesen Fällen auch auf die subjektive Seite der groben Fahrlässigkeit, insb. unter dem Aspekt
des Augenblicksversagens (s. Rn 9 ff), zu richten.[441]

(6) Einbruchdiebstahl in Wohnungen und Häuser. Beim Einbruchdiebstahl in 128
Häuser und Wohnungen durch ungenügende Sicherung wird eine Kürzung um
50 % ein erster Anhaltspunkt sein.[442] Auch hier kommen bei geringfügigeren und
einmaligen Unaufmerksamkeiten aber im Einzelfall geringere Quoten von 20–
30 % in Betracht. Das ist etwa beim Verlassen des Hauses ohne Verschließen der
Wohnungseingangstür denkbar.[443] Bei längerfristigen und gravierenderen Verstößen ist auch eine höhere Quote von 70–80 % denkbar.[444] Das kann im Einzelfall
insb. bei Einbrüchen durch offen stehende oder nur gekippte Fenster oder Terrassentüren im Erdgeschoss bei längerfristiger Abwesenheit des Wohnungsinhabers in
Betracht kommen.[445]

(7) Einbruchdiebstahl in Kellerräume. Beim Einbruch in Kellerräume dürfte wegen 129
der bekannten geringen Sicherung derartiger Räume ein Ansatz von 50 % im Regelfall sachgerecht sein.[446]

(8) Reisegepäckversicherung. In der Reisegepäckversicherung erscheinen 50 % 130
ebenfalls angemessen, wobei bei kurzfristiger Unaufmerksamkeit auch eine geringere Quote in Betracht kommt.[447] Eine generelle Einstiegsquote von 7/10 beim
Diebstahl werthaltiger Sachen aus einem Kfz erscheint zu hoch,[448] kann aber im
Einzelfall durchaus auch in Betracht kommen.[449]

OLG Hamm 27.4.2012 – 20 U 144/11, r+s 2012, 391 (Renovierungsarbeiten im
Winter mit Stilllegen der Heizung und fehlender Entleerung der Rohre bei Temperaturen bis zu – 10°); ferner OLG Saarbrücken 15.12.2010 – 5 U 147/10, zfs 2011, 221;
LG Mannheim 15.9.2010 – 8 O 37/10, VersR 2011, 665.
437 Vgl OLG Naumburg 28.3.2011 – 4 W 12/11, NJW-RR 2011, 901 (Kürzung um
100 %, wenn VN zwei „Blitzknaller" nach einer Katze in seinem Haus wirft, um diese
zu vertreiben).
438 *Günther/Spielmann*, r+s 2008, 177, 183 nehmen hier eine Einstiegsquote von 6/10 an.
439 So aber *Günther/Spielmann*, r+s 2008, 177, 182 f; für nur geringe Abzüge in derartigen
Fällen auch Looschelders/Pohlmann/*Schmidt-Kessel*, § 81 Rn 98.
440 LG Dortmund 20.10.2011 – 2 O 101/11, r+s 2012, 27.
441 BGH 10.5.2011 – VI ZR 196/10, VersR 2011, 916.
442 LG Berlin 5.12.2012 – 23 O 438/11, r+s 2013, 231 (50 % bei Diebstahl einer wertvollen Taucherausrüstung aus einem von außen einsehbaren Holzlatten-Kellerverschlag).
443 *Günther/Spielmann*, r+s 2008, 177, 184 nehmen hier eine Quote von 4/10 an; ferner
Looschelders/Pohlmann/*Schmidt-Kessel*, § 81 Rn 95, der hier den gesamten Spielraum
des § 81 Abs. 2 ausschöpfen will.
444 Schwintowski/Brömmelmeyer/*Kloth/Neuhaus*, § 81 Rn 62 gehen beim Fenster in Kippstellung von 0–100 % aus, was für eine sachgerechte Einordnung untauglich sein
dürfte.
445 *Günther/Spielmann*, r+s 2008, 177, 184 wollen hier sogar eine generelle Einstiegsquote
von 6/10 annehmen.
446 *Günther/Spielmann*, r+s 2008, 177, 183 f nehmen eine Einstiegsquote von 6/10 an.
447 Vgl LG Hannover 17.9.2010 – 13 O 153/08, VersR 2011, 112 (Kürzung um 40 %,
wenn VN während eines Gesprächs am Flughafenschalter den Trolley, auf dem sich das
Reisegepäck befindet, nicht ständig im Blick hat).
448 So aber *Günther/Spielmann*, r+s 2008, 177, 184.
449 AG Langenfeld 27.4.2010 – 12 C 9/10, VersR 2010, 1449 (70 % Kürzung bei auf
Rücksitz frei einsichtbarem Notebook).

131 **cc) Fazit.** Insgesamt dürfte sich die Quotenbildung ausgehend vom Regelfall der 50 % bei Abweichungen von 20 %, maximal 30 %, nach oben und unten einpendeln. Kürzungen von mehr als 80 % oder weniger als 20 % dürften dagegen die Ausnahme sein. Erst recht gilt dies für Kürzungen über 90 % bis auf Null oder unter 10 %, die nur unter ganz besonders gelagerten Umständen in Frage kommen dürften.[450] Zu beachten ist, dass nach § 28 eine mehrfache Quotelung in Betracht kommt, wenn zugleich die Verletzung einer vertraglichen Obliegenheit nach § 28 vorliegt.

VIII. Abweichende Regelung in AVB

132 **1. Allgemeines.** § 81 ist abdingbar, da er in § 87 nicht bei den Normen aufgeführt wird, bei denen eine Abweichung zum Nachteil des VN nicht möglich ist. Soweit diese Abweichung durch AGB des VR erfolgt, ist allerdings die **Inhaltskontrolle nach § 307 BGB** zu beachten.[451] Unzulässig sind zunächst Bedingungen, durch die dem VN abweichend von § 81 die Beweislast für ein geringeres Verschulden als grobe Fahrlässigkeit oder für die mangelnde Kausalität auferlegt wird.[452] Ferner liegt idR ein Verstoß gegen § 307 BGB vor, wenn die AVB einen Leistungsausschluss auch bei leichter Fahrlässigkeit vorsehen und der Versicherungsschutz durch den Ausschluss auch der Fälle leichter Fahrlässigkeit faktisch entwertet wird, weil es sich um ein Fehlverhalten handelt, welches bei dem versicherten Risiko typischerweise vorkommen und auch einem sonst sorgfältigen VN unterlaufen kann.[453] Eine Klausel, nach der der VN bei allen Handlungen die Sorgfalt eines ordentlichen Kaufmanns seines Geschäftszweiges wahrzunehmen hat, ist allerdings als solche noch nicht als Erweiterung der Leistungsfreiheit schon bei leicht fahrlässiger Herbeiführung des Versicherungsfalles zu verstehen.[454] Unzulässig sind weiter Klauseln, die einen Leistungsausschluss auch bei der Herbeiführung des Versicherungsfalles durch dritte Personen vorsehen, die nicht Repräsentanten des VN sind.[455]

133 In bestimmten Fällen verzichten VR gelegentlich bis zu einer bestimmten Summe auf die Einrede der groben Fahrlässigkeit. Derartige Regelungen sind nicht dahin zu verstehen, dass der VR bis zu der zugesagten Leistungsgrenze, etwa 5.000 €, unabhängig von der Höhe des Versicherungsfalles zur Leistung verpflichtet wäre. Die Klausel bezieht sich vielmehr idR auf den entstandenen Gesamtschaden und nicht auf die Höhe des geltend gemachten Betrages.[456]

---

450 Vgl etwa OLG München 18.10.2012 – 23 U 2208/12, VersR 2013, 1441 (Kürzung auf Null bei bewusster und deutlicher Unterschreitung der Mindestflughöhe ohne behördliche Erlaubnis).
451 Vgl Prölss/Martin/*Armbrüster*, § 81 Rn 80–96; Römer/Langheid/*Langheid*, § 81 Rn 121.
452 Prölss/Martin/*Armbrüster*, § 81 Rn 44; anders teilweise für die Kausalität Looschelders/Pohlmann/*Schmidt-Kessel*, § 81 Rn 78; anders auch OLG Köln 10.2.2008 – 9 U 118/08, r+s 2009, 468 für eine unter Kaufleuten in der Maschinenversicherung verwendete Klausel, dass sich der VN von grober Fahrlässigkeit entlasten muss, da die Beschränkung der Leistungspflicht auf unvorhersehbare Schäden die typischen Risiken, welche mit der Versicherung abgedeckt werden sollen, unberührt lässt. Diese Entscheidung dürfte nicht verallgemeinerungsfähig sein und findet jeweils im Verhältnis zu Verbrauchern keine Anwendung.
453 Prölss/Martin/*Armbrüster*, § 81 Rn 82; Looschelders/Pohlmann/*Schmidt-Kessel*, § 81 Rn 77; Langheid/Wandt/*Looschelders*, § 81 Rn 141–143; Bruck/Möller/*Baumann*, § 81 Rn 184–188.
454 BGH 17.12.2008 – IV ZR 9/08, VersR 2009, 341.
455 BGH 21.4.1993 – IV ZR 33/97, VersR 1993, 830 (Mitbewohner und Hausangestellte in der Hausratversicherung); Looschelders/Pohlmann/*Schmidt-Kessel*, § 81 Rn 79; diff. Bruck/Möller/*Baumann*, § 81 Rn 206–213.
456 AG Bremen 31.3.2009 – 4 C 296/08, r+s 2009, 336.

2. Quotierungen. Soweit es um Fälle grober Fahrlässigkeit geht, kommt ein völliger Leistungsausschluss ohne jede Möglichkeit der Quotelung und der Berücksichtigung der Schwere des Verschuldens nicht in Betracht, da die **Abschaffung des „Alles-oder-Nichts-Prinzips"** zum gesetzlichen Leitbild iSv § 307 Abs. 2 Nr. 1 BGB zählt.[457] Der diesbezügliche gesetzgeberische Wille, der zu den Kernpunkten der VVG-Reform zählt, darf nicht durch Regelungen in AVB konterkariert werden, indem durch die Hintertür faktisch der frühere Rechtszustand wieder eingeführt wird. Hieran ändert sich auch nichts dadurch, dass dem VN die abweichende vertragliche Regelung bereits im Antragsverfahren klar vor Augen geführt wird oder der VR (teilweise) Deckung bei grober Fahrlässigkeit gegen eine höhere Prämie anbietet, als die Prämie bei vollständigem Haftungsausschluss im Falle grober Fahrlässigkeit betragen würde.

Grundsätzlich zulässig ist es nach dem Willen des Gesetzgebers demgegenüber, **pauschalierte Quotenregelungen** zu treffen, um spätere Auseinandersetzungen um eine sachgerechte Quote zu vermeiden.[458] Allerdings müssen sich derartige Quotenregelungen an § 307 BGB messen lassen.

Grundsätzlich möglich wäre es, eine Quotenregelung entsprechend der **Schwere des Verschuldens** zu vereinbaren, etwa 25 % für „leichte" grobe Fahrlässigkeit, 50 % für „mittlere" grobe Fahrlässigkeit und 75 % für „schwere" grobe Fahrlässigkeit.[459] Eine derartige Regelung hat indessen den Nachteil, dass sie lediglich zu neuen Abgrenzungsschwierigkeiten innerhalb der groben Fahrlässigkeit nach einem pauschal nur schwer zu differenzierenden Verschuldensmaßstab führt. Sie dürfte für die Praxis nur wenig tauglich sein.[460]

Zulässig wäre es ferner, feste Quoten für bestimmte **Fallgruppen** vorzusehen, wie dies oben (s. Rn 100 ff) ansatzweise ausgeführt wurde. Der Nachteil einer derartigen Regelung, auch wenn sie im Regelfall nicht gegen §§ 305 ff BGB verstoßen dürfte, liegt indessen darin, dass durch eine starre Betrachtungsweise die Umstände des Einzelfalles nicht mehr hinreichend berücksichtigt werden können, was gerade bei § 81, wo es an bereits zuvor formulierten konkreten Verhaltensanweisungen an den VN (anders als etwa bei § 28) fehlt, ins Gewicht fällt. Ferner dürfte es schwierig sein, sämtliche mögliche Fallgestaltungen bereits vorweg jeweils einer Fallgruppe zuzuweisen.[461]

Schließlich bliebe noch die Möglichkeit, eine **feste Quote von 50 %** für alle Fälle grober Fahrlässigkeit vorzusehen.[462] Ob eine derartige starre Regelung ohne Ausnahmemöglichkeit indessen mit § 307 BGB vereinbar ist, muss bezweifelt werden, da den individuellen Umständen des Einzelfalles, aber auch der Typizität bestimm-

---

457 OLG Köln 24.6.2014 – 9 U 225/13, VersR 2014, 1205; LG Konstanz 26.11.2009 – 3 O 119/09, zfs 2010, 214; LG Nürnberg-Fürth 27.1.2010 – 8 O 10700/08, r+s 2010, 145; Prölss/Martin/*Armbrüster*, § 81 Rn 85; Langheid/Wandt/*Looschelders*, § 81 Rn 140; *Schimikowski*, in: Schimikowski/Höra, S. 151; *Veith*, VersR 2008, 1580 ff; Looschelders/Pohlmann/*Schmidt-Kessel*, § 81 Rn 74; Stiefel/Maier/*Halbach*, AKB, § 81 Rn 26; Bruck/Möller/*Baumann*, § 81 Rn 189; aA *Günther/Spielmann*, r+s 2008, 133, 143.
458 Begr. RegE, BT-Drucks. 16/3945, S. 80; vgl auch Stiefel/Maier/*Halbach*, AKB, § 81 Rn 23.
459 *Günther/Spielmann*, r+s 2008, 133, 143; ferner *Baumann*, r+s 2010, 51, 54 sowie *ders.*, in: Bruck/Möller, § 81 Rn 194 f für Korridore in verschiedenen Schuldstufen mit Regulierungsquoten von 85 %, 55 % und 25 %; vgl aber auch Prölss/Martin/*Armbrüster*, § 81 Rn 65, der nur pauschale Quoten von deutlich unter 50 % für zulässig hält.
460 So auch Stiefel/Maier/*Halbach*, AKB, § 81 Rn 22; Langheid/Wandt/*Looschelders*, § 81 Rn 144.
461 Kritisch deshalb zu Recht *Günther/Spielmann*, r+s 2008, 133, 143.
462 So etwa *Günther/Spielmann*, r+s 2008, 133, 143; anders Looschelders/Pohlmann/*Schmidt-Kessel*, § 81 Rn 74.

ter Fallgruppen, deren einheitliche Behandlung mit 50 % kaum sachgerecht sein dürfte, so nicht Rechnung getragen werden kann.[463] Es müsste deshalb zumindest durch AVB die Möglichkeit einer abweichenden Festsetzung der Quote im Einzelfall eröffnet werden, wobei hier wiederum zu beachten sein wird, dass den VR die Beweislast für die Schwere des Verschuldens trifft. Er kann deshalb auch nicht eine Quote von 50 % als Regelfall festschreiben und dem VN die Beweislast auferlegen, wenn er eine Quote von weniger als 50 % geltend macht. Allerdings wird der VN im Sinne einer sekundären Darlegungslast die Umstände vorzutragen haben, die für eine geringere Quote als die im Regelfall vorgesehenen 50 % sprechen.

§ 82 Abwendung und Minderung des Schadens

(1) Der Versicherungsnehmer hat bei Eintritt des Versicherungsfalles nach Möglichkeit für die Abwendung und Minderung des Schadens zu sorgen.

(2) ¹Der Versicherungsnehmer hat Weisungen des Versicherers, soweit für ihn zumutbar, zu befolgen sowie Weisungen einzuholen, wenn die Umstände dies gestatten. ²Erteilen mehrere an dem Versicherungsvertrag beteiligte Versicherer unterschiedliche Weisungen, hat der Versicherungsnehmer nach pflichtgemäßem Ermessen zu handeln.

(3) ¹Bei Verletzung einer Obliegenheit nach den Absätzen 1 und 2 ist der Versicherer nicht zur Leistung verpflichtet, wenn der Versicherungsnehmer die Obliegenheit vorsätzlich verletzt hat. ²Im Fall einer grob fahrlässigen Verletzung ist der Versicherer berechtigt, seine Leistung in einem der Schwere des Verschuldens des Versicherungsnehmers entsprechenden Verhältnis zu kürzen; die Beweislast für das Nichtvorliegen einer groben Fahrlässigkeit trägt der Versicherungsnehmer.

(4) ¹Abweichend von Absatz 3 ist der Versicherer zur Leistung verpflichtet, soweit die Verletzung der Obliegenheit weder für die Feststellung des Versicherungsfalles noch für die Feststellung oder den Umfang der Leistungspflicht ursächlich ist. ²Satz 1 gilt nicht, wenn der Versicherungsnehmer die Obliegenheit arglistig verletzt hat.

I. Normzweck.................... 1	1. Inhalt der gesetzlichen Regelung................ 18
II. Schadensabwendungs- und -minderungspflicht (Abs. 1) 3	2. Einzelfragen 21
1. Beginn der Rettungspflicht... 4	a) Begriff.................. 21
2. Inhalt und Umfang der Rettungspflicht.............. 8	b) Sachwidrige Weisungen .. 22
a) Rettungsobliegenheit; Beweislast................ 8	c) Recht und Pflicht zum Abweichen................ 23
b) Zumutbarkeit............ 12	d) Widersprüchliche Weisungen 24
c) Geeignetheit 14	IV. Rechtsfolgen bei Obliegenheitsverletzung (Abs. 3 und 4)......... 25
d) Beispiele 15	
III. Weisungsbefolgungspflicht (Abs. 2) 18	

---

463 Langheid/Wandt/*Looschelders*, § 81 Rn 144; *Rixecker*, zfs 2009, 5, 6 hält deshalb Quoten in AVB generell für „entweder unwirksam oder sinnlos"; für Unwirksamkeit einer solchen Regelung auch *Looschelders*, VersR 2008, 1 ff.

I. Normzweck

Das Gesetz statuiert in **Abs. 1** die Obliegenheit des VN, einen Schaden nach Möglichkeit abzuwenden und zu mindern. Der VN soll sich so verhalten, als sei er nicht versichert. Es handelt sich um eine spezifisch versicherungsrechtliche Verhaltenspflicht des VN, die inhaltlich mit der Schadensminderungspflicht eines Geschädigten nach § 254 Abs. 2 BGB korrespondiert. Die **Rettungsobliegenheit des VN** gehört zu einem Rechtsprinzip, welches das Zivilrecht durchzieht.[1]

Nach **Abs. 2** hat der VN **Weisungen des VR** zu befolgen; wenn es die Umstände erlauben, hat er Weisungen des VR einzuholen. Damit bezweckt das Gesetz, dem VR die Möglichkeit zu verschaffen, die Rettungsmaßnahmen inhaltlich zu bestimmen.[2] – Die Schadensabwendungs- und -minderungspflicht gilt auch für die Krankenversicherung, soweit sie Schadenversicherung beinhaltet (§ 194 Abs. 1 S. 1), dagegen in keinem Fall für die Unfallversicherung (§ 184).

II. Schadensabwendungs- und -minderungspflicht (Abs. 1)

Der VN ist nach Abs. 1 verpflichtet, bei Eintritt des Versicherungsfalles Maßnahmen zur Schadensabwendung oder -minderung zu ergreifen, soweit dies möglich ist. Das entspricht vom Wortlaut her der Regelung in § 62 Abs. 1 aF.

1. Beginn der Rettungspflicht. „Bei dem Eintritt des Versicherungsfalles" soll im Sinne von „mit dem Eintritt des Versicherungsfalles" verstanden werden – so die Gesetzesbegründung.[3] Eine **Vorerstreckung der Rettungsobliegenheit**, wie sie von der Rspr zu § 62 aF entwickelt worden war,[4] hat der Gesetzgeber nicht übernommen. Vielmehr ist lediglich für die Sachversicherung ein sog. **erweiterter Aufwendungsersatzanspruch** in § 90 vorgesehen. Damit ist zumindest erkennbar, dass der Gesetzgeber eine Vorerstreckung der Rettungspflicht auf einen Zeitpunkt vor Eintritt des Versicherungsfalles generell nicht verwirklichen und darüber hinaus in anderen Sparten der Schadensversicherung von einer Vorerstreckung des Rettungskostenersatzanspruchs absehen will.

Die Formulierung „bei dem Eintritt des Versicherungsfalles" ist also dahin auszulegen, dass die Rettungspflicht erst beginnt, wenn der **Versicherungsfall eingetreten** ist.[5]

In der **Sachversicherung** muss der Schadenseintritt an der versicherten Sache (Gebäude, Hausrat, Kraftfahrzeug, Maschine usw) begonnen haben. Bis zu diesem Zeitpunkt gilt § 81.[6]

In der **Haftpflichtversicherung** ist entscheidend, welche Versicherungsfalldefinition (s. dazu § 100 Rn 10 ff) dem Vertrag zugrunde liegt:

- Beim **Verstoßprinzip** beginnt die Rettungspflicht, sobald der VN die Rechtspflichtverletzung begangen (und von ihr Kenntnis erlangt) hat.

- Liegt dem Vertrag das **Schadensereignisprinzip** zugrunde (Ziff. 1.1 AHB), kommt es auf den Zeitpunkt des Ereignisses an, das den Schaden beim Dritten unmittelbar auslöst.

- Bei dem in der Umwelthaftpflichtversicherung gebräuchlichen **Manifestationsprinzip** beginnt die Rettungspflicht mit der Feststellung des versicherten Schadens.

---

1 Vgl dazu BK/*Beckmann*, § 62 Rn 2 f; *Schimikowski*, r+s 1991, 145 ff.
2 Langheid/Wandt/*Looschelders*, § 82 Rn 1.
3 Begr. RegE, BT-Drucks. 16/3945, S. 80.
4 Grundlegend BGH 20.2.1991 – IV ZR 202/90, r+s 1991, 116.
5 Prölss/Martin/*Voit*, § 82 Rn 6; Beckmann/Matusche-Beckmann/*Beckmann*, § 15 Rn 22 f.
6 Langheid/Wandt/*Looschelders*, § 82 Rn 14; zur Betriebsunterbrechungsversicherung Beckmann/Matusche-Beckmann/*Beckmann*, § 15 Rn 27.

- Soweit das **Claims-made-Prinzip** als Begriff des Versicherungsfalles vereinbart ist, setzt die Rettungspflicht ein, sobald ein Dritter Ansprüche gegen den VN (oder eine mitversicherte Person) geltend macht.[7]

Bis zum Eintritt des Versicherungsfalles in der Haftpflichtversicherung gilt § 103.

8 **2. Inhalt und Umfang der Rettungspflicht. a) Rettungsobliegenheit; Beweislast.** Der VN hat ihm mögliche und zumutbare Maßnahmen zur Schadensabwehr oder -minderung unverzüglich und mit der erforderlichen Sorgfalt zu ergreifen.[8] Kommt er dem nicht nach, verletzt er seine Rettungsobliegenheit. Der VR ist **beweispflichtig** dafür, welche Maßnahmen der VN hätte ergreifen müssen, denn dies gehört zum objektiven Tatbestand der Obliegenheitsverletzung.

9 Die **Abwehr** des Schadens kann zB in der Berufshaftpflichtversicherung erfolgen, wenn dem VN bekannt geworden ist, dass er einen Verstoß im Sinne einer Pflichtwidrigkeit (zB Falschberatung) begangen hat. In den meisten Fällen der Sach- und Haftpflichtversicherung kommt der Schadens**minderung** größere praktische Bedeutung zu, da die Rettungspflicht erst dann einsetzt, wenn sich das versicherte Ereignis zu realisieren beginnt (s. Rn 5 ff).

10 Es geht nach dem Gesetzeswortlaut eindeutig um Abwendung und Minderung des **Schadens**. Das Gesetz verlangt nicht, die Leistungspflicht des VR gering zu halten oder ihn bei der Führung des Regresses zu unterstützen;[9] Letzteres mag aus § 86 Abs. 2 S. 1 herzuleiten sein, zT enthalten auch die AVB entsprechende vertragliche Obliegenheiten. Der VN ist gehalten, den aus einem konkreten Versicherungsfall resultierenden Schaden abzuwenden oder zu mindern; es geht nicht um die Verhinderung eines rechtlich selbständigen künftigen Versicherungsfalles, mag dieser auch aus der gleichen Ursache folgen wie der erste Versicherungsfall. Ist es am versicherten Gebäude zu Brandschäden gekommen, gehört es idR zur Schadensminderungsobliegenheit des VN, das Gebäude etwa durch ein Notdach gegen Witterungseinflüsse – also vor Folgeschäden – zu schützen. Ist es in der Produkthaftpflichtversicherung zu einem Schadenfall gekommen und sind noch weitere Produkte der gleichen Serie auf dem Markt, so drohen weitere rechtlich selbständige Versicherungsfälle. Hier greift Abs. 1 nicht ein. Völlig untätig darf der VR freilich wegen § 103 nicht bleiben.

11 Ob der Grundsatz der **Kostenminderung** in der Rechtsschutzversicherung in § 82 verankert ist, erscheint fraglich.[10] Fraglich ist auch, ob das Einreichen einer **Stehlgutliste** zur Schadenminderungspflicht gehört.[11] Die (mögliche) Schadenminderung ist aber eher ein Nebeneffekt; in erster Linie dient die Stehlgutliste der Aufklärung.[12]

12 **b) Zumutbarkeit.** Unbestritten muss der VN keine Gefahren für Leib und Leben riskieren, um etwa Diebe zu vertreiben oder um in einem stark mit Rauch angefüllten Raum einen Brand zu bekämpfen.[13] Ob und welche Rettungsmaßnahmen im Übrigen dem VN zumutbar sind, ist eine Frage des Einzelfalles. So kann es auf die Frage der **Verhältnismäßigkeit** ankommen: Dem VN sind Maßnahmen nicht

---

7 Ebenso Prölss/Martin/*Voit*, § 82 Rn 3; aA Bruck/Möller/*Koch*, § 82 Rn 103; zum Ganzen *Koch*, in: FS Wälder, 2009, S. 163 ff.
8 BGH 12.7.1972 – IV ZR 23/71, VersR 1972, 1039.
9 BK/*Beckmann*, § 62 Rn 12; Langheid/Wandt/*Looschelders*, § 82 Rn 25; Prölss/Martin/*Voit*, § 82 Rn 11.
10 Dafür wohl LG Berlin 13.5.2014 – 7 O 440/13; offen gelassen AG Rosenheim 27.6.2013 – 18 C 105/12, r+s 2013, 603.
11 So OLG Köln 15.10.2013 – 9 U 69/13, r+s 2013, 604.
12 Dann handelt es sich um eine vertragliche Obliegenheit, die eine Belehrungspflicht des VR auslöst, § 28 Abs. 4 S. 2; so OLG Karlsruhe 20.9.2011 – 12 U 89/11, r+s 2011, 517.
13 BGH 14.3.2006 – VI ZR 335/04, r+s 2006, 230.

zumutbar, die außer Verhältnis zum drohenden Schaden stehen.[14] Verhandlungen über ein Lösegeld für gestohlene Sachen sind dem VN nicht zumutbar, es kann aber vom VN erwartet werden, dass er entsprechende Angebote an den VR leitet.[15] Darlegungs- und beweisbelastet im Hinblick auf die Zumutbarkeit von Rettungsmaßnahmen ist der VR.

Hat der VR die Deckung abgelehnt, kann die Durchführung von Maßnahmen zur Schadensminderung unzumutbar sein. Im Übrigen bleibt die Rettungsobliegenheit – als **Dauerobliegenheit** – grds. auch nach Deckungsablehnung bestehen.[16] 13

c) **Geeignetheit.** Zu sinn- und zwecklosen Maßnahmen ist der VN nicht verpflichtet.[17] Die konkret in Betracht kommenden Maßnahmen müssen vielmehr generell zur Schadensabwehr oder -minderung geeignet sein. Bei der Beurteilung ist auf eine ex-ante-Perspektive abzustellen.[18] Im Streitfall muss der VR darlegen und beweisen, welche konkreten Maßnahmen der VN hätte ergreifen können und als „ordentlicher VN" hätte ergreifen müssen.[19] 14

d) **Beispiele.** Der VN ist nicht verpflichtet, den Versicherungsfall abzuwenden, sondern er hat den **Schaden abzuwenden oder zu mindern.**[20] Dazu gehört, beim **Brand** des versicherten Gebäudes die Feuerwehr zu rufen, selbst Löschmaßnahmen zu ergreifen, soweit dies zumutbar ist. Im Hinblick auf den Schaden in der Hausratversicherung hat er im Brandfall nach Möglichkeit Mobiliar in Sicherheit zu bringen. Sind durch den Brand versicherte und unversicherte Sachen bedroht, ist der VN uU in einem Interessenkonflikt. Es ist ihm idR nicht zumutbar, zunächst die versicherten Sachen zu retten.[21] Sind die unversicherten Sachen allerdings von geringem Wert und die versicherten Sachen wertvoll, ist es dem VN zuzumuten, die versicherten Sachen zunächst zu retten.[22] Bestehen an den unversicherten Sachen hohe Affektionsinteressen (zB Fotoalben, Andenken), ist die Zumutbarkeit, solche Dinge zu „opfern", zu verneinen.[23] 15

Sind dem VN Hausratgegenstände **gestohlen** worden, hat er die Polizei einzuschalten. Einen Detektiv wird er nur auf entsprechende Weisung des VR zu beauftragen haben. Die Aussetzung eines Finderlohns oder eine Belohnung ist uU eine zumutbare und generell geeignete Maßnahme. Auf diese Weise kann der Schaden am versicherten Interesse gemindert werden.[24] Lehnt der VR eine entsprechende Weisung oder Kostenübernahmeerklärung jedoch ab, erscheint die Maßnahme dem VN nicht zumutbar.[25] Ansonsten sind Maßnahmen zur Wiederbeschaffung gestohlener 16

---

14 Römer/Langheid/*Langheid*, § 82 Rn 10; Looschelders/Pohlmann/*Schmidt-Kessel*, § 82 Rn 13; FAKomm-VersR/*K. Schneider*, § 82 VVG Rn 24.
15 Prölss/Martin/*Voit*, § 82 Rn 15.
16 Langheid/Wandt/*Looschelders*, § 82 Rn 22.
17 Römer/Langheid/*Langheid*, § 82 Rn 10.
18 *Stange*, Rettungsobliegenheiten und Rettungskosten im Versicherungsrecht, 1995, S. 63.
19 Prölss/Martin/*Voit*, § 82 Rn 20.
20 Zur Unterscheidung zwischen einem engen und einem weiten Schadensbegriff vgl Beckmann/Matusche-Beckmann/*Beckmann*, § 15 Rn 32 ff.
21 Vgl *Stange*, Rettungsobliegenheiten und Rettungskosten im Versicherungsrecht, 1995, S. 66; Langheid/Wandt/*Looschelders*, § 82 Rn 35.
22 Vgl BK/*Beckmann*, § 62 Rn 26 mwN, der eine Interessenabwägung des VN verlangt, die das Wertverhältnis zwischen den Gütern berücksichtigt. Im Ergebnis wohl ähnl. Loosschelders/Pohlmann/*Schmid-Kessel*, § 82 Rn 14, wonach keine „Diskriminierung" erfolgen dürfe.
23 Langheid/Wandt/*Loosschelders*, § 82 Rn 35.
24 Langheid/Wandt/*Loosschelders*, § 82 Rn 30 mwN; anders Beckmann/Matusche-Beckmann/*Beckmann*, § 15 Rn 45.
25 So Prölss/Martin/*Voit*, § 82 Rn 15.

Sachen grds. von der Rettungspflicht nicht umfasst.[26] Hier sind im Übrigen Regelungen vertraglicher Obliegenheiten in AVB der Sachversicherung zu beachten.

17 In der **Haftpflichtversicherung** ist er gehalten, die Folgen des Ereignisses, welches eine Haftung auslösen kann – Personen-, Sach- oder Vermögensschäden –, so gering wie möglich zu halten. Eine Pflicht, der Geltendmachung von Haftpflichtansprüchen entgegenzuwirken, lässt sich aus § 82 nicht herleiten.[27]

III. Weisungsbefolgungspflicht (Abs. 2)

18 **1. Inhalt der gesetzlichen Regelung.** Nach Abs. 2 S. 1 hat der VN Weisungen des VR zu befolgen, soweit ihm das zumutbar ist. Eine Verletzung der Weisungsbefolgungspflicht kann den (völligen oder teilweisen) Verlust des Versicherungsschutzes nach Abs. 3 und 4 zur Folge haben. Das einschränkende Kriterium der Zumutbarkeit beschreibt im Grunde eine Selbstverständlichkeit: Ein VR, der den VN anweist, eine ihm nicht zumutbare Schadensminderungsmaßnahme durchzuführen, verhält sich treuwidrig und kann sich aus diesem Grunde nicht auf Leistungsfreiheit berufen, wenn der VN der Weisung nicht Folge leistet. Das Gesetz enthält insoweit eine Klarstellung.[28]

19 Bei widerstreitenden Weisungen verschiedener VR darf der VN nach pflichtgemäßem Ermessen entscheiden, welcher Weisung er Folge leistet (Abs. 2 S. 2).

20 Soweit es die Umstände gestatten, hat der VN Weisungen einzuholen (Abs. 2 S. 1). Auch dies ist eine Obliegenheit des VN. Es genügt hierbei nicht allein, dass der VN den Schadensfall meldet,[29] denn andernfalls wäre die gesetzliche Regelung insoweit überflüssig. Hat der VN um eine Weisung gebeten, aber vom VR keine erhalten, kann dies gegen den Vorwurf grober Fahrlässigkeit sprechen, wenn der VN Maßnahmen unterlässt oder Fehler bei der Ausführung macht.[30] Auch hier kommt es freilich auf den Einzelfall an: Unterlässt der VN naheliegende Maßnahmen, wie etwa die provisorische Dachabdichtung nach einem Sturmschaden, wird der VN sich nicht vom Vorwurf grober Fahrlässigkeit entlasten können.[31]

21 **2. Einzelfragen. a) Begriff.** Die in Abs. 2 angesprochenen Weisungen sind nach dem Wortlaut der Norm **einzelfallbezogen** und **einseitig**. Gemeint sind also Erklärungen, die der VR idR im konkreten Schadensfall, uU auch schon vorsorglich zu einem früheren Zeitpunkt, dem VN gegenüber abgibt, um ihn zu einem bestimmten Verhalten anzuhalten. Es handelt sich um geschäftsähnliche Handlungen,[32] auf welche die Vorschriften über Willenserklärungen entsprechend anwendbar sind, insb. diejenigen über den Zugang (§ 130 BGB).[33] Allgemeine Verhaltensregeln, soweit sie in AVB enthalten sind, unterfallen nicht Abs. 2, sondern – als vertragliche Obliegenheiten – der Regelung des § 28.[34]

---

26 Römer/Langheid/*Langheid*, § 82 Rn 10; Looschelders/Pohlmann/*Schmidt-Kessel*, § 82 Rn 14.
27 Römer/Langheid/*Langheid*, § 82 Rn 12.
28 Vgl dazu auch bereits BK/*Beckmann*, § 62 Rn 32.
29 BK/*Beckmann*, § 62 Rn 37; Römer/Langheid/*Langheid*, § 82 Rn 13; aA Prölss/Martin/ *Voit*, § 82 Rn 21.
30 Vgl OLG Saarbrücken 5.11.1997 – 5 U 501/97, r+s 1099, 98: Hier hatte der VN wegen einer Lösegeldzahlung beim VR angefragt und keine Weisung erhalten. Das Gericht versagte dem VR die Berufung auf § 62 Abs. 2 aF, ohne auf die Frage des Verschuldens einzugehen.
31 OLG Düsseldorf 29.2.2000 – 4 U 77/99, r+s 2001, 379; Langheid/Wandt/*Looschelders*, § 82 Rn 39.
32 Anders Beckmann/Matusche-Beckmann/*Beckmann*, § 15 Rn 50 (einseitige, empfangsbedürftige Erklärung).
33 Langheid/Wandt/*Looschelders*, § 82 Rn 40.
34 Römer/Langheid/*Langheid*, § 82 Rn 10; BK/*Beckmann*, § 62 Rn 30. Anders *Stange*, Rettungsobliegenheiten und Rettungskosten im Versicherungsrecht, 1995, S. 62.

b) Sachwidrige Weisungen. Hat der VR eine Weisung erteilt, die – ohne dass dies der VN erkannte – sachlich nicht angemessen war, macht er sich gegenüber dem VN aus § 280 BGB (ggf iVm § 278 BGB) schadensersatzpflichtig, sofern der VN einen Schaden deswegen erleidet, weil er die Weisung befolgt hat.[35]

c) Recht und Pflicht zum Abweichen. In der Lit. wird die Auffassung vertreten, der VN habe das Recht und uU die Pflicht, bei ersichtlich unrichtigen Weisungen des VR von diesen abzuweichen oder zumindest dem VR eine Warnung zukommen zu lassen (§ 665 S. 1 und 2 BGB entsprechend).[36] Es ist freilich die Frage, was die Konsequenz ist, wenn der VN die Abweichungs- oder Warnungspflicht nicht befolgt. Eine Weisung, die ersichtlich ungeeignet ist, darf der VN ignorieren, ihre Befolgung ist ihm unzumutbar (vgl Rn 12). Gibt der VN dem VR keinen Hinweis, kann dies nicht leistungsschädlich sein. Die Folgen einer Verletzung der Rettungspflicht sind in Abs. 3 und 4 abschließend geregelt. Der VN verletzt die Obliegenheit zur Schadensabwendung und -minderung aber nicht, wenn er eine ungeeignete Weisung ignoriert. Allenfalls verletzt er, wenn er den VR nicht einbezieht, eine nebenvertragliche Abstimmungspflicht, die Ansprüche des VR auf Schadensersatz (§ 280 BGB) nach sich ziehen könnte.[37] Weicht der VN unberechtigt von Weisungen des VR ab, kann dies zur völligen oder teilweisen Leistungsfreiheit nach Abs. 3 und 4 führen.

d) Widersprüchliche Weisungen. Hat der VR eine unklare oder widersprüchliche Weisung erteilt, hat der VN – soweit möglich – zurückzufragen.[38] Haben mehrere VR unterschiedliche Weisungen erteilt, darf der VN nach eigenem pflichtgemäßem Ermessen entscheiden (Abs. 2 S. 2). Solch eine Konstellation kann etwa dann entstehen, wenn in einem Betrieb ein Brand ausgebrochen ist und der Feuerversicherer bestimmte (Lösch-)Maßnahmen durchzuführen fordert und der Umwelthaftpflichtversicherer andere Maßnahmen verlangt, weil er Schäden durch Löschmittel befürchtet. Hier gibt das Gesetz dem VN ein Entscheidungsrecht (vgl auch Rn 19).

IV. Rechtsfolgen bei Obliegenheitsverletzung (Abs. 3 und 4)

Bei den Regelungen der Folgen einer Obliegenheitsverletzung sind die das gesamte neue Recht durchziehenden Grundsätze umgesetzt:

- Bei **vorsätzlicher Verletzung** der Rettungspflicht kann der VR **volle Leistungsfreiheit** für sich in Anspruch nehmen (Abs. 3 S. 1). Die Beweislast für vorsätzliche Obliegenheitsverletzung liegt beim VR.

- **Leistungskürzungsrecht:** Eine **grob fahrlässige** Verletzung der Rettungspflicht berechtigt den VR (nur) zur Leistungskürzung. Grobe Fahrlässigkeit wird vermutet; es ist Sache des VN, sich ggf zu entlasten (Abs. 3 S. 2). Bei der Prüfung der groben Fahrlässigkeit ist zu berücksichtigen, ob der VN völlig unerwartet mit dem Eintritt des Versicherungsfalles konfrontiert wird und aus Aufregung, Verwirrung oder Schrecken die notwendigen Maßnahmen nicht ergreift. Fährt ein VN etwa nach einem nächtlichen Zusammenstoß mit einem Fuchs auf einer Bundesautobahn zum nächsten Parkplatz weiter, so führt er einen dadurch entstandenen Motorschaden nicht durch grob fahrlässige Verletzung seiner Schadenminderungsobliegenheit herbei.[39]

---

35 Prölss/Martin/*Voit*, § 82 Rn 22; Römer/Langheid/*Langheid*, § 82 Rn 10; Beckmann/Matusche-Beckmann/*Beckmann*, § 15 Rn 54; Langheid/Wandt/*Looschelders*, § 82 Rn 39.
36 BK/*Beckmann*, § 62 Rn 33 mwN u. Beckmann/Matusche-Beckmann/*Beckmann*, § 15 Rn 52.
37 Vgl zum Auftragsrecht Jauernig/*Mansel*, § 665 BGB Rn 7.
38 Looschelders/Pohlmann/*Schmidt-Kessel*, § 82 Rn 20.
39 OLG Saarbrücken 8.2.2012 – 5 U 313/11, zfs 2012, 273.

28 ■ **Kausalitätsprinzip:** Will der VR die Leistung verweigern, ist sowohl bei grob fahrlässigen als auch bei vorsätzlichen Obliegenheitsverletzungen Kausalität erforderlich, nur bei Arglist ist sie entbehrlich (Abs. 4 S. 1, 2). Gelingt es dem VN, den Kausalitätsgegenbeweis zu führen, kann sich der VR nicht auf Leistungsfreiheit berufen. Auch bei vorsätzlicher Obliegenheitsverletzung können sich Konstellationen ergeben, bei denen der VR leistungspflichtig bleibt.[40] Arglistige Täuschung wird hier selten vorkommen.[41] Denkbar ist, dass der VN bei der Einholung einer Weisung täuscht, um damit die Entscheidung des VR über Rettungsmaßnahmen zu beeinflussen.[42]

§ 83 Aufwendungsersatz

(1) ¹Der Versicherer hat Aufwendungen des Versicherungsnehmers nach § 82 Abs. 1 und 2, auch wenn sie erfolglos bleiben, insoweit zu erstatten, als der Versicherungsnehmer sie den Umständen nach für geboten halten durfte. ²Der Versicherer hat den für die Aufwendungen erforderlichen Betrag auf Verlangen des Versicherungsnehmers vorzuschießen.

(2) Ist der Versicherer berechtigt, seine Leistung zu kürzen, kann er auch den Aufwendungsersatz nach Absatz 1 entsprechend kürzen.

(3) Aufwendungen des Versicherungsnehmers, die er gemäß den Weisungen des Versicherers macht, sind auch insoweit zu erstatten, als sie zusammen mit der sonstigen Entschädigung die Versicherungssumme übersteigen.

(4) Bei der Tierversicherung gehören die Kosten der Fütterung und der Pflege sowie die Kosten der tierärztlichen Untersuchung und Behandlung nicht zu den vom Versicherer nach den Absätzen 1 bis 3 zu erstattenden Aufwendungen.

I. Normzweck 1	b) Umfang 9
II. Aufwendungsersatzanspruch (Abs. 1) 2	c) Verhältnismäßigkeit 12
1. Aufwendungen „nach § 82 Abs. 1 und 2" 2	d) Beweislast 16
2. Begriff und Umfang der Aufwendungen 6	III. Kürzungsrecht (Abs. 2) 17
a) Aufwendungen 6	IV. Aufwendungen auf Weisung des VR (Abs. 3) 19
	V. Tierversicherung (Abs. 4) 22

I. Normzweck

1 Die Regelung über **Rettungskostenersatz** legt fest, dass der VN seine Aufwendungen zur Abwendung oder Minderung eines Schadens vom VR erstattet erhält. Ein VN, der versucht, Schaden abzuwenden oder zu mindern, erbringt eine Leistung, die letztlich der Versichertengemeinschaft zugute kommt. Diese Leistung wird mit dem Aufwendungsersatzanspruch gleichsam honoriert. Rettungspflicht und Rettungskostenersatz sind zwei Seiten der gleichen Medaille. Der Anspruch auf Ersatz von Rettungskosten hat auf den ersten Blick eine gewisse Nähe zu oder Verwandtschaft mit dem Aufwendungsersatzanspruch im Rahmen des Auftragsrechts oder

---

40 Beispielfall bei *Schimikowski/Höra*, S. 151; vgl auch *Maier*, jurisPR-VersR 2/2007 Anm. 2.
41 Vgl aber Bruck/Möller/*Koch*, § 82 Rn 196.
42 Prölss/Martin/*Voit*, § 82 Rn 33.

der Geschäftsführung ohne Auftrag.[1] Nach hM findet der Rettungskostenersatzanspruch seine Grundlage im VersVertrag.[2]

II. Aufwendungsersatzanspruch (Abs. 1)

1. Aufwendungen „nach § 82 Abs. 1 und 2". Der VN kann Aufwendungsersatz nach Abs. 1 S. 1 beanspruchen und ggf als Vorschuss verlangen (Abs. 1 S. 2), wenn er seiner Schadensabwendungs- und -minderungspflicht nachgekommen ist. Der Anspruch besteht grds. nur dann, wenn eine **Rettungspflicht objektiv besteht** (zu Ausnahmekonstellationen s. Rn 13). Das ergibt sich aus der Formulierung, dass es sich um Aufwendungen „nach § 82 Abs. 1 und 2" handeln muss.[3] Das bedeutet auch, dass nur Aufwendungen zur Minderung oder Abwehr **versicherter Schäden** erstattungsfähig sind.[4] Bezieht sich die Rettungshandlung auf versicherte und unversicherte Schäden, sind nur diejenigen Kosten vom VR zu tragen, die bei Rettungsmaßnahmen zugunsten versicherter Interessen anfallen;[5] ggf hat eine Aufteilung entsprechend dem Verhältnis versicherter und nicht versicherter Interessen zu erfolgen.[6] Ist der VR nach § 81 Abs. 1 im Hinblick auf die Entschädigung leistungsfrei, kommt auch ein Rettungskostenersatzanspruch nicht in Betracht. Ist der VR gem. § 81 Abs. 2 zur Kürzung der Entschädigungsleistung berechtigt, kann auch der Aufwendungsersatzanspruch für Rettungskosten entsprechend gekürzt werden (vgl Abs. 2). Entsprechendes gilt bei der Unterversicherung nach § 75.

Es genügt, wenn die Maßnahme objektiv bezweckt, einen Schaden abzuwenden oder zu mindern. Ein **subjektiver Rettungswille** ist vom Gesetz nicht gefordert.[7] Auch dann, wenn der VN meint, keinen Versicherungsschutz zu genießen, erhält er Rettungskostenersatz, solange er objektiv eine Rettungsmaßnahme vornimmt.[8]

Eine bloße **Reflexwirkung** genügt nicht, solange es sich nur um eine willensunabhängige Reflexbewegung, um eine rein instinktive Schreckreaktion handelt.[9] Andererseits kann auch ein spontanes Handeln durchaus eine Rettungsmaßnahme darstellen.[10]

Der Anspruch setzt ferner voraus, dass die **Rettungspflicht bereits begonnen** hat, der Versicherungsfall also bereits eingetreten ist (s. § 82 Rn 5). Aufwendungen zur Abwendung eines Versicherungsfalles können nicht auf den VR abgewälzt werden (Ausnahme: § 90).[11] Das bedeutet, dass die in der Praxis häufigen Fälle des **Ausweichens mit dem Kraftfahrzeug vor Haarwild** nach § 90 zu beurteilen sind.

2. Begriff und Umfang der Aufwendungen. a) Aufwendungen. Der Begriff der Aufwendungen umfasst zunächst **freiwillig erbrachte Vermögensopfer**, zB Decken, die der VN bei dem Versuch verwendet, Flammen zu ersticken, und die dabei beschädigt werden. Aber auch dann, wenn es sich um unfreiwillig erlittene **Schäden**

---

1 Vgl *Looschelders*, in: FS Deutsch, 2009, S. 835, 851.
2 Beckmann/Matusche-Beckmann/*Beckmann*, § 15 Rn 74 mwN.
3 Anders Looschelders/Pohlmann/*Schmidt-Kessel*, § 83 Rn 2, wonach sich der Verweis in Abs. 1 S. 1 auf § 82 nur auf die dort festgelegte zeitliche Begrenzung „nach vorne" beziehe. Ein vom Bestehen einer Rettungspflicht unabhängiger Rettungskostenersatzanspruch ist vom Gesetz jedoch nur mit § 90 geschaffen worden. Wie hier Langheid/Wandt/*Looschelders*, § 83 Rn 1.
4 Beckmann/Matusche-Beckmann/*Beckmann*, § 15 Rn 76.
5 OLG Karlsruhe 19.9.1993 – 4 U 324/92, VersR 1994, 468.
6 Römer/Langheid/*Langheid*, § 83 Rn 2; FAKomm-VersR/*K. Schneider*, § 83 VVG Rn 48 mwN; anders Langheid/Wandt/*Looschelders*, § 83 Rn 41 (voller Aufwendungsersatz).
7 BGH 18.12.1996 – IV ZR 321/95, r+s 1997, 98.
8 Römer/Langheid/*Langheid*, § 83 Rn 6.
9 BGH 13.7.1994 – IV ZR 250/93, r+s 1994, 326.
10 OLG Hamm 7.5.2004 – 20 U 48/04, r+s 2004, 319; OLG Köln 11.10.2005 – 9 U 34/05, r+s 2006, 147.
11 FAKomm-VersR/*K. Schneider*, § 83 VVG Rn 3.

handelt, die der VN erleidet, indem er sich etwa bei der Brandbekämpfung Verbrennungen zuzieht, wodurch es zu Heilbehandlungskosten und Verdienstausfall kommt, ist es gerechtfertigt, von Aufwendungen iSd Abs. 1 zu sprechen.[12]

7 Nach dem Wortlaut des Abs. 1 S. 1 kommen zunächst Aufwendungen in Betracht, die der VN selbst tätigt. Haben **andere Personen** – etwa als Helfer bei der Brandbekämpfung – Vermögensopfer oder Schäden erlitten, kann der VN nach §§ 670, 683, 812 BGB erstattungspflichtig sein. Damit handelt es sich faktisch wiederum um Aufwendungen des VN, die Abs. 1 unterfallen.

8 Der VR hat die Aufwendungen auch dann zu erstatten, wenn sie **erfolglos** geblieben sind, wenn es also nicht gelungen ist, den Schaden abzuwenden oder zu mindern.

9 b) **Umfang.** Der Aufwendungsersatzanspruch umfasst alle Folgen, die **adäquatkausal aus Rettungsmaßnahmen** resultieren.

- Beauftragt und bezahlt der VN **Löschhelfer**, können diese Aufwendungen ebenso im Rahmen der Gebäudeversicherung erstattungsfähig sein wie die Kosten für das Beschaffen von **Reinigungsmitteln**.

- Ist es durch den Betrieb von Anlagen des VN zur Kontamination von Nachbargrundstücken gekommen, kann es Sache des Umwelthaftpflichtversicherers sein, die Kosten für **Maßnahmen auf dem Betriebsgrundstück des VN** – etwa Abtragen oder Absperren verseuchten Erdreichs – zu tragen, wenn diese erforderlich sind, um das Ausmaß der Drittschäden zu vermindern. Es handelt sich um Aufwendungen **nach** dem Eintritt des Versicherungsfalles, für die § 83 gilt. Aufwendungen **vor** dem Eintritt des Versicherungsfalles regelt Ziff. 5 UmwHB.

- Auch **Folgeschäden aus Rettungsmaßnahmen** können als Aufwendungen nach § 83 zu erstatten sein. Das gilt zum einen für Löschmittelschäden an nicht versicherten Sachen im Rahmen der Gebäude- oder Hausratversicherung.[13] Das gilt auch für die Beseitigung giftiger Stoffe, die bei der Brandlöschung entstanden sind. Die Kosten einer Entsorgung von Erdreich, das infolge eines Kfz-Unfalls kontaminiert und deshalb ausgebaggert wurde, hat der KH-Versicherer als Aufwendungen nach § 83 zu erstatten.[14]

10 Die Erstattungspflicht für derartige Kosten besteht nur, soweit sie in Zusammenhang mit Rettungsmaßnahmen nach § 82 Abs. 1 und 2 entstanden sind. Für weitergehende Aufwendungen muss der VN Sonderdeckungen abschließen. Soweit es etwa um **Bodenkontaminationen** auf dem eigenen Betriebsgelände geht, deren Beseitigung nicht als Rettungshandlung – zB zur Minderung eines in der Umwelthaftpflichtversicherung gedeckten Drittschadens – veranlasst ist, werden sog. **Bodenkasko-Deckungen** (Zusatzbaustein 2 zur Umweltschadensversicherung) angeboten.

11 In der **Sachversicherung** sind als versicherte Gefahren u.a. „Löschen, Niederreißen oder Ausräumen" genannt (vgl § 1 Nr. 1 e AFB 87). Hier kann es zur Anspruchskonkurrenz kommen; es steht in der Disposition des VN, ob er die Versicherung von Schäden durch Löschen, Niederreißen oder Ausräumen oder den Rettungskostenersatzanspruch aus Abs. 1 in Anspruch nehmen will.[15] Weitere Einzelfälle:

- Gezahlter **Finderlohn** für ein gestohlenes (und wieder aufgefundenes) Kfz unterfällt dem Aufwendungsersatzanspruch, wenn er als Rettungshandlung ein-

---

12 Römer/Langheid/*Langheid*, § 83 Rn 12; FAKomm-VersR/*K. Schneider*, § 83 VVG Rn 7.
13 BGH 21.3.1977 – II ZR 30/75, VersR 1977, 709.
14 OLG Oldenburg 8.11.1989 – 2 U 173/89, VersR 1990, 516.
15 *Wälder*, in: Hdb FA VersR, Kap. 9 Rn 403 mwN.

gesetzt wurde.[16] Auch ein **Lösegeld** für ein gestohlenes Kfz kann nach § 83 zu erstatten sein.[17]

- Ein **Gesundheitsschaden** kann ebenfalls dem Aufwendungsersatz nach § 83 unterfallen: Ein VN, der im Motorraum seines Kfz Flammen züngeln sieht und sich daraufhin über den Motor wirft, um die Flammen zu ersticken, handelt zur Minderung eines versicherten Schadens, wenn es sich um einen durch Kurzschluss verursachten Kabelbrand handelte (vgl A.2.2.6 AKB 2008). Die Heilungskosten, die ihm aufgrund von Brandverletzungen infolge der Rettungstat entstanden, uU auch den Verdienstausfall, kann er als Aufwendungen nach Abs. 1 ersetzt verlangen, soweit er sie für erforderlich halten durfte.

- Kosten einer **Kreditaufnahme** (insb. Zinsen) können nach § 83 vom VR zu erstatten sein, wenn der VN die Rettungshandlung anders nicht vollbringen konnte.[18] In der Regel wird der VN diese Kosten vermeiden, indem er von seinem Recht Gebrauch macht, Vorschuss zu verlangen (Abs. 1 S. 2).

c) Verhältnismäßigkeit. Der VR hat die Aufwendungen nur dann zu erstatten, wenn der VN sie **für erforderlich halten durfte**. Aufwand und Ertrag müssen – aus einer **ex-ante-Perspektive** – in einem angemessenen Verhältnis stehen. Ging der VN subjektiv von der Erforderlichkeit aus, stellt sich aber heraus, dass die von ihm ergriffenen Maßnahmen objektiv nicht geeignet, nicht erforderlich und/oder nicht angemessen waren, ist nach **hM** entscheidend, ob der VN die Gebotenheit, die Tauglichkeit oder Angemessenheit der Rettungsmaßnahmen **mindestens grob fahrlässig falsch** einschätzte.[19] 12

In der Sachversicherung können nach § 90 auch Aufwendungen vor Eintritt des Versicherungsfalles erstattungspflichtig sein. Das trifft zB zu, wenn der VN vor einem Reh ausweicht. § 90 verweist auf § 83. Beim Ausweichen vor einem kleineren Tier (Marder, Hase usw) kommt es darauf an, ob der VN die Beschädigung des teilkaskoversicherten Fahrzeugs durch ein **Ausweichmanöver** für erforderlich halten durfte. Folgt man der hM (s. Rn 12), die darauf abhebt, ob der VN die Situation grob fahrlässig falsch eingeschätzt hat, ist – unter Heranziehung der Grundsätze des geltenden Rechts („Abschaffung des Alles-oder-Nichts-Prinzips") – zu quoteln, dem VN steht also hier ein entsprechend der Schwere des Verschuldens zu kürzender Aufwendungsersatzanspruch zu.[20] – Vertretbar ist auch die Auffassung, dass der VN auch dann, wenn er **irrig annimmt**, ein Versicherungsfall sei eingetreten oder stehe – wenn dem § 90 anwendbar ist – unmittelbar bevor, Aufwendungen erstattet erhält, die ggf zu kürzen sind, wenn dem VN im Hinblick auf seine Annahme grobe Fahrlässigkeit vorzuwerfen ist.[21] 13

Ist ein **Dritter** anstelle des VN tätig geworden, kommt es darauf an, ob dieser die Aufwendungen für erforderlich halten durfte. Die Frage der **Zurechnung fremden Verhaltens** stellt sich hier **nicht**, denn das Gesetz stellt eine rein objektive Voraus- 14

---

16 Vgl – im Ergebnis noch weitergehend – LG Hannover 28.2.1996 – 1 S 188/95, r+s 1996, 478.
17 OLG Saarbrücken 5.11.1997 – 5 U 501/97-50, 5 U 501/97, NJW-RR 1998, 463.
18 *Stange*, Rettungsobliegenheiten und Rettungskosten im Versicherungsrecht, 1995, S. 238.
19 Prölss/Martin/*Voit*, § 83 Rn 7; LG Limburg 17.2.2010 – 2 O 137/09 – dazu *Schimikowski*, jurisPR-VersR 12/2010 Anm. 6.
20 So OLG Saarbrücken 26.1.2011 – 5 U 356/10, r+s 2011, 380; OLG Koblenz 14.11.2011 – 10 U 239/10, r+s 2012, 67; Langheid/Wandt/*Looschelders*, § 83 Rn 22, 35; Römer/Langheid/*Langheid*, § 83 Rn 8, 9; *Maier*, jurisPR-VersR 7/2014 Anm. 6; Prölss/Martin/*Knappmann*, AKB 2008 A.2.2 Rn 49; FAKomm-VersR/*K. Schneider*, § 83 VVG Rn 13; anders die Vorauflage (2. Aufl. 2011, aaO) sowie Prölss/Martin/*Voit*, § 83 Rn 9; einen anderen Ansatz verfolgt *Dörner*, JR 1997, 501.
21 Vgl Prölss/Martin/*Voit*, § 83 Rn 8 mwN, der allerdings bei grober Fahrlässigkeit den Aufwendungsersatzanspruch ganz versagen will; aA Beckmann/Matusche-Beckmann/*Beckmann*, § 15 Rn 78.

setzung für den Aufwendungsersatzanspruch auf.[22] Es kommt also nicht darauf an, ob dem Dritten etwa Repräsentanteneigenschaft zukommt oder nicht. Dies führt nicht zu unbilligen Ergebnissen, denn der Dritte hat einen Anspruch auf Ersatz eigener Aufwendungen aus §§ 670, 683 BGB nur dann, wenn er die Aufwendungen für erforderlich halten durfte.

15 **Objektiv gebotene** Aufwendungen hat der VR auf jeden Fall zu erstatten;[23] dies ergibt sich im Umkehrschluss aus dem Wortlaut des Gesetzes.

16 **d) Beweislast.** Der VN muss die Voraussetzungen des Aufwendungsersatzanspruchs darlegen und ggf beweisen. Dazu gehört der Nachweis, dass die getroffenen Maßnahmen objektiv geboten waren. Gegebenenfalls hat er darzulegen und zu beweisen, dass er die Aufwendungen für erforderlich halten durfte. Folgt man der hM (s. Rn 12), die darauf abstellt, ob dem VN hinsichtlich der Fehleinschätzung grobe Fahrlässigkeit zur Last fällt, wird man vom VN insoweit den Entlastungsbeweis verlangen müssen.[24]

III. Kürzungsrecht (Abs. 2)

17 Soweit dem VR das Recht zusteht, wegen grob fahrlässiger Verletzung der Rettungsobliegenheit (§ 82 Abs. 3 S. 2), wegen grob fahrlässiger Herbeiführung des Versicherungsfalles (§ 81 Abs. 2), wegen Unterversicherung (§ 75) oder aus anderem Grunde den Leistungsanspruch des VN zu kürzen, kann er nach Abs. 2 auch einen etwaigen Aufwendungsersatzanspruch kürzen.[25]

Beispiele:

- Hat der VN einen Brandschaden am versicherten Gebäude grob fahrlässig – etwa durch unbeaufsichtigt brennende Kerzen – herbeigeführt und rechtfertigt das Verhalten des VN eine Leistungskürzung von 50 %, so sind auch etwaige Kosten für Brandbekämpfungsmaßnahmen, die dem VN entstanden sind, um 50 % zu vermindern.

- Hat der VN sein Haus während längerer Abwesenheit in der kalten Jahreszeit nicht beheizt und wasserführende Leitungen nicht entleert, verletzt er damit eine vertragliche Obliegenheit. Kennt der VN die Obliegenheit, ist der Vorwurf grober Fahrlässigkeit gerechtfertigt. Kommt es infolge des Fehlverhaltens des VN zu einem Leitungswasserschaden, kann der VR die Leistung ebenso kürzen wie auch vom VN in Rechnung gestellte Maßnahmen zur Schadensminderung.

18 Ist ein **Selbstbehalt** vereinbart, ist der VR zur Kürzung der Hauptleistung berechtigt. Damit ist die Voraussetzung des Abs. 2 erfüllt und der VR kann den Aufwendungsersatzanspruch um den Selbstbehalt kürzen. Bei der Integralfranchise ist der Ersatz von Rettungsaufwendungen ausgeschlossen, wenn der Schaden die vereinbarte Grenze nicht überschritten hätte. Sofern der Schaden oberhalb der Grenze gelegen hätte, erfolgt keine Kürzung.[26]

IV. Aufwendungen auf Weisung des VR (Abs. 3)

19 Erteilt der VR dem VN Weisungen, die dieser bei seinen Maßnahmen zur Schadensabwendung und -minderung befolgt, hat der VR diese Kosten auch dann zu erstatten, wenn sie zusammen mit der Entschädigungsleistung die Versicherungssumme überschreiten. Diese Regelung findet – das lässt sich bereits dem Wortlaut

---

22 BGH 25.6.2003 – IV ZR 276/02, r+s 2003, 406.
23 Beckmann/Matusche-Beckmann/*Beckmann*, § 15 Rn 89.
24 So Römer/Langheid/*Langheid*, § 83 Rn 19; Prölss/Martin/*Voit*, § 83 Rn 32 mwN.
25 Vgl Begr. RegE, BT-Drucks. 16/3945, S. 81.
26 Langheid/Wandt/*Looschelders*, § 83 Rn 37 f.

entnehmen – ihren Grund darin, dass der VN gem. § 82 gehalten ist, einer Weisung des VR Folge zu leisten; dabei spielt keine Rolle, ob die Rettungsmaßnahme, zu welcher der VN angewiesen wird, hohe oder niedrige Kosten mit sich bringt. Falls nun der VN den Willen des VR vollzieht, soll dieser nicht nachträglich die Kostenerstattung verweigern dürfen.[27] Der Gesetzgeber hat dem Weisungen erteilenden VR also das finanzielle Risiko des Misslingens von Rettungsaufwendungen zugewiesen.[28] In der Transportversicherung gilt dies nach § 135 auch dann, wenn keine Weisungen erteilt worden sind.

Die in Abs. 3 getroffene Bestimmung ist nach § 87 **halbzwingend**, also zu Ungunsten des VN nicht abänderbar. 20

Sofern die Aufwendungen nicht auf Weisung entstanden sind, bildet die Versicherungssumme die **Höchstentschädigungsgrenze**. 21

V. Tierversicherung (Abs. 4)

Die Tierversicherung war in §§ 116 ff aF in einem eigenständigen Abschnitt der Schadensversicherung geregelt. Die einzige verbliebene Sonderregelung findet sich in Abs. 4: **Fütterungs- und Pflegekosten** zählen danach ebenso wenig zu den vom VR zu erstattenden Aufwendungen gem. Abs. 1–3 wie **tierärztliche Untersuchungs- und Behandlungskosten**. Mit der Vorschrift wird der Aufwendungsersatzanspruch des VN eingeschränkt. Da § 82 eine Sonderregelung gegenüber den allgemeinen Bestimmungen des BGB enthält, verstellt Abs. 4 auch den Weg zu etwaigen Aufwendungsersatzansprüchen aus § 683 BGB.[29] 22

§ 84 Sachverständigenverfahren

(1) ¹Sollen nach dem Vertrag einzelne Voraussetzungen des Anspruchs aus der Versicherung oder die Höhe des Schadens durch Sachverständige festgestellt werden, ist die getroffene Feststellung nicht verbindlich, wenn sie offenbar von der wirklichen Sachlage erheblich abweicht. ²Die Feststellung erfolgt in diesem Fall durch gerichtliche Entscheidung. ³Dies gilt auch, wenn die Sachverständigen die Feststellung nicht treffen können oder wollen oder sie verzögern.

(2) ¹Sind nach dem Vertrag die Sachverständigen durch das Gericht zu ernennen, ist für die Ernennung das Amtsgericht zuständig, in dessen Bezirk der Schaden entstanden ist. ²Durch eine ausdrückliche Vereinbarung der Beteiligten kann die Zuständigkeit eines anderen Amtsgerichts begründet werden. ³Die Verfügung, durch die dem Antrag auf Ernennung der Sachverständigen stattgegeben wird, ist nicht anfechtbar.

I. Normzweck und Anwendungsbereich ... 1	4. Befangenheit des Sachverständigen ... 14
II. Zustandekommen, Gegenstand und Ablauf des Verfahrens ... 4	5. Anfechtung des Gutachtens .. 16
III. Unverbindlichkeit der Feststellung (Abs. 1) ... 8	6. Schwere Verfahrensmängel... 17
1. Grundsätze ... 8	7. Gutachten außerhalb der Zuständigkeit ... 18
2. Offenbare Unrichtigkeit ... 11	IV. Prozessuales ... 19
3. Erhebliche Abweichung ... 13	

---

27 Dazu *Stange*, Rettungsobliegenheiten und Rettungskosten im Versicherungsrecht, 1995, S. 172.
28 Zum Ganzen *Schimikowski*, VersR 2005, 861 ff mwN.
29 Vgl zum alten Recht Prölss/Martin/*Kollhosser* (27. Aufl.), § 123 Rn 1.

1. Feststellungs- oder Leistungsklage vor Einleitung des Sachverständigenverfahrens.. 20
2. Prozessuale Möglichkeiten vor Abschluss des Sachverständigenverfahrens; Unvermögen und Verzögerung der Feststellung................... 22
3. Fälligkeit mit Abschluss des Sachverständigenverfahrens; Leistungsklage................ 24
V. Kosten 26
VI. Abdingbarkeit 27
VII. Vertragliche Vereinbarung über die Benennung der Sachverständigen durch das Gericht (Abs. 2) 28

I. Normzweck und Anwendungsbereich

1 Die meisten Versicherungsbedingungen im Bereich der Sachversicherung sehen vor, dass Feststellungen zur Höhe des Schadens nach Eintritt eines Versicherungsfalles im Rahmen eines Sachverständigenverfahrens getroffen werden können, dessen Ergebnis für die Parteien bindend ist (§ 15 AERB 87/§ 10 AERB 2008; § 15 AFB 87/§ 10 AFB 2008; § 14 AKB/A.2.17 AKB 2008; § 22 VGB 88/§ 29 VGB 2000/§ 15 VGB 2008; § 23 VHB 84/§ 34 VHB 2000/§ 15 VHB 2008). Bei dem Sachverständigenverfahren handelt es sich um ein **Schiedsgutachterverfahren** auf der Grundlage eines **Schiedsgutachtervertrages**. § 84 ähnelt insoweit der Regelung in § 319 BGB. Die Sachverständigen sind nicht Schiedsrichter iSv §§ 1025 ff ZPO, sondern **Schiedsgutachter**.[1]

2 Zweck des Sachverständigenverfahrens ist es, für VN und VR eine **möglichst schnelle Klärung der Höhe des Schadens** herbeizuführen. Hierdurch soll die Schadenabwicklung vereinfacht und ein möglicherweise langwieriger und kostspieliger Streit vor den staatlichen Gerichten vermieden werden.[2] Der Zweck des Sachverständigenverfahrens, die Schadenregulierung zügig zu erledigen, kann dann nicht mehr erreicht werden, wenn sich das Sachverständigenverfahren selbst in unzumutbarer Weise verzögert. In Abs. 1 S. 2 und 3 ist dementsprechend bestimmt, dass die Feststellung zur Schadenshöhe auch dann durch gerichtliche Entscheidung erfolgt, wenn die Sachverständigen die Feststellung nicht treffen können oder wollen oder sie verzögern (s. hierzu Rn 23).

3 **Nicht anwendbar** ist § 84 auf den Schadenfeststellungsvertrag und den Entschädigungsfeststellungsvertrag. Mit ihnen einigen sich die Parteien über den Umfang des Schadens bzw über die Höhe der Entschädigung. Es handelt sich um Verträge eigener Art, denen die Wirkung eines deklaratorischen Schuldanerkenntnisses zukommt.[3]

II. Zustandekommen, Gegenstand und Ablauf des Verfahrens

4 Das Sachverständigenverfahren wird dadurch **eingeleitet**, dass entweder der VN und der VR vereinbaren oder der VN einseitig verlangt, dass die Höhe des Schadens durch Sachverständige festgestellt wird. Die neuen AVB sehen im Gegensatz zu früheren Bedingungen ein einseitiges Recht des VR zur Einleitung eines Sachverständigenverfahrens nicht mehr vor. Der Anspruch auf Durchführung des Sachverständigenverfahrens kann mit der Feststellungsklage geltend gemacht werden.[4]

---

1 BGH 11.6.1976 – IV ZR 84/75, VersR 1976, 821; BGH 30.11.1977 – IV ZR 42/75, VersR 1978, 121; zur Abgrenzung zwischen Schiedsgericht und Schiedsgutachter vgl Zöller/*Geimer*, ZPO, § 1029 Rn 3 ff.
2 BGH 1.4.1987 – IVa ZR 139/85, VersR 1987, 601 = r+s 1987, 295; Langheid/Wandt/*Halbach*, § 84 Rn 2; Römer/Langheid/*Langheid*, § 84 Rn 6; BK/*Beckmann*, § 64 Rn 1.
3 Vgl OLG Köln 28.2.2012 – 9 U 158/11, r + s 2012, 353; OLG Köln 13.2.1996 – 9 U 178/95, r+s 1996, 149; OLG Hamm 31.5.1978 – 20 U 305/77, VersR 1979, 149; LG Berlin 15.9.1983 – 7 O 630/82, VersR 1984, 250; LG Karlsruhe 28.9.1976 – 6 O 64/76, VersR 1977, 269; Prölss/Martin/*Voit*, § 84 Rn 38.
4 BGH 10.2.1971 – IV ZR 159/69, VersR 1971, 433; Prölss/Martin/*Voit*, § 84 Rn 9.

Ein einseitiges Abrücken von einem wirksam eingeleiteten Sachverständigenverfahren ist nicht möglich.[5]

Gegenstand des Sachverständigenverfahrens ist regelmäßig die **Höhe** des durch 5
den Versicherungsfall eingetretenen Schadens. Es kann jedoch auch auf einzelne Schadenspositionen (Bewertung eines einzelnen Gebäudes oder einer einzelnen Maschine) beschränkt werden. Die Feststellungen zur Höhe können sich auch auf die Frage erstrecken, welche und wie viele Sachen zerstört oder abhanden gekommen sind.[6] Die meisten Bedingungen sehen darüber hinaus vor, dass das Sachverständigenverfahren durch Vereinbarung auf weitere Feststellungen zum Versicherungsfall (zB Schadensursache, Höhe der Entschädigung, tatsächliche Voraussetzungen des Anspruchsgrundes) ausgedehnt werden kann. Sehen die Versicherungsbedingungen einschränkungslos vor, dass der VN ein Sachverständigenverfahren auch durch einseitige Erklärung gegenüber dem VR verlangen kann, so umfasst dies nicht nur die Höhe des Schadens, sondern auch sonstige Feststellungen zum Versicherungsfall.[7]

Der **Ablauf** des Sachverständigenverfahrens richtet sich nach den jeweiligen Bestimmungen in den AVB. Regelmäßig ernennen beide Seiten für sich je einen Sachverständigen. Kommt eine Partei ihrer Verpflichtung zur **Benennung** eines Sachverständigen **nicht fristgerecht** nach, so sehen die Bedingungen regelmäßig vor, dass die auffordernde Partei den Sachverständigen durch das für den Schadenort zuständige Amtsgericht ernennen lassen kann. Mit Eingang des Antrags bei Gericht erlischt das Benennungsrecht der anderen Partei und geht auf das Gericht über.[8] Wollte man der anderen Partei bis zur Entscheidung des Gerichts weiterhin die Möglichkeit einräumen, die zunächst trotz Aufforderung unterlassene Benennung eines Sachverständigen nachzuholen,[9] würde dies Verzögerungen provozieren und zu letztlich leerlaufenden gerichtlichen Benennungsverfahren führen. Die Benennung eines Sachverständigen ist gegenüber der anderen Partei grds. **verbindlich** und kann nur mit Zustimmung der anderen Partei **geändert** werden.[10] Etwas anderes gilt selbstverständlich bei Wegfall des benannten Sachverständigen durch Tod, erfolgreiche Ablehnung oder eigene Kündigung.[11]

Eine bestimmte förmliche **Qualifikation** des Sachverständigen wird in den Versicherungsbedingungen regelmäßig nicht verlangt (Ausnahme § 14 Abs. 4 AKB/ A.2.17 AKB 2008/A.2.6.2 AKB 2015: Sachverständige für Kraftfahrzeuge). Die Benennung eines Sachverständigen kann mithin von der anderen Partei nicht mit der Behauptung unzureichenden Sachverstands abgelehnt werden. Einige Bedingungen (zB § 15 AFB 87/§ 10 AFB 2008; § 15 AERB 87/§ 10 AERB 2008; § 22 VGB 88/§ 29 Abs. 2 VGB 2000; § 23 VHB 84/§ 15 VHB 2008) sehen vor, dass der VR als Sachverständigen keine Person benennen darf, die Mitbewerber des VN ist oder mit ihm in dauernder Geschäftsverbindung steht. Ein Mitarbeiter einer der Parteien kann nicht Sachverständiger sein.[12]

---

5 OLG Hamm 15.10.1997 – 20 W 19/97, r+s 1998, 102.
6 BGH 8.2.1984 – IVa ZR 49/82, VersR 1984, 429; Römer/Langheid/*Langheid*, § 84 Rn 8; BK/*Beckmann*, § 64 Rn 3.
7 So BGH 5.7.2006 – IV ZR 105/05, r+s 2006, 405, 406.
8 Bruck/Möller/*Johannsen*, § 84 Rn 31; vgl zum vergleichbaren Fall der unterlassenen Benennung eines Schiedsrichters gem. § 1035 Abs. 3 S. 3 ZPO BayObLG 16.1.2002 – 4 Z SchH 9/01, NJW-RR 2002, 933; OLG München 24.6.2006 – 34 SchH 4/06, MDR 2006, 1308.
9 So Prölss/Martin/*Voit*, § 84 Rn 13.
10 OLG Hamm 22.6.1993 – 20 U 95/93, r+s 1994, 184; Römer/Langheid/*Langheid*, § 84 Rn 5; Prölss/Martin/*Voit*, § 84 Rn 12.
11 Prölss/Martin/*Voit*, § 84 Rn 12.
12 BGH 10.12.2014 – IV ZR 281/14, VersR 2015, 182 (Revisionsentscheidung zu LG Frankfurt/Oder 17.12.2013 – 16 S 131/13, r+s 2014, 120).

7 Beide Sachverständige haben, soweit die Bedingungen dies vorsehen, vor Beginn ihrer Feststellungen einen dritten Sachverständigen als **Obmann** zu benennen, dessen Aufgabe es ist, bei voneinander abweichenden Feststellungen der Sachverständigen verbindlich zu entscheiden. Die Benennung des Obmanns kann nicht einseitig einer Partei überlassen werden und hat vor Beginn der Tätigkeit der Sachverständigen zu erfolgen.[13] Können sich die Sachverständigen nicht auf einen Obmann einigen, so sehen die Bedingungen vor, dass dieser vom Gericht ernannt wird (s. dazu Rn 28). Auch die gerichtliche Ernennung hat vor Beginn des Feststellungsverfahrens zu erfolgen.[14] Der Obmann hat über die streitig gebliebenen Punkte innerhalb der durch die Feststellungen der Sachverständigen gezogenen Grenzen zu entscheiden, ohne insoweit an die Bewertungsmaßstäbe der Sachverständigen gebunden zu sein.[15]

III. Unverbindlichkeit der Feststellung (Abs. 1)

8 **1. Grundsätze.** Die von den Sachverständigen oder (im Falle der Nichteinigung) von dem Obmann getroffenen Feststellungen zur Höhe des Schadens oder zu sonstigen Voraussetzungen des Anspruchs sind **grds. verbindlich**. Dies gilt allerdings dann nicht, wenn die Feststellungen offenbar von der wirklichen Sachlage erheblich abweichen (**offenbare Unrichtigkeit**). Unverbindlich sind Feststellungen im Sachverständigenverfahren – unabhängig von den Voraussetzungen des Abs. 1 S. 1 – auch dann, wenn die Sachverständigen/der Obmann ihre vertraglich begründeten Zuständigkeiten überschritten haben, bei einer wirksamen Ablehnung wegen Befangenheit (s. Rn 14 f) und bei Vorliegen schwerer Verfahrensmängel (s. Rn 17).

9 Da Sinn und Zweck des Sachverständigenverfahrens die Vermeidung eines langwierigen und kostspieligen Streits vor den staatlichen Gerichten ist,[16] zielt das Gesetz darauf ab, die Möglichkeiten der Anfechtung der Feststellungen der Sachverständigen auf besonders grobe Fehler, also offensichtliche Fehlentscheidungen, zu beschränken. Dem dienen die Erfordernisse, dass die Feststellungen „offenbar" und „erheblich" von der wirklichen Sachlage abweichen müssen.[17]

10 Maßstab für die offenbare Unrichtigkeit der Feststellungen iSv Abs. 1 S. 1 ist grds. das **Gesamtergebnis** des Gutachtens.[18] Die Abweichung von der wirklichen Sachlage bei einzelnen Schadenspositionen kann mithin durch Abweichungen bei anderen Positionen ausgeglichen werden, so dass das Gesamtergebnis auch „zufällig richtig" sein kann.[19]

11 **2. Offenbare Unrichtigkeit.** Eine offenbare Unrichtigkeit (**offenbare Abweichung von der wirklichen Sachlage**) liegt dann vor, wenn sich die Fehlerhaftigkeit des Gutachtens dem sachkundigen und unbefangenen Beobachter – wenn auch möglicherweise erst nach eingehender Prüfung – aufdrängt.[20] Nicht erforderlich ist, dass der Fehler „in die Augen springt"; es genügt vielmehr, dass er sich bei einer gewis-

---

13 BGH 21.6.1989 – IVa ZR 335/88, VersR 1989, 910; Römer/Langheid/*Langheid*, § 84 Rn 11; Prölss/Martin/*Armbrüster*, A § 11 AFB 2010 Rn 4.
14 So BGH 21.6.1989 – IVa ZR 335/88, VersR 1989, 910.
15 BGH 17.3.1971 – IV ZR 209/69, VersR 1971, 536.
16 BGH 1.4.1987 – IVa ZR 139/85, VersR 1987, 601; Römer/Langheid/*Langheid*, § 84 Rn 6, 14.
17 BGH 1.4.1987 – IVa ZR 139/85, VersR 1987, 601; BGH 11.6.1976 – IV ZR 84/75, VersR 1976, 821, 823 („Fälle ganz offensichtlichen Unrechts").
18 BGH 1.4.1987 – IVa ZR 139/85, VersR 1987, 601; OLG Köln 25.7.1991 – 5 U 15/91, r+s 1991, 382, 383; Prölss/Martin/*Voit*, § 84 Rn 25.
19 Prölss/Martin/*Voit/Knappmann*, 27. Aufl. 2004, § 64 Rn 37; Römer/Langheid/*Langheid*, § 84 Rn 22; BK/*Beckmann*, § 64 Rn 33.
20 BGH 30.11.1977 – IV ZR 42/15, VersR 1978, 121 (unter II. 3.); OLG Köln 27.11.2007 – 9 U 196/06, r+s 2008, 111, 113.

senhaften Prüfung durch Sachkundige mit Deutlichkeit ergibt.[21] Maßgeblich für die Beurteilung ist insoweit der **bei Abgabe des Gutachtens** vorliegende Erkenntnisstand. Insoweit ist von dem Sach- und Streitstand auszugehen, den die Parteien den Sachverständigen unterbreitet haben. Können die Sachverständigen die wirkliche Sachlage in einem für ihre Entscheidung wichtigen Punkt nicht aufklären, weil der VN trotz entsprechender Aufforderung die hierzu notwendigen Nachweise nicht beigebracht hat, so wird das Gutachten nicht deshalb unrichtig, weil sie in diesem Punkt zum Nachteil des VN entschieden haben.[22] Eine offenbare Unrichtigkeit kann somit im Rechtsstreit auch nicht auf neuen Sachvortrag, den die Sachverständigen bei ihren Feststellungen nicht berücksichtigen konnten, gestützt werden.[23] Kann die wirkliche Sachlage in einem bestimmten Punkt nicht aufgeklärt werden, so führt dies nicht zur Unrichtigkeit des Gutachtens. Zulässig sind in diesen Fällen unter Berücksichtigung der Beweislast Schätzungen zum Nachteil des Beweisbelasteten.[24]

Eine offenbare Unrichtigkeit liegt insb. dann vor, wenn der Sachverständige **falsche Berechnungs- oder Schätzungsgrundlagen** oder **unrichtige Bewertungsmaßstäbe** angewendet hat.[25] Gleiches gilt, wenn der Sachverständige **vorhandene Erkenntnisquellen (zB Geschäftsbücher oder Buchungsunterlagen) nicht genutzt oder unzureichend ausgewertet** hat.[26] Folgt aus einem solchen Fehler, dass die Feststellungen des Sachverständigen im Gesamtergebnis erheblich von der wirklichen Sachlage abweichen, ist das gesamte Gutachten unverbindlich.[27] Eine offenbare Unrichtigkeit liegt auch bei verfrühter Erstattung eines Gutachtens vor, wenn die Grundlagen für eine vollständige Ermittlung des Schadens noch nicht feststehen.[28] Hat der Sachverständige die AVB falsch ausgelegt und demgemäß seinen Schätzungen unrichtige Bewertungsmaßstäbe zugrunde gelegt, so ist ebenfalls eine offenbare Unrichtigkeit des Schiedsgutachtens gegeben.[29] **12**

3. Erhebliche Abweichung. Die Unverbindlichkeit der Feststellungen der Sachverständigen setzt eine erhebliche Abweichung von der wirklichen Sachlage voraus. Die Erheblichkeit, für die es nicht auf eine Abweichung in Einzelpositionen, sondern auf eine **Abweichung im Gesamtergebnis** ankommt, darf nicht schematisch nach dem Prozentsatz der Abweichung beurteilt werden. Maßgeblich sind vielmehr die besonderen Umstände des einzelnen Falles.[30] Dies hindert den Tatrichter allerdings nicht, bei der Würdigung im Interesse der weitgehenden Gleichbehandlung aller VN von einem **Prozentsatz als „Richtschnur"** auszugehen.[31] Abweichun- **13**

---

21 BGH 1.4.1953 – II ZR 88/52, BGHZ 9, 195, 199; BGH 6.12.1978 – IV ZR 129/77, VersR 1979, 173; BGH 26.2.1986 – IVa ZR 138/84, VersR 1986, 482; OLG Koblenz 20.9.1996 – 10 U 964/95, VersR 1997, 963 f; Prölss/Martin/*Voit*, § 84 Rn 28; Langheid/Wandt/*Halbach*, § 84 Rn 22 f.
22 BGH 11.6.1976 – IV ZR 74/75, VersR 1976, 821; OLG Koblenz 20.9.1996 – 10 U 964/95, VersR 1997, 963, 964; OLG Koblenz 10.1.1986 – 10 U 168/85, VersR 1987, 807, 808; Prölss/Martin/*Voit*, § 84 Rn 18 u. 24.
23 BGH 25.1.1979 – X ZR 40/77, NJW 1979, 1885; OLG Düsseldorf 27.2.1996 – 4 U 282/94, r+s 1996, 477, 478.
24 Prölss/Martin/*Voit/Knappmann*, 27. Aufl. 2004, § 64 Rn 38; OLG Hamburg 30.4.1975 – 13 U 51/73, VersR 1975, 917 m. Anm. *Martin*.
25 OLG Köln 26.4.2005 – 9 U 91/01, r+s 2005, 251, 252.
26 BGH 30.11.1977 – IV ZR 42/75, VersR 1978, 121, 123; OLG Hamm 23.11.1977 – 20 U 56/76, VersR 1978, 811.
27 BGH 30.11.1977 – IV ZR 42/75, VersR 1978, 121.
28 OLG Oldenburg 15.6.1994 – 2 U 62/94, VersR 1994, 1464.
29 BGH 1.4.1953 – II ZR 88/52, BGHZ 9, 195, 198 f = VersR 1953, 192; OLG Oldenburg 15.6.1994 – 2 U 62/94, VersR 1994, 1464.
30 Langheid/Wandt/*Halbach*, § 84 Rn 26; BK/*Beckmann*, § 64 Rn 36; Römer/Langheid/*Langheid*, § 84 Rn 23.
31 BGH 1.4.1987 – IVa ZR 139/85, VersR 1987, 601.

gen von weniger als 10 % sind in der Rspr generell als unerheblich, solche von mehr als 25 % generell als erheblich eingestuft worden.[32] Insbesondere in den Fällen, in denen die Abweichung in absoluten Beträgen einen erheblichen Betrag ausmacht, dürfte eine erhebliche Abweichung unabhängig vom Prozentsatz gegeben sein.[33] Zutreffend weist *Langheid*[34] darauf hin, dass ein VN, der im gerichtlichen Verfahren offenbare Unrichtigkeiten eines Gutachtens nachgewiesen hat, schon angesichts der ihn treffenden Verfahrenskosten kaum Verständnis dafür haben wird, dass eine Abweichung, obwohl sie einen größeren absoluten Betrag ausmacht, als unerheblich angesehen wird.[35]

14 **4. Befangenheit des Sachverständigen.** Umstritten ist, ob ein im Sachverständigenverfahren benannter Gutachter wegen Befangenheit abgelehnt werden kann und ob ein Gutachten, an dem ein befangener Sachverständiger mitgewirkt hat, auch ohne Vorliegen der Voraussetzungen des Abs. 1 S. 1 unverbindlich ist. Die Möglichkeit der Ablehnung wegen Befangenheit wird im Schrifttum – jedenfalls für den Obmann – überwiegend bejaht.[36] Dieser Auffassung ist zuzustimmen, wobei jedoch im Hinblick darauf, dass der Sachverständige aufgrund einer parteiseitigen Ernennung tätig wird und somit dieser Partei regelmäßig näher steht als der anderen Seite, strenge Anforderungen an die Ablehnungsgründe zu stellen sind.[37] Nicht ausreichend ist der häufig vorgebrachte Einwand, der Sachverständige stehe im Lager des VR, weil er für diesen häufiger Gutachten erstatte oder bereits im vorausgegangenen Regulierungsverfahren tätig geworden sei.[38] Eine Befangenheit ist erst dann anzunehmen, wenn der Sachverständige zu einer der Parteien in einem völligen Abhängigkeits- und Unterordnungsverhältnis steht.[39] Bei einem **Obmann** sind an die Ablehnungsgründe deutlich geringere Anforderungen zu stellen, da dieser zur völligen Neutralität und Objektivität verpflichtet ist.[40] Erforderlich ist, dass die **Ablehnung** eines Sachverständigen **unverzüglich** erfolgt, um zu vermeiden, dass eine Partei die Ausübung ihres Anfechtungsrechts vom Ausgang des Gutachtens abhängig macht.[41]

15 Findet trotz Ablehnung wegen Befangenheit eine Ersetzung des Sachverständigen nicht statt, so ist über die Berechtigung der Ablehnung in einem späteren gerichtlichen Verfahren zu entscheiden. Liegt eine Befangenheit vor, so führt dies – ohne

---

32 BGH 1.4.1987 – IVa ZR 139/85, VersR 1987, 601; BGH 6.12.1978 – IV ZR 129/77, VersR 1979, 173; BGH 26.2.1986 – IVa ZR 138/84, VersR 1986, 482; OLG Celle 13.12.2002 – 8 U 128/12, VersR 2014, 830; OLG Hamm 23.9.1987 – 20 U 26/87, VersR 1988, 509; OLG Braunschweig 17.4.1975 – 1 U 34/73, VersR 1976, 329; OLG Hamm 22.6.1993 – 20 U 55/93, r+s 1994, 184; OLG Köln 22.3.1994 – 9 U 7/94, r+s 1994, 384; LG Berlin 17.10.1978 – 7 O 131/78, VersR 1979, 365; LG Baden-Baden 31.1.1992 – 1 S 70/91, VersR 1992, 440.
33 Römer/Langheid/*Langheid*, § 84 Rn 25; Langheid/Wandt/*Halbach*, § 84 Rn 26; Bruck/Möller/*K. Johannsen*, § 84 Rn 60; aA OLG Celle 13.12.2012 – 8 U 128/12, r+s 2014, 173, 174.
34 Römer/Langheid/*Langheid*, § 84 Rn 25.
35 So auch Langheid/Wandt/*Halbach*, § 84 Rn 26; aA Prölss/Martin/*Voit*, § 84 Rn 26.
36 Vgl Römer/Langheid/*Langheid*, § 84 Rn 26 ff; Prölss/Martin/*Voit*, § 84 Rn 16; Langheid/Wandt/*Halbach*, § 84 Rn 28 f; BK/*Beckmann*, § 64 Rn 27 ff; *Volze*, VersR 1992, 675; *ders.*, VersR 1985, 223; offen lassend BGH 1.4.1987 – IVa ZR 139/85, VersR 1987, 601.
37 BK/*Beckmann*, § 64 Rn 29 f; Prölss/Martin/*Voit*, § 84 Rn 16; Langheid/Wandt/*Halbach*, § 84 Rn 30 f; Bruck/Möller/*K. Johannsen*, § 84 Rn 36.
38 Römer/Langheid/*Langheid*, § 84 Rn 29; OLG Köln 4.3.1992 – 27 W 12/92, VersR 1992, 849.
39 BGH 10.12.2014 – IV ZR 281/14, VersR 2015, 182; Langheid/Wandt/*Halbach*, § 84 Rn 30; OLG Naumburg 11.9.2003 – 7 U 17/03, r+s 2004, 65, 66.
40 Prölss/Martin/*Voit*, § 84 Rn 16; Langheid/Wandt/*Halbach*, § 84 Rn 31.
41 BGH 1.4.1987 – IVa ZR 139/85, VersR 1987, 601; Römer/Langheid/*Langheid*, § 84 Rn 28; BK/*Beckmann*, § 64 Rn 30; Prölss/Martin/*Voit*, § 84 Rn 16; *Volze*, VersR 1992, 675.

dass die Voraussetzungen des Abs. 1 S. 1 vorliegen müssen – zur **Unverbindlichkeit des Gutachtens.**

5. Anfechtung des Gutachtens. Das Gutachten eines Sachverständigen kann entsprechend § 318 Abs. 2 BGB wegen Irrtums, Drohung oder arglistiger Täuschung angefochten werden. Anfechtungsberechtigt sind die Parteien. Ausreichend ist jedoch, wenn der Sachverständige mit Wissen und Wollen einer Partei anficht.[42]

6. Schwere Verfahrensmängel. Die Feststellungen im Sachverständigenverfahren sind auch dann unverbindlich, wenn sie unter schweren Verfahrensmängeln zustande gekommen sind. Sehen die Versicherungsbedingungen genaue Verfahrensregeln vor, so liegt ein Gutachten iSd Bedingungen und des § 84 jedenfalls dann nicht vor, wenn diese Regeln in wesentlichen Punkten nicht beachtet worden sind.[43] Dies gilt insb. bei Missachtung der Verfahrensregeln über die Ernennung der Sachverständigen und des Obmanns. Erforderlich ist auch eine nachvollziehbare Begründung des Gutachtens.[44] Ein Anspruch der Parteien auf persönliche **Anhörung** durch die Sachverständigen besteht grds. nicht, es kann jedoch in Einzelfällen, wenn für die Ermittlung des festzustellenden Schadens Angaben der Parteien von Bedeutung sind, eine Anhörung geboten sein.[45]

7. Gutachten außerhalb der Zuständigkeit. Unverbindlich ist ein Gutachten schließlich dann, wenn die getroffenen Feststellungen außerhalb der Zuständigkeit der Sachverständigen liegen. Entscheidend kommt es insoweit darauf an, wie die Zuständigkeit in den Bedingungen oder in der Vereinbarung über das Sachverständigenverfahren definiert sind. Haben sich die Feststellungen – wie regelmäßig – nur auf die Höhe des Schadens zu erstrecken, sind sämtliche Ausführungen des Sachverständigen zur Schadensursache, zur Höhe der verlangten Entschädigung oder zum Bestehen einer Unterversicherung unverbindlich.[46] In jedem Fall unverbindlich ist die Entscheidung von Rechtsfragen.[47] Wenn es um die Ermittlung der richtigen Bewertungsmaßstäbe geht, kann es allerdings erforderlich sein, dass der Sachverständige insoweit auch rechtliche Erwägungen anzustellen hat.[48]

IV. Prozessuales

Für die prozessualen Möglichkeiten des VN und des VR ist danach zu unterscheiden, ob das Sachverständigenverfahren noch eingeleitet werden muss, noch andauert oder bereits abgeschlossen ist.

1. Feststellungs- oder Leistungsklage vor Einleitung des Sachverständigenverfahrens. Sehen die Bedingungen ein Sachverständigenverfahren vor, so kann der VN seinen Anspruch auf Einleitung des Sachverständigenverfahrens mit der Feststellungsklage geltend machen.[49] Hat der VR seine Leistungsverpflichtung dem Grunde nach bereits endgültig abgelehnt, so ist die Leistung fällig. Insoweit gilt § 14 Abs. 1. Der VN kann in diesem Fall, ohne dass der VR noch das Recht hätte, ihn

---

42 OLG Hamm 31.5.1978 – 20 U 305/77, VersR 1979, 149; Prölss/Martin/*Voit*, § 84 Rn 29; BK/*Beckmann*, § 64 Rn 31; diff. *Döbereiner*, VersR 1983, 712.
43 BGH 21.6.1989 – IVa ZR 335/88, VersR 1989, 910; Römer/Langheid/*Langheid*, § 84 Rn 30; BK/*Beckmann*, § 64 Rn 26; Langheid/Wandt/*Halbach*, § 84 Rn 32.
44 Prölss/Martin/*Voit*, § 84 Rn 27.
45 Hierzu eingehend Prölss/Martin/*Voit*, § 84 Rn 17.
46 BGH 28.6.1993 – II ZR 99/92, VersR 1994, 91; BGH 14.11.1990 – IV ZR 79/90, r+s 1991, 173, 175; OLG Schleswig 6.7.2006 – 16 U 67/05, r+s 2007, 327; Prölss/Martin/*Voit*, § 84 Rn 20; Römer/Langheid/*Langheid*, § 84 Rn 31.
47 Prölss/Martin/*Voit*, § 84 Rn 21; BK/*Beckmann*, § 64 Rn 3; OLG Schleswig 6.7.2006 – 16 U 67/05, r+s 2007, 327.
48 BGH 17.3.1971 – IV ZR 209/69, VersR 1971, 536; Römer/Langheid/*Langheid*, § 84 Rn 8.
49 BGH 10.2.1971 – IV ZR 159/69, VersR 1971, 433; Langheid/Wandt/*Halbach*, § 84 Rn 38; Prölss/Martin/*Voit*, § 84 Rn 9.

auf ein Sachverständigenverfahren zu verweisen, seinen Anspruch klageweise geltend machen.[50] Ist demgegenüber nur die Höhe der vom VR zu leistenden Entschädigung im Streit und liegt eine endgültige Ablehnung der Leistung noch nicht vor, so kann der VR auch noch im Prozess die **Einrede des Sachverständigenverfahrens** erheben.[51] In diesen Fällen ist die Klage als zur Zeit unbegründet abzuweisen, soweit nicht Abschlagszahlungen verlangt werden können.[52] Der Einwand des Sachverständigenverfahrens steht dem VR nur dann nicht mehr zu, wenn er auf die Durchführung des Sachverständigenverfahrens verzichtet hat. Die Einholung eines eigenen Gutachtens zur Unterbreitung eines Entschädigungsvorschlags stellt einen Verzicht regelmäßig nicht dar.[53]

21 Der VN kann demgegenüber auch dann, wenn der VR seine Leistungspflicht vollständig abgelehnt hat und damit Fälligkeit eingetreten ist (§ 14 Abs. 1), Feststellungsklage auf Gewährung von Versicherungsschutz erheben und die Durchführung des Sachverständigenverfahrens verlangen.[54] Eine Verpflichtung des VN, schon im Rechtsstreit zu erklären, ob er das Sachverständigenverfahren beantragen werde, besteht nicht.[55]

22 **2. Prozessuale Möglichkeiten vor Abschluss des Sachverständigenverfahrens; Unvermögen und Verzögerung der Feststellung.** Ist das Sachverständigenverfahren wirksam vereinbart worden, aber **noch nicht abgeschlossen**, so kann der VN, falls der VR während des laufenden Sachverständigenverfahrens Leistungen endgültig ablehnt, auf Feststellung klagen, dass Entschädigung entsprechend den Feststellungen des Sachverständigenverfahrens zu leisten ist. Ebenso möglich ist in diesen Fällen eine Leistungsklage, da der Anspruch durch endgültige Ablehnung seitens des VR fällig geworden ist. Der VN muss seine Klage dann jedoch auf möglicherweise unsichere Schadenschätzungen stützen.

23 Wird das Sachverständigenverfahren **verzögert** oder **können** oder **wollen** die **Sachverständigen** die **erforderlichen Feststellungen nicht treffen**, so eröffnet **Abs. 1 S. 3** die Möglichkeit, die Feststellung durch gerichtliche Entscheidung herbeizuführen. Dies gilt auch in den Fällen, in denen die Verzögerung auf einem pflichtwidrigen Verhalten einer Partei beruht.[56] Eine **Verzögerung** liegt immer dann vor, wenn der für die zu treffenden Feststellungen normale Zeitraum deutlich überschritten wird (Obergrenze ein Jahr) und trotz Mahnung ein Fortschritt nicht festzustellen ist.[57] Der **Tod eines Sachverständigen** fällt nicht unter Abs. 1 S. 3. In diesen Fällen ist innerhalb angemessener Frist ein anderer Sachverständiger zu ernennen. Erst wenn

---

50 BGH 10.12.1984 – IVa ZR 213/82, VersR 1984, 1161; OLG Hamm 23.1.1997 – 6 U 117/96, r+s 1997, 145; OLG Hamm 15.3.1985 – 20 U 286/84, VersR 1986, 567; Römer/Langheid/*Langheid*, § 84 Rn 41; Prölss/Martin/*Voit*, § 84 Rn 9, 34.
51 OLG Frankfurt/M 2.2.1990 – 2 U 199/89, VersR 1990, 1384; OLG Saarbrücken 21.6.1995 – 5 U 982/94-92, VersR 1996, 882; Römer/Langheid/*Langheid*, § 84 Rn 41.
52 Langheid/Wandt/*Halbach*, § 84 Rn 38; Römer/Langheid/*Langheid*, § 84 Rn 41.
53 OLG Frankfurt/M 2.2.1990 – 2 U 199/89, VersR 1990, 1384; OLG Köln 11.7.1995 – 9 U 390/94, r+s 1996, 14; OLG Köln 4.12.2001 – 9 U 229/00, r+s 2002, 188; Römer/Langheid/*Langheid*, § 84 Rn 44.
54 BGH 17.12.1997 – IV ZR 136/96, r+s 1998, 117, 118; BGH 16.4.1986 – IVa ZR 210/84, VersR 1986, 675; OLG Hamm 15.11.1991 – 20 U 117/91, r+s 1992, 61; OLG Hamm 17.7.1981 – 20 U 71/81, VersR 1982, 641; OLG Hamm 24.9.1986 – 20 U 62/86, VersR 1988, 173; OLG Köln 21.10.2003 – 9 U 115/02, r+s 2003, 507, 508; OLG Köln 14.12.1999 – 9 U 110/99; Römer/Langheid/*Langheid*, § 84 Rn 43.
55 BGH 19.11.2008 – IV ZR 341/07, r+s 2010, 64, 65.
56 BGH 17.3.1971 – IV ZR 209/69, VersR 1971, 536; Römer/Langheid/*Langheid*, § 84 Rn 47.
57 Prölss/Martin/*Voit*, § 84 Rn 31; OLG Frankfurt/M 12.2.2003 – 7 U 199/00, VersR 2003, 1566; Langheid/Wandt/*Halbach*, § 84 Rn 36.

dies nicht geschieht, kann die andere Partei Klage erheben.[58] Eine Nachbenennung hat auch in den Fällen zu erfolgen, in denen ein Sachverständiger vor Erstattung seines Gutachtens erfolgreich wegen **Befangenheit** abgelehnt worden ist.[59] Ein Fall des **Nichtwollens** ist gegeben, wenn das Gutachten bewusst unvollständig erstattet oder keine nachvollziehbare Begründung gegeben und eine Ergänzung abgelehnt wird. In diesem Fall kann der Entschädigungsanspruch unmittelbar im Klageweg geltend gemacht werden.[60]

3. **Fälligkeit mit Abschluss des Sachverständigenverfahrens; Leistungsklage.** Ist das 24 Sachverständigenverfahren abgeschlossen, wird der Leistungsanspruch fällig (§ 14 Abs. 1). Aufgrund der Feststellungen der Sachverständigen hat der VR die Entschädigung zu berechnen. Sind im Rahmen des Sachverständigenverfahrens auch versicherte Kosten verbindlich festgestellt worden, so tritt auch insoweit Fälligkeit ein. Es kann nicht verlangt werden, dass der VN zunächst in Vorleistung tritt.[61]

Ist das Gutachten **wegen offenbarer Unrichtigkeit** nicht verbindlich, so kann von 25 der benachteiligten Partei unmittelbar Leistungsklage erhoben werden (**Abs. 1 S. 2**), ohne dass eine besondere Anfechtung erforderlich wäre. Zur Begründung der Klage ist darzulegen, dass und aus welchen Gründen das Gutachten offenbar von der wirklichen Sachlage im Gesamtergebnis erheblich abweicht.[62] Das Gericht ist in seiner Entscheidung nicht an die Feststellungen der Sachverständigen und auch nicht an die Grenzen, die der Obmann zu beachten hat, gebunden.[63]

V. Kosten

Die Kosten, die dem VN infolge der Durchführung des Sachverständigenverfahrens entstehen, hat dieser grds. selbst zu tragen, falls die AVB nicht etwas anderes vorsehen. Verwiesen wird im Übrigen auf die Kommentierung zu § 85. 26

VI. Abdingbarkeit

Gemäß § 87 kann von Abs. 1 S. 1 nicht zum Nachteil des VN abgewichen werden. 27 Möglich ist allerdings eine Schiedsgerichtsvereinbarung anstelle eines Sachverständigenverfahrens.[64] Ebenso können die Parteien, nachdem die Höhe des Schadens festgestellt worden ist, vereinbaren, dass die Feststellungen der Sachverständigen verbindlich sind, was allerdings nicht formularmäßig geschehen darf und eine ausdrückliche Belehrung des VN voraussetzt.[65]

VII. Vertragliche Vereinbarung über die Benennung der Sachverständigen durch das Gericht (Abs. 2)

Ist im VersVertrag vereinbart, dass die Sachverständigen durch das Gericht zu er- 28 nennen sind, ist das Amtsgericht, in dessen Bezirk der Schaden entstanden ist, zuständig (Abs. 2 S. 1). Die Zuständigkeit eines anderen Amtsgerichts kann durch Vereinbarung begründet werden (Abs. 2 S. 2). Die stattgebende Entscheidung des Gerichts ist entsprechend §§ 414, 410 Nr. 2 FamFG nicht anfechtbar (Abs. 2 S. 3).

---

58 OLG Hamm 10.7.1981 – 20 U 209/77, VersR 1982, 57; Römer/Langheid/*Langheid*, § 84 Rn 48; Langheid/Wandt/*Halbach*, § 84 Rn 36.
59 Prölss/Martin/*Voit*, § 84 Rn 31.
60 OLG Düsseldorf 13.2.1990 – 4 U 64/89, r+s 1991, 173; Prölss/Martin/*Voit*, § 84 Rn 31.
61 OLG Hamm 17.9.1997 – 20 U 31/97, VersR 1998, 1152, 1153; OLG Celle 24.9.2009 – 8 U 99/09, r+s 2010, 114; Prölss/Martin/*Armbrüster*, § 7 VGB 2008 Rn 1.
62 Vgl Prölss/Martin/*Voit*, § 84 Rn 30; LG Köln 15.9.2005 – 24 O 551/04, r+s 2006, 279.
63 Prölss/Martin/*Voit*, § 84 Rn 30.
64 Langheid/Wandt/*Halbach*, § 84 Rn 42.
65 Römer/Langheid/*Langheid*, § 84 Rn 49.

§ 85 Schadensermittlungskosten

(1) ¹Der Versicherer hat dem Versicherungsnehmer die Kosten, die durch die Ermittlung und Feststellung des von ihm zu ersetzenden Schadens entstehen, insoweit zu erstatten, als ihre Aufwendung den Umständen nach geboten war. ²Diese Kosten sind auch insoweit zu erstatten, als sie zusammen mit der sonstigen Entschädigung die Versicherungssumme übersteigen.

(2) Kosten, die dem Versicherungsnehmer durch die Zuziehung eines Sachverständigen oder eines Beistandes entstehen, hat der Versicherer nicht zu erstatten, es sei denn, der Versicherungsnehmer ist zu der Zuziehung vertraglich verpflichtet oder vom Versicherer aufgefordert worden.

(3) Ist der Versicherer berechtigt, seine Leistung zu kürzen, kann er auch den Kostenersatz entsprechend kürzen.

I. Normzweck

1 Die für die Ermittlung und Feststellung des Schadens notwendigen Kosten führen beim VN zu einer Erhöhung seines ihm durch den Versicherungsfall entstandenen Vermögensnachteils. Die Vorschrift dient dem Ausgleich dieses Nachteils. Voraussetzung ist, dass die Aufwendung der Kosten den Umständen nach geboten war.

II. Tatbestandsvoraussetzungen (Abs. 1)

2 **1. Ermittlungs- und Feststellungskosten.** Als ersatzfähig bezeichnet werden Ermittlungs- und Feststellungskosten, die sich auf den vom VR zu ersetzenden Schaden beziehen. **Ermittlung** bedeutet die Erforschung der Schadensursache, des Schadenhergangs und des Schadenumfangs als technischen Sachverhalt und wird sich insb. auf Gebäude, Maschinen und sonstige technisch komplizierte Objekte beziehen.[1] Reparaturkosten gehören zum Hauptschaden. Hierzu zählen ggf auch Kosten, die durch die Hinzuziehung eines Architekten entstanden sind.[2] Aufräumungs- und Abbruchkosten fallen nicht unter den Begriff der Ermittlungskosten, sondern sind ggf als gesonderte Positionen versichert.[3]

3 **Feststellung** ist die Tätigkeit, die der VN intern[4] und in schriftlichen oder mündlichen Verhandlungen mit dem VR entfaltet, um den Schaden und die Entschädigungspflicht „nach Grund und Höhe" festzustellen, also außer Streit zu stellen.[5] Im Regelfall handelt es sich um Überprüfung von Geschäftsbüchern, Rechnungen und anderen Unterlagen (kaufmännische und buchhalterische Tätigkeiten).[6]

4 **2. Gebotenheit.** Den Umständen nach **geboten** sind die Kosten dann, wenn der VN sie bei Anlegung eines objektiven Maßstabes für sachlich notwendig und der Höhe nach für verhältnismäßig halten durfte.[7] Für die Beurteilung ist maßgeblich der Zeitpunkt der Aufwendungshandlung, so dass ein „Verschulden" des VN vor

---

1 Vgl Prölss/Martin/*Voit*, § 85 Rn 6; BK/*Beckmann*, § 66 Rn 5; Langheid/Wandt/*Halbach*, § 85 Rn 5; Bruck/Möller/*K. Johannsen*, § 85 Rn 5.
2 BGH 24.4.1985 – IVa ZR 157/82, VersR 1985, 780; LG Hildesheim 22.8.1984 – 7 S 152/84, VersR 1985, 449.
3 BK/*Beckmann*, § 66 Rn 5; Römer/Langheid/*Langheid*, § 85 Rn 3.
4 Zur Differenzierung zwischen dem betrieblichen und privaten Bereich bei eigenen Kosten des VN vgl Langheid/Wandt/*Halbach*, § 85 Rn 7 u. 8.
5 So Prölss/Martin/*Voit*/*Knappmann*, 27. Aufl. 2004, § 66 Rn 7; Langheid/Wandt/*Halbach*, § 85 Rn 5.
6 Prölss/Martin/*Voit*/*Knappmann*, 27. Aufl. 2004, § 66 Rn 7; BK/*Beckmann*, § 66 Rn 6; Bruck/Möller/*K. Johannsen*, § 85 Rn 5.
7 Römer/Langheid/*Langheid*, § 85 Rn 4; Bruck/Möller/*K. Johannsen*, § 85 Rn 9; LG Saarbrücken 8.3.2010 – 14 O 222/09, VersR 2011, 1045, 1046.

dem Versicherungsfall den Anspruch nicht ausschließt.[8] Beruhen die Aufwendungen auf Weisungen des VR, so sind die entstandenen Kosten stets geboten.[9]

3. Keine Limitierung durch Versicherungssumme (Abs. 1 S. 2). Die Regelung des Abs. 1 S. 2 stellt klar, dass dem VN Kostenersatz auch insoweit zusteht, als dieser Betrag zusammen mit der sonstigen Entschädigung die vertraglich festgesetzte Versicherungssumme übersteigt. Damit wird die bisherige Streitfrage, ob der Ersatz der Ermittlungs- und Feststellungskosten durch die Versicherungssumme limitiert ist,[10] zu Gunsten der Interessen des VN entschieden. Zu bedenken ist insoweit jedoch, dass die Vorschrift des Abs. 1 S. 2 abdingbar ist. Ein vollständiger Ausschluss eines Kostenersatzes durch AVB würde jedoch zur Aushöhlung des Versicherungsschutzes führen und wäre deshalb nach § 307 BGB unwirksam.[11]

4. Vom VR zu ersetzender Schaden. Voraussetzung für den Kostenersatz ist, dass überhaupt ein vom VR **zu ersetzender Schaden** vorliegt. Ist ein Schaden tatsächlich gar nicht eingetreten oder greift eine Ausschlussregelung oder ist der VR wegen Obliegenheitsverletzungen leistungsfrei, so sind auch keine Ermittlungs- oder Feststellungskosten zu erstatten,[12] es sei denn, dass der VR eine Übernahme der Kosten (auch konkludent) zugesagt hat.[13] Besonderheiten können sich insoweit insb. aus den Versicherungsbedingungen für einzelne Versicherungszweige ergeben.

5. Regulierungskosten des VR. Vom VR aufgewandte **Regulierungskosten** sind grds. von diesem selbst zu tragen. In Betracht kommt allerdings eine Erstattung als notwendige Kosten zur zweckentsprechenden Rechtsverfolgung oder Rechtsverteidigung iSv § 91 Abs. 1 ZPO, was jedoch nur unter engen Voraussetzungen der Fall ist.[14] Bei vorsätzlich falschen Angaben des VN oder bei einem vorgetäuschten Versicherungsfall kann sich ein Erstattungsanspruch des VR auch aus § 826 BGB oder § 280 BGB ergeben.[15]

6. Ausschluss von Sachverständigen- und Beistandskosten (Abs. 2). Kosten, die dem VN durch die **Hinziehung eines Sachverständigen oder eines Beistands** entstehen (hierzu gehören insb. auch Anwaltskosten), sind vom VR grds. nicht zu erstatten. Dies beruht auf der Erwägung, dass der VR die Höhe der vom VN geltend gemachten Schäden ohnehin nicht nur in eigenem wirtschaftlichen Interesse, sondern auch im Interesse der pflichtgemäßen Gleichbehandlung aller VN prüfen und

---

8 Prölss/Martin/*Voit*, § 85 Rn 7.
9 BK/*Beckmann*, § 66 Rn 12; Prölss/Martin/*Voit*, § 85 Rn 8; Bruck/Möller/*K. Johannsen*, § 85 Rn 9; OLG Hamm 14.10.1992 – 20 U 115/92, VersR 1993, 738.
10 Vgl zum Streitstand: Römer/Langheid/*Langheid*, § 85 Rn 5; Prölss/Martin/*Voit*/*Knappmann*, 27. Aufl. 2004, § 66 Rn 3; BK/*Beckmann*, § 66 Rn 17; Bruck/Möller/ *K. Johannsen*, § 85 Rn 1.
11 So zutr. Begr. RegE, BT-Drucks. 16/3945, S. 81; vgl auch Römer/Langheid/*Langheid*, § 85 Rn 19; Prölss/Martin/*Voit*, § 85 Rn 20; Bruck/Möller/*K. Johannsen*, § 85 Rn 18.
12 OLG Köln 26.3.1992 – 5 U 109/91, r+s 1993, 71; BK/*Beckmann*, § 66 Rn 11; Prölss/ Martin/*Voit*, § 85 Rn 9; Langheid/Wandt/*Halbach*, § 85 Rn 12; Bruck/Möller/ *K. Johannsen*, § 85 Rn 8.
13 So der Fall LG Köln 17.10.2002 – 24 O 98/00, r+s 2003, 330.
14 Grundlegend BGH 4.3.2008 – VI ZB 72/06, VersR 2008, 801; BGH 23.5.2006 – VI ZB 7/05, VersR 2006, 1236, 1237; OLG Koblenz 13.2.2008 – 14 W 81/08, VersR 2008, 802; OLG Brandenburg 27.11.2007 – 6 W 193/07, VersR 2008, 1132; OLG Koblenz 17.7.2006 – 14 W 418/06, VersR 2007, 224 (für Privatgutachten zum Nachweis einer Verkehrsunfallmanipulation); OLG Rostock 6.12.2004 – 8 W 137/04, VersR 2005, 855; OLG Düsseldorf 19.12.1995 – 4 W 53/95, r+s 1996, 380 (für Detektivkosten); OLG Bamberg 22.5.1980 – 3 W 32/80, VersR 1981, 74 (für die Einholung eines rechtsmedizinischen Gutachtens im Hinblick auf § 180 a aF).
15 OLG Oldenburg 11.12.1991 – 2 U 167/91, VersR 1992, 1150 (für Detektivkosten und Sachverständigenkosten); OLG Hamburg 19.2.1988 – 14 U 192/87, VersR 1988, 482 (für Detektivkosten); Römer/Langheid/*Langheid*, § 85 Rn 14; Prölss/Martin/*Voit*, § 85 Rn 2; BK/*Beckmann*, § 66 Rn 4; Bruck/Möller/*K. Johannsen*, § 85 Rn 21.

zu diesem Zweck den Schaden bewerten muss. Die Schadensermittlung durch den VR stellt idR eine ausreichende Verhandlungsgrundlage für die Schadensregulierung dar.[16] Hieraus folgt, dass der VR verpflichtet ist, dem VN Abschriften der von ihm in Auftrag gegebenen Schadengutachten zu überlassen.[17] Der Begriff des Sachverständigen ist weit zu fassen, so dass unter den Ausschluss nach Abs. 2 auch die Kosten für die Einschaltung eines technischen Sachverständigen fallen.[18] Eine Ausnahme gilt dann, wenn die Kosten des vom VN bestimmten Sachverständigen zu den Reparaturkosten zählen und deshalb zu ersetzen sind.[19]

9 **7. Ausnahmen vom Ausschluss des Abs. 2. Sachverständigenkosten** sind dann zu **ersetzen**, wenn der VN zu einer Zuziehung vertraglich verpflichtet ist, was insb. für das Sachverständigenverfahren nach § 84 gilt. AVB-Bestimmungen enthalten insoweit allerdings häufig eigene Kostenregelungen, was wegen der Abdingbarkeit von § 85 zulässig ist.

10 Der VR hat die Kosten des Sachverständigen dann zu übernehmen, wenn er den VN auffordert, einen Sachverständigen hinzuzuziehen. Dieser bisher von der Rspr aufgestellte Grundsatz[20] hat nunmehr in Abs. 2 S. 1 Eingang in das Gesetz gefunden. Kostenregelungen, die bei einem einseitigen Verlangen des VR zur Durchführung eines Sachverständigenverfahrens eine Kostentragungspflicht des VN für den von ihm zu beauftragenden Sachverständigen vorsehen, sind mit Abs. 2 nicht zu vereinbaren. Schon bisher wurden derartige Vorschriften wegen Verstoßes gegen § 307 Abs. 1 und 2 BGB als unwirksam angesehen.[21]

11 Der Ausschluss des Abs. 2 gilt auch dann nicht, wenn der VR seine Ermittlungen und Feststellungen verzögert[22] oder aber in den Fällen einer unrichtigen oder unvollständigen Schadensermittlung durch den VR.[23] Hat der VR seine Leistungspflicht zu Unrecht abgelehnt, so kann die Erstattung von Sachverständigenkosten aus dem Gesichtspunkt des Verzugsschadenersatzes verlangt werden.[24]

12 **8. Kürzung des Kostenersatzes (Abs. 3).** Die Regelung des Abs. 3 erstreckt die bisherige nur für die Unterversicherung geltende Regelung auf sämtliche Tatbestände, bei denen der VR berechtigt ist, seine **Leistung zu kürzen**. Dies gilt insb. für Fälle, in denen die Leistung des VR wegen grober Fahrlässigkeit des VN zu kürzen ist. In diesen Fällen sind auch die Schadensermittlungskosten nur entsprechend der Quote zu erstatten.[25]

---

16 So die Begründung des BGH 3.3.1982 – IVa ZR 256/80, VersR 1982, 482; OLG Hamburg 9.7.1993 – 12 U 27/93, VersR 1994, 461; Bruck/Möller/*K. Johannsen*, § 85 Rn 10.
17 OLG Karlsruhe 26.4.2005 – 12 W 32/05, r+s 2005, 385, 386 m. Anm. *Wälder*; OLG Saarbrücken 14.10.1998 – 5 U 1011/97-80, VersR 1999, 750, 751; AG Dortmund 21.5.2008 – 2 O 400/07, zfs 2009, 29; Prölss/Martin/*Voit*, § 85 Rn 3.
18 Römer/Langheid/*Langheid*, § 85 Rn 7; Prölss/Martin/*Voit*, § 85 Rn 13; Bruck/Möller/*K. Johannsen*, § 85 Rn 11; diff. BK/*Beckmann*, § 66 Rn 13; aA *Martin*, W IX Rn 17.
19 Vgl hierzu den Fall BGH 24.4.1985 – IVa ZR 157/83, VersR 1985, 780; Langheid/Wandt/*Halbach*, § 85 Rn 14.
20 Vgl OLG Hamm 14.10.1992 – 20 U 115/92, VersR 1993, 738; Prölss/Martin/*Voit*/*Knappmann*, 27. Aufl. 2004, § 66 Rn 16.
21 BGH 3.3.1982 – IVa ZR 256/80, VersR 1982, 482; Römer/Langheid/*Langheid*, § 85 Rn 17; Bruck/Möller/*K. Johannsen*, § 85 Rn 18; Prölss/Martin/*Voit*, § 85 Rn 20.
22 So zutr. Prölss/Martin/*Voit*/*Knappmann*, 27. Aufl. 2004, § 66 Rn 19; Langheid/Wandt/*Halbach*, § 85 Rn 15.
23 OLG Hamburg 9.7.1993 – 12 U 27/93, VersR 1994, 461; LG Baden-Baden 31.1.1992 – 1 S 70/91, VersR 1992, 440; Römer/Langheid/*Langheid*, § 85 Rn 11; Prölss/Martin/*Voit*, § 85 Rn 15; Bruck/Möller/*K. Johannsen*, § 85 Rn 12.
24 Prölss/Martin/*Voit*, § 85 Rn 15; LG Nürnberg-Fürth 26.7.2012 – 8 O 9839/10, r+s 2012, 442, 446.
25 Langheid/Wandt/*Halbach*, § 85 Rn 16.

III. Abdingbarkeit

Die Vorschrift über die Erstattung von Schadensermittlungskosten ist **abdingbar** (§ 87). Insoweit ist jedoch stets zu prüfen, ob ein Verstoß gegen § 307 BGB vorliegt. Bestimmungen, die von dem gesetzlich geregelten Kostenersatz abweichen, erfordern für ihre Wirksamkeit in jedem Fall eine ausdrückliche Aufklärung des VN.[26]

13

§ 86 Übergang von Ersatzansprüchen

(1) ¹Steht dem Versicherungsnehmer ein Ersatzanspruch gegen einen Dritten zu, geht dieser Anspruch auf den Versicherer über, soweit der Versicherer den Schaden ersetzt. ²Der Übergang kann nicht zum Nachteil des Versicherungsnehmers geltend gemacht werden.

(2) ¹Der Versicherungsnehmer hat seinen Ersatzanspruch oder ein zur Sicherung dieses Anspruchs dienendes Recht unter Beachtung der geltenden Form- und Fristvorschriften zu wahren und bei dessen Durchsetzung durch den Versicherer soweit erforderlich mitzuwirken. ²Verletzt der Versicherungsnehmer diese Obliegenheit vorsätzlich, ist der Versicherer zur Leistung insoweit nicht verpflichtet, als er infolgedessen keinen Ersatz von dem Dritten erlangen kann. ³Im Fall einer grob fahrlässigen Verletzung der Obliegenheit ist der Versicherer berechtigt, seine Leistung in einem der Schwere des Verschuldens des Versicherungsnehmers entsprechenden Verhältnis zu kürzen; die Beweislast für das Nichtvorliegen einer groben Fahrlässigkeit trägt der Versicherungsnehmer.

(3) Richtet sich der Ersatzanspruch des Versicherungsnehmers gegen eine Person, mit der er bei Eintritt des Schadens in häuslicher Gemeinschaft lebt, kann der Übergang nach Absatz 1 nicht geltend gemacht werden, es sei denn, diese Person hat den Schaden vorsätzlich verursacht.

I. Normzweck.................... 1	d) Technische Versicherungen........................ 22
II. Anwendungsbereich.............. 2	4. Quotenvorrecht (Abs. 1 S. 2) 23
1. Schadensversicherung........ 2	a) Allgemeines............... 23
2. Summenversicherung......... 3	b) Konstellationen........... 25
3. Differenzierung nach Art der Versicherungsleistung 4	aa) Vollständige Regulierung...................... 25
III. Voraussetzungen des Forderungsübergangs (Abs. 1)................ 8	bb) Anteilige Regulierung ... 26
1. Tatsächliche Ersatzleistung des VR....................... 9	cc) Neuwertversicherung.... 28
2. Übergangsfähigkeit des Anspruchs.................... 11	c) Kritik am Quotenvorrecht 29
a) Übergangsfähige Ansprüche des VN.............. 11	5. Kongruenzprinzip............ 31
b) Ansprüche anderer Forderungsinhaber.............. 13	a) Sachliche und zeitliche Kongruenz................ 31
3. Dritter als Anspruchsgegner (Abs. 1 S. 1)................... 14	b) Fahrzeugversicherung 34
a) Dritter iSv Abs. 1 S. 1..... 14	c) Feuerversicherung........ 37
b) Fahrzeugversicherung 16	6. Befriedigungsvorrecht (Abs. 1 S. 2)................. 38
c) Wohngebäudeversicherung........................ 20	IV. Mitwirkungsobliegenheit (Abs. 2)....................... 39
	1. Ausgangssituation............ 39
	2. Maßgebender Zeitpunkt..... 40

---

[26] BGH 4.5.1988 – IVa ZR 286/86, VersR 1988, 682; Langheid/Wandt/*Halbach*, § 85 Rn 18.

3. Obliegenheit des VN zur Wahrung des Ersatzanspruchs (Abs. 2 S. 1)..........	41
a) Obliegenheitsverletzung durch Aufgabe............	42
b) Obliegenheitsverletzung durch Unterlassen	45
4. Obliegenheit zur Mitwirkung bei der Durchsetzung (Abs. 2 S. 1)...................	46
5. Rechtsfolgen der Obliegenheitsverletzung (Abs. 2 S. 2 und 3)............	47
6. Realisierbarkeit der Ersatzforderung.....................	48
V. Regressprivileg (Abs. 3)	49
1. Allgemeines...................	49
2. Häusliche Gemeinschaft	51
3. Bei Eintritt des Schadens	53
4. Kein Vorsatz..................	55
VI. Regressfähiger Schaden und Aufwendungen	56
1. Sachschaden..................	56
2. Mehrwertsteuern.............	60
3. Nutzungsausfall..............	61
4. Aufwendungen	63
VII. Regressverzicht	64
1. Teilungsabkommen	65
2. Rahmenteilungsabkommen ..	70
3. Regressverzichtsabkommen der Feuerversicherer..........	71
4. Regressverzicht im Wege ergänzender Vertragsauslegung	75
a) Typische Fallgruppen (u.a. Mieterregress).......	75
b) Entwicklung der Rspr des BGH	76
c) Urteile des BGH vom 13.9.2006...............	79
d) Beschluss des BGH vom 4.3.2009	80
e) Unmittelbarer Ausgleichsanspruch des Gebäudeversicherers gegen den Haftpflichtversicherer	82
aa) Verhältnis des § 86 Abs. 1 (§ 67 Abs. 1 aF) zu § 78 Abs. 1 (§ 59 Abs. 2 S. 1 aF)	83
bb) Verhältnis des Ausgleichsanspruchs zum Regressverzichtsabkommen der Feuerversicherer.....................	89
cc) Auskunftsanspruch über den Inhalt des Haftpflichtversicherungsvertrages	90
dd) Konkrete Berechnung des Ausgleichsanspruchs	91
ee) Beweislastgrundsätze für den Ausgleichsanspruch	95
ff) Verjährung des Ausgleichsanspruchs.........	96
f) Weiterhin offene Fragen..	98
aa) Direktanspruch des Gebäudeversicherers gegen den Haftpflichtversicherer	99
bb) Anwendbarkeit des Quoten- und Befriedigungsvorrechts auf den Ausgleichsanspruch..........	100
cc) Umfang der Erstattungspflicht des Mieters.......	102
dd) Regressmöglichkeit des Haftpflichtversicherers ..	103
g) Teilungsabkommen Mieterregress	105
VIII. Verjährung.............................	106
IX. Prozessuales	107
1. Rechtsweg und Gerichtsstand...................	107
2. Aktivlegitimation..............	109
a) Vor dem Forderungsübergang..................	109
b) Nach dem Forderungsübergang..................	112
3. Aktivlegitimation bei einer Mehrheit von VR	113
4. Beweislastverteilung..........	116

I. Normzweck

1 Bei der Regelung des § 86 handelt es sich um einen **gesetzlichen Forderungsübergang**. Zweck der Vorschrift ist es, eine Bereicherung des VN im Schadensfall zu verhindern, welche eintreten würde, wenn er die Leistung sowohl vom Schädiger als auch ein weiteres Mal von dem von ihm in Anspruch genommenen VR erhielte. Auf der anderen Seite soll der Schädiger nicht dadurch privilegiert werden, dass der VN versichert ist und vom VR Leistungen erhält. Es handelt sich bei der Vor-

schrift des § 86 mithin um die versicherungsrechtliche Ausformung des Grundsatzes der **Vorteilsausgleichung**.[1]
Es gilt beim gesetzlichen Forderungsübergang nach § 86 die Regelung des § 407 BGB fort.[2] Der Schuldner verliert den Schutz des § 407 BGB erst bei positiver Kenntnis des Forderungsübergangs, der erst mit der Zahlung des VR eintritt. Mögliche Anhaltspunkte für eine Zahlung begründen allein keine weitere Erkundigungspflicht des Schädigers.[3]

II. Anwendungsbereich

1. Schadensversicherung. § 86 entfaltet nach seiner systematischen Stellung im Gesetz (Kapitel 2 – Schadensversicherung) für die gesamte Schadensversicherung Geltung, also etwa für

- die Sachversicherung (zB Feuer-, Diebstahls-, Hausrat-, Kasko- und Transportversicherung),[4]

- die Rechtsschutzversicherung,[5]

- die Fahrerschutzversicherung (versichert Personenschäden des berechtigten Fahrers und reguliert – am konkreten Schaden des Verletzten orientiert – etwa Verdienstausfallschaden, Haushaltsführungsschaden, Schmerzensgeld, Zuzahlung zu Heilbehandlungen),[6]

- die Haftpflichtversicherung, soweit der Schädiger haftpflichtversichert ist und einen Ersatzanspruch gegen einen Drittschädiger innehat,[7] sowie

- die privaten Krankenversicherung, soweit Leistungen im Versicherungsfall nach den Grundsätzen der Schadensversicherung gewährt werden, also auf die konkrete Bedarfsdeckung ausgerichtet sind (mithin Kosten für Behandlung und Pflege).[8] Dieser Grundsatz hat in § 194 Abs. 2 gesetzliche Normierung gefunden.[9]

2. Summenversicherung. Vom Forderungsübergang **nicht** erfasst sind hingegen Leistungen der **Summenversicherungen**, bei denen die Versicherungssumme nicht an den Schaden und den dadurch konkret verursachten Bedarf anknüpft, sondern unabhängig hiervon in Höhe eines vorab vertraglich vereinbarten Betrages zu zahlen ist. In der Summenversicherung soll die Versicherungsleistung als Ergebnis privater Schadensfürsorge dem geschädigten VN zugute kommen und den Schädiger nicht entlasten.[10] Als „klassische" Summenversicherungen gelten im weitesten Sin-

---

1 Beckmann/Matusche-Beckmann/*Hormuth*, § 22 Rn 2.
2 OLG Köln 27.1.2014 – 11 U 166/13, VersR 2014, 623.
3 OLG Köln 27.1.2014 – 11 U 166/13, VersR 2014, 623.
4 Römer/Langheid/*Langheid*, § 86 Rn 6.
5 BGH 24.4.1967 – II ZR 229/64, VersR 1967, 774; OLG Düsseldorf 3.6.2013 – 9 U 147/12, VersR 2013, 1303 zum Schadensersatzanspruch des Rechtsschutzversicherers gegen den RA des VN wegen dessen Prozessierens einer aussichtslosen Klage durch zwei Rechtszüge; OLG Köln 14.11.1972 – 3 U 44/72, NJW 1973, 905; OLG Köln 25.3.1994 – 19 U 136/93, NJW-RR 1994, 955; LG Flensburg 30.4.2013 – 1 S 158/12, VersR 2013, 1172 zum Schadensersatzanspruch des Rechtsschutzversicherers gegen den RA des VN bei Erhebung einer unschlüssigen Klage, § 17 Abs. 8 ARB 2000 iVm § 86 Abs. 1 VVG.
6 OLG Koblenz 12.8.2013 – 12 U 1095/12, VersR 2014, 1365.
7 BGH 30.10.1980 – III ZR 132/79, VersR 1981, 134; BGH 16.2.1971 – VI ZR 125/69, VersR 1971, 476.
8 BGH 24.9.1969 – IV ZR 776/68, VersR 1969, 1036; Römer/Langheid/*Langheid*, § 87 Rn 5; *Göbel/Köther*, VersR 2013, 1084.
9 OLG Saarbrücken 26.6.2012 – 4 U 62/11, VersR 2013, 223; LG Saarbrücken 26.1.2011 – 9 O 146/10, juris; LG Koblenz 7.7.2011 – 16 O 249/10, juris; SG Köln 8.6.2012 – S 18 U 319/11, juris; *Göbel/Köther*, VersR 2013, 1084, 1085.
10 Palandt/*Grüneberg*, Vor § 249 BGB Rn 70.

ne die **Personenversicherungen**. Es soll daher bei Leistungen etwa der Lebensversicherung,[11] der Berufsunfähigkeitsversicherung, der Unfallversicherung[12] oder der Reisekostenrücktrittsversicherung[13] kein gesetzlicher Forderungsübergang auf den VR stattfinden.

4 **3. Differenzierung nach Art der Versicherungsleistung.** Teilweise wird nach der Art der Versicherungsleistungen differenziert und ein Forderungsübergang auch in der Summenversicherung jedenfalls dann bejaht, wenn die Versicherungsleistung auf Schadenkompensation gerichtet ist.[14] Etwa bei der Krankentagegeldversicherung, die eine pauschalierte Kompensation für erlittenen Verdienstausfall darstellt, oder bei der Krankenhaustagegeldversicherung, die von den gesetzlichen Krankenkassen nicht übernommene Mehrkosten (zB Chefarztbehandlung oder Einbettzimmer-Zuschlag) pauschal abdeckt, sei ein Forderungsübergang zu bejahen, weil die Ausgleichsfunktion für den erlittenen Schaden im Vordergrund stehe.[15]

5 Diesem Ansatz tritt die herrschende Rspr[16] jedoch entgegen und verweist darauf, dass es sich formal auch bei der Krankentagegeld- sowie der Krankenhaustagegeldversicherung um Summenversicherungen handelt, die die Versicherungsleistungen entsprechend der vereinbarten Vertragsregelungen und unabhängig von dem konkreten Schaden des VN erbringen.

6 Zutreffend dürfte es bei der streitigen Frage des Forderungsübergangs in der Summenversicherung auf die spezifische Ausgestaltung der jeweiligen Versicherungsbedingungen ankommen. Ist etwa in den Bedingungen der privaten Krankenversicherer die Kompensation eines konkret eingetretenen Schadens als Vertragsleistung vorgesehen, handelt es sich um Versicherungsschutz nach den Grundsätzen der Schadensversicherung, für welchen § 194 Abs. 1 S. 1, Abs. 2 die Anwendbarkeit des § 86 vorsieht. Ist hingegen die Erbringung einer pauschalierten Summe als vertraglich geschuldete Leistung vorgesehen, ist ein Forderungsübergang ausgeschlossen.[17]

7 Auch wo eine ausdrückliche gesetzliche Regelung (wie etwa bei der privaten Krankenversicherung, § 194 Abs. 1 S. 1) fehlt, findet bei Summenversicherungen ein Forderungsübergang jedenfalls dann statt, wenn die Leistungsarten nach den Grundsätzen der Schadensversicherung gewährt werden. Dies ist etwa im Bereich der privaten Unfallversicherung bei vereinbartem Kur-, Heil- und Bestattungskostenersatz der Fall.[18]

III. Voraussetzungen des Forderungsübergangs (Abs. 1)

8 Während noch in § 67 Abs. 1 S. 1 aF ausdrücklich formuliert war, dass sich der gesetzliche Forderungsübergang auf einen Anspruch des VN auf „Ersatz des Schadens" gegen einen Dritten erstreckte, ist in Abs. 1 S. 1 lediglich noch von einem „Ersatzanspruch" des VN gegen einen Dritten die Rede, ohne dass sich der Ersatz

---

11 BGH 19.12.1978 – VI ZR 218/76, NJW 1979, 760.
12 BGH 5.2.1957 – VI ZR 312/55, NJW 1957, 905 und 1876.
13 LG München I 27.4.2006 – 31 S 21056/05, VersR 2007, 354.
14 Bruck/Möller/*Voit*, § 86 Rn 17; Prölss/Martin/*Armbrüster*, § 86 Rn 4; Römer/Langheid/*Langheid*, § 86 Rn 7; *Wilmes/Müller-Frank*, VersR 1990, 345, 354.
15 *Wilmes/Müller-Frank*, VersR 1990, 345, 354.
16 BGH 11.5.1976 – VI ZR 51/74, VersR 1976, 756; BGH 15.5.1984 – VI ZR 184/82, VersR 1984, 690; OLG Nürnberg 11.4.1985 – 2 U 306/85, VersR 1986, 588; OLG Köln 13.1.1993 – 11 U 224/92, VersR 1994, 356.
17 BGH 4.7.2001 – IV ZR 307/00, VersR 2001, 1100; OLG Hamm 26.6.1996 – 20 U 22/96, VersR 1997, 862; Römer/Langheid/*Langheid*, § 86 Rn 7; Beckmann/Matusche-Beckmann/*Hormuth*, § 22 Rn 18.
18 Prölss/Martin/*Armbrüster*, § 86 Rn 4; Beckmann/Matusche-Beckmann/*Hormuth*, § 22 Rn 19.

ausdrücklich auf einen Schaden beziehen muss. Eine inhaltliche Änderung war mit der sprachlichen Neuformulierung allerdings nicht intendiert, wird doch in der Begründung des Regierungsentwurfs die inhaltliche Übereinstimmung des Abs. 1 mit § 67 Abs. 1 S. 1 und 2 aF dargestellt.[19]

1. Tatsächliche Ersatzleistung des VR. Der gesetzliche Forderungsübergang ist von der tatsächlichen Erbringung der Versicherungsleistung durch den VR abhängig. In Betracht kommen alle tatsächlichen Geld- oder Sachleistungen des VR an den VN (Sachleistungen in Form des Rechtsschutzanspruchs in der Rechtsschutz- oder Haftpflichtversicherung).[20]

Unmaßgeblich ist, ob der VR nach den Bedingungen im Deckungsverhältnis (Innenverhältnis zum VN) zur Leistung verpflichtet war oder nicht.[21] Auch **irrtümliche Leistungen**[22] oder **Kulanzleistungen**[23] des VR bedingen den Forderungsübergang. Denn etwa auch beim Bestehen eines (vom VR nicht ausgeübten) Leistungsverweigerungsrechts ist der versicherte Schaden mit der Folge des Forderungsübergangs ersetzt, solange die innerhalb des bestehenden VersVerhältnisses erbrachte Leistung nicht zurückgefordert wird.[24] Weder der Geschädigte noch der Schädiger soll mit dem Ausbleiben des Forderungsübergangs von einer Leistung des VR ohne Rechtsgrund profitieren.[25] Mitunter konkurriert in diesen Fällen der Ersatzanspruch des VR gegen den Schädiger mit einem Bereicherungsanspruch gegen den VN.[26]

2. Übergangsfähigkeit des Anspruchs. a) Übergangsfähige Ansprüche des VN. Übergangsfähig sind alle Ansprüche des VN, die den Schaden, für den der VR geleistet hat, ersetzen können. Hierunter fallen u.a.

- vertragliche Schadensersatzansprüche,[27]
- deliktische Schadensersatzansprüche,
- Ersatzansprüche aus Verschuldenshaftung,[28]
- Ersatzansprüche aus Gefährdungshaftung,
- Ansprüche des Wohnungseigentümers gegen die WEG aus § 14 WEG,[29]
- nachbarrechtliche Ausgleichsansprüche,[30]

---

19 Begr. RegE, BT-Drucks. 16/3945, S. 81.
20 Römer/Langheid/*Langheid*, § 86 Rn 13.
21 BGH 23.11.1988 – IVa ZR 143/87, VersR 1989, 250; OLG Koblenz 12.8.2013 – 12 U 1095/12, r+s 2013, 516; OLG Hamm 8.1.1998 – 6 U 174/97, r+s 1998, 184; Prölss/Martin/*Armbrüster*, § 86 Rn 37.
22 BGH 15.10.1963 – VI ZR 97/62, NJW 1964, 101; BK/*Baumann*, § 67 Rn 82; Römer/Langheid/*Langheid*, § 86 Rn 20.
23 Prölss/Martin/*Armbrüster*, § 86 Rn 38.
24 OLG Koblenz 12.8.2013 – 12 U 1095/12, VersR 2014, 1365.
25 Beckmann/Matusche-Beckmann/*Hormuth*, § 22 Rn 65.
26 BGH 23.11.1988 – IVa ZR 143/87, VersR 1989, 250; Römer/Langheid/*Langheid*, § 86 Rn 15.
27 BGH 12.12.2012 – XII ZR 6/12, VersR 2013, 318 zum Übergang von Schadensersatzansprüchen des Mieters gegen den Vermieter gem. §§ 535, 280, 278 BGB wegen Verletzung der mietvertraglichen Fürsorgepflicht durch Schaffung einer erhöhten Brandgefahr durch einen vom Vermieter beauftragten Handwerker; BGH 26.2.1991 – VI ZR 226/90, NJW-RR 1992, 283.
28 LG Duisburg 4.1.2013 – 6 O 142/11, NZV 2013, 590 zum Übergang des Schadensersatzanspruchs des Mieters eines Unterstellplatzes für Wohnwagen gegen den Vermieter nach §§ 836 Abs. 1 S. 1, 249 BGB.
29 BGH 11.12.2002 – IV ZR 226/01, VersR 2003, 236.
30 BGH 25.10.2013 – V ZR 230/12, VersR 2014, 514 m. Anm. *Günther* zum (bejahten) Übergang von nachbarrechtlichen Ausgleichsansprüchen bei Einwirkung von einem Son-

- Bereicherungsansprüche,[31]
- Gesamtschuldner-Ausgleichsansprüche,[32]
- Ansprüche auf Abtretung einer Forderung oder Befreiung von einer solchen,[33]
- Befreiungsansprüche des Arbeitgebers gegen einen Arbeitnehmer,[34]
- Aufwendungsersatzansprüche,[35]
- Erfüllungsansprüche,
- Gewährleistungsansprüche,[36]
- prozessuale Kostenerstattungsansprüche,[37]
- Auskunftsansprüche,[38]
- Amtshaftungsansprüche (auf Sachversicherer).[39]

---

dereigentum auf Sondereigentum eines anderen Wohnungseigentümers (auch zwischen den jeweiligen Mietern); OLG Düsseldorf 10.1.2001 – 15 U 156/00, VersR 2003, 455.
31 BGH 6.5.1971 – VII ZR 232/69, NJW 1971, 1452; OLG Saarbrücken 26.6.2012 – 4 U 62/11, VersR 2013, 223; OLG Hamm 17.6.1993 – 27 U 62/93, VersR 1994, 975; LG Saarbrücken 26.1.2011 – 9 O 146/10, juris; LG Koblenz 7.7.2011 – 16 O 249/10, juris; Römer/Langhcid/*Langheid*, § 86 Rn 15; *Göbel/Köther*, VersR 2013, 1084, 1085; aA bei bereicherungsrechtlicher Rückforderung überberechneten Arzthonorars durch den privaten Krankenversicherer: OLG Düsseldorf 22.2.2007 – I-8 U 119/06, VersR 2007, 937; AG Esslingen 21.2.2006 – 1 C 2218/05, ZMGR 2006, 36.
32 BGH 16.2.1971 – VI ZR 125/69, VersR 1971, 476; BGH 30.10.1980 – III ZR 132/79, VersR 1981, 134; BGH 25.4.1989 – VI ZR 146/88, VersR 1989, 730.
33 BGH 14.3.1985 – I ZR 168/82, VersR 1985, 753; LG Nürnberg-Fürth 27.1.2010 – 8 O 10700/08, juris.
34 BAG 9.11.1967 – 5 AZR 147/67, VersR 1968, 266.
35 OLG Hamm 10.4.1970 – 20 U 6/70, VersR 1970, 729; LG Frankenthal 15.8.2012 – 2 S 28/12, JurBüro 2013, 38 (Übergang des Anspruchs auf Rückerstattung der an den RA erstatteten Gerichtskosten auf den Rechtsschutzversicherer); LG Bochum 26.6.2012 – 11 S 150/11, JurBüro 2012, 536 (Übergang des Kostenerstattungsanspruchs des obsiegenden VN gegen den Prozessgegner auf den Rechtsschutzversicherer).
36 BGH 26.2.1991 – VI ZR 226/90, NJW-RR 1992, 283; OLG Koblenz 10.2.2009 – 2 U 428/08, VersR 2009, 1486; Prölss/Martin/*Armbrüster*, § 86 Rn 9.
37 BGH 8.10.2013 – VIII ZB 61/12, VersR 2014, 353; OLG Köln 3.12.1976 – 1 W 48/76, VersR 1977, 317; OLG Köln 29.6.1993 – 9 U 237/92, NJW-RR 1994, 27, 28; Prölss/Martin/*Armbrüster*, § 86 Rn 7.
38 OLG Frankfurt 13.3.2013 – 2 U 250/12, JurBüro 2013, 654 (Auskunfts- und Abrechnungsansprüche eines VN gegen einen von ihm beauftragten RA hinsichtlich der Erstattung von Kosten, die von der Rechtsschutzversicherung übernommen wurden, gehen mit ihrer Entstehung auf den Rechtsschutzversicherer über); LG Bochum 26.6.2012 – 11 S 150/11, JurBüro 2012, 536: Mit dem Übergang des Kostenerstattungsanspruchs des obsiegenden VN gegen den Prozessgegner auf den Rechtsschutzversicherer geht auch der Anspruch des VN gegen seinen RA auf Auskunft über die vom Prozessgegner gezahlten Beträgen über; mit der Einschränkung, dass der VN den RA von seiner Schweigepflicht entbunden haben muss, ebenso: AG Frankfurt/Main 16.10.2012 – 30 C 1926/12, BRAK-Mitt. 2013, 130; AG Aachen 4.4.2010 – 112 C 182/09, VersR 2010, 1180.
39 BGH 10.11.1977 – III ZR 79/75, BGHZ 70, 7 = VersR 1978, 231; BGH 28.10.1982 – III ZR 89/81, BGHZ 85, 230 = VersR 1983, 85; Prölss/Martin/*Armbrüster*, § 86 Rn 12; BK/*Baumann*, § 67 Rn 36; Beckmann/Matusche-Beckmann/*Hormuth*, § 22 Rn 33. Es sei nicht einsichtig, dass der sich freiwillig in der Sachversicherung absichernde Bürger im Schadensfall auf seine Sachversicherung als „anderweitige Ersatzmöglichkeit" iSd § 839 Abs. 1 S. 2 BGB verweisen lassen müsse und damit schlechter stehe als der (sorglos) nicht Versicherte, der ohne weiteres den Amtsträger in Anspruch nehmen könne. Auch dem sachversicherten Geschädigten soll daher ein Schadensersatzanspruch nach § 839 Abs. 1 S. 2 BGB zustehen, der nach Leistung des Sachversicherers nach § 86 auf diesen übergehen kann.

Als **nicht übergangsfähig** werden Amtshaftungsansprüche (auf Haftpflichtversicherer),[40] Eigentumsansprüche[41] und Garantieansprüche[42] angesehen. 12

b) Ansprüche anderer Forderungsinhaber. Auch der Ersatzanspruch des **Versicherten** ist übergangsfähig, wenn eine Versicherung für fremde Rechnung vorliegt.[43] Der Anspruchsübergang erfolgt mit der Leistung des VR, ob diese nun an den Versicherten oder an den VN erfolgt.[44] 13

3. Dritter als Anspruchsgegner (Abs. 1 S. 1). a) Dritter iSv Abs. 1 S. 1. Voraussetzung für einen Forderungsübergang auf den VR ist, dass sich der Ersatzanspruch gegen einen Dritten richtet. **Dritter iSd Abs. 1 S. 1** ist jeder, der nicht aus demselben VersVertrag berechtigt ist, aus welchem der Regressanspruch herrührt. Nicht Dritter iSd Vorschrift ist mithin der VN oder ein Versicherter.[45] Wenn also der VN einen Schadensersatzanspruch gegen den Mitversicherten hat, geht der Ersatzanspruch bei Leistung des VR nicht auf diesen über. 14

Nur ausnahmsweise kann auch der VN Dritter sein, etwa bei einer Fremdversicherung, die sein Integritätsinteresse nicht mitversichert.[46] Ebenso kommt der Versicherte in Ausnahmefällen dann als Dritter in Betracht, wenn Eigen- und Fremdversicherung zusammenfallen, im konkreten Fall aber nur die Eigenversicherung greift.[47] In **einzelnen Versicherungsverträgen** stellt sich die Eigenschaft der Anspruchsgegner als Dritte iSd Vorschrift unterschiedlich dar. 15

b) Fahrzeugversicherung. Um einen Dritten iSd Abs. 1 S. 1 handelt es sich in der Fahrzeugversicherung bei dem nicht mit dem VN identischen **Fahrer**. Die Regressführung des Fahrzeugversicherers ist jedoch nach A.2.15 AKB 2008 auf Fälle vorsätzlicher oder grob fahrlässiger Schadenszufügung des Fahrers begrenzt. In diesen Fällen haftet der Fahrer nach dem Wortlaut von A.2.15 AKB 2008 grds. vollumfänglich auf den nach § 249 BGB erstattungsfähigen Schaden. Bei nur einfach fahrlässiger Schadensverursachung ist der Regress nach § 86 iVm A.2.15 AKB 2008 ausgeschlossen.[48] Die im neuen VVG grds. für das Verhältnis des VR zum VN praktizierte Abkehr vom Alles-oder-Nichts-Prinzip greift hier nicht, weil es sich bei 16

---

[40] BGH 28.10.1982 – III ZR 206/80, BGHZ 85, 225 = VersR 1983, 84; BGH 5.4.1984 – III ZR 19/83, BGHZ 91, 48 = VersR 1984, 759; Prölss/Martin/*Armbrüster*, § 86 Rn 12; Römer/Langheid/*Langheid*, § 86 Rn 18; BK/*Baumann*, § 67 Rn 38; Beckmann/Matusche-Beckmann/*Hormuth*, § 22 Rn 35. Steht dem Geschädigten zugleich ein Ersatzanspruch gegen den Amtsträger wie auch gegen einen haftpflichtversicherten Dritten zu, hat er den Anspruch gegen den Dritten als „anderweitige Ersatzmöglichkeit" iSd § 839 Abs. 1 S. 2 BGB geltend zu machen. Ersetzt dann der Haftpflichtversicherer den Schaden, besteht kein übergangsfähiger Amtshaftungsanspruch, § 839 Abs. 1 S. 2 BGB.
[41] Bruck/Möller/*Voit*, § 86 Rn 55 mit der Begründung, dass ein Eigentumsanspruch nicht übergehen kann, weil der VN mit dem Erhalt der Versicherungsleistung sein Eigentumsrecht nicht verliert; Prölss/Martin/*Armrüster*, § 86 Rn 10; aA Römer/Langheid/*Langheid*, § 86 Rn 16 – Mittlerweile: Problematisch ist der Übergang des Eigentumsanspruchs. Allgemein wird angenommen, dass das Eigentum nicht übergeht, weil der VN mit dem Erhalt der Versicherungsleistung das Eigentumsrecht nicht verlieren kann.
[42] *Martin*, VersR 1975, 101; Römer/Langheid/*Langheid*, § 86 Rn 17.
[43] BGH 5.2.1992 – IV ZR 340/90, VersR 1992, 485; OLG Köln 3.6.1996 – 12 U 29/96, VersR 1997, 57; OLG Jena 24.2.2004 – 4 U 857/03, r+s 2004, 331.
[44] BK/*Baumann*, § 67 Rn 75; Prölss/Martin/*Armbrüster*, § 86 Rn 32; Römer/Langheid/*Langheid*, § 86 Rn 23.
[45] BGH 30.4.1959 – II ZR 126/57, BGHZ 30, 40 = VersR 1959, 500; LG Berlin 8.3.2012 – 41 O 254/11, r+s 2013, 119 m. Anm. *Kröger*; für die Partner einer PartG als Versicherte (und damit nicht Dritte iSd § 86 Abs. 1) *Wertenbruch*, NZG 2013, 1006, 1009.
[46] Römer/Langheid/*Langheid*, § 86 Rn 26.
[47] Prölss/Martin/*Armbrüster*, § 86 Rn 31; Römer/Langheid/*Langheid*, § 86 Rn 26.
[48] OLG Hamm 28.1.2005 – 30 U 107/04, zfs 2005, 293.

dem Fahrer ja gerade um einen nicht in den Schutz des VersVertrages einbezogenen Dritten handelt.[49]

17 Weitere Einschränkungen bei der Regressführung des VR gegen den schadenverursachenden Fahrer gelten, wenn dieser beim VN angestellt war und den Unfall in Ausübung seiner Arbeit verursachte.[50] Maßgebend ist insoweit die Rspr des BAG zur Arbeitnehmerhaftung, wonach der Arbeitnehmer zwar dem Grunde nach für grob fahrlässig verursachte Schäden vollständig haftet,[51] dennoch aber nicht im Regresswege in Anspruch genommen werden darf, wenn sein Verdienst in einem deutlichen Missverhältnis zu dem verwirklichten Schadenrisiko steht. Ein solches Missverhältnis liegt regelmäßig dann vor, wenn der Schaden der Höhe nach drei Bruttomonatsgehälter des Arbeitnehmers übersteigt.[52]

18 Ebenfalls Dritter iSd Abs. 1 S. 1 ist auch der **Alleingesellschafter** einer Ein-Mann-GmbH im Kasko-VersVertrag für ein Fahrzeug der GmbH.[53] Es ist zwischen dem (versicherten) Eigentum der GmbH und dem (nicht versicherten) Eigentum des Alleingesellschafters zu trennen. Bei einer Schadensverursachung durch den Gesellschafter und Regulierung des VR an die GmbH findet ein Forderungsübergang statt.

19 Nimmt eine Personengesellschaft für ein zum Gesellschaftsvermögen gehörendes Fahrzeug eine Kaskoversicherung, sind Träger des versicherten Sacherhaltungsinteresses nicht die einzelnen Gesellschafter, sondern die rechtlich verselbständigte Gesamthand.[54] Ein Regress des VR gegen Gesellschafter soll aber trotzdem ausscheiden, weil eine Auslegung des VersVertrages ergibt, dass regelmäßig das Sachersatzinteresse der Gesellschafter als mitversichert anzusehen ist, die gesellschaftsintern dazu berufen sind, das versicherte Fahrzeug zu nutzen.[55] Die Gesellschafter sind daher nicht Dritte iSd Abs. 1 S. 1.

20 c) **Wohngebäudeversicherung.** In der Gebäudeversicherung handelt es sich bei **Mietern und Pächtern** des Gebäudes oder der Wohnung regelmäßig um Dritte.[56] Ein Regress des Gebäude-Sachversicherers ist daher nicht bereits aufgrund ihrer Eigenschaft als vermeintlich Mitversicherte ausgeschlossen.

21 Anders ist dies bei der **Wohnungseigentümergemeinschaft** nach dem WEG. Hier deckt der GebäudeVersVertrag das Sachersatzinteresse jeden Wohnungseigentümers, und zwar auch am Gemeinschaftseigentum und am Sondereigentum der übrigen Eigentümer. Der schadenverursachende **Wohnungseigentümer** ist mithin Mitversicherter und nicht Dritter iSd Vorschrift, so dass ein Regress des Sachversicherers gegen ihn ausgeschlossen ist.[57] Gleiches gilt für den **Zwangsverwalter** einer Eigentumswohnung jedenfalls dann, wenn er die anteiligen Prämien für die Gebäudeversicherung entrichtet und damit zu erkennen gegeben hat, dass er an dem bestehenden Versicherungsschutz für Beschädigungen an den zwangsverwalteten Wohnungen festhalten will.[58]

---

49 *Dickmann*, VersR 2012, 678, 681.
50 *Burmann/Heß/Höke/Stahl*, Das neue VVG im Straßenverkehrsrecht, 2008, S. 151 Rn 447.
51 BAG 25.9.1997 – 8 AZR 288/96, NJW 1998, 1810.
52 BAG 12.11.1998 – 8 AZR 221/97, NZV 1999, 164.
53 BGH 27.10.1993 – IV ZR 33/93, VersR 1994, 85.
54 BGH 5.3.2008 – IV ZR 89/07, zfs 2008, 274 = VersR 2008, 654.
55 BGH 5.3.2008 – IV ZR 89/07, zfs 2008, 274 = VersR 2008, 654; zur Luftfahrzeug-Kaskoversicherung eines Luftsportvereins OLG Hamm 9.11.2011 – 20 U 191/11, VersR 2013, 55.
56 BGH 8.11.2000 – IV ZR 298/99, NJW 2001, 1353.
57 BGH 28.3.2001 – IV ZR 163/99, VersR 2001, 713; aA *Günther*, Der Regreß des Sachversicherers, S. 5.
58 LG Nürnberg-Fürth 20.7.2012 – 12 O 438/12, NJW-RR 2013, 41.

d) **Technische Versicherungen.** In der Bauwesen- und Bauleistungsversicherung existieren oftmals gesonderte Vereinbarungen über die Reichweite und den Ausschluss des § 86 (zB in § 2 Abs. 7 ABE bzw § 2 Abs. 5 h) AMB 91, § 3 ABU, § 3 ABN, § 3 Ziff. 1 AmoB).[59]

4. Quotenvorrecht (Abs. 1 S. 2). a) Allgemeines. Der Forderungsübergang kann nach Abs. 1 S. 2 „nicht zum Nachteil des Versicherungsnehmers" geltend gemacht werden. Diese Gesetzesformulierung in Abs. 1 S. 2, die mit gleichem Wortlaut aus § 67 Abs. 1 S. 2 aF übernommen wurde, gab dem BGH Anlass, nach der sog. **Differenztheorie** das **Quotenvorrecht** zu entwickeln.[60] Dessen Grundsatz lautet, dass sich der VN von seinem Ersatzanspruch gegen den Schädiger bis zu seinem vollen Neuwertschaden befriedigen kann. Nur der dann noch verbleibende Betrag geht auf den VR über.[61] Es verbleibt allerdings die Ersatzforderung beim VN nur hinsichtlich derjenigen Schadenspositionen, die ihrer Art nach in den Schutzbereich des VersVertrages fallen (sog. **kongruente Schäden**, vgl dazu Rn 31 ff), während die verbleibenden Schadenspositionen nur nach der Haftungsquote zu erstatten sind.[62]

Die Begründung des Quotenvorrechts erfolgt unter Bezug auf den Sinn und Zweck des VersVertrages in der Schadensversicherung. Der VN habe aufgrund der Leistung seiner Versicherungsprämien einen Anspruch darauf, seinen Schaden in jedem Fall bis zur Höhe der Versicherungssumme erstattet zu bekommen, ohne sich auf andere Ersatzmöglichkeiten verweisen lassen zu müssen. Der VR auf der anderen Seite habe bereits durch die Prämien des VN seine Gegenleistung für die Regulierung erhalten, so dass es ihm zuzumuten sei, dass Ersatzforderungen erst dann auf ihn übergehen, soweit dies zur Vermeidung einer Bereicherung des VN notwendig sei. Eine Bereicherung sei aber erst dann zu konstatieren, wenn die Versicherungsleistung und die Ersatzforderung zusammen den Schaden übersteigen.[63]

b) Konstellationen. aa) Vollständige Regulierung. Keine Schwierigkeiten bereiten in der Praxis die Fälle, in denen der VR des Ersatzanspruchs des Geschädigten **vollständig** befriedigt. Das Quotenvorrecht des VN wirkt sich nicht aus, weil kein Unterschied zwischen der Versicherungsleistung und dem eingetretenen Schaden besteht. Wenn B der Schädiger dem A am versicherten Fahrzeug einen Schaden iHv 5.000 € zugefügt hat und der Fahrzeugversicherer diesen Schaden vollständig begleicht, geht der Ersatzanspruch des VN nach § 86 ungeschmälert auf ihn über.

bb) Anteilige Regulierung. Problemträchtiger ist es hingegen, wenn der VR den VN aus versicherungsvertraglichen Gründen (zB Selbstbehalt, Summenbegrenzungen, Risikoausschlüssen) nicht voll entschädigt oder der Haftpflichtanspruch des VN gegen den Schädiger – zB aufgrund eines Mitverschuldens – geringer ist als der Schaden (sog. **Mangelfall**). In diesen Fällen besteht sodann eine Konfliktsituation zwischen VN und VR:[64] Die Leistung des VR reicht nicht aus, um den vollen Schaden dem VN auszugleichen, weshalb der VN in Höhe seines verbleibenden Restschadens den Schädiger in Anspruch nehmen möchte. Der VR hingegen hat einen Teil des Schadens durch die Leistung an den VN ausgeglichen und hat Interesse daran, den Gegenwert dafür im Regresswege vom Schädiger zu erhalten. Dazu wäre jedoch ein Forderungsübergang auf ihn erforderlich. In derartigen Fällen greift zu Gunsten des VN das Quotenvorrecht ein. Es hat zur Folge, dass der Schadens-

---

59 Vgl im Einzelnen *Günther*, Der Regreß des Sachversicherers, S. 6 f.
60 BGH 4.4.1967 – VI ZR 179/65, VersR 1967, 674.
61 BGH 4.4.1967 – VI ZR 179/65, VersR 1967, 674; OLG Celle 3.2.2011 – 5 U 171/10, NJW-RR 2011, 830; OLG Köln 21.7.1992 – 3 U 33/92, r+s 1992, 326; OLG Karlsruhe 18.10.1990 – 12 U 83/90, VersR 1991, 1127; OLG Koblenz 23.1.2003 – 5 U 978/02, NJW-RR 2003, 314.
62 OLG Celle 3.2.2011 – 5 U 171/10, NJW-RR 2011, 830; Prölss/Martin/*Armbrüster*, § 86 Rn 50.
63 Vgl *Günther*, Der Regreß des Sachversicherers, S. 8 f.
64 Vgl zu Folgendem *Wandt*, in: Hdb FA VersR, Kap. 9 Rn 325.

ersatzanspruch nicht auf den VR übergeht, soweit der VN ihn benötigt, um seinen Restschaden beim Schädiger zu realisieren.

27 **Beispiel:** Der VN erleidet in einem Verkehrsunfall einen Fahrzeugschaden iHv 5.000 €. Aufgrund hälftigen Mitverschuldens an der Unfallentstehung beläuft sich sein Schadensersatzanspruch gegen den Unfallgegner auf 2.500 €. Der Pkw des VN ist vollkaskoversichert, wobei ein Selbstbehalt iHv 2.000 € vereinbart ist. Der VR leistet vertragsgemäß 3.000 € (Schadenbetrag von 5.000 € abzüglich Selbstbehalt von 2.000 €) an den VN. Beim VN bleibt nach der Leistung des VR mithin ein Restschaden iHv 2.000 € ungedeckt. Der Ersatzanspruch gegen den Schädiger iHv 2.500 € ist nicht hoch genug, um bei gleichzeitiger Inanspruchnahme sowohl den Anspruch des VN (2.000 €) als auch des VR (3.000 €) zu befriedigen.

Nach der dem Quotenvorrecht zugrunde liegenden Differenztheorie verbleibt der Haftpflichtanspruch beim VN, soweit sein Schaden nicht vom VR gedeckt wird. Der Ersatzanspruch geht nach § 86 also nur auf den VR über, soweit er nicht vom VN zur vollständigen Schadentilgung benötigt wird, mithin nur soweit er zusammen mit der Versicherungsleistung den Schaden übersteigt. Bei einem Gesamtschaden von 5.000 € und einem wegen hälftigen Mitverschuldens auf 2.500 € reduzierten Schadensersatzanspruch kann der VN nach Erhalt der Versicherungsleistung von 3.000 € die verbliebenen 2.000 € Restschaden gegen den Schädiger geltend machen. Auf den VR geht nach § 86 nur der Ersatzanspruch gegen den Schädiger über, der nach voller Befriedigung des gesamten Schadens des VN verbleibt, vorliegend also nur ein Anspruch iHv 500 € (Schädiger schuldete insgesamt 2.500 €, davon forderte der VN 2.000 €, es verbleiben 500 €, die nach der Differenztheorie auf den VR übergehen).

28 **cc) Neuwertversicherung.** Das Quotenvorrecht entfaltet nach herrschender Rspr auch in der Neuwertversicherung in Bezug auf die **Neuwertspitze** Geltung. Selbst wenn der VN innerhalb der Drei-Jahres-Frist die beschädigte versicherte Sache nicht wiederherstellt oder dies nicht in gleicher Art und Weise tut, so dass versicherungsvertraglich kein fälliger Anspruch auf Neuwertspitze entsteht (vgl Abschnitt A § 12 Ziff. 9 VGB 2008, § 26 Ziff. 7 VGB 2000, § 15 Ziff. 4 VGB 88, § 11 Ziff. 5 AERB 87/AWB 87/AStB 87/AFB 87), soll er diese nach Quotenvorrecht dennoch erhalten. Er könne den vom VR erhaltenen Zeitwertschaden durch seine bestehenden Haftpflichtansprüche gegenüber dem Schädiger bis zur Neuwertspitze aufstocken.[65]

29 **c) Kritik am Quotenvorrecht.** Das vom BGH in stRspr praktizierte Quotenvorrecht hat in der Lit. berechtigte Kritik erfahren.[66] Seine Umsetzung führt dazu, dass der VN trotz eines etwaigen Mitverschuldens, einer Summenbegrenzung, einer Selbstbeteiligung o.Ä. stets in voller Höhe seine Ansprüche ungeschmälert geltend machen kann. Ein mit dem VR vereinbarter Selbstbehalt oder eine aufgrund einer vereinbarten Summenbegrenzung nur geringer geschuldete Versicherungsprämie läuft ins Leere. Der VN erlangt über das Quotenvorrecht Leistungen, die ihm nicht zustehen, denn er wird bessergestellt, als er einerseits nach dem versicherungsrechtlichen Deckungsverhältnis, andererseits aber auch nach dem bürgerlich-rechtlichen Erstattungsanspruch stehen darf. Der quotenbevorrechtigte VN wird im Ergebnis einem VN gleichgestellt, den kein Mitverschulden trifft oder der unter Zahlung einer höheren Prämie eine höhere Versicherungssumme bzw eine niedrigere Selbstbeteiligung wählt. Richtig wäre es daher, den materiellen Schaden nach bürgerlich-rechtlichem Haftpflichtrecht als Obergrenze für die Anwendung

---

65 OLG Köln 21.7.1995 – 3 U 33/92, r+s 1992, 326 m. krit. Anm. *Langheid*.
66 Römer/Langheid/*Langheid*, § 86 Rn 41; *Ebert/Segger*, NVersZ 2001, 143; *Günther*, Der Regreß des Sachversicherers, S. 10; Beckmann/Matusche-Beckmann/*Hormuth*, § 22 Rn 90 f.

der Differenztheorie festzulegen. Ersatzansprüche dürften nur in dieser Höhe beim VN verbleiben und müssten im Übrigen auf den eintrittspflichtigen VR übergehen.[67]

Die Kritik des Schrifttums an der aus dem Gesetzeswortlaut abgeleiteten und vom BGH angewendeten Quotenregelung wurde vom Gesetzgeber zur Kenntnis genommen, ein Änderungsbedarf allerdings nicht erkannt. Die in bestimmten Fällen (zB bei vereinbartem Selbstbehalt) festzustellende Bereicherung des VN auf Kosten des VR sei hinzunehmen.[68] 30

5. Kongruenzprinzip. a) Sachliche und zeitliche Kongruenz. Der Ersatzanspruch geht nach Abs. 1 auf den VR über, „**soweit**" dieser den Schaden ersetzt. Aus dieser Formulierung ergibt sich, dass nur solche Ersatzansprüche übergangsfähig sind, die mit der vom VR erbrachten Versicherungsleistung in Zusammenhang stehen, mit ihr kongruent sind. Eine **Kongruenz** ist dann zu bejahen, wenn der Schaden in den Schutzbereich des VersVertrages fällt, also mit der vom VR geschuldeten Versicherungsleistung deckungsgleich ist.[69] 31

Zur Feststellung der Übergangsfähigkeit bedarf es somit der Prüfung im Einzelfall, ob Ersatzansprüche dem gleichen Zweck wie die Versicherungsleistung dienen (**sachliche Kongruenz**) und auch in einem Zeitraum entstanden sind, in welchem entsprechender Versicherungsschutz bestand (**zeitliche Kongruenz**).[70] 32

Für die Kongruenz ist es nicht entscheidend, ob die konkrete Schadensposition vom VR ersetzt werden muss; entscheidend ist allein der Schutzbereich der Versicherung.[71] Unerheblich für die Frage der Kongruenz und damit des Forderungsübergangs ist bspw, dass der VR nach den AKB die Wertminderung nicht ersetzt und die Sachverständigenkosten nur dann, wenn dies mit ihm vereinbart ist (§ 13 Abs. 6 AKB). 33

b) Fahrzeugversicherung. In der Fahrzeugversicherung gehen als kongruent lediglich Ansprüche auf Ersatz des unmittelbaren Schadens am Fahrzeug auf den Fahrzeugversicherer über,[72] so etwa Reparaturkosten, Wiederbeschaffungswert, technische und merkantile Wertminderung,[73] Sachverständigenkosten[74] oder Abschleppkosten.[75] 34

Nicht übergangsfähig sind Sachfolgeschäden, etwa Mietwagenkosten, Nutzungsausfallentschädigung, Unkostenpauschale, Verdienstausfallschaden oder Prämiennachteile.[76] 35

Beispiel: Der kaskoversicherte VN (Selbstbehalt: 2.000 €) erleidet einen Fahrzeugschaden von 5.000 €. Für die Zeit der Reparaturdauer von zwei Wochen mietet er ein Ersatzfahrzeug für 1.000 € an. Er hat den Unfall hälftig mitverschuldet. 36

Aufgrund hälftigen Mitverschuldens an der Unfallentstehung beläuft sich sein Schadensersatzanspruch gegen den Unfallgegner auf 3.000 € (die Hälfte des Gesamtschadens von 6.000 €). Der VR leistet vertragsgemäß 3.000 € (Fahrzeug-Schadensbetrag von 5.000 € abzüglich Selbstbehalt von 2.000 €) an den VN. Beim VN bleibt nach der Leistung des VR mithin ein Restschaden von 3.000 € unge-

---

67 Beckmann/Matusche-Beckmann/*Hormuth*, § 22 Rn 91.
68 Begr. RegR, BT-Drucks. 16/3945, S. 81.
69 BGH 8.12.1981 – VI ZR 153/80, VersR 1982, 283; OLG Hamm 15.3.1993 – 6 U 251/92, NZV 1993, 477; OLG Karlsruhe 18.10.1990 – 12 U 83/90, VersR 1991, 1127.
70 *Günther*, Der Regreß des Sachversicherers, S. 13.
71 BGH 28.1.1958 – VI ZR 308/56, VersR 1958, 161; BK/*Baumann*, § 67 Rn 91.
72 *Bauer*, Die Kraftfahrtversicherung, Rn 1197.
73 BGH 8.12.1981 – VI ZR 153/80, VersR 1982, 283; OLG Frankfurt 8.2.2011 – 22 U 162/08, SP 2011, 291; OLG Celle 8.8.2006 – 14 U 36/06, OLGR Celle 2006, 705.
74 BGH 29.1.1985 – VI ZR 59/84, VersR 1985, 441.
75 BGH 12.1.1982 – VI ZR 265/80, VersR 1982, 383.
76 OLG Celle 3.2.2011 – 5 U 171/10, NJW-RR 2011, 146.

deckt. Der Ersatzanspruch gegen den Schädiger iHv 3.000 € ist nicht hoch genug, um bei gleichzeitiger Inanspruchnahme sowohl den Anspruch des VN (3.000 €) als auch des VR (3.000 €) zu befriedigen.

Der kongruente Ersatzanspruch des VN umfasst lediglich die Reparaturkosten, nicht aber die Mietwagenkosten. Der Berechnung zugrunde zu legen ist mithin lediglich ein um den nicht kongruenten Schaden „bereinigter" Schaden von 5.000 € (und nicht von 6.000 €). Aufgrund der hälftigen Mithaftung des VN beschränkt sich das Schadensersatzvolumen gegenüber dem Schädiger für diese Berechnung auf 2.500 €.

Im Anschluss an die Regulierung des VR von 3.000 € verbliebe dem VN ein Restschaden von 2.000 € (5.000 € – 3.000 €), den er quotenbevorrechtigt beim Schädiger durchsetzen könnte. Für den VR bliebe ein nach § 86 übergehender Ersatzanspruch von 500 €.

Den inkongruenten Teil des Schadensersatzanspruchs (Mietwagenkosten von 1.000 €) kann der VN im Rahmen der 50 %igen Mitverschuldensquote vom Schädiger iHv 500 € verlangen. Der VR erhält die 50 % des nicht kongruenten Schadens nicht erstattet.

37 c) **Feuerversicherung.** Als kongruente Ansprüche sind etwa Sachsubstanzschäden (in Höhe des Zeitwertes) übergangsfähig.[77] Als nicht kongruent einzustufen sind Nutzungsausfall[78] und Mietausfall.[79]

38 6. **Befriedigungsvorrecht (Abs. 1 S. 2).** Ebenfalls aus der Regelung des Abs. 1 S. 2, wonach der Forderungsübergang nicht zum Nachteil des VN geltend gemacht werden kann, wird das Befriedigungsrecht des VN abgeleitet. Der geschädigte VN soll nicht nur – wie beim Quotenvorrecht – bei der Geltendmachung, sondern darüber hinaus auch bei der Befriedigung seines Anspruchs gegenüber dem VR den Vorrang erhalten. Reicht das Vermögen des im Regresswege sowohl vom VN als auch vom VR in Anspruch genommenen Schädigers nicht aus, um beide zu befriedigen, ist im Rahmen der Zwangsvollstreckung zuerst der VN zu bedienen.[80] Es handelt sich beim Befriedigungsvorrecht um die vollstreckungsrechtliche Verwirklichung des Quotenvorrechts des VN.[81]

IV. Mitwirkungsobliegenheit (Abs. 2)

39 1. **Ausgangssituation.** Im Privatversicherungsrecht geht der Schadensersatzanspruch nicht bereits zum Zeitpunkt des schädigenden Ereignisses auf den VR über,[82] sondern erst mit dessen Leistungserbringung. In der Zeit zwischen schädigendem Ereignis und Leistung des VR steht der Schadensersatzanspruch weiterhin dem VN zu. Wenn nun der VN in dieser Zeit über seinen Anspruch oder ein den Anspruch sicherndes Recht etwa durch Abtretung oder Verzicht, Erlass oder Vergleich verfügt oder aber durch bloßes Untätigbleiben dessen Realisierbarkeit verhindert, stellt sich die Frage nach den rechtlichen Auswirkungen im Verhältnis zum leistenden VR.

40 2. **Maßgebender Zeitpunkt.** Die Aufgabe oder Nichtverfolgung von Ersatzansprüchen stellt nicht zu jeder Zeit eine Obliegenheitsverletzung des VN dar. Wenn der

---

77 BK/*Baumann*, § 67 Rn 92.
78 BGH 30.9.1957 – III ZR 76/56, BGHZ 25, 340; es sei denn, es besteht eine Betriebsunterbrechungsversicherung nach den FBU oder ZKBU, s. *Günther*, Der Regreß des Sachversicherers, S. 13.
79 BGH 11.7.1963 – III ZR 81/62, VersR 1963, 1185; es sei denn, Mietausfall ist etwa gem. § 3 VGB 2000/VGB 88 mitversichert, s. *Günther*, Der Regreß des Sachversicherers, S. 13.
80 Römer/Langheid/*Langheid*, § 86 Rn 33.
81 Römer/Langheid/*Langheid*, § 86 Rn 33.
82 Wie etwa in den Fällen des gesetzlichen Forderungsübergangs nach § 116 SGB X.

VN etwaige Schadensersatzansprüche bereits **vor Abschluss des VersVertrages** aufgibt oder nicht weiterverfolgt, liegt hierin keine Obliegenheitsverletzung.[83] Etwas anderes gilt nur bei ungewöhnlichen Abreden, in denen etwa zu Lasten des VN auch Vorsatz und grobe Fahrlässigkeit ausgeschlossen werden.[84] Der Haftungsverzicht ist allerdings ein gefahrerheblicher Umstand, den der VN auf Nachfrage gem. §§ 19 ff anzugeben hat.[85] Verzichtet der VN nach Abschluss des Vertrages, aber **vor Eintritt des Versicherungsfalles** auf Ersatzansprüche, stellt dies zwar eine sanktionsfähige Gefahrerhöhung dar, nicht aber eine Anspruchsaufgabe. Denn es besteht für den VN nach wie vor kein Anspruch, welchen er aufgeben oder nicht weiterverfolgen könnte.[86] Maßgebender Zeitpunkt für die Annahme eines Obliegenheitsverstoßes ist mithin der **nach Eintritt des Versicherungsfalles**.

3. Obliegenheit des VN zur Wahrung des Ersatzanspruchs (Abs. 2 S. 1). Der Gesetzgeber hat in Abs. 2 eine Obliegenheit geschaffen, nach welcher der VN den nach Abs. 1 auf den VR übergehenden Ersatzanspruch zu wahren hat. Der VN hat hierbei geltende Form- und Fristvorschriften zu beachten. 41

a) Obliegenheitsverletzung durch Aufgabe. Die Obliegenheit zur Wahrung des Ersatzanspruchs impliziert das Verbot seiner Aufgabe. Das vormals in § 67 Abs. 1 S. 3 aF geregelte **Aufgabeverbot** besteht mithin – wenn auch nicht ausdrücklich formuliert – in Abs. 2 fort.[87] Untersagt ist dem VN mithin jedes Verhalten, das die Schadloshaltung des VR bei einem Regress gegen den Schädiger verringert oder verhindert. 42

In folgenden Fällen wurde eine Aufgabe des Ersatzanspruchs **bejaht**: 43

- In der **Berufungszurücknahme** gegen das klageabweisende Urteil im Rechtsstreit des VN gegen den Haftpflichtversicherer des Schädigers.[88]

- In einer **arbeitsvertraglichen Abrede**, in welcher dem Arbeitnehmer ein Firmenwagen auch zur privaten Nutzung überlassen und eine Haftung für Fahrzeugschäden „bei Fahrlässigkeit" auf 5.000 DM beschränkt bzw ausgeschlossen wurde, „soweit der Schaden durch eine Versicherung abgedeckt wird". Diese Regelung belaste den Fahrzeugversicherer entgegen Treu und Glauben über Gebühr. In entsprechender Anwendung des § 67 Abs. 1 S. aF sei der VR bei einem während einer Privatfahrt des Arbeitnehmers grob fahrlässig verursachten Unfall gegenüber dem VN leistungsfrei.[89]

- In einem **Prozessvergleich mit Abfindungsklausel** zwischen dem verletzten VN eines Krankenversicherers mit dem Schädiger im Haftpflichtrechtsstreit („Die Parteien sind sich darüber einig, dass mit der Regelung sämtliche Ansprüche des Klägers, seien sie bekannt oder unbekannt, aus dem Vorfall vom ... ausgeglichen sind").[90] Es sind allerdings Regressansprüche von einem Abfindungs-

---

83 OLG Frankfurt 9.12.1992 – 13 U 258/88, NJW-RR 1994, 29; Prölss/Martin/*Armbrüster*, § 86 Rn 69, 71; Römer/Langheid/*Langheid*, § 86 Rn 50.
84 BGH 13.1.1975 – VII ZR 56/72, VersR 1975, 317; *Günther*, Der Regreß des Sachversicherers, S. 12.
85 Römer/Langheid/*Langheid*, § 86 Rn 50.
86 BK/*Baumann*, § 67 Rn 115; Beckmann/Matusche-Beckmann/*Hormuth*, § 22 Rn 93; differenziert: Römer/Langheid/*Langheid*, § 86 Rn 51.
87 Folgerichtig findet sich in der Regierungsbegründung die Formulierung, dass in Abs. 2 „über das geltende Aufgabeverbot hinaus" Obliegenheiten des VN begründet worden seien; wohl nur in der Formulierung missverständlich: *Grote/Schneider*, BB 2007, 2689, 2696.
88 LG Köln 7.10.2004 – 24 O 516/03, r+s 2005, 328.
89 OLG Saarbrücken 17.4.2002 – 5 U 875/01, zfs 2002, 296.
90 KG Berlin 5.10.2001 – 6 U 7340/99, VersR 2002, 1541.

vergleich nicht erfasst, wenn diese zum Zeitpunkt des Abschlusses der Vereinbarung bereits auf den VR gem. § 67 aF übergegangen sind.[91]
- In einer einverständlichen Verrechnung der vom **Mieter** zur Beseitigung eines von ihm verursachten Brandschadens aufgewandten Beträge mit der Miete.[92]

44 Eine Aufgabe des Ersatzanspruchs wurde hingegen in folgenden Fällen **verneint**:
- Bei einem **Vergleich** zwischen VN und Bauunternehmer mit Abgeltungsklausel. Der Vergleich war unwirksam, weil der Bauunternehmer Mängel arglistig verschwiegen hatte.[93]

- Bei einer **Vereinbarung** zwischen Vermieter und Mieter, dass keine gegenseitigen Ansprüche aus dem beendeten Mietverhältnis mehr bestünden. Mit der Abrede seien erkennbar nicht die Regressansprüche des VR gegen den Mieter gemeint gewesen. Auch eine ergänzende Vertragsauslegung ergebe nichts Entsprechendes. Es habe jedenfalls nicht dem mutmaßlichen Willen des Vermieters entsprochen, sich mit einer solchen Vertragsregelung gem. § 67 Abs. 1 S. 3 aF um den Deckungsschutz seines VR zu begeben.[94]

45 **b) Obliegenheitsverletzung durch Unterlassen.** Nach früherem Recht des § 67 Abs. 1 S. 3 aF war umstritten, ob auch ein bloßes Unterlassen des VN bei der Durchsetzung des Regressanspruchs und ein dadurch verursachter Anspruchsverlust (etwa durch Nichtfeststellung des Schädigers, Verjährenlassen von Ersatzansprüchen o.Ä.) die Leistungsfreiheit des VR begründete.[95] Dieser Streit hat sich mit der Schaffung des Abs. 2 erledigt. Es wird nun vom VN die aktive Mitwirkung bei der Wahrung der Ersatzansprüche des VR gefordert.

46 **4. Obliegenheit zur Mitwirkung bei der Durchsetzung (Abs. 2 S. 1).** Über die bloße Wahrung der Ersatzansprüche des VR hat der VN – soweit erforderlich – auch bei der Durchsetzung gegen den Schädiger mitzuwirken. Er hat zB dem VR Auskünfte zu erteilen, die zur Begründung des Ersatzanspruchs notwendig sind.[96] Auch hat er dem VR benötigte Vollmachten (zB zur Akteneinsicht bei Behörden, zum Beitritt zu einem Rechtsstreit) zu erteilen.

47 **5. Rechtsfolgen der Obliegenheitsverletzung (Abs. 2 S. 2 und 3).** Da die Mitwirkungsanforderungen an den VN in Abs. 2 als Obliegenheiten ausgestaltet sind, orientieren sich die Rechtsfolgen eines Verstoßes in Abs. 2 S. 2 und 3 folgerichtig an § 28 Abs. 2. Eine vollständige Leistungsfreiheit des VR ist nach Abs. 2 S. 2 allein bei vorsätzlicher Obliegenheitsverletzung des VN anzunehmen. Bei grob fahrlässigem Verhalten des VN tritt gem. Abs. 2 S. 3 eine quotale Leistungsfreiheit des VR ein. Bei einfacher Fahrlässigkeit des VN bleibt der VR leistungspflichtig.

48 **6. Realisierbarkeit der Ersatzforderung.** Zur Begründung einer – ggf anteiligen – Leistungsfreiheit des VR ist es erforderlich, dass die Obliegenheitsverletzung **ursächlich** dafür geworden ist, dass der VR beim Schädiger keinen Ersatz erhalten kann („infolgedessen"). Wenn es ohnehin an einer tatsächlichen Durchsetzbarkeit der Regressansprüche fehlte, ist die erforderliche kausale Verknüpfung nicht gegeben.[97] Maßgeblicher Zeitpunkt ist der der Inanspruchnahme des Schädigers durch

---

91 OLG Brandenburg 9.7.2009 – 12 U 203/08, VersR 2010, 66.
92 LG Köln 4.5.1972 – 77 O 37/72, VersR 1973, 337.
93 OLG Oldenburg 31.8.2004 – 12 U 63/04, VersR 2005, 72.
94 OLG Celle 6.12.2001 – 11 U 124/01, VersR 2002, 885; vgl auch OLG Oldenburg 31.8.2004 – 12 U 63/04, VersR 2005, 72.
95 Für einen Anspruchsverlust: Römer/Langheid/*Langheid*, § 86 Rn 48; *Langheid*, NJW 1993, 700; BK/*Baumann*, § 67 Rn 122; Bruck/Möller/*Sieg*, § 67 Anm. 74; gegen einen Anspruchsverlust: Prölss/Martin/*Prölss*, 27. Aufl., § 67 Rn 31; OLG Hamm 23.8.1991 – 20 W 30/91, r+s 1991, 401; OLG Stuttgart 9.2.1995 – 7 U 209/94, r+s 1996, 185.
96 Begr. RegE, BT-Drucks. 16/3945, S. 82.
97 Begr. RegE, BT-Drucks. 16/3945, S. 82.

den VR. Wäre der Anspruch zu diesem Zeitpunkt nicht realisierbar gewesen, ist auf den Zeitpunkt der vermutlichen Vermögensbesserung des Schädigers abzustellen.[98]

V. Regressprivileg (Abs. 3)

1. Allgemeines. In Abs. 3 wird ein Regressprivileg zu Gunsten der bei Eintritt des Schadens mit dem VN in **häuslicher Gemeinschaft** lebenden Personen formuliert. Das Regressprivileg verfolgt einen doppelten Zweck. Zum einen soll der häusliche Frieden gewahrt bleiben, indem Streitigkeiten über die Verantwortung für die Schadenszufügung vermieden werden.[99] Ohne Belang ist dabei, ob für den Dritten ein Haftpflichtversicherer einzustehen hat.[100] Zum anderen soll eine mittelbare Belastung des VN verhindert werden, die durch den Rückgriff des VR entstünde. Denn regelmäßig bilden Mitglieder einer häuslichen Gemeinschaft eine Wirtschaftseinheit mit der Folge, dass bei einem Rückgriff durch den VR der VN das, was er als Versicherungsleistung soeben erhalten hatte, als Regressleistung (mittelbar) wieder herausgeben müsste. Die Regelung des Abs. 3 soll in den dort geregelten Fällen des Ausschlusses des gesetzlichen Forderungsübergangs auch zur Unwirksamkeit einer entsprechenden Abtretung des VN führen.[101]

Es besteht eine weitgehende inhaltliche Übereinstimmung des Abs. 3 zu § 67 Abs. 2 aF. Konstruktiv wurde allerdings anstatt des vormaligen Ausschlusses des Anspruchsübergangs ein Ausschluss des Regresses eingeführt. Bei Leistung des VR geht der Anspruch zwar vom VN auf ihn über, kann aber vom VR nicht gegen den Dritten geltend gemacht werden.[102]

Ebenso wie in Abs. 3 ist auch **§ 116 Abs. 6 SGB X** (trotz anderen Wortlauts) so zu verstehen, dass auf Partner einer in **nichtehelicher Lebensgemeinschaft** ein Regressausschluss gilt, wenn diese in häuslicher Gemeinschaft leben.[103] Aus dem Umstand, dass der Gesetzgeber bei der Neufassung des VVG nicht zugleich § 116 Abs. 6 SGB X ebenso neu gefasst hat wie Abs. 3, kann nicht geschlossen werden, dass die Vorschriften unterschiedlich verstanden werden sollten. Hierzu verhalten sich die Gesetzesmaterialien nicht.[104]

Demhingegen greift das Privileg des Abs. 3 bei einem Regress des **Kfz-Haftpflichtversicherers** gem. § 426 Abs. 2 BGB nicht zugunsten eines Familienangehörigen eines VN, der mit ihm in häuslicher Gemeinschaft lebt, ein, wenn Ersterer ohne Fahrerlaubnis einen Verkehrsunfall mit Unfallflucht begangen hat. Eine unmittelbare Anwendung des Abs. 3 scheidet aus, weil der VR den Regressanspruch nicht gem. Abs. 1 vom VN erwirbt, sondern gem. § 416 BGB unmittelbar vom Haftpflichtgläubiger.[105] Auch eine analoge Anwendung des Privilegs in Abs. 3 scheidet aus, weil der VR anderenfalls gezwungen wäre, ein bestimmtes Risiko (die Schadenverursachung durch einen Fahrer, der nicht die erforderliche Fahrerlaubnis be-

---

98 *Günther*, Der Regreß des Sachversicherers, S. 17.
99 BGH 12.11.1985 – VI ZR 223/84, VersR 1986, 333; OLG Köln 17.10.1990 – 24 U 43/90, NJW-RR 1991, 670.
100 BGH 3.7.1984 – VI ZR 264/82, NJW 1985, 128; OLG Schleswig 17.11.2010 – 7 U 100/09, juris; Römer/Langheid/*Langheid*, § 86 Rn 55; BK/*Baumann*, § 67 Rn 160; aA Prölss/Martin/*Armbrüster*, § 86 Rn 86.
101 OLG Schleswig 17.11.2010 – 7 U 100/09, juris.
102 Begr. RegE, BT-Drucks. 16/3945, S. 82.
103 BGH 5.2.2013 – VI ZR 274/12, VersR 2013, 520; BGH 22.4.2009 – IV ZR 160/07, VersR 2009, 813.
104 LG Köln 17.3.2011 – 24 O 350/10, juris.
105 OLG Koblenz 2.5.2011 – 10 U 1493/10, VersR 2012, 1026.

51 **2. Häusliche Gemeinschaft.** Zur Anpassung des Gesetzes an die aktuellen gesellschaftlichen Verhältnisse hat der Gesetzgeber die Bindung des Regressausschlusses an die Eigenschaft des Dritten als Familienangehörigen aufgegeben.[107] Von der Vorschrift erfasst werden nun – unabhängig von den familiären Verhältnissen – **sämtliche Personen**, die mit dem VN in **häuslicher Gemeinschaft** leben.[108] Eine häusliche Gemeinschaft besteht dann, wenn der Lebensmittelpunkt des Dritten im Haushalt des VN liegt und eine auf Dauer angelegte gemeinschaftliche Wirtschaftsführung besteht.[109] Nicht erforderlich ist, dass sich der Dritte überwiegend in der gemeinsamen Wohnung aufhält, andererseits genügt es nicht, wenn er sich lediglich fallweise dort versorgt.[110] Die häusliche Gemeinschaft zwischen Kindern und Eltern wird nicht dadurch aufgehoben, dass das Kind nur zu Ausbildungszwecken auswärts wohnt, ohne sein Zimmer im Elternhaus aufzugeben.[111] Demhingegen ist sie dann aufgehoben, wenn ein volljähriges Kind eine eigene Wohnung allein oder mit Dritten bezieht.[112] Die wirtschaftliche Abhängigkeit des studierenden Kindes vom Bar- und Naturalunterhalt der Mutter begründet auch keine gemeinschaftliche Wirtschaftsführung, die alleine für die Anwendbarkeit des Abs. 3 auch nicht ausreichen würde. Eine erweiternde oder analoge Anwendung auf Fälle, in denen der VN in vollem Umfang für den Schädiger unterhaltspflichtig ist, ist auch nicht im Hinblick auf den Sinn und Zweck der Vorschrift oder aus verfassungsrechtlichen Gründen geboten. Allein die Unterhaltspflicht gebietet keine Gleichstellung von Getrenntlebenden mit Zusammenlebenden.[113]

52 Indizien für das Bestehen einer häuslichen Gemeinschaft sind etwa:

- die gemeinsame Einnahme von Mahlzeiten,[114]
- das Bestehen eines gemeinsamen Wohnzimmers, in dem regelmäßig gemeinsam Fernsehabende verbracht werden,[115]
- das Säubern der gesamten Schmutzwäsche in einer Waschmaschine,[116]
- die Dauer des gemeinsamen Wohnens,[117]

---

106 BGH 13.7.1988 – IVa ZR 55/87, VersR 1988, 1062; OLG Koblenz 2.5.2011 – 10 U 1493/10, VersR 2012, 1026; OLG Hamm 1.2.2006 – 20 U 212/05, VersR 2006, 965.
107 Begr. RegE, BT-Drucks. 16/3945, S. 82; vgl zum alten Streitstand der Anwendbarkeit des Familienprivilegs auf nichteheliche Lebensgemeinschaften BGH 22.4.2009 – IV ZR 160/07, VersR 2009, 813 (bejaht die Anwendbarkeit auf nichteheliche Lebensgemeinschaften; dazu auch *Terno*, zfs 2009, 362); OLG Nürnberg 11.3.2009 – 4 U 1624/08, NZV 2009, 287 (ebenfalls bejahend); ausf. auch bereits OLG Naumburg 15.5.2007 – 9 U 17/07, VersR 2007, 1405.
108 Nach *Grote/Schneider*, BB 2007, 2689, 2697 ist daher nun von einem „Hausgemeinschaftsprivileg" zu sprechen.
109 OLG Frankfurt 7.4.1999 – 7 U 136/98, VersR 2001, 321; LG Stade 7.7.1956 – 2 S 339/55, VersR 1957, 638.
110 BGH 12.11.1985 – VI ZR 223/84, VersR 1986, 333; OLG Karlsruhe 16.4.1987 – 4 U 227/85, VersR 1988, 483; OLG Hamm 9.10.1991 – 20 U 88/91, r+s 1992, 118 = NJW-RR 1992, 477.
111 OLG Karlsruhe 16.4.1987 – 4 U 227/85, VersR 1988, 483; aA *Späte/Schimikowski/Harsdorf-Gebhardt*, Haftpflichtversicherung, Ziff. 7 AHB Rn 95.
112 KG 20.12.2011 – 6 U 64/11, zfs 2014, 31.
113 KG 20.12.2011 – 6 U 64/11, zfs 2014, 31.
114 OLG Frankfurt 30.9.1982 – 1 U 179/81, VersR 1984, 254.
115 BGH 12.11.1985 – VI ZR 223/84, VersR 1986, 333.
116 BGH 12.11.1985 – VI ZR 223/84, VersR 1986, 333.
117 BGH 15.1.1980 – VI ZR 270/78, VersR 1980, 644.

- das Befinden persönlicher Gegenstände in der Wohnung,[118]
- die finanzielle Beteiligung an den Kosten des Haushalts.[119]

3. Bei Eintritt des Schadens. Die häusliche Gemeinschaft muss bereits **zum Zeitpunkt des Schadenseintritts** bestanden haben. Dieser Umstand ist zum Zwecke der Klarstellung ausdrücklich im Gesetz formuliert. Bereits nach alter Rechtslage entsprach dieses Verständnis der hM.[120]

Insbesondere bei **wiederkehrenden Leistungen** (Rentenansprüchen) könnte sich indes die Frage stellen, wann der Schaden (jeweils) eingetreten ist. Handelt es sich bei dem maßgebenden Zeitpunkt des Schadenseintritts, zu dem zur Begründung des Regressprivilegs die häusliche Gemeinschaft bestanden haben muss, um den Unfallzeitpunkt oder ist auf den Zeitpunkt der Entstehung des – evtl. jeden Monat über Jahre hinweg neu eintretenden – (Erwerbs-, Haushaltsführungs- pp.)Schadens abzustellen? Letzteres hätte ggf zur Konsequenz, dass eine dem Unfall nachfolgende Begründung einer häuslichen Gemeinschaft jedenfalls geeignet wäre, mit ex-nunc-Wirkung ein Regressprivileg für laufende Rentenzahlungen zu begründen. Hierfür könnte der Sinn und Zweck der Regelung angeführt werden (Entlastung des gemeinsamen Haushalts, dagegen die Manipulationsgefahr (Begründung einer häuslichen Gemeinschaft gerade zur Verhinderung der Regressdurchsetzung). Letztlich dürfte der im Schadensersatzrecht geltende **Grundsatz der Schadenseinheit**[121] durchgreifen, wonach der Schaden auch für die erst in Zukunft fällig werdenden Schadensbeiträge grds. einheitlich bereits im Zeitpunkt der Rechtsgutsverletzung entsteht (und nicht mit jeder Ratenzahlung neu).

Das Privileg des Abs. 3 soll in entsprechender Anwendung auch dann fortgelten, wenn der VN kurz vor der Schadenverursachung eines in häuslicher Gemeinschaft lebenden Familienangehörigen stirbt.[122] Es erscheine grob unbillig, nach dem Versterben einer Person der häuslichen Gemeinschaft der verbleibenden Person sofort mit Eintritt des Todes höhere Sorgfaltspflichten im Verhältnis zu den VR der verstorbenen Person aufzuerlegen. Zumindest während eines angemessenen Übergangszeitraums sei das Privileg daher auf das überlebende Gemeinschaftsmitglied entsprechend anzuwenden.

4. Kein Vorsatz. Das Regressprivileg ist nur für den Fall ausgeschlossen, dass der in häuslicher Gemeinschaft lebende Dritte den Schaden **vorsätzlich** verursacht hat. Der Vorsatz muss auch die Schadensfolge umfassen, auf die der VR die Leistung erbracht hat.[123]

VI. Regressfähiger Schaden und Aufwendungen

1. Sachschaden. Die Höhe des regressfähigen Schadensersatzes richtet sich regelmäßig nach § 249 BGB. Dieser Schaden ist mit dem versicherungsvertraglichen **Zeitwertschaden** zwar nicht in rechtlicher Hinsicht, wohl aber in praktischer Hin-

---

118 BGH 15.1.1980 – VI ZR 270/78, VersR 1980, 644.
119 BGH 15.1.1980 – VI ZR 270/78, VersR 1980, 644.
120 BGH 30.6.1971 – IV ZR 189/69, VersR 1971, 901; BGH 15.1.1980 – VI ZR 270/78, VersR 1980, 644; OLG Hamm 6.3.1970 – 20 U 226/69, VersR 1970, 708; LG Potsdam 11.6.1996 – 10 O 586/95, VersR 1997, 93; *Langheid*, NJW 1993, 700; Römer/Langheid/*Langheid*, § 86 Rn 56; BK/*Baumann*, § 67 Rn 157; aA OLG Köln 17.10.1990 – 24 U 43/90, VersR 1991, 1237; OLG Hamburg 28.4.1992 – 7 U 59/91, VersR 1992, 685; LG Kiel 19.3.1998 – 6 O 145/97, VersR 1999, 1105; Prölss/Martin/*Prölss*, 27. Aufl., § 67 Rn 39.
121 Vgl BGH 10.11.2009 – XI ZR 252/08, NJW 2010, 596; BGH 1.12.2005 – IX ZR 115/01, VersR 2006, 847; BGH 24.5.2005 – IX ZR 114/01, WM 2005, 1421, 1422; BGH 3.6.1997 – VI ZR 71/96, VersR 1997, 1111.
122 LG Berlin 23.6.2011 – 5 O 261/10, juris.
123 BGH 8.10.1985 – VI ZR 138/84, VersR 1986, 233.

sicht regelmäßig übereinstimmend.[124] An die Darlegung des Zeitwertschadens sind im Prozess keine übertriebenen Substantiierungsanforderungen zu stellen. Allerdings sind dem Gericht hinreichende Anknüpfungstatsachen für eine Schadensschätzung nach § 287 ZPO zu liefern. Erforderlichenfalls muss zur Zeitwertermittlung ein gerichtliches Sachverständigengutachten eingeholt werden.

57 Wenn bereits Reparaturkosten konkret angefallen sind, sind diese als Schaden zu erstatten.[125] Eine Unverhältnismäßigkeit kommt nur in Ausnahmefällen in Betracht.[126] Das Prognoserisiko trägt der Schädiger.

58 Ein **Abzug „neu für alt"** ist bei eingetretener Werterhöhung der reparierten oder ersetzten Sache vorzunehmen, wenn kumulativ

- eine messbare Vermögensmehrung eintritt,[127]
- die Werterhöhung sich für den Geschädigten wirtschaftlich günstig auswirkt (längere Lebensdauer, Ersparnis von Reparaturaufwendungen)[128] und
- die Vorteilsausgleichung dem Geschädigten zumutbar ist.[129]

59 Der Abzug „neu für alt" bezieht sich über die Materialkosten hinaus auch auf Lohn- und sonstige Zusatzleistungen.[130] Zweifel über die Höhe des Abzugs gehen zu Lasten des Geschädigten. Da es sich um eine besondere Art der Vorteilsausgleichung handelt, ist der Geschädigte für ihr Fehlen beweispflichtig.[131]

60 **2. Mehrwertsteuern.** Eine Ersatzpflicht von Mehrwertsteuern besteht dann, wenn und soweit sie tatsächlich angefallen sind, § 249 Abs. 2 S. 2 BGB. Bei einer Abrechnung auf fiktiver Reparaturkostenbasis (etwa auf der Grundlage eines Sachverständigengutachtens oder Kostenvoranschlags) ist der Erstattungsanspruch in Bezug auf die Mehrwertsteuern noch nicht fällig. Auf eine künftige Erstattungspflicht des Schädigers könnte sich allenfalls ein Feststellungsantrag beziehen.

61 **3. Nutzungsausfall.** In der Rspr ist anerkannt, dass der Verlust von Gebrauchsvorteilen dann einen Schadensersatzanspruch begründet, wenn er sich auf Lebensgüter bezieht, deren ständige Verfügbarkeit für die eigenwirtschaftliche Lebenshaltung von zentraler Bedeutung ist.[132] Dieser Begriff ist eng auszulegen.[133] Zu ersetzen ist Nutzungsausfall etwa bei einem nicht nutzbaren Haus,[134] einer Wohnung,[135] einer Ferienwohnung[136] oder bei einer Kücheneinrichtung.[137]

62 Nicht zu erstatten ist ein Nutzungsausfall hingegen bei Wohnungsteilen von eher marginaler Bedeutung wie eine nur gelegentlich von Benutzern bewohnte Einlie-

---

124 *Günther*, Der Regreß des Sachversicherers, S. 264.
125 OLG Karlsruhe 19.10.2004 – 17 U 107/04, NJW-RR 2005, 248.
126 BGH 27.3.2003 – VII ZR 443/01, NJW-RR 2003, 1021; OLG Karlsruhe 19.10.2004 – 17 U 107/04, NJW-RR 2005, 248; OLG Frankfurt 28.12.1990 – 24 U 32/89, NJW-RR 1992, 602.
127 OLG Koblenz 12.10.1989 – 5 U 535/89, NJW-RR 1990, 149.
128 OLG Hamm 20.1.1993 – 26 U 6/92, NJW-RR 1993, 1236.
129 BGH 17.5.1994 – VII ZR 169/82, BGHZ 91, 215; OLG Hamm 29.6.1994 – 12 U 169/93, NJW-RR 1996, 272.
130 OLG Hamburg 16.4.1999 – 14 U 90/97, NZV 1999, 513; OLG Koblenz 26.6.2003 – 5 U 192/03, ZMR 2003, 927.
131 OLG Koblenz 26.6.2003 – 5 U 192/03, ZMR 2003, 927.
132 BGH 9.7.1986 – GSZ 1/86, NJW 1987, 50.
133 BGH 21.2.1992 – V ZR 268/90, NJW 1992, 1500.
134 BGH 14.6.1967 – VIII ZR 268/64, NJW 1967, 1803.
135 BGH 9.7.1986 – GSZ 1/86, NJW 1987, 50.
136 BGH 16.9.1987 – IVb ZR 27/86, NJW 1988, 251.
137 LG Tübingen 5.1.1989 – 1 S 145/88, NJW 1989, 1613; LG Kiel 19.7.1995 – 11 O 539/93, NJW-RR 1996, 559; LG Osnabrück 24.7.1998 – 7 O 161/98, NJW-RR 1999, 349.

gerwohnung,[138] der Hobbyraum,[139] ein Keller,[140] der Balkon[141] oder die Garage.[142]

4. Aufwendungen. Neben der eigentlichen Versicherungsleistung können auch Aufwendungen des VR den Forderungsübergang auslösen.[143] Hierunter sind Kosten für Akteneinsicht und Prozesskosten,[144] vorprozessuale Sachverständigenkosten[145] oder Rettungskosten nach § 63 aF[146] zu zählen. Nicht übergangsfähig sind allgemeine Regulierungskosten des Sachversicherers, weil diese ohnehin bei der Feststellung des Leistungsumfangs anfallen.[147]

VII. Regressverzicht

Es finden sich häufig **Schadenteilungsabkommen** zwischen Haftpflicht- und Sachversicherern oder zwischen Haftpflicht- und Sozialversicherungsträgern, die eine Regelung zur Teilung entstandener Schäden beinhalten und in Bezug auf darüber hinausgehende Beträge einen Regressverzicht darstellen.

1. Teilungsabkommen. Teilungsabkommen sind privatrechtliche Rahmenverträge, in denen sich Haftpflichtversicherer einerseits und Sachversicherer oder Sozialversicherungsträger andererseits verpflichten, Aufwendungen in bestimmten künftig eintretenden Schadenfällen in der vereinbarten Weise zu teilen. Mit dem Teilungsabkommen soll erreicht werden, dass die beteiligten VR nach dem „Gesetz der großen Zahl" einen Ausgleich herbeiführen, der beide Parteien nach der Erledigung einer größeren Zahl von Schadenfällen so stellt, als sei jeder Einzelfall nach Sach- und Rechtslage abgerechnet worden.[148]

Voraussetzung für die Anwendung des Teilungsabkommens ist, dass der Haftpflichtversicherer dem VN gegenüber deckungspflichtig ist.[149] Versagt der Haftpflichtversicherer seinem VN die Deckung, unterliegt er aber im anschließenden Deckungsprozess, kann er sich sodann gegenüber dem Sozialversicherungsträger nicht auf Teilungsabkommen berufen, wenn der Versicherungsträger im Vertrauen auf den fehlenden Deckungsschutz nach Sach- und Rechtslage abgerechnet hat.[150] Anders ist dies lediglich bei ausdrücklichem Vorbehalt des Haftpflichtversicherers.[151]

---

138 BGH 21.2.1992 – V ZR 268/90, NJW 1992, 1500.
139 OLG Düsseldorf 6.5.1999 – 5 U 152/98, MDR 2000, 389.
140 OLG Schleswig 18.5.2001 – 14 U 153/00, SchlHA 2002, 45.
141 OLG Saarbrücken 26.9.2006 – 4 U 525/05, NJW-RR 2006, 1528.
142 BGH 5.3.1993 – V ZR 87/91, NJW 1993, 1793; aA BGH 10.10.1985 – VII ZR 292/84, NJW 1986, 427.
143 Römer/Langheid/*Langheid*, § 86 Rn 30.
144 BGH 18.1.1994 – IVa ZR 73/82, VersR 1984, 327; OLG Köln 3.12.1976 – 1 W 48/76, VersR 1977, 317; Römer/Langheid/*Langheid*, § 86 Rn 30.
145 OLG Brandenburg 9.7.2009 – 12 U 203/08, VersR 2010, 66; AG Ahrensburg 7.8.2009 – 46 C 32/09, juris; OLG Düsseldorf 23.11.1990 – 22 U 189/90, VersR 1992, 310; OLG Jena 24.2.2004 – 4 U 857/03, r+s 2004, 331; AG München 19.4.1999 – 154 C 35416/98, NJW-RR 2001, 321; aA OLG Hamm 4.10.1996 – 30 U 60/96, ZMR 1997, 21 mit der Begründung, dass es sich hierbei um allgemeine Regulierungskosten handele.
146 Prölss/Martin/*Armbrüster*, § 86 Rn 33.
147 BGH 17.9.1962 – III ZR 212/61, VersR 1962, 1103; Prölss/Martin/*Armbrüster*, § 86 Rn 34; BK/*Beckmann*, § 67 Rn 78.
148 Geigel/*Plagemann*, Der Haftpflichtprozess, Kap. 30 Rn 95.
149 BGH 30.10.1970 – IV ZR 1109/68, VersR 1971, 117; OLG Köln 18.6.2002 – 9 U 181/01, VersR 2003, 97; Prölss/Martin/*Armbrüster*, § 86 Rn 125; Geigel/*Plagemann*, Der Haftpflichtprozess, Kap. 30 Rn 102.
150 BGH 8.1.1975 – IV ZR 149/73, VersR 1975, 245.
151 OLG Celle 20.11.1969 – 5 U 88/69, VersR 1970, 541.

67 Für den umgekehrten Fall, dass der Haftpflichtversicherer zu Unrecht eine Deckungspflicht annimmt und nach Teilungsabkommen seine Quote leistet, besteht ein Bereicherungsanspruch, wobei umstritten ist, ob sich dieser gegen den VN[152] oder den Sozialversicherungsträger[153] richtet.

68 Mit der Beschränkung der Regressansprüche auf die Quote aus dem Teilungsabkommen ist zugleich ein Regressverzicht gegenüber dem haftpflichtversicherten Schädiger selbst zu erkennen. Ist vom Haftpflichtversicherer gemäß Teilungsabkommen geleistet worden, sind damit evtl weitergehende Ansprüche gegen den Schädiger erfüllt und erloschen.[154]

69 Sind bei einem Haftpflichtversicherer mehrere Schädiger versichert, ist die Quote dennoch nur einmal an den regressierenden VR zu entrichten.[155] Gegen andere Schädiger kann der VR grds. ohne Rücksicht auf das Teilungsabkommen Regress nehmen, ebenso aus anderen Teilungsabkommen mit anderen Haftpflichtversicherern.[156]

70 **2. Rahmenteilungsabkommen.** In sog. Rahmenteilungsabkommen schließen häufig Haftpflichtversicherer mit den Bundes- oder Landesverbänden von Krankenkassen Regressverzichtsabkommen. Darin verzichten die Sozialversicherungsträger gegen Zahlung einer Jahrespauschale gegenüber dem Haftpflichtversicherer auf die Geltendmachung bestimmter Regresse.[157]

71 **3. Regressverzichtsabkommen der Feuerversicherer.** Die überwiegende Mehrzahl der deutschen Feuerversicherer ist dem „Abkommen über den Regressverzicht der Feuerversicherer bei übergreifenden Schadenereignissen"[158] (im Folgenden: RVA) beigetreten. Hierin wird der leicht fahrlässig handelnde Schädiger, der selbst feuerversichert ist, begünstigt, wenn der Brand von seiner feuerversicherten Sache auf fremde, ebenfalls gegen Feuer versicherte Sachen übergreift.[159] Der selbst gegen Feuer versicherte Schädiger soll den Nutzen seiner Vorsorge nicht dadurch wieder verlieren, dass er vom Feuerversicherer eines Dritten in Regress genommen wird.[160]

72 Für das Eingreifen des Regressverzichtsabkommen müssen folgende **Voraussetzungen** vorliegen:[161]

- Sowohl der Feuerversicherer des Schädigers als auch der des Geschädigten müssen dem RVA beigetreten sein (Ziff. 3 RVA).[162]
- Der Schadensfall muss auch beim Regressschuldner zum Versicherungsfall „Feuer" seines VR geführt haben (Ziff. 2 S. 1 RVA).
- Der Schaden wurde (leicht oder einfach) fahrlässig herbeigeführt; bei grob fahrlässiger oder vorsätzlicher Herbeiführung greift der Regressverzicht nicht (Ziff. 5 RVA).

---

[152] So LG Verden 6.2.1966 – 4 O 155/65, VersR 1967, 601.
[153] So zutr. BGH 8.10.1960 – IV ZR 633/68, VersR 1969, 1141; OLG Köln 17.4.1973 – 3 U 101/72, VersR 1973, 958.
[154] BGH 25.5.1993 – VI ZR 272/92, VersR 1993, 981.
[155] BGH 19.12.1973 – IV ZR 109/72, VersR 1974, 546.
[156] KG 16.12.2001 – 12 U 202/91, VersR 1992, 1129; Geigel/*Plagemann*, Der Haftpflichtprozess, Kap. 30 Rn 104.
[157] Geigel/*Plagemann*, Der Haftpflichtprozess, Kap. 30 Rn 114.
[158] VerBAV 1978, 137; im Wortlaut abgedruckt bei *Günther*, Der Regreß des Sachversicherers, S. 19 ff.
[159] Prölss/Martin/*Armbrüster*, § 86 Rn 159.
[160] BGH 24.1.1984 – VI ZR 115/82, VersR 1984, 325; OLG Karlsruhe 29.7.2004 – 14 U 222/02, VersR 2006, 694; *Siegel*, r+s 2007, 498.
[161] Vgl hierzu im Einzelnen *Günther*, Der Regreß des Sachversicherers, S. 27 ff.
[162] Die dem Abkommen beigetretenen VR sind dem Verzeichnis VdS 1710 zu entnehmen.

- Das Feuer muss von den eigenen Sachen des Schädigers auf die fremden Sachen übergreifen.
- Der Feuerversicherer des Schädigers muss im Verhältnis zu diesem eintrittspflichtig sein (Ziff. 2 S. 2 RVA).

Der Regressverzicht umfasst auch Repräsentanten, gesetzliche Vertreter, Familienangehörige, Teilhaber und Gesellschafter des Schädigers sowie dessen Familienangehörige, ferner die in seinem Betrieb oder Haushalt angestellte Personen (Ziff. 4 a RVA). 73

Der Regressverzicht ist nach unten auf 150.000 € begrenzt, nach oben auf 600.000 € (Ziff. 6 RVA). Die Begrenzung nach unten dergestalt, dass bis zu 150.000 € vom VR regressiert werden können, hängt jedoch von bestehendem Deckungsschutz in der Haftpflichtversicherung ab. Greifen die Ausschlüsse des § 4 I 6 a AHB (Besitzklausel), § 4 I 6 b AHB (Tätigkeitsklausel) oder des § 4 II 2 AHB (Angehörigenklausel) (entspricht den heutigen Ziffern 7.4, 7.5–7.7 Musterbedingungen des GDV), entfällt die untere Begrenzung mit der Folge, dass sich der Regressverzicht auch auf den Bereich von unter 150.000 € liegenden Forderungen erstreckt (Ziff. 6 b) RVA).[163] 74

4. Regressverzicht im Wege ergänzender Vertragsauslegung. a) Typische Fallgruppen (u.a. Mieterregress). Insbesondere in der Fallgruppe des sog. **Mieterregresses**, in denen der Mieter fahrlässig einen der Gebäudeversicherung unterfallenden Versicherungsfall verursacht, wurde seit jeher die Existenz einer Regressbeschränkung diskutiert. Über die Fälle des Mieterregresses hinaus wird eine Regressbeschränkung aber etwa auch bei einem einen **Brand am Vereinsgebäude** verursachenden Vereinsmitglied angenommen.[164] 75

b) Entwicklung der Rspr des BGH. In seiner diesbezüglich wechselvollen Judikatur hatte der für das Versicherungsvertragsrecht zuständige IV. Senat des BGH zunächst die Frage aufgeworfen, ob ein Rückgriff des VR gegen den Mieter (**Mieterregress**) namentlich in den Fällen eines Feuerschadens bereits aus dem Grund ausgeschlossen sein könnte, dass der Mieter als **Mitversicherter** in den Versicherungsschutz des Gebäudeversicherungsvertrages mit einbezogen und daher nicht Dritter iSd § 67 Abs. 1 S. 1 aF sei.[165] Von diesen Überlegungen hat sich der IV. Senat sodann aber distanziert und entschieden, dass das Haftungsrisiko des Mieters nicht in den Schutz eines GebäudefeuerVersVertrages einbezogen sei. Dieser decke als Sachversicherungsvertrag allein das Interesse des versicherten Eigentümers am Erhalt der Sache, nicht auch das Sachersatzinteresse des Mieters.[166] 76

Von dem für Wohnmietrecht zuständigen VIII. Senat des BGH wurde sodann ein **haftungsrechtlicher Lösungsansatz** für den Regress des Sachversicherers gewählt. Wenn im Mietvertrag die Sachversicherungsprämie ausdrücklich auf den Mieter umgelegt werde, sei hierin eine konkludente Haftungsbeschränkung auf Vorsatz und grobe Fahrlässigkeit zu erkennen.[167] Da der Mieter anteilig die Kosten für die Gebäudeversicherung übernehme, dürfe er darauf vertrauen, von eben dieser nicht im Regresswege in Anspruch genommen zu werden. 77

Wiederum anders entschied aber anschließend der IV. Senat, der sodann einen **versicherungsvertraglichen Lösungsansatz** bevorzugte.[168] Eine Regressbeschränkung 78

---

163 *Günther*, Der Regreß des Sachversicherers, S. 29.
164 OLG Schleswig 24.9.2009 – 11 U 156/08, NJW-RR 2010, 957.
165 BGH 7.3.1990 – IV ZR 342/88, VersR 1990, 625; BGH 9.1.1991 – IV ZR 97/89, VersR 1991, 331.
166 BGH 18.12.1991 – IV ZR 259/91, VersR 1992, 311; BGH 8.11.2000 – IV ZR 298/99, VersR 2001, 94.
167 BGH 13.12.1995 – VIII ZR 41/95, BGHZ 131, 288 = VersR 1996, 320.
168 BGH 8.11.2000 – IV ZR 298/99, BGHZ 45, 393 = NJW 2000, 1353 = VersR 2001, 94.

auf Vorsatz und grobe Fahrlässigkeit erfolge durch eine ergänzende Auslegung des VersVertrages. Es sei für den VR das Interesse des VN (Vermieters) erkennbar, das Mietverhältnis mit dem Schädiger so wenig wie möglich zu belasten. Ohne die Regressbeschränkung träfe den VN als Vermieter die Obliegenheit, den VR bei der Durchsetzung seiner Ansprüche gegen den Mieter zu unterstützen. In wirtschaftlicher Hinsicht wirke sich der Regress nachteilig auf die Solvenz des Mieters und mithin mittelbar auch nachteilig für den VN aus, wenn der Mieter etwa den Mietzins nicht mehr begleichen könne. Auch erscheine es aus der Sicht eines versicherungsrechtlichen Laien nicht nachvollziehbar, ungeachtet des Vorwurfs lediglich leichter Fahrlässigkeit und trotz Versicherung des Gebäudes einem Regress ausgesetzt zu sein. Zuletzt entstehe ohne Annahme einer Regressbeschränkung ein Wertungswiderspruch zu § 61 aF (§ 81), wo sich der VR gegenüber dem das Objekt selbst nutzenden Eigentümer bei nur leicht oder einfach fahrlässiger Herbeiführung eines Brandes nicht auf Leistungsfreiheit berufen dürfte. Diesem versicherungsvertraglichen Lösungsansatz schloss sich sodann auch der VIII. Zivilsenat des BGH an.[169]

79 **c) Urteile des BGH vom 13.9.2006.** In insgesamt vier Urteilen vom 13.9.2006[170] hat der IV. Zivilsenat seinen zuletzt vertretenen versicherungsvertraglichen Lösungsansatz bestätigt und ferner wichtige Teilfragen des Mieterregresses wie folgt geklärt:[171]

- Dem VR ist der Regress gegen den Mieter auch dann verwehrt, wenn dieser eine Haftpflichtversicherung unterhält, die Mietschäden deckt.[172]
- Ein Regressverzicht ist auch bei einem auf Dauer angelegten unentgeltlichen Nutzungsverhältnis anzunehmen.[173]
- Die Grundsätze der Regressbeschränkung beim Mieterregress sind nicht auf die Hausratversicherung zu übertragen.[174]
- Eine vorsätzliche oder grob fahrlässige Gebäudeschädigung ist dem Mieter nur dann zuzurechnen, wenn es sich bei dem Dritten um seinen Repräsentanten im versicherungsvertraglichen Sinne gehandelt hat. Die Zurechnungsvorschrift des § 278 BGB ist auf den versicherungsvertraglichen Lösungsansatz nicht anzuwenden.[175]
- Dem Gebäudeversicherer, dem der Regress gegen den Mieter verwehrt ist, steht gegen dessen Haftpflichtversicherer entsprechend den Grundsätzen der Doppelversicherung des § 78 Abs. 2 S. 1 (§ 59 Abs. 2 S. 1 VVG aF) ein Anspruch auf anteiligen Ausgleich zu. Einen vollen Ausgleich im Deckungsumfang der Haftpflichtversicherung kann er hingegen nicht verlangen.[176]

80 **d) Beschluss des BGH vom 4.3.2009.** Der für das Familienrecht zuständige XII. Zivilsenat des BGH hat in einem Beschluss vom 4.3.2009[177] wiederum Zweifel daran geweckt, ob der versicherungsvertragliche Lösungsansatz anhaltend Gel-

---

169 BGH 14.2.2001 – VIII ZR 292/98, VersR 2001, 856; BGH 3.11.2004 – VIII ZR 28/04, VersR 2005, 498.
170 BGH 13.9.2006 – IV ZR 378/02, VersR 2006, 1530; BGH 13.9.2006 – IV ZR 26/04, VersR 2006, 1398; BGH 13.9.2006 – IV ZR 116/05, VersR 2006, 1533; BGH 13.9.2006 – IV ZR 273/05, VersR 2006, 1536.
171 Vgl ausf. *Günther*, VersR 2006, 1539 (Anm. zu BGH 13.9.2006 – IV ZR 273/05).
172 BGH 13.9.2006 – IV ZR 116/05, VersR 2006, 1533.
173 BGH 13.9.2006 – IV ZR 116/05, VersR 2006, 1533.
174 BGH 13.9.2006 – IV ZR 26/04, VersR 2006, 1398. Von dieser Entscheidung ausgehend sollen die Grundsätze der Regressbeschränkung auch nicht auf die Elektronikversicherung übertragbar sein, LG Aachen 9.4.2010 – 9 O 539/09, r+s 2011, 29.
175 BGH 13.9.2006 – IV ZR 378/02, VersR 2006, 1530.
176 BGH 13.9.2006 – IV ZR 273/05, VersR 2006, 1536.
177 BGH 4.3.2009 – XII ZR 198/09, VersR 2010, 536.

tung entfaltet oder durch eine Rückkehr zum haftungsrechtlichen Lösungsansatz abgelöst werden sollte.[178] In dem Fall, in welchem der BGH über die Berechtigung einer Nichtzulassungsbeschwerde zu befinden hatte, hatte ein Mietinteressent bei der Besichtigung einer Wohnung, die er zu mieten beabsichtigte, einen Wasserschaden verursacht. Das Berufungsgericht hatte seine Haftung angenommen und einen stillschweigenden Haftungsausschluss auf Vorsatz und grobe Fahrlässigkeit verneint. Der BGH verneinte in seinem Beschluss nun die grundsätzliche Bedeutung der Angelegenheit iSd § 543 Abs. 2 S. 1 Nr. 1 ZPO, weil er bereits entschieden habe,[179] dass sich ein stillschweigender Haftungsausschluss erst daraus herleiten lasse, dass der Mieter sich vertraglich an den Kosten einer Gebäudeversicherung zu beteiligen habe. Ohne eine solche Kostenbeteiligung bestehe kein Anlass für die Annahme eines stillschweigenden Haftungsausschlusses.[180]

Tatsächlich war mit diesem Beschluss wohl aber keine Abkehr von der Rechtsprechung des IV. Zivilsenats beabsichtigt – sie wurde vom XII. Zivilsenat schlicht nicht berücksichtigt.[181] Der versicherungsvertragliche Lösungsansatz wird nach wie vor als geltende Rechtsprechung des BGH zu gelten haben. An ihm wurde unlängst im Beschluss des VIII. Zivilsenats vom 21.1.2014 ausdrücklich festgehalten.[182]

e) Unmittelbarer Ausgleichsanspruch des Gebäudeversicherers gegen den Haftpflichtversicherer. Von hoher praktischer Bedeutung ist die Rspr des BGH, in analoger Anwendung der Grundsätze zur Doppelversicherung im Falle einfach fahrlässiger Brandherbeiführung durch den Mieter (und folglich dem Eingreifen des Regressausschlusses diesem gegenüber) einen direkten Ausgleichsanspruch des Gebäudeversicherers gegen den Haftpflichtversicherer zu begründen. Es ergibt sich aus dem Urteilsspruch eine Reihe praktischer Fragestellungen.

aa) Verhältnis des § 86 Abs. 1 (§ 67 Abs. 1 aF) zu § 78 Abs. 2 S. 1 (§ 59 Abs. 2 S. 1 aF). Die Vorschriften des § 86 (Anspruchsübergang) und des § 78 Abs. 2 S. 1 (Ausgleichsanspruch) stehen in einem Ausschließlichkeitsverhältnis zueinander. Da es sich bei § 78 Abs. 2 insoweit um die speziellere Regelung handelt, verdrängt sie einen Anspruchsübergang nach § 86 Abs. 1.[183] Regressansprüche gegen den Schädiger als VN eines Vertrages, durch den eine Doppelversicherung iSd § 78 entstanden ist (hier des HaftpflichtVersVertrages), scheiden daher grds. aus.[184]

Es existiert nach der Entscheidung des BGH[185] eine **Haftungstrias**:[186]

- Der **vorsätzlich** handelnde Mieter haftet voll (wegen § 103 VVG [§ 152 aF] besteht für ihn auch kein Haftpflicht-Versicherungsschutz).

- Der **grob fahrlässig** handelnde Mieter haftet im Außenverhältnis uneingeschränkt (im Innenverhältnis erhält er Deckung des HaftpflichtVersVertrages).[187]

- Bei **einfach fahrlässiger** Schadenverursachung durch den Mieter teilen sich Sach- und Haftpflichtversicherer den Schaden anteilig.

---

178 Vgl *Günther*, VersR 2010, 536.
179 BGH 26.1.2000 – XII ZR 204/97, NZM 2000, 688.
180 BGH 4.3.2009 – XII ZR 198/09, VersR 2010, 536.
181 In diesem Sinne auch *Günther*, VersR 2010, 536, 537; *Armbrüster*, VersR 2010, 1016, 1017.
182 BGH 21.1.2014 – VIII ZR 48/13, VersR 2014, 999.
183 BGH 23.11.1988 – IVa ZR 143/87, VersR 1989, 250; LG Köln 24.2.1982 – 24 O 484/81, VersR 1982, 1165; AG München 12.11.1993 – 131 C 20081/93, VersR 1994, 1187; *Prölss*, VersR 1977, 695; *Günther*, Der Regreß des Sachversicherers, S. 3 f.
184 *Günther*, VersR 2006, 1539, 1543 (Anm. zu BGH 13.9.2006 – IV ZR 273/05).
185 BGH 13.9.2006 – IV ZR 273/05, VersR 2006, 1536.
186 Vgl *Günther*, Der Regreß des Sachversicherers, S. 146.
187 OLG Koblenz 16.1.2014 – 10 U 1470/12, VersR 2014, 1500.

85 Umstritten ist allerdings, wie diese Ansprüche miteinander konkurrieren. Ungeklärt ist etwa, ob sich in einem Regressprozess des Sachversicherers gegen den Haftpflichtversicherer (§ 78 Abs. 2 S. 1 analog) letzterer sich mit dem Argument verteidigen kann, sein VN (der Mieter) habe den Schaden gar nicht lediglich einfach fahrlässig, sondern tatsächlich grob fahrlässig herbeigeführt, so dass allein ein Regressanspruch des Sachversicherers gegen den Mieter (auf Erstattung des vollen Schadens), nicht aber ein Direktanspruch gegen den Haftpflichtversicherer (auf bloß anteilige Schadenerstattung) in Betracht komme.[188]

86 Dem entgegenstehend wird vertreten, dass eine solche Argumentation des Haftpflichtversicherers einen Verstoß gegen seine Rechtsschutzverpflichtung gegenüber seinem VN (dem Mieter) darstellen könnte.[189] Es spreche die Spezialität des Direkt-Ausgleichsanspruchs gegen dieses Verständnis.[190] Ferner laufe ein solches Verständnis dem vom BGH intendierten Vereinfachungsinteresse zur Erzielung höherer Rechtssicherheit[191] gerade zuwider. Wenn der Sachversicherer das Prozessrisiko scheue, mit dem Vorwurf grob fahrlässiger Schadenherbeiführung gegen den Mieter auf vollen Ersatz zu klagen, sei es ohne weiteres zulässig, einen Direktanspruch auf anteilige Schadenkompensation gegen den Haftpflichtversicherer wegen einfach fahrlässiger Schadenherbeiführung zu erheben, wenn jedenfalls diese (als „Minus" zur groben Fahrlässigkeit) feststehe (sodann stehe es ihm frei, wegen der „verbleibenden Spitze" direkt den Mieter anzugehen).[192] Dies benachteiligt auch den Haftpflichtversicherer nicht: Bei einem Direktanspruch gem. § 78 Abs. 2 S. 1 analog hat er den Schaden (auch bei grob fahrlässiger Schadenherbeiführung des Mieters) nur anteilig zu ersetzen. Wenn sein VN (der Mieter) vom Sachversicherer hingegen wegen grober Fahrlässigkeit vom Sachversicherer auf volle Schadenserstattung verklagt wird und die Klage erfolgreich ist, hat der Haftpflichtversicherer seinen VN im Innenverhältnis freizustellen, dh gegenüber dem Geschädigten (bzw dem Sachversicherer) in vollem Umfang für den Schaden aufzukommen. Der Haftpflichtversicherer ist dann auf einen Rückforderungsrechtsstreit mit seinem VN verwiesen.

87 Aus Gründen anwaltlicher Fürsorge scheint vor dem Hintergrund des noch ungeklärten[193] Ausgangs oben stehenden Meinungsstreits aus Sicht der Sachversicherer geboten, in Fällen der gerichtlichen Geltendmachung von Direktansprüchen gegen den Haftpflichtversicherer immer **zusätzlich dem Mieter den Streit zu verkünden**. Nur so können Rechtsnachteile vermieden werden, wenn ein Gericht den Direktanspruch mit dem Argument versagen sollte, der Mieter habe grob fahrlässig (und nicht lediglich einfach fahrlässig) gehandelt.[194]

88 Ein Ausgleichsanspruch analog § 78 Abs. 2 S. 1 (§ 59 Abs. 2 aF) soll auch dann gegeben sein, wenn der Regressverzicht des Gebäudeversicherers nicht darauf be-

---

188 In diesem Sinne OLG Koblenz 16.1.2014 – 10 U 1470/12, VersR 2014, 1500; OLG Naumburg 20.6.2013 – 4 U 39/12, VersR 2014, 745; OLG München 18.2.2009 – 20 U 4595/08, VersR 2009, 1112. Ebenso OLG Bamberg 8.10.2009 – 1 U 34/09, VersR 2010, 340 mit dem Zusatz, dass den Haftpflichtversicherer die Beweislast für ein grob fahrlässiges Verhalten des eigenen VN trifft, der Gebäudeversicherer also nicht gehalten ist, die Möglichkeit eines grob fahrlässigen oder vorsätzlichen Verhaltens der Mieterseite auszuräumen.
189 *Felsch*, r+s 2008, 265, 277.
190 Langheid/Wandt/*Halbach*, § 78 Rn 28.
191 *Felsch*, r+s 2008, 265, 277.
192 *Günther*, Der Regreß des Sachversicherers, S. 154.
193 *Felsch*, r+s 2008, 265, 277.
194 Vgl auch *Günther*, VersR 2006, 1359; *ders.*, VersR 2010, 536, 537 Fn 7; *Dickmann*, VersR 2013, 1227, 1230.

ruht, dass der Mieter nur leicht fahrlässig gehandelt hat, sondern darauf, dass die schadenverursachende Hilfsperson des Mieters nicht dessen Repräsentant war.[195]

bb) Verhältnis des Ausgleichsanspruchs zum Regressverzichtsabkommen der Feuerversicherer. In insgesamt drei Entscheidungen vom 27.1.2010[196] hat der BGH die vormals streitige Frage nach der Anwendung des Regressverzichtsabkommens[197] dahin entschieden, dass der Direktanspruch nicht durch das Regressverzichtsabkommen der Feuerversicherer ausgeschlossen ist. Gewährt der Haftpflichtversicherer für Haftpflichtansprüche wegen Mietschäden an Wohnräumen grds. Versicherungsschutz, kann er dem Ausgleichsanspruch des Gebäudeversicherers nicht entgegenhalten, der Versicherungsschutz sei für unter den Regressverzicht nach dem Abkommen der Feuerversicherer fallende Rückgriffsansprüche ausgeschlossen. Die entsprechenden Ausschlussklauseln in den Besonderen Bedingungen und Risikobeschreibungen für die Privathaftpflichtversicherung sind nach § 307 Abs. 2 Nr. 2, Abs. 1 S. 1 BGB unwirksam.[198]

89

cc) Auskunftsanspruch über den Inhalt des Haftpflichtversicherungsvertrages. Möchte der Sachversicherer gegenüber dem Gebäudeversicherer bei Mietsachschäden einen Ausgleichsanspruch gem. § 78 Abs. 2 S. 1 analog geltend machen, hat er gegen den schädigenden Mieter als privilegierter „Quasi-VN" einen **Auskunftsanspruch** über das Bestehen einer auch nur möglicherweise einschlägigen Haftpflichtversicherung.[199] In einem nächsten Schritt besteht ein (zusätzlicher) Auskunftsanspruch gegenüber dem Haftpflichtversicherer über den Inhalt des HaftpflichtVers-Vertrages durch Vorlage des kompletten Vertragswerks nebst Bedingungen, welcher aus dem gesetzlichen Schuldverhältnis zum Ausgleichsanspruch hergeleitet sowie auf einen übergegangenen Auskunftsanspruch des Mieters gestützt werden kann.[200] Datenschutz- und Verschwiegenheitsbelangen gegenüber dem Mieter (als seinem VN) hat der Haftpflichtversicherer durch Unkenntlichmachung nichtrelevanter VN-Daten vor der Auskunftserteilung an den Gebäudeversicherer Rechnung zu tragen.[201] Behauptet der Haftpflichtversicherer, der Vertrag sei beendet, hat er dem Sachversicherer die zur Vertragsbeendigung geführten Gründe anzugeben, damit der Sachversicherer sein Recht ausüben kann, die Gründe zu überprüfen.[202]

90

dd) Konkrete Berechnung des Ausgleichsanspruchs. Im Streit steht ebenfalls die Berechnung des vom Gebäudeversicherer zu fordernden Ausgleichsanspruchs. Während nach der sog. **relativen Berechnungsmethode** der Gebäudeversicherer regelmäßig mehr als 50 % des Zeitwertschadens vom Haftpflichtversicherer erhält, wenn er den Neuwertschaden ersetzt hat,[203] hält die hM zutreffend lediglich 50 % **des Zeitwertschadens** für erstattungsfähig.[204] Allein die letzte Auffassung findet

91

---

195 OLG Koblenz 30.4.2010 – 10 U 827/09, VersR 2010, 1493.
196 BGH 27.1.2010 – IV ZR 5/09, r+s 2010, 242; BGH 27.1.2010 – IV ZR 50/09, VersR 2010, 807; BGH 27.1.2010 – IV ZR 129/09, VersR 2010, 477.
197 Vgl zum Meinungsstreit 1. Auflage 2008 (Rn 82 ff).
198 Vgl ausf. *Harsdorf-Gebhardt*, r+s 2010, 309, 315 f.
199 *Dickmann*, VersR 2014, 1178.
200 AG Hannover 5.8.2009 – 403 C 3908/09, VersR 2010, 528; *Dickmann*, VersR 2014, 1178.
201 *Dickmann*, VersR 2014, 1178.
202 AG Hannover 5.8.2009 – 403 C 3908/09, VersR 2010, 528.
203 LG Kassel 25.1.2007 – 1 S 50/06, VersR 2007, 986 m. zust. Anm. *Wolter*, VersR 2007, 987; LG Karlsruhe 29.6.2007 – 8 O 634/06, r+s 2007, 379; *Günther*, VersR 2006, 1539, 1542; *Wälder*, r+s 2007, 381.
204 BGH 18.6.2008 – IV ZR 108/06, VersR 2008, 110; OLG Koblenz 9.3.2007 – 10 U 1111/03, VersR 2007, 687; OLG Köln 3.7.2007 – 9 U 51/06, VersR 2007, 1411; OLG Karlsruhe 7.2.2008 – 12 U 126/07, VersR 2008, 639; OLG Karlsruhe 7.2.2008 – 12 U 126/07, VersR 2008, 639; *Neugebauer*, VersR 2007, 623; *Schwickert*, VersR 2007, 773; *Grommelt*, r+s 2007, 230.

auch die Zustimmung des BGH.[205] Danach sind **nur deckungsgleiche Ersatzpflichten** anteilig auszugleichen. Der Haftpflichtversicherer ist im Haftungsverhältnis zum Geschädigten nach § 249 BGB lediglich für den Zeitwert des beschädigten oder zerstörten Gebäudes einstandspflichtig. Dass der Gebäudeversicherer im Deckungsverhältnis zu seinem geschädigten VN darüber hinausgehend den Neuwert zu erstatten hat, kann zu keiner Erhöhung des Ausgleichsanspruchs führen.

92 **Beispiel:** Bei einem vom Mieter leicht fahrlässig verursachten Brand wird ein Wohngebäude erheblich beschädigt. Der Neuwert des Gebäudes beträgt 500.000 €, der Zeitwert 250.000 €.

Dem Gebäudeversicherer ist der Regress gegen den Mieter nach dem versicherungsvertraglichen Lösungsansatz des BGH versperrt. In Betracht käme ein Ausgleichsanspruch des Gebäudeversicherers gegen den Haftpflichtversicherer analog § 78 Abs. 2 S. 1. Nach zutreffender Auffassung wäre dieser Ausgleichsanspruch jedenfalls dann ausgeschlossen, wenn der Haftpflichtversicherer in seinen Besonderen Bedingungen die Deckung für Ansprüche ausgeschlossen hat, die unter das RVA fallen.

Der Höhe nach würde der Haftpflichtversicherer dem Gebäudeversicherer Ausgleich allein in Höhe von 50 % des deckungsgleichen Zeitwertes schulden, mithin 125.000 €.

93 Bei der Bestimmung des Ausgleichsbetrages müssen auch weitere nicht deckungsgleiche Schadenspositionen außen vor bleiben, dh solche, die vom Haftpflichtversicherer nicht gedeckt werden. Ein Ausgleich kommt auch bei einem Direktanspruch nur insoweit in Frage, als das Vermögen des Mieters gegen das Haftpflichtrisiko geschützt wird.[206] Regelmäßig erfolgen in den AHB und BBR Deckungseinschränkungen bei Erfüllungsschäden. Ferner sind zB in der Privathaftpflichtversicherung Schäden an Heizungs-, Warmwasserbereitungs-, Elektro- und Gasgeräten, die sich innerhalb der Mietwohnung befinden, nicht mitversichert. Auch Glasschäden sind regelmäßig nicht gedeckt.[207]

94 Die **Berechnung des Ausgleichsanspruchs**[208] erfolgt dergestalt, dass zunächst Gegenstand und Höhe des vom Regressverzicht betroffenen Schadensersatzanspruchs festzustellen sind. Anschließend ist zu prüfen, ob sich der Versicherungsschutz in der Haftpflichtversicherung des Mieters damit deckt oder ob bestimmte Positionen ausgeschlossen sind. Nur soweit Deckungsgleichheit besteht, ist der Schaden zwischen den VR aufzuteilen. Sind die Ausgleichspflichten gleich, entsteht ein hälftiger Ausgleichsanspruch des Gebäudeversicherers. Bleibt die Leistungspflicht des Haftpflichtversicherers im Deckungsbereich – etwa wegen eines Selbstbehalts oder Deckungsausschlüssen – hinter der des Gebäudeversicherers zurück, ist der Ausgleichsanspruch im Verhältnis zu kürzen.[209]

95 **ee) Beweislastgrundsätze für den Ausgleichsanspruch.** In seinem Urteil vom 27.1.2010[210] hat der IV. Zivilsenat des BGH ausgeführt, dass für den Ausgleichsanspruch analog § 78 Abs. 2 S. 1 (§ 59 Abs. 2 S. 1 aF) keine anderen Beweislastgrundsätze gelten als für den Anspruch des Vermieters gegen den Mieter. Es gelten zugunsten des Gebäudeversicherers also die speziellen mietrechtlichen Beweiserleichterungen („Sphärentheorie").[211]

---

205 BGH 18.6.2008 – IV ZR 108/06, VersR 2008, 1108; BGH 13.9.2006 – IV ZR 273/05, VersR 2006, 1536.
206 BGH 18.6.2008 – IV ZR 108/06, VersR 2008, 1108.
207 Vgl *Schwickert*, VersR 2007, 773, 774.
208 Hierzu ausf. *Harsdorf-Gebhardt*, r+s 2010, 309, 314.
209 BGH 18.6.2008 – IV ZR 108/06, VersR 2008, 1108.
210 BGH 27.1.2010 – IV ZR 129/09, VersR 2010, 477.
211 Vgl hierzu BGH 22.10.2008 – XII ZR 148/06, NJW 2009, 142; OLG Naumburg 20.6.2013 – 4 U 39/12, VersR 2014, 745; *Schmid*, VersR 2010, 43.

ff) Verjährung des Ausgleichsanspruchs. Ebenfalls mit Urteil vom 27.1.2010[212] hat sich der BGH zur Frage der Verjährung des unmittelbaren Ausgleichsanspruchs analog § 78 Abs. 2 S. 1 geäußert. Die Verjährung orientiert sich nicht an der kurzen, sechsmonatigen Verjährung des § 548 BGB oder an der zweijährigen Verjährungsfrist des § 12 Abs. 1 aF.

Vielmehr gilt die allgemeine kenntnisabhängige dreijährige Verjährungsfrist der §§ 195, 199 BGB.[213] Dies erscheint in jeder Hinsicht zutreffend, denn bei dem Ausgleichsanspruch handelt es sich um eine spezielle Ausprägung des Gesamtschuldnerausgleichsanspruch gem. § 426 BGB.[214] Als solcher ist er ein eigenständiger Ersatzanspruch und unterliegt der allgemeinen Verjährung von drei Jahren.[215]

f) Weiterhin offene Fragen. Auch nach den bisherigen Entscheidungen des BGH bleiben einige im Zusammenhang mit dem Mieterregress stehende Fragen unbeantwortet.

aa) Direktanspruch des Gebäudeversicherers gegen den Haftpflichtversicherer. Es ist fraglich, ob der vom BGH in analoger Anwendung des § 78 Abs. 2 S. 1 entwickelte Direktanspruch des Gebäudeversicherers gegen den Haftpflichtversicherer auch nach Inkrafttreten des VVG 2008 noch Bestand halten kann. Die Zulässigkeit einer Analogiebildung setzt das Vorliegen einer „planwidrigen Regelungslücke" voraus. Der Gesetzgeber hat jedoch in Kenntnis der Rechtslage beim Mieterregress die Regelungen zur Doppelversicherung im VVG nF gefasst, ohne dort einen Direktanspruch des Sachversicherers gegen den Haftpflichtversicherer zu formulieren. Hieraus wird teilweise der Schluss gezogen, dass eine Analogiebildung zukünftig ausscheiden werde.[216] Allerdings hat ein Mitglied des IV. Zivilsenates des BGH seine Rechtsauffassung (insoweit wohl für den gesamten Senat sprechend) dahin geäußert, dass mangels einer abweichenden gesetzlichen Regelung die Neuregelung des § 78 Abs. 2 S. 1 entsprechend für den Augleichsanspruch des Gebäudeversicherers herangezogen werden kann.[217] Die Instanzrechtsprechung folgt dieser Auffassung stillschweigend.

bb) Anwendbarkeit des Quoten- und Befriedigungsvorrechts auf den Ausgleichsanspruch. Vom BGH nicht geklärt ist die Frage der Anwendbarkeit der Grundsätze etwa des Quotenvorrechts auf den unmittelbaren Ausgleichsanspruch zwischen den VR. Würde die Anwendbarkeit bejaht, würde sich der direkte Ausgleichsanspruch nach § 78 Abs. 2 S. 1 mitunter nicht unerheblich mindern.[218]

Beispiel:[219] Ein Mieter verursacht leicht fahrlässig einen Brand in einem Wohnhaus, dessen Neuwert 500.000 € und dessen deckungsgleicher Zeitwert 250.000 € betrug. – Aufgrund von Unterversicherung reguliert der Gebäudeversicherer lediglich 300.000 €. Den Restschaden von 200.000 € macht der Vermieter im Rahmen

---

212 BGH 27.1.2010 – IV ZR 129/09, VersR 2010, 477.
213 BGH 27.1.2010 – IV ZR 129/09, VersR 2010, 477; *Harsdorf-Gebhardt*, r+s 2010, 309, 317; so auch *Günther*, VersR 2007, 1652 (Anm. zu OLG Bamberg 11.10.2007 – 1 U 114/07).
214 BGH 9.3.1972 – VII ZR 178/70, BGHZ 58, 216 = VersR 1972, 587; OLG Hamm 23.4.1982 – 20 U 249/81, VersR 1982, 1091; BK/*Gruber*, § 12 Rn 7.
215 OLG Köln 3.7.2007 – 9 U 51/06, VersR 2007, 1411; *Günther*, VersR 2006, 1539, 1542.
216 *Staudinger/Kassing*, VersR 2007, 10, 14; *Piepenbrock*, VersR 2008, 319, 320, 322; aA *Armbrüster*, VersR 2010, 1016, 1018; *Bartosch-Koch*, NJW 2011, 484, 485.
217 *Harsdorf-Gebhardt*, r+s 2010, 309, 317.
218 Nach OLG Koblenz 30.4.2010 – 10 U 827/09, juris, ist es für den Ausgleichsanspruch unerheblich, wenn der Haftpflichtversicherer, weil der Gebäudeversicherer wegen Unterversicherung nur einen Teil des Zeitwertschadens reguliert (was allein zur Hälfte auszugleichen ist), wegen des restlichen Zeitwertschadens mangels insoweit eingreifenden Regressverzichts eintrittspflichtig bleibt. Dies sei keine Frage des Quotenvorrechts.
219 Vgl ebenso das Beispiel bei *Schwickert*, VersR 2007, 773, 774 f.

seines Quotenvorrechts beim Haftpflichtversicherer des Mieters geltend. Für den direkten Ausgleichsanspruch des Gebäudeversicherers gegen den Haftpflichtversicherer nach § 78 Abs. 2 verbleibt ein Restbetrag von 50.000 €.

102 **cc) Umfang der Erstattungspflicht des Mieters.** Zukünftig wird in Frage stehen, in welchem Umfang der Gebäudeversicherer den schädigenden Mieter in Fällen grob fahrlässiger Herbeiführung des Schadens in Regress nehmen kann – dies vor dem Hintergrund der Abschaffung des Alles-oder-Nichts-Prinzips und der Einführung von Quotelungsregelungen in Fällen grob fahrlässigen Handelns des VN etwa in § 28 Abs. 2 oder § 81 Abs. 2. Fraglich ist, ob der Regressanspruch des VR in entsprechender Anwendung dieses Rechtsgedankens ebenfalls zu kürzen ist.

Dies scheint zunächst nicht einleuchtend, weil der VR in den Fällen des Mieterregresses einen Anspruch aus übergegangenem Recht des Vermieters nach Abs. 1 geltend macht. Im Verhältnis Vermieter – Mieter greifen die Regelungen über eine quotale Leistungsfreiheit bzw. quotale Ersatzpflicht überhaupt nicht.[220]

Auf der anderen Seite hat aber Berücksichtigung zu finden, dass sich der IV. Senat des BGH in seinen Urteilsbegründungen stets auf den Gleichlauf der Haftung von VN und Mieter berufen hat.[221] Dieser **Haftungsgleichlauf** würde nach den Neuregelungen des VVG jedoch jetzt gerade dazu führen, dass der Mieter – genauso wie der VN gem. § 81 Abs. 2 – im Falle grob fahrlässiger Herbeiführung des Versicherungsfalles nur noch anteilig zu haften hätte.[222]

103 **dd) Regressmöglichkeit des Haftpflichtversicherers.** In dem ebenfalls denkbaren Fall, dass zunächst der Haftpflichtversicherer den von seinem VN (dem Mieter) einfach fahrlässig verursachten Schaden vollständig reguliert, stellt sich die Frage, ob er seinerseits in analoger Anwendung des § 78 Abs. 2 S. 1 vom **Gebäudeversicherer** des Vermieters einen **hälftigen Ausgleich** für die an den Vermieter geleisteten Zahlungen fordern kann. Dies wird im Ergebnis zu bejahen sein. Denn auch in diesem Verhältnis existiert eine Doppelversicherung: Das Interesse des Mieters am Ausgleich des von ihm einfach fahrlässig verursachten Schadens am Gebäude des Vermieters ist durch beide Versicherungen gedeckt, ohne dass eine von ihnen bei ihm Regress nehmen könnte (was sich bei der Haftpflichtversicherung aus der Natur des Vertrages ergibt, bei der Gebäudeversicherung aus dem Regressverzicht).[223]

104 Anders stellt sich dies wiederum im Verhältnis zum **Hausratversicherer** dar. Wenn der VN des Haftpflichtversicherers (der Mieter) durch seine schädigende Handlung auch Hausratgegenstände des im selben Gebäude wohnenden Vermieters beschädigt hat, kommt ein hälftiger Ausgleichsanspruch des Hausratversicherers gegen den Haftpflichtversicherer nicht in Betracht, weil es an einer Doppelversicherung fehlt. Einen Regressverzicht des Hausratversicherers gibt es nicht, so dass dieser aus übergegangenem Recht des Geschädigten den Mieter in Regress nehmen kann. Es handelt sich insoweit also nicht um eine Versicherung, deren Kosten der Mieter – jedenfalls mittelbar – zu tragen hat und deren Versicherungsleistungen ihm zugute kommen.[224]

105 **g) Teilungsabkommen Mieterregress.** Zum 1.1.2009 ist das „Teilungsabkommen Mieterregress" zwischen Gebäudeversicherern und Allgemeinen Haftpflichtversicherern und dem GDV in Kraft getreten, welches für Schadensfälle ab diesem Datum (allerdings nicht rückwirkend) greift. Nach dessen Inhalt beteiligt sich der Haftpflichtversicherer bei Schäden über 2.500 € und bis zu 100.000 € mit einer

---

220 *Schimikowski/Höra*, S. 154.
221 BGH 13.9.2006 – IV ZR 378/02, VersR 2006, 1530; BGH 13.9.2006 – IV ZR 273/05, VersR 2006, 1536.
222 *Staudinger/Kassing*, VersR 2007, 10; *Schimikowski/Höra*, S. 154.
223 *Bartosch-Koch*, NJW 2011, 484, 487, 488.
224 *Bartosch-Koch*, NJW 2011, 484, 489.

Quote von 50 % am Entschädigungsbetrag, und zwar auch bei Schäden, die unter das RVA fallen.

VIII. Verjährung

Die Verjährung der Regressforderung richtet sich grds. nach der Verjährung des nach Abs. 1 S. 1 übergegangenen Anspruchs. Dieser wird durch den Forderungsübergang nicht in seiner Rechtsnatur verändert, so dass bereits begonnene Verjährungsfristen unverändert weiterlaufen. Bei einigen typischen Regresskonstellationen, wie etwa dem **Mieterregress**, gelten sehr kurze, halbjährige Verjährungsfristen (§ 548 BGB), deren Einhaltung der VR bei der Prüfung der Regresslage zuvorderst sicherzustellen hat.[225] Der Sachversicherer muss sich auch die kurze (ebenfalls halbjährige) Verjährung des § 606 BGB entgegenhalten lassen, wenn ein **Leihverhältnis** vorlag und sein VN die Sache beschädigt zurückerhalten hat.[226]

106

IX. Prozessuales

1. Rechtsweg und Gerichtsstand. Der Rechtsweg und Gerichtsstand des Regressprozesses richten sich nach dem **ursprünglichen Rechtsverhältnis** zwischen VN und Schädiger. Dementsprechend hat der VR aus übergegangenem Recht des Arbeitgebers Regressansprüche gegen den Arbeitnehmer des VN vor dem Arbeitsgericht zu erheben. Anders ist dies hingegen, wenn der Kaskoversicherer einen Arbeitnehmer auf Schadensersatz für die Beschädigung des vom Arbeitgeber geleasten Firmenfahrzeugs aus übergegangenem Recht des Leasinggebers in Anspruch nimmt – hier ist der Rechtsweg zur ordentlichen Gerichtsbarkeit eröffnet.[227] War der Schädiger Beamter, ist die Zuständigkeit des Verwaltungsgerichts begründet.[228]

107

Auch für die **örtliche und sachliche Zuständigkeit** des angerufenen Gerichts ist das ursprüngliche Rechtsverhältnis maßgebend. Klagt der VR aus übergegangenem Recht seines VN als Vermieter gegen den schädigenden Mieter, ist nach § 29 a Abs. 1 ZPO streitwertunabhängig das Amtsgericht zuständig.

108

2. Aktivlegitimation. a) Vor dem Forderungsübergang. Vor dem Forderungsübergang, dh vor der Schadensregulierung durch den VR, ist der VN zur prozessualen Geltendmachung seiner Ersatzansprüche gegen den Schadenverursacher aktivlegitimiert. Er bleibt dies auch bei nur teilweiser Regulierung durch den VR bis zur vollen Deckung des Versicherungsschadens.[229] Allerdings kann auch der VR bereits vor Rechtsübergang Feststellungsklage gegen den Schädiger erheben, wenn das nach § 256 ZPO erforderliche Feststellungsinteresse gegeben ist, wie etwa zur Unterbrechung des Verjährungslaufs.[230]

109

Geht infolge vollständiger Regulierung im laufenden Prozess der Ersatzanspruch auf den VR über, ist der VN nach § 265 Abs. 1 S. 1 ZPO berechtigt, unter Umstellung des Klageantrags (es muss nunmehr Zahlung an den VR verlangt werden) den Prozess fortzuführen.[231]

110

Wird der Schaden des VN noch vor der Leistung des VR vom Schädiger ersetzt, ist der VR leistungsfrei. Leistet er in Unkenntnis der bereits erfolgten Leistung den-

111

---

225 *Günther*, Der Regreß des Sachversicherers, S. 33.
226 OLG Koblenz 9.4.2011 – 10 U 1219/10, VersR 2012, 610.
227 BAG 7.7.2009 – 5 AZB 8/09, VersR 2009, 1528 m. zust. Anm. *Tomson*.
228 Beckmann/Matusche-Beckmann/*Hormuth*, § 22 Rn 111.
229 OLG Saarbrücken 31.7.2003 – 8 U 683/02-166, 8 U 683/02, zfs 2003, 594.
230 Bruck/Möller/*Sieg*, § 67 Anm. 139; Beckmann/Matusche-Beckmann/*Hormuth*, § 22 Rn 176.
231 OLG Karlsruhe 13.12.2013 – 1 U 51/13, NJW-RR 2014, 21; OLG Brandenburg 1.7.2010 – 12 U 15/10, OLG Report Ost 34/2010 Anm. 8; KG Berlin 9.6.2008 – 12 U 90/07, MDR 2008, 1269; Prölss/Martin/*Armbrüster*, § 86 Rn 66; *Günther*, Der Regreß des Sachversicherers, S. 283.

noch, kann er gem. § 812 Abs. 1 S. 1, 1. Alt. BGB einen Bereicherungsanspruch gegen den VN geltend machen.[232]

112 **b) Nach dem Forderungsübergang.** Nach dem Forderungsübergang kann der VN nur noch dann im eigenen Namen Klage erheben, wenn die Voraussetzungen einer **gewillkürten Prozessstandschaft** vorliegen. Eine solche ist zulässig, wenn eine Einwilligung des Anspruchsinhabers (des VR) vorliegt und der VN ein eigenes schutzwürdiges Interesse an der Prozessführung hat, etwa seinen Vertrag möglichst schadensfrei zu halten.[233] Soweit der Geschädigte vom Schädiger im Prozess die Erstattung bereits vom Rechtsschutzversicherer erstatteter **vorgerichtlicher Rechtsanwaltskosten** im Wege der gewillkürten Prozessstandschaft fordert, hat er zunächst Zahlung nicht an sich, sondern an den Rechtsschutzversicherer zu verlangen. Ferner bedarf es in jedem Fall der prozessualen Darlegung, dass ihn der VR ermächtigt hat, den auf ihn übergegangenen Anspruch in eigenem Namen geltend machen zu dürfen. Anderenfalls fehlt es an schlüssigem Vortrag zur Aktivlegitimation.[234]

113 **3. Aktivlegitimation bei einer Mehrheit von VR.** War das Risiko von einer Mehrheit von VR (als Mit-, Neben- oder Doppelversicherungen) gedeckt, die im Versicherungsfall Leistungen erbracht haben, stellt sich die Frage, in welchem Umfang ein Regressanspruch auf sie übergegangen ist, in welchem Verhältnis zueinander und in welcher Höhe sie prozessual berechtigt sind, Regressansprüche geltend zu machen.

114 Da bei den **Mit- und Nebenversicherer** das gleiche Interesse versichert wird, geht der Schadensersatzanspruch entsprechend der Risikobeteiligung der VR quotal auf diese über.[235] Prozessual darf der führende VR nur die auf ihn entfallende Quote geltend machen.[236] Nur wenn eine Prozessführungsklausel in dem VersVertrag enthalten ist, soll eine gewillkürte Prozessstandschaft des führenden VR zulässig sein.[237] Erforderlich ist dann jedoch die Offenlegung der gewillkürten Prozessstandschaft, zumal auch die verjährungshemmende Wirkung der Klageeinreichung auch für die Mitversicherer erst dann eintritt, wenn die Prozessstandschaft offen liegt.[238] Jedenfalls zulässig ist es, dass die übrigen Mitversicherer ihren jeweiligen Schadensersatzanspruch an den führenden VR abtreten, um eine einheitliche prozessuale Geltendmachung zu ermöglichen.[239]

115 Bei einer **Doppelversicherung** geht der Schadensersatzanspruch entsprechend dem jeweiligen Haftungsanteil des Doppelversicherers gem. § 78 Abs. 2 S. 1 (§ 59 Abs. 2 S. 1 aF) auf diesen über. Erbringt nur ein Doppelversicherer die Leistung, ergibt sich der Ausgleichsanspruch aus § 78 Abs. 2, was auch den anteiligen Übergang auf den anderen Doppelversicherer zur Folge hat.[240]

116 **4. Beweislastverteilung.** Bei der Beweislastverteilung bestehen keine Besonderheiten. Es hat jede Prozesspartei die für sie günstigen Tatsachen substantiiert darzulegen und im Bestreitensfall zu beweisen. Für den Ausgleichsanspruch des Gebäudeversicherers gegen den Haftpflichtversicherer des Mieters analog § 59 Abs. 2 S. 1

---

232 OLG Dresden 23.10.2008 – 4 U 1135/08, VersR 2009, 824.
233 BGH 8.2.1952 – V ZR 122/50, BGHZ 5, 105; OLG Schleswig-Holstein 27.4.2006 – 7 U 78/05, SchlHA 2007, 378; OLG Köln 29.6.1993 – 9 U 237/92, NJW-RR 1994, 27; aA Bruck/Möller/*Sieg*, § 67 Anm. 143.
234 OLG Köln 26.2.2013 – 3 U 141/12, juris; OLG Brandenburg 25.10.2007 – 12 U 131/06, zfs 2008, 107; *Hansens*, zfs 2008, 107.
235 Römer/Langheid/*Langheid*, § 86 Rn 31.
236 BGH 24.3.1954 – VI ZR 114/52, VersR 1954, 249.
237 BGH 7.6.2001 – I ZR 49/99, VersR 2002, 117; OLG Hamm 25.7.2002 – 18 U 182/01, TranspR 2003, 457; *Günther*, Der Regreß des Sachversicherers, S. 285.
238 BGH 7.6.2001 – I ZR 49/99, VersR 2002, 117.
239 Römer/Langheid/*Langheid*, § 86 Rn 31.
240 BGH 23.11.1988 – IVa ZR 143/87, VersR 1989, 250; Römer/Langheid/*Langheid*, § 86 Rn 31.

aF gelten keine anderen Beweislastgrundsätze als für den Anspruch des Vermieters gegen den Mieter.[241] Für den regressierenden VR wirkt es sich regelmäßig günstig aus, dass ihm nach dem Anspruchsübergang der VN als vormaligen Anspruchsinhaber nun als Zeuge zur Verfügung steht.

Dem regressführenden VR ist es versagt, den Vortrag des Prozessgegners gem. § 138 Abs. 4 ZPO mit Nichtwissen zu bestreiten, wenn der VN die behaupteten Umstände (auch nur möglicherweise) kennt.[242] Statthaft ist dies nur ausnahmsweise, wenn er ergebnislos beim VN Informationen zu erlangen versucht hat.[243] 117

Macht der beklagte Schädiger geltend, die Ansprüche des klagenden Geschädigten seien nach § 86 auf den Sachversicherer übergegangen, so dass es an der Aktivlegitimation des Klägers fehle, so trifft ihn für den behaupteten Forderungsübergang die Beweislast.[244] 118

§ 87 Abweichende Vereinbarungen

Von den §§ 74, 78 Abs. 3, den §§ 80, 82 bis 84 Abs. 1 Satz 1 und § 86 kann nicht zum Nachteil des Versicherungsnehmers abgewichen werden.

I. Normzweck

Die Regelung des § 87 schränkt die Vertragsfreiheit in Hinblick auf bestimmte gesetzliche Vorgaben ein. Zwischen VR und VN können keine Vereinbarungen getroffen werden, mit denen zum Nachteil des VN von den genannten Vorschriften abgewichen wird. Diese sind damit **halbzwingend**. Auf Großrisiken und laufende Versicherungen findet die Vorschrift keine Anwendung, vgl § 210. 1

II. Einzelne Vorschriften

In Erweiterung der in § 68 a aF enthaltenen Vorschriften ist nunmehr auch die Regelung über den Aufwendungsersatz nach § 83 nicht zu Lasten des VN abänderbar.[1] 2

Die Vorschriften der §§ 74 Abs. 2, 78 Abs. 3 und 80 Abs. 3 finden sich aufgrund ihrer jeweils in Hs 2 getroffenen Regelungen wieder.[2] In Bezug auf die dort geregelte Dauer seines Prämienanspruchs darf der VR keine für den VN nachteilige Regelung treffen. 3

Das „**Hausgemeinschafts-Privileg**" des § 86 Abs. 3 soll eine mittelbare Belastung des VN verhindern. Vereinbarungen, die vor Eintritt eines Versicherungsfalles (etwa in den AVB) getroffen werden, sind unwirksam.[3] 4

Eine Abweichung zu Lasten des VR ist hingegen möglich, so dass etwa gegen die Wirksamkeit von Regressverzichts-Vereinbarungen zwischen VR und VN keine Bedenken bestehen.[4] Allerdings sind Abweichungen von § 86 zu Lasten des VR dann unwirksam, wenn sie gegen das Bereicherungsverbot des VN verstoßen.[5] 5

---

241 BGH 27.1.2010 – IV ZR 129/09, VersR 2010, 477.
242 *Günther*, Der Regreß des Sachversicherers, S. 277.
243 OLG Köln 12.6.1995 – 18 U 1/95, VersR 1997, 596.
244 KG Berlin 18.7.2005 – 12 U 50/04, VersR 2007, 413.
1 Begr. RegE, BT-Drucks. 16/3945, S. 82.
2 Begr. RegE, BT-Drucks. 16/3945, S. 82.
3 Römer/Langheid/*Langheid*, § 86 Rn 57; BK/*Baumann*, § 67 Rn 190; Beckmann/Matusche-Beckmann/*Hormuth*, § 22 Rn 172.
4 Beckmann/Matusche-Beckmann/*Hormuth*, § 22 Rn 174.
5 Prölss/Martin/*Armbrüster*, § 86 Rn 107; hieran zweifelnd Beckmann/Matusche-Beckmann/*Hormuth*, § 22 Rn 174.

III. Anwendbarkeit der §§ 305 ff BGB

6 Noch in der Vorgänger-Regelung des § 68 a aF fand sich die Formulierung, dass sich der VR auf zum Nachteil des VN abweichende Vorschriften (lediglich) „nicht berufen" dürfe. Da sich aus dem Gesetzeswortlaut eine Unwirksamkeit der zum Nachteil des VN abweichenden Vorschrift nicht ergab, sollte eine Klauselprüfung nach Maßgabe der §§ 305 ff BGB dem § 68 a aF vorgehen. Denn als weitreichendere Folge als das Nicht-Berufen-Dürfen hatte die Unvereinbarkeit der AVB-Regelung mit den Vorgaben der §§ 305 ff BGB die Unwirksamkeit der vertraglichen Vorschrift zur Folge.[6]

7 Mit der geänderten Formulierung in § 87, dass nicht zum Nachteil des VN von den im Gesetz dargestellten Vorschriften abgewichen werden „kann", ergibt sich die Unwirksamkeit einer solchen Vertragsregelung bereits aus der Norm selbst, ohne dass es eines Rückgriffs auf die §§ 305 ff BGB mehr bedürfte.[7]

Abschnitt 2: Sachversicherung

§ 88 Versicherungswert

Soweit nichts anderes vereinbart ist, gilt als Versicherungswert, wenn sich die Versicherung auf eine Sache oder einen Inbegriff von Sachen bezieht, der Betrag, den der Versicherungsnehmer zur Zeit des Eintrittes des Versicherungsfalles für die Wiederbeschaffung oder Wiederherstellung der versicherten Sache in neuwertigem Zustand unter Abzug des sich aus dem Unterschied zwischen alt und neu ergebenden Minderwertes aufzuwenden hat.

I. Normzweck

1 §§ 88–99 betreffen innerhalb der Schadensversicherung nur die **Sachversicherung**. Die Vorschrift des § 88 definiert einheitlich den Versicherungswert in der Sachversicherung. Die früheren Regelungen für die Feuerversicherung werden einbezogen. Für den Bereich der Transportversicherung enthält § 136 eine Sonderregelung. Der Vorbehalt der anderweitigen Bestimmung des Versicherungswertes zeigt, dass eine individuelle Vereinbarung vorgeht. Davon wird in der Praxis häufig Gebrauch gemacht und ein anderer Versicherungswert als der Zeitwert vereinbart. § 88 gibt eine **Auslegungsregel**.[1]

II. Begriffsbestimmungen

2 **1. Versicherungswert.** § 74 definiert den Versicherungswert als Wert des versicherten Interesses. Versicherungswert wird in § 88 für den Bereich der Sachversicherung als **Zeitwert** bestimmt. Maßgeblich ist der Wert der versicherten Sache zum Zeitpunkt des Versicherungsfalles. Für die Wertbemessung ist der Betrag entscheidend, der für die Wiederbeschaffung oder Wiederherstellung der beschädigten Sache in neuwertigem Zustand abzüglich des sich aus dem Unterschied zwischen neu und alt ergebenden Minderwertes aufzuwenden ist.[2]

3 **2. Wiederbeschaffungs- und Wiederherstellungswert.** Der Betrag, den der VN aufwenden muss, um eine Sache gleicher Art und Güte wiederzubeschaffen, wird als

---

[6] Prölss/Martin/*Kollhosser*, § 68 a Rn 2.
[7] AA Prölss/Martin/*Armbrüster*, § 87 Rn 2, der die §§ 305 ff BGB wegen der weiterreichenden Rechtsfolge für vorrangig hält.
[1] Vgl Prölss/Martin/*Armbrüster*, § 88 Rn 1.
[2] Vgl Begr. RegE, BT-Drucks. 16/3945, S. 82.

Wiederbeschaffungswert bezeichnet.³ Es ist auf die jeweilige Handelsstufe des Betroffenen abzustellen. Maßgebend ist die Stellung als Verbraucher, Einzelhändler oder Großhändler.⁴ Muss sich der VN die Sache bei einem Händler beschaffen, so sind im Wiederbeschaffungswert auch Gewinn und die Mehrwertsteuer enthalten.⁵ Dementsprechend ist der Wiederherstellungswert der Betrag, der für die Wiederherstellung aufgewendet werden muss, um einen gleichwertigen Ersatz zu erhalten. Abzustellen ist auf eine Sache von **gleicher Art, Güte und Zweckbestimmung**.⁶

Bei **Kunstgegenständen** oder Sachen von Seltenheitswert sind Identität und Herkunft entscheidend.⁷ Die Kriterien des Kunstmarktes können herangezogen werden.⁸ Bei **Antiquitäten, alten Teppichen, historischen Münzen, Oldtimer-Fahrzeugen** kann der Abnutzungsgrad zu den Bewertungsmerkmalen gehören.⁹ Im Übrigen gelten die Kriterien des Gebrauchtwarenmarktes.

3. Zeitwert. Als Zeitwert versteht man den Wert der versicherten Sache zum Schadenszeitpunkt.¹⁰ Der Zeitwert wird durch einen **Abzug vom Neuwert** ermittelt. Man ermittelt zunächst den Preis, den man für die Sache im neuwertigen Zustand zu zahlen hat, und vermindert ihn um den Wert, der sich aus Alter und Abnutzung ergibt.¹¹

4. Neuwert. Gegen die Vereinbarung des Neuwertes als Versicherungswert bestehen keine Bedenken.¹² Neuwert ist der Betrag, der aufgewendet werden muss, um die Sache wiederzubeschaffen, wobei der Abzug „neu für alt" (vgl Rn 5) unberücksichtigt bleibt.¹³ In der Neuwertversicherung sind Grundlagen der Entschädigungsberechnung bei **zerstörten Gebäuden** die ortsüblichen Wiederherstellungskosten des Gebäudes einschließlich der Architektengebühren, Konstruktions- und Planungskosten bei Eintritt des Versicherungsfalles, bei **beschädigten Gebäuden** oder **sonstigen beschädigten Sachen** die notwendigen Reparaturkosten zuzüglich einer durch die Reparatur nicht ausgeglichenen Wertminderung, höchstens jedoch der Versicherungswert bei Eintritt des Versicherungsfalles, bei zerstörten oder abhanden gekommenen sonstigen Sachen der Wiederbeschaffungspreis von Sachen gleicher Art und Güte im neuwertigen Zustand.¹⁴ Entsprechendes gilt beim **Hausrat**.¹⁵ Eine **Wiederherstellungsklausel** ist nicht notwendig mit der Neuwertversicherung verbunden. Eine Klausel in der Neuwertversicherung, wonach Versicherungswert der Zeitwert der versicherten Sache ist, wenn dieser weniger als 40 % des Neuwertes beträgt (sog. **Entwertungsgrenze**), ist wirksam.¹⁶

5. Gemeiner Wert. Gemeiner Wert ist der Verkehrswert. Das ist der Betrag, der durch den Verkauf der Sache durch den VN zu erzielen wäre, sei es auf dem Gebrauchtwarenmarkt oder als Altmaterial.¹⁷ Der Wert ist als Versicherungswert

---

3 BGH 22.2.1984 – IVa ZR 145/82, NJW 1984, 2165 = VersR 1984, 480.
4 Vgl BGH 22.2.1984 – IVa ZR 145/82, NJW 1984, 2165 = VersR 1984, 480; Prölss/Martin/*Armbrüster*, § 88 Rn 4.
5 BGH 8.2.1988 – II ZR 210/87, VersR 1988, 463; BGH 2.10.1985 – IVa 184/83, VersR 1986, 177; BGH 30.1.1985 – IVa ZR 109/83, NJW 1985, 1222 = VersR 1985, 354.
6 Zu Chipkarten OLG Oldenburg 16.12.1998 – 2 U 219/98, VersR 2000, 177.
7 Vgl *Martin*, Q IV Rn 69.
8 OLG Köln 14.5.2002 – 9 U 133/00, r+s 2002, 338 (Leitungswasserschaden).
9 *Martin*, Q IV Rn 78.
10 BGH 22.2.1984 – IVa ZR 145/82, NJW 1984, 2165.
11 Vgl *Martin*, Q III Rn 39 ff; s. auch zB Abschnitt A § 13 Nr. 2 VGB 2008/2010.
12 BGH 30.9.2009 – IV ZR 47/09, VersR 2009, 1622; BGH 4.4.2001 – IV ZR 138/00, VersR 2001, 749; BGH 17.12.1997 – IV ZR 136/96, VersR 1998, 305; BGH 24.4.1996 – IV ZR 71/95, VersR 1996, 845.
13 BGH 8.2.1988 – II ZR 210/87, VersR 1988, 463.
14 Abschnitt A § 13 Nr. 1 VHB 2008.
15 Abschnitt A § 9 Nr. 1 VHB 2010 (QM).
16 BGH 30.9.2009 – IV ZR 47/09, VersR 2009, 1622.
17 Vgl *Martin*, Q III Rn 56–97.

insb. maßgebend, wenn eine Sache auf Dauer entwertet oder bei Gebäuden zum Abbruch bestimmt ist.[18]

8 **6. Substanzwert.** Ist bei Gebäuden grds. der ortsübliche Bauwert unter Abzug eines dem Zustand des Gebäudes, dem Alter und der Abnutzung entsprechenden Betrags zu ersetzen (§ 3 AFB), sind auch Umstände zu berücksichtigen, die nicht den Substanzwert betreffen und damit nicht den Baukostenwert als solchen mindern, sondern nur den Verkehrswert beeinträchtigen. Zu solchen wertmindernden Umständen gehört auch, wenn schon vor dem Brand feststand, dass das Gebäude abgerissen werden musste.[19]

9 **7. Taxwert.** Von Taxwert spricht man, wenn der Versicherungswert auf einen bestimmten Betrag, eine Taxe, festgesetzt wird (76).[20] Die Taxe gilt dann als Versicherungswert. Damit ist eine höhere Entschädigung möglich, als der tatsächliche Schaden ausmacht.

10 **8. Zeitpunkt der Wertermittlung.** Nach dem Wortlaut ist abzustellen auf den Zeitpunkt des Versicherungsfalles. Insoweit weicht die Regelung von den Grundsätzen der §§ 249 ff BGB ab. Es sind also die Aufwendungen zu berechnen, die bei Wiederbeschaffung oder Wiederherstellung zeitnah zum Versicherungsfall entstehen.

11 **9. Beratungspflichten.** Grundsätzlich ist davon auszugehen, dass der VN für die richtige Höhe der Versicherungssumme selbst verantwortlich ist. In den §§ 6 und 61 sind die Beratungspflichten ausgeweitet. Dies ist im Zusammenhang mit der Beurteilung einer **Unterversicherung** von Bedeutung. Wegen der Komplexität der Materie wird man bei der Wohngebäudeversicherung zum gleitenden Neuwert nach Maßgabe der **Versicherungssumme 1914** eine umfassende Beratungspflicht des VR annehmen müssen.[21] Die Ermittlung erfordert häufig umfangreiche Berechnungen. Es empfiehlt sich das Anbieten fachkundiger Beratung oder die Befragung eines Sachverständigen, wenn der VN nicht über eigene Fachkenntnisse verfügt oder bereits einen Gutachter beauftragt hat. Im Einzelfall wird man auch in der Hausratversicherung bei der Erfassung der maßgeblichen Werte Hilfestellung leisten müssen.

III. Abdingbarkeit

12 Es steht den Vertragsparteien frei, dem Versicherungswert einen anderen Wert zugrunde zu legen. Dies wird ausdrücklich klargestellt. In der Praxis ist insb. die Neuwertversicherung von Bedeutung, bei der kein Abzug „neu für alt" erfolgt (s. Rn 6).[22] Preissteigerungen während der Dauer der Regulierung hat der VR zu tragen. Bei Preissenkungen muss der VN sich Abzüge gefallen lassen. Bei der **Preisdifferenzversicherung** im Bereich der Industrieversicherung werden Mehrkosten durch Preiserhöhungen mitversichert.[23]

---

18 Abschnitt A § 13 Nr. 3 VGB 2008.
19 BGH 21.4.1993 – IV ZR 34/92, VersR 1993, 828.
20 OLG Köln 15.4.2014 – 9 U 202/13, VersR 2014, 1251.
21 Vgl BGH 3.2.2011 – IV ZR 171/09, VersR 2011, 622; BGH 23.5.2007 – IV ZR 93/06, VersR 2007, 1411; BGH 7.12.1988 – IVa ZR 193/87, VersR 1989, 472; OLG Köln 17.3.2015 – 9 U 75/14, VK 2015, 85 (zur Bauelementemethode mit Rückrechnung auf die Preisbasis 1914).
22 ZB Abschnitt A § 9 Nr. 1 VHB 2010 (QM); bei Gebäuden Abschnitt A § 13 Nr. 1 VGB 2008; zur Entwertungsgrenze in der Neuwertversicherung BGH 30.9.2009 – IV ZR 47/09, VersR 2009, 1622.
23 *Martin*, Q I Rn 70 ff (zB Klausel 1301).

§ 89 Versicherung für Inbegriff von Sachen

(1) Eine Versicherung, die für einen Inbegriff von Sachen genommen ist, umfasst die jeweils dem Inbegriff zugehörigen Sachen.

(2) ¹Ist die Versicherung für einen Inbegriff von Sachen genommen, erstreckt sie sich auf die Sachen der Personen, mit denen der Versicherungsnehmer bei Eintritt des Schadens in häuslicher Gemeinschaft lebt oder die zu diesem Zeitpunkt in einem Dienstverhältnis zum Versicherungsnehmer stehen und ihre Tätigkeit an dem Ort ausüben, für den die Versicherung gilt. ²Die Versicherung gilt insoweit als für fremde Rechnung genommen.

I. Normzweck

Die Regelung gibt die Möglichkeit, mehrere Sachen als Sachinbegriff zu versichern, wenn sie aufgrund ihrer Zweckverbundenheit im Rechtsverkehr als Einheit betrachtet werden. Gleichzeitig wird die aus der Feuerversicherung stammende Regelung übernommen, dass sich der Versicherungsschutz bei der Versicherung für den Inbegriff von Sachen auf Sachen von solchen Personen erstreckt, die mit dem VN in häuslicher Gemeinschaft leben oder mit dem VN in einem Dienstverhältnis stehen und ihre Tätigkeit an dem Ort ausüben, für den die Versicherung gilt.

II. Versicherter Sachinbegriff (Abs. 1)

1. Inbegriff. Eine Mehrheit von Sachen, die wegen Zweckverbundenheit von der Verkehrsanschauung als Einheit anzusehen sind, wird als **Inbegriff** bezeichnet. Es kommt auf die Verkehrsanschauung an. Wichtige **Beispiele** sind Hausrat, Warenvorräte, Betriebseinrichtung, Bücher-, Gemäldesammlung oder Inventar.[1] Damit sind alle Sachen versichert, die zu dem Inbegriff gehören.

2. Zu- und Abgang. Versichert sind alle Sachen, die jeweils zu der Gesamtheit gehören. Wird eine Sache räumlich entfernt („**Abgang**"), verliert sie den Deckungsschutz, mit ihrem „Zugang" erhält sie den Schutz automatisch.[2] Bei einem Warenlager mit wechselndem Bestand kommt dies zum Tragen.[3] Auf die Eigentumszugehörigkeit kommt es nicht an. Damit können auch im Fremdeigentum stehende Gegenstände (zB aufgrund Eigentumsvorbehalts) zum Sachinbegriff gehören. Außerdem können besondere Vereinbarungen den Versicherungsschutz regeln, wenn sich die Sachen außerhalb des Versicherungsortes befinden.[4] Werden Sachen ohne räumliche Trennung veräußert, scheiden sie aus der Deckung aus, wenn nicht der VN weiterhin zur Nutzung berechtigt ist (zB Sicherungsübereignung).[5] Auch bei Veräußerung einzelner Gegenstände liegt kein Versicherungsschutz vor. In diesen Fällen kann eine **Fremdeigentumsklausel** vereinbart werden, wonach auch solche Gegenstände versichert sind, die nicht im Eigentum des VN stehen.[6]

III. Fremdversicherung bei häuslicher Gemeinschaft oder Dienstverhältnis (Abs. 2)

1. Häusliche Gemeinschaft. Die Inbegriffsversicherung wird auf die häusliche Gemeinschaft, also das nicht ganz unverbindliche Verhältnis einer Wohngemein-

---

1 *Martin*, H III Rn 14 ff, H IV Rn 1 ff; Prölss/Martin/*Armbrüster*, § 89 Rn 2.
2 Vgl OLG Hamm 12.6.1974 – 20 U 335/73, VersR 1975, 174.
3 Vgl für zum Bestand gehörende Fahrzeuge in der Versicherung für Kfz-Handel und -Handwerk BGH 28.6.2006 – IV ZR 316/04, VersR 2006, 1352.
4 Zur Außenversicherung Abschnitt A § 7 VHB 2000.
5 Römer/Langheid/*Langheid*, § 89 Rn 5.
6 Langheid/Wandt/*Staudinger*, § 89 Rn 5.

schaft, erstreckt. Auf Familienangehörigkeit kommt es nicht an.[7] Es muss eine auf Dauer angelegte Gemeinschaft der Wirtschaftsführung bestehen.[8]

2. **Dienstverhältnis.** Versichert sind die Sachen der Personen, die in einem Dienstverhältnis zum VN stehen und ihre Tätigkeit am Versicherungsort ausüben, zB Hausangestellte, Koch, Gärtner. Erfasst sind die im Eigentum von Arbeitnehmern stehenden Sachen, die in den Betrieb verbracht sind.[9]

IV. Abänderbarkeit

Die Regelung ist abänderbar, jedoch besteht stets Anlass zu prüfen, ob die Klauseln einer Inhaltskontrolle nach § 307 Abs. 1 BGB standhalten.[10] Besonderer Regelungen hinsichtlich Hausrat finden sich in A § 6 Nr. 2 c) dd) VHB 2010 (Fremdeigentum im Haushalt ohne Mietereigentum) und A § 6 Nr. 2 c) hh) VHB 2010 (Arbeitsgeräte und Einrichtungsgegenstände, die ausschließlich dem Beruf oder dem Gewerbe des VN oder einer Person in häuslicher Gemeinschaft dienen).

§ 90 Erweiterter Aufwendungsersatz

Macht der Versicherungsnehmer Aufwendungen, um einen unmittelbar bevorstehenden Versicherungsfall abzuwenden oder in seinen Auswirkungen zu mindern, ist § 83 Abs. 1 Satz 1, Abs. 2 und 3 entsprechend anzuwenden.

I. Normzweck und Anwendungsbereich

Die Vorschrift dient dem Ziel, den Eintritt von Schäden möglichst zu verhindern. Die Vorerstreckung soll nur hinsichtlich des Aufwendungsersatzes maßgeblich sein. Eine Vorverlegung der Rettungsobliegenheit (§ 82) würde den VN unangemessen belasten und könnte den Anwendungsbereich des bis zum Eintritt des Versicherungsfalles anzuwendenden § 81 berühren.[1]

Die Regelung gilt nur für die **Sachversicherung** und ist – wie sich aus dem systematischen Standort ergibt – nicht auf andere Versicherungszweige zu erstrecken.[2] Insbesondere hat der Haftpflichtversicherungsnehmer keinen Aufwendungsersatzanspruch. Der Gesetzgeber hat die Bestimmung bewusst auf die Sachversicherung beschränkt, weil eine Erstreckung auf andere Zweige der Schadensversicherung teilweise nicht überschaubare Konsequenzen hätte und in die Produktgestaltung der VR eingreifen würde.[3] Eine erweiternde Anwendung würde auch in den Regelungsgehalt des § 103 eingreifen. Angesichts dieser Gesetzeslage ist eine Konstruktion eines Aufwendungsersatzanspruchs über § 242 BGB[4] abzulehnen.

---

7 Auf die Problematik bei der nichtehelichen Lebensgemeinschaft kommt es nicht mehr an, dazu BGH 15.5.2007 – IV 160/07, r+s 2009, 230.
8 Vgl BGH 12.11.1985 – VI ZR 223/84, VersR 1986, 333.
9 Vgl *Martin*, H III Rn 23 ff.
10 Vgl Prölss/Martin/*Armbrüster*, § 89 Rn 16; Römer/Langheid/*Langheid*, § 85 Rn 5.
1 Vgl Begr. RegE, BT-Drucks. 16/3945, S. 82 f.
2 Looschelders/Pohlmann/*Schmidt-Kessel*, § 90 Rn 2; Langheid/Wandt/*Staudinger*, § 90 Rn 5. Für die Unfallversicherung bestimmt § 184, dass die §§ 82, 83 nicht anzuwenden sind, dazu Anm. *Knappmann*, VersR 2009, 1652.
3 Begr. RegE, BT-Drucks. 16/3945, S. 83.
4 Vgl *Kassing*, Aufwendungsersatz bei Verhinderung des Haftpflichtfalls, S. 120 ff.

II. Regelungsgehalt

Die Regelung schafft eine **eigene Anspruchsgrundlage** auf Ersatz von Aufwendungen. Die **Vorerstreckungstheorie**[5] wird aufgegriffen. Danach setzt die Rettungspflicht, jedenfalls in der Sachversicherung, nicht voraus, dass der Versicherungsfall bereits eingetreten ist. Vielmehr genügt es, dass er unmittelbar bevorsteht.[6] Die Bestimmung ist anzuwenden, wenn objektiv ein Versicherungsfall unmittelbar bevorsteht und die Aufwendungen des VN dahin zielen, den Versicherungsfall abzuwenden oder seine Folgen zu mindern. Aus der Verweisung auf § 83 Abs. 1 S. 1, Abs. 2 und 3 ergibt sich, dass auch bei erfolglosen Aufwendungen eine Ersatzpflicht begründet ist, soweit der VN sie den Umständen nach für geboten halten durfte.

Hauptanwendungsbereich der Vorerstreckungstheorie war der **Wildunfall** und die Ersatzfähigkeit der Schäden als Rettungsaufwendungen.[7] Voraussetzung ist, dass der VN nach den Umständen das **Ausweichmanöver** für **geboten** halten durfte. Davon ist nur auszugehen, wenn die damit verbundenen Aufwendungen in einem vernünftigen Verhältnis zum Erfolg stehen. Es dürfen nicht unverhältnismäßig hohe Kosten verursacht werden. Erforderlich ist eine Abwägung zwischen dem durch den bevorstehenden Zusammenstoß drohenden Schaden und dem möglichen Personen- und Sachschaden durch das Ausweichen. Bei kleinerem Haarwild (Hase, Fuchs, Marder) ist es nicht verhältnismäßig, das Risiko eines ungleich höheren Schadens durch ein plötzliches Fahrmanöver in Kauf zu nehmen.[8] Handelt es sich um größere Tiere (Hirsch, Reh, Wildschwein), sind Größe und Gewicht des Fahrzeugs (Lkw, Pkw, Motorrad), die Geschwindigkeit und die örtliche Situation mitzubedenken.[9]

Ein **Vorschussanspruch** nach § 83 Abs. 1 S. 2 steht dem VN – wie sich aus der Systematik ergibt – nicht zu. Dies gilt auch bei gestreckten Sachverhalten.[10] Die **Aufwendungen** sind nach Maßgabe von § 83 Abs. 1 S. 1, Abs. 2 und 3 zu erstatten (s. § 83 Rn 2 ff).

Ist der VR zur Leistungskürzung berechtigt, kann er auch den Aufwendungsersatzanspruch kürzen. Es kann eine **Quotierung** erfolgen.[11] Bei **fehlender Gebotenheit des Ausweichens** wird man eine Quotelung unter Berücksichtigung der Schwere des Verschuldens vornehmen müssen. Die genaue Bestimmung richtet sich im Einzelfall nach einer Bewertung der konkreten, auf die Schwere des Verschuldens bezogenen Gesamtumstände. Zwar bestehen insoweit im Hinblick auf den Wortlaut Bedenken, nach der Neufassung der Regelungen erscheint aber bei grob fahrlässiger Verkennung der Sachlage durch den VN die Anwendung der §§ 81 Abs. 2, 82 Abs. 2 S. 2 im Rahmen des § 83 geboten.[12] Nach der VVG-Reform soll bei grob fahrlässigem Verhalten keine Leistungsfreiheit, sondern nur ein Leistungskürzungsrecht des VR bestehen. Aus diesem Grund ist es gerechtfertigt, im Falle eines

---

5 Für den Bereich der Sachversicherung BGH 20.2.1991 – IV ZR 202/90, VersR 1991, 459.
6 BGH 20.2.1991 – IV ZR 202/90, VersR 1991, 459.
7 Zum Rettungskostenersatz bei Wildunfällen iSv A.2.2.4 AKB 2008 s. die dortigen Erläuterungen; ferner *Schimikowski*, r+s 1991, 145.
8 BGH 18.12.1996 – IV ZR 321/95, VersR 1997, 351; OLG Köln 16.6.1998 – 9 U 204/97, r+s 1998, 365; keine grobe Fahrlässigkeit bei Ausweichen vor Fuchs, BGH 11.7.2007 – XII ZR 197/05, VersR 2007, 1531.
9 BGH 25.6.2003 – IV ZR 276/02, VersR 2003, 1250.
10 Für Analogie zu § 83 Looschelders/Pohlmann/*Schmidt-Kessel*, § 90 Rn 9.
11 OLG Saarbrücken 26.1.2011 – 5 U 356/10, VersR 2012, 55; LG Trier 3.2.2010 – 4 O 241/09, r+s 2010, 509 (zum nächtlichen Ausweichen vor Fuchs).
12 OLG Saarbrücken 26.1.2011 – 5 U 356/10, VersR 2012, 55; Langheid/Wandt/ *Staudinger*, § 90 Rn 14; Marlow/Spuhl/*Schirmer*, S. 376; Stiefel/Maier/*Maier*, § 83 Rn 19; *Burmann/Heß/Stahl*, Versicherungsrecht im Straßenverkehr, Kfz-Versicherungsrecht, 2. Aufl. 2010, Rn 619; *Rixecker*, zfs 2007, 255.

grob fahrlässigen **Irrtums über die Gebotenheit** der Rettungsmaßnahme ebenfalls ein Leistungskürzungsrecht anzunehmen.

7 **Beweiserleichterungen** kommen dem VN – anders als in Entwendungsfällen – nicht zugute.[13] Der VN muss Rettungshandlung, Vorhandensein von Haarwild und Gebotensein des Ausweichens voll nachweisen. Bei Fehlen von Spuren und Beobachtungen kommt eine Parteivernehmung nicht in Betracht.[14]

III. Abdingbarkeit

8 Die Vorschrift ist im Gegensatz zu § 83 grds. abdingbar (§ 78). Es können abweichende Vereinbarungen in AVB zugelassen werden.[15] Hier wird allerdings im Hinblick auf die §§ 305 ff BGB Vorsicht geboten sein.[16] Jedenfalls erscheint ein völliger Ausschluss in AVB als Verstoß gegen einen wesentlichen Grundgedanken der Bestimmung nicht zulässig.

§ 91 Verzinsung der Entschädigung

¹Die vom Versicherer zu zahlende Entschädigung ist nach Ablauf eines Monats seit der Anzeige des Versicherungsfalles für das Jahr mit 4 Prozent zu verzinsen, soweit nicht aus einem anderen Rechtsgrund höhere Zinsen verlangt werden können. ²Der Lauf der Frist ist gehemmt, solange der Schaden infolge eines Verschuldens des Versicherungsnehmers nicht festgestellt werden kann.

I. Normzweck

1 Die früher nur in der Feuerversicherung anzuwendende Verzinsungsregelung wurde auf die Sachversicherung insgesamt erstreckt, weil bei erheblichen Sachschäden (Gebäude, hochwertige Sachen) oft langwierige Schadensermittlungen durchgeführt werden müssen, durch welche die Auszahlung der Entschädigung verzögert wird. Die für die Mindestverzinsungspflicht maßgebenden Gründe gelten auch in diesen Fällen.

II. Verzinsungspflicht

2 Die Verzinsungspflicht entsteht unabhängig von der Feststellung der Eintrittspflicht, der Höhe der Entschädigungssumme und der Fälligkeit. Die Entschädigung ist **mindestens iHv 4 %** zu verzinsen (S. 1). Die Frist beginnt mit dem Ablauf von **einem Monat** nach Anzeige des Versicherungsfalles. Die Frist hat den Sinn, einen Zeitraum für die Bearbeitung des Schadensfalles sicherzustellen.

3 Ob die Monatsfrist mit **Absendung** oder **Zugang** der Anzeige beginnt, ist streitig.[1] Nachdem die nach früherem Recht entsprechend herangezogene Vorschrift des § 92 Abs. 1 S. 2 aF entfallen ist, wird man auf § 130 Abs. 1 BGB zurückgreifen müssen.[2] Danach ist der Zugang maßgebend. Es erscheint auch sachgerecht, für die Verzinsung auf den Zeitpunkt der Kenntnisnahme abzustellen. Nach § 14 Nr. 2 a) VHB 2010 (QM), § 14 Nr. 3 a) VGB 2010 ist die Entschädigung – soweit sie nicht innerhalb eines Monats nach Meldung des Schadens geleistet wird – seit der Anzeige des Schadens zu verzinsen.

---

13 OLG Düsseldorf 2.5.2000 – 4 U 99/99, VersR 2001, 322.
14 OLG Jena 7.3.2001 – 4 U 893/00, VersR 2001, 855.
15 Vgl Begr. RegE, BT-Drucks. 16/3945, S. 83 unter Hinweis auf fehlende Rettungsobliegenheit.
16 Langheid/Wandt/*Staudinger*, § 90 Rn 22; Prölss/Martin/*Armbrüster*, § 90 Rn 5.
1 Für Absendung Prölss/Martin/*Armbrüster*, § 91 Rn 4.
2 Looschelders/Pohlmann/*Heyers*, § 91 Rn 4.

Die Verzinsungspflicht betrifft jede Art von Entschädigungszahlung, somit auch 4
Ratenzahlungen oder **Abschlagszahlungen** iSv § 14 Abs. 2.³
Auf ein Überschreiten der Versicherungssumme kommt es nicht an. Da die sog. 5
Neuwertspitze auch Teil der Entschädigung ist, besteht auch insoweit grds. Verzinsungspflicht.⁴ Problematisch ist jedoch der **Zeitpunkt des Beginns**. Soweit die Zinspflicht für den Neuwertanteil in AVB herausgeschoben wird auf den Zeitpunkt, zu dem der VN die Voraussetzungen für die Neuwertspitze schafft (zB A § 9 Nr. 3 b) AFB 2010, A § 14 Nr. 3 b) VGB 2010), können Bedenken an der Wirksamkeit im Hinblick auf § 307 Abs. 2 Nr. 1 BGB bestehen.⁵ Eine unangemessene Benachteiligung ist jedoch nicht anzunehmen, da das Abstellen auf die Sicherstellung der Wiederherstellung und deren Nachweis der Besonderheit der Entstehung des Anspruchs auf die Neuwertspitze Rechnung trägt und mit dem Normzweck des § 91 – Ausgleich für die Vorenthaltung von Kapital – vereinbar ist.⁶

S. 2 enthält eine **Hemmungsvorschrift**. Solange der Schaden durch ein Verschulden 6
des VN nicht festgestellt werden kann, ist der Lauf der Frist gehemmt. Dem VN sollen nur schuldhafte Verzögerungen angelastet werden. Der Vorwurf bezieht sich auf ein Verhalten vor Ablauf der Monatsfrist. Verzögerungen können in verspäteter Beibringung von Belegen⁷ oder in der Verletzung der Auskunftsobliegenheit begründet sein. Eine Frist, die bereits abgelaufen ist, kann nicht mehr gehemmt werden.⁸

Eine weitergehende Zinspflicht kann sich aus §§ 280, 286, 288 BGB, § 352 HGB 7
bei **Verzug** des VR ergeben. Können höhere Zinsen gefordert werden, sind nur diese geschuldet (**Anrechnungsprinzip**).⁹

III. Abdingbarkeit

Die Vorschrift ist abänderlich. Bei Unterschreiten des gesetzlichen Zinssatzes und 8
Hinausschieben der Verzinsungspflicht kann eine unangemessene Benachteiligung des VN (§ 307 BGB) vorliegen.¹⁰ Im Hinblick auf die Verzinsung des Neuwertanteils erst zum Zeitpunkt der Sicherstellung der Wiederherstellung und deren Nachweis liegt eine unangemessene Benachteiligung des VN unter Berücksichtigung des Normzwecks nicht vor (s. Rn 5).¹¹

Abschlagszahlungen sind nach Ablauf der Monatsfrist zu verzinsen. Soweit Bedin- 9
gungen vorsehen, dass Abschlagszahlungen nicht zu verzinsen sind, bestehen keine Bedenken an der Wirksamkeit.¹²

---

3 Prölss/Martin/*Armbrüster*, § 91 Rn 4.
4 Bruck/Möller/*K. Johannsen*, § 91 Rn 3; Looschelders/Pohlmann/*Heyers*, § 91 Rn 7; Römer/Langheid/*Langheid*, § 91 Rn 8 (auf Fälligkeit abstellend).
5 Langheid/Wandt/*Staudinger*, § 91 Rn 8; Prölss/Martin/*Armbrüster*, § 91 Rn 7.
6 Im Ergebnis auch Bruck/Möller/*K. Johannsen*, § 91 Rn 8.
7 Vgl OLG Hamm 23.4.1982 – 20 U 249/81, VersR 1982, 1091.
8 BGH 19.9.1984 – IVa ZR 67/83, VersR1984, 1137.
9 LG Hamburg 7.9.1988 – 21 O 81/88, NJW-RR 1989, 680; Prölss/Martin/*Armbrüster*, § 92 Rn 5; Looschelders/Pohlmann/*Heyers*, § 91 Rn 5 (gegen Anwendbarkeit von § 352 HGB).
10 Prölss/Martin/*Armbrüster*, § 91 Rn 7; Langheid/Wandt/*Staudinger*, § 91 Rn 8; Looschelders/Pohlmann/*Heyers*, § 91 Rn 10.
11 Bruck/Möller/*K. Johannsen*, § 91 Rn 8.
12 Looschelders/Pohlmann/*Heyers*, § 91 Rn 11.

§ 92 Kündigung nach Versicherungsfall

(1) Nach dem Eintritt des Versicherungsfalles kann jede Vertragspartei das Versicherungsverhältnis kündigen.

(2) ¹Die Kündigung ist nur bis zum Ablauf eines Monats seit dem Abschluss der Verhandlungen über die Entschädigung zulässig. ²Der Versicherer hat eine Kündigungsfrist von einem Monat einzuhalten. ³Der Versicherungsnehmer kann nicht für einen späteren Zeitpunkt als den Schluss der laufenden Versicherungsperiode kündigen.

(3) ¹Bei der Hagelversicherung kann der Versicherer nur für den Schluss der Versicherungsperiode kündigen, in welcher der Versicherungsfall eingetreten ist. ²Kündigt der Versicherungsnehmer für einen früheren Zeitpunkt als den Schluss dieser Versicherungsperiode, steht dem Versicherer gleichwohl die Prämie für die laufende Versicherungsperiode zu.

I. Normzweck

1 Das Sonderkündigungsrecht kommt dem Bedürfnis in der Sachversicherung nach, das Versicherungsverhältnis unmittelbar nach Eintritt des Versicherungsfalles beenden zu können.

II. Kündigung (Abs. 1, 2)

2 **1. Kein Kündigungsgrund erforderlich.** Die Regelung gibt beiden Parteien eine Kündigungsmöglichkeit nach Eintritt des Versicherungsfalles. Auf die Motive kommt es nicht an. Jede Vertragspartei kann ohne Angaben von Gründen die Kündigung erklären.[1] Der VR kann sich von einem schlechten Risiko befreien und der VN hat die Möglichkeit, anderen, ggf besseren Deckungsschutz zu erlangen. Ob Probleme mit der Regulierung bestanden haben, ist unerheblich.

3 **2. Versicherungsfall.** Voraussetzung für die Kündigung ist der Eintritt des Versicherungsfalles. Das ist der Schadensfall, für den nach der objektiven Risikobeschreibung im VersVertrag der VR deckungspflichtig ist.[2] Subjektive Risikoausschlüsse hindern die Annahme eines Versicherungsfalles im Sinne der Bestimmung nicht.[3]

4 Nach der weiten Fassung kommt auch bei Leistungsfreiheit bei Vorliegen des Versicherungsfalles eine Kündigung in Betracht, jedoch nicht bei vorsätzlicher Herbeiführung nach § 81 Abs. 1. Hier steht der Arglisteinwand der Kündigung entgegen.[4] Ein vorgetäuschter Versicherungsfall hingegen gibt kein Kündigungsrecht,[5] weil durch das **Fingieren** kein Versicherungsfall gegeben ist. Der Versicherungsfall ist dann nur vorgetäuscht. Allerdings kommt ein außerordentliches Kündigungsrecht des VR in Betracht.[6]

5 Liegt der Schaden unterhalb des vertraglichen **Selbstbehalts**, ist nach dem Sinn der Vorschrift ein Kündigungsrecht abzulehnen, obwohl nach der objektiven Risikobeschreibung ein Versicherungsfall anzunehmen ist.[7]

---

1 Vgl BGH 17.11.1987 – IVa ZR 105/86, VersR 1988, 73.
2 Vgl Römer/Langheid/*Langheid*, § 92 Rn 6; Prölss/Martin/*Armbrüster*, § 92 Rn 3; zu weitgehend BK/*Dörner/Staudinger*, § 92 Rn 4.
3 OLG Düsseldorf 29.2.2000 – 4 U 77/99, r+s 2001, 379.
4 Prölss/Martin/*Armbrüster*, § 92 Rn 4; Looschelders/Pohlmann/*Heyers*, § 92 Rn 3; Langheid/Wandt/*Staudinger*, § 92 Rn 7.
5 Prölss/Martin/*Armbrüster*, § 92 Rn 4; Looschelders/Pohlmann/*Heyers*, § 92 Rn 3; anders Römer/Langheid/*Langheid*, § 92 Rn 7.
6 Prölss/Martin/*Armbrüster*, § 92 Rn 4.
7 Vgl Römer/Langheid/*Langheid*, § 92 Rn 8; aA Prölss/Martin/*Armbrüster*, § 92 Rn 5.

3. Kündigungsberechtigte. VN und VR sind gleichermaßen zur Kündigung berechtigt. Sind mehrere VN beteiligt, müssen sie gemeinsam kündigen.

4. Kündigungszeitpunkt. Die Kündigung muss binnen **Monatsfrist** seit dem Abschluss der Verhandlungen über die Entschädigung erfolgen. Der Fristbeginn kann sich durch noch nicht beendete Verhandlungen hinausschieben. Endgültige Deckungsablehnung oder Anerkenntnis bzw Zahlung der Entschädigung setzen die Monatsfrist in Gang. Bei wechselseitigen Kündigungen beendet die früher wirksame den Vertrag.

Werden Verhandlungen erneut aufgenommen, wird man von einem späteren Fristbeginn ausgehen müssen. Eine großzügige Betrachtung erscheint angebracht.

5. Wirksamwerden. Das Wirksamwerden der Kündigungen von VN und VR kann unterschiedlich sein. Kündigt der VR, muss er die Monatsfrist einhalten (**Abs. 2 S. 2**). Der Vertrag wird einen Monat nach Zugang der Kündigung bei dem VN beendet.

Demgegenüber hat der VN ein Wahlrecht. Er kann im Zeitraum bis zum Schluss der laufenden Versicherungsperiode den Beendigungszeitpunkt wählen (**Abs. 2 S. 3**). Er wird wegen der Prämienzahlung zweckmäßigerweise zum Ende kündigen.

III. Hagelversicherung (Abs. 3)

Der VR kann nur bis zum Ende der Versicherungsperiode kündigen. Dies hat seinen Grund darin, dass der VN wegen der jahreszeitlichen Besonderheiten einen anderen VersVertrag während der Versicherungsperiode nur schwer abschließen kann.

Kündigt der VN, muss er nach dieser Sonderregelung in jedem Fall die Prämie für die laufende Versicherungsperiode zahlen. Dies weicht von dem Grundsatz des § 39 Abs. 1 S. 1 ab, wonach der VN nur bis zu dem Zeitpunkt die Prämie zahlen muss, zu dem das Versicherungsverhältnis durch Kündigung beendet wird. Die frühere Regel von der Unteilbarkeit der Prämie wird im neuen Recht nicht mehr aufrechterhalten.

Ein in Bedingungen vereinbarter **Ausschluss** des Kündigungsrechts des VN im Schadensfalle dürfte zumindest bei längerfristigen Verträgen nach § 307 Abs. 2 Nr. 1 BGB unwirksam sein.[8]

IV. Abdingbarkeit

Die Regelungen sind abdingbar. Jedoch sind entsprechende Klauseln nach den §§ 305 ff BGB zu überprüfen. Gegen eine **Erweiterung** des Kündigungsrechts des VN bestehen keine Bedenken.[9] Bei **Einschränkungen** des Kündigungsrechts ist zu differenzieren: Ein Ausschluss oder wesentliche Erschwerungen des Kündigungsrechts sind unwirksam. Das ist zB anzunehmen, wenn die Entschädigungspflichtigkeit zur weiteren Voraussetzung gemacht oder die Frist für die Kündigungserklärung verkürzt wird.[10] Die Regelung in Abschnitt B § 15 Nr. 1 VHB 2010 verkürzt nicht und entspricht § 92 Abs. 2 S. 1. Ein Schriftform- oder Textformerfordernis ist wirksam. Eine Klausel, die auf den Zugang der Kündigungserklärung innerhalb der Frist abstellt, wird vom Wortlaut des Gesetzes erfasst, präzisiert ihn und ist unbedenklich.[11]

---

8 OLG Düsseldorf 5.5.1988 – 6 U 194/87, NJW-RR 1988, 1051; Römer/Langheid/*Römer*, § 113 Rn 2.
9 Langheid/Wandt/*Staudinger*, § 92 Rn 71; Prölss/Martin/*Armbrüster*, § 92 Rn 20.
10 Prölss/Martin/*Armbrüster*, § 92 Rn 21.
11 Prölss/Martin/*Armbrüster*, § 92 Rn 21; Römer/Langheid/*Langheid*, § 92 Rn 30; aA Langheid/Wandt/*Staudinger*, § 92 Rn 28.

15 Bei der Kündigung des VR bestehen unter Berücksichtigung von Sinn und Zweck der Norm keine Bedenken an der Wirksamkeit einschränkender oder ausschließender Klauseln.

§ 93 Wiederherstellungsklausel

¹Ist der Versicherer nach dem Vertrag verpflichtet, einen Teil der Entschädigung nur bei Wiederherstellung oder Wiederbeschaffung der versicherten Sache zu zahlen, kann der Versicherungsnehmer die Zahlung eines über den Versicherungswert hinausgehenden Betrags erst verlangen, wenn die Wiederherstellung oder Wiederbeschaffung gesichert ist. ²Der Versicherungsnehmer ist zur Rückzahlung der vom Versicherer geleisteten Entschädigung abzüglich des Versicherungswertes der Sache verpflichtet, wenn die Sache infolge eines Verschuldens des Versicherungsnehmers nicht innerhalb einer angemessenen Frist wiederhergestellt oder wiederbeschafft worden ist.

I. Normzweck

1 Die Regelung findet nur Anwendung, wenn der Vertrag eine Wiederherstellungsklausel enthält. Ferner stellt die Vorschrift auf eine Klausel ab, die sich nur auf den Mehrbetrag bezieht, den der VR über den Zeitwert iSv § 88 hinaus lediglich bei Wiederherstellung zu bezahlen hat. Die Entschädigung für den Zeitwert kann der VN unabhängig davon verlangen. Diese Regelung trägt der Praxis angemessen Rechnung. Es wird nicht nur die Wiederherstellung von Gebäuden, sondern auch die Wiederbeschaffung von Sachen erfasst.

II. Regelungsgehalt

2 Die Vorschrift enthält eine **Auslegungsregel** für den Fall der Vereinbarung einer Wiederherstellungsklausel.[1] Diese soll dem VN die Möglichkeit geben, die Wiederherstellung aus eigenen Mitteln zu finanzieren. Wiederherstellungsklauseln begründen weder eine Pflicht noch eine Obliegenheit. Ohne die Verwendungssicherstellung oder die Wiederherstellung ist der Anspruch auf den Ersatz des Zeitwertschadens begrenzt.[2]

III. Arten von Wiederherstellungsklauseln

3 Zwischen einfachen und strengen Wiederherstellungsklauseln wird unterschieden. Sogenannte **einfache Wiederherstellungsklauseln**, zumeist in älteren Bedingungswerken enthalten, setzen die Entstehung des Anspruchs voraus und regeln die Fälligkeit (vgl § 17 Nr. 3 AFB 30). Die sog. **strengen Wiederherstellungsklauseln** lassen den Anspruch zunächst nur auf einen Teil entstehen. Den Restanspruch erwirbt der VN erst, wenn die Wiederherstellung durchgeführt wurde oder sichergestellt ist (vgl § 11 Nr. 5 Abs. 1 AFB 87; Abschnitt A § 8 Nr. 2 AFB 2008/2010 [gleitender Neuwertfaktor]; § 13 Nr. 7 VGB 2008/2010).[3] In der Neuwertversicherung

---

1 Vgl *Martin*, R IV Rn 1.
2 BGH 20.7.2011 – IV ZR 148/10, VersR 2011, 1180; BGH 18.2.2004 – IV ZR 94/03, VersR201, 326; Prölss/Martin/*Armbrüster*, § 93 Rn 2.
3 Vgl BGH 20.7.2011 – IV ZR 148/10, VersR 2011, 1180 (zu § 15 Nr. 4 VGB 88); BGH 24.1.2007 – IV ZR 84/05, VersR 2007, 489; s. auch § 7 Nr. 3 VGB 72, § 7 NwlG 80, § 10 Nr. 5 AERB 81; Prölss/Martin/*Armbrüster*, § 93 Rn 6.

spricht man von der **Neuwertspitze** oder **Neuwertentschädigung**.[4] Teilweise wird der Begriff „**Neuwertanteil**" verwendet.[5]

IV. Wiederherstellung und Identität

1. Wiederherstellung. Durch die Wiederherstellungsklausel soll das subjektive Risiko bei Verwendung der Entschädigung für frei bestimmbare Zwecke begrenzt werden. Zudem dient die Vorschrift der Verhinderung von betrügerischen Eigenbrandstiftungen, durch die sich ein VN für ein wertlos gewordenes Grundstück dessen vollen Neuwert zur freien Verfügung verschaffen könnte. Unbedenklich ist es, wenn das neu errichtete Gebäude in etwa den gleichen Gesamtumfang und gleiche Zweckbestimmung hat. Aus diesem Grund entfällt der Anspruch auf **Neuwertspitze**, wenn der VN anstelle des zerstörten Gebäudes ein **völlig anderes** oder völlig anderen Zwecken dienendes Gebäude errichtet. Um die Neuwertspitze zu erlangen, ist es zwar nicht erforderlich, dass das wiederhergestellte bzw neu erstellte Gebäude mit dem zerstörten Objekt völlig **identisch** ist. Auf technischen, wirtschaftlichen oder sozialen Änderungen beruhende **Modernisierungen** stehen der Bejahung einer Wiederherstellung in gleicher Art und Zweckbestimmung nicht entgenen. Die gesetzliche Regelung enthält kein Modernisierungsverbot. Wird das Gebäude in seiner Gesamtheit nicht unwesentlich vergrößert, geht dies über eine Modernisierung hinaus. 4

Beispiele: Wiederherstellung kann nur angenommen werden, wenn das neu errichtete Gebäude etwa dieselbe Größe wie das zerstörte aufweist und gleichartigen Zwecken dient.[6] Maßgebend ist nicht nur der Begriff „gewerbliches Gebäude" oder „Wohngebäude", sondern auch die konkrete Ausgestaltung nach Fläche und umbautem Raum.[7] Keine Wiederherstellung ist anzunehmen bei vor dem Versicherungsfall auf drei Etagen mit sechs Wohnungen auf 584 m^2 und nachher 747 m^2 auf fünf Ebenen.[8] Entsprechendes gilt bei **unterschiedlicher Nutzungsart** wie hotelartiger Nutzung und reiner Wohnnutzung[9] oder bei Vergrößerung und Erweiterung des Nutzungszwecks wie bisheriges Vereinsheim und errichteter Sporthalle mit Nebenräumen.[10] Dem VN steht die Neuwertspitze nicht zu, wenn er nicht wiederherstellen will.[11] 5

Die Bestimmung „Behördliche Wiederherstellungsbeschränkungen bleiben unberücksichtigt" benachteiligt den VN wegen Verstoßes gegen das Transparenzgebot unangemessen und ist unwirksam.[12] 6

2. Aufwand. Umstritten war, ob die Neuwertspitze nur verlangt werden kann, wenn und soweit der VN mehr verbaut hat als den Wert des Hauses zum Zeitpunkt des Brandereignisses.[13] Dem kann nicht gefolgt werden. Der Anspruch auf Neuwertentschädigung besteht grds. nach dem Sinn und Zweck der Neuwertversicherung auch, wenn die tatsächlichen Aufwendungen niedriger, zB durch Eigen- 7

---

4 BGH 24.1.2007 – IV ZR 84/05, VersR 2007, 489.
5 Abschnitt A § 13 Nr. 7 VGB 2008/2010; § 8 Nr. 2 AFB 2007/2010 (gleitender Neuwertfaktor).
6 BGH 21.2.1990 – IV ZR 298/88, VersR 1990, 488; OLG Köln 27.11.2007 – 9 U 196/06, r+s 2008, 111; BGH 10.1.2006 – 9 U 92/05, VersR 2006, 1357; OLG Frankfurt 8.7.2004 – 3 U 130/03, r+s 2006, 112.
7 OLG Frankfurt 8.7.2004 – 3 U 130/03, r+s 2006, 112.
8 Vgl OLG Köln 21.11.2000 – 9 U 180/98, r+s 2001, 156.
9 OLG Köln 27.11.2007 – 9 U 196/07, r+s 2008, 111.
10 OLG Köln 10.1.2006 – 9 U 92/05, VersR 2006, 1357.
11 BGH 24.1.2007 – IV ZR 84/05, VersR 2007, 489; BGH 13.12.2000 – IV ZR 280/99, VersR 2001, 326.
12 BGH 30.4.2008 – IV ZR 241/04, VersR 2008, 816 (zu § 11 Nr. 1 AFB 87).
13 So OLG Schleswig 26.11.2009 – 16 U 34/09, SchlHA 2010, 147 (zu § 15 Nr. 4 VGB 88).

leistung, sind als der Neuwert.[14] Dies gilt jedenfalls, wenn die Klausel auf das Ergebnis der Wiederherstellung abstellt.

8 Zweck der Wiederherstellungsklausel ist es lediglich, die Bereicherung durch die Neuwertentschädigung auf den Teil zu beschränken, der das Bedürfnis für die Neuwertversicherung begründet, also auf die ungeplanten, dem VN erst durch den Versicherungsfall aufgezwungenen Ausgaben. Für den VN ersichtlich, zielt die Bestimmung auf die Begrenzung des subjektiven Risikos des VR, der davor geschützt werden soll, dass der VN in Versuchung geraten könnte, sich durch Vortäuschen Vermögensvorteile zu verschaffen. Diese Gefahr besteht nicht mehr, wenn der VN die zerstörte Sache wiederherstellt. Die Erbringung von **Eigenleistungen**, die die Baukosten reduzieren, rechtfertigt es aus der Sicht eines durchschnittlichen VN nicht, ihm die Neuwertentschädigung zu versagen.[15]

9 Ob ein Rückzahlungsanspruch des VR entstehen kann, wenn die Wiederherstellung oder Wiederbeschaffung nach Qualität oder Umfang **hinter der versicherten Sache zurückbleibt**,[16] ist danach zweifelhaft; jedenfalls muss der Vertragsinhalt berücksichtigt werden.

10 Eine erhebliche **Unterversicherung** wirkt sich nach der Proportionalitätsformel nach § 75 auf den Zeitwertschaden und auf die Neuwertspitze aus, da ein einheitlicher Vertrag vorliegt.[17]

11 Ein **Ersatzobjekt** erfüllt die Voraussetzungen nur, wenn die Wiederherstellung an bisheriger Stelle rechtlich unmöglich oder wirtschaftlich unvertretbar ist.

V. Sicherstellung

12 Die Wiederherstellung oder Wiederbeschaffung muss **gesichert** sein. Das Erfordernis der Sicherstellung beruht auf dem Umstand, dass der VN häufig nur zum Wiederaufbau in der Lage sein wird, wenn die Entschädigung vorliegt. Die Feststellung der Sicherstellung erfordert eine **Prognose** dahingehend, dass bei vorausschauend wertender Betrachtungsweise eine bestimmungsgemäße Verwendung hinreichend sicher angenommen werden kann.[18] Es dürfen keine vernünftigen Zweifel an der Durchführung der Wiederherstellung bestehen. Nicht zu verlangen ist eine hundertprozentige Sicherheit. Wenn gewisse Vorkehrungen getroffen sind, die keine vernünftigen Zweifel an der Wiederherstellung aufkommen lassen, spricht das für Sicherstellung.

13 Davon ist auszugehen, wenn ein **Bauvertrag** oder ein Fertighauskaufvertrag mit einem leistungsfähigen Unternehmer vorliegt. Eine **Rückgängigmachung** muss **fernliegen** oder mit wirtschaftlichen Einbußen verbunden sein.[19] Eine **Baugenehmigung** ist eine notwendige, aber keine hinreichende Bedingung für die Verwendungssicherung. Eine bereits erteilte Baugenehmigung bietet keine ausreichende Sicherheit, weil sie nur zum Bauen berechtigt, aber nicht verpflichtet. Erforderlich ist eine Verpflichtung zum Wiederaufbau.[20]

---

14 BGH 20.7.2011 – IV ZR 148/10, VersR 2011, 1180; OLG Köln 11.11.1993 – 5 U 41/93, r+s 1994, 146; *Martin*, R IV Rn 56 ff; Langheid/Wandt/*Staudinger*, § 94 Rn 17; Prölss/Martin/*Armbrüster*, § 93 Rn 21.
15 BGH 20.7.2011 – IV ZR 148/10, VersR 2011, 1180.
16 Langheid/Wandt/*Staudinger*, § 93 Rn 17.
17 Römer/Langheid/*Langheid*, § 93 Rn 20; Prölss/Martin/*Armbrüster*, § 93 Rn 8.
18 BGH 20.7.2011 – IV ZR 148/10, VersR 2011, 1180; BGH 18.2.2004 – IV ZR 94/03, VersR 2004, 512; OLG Köln 27.11.2007 – 9 U 196/06, r+s 2008, 111.
19 BGH 18.2.2004 – IV ZR 94/03, VersR 2004, 512; OLG Hamm 6.5.1983 – 20 U 364/82, VersR 1984, 175.
20 OLG Köln 27.11.2007 – 9 U 196/06, r+s 2008, 111.

An der Sicherstellung fehlt es, wenn mit dem Bau nicht begonnen wurde, ein Bauvertrag nicht vorliegt, sondern nur ein Angebot und eine Abwicklung über ein Treuhandkonto erfolgen sollen.[21]

Grundsätzlich ist die vereinbarte **Frist** (zB drei Jahre) zur Sicherstellung einzuhalten. Ausnahmsweise kann die Berufung des VR auf Fristeinhaltung rechtsmissbräuchlich sein.[22]

Veräußert der VN das Objekt nach dem Versicherungsfall, aber vor Sicherstellung, soll der Erwerber den Anspruch auf die Neuwertspitze miterwerben, wenn er wiederherstellt.[23] Das erscheint problematisch, weil der Anspruch bei dem VN entstanden ist. Zu empfehlen sind daher klarstellende Regelungen im Veräußerungsvertrag.

VI. Sanktion für Pflichtverletzung (S. 2)

S. 2 verpflichtet den VN zur Rückzahlung der geleisteten Entschädigung abzüglich des Versicherungswertes der Sache, wenn die Sache infolge eines Verschuldens des VN nicht innerhalb einer angemessenen Frist wiederhergestellt oder wiederbeschafft wird. Es handelt sich um eine eigenständige **Anspruchsgrundlage**. Die Rückzahlung erfasst auch die Zinsen nach § 91.[24] Bei der Neuwertversicherung hat der VN die Neuwertspitze als Differenz zwischen Zeitwert und Neuwert zurückzuzahlen.

VII. Abdingbarkeit

Die Regelung ist abdingbar.[25] § 93 ist eine **Auslegungsregel**. VN und VR können demnach auf eine entsprechende Klausel verzichten oder die Rechtsfolgen umgestalten.[26] Unbedenklich ist eine Klausel, die die Entschädigung von der tatsächlichen Wiederherstellung abhängig macht.[27] Eine Klausel, die auch bei der Zeitwertentschädigung den tatsächlichen Wiederaufbau verlangt, dürfte eine unangemessene Benachteiligung des VN darstellen.[28]

§ 94 Wirksamkeit der Zahlung gegenüber Hypothekengläubigern

(1) Im Fall des § 93 Satz 1 ist eine Zahlung, die ohne die Sicherung der Wiederherstellung oder Wiederbeschaffung geleistet wird, einem Hypothekengläubiger gegenüber nur wirksam, wenn ihm der Versicherer oder der Versicherungsnehmer mitgeteilt hat, dass ohne die Sicherung geleistet werden soll und seit dem Zugang der Mitteilung mindestens ein Monat verstrichen ist.

(2) Soweit die Entschädigungssumme nicht zu einer den Vertragsbestimmungen entsprechenden Wiederherstellung oder Wiederbeschaffung verwendet werden soll, kann der Versicherer mit Wirkung gegen einen Hypothekengläubiger erst zahlen, wenn er oder der Versicherungsnehmer diese Absicht dem Hypothekengläubiger mitgeteilt hat und seit dem Zugang der Mitteilung mindestens ein Monat verstrichen ist.

---

21 OLG Celle 24.9.2009 – 8 U 99/09, VersR 2010, 383.
22 Vgl OLG Köln 21.11.2000 – 9 U 180/98, r+s 2001, 156; OLG Hamm 10.3.1993 – 20 U 269/92, VersR 1993, 1352; OLG Bremen 26.3.2002 – 3 U 62/01, VersR 2002, 1372.
23 Vgl BGH 8.7.1992 – IV ZR 229/91, VersR 1992, 1222; krit. *Martin*, R IV Rn 44 ff.
24 Vgl Begr. RegE, BT-Drucks. 16/3945, S. 84.
25 S. BT-Drucks. 16/3945, S. 83.
26 Vgl Langheid/Wandt/*Staudinger*, § 93 Rn 19.
27 Dazu OLG Saarbrücken 1.10.2003 – 5 UH 362/03, VersR 2004, 237.
28 S. *Marlow/Spuhl*, S. 279.

(3) ¹Der Hypothekengläubiger kann bis zum Ablauf der Frist von einem Monat dem Versicherer gegenüber der Zahlung widersprechen. ²Die Mitteilungen nach den Absätzen 1 und 2 dürfen unterbleiben, wenn sie einen unangemessenen Aufwand erfordern würden; in diesem Fall läuft die Frist ab dem Zeitpunkt der Fälligkeit der Entschädigungssumme.

(4) Hat der Hypothekengläubiger seine Hypothek dem Versicherer angemeldet, ist eine Zahlung, die ohne die Sicherung der Wiederherstellung oder Wiederbeschaffung geleistet wird, dem Hypothekengläubiger gegenüber nur wirksam, wenn dieser in Textform der Zahlung zugestimmt hat.

(5) Die Absätze 1 bis 4 sind entsprechend anzuwenden, wenn das Grundstück mit einer Grundschuld, Rentenschuld oder Reallast belastet ist.

I. Normweck und Anwendungsbereich

1   Die Regelung wird zum Schutze der Grundpfandrechtsgläubiger nach wie vor als sachgerecht angesehen. Sie war früher auf die Gebäudefeuerversicherung beschränkt, gilt jetzt für die gesamte Sachversicherung. Die Vorschrift setzt eine Wiederherstellungsklausel nach § 93 voraus. Ergänzend bleiben die §§ 1128 und 1130 BGB anwendbar. Gemäß Art. 5 EGVVG gelten die §§ 99 ff aF über den 31.12.2008 hinaus fort, wenn die Pfandrechte angemeldet sind.

II. Wirksamkeit der Zahlung ohne Sicherung der Wiederherstellung oder Wiederbeschaffung (Abs. 1)

2   Zahlt der VR bei Wiederherstellungsklausel ohne Sicherung der Wiederherstellung oder Wiederbeschaffung an den VN, ist die Leistung einem Realgläubiger gegenüber unwirksam. Das gilt nicht, wenn ihm der VR oder VN mitgeteilt hat, dass ohne die Sicherung geleistet werden soll, und seit dem Zugang der Mitteilung mindestens ein Monat verstrichen ist.

3   Die Mitteilung darf ausnahmsweise unterbleiben, wenn sie einen unangemessenen Aufwand erfordern würde (**Abs. 3 S. 2**).[1] Gemeint sind unangemessen hohe Kosten oder Mühe, wenn die Anschrift nicht bekannt oder aus dem Grundbuch ersichtlich ist.[2] Dann läuft die Frist ab dem Zeitpunkt der Fälligkeit der Entschädigung.

III. Wirksamkeit der Zahlung bei anderer Zweckbestimmung (Abs. 2)

4   Soll die Entschädigungssumme zu einem anderen Zweck als der Wiederherstellung oder Wiederbeschaffung verwendet werden, ist die Zahlung des VR dem Realgläubiger gegenüber erst wirksam, wenn die Absicht diesem gegenüber mitgeteilt wurde und seit dem Zugang der Mitteilung mindestens ein Monat verstrichen ist. Für die Mitteilung gilt auch Abs. 3 S. 2.

IV. Widerspruch (Abs. 3)

5   Der Grundpfandrechtsgläubiger kann bis zum Ablauf der Frist von einem Monat dem VR gegenüber der Zahlung widersprechen. Bei mehreren VR ist jedem gegenüber der Widerspruch zu erklären, bei Führungsklausel dem Führenden.[3]

V. Anmeldung (Abs. 4)

6   Der Realgläubiger, der seine Hypothek dem VR gegenüber **angemeldet** hat – was formlos geschehen kann –, muss eine Zahlung, die ohne Sicherung der Wiederher-

---

1   Der frühere Begriff „untunlich" (§ 1128 Abs. 1 S. 3 BGB) wurde ersetzt und konkretisiert, vgl BT-Drucks. 16/3945, S. 84.
2   Vgl Prölss/Martin/*Armbrüster*, § 94 Rn 10.
3   Prölss/Martin/*Armbrüster*, § 95 Rn 14.

stellung oder Wiederbeschaffung geleistet wird, nur dann gegen sich gelten lassen, wenn er dieser in Textform zugestimmt hat.

VI. Erstreckung auf andere Grundpfandrechte (Abs. 5)

Es wird klargestellt, dass die Abs. 1–4 bei **Grundschuld**, **Rentenschuld** oder **Reallast** entsprechend gelten. Für eine entsprechende Heranziehung ist auf den Sinn und Zweck abzustellen. Die Vorschrift ist entsprechend anwendbar bei am **Erbbaurecht** bestellten Grundschulden.[4] Bei öffentlichen Lasten gilt das nicht, wenn sie nicht in Form einer Reallast, Grundschuld oder Rentenschuld bestehen. Keine Anwendung findet die Vorschrift auch bei Nießbrauch.[5]

VII. Entstehen des Grundpfandrechts

Die Bestimmung greift nur, wenn das Grundpfandrecht bei Eintritt des Versicherungsfalles bereits entstanden war. Bei fehlender Pfandreife kann der VN Leistung nur an den Grundpfandrechtsgläubiger und sich gemeinsam fordern.[6]

VIII. Abdingbarkeit

Die Vorschrift ist halbzwingend und kann nicht zum Nachteil des Grundpfandrechtsgläubigers abgeändert werden. Das folgt aus der Natur der Vorschrift.[7]

§ 95 Veräußerung der versicherten Sache

(1) Wird die versicherte Sache vom Versicherungsnehmer veräußert, tritt an dessen Stelle der Erwerber in die während der Dauer seines Eigentums aus dem Versicherungsverhältnis sich ergebenden Rechte und Pflichten des Versicherungsnehmers ein.
(2) Der Veräußerer und der Erwerber haften für die Prämie, die auf die zur Zeit des Eintrittes des Erwerbers laufende Versicherungsperiode entfällt, als Gesamtschuldner.
(3) Der Versicherer muss den Eintritt des Erwerbers erst gegen sich gelten lassen, wenn er hiervon Kenntnis erlangt hat.

I. Normzweck

Die Vorschrift bezweckt, bei Veräußerung der versicherten Sache den Versicherungsschutz zu erhalten. Ohne eine Regelung würde der Versicherungsschutz bei Veräußerung durch Interessenwegfall beendet sein. Der Erwerber soll gegen das Risiko geschützt werden, dass er sich nicht rechtzeitig Versicherungsschutz verschaffen konnte.

II. Anwendungsbereich

Die Regelung stellt nicht darauf ab, dass der VN Eigentümer der versicherten Sache ist. Die Norm gilt nach ihrem Sinn und Zweck auch bei Versicherung für **fremde Rechnung**, wenn der Erwerber Rechtsnachfolger des Versicherten wird.[1] In

---

4 OLG Hamburg 4.6.1996 – 9 U 222/94, VersR 1996, 363.
5 Prölss/Martin/*Armbrüster*, § 95 Rn 18; Römer/Langheid/*Langheid*, § 94 Rn 18.
6 Vgl BGH 13.12.2000 – IV ZR 280/99, VersR 2001, 326.
7 Vgl BT-Drucks. 16/3945, S. 84; Langheid/Wandt/*Staudinger*, § 94 Rn 20; Prölss/Martin/ *Armbrüster*, § 95 Rn 17.
1 Begr. RegE, BT-Drucks. 16/3945, S. 84; anders zum alten Recht Römer/Langheid/*Langheid*, § 69 Rn 1, 3.

erster Linie erfasst sind die verschiedenen Arten der Gebäudesachversicherung, ferner auch sachbezogene Haftpflichtversicherungen, wie die §§ 102 Abs. 2 und 122 klarstellen. Das gilt für **Grundbesitzer- und Gewässerschadenhaftpflichtversicherung**. Entsprechend anwendbar ist die Bestimmung auf die **Klein-BU-Versicherung**, die als Zusatzversicherung zur Sachversicherung des Betriebs besteht und auf den Erwerber übergeht. Erfasst ist auch die **Groß-BU-Versicherung**, die einen Sachschaden nicht voraussetzt.[2]

3 Nicht anwendbar ist die Bestimmung auf nicht sachbezogene Versicherungen, also **allgemeine Haftpflichtversicherung** oder **Rechtsschutzversicherung**. Überträgt bei der **Hausratversicherung** der VN den Hausrat als Sachinbegriff auf einen Dritten, greift § 95 ein. Wechselt der VN die Wohnung, geht der Versicherungsschutz auf die neue Wohnung über. Einzelheiten, auch bei Trennung von Ehegatten, regelt § 11 VHB 2010.

4 Nach § 99 gilt die Vorschrift entsprechend, wenn das Eigentum an der versicherten Sache im Wege der **Zwangsversteigerung** übergeht oder wenn ein Dritter aufgrund Nießbrauchs, eines Pachtvertrages oder eines ähnlichen Verhältnisses die Berechtigung erwirbt, versicherte Bodenerzeugnisse zu beziehen.

III. Veräußerung (Abs. 1)

5 Veräußerung setzt die rechtsgeschäftliche Übertragung des Eigentums voraus. Es kommt nicht auf das schuldrechtliche, sondern auf das **dingliche Verfügungsgeschäft** an, durch das Eigentum übertragen wird, also bei beweglichen Sachen nach §§ 929 ff BGB und bei Grundstücken nach §§ 873, 925, 926 BGB. Besonderheiten ergeben sich bei der Veräußerung von Wohnungseigentum, wenn die **Wohnungseigentümergemeinschaft** in der Gebäudefeuerversicherung selbst VN ist und die Wohnungseigentümer Versicherte sind.[3]

6 Entscheidend ist der Zeitpunkt der Vollendung der Veräußerung. Bei Grundstücken ist die Eintragung im Grundbuch erforderlich. Es gilt ein **formeller** Veräußerungsbegriff.[4]

7 Die Bestimmung regelt Eigentumsübertragungen durch einen willentlichen Akt.[5] Erfasst sind Übertragungen im Wege der Einzelrechtsnachfolge, insb. Veräußerungsvorgänge zum Vollzug von schuldrechtlichen Übertragungsverträgen. Gemeint sind Übertragungen iSd § 311 b BGB, Sicherungsübereignungen, auch Kettenübereignungen.[6]

8 **Keine Veräußerung** ist anzunehmen, wenn eine rechtsgeschäftliche Eigentumsübertragung iSd Vorschrift fehlt, also bei Enteignung, Gesellschafterwechsel bei Kapital- und Personengesellschaften sowie BGB-Gesellschaft[7] oder Gesamtrechtsnachfolge.[8] Ob eine analoge Anwendung in diesen Fällen im Hinblick auf das Schutzbedürfnis in Betracht kommt,[9] ist zweifelhaft.[10]

9 Bei einem **Mieterwechsel** liegt keine Veräußerung vor. § 95 ist auch nicht entsprechend anzuwenden.[11] Der bisherige Mieter hat kein Interesse an dem bestehenden

---

2 Prölss/Martin/*Armbrüster*, § 95 Rn 4; Römer/Langheid/*Langheid*, § 95 Rn 9.
3 OLG Hamm 3.1.2008 – 15 W 420/06, ZMR 2008; Langheid/Wandt/*Reusch*, § 95 Rn 101 ff.
4 BGH 11.2.1987 – IVa ZR 194/83, VersR 1987, 477.
5 Vgl Langheid/Wandt/*Reusch*, § 95 Rn 32.
6 Prölss/Martin/*Armbrüster*, § 95 Rn 9.
7 Im Einzelnen Langheid/Wandt/*Reusch*, § 95 Rn 188 ff.
8 Vgl Prölss/Martin/*Armbrüster*, § 95 Rn 8.
9 BK/*Dörner*, § 69 Rn 36; Langheid/Wandt/*Reusch*, § 95 Rn 187.
10 Der Gesetzgeber hat keinen Anlass zur Ausdehnung gesehen, vgl BT-Drucks. 16/3945, S. 84.
11 Langheid/Wandt/*Reusch*, § 95 Rn 11 ff; anders Prölss/Martin/*Armbrüster*, § 95 Rn 26.

VersVertrag mehr und wird idR kündigen. Jedenfalls liegt Interessenwegfall vor. Mit dem neuen Mieter wird ein neues Mietverhältnis begründet und er wird die Sache neu versichern. Dass der Folgemieter ausnahmsweise in ein bestehendes Versicherungsverhältnis eintritt, kann allerdings unter Beteiligung des VR vereinbart werden. Übernimmt ein Dritter als neuer Leasingnehmer einen **Kfz-Leasingvertrag** im Einverständnis des Leasinggebers, ist kein Raum für eine analoge Anwendung. Der Übernehmer ist nicht in den Kaskoversicherungsvertrag eingetreten.[12]

Nach dem Wortlaut muss die Veräußerung von dem VN erfolgen. Der Fall der Zustimmung zur Verfügung eines Nichtberechtigten nach § 185 BGB ist dem gleichzustellen. Die Verfügung muss nach Sinn und Zweck der Regelung vom Willen des VN getragen sein, so dass die Veräußerung durch einen Nichtberechtigten an einen gutgläubigen Erwerber nicht erfasst wird.[13]

IV. Eintritt des Erwerbers in den Vertrag

Rechtsfolge der Vorschrift ist, dass der Erwerber kraft Gesetzes an die Stelle des Veräußerers in das Versicherungsverhältnis als VN eintritt, wie es zum Zeitpunkt der Veräußerung stand.[14] Der VR kann alle zum Zeitpunkt der Veräußerung begründeten Einwendungen auch gegenüber dem Erwerber geltend machen. Das betrifft auch Obliegenheitsverletzungen.[15]

Ein Anspruch auf die Neuwertspitze steht dem Veräußerer zu, wenn die Wiederherstellung bereits vor dem Eigentumsübergang sichergestellt wurde.[16]

V. Haftung für die Prämie (Abs. 2)

Veräußerer und Erwerber haften gesamtschuldnerisch für die Prämie für die laufende Versicherungsperiode. Der VR soll gegen das erhöhte Prämienrisiko in der Übergangsperiode geschützt werden. Abs. 2 gilt nicht für andere Kosten.

VI. Kenntnis des VR (Abs. 3)

Der **Gutglaubensschutz** wird in Abs. 3 geregelt. Der VR muss den Eintritt des Erwerbers erst ab Kenntnis gegen sich gelten lassen. Ergänzend sind die §§ 406–408 BGB anzuwenden, wie sich aus § 412 BGB ergibt.[17] Der VR darf in Unkenntnis der Veräußerung dem bisherigen VN gegenüber kündigen.[18]

VII. Abänderbarkeit

Die Bestimmung ist nach § 98 halbzwingend. Sie steht einer Vereinbarung nicht entgegen, nach der der Käufer eines Grundstücks bereits vor Eintragung im Grundbuch in den mit dem Verkäufer bestehenden Gebäudeversicherungsvertrag – zunächst neben diesem – eintritt.[19]

---

12 OLG Saarbrücken 22.3.2000 – 5 U 818/99, VersR 2001, 323.
13 Vgl Prölss/Martin/*Armbrüster*, § 95 Rn 11.
14 OLG Celle 7.6.2007 – 8 U 1/07, VersR 2008, 348.
15 Vgl BGH 13.1.1982 – IVa 197/80, VersR 1982, 466.
16 BGH 18.2.2004 – IV ZR 94/03, VersR 2004, 512.
17 BT-Drucks. 16/3945, S. 84.
18 BGH 6.6.1990 – IV ZR 142/89, VersR 1990, 881.
19 BGH 17.6.2009 – IV 43/07, VersR 2009, 114.

§ 96 Kündigung nach Veräußerung

(1) ¹Der Versicherer ist berechtigt, dem Erwerber einer versicherten Sache das Versicherungsverhältnis unter Einhaltung einer Frist von einem Monat zu kündigen. ²Das Kündigungsrecht erlischt, wenn es nicht innerhalb eines Monats ab der Kenntnis des Versicherers von der Veräußerung ausgeübt wird.

(2) ¹Der Erwerber ist berechtigt, das Versicherungsverhältnis mit sofortiger Wirkung oder für den Schluss der laufenden Versicherungsperiode zu kündigen. ²Das Kündigungsrecht erlischt, wenn es nicht innerhalb eines Monats nach dem Erwerb, bei fehlender Kenntnis des Erwerbers vom Bestehen der Versicherung innerhalb eines Monats ab Erlangung der Kenntnis, ausgeübt wird.

(3) Im Fall der Kündigung des Versicherungsverhältnisses nach Absatz 1 oder Absatz 2 ist der Veräußerer zur Zahlung der Prämie verpflichtet; eine Haftung des Erwerbers für die Prämie besteht nicht.

I. Normzweck

1 Die Vorschrift steht im Zusammenhang mit § 95. Die Folgen des automatischen Eintritts des Erwerbers in den VersVertrag sollen so abgeschwächt werden, dass er ein Kündigungsrecht erhält.

II. Kündigung des VR (Abs. 1)

2 Der VR ist kündigungsberechtigt. Eine Form ist nicht vorgeschrieben. Gegebenenfalls muss die Erklärung aus der Sicht eines verständigen Erwerbers als Kündigung ausgelegt werden.[1] Es muss klar sein, dass der VR den Vertrag durch Kündigung beenden möchte. Anstelle der VR kann auch die vertragsbearbeitende Stelle, der führende VR bei offener Mitversicherung oder der Makler mit Vollmacht gegenüber dem Erwerber kündigen.[2]

3 Die Frist zur Ausübung für den VR beträgt einen Monat ab Kenntnis von der Veräußerung. **Kenntnis** ist anzunehmen, wenn der VR hinreichend sicher von dem Veräußerungsvorgang und der Person informiert ist.[3]

4 Der VR kann auf das Kündigungsrecht **verzichten**. Dies kann auch stillschweigend geschehen.

III. Kündigung des Erwerbers (Abs. 2)

5 Der Erwerber ist ebenfalls berechtigt zu kündigen. Bei Miteigentümern müssen alle kündigen. Auch hier ist durch Auslegung zu ermitteln, ob der Erwerber iSv Abs. 2 kündigen will. Die Kündigung muss erkennen lassen, dass der Erwerber von seinem Recht Gebrauch machen will.[4] Schließt der Erwerber eines veräußerten Fahrzeugs eine neue Kfz-Haftpflichtversicherung, ohne das übergegangene Versicherungsverhältnis zu kündigen, so gilt dieses nach § 3 b PflVG als gekündigt.[5]

6 Der Erwerber kann mit sofortiger Wirkung oder für den Schluss der laufenden Versicherungsperiode kündigen.

7 Das Kündigungsrecht **erlischt**, wenn es nicht innerhalb eines Monats nach dem Erwerb, bei fehlender Kenntnis des Erwerbers vom Bestehen der Versicherung innerhalb eines Monats nach Kenntniserlangung ausgeübt wird. Auf die Kenntnis von

---

1 Langheid/Wandt/*Reusch*, § 96 Rn 6; Prölss/Martin/*Armbrüster*, § 96 Rn 1.
2 Langheid/Wandt/*Reusch*, § 96 Rn 11.
3 Prölss/Martin/*Armbrüster*, § 96 Rn 3.
4 Prölss/Martin/*Armbrüster*, § 96 Rn 6.
5 Vgl OLG Köln 23.6.1995 – 19 U 48/95, r+s 1996, 17.

der **Veräußerung** kommt es nicht an.[6] Dies kann dazu führen, dass das Kündigungsrecht nicht mehr besteht, wenn eine Grundbucheintragung erst nach Ablauf eines Monats bekannt wird.

Die Regelung geht grds. von einem **Beginn der Kündigungsfrist** beim Erwerb der versicherten Sache aus. Die Frist wird lediglich für den – vom Erwerber nachzuweisenden – Sonderfall verlängert, dass keine Kenntnis vorlag. Damit ist nicht mehr gemeint, als dass bestimmte Risiken bei einem bestimmten VR gedeckt sind.[7] Es ist nicht gerechtfertigt, den Beginn der Monatsfrist von zusätzlichen, über die zur Ausübung des Kündigungsrechts notwendigen Kenntnisse hinausgehenden Anforderungen abhängig zu machen. Ein Schreiben mit darin in Bezug genommenen Policen setzt die Frist in Lauf.[8] 8

Wenn der Erwerber in Unkenntnis der bestehenden Versicherung eine andere Versicherung abschließt, kann eine Doppelversicherung entstehen, die nach § 79 Abs. 1 zu beseitigen ist. 9

Eine Kündigung vor Veräußerung wird als unwirksam angesehen, jedoch muss sie zurückgewiesen werden.[9] 10

Auch der Erwerber kann auf sein Kündigungsrecht **verzichten**. Das kann durch Vereinbarung mit dem VR geschehen oder gegenüber dem Veräußerer. Bei Verstoß ist die Kündigung dennoch wirksam. Teilweise wird eine Klage auf Wiederherstellung als möglich angesehen, was zweifelhaft ist.[10] 11

IV. Prämienzahlungspflicht (Abs. 3)

Nachdem der Grundsatz der Unteilbarkeit der Prämie weggefallen ist, wird lediglich geregelt, dass der Veräußerer im Falle der Kündigung durch den VR oder Erwerber zur Zahlung der Prämie verpflichtet ist. Für das Ende der Zahlungspflicht gilt § 39 Abs. 1 S. 1. Abs. 3 enthält insoweit keine Regelung. Es ist bis zum Wegfall des Versicherungsschutzes zu zahlen. 12

V. Abdingbarkeit

Die Vorschrift ist halbzwingend, was sich aus § 98 S. 1 ergibt. Jedoch kann für die Kündigung des Erwerbers nach Abs. 2 und die Anzeige der Veräußerung die Schriftform oder die Textform bestimmt werden (§ 98 S. 2). Ein öffentlich-rechtlicher Wohngebäudeversicherer kann das Kündigungsrecht nicht wirksam ausschließen.[11] 13

§ 97 Anzeige der Veräußerung

(1) [1]Die Veräußerung ist dem Versicherer vom Veräußerer oder Erwerber unverzüglich anzuzeigen. [2]Ist die Anzeige unterblieben, ist der Versicherer nicht zur Leistung verpflichtet, wenn der Versicherungsfall später als einen Monat nach dem Zeitpunkt eintritt, zu dem die Anzeige dem Versicherer hätte zugehen müssen, und der Versicherer den mit dem Veräußerer bestehenden Vertrag mit dem Erwerber nicht geschlossen hätte.

---

6 Vgl Römer/Langheid/*Langheid*, § 70 Rn 2.
7 BGH 18.4.2004 – IV ZR 62/03, VersR 2004, 765.
8 BGH 18.4.2004 – IV ZR 62/03, VersR 2004, 765.
9 Römer/Langheid/*Langheid*, § 70 Rn 2.
10 Prölss/Martin/*Armbrüster*, § 96 Rn 14; anders Langheid/Wandt/*Reusch*, § 96 Rn 58.
11 BGH 30.5.1990 – IV ZR 266/89, VersR 1990, 2686.

(2) Abweichend von Absatz 1 Satz 2 ist der Versicherer zur Leistung verpflichtet, wenn ihm die Veräußerung zu dem Zeitpunkt bekannt war, zu dem ihm die Anzeige hätte zugehen müssen, oder wenn zur Zeit des Eintrittes des Versicherungsfalles die Frist für die Kündigung des Versicherers abgelaufen war und er nicht gekündigt hat.

I. Normzweck

1 Die Regelung dient dem Schutz des VR. Erwerber oder Veräußerer sind verpflichtet, dem VR die Veräußerung anzuzeigen, damit dieser von dem neuen Vertragspartner Kenntnis erlangt.

II. Leistungsfreiheit (Abs. 1 S. 2)

2 Es handelt sich um eine **gesetzliche Obliegenheit**.[1] Die Anzeigepflicht entsteht bei jeder Art der Veräußerung. Voraussetzung ist eine **unverzügliche** (§ 121 BGB) Anzeige. Hierbei genügt dementsprechend leichte Fahrlässigkeit. Sowohl VN als auch Erwerber sind verpflichtet (Abs. 1 S. 1). Inhaltlich muss die Anzeige erkennen lassen, dass eine Veräußerung vorliegt. Das kann konkludent geschehen. Eine bestimmte Form ist nicht vorgeschrieben. Eine vereinbarte Schrift- oder Textform in AVB ist wirksam.[2] Bei formwidriger Anzeige wird Kenntnis vorliegen (Abs. 2).

3 Ein Verstoß gegen die Anzeigepflicht führt zur **Leistungsfreiheit**, wenn der Versicherungsfall später als einen Monat nach dem Zeitpunkt eintritt, zu dem die Anzeige hätte zugehen müssen, und der VR den mit dem Veräußerer bestehenden Vertrag mit dem Erwerber nicht geschlossen hätte.

4 Ausnahmsweise bleibt die Leistungspflicht bestehen, wenn dem VR die Veräußerung zu dem Zeitpunkt bekannt war, zu dem ihm die Anzeige hätte zugehen müssen, oder wenn zur Zeit des Eintrittes des Versicherungsfalles die Frist für die Kündigung des VR abgelaufen war und keine Kündigung erfolgte (**Abs. 2**). Die Rspr hat zusätzlich eine **Leistungsfreiheit** dann **abgelehnt**, wenn die Rechtsfolge nach Treu und Glauben nicht außer Verhältnis zur Schwere des Verstoßes steht.[3]

III. Beweislast

5 Die Voraussetzungen der Leistungsfreiheit hat der VR zu beweisen, insb. dass er den mit dem Veräußerer bestehenden Vertrag mit dem Erwerber nicht geschlossen hätte.[4] Die Gründe für das Fortbestehen der Leistungspflicht (Abs. 2) muss nach der Systematik der Norm der VN beweisen.

IV. Abdingbarkeit

6 Die Vorschrift ist nach Maßgabe von § 98 S. 1 halbzwingend.

§ 98 Schutz des Erwerbers

¹Der Versicherer kann sich auf eine Bestimmung des Versicherungsvertrags, durch die von den §§ 95 bis 97 zum Nachteil des Erwerbers abgewichen wird, nicht berufen. ²Jedoch kann für die Kündigung des Erwerbers nach § 96 Abs. 2 und die Anzeige der Veräußerung die Schriftform oder die Textform bestimmt werden.

---

1 Vgl BGH 11.2.1987 – IVa ZR 194/85, VersR 1987, 477.
2 Prölss/Martin/*Armbrüster*, § 97 Rn 2.
3 BGH 11.2.1987 – IVa ZR 194/85, VersR 1987, 477; auch BGH 20.5.1987 – IVa ZR 227/85, VersR 1987, 705.
4 Vgl Begr. RegE, BT-Drucks. 16/3945, S. 84.

S. 1 erklärt die Regelungen in §§ 95–97 als halbzwingend. Die Vereinbarung von Schriftform (§ 126 BGB) oder Textform (§ 126 b BGB) für die Erwerberkündigung und die Veräußerungsanzeige ist zulässig (S. 2). 1

Eine vertragliche Abrede über den Ausschluss oder Beschränkung des Kündigungsrechts oder des Vertragsübergangs ist unwirksam. Entsprechende Klauseln sind auch nach § 307 Abs. 2 BGB zu beurteilen.[1] 2

§ 99 Zwangsversteigerung, Erwerb des Nutzungsrechts

Geht das Eigentum an der versicherten Sache im Wege der Zwangsversteigerung über oder erwirbt ein Dritter auf Grund eines Nießbrauchs, eines Pachtvertrags oder eines ähnlichen Verhältnisses die Berechtigung, versicherte Bodenerzeugnisse zu beziehen, sind die §§ 95 bis 98 entsprechend anzuwenden.

I. Normzweck

Die Vorschrift erweitert den Anwendungsbereich der §§ 95–98. Er wird auf den Erwerb durch Hoheitsakt erstreckt. 1

II. Anwendungsbereich

Erfasst sind die Mobiliar- und die Immobiliarvollstreckung. Auf die Zwangsversteigerung zwecks Aufhebung der Gemeinschaft finden die §§ 95–98 unmittelbar Anwendung.[1] Außerdem sind der Erwerb aufgrund Nießbrauchs, eines Pachtvertrages oder eines Fruchtziehungsrechts geregelt. § 98 findet auch auf die weiteren Erwerbsformen Anwendung. Die Anordnung der Zwangsverwaltung führt die Wirkung nicht herbei, da der Zwangsverwalter nicht Eigentümer wird.[2] 2

---

1 Vgl BGH 30.5.1990 – IV ZR 266/89, VersR 1990, 1115.
1 Prölss/Martin/*Armbrüster*, § 99 Rn 2.
2 OLG Hamm 8.3.2000 – 20 U 143/99, VersR 2002, 1504.

Teil 2
Einzelne Versicherungszweige
Kapitel 1: Haftpflichtversicherung

Vorbemerkung zu §§ 100–124

I. Geltung der Allgemeinen Vorschriften für die Schadensversicherung

1 Die Haftpflichtversicherung erfährt als erste Sparte Regelungen im VVG. Das Gesetz enthält in seinem Teil 2 Vorschriften über einzelne Versicherungszweige – undifferenziert danach, ob es sich um Schadens- oder Summenversicherungen handelt. Die **Haftpflichtversicherung** gehört zu den **Schadensversicherungen**. Sie schützt den VN gegen Vermögenseinbußen, die dadurch entstehen, dass er von Dritten auf Schadensersatz in Anspruch genommen wird.[1] Grundsätzlich gelten für die Haftpflichtsparte auch die Allgemeinen Vorschriften für die Schadensversicherung (§§ 74–87). Bei näherer Betrachtung erweist sich die vom Gesetzgeber gewählte Systematik als sachlich fragwürdig, denn die §§ 74–87 enthalten Vorschriften, die in erster Linie auf die Sachversicherung gemünzt sind; für die Haftpflichtversicherung spielen sie nur begrenzt eine Rolle:[2]

2 ▪ **Über- oder Unterversicherung** kommt in der Haftpflichtversicherung nicht vor, da es keinen Versicherungswert gibt.

3 ▪ Lediglich §§ 78 und 79 (**Mehrfachversicherung**) sowie § 85 (**Schadensermittlungskosten**) gelten auch in der Haftpflichtversicherung ohne Einschränkungen.

4 ▪ Der **Übergang von Ersatzansprüchen** (§ 86) ist für die Praxis der Sach- und auch der Krankenversicherung wesentlich bedeutsamer als für die Haftpflichtsparte. Der Ausgleichsanspruch des haftpflichtversicherten VN aus § 426 Abs. 1 S. 1 BGB gegen einen anderen, der den Schaden mitverursacht hat, kann nach § 86 Abs. 1 auf den Haftpflichtversicherer übergehen, sofern der andere Schädiger nicht mitversicherte Person ist.[3]

5 ▪ Auch die Regelungen zur **Schadensabwendungs- und -minderungspflicht** sowie zum **Aufwendungsersatz** (§§ 82, 83) sind für die Haftpflichtsparte von Belang. Der Gesetzgeber hat von einer ausdrücklichen Vorerstreckung der Rettungspflicht abgesehen und lediglich für die Sachversicherung einen **erweiterten Aufwendungsersatzanspruch** festgelegt (§ 90). Eine eindeutige Aussage gegen eine **Vorerstreckung des Rettungskostenersatzanspruchs** in der Haftpflichtversicherung ist das nicht: Der BGH hat die Frage im Hinblick auf § 63 aF ausdrücklich offen gelassen;[4] aus dem Umstand, dass der Gesetzgeber einen „vorerstreckten" Rettungskostenersatzanspruch ausschließlich für die Sachversicherung festlegt, weil die Konsequenzen einer solchen Regelung für andere Sparten nicht übersehbar seien,[5] kann gefolgert werden, dass in Versicherungszweigen außerhalb der Sachversicherung die weitere Entwicklung der Rspr und Lehre überlassen bleiben soll. Eine Vorerstreckung des Anspruchs auf Ersatz der Rettungskosten ist für die Haftpflichtsparte in der Literatur zum „alten" VVG vertreten worden.[6] Vorgezogener Rettungskostenersatz ist – als gesetzli-

---

1 Näher dazu Bruck/Möller/*Koch*, Vor §§ 100–112 Rn 1 ff mwN.
2 Vgl dazu auch Langheid/Wandt/*Littbarski*, Vor §§ 100–124 Rn 148 ff.
3 BK/*Baumann*, § 67 Rn 32.
4 BGH 29.9.2004 – IV ZR 162/02, r+s 2004, 499.
5 Begr. RegE, BT-Drucks. 16/3945, S. 83.
6 *Knappmann*, VersR 2002, 129, 131; vgl auch *Schimikowski*, r+s 2003, 133 ff, jew. mwN.

ches Leitbild – ausschließlich für die Sachversicherung (§ 90) vorgesehen. In der Haftpflichtversicherung kann sich ein Anspruch des VN auf Ersatz von Kosten für die Abwendung eines bevorstehenden Versicherungsfalles nur aus entsprechenden vertraglichen Bestimmungen ergeben.[7] Siehe dazu auch § 82 Rn 5 sowie Ziff. 25 AHB Rn 4.

- Die für die Schadensversicherung allgemein vorgesehene Bestimmung über die Herbeiführung des Versicherungsfalles (§ 81) gilt für die Haftpflichtversicherung nicht, weil § 103 eine speziellere Regelung enthält.

II. Bedeutung der §§ 100–124 für die Praxis

Die Vorschriften der §§ 100–112 sind in der Praxis größtenteils durch AVB überlagert, insb. durch die **Allgemeinen Versicherungsbedingungen für die Haftpflichtversicherung** (AHB), die den meisten Haftpflichtversicherungsverträgen zugrunde liegen. Dort werden u.a. der Versicherungsfall, die Risikoausschlüsse und die Obliegenheiten speziell geregelt. Die praktische Bedeutung der VVG-Regelungen besteht v.a. darin, ein **Leitbild** für die Haftpflichtversicherung zu umschreiben (§ 100) und zugunsten derjenigen VN, die keine Großrisiken sind, halbzwingende Vorschriften festzulegen (§ 112).

Die §§ 113–124 über die **Pflichtversicherung** enthalten wichtige Bestimmungen für die Ausgestaltung des Versicherungsschutzes. In der KH-Versicherung hat der Geschädigte einen **Direktanspruch** gegen den VR des Schädigers, bei anderen Pflicht-Haftpflichtversicherungen nur unter den engen Voraussetzungen des § 115.

Ausnahmsweise kann ein **Direktanspruch** (eine Feststellungsklage) des Geschädigten gegen den Haftpflichtversicherer (auch außerhalb der Pflichtversicherung) zulässig sein: Dies wird von der Rspr angenommen, falls der VN insolvent wird und weder der VN noch der Insolvenzverwalter gegen eine Deckungsversagung vorgehen und deshalb Rechtsverlust droht,[8] wenn der VN sich nicht ausreichend um die Wahrung seines Deckungsanspruchs kümmert,[9] oder wenn der VR auf Anfrage des Geschädigten, ob Versicherungsschutz bestehe, keine oder keine eindeutige Antwort gibt oder die Auskunft verweigert.[10]

Wenn der VN dem Geschädigten seine Ansprüche aus der Haftpflichtversicherung abtritt (das ist rechtlich möglich, vgl § 108 Abs. 2), kann der Anspruchsteller direkt gegen den Haftpflichtversicherer vorgehen.

III. Trennungsprinzip und Bindungswirkung

Haftung und **Deckung** zu unterscheiden, gehört zu den elementaren Grundregeln der Haftpflichtversicherung. Hier gilt grds. das sog. **Trennungsprinzip**:[11] Die Frage der Haftpflicht des VN gegenüber dem Geschädigten und die Deckungspflicht des VR gegenüber dem VN sind im Streitfall in getrennten Prozessen zu klären. Die Frage, ob der VN schadensersatzpflichtig ist, wird im **Haftpflichtprozess** geklärt, die Eintrittspflicht des Haftpflichtversicherers im **Deckungsprozess**. Möglich ist der **vorweggenommene Deckungsprozess**, insb. dann, wenn der VR aus versicherungsrechtlichen Gründen seine Eintrittspflicht bestreitet. Dann kommt es darauf

---

7 *Marx*, Rettungsobliegenheit und Rettungskostenersatz im Versicherungsrecht, 2008, S. 253.
8 OLG Celle 5.7.2012 – 8 U 28/12, r+s 2013, 127; KG 17.1.2006 – 6 U 275/04, VersR 2007, 349.
9 BGH 15.11.2000 – IV ZR 223/99, VersR 2001, 90.
10 BGH 22.7.2009 – IV ZR 265/06, VersR 2009, 1465; zum Ganzen vgl auch Langheid/Wandt/*Littbarski*, § 110 Rn 36; Prölss/Martin/*Lücke*, § 110 Rn 5, jew. mwN.
11 StRspr, vgl BGH 8.12.2010 – IV ZR 211/07, VersR 2011, 203; BGH 30.9.1992 – IV ZR 314/91, r+s 1992, 406; OLG Köln 19.12.1995 – 9 U 108/95, r+s 1996, 222.

an, welchen Sachverhalt der Dritte behauptet; ob seine Sachverhaltsschilderung zutrifft, ist belanglos (vgl auch § 100 Rn 5).[12] Das Trennungsprinzip wird insoweit ergänzt,[13] als eine rechtskräftige Entscheidung im Haftpflichtprozess **Bindungswirkung** für den Deckungsprozess entfaltet.[14] Die im Haftpflichtprozess getroffenen Feststellungen können im Deckungsprozess weder vom VN noch vom VR in Frage gestellt werden. Es greift die Bindungswirkung der im Haftpflichtprozess getroffenen Feststellungen für den Deckungsprozess. Sie folgt aus dem materiellen Leistungsversprechen des Haftpflichtversicherers und aus der Regulierungs- und Prozessführungsvollmacht des VR.[15]

10 **Beispiel:** Der privathaftpflichtversicherte VN gerät bei einem Grillfest mit einem Hausmitbewohner in Streit und fügt ihm in stark alkoholisiertem Zustand eine Kopfverletzung zu. Er wird vom Verletzten auf Schadensersatz in Anspruch genommen. Der VR verweigert die Deckung wegen vorsätzlicher Herbeiführung des Versicherungsfalles. Der VN verklagt daraufhin den VR mit dem Ziel, die Deckungspflicht feststellen zu lassen. Gleichzeitig läuft ein Prozess des Geschädigten gegen den VN, in dem der VN auf Zahlung von Schadensersatz und Schmerzensgeld verklagt wird. Der VR beteiligt sich an diesem Verfahren nicht. Der VN wird rechtskräftig verurteilt. Das Urteil nimmt eine fahrlässige Körperverletzung an; der Schädiger habe sich in einem die freie Willensbildung ausschließenden Zustand krankhafter Störung der Geistestätigkeit befunden. Diese Feststellungen haben Auswirkung auf den Deckungsprozess: Der VR kann sich auf den Vorsatzausschluss nicht berufen.[16]

11 Im Deckungsprozess ist das in dem Haftpflichtprozess gegen den VN ergangene Urteil auch dann bindend, wenn es sich um ein **Versäumnisurteil** handelt.[17] Bei der Bindungswirkung kommt es in diesem Fall auf die Klageschrift und die weiteren anspruchsbegründenden Schriftsätze an.[18] Das gilt auch bei einem gerichtlichen Vergleich.[19] Für die Bindungswirkung eines Versäumnisurteils kommt es darauf an, ob der VR der Möglichkeit hatte, die Prozessführung zu übernehmen.[20]

12 Die Bindungswirkung geht freilich nur so weit, wie im Haftpflichtprozess Feststellungen getroffen worden sind. Ist etwa im Haftpflichtprozess lediglich ein schuldhaftes Handeln des VN festgestellt worden, so ist im Deckungsprozess zu entscheiden, ob der VN vorsätzlich gehandelt hat.[21] Die Bindungswirkung der im Haftpflichtprozess getroffenen Feststellungen für den Deckungsprozess greift schließlich nur dann ein, wenn **Voraussetzungsidentität** besteht. Ist es im Fall einer Eigentumsverletzung für die Haftung aus § 823 Abs. 1 BGB unerheblich, ob Vorsatz oder grobe Fahrlässigkeit vorliegt, weil einfache Fahrlässigkeit genügt, sind Ausführungen im Haftpflichturteil, die einen höheren Verschuldensgrad zum Gegenstand haben, nicht entscheidungserhebliche Feststellungen, die im Deckungspro-

---

12 BGH 15.11.2000 – IV ZR 223/99, VersR 2001, 90; OLG München 8.8.2008 – 25 U 5188/07, VersR 2009, 59.
13 Hier von „Ergänzung" (statt Durchbrechung) zu sprechen, ist in der Tat treffender, vgl Bruck/Möller/*Koch*, Vor §§ 100–112 Rn 94.
14 Vgl *Littbarski*, § 3 Rn 116, 118; *Rüffer*, in: FS Loschelder, 2010, S. 305 ff mwN.
15 Vgl *Harsdorf-Gebhardt*, r+s 2012, 261, 262 mwN.
16 BGH 30.9.1992 – IV ZR 314/91, r+s 1992, 406.
17 BGH 22.10.2003 – IV ZR 171/02, r+s 2003, 106; OLG Koblenz 7.10.1994 – 10 U 189/94, r+s 1995, 92.
18 OLG Celle 30.4.2009 – 8 U 11/09, r+s 2009, 275.
19 OLG Düsseldorf 30.1.2001 – 4 U 138/00, r+s 2002, 148.
20 Das ist v.a. für die Pflicht-Haftpflichtversicherung bedeutsam, wenn der VN den VR nicht über einen Versicherungsfall informiert, vgl *Rüffer*, in: FS Loschelder, 2010, S. 305, 311.
21 OLG Köln 15.5.2002 – 9 U 185/98, r+s 2002, 365.

zess keine Bindungswirkung entfalten.[22] **Überschießende Feststellungen**, die für die Begründung der Entscheidung im Haftpflichtprozess nicht erforderlich sind, binden im Deckungsprozess nicht. Sind im Haftpflichtprozess wesentliche Fragen offen geblieben – hat das Gericht etwa über die vorsätzliche Herbeiführung des Versicherungsfalles oder über die wissentliche Pflichtverletzung keine Feststellungen getroffen –, ist darüber im Deckungsprozess zu entscheiden.[23]

Versicherungsrechtliche Einwendungen kann der VR im Deckungsprozess geltend machen, etwa die Leistungsfreiheit wegen Obliegenheitsverletzung. Eine andere schadensverursachende Pflichtverletzung – eine andere **Haftungsgrundlage** – als die im Haftpflichtprozess angesprochene kann im Deckungsprozess nicht zugrunde gelegt werden, weil der dem VN anzulastende Pflichtenverstoß zum Haftungstatbestand zählt und über ihn im Haftpflichtprozess mit bindender Wirkung entschieden wird.[24] Allerdings erstreckt sich die Bindungswirkung nur auf den äußeren Tatbestand der Pflichtwidrigkeit, nicht auf dessen rechtliche Einordnung.[25] 13

Aufgrund der Bindungswirkung, welche die im Haftpflichtprozess getroffenen Feststellungen für den Deckungsprozess entfalten, besteht in der allgemeinen Haftpflichtversicherung ein beträchtliches **Missbrauchsrisiko**: Der VR kann sich kaum davor schützen, wenn der (angeblich) Geschädigte und der VN **kollusiv zusammenwirken**, indem Schäden vorgetäuscht oder manipuliert werden. Ein in betrügerischer Absicht handelnder VN wird den Sachverhalt so darstellen, dass es im Haftpflichtprozess zu einer Verurteilung – wegen fahrlässiger Schädigung des Dritten – kommt. Dem VR ist es dann im Deckungsprozess nicht mehr möglich, das Vorliegen einer gesetzlichen Haftpflicht, wegen derer der VN von einem Dritten in Anspruch genommen wird, zu bestreiten. Ebenso ist der Einwand vorsätzlicher Herbeiführung des Versicherungsfalles abgeschnitten (sofern Voraussetzungsidentität gegeben ist, s. Rn 12). Dem VR bleibt in Fällen, in denen er **Betrugsverdacht** hegt, das Mittel der **Nebenintervention** im Haftpflichtprozess.[26] Der VR kann im Deckungsprozess auch vortragen, dass der VN die Verurteilung im Haftpflichtprozess durch eine Obliegenheitsverletzung (zB durch eine Verletzung der Auskunftspflicht) erreicht hat.[27] Hatte der VR allerdings die Leistung zuvor bereits verweigert, bestehen für den VN keine Aufklärungsobliegenheiten mehr.[28] 14

Durch **Abschaffung des Abtretungsverbots** (§ 108 Abs. 2) kann es, wenn der Geschädigte den abgetretenen Freistellungsanspruch gegen den VR gerichtlich geltend macht, dazu kommen, dass die Trennung von Haftpflicht- und Deckungsprozess durchbrochen wird und Haftpflicht- und Deckungsfragen in einem Prozess zu verhandeln sind (vgl auch § 108 Rn 9).[29] Der Haftpflichtanspruch ist als Vorfrage zu klären, in materielle Rechtskraft erwachsen nur die Feststellungen zur Deckungsfrage.[30] 15

Bestehen von Versicherungsschutz und stillschweigender Haftungsausschluss: In begrenztem Umfang kann nach der Rspr des BGH das Bestehen von Deckung im 16

---

22 BGH 18.2.2004 – IV ZR 126/92, r+s 2004, 232.
23 OLG Köln 14.5.2002 – 9 U 185/98, r+s 2002, 365; OLG Karlsruhe 24.9.2010 – 12 U 47/09, r+s 2010, 372, jew. mwN.
24 BGH 28.9.2005 – IV ZR 255/04, r+s 2006, 149; dazu auch *Felsch*, r+s 2008, 265, 267 f; KG 30.1.2007 – 6 U 132/06, VersR 2008, 69.
25 BGH 8.12.2010 – IV ZR 211/07, r+s 2011, 66.
26 Zum Ganzen *Krahe/Prütting*, in: Hdb FA VersR, Kap. 2 Rn 33; *Lemcke*, VersR 1995, 989 ff; *Bayer*, NVersZ 1998, 9 ff; s. aber *Felsch*, r+s 2008, 265, 268.
27 *Lemcke*, VersR 1995, 989.
28 Nach Prölss/Martin/*Lücke*, § 100 Rn 68 soll es dem VR erlaubt sein, im Deckungsprozess vorzutragen, der VN habe das Haftpflichturteil durch Vortäuschung oder Manipulation des Versicherungsfalles erschlichen.
29 *Spuhl*, VK 2009, 91.
30 *Baumann*, VersR 2010, 984, 988 ff.

Rahmen einer Haftpflichtversicherung für die Beurteilung der **Haftung** von Bedeutung sein. Dabei kann die Tatsache, dass der VN Deckung im Rahmen einer Haftpflichtversicherung genießt, nicht **haftungsbegründend** wirken.[31] Dagegen kann das Bestehen von Deckung bei der Frage, ob ein (stillschweigender) Haftungsverzicht anzunehmen ist, zu berücksichtigen sein: Ist eine **Kraftfahrt-Haftpflichtdeckung** gegeben, besteht für die Annahme eines stillschweigenden Haftungsausschlusses für einfache Fahrlässigkeit kein Anlass.[32] In der **Allgemeinen Haftpflichtversicherung** kann dagegen eine Haftungsbeschränkung auch dann angenommen werden, wenn der VN aus einer Haftpflichtversicherung Deckung genießt.[33] Dies gilt etwa für **Sportunfälle** bei Teilnahme an Sportarten, die ein erhebliches Gefährdungspotenzial bergen,[34] Ein stillschweigender Haftungsverzicht für einfache Fahrlässigkeit ist unter besonderen Umständen im Wege der ergänzenden Vertragsauslegung anzunehmen, wenn der Schädiger – hätte er die Rechtslage gekannt – einen Haftungsverzicht gefordert hätte und sich der Geschädigte einer solchen Abmachung billigerweise nicht hätte versagen dürfen. Dies kann der Fall sein, wenn der VN nur über völlig unzureichenden Versicherungsschutz verfügt.[35] Bei **Gefälligkeitsverhältnissen** spricht das Trennungsprinzip gegen die Auffassung, bei bestehendem Haftpflichtversicherungsschutz sei eine stillschweigende Haftungsbegrenzung abzulehnen.[36] Beim **Mieterregress** bleibt es beim stillschweigenden Regressverzicht gegen den nur einfach fahrlässig handelnden Mieter auch dann, wenn dieser haftpflichtversichert ist (vgl näher § 86 Rn 79).

Abschnitt 1: Allgemeine Vorschriften

§ 100 Leistung des Versicherers

Bei der Haftpflichtversicherung ist der Versicherer verpflichtet, den Versicherungsnehmer von Ansprüchen freizustellen, die von einem Dritten auf Grund der Verantwortlichkeit des Versicherungsnehmers für eine während der Versicherungszeit eintretende Tatsache geltend gemacht werden, und unbegründete Ansprüche abzuwehren.

I. Normzweck

1 § 100 legt das **Leitbild** für die Allgemeine Haftpflichtversicherung fest: Der VR hat den VN von (begründeten) Ansprüchen freizustellen und unbegründete Ansprüche von ihm abzuwehren. Das entspricht der stRspr[1] und dem gängigen Verständnis von der Leistungspflicht des VR im Rahmen der Haftpflichtversicherung, welches auch in den AVB (vgl etwa Ziff. 5.1 AHB) zum Ausdruck kommt.[2]

---

31 BGH 27.10.2009 – VI ZR 296/08, r+s 2010, 33.
32 BGH 29.1.2008 – VI ZR 98/07, r+s 2008, 256 (Motorsportveranstaltung); OLG Stuttgart 21.7.2008 – 5 U 44/08, NZV 2009, 233; dazu *Wenker*, jurisPR-VerkR 25/2008; *Schimikowski*, jurisPR-VersR 12/2008.
33 Anders wohl *Armbrüster*, NJW 2009, 187, der einen Haftungsausschluss (nur) in dem Umfang entfallen lassen will, in dem bei vertragsgemäßem Verhalten des VN in concreto Versicherungsschutz besteht.
34 BGH 17.2.2009 – VI ZR 86/08, VersR 2009, 839 (Motocross-Training); zum Ganzen *Looschelders*, in: FS Gerda Müller, 2009, S. 129 ff.
35 BGH 10.2.2009 – IV ZR 28/08, r+s 2009, 207.
36 Anders (bei gefahrenträchtiger Nachbarschaftshilfe) OLG Koblenz 2.4.2014 – 5 U 311/12; Prölss/Martin/*Lücke*, § 100 Rn 80; Bruck/Möller/*Koch*, Vor §§ 100–112 Rn 68 ff mwN.
1 Vgl BGH 7.2.2007 – IV ZR 149/03, r+s 2007, 191.
2 Vgl auch Bruck/Möller/*Koch*, § 100 Rn 2 ff; *Kassing/Richters*, VersR 2015, 293 ff.

II. Freistellungs- und Abwehranspruch

Der VN hat gegenüber dem Haftpflichtversicherer grds. **keinen Zahlungsanspruch**. Das ist zB dann anders, wenn dem VN ein Freistellungsanspruch zusteht, der VR (aber) unberechtigt die Deckung verweigert und der VN den Schadensersatz an den Anspruchsteller zu leisten hat. Einen Zahlungsanspruch hat der Geschädigte, wenn er den Freistellungsanspruch des VN pfändet.[3] Auch soweit der VN einen berechtigten Schadensersatzanspruch des Dritten befriedigt hat, steht ihm ein Anspruch auf Ersatz der dem Geschädigten erbrachten Leistung gegen den Haftpflichtversicherer zu (s. näher § 105 Rn 2 ff). Zu einem Zahlungsanspruch des Geschädigten gegen den VR kann es kommen, wenn ihm der VN seine Ansprüche abtritt. Der Befreiungsanspruch des VN wandelt sich in einen Zahlungsanspruch.[4] Vgl näher § 108 Rn 9 sowie Ziff. 28 AHB Rn 1.

Abgesehen von den geschilderten Ausnahmefällen klagt der VN auf **Feststellung**, dass der VR für die vom Dritten geltend gemachte Forderung Deckung zu gewähren hat. Steht – zB aufgrund eines rechtskräftigen Urteils – fest, dass und in welcher Höhe der VN schadensersatzpflichtig ist, hat der VN auf Befreiung von der Verbindlichkeit zu klagen. Der geschädigte Dritte kann ein Feststellungsinteresse iSv § 256 ZPO haben, wenn der VN untätig bleibt (vgl Vor §§ 100–124 Rn 8).[5]

Der **Freistellungsanspruch** betrifft begründete Ansprüche.[6] Die Prüfung der Haftpflichtfrage obliegt dem VR (Ziff. 5.1 S. 1 AHB). Ziff. 5.1 S. 2 AHB bestimmt, wann es sich um **berechtigte Schadensersatzansprüche** handelt (vgl Ziff. 5 AHB Rn 3).

Die **Abwehrdeckung (Rechtsschutzverpflichtung)** ist eine Hauptleistungspflicht des VR. Bei seiner Entscheidung, ob er Abwehrdeckung gewährt oder den VN von Ansprüchen freistellt, besitzt der VR ein Beurteilungsermessen, bei dessen Ausübung er die Interessen seines VN zu beachten hat (**Rücksichtnahmegebot**);[7] vgl auch Ziff. 5 AHB Rn 6 f. Eine Festlegung auf Abwehrdeckung bei Falschbeurteilung der Haftungslage kann für den VN geschäftsschädigend sein und kann eine Pflichtwidrigkeit seitens des VR darstellen.[8] Die Befriedigung begründeter und die Abwehr unbegründeter Ansprüche sind gleichrangige Hauptleistungspflichten des VR. Entscheidet sich der VR für die Abwehrdeckung, trägt er die damit verbundene Arbeitslast und Verantwortung allein.[9] Gegebenenfalls kommt in Betracht, den Rechtsschutz unter Vorbehalt zu gewähren. Vertragsändernde Individualabreden zur Rechtsschutzverpflichtung sind nur dann rechtlich haltbar, wenn dem VN die Folgen des Verzichts auf Schutzrechte hinreichend deutlich gemacht werden.[10] Zur Fälligkeit des Anspruchs auf Rechtsschutz s. § 106 Rn 3. – Für den Rechtsschutzanspruch kommt es grds. auf den Sachverhalt an, den der Dritte behauptet (vgl Vor §§ 100–124 Rn 9). Das kann allerdings dann nicht gelten, wenn es um den zeitlichen und räumlichen Versicherungsschutz sowie um Ausschlusstatbestände geht. Hier sind neben den Angaben des Dritten auch diejenigen des VN zu berücksichtigen. Soweit es um den Grund des Anspruchs geht, den der Dritte geltend macht, ist nur die Darstellung des Anspruchstellers entscheidend, denn ob hierfür

---

3 Vgl OLG Karlsruhe 24.9.2010 – 12 U 47/09, r+s 2010, 372.
4 *Lange*, VersR 2008, 713.
5 Ferner *Johannsen*, r+s 1997, 309, 313.
6 *Baumann*, VersR 2010, 984 ff unterscheidet Freistellungsansprüche *im engeren Sinne* (betreffend begründete Ansprüche) und *im weiteren Sinne* (betreffend unbegründete Ansprüche). Vgl auch Bruck/Möller/*Koch*, § 100 Rn 2 f.
7 Krit. *v. Rintelen*, r+s 2010, 133 ff.
8 Im Einzelnen dazu *Kramer*, r+s 2008, 1 ff; vgl auch *Armbrüster*, r+s 2010, 441, 443; Bruck/Möller/*Koch*, § 100 Rn 85 ff mwN.
9 BGH 7.2.2007 – IV ZR 149/03, r+s 2007, 191.
10 Zum Ganzen *Felsch*, r+s 2008, 265, 281 f.

Versicherungsschutz besteht, ist im Deckungsprozess zu klären.[11] Den Streitwert des Deckungsprozesses legt das Gericht nach eigenem Ermessen fest (§ 3 ZPO), wobei ein „Feststellungsrabatt" iHv 20 % abgezogen wird.[12]

6 Weitere leitbildhafte Festlegungen zum Gegenstand der Haftpflichtversicherung enthält die gesetzliche Regelung nicht. Begrenzungen der Deckung auf gesetzliche Haftpflicht privatrechtlichen Inhalts, auf Schadensersatzansprüche Dritter und auf bestimmte Schadenarten enthalten die AHB (s. Ziff. 1 AHB Rn 4 ff).

III. Versicherungsfall

7 **1. Keine Festlegung auf einen bestimmten Begriff des Versicherungsfalles.** Im Hinblick auf den Begriff des Versicherungsfalles enthält das Gesetz keine Festlegung.[13] Es stellt auf eine während der Vertragslaufzeit eintretende **Tatsache** ab. Der Gesetzgeber geht davon aus, dass der Begriff der Tatsache alle gängigen Versicherungsfalldefinitionen – vom Verstoß- über das Schadensereignis- und Feststellungs- bis hin zum Anspruchserhebungsprinzip – zulasse.[14] Auch neuere Begriffsbestimmungen wie *occurrence reported* lässt § 100 zu.

8 In der Begründung zum Regierungsentwurf sind Merkwürdigkeiten zu verzeichnen. So wird dort behauptet, Versicherungsfall in der Produkthaftpflichtversicherung sei das Inverkehrbringen eines Produkts.[15] Das wäre etwas Neues und hätte für die VR höchst brisante Auswirkungen auf den Umfang des Deckungsschutzes: Wenn das Inverkehrbringen eines (fehlerhaften) Produkts als Versicherungsfall anzusehen wäre, dann handelte es sich bei Aufwendungen für den Rückruf eines Produkts um Aufwendungen **nach** dem Versicherungsfall, die der VR nach § 83 zu tragen hätte.

9 Außerdem wird in der Begründung gesagt, als Versicherungsfall könne auch die **Schadensmeldung** vereinbart werden. Das sei das **claims made-Prinzip**; als Klammerzusatz ist dazugesetzt: Allgemeine Haftpflichtversicherung, D&O-Versicherung. – So viel Begriffsverwirrung ist bemerkenswert.

10 **2. Versicherungsfall-Definitionen.** Der BGH erachtet – in einer zum Schadenereignisprinzip ergangenen Entscheidung – die in AVB getroffene Bestimmung des Versicherungsfalles für **AGB-rechtlich nicht kontrollfähig**.[16] Das soll auch für andere Versicherungsfall-Definitionen gelten.[17] Es sind vier Versicherungsfall-Begriffe gebräuchlich:

11 a) **Verstoßprinzip.** Das Kausalereignis- oder Ursachenereignisprinzip liegt in Deutschland zahlreichen Berufshaftpflichtversicherungen zugrunde (engl.: *act committed*). Der Versicherungsfall tritt mit der (ersten) Pflichtverletzung ein. Für den VR ergibt sich bei derartiger Vertragsgestaltung ein erhebliches **Spätschadensrisiko**: Es besteht Versicherungsschutz für während der Vertragslaufzeit verursachte Schäden, die uU erst viele Jahre nach der Vertragsbeendigung auftreten bzw entdeckt werden. In der Praxis sind Regelungen verbreitet, welche die **Nachhaftungszeit** begrenzen (zB auf fünf Jahre nach Vertragsende). Diese Regelungen enthalten **Nachmeldefristen** und sind meist so formuliert, dass sie wie Erweiterungen des Deckungsschutzes erscheinen, in Wirklichkeit beschränken sie den Versicherungsschutz jedoch beträchtlich. In der Literatur sind sie als AGB-rechtlich bedenklich

---
11 Prölss/Martin/*Lücke*, § 100 Rn 17 f, 48.
12 Prölss/Martin/*Lücke*, § 100 Rn 24.
13 Begr. RegE, BT-Drucks. 16/3945, S. 85.
14 Die in der Begr. RegE, BT-Drucks. 16/3945, S. 85 genannten Definitionen sind zT unzutreffend, zT stimmt die Zuordnung nicht.
15 Begr. RegE, BT-Drucks. 16/3945, S. 85. Ebenso unzutr. Prölss/Martin/*Lücke*, § 100 Rn 26.
16 BGH 26.3.2014 – IV ZR 422/12, r+s 2014, 228; krit. dazu *Koch*, VersR 2014, 1277 ff.
17 *Kubiak*, VersR 2014, 932 ff.

eingeschätzt worden.[18] Der BGH teilt diese AGB-rechtlichen Bedenken nicht; der VN müsse den Ablauf der Ausschlussfrist allerdings dann nicht gegen sich gelten lassen, wenn ihn – was er zu beweisen habe – kein Verschulden trifft.[19] – Zu Begrenzungen der Nachhaftungszeit in Pflicht-Haftpflichtversicherungen s. § 114 Rn 7.

b) Schadensereignisprinzip. Den AHB liegt das Schadensereignisprinzip zugrunde (engl.: *act occurred*; man spricht auch vom *occurrence*-Prinzip). Nach Ziff. 1.1 S. 2 AHB ist der Begriff des Schadensereignisses iSd **Folgeereignistheorie** zu verstehen.[20] Bei der Bestimmung des Zeitpunktes des Versicherungsfalles kommt es danach nicht auf die Ursache, sondern auf den Vorgang an, als dessen Folge die Schädigung eines Dritten unmittelbar eintritt (s. näher Ziff. 1 AHB Rn 12 ff).[21] Entscheidend ist das „letzte Ereignis" vor dem Schadeneintritt.[22] Auch bei dieser Versicherungsfall-Definition besteht für die VR ein erhebliches Spätschadenrisiko, dem in AVB durch **Nachmeldefristen** entgegengewirkt wird (vgl dazu Rn 11). Das Folgeereignisprinzip kann auch zu Problemen führen, wenn die Pflichtverletzung während der Vertragslaufzeit erfolgte, das Schadensereignis aber nach Vertragsbeendigung eintritt. Hier ist – v.a. dann, wenn keine Anschlussdeckung besteht – eine Nachhaftungsregelung notwendig (s. Ziff. 1 AHB Rn 25). 12

c) Manifestationsprinzip. In deutschen Umwelthaftpflichtversicherungen wird heute das Feststellungs- oder Manifestationsprinzip (Feststellung eines versicherten Schadens) verwendet (engl.: *discovery*). Es begrenzt das Spätschadensrisiko für den VR. In der Regel wird eine **Nachhaftung** von drei Jahren nach Vertragsbeendigung vereinbart. Bis etwa 1992 wurde das Umwelthaftpflichtrisiko auf Basis des Schadensereignisprinzips gedeckt. Das führte für die VN oft zu Schwierigkeiten, weil der Zeitpunkt des Folgeereignisses (s. Rn 12) sich vielfach als schwer beweisbar herausstellte. Das Feststellungsprinzip verbessert insoweit die Situation für den VN. Schäden, die vor Vertragsbeginn verursacht worden oder bereits eingetreten sind, werden durch Ausschlusstatbestände aus der Deckung herausgenommen. Das ist für die VR insb. wegen der Altlastenproblematik notwendig.[23] 13

d) Anspruchserhebungsprinzip. In der Vermögensschadenhaftpflichtversicherung für Unternehmensleiter (**D&O-Versicherung**) ist als Versicherungsfall die Erhebung von Ansprüchen gegen eine versicherte Person bestimmt (engl.: *claims-made*); das Anspruchserhebungsprinzip findet in Deutschland auch zunehmend in Industrieversicherungsverträgen Eingang, insb. bei Pharma-Risiken. Dieser Versicherungsfall-Definition ist eine zeitlich unbegrenzte Rückwärtsdeckung immanent. Versicherungsfälle aufgrund von Pflichtverletzungen, die vor Vertragsbeginn begangen wurden, sind also von der Deckung umfasst. Es wird allerdings idR vereinbart, dass die Rückwärtsversicherung nur greift, wenn die Pflichtverletzung dem VN bzw der versicherten Person nicht bekannt war. Das Spätschadensrisiko ist für den VR grds. gering; die Vereinbarung von *extended reporting periods* ist üblich, um eine Nachhaftung zu sichern.[24] Die fehlende Nachhaftung bei Versicherungen 14

---

18 Vgl Beckmann/Matusche-Beckmann/*v. Rintelen*, § 26 Rn 214 ff mwN.
19 BGH 10.7.2011 – IV ZR 180/10, r+s 2011, 386 mwN. Vgl auch OLG Stuttgart 27.11.2008 – 7 U 89/08, r+s 2009, 188. Die VR haben inzwischen die Regelungen über Ausschlussfristen in vielen AVB – etwa in den BBR Arch – entsprechend den Vorgaben der Rspr geändert.
20 Dazu *Schimikowski*, in: FS Schirmer, 2005, S. 545, 549 f.
21 Zur Auslegung des Schadensereignisbegriffs ausf. *Marx*, Rettungsobliegenheit und Rettungskostenersatz im Versicherungsrecht, S. 187 ff.
22 BGH 26.3.2014 – IV ZR 422/12, r+s 2014, 228; dazu *Schimikowski*, jurisPR-VersR 6/2014 Anm. 2. Vgl auch OLG Karlsruhe 17.6.2014 – 12 U 36/14, r+s 2014, 410.
23 Näheres bei *Schimikowski*, Umwelthaftungsrecht und Umwelthaftpflichtversicherung, 6. Aufl. 2002, Rn 368 ff.
24 Einzelheiten bei *Held*, in: Hdb FA VersR, Kap. 33 Rn 23 ff.

auf *claims-made*-Basis birgt erhebliche Gefahren für den VN. Das OLG München erachtet eine vertraglich vereinbarte einjährige **Nachhaftungszeit** für geboten, aber auch für ausreichend.[25] Das OLG Frankfurt hält eine vier- oder fünfjährige Nachhaftungszeit weder für AGB-rechtlich geboten noch für den VR für zumutbar.[26] Das Argument der Unzumutbarkeit wird durch die Tatsache entkräftet, dass am Markt fünf- und sogar zehnjährige Nachhaftungsfristen angeboten werden. Um eine Gefährdung des Vertragszwecks (§ 307 Abs. 2 Nr. 2 BGB) zu vermeiden, erscheint eine (mindestens) dreijährige Nachhaftungszeit erforderlich.[27] Wenn – wie der BGH annimmt[28] – das „Schadenereignis" als Versicherungsfall-Begriff weder einer Inhalts- noch einer Transparenzkontrolle unterliegt (s. Rn 10), dürfte das auch für das Anspruchserhebungsprinzip gelten. Damit ist fraglich, ob eine D&O-Versicherung ohne Rückwärtsdeckung und ohne Nachhaftung AGB-rechtlich überhaupt zu beanstanden wäre.[29] Da eine solche Deckung völlig marktunüblich wäre, ist freilich an eine überraschende Regelung iSd § 305 c Abs. 1 BGB zu denken.

15 Nach OLG Düsseldorf liegt in der D&O-Versicherung ein Versicherungsfall nur bei **ernsthafter** – und nicht nur „pro forma" erfolgter – **Inanspruchnahme** einer versicherten Person (hier: durch den VN) vor.[30] Die üblichen AVB-Bestimmungen verlangen (nur) eine schriftliche Inanspruchnahme, und diese lag vor. Damit kann der Eintritt eines Versicherungsfalles nachgewiesen werden. Das Gericht bezweifelte, dass der VN die Ansprüche auch durchsetzen wollte. Es erscheint fraglich, ob das genügen kann, den Eintritt des Versicherungsfalles zu verneinen.

16 Im internationalen Haftpflichtgeschäft sind auch Mischformen gebräuchlich, etwa der Trigger **occurrence reported**.

§ 101 Kosten des Rechtsschutzes

(1) ¹Die Versicherung umfasst auch die gerichtlichen und außergerichtlichen Kosten, die durch die Abwehr der von einem Dritten geltend gemachten Ansprüche entstehen, soweit die Aufwendung der Kosten den Umständen nach geboten ist. ²Die Versicherung umfasst ferner die auf Weisung des Versicherers aufgewendeten Kosten der Verteidigung in einem Strafverfahren, das wegen einer Tat eingeleitet wurde, welche die Verantwortlichkeit des Versicherungsnehmers gegenüber einem Dritten zur Folge haben könnte. ³Der Versicherer hat die Kosten auf Verlangen des Versicherungsnehmers vorzuschießen.

(2) ¹Ist eine Versicherungssumme bestimmt, hat der Versicherer die Kosten eines auf seine Veranlassung geführten Rechtsstreits und die Kosten der Verteidigung nach Absatz 1 Satz 2 auch insoweit zu ersetzen, als sie zusammen mit den Aufwendungen des Versicherers zur Freistellung des Versicherungsnehmers die Versicherungssumme übersteigen. ²Dies gilt auch für Zinsen, die der Versicherungsnehmer

---

25 OLG München 8.5.2009 – 25 U 5136/08, r+s 2009, 327 m. Anm. *Schimikowski*.
26 OLG Frankfurt 5.12.2012 – 7 U 73/11, r+s 2013, 329 m. Anm. *Schramm*, S. 333; dazu *Getschmann*, jurisPR-VersR 8/2013 Anm. 2.
27 Vgl näher *Schimikowski*, VersR 2010, 1533 ff. Für eine längere Nachhaftungszeit *Koch*, VersR 2011, 295 ff; Bruck/Möller/*Baumann*, Ziff. 3 AVB-AVG 2011/2013 Rn 14.
28 BGH 26.3.2014 – IV ZR 422/12, r+s 2014, 228.
29 Vgl *Schneider/Schlüter*, PHi 2014, 154, 158.
30 OLG Düsseldorf 12.7.2013 – 4 U 149/11, r+s 2013, 599; zust. *Lenz/Weitzel*, PHi 2013, 170; krit. *Koch*, VersR 2013, 1525; *Staudinger/Richters*, BB 2013, 2725; vgl auch *Gärtner*, BB 2013, 2898. Das OLG Düsseldorf hat seine Position in einer weiteren Entscheidung bekräftigt, vgl OLG Düsseldorf 31.1.2014 – 4 U 176/11, r+s 2014, 122 m. Anm. *Schimikowski*.

infolge einer vom Versicherer veranlassten Verzögerung der Befriedigung des Dritten diesem schuldet.

(3) ¹Ist dem Versicherungsnehmer nachgelassen, die Vollstreckung einer gerichtlichen Entscheidung durch Sicherheitsleistung oder Hinterlegung abzuwenden, hat der Versicherer die Sicherheitsleistung oder Hinterlegung zu bewirken. ²Diese Verpflichtung besteht nur bis zum Betrag der Versicherungssumme; ist der Versicherer nach Absatz 2 über diesen Betrag hinaus verpflichtet, tritt der Versicherungssumme der Mehrbetrag hinzu. ³Der Versicherer ist von der Verpflichtung nach Satz 1 frei, wenn er den Anspruch des Dritten dem Versicherungsnehmer gegenüber als begründet anerkennt.

I. Normzweck

In § 100 wird bestimmt, dass zur Leistungspflicht des VR neben der Freistellung des VN von begründeten auch die Abwehr von unbegründeten Ansprüchen gehört. Im unmittelbaren Anschluss daran erlegt § 101 dem VR die Pflicht auf, die Kosten zu tragen, die für die Abwehr der Ansprüche eines Dritten erforderlich sind. 1

II. Kostentragungspflicht (Abs. 1)

Der VR hat die Kosten der gerichtlichen wie außergerichtlichen Abwehr von **unberechtigten** Ansprüchen Dritter zu übernehmen. Das korrespondiert mit der gesetzlich bestimmten Leistungspflicht des VR in § 100 und darüber hinaus mit der in den AVB vorgesehenen umfassenden Regulierungsmacht des VR (Ziff. 5.3, 25.5 AHB). Allerdings besteht nur die Pflicht, solche Kosten zu tragen, die nach den Umständen geboten sind. Der Wortlaut des Gesetzes spricht dafür, dass die Aufwendungen **objektiv geboten** sein müssen. Kosten für **Privatgutachten** oder einen vom VN bestellten **Anwalt** sind nur dann zu erstatten, wenn der VR seine Pflicht, dem VN Rechtsschutz zu gewähren, nicht entsprochen hat.[1] Der VR trägt auch die Kosten eines Strafverteidigers, der auf seine Weisung hin in einem Strafverfahren bestellt worden ist. Vgl im Übrigen Ziff. 5 AHB Rn 10. 2

III. Keine Anrechnung auf die Deckungssumme (Abs. 2)

Nach Abs. 2 werden Rechtsverteidigungskosten, die auf Veranlassung des VR anfallen, nicht auf die Deckungssumme angerechnet. Das Gleiche gilt für Zinsen, die der VN aufgrund einer vom VR veranlassten Verzögerung dem Geschädigten schuldet. 3

§ 101 ist **abdingbar** ausgestaltet (vgl § 112). Es bleibt weiterhin streitig, ob Zins- und Kostenklauseln in AVB AGB-rechtlich haltbar sind, die eine **Anrechnung von Rechtsverteidigungskosten auf die Versicherungssumme** vorsehen. Diese Kosten fallen an, da der VR, dem eine umfassende Regulierungsvollmacht eingeräumt ist, die Entscheidung trifft, Abwehrdeckung zu gewähren, weil er zB keine ausreichenden Gründe für das Bestehen von Haftpflichtansprüchen gegenüber dem VN erkennt. Geht nun der Haftpflichtprozess – entgegen der Erwartung des VR – verloren, stellt der VR die Deckungssumme für die Regulierung berechtigter Forderungen zur Verfügung, der VN zahlt, wenn die Deckungssumme erschöpft ist, die angefallenen Kosten nach der Anrechnungsklausel ganz oder teilweise selbst. Dabei sind die Kosten „**auf Weisung**" des VR angefallen. Dem VVG kann ein durchgehender Grundsatz der Schadensversicherung entnommen werden, dass auf Weisung des VR entstandene Kosten auch von diesem zu tragen sind, auch wenn die Versicherungssumme erschöpft ist (s. § 83 Abs. 3; vgl auch § 135 Abs. 1). Es liegt 4

---

1 BGH 7.2.2007 – IV ZR 149/03, r+s 2007, 191; vgl auch *Knütel*, VersR 2003, 300.

daher nahe, die Verletzung des Grundgedankens der gesetzlichen Regelung (§ 307 Abs. 2 Nr. 1 BGB) anzunehmen, wenn in AVB bestimmt ist, dass Abwehrkosten auf die Deckungssumme angerechnet werden.[2] Vgl dazu auch Ziff. 6 AHB Rn 8.

5 Sind die Ansprüche des Dritten **begründet** und überschreiten sie die Deckungssumme, werden die Kosten nach Ziff. 6.6 AHB verhältnismäßig aufgeteilt (s. Ziff. 6 AHB Rn 9). Die **Quotierung** erfolgt im Verhältnis der begründeten Ansprüche ohne Zinsen und Kosten zur Deckungssumme.[3] Ob die Quotierung auch bei solchen Haftpflichtversicherungen durchzuführen ist, die nicht auf den AHB beruhen,[4] erscheint fraglich. § 101 sieht dies nicht vor, und §§ 83 Abs. 2, 85 Abs. 3 sehen ein Kürzungsrecht bei „Kostenschäden" lediglich dann vor, wenn der VR wegen Obliegenheitsverletzung oder Herbeiführung des Versicherungsfalles berechtigt ist, die Leistung zu kürzen.

IV. Sicherheitsleistung und Hinterlegung (Abs. 3)

6 Der VR hat, wenn es der VN verlangt, Sicherheitsleistung oder Hinterlegung zu bewirken (Abs. 3 S. 1). Das gilt auch dann, wenn die Führung des Haftpflichtprozesses nicht vom VR veranlasst worden ist. Zwischen Sicherheitsleistung und Hinterlegung besteht für den VR ein **Wahlrecht**.

§ 102 Betriebshaftpflichtversicherung

(1) [1]Besteht die Versicherung für ein Unternehmen, erstreckt sie sich auf die Haftpflicht der zur Vertretung des Unternehmens befugten Personen sowie der Personen, die in einem Dienstverhältnis zu dem Unternehmen stehen. [2]Die Versicherung gilt insoweit als für fremde Rechnung genommen.

(2) [1]Wird das Unternehmen an einen Dritten veräußert oder auf Grund eines Nießbrauchs, eines Pachtvertrags oder eines ähnlichen Verhältnisses von einem Dritten übernommen, tritt der Dritte an Stelle des Versicherungsnehmers in die während der Dauer seiner Berechtigung sich aus dem Versicherungsverhältnis ergebenden Rechte und Pflichten ein. [2]§ 95 Abs. 2 und 3 sowie die §§ 96 und 97 sind entsprechend anzuwenden.

I. Normzweck

1 Die Vorschrift zielt auf die Regelung spezieller Erfordernisse für Haftpflichtversicherungsverträge mit Unternehmen. In der Überschrift zu § 102 ist – wie bei § 151 aF – von „Betriebshaftpflichtversicherung" die Rede. Das ist irreführend. Die Regelung soll immer dann gelten, wenn es sich nicht um eine private Versicherung handelt. Auch zu § 151 aF wurde die einhellige Auffassung vertreten, dass jede fortgesetzte Tätigkeit unter die Norm fällt, die sich als Beteiligung am Wirtschaftsleben darstellt und sich außerhalb der Sphäre in einem nach außen selbständigen Lebensbereich vollzieht.[1] In der Neufassung wird darauf abgestellt, ob das Versi-

---

[2] Im Ergebnis ebenso OLG Frankfurt 9.6.2011 – 7 U 127/09, r+s 2011, 509; *Terno*, r+s 2013, 577 ff; *Schimikowski*, VersR 2005, 861 ff; ebenso Prölss/Martin/*Lücke*, § 101 Rn 33; Zweifel an der Haltbarkeit von Kostenklauseln in der D&O-Versicherung bei Looschelders/Pohlmann/*Schulze Schwienhorst*, § 101 Rn 18 f. – Gegen AGB-rechtliche Angreifbarkeit *Fiedler*, PHi 2013, 94 ff; differenzierend danach, ob Auslandsrisiken betroffen sind, Bruck/Möller/*Koch*, § 101 Rn 72. – Vgl auch Grooterhorst/*Looman*, r+s 2014, 157 ff mit Verbesserungsvorschlägen für die Kostenanrechnungsklausel in der D&O-Versicherung; ebenso *Werber*, VersR 2014, 1159 ff; *Lange*, VersR 2014, 1413 ff.
[3] OLG Köln 10.6.2008 – 9 U 144/07, VersR 2009, 391.
[4] Dafür Prölss/Martin/*Lücke*, § 101 Rn 22.
[1] Vgl BK/*Baumann*, § 151 Rn 6; Prölss/Martin/*Lücke*, § 102 Rn 1 mwN.

cherungsverhältnis für ein Unternehmen besteht. Das stellt klar, dass (lediglich) **Verbraucherverträge ausgenommen** sind.

II. Mitversicherte Personen (Abs. 1)

Nach **Abs. 1** erstreckt sich der Versicherungsschutz auf alle Personen, die zur Vertretung des Unternehmens befugt sind, sowie auf alle Personen, die in einem Dienstverhältnis zu dem Unternehmen stehen. In den BBR BHV wird der Kreis mitversicherter Personen noch weiter gezogen, denn dort wird der Begriff „Betriebsangehörige" verwendet.[2] Das ist eine zulässige Erweiterung; eine betriebliche Einordnung ist danach ebenso wenig nötig wie ein Dienst- oder Arbeitsvertrag.[3]

Praktische Auswirkung auf den Umfang und den Kreis der mitversicherten Personen wird § 102 also nicht haben, weil die BBR weiter reichende Lösungen anbieten. Zu beachten ist, dass der Versicherungsschutz für Regressansprüche des Sozialversicherungsträgers bei grob fahrlässig herbeigeführten Arbeitsunfällen in den BBR in sog. **Arbeitsunfallklauseln** geregelt ist (s. Ziff. 7 AHB Rn 57).

Mitversicherte Personen genießen im Rahmen der Betriebshaftpflichtversicherung Deckung, wenn der Umstand, wegen dessen sie auf Schadensersatz in Anspruch genommen werden, **betriebsbezogen** ist. Es muss eine innere Beziehung zum Betrieb gegeben sein; dies ist (noch) anzunehmen, wenn der Mitarbeiter auf einer Baustelle raucht und durch den weggeworfenen Zigarettenrest einen Brand verursacht.[4] Bei Schlägereien am Arbeitsplatz fehlt es an der Betriebsbezogenheit (Deckung besteht dann uU aus der Privathaftpflichtversicherung).

III. Vertragsübergang (Abs. 2)

Die für ein Unternehmen geführte Haftpflichtversicherung geht im Fall der **Veräußerung** des Unternehmens nach Abs. 2 auf den Erwerber über. Eine verspätete oder unterbliebene **Veräußerungsanzeige** führt nicht ohne weitere Voraussetzungen zur Leistungsfreiheit des VR, sondern nur dann, wenn der VR nachweist, dass er den mit dem Veräußerer abgeschlossenen Haftpflichtversicherungsvertrag mit dem Erwerber nicht abgeschlossen hätte (§ 97 Abs. 1). Das ist eine angemessene Regelung.

Der Vertragsübergang erfolgt auch dann, wenn ein Unternehmen aufgrund **Nießbrauchs, Pachtvertrages** oder eines **ähnlichen Nutzungsverhältnisses** übernommen wird. Das macht auch Sinn, weil der Nutzungsberechtigte im Falle von Schädigungen Dritter in die Haftung genommen werden kann.

§ 103 Herbeiführung des Versicherungsfalles

Der Versicherer ist nicht zur Leistung verpflichtet, wenn der Versicherungsnehmer vorsätzlich und widerrechtlich den bei dem Dritten eingetretenen Schaden herbeigeführt hat.

---

2 Vgl etwa Ziff. 1.4 des Umwelthaftpflicht-Modells. Zur Betriebshaftpflichtversicherung vgl Prölss/Martin/*Lücke*, Betriebshaftpfl. Ziff. 7.1.2 Rn 9.
3 *Lücke*, VK 2007, 164.
4 Vgl OLG Bamberg 20.2.1992 – 1 U 272/90, r+s 1993, 133. Zum Ganzen Bruck/Möller/*Koch*, § 102 Rn 25 ff; *Schmalzl/Krause-Allenstein*, Berufshaftpflichtversicherung des Architekten und Bauunternehmers, Rn 612 ff.

I. Normzweck

1 § 103 regelt, dass der VR nicht zur Leistung verpflichtet ist, wenn der VN vorsätzlich und widerrechtlich den Schaden bei einem Dritten herbeigeführt hat. Etwas überraschend mutet es für einen unbefangenen Leser an, wenn in der Überschrift von der „Herbeiführung des Versicherungsfalles" zu lesen ist, wobei es doch in Wirklichkeit um die **Herbeiführung des Schadens** geht. Es kann – je nach der dem Vertrag zugrunde liegenden Versicherungsfall-Definition (s. § 100 Rn 10 ff) – weder um die Herbeiführung des Verstoßes oder des Schadensereignisses und erst recht nicht um die Herbeiführung der Feststellung des Schadens oder gar der Erhebung von Ansprüchen gehen. Es hätte Sinn gemacht, die Überschrift im Zuge der Gesetzesnovellierung zu korrigieren.

2 Die Regelung gilt für alle Arten der Haftpflichtversicherung, auch für die Pflicht-Haftpflichtversicherung und damit auch für die Kraftfahrt-Haftpflichtversicherung. – Zweck der Norm ist es schließlich auch, zum Ausdruck zu bringen, dass eine **grob fahrlässige** Herbeiführung des Versicherungsfalles in der Haftpflichtversicherung grds. gedeckt ist.

II. Voraussetzungen

3 **1. Vorsatz.** Vorsatz liegt vor, wenn der VN mit Wissen und Wollen im Hinblick auf den Erfolg gehandelt hat (**direkter Vorsatz**) oder wenn er den Erfolg billigend in Kauf genommen hat (**bedingter Vorsatz**). Die Formulierung des § 103 bringt klar zum Ausdruck, dass der Vorsatz die **Schadenfolgen** umfassen muss. Der **Vorsatzausschluss** ist nur dann anwendbar, wenn der VN vorsätzlich in Bezug auf alle Elemente des Schadensersatzanspruchs gehandelt hat; dies schließt den Schaden selbst mit ein. Der VN muss die Folgen seiner Handlungsweise, die in einem Tun oder Unterlassen bestehen können, in groben Umrissen vorausgesehen und ihren Eintritt zumindest billigend in Kauf genommen haben. Nicht erforderlich ist, dass der VN den Erfolg in allen Einzelheiten vorausgesehen hat. Von Vorsatz kann dann nicht ausgegangen werden, wenn das Geschehen wesentlich vom erwarteten oder vorhersehbaren Ablauf abweicht.[1]

4 Entscheidend und schwierig ist oft die **Abgrenzung** zwischen **bedingtem Vorsatz** und **grober Fahrlässigkeit**.

Beispiel: Der VN geriet mit Gastwirt G in Streit. Dabei erhielt er von G einen Faustschlag ins Gesicht. Er zog daraufhin sein Taschenmesser und stieß dem G die 7 cm lange Klinge in die Brust. Der Stoß wurde mit solcher Kraft geführt, dass die Klinge den Knorpel der sechsten Rippe durchtrennte und in das Herz des G drang. G verstarb, seine Hinterbliebenen stellten Schadensersatzansprüche. Das OLG Hamm verneinte in diesem Fall den Vorsatz.[2] Dass sich der Vorsatz des VN im vorliegenden Fall auf eine Körperverletzung erstreckte, liegt auf der Hand. Dass er auch den Tod des G billigend in Kauf genommen hatte, sah das Gericht nicht als erwiesen an. Dagegen sprach, dass der VN sich sofort um die Rettung des Opfers bemühte.

5 Die **Beweislast** für das Vorliegen von Vorsatz liegt beim VR. Der Anscheinsbeweis kann hier nicht angewendet werden, weil es insoweit kein durch die Lebenserfahrung gesichertes Verhalten gibt.[3] Entscheidend ist immer, ob die Umstände des Einzelfalles die Annahme rechtfertigen, der VN habe die **Schadenfolge zumindest billigend in Kauf genommen:**

---

[1] Vgl dazu *Lorenz*, VersR 2000, 2 ff; Römer/Langheid/*Langheid*, § 103 Rn 8 mwN.
[2] OLG Hamm 3.2.1993 – 20 U 124/92, r+s 1993, 209.
[3] BGH 4.5.1988 – IVa ZR 278/86, r+s 1988, 239; OLG Karlsruhe 16.6.1994 – 12 U 60/94, r+s 1995, 408.

Kapitel 1: Haftpflichtversicherung § 103

- Wer einem anderen mit der Faust ins Gesicht schlägt, nimmt Gesichtsverletzungen in Kauf.[4]
- Wer einen anderen schlägt oder schubst, wird idR Fußverletzungen seines Opfers nicht vorhergesehen haben, sondern insoweit fahrlässig handeln.[5] Hier treten die Schäden infolge eines von den Vorstellungen des Täters wesentlich abweichenden Geschehensablaufs ein bzw Art und Schwere der Verletzungen weichen von den vorgestellten Verletzungen wesentlich ab.
- Wer einem heranfahrenden Zug (ICE) in Selbstmordabsicht auf den Gleisen entgegengeht, nimmt Beschädigungen des Triebkopfs und auch Betriebsunterbrechungsschäden in Kauf.[6]
- Kündigt ein Fußballspieler einem Gegenspieler an, ihm beim nächsten Mal die Beine zu brechen, und rennt er 20–30 m über den Platz und grätscht er dem Gegner von hinten in die Beine, ohne den Ball erreichen zu wollen, so kann im Hinblick auf einen Wadenbeinbruch Vorsatz angenommen werden.[7]
- Sind an einem Notebook Schäden zu verzeichnen, die darauf schließen lassen, dass es aus kurzer Distanz zu Boden gebracht wurde, kann dies für vorsätzliche Herbeiführung des Schadens sprechen.[8]

Zu weiterer Rspr betreffend die allgemeine Haftpflichtversicherung s. Ziff. 7 AHB Rn 7 ff.

Auch in der **Kraftfahrt-Haftpflichtversicherung** kann im Einzelfall Vorsatz angenommen werden:

- Durchbricht der VN mit seinem Kfz eine Polizeikontrolle oder Straßensperre, so ist ein billigendes Inkaufnehmen der Sachbeschädigung (Sperre) zu bejahen. Wird dabei ein hinter der Sperre stehender Polizist verletzt, ist es Tatfrage, ob Vorsatz im Hinblick auf den Personenschaden anzunehmen ist oder Fahrlässigkeit.[9]
- Befährt der VN mit seinem Kfz in Selbstmordabsicht die Autobahn in falscher Richtung oder überholt er – ebenfalls mit Suizidabsicht – „blind" trotz Gegenverkehrs, kann uU angenommen werden, dass er Sach- und auch Personenschäden Dritter in Kauf nimmt. Der KH-Versicherer reguliert dann mit Hinweis auf § 103 nicht. Die Sachschäden trägt der Geschädigte allein, bezüglich der Personenschäden kann er die Verkehrsopferhilfe in Anspruch nehmen. Bei der Feststellung des Vorsatzes aufseiten des VN ist zu prüfen, ob der VN überhaupt noch steuerungsfähig war.[10]

2. Rechtswidrigkeit. Nach § 103 ist der VR leistungsfrei, wenn der VN den Versicherungsfall **widerrechtlich** und vorsätzlich herbeiführt. Die **Beweislast** für rechtswidriges Handeln des VN liegt beim VR, da es sich hierbei um ein Tatbestandsmerkmal des Ausschlusses handelt. Anders als Ziff. 7.1 AHB nennt die gesetzliche Regelung das Rechtswidrigkeitserfordernis. Liegt ein Rechtfertigungsgrund vor, ist der Vorsatzausschluss unanwendbar (vgl Ziff. 7 AHB Rn 10).

Der VN muss auch **im Bewusstsein der Rechtswidrigkeit** gehandelt haben.

---

4 OLG Köln 31.5.1994 – 9 U 71/94, r+s 1995, 9; OLG Karlsruhe 28.3.1996 – 12 U 246/95, r+s 1996, 301; OLG Köln 13.4.1999 – 9 U 85/98, r+s 1999, 317.
5 OLG Hamm 12.11.1980 – 20 U 111/80, VersR 1981, 789; OLG Hamm 8.7.1981 – 20 U 9/81, VersR 1982, 641.
6 OLG München 29.3.1999 – 30 U 761/98, r+s 2000, 58.
7 OLG Karlsruhe 27.9.2012 – 9 U 162/11, r+s 2012, 592; dazu *Laux*, jurisPR-VersR 1/2013 Anm. 4.
8 LG Braunschweig 6.5.2014 – 7 S 238/13, SP 2014, 282.
9 Stiefel/Maier/*Jahnke*, § 103 VVG Rn 16.
10 Nicht berücksichtigt von OLG Oldenburg 5.8.2009 – 6 U 143/09, SP 2010, 121.

Beispiel: Der VN wirft Bilder und Bücher in den Altpapiercontainer, wobei er irrig annimmt, die Sachen seien sein Eigentum. Wird der VN wegen des Verlustes der Sachen vom wirklichen Eigentümer auf Schadensersatz in Anspruch genommen, ist der Vorsatzausschluss nicht anwendbar.

III. Mitversicherte Personen, Repräsentanten, Regress

9   Hat eine mitversicherte Person einen Schaden vorsätzlich herbeigeführt, verliert diese den Versicherungsschutz nach § 47 Abs. 1. Solange der Vorsatzvorwurf nicht auch gegenüber dem VN erhoben werden kann, behält er den Versicherungsschutz, falls er in Anspruch genommen wird. Das ist nur dann anders, wenn die mitversicherte Person gleichzeitig **Repräsentant** des VN ist. Repräsentantenstellung – iSv Risiko- oder Vertragsverwaltung (s. dazu § 28 Rn 113 ff) – kommt in der Haftpflichtversicherung selten vor (vgl Ziff. 7 AHB Rn 14). Ein Fall von **Risikoverwaltung** ist in der privaten Haftpflichtversicherung kaum vorstellbar. In der betrieblichen Haftpflichtversicherung kann einem Betriebsleiter, der mit autarken Entscheidungsbefugnissen ausgestattet ist, diese Funktion zukommen. Ist das nicht der Fall, verliert nur die versicherte Person den Versicherungsschutz (s. auch Ziff. 27 AHB Rn 5).

Beispiele:[11] 1. Der mitversicherte 12-jährige Sohn des VN beschädigt vorsätzlich nachts um 24 Uhr mehrere Kfz. Unterstellt, der VN habe seine Aufsichtspflicht verletzt, haftet er aus § 832 BGB, der VR hat die Ansprüche der Geschädigten zu regulieren. Das Verschulden des Sohnes ist dem VN nicht zurechenbar, denn dieser ist nicht sein Repräsentant im versicherungsrechtlichen Sinne. Dem Sohn gegenüber ist der VR leistungsfrei.

2. Der Geselle G, mitversicherte Person in der BHV des VN, missachtet die Regeln der Technik bei Abdichtungsarbeiten an einem Bauwerk und nimmt Feuchtigkeitsschäden in Kauf. Auch hier erfüllt G nicht die Anforderungen an die Repräsentanteneigenschaft, so dass der VR dem VN gegenüber leistungspflichtig bleibt, während G keine Deckung genießt, falls er persönlich in Anspruch genommen wird.

10   Hier stellt sich die Frage, ob der gegenüber dem VN leistungspflichtige VR, der einen Schadenfall reguliert hat, nun bei der mitversicherten Person, die den Schaden vorsätzlich herbeigeführt hat, **Regress** nehmen kann. Ein nach § 86 Abs. 1 übergangsfähiger Anspruch aus dem Gesamtschuldverhältnis (§§ 840, 426 BGB) ist gegeben. Allerdings ist der Mitversicherte nicht Dritter iSd § 86 Abs. 1. Als „Dritter" kann nur angesehen werden, wer außerhalb des Vertragsverhältnisses steht. Dies ist hier nicht der Fall. Durch vorsätzliche Handlungsweise im konkreten Schadenfall geht der Versicherungsschutz verloren, nicht aber der Status als mitversicherte Person. Deshalb scheidet ein Regress aus.[12]

IV. Abdingbarkeit

11   Die Regelung ist abdingbar (§ 112), eine mildere Schuldform kann vereinbart werden.[13] Die VR machen von dieser Möglichkeit Gebrauch: Nach **Ziff. 7.2 AHB** ist der VR bereits dann leistungsfrei, wenn der VN die Mangelhaftigkeit seines Produkts oder seiner Dienstleistung kennt. Der Vorsatz muss sich hier nicht auf die Schadenfolgen beziehen. Diese Verschärfung des Vorsatzausschlusses ist statthaft (s. Ziff. 7 AHB Rn 11).

---

11 Weitere Beispiele/Kasuistik bei Bruck/Möller/*Koch*, § 103 Rn 77 ff.
12 Str; anders *Johannsen*, r+s 2000, 133, 135; aA wohl auch Prölss/Martin/*Armbrüster*, § 86 Rn 31; Römer/Langheid/*Langheid*, § 86 Rn 26.
13 Begr. RegE, BT-Drucks. 16/3945, S. 85. Zur früheren Rechtslage Prölss/Martin/*Lücke*, § 103 Rn 16 mwN.

Statthaft sind ebenfalls **Pflichtwidrigkeitsklauseln**, wie sie in vielen beruflichen und gewerblichen Haftpflichtversicherungen enthalten sind. Solche Regelungen schließen – mit unterschiedlichen Formulierungen – Schadenstiftung durch wissentliches Abweichen von Gesetzen, behördlichen Vorschriften usw oder sonstige wissentliche Pflichtwidrigkeit vom Versicherungsschutz aus.[14] **Wissentliche** oder – wie es in manchen AVB heißt – **bewusste** Pflichtwidrigkeit setzt voraus, dass der VN die verletzte Norm kennt und bewusst dagegen verstößt.[15] Dies erfordert direkten Vorsatz in Bezug auf die Verletzung der Pflicht.[16] Die **Darlegungs- und Beweislast** trägt der VR. Soweit es sich nicht um die Verletzung elementarer beruflicher Pflichten handelt, deren Kenntnis nach der Lebenserfahrung bei jedem Berufsangehörigen vorausgesetzt werden kann, hat der VR Anknüpfungstatsachen vorzutragen, die als schlüssige Indizien für eine wissentliche Pflichtverletzung betrachtet werden können. Erst wenn dieses geschehen ist, obliegt es dem VN im Rahmen seiner sekundären Darlegungslast, Umstände aufzuzeigen, warum die vorgetragenen Indizien den Schluss auf eine wissentliche Pflichtverletzung nicht zulassen.[17] – AVB, die statt von „wissentlicher" oder „bewusster" von „**vorsätzlicher**" Pflichtwidrigkeit sprechen, sind aus Sicht des VN ungünstiger, weil nach dieser Formulierung eine bedingt vorsätzliche Pflichtverletzung genügt. – Pflichtwidrigkeitsklauseln sind nach ganz hM **subjektive Risikoausschlüsse** und keine verhüllten Obliegenheiten.[18]

Bei Verträgen über besonders brisante Risiken könnte man auch daran denken, AVB-Regelungen vorzusehen, nach denen es bereits bei **grob fahrlässiger Herbeiführung des Versicherungsfalles** zum Verlust des Deckungsschutzes kommen kann. AGB-rechtlich stellt sich die Frage, ob hierdurch ein gesetzliches Leitprinzip iSd § 307 Abs. 2 Nr. 1 BGB verletzt würde.[19] Dafür spricht zunächst der Gedanke des Opferschutzes. Das Gesetz will dem VN im Interesse des Geschädigten auch im Falle gröbster Fahrlässigkeit Versicherungsschutz gewähren. Das geschieht aus der schlichten Erwägung heraus, dass ein gewöhnlicher VN idR nicht über ausreichende finanzielle Möglichkeiten verfügt, um zB einen größeren Personenschaden begleichen zu können. Das wiederum kann ein Argument dafür sein, zB bei Großrisiken eine Ausnahme zu machen und hier eine Regelung für statthaft zu erachten, die von dem Grundsatz abweicht, dass in der Haftpflichtversicherung grobe Fahrlässigkeit versichert ist. Allerdings verstieße eine völlige Leistungsfreiheit gegen den in § 81 Abs. 2 zum Ausdruck kommenden gesetzlichen Leitgedanken.[20]

§ 104 Anzeigepflicht des Versicherungsnehmers

(1) ¹Der Versicherungsnehmer hat dem Versicherer innerhalb einer Woche die Tatsachen anzuzeigen, die seine Verantwortlichkeit gegenüber einem Dritten zur Folge haben könnten. ²Macht der Dritte seinen Anspruch gegenüber dem Versicherungsnehmer geltend, ist der Versicherungsnehmer zur Anzeige innerhalb einer Woche nach der Geltendmachung verpflichtet.

---

14 Vgl zur wissentlichen Pflichtverletzung in der D&O-Versicherung Beckmann/Matusche-Beckmann/*Beckmann*, § 28 Rn 117 ff.
15 OLG Hamm 30.5.1995 – 20 W 2/95, r+s 1996, 16; OLG Köln 14.11.1997 – 9 U 76/97, r+s 1998, 59.
16 BGH 20.6.2001 – IV ZR 101/00, r+s 2001, 408.
17 So BGH 17.12.2014 – IV ZR 90/13, r+s 2015, 133.
18 BGH 17.12.1986 – IVa ZR 166/85, VersR 1987, 174; KG 30.1.2007 – 6 U 132/06, VersR 2008, 69, 70 mwN. Anders bei Exkulpationsmöglichkeit OLG Hamm 13.10.1995 – 20 U 128/95, VersR 1996, 1006.
19 Vgl auch *Schirmer*, ZVersWiss Supplement 2006, 425, 430.
20 Prölss/Martin/*Lücke*, § 103 Rn 16.

(2) ¹Wird gegen den Versicherungsnehmer ein Anspruch gerichtlich geltend gemacht, Prozesskostenhilfe beantragt oder wird ihm gerichtlich der Streit verkündet, hat er dies dem Versicherer unverzüglich anzuzeigen. ²Dies gilt auch, wenn gegen den Versicherungsnehmer wegen des den Anspruch begründenden Schadensereignisses ein Ermittlungsverfahren eingeleitet wird.

(3) ¹Zur Wahrung der Fristen nach den Absätzen 1 und 2 genügt die rechtzeitige Absendung der Anzeige. ²§ 30 Abs. 2 ist entsprechend anzuwenden.

I. Normzweck

1   Die Vorschrift schneidet die in § 30 normierte Pflicht zur Anzeige des Versicherungsfalles auf die Besonderheiten der Haftpflichtversicherung zu. In dieser Sparte hat der VR ein umfangreicheres Informationsbedürfnis: Er hat ein legitimes Interesse daran, nicht nur vom Eintritt des Versicherungsfalles erfahren zu wollen, sondern auch von der Erhebung von Ansprüchen, von der Einleitung eines gerichtlichen Verfahrens usw. Dem trägt § 104 Rechnung. Die Regelung ist – wie auch § 30 – *lex imperfecta*, dh, es bedarf einer vertraglichen Sanktionsbestimmung, die sich in Ziff. 26 AHB findet.

II. Anzeige des Versicherungsfalles (Abs. 1)

2   Nach Abs. 1 S. 1 hat der VN dem VR **innerhalb einer Woche** die Tatsachen anzuzeigen, die seine Verantwortlichkeit gegenüber einem Dritten zur Folge haben könnten. Die Formulierung ist auf § 100 abgestimmt. Sie passt nicht für Verträge, denen das Feststellungs- (s. § 100 Rn 13) oder das Anspruchserhebungsprinzip (s. § 100 Rn 14 f) zugrunde liegt. Nach Ziff. 25.1 AHB hat der VN den **Versicherungsfall** (das **Schadensereignis**, s. § 103 Rn 1) anzuzeigen. Notwendig ist, dass der VN positive Kenntnis besitzt, Kennenmüssen genügt nicht (vgl Ziff. 25 AHB Rn 2). Inhaltlich muss die Anzeige so gefasst sein, dass sie es dem VR ermöglicht, mit der Schadensermittlung zu beginnen.[1]

3   Abs. 1 S. 2 verpflichtet den VN, **innerhalb einer Woche** dem VR Mitteilung zu machen, wenn der Dritte seinen Anspruch gegenüber dem VN geltend macht. Geltend gemacht ist der Anspruch, wenn der Dritte – aus der Sicht des VN – ernsthaft erklärt, vom VN Schadensersatz zu fordern. Die Erklärung muss dem VN zugegangen sein.[2]

III. Weitere Anzeigepflichten (Abs. 2)

4   Nach **Abs. 2 S. 1** hat der VN dem VR unverzüglich anzuzeigen, wenn ein Anspruch gegen ihn gerichtlich geltend gemacht, Prozesskostenhilfe beantragt oder ihm gerichtlich der Streit verkündet wird. Die Vorschrift erstreckt die Anzeigepflicht auch auf **Ermittlungsverfahren (Abs. 2 S. 2)**. Dieser rechtstechnische Terminus umfasst staatsanwaltliche, behördliche und gerichtliche Verfahren (§ 160 StPO, §§ 35 ff OWiG, §§ 407 ff StPO); standesgerichtliche Verfahren, behördeninterne Untersuchungen und verwaltungsbehördliche Verwarnungsverfahren gehören nicht dazu (vgl dazu Ziff. 25 AHB Rn 8).[3] Es ist streitig, ob der VN auch Verfahren anzeigen muss, die nicht gegen ihn, sondern gegen (Mit-)Versicherte eingeleitet werden. Der Wortlaut der Regelung spricht dagegen.[4]

5   Die in Abs. 1 festgelegte Wochenfrist gibt dem VN einen klaren zeitlichen Anhaltspunkt. Der in **Abs. 2 S. 1** verwendete Begriff „**unverzüglich**" ist auslegungsbedürf-

---

1   BGH 23.11.1967 – II ZR 105/65, VersR 1968, 58.
2   *Staudinger/Kassing*, VersR 2009, 607, 608; Bruck/Möller/*Koch*, § 104 Rn 10 mwN.
3   Looschelders/Pohlmann/*Schulze Schwienhorst*, § 104 Rn 6; Prölss/Martin/*Lücke*, § 104 Rn 14; aA Schwintowski/Brömmelmeyer/*Retter*, § 104 Rn 12.
4   Ebenso Prölss/Martin/*Lücke*, § 104 Rn 16 mwN zum Streitstand.

tig. In § 121 BGB wird für das ganze Privatrecht geltend der Begriff „unverzüglich" iSv „ohne schuldhaftes Zögern" definiert. In der hierzu ergangenen Rspr ist zuweilen ein Zeitraum von höchstens zwei Wochen angenommen worden.[5] Ob das auf das Versicherungsrecht ohne Weiteres übertragbar ist, ist zweifelhaft. In der Sachversicherung – wenn etwa besondere Schwierigkeiten bei der Anfertigung einer Stehlgutliste bestehen – können 33 Tage zwischen dem Einbruch und der Vorlage der Liste noch als unverzüglich angesehen werden.[6] Weder ist die Zeitspanne, die für eine Anfechtungserklärung als unverzüglich anzusehen ist, unbesehen auf das Versicherungsvertragsrecht übertragbar, noch sind alle Pflichten und Obliegenheiten, die im Rahmen von VersVerträgen unverzüglich zu erfüllen sind, über einen Kamm zu scheren. Für eine Anfechtungserklärung nach § 123 BGB könnte eine längere Überlegungsfrist angemessen sein als bei einer Schadenmeldung nach dem Versicherungsfall. Die Pflicht zur unverzüglichen Vorlage einer Stehlgutliste in der Sachversicherung wiederum kann länger zu bemessen sein als die Pflicht zur Anzeige der Erhebung der Schadensersatzklage gegen den VN in der Haftpflichtversicherung. Die zur Schadensanzeigepflicht in der Haftpflichtversicherung ergangene Rspr ist nicht einheitlich: Vereinzelt ist eine Anzeige des Versicherungsfalles, die eine Woche nach dem Schadensereignis erfolgte, nicht mehr als unverzüglich angesehen worden,[7] vereinzelt ist eine Schadensmeldung, die nach 12 Tagen abgesandt wurde, als verspätet angesehen worden.[8] In der versicherungsrechtlichen Rspr und Lit. ist teils auch davon ausgegangen worden, „unverzüglich" beschreibe generell eine Frist von zwei Wochen – das habe sich in breiten Bevölkerungskreisen eingeprägt.[9] Das stimmt zumindest in Bezug auf die Frist zur Zahlung der Erstprämie, ist aber nicht zwingend auf das Obliegenheitenrecht übertragbar. Ob ein VN schuldhaft zu lange mit der Anzeige der gerichtlichen Geltendmachung, der Beantragung von Prozesskostenhilfe, der Streitverkündung oder der Einleitung eines Ermittlungsverfahrens gezögert hat, ist eine Frage des **Einzelfalles**. Zu beachten sind auch die Interessen des VR.[10] Berücksichtigt man, dass es in der Haftpflichtversicherung wichtig sein kann, dass der VR schnell reagiert,[11] erscheint ein Zeitraum von einer Woche angemessen. Ist der VN krank, verwirrt, in Nöten usw., kann eine andere Beurteilung gerechtfertigt sein, da in solchen Konstellationen das Verschulden des VN fraglich sein kann.

Problematisch ist es, dass in **Abs. 2 S. 2** der Begriff des **Schadensereignisses** verwendet wird. In der Begründung zum Regierungsentwurf heißt es, der Begriff des Schadensereignisses sei weit auszulegen.[12] Dem darf entnommen werden, dass der Gesetzgeber sich nicht etwa auf die Folgeereignistheorie (s. § 100 Rn 12) festlegen will. Den Begriff des Schadensereignisses, der in der Haftpflichtversicherung einen spezifischen Inhalt hat (s. ausf. Ziff. 1 AHB Rn 12 ff), im Gesetzestext zu verwenden, ist indes äußerst fragwürdig.

6

IV. Anzeigepflichtverletzung und Rechtsfolgen (Abs. 3)

Die **rechtzeitige Absendung** der Anzeige genügt (**Abs. 3 S. 1**). Eine Verletzung der Anzeigepflicht hat der VR zu **beweisen**. Zum Tatbestand der Pflichtverletzung ge-

7

---

5 Jauernig/*Jauernig*, BGB, § 121 Rn 3 mwN.
6 OLG Koblenz 15.12.2006 – 10 U 1678/05, VersR 2007, 1694.
7 Zur Judikatur Langheid/*Wandt*/*Wandt*, § 30 Rn 28 f.
8 OLG Hamburg 12.7.1989 – 14 U 252/88, VersR 1990, 304.
9 OLG Köln 22.5.1986 – 5 U 108/85, r+s 1987, 22.
10 Zum allgemeinen Recht HK-BGB/*Dörner*, § 121 Rn 3.
11 Vgl dazu Bruck/Möller/*Koch*, § 104 Rn 4.
12 Begr. RegE, BT-Drucks. 16/3945, S. 85.

hört die Kenntnis des VN vom Eintritt des Versicherungsfalles (vgl Rn 2 sowie Ziff. 25 AHB Rn 3).[13]

8 Eine Rechtsfolge für Verletzungen der Anzeigepflicht wird nicht festgelegt. Es bleibt also dabei, dass es sich um ein *lex imperfecta* handelt und es einer vertraglichen Regelung bedarf. Auf § 30 Abs. 2 erfolgt ein Hinweis (**Abs. 3 S. 2**). Eine Anzeigepflichtverletzung liegt demnach nicht vor, wenn der VR auf andere Weise vom Eintritt des Versicherungsfalles erfährt. Die Rechtsfolgenregelung für den Fall einer Verletzung der Anzeigepflicht findet sich in Ziff. 26 AHB. Zu spezifischen Regulierungsfragen bei der Verletzung der Schadensanzeigepflicht in der Haftpflichtversicherung s. Ziff. 26 AHB Rn 2 ff.

9 § 104 ist **nicht anzuwenden**, wenn es sich um ein gegen einen Mitversicherten gerichtetes Verfahren handelt.[14] Der Wortlaut des Gesetzes ist eindeutig, angesprochen ist hier nur der VN.

§ 105 Anerkenntnis des Versicherungsnehmers

Eine Vereinbarung, nach welcher der Versicherer nicht zur Leistung verpflichtet ist, wenn ohne seine Einwilligung der Versicherungsnehmer den Dritten befriedigt oder dessen Anspruch anerkennt, ist unwirksam.

I. Normzweck

1 Der VN erhält das Recht, einen gegen ihn erhobenen Haftpflichtanspruch anzuerkennen oder zu befriedigen, ohne dass dies in irgendeiner Weise schädlich für seinen Haftpflichtversicherungsanspruch ist. Wird der VN etwa vom Anspruchsteller (das kann zB sein Auftraggeber sein) unter Druck gesetzt wurde, den geforderten Schadensersatz zu leisten, und gibt der VN dem Druck nach, um die Geschäftsverbindung nicht zu gefährden, ist dies deckungsrechtlich unschädlich.

II. Inhalt und Auswirkungen der Regelung auf die Regulierungspraxis

2 Nach § 105 ist eine Vereinbarung, nach welcher der VR nicht zur Leistung verpflichtet ist, wenn ohne seine Einwilligung der VN den Dritten befriedigt oder dessen Anspruch anerkennt, unwirksam. Mit dieser zwingenden Regelung wird das frühere Anerkenntnis- und Befriedigungsverbot (Ziff. 25.3 AHB 2004/§ 5 Nr. 5 AHB 2002) abgeschafft.

3 Der VN kann nun den Anspruchsteller nicht mehr darauf verweisen, dass er die Regulierungsverhandlungen dem VR überlassen müsse. Damit kann der Druck des Geschädigten auf den VN zunehmen, geltend gemachte Ansprüche zu begleichen und sich anschließend mit dem VR auseinanderzusetzen.

4 Ein vom VN erteiltes Anerkenntnis oder eine erfolgte Befriedigung, zu welchem bzw welcher der VN haftungsrechtlich nicht verpflichtet war, **bindet den VR grds. nicht**. Ein VN, der ohne rechtliche Verpflichtung eine Anerkenntniserklärung abgegeben oder eine Schadensersatzleistung erbracht hat, kann uU nach § 812 Abs. 1 BGB kondizieren.[1] Der VN, der von seinem Anerkenntnis- und Befriedigungsrecht Gebrauch macht, nimmt dem VR dessen Arbeit ab – und das auf eigenes Risiko. Der VR wird – wenn er nicht seine Zustimmung zum Vorgehen des VN erteilt hat – nur im Umfang der wahren Rechtslage gebunden. Das bringt Ziff. 5.1 AHB klar

---

13 BGH 3.11.1966 – II ZR 52/64, VersR 1967, 56; OLG Hamm 1.7.1994 – 20 U 55/94, r+s 1995, 52.
14 Bruck/Möller/*Koch*, § 104 Rn 20; *Lücke*, VK 2007, 163; aA Schwintowski/Brömmelmeyer/*Retter*, § 104 Rn 14.
1 Zur Kondiktion von Anerkenntnissen Jauernig/*Stadler*, BGB, § 812 Rn 9 mwN.

zum Ausdruck. Das kann allerdings anders zu beurteilen sein, wenn der VR den Versicherungsschutz unberechtigterweise versagt hatte und der VN den Anspruchsteller nun befriedigt. Lehnt der VR nun die Zahlung ab, verhält er sich treuwidrig (§ 242 BGB). Das gilt auch, soweit der VN seine Schadenersatzpflicht fahrlässig oder grob fahrlässig falsch einschätzte.[2]

Lehnt der VR nach einer durch den VN erfolgten Befriedigung des Anspruchstellers die Erstattung ab – etwa mit der Begründung, es fehle an einer gesetzlichen Haftpflicht aufseiten des VN –, ist dies im Deckungsprozess zu klären. **Haftpflichtfragen** sind dann **im Deckungsprozess** zu prüfen.[3] Hat der VN eine Forderung anerkannt, ist im Deckungsprozess zu prüfen, ob und in welchem Umfang die Forderung auch ohne das Anerkenntnis begründet wäre; die **Darlegungs- und Beweislast** hierfür fällt dem VN zu.[4] Ist das Anerkenntnis des VN für den VR nicht bindend, entsteht der Freistellungsanspruch nicht.[5] Hat der VN die Ansprüche des Dritten befriedigt, wandelt sich der Freistellungsanspruch in einen Zahlungsanspruch, gegen den der VR vortragen kann, dass der VN ganz oder teilweise zu Unrecht gezahlt habe.[6] Die Haftpflichtfrage muss dann – wie dargestellt – ggf im Deckungsrechtsstreit geklärt werden.[7]

Im **Insolvenzverfahren** kann die Regelung des § 105 aus Sicht des VN eine deutliche Verbesserung mit sich bringen. Früher bedeutete die eigenmächtige Feststellung einer Schadensersatzforderung zur Insolvenztabelle einen Verstoß gegen das Anerkenntnisverbot, das zumindest bei vorsätzlicher Verletzung zur Versagung des Versicherungsschutzes führte.[8]

Die Gefahr, dass Anspruchsteller und VN **kollusiv zusammenwirken**, bestand auch nach früherer Rechtslage; daraus lässt sich kein überzeugendes Argument gegen die Regelung herleiten.[9] Ob die Abschaffung des Anerkenntnis- und Befriedigungsverbots rechtspolitisch zwingend geboten war, steht auf einem anderen Blatt.

Die Regelung ist nicht halbzwingend ausgestaltet (vgl § 112). Dass eine **Abbedingung** nicht in Betracht kommt, ergibt sich aus der Vorschrift selbst. Da § 105 die Vertragsfreiheit einschränkt, gilt die Regelung nicht bei Großrisiken (§ 210).[10] In der D&O-Versicherung anzutreffende Vereinbarungen, mit denen verhindert werden soll, dass versicherte Personen vorschnell Ansprüche wegen Pflichtverletzungen anerkennen,[11] sind zumindest dann nach dem VVG nicht untersagt, wenn es sich bei dem versicherten Unternehmen um ein Großrisiko handelt. Fraglich ist allerdings, ob ein Anerkenntnisverbot bei Großrisiken AGB-rechtlich statthaft ist.[12]

§ 106 Fälligkeit der Versicherungsleistung

¹Der Versicherer hat den Versicherungsnehmer innerhalb von zwei Wochen von dem Zeitpunkt an, zu dem der Anspruch des Dritten mit bindender Wirkung für

---

2 *Klimke*, r+s 2014, 105, 107.
3 So treffend *Lücke*, VK 2007, 165.
4 *Lange*, VersR 2007, 1313.
5 Prölss/Martin/*Lücke*, § 105 Rn 5.
6 OLG Stuttgart 21.4.2010 – 3 U 182/09, r+s 2010, 284; dazu *Steinborn*, jurisPR-VersR 7/2010 Anm. 4.
7 Prölss/Martin/*Lücke*, § 105 Rn 4, 7.
8 OLG Dresden 22.9.2005 – 4 U 2194/04, BauR 2006, 1328; OLG Köln 20.12.2005 – 9 U 99/05, VersR 2006, 1207.
9 So auch *Römer*, VersR 2006, 865, 866 f.
10 Prölss/Martin/*Lücke*, § 105 Rn 3.
11 Dazu Looschelders/Pohlmann/*Schulze Schwienhorst*, § 105 Rn 5.
12 Bruck/Möller/*Koch*, § 105 Rn 22 verneint ein berechtigtes Interesse des VR an einem Anerkenntnisverbot (§ 307 Abs. 1 S. 1 BGB).

den Versicherer durch rechtskräftiges Urteil, Anerkenntnis oder Vergleich festgestellt worden ist, vom Anspruch des Dritten freizustellen. ²Ist der Dritte von dem Versicherungsnehmer mit bindender Wirkung für den Versicherer befriedigt worden, hat der Versicherer die Entschädigung innerhalb von zwei Wochen nach der Befriedigung des Dritten an den Versicherungsnehmer zu zahlen. ³Kosten, die nach § 101 zu ersetzen sind, hat der Versicherer innerhalb von zwei Wochen nach der Mitteilung der Berechnung zu zahlen.

I. Normzweck

1 § 106 enthält eine Spezialregelung gegenüber der allgemeinen Regelung des § 14, die sich ausschließlich auf die Fälligkeit der Geldleistung des VR bezieht. Die Leistung des Haftpflichtversicherers umfasst die Abwehr unberechtigter Ansprüche und die Freistellung von berechtigten Ansprüchen (§ 100). Das berücksichtigt die Bestimmung des § 106.

II. Regelungsinhalt

2 **1. Überblick.** Nach S. 1 hat der VR den VN innerhalb von zwei Wochen von dem Zeitpunkt an freizustellen, zu dem der Anspruch des Dritten mit bindender Wirkung für den VR durch rechtskräftiges Urteil, Anerkenntnis oder Vergleich festgestellt worden ist. Dem Gesetzeswortlaut ist nicht zu entnehmen, dass die Bindungswirkung (des Haftpflichturteils) „abgeschafft" und ein eigenständiger „Bindungsprozess" notwendig ist.[1] Bei **Anerkenntnisurteilen** kann der VR allerdings einwenden, das dem Urteil zugrunde liegende Anerkenntnis sei materiell zu Unrecht erfolgt.[2] Bindungswirkung entfaltet ein Anerkenntnisurteil nur dann, wenn der VR zugestimmt oder die Deckung verweigert hatte (vgl auch § 105 Rn 4 f).[3] Die durch Wegfall des Anerkenntnis- und Befriedigungsverbots (s. § 105 Rn 2) notwendigen Neuregelungen berücksichtigt **S. 2**, wonach der VR dem VN die Entschädigung zwei Wochen nach bindender Befriedigung zu zahlen hat. Die Befriedigung des Dritten kann auch durch Erfüllungssurrogate (Aufrechnung durch den VN, Verrechnung, Hinterlegung) erfolgen; Aufrechnung durch den Geschädigten genügt nicht.[4] Kosten nach § 101 sind zwei Wochen nach Mitteilung der Berechnung zu zahlen (S. 3). – Die Zahlungsfrist von zwei Wochen hat den Zweck, dem VR die Prüfung zu ermöglichen, ob (Haftpflicht-)Urteil, Anerkenntnis, Vergleich oder Befriedigung bindend ist.[5]

3 **2. Einzelfragen. a) Freistellungsanspruch (S. 1).** Die Regelung des S. 1 bezieht sich auf den Anspruch des VN, von berechtigten Ansprüchen **freigestellt** zu werden. Der Anspruch auf **Abwehrdeckung** ist in § 106 nicht angesprochen. Der Freistellungsanspruch wird fällig in dem Zeitpunkt, in dem der Dritte Ansprüche gegen den VN (oder eine versicherte Person) geltend macht.[6] Ein Anspruch ist dann erhoben, wenn der Dritte eine ernstliche Erklärung abgibt, aus der zu entnehmen ist, dass er Ansprüche zu haben glaubt und diese verfolgen wird. Schadensersatz muss

---

1 So aber *Langheid*, VersR 2009, 1043, 1046; zust. *Thume*, VersR 2010, 849, 852; dazu *Schlegelmilch*, VersR 2009, 1467.
2 Schwintowski/Brömmelmeyer/*Retter*, § 106 Rn 30; Prölss/Martin/*Lücke*, § 106 Rn 5; abl. Bruck/Möller/*Koch*, § 106 Rn 26.
3 So *Klimke*, r+s 2014, 105, 109, der demgegenüber einem Tatsachengeständnis (§ 288 ZPO) Bindungswirkung zumisst; ebenso Schwintowski/Brömmelmeyer/*Retter*, § 106 Rn 29.
4 Prölss/Martin/*Lücke*, § 106 Rn 14.
5 Hat der VR den Vergleich selbst geschlossen oder das Anerkenntnis ausgesprochen, soll der VR – da die Bindungswirkung nicht mehr zu prüfen ist – sofort zahlen müssen, so Prölss/Martin/*Lücke*, § 106 Rn 13.
6 BK/*Baumann*, § 154 Rn 6.

ernsthaft angefordert werden,[7] Androhen genügt nicht.[8] Gerichtliche Geltendmachung der Schadensersatzforderung – Antrag auf Prozesskostenhilfe, Mahnverfahren, Klage, Streitverkündung – lässt den Rechtsschutzanspruch (spätestens) entstehen und fällig werden. Wird ein selbständiges Beweisverfahren in Gang gesetzt, kann das als ernsthafte Geltendmachung von Ansprüchen zu verstehen sein, wenn das Verfahren lediglich dazu dient, die Schadenshöhe festzustellen. Anders liegt es, wenn das Verfahren erst das (noch unklare) Schadensbild klären soll.[9]

b) Unberechtigte Deckungsverweigerung. Im allgemeinen Versicherungsvertragsrecht tritt Fälligkeit ein, sobald der VR den Versicherungsschutz unberechtigt verweigert (ernsthafte und endgültige Erfüllungsverweigerung).[10] In der Haftpflichtversicherung wird der VN in einem solchen Fall selbst tätig und befriedigt uU die gestellte Forderung. Sein Erstattungsanspruch gegenüber dem VR wird zwei Wochen nach (bindender) Befriedigung des Dritten fällig (S. 2).

c) Rechtskräftiges Urteil, Anerkenntnis, Vergleich. Im Regelfall löst ein **rechtskräftiges Urteil** die Fälligkeit des Freistellungsanspruchs aus. Dem steht die Feststellung des Anspruchs durch **Anerkenntnis** oder **Vergleich** gleich. Dabei ist es unerheblich, ob der VR den Anspruch anerkennt oder einen Vergleich schließt oder ob er entsprechende Erklärungen des VN genehmigt (vgl Ziff. 5.1 Abs. 2 AHB). Ob es über den Gesetzeswortlaut hinaus notwendig ist, auch bei einem vorläufig vollstreckbaren Urteil, bei dem die Zwangsvollstreckung durch Sicherheitsleistung nicht abgewendet werden kann, anzunehmen, dass es die Fälligkeit auslöse,[11] erscheint fraglich. Nach dem neuen Recht steht dem VN ein sanktionsloses Befriedigungsrecht zu.

§ 106 erfasst Leistungs- und Versäumnisurteile sowie Urteile eines Schiedsgerichts.[12] Schiedsgerichtsurteile sind nach § 1055 ZPO einem rechtskräftigen Urteil gleichgestellt.[13]

§ 107 Rentenanspruch

(1) Ist der Versicherungsnehmer dem Dritten zur Zahlung einer Rente verpflichtet, ist der Versicherer, wenn die Versicherungssumme den Kapitalwert der Rente nicht erreicht, nur zur Zahlung eines verhältnismäßigen Teils der Rente verpflichtet.

(2) ¹Hat der Versicherungsnehmer für die von ihm geschuldete Rente dem Dritten kraft Gesetzes Sicherheit zu leisten, erstreckt sich die Verpflichtung des Versicherers auf die Leistung der Sicherheit. ²Absatz 1 gilt entsprechend.

I. Normzweck

Die gesetzliche Regelung modifiziert den Freistellungsanspruch des VN. Ist der VN zu Rentenzahlungen verpflichtet und reicht die vereinbarte Deckungssumme nicht aus, kommt es faktisch zu einer Kürzung der Entschädigungsleistung des VR. Das Gesetz sorgt dafür, dass der Geschädigte jedenfalls einen Teil der Rentenzahlung erhält. Gleichzeitig wird der VN durch die gesetzlich vorgesehene Verfahrensweise davor geschützt, nach Erschöpfung der Deckungssumme Zahlungen in einer Höhe

---

[7] OLG Karlsruhe 16.2.2006 – 19 U 110/05, OLGR Karlsruhe 2006, 374.
[8] OLG Frankfurt 13.3.2008 – 16 U 134/07, r+s 2010, 61 (zur Anspruchserhebung in der D&O-Versicherung).
[9] Zum Ganzen BGH 9.6.2004 – IV ZR 115/03, r+s 2004, 411 mwN.
[10] BGH 22.3.2000 – IV ZR 233/99, r+s 2000, 348.
[11] So BK/*Baumann*, § 154 Rn 11.
[12] Looschelders/Pohlmann/*Schulze Schwienhorst*, § 106 Rn 2.
[13] *Lembcke*, VersR 2010, 723, 725.

aufbringen zu müssen, die ihn finanziell ruinieren kann. § 107 regelt den Fall, dass ein einziger Dritter Ansprüche stellt. Das Gesetz sieht hier das **Kürzungsverfahren** vor, falls die Deckungssumme zu gering ist. Sind mehrere Dritte beteiligt, ist dagegen das **Verteilungsverfahren** nach § 109 einzuleiten, wenn die Deckungssumme nicht ausreicht. Außerdem ist – bei der Pflichtversicherung – die Regelung des § 118 zu beachten.

II. Quotelung des Freistellungsanspruchs (Abs. 1)

2 Ist der VN verpflichtet, einem geschädigten Dritten eine Rente zu zahlen, deren Kapitalwert höher ist als die Deckungssumme, muss sich der VN mit einer Quote an den Zahlungen beteiligen, der VR ist nur bis zur vollen Höhe der Deckungssumme eintrittspflichtig. Es ist ein Verhältnis zwischen dem Kapitalwert der Rente und der Deckungssumme zu bilden. Abs. 1 führt im Ergebnis dazu, dass die **Rentenzahlung von vornherein anteilig** erfolgt. Ein alternatives Modell wäre es, dass der VR zunächst alleine leistet und zwar, bis die Deckungssumme erschöpft ist. Dann stünde der VN uU vor ruinösen Zahlungsverpflichtungen, die sein Vermögen gefährden; möglicherweise hätte der Geschädigte den Nachteil, wenn der VN zahlungsunfähig ist. Aus diesem Grund hat sich der Gesetzgeber für eine andere Verfahrensweise – die Beteiligung des VN an der Rentenzahlung von Anfang an – entschieden.[1]

3 Bei der Bestimmung des **Kapitalwertes** ist nach hM auf den **Zeitpunkt** abzustellen, zu dem der Haftpflichtanspruch entstanden ist.[2] Das kann zB ein Verkehrsunfall sein; zu diesem Zeitpunkt entstehen Ansprüche des Geschädigten aus §§ 823, 843, 847 BGB.[3] Die Deckungssumme ist vor der Berechnung der Quote um „sonstige Leistungen" zu kürzen, also um etwa erbrachte Schadensersatzzahlungen für Sachschäden, einmalige Kosten im Rahmen vermehrter Bedürfnisse (behindertengerechter Umbau eines Hauses, Gehhilfen usw) oder ein einmalig gezahltes Schmerzensgeld. Das ergibt sich ausdrücklich aus den AVB (Ziff. 6.7 Abs. 3 AHB) sowie aus § 8 Abs. 4 KfzPflVV.[4] Der Kapitalwert ist von der Höhe der Rentenraten und der Dauer der Rentenverpflichtung sowie der Abzinsung der noch nicht fälligen Rentenraten abhängig. Der Rentenkapitalwert ist nach versicherungsmathematischen Grundsätzen unter Berücksichtigung des konkreten Falles und unter Beachtung der sich aus anerkannten statistischen Unterlagen ergebenden Durchschnittswerte zu errechnen.[5] In der Regel ist ein Gutachten einzuholen.[6] Sowohl in der Kraftfahrt-Haftpflichtversicherung als auch in der Allgemeinen Haftpflichtversicherung wird für die Berechnung der Rente auf die in § 8 KfzPflVV getroffenen Regelungen verwiesen (A.1.3.3 AKB 2008, Ziff. 6.7 Abs. 2 AHB).

III. Sicherheitsleistung (Abs. 2)

4 Über das „Ob" und „Wie" einer Sicherheitsleistung entscheidet das Haftungsrecht; häufigster Anwendungsfall einer gesetzlichen Pflicht zur Sicherheitsleistung ist § 843 Abs. 2 S. 2 BGB.[7] In der Regel wird das Bedürfnis für eine Sicherheitsleistung nicht bestehen, wenn ein Haftpflichtversicherer (mit Sitz innerhalb der EU)

---

1 Vgl Bruck/Möller/*Koch*, § 107 Rn 3. Zur Berechnungsformel für den Anteil des VN s. Prölss/Martin/*Lücke*, § 107 Rn 7.
2 Zu Einzelfragen *Küppersbusch*, in: FS Gerda Müller, 2009, S. 65, 69; Römer/Langheid/*Langheid*, § 107 Rn 7 mwN.
3 BGH 28.11.1979 – IV ZR 83/78, VersR 1980, 132.
4 *Küppersbusch*, in: FS Gerda Müller, 2009, S. 65, 68; Prölss/Martin/*Lücke*, § 107 Rn 8; zu Problemfällen Römer/Langheid/*Langheid*, § 155 Rn 4.
5 BGH 28.11.1979 – IV ZR 83/78, VersR 1980, 132.
6 Prölss/Martin/*Lücke*, § 107 Rn 11.
7 FAKomm-VersR/*Heinrichs*, § 107 VVG Rn 9; Bruck/Möller/*Koch*, § 107 Rn 29.

eintrittspflichtig ist.[8] Wird eine Sicherheitsleistung nicht als entbehrlich angesehen, beteiligt sich der VR in Höhe seines verhältnismäßigen Anteils an der Rentenzahlung.[9] Abs. 2 S. 2 stellt klar, dass die nach Abs. 1 erfolgte verhältnismäßige Kürzung auch für die Sicherheitsleistung gilt.

§ 108 Verfügung über den Freistellungsanspruch

(1) [1]Verfügungen des Versicherungsnehmers über den Freistellungsanspruch gegen den Versicherer sind dem Dritten gegenüber unwirksam. [2]Der rechtsgeschäftlichen Verfügung steht eine Verfügung im Wege der Zwangsvollstreckung oder Arrestvollziehung gleich.

(2) Die Abtretung des Freistellungsanspruchs an den Dritten kann nicht durch Allgemeine Versicherungsbedingungen ausgeschlossen werden.

I. Normzweck

Der Geschädigte hat lediglich in der KH-Versicherung und unter bestimmten Voraussetzungen auch in der sonstigen Pflicht-Haftpflichtversicherung (vgl § 115) einen **Direktanspruch** gegen den VR. Um gegen den VR vorgehen zu können, muss er den Freistellungsanspruch pfänden und sich überweisen lassen. Nur in Ausnahmefällen steht dem Geschädigten der Weg der Feststellungsklage offen, wenn ein besonderes Interesse gegeben ist, etwa wenn der VR die Deckung ablehnt und der VN nichts unternimmt (s. näher Vor 100–124 Rn 8).[1] Haftpflichtversicherung dient (auch) dem Opferschutz; daher muss der Gesetzgeber dafür Sorge tragen, dass der Anspruch des Geschädigten nicht beeinträchtigt wird.[2] § 108 schützt zum einen in **Abs. 1** den Geschädigten durch ein **relatives gesetzliches Veräußerungsverbot**, zum anderen erleichtert der Gesetzgeber dadurch, dass er die **Abtretung des Freistellungsanspruchs** in Abs. 2 zulässt, die Geltendmachung von Ansprüchen seitens des Geschädigten gegenüber dem VR. 1

II. Das Veräußerungsverbot (Abs. 1)

Abs. 1 S. 1 erstreckt das **Verfügungsverbot** auf den gesamten Freistellungsanspruch. Unter **Verfügung** ist jede Handlung zu verstehen, die unmittelbar auf Änderung, Übertragung, Belastung oder Vernichtung der Entschädigungsforderung gerichtet ist.[3] Dazu gehören die Entgegennahme der Entschädigungsforderung durch den VN, die Abtretung, der Verzicht, der Erlass. Ein passives Verhalten des VN – zB Verstreichenlassen der Verjährungsfrist – genügt nicht.[4] Das bringt **Abs. 1 S. 2** zumindest mittelbar dadurch zum Ausdruck, dass dort von rechtsgeschäftlichen Verfügungen gesprochen wird. Eine entgegen dem Verbot erfolgte Verfügung ist (nur) dem Geschädigten gegenüber unwirksam. Sie belässt diesem die Möglichkeit, den Anspruch aus dem Haftpflichtversicherungsvertrag pfänden und sich überweisen zu lassen sowie gegen Zwangsvollstreckungsmaßnahmen mit Erinnerung oder Widerspruchsklage (§§ 766, 771, 772 ZPO) vorzugehen.[5] 2

---

8 Bruck/Möller/*Koch*, § 107 Rn 30 mwN.
9 Vgl dazu BK/*Baumann*, § 155 Rn 34 mwN.
1 BGH 15.11.2000 – IV ZR 223/99, VersR 2001, 90.
2 Vgl BK/*Baumann*, § 156 Rn 2 mwN.
3 BGH 7.7.1993 – IV ZR 131/92, r+s 1993, 370.
4 BK/*Baumann*, § 156 Rn 9, 12 ff; Bruck/Möller/*Koch*, § 108 Rn 17 mwN.
5 Späte/Schimikowski/*v. Rintelen*, Ziff. 1 AHB Rn 373.

3 Entgegen dem Gesetzeswortlaut wurde zu § 156 Abs. 1 S. 1 aF die Ansicht vertreten, die Regelung gelte auch für Verfügungen des **Mitversicherten**.[6] In Abs. 1 S. 1 ist explizit nur von Verfügungen des VN über den Freistellungsanspruch die Rede. Entgegen dem Gesetzeswortlaut wird in der Lit. zT angenommen, die Verfügungssperre des Abs. 1 gelte auch für Mitversicherte, wenn diese gem. § 44 Abs. 2 ausnahmsweise verfügungsberechtigt seien.[7] Für dieses Verständnis spricht der Zweck des Abs. 1, den Geschädigten zu schützen.[8]

4 Eine **Verfügung** über die Entschädigungsleistung gem. **Abs. 1 S. 1** ist grds. auch dann nicht anzunehmen, wenn der VR dem VN gegenüber wegen einer **Obliegenheitsverletzung** leistungsfrei ist. Das gilt nur dann nicht, wenn die Obliegenheitsverletzung gerade darin besteht, dass die Befriedigung des Dritten wahrheitswidrig behauptet wird.[9] Hier ist eine analoge Anwendung des Abs. 1 S. 1 gerechtfertigt.

5 Nach **Abs. 1 S. 2** gilt das relative Verfügungsverbot auch für Verfügungen, die im Wege der Zwangsvollstreckung und der Arrestvollziehung erfolgen. Diese Regelung hat ihre praktische Bedeutung besonders dann, wenn mehrere Geschädigte vorhanden sind und einer von ihnen die Zwangsvollstreckung betreibt.[10]

III. Abtretungsrecht gegenüber dem Dritten (Abs. 2)

6 **1. Kein generelles Abtretungsverbot.** Abs. 2 erklärt ein **generelles Abtretungsverbot** (wie es in § 7 Nr. 3 AHB 2002 vorgesehen war) für **unwirksam**. Danach darf der VN seinen Befreiungsanspruch an den Dritten – also an den Geschädigten – abtreten. „Dritter" kann nur jemand sein, der außerhalb des Vertragsverhältnisses steht.[11] Daher kommt bei der **D&O-Versicherung** eine Abtretung des Freistellungsanspruchs durch die versicherte Person (Organ) an den VN (Geschädigter) nicht in Betracht.[12] Die D&O-Versicherungen sind idR ausschließlich als Fremdversicherung zugunsten der versicherten Unternehmensleiter konzipiert. Die am Markt angebotenen Deckungen umfassen auch Innenansprüche des VN gegen die versicherten Personen. Wird nun die Abtretung des Freistellungsanspruchs an den VN gestattet, wird die D&O-Versicherung für den VN zur Bilanzschutzdeckung. Das wiederum wird (dann) dadurch zu verhindern versucht, dass an die Anspruchsstellung rechtlich fragwürdige Anforderungen gestellt werden (s. dazu § 100 Rn 15).

7 Nach der Begründung zum Gesetzesentwurf soll das Abtretungsverbot durch AVB ausgeschlossen sein, durch **Individualvereinbarung** bei Vertragsabschluss oder nach dem Versicherungsfall soll ein generelles Abtretungsverbot möglich bleiben.[13] In der **D&O-Versicherung** werden vereinzelt solche individuellen Abreden getroffen.[14] Unter bestimmten Umständen kann es rechtsmissbräuchlich sein, wenn sich der VR auf ein individuell vereinbartes Abtretungsverbot beruft.[15]

---

6 Prölss/Martin/*Lücke*, § 108 Rn 15.
7 Bruck/Möller/*Koch*, § 108 Rn 15 mwN.
8 Römer/Langheid/*Langheid*, § 108 Rn 12.
9 BGH 7.7.1993 – IV ZR 131/92, r+s 1993, 370.
10 Prölss/Martin/*Lücke*, § 108 Rn 21; vgl dazu auch Bruck/Möller/*Koch*, § 108 Rn 18 f.
11 Vgl Looschelders/Pohlmann/*Schulze Schwienhorst*, § 100 Rn 12.
12 Im Ergebnis ebenso *Schimmer*, VersR 2008, 875 ff mwN; zust. *Armbrüster*, NJW 2009, 187, 192; *ders.*, r+s 2010, 441, 448; aA die hM, vgl OLG Düsseldorf 12.7.2013 – 4 U 149/11, r+s 2013, 599; *Langheid*, VersR 2009, 1043 mwN; *Koch*, r+s 2009, 133, 135; Bruck/Möller/*Koch*, § 108 Rn 33; Römer/Langheid/*Langheid*, § 108 Rn 20, jew. mwN.
13 Begr. RegE, BT-Drucks. 16/3945, S. 87.
14 Looschelders/Pohlmann/*Schulze Schwienhorst*, § 107 Rn 5; FAKomm-VersR/*Heinrichs*, § 108 VVG Rn 8 mwN.
15 Dazu Bruck/Möller/*Koch*, § 108 Rn 29.

§ 108 enthält zwingendes Recht. Die Bestimmung führt dazu, dass die Abtretung des Freistellungsanspruchs an den Geschädigten nicht durch AVB ausgeschlossen werden kann. Ein Abtretungsverbot, das nicht die Abtretung an den geschädigten Dritten umfasst, bleibt zulässig.[16] Die AHB sehen ein solches begrenztes Abtretungsverbot vor (s. Ziff. 28 AHB).[17] Damit ist zB eine Abtretung an einen sonstigen Zessionar, der nicht Geschädigter ist, ausgeschlossen. Im Einzelfall kann es – wie bei individuell vereinbarten Abtretungsverboten – rechtsmissbräuchlich sein, wenn sich der VR auf das Abtretungsverbot beruft.[18]

2. Prozessuale Auswirkungen. In Fällen (vermuteten) kollusiven Zusammenwirkens zwischen dem (angeblich) Geschädigten und dem VN kann es für den VR im Prozess von Vorteil sein, wenn der VN seinen Freistellungsanspruch abgetreten hat. Klagt der Dritte nun seinen (vermeintlichen) Leistungsanspruch gegen den VR ein, kann der VN als Zeuge geladen werden. Er ist nicht (mehr) Partei des Prozesses. Seine Aussage als Zeuge unterliegt der freien richterlichen Beweiswürdigung.[19] 8

Der abgetretene Befreiungsanspruch wandelt sich in der Person des Geschädigten zu einem **Zahlungsanspruch**.[20] Geht der Dritte aus abgetretenem Recht gegen den VR vor, sind im Deckungsprozess häufig auch haftungsrechtliche Fragen zu entscheiden. Die übliche Trennung zwischen Haftungs- und Deckungsprozess wird partiell aufgehoben (vgl Vor §§ 100–124 Rn 9 ff). Es kommt nicht in Betracht, dass der VR den Dritten darauf verweist, er werde Abwehrdeckung gewähren, um dadurch dem Dritten die Führung eines Haftpflichtprozesses gegen den VN aufzuzwingen. Dies widerspricht der erkennbaren Zielsetzung, die mit der Abschaffung des Abtretungsverbots bezweckt wird: Der Dritte soll den VR auf Zahlung in Anspruch nehmen können.[21] Dagegen wird argumentiert, das Wahlrecht des VR zwischen Abwehrdeckung und Freistellung von erhobenen Ansprüchen werde tangiert; wenn der Haftpflichtversicherer sich entschieden habe, Abwehrdeckung zu gewähren, müsse das auch gegenüber dem Dritten gelten. Außerdem sei der Anspruch auf Freistellung vor endgültiger Klärung der Haftpflichtfrage noch gar nicht fällig.[22] An der Regelung des Abs. 2 und deren Schutzzweck ist nicht zu rütteln: Dem Geschädigten soll die Verfolgung seiner Interessen erleichtert werden, auch und insb. dann, wenn der VN sich um die Angelegenheit nicht kümmert und den VR nicht informiert.[23] Der Fokus ist damit gerade auf Fallgestaltungen gerichtet, in denen die Haftpflichtfrage noch gar nicht oder nicht abschließend geprüft ist. Vielfach wird es sich um die Abtretung eines vermeintlichen Freistellungsanspruchs handeln. Es bleibt dabei, dass im Deckungsprozess, den der Dritte gegen den VR führt, Haftungsfragen zu klären sind.[24] 9

Geht der Geschädigte aus abgetretenem Recht gegen den VR vor, kann es für ihn zu dem unangenehmen Ergebnis kommen, dass die Klage ohne Klärung der Haft- 10

---

16 Ob dies auch für Großrisiken gilt, ist str; vgl FAKomm-VersR/*Heinrichs*, § 108 VVG Rn 8 mwN.
17 Zum Abtretungsverbot nach § 7 Nr. 3 AHB vgl auch OLG Köln 13.11.2007 – 9 U 204/06, r+s 2008, 239 m. Anm. *Schimikowski*.
18 Prölss/Martin/*Lücke*, § 108 Rn 25 mwN.
19 *Langheid*, NJW 2007, 3745, 3746 f.
20 FAKomm-VersR/*Heinrichs*, § 108 VVG Rn 12; *Langheid*, VersR 2007, 865, 867; *Bank*, VW 2008, 730, 732; *Dreher/Thomas*, ZGR 2009, 31, 42; *Koch*, r+s 2009, 133, 134 f; aA *Lange*, r+s 2007, 401; *ders.*, VersR 2008, 713.
21 Vgl *Langheid*, NJW 2007, 3745, 3746.
22 So *Schramm*, PHi 2008, 24, 25; *Schramm/Wolf*, r+s 2009, 358 ff; ähnl. *Lange*, VersR 2008, 713 ff.
23 Begr. RegE, BT-Drucks. 16/3945, S. 87.
24 *Dreher/Thomas*, ZGR 2009, 31, 43. Zum Ganzen *v. Rintelen*, r+s 2010, 133 ff; *Baumann*, VersR 2010, 984, 988 ff.

pflichtfrage aus deckungsrechtlichen Gründen abgewiesen wird.[25] Der Dritte muss dann seinen Schadensersatzanspruch gegenüber dem VN geltend machen.[26] Wird die Klage des Geschädigten aus haftungsrechtlichen Gründen abgewiesen, entfaltet dies keine Bindungswirkung. Der Geschädigte kann gegen den VN klagen.[27]

IV. Abdingbarkeit

12 Das Verfügungsverbot gem. Abs. 1 ist von seiner Rechtsnatur her unabänderlich. Abs. 2 ist durch AVB nicht änderbar, wohl aber sind abweichende Individualvereinbarungen möglich (s. Rn 7). Bei Großrisiken ist Abdingbarkeit grds. gegeben.[28]

§ 109 Mehrere Geschädigte

[1]Ist der Versicherungsnehmer gegenüber mehreren Dritten verantwortlich und übersteigen deren Ansprüche die Versicherungssumme, hat der Versicherer diese Ansprüche nach dem Verhältnis ihrer Beträge zu erfüllen. [2]Ist hierbei die Versicherungssumme erschöpft, kann sich ein bei der Verteilung nicht berücksichtigter Dritter nachträglich auf § 108 Abs. 1 nicht berufen, wenn der Versicherer mit der Geltendmachung dieser Ansprüche nicht gerechnet hat und auch nicht rechnen musste.

I. Normzweck

1 Das Gesetz regelt die Konstellation, dass durch einen Versicherungsfall **mehrere Personen** geschädigt worden sind. Es soll nicht das Prioritätsprinzip gelten, sondern es wird die Gefahr, dass die Deckungssumme nicht zur Befriedigung aller Anspruchsteller ausreicht, auf alle Beteiligten gleichmäßig verteilt.[1] Es soll eine gleichmäßige – quotierte – Befriedigung der geschädigten Dritten erreicht werden.

II. Verteilungsverfahren

2 Der VR muss, sobald es sich abzeichnet, dass die Deckungssumme nicht ausreichen wird, das Verteilungsverfahren einleiten. Hinterlegung des noch verbliebenen Rests der Deckungssumme bei einem Gericht kommt nicht in Betracht (vgl auch Rn 5).[2] Die Beweislast für das „Ob" des Verteilungsverfahrens trägt der VR, dem Geschädigten (oder seinem Rechtsnachfolger) obliegt jedoch eine sekundäre Darlegungslast.[3] Das Verteilungsverfahren ist nur dann durchzuführen, wenn festgestellt ist, dass die zur Verfügung stehende **Deckungssumme überschritten** werden wird. Das ist dann der Fall, wenn nach Abzug der Kapitalzahlungen auf Ansprüche, die keine Rentenansprüche sind, die verbleibende Versicherungssumme geringer ist als die Summe der Kapitalisierungswerte aller zu erbringenden Rentenleistungen.[4] Darüber, ob und in welcher Höhe ein gerichtlich geltend gemachter Anspruch gekürzt

---

25 *Lücke*, VK 2007, 164; *Thume*, VersR 2010, 849, 853.
26 Prölss/Martin/*Lücke*, § 108 Rn 29; FAKomm-VersR/*Heinrichs*, § 108 VVG Rn 15 mwN; aA *Langheid*, VersR 2009, 1043, 1045: Abtretung erfolge erfüllungshalber, so dass der VR Schuldner des Haftpflichtanspruchs werde und der Geschädigte den VN nicht in Anspruch nehmen könne.
27 FAKomm-VersR/*Heinrichs*, § 108 VVG Rn 14.
28 *Schramm*, PHi 2008, 24, 25; Bedenken bei van Bühren/*Lenz*, § 26 Rn 22.
1 Vgl BK/*Baumann*, § 156 Rn 45; FAKomm-VersR/*Heinrichs*, § 109 VVG Rn 1.
2 Stiefel/Maier/*Jahnke*, § 109 VVG Rn 6 f.
3 *Konradi*, VersR 2009, 321, 323.
4 BGH 10.10.2006 – VI ZR 44/05, r+s 2007, 83; dazu *Diehl*, zfs 2007, 325.

ist, ist auf Vorbringen des Haftpflichtversicherers im Erkenntnis- und nicht erst im Vollstreckungsverfahren zu befinden.[5]

Das Gesetz regelt das Verteilungsverfahren: Die Zahlung an die Anspruchsteller erfolgt **„nach dem Verhältnis ihrer Beträge"** (S. 1). Mit der Fälligkeit ihrer Forderungen sind die Leistungen vom VR an die Geschädigten zu erbringen. **Dritter iSd § 109 kann auch ein Sozialversicherungsträger sein, auf den die Forderung übergegangen ist.**[6] Zu erheblichen Schwierigkeiten kann es kommen, wenn sich die geltend gemachten Forderungen der Höhe nach ändern und der VR uU Gefahr läuft, zuviel gezahlte Beträge nicht mehr rückerstattet zu bekommen. 3

Es gilt nicht das Prioritätsprinzip, sondern die zur Verfügung stehende Deckungssumme ist **gleichmäßig** unter den beteiligten Dritten zu verteilen. Der VR hat die Berechnung über die Verhältnismäßigkeit in dem **Zeitpunkt** anzustellen, wenn er die Zahlung an die Dritten vornimmt. Kommt später noch eine Forderung hinzu, die der VR berücksichtigen muss, ist die Verteilungsquote neu zu ermitteln, was dazu führen kann, dass zB bereits Entschädigte zu viel erhalten haben.[7] Der Gesetzgeber hat an dieser misslichen Situation nichts geändert – trotz bereits seit langem laut gewordener Kritik.[8] 4

Das (komplizierte) Verteilungsverfahren kann der VR nicht mehr durch den **Abandon** vermeiden, weil es dieses Recht jedenfalls nach neueren AHB nicht (mehr) gibt. – Eine **Hinterlegung** nach § 372 BGB oder § 853 ZPO kommt nicht in Betracht.[9] 5

Bei der Verhältnismäßigkeitsberechnung hat der VR **alle geltend gemachten Forderungen** zu berücksichtigen, auch wenn sie noch nicht festgestellt sind. Noch nicht geltend gemachte Forderungen, mit denen der VR aber rechnet, sind ebenfalls einzubeziehen. Ansprüche auf wiederkehrende Leistungen sind zu kapitalisieren, Zinsen und Kosten sind nicht zu berücksichtigen, soweit sie – wovon Gesetz und AHB ausgehen (s. § 101 Rn 3) – nicht auf die Deckungssumme angerechnet werden.[10] 6

Ein Geschädigter, der seine Forderungen **zu spät** stellt, wird am Verteilungsverfahren nicht mehr berücksichtigt, wenn der VR mit der Geltendmachung solcher Ansprüche nicht rechnete und auch nicht damit rechnen musste (S. 2). Der VR ist insoweit darlegungs- und beweisbelastet; er wird dartun müssen, dass es keinen Anhaltspunkt für die Existenz eines weiteren Geschädigten gab. Ist die Forderung des Geschädigten nicht mehr im Verteilungsverfahren zu berücksichtigen, bleibt ihm nur, den Schadensersatzanspruch beim VN geltend zu machen. Der Ausschluss des Dritten kommt allerdings nur dann in Frage, wenn die Deckungssumme durch geleistete Zahlungen erschöpft ist.[11] Der Gesetzeswortlaut ist insoweit eindeutig. 7

III. Abdingbarkeit

Dem Wortlaut des § 109 ist nicht zu entnehmen, dass es sich um eine zwingende Regelung handeln soll. Allerdings wird die Auffassung vertreten, aus dem Wesen der Regelung ergebe sich ihr zwingender Charakter.[12] Eine Abänderung des § 109 8

---

5 BGH 25.5.1982 – VI ZR 203/80, r+s 1982, 160; *K. Schmidt*, JuS 1983, 151.
6 Stiefel/Maier/*Jahnke*, § 109 VVG Rn 13; FAKomm-VersR/*Heinrichs*, § 109 VVG Rn 3; zu den Besonderheiten bei der Beteiligung regressierender Privat- und Sozialversicherer Bruck/Möller/*Koch*, § 109 Rn 17 ff.
7 Dazu BK/*Baumann*, § 156 Rn 47; Römer/Langheid/*Langheid*, § 109 Rn 8.
8 Vgl Späte/Schimikowski/*v. Rintelen*, Ziff. 1 AHB Rn 389.
9 Vgl BK/*Baumann*, § 156 Rn 48 f mwN.
10 Prölss/Martin/*Lücke*, § 109 Rn 6.
11 Prölss/Martin/*Lücke*, § 109 Rn 12; Looschelders/Pohlmann/*Schulze Schwienhorst*, § 109 Rn 9; aA BK/*Baumann*, § 156 Rn 60; Bruck/Möller/*Koch*, § 109 Rn 25.
12 Prölss/Martin/*Lücke*, § 109 Rn 22; BK/*Baumann*, § 156 Rn 66.

könne die Rechte des Dritten beeinträchtigen; deshalb sei davon auszugehen, dass § 109 unabänderlich ist.[13]

§ 110 Insolvenz des Versicherungsnehmers

Ist über das Vermögen des Versicherungsnehmers das Insolvenzverfahren eröffnet, kann der Dritte wegen des ihm gegen den Versicherungsnehmer zustehenden Anspruchs abgesonderte Befriedigung aus dem Freistellungsanspruch des Versicherungsnehmers verlangen.

I. Normzweck

1 Der Geschädigte soll im Insolvenzverfahren des VN geschützt werden. Er soll nicht Gefahr laufen, leer auszugehen oder sich mit einer Quote zufrieden geben zu müssen. Die Norm trägt dem Gedanken des Opferschutzes Rechnung, der die Haftpflichtversicherung prägt.

II. Absonderungsrecht

2 Das Gesetz gibt dem Geschädigten ein **Recht auf abgesonderte Befriedigung**, wenn über das Vermögen des VN das Insolvenzverfahren eröffnet wird. Entsprechendes muss für das Insolvenzverfahren eines Versicherten gelten, wenn sich der Anspruch gegen eine mitversicherte Person richtet. Entscheidend ist hier, wann das Insolvenzverfahren über das Vermögen des Versicherten eröffnet wird.[1] Das Absonderungsrecht entsteht, sobald das Insolvenzverfahren eröffnet ist; es kommt nicht darauf an, ob die Haftpflichtansprüche bereits festgestellt sind. Sobald der Anspruch des Geschädigten gegen den VN festgestellt und fällig ist, steht ihm ein **unmittelbares Einziehungsrecht** gegenüber dem VR zu (entspr. § 1282 BGB); Pfändung und Überweisung sind nicht notwendig.[2]

3 Das Recht auf abgesonderte Befriedigung kann der Geschädigte im Wege der unmittelbaren **Zahlungsklage gegen den Insolvenzverwalter** geltend machen, er muss also nicht das insolvenzrechtliche Prüfungsverfahren durchlaufen.[3] Allerdings kann der Insolvenzverwalter die Deckungsansprüche aus dem Haftpflichtversicherungsvertrag an den Insolvenzschuldner freigeben und ist dann bezüglich des Absonderungsanspruchs nicht mehr passivlegitimiert.[4]

4 § 110 spricht vom „**Freistellungsanspruch**" – damit ist die Entschädigungsforderung gemeint. Das Gesetz verwendet hier konsequent die zur Umschreibung der Leistungspflicht des VR in § 100 verwendeten Termini.

Dem geschädigten Dritten steht ein **Direktanspruch** (eine Feststellungsklage) gegen den Haftpflichtversicherer des insolventen VN zu, wenn der Insolvenzverwalter untätig bleibt und Rechtsverlust droht (vgl dazu Vor §§ 100–124 Rn 8).

5 Ist der VR dem VN gegenüber leistungsfrei, so ist er es auch gegenüber dem Insolvenzverwalter.[5]

---

13 Looschelders/Pohlmann/*Schulze Schwienhorst*, § 109 Rn 12.
1 Looschelders/Pohlmann/*Schulze Schwienhorst*, § 110 Rn 5. Zu problematischen Fallgestaltungen BK/*Baumann*, § 157 Rn 14.
2 StRspr, vgl BGH 8.4.1987 – IVa ZR 12/86, r+s 1987, 219; Bruck/Möller/*Koch*, § 110 Rn 8 mwN.
3 BGH 7.7.1993 – IV ZR 131/92, r+s 1993, 370.
4 BGH 2.4.2009 – IX ZR 23/08, VersR 2009, 821; *Thume*, VersR 2010, 849, 855; *Armbrüster*, r+s 2010, 441, 453.
5 BGH 6.5.1965 – II ZR 217/62, BGHZ 44, 1.

III. Abdingbarkeit

Wegen seiner Schutzfunktion und seiner insolvenzrechtlichen Natur ist § 110 als zwingendes Recht zu beurteilen.[6] Auf die Seeversicherung findet die Bestimmung keine Anwendung (§ 209). Wegen der insolvenzrechtlichen Natur der Regelung kann von ihr auch dann nicht abgewichen werden, wenn es sich um Großrisiken handelt.[7]

§ 111 Kündigung nach Versicherungsfall

(1) ¹Hat der Versicherer nach dem Eintritt des Versicherungsfalles den Anspruch des Versicherungsnehmers auf Freistellung anerkannt oder zu Unrecht abgelehnt, kann jede Vertragspartei das Versicherungsverhältnis kündigen. ²Dies gilt auch, wenn der Versicherer dem Versicherungsnehmer die Weisung erteilt, es zum Rechtsstreit über den Anspruch des Dritten kommen zu lassen.

(2) ¹Die Kündigung ist nur innerhalb eines Monats seit der Anerkennung oder Ablehnung des Freistellungsanspruchs oder seit der Rechtskraft des im Rechtsstreit mit dem Dritten ergangenen Urteils zulässig. ²§ 92 Abs. 2 Satz 2 und 3 ist anzuwenden.

I. Normzweck

Bei der Regulierung eines Schadenfalles kann es dazu kommen, dass das Vertrauensverhältnis zwischen den Vertragspartnern erschüttert wird. Dafür kann es eine Vielzahl unterschiedlicher Gründe geben: Möglicherweise ist der VR verärgert darüber, dass der VN seinen Mitwirkungspflichten nur sehr zögerlich nachgekommen ist, möglicherweise ist der VN über das Verhalten des VR bei der Schadensregulierung erbost. § 111 will die **Lösungsrechte** der Vertragspartner für den Fall gestörten Vertrauens nach Eintritt des Versicherungsfalles regeln.

II. Das Kündigungsrecht (Abs. 1)

In der Haftpflichtversicherung steht den Vertragspartnern **kein allgemeines Kündigungsrecht nach Eintritt des Versicherungsfalles** zu (zuweilen wird ungenau von „Schadenfallkündigung" gesprochen). Die Einführung eines solchen Rechts – für alle Zweige der Schadensversicherung – hat der Gesetzgeber des alten VVG bewusst nicht vollzogen.[1] § 111 sieht ein **gestuftes System** vor:

Nach **Abs. 1 S. 1, 2** steht sowohl dem VN als auch dem VR ein Kündigungsrecht zu, wenn der VR nach dem Eintritt eines Versicherungsfalles

- den Anspruch des VN auf Freistellung **anerkannt** hat (S. 1 Alt. 1) oder
- den Anspruch des VN auf Freistellung **zu Unrecht abgelehnt** hat (S. 1 Alt. 2) oder
- der VR dem VN **Weisung** erteilt hat, es zum Haftpflichtprozess kommen zu lassen (S. 2).

Voraussetzung ist, dass tatsächlich ein **Versicherungsfall**, dh ein grds. nach den einschlägigen AVB **gedecktes Ereignis**, eingetreten ist. Besteht etwa wegen beruflicher Tätigkeit des VN in der PHV keine Deckung, steht ihm auch kein Kündigungs-

---

6 BK/*Baumann*, § 157 Rn 24; Prölss/Martin/*Lücke*, § 110 Rn 11.
7 So BK/*Baumann*, § 157 Rn 25; Bruck/Möller/*Koch*, § 110 Rn 34.
1 Vgl BK/*Baumann*, § 158 Rn 6 aE.

recht zu. Etwas anderes gilt, wenn der VR zB wegen vorsätzlicher und kausaler Obliegenheitsverletzung leistungsfrei ist.[2]

5 Ein **Anerkenntnis** (Abs. 1 S. 1 Alt. 1) kann ausdrücklich oder konkludent – durch Tilgung der Haftpflichtforderung – erfolgen.[3] Zahlt der VR aus **Kulanz**, also ohne dass eine Einstandspflicht besteht, ist dies kein Anerkenntnis. Anders liegt es, wenn der VR auf der Basis eines geschlossenen Vergleichs reguliert.[4]

6 Entgegen der früheren Rechtslage steht dem VN nach **Abs. 1 S. 1 Alt. 2** kein „verschuldensunabhängiges Kündigungsrecht"[5] zu; vielmehr kann er sich nur dann vom Vertrag lösen, wenn der **VR zu Unrecht die Deckung verweigert** hat. Hat der VR zu Recht seine Leistungspflicht verweigert, besteht demnach kein Kündigungsrecht.[6] Die rechtspolitische Notwendigkeit der Verkürzung des Kündigungsrechts ist fragwürdig. Begründet wird sie damit, dass verhindert werden soll, dass Kündigungsrechte „erschlichen" werden.[7]

7 Bei der **Abwehrdeckung** ist das Kündigungsrecht beschränkt: Hat der VR den VN **angewiesen**, es zum Haftpflichtprozess kommen zu lassen, steht dem VN ein Kündigungsrecht zu (**Abs. 1 S. 2**). Nur unter dieser Voraussetzung steht dem VN ein Kündigungsrecht zu, falls der VR Abwehrdeckung gewährt.[8]

8 Der noch in § 158 Abs. 3 aF verwirklichte Grundsatz der Unteilbarkeit der Prämie wurde aufgegeben. Auch dann, wenn der VN die Kündigung ausspricht, steht dem VR nur noch ein **zeitanteiliger Prämienanspruch** zu.

III. Frist (Abs. 2)

9 Die Kündigung ist nach **Abs. 2 S. 1** nur **innerhalb eines Monats** nach dem in Abs. 1 bezeichneten Ereignis – Anerkenntnis oder unberechtigte Ablehnung des Freistellungsanspruchs – statthaft. Ist es auf Weisung des VR zum Haftpflichtprozess gekommen (Abs. 1 S. 2), beginnt die Kündigungsfrist erst, wenn das Haftpflichturteil rechtskräftig ist. Das ist nicht nur dann der Fall, wenn die Klage des Anspruchstellers abgewiesen wurde, sondern auch dann, wenn der Dritte erfolgreich war.[9]

10 Abs. 2 S. 2 verweist auf § 92 Abs. 2 S. 2 und 3. Danach hat der VR eine Kündigungsfrist von einem Monat einzuhalten. Damit soll der VN geschützt werden, indem er Zeit erhält, sich einen anderen VR zu suchen. Der Vertrag endet dann einen Monat, nachdem die Kündigung beim VN zugegangen ist. Kündigt der VR auf einen späteren Zeitpunkt, erwächst dem VN daraus idR kein Nachteil.[10] Der Wortlaut des Gesetzes lässt auch die Kündigung auf einen späteren Zeitpunkt zu.

11 Der VN kann wählen: Er kann fristlos kündigen (Vertragsende mit Zugang der Erklärung beim VR) oder auf einen beliebigen Zeitpunkt, der zwischen Zugang der Erklärung und dem Schluss der Versicherungsperiode liegt. Kündigen sowohl der VR als auch der VN, soll diejenige Kündigung vorgehen, die den Vertrag früher beendet.[11]

12 Ist die Kündigung vom VN nicht fristgerecht eingelegt, besteht eine aus § 242 BGB herzuleitende **Zurückweisungspflicht** für den VR. Weist der VR die Kündigung

---

2 Bruck/Möller/*Koch*, § 111 Rn 7 mwN.
3 Bruck/Möller/*Koch*, § 111 Rn 11; Langheid/Römer/*Langheid*, § 111 Rn 7.
4 Bruck/Möller/*Koch*, § 111 Rn 14.
5 BK/*Baumann*, § 158 Rn 5.
6 *Lücke*, VK 2007, 164.
7 Prölss/Martin/*Lücke*, § 111 Rn 1.
8 Für die Annahme eines Redaktionsversehens (so noch die Vorauflage [2. Aufl. 2011], § 111 Rn 5) besteht kein Anlass (s. Bruck/Möller/*Koch*, § 111 Rn 12); anders – und der Vorauflage folgend – FAKomm-VersR/*Heinrichs*, § 111 VVG Rn 3, 6.
9 Str, vgl zum alten Recht BK/*Baumann*, § 158 Rn 28 mwN.
10 Dazu Looschelders/Pohlmann/*Schulze Schwienhorst*, § 111 Rn 12 f.
11 Prölss/Martin/*Lücke*, § 111 Rn 10.

nicht zurück, verletzt er eine vertragliche Nebenpflicht, so dass der VN gem. § 280 BGB Schadenersatz verlangen kann. § 6 Abs. 5 BGB passt als Anspruchsgrundlage nicht, weil diese Vorschrift sich auf die produkt- und personenbezogene Beratung bezieht.[12]

IV. Abdingbarkeit

Die gesetzliche Regelung ist abdingbar. Ziff. 19 AHB bestimmt zT Abweichendes (krit. dazu Ziff. 19 AHB Rn 5). 13

§ 112 Abweichende Vereinbarungen

Von den §§ 104 und 106 kann nicht zum Nachteil des Versicherungsnehmers abgewichen werden.

I. Normzweck

Das Gesetz bezweckt den Schutz des VN; es bestimmt, dass einzelnen Normen halbzwingender Charakter zukommt. Sie sind nur zugunsten des VN abänderbar. Handelt es sich um Großrisiken, kommt eine Abbedingung in Betracht (§ 210). 1

II. Regelungsinhalt

Die Vorschrift bestimmt, dass die Regelungen über die Anzeigepflichten nach Eintritt des Versicherungsfalles (§ 104) sowie über die Fälligkeit der Versicherungsleistung (§ 106) nicht zum Nachteil des VN abänderbar sind. 2

Die Regelung des § 104 Abs. 1 über die Pflicht zur **Anzeige des Versicherungsfalles** sieht eine Wochenfrist vor; es stellt sich die Frage, ob eine Regelung, die eine „unverzügliche" Anzeige verlangt (so Ziff. 25 Nr. 1 AHB aF), eine dem VN nachteilige Abweichung enthält (s. dazu § 104 Rn 3). 3

Abtretungsverbote in AVB lässt § 108 Abs. 2 (nur) insoweit zu, als sie sich auf die Abtretung des Freistellungsanspruchs an andere Personen als den geschädigten Dritten beziehen. Die Unabdingbarkeit ergibt sich aus dem Text der Vorschrift selbst. Das Gleiche gilt für die Regelung über die Unwirksamkeit von Verfügungen des VN über den Freistellungsanspruch (§ 108 Abs. 1). 4

Das Gesetz enthält einige Bestimmungen, die **zwingenden** Charakter haben (vgl § 109 Rn 8, § 110 Rn 6). 5

Im Übrigen sind die in §§ 100–111 getroffenen Regelungen im Rahmen des AGB-Rechts abänderbar. Zu den nachfolgenden Bestimmungen des Pflicht-Haftpflichtversicherungsrechts (§§ 113–124) erübrigt sich eine ausdrückliche gesetzliche Bestimmung zur Unabdingbarkeit; diese ergibt sich aus der Rechtsnatur der Vorschriften.[1] 6

---

12 Für eine Schadenersatzpflicht auch FAKomm-VersR/*Heinrichs*, § 111 VVG Rn 12. Anders als hier für die Anwendung des § 6 Abs. 5 Bruck/Möller/*Koch*, § 111 Rn 28 f mwN zum Streitstand. Wieder anders – VR kann sich ohne Hinweis nicht auf die Unwirksamkeit der Kündigung berufen – Schwintowski/Brömmelmeyer/*Retter*, § 111 Rn 14.
1 *Schirmer*, ZVersWiss Supplement 2006, 427, 437.

Abschnitt 2: Pflichtversicherung

§ 113 Pflichtversicherung

(1) Eine Haftpflichtversicherung, zu deren Abschluss eine Verpflichtung durch Rechtsvorschrift besteht (Pflichtversicherung), ist mit einem im Inland zum Geschäftsbetrieb befugten Versicherungsunternehmen abzuschließen.

(2) Der Versicherer hat dem Versicherungsnehmer unter Angabe der Versicherungssumme zu bescheinigen, dass eine der zu bezeichnenden Rechtsvorschrift entsprechende Pflichtversicherung besteht.

(3) Die Vorschriften dieses Abschnittes sind auch insoweit anzuwenden, als der Versicherungsvertrag eine über die vorgeschriebenen Mindestanforderungen hinausgehende Deckung gewährt.

I. Normzweck

1 Die Einführung einer Pflichtversicherung bezweckt Zweierlei: Zum einen dient sie dem Opferschutz. Es werden dadurch individuelle Lebensrisiken – v.a. vor ruinösen Schädigungen – abgesichert. Die Haftpflichtversicherung erhält dadurch auch eine soziale Dimension. Die Schutzbedürftigkeit potentiell Geschädigter ist der wichtigste Aspekt für die Legitimation einer Pflicht-Haftpflichtversicherung.[1] Zum anderen bewahrt die Pflicht-Haftpflichtversicherung den VN als Schädiger vor Schadensersatzforderungen, die für ihn existenzbedrohend sein können. Auch insoweit ist eine soziale Komponente ersichtlich.[2]

II. Pflichtversicherung (Abs. 1)

2 Nach Abs. 1 ist entscheidend, ob eine Pflichtversicherung **durch Rechtsvorschrift angeordnet** ist. Die gesetzliche Regelung führt also keine Versicherungspflicht ein, vielmehr setzt sie diese voraus. Haftpflichtversicherungen, die aufgrund vertraglicher Verpflichtungen geschlossen werden, sind keine Pflicht-Haftpflichtversicherungen.[3] Abs. 1 verwendet den Terminus „**Rechtsvorschrift**"; das umfasst Gesetze im materiellen Sinne, Rechtsverordnungen, Satzungen öffentlich-rechtlicher Körperschaften sowie EU-Verordnungen. Pflicht-Haftpflichtversicherungen existieren in Deutschland in großer Zahl.[4] Ein konsistentes „System der Pflichtversicherungen" ist freilich weder in Deutschland noch in anderen Ländern erkennbar.[5] Im Einzelfall sind die gesetzlichen Regelungen daraufhin zu untersuchen, ob sie eine Pflichtversicherung anordnen. Eine Verordnung als materielles Gesetz, die – wie etwa für Bodenverkehrsdienste auf Verkehrsflughäfen – eine Versicherung zwingend anordnet, genügt. Ist es dagegen in das Ermessen der Behörde gestellt, den Abschluss einer Haftpflichtversicherung anzuordnen, liegt keine Pflichtversicherung vor, wenn behördlich – wie etwa bei der Genehmigung für Landeplätze und Segelflughäfen – eine solche Anordnung erfolgt.[6] Muss dagegen die behördliche

---

[1] Vgl Bruck/Möller/*Koch*, Vor §§ 113–124 Rn 21.
[2] Eingehend dazu *Sieg*, Ausstrahlungen der Haftpflichtversicherung, 1962, S. 62 f; *Büchner*, Zur Theorie der obligatorischen Haftpflichtversicherungen, 1970; vgl auch *Reiff*, TranspR 2006, 15 ff, insb. zu BGH 9.11.2004 – IV ZR 311/03, VersR 2005, 238.
[3] Römer/Langheid/*Langheid*, § 113 Rn 8; Langheid/Wandt/*Brand*, § 113 Rn 7.
[4] Vgl BT-Drucks. 16/5497 sowie die Zusammenstellung bei Bruck/Möller/*Koch*, Anh Vor §§ 113–124, in der auch die zahlreichen landesrechtlich angeordneten Pflicht-Haftpflichtversicherungen berücksichtigt sind.
[5] *Fenyves*, VersRdsch 2005, 70.
[6] Zust. Bruck/Möller/*Koch*, § 113 Rn 12; aA Langheid/Wandt/*Brand*, § 113 Rn 7, der (wohl) verkennt, dass hier nur solche Fälle gemeint sind, in denen die Auflage zwingend vorgeschrieben ist (vgl § 42 Abs. 2 Nr. 9 LuftFVZO) und nicht im behördlichen Ermessen liegt.

Genehmigung die Auflage, eine Haftpflichtversicherung abzuschließen, zwingend enthalten (vgl § 42 Abs. 2 Nr. 9 LuftVZO zu Verkehrsflughäfen), rechtfertigt dies die Annahme einer Pflichtversicherung iSd § 113.[7]

Eröffnet eine gesetzliche Regelung dem VN Handlungsalternativen, indem sie ihm die Wahlmöglichkeit zwischen dem Abschluss einer Haftpflichtversicherung und anderen Formen der Risikodeckung gibt, liegt keine Pflichtversicherung vor.[8] Eine derartige Konstellation ist gegeben, wenn der Gesetzgeber eine **Deckungsvorsorgepflicht** vorschreibt und als Alternativen den Abschluss einer Haftpflichtversicherung, einer Bankbürgschaft oder einer Haftungsübernahme durch die öffentliche Hand vorsieht (vgl etwa § 19 UmweltHG). Der Gesetzgeber hat es hier in der Hand, die Anwendung der Bestimmungen über die Pflicht-Haftpflichtversicherung ausdrücklich anzuordnen. 3

Satzungen öffentlich-rechtlicher Körperschaften sind Rechtsvorschriften, die Pflichtversicherungen anordnen können. Auch durch **Satzungen berufsständischer Kammern** können Versicherungspflichten begründet werden. Die Festlegung einer Pflicht-Haftpflichtversicherung ist allerdings eine Berufsausübungsregelung, die nur dann wirksam ist, wenn eine ausreichende gesetzliche Ermächtigungsgrundlage gegeben ist.[9] Grundsätzlich muss eine spezielle bundes- oder landesrechtliche Ermächtigungsgrundlage gegeben sein, mit der die berufsständische Kammer das Recht erhält, eine Versicherungspflicht auszusprechen. Sofern eine solche Norm nicht vorliegt, ist die in der Satzung einer berufsständischen Kammer vorgesehene Versicherungspflicht keine Verpflichtung durch Rechtsvorschrift iSd Abs. 1.[10] 4

Die Pflichtversicherung ist nach Abs. 1 bei einem **im Inland** zum Betrieb einer solchen Versicherung befugten Versicherungsunternehmen abzuschließen. Das wurde mit Art. 12 Abs. 2 EGVVG aF begründet, wonach ein über deutsche Versicherungspflicht abgeschlossener Vertrag **deutschem Recht** unterliegt.[11] Die Regelung begegnet europarechtlich keinen Bedenken.[12] Ist die Voraussetzung des Abs. 1 S. 2 nicht erfüllt, bleibt der Vertrag gleichwohl wirksam, der VN kann Leistung verlangen. Allerdings erfüllt er nicht seine gesetzliche Versicherungspflicht.[13] Die §§ 113 ff finden gleichwohl Anwendung, was insb. bedeutet, dass dem Geschädigten der Direktanspruch zusteht.[14] 5

III. Bescheinigungspflicht (Abs. 2)

In der Bescheinigung ist die Versicherungssumme anzugeben. Ferner ist die gesetzliche Grundlage zu benennen, auf der die Pflicht-Haftpflichtversicherung beruht. Mit der Bescheinigung wird bestätigt, dass die Deckung den jeweiligen gesetzlichen Anforderungen entspricht. Sie dient als **Versicherungsnachweis**; der VR haftet für die Richtigkeit der Angaben.[15] Wird die Bestätigung nach Abs. 2 mit dem Versicherungsschein nach § 3 in einem Dokument zusammengefasst, beginnt die Wi- 6

---

7 Str, wie hier BK/*Hübsch*, § 158 b Rn 34.
8 BK/*Hübsch*, § 158 b Rn 2; *Fenyves*, VersRdsch 2005, 70, 72; FAKomm-VersR/*Dallwig*, § 113 VVG Rn 4.
9 BK/*Hübsch*, § 158 b Rn 4; Looschelders/Pohlmann/*Pohlmann/Schwartze*, § 113 Rn 7; FAKomm-VersR/*Dallwig*, § 113 VVG Rn 3.
10 Langheid/Wandt/*Brand*, § 113 Rn 10; Bruck/Möller/*Koch*, § 113 Rn 13.
11 Begr. RegE, BT-Drucks. 16/3945, S. 87; vgl auch *Schirmer*, ZVersWiss Supplement 2006, 430, 440.
12 *Fenyves*, VersRdsch 2005, 70, 79.
13 Looschelders/Pohlmann/*Pohlmann/Schwartze*, § 113 Rn 12.
14 Bruck/Möller/*Koch*, § 113 Rn 21.
15 BK/*Hübsch*, § 158 b Rn 47; gegen eine konstitutive Wirkung FAKomm-VersR/*Dallwig*, § 113 VVG Rn 6; Looschelders/Pohlmann/*Pohlmann/Schwartze*, § 114 Rn 8.

derrufsfrist nach § 8 Abs. 1 – falls auch die übrigen Informationen vorliegen – auch dann zu laufen, wenn die Anforderungen des Abs. 2 nicht erfüllt sind.[16]

IV. Geltungsbereich der Vorschriften (Abs. 3)

7 Abs. 3 enthält eine Klarstellung, dass die Vorschriften über die Pflichtversicherung für das gesamte Versicherungsverhältnis gelten und nicht nur für derjenigen Teil, der den gesetzlichen Mindestanforderungen entspricht. Möglicherweise ergeben sich Auswirkungen auf die Vertragsgestaltungspraxis.[17] Der Vertrag wird – so der Ausgangspunkt des Gesetzgebers – nicht in einen Bereich, der den §§ 113 ff unterfällt, und einen anderen Bereich, für den die zwingenden Rechtsregeln nicht greifen, aufgespalten. Die Vertragspartner können freilich getrennte Verträge abschließen, die einerseits den Mindestversicherungsschutz und andererseits darüber hinausgehende Bestimmungen enthalten.[18] Der letztere Vertrag unterliegt dann nicht den Vorschriften über die Pflichtversicherung, so dass günstigere Prämien kalkuliert werden können.[19]

§ 114 Umfang des Versicherungsschutzes

(1) Die Mindestversicherungssumme beträgt bei einer Pflichtversicherung, soweit durch Rechtsvorschrift nichts anderes bestimmt ist, 250.000 Euro je Versicherungsfall und eine Million Euro für alle Versicherungsfälle eines Versicherungsjahres.

(2) ¹Der Versicherungsvertrag kann Inhalt und Umfang der Pflichtversicherung näher bestimmen, soweit dadurch die Erreichung des jeweiligen Zwecks der Pflichtversicherung nicht gefährdet wird und durch Rechtsvorschrift nicht ausdrücklich etwas anderes bestimmt ist. ²Ein Selbstbehalt des Versicherungsnehmers kann dem Dritten nicht entgegengehalten und gegenüber einer mitversicherten Person nicht geltend gemacht werden.

I. Normzweck

1 Das Gesetz bezweckt v.a., einen Mindeststandard für den Versicherungsschutz festzulegen für den Fall, dass hierzu keine gesetzlichen Vorgaben existieren. Die Regelung ist insoweit subsidiär.

II. Mindestversicherungssumme (Abs. 1)

2 Zunächst legt Abs. 1 fest, dass die Mindestversicherungssumme 250.000 € je Versicherungsfall beträgt und **eine Million €** für alle Fälle eines Versicherungsjahres. Die Regelung soll subsidiär gelten, wenn keine gesetzlichen Vorgaben erfolgt sind. Daraus ergibt sich, dass die Festlegung einer höheren Mindestdeckungssumme in einer spezialgesetzlichen Regelung der in Abs. 1 getroffenen Bestimmung vorgeht. Gleiches ist auch dann anzunehmen, wenn in einer Rechtsnorm eine geringere Deckungssumme als untere Grenze festgelegt ist.

3 Die Festlegung einer Mindestversicherungssumme wird damit begründet, dass Pflicht-Haftpflichtversicherungen häufig Personenschäden betreffen.[1] Die gesetzliche Regelung hat freilich Auswirkungen auch auf Verträge über Haftpflichtrisiken, die lediglich Vermögensschäden kleineren Ausmaßes zum Gegenstand haben, etwa

---

16 Looschelders/Pohlmann/*Pohlmann*/*Schwartze*, § 113 Rn 13.
17 Dazu *Marlow/Spuhl*, Rn 629.
18 *Niederleithinger*, A Rn 221; Bruck/Möller/*Koch*, § 113 Rn 28.
19 Prölss/Martin/*Knappmann*, § 113 Rn 10.
1 Begr. RegE, BT-Drucks. 16/3945, S. 88.

die Vermögensschadenhaftpflichtversicherung für **Lohnsteuerhilfevereine**. Dort sind vielfach bedeutend unter der gesetzlichen Vorgabe liegende Deckungssummen vereinbart und auch ausreichend. § 25 Abs. 2 S. 1 StBerG schreibt keine feste Mindestdeckungssumme vor, sondern verlangt die Vereinbarung einer „angemessenen" Deckungssumme. Man kann Abs. 1 dahin gehend verstehen, dass dann, wenn eine spezialgesetzliche Regelung über eine konkrete Mindestdeckungssumme fehlt, die Bestimmung des VVG eingreift und gleichsam die für den Regelfall angemessene Deckungssumme festlegt. Dann wären Unterschreitungen der gesetzlichen Mindestversicherungssumme in **Vermögensschadenhaftpflichtversicherungen** für Lohnsteuerhilfevereine als rechtswidrig anzusehen. Das ist im Ergebnis unbefriedigend, soweit eine (deutlich) niedrigere Deckungssumme als 250.000 € für Lohnsteuerhilfevereine durchaus angemessen ist und der Zwang zu höheren Summen das Versicherungsprodukt unnötig verteuere. Möglicherweise muss, um Rechtssicherheit herbeizuführen, § 25 Abs. 2 StBerG geändert und um eine feste Mindestdeckungssummenregelung ergänzt werden.[2] Gesetzlich können Summen festgelegt werden, die **niedriger** sind als die in Abs. 1 vorgesehenen. Dann können vertraglich auch entsprechend niedrigere Deckungssummen vereinbart werden.[3]

III. Begrenzung der Deckung (Abs. 2)

1. Inhaltliche Ausgestaltung (Abs. 2 S. 1). a) Vertragszweckgefährdung und Opferschutzgedanke. Grundsätzlich überlässt der Gesetzgeber die inhaltliche Ausgestaltung des Vertrages auch bei der Pflicht-Haftpflichtversicherung den Vertragspartnern. Eine Begrenzung des Versicherungsschutzes insb. durch Risikoausschlüsse ermöglicht Abs. 2 S. 1 ausdrücklich. Allerdings darf weder gesetzlich etwas anderes bestimmt sein noch darf die Regelung den Vertragszweck gefährden. Das letztere Kriterium ist ersichtlich § 307 Abs. 2 Nr. 2 BGB entnommen. Die Gesetze, welche Pflichtversicherungen anordnen, legen meist keine inhaltlichen Anforderungen fest.[4] Eine **Vertragszweckgefährdung** ist anzunehmen, wenn wesentliche Kardinalpflichten – zentrale Leistungserwartungen – ausgenommen sind, die dazu führen, dass der VersVertrag zu einem bedeutenden Teil sinnleert wird.[5] Gewährt etwa eine Vermögensschadenhaftpflichtversicherung für Versicherungsvermittler bei Verletzung der Dokumentationspflicht (§ 61) keine Deckung, verfehlt sie ihren Zweck. Eine Regelung dieses Inhalts wäre unwirksam, weil der Versicherungsschutz für den VN ausgehöhlt wäre. Anders verhält es sich bei den in der beruflichen und gewerblichen Haftpflichtversicherung üblichen **Pflichtwidrigkeitsklauseln**. Diese beschränken den Versicherungsschutz, sie führen aber nicht zu einer Sinnentleerung. Risikobegrenzungen und -ausschlüsse – wie der Vorsatz- und der Pflichtwidrigkeitsausschluss – schlagen auch zu Lasten des geschädigten Dritten durch.[6] 4

Bei der Prüfung, ob eine Vertragszweckgefährdung iSd § 307 Abs. 2 Nr. 2 BGB vorliegt, wird grds. (nur) auf die Interessen des VN abgestellt. Bei der Ermittlung des Vertragszwecks einer Pflichtversicherung ist indes stärker als der Aspekt, den VN vor Vermögenseinbußen zu schützen, der **Gedanke des Opferschutzes** zu berücksichtigen.[7] Dadurch geraten Bedingungswerke mit sehr weit reichenden Ausschlusskatalogen auf den Prüfstand. Abs. 2 S. 1 formuliert im Grunde nichts weiter 5

---

2 Ebenso Bruck/Möller/*Beckmann*, § 114 Rn 9.
3 Looschelders/Pohlmann/*Pohlmann/Schwartze*, § 114 Rn 2; Bruck/Möller/*Beckmann*, § 114 Rn 6, 8.
4 *Fenyves*, VersRdsch 2005, 70, 73.
5 Vgl *Präve*, Versicherungsbedingungen und AGB-Gesetz, 1998, Rn 540 mwN.
6 *Fenyves*, VersRdsch 2005, 70, 74.
7 Schwintowski/Brömmelmeyer/*Huber*, § 114 Rn 5; Looschelders/Pohlmann/*Pohlmann/Schwartze*, § 114 Rn 7.

als eine Selbstverständlichkeit. Die gesetzliche Regelung führt vor Augen, wie notwendig es ist, zu prüfen, ob die Begrenzungen des Deckungsumfangs insb. im Hinblick auf den Opferschutz zulässig sind. Dabei ist auch in den Blick zu nehmen, ob und wie weit reichend der Opferschutzgedanke in der Rechtsgrundlage, welche die Pflichtversicherung anordnet, angelegt ist.

6 **b) Einzelfälle. Serienschadenklauseln** begegnen im Hinblick auf Abs. 2 S. 1 ebenso Bedenken wie Beschränkungen der **Nachhaftung** bei Deckungen, denen das Verstoß- oder das Schadensereignisprinzip als Versicherungsfall-Definition (s. § 100 Rn 11 f) zugrunde liegt. Das Gesetz ordnet in Abs. 1 an, dass dem VN – sofern sich ein versichertes Ereignis realisiert – die Mindestdeckungssumme (vierfach maximiert im Versicherungsjahr) „je Versicherungsfall" zur Verfügung steht. Vertraglich vorgesehene Serienschadenklauseln führen dazu, dass mehrere gesonderte Versicherungsfälle im Wege der Fiktion zu einem zusammengefasst werden. Das ist unter Berücksichtigung des Opferschutzes nicht akzeptabel, so dass davon auszugehen ist, dass eine solche Regelung nur im Innen-, nicht aber im Außenverhältnis wirksam ist.[8] Das ist dann anders zu beurteilen, wenn der Gesetzgeber eine Serienschadenklausel ausdrücklich gestattet.[9]

7 Ähnliches gilt für **Begrenzungen der Nachhaftung:** Dadurch kommt es zu Einschränkungen des Versicherungsschutzes, auch wenn sich der Verstoß oder das Schadensereignis während der Vertragslaufzeit realisiert hat, der Schaden aber erst nach Vertragsende festgestellt wird. Die Regelungen über Nachmeldefristen sind Risikoausschlüsse. Die Pflichtversicherung soll sicherstellen, dass der Geschädigte jedenfalls in Höhe der Mindestdeckungssumme Schutz genießt, das ist das Spezifikum der obligatorischen Haftpflichtversicherung. Dieser besondere Schutzzweck des Pflicht-Haftpflichtversicherungsvertrages wäre gefährdet, wenn die Eintrittspflicht des VR davon abhängig gemacht wird, ob der VN die Folgen eines Verstoßes oder Schadensereignisses während der Vertragslaufzeit dem VR gemeldet hat.[10] Die Unwirksamkeit der Regelung über die Nachmeldefrist führt dazu, dass im Rahmen der ergänzenden Vertragsauslegung zu überlegen ist, ob eine Bestimmung „gerade noch haltbar" wäre,[11] die die Wirkung einer solchen Frist auf das Innenverhältnis beschränkt. Nach hiesiger Ansicht wäre auch das fragwürdig (s. § 100 Rn 11). Die Rspr erachtet Nachmeldefristen als Ausschlussfristen für wirksam, weil deren Ablauf nur dann geltend gemacht werden könne, wenn der VN die Frist schuldhaft versäumt habe.[12]

8 **2. Selbstbehalt (Abs. 2 S. 2).** Die Vereinbarung eines Selbstbehalts ist zulässig, allerdings kann dieser weder gegenüber dem Geschädigten noch gegenüber einer mitversicherten Person geltend gemacht werden; er gilt also nur im Innenverhältnis zwischen VN und VR (Abs. 2 S. 2). Die Regelung schafft insoweit Rechtsklarheit. Der VR kann den Selbstbehalt also lediglich im Regressweg gegenüber dem VN (oder der mitversicherten Person) geltend machen. Der VR trägt damit das Risiko der Insolvenz des VN oder des Versicherten.

---

8 So *Fenyves*, VersRdsch 2005, 70, 76. Dazu auch FAKomm-VersR/*Dallwig*, § 114 VVG Rn 7, der Zulässigkeit bejaht, soweit der Vertrag auf dem Verstoßprinzip basiert; ebenso Langheid/Wandt/*Brand*, § 114 Rn 15 mwN.
9 Dazu Bruck/Möller/*Beckmann*, § 114 Rn 38.
10 Vgl *Fenyves*, VersRsch 2005, 70, 77; ebenso Langheid/Wandt/*Brand*, § 114 Rn 15; Bruck/Möller/*Beckmann*, § 114 Rn 40; diff. FAKomm-VersR/*Dallwig*, § 114 VVG Rn 10.
11 Vgl *Armbrüster/Dallwig*, VersR 2009, 150. Anders Prölss/Martin/*Knappmann*, § 114 Rn 2: Ausschlüsse und Beschränkungen, die den Anforderungen (Schutz der Interessen der Versicherten und der Geschädigten) nicht entsprechen, werden als unwirksam und ersatzlos entfallend angesehen.
12 BGH 20.7.2011 – IV ZR 180/10, r+s 2011, 386; OLG Stuttgart 27.11.2008 – 7 U 89/08, r+s 2009, 188.

Der Selbstbehalt darf den Vertragszweck – auch von seiner Höhe her gesehen – nicht gefährden.[13] Der Zweck der Pflicht-Haftpflichtversicherung ist auch der Schutz des VN. Außerhalb der Industrieversicherung erscheint ein Obergrenze von 5.000 € für den Selbstbehalt angezeigt.[14] Vereinzelt wird gesetzlich festgelegt, in welcher Höhe ein Selbstbehalt zulässig ist (§ 51 Abs. 5 BRAO: 1 v.H. der Mindestversicherungssumme). 9

§ 115 Direktanspruch

(1) ¹Der Dritte kann seinen Anspruch auf Schadensersatz auch gegen den Versicherer geltend machen,

1. wenn es sich um eine Haftpflichtversicherung zur Erfüllung einer nach dem Pflichtversicherungsgesetz bestehenden Versicherungspflicht handelt oder
2. wenn über das Vermögen des Versicherungsnehmers das Insolvenzverfahren eröffnet oder der Eröffnungsantrag mangels Masse abgewiesen worden ist oder ein vorläufiger Insolvenzverwalter bestellt worden ist oder
3. wenn der Aufenthalt des Versicherungsnehmers unbekannt ist.

²Der Anspruch besteht im Rahmen der Leistungspflicht des Versicherers aus dem Versicherungsverhältnis und, soweit eine Leistungspflicht nicht besteht, im Rahmen des § 117 Abs. 1 bis 4. ³Der Versicherer hat den Schadensersatz in Geld zu leisten. ⁴Der Versicherer und der ersatzpflichtige Versicherungsnehmer haften als Gesamtschuldner.

(2) ¹Der Anspruch nach Absatz 1 unterliegt der gleichen Verjährung wie der Schadensersatzanspruch gegen den ersatzpflichtigen Versicherungsnehmer. ²Die Verjährung beginnt mit dem Zeitpunkt, zu dem die Verjährung des Schadensersatzanspruchs gegen den ersatzpflichtigen Versicherungsnehmer beginnt; sie endet jedoch spätestens nach zehn Jahren von dem Eintritt des Schadens an. ³Ist der Anspruch des Dritten bei dem Versicherer angemeldet worden, ist die Verjährung bis zu dem Zeitpunkt gehemmt, zu dem die Entscheidung des Versicherers dem Anspruchsteller in Textform zugeht. ⁴Die Hemmung, die Ablaufhemmung und der Neubeginn der Verjährung des Anspruchs gegen den Versicherer wirken auch gegenüber dem ersatzpflichtigen Versicherungsnehmer und umgekehrt.

I. Normzweck

Neben dem Schutz des Vermögens des haftpflichtig gemachten VN hat eine Pflicht-Haftpflichtversicherung (besonders) den **Opferschutz** im Blick. Pflichtversicherungen sollen (auch) dem Interesse des Geschädigten an einem solventen Schuldner dienen. Die Einräumung eines Direktanspruchs des geschädigten Dritten gegen den Haftpflichtversicherer des Schädigers soll die Anspruchsdurchsetzung erleichtern. Die Stellung des Geschädigten soll – orientiert am Vorbild der KH-Versicherung – verbessert werden, es soll für ihn die Anspruchsdurchsetzung erleichtert werden.[1] Der Gesetzgeber sieht hierfür allerdings nur in bestimmten Fallkonstellationen ein Bedürfnis. Außerhalb der Pflicht-Haftpflichtversicherung sieht der Gesetzgeber keinen Anlass, einen Direktanspruch des Geschädigten vorzusehen, weil eine nicht obligatorische Haftpflichtversicherung vom VN ausschließlich des- 1

---

13 *Marlow/Spuhl*, Rn 633.
14 So auch Prölss/Martin/*Knappmann*, § 114 Rn 3 (zur Kraftfahrt-Haftpflichtversicherung). Skeptisch Bruck/Möller/*Beckmann*, § 114 Rn 44. Vgl auch Langheid/Wandt/*Brand*, § 114 Rn 26.
1 Vgl dazu *Schirmer*, ZVersWiss Supplement 2006, 446.

halb abgeschlossen wird, sein eigenes Vermögen für den Fall zu schützen, dass Schadensersatzansprüche an ihn gerichtet werden.[2]

2 § 115 regelt den Direktanspruch für **alle Pflicht-Haftpflichtversicherungen**, also auch für die KH-Versicherung. Nur noch einige Kfz-spezifische Regelungen finden sich im PflVG. Diese betreffen Einschränkungen des Verweisungsprivilegs in der KH-Versicherung sowie die Kündigungsfiktion beim übergegangenen KH-Versicherungsvertrag, wenn der Erwerber selbst eine KH-Deckung nimmt. Soweit ein Direktanspruch greift, ist die Unterscheidung zwischen Haftpflicht- und Deckungsprozess aufgehoben.[3]

In Ausnahmefällen kann auch **außerhalb der Pflicht-Haftpflichtversicherung** ein Direktanspruch des Geschädigten gegeben sein (s. dazu Vor §§ 100–124 Rn 8).

II. Regelung des Direktanspruchs (Abs. 1)

3 **1. Voraussetzungen (Abs. 1 S. 1).** Nach **Abs. 1 S. 1** besteht ein **Direktanspruch**, wenn

- eine Versicherungspflicht nach dem PflVG besteht (**Nr. 1**) oder wenn – bei anderen Pflicht-Haftpflichtversicherungen –
- das Insolvenzverfahren über das Vermögen des VN eröffnet ist (**Nr. 2 Var. 1**) oder
- die Eröffnung des Insolvenzverfahrens mangels Masse abgelehnt wurde (**Nr. 2 Var. 2**) oder
- ein vorläufiger Insolvenzverwalter bestellt ist (**Nr. 2 Var. 3**) oder
- der Aufenthalt des VN unbekannt ist (**Nr. 3**; s. dazu Rn 4).

4 Die Voraussetzung der Nr. 3 (unbekannter Aufenthalt des VN) ist dann als erfüllt anzusehen, wenn alle erreichbaren Auskunftsmöglichkeiten erschöpft sind, wenn der Aufenthaltsort des VN „allgemein unbekannt" ist.[4]

5 Damit ist der Direktanspruch des Geschädigten außerhalb der KH-Versicherung weitgehend entwertet. Die gesetzliche Regelung gibt dem Opfer „Steine statt Brot".[5] Die Regelung bleibt auch weit hinter dem zurück, was in den meisten europäischen Staaten verwirklicht ist. In zahlreichen Ländern Europas existiert ein Direktanspruch des Geschädigten auch außerhalb der Kfz-Haftpflichtversicherung. Spätestens im Zuge der Harmonisierung des europäischen Versicherungsrechts wird der deutsche Gesetzgeber seine restriktive Haltung aufgeben müssen.[6] Die Begrenzung des Direktanspruchs auf wenige enge Ausnahmetatbestände ist im Zuge des Gesetzgebungsverfahrens durchgesetzt worden, weil die Versicherungswirtschaft kein Interesse an erleichterter Anspruchsdurchsetzung hat und erhebliche Mehrkosten befürchtete.[7]

6 Ein Auskunftsanspruch des Geschädigten ist im Gesetz nicht vorgesehen, so dass sich die Frage aufdrängt, wie der VR des Schädigers ermittelt werden soll. Der Geschädigte hat aus vertraglichem oder gesetzlichem Schuldverhältnis einen Auskunftsanspruch gegen den Schädiger, muss diesen aber ggf erst im Klagewege durchsetzen.[8]

---

2 *Niederleithinger*, A Rn 225.
3 *Marlow/Spuhl*, Rn 639.
4 So – orientiert an § 185 Nr. 1 ZPO – *Marlow/Spuhl*, Rn 638.
5 *Abram*, VP 2008, 77 ff; dazu auch Langheid/Wandt/*Schneider*, § 115 Rn 5 f.
6 Vgl dazu *Basedow/Fock*, Europäisches Versicherungsvertragsrecht I, 2002, S. 108 f.
7 *Niederleithinger*, A Rn 226; zur Entstehungsgeschichte auch Langheid/Wandt/*Schneider*, § 115 Rn 5, 6; Bruck/Möller/*Beckmann*, § 115 Rn 2 ff.
8 Zum Ganzen *Keppel*, ZVersWiss Supplement 2007, 109 ff.

2. Haftung des VR (Abs. 1 S. 2–4). Der Direktanspruch besteht „im Rahmen der 7
Leistungspflicht des VR aus dem Versicherungsvertrag" (**Abs. 1 S. 2 Alt. 1**). Der
Umfang des Versicherungsschutzes ergibt sich also aus den vertraglichen Regelungen. Das bedeutet u.a., dass meist nicht die gesetzlich vorgesehenen Mindestversicherungssummen gelten, sondern die höheren vertraglich vereinbarten Deckungssummen. Im **Außenverhältnis** ist der VR bei einer Pflicht-Haftpflichtversicherung
nur dann nicht leistungspflichtig, wenn der VN den Schaden vorsätzlich herbeigeführt hat (§ 103)[9] oder wenn in den BBR etwa ein Ausschluss für den Tatbestand
einer bewussten Pflichtwidrigkeit (s. § 103 Rn 12, § 114 Rn 4) vorgesehen ist.

Ist der VR im **Innenverhältnis** zum VN nicht leistungspflichtig, haftet er im Rah- 8
men der in § 117 Abs. 1–4 getroffenen Bestimmungen (**Abs. 1 S. 2 Alt. 2**; vgl § 117
Rn 2). Auch wenn das Versicherungsverhältnis zwischen dem VN und dem VR
„krank" ist, wenn der VR gegenüber dem VN ganz oder teilweise leistungsfrei ist,
berührt dies das Außenverhältnis nicht; der Direktanspruch des Geschädigten
bleibt erhalten (außer bei Vorsatz, s. Rn 7). Das kommt besonders dann zum Tragen, wenn der VR im Verhältnis zum VN wegen schuldhafter Nichtzahlung der
Erstprämie (§ 37 Abs. 1), Zahlungsverzugs mit der Folgeprämie (§ 38 Abs. 2) oder
wegen Obliegenheitsverletzung (zB § 28 Abs. 2) leistungsfrei ist (s. § 116 Rn 4).

Der VR hat **Schadensersatz in Geld** zu leisten (**Abs. 1 S. 3**). VR und VN haften als 9
Gesamtschuldner (**Abs. 1 S. 4**). VN und VR können jeder für sich und nebeneinander in Anspruch genommen werden. Voraussetzung ist eine haftungsrechtliche Verantwortlichkeit des VN gegenüber einem Dritten.[10] „Dritter" ist jeder, der aufgrund eines Versicherungsfalles geschädigt wird, also ggf auch der VN oder eine
versicherte Person.[11] Der Direktanspruch ist **akzessorisch**.[12] Verzichtet der Geschädigte gegenüber dem VN auf seinen Haftpflichtanspruch, ist auch kein Direktanspruch gegen den VR möglich.[13] Das Gesetz legt lediglich fest, dass VN und VR
gesamtschuldnerisch haften. Sind an einem Schadenfall mehrere Schädiger beteiligt, die bei unterschiedlichen VR Versicherungsschutz haben, haften diese VR
ebenfalls gesamtschuldnerisch.[14]

Der Schadensersatzanspruch ist überwiegend **deliktsrechtlicher** und nicht versiche- 10
rungsrechtlicher Natur, so dass § 215 nicht gilt. Für den Direktanspruch ist das
Gericht örtlich zuständig, wo der VR seinen Firmensitz hat (§§ 12, 17 ZPO).[15] Für
die Klage gegen den VN ist idR der **Gerichtsstand** der unerlaubten Handlung gegeben (§ 32 ZPO); dort kann dann auch der VR verklagt werden. Will der Geschädigte den VN und den VR gemeinsam verklagen und existiert kein gemeinsamer
allgemeiner Gerichtsstand (Beispiel: Unfallort im Ausland), kann gem. § 36 Abs. 1
Nr. 3 ZPO ein zuständiges Gericht bestimmt werden.[16] Hat der Geschädigte seinen
Wohnsitz in einem EU-Mitgliedstaat, kann er vor dem Gericht seines Wohnsitzes
den Direktanspruch erheben, wenn der VR seinen Sitz im Hoheitsgebiet eines anderen Mitgliedstaates hat.[17]

---

9 StRspr, vgl nur OLG Hamm 15.6.2005 – 13 U 63/05, r+s 2006, 33.
10 Vgl nur OLG Nürnberg 9.2.2004 – 8 U 2772/03, VersR 2004, 905.
11 Vgl *Armbrüster*, r+s 2010, 441, 453.
12 Das gilt zB nicht, wenn der Anspruch nach § 116 Abs. 6 SGB X oder aus arbeitsrechtlichen Gründen nicht übergangsfähig ist, vgl Looschelders/Pohlmann/*Pohlmann/
Schwartze*, § 113 Rn 14 mwN.
13 Teilw. anders Schwintowski/Brömmelmeyer/*Huber*, § 115 Rn 18.
14 Vgl Römer/Langheid/*Langheid*, § 115 Rn 18 mwN; aA Schwintowski/Brömmelmeyer/
Huber, § 115 Rn 18.
15 Looschelders/Pohlmann/*Pohlmann/Schwartze*, § 115 Rn 8.
16 Prölss/Martin/*Knappmann*, § 115 Rn 15.
17 BGH 6.5.2008 – VI ZR 200/05, r+s 2008, 322.

III. Verjährung (Abs. 2)

11 **1. Verjährungsdauer und -beginn (Abs. 2 S. 1, 2).** Der Direktanspruch unterliegt den gleichen Verjährungsregeln wie der Schadensersatzanspruch des Geschädigten gegen den VN (**Abs. 2 S. 1**). Die Verjährung beginnt zum gleichen Zeitpunkt, wie es beim Schadensersatzanspruch der Fall ist; sie endet spätestens zehn Jahre nach dem Schadeneintritt (**Abs. 2 S. 2**). **Verjährungsbeginn** ist demnach gegeben, wenn der Geschädigte vom Schaden und der Person des Schädigers Kenntnis erlangt. Die Verjährungsfrist ist gesetzlich auf zehn Jahre verkürzt gegenüber der 30-Jahres-Frist, wie sie in § 199 Abs. 2 BGB vorgesehen ist. Die kurze Verjährungsfrist gilt für den Direktanspruch gegenüber dem VR; auch nach Ablauf der Frist verbleiben dem Dritten Ansprüche gegenüber dem VN.

12 **2. Hemmung (Abs. 2 S. 3).** Der Lauf der Verjährungsfrist ist gehemmt, wenn der Geschädigte seinen Anspruch beim VR angemeldet hat. Die **Anmeldung** ist **formlos** möglich. **Inhaltlich** ist es ausreichend, wenn aus dem Vorbringen erkennbar wird, dass aus einem bestimmten Schadensereignis Ansprüche hergeleitet und deren ungefähre Höhe angegeben wird. Der Terminus „Anmeldung" ist **großzügig** auszulegen; so kann bereits ein Schreiben genügen, mit dem darum gebeten wird, den Anspruch dem Grunde nach anzuerkennen.[18] Es ist unerheblich, **wer** den Anspruch anmeldet. Allerdings genügt es nicht allein, dass der VN die Schadenanzeige übermittelt, denn damit erfüllt er nur seine vertragliche Obliegenheit (vgl Ziff. 25.1 AHB). Die Anmeldung erfasst alle in Betracht kommenden Ansprüche, solange keine Beschränkung auf bestimmte Ansprüche vorgenommen worden ist.[19]

13 Die **Hemmung endet**, sobald dem VN eine Entscheidung des VR zugeht (**Abs. 2 S. 3**). Für die Entscheidung genügt Textform; Schriftlichkeit ist – anders als nach § 3 Nr. 3 S. 3 PflVG – nicht erforderlich. Die Entscheidung muss eindeutig und endgültig sein.[20] Die angemeldeten Ansprüche dürfen – auch nicht teilweise – in der Schwebe bleiben, damit der Geschädigte entscheiden kann, ob er weitere Maßnahmen einleiten muss. Ein **Abfindungsvergleich**, in dem eindeutig die Entscheidung des VR zum Ausdruck kommt, dass die Schadensregulierung abgeschlossen ist, beendet die Verjährungshemmung auch für in dem Vergleich vorbehaltene Ansprüche auf Ersatz erst in der Zukunft möglicher materieller Schäden, soweit diese in der Anspruchsanmeldung umfasst sind.[21] Eine Hemmung oder Verjährungsunterbrechung und der Neubeginn der Verjährung im Hinblick auf den Direktanspruch gegenüber dem VR entfalten **Drittwirkung** auch gegenüber dem VN als Schädiger (**Abs. 2 S. 4**).

14 Die Rspr zu § 3 Nr. 3 S. 2 PflVG aF hat in der dort normierten – § 115 Abs. 2 S. 2 entsprechenden – Verjährungsfrist keine absolute Verjährungsgrenze gesehen, so dass Hemmungsgründe – etwa die Meldung einer Einzelschadenposition – wirksam werden können.[22] Auf eine Hemmung kann sich der Geschädigte allerdings nach Treu und Glauben (§ 242 BGB) nach einem erheblichen Zeitablauf nicht mehr berufen. Das gilt insb. dann, wenn der Geschädigte nach dem Zeitpunkt, zu dem alle an der Schadenregulierung Beteiligten übereinstimmend von deren Ab-

---

18 Looschelders/Pohlmann/*Pohlmann/Schwartze*, § 115 Rn 27; Prölss/Martin/*Knappmann*, § 115 Rn 32 mwN.
19 StRspr, vgl BGH 18.2.1997 – IV ZR 356/95, r+s 1997, 229.
20 BGH 5.12.1995 – IV ZR 50/95, r+s 1996, 90; OLG Rostock 9.8.2001 – 1 U 219/99, VersR 2003, 363.
21 BGH 29.1.2002 – VI ZR 230/01, r+s 2002, 198.
22 BGH 9.1.2007 – IV ZR 139/06, r+s 2007, 125.

schluss ausgegangen sind, länger als zehn Jahre keinen weiteren Anspruch angemeldet hat.[23]

§ 116 Gesamtschuldner

(1) ¹Im Verhältnis der Gesamtschuldner nach § 115 Abs. 1 Satz 4 zueinander ist der Versicherer allein verpflichtet, soweit er dem Versicherungsnehmer aus dem Versicherungsverhältnis zur Leistung verpflichtet ist. ²Soweit eine solche Verpflichtung nicht besteht, ist in ihrem Verhältnis zueinander der Versicherungsnehmer allein verpflichtet. ³Der Versicherer kann Ersatz der Aufwendungen verlangen, die er den Umständen nach für erforderlich halten durfte.

(2) Die Verjährung der sich aus Absatz 1 ergebenden Ansprüche beginnt mit dem Schluss des Jahres, in dem der Anspruch des Dritten erfüllt wird.

I. Normzweck

Das Gesetz lässt VR und VN gesamtschuldnerisch haften, schützt aber den VN gegen einen Rückgriff aus dem Gesamtschuldverhältnis, wenn das haftpflichtversicherungsrechtliche Verhältnis zum VN ungestört ist, also insb. keine Obliegenheitsverletzungen von Seiten des VN vorliegen. Liegt eine Störung im Innenverhältnis vor, soll der VR Rückgriff nehmen dürfen. Gesamtschuldner haften nach § 426 Abs. 1 S. 1 BGB im Innenverhältnis zu gleichen Teilen; § 116 legt eine andere Haftungsverteilung fest.

II. Regelungen für das Gesamtschuldverhältnis (Abs. 1)

VR und VN haften grds. gesamtschuldnerisch, es gelten grds. die §§ 421 ff BGB. Leistet der VR an den Geschädigten, tilgt er damit auch die Verpflichtung des VN als Schädiger gegenüber dem Geschädigten (§ 422 BGB). Der Geschädigte kann den VR im Wege des Direktanspruchs oder den VN (bzw die mitversicherte Person) in Anspruch nehmen. Er kann auch den VR und den VN (bzw die mitversicherte Person) als Gesamtschuldner in Anspruch nehmen und ggf verklagen. Letzteres kann aus Sicht des Geschädigten vorteilhaft sein, weil der VN bzw die mitversicherte Person Prozesspartei ist und nicht mehr als Zeuge fungieren kann.

Abs. 1 regelt den Fall des „gesunden" wie den des „kranken" Innenverhältnisses.

Gesundes Innenverhältnis: Ist der VR gegenüber dem VN – im Innenverhältnis – leistungspflichtig, soll er im Außenverhältnis zum Geschädigten allein eintrittspflichtig sein (**Abs. 1 S. 1**). Diese Regelung weicht von § 426 BGB ab, wonach die Gesamtschuldner im Innenverhältnis zueinander zu gleichen Teilen verpflichtet sind. Nach § 426 BGB könnte ein VR, der den Geschädigten befriedigt hat, die Hälfte des Entschädigungsbetrags vom VN verlangen. Das würde den VN in vielen Fällen finanziell überfordern. Außerdem verfehlte die Haftpflichtversicherung einen Teil ihres Sinnes, der nämlich darin besteht, das Vermögen des VN zu schützen. Deshalb bestimmt das Gesetz, dass der VR allein eintrittspflichtig ist. Soweit der VR den Geschädigten befriedigt hat, steht ihm kein Ausgleichsanspruch gegenüber dem VN zu. Hat der VN an den Dritten gezahlt und dessen bestehenden Haftpflichtanspruch getilgt (dazu ist er befugt, vgl § 105), steht ihm ein Zahlungsanspruch gegen den VR zu.[1] In der Pflicht-Haftpflichtversicherung hat der VN überdies einen Ausgleichsanspruch, weil der VR im Innenverhältnis allein leistungspflichtig ist.

---

23 OLG Naumburg 8.11.2007 – 1 U 81/07, OLGR Naumburg 2008, 138; *Steinborn*, jurisPR-VersR 2/2008 Anm. 4 mwN.
1 Römer/Langheid/*Langheid*, § 116 Rn 4.

5 **Krankes Innenverhältnis:** Ist der VR im Innenverhältnis zum VN leistungsfrei, bleibt er im Außenverhältnis – dem Geschädigten gegenüber – leistungspflichtig (vgl § 117); dem VN gegenüber ist ihm dann gesetzlich ein Regressanspruch eingeräumt. Eine – völlige oder teilweise – Leistungsfreiheit des VR kann sich ergeben, wenn der VN in Verzug mit der Erst- oder Folgeprämie ist (§ 37 Abs. 2, § 38 Abs. 2) oder wenn der VN eine Obliegenheit verletzt hat (zB § 19 Abs. 2, § 21 Abs. 2; § 26 Abs. 1; § 28 Abs. 2; § 82 Abs. 3).[2] **Abs. 1 S. 2** bildet die **Anspruchsgrundlage** für den Regress des VR gegen den VN (bzw die mitversicherte Person). Der Regressanspruch des VR entspricht der Höhe nach der Leistungsfreiheit im Innenverhältnis. Es kommt also bei der Verletzung einer vertraglichen Obliegenheit darauf an, ob der VR gegenüber dem VN ganz oder teilweise leistungsfrei ist (vgl § 28 Abs. 2 S. 1 und 2). Das Privileg der häuslichen Gemeinschaft (§ 86 Abs. 3) gilt hier nicht. § 86 setzt voraus, dass ein Anspruch des VN auf den VR übergeht; das ist hier nicht der Fall.[3] Ein Rückgriff auf § 670 BGB oder § 812 BGB ist nicht möglich, Abs. 1 S. 2 geht als **speziellere Regelung** vor.[4]

6 Bei der **KH-Versicherung** ist die Leistungsfreiheit des VR wegen Verletzung einer Obliegenheit durch den VN gesetzlich begrenzt (§§ 5, 6 KfzPflVV) und dadurch auch der Regressanspruch der Höhe nach limitiert (s. näher D.3 AKB 2008 Rn 12).

7 Ist sowohl der VN als auch eine mitversicherte Person für einen Schaden verantwortlich, gilt Folgendes: Ist der VR dem VN und auch dem Versicherten gegenüber leistungsfrei, haben entgegen der Regelung des § 426 BGB VN und Versicherter den Schaden nicht zu gleichen Teilen zu tragen, sondern er ist anhand der Kriterien des **§ 254 BGB** zu verteilen. Der VR kann demnach bei beiden Regress nehmen, und zwar in Höhe der Quote, die sich beim VN und bei der mitversicherten Person aus § 254 BGB ergibt.[5]

8 Der VR kann über die Entschädigungsleistung hinaus auch **Aufwendungen**, die er für erforderlich halten durfte, zurückverlangen (**Abs. 1 S. 3**). Unter Aufwendungen können – ähnlich wie bei § 83 Abs. 1 – Vermögensminderungen verstanden werden; diese müssen bei Abs. 1 S. 3 durch die Schadenregulierung veranlasst sein. Solche Aufwendungen sind daher zB Kosten für Gutachter, Reisen oder Auskünfte.[6] Allgemeine Verwaltungs- und Personalkosten sind nicht durch die Schadenregulierung verursacht, so dass der VR sie nicht in Ansatz bringen kann.[7]

III. Verjährung (Abs. 2)

9 Die Dauer der Verjährungsfrist ist gesetzlich nicht mehr geregelt. Es gilt die allgemeine Regelung des § 195 BGB, nach der die Verjährungsfrist drei Jahre beträgt. Die Verjährung beginnt mit dem Schluss des Jahres, in dem der Anspruch des Dritten erfüllt wird (Abs. 2). Nach hM ist die Vorschrift auch dann anzuwenden, wenn es sich um eine Teilzahlung handelt. Es laufen unterschiedliche Verjährungsfristen für die Einzelleistungen.[8] Soweit der Schaden noch in der Entstehung begriffen ist, wird dem VR das Recht zugebilligt, Feststellungsklage zu erheben oder auf künfti-

---

2 Einzelheiten zu Leistungsfreiheitsgründen in der KH-Versicherung bei Stiefel/Maier/*Jahnke*, § 116 VVG Rn 41 ff.
3 Looschelders/Pohlmann/*Pohlmann/Schwartze*, § 116 Rn 3 mwN; BGH 13.7.1988 – IVa ZR 55/87, r+s 1988, 284.
4 BGH 24.10.2007 – IV ZR 30/06, r+s 2008, 63.
5 BGH 13.7.1988 – IVa ZR 55/87, r+s 1988, 284.
6 Vgl OLG Köln 29.5.1996 – 27 U 6/96, r+s 1997, 180 (Anwaltskosten und Kosten für Prozessbürgschaft); Prölss/Martin/*Knappmann*, § 116 Rn 13; Römer/Langheid/*Langheid*, § 116 Rn 9.
7 Schwintowski/Brömmelmeyer/*Huber*, § 116 Rn 29.
8 Römer/Langheid/*Langheid*, § 116 Rn 10.

ge Leistung zu klagen.[9] Mit dem Wortlaut des Gesetzes ist diese Auffassung zu vereinbaren, soweit der Anspruch des Dritten in Raten befriedigt wird.

§ 117 Leistungspflicht gegenüber Dritten

(1) Ist der Versicherer von der Verpflichtung zur Leistung dem Versicherungsnehmer gegenüber ganz oder teilweise frei, so bleibt gleichwohl seine Verpflichtung in Ansehung des Dritten bestehen.

(2) ¹Ein Umstand, der das Nichtbestehen oder die Beendigung des Versicherungsverhältnisses zur Folge hat, wirkt in Ansehung des Dritten erst mit dem Ablauf eines Monats, nachdem der Versicherer diesen Umstand der hierfür zuständigen Stelle angezeigt hat. ²Dies gilt auch, wenn das Versicherungsverhältnis durch Zeitablauf endet. ³Der Lauf der Frist beginnt nicht vor Beendigung des Versicherungsverhältnisses. ⁴Ein in den Sätzen 1 und 2 bezeichneter Umstand kann dem Dritten auch dann entgegengehalten werden, wenn vor dem Zeitpunkt des Schadensereignisses der hierfür zuständigen Stelle die Bestätigung einer entsprechend den Rechtsvorschriften abgeschlossenen neuen Versicherung zugegangen ist. ⁵Die vorstehenden Vorschriften dieses Absatzes gelten nicht, wenn eine zur Entgegennahme der Anzeige nach Satz 1 zuständige Stelle nicht bestimmt ist.

(3) ¹In den Fällen der Absätze 1 und 2 ist der Versicherer nur im Rahmen der vorgeschriebenen Mindestversicherungssumme und der von ihm übernommenen Gefahr zur Leistung verpflichtet. ²Er ist leistungsfrei, soweit der Dritte Ersatz seines Schadens von einem anderen Schadensversicherer oder von einem Sozialversicherungsträger erlangen kann.

(4) ¹Trifft die Leistungspflicht des Versicherers nach Absatz 1 oder Absatz 2 mit einer Ersatzpflicht auf Grund fahrlässiger Amtspflichtverletzung zusammen, wird die Ersatzpflicht nach § 839 Abs. 1 des Bürgerlichen Gesetzbuchs im Verhältnis zum Versicherer nicht dadurch ausgeschlossen, dass die Voraussetzungen für die Leistungspflicht des Versicherers vorliegen. ²Satz 1 gilt nicht, wenn der Beamte nach § 839 des Bürgerlichen Gesetzbuchs persönlich haftet.

(5) ¹Soweit der Versicherer den Dritten nach den Absätzen 1 bis 4 befriedigt und ein Fall des § 116 nicht vorliegt, geht die Forderung des Dritten gegen den Versicherungsnehmer auf ihn über. ²Der Übergang kann nicht zum Nachteil des Dritten geltend gemacht werden.

(6) ¹Wird über das Vermögen des Versicherers das Insolvenzverfahren eröffnet, endet das Versicherungsverhältnis abweichend von § 16 erst mit dem Ablauf eines Monats, nachdem der Insolvenzverwalter diesen Umstand der hierfür zuständigen Stelle angezeigt hat; bis zu diesem Zeitpunkt bleibt es der Insolvenzmasse gegenüber wirksam. ²Ist eine zur Entgegennahme der Anzeige nach Satz 1 zuständige Stelle nicht bestimmt, endet das Versicherungsverhältnis einen Monat nach der Benachrichtigung des Versicherungsnehmers von der Eröffnung des Insolvenzverfahrens; die Benachrichtigung bedarf der Textform.

I. Normzweck

Die Vorschrift dient in erster Linie dem **Opferschutz**. Besteht eine Pflicht-Haftpflichtversicherung, soll der Geschädigte keinen Nachteil aufgrund der Tatsache haben, dass der VN aufgrund von Pflichtverletzungen gegenüber dem VR keinen oder einen nur teilweisen Leistungsanspruch hat. Im **Außenverhältnis** bleibt die **Leistungspflicht** erhalten.

---

9 Prölss/Martin/*Knappmann*, § 116 Rn 16 mwN.

II. Obliegenheitsverletzungen, Risikobegrenzungen und Risikoausschlüsse (Abs. 1)

2 Dem Anspruch des Dritten kann nicht entgegengehalten werden, dass der VR dem ersatzpflichtigen VN nicht oder nur teilweise zur Leistung verpflichtet ist. Das gilt nicht, soweit Risikoausschlüsse (zB Vorsatz, § 103) oder Risikobegrenzungen eingreifen. Für den **Anwendungsbereich** der Norm bleiben v.a. **Obliegenheitsverletzungen**. Diese berühren die Leistungspflicht im Außenverhältnis nicht (Abs. 1). Gleiches gilt für die Leistungsfreiheit des VR wegen Verzugs des VN mit der Prämienzahlung (§§ 37, 38).

3 Dem VR bleibt allerdings – wie sich aus Abs. 3 ergibt – die Möglichkeit offen, Einwendungen betreffend den Umfang der Leistungspflicht zu erheben; er kann sich also auf Risikoausschlüsse und Risikoabgrenzungen berufen, insb. auch auf den Vorsatz- und den Pflichtwidrigkeitsausschluss (s. § 115 Rn 7). Die VVG-Reformkommission hat die Problematik diskutiert, es aber bei der Leistungsfreiheit des VR auch im Außenverhältnis belassen, wenn der Vorsatzausschluss oder ein vergleichbarer subjektiver Risikoausschlusstatbestand erfüllt ist.[1] Opferschutz ist (nur) durch flankierende Regelungen zu erreichen, wie etwa durch die Einrichtung des Entschädigungsfonds im KH-Bereich und die gesetzliche Verpflichtung zur Ergänzung von Notar-Haftpflichtversicherungen durch Deckungen, die auch wissentliche Pflichtverletzungen umfassen (§ 67 Abs. 3 Nr. 3 BNotO).[2]

4 Zu beachten ist auch, dass der Fortfall des Deckungsanspruchs des Mitversicherten wegen vorsätzlicher Herbeiführung des Schadens nicht zugleich gegen den VN wirkt, solange diesem kein vorsätzliches Verhalten zur Last fällt (vgl dazu Ziff. 7 AHB Rn 14).[3]

Beispiel: Der Fahrer eines Kfz benutzt dieses gegen den Geschädigten „als Waffe", Halter und/oder VN werden etwa aus § 7 StVG in Anspruch genommen. – Der Fahrer hat hier wegen § 103 keinen Versicherungsschutz, wohl aber der in Anspruch genommene Halter oder VN, so dass – soweit ein Haftungstatbestand erfüllt ist – das Opfer entschädigt wird.[4]

5 **Dritter** iSd § 117 ist in erster Linie der Geschädigte, aber auch dessen Rechtsnachfolger (zB sein Erbe). Der VN kann selbst Dritter sein, falls ihm Ansprüche gegen eine mitversicherte Person zustehen (allerdings können solche Ansprüche nach den einschlägigen AVB ausgeschlossen sein). Mitschädiger werden nicht als Dritte angesehen.[5]

III. Nachhaftung bei Nichtbestehen oder Beendigung des VersVertrages (Abs. 2)

6 Das Nichtbestehen oder die Beendigung des VersVertrages ist für den Anspruch des Dritten nur dann schädlich, wenn das „Schadensereignis" später als einen Monat eintritt, nachdem der VR die zuständige Stelle informiert hat (vgl **Abs. 2 S. 2**). Die **Monatsfrist** beginnt, sobald die ordnungsgemäße Anzeige der zuständigen Stelle zugegangen ist.[6] Beweisbelastet ist insoweit der VR. Die Frist beginnt nicht vor der Vertragsbeendigung (**Abs. 2 S. 3**); damit ist es dem VR nicht gestattet, durch eine vorzeitige Anzeige an die zuständige Stelle die Monatsfrist zu verkür-

---

1 Dazu *Schirmer*, ZVersWiss Supplement 2006, 427, 444 f.
2 Zur Vertrauensschadensversicherung für Notare vgl BGH 20.7.2011 – IV ZR 180/10, r+s 2011, 386.
3 BGH 15.12.1970 – IV ZR 97/69, VersR 1971, 239.
4 OLG Hamm 15.6.2005 – 13 U 63/05, r+s 2006, 33.
5 Looschelders/Pohlmann/*Pohlmann/Schwartze*, § 117 Rn 7 mwN.
6 Zu den Anforderungen an eine ordnungsgemäße Anzeige des VR bei der KH-Versicherung s. Prölss/Martin/*Knappmann*, § 117 Rn 15.

zen.[7] Mit der Anzeige kann der VR seine Nachhaftung zeitlich beschränken. Eine Anzeige*pflicht* ist in Abs. 1 nicht vorgesehen, so dass ein Schadensersatzanspruch wegen unterlassener Anzeige nicht in Betracht kommt.[8] Auch dann, wenn eine Anzeige verpflichtend vorgeschrieben ist (vgl § 51 Abs. 3 BRAO, § 19 a Abs. 5 BNotO, § 10 Abs. 1 VersVermV), fehlt es meist am Schutzgesetzcharakter und damit an einer Anwendbarkeit des § 823 Abs. 2 BGB.[9]

Welches die **zuständige Stelle** ist, folgt meist aus den rechtlichen Regelungen, welche die Versicherungspflicht begründen (etwa die IHK für Versicherungsvermittler und -berater gem. § 10 Abs. 3 VersVermV iVm §§ 34 d Abs. 1, 34 e Abs. 1 GewO). Die Nachhaftung entfällt, wenn keine zuständige Stelle bestimmt ist (**Abs. 2 S. 5**). In diesem Fall ist der VR nicht mehr einstandspflichtig, sobald der Vertrag beendet ist. Ebenfalls nicht eintrittspflichtig ist der (frühere) VR, wenn der VN bereits eine neue Haftpflichtversicherung abgeschlossen hat und der zuständigen Stelle vor dem Zeitpunkt des Schadensereignisses die Versicherungsbestätigung zugegangen ist (**Abs. 2 S. 4**). Die Nachhaftung des früheren VR entfällt unter diesen Voraussetzungen. Eine Verweisung auf den neuen VR gem. Abs. 3 S. 2 kommt nicht in Betracht, weil Abs. 2 S. 4 als Spezialregelung vorgeht.[10] Es kann zu einer Mehrfachversicherung (§ 78) kommen, wenn aus der neuen Versicherung bereits Deckung besteht, bevor die Anzeige der zuständigen Stelle zugeht.[11] 7

Der Begriff „Schadensereignis", der in der Haftpflichtversicherung eine besondere Bedeutung hat (s. § 100 Rn 12), wird vom Gesetzgeber in einem umfassenden, alle gängigen Versicherungsfall-Definitionen umfassenden Sinne verstanden. Nichtbestehen eines Vertrages kann zB auf Minderjährigkeit des VN bei Vertragsabschluss beruhen, aber auch dadurch eintreten, dass der VR vom Vertrag zurücktritt oder ihn wegen arglistiger Täuschung anficht (§ 19 Abs. 2, § 22). Ein einmal bestehender Vertrag kann durch Kündigung, Vertragsaufhebung, Insolvenz des VR oder Zeitablauf beendet worden sein. Es muss – so die gängige Formel – zumindest der „äußere Schein" eines wirksamen Versicherungsverhältnisses in dem Zeitpunkt gegeben sein, in dem das schädigende Ereignis eintritt.[12] 8

Hat der VN den VersVertrag gekündigt und hat der VR es versäumt, die zuständige Stelle (zB Kfz-Zulassungsstelle) darüber zu informieren, kann er sich im Außenverhältnis zum geschädigten Dritten nicht auf die Beendigung berufen. Im Innenverhältnis gegenüber dem VR haftet der VN jedoch allein, so dass er voll in Regress genommen werden kann (§ 116 Abs. 1 S. 2).[13] 9

IV. Haftungsumfang (Abs. 3 und 4)

Der VR haftet in den Fällen des Abs. 1 und 2 im Rahmen der vorgeschriebenen Mindestdeckungssumme und der von ihm übernommenen Gefahr (**Abs. 3 S. 1**). Die Ansprüche des Geschädigten sind also, wenn dem VN im Innenverhältnis zum VR keine Leistungsansprüche zustehen, auf die durch spezielles Gesetz oder nach § 114 Abs. 1 festgesetzte Mindestversicherungssumme beschränkt. Das Gesetz spricht von „vorgeschriebenen" Mindestdeckungssummen; damit ist eindeutig zum Ausdruck gebracht, dass es unerheblich ist, ob vertraglich höhere oder niedrigere Summen bestimmt sind. „Im Rahmen der übernommenen Gefahr" bedeutet, 10

---

7 Schwintowski/Brömmelmeyer/*Huber*, § 117 Rn 71.
8 BGH 14.1.2004 – IV ZR 127/03, r+s 2004, 226 (zu § 29 c StVZO).
9 Looschelders/Pohlmann/*Pohlmann/Schwartze*, § 117 Rn 11; Prölss/Martin/*Knappmann*, § 117 Rn 17.
10 Schwintowski/Brömmelmeyer/*Huber*, § 117 Rn 75; Looschelders/Pohlmann/*Pohlmann/Schwartze*, § 117 Rn 12.
11 FAKomm-VersR/*Dallwig*, § 117 VVG Rn 5.
12 BK/*Beckmann*, § 158 c Rn 18; FAKomm-VersR/*Dallwig*, § 117 VVG Rn 3.
13 LG Bonn 28.11.2003 – 10 O 645/03, r+s 2004, 365.

dass der VR sich auch dem Dritten gegenüber auf Risikoausschlüsse und -begrenzungen berufen kann (vgl Rn 2 f). Kann der Geschädigte von einem anderen Schadensversicherer oder von einem Sozialversicherungsträger Ersatz verlangen, haftet der VR nicht (**Abs. 3 S. 2**); es besteht insoweit beim **Verweisungsprivileg**. Ist der VR im Innenverhältnis nur teilweise leistungsfrei (etwa gem. § 28 Abs. 2 S. 2), besteht auch lediglich insoweit das Verweisungsprivileg.[14]

11 Als „**andere Schadensversicherer**" kommen insb. Haftpflicht-, Sach- und Krankenversicherer in Betracht. Summenversicherer, die nicht einen konkreten Schaden decken, fallen nicht darunter.[15] Eigenversicherer, also etwa von der Versicherungspflicht (in der KH-Versicherung) befreite Körperschaften wie Bund, Länder und Gemeinden (vgl § 2 Abs. 1 PflVG), sind als Schadensversicherer anzusehen.[16] **Sozialversicherungsträger** sind gesetzliche Kranken-, Unfall- und Rentenversicherungsträger, ebenso die Bundesagentur für Arbeit, soweit sie Sozialversicherungsleistungen erbringt.[17] Der insoweit eindeutige Gesetzeswortlaut verlangt (nur), dass der Dritte Ersatz des Schadens erlangen *kann*. Unterlässt es der Geschädigte, den Schaden bei dem anderen Schadensversicherer oder bei dem Sozialversicherungsträger anzuzeigen oder verliert er aus anderen Gründen durch ein Verhalten nach Schadenseintritt die Deckung, ist der (Pflicht-)Haftpflichtversicherer des Dritten nicht eintrittspflichtig.

12 Enthalten die AVB des anderen Schadensversicherers eine Subsidiaritätsklausel, welche die in Abs. 3 vorgegebene Risikoverteilung gleichsam ausschaltet, ist diese unwirksam.[18]

13 **Abs. 4** regelt den Fall eines **Zusammentreffens der Verweisungsprivilegien** aus Abs. 3 S. 2 und § 839 Abs. 1 BGB. Die Bestimmung ist so zu verstehen, dass § 839 BGB im Außenverhältnis zum Geschädigten nicht greift, dieser sich also an den VR halten muss, der dann den Regress gegen die öffentlich-rechtliche Körperschaft führen kann.[19]

V. Regress des VR (Abs. 5)

14 Die in Abs. 5 getroffene Bestimmung ist notwendig, weil das VVG auf einen allgemeinen Direktanspruch bei der Pflichtversicherung verzichtet. Abs. 5 gilt nur dann, wenn dem Dritten kein Direktanspruch zusteht.[20] Ist der VR im Innenverhältnis – dem VN gegenüber – leistungsfrei und hat er gleichwohl nach Abs. 1–4 den Dritten zu befriedigen, muss die Forderung des Dritten auf den VR übergehen, damit er den VN in Regress nehmen kann.[21] Es handelt sich um einen Fall des **gesetzlichen Forderungsübergangs**: Soweit der VR den Dritten befriedigt, geht die Schadensersatzforderung, die dem Dritten gegenüber dem VN zusteht, auf den VR über (Abs. 5 S. 1).

15 Leistet der VR gegenüber dem Anspruchsteller, obgleich er diesem gegenüber objektiv nicht leistungspflichtig ist, scheidet ein Anspruchsübergang aus; uU kommt ein Anspruch aus GoA oder § 812 BGB gegen den VN in Betracht.[22]

---

14 Prölss/Martin/*Knappmann*, § 117 Rn 26; FAKomm-VersR/*Dallwig*, § 117 VVG Rn 8.
15 Dazu Stiefel/Maier/*Jahnke*, § 117 VVG Rn 115 mwN.
16 Looschelders/Pohlmann/*Pohlmann/Schwartze*, § 117 Rn 20.
17 Vgl näher Langheid/Wandt/*Schneider*, § 117 Rn 40.
18 Im Detail bestehen hier erhebliche rechtliche Unsicherheiten, vgl dazu BK/*Beckmann*, § 158 c Rn 48 mwN sowie Looschelders/Pohlmann/*Pohlmann/Schwartze*, § 117 Rn 21; FAKomm-VersR/*Dallwig*, § 117 VVG Rn 8; Langheid/Wandt/*Schneider*, § 117 Rn 41.
19 FAKomm-VersR/*Dallwig*, § 117 VVG Rn 11.
20 Langheid/Wandt/*Schneider*, § 117 Rn 49.
21 Begr. der Beschlussempfehlung des Rechtsausschusses des BT, BT-Drucks. 16/6627, S. 7.
22 OLG Köln 29.5.1996 – 27 U 6/96, r+s 1997, 180; vgl auch Langheid/Wandt/*Schneider*, § 117 Rn 53 mwN.

Ist der VR gegenüber einer mitversicherten Person, nicht aber gegenüber dem VN leistungsfrei, geht die Forderung des Geschädigten gegenüber den Mitversicherten auf den VR über.[23] 16

Der VR besitzt – auch bei der Pflichtversicherung – eine grds. unbeschränkte Verhandlungsvollmacht (vgl auch Ziff. 5.2 AHB). Lediglich dann, wenn der VR schuldhaft die Interessen des VN (bzw eines Mitversicherten) missachtet, kommt ein Schadensersatzanspruch gegen den VR aus § 280 BGB in Betracht (vgl Ziff. 5 AHB Rn 6 f). Gegenüber dem Regressanspruch des VR kann mit einem Schadensersatzanspruch aufgerechnet werden.[24] 17

Soweit der Dritte vom VR nicht voll befriedigt wurde, kann der Anspruchsübergang nicht zu seinem Nachteil geltend gemacht werden (Abs. 5 S. 2). Der Dritte erhält also ein **Befriedigungsvorrecht** (ähnlich § 86 Abs. 1 S. 2). 18

VI. Nachhaftung bei Insolvenz des VR (Abs. 6)

Die Nachhaftung im Falle einer **Insolvenz des VR** ist in Abs. 6 abweichend von § 16 geregelt. Im Normalfall zeigt der Insolvenzverwalter der „zuständigen Stelle" an, dass ein Insolvenzverfahren eröffnet wurde; mit Ablauf eines Monats nach Zugang der Anzeige endet das Versicherungsverhältnis (**Abs. 6 S. 1**). Das ermöglicht der Stelle, die für die Überwachung der Versicherungspflicht zuständig ist, zu reagieren. Ist eine solche Stelle nicht bestimmt, endet das Versicherungsverhältnis erst einen Monat, nachdem der VN in Textform benachrichtigt worden ist, dass das Insolvenzverfahren eröffnet wurde (**Abs. 6 S. 2**). Diese Regelung soll einen angemessenen Zeitrahmen zur Verfügung stellen, um für eine Anschlussdeckung zu sorgen. Das dient dem Schutz des VN und – durch Verlängerung der Nachhaftungszeit gegenüber § 16 – auch dem Opferschutz. 19

§ 118 Rangfolge mehrerer Ansprüche

(1) Übersteigen die Ansprüche auf Entschädigung, die auf Grund desselben Schadensereignisses zu leisten ist, die Versicherungssumme, wird die Versicherungssumme nach folgender Rangfolge, bei gleichem Rang nach dem Verhältnis ihrer Beträge, an die Ersatzberechtigten ausgezahlt:

1. für Ansprüche wegen Personenschäden, soweit die Geschädigten nicht vom Schädiger, einem anderen Versicherer als dessen Haftpflichtversicherer, einem Sozialversicherungsträger oder einem sonstigen Dritten Ersatz ihrer Schäden erlangen können;

2. für Ansprüche wegen sonstiger Schäden natürlicher und juristischer Personen des Privatrechts, soweit die Geschädigten nicht vom Schädiger, einem anderen Versicherer als dessen Haftpflichtversicherer oder einem Dritten Ersatz ihrer Schäden erlangen können;

3. für Ansprüche, die nach Privatrecht auf Versicherer oder sonstige Dritte wegen Personen- und sonstiger Schäden übergegangen sind;

4. für Ansprüche, die auf Sozialversicherungsträger übergegangen sind;

5. für alle sonstigen Ansprüche.

(2) Ist die Versicherungssumme unter Berücksichtigung nachrangiger Ansprüche erschöpft, kann sich ein vorrangig zu befriedigender Anspruchsberechtigter, der bei

---

23 Prölss/Martin/*Knappmann*, § 117 Rn 46 mwN; Looschelders/Pohlmann/*Pohlmann/Schwartze*, § 117 Rn 32.
24 Vgl Prölss/Martin/*Knappmann*, § 117 Rn 43.

der Verteilung nicht berücksichtigt worden ist, nachträglich auf Absatz 1 nicht berufen, wenn der Versicherer mit der Geltendmachung dieses Anspruchs nicht gerechnet hat und auch nicht rechnen musste.

I. Normzweck

1 Die Bestimmung führt – abweichend vom Paritätsprinzip des § 109 – zu einer Privilegierung einiger Gruppen von Geschädigten.[1] Vor allem soll der Anspruch auf Ausgleich von Personenschäden gesichert sein, andere Ansprüche treten demgegenüber zurück (Abs. 1). Die Bestimmung richtet sich auf den Ausnahmefall, dass ein ungewöhnlich großer Schadenfall eintritt, der die Versicherungssumme übersteigt. Die Rangfolgenregelung soll nicht greifen, wenn ein Geschädigter sich nachträglich meldet (Abs. 2); ein erfolgtes Verteilungsverfahren soll also Bestand haben. Damit tritt der Schutz eines einzelnen Opfers in diesem Fall zurück.

II. Rangfolgenregelung (Abs. 1)

2 Übersteigen die Ansprüche mehrerer die Deckungssumme, sieht Abs. 1 ein **Stufensystem** für Schadensersatz- und Regressansprüche vor: Personenschäden gehen im Verteilungsverfahren Sach- und Vermögensschäden vor. Damit werden u.a. Schmerzensgeldansprüche, die private Krankenversicherer und Sozialversicherungsträger nicht erbringen, privilegiert. Nachrangig gegenüber Individualansprüchen wegen Personen-, Sach- und Vermögensschäden sind übergegangene Ansprüche nach §§ 86 und 116 SGB X. Ansprüche öffentlicher Dienstherren erwähnt das Gesetz nicht explizit; sie sind als „sonstige Ansprüche" iSd Abs. 1 Nr. 5 einzustufen.[2] Für eine Analogie[3] ist angesichts des klaren Gesetzeswortlauts kein Raum.[4] Die Regelung stellt eine für die Pflicht-Haftpflichtversicherung geltende **Spezialbestimmung** gegenüber § 109 S. 1 dar, wonach die Ansprüche mehrerer Dritter verhältnismäßig gekürzt werden. Einzelne Geschädigte werden zu Lasten anderer privilegiert, nur bei Angehörigen der gleichen Gruppe von Geschädigten erfolgt eine verhältnismäßige Teilung.[5]

3 Tatbestandsvoraussetzung ist, dass die **geltend gemachten Forderungen die Deckungssumme übersteigen**. Entscheidend ist hier der **Zeitpunkt**, in dem ein ordentlicher VR sich einen Überblick verschaffen kann, ob die Deckungssumme ausreicht.[6] Dass die Deckungssumme erschöpft ist, hat der VR zu beweisen. Ist eine einheitliche Deckungssumme festgelegt, werden Personen-, Sach- und Vermögensschäden gemeinsam in Ansatz gebracht. Sind für bestimmte Schadensarten eigene Deckungssummen vereinbart – was nicht selten vorkommt–, ist jeweils eine besondere Berechnung vorzunehmen.[7] Alle Entschädigungsansprüche sind bei der Berechnung zu berücksichtigen, auch solche, die noch nicht durch Urteil, Anerkenntnis oder Vergleich festgestellt sind; ggf muss der VR den zu erwartenden Betrag schätzen.[8] Ausgleichsansprüche des VR gegen andere Schädiger oder VR sind abzuziehen.[9]

---

1 So Langheid/Wandt/*Brand*, § 118 Rn 2.
2 *Schirmer*, ZVersWiss Supplement 2006, 427, 447.
3 Dafür Schwintowski/Brömmelmeyer/*Huber*, § 118 Rn 12.
4 Prölss/Martin/*Knappmann*, § 118 Rn 3; FAKomm-VersR/*Dallwig*, § 117 VVG Rn 5.
5 Looschelders/Pohlmann/*Pohlmann/Schwartze*, § 118 Rn 2; Langheid/Wandt/*Brand*, § 118 Rn 3, 18.
6 *Huber*, VersR 1986, 851, 853; Langheid/Wandt/*Brand*, § 118 Rn 22; aA – abstellend auf den Zeitpunkt der Zahlung – die Vorauflage [2. Aufl. 2011], § 118 Rn 3; Looschelders/Pohlmann/*Pohlmann/Schwartze*, § 118 Rn 5.
7 BGH 10.10.2006 – VI ZR 44/05, r+s 2007, 83; Schwintowski/Brömmelmeyer/*Huber*, § 118 Rn 40.
8 Langheid/Wandt/*Brand*, § 118 Rn 10, 12 mwN.
9 Römer/Langheid/*Langheid*, § 118 Rn 2, § 109 Rn 5.

An **erster Rangstelle** stehen Personenschäden, an **zweiter Rangfolge** sonstige Schä- 4
den (Sach- und Vermögensschäden) natürlicher und juristischer Personen, soweit
keine anderweitige Ersatzmöglichkeit besteht. Es kommt nach Abs. 1 und 2 eindeutig darauf an, ob der Geschädigte vom Schädiger, einem anderen VR usw Ersatz erlangen *kann*, nicht entscheidend ist, ob der Geschädigte Ansprüche geltend
macht. Aus dem Wortlaut („erlangen *kann*") ist zu entnehmen, dass der Geschädigte nicht das Insolvenzrisiko des Schädigers oder sonstigen Dritten tragen soll.
Bei Insolvenz des Schädigers oder sonstigen Dritten kommt ein Verweis nicht in
Betracht.[10] **Personenschäden** sind Tod, Körperverletzung oder Gesundheitsschädigung von Menschen und daraus sich ergebende materielle und immaterielle Folgeschäden (zB Heilungskosten, Erwerbsausfall, Schmerzensgeld). Bei der Begriffsbestimmung – auch und gerade im Hinblick auf Sach- und Vermögensschäden – ist
von der in der Haftpflichtversicherung üblichen Terminologie auszugehen.[11] Ist etwa eine besondere Deckungssumme für Vermögensschäden vereinbart, gilt diese
für **echte Vermögensschäden** im Sinne des Haftpflichtversicherungsrechts (vgl
Ziff. 2 AHB Rn 2 ff), während **unechte Vermögensschäden** bei Personen- und Sachschäden in Ansatz gebracht werden. Das muss Berücksichtigung finden, wenn eine
besondere Berechnung der Schäden erfolgt. Rangfolge 3 ist Ansprüchen zugewiesen, die auf VR oder sonstige Dritte übergegangen sind. Das betrifft v.a. Regressforderungen nach § 86 Abs. 1. Auf Sozialversicherungsträger – etwa nach § 116
SGB X – übergegangene Ansprüche werden an vierter Rangstelle berücksichtigt,
alle **sonstigen Ansprüche** (vgl Rn 2) stehen an fünfter Stelle.

III. Verspätet gemeldete Ansprüche (Abs. 2)

Ist ein vorrangig zu befriedigender Anspruchsberechtigter bei der Verteilung nicht 5
berücksichtigt worden, erfolgt keine nachträgliche Änderung des Verteilungsverfahrens, falls der VR nicht damit gerechnet hat und auch nicht damit rechnen
musste, dass noch Ansprüche geltend gemacht werden (Abs. 2). Das Verteilungsverfahren soll nicht nachträglich geändert werden; insoweit entspricht die Regelung § 109 S. 2. Der Gesetzeswortlaut spricht dafür, dass eine einfach fahrlässig erfolgte Fehleinschätzung von Seiten des VR dazu führt, dass ein nachträglich gemeldeter vorrangiger Anspruch noch berücksichtigt werden muss.[12] In jedem Fall ist
es Sache des VR, sich zu entlasten.[13] Der Gesetzeswortlaut erscheint misslückt;
der Wortlaut lässt das Verständnis zu, dass (nur) ein **vorrangig** zu befriedigender
Geschädigter, der sich zu spät meldet, ausgeschlossen sein soll, nicht aber ein
gleichrangig zu befriedigender Anspruchsteller. Das wäre nicht sachgerecht. Es
handelt sich möglicherweise um ein Redaktionsversehen, das durch eine analoge
Anwendung des § 109 S. 2 zu korrigieren ist.[14]

Ist ein Geschädigter leer ausgegangen, weil er seinen Anspruch zu spät angemeldet 6
hat, steht ihm kein Anspruch gegen diejenigen Geschädigten zu, die eine Entschädigung erhalten haben. § 816 Abs. 2 BGB scheidet aus, weil der VR nicht an
Nichtberechtigte gezahlt hat.[15] Hat der VR die gesetzlich vorgegebene Rangfolge
nicht beachtet, kann er einem nicht befriedigten Geschädigten – soweit dieser nicht
wegen Verspätung ausgeschlossen ist – nicht entgegenhalten, dass die Deckungs-

---

10 Looschelders/Pohlmann/*Pohlmann/Schwartze*, § 118 Rn 8 mit Kritik an der Gesetzesfassung; vgl auch Schwintowski/Brömmelmeyer/*Huber*, § 118 Rn 21.
11 Ebenso im Ergebnis Looschelders/Pohlmann/*Pohlmann/Schwartze*, § 118 Rn 7.
12 Stiefel/Maier/*Jahnke*, § 118 VVG Rn 35.
13 Prölss/Martin/*Knappmann*, § 118 Rn 10.
14 Looschelders/Pohlmann/*Pohlmann/Schwartze*, § 118 Rn 10; Römer/Langheid/*Langheid*, § 118 Rn 4; FAKomm-VersR/*Dallwig*, § 118 VVG Rn 9.
15 Looschelders/Pohlmann/*Pohlmann/Schwartze*, § 118 Rn 12; FAKomm-VersR/*Dallwig*, § 118 VVG Rn 11; Bruck/Möller/*Beckmann*, § 118 Rn 46; aA Schwintowski/Brömmelmeyer/*Huber*, § 118 Rn 67.

summe erschöpft ist. Gegenüber Dritten, die bereits Entschädigung erhalten haben, kommen uU bereicherungsrechtliche Ansprüche des VR in Betracht.[16]

§ 119 Obliegenheiten des Dritten

(1) Der Dritte hat ein Schadensereignis, aus dem er einen Anspruch gegen den Versicherungsnehmer oder nach § 115 Abs. 1 gegen den Versicherer herleiten will, dem Versicherer innerhalb von zwei Wochen, nachdem er von dem Schadensereignis Kenntnis erlangt hat, in Textform anzuzeigen; zur Fristwahrung genügt die rechtzeitige Absendung.

(2) Macht der Dritte den Anspruch gegen den Versicherungsnehmer gerichtlich geltend, hat er dies dem Versicherer unverzüglich in Textform anzuzeigen.

(3) [1]Der Versicherer kann von dem Dritten Auskunft verlangen, soweit sie zur Feststellung des Schadensereignisses und der Höhe des Schadens erforderlich ist. [2]Belege kann der Versicherer insoweit verlangen, als deren Beschaffung dem Dritten billigerweise zugemutet werden kann.

I. Normzweck

1 Vor allem im Falle eines Direktanspruchs muss der VR in die Lage versetzt werden, an der Feststellung des Schadenhergangs mitzuwirken und im Übrigen seine Interessen zu wahren. Für den Fall, dass der geschädigte Dritte im Wege des Direktanspruchs vorgeht, darf der VR davon ausgehen, dass ihm Informationen erteilt und dass Anzeige- und Auskunftspflichten erfüllt werden. Die Regelung gilt allerdings nicht nur dann, wenn dem Geschädigten ein Direktanspruch zusteht, sondern für alle Pflicht-Haftpflichtversicherungen. Das Gesetz bürdet dem Geschädigten bei der Pflichtversicherung eine Anzeigepflicht auf – unabhängig davon, ob ein Direktanspruch besteht oder nicht. Unerheblich ist nach dem Wortlaut des § 119, ob es sich um ein krankes oder gesundes Versicherungsverhältnis (s. dazu § 116 Rn 4 f) handelt.[1] Die Regelungen des Allgemeinen Teils des VVG und des § 104 passen nicht, da sie auf den VN zugeschnitten sind. Deshalb trifft § 119 **spezialgesetzliche** Vorgaben über **Anzeige- und Auskunftspflichten des Dritten**. Damit erhält der VR die Möglichkeit, sich rechtzeitig in den Haftpflichtprozess einzuschalten, um noch notwendige Feststellungen zum Schaden zu treffen und unbegründete Ansprüche Dritter abzuwehren sowie größere Schäden und höhere Kosten abzuwenden.[2]

II. Schadensanzeigepflicht (Abs. 1)

2 Ein Geschädigter hat das **Schadensereignis** – wiederum in einem umfassenden Sinne verstanden (vgl § 117 Rn 8) – innerhalb von zwei Wochen dem VR anzuzeigen (Abs. 1). Die Frist beginnt, sobald der Geschädigte Kenntnis vom Schaden sowie vom Schädiger und dessen Haftpflichtversicherer hat.[3] Für die Anzeige genügt Textform, zur Fristwahrung ist rechtzeitige Absendung ausreichend. Der VersVertreter ist nach § 69 Abs. 1 Nr. 2 nicht zur Entgegennahme bevollmächtigt, weil es

---

16 Looschelders/Pohlmann/*Pohlmann/Schwartze*, § 118 Rn 13; teils abw. Bruck/Möller/*Beckmann*, § 118 Rn 49.
1 Looschelders/Pohlmann/*Pohlmann/Schwartze*, § 119 Rn 3; aA Römer/Langheid/*Langheid*, § 119 Rn 4; FAKomm-VersR/*Dallwig*, § 119 VVG Rn 2, der auf die in § 119 enthaltene Bezugnahme auf § 120 abhebt.
2 Vgl auch *Kummer*, in: FS Gerda Müller, 2009, S. 437, 440.
3 Prölss/Martin/*Knappmann*, § 119 Rn 2, 5.

sich nicht um eine Erklärung des VN handelt. Die Anzeige ist also an den VR zu richten.

Nicht aus dem Wortlaut, wohl aber aus dem Sinn und Zweck der Bestimmung ergibt sich, dass dem Geschädigten **fahrlässige Nichtkenntnis** entgegengehalten werden kann. Es ist allerdings Sache des VR zu beweisen, dass der VN schuldhaft seine Pflicht verletzt hat. So muss er den Nachweis führen, dass sich der Geschädigte nicht genügend bemüht hat, den Haftpflichtversicherer des Schädigers zu ermitteln. Für den Geschädigten ist es oft nicht einfach, den Pflichtversicherer des Schädigers herauszufinden,[4] da es außerhalb der KH-Versicherung keinen Zentralruf gibt. Vom Geschädigten dürfen (daher) keine unzumutbaren Bemühungen verlangt werden.[5]

Eine versicherungsvertragliche Sanktion ist bei Abs. 1 nicht vorgesehen. Verletzt der Dritte die nach Abs. 1 bestehende Anzeigepflicht schuldhaft, kann der VR allenfalls Schadensersatzansprüche geltend machen.[6] Ob die Verletzung einer – wie hier – im Gesetz ohne Sanktion geregelten Obliegenheit Schadensersatzpflichten auszulösen vermag, ist umstritten. M.E. handelt es sich um eine gesetzliche Pflicht,[7] deren Erfüllung der VR ggf einklagen muss und deren Verletzung der VR zum Anlass nehmen kann, einen dadurch verursachten Schaden ersetzt zu verlangen. Nach aA handelt es sich um eine Ausgestaltung des § 254 BGB,[8] so dass an eine Kürzung des (Direkt-)Anspruchs zu denken wäre.[9]

III. Weitere Anzeigepflichten (Abs. 2)

Der Dritte ist ferner verpflichtet, die gerichtliche Geltendmachung des Anspruchs in Textform anzuzeigen (**Abs. 2**). Die Anzeige hat – anders als in Abs. 1 – **unverzüglich** zu erfolgen. In **Abs. 3** ist die Auskunftspflicht normiert. Hierbei handelt es sich um zwei gesetzliche Obliegenheiten, die in § 120 mit einer Sanktionsbestimmung versehen sind.

Die **Anzeigepflicht** nach Abs. 1 wird ausschließlich durch gerichtliche Geltendmachung ausgelöst. Ein Teil der Lit. lässt hier nur die Klageerhebung gelten.[10] Eine solche Beschränkung ist dem Gesetzeswortlaut nicht zu entnehmen. „Gerichtliches Geltendmachen" liegt auch vor, wenn zB ein Antrag auf Erlass eines Mahnbescheids gestellt wird.[11] Alle Maßnahmen, mit denen durch Rechtsverfolgung die Verjährung gehemmt wird (§ 204 BGB), können als ausreichend betrachtet werden.[12] Bei der Auslegung des Begriffs „gerichtliche Geltendmachung" in § 12 Abs. 3 aF gingen Rspr und Lehre einhellig von einem weiten Verständnis aus. Will man die hier entwickelten Grundsätze auf die Auslegung des Abs. 2 übertragen, ist zu beachten, dass u.a. Streitverkündung und Einleitung eines Beweissicherungsver-

---

4 Dazu BK/*Hübsch*, § 158 d Rn 25; *Kummer*, in: FS Gerda Müller, 2009, S. 442 Fn 24.
5 KG 30.1.2007 – 6 U 132/06, VersR 2008, 69.
6 Vgl Römer/Langheid/*Langheid*, § 120 Rn 8.
7 Anders *Kummer*, in: FS Gerda Müller, 2009, S. 437, 441.
8 Prölss/Martin/*Knappmann*, § 119 Rn 4; Schwintowski/Brömmelmeyer/*Huber*, §§ 119, 120 Rn 11; anders BK/*Hübsch*, § 158 e Rn 3.
9 Dafür – allerdings nur beim Direktanspruch – Looschelders/Pohlmann/*Pohlmann*/ *Schwartze*, § 119 Rn 14; Stiefel/Maier/*Jahnke*, § 119 VVG Rn 13. Zweifel, ob eine schadensersatzrechtliche Sanktion überhaupt möglich ist, bei *Kummer*, in: FS Gerda Müller, 2009, S. 437, 443 f.
10 Looschelders/Pohlmann/*Pohlmann*/*Schwartze*, § 119 Rn 6; Prölss/Martin/*Knappmann*, § 119 Rn 8.
11 Dagegen FAKomm-VersR/*Dallwig*, § 119 VVG Rn 5.
12 Schwintowski/Brömmelmeyer/*Huber*, §§ 119, 120 Rn 30.

fahrens nicht für ausreichend erachtet wurden.[13] In der Lit. zu § 119 wird auch eine weiter gehende Auslegung vertreten.[14]

7 Eine Verletzung der Anzeigepflicht setzt auch hier voraus, dass der Geschädigte den Haftpflichtversicherer kannte oder kennen musste (vgl Rn 3). Die Kenntnis gehört zum objektiven Tatbestand der Anzeigepflicht; die Beweislast trägt daher der VR. Unterlässt der Dritte die Anzeige, erfährt der VR aber auf andere Weise von der Erhebung der Schadensersatzklage gegen den VN, ist dies unschädlich, weil der Schutzzweck des Abs. 2 nicht verfehlt wird. Teilt etwa der VN dem VR mit, dass Klage durch den Dritten erhoben worden ist, steht der VR nicht schlechter da als bei gehöriger Erfüllung der Verpflichtung.[15]

IV. Auskunftspflicht (Abs. 3)

8 Die **Auskunftspflicht** (Abs. 3) wird ausgelöst, wenn der VR Angaben **verlangt**. Inhaltlich entspricht die Regelung § 31. Der VR soll alle sachdienlichen Informationen erhalten, um eine sachgerechte Entscheidung treffen zu können. Er darf auch Fragen mit dem Ziel stellen, Regressmöglichkeiten – etwa gegen den Fahrer des versicherten Kfz – auszuloten.[16] Auf Verlangen hat der Geschädigte auch **Belege** beizubringen. Werden die in Abs. 2 und 3 enthaltenen Obliegenheiten verletzt, ergeben sich die Sanktionen aus § 120.

§ 120 Obliegenheitsverletzung des Dritten

Verletzt der Dritte schuldhaft die Obliegenheit nach § 119 Abs. 2 oder 3, beschränkt sich die Haftung des Versicherers nach den §§ 115 und 117 auf den Betrag, den er auch bei gehöriger Erfüllung der Obliegenheit zu leisten gehabt hätte, sofern der Dritte vorher ausdrücklich und in Textform auf die Folgen der Verletzung hingewiesen worden ist.

I. Normzweck

1 Die Regelung bezweckt, die Rechtsfolgen zu bestimmen, die eintreten, wenn der einen Anspruch geltend machende Dritte die in § 119 normierten Anzeige- und Auskunftspflichten verletzt hat.

II. Regelungsgehalt

2 § 120 bestimmt, dass bei schuldhafter Verletzung der Obliegenheiten gem. § 119 Abs. 2, 3 die Haftung des VR auf den Betrag begrenzt ist, den er auch bei gehöriger Erfüllung der Obliegenheit zu leisten gehabt hätte.[1] Nach dem Gesetzeswortlaut genügt **einfache Fahrlässigkeit**.[2] Voraussetzung für die Sanktion ist aber, dass der Dritte vorher in Textform belehrt wurde. Zu einer Leistungsfreiheit des VR kann es nicht kommen. Soweit die unterbliebene Anzeige etwa für einen höheren Schaden kausal ist, erstreckt sich hierauf die Haftung des VR nicht. Die Beweislast für fehlende Kausalität soll dem geschädigten Dritten obliegen;[3] mit dem Wortlaut

---

13 Dazu Prölss/Martin/*Prölss*, 27. Aufl. 2004, § 12 Rn 59 ff, 65.
14 Stiefel/Maier/*Jahnke*, § 119 VVG Rn 18.
15 BGH 22.10.2003 – IV ZR 171/02, r+s 2004, 106.
16 Hierzu und zum Umfang der Auskunftspflicht Stiefel/Maier/*Jahnke*, § 119 VVG Rn 25 ff mwN.
1 Vgl zum früheren Recht OLG Düsseldorf 26.3.1999 – 4 U 40/98, NJW-RR 2000, 248.
2 Looschelders/Pohlmann/*Pohlmann/Schwartze*, § 120 Rn 5; Römer/Langheid/*Langheid*, § 120 Rn 5; Langheid/Wandt/*Brand*, § 120 Rn 4.
3 So BK/*Hübsch*, § 158 e Rn 15; Römer/Langheid/*Langheid*, § 120 Rn 8.

des § 120 erscheint das nicht vereinbar. Die objektive Pflichtverletzung, das Verschulden, die Kausalität sowie die Belehrung muss der VR beweisen.[4] Die **Belehrung hat in Textform** zu erfolgen und muss **ausdrücklich** sein. Damit ist erforderlich, dass sich der Hinweis vom übrigen Text deutlich abhebt.

Versäumt der Dritte die Anzeige nach § 119 Abs. 2 oder gibt er nach § 119 Abs. 3 geforderte Auskünfte nicht, kann dies kaum jemals den durch den Versicherungsfall ausgelösten Schadensersatzanspruch des Dritten erhöhen. In der Regel geht es bei § 120 also um **weitere Kosten**, die dem Dritten entstehen, wenn dieser etwa zunächst Auskünfte verweigert, der VR deshalb Zahlungen ablehnt und dadurch (weitere) Anwaltskosten entstehen.[5]

§ 121 Aufrechnung gegenüber Dritten

§ 35 ist gegenüber Dritten nicht anzuwenden.

I. Normzweck

Der VR soll in der Pflicht-Haftpflichtversicherung nicht mit Prämienansprüchen und sonstigen vertraglichen Ansprüchen, die ihm gegenüber dem VN zustehen, aufrechnen dürfen.

II. Aufrechnungsverbot

§ 121 erklärt die Vorschrift des § 35 für die Pflicht-Haftpflichtversicherung für unanwendbar. Der VR ist also nicht berechtigt, dem Dritten gegenüber mit einer ausstehenden Prämienforderung oder einem anderen versicherungsvertraglichen Anspruch aufzurechnen, der ihm gegen seinen VN zusteht. Eine Aufrechnung mit eigenen Ansprüchen, die gegen den Dritten gerichtet sind, bleibt möglich.[1] Wird ein Schadensersatzanspruch des VR für den Fall bejaht, dass der Dritte seine Pflicht nach § 119 Abs. 1 verletzt (s. § 119 Rn 4), kann der VR insoweit aufrechnen.

Das Aufrechnungsverbot des § 121 gilt auch für das zwischen dem Speditionshaftpflichtversicherer und dem Spediteur bestehende Versicherungsverhältnis, das (auch) auf § 7a GüKG beruht und damit eine Pflicht-Haftpflichtversicherung darstellt.[2]

§ 122 Veräußerung der von der Versicherung erfassten Sache

Die §§ 95 bis 98 über die Veräußerung der versicherten Sache sind entsprechend anzuwenden.

I. Normzweck

Die Regelung soll den Erwerber einer Sache schützen, wenn für diese eine Pflicht-Haftpflichtversicherung vorgeschrieben ist und besteht. Das Gesetz folgt hier einem durchgehenden Prinzip der Schadensversicherung (vgl §§ 95, 102 Abs. 2).

---

4 Im Ergebnis ebenso FAKomm-VersR/*Dallwig*, § 120 VVG Rn 8.
5 Prölss/Martin/*Knappmann*, § 120 Rn 8.
1 FAKomm-VersR/*Dallwig*, § 121 VVG Rn 2.
2 LG Düsseldorf 17.5.2002 – 40 O 93/01, VersR 2002, 1553.

II. Veräußerung der von der Versicherung erfassten Sache

2 § 122 erklärt die Vorschriften der §§ 95–98 für entsprechend anwendbar. Die Regelung führt zum **Übergang des VersVertrages**, wenn die Sache, wegen derer die Pflicht-Haftpflichtversicherung besteht, veräußert wird. Große praktische Bedeutung hat die Bestimmung v.a. bei der Veräußerung versicherungspflichtiger Kfz. Darüber hinaus kann § 122 Bedeutung erlangen, wenn zB eine landesgesetzliche Regelung für den Hundehalter generell oder für den Halter bestimmter Hunderassen eine Versicherungspflicht festschreibt. Anwendung findet die Bestimmung auch dann, wenn etwa ein versicherungspflichtiges benzingetriebenes Modellflugzeug veräußert wird. Zum Schutz des Erwerbers geht die Haftpflichtversicherung auf ihn über. Prämienverzug oder Obliegenheitsverletzungen aufseiten des Veräußerers können den Versicherungsschutz für den Erwerber beeinträchtigen.[1] Die Veräußerung muss dem VR angezeigt werden; unterbleibt sie, besteht Leistungsfreiheit des VR nur dann, wenn er nachweist, dass er den Vertrag mit dem Erwerber nicht geschlossen hätte (§ 97 Abs. 2).

§ 123 Rückgriff bei mehreren Versicherten

(1) Ist bei einer Versicherung für fremde Rechnung der Versicherer dem Versicherungsnehmer gegenüber nicht zur Leistung verpflichtet, kann er dies einem Versicherten, der zur selbständigen Geltendmachung seiner Rechte aus dem Versicherungsvertrag befugt ist, nur entgegenhalten, wenn die der Leistungsfreiheit zu Grunde liegenden Umstände in der Person dieses Versicherten vorliegen oder wenn diese Umstände dem Versicherten bekannt oder infolge grober Fahrlässigkeit nicht bekannt waren.

(2) [1]Der Umfang der Leistungspflicht nach Absatz 1 bestimmt sich nach § 117 Abs. 3 Satz 1; § 117 Abs. 3 Satz 2 ist nicht anzuwenden. [2]§ 117 Abs. 4 ist entsprechend anzuwenden.

(3) Soweit der Versicherer nach Absatz 1 leistet, kann er beim Versicherungsnehmer Rückgriff nehmen.

(4) Die Absätze 1 bis 3 sind entsprechend anzuwenden, wenn die Frist nach § 117 Abs. 2 Satz 1 und 2 noch nicht abgelaufen ist oder der Versicherer die Beendigung des Versicherungsverhältnisses der hierfür zuständigen Stelle nicht angezeigt hat.

I. Normzweck

1 Zweck der Regelung ist es, gutgläubige versicherte Personen – bei der Pflicht-Haftpflichtversicherung – zu schützen, wenn der VR im Innenverhältnis zum VN (ganz oder teilweise) leistungsfrei ist.[1]

II. Regelungsgehalt

2 (Pflicht-)Haftpflichtversicherungen bieten meist auch mitversicherten Personen Versicherungsschutz; es handelt sich also insoweit um **Versicherung für fremde Rechnung**. Es gilt den Fall zu regeln, ob und in welchem Umfang es auch für den Versicherungsschutz der Mitversicherten von Belang ist, wenn der VR im Innenverhältnis dem VN gegenüber leistungsfrei ist. Der VR kann nach **Abs. 1 Leistungsfreiheit** nur dann geltend machen, wenn

---

1 Prölss/Martin/*Knappmann*, § 122 Rn 3; FAKomm-VersR/*Dallwig*, § 122 VVG Rn 6; krit. dazu Schwintowski/Brömmelmeyer/*Huber*, § 122 Rn 11.
1 FAKomm-VersR/*Dallwig*, § 123 VVG Rn 1.

- die Leistungsfreiheitsgründe in der Person des Versicherten erfüllt sind oder
- der (mit-)versicherten Person diese Umstände bekannt oder infolge grober Fahrlässigkeit unbekannt waren.

Das ist eine Abweichung von dem Grundsatz, dass Obliegenheits- und sonstige Pflichtverletzungen, die der VN begeht, für den Mitversicherten zum Verlust des Versicherungsschutzes führen können (§ 47 Abs. 1; s. auch Ziff. 27 AHB Rn 5). Die Pflicht-Haftpflichtversicherung hat eine soziale Komponente. Deshalb soll der Mitversicherte geschützt werden und den Deckungsschutz behalten, solange ihn kein Verschuldensvorwurf trifft und er keine Kenntnis vom Fehlverhalten des VN hat.[2] Die Kenntnis oder grob fahrlässige Unkenntnis ist Voraussetzung dafür, dass der VR die Leistung verweigern kann; deshalb trägt er auch insoweit die Darlegungs- und Beweislast. Die Kenntnis bzw Unkenntnis muss sich auf die Umstände beziehen, welche die Leistungsfreiheit des VR begründen.

Abs. 1 setzt voraus, dass die mitversicherte Person befugt ist, ihre Rechte aus dem VersVertrag selbständig geltend zu machen. Dies kann der Fall sein, wenn der Mitversicherte im Besitz des Versicherungsscheins ist (§ 44 Abs. 2); nach einigen AVB – vgl Ziff. 27 Abs. 2 S. 1 AHB – besteht aber auch dann keine Aktivlegitimation. In der Kraftfahrt-Haftpflichtversicherung wird den mitversicherten Personen ausdrücklich das Recht eingeräumt, selbständig Ansprüche gegen den VR zu erheben (A.1.2 S. 2 AKB 2008).[3]

Der Umfang der Leistungspflicht des VR ist auf die gesetzlich vorgeschriebene Mindestversicherungssumme und die übernommene Gefahr begrenzt (**Abs. 2 S. 1 Hs 1** iVm § 117 Abs. 3 S. 1). Die in § 117 Abs. 3 S. 2 vorgesehene Subsidiaritätsregelung gilt hier nicht (**Abs. 2 S. 1 Hs 2**). Andernfalls wäre die mitversicherte Person uU Regressforderungen anderer Schadensversicherer oder von Sozialversicherungsträgern ausgesetzt.[4]

Nach **Abs. 3** kann der VR, soweit er nach Abs. 1 für eine mitversicherte Person den Dritten entschädigt, Regress beim VN nehmen. Das kommt in Betracht, wenn auch der VN dem Dritten gegenüber schadensersatzpflichtig ist (Beispiel: VN ist Halter eines Kfz, eine andere Person hat mit dem Fahrzeug als Fahrer einen Unfall verursacht), so dass der Ausgleichsanspruch aus dem Gesamtschuldverhältnis übergeht.[5]

Nach **Abs. 4** hat eine mitversicherte Person im Falle des Nichtbestehens oder der Beendigung des Haftpflichtversicherungsvertrages Versicherungsschutz, solange der VR der zuständigen Stelle gegenüber keine Anzeige abgegeben hat. Im Übrigen besteht im Rahmen der **Nachhaftungszeit** (§ 117 Abs. 2) grds. Versicherungsschutz. Das ist dann nicht der Fall, wenn die mitversicherte Person Kenntnis vom Nichtbestehen oder von der Beendigung des Vertragsverhältnisses hat oder dieser Umstand ihr grob fahrlässig unbekannt war. Die frühere Rechtslage, nach der ein Versicherter, der keine Kenntnis davon hatte, dass das Vertragsverhältnis geendet hatte, gleichwohl keinen Versicherungsschutz genoss,[6] war unbefriedigend und wurde mit Recht geändert.[7]

---

2 *Schirmer*, ZVersWiss Supplement 2006, 427, 448.
3 Dazu FAKomm-VersR/*Dallwig*, § 123 VVG Rn 3 mwN.
4 Stiefel/Maier/*Jahnke*, § 123 VVG Rn 22.
5 Schwintowski/Brömmelmeyer/*Huber*, § 123 Rn 19 ff.
6 BGH 14.1.2004 – IV ZR 127/03, r+s 2004, 226.
7 Vgl dazu Langheid/Wandt/*Brand*, § 123 Rn 20.

§ 124 Rechtskrafterstreckung

(1) Soweit durch rechtskräftiges Urteil festgestellt wird, dass dem Dritten ein Anspruch auf Ersatz des Schadens nicht zusteht, wirkt das Urteil, wenn es zwischen dem Dritten und dem Versicherer ergeht, auch zugunsten des Versicherungsnehmers, wenn es zwischen dem Dritten und dem Versicherungsnehmer ergeht, auch zugunsten des Versicherers.

(2) Ist der Anspruch des Dritten gegenüber dem Versicherer durch rechtskräftiges Urteil, Anerkenntnis oder Vergleich festgestellt worden, muss der Versicherungsnehmer, gegen den von dem Versicherer Ansprüche auf Grund des § 116 Abs. 1 Satz 2 geltend gemacht werden, diese Feststellung gegen sich gelten lassen, es sei denn, der Versicherer hat die Pflicht zur Abwehr unbegründeter Entschädigungsansprüche sowie zur Minderung oder zur sachgemäßen Feststellung des Schadens schuldhaft verletzt.

(3) Die Absätze 1 und 2 sind nicht anzuwenden, soweit der Dritte seinen Anspruch auf Schadensersatz nicht nach § 115 Abs. 1 gegen den Versicherer geltend machen kann.

I. Normzweck

1 Abs. 1 und 2 sollen v.a. verhindern, dass der im Wege des Direktanspruchs in die Leistungspflicht genommene VR nicht mehr leisten muss, als dem Geschädigten haftungsrechtlich gegenüber dem VN als Schädiger zusteht.[1] Gleichzeitig soll der VN grds. an die durch den VR vorgenommene Schadenfeststellung gebunden sein. **Abs. 3** stellt klar, dass die Rechtskrafterstreckung nur dann stattfindet, wenn der Dritte seinen Schadensersatzanspruch gegen der VR nach § 115 Abs. 1 im Wege des Direktanspruchs geltend machen kann. Außerhalb der KH-Versicherung ist die Bedeutung der Norm gering.

II. Abweisendes Urteil (Abs. 1)

2 Ist rechtskräftig festgestellt, dass dem Geschädigten kein Entschädigungsanspruch zusteht, wirkt ein zwischen dem VR und dem Dritten ergangenes Urteil zugunsten des VN, ein zwischen dem Dritten und dem VN ergangenes Urteil zugunsten des VR (Abs. 1). Ein rechtskräftiges klagabweisendes Urteil gegen den Haftpflichtversicherer wirkt auch im Verhältnis zu einer nur gegen den VN weiterverfolgten Berufung. Auf die inhaltliche Richtigkeit der Klagabweisung gegen den VN kommt es nicht an.[2] Die **Rechtskrafterstreckung** greift auch dann, wenn der Direktanspruch und der Haftpflichtanspruch nicht in getrennten, nacheinander geführten Prozessen geltend gemacht, sondern VR und Schädiger (VN) als einfache Streitgenossen gemeinsam im selben Rechtsstreit in Anspruch genommen worden sind.[3] Eine erneute Überprüfung der Haftungsfrage in einem weiteren Verfahren ist nicht zulässig. Es besteht ansonsten die Gefahr, dass der VR aus dem Deckungsverhältnis zum VN in Anspruch genommen werden könnte, obgleich die Klage des Dritten gegen ihn rechtskräftig abgewiesen worden ist.[4] Soweit getrennte Prozesse gleichzeitig stattfinden, sollte eine Verbindung (§ 147 ZPO) oder eine Aussetzung (§ 148 ZPO) erfolgen.[5] – Die Rechtskrafterstreckung erfasst ausschließlich Urteile.

---

1 Vgl Bruck/Möller/*Beckmann*, § 124 Rn 4 mwN.
2 BGH 15.1.2008 – IV ZR 131/07, BeckRS 2008, 03220.
3 StRspr, vgl BGH 10.5.2005 – VI ZR 366/03, r+s 2005, 397.
4 OLG Brandenburg 30.4.2009 – 12 U 219/08, VersR 2009, 1352; *Hess/Burmann*, NJW-Spezial 2008, 170 mwN.
5 Dazu *Armbrüster*, r+s 2010, 441, 455 mwN.

III. Stattgebende Entscheidung (Abs. 2)

Anders als bei Abs. 1 sind von der Wirkung des Abs. 2 nicht nur Urteile, sondern auch rechtskräftige – gerichtliche oder außergerichtliche – Anerkenntnisse und Vergleiche erfasst. Ist der Anspruch des Dritten gegen den VR rechtskräftig festgestellt, gilt Folgendes: Macht der VR gegen den VN Ansprüche nach § 116 Abs. 2 geltend, muss der VN die getroffenen Feststellungen grds. gegen sich gelten lassen. Das ist nur dann nicht der Fall, wenn der VR seine Pflicht zur Abwehr unbegründeter Ansprüche, seine Schadenminderungspflicht oder seine Verpflichtung zur sachgemäßen Feststellung des Schadens schuldhaft verletzt hat (Abs. 2).[6] Die Pflichtverletzung hat der VN zu beweisen; er kann vom VR allerdings gem. §§ 675, 666 BGB Auskunft verlangen.[7]

Kapitel 2: Rechtsschutzversicherung

§ 125 Leistung des Versicherers

Bei der Rechtsschutzversicherung ist der Versicherer verpflichtet, die für die Wahrnehmung der rechtlichen Interessen des Versicherungsnehmers oder des Versicherten erforderlichen Leistungen im vereinbarten Umfang zu erbringen.

In § 125 wird der mit einer Rechtsschutzversicherung verfolgte **Zweck** beschrieben.[1] Die Vorschrift enthält dagegen **keine Legaldefinition**, weder der Rechtsschutzversicherung als solcher noch des Versicherungsfalles in der Rechtsschutzversicherung. Hiervon hat der Gesetzgeber bewusst abgesehen, um Produktentwicklungen nicht zu behindern.[2] Eine § 125 entsprechende Regelung findet sich in § 1 ARB 2010 und Ziff. 1 ARB 2012.

Hauptleistung des VR ist die **Erstattung** der bei der Rechtsdurchsetzung anfallenden **Kosten**. Insoweit ist die Rechtsschutzversicherung Schadensversicherung, so dass die §§ 74 ff Anwendung finden.[3] Allerdings bieten Rechtsschutzversicherer, der Tendenz zu einem „aktiven Schadenmanagement"[4] folgend, zunehmend weitere **Dienstleistungen** rund um die Wahrnehmung rechtlicher Interessen an, zB **telefonische Rechtsberatungen** oder **Mediationen**.[5] Dies soll dem Servicegedanken und der Qualitätssicherung dienen.[6] Der Zweck dieser Dienstleistungen dürfte aber v.a. darin bestehen, die Interessenwahrnehmung zu lenken und so die Kostenlast zu senken. Über telefonische Rechtsberatungen und Mediationen lassen sich Rechtsschutzfälle schnell erledigen, auch wenn dies dem Interesse des Versicherten an einer effektiven Durchsetzung seiner Rechte mitunter zuwiderläuft. Zum Schadenmanagement von Rechtsschutzversicherern zählt auch die **Empfehlung von Rechtsanwälten**, mit denen Gebührenvereinbarungen unterhalten werden (s. hierzu § 127 Rn 3 ff).

---

6 Römer/Langheid/*Langheid*, § 124 Rn 13.
7 BGH 20.11.1980 – IVa ZR 25/80, VersR 1981, 180.
1 Begr. RegE, BT-Drucks. 16/3945, S. 91.
2 Begr. RegE, BT-Drucks. 16/3945, S. 91.
3 Vgl Römer/Langheid/*Rixecker*, § 125 Rn 1; Prölss/Martin/*Armbrüster*, Vorbem. zu §§ 125–129 Rn 2.
4 Näher hierzu *Cornelius-Winkler*, NJW 2014, 588.
5 van Bühren/Plote/*Wendt*, § 125 Rn 4; Prölss/Martin/*Armbrüster*, § 125 Rn 3.
6 Vgl zB van Bühren/Plote/*Wendt*, § 125 Rn 4.

§ 126 Schadensabwicklungsunternehmen

(1) ¹Werden Gefahren aus dem Bereich der Rechtsschutzversicherung neben anderen Gefahren versichert, müssen im Versicherungsschein der Umfang der Deckung in der Rechtsschutzversicherung und die hierfür zu entrichtende Prämie gesondert ausgewiesen werden. ²Beauftragt der Versicherer mit der Leistungsbearbeitung ein selbständiges Schadensabwicklungsunternehmen, ist dieses im Versicherungsschein zu bezeichnen.

(2) ¹Ansprüche auf die Versicherungsleistung aus einem Vertrag über eine Rechtsschutzversicherung können, wenn ein selbständiges Schadensabwicklungsunternehmen mit der Leistungsbearbeitung beauftragt ist, nur gegen dieses geltend gemacht werden. ²Der Titel wirkt für und gegen den Rechtsschutzversicherer. ³§ 727 der Zivilprozessordnung ist entsprechend anzuwenden.

I. Normzweck

1   Abs. 1 stellt inhaltliche Anforderungen an den Versicherungsschein, um eine hinreichende **Transparenz** der Rechtsschutzversicherung für den VN zu gewährleisten. Abs. 2 begründet eine gesetzliche Prozessstandschaft des vom Rechtsschutzversicherer eingeschalteten Schadensabwicklungsunternehmens.

II. Versicherungsschein (Abs. 1)

2   **1. Getrennte Dokumentation (Abs. 1 S. 1).** Ist die Rechtsschutzversicherung mit der Absicherung anderer Risiken in einer Versicherungspolice verbunden, müssen die Rechtsschutzversicherung und die hierfür zu entrichtende Prämie gesondert ausgewiesen werden. Hierdurch soll dem VN Klarheit über das Rechtsschutzversprechen und die Aufteilung der Prämie verschafft werden. Genügt der Versicherungsschein diesen Anforderungen nicht, hat der VN Anspruch auf Ausstellung eines Abs. 1 S. 1 entsprechenden Versicherungsscheins.

3   **2. Bezeichnung des Schadensabwicklungsunternehmens (Abs. 1 S. 2).** Betreibt ein Versicherungsunternehmen die Rechtsschutzversicherung zusammen mit anderen Versicherungssparten, muss es die Leistungsbearbeitung in der Rechtsschutzversicherung an ein **selbständiges Schadensabwicklungsunternehmen** ausgliedern (§ 8 a Abs. 1 VAG). Ansonsten bestünde die Gefahr der Interessenkollision, insb. wenn der von dem VN in Anspruch genommene Dritte bei demselben Unternehmen haftpflichtversichert wäre. Das Schadensabwicklungsunternehmen ist im Versicherungsschein zu bezeichnen (Abs. 1 S. 2), damit der VN weiß, wohin er sich mit seinem Rechtsschutzbegehren wenden muss. Versäumt der VR dies, kann er sich gegenüber dem VN schadensersatzpflichtig machen, etwa wenn dieser – zu Unrecht (s. Rn 5) – den Rechtsschutzversicherer in Anspruch nimmt.[1]

III. Rechtsstellung des Schadensabwicklungsunternehmens

4   Im Rechtsschutzfall wird das Schadensabwicklungsunternehmen zum Adressaten für den VN. Außerhalb der Schadensabwicklung bleibt der VR „Herr des Versicherungsverhältnisses".[2]

5   **1. Prozessual (Abs. 2).** Ansprüche auf die Versicherungsleistung muss der VN gegen das vom VR beauftragte Schadensabwicklungsunternehmen geltend machen (Abs. 2 S. 1). Da der VR kraft VersVertrages Schuldner der Versicherungsleistung bleibt, stellt Abs. 2 S. 1 den Fall einer **gesetzlichen Prozessstandschaft** dar. Diese führt dazu, dass der VR für Klagen auf die Versicherungsleistung keine Passivlegi-

---

[1] OLG Düsseldorf 23.10.2001 – 4 U 90/01, NVersZ 2002, 136; Prölss/Martin/*Armbrüster*, § 126 Rn 4.
[2] Prölss/Martin/*Armbrüster*, § 126 Rn 13.

timation besitzt, und zwar unabhängig davon, ob er das Schadensabwicklungsunternehmen entsprechend Abs. 1 S. 2 in der Police bezeichnet hat.[3] Dafür entfaltet aber ein Urteil im Prozess des VN gegen das Schadensabwicklungsunternehmen **Rechtskraftwirkung** gegen den VR (Abs. 2 S. 2). Zur Vollstreckung gegen den VR ist dem VN eine **vollstreckbare Ausfertigung** des Urteils analog § 727 ZPO zu erteilen (Abs. 2 S. 3).

2. Materiell-rechtlich. Das Schadensabwicklungsunternehmen verfügt regelmäßig über **Empfangsvollmacht** für den VR. Die Bezeichnung des Unternehmens im Versicherungsschein nach Abs. 1 S. 2 stellt bereits eine entsprechende Außenvollmacht nach § 167 Abs. 1 Alt. 2 BGB dar. Der VN kann daher gegenüber dem Schadensabwicklungsunternehmen Erklärungen mit Wirkung für und gegen den VR abgeben und damit Anzeige- und Aufklärungsobliegenheiten, die mit dem Rechtsschutzfall in Zusammenhang stehen, unmittelbar gegenüber dem Schadensabwicklungsunternehmen erfüllen. Das bedeutet indes nicht, dass das Schadensabwicklungsunternehmen alleiniger „Erfüllungsadressat" für Obliegenheiten ist, der VN seine Obliegenheiten also nicht mehr gegenüber dem VR erfüllen kann.[4] Dies folgt weder aus der Stellung des Schadensabwicklungsunternehmens als Empfangsbevollmächtigter des VR noch aus Abs. 2 S. 1, der nur die prozessuale Rechtsstellung des Schadensabwicklungsunternehmens regelt. Darüber hinaus muss sich der VR das **Wissen** des Schadensabwicklungsunternehmens **zurechnen** lassen (§ 166 Abs. 1 BGB ggf analog).

6

§ 127 Freie Anwaltswahl

(1) ¹Der Versicherungsnehmer ist berechtigt, zu seiner Vertretung in Gerichts- und Verwaltungsverfahren den Rechtsanwalt, der seine Interessen wahrnehmen soll, aus dem Kreis der Rechtsanwälte, deren Vergütung der Versicherer nach dem Versicherungsvertrag trägt, frei zu wählen. ²Dies gilt auch, wenn der Versicherungsnehmer Rechtsschutz für die sonstige Wahrnehmung rechtlicher Interessen in Anspruch nehmen kann.

(2) Rechtsanwalt ist auch, wer berechtigt ist, unter einer der in der Anlage zu § 1 des Gesetzes über die Tätigkeit europäischer Rechtsanwälte in Deutschland vom 9. März 2000 (BGBl. I S. 182, 1349), das zuletzt durch Artikel 1 des Gesetzes vom 26. Oktober 2003 (BGBl. I S. 2074) geändert worden ist, in der jeweils geltenden Fassung genannten Bezeichnungen beruflich tätig zu werden.

I. Normzweck

§ 127 legt den – auch in § 17 Abs. 3 S. 1 ARB 2010 verankerten – Grundsatz der freien Anwaltswahl gesetzlich fest.

1

II. Freie Anwaltswahl (Abs. 1)

Der Grundsatz der freien Anwaltswahl ist unabdingbar (§ 129) und in § 17 Abs. 3 S. 1 ARB 2010 (s. § 17 ARB 2010 Rn 20) sowie Ziff. 4.1.3 S. 1 ARB 2012 vertraglich verwirklicht. Er verbietet es dem VR, dem VN einen bestimmten Rechtsanwalt bzw bestimmte Rechtsanwälte vorzuschreiben oder den Versicherungsschutz von der Interessenwahrnehmung durch bestimmte Rechtsanwälte, zB Vertragsanwälte des VR, abhängig zu machen. Dies gilt auch, soweit sich das Wahlrecht des

2

---

3 OLG Düsseldorf 23.10.2001 – 4 U 90/01, NVersZ 2002, 136.
4 So aber etwa Prölss/Martin/*Armbrüster*, § 126 Rn 10 und van Bühren/Plote/*Wendt*, § 126 Rn 15, die allerdings eine Verpflichtung des VR annehmen, die Erklärung an das Schadensabwicklungsunternehmen weiterzuleiten.

VN auf solche Rechtsanwälte beschränkt, „deren Vergütung der VR nach dem Versicherungsvertrag trägt". Dies gestattet dem VR nur, den Kreis derjenigen Rechtsanwälte, deren Vergütung er zu tragen hat, nach generellen Kriterien einzuschränken, zB auf den Sitz am Gerichtsort (§ 5 Abs. 1 lit. a ARB 2010 bzw Ziff. 2.3.1.2 ARB 2012).[1]

3 **Anwaltsempfehlungen** des VR sind im Hinblick auf die Freiheit der Anwaltswahl jedenfalls dann unbedenklich, wenn an die Nichtbefolgung der Empfehlung keinerlei Konsequenzen für das Versicherungsverhältnis geknüpft werden. Das Recht des VN auf freie Anwaltswahl kann jedoch tangiert sein, wenn die Nichtbefolgung der Empfehlung mit Einschränkungen des Versicherungsschutzes sanktioniert wird oder dem VN bei Wahl des vom VR empfohlenen Rechtsanwalts Vergünstigungen eingeräumt werden. Wie der BGH[2] in einem vielbeachteten Verbandsklageverfahren entschieden hat, schließt die Freiheit der Anwaltswahl auch derartige Anreizsysteme für die Wahl eines empfohlenen Rechtsanwalts nicht generell aus. Das Recht auf freie Anwaltswahl ist danach erst verletzt, wenn ein **unzulässiger psychischer Druck** zur Beauftragung des vom VR vorgeschlagenen Rechtsanwalts ausgeübt wird.[3] Der BGH orientierte sich dabei an der Rspr des EuGH,[4] aus der er bzgl der freien Anwaltswahl lediglich ein „**Aushöhlungsverbot**" herleitete. Maßgeblich ist insb., ob sich der Anreiz für die Befolgung der Anwaltsempfehlung bereits auf den aktuell zu regulierenden oder erst auf einen späteren Rechtsschutzfall auswirkt („Aktualitätsmoment"), wie lange die Entscheidung des VN in zeitlicher Hinsicht nachwirkt („Dauermoment") und wie hoch der finanzielle Anreiz ist („Umfangsmoment").[5] Ein **Schadenfreiheitssystem** mit variabler Selbstbeteiligung, das im Falle der Beauftragung eines vom VR empfohlenen Rechtsanwalts einen schadenfreien Verlauf mit der Folge fingiert, dass eine Rückstufung mit Anfall einer höheren Selbstbeteiligung bei einem weiteren Versicherungsfall innerhalb des nächsten Versicherungsjahres unterbleibt, wobei sich die Selbstbeteiligung jeweils um 150 € ändern und zwischen 0 € und 300 € bewegen kann, stellt danach mangels unzulässigen psychischen Drucks keinen Verstoß gegen die Freiheit der Anwaltswahl iSv § 127 dar.[6] Über andere, auch ähnliche Modelle ist damit nicht entschieden; diese sind vielmehr individuell an den vom BGH genannten Kriterien zu messen.[7] Dabei kommt es auf das „Zusammenspiel" der Faktoren und das daraus sich ergebende Gesamtbild an; es müssen nicht alle Faktoren kumulativ wirken bzw einen unzulässigen psychischen Druck erzeugen, es reicht aber auch nicht notwendigerweise, wenn dies bei nur einem Faktor der Fall ist.[8] Die **Grenze des unzulässigen psychischen Drucks** kann insb. schon dann überschritten sein, wenn sich die Anwaltswahl auf die Selbstbeteiligung im aktuellen Versicherungsfall auswirkt; strittig ist nur, in welcher Höhe sich die Selbstbeteiligung dann ändern muss, damit ein unzulässiger psychischer Druck angenommen werden kann.[9]

---

1 Harbauer/*Bauer*, § 127 Rn 2; van Bühren/Plote/*Wendt*, § 127 Rn 2; Prölss/Martin/*Armbrüster*, § 127 Rn 1.
2 BGH 4.12.2013 – IV ZR 215/12, VersR 2014, 98.
3 BGH 4.12.2013 – IV ZR 215/12, VersR 2014, 98.
4 EuGH 26.5.2011 – C-293/10, NJW 2011, 3077; EuGH 7.11.2013 – C-442/12, VersR 2013, 1530.
5 BGH 4.12.2013 – IV ZR 215/12, VersR 2014, 98; Begriffe nach *Armbrüster*, JZ 2014, 577, 578.
6 BGH 4.12.2013 – IV ZR 215/12, VersR 2014, 98.
7 *Cornelius-Winkler*, NJW 2014, 588, 589; *Münkel*, jurisPR-VersR 7/2014 Anm. 1.
8 *Armbrüster*, JZ 2014, 577, 578; *Maier*, r+s 2014, 73, 74.
9 Vgl *Maier*, r+s 2014, 73, 74 (ab 150 €); *Armbrüster*, JZ 2014, 577, 580 (m. Verw. auf OGH 22.5.2002 – 7 Ob 32/02 k, VersR 2003, 1330: 20 % der Selbstbeteiligung, mind. rd. 220 €); OGH 11.12.2013 – 7 Ob 50/13, VersR 2014, 606 (Wegfall eines Selbstbehalts von 10 % der Schadensleistung, mind. 0,3 % der Versicherungssumme zulässig).

In der Lit. werden die Entscheidung des BGH und die divergierenden Entscheidungen der Vorinstanzen[10] durchaus kontrovers diskutiert.[11] Die **Kritik** entzündet sich in erster Linie an dem Umstand, dass der VR mit den empfohlenen Rechtsanwälten zumeist **Kooperations- und Gebührenvereinbarungen** mit günstigen Gebührensätzen unterhält, woraus sich die Gefahr von **Interessenkollisionen** in der Person des empfohlenen Rechtsanwalts ergeben soll.[12] Dieser Umstand bzw diese Gefahr besteht jedoch unabhängig von einer Anwaltsempfehlung durch den VR und betrifft folglich nicht die Freiheit der Anwaltswahl. Ob Ansprüche des VN daraus resultieren können, dass der VR bei Empfehlung eines Rechtsanwalts, der eine Gebührenvereinbarung mit ihm unterhält, finanzielle Vorteile erzielt und den VN hierüber im Unklaren lässt, hat der BGH nicht entschieden, da dies nicht Gegenstand des Verfahrens wurde.[13] Nach wie vor offen ist auch, ob die Praxis der Kooperations- und Vergütungsvereinbarungen zwischen Rechtsschutzversicherern und Rechtsanwälten mit Rechtsnormen außerhalb des Versicherungsvertragsrechts, etwa des anwaltlichen Berufs-, des Wettbewerbs- oder des Kartellrechts, kollidiert.

4

Wenn der VR dem VN einen für die konkrete Interessenwahrnehmung ungeeigneten Rechtsanwalt empfiehlt, kann der VR sich gegenüber dem VN schadensersatzpflichtig machen, etwa wenn der VN durch eine nicht fachgerechte Interessenwahrnehmung einen Rechtsverlust erleidet.[14] Anwaltsempfehlungen sind für den VR daher mit **Haftungsgefahren** verbunden.

5

Im Hinblick auf die Freiheit der Anwaltswahl gem. Abs. 1 bedenklich ist die **Obliegenheit** des VN, die Beauftragung eines Rechtsanwalts mit dem VR abzustimmen nach Ziff. 4.1.1.3 ARB 2012 (s. hierzu Ziff. 4 ARB 2012 Rn 4).[15]

6

III. Begriff des Rechtsanwalts (Abs. 2)

Abs. 2 stellt Angehörige der in der Anlage zu § 1 des **Gesetzes über die Tätigkeit europäischer Rechtsanwälte in Deutschland (EuRAG)** genannten Rechtsanwaltsberufe in Mitgliedstaaten der Europäischen Union, anderen Vertragsstaaten des Abkommens über den Europäischen Wirtschaftsraum und der Schweiz Rechtsanwälten iSd BRAO gleich.

7

§ 128 Gutachterverfahren

¹Für den Fall, dass der Versicherer seine Leistungspflicht verneint, weil die Wahrnehmung der rechtlichen Interessen keine hinreichende Aussicht auf Erfolg biete oder mutwillig sei, hat der Versicherungsvertrag ein Gutachterverfahren oder ein anderes Verfahren mit vergleichbaren Garantien für die Unparteilichkeit vorzusehen, in dem Meinungsverschiedenheiten zwischen den Vertragsparteien über die

---

10 Das LG Bamberg (8.11.2011 – 1 O 336/10, VersR 2011, 1515) hatte eine Verletzung des Rechts auf freie Anwaltswahl ebenfalls verneint, das OLG Bamberg (20.6.2012 – 3 U 236/11, VersR 2012, 1167) jedoch bejaht.
11 Vgl nur *Armbrüster*, VersR 2011, 1518; *ders.*, VuR 2012, 167; *ders.*, VW 2012, 680; *Lensing*, VuR 2011, 398, 399; *ders.*, VuR 2012, 97; *ders.*, NJW 2012, 2285; *Cornelius-Winkler*, r+s 2012, 389, 390; *ders.*, NJW 2014, 588; *Bauer*, VersR 2012, 1170; *van Bühren*, BRAK-Mitt. 2013, 255; *Maier*, r+s 2014, 73; *Lange*, ZAP 2014, 299; *Münkel*, jurisPR-VersR 7/2014 Anm. 1.
12 Vgl nur *Lensing*, NJW 2012, 2285; *van Bühren*, BRAK-Mitt. 2013, 255; *Cornelius-Winkler*, NJW 2014, 588, 590.
13 BGH 4.12.2013 – IV ZR 215/12, VersR 2014, 98.
14 Harbauer/*Bauer*, § 127 Rn 4; *Armbrüster*, JZ 2014, 577, 579.
15 *Maier*, r+s 2013, 105, 109 und *Bauer*, VersR 2013, 661, 665 nehmen daher einen Verstoß gegen die Freiheit der Anwaltswahl an.

Erfolgsaussichten oder die Mutwilligkeit einer Rechtsverfolgung entschieden werden. ²Der Versicherer hat den Versicherungsnehmer bei Verneinung seiner Leistungspflicht hierauf hinzuweisen. ³Sieht der Versicherungsvertrag kein derartiges Verfahren vor oder unterlässt der Versicherer den Hinweis, gilt das Rechtsschutzbedürfnis des Versicherungsnehmers im Einzelfall als anerkannt.

I. Normzweck

1 § 128 dient dem Interesse des VN an rascher, objektiver und endgültiger Klärung des Versicherungsschutzes bei umstrittener Erfolgsaussicht oder Mutwilligkeit der Wahrnehmung rechtlicher Interessen.

II. Gutachterverfahren (S. 1)

2 Das Gesetz schreibt die Vereinbarung eines Gutachter- oder vergleichbaren Verfahrens wohlgemerkt nur bei Streit um die Erfolgsaussicht oder Mutwilligkeit der Interessenwahrnehmung vor, nicht für den Streit, der sich um das Eingreifen einer primären Risikoabgrenzung oder eines Risikoausschlusses dreht. Die ARB 2010 sehen dementsprechend in § 3a und die ARB 2012 in Ziff. 3.4 entweder ein Schiedsgutachterverfahren oder einen Stichentscheid des für den VN tätigen Rechtsanwalts vor, der ebenfalls den Anforderungen der S. 1 genügt,[1] jedenfalls keine nach § 129 unzulässige Abweichung zum Nachteil des VN darstellt. Auch der im Falle des Stichentscheides nach § 3a Abs. 2 S. 2 ARB 2010 bzw Ziff. 3.4.2 ARB 2012 geltende Vorbehalt, wonach ein offenbar unrichtiges Gutachten die Parteien nicht bindet, ist mit S. 1 vereinbar.[2] Die Begriffe „**hinreichende Aussicht auf Erfolg**" und „**mutwillig**" entsprechen denen in § 114 Abs. 1 S. 1 ZPO[3] (s. § 3a ARB 2010 Rn 3f).

3 Sehen die Bedingungen keine entsprechende Regelung vor, kann sich der VR auf fehlende Erfolgsaussicht oder Mutwilligkeit nicht berufen (S. 3).

III. Hinweispflicht (S. 2)

4 Die Hinweispflicht des VR nach S. 2 soll den VN in die Lage versetzen, ein Schiedsgutachterverfahren einzuleiten bzw den Stichentscheid des Rechtsanwalts herbeizuführen. Der VR muss den VN deshalb „bei Verneinung seiner Leistungspflicht" auf das Gutachter- oder vergleichbare Verfahren hinweisen. Erteilt der VR den Hinweis erst später, etwa weil er die Versicherungsleistung zunächst aus einem anderen Grund ablehnt, verstößt er gegen seine Hinweispflicht.[4] Die Hinweispflicht gilt auch bei teilweiser Deckungsablehnung.[5] Selbst wenn der VN sein Recht auf das Verfahren bereits kennt, ist der VR von seiner Hinweispflicht nicht entbunden.[6] Zur Hinweispflicht s. § 3a ARB 2010 Rn 7, 11.

5 **Verletzt** der VR seine Hinweispflicht, kann er sich auf fehlende Erfolgsaussicht oder Mutwilligkeit ebenfalls nicht berufen (S. 3).

---

1 OLG Köln 20.12.2011 – 9 U 122/11, VersR 2012, 1428; Prölss/Martin/*Armbrüster*, § 128 Rn 2; *Schirmer*, DAR 1990, 441, 444.
2 Prölss/Martin/*Armbrüster*, § 128 Rn 3.
3 BGH 17.1.1990 – IV ZR 214/88, VersR 1990, 414, 415; OLG Karlsruhe 6.8.1998 – 12 U 289/97, VersR 1999, 613, 614.
4 BGH 19.3.2003 – IV ZR 139/01, VersR 2003, 638; OLG Hamm 22.10.1993 – 20 U 130/93, VersR 1994, 1225, 126; aA OLG Karlsruhe 6.8.1998 – 12 U 289/97, VersR 1999, 613, 614.
5 Prölss/Martin/*Armbrüster*, § 128 Rn 5.
6 BGH 2.4.2014 – IV ZR 124/13, VersR 2014, 699 mwN; ebenso Römer/Langheid/*Rixecker*, § 128 Rn 5; aA Prölss/Martin/*Armbrüster*, § 128 Rn 5 mwN; aA auch noch Vorauflage (2. Aufl. 2011, aaO).

§ 129 Abweichende Vereinbarungen

Von den §§ 126 bis 128 kann nicht zum Nachteil des Versicherungsnehmers abgewichen werden.

Die §§ 126–128 sind halbzwingend, so dass zum Nachteil des VN abweichende Vereinbarungen unwirksam sind (s. Einl. Rn 14 f). 1

Kapitel 3: Transportversicherung

Vorbemerkung zu §§ 130–141

I. Anwendungsbereich

Die §§ 130–141 regeln die **Gütertransportversicherung**[1] (§ 130 Abs. 1) sowie die Versicherung eines Schiffes gegen die Gefahren der Binnenschifffahrt (§ 130 Abs. 2). Bei beiden Versicherungen handelt es sich zunächst um **Sachversicherungen**. Für diese können, soweit die §§ 130 ff keine besondere Regelung treffen, auch die Regelungen des Allgemeinen Teils des VVG (Kapitel 1 – Vorschriften für alle Versicherungszweige, §§ 1–73) sowie die Allgemeinen Vorschriften über die Schadensversicherung (§§ 74–87) einschließlich Sachversicherung (§§ 88–99) Anwendung finden. Bei der Versicherung eines Schiffes gegen die Gefahren der Binnenschifffahrt ist die Versicherung **Kaskoversicherung**. In einem eng umschriebenen Bereich, nämlich bei der Haftung des VN infolge eines Zusammenstoßes von Schiffen oder eines Schiffes mit festen oder schwimmenden Gegenständen, ist sie dagegen **Haftpflichtversicherung**. In diesem Fall gelten nicht die Vorschriften der §§ 100 ff,[2] wohl aber, soweit die §§ 130 ff keine abschließende Regelung treffen, die Vorschriften des Allgemeinen Teils des VVG (§§ 1–73) und die Allgemeinen Vorschriften zur Schadensversicherung (§§ 74–87). Siehe aber auch § 130 Rn 19. 1

Die **Seeversicherung** wird von §§ 130 ff nicht umfasst. Der Gesetzgeber hat bewusst auf eine genauere Definition der Seeversicherung verzichtet, weil davon ausgegangen werden könne, dass auch nach Wegfall der HGB-Regelungen für den Rechtsverkehr klar ist, dass der Begriff im bisherigen Sinne zu verstehen sei.[3] Danach kann Gegenstand der Seeversicherung sein „jedes in Geld schätzbare Interesse, welches jemand daran hat, dass Schiff oder Ladung die Gefahren der Seeschifffahrt besteht" (vgl § 778 HGB in der bis zum 31.12.2007 geltenden Fassung). Dazu gehört die See-Güterversicherung, die Seekaskoversicherung, die Versicherung der Haftung für See-Kollisions- und See-Ladungsschäden sowie weitere mit der Seeschifffahrt befasste Versicherungen, etwa die Baurisikoversicherung für Seeschiffe, die nach BGH jedenfalls ab Stapellauf Seeversicherung ist.[4] Zu weiteren Seeversicherungen vgl *Schwampe*.[5] Neu gefasst wurden in den DTV-ADS 2009 die Bedingungen zur See-Kasko Versicherung (Versicherung des Schiffes).[6] 2

---

1 Zur Transportversicherung allgemein vgl *Ehlers*, TranspR 2006, 7; *ders.*, TranspR 2007, 5. Vgl insb. die umfangreichen Kommentierungen zu einer Vielzahl von Bedingungswerken in *Thume/de la Motte/Ehlers* (Hrsg.), Transportversicherungsrecht, 2. Aufl. 2011, in Prölss/Martin/*Koller*, Nr. 730–780 und in van Bühren/*Ehlers/Steinborn/Wege*, § 18; Kommentierungen zu einigen Bedingungswerken bei Hartenstein/Reuschle/*Steinborn*, Kap. 16 (DTV Güter).
2 Begr. RegE, BT-Drucks. 16/3945, S. 92; Prölss/Martin/*Koller*, § 130 Rn 6.
3 Begr. RegE, BT-Drucks. 16/3945, S. 115.
4 BGH 5.7.1971 – II ZR 176/68, BGHZ 56, 339.
5 In: FS Thume, 2008, S. 251 mwN.
6 Dazu *Gerhard*, TranspR 2011, 67; Thume/de la Motte/Ehlers/*Schwampe*, Schiffsversicherungsbedingungen Rn 575 a ff; *Schwampe*, VersR 2010, 1277.

II. Seeversicherung und Übergang des Regressanspruchs

3 Für die Seeversicherung, sei sie Sachversicherung oder Haftpflichtversicherung, ist die Anwendbarkeit des VVG gem. § 209 ausgeschlossen. Insoweit hat sich gegenüber dem bisherigen Rechtszustand nichts geändert, wobei allerdings die früher im HGB enthaltenen Vorschriften zur Seeversicherung ersatzlos aufgehoben wurden, so dass es ab dem 1.1.2008 keine gesetzlichen Regelungen für die Seeversicherung mehr gibt.[7] Insbesondere fehlt bei der Seeversicherung damit eine gesetzliche Vorschrift zum **Übergang des Regressanspruchs**[8] (vgl § 86 und § 804 HGB aF). Die entsprechende Klausel in Versicherungsbedingungen, etwa Ziff. 23 DTV Güter 2000/2011, hat deshalb nicht nur deklaratorische Bedeutung. Die „Rechtsübergangsklauseln", die nicht von „Abtretung", sondern wie das Gesetz von „Übergang" sprechen, sind im Bereich der Seeversicherung wie zwischen VN und VR vereinbarte Vorausabtretungen der Regressansprüche unter der Bedingung und im Umfange der Zahlung des VR zu verstehen.[9] Gegen ihre AGB-Wirksamkeit bestehen für die Seeversicherung keine grundsätzlichen Bedenken,[10] denn in ihnen wird nur eine jahrzehntelange Übung fortgeschrieben, an der die Gesetzgeber sicherlich durch Abschaffung der HGB-Vorschriften für die Seeversicherung und durch die gleichzeitige Beibehaltung der Ausklammerung des Seeversicherungsrechts aus dem VVG nichts ändern wollte.

III. Rechtsübergang bei der vom VVG erfassten Transportversicherung

4 Für die vom VVG erfassten Transportversicherungen ist die besondere Rechtsübergangsvorschrift des § 148 aF gestrichen worden, so dass jetzt die allgemeine Vorschrift zum Rechtsübergang in § 86 uneingeschränkt Anwendung findet, einschließlich der nach hM auch schon früher geltenden Grundsätze zum Quotenvorrecht und zur Differenztheorie.[11]

5 Güter-Transportversicherungen werden häufig als **Fremdversicherungen** abgeschlossen, etwa durch den Spediteur zu Gunsten seines Auftraggebers, des Versenders. Ist bei einer solchen Fremdversicherung nicht auch gleichzeitig das eigene (Haftungs-)Interesse des VN mit abgedeckt – was sich aus der Auslegung des Vers-Vertrages ergibt –, geht der Ersatzanspruch des Versicherten gegen den VN (also des Versenders gegen den Spediteur) auf den VR über.[12] Dann ist somit der Regress gegen den eigenen VN möglich.[13]

IV. Bedingungswerke

6 Gängige Bedingungen sind die DTV Güter 2000/2011,[14] die in ihrem Anwendungsbereich an die Stelle der Allgemeinen Deutschen Seeversicherungsbedingun-

---

7 Art. 4 des Gesetzes zur Reform des Versicherungsvertragsrechts vom 23.11.2007 (BGBl. I S. 2613, 2668); vgl *Schwampe*, in: FS Thume, 2008, S. 251; *Richartz*, TranspR 2007, 300; allgemein zur Seeversicherung nach der VVG-Reform: *Schleif*, TranspR 2009, 18; *Schleif*, VersR 2010, 1281 und die ausführlichen Kommentierungen in *Thume/de la Motte/Ehlers* (Hrsg.), Transportversicherungsrecht, 2. Aufl. 2011.
8 Darauf weist auch *Thume*, TranspR 2012, 125 hin.
9 Vgl ausf. *Bodis*, TranspR 2008, 1, 11; ebenso Thume/de la Motte/Ehlers/*Thume*, § 130 Rn 406.
10 Ebenso Thume/de la Motte/Ehlers/*Thume*, § 130 Rn 406; aA *Bodis*, TranspR 2008, 1, 11.
11 Vgl *Bodis*, TranspR 2008, 1, 10 mwN; *Thume*, VersR 2008, 455, 457.
12 BGH 7.5.2003 – IV ZR 239/02, VersR 2003, 1171 = TranspR 2003, 320; *Thume*, VersR 2008, 455, 457; nach Auslegung zum gegenteiligen Ergebnis kommt: OLG Hamm 12.3.2003 – 20 U 194/02, VersR 2003, 1251.
13 Thume/de la Motte/Ehlers/*Thume*, § 130 Rn 411.
14 Hierzu und zu weiteren AVB vgl ausf. van Bühren/*Ehlers/Steinborn/Wege*, § 18 S. 2067 ff; Prölss/Martin/*Koller*, S. 2645 ff, insb. S. 2663 ff.

gen (ADS Güter 1973/1994) treten, sowie die AVB Flusskasko 2008/2013[15] und die AVB Wassersportfahrzeuge 1985/2008,[16] jetzt AVB Wassersportfahrzeuge 2008.[17] Alle Bedingungswerke sind auf der Homepage des GDV abrufbar.[18] Die dortige organisatorische Einordnung bestimmter Versicherungen unter der „Sparte" Transportversicherungen bedeutet keinesfalls, dass diese Versicherungen auch rechtlich stets als Transportversicherung anzusehen sind.[19]

§ 130 Umfang der Gefahrtragung

(1) Bei der Versicherung von Gütern gegen die Gefahren der Beförderung zu Lande oder auf Binnengewässern sowie der damit verbundenen Lagerung trägt der Versicherer alle Gefahren, denen die Güter während der Dauer der Versicherung ausgesetzt sind.

(2) ¹Bei der Versicherung eines Schiffes gegen die Gefahren der Binnenschifffahrt trägt der Versicherer alle Gefahren, denen das Schiff während der Dauer der Versicherung ausgesetzt ist. ²Der Versicherer haftet auch für den Schaden, den der Versicherungsnehmer infolge eines Zusammenstoßes von Schiffen oder eines Schiffes mit festen oder schwimmenden Gegenständen dadurch erleidet, dass er den einem Dritten zugefügten Schaden zu ersetzen hat.

(3) Die Versicherung gegen die Gefahren der Binnenschifffahrt umfasst die Beiträge zur großen Haverei, soweit durch die Haverei-Maßnahme ein vom Versicherer zu ersetzender Schaden abgewendet werden sollte.

I. Allgemeines	1	a) Grundsatz	7
II. Gütertransportversicherung (Abs. 1)	2	b) Causa proxima	10
1. Begriff und Rechtsnatur	2	4. Beispiele	14
2. Haus-zu-Haus-Versicherungen	4	III. Binnenschiffsversicherung (Abs. 2)	15
3. Allgefahrendeckung	7	IV. Große Haverei (Abs. 3)	20

I. Allgemeines

Die Abs. 1 und 2 entsprechen den Abs. 1 und 2 des § 129 aF, wobei in Abs. 1 zur Klarstellung aufgenommen wurde, dass die Versicherung von Gütern auch die mit der Beförderung verbundene Lagerung umfasst. Bei der Schiffsversicherung in Abs. 2 wurde neu die Fallgruppe der Haftung für den Zusammenstoß eines Schiffes mit festen oder schwimmenden Gegenständen aufgenommen. Abs. 3 ersetzt die Regelung des § 133 Abs. 1 S. 1 aF und stimmt mit dieser weitgehend überein, wobei klargestellt wird, dass die Haverei-Maßnahme den Zweck gehabt haben muss, einen versicherten Schaden abzuwenden. 1

---

15 Vgl Prölss/Martin/*Koller*, S. 2717 ff; hierzu *Gerhard*, TranspR 2014, 361.
16 Hierzu *Gerhard*, TranspR 2007, 458.
17 Hierzu *Bremke/Gerhard*, TranspR 2009, 15.
18 S. www.gdv.de > Service > Versicherungsbedingungen, dort: Schaden- und Unfallversicherungen > Transportversicherung.
19 Vgl den Überblick über die Auswirkungen der VVG-Reform auf die „Sparten" der „Transportversicherung": *Flach*, TranspR 2008, 56.

II. Gütertransportversicherung (Abs. 1)

2 **1. Begriff und Rechtsnatur.** Die Versicherung von Gütern gegen die Gefahren der Beförderung ist **Sachversicherung**, nicht Haftpflichtversicherung.[1] Kennzeichnend für sie ist, dass Güter während ihrer Beförderung wechselnder und fremder Obhut überlassen werden[2] (wobei auch die Obhut eines einzigen Frachtführers ausreicht) und dass nicht Transportmittel, sondern transportierte Gegenstände[3] versichert werden.[4] Eine Versicherung, die mehrere Bereiche umfasst, ist nur dann **Gütertransportversicherung**, wenn letzterer Bereich überwiegt.[5] Die Gütertransportversicherung ist gem. § 210 Abs. 2 S. 1 Nr. 1 iVm Anlage Teil A zum VAG Nr. 7 stets **Großrisiko**, so dass für sie gem. § 210 Abs. 1 die Beschränkungen der Vertragsfreiheit nach dem VVG nicht anzuwenden sind.

3 Sämtliche VVG-Vorschriften sind somit **dispositiv**. Soweit sie gelten, bleiben sie jedoch möglicher Rahmen für eine etwaige Inhaltskontrolle der Versicherungsbedingungen gem. § 307 Abs. 2 Nr. 1 BGB (s. § 210 Rn 10), wobei zu beachten ist, dass bei Bedingungen, die der Makler und nicht der VR erstellt hat, der VN der „Verwender" der Bedingungen sein kann.[6] Der BGH hat allerdings die zitierte Entscheidung des OLG Köln aufgehoben, weil im Streitfall der Makler als Vertreter des VR anzusehen war, da er diesen beim Abschluss vertreten hatte und mit dessen gesamter Geschäftsführung aus dem Vertrag beauftragt und entsprechend tätig geworden war.[7] An dem Grundsatz, dass sehr wohl der VN die Bedingungen durch den Makler „stellen" kann, ändert sich dadurch jedoch nichts, wie eine weitere Entscheidung des BGH aus dem Jahre 2009 zeigt.[8] Zudem sind Güter-Transportversicherungen sehr häufig als laufende Versicherung ausgestaltet, für die ebenfalls volle Vertragsfreiheit gem. § 210 gilt und für die die zusätzlichen besonderen Vorschriften der §§ 53–58 gelten.

4 **2. Haus-zu-Haus-Versicherungen.** Regelmäßig umfasst der übliche VersVertrag den Transport **von Haus zu Haus**, ungeachtet des eingesetzten Transportmittels.[9] Nach seinem klaren Wortlaut betrifft Abs. 1 nicht die Versicherung von Gütern während der **Luftbeförderung**. In diesem Fall bleibt es bei der Anwendung der (über § 210 dispositiven) Vorschriften des Allgemeinen Teils und der Allgemeinen Vorschriften über die Schadens- und Sachversicherung im VVG.[10] Für die Versicherung von Gütern auf der **See-Reise** gilt das VVG gem. § 209 überhaupt nicht. Aufgehoben wurde die Regelung in § 147 aF, nach der bei einer Versicherung für einen gemischten See- und Binnentransport im Wesentlichen insgesamt das Recht der Seeversicherung Anwendung fand.

---

1 BGH 7.5.2003 – IV ZR 239/02, VersR 2003, 1171 = TranspR 2003, 320; *Thume*, VersR 2008, 455; BGH 21.11.2007 – IV ZR 48/07, VersR 2008, 395, 396; OLG Düsseldorf 27.11.2013 – I-18 U 83/13, 18 U 83/13, TranspR 2014, 341, Rn 6 ff; *Thume*, TranspR 2010, 362, 365; *Abele*, TranspR 2012, 391, 397.
2 BGH 29.6.1983 – IVa ZR 220/81, VersR 1983, 949 = MDR 1984, 31; BGH 26.2.1969 – IV ZR 541/68, BGHZ 51, 356 = NJW 1969, 1116 = VersR 1969, 507.
3 Beim „Transport von Transportmitteln" gibt es deshalb Abgrenzungsprobleme, vgl *Schmidt*, TranspR 2013, 59, 64 f und Prölss/Martin/*Koller*, § 130 Rn 2, jew. mwN.
4 BGH 29.6.1983 – IVa ZR 220/81, VersR 1983, 949 = MDR 1984, 31.
5 BGH 29.6.1983 – IVa ZR 220/81, VersR 1983, 949 = MDR 1984, 31.
6 OLG Köln 16.11.1999 – 9 U 81/99, OLGR Köln 2000, 147.
7 BGH 17.1.2001 – IV ZR 282/99, VersR 2001, 368 = TranspR 2002, 258.
8 BGH 22.7.2009 – IV ZR 74/08, VersR 2009, 1477 m. Anm. *Steinkühler/Kassing*; zu Maklerbedingungen und AGB-Kontrolle vgl *Hösker*, VersR 2011, 29 ff und *Golz*, VersR 2011, 727 ff.
9 Vgl die DTV Güter 2000/2011, Musterbedingungen des DTV, Ziff. 8.
10 Ebenso zum alten Recht: *Thume*, TranspR 2006, 1, 3; zum neuen Recht: Thume/de la Motte/Ehlers/*Thume*, § 130 Rn 407; *Ehlers*, TranspR 2007, 5, 8; Begr. RegE, BT-Drucks. 16/3945, S. 91.

Bei einer Gütertransportversicherung, die den **Land-, See- und Lufttransport** umfasst, gelten somit drei verschiedene gesetzliche Regelungen.[11] Dies wird in der Praxis, die Policen mit umfangreichen Regelungen bereithält, nur im Falle der AGB-Kontrolle zu Problemen führen. Dort wird man über das Verbot der geltungserhaltenden Reduktion eine Klausel stets an den Vorschriften mit dem strengsten Regelungsgehalt prüfen müssen:[12] bei einem VersVertrag, der auch die Luftstrecke umfasst, also an den Allgemeinen Regelungen der Sachversicherung, ggf modifiziert durch die Vorschriften zur „laufenden Versicherung" (§§ 53–58).

Da angesichts der regelmäßig allein beteiligten Unternehmer die AGB-Kontrolle anhand gesetzlicher Leitbilder zurückhaltend stattfinden sollte und da häufig die Transportversicherung auch eine laufende Versicherung ist, werden die praktischen Auswirkungen dieser Unsicherheit gering sein. Den in § 6 aF enthaltenen „Kern" hat das OLG Hamburg – mit Recht – als ordre public des Versicherungsrechts bezeichnet, der somit auch im Seeversicherungsrecht gilt. Im konkreten Fall wurde deshalb eine Klausel, nach der der Versicherungsschutz auch ohne Kausalität nach einer fahrlässigen Obliegenheitsverletzung entfallen sollte, als „unbeachtlich" angesehen.[13] Für die vom VVG erfassten Versicherungen wäre eine solche Klausel erst recht nach § 307 Abs. 2 Nr. 1 BGB unwirksam.[14]

3. Allgefahrendeckung. a) Grundsatz. Der VR deckt „alle Gefahren", denen die Güter während der Dauer der Versicherung ausgesetzt sind. Dieser auch in dem nicht von §§ 130–141 erfassten (Seeversicherung und Luftversicherung) Bereich geltende Grundsatz der „Allgefahrendeckung" unterscheidet die Gütertransportversicherung von den meisten sonstigen Sachversicherungen, in denen, wie etwa bei der Kfz-Kaskoversicherung, Versicherungsschutz von vornherein nur gegen bestimmte Gefahren oder Schadensursachen, zB gegen Diebstahl, gewährt wird. Wegen des Grundsatzes der Allgefahrendeckung kommt den Ausschlüssen des Versicherungsschutzes im VersVertrag besonderes Gewicht zu.

Regelmäßig sind Güter aber nur gegen **Verlust** und **Beschädigung** versichert,[15] was sich aus § 136 ergibt[16] und in Ziff. 2.1 DTV Güter 2000/2011 mit der Formulierung umgesetzt wird „Der Versicherer leistet ... Ersatz für Verlust oder Beschädigung der versicherten Güter ...". Erweiterungen finden sich in Abs. 3 und in Versicherungsbedingungen. Die hierzu in Gerichtsentscheidungen vorgenommene Abgrenzung versicherter von nicht versicherten Tatbeständen beruht auf der Auslegung des jeweiligen Bedingungswerkes und ist deshalb nur mit Vorsicht auf andere

---

11 Nach Prölss/Martin/*Koller*, § 130 Rn 2 soll es für die Einordnung darauf ankommen, welche Strecke überwiegt, bei bekanntem Schadensort soll das für die Teilstrecke geltende Versicherungsrecht Anwendung finden; nach van Bühren/*Ehlers/Steinborn/Wege*, § 18 Rn 19 soll bei gemischtem See- und Landtransport einheitlich das VVG gelten.
12 Vgl OLG Hamburg 26.10.2006 – 6 U 208/05, TranspR 2007, 258 und die Zurückweisung der Nichtzulassungsbeschwerde durch BGH 18.3.2009 – IV ZR 293/06; BGH 18.3.2009 – IV ZR 298/06 (Parallelentscheidung), VersR 2009, 769.
13 OLG Hamburg 28.5.1970 – 6 U 28/70, VersR 1970, 1150; vgl van Bühren/*Ehlers/Steinborn/Wege*, § 18 Rn 26.
14 Vgl BGH 2.12.1992 – IV ZR 135/91, BGHZ 120, 290, 295 zu einer Klausel, in der das Verschuldungserfordernis des § 6 aF abbedungen wurde.
15 ZB im Falle des OLG Düsseldorf 7.7.2009 – 18 U 10/09, TranspR 2010, 463, Rn 16 und 17 – der BGH hat die Revision zurückgewiesen, 20.4.2010 – IV ZR 170/09.
16 Darauf weist Prölss/Martin/*Koller*, § 130 Rn 2 hin.

Bedingungswerke übertragbar.[17] Verlust liegt nicht vor, wenn der VN freiwillig das Gut an einen Betrüger übergibt, der vorspiegelt, es befördern zu wollen.[18]

9 Ebenso wird die Dauer der Versicherung für jede einzelne Beförderung und der damit verbundenen Lagerung regelmäßig detailliert geregelt.[19]

10 b) **Causa proxima.** Der Grundsatz der Allgefahrendeckung wird ergänzt durch die „causa-proxima"-Regel, nach welcher entschieden wird, ob eine im VersVertrag ausgeschlossene Gefahr oder ein ausgeschlossener Schaden als deckungsausschließende Ursache des Versicherungsfalles anerkannt wird oder nicht. Es kommt nicht nur darauf an, dass adäquate Kausalität zwischen einem Ausschlusstatbestand und dem Versicherungsfall besteht. Der Ausschlusstatbestand wird vielmehr nur dann in Betracht gezogen, wenn er die „nächste", die „wirksamste" Ursache für den Schadenseintritt war. Durch diese Wertungen wird verhindert, dass bei einer Vielzahl von Schadensursachen der Versicherungsschutz vorschnell entfällt.

11 Der VR trägt die **Beweislast** dafür, dass der Ausschlusstatbestand die „wirksamste, nächste" Ursache war.[20] Die „causa-proxima"-Regel gilt nach Auffassung einiger nur für die Seeversicherung, nicht aber für die Binnen- und Lufttransportversicherung.[21] Spätestens seit der Schaffung der DTV-Güterversicherungsbedingungen 2000 wird dieser Grundsatz aber auch für den Land-, Binnenschiffs- und Luftbereich gem. Ziff. 2.6 dieser Bedingungen für anwendbar erklärt.[22] Der BGH hat sich jetzt der Auffassung angeschlossen, dass die „causa-proxima"-Regel auch für die §§ 130 ff gilt.[23]

12 Als **causa proxima** (zT in Fällen der Seeversicherung) wurde angesehen oder erörtert:

- Verpackungsmangel (Zurückverweisung zur weiteren Aufklärung).[24]
- Eigenfeuchte des Kaffees, die zum Verderb führte, als „natürliche Beschaffenheit".[25]
- Fehlender Kantenschutz, der zur Beschädigung führte, als „Verpackungsmangel".[26]

---

17 Zur Voraussetzung des „stofflichen Zugriffs" in Versicherungsbedingungen für Werttransporte: BGH 25.5.2011 – IV ZR 117/09, VersR 2011, 918; BGH 25.5.2011 – IV ZR 247/09, VersR 2011, 923; BGH 9.11.2011 – IV ZR 251/08, VersR 2012,178 = TranspR 2012, 25 = NJW-RR 2012, 478; BGH 9.11.2011 – IV ZR 16/10, VersR 2012, 566; BGH 9.11.2011 – IV ZR 172/10, VersR 2012, 232 = TranspR 2012, 39; BGH 9.11.2011 – IV ZR 173/10, VersR 2012, 437; BGH 7.12.2011 – IV ZR 179/10, VersR 2012, 1429, Rn 41; *Felsch*, r+s 2012, 233; *Armbrüster*, VersR 2011, 1081; allgemein zu diesen Versicherungsbedingungen *Thume*, TranspR 2010, 362, 364 ff.
18 OLG Frankfurt 28.7.1998 – 22 U 102/96, TranspR 1999, 215 = VersR 1999, 755, Rn 35; Prölss/Martin/*Koller*, § 130 Rn 2.
19 ZB – genannt sind auch Fälle der Seeversicherung – während Lagerungen in der sog. PoLar-Klausel, vgl OLG Hamburg 7.3.2013 – 6 U 45/12, TranspR 2013, 170 = RdTW 2014, 329 oder in Ziff. 8 DTV Güter 2000/2011; bei der Ablieferung nach besonderer Klausel, LG Karlsruhe 28.11.2013 – 15 O 25/13, TranspR 2015, 81 m. Anm. *Drews*, S. 83 ff; vgl allgemein zur Dauer *Thume*, TranspR 2010, 362, 365.
20 Vgl hierzu BGH 8.5.2002 – IV ZR 239/00, TranspR 2003, 74, 75 f = VersR 2002, 845 mwN; KG 2.7.1999 – 6 U 8103/97; OLG Karlsruhe 18.7.2013 – 12 U 203/12, juris (Rn 65); *Schwampe*, TranspR 2006, 55, 57 ff.
21 Thume/de la Motte/Ehlers/*Ehlers*, AVB Güter Rn 169; vgl auch Bruck/Möller/*Sieg*, § 49 Anm. 144; aA Prölss/Martin/*Koller*, § 130 Rn 5; BK/*Dallmayr*, § 131 Rn 13.
22 Thume/de la Motte/Ehlers/*Ehlers*, AVB Güter Rn 169 f; vgl *Abele*, TranspR 2012, 391, 398.
23 BGH 27.5.2015 – IV ZR 292/13, juris (Rn 39).
24 BGH 8.5.2002 – IV ZR 239/00, TranspR 2003, 74 = VersR 2002, 845.
25 KG 2.7.1999 – 6 U 8103/97.
26 OLG Bremen 7.1.1988 – 2 U 152/86, VersR 1988, 716 = TranspR 1988, 236.

- Grob fahrlässig falsch verschlossene Luke, was nach Eindringen von Seewasser zum Kentern führte, als „anfängliche Seeuntüchtigkeit".[27]
- Falsches Stapeln von Plastikeimern im Container, was zum Zusammenbrechen der Stapel führte, als „Verpackungsfehler".[28]
- „Verzögerung der Reise" für einen Ladungsschaden.[29]
- Eine Kiste, die ungeeignet war, den üblichen Belastungen beim Krantransport mittels Seilzug standzuhalten, was zur Beschädigung auf dem Lufttransport führte, als „Verpackungsfehler".[30]
- Verladefehler.[31]
- Hygroskopische Eigenschaft des Gutes für Beschädigung durch Feuchtigkeit.[32]
- Falsche Ausrüstung, falsche Bemannung oder Fahruntüchtigkeit des Schiffes.[33]

Als causa proxima abgelehnt wurde in der Yacht-Kaskoversicherung das Alleinlassen der Yacht auf Reede trotz Sturms für das Losreißen, das auch auf einem Materialfehler der Kette beruhte.[34]

4. Beispiele. Gütertransportversicherung ist auch die Valoren-Transport-Versicherung,[35] die Auto-Inhaltsversicherung,[36] die Hakenlastversicherung[37] und die Werksverkehr-Güterversicherung.[38] Nicht als Transportversicherung angesehen wurden die Schaustellerversicherung,[39] die Juwelierversicherung,[40] die Ausstellungsversicherung[41] und die Reisegepäckversicherung.[42]

III. Binnenschiffsversicherung (Abs. 2)

Die Versicherung eines Schiffes gegen die Gefahren der Binnenschifffahrt ist **Sachversicherung** und gehört zu den Großrisiken gem. § 210 Abs. 2 S. 1 Nr. 1 iVm Anlage Teil A zum VAG Nr. 6, für die gem. § 210 Abs. 1 Vertragsfreiheit herrscht. Nach dem Wortlaut zählt hierzu auch die Sportboot-Kaskoversicherung (soweit sie nicht Seeversicherung ist), wobei die Lit. versucht, zum Schutz des Verbrauchers die Bootkaskoversicherung ganz oder teilweise aus dem Anwendungsbereich der §§ 210 und 130 Abs. 2 herauszunehmen, indem zwischen Schiffen und Booten

---

27 OLG Hamburg 11.6.1987 – 6 U 147/86, VersR 1987, 1004.
28 OLG Hamburg 28.2.1985 – 6 U 108/84, VersR 1986, 1016 = TranspR 1985, 293.
29 OLG Hamburg 18.8.1983 – 6 U 25/82, VersR 1983, 1151.
30 OLG München 13.11.2002 – 7 U 2323/02, TranspR 2003, 321 = VersR 2003, 1299.
31 OLG Karlsruhe 2.9.1994 – 15 U 249/93 (oder 1 S 4 249/93), TranspR 1994, 445.
32 OLG Nürnberg 25.3.2013 – 8 U 1245/12, veröffentlicht auf der Homepage des GDV (www.tis-gdv.de/tis/bedingungen/urteile).
33 OLG Karlsruhe 18.7.2013 – 12 U 203/12, juris (Rn 65); BGH 27.5.2015 – IV ZR 292/13, juris (Rn 43 f).
34 LG Hamburg 28.2.2005 – 415 O 167/03.
35 BGH 21.11.2007 – IV ZR 48/07, VersR 2008, 395 = TranspR 2008, 86; BGH 7.5.2003 – IV ZR 239/02, VersR 2003, 1171 = NJW-RR 2003, 1107; BGH 21.11.2007 – IV ZR 70/07, TranspR 2008, 129; OLG Celle 19.9.2008 – 8 U 11/08, VersR 2008, 1532; OLG Celle 26.3.2009 – 8 U 170/08, juris.
36 LG Mainz 30.9.2004 – 4 O 88/04; OLG Koblenz 14.12.1987 – 12 U 656/87, VersR 1988, 1061.
37 Thume/de la Motte/Ehlers/*Thume*, § 130 Rn 424 mit weiteren Beispielen.
38 LG Stuttgart 21.4.1978 – 19 O 98/78, VersR 1978, 835; LG Stuttgart 24.1.1989 – 25 O 622/88, VersR 1989, 1191; LG Köln 29.1.1979 – 74 O 16/78, VersR 1979, 618; LG Hamburg 4.11.1981 – 21 O 152/81, VersR 1983, 236.
39 BGH 29.6.1983 – IVa ZR 220/81, VersR 1983, 949 = MDR 1984, 31.
40 BGH 24.11.1971 – IV ZR 135/69, VersR 1972, 85 = BB 1972, 899; BGH 26.2.1969 – IV ZR 541/68, BGHZ 51, 356 = NJW 1969, 1116 = VersR 1969, 507.
41 Vgl Prölss/Martin/*Koller*, § 130 Rn 9 mit weiteren Beispielen.
42 Vgl Thume/de la Motte/Ehlers/*Thume*, § 130 Rn 424.

differenziert[43] oder aus übergeordneten Verbraucherschutzerwägungen der Anwendungsbereich der Vorschriften teleologisch reduziert[44] wird. Der BGH hat ausgeführt, dass die Yacht-Kaskoversicherung „zwar zur Transportversicherung zählen könnte ..., jedenfalls aber auch den Charakter einer Sachversicherung hat".[45] In einer früheren Entscheidung hatte der BGH die Vorschriften über die Transportversicherung ohne weiteres angewendet.[46] Das OLG Köln wendet auf eine Sportbootversicherung § 61 aF (jetzt: § 81) an, ohne die speziellere Vorschrift des § 130 aF (jetzt: § 137) zu erwähnen.[47] Das LG Hamburg zählt die Yacht-Kaskoversicherung dem Gesetzeswortlaut entsprechend zu den Großrisiken.[48] In den AVB Wassersportfahrzeuge 1985/2008 und den AVB Wassersportfahrzeuge 2008 wird zB das „Alles-oder-Nichts-Prinzip" aufgegeben.

16 Gedeckt sind „Gefahren der Binnenschifffahrt". Zu den bei der Seeversicherung gedeckten „Gefahren der Seeschifffahrt" gehört nach OLG Hamburg nicht der erst während der Reise zu Tage getretene anfängliche Mangel der Beschichtung des Laderaums, wohl aber ein aus einem anfänglichen Mangel entstehender „weiterfressender Schaden".[49]

17 Nach **Abs. 2 S. 2** umfasst die **Flusskaskoversicherung** auch einen eng begrenzten Ausschnitt der Haftpflichtversicherung des VN für Ansprüche, denen er infolge eines Zusammenstoßes von Schiffen oder eines Schiffes mit festen oder schwimmenden Gegenständen ausgesetzt ist.[50] Im Rahmen einer sog. „**Schwesterschiffklausel**" wird in bestimmten Fällen fingiert, dass jedes Schiff einen anderen Eigentümer hat, so dass eine „Haftung gegenüber sich selbst" versichert sein kann.[51]

18 Auch diese Versicherungssparte ist Großrisiko gem. § 210 Abs. 2 S. 1 Nr. 1 iVm Anlage Teil A zum VAG Nr. 12. Es herrscht gem. § 210 somit Vertragsfreiheit, wobei auch hier eine teleologische Reduktion der Gesetzesanwendung mit dem Ziel denkbar erscheint, dass im Verbraucherschutzinteresse die Sportboot-Haftpflichtversicherung weder als Großrisiko noch als Transportversicherung angesehen wird (s. Rn 15).

19 Die Haftung des Schiffeigners oder sonstiger mit dem Betrieb des Schiffes befassten Personen für andere Schäden als die genannten Kollisionsschäden unterfällt nicht der Vorschrift des Abs. 2 S. 2, so dass nach der Gesetzesbegründung eine hierfür genommene Haftpflichtversicherung nicht als Transportversicherung anzusehen und nach den §§ 100–112 zu beurteilen sei.[52] Der BGH hat allerdings § 132 aF auch auf einen Fall angewendet, der nur durch den VersV zusätzlich zu den in § 129 aF umfassten Kollisionsfällen in den Versicherungsschutz einbezogen wor-

---

43 *Ehlers*, TranspR 2007, 5, 11.
44 *Gerhard*, TranspR 2007, 458, 459; *Bremke/Gerhard*, TranspR 2009, 15; Prölss/Martin/*Knappmann*, Wassersportversicherung, Vorbem. Rn 2; *Thume*, in: Thume/de la Motte/Ehlers, § 130 Rn 426 bezeichnet die Rechtslage als „unklar".
45 BGH 8.2.1988 – II ZR 210/87, BGHZ 103, 228, 232 = VersR 1988, 463, 464 = NJW 1988, 1590, 1591.
46 BGH 21.12.1981 – II ZR 76/81, VersR 1982, 381, 382.
47 OLG Köln 12.10.2010 – 9 U 84/10, VersR 2011, 1051.
48 LG Hamburg 28.2.2005 – 415 O 167/03, IPRspr 2005, Nr. 28, 68, 70.
49 OLG Hamburg 10.5.2012 – 6 U 131/07, juris (Rn 29–31).
50 Vgl BGH 18.5.2011 – IV ZR 165/09, VersR 2011, 1048, Rn 21 zu einer indirekten vertraglichen Erweiterung des Anwendungsbereichs auf alle Kollisionsfälle nach bisherigem Recht.
51 Vgl BGH 18.4.2012 – IV ZR 283/11, VersR 2012, 852 = TranspR 2012, 340: auch beim Führen im Schub- oder Koppelverband, Rn 18; hierzu *Schmidt*, VersR 2013, 418, 426.
52 Begr. RegE, BT-Drucks. 16/3945, S. 92; ebenso Langheid/Wandt/*Kollatz*, § 130 Rn 22; ebenso zur Geltung der §§ 100 ff Römer/Langheid/*Langheid*, § 130 Rn 20.

den war.[53] Jedenfalls bleibt es in solchen „Erweiterungsfällen" bei der grundsätzlichen Anwendbarkeit der §§ 100–112.

IV. Große Haverei (Abs. 3)

Große Haverei sind diejenigen Schäden, die dem Schiff oder der Ladung vorsätzlich zugefügt werden, um beides aus einer gemeinsamen Gefahr zu erretten. Klassisches Beispiel ist das Abwerfen von Ladung (vgl § 78 BSchG). Erfolgt die Maßnahme zur Abwendung eines versicherten Schadens, umfasst die Binnenschifffahrtsversicherung die Beiträge des VN zur großen Haverei. Diese „Beiträge" werden durch die sog. **Dispache** festgesetzt, also einen Verteilungsplan, in welchem regelmäßig alle Aufwendungen und alle Verluste „des Schiffes" und „der Ladung" mit dem Ziel eingestellt werden, alle Beteiligten proportional gemäß dem Wert der ihnen gehörenden Gegenstände (Schiff und Ladung) gleichmäßig zu belasten.[54]

20

§ 131 Verletzung der Anzeigepflicht

(1) [1]Abweichend von § 19 Abs. 2 ist bei Verletzung der Anzeigepflicht der Rücktritt des Versicherers ausgeschlossen; der Versicherer kann innerhalb eines Monats von dem Zeitpunkt an, zu dem er Kenntnis von dem nicht oder unrichtig angezeigten Umstand erlangt hat, den Vertrag kündigen und die Leistung verweigern. [2]Der Versicherer bleibt zur Leistung verpflichtet, soweit der nicht oder unrichtig angezeigte Umstand nicht ursächlich für den Eintritt des Versicherungsfalles oder den Umfang der Leistungspflicht war.

(2) [1]Verweigert der Versicherer die Leistung, kann der Versicherungsnehmer den Vertrag kündigen. [2]Das Kündigungsrecht erlischt, wenn es nicht innerhalb eines Monats von dem Zeitpunkt an ausgeübt wird, zu welchem dem Versicherungsnehmer die Entscheidung des Versicherers, die Leistung zu verweigern, zugeht.

I. Allgemeines

Die Vorschrift hatte im VVG aF keine Entsprechung. Sie passt das im Allgemeinen Teil geänderte VVG den bisherigen Gepflogenheiten und gebräuchlichen Bedingungen der Transportversicherung – teilweise – an. Sie entspricht wörtlich § 56.

1

II. Anzeigepflicht (Abs. 1)

Zwar ist es in der Transportversicherung üblich, die Verletzung der Anzeigepflicht mit Leistungsfreiheit des VR zu sanktionieren.[1] Um durch § 19 Abs. 2 kein falsches gesetzliches Leitbild zu schaffen, sei, so die Gesetzesbegründung, diese abweichende Praxis gesetzlich ausdrücklich anzuerkennen.[2] Nach **Abs. 1 S. 1** bleibt es jedoch dabei, dass, wie in § 21 Abs. 1 und 2, der VR **binnen Monatsfrist** ab Kenntnis des nicht oder unrichtig angezeigten Umstandes reagieren muss, um für einen eingetretenen Versicherungsfall leistungsfrei werden zu können: Er kann den Vertrag kündigen und (dann) die Leistung verweigern. Geschieht dies nicht innerhalb der Monatsfrist, entfällt nach dem Gesetzeswortlaut auch das Recht zur Leistungsverweigerung. Bei dieser Auslegung läuft allerdings das Kündigungsrecht des VN nach Abs. 2 jedenfalls insoweit leer, als es sich auf die berechtigte Leistungsverweige-

2

---

53 BGH 18.5.2011 – IV ZR 165/09, VersR 2011, 1048, Rn 21.
54 Hierzu im Einzelnen Thume/de la Motte/Ehlers/*Thume*, § 130 Rn 428 f.
1 So in Ziff. 4.2 DTV Güter 2000/2011; § 20 Abs. 1 ADS 1919; s. zB OLG Hamburg 10.6.2004 – 6 U 223/03, TranspR 2004, 328.
2 Begr. RegE, BT-Drucks. 16/3945, S. 92.

rung bezieht, weshalb nach anderer, wohl überwiegender, Auffassung der VR sich auch ohne eigene Kündigung auf die Leistungsfreiheit berufen kann.[3]

3 Nach den DTV Güter 2000/2011 bedarf es jedenfalls keiner Kündigung, der VR ist bei unvollständigen oder unrichtigen Angaben gem. Ziff. 4.2 von der Verpflichtung zur Leistung frei. Das Abbedingen des Kündigungserfordernisses des Abs. 1 ist, wie es der BGH für eine gleich gelagerte Konstellation entschieden hat, nicht gem. § 307 BGB unwirksam.[4] Streitig ist, ob § 19 Abs. 5 anwendbar bleibt.[5] Ein Verschulden des VN wird vom Gesetz nicht gefordert.[6]

4 Nach Abs. 1 S. 2 bleibt der VR zur Leistung verpflichtet, soweit der nicht oder unrichtig angezeigte Umstand nicht ursächlich für den Eintritt des Versicherungsfalles oder den Umfang der Leistungspflicht war. Bei dieser Ursächlichkeit handelt es sich um adäquate Kausalität. Die causa-proxima-Lehre (s. § 130 Rn 10) findet hier keine Anwendung.

III. Kündigungsrecht des VN (Abs. 2)

5 Anders als bei der Haftpflichtversicherung erhält der VN das Kündigungsrecht auch dann, wenn der VR die Leistung mit Recht verweigert hat (vgl § 111 Abs. 1).[7]

§ 132 Gefahränderung

(1) [1]Der Versicherungsnehmer darf abweichend von § 23 die Gefahr erhöhen oder in anderer Weise ändern und die Änderung durch einen Dritten gestatten. [2]Die Änderung hat er dem Versicherer unverzüglich anzuzeigen.

(2) [1]Hat der Versicherungsnehmer eine Gefahrerhöhung nicht angezeigt, ist der Versicherer nicht zur Leistung verpflichtet, wenn der Versicherungsfall nach dem Zeitpunkt eintritt, zu dem die Anzeige dem Versicherer hätte zugehen müssen. [2]Er ist zur Leistung verpflichtet,
1. wenn ihm die Gefahrerhöhung zu dem Zeitpunkt bekannt war, zu dem ihm die Anzeige hätte zugehen müssen,
2. wenn die Anzeigepflicht weder vorsätzlich noch grob fahrlässig verletzt worden ist oder
3. soweit die Gefahrerhöhung nicht ursächlich für den Eintritt des Versicherungsfalles oder den Umfang der Leistungspflicht war.

(3) Der Versicherer ist abweichend von § 24 nicht berechtigt, den Vertrag wegen einer Gefahrerhöhung zu kündigen.

1 § 132 tritt hinsichtlich der Gefahrerhöhung anstelle der §§ 142 und 143 aF, regelt aber weitere Fälle und passt das Gesetz den üblichen Versicherungsbedingungen an.

---

3 Langheid/Wandt/*Kollatz*, § 131 Rn 9; Römer/Langheid/*Langheid*, § 131 Rn 7; Römer/Langheid/*Rixecker*, § 56 Rn 2 (allerdings soll sich der VR binnen Monatsfrist „erklären"); Bruck/Möller/*Renger*, § 56 Rn 12; FAKomm-VersR/*Wolf*, § 56 VVG Rn 7.
4 BGH 1.12.2004 – IV ZR 291/03, VersR 2005, 266.
5 Gegen Anwendbarkeit: Prölss/Martin/*Armbrüster*, § 56 Rn 2; Römer/Langheid/*Rixecker*, § 56 Rn 1; für Anwendbarkeit: Langheid/Wandt/*Reinhard*, § 56 Rn 6; Prölss/Martin/*Koller*, § 131 Rn 1; das OLG Köln 6.11.2012 – 9 U 66/12 konnte die Frage offen lassen.
6 Römer/Langheid/*Rixecker*, § 56 Rn 2; Prölss/Martin/*Armbrüster*, § 56 Rn 2; Langheid/Wandt/*Reinhard*, § 56 Rn 5; Prölss/Martin/*Koller*, § 131 Rn 1; Langheid/Wandt/*Kollatz*, § 131 Rn 9; Römer/Langheid/*Langheid*, § 131 Rn 5.
7 Ebenso – zu § 56 – *Langheid*, Die laufende Versicherung, in: FS Wälder, 2009, S. 23, 34.

Die Neuformulierung der Vorschrift orientiert sich an den gebräuchlichen Transport-Versicherungsbedingungen, etwa Ziff. 5 DTV Güter 2000. Nach dem Wortlaut des **Abs. 1** muss der VN nur Änderungen anzeigen, durch die er selbst die Gefahr erhöht hat oder die er einem Dritten „gestattet" hat. Gefahränderungen, die ein Dritter ohne oder gegen den Willen des VN vornimmt, sind von Abs. 1 nicht erfasst. Allerdings ergibt sich in diesem Fall eine Anzeigeobliegenheit aus § 23 Abs. 3, der durch § 132 nicht verdrängt wird.[1] Nach Ziff. 5.2 DTV Güter 2000/2011 besteht die Anzeigeobliegenheit auch für Gefahränderungen, die ohne Zutun oder Gestattung des VN eintreten.

Nach der gesetzlichen Regelung in **Abs. 2** bleibt es ebenso wie nach den DTV Güter 2000/2011, dort Ziff. 7.2, beim Alles-oder-Nichts-Prinzip. Insoweit wird von § 26 abgewichen.

Auf die Kommentierung zu § 57 wird verwiesen.

§ 133 Vertragswidrige Beförderung

(1) ¹Werden die Güter mit einem Beförderungsmittel anderer Art befördert als vereinbart oder werden sie umgeladen, obwohl direkter Transport vereinbart ist, ist der Versicherer nicht zur Leistung verpflichtet. ²Dies gilt auch, wenn ausschließlich ein bestimmtes Beförderungsmittel oder ein bestimmter Transportweg vereinbart ist.

(2) ¹Der Versicherer bleibt zur Leistung verpflichtet, wenn nach Beginn der Versicherung die Beförderung ohne Zustimmung des Versicherungsnehmers oder infolge eines versicherten Ereignisses geändert oder aufgegeben wird. ²§ 132 ist anzuwenden.

(3) Die Versicherung umfasst in den Fällen des Absatzes 2 die Kosten der Umladung oder der einstweiligen Lagerung sowie die Mehrkosten der Weiterbeförderung.

§ 133 ersetzt § 137 aF und ist Ziff. 6 der DTV Güterversicherungsbedingungen 2000 nachgebildet. Abs. 2 S. 2 stellt klar, dass es sich bei der vertragswidrigen Beförderung um eine Gefahränderung handelt. Abs. 3 entspricht fast wortgleich § 137 Abs. 3 aF.

Auch hier bleibt es bei dem Alles-oder-Nichts-Prinzip. Der Begriff „**Vereinbarung**" bezieht sich auf die Vereinbarung mit dem VR, nicht etwa auf eine Vereinbarung nur mit dem Frachtführer. Da sich die Frachtführer häufig das Recht vorbehalten, Transportmittel und Transportwege zu ändern, dürfte eine Zustimmung des VN gem. Abs. 2 sehr häufig anzunehmen sein. Die Vereinbarung bestimmter Beförderungsmittel im VersVertrag ist deshalb im Regelfall untunlich. Verkehrsübliche Umladungsklauseln in Konnossementen sollen allerdings nicht als „Zustimmung" des VN gelten.[1]

§ 134 Ungeeignete Beförderungsmittel

(1) Ist für die Beförderung der Güter kein bestimmtes Beförderungsmittel vereinbart, ist der Versicherungsnehmer, soweit er auf dessen Auswahl Einfluss hat, ver-

---

1 Ebenso Römer/Langheid/*Langheid*, § 132 Rn 5.
1 So OLG Hamburg 6.4.1937 – 3 U 277/36, Sasse I Nr. 445, S. 371, 372; *Ritter/Abraham*, § 87 Anm. 6; vgl Thume/de la Motte/Ehlers/*Ehlers*, AVB Güter Rn 252.

pflichtet, Beförderungsmittel einzusetzen, die für die Aufnahme und Beförderung der Güter geeignet sind.

(2) Verletzt der Versicherungsnehmer diese Obliegenheit vorsätzlich oder grob fahrlässig, ist der Versicherer nicht zur Leistung verpflichtet, es sei denn, die Verletzung war nicht ursächlich für den Eintritt des Versicherungsfalles oder den Umfang der Leistungspflicht.

(3) ¹Erlangt der Versicherungsnehmer Kenntnis von der mangelnden Eignung des Beförderungsmittels, hat er diesen Umstand dem Versicherer unverzüglich anzuzeigen. ²§ 132 ist anzuwenden.

1 Abs. 1 übernimmt die in Ziff. 7.1 DTV Güter 2000/2004 enthaltene Regelung, die dort allerdings noch als Risikoausschluss formuliert war. Nach dem Gesetz ist der Einsatz eines geeigneten Beförderungsmittels jetzt jedoch als Obliegenheit des VN ausgestaltet, der mangels besonderer Vereinbarung dafür zu sorgen hat, nur geeignete Beförderungsmittel einzusetzen, soweit er auf deren Auswahl Einfluss hat. Die DTV Güter 2000 sind daraufhin idF 2000/2008 in Ziff. 7.1 geändert worden: Auch dort wird der Einsatz eines geeigneten Transportmittels als Obliegenheit ausgestaltet, was idF 2000/2011 beibehalten wird. **Abs. 2** behält das Alles-oder-Nichts-Prinzip des alten Rechts bei. **Abs. 3** regelt eine besondere Anzeigeobliegenheit und verweist hierfür auf § 132.

§ 135 Aufwendungsersatz

(1) Aufwendungen, die dem Versicherungsnehmer zur Abwendung oder Minderung des Schadens entstehen, sowie die Kosten für die Ermittlung und Feststellung des Schadens hat der Versicherer auch insoweit zu erstatten, als sie zusammen mit der übrigen Entschädigung die Versicherungssumme übersteigen.

(2) Sind Aufwendungen zur Abwendung oder Minderung oder zur Ermittlung und Feststellung des Schadens oder zur Wiederherstellung oder Ausbesserung der durch einen Versicherungsfall beschädigten Sache gemacht oder Beiträge zur großen Haverei geleistet oder ist eine persönliche Verpflichtung des Versicherungsnehmers zur Entrichtung solcher Beiträge entstanden, hat der Versicherer den Schaden, der durch einen späteren Versicherungsfall verursacht wird, ohne Rücksicht auf die von ihm zu erstattenden früheren Aufwendungen und Beiträge zu ersetzen.

1 Die Vorschrift ersetzt die Regelung in § 144 aF, wobei über § 144 Abs. 1 aF hinaus auch Kosten für die Ermittlung und Feststellung des Schadens erfasst sind. Abs. 2 entspricht fast wortgleich § 144 Abs. 2 aF.

2 § 144 Abs. 1 aF umfasste nur Aufwendungen, die der VN „für geboten halten durfte." Diese Einschränkung ist in der jetzigen Fassung der Vorschrift nicht länger enthalten. Nach dem Wortlaut schuldet der VR deshalb – bis zur Grenze des Missbrauchs – auch Ersatz ungeeigneter Aufwendungen, selbst wenn der VN die Ungeeignetheit grob fahrlässig nicht erkannt hat.[1] Die DTV Güter 2000/2011 bestimmen hingegen unverändert, dass die Aufwendungen nur ersatzfähig sind, soweit der VN sie nach den Umständen für geboten halten durfte (Ziff. 2.3.1.2.1 DTV Güter 2000/2011). Der VR kann eine Eintrittspflicht über die Versicherungssumme hinaus durch rechtzeitige Erklärung des Abandon gem. § 141 vermeiden.

---

1 AA Prölss/Martin/*Koller*, § 135 Rn 1 mwN.

§ 136 Versicherungswert

(1) Als Versicherungswert der Güter gilt der gemeine Handelswert und in dessen Ermangelung der gemeine Wert, den die Güter am Ort der Absendung bei Beginn der Versicherung haben, zuzüglich der Versicherungskosten, der Kosten, die bis zur Annahme der Güter durch den Beförderer entstehen, und der endgültig bezahlten Fracht.

(2) Der sich nach Absatz 1 ergebende Wert gilt auch bei Eintritt des Versicherungsfalles als Versicherungswert.

(3) ¹Bei Gütern, die beschädigt am Ablieferungsort ankommen, ist der Wert, den sie dort in beschädigtem Zustand haben, von dem Wert abzuziehen, den sie an diesem Ort in unbeschädigtem Zustand hätten. ²Der dem Verhältnis der Wertminderung zu ihrem Wert in unbeschädigtem Zustand entsprechende Bruchteil des Versicherungswertes gilt als Betrag des Schadens.

Die Abs. 1, 2 und 3 entsprechen inhaltlich der Regelung des § 140 aF. Dabei wurde in Abs. 1 die Formulierung der Ziff. 10.2 DTV Güter 2000/2004 fast wörtlich übernommen. Eine besondere Vorschrift zur Regelung des Versicherungswertes von Schiffen, wie sie § 141 aF enthielt, gibt es nicht länger. Hier ist allein auf die allgemeine Regelung des § 88 abzustellen, wobei die Gesetzesbegründung ausdrücklich auf die Möglichkeit abweichender Vereinbarungen verweist.[1]

Der gemeine Handelswert ist der objektive Wert auf der Handelsstufe des Versicherten. Hierzu zählt bei einem Verkäufer der Verkaufswert einschließlich des erzielbaren Gewinns.[2] Hinzu kommen die im Gesetz genannten Kosten. Die „endgültig bezahlte Fracht" ist der Teil des Frachtlohns, der unabhängig davon zu zahlen ist, ob der Transport beendet wird oder nicht (vgl § 432 HGB).[3] Dabei kommt es allein auf den Zeitpunkt bei Beginn der Versicherung an. Spätere Wertänderungen sind unerheblich.[4] Dies stellt Abs. 2 noch einmal klar. Zur Neuwertversicherung für Yachten vgl BGH vom 8.2.1988.[5]

§ 137 Herbeiführung des Versicherungsfalles

(1) Der Versicherer ist nicht zur Leistung verpflichtet, wenn der Versicherungsnehmer vorsätzlich oder grob fahrlässig den Versicherungsfall herbeiführt.

(2) Der Versicherungsnehmer hat das Verhalten der Schiffsbesatzung bei der Führung des Schiffes nicht zu vertreten.

I. Allgemeines

§ 137 ersetzt die Regelung des § 130 aF. Dabei schadet nach Abs. 1 jetzt nicht mehr bereits einfache Fahrlässigkeit, sondern nur grobe Fahrlässigkeit. Die frühere Differenzierung nach Schadensverursachung durch fehlerhafte Führung des Schiffes und sonstiger Schadensverursachung wurde aufgegeben. Abs. 2 enthält eine Klarstellung. Die besondere Regelung des § 131 aF wurde ersatzlos gestrichen.

---

1 Begr. RegE, BT-Drucks. 16/3945, S. 93.
2 BGH 28.6.1993 – II ZR 99/92, NJW-RR 1993, 1371 = VersR 1994, 91.
3 Thume/de la Motte/Ehlers/*Ehlers*, AVB Güter Rn 303; vgl BGH 28.6.1993 – II ZR 99/92, NJW-RR 1993, 1371 = VersR 1994, 91.
4 BGH 28.6.1993 – II ZR 99/92, NJW-RR 1993, 1371 = VersR 1994, 91.
5 BGH 8.2.1988 – II ZR 210/87, BGHZ 103, 228 = NJW 1988, 1590 = VersR 1988, 463.

II. Schuldhafte Herbeiführung des Versicherungsfalles (Abs. 1)

2 Das „Alles-oder-Nichts-Prinzip" des § 61 aF wird für die Transportversicherung beibehalten. Keine Abweichung gegenüber der früher bei § 61 aF und heute bei § 81 geltenden allgemeinen Regel liegt aber insoweit vor, als auch bei der Transportversicherung nur das Verhalten des VN selbst und – nach der von der Rspr gebildeten Regel – seiner „Repräsentanten" schadet. Eine Ausdehnung auf weitere Personen in Versicherungsbedingungen kann gem. § 307 Abs. 1, 2 Nr. 1 BGB auch für die Transportversicherung unwirksam sein.[1] Es gilt auch hier die „causa-proxima"-Regel (s. § 130 Rn 10 f).[2]

3 Der **Kapitän** ist – ebenso wie der Verfrachter, der Frachtführer,[3] der Spediteur und der Lkw-Fahrer[4] – in der Güterversicherung kein **Repräsentant** des VN,[5] wohl aber in der See-Schiffsversicherung Repräsentant des Reeders.[6] Dabei betont die Lit., dass der Kapitän bei solchen Maßnahmen nicht als Repräsentant anzusehen ist, die allein die nautische Führung oder Bedienung des See-Schiffes betreffen.[7] Der Schiffsführer in der Wassersport-Kaskoversicherung ist nicht regelmäßig der Repräsentant des versicherten Eigners.[8] Er kann es dann sein, wenn er allein und eigenverantwortlich alle das Schiff betreffenden Entscheidungen zu treffen hat.[9] Nicht als Repräsentant angesehen wurde der Stegnachbar, der das Schiff beaufsichtigen sollte,[10] ebenso wenig der **Charterer** für den Vercharterer, wenn sich Letzterer im Chartervertrag alle wesentlichen Befugnisse hinsichtlich der Yacht vorbehalten hatte.[11] Repräsentant des Eigners ist aber der Niederlassungsleiter der Charterfirma, die das Schiff verchartert und eigenverantwortlich die Pflege und Wartung des Schiffes übernimmt.[12] Für die Flusskaskoversicherung hat das OLG Hamburg es als „zweifelhaft" bezeichnet, ob der Kapitän als Repräsentant des Eigners angesehen werden kann.[13] Der Prokurist des VN wurde als Repräsentant in der Güterversicherung angesehen.[14] Kein Repräsentant in der Güterversiche-

---

1 So für die Yacht-Kaskoversicherung OLG München 21.3.2006 – 25 U 2432/04, VersR 2006, 1492, 1493; OLG München 6.12.2005 – 25 U 3834/04, VersR 2006, 970; OLG Karlsruhe 17.9.1998 – 12 U 136/98, VersR 1999, 1237; OLG Köln 30.4.2002 – 9 U 94/01, VersR 2003, 991 (LS) = r+s 2003, 296 (jetzt rk: BGH 9.6.2004 – IV ZR 459/02); LG Hamburg 28.2.2005 – 415 O 167/03 (dort Rn 46, juris).
2 BGH 27.5.2015 – IV ZR 292/13, juris (Rn 39).
3 Vgl BGH 23.3.1977 – IV ZR 35/76, VersR 1977, 517, 519.
4 So Thume/de la Motte/Ehlers/*Ehlers*, AVB Güter Rn 182.
5 BGH 28.4.1980 – II ZR 241/78, BGHZ 77, 88 = VersR 1980, 964; OLG Hamburg 18.8.1983 – 6 U 25/82, VersR 1983, 1151, 1152.
6 BGH 7.2.1983 – II ZR 20/82, VersR 1983, 479; LG Hamburg 10.7.2003 – 409 O 119/02, TranspR 2004, 263 m. Anm. *Herber*, TranspR 2004, 266; vgl OLG Hamburg 11.6.1987 – 6 U 147/86, VersR 1987, 1004; vgl die weiteren Beispiele und Hinweise bei *Looks*, VersR 2008, 883, 887; zu den neuen Seeschiffsversicherungsbedingungen DTV-ADS 2009 vgl Thume/de la Motte/Ehlers/*Schwampe*, AVB Seekasko Rn 575 l.
7 So *Herber*, TranspR 2004, 266, 267; *Looks*, VersR 2003, 1509, 1511; ähnl. auch *Schwampe*, TranspR 2006, 55, 59.
8 OLG Köln 30.4.2002 – 9 U 94/01, VersR 2003, 991 (LS) = r+s 2003, 296 m. Anm. *Roos*, VersR 2003, 1252; OLG Karlsruhe 17.9.1998 – 12 U 136/98, VersR 1999, 1237; LG Hamburg 28.2.2005 – 415 O 167/03 (dort Rn 46, juris).
9 LG Köln 21.7.2010 – 20 O 126/08, zitiert nach *Gerhard*, TranspR 2014, 112, 113.
10 OLG München 21.3.2006 – 25 U 2432/04, VersR 2006, 1492, 1493.
11 OLG München 6.12.2005 – 25 U 3834/04, VersR 2006, 970.
12 So LG Hamburg 28.2.2005 – 415 O 167/03 (dort Rn 47, juris).
13 OLG Hamburg 28.8.1958 – 2 U 76/58, MDR 1959, 395.
14 OLG Hamburg 17.3.1988 – 6 U 8/88, VersR 1988, 1147; zust. Langheid/Wandt/*Kollatz*, § 137 Rn 13; abl. Römer/Langheid/*Langheid*, § 137 Rn 5 und Prölss/Martin/*Koller*, § 137 Rn 2 a.

rung ist der vom VN mit der Verpackung oder Verladung beauftragte Unternehmer.[15]

Als **grob fahrlässig** wurde angesehen: in der Yacht-Kaskoversicherung[16] das nur zT versteckte Zurücklassen der Motor- und Bordnetzschlüssel an Bord (aber Kausalität für den Schaden nicht bewiesen),[17] das uninformierte Befahren unbekannter Gewässer[18] oder das Fahren außerhalb der Fahrrinne[19] sowie das Ankern in einer nur bei bestimmtem Wetter dazu geeigneten Bucht ohne Kenntnis des Wetterberichts,[20] das Überbordfallen des Skippers, der bei schneller Alleinfahrt den Steuerstand verlassen und sich in den Heckbereich begeben hatte;[21] in der Flusskaskoversicherung das ununterbrochene Fahren während einer Dauer von eineinhalb Tagen ohne Einhaltung der Ruhezeiten.[22]

Keine grobe Fahrlässigkeit wurde dagegen angenommen: in der Güterversicherung das Abstellen eines mit Textilien beladenen Kleintransporters, dessen Laderaum von außen nicht eingesehen werden konnte, über Nacht auf der Straße vor dem Hotel in Mailand durch den VN, der kein Berufskraftfahrer war,[23] wobei es sich um einen Sonderfall handeln dürfte. Denn im Haftungsrecht wurde vergleichbares Verhalten des Fahrers oft als grob fahrlässig oder leichtfertig angesehen,[24] was auf die Gütertransportversicherung nur deshalb nicht durchschlägt, weil der Frachtführer regelmäßig weder VN noch dessen Repräsentant ist (s. Rn 3). Als nicht grob fahrlässig angesehen wurde in der Yacht-Kaskoversicherung das Fehlen der Ankerwache[25] oder einer professionellen Bewachung.[26] Zur groben Fahrlässigkeit vgl auch § 81 Rn 8 ff. Die Darlegungs- und **Beweislast** trägt der VR.[27]

III. Zurechnung des Besatzungsverschuldens (Abs. 2)

Abs. 2 ist nach der Regierungsbegründung als Klarstellung zu verstehen, wobei die Regelung des Sonderfalles, dass der VN der **Kapitän** des Schiffes ist, den AVB überlassen werden solle.[28] Im Seerecht zählt der Kapitän gem. § 478 HGB zur Besatzung. Im deutschen Binnenschifffahrtsrecht ist der Schiffer ebenfalls gem. § 3 Abs. 2 BinSchG als Mitglied der Besatzung anzusehen.

Nach dem Wortlaut setzt die Regelung voraus, dass sich aus anderen Vorschriften oder Regelungen die Zurechnung des Besatzungsverschuldens auf den VN ergibt. Eine solche Zurechnung kommt bekanntlich nur in Frage, wenn das handelnde

---

15 Ebenso Prölss/Martin/*Koller*, § 137 Rn 2 a; Thume/de la Motte/Ehlers/*Ehlers*, AVB Güter Rn 181; aA aber OLG Hamburg 6.3.1969 – 6 U 182/68, VersR 1969, 558, 559 und – zur Verladung – OLG Karlsruhe 2.9.1994 – 15 U 249/93 (oder 1 S 4 249/93), TranspR 1994, 445 = VersR 1995, 413 (LS), das auch mit dem inzwischen aufgehobenen § 131 aF argumentiert; aA auch Langheid/Wandt/*Kollatz*, § 137 Rn 13.
16 Weitere Fälle bei *Gerhard*, TranspR 2014, 112.
17 BGH 16.2.2005 – IV ZR 18/04, VersR 2005, 629 = TranspR 2005, 170; Vorinstanz: OLG Celle 18.12.2003 – 8 U 39/03, VersR 2004, 585.
18 OLG Frankfurt 19.3.2003 – 7 U 150/02, NJW-RR 2004, 28.
19 OLG Köln 1.10.1999 – 3 U 4/99 BSch, TranspR 2001, 180.
20 LG Heilbronn 3.3.2000 – 2 O 327/99, zitiert nach *Gerhard*, TranspR 2005, 63, 64 bei Fn 18.
21 OLG Köln 24.6.2014 – 9 U 225/13, VersR 2014, 1205 = RdTW 2014, 364.
22 OLG Karlsruhe 27.6.1996 – 12 U 313/94, VersR 1997, 737, 740.
23 OLG Saarbrücken 29.4.1997 – 4 U 672/96-145, VersR 1998, 450 (LS) = OLGR Saarbrücken 1997, 143.
24 Vgl die Nachweise bei Thume/*Harms*, Kommentar zur CMR, 3. Aufl. 2013, Art. 29 Rn 39–45.
25 LG Hamburg 28.2.2005 – 415 O 167/03, juris.
26 OLG München 21.3.2006 – 25 U 2432/04, VersR 2006, 1492, 1493; dazu und zu weiteren Fällen *Gerhard*, TranspR 2007, 181 und TranspR 2005, 63.
27 Vgl BGH 21.12.1981 – II ZR 76/81, VersR 1982, 381, 382.
28 Begr. RegE, BT-Drucks. 16/3945, S. 93.

Mitglied der Schiffsbesatzung als Repräsentant des VN anzusehen ist. Ein solcher Fall ist jedoch bei der Güterversicherung kaum denkbar und in AVB häufig nicht wirksam zu vereinbaren (s. Rn 2). Bei der See-Schiffsversicherung (für die § 137 wegen § 209 nicht gilt) ist der Kapitän, also ein Besatzungsmitglied, als Repräsentant angesehen worden (s. Rn 3). Für die Flusskaskoversicherung wird durch die „Klarstellung" erreicht, dass selbst dann, wenn etwa der Schiffsführer Repräsentant wäre, dennoch sein grob fahrlässiges oder vorsätzliches Verhalten jedenfalls dann dem VN nicht zugerechnet wird, wenn es bei der „Führung" des Schiffes gezeitigt wurde.

8 Der Begriff „**Führung**" findet sich auch im See-Haftungsrecht (vgl § 607 Abs. 2 HGB aF und jetzt § 512 Abs. 2 Nr. 1 HGB) und fand sich früher auch im Haftungsrecht des BinSchG (§ 4 Abs. 2 BinSchG idF gültig bis 31.8.1998). Er umfasst alle „bei oder während der Verwendung des Schiffes zur Schifffahrt (von Besatzungsmitgliedern) auszuführenden Maßnahmen".[29] Im See-Haftungsrecht umfasst die „Führung" des Schiffes „alle Maßnahmen der Besatzung in Bezug auf die Fortbewegung des Schiffes".[30] Zusammen mit Fehlern bei der „sonstigen Bedienung" des Schiffes iSv § 607 Abs. 2 HGB aF und § 512 Abs. 2 Nr. 1 HGB, womit die „technische Handhabung des Schiffes, soweit sie nicht die Navigation betrifft", zu verstehen ist,[31] wird sie als „**nautisches Verschulden**" bezeichnet. Nautisches Verschulden wurde jedenfalls im Haftungsrecht zB angenommen, als der übermüdete Wachoffizier einschlief und das Schiff deshalb auf Grund lief, wobei den Kapitän das weitere nautische Verschulden traf, dass er den automatischen Weckalarm nicht eingeschaltet hatte.[32] Maßnahmen in Bezug auf die Fortbewegung des Schiffes (Führung) einerseits und Maßnahmen bei der „sonstigen Bedienung" des Schiffes andererseits müssen im Haftungsrecht somit wegen gleicher Rechtsfolge nicht voneinander abgegrenzt werden.

9 Bei Abs. 2, wo nur von „Führung" des Schiffes gesprochen wird, kann eine solche Abgrenzung dagegen erforderlich werden. Zwar hat das OLG Hamburg in einem Versicherungs-Fall auch ein Verschulden bei dem „technischen Betrieb des Schiffes" im Gegensatz zur „Führung" des Schiffes als maßgeblich angesehen, dabei bleibt jedoch offen, ob dies allein aufgrund der im Streitfall anwendbaren Versicherungsbedingungen, die nicht zitiert werden, geschah.[33] Nach § 33 Abs. 1 ADS 1919 wird zB allein die „fehlerhafte Führung" des Schiffes als nautisches Verschulden definiert. In den AVB Flusskasko 2008/2013 (Musterbedingungen des GDV) wird das Abgrenzungsproblem dadurch gelöst, dass nicht auf die „Führung" des Schiffes, sondern gem. Ziff. 3.2.1.1 auf das „Verhalten der Schiffsbesatzung und des Lotsen bei der Ausführung von Dienstverrichtungen" abgestellt wird. Gleichzeitig wird geregelt, dass vorsätzliches und grob fahrlässiges Handeln des VN auch dann schadet, wenn er das Schiff selbst führt.

---

29 So jedenfalls zum Haftungsrecht Berufungskammer der Zentralkommission für die Rheinschifffahrt 23.4.1992 – 250 Z – 2/1992, VersR 1993, 508, 509.
30 BGH 26.10.2006 – I ZR 20/04, BGHZ 169, 281 = VersR 2007, 417 = TranspR 2007, 36.
31 BGH 26.10.2006 – I ZR 20/04, BGHZ 169, 281 = VersR 2007, 417 = TranspR 2007, 36.
32 Zum Seerecht BGH 26.10.2006 – I ZR 20/04, BGHZ 169, 281 = VersR 2007, 417 = TranspR 2007, 36.
33 OLG Hamburg 28.8.1958 – 2 U 76/58, MDR 1959, 395.

§ 138 Haftungsausschluss bei Schiffen

^{1}Bei der Versicherung eines Schiffes ist der Versicherer nicht zum Ersatz eines Schadens verpflichtet, der daraus entsteht, dass das Schiff in einem nicht fahrtüchtigen Zustand oder nicht ausreichend ausgerüstet oder personell ausgestattet die Reise antritt. ^{2}Dies gilt auch für einen Schaden, der nur eine Folge der Abnutzung des Schiffes in gewöhnlichem Gebrauch ist.

1 Die Vorschrift übernimmt sachlich unverändert den § 132 aF. Entfallen sind die weiteren Tatbestände der Abnutzung durch „Alter, Fäulnis oder Wurmfraß".

2 Ein Schiff ist dann **fahruntüchtig**, wenn es nicht in der Lage ist, die gewöhnlichen Gefahren der geplanten Reise zu bestehen.[1] Die Fahrtüchtigkeit kann auch durch falsche Stauung, die das Schiff instabil werden lässt, eintreten.[2] An der **Ausrüstung** fehlt es zB, wenn nicht die erforderlichen Seekarten mitgeführt werden.[3]

3 Zwischen Fahruntüchtigkeit und Schaden ist Kausalität, allerdings nach der „causa-proxima"-Formel (s. § 130 Rn 10 f),[4] erforderlich.[5] Die **Beweislast** trägt der VR.[6] Ein Anscheinsbeweis ist möglich.[7]

4 Die frühere Rspr zu § 132 Abs. 1 aF, der sachlich dieselbe Regelung beinhaltet wie S. 1, hat die Regelung als objektiven Risikoausschluss angesehen.[8] Der BGH hat inzwischen seine Auffassung geändert und beurteilt die Vorschrift des § 132 aF als „verhüllte Obliegenheit".[9] Bei dieser Entscheidung erscheint die Übertragung der Rspr zur Auslegung einer Vertragsklausel auf die Gesetzesauslegung jedoch angreifbar; zudem führt die Auffassung des BGH dazu, dass für § 132 Abs. 1 aF über § 6 Abs. 1 aF – allerdings vermutete – Fahrlässigkeit des VN gefordert wird, obwohl generell bereits das einfach fahrlässige Herbeiführen des Versicherungsfalles gem. § 130 S. 1 aF den Versicherungsschutz entfallen ließ. Es ist dennoch anzunehmen, dass die Rspr zu § 132 aF auf die fast wortgleiche Formulierung des S. 1 übertragen wird,[10] obwohl nach heutigem Recht gem. § 137 Abs. 1 aF – jetzt allerdings grob fahrlässige – Herbeiführen des Versicherungsfalles zur Leistungsfreiheit führt und S. 1 iVm § 28 Abs. 2 dann nur noch hinsichtlich der Beweislast für die grobe Fahrlässigkeit einen nicht bereits von § 137 Abs. 1 erfassten Anwendungsbereich behält und obwohl im heutigen VVG die Überschriften

---

1 BGH 15.10.1979 – II ZR 80/77, VersR 1980, 65; vgl OLG Hamm 4.2.1976 – 20 U 168/75, VersR 1978, 58; OLG Hamm 12.2.1982 – 20 U 181/81, VersR 1982, 1041; OLG Hamburg 22.6.1981 – 11 W 24/81, VersR 1982, 565; BGH 4.12.2000 – II ZR 293/99, VersR 2001, 457.
2 BGH 11.2.1985 – II ZR 290/83, VersR 1985, 629.
3 Zum See-Versicherungsrecht LG Hamburg 10.7.2003 – 409 O 119/02, VersR 2003, 1438 = TranspR 2004, 263 m. Anm. *Herber*, TranspR 2004, 266.
4 BGH 27.5.2015 – IV ZR 292/13, juris (Rn 44).
5 BGH 21.2.1974 – II ZR 169/72, VersR 1974, 589; BGH 4.12.2000 – II ZR 293/99, VersR 2001, 457.
6 OLG Köln 30.4.2002 – 9 U 94/01, r+s 2003, 296, 298 (jetzt rk: BGH 9.6.2004 – IV ZR 459/02).
7 Vgl BGH 4.12.2000 – II ZR 293/99, VersR 2001, 457.
8 BGH 11.2.1985 – II ZR 290/83, VersR 1985, 629; OLG Karlsruhe 2.6.1981 – U 15/80 Sch, VersR 1983, 74.
9 BGH 18.5.2011 – IV ZR 165/09, VersR 2011, 1048 m. Anm. *Kummer*, jurisPR-BGH-ZivilR 14/2011 Anm. 3.
10 Davon gehen ersichtlich Prölss/Martin/*Koller*, § 138 Rn 2, Römer/Langheid/*Langheid*, § 138 Rn 1und wohl auch *Thume*, TranspR 2012, 125, 133 aus; vgl OLG Karlsruhe 18.7.2013 – 12 U 203/12, juris (Rn 68, 71) zu einer Vertragsklausel in den AVB-Flusskasko. Der BGH legt sich noch nicht völlig fest, wenn er zur Beweislast argumentiert und dabei ausführt, dies gelte, „auch wenn man § 138 Satz 1 VVG als verhüllte Obliegenheit versteht, …", so BGH 27.5.2015 – IV ZR 292/13, juris (Rn 44).

zum Bestandteil des Gesetzes geworden sind und die Überschrift zu § 138 ausdrücklich die Regelung als „Haftungsausschuss" bezeichnet. Ein etwas größerer Anwendungsbereich neben § 137 Abs. 1 verbliebe im Falle einer „laufenden Versicherung", weil dort bei Verletzungen von vor dem Versicherungsfall zu erfüllenden Obliegenheiten gem. § 58 Abs. 1 bereits einfache Fahrlässigkeit schadet.

Auch bei Einordnung des S. 1 als „verhüllte Obliegenheit" soll es dabei bleiben, dass entgegen § 28 Abs. 3 S. 1 die Beweislast für die Ursächlichkeit („causa proxima") der VR trägt.[11]

5 Der Antritt der Reise soll dabei nicht der Beginn der Schiffsreise, sondern der Beginn der Frachtreise der einzelnen Ladung sein.[12] Diese Auffassung übersieht jedoch, dass es in § 138 nur um die Versicherung eines Schiffes geht, dass es deshalb auf den Zeitpunkt der Übernahme bestimmter Ladung nicht ankommen kann und dass auch Reisen ohne Ladung stattfinden. Die von der Lit. zitierte Entscheidung des BGH betrifft keinen Fall der Schiffsversicherung, sondern die Frage, wann die „Reise" iSv § 559 Abs. 2 HGB aF beginnt. Es ging also allein um die Haftung für Ladungsschäden wegen „anfänglicher See- oder Ladungsuntüchtigkeit".[13] Die „Reise" iSv § 138 dürfte deshalb mit dem Ablegen in jedem Hafen „angetreten" werden.

§ 139 Veräußerung der versicherten Sache oder Güter

(1) ¹Ist eine versicherte Sache, für die eine Einzelpolice oder ein Versicherungszertifikat ausgestellt worden ist, veräußert worden, haftet der Erwerber abweichend von § 95 nicht für die Prämie. ²Der Versicherer kann sich gegenüber dem Erwerber nicht auf Leistungsfreiheit wegen Nichtzahlung der Prämie oder wegen Nichtleistung einer Sicherheit berufen, es sei denn, der Erwerber kannte den Grund für die Leistungsfreiheit oder hätte ihn kennen müssen.

(2) Der Versicherer ist abweichend von § 96 nicht berechtigt, das Versicherungsverhältnis wegen Veräußerung der versicherten Güter zu kündigen.

(3) Der Versicherungsnehmer ist abweichend von § 97 nicht verpflichtet, dem Versicherer die Veräußerung anzuzeigen.

I. Zu Abs. 1

1 Das Gesetz orientiert sich an Ziff. 14.2 der DTV Güter 2000/2004 (unverändert in Güter 2000/2011). Voraussetzung für die fehlende Haftung des Erwerbers und für den Schutz des gutgläubigen Erwerbers gegen den Einwand der Leistungsfreiheit wegen Nichtzahlung der Prämie oder Nichtleistung einer Sicherheit durch den ursprünglichen VN ist, dass eine Einzelpolice oder ein Versicherungszertifikat ausgestellt worden ist (vgl § 55). Die Regelung betrifft den Fall des **cif-Verkaufes** und ähnlicher Gestaltungen, in denen der VN sich gegenüber dem Erwerber verpflichtet hat, die Kosten der Versicherung zu tragen, auch wenn der Eigentumsübergang schon vor Beendigung des Transportes, etwa durch Übergabe eines Konnossements, vollendet wird. Dann soll der Erwerber auch nicht gegenüber dem VR über den Umweg des § 95 haften. Der Erwerber soll sich gem. **Abs. 1 S. 2** zudem regel-

---

11 BGH 27.5.2015 – IV ZR 292/13, juris (Rn 44).
12 So Prölss/Martin/Voit/*Knappmann*, 27. Aufl. 2004, § 132 Rn 2; (anders in der 29. Aufl. 2015: vgl Prölss/Martin/*Koller*, § 138 Rn 1); Thume/de la Motte/Ehlers/*Thume*, § 138 Rn 468; Schwintowski/Brömmelmeyer/*Pisani*, § 138 Rn 5; Römer/Langheid/*Langheid*, § 138 Rn 6; nur für den Fall, dass § 138 als verhüllte Obliegenheit angesehen wird: Langheid/Wandt/*Kollatz*, § 138 Rn 13.
13 BGH 14.12.1972 – II ZR 88/71, BGHZ 60, 39 = VersR 1973, 218.

mäßig auf den Bestand der Versicherung trotz Nichtzahlung der Prämie durch den VN verlassen können.

Wenn man der umstrittenen Auffassung folgt, dass die §§ 95–97 nicht für die Fremdversicherung gelten (s. § 95 Rn 2),[1] ist § 139 hinsichtlich der Fremdversicherung jedenfalls als Klarstellung zu verstehen und behält in Abs. 1 S. 2 einen eigenen Regelungsgehalt, weil dort von § 47 Abs. 1 abgewichen wird, wonach das Verhalten des VN regelmäßig auch dem Versicherten schaden kann.

II. Zu Abs. 2 und 3

Die Regelung übernimmt in Abs. 2 und 3 die Regelung des alten Rechts. Das Kündigungsrecht des Erwerbers nach § 96 Abs. 2 bleibt unberührt.

§ 140 Veräußerung des versicherten Schiffes

Wird ein versichertes Schiff veräußert, endet abweichend von § 95 die Versicherung mit der Übergabe des Schiffes an den Erwerber, für unterwegs befindliche Schiffe mit der Übergabe an den Erwerber im Bestimmungshafen.

Nach der Gesetzesbegründung soll bei der Schiffsversicherung das Kündigungsrecht des VR wie bisher zeitlich in seiner Wirkung auf die Beendigung der Reise beschränkt werden. Ausgangspunkt ist die Regelung, dass die Veräußerung des Schiffes als Gefahränderung nach § 97 anzeigepflichtig ist und der VR leistungsfrei wird, wenn der Versicherungsfall später als einen Monat nach dem Zeitpunkt eintritt, in dem die Anzeige dem VR hätte zugehen müssen. Soweit durch § 140 das Kündigungsrecht des VR eingeschränkt oder gänzlich versagt wird, soll der VR leistungspflichtig bleiben, auch wenn die Anzeige unterblieben ist. Die Regelung des § 143 aF, so die Gesetzesbegründung, knüpfe die Beendigung des Versicherungsverhältnisses bei Kündigung an die Beendigung der Reise an und stelle nicht auf den Eigentumsübergang ab. Die neue Formulierung halte daran fest, wobei lediglich der unscharfe Begriff „Beendigung der Reise" durch „Übergabe des Schiffes an den Erwerber" ersetzt werde.[1]

Nach dem Wortlaut des § 140 wird jedoch nur von § 95 abgewichen, also der Zeitpunkt der Änderung in der Person des VN vom Eigentumsübergang auf die Übergabe und bei unterwegs befindlichen Schiffen auf die Übergabe im Bestimmungshafen verschoben. Die nach wie vor an die Veräußerung anknüpfenden Kündigungsrechte und -fristen und Anzeigepflichten der §§ 96 und 97 werden nicht erwähnt. Nach dem Wortlaut bleibt es also zB dabei, dass die Veräußerung – und nicht die Übergabe im Bestimmungshafen – unverzüglich zu melden ist und dass der VR mangels Anzeige nach einem Monat für neue Versicherungsfälle frei sein kann, auch wenn die Versicherung mangels Ankunft im Hafen noch gar nicht übergegangen ist. Dies ist nach der Gesetzesbegründung ersichtlich nicht gewollt.[2] Die aus der missglückten Formulierung folgende erhebliche Rechtsunsicherheit kann durch vernünftige AVB, die sich an die Formulierungen des VVG aF anlehnen, vermieden werden, wobei das Verbot von Verträgen zu Lasten Dritter zu beachten ist.

---

1 Vgl Thume/de la Motte/Ehlers/*Ehlers*, AVB Güter Rn 401.
1 Begr. RegE, BT-Drucks. 16/3945, S. 93.
2 Ebenso Langheid/Wandt/*Kollatz*, § 140 Rn 5; in die gleiche Richtung argumentieren Römer/Langheid/*Langheid*, § 140 Rn 4 und Prölss/Martin/*Koller*, § 140 Rn 1.

§ 141 Befreiung durch Zahlung der Versicherungssumme

(1) ¹Der Versicherer ist nach Eintritt des Versicherungsfalles berechtigt, sich durch Zahlung der Versicherungssumme von allen weiteren Verbindlichkeiten zu befreien. ²Der Versicherer bleibt zum Ersatz der Kosten verpflichtet, die zur Abwendung oder Minderung des Schadens oder zur Wiederherstellung oder Ausbesserung der versicherten Sache aufgewendet worden sind, bevor seine Erklärung, dass er sich durch Zahlung der Versicherungssumme befreien wolle, dem Versicherungsnehmer zugegangen ist.

(2) Das Recht des Versicherers, sich durch Zahlung der Versicherungssumme zu befreien, erlischt, wenn die Erklärung dem Versicherungsnehmer nicht innerhalb einer Woche nach dem Zeitpunkt, zu dem der Versicherer Kenntnis von dem Versicherungsfall und seinen unmittelbaren Folgen erlangt hat, zugeht.

I. Allgemeines

1 Mit Abs. 1 wurde fast wortgleich die Regelung des § 145 aF übernommen, in Abs. 2 wurde neu eine Befristung eingeführt.

II. Erklärung des Abandon (Abs. 1)

2 Die Erklärung des „Abandon" durch den VR gibt diesem die Möglichkeit, sich von der Haftung, die die Versicherungssumme gem. § 135 übersteigen kann, zu befreien. Mit der Erklärung des Abandon und Leistung der Versicherungssumme wird er von künftig entstehenden Kosten der Schadensminderung, der Wiederherstellung oder Ausbesserung befreit. Die vor seiner Erklärung angefallenen Kosten fallen ihm weiterhin zur Last.

3 Das Abandon wird durch Erklärung ausgeübt, ist also ein **Gestaltungsrecht**. Die Rechtswirkung tritt nicht erst mit Zahlung, sondern bereits mit Abgabe der Erklärung ein.[1] **Erklärungsempfänger** ist der VN. Wenn der Anspruch durch einen Dritten geltend gemacht wird, ist auch ihm gegenüber die Erklärung abzugeben.[2] Für die **Wirksamkeit** des Abandon ist es unerheblich, ob und wann gezahlt wird, es kommt allein auf den Zugang der Erklärung an.[3]

III. Frist (Abs. 2)

4 Das Gestaltungsrecht des VR ist befristet: Es kann nur innerhalb einer Woche nach Kenntnis von dem Versicherungsfall und seinen unmittelbaren Folgen ausgeübt werden. Die Gesetzesformulierung knüpft an die Formulierung in Ziff. 19.3 DTV Güter 2000/2004 an. Dort betrug die Frist allerdings fünf Werktage. In der Neufassung der Güter Versicherungsbedingungen 2000/2008 (beibehalten in 2000/2011) ist jetzt jedoch ebenfalls die gesetzliche Frist von einer Woche genannt.

5 Kenntnis von den „unmittelbaren Folgen" des Versicherungsfalles hat der VR, sobald er sich ein Bild vom Umfang des Schadens machen kann, einschließlich möglicher Rettungskosten und sonstiger von ihm zu ersetzender Kosten.[4]

---

1 BGH 5.7.1971 – II ZR 176/68, BGHZ 56, 339, 344 = NJW 1971, 1938, 1940.
2 Thume/de la Motte/Ehlers/*Thume*, § 141 Rn 479; Römer/Langheid/*Langheid*, § 141 Rn 5; differenzierend Prölss/Martin/*Koller*, § 141 Rn 1; offen lassend für einen Hypothekengläubiger: BGH 5.7.1971 – II ZR 176/68, BGHZ 56, 339, 344.
3 BGH 5.7.1971 – II ZR 271/67, VersR 1971, 1012.
4 So auch Thume/de la Motte/Ehlers/*Ehlers*, AVB Güter Rn 552; Prölss/Martin/*Koller*, § 141 Rn 1.

Kapitel 4: Gebäudefeuerversicherung

§ 142 Anzeigen an Hypothekengläubiger

(1) ¹Bei der Gebäudefeuerversicherung hat der Versicherer einem Hypothekengläubiger, der seine Hypothek angemeldet hat, unverzüglich in Textform anzuzeigen, wenn die einmalige oder die erste Prämie nicht rechtzeitig gezahlt oder wenn dem Versicherungsnehmer für die Zahlung einer Folgeprämie eine Frist bestimmt wird. ²Dies gilt auch, wenn das Versicherungsverhältnis nach Ablauf der Frist wegen unterbliebener Zahlung der Folgeprämie gekündigt wird.

(2) Der Versicherer hat den Eintritt des Versicherungsfalles innerhalb einer Woche, nachdem er von ihm Kenntnis erlangt hat, einem Hypothekengläubiger, der seine Hypothek angemeldet hat, in Textform anzuzeigen, es sei denn, der Schaden ist unbedeutend.

I. Normzweck und Anwendungsbereich

Die §§ 142–149 betreffen die Gebäudefeuerversicherung. Für Leitungswasser- und Sturmversicherung wurde kein Regelungsbedürfnis gesehen. Die Privilegierung der Immobiliensicherheiten im früheren Recht erschien dem Gesetzgeber zu weitreichend. Dies gilt v.a. für die Vorschrift des § 102 Abs. 1 aF, nach welcher der VR gegenüber einem Grundpfandrechtsgläubiger auch dann zur Leistung verpflichtet ist, wenn er versicherungsvertraglich leistungsfrei ist, zB wegen Eigenbrandstiftung.

Die Vorschrift des § 142 dient dem Schutz des Realgläubigers. Sie betrifft die Anzeigepflichten des VR.

Erfasst ist nur die Versicherung von Gebäuden. Es sind die Bauwerke, die zum Haftungsverband der Hypothek oder der Rechte nach § 148 gehören. Es gilt § 94 BGB. Auf Scheinbestandteile iSd § 95 BGB findet § 142 keine Anwendung.[1] Bei Erbbaurechten gelten die Vorschriften entsprechend (§ 11 Abs. 1 ErbbauRG).

Der Schutz der Realgläubiger betrifft nur die Feuergefahr. Eine entsprechende Anwendung auf die Gebäudeversicherung gegen Leitungswasser- oder Sturmschäden kommt nicht in Betracht.[2]

II. Anzeigepflichten des VR

1. **Fehlende Prämienzahlung (Abs. 1 S. 1).** Die Anzeigepflicht des VR nach Abs. 1 S. 1 wird auf den Fall ausgeweitet, dass die einmalige oder die erste Prämie vom VN nicht rechtzeitig gezahlt wird. Der Realgläubiger soll damit in die Lage versetzt werden, nicht nur bei Nichtzahlung einer Folgeprämie nach § 38, sondern auch bei Zahlungsverzug nach § 37 für den notwendigen Versicherungsschutz zu sorgen. Das kann durch eigene Prämienzahlung oder durch sonstige Maßnahmen geschehen, um den Versicherungsschutz zu gewährleisten.

Aus diesem Grund sollten sinnvollerweise Höhe der ausstehenden Prämienforderung und Endtermin nach § 38 Abs. 1 mitgeteilt werden.[3] Eine Verpflichtung dazu sieht die Vorschrift aber nicht vor.[4] Der Reformgesetzgeber hat eine dahingehende

---

1 ZB ergibt sich aus § 3 Nr. 1 a) AFB 2010, dass die Gebäude und Gebäudebestandteile iSv § 94 BGB versichert sind.
2 BGH 21.6.1989 – IVa ZR 100/88, VersR 1989, 912 (zu § 102 aF).
3 Wie hier Römer/Langheid/*Langheid*, § 142 Rn 6.
4 AA unter Hinweis auf den Normzweck Prölss/Martin/*Klimke*, § 142 Rn 3; Looschelders/Pohlmann/*Brand*, § 142 Rn 8; FAKomm-VersR/*Schnepp/Spallino*, § 142 Rn 5; Schwintow-

Pflicht nicht aufgenommen. Ein Hinweis auf die Rechtsfolgen der Nichtzahlung der Prämie nach den §§ 37 Abs. 2 S. 1, 38 Abs. 1 S. 2 besteht nicht.[5]

7   Die Anzeige muss unverzüglich (§ 121 BGB) in Textform erfolgen.

8   **2. Kündigung bei unterbliebener Folgeprämienzahlung (Abs. 1 S. 2).** Der VR muss nach Abs. 1 S. 2 mitteilen, wenn das Versicherungsverhältnis nach Ablauf der Frist wegen unterbliebener Zahlung der Folgeprämie gekündigt wird. Damit wird eine **zweifache Mitteilungspflicht** begründet. Der Realgläubiger soll die Wirkung der Kündigung durch Zahlung nach § 38 Abs. 3 S. 3 entfallen lassen können.

9   Eine **Belehrung** nach § 38 Abs. 3 S. 2 Hs 2 bzw Abs. 3 S. 3 Hs 1 ist sinnvoll, aber nicht verpflichtend.[6] Die Anzeige gibt bereits Veranlassung zur Prüfung. Der Gesetzgeber hat eine Belehrung insoweit nicht für erforderlich gehalten.

10 **3. Eintritt des Versicherungsfalles (Abs. 2).** Die Anzeige des Versicherungsfalles muss in **Textform** innerhalb einer Woche nach Kenntnis erfolgen. Dadurch wird der Realgläubiger in die Lage versetzt, seine Rechte an der Versicherungsforderung geltend zu machen. Zuverlässige Kenntniserlangung des Realgläubigers durch Mitteilung des VN oder von dritter Seite genügt im Hinblick auf den Schutzzweck.[7]

11 **Unbedeutend** ist der Schaden, wenn die Sicherheit des Grundpfandrechts durch die Haftung der Versicherungsforderung nicht beeinträchtigt wird.

III. Schadensersatzanspruch

12 Eine Verletzung der Mitteilungspflicht kann zu einem Schadensersatzanspruch gegen den VR führen wegen Pflichtverletzung oder Verzugs, §§ 280, 286 BGB. Der Realgläubiger ist jedoch durch § 1228 BGB sowie §§ 143, 93, 94 hinreichend geschützt.

13 Hat der VR beim **Erst- oder Einmalprämienverzug** nicht unverzüglich angezeigt, kann er eine Leistungsfreiheit nach § 37 Abs. 2 S. 1 nicht mehr rückgängig machen. § 143 hilft dann nicht. Die Leistungspflicht gegenüber dem Grundpfandrechtsgläubiger besteht nicht fort. Kann der Realgläubiger beweisen, dass er bei rechtzeitiger Anzeige die Prämie noch vor dem Versicherungsfall nachgezahlt oder sich anderweitig Deckungsschutz verschafft hätte, besteht sein Schaden in der nach dem Vertrag zu zahlenden Entschädigungssumme.[8]

IV. Abdingbarkeit

14 Die Vorschrift ist halbzwingend.

V. Übergangsregelung

15 Rechte, die Gläubigern von Grundpfandrechten gegenüber dem VR nach den §§ 99–107c aF zustehen, gelten gem. Art. 5 Abs. 1 EGVVG über den 31.12.2008 hinaus.

---

ski/Brömmelmeyer/*Michaelis*/*Pagel*, § 142 Rn 2; BK/*Dörner*/*Staudinger*, § 101 Rn 4 (zum alten Recht).
5   Prölss/Martin/*Klimke*, § 142 Rn 5; Looschelders/Pohlmann/*Brand*, § 142 Rn 8.
6   Ebenso Römer/Langheid/*Langheid*, § 142 Rn 7; Prölss/Martin/*Klimke*, § 142 Rn 5; aA Looschelders/Pohlmann/*Brand*, § 142 Rn 10; Langheid/Wandt/*Staudinger*, § 142 Rn 16; Schwintowski/Brömmelmeyer/*Michaelis*/*Pagel*, § 142 Rn 3.
7   Unter Hinweis auf § 242 BGB Prölss/Martin/*Klimke*, § 142 Rn 7; Römer/Langheid/*Langheid*, § 142 Rn 8; aA BK/*Dörner*/*Staudinger*, § 101 Rn 8; Looschelders/Pohlmann/*Brand*, § 142 Rn 12.
8   Prölss/Martin/*Klimke*, § 142 Rn 9; Looschelders/Pohlmann/*Brand*, § 142 Rn 14.

§ 143 Fortdauer der Leistungspflicht gegenüber Hypothekengläubigern

(1) Bei nicht rechtzeitiger Zahlung einer Folgeprämie bleibt der Versicherer gegenüber einem Hypothekengläubiger, der seine Hypothek angemeldet hat, bis zum Ablauf eines Monats ab dem Zeitpunkt zur Leistung verpflichtet, zu welchem dem Hypothekengläubiger die Bestimmung der Zahlungsfrist oder, wenn diese Mitteilung unterblieben ist, die Kündigung mitgeteilt worden ist.

(2) ¹Die Beendigung des Versicherungsverhältnisses wird gegenüber einem Hypothekengläubiger, der seine Hypothek angemeldet hat, erst mit dem Ablauf von zwei Monaten wirksam, nachdem ihm die Beendigung und, sofern diese noch nicht eingetreten war, der Zeitpunkt der Beendigung durch den Versicherer mitgeteilt worden ist oder er auf andere Weise hiervon Kenntnis erlangt hat. ²Satz 1 gilt nicht, wenn das Versicherungsverhältnis wegen unterbliebener Prämienzahlung durch Rücktritt oder Kündigung des Versicherers oder durch Kündigung des Versicherungsnehmers, welcher der Hypothekengläubiger zugestimmt hat, beendet wird.

(3) Absatz 2 Satz 1 gilt entsprechend für die Wirksamkeit einer Vereinbarung zwischen dem Versicherer und dem Versicherungsnehmer, durch die der Umfang des Versicherungsschutzes gemindert wird oder nach welcher der Versicherer nur verpflichtet ist, die Entschädigung zur Wiederherstellung des versicherten Gebäudes zu zahlen.

(4) ¹Die Nichtigkeit des Versicherungsvertrags kann gegenüber einem Hypothekengläubiger, der seine Hypothek angemeldet hat, nicht geltend gemacht werden. ²Das Versicherungsverhältnis endet jedoch ihm gegenüber nach Ablauf von zwei Monaten, nachdem ihm die Nichtigkeit durch den Versicherer mitgeteilt worden ist oder er auf andere Weise von der Nichtigkeit Kenntnis erlangt hat.

I. Normzweck und Anwendungsbereich

Die Norm enthält verschiedene Schutzvorschriften zu Gunsten des angemeldeten Realgläubigers. Die Vergabe von Realkrediten soll weiterhin gefördert werden. Die weitreichende Privilegierung der Immobiliensicherheiten ist eingeschränkt.

Wie § 142 gilt § 143 nur für die Feuerversicherung von Gebäuden (vgl § 142 Rn 3). Außerdem findet § 11 Abs. 1 ErbbauRG entsprechende Anwendung.[1] Auf andere Arten der Gebäudeversicherung ist die Regelung nicht anwendbar.[2]

II. Nicht rechtzeitige Folgeprämienzahlung (Abs. 1)

Die Vorschrift gibt dem Realgläubiger einen Monat Zeit, im Falle des ihm nach § 142 anzuzeigenden Zahlungsverzugs des VN für den Versicherungsschutz Sorge zu tragen. Wenn innerhalb der **Monatsfrist** ein Versicherungsfall eintritt, steht dem Realgläubiger ein eigener Anspruch auf die Entschädigungsleistung zu. Abweichend von § 142 ist Abs. 1 nur anzuwenden, wenn eine **Folgeprämie** nach § 38 nicht rechtzeitig gezahlt wird. Aus der Gesetzesbegründung ergibt sich, dass die Regelung nicht für die Erstprämie gelten soll.[3] Der stärkere Schutz soll nur für die Folgeprämie gelten. Eine analoge Anwendung ist damit nicht gerechtfertigt.[4]

Das Grundpfandrecht muss **angemeldet** sein. Eine Form ist nicht vorgeschrieben. Die Anmeldung muss dem VR oder seinem Vermittler gegenüber erklärt werden.[5]

---

1 Vgl BGH 2.3.2005 – IV ZR 212/04, VersR 2005, 785.
2 BGH 21.6.1989 – IVa ZR 100/88, VersR 1989, 912.
3 Begr. RegE, BT-Drucks. 16/3945, S. 94.
4 Prölss/Martin/*Klimke*, § 143 Rn 3.
5 Römer/Langheid/*Langheid*, § 143 Rn 2.

5 Die Norm gewährt einen selbständigen Anspruch des Realgläubigers gegen den VR. Dieser Anspruch unterliegt nicht der hypothekarischen Haftung und geht nicht in der Zwangsversteigerung des Grundstücks auf den Erwerber über.[6]

III. Wirksamkeit bei Beendigung des Versicherungsverhältnisses (Abs. 2)

6 Der Versicherungsschutz des angemeldeten Realgläubigers beträgt nach Abs. 2 S. 1 **zwei Monate**. Voraussetzung ist die **Beendigung** des Versicherungsverhältnisses. Es werden sämtliche Beendigungstatbestände erfasst.[7] Darunter sind die **Kündigung** des VR und VN sowie der **Rücktritt** des VR vom Vertrag, und zwar vor und nach Eintritt des Versicherungsfalles,[8] sowie weitere Beendigungstatbestände zu verstehen (Ausnahme: Abs. 2 S. 2). Außerdem gehören dazu Fristablauf mit der Folge der Vertragsbeendigung, einverständliche Vertragsaufhebung, Interessenwegfall und Eröffnung des Insolvenzverfahrens über das Vermögen des VR.[9]

7 Die Fortdauer des Versicherungsschutzes gegenüber dem Grundpfandrechtsgläubiger gilt nicht bei Beendigung des Vertrages durch Rücktritt oder Kündigung des VR oder VN infolge **Prämienzahlungsverzuges** (Abs. 2 S. 2). Die Regelung bezieht sich sowohl auf die Erstprämie als auch auf die Folgeprämie.

8 Wie in Abs. 1 gewährt Abs. 2 dem Realgläubiger einen eigenständigen Anspruch gegen den VR. Er ersetzt das Pfandrecht an dem verlorengegangenen Anspruch des VN.

IV. Minderung des Versicherungsschutzes (Abs. 3)

9 Nach Abs. 3 gelten die Bestimmungen des Abs. 2 S. 1 auch, wenn der Umfang des Versicherungsschutzes vertraglich gemindert wird. Davon wird sowohl die Verringerung der **Versicherungssumme** – etwa, um Prämie zu sparen – als auch die **versicherte Gefahr** erfasst.[10]

10 Nach dem Schutzzweck bedeutet die **Verringerung der Versicherungssumme** die vertragliche Verminderung aus jedem Grund, also auch, um eine **Überversicherung** zu beseitigen.[11] Letzteres ist aus Abs. 4 S. 1 zu schließen, der alle Fälle der Nichtigkeit, also auch den der betrügerischen Überversicherung nach § 74 Abs. 2, erfasst. Der VR hat dann erst recht bei Beseitigung einer einfachen Überversicherung zu haften.

11 Unter **Minderung der versicherten Gefahr** sind sämtliche Umstände gemeint, die den Umfang der Eintrittspflicht des VR reduzieren. Das kann die Herausnahme einer bestimmten Gefahr aus dem Risiko, die Beschränkung der versicherten Sachen und des Versicherungsortes oder die Vereinbarung eines Selbstbehalts sein.[12]

12 Der Verminderung des Versicherungsschutzes ist die nachträgliche Vereinbarung einer Wiederherstellungsklausel iSv § 93 gleichgestellt.[13]

V. Keine Berufung auf Nichtigkeit (Abs. 4)

13 Der VR kann sich dem angemeldeten Realgläubiger gegenüber nicht auf die Vertragsnichtigkeit berufen. Es besteht der gleiche Schutz wie in Abs. 2 durch die

---

6 Prölss/Martin/*Klimke*, § 143 Rn 4.
7 Vgl Begr. RegE, BT-Drucks. 16/3945, S. 94.
8 Prölss/Martin/*Klimke*, § 143 Rn 16; *Johannsen*, NVersZ 2000, 410; Looschelders/Pohlmann/*Brand*, § 143 Rn 6; Schwintowski/Brömmelmeyer/*Michaelis/Pagel*, § 143 Rn 5.
9 Prölss/Martin/*Klimke*, § 143 Rn 19; Looschelders/Pohlmann/*Brand*, § 143 Rn 5.
10 Vgl Begr. RegE, BT-Drucks. 16/3945, S. 94.
11 Looschelders/Pohlmann/*Brand*, § 143 Rn 12; Prölss/Martin/*Klimke*, § 143 Rn 27; Römer/Langheid/*Langheid*, § 143 Rn 12.
12 Vgl Römer/Langheid/*Langheid*, § 143 Rn 13.
13 Looschelders/Pohlmann/*Brand*, § 143 Rn 13; Langheid/Wandt/*Staudinger*, § 143 Rn 15.

Zwei-Monats-Frist. Die Bestimmung gilt nach dem Schutzzweck bei **Nichtigkeit aus jedem Grund**, also auch bei Anfechtung vor und nach dem Versicherungsfall.[14]

Bei Anfechtung des VR wegen arglistiger Täuschung des VN wird dieses Ergebnis als problematisch empfunden.[15] Für eine einschränkende Auslegung des Abs. 4 ist indes kein Raum, weil der Reformgesetzgeber lediglich hinsichtlich der Frist von § 103 Abs. 3 aF abweichen wollte.[16] Der Wortlaut bietet keinen Anlass für eine andere Beurteilung.

Für die **Kenntniserlangung** des Realgläubigers iSv Abs. 2 S. 1 bzw Abs. 4 S. 2 ist die positive Kenntnis der maßgeblichen Tatsachen erforderlich. Ein Kennenmüssen ist nicht ausreichend.[17]

VI. Abdingbarkeit

Die Vorschrift kann nicht zum Nachteil des Realgläubigers abbedungen werden.

§ 144 Kündigung des Versicherungsnehmers

¹Hat ein Hypothekengläubiger seine Hypothek angemeldet, ist eine Kündigung des Versicherungsverhältnisses durch den Versicherungsnehmer unbeschadet des § 92 Abs. 1 und des § 96 Abs. 2 nur wirksam, wenn der Versicherungsnehmer mindestens einen Monat vor Ablauf des Versicherungsvertrags nachgewiesen hat, dass zu dem Zeitpunkt, zu dem die Kündigung spätestens zulässig war, das Grundstück nicht mit der Hypothek belastet war oder dass der Hypothekengläubiger der Kündigung zugestimmt hat. ²Die Zustimmung darf nicht ohne ausreichenden Grund verweigert werden.

I. Normzweck

Da der VR nach § 143 Abs. 2 noch zwei Monate nach der Information des Realgläubigers über die Vertragsbeendigung in der Haftung bleibt, soll der Realgläubiger von vornherein in das Kündigungsverfahren einbezogen werden.

II. Wirksamkeit der Kündigung des VN (S. 1)

1. Keine Belastung. Eine Kündigung des VN ist unbeschadet des § 92 Abs. 1 und des § 96 Abs. 2 nur wirksam, wenn der VN mindestens einen Monat vor Ablauf des VersVertrages nachgewiesen hat, dass zu dem spätesten Kündigungszeitpunkt das Grundstück nicht mit dem Grundpfandrecht belastet war oder dass der Realgläubiger der Kündigung zugestimmt hat. Der Nachweis der fehlenden Belastung kann durch einen Auszug aus dem Grundbuch nach § 12 Abs. 2 GBO geführt werden.[1] Die Nachweisfrist beträgt ein Monat vor Vertragsende.

2. Zustimmung des Realgläubigers. Die §§ 182 ff BGB finden Anwendung. Die Kündigung kann auch dem VR gegenüber erfolgen.[2] Eine Form der Kündigung ist nicht vorgeschrieben.

---

14 Prölss/Martin/*Klimke*, § 143 Rn 31; Römer/Langheid/*Langheid*, § 143 Rn 8.
15 Vgl unter Hinweis auf § 81 Abs. 2 mit quotaler Leistungsfreiheit bei grob fahrlässiger Herbeiführung Marlow/Spuhl/*Spuhl*, S. 442; *Weidner*, r+s 2007, 138, die einen Wertungswiderspruch sehen.
16 Vgl Begr. RegE, BT-Drucks. 16/3945, S. 94.
17 OLG Hamm 6.7.2012 – 20 U 102/11, VersR 2013, 901.
1 Schwintowski/Brömmelmeyer/*Michaelis/Pagel*, § 144 Rn 3; Prölss/Martin/*Klimke*, § 144 Rn 2.
2 Vgl BK/*Dörner/Staudinger*, § 106 Rn 9.

III. Unwirksamkeit der Kündigung

4 **Schwebend unwirksam** ist die Kündigung ohne Einwilligung des Realgläubigers, weil bis einen Monat vor Ablauf des VersVertrages noch genehmigt werden kann, § 184 Abs. 1 BGB. Dies entspricht, obwohl es sich um ein einseitiges Rechtsgeschäft iSv § 183 Abs. 3 BGB handelt, dem Wortlaut der Vorschrift („Zustimmung") und der Interessenlage. Mit Ablauf der Nachweisfrist ist die Kündigung dann unwirksam.[3]

5 Wenn der VN bis zum Ablauf der Monatsfrist keinen Nachweis der fehlenden Belastung oder der Zustimmung des Grundpfandrechtsgläubigers führt, ist die Kündigung sowohl gegenüber dem Realgläubiger als auch gegenüber dem VN **absolut unwirksam**.[4] Eine Differenzierung erscheint aus Gründen der erforderlichen Rechtsklarheit bei Kündigungen unangebracht.

6 Auf die Möglichkeit der fristgerechten Nachreichung der erforderlichen Nachweise muss der VR den VN nach Treu und Glauben **hinweisen**.[5] Anderenfalls kann sich der VR nach den §§ 241, 280 BGB **schadensersatzpflichtig** machen.[6]

IV. Verweigerung der Zustimmung (S. 2)

7 Der Realgläubiger darf seine Zustimmung nicht willkürlich verweigern. Ein ausreichender Grund ist vorhanden, wenn der VN für keinen Versicherungsschutz mehr sorgen will oder nur einen verminderten Schutz beabsichtigt.[7] Abzustellen ist darauf, ob die Interessen des Realgläubigers beeinträchtigt werden. Wird die Zustimmung ohne ausreichenden Grund verweigert, ist der Realgläubiger zum **Schadensersatz** (§§ 280, 241 BGB, ggf § 286 BGB) verpflichtet.[8] Eine ausreichende Begründung ist anzunehmen, wenn der VN überhaupt nicht mehr oder bei einem VR versichern will, der ihn und den Realgläubiger oder nur diesen geringer als bisher schützt.[9] Ob der Realgläubiger bei gleichwertigem neuem Versicherungsschutz die Zustimmung zum Wechsel auch deswegen verweigern darf, wenn er zum bisherigen VR in besonders enger Geschäftsbeziehung gestanden hat, ist zweifelhaft.[10] In einem solchen Fall dürfte sich die Vertragsfreiheit des VN gegenüber dem Schutzinteresse des Realgläubigers durchsetzen.[11]

V. Beweislast

8 Die Beweislast für die Voraussetzungen der Kündigung hat nach allgemeinen Grundsätzen der VN.[12] Er muss nachweisen, dass er den VR fristgerecht über die Lastenfreiheit informiert hat. Gleiches gilt für die Voraussetzungen eines Schadensersatzanspruchs gegen den Realgläubiger gem. § 280 Abs. 1 BGB wegen Verweigerung der Zustimmung ohne hinreichenden Grund bzw gegen den VR wegen Verletzung der Mitteilungspflichten.[13]

---

3 Vgl BK/*Dörner/Staudinger*, § 106 Rn 10; Prölss/Martin/*Klimke*, § 144 Rn 4.
4 OLG Hamm 15.7.1987 – 20 U 48/87, NJW-RR 1988, 217; LG Halle 30.10.2003 – 2 S 169/03, VersR 2005, 1236; BK/*Dörner/Staudinger*, § 106 Rn 11; aA Römer/Langheid/*Langheid*, § 144 Rn 6.
5 Prölss/Martin/*Klimke*, § 144 Rn 4; BK/*Dörner/Staudinger*, § 106 Rn 12.
6 LG Dortmund 8.10.1998 – 11 S 102/98, NVersZ 2000, 145.
7 Vgl Prölss/Martin/*Klimke*, § 144 Rn 4.
8 Prölss/Martin/*Klimke*, § 144 Rn 6.
9 Looschelders/Pohlmann/*Brand*, § 144 Rn 9; Prölss/Martin/*Klimke*, § 144 Rn 6.
10 So aber Römer/Langheid/*Langheid*, § 144 Rn 12, allerdings mit Interessenabwägung; Prölss/Martin/*Klimke*, § 144 Rn 6.
11 BK/*Dörner/Staudinger*, § 106 Rn 13; ebenso Looschelders/Pohlmann/*Brand*, § 144 Rn 9.
12 Langheid/Wandt/*Staudinger*, § 144 Rn 22.
13 Looschelders/Pohlmann/*Brand*, § 144 Rn 10.

VI. Abdingbarkeit

Als Schutzvorschrift für den Realgläubiger kommt eine Abänderung nur zu seinen Gunsten in Betracht.[14] Abweichungen zu Lasten des VN sind unter Beachtung von §§ 307 ff BGB möglich.[15] Die Nachweisfrist vor Ablauf des Vertrages kann nicht verlängert werden, weil der Grundpfandgläubiger sonst weniger Zeit hätte, der Kündigung nachträglich zuzustimmen.[16]

9

§ 145 Übergang der Hypothek

¹Soweit der Versicherer den Hypothekengläubiger nach § 143 befriedigt, geht die Hypothek auf ihn über. ²Der Übergang kann nicht zum Nachteil eines gleich- oder nachstehenden Hypothekengläubigers geltend gemacht werden, dem gegenüber die Leistungspflicht des Versicherers bestehen geblieben ist.

I. Normzweck

Die Vorschrift dient in S. 1 den Interessen des VR, der nach § 143 gezahlt hat, sowie in S. 2 dem Schutz der gleich- oder nachrangigen Realgläubiger.

1

II. Übergang der Hypothek (S. 1)

Befriedigt der VR den Realgläubiger nach § 143, geht die Hypothek auf ihn über. Es handelt sich um einen Rechtsübergang kraft Gesetzes. Soweit nur zum Teil befriedigt wird, geht die Hypothek nur teilweise über. Ein gutgläubiger Erwerb kommt nicht in Betracht.[1] Maßgebend ist der Zeitpunkt der Zahlung.

2

Ob die Hypothek nach dem Rechtsübergang weiterhin eine Forderung sichert, ist dogmatisch umstritten. Nach der **Theorie der Forderungsauswechselung**[2] soll die übergegangene Hypothek im Wege der Forderungsauswechselung einen Schadensersatz- oder Bereicherungsanspruch des VR gegen den VN sichern. Demgegenüber spricht der Wortlaut des S. 1, der auch in der Neufassung den zugrunde liegenden Anspruch nicht erwähnt, dafür, dass die Hypothek ohne Forderung übergeht. Der Ansicht des forderungslosen Hypothekenübergangs ist der Vorzug zu geben.[3] Die Bestimmung lässt demnach ein **forderungsentkleidetes Grundpfandrecht** – akzessorisch oder nichtakzessorisch – übergehen. Der VR muss also nicht nachweisen, dass ein Schadensersatzanspruch zugrunde liegt.[4]

3

III. Bewilligung

Der frühere Hypothekengläubiger hat die Verpflichtung, dem VR ggf. den Hypothekenbrief zu übergeben und die Berichtigungsbewilligung zu erteilen.[5]

4

---

14 Vgl BK/*Dörner/Staudinger*, § 106 Rn 15.
15 Looschelders/Pohlmann/*Brand*, § 144 Rn 11.
16 Prölss/Martin/*Klimke*, § 144 Rn 5.
1 Prölss/Martin/*Klimke*, § 145 Rn 3.
2 RGZ 124, 91.
3 Prölss/Martin/*Klimke*, § 145 Rn 4; Looschelders/Pohlmann/*Brand*, § 145 Rn 4; Römer/Langheid/*Langheid*, § 145 Rn 4; BK/*Dörner/Staudinger*, § 104 Rn 8.
4 Römer/Langheid/*Langheid*, § 145 Rn 4.
5 Zutreffend BK/*Dörner/Staudinger*, § 104 Rn 9.

IV. Rangverhältnis (S. 2)

5 Der Übergang kann nicht zum Nachteil eines gleich- oder nachstehenden Hypothekengläubigers geltend gemacht werden, dem gegenüber der VR leistungspflichtig geblieben ist. Der VR tritt im Rang hinter die erwähnten Realgläubiger zurück.

6 Nach dem Wortlaut auch der Neufassung sowie Sinn und Zweck sind die **gleich- oder nachrangigen Realgläubiger** gemeint, die einen eigenen Anspruch gegen den VR erworben haben, aber bei der Leistung der Entschädigung nicht befriedigt worden sind.[6] Soweit sie entschädigt worden sind, geht ihr Grundpfandrecht auf den VR nach S. 1 über. Soweit sie keine Brandentschädigung erhalten, bleibt ihr Realrecht bestehen und hat nach S. 2 Vorrang vor dem vom VR erworbenen Grundpfandrecht. Die Realgläubiger sollen – **gleich welchen Rang** sie haben – nach dem Schutzzweck des § 143 und der Systematik der Normen so gestellt werden, wie sie im ungestörten Versicherungsverhältnis stünden.[7] Damit steht sämtlichen privilegierten Realgläubigern die Versicherungsforderung als Teil des grundpfandrechtlichen Haftungsverbandes (§§ 1127, 1107, 1192 Abs. 1, 1200 Abs. 1 BGB) zur Verfügung. Der gesetzliche Rangrücktritt dient dem Schutz aller privilegierten Grundpfandgläubiger. Er greift unabhängig davon ein, ob der VR die von ihm geschuldete Leistung an den vorrangigen Grundpfandgläubiger ganz oder nur zum Teil erbracht hat.[8]

V. Abdingbarkeit

7 Die Vorschrift kann nicht durch Vereinbarung zwischen VR und VN zu Lasten der Realgläubiger abbedungen werden.[9]

§ 146 Bestätigungs- und Auskunftspflicht des Versicherers

Der Versicherer ist verpflichtet, einem Hypothekengläubiger, der seine Hypothek angemeldet hat, die Anmeldung zu bestätigen und auf Verlangen Auskunft über das Bestehen von Versicherungsschutz sowie über die Höhe der Versicherungssumme zu erteilen.

I. Normzweck

1 Die Vorschrift gibt dem angemeldeten Grundpfandrechtsgläubiger einen Anspruch auf Bestätigung und Auskunft.

II. Bestätigung

2 Dem angemeldeten Grundpfandrechtsgläubiger (§ 94 Abs. 4) gegenüber muss der VR die Anmeldung **bestätigen**. Das ist formfrei möglich. Die Bestätigung begründet keine über die Erklärung hinausgehende Verpflichtung.[1] Sie ist bloße Quittung. Der Antrag auf Erteilung des Hypothekensicherungsscheins gilt als Anmeldung,

---

6 Vgl BGH 2.3.2005 – IV ZR 212/04, VersR 2005, 785; OLG Hamm 18.6.2002 – 15 W 105/01, VersR 2003, 639; Prölss/Martin/*Klimke*, § 145 Rn 6; aA Römer/Langheid/*Langheid*, § 145 Rn 12.
7 Prölss/Martin/*Klimke*, § 145 Rn 6; BK/*Dörner/Staudinger*, § 104 Rn 13.
8 BGH 2.3.2005 – IV ZR 212/04, VersR 2005, 785; aA Römer/Langheid/*Langheid*, § 145 Rn 12.
9 Prölss/Martin/*Klimke*, § 145 Rn 8; Looschelders/Pohlmann/*Brand*, § 145 Rn 9; BK/ *Dörner/Staudinger*, § 104 Rn 16.
1 Vgl Römer/Langheid/*Langheid*, § 146 Rn 2.

der Schein ist die Bestätigung der Anmeldung. Es genügt das Gegenzeichnen auf einer Kopie der Anmeldung, die dem Grundpfandrechtsgläubiger zugeht.[2]

III. Auskunft

Auf Verlangen muss der VR **Auskunft** erteilen. Diese umfasst neben der Höhe der Versicherungssumme konkrete Angaben über den **Versicherungsschutz**, zB versicherte Risiken, Versicherungsort, Besondere Bedingungen und ggf vereinbarte Ausschlüsse.[3] Auch ist über die Zahlung der Erstprämie, von der der Versicherungsschutz abhängen kann, Auskunft zu erteilen.[4] Zweckmäßigerweise wird eine Ablichtung des Versicherungsscheins nebst AVB übersandt. Die Auskunft bedarf keiner Form. Zweckmäßig ist es, wenn der VR dem Grundpfandrechtsgläubiger eine Abschrift des Versicherungsscheins nebst Bedingungswerk übersendet. 3

Auskunft muss nur **einmal** erteilt werden. Im Unterschied dazu sind die Mitteilungspflichten der §§ 142, 143 fortlaufend zu erfüllen.[5] 4

Bei falscher Auskunft kann ein Schadensersatzanspruch (§ 280 Abs. 1 BGB) begründet sein.[6] 5

§ 147 Änderung von Anschrift und Name des Hypothekengläubigers

Hat der Hypothekengläubiger dem Versicherer eine Änderung seiner Anschrift oder seines Namens nicht mitgeteilt, ist § 13 Abs. 1 auf die Anzeigen und Mitteilungen des Versicherers nach den §§ 142 und 143 entsprechend anzuwenden.

I. Normzweck

Die Regelung erleichtert dem VR die Erfüllung seiner Mitteilungspflichten gem. §§ 142, 143. 1

II. Anschriftänderung

Der Anwendungsbereich ist beschränkt auf die Mitteilungen iSd §§ 142 und 143 des angemeldeten Grundpfandgläubigers. Die redaktionellen Änderungen in § 13 Abs. 1 gegenüber dem § 10 Abs. 1 aF sind rein sprachlicher Natur.[1] Anschriftänderung ist die Verlegung des Lebensmittelpunkts in eine andere Wohnung. Bei einer bloß vorübergehenden Abwesenheit von der Wohnung, etwa durch Krankenhausaufenthalt oder Reise, gilt die Regelung nicht.[2] Hat der Realgläubiger eine falsche Anschrift mitgeteilt, gilt die Vorschrift entsprechend.[3] 2

III. Namensänderung

Für die Erstreckung der Vorschrift auf die Namensänderung wurde wegen der heute häufigen Namensveränderungen von VN ein praktisches Bedürfnis gesehen.[4] Gemeint ist die rechtswirksame Namensänderung. 3

---

2 Schwintowski/Brömmelmeyer/*Michaelis/Pagel*, § 146 Rn 2; Römer/Langheid/*Langheid*, § 146 Rn 2.
3 Prölss/Martin/*Klimke*, § 146 Rn 3; Looschelders/Pohlmann/*Brand*, § 146 Rn 3.
4 Schwintowski/Brömmelmeyer/*Michaelis/Pagel*, § 146 Rn 4; Prölss/Martin/*Klimke*, § 146 Rn 3; Looschelders/Pohlmann/*Brand*, § 146 Rn 3.
5 Prölss/Martin/*Klimke*, § 146 Rn 3.
6 Looschelders/Pohlmann/*Brand*, § 146 Rn 4.
1 Vgl Begr. RegE, BT-Drucks. 16/3945, S. 63.
2 BGH 18.12.1970 – IV ZR 52/69, VersR 1971, 262.
3 Römer/Langheid/*Langheid*, § 147 Rn 3.
4 Vgl Begr. RegE, BT-Drucks. 16/3945, S. 63.

IV. Zugangsfiktion

4   Nach § 13 Abs. 1 S. 1 genügt für eine dem VN gegenüber abzugebende Willenserklärung die Absendung eines **eingeschriebenen Briefes** an die letzte bekannte Anschrift des VN. Die Erklärung gilt nach § 13 Abs. 1 S. 2 drei Tage nach der Absendung des Briefes als zugegangen. Dies gilt für die Namensänderung des VN nach § 13 Abs. 1 S. 3 entsprechend. Bei einem einfachen Brief ist die Vorschrift nicht analog anzuwenden.[5]

V. Abdingbarkeit

5   Zu Lasten des Realgläubigers ist die Vorschrift grds. abänderbar, da sie dem Schutz des VR dient.[6] Hierbei ist bei einer Verschärfung § 308 Nr. 6 BGB zu beachten. Ein Vertrag zu Lasten Dritter ist nicht anzunehmen.[7] Für den Dritten als Grundpfandrechtsgläubiger entstehen keine Rechtspflichten.

§ 148 Andere Grundpfandrechte

Ist das Grundstück mit einer Grundschuld, Rentenschuld oder Reallast belastet, sind die §§ 142 bis 147 entsprechend anzuwenden.

1   Die Regelung erklärt die §§ 142–147 für entsprechend anwendbar, wenn das Grundstück mit einer **Grundschuld, Rentenschuld** oder **Reallast** belastet ist. Für jede in Bezug genommene Vorschrift ist zu prüfen, inwieweit sie Anwendung finden kann. Auf **Fremdgrundschulden** sind die Vorschriften anwendbar, soweit der Schutzzweck dies erfordert.[1] Das gilt aber hinsichtlich § 143 dann nicht, wenn der VN einen fälligen Rückgewähranspruch hat.[2] Bei Anwendung von §§ 143, 145 würde der Rückgewähranspruch dazu führen, dass dann die Zahlung dem VN zugute kommt. Anders ist es, wenn er anderen Gläubigern zusteht.[3]

2   Die Vorschrift gilt nicht für **öffentliche Lasten** und **Nießbrauch**.

§ 149 Eigentümergrundpfandrechte

Die durch die §§ 142 bis 148 begründeten Rechte können nicht zugunsten von Hypotheken, Grundschulden oder Rentenschulden, die dem Versicherungsnehmer zustehen, geltend gemacht werden.

I. Normzweck

1   Der VN soll nicht als Realgläubiger Versicherungsleistungen in Anspruch nehmen können, die ihm nicht zustehen.

---

5   OLG Hamburg 11.7.1979 – 4 U 88/79, VersR 1980, 38.
6   Looschelders/Pohlmann/*Brand*, § 147 Rn 9; Schwintowski/Brömmelmeyer/*Michaelis/Pagel*, § 147 Rn 9; aA Prölss/Martin/*Klimke*, § 147 Rn 5.
7   So Prölss/Martin/*Klimke*, § 147 Rn 5.
1   Prölss/Martin/*Klimke*, § 148 Rn 3; BK/*Dörner/Staudinger*, § 107 b Rn 4.
2   Vgl BGH 8.10.2009 – IV ZR 346/07, VersR 2009, 1654; OLG Saarbrücken 10.9.1997 – 5 U 595/94, NJW-RR 1998, 1486.
3   BK/*Dörner/Staudinger*, § 107 b Rn 4; Prölss/Martin/*Klimke*, § 148 Rn 3; Römer/Langheid/ *Langheid*, § 148 Rn 2.

II. Eigentümergrundpfandrechte

Die Vorschrift gilt zu Lasten aller VN, denen Grundpfandrechte zustehen, und zwar unabhängig davon, ob der VN Eigentümer des Grundstücks ist. 2

Entsprechende Anwendung auf Rückgewähransprüche auf Übertragung des Realrechts und Herausgabe der Entschädigung, die der VN geltend machen kann, ist nach dem Schutzzweck geboten.[1] Auf dingliche Rechte des Versicherten kommt eine entsprechende Anwendung in Betracht, wenn die Leistungsfreiheit des VR auf Handlungen des Versicherten beruht.[2] 3

Es kommt auf den **Zeitpunkt** des Versicherungsfalles an. Erwirbt der VN nach dem Versicherungsfall den Rückgewähranspruch, muss der VR zahlen, wenn nicht die Einrede der Arglist durchgreift.[3] 4

III. Leistungsfreiheit

Als Rechtsfolge kommt es zur Leistungsfreiheit des VR. Auf nachrangige Gläubiger bezieht sich, soweit vorhanden, der Rest der Leistungspflicht des VR, der nicht auf den VN entfällt.[4] 5

Kapitel 5: Lebensversicherung

§ 150 Versicherte Person

(1) Die Lebensversicherung kann auf die Person des Versicherungsnehmers oder eines anderen genommen werden.

(2) ¹Wird die Versicherung für den Fall des Todes eines anderen genommen und übersteigt die vereinbarte Leistung den Betrag der gewöhnlichen Beerdigungskosten, ist zur Wirksamkeit des Vertrags die schriftliche Einwilligung des anderen erforderlich; dies gilt nicht bei Kollektivlebensversicherungen im Bereich der betrieblichen Altersversorgung. ²Ist der andere geschäftsunfähig oder in der Geschäftsfähigkeit beschränkt oder ist für ihn ein Betreuer bestellt und steht die Vertretung in den seine Person betreffenden Angelegenheiten dem Versicherungsnehmer zu, kann dieser den anderen bei der Erteilung der Einwilligung nicht vertreten.

(3) Nimmt ein Elternteil die Versicherung auf die Person eines minderjährigen Kindes, bedarf es der Einwilligung des Kindes nur, wenn nach dem Vertrag der Versicherer auch bei Eintritt des Todes vor der Vollendung des siebenten Lebensjahres zur Leistung verpflichtet sein soll und die für diesen Fall vereinbarte Leistung den Betrag der gewöhnlichen Beerdigungskosten übersteigt.

(4) Soweit die Aufsichtsbehörde einen bestimmten Höchstbetrag für die gewöhnlichen Beerdigungskosten festgesetzt hat, ist dieser maßgebend.

I. Normzweck und Anwendungsbereich 1	II. Grundsatz (Abs. 1) 8
1. Normzweck 1	III. Einschränkung.................... 10
2. Anwendungsbereich.......... 4	1. Einwilligungserfordernis (Abs. 2) 10

---

1 BK/*Dörner/Staudinger*, § 107 c Rn 8; Looschelders/Pohlmann/*Brand*, § 149 Rn 2; Prölss/Martin/*Klimke*, § 149 Rn 2 (für §§ 142, 145).
2 Looschelders/Pohlmann/*Brand*, § 149 Rn 2; BK/*Dörner/Staudinger*, § 107 c Rn 8; Prölss/Martin/*Klimke*, § 149 Rn 2.
3 Prölss/Martin/*Klimke*, § 149 Rn 3.
4 Looschelders/Pohlmann/*Brand*, § 149 Rn. 4; Langheid/Wandt/*Staudinger*, § 149 Rn 11; Römer/Langheid/*Langheid*, § 149 Rn 5; Schwintowski/Brömmelmeyer/*Michaelis*, § 149 Rn 3.

Brambach

2. Schriftform und Inhalt 12	1. Geringer Betrag (Abs. 2 S. 1, Abs. 4) 30
a) Fallgruppen.............. 12	
b) Vertragsabschluss ohne Einschaltung eines Vertreters....................... 13	2. Kollektivlebensversicherungen im Bereich der betrieblichen Altersversorgung (Abs. 2 S. 1 Hs 2)............. 31
c) Vertragsabschluss mit Einschaltung eines Vertreters....................... 18	3. Verträge eines Elternteils auf die Person des minderjährigen Kindes (Abs. 3).......... 34
3. Zeitpunkt der Einwilligung .. 21	V. Rechtsfolge 35
4. Erklärender und Erklärungsempfänger 25	VI. Minderjährige als VN 36
5. Widerruf der Einwilligung ... 29	VII. Abdingbarkeit 42
IV. Rückausnahmen................. 30	

I. Normzweck und Anwendungsbereich

1. Normzweck. Der Normzweck besteht nach stRspr des BGH darin, die **versicherte Person** (häufig als „**Gefahrperson**" bezeichnet) nicht ohne ihr Wissen und ihre Zustimmung einem möglicherweise erhöhten Sterblichkeitsrisiko auszusetzen.[1] Ein solches könnte dadurch entstehen, dass die Aussicht auf die Versicherungsleistung den VN oder einen Dritten, etwa einen potenziellen Erben, dazu motivieren könnte, den Versicherungsfall herbeizuführen.[2] Grundsätzlich soll jede Möglichkeit der Spekulation auf das Leben des Betroffenen ohne dessen Zustimmung verhindert werden.[3] Dieser Gefahr könnte natürlich auch dadurch begegnet werden, Versicherungen auf den Tod eines anderen grds. auszuschließen und so das Leben des Dritten zu schützen. Die in einem solchen Verbot liegende Einschränkung des Selbstbestimmungsrechts und die hierdurch auftretende grundrechtliche Konfliktsituation (Art. 2 Abs. 1 GG gegenüber Art. 2 Abs. 2 GG) löst der Gesetzgeber, indem er zunächst in Abs. 1 die Vertragsfreiheit betont, um diese dann in den Abs. 2–4 einzuschränken.

Nach Einschätzung des Gesetzgebers gibt es allerdings Bereiche, in denen diese Gefahr so gering ist, dass es eines entsprechenden Schutzes der zu versichernden Person nicht bedarf. Namentlich ist dies bei lediglich geringen Versicherungssummen oder bei bestimmten Versicherungen der Eltern auf das Leben ihrer Kinder der Fall. Aus Praktikabilitätsgründen wurde eine weitere Ausnahme für **Kollektivversicherungen** im Bereich der **betrieblichen Altersversorgung** aufgenommen.

§ 150 stellt eine **abschließende** Entscheidung des Gesetzgebers dar, so dass keine zusätzlichen Voraussetzungen erfüllt werden müssen. Insbesondere muss der VN für den Abschluss eines Lebensversicherungsvertrages auf das Leben eines Dritten ein schutzwürdiges Interesse am Fortleben der versicherten Person nach hM weder haben noch nachweisen.[4] Der Eintritt der möglichen Gefahrenlage soll danach allein vom Willen der versicherten Person abhängen.[5] Eine konkrete Gefahr, der die versicherte Person nach Abschluss des VersVertrages ausgesetzt sein könnte, ist

---

1 BGH 5.10.1994 – IV ZR 18/94, VersR 1995, 405 mwN; BGH 7.5.1997 – IV ZR 35/96, VersR 1997, 1213; BGH 9.12.1998 – IV ZR 306/97, NVersZ 1999, 258; Beckmann/Matusche-Beckmann/*Brömmelmeyer*, § 42 Rn 40; Prölss/Martin/*Schneider*, § 150 Rn 4.
2 BGH 9.12.1998 – IV ZR 306/97, NVersZ 1999, 258; *Drews*, VersR 1987, 634; Looschelders/Pohlmann/*Peters*, § 150 Rn 1.
3 BGH 9.12.1998 – IV ZR 306/97, NVersZ 1999, 258; öOHG 14.11.2012 – 7 Ob 162/12 7, r+s 2014, 361; Prölss/Martin/*Schneider*, § 150 Rn 4; Beckmann/Matusche-Beckmann/*Brömmelmeyer*, § 42 Rn 40; MAH VersR/*Höra/Leithoff*, § 25 Rn 49.
4 BGH 5.10.1994 – IV ZR 18/94, VersR 1995, 405; BGH 7.5.1997 – IV ZR 35/96, VersR 1997, 1213; Prölss/Martin/*Schneider*, § 150 Rn 4; Beckmann/Matusche-Beckmann/*Brömmelmeyer*, § 42 Rn 41; *Müller*, NVersZ 2000, 454.
5 *Müller*, NVersZ 2000, 454.

ebenso wenig erforderlich.⁶ Dem ist zuzustimmen, denn nicht zuletzt aus Gründen der Rechtssicherheit und der Praktikabilität sollte es ausschließlich auf den Formalakt der Einwilligung ankommen.

2. Anwendungsbereich. Aufgrund ihres Wortlauts und ihrer systematischen Stellung gilt die Norm zunächst für alle Lebensversicherungen, die dem Kapitel 5 unterfallen. Mit dieser Festlegung ist allerdings wenig ausgesagt, da der Gesetzgeber darauf verzichtet hat, weiter zu beschreiben, was er unter einer Lebensversicherung verstehen will. § 1 ist lediglich zu entnehmen, dass eine Versicherung eine rechtsgeschäftliche Risikoabsicherung bei Eintritt des Versicherungsfalles gegen Entgelt ist (s. näher § 1 Rn 6 f). Allgemein wird zutreffend davon ausgegangen, dass **Lebensversicherungen** alle Arten von Versicherungen sind, bei denen die Verpflichtung zur Leistung des VR oder deren Zeitpunkt oder Dauer in der einen oder anderen Weise von der Ungewissheit der Dauer des Lebens der versicherten Person abhängt.⁷ Eine Lebensversicherung liegt ferner vor, wenn der Umfang oder die Dauer der Leistung des VN von der Ungewissheit der Dauer des Lebens der versicherten Person abhängt. Die oben angesprochene Schutzbedürftigkeit besteht dabei nur bei Versicherungen, die **an den Tod eines Dritten eine Leistung knüpfen** – insoweit aber ohne Ausnahme.⁸ Dies wird in Abs. 2 klargestellt.

Folglich ist die Vorschrift nicht nur bei reinen Risikolebensversicherungsprodukten anwendbar, sondern auch bei gemischten Versicherungen, sofern als Folge des Todes einer natürlichen Person eine Leistung versprochen wird. Dies ist zB bei einer aufgeschobenen Rentenversicherung der Fall, wenn bei Tod vor Rentenbeginn eine Kapitalzahlung oder Beitragsrückgewähr vertraglich vorgesehen ist.⁹ Hier kann nämlich der VN aufgrund des Gesundheitszustands der versicherten Person ein höheres Interesse an der Prämienrückgewähr vor Rentenbeginn als an Rentenzahlungen während einer möglicherweise nur sehr kurzen Rentenbezugszeit entwickeln.¹⁰ Dies wird mit dem Argument bestritten, dass bei einer reinen Prämienrückgewähr gerade keine Spekulation auf das Leben vorliege, weil der VN nicht mehr erhalten könne, als er gezahlt habe.¹¹ Diese Einschätzung übersieht aber, dass VN und Empfänger der Beitragsrückerstattung nicht zwingend personenidentisch sind oder während der Vertragslaufzeit bleiben müssen. Daher ist auch bei einer reinen Beitragsrückgewähr als Todesfallleistung eine Einwilligung zu fordern.

Erfasst sind grds. auch Gruppenlebensversicherungen¹² (vgl Rn 33) und Versicherungen auf verbundene Leben.¹³

Berufsunfähigkeitsversicherungen werden regelmäßig nicht erfasst (vgl § 176), da hier an den Tod einer Person regelmäßig gerade keine Leistungspflicht (mehr) geknüpft wird; dies ist nicht unbestritten, da sich aus der Gesetzesbegründung eine Anwendbarkeit auch auf die Berufsunfähigkeitsversicherung ergeben soll.¹⁴

---

6 So auch OLG Frankfurt 31.7.1996 – 7 U 213/95, VersR 1997, 478; Looschelders/Pohlmann/*Peters*, § 150 Rn 2; Beckmann/Matusche-Beckmann/*Brömmelmeyer*, § 42 Rn 41.
7 Beckmann/Matusche-Beckmann/*Brömmelmeyer*, § 42 Rn 1; Prölss/Martin/*Schneider*, Vor §§ 150–171 Rn 1.
8 Looschelders/Pohlmann/*Peters*, § 150 Rn 2, 4.
9 BGH 10.1.1996 – IV ZR 125/95, VersR 1996, 357; Prölss/Martin/*Schneider*, § 150 Rn 5; Langheid/Wandt/*Heiss*, § 150 Rn 13.
10 van Bühren/Teslau/*Prang*, § 14 Rn 112.
11 Bruck/Möller/*Winter*, § 150 Rn 21 ff.
12 BGH 7.5.1997 – IV ZR 35/96, VersR 1997, 1213; OLG Frankfurt 31.7.1996 – 7 U 213/95, VersR 1997, 478; Römer/Langheid/*Langheid*, § 150 Rn 13; Prölss/Martin/*Schneider*, § 150 Rn 5; *Hülsmann*, VersR 1997, 1467.
13 OLG Köln 4.6.1992 – 5 U 168/91, VersR 1992, 1337; *Hülsmann*, NVersZ 1999, 550.
14 Römer/Langheid/*Langheid*, § 150 Rn 2; Prölss/Martin/*Schneider*, § 150 Rn 3.

II. Grundsatz (Abs. 1)

8 Nach Abs. 1 kann der VN sein eigenes Leben oder das eines anderen versichern. Im Hinblick auf den zivilrechtlichen Grundsatz der Vertragsfreiheit handelt es sich insofern lediglich um eine Klarstellung, die aber im Hinblick auf die Ausnahmebestimmungen der Abs. 2–4 durchaus angezeigt ist.

9 Ebenfalls aus dem Grundsatz der Vertragsfreiheit folgt, dass es sich bei dem Abschluss einer Lebensversicherung nicht um ein höchstpersönliches Rechtsgeschäft handelt, so dass sich der VN beim Vertragsabschluss vertreten lassen kann.

III. Einschränkung

10 **1. Einwilligungserfordernis (Abs. 2).** Die Vertragsfreiheit wird nach Abs. 2 zunächst dadurch eingeschränkt, dass der Abschluss einer Versicherung für den Fall des Todes eines anderen nur mit dessen schriftlicher Einwilligung möglich ist. Eine Einwilligung ist also dann nicht erforderlich, wenn der VN persönlich eine Versicherung auf sein eigenes Leben abschließt, da das Merkmal „des Todes eines anderen" dann nicht erfüllt ist. Aufgrund des Wortlauts kann man daran zweifeln, ob der Vertreter des VN einer schriftlichen Einwilligung bedarf, wenn er die Versicherung auf den Tod des VN abschließt. Ein vergleichbares Problem stellt sich, wenn der VN die Vertragserklärung blanko abgibt. Soll der Schutzzweck der Norm gewahrt bleiben, so kann in den Fällen, in denen die versicherte Person nicht persönlich am Vertragsabschluss beteiligt ist, nicht auf eine persönliche Erklärung der versicherten Person verzichtet werden, aus der sich das Einverständnis der versicherten Person mit der konkreten Gefährdung ergibt, die aus dem VersVertrag für die eigene Person resultiert.[15] Daher ist mit dem BGH in diesen Fällen § 150 jedenfalls entsprechend anzuwenden.[16] Die versicherte Person muss also entweder einwilligen oder aber eine **Vollmacht** erteilen, die den Anforderungen an die Einwilligung genügt.[17] Nur so ist sichergestellt, dass eine persönliche Erklärung der versicherten Person vorliegt, aus der sich das Einverständnis ergibt.

11 Ob darüber hinaus eine schriftliche Einwilligung der versicherten Person bei **Verfügungen nach Vertragsschluss** durch den nicht mit der versicherten Person identischen VN erforderlich ist, hängt davon ab, ob aus solchen Verfügungen neue Gefahren für die versicherte Person entstehen können, die von der bisher vorliegenden Einwilligung nicht gedeckt sind.[18] Verfügungen über den Leistungsanspruch nach Vertragsabschluss wie Abtretung, Verpfändung und Kündigung oder auch die Benennung eines neuen Bezugsberechtigten führen regelmäßig nicht zu einem neuen Risiko, so dass dazu eine neue Einwilligung nicht erforderlich ist.[19] Bei anderen Änderungen, wie zB einer Erhöhung der Versicherungssumme, ist demgegenüber zu prüfen, ob diese von der bisherigen Einwilligung noch umfasst sind.

12 **2. Schriftform und Inhalt. a) Fallgruppen.** Es lassen sich verschiedene Fallgruppen unterscheiden. Der im Gesetz beschriebene Regelfall besteht darin, dass der VN eine Versicherung auf das Leben eines Dritten abschließt und der Dritte als versicherte Person hierin **persönlich** schriftlich eingewilligt. Die zweite Fallgruppe besteht darin, dass sich der Dritte bei der Abgabe der Einwilligung vertreten lässt.

---

15 BGH 9.12.1998 – IV ZR 306/97, NVersZ 1999, 258; öOHG 14.11.2012 – 7 Ob 162/12 7, r+s 2014, 361; *Müller*, NVersZ 2000, 454; Prölss/Martin/*Schneider*, § 150 Rn 15.
16 BGH 9.12.1998 – IV ZR 306/97, NVersZ 1999, 258; öOHG 14.11.2012 – 7 Ob 162/12 7, r+s 2014, 361.
17 Prölss/Martin/*Schneider*, § 150 Rn 15; *Müller*, NVersZ 2000, 454.
18 OLG Köln 4.6.1992 – 5 U 168/91, VersR 1992, 1337; Prölss/Martin/*Schneider*, § 150 Rn 15.
19 Prölss/Martin/*Schneider*, § 150 Rn 15; MAH VersR/*Höra/Leithoff*, § 25 Rn 49; Römer/Langheid/*Langheid*, § 150 Rn 6; aA Looschelders/Pohlmann/*Peters*, § 150 Rn 2; *Müller*, NVersZ 2000, 454.

Hier stellt sich die Frage, welchen Anforderungen die Einwilligung und welchen die **Vollmacht** genügen muss. Zuletzt ist es möglich, dass sich der VN bei dem Abschluss einer Lebensversicherung vertreten lässt. Auch hier stellt sich die Frage, welchen Anforderungen die Vollmacht genügen muss.

b) Vertragsabschluss ohne Einschaltung eines Vertreters. Bei Abschluss eines Lebensversicherungsvertrages auf das Leben eines Dritten ist dessen Einwilligung notwendig. Diese Einwilligung muss schriftlich iSd § 126 BGB erfolgen.[20] Die Schriftform kann durch eine notarielle Beurkundung ersetzt werden.[21]

13

Strittig ist, ob auch die **elektronische Form des § 126 a BGB** ausreicht. Nach § 126 Abs. 3 BGB reicht auch die elektronische Form des § 126 a BGB, da eigenhändige Unterzeichnung durch § 150 nicht gefordert und die elektronische Form auch nicht anderweitig ausgeschlossen wird.[22] Die Gegenauffassung verweist darauf, dass bei der Fülle der täglichen E-Mails die elektronische Form die vom Gesetz bezweckte Warnfunktion nicht erfüllen kann.[23] Dies überzeugt nicht, denn einerseits leisten viele Bürger täglich eine Vielzahl von Unterschriften und andererseits reicht eine einfache E-Mail zur Erfüllung der Voraussetzungen des § 126 a BGB nicht aus. Vielmehr ist die E-Mail mit einer qualifizierten elektronischen Signatur zu versehen, was zur Erfüllung des Schutzzwecks ausreicht.

14

Ähnlich wie bei der Bürgschaft soll das Schriftformerfordernis auch hier voreilige Entscheidungen der versicherten Person verhindern und deutlich machen, dass es sich um eine wichtige Entscheidung handelt.[24] Diesem Schutzzweck wird nur dann ausreichend Rechnung getragen, wenn die zu versichernde Person die Einwilligung in Kenntnis der **wesentlichen Gefahrumstände** erteilt.[25] Es ist also erforderlich, dass die zu versichernde Person bei Abgabe der Einwilligung um die wesentlichen Vertragsinhalte, also Art des Vertrages, Vertragsparteien, Vertragsdauer, Höhe der Versicherungssumme, eine eventuelle Abweichung von § 162 und den oder die Bezugsberechtigten – sofern diese bereits benannt wurden –, weiß und diese billigt.[26] Ob die Bezugsberechtigung widerruflich ist oder nicht, gehört demgegenüber nicht zu den wesentlichen Gefahrumständen,[27] da eine Änderung der Bezugsberechtigung nicht zu einem Wegfall des Risikos führen würde.

15

Weitergehend wird gefordert, dass die schriftliche Erklärung der versicherten Person den essenziellen Inhalt des Lebensversicherungsvertrages als Gegenstand der Einwilligung enthalten muss.[28] Eine **Blankoerklärung** reiche demnach nur aus, wenn die Ermächtigung zum Ausfüllen der Blankoerklärung ihrerseits den Anforderungen an die Einwilligung genügt, sich also aus ihr die wesentlichen Vertragsparameter ergeben (s. näher Rn 19).[29]

16

---

20 BGH 9.12.1998 – IV ZR 306/97, NVersZ 1999, 258; *Müller*, NVersZ 2000, 454.
21 Looschelders/Pohlmann/*Peters*, § 150 Rn 9.
22 Looschelders/Pohlmann/*Peters*, § 150 Rn 9; aA Bruck/Möller/*Winter*, § 150 Rn 33.
23 Römer/Langheid/*Langheid*, § 150 Rn 10; Prölss/Martin/*Schneider*, § 150 Rn 9.
24 BGH 9.12.1998 – IV ZR 306/97, NVersZ 1999, 258.
25 BGH 9.12.1998 – IV ZR 306/97, NVersZ 1999, 258; Prölss/Martin/*Schneider*, § 150 Rn 9.
26 BGH 9.12.1998 – IV ZR 306/97, NVersZ 1999, 258; öOHG 14.11.2012 – 7 Ob 162/12 7, r+s 2014, 361; Prölss/Martin/*Schneider*, § 150 Rn 9; Beckmann/Matusche-Beckmann/*Brömmelmeyer*, § 42 Rn 48; *Müller*, NVersZ 2000, 454.
27 Prölss/Martin/*Schneider*, § 150 Rn 9.
28 BGH 9.12.1998 – IV ZR 306/97, NVersZ 1999, 258; Prölss/Martin/*Schneider*, § 150 Rn 9, 15; Beckmann/Matusche-Beckmann/*Brömmelmeyer*, § 41 Rn 48; *Müller*, NVersZ 2000, 454.
29 Palandt/*Ellenberger*, § 126 BGB Rn 7; Prölss/Martin/*Schneider*, § 150 Rn 15; Beckmann/Matusche-Beckmann/*Brömmelmeyer*, § 42 Rn 48.

17 Eine Mitunterzeichnung des Versicherungsantrags oder der Annahme des VersVertrages – eine praktisch weit verbreitete Lösung – reicht aus,[30] wenn es sich bei der Unterzeichnung um einen – zumindest hinsichtlich der wesentlichen Gefahrumstände – bereits ausgefüllten Antrag handelt.[31]

18 **c) Vertragsabschluss mit Einschaltung eines Vertreters.** Wird beim Vertragsabschluss oder bei der Erklärung der Einwilligung mit einer Vollmacht gearbeitet, so gelten die beschriebenen Anforderungen an die Einwilligung für die Vollmacht entsprechend.[32] Dies gilt entgegen § 167 Abs. 2 BGB wegen des Schutzzwecks der Norm auch für das Schriftformerfordernis, so dass für die Erteilung der Vollmacht durch die versicherte Person § 126 BGB Anwendung findet.[33]

19 Eine schriftliche **Generalvollmacht** reicht nicht aus, da sich der Vollmachtgeber bei der Erteilung regelmäßig nicht darüber bewusst sein dürfte, dass der Bevollmächtigte diese Vollmacht auch zum Abschluss eines Lebensversicherungsvertrages nutzen und damit zumindest abstrakt eine Erhöhung der Todesfallwahrscheinlichkeit eintreten kann.[34] Demgegenüber ist nicht zu beanstanden, wenn der Versicherte seinem Vertreter einen bestimmten Rahmen für den Inhalt der Lebensversicherung einräumt und sich die Vertragserklärung in diesem Rahmen hält.[35]

20 Das Einwilligungserfordernis entfällt auch nicht etwa dann, wenn sich der VN bei Abschluss des Vertrages vertreten lässt, versicherte Person und VN personenidentisch sind und die Bezugsberechtigung widerruflich ist. Auch wenn die Bezugsberechtigung in diesem Fall durch den VN geändert werden kann, entfällt das Einwilligungserfordernis nicht, da nicht gesichert ist, dass der VN vom Vertragsinhalt rechtzeitig Kenntnis erlangt und tatsächlich in der Lage ist, die Bezugsberechtigung nachträglich zu ändern.[36] Im Übrigen würde auch eine Änderung der Bezugsberechtigung die Entstehung eines erhöhten Risikos für das Leben des VN zwar subjektiv mindern, objektiv aber nicht mehr vollständig verhindern können, denn die potenziellen Erben könnten ein Interesse am Tod des VN entwickeln.

21 **3. Zeitpunkt der Einwilligung.** Nach hM ist die Einwilligung **vor Vertragsabschluss** zu erklären.[37] Hierfür spricht zunächst der Wortlaut, indem die Wirksamkeit nicht an eine Zustimmung, sondern an eine Einwilligung der versicherten Person geknüpft wird, die nach § 183 BGB vor Vornahme des Rechtsgeschäfts erteilt wird. Wäre eine Genehmigung ausreichend, könnten bei Anwendung der allgemeinen Regeln nach dem Tod der versicherten Person der oder die Erben den Vertragsabschluss genehmigen und damit den Schutzzweck durchkreuzen.[38] Aus dem gleichen Grund sei ein Abschluss der Versicherung auf das Leben eines anderen unter der aufschiebenden Bedingung der Einwilligung der zu versichernden Person nicht möglich.[39] Ohne Einwilligung im Zeitpunkt des Vertragsabschlusses sei der abgeschlossene Lebensversicherungsvertrag nach derzeit hM unheilbar nichtig.[40] Der BGH erwägt aber zu Recht in einer Entscheidung die (analoge) Anwendung

---

30 Prölss/Martin/*Schneider*, § 150 Rn 9; Beckmann/Matusche-Beckmann/*Brömmelmeyer*, § 42 Rn 48; *Müller*, NVersZ 2000, 454.
31 BGH 9.12.1998 – IV ZR 306/97, NVersZ 1999, 258; *Müller*, NVersZ 2000, 454.
32 Prölss/Martin/*Schneider*, § 150 Rn 15; *Müller*, NVersZ 2000, 454.
33 OLG Frankfurt 31.7.1996 – 7 U 213/95, VersR 1997, 478; *Müller*, NVersZ 2000, 454.
34 So auch Prölss/Martin/*Schneider*, § 150 Rn 15.
35 Prölss/Martin/*Schneider*, § 150 Rn 9; *Müller*, NVersZ 2000, 454.
36 BGH 9.12.1998 – IV ZR 306/97, NVersZ 1999, 258.
37 BGH 9.12.1998 – IV ZR 306/97, NVersZ 1999, 258; Prölss/Martin/*Schneider*, § 150 Rn 10; Looschelders/Pohlmann/*Peters*, § 150 Rn 8; Beckmann/Matusche-Beckmann/*Brömmelmeyer*, § 42 Rn 47; MAH VersR/*Höra/Leithoff*, § 25 Rn 52.
38 Prölss/Martin/*Schneider*, § 150 Rn 10; Looschelders/Pohlmann/*Peters*, § 150 Rn 8.
39 Prölss/Martin/*Schneider*, § 150 Rn 10.
40 HM, BGH 9.12.1998 – IV ZR 306/97, BGHZ 140, 167; *Hülsmann*, VersR 1995, 501; Prölss/Martin/*Schneider*, § 150 Rn 10; Looschelders/Pohlmann/*Peters*, § 150 Rn 8; Beck-

des § 141 BGB unter der Voraussetzung, dass die bestätigende Vertragspartei den Grund der Nichtigkeit kannte oder zumindest berechtigte Zweifel an der Rechtsbeständigkeit des Vertrages hatte, so dass die „Genehmigung" eine Bestätigung des nichtigen Rechtsgeschäfts wäre und sich die Parteien nach § 141 Abs. 2 BGB so behandeln müssten, als wäre der Vertrag von Anfang an wirksam.[41] Dem ist jedenfalls dann zuzustimmen, wenn man die Nichtigkeit ohne vorherige Einwilligung für zwingend und nur eine höchstpersönliche Bestätigung der versicherten Person für ausreichend hält.

Zwingend ist die Nichtigkeitsfolge allerdings nicht. Ausreichend wäre es, die Wirksamkeit des Vertrages an die höchstpersönliche Zustimmung der versicherten Person zu knüpfen. Im Hinblick auf die nicht unerheblichen Nachteile, die sich für beide Seiten ergeben können, wenn ein Vertrag eine gewisse Zeit ohne die notwendige Zustimmung durchgeführt wurde und dann nach bereicherungsrechtlichen Vorschriften rückabgewickelt werden müsste, sollten es die Parteien gemeinsam mit der versicherten Person in der Hand haben, ob der Vertrag durch Genehmigung wirksam wird oder nicht. 22

Auch knüpft das BGB an ein **Fehlen der Einwilligung** nicht zwingend die Rechtsfolge der Nichtigkeit. So führt nach dem Rechtsgedanken des § 180 S. 2 BGB die fehlende Einwilligung nicht zur Nichtigkeit, sondern nur zur schwebenden Unwirksamkeit, wenn das Fehlen nicht beanstandet wurde. Macht man diesen Rechtsgedanken fruchtbar, so wäre ein ohne vorherige Genehmigung abgeschlossener Vertrag zunächst schwebend unwirksam. Die versicherte Person könnte den Vertragsschluss genehmigen. Der VR könnte Klarheit erlangen, indem er die versicherte Person zur Genehmigung auffordert. Liegt die erforderliche Genehmigung der versicherten Personen bei deren Tod nicht wirksam vor, so wäre der Vertrag nichtig und rückabzuwickeln. Der Schutzbereich der Norm würde auch bei dieser Lösung nicht eingeschränkt. 23

Soweit – im Zweifel im Wege einer teleologischen Reduktion – sichergestellt ist, dass die fehlende und unwirksame Einwilligung der versicherten Person nicht durch die Genehmigung der Erben ersetzt werden kann, sprechen die besseren Gründe für die Zulassung einer nachträglichen Einwilligung.[42] Denn nur bei dieser Lösung hat der Versicherte die Wahl, den Vertrag wirksam werden zu lassen, und es wird eine überflüssige Einschränkung der Privatautonomie vermieden. Eine Risikoerhöhung ist demgegenüber ausgeschlossen, da der Vertrag bei Fehlen einer höchstpersönlichen Einwilligung mit dem Tod der versicherten Person endgültig nichtig wird. 24

4. Erklärender und Erklärungsempfänger. Die Einwilligung ist grds. durch die versicherte Person zu erklären. Aus Abs. 2 S. 2 ergibt sich im Umkehrschluss, dass eine Vertretung der versicherten Person bei der Erklärung der Einwilligung möglich ist. Ist die versicherte Person gem. § 104 BGB geschäftsunfähig, gem. § 106 BGB minderjährig oder gem. § 1896 BGB betreut, so kann sie durch den oder die gesetzlichen Vertreter vertreten werden, solange diese nicht VN werden.[43] Auch im Fall der Vertretung sind die gesetzlichen Formerfordernisse nicht suspendiert. Vielmehr muss die Einwilligungserklärung, die der Vertreter im Namen der versicherten Person abgibt, den beschriebenen Anforderungen (s. Rn 16, 19) genügen und insb. schriftlich sein.[44] 25

---

mann/Matusche-Beckmann/*Brömmelmeyer*, § 42 Rn 47; MAH VersR/*Höra/Leithoff*, § 25 Rn 52; *Müller*, NVersZ 2000, 454.
41 BGH 9.12.1998 – IV ZR 306/97, NVersZ 1999, 258.
42 Wie hier Römer/Langheid/*Langheid*, § 150 Rn 9.
43 So auch Looschelders/Pohlmann/*Peters*, § 150 Rn 11.
44 Prölss/Martin/*Schneider*, § 150 Rn 15.

26 Aufgrund des Schutzzwecks der Norm wird auch in diesen Fällen gefordert, dass nicht nur die Einwilligung, sondern auch die Vollmachtserteilung den beschriebenen Anforderungen (s. Rn 16, 19) genügt, also entgegen § 167 Abs. 2 BGB schriftlich sein und erkennen lassen muss, dass der Vollmachtgeber die wesentlichen Vertragsinhalte gekannt und gebilligt hat.[45]

27 Nach § 182 Abs. 1 BGB kann die Erteilung sowie die Verweigerung der Zustimmung sowohl gegenüber dem VR als auch gegenüber dem VN erklärt werden.[46] Der VR tut gut daran, sich die Zustimmung der versicherten Person bei Vertragsschluss vorlegen zu lassen. Notwendig ist das allerdings nicht.

28 Ist der gesetzliche Vertreter einer versicherten Person, die geschäftsunfähig ist, in der Geschäftsfähigkeit beschränkt oder betreut ist, zugleich VN, so ist er gem. **Abs. 2 S. 2** von der Vertretung bei Erteilung der Einwilligung ausgeschlossen. Für diesen Fall ist dann ein Ergänzungspfleger oder ein zweiter Betreuer zu bestellen.

29 **5. Widerruf der Einwilligung.** Nach § 183 S. 1 BGB ist ein Widerruf der Einwilligung bis zum Vertragsschluss zulässig. Er erfolgt durch eine einseitige empfangsbedürftige Willenserklärung und wird mit Zugang wirksam.[47] Für einen solchen Widerruf ist die **Schriftform** zwar empfehlenswert, aber nicht notwendig.[48] Geeigneter **Adressat** des Widerrufs ist nach § 183 S. 2 BGB sowohl der VN als auch der VR. Insbesondere muss der Widerruf nicht an die gleiche Person gerichtet werden, der gegenüber die Einwilligung erklärt wurde.[49] Zu beachten ist allerdings, dass nach hM die §§ 170–173 BGB analog anzuwenden sind, so dass die durch den VN genutzte Einwilligung – da schriftlich – analog § 172 BGB gegenüber dem gutgläubigen VR wirksam ist, selbst wenn die versicherte Person die Einwilligung gegenüber dem VN noch vor Vertragsschluss widerrufen hat. Der versicherten Person ist daher zu empfehlen, sich im Falle eines Widerrufs die Einwilligung herausgeben zu lassen oder, falls sich dies nicht realisieren lässt, (auch) dem VR gegenüber zu widerrufen.

IV. Rückausnahmen

30 **1. Geringer Betrag (Abs. 2 S. 1, Abs. 4).** Nach der Einschätzung des Gesetzgebers besteht eine relevante Tötungsgefahr für die versicherte Person bei einer Versicherungssumme, die die gewöhnlichen Beerdigungskosten nicht übersteigt, nicht. Von der Ermächtigung nach Abs. 4, einen bestimmten Höchstbetrag für die **gewöhnlichen Beerdigungskosten** festzusetzen, hat die BaFin Gebrauch gemacht und den Betrag auf 8.000 € festgesetzt.[50] Sofern dieser Höchstbetrag im jeweiligen Vertrag nicht überschritten wird, bedarf es keiner Einwilligung.

31 **2. Kollektivlebensversicherungen im Bereich der betrieblichen Altersversorgung (Abs. 2 S. 1 Hs 2).** Auch bei Kollektivlebensversicherungen im Bereich der betrieblichen Altersversorgung ist eine Einwilligung der versicherten Person nicht erforderlich. Bei der Bezeichnung „**Kollektivlebensversicherungen**" handelt es sich um einen neueren aufsichtsrechtlichen Begriff, der an die Stelle des bisher allein gebräuchlichen Begriffs der **Gruppenversicherung** getreten ist.[51] Nach der Einschätzung des Gesetzgebers fehlt es bei solchen Verträgen an dem für ein Einwilligungs-

---

45 BGH 9.12.1998 – IV ZR 306/97, VersR 1999, 347; OLG Frankfurt 31.7.1996 – 7 U 213/95, VersR 1997, 478; Prölss/Martin/*Schneider*, § 150 Rn 15; Beckmann/Matusche-Beckmann/*Brömmelmeyer*, § 42 Rn 48.
46 Prölss/Martin/*Schneider*, § 150 Rn 11.
47 MüKo-BGB/*Schramm*, § 183 Rn 9.
48 Prölss/Martin/*Schneider*, § 150 Rn 13; Looschelders/Pohlmann/*Peters*, § 150 Rn 10; *Müller*, NVersZ 2000, 454.
49 Staudinger/*Gursky*, § 183 BGB Rn 9.
50 VerBAV 2001, 133.
51 Begr. RegE, BT-Drucks. 16/3945, S. 94.

erfordernis maßgeblichen Schutzbedürfnis der versicherten Person, so dass auf den mit diesem Erfordernis verbundenen erheblichen Verwaltungsaufwand bei diesen Kollektivverträgen verzichtet werden kann.[52]

Offen ist, wann von einer Kollektivversicherung auszugehen ist. So sei bei der Versicherung von lediglich 1–5 Mitarbeitern nicht von einer Kollektivversicherung auszugehen und folglich eine Einwilligung einzuholen.[53] Dem ist zuzustimmen, denn die Privilegierung rechtfertigt sich gerade daraus, dass die Verwaltung der Verträge einer größeren Gruppe von Personen erleichtert werden soll. 32

Warum der Gesetzgeber diese Ausnahme nunmehr auf den Bereich der betrieblichen Altersversorgung beschränkt, ist aber nur bedingt nachvollziehbar, zumal die Gesetzesbegründung keine Erklärung dafür liefert, warum diese Ausnahme nicht für sämtliche Kollektivlebensversicherungen gelten soll. Auch der Hinweis, dass auch bei einem Gruppenversicherungsvertrag die Gefährdung des Versicherten keineswegs völlig ausgeschlossen ist[54] oder auf dieses Erfordernis wegen des verursachten erheblichen Verwaltungsaufwands verzichtet würde,[55] liefert keine taugliche Begründung für die Entscheidung des Gesetzgebers, denn Verwaltungsaufwand entsteht bei allen Verträgen, die im Bereich der betrieblichen Altersversorgung abgeschlossen wurden, gleichermaßen und nicht nur bei Kollektivverträgen. Aufgrund des eindeutigen Wortlauts verbietet es sich aber de lege lata, diese Ausnahme auf sämtliche Kollektivverträge auszudehnen,[56] und auch für eine analoge Anwendung fehlt es an einer planwidrigen Regelungslücke. Es wäre daher wünschenswert, wenn der Gesetzgeber die Beschränkung auf die betriebliche Altersversorgung fallen ließe, da das Schutzbedürfnis des VN bei Kollektivverträgen deutlich geringer sein dürfte als bei Individualverträgen und damit der wirtschaftlich durch den VN zu tragende erhebliche zusätzliche Verwaltungsaufwand nicht zu rechtfertigen ist.[57] Bis dahin sind entsprechend der alten Rechtslage Gruppen- bzw Kollektivversicherungsverträge außerhalb der betrieblichen Altersversorgung auch in Form der Rückdeckungsversicherung nur wirksam, wenn die jeweils versicherte Person eingewilligt hat.[58] 33

3. Verträge eines Elternteils auf die Person des minderjährigen Kindes (Abs. 3). Nach Abs. 3 ist grds. eine Todesfallversicherung, die ein Elternteil auf das Leben eines minderjährigen Kindes abschließt, **zulässig**. Hintergrund ist die Annahme des Gesetzgebers, dass das Schutzbedürfnis des Kindes bei einem Vertragsabschluss durch die Eltern generell geringer ist als das Bedürfnis nach unkomplizierten Vertragsabschlüssen.[59] Demgegenüber ist eine Einwilligung erforderlich, wenn eine Todesfallleistung bereits vor Vollendung des siebenten Lebensjahres vertraglich geschuldet ist und diese Leistung den Betrag der gewöhnlichen Beerdigungskosten (s. Rn 30) übersteigt. 34

V. Rechtsfolge

Mangelt es an einer notwendigen Einwilligung der versicherten Person, so ist der Vertrag nach der hier vertretenen Meinung schwebend unwirksam (vgl Rn 21 ff). Wird die Einwilligung endgültig verweigert, ist er nichtig. Etwa gezahlte Prämien 35

---

52 Begr. RegE, BT-Drucks. 16/3945, S. 94.
53 Römer/Langheid/*Langheid*, § 150 Rn 9.
54 Prölss/Martin/*Schneider*, § 150 Rn 5.
55 Prölss/Martin/*Schneider*, § 150 Rn 6.
56 Prölss/Martin/*Schneider*, § 150 Rn 5.
57 Zweifelnd Prölss/Martin/*Schneider*, § 150 Rn 6.
58 BGH 7.5.1997 – IV ZR 35/96, VersR 1997, 1213; OLG Frankfurt 31.7.1996 – 7 U 213/95, VersR 1997, 478; Prölss/Martin/*Schneider*, § 150 Rn 6; Römer/Langheid/*Römer*, § 150 Rn 13; *Hülsmann*, VersR 1997, 1467.
59 Prölss/Martin/*Schneider*, § 150 Rn 8.

sind nach den §§ 812 ff BGB zurückzuzahlen. Seinerseits hat der VN keinen Risikoschutz erlangt, der saldiert werden könnte, da er im Todesfall in Ermangelung einer Einwilligung auch keine Leistung erhalten hätte. Möglicherweise hat der VN seinerseits den Wert der Beratung zu erstatten. Die Verjährung des Rückzahlungsanspruchs beginnt mit der Zahlung der jeweiligen Prämie.

VI. Minderjährige als VN

36 Die Norm regelt nur die Notwendigkeit einer Genehmigung durch die versicherte Person. Sie regelt nicht den Vertragsschluss mit beschränkt oder nicht geschäftsfähigen Personen.

37 Nach den allgemeinen Regeln kann die Wirksamkeit von Lebensversicherungsverträgen mit Minderjährigen als VN der **vormundschaftsgerichtlichen Genehmigung** bedürfen, §§ 1643 Abs. 1, 1822 Nr. 5 BGB.[60] Dies wurde von der bislang hM dann angenommen, wenn der Vertrag im Namen des Minderjährigen durch einen gesetzlichen Vertreter abgeschlossen wurde, die Vertragsdauer mehr als ein Jahr über den Eintritt der Volljährigkeit hinaus reicht und die grds. jederzeit nach § 168 Abs. 1 mögliche Kündigung oder die ebenfalls grds. jederzeit mögliche Prämienfreistellung nach § 165 Abs. 1 wegen der hiermit verbundenen erheblichen Vermögenseinbußen keine wirkliche Alternative darstellen.[61] Ferner muss nach dem ursprünglichen Vertrag der volljährig gewordene VN nach seinem neunzehnten Geburtstag noch zu laufenden Prämienzahlungen verpflichtet sein. Verwiesen wurde und wird insofern auch darauf, dass der VR nach Eintritt der Volljährigkeit jederzeit die Möglichkeit habe, den VN zur Genehmigung aufzufordern, um den für ihn ungünstigen Schwebezustand zu beenden.[62] Diese Auslegung der Zustimmungserfordernisse des § 1822 Nr. 5 BGB war schon nach altem Recht problematisch, denn im Interesse der Rechtssicherheit und Rechtsklarheit sollte es bei der Auslegung der Norm jeweils formal auf die tatbestandsmäßige Wortbedeutung ankommen, wobei die Berücksichtigung des Schutzzwecks nicht ausgeschlossen ist.[63] Zweifel kann man insofern an dem Merkmal der **wiederkehrenden Leistungspflicht** haben, denn für alle anderen Dauerschuldverhältnisse ist anerkannt, dass eine Kündigungsmöglichkeit innerhalb der Jahresfrist nach Volljährigkeit dieses Merkmal ausschließt.[64] Auch der Hinweis auf die Möglichkeit zur Beendigung des Schwebezustands mittels Genehmigungsaufforderung berücksichtigt nur einseitig die Interessen des volljährig Gewordenen. Eine Beendigung nach einigen Jahren Laufzeit und eine Rückabwicklung nach § 812 BGB ist für den VR wegen der fehlenden Saldierungsmöglichkeiten[65] derart nachteilig, dass er bei anfänglicher Kenntnis der schwebenden Unwirksamkeit des Vertrages einen solchen nicht abschließen würde.[66] Auch bewirkt der Kostendruck im Bereich der Verwaltung der VR, dass diese die VersVerträge nur anlassbezogen bearbeiten können und daher

---

60 BGH 30.6.1958 – II ZR 117/57, NJW 1958, 1394; OLG Hamm 3.4.1992 – 20 U 322/91, VersR 1992, 1502; Prölss/Martin/*Schneider*, § 150 Rn 16.
61 BGH 30.6.1958 – II ZR 117/57, NJW 1958, 1394; Palandt/*Diederichsen*, § 1822 BGB Rn 15; Römer/Langheid/*Langheid*, § 150 Rn 18 ff.
62 OLG Hamm VersR 1992, 1502; LG Frankfurt 13.4.1999 – 2/8 S 114/98, NJW 1999, 3566; Prölss/Martin/*Schneider*, § 150 Rn 17; Römer/Langheid/*Langheid*, § 150 Rn 22.
63 BGH 8.10.1984 – II ZR 223/83, NJW 1985, 136, 138; Palandt/*Diederichsen*, § 1821 BGB Rn 1, § 1822 BGB Rn 1.
64 Palandt/*Diederichsen*, § 1822 BGB Rn 15.
65 BGH 4.5.1994 – VIII ZR 309/93, NJW 1994, 2021; BGH 29.9.2000 – V ZR 305/99, NJW 2000, 3562; AG Hamburg 9.11.1993 – 9 C 1432/93, NJW-RR 1994, 721; Prölss/Martin/*Schneider*, § 150 Rn 18.
66 Römer/Langheid/*Langheid*, § 150 Rn 20 geht demgegenüber von einer Kenntnis der Minderjährigkeit und einem Vertragsabschluss in der Hoffnung der späteren Genehmigung aus.

solange keine Chance haben, die schwebende Unwirksamkeit zu erkennen, solange es an einem Anlass, sich mit dem konkreten Vertrag zu befassen, wie etwa einem Kundenwunsch, fehlt.

Wegen der jederzeit möglichen Prämienfreistellung nach § 165 Abs. 1 wird nach hier vertretener Auffassung nur noch in Ausnahmefällen eine vormundschaftsgerichtliche Genehmigung erforderlich sein, denn § 1822 Nr. 5 BGB soll den Minderjährigen nicht vor möglicherweise nachteiligen Geschäften während der Minderjährigkeit schützen, sondern vor regelmäßigen Belastungen, die in die Volljährigkeit hineinreichen.[67] Durch die Möglichkeit der Prämienfreistellung entfällt gerade diese Verpflichtung zu wiederkehrenden Leistungen, ohne dass es zu einer erheblichen Einbuße käme. Mit der gesetzlichen Möglichkeit der Beitragsfreistellung trifft auch das tragende Argument der BGH-Entscheidung von 1958 nicht zu, dass der VN bereits ein Entgelt für die vom VR bei vertragsmäßigem Ablauf erst später zu erbringenden Leistungen gezahlt hätte,[68] denn durch die Beitragsfreistellung bleibt die Verpflichtung des Lebensversicherers bis zum Ende der vertragsmäßigen Laufzeit bestehen. Auch muss der VN zur Erlangung der Prämienfreistellung regelmäßig nur die Zahlung der Prämie einstellen. Denn dies wird und muss (§ 6 Abs. 4) der VR zum Anlass nehmen, den VN über seine Möglichkeiten zu beraten und im Zweifel den Vertrag als prämienfrei weiterzuführen. Das Risiko, dass der VN in Unkenntnis seiner Gestaltungsmöglichkeiten mit der Volljährigkeit nicht gewollten Leistungspflichten ausgesetzt ist, besteht daher nicht. Der zusätzliche zeitliche und finanzielle Aufwand der Herbeiführung einer vormundschaftsgerichtlichen Genehmigung ist daher nach der hier vertretenen Auffassung nicht notwendig.[69] 38

Auf die Frage, wann ein Verhalten des volljährig gewordenen Minderjährigen eine Genehmigung des schwebend unwirksamen Vertrages darstellt, kommt es daher im Regelfall nicht an.

Sofern man entgegen der hier vertretenen Auffassung eine vormundschaftsgerichtliche Genehmigung für erforderlich hält,[70] führt deren Fehlen zur schwebenden Unwirksamkeit des Vertrages.[71] Nach Eintritt der Volljährigkeit kann der VN den Vertrag ausdrücklich, aber auch konkludent genehmigen.[72] Dabei setzt nach stRspr eine Genehmigung durch schlüssiges Verhalten voraus, dass sich der Genehmigende der schwebenden Unwirksamkeit der Vertrages bewusst ist oder zumindest mit ihr gerechnet hat und dass in seinem Verhalten der Wille zu sehen ist, das bisher als unverbindlich angesehene Geschäft verbindlich zu machen.[73] Aufgrund dieser Anforderung verbieten sich pauschale Aussagen und es kommt auf den Einzelfall an.[74] Weder in dem unterlassenen Widerruf einer Einzugsermächtigung noch in der fortlaufenden weiteren Prämienzahlung allein wird man stets eine konkludente Genehmigung sehen können.[75] Hinzu kommen muss in diesen Fällen regelmäßig ein Zeitraum von mehreren Jahren oder die Hinnahme einer Prämienerhöhung oder deren aktive Ablehnung.[76] 39

---

67 BGH 30.6.1958 – II ZR 117/57, NJW 1958, 1394.
68 BGH 30.6.1958 – II ZR 117/57, NJW 1958, 1394.
69 So auch Bruck/Möller/*Winter*, § 150 Rn 105 ff; aA Römer/Langheid/*Langheid*, § 150 Rn 19.
70 Römer/Langheid/*Langheid*, § 150 Rn 18 ff.
71 OLG Hamm 3.4.1992 – 20 U 322/91, VersR 1992, 1502; AG Hamburg 9.11.1993 – 9 C 1432/93, NJW-RR 1994, 721; Prölss/Martin/*Schneider*, § 150 Rn 17; Römer/Langheid/*Langheid*, § 150 Rn 21.
72 Prölss/Martin/*Schneider*, § 150 Rn 17.
73 BGH 16.11.1987 – II ZR 92/87, NJW 1988, 1199.
74 Prölss/Martin/*Schneider*, § 150 Rn 17.
75 Römer/Langheid/*Langheid*, § 150 Rn 23.
76 OLG Hamm 3.4.1992 – 20 U 322/91, VersR 1992, 1502; OLG Koblenz 18.5.1990 – 10 U 285/89, VersR 1991, 209; LG Verden 7.5.1997 – 2 S 469/96, VersR 1998, 42; LG

40 In der Praxis kann die aufwändige Einholung einer vormundschaftlichen Genehmigung – so man sich der hier vertretenen Auffassung nicht anschließen möchte – etwa im Bereich der Ausbildungsversicherung in zulässiger Weise dadurch vermieden werden, dass primärer Prämienschuldner nicht der Minderjährige, sondern ein anderes Familienmitglied, etwa die Großeltern, werden. Auch kommt eine befreiende Schuldübernahme eines (volljährigen) Dritten in Betracht. Beide Varianten lassen ohne Zweifel auch nach der bisher hM die Notwendigkeit einer vormundschaftlichen Genehmigung entfallen und erklären, dass die Einholung einer solchen in der Praxis die absolute Ausnahme ist.

41 Verweigert der VN seine Genehmigung, so wird nach der hM der Vertrag endgültig unwirksam und ist nach §§ 812 ff BGB rückabzuwickeln. Bei der Rückforderung soll eine Saldierung des übernommenen Risikos ausscheiden.[77] Dem ist entgegenzuhalten, dass der VR für die Zeit der Minderjährigkeit des VN dann zulässigerweise das Risiko getragen hat, wenn die Zustimmung der Erziehungsberechtigten vorlag. Wäre der Versicherungsfall eingetreten, so wäre die Leistung auch sicherlich geltend gemacht worden. Dementsprechend hat der minderjährige VN Versicherungsschutz für die Zeit zwischen Vertragsabschluss und seinem 18. Geburtstag erlangt. Der Wert dieses Schutzes ist zu saldieren.[78] Ferner ist auf **Verjährung** zu achten, denn der Anspruch nach § 812 BGB verjährt gem. § 195 BGB in drei Jahren nach Ende des Jahres, in dem er entstanden ist und der VN von den anspruchsbegründenden Umständen und der Person des Gläubigers Kenntnis erlangt hat. Der Anspruch entsteht hier mit der Vermögensverschiebung,[79] also mit der Prämienzahlung, für die es keinen Rechtsgrund gab, weil der VN bzw dessen Eltern als seine Vertreter bei Prämienzahlung um alle wesentlichen Fakten wusste.

VII. Abdingbarkeit

42 Die Vorschrift des § 150 ist zwar nicht in § 171 aufgenommen worden, aber aufgrund des Schutzzwecks gleichwohl zwingend und ein Verzicht auf das Einwilligungserfordernis nicht möglich.[80]

§ 151 Ärztliche Untersuchung

Durch die Vereinbarung einer ärztlichen Untersuchung der versicherten Person wird ein Recht des Versicherers, die Vornahme der Untersuchung zu verlangen, nicht begründet.

I. Anwendungsbereich und Normzweck

1 Die Vorschrift ist in der Lebensversicherung und gem. § 176 auch in der Berufsunfähigkeitsversicherung anwendbar.

2 Die Vorschrift bezweckt den Schutz der versicherten Person und stellt **zwingendes Recht** dar.[1] Trotz einer entgegenstehenden, eine ärztliche Untersuchung vorsehenden, zulässigen Vereinbarung im oder vor Abschluss des VersVertrages soll die ver-

---

Frankfurt 13.4.1999 – 2/8 S 114/98, NJW 1999, 3566; Prölss/Martin/*Schneider*, § 150 Rn 17.
77 OLG Karlsruhe 2.7.1987 – 12 U 12/87, VersR 1988, 128; LG Hamburg 11.6.1987 – 2 S 199/86, VersR 1988, 460; AG Hamburg 9.11.1993 – 9 C 1432/93, NJW-RR 1994, 721; Römer/Langheid/*Langheid*, § 150 Rn 24.
78 In diesem Sinne auch BGH 7.5.2014 – IV ZR 76/11, NJW 2014, 2646.
79 Palandt/*Sprau*, § 818 BGB Rn 3.
80 Prölss/Martin/*Schneider*, § 150 Rn 19; MAH VersR/*Höra/Leithoff*, § 25 Rn 49; *Drews*, VersR 1987, 634; *Hülsmann*, NVersZ 1999, 550.
1 Prölss/Martin/*Schneider*, § 151 Rn 7.

sicherte Person nicht gezwungen werden können, einen Eingriff in ihr Persönlichkeitsrecht ohne Einverständnis dulden zu müssen.[2] Aus der Vorschrift ergibt sich weiterhin, dass der VR auch keine Vertragsstrafe für den Fall verlangen darf, dass sich die versicherte Person nicht der ärztlichen Untersuchung unterwirft.[3] Der Schutzzweck der Norm gebietet es freilich, nur solche Vertragsstrafen und andere Rechtsfolgen auszuschließen, die unangemessen hoch und wegen ihrer Höhe dazu geeignet sind, die versicherte Person daran zu hindern, sich auf ihr Recht nach § 151 zu berufen. Demgegenüber geht die hL davon aus, dass jedwede Vertragsstrafe unzulässig ist.[4]

II. Rechtsfolgen bei Verweigerung der vereinbarten Untersuchung

1. Vereinbarung einer ärztlichen Untersuchung. VN und VR können vereinbaren, dass die versicherte Person ärztlich untersucht wird. Dies ist unstrittig. Kommt es entgegen einer entsprechenden Forderung des VR nicht zu einer solchen Vereinbarung, dann kommt der Vertrag nicht zustande.[5]

Sind **VN und versicherte Person identisch**, dann kann sich der VN bereits bei Vertragsabschluss entscheiden, ob er eine Untersuchung möchte oder nicht. In diesem Fall spricht nach der hier vertretenen Auffassung nichts dagegen, die Wichtigkeit dieser Entscheidung mit einer angemessenen Vertragsstrafe oder einer Kostenbelastung für den Fall der Weigerung zu unterstreichen.

Entsprechendes gilt für den Fall, dass der **VN nicht versicherte Person** ist. Da die versicherte Person im Lager des VN steht, ist der VN auch in der Lage, vor Eingehung einer entsprechenden Verpflichtung zu klären, ob die versicherte Person zu einer ärztlichen Untersuchung bereit ist.

Trotz einer solchen Vereinbarung ist die Vornahme einer ärztlichen Untersuchung für den VR weder im Zusammenhang mit dem Vertragsabschluss noch später im Rahmen der Vertragsabwicklung durchsetzbar. Vielmehr kann die versicherte Person jederzeit, selbst nach Untersuchungsbeginn, eine Fortsetzung der Untersuchung ablehnen.[6] Der VR ist dann auf die vereinbarten oder gesetzlichen (§§ 311, 280 BGB) Sekundärrechte angewiesen. Dabei ist dann auf eine interessengerechte Verteilung der Lasten zu achten.

Die **Kosten** der ärztlichen Untersuchung trägt wirtschaftlich stets der VN.[7] Der VR ist grds. frei darin, die Kosten als Teil der Abschluss- oder Verwaltungskosten den vom VN gezahlten Prämien zu entnehmen oder gesondert zu berechnen.[8] Gegenüber dem Arzt trägt die Kosten der Auftraggeber; dies ist regelmäßig der VR.[9]

2. Kündigungsrecht des VR. Unterbleibt die versicherungsvertraglich vereinbarte Untersuchung oder führt diese nicht zu den gewünschten Ergebnissen, so hat der VR, wenn dies vertraglich vereinbart wurde, das Recht, **sich vom Vertrag zu lösen**.[10] In der Berufsunfähigkeitsversicherung kann er, auch ohne explizite Verein-

---

2 Römer/Langheid/*Langheid*, § 151 Rn 2; Prölss/Martin/*Schneider*, § 151 Rn 3.
3 Römer/Langheid/*Langheid*, § 151 Rn 2; Prölss/Martin/*Schneider*, § 151 Rn 3; Looschelders/Pohlmann/*Peters*, § 151 Rn 5; Schwintowski/Brömmelmeyer/*Ortmann*, § 151 Rn 3.
4 Römer/Langheid/*Langheid*, § 151 Rn 2; Prölss/Martin/*Schneider*, § 151 Rn 3; Looschelders/Pohlmann/*Peters*, § 151 Rn 5; Langheid/Wandt/*Heiss/Mönnich*, § 151 Rn 4; FAKomm-VersR/*Höra/Leithoff*, § 151 VVG Rn 3.
5 Prölss/Martin/*Schneider*, § 151 Rn 5.
6 Looschelders/Pohlmann/*Peters*, § 151 Rn 6; Langheid/Wandt/*Heiss/Mönnich*, § 151 Rn 4.
7 AA Prölss/Martin/*Schneider*, § 151 Rn 6.
8 FAKomm-VersR/*Höra/Leithoff*, § 151 VVG Rn 3; Langheid/Wandt/*Heiss/Mönnich*, § 151 Rn 6.
9 Bruck/Möller/*Winter*, § 151 Rn 12.
10 Prölss/Martin/*Schneider*, § 151 Rn 5.

barung, die Leistung verweigern, wenn ihm die Überprüfung seiner Leistungspflicht durch die Verweigerung einer ärztlichen Untersuchung unmöglich gemacht wird.

9   3. **Kostenerstattungspflicht des VN.** Dass der VR für den Fall der Verweigerung der Untersuchung neben der Kündigung zusätzlich noch eine **Kostenerstattung** von dem VN verlangen kann, wird bestritten.[11] Soweit diese Verpflichtung nicht neben eine Vertragsstrafe tritt, ist aus § 151 ein Verbot einer solchen Regelung nicht herzuleiten.[12] Insbesondere kann der VR die Kosten in diesen Fällen nicht aus den kalkulierten Abschlusskosten bestreiten, da der VN gar keine Prämien zahlt. Vor Abschluss des VersVertrages oder nach Abschluss ohne eine ausdrückliche Vereinbarung kann sich eine Kostenerstattungspflicht aus den allgemeinen Regelungen ergeben, namentlich aus §§ 311, 241 Abs. 2, 280 Abs. 1 BGB, denn der VN hat es in der Hand, vor Aufnahme der Vertragsverhandlungen mit der versicherten Person zu klären, ob diese zu einer ärztlichen Untersuchung bereit ist und – ggf nach dieser Klärung – die Entstehung entsprechender Kosten zu vermeiden.[13] Die dies ablehnende Meinung lässt einen solchen Anspruch an der fehlenden Pflichtwidrigkeit scheitern.[14] Diese Auffassung übersieht, dass der in § 151 geregelte Fall wegen der Wichtigkeit des betroffenen Rechtsgutes zu Recht noch einmal klarstellt, was nach § 275 Abs. 3 BGB ohnehin gelten würde, dass nämlich bei Unzumutbarkeit der Einhaltung der persönlichen Leistungspflicht diese suspendiert wird. Demgegenüber müssen aber die weiteren Rechtsfolgen nicht noch einmal explizit klargestellt werden, da sich diese bereits aus den allgemeinen Vorschriften ergeben. Nach § 275 Abs. 4 BGB richten sich die Rechte des Gläubigers nach den §§ 280, 283– 285, 311a und 326 BGB und es liegt zur Vermeidung eines Schadensersatzanspruchs beim VN nachzuweisen, dass er die Entstehung des Schadens nicht zu vertreten hat.

10 4. **Vereinbarung von angemessenen Ausschlüssen.** Alternativ zu einer Kündigung des VersVertrages durch den VR können für den Fall der Verweigerung einer ärztlichen Untersuchung durch die versicherte Person **angemessene Ausschlüsse** zum Ausgleich des höheren Risikos vereinbart werden.[15]

11 5. **Vorvertragliche ärztliche Untersuchung.** Die Muster-AVB sehen eine Pflicht zur ärztlichen Untersuchung und dementsprechend eine Folge der Nichtdurchführung dieser Untersuchung nicht vor. Hintergrund ist der Umstand, dass vor erfolgreicher Untersuchung der VersVertrag regelmäßig nicht abgeschlossen wird. Geben die Antworten der zu versichernden Person auf die schriftlich gestellten Gesundheitsfragen hierfür Anlass, so bittet der VR um Übersendung von Attesten, ggf darum, den behandelnden Arzt von seiner Schweigepflicht zu entbinden, oder schlägt eine ärztliche Untersuchung vor. Im Rahmen der diesbezüglichen Abstimmungen sind die Parteien frei, sich über die Details wie zB die Kostentragung für die Maßnahmen zu verständigen.[16] Es spricht nichts dagegen, dass der VR die vollständige Kostentragung für diese Maßnahmen dem VN auferlegt. Dies dient vielmehr der Kostentransparenz und ist zu begrüßen.

12 Nach den Absprachen zwischen VR und VN richtet sich auch, ob der **Arzt Erfüllungsgehilfe des VN oder des VR** ist.[17] Häufig wird der Arzt als passiver Stellver-

---

11 Langheid/Römer/*Langheid*, § 151 Rn 3.
12 AA Prölss/Martin/*Schneider*, § 151 Rn 3.
13 AA Prölss/Martin/*Schneider*, § 151 Rn 3.
14 Prölss/Martin/*Schneider*, § 151 Rn 3; Langheid/Römer/*Langheid*, § 151 Rn 3.
15 Prölss/Martin/*Schneider*, § 151 Rn 5.
16 Schwintowski/Brömmelmeyer/*Ortmann*, § 151 Rn 11.
17 AA Schwintowski/Brömmelmeyer/*Ortmann*, § 151 Rn 4 ff, der den Arzt stets für den Erfüllungsgehilfen des VR hält.

treter des VR bezeichnet:[18] Kommt es auf Betreiben des VR im Zuge der Verhandlungen über eine Lebens- oder Berufsunfähigkeits-(Zusatz-)versicherung zur Erstellung eines ärztlichen Zeugnisses auf einem vom VR vorgegebenen Formblatt und hat der Antragsteller dabei im Rahmen der „Erklärung vor dem Arzt" gegenüber dem Arzt vom VR vorformulierte Fragen zu beantworten, so stehen die dem Arzt in Erfüllung dieses Auftrages gestellten Fragen den Fragen des VR, die erteilten Antworten den Erklärungen gegenüber dem VR gleich. Der Arzt ist in diesem Fall zur Entgegennahme der Antworten beauftragt und steht insoweit dem Versicherungsagenten bei Aufnahme des Versicherungsantrags gleich.[19] Was gegenüber dem Arzt gesagt wurde, ist dementsprechend dem VR gesagt, selbst wenn der Arzt die ihm erteilte Antwort nicht in die Erklärung aufnimmt.[20] Damit endet allerdings auch die Zurechnung, weil sich der dem Arzt erteilte und von diesem angenommene Auftrag regelmäßig in der Abarbeitung des Fragenkataloges erschöpft und nicht etwa gleichzeitig die Aufforderung beinhaltet, dem VR auch das aus anderem Anlass gewonnene Wissen über Behandlungen oder den Gesundheitszustand des zukünftigen VN mitzuteilen.[21]

Es wird vertreten, dass **Verzögerungen bei der Übermittlung des Berichtes** vom Arzt an den VR eine Schadensersatzpflicht des VR gegenüber dem VN auslösen können.[22] Das ist nicht von vorneherein ausgeschlossen, auch wenn die ärztlichen Untersuchungen vor Vertragsabschluss erfolgen und es für den VR keinen Abschlusszwang gibt. Voraussetzung wäre ein vorvertragliches Vertrauensverhältnis, durch das der VR verpflichtet ist, den Versicherungsantrag des VN innerhalb einer angemessenen Frist zu beantworten, § 311 BGB. Dies kann (nur) dann angenommen werden, wenn der Antragsteller, der eine positive Entscheidung des VR herbeiführen will, seinerseits alles getan hat, um den VR in die Lage zu versetzen, eine Entscheidung zu treffen, und er aufgrund des Verhaltens des VR erwarten durfte, dass der VR über seinen Antrag alsbald entscheiden würde.[23]

Zahlt der VN die Erstprämie nicht und tritt daraufhin der VR zurück, kann er nach § 11 Abs. 1 S. 2 ALB 2014 die Kosten der zur Gesundheitsprüfung durchgeführten ärztlichen Untersuchung erstattet verlangen:

„In diesem Fall können wir von Ihnen die Kosten für ärztliche Untersuchungen im Rahmen der Gesundheitsprüfung verlangen."

§ 152 Widerruf des Versicherungsnehmers

(1) Abweichend von § 8 Abs. 1 Satz 1 beträgt die Widerrufsfrist 30 Tage.

(2) ¹Der Versicherer hat abweichend von *§ 9 Satz 1*¹ auch den Rückkaufswert einschließlich der Überschussanteile nach § 169 zu zahlen. ²Im Fall des *§ 9 Satz 2*² hat der Versicherer den Rückkaufswert einschließlich der Überschussanteile, oder,

---

18 BGH 11.2.2009 – IV ZR 26/06, VersR 2009, 529.
19 BGH 11.2.2009 – IV ZR 26/06, VersR 2009, 529.
20 BGH 7.3.2001 – IV ZR 254/00, VersR 2001, 620; BGH 11.2.2009 – IV ZR 26/06, VersR 2009, 529.
21 BGH 11.2.2009 – IV ZR 26/06, VersR 2009, 529.
22 Schwintowski/Brömmelmeyer/*Ortmann*, § 151 Rn 10; Looschelders/Pohlmann/*Peters*, § 151 Rn 8.
23 OLG Saarbrücken 11.1.2006 – 5 U 584/04-62, VersR 2006, 1345.

1 Red. Anm.: Es handelt sich um ein gesetzgeberisches Versehen. Richtigerweise müsste die Inbezugnahme lauten: „*§ 9 Abs. 1 Satz 1*". Die Ausweisung des bisherigen Wortlauts von § 9 als Absatz 1 erfolgte durch Art. 1 Nr. 1 Buchst. a des Gesetzes zur Änderung versicherungsrechtlicher Vorschriften vom 24.4.2013 (BGBl. I S. 932) mWv 1.5.2013.
2 Wie vor.

wenn dies für den Versicherungsnehmer günstiger ist, die für das erste Jahr gezahlten Prämien zu erstatten.

(3) Abweichend von § 33 Abs. 1 ist die einmalige oder die erste Prämie unverzüglich nach Ablauf von 30 Tagen nach Zugang des Versicherungsscheins zu zahlen.

I. Normzweck..................... 1	5. Zugang...................... 64
II. Widerrufsfrist (Abs. 1)............ 7	6. Ausschluss des Widerspruchsrechts bei Empfang der Versicherungsleistung.... 65
III. Folgen des Widerrufs............. 14	
IV. Fälligkeit der einmaligen oder ersten Prämie..................... 27	7. Ausübung des Widerspruchsrechts...................... 67
V. Anwendung auf Widerspruchsfälle nach § 5 a aF?............... 28	8. Rechtsfolge................... 70
	a) Unwirksamkeit und Rückabwicklung.......... 70
VI. Sonstiges........................ 32	
1. Abdingbarkeit............... 32	b) Gezahlte Prämien......... 73
2. Beweislast.................... 33	c) Erhaltene Gegenleistungen..................... 74
VII. Umgang mit fehlerhaften Belehrungen bei Vertragsabschlüssen im Policenmodell................ 35	d) Gezogene Nutzungen..... 82
	e) Steuervorteile............ 88
1. Problemstellung............. 35	9. Erlöschen durch beiderseitige Leistungserbringung.......... 89
2. Kritik an dieser Judikatur.... 38	
3. Abschluss im sog. Policenmodell....................... 40	10. Verjährung................... 92
	a) Beginn der Verjährung... 92
4. Ordnungsgemäße Belehrung 41	b) Dauer der Verjährung.... 96
a) Allgemeines............ 41	11. Verstoß gegen die Grundsätze von Treu und Glauben (§ 242 BGB).................. 97
b) Notwendige Bestandteile der Belehrung............ 42	
aa) Widerspruchsrecht und Fristbeginn............. 42	a) Verwirkung.............. 97
	b) Widersprüchliche Rechtsausübung................. 98
bb) Hinweis auf die Unterlagen....................... 43	
	VIII. Umgang mit fehlerhafter Belehrung im Antragsmodell........... 103
cc) Zeitgleiche Übersendung von Unterlagen und Belehrung................ 45	1. Europarechtswidrigkeit des § 8 Abs. 4 S. 4 und Abs. 5 S. 4 aF................ 103
dd) Angabe der Fristdauer... 48	
ee) Angabe zur Ausübung des Widerrufs........... 50	2. Übertragbarkeit der Erläuterungen zum Policenmodell... 105
c) Drucktechnisch deutliche Form..................... 54	a) Anforderungen an die Widerrufsbelehrung...... 106
d) Anderweitige Kenntnisnahme..................... 61	b) Kein schwebend unwirksamer Vertrag............. 108
e) Fehlende Kausalität...... 63	

I. Normzweck

1   Die Norm setzt im Wesentlichen europarechtliche Vorgaben der **Fernabsatzrichtlinie II**[3] um. Nach den §§ 8 und 9 besteht zugunsten des VN ein Widerrufsrecht. Diese Vorschriften gelten grds. auch für Lebensversicherungsverträge. § 152 legt zu diesen allgemeinen Vorschriften teilweise abweichende Regelungen fest. So verlängert sich nach **Abs. 1** die Widerrufsfrist bei Lebensversicherungen gegenüber § 8 Abs. 1 S. 1 von 14 auf 30 Tage,[4] wie dies Art. 6 Abs. 1 der Fernabsatzrichtlinie II für Lebensversicherungsverträge und Altersvorsorgeverträge von Einzelpersonen

---

3   Richtlinie 2002/65/EG des Europäischen Parlaments und des Rates vom 23.9.2002 über den Fernabsatz von Finanzdienstleistungen an Verbraucher und zur Änderung der Richtlinie 90/619/EWG des Rates und der Richtlinien 97/7/EG und 98/27/EG (ABl. L 271 vom 9.10.2002, S. 16–24).
4   Begr. RegE, BT-Drucks. 16/3945, S. 95.

vorsieht. § 152 geht über die Anforderungen der Fernabsatzrichtlinie II hinaus, weil es auf die Art des Zustandekommens des Lebensversicherungsvertrages nicht ankommt. Das Widerrufsrecht besteht also nicht nur bei Verträgen, die im Wege des Fernabsatzes zustande gekommen sind, sondern auch bei allen anderen Lebensversicherungsverträgen.

Dies resultiert aus dem Bemühen des Gesetzgebers, nicht nur die Vorgaben der Fernabsatzrichtlinie II, sondern auch der **Richtlinie Lebensversicherungen**[6] umzusetzen, die in Art. 35 Abs. 1 eine Rücktrittsfrist von 14 bis 30 Tagen bei individuellen Lebensversicherungsverträgen vorsieht.[7] Hierzu hätte es allerdings des § 152 nicht bedurft, denn die Lebensversicherungsrichtlinie schreibt zwar ein Rücktrittsrecht nach Mitteilung über den Vertragsabschluss vor. Allerdings soll die Rechtsfolge eines Rücktritts nicht die Rückabwicklung des Vertrages sein, wie dies das deutsche Recht in § 346 BGB kennt, sondern nur die Befreiung von allen aus dem Vertrag resultierenden Verpflichtungen für die Zukunft, Art. 35 Abs. 1 S. 2 der Richtlinie. Diese Rechtsfolge sieht das deutsche Recht aber bereits für die Kündigung des VN zwingend bei allen Verträgen vor, aus denen der VN noch laufende Prämienverpflichtungen hat, § 168.

Die Regelungen des § 8 wurden durch die VVG-Reform neu in das Gesetz eingefügt und ersetzen insoweit das ehemalige Widerspruchsrecht nach § 5a aF, das Rücktrittsrecht nach § 8 Abs. 5 aF und die Widerrufsvorschriften nach §§ 8 Abs. 4, 48c aF (vgl § 8 Rn 1).[8] Diese Regelungen sind teilweise und zu Unrecht durch den EuGH als europarechtswidrig angesehen worden[9] mit weitreichenden Folgen für die Lebensversicherung (s. dazu ausf. Rn 35 ff und 103 ff).

Inhaltlich dient die Norm dem Schutz des VN vor übereilten Entscheidungen.[10] Der Zweck der Lebensversicherung, nämlich Alters- und Hinterbliebenenversorgung, sowie lange Laufzeiten, hohe Prämien und große Produktkomplexität sollen eine Verlängerung der Widerrufsfrist rechtfertigen.[11] Dem VN wird unabhängig vom Vertriebsweg die Möglichkeit eingeräumt, auch nach Vertragsabschluss das Produkt zu prüfen und seine Entscheidung zu revidieren.[12]

Darüber hinaus wird in **Abs. 2** dem Umstand Rechnung getragen, dass der Bezugsberechtigte grds. einen Anspruch auf eine Überschussbeteiligung (§ 153) und einen nach § 169 zu berechnenden Rückkaufswert hat, indem hieran auch der widerrufende VN beteiligt wird.

Die ohne **Abs. 3** anzuwendenden Fälligkeitsregeln für die Prämie (§ 33 Abs. 1) sehen bei einer laufenden Prämie eine Zwei-Wochen-Frist nach Zugang des Versicherungsscheins vor. Diese passt nicht zu der verlängerten Widerrufsfrist, so dass der Gesetzgeber mit Abs. 3 auch die Fälligkeitsregelung angepasst hat.

II. Widerrufsfrist (Abs. 1)

§ 8 ermöglicht dem VN den Widerruf seiner Vertragserklärung innerhalb einer bestimmten Frist. Für Lebensversicherungsverträge beträgt die Widerrufsfrist **30 Tage** (Abs. 1). Der **Beginn** der Widerrufsfrist bestimmt sich nach den allgemeinen Vorschriften, also nach § 8 Abs. 2 S. 1, § 187 Abs. 1 BGB. Danach ist grds. der Zeitpunkt des Zugangs des Versicherungsscheins und der in § 8 Abs. 2 näher be-

---

5 Römer/Langheid/*Langheid*, § 152 Rn 1; Prölss/Martin/*Schneider*, § 152 Rn 1.
6 Richtlinie 2002/83/EG des Europäischen Parlaments und des Rates vom 5. November 2002 über Lebensversicherungen (ABl. EG Nr. L 345 vom 19.12.2002, S. 1).
7 Langheid/Wandt/*Heiss/Mönnich*, § 152 Rn 1.
8 Looschelders/Pohlmann/*Looschelders/Heinig*, § 8 Rn 2.
9 EuGH 19.12.2003 – C-209/12, VersR 2014, 225.
10 Langheid/Wandt/*Heiss/Mönnich*, § 152 Rn 2.
11 Looschelders/Pohlmann/*Peters*, § 152 Rn 1; Langheid/Wandt/*Heiss/Mönnich*, § 152 Rn 2.
12 Langheid/Wandt/*Heiss/Mönnich*, § 152 Rn 2.

zeichneten Unterlagen maßgeblich.[13] Nach § 187 Abs. 1 BGB wird der Tag, an dem die Unterlagen zugehen, bei den 30 Tagen nicht mitgerechnet. Da die europarechtlichen Vorgaben der Fernabsatzrichtlinie II umzusetzen waren, beginnt die Frist frühestens mit der **Abgabe der Vertragserklärung** durch den VN, also nie vor Vertragsabschluss.[14]

8 Die Frist beginnt ferner nur dann zu laufen, wenn eine **ordnungsgemäße Belehrung** nach § 8 Abs. 2 S. 1 Nr. 2 erfolgte. Zu belehren ist über das Widerrufsrecht als solches und über die Rechtsfolgen des Widerrufs. Hinzuweisen ist ferner auf den Fristbeginn, die einzuhaltende Textform und die Notwendigkeit der rechtzeitigen Absendung. Für den Hinweis auf den Fristbeginn ist nicht erforderlich, dass der VR alle für den Beginn der Frist notwendigen Unterlagen aufzählt; ausreichend ist vielmehr, dass sich der VN nach der Belehrung ein zutreffendes Bild vom Beginn der Frist machen kann. Nicht ausreichend ist es, wenn der VR darauf hinweist, dass ein Widerruf schriftlich erfolgen kann, denn die Textform umfasst neben der Schriftform auch andere Formen der Erklärung.[15] Ob auch ein Hinweis auf die Entbehrlichkeit einer Begründung notwendig ist, erscheint zweifelhaft. Auch die zusätzlichen, durch Abs. 2 festgelegten Folgen des Widerrufs sind solche iSd § 9 S. 1, so dass auch hierüber der VN verständlich zu belehren ist.[16] Eines besonderen Hinweises auf das Wahlrecht nach Abs. 2 S. 2 bedarf es allerdings ebenso wenig wie eines Hinweises auf die Folgen einer unrichtigen Belehrung.[17]

9 Dass diese Anforderungen an eine ordnungsgemäße Belehrung nicht leicht zu erfüllen sind, ist der Grund für die gesetzliche Fiktion des § 8 Abs. 2 S. 2, Abs. 5, wonach eine Belehrung diesen Anforderungen jedenfalls dann genügt, wenn das per Rechtsverordnung veröffentliche Muster genutzt wird. Nach § 8 Abs. 5 ist das Bundesministerium der Justiz nämlich ermächtigt, durch Rechtsverordnung Inhalt und Gestaltung der dem VN mitzuteilenden Belehrung festzulegen. Eine Belehrung, die den Anforderungen der Rechtsverordnung genügt, setzt also nach § 8 Abs. 2 S. 1 die Frist in Gang, selbst wenn an der Erfüllung der Merkmale des § 8 Abs. 2 S. 1 Nr. 2 Zweifel bestehen sollten. Dabei dürfen die Anforderungen an die Form der Darstellung nicht überspannt werden. Eine exakte bildliche Wiedergabe des Textes einschließlich der Gestaltungsmerkmale wie der Schriftart und Schriftfarbe wird für den Erhalt der Privilegierung nicht erforderlich sein (vgl § 8 Abs. 5), eine weitgehende Orientierung am Wortlaut natürlich schon. Der Gesetzgeber hat von seiner Ermächtigung Gebrauch gemacht und eine Muster-Widerrufsbelehrung veröffentlicht (abgedruckt in § 8 Rn 34).

10 Zur Fristwahrung reicht die rechtzeitige Absendung des Widerrufs vor Ende der Widerrufsfrist,[18] wenn dieser dem VR zugeht, § 8 Abs. 1 S. 2 Hs 2; ein Zugang innerhalb der Frist ist nicht erforderlich. Die Frist ist nach § 188 Abs. 1 BGB mit dem Ablauf des letzten Tages der Frist zu Ende. **Beispiel:** Gehen die maßgeblichen Unterlagen am 1.3. zu, so beginnt die Frist zwar am 1.3.; dieser Tag ist aber nicht mitzurechnen. Erster Tag der 30 Tage ist der 2.3., letzter Tag der 31.3. Der am 1.4. abgesandte Widerruf wäre verfristet. Auch im Übrigen gelten die Regelungen des § 8 (s. näher § 8 Rn 2 ff).

11 Die Vorschrift setzt die europarechtlichen Vorgaben auch bezüglich des Fristbeginns nicht eins zu eins um. Diese stellen nämlich für den Fristbeginn auf die Information des VN über den Vertragsabschluss ab. Nach dem Willen des Gesetzgebers soll die nunmehrige Regelung aber im Interesse beider Vertragsparteien eine klare-

---

13 *Römer*, DB 2007, 2523.
14 Prölss/Martin/*Schneider*, § 152 Rn 6; Grote/*Schneider*, BB 2007, 2689.
15 BGH 10.1.2008 – IV ZR 53/06.
16 Begr. RegE, BT-Drucks. 16/3945, S. 95.
17 Prölss/Martin/*Schneider*, § 152 Rn 15.
18 Römer/Langheid/*Langheid*, § 152 Rn 8; Meixner/*Steinbeck*, Rn 90.

re Fristbestimmung ermöglichen und dem Sinn und Zweck der Richtlinie nicht zuwiderlaufen.[19]

Nach dem ausdrücklich erklärten Willen des Gesetzgebers gilt die Regelung, also die Möglichkeit des (grundlosen) Widerrufs, auch für die Fälle, in denen der Inhalt des übersandten Versicherungsscheins teilweise vom Antrag des VN abweicht (§ 5) und in denen (zusätzlich) ein **Widerspruchsrecht** besteht.[20] Die Bedeutung schätzt der Gesetzgeber allerdings als nur gering ein, da sich die Frist für den Widerruf einerseits (30 Tage) und die Frist für den Widerspruch nach § 5 Abs. 1 andererseits (einen Monat) weitgehend decken.[21]   12

Da der VN bei einem Widerspruch gem. § 5 den Vertragsabschluss zu Fall bringt und eine evtl bereits gezahlte Prämie nach den Grundsätzen der ungerechtfertigten Bereicherung erstattet bekommt, sind die Rechtsfolgen des Widerspruchs für ihn tendenziell günstiger als die des Widerrufs. Aus Verbraucherschutzgesichtspunkten ist daher die **Erklärung des VN, er wolle sich vom Vertrag lösen**, regelmäßig als **Widerspruch** und nicht als Widerruf **auszulegen**, solange die Voraussetzungen eines Widerspruchs gegeben sind und die Erklärung rechtzeitig innerhalb der Widerspruchsfrist dem VR zugegangen ist. Soweit im Einzelfall die Widerrufsfrist länger läuft oder die Voraussetzungen für einen Widerspruch nicht vorliegen, wird der VR den VN nicht an der ausdrücklichen Bezeichnung seines Begehrens als „Widerspruch" festhalten können, sondern die Erklärung dann als Widerruf auslegen müssen.[22] Andererseits ist eine Auslegung einer Erklärung des VN nur solange möglich, wie diese auslegungsbedürftig ist.[23] Hieran fehlt es, wenn der VN ausdrücklich „kündigt".[24] Erst recht ist dann eine Auslegung als Widerruf ausgeschlossen, wenn der VN die Zahlung des Rückkaufswertes verlangt, denn dieses Ziel lässt sich mit einem Widerruf nicht erreichen.[25]   13

III. Folgen des Widerrufs

Die Folgen des Widerrufs richten sich für die Lebensversicherung nach § 9,[26] § 152 oder nach §§ 357, 346 BGB.[27] Welche der Alternativen greift, hängt von dem Beginn des Versicherungsschutzes und einer entsprechenden Aufklärung des VN ab. Es bestehen verschiedene Möglichkeiten: 14

Widerruft der VN seine Vertragserklärung **vor Beginn des Versicherungsschutzes**, so kommt § 9 Abs. 1 S. 1 und demzufolge auch § 152 Abs. 2 nicht zur Anwendung, da § 152 Abs. 2 die Anwendbarkeit von § 9 voraussetzt. Soweit § 152 auf § 9 Bezug nimmt, ist damit § 9 *Abs. 1* gemeint, da § 9 *Abs. 2* neu eingeführt wurde[28] und die Anpassung des § 152 durch den Gesetzgeber versäumt wurde. Vielmehr richten sich die Rechtsfolgen des Widerrufs nach § 346 BGB iVm § 357 Abs. 1 BGB, so dass bereits geleistete Zahlungen oder anderweitig empfangene Leistungen zurückzugewähren sind.[29]   15

---

19 Begr. RegE, BT-Drucks. 16/3945, S. 95.
20 Begr. RegE, BT-Drucks. 16/3945, S. 95.
21 Schwintowski/Brömmelmeyer/*Ortmann*, § 152 Rn 4.
22 Ähnlich Prölss/Martin/*Schneider*, § 152 Rn 9.
23 OLG Köln 9.7.2010 – 20 U 51/10.
24 OLG Köln 9.7.2010 – 20 U 51/10.
25 OLG Köln 9.7.2010 – 20 U 51/10.
26 *Römer*, DB 2007, 2523.
27 Prölss/Martin/*Schneider*, § 152 Rn 10; Marlow/Spuhl/*Spuhl*, Rn 134.
28 Durch Art. 1 Nr. 1 Buchst. b des Gesetzes zur Änderung versicherungsrechtlicher Vorschriften vom 24.2.2013 (BGBl. I S. 932); in Kraft getreten am 1.5.2013.
29 Begr. RegE, BT-Drucks. 16/3945, S. 62; Prölss/Martin/*Schneider*, § 152 Rn 12; *Grote/Schneider*, BB 2007, 2689.

16 Widerruft der VN seine Vertragserklärung **nach Beginn des Versicherungsschutzes**, so kommt grds. die Regelung des § 9, der lex specialis gegenüber den Rücktrittsvorschriften der §§ 346 ff BGB ist, zur Anwendung. Da es sich hierbei aber um eine Privilegierung des VR handelt, gilt dies nur, wenn der VN auch zugestimmt hat, dass der Versicherungsschutz vor Ende der Widerrufsfrist beginnt (§ 9 Abs. 1 S. 1).[30] Diese Zustimmung kann sich aus den allgemeinen vertraglichen Vereinbarungen ergeben, muss also nicht ausdrücklich erklärt werden.[31] Richtet sich der Beginn des Versicherungsschutzes nach § 10 oder liegt ein dem Datum nach bestimmter Beginn des Versicherungsschutzes in der Widerrufsfrist, so liegt die Zustimmung vor. Läge der bestimmte Beginn eigentlich vor Ablauf der Widerrufsfrist und hätte diese wegen unzureichender Belehrung nicht begonnen, so ändert dies selbstverständlich nichts daran, dass die erforderliche Zustimmung vorliegt. Fraglich ist allerdings, ob von einer Zustimmung im Sinne der Norm auch dann auszugehen ist, wenn der Beginn des Versicherungsschutzes erst nach dem Ablauf der 30 Tage läge, die Frist wegen mangelnder Information und Belehrung im konkreten Fall aber gar nicht begonnen hat. Auch in diesem Fall muss § 9 eingreifen, da dieser erkennbar auch auf mehrjährige Sachverhalte zugeschnitten ist[32] und andernfalls die nach § 152 vorgesehene Beteiligung an den Rückkaufswerten oder Überschussanteilen nicht möglich ist. Vereinfachend wird teilweise davon ausgegangen, dass die in § 9 geregelten Rechtsfolgen alle Fälle betreffen, in denen der Versicherungsschutz vor Ablauf der Widerrufsfrist beginnt und dass die Vorschrift lediglich sprachlich missglückt sei.[33]

17 Die für die Lebensversicherung geltenden §§ 9, 152 haben ihrerseits zwei Alternativen. Für die erste ist Voraussetzung, dass eine **ordnungsgemäße Belehrung** nach § 8 Abs. 2 S. 1 Nr. 2 erfolgte (vgl § 8 Rn 5 f).

18 Hat der VR **ordnungsgemäß belehrt**, so hat er nach Abs. 2 S. 1 abweichend von § 9 auch den Rückkaufswert einschließlich der Überschussanteile nach § 169 zu zahlen. Aus der Verwendung des Wortes „auch" ergibt sich, dass die grundsätzliche Erstattungspflicht aus § 9 S. 1 im Hinblick auf den auf die Zeit nach Zugang des Widerrufs entfallenden Teil der Prämie erhalten bleibt. Für die Zeit bis zum Zugang der Widerrufserklärung schreibt Abs. 2 S. 1 insoweit zusätzlich die Zahlung des Rückkaufswertes vor, wie er sich nach den Vorschriften des § 169 Abs. 3–7 errechnet, damit der widerrufende VN nicht schlechter gestellt wird als der kündigende VN.[34] Der kündigende VN könnte nämlich stets neben der Befreiung von künftigen Prämienzahlungsverpflichtungen auch den Rückkaufswert beanspruchen. Zur Berechnung des Rückkaufswertes s. § 169 Rn 18, wobei der maßgebliche Zeitpunkt derjenige des Widerrufs ist.

19 Die Erstattungspflicht ist nach § 9 Abs. 1 S. 1 unverzüglich, spätestens 30 Tage nach dem Zugang des Widerrufs zu erfüllen. Aus dieser Formulierung ergibt sich, dass sich der VR ab dem 31. Tag in Verzug befindet.

20 **Beispiel:** Gezahlte Versicherungsprämie für das erste Jahr 1.200 €. Der Widerruf erfolgt am 30. Tag. Die Belehrung war ordnungsgemäß. – Zu erstattende Prämie: 1.200 € / 12 x 11 = 1.100 €; zuzüglich Rückkaufswert, bezogen auf 100 € = 30 €. Ergibt insgesamt 1.130 €.

21 Ist die **Belehrung unterblieben** oder war sie **falsch**, so hat der VR nach dem Wortlaut den Rückkaufswert einschließlich der Überschussanteile zu zahlen oder, wenn dies für den VN günstiger ist, die für das erste Jahr gezahlten Prämien zu erstatten.

---

30 Begr. RegE, BT-Drucks. 16/3945, S. 62; Marlow/Spuhl/*Spuhl*, Rn 134; *Grote/Schneider*, BB 2007, 2689.
31 Marlow/Spuhl/*Spuhl*, Rn 139; *Grote/Schneider*, BB 2007, 2689.
32 *Grote/Schneider*, BB 2007, 2689.
33 Prölss/Martin/*Schneider*, § 152 Rn 12; Marlow/Spuhl/*Spuhl*, Rn 139.
34 Begr. RegE, BT-Drucks. 16/3945, S. 95.

Die zweite Alternative der §§ 9, 152 kommt dabei natürlich nur dann in Betracht, wenn bereits eine Jahresprämie durch den VN gezahlt wurde, denn anderenfalls fehlt es am Merkmal der „gezahlten Prämie".

Welche der Alternativen für den VN vorteilhafter ist, richtet sich nach dem **Zeitpunkt des Widerrufs**.[35] Obwohl der Gesetzgeber in seiner Begründung davon ausgeht, dem VN ein Wahlrecht eingeräumt zu haben,[36] spricht die Formulierung vielmehr für die Pflicht des VR, jeweils die für den VN günstigere Variante zu ermitteln und entsprechend zu leisten. Da dies auch im Sinne einer zügigen Abwicklung sinnvoller ist und sich die Frage, was objektiv günstiger für den VN ist, allein an der Höhe des auszuzahlenden Betrages bemisst, bedarf es einer Entscheidung des Versicherten zwischen den beiden Alternativen nicht.

Fraglich ist, ob der VR neben der Zahlung des Rückkaufswertes auch zur **Erstattung der Prämien ab dem Zeitpunkt des Widerrufs** verpflichtet ist. Da der VR bereits bei ordnungsgemäßer Belehrung dazu verpflichtet ist, die überzahlten Prämien zu erstatten, könnte er erst recht hierzu verpflichtet sein, wenn er seinen Informations- und Hinweispflichten nicht ausreichend nachgekommen ist. Dem ist aber entgegenzuhalten, dass nach dem Wortlaut Abs. 2 S. 1 iVm § 9 Abs. 1 S. 1 vollständig durch Abs. 1 S. 2 iVm § 9 Abs. 1 S. 2 und die dort vorgesehene Alternative ersetzt werden soll, denn es fehlt gegenüber Abs. 2 S. 1 an dem Wort „auch". Ferner geht die Gesetzesbegründung explizit nur von einem Wahlrecht zwischen Rückkaufswert und Prämienerstattung für das erste Jahr aus.[37] Daher hat der VR bei einem Widerruf nach unterbliebener, falscher oder unvollständiger Belehrung entweder den Rückkaufswert zu zahlen oder die Prämie des ersten Jahres zu erstatten, je nachdem, welcher Betrag für den VN günstiger ist.[38]

Fraglich ist, welche Ansprüche der VN bei einer Lebensversicherung mit **Einmalprämie**, aber mehrjähriger Laufzeit im Fall des Abs. 2 S. 2 hat. *Grote* hat für die fondsgebundene Lebensversicherung vorgeschlagen, dem VN das aktuelle Fondsguthaben nebst den einbehaltenen Abschluss- und Vertriebskosten und die bereits dem Fondsguthaben entnommene Risikoprämie zu erstatten.[39] Dies ist nach hier vertretener Auffassung zu weitgehend und entspricht nicht dem Wortlaut des Gesetzes. Regelmäßig werden in diesen Fällen die Risikoprämie und die Kosten zu Beginn des Versicherungsjahres dem Fondsguthaben entnommen. Im Fall des Abs. 2 S. 1 hat der VN Anspruch auf den aus dem Fondsguthaben aber bereits entnommenen Anteil an diesen Positionen, der auf die Zeit nach dem Widerruf entfällt, und den Zeitwert nach § 169 Abs. 4. Im Fall des Abs. 2 S. 2 wäre es abwegig anzunehmen, der VR müsste die gesamte Einmalprämie erstatten,[40] denn diese wird zwar im, aber nicht für das erste Jahr, sondern für die gesamte Laufzeit gezahlt. Dem Rückkaufswert nach § 169 Abs. 4 ist daher die Einmalprämie, dividiert durch die Laufzeit in Jahren, gegenüberzustellen. Es liegt auf der Hand, dass diese Alternative nur bei einem dramatischen Werteverfall der Fonds zum Tragen kommt.

Eine Regelung der Frage, was passiert, wenn **bereits Leistungen aus dem VersVertrag in Anspruch genommen** wurden, erscheint mit Blick auf das Todesfallrisiko überflüssig. Ist das versicherte Risiko eingetreten, so ist damit der Vertrag beendet und abgewickelt und ein Widerruf kommt nicht mehr in Betracht.

Wurde ein **Policendarlehen** gewährt, so hindert dies die Möglichkeit eines Widerrufs grds. nicht und hat, da das Darlehen im Rahmen der Abwicklung zunächst

---

35 Begr. RegE, BT-Drucks. 16/3945, S. 95.
36 Begr. RegE, BT-Drucks. 16/3945, S. 95.
37 Begr. RegE, BT-Drucks. 16/3945, S. 95.
38 *Deutsch*, § 6 Rn 68; Marlow/Spuhl/*Grote*, Rn 962.
39 Marlow/Spuhl/*Grote*, Rn 964 ff.
40 Marlow/Spuhl/*Grote*, Rn 964 ff.

zurückgezahlt werden müsste, auch keine Auswirkungen auf die Rechtsfolgen eines Widerrufs. Freilich dürfte auch die Inanspruchnahme eines Policendarlehen ein Indiz dafür sein, dass Versicherungsschein, AVB und die anderen notwendigen Informationsunterlagen dem VN vorliegen. Bei einer Rentenversicherung gelten ebenfalls die vorbeschriebenen Regeln, also insb. Abs. 2 S. 2.

IV. Fälligkeit der einmaligen oder ersten Prämie

27 Die allgemeine Vorschrift des § 33 Abs. 1 knüpft die Fälligkeit der vom VN zu zahlenden Prämie an den Zeitpunkt, an dem im Normalfall die Widerrufsfrist abläuft. Da nach Abs. 1 diese Frist bei der Lebensversicherung 30 Tage beträgt, wird für die Lebensversicherung der Zeitpunkt der Prämienfälligkeit entsprechend verlängert. Mit Rücksicht auf die Rechtssicherheit ist für den Beginn der Frist ausschließlich der Zugang des Versicherungsscheins maßgeblich. Ob die Widerrufsfrist auch tatsächlich beginnt, interessiert für die Fälligkeit nicht.

V. Anwendung auf Widerspruchsfälle nach § 5 a aF?

28 Der BGH hat nach Vorlage beim EuGH[41] § 5a Abs. 2 S. 4 aF richtlinienkonform einschränkend ausgelegt und hält diese Norm im Bereich der Lebens- und Rentenversicherung für nicht anwendbar.[42] Für den Fall einer unwirksamen Widerspruchsbelehrung sei ein Widerspruch des VN unbefristet möglich und als Folge eines Widerspruchs eine Rückabwicklung nach allgemeinem Bereicherungsrecht notwendig. Dabei hat der **BGH** eine Einschränkung der bereicherungsrechtlichen Abwicklung wegen auftretender Widersprüche zu den §§ 9 Abs. 1 und 152 Abs. 2 erwogen, aber wegen Art. 1 Abs. 1 EGVVG abgelehnt.[43] So könnten **auf Altverträge Vorschriften des neuen VVG**, die vor oder bei Abschluss des Vertrages zu beachten sind, auch nach dem 31.12.2008 **keine Anwendung** finden.[44] Dies gelte für das Widerrufsrecht der §§ 9, 152, aber auch für die Folgen des Widerrufs.

29 Diese Argumentation entbehrt zwar nicht einer gewissen Logik, steht aber im Widerspruch zum Gesetzeswortlaut des Art. 1 Abs. 1 EGVVG, der grds. eine Anwendung gerade des neuen VVG ab dem 1.1.2009 vorsieht, es sei denn, dass explizit etwas anders geregelt wurde. Mag man den Umstand des Vertragsabschlusses noch als abgeschlossenen Sachverhalt betrachten, in den der Gesetzgeber nicht mehr eingreifen konnte, so trifft dies für die Rechtsfolgen eben gerade nicht zu, wie die Entscheidungen zum Obliegenheitenrecht eindrucksvoll belegen.[45] Daher ist dem BGH nicht zu folgen, wenn er die Rechtsfolgen, die das neue VVG an eine fehlerhafte Belehrung zum Widerrufsrecht knüpft, auf eine fehlerhafte Belehrung zum Widerspruchsrecht nicht anwendet.

30 Erst recht ist unzutreffend, dass Art. 1 Abs. 1 EGVVG eine analoge Anwendung ausschließt. Vielmehr stellt sich im Rahmen der teleologischen Reduktion, durch die die Jahresfrist des § 5 a Abs. 2 S. 4 aF wegfällt, nach deren Ablauf der Vertrag als wirksam galt, die Frage, wie der Gesetzgeber diese Lücke geschlossen hätte. Genau dies kann den §§ 9, 152 des neuen VVG entnommen werden, deren Zweck gerade auch in der Umsetzung der anwendbaren europäischen Richtlinien besteht (s. auch § 9 Rn 1).[46] In diesem Zusammenhang ist es grds. richtig, dass die Vertragsparteien bei Vertragsabschluss um diese neue gesetzgeberische Entscheidung zur Folge einer unwirksamen Belehrung nicht gewusst haben. Ebenso wenig haben

---

41 EuGH 19.12.2013 – C-209/13, NJW 2014, 452.
42 BGH 7.5.2014 – IV ZR 76/11, r+s 2014, 340.
43 BGH 7.5.2014 – IV ZR 76/11 (Rn 44), r+s 2014, 340.
44 BGH 7.5.2014 – IV ZR 76/11 (Rn 44), r+s 2014, 340.
45 BGH 12.10.2011 – IV ZR 199/10, NJW 2012, 217: Hier wendet der BGH explizit auf alte Verträge ausschließlich neues Recht an.
46 Looschelders/Pohlmann/*Looschelders/Heinig*, § 9 Rn 5.

sie aber mit einer bereicherungsrechtlichen Rückabwicklungsmöglichkeit nach Jahren faktischer Durchführung des Vertrages gerechnet.

Im Ergebnis spricht entgegen der Auffassung des BGH viel dafür, § 152 Abs. 2 in den Fällen des Widerspruchs bei Vertragsabschluss im Policenmodell vor dem 31.12.2007 anzuwenden. Entsprechendes gilt auch für das Widerspruchsrecht nach § 8 aF.

VI. Sonstiges

1. Abdingbarkeit. Nach § 171 darf von § 152 Abs. 1 und 2 nicht zum Nachteil des VN, der versicherten Person oder des Eintrittsberechtigten abgewichen werden. Die Fälligkeitsregelung des Abs. 3 ist demgegenüber dispositiv.[47]

2. Beweislast. Problematisch wird regelmäßig der Nachweis des Zugangs des Versicherungsscheins und der AVB sowie der weiteren Informationen beim VN sein. Die Beweislast diesbezüglich trifft nach den allgemeinen Grundsätzen den VR. Eine Vermutung für den Zugang des Versicherungsscheins, der AVB sowie der anderen notwendigen Informationsunterlagen kann in Betracht kommen, wenn der VN bereits mehrfach die Prämie bezahlt hat und erst danach den Widerruf mit der Behauptung erklärt, die Unterlagen seien ihm nicht zugegangen.[48]

Für die Belehrung ist der VR beweispflichtig. Der Beweis kann regelmäßig dadurch erbracht werden, dass sich der VR den Zugang des Belehrungsformulars vom VN unterschreiben lässt.[49]

VII. Umgang mit fehlerhaften Belehrungen bei Vertragsabschlüssen im Policenmodell

1. Problemstellung. Nach § 5a in der zwischen dem 21.7.1994 und dem 31.12.2007 geltenden Fassung galt ein VersVertrag dann als geschlossen, wenn der VR dem VN die notwendigen Unterlagen, also Versicherungsbedingungen und Verbraucherinformation, vor oder bei dessen Vertragserklärung zwar nicht übergeben hatte, ihn aber nach oder bei Übergabe dieser Unterlagen über sein Widerspruchsrecht belehrt hat und der VN nicht widersprochen hat. Fehlte es an einer Belehrung über das Widerspruchsrecht oder war diese unwirksam, erlosch das Widerspruchsrecht nach § 5a Abs. 2 S. 4 aF ein Jahr nach Zahlung der ersten Prämie.

Diese Regelung wurde in zunehmendem Maße als **europarechtswidrig** angesehen. Die europäischen Richtlinien sollten erreichen, dass der VN zum Zwecke der Prüfung verschiedener Angebote vor Abgabe seiner Vertragserklärung in Besitz der AVB und der Verbraucherinformationen ist.[50] Demgegenüber bürde die deutsche Regelung dem VN eine Widerspruchslast auf, nur weil der VR ihm nicht rechtzeitig alle rechtlich vorgeschriebenen Unterlagen zur Verfügung gestellt hat. Die Gerichte folgten dieser zunächst nur in der Lit. vertretenen Auffassung nicht und entschieden, ohne die Frage der Europarechtswidrigkeit dem EuGH vorzulegen. Erst nach Abschaffung des Policenmodells durch die VVG-Reform 2008 hat der BGH die Frage dann doch noch dem EuGH vorgelegt.[51]

Der **EuGH** hat entschieden, dass die einschlägigen europäischen Richtlinien einer nationalen Regelung entgegenstehen, nach der das Rücktrittsrecht spätestens ein

---

[47] Begr. RegE, BT-Drucks. 16/3945, S. 95.
[48] Begr. RegE, BT-Drucks. 16/3945, S. 62.
[49] Begr. RegE, BT-Drucks. 16/3945, S. 62.
[50] Richtlinie 92/96/EWG des Rates vom 10. November 1992 zur Koordinierung der Rechts- und Verwaltungsvorschriften für die Direktversicherung (Lebensversicherung) sowie zur Änderung der Richtlinien 79/267/EWG und 90/619/EWG (Dritte Richtlinie Lebensversicherung), ABl. EWG Nr. L 360, S. 1 vom 9.12.1992, Erwägungsgrund 23.
[51] BGH 28.3.2012 – IV ZR 76/11, VersR 2012, 608.

Jahr nach Zahlung der ersten Versicherungsprämie erlischt, wenn der VN nicht über sein Rücktrittsrecht belehrt worden ist, und dass damit § 5a Abs. 2 S. 4 aF bzw die bisherige Interpretation durch die Gerichte gegen Unionsrecht verstößt. Diese Entscheidung hat der **BGH** zum Anlass genommen, § 5a Abs. 2 S. 4 aF **teleologisch** zu **reduzieren** und im Anwendungsbereich der Zweiten und Dritten Lebensversicherungsrichtlinie nicht anzuwenden.[52]

38 **2. Kritik an dieser Judikatur.** Diese Entscheidung des BGH ist mit einer Verfassungsbeschwerde angegriffen worden. In der Tat stellt sich die Frage, ob der BGH mit seiner teleologischen Reduktion nicht die Grenzen rechtlicher Rechtsfortbildung überschritten hat.[53] Diese Frage stellt sich um so mehr, als mit der Entscheidung vom 17.12.2014 nunmehr mit § 8 Abs. 4 S. 4 aF auch ein ganzer Satz des Gesetzes nicht mehr angewendet wird.[54]

39 Darüber hinaus stehen die Folgen dieser Entscheidung im Widerspruch zu vielen grundsätzlichen Wertungen des Zivilrechts. So führt die derzeitige Judikatur zu **Wertungswidersprüchen im Zivilrecht**, die der BGH als oberstes Zivilgericht ja gerade vermeiden soll: Bei einer arglistigen Täuschung durch den VR kann sich der VN kenntnisunabhängig wegen § 124 Abs. 3 BGB nur 10 Jahre nach Abgabe seiner Willenserklärung vom Vertrag lösen. Hat der VR einen Fehler bei der Widerrufsbelehrung gemacht, so besteht das Lösungsrecht schrankenlos selbst nach 30 Jahren noch. Diese Wertungen passen nicht zusammen.

40 **3. Abschluss im sog. Policenmodell.** Das Widerspruchsrecht setzte einen **Abschluss des Vertrages im** sog. **Policenmodell** voraus (zum Antragsmodell s. Rn 103 ff). Dieser ist dann gegeben, wenn der VR dem VN bei oder vor dessen Antragstellung die notwendigen Unterlagen ganz oder teilweise nicht übergeben hat, sondern der VN diese erst mit der Übersendung der Police erhält. Notwendig ist die Übergabe der AVB und der Verbraucherinformation nach § 10a VAG. Hat der VN oder sein VersMakler oder ein anderweitiger Vertreter des VN bei Abgabe seiner Vertragserklärung die notwendigen Informationen, so besteht kein Widerspruchsrecht. Ein ggf mit Blick auf eine Abweichung des Versicherungsscheins vom Antrag eingeräumtes Widerspruchsrecht nach § 5 oder eine aus anderen Gründen erteilte Belehrung über ein Widerspruchsrecht führt nicht zu der hier diskutierten Problemstellung, weil auf diese Sachverhalte die Judikatur des EuGH keine Anwendung findet. Allerdings hat der BGH seine Rspr nunmehr auch auf das Widerrufsrecht nach § 8 Abs. 4 ausgedehnt[55] (s. dazu Rn 103).

41 **4. Ordnungsgemäße Belehrung. a) Allgemeines.** Eine ordnungsgemäße Belehrung setzt voraus, dass der VN dieser den Inhalt seines Widerspruchsrechts entnehmen kann. Dafür muss er feststellen können, unter welchen Voraussetzungen er widersprechen kann, bis wann er widersprechen kann und was er für die Ausübung seines Widerspruchsrechts tun muss. Aus Sicht des BGH muss eine gesetzlich angeordnete Belehrung, damit sie ihren Zweck erreichen kann, inhaltlich möglich umfassend, unmissverständlich und aus Sicht der Verbraucher eindeutig sein.[56]

42 **b) Notwendige Bestandteile der Belehrung. aa) Widerspruchsrecht und Fristbeginn.** Notwendig ist zunächst, dass der VN der Widerspruchsbelehrung entnehmen kann, **dass und bis wann er widersprechen** kann.[57] Nach dem Gesetz muss

---

52 BGH 7.5.2014 – IV ZR 76/11, VersR 2014, 817.
53 Eingehend hierzu OLG München 10.10.2013 – 14 U 1804/13, BeckRS 2013, 18377.
54 BGH 17.12.2004 – IV ZR 260/11, VersR 2015, 224.
55 BGH 17.12.2004 – IV ZR 260/11, VersR 2015, 224.
56 BGH 16.11.1995 – I ZR 175/93, VersR 1996, 313; BGH 16.11.1995 – I ZR 25/94, VersR 1996, 221; BGH 16.10.2013 – IV ZR 52/12, VersR 2013, 1513.
57 OLG Brandenburg 26.11.2014 – 11 U 98/13, BeckRS 2014, 22667.

der VN innerhalb von 14 Tagen, seit dem 8.12.2004 innerhalb von 30 Tagen,[58] nach Überlassung der notwendigen Unterlagen widersprechen, § 5 a Abs. 1 aF. Für den Beginn der **Widerspruchsfrist** ist nach § 5 a Abs. 2 aF nötig, dass die Belehrung erteilt wurde. Das Gesetz macht den Beginn der Frist ausdrücklich davon abhängig, dass dem VN der Versicherungsschein und die Unterlagen nach (§ 5 a aF) Abs. 1 vollständig vorliegen und er bei Aushändigung des Versicherungsscheins schriftlich, in drucktechnisch deutlicher Form über das Widerspruchsrecht, den Fristbeginn und die Dauer belehrt worden war. Dies ist nicht dahin gehend zu interpretieren, dass tatsächlich bei Übersendung des Versicherungsscheins belehrt wird. Das Gesetz geht vielmehr davon aus, dass der Versicherungsschein die letzte der für den Beginn der Frist notwendigen Unterlagen sein wird und dass deswegen mit dessen Aushändigung belehrt werden muss. Es gibt keine Anhaltspunkte dafür, dass der Gesetzgeber mit seiner Formulierung eine spätere Belehrung ausschließen wollte. Der VR kann daher auch noch nach Überlassung des Versicherungsscheins wirksam über das Widerspruchsrecht belehren.

bb) Hinweis auf die Unterlagen. Strittig ist, ob der VN auch die Möglichkeit haben muss, die **Richtigkeit der Angabe** des VR zum Fristbeginn zu **prüfen**. So verlangen einige Gerichte, dass in der Belehrung der Hinweis auf die Überlassung der „Unterlagen" nicht ausreiche, sondern die überlassenen Unterlagen konkret mit „Versicherungsschein", „Versicherungsbedingungen" und „weitere für den Vertragsinhalt maßgebliche Verbraucherinformationen" benannt werden müssen.[59] Dem VN dürfe nicht aufgebürdet werden, anderweitig herauszufinden zu müssen, welche Unterlagen konkret für seinen Vertrag und damit für den Firstbeginn maßgeblich sind. Dem ist in dieser Pauschalität nicht zuzustimmen. Dieser auf rein formale Kriterien abstellenden Argumentation ist der Sinn und Zweck der Belehrung entgegenzuhalten. Der VN ist nach hier vertretener Auffassung richtig über alles zu belehren, was er zur Ausübung seines Widerspruchsrechts wissen muss. Wenn der VN bereits alle notwendigen Unterlagen hat, dann beginnt die Frist mit der Belehrung; die weiteren Voraussetzungen, an die das Gesetz den Beginn der Frist knüpft, sind für ihn unwichtig. Daher muss er hierüber nicht belehrt werden.[60] Deshalb könnte die Formulierung zur Frist auch lauten:

▶ „Sie können innerhalb von 30 Tagen nach Zugang dieser Belehrung widersprechen." ◀

Weder aus dem Sinn und Zweck, noch aus dem Wortlaut des Gesetzes lässt sich anderes herleiten. In der Praxis sind solche Formulierungen allerdings die Ausnahme, weil der VR regelmäßig Formularformulierungen verwenden wollte, die auf alle Fallgestaltungen zutreffen sollten. Der VR müsste bei Nutzung der oben vorgeschlagenen Formulierung sicherstellen und zusätzlich ggf nachweisen können, dass die Unterlagen im Zeitpunkt der Belehrung bereits beim VN waren. Auch schreibt das Gesetz nicht vor, dass es sich bei Versicherungsschein, Versicherungsbedingungen und Verbraucherinformationen um drei getrennte und so zu benennende Dokumente handelt. Sofern ein VR diese Unterlagen zusammengefasst oder auch nur anders benannt hat, muss zwingend auch die Belehrung eine andere sein. Die Forderung einiger Gerichte danach, die gesetzliche Bezeichnung auch in der Belehrung zu finden, ist daher abzulehnen.

Die Forderung nach **Bezeichnung der Unterlagen**, von denen der Fristbeginn abhängen soll, kann aber gleichwohl richtig und auch erforderlich sein: Übersendet

---

58 Art. 6 Nr. 1 des Gesetzes zur Änderung der Vorschriften über Fernabsatzverträge bei Finanzdienstleistungen vom 2.12.2004 (BGBl. I S. 3102, 3106).
59 OLG Stuttgart 24.12.2014 – 7 U 60/14; OLG Köln 15.8.2014 – 20 U 39/14, VersR 2015, 177.
60 Ähnl. OLG Brandenburg 5.11.2014 – 11 U 18/13, BeckRS 2014, 22205.

der VR die Widerspruchsbelehrung getrennt von den erforderlichen Unterlagen und macht er den Beginn der Frist zur Einhaltung der gesetzlichen Vorgaben vom eventuell späteren Zugang der Unterlagen abhängig, so darf beim VN keine Unklarheit darüber aufkommen, welche Unterlagen für den Beginn der Frist vorliegen müssen. In diesem Fall muss der VN in der Tat für die Prüfung des Fristbeginns nachsehen, ob er alle relevanten Unterlagen erhalten hat. Es kommt dabei nach dem Grundsatz „*falsa demonstratio non nocet*" nicht darauf an, dass der VR die Versicherungsbedingungen und die Verbraucherinformation nach § 10 a VAG auch tatsächlich so benennt. Ausreichend ist vielmehr, dass der VR in seiner Belehrung eine Bezeichnung wählt, die sich den Unterlagen zuordnen lässt, die materiell die Versicherungsbedingungen und die Verbraucherinformation nach § 10 a VAG darstellen.

45 **cc) Zeitgleiche Übersendung von Unterlagen und Belehrung.** Wurden allerdings – wie es häufig der Fall war – dem VN die relevanten Unterlagen, also Versicherungsschein, AVB und Verbraucherinformation, **in einer Sendung übermittelt** und wurde er mit dieser Sendung über sein Widerspruchsrecht belehrt, so können über den Fristbeginn mit dem Zugang dieser Sendung auch dann keine vernünftigen Zweifel bestehen, wenn der VR in seiner Belehrung die übersandten Unterlagen nicht einzeln aufführt. Sinn und Zweck der Belehrung ist es nur, dem VN eindeutig mitzuteilen, wann die Widerspruchsfrist beginnt und wie lange sie läuft. Ob diese Angaben des VR den gesetzlichen Vorgaben entsprechen, muss sich aus der Belehrung selber nicht ergeben. Sonst wäre ja auch ein Hinweis auf das Gesetz notwendig.[61] Als ausreichend hat daher das **OLG Brandenburg** folgende Belehrung angesehen:

„*Sie haben das Recht, dem Versicherungsvertrag innerhalb von 14 Tagen schriftlich zu widersprechen. Die Frist beginnt mit dem Zugang dieses Schreibens, mit dem Sie die für Ihren Versicherungsvertrag geltenden Bedingungen und die dazugehörige Verbraucherinformation – soweit Ihnen diese nicht bereits bei Antragstellung ausgehändigt worden ist – erhalten. Zur Wahrung der Frist genügt die rechtzeitige Absendung des Widerspruchs.*"

46 Dementsprechend macht es sich das **OLG Köln** zu einfach, wenn es den vom VN bestrittenen Vortrag des VR für unerheblich hält, nachdem Versicherungsschein, Verbraucherinformation und Versicherungsbedingungen mit einem Policenbegleitschreiben übersandt wurden, das folgenden Text enthielt:

„*Wie Ihnen bereits aufgrund unseres Hinweises im Versicherungsvertrag bekannt ist, können Sie innerhalb von 14 Tagen nach Erhalt des Versicherungsscheins dem Versicherungsvertrag uns gegenüber in Textform widersprechen. Zur Wahrung der Frist genügt die rechtzeitige Absendung des Widerspruchs.*"

47 Nach der Urteilsbegründung sei diese Belehrung inhaltlich fehlerhaft, denn sie weise nicht darauf hin, dass die Frist erst dann zu laufen beginnt, wenn der VN neben dem Versicherungsschein auch die Versicherungsbedingungen und die Verbraucherinformationen überlassen wurden.[62] Zwar ist damit die Rechtslage zutreffend beschrieben, doch muss sich diese nicht vollständig in der Widerspruchsbelehrung wiederfinden. Entscheidend ist vielmehr, ob diese Belehrung den Fristbeginn zutreffend beschreibt. Dies wäre der Fall gewesen, wenn mit dem fraglichen Begleitschreiben auch der Versicherungsschein, die AVB und die allgemeinen Vertragsinformationen übermittelt wurden, und dies hätte in dem entschiedenen Fall im Rahmen einer Beweisaufnahme geklärt werden müssen.

---

61 OLG Brandenburg 5.11.2014 – 11 U 18/13, BeckRS 2014, 22205.
62 OLG Köln 15.8.2014 – 20 U 39/14, VersR 2015, 177; OLG Stuttgart 23.10.2014 – 7 U 54/14, BeckRS 2014, 21294.

dd) **Angabe der Fristdauer.** Selbstverständlich ist nicht nur der Fristbeginn, sondern auch die **Frist** anzugeben, binnen derer das Widerspruchsrecht besteht. Dabei muss es sich allerdings nicht zwingend um die gesetzliche Frist von 14 Tagen bzw ab dem 8.12.2004 von 30 Tagen handeln. Der VR kann dem VN eine beliebig längere Frist gewähren. Die Einräumung einer Monatsfrist ist für Verträge, bei denen die Widerspruchsfrist nach dem 8.12.2004 beginnt, nicht ausreichend, wenn ein Teil der Frist in den Februar fällt und sie dadurch kürzer als 30 Tage wird. Bei Gewährung einer längeren Frist reicht auch die Mitteilung des Fristendes. Die Voraussetzungen für den Beginn der Frist sind dann nicht in der Belehrung zu beschreiben. Allerdings müssen die maßgeblichen Unterlagen dem VN vorliegen. 48

Beispiel: Zugang der Unterlage und der Belehrung im Mai: „Sie können uns gegenüber in Textform bis zum 30.6. diesen Jahres widersprechen. Zur Wahrung der Frist genügt die rechtzeitige Absendung des Widerspruchs."

Durch gesetzliche Änderung hat sich die Frist mit Wirkung zum 8.12.2004 von 14 auf 30 Tage verlängert. Bei Vertragsabschlüssen in diesem Zeitraum genügte der VR seiner Belehrungspflicht, wenn er bis zum 7.12.2004 auf die 14tägige Frist und ab dem 8.12.2004 auf die 30tägige Frist hinwies. Soweit der VN dadurch zwei unterschiedliche Fristen mitgeteilt bekommen hat, ist dies weder widersprüchlich noch irreführend. Vielmehr gilt die später mitgeteilte 30tägige Frist. 49

ee) **Angabe zur Ausübung des Widerrufs.** Es ist anzugeben, was der VN innerhalb der Frist zur Ausübung des Widerrufs tun muss, nämlich den **Widerruf absenden.** Nicht notwendig ist demgegenüber, dass der VR angibt, dass der Widerruf in **Schriftform**[63] bzw **Textform** erfolgen muss.[64] Unterlässt er eine solche Mitteilung, so liegt darin ein zulässiger Verzicht auf eine bestimmte Form.[65] Das ist mit Blick auf den einseitig dispositiven Charakter der Norm nicht zu beanstanden, zumal eine solche Auslassung nicht dazu geeignet ist, dem VN den Widerspruch zu erschweren oder ihn gar von einem solchen abzuhalten. 50

Beurteilt man dies anders, so ist der weitere Wortlaut der Belehrung zu analysieren. Je nach verwandtem Prädikat ergibt sich aus diesem bereits, dass Textform notwendig ist. Ein „Absenden" setzt nach deutschem Sprachgebrauch Textform voraus, ein „Informieren" bspw nicht. 51

Als inhaltlich ausreichend wurde insofern folgender Text angesehen:[66] 52

„Falls Ihnen die Versicherungsbedingungen oder die Verbraucherinformationen bei Antragstellung nicht übergeben worden sind, gilt dieser Vertrag auf der Grundlage dieses Versicherungsscheins, der Versicherungsbedingungen und weiteren für den Vertragsinhalt maßgebenden Verbraucherinformationen als abgeschlossen, wenn Sie nicht innerhalb einer Frist von 14 Tagen nach Erhalt der Unterlagen schriftlich widersprechen. Der Lauf der Frist beginnt erst, wenn Ihnen der Versicherungsschein und die genannten Unterlagen vollständig vorliegen. Zur Wahrung der Frist genügt die rechtzeitige Absendung des Widerspruchs (§ 5 a VVG)."

Nicht notwendig ist nach dieser Entscheidung, dass explizit darauf hingewiesen wird, **an wen** der Widerspruch zu richten ist und dass der Widerspruch **keiner Begründung** bedarf.[67] Ebenfalls entbehrlich sind weitere Ausführungen zu den Rechtsfolgen eines Widerrufs. Die Belehrung macht deutlich, dass der Vertrag als 53

---

63 Bis zum 31.7.2001.
64 AA ohne weitere Begründung: BGH 5.11.2014 – IV ZR 331/14; OLG Köln 15.8.2014 – 20 U 47/14, VersR 2015, 179.
65 OLG Köln 15.8.2014 – 20 U 47/14, VersR 2015, 179 hält schriftlichen Widerspruch für zwingend.
66 OLG Brandenburg 26.11.2014 – 11 U 98/13, BeckRS 2014, 22667.
67 OLG Brandenburg 26.11.2014 – 11 U 98/13, BeckRS 2014, 22667.

nicht abgeschlossen gilt. Dass damit auch der Versicherungsschutz entfällt, bedarf keiner weiteren Erwähnung.[68]

54 **c) Drucktechnisch deutliche Form.** Die Widerspruchsbelehrung kann ihren Zweck nur dann erfüllen, wenn der VN sie auch finden und lesen kann. Deswegen muss die Belehrung nach dem Wortlaut des Gesetzes drucktechnisch hervorgehoben werden, sich also **von dem übrigen Text absetzen**, so dass sie **leicht gefunden** werden kann.

55 An einer wirksamen Widerspruchsbelehrung kann es fehlen, wenn diese für einen durchschnittlichen Verbraucher nur mit großer Mühe lesbar ist, weil die **Schrift extrem klein** ist und jegliche Untergliederung des Textes fehlt.[69] Ausreichend ist die Wahl einer anderen Schriftart, einer größeren Schriftgröße, eines eigenen Absatzes,[70] ggf mit einem Hinweis an der Seite oder einer eigenen Überschrift oder von Fettdruck.[71]

56 Zweifelhaft ist, ob auch **Kursivdruck** reicht, wenn er sich von dem übrigen Text nicht besonders abhebt.[72] Dies ist jedenfalls dann abzulehnen, wenn häufig Kursivdruck benutzt wird und die Widerspruchsbelehrung inmitten von 8- oder 20-seitigem Kleingedruckten unauffällig angeordnet oder gar versteckt wurde.[73] Als ausreichend kann demgegenüber Kursivdruck angesehen werden, wenn dieser in einem lediglich einseitigen Policenbegleitschreiben nur für die Widerspruchsbelehrung genutzt wird.[74]

57 Eine Hervorhebung kann auch dadurch erreicht werden, dass sie sich an hervorgehobener Stelle befindet und der Blick des VN darauf fällt, wenn er die Unterlagen in die Hand nimmt.[75]

58 Nicht ausreichend ist nach einer Entscheidung des BGH eine Belehrung inmitten eines mit „**Wichtige Hinweise**" überschriebenen Textblocks am Ende des Antragsformulars, der sich auch anderen Themen widmet, wie zB der Ermächtigung zur Entbindung von der Schweigepflicht, zur Datenverarbeitung und zum Rücktrittsrecht, selbst wenn sich dieser insgesamt durch Fettdruck vom restlichen Text unterscheidet.[76] Dies hatte das LG Hannover bzw Braunschweig zuvor noch anders gesehen, denn es handelt sich bei allen Themen dieses Absatzes um wichtige Themen, auf die der VN nach dem Willen des Gesetzgebers hinzuweisen ist. Dem BGH ist zwar zuzugeben, dass eine Aufteilung dieser Themen auf mehrere Absätze übersichtlicher gewesen wäre. Andererseits kann man von einem durchschnittlichen Versicherungsnehmer erwarten, dass er auch mehrere Zeilen „Wichtige Hinweise" unmittelbar oberhalb seiner Unterschrift komplett liest. Daher sprechen die besseren Gründe für die Sichtweise der Landgerichte und gegen die des BGH.

59 Nicht notwendig ist auch nach der Judikatur des BGH, dass **sämtliche Teile** der Widerspruchsbelehrung hervorgehoben sind. Der durchschnittliche VN, der fettgedruckt (oder anders) auf sein Widerspruchsrecht zum Vertrag hingewiesen wird

---

68 OLG Brandenburg 26.11.2014 – 11 U 98/13, BeckRS 2014, 22667.
69 Zu § 8: BGH 1.12.2010 – VIII ZR 62/10, NJW 2011, 1061; BGH 14.5.2014 – IV ZA 5/14, VersR 2014, 824.
70 OLG München 8.5.2014 – 14 U 5100/13, BeckRS 2014, 15783.
71 Zu § 8: BGH 14.5.2014 – IV ZA 5/14, VersR 2014, 824.
72 OLG Köln 15.8.2014 – 20 U 39/14, VersR 2015, 177.
73 Zutr. OLG Stuttgart 27.10.2014 – 7 U 111/14, BeckRS 2014, 20875.
74 OLG Stuttgart 23.10.2014 – 7 U 256/13.
75 Vgl OLG Brandenburg 26.11.2014 – 11 U 98/13, BeckRS 2014, 22667: Belehrung im Einband der kartonierten Vertragsunterlagen.
76 BGH 16.10.2013 – IV ZR 52/12, r+s 2013, 591; BGH 17.12.2014 – IV ZR 260/11, VersR 2015, 224.

und dieses ausüben will, wird den gesamten Abschnitt und ggf auch weitere Passagen lesen, auf die hingewiesen wird.[77]

Ein bestimmter **Ort** für die Widerspruchsbelehrung ist nicht vorgesehen. Daher ist es unerheblich, ob die Belehrung im Versicherungsschein selber oder in einem Anschreiben des VR erfolgt.[78]

d) Anderweitige Kenntnisnahme. Das OLG Stuttgart hat entschieden, dass derjenige, der um den Umstand eines ihm zustehenden befristeten Widerspruchsrechts weiß, so zu behandeln ist wie ein ordnungsgemäß belehrter Versicherungsnehmer.[79] Bei dem entschiedenen Fall handelte es sich um einen **VersVertreter**, der den fraglichen Versicherungsvertrag an sich selber vermittelt hat. Nicht ganz klar wird aus der Entscheidung, ob es bereits an der Pflicht zur Belehrung fehlt oder ob der Anspruch erst auf der Ebene von treuwidrigem Verhalten scheitert. Jedenfalls ist der Entscheidung zuzustimmen und es lässt sich ihr der richtige allgemeine Gedanken entnehmen, dass der VN, der sein Recht kennt, sich nicht auf einen formalen Fehler des VR berufen kann. Ein Widerspruchsrecht nach Ablauf der 30tägigen Frist ist danach für alle VersVertreter und VersMakler ausgeschlossen.

Entsprechendes gilt dann auch für alle professionellen **Policenaufkäufer**, die um die Möglichkeit eines Widerspruchs wissen. Von diesen kann angenommen werden, dass sie um die Problematik des Widerspruchsrechts wissen und innerhalb von 30 Tagen prüfen, ob sie dem gekauften Vertrag widersprechen wollen oder nicht. Versäumen sie diese Frist, so ist ein späterer Widerspruch nicht mehr möglich. Würde man dies anders sehen, so würde man den Policenaufkäufern eine Spekulation zu Lasten des VR und des Versichertenkollektivs ermöglichen.

e) Fehlende Kausalität. In der gleichen Richtung argumentierte bereits zuvor das OLG Nürnberg.[80] Danach konnte sich eine Steuerberaterin nicht auf eine – unterstellt – fehlerhafte Belehrung und Aufklärung berufen, da zwischen dieser und dem geltend gemachten Anspruch jeglicher Zusammenhang fehlte. Im Prozess hatte die Steuerberaterin angegeben, die Versicherungsbedingungen und die anderen Unterlagen nur abgeheftet, nicht aber gelesen zu haben und sich insoweit um deren Inhalt auch keine Gedanken gemacht zu haben. Das OLG sah es dann folgerichtig als treuwidrig an, sich auch Jahre später noch auf Umstände zu berufen, die während der gesamten Laufzeit des Vertrages ohne jede Bedeutung waren. Daher sie die Möglichkeit zur Erklärung des Widerrufs verwirkt. Auch diesem Ansatz ist zuzustimmen. Auf eine fehlerhafte Belehrung kann sich nicht berufen, wer bei einer fehlerfreien Belehrung am Vertrag festgehalten hätte. Die Beweislast hierfür trägt freilich der VR.

5. Zugang. Die Widerspruchsbelehrung muss, um die Frist in Gang zu setzen, dem VN oder seinem Vertreter zugegangen sein. Der Nachweis hierfür obliegt dem VR. Dieser kann durch ein Empfangsbekenntnis des VN oder auch dadurch geführt werden, dass der VN in Besitz der mit der Belehrung übersandten Unterlagen ist. Der insoweit typischerweise bestehenden Beweisnot des VR ist im Rahmen des § 286 ZPO (Grundsatz der freien Beweiswürdigung) dadurch Rechnung zu tragen, dass widersprüchliche oder sonst unplausible Einlassungen des VN zu dessen Lasten gehen.[81]

6. Ausschluss des Widerspruchsrechts bei Empfang der Versicherungsleistung. Bislang nicht entschieden ist die Frage, ob die Inanspruchnahme von Versicherungsleistungen die Ausübung eines Widerspruchsrechts hindert. Hier sind zwei Argu-

---

77 Zu § 8 aF: BGH 14.5.2014 – IV ZA 5/14, VersR 2014, 824.
78 OLG Brandenburg 26.11.2014 – 11 U 98/13, BeckRS 2014, 22667; OLG Brandenburg 5.11.2014 – 11 U 18/13, BeckRS 2014, 22205.
79 OLG Stuttgart 6.11.2014 – 7 U 147/10.
80 OLG Nürnberg 23.9.2013 – 8 U 2396/12.
81 *Armbrüster*, NJW 2014, 497.

mentationsstränge gegeneinander abzuwägen: Einerseits kann nur der aufgeklärte VN eine sinnvolle Entscheidung treffen. Nur wer weiß, dass er entweder einen Anspruch auf die Versicherungsleistung oder die Möglichkeit des Widerrufs mit der Folge der Rückabwicklung des Vertrages hat, der kann entscheiden. Jedenfalls bei Wissen um ein Widerspruchsrecht und bei Inanspruchnahme einer Versicherungsleistung statt des Widerspruchs ist der Widerspruch nach der Inanspruchnahme der Versicherungsleistung ausgeschlossen.

66 Andererseits dient die Widerspruchsmöglichkeit dazu, dem VN die Möglichkeit einzuräumen, das Angebot des VR mit dem Angebot von Mitbewerbern zu vergleichen und sich binnen überschaubarer Zeit zwischen den unterschiedlichen Angeboten zu entscheiden.[82] Mit Eintritt des Versicherungsfalles ist ihm diese Entscheidung aber gar nicht mehr möglich, denn er wird für das eingetretene Risiko gar keine Deckung mehr bekommen. Auch zeigt die Inanspruchnahme der Versicherungsleistung, dass der VN an dem Vertrag festhalten will. Dies spricht dafür, dem VN nach der Inanspruchnahme einer Versicherungsleistung ein Widerspruchsrecht zu versagen.

67 **7. Ausübung des Widerspruchsrechts.** Der VN muss seinen Widerspruch erklärt haben. Der Widerspruch ist auch bereits vor Erhalt sämtlicher Unterlagen und vor einer Belehrung über das Widerspruchsrecht möglich.[83] Die Erklärung muss nach dem Gesetz bis zum 31.7.2001 schriftlich und danach bis zum 31.12.2007 grds. in Textform geschehen. Strengere Anforderungen darf der VR nicht stellen, auf die gesetzlichen Vorgaben verzichten, hingegen schon.[84] Der VN muss seinen Widerspruch nicht zwingend auch „Widerspruch" nennen. Allerdings muss in seiner Erklärung zum Ausdruck kommen, dass er sich rückwirkend vom Vertrag lösen möchte.[85]

68 Der VN kann nur dem Vertrag als Ganzem widersprechen. Dies gilt auch, wenn der Vertrag neben einer Hauptversicherung eine Zusatzversicherung enthält. Ein teilweiser Widerspruch ist nicht möglich.[86]

69 Die Widerspruchsfrist darf noch nicht abgelaufen sein.

70 **8. Rechtsfolge. a) Unwirksamkeit und Rückabwicklung.** Rechtsfolge eines fristgerechten Widerspruchs ist, dass die **Unwirksamkeit des Vertrages festgestellt** wird. Bis zur Ausübung des Widerspruchsrechts ist der Vertrag schwebend unwirksam. Deswegen entsteht ein eventueller Rückgewähranspruch des VN nicht erst mit der Ausübung des Widerspruchs, sondern bereits damit, dass der VR etwas erlangt hat, also mit der Zahlung jeder einzelnen Prämie.[87]

71 Die Höhe der Ansprüche als Folge eines Widerspruchs richtet sich im Wesentlichen danach, welche Entscheidungen man im Rahmen der Rechtsfortbildung als Folge der EuGH-Judikatur trifft. In Betracht kommt ein Anspruch auf Rückzahlung der Prämie für das erste Jahr zu Gunsten des VN bzw des Rückkaufswertes, wenn dieser höher ist, wenn man §§ 8, 9, 152 (analog) anwendet.

72 Der BGH sieht demgegenüber einen Rückabwicklungsanspruch nach Bereicherungsrecht. Dabei dürfen im Rahmen einer gemeinschaftsrechtlich geforderten rechtsfortbildenden Auslegung einer nationalen Norm ein vernünftiger Ausgleich

---

82 Vgl Richtlinie 92/96/EWG des Rates vom 10. November 1992 zur Koordinierung der Rechts- und Verwaltungsvorschriften für die Direktversicherung (Lebensversicherung) sowie zur Änderung der Richtlinien 79/267/EWG und 90/619/EWG (Dritte Richtlinie Lebensversicherung), ABl. EWG Nr. L 360, S. 1 vom 9.12.1992, Erwägungsgrund 23.
83 Prölss/Martin/*Prölss*, 27. Aufl. 2004, § 5 a Rn 55.
84 AA OLG Köln 15.8.2014 – 20 U 47/14, VersR 2015, 179.
85 BGH 17.12.2012 – IV ZR 260/11, VersR 2015, 224.
86 Prölss/Martin/*Prölss*, 27. Aufl. 2004, § 5 a Rn 55 a.
87 *Armbrüster*, NJW 2014, 497.

und eine gerechte Risikoverteilung zwischen den Beteiligten hergestellt werden.[88] Daher hat die **Rückabwicklung** nach der **Saldotheorie** zu erfolgen.[89]

b) Gezahlte Prämien. Der VN hat einen Anspruch auf den Ersatz des Wertes der gezahlten Prämien. Dabei umfasst dieser Bereicherungsanspruch nicht uneingeschränkt alle Prämien, die der VN an den VR gezahlt hat, ohne hierzu durch einen wirksamen Versicherungsvertrag verpflichtet zu sein.[90] Erhaltene Gegenleistungen sind vielmehr abzuziehen. 73

c) Erhaltene Gegenleistungen. Als erhaltene und gegen einen Prämienrückzahlungsanspruch zu saldierende Leistung kommt der Wert des genossenen Versicherungsschutzes in Betracht. Dabei ist davon auszugehen, dass der VN diesen im Versicherungsfall auch tatsächlich in Anspruch genommen hätte und sich – selbst bei zwischenzeitlicher Kenntniserlangung von seinem Widerspruchsrecht – gegen dessen Rückabwicklung entschieden hätte.[91] Um ein Ungleichgewicht innerhalb der Gemeinschaft der Versicherten zu vermeiden, muss sich der VN den **erlangten Versicherungsschutz anrechnen** lassen, den er genossen hat.[92] 74

Der Wert kann unter Berücksichtigung der Prämienkalkulation bemessen werden; bei Lebensversicherungen kann etwa dem Risikoanteil Bedeutung zukommen.[93] Alternativ kann denjenige angerechnet werden, was der VN für eine **vergleichbare Risikoversicherung** im Zeitpunkt des Vertragsabschlusses **hätte bezahlen** müssen. Welcher Berechnung der Vorzug zu geben ist, wird unterschiedlich beurteilt. Viele Gerichte orientieren sich an der BGH-Entscheidung und übersehen, dass der BGH mit der Formulierung „kann" eben gerade keine Vorgabe gemacht hat.[94] Sachgerechter erscheint vielmehr die Wertbemessung daran, was der VN für eine gesonderte Risikoversicherung für die Laufzeit des unwirksamen Vertrages hätte zahlen müssen, denn den erhaltenen Risikoschutz kann der VN nicht erhalten, ohne zugleich auch für die Verwaltung und den Abschluss des Vertrages zu bezahlen. Dies ist in der Kalkulation eines reinen Risikovertrages berücksichtigt, nicht aber in der reinen Risikoprämie eines kapitalbildenden Vertrages, wie er dem entschiedenen Fall zugrunde lag. Auch ist im Bereicherungsrecht anerkannt, dass der objektive Wert oder Verkehrswert maßgeblich ist.[95] Demgegenüber ist der Inhalt des der Vermögensverschiebung zugrunde liegenden Vertrages regelmäßig bedeutungslos und kann nur als Anhaltspunkt für die Bemessung der üblichen Vergütung dienen.[96] 75

Dabei ist die Prämie nur für den Zeitraum anzurechnen, in dem der VN auch tatsächlich Versicherungsschutz genossen hat. 76

Offen ist ferner, ob auch die **Vertriebskosten** bzw die **Beratungsleistungen** des Vermittlers in Ansatz gebracht werden müssen und wie deren Wert zu bemessen ist. 77

Nach einer Auffassung handelt es sich bei den Vertriebskosten um Kosten des Erwerbs und der Vertragsausführung, die grds. zu den Aufwendungen auf die erlang- 78

---

88 BGH 7.5.2014 – IV ZR 76/11, VersR 2014, 817.
89 OLG Stuttgart 6.11.2014 – 7 U 147/10.
90 BGH 7.5.2014 – IV ZR 76/11, VersR 2014, 817; BGH 7.1.2015 – IV ZR 334/14, BeckRS 2015, 01420.
91 BGH 7.5.2014 – IV ZR 76/11, VersR 2014, 817.
92 BGH 7.5.2014 – IV ZR 76/11, VersR 2014, 817; OLG Stuttgart 23.10.2014 – 7 U 54/14, BeckRS 2014, 21294.
93 BGH 7.5.2014 – IV ZR 76/11, VersR 2014, 817.
94 So u.a. OLG Köln 15.8.2014 – 20 U 39/14, VersR 2015, 177; OLG Stuttgart 23.10.2014 – 7 U 54/14, BeckRS 2014, 21294.
95 BGHZ 5, 197; MüKo-BGB/*Schwab*, § 818 Rn 75 f; BeckOK-BGB/*Wendekorst*, § 818 Rn 27.
96 Palandt/*Sprau*, § 818 Rn 19; BeckOK-BGB/*Wendekorst*, § 818 Rn 28.

te Sache zählen und damit die Bereicherung mindern.[97] Diese Kosten könnten auch durch das Gericht geschätzt werden. Dabei sei eine Höhe von 4 % der Beitragssumme des ursprünglich abgeschlossenen Vertrages unter Orientierung an der Zillmerungsgrenze des § 4 Abs. 1 Deckungsrückstellungsverordnung möglich.[98]

79 Die Gegenauffassung hält es für nicht angemessen, den VN mit den Kosten für den Vertragsabschluss und die Verwaltung des letztlich nicht wirksam zustande gekommenen Vertrages zu belasten, weil der VR durch ein ihm zurechenbares Fehlverhalten zur schwebenden Unwirksamkeit des Vertrages wesentlich beigetragen habe.[99] Ob ein Bereicherungsschuldner Aufwendungen, die er vorgenommen hat, bereicherungsmindernd geltend machen könne, hänge maßgeblich davon ab, welcher Partei des Bereicherungsverhältnisses das Risiko des Entstehens dieser Aufwendungen zuzurechnen ist.[100] Dass dem Lebensversicherungsvertrag überhaupt noch wirksam widersprochen werden kann, beruhe auf der fehlerhaften Belehrung, weshalb das Risiko der unnötig aufgewandten Vertragskosten beim VR verbleiben müsse.[101]

80 Der zweiten Auffassung ist entgegenzuhalten, dass der VR darauf vertrauen durfte, dass § 5a Abs. 2 S. 4 VVG aF auch für die Lebensversicherung gelten würde, zumal dies bis zur VVG-Reform stRspr war. Dementsprechend hat er seine Vergütungsabreden mit den Vermittlern getroffen, nach denen er gezahlte Vergütungen zurückverlangen kann, wenn der Vertrag nicht wirksam zustande kommt oder ihm während der Jahresfrist widersprochen wird. Der Schutzzweck des Europarechts dient dazu, dem VN die Möglichkeit zu geben, verschiedene Vertragsangebote miteinander zu vergleichen. Der VN, der seinen Vertrag über einen VersMakler oder einen Mehrfachagenten abgeschlossen hat, hat die Auswahlentscheidung teilweise delegiert und wird regelmäßig im Rahmen des Beratungsgesprächs bereits die beste Möglichkeit oder mehrere Alternativen aufgezeigt bekommen haben. Dem Anliegen der Richtlinie ist damit bereits Genüge getan. Mit seiner Unterschrift unter den Versicherungsantrag dokumentiert der VN zudem, dass er überhaupt einen entsprechenden Vertrag abschließen will. Indem er sich einem Berater anvertraut, dessen Beratungsleistung in Anspruch nimmt und eine Vertragserklärung abgibt, erklärt er zugleich auch seine Bereitschaft, für die Beratung des Vermittlers wegen der erfolgreichen Beratung zu bezahlen. Wer sich in engem Zusammenhang mit dem Vertragsschluss von dem Vertragsschluss zu lösen versucht, der kann glaubhaft machen, dass er sich im Sinne des Europarechts wegen der Produktinformationen anders und gegen den Rat des Vermittlers entschieden hat. Wer aber länger als ein Jahr damit wartet, hingegen nicht. Daher muss ihm auch die Last der allgemeinen Abschluss- und Vertragskosten auferlegt werden. Deswegen sind die Vertriebsaufwendungen im Rahmen des Erlangten des VR mindernd zu berücksichtigen, auch weil der VR ohne diese Aufwendungen die Prämien erst gar nicht erhalten hätte. Gestützt wird dieses Ergebnis dadurch, dass der VN den Gegenwert dieser Aufwendungen, nämlich der Wert der Beratungsleistung, erhalten hat.

81 **Verwaltungskosten** sollen nicht saldiert werden können, da der VR insoweit das Entreicherungsrisiko trage.[102] Für diese Auffassung lässt sich anführen, dass der VR die Kosten für seine Verwaltung ja ohnehin habe und daher allgemeine Lohnkosten, Kosten für IT und andere Infrastruktur nicht saldieren dürfe. Andererseits

---

97 OLG Stuttgart 23.10.2014 – 7 U 54/14, BeckRS 2014, 21294; OLG Stuttgart 6.11.2014 – 7 U 147/10; allg. BGH 15.10.1992 – IX ZR 43/92, NJW 1993, 648.
98 OLG Stuttgart 23.10.2014 – 7 U 54/14, BeckRS 2014, 21294; OLG Stuttgart 6.11.2014 – 7 U 147/10.
99 OLG Köln 15.8.2014 – 20 U 39/14, VersR 2015, 177.
100 OLG Köln 15.8.2014 – 20 U 39/14, VersR 2015, 177.
101 OLG Köln 15.8.2014 – 20 U 39/14, VersR 2015, 177.
102 OLG Stuttgart 23.10.2014 – 7 U 54/14, BeckRS 2014, 21294; OLG Stuttgart 6.11.2014 – 7 U 147/10.

fallen Einrichtungskosten konkret für den jeweiligen Fall an, so dass eine Bereicherung eintritt. Auch ist ohne eine Verwaltung eine Ziehung von Nutzungen durch den VR und eine Herausgabe an den VN nicht möglich. Dies ist unmittelbar einleuchtend für die Kosten der Kapitalanlage. Zuletzt berücksichtigt der VR die Gesamtprämiensumme jedes Jahr bei seiner Deklaration, also der Bemessung, welche Überschüsse aus welchen Quellen entstanden und wie diese an die VN zu verteilen sind. Dabei wurden dann auch die Verwaltungskostenanteile des widersprechenden VN erhöhend berücksichtigt und den VN zugewiesen. Dieser Vorgang ist für den VR nicht rückgängig zu machen, so dass der VR entreichert ist. Auch wäre es hierzu ohne die Prämienzahlung des VN nicht gekommen. Bei mehrjährigen Vorgängen handelt es sich daher nicht um sog. Sowieso-Kosten. Daher sprechen auch gute Gründe für eine Saldierung der Verwaltungskosten. Stimmt man dieser Auffassung zu, so sind zugunsten des Bereicherungsgläubigers dann aber im Rahmen der gezogenen Nutzungen Verwaltungskostenüberschüsse anteilig zu berücksichtigen.

d) Gezogene Nutzungen. Nach § 818 Abs. 1 BGB hat der VR gezogene Nutzungen herauszugeben. Es werden dabei nur die Nutzungen erfasst, die tatsächlich gezogen wurden.[103] Unerheblich ist, ob der Bereicherte – also hier der VR – weitere Nutzungen hätte ziehen können und ob er dies schuldhaft unterlassen hat.[104] Auch kommt es nicht darauf an, ob der Bereicherungsgläubiger diese Nutzungen hätte ziehen können.[105] Daher ist für den Ansatz von Verzugszinsen grds. kein Raum.[106] 82

Grundlage für die Berechnung gezogener Nutzungen ist dabei stets nur der **Sparbeitrag**, weil auf die anderen Teile der Prämie der VR grds. keinen Ertrag erwirtschaftet. 83

Einfach ist die Lage in der **fondsgebundenen Versicherung**. Hier sind die Sparbeiträge in Fonds angelegt, so dass für jede Versicherung feststeht, ob und welche Nutzungen gezogen wurden. Der Wert bzw genauer der erzielbare Erlös bei Verkauf der jeweiligen Fondsanteile oder aber die Fondsanteile selber sind herauszugeben. Ein darüber hinausgehender Anspruch auf Herausgabe gezogener Nutzungen zu Gunsten des VN besteht nicht. 84

Schwieriger ist die Berechnung der gezogenen Nutzungen in der klassischen **kapitalbildenden Versicherung**. 85

Nach einer Auffassung ist bei einer klassischen kapitalbildenden Lebens- oder Rentenversicherung davon auszugehen, dass der VR das erhaltene Geld in einer bestimmten Art und Weise anlegt. Daher gebühre dem VN der Nettozinssatz auf seinen Sparbeitrag, den er VR in dem fraglichen Zeitraum erzielt habe.[107] Damit partizipiert der VN an dem Ertrag von Kapitalanlagen, die nicht mit seinem Geld gekauft worden sein können. Dies ist Chance und Risiko zugleich, je nachdem, wie sich die Zinsen entwickeln. Steigen die Zinsen, so bilden sich stille Lasten und der VN erhält weniger, als mit seinem Geld tatsächlich erwirtschaftet worden wäre. Fallen die Zinsen, so erhält er eine höhere Verzinsung. Mit Blick auf die oben aufgezeigten Grundsätze ist nicht so recht nachvollziehbar, warum jemand, der gerade kein Mitglied der Versichertengemeinschaft sein will, für den Zeitraum zwischen Vertragsbeginn und Widerspruch als solches behandelt wird. 86

Überzeugender ist es da schon, für den Zeitraum der Prämienzahlung jeweils den vom VR erzielten Zinssatz der Neuanlage zugrunde zu legen, denn nur diesen konnte der VR mit den vom Bereicherungsgläubiger gezahlten Prämien erwirtschaften. Allerdings wird auch das den Verhältnissen nicht gerecht, denn diesen 87

---

103 OLG Stuttgart 23.10.2014 – 7 U 54/14, BeckRS 2014, 21294.
104 OLG Stuttgart 23.10.2014 – 7 U 54/14, BeckRS 2014, 21294.
105 OLG Stuttgart 23.10.2014 – 7 U 54/14, BeckRS 2014, 21294.
106 OLG Stuttgart 23.10.2014 – 7 U 54/14, BeckRS 2014, 21294.
107 OLG Stuttgart 23.10.2014 – 7 U 54/14, BeckRS 2014, 21294.

Zinssatz kann der VR nur erzielen, wenn die Kapitalanlage tatsächlich auch über die gesamte vorgesehene Laufzeit gehalten wird. Mit Blick auf das jederzeitige Widerspruchsrecht des VN und die damit korrespondierende unmittelbare Rückzahlungsverpflichtung des VR ist das aber nicht realistisch, so dass sich der VR darauf berufen kann, dass auf den jeweiligen VR ein Teil der Liquiditätsreserve entfällt und damit der für jederzeit kündbare Kapitalanlagen durch den VR erzielte Zinssatz anwendbar ist. Hat der VR keine solchen Kapitalanlagen, so muss er andere liquidieren. Der hierbei entstehende Gewinn oder Verlust erhöht oder verringert den Anspruch des VN. Dabei ist der VR natürlich nicht frei in der Auswahl. Vielmehr ist der jeweilige Neuanlagezins zu berücksichtigen und wird durch die auf diese Kapitalanlagen entstandenen stille Reserven oder stille Lasten korrigiert.

88 **e) Steuervorteile.** Der VR ist entreichert um die für den VN abgeführte Kapitalertragssteuer zzgl. Solidaritätszuschlag.[108] Dies ist unstreitig. Im Übrigen müsse sich aber der VN etwaige Steuervorteile, die er im Zusammenhang mit dem Vertrag erlangt hat, nicht anrechnen lassen.[109] § 818 Abs. 3 BGB biete nämlich keine Anspruchsgrundlage, sondern schränke lediglich die Haftung des Bereicherungsschuldners auf die noch in dessen Vermögen vorhandene Bereicherung ein. Diese Begründung überzeugt nicht, denn durch die Nutzung bspw eines Sonderausgabenabzugs für gezahlte Versicherungsprämien mindert der VN seine Steuerpflicht und wird so von einer Verbindlichkeit befreit. Es handelt sich also um gezogene Nutzungen des VN. Auch die weitere Begründung, nach der die Steuervorteile auf dem Abschluss des Kausalgeschäfts beruhen und nicht auf dem rechtsgrundlosen Erwerb,[110] überzeugt nicht, denn dies ändert nichts daran, dass der VN aus dem widerrufenen Vertragsverhältnis und den vom VR übermittelten Unterlagen Nutzungen gezogen hat, die herauszugeben sind. Ein anderes Ergebnis ließe sich nur dann rechtfertigen, wenn die Steuervorteile nicht dauerhaft beim VN verblieben, etwa weil der Sonderausgabenabzug nachträglich korrigiert würde. Hierfür fehlt es aber freilich regelmäßig an einer gesetzlichen Grundlage.

89 **9. Erlöschen durch beiderseitige Leistungserbringung.** Der BGH hat im Jahr 2013 entschieden, dass ein Widerspruchsrecht in analoger Anwendung des § 7 Abs. 2 VerbrKrG, § 2 Abs. 1 S. 4 HWiG entfällt, wenn beide Seiten den Vertrag vollständig erfüllt haben. Dies galt auch unabhängig davon, ob der VN von seinem Widerspruchsrecht Kenntnis hatte.[111] Nach der Aufhebung dieser Normen zum 1.1.2002 sieht sich der BGH an einer analogen Anwendung dieser Normen gehindert, so dass auch eine vollständige Leistungserbringung beider Seiten nach Kündigung des VN erst nach dem 1.1.2002 grds. das Widerspruchsrecht nicht entfallen lässt.[112]

90 Also ist in den Fällen der vollständigen gegenseitigen Leistungserbringung vor dem 1.1.2002 der VN an der Ausübung des Widerspruchsrechts gehindert, denn in diesen Fällen ist die durch teleologische Reduktion entstandene Lücke unter Berücksichtigung der § 3 HWiG und § 7 Abs. 2 S. 2 VerbrKredG zu schließen.[113]

91 Fraglich ist, wie die Rechtssituation danach ist. Der BGH hat eine analoge Anwendung sowohl der außer Kraft getretenen als auch der Regelungen des VVG neu, etwa des § 8 Abs. 3 S. 2, abgelehnt. Diese Regelung beruht auf dem Verbot wider-

---

108 OLG Stuttgart 23.10.2014 – 7 U 54/14, BeckRS 2014, 21294; OLG Stuttgart 6.11.2014 – 7 U 147/10; aA OLG Köln 15.8.2014 – 20 U 39/14, VersR 2015, 177.
109 OLG Stuttgart 23.10.2014 – 7 U 54/14, BeckRS 2014, 21294.
110 OLG Stuttgart 23.10.2014 – 7 U 54/14, BeckRS 2014, 21294.
111 BGH 16.10.2013 – IV ZR 52/12, VersR 2013, 1513.
112 BGH 7.5.2014 – IV ZR 76/11, NJW 2014, 2646; BGH 7.1.2015 – IV ZR 334/14, BeckRS 2015, 01420; aA *Armbrüster*, NJW 2014, 497.
113 BGH 16.10.2013 – IV ZR 52/12, VersR 2013, 1513.

sprüchlichen Verhaltens.[114] In der Tat ist nicht einzusehen, warum der in dieser Regelung enthaltene und ebenfalls auf EU-Recht zurückgehende Rechtsgedanke nicht auch auf die Fälle einer vollständigen Vertragserfüllung trotz grds. noch laufender Widerspruchsfrist Anwendung finden soll. Daher ist nach der hier vertretenen Auffassung ein Widerspruch nach einer vom VN gewünschten vollständigen Erfüllung des VersVertrages ausgeschlossen.[115] Ein solcher Wunsch kann sich in einer Kündigung des Vertrages äußern.[116] Für die hier vertretene Lösung streitet zudem der in Art. 6 Abs. 2 lit. c) der Fernabsatzrichtlinie II[117] niedergelegte Grundsatz, nach dem das Widerrufsrecht bei Verträgen ausgeschlossen ist, die auf ausdrücklichen Wunsch des Verbrauchers von beiden Seiten bereits voll erfüllt sind, bevor der Verbraucher sein Widerrufsrecht ausübt. Jedenfalls für Verträge, die im Rahmen des Fernabsatzes abgeschlossen wurden und bei denen ein Widerruf im Raum steht, müsste eine Entscheidung des BGH anders aussehen, soll sie nicht gegen EU-Recht verstoßen. Ein tragfähiger Grund, dies nicht auf Verträge außerhalb des Fernabsatzes zu übertragen, ist nicht erkennbar.

10. Verjährung. a) Beginn der Verjährung. Der Beginn der Verjährung ist strittig. Da es sich um einen schwebend unwirksamen Vertrag handelt, solange der VN widersprechen kann, erfolgt der Leistungsaustausch von vornherein ohne Rechtsgrund, wenn das Widerspruchsrecht ausgeübt wird.[118] Es ist nicht etwa so, dass ein vorher wirksamer Vertrag wie bei der Kündigung beendet wird. Auch ohne Ausübung des Widerspruchs ist der Vertrag unwirksam und der VN kann seine Prämien zurückfordern. Erst mit einer wirksamen Belehrung oder einer Bestätigung des Rechtsgeschäfts oder einem wirksamen Verzicht des VN auf das Widerspruchsrecht kann der Vertrag von Anfang an wirksam werden. Der Anspruch gegen das Versicherungsunternehmen auf Herausgabe des Erlangten entsteht daher bereits mit der Leistung. Die Verjährung beginnt daher mit dem Ende des Jahres, in dem die Prämie gezahlt worden ist, § 199 Abs. 1 BGB.[119]

Nach der Gegenansicht entsteht der Anspruch erst mit der Ausübung des Widerspruchsrechts, da erst durch diese Erklärung die schwebende Unwirksamkeit beendet wird.[120] Der Anspruch entstehe erst dann, wenn er im Wege der Klage geltend gemacht werden könne. Hierfür sei die Fälligkeit Voraussetzung und diese sei erst mit der Erklärung des Widerspruchs gegeben. Insofern sei der Fall nicht anders zu beurteilen als bei einer Kündigung oder Anfechtung. Hierin liegt aber genau das Problem dieser Auffassung. Bei einer Kündigung entstehen ganz andere Rechtsfolgen und eine Anfechtung ist eben nicht ewig, sondern selbst bei arglistiger Täuschung nur innerhalb von 10 Jahren nach Abgabe der Willenserklärung möglich, § 124 Abs. 3 BGB. Folgt man dieser Auffassung, so kommt man zwangsläufig zu nicht auflösbaren Wertungswidersprüchen innerhalb des deutschen Zivilrechts. So muss der arglistige Täuschende nach 10 Jahren nichts mehr zurückgewähren. Wer aber ohne Schuld eine falsche Belehrung verwendet hat, haftet nach dieser Rspr

---

114 *Armbrüster*, NJW 2014, 497.
115 *Armbrüster*, NJW 2014, 497.
116 OLG Stuttgart VersR 2011, 786; OLG Hamm 31.8.2011 – 20 U 81/11; OLG Celle 2.2.2012 – 8 U 125/11; OLG Karlsruhe 19.2.2013 – 12 U 151/12, r+s 2013, 483.
117 Richtlinie 2002/65/EG des Europäischen Parlaments und des Rates vom 23. September 2002 über den Fernabsatz von Finanzdienstleistungen an Verbraucher und zur Änderung der Richtlinie 90/619/EWG des Rates und der Richtlinien 97/7/EG und 98/27/EG (ABl. EG Nr. L 271 vom 9.10.2002, S. 16).
118 *Armbrüster*, NJW 2014, 497.
119 LG Wiesbaden 23.12.2014 – 7 S 14/14, n.v.; LG Heidelberg 25.9.2014 – 1 S 15/13, BeckRS 2014, 18840 und 1 S 8/14, VuR 2015/38; *Armbrüster*, NJW 2014, 497; *Heyers*, NJW 2014, 2619.
120 BGH 8.4.2015 – IV ZR 103/15; OLG Stuttgart 23.10.2014 – 7 U 54/14, BeckRS 2014, 21294; *Reiff*, r+s 2015, 105.

demgegenüber viele Jahrzehnte. Das ist nicht nachvollziehbar und daher ist diese Auffassung abzulehnen.

94 Der Beginn der Verjährung ist auch nicht etwa deswegen hinausgeschoben, weil die Rechtslage bezüglich der Wirksamkeit des § 5a aF lange Zeit ungewiss war.[121] Denn zunächst kommt es für den hier in Rede stehenden Anspruch aus ungerechtfertigter Bereicherung nur darauf an, dass der VN die den Anspruch begründenden Tatsachen kennt, was regelmäßig der Fall sein dürfte. Nicht notwendig ist, dass er auch die richtigen rechtlichen Schlussfolgerungen zieht. Richtig ist zwar, dass die obergerichtliche Rspr lange Zeit von der europarechtlichen Unbedenklichkeit des § 5a aF ausging. Allerdings muss die Rspr auch auf beiden Seiten das gleiche Maß anwenden. Wenn die VR nicht auf die langjährige Rspr vertrauen durften und ihnen bei Verwendung falscher Widerspruchsbelehrungen trotz langjährig gefestigter Rspr die Berufung auf die Jahresfrist und die Berufung auf die Verwirkung abgeschnitten wird, dann kann der Umstand einer gefestigten falschen Rspr nicht noch zusätzlich zu einer Privilegierung der VN führen. Insofern würde mit ungleichem Maß gemessen. Die Verjährung beginnt daher am Ende des Jahres, in dem die jeweilige Zahlung erfolgt ist.

95 Dem mag man entgegenhalten, dass damit die Wirksamkeit der EU-Richtlinie begrenzt würde. Das ist ohne Zweifel richtig, allerdings wirkt sie, folgt man der hier vorgeschlagenen Verjährungslösung, in einem Maße, das noch deutlich über die aktuelle Umsetzung hinausgeht, indem nämlich drei bis vier Jahresprämien zu erstatten sind, nicht nur eine. Der Weg des BGH belastet einseitig die VR und die nicht widersprechenden VN mit den Folgen einer missglückten Gesetzgebung. Dabei lässt sich mit dieser Rspr weder rückwirkend das Ziel der umzusetzenden Richtlinie erreichen, nämlich die Ermöglichung einer Auswahl zwischen unterschiedlichen Angeboten, noch die Gefährdung der Altersvorsorge einer ganzen Generation von VN rechtfertigen.

96 b) **Dauer der Verjährung.** Die Verjährung beginnt mit dem Schluss des Jahres, in dem der Bereicherungsschuldner die Bereicherung erlangt hat, und dauert drei Jahre, § 195 BGB.

97 **11. Verstoß gegen die Grundsätze von Treu und Glauben (§ 242 BGB). a) Verwirkung.** Die Möglichkeit zur wirksamen Ausübung eines Widerspruchsrechts kann der VN verwirken. Dies ist dann der Fall, wenn seit der Möglichkeit zur Geltendmachung längere Zeit verstrichen ist (Zeitmoment) und besondere Umstände hinzutreten, die die verspätete Geltendmachung als Verstoß gegen Treu und Glauben erscheinen lassen (Umstandsmoment).[122] Letzteres ist der Fall, wenn der Verpflichtete bei objektiver Betrachtung aus dem Verhalten des Berechtigten entnehmen durfte, dass dieser sein Recht nicht mehr geltend machen wird. Ferner muss sich der Verpflichtete im Vertrauen auf das Verhalten des Berechtigten in seinen Maßnahmen so eingerichtet haben, dass ihm durch die verspätete Durchsetzung des Rechts ein unzumutbarer Nachteil entstünde.[123] Der BGH hat entschieden, dass es am Umstandsmoment fehle, denn ein schutzwürdiges Vertrauen könne der VR schon deshalb nicht in Anspruch nehmen, weil er die Situation selbst herbeigeführt habe, indem er dem Kläger keine ordnungsgemäße Widerspruchsbelehrung erteilt habe.[124]

98 b) **Widersprüchliche Rechtsausübung.** Die Ausübung des Widerspruchsrechts ist dem VN dann verwehrt, wenn darin ein rechtsmissbräuchliches Verhalten liegt.

---

121 So aber OLG Stuttgart 23.10.2014 – 7 U 54/14, BeckRS 2014, 21294.
122 BGH 7.5.2014 – IV ZR 76/11, NJW 2014, 2646.
123 BGH 7.5.2014 – IV ZR 76/11, NJW 2014, 2646.
124 BGH 7.5.2014 – IV ZR 76/11, NJW 2014, 2646; OLG Stuttgart 23.10.2014 – 7 U 54/14, BeckRS 2014, 21294; aA OLG Karlsruhe 19.2.2013 – 12 U 151/12, r+s 2013, 483.

Dafür müsste sich objektiv aus dem Gesamtbild ergeben, dass früheres Verhalten mit späterem sachlich unvereinbar ist.[125] Ein solches Verhalten würde dann vorliegen, wenn der VN bereits Vertragsänderungen vorgenommen oder Vertragsleistungen beansprucht und erhalten hat. Das belegt nämlich, dass der VN sich gerade nicht vom Vertrag lösen, sondern grds. an ihm festhalten will. Hinzutreten muss nach dem BGH, dass die Interessen des VR schutzwürdig erscheinen. Hieran fehle es aber wegen der fehlenden oder fehlerhaften Widerspruchsbelehrung.[126]

Zum gesamten Konzept der fehlenden Schutzwürdigkeit ist zu sagen, dass der Ausgangspunkt des BGH richtig ist: Der VR hätte richtig belehren und somit die Rückabwicklung vermeiden können. Andererseits durfte der VR aber davon ausgehen, dass die geschriebenen Gesetze gelten, mithin die Sanktion für eine falsche Belehrung nicht in einer Rückabwicklung des gesamten Vertrages liegt. Dies ergibt sich auch nach der teleologischen Reduktion aus einer Gesamtschau der geltenden Bestimmungen. So schreiben bereits die europäischen Richtlinien keine Rückabwicklung vor, sondern wollen (nur) verhindern, dass der VN lang laufende Verpflichtungen eingeht, ohne ausreichend informiert zu sein.[127] Kündigungs-, Beitragsfreistellungsrechte und Rückgewähransprüche einer Jahresprämie stellen dies angemessen und ausgewogen sicher. Dies zeigt nicht nur die Lösung des Gesetzgebers mit dem § 5a aF bis zur VVG-Reform, sondern auch die Lösung in § 8 nach der VVG-Reform. Mit der VVG-Reform wurde nämlich wirtschaftlich vergleichbar, die zeitliche Begrenzung des Jahreszeitraums durch die Maximierung des Rückzahlungsanspruchs auf die Jahresprämie fortgesetzt. Dass vor diesem Hintergrund der VR nicht schutzbedürftig sei, ist nicht nachvollziehbar.

99

Jedenfalls dann, wenn der VN um sein Widerspruchsrecht trotz der fehlerhaften oder unterbliebenen Belehrung wissen konnte oder gar wusste, sich aber nicht weiter darum gekümmert hat, ist nicht nur dem VR, sondern auch dem VN ein Vorwurf zu machen. Dies trifft auf alle VersVertreter und VersMakler, aber auch auf alle Versicherungsangestellten und Rechtsanwälte zu. Es erscheint in diesen Fällen treuwidrig, wenn der VN zunächst Prämien zahlt oder gar Leistungen entgegennimmt, das ihm bekannte oder auch nur erahnte Widerspruchsrecht nicht in Anspruch nimmt und sich um dieses auch nicht kümmert, um dann später eine Rückabwicklung zu fordern.

100

Auch bei einem im eigenen Interesse begründeten Vertrag mit mehreren Vertragsänderungen ist ein erst neun Monate nach einer Kündigung ausgeübtes Widerspruchsrecht treuwidrig, weil die Geltendmachung, der Vertrag habe nie bestanden, zum vorherigen, im eigenen Interesse begründeten Vertrag und über einen langen Zeitraum fortgeführten Verhalten im Widerspruch steht.[128] Dafür ist zusätzlich lediglich erforderlich, dass der VN ein Lösungsrecht vom Vertrag wusste und dieses nicht ausübte, sondern stattdessen vertragskonform Prämien über einen längeren Zeitraum zahlte. Demgegenüber musste er keine sichere Kenntnis vom genauen Inhalt seiner Berechtigung haben,[129] andererseits muss der VR schutzwürdig auf die weitere Fortführung des Vertrages vertraut haben. Diese Kehrseite kann vermittelt werden durch die Vornahme einer Prämienfreistellung und späteren Wiederinkraftsetzung, im vorliegenden Fall aber insb. auch durch die Zahlung der Vermittlungsprovision, da es sich bei dem VN um einen VersVermittler handelte.

101

Zuletzt wird man im Rahmen von Treu und Glauben den Sinn und Zweck des Widerspruchsrechts zu berücksichtigen haben. Dieser besteht darin, den Verbraucher vor übereiligen Vertragsschlüssen zu schützen und ihm die Möglichkeit zu geben,

102

---

125 BGH 7.5.2014 – IV ZR 76/11, NJW 2014, 2646.
126 BGH 7.5.2014 – IV ZR 76/11, NJW 2014, 2646.
127 OLG Karlsruhe 19.2.2013 – 12 U 151/12, r+s 2013, 43.
128 OLG Stuttgart 6.11.2014 – 7 U 147/10.
129 OLG Stuttgart 6.11.2014 – 7 U 147/10.

den Vertragsinhalt umfassend zu prüfen.[130] Ihm soll nicht die Möglichkeit gegeben werden, auf Kosten des VR oder der Versichertengemeinschaft zu spekulieren und nach einer beliebig langen Zeit eine formale Rechtsposition auszunutzen. Auch dies ist treuwidrig. Es ist daher nicht abwegig zu fordern, dass der VN nachvollziehbar darlegt, dass er den Vertrag und seine Unterlagen nach deren Erhalt eingehend geprüft und im Zweifel den Vertrag widersprochen hätte, wenn er ordentlich belehrt worden wäre. Erlangt er Kenntnis von dem Widerspruchsrecht und der 30-Tagefrist, so ist innerhalb des Zeitraums von 30 Tagen von ihm zu erwarten, dass er eine Entscheidung trifft. Widerspricht er also nicht innerhalb von 30 Tagen, nachdem er von seinem Recht Kenntnis erlangt hat, so sprechen gute Gründe dafür, das Recht als verwirkt anzusehen und auch dem Verbraucher eine späteren Widerruf zu verwehren.

VIII. Umgang mit fehlerhafter Belehrung im Antragsmodell

103 **1. Europarechtswidrigkeit des § 8 Abs. 4 S. 4 und Abs. 5 S. 4 aF.** Der BGH hat entschieden, dass die in § 8 Abs. 4 S. 4 und Abs. 5 S. 4 aF getroffene Regelung, nach welcher auch bei nicht ordnungsgemäßer Belehrung des VN über ein jeweiliges Lösungsrecht dieses einen Monat nach Zahlung der ersten Prämie erlischt, richtlinienkonform einschränkend dahin auszulegen ist, dass sie im Bereich der Lebens- und Rentenversicherung und der Zusatzversicherung zur Lebensversicherung nicht anwendbar ist, hingegen auf die übrigen von § 8 aF erfassten Versicherungsarten uneingeschränkt Anwendung findet.[131] Mit dieser Entscheidung hat der BGH seine Rspr zur falschen oder unterlassenen Belehrung über das Widerspruchsrecht beim Policenmodell hinaus auf die Rücktrittsbelehrung beim Antragsmodell übertragen. Er begründet dies damit, dass es nicht zu einer vertraglichen Bindung kommen dürfe, wenn es an einer ordnungsgemäßen Belehrung über das Rücktrittsrecht fehle. Dafür setzt er das Widerrufsrecht des § 8 Abs. 4 aF und das Rücktrittsrecht des § 8 Abs. 5 aF gleich. Dies war notwendig, denn bei einer isolierten Betrachtung nur des Rücktrittsrechts bleibt für § 8 Abs. 5 S. 4 aF kein Anwendungsbereich.

104 Diese Begründung überzeugt dabei noch weniger als die gespaltene Auslegung, die der BGH bei § 5 a aF gewählt hat (s. Rn 37 ff). Der Gesetzgeber hat hier den Lösungsmöglichkeiten nicht nur unterschiedliche Namen gegeben und sie eben nicht gemeinsam, sondern für die Lebensversicherung in einem eigenen Absatz geregelt. Daher liegt in der Entscheidung eine Derogation geschriebenen Rechts. Derogiert die Rspr Teile des Rechts, so überschreitet sie ihre grundgesetzlich verbrieften Kompetenzen.

105 **2. Übertragbarkeit der Erläuterungen zum Policenmodell.** Das Widerspruchsrecht des § 5 a aF und das Rücktrittsrecht des § 8 aF ähneln sich, so dass grds. auf die Ausführungen zum Policenmodell verwiesen werden kann (s. Rn 37 ff). Allerdings gibt es ein paar Unterschiede, auf die im Folgenden einzugehen ist:

106 **a) Anforderungen an die Widerrufsbelehrung.** Anders als bei § 5 a aF setzt die wirksame Widerrufsbelehrung nach dem Gesetzeswortlaut nicht die drucktechnisch deutliche Form voraus, sondern eine Belehrung, die der VN **durch Unterschrift** zu **bestätigen** hat. Der Unterschied ist nicht zufällig, sondern ergibt sich aus den Umständen bei Vertragsabschluss: Während der VN bei oder nach Erhalt der Belehrung nach § 5 a aF keine Erklärung mehr abgibt, erhält er die Belehrung nach § 8 aF zur Zeit, in der er auch seine Vertragserklärung abgibt. Beim Widerspruchsrecht nach § 5 a aF ist also eine Kenntnisnahmebestätigung nicht möglich und wird daher durch die drucktechnisch deutliche Form ersetzt. Bei § 8 aF bedurfte es einer solchen speziellen Festlegung nicht, da der VN ja die Belehrung be-

---

130 OLG Karlsruhe 19.2.2013 – 12 U 151/12, r+s 2013, 483.
131 BGH 17.12.2014 – IV ZR 260/11, VersR 2015, 224.

stätigen muss. Daher ergibt sich nach allen Auslegungsmethoden, dass für eine ausreichende Belehrung eine drucktechnische Hervorhebung nicht erforderlich ist.

Allerdings kommt der **BGH** zu einem anderen Ergebnis. Zwar hat auch er festgestellt, dass sich im Gesetz eine entsprechende Formulierung nicht findet. Deswegen entnimmt er die Notwendigkeit einer drucktechnischen Hervorhebung vielmehr der eigenen Rspr.[132] Dies ist zu weitgehend. Auch wenn nach der hier vertretenen Auffassung eine drucktechnische Hervorhebung nicht erforderlich ist, so reicht andererseits eine versteckte und missverständliche Belehrung, die der VN nur mit Mühe finden kann, trotz Bestätigung der Kenntnisnahme nicht aus.[133] 107

b) Kein schwebend unwirksamer Vertrag. Anders als im Policenmodell kommt mit Antrag und Annahme hier ein wirksamer Vertrag zustande. Daraus ergeben sich Unterschiede: 108

Zunächst entsteht das Rückgewährschuldverhältnis erst mit der Ausübung des Rücktrittsrechts. Das Rücktrittsrecht selber unterliegt als Gestaltungsrecht nicht der Verjährung. Die Verjährung der Rückgewähransprüche beginnt erst mit der Ausübung des Rücktrittsrechts.[134] 109

Das Gestaltungsrecht, mit dem der Vertag in ein Rückgewährschuldverhältnis umgewandelt wird, kann nur so lange ausgeübt werden, wie ein Vertrag besteht. Ist der Vertrag beendet, geht die Erklärung des Widerrufs ins Leere. Dies gilt erst recht, wenn der Vertrag bereits vollständig abgewickelt ist. 110

Ferner kommt Verwirkung auch hier in Betracht. So ist nach der hier vertretenen Auffassung ein Widerrufsrecht verwirkt, wird es nicht innerhalb von 30 Tagen nach Kenntnis ausgeübt (vgl Rn 102). 111

§ 153 Überschussbeteiligung

(1) Dem Versicherungsnehmer steht eine Beteiligung an dem Überschuss und an den Bewertungsreserven (Überschussbeteiligung) zu, es sei denn, die Überschussbeteiligung ist durch ausdrückliche Vereinbarung ausgeschlossen; die Überschussbeteiligung kann nur insgesamt ausgeschlossen werden.

(2) ¹Der Versicherer hat die Beteiligung an dem Überschuss nach einem verursachungsorientierten Verfahren durchzuführen; andere vergleichbare angemessene Verteilungsgrundsätze können vereinbart werden. ²Die Beträge im Sinn des § 268 Abs. 8 des Handelsgesetzbuchs bleiben unberücksichtigt.

(3) ¹Der Versicherer hat die Bewertungsreserven jährlich neu zu ermitteln und nach einem verursachungsorientierten Verfahren rechnerisch zuzuordnen. ²Bei der Beendigung des Vertrags wird der für diesen Zeitpunkt zu ermittelnde Betrag zur Hälfte zugeteilt und an den Versicherungsnehmer ausgezahlt; eine frühere Zuteilung kann vereinbart werden. ³Aufsichtsrechtliche Regelungen zur Sicherstellung der dauernden Erfüllbarkeit der Verpflichtungen aus den Versicherungen, insbesondere *§ 53 c, § 54 Absatz 1 und 2, § 56 a Absatz 3 und 4 sowie § 81 c Absatz 1 und 3 des Versicherungsaufsichtsgesetzes*¹ bleiben unberührt.

---

132 BGH 17.12.2014 – IV ZR 260/11, VersR 2015, 224.
133 Jedenfalls im Ergebnis zutr. daher BGH 16.11.1995 – I ZR 175/93, NJW-RR 1996, 471.
134 BGH 17.12.2014 – IV ZR 260/11, VersR 2015, 224; Palandt/*Ellenberger*, § 194 BGB Rn 4.
1 *Kursive Hervorhebung:* Fassung bis 31.12.2015. – Fassung ab 1.1.2016: „*die §§ 89, 124 Absatz 1, § 139 Absatz 3 und 4 und die §§ 140 sowie 214 des Versicherungsaufsichtsgesetzes*". – Siehe Art. 2 Abs. 49 Nr. 1 des Gesetzes zur Modernisierung der Finanzaufsicht über Versicherungen vom 1.4.2015 (BGBl. I S. 434, 560). Zum Inkrafttreten s. Art. 3 Abs. 1 S. 1.

(4) Bei Rentenversicherungen ist die Beendigung der Ansparphase der nach Absatz 3 Satz 2 maßgebliche Zeitpunkt.

I. Normzweck und Anwendungsbereich	1
1. Einleitung: Lebensversicherung als Versicherungsprodukt.	1
2. Normzweck	9
3. Anwendungsbereich..........	16
II. Überschussbeteiligung	18
1. Allgemeines..................	18
2. Überschuss	19
a) Maßgeblichkeit der Handelsbilanz	19
b) Ausschüttungssperre nach Abs. 2 S. 2	27
c) Verteilungsreihenfolge....	28
d) Ausschluss der Querverrechnungen............	29
e) Außergerichtliche Kontrolle	32
3. Bewertungsreserven	33
a) Begriff.....................	33
b) Höhe.....................	37
4. Beteiligung.................	43
a) Versicherungen mit Kapitalzahlung	43
b) Rentenversicherungen (Abs. 4)	47
5. Ausschluss der Überschussbeteiligung (Abs. 1 Hs 1 aE, Hs 2)......................	51
6. Zu betrachtende Bilanzpositionen......................	55
III. Zulässige Verfahren zur Beteiligung (Abs. 2 S. 1, Abs. 3).........	56
1. Verursachungsorientiertes Verfahren....................	57
2. Andere vergleichbare angemessene Verteilungsgrundsätze (Abs. 2 S. 1 Hs 2)......	68
IV. Jährliche Ermittlung und Zuordnung (Abs. 3)	71
1. Ermittlung und Zuordnung (Abs. 3 S. 1)..................	71
2. Zuteilung (Abs. 3 S. 2)	74
3. Maßgeblicher Zeitpunkt	75
a) Beteiligung an den Überschüssen	75
b) Beteiligung an den Bewertungsreserven	76
aa) Zeitpunkt der Zuteilung	76
bb) Zeitpunkt der Ermittlung der Höhe der Bewertungsreserven	77
cc) Zeitpunkt der Zuteilung bei Rentenversicherungen	79
4. Einfluss aufsichtsrechtlicher Regelungen (Abs. 3 S. 3)	83
V. Sonstiges.........................	86
1. Abdingbarkeit................	86
2. Beweislast	87

I. Normzweck und Anwendungsbereich

1. Einleitung: Lebensversicherung als Versicherungsprodukt. Bei der **kapitalbildenden Lebensversicherung** handelt es sich um ein Produkt, das in den letzten Jahren starker, aber nur teilweise gerechtfertigter Kritik seitens der Verbraucherschützer, aber auch seitens der Gerichte, insb. des BVerfG, ausgesetzt war. Mit der VVG-Reform versuchte der Gesetzgeber, dieser Kritik gerecht zu werden, da er die kapitalbildende Lebens- und Rentenversicherung insgesamt für volkswirtschaftlich sinnvoll, wenn nicht gar notwendig hält. Er hat insofern mit verschiedenen Regeln die Produktgestaltungsfreiheit eingeschränkt.[1] Bei allen im Folgenden zu diskutierenden Fragen wird man verschiedene, produktimmanente Besonderheiten stets zu berücksichtigen haben.

Eine kapitalbildende Lebensversicherung ist zunächst eine Versicherung, bietet also **Risikoschutz**, regelmäßig für ein zu kurzes oder zu langes Leben, je nach Schutzrichtung. Einen solchen Risikoschutz kann der VR nur bieten, wenn ein In-

---

1 Marlow/Spuhl/*Grote*, Rn 951; *Präve*, VersR 2007, 1046.

teressenausgleich in der Risikogemeinschaft möglich ist (vgl § 1 Rn 17).² Zugleich ist die kapitalbildende Lebens- oder Rentenversicherung ein Produkt zur **Vermögensbildung** mit der Folge, dass der VN, je mehr der vermögensbildende Charakter zu Lasten des Risikotransfergedankens bei der Produktgestaltung betont wird, um so eher erwartet, mehr zu erhalten, als er an Prämien gezahlt hat. Insofern besteht eine Konkurrenzsituation zwischen den Versicherungsprodukten und den kapitalbildenden Produkten anderer Branchen, insb. des Bankensektors.

Lebensversicherungsverträge werden, insb. wenn sie der Absicherung des eigenen Wohlstands im Alter oder der Angehörigen dienen sollen, für sehr lange Zeiträume abgeschlossen. Dabei ist eine ordentliche Kündigung durch den VR grds. ausgeschlossen. Dies bringt für beide Seiten diverse Unsicherheiten mit sich: Während der VN seine eigene wirtschaftliche, soziale und familiäre Situation für die Vertragslaufzeit abschätzen muss, muss der VR Sterblichkeitsentwicklungen, Kapitalmarktentwicklungen, technische Entwicklungen und Kostenentwicklungen prognostizieren und für die als möglich angenommenen Verläufe Vorkehrungen treffen. Eine Rentenversicherung läuft nicht selten über 60 Jahre und es liegt auf der Hand, dass die Einschätzung im Jahre 1960 über die Verhältnisse heute nur sehr wenig mit den tatsächlichen Verhältnissen und Entwicklungen zu tun hat.

Diese Anforderungen führen dazu, dass es sich bei einer auf eine lange Laufzeit angelegten Lebensversicherung um ein sehr komplexes Produkt handelt, dessen Kalkulation und Technik ohne eine entsprechende, hochqualifizierte Ausbildung nur in Ansätzen nachvollziehbar ist. Wollte man verlangen, dass der VR das Versicherungsprodukt auch nur annähernd in seiner Mechanik und hinsichtlich der Einflussfaktoren dem VN erklärt, würde man beide Seiten überfordern. Das ist aber auch nicht erforderlich. So wenig, wie der Autokäufer wissen muss, wie der Motor funktioniert, so wenig muss der VN die geschäftsplanmäßigen Erklärungen und die Bilanz eines VR verstehen können. Andererseits ist es aber zwingend, dass der VN die Wirkungsweise des von ihm gekauften Produkts versteht und einschätzen kann, ob es für den von ihm verfolgten Zweck nützlich und seinen Preis wert ist. Im Interesse eines funktionierenden Marktes ist ferner notwendig, dass der Verbraucher ein Lebensversicherungsprodukt mit den Produkten anderer Lebensversicherer vergleichen kann und zwar ohne hierfür immer auf sog. Produktratings, also externen Rat, zurückgreifen zu müssen. Zuletzt muss es bei kapitalbildenden Produkten einen aus der Eigentumsgarantie folgenden effektiven Schutz der rechtlichen Positionen des VN geben, die dadurch entstanden sind, dass der VN dem VR Vermögenswerte in der Erwartung übertragen hat, an den Erträgen zu partizipieren.³ Dieser notwendige Schutz erfordert zivilrechtliche und gerichtlich überprüfbare Regelungen für die Bereiche, in denen der Schutz der Belange des VN nicht auf andere Weise sichergestellt ist.⁴

Die Lebensversicherung ist ein **Austauschvertrag**.⁵ Durch die Überschussbeteiligung hat dieser Vertrag einen partiarischen Teil,⁶ wenn die Überschussbeteiligung nicht ausnahmsweise ausgeschlossen wurde. Die **Partialbeteiligung**, also die Beteiligung am Ertrag, den der VR mit den Prämien des VN erwirtschaftet, wird dabei in das vertragliche Synallagma einbezogen.⁷

Eine **Vergleichbarkeit von Lebensversicherungsprodukten** und Bankprodukten ist demgegenüber de lege lata nicht gefordert. Ob sie de lege ferenda wünschenswert

---

2 BVerfG 26.7.2005 – 1 BvR 80/95, VersR 2005, 1127; BGH 12.10.2005 – IV ZR 162/03, BGHZ 164, 297 = VersR 2005, 1565.
3 BVerfG 26.7.2005 – 1 BvR 80/95, VersR 2005, 1127.
4 BVerfG 26.7.2005 – 1 BvR 80/95, VersR 2005, 1127.
5 Bruck/Möller/*Winter*, Einf. vor §§ 150 ff Rn 233 ff.
6 Bruck/Möller/*Winter*, Einf. vor §§ 153 ff Rn 152 ff.
7 Bruck/Möller/*Winter*, Einf. vor §§ 153 ff Rn 153.

wäre, ist zweifelhaft und allenfalls damit begründbar, dass es Lebensversicherungsprodukte gibt, die auch als Sparprodukte geeignet sind und entsprechend beworben und verkauft werden. Das allein rechtfertigt aber nicht, gleiche Produktinformationsblätter vorzuschreiben, da mit der Risikosicherung ein Unterschied vorhanden ist, der große Auswirkungen auf die Preisgestaltung hat und einen Vergleich dieser beiden Produktgruppen grds. unmöglich macht.

7 Anders als zuweilen vertreten,[8] ist es nicht erforderlich, dem VN mitzuteilen, wie sich der **Preis** für seinen Vertrag zusammensetzt. Auch ein Hinweis darauf, dass sich die Prämie nicht nur aus Positionen zusammensetzt, die diesem Vertrag unmittelbar zugerechnet werden können, sondern dass aus seinen Prämien auch sämtliche anderen Ausgaben des VR finanziert werden, ist entbehrlich, weil selbstverständlich. Woraus sonst soll der VR diese Kosten finanzieren? So abwegig die zitierte Argumentation ist, so zeugt sie doch von einem mangelnden Produktverständnis selbst bei Personengruppen, die sich von Berufs wegen mit dem Produkt Lebensversicherung befassen müssen.

8 Der VN kennt den Preis für seine Versicherung als Summe der vereinbarten Prämien. Ihn interessiert nicht, wie dieser Preis errechnet wurde. Aber ihn interessiert, was er für diesen Preis erhält. Auch wenn die Beschreibung der Gegenleistung dem VR mit Blick auf die Unwägbarkeiten der Zukunft schwer fällt, so ist sie dennoch stets durch den VR transparent vorzunehmen. Insbesondere wäre es hilfreich, jeweils deutlich herauszustellen, worin der jeweilige spezifische Nutzen des Produkts besteht. In der Praxis führt auch die hohe Komplexität dazu, dass die Lebensversicherungsprodukte häufig durch VersVermittler nach intensiver Beratung an die VN verkauft, nicht aber durch die VN nachgefragt und gekauft werden. Trotz entsprechender Medienpräsenz konnte sich bislang im Bereich der Lebensversicherung die Honorarberatung als transparentere Vertriebsform nicht durchsetzen. Vielmehr erhalten die VersVertreter und VersMakler von den Versicherungen eine auch im Verhältnis zum Beratungsaufwand relativ hohe Abschlussprovision, die aus den ersten Prämien des VN bezahlt wird.

9 **2. Normzweck.** Vor der VVG-Novelle war der Anspruch des VN auf eine Überschussbeteiligung nicht gesetzlich normiert. Bei vielen Verträgen, insb. bei klassischen, kapitalbildenden Verträgen, gab es aber vertragliche Regelungen, die grds. eine Überschussbeteiligung zu Gunsten des VN vorsahen oder zumindest von einer solchen ausgingen, ohne freilich einen konkreten Anspruch des einzelnen VN auf eine konkrete Überschussbeteiligung oder auch nur einen für den VN nachvollziehbaren Berechnungsmodus festzulegen (zB § 17 ALB 94).[9] Der Anspruch auf ausreichende Beteiligung an den mit Hilfe der Prämienzahlungen der VN gebildeten Vermögenswerten ist nach Auffassung des BVerfG durch Art. 14 Abs. 1 GG geschützt.[10] Dem aus der Eigentumsgarantie folgenden Schutzauftrag sei der Gesetzgeber nicht in ausreichendem Maße nachgekommen, da hinreichende rechtliche Vorkehrungen dafür fehlten, dass bei der Berechnung des bei Vertragsende zu zahlenden Schlussüberschusses die Vermögenswerte angemessen berücksichtigt werden, die bei den Versicherungsunternehmen mit den gezahlten Versicherungsprämien gebildet worden sind.[11] Das BVerfG gab dem Gesetzgeber auf, bis zum 31.12.2007 Regelungen zu treffen, die den Anforderungen des Art. 2 Abs. 1 GG und Art. 14 Abs. 1 GG gerecht werden.[12] Mit der Schaffung der Norm erfüllt der Gesetzgeber einen Teil der Anforderungen des BVerfG, indem festgeschrieben wird, dass der VN entweder ganz oder gar nicht an den Überschüssen und an den

---

8 LG Stuttgart 5.10.2010 – 20 O 87/10.
9 BVerfG 26.7.2005 – 1 BvR 80/95, VersR 2005, 1127.
10 BVerfG 26.7.2005 – 1 BvR 782/94 und 1 BvR 957/96 (Rn 144), VersR 2005, 1109.
11 BVerfG 26.7.2005 – 1 BvR 80/95, VersR 2005, 1127.
12 BVerfG 26.7.2005 – 1 BvR 80/95, VersR 2005, 1127.

Bewertungsreserven zu beteiligen ist.[13] Darüber hinaus legt er fest, dass eine Beteiligung am Überschuss und an den Bewertungsreserven zu erfolgen hat und zwar nach einem verursachungsorientierten Verfahren.

Die Notwendigkeit zur Überschussbeteiligung ist eine Folge der sehr langen Vertragsdauer, die bei der kapitalbildenden Lebensversicherung durchschnittlich 26 Jahre beträgt. Bei derart langlaufenden Verträgen ist die tatsächliche Entwicklung bis zum Vertragsende nicht annähernd sicher abzuschätzen. Daher ist der VR aus kaufmännischen, aber auch gläubigerschützenden Gründen gezwungen, die verbindlich versprochene Leistung und die vereinbarte Prämie sehr vorsichtig zu kalkulieren, da beides bereits zu Beginn des Vertragsverhältnisses verbindlich festgelegt wird.[14] Dies ist aufsichtsrechtlich in § 11 VAG vorgeschrieben und von der BaFin zu kontrollieren.

Dieses Vorgehen führt zu einer gewissen Störung des Synallagmas, da bei Vertragsabschluss weniger vertraglich zugesagt wird, als der VR bei einem Vertragsablauf unter unveränderten Umständen tatsächlich leisten könnte und bereit wäre, zu leisten.[15] Das Fehlen einer gesetzlichen Regelung im Versicherungsvertragsrecht und im Versicherungsaufsichtsrecht hatte zur Folge, dass die VR neben einer vorsichtig kalkulierten Basisleistung – gezwungen durch den Wettbewerb – zwar Zusatzleistungen in Aussicht stellten, dies aber rechtlich in sehr unterschiedlicher Art und Qualität geschah.[16] Erklärte sich ein VR zu einer Überschussbeteiligung in den AVB (§ 16 ALB 86, § 17 ALB 94, § 2 S. 1 ALB 2008, § 2 ALB 2014) bereit, so galten und gelten bestimmte aufsichtsrechtliche Regelungen,[17] nach denen sich die Höhe der Beteiligung an den Überschüssen richtet. Diese Regelungen stellten allerdings für den einzelnen VN keine Anspruchsgrundlage dar, so dass der VN die seitens des VR geleistete Überschussbeteiligung von den Zivilgerichten nicht überprüfen lassen konnte. Zivilrechtlich konnte man den Inhalt der Verpflichtung zur Überschussbeteiligung nur dem zivilrechtlichen Regelungswerk, also dem Vertrag selber, entnehmen.

Auch bei (**fondsgebundenen**) **Rentenversicherungen** war eine zivilrechtliche Festlegung der Berechnung der Rente in der Vergangenheit eher die Ausnahme. Dies hat zu einer Verschärfung des § 20 Abs. 1 Nr. 6 EStG geführt, den die Finanzverwaltung dahin gehend auslegt, dass in den Genuss der steuerlichen Förderung für (fondsgebundene) Rentenversicherungen nur solche Verträge kommen, die die Rentenhöhe entweder in Form einer Mindestrente oder in Form eines Mindestrentenfaktors (Mindestrente = Mindestrentenfaktor x Deckungskapital/100.000) verbindlich festlegen. Damit wird künftig auch in diesem Bereich das Leistungsversprechen deutlicher betont.

Ausgehend von diesen aufsichtsrechtlichen Bestimmungen und den Forderungen des BVerfG soll jetzt die Norm für den Fall, dass eine Überschussbeteiligung zugesagt wird, den VR auch gegenüber dem VN verpflichten, die jährliche Verteilung der Überschüsse (**Überschussdeklaration**) aus der Rückstellung für Beitragsrückerstattung auf die Gesamtheit der berechtigten Versicherungen nach einem verursachungsorientierten Verfahren durchzuführen.[18] Die Zusage der Überschussbeteiligung (und weitere Einzelheiten) ist beispielsweise in § 2 Abs. 1 S. 1 ALB 2014 enthalten:

---

13 Begr. RegE, BT-Drucks. 16/3945, S. 54, 95; Looschelders/Pohlmann/*Krause*, § 153 Rn 30.
14 BVerfG 26.7.2005 – 1 BvR 782/94 und 1 BvR 957/96, VersR 2005, 1109; BVerfG 26.7.2005 – 1 BvR 80/95, VersR 2005, 1127.
15 Begr. RegE, BT-Drucks. 16/3945, S. 53 f.
16 Begr. RegE, BT-Drucks. 16/3945, S. 54, 95.
17 Begr. RegE, BT-Drucks. 16/3945, S. 54.
18 Begr. RegE, BT-Drucks. 16/3945, S. 54.

„Sie erhalten gemäß § 153 des Versicherungsvertragsgesetzes (VVG) eine Überschussbeteiligung."

14 Der Umfang und Inhalt der Verpflichtung zur Beteiligung an den Überschüssen ist auch aktuell den jeweiligen Vertragsbestimmungen und den geltenden Vorschriften des VVG sowie ggf ergänzenden Auslegungen zu entnehmen.[19] Wie dezidiert diese Regelungen sein müssen, wird unterschiedlich beurteilt. Ausgangspunkt ist, dass das BVerfG grds. anerkannt hat, dass die Rechtsordnung und nicht nur das Zivilrecht effektive Möglichkeiten zum Schutz rechtlich erheblicher Belange der Versicherten bereitstellen muss.[20] Dabei geht es von einem **Zusammenspiel der zivilrechtlichen mit den aufsichtsrechtlichen und handelsrechtlichen Vorgaben** aus. Bedeutung kommt der Reichweite des Zivilrechts insb. deswegen zu, weil der VN vor den Zivilgerichten nur die richtige Anwendung des Zivilrechts, nicht aber des Aufsichtsrechts und auch nicht des Handelsrechts prüfen lassen kann.[21] Das Zusammenspiel der unterschiedlichen Rechtsgebiete führt dazu, dass nicht jeder in den AVB beschriebene Schritt auf dem Weg zur Überschussbeteiligung des einzelnen VN der zivilgerichtlichen Kontrolle unterliegt. Sofern bspw aufsichtsrechtlich zwingende Vorschriften wiedergegeben oder in Bezug genommen werden, führt dies nicht dazu, dass vor den Zivilgerichten (zusätzlich) die Einhaltung dieser Vorschrift kontrolliert werden kann.

15 Der VR kann sich aber auch dazu entschließen, überhaupt keine Überschussbeteiligung zu gewähren, solange er die gültigen Vorgaben des Aufsichtsrechts beachtet.[22] In diesem Zusammenhang wird problematisiert, ob aufsichtsrechtlich ein **Ausschluss der Überschussbeteiligung** nur bei Tarifen möglich sei, die nicht nach § 11 VAG kalkuliert wurden.[23] Diese Einschränkung der kalkulatorischen Möglichkeiten ist abzulehnen, da anderenfalls die Ausschlussmöglichkeit weitgehend leerliefe.[24] Beteiligt der VR den VN an den Überschüssen, so hat er ihn auch an den Bewertungsreserven zu beteiligen. Diese Regelung ist in die Kritik geraten, da sie geeignet ist, in Niedrigzinsphasen eine Verschlechterung der Risikotragfähigkeit des VR zu begünstigen, weil der VR gezwungen ist, ausscheidenden VN Bewertungsreserven auszuzahlen, die er eigentlich zur Bedienung der Garantieversprechen gegenüber den verbleibenden VN bräuchte. Deswegen erwog der Gesetzgeber, diese Verpflichtung wieder zurückzunehmen. Ein erster Versuch der Änderung ist Ende 2012 durch den Bundestag[25] beschlossen worden, dann aber am Widerstand des Bundesrats[26] gescheitert. Mit dem Lebensversicherungsreformgesetz (LVRG)[27] ist zum 7.8.2014 die Beteiligung an den Bewertungsreserven davon abhängig gemacht worden, dass der VR keinen Sicherungsbedarf hat.

16 3. Anwendungsbereich. Grundsätzlich ist § 153 für die **Lebensversicherung** und für die **Berufsunfähigkeitsversicherung** anzuwenden.[28] Das ergibt sich einerseits aus der Verortung der Norm in Kapitel 5 „Lebensversicherung" und andererseits aus § 176. Allerdings liegt der Norm die Argumentation des BVerfG zugrunde, wonach der VN angemessen an den durch seine Prämienzahlung geschaffenen Ver-

---

19 Bruck/Möller/*Winter*, Einf. vor §§ 153 ff Rn 155.
20 BVerfG 26.7.2005 – 1 BvR 80/95 (Rn 93, 97), VersR 2005, 1127.
21 Looschelders/Pohlmann/*Krause*, § 153 Rn 30 ff; aA Bruck/Möller/*Winter*, § 159 Rn 208.
22 Begr. RegE, BT-Drucks. 16/3945, S. 95.
23 Marlow/Spuhl/*Grote*, Rn 998.
24 Marlow/Spuhl/*Grote*, Rn 998; Looschelders/Pohlmann/*Krause*, § 153 Rn 2; Prölss/Martin/*Reiff*, § 153 Rn 13; iE zust. *Präve*, VersR 2008, 151.
25 Aus dem Gesetzgebungsverfahren: BT-Drucks. 17/10038, BT-Drucks. 17/10251, BT-Drucks. 17/11395, BT-Drucks. 17/11938 – (SEPA-Begleitgesetz).
26 BT-Drucks. 17/12464.
27 Vom 1.8.2014 (BGBl. I S. 1330).
28 Prölss/Martin/*Reiff*, § 153 Rn 7.

mögenswerten zu beteiligen ist.[29] Diese Argumentation lässt sich auch auf die **Unfallversicherung mit Beitragsrückgewähr** übertragen, für die es allerdings im VVG keine entsprechende Regelung und insb. keinen Verweis gibt, wie er zB bei der Berufsunfähigkeitsversicherung zu finden ist. Trotzdem erscheint es sinnvoll, die Grundsätze des BVerfG-Urteils, wie sie in § 153 umgesetzt wurden, auch auf diese Versicherungsart anzuwenden, da die Interessenlage mit derjenigen bei der Berufsunfähigkeitsversicherung vergleichbar ist.[30] Entsprechendes gilt auch für Kapitalisierungsgeschäfte.[31]

Die Norm ist auch auf VR mit Sitz im **Ausland**, insb. in einem anderen EU-Mitgliedstaat oder EWR-Vertragsstaat, anzuwenden, wenn sie Versicherungen mit VN abschließen, die ihren gewöhnlichen Aufenthaltsort in Deutschland haben.[32] Grundlage für die Ermittlung des Überschusses ist der Jahresabschluss, der nach dem jeweils maßgeblichen Recht des Staates aufgestellt worden ist, in dem die betroffene Versicherung ihren Sitz hat. Der Gesetzgeber hält die mit dem nicht abdingbaren Anspruch auf Beteiligung an den Bewertungsreserven nach Abs. 3 verbundene Beschränkung der Dienstleistungsfreiheit für gerechtfertigt und verweist insoweit auf das Verbraucherschutzinteresse.[33]   17

II. Überschussbeteiligung

1. Allgemeines. Dem VN steht nach Abs. 1 grds. eine Beteiligung am Überschuss und an den Bewertungsreserven zu. Die Überschussbeteiligung setzt sich nach der gesetzlichen Definition des Abs. 1 Hs 1 aus dem Überschuss und den Bewertungsreserven zusammen. **Voraussetzung** für eine Beteiligung an einem Überschuss ist, dass der VR überhaupt einen Überschuss erwirtschaftet hat. Wenn dies festgestellt ist, dann ist weitere Voraussetzung, dass der konkrete Vertrag oder die Vertragsgruppe an der Entstehung des Überschusses mitgewirkt hat. Sind diese Voraussetzungen erfüllt, dann verteilt der VR die Überschüsse, indem er sie zunächst den Versicherungsverträgen und den Versicherungsvertragsgruppen zuweist und später zuteilt. Erst nach der Zuteilung hat sich die abstrakte Erwartung auf Überschussbeteiligung so weit konkretisiert, dass sie zu einem konkreten Anspruch erstarkt ist.   18

2. Überschuss. a) Maßgeblichkeit der Handelsbilanz. Was unter „Überschuss" zu verstehen ist oder wie der Überschuss zu berechnen ist, wird im VVG nicht geregelt. Der Gesetzgeber geht vielmehr davon aus, dass für die Ermittlung des Überschusses die handelsrechtlichen Vorschriften maßgeblich sind.[34] Damit entspräche der Überschuss nach dem VVG dem handelsrechtlichen Jahresüberschuss, wie er sich ohne Beteiligung der VN ergäbe. Dies wird in § 2 Abs. 1 S. 3 ALB 2014 noch einmal ausdrücklich bestätigt: 19

„Die Überschüsse und die Bewertungsreserven ermitteln wir nach den Vorschriften des Handelsgesetzbuches (HGB) und veröffentlichen sie jährlich im Geschäftsbericht."

Bereits vor der VVG-Novelle war idR in den AVB eine Überschussbeteiligung vorgesehen, wobei sich nach der bisherigen Praxis die Beteiligung ausschließlich auf den sich aus den handelsrechtlichen Vorschriften zur Ermittlung des Jahresab-   20

---

29 BVerfG 26.7.2005 – 1 BvR 80/95, VersR 2005, 1127.
30 Bruck/Möller/*Winter*, § 153 Rn 24; Schwintowski/Brömmelmeyer/*Ortmann*, § 153 Rn 9; aA Prölss/Martin/*Reiff*, § 153 Rn 7; *Engeländer*, VersR 2001, 155.
31 BaFin, Auslegungsfragen zum VVG, 28.5.2008; Bruck/Möller/*Winter*, § 153 Rn 24.
32 Begr. RegE, BT-Drucks. 16/3945, S. 96; Prölss/Martin/*Reiff*, § 153 Rn 10.
33 Begr. RegE, BT-Drucks. 16/3945, S. 96; krit. Prölss/Martin/*Reiff*, § 153 Rn 10; *Bürkle*, VersR 2006, 1042.
34 Begr. RegE, BT-Drucks. 16/3945, S. 96; *Römer*, DB 2007, 2523.

schlusses ergebenden Überschuss („**Rohüberschuss**" genannt) bezog.[35] Der Rohüberschuss ist auch nach der neuen Regelung die für den Umfang der Überschussbeteiligung des VN in erster Linie entscheidende Grundlage.[36]

21 Der Rohüberschuss speist sich im Wesentlichen aus drei Quellen: Es handelt sich um die Erträge aus (allen) Kapitalanlagen, das Risikoergebnis und das übrige Ergebnis, das das Verwaltungskostenergebnis und das sonstige Ergebnis zusammenfasst.[37] Mit den **Erträgen aus den Kapitalanlagen** ist nur das Ergebnis der internen Rechnungslegung gemeint, also der Überschuss der Kapitalanlageerträge über die Kapitalanlagekosten und die Aufwendungen für den Rechnungszins hinaus. Auf Basis des Rohüberschusses obliegt es dem Verantwortlichen Aktuar nach § 11 a Abs. 3 Nr. 4 VAG, dem Vorstand Vorschläge für eine angemessene Beteiligung der VN an diesem Überschuss vorzulegen. Bei einer Versicherungs-Aktiengesellschaft bestimmt nach § 56 a VAG sodann der Vorstand mit Zustimmung des Aufsichtsrats die Beträge, die für die Überschussbeteiligung der Versicherten zurückzustellen sind.

22 Zunächst erhält der VN den vertraglich festgelegten **Rechnungszins**.[38] Die Höhe des Rechnungszinses ist aufsichtsrechtlich begrenzt, § 2 Abs. 1 DeckRV. Der Rechnungszins kann auch mit 0 % vereinbart werden. Die Gutschrift des Rechnungszinses stellt im handelsrechtlichen Sinn keinen Überschuss, sondern einen Aufwand dar, dem eine entsprechende Verpflichtung des VR gegenüber dem VN besteht. Der entsprechende Zinsbetrag wird der einzelnen Versicherung gutgeschrieben und erhöht insofern den Anspruch des VN bei Beendigung des Vertrages und damit auch die hierfür zu bildende **Deckungsrückstellung**.[39]

23 Für die Verwendung des Überschusses und die Beteiligung des VN hieran hat der VR verschiedene Möglichkeiten. Der VR kann über den Rechnungszins hinaus dem einzelnen Vertrag weitere Beträge als Teil der geschuldeten Überschussbeteiligung gutschreiben. Es handelt sich hierbei und bei der Gutschrift des Rechnungszinses um sog. **Direktgutschriften**.

24 Sollen Überschüsse den einzelnen Versicherungen nicht unmittelbar (direkt) zugeordnet werden, so werden diese lediglich rechnerisch ermittelt. In Höhe der Summe dieser Beträge wird sodann eine entsprechende Bilanzposition, die **Rückstellung für Beitragsrückerstattung (RfB)** gebildet. Einmal der RfB zugeordnete Beträge dürfen nach § 56 a S. 4 VAG, abgesehen von der Ausnahme nach S. 5, nur für die Überschussbeteiligung der einzelnen VersVerträge verwendet werden. Aufgrund steuerlicher Vorschriften werden die in die RfB eingestellten Beträge im Wesentlichen spätestens im dritten Jahr nach der Zuführung für die einzelnen Verträge verwendet und diesen zugeteilt.[40] Eine gesetzliche Vorschrift, die eine zeitnahe und möglichst verursachungsgerechte Ausschüttung der in der freien RfB angesammelten Überschüsse erforderlich macht, existiert im Aufsichtsrecht freilich nicht.[41]

25 Ferner können Überschüsse zu Gunsten der VN einem **Schlussgewinnanteilfonds (SGA)** zugewiesen werden. Ähnlich wie bei der RfB werden die diesbezüglichen Beträge den einzelnen Versicherungen nicht sofort unmittelbar zugewiesen. Der

---

35 Begr. RegE, BT-Drucks. 16/3945, S. 96; BVerfG 26.7.2005 – 1 BvR 80/95, VersR 2005, 1127.
36 Begr. RegE, BT-Drucks. 16/3945, S. 96; BGH 8.7.2009 – IV ZR 102/06, VersR 2009, 1208.
37 § 4 Abs. 1 der Verordnung über die Mindestbeitragsrückerstattung in der Lebensversicherung (Mindestzuführungsverordnung).
38 So auch Looschelders/Pohlmann/*Krause*, § 153 Rn 14.
39 So auch Looschelders/Pohlmann/*Krause*, § 153 Rn 14.
40 Fahr/Kaulbach/Bähr/*Kaulbach*, § 56 a VAG Rn 7.
41 Prölss/Martin/*Reiff*, § 153 Rn 19.

Berechtigte erhält vielmehr erst bei Beendigung des VersVertrages den auf seine Versicherung entfallenden Anteil am Schlussgewinnanteilfonds.[42] Bis zu diesem Zeitpunkt unterliegt die Beteiligung am Schlussüberschuss Schwankungen. Während der Vertragslaufzeit erhält der VN lediglich unverbindliche Prognosen auf die Höhe der zu erwartenden Beteiligung am Schlussüberschuss.[43]

Bereits diese Aufteilung des Rohüberschusses zwischen VN einerseits und Versicherungsunternehmen bzw. dessen Aktionären andererseits unterliegt jedoch gewissen Einschränkungen. Nach § 56a S. 2 VAG dürfen Beträge, die nicht aufgrund eines Rechtsanspruchs der Versicherten zurückzustellen sind, für die Überschussbeteiligung nur bestimmt werden, soweit aus dem verbleibenden Bilanzgewinn noch ein Gewinn in Höhe von mindestens vier vom Hundert des Grundkapitals an die Aktionäre verteilt werden kann. Hintergrund ist der Umstand, dass nicht zwischen den Kapitalanlagen, die mit Prämien der VN, und den Kapitalanlagen, die mit Eigenmitteln der Versicherungs-Aktiengesellschaft angeschafft wurden, differenziert wird. Im Sinne des § 56a S. 2 VAG sind nur die Beträge aufgrund eines Rechtsanspruchs des VN zurückzustellen, die zur Erfüllung der vertraglich versprochenen Mindestverzinsung (= Rechnungszins) notwendig sind. Andererseits besteht für den VR auch aufsichtsrechtlich nach § 81c Abs. 1 VAG die Verpflichtung, die Rückstellungen für Beitragsrückerstattung für überschussberechtigte Versicherungen angemessen zu dotieren. Insofern liegt nach § 81c Abs. 1 S. 2 VAG ein Missstand vor, wenn die Zuführung zur Beitragsrückerstattung eines Lebensversicherungsunternehmens unter Berücksichtigung der Direktgutschrift und der rechnungsmäßigen Zinsen nicht der nach der Mindestzuführungsverordnung festgelegten Mindestzuführung entspricht. Bei einem solchen Missstand müsste die BaFin einschreiten.

b) Ausschüttungssperre nach Abs. 2 S. 2. Die durch das BilMoG[44] neu eingeführte Regelung, nach der für die Überschussbeteiligung die Beträge iSd § 268 Abs. 8 HGB unberücksichtigt bleiben, sorgt dafür, dass die Aktionäre und die VN im Hinblick auf die Beteiligung am Überschuss der Gesellschaft gleichbehandelt werden. Wie § 268 Abs. 8 HGB die Ausschüttung eines Gewinns untersagt, der auf bestimmten Sachverhalten beruht, wie der Aktivierung selbst angeschaffter immaterieller Vermögensgegenstände oder der Aktivierung latenter Steuern, so legt Abs. 2 S. 2 nunmehr fest, dass diese Sachverhalte auch für die Ermittlung der Überschussbeteiligung nicht berücksichtigt werden dürfen.

c) Verteilungsreihenfolge. Bezüglich des **Überschusses** ergibt sich folgende **Verteilungsreihenfolge:** Zunächst sind die Überschüsse zur Erfüllung der nach dem VersVertrag, üblicherweise in den ALB versprochenen (Garantie-)Verzinsung des Deckungskapitals zu verwenden. Sodann sind auf das Grundkapital zu Gunsten der Aktionäre 4 % zur Verteilung zu berücksichtigen. Nur der darüber hinaus gehende Überschuss ist Gegenstand der Überschussbeteiligung iSd § 153. Ein Anspruch des einzelnen VN auf eine bestimmte Zuführung zu den RfB ergibt sich weder aus dem VVG noch aus aufsichts- oder steuerrechtlichen Vorschriften.[45]

d) Ausschluss der Querverrechnungen. Das BVerfG hat im Urteil vom 26.7.2005 weiter gefordert, dass die bis dahin mögliche und weitgehend übliche **Querverrechnungen zwischen positiven und negativen Ergebnisquellen** gesetzlich begrenzt werden.[46] Dieser Forderung ist der Gesetzgeber im VVG nicht nachgekommen. Er hat aber den Verordnungsgeber nach § 81c Abs. 3 VAG ermächtigt, die Details über die Zuführung zur Rückstellung für Beitragsrückerstattungen (RfB) und insb. die

---

42 LG Kassel 8.5.2014 – 1 S 290/13, VersR 14, 1240.
43 LG Kassel 8.5.2014 – 1 S 290/13, VersR 14, 1240.
44 Vom 25.5.2009 (BGBl. I S. 1102, 1136).
45 *Römer*, DB 2007, 2523.
46 BVerfG 26.7.2005 – 1 BvR 80/95, VersR 2005, 1127.

Mindestzuführung in Abhängigkeit von den Kapitalerträgen, dem Risikoergebnis und dem sonstigen Ergebnis zu regeln. Auf Basis dieser Ermächtigung hat die BaFin die **Mindestzuführungsverordnung**[47] erlassen, die die weiteren Details für die Mindestzuführung regelt. Nach § 4 MindZV hat eine angemessene Beteiligung der überschussberechtigten VersVerträge am Kapitalanlageergebnis, am Risikoergebnis und am übrigen Ergebnis zu erfolgen. Eine Querverrechnung wird dabei dadurch ausgeschlossen, dass eine Beteiligung nur an positiven Ergebnisquellen erfolgt, während eine negative Ergebnisquelle nur mit Null berücksichtigt wird. Diese Systematik wurde durch das Lebensversicherungsreformgesetz (LVRG) vom 1.8.2014[48] teilweise geändert und an ein Niedrigzinsumfeld angepasst. Danach muss der VR den vereinbarten (Garantie-)Zins nicht (mehr) ausschließlich durch seine Kapitalanlagen erwirtschaften, sondern kann hierfür die Gewinne der beiden anderen Überschussquellen heranziehen.[49]

30 Aus § 4 MindZV ergibt sich folgende **Berechnungsformel** für die Minimalbeteiligung der VN am Rohüberschuss:

((0,9 x Kapitalerträge − rechnungsmäßige Zinsen) + 0,9 x Risikoergebnis + 0,5 x übriges Ergebnis) − Direktgutschrift = Mindestbeteiligung

31 Differenziert wird zwischen Altbestand iSd § 11 c VAG, § 2 MindZV (Abschluss des Vertrages vor dem 29.7.1994) und Neubestand (alle übrigen Lebensversicherungsverträge).

32 e) **Außergerichtliche Kontrolle.** Die Einhaltung der Vorgaben des § 81 c VAG und der Mindestzuführungsverordnung ist weder durch den VN noch durch die ordentlichen Gerichte kontrollierbar, da die Details der in die einzelnen Ergebnisquellen einfließenden Positionen im Geschäftsplan zwar verbindlich geregelt sind, aber als Geschäftsgeheimnisse nur gegenüber der BaFin offenzulegen sind. Der Gesetzgeber hat insofern den vom BVerfG belassenen Gestaltungsspielraum genutzt und sich dazu entschieden, die Einhaltung der Vorgaben des VAG und der Mindestzuführungsverordnung nicht durch die ordentlichen Gerichte, sondern durch die BaFin überwachen zu lassen. Dies genügt den Anforderungen des Grundgesetzes, wie sie das BVerfG formuliert hat. Eine zivilrechtliche Ausgestaltung war zur Wahrnehmung der Schutzfunktion des Staates durch das BVerfG nicht gefordert worden.[50]

33 **3. Bewertungsreserven. a) Begriff.** Neben der Beteiligung am Überschuss ist der VN nach Abs. 1 auch an den Bewertungsreserven zu beteiligen, wenn eine Überschussbeteiligung vereinbart wurde. Der Begriff der Überschussbeteiligung ist also im Vergleich zur Rechtslage bis zur VVG-Reform 2008 erweitert worden.[51] Die Bewertungsreserven sind nach § 54 RechVersV in der Bilanz auszuweisen. In den ALB 2014 wird in § 2 Abs. 1 S. 3 hierauf hingewiesen (s. Rn 19).

34 Maßgeblich ist nach der Gesetzesbegründung[52] der Wert der saldierten Nettoreserven (stille Reserven abzüglich stiller Lasten), sofern dieser Wert größer Null ist.

35 Bewertungsreserven **entstehen** dadurch, dass im HGB-Jahresabschluss Kapitalanlagen überwiegend zu fortgeführten Anschaffungskosten mit dem Niederstwertprin-

---

47 Verordnung über die Mindestbeitragsrückerstattung in der Lebensversicherung (Mindestzuführungsverordnung – MindZV) vom 4.4.2008 (BGBl. I S. 690), geändert durch Art. 6 des Gesetzes vom 1.8.2014 (BGBl. I S. 1330, 1332).
48 BGBl. I S. 1330.
49 BT-Drucks. 18/1772, S. 28.
50 So auch Looschelders/Pohlmann/*Krause*, § 153 Rn 32.
51 Begr. RegE, BT-Drucks. 16/3945, S. 96.
52 Begr. RegE, BT-Drucks. 16/3945, S. 121.

zip bewertet werden müssen, § 253 Abs. 1 S. 1, Abs. 2 S. 3 HGB.[53] Wertzuwächse dürfen nur dann ausgewiesen werden, wenn sie durch den Markt, dh durch Transaktionen mit Dritten, bestätigt (realisiert) sind, § 252 Abs. 1 Nr. 4 Hs 2 HGB.[54] Demgegenüber sind dauerhafte Wertminderungen durch Abschreibungen sofort zu berücksichtigen, § 253 Abs. 2 S. 3 HGB. Durch diese vorsichtige Bilanzierung entstehen fast zwangsläufig stille Reserven, da der Zeitwert der Kapitalanlagen regelmäßig höher ist als der in der Bilanz ausgewiesene Wert.

Die VN sind lediglich an Bewertungsreserven auf der **Aktivseite**, und dort nur an den **Bewertungsreserven der Kapitalanlagen**, zu beteiligen.[55] Dies ergibt sich aus den Vorgaben des BVerfG, das eine Beteiligung an den durch Prämienzahlungen geschaffenen Vermögenswerten fordert.[56] Eine Differenzierung zwischen Anlagen, die mit Prämien der VN finanziert worden sind, und solchen, die die Eigenmittel des VR darstellen, also mit Mitteln des Eigentümers, bei einer Aktiengesellschaft also mit Mitteln des Aktionärs, finanziert wurden, ist gesetzlich nicht explizit vorgeschrieben und wurde auch durch das BVerfG nicht gefordert. Allerdings ist die Frage des Beitrags des einzelnen VN zur Erwirtschaftung von Überschüssen im Rahmen der Beurteilung der Angemessenheit der Verteilungsregelung zu berücksichtigen (vgl Rn 57). 36

b) Höhe. Die **Höhe** der Bewertungsreserven ergibt sich aus der Differenz von Zeitwert und Bilanz- bzw Buchwert.[57] Ist der Wert negativ, so sind stille Lasten entstanden. Saldiert man stille Lasten und stille Reserven und ist das Ergebnis kleiner Null, sind also die stillen Lasten insgesamt höher als die stillen Reserven, so scheidet eine Beteiligung des VN an Bewertungsreserven aus.[58] Eine Beteiligung an „Bewertungslasten" findet nicht statt. 37

Da die Mehrzahl der angeschafften Kapitalanlagen nach deren Widmung der Versicherungsunternehmen dazu bestimmt sind, dauernd dem Geschäftsbetrieb zu dienen, gilt nicht das strenge, sondern ein **gemildertes Niederstwertprinzip**, §§ 341 b Abs. 2 S. 1, 253 Abs. 2 HGB. Danach kann die Bilanzierung zu Anschaffungskosten bei diesen Kapitalanlagen unter gewissen weiteren Voraussetzungen auch dann beibehalten werden, wenn der Zeitwert zwischenzeitlich unter die Anschaffungskosten gesunken ist. Durch Zinsschwankungen bei festverzinslichen Wertpapieren, die regelmäßig einen Anteil von 60–80 % an den gesamten Kapitalanlagen eines Lebensversicherungsunternehmen ausmachen, können ganz erhebliche stille Lasten, aber auch entsprechende stille Reserven entstehen. Auch wenn sich diese stillen Reserven bis zur Fälligkeit der entsprechenden Papiere wieder verflüchtigen, sind sie wegen der gesetzlich nunmehr zwingenden Beteiligung an den Bewertungsreserven zu berücksichtigen, ohne dass sie realisiert werden (müssen).[59] Dabei ist von Bedeutung, dass die VN nur an den saldierten Bewertungsreserven der Kapitalanlagen zu beteiligen sind. 38

Beispiel: Das Versicherungsunternehmen schafft im Jahre 01 100 Namensschuldverschreibungen mit einem Zinssatz von 5 % zum Wert von 100 an. Im Jahr 02 steigt der Zinssatz für vergleichbare Namensschuldverschreibungen auf 6 %. Dies führt dazu, dass die angeschafften Namensschuldverschreibungen im Markt nicht mehr zu einem Wert von 100, sondern lediglich zu einem geringeren Wert veräußerbar sind, da ein potenzieller Interessent lieber für seine 100 die Namensschuldverschreibungen kauft, die mit 6 % verzinst werden. Der Zeitwert ist also 39

---

53 *Geib/Engeländer*, VersWirt 2006, 620.
54 *Geib/Engeländer*, VersWirt 2006, 620.
55 Prölss/Martin/*Reiff*, § 153 Rn 22; Looschelders/Pohlmann/*Krause*, § 153 Rn 23.
56 BVerfG 26.7.2005 – 1 BvR 80/95, VersR 2005, 1127.
57 Prölss/Martin/*Reiff*, § 153 Rn 22.
58 So auch Prölss/Martin/*Reiff*, § 153 Rn 22.
59 Zweifelnd *Langheid*, NJW 2007, 3745.

niedriger als die Anschaffungskosten. Trotzdem ist eine Abschreibung auf den Zeitwert nicht notwendig, da bei Endfälligkeit der Papiere das Versicherungsunternehmen exakt 100 vom Emittenten zurückerhält. Es ist eine stille Last in Höhe der Differenz zwischen Zeitwert und Anschaffungskosten entstanden.

40 Die Ermittlung der Höhe der Bewertungsreserven der Kapitalanlagen erfolgt nach Maßgabe der §§ 54 ff RechVersV.[60] Grundsätzlich können danach bei der **Bewertung** alle anerkannten Bewertungsverfahren Anwendung finden. Es besteht kein Anspruch darauf, dass der VR ein ganz bestimmtes Bewertungsverfahren anwendet, das etwa zu Gunsten des ausscheidenden VN zu besonders hohen Zeitwerten kommt. Andererseits darf weder die Wahl eines bestimmten Bewertungsverfahrens noch die konkrete Bewertung eines einzelnen Wirtschaftsgutes willkürlich erfolgen. Dies wäre zB der Fall, wenn der VR innerhalb einer Anlageklasse ohne sachlichen Grund verschiedene Bewertungsverfahren anwendet. Soweit ein Markt für die Kapitalanlagen vorhanden ist und Marktpreise allgemein zugänglich sind, wie dies zB bei börsennotierten Wertpapieren der Fall ist, ist der Zeitwert der Kapitalanlagen zum jeweils maßgeblichen Stichtag einfach festzustellen und als Zeitwert entsprechend zu berücksichtigen, § 56 Abs. 2 RechVersV.

41 Schwierig wird die Bewertung indes bei Kapitalanlagen, für die es lediglich einen **eingeschränkten Markt** oder gar **keinen verfügbaren Marktpreis** gibt, wie dies zB bei Immobilien der Fall ist. Hier ist der Marktwert durch **Schätzung** festzustellen, § 55 Abs. 3 RechVersV; es ist also eine Modellierung des mutmaßlichen Zeitwertes aus den verfügbaren Informationen nach den gängigen Bewertungsmethoden notwendig.[61]

42 Stets sind die Kapitalanlagen nach § 56 Abs. 5 RechVersV höchstens mit ihrem voraussichtlich realisierbaren Wert unter Berücksichtigung des Grundsatzes der Vorsicht zu bewerten. Das bedeutet auch, dass die mit dem Verkauf von Kapitalanlagen ggf verbundenen Transaktionskosten, Entschädigungsaufwendungen aufgrund vorzeitiger Kündigung oder auch Abschläge wegen geringer Fungibilität einzelner Anlagen in Ansatz zu bringen sind.

43 **4. Beteiligung. a) Versicherungen mit Kapitalzahlung.** Das Gesetz geht von einer regelmäßigen Beteiligung der VN an den erwirtschafteten Überschüssen und an den Bewertungsreserven aus.[62] Es gibt also keine Beschränkung auf kapitalbildende Versicherungen. Auch den VN reiner Risiko- oder Zusatzversicherungen steht nach § 153 eine Beteiligung an den Überschüssen zu. Die Beteiligung an den Bewertungsreserven und an dem Überschuss kann aber durch **ausdrückliche** Vereinbarung (Abs. 1 Hs 1 aE) – wenn auch nur **insgesamt** – **ausgeschlossen** (Abs. 1 Hs 2) werden.[63] Dies dürfte sich für kurzlaufende Risikoversicherungen anbieten. Soweit eine Beteiligung an den Überschüssen nicht vollständig für alle oder einzelne VN ausgeschlossen ist, steht (nur) der Gesamtheit der Versicherten eine Beteiligung an dem ermittelten Überschuss und an den Bewertungsreserven unter Nutzung eines verursachungsorientierten Verfahrens (s. Rn 57) zu. Dazu, wie genau die Verwendung des ermittelten Überschusses zu Gunsten der Gesamtheit der Versicherten erfolgen soll, trifft § 153 keine Regelung. Es bleibt daher bei der rein aufsichtsrechtlichen Regelung des § 81 c VAG, ergänzt durch die Verordnung über die Mindestbeitragsrückerstattung in der Lebensversicherung.[64]

---

60 Begr. RegE, BT-Drucks. 16/3945, S. 96; Looschelders/Pohlmann/*Krause*, § 153 Rn 26.
61 *Geib/Engeländer*, VersWirt 2006, 620.
62 *Langheid*, NJW 2007, 3745; Bruck/Möller/*Winter*, § 153 Rn 20.
63 *Langheid*, NJW 2007, 3745.
64 Begr. RegE, BT-Drucks. 16/3945, S. 96.

Ein vertraglicher Anspruch des einzelnen VN ist – wie bisher[65] – weder im Hinblick auf eine bestimmte Zuführung zur Rückstellung für Beitragsrückerstattung noch im Hinblick auf eine konkrete Überschussbeteiligung, also eine Direktgutschrift in einer bestimmten Höhe, vorgesehen.[66] Eine Auslegung, die einen zivilrechtlichen Anspruch des einzelnen VN zum Ergebnis hätte, wäre wohl auch mit dem Grundgesetz nicht vereinbar, da sie in unangemessener Weise zu Lasten der Aktionäre in deren Vermögensinteressen eingreifen würde.[67] 44

Allerdings besteht die Möglichkeit, in den ALB vertragliche Regelungen über die Beteiligung am Rohüberschuss zu treffen, die dann entsprechende Folgen für die Berechnung und die Bilanzierung hätten, und so den VN ein subjektives Recht einzuräumen. § 2 ALB 2014 konkretisiert die einzuhaltende Systematik insoweit recht weitgehend. 45

Eine Beteiligung am Überschuss muss nicht zu einer Kapitalauszahlung an den VN führen. Vielmehr ist es möglich und bei Risikoversicherungen üblich, den VN dadurch an den Überschüssen zu beteiligen, dass man ihm eine geringere als die vereinbarte Prämie berechnet. 46

b) Rentenversicherungen (Abs. 4). Die Verpflichtung zur Beteiligung an den Überschüssen und an den Bewertungsreserven steht dem VN nicht nur bei Versicherungen zu, die eine Kapitalauszahlung vorsehen, sondern unter den gleichen Voraussetzungen auch bei Versicherungen, die eine Rentenzahlung vorsehen. Dies ergibt sich zweifelsfrei aus Abs. 4. Fraglich ist allerdings, ob nach dem Wortlaut des Abs. 4 eine Beteiligung am Überschuss und an den Bewertungsreserven bei Rentenversicherungen nur bis zum Beginn der Auszahlung der Renten erfolgt.[68] 47

Abs. 4 legt für Rentenversicherungen einen abweichenden Zeitpunkt für die Zuteilung und Auszahlung fest. Dies ist zunächst deswegen erforderlich, weil bei einer Zuteilung bei Beendigung des Vertrages regelmäßig nicht mehr der VN, sondern dessen Erben in den Genuss der Leistung kämen.[69] Allerdings bezieht sich Abs. 4 nur auf Abs. 3 und ändert damit lediglich den Zeitpunkt für die Beteiligung an den Bewertungsreserven. Der Anspruch auf die Beteiligung am (Roh-)Überschuss richtet sich aber nur nach Abs. 2. Der VN ist danach auch während der Auszahlungsphase nach einem verursachungsorientierten Verfahren an dem Überschuss zu beteiligen. 48

Zweifelhaft ist nach dem Wortlaut, ob während der Auszahlungsphase noch eine Beteiligung an den Bewertungsreserven erfolgt. Bisher trennt man nämlich zwischen **Ansparphase** und **Auszahlungsphase**, wobei die Ansparphase mit der Auszahlung der ersten Rente endete.[70] Würde man hieran festhalten, so wäre es im Hinblick auf den dann eindeutigen Wortlaut des Abs. 4 nur schwer zu begründen, warum der VN auch während der Auszahlungsphase noch an den Bewertungsreserven beteiligt werden muss.[71] Andererseits besteht nach der Entscheidung des BVerfG im Bereich der kapitalbildenden Lebensversicherung mit Überschussbeteiligung und Kapitalauszahlung ein grundrechtlich geschützter Anspruch darauf, dass die durch die Prämien der VN geschaffenen Vermögenswerte als Quelle für die Erwirtschaftung von Überschüssen erhalten bleiben und zur Berechnung der 49

---

65 BVerfG 26.7.2005 – 1 BvR 782/94, VersR 2005, 1109; BVerfG 26.7.2005 – 1 BvR 80/95, VersR 2005, 1127; Prölss/Martin/*Kollhosser*, 27. Aufl. 2004, § 17 ALB 94 Rn 2.
66 Begr. RegE, BT-Drucks. 16/3945, S. 96; Looschelders/Pohlmann/*Krause*, § 153 Rn 31; *Römer*, DB 2007, 2523.
67 Vgl BVerfG 26.7.2005 – 1 BvR 782/94, VersR 2005, 1109; aA Bruck/Möller/*Winter*, § 153 Rn 208.
68 So Marlow/Spuhl/*Grote*, Rn 1023 f.
69 So auch Looschelders/Pohlmann/*Krause*, § 153 Rn 46; Prölss/Martin/*Reiff*, § 153 Rn 30.
70 So auch Prölss/Martin/*Reiff*, § 153 Rn 29; Looschelders/Pohlmann/*Krause*, § 153 Rn 46.
71 So auch Prölss/Martin/*Reiff*, § 153 Rn 29.

den VN zuzuteilenden Überschüssen dienen.[72] Das BVerfG hatte daher den Gesetzgeber aufgefordert, das de lege lata bestehende Schutzdefizit bzgl dieses Anspruchs zu beheben. Hierzu dient u.a. die Neuregelung des § 153.[73] Daher ist der Anspruch auf Beteiligung am Überschuss und an den Bewertungsreserven auch im Lichte der bundesverfassungsgerichtlichen Judikatur auszulegen.

50 Für **Kapitallebensversicherungen** mit Überschussbeteiligung ergibt sich aus der Entscheidung der Grundsatz, dass die mit den Prämienzahlungen des VN geschaffenen Vermögenswerte einschließlich der Bewertungsreserven als Grundlage der Zahlung an den VN bei Vertragsbeendigung einsetzbar sein und eingesetzt werden müssen, soweit sie nicht durch vertragsgemäße Dispositionen, wie etwa für die Verrechnung mit Abschluss- und laufenden Verwaltungskosten und die Erbringung der vereinbarten Versicherungsleistungen, verbraucht worden sind.[74] Es ist nicht ersichtlich, worin ein maßgeblicher Unterschied liegen sollte, der dazu führen könnte, dass Versicherungen mit Kapitalauszahlung im Hinblick auf die Beteiligung am Überschuss und an den Bewertungsreserven anders zu behandeln wären als Versicherungen mit Rentenauszahlungen. Daher sind die durch das BVerfG aufgestellten Grundsätze auch auf andere kapitalbildende Versicherungen, etwa die **kapitalbildende Rentenversicherung** mit Überschussbeteiligung, zu übertragen. Ferner würde es nicht den verfassungsrechtlichen Anforderungen entsprechen, wenn während der Zeit der Rentenauszahlung keine Beteiligung an den nach wie vor entstehenden Bewertungsreserven mehr erfolgt. Auch hierfür fehlt es an einer tragfähigen Rechtfertigung. Denn auch nach der ersten Rentenzahlung besteht noch ein (zurechenbarer) Anteil der betroffenen Rentenversicherung am (Sicherungs-)Vermögen, der weiter Überschüsse und Erträge abwirft und stille Reserven bilden kann.[75] Richtig ist sicherlich, dass eine übermäßige oder gar doppelte Beteiligung an den Bewertungsreserven nicht gewollt und daher zu vermeiden ist.[76] Richtig ist weiter, dass eine Rentenleistung, die lebenslang gewährt wird, vom VR nur dann versprochen werden kann, wenn er in der Rentenbezugszeit in vollem Umfang über den Risikopuffer der Bewertungsreserven verfügen kann.[77] Das kann allerdings auch mit dem hier vorgeschlagenen Vorgehen erreicht werden (vgl Rn 79). Aus diesen Gründen besteht auch bei **Rentenversicherungen mit Überschussbeteiligung** dem Grunde nach bis zur (letzten) Auszahlung ein Anspruch auf Partizipation an den Überschüssen (einschließlich der Bewertungsreserven). Weder die Beteiligung an den Überschüssen noch an den stillen Reserven endet mit der Zahlung der ersten Rente.[78]

51 **5. Ausschluss der Überschussbeteiligung (Abs. 1 Hs 1 aE, Hs 2).** Der grds. in Abs. 1 Hs 1 gesetzlich vorgesehene Anspruch auf Überschussbeteiligung kann nach Abs. 1 Hs 1 aE ausgeschlossen werden. Erforderlich ist hierfür nach dem Gesetzestext eine **ausdrückliche** Vereinbarung. Es handelt sich insofern um eine Ausnahme vom Regelfall, auf die der VR den VN ausdrücklich aufmerksam machen bzw die er ausdrücklich mit ihm vereinbaren muss.[79] Dies gelte, so der Gesetzgeber, insb.

---

[72] BVerfG 26.7.2005 – 1 BvR 782/94, VersR 2005, 1109; BVerfG 26.7.2005 – 1 BvR 80/95, VersR 2005, 1127.
[73] Begr. RegE, BT-Drucks. 16/3945, S. 54.
[74] BVerfG 26.7.2005 – 1 BvR 782/94, VersR 2005, 1109; BVerfG 26.7.2005 – 1 BvR 80/95, VersR 2005, 1127.
[75] So auch Prölss/Martin/*Reiff*, § 153 Rn 29.
[76] Looschelders/Pohlmann/*Krause*, § 153 Rn 49.
[77] Marlow/Spuhl/*Grote*, Rn 1023.
[78] So auch Prölss/Martin/*Reiff*, § 153 Rn 29; Bruck/Möller/*Winter*, § 153 Rn 19; zweifelnd Looschelders/Pohlmann/*Krause*, § 153 Rn 49.
[79] Begr. RegE, BT-Drucks. 16/3945, S. 95; Prölss/Martin/*Reiff*, § 153 Rn 13.

dann, wenn es sich um einen Vertragstyp handelt, bei dem sonst allgemein eine Überschussbeteiligung eingeräumt wird.[80]

Sofern das Transparenzgebot beachtet wird, kann der Ausschluss durch Aufnahme einer entsprechenden Klausel in den AVB vereinbart werden.[81] Da der Vertragsschluss regelmäßig schriftlich erfolgt, ein Schriftformerfordernis iSd § 127 BGB auch in vielen ALB vorgesehen ist, wird der Ausschluss der Überschussbeteiligung regelmäßig auch **schriftlich** zu vereinbaren sein. Indem nach der gesetzlichen Formulierung allerdings keine Schriftlichkeit, sondern lediglich „ausdrücklich" gefordert wird, besteht kein gesetzliches Schriftformerfordernis. Ausreichend wäre also eine mündliche Vereinbarung. Empfehlenswert ist ein solches Vorgehen gerade bei länger laufenden Verträgen wegen der entstehenden großen Beweisschwierigkeiten freilich nicht. Nicht ausreichend ist demgegenüber eine lediglich konkludente Vereinbarung des Ausschlusses. 52

Nach Abs. 1 Hs 2 kann der Anspruch auf Überschussbeteiligung nur **insgesamt ausgeschlossen** werden. Es ist daher nicht möglich, zwischen verschiedenen Überschussquellen zu differenzieren und den VN bereits dem Grunde nach nur an einer Ergebnisquelle, etwa an den Erträgen aus allen Kapitalanlagen oder am Risikoergebnis oder am übrigen Ergebnis, zu beteiligen.[82] Innerhalb der einzelnen Ergebniskategorien ist ebenfalls eine Differenzierung dem Grunde nach nicht möglich. Auch ein Ausschluss der Beteiligung an den Bewertungsreserven ist nicht wirksam.[83] Demgegenüber kann aber im Rahmen des verursachungsorientierten Verfahrens eine Differenzierung angezeigt sein, die praktisch dazu führt, dass bestimmte VersVerträge an einzelnen Ergebnisquellen nicht partizipieren.[84] 53

Soweit also VersVerträge nicht überschussberechtigt sind, nehmen sie an der Verteilung der Überschüsse nicht teil. Andererseits müssen aber auch die auf diese Versicherungen zurückzuführenden Überschüsse des Versicherungsunternehmens nicht an die überschussberechtigten VN verteilt werden. Es ist also grds. vorstellbar, ein Lebensversicherungsunternehmen zu führen, das ausschließlich Versicherungen anbietet, bei denen eine Beteiligung am Überschuss ausgeschlossen ist, und das deswegen nicht verpflichtet ist, auch nur einen einzigen seiner VN an den Überschüssen zu beteiligen. 54

6. Zu betrachtende Bilanzpositionen. Sofern einen Überschussbeteiligung vollständig ausgeschlossen wurde, sind die auf die nicht überschussberechtigten Versicherungen entfallenden Bilanzpositionen nicht einzubeziehen. Auch nicht zu berücksichtigen sind der Überschuss und die Bewertungsreserven, die auf das Eigenkapital, ggf vorhandenes Genussrechtskapital, ggf vorhandene nachrangige Verbindlichkeiten oder Verbindlichkeiten gegenüber Vermittlern und anderen Nicht-VN entfallen. Dies ist in geeigneter Weise im Rahmen des Verfahrens sicherzustellen. 55

III. Zulässige Verfahren zur Beteiligung (Abs. 2 S. 1, Abs. 3)

Wie die Überschussbeteiligung durchzuführen ist, regeln Abs. 2 S. 1 für den Überschuss und Abs. 3 für die Bewertungsreserven und zwar in unterschiedlicher Weise. Nach beiden Absätzen muss die Beteiligung nach einem verursachungsorientierten Verfahren erfolgen. 56

1. Verursachungsorientiertes Verfahren. Die Beteiligung am Überschuss (Abs. 2) und die rechnerische Zuordnung der Bewertungsreserven (Abs. 3) haben nach 57

---

80 Begr. RegE, BT-Drucks. 16/3945, S. 96.
81 Begr. RegE, BT-Drucks. 16/3945, S. 96; Looschelders/Pohlmann/*Krause*, § 153 Rn 33.
82 Looschelders/Pohlmann/*Krause*, § 153 Rn 34; aA Schwintowski/Brömmelmeyer/*Ortmann*, § 153 Rn 49.
83 Looschelders/Pohlmann/*Krause*, § 153 Rn 34.
84 So auch Looschelders/Pohlmann/*Krause*, § 153 Rn 34.

einem verursachungsorientierten Verfahren zu erfolgen. Der Gesetzgeber hat sich insofern dagegen entschieden, ein verursachungsgerechtes Verfahren zu fordern.[85] Die Anforderungen des Gesetzes erfüllt der VR bereits dann, wenn er ein Verteilungssystem entwickelt und widerspruchsfrei praktiziert, das die Verträge unter dem Gesichtspunkt der Überschussbeteiligung sachgerecht zu Gruppen zusammenfasst, den zur Verteilung bestimmten Betrag nach den Kriterien der Überschussverursachung einer Gruppe zuordnet und dem einzelnen Vertrag dessen rechnerischen Anteil an dem Betrag zuschreibt.[86] Mathematische Exaktheit ist demgegenüber nicht gefordert, so dass sich im Gegensatz zu einem verursachungsgerechten Verfahren Glättungsmöglichkeiten ergeben und der kollektive Charakter der Überschussbeteiligung betont wird.[87]

58 Der GDV hat in Abstimmung mit der BaFin einen **Vorschlag für ein verursachungsorientiertes Verfahren zur Beteiligung der VN an Bewertungsreserven** erarbeitet. Dieses erfüllt die gesetzlichen Anforderungen an die Verursachungsorientiertheit und kann daher als Maßstab dafür dienen, ob die vom VR angewandten Verfahren, soweit sie abweichen, ebenfalls verursachungsorientiert sind.

59 Bei einem verursachungsorientierten Verfahren wird zunächst zu berücksichtigen sein, dass nicht alle Verträge des Bestands anspruchsberechtigt sind. Verträge ohne Überschussbeteiligung sind auszunehmen. Ferner sind **Kapitalisierungsprodukte** von der Überschussbeteiligung ausgeschlossen, es sei denn, dass ihnen ein VersVertrag iSv § 1 zugrunde liegt, eine Anwendung des VVG vertraglich vereinbart wurde, das VVG aus anderen Gründen analog anzuwenden ist oder eine Überschussbeteiligung vereinbart wurde.[88]

60 Problematisch ist, ob auch **Risiko- und Zusatzversicherungen**, die auf den ersten Blick ausschließlich biometrische Risiken abdecken, überschussberechtigt sind. Die Urteile des BVerfG, die den Gesetzgeber zum Handeln gezwungen haben, beschäftigen sich ausschließlich mit der kapitalbildenden Lebensversicherung mit Überschussbeteiligung.[89] Ein Kapitalbildungsprozess oder ein anders gearteter Sparprozess findet bei einer reinen Risikopolice nicht statt bzw ist dort von deutlich untergeordneter Bedeutung. Bei dieser Art von Versicherung steht regelmäßig der Risikoausgleich im Kollektiv im Vordergrund. Dabei soll nicht verkannt werden, dass mit dem Ziel einer Prämienglättung zu Beginn der vorgesehenen Laufzeit des Vertrages höhere Prämien in Ansatz gebracht werden als eigentlich nach der Kalkulation erforderlich wären, der erhöhte Teil sodann wie ein Sparanteil zurückgestellt wird, um in der zweiten Hälfte der Laufzeit des Vertrages dann geringere Prämien als eigentlich notwendig abbilden zu können. Bei vorzeitiger Kündigung führt dies ggf zu einer Rückgewähr nicht verbrauchter Prämien. Im Hinblick auf die im Verhältnis zur Gesamtprämie aber nur sehr geringen Beträge ist es regelmäßig noch verursachungsorientiert, wenn bzgl dieser für künftige Prämien zurückgestellten Summe der VN nicht an den Erträgen aus der Kapitalanlage partizipiert, auch wenn ihm dem Grunde nach ein entsprechender Anspruch zusteht. Im Ergebnis läuft das darauf hinaus, dass reine Risikoversicherungen im Hinblick auf die Überschussquelle „Erträge aus Kapitalanlagen" grds. praktisch als nicht überschussberechtigt behandelt werden können. Demgegenüber partizipieren diese Versicherungen aber an den Überschüssen aus dem Risikoergebnis und aus dem sonstigen Ergebnis.

---

85 Begr. RegE, BT-Drucks. 16/3945, S. 96; *Römer*, DB 2007, 2523.
86 Begr. RegE, BT-Drucks. 16/3945, S. 96; Bruck/Möller/*Winter*, § 153 Rn 12; Marlow/Spuhl/*Grote*, Rn 1005.
87 Bruck/Möller/*Winter*, § 153 Rn 13.
88 BaFin, Auslegungsfragen zum VVG, 28.5.2008.
89 BVerfG 26.7.2005 – 1 BvR 782/94, VersR 2005, 1109; BVerfG 26.7.2005 – 1 BvR 80/95 (Rn 66), VersR 2005, 1127.

Ähnlich verhält es sich im Bereich der **fondsgebundenen Lebensversicherung**. Hier partizipiert der VN bereits zu 100 % an den Erträgen der Fondsanlage. Ein davon unabhängiger, zusätzlicher Sparprozess findet nicht statt. Daher sind nach verursachungsorientierten Maßstäben auf seine Prämienzahlungen nur die ihm zugeschriebenen Fondsanteile, nicht jedoch andere Kapitalanlagen des Lebensversicherungsunternehmens oder diesbezügliche Erträge zurückzuführen. Dementsprechend beträgt die Überschussbeteiligung im Hinblick auf die Erträge aus Kapitalanlagen und auch im Hinblick auf die Beteiligung an den Bewertungsreserven null. Eine Beteiligung findet demgegenüber an den Überschüssen aus dem Risikoergebnis und dem sonstigen Ergebnis statt.[90]

61

Im Rahmen der Durchführung des verursachungsorientierten Verfahrens kommt es nicht nur auf die Höhe der Prämien und deren Verwendung an, sondern auch auf die **Vertragsdauer**. Je länger das Vertragsverhältnis bereits andauert, umso größer ist der Anteil des jeweiligen VN an der Schaffung von Bewertungsreserven, da diese ja nicht laufend, sondern erst bei Beendigung des Vertrages zugeteilt werden. Auch dieser Aspekt wird stets zu berücksichtigen sein.

62

Die Anwendung eines verursachungsorientierten Verfahrens kann dazu führen, dass der einzelne VN zwar grds. einen Anspruch auf eine Überschussbeteiligung hat, aber trotzdem keinen zusätzlichen Euro erhält, weil sein Vertrag oder die Gruppe, der sein Vertrag zugeordnet ist, an der Entstehung des Überschusses nicht oder nur in geringem Maße beteiligt war. Dies kann sowohl die Überschussbeteiligung insgesamt, weitaus häufiger aber die Beteiligung an den Überschüssen einzelner Ertragsquellen betreffen.

63

Beispiel: Eine fondsgebundene Riester-Rente mit relativ geringen monatlichen Beiträgen, bei der der Verwaltungskostenanteil nicht als fixer Betrag, sondern als prozentualer Anteil in der Prämie kalkuliert ist, trägt nicht zu den Überschüssen in der Kapitalanlage des VR bei. Auch die Kosten für Verwaltung und Inkasso sind höher als der monatliche prozentuale Anteil, der hierfür der gezahlten Prämie entnommen wird, so dass die Verwaltung dieses und vergleichbarer Verträge für den VR defizitär ist. Die Folge ist, dass der VN auch an den Erträgen dieser Ergebnisquelle nicht zu beteiligen ist. Zusätzlich kann es passieren, dass Verträge dieser Art nicht zu einem positiven Risikoergebnis beitragen, weil die Sterblichkeit entsprechender VN geringer ist als angenommen.

64

Das OLG Stuttgart hat in diesem Zusammenhang gefordert, dass der VR auf den Umstand, dass das verursachungsorientierte Verfahren zu einem Ausschluss von Kleinsparern von der Überschussbeteiligung führen kann, transparent hinweisen muss.[91] Der VR müsse konkret darauf hinweisen, dass das Versicherungsmodell den Nachteil des Ausschlusses von einer Kostenüberschussbeteiligung konzeptionell für bestimmte Gruppen von VN beinhalte. Den AVB könne der VN nicht entnehmen, dass bestimmte Verträge aus der Kostenüberschussbeteiligung gänzlich herausfallen können. Das OLG hat das Vorgehen des VR materiell nicht beanstandet, sondern lediglich die Beschreibung in den AVB für **intransparent** gehalten.

65

Nach hier vertretener Auffassung hat damit das OLG Stuttgart allerdings die Anforderungen an die Erläuterungsbedürftigkeit von Details der Überschussbeteiligung deutlich überspannt. Entsprechend unserer gesamten Normgebungsdogmatik ist es dem VN zuzumuten, aus abstrakt generalisierenden Formulierungen Schlussfolgerungen für seinen einzelnen Vertrag zu ziehen. Wenn ihm also gesagt wird, dass die Überschussbeteiligung davon abhängt, dass Überschüsse entstanden sind und dass die Vertragsgruppe, zu der sein Vertrag gehört, auch zur Entstehung der Überschüsse beigetragen haben muss, dann muss ihm nicht noch zusätzlich im

66

---

90 Looschelders/Pohlmann/*Krause*, § 153 Rn 34.
91 OLG Stuttgart 23.1.2014 – 2 U 57/13.

Einzelfall mitgeteilt werden, welche Umstände dazu führen können, dass kein Überschuss entsteht oder seine Gruppe dazu nicht beiträgt. Der Sache nach ging es in der fraglichen Entscheidung nur um Kostenüberschüsse, die in dem fraglichen Jahr 0,60 € pro betroffenem Vertrag bei linearer Verteilung betragen hätten. Der VR hatte detailliert beschrieben, woraus Überschüsse entstehen, wie sie verwandt werden und dass die Verteilung der Überschüsse sich daran orientiert, wie einzelne Gruppen zu ihrer Entstehung beigetragen haben. Außerdem hatte er allgemein darauf hingewiesen, dass die Höhe des Überschusses nicht garantiert werden kann. Eine solche Darstellung des VR ist deswegen ausreichend und nachvollziehbar, weil sie ohne Weiteres den Schluss zulässt, dass die Beteiligung der Gruppe, die zum Kostenüberschuss nichts beigetragen hat, verursachungsorientiert auch Null sein kann bzw sein muss. Sie lässt ferner auch den Schluss zu, dass ein solcher Fall eintreten kann.

67 Folgt man allerdings der Auffassung, dass die Darstellung intransparent und damit unwirksam war, dann ist nach dem Gesetz ein verursachungsorientiertes Verfahren anzuwenden. Ein solches führt aber in dem fraglichen Fall gerade dazu, dass der klagende VN keine Überschüsse erhält, weil sein Vertrag nicht zur Entstehung der Überschüsse beigetragen hat. Auch hinsichtlich der ausgurteilten Rechtsfolge ist daher dem OLG Stuttgart nicht zu folgen. Dies ist auch der Grund dafür, warum eine Festlegung und Beschreibung des im Einzelnen durch den VR angewendeten Verfahrens in den AVB gar nicht notwendig ist[92] und, um Missverständnisse zu vermeiden, sogar besser unterbleiben sollte.

68 **2. Andere vergleichbare angemessene Verteilungsgrundsätze (Abs. 2 S. 1 Hs 2).** Die Vertragsparteien sind nach Abs. 2 S. 1 Hs 2 frei, in den AVB andere, vergleichbare, angemessene Verfahren für die **Beteiligung am Überschuss** zu vereinbaren. So können zB für die Verteilung bestimmte Grundsätze vereinbart werden, die zwar nicht streng verursachungsorientiert, trotzdem aber angemessen sind. Voraussetzung für eine wirksame Vereinbarung derartiger von der deutschen gesetzlichen Regelung abweichender Verteilungsgrundsätze ist in jedem Fall eine ausreichende Information des VN durch eine transparente Gestaltung der entsprechenden AVB.[93]

69 Nach Art. 4 Abs. 1 EGVVG gelten die bereits vereinbarten Verteilungsgrundsätze für **Altverträge**, also für Verträge, die bis zum 1.1.2008 entstanden sind, als angemessen.

70 Eine entsprechende Möglichkeit zur Vereinbarung abweichender Verteilungsgrundsätze existiert für die **Beteiligung an den Bewertungsreserven** nach Abs. 3 nicht. Daher hat nach dem Wortlaut des Abs. 3 iVm Art. 4 Abs. 1 EGVVG die Beteiligung an den Bewertungsreserven bei den sog. Altverträgen nach einem (neuen) verursachungsorientierten Verfahren zu erfolgen. Einen Grund für diesen Unterschied zwischen Abs. 2 S. 1 und Abs. 3 nennt der Gesetzgeber zwar nicht. Allerdings war eine Beteiligung an den Bewertungsreserven bislang – soweit ersichtlich – weder in vertraglichen Regelungen noch in den Geschäftsplänen der VR vorgesehen. Eine Fortsetzung des Unterlassens der Beteiligung der VN an den Bewertungsreserven wäre nach den Maßstäben des BVerfG ohnehin nicht angemessen gewesen. Auch gab es diesbezüglich keine abgeschlossenen kalkulatorischen Vorgänge, in die der Gesetzgeber nicht eingreifen wollte.[94] Wohl aus diesen Gründen entschied er sich dafür, bzgl der Bewertungsreserven Altverträge und Neuverträge ab dem 1.1.2008 gleich zu behandeln. Auch Altverträge kommen daher ab dem 1.1.2008 in den Genuss der Beteiligung an der Bewertungsreserve, wenn eine Beteiligung am Überschuss vertraglich vereinbart worden war.[95] Die Beweislast bzgl

---

92 Prölss/Martin/*Reiff*, § 153 Rn 16.
93 Begr. RegE, BT-Drucks. 16/3945, S. 96.
94 Begr. RegE, BT-Drucks. 16/3945, S. 119.
95 Offen gelassen bei Marlow/Spuhl/*Grote*, Rn 1041.

der Vereinbarung einer Überschussbeteiligung bei Altverträgen liegt – anders als bei den Neuverträgen – beim VN.

IV. Jährliche Ermittlung und Zuordnung (Abs. 3)

1. Ermittlung und Zuordnung (Abs. 3 S. 1). Aufgrund der Abhängigkeit der Überschussbeteiligung des VN von den handelsrechtlichen Vorschriften und im Hinblick auf die Gewinnermittlung zum Abschluss des Wirtschaftsjahres erfolgt auch die Überschussbeteiligung des VN durch Direktgutschrift (s. Rn 23) und die Dotierung der Rückstellung für Beitragsrückerstattung (s. Rn 24) oder des Schlussgewinnanteilfonds (s. Rn 25) grds. einmal jährlich. Ob diese Zuordnung einheitlich für alle Verträge zum Abschluss des Wirtschaftsjahres erfolgt oder individuell jeweils zum Ende der laufenden Versicherungsperiode, ist gesetzlich nicht weiter normiert und dürfte für den VN bei einem laufenden Vertrag keinen nennenswerten Unterschied machen. Werden hingegen Verträge unterjährig beendet, so ergibt sich die Überschussbeteiligung aus der durch den Vorstand für die entsprechende Gruppe von VersVerträgen festgelegten zeitanteiligen Überschussdeklaration, multipliziert mit dem zu berücksichtigenden Deckungskapital.

Die Bewertungsreserven als Teil der Überschussbeteiligung sind nach Abs. 3 S. 1 wenigstens einmal jährlich neu zu ermitteln und den VN rechnerisch zuzuordnen. Wegen der Ausweispflichten in der Bilanz wird die Ermittlung üblicherweise zum Ende des Geschäftsjahres erfolgen. Eine darüber hinausgehende, unterjährige Ermittlung ist auch ohne entsprechende vertragliche Regelung möglich. Sie ist insb. bei großen Veränderungen der Bewertungsreserven angezeigt, kann und sollte also (auch) anlassbezogen (zu Gunsten wie zu Lasten des VN) erfolgen. Zur Vermeidung überflüssigen Aufwands sollte eine unterjährige Neubewertung darüber hinaus nur bei Kapitalanlagen vorgenommen werden, bei denen nach pflichtgemäßem Ermessen des Versicherungsunternehmens mit ins Gewicht fallenden Wertschwankungen zu rechnen ist. Bezüglich der übrigen Kapitalanlagen kann zu Zwecken der unterjährigen Berechnung auf die vorhandenen Werte zurückgegriffen werden.

Aufgrund der lediglich rechnerischen Zuordnung erwirbt der VN noch keinen Anspruch auf den zugeordneten Betrag. Trotzdem ist er über die Entwicklung seiner nur potenziellen Ansprüche unter Einbeziehung der Überschussbeteiligung, also unter Angabe des jeweils rechnerisch auf ihn entfallenden Betrages der Überschüsse und der Bewertungsreserven, jährlich zu unterrichten, § 155.[96]

2. Zuteilung (Abs. 3 S. 2). Die Zuteilung des jeweils rechnerisch zugeordneten Anteils an den Bewertungsreserven erfolgt nach Abs. 3 S. 2 erst bei Beendigung des Vertrages und dann lediglich zur Hälfte. Unerheblich ist insofern der Grund für die Beendigung. In Betracht kommt Zeitablauf, Kündigung oder Eintritt des Versicherungsfalles. Zugeteilt wird nur die Hälfte des zugeordneten Betrages. Die andere Hälfte verbleibt beim VR.[97] Eine frühere Zuteilung kann nur erfolgen, wenn sie vertraglich zwischen VN und Versicherungsunternehmen vereinbart wurde.[98]

3. Maßgeblicher Zeitpunkt. a) Beteiligung an den Überschüssen. Für die Beteiligung an den **Überschüssen** nach Abs. 2 ist ein Zeitpunkt nicht benannt. Der Gesetzgeber hat im Gegenteil von einer Regelung abgesehen, die im Gesetzgebungsverfahren diskutiert wurde und nach der eine Zuteilung der Überschüsse binnen zwei Jahren erfolgen muss.[99] Die Notwendigkeit einer zeitnahen Überschussbeteili-

---

[96] Begr. RegE, BT-Drucks. 16/3945, S. 96; Looschelders/Pohlmann/*Krause*, § 153 Rn 39.
[97] Begr. RegE, BT-Drucks. 16/3945, S. 97.
[98] Looschelders/Pohlmann/*Krause*, § 153 Rn 43.
[99] RefE zum VVG vom 13.3.2006.

gung kann daher der Norm nicht (mehr) entnommen werden.[100] Es herrscht insofern Vertragsfreiheit, eine angemessene Regelung in den ALB festzuschreiben.[101] Ohne eine Regelung dürfte es interessengerecht sein, für die laufenden Verträge eine Beteiligung an den Überschüssen zum jeweiligen Bilanzstichtag vorzunehmen. Dabei ist der VR grds. frei zu entscheiden, wann er Mittel in die freie RfB einstellt und sie dieser entnimmt, um sie als Direktgutschrift einem Vertrag zuzuweisen oder zur Erhöhung des Schlussgewinnanteilsfonds zu nutzen.[102] Einschränkend wird vertreten, dass zumindest dann eine vertragliche Regelung notwendig ist, wenn größere Beträge im Schlussgewinnanteilsfonds über längere Zeit verbleiben sollen.[103] Für die unterjährig endenden Verträge ist eine möglichst zeitnahe Beteiligung an den Überschüssen grds. im Sinne der VN. Andererseits ist zu berücksichtigen, dass eine taggenaue Ermittlung einen relativ großen Verwaltungsaufwand bedeutet und damit weder im Interesse des Versicherungsunternehmens noch des VN liegen kann. Daher wird zu Beginn des Wirtschaftsjahres die Höhe der Überschussbeteiligung (Deklaration) durch Beschluss des Vorstands festgelegt. Der anteilige Überschuss wird dann dem VN im Zeitpunkt der Beendigung zugeteilt und ausgezahlt. Es gibt diesbezüglich keine Sonderregelung für Rentenversicherungsverträge.

76 **b) Beteiligung an den Bewertungsreserven. aa) Zeitpunkt der Zuteilung.** Maßgeblicher Zeitpunkt für die **Zuteilung der Beteiligung an den Bewertungsreserven** ist nach Abs. 3 S. 2 die Beendigung des Vertrages. Abweichend hiervon kann eine frühere Zuteilung vereinbart werden (Abs. 3 S. 2 Hs 2). Maßgeblich für die Zuteilung ist allerdings nicht der Betrag, der aufgrund der jährlichen Ermittlung dem VN mitgeteilt wurde, sondern der Betrag, der vom VR für den Zeitpunkt der Vertragsbeendigung zu ermitteln ist.[104] Wegen des unverhältnismäßig großen Aufwands kann der VN eine taggenaue Ermittlung des **Aufteilungsschlüssels** für die Zuteilung der Bewertungsreserven nicht verlangen. Vielmehr ist eine jährliche Ermittlung des Aufteilungsschlüssels, nach dem die Bewertungsreserven zwischen den berechtigten Verträgen verteilt werden, regelmäßig ausreichend, um die notwendige Verursachungsorientierung zu gewährleisten. Eine Berechnung des Aufteilungsschlüssels auf Basis der Jahresabschlusszahlen ist nahe liegend, aber nicht zwingend.

77 **bb) Zeitpunkt der Ermittlung der Höhe der Bewertungsreserven.** Anders verhält es sich bei der **Ermittlung der Höhe der Bewertungsreserven**. Weder aus dem Gesetzestext unmittelbar noch aus der den Gesetzestext insoweit wiederholenden Gesetzesbegründung[105] wird deutlich, ob mit der Formulierung „der für diesen Zeitpunkt zu ermittelnde Betrag" eine Zuteilung auf Basis des im Rahmen der jährlichen Ermittlungen errechneten Betrages gemeint ist oder eine zeitnähere Bewertung gefordert wird. Da eine jährliche Ermittlung der Bewertungsreserven wenig Sinn macht, wenn bei Beendigung des Vertrages dann doch zeitnäher bewertet werden muss, und da ohnehin nur ein verursachungsorientiertes, also im Hinblick auf die Ursache richtiges, nicht aber ein mathematisch exaktes Verfahren gefordert wird, ist davon auszugehen, dass eine unterjährige Neubewertung nach dem Gesetz nicht notwendig ist. Es reicht vielmehr, den Betrag unter Berücksichtigung des Zeitaspektes für den Zeitpunkt der Beendigung des Vertrages zu ermitteln.[106]

---

100 Prölss/Martin/*Reiff*, § 153 Rn 19; Looschelders/Pohlmann/*Krause*, § 153 Rn 39.
101 In diesem Sinne Looschelders/Pohlmann/*Krause*, § 153 Rn 37.
102 Prölss/Martin/*Reiff*, § 153 Rn 19.
103 Looschelders/Pohlmann/*Krause*, § 153 Rn 37.
104 Begr. RegE, BT-Drucks. 16/3945, S. 97.
105 Begr. RegE, BT-Drucks. 16/3945, S. 97.
106 So auch Prölss/Martin/*Reiff*, § 153 Rn 25.

Eine häufigere und möglichst zeitnahe Ermittlung der vorhandenen Bewertungsreserven steht dem VR frei, da dies, soweit nicht willkürlich praktiziert, eine Möglichkeit darstellt, den ausscheidenden VN noch angemessener zu beteiligen.[107] Entsprechende weitere Bewertungsstichtage können in den ALB vereinbart werden. Jedenfalls dürfte auch ohne explizite Vereinbarung eine Zuteilung auf Basis einer monatlichen fortgeschriebenen Ermittlung der vorhandenen Bewertungsreserven ausreichend sein. Bei besonderen Ereignissen, die großen Einfluss auf die Bewertungsreserven des Unternehmens haben, dürfte auch eine anlassbezogene Neuermittlung der Bewertungsreserven möglich sein, selbst wenn dies in den ALB nicht ausdrücklich vereinbart wurde.

cc) Zeitpunkt der Zuteilung bei Rentenversicherungen. Bei **Rentenversicherungen** ist nach Abs. 4 die **Beendigung der Ansparphase** der nach Abs. 3 S. 2 maßgebliche Zeitpunkt. Klassisch endet die Ansparphase mit der Auszahlung der ersten Rente. Würden die betroffenen VN indes nur zu diesem Zeitpunkt an den Bewertungsreserven beteiligt, so würde dies den Anforderungen des BVerfG nicht genügen (vgl Rn 47 ff), da die VN an den dann noch entstehenden Bewertungsreserven nicht mehr beteiligt würden.[108] Würden sie zu diesem Zeitpunkt bereits die dem gesamten für die jeweilige Versicherung gebildeten Deckungskapital zuordenbaren Bewertungsreserven erhalten, so würden sie überproportional an den Bewertungsreserven im Vergleich zu einer kapitalauszahlenden Versicherung beteiligt.[109] Es stellt sich daher das Problem, wie die Beteiligung an den Bewertungsreserven gesetzes- und verfassungskonform ausgestaltet werden kann. Versteht man den Begriff „**Ansparphase**" nicht als Bezeichnung für die Zeitspanne der Prämienzahlung im Gegensatz zur Rentenauszahlungszeit, sondern für jede einzelne Rentenzahlung als den Zeitraum, in dem Kapital für die Ermöglichung der Auszahlung genau dieser Rente angesammelt wird, so ermöglicht dies eine Lösung des Problems. Mit mathematischen Verfahren ist es dann nämlich möglich, die Bewertungsreserven auf das Kapital, das für die jeweilige Rentenzahlung vorhanden ist, tatsächlich auch zur Hälfte zuzuteilen und auszuzahlen. Treibt man dieses Verfahren hingegen auf die Spitze, so würde dies zu laufend schwankenden Rentenzahlungen führen. Dies kann weder bei Vereinbarung einer monatlichen Rente noch bei einer ratierlich auszuzahlenden Jahresrente im Interesse des VN sein. Dementsprechend wird es im Rahmen eines verursachungsorientierten Verfahrens möglich sein, die (zur Hälfte) für ein Jahr zuzuteilenden Beträge **zu Beginn des Versicherungsjahres** zu **schätzen und die laufend auszuzahlenden Rentenbeträge entsprechend zu erhöhen.** Die Rentensteigerungsbeträge pro Jahr sind im Hinblick auf die Überschussbeteiligung und die Beteiligung an den Bewertungsreserven zwar schwankend, aber stets steigend.

Stark vereinfachend kann das System – unter Ausblendung von Verwaltungskostenanteilen – an folgendem Beispiel erläutert werden:

Beispiel: Das gebildete Deckungskapital einschließlich der Gewinnbeteiligung für die fragliche Versicherung nach Ende der Prämienzahlung ist 100.000 €.

a) Die zuzuordnenden Bewertungsreserven betragen 2.000 €. Der VR kalkuliert eine zehnjährige Rentenlaufzeit und die Rente wird einmal im Quartal ausgezahlt. Dann würde der VR das Deckungskapital auf die 10 Jahre verteilen, so dass im ersten Jahr eine Rente in Höhe von 4 x 2.500 € ausgezahlt werden könnte. Diese würde sich um die hälftige Bewertungsreserve auf die jeweils auszuzahlende Summe erhöhen, also um 25 €. Der VN bekäme also im ersten Jahr insgesamt eine Rente in Höhe von 10.100 €. Im zweite Jahr beträgt das Deckungskapital nur

---

[107] So auch Prölss/Martin/*Reiff*, § 153 Rn 25.
[108] BaFin, Auslegungsfragen zum VVG, 28.5.2008; *Römer*, DB 2007, 2523.
[109] So auch Looschelders/Pohlmann/*Krause*, § 153 Rn 46.

noch 90.000 €, allerdings erhöht es sich um die Gewinnbeteiligung von angenommen 4 %, also um 3.600 €.

b) Die Bewertungsreserve betrage 0. Der VN bekäme eine jährliche Rente in Höhe von 10.400 €. Es verbliebe ein Deckungskapital von 83.200 €, für das erneut eine Gewinnbeteiligung anfiele.

81 Die Gegenauffassung räumt ein, dass eine verursachungsorientierte Beteiligung an den Bewertungsreserven nach Rentenbeginn nicht leicht zu bewerkstelligen ist. Ob es insofern ebenfalls noch als verursachungsorientiert iSv Abs. 2 S. 1 Hs 1 angesehen werden kann, wenn unabhängig von den tatsächlichen Bewertungsreserven lediglich die Überschussbeteiligung pauschal um einen möglichen Anteil erhöht wird,[110] kann derzeit nicht mit Sicherheit beurteilt werden.[111] Die BaFin scheint aber davon auszugehen, denn als Alternative hat sie im Muster eines Gesamtgeschäftsplans für die Überschussbeteiligung des Altbestands vorgeschlagen, dass die VN auch über eine angemessen erhöhte laufende Überschussbeteiligung oder eine angemessene Schlussüberschussbeteiligung an den Bewertungsreserven beteiligt werden können.[112] Dafür sprechen eine höhere Berechenbarkeit für den VN und ein geringerer Verwaltungsaufwand beim VR. Dagegen kann eingewandt werden, dass der VN gerade nicht an den seinen Beiträgen zuzurechnenden Bewertungsreserven partizipiert. Streit um diese Frage dürfte allerdings nur dann aufkommen, wenn eine solche Pauschalierung durch die VR dazu benutzt wird, die VN gezielt zu benachteiligen. Die BaFin wird schon wegen der Veröffentlichung ihres Mustergeschäftsplans in einem solchen Vorgehen dann keinen aufsichtsrechtlichen Missstand sehen können, wenn die vorgenommene Erhöhung angemessen ist. Der VN wird den Unterschied vermutlich gar nicht feststellen können.

82 Das obige Beispiel (Rn 80) führt, folgt man der Gegenmeinung, zu Folgendem: Im ersten Jahr würden bereits 1.000 € zur Erhöhung der Rente verwandt und kalkulatorisch verteilt mit der Folge, dass der VN eine Erstjahresrente von 10.100 € bekäme. Das Deckungskapital betrüge nunmehr 90.900 €. Wäre der Gewinn gleich hoch, wie im Ausgangsfall a), so lägen die Rente bei 10.500 € und das restliche Deckungskapital bei 84.000 €. Allerdings musste der VR zunächst aus seinen Kapitalerträgen die notwendige Deckungsrückstellung auffüllen. Hierdurch ergeben sich Veränderungen und die fest zugeteilten 900 € vermindern also den Ertrag auf 2.700 €. Folge wäre eine Auszahlung von 10.400 € im zweiten Jahr. Das Deckungskapital betrüge hier 83.200 €. Allerdings könnte die Gewinnbeteiligung hier unter dem zugesagten Garantiezins liegen, nämlich im Beispiel bei 2,97 %. Läge der Garantiezins bei 3,25 % für den fraglichen Vertrag, so müsste der VR eine Gewinnbeteiligung von 2.954,25 € gewähren und würde einen Verlust von 250 € allein in diesem Jahr machen. – Das Ergebnis kann nicht befriedigen, weil es die Stabilität der Versicherer ohne Not gefährdet. Auch führt es zur Notwendigkeit, höhere Deckungsrückstellungen zu bilden, auf die dann ebenfalls der Garantiezins zu erwirtschaften wäre, was die Bewegungsfähigkeit des VR massiv beeinträchtigen kann.

83 **4. Einfluss aufsichtsrechtlicher Regelungen (Abs. 3 S. 3).** Nach Abs. 3 S. 3 blieben schon bislang aufsichtsrechtliche Regelungen zur Kapitalausstattung unberührt. Die als wenig bestimmte Gesetzesformulierung kritisierte Regelung[113] wurde mit dem Lebensversicherungsreformgesetz (LVRG)[114] mit Wirkung zum 7.8.2014 konkretisiert und die Interessen des Kollektivs gegenüber denjenigen des Einzelnen wurden gestärkt. Schon bislang galt, dass eine Beteiligung an den Bewertungsreser-

---

110 *Römer*, r+s 2008, 405.
111 Ablehnend Prölss/Martin/*Reiff*, § 153 Rn 31.
112 Looschelders/Pohlmann/*Krause*, § 153 Rn 49.
113 *Römer*, DB 2007, 2523.
114 Vom 1.8.2014 (BGBl. I S. 1330).

ven dann ganz oder teilweise ausscheidet, wenn die Erfüllung der **Solvabilitätsanforderungen** dann nicht mehr gewährleistet wäre und/oder der Stresstest bei einer Beteiligung der VN an den Bewertungsreserven nicht bestanden wird.[115] Das Versicherungsunternehmen ist in diesen Fällen berechtigt, Kürzungen vorzunehmen, um die aufsichtsrechtlichen Anforderungen der §§ 53 c ff VAG erfüllen und die dauerhafte Erfüllbarkeit der VersVerträge sicherstellen zu können.[116] Diese Regelung berücksichtigt, dass den sog. stillen Reserven bei Versicherungsunternehmen eine wichtige Funktion als Risikopuffer zukommt, um Schwankungen des Kapitalmarktes auszugleichen. Auch hat das BVerfG darauf hingewiesen, dass die Neuregelung der Überschussbeteiligung nicht ausschließlich an den Interessen einzelner aus dem Vertragsverhältnis ausscheidender VN ausgerichtet werden darf, sondern die Interessen der Versicherten als Risikogemeinschaft berücksichtigen muss.[117] Daher dürfte die fragliche gesetzliche Regelung, in einer Gesamtschau mit den versicherungsaufsichtsrechtlichen Vorschriften, als verfassungskonform einzustufen sein.[118] Im Rahmen dieser Prüfung waren allerdings nur die voraussichtlichen tatsächlichen Beteiligungen an den Bewertungsreserven zu berücksichtigen, nicht jedoch der gesamte fiktive Zuordnungsbetrag. Insgesamt setzte die Notwendigkeit einer Kürzung nur in Ausnahmefällen bzw für den Gesetzgeber zu spät ein.

Mit dem **LVRG** hat sich das nun geändert. Ziel des Gesetzgebers ist es, frühzeitig Maßnahmen zum Schutz der Versicherten zu ergreifen und ökonomisch ungerechtfertigte Mittelabflüsse aus dem Vermögen des Lebensversicherers zu unterbinden und so sicherzustellen, dass die Mittel weiterhin zur Erfüllung der Ansprüche der VN zur Verfügung stehen.[119] Dafür hat der Gesetzgeber zunächst **aufsichtsrechtlich** in § 56 a Abs. 4 VAG den **Sicherungsbedarf** eingeführt. Mit dem Sicherungsbedarf sollen Versicherungsvertragsverpflichtungen gedeckt werden, die aus einem über dem Euro-Zinsswap-satz liegenden Rechnungszins der betroffenen Versicherungen resultieren. Nach § 56 a Abs. 2 und 3 VAG dürfen der Bilanzgewinn an den Aktionär und die Bewertungsreserven an die VN nur ausgeschüttet werden, soweit sie diesen Sicherungsbedarf überschreiten. 84

Auf diese aufsichtsrechtliche Regelung nimmt die neue Formulierung des Abs. 3 S. 3 Bezug und schafft zivilrechtlich eine deutlich konkretere Grundlage für die Umsetzung dieses Verbots. Danach sind Bewertungsreserven nicht zu berücksichtigen und folglich der VN an diesen auch nicht zu beteiligen, solange bei dem VR die Bewertungsreserven den Sicherungsbedarf unterschreiten. Betroffen sind von dieser Regelung aber nur die Bewertungsreserven aus **festverzinslichen Wertpapieren** und **Zinsabsicherungsgeschäften**, nicht hingegen die Bewertungsreserven aus Aktien und Immobilien.[120] Selbstverständlich bleibt auch die Überschussbeteiligung aus realisierten Kapitalerträgen unberührt.[121] 85

V. Sonstiges

1. Abdingbarkeit. Nach § 171 kann von § 153 nicht zum Nachteil des VN, der versicherten Person oder des Eintrittsberechtigte abgewichen werden. Nach Abs. 3 86

---

115 So auch Prölss/Martin/*Reiff*, § 153 Rn 27.
116 Begr. RegE, BT-Drucks. 16/3945, S. 97; zwischen GDV und BaFin abgestimmter Vorschlag für ein verursachungsorientiertes Verfahren zur Beteiligung der VN an Bewertungsreserven, Stand 14.9.2007, Ziff. 1.1.2.; Prölss/Martin/*Reiff*, § 153 Rn 27; Looschelders/Pohlmann/*Krause*, § 153 Rn 45.
117 BVerfG 26.7.2005 – 1 BvR 782/94, VersR 2005, 1109; BVerfG 26.7.2005 – 1 BvR 80/95, VersR 2005, 1127.
118 Prölss/Martin/*Reiff*, § 153 Rn 28; Looschelders/Pohlmann/*Krause*, § 153 Rn 45; aA Schwintowski/Brömmelmeyer/*Ortmann*, § 153 Rn 90.
119 BT-Drucks. 18/1772, S. 19.
120 BT-Drucks. 18/1772, S. 22.
121 BT-Drucks. 18/1772, S. 22.

S. 2 Hs 2 ist die Vereinbarung einer früheren Zuteilung der Bewertungsreserven als zum Zeitpunkt der Beendigung des Vertrages möglich. Insofern wird klargestellt, dass dies auch dann möglich ist, wenn sich die Regelung im Ergebnis für den VN nachteilig auswirkt.[122]

87 **2. Beweislast.** Für die Verteilung der Beweislast sind keine Besonderheiten vorgesehen. Im Rahmen von Rechtsstreitigkeiten wird man aber den geprüften Jahresabschluss des Versicherungsunternehmens und die dort gemachten Angaben zu den vorhandenen Bewertungsreserven regelmäßig als richtig unterstellen müssen. Eine Argumentation des VN, die sich auf die Unrichtigkeit des Jahresabschlusses stützt, ist daher grds. nicht möglich.[123] Sollte man hier anderer Auffassung sein und eine Prüfung auch des Jahresabschlusses wegen Zweifel an der Richtigkeit aufgrund ungewöhnlicher Umstände für möglich halten, so ist der VN vortrags- und beweisbelastet.[124]

88 Bei Verträgen, die nach dem 31.12.2007 abgeschlossen wurden, trägt der VR die Beweislast dafür, dass eine Überschussbeteiligung durch ausdrückliche Vereinbarung ausgeschlossen wurde.[125] Dies ergibt sich aus dem Wortlaut des Abs. 1. Bei Altverträgen, die vor dem 1.1.2008 abgeschlossen wurden, trägt der VN die Beweislast dafür, dass eine Überschussbeteiligung vereinbart wurde.[126] Dies ergibt sich aus dem Wortlaut des Art. 4 Abs. 1 EGVVG.

89 Fraglich ist, wer im Hinblick auf die Einhaltung eines verursachungsorientierten Verfahrens darlegungs- und beweisbelastet ist. Hat der VN hieran Zweifel, so trägt er diesbezüglich grds. die Darlegungs- und Beweislast und muss zumindest in Grundzügen darlegen, woher seine Zweifel kommen.[127] Hat der VN dies getan, stellt sich im Rahmen der sekundären Darlegungs- und Beweislast die Frage, ob der VR nunmehr zu einem Vortrag über die Durchführung der Überschussbeteiligung und damit zur Offenlegung seiner Geschäftspläne gezwungen ist. Gegen eine solch sekundäre Darlegungslast der VR spricht deren Geheimhaltungsinteresse.[128] Gelingt es, dieses bei der Erstellung eines Sachverständigengutachtens zu wahren, so wird man jedenfalls bei der Darlegung von qualifizierten Zweifeln an der Einhaltung eines solchen Verfahrens durch den VN die Darlegungs- und Beweislast beim VR sehen können.[129]

§ 154 Modellrechnung

(1) ¹Macht der Versicherer im Zusammenhang mit dem Angebot oder dem Abschluss einer Lebensversicherung bezifferte Angaben zur Höhe von möglichen Leistungen über die vertraglich garantierten Leistungen hinaus, hat er dem Versicherungsnehmer eine Modellrechnung zu übermitteln, bei der die mögliche Ablaufleistung unter Zugrundelegung der Rechnungsgrundlagen für die Prämienkalkulation mit drei verschiedenen Zinssätzen dargestellt wird. ²Dies gilt nicht für Ri-

---

122 Begr. RegE, BT-Drucks. 16/3945, S. 97.
123 Looschelders/Pohlmann/*Krause*, § 153 Rn 31.
124 Römer/Langheid/*Langheid*, § 153 Rn 55.
125 Prölss/Martin/*Reiff*, § 153 Rn 32; Römer/Langheid/*Langheid*, § 153 Rn 54.
126 Römer/Langheid/*Langheid*, § 153 Rn 54.
127 Prölss/Martin/*Reiff*, § 153 Rn 32; Marlow/Spuhl/*Grote*, Rn 1008.
128 Marlow/Spuhl/*Grote*, Rn 1008.
129 In diese Richtung auch Marlow/Spuhl/*Grote*, Rn 1008 f; Prölss/Martin/*Reiff*, § 153 Rn 32.

ikoversicherungen und Verträge, die Leistungen der in *§ 54b Abs. 1 und 2 des Versicherungsaufsichtsgesetzes*[1] bezeichneten Art vorsehen.

(2) Der Versicherer hat den Versicherungsnehmer klar und verständlich darauf hinzuweisen, dass es sich bei der Modellrechnung nur um ein Rechenmodell handelt, dem fiktive Annahmen zu Grunde liegen, und dass der Versicherungsnehmer aus der Modellrechnung keine vertraglichen Ansprüche gegen den Versicherer ableiten kann.

I. Normzweck und Anwendungsbereich 1	2. Bezifferte Angaben 10
1. Normzweck 1	3. „Im Zusammenhang"........ 12
2. Anwendungsbereich.......... 3	4. Versicherer 14
a) Kapitalbildende Verträge 3	5. Versicherungsnehmer......... 17
b) Altverträge................. 5	III. Rechtsfolge 20
c) Verbrauchereigenschaft des VN..................... 6	1. Modellrechnung (Abs. 1 S. 1) 20
d) Basisrentenverträge....... 7	2. Hinweispflicht des VR (Abs. 2) 24
e) Riester-Verträge 8	3. Übermittlung/Form........... 27
II. Tatbestandsmerkmale 9	IV. Verstoßfolge 29
1. Grundsätzliches 9	V. Beweislast....................... 33
	VI. Abdingbarkeit 34

I. Normzweck und Anwendungsbereich

1. Normzweck. Die Vorschrift trägt dem Umstand Rechnung, dass beide Vertragsseiten regelmäßig bei Verträgen mit Überschussbeteiligung ein Interesse daran haben, zu erfahren bzw darzustellen, welche Leistungen des VR sich über die garantierten Leistungen hinaus aus dem VersVertrag ergeben können. Für den VN dürften die entsprechenden Angaben wesentlichen Einfluss auf die Entscheidung zum Vertragsabschluss haben. Dementsprechend sind die Angaben für den VR bzw seinen Vermittler maßgebliches Verkaufsargument.[1] Beispielrechnungen, die Auskunft über die zu erwartenden Leistungen des VR geben, sind daher auch in besonderem Maße missbrauchsanfällig.[2] Mit der Norm soll erreicht werden, dass der VN eine vergleichbare und vertretbare Berechnung der möglichen Entwicklung der Ablaufleistung erhält und über deren Unverbindlichkeit ausreichend aufgeklärt wird.[3] So soll vermieden werden, dass der VN, trotz eines deutlichen Hinweises auf die Unverbindlichkeit der Modellrechnung, diese als sachverständige Prognose ansieht, die sie aber in Wirklichkeit nicht ist und nach Einschätzung der VVG-Kommission auch nicht sein kann.[4] Die Vorschrift dient also ausschließlich dem **Verbraucherschutz**. 1

Allerdings ist der Wert der Beispielrechnung für den Verbraucher beschränkt: Aufgrund des Fehlens vergleichbarer Vorschriften für andere Kapitalanlageprodukte ist auch künftig ein Vergleich mit Produkten anderer Branchen, insb. des Bankensektors, nur bedingt möglich. Aus der Beispielrechnung lassen sich ferner nur die unterschiedlichen Rechnungsgrundlagen erkennen. Andere Unterschiede des Produkts oder des Versicherungsunternehmens, etwa das Chancen-Risiko-Profil der Kapitalanlagen oder die unternehmensspezifischen Kostensätze, dürfen demgegen- 2

---

1 *Kursive Hervorhebung:* Fassung bis 31.12.2015. – **Fassung ab 1.1.2016:** „*§ 124 Absatz 2 Satz 2 des Versicherungsaufsichtsgesetzes*". – Siehe Art. 2 Abs. 49 Nr. 2 des Gesetzes zur Modernisierung der Finanzaufsicht über Versicherungen vom 1.4.2015 (BGBl. I S. 434, 560). Zum Inkrafttreten s. Art. 3 Abs. 1 S. 1.

1 *Römer*, DB 2007, 2523.
2 Begr. RegE, BT-Drucks. 16/3945, S. 52; Prölss/Martin/*Reiff*, § 154 Rn 1; *Römer*, DB 2007, 2523.
3 Begr. RegE, BT-Drucks. 16/3945, S. 52.
4 Abschlussbericht der VVG-Kommission Dok. AB03c vom 21.3.2006, S. 26.

über keine Berücksichtigung finden. Da die Norm weiterhin nur sicherstellen soll, dass der VN, der eine Modellrechnung erhält, wenigstens auch die normierte bekommt,[5] und sie nicht verhindern soll, dass der VN auch künftig unternehmensindividuelle Beispielrechnungen und Prognoseangaben erhält, werden sich die VR nicht auf die Übermittlung der normierten Modellrechnung beschränken.

3 **2. Anwendungsbereich. a) Kapitalbildende Verträge.** Aus der systematischen Stellung ergibt sich zunächst, dass die Norm für **alle Lebensversicherungsverträge** Anwendung findet. Da Modellrechnungen nur bei Verträgen in Betracht kommen, bei denen die Überschussbeteiligung erhebliches wirtschaftliches Gewicht hat, sind nach Abs. 1 S. 2 bei bloßen Risikoversicherungen und bei den von § 54b Abs. 1 und 2 VAG erfassten Verträgen über fondsgebundene Versicherungen keine normierten Modellrechnungen notwendig.[6] Es bleibt also der Bereich der **konventionellen kapitalbildenden Lebens- und Rentenversicherungen**. Soweit sich eine Versicherung weder eindeutig dem einen noch eindeutig dem anderen Bereich zuordnen lässt, ist die Norm dann anzuwenden, wenn die Überschussbeteiligung bei diesem Lebensversicherungsprodukt ein erhebliches wirtschaftliches Gewicht bezogen auf die Gesamtleistung hat.[7]

4 Nach § 176 wäre § 154 dann für die **Berufsunfähigkeitsversicherung** anzuwenden, wenn die Besonderheiten dieser Versicherung nicht entgegenstehen. Da es sich bei der Berufsunfähigkeitsversicherung nicht um eine Versicherung handelt, bei der der Sparprozess im Vordergrund steht, steht entweder die Besonderheit dieser Versicherung einer Anwendung des § 154 entgegen[8] oder aber der Verweis auf Abs. 1 S. 2, der Risikoversicherungen, also auch eine Berufsunfähigkeitsversicherung, aus dem Anwendungsbereich herausnimmt.[9]

5 **b) Altverträge.** In **zeitlicher Hinsicht** gilt die Norm für alle nach dem 1.1.2008 abgeschlossenen Verträge.[10] Wegen Art. 1 Abs. 1 EGVVG könnte man auf den Gedanken kommen, dass die Norm auch für die vor dem 1.1.2008 abgeschlossenen sog. Altverträge seit dem 1.1.2009 gelten könnte,[11] weil keine entsprechende Ausnahme vorgesehen ist. Allerdings wäre dies wohl mit dem Grundgesetz nicht vereinbar, da ein Fall der echten Rückwirkung vorläge, indem dem VR eine Pflicht auferlegt würde, die er nicht mehr erfüllen kann. Die Regelungen sind daher verfassungskonform dahin gehend auszulegen, dass § 154 für **Altverträge nicht** gilt.

6 **c) Verbrauchereigenschaft des VN.** Im Hinblick auf den mit der Norm intendierten Verbraucherschutz (s. Rn 1) ist zu überlegen, ob die Norm dahin gehend **teleologisch zu reduzieren** ist, dass sie nur dann Anwendung findet, wenn der **VN** auch **Verbraucher** ist. Hieran fehlt es, wenn im Bereich der betrieblichen Altersversorgung Lebensversicherungsverträge durch Arbeitgeber zu Gunsten ihrer Arbeitnehmer abgeschlossen werden. In diesen Fällen ist zunächst von einem Fehlen der vom Gesetzgeber unterstellten Schutzbedürftigkeit des VN auszugehen. Ferner dürften die entsprechenden Angaben zur Entwicklung der Überschussbeteiligung für den Vertragsabschluss weit weniger relevant sein als beim Vertragsabschluss durch einen Verbraucher. So spielen häufig auch andere Motive eine entscheidende Rolle. Beispielsweise könnte dem Arbeitgeber zur Minimierung des eigenen Aufwands an einem guten Service des VR und an einem Abschluss identischer Produkte für eine Vielzahl von Mitarbeitern gelegen sein. Auch wird sich ein Arbeitgeber bei der Entscheidung für eine Altersversorgung für seine Mitarbeiter zwar allge-

---

5 Begr. RegE, BT-Drucks. 16/3945, S. 52.
6 Römer/Langheid/*Langheid*, § 154 Rn 7, Marlow/Spuhl/*Grote*, Rn 1051.
7 Marlow/Spuhl/*Grote*, Rn 1051.
8 Schwintowski/Brömmelmeyer/*Ortmanns*, § 154 Rn 4.
9 Bruck/Möller/*Winter*, § 154 Rn 7; Prölss/Martin/*Reiff*, § 154 Rn 2.
10 Prölss/Martin/*Reiff*, § 154 Rn 2.
11 Prölss/Martin/*Reiff*, § 154 Rn 2.

mein von der Qualität des Produkts leiten lassen, sich aber nicht der Mühe unterziehen, dies für jeden Mitarbeiter einzeln zu prüfen. Eine echte Wahlmöglichkeit des Arbeitnehmers zwischen den Produkten mehrerer Anbieter dürfte nur in wenigen Ausnahmen bestehen, weil die Vertragsabwicklung mit mehreren VR für viele Arbeitgeber zu aufwendig ist. Kann der Arbeitnehmer aber nur zwischen den Produkten eines VR wählen, so ist dessen Beteiligung an dem Abschluss der Versicherung[12] kein tragendes Argument, weil unterstellt werden kann, dass bei unterschiedlichen Produkten eines Versicherungsunternehmens die bezifferten Angaben zur Höhe möglicher Leistungen vergleichbar sind. Auch das Argument, dass die Modellrechnungen den Arbeitnehmern in analoger Anwendung des § 7 zu übermitteln sei,[13] ist nach hier vertretener Auffassung nicht tragfähig, da eine analoge Anwendung des § 7 wegen des eindeutigen Wortlauts dieser Norm abzulehnen ist (s. § 7 Rn 11). Im Ergebnis hilft also das Wortlautargument nicht weiter und es stellt sich die Frage, alternativ § 7 analog anzuwenden oder § 154 teleologisch zu reduzieren. Für Letzteres sprechen dabei die besseren Argumente. Daher ist die Norm nach der hier vertretenen Auffassung nur in solchen Fällen anzuwenden, in denen der VN Verbraucher ist.[14]

d) Basisrentenverträge. Für die Basisrentenverträge finden sich im AltZertG speziellere Informationspflichten. Nach § 7 Abs. 2 S. 2, 3 AltZertG ist eine Modellrechnung nach § 154 für zertifizierte Altersvorsorgeverträge und für zertifizierte Basisrentenverträge nicht durchzuführen. Eine solche Modellrechnung nach § 154 darf auch dem individuellen Produktinformationsblatt nicht zusätzlich beigefügt werden. Soweit nach § 7 Abs. 5 S. 2 AltZertG aF noch bestimmt war, dass die Informationspflichten des AltZertG an die Stelle der Modellrechnung nach § 154 treten, hinderte dies die zusätzliche Überlassung einer Modellrechnung an den VN nicht.[15]

e) Riester-Verträge. Entsprechendes gilt für Riesterverträge. Auch hier findet § 154 keine Anwendung, da nach § 7 Abs. 5 S. 2 AltZertG die Modellrechnung des § 154 durch die spezielleren Angaben nach § 7 Abs. 1 S. 2 Nr. 2 AltZertG ersetzt werden.[16] § 7 Abs. 2 S. 2, 3 AltZertG untersagt insoweit auch hier die (zusätzliche) Beifügung einer Modellrechnung nach § 154.

II. Tatbestandsmerkmale

1. Grundsätzliches. Eine Modellrechnung ist dem VN nur bei Vorliegen bestimmter Voraussetzungen zu übermitteln, ansonsten ist der VR hierzu nicht verpflichtet.[17] Dem liegt die Überlegung der VVG-Kommission zugrunde, dass es insgesamt vorzugswürdig wäre, wenn der VR auf Beispielrechnungen der bislang verwandten Art und vergleichbaren Angaben ganz verzichten würde.[18]

2. Bezifferte Angaben. Voraussetzung ist zunächst, dass der VR überhaupt bezifferte Angaben zur Höhe von möglichen, über die vertraglich garantierten Ansprüche hinausgehenden Leistungen macht. Im Hinblick auf den besseren Schutz wird man davon ausgehen müssen, dass unter „**bezifferte Angabe**" jede Information fällt, aufgrund derer sich der VN ein konkretes Bild von der Höhe der Überschussbeteiligung machen kann. Nicht unter diesen Begriff fällt die Mitteilung,

---

12 Looschelders/Pohlmann/*Krause*, § 154 Rn 6.
13 Prölss/Martin/*Reiff*, § 154 Rn 3.
14 MM; aA Bruck/Möller/*Winter*, § 154 Rn 10; Prölss/Martin/*Reiff*, § 154 Rn 3; Looschelders/Pohlmann/*Krause*, § 154 Rn 6; Römer/Langheid/*Langheid*, § 154 Rn 8; Langheid/Wandt/*Heiss*, § 154 Rn 12.
15 BGH 28.5.2014 – IV ZR 361/12, VersR 2014, 941.
16 Bruck/Möller/*Winter*, § 154 Rn 8.
17 Römer/Langheid/*Langheid*, § 154 Rn 5; *Römer*, DB 2007, 2523.
18 Abschlussbericht der VVG-Kommission Dok. AB03 c vom 21.3.2006, S. 26.

dass es überhaupt eine Beteiligung am Überschuss gibt[19] oder wie hoch die derzeitige Deklaration bei dem VR ist. Auch eine Angabe zu vertraglich garantierten Leistungen führt nicht zur Verpflichtung, eine normierte Modellrechnung zu übermitteln.[20]

11 Der Grund, der den VR zu entsprechenden Informationen veranlasst, ist unerheblich. Es kommt also nicht darauf an, ob der VN nach einer entsprechenden Modellrechnung gefragt hat oder ob der VR ungefragt Angaben zur nicht garantierten und damit möglichen Höhe der Ablaufleistung macht.[21]

12 3. „Im Zusammenhang". Die Angaben müssen „im Zusammenhang" mit dem Angebot oder mit dem Abschluss eines Lebensversicherungsvertrages erfolgen. Gemeint ist hiermit zunächst der **Neuabschluss**. Die Vorschrift wird darüber hinaus aber auch in den Fällen anzuwenden sein, in denen im Zusammenhang mit einer **wesentlichen Vertragserweiterung** bezifferte Angaben gemacht werden.[22] Soweit der VR nach Abschluss des Vertrages Angaben macht, gilt nicht § 154, sondern § 155. Notwendig ist ein spezifischer Zusammenhang zwischen der Angabe und dem Abschluss eines bestimmten Vertrages. Dies ergibt sich sowohl aus dem Wortlaut als auch aus dem Sinn und Zweck. Fehlt es nämlich an einem solchen Zusammenhang, können auch die spezifischen Rechnungsgrundlagen nicht berücksichtigt werden. Sofern also ein Makler oder ein Versicherungsberater zunächst einen Kunden allgemein über den oder die möglichen Produktgeber berät und noch keine einzelnen Produkte vorstellt, kann er dem Kunden unternehmensspezifische, allgemeine Prognoserechnungen vorlegen, ohne eine Modellrechnung nach den Vorgaben der Norm vorlegen zu müssen. Dies ist erst dann erforderlich, wenn ein konkretes Produkt ins Auge gefasst wird.[23]

13 Auch in reinen **Werbebroschüren**, die den Vertragsabschluss lediglich vorbereiten und nicht bereits einen Versicherungsantrag für eine konkrete Versicherung enthalten, ist es möglich, bezifferte Angaben ohne eine normierten Modellrechnung zu machen.[24] Vorsicht ist dann allerdings beim Einsatz dieser Broschüren geboten, denn wenn solche – zB durch den Vermittler – im Zusammenhang mit dem Ausfüllen eines Versicherungsantrags beim Kunden genutzt werden, dann muss in solchen Fällen auch eine normierte Modellrechnung übermittelt werden.[25]

14 4. Versicherer. Nach dem Wortlaut der Norm ist es notwendig, dass der VR oder sein Vertreter die Angaben macht. Nicht ausreichend ist es daher, wenn solche Angaben durch einen Makler gemacht werden, da dieser dem Lager des VN zuzurechnen ist.[26] Nach der Gegenauffassung sollen bereits vom VR autorisierte vertragsbezogene Angaben ausreichen.[27] Hinter dieser Auffassung steht vermutlich die Beobachtung, dass in der Praxis für den potentiellen VN die Unterschiede zwischen VersVertreter und VersMakler häufig nicht transparent sind. Die Lösung dieses praktischen Problems liegt aber nicht darin, vom VR einen identischen Umgang mit beiden VersVermittlertypen zu verlangen, sondern in einer Stärkung der nach § 60 von den Vermittlern geforderten Transparenz.

---

19 Prölss/Martin/*Reiff*, § 154 Rn 5; Looschelders/Pohlmann/*Krause*, § 154 Rn 7.
20 Prölss/Martin/*Reiff*, § 154 Rn 5; Looschelders/Pohlmann/*Krause*, § 154 Rn 7.
21 So auch Bruck/Möller/*Winter*, § 154 Rn 20.
22 Bruck/Möller/*Winter*, § 154 Rn 23; Prölss/Martin/*Reiff*, § 154 Rn 6; Looschelders/Pohlmann/*Krause*, § 154 Rn 8.
23 So auch Bruck/Möller/*Winter*, § 154 Rn 22.
24 So auch Prölss/Martin/*Reiff*, § 154 Rn 6; Looschelders/Pohlmann/*Krause*, § 154 Rn 8.
25 So auch Prölss/Martin/*Reiff*, § 154 Rn 6.
26 So auch Prölss/Martin/*Reiff*, § 154 Rn 7; aA Looschelders/Pohlmann/*Krause*, § 154 Rn 10.
27 Bruck/Möller/*Winter*, § 154 Rn 24; Looschelders/Pohlmann/*Krause*, § 154 Rn 10.

Ohne Bedeutung ist es, in welcher **Form** die bezifferten Angaben gemacht werden. Die Norm findet daher auch dann Anwendung, wenn der VersVertreter **mündliche Angaben** macht oder dem potenziellen VN mögliche Ablaufleistungen **schriftlich vorrechnet**, ohne eine vorgefertigte Berechnung des VR zu nutzen.[28]

Allerdings müssen die bezifferten Angaben **aktiv** gegenüber dem (potenziellen) VN durch die Versicherung oder den VersVertreter gemacht werden. Sofern sich also ein VN eine nicht normierte Beispielrechnung von der Homepage des VR heruntergeladen oder sich eine Werbebroschüre besorgt, die eine solche Berechnung enthält, so ist – schon mangels Kenntnis – der VR nicht verpflichtet, zugleich jeweils eine normierte Berechnung mit zu übermitteln. Allerdings wird man gerade im Zusammenhang mit dem Online-Auftritt des VR erwarten dürfen, dass dort neben der Möglichkeit zum Download einer nicht normierten Berechnung auch die Möglichkeit zum Download einer normierten Modellrechnung besteht. Dies gilt erst recht dann, wenn ein Onlineabschluss möglich oder der VR gar entsprechend spezialisiert ist.

5. Versicherungsnehmer. Die bezifferten Angaben müssen **gegenüber dem VN** gemacht werden. Dies ergibt sich bereits daraus, dass auch die normierte Modellrechnung dem VN übermittelt werden muss. Macht der VR also bezifferte Angaben gegenüber einem VersMakler oder einem Versicherungsberater und hat er insofern gar keinen unmittelbaren Kontakt zum VN, so ist er auf Basis der Norm nicht verpflichtet, dem VersMakler oder dem Versicherungsberater auch eine normierte Modellrechnung zur Verfügung zu stellen.[29] Einer entsprechenden gesetzlichen Verpflichtung und dem hiermit verbundenen Automatismus bedarf es auch nicht, da der Makler aufgrund seiner Fachkenntnisse nicht in gleichem Maße schutzbedürftig ist wie ein Verbraucher und daher nach entsprechenden Modellrechnungen fragen kann, wenn er diese zur Erfüllung seiner Beratungspflicht braucht. In diesem Zusammenhang darf nicht übersehen werden, dass der VersMakler seiner Funktion nach eben weder den VR vertritt, noch lediglich dafür zuständig ist, die Angaben des VR auszuhändigen.[30] Vielmehr schuldet er dem VN seinen Rat bereits bei der Auswahl des VR und des Produkts, und hat deswegen eine eigene Pflicht zur Prüfung der Angebote verschiedener VR, § 61. Beim Abschluss eines Vertrages über einen VersMakler ist für den VN ein Produktvergleich und damit eine normierte Modellrechnung gar nicht mehr notwendig. Dies ist beim Abschluss über einen VersVertreter anders, denn hier muss der VN das Angebot des einen mit den Angeboten anderer VersVertreter vergleichen können. Daher ist es auch nicht zu beanstanden, dass der potentielle VN unterschiedliche Unterlagen in Abhängigkeit von dem gewählten Vertriebsweg erhält.[31]

Tritt der Makler freilich als Vertreter des Kunden auf, so steht er dem VN gleich und ihm ist eine Modellrechnung zu übermitteln.

Auch die Zurverfügungstellung eines **Berechnungsprogramms** oder eines Rechenkernes zur Einbindung in die Software des Maklers verpflichtet den VR nicht dazu sicherzustellen, dass der Makler auch tatsächlich in der Lage ist, eine normierte Modellrechnung zu erstellen oder dass deren Erstellung gar systemisch vorgegeben wird. Weder lässt sich eine solche Verpflichtung dem Wortlaut entnehmen, noch besteht hierfür ein Bedürfnis. Der Makler ist aufgrund seiner Stellung zur sorgsamen Produktauswahl verpflichtet und ist regelmäßig wegen seiner beruflichen Befassung mit den Produkten auch ohne Verwendung einer standardisierten Modellrechnung im Rahmen seiner eigenen Berechnungen in der Lage, für den Kunden das geeignete Produkt auszuwählen.

---

28 Looschelders/Pohlmann/*Krause*, § 154 Rn 9.
29 AA Bruck/Möller/*Winter*, § 154 Rn 24.
30 So aber Bruck/Möller/*Winter*, § 154 Rn 24.
31 AA Bruck/Möller/*Winter*, § 154 Rn 24.

III. Rechtsfolge

20 **1. Modellrechnung (Abs. 1 S. 1).** Bei Vorliegen der genannten Voraussetzungen (s. Rn 9 ff) hat der VR dem VN eine Modellrechnung zu übermitteln, bei der die mögliche Ablaufleistung unter Zugrundelegung der Berechnungsgrundlagen für die Prämienkalkulation mit **drei verschiedenen Zinssätzen** dargestellt wird. Das Bundesministerium der Justiz hat von seiner Ermächtigung nach § 7 Abs. 2 S. 1 Nr. 2 Gebrauch gemacht und in § 2 Abs. 3 VVG-InfoV die zu verwendenden Zinssätze festgelegt (s. § 2 VVG-InfoV Rn 46 ff). Es ist der Höchstrechnungszinssatz, multipliziert mit 1,67, das Ergebnis hiervon zuzüglich eines Prozentpunktes und das Ergebnis abzüglich eines Prozentpunktes darzustellen. Nach § 4 Abs. 3 VVG-InfoV ist im **Produktinformationsblatt** ferner auf die vom VR zu übermittelnde Modellrechnung hinzuweisen (s. § 4 VVG-InfoV Rn 27). Der Höchstrechnungszinssatz ergibt sich dabei aus § 2 Abs. 1 DeckRV und betrug bis zum 31.12.2014 1,75 %, seit dem 1.1.2015 beträgt er 1,25 %. Dieser niedrige Höchstzinssatz führt dazu, dass der vorgeschriebene untere Wert mit 1,09 % unter dem garantierten Wert liegt, wenn der VR den Höchstrechnungszinssatz garantiert. In diesen Fällen ist es nicht zu beanstanden, wenn der VR statt des Werte für eine Verzinsung von 1,09 % die garantierten Werte für eine Verzinsung von 1,25 % nutzt.

21 Neben den Zinssätzen ist darüber hinaus nur fest vorgesehen, dass die **Berechnungsgrundlagen für die Prämienkalkulation** zu berücksichtigen sind. Das bedeutet, dass nur diejenigen Anteile der Prämie berücksichtigt werden dürfen, die nach der Prämienkalkulation auch tatsächlich für die Erwirtschaftung von Überschüssen zur Verfügung stehen. Nicht berücksichtigt werden dementsprechend die Teile der Prämie, die für die laufenden Verwaltungskosten, das Todesfallrisiko oder die Abschlusskosten einkalkuliert wurden.[32] Auch die aus diesen Ergebnisquellen möglicherweise resultierenden und den VN gutzuschreibenden Gewinne können nicht berücksichtigt werden.

22 Fest vereinbarte Leistungsanpassungen sind in die Modellrechnung einzubeziehen. Das gilt jedenfalls dann, wenn sie nicht widerruflich sind.

23 Darüber hinaus könnte man unter Bezugnahme auf die Bezeichnung „Modellrechnung" auf die Idee kommen, dass der gesamte Rechenweg und alle Grundlagen der Berechnung angegeben werden und nachvollziehbar sein müssen. Dann wäre es nicht ausreichend, wenn der VR lediglich das errechnete Ergebnis, also drei Beträge, mitteilt. Andererseits handelt es sich bei den Berechnungsgrundlagen für die Prämienkalkulation um Geschäftsgeheimnisse, deren Offenlegung vom VR nicht verlangt werden kann. Daher formuliert der Gesetzgeber auch lediglich, dass die Berechnungsgrundlagen für die Prämienkalkulation zugrunde zu legen sind, und nicht, dass diese mitzuteilen sind. Im Ergebnis dürfte es ausreichend sein, wenn der VR bei seiner Modellrechnung die verwandten Zinssätze, die Höhe der möglichen Ablaufleistung und eventuelle Besonderheiten, wie eine vereinbarte Dynamik, angibt. Darüber hinausgehende Angaben, etwa zur Quelle der Überschüsse, sind nicht notwendig,[33] aber möglich, solange sie nicht verwirren und so die Vergleichbarkeit mit den Angeboten von Mitbewerbern erschweren.

24 **2. Hinweispflicht des VR (Abs. 2).** Wie von der VVG-Kommission gefordert, besteht nun nach Abs. 2 eine Hinweispflicht, nach der der VR den VN darüber informieren muss, dass sich aus der Modellrechnung kein vertraglicher Anspruch ableiten lässt, sondern es sich vielmehr nur um ein **Rechenmodell** handelt, dem fiktive Annahmen zugrunde liegen.[34]

---

32 So auch Prölss/Martin/*Reiff*, § 154 Rn 11; Looschelders/Pohlmann/*Krause*, § 154 Rn 7.
33 Looschelders/Pohlmann/*Krause*, § 154 Rn 11.
34 Abschlussbericht der VVG-Kommission Dok. AB03c vom 21.3.2006, S. 24.

Der entsprechende Hinweis hat **klar** und **verständlich** zu erfolgen und darf nicht 25
den Eindruck einer Zusage hervorrufen.[35] Dieses Erfordernis der Verständlichkeit
hat der Gesetzgeber vermutlich deswegen noch einmal explizit aufgenommen, weil
Versicherungsbedingungen und Modellrechnungen bis zur VVG-Reform trotz entsprechender allgemeiner gesetzlicher Anforderungen wenig verständlich und nach
Einschätzung der Obergerichte auch bzgl verschiedener Klauseln intransparent
waren. Notwendig wäre diese Klarstellung freilich nicht gewesen, da auch die Modellrechnung der Inhaltskontrolle nach § 307 BGB unterliegt und eine unklare Bestimmung nach § 307 Abs. 1 S. 2 BGB eine unangemessene Benachteiligung darstellen würde. Mit dieser Anforderung werden allerdings die Auseinandersetzungen über die Transparenz eines entsprechenden Hinweises nicht beseitigt, weshalb
gefordert wird, dass ein verbindlicher Text ähnlich wie für die Widerrufsbelehrung
(zur Muster-Widerrufsbelehrung s. § 8 Rn 31 ff) vorgegeben wird.[36]

Ob Fettdruck oder eine bestimmte Platzierung erforderlich oder empfehlenswert 26
ist,[37] kann abstrakt nicht beurteilt werden. Vielmehr kommt es auf die konkrete
Gestaltung an, wobei die Transparenzanforderungen auch nicht überspannt werden dürfen. Maßstab ist insoweit ein aufmerksamer und sorgfältiger VN.[38] Nach
einem solchen objektiven Maßstab wird man regelmäßig davon ausgehen können,
dass auch ein graphisch nicht hervorgehobener Hinweistext ausreicht, solange er
an einer Stelle steht, an der der VN ihn erwarten darf.

3. Übermittlung/Form. Die Modellrechnung ist durch den VR lediglich zu über- 27
mitteln. Die Art der Übermittlung ist dabei nicht geregelt. Eine bestimmte Form ist
mit der Textform in § 7 Abs. 1 vorgesehen, da es sich bei der Modellrechnung um
eine in der VVG-InfoV vorgesehene Information handelt, die dadurch iSv § 7
Abs. 1 S. 1 zur „bestimmten" Information wird.[39] Auch zeitlich ergibt sich aus
dem Sachzusammenhang und aus § 7 Abs. 1 eine Einschränkung, nach der die
Modellrechnung rechtzeitig vor Abgabe der Vertragserklärung des VN übermittelt
worden sein muss (vgl § 7 Rn 2).

Demgegenüber trifft die Norm keine Aussage darüber, ob die normierte Modell- 28
rechnung **zeitgleich mit einer evtl unternehmensindividuellen Modellrechnung ausgehändigt** werden muss. Sogar eine Aushändigung mit Vertragsabschluss ist nach
dem Wortlaut denkbar,[40] aber wohl mit dem Sinn und Zweck der Vorschrift nicht
vereinbar.[41] Mit dem Argument, dass es zur Verhinderung eines Missbrauchs ausreicht, wenn der Kunde die Modellrechnung rechtzeitig vor Abgabe seiner Vertragserklärung übermittelt bekommt, wird eine zeitgleiche Übermittlung beider
Modellrechnungen für entbehrlich gehalten.[42]

IV. Verstoßfolge

Die Norm sieht keine spezielle Sanktion für den Fall vor, dass der VR seiner Ver- 29
pflichtung nicht nachkommt. Daher bestimmen sich die Folgen eines Verstoßes
nach den allgemeinen Grundsätzen.[43] Sofern also der VN einen Schaden dadurch
erlitten hat, dass ihm nur bezifferte Angaben zur Höhe der möglichen Leistungen
gemacht, aber eine Modellrechnung nicht übermittelt wurde, ist der VR zum Scha-

---

35 Marlow/Spuhl/*Grote*, Rn 1055.
36 Marlow/Spuhl/*Grote*, Rn 1055.
37 So Prölss/Martin/*Reiff*, § 154 Rn 14.
38 BGH 20.4.1993 – X ZR 67/92, NJW 1993, 2054; Palandt/*Grüneberg*, § 307 BGB Rn 23.
39 Langheid/Wandt/*Heiss*, § 154 Rn 19; Looschelders/Pohlmann/*Krause*, § 154 Rn 13.
40 Marlow/Spuhl/*Grote*, Rn 1054.
41 Langheid/Wandt/*Heiss*, § 154 Rn 20.
42 van Bühren/*Teslau/Prang*, § 14 Rn 97.
43 So auch Prölss/Martin/*Reiff*, § 154 Rn 15.

densersatz verpflichtet.[44] Ein entsprechender Anspruch dürfte allerdings nur äußerst selten in Betracht kommen, da eine Kausalität des Fehlens der Modellrechnung für einen behaupteten Schaden nur dann denkbar ist, wenn der VN das Angebot des VR mit dem anderer Mitbewerber verglichen hat und dieses nachweisen kann. Bei diesem Vergleich hätte ihm dann aber regelmäßig das Fehlen der Modellrechnung des sodann gewählten VR auffallen können, so dass jedenfalls ein erhebliches Mitverschulden des VN in Betracht kommt.

30 Demgegenüber ist ein Schadensersatzanspruch, gerichtet auf das positive Interesse, dann vorstellbar, wenn bei der Modellrechnung der in Abs. 2 geforderte **klare und verständliche Hinweis** entweder darauf **fehlt**, dass es sich lediglich um ein Rechenmodell handelt, dem fiktive Annahmen zugrunde liegen, oder darauf, dass aus der Modellrechnung keine vertraglichen Ansprüche gegen den VR hergeleitet werden können.[45]

31 Darüber hinaus muss der VN **auf die Verbindlichkeit** der Angaben **vertraut** haben. Hierzu müsste der VN aber zusätzlich darlegen, auf welchen der Werte er denn vertraut hat, was in der Praxis schwierig sein dürfte.[46] Vertraut er nur darauf, dass der Wert innerhalb der mitgeteilten Spanne liegt, ist ein Schaden nur dann entstanden, wenn die Leistung des VR unterhalb der mitgeteilten geringsten Werte liegt.

32 Wurden einer Modellrechnung **falsche, insb. veraltete Sterbetafeln** zugrunde gelegt, so kommt ein Schadenersatz aus c.i.c. in Betracht, wenn der VN wegen dieser falschen Modellrechnung gerade diese und keine andere Versicherung, etwa bei einem anderen Anbieter, gewählt hat.[47] Das Verhalten des VR muss freilich schuldhaft sein. Das ist es nicht, wenn zwar die Aktuare über eine Änderung der Sterbetafel diskutieren, die neue Sterbetafel aber noch nicht verabschiedet ist und damit bei der Prämienkalkulation nicht berücksichtigt wurde. Ferner wird man mit Blick auf die technischen Möglichkeiten dem VR auch nach der Verabschiedung der Sterbetafeln eine angemessene Frist zur Umsetzung einräumen müssen. Da üblicherweise die BaFin Festlegungen dazu trifft, welche Sterbetafeln ab wann verbindlich anzuwenden sind und hierbei die dargestellten Probleme angemessen berücksichtigt, wird man nur dann ein schuldhaftes Verhalten des VR annehmen können, wenn er auch nach dem behördlichen Umsetzungszeitpunkt noch veraltete Sterbetafeln verwendet.[48]

V. Beweislast

33 Die Beweislast richtet sich nach den allgemeinen Regeln.

VI. Abdingbarkeit

34 Die Vorschrift ist nach § 171 halbzwingend, so dass der VR von ihr nicht zum Nachteil des VN abweichen darf.

§ 155 Jährliche Unterrichtung

¹Bei Versicherungen mit Überschussbeteiligung hat der Versicherer den Versicherungsnehmer jährlich in Textform über die Entwicklung seiner Ansprüche unter Einbeziehung der Überschussbeteiligung zu unterrichten. ²Ferner hat der Versicherer, wenn er bezifferte Angaben zur möglichen zukünftigen Entwicklung der Über-

---

44 Langheid/Wandt/*Heiss*, § 154 Rn 27; Looschelders/Pohlmann/*Krause*, § 154 Rn 15.
45 Langheid/Wandt/*Heiss*, § 154 Rn 25; Prölss/Martin/*Reiff*, § 154 Rn 15.
46 Looschelders/Pohlmann/*Krause*, § 154 Rn 15.
47 Prölss/Martin/*Reiff*, § 154 Rn 15.
48 Ähnl. Looschelders/Pohlmann/*Krause*, § 154 Rn 17.

schussbeteiligung gemacht hat, den Versicherungsnehmer auf Abweichungen der tatsächlichen Entwicklung von den anfänglichen Angaben hinzuweisen.

I. Normzweck

Wie § 154 dient auch § 155 ausschließlich dem **Verbraucherschutz** und der Umsetzung der Richtlinie 2002/83/EG.[1] Ausweislich der Gesetzesbegründung sah der Gesetzgeber die Verpflichtungen des VR zur Information des VN nach § 10 a Abs. 1 VAG iVm der Anlage D Abschnitt II als teilweise unzureichend an.[2] So soll die 2008 neu in das VVG aufgenommene Vorschrift die Stellung des VN stärken.[3] Indes vermag die Gesetzesbegründung, die dem Abschlussbericht der VVG-Kommission entspricht, nicht zu überzeugen, wenn die Regelungsnotwendigkeit damit begründet wird, dass heute (nur) viele, aber nicht alle VR den VN während der Vertragslaufzeit über den Stand der Überschussbeteiligung informieren. Die Übernahme der Verpflichtung vom VAG in das VVG dürfte die VR kaum zu mehr Gesetzestreue anhalten. Auch dass die entsprechenden Schreiben der VR vielgestaltig und teilweise nicht vergleichbar sind, erzeugt keine Regelungsnotwendigkeit, da sich ein VN üblicherweise ohnehin nur an einen oder maximal zwei Lebensversicherer bindet und daher bei Empfang der Unterrichtung keine Vergleichsmöglichkeit hat und vermutlich auch keine braucht. Nachvollziehbar bleibt insofern allein der Ansatz, dass der VN in verständlicher Form auch während der Vertragslaufzeit Klarheit über die Entwicklung seiner Ansprüche bei Ablauf der Ansparphase erhalten soll und dass er über Abweichungen der tatsächlichen von der bei Vertragsabschluss in Aussicht gestellten Entwicklung der Leistung des VR informiert werden muss.[4] Der VN soll durch die Information die Möglichkeit haben, sich frühzeitig darauf einzustellen, dass die tatsächliche Leistung des VR von der erwarteten Leistung abweicht, um auf Basis dieser Information entsprechend zu disponieren. Namentlich soll der VN die Chance haben, bei Auftreten einer Erwartungslücke diese frühzeitig durch geeignete Maßnahmen zu schließen. Dies ist besonders wichtig, wenn die Versicherungsleistung geringer ist als angenommen, denn je rechtzeitiger er informiert ist, desto eher kann der VN noch geeignete Maßnahmen treffen, wie zB den Abschluss weiterer Lebens- oder Rentenversicherungen. Demgegenüber ist es verfehlt anzunehmen, dass der Gesetzgeber dem VN durch diese Norm die Möglichkeit einer Kündigung erleichtern[5] oder ihm auch nur den Anlass zu einer Kündigung liefern wollte, denn im Zeitpunkt der Information ist die nachteilige Entwicklung bereits eingetreten und kann weder durch eine Kündigung noch durch eine Prämienfreistellung revidiert werden. Eine Kündigung würde im Gegenteil häufig dazu führen, dass der VN seine Situation noch weiter verschlechtert. Richtig ist zwar, dass er künftig noch zu zahlende Prämien anderweitig investieren kann.[6] Allerdings wird er für den alten Vertrag häufig bereits mit Abschlusskosten belastet worden sein, die sich an der ursprünglichen Prämiensumme orientieren. Durch die Reinvestitionsentscheidung wird der VN dann für diesen Teil der Prämie also erneut Aufwand haben, was den Weg wenig attraktiv macht.[7]

---

1 Richtlinie 2002/83/EG des Europäischen Parlaments und des Rates vom 5.11.2002 über Lebensversicherungen (ABl. Nr. L 345 vom 19.12.2002, S. 1–51).
2 Begr. RegE, BT-Drucks. 16/3945, S. 97.
3 *Deutsch*, § 32 Rn 401.
4 *Marlow/Spuhl/Grote*, Rn 1058 f.
5 *Deutsch*, § 32 Rn 401.
6 Langheid/Wandt/*Heiss*, § 155 Rn 3.
7 Insofern zutr. Langheid/Wandt/*Heiss*, § 155 Rn 3 und Schwintowski/Brömmelmeyer/*Ortmann*, § 155 Rn 1.

II. Tatbestand

1. Versicherungen mit Überschussbeteiligung. Die Norm ist auf alle Lebensversicherungen mit Überschussbeteiligung anzuwenden (vgl § 153 Rn 43 ff). Sie findet schon aufgrund ihrer systematischen Stellung keine Anwendung auf Krankenversicherungen.[8] Der Tatbestand ist allerdings ein wenig weit geraten, denn nach dem Wortlaut müsste der VR auch bei reinen Risikolebensversicherungen unterrichten.[9] Bei diesen Verträgen spielt indes die Überschussbeteiligung keine signifikante Rolle, da die Überschussbeteiligung in der Risikolebensversicherung regelmäßig keinen Einfluss auf die Entwicklung der Ansprüche des VN hat, sondern der Glättung und Stabilität der Versicherungsprämien dient. Eine entsprechende Information wäre für den VN ohne erkennbaren Wert und würde ihn nur verwirren. Entsprechendes gilt für **fondsgebundene Versicherungen**. Auch hier kommt der Überschussbeteiligung keine große wirtschaftliche Bedeutung zu. Daher ist die Norm diesbezüglich teleologisch zu reduzieren.[10] Auch auf die **Berufsunfähigkeitsversicherung** und die **Unfallversicherung** mit Prämienrückgewähr findet die Norm keine Anwendung.[11]

2. Jährliche Information. Es hat eine jährliche Unterrichtung zu erfolgen. Wann der VR im Kalenderjahr seiner Verpflichtung nachkommt, ist nicht geregelt. Der VR ist daher nicht verpflichtet, alle seine VN gleichzeitig oder zu einem bestimmten Zeitpunkt, etwa genau ein Jahr nach Vertragsschluss und danach jeweils im Abstand eines Jahres, zu unterrichten.[12] Andererseits kann die Unterrichtung ihren Zweck einer laufenden Information nur dann erfüllen, wenn sie grds. in einer **gewissen Regelmäßigkeit** erfolgt. Daher sollte die Folgeinformation idR, also ohne sachlichen Grund, nicht früher als 10 Monate und nicht später als 14 Monate nach der vorhergehenden Information erfolgen.[13]

3. Inhalt. Der VN ist über die Entwicklung der Ansprüche zu unterrichten, für die die Überschussbeteiligung von Bedeutung ist. Bei der Frage, über welche Ansprüche zu unterrichten ist, kann der VR einen vertragsgemäßen Verlauf unterstellen. Namentlich handelt es sich um die **Ablaufleistung im Todes- und Erlebensfall**.[14] Fraglich ist, ob der VN darüber hinaus über die Entwicklung auch solcher Ansprüche jährlich nach dieser Norm zu informieren ist, die erst durch die Ausübung eines Gestaltungsrechts, also einer Kündigung oder Prämienfreistellung, entstehen.[15] Im Hinblick auf den Schutzzweck ist dies weder zwingend noch erforderlich, so dass der VR nur über den Stand der Ansprüche bei planmäßigem Verlauf unter Einbeziehung der Überschussbeteiligung informieren muss. Er muss also nicht über die aktuelle Höhe der Rückkaufswerte oder die beitragsfreie Leistung unterrichten.[16]

Selbstverständlich steht es dem VR frei, **weitere Informationen** zu liefern,[17] etwa zur Entwicklung der Rückkaufswerte. Da indes wichtige Informationen in der Flut unwichtigerer Informationen faktisch unausgewertet oder sogar ungelesen unter-

---

8 Prölss/Martin/*Reiff*, § 155 Rn 1; Langheid/Wandt/*Heiss*, § 155 Rn 3.
9 Looschelders/Pohlmann/*Krause*, § 155 Rn 3.
10 Prölss/Martin/*Reiff*, § 155 Rn 2; Römer/Langheid/*Langheid*, § 155 Rn 3; aA Looschelders/Pohlmann/*Krause*, § 155 Rn 3; Langheid/Wandt/*Heiss*, § 155 Rn 7.
11 Prölss/Martin/*Reiff*, § 155 Rn 2.
12 So auch Römer/Langheid/*Langheid*, § 155 Rn 3.
13 In diesem Sinne auch Prölss/Martin/*Reiff*, § 155 Rn 3; enger Looschelders/Pohlmann/*Krause*, § 155 Rn 4: Beibehaltung des Stichtages.
14 Römer/Langheid/*Langheid*, § 155 Rn 5.
15 AA Langheid/Wandt/*Heiss*, § 155 Rn 11, 12; Looschelders/Pohlmann/*Krause*, § 155 Rn 6 unter Verweis auf Europarecht.
16 Prölss/Martin/*Reiff*, § 155 Rn 3; Römer/Langheid/*Langheid*, § 155 Rn 3; aA Looschelders/Pohlmann/*Krause*, § 155 Rn 7.
17 So auch Prölss/Martin/*Reiff*, § 155 Rn 3 und Römer/Langheid/*Langheid*, § 155 Rn 5.

gehen können,[18] ist die Lieferung weiterer, unwichtiger Informationen nur so weit zulässig, wie die Kenntnisnahme der gesetzlich zwingend zu übermittelnden Werte hierdurch nicht gefährdet wird. Der Gesamtverband der Deutschen Versicherungswirtschaft e.V. hat unverbindliche Verbandsempfehlungen für die jährliche Wertmitteilung herausgegeben. Diese differenzieren nach den unterschiedlichen Produkten und geben jeweils einen ersten Anhaltspunkt dazu, wie die Wertmitteilungen aufgebaut werden können.

In der aufgrund von § 7 Abs. 2 erlassenen VVG-InfoV ist nach § 7 Abs. 3 zu bestimmen, was der VR hinsichtlich der Entwicklung der Ansprüche des VN während der Laufzeit des Vertrages in Textform mitteilen muss. Nach § 6 Abs. 2 Nr. 3 VVG-InfoV sind eine Information über den Stand der Überschussbeteiligung sowie Informationen darüber, inwieweit diese Überschussbeteiligung garantiert ist, mitzuteilen (s. § 6 VVG-InfoV Rn 6). Für die einzelnen Ansprüche ist also ergänzend mitzuteilen, inwieweit die mitgeteilte Leistung bereits garantiert ist.[19] Damit ist dann auch klargestellt, dass der VR hinreichend deutlich machen muss, welche Werte bereits sicher sind und bei welchen es sich nur um eine Prognose handelt. **6**

Der **Charakter der Mitteilung** ist dabei aber der einer reinen Information. Die Auskünfte enthalten also weder ein Schuldversprechen noch ein Schuldanerkenntnis,[20] so dass auch mitgeteilte zu hohe Wert nicht geschuldet werden. Um diesen Charakter zu erhalten und nicht Gefahr zu laufen, dass dem VN ein Schadenersatzanspruch zusteht, sollte der VR auf die Unverbindlichkeit der mitgeteilten Werte hinweisen.[21] **7**

Die Mitteilung hat in **Textform** zu erfolgen, nach § 126b BGB also in einer Urkunde oder auf eine andere zur dauerhaften Wiedergabe in Schriftzeichen geeigneten Weise. Es genügt folglich die Übermittlung in Papierform, als CD-ROM, per USB-Stick oder per E-Mail.[22] **8**

Soweit der VR eigene bezifferte Angaben zur möglichen zukünftigen Entwicklung der Überschussbeteiligung gemacht hat, hat er den VN nach S. 2 auf **Abweichungen der tatsächlichen Entwicklung von den anfänglichen Angaben** hinzuweisen. Auffällig ist, dass die Norm „bezifferte Angaben zur möglichen zukünftigen Entwicklung der Überschussbeteiligung" als Voraussetzung in S. 2 definiert, wohingegen § 154 Abs. 1 das Tatbestandsmerkmal „bezifferte Angaben zur Höhe von möglichen Leistungen über die vertraglich garantierten Leistungen hinaus" fordert. Ein anderes Merkmal als in § 154 wollte der Gesetzgeber aber ausweislich der Gesetzesbegründung nicht etablieren.[23] Danach erweitert S. 2 die Informationspflichten aus S. 1 im Hinblick auf Änderungen, die sich für bezifferte Angaben in einer solchen Beispielrechnung oder in der Modellrechnung selbst ergeben.[24] **9**

Ausreichend ist ein Hinweis, dass die tatsächliche Entwicklung von den Darstellungen bei Vertragsabschluss abweicht. Eine **neue aktualisierte Modellrechnung** ist demgegenüber nicht zu übermitteln.[25] Auch der ursprünglich genannte, falsche **10**

---

18 *Brömmelmeyer*, VersR 2003, 939.
19 Pröls/Martin/*Reiff*, § 155 Rn 3; Looschelders/Pohlmann/*Krause*, § 155 Rn 5.
20 OLG Celle 9.3.2006 – 8 U 181/05, VersR 2007, 931; OLG Stuttgart 9.12.2004 – 7 U 121/04, VersR 2005, 634; Pröls/Martin/*Reiff*, § 155 Rn 4; Looschelders/Pohlmann/*Krause*, § 155 Rn 9.
21 Pröls/Martin/*Reiff*, § 155 Rn 4; Looschelders/Pohlmann/*Krause*, § 153 Rn 9.
22 Palandt/*Ellenberger*, § 126b BGB Rn 3; Pröls/Martin/*Reiff*, § 155 Rn 3; Looschelders/Pohlmann/*Krause*, § 153 Rn 4.
23 Begr. RegE, BT-Drucks. 16/3945, S. 98.
24 Begr. RegE, BT-Drucks. 16/3945, S. 98; wie hier auch Langheid/Wandt/*Heiss*, § 155 Rn 10.
25 Begr. RegE, BT-Drucks. 16/3945, S. 98; Pröls/Martin/*Reiff*, § 155 Rn 5; Looschelders/Pohlmann/*Krause*, § 155 Rn 8; Langheid/Wandt/*Heiss*, § 155 Rn 18; Römer/Langheid/*Langheid*, § 155 Rn 8.

Wert muss nicht erneut angegeben werden, zumal eine solche Angabe nicht für mehr, sondern eher für weniger Transparenz sorgen dürfte. Auch die Gründe für die Abweichung müssen nicht angegeben werden.[26] Es reicht für den Hinweis nach S. 2 folgender Satz:

11 ▶ „Dieser Wert weicht von den Ihnen in den Vertragsunterlagen auf den Seiten ... mitgeteilten ... (vier) Werten ab." ◀

oder:

▶ „Die Werte zur Überschussbeteiligung haben sich gegenüber den Ihnen bei Vertragsschluss genannten Beträgen geändert."[27] ◀

12 **4. Beteiligte Personen.** Die Angabe hat nur gegenüber dem VN zu erfolgen.[28] Eine entsprechende Angabe gegenüber anderen Beteiligten, wie zB gegenüber der versicherten Person oder dem Bezugsberechtigten, ist nicht vorgesehen. Selbstverständlich kann eine solche weitergehende Informationsverpflichtung vertraglich vereinbart werden. Es dürften auch keine Bedenken dagegen bestehen, wenn der VR ohne eine entsprechende Vereinbarung, also freiwillig, die versicherte Person unterrichtet, da diese nach § 150 ohnehin ihre Einwilligung erteilen musste und daher über den Inhalt des Vertrages umfassend informiert ist.

13 Für Lebensversicherungen und Pensionskassen schreibt § 10a Abs. 2 VAG vor, dass sie die Versorgungsanwärter und Versorgungsempfänger, die nicht zugleich VN sind, jährlich zu informieren haben, soweit sie Leistungen der betrieblichen Altersversorgung erbringen. Die Details dieser Informationspflicht ergeben sich aus der Anlage D zum VAG:

Anlage D zum VAG: Informationen bei betrieblicher Altersvorsorge

Gegenüber Versorgungsanwärtern und Versorgungsempfängern müssen mindestens die nachfolgend aufgeführten Informationen erteilt werden; die Informationen müssen ausführlich und aussagekräftig sein:

1. Bei Beginn des Versorgungsverhältnisses
   a) Name, Anschrift, Rechtsform und Sitz des Anbieters und der etwaigen Niederlassung, über die der Vertrag abgeschlossen werden soll;
   b) die Vertragsbedingungen einschließlich der Tarifbestimmungen, soweit sie für das Versorgungsverhältnis gelten, sowie die Angabe des auf den Vertrag anwendbaren Rechts;
   c) Angaben zur Laufzeit;
   d) allgemeine Angaben über die für diese Versorgungsart geltende Steuerregelung;
   e) die mit dem Altersversorgungssystem verbundenen finanziellen, versicherungstechnischen und sonstigen Risiken sowie die Art und Aufteilung dieser Risiken.

2. Während der Laufzeit des Versorgungsverhältnisses
   a) Änderungen von Namen, Anschrift, Rechtsform und Sitz des Anbieters und der etwaigen Niederlassung, über die der Vertrag abgeschlossen wurde;
   b) jährlich, erstmals bei Beginn des Versorgungsverhältnisses
      aa) die voraussichtliche Höhe der den Versorgungsanwärtern zustehenden Leistungen;
      bb) die Anlagemöglichkeiten und die Struktur des Anlageportfolios sowie Informationen über das Risikopotential und die Kosten der Vermögensverwaltung

---

26 Prölss/Martin/*Reiff*, § 155 Rn 5; Marlow/Spuhl/*Grote*, Rn 1058.
27 Unverbindliche Verbandsempfehlung des GDV, Rundschreiben 1462/2009.
28 Prölss/Martin/*Reiff*, § 155 Rn 3; Looschelders/Pohlmann/*Krause*, § 155 Rn 4.

und sonstige mit der Anlage verbundene Kosten, sofern der Versorgungsanwärter das Anlagerisiko trägt;
- cc) die Information nach § 115 Abs. 4;
- dd) eine Kurzinformation über die Lage der Einrichtung sowie den aktuellen Stand der Finanzierung der individuellen Versorgungsansprüche;

c) auf Anfrage
- aa) den Jahresabschluss und den Lagebericht des vorhergegangenen Geschäftsjahres; sofern sich die Leistung aus dem Versorgungsverhältnis in Anteilen an einem nach Maßgabe der Vertragsbedingungen gebildeten Sondervermögen bestimmt, zusätzlich den Jahresbericht für dieses Sondervermögen (§ 113 Abs. 4, § 118 b Abs. 1);
- bb) die Erklärung über die Grundsätze der Anlagepolitik gemäß § 115 Abs. 3;
- cc) die Höhe der Leistungen im Falle der Beendigung der Erwerbstätigkeit;
- dd) die Modalitäten der Übertragung von Anwartschaften auf eine andere Einrichtung der betrieblichen Altersversorgung im Falle der Beendigung des Arbeitsverhältnisses.

III. Abdingbarkeit

Nach § 171 kann von den Vorgaben dieser Vorschrift nicht zum Nachteil des VN abgewichen werden.

V. Rechtsfolgen

Bei einer Verletzung der Pflichten aus dieser Vorschrift ergeben sich die Folgen aus den allgemeinen Vorschriften. Zunächst hat der VN Anspruch auf Erfüllung, der natürlich auch gerichtlich durchsetzbar ist. Ferner kommen bei einer falschen oder unterbliebenen jährlichen Unterrichtung grds. Schadensersatzansprüche in Betracht. Ein Schadensersatz bei einer unterlassenen Information ist dabei nur schwer vorstellbar. Wahrscheinlicher ist da schon, dass der VN auf den falschen Inhalt einer Information vertraut hat und im Vertrauen hierauf Dispositionen getroffen hat, die er sonst nicht getroffen hätte. Weitere Voraussetzung wäre insb., dass der VN die Mitteilung als verbindliche Aussage zur Höhe seines Anspruchs verstanden hat und verstehen musste und dass der Schaden nicht eingetreten wäre, wenn er die richtige Information erhalten hätte.

§ 156 Kenntnis und Verhalten der versicherten Person

Soweit nach diesem Gesetz die Kenntnis und das Verhalten des Versicherungsnehmers von rechtlicher Bedeutung sind, ist bei der Versicherung auf die Person eines anderen auch deren Kenntnis und Verhalten zu berücksichtigen.

I. Regelungsgehalt

Wird die Versicherung auf den Tod eines anderen genommen, so ist sie regelmäßig nicht „auf fremde Rechnung" iSd §§ 43 ff abgeschlossen, so dass § 47 Abs. 1 nicht anwendbar ist, obwohl der Sachverhalt vergleichbar ist und daher ein entsprechendes Regelungsbedürfnis besteht. Entsprechend dem Sinn und Zweck von § 47 wird der Lebensversicherer durch diese Norm **vor falschen Angaben der versicherten Person** geschützt, die häufig als einzige am Vertragsschluss beteiligte Person von den gefahrerheblichen Umständen Kenntnis hat.

2 Bedient sich der VN eines Vertreters bei Abschluss des Vertrages, so könnte fraglich sein, ob auch in diesem Fall die Norm unmittelbar oder analog anzuwenden ist. Da der Vertragsabschluss durch einen Vertreter aber in § 20 auch für die Lebensversicherung umfassend und mit identischen Rechtsfolgen geregelt wird, dürfte diese Frage kaum praktische Relevanz haben. Sollte sich trotzdem im Einzelfall einmal die Frage der Zurechnung des Wissens von versicherter Person oder Vertreter stellen, so dürfte viel für eine analoge Anwendung zur Füllung einer Regelungslücke sprechen.

II. Abdingbarkeit

3 Nach einer Auffassung ist die Norm zwingend, ohne dass dies weiter begründet wird.[1] § 171 nimmt jedenfalls nicht Bezug auf § 156, so dass grds. vom Inhalt der Norm auch zum Nachteil des VN, der versicherten Person oder des Bezugsberechtigten abgewichen werden kann.[2] So muss zB bei der Versicherung eines Kindes durch die Großeltern als VN auch die Kenntnis der Eltern Berücksichtigung finden können. Dementsprechend ist die dargestellte Auffassung nur dann zutreffend, wenn man § 156 nicht als abschließende Regelung begreift.

4 Nach einer anderen Auffassung unterliegt die Regelung zwar der Disposition des VR, indes enthalte sie keine Legitimation zur Ausweitung des relevanten Personenkreises durch AVB.[3] Einer Legitimation bedarf es wegen des Grundsatzes der Vertragsfreiheit zwar nicht, aber es ist natürlich richtig, dass eine Ausweitung des relevanten Personenkreises nicht gegen § 307 BGB verstoßen darf, den VN also nicht ungemessen benachteiligen darf.

§ 157 Unrichtige Altersangabe

[1]Ist das Alter der versicherten Person unrichtig angegeben worden, verändert sich die Leistung des Versicherers nach dem Verhältnis, in welchem die dem wirklichen Alter entsprechende Prämie zu der vereinbarten Prämie steht. [2]Das Recht, wegen der Verletzung der Anzeigepflicht von dem Vertrag zurückzutreten, steht dem Versicherer abweichend von § 19 Abs. 2 nur zu, wenn er den Vertrag bei richtiger Altersangabe nicht geschlossen hätte.

I. Regelungsgehalt

1 Das Alter der versicherten Person ist für den Lebensversicherer ein erheblicher Gefahrumstand iSd § 19 Abs. 1. Daher wird der VR regelmäßig nach dem Alter fragen. Unterläuft dem VN bei seiner Angabe ein Fehler, so könnte der VR ohne diese Norm vom Vertrag zurücktreten. Statt dieser Rücktrittsmöglichkeit sieht die Norm in S. 1 für den Fall der unrichtigen Altersangabe eine **Vertragsanpassung** vor. Weitere Voraussetzung ist, dass das richtige Alter der versicherten Person in den Grenzen liegt, welche durch den Geschäftsplan für den Abschluss des entsprechenden Vertrages vorgesehen sind.[1]

2 Ein **Rücktritt** als Ausnahme zur Vertragsanpassung ist nach S. 2 nur dann möglich, wenn der VR den Vertrag bei richtiger Altersangabe gar nicht oder nicht mit diesem Tarif geschlossen hätte.[2] Dies würde sich dann aus den technischen Unterla-

---

1 Prölss/Martin/*Reiff*, § 156 Rn 4.
2 So auch Bruck/Möller/*Winter*, § 156 Rn 37; Römer/Langheid/*Langheid*, § 156 Rn 3.
3 Looschelders/Pohlmann/*Krause*, § 155 Rn 5.
1 van Bühren/*Prang*, § 14 Rn 159; Prölss/Martin/*Schneider*, § 157 Rn 1; Looschelders/Pohlmann/*Peters*, § 157 Rn 2.
2 Prölss/Martin/*Schneider*, § 157 Rn 1.

...gen des abgeschlossenen Tarifs ergeben. Der VN kann nicht verlangen, dass jüngere technische Unterlagen oder technische Unterlagen eines anderen Tarifs zugrunde gelegt werden. Weiter wird gefordert, dass die weiteren Voraussetzungen des § 19 vorliegen müssen, also insb. Vorsatz oder grobe Fahrlässigkeit gegeben sein muss.[3] An diesem Erfordernis wird man zweifeln können, denn die Kündigung nach § 19 Abs. 3, § 166 als Alternative zum Rücktritt mit der Folge einer Umwandlung in eine prämienfreie Versicherung passt nicht dazu, dass bei richtigem Verlauf das Vertragsverhältnis nie zustande gekommen wäre. Da es aber kaum vorstellbar ist, dass der VN das Fehlen der groben Fahrlässigkeit in einem Verfahren schlüssig vortragen und dann auch nachweisen kann, wird es auf diese Frage in der Praxis nicht ankommen. Im Übrigen ist ein Rücktritt nach § 19 wegen unrichtiger Altersangabe ausgeschlossen.[4] Die Rechte nach S. 1 und S. 2 bestehen **unabhängig** voneinander.[5]

Die Leistungsanpassung ist nicht an ein Verschulden geknüpft und tritt **kraft Gesetzes** ein, ohne dass es der Erklärung der einen oder anderen Seite bedarf.[6] 3

Liegt allerdings **Arglist** des VN vor, so stellt sich die Frage, ob der Vertrag nach § 22 VVG, § 123 BGB **anfechtbar** ist. Da in diesem Fall der VN nicht schutzwürdig ist und auch S. 2 nur auf § 19 S. 2 verweist, besteht in derartigen Fällen ein Anfechtungsrecht für den VR.[7] 4

Die Anpassung ist **zeitlich nicht limitiert** und kann daher grds. auch noch nach Auszahlung der Versicherungsleistung vorgenommen werden, solange nicht Verjährung eintritt.[8] 5

Bei Vorliegen der Voraussetzungen des S. 1 ändert sich nicht die Prämie, also die Leistungspflicht des VN, sondern die Leistungspflicht des VR. Die Leistungspflicht des VR ändert sich in dem Verhältnis, in welchem die dem wirklichen Alter entsprechende Prämie zu der vereinbarten Prämie steht. Für die Ermittlung der dem wirklichen Alter entsprechenden Prämie sind die technischen Unterlagen des VR beim Vertragsabschluss maßgeblich, also der Geschäftsplan für den abgeschlossenen Tarif.[9] 6

Hat der VR seine vertragliche Leistung bereits erbracht und war diese zu hoch, so hat er nach den allgemeinen Regeln einen Anspruch nach § 812 BGB.[10] Ergibt sich demgegenüber, dass der VR eine höhere als die erbrachte Leistung schuldet, so kann der VN den verbliebenen Teil des Primärleistungsanspruchs geltend machen.[11] 7

II. Abdingbarkeit

Von der Vorschrift kann nach § 171 nicht zum Nachteil des VN, der versicherten Person oder des Eintrittsberechtigten abgewichen werden. 8

---

3 Prölss/Martin/*Schneider*, § 157 Rn 5; Looschelders/Pohlmann/*Peters*, § 157 Rn 4.
4 Römer/Langheid/*Römer*, § 162 Rn 2; Prölss/Martin/*Schneider*, § 157 Rn 1.
5 Prölss/Martin/*Schneider*, § 157 Rn 3.
6 Prölss/Martin/*Schneider*, § 157 Rn 3; Römer/Langheid/*Langheid*, § 157 Rn 4; van Bühren/*Prang*, § 14 Rn 159; Looschelders/Pohlmann/*Peters*, § 157 Rn 4.
7 Prölss/Martin/*Schneider*, § 157 Rn 1; Looschelders/Pohlmann/*Peters*, § 157 Rn 2; Römer/Langheid/*Langheid*, § 157 Rn 4.
8 Prölss/Martin/*Schneider*, § 157 Rn 3; Looschelders/Pohlmann/*Peters*, § 157 Rn 4; Römer/Langheid/*Langheid*, § 157 Rn 5.
9 Römer/Langheid/*Langheid*, § 157 Rn 5.
10 Römer/Langheid/*Langheid*, § 157 Rn 5; Prölss/Martin/*Schneider*, § 157 Rn 3; Looschelders/Pohlmann/*Peters*, § 157 Rn 4.
11 Prölss/Martin/*Schneider*, § 157 Rn 3.

III. Beweislast

9 Macht der VR ein Rücktrittsrecht (S. 2) geltend, so hat er darzulegen und ggf zu beweisen, dass er bei richtiger Altersangabe den Vertrag überhaupt nicht geschlossen hätte.[12] Da es sich bei den Geschäftsplänen und den geschäftsplanmäßigen Erklärungen allerdings um Geschäftsgeheimnisse des VR handelt, wird man zur Beweisführung nur in Ausnahmefällen eine Vorlage dieser Dokumente bei Gericht fordern können, etwa wenn ernsthaft Zweifel an der entsprechenden Bestätigung des VR oder dessen verantwortlichem Aktuar bestehen. Insoweit ist es regelmäßig ausreichend, wenn der VR durch einen seiner Mitarbeiter oder seinen verantwortlichen Aktuar den diesbezüglichen Inhalt seiner Geschäftspläne schriftlich oder als Zeuge in der mündlichen Verhandlung bestätigt.

§ 158 Gefahränderung

(1) Als Erhöhung der Gefahr gilt nur eine solche Änderung der Gefahrumstände, die nach ausdrücklicher Vereinbarung als Gefahrerhöhung angesehen werden soll; die Vereinbarung bedarf der Textform.

(2) ¹Eine Erhöhung der Gefahr kann der Versicherer nicht mehr geltend machen, wenn seit der Erhöhung fünf Jahre verstrichen sind. ²Hat der Versicherungsnehmer seine Verpflichtung nach § 23 vorsätzlich oder arglistig verletzt, beläuft sich die Frist auf zehn Jahre.

(3) § 41 ist mit der Maßgabe anzuwenden, dass eine Herabsetzung der Prämie nur wegen einer solchen Minderung der Gefahrumstände verlangt werden kann, die nach ausdrücklicher Vereinbarung als Gefahrminderung angesehen werden soll.

I. Normzweck und Anwendungsbereich

1 Es handelt sich bei der Norm um eine **vorrangige Regelung** zu den §§ 23 ff und zu § 41, also den allgemeinen Vorschriften zur Gefahrerhöhung und Gefahrverminderung. Der Gesetzgeber trägt mit dieser Norm dem Umstand Rechnung, dass im Bereich der Lebensversicherung das Versicherungsunternehmen regelmäßig gerade das Risiko des nachträglichen Eintritts von Faktoren wie zB Krankheiten oder Unfällen übernimmt, die einen vorzeitigen Tod des VN zur Folge haben könnten.[1] Auch ist in der Lebensversicherung nicht immer sicher abzugrenzen, welche Änderung der Umstände zugleich eine Gefahränderung darstellt.[2] Daher bedurften die allgemeinen Regelungen der spezialgesetzlichen Anpassung, die mit dieser Norm erfolgte.

2 Gedacht ist die Norm offensichtlich für die **Risikolebensversicherung**.[3] Einer Anwendung in der Rentenversicherung, wo eine Risikoerhöhung in einer lebensverlängernden Maßnahme liegen würde, stehen allgemeine grundsätzliche Erwägungen im Wege, denn eine Klausel, die der versicherten Person eine Verbesserung der Gesundheit verbieten würde, ist mit der allgemeinen Handlungsfreiheit sicherlich nicht vereinbar und wäre sittenwidrig.[4]

II. Gefahrerhöhung (Abs. 1)

3 Grundsätzlich versteht man unter einer Gefahrerhöhung jede nachträglich eintretende, tatsächlich erhebliche Änderung der bei Vertragsschluss tatsächlich vorhan-

---

12 Looschelders/Pohlmann/*Peters*, § 157 Rn 7.
1 Prölss/Martin/*Schneider*, § 158 Rn 6.
2 Begr. RegE, BT-Drucks. 16/3945, S. 98.
3 Bruck/Moeller/*Winter*, § 158 Rn 5.
4 Bruck/Moeller/*Winter*, § 158 Rn 5.

denen, gefahrerheblichen Umstände, wenn diese den Eintritt des Versicherungsfalles wahrscheinlicher macht.[5] Da diese Definition mit Blick auf das in der Lebensversicherung gedeckte Risiko zu einer Einschränkung der persönlichen Handlungsfreiheit und zu großer Unsicherheit führen kann und die versicherte Person ohnehin Risikoerhöhungen tunlichst vermeiden wird, wird der Begriff der Gefahrerhöhung für die Lebensversicherung legal eingeschränkt. Bei der Lebensversicherung liegt nach Abs. 1 eine Gefahrerhöhung iSd §§ 23 ff nur dann vor, wenn die Parteien ausdrücklich in Textform (§ 126 b BGB) **vereinbart** haben, dass genau diese nachträgliche Änderung der Gefahrumstände eine beachtliche Gefahrerhöhung darstellen soll. Ausreichend ist insoweit eine Regelung in den AVB.[6]

In Betracht kommt zB bei einem Nichtrauchertarif die Vereinbarung, dass das **Rauchen** durch die versicherte Person eine Gefahrerhöhung darstellt.[7] Ferner nennt die Gesetzesbegründung als Beispiel das **Ergreifen eines besonders unfallträchtigen Berufs** oder eine **latente Gesundheitsgefährdung** wie Übergewicht.[8] Umgekehrt gilt, dass alle anderen, also alle nicht explizit vereinbarten Änderungen der Umstände keine Gefahrerhöhung darstellen.

Objektive Gefahrausschlüsse, wie der Ausschluss der Kriegsgefahr oder der Ausschluss bestimmter Gefahren wie der Tötung durch Einsatz atomarer, biologischer oder chemischer Waffen, stellen keine Regelungen zur Gefahrerhöhung dar.[9]

Die weiteren Voraussetzungen und die Folgen einer Gefahrerhöhung ergeben sich aus den §§ 23 ff.[10] Dies ergibt sich daraus, dass Abs. 3 explizit von einer Geltung der allgemeinen Vorschriften ausgeht. Eine abweichende, auch für den VN oder die versicherte Person erschwerende Regelung der Rechtsfolgen einer Gefahrerhöhung ist möglich, aber nicht notwendig, da sich § 171 nur auf § 158 und dessen Regelungsgehalt bezieht, zu denen die Rechtsfolgen einer Gefahrerhöhung gerade nicht gehören.

III. Gefahrminderung (Abs. 3)

Auch wenn die Regelungen zur Gefahrerhöhung und zur Gefahrminderung korrespondierend ausgestaltet wurden, so bedeutet dies ausweislich der Gesetzesbegründung[11] und nach der Formulierung des Abs. 3 nicht, dass sich ein Umstand, der sich vereinbarungsgemäß gefahrerhöhend und damit prämienerhöhend auswirken soll, für den Fall des nachfolgenden Wegfalls wieder prämienmindernd auswirkt oder auswirken muss. Zwar ist dies grds. für den VN nachteilig, weshalb es unter Verbraucherschutzgesichtspunkten Kritik an dieser Regelung geben mag. Indes lassen sich einmal eingetretene nachteilige Veränderungen der Gefahrumstände nur in den seltensten Fällen durch Beseitigung der Ursache revidieren. Eine versicherte Person erreicht eben nicht dadurch, dass sie nach vielen Jahren intensiven Rauchens dieses einstellt, wieder dieselbe statistische Lebenserwartung wie jemand, der nie geraucht hat. Denkbar ist allerdings ein Wegfall einer Änderung des Berufs, wenn etwa die versicherte Person einen besonders gefährlichen Beruf aufgibt. Dementsprechend reicht es nicht aus, dass die Voraussetzungen des § 41 vorliegen, sondern zusätzlich zur Minderung der Gefahrumstände muss ausdrücklich vereinbart worden sein, dass diese Minderung auch als Gefahrminderung iSd § 41 ange-

---

5 BGH 10.1.1951 – II ZR 21/50, NJW 1951, 231.
6 BGH 27.6.1984 – IVa ZR 1/83, VersR 1984, 884; Prölss/Martin/*Schneider*, § 158 Rn 7; Bruck/Moeller/*Winter*, § 158 Rn 12.
7 So auch Veith/Gräfe/*Gebert/Schnepp*, § 10 Rn 317.
8 Begr. RegE, BT-Drucks. 16/3945, S. 98.
9 Bruck/Moeller/*Winter*, § 158 Rn 9.
10 Prölss/Martin/*Schneider*, § 158 Rn 7; aA Looschelders/Pohlmann/*Krause*, § 157 Rn 3.
11 Begr. RegE, BT-Drucks. 16/3945, S. 98.

sehen werden soll. Es kommt also auch hier maßgeblich auf den Parteiwillen an. Die Folge einer Gefahrminderung ergibt sich dann aus § 41.

IV. Ausschlussfrist (Abs. 2)

8   Nach Abs. 2 S. 1 besteht eine Ausschlussfrist, die dazu führt, dass der VR nur binnen **fünf Jahren** eine Gefahrerhöhung geltend machen und Folgen für den Vertrag aus dieser ableiten kann. Nach Ablauf dieser Frist kann er sich auf die Gefahrerhöhung nicht mehr berufen. Die Ausschlussfrist nach Abs. 2 S. 1 wurde von früher zehn auf nunmehr fünf Jahre – außer bei Vorsatz und Arglist (Abs. 2 S. 2) – verkürzt, damit der VN innerhalb eines angemessenen Zeitraums Sicherheit darüber bekommt, ob der Vertrag mit dem vereinbarten Inhalt Bestand hat. Die anderenfalls denkbare Rückabwicklung oder rückwirkende Anpassung des Vertrages nach vielen Jahren würde nach Einschätzung des Gesetzgebers zu unzumutbaren Belastungen des VN führen, denen keine hinreichend schutzwürdigen Interessen des VR gegenüberstünden.[12]

9   Die Ausschlussfrist gilt grds. nur für die **Gefahrerhöhung**. Tritt eine Gefahrminderung im Sinne der Vorschrift ein, so kann der VN sich also grds. jederzeit auf diese berufen und eine Herabsetzung der Prämie für die Zukunft verlangen. Einem solchen Verlangen sind allerdings nach den allgemeinen Vorschriften Grenzen gesetzt, indem der VN nach Treu und Glauben (§ 242 BGB) sein Recht verwirkt haben könnte. Abs. 3 gibt insofern einen Anhaltspunkt für das erforderliche Zeitmoment, so dass dieses nach fünf Jahren regelmäßig erfüllt sein dürfte.[13]

V. Abdingbarkeit

10   Von der Vorschrift kann nach § 171 nicht zum Nachteil des VN, der versicherten Person oder des Eintrittsberechtigten abgewichen werden.

§ 159 Bezugsberechtigung

(1) Der Versicherungsnehmer ist im Zweifel berechtigt, ohne Zustimmung des Versicherers einen Dritten als Bezugsberechtigten zu bezeichnen sowie an die Stelle des so bezeichneten Dritten einen anderen zu setzen.

(2) Ein widerruflich als bezugsberechtigt bezeichneter Dritter erwirbt das Recht auf die Leistung des Versicherers erst mit dem Eintritt des Versicherungsfalles.

(3) Ein unwiderruflich als bezugsberechtigt bezeichneter Dritter erwirbt das Recht auf die Leistung des Versicherers bereits mit der Bezeichnung als Bezugsberechtigter.

I. Normzweck 1	8. Unwiderrufliches Bezugsrecht (Abs. 3) 22
II. Voraussetzungen 4	9. Änderung der Bezugsberechtigung durch Verfügung von Todes wegen 24
1. Bezeichnung (Erklärung) 4	III. Rechtsfolgen 25
2. Form 8	IV. Abdingbarkeit 29
3. Inhalt der Erklärung 10	V. Beweislast 31
4. Verfügungsberechtigter 15	
5. Bezugsberechtigter 17	
6. Strittige Fälle 20	
7. Widerrufliches Bezugsrecht (Abs. 2) 21	

---

12 Begr. RegE, BT-Drucks. 16/3945, S. 66.
13 Prölss/Martin/*Schneider*, § 158 Rn 9.

I. Normzweck

Bei einer Lebens- oder Rentenversicherung kann für den VN das Bedürfnis entstehen, die Ansprüche aus dem Vertrag an einen Dritten zu übertragen. Dabei sind grds. die §§ 328 ff BGB anwendbar.[1] Die §§ 159 und 160 ergänzen diese allgemeinen Vorgaben und treffen bestimmte Sonderregelungen. So bezeichnet das Gesetz die begünstigte dritte Person als „**Bezugsberechtigten**".

Nach den §§ 328 ff BGB bedarf ein Vertrag zu Gunsten Dritter einer Vereinbarung zwischen Gläubiger und Schuldner, also zwischen VR und VN. Dementsprechend müsste der VR zustimmen, wenn der VN einen anderen als Bezugsberechtigten einsetzen oder die Bezugsberechtigung ändern wollte. Verständigen sich VN und VR über die Möglichkeit zur Benennung eines Bezugsberechtigten, etwa bereits bei Vertragsabschluss im Rahmen der AVB oder später durch entsprechende Vereinbarung, so besteht keine Regelungsnotwendigkeit für den Gesetzgeber. Mangelt es aber an einer solchen Regelung, so soll nach **Abs. 1** der VN berechtigt sein, auch ohne die Zustimmung des VR einen Bezugsberechtigten zu bezeichnen oder die Bezugsberechtigung zu ändern. Eine Bezugsberechtigung ist danach im Zweifel stets widerruflich.

Die **Abs. 2 und 3** geben **Auslegungshilfen** für den Fall, dass ein Dritter gem. Abs. 1 als widerruflich oder unwiderruflich bezugsberechtigt bezeichnet wurde. Während ein **widerruflich** als bezugsberechtigt bezeichneter Dritter den Anspruch auf die Versicherungsleistung erst mit dem Eintritt des Versicherungsfalles erwirbt (Abs. 2), erwirbt der **unwiderruflich** als bezugsberechtigt bezeichnete Dritte das Recht auf die Leistung des VR bereits mit der Bezeichnung als Bezugsberechtigter (Abs. 3). Abs. 3 ist insofern lex specialis zu § 331 Abs. 1 BGB.

II. Voraussetzungen

1. Bezeichnung (Erklärung). Die Norm kommt zur Anwendung, wenn der VN entweder gelegentlich des Abschlusses des Vertrages oder später einen Dritten als bezugsberechtigt gegenüber dem VR bezeichnet. Ausreichend für die **Begründung** wie auch für die **Änderung** der Bezugsberechtigung ist eine einseitige, empfangsbedürftige Willenserklärung des Verfügungsberechtigten gegenüber dem VR.[2] Einer Annahme oder auch nur einer Bestätigung seitens des VR bedarf es nicht.[3] Auch wenn die (erste) Erklärung über die Bezugsberechtigung (formal) Teil der Vertragserklärung des VN war, so bedeutet dies wegen des gesetzlich eingeräumten einseitigen Bestimmungsrechts regelmäßig nicht, dass es sich bei der Bezugsberechtigung um eine Vereinbarung zwischen VN und VR handelt.[4] Auch in diesen Fällen besteht kein Bedürfnis, dem VN die Möglichkeit zur künftigen Änderung der Bezugsberechtigung zu nehmen. Vielmehr ist auch dann diese Bezeichnung im Zweifel nicht Teil des Vertrages, sondern hat selbständigen Charakter.[5]

Demgegenüber entfaltet eine Vereinbarung des VN mit einem Dritten über eine Bezugsberechtigung allein gegenüber dem VR keine Wirkung. Eine solche Vereinbarung betrifft (nur) das **Valutaverhältnis** und räumt dem Dritten gegenüber dem VN den Anspruch auf Benennung als Bezugsberechtigten gegenüber dem VR ein.

---

1 BGH 22.9.2005 – III ZR 295/04, NJW 2005, 3778; OLG Hamm 14.1.2009 – 20 U 40/08, VersR 2010, 200; Palandt/*Grüneberg*, Einf. v. § 328 BGB Rn 2, § 330 BGB Rn 2; Römer/Langheid/*Langheid*, § 159 Rn 2; van Bühren/*Prang*, § 14 Rn 444.
2 OLG Zweibrücken 24.1.2013 – 4 U 107/12, r+s 2014, 420; Prölss/Martin/*Schneider*, § 159 Rn 4; Römer/Langheid/*Langheid*, § 159 Rn 8.
3 OLG Zweibrücken 24.1.2013 – 4 U 107/12, r+s 2014, 420; Römer/Langheid/*Langheid*, § 159 Rn 8; Prölss/Martin/*Schneider*, § 159 Rn 4; Looschelders/Pohlmann/*Peters*, § 159 Rn 8.
4 Römer/Langheid/*Langheid*, § 159 Rn 8.
5 Römer/Langheid/*Langheid*, § 159 Rn 8.

Dieser schuldrechtliche Vertrag kann wegen seiner Rechtsnatur Rechte und Pflichten auch nur innerhalb dieses Valutaverhältnisses auslösen.[6] Erst wenn das Bezugsrecht auch im **Deckungsverhältnis**, also zwischen VN und VR, bestimmt wird, entfaltet es gegenüber dem VR Wirkung. Zwischen Valuta- und Deckungsverhältnis ist stets strikt zu unterscheiden.[7]

5a Der als bezugsberechtigt eingesetzte Dritte braucht selber zunächst keine Erklärung abzugeben.[8] Es ist nicht einmal erforderlich, dass der als bezugsberechtigt Benannte von der Bezugsberechtigung vor Fälligkeit des Anspruchs Kenntnis erhält. Erfährt der bezugsberechtigte Dritte vor Fälligkeit des Anspruchs nichts von seiner Bezugsberechtigung, so liegt häufig eine **Schenkung** vor, wobei mit der Auszahlung oder dem Auszahlungsangebot der VR als Bote des VN dessen Schenkungsangebot überbringt, das dann der Bezugsberechtigte durch die Annahme des Geldes konkludent annehmen kann.[9] Die Einräumung des widerruflichen Bezugsrechts ohne Information des Bezugsberechtigten umfasst also regelmäßig den Auftrag an den VR, dem Dritten das **Schenkungsangebot als Bote** zu überbringen.[10] Soweit der VR in einem solchen Fall nur Belege für den erhobenen Anspruch anfordert, wie zB Versicherungsschein oder Sterbeurkunde, liegt darin noch nicht die Übermittlung des Schenkungsangebots.[11] Der Dritte muss allerdings die Leistung des VR nicht annehmen, sondern kann sie durch einseitige empfangsbedürftige Willenserklärung gegenüber dem VR zurückweisen, § 333 BGB.[12] Das Recht gilt dann als nicht erworben, mit der Folge, dass es dem VN bzw dessen Erben zusteht, § 160 Abs. 3.[13] Das **Zurückweisungsrecht** endet mit der Annahme.[14] Informiert der VN den Bezugsberechtigten nicht und erteilt stattdessen (konkludent) dem VR einen Botenauftrag und hängt von der Ausführung dieses Auftrags das Valutaverhältnis ab, so können die Erben zwar nicht das Deckungsverhältnis, wohl aber das Valutaverhältnis zu Fall bringen, indem sie den Botenauftrag widerrufen.[15] Will der VR nicht das Risiko eingehen, wie ein vollmachtloser Vertreter zu haften, wird er die Erklärung nicht mehr übermitteln.[16] Auch der Bezugsberechtigte kann im Fall der Schenkung gegenüber dem VR das Valutaverhältnis nicht zu Fall bringen, da eine Ablehnung der Schenkung gegenüber dem Schenkenden, also dem VN, zu erfolgen hat, § 516 Abs. 2 BGB, und der VR nicht dessen Vertreter, sondern nur dessen Bote ist.

6 Die Erklärung hat, da **Gestaltungsrecht**, Verfügungscharakter und ändert inhaltlich den VersVertrag.[17] Die Erklärung muss also hinreichend deutlich sein und klar erkennen lassen, in welcher Weise die Bezugsberechtigung ausgestaltet sein soll.

---

6 BGH 19.6.1996 – IV ZR 243/95, NJW 1996, 2731; BGH 21.5.2008 – IV ZR 238/06, VersR 2008, 1054.
7 BGH 10.4.2013 – IV ZR 38/12, VersR 2013, 1029; van Bühren/*Prang*, § 14 Rn 468.
8 Römer/Langheid/*Langheid*, § 159 Rn 9.
9 BGH 21.5.2008 – IV ZR 238/06, VersR 2008, 1054.
10 BGH 21.5.2008 – IV ZR 238/06, VersR 2008, 1054; Römer/Langheid/*Langheid*, § 159 Rn 9.
11 BGH 21.5.2008 – IV ZR 238/06, VersR 2008, 1054.
12 Römer/Langheid/*Langheid*, § 159 Rn 9; Prölss/Martin/*Schneider*, § 159 Rn 4; Looschelders/Pohlmann/*Peters*, § 159 Rn 8.
13 Palandt/*Grüneberg*, § 333 BGB Rn 3.
14 Palandt/*Grüneberg*, § 333 BGB Rn 2.
15 BGH 21.5.2008 – IV ZR 238/06, VersR 2008, 1054.
16 BGH 21.5.2008 – IV ZR 238/06, VersR 2008, 1054 (Haftung als vollmachtloser Vertreter in diesen Fällen ist allerdings strittig).
17 BGH 28.9.1988 – IVa ZR 126/87, VersR 1988, 1236; Prölss/Martin/*Schneider*, § 159 Rn 8.

Entsprechendes gilt auch für den **Widerruf** eines Bezugsrechts. Allein das Schweigen des VN auf eine Anfrage des VR zum Bestehen eines Bezugsrechts kann nicht als Widerruf einer bestehenden Bezugsberechtigung aufgefasst werden.[18]

2. Form. Gesetzlich ist für die Bestimmung des Bezugsrechts keine bestimmte Form vorgeschrieben. Regelmäßig verlangen die AVB der VR Schrift- oder zumindest Textform. Hierzu bestimmt § 9 Abs. 4 S. 1 der Allgemeinen Bedingungen für die kapitalbildende Lebensversicherung:[19]

„Die Einräumung und der Widerruf eines Bezugsrechts (Absatz 2) sowie die Abtretung und die Verpfändung (Absatz 3) sind uns gegenüber nur und erst dann wirksam, wenn sie uns vom bisherigen Berechtigten in Schriftform (d.h. durch ein eigenhändig unterschriebenes Schriftstück) angezeigt worden sind."

Da der Inhalt der Norm insgesamt dispositiv ist, ist das nicht zu beanstanden. Die Konstituierung des Schriftformerfordernisses ist vielmehr zu begrüßen, da hierdurch die Bedeutung der Verfügung unterstrichen und der Nachweis erleichtert wird. Am 4.2.2015 hat das BMJV im Internet einen Gesetzentwurf der Bundesregierung[20] veröffentlicht, der eine strengere Form als Textform in Allgemeinen Vertragsbedingungen verbietet. Wird das Gesetz so verabschiedet, wäre die Schriftformklausel des § 9 Abs. 4 S. 1 ALB 2014 anzupassen.

3. Inhalt der Erklärung. Die Regelung berechtigt den VN nach ihrem Wortlaut nur, **einen Dritten** klar und eindeutig zu bezeichnen. Aus der Regelung des § 160 ergibt sich indes, dass der „Dritte" auch eine Personenmehrheit sein kann. Ohne entsprechende anderweitige Regelung in den AVB wird man also davon ausgehen müssen, dass auch eine **Personenmehrheit** als bezugsberechtigt benannt werden kann. Als Bezugsberechtigter kann jede **natürliche oder juristische Person** benannt werden, wenn sich aus den ALB nichts anderes ergibt. Insbesondere ist es nicht erforderlich, dass der Bezugsberechtigte geschäftsfähig ist.[21]

Das Bezugsrecht bezieht sich auf die **Leistung(en) des VR**. Es bezieht sich nicht auf andere Rechte des VN, wie etwa das Recht zur Kündigung, zur Beitragsfreistellung, zur Wiederaufnahme der Prämienzahlung oder zur Zuzahlung.[22] Die **Reichweite** des Bezugsrechts richtet sich nach dem im Rahmen des rechtlich Möglichen erklärten Willen des VN. So kann die Bezugsberechtigung zeitlich oder inhaltlich **eingeschränkt** werden und einen Teil oder auch alle aus dem VersVertrag fällig werdenden Ansprüche umfassen. Der VN kann auch nach Todes- und Erlebensfall differenzieren und so ein geteiltes Bezugsrecht schaffen.[23]

Der VN kann auch die Festlegung treffen, dass das Bezugsrecht gegenüber einer ggf erst noch vorzunehmenden **Sicherungsabtretung nachrangig** sein soll.[24] So wird die Anzeige einer Sicherungsabtretung bei einem VR und sogar der explizite „Widerruf" der Bezugsberechtigung unter gleichzeitiger Anzeige einer Sicherungsabtretung stets dahin gehend auszulegen sein, dass der Widerruf nur für die Dauer und die jeweilige Höhe der gesicherten Forderung gilt und das Bezugsrecht im Übrigen erhalten bleibt und lediglich im Rang hinter die Rechte des Sicherungsnehmers zu-

---

18 BGH 17.10.2002 – IX ZR 3/01, VersR 2002, 218; Prölss/Martin/*Schneider*, § 159 Rn 8.
19 Musterbedingungen des GDV, Stand: 6.8.2014.
20 Entwurf eines Gesetzes zur Verbesserung der zivilrechtlichen Durchsetzung von verbraucherschützenden Vorschriften des Datenschutzrechts.
21 Prölss/Martin/*Schneider*, § 159 Rn 4; Looschelders/Pohlmann/*Peters*, § 159 Rn 9.
22 BGH 2.12.2009 – IV ZR 65/09, VersR 2010, 517; van Bühren/*Prang*, § 14 Rn 446.
23 BGH 2.12.2009 – IV ZR 65/09, NJW-RR 2010, 544; Prölss/Martin/*Schneider*, § 159 Rn 6; MAH VersR/*Höra/Leithoff*, § 25 Rn 265.
24 BGH 25.4.2001 – IV ZR 305/00, VersR 2001, 883; Römer/Langheid/*Langheid*, § 159 Rn 11.

rücktritt.[25] Dies gilt unabhängig davon, ob eine eigene Verbindlichkeit des VN oder eine fremde (Kontokorrent-)Verbindlichkeit besichert werden soll. Dabei kann bei der Sicherung einer eigenen Verbindlichkeit regelmäßig davon ausgegangen werden, dass mit dem Versicherungsfall auch der Sicherungsfall eintreten soll.[26]

13 Wird nicht die volle Versicherungsleistung zur Tilgung der besicherten Verbindlichkeit benötigt, so kommt es im Fall des Todes der versicherten Person zu einer Aufspaltung des Anspruchs auf die Todesfallleistung zwischen Sicherungsnehmer und Bezugsberechtigtem.[27] Der Bezugsberechtigte hat Anspruch auf den verbleibenden Überschuss, ohne dass es einer weiteren Rechtshandlung bedarf.[28] Bei der Stellung einer Fremdsicherheit tritt mit dem Versicherungsfall hingegen nicht stets auch der Sicherungsfall ein, da regelmäßig die Interessen von Schuldner und Gläubiger dem entgegenstehen.[29] In diesem Fall erhält der Sicherungsnehmer den Anspruch auf die Versicherungsleistung oder, wenn er zur Einziehung berechtigt ist, die an deren Stelle tretende Valuta und kann diese bis zum Eintritt des Sicherungsfalles behalten. Der Bezugsberechtigte hat im Rahmen der Sicherungsabrede nunmehr einen Anspruch gegen den Sicherungsnehmer auf Zahlung des Betrages, um den die Versicherungsleistung die gesicherte Forderung im Zeitpunkt des Sicherungsfalles übersteigt.[30]

14 Da die gesetzlichen Möglichkeiten des VN regelmäßig mit einem erhöhten Verwaltungsaufwand beim VR korrespondieren, kann der VR sie ggf durch entsprechende Gestaltung der ALB einschränken und auch eine Gebühr für die Benennung oder Änderung des Bezugsberechtigten festlegen.

15 **4. Verfügungsberechtigter.** Der Erklärende muss zur Verfügung berechtigt sein. Berechtigt ist im Regelfall der VN,[31] sogar nach erfolgter Sicherungsabtretung.[32] Zwar tritt bei einer Abtretung grds. der Zessionar in die Rechtsstellung des Zedenten ein, so dass dem Zessionar sämtliche Rechte des VN zustehen. Allerdings bewirkt das nicht, dass der VN nach der Abtretung das Bezugsrecht nicht mehr wirksam ändern oder begründen könnte. Unter Berücksichtigung der Sicherungsabrede wird man nämlich regelmäßig zu dem Ergebnis kommen, dass das Recht, ein Bezugsrecht zu begründen oder zu ändern, insoweit beim VN verbleiben soll, als der Sicherungszweck nicht berührt wird.[33] In diesem Sinne ist auch § 9 Abs. 4 S. 2 und 3 ALB 2014 zu verstehen:

„Der bisherige Berechtigte sind im Regelfall Sie als unser Versicherungsnehmer. Es können aber auch andere Personen sein, sofern Sie bereits zuvor Verfügungen (z.B. unwiderrufliche Bezugsberechtigung, Abtretung, Verpfändung) getroffen haben."

16 Der „bisherige Berechtigte" ist also nicht die bislang widerruflich als bezugsberechtigt bezeichnete Person, sondern im Regelfall der VN. Die Erklärung der als bezugsberechtigt bezeichneten Person ist demgegenüber dann erforderlich, wenn die Bezeichnung unwiderruflich erfolgte.

---

25 BGH 18.1.2012 – IV ZR 196/10, NJW 2012, 1003; BGH 27.10.2010 – IV ZR 22/09, WM 2010, 2324; BGH 8.5.1996 – IV ZR 112/95, NJW 1996, 2230; Römer/Langheid/*Langheid*, § 159 Rn 24; Prölss/Martin/*Schneider*, § 159 Rn 6.
26 BGH 27.10.2010 – IV ZR 22/09, WM 2010, 2324.
27 BGH 27.10.2010 – IV ZR 22/09, WM 2010, 2324.
28 BGH 27.10.2010 – IV ZR 22/09, WM 2010, 2324; krit. Prölss/Martin/*Schneider/Reiff*, § 13 ALB 86 Rn 57.
29 BGH 27.10.2010 – IV ZR 22/09, WM 2010, 2324; Römer/Langheid/*Langheid*, § 159 Rn 25.
30 BGH 27.10.2010 – IV ZR 22/09, WM 2010, 2324.
31 Römer/Langheid/*Langheid*, § 159 Rn 8.
32 OLG Köln 29.3.1990 – 5 U 151/89, VersR 1990, 1338; Römer/Langheid/*Langheid*, § 159 Rn 26.
33 Römer/Langheid/*Langheid*, § 159 Rn 26.

5. Bezugsberechtigter. Der Bezugsberechtigte ist nicht Vertragspartner des VR. Für die Einräumung eines Bezugsrechts sind die Erklärung des Begünstigten und auch dessen Wissen um die Einräumung des Bezugsrechts entbehrlich. Der Bezugsberechtigte hat grds. auch keinen Anspruch gegen den VR darauf, dass dieser ihn über die Einräumung des Bezugsrechts informiert. Auch über andere Umstände, das Vertragsverhältnis betreffend, zB einen Zahlungsverzug des VN oder die Höhe der zu erwartenden Leistungen, besteht keine Informationspflicht des VR gegenüber dem Bezugsberechtigten.[34]

Wird der Bezugsberechtigte aber von VR und VN am Vertragsverhältnis beteiligt, so können zu Gunsten des Bezugsberechtigten ggf vertragliche Nebenpflichten für den VR entstehen.[35] So kann die Anwesenheit des Bezugsberechtigten beim Vertragsabschluss vorvertragliche Sorgfaltspflichten über § 311 Abs. 2 Nr. 2 BGB bewirken.[36] Die Einräumung einer Bezugsberechtigung soll zugunsten des bezugsberechtigten Dritten vertragliche Nebenpflichten begründen.[37] Derartige Pflichten sollen konkret dadurch verletzt werden können, dass die VersVertreter ein zugesagtes Formular zur Bezugsrechtsänderung nicht übersandten.[38] Ob diese Annahme über den entschiedenen (tragischen) Einzelfall hinaus verallgemeinerungsfähig ist, ist allerdings zweifelhaft, denn die Vertreter wollten wohl in erster Linie ihrer Beratungspflicht aus dem VersVertrag gegenüber dem VN genügen, nicht gegenüber dem ins Auge gefassten Bezugsberechtigten. Diesem gegenüber ebenfalls eine entsprechende Pflicht anzunehmen, erscheint nicht interessengerecht. Vielmehr wäre zu fragen, inwieweit dem VN bzw nach dessen Tod den Erben ein Schaden durch die Pflichtverletzung entstanden ist.

Eine dingliche Wirkung entfaltet die Bestimmung im Deckungsverhältnis nur dann, wenn es sich um ein **unwiderrufliches** Bezugsrecht handelt.[39]

6. Strittige Fälle. Strittig ist, ob allein die Zustellung eines **Pfändungs- und Überweisungsbeschlusses**, der die Forderung des VN aus der Kapitallebensversicherung sowie die Nebenrechte Kündigung und Bestimmung des Bezugsberechtigten umfasst, eine **Änderung des Bezugsrechts** bewirkt oder ob eine solche Erklärung gesondert gegenüber dem Lebensversicherer abgegeben werden muss.[40] Die jüngeren Entscheidungen berufen sich darauf, dass es sich bei einem Pfändungs- und Überweisungsbeschluss um einen hoheitlichen Akt handele, für dessen Auslegung es allein auf den objektiven Inhalt und nicht auf den Empfängerhorizont ankomme. § 133 BGB finde daher keine Anwendung.[41] Solange sich also ein Pfändungs- und Überweisungsbeschluss nur auf das Recht zum Widerruf der Bezugsberechtigung beziehe und dieses Recht nicht ausgeübt würde, bleibe die Bezugsberechtigung bestehen. Große praktische Bedeutung wird diesem Streit wohl nicht mehr zukommen, da es die Parteien mit einfachen Mitteln in der Hand haben, den sichereren Weg zu gehen und die Bezugsberechtigung explizit zu widerrufen.

---

34 Römer/Langheid/*Langheid*, § 159 Rn 6.
35 BGH 22.9.2005 – III ZR 295/04, NJW 2005, 3778; OLG Hamm 14.1.2009 – 20 U 40/08, VersR 2010, 200.
36 OLG Hamm 14.1.2009 – 20 U 40/08, VersR 2010, 200; Prölss/Martin/*Schneider*, § 159 Rn 14.
37 BGH 22.9.2005 – III ZR 295/04, NJW 2005, 3778; OLG Hamm 14.1.2009 – 20 U 40/08, VersR 2010, 200.
38 OLG Hamm 14.1.2009 – 20 U 40/08, VersR 2010, 200.
39 BGH 19.6.1996 – IV ZR 243/95, NJW 1996, 2731.
40 Pfändungs- und Überweisungsbeschluss ausreichend: OLG Köln 1.10.2001 – 5 U 14/01, VersR 2002, 1544; aA BGH 12.12.2011 – IV ZR 113/10, r+s 2012, 347; OLG Dresden 22.2.2007 – 4 U 2106/06, OLGR 2007, 773; OLG Zweibrücken 14.10.2010 – 1 U 183/09, VersR 2010, 1022.
41 OLG Zweibrücken 14.10.2010 – 1 U 183/09, VersR 2010, 1022.

21 **7. Widerrufliches Bezugsrecht (Abs. 2).** Der VN hat die Möglichkeit, das Bezugsrecht widerruflich oder unwiderruflich auszugestalten. Sofern der VN den Bezugsberechtigten explizit als widerruflich Bezugsberechtigten bezeichnet, erwirbt dieser nach Abs. 2 (erst) mit Eintritt des Versicherungsfalles das Recht auf die Leistung des VR,[42] so dass dem Dritten bis zum Eintritt des Versicherungsfalles noch kein Recht zusteht; er hat nur eine Hoffnung auf die später mit dem Versicherungsfall einmal fällig werdenden Leistungen.[43] Diese **Erwerbsaussicht** kann dem widerruflich als bezugsberechtigt Bezeichneten jederzeit bis zum Eintritt des Versicherungsfalles und ohne seine Zustimmung ganz oder teilweise entzogen oder eingeschränkt werden.[44] Ein lediglich widerrufliches Bezugsrecht liegt aufgrund der Auslegungsregelung nach Abs. 1 auch dann vor, wenn sich der VN zur Widerruflichkeit nicht äußert.[45]

22 **8. Unwiderrufliches Bezugsrecht (Abs. 3).** Bezeichnet der VN einen Dritten explizit, also klar und deutlich,[46] als unwiderruflich bezugsberechtigt, so erwirbt der Dritte das Recht auf die Leistung des VR mit der Bezeichnung als Bezugsberechtigter **sofort**.[47] Ein unwiderruflich eingeräumtes Bezugsrecht kann vom VN einseitig nicht mehr geändert werden. Nach der Einräumung eines unwiderruflichen Bezugsrechts ist der VN zur Rechtsübertragung nicht mehr berechtigt.[48] Auch mögliche Gläubiger des VN können nicht mehr auf die Leistung(en) des VR zugreifen, bzgl. der(er) ein unwiderrufliches Bezugsrecht besteht.[49] Andererseits kann aber der Bezugsberechtigte über seinen Anspruch gegen den VR disponieren, ihn also abtreten, verpfänden, vererben oder auf ihn verzichten.[50] Auch die Gläubiger des Bezugsberechtigten können diesen Anspruch pfänden.[51]

23 Problematisch ist allerdings die Einräumung eines unwiderruflichen Bezugsrechts bei einer **gemischten Todes- und Erlebensfallversicherung**, wenn die Bezeichnung des Bezugsberechtigten nur für den Erlebens- oder nur für den Todesfall erfolgt, also das **Bezugsrecht geteilt** wurde. Das einem Bezugsberechtigten unwiderruflich auf den Erlebensfall eingeräumte Bezugsrecht kann in einem solchen Fall nach früherer Auffassung nämlich nicht zum sofortigen Rechtserwerb führen, da der sofortige Rechtserwerb nur zu Gunsten eines Berechtigten und zwar stets desjenigen, der für den Todesfall bezeichnet wurde, erfolgen kann.[52] Nach dieser Auffassung wird für den Bezugsberechtigten im Erlebensfall nur ein aufschiebend bedingtes Recht begründet.[53] Demgegenüber stellt der BGH in einer jüngeren Entscheidung entscheidend auf die gegenüber dem VR abzugebende Erklärung des VN über die Begründung des Bezugsrechts und den mit der Begründung verfolgten Zweck ab.[54] Danach könne zwar der VN das Bezugsrecht im Erlebensfall vom Anspruch auf den Rückkaufswert im Kündigungsfall trennen, tut er dies aber nicht explizit, so

---

42 BGH 14.7.1993 – IV ZR 242/93, VersR 1993, 1219; BGH 21.5.2008 – IV ZR 238/06, VersR 2008, 1054; BGH 28.4.2010 – IV ZR 73/08, NJW 2010, 3232.
43 BGH 4.3.1993 – IX ZR 169/93, VersR 1993, 689; BGH 27.4.2010 – IX ZR 245/09, VersR 2010, 1021; Römer/Langheid/*Langheid*, § 159 Rn 13; van Bühren/*Prang*, § 14 Rn 449.
44 BGH 4.3.1993 – IX ZR 169/93, VersR 1993, 689; van Bühren/*Prang*, § 14 Rn 449.
45 BGH 17.2.1966 – II ZR 286/63, NJW 1966, 1071.
46 Römer/Langheid/*Langheid*, § 159 Rn 14.
47 OLG Frankfurt 19.12.2001 – 7 U 64/01, VersR 2002, 963; Looschelders/Pohlmann/*Peters*, § 159 Rn 22; van Bühren/*Prang*, § 14 Rn 452.
48 BGH 17.2.1966 – II ZR 286/63, NJW 1966, 1071; Looschelders/Pohlmann/*Peters*, § 159 Rn 22; Römer/Langheid/*Langheid*, § 159 Rn 18.
49 van Bühren/*Prang*, § 14 Rn 453.
50 Looschelders/Pohlmann/*Peters*, § 159 Rn 22; van Bühren/*Prang*, § 14 Rn 453.
51 Looschelders/Pohlmann/*Peters*, § 159 Rn 22; van Bühren/*Prang*, § 14 Rn 453.
52 BGH 17.2.1966 – II ZR 286/63, BGHZ 45, 162 = VersR 1966, 359.
53 OLG Frankfurt 19.12.2001 – 7 U 64/01, VersR 2002, 963.
54 BGH 18.6.2003 – IV ZR 02/59, NJW 2003, 2679.

sei die Erklärung so zu verstehen, dass das Recht des Bezugsberechtigen sämtliche Ansprüche aus dem VersVertrag umfasse. Der für den Erlebensfall Bezugsberechtigte erwerbe danach sofort das unwiderrufliche Bezugsrecht unter der auflösenden Bedingung des Todes der versicherten Person.[55] Dieses Recht kann dabei nur dann durch bestimmte einseitige Erklärungen, zB durch Kündigung des VN, entzogen werden, wenn der VN den Anspruch auf den Rückkaufwert explizit bei der Bezugsrechtsbestellung ausgenommen hat.[56] Ein Widerruf der unwiderruflichen Bezugsberechtigung oder die Ersetzung des für den Erlebensfall bereits Benannten ist aber auch bei diesen Fallgestaltungen nicht möglich.

9. Änderung der Bezugsberechtigung durch Verfügung von Todes wegen. Wegen der Regelung des Abs. 1 ist es für die Anwendung des § 332 BGB nicht erforderlich, dass der VN ausdrücklich die Ersetzungsbefugnis bzgl des widerruflich Bezugsberechtigten vorbehalten muss. Gibt es also keine abweichende Regelung in den AVB, so kann der VN durch Verfügung von Todes wegen die Bezugsberechtigung eines widerruflich Bezugsberechtigten ändern.[57] Voraussetzung ist allerdings, dass diese Änderung dem VR zugeht. Das bedeutet, dass die Verfügung von Todes wegen oder eine diesbezügliche Anzeige den VR auch tatsächlich erreichen muss. Denn erst mit Zugang der Willenserklärung (§ 130 BGB) ändert sich die Bezugsberechtigung. Die Möglichkeit zum Widerruf oder zur Änderung der Bezugsberechtigung erlischt mit dem Eintritt des Versicherungsfalles.[58] Der Zugang einer ändernden Willenserklärung nach Eintritt des Versicherungsfalles kann an der Bezugsberechtigung daher nichts mehr ändern.[59] Nach Eintritt des Versicherungsfalles ist der VR verpflichtet, die Versicherungsleistungen an den ihm bekannten Bezugsberechtigten auszuzahlen, womit Erfüllung eintritt. Bestimmt das Testament einen anderen Bezugsberechtigten als denjenigen, der gegenüber der Versicherung angezeigt wurde, so hat dieser, nach dem Willen des Erblassers eigentlich Berechtigte, einen Anspruch gegen den Zahlungsempfänger der Versicherungsleistungen nach den Regelungen der ungerechtfertigten Bereicherung. Ein Anspruch des nach dem Willen des VN eigentlich Berechtigten gegen den VR besteht nicht.

III. Rechtsfolgen

Der als bezugsberechtigt bezeichnete Dritte kann nach § 331 BGB die Versicherungsleistung nach Eintritt des Versicherungsfalles unmittelbar vom VR fordern,[60] weil er selbst einen **originären Anspruch** gegen die Versicherung erwirbt.[61] Gegenstand des Bezugsrechts sind grds. nur die Ansprüche auf die Leistung des VR, dafür aber alle.[62] Dabei geht der BGH zu Recht davon aus, dass regelmäßig der Anspruch auf Auszahlung des Rückkaufswertes im Fall der Kündigung vom Bezugsrecht umfasst ist, da er nur eine andere Erscheinungsform des Anspruchs auf Auszahlung der Versicherungssumme darstellt.[63] Alle anderen vertraglichen Rechte, insb. das Recht zur Kündigung des Vertrages, verbleiben grds. beim VN oder des-

---

55 BGH 18.6.2003 – IV ZR 02/59, NJW 2003, 2679.
56 BGH 18.6.2003 – IV ZR 02/59, NJW 2003, 2679; aA OLG Frankfurt 19.12.2001 – 7 U 64/01, VersR 2002, 963.
57 Prölss/Martin/*Schneider*, § 159 Rn 8; Römer/Langheid/*Langheid*, § 159 Rn 19.
58 BGH 30.11.1994 – IV ZR 290/93, NJW 1995, 1082 ff.
59 Prölss/Martin/*Schneider*, § 159 Rn 8; Römer/Langheid/*Langheid*, § 159 Rn 19.
60 Römer/Langheid/*Langheid*, § 159 Rn 5; van Bühren/*Prang*, § 14 Rn 445.
61 BGH 27.4.2010 – IX ZR 245/09, VersR 2010, 1021; BGH 8.5.1996 – IV ZR 112/95, VersR 1996, 877.
62 van Bühren/*Prang*, § 14 Rn 446.
63 BGH 2.12.2009 – IV ZR 65/09, NJW-RR 2010, 544; Prölss/Martin/*Schneider*, § 159 Rn 12.

sen Erben.⁶⁴ Die Bezugsberechtigung und auch der Leistungsumfang hängen allein von den dafür im VersVertrag vereinbarten Bedingungen ab.⁶⁵ Dem VR stehen also auch alle Einwendungen gegen den Bezugsberechtigten zu, die ihm gegen den VN selber zuständen.⁶⁶ Es kommt also auf das Deckungsverhältnis zwischen VR und VN an. Dementsprechend kann bei einer Rückabwicklung des Valutaverhältnisses zwischen dem VN bzw dessen Erben und der als bezugsberechtigt benannten Person lediglich der Rechtsgrund für das Behaltendürfen der Versicherungsleistung entfallen.⁶⁷ Handelt es sich um eine Todesfallleistung, so können im Fall der Rückabwicklung des Valutaverhältnisses lediglich die Erben des VN den Rückabwicklungsanspruch bzw den Herausgabeanspruch geltend machen, nicht aber eine nachrangig als bezugsberechtigt benannte Person.⁶⁸

26 Zu einer Rückabwicklung wegen einer Störung des Valutaverhältnisses unter Einbeziehung des VR kommt es so lange nicht, wie das Deckungsverhältnis unberührt bleibt. Um die Notwendigkeit derartiger Rückabwicklungen grds. zu vermeiden, empfiehlt es sich, Änderungen der Bezugsberechtigung nicht allein im Testament vorzunehmen und ein Auseinanderfallen zwischen der nach dem Valutaverhältnis gewollten Bezugsberechtigung und derjenigen nach dem VersVertrag zu vermeiden. Es sollte daher stets sichergestellt werden, dass dem VR eine Änderung des Bezugsrechts vor Eintritt des Versicherungsfalles angezeigt wird.

27 Kommt es zum Streit zwischen dem Bezugsberechtigten und dem Erben, ob der Bezugsberechtigte nach dem Valutaverhältnis die Versicherungssumme behalten dürfte, so kann der VR seine Verpflichtung zur Auszahlung der Versicherungssumme im Wege der Hinterlegung bei Gericht erfüllen, da der materiell Berechtigte ungeachtet der im Versicherungsverhältnis begründeten Stellung als Bezugsberechtigter die Freigabe auf Basis eines bereicherungsrechtlichen Anspruchs verlangen kann.⁶⁹ Eine Pflicht zu einer Hinterlegung besteht nicht und zwar auch dann nicht, wenn das Valutaverhältnis gestört ist.⁷⁰

28 Auch in einer anderen Fallgestaltung kann es zu einer Störung des Valutaverhältnisses kommen, wenn nämlich der **VN zugleich Insolvenzschuldner** ist und durch seinen Tod ein widerruflich Bezugsberechtigter einen anfechtbaren Anspruch auf die Versicherungsleistung erwirbt. Auch in diesem Fall kommt es im Verhältnis zum VR nur auf das Deckungsverhältnis an und der Bezugsberechtigte kann die Leistung vom VR fordern.⁷¹ Ein Rechtsübergang von der Masse zum Bezugsberechtigten, dem § 91 InsO entgegenstehen könnte, hat in diesen Fällen nicht stattgefunden.⁷²

IV. Abdingbarkeit

29 Die Norm ist dispositiv. Insbesondere ist eine abweichende Vereinbarung nicht nach § 171 unzulässig. Auch handelt es sich bei der Norm nur um eine Auslegungsregelung, die die Privatautonomie nicht einschränken soll, so dass die Parteien in jeder Hinsicht zum Bezugsrecht Abweichendes vereinbaren können.⁷³ Dies

---

64 BGH 2.12.2009 – IV ZR 65/09, NJW-RR 2010, 544; BGH 17.2.1966 – II ZR 286/63, NJW 1966, 359; Prölss/Martin/*Schneider*, § 159 Rn 12; van Bühren/*Prang*, § 14 Rn 446.
65 BGH 30.11.1994 – IV ZR 290/93, NJW 1995, 1082 ff.
66 Römer/Langheid/*Langheid*, § 159 Rn 6.
67 BGH 30.11.1994 – IV ZR 290/93, NJW 1995, 1082 ff; Looschelders/Pohlmann/*Peters*, § 159 Rn 26.
68 BGH 30.11.1994 – IV ZR 290/93, NJW 1995, 1082 ff.
69 BGH 21.5.2008 – IV ZR 238/06, VersR 2008, 1054; BGH 27.4.2010 – IX ZR 245/09, VersR 2010, 1021.
70 BGH 27.4.2010 – IX ZR 245/09, VersR 2010, 1021.
71 BGH 27.4.2010 – IX ZR 245/09, VersR 2010, 1021.
72 BGH 27.4.2010 – IX ZR 245/09, VersR 2010, 1021.
73 Prölss/Martin/*Schneider*, § 159 Rn 17.

gilt sowohl für Art, Umfang und Zeitpunkt des Bezugsrechts als auch für die Art und Weise der Festlegung und hierfür vom VR ggf erhobene Kosten. So können mehrere Personen nicht nur anteilig nebeneinander zu Bezugsberechtigten benannt werden, sondern auch in einer bestimmten Reihenfolge.

Üblicherweise fordert der VR in seinen AVB (§ 9 ALB 2014) Schriftform. Auch bei einer solchen Festlegung ist der VR nicht daran gehindert, die ohne Beachtung der vereinbarten Form abgegebene Erklärung gegen sich gelten zu lassen, da nach § 125 Abs. 2 BGB der Mangel der bestimmten Form nur im Zweifel die Nichtigkeit zur Folge hat.[74] Auch ist ein konkludenter Verzicht des VR möglich, etwa durch Fertigung eines entsprechenden Nachtrags oder durch einfache Bestätigung.[75]

V. Beweislast

Nach den allgemeinen Regeln hat derjenige die Existenz eines Bezugsrechts nachzuweisen, der sich darauf beruft. Ein solcher Nachweis kann im Einzelfall und in Abhängigkeit von den geltenden AVB durch Vorlage des Versicherungsscheins erfolgen.[76] Soweit die Musterbedingungen des GDV für die kapitalbildende Lebensversicherung[77] verwandt wurden, reicht das im Streitfall mit dem VR allerdings nicht aus, weil dieser nach § 8 Abs. 2 ALB[78] verlangen kann, dass der Inhaber seine Berechtigung nachweist:

§ 8 ALB 2014 Welche Bedeutung hat der Versicherungsschein?

(1) Wir können Ihnen den Versicherungsschein in Textform (*z.B. Papierform, E-Mail*) übermitteln. Stellen wir diesen als Dokument in Papierform aus, dann liegt eine Urkunde vor. Sie können die Ausstellung als Urkunde verlangen.

(2) Den Inhaber der Urkunde können wir als berechtigt ansehen, über die Rechte aus dem Vertrag zu verfügen, insbesondere Leistungen in Empfang zu nehmen. Wir können aber verlangen, dass uns der Inhaber der Urkunde seine Berechtigung nachweist.

Verlang der VR den Nachweis, sind ergänzend die schriftliche Bezugsrechtserklärung und deren Zugang beim VR nachzuweisen. Bestreitet nicht der VR das Vorliegen der Bezugsberechtigung, so kann der Nachweis auch über Zeugenbeweis, etwa über eine Erklärung des VR, oder die Anordnung des Gerichts gegenüber dem VR zur Vorlage der Bezugsrechtserklärung geführt werden.[79]

§ 160 Auslegung der Bezugsberechtigung

(1) ¹Sind mehrere Personen ohne Bestimmung ihrer Anteile als Bezugsberechtigte bezeichnet, sind sie zu gleichen Teilen bezugsberechtigt. ²Der von einem Bezugsberechtigten nicht erworbene Anteil wächst den übrigen Bezugsberechtigten zu.

(2) ¹Soll die Leistung des Versicherers nach dem Tod des Versicherungsnehmers an dessen Erben erfolgen, sind im Zweifel diejenigen, welche zur Zeit des Todes als Erben berufen sind, nach dem Verhältnis ihrer Erbteile bezugsberechtigt. ²Eine Ausschlagung der Erbschaft hat auf die Berechtigung keinen Einfluss.

---

74 OLG Köln 28.8.2008 – 20 U 69/08.
75 OLG Köln 28.8.2008 – 20 U 69/08.
76 Prölss/Martin/*Schneider*, § 159 Rn 16.
77 Stand: 6.8.2014.
78 Allgemeine Bedingungen für die kapitalbildende Lebensversicherung – Musterbedingungen des GDV, Stand: 6.8.2014.
79 Prölss/Martin/*Schneider*, § 159 Rn 16.

(3) Wird das Recht auf die Leistung des Versicherers von dem bezugsberechtigten Dritten nicht erworben, steht es dem Versicherungsnehmer zu.

(4) Ist der Fiskus als Erbe berufen, steht ihm ein Bezugsrecht im Sinn des Absatzes 2 Satz 1 nicht zu.

I. Allgemeines

1 Entgegen ihrer Überschrift regelt die Vorschrift nicht grds. die Auslegung der Bezugsberechtigung, sondern nur die Auslegung in bestimmten Fällen. Grundsätzlich gelten daher zunächst die allgemeinen zivilrechtlichen Auslegungsreglungen der §§ 133, 157 BGB.[1] Abzustellen ist also zunächst auf den Willen des VN, wie er bei der Bestimmung der Bezugsberechtigung gegenüber dem VR zum Ausdruck gekommen ist, also auf den **objektiven Empfängerhorizont**.[2] Maßgeblich ist danach in erster Linie, wie der VR die Erklärung des VN nach Treu und Glauben und unter Berücksichtigung der Verkehrssitte verstehen musste.[3] Bei der Auslegung dürfen nur solche Umstände berücksichtigt werden, die bei Zugang der Erklärung für den VR erkennbar waren.[4] Spätere Überlegungen oder Absichtserklärungen des VN sind ausnahmsweise und nur dann von Bedeutung, wenn der VN das Bezugsrecht noch ändern konnte und sich aus der Sicht des VR aus den später zugegangenen Informationen zweifelsfrei der Wille des VN ergibt, das Bezugsrecht auch tatsächlich zu ändern.[5] Werden seitens des VN Informationen an den VR übermittelt, die keinen erkennbaren Bezug zum Bezugsrecht haben, so kann in die Übermittlung dieser Informationen auch nicht die Erklärung der Änderung einer Bezugsberechtigung hineininterpretiert werden.

II. Einzelfälle

2 **1. Grundsätzliches.** Wegen der Bedeutung der Bezugsberechtigung und der nicht immer ganz klaren Bezeichnung durch den VN wird über die Auslegung der Erklärung häufig vor Gericht gestritten. Auch wenn jeder Fall individuell zu beurteilen ist, hat sich eine gewisse Kasuistik herausgebildet. Es gilt vorrangig der **Wille des VN**, wie er durch **Auslegung** ermittelt werden kann, zumal es sich bei der Norm lediglich um Auslegungshilfen handelt.[6]

3 **2. Inhaber des Versicherungsscheins.** Soll der Inhaber des Versicherungsscheins bezugsberechtigt sein, so ist damit nur derjenige gemeint, der mit Wissen und Wollen des VN Inhaber des Scheins geworden ist.[7] Anderenfalls würde der Versicherungsschein zu einem echten Inhaberpapier, was § 4 Abs. 1 verhindern soll.[8] Soll der Inhaber des Versicherungsscheines bezugsberechtigt sein und wurde der Schein nicht übergeben, so fällt der Anspruch in den Nachlass.[9]

---

1 BGH 1.4.1987 – IVa ZR 26/86, VersR 1987, 659.
2 BGH 28.9.1988 – IVa ZR 126/87, VersR 1988, 1236; Prölss/Martin/*Schneider*, § 160 Rn 1; Römer/Langheid/*Langheid*, § 160 Rn 2.
3 OLG Zweibrücken 24.1.2013 – 4 U 107/12, r+s 2014, 420; Palandt/*Ellenberger*, § 133 BGB Rn 9 mwN.
4 OLG Zweibrücken 24.1.2013 – 4 U 107/12, r+s 2014, 420; Palandt/*Ellenberger*, § 133 BGB Rn 9; Römer/Langheid/*Langheid*, § 160 Rn 2.
5 OLG Frankfurt a.M. 12.10.1994 – 23 U 38/94, r+s 1996, 326; Römer/Langheid/*Langheid*, § 160 Rn 2.
6 BGH 29.1.1981 – IVa ZR 80/80, NJW 1981, 984.
7 BGH 29.1.1981 – IVa ZR 80/80, NJW 1981, 984; OLG Hamm 28.7.1992 – 20 W 51/91, VersR 1993, 173; Prölss/Martin/*Schneider*, § 160 Rn 7; Römer/Langheid/*Langheid*, § 160 Rn 14; MAH VersR/*Höra/Leithoff*, § 25 Rn 268.
8 OLG Hamm 28.7.1992 – 20 W 51/91, VersR 1993, 173.
9 Prölss/Martin/*Schneider*, § 160 Rn 7.

3. Ehefrau/Ehegatte. Wird die „Ehefrau" oder der „Ehemann'" ohne Beifügung 4
des Namens als bezugsberechtigt benannt, so ist dies häufig nicht eindeutig. Bei
einer Scheidung und erneuten Heirat können unterschiedliche Personen mit dieser
Bezeichnung gemeint sein, nämlich entweder der Ehepartner im Zeitpunkt der Bezeichnung oder der Ehepartner im Zeitpunkt des Versicherungsfalles. Es wird im
Ergebnis wohl häufig auf eine Auslegung im Einzelfall hinauslaufen, denn allein
aus dem Wort „Ehefrau" oder „Ehegatte" kann nach der hM eine auflösende Bedingung für den Fall der Scheidung jedenfalls nicht herausgelesen werden.[10] Auch
dürfte bei einer Scheidung und nicht erneuter Verheiratung die Bezugsberechtigung
der geschiedenen Ehefrau bestehen bleiben, wenn die Bezugsberechtigung nicht
unter einer hinreichend deutlichen auflösenden Bedingung stand oder wirksam widerrufen wurde.[11] Wird indessen mit der Bezeichnung „Ehefrau" lediglich widerruflich eine Bezugsberechtigung eingeräumt, so könnte damit statt der Ehefrau im
Zeitpunkt der Bezeichnung der Bezugsberechtigten gegenüber dem VR genauso
gut die Ehefrau im Zeitpunkt des Versicherungsfalles gemeint sein.[12] Dies ergibt
sich daraus, dass sich für den VN bei einem Blick in die Police weder im Zeitpunkt
der Scheidung noch bei Wiederverheiratung ein Änderungsbedarf ergibt, denn eine
„Ehefrau" hat er mit der Scheidung nicht mehr und nach der erneuten Heirat will
er möglicherweise seine neue Frau bezeichnen. Anders kann dies freilich dann beurteilt werden, wenn die Bezugsberechtigung **unwiderruflich** eingeräumt wurde.
Denn dann hat der VN weder im Zeitpunkt der Scheidung noch bei der Wiederverheiratung eine Möglichkeit zur Änderung der Bezugsberechtigung. Auch mag
eine Rolle spielen, ob der VN bei Einräumung der Bezugsberechtigung überhaupt
verheiratet war oder sich aus anderen Umständen ergibt, dass nicht eine bestimmte
Ehefrau, sondern die im Zeitpunkt des Versicherungsfalles mit dem VN verheiratete Ehefrau gemeint ist. So wurde für den Fall entschieden, dass ein Lebensversicherer, der für seine Mitarbeiter eine Versicherung zur Alters- und Hinterbliebenenversorgung abgeschlossen und die Ehefrau als unwiderruflich Bezugsberechtigte
neben anderen möglichen Hinterbliebenen benannt hatte, hiermit die zur Zeit des
Versicherungsfalles mit dem VN verheiratete Ehefrau gemeint hat.[13]

Aus all dem ergibt sich, dass zunächst der VN bei seiner Erklärung mit großer 5
Sorgfalt vorgehen sollte, damit die von ihm abgegebene Erklärung eindeutig ist
und er nicht Gefahr läuft, missverstanden zu werden. Andererseits sollte aber auch
der VR große Sorgfalt bei der Auslegung des Willens des VN walten lassen.

Da Auslegungsfragen stets Anlass für Streit sein können, sollten sowohl VN als 6
auch VR auf eindeutige, möglichst **namentliche Bezeichnungen** unter Angabe des
Geburtsdatums achten und mehrdeutige Bezeichnungen vermeiden.

III. Benennung mehrerer Personen (Abs. 1)

Bei der Benennung mehrerer Personen als Bezugsberechtigte legt Abs. 1 fest, dass 7
diese Personen zu gleichen Teilen bezugsberechtigt sind.[14] Ferner wächst der von
einem der benannten Bezugsberechtigten nicht erworbene Teil den anderen zu.
Dies ist bspw der Fall, wenn der betreffende Bezugsberechtigte verstorben ist, zu-

---

10 OLG Köln 14.6.1993 – 5 U 13/93, VersR 1993, 1133; Prölss/Martin/*Schneider*, § 160
Rn 7; Langheid/Müller-Frank, NJW 2008, 337; Römer/Langheid/*Langheid*, § 160 Rn 8.
11 BGH 17.9.1975 – IV ZA 8/75, NJW 1976, 290; BGH 14.2.2007 – IV ZR 150/05, VersR
2007, 784; Römer/Langheid/*Langheid*, § 160 Rn 8.
12 Ablehnend Römer/Langheid/*Langheid*, § 160 Rn 2: Es ist mit Ausnahme der bAV auf den
Zeitpunkt der Festlegung des Bezugsrechts abzustellen.
13 BGH 29.1.1981 – IVa ZR 80/80, NJW 1981, 984; Römer/Langheid/*Langheid*, § 160
Rn 9; Prölss/Martin/*Schneider*, § 160 Rn 7.
14 Prölss/Martin/*Schneider*, § 160 Rn 3.

rückweist oder eine auflösende Bedingung eingetreten ist.[15] Es handelt sich bei der Reglung des Abs. 1 aber im Wesentlichen um eine **Auslegungsregelung**, die (nur) dann zur **Anwendung** kommt, wenn eine Auslegung nach den §§ 133, 157 BGB nicht zu einem eindeutigen Ergebnis führt (vgl auch Rn 1). Dies ergibt sich schon daraus, dass die Regelung nicht nach § 171 zwingend ist, so dass von ihr abgewichen werden kann. Dies ist unstrittig. Die Vorschrift des § 160 ist also nur dann anwendbar, wenn durch den VN mehrere Bezugsberechtigte ohne nähere Bestimmung ihrer Anteile bezeichnet worden sind.

IV. Benennung der Erben (Abs. 2)

8 Auch bei Abs. 2 handelt es sich nur um eine **Auslegungsregel**. Danach sind alle Erben, die zum Zeitpunkt des Todes berechtigt sind, nach dem Verhältnis ihrer Erbteile und nicht nach Köpfen bezugsberechtigt. Abs. 2 stellt also eine **Sonderregelung gegenüber Abs. 1** dar. Er kommt nur zur Anwendung, wenn als bezugsberechtigt **explizit** die „Erben" benannt sind, nicht dagegen, wenn für die Erben eine andere Bezeichnung, wie zB „meine Kinder" oder „mein Ehepartner", gewählt wurde.[16] Darüber hinaus führt diese Regelung dazu, dass ein Anspruch der Erben als Bezugsberechtigte unmittelbar gegen die Versicherung besteht und daher kein Verwaltungsrecht des Testamentsvollstreckers entsteht.[17]

9 Da Abs. 2 lediglich dann anwendbar ist, wenn die „Erben" als Bezugsberechtigte benannt sind (s. Rn 8), soll er auch nicht unmittelbar noch analog auf andere Fallgestaltungen Anwendung finden.[18] Schlägt ein Erbe die Erbschaft aus, so verliert er damit auch die Versicherungsforderung, wenn er nicht persönlich oder als „Erbe" als bezugsberechtigt bezeichnet wurde[19] und die Versicherungsleistung in den Nachlass fällt, weil auch kein anderer als bezugsberechtigt bezeichnet worden ist. Kommt die Auslegungsregelung zur Anwendung, so sind die Erben Einzelgläubiger, nicht Gesamtgläubiger.[20]

V. Nichterwerb des Bezugsberechtigten (Abs. 3)

10 Nach Abs. 3 steht das Recht auf die Leistung des VR dann dem VN oder seinen Erben zu, wenn es von den Bezugsberechtigten nicht erworben wird. Dies könnte der Fall sein, wenn der Begünstigte das Recht durch eine einseitige rechtsgestaltende Willenserklärung gegenüber dem VR nach § 333 BGB zurückweist.[21] Auch ist denkbar, dass ein VN die Frage nach dem Bezugsberechtigten mit dem Begriff „Ehepartner" beantwortet hat, aber im Zeitpunkt des Abschlusses des VersVertrages nicht verheiratet war und bis zum Eintritt des Versicherungsfalles entgegen seiner eigenen Erwartung auch nicht geheiratet und daher keinen Ehepartner hat. Auch in diesem Fall bleibt der VN Anspruchsinhaber. Weitere nicht eintretende oder auflösende Bedingungen sind denkbar, die zum Wegfall des Bezugsrechts führen. Ferner führt der Tod des widerruflich benannten Bezugsberechtigten vor Ein-

---

15 Looschelders/Pohlmann/*Peters*, § 160 Rn 6.
16 OLG Frankfurt 12.10.1994 – 23 U 38/94, VersR 1996, 358; Prölss/Martin/*Schneider*, § 160 Rn 6; Looschelders/Pohlmann/*Peters*, § 160 Rn 7.
17 BGH 4.12.1980 – IVa ZR 59/80, VersR 1981, 371; Prölss/Martin/*Schneider*, § 160 Rn 5; Looschelders/Pohlmann/*Peters*, § 160 Rn 6.
18 BGH 8.2.1960 – II ZR 136/58, NJW 1960, 912; Römer/Langheid/*Langheid*, § 160 Rn 3; Prölss/Martin/*Schneider*, § 160 Rn 6.
19 BGH 8.2.1960 – II ZR 136/58, NJW 1960, 912; Römer/Langheid/*Langheid*, § 160 Rn 3.
20 BGH 4.12.1980 – IVa ZR 59/80, VersR 1981, 371; Prölss/Martin/*Schneider*, § 160 Rn 3; Looschelders/Pohlmann/*Peters*, § 160 Rn 7.
21 Prölss/Martin/*Schneider*, § 160 Rn 11.

tritt des Versicherungsfalles zum Wegfall des Bezugsrechts, da der Berechtigte noch keine vererbbare Rechtsposition erworben hat.[22]

VI. Fiskus als Erbe (Abs. 4)

Ist der Fiskus einer von mehreren Erben, so regelt Abs. 4, dass ihm eine Bezugsberechtigung nicht zusteht.

VII. Abdingbarkeit

Die Regelungen der Norm sind dispositiv.

§ 161 Selbsttötung

(1) ¹Bei einer Versicherung für den Todesfall ist der Versicherer nicht zur Leistung verpflichtet, wenn die versicherte Person sich vor Ablauf von drei Jahren nach Abschluss des Versicherungsvertrags vorsätzlich selbst getötet hat. ²Dies gilt nicht, wenn die Tat in einem die freie Willensbestimmung ausschließenden Zustand krankhafter Störung der Geistestätigkeit begangen worden ist.

(2) Die Frist nach Absatz 1 Satz 1 kann durch Einzelvereinbarung erhöht werden.

(3) Ist der Versicherer nicht zur Leistung verpflichtet, hat er den Rückkaufswert einschließlich der Überschussanteile nach § 169 zu zahlen.

I. Normzweck 1	3. Beweismittel 20
II. Anwendungsbereich 2	4. Leichnam als Beweismittel ... 22
III. Tatbestandsvoraussetzungen (Abs. 1) 6	5. „Ersetzung" gerichtlicher Beweiserhebung 26
1. Vorsätzliche Selbsttötung 6	VI. Einzelfälle aus der Rspr 27
2. Ausschlussfrist 9	1. Vorsätzliche Selbsttötung bejaht 27
3. Ausschluss der freien Willensbestimmung (Abs. 1 S. 2) 14	2. Vorsätzliche Selbsttötung verneint 29
IV. Rechtsfolgen 16	
V. Beweislast 17	3. Krankhafte Störung der Geistestätigkeit verneint 30
1. Beweislastverteilung 17	
2. Beweiserleichterung 18	VII. Abdingbarkeit 31

I. Normzweck

Der Regelungszweck der Norm besteht in erster Linie darin, die VR und damit auch die Versichertengemeinschaft davor zu schützen, dass ein Versicherter auf deren Kosten mit seinem eigenen Leben spekuliert.[1] Prinzipiell soll der manipulierte Tod der Gefahrperson nicht zu einer Leistung führen.[2] Daher wird der VR bzgl der Primärleistungspflicht **leistungsfrei**, wenn sich die versicherte Person **selbst getötet** hat. Der VR muss aber nach Abs. 3 den Rückkaufswert zahlen. Da die Praxis gezeigt hat, dass ein zeitlich auf drei Jahre nach der Risikoübernahme begrenzter Ausschluss des Selbstmordrisikos zum Schutz der VR ausreicht, weil jedenfalls danach zu vermuten ist, dass der Vertrag nicht mit Selbstmordabsicht geschlossen

---

22 Looschelders/Pohlmann/*Peters*, § 159 Rn 25.
1 BGH 5.12.1990 – IV ZR 13/90, NJW 1991, 1357; OLG Saarbrücken 30.5.2007 – 5 U 704/06-89, VersR 2008, 57; Römer/Langheid/*Langheid*, § 16 Rn 3; MAH VersR/*Höra/Leithoff*, § 25 Rn 182.
2 *Deutsch*, § 32 Rn 384.

wurde,[3] hat der Gesetzgeber die Ausschlussfrist auf **drei Jahre** verkürzt und so etwas stärker die Interessen der Hinterbliebenen bzw bei der Versicherung des Lebens eines Dritten des VN berücksichtigt.[4] Die Regelung trägt ferner dem Umstand Rechnung, dass der VN bei kapitalbildenden Produkten mit der Zeit Kapital angesammelt hat, das dem Berechtigten grds. dann zusteht, wenn er nicht an der Tötung beteiligt war,[5] indem nach Abs. 3 der Rückkaufswert bei Leistungsfreiheit gezahlt werden muss.

II. Anwendungsbereich

2 Die Vorschrift regelt nur den Fall, dass sich die versicherte Person vorsätzlich selbst getötet hat.[6] Hat hingegen der Leistungsberechtigte die versicherte Person getötet, so gilt § 162.[7]

3 Dem eindeutigen Wortlaut nach gilt die Norm nur bei **Versicherungen auf den Todesfall**. Damit sind Versicherungen gemeint, die an den Todesfall eine Leistung knüpfen, die über die Auszahlung des Rückkaufswertes hinausgeht. Nicht erforderlich ist, dass dies die einzige Leistung oder die Hauptleistung aus dem VersVertrag ist. Sofern also eine Versicherung einen entsprechenden Todesfallschutz beinhaltet, ist die Norm diesbezüglich anwendbar. Dies ist zB bei einer Rentenversicherung mit ergänzendem Todesfallschutz der Fall.[8]

4 Eine analoge, weitergehende Anwendung käme nur bei vergleichbarer Interessenlage und planwidriger Regelungslücke in Betracht. Auf die **Berufsunfähigkeitsversicherung** wäre die Vorschrift anwendbar, wenn die Besonderheiten der Versicherung nicht entgegenstehen, § 176. Da die Lebensversicherung dem Schutz der Hinterbliebenen dient und nicht dem der Gefahrperson[9] und dies bei der Berufsunfähigkeitsversicherung anders ist, indem hier nicht ein Dritter, sondern die versicherte Person in den Genuss der Leistung kommt, stehen die Besonderheiten der Berufsunfähigkeitsversicherung einer Anwendung der Norm entgegen. § 161 ist folglich auf die Berufsunfähigkeitsversicherung weder unmittelbar noch gem. § 176 noch analog anwendbar.[10]

5 Demgegenüber ist eine analoge Anwendung auf **betriebliche Versorgungsordnungen** in Betracht zu ziehen, wenn diese (auch) dem Schutz der Hinterbliebenen dienen. So kann eine Versorgungsordnung zwar die gesetzliche Regelung des § 161 nachbilden, aber wegen Abs. 1 S. 2 nicht wirksam die Leistungspflicht bei einer Selbsttötung ausschließen, die in einem die freie Willensbestimmung ausschließenden Zustand krankhafter Störung der Geistestätigkeit begangen worden ist.[11] Will man als Versorgungsträger eine Leistung bei Selbsttötung ausschließen, so ist eine Nachbildung bzw Wiederholung der gesetzlichen Regelung in der betrieblichen Versorgungsordnung empfehlenswert. Sofern nämlich die Versorgungsordnung automatisch für alle Mitarbeiter gilt, erscheint es unwahrscheinlich, dass der Mitarbeiter diese Arbeitsstelle gerade deswegen angetreten hat, um mit seinem Tod die

---

3 OLG Saarbrücken 30.5.2007 – 5 U 704/06-89, VersR 2008, 57; Prölss/Martin/*Schneider*, § 161 Rn 5.
4 Begr. RegE, BT-Drucks. 16/3945, S. 99; Prölss/Martin/*Schneider*, § 161 Rn 5.
5 *Deutsch*, § 32 Rn 384.
6 BGH 5.12.1990 – IV ZR 13/90, NJW 1991, 1357; Prölss/Martin/*Schneider*, § 161 Rn 1.
7 So auch Prölss/Martin/*Schneider*, § 161 Rn 1; Looschelders/Pohlmann/*Peters*, § 161 Rn 4.
8 Looschelders/Pohlmann/*Peters*, § 161 Rn 3.
9 BGH 5.12.1990 – IV ZR 13/90, NJW 1991, 1357.
10 BGH 5.12.1990 – IV ZR 13/90, NJW 1991, 1357; Römer/Langheid/*Langheid*, § 161 Rn 3; Looschelders/Pohlmann/*Peters*, § 161 Rn 3.
11 LAG Baden-Württemberg 22.12.1988 – 11 Sa 47/88, VersR 1989, 1177; Looschelders/Pohlmann/*Peters*, § 161 Rn 3; Prölss/Martin/*Kollhosser*, 27. Aufl. 2004, § 169 Rn 1.

Leistungspflicht zu erreichen. Die Vergleichbarkeit der Interessenlagen und damit eine analoge Anwendung ist also häufig zweifelhaft.

III. Tatbestandsvoraussetzungen (Abs. 1)

1. Vorsätzliche Selbsttötung. Die versicherte Person muss sich **vorsätzlich** selbst das Leben genommen haben. Einfache, grobe oder bewusste Fahrlässigkeit oder sogar objektiv unverständlicher Leichtsinn genügen nicht.[12] Nach dem Wortlaut reicht demgegenüber jede Vorsatzform aus. War für § 169 aF noch erforderlich, dass „Selbstmord" begangen wurde, so muss sich die versicherte Person nunmehr „vorsätzlich selbst getötet haben". Ob mit dieser Änderung der Formulierung auch eine Änderung der Voraussetzungen einhergehen sollte, lässt sich den Gesetzesmaterialien nicht entnehmen. Es stellt sich also die Frage, ob die **billigende Inkaufnahme des Todes**, also **dolus eventualis**, vorsätzlich iSd Norm ist. Dies lehnt ein Teil der Lit. ab.[13] Neben der angeblich fehlenden Absicht des Gesetzgebers, mit der Änderung des Wortlauts auch eine Änderung der Rechtsanwendung herbeizuführen, wird hierfür angeführt, dass auch die Hinterbliebenen desjenigen geschützt werden müssen, der aus billigenswerten Motiven bewusst sein Leben riskiert und seinen eigenen Tod in Kauf nimmt.[14] Schon wegen des insoweit eindeutigen Wortlauts, aber auch weil keine ausreichenden teleologischen Argumente für eine Einschränkung des Anwendungsbereichs sprechen, ist dem entgegenzutreten, so dass dolus eventualis ausreicht.[15]

Der Versicherte muss final handeln und nicht lediglich in einer Demonstrationsabsicht.[16] **Finales Handeln** liegt dabei dann vor, wenn der Täter einen Geschehensablauf in Gang setzt, der ihm nach Einleitung keine Möglichkeit mehr lässt, den Tod zu verhindern. Ausreichend hierfür ist auch, dass der Täter billigend in Kauf nimmt, den eigenen Tod nicht verhindern zu können.[17] Demgegenüber ist an eine **Demonstrationsabsicht** und damit lediglich an bewusste Fahrlässigkeit bezüglich des Todes zu denken, wenn der Versicherte glaubt, das Geschehen jederzeit unterbrechen zu können.[18]

Strittig ist ferner, ob die **gemeinsame Tötung einer Gruppe von Personen** oder eine **mittelbare**, vorsätzliche Selbsttötung ausreicht.[19] Eine solche liegt vor, wenn die versicherte Person mit ihrer Tötung durch einen Dritten einverstanden ist, nachdem sie Kenntnis von einem entsprechenden Plan hat. In solchen Fällen ist der Wille zur Herbeiführung des eigenen Todes bei der versicherten Person vorhanden.[20]

---

12 BGH 19.2.1981 – IVa ZR 98/80, VersR 1981, 452; BGH 5.12.1990 – IV ZR 13/90, NJW 1991, 1357; Römer/Langheid/*Römer*, § 169 Rn 2; Looschelders/Pohlmann/*Peters*, § 161 Rn 3; MAH VersR/*Höra/Leithoff*, § 25 Rn 183.
13 Bruck/Möller/*Winter*, § 161 Rn 16; Langheid/Wandt/*Heiss*, § 161 Rn 8; Prölss/Martin/*Schneider*, § 161 Rn 3; *Deutsch*, § 32 Rn 385.
14 Langheid/Wandt/*Heiss*, § 161 Rn 8.
15 So auch Looschelders/Pohlmann/*Peters*, § 161 Rn 5; Schwintowski/Brömmelmeyer/*Ortmann*, § 161 Rn 5; wohl auch Römer/Langheid/*Langheid*, § 161 Rn 5; zweifelnd van Bühren/*Prang*, § 14 Rn 190.
16 OLG Hamm 15.9.1999 – 20 U 64/99, NVersZ 2000, 325; Looschelders/Pohlmann/*Peters*, § 161 Rn 5.
17 AA MAH VersR/*Höra/Leithoff*, § 25 Rn 183, die aber offenlassen, ob ein zielgerichtetes Handeln notwendig ist.
18 OLG Hamm 15.9.1999 – 20 U 64/99, NVersZ 2000, 325; Looschelders/Pohlmann/*Peters*, § 161 Rn 5; Schwintowski/Brömmelmeyer/*Ortmann*, § 161 Rn 6.
19 Dafür: Langheid/Wandt/*Heiss*, § 161 Rn 11; Prölss/Martin/*Schneider*, § 161 Rn 3; Looschelders/Pohlmann/*Peters*, § 161 Rn 6; van Bühren/*Prang*, § 14 Rn 189; *Deutsch*, § 32 Rn 385. Dagegen: Bruck/Möller/*Winter*, § 161 Rn 16; Schwintowski/Brömmelmeyer/*Ortmann*, § 161 Rn 4.
20 Prölss/Martin/*Schneider*, § 161 Rn 3; Looschelders/Pohlmann/*Peters*, § 161 Rn 6.

9 **2. Ausschlussfrist.** Die Norm ist nur anwendbar, wenn die Selbsttötung vor Ablauf von **drei Jahren** nach dem Abschluss des VersVertrages geschah. Maßgeblich für den Fristbeginn ist also das wirksame Zustandekommen des VersVertrages. Ferner ist notwendig, dass innerhalb der Frist auch der Tod der versicherten Person eingetreten ist.

10 Bei **Neuabschlüssen** ist das unkritisch. Die Norm ist aber auch anwendbar, wenn sich die Parteien während der Laufzeit des Vertrages auf eine **Erhöhung oder eine Verlängerung des Risikoschutzes** verständigen.[21] Eine solche Vereinbarung steht einem Neuabschluss jedenfalls bezüglich des erhöhten Teils gleich.[22] Nach einer Entscheidung des OLG Saarbrücken führt jede Vertragsänderung stets dazu, dass die Frist für das gesamte Risiko und nicht nur für den geänderten Teil neu zu laufen beginnt.[23] Darüber habe der VR zu **beraten**, was er im entschiedenen Fall nicht getan hat, woraus ein Schadensersatzanspruch in Höhe der Todesfallleistung der bisherigen Versicherung resultierte. Wirtschaftlich kommt diese Entscheidung durch die Annahme des Beratungsverschuldens zum selben Ergebnis wie die hM. Der Weg ist freilich ein anderer, denn bislang geht die hM davon aus, dass bei einer Vertragsänderung § 161 nur für den **risikoerhöhenden Teil** Anwendung findet.[24] In der Tat ist der hM der Vorzug zu geben, denn aus Wortlaut, Systematik und Normzweck ergibt sich kein Grund, warum die Ausschlussfrist für den nicht geänderten oder erhöhten Teil bei einer Vertragsänderung neu zu laufen beginnen soll. Das OLG Saarbrücken spricht gleichwohl einen wichtigen Aspekt an, weil häufig die Bitte des VN um Vertragsänderung in die Aufhebung und den Neuabschluss mündet. Grund hierfür ist das beidseitige Interesse an leistungsfähigeren und moderneren Produkten unter Zugrundelegung von AVB, die an aktuelles Recht und aktuelle Rechtsprechung angepasst sind. Auch ist ein Neuabschluss häufig technisch einfacher umsetzbar als eine Vertragsänderung und ermöglicht die Berücksichtigung aktuellerer Erkenntnisse zur Lebenserwartung bei der Prämienfestsetzung. Ein solcher Neuabschluss hat dann auch nach der hM zur Folge, dass die Ausschlussfrist mit dem Vertragsabschluss neu zu laufen beginnt. Unterbleibt die diesbezügliche Beratung und fehlt es an einer bewussten aufgeklärten Entscheidung des VN zugunsten eines Neuabschlusses, so führt dies zu einem Schadensersatzanspruch gegen den Vermittler.[25]

11 Entscheidend ist also, ob eine Novation oder eine Vertragsänderung vorliegt. Dies richtet sich nach dem Willen der Parteien, nicht nur nach dem Willen des VN. Dieser **Parteiwille** kann nicht allein dem Umstand entnommen werden, ob der erhöhte Teil gesondert policiert wird oder ob eine einheitliche Police über den alten und den neuen Risikoschutz ausgestellt wird, da dies auch rein technische Ursachen haben kann und daher einen sicheren Schluss auf den Willen der Parteien nicht zulässt. Vielmehr ist die Differenzierung im Einzelfall anhand verschiedener Kriterien zu treffen. In Betracht kommen neben der Art der Policierung insb. der Inhalt des begleitenden Schriftverkehrs, der Umfang der Änderung, die Einbeziehung neuer ALB, die genutzte Terminologie („Auflösung" oder „Änderung"), die ggf erfolgte Aufklärung über die Folgen der Erklärungen, die Rückzahlungen eines Rückkaufswertes und die Angabe eines neuen technischen Versicherungsbeginns.

---

21 OLG Saarbrücken 30.5.2007 – 5 U 704/06-89, VersR 2008, 57; Looschelders/Pohlmann/*Peters*, § 161 Rn 7.
22 OLG Saarbrücken 30.5.2007 – 5 U 704/06-89, VersR 2008, 57; Prölss/Martin/*Schneider*, § 161 Rn 6.
23 OLG Saarbrücken 30.5.2007 – 5 U 704/06-89, VersR 2008, 57.
24 BGH 8.5.1954 – II ZR 20/53, BGHZ 13, 236; Prölss/Martin/*Schneider*, § 161 Rn 6; Looschelders/Pohlmann/*Peters*, § 161 Rn 7; diff. Schwintowski/Brömmelmeyer/*Ortmann*, § 161 Rn 4: bei Erhöhung nur für den erhöhten Teil, bei Verlängerung insgesamt.
25 Insofern zutr. OLG Saarbrücken 30.5.2007 – 5 U 704/06-89, VersR 2008, 57; Langheid/Wandt/*Heiss*, § 161 Rn 15 ff.

Eine relevante **Vertragsänderung** liegt nach zuvor erfolgter Prämienfreistellungen 12
nach § 165 in der zwischen den Parteien vereinbarten Wiederaufnahme der Prämienzahlungen, wenn diese zu einer Erhöhung des Risikoschutzes führt: War die Versicherung also prämienfrei und ist sie mit Zustimmung des VR wieder erhöht worden, so läuft die Frist für den erhöhten Teil der Versicherung erst ab dem Zeitpunkt der Erhöhung.[26] Kommt es innerhalb der drei Jahre nunmehr zu einer Selbsttötung, so ist der VR zur Zahlung der Versicherungssumme, die auf den prämienfreien Teil entfällt, verpflichtet und schuldet für den wieder in Kraft gesetzten Teil nur die Rückvergütung. Bereits bei Vertragsabschluss vereinbarte Dynamikerhöhungen führen demgegenüber nicht dazu, dass die Ausschlussfrist für die jeweilige Erhöhung neu läuft, da für diese Erhöhungen kein weiterer Vertragsabschluss notwendig ist. Die entsprechende Klausel in den ALB[27] lautet:

§ 5 ALB 2014 Was gilt bei Selbsttötung der versicherten Person?
(1)–(2) ...
(3) Wenn unsere Leistungspflicht durch eine Änderung des Vertrages erweitert wird oder der Vertrag wiederhergestellt wird, beginnt die Dreijahresfrist bezüglich des geänderten oder wiederhergestellten Teils neu.

Nach Abs. 2 ist die Ausschlussfrist durch Individualabrede zwischen VR und VN 13
verlängerbar, um dem VR den notwendigen Handlungsspielraum in Sonderfällen zu geben. Der Gesetzgeber hat dabei an Versicherungen mit besonders hohen Versicherungssummen gedacht.[28] Eine entsprechende Vereinbarung in den AVB reicht nicht aus[29] und wäre gem. § 171 unwirksam, da für den VN nachteilig. Eine Verkürzung der Frist oder ein vollständiger Verzicht ist, da für den VN, die versicherte Person oder den Eintrittsberechtigten nicht nachteilig, stets zulässig.[30]

3. Ausschluss der freien Willensbestimmung (Abs. 1 S. 2). Nach Abs. 1 S. 2 findet 14
die Norm keine Anwendung, wenn die Tat in einem die freie Willensbestimmung ausschließenden Zustand begangen wurde. Dieser Zustand muss auf einer krankhaften Störung der Geistestätigkeit beruhen. Die Gesetzesformulierung entspricht der des § 104 Nr. 2 BGB. Ein solcher Zustand liegt vor, wenn die versicherte Person nicht imstande ist, ihren Willen frei und unbeeinflusst von einer vorliegenden Geistesstörung zu bilden und nach den zutreffend gewonnenen Einsichten zu handeln.[31] Für die Beurteilung, ob die Voraussetzungen vorliegen, ist nicht so sehr die Fähigkeit des Verstandes ausschlaggebend wie die Freiheit des Willensentschlusses. Es kommt darauf an, ob eine freie Entscheidung aufgrund einer Abwägung des Für und Wider, also einer sachlichen Prüfung der in Betracht kommenden Gesichtspunkte, möglich ist oder ob umgekehrt von einer freien Willensbildung nicht mehr gesprochen werden kann, etwa weil der Betroffene fremden Willenseinflüssen unterliegt oder die Willensbildung durch unkontrollierte Triebe und Vorstellungen ähnlich einer mechanischen Verknüpfungen von Ursache und Wirkung ausgelöst wird.[32] Wichtiges Kriterium bei der Beantwortung der Frage, ob unkontrol-

---

26 BGH 8.5.1954 – II ZR 20/53, BGHZ 13, 236.
27 Allgemeine Bedingungen für die kapitalbildende Lebensversicherung – Musterbedingungen des GDV, Stand: 6.8.2014.
28 Begr. RegE, BT-Drucks. 16/3945, S. 99.
29 Begr. RegE, BT-Drucks. 16/3945, S. 99; Prölss/Martin/*Schneider*, § 161 Rn 8; Looschelders/Pohlmann/*Peters*, § 161 Rn 8.
30 Prölss/Martin/*Schneider*, § 161 Rn 8; Looschelders/Pohlmann/*Peters*, § 161 Rn 8.
31 BGH 19.6.1970 – IV ZR 83/69, NJW 1970, 1680; BGH 5.12.1995 – XI ZR 70/95, NJW 1996, 918; Prölss/Martin/*Schneider*, § 161 Rn 11.
32 BGH 19.6.1970 – IV ZR 83/69, NJW 1970, 1680; BGH 13.10.1993 – IV ZR 220/92, VersR 1994, 162; BGH 5.12.1995 – XI ZR 70/95, NJW 1996, 918; OLG Nürnberg 25.3.1993 – 8 U 2000/92, VersR 1994, 295; OLG Stuttgart 27.6.1988 – 5 U 259/87, VersR 1989, 794.

lierbare Triebe und Vorstellungen die versicherte Person in den Tod getrieben haben, ist hierbei in aller Regel das Fehlen nachfühlbarer Motive. Liegen **nachfühlbare Motive** für eine Selbsttötung vor, hat die Rspr dies in aller Regel als Zeichen dafür angesehen, dass der Verstorbene nicht in einem die freie Willensbestimmung ausschließenden Zustand krankhafter Störung der Geistestätigkeit gehandelt hat, sondern dass der von einfühlbaren Motiven gelenkte Wille noch Einfluss auf die Entscheidung des Verstorbenen hatte.[33] Dies ist bei einem sog. **Bilanzselbstmord** der Fall.[34]

15 Ein die freie Willensbildung ausschließender Zustand iSd Abs. 1 S. 2 kann bei einem **Vollrausch**, also einer BAK größer 3,0 ‰, vorliegen.[35] Nicht ausreichend sind geringere Blutalkoholkonzentrationen.[36] Hat sich allerdings die versicherte Person gerade deshalb in einen Rausch versetzt, um sich in diesem Zustand zu töten, so schließt dies nach den Grundsätzen der „actio libera in causa" den Versicherungsschutz aus.[37]

IV. Rechtsfolgen

16 Bei Vorliegen der Voraussetzungen ist der VR nicht zur (vereinbarten Todesfall-)Leistung verpflichtet (Abs. 1 S. 1). Allerdings hat er nach Abs. 3 den **Rückkaufswert** einschließlich der Überschussanteile zu zahlen. Insoweit werde dem Charakter der Versicherung als Sparvertrag Rechnung getragen.[38]

V. Beweislast

17 **1. Beweislastverteilung.** Die Selbsttötung im Sinne der Norm wie auch den diesbezüglichen Vorsatz hat der VR zu beweisen.[39] Das Vorliegen der tatbestandlichen Voraussetzungen des Abs. 1 S. 2 hat nach den allgemeinen Regeln nachzuweisen, wer Ansprüche aus dem Lebensversicherungsvertrag herleitet.[40]

18 **2. Beweiserleichterung.** Für die Annahme von Beweiserleichterungen besteht grds. wenig Raum. So kommt im Hinblick auf den Nachweis des Vorsatzes bei Vorliegen einer Selbsttötung ein **Anscheinsbeweis** nach einhelliger Meinung nicht in Betracht, da eine Selbsttötung auf einer individuellen Willensentscheidung unter Einfluss der besonderen Lebensumstände, der Persönlichkeitsstruktur und der augenblicklichen Gemütslage des Täters beruht und es bei individuellen Willensentscheidungen keinen typischen Geschehensablauf gebe.[41] Für Beweiserleichterungen zu

---

33 OLG Stuttgart 22.7.1999 – 7 U 28/99, NVersZ 2000, 22; OLG Stuttgart 27.6.1988 – 5 U 259/87, VersR 1989, 794.
34 OLG Nürnberg 25.3.1993 – 8 U 2000/92, VersR 1994, 295; OLG Stuttgart 27.6.1988 – 5 U 259/87, VersR 1989, 794.
35 OLG Hamburg 13.4.1984 – 11 U 231/83, VersR 1986, 378.
36 OLG Köln 21.2.2001 – 5 U 127/00, VersR 2002, 341 (2,2 ‰); OLG Hamburg 13.4.1984 – 11 U 231/83, VersR 1986, 378 (2,38 ‰); LG Saarbrücken 7.11.1978 – 4 O 256/75, VersR 1979, 1050 (1,18 ‰).
37 Langheid/Wandt/*Heiss*, § 161 Rn 32; Prölss/Martin/*Schneider*, § 161 Rn 13.
38 *Deutsch*, § 32 Rn 384.
39 BGH 6.5.1992 – IV ZR 99/91, VersR 1992, 861; BGH 10.4.1991 – IV ZR 105/90, VersR 1991, 870; BGH 18.3.1987 – IVa ZR 205/85, BGHZ 100, 214; Prölss/Martin/*Schneider*, § 161 Rn 16.
40 BGH 13.10.1993 – IV ZR 220/92, VersR 1994, 162; OLG Köln 21.2.2001 – 5 U 127/00, VersR 2002, 341; OLG Stuttgart 22.7.1999 – 7 U 28/99, NVersZ 2000, 22; OLG Karlsruhe 16.12.1993 – 12 U 24/93, VersR 1995, 521; OLG Nürnberg 25.3.1993 – 8 U 2000/92, VersR 1994, 295; LAG Baden-Württemberg 22.12.1988 – 11 Sa 47/88, VersR 1989, 1177.
41 BGH 18.3.1987 – IVa ZR 205/85, BGHZ 100, 214; BGH 6.5.1992 – IV ZR 99/91, VersR 1992, 861; BGH 26.4.1989 – IVa ZR 43/88, VersR 1989, 729; BGH 18.3.1987 – 11 O 363/85, VersR 1987, 503; OLG Köln 2.5.1991 – 5 U 148/90, VersR 1992, 562;

Gunsten des VR besteht auch unter präventiven Gesichtspunkten keine Veranlassung, weil in der Lebensversicherung – anders als in der Sachversicherung – kaum damit zu rechnen ist, dass die Anzahl der Versicherungsfälle durch Selbsttötung wegen Beweisschwierigkeiten des VR steigen wird.[42] Auch bei Anwendung der Regeln des **Strengbeweises** ist indes für die notwendige Überzeugung des Gerichts keine unumstößliche Gewissheit erforderlich, sondern vielmehr ein für das praktische Leben brauchbarer Grad an Gewissheit ausreichend, der vernünftigen Zweifeln Schweigen gebietet, ohne sie völlig auszuschließen.[43] Daher kommt der Frage, ob ein Anscheinsbeweis ausreicht, nur eine geringe Bedeutung zu.

Eine **Beweiserleichterung** zugunsten des Bezugsberechtigten oder gar eine **Beweislastumkehr** kommt ebenfalls nicht in Betracht. Selbst wenn für den Freitod kein Motiv zu Tage getreten ist, kann nicht auf eine Störung der Geistestätigkeit geschlossen werden, da es keinen Erfahrungssatz dahin gehend gibt, dass Zurechnungsunfähigkeit bei einem Menschen vorliegt, der den Freitod wählt.[44]

3. Beweismittel. Obwohl die Beteiligten grds. alle zulässigen Beweismittel nutzen dürfen, wird der Beweis idR auf der Basis von **Indizien** und im Hinblick auf die krankhafte Störung der Geistestätigkeit mittels **Sachverständigengutachtens** geführt. Der Vortrag zu Indizien und auch der Beweisantritt für ein Sachverständigengutachten sind in der Praxis allerdings häufig nicht problemlos möglich. So dürfte der Anspruchsteller zwar regelmäßig den besseren Zugang zu den Tatsachen haben, indes fehlt ihm die notwendige Sachkunde, diese Tatsachen dann auch zu würdigen. Da ein Gericht einem Antrag auf Einholung eines Sachverständigengutachtens zur Frage der krankhaften Störung der Geistestätigkeit des Toten im Zeitpunkt der Selbsttötung nur dann folgen kann, wenn ausreichende Indizien vorgetragen und unstrittig oder nachgewiesen sind, auf die der Sachverständige seine Begutachtung stützen kann,[45] ist sehr umfassend durch den Anspruchsteller vorzutragen. So ist regelmäßig erforderlich, dass über die Lebensumstände, die Umstände der Tat, ggf einen Abschiedsbrief und dessen Inhalt, das Verhalten des Verstorbenen insgesamt, die Persönlichkeitsstruktur und ggf Alkohol- und Drogenkonsum bzw -missbrauch vorgetragen wird.[46] Dieser Vortrag kann nicht durch einen allgemeinen Verweis auf die regelmäßig vorhandene staatsanwaltliche Ermittlungsakte ersetzt werden, auch wenn diese durch das Gericht bereits beigezogen wurde. Andererseits dürfen die Anforderungen an die Substantiierungslast eines Bezugsberechtigten nicht überspannt werden, indem eine von vornherein umfassende und in sich stimmige Schilderung aller in Betracht kommenden Indizientatsachen verlangt wird.[47] Sofern ein Gericht den Tatsachenvortrag des Klägers als Grundlage für ein Sachverständigengutachten für nicht ausreichend hält, wird es hierauf im Prozess

---

OLG Hamm 9.12.1988 – 20 U 89/88, VersR 1989, 691; Prölss/Martin/*Schneider*, § 161 Rn 17; jetzt auch Römer/Langheid/*Langheid*, § 161 Rn 16.
42 Prölss/Martin/*Kollhosser*, 27. Aufl. 2004, § 169 Rn 5.
43 BGH 18.3.1987 – IVa ZR 205/85, BGHZ 100, 214; OLG Hamm 27.4.1994 – 20 U 394/93, VersR 1995, 33; OLG Köln 2.5.1991 – 5 U 148/90, VersR 1992, 562; OLG Oldenburg 28.11.1990 – 2 U 149/90, VersR 1991, 985; Römer/Langheid/*Langheid*, § 161 Rn 17; Langheid/Wandt/*Heiss*, § 161 Rn 34.
44 OLG Düsseldorf 14.5.2002 – I-4 U 171/01, NJW-RR 2003, 1468; LG Saarbrücken 7.11.1978 – 4 O 256/75, VersR 1979, 1050; ausf. Langheid/Wandt/*Heiss*, § 161 Rn 35 ff; Bruck/Möller/*Winter*, § 161 Rn 38 ff.
45 OLG Stuttgart 27.6.1988 – 5 U 259/87, VersR 1989, 794; OLG Hamm 17.7.1992 – 20 W 4/92, r+s 1993, 75; Bruck/Möller/*Winter*, § 161 Rn 39; Römer/Langheid/*Langheid*, § 161 Rn 18.
46 BGH 5.2.1997 – IV ZR 79/96, VersR 1997, 687; OLG Hamm 15.9.1999 – 20 U 64/99, NVersZ 2000, 325; Römer/Langheid/*Langheid*, § 161 Rn 18.
47 BGH 5.2.1997 – IV ZR 79/96, VersR 1997, 687.

jedenfalls hinweisen müssen,[48] wenn dies durch den Beklagten nicht bereits ausreichend geschehen ist.

21 Der VR hat seinerseits zunächst das Problem, an die notwendigen Informationen zu gelangen. Hierauf hat bereits der Gesetzgeber mit § 31 reagiert und den VN bzw den Leistungsberechtigten zur Mitwirkung verpflichtet. Diese Vorschrift wird durch die ALB häufig weiter konkretisiert. § 7 der Allgemeinen Bedingungen für die kapitalbildende Lebensversicherung bestimmt:[49]

§ 7 ALB 2014 Was ist zu beachten, wenn eine Leistung verlangt wird?

(1) Wird eine Leistung aus dem Vertrag beansprucht, können wir verlangen, dass uns der Versicherungsschein und ein Zeugnis über den Tag der Geburt der versicherten Person *(das ist die Person, auf deren Leben die Versicherung abgeschlossen ist)* vorgelegt werden.

(2) Der Tod der versicherten Person muss uns unverzüglich *(d.h. ohne schuldhaftes Zögern)* mitgeteilt werden. Außerdem muss uns eine amtliche Sterbeurkunde mit Angabe von Alter und Geburtsort vorgelegt werden. Zusätzlich muss uns eine ausführliche ärztliche oder amtliche Bescheinigung über die Todesursache vorgelegt werden. Aus der Bescheinigung müssen sich Beginn und Verlauf der Krankheit, die zum Tod der versicherten Person geführt hat, ergeben.

(3) Wir können weitere Nachweise und Auskünfte verlangen, wenn dies erforderlich ist, um unsere Leistungspflicht zu klären. Die Kosten hierfür muss diejenige Person tragen, die die Leistung beansprucht.

(4) Unsere Leistungen werden fällig, nachdem wir die Erhebungen abgeschlossen haben, die zur Feststellung des Versicherungsfalls und des Umfangs unserer Leistungspflicht notwendig sind. Wenn eine der in den Absätzen 1 bis 3 genannten Pflichten nicht erfüllt wird, kann dies zur Folge haben, dass wir nicht feststellen können, ob oder in welchem Umfang wir leistungspflichtig sind. Eine solche Pflichtverletzung kann somit dazu führen, dass unsere Leistung nicht fällig wird.

(5) Bei Überweisung von Leistungen in Länder außerhalb des Europäischen Wirtschaftsraumes trägt die empfangsberechtigte Person die damit verbundene Gefahr.

22 **4. Leichnam als Beweismittel.** Auf Basis der insofern übermittelten Informationen, ggf unter Hinzuziehung weiterer Erkenntnisse, zB aus der Ermittlungsakte der Staatsanwaltschaft, muss der VR dann darlegen, dass eine Selbsttötung vorliegt. Dabei stellt sich die Frage, was passiert, wenn die übermittelten **Unterlagen nicht aussagekräftig** sind und der Leistungsberechtigte keine weiteren Informationen übermittelt.

23 Dieses Problem taucht insb. dann auf, wenn keine Obduktion vorgenommen wurde, der VR eine solche aber als notwendigen Nachweis ansieht, weil bestimmte Indizien erst im Rahmen einer **Obduktion**, ggf nach **Exhumierung** des Leichnams, festgestellt werden können. Eine Obduktion und eine Exhumierung im Rahmen eines zivilrechtlichen Verfahrens setzen eine **Zustimmung** der versicherten Person oder später seiner zur Totensorge berechtigten Angehörigen voraus.[50] Eine solche Zustimmung ergibt sich mangels entsprechender Konkretisierung nicht bereits aus den oben zitierten Bestimmungen der ALB (§ 7 Abs. 3).[51] Dem VR stünde es aber frei, mit einer entsprechend klaren Formulierung bei restriktiven Voraussetzungen in den AVB eine entsprechende Zustimmung zur Obduktion und Exhumierung

---

48 BGH 5.2.1997 – IV ZR 79/96, VersR 1997, 687.
49 Musterbedingungen des GDV, Stand: 6.8.2014.
50 BGH 10.4.1991 – IV ZR 105/90, VersR 1991, 870; Römer/Langheid/*Langheid*, § 161 Rn 23; Prölss/Martin/*Schneider*, § 161 Rn 17.
51 BGH 10.4.1991 – IV ZR 105/90, VersR 1991, 870; Looschelders/Pohlmann/*Peters*, § 161 Rn 19.

wirksam zu verankern.⁵² Selbst wenn eine wirksame Zustimmung vorliegt, so kommen eine Obduktion und erst recht eine vorherige Exhumierung wegen des postmortalen Persönlichkeitsrechts nur in Betracht, wenn sie zu einem entscheidungserheblichen Beweisergebnis führen können und mit ihnen das letzte, noch fehlende Glied einer Beweiskette geliefert werden soll.⁵³

Fehlt es an einer wirksamen Einwilligung des Verstorbenen, so stellt sich die Frage, was passiert, wenn der zur Totensorge berechtigte Angehörige seine **Zustimmung zur Obduktion und ggf. Exhumierung nicht erteilt.** 24

a) Sind Anspruchsberechtigter und der zur Totensorge Berechtigte personenidentisch, so ergibt sich die Pflicht, die Zustimmung zu erteilen, bereits aus der oben zitierten Vertragsklausel, § 7 Abs. 3 ALB, die eine Konkretisierung des § 31 darstellt.⁵⁴ Bedenken an der Zulässigkeit dieser Klausel bestehen nicht.⁵⁵ Durchsetzbar ist der entsprechende Anspruch für den VR freilich nicht. Vielmehr führt die Verweigerung der Zustimmung zu einem Verlust des Leistungsanspruchs gegen den VR. Indem insofern die Verweigerung einer Exhumierung oder Obduktion trotzdem wirksam verhindern kann, wird sichergestellt, dass keine Grundrechte verletzt werden.⁵⁶

b) Sind der Anspruchsberechtigte und derjenige, der die Zustimmung erteilen muss, nicht personenidentisch, so muss der Anspruchsberechtigte, will er nicht seinen Anspruch verlieren, jedenfalls bei der Beschaffung der Zustimmung mitwirken. Wird trotz der Mitwirkung die Zustimmung nicht erteilt, so soll dies nach einer Auffassung nicht zu Lasten des Anspruchsberechtigten gehen.⁵⁷ Dieser Auffassung ist indes entgegenzuhalten, dass das BVerfG auch das Recht auf informationelle Selbstbestimmung zwar gegenüber dem Auskunftsanspruch des VR den Vorrang eingeräumt hat, allerdings nur unter Verzicht auf den Leistungsanspruch.⁵⁸ Entsprechendes muss auch für die Erteilung einer Zustimmung zur Obduktion und die Weitergabe der aus dieser Untersuchung erlangten Informationen an den VR gelten.

Daher kann die Beschaffung einer entsprechenden Zustimmung von dem zur Totensorge berechtigten Angehörigen nach § 31 Abs. 2, Abs. 1 S. 2 auch dem Leistungsberechtigten billigerweise zugemutet werden, sofern die Obduktion zu einem letzten entscheidungserheblichen Beweisergebnis führen kann.⁵⁹ Eine Leistungsfreiheit kommt also in Betracht, wenn dem VR durch die Verweigerung die Möglichkeit verwehrt würde, ein entscheidungserhebliches Beweisergebnis zu erreichen, weil mit der Exhumierung und Obduktion das letzte noch fehlende Glied in einem vom VR zu führenden Beweise geliefert werden könnte.⁶⁰

Um sich indes hierauf nicht berufen zu müssen und so Streit zu vermeiden, empfiehlt es sich, von vornherein die Zustimmung zu einer Obduktion und ggf einer Exhumierung bei der versicherten Person einzuholen. Dies ist auch durch entspre- 25

---

52 Offen gelassen von BGH 6.5.1992 – IV ZR 99/91, VersR 1992, 861; Looschelders/Pohlmann/*Peters*, § 161 Rn 19.
53 BGH 6.5.1992 – IV ZR 99/91, VersR 1992, 861; Römer/Langheid/*Langheid*, § 161 Rn 22.
54 Einschränkend Bruck/Möller/*Winter*, § 161 Rn 24 ff.
55 Römer/Langheid/*Langheid*, § 161 Rn 23; offen gelassen von BGH 6.5.1992 – IV ZR 99/91, VersR 1992, 861.
56 Vgl hierzu BVerfG 23.10.2006 – 1 BvR 2027/02, VersR 2006, 1669.
57 Römer/Langheid/*Langheid*, § 161 Rn 23.
58 BVerfG 23.10.2006 – 1 BvR 2027/02, VersR 2006, 1669.
59 BGH 6.5.1992 – IV ZR 99/91, VersR 1992, 861; Bruck/Möller/*Winter*, § 161 Rn 24 ff; zurückhaltender Prölss/Martin/*Schneider*, § 161 Rn 17.
60 BGH 6.5.1992 – IV ZR 99/91, VersR 1992, 861; Bruck/Möller/*Winter*, § 161 Rn 24 ff; Prölss/Martin/*Schneider*, § 161 Rn 17; Looschelders/Pohlmann/*Peters*, § 161 Rn 19.

chend gestaltete AVB möglich, wenn die Erteilung der Einwilligung explizit geregelt wird und die Bedingungen klar und restriktiv sind.[61] Eine gesonderte Unterzeichnung dieser Klausel ist aber nicht erforderlich.

26 5. „Ersetzung" gerichtlicher Beweiserhebung. Die Parteien sollten stets die Möglichkeit in Erwägung ziehen, **Privatgutachten** vorzulegen. Ein solches Privatgutachten kann zB die Einholung eines (weiteren) Sachverständigengutachtens entbehrlich machen, wenn das Gericht das Privatgutachten als ausreichend ansieht.[62] Ferner kann ein Privatgutachten dazu dienen, das Ergebnis des Gutachtens eines gerichtlich bestellten Sachverständigen zu erschüttern und das Gericht dazu zu bewegen, sich mit den Einwendungen gegen das Gutachten sorgfältig auseinanderzusetzen und ggf ein weiteres Gutachten einzuholen.[63]

VI. Einzelfälle aus der Rspr

27 1. Vorsätzliche Selbsttötung bejaht. Eine eindeutige freiwillige Selbsttötung liegt bei Erhängen ohne Fremdeinwirkung[64] oder Harakiri[65] vor. Die Freiwilligkeit ist auch bei einem aufgesetzten **Kopfschuss** bewiesen,[66] bei einem Schuss in den Kopf eines im Umgang mit Waffen geübten Täters ohne Vorliegen von Suizidmotiven,[67] bei einem aufgesetzten Schuss mit einem Gewehr in die Brust,[68] bei einem erfahrenen, überschuldeten Jäger durch Kopfschuss[69] oder durch Kopfschuss bei evtl leichtsinnigem Hantieren.[70] Auch aus einer charakteristischen Position für Selbsttötungen, nämlich liegend mit dem Hals auf dem Schienenstrang und dem Körper zwischen den beiden Schienensträngen, kann bei Vorliegen eines Motivs und trotz einer BAK von 1,7 ‰ auf eine vorsätzliche freiwillige Selbsttötung geschlossen werden.[71] Freitod wurde ferner angenommen beim Berühren einer **Hochspannungsleitung** mit beiden Händen, wenn die versicherte Person ein Handwerker war, der Erfahrung im Umgang mit Elektroanlagen hatte,[72] und bei Einnahme von 70 Tabletten eines in dieser Dosis tödlich wirkenden Medikaments.[73] Dem Anzeichenbeweis für eine Selbsttötung, nämlich Autoabgase in einer verschlossenen Garage, steht nicht entgegen, dass der VN in der Nacht vor der Tat ausgelassen feierte und anscheinend in geordneten finanziellen Verhältnissen lebte.[74]

28 Ein Freitod wurde wegen Vorliegens eines sog. **Abschiedsbriefs** angenommen bei einem Aufprall mit einem Fahrzeug gegen eine am linken Straßenrand befindliche Stützmauer, obwohl ein technischer Defekt denkgesetzlich nicht ausgeschlossen

---

61 Looschelders/Pohlmann/*Peters*, § 161 Rn 19.
62 BGH 26.9.1990 – IV ZR 176/89, VersR 1990, 1268; Römer/Langheid/*Langheid*, § 161 Rn 20.
63 BGH 13.10.1993 – IV ZR 220/92, VersR 1994, 162; Römer/Langheid/*Langheid*, § 169 Rn 20.
64 BGH 18.3.1987 – IVa ZR 205/85, BGHZ 100, 214; OLG Hamm 17.7.1992 – 20 W 4/92, r+s 1993, 75; OLG Hamm 15.9.1999 – 20 U 64/99, NVersZ 2000, 325; LG Heidelberg 6.10.1988 – 7 O 176/88, VersR 1989, 1033.
65 BGH 18.3.1987 – IVa ZR 205/85, BGHZ 100, 214.
66 OLG Hamm 22.9.1995 – 20 U 77/95, VersR 1996, 1134.
67 OLG Oldenburg 28.11.1990 – 2 U 149/90, VersR 1991, 985; LG Köln 26.9.1989 – 25 O 79/89, VersR 1990, 34.
68 BGH 18.3.1987 – IVa ZR 205/85, BGHZ 100, 214; OLG München 4.3.1988 – 21 U 4667/87, VersR 1988, 1020.
69 OLG Celle 8.6.1984 – 8 U 211/83, VersR 1985, 1134.
70 OLG Frankfurt 21.9.1983 – 19 U 174/82, VersR 1984, 756; vgl hierzu auch OLG Oldenburg 28.11.1990 – 2 U 149/90, VersR 1991, 985 (leichtsinniges Hantieren derart unwahrscheinlich, dass es ausgeschlossen werden kann).
71 OLG Hamm 27.4.1994 – 20 U 394/93, VersR 1995, 33.
72 OLG Hamburg 19.6.1986 – 6 U 41/86, VersR 1986, 1201.
73 OLG Düsseldorf 22.9.1998 – 4 U 11 72/90, VersR 1999, 1007.
74 OLG Hamburg 13.4.1984 – 11 U 231/83, VersR 1986, 378.

werden konnte, es geeignetere Stellen für einen Selbstmord gab und die Geschwindigkeit des Fahrzeugs ebenso wenig feststand wie die Frage geklärt war, ob der Verstorbene im Zeitpunkt des Unfalls angeschnallt war.[75] Auch bei einem **Sturz kopfüber** aus dem Fenster aus größerer Höhe liegt ein Freitod vor, wenn ein Unfall als Möglichkeit ausgeschlossen werden kann.[76] Entsprechendes gilt bei einem Sturz vom Balkon eines überschuldeten Versicherten, der zuvor Frau und Kinder erdrosselt hatte.[77] Auch bei einem Erhängen ohne jedes Anzeichen von Fremdeinwirken wurde ein Suizid bejaht.[78]

2. Vorsätzliche Selbsttötung verneint. Eine vorsätzliche Selbsttötung wurde in einem Fall als nicht erwiesen angesehen, in dem der Täter unter Alkoholeinfluss und nachdem er eine Patrone aus einem zuvor vollen Magazin einer Pistole entfernt hatte, vor dem tödlichen Schuss zunächst dreimal vergeblich versuchte, einen Schuss abzugeben, wobei er nur einmal auf sich selber zielte. Das Gericht hielt es nicht für ausgeschlossen, dass der Täter – wenn auch in objektiv unverständlich erscheinendem Leichtsinn – glaubte, dass auch die weiteren Schüsse nicht zünden würden.[79] Auch bei einem Schuss mit einer Pistole in den Kopf in alkoholisiertem Zustand liege kein Selbstmord vor, wenn der Täter davon überzeugt gewesen sei, dass die Waffe ungeladen sei.[80] Obwohl in einem weiteren Fall der tödliche Schuss in der Herzgegend aufgesetzt und der Schütze mit der Waffe vertraut war, war das Gericht von einem vorsätzlichen Freitod nicht überzeugt, da der Druckpunkt des Kleinkalibergewehrs nicht so groß war, dass sich ein Schuss nur infolge einer bewussten Betätigung des Abzugs hätte lösen können und dass deswegen eine versehentliche Betätigung des Abzugs nur als höchst unwahrscheinlich erscheinen könne. Darüber hinaus hätten keine aussagekräftigen Umstände vorgelegen, die für oder gegen ein Motiv zum Selbstmord sprächen.[81] Bei Nutzung eines selbst gebauten Schussapparates durch einen Jugendlichen vermochte das Gericht einen Unfall nicht mit hinreichender Wahrscheinlichkeit auszuschließen.[82]

3. Krankhafte Störung der Geistestätigkeit verneint. Eine BAK von 2,2 ‰ in Verbindung mit Eheproblemen oder von 2,38 ‰ rechtfertigt noch nicht die Annahme eines die freie Willensbestimmung ausschließenden Zustands.[83] Vollrausch liege erst ab 3,0 ‰ BAK vor.[84] Allein die Tatsache, dass ein Suizid stattgefunden hat, für den es keine ernsthaften Motive oder ausreichende Beweggründe zu geben scheint, kann für die Annahme eines die freie Willensbestimmung ausschließenden Zustands des Täters nicht ausreichen.[85] Das Vorliegen einer krankhaften Störung der Geistestätigkeit kann auch nicht aus einer narzisstischen Persönlichkeitsstruktur und einem ungewöhnlichen Verhalten des Versicherten geschlossen werden, da Irrtum und charakterliche Fehlhaltung für sich alleine noch keine krankhafte Störung der Geistestätigkeit darstellen.[86] Eine bloße depressive Verstimmung reicht nicht aus. Notwendig ist vielmehr eine schwere endogene oder psychogene Depression,

---

75 OLG Köln 2.5.1991 – 5 U 148/90, VersR 1992, 562.
76 OLG Koblenz 20.3.1992 – 10 U 1172/90, VersR 1993, 874; Römer/Langheid/*Langheid*, § 161 Rn 27.
77 OLG Stuttgart 27.6.1988 – 5 U 259/87, VersR 1989, 794.
78 OLG Köln 21.2.2001 – 5 U 127/00, VersR 2002, 341.
79 BGH 19.2.1981 – IVa ZR 98/80, VersR 1981, 452.
80 BGH 26.9.1990 – IV ZR 176/89, VersR 1990, 1268.
81 BGH 18.3.1987 – IVa ZR 205/85, BGHZ 100, 214.
82 BGH 6.5.1992 – IV ZR 99/91, VersR 1992, 861.
83 OLG Köln 21.2.2001 – 5 U 127/00, VersR 2002, 341; OLG Hamburg 13.4.1984 – 11 U 231/83, VersR 1986, 378.
84 OLG Hamburg 13.4.1984 – 11 U 231/83, VersR 1986, 378.
85 OLG Hamm 17.7.1992 – 20 W 4/92, r+s 1993, 75; OLG Köln 21.2.2001 – 5 U 127/00, VersR 2002, 341.
86 LG Köln 28.7.1993 – 24 O 201/93, r+s 1994, 195.

bei der die Selbsttötung in einer akut depressiven Phase vorgenommen wird.⁸⁷ Eine nach langer, mit erheblichen Schmerzen verbundener Erkrankung vor der Selbsttötung verfasste Nachricht „Ich kann meine Schmerzen nicht mehr ertragen Bitte um Verzeihung" belegt ein nachvollziehbares Motiv und lässt grds. nicht mehr die Feststellung einer Tatbegehung in einem die freie Willensbestimmung ausschließenden Zustand krankhafter Störung der Geistestätigkeit zu.⁸⁸ Tötet ein Versicherter seine Ehefrau und Kinder und begeht er anschließend Selbstmord, so lässt diese Handlungsweise allein trotz erheblicher psychischer Störungen des Verstorbenen nicht den Schluss zu, dass der Selbstmord im Zustand krankhafter Störung der Geistestätigkeit begangen wurde, zumal die Tat als **„Bilanzselbstmord"** nachfühlbar war.⁸⁹

VII. Abdingbarkeit

31 Nach § 171 kann von den Vorschriften des § 161 nicht zum Nachteil des VN, der versicherten Personen oder des Eintrittsberechtigten abgewichen werden. Eine Verkürzung oder ein Verzicht auf die Ausschlussfrist ist nach dem Willen des Gesetzgebers möglich, da es sich hierbei um eine Vereinbarung zu Gunsten des VN handele.⁹⁰

§ 162 Tötung durch Leistungsberechtigten

(1) Ist die Versicherung für den Fall des Todes eines anderen als des Versicherungsnehmers genommen, ist der Versicherer nicht zur Leistung verpflichtet, wenn der Versicherungsnehmer vorsätzlich durch eine widerrechtliche Handlung den Tod des anderen herbeiführt.

(2) Ist ein Dritter als Bezugsberechtigter bezeichnet, gilt die Bezeichnung als nicht erfolgt, wenn der Dritte vorsätzlich durch eine widerrechtliche Handlung den Tod der versicherten Person herbeiführt.

I. Normzweck

1 Dem Sinn und Zweck nach soll die Vorschrift verhindern, dass der VR an denjenigen zu leisten hat, der die versicherte Person vorsätzlich getötet hat.¹

II. Tötung durch den VN (Abs. 1)

2 Nach Abs. 1 ist der VR nicht zur Leistung verpflichtet, wenn der VN vorsätzlich durch eine widerrechtliche Handlung den Tod der versicherten Person herbeiführt. Aus dem Normzweck ergibt sich, dass sich der Vorsatz auf den **Todeserfolg** beziehen muss, so dass der Tatbestand der §§ 211, 212 oder 216 StGB gegeben sein muss; Körperverletzung mit Todesfolge (§ 226 StGB) reicht nicht.² Ausreichend ist eine Beteiligung an der Tat. Neben unmittelbarer Täterschaft reichen also mittelbare Täterschaft, aber auch Anstiftung und Beihilfe.³

3 Erforderlich ist ferner eine **widerrechtliche** Handlung, so dass § 162 bei Vorliegen von Rechtfertigungsgründen, namentlich Notwehr, Notstand oder Selbsthilfe,

---

87 OLG Köln 21.2.2001 – 5 U 127/00, VersR 2002, 341.
88 OLG Stuttgart 22.7.1999 – 7 U 28/99, NVersZ 2000, 22.
89 OLG Stuttgart 27.6.1988 – 5 U 259/87, VersR 1989, 794.
90 Begr. RegE, BT-Drucks. 16/3945, S. 99.
1 Prölss/Martin/*Schneider*, § 162 Rn 1.
2 Bruck/Möller/*Winter*, § 162 Rn 5; Prölss/Martin/*Schneider*, § 162 Rn 4.
3 Bruck/Möller/*Winter*, § 162 Rn 8; Langheid/Wandt/*Mönnich*, § 162 Rn 3.

nicht anwendbar ist.[4] So kann es an der Widerrechtlichkeit bei passiver und in seltenen Fällen bei aktiver Sterbehilfe fehlen.[5]

„Nicht zur Leistung verpflichtet" bedeutet dabei, dass der VR weder die für den Todesfall versprochene Versicherungsleistung noch den Rückkaufswert auszahlen muss, was sich auch aus § 169 Abs. 1 ergibt.[6] Dies gilt auch dann, wenn der Anspruch auf den Rückkaufswert abgetreten oder verpfändet ist. Zwar wird teilweise gefordert, dass der VR zum Schutz des Sicherungsnehmers in diesen Fällen zur Leistung verpflichtet bleiben soll.[7] Jedoch reicht dies für eine abweichende Regelung nicht aus, da regelmäßig der Täter zumindest mittelbar in den Genuss der Leistung käme und genau diese Anreizwirkung vermieden werden muss.[8]

Abs. 1 ist, jedenfalls analog, auch auf den Fall anwendbar, in dem ein Gläubiger die versicherte Person tötet, nachdem er den Anspruch gegen die Versicherung gepfändet oder in anderer Weise auf sich übergeleitet hat.[9]

Abs. 1, nicht hingegen Abs. 2 ist analog anwendbar, wenn bei einer **Versicherung auf verbundene Leben**, bei der zwei Personen zugleich VN und Versicherte sind, wobei die Versicherungsleistung beim Tod des Erstversterbenden fällig wird, einer von diesen VN einen anderen vorsätzlich und widerrechtlich tötet, so dass der VR in diesem Fall leistungsfrei ist.[10] Demgegenüber soll § 161 und nicht § 162 anwendbar sein, wenn der eine VN im Rahmen eines Gesamtplans zuerst den anderen und dann sich selber tötet.[11]

III. Tötung durch den Bezugsberechtigten (Abs. 2)

Führt ein Dritter, der als Bezugsberechtigter bezeichnet ist, durch eine widerrechtliche Handlung den Tod der versicherten Person vorsätzlich herbei, so gilt nach Abs. 2 der Bezugsberechtigtete als nicht bezeichnet. In diesem Fall bleibt also der VR zur Leistung verpflichtet und hat an denjenigen zu leisten, der ohne die Einsetzung des Bezugsberechtigten Inhaber des Anspruchs wäre.[12] Nicht ausreichend ist ein bloß fahrlässiges, für den Tod der versicherten Person kausales Verhalten des Bezugsberechtigten. Streitig wird insofern die Frage behandelt, was passiert, wenn der Dritte, der die versicherte Person getötet hat, gleichzeitig als Erbe einen Anspruch auf die Versicherungsleistung hätte. Nach einer Auffassung hat die Versicherung dann an den Mörder zu leisten und es bleibt den Miterben oder den an die Stelle des Mörders tretenden Berechtigten überlassen, die Erbunwürdigkeit nach §§ 2339 Abs. 1 Nr. 1, 2341 BGB geltend zu machen.[13] Nach der gegenteiligen Auffassung reicht dies nicht aus, da der VR die Anfechtungsklage nicht erheben kann[14] und daher das große Risiko bestünde, dass die Norm ihren Zweck nicht erfüllen kann. Daher soll Abs. 2 dahin gehend erweitert auszulegen sein, dass

---

4 Bruck/Möller/*Winter*, § 162 Rn 5; Prölss/Martin/*Schneider*, § 162 Rn 4; *Deutsch*, § 32 Rn 387.
5 *Deutsch*, § 32 Rn 387.
6 Römer/Langheid/*Römer*, § 170 Rn 1; *Deutsch*, § 32 Rn 387.
7 Prölss/Martin/*Kollbosser*, 27. Aufl. 2004, § 170 Rn 1; BK/*Schwintowski*, § 170 Rn 10.
8 Bruck/Möller/*Winter*, § 162 Rn 10; Prölss/Martin/*Schneider*, § 162 Rn 5.
9 Bruck/Möller/*Winter*, § 162 Rn 19; *Deutsch*, § 32 Rn 387.
10 OLG Hamm 11.3.1987 – 20 U 307/86, VersR 1988, 32; Langheid/Wandt/*Mönnich*, § 162 Rn 6; Prölss/Martin/*Schneider*, § 162 Rn 6; Römer/Langheid/*Langheid*, § 162 Rn 3.
11 OLG Köln 12.1.1998 – 5 U 148/97, VersR 1999, 1529; Langheid/Wandt/*Mönnich*, § 162 Rn 6; Römer/Langheid/*Langheid*, § 162 Rn 3.
12 Römer/Langheid/*Langheid*, § 162 Rn 4.
13 OLG Hamm 27.5.1987 – 20 U 335/86, VersR 1988, 458; Langheid/Wandt/*Mönnich*, § 162 Rn 9; Looschelders/Pohlmann/*Peters*, § 162 Rn 12; Römer/Langheid/*Langheid*, § 162 Rn 4.
14 Dies ist unstr, Bruck/Möller/*Winter*, § 192 Rn 17.

der Mörder weder als Bezugsberechtigter noch als Erbe einen Anspruch auf die Versicherungssumme hat.[15] Weder der einen noch der anderen Auffassung kann vollumfänglich zugestimmt werden. Vielmehr ist in diesen Fällen zunächst Abs. 2 anzuwenden, mit der Folge, dass die Bezugsberechtigung entfällt, und sodann Abs. 1 analog, mit der Folge, dass der VR leistungsfrei wird. Der Regelungsgegenstand des Abs. 1 ist nämlich der problematischen Fallgestaltung im Kern vergleichbar, da der Mörder als Erbe in die Stellung des VN einrückt und damit der neue VN den ursprünglichen VN, der zugleich versicherte Person war, ermordet hat. Gibt es eine Erbengemeinschaft, so ist die Fallgestaltung gerade nicht mehr vergleichbar und es bleibt bei der Möglichkeit, gegenüber dem Mörder die Erbunwürdigkeit geltend zu machen.

IV. Abdingbarkeit

8   Die Norm ist mangels Erwähnung in § 171 dispositiv. Trotzdem soll eine Abweichung zu Lasten der versicherten Person ohne gesonderten Hinweis zumindest im Rahmen der AVB wegen des Schutzzwecks der Norm unwirksam sein.[16] Weitergehend wird die Norm für zwingend gehalten, da sie den Schutz der versicherten Person bezweckt und ansonsten die Schwelle zur Sittenwidrigkeit (§ 138 BGB) überschreiten würde.[17] Beide Auffassungen finden keine Stütze im Wortlaut des Gesetzes. Es wäre für den Gesetzgeber ein Leichtes gewesen, die Regelung für verbindlich zu erklären. Indem er dies unterließ, ist sie jedenfalls nicht zwingend. Allerdings ist die Regelung nicht nur für die versicherte Person, sondern auch für den VR günstig, so dass sich in der Praxis keine abweichenden Regelungen finden. Die wahre Problematik liegt aber nicht darin, wie oder wo die abweichende Regelung zwischen VR und VN getroffen wird, da die versicherte Person darauf keinen Einfluss hat. Vielmehr muss gewährleistet sein, dass die versicherte Person mit einer solchen abweichenden Regelung einverstanden ist. Die nach § 150 Abs. 2 notwendige Einwilligung der Gefahrperson muss insofern die Abweichung von § 162 umfassen. Ist das der Fall, dann kann nach hiesiger Auffassung die abweichende Regelung auch in den AVB enthalten sein.

V. Beweislast

9   Die Beweislast für die Tötung durch einen Leistungsberechtigten und für den diesbezüglich notwendigen Vorsatz trägt derjenige, der sich darauf beruft. Ist der Nachweis geglückt, so wird die Widerrechtlichkeit vermutet. Ein Entlastungsbeweis zugunsten des Leistungsberechtigten ist freilich möglich.[18]

§ 163 Prämien- und Leistungsänderung

(1) ¹Der Versicherer ist zu einer Neufestsetzung der vereinbarten Prämie berechtigt, wenn
1. sich der Leistungsbedarf nicht nur vorübergehend und nicht voraussehbar gegenüber den Rechnungsgrundlagen der vereinbarten Prämie geändert hat,
2. die nach den berichtigten Rechnungsgrundlagen neu festgesetzte Prämie angemessen und erforderlich ist, um die dauernde Erfüllbarkeit der Versicherungsleistung zu gewährleisten, und

---

15 Prölss/Martin/*Schneider*, § 162 Rn 7.
16 Looschelders/Pohlmann/*Peters*, § 162 Rn 13.
17 Langheid/Wandt/*Mönnich*, § 162 Rn 12; Bruck/Möller/*Winter*, § 162 Rn 22; Schwintowski/Brömmelmeyer/*Ortmann*, § 162 Rn 15.
18 Prölss/Martin/*Schneider*, § 162 Rn 8.

3. ein unabhängiger Treuhänder die Rechnungsgrundlagen und die Voraussetzungen der Nummern 1 und 2 überprüft und bestätigt hat.

²Eine Neufestsetzung der Prämie ist insoweit ausgeschlossen, als die Versicherungsleistungen zum Zeitpunkt der Erst- oder Neukalkulation unzureichend kalkuliert waren und ein ordentlicher und gewissenhafter Aktuar dies insbesondere anhand der zu diesem Zeitpunkt verfügbaren statistischen Kalkulationsgrundlagen hätte erkennen müssen.

(2) ¹Der Versicherungsnehmer kann verlangen, dass an Stelle einer Erhöhung der Prämie nach Absatz 1 die Versicherungsleistung entsprechend herabgesetzt wird. ²Bei einer prämienfreien Versicherung ist der Versicherer unter den Voraussetzungen des Absatzes 1 zur Herabsetzung der Versicherungsleistung berechtigt.

(3) Die Neufestsetzung der Prämie und die Herabsetzung der Versicherungsleistung werden zu Beginn des zweiten Monats wirksam, der auf die Mitteilung der Neufestsetzung oder der Herabsetzung und der hierfür maßgeblichen Gründe an den Versicherungsnehmer folgt.

(4) Die Mitwirkung des Treuhänders nach Absatz 1 Satz 1 Nr. 3 entfällt, wenn die Neufestsetzung oder die Herabsetzung der Versicherungsleistung der Genehmigung der Aufsichtsbehörde bedarf.

I. Regelungsgehalt

Auf Basis der Norm hat der VR eine gesetzliche Möglichkeit zur Prämien- und Leistungsänderung. Diese Möglichkeit schließt eine vertragliche Anpassungsklausel weder aus noch schränkt es die Möglichkeit des VR inhaltlich ein, Anpassungsklauseln in den AVB vorzusehen.[1] Allerdings unterliegen derartige Anpassungsklauseln regelmäßig der allgemeinen Kontrolle nach den §§ 305 ff BGB.[2] Auch wenn die BaFin das kritisch beurteilt,[3] so kann der VR auf sein gesetzliches Recht auf Vertragsanpassung vertraglich verzichten.[4] Fehlt es an einer vertraglichen Regelung, so bleibt (nur) das gesetzliche Anpassungsrecht. 1

Die Vorschrift trifft keine Regelungen zur Anpassung der Überschussbeteiligung der VN, so dass die Möglichkeit zur Beeinflussung der Überschussbeteiligung für den VR existent bleibt.[5] Wegen der gesetzlich zwingend vorsichtigen Kalkulation (§ 11 VAG) steht zu erwarten, dass ein VR vor einer Neufestsetzung der Prämie richtigerweise das weniger eingreifende Mittel der Senkung der Überschussbeteiligung nutzen wird, um die dauerhafte Erfüllbarkeit der Leistungen gegenüber den VN zu gewährleisten. Die Grenzen der zulässigen Steuerung der Überschussbeteiligung sind allerdings dort überschritten, wo bereits dem einzelnen VN zugewiesene Überschussanteile diesem wieder entzogen werden sollen.[6] 2

II. Tatbestandsvoraussetzungen (Abs. 1)

1. **Änderung des Leistungsbedarfs (Abs. 1 S. 1 Nr. 1, S. 2).** Voraussetzung ist, dass sich der Leistungsbedarf des VR **nicht nur vorübergehend** und **nicht voraussehbar** gegenüber den Berechnungsgrundlagen der vereinbarten Prämie geändert hat. Vor- 3

---

1 Begr. RegE, BT-Drucks. 16/3945, S. 99; BGH 17.3.1999 – IV ZR 218/97, BGHZ 141, 153; Prölss/Martin/*Schneider*, § 163 Rn 2.
2 BGH 17.3.1999 – IV ZR 218/97, BGHZ 141, 153; Prölss/Martin/*Schneider*, § 163 Rn 2; Römer/Langheid/*Langheid*, § 163 Rn 3; *Präve*, VersR 1999, 697; *Abram*, NVersZ 2000, 249; *Fricke*, VersR 2000, 257.
3 VerBAV 2000, 63.
4 Prölss/Martin/*Schneider*, § 163 Rn 2.
5 Looschelders/Pohlmann/*Krause*, § 163 Rn 5.
6 In diese Richtung ist wohl BGH 8.7.2009 – IV ZR 102/06, VersR 2009, 1208 zu interpretieren.

hersehbare und abschätzbare Änderungen, die zu einer Erhöhung des Leistungsbedarfs führen, reichen nicht aus. Den erhöhten Bedarf, dessen Ursache eine fahrlässige **Falschkalkulation** ist, hat dementsprechend der VR aus eigenen Mitteln zu tragen,[7] weil er die Prämien nicht anpassen darf. Allerdings wird bis zur Verlustgrenze die Versichertengemeinschaft an diesem Verlust beteiligt, denn es entstehen durch die Falschkalkulation beim VR geringere oder gar keine Überschüsse für die entsprechende Ergebnisquelle, so dass die Überschussbeteiligung aus dieser Gewinnquelle bis auf Null sinken kann.

4 Eine **Neufestsetzung** der Prämie ist insoweit **ausgeschlossen**, als die Versicherungsleistungen zum Zeitpunkt der Erst- oder Neukalkulationen unzureichend kalkuliert waren und ein ordentlicher und gewissenhafter Aktuar dies insb. anhand der zu diesem Zeitpunkt verfügbaren statistischen Kalkulationsgrundlage hätte erkennen müssen (Abs. 1 S. 2) und können. Maßgeblich ist hier eine ex-ante-Betrachtung.[8] Angesprochen sind insofern die aktuellen **Sterbetafeln**, die Grundlage der jeweiligen Kalkulation sein müssen. Allerdings sind die Sterbetafeln nicht die einzige Grundlage für die Kalkulation. Vielmehr hat das Unternehmen bei der Kalkulation die spezifischen Besonderheiten der Zielgruppe des fraglichen Produkts zu berücksichtigen, die Einfluss auf die Leistungshöhe und die Leistungsdauer haben könnten. Zwar ist ausdrücklich nur der Zeitpunkt der Erst- oder Neukalkulation angesprochen. Trotzdem wird man hieraus nicht schließen können, dass der VR auch nach Veröffentlichung neuer Sterbetafeln zeitlich unbegrenzt seine auf einer alten Sterbetafel basierenden Produkte anbieten und dann auf Basis der Vorschrift die Prämie neu festsetzen darf. Andererseits ist eine sofortige Umsetzung neuer Sterbetafeln dem VR für das Neugeschäft rein technisch gar nicht möglich, so dass es an der Realität vorbeigeht, würde man postulieren, dass der VR sein Neugeschäft nach der Veröffentlichung neuer Rechnungsgrundlagen einstellen müsse, bis er seine Tarife umgestellt hat. Es muss also möglich sein, dass der VR auch nach Veröffentlichung zB neuer Sterbetafeln für eine angemessene Zeit im Neugeschäft die auf alten Rechnungsgrundlagen basierenden Tarife weiter nutzen kann, ohne des Rechts auf Prämienanpassung verlustig zu gehen.

5 Vom VR zu fordern ist danach, dass die **Umstellung im Neugeschäft binnen angemessener Frist** erfolgt. Was insofern angemessen ist, kann im Einzelfall streitig sein. In der Praxis wird regelmäßig die Veröffentlichung einer neuen Sterbetafel mit einer entsprechenden Anordnung der BaFin einhergehen, die dann auch einen Umsetzungszeitraum für das Neugeschäft vorsieht. Solange der VR innerhalb dieses Zeitraums seine Produktpalette umstellt, kann ihm der Rückgriff auf die gesetzliche Möglichkeit zur Prämienänderung für Vertragsabschlüsse vor diesem Stichtag nicht verwehrt werden.[9] Ferner ist zu beachten, dass die veröffentlichten Sterbetafeln ja ihrerseits nur eine Prognose darstellen und zwangsläufig mit Unsicherheiten verbunden sind. Dies setzt bereits bei der Frage an, wie sich die betrachtete Personengruppe zusammensetzt. Vor diesem Hintergrund ist es nicht nur möglich, sondern im Einzelfall vielleicht sogar zwingend, von den Vorgaben der veröffentlichten Sterbetafeln abzuweichen und andere Annahmen für die Prämienkalkulation zu treffen.

6 Der Ausschluss der Neukalkulation ist grds. und insb. im Hinblick auf ein Vertretenmüssen einer möglichen unzureichenden Kalkulation eng auszulegen, weil andernfalls der Sinn und Zweck der Regelung, nämlich die dauerhafte Erfüllbarkeit

---

7 Prölss/Martin/*Schneider*, § 163 Rn 12.
8 Prölss/Martin/*Schneider*, § 163 Rn 12.
9 Zu weitgehend daher OLG Koblenz 26.5.2000 – 10 U 1342/99, VersR 2000, 1357 zur alten Rechtslage.

der Leistungsversprechen des VR zugunsten der VN sicherzustellen, nicht mehr gewährleistet wäre.[10]

2. Angemessenheit und Erforderlichkeit (Abs. 1 S. 1 Nr. 2). Die nach den berichtigten Rechnungsgrundlagen neu festgesetzte Prämie muss angemessen und erforderlich sein, um die dauernde Erfüllbarkeit der Versicherungsleistungen zu gewährleisten. Andere Zwecke, wie zB eine Verbesserung der Ertragslage, dürfen also mit der Neufestsetzung nicht verfolgt werden. Dabei wird unterschiedlich formuliert: Teilweise wird eine Verbesserung der Ertragslage grds. für unzulässig gehalten,[11] teilweise (nur) eine zusätzliche Verbesserung.[12] Letzterer Auffassung ist zuzustimmen, denn die Norm bezweckt eine Wiederherstellung des gestörten Äquivalenzverhältnisses.[13] Dazu gehört grds. auch die Wiederherstellung der ursprünglichen Sicherheitsmargen, wie sie in § 11 VAG vorgesehen sind, und auch des ursprünglich vorhandenen Gewinnzuschlags.[14] Teil des Leistungsversprechens ist auch eine Beteiligung an den Überschüssen, an denen dann die VN künftig (wieder) beteiligt werden können. 7

Das Kriterium der Angemessenheit und Erforderlichkeit ist dann erfüllt, wenn alle rechtlichen Voraussetzungen bzgl der Kalkulation beachtet worden sind.[15] Damit sind insb. die Anforderungen nach § 11 VAG gemeint. Nach dieser Norm müssen die Prämien in der Lebensversicherung unter Zugrundelegung angemessener versicherungsmathematischer Annahmen kalkuliert werden und so bemessen sein, dass das Versicherungsunternehmen allen seinen Verpflichtungen nachkommen und insb. für die einzelnen Verträge ausreichende Deckungsrückstellungen bilden kann. Auf Basis dieser gesetzlichen Anforderungen ergeben sich die Notwendigkeit einer versicherungsmathematisch ausgerichteten Kalkulation und, hiermit untrennbar verbunden, das Erfordernis einer bestimmten Mindestprämienhöhe,[16] die dann, jedenfalls im Sinne der Norm, angemessen und erforderlich wäre. Weiter ist zu berücksichtigen, dass § 11 VAG auf eine vorsichtige Prämienkalkulation zielt,[17] so dass auch eine solche Prämienfestsetzung angemessen und erforderlich ist, die die Auskömmlichkeit sicherstellt, indem sie mit bestimmten Sicherheitsmargen arbeitet und erkannte Tendenzen bei Neufestsetzung berücksichtigt.[18] Andererseits sind solche Sicherheitsmargen abzuschmelzen, die bei der Neufestsetzung aufgrund geänderter Umstände als nicht mehr erforderlich angesehen werden.[19] Im Hinblick auf die notwendige verursachungsorientierte Überschussbeteiligung nach § 153 liegt hierin auch keine unangemessene Benachteiligung der VN. 8

3. Treuhänderbestätigung (Abs. 1 S. 1 Nr. 3). Zur außergerichtlichen Richtigkeitskontrolle[20] und zur Wahrung der Belange der VN ist weitere Voraussetzung nach Abs. 1 S. 1 Nr. 3, dass ein unabhängiger Treuhänder die Rechnungsgrundlagen und das Vorliegen der Voraussetzungen für die Neufestsetzung einschließlich der Angemessenheit und Erforderlichkeit der Prämie überprüft und bestätigt hat.[21] Diese **Bestätigung** ist **Wirksamkeitsvoraussetzung** für die Neufestsetzung.[22] Das VAG re- 9

---

10 Prölss/Martin/*Schneider*, § 163 Rn 12.
11 Prölss/Martin/*Schneider*, § 163 Rn 9; Bruck/Möller/*Winter*, § 163 Rn 19.
12 Looschelders/Pohlmann/*Krause*, § 163 Rn 12.
13 Langheid/Wandt/*Wandt*, § 163 Rn 40 f.
14 Langheid/Wandt/*Wandt*, § 163 Rn 42 f.
15 Römer/Langheid/*Langheid*, § 163 Rn 8.
16 Prölss/*Präve*, § 11 VAG Rn 5.
17 Prölss/*Präve*, § 11 VAG Rn 7.
18 Langheid/Wandt/*Wandt*, § 163 Rn 43; unklar: Looschelders/Pohlmann/*Krause*, § 163 Rn 12; Bruck/Möller/*Winter*, § 163 Rn 19.
19 Langheid/Wandt/*Wandt*, § 163 Rn 46.
20 Römer/Langheid/*Langheid*, § 163 Rn 10.
21 Römer/Langheid/*Langheid*, § 163 Rn 10.
22 Prölss/Martin/*Schneider*, § 163 Rn 10; *Renger*, VersR 1995, 871.

gelt weitere Einzelheiten zum Treuhänderverfahren. Insbesondere hat das Versicherungsunternehmen den in Aussicht genommenen Treuhänder der BaFin zu benennen (§§ 11 b, 12 b Abs. 4 VAG), dessen fachliche Eignung und Unabhängigkeit sodann von der BaFin geprüft wird.

10 Sofern allerdings die Neufestsetzung der Prämie oder die Herabsetzung der Versicherungsleistung der Genehmigung der Aufsichtsbehörde bedarf, entfällt nach Abs. 4 die Mitwirkung des Treuhänders. Dies ist namentlich bei Sterbekassen der Fall (§ 5 Abs. 3 Nr. 2 VAG) und bei Altverträgen, die vor dem 28.7.1994 aufgrund eines genehmigten Geschäftsplans abgeschlossen wurden.

III. Rechtsfolgen

11 **1. Neufestsetzung der Prämie (Abs. 1 und 2).** Bei Vorliegen der Voraussetzungen ist der VR zu einer Neufestsetzung der Prämie berechtigt. Es handelt sich um ein einseitiges gesetzliches Gestaltungsrecht.[23] Eine Verpflichtung zur Neufestsetzung besteht für den VR nach dem VVG nicht. Allerdings kann sich eine solche Pflicht aus den aufsichtsrechtlichen Vorschriften, namentlich aus § 11 VAG, ergeben.

12 Als Reaktion auf die Neufestsetzung kann der VN seinerseits verlangen, dass anstelle einer Erhöhung der Prämie die Versicherungsleistung entsprechend **herabgesetzt** wird (Abs. 2 S. 1). Dieses Recht ist durch den VN per Erklärung gegenüber dem VR auszuüben. Das Gesetz sieht weder eine besondere Form noch eine besondere Frist hierfür vor. Dies hindert den VR aber nicht daran, ein angemessenes Verfahren vorzusehen und den VN zB mit der Mitteilung über die Prämienerhöhung aufzufordern, sein Recht zur Beibehaltung der Altprämie bei gleichzeitiger Leistungsherabsetzung binnen angemessener Frist (2–4 Wochen) auszuüben.[24] Die entsprechende Erklärung kann er insb. dann schriftlich verlangen, wenn der Vers-Vertrag auch für andere Erklärungen des VN Schriftform vorsieht. Ausreichend ist aber auch das erklärungslose Verstreichen der Frist oder eine konkludente Ausübung durch die Überweisung der Altprämie.

13 Strittig war, ob der VR bei Verträgen mit Einmalzahlung, bei Prämienfreistellung oder bereits abgelaufener Beitragsdauer Leistungskürzungen statt Prämiennachforderungen vornehmen kann.[25] Durch den neuen **Abs. 2 S. 2** ist dieser Streit dahin gehend entschieden, dass der VR bei Vorliegen der Voraussetzungen bei einer prämienfreien Versicherung die Versicherungsleistung herabsetzen kann, da eine Prämienerhöhung durch einseitige Erklärung des VR nicht möglich ist.[26] Dabei liegt eine prämienfreie Versicherung im Sinne der Norm nicht nur dann vor, wenn der VN von seinem Recht nach § 165 Gebrauch gemacht hat. Vielmehr kommt es darauf an, ob der VN noch Prämien zahlen muss. Prämienfreie Versicherungen sind also auch solche, bei denen nach dem ursprünglichen Vertrag keine Prämien mehr zu zahlen sind. Soweit dies in der Lit. anders gesehen wird, wird die Norm analog angewendet.[27] Durch diese Möglichkeit soll eine Einzelvereinbarung, in der die Vertragsparteien die ungekürzte Leistung gegen eine neu aufzunehmende Prämienzahlung aufrechterhalten, nicht ausgeschlossen werden.[28]

---

23 Römer/Langheid/*Langheid*, § 163 Rn 5; Looschelders/Pohlmann/*Krause*, § 163 Rn 16.
24 Prölss/Martin/*Schneider*, § 163 Rn 14.
25 Prölss/Martin/*Kollhosser*, 27. Aufl. 2004, § 172 Rn 6; *Jaeger*, VersR 1999, 26; *Buchholz/Schuster*, NVersZ 1999, 257.
26 Begr. RegE, BT-Drucks. 16/3945, S. 99; Prölss/Martin/*Schneider*, § 163 Rn 15 (entsprechende Anwendung).
27 Prölss/Martin/*Schneider*, § 163 Rn 15; Bruck/Möller/*Winter*, § 163 Rn 27; Looschelders/Pohlmann/*Krause*, § 163 Rn 15; aA Langheid/Wandt/*Wandt*, § 163 Rn 71.
28 Begr. RegE, BT-Drucks. 16/3945, S. 99; Prölss/Martin/*Schneider*, § 163 Rn 15; Looschelders/Pohlmann/*Krause*, § 163 Rn 15; Langheid/Wandt/*Wandt*, § 163 Rn 71 will dies durch Anwendung des Abs. 1 insb. bei der Einmalbeitragsversicherung ermöglichen.

2. Wirksamwerden (Abs. 3). Nach Abs. 3 wird die Neufestsetzung der Prämie bzw die Herabsetzung der Versicherungsleistung zu Beginn des zweiten Monats wirksam, der auf die Mitteilung der Neufestsetzung oder der Herabsetzung und der hierfür maßgeblichen Gründe an den VN folgt. Ergänzt wurde das Erfordernis, dem VN die maßgeblichen Gründe für die Neufestsetzung bzw Herabsetzung mitzuteilen. Damit kann indes nicht gemeint sein, dass die Rechnungsgrundlagen und die Rechenoperationen zur Ermittlung des Leistungsbedarfs dem VN mitgeteilt werden, da es sich hierbei um Betriebsgeheimnisse des VR handelt und der VN im Allgemeinen auch nicht die Fachkenntnisse hat, die komplizierten mathematischen Berechnungen nachzuvollziehen.[29] Vielmehr sind in allgemeiner Weise die Ursachen zu schildern, die zu einer Veränderung des Leistungsbedarfs geführt haben. Bei einer Änderung der **Sterbetafeln** würde es also ausreichen mitzuteilen, warum die Sterbetafeln geändert wurden und welche Änderung der Sterbetafeln maßgeblich für die Veränderung des Leistungsbedarfs war.

Vorgerichtlich hat der VN auf Nachfrage einen Anspruch darauf, dass ihm der Treuhänder namhaft gemacht wird, damit er dessen fachliche Eignung prüfen kann.[30] Jedenfalls vorgerichtlich ist der VR nicht verpflichtet, die Berechnungsgrundlage offenzulegen, da insoweit seinem Geheimhaltungsinteresse Vorrang einzuräumen ist.[31]

IV. Abdingbarkeit

Von den Regelungen des § 163 darf nach § 171 nicht zum Nachteil des VN, der versicherten Person oder des Eintrittsberechtigten abgewichen werden. Daher dürfen also auch keine anderen, geringeren Voraussetzungen für eine Leistungs- oder Prämienanpassung vereinbart werden, deren Notwendigkeit aus einer Erhöhung des Leistungsbedarfs gegenüber den Rechnungsgrundlagen resultiert. Dies hindert den VR allerdings nicht daran, sachgerechte andere Änderungsvorbehalte im Hinblick auf die Prämie, die Kosten oder die Leistung in seinen AVB vorzusehen.

§ 164 Bedingungsanpassung

(1) ¹Ist eine Bestimmung in Allgemeinen Versicherungsbedingungen des Versicherers durch höchstrichterliche Entscheidung oder durch bestandskräftigen Verwaltungsakt für unwirksam erklärt worden, kann sie der Versicherer durch eine neue Regelung ersetzen, wenn dies zur Fortführung des Vertrags notwendig ist oder wenn das Festhalten an dem Vertrag ohne neue Regelung für eine Vertragspartei auch unter Berücksichtigung der Interessen der anderen Vertragspartei eine unzumutbare Härte darstellen würde. ²Die neue Regelung ist nur wirksam, wenn sie unter Wahrung des Vertragsziels die Belange der Versicherungsnehmer angemessen berücksichtigt.

(2) Die neue Regelung nach Absatz 1 wird zwei Wochen, nachdem die neue Regelung und die hierfür maßgeblichen Gründe dem Versicherungsnehmer mitgeteilt worden sind, Vertragsbestandteil.

---

29 Vgl hierzu für die Krankenversicherung OLG Stuttgart 10.1.2007 – 10 W 84/06, VersR 2007, 639.
30 Vgl hierzu für die Krankenversicherung OLG Stuttgart 10.1.2007 – 10 W 84/06, VersR 2007, 639.
31 BVerfG 28.12.1999 – 1 BvR 2203/98, VersR 2000, 214; OLG Stuttgart 10.1.2007 – 10 W 84/06, VersR 2007, 639.

I. Regelungsgehalt, Anwendungs-		III. Rechtsfolge	12
bereich	1	1. Ersetzungsbefugnis	12
II. Tatbestandsvoraussetzungen		2. Inhaltliche Anforderungen an	
(Abs. 1 S. 1)	4	die Ersetzung	16
1. Unwirksame Versicherungs-		3. Wirksamwerden (Abs. 2)	18
bedingung	4	IV. Abdingbarkeit	24
2. Notwendigkeit der Klauseler-		V. Risiken	25
setzung; unzumutbare Härte	7		

I. Regelungsgehalt, Anwendungsbereich

1 Die Vorschrift regelt die Möglichkeit des VR, eine unwirksame Bestimmung der Allgemeinen Versicherungsbedingungen zu ersetzen, da ihm regelmäßig kein ordentliches Kündigungsrecht zusteht und er daher sehr lange an die Verträge gebunden ist.[1] Die Regelung dient insoweit auch dem Zweck, den andernfalls notwendigen Rückgriff auf dispositives Recht zu vermeiden und so Rechtsunsicherheiten zu beseitigen. Indem der VR die Möglichkeit der einheitlichen Lückenfüllung durch eine angemessene Ersatzklausel bei einer regelmäßig großen Anzahl von Verträgen erhält,[2] wird die Möglichkeit eröffnet, die VN dann auch gleich zu behandeln.

2 Aufgrund ihrer systematischen Stellung und wegen des Wegfalls der einschränkenden Bedingung der Vorgängernorm, nach der der Eintritt der Verpflichtung des VR ungewiss sein muss, gilt die Vorschrift für **alle Arten der Lebensversicherung**.[3] Sie gilt darüber hinaus gem. § 176 auch für die Berufsunfähigkeitsversicherung und gem. § 203 Abs. 4 für die Krankenversicherung.[4]

3 Wie schon § 172 aF schränkt auch diese Norm die durch Art. 2 Abs. 1 GG gewährte Privatautonomie der VN ein, indem sie dem VR ein einseitiges Recht zur Vertragsergänzung einräumt. Für die Vorgängernorm hat der BGH diese Beschränkung zu Recht für sachlich gerechtfertigt gehalten, weil von der Unwirksamkeit einer Klausel regelmäßig eine sehr hohe Zahl an VersVerträgen betroffen ist und deswegen eine Vertragsergänzung mit Zustimmung aller VN praktisch nicht durchführbar ist. Ohne eine solche Möglichkeit wären die Rechtssicherheit und die nach § 11 Abs. 2 VAG gebotene Gleichbehandlung aller VN gefährdet.[5]

II. Tatbestandsvoraussetzungen (Abs. 1 S. 1)

4 **1. Unwirksame Versicherungsbedingung.** Voraussetzung ist zunächst, dass eine Allgemeine Versicherungsbedingung vorliegt, die entweder durch eine höchstrichterliche Entscheidung oder durch einen bestandskräftigen Verwaltungsakt für unwirksam erklärt worden ist. Aus dieser Formulierung ergibt sich zwingend, dass eine gerichtliche Entscheidung eines Instanzgerichts nur ausreicht, wenn es sich um eine nicht anfechtbare Entscheidung eines Oberlandesgerichts handelt.[6] Gegen diese Entscheidung des Gesetzgebers wird vorgebracht, dass Entscheidungen der Oberlandesgerichte in Ergebnis und Begründung durchaus unterschiedlich ausfallen können,[7] so dass die hiervon betroffenen VR die Wahl hätten, ob sie eine Klau-

---

1 Begr. RegE, BT-Drucks. 16/3945, S. 100.
2 Prölss/Martin/*Schneider*, § 164 Rn 1.
3 Marlow/Spuhl/*Grote*, Rn 1075.
4 Begr. RegE, BT-Drucks. 16/3945, S. 100.
5 BGH 12.10.2005 – IV ZR 162/03, BGHZ 164, 297 = VersR 2005, 1565.
6 Begr. RegE, BT-Drucks. 16/3945, S. 100; Looschelders/Pohlmann/*Krause*, § 164 Rn 5; Marlow/Spuhl/*Grote*, Rn 1076. AA: Langheid/Wandt/*Wandt*, § 164 Rn 39; Bruck/Möller/*Winter*, § 164 Rn 14; MAH VersR/*Höra/Leithoff*, § 25 Rn 210, die eine OLG-Entscheidung grds. als nicht ausreichend ansehen.
7 So bereits BGH 12.10.2005 – IV ZR 162/03, BGHZ 164, 297 = VersR 2005, 1565.

sel ersetzen wollen oder nicht.[8] Dies widerspräche dem Zweck der Neuregelung.[9] Das Argument greift aber nicht durch, denn auch bei widerstreitenden Entscheidungen herrscht Unsicherheit darüber, was gilt.[10] Auch hier besteht ein Interesse der Parteien, diese Unsicherheit zu beseitigen. Die richterliche Entscheidung muss die zu ersetzende, eine gleich lautende oder im Wesentlichen ähnlich lautende Klausel betreffen.[11] Unerheblich ist, ob die Entscheidung zu einer eigenen Klausel oder zu der eines anderen VR ergangen ist.[12] Eine obergerichtliche Entscheidung reicht auch dann aus, wenn diese im Einklang mit der höchstrichterlichen Rechtsprechung steht[13] und der VR das obergerichtliche Urteil anerkennt oder auf die Einlegung einer Nichtzulassungsbeschwerde zum BGH verzichtet oder eine eingelegte Nichtzulassungsbeschwerde zurücknimmt.[14] Entsprechend einer weitergehenden Auffassung zu § 172 aF reicht nach der Formulierung nunmehr für eine Klauselersetzung unzweifelhaft auch ein bestandskräftiger Verwaltungsakt einer Behörde, namentlich der BaFin oder einer Kartellbehörde, aus.[15] Der ganz weiten Auffassung, nach der ein VR in eigener Verantwortung über die Unwirksamkeit entscheiden sollte,[16] hat der Gesetzgeber demgegenüber eine Absage erteilt, da hierdurch die Vertragsfreiheit des VN in bedenklicher Weise eingeschränkt würde.[17]

Unerheblich ist, aus welchem Grund der Bundesgerichtshof oder ein Oberlandesgericht oder die Verwaltungsbehörde die fragliche Klausel für unwirksam erklärt hat.[18] 5

Indem der Gesetzgeber nicht die Entscheidung eines Verwaltungsgerichts zur Voraussetzung gemacht hat, ist nach der hier vertretenen Auffassung nicht erforderlich, dass sich der VR gegen einen Verwaltungsakt zur Wehr setzt.[19] Die Gegenauffassung, die eine gerichtliche Auseinandersetzung mit der Behörde für erforderlich hält, lässt vermutlich unberücksichtigt, dass der VR regelmäßig ein viel größeres Interesse an der Wirksamkeit seiner Klauseln als an der Durchführung einer Bedingungsanpassung hat. Schon deswegen wird er regelmäßig alle sinnvollen Mittel ausschöpfen, um seine Klausel zu retten und diese nicht ersetzen zu müssen. Wenn man diese These teilt und zugleich die durchschnittliche Dauer von Verwaltungsgerichtsverfahren berücksichtigt, dann ist es nicht sinnvoll, die Einlegung eines Rechtsmittels oder die Ausschöpfung des Rechtsweges zu fordern, an deren Erfolg der betroffene VR nicht glaubt. 6

2. Notwendigkeit der Klauselersetzung; unzumutbare Härte. Die Klauselersetzung muss zur Vertragsfortführung **notwendig** sein (**Abs. 1 S. 1 Alt. 1**). Alternativ ist es ausreichend, dass das Festhalten an dem Vertrag ohne die neue Regelung für eine Vertragspartei eine **unzumutbare Härte** darstellt (**Abs. 1 S. 1 Alt. 2**). An die Stelle der Unwirksamkeit des Vertrages nach § 306 Abs. 3 BGB setzt der Gesetzgeber in 7

---

8 BGH 12.10.2005 – IV ZR 162/03, BGHZ 164, 297 = VersR 2005, 1565; Prölss/Martin/*Schneider*, § 164 Rn 7.
9 Prölss/Martin/*Schneider*, § 164 Rn 7.
10 So auch Bruck/Möller/*Winter*, § 164 Rn 15.
11 Bruck/Möller/*Winter*, § 164 Rn 14; Prölss/Martin/*Schneider*, § 164 Rn 7.
12 Bruck/Möller/*Winter*, § 164 Rn 14; MAH VersR/*Höra/Leithoff*, § 25 Rn 211.
13 Nach Römer/Langheid/*Langheid*, § 164 Rn 8 reichen nur solche OLG-Entscheidungen aus.
14 LG Stuttgart 7.8.2014 – 11 O 298/13 (n.rk.), Beck RS 2014, 18599; Looschelders/Pohlmann/*Krause*, § 164 Rn 5; aA Langheid/Wandt/*Wandt*, § 164 Rn 39.
15 Prölss/Martin/*Schneider*, § 164 Rn 7.
16 Prölss/Martin/*Kollhosser*, 27. Aufl. 2004, § 172 Rn 23.
17 Begr. RegE, BT-Drucks. 16/3945, S. 100; BGH 12.10.2005 – IV ZR 162/03, BGHZ 164, 297 = VersR 2005, 1565.
18 Begr. RegE, BT-Drucks. 16/3945, S. 100; BGH 12.10.2005 – IV ZR 162/03, BGHZ 164, 297 = VersR 2005, 1565.
19 Langheid/Wandt/*Wandt*, § 164 Rn 43; offen gelassen von Marlow/Spuhl/*Grote*, Rn 1076; aA Looschelders/Pohlmann/*Krause*, § 164 Rn 5; Prölss/Martin/*Schneider*, § 164 Rn 7.

der Norm damit die **Ersetzungsbefugnis**. Eine Klauselersetzung ist regelmäßig dann erforderlich, wenn wesentliche Vertragselemente wie die Leistungspflichten und Ansprüche der Parteien betroffen sind.[20] Voraussetzung ist weiter, dass eine Regelungslücke entstanden ist.[21] Nicht notwendig ist die Klauselersetzung, wenn es interessengerecht erscheint, dass der gültige Restvertrag ohne Klauselersatz fortgeführt wird.[22] Ob die entstandene Regelungslücke im Wege der ergänzenden Vertragsauslegung geschlossen werden kann, ist ohne Einfluss auf das Vorliegen des Merkmals der Notwendigkeit der Klauselersetzung. So hat der BGH nach einer missglückten Klauselersetzung eine ergänzende Vertragsauslegung vorgenommen, davon ausgehend, dass es nicht nötig sei, dem VR erneut Gelegenheit zur Vertragsergänzung zu geben.[23]

8 Eine Klauselersetzung nach § 164 ist ferner dann nicht erforderlich, wenn ausnahmsweise eine vertraglich wirksam vereinbarte Anpassungsklausel eingreift.[24] Die gesetzliche Regelung ist also in diesen Fällen subsidiär. Die Wirksamkeit der vertraglichen Ersetzung richtet sich dann auch nicht nach dem Maßstab des § 164, sondern lediglich nach den §§ 305 ff BGB.

9 Soweit die Klauselersetzung lediglich im schützenswerten Interesse einer Partei zur Vertragsfortführung erforderlich erscheint, ist dies kein Fall der ersten,[25] sondern nunmehr einer der zweiten Alternative. Das bedeutet, dass unter Berücksichtigung der Interessen der anderen Vertragspartei die **Fortführung des Vertrages** ohne die Ersetzung für die betroffene Vertragspartei eine **unzumutbare Härte** darstellen muss. Mit dem Erfordernis der Berücksichtigung der Interessen der anderen Vertragspartei schützt der Gesetzgeber die Belange der VN.[26] Dabei wird man nicht nur die Interessen des einzelnen VN gegenüber denjenigen des VR abwägen müssen, sondern auch die gemeinsamen Interessen aller von der unwirksamen Klausel betroffenen VN gegenüber denjenigen des einzelnen VN oder denjenigen des VR.

10 Darüber hinaus muss die Ersetzung gerade für die **Fortführung des Vertrages** notwendig sein. Fraglich ist insofern, ob sie in zeitlicher Hinsicht auch notwendig sein kann, wenn der Vertrag schon gekündigt oder beitragsfrei gestellt worden ist. Die dies ablehnende Auffassung[27] lässt außer Acht, dass auch bei einem beitragsfrei gestellten Vertrag oder einem bereits gekündigten Vertrag ggf noch eine Abwicklung erfolgen muss, wozu die Ersetzung einer Klausel notwendig sein könnte.[28] „Zur Fortführung notwendig" bedeutet daher „zur vollständigen und vertragsgemäßen Abwicklung erforderlich".[29] Nur bei dieser Auslegung gelingt es, zu mög-

---

20 BGH 12.10.2005 – IV ZR 162/03, BGHZ 164, 297 = VersR 2005, 1565; OLG Stuttgart 6.4.2001 – 2 U 175/00, VersR 2001, 1141; Prölss/Martin/*Schneider*, § 164 Rn 8.
21 BGH 12.10.2005 – IV ZR 162/03, BGHZ 164, 297 = VersR 2005, 1565; *Lorenz*, VersR 2001, 1147.
22 Prölss/Martin/*Schneider*, § 164 Rn 8.
23 BGH 12.10.2005 – IV ZR 162/03, BGHZ 164, 297 = VersR 2005, 1565; *Brambach*, r+s 2014, 1.
24 BGH 8.10.1997 – IV ZR 220/96, NJW 1998, 454; *Präve*, VersR 1995, 733; *Römer*, VersR 1994, 125; Prölss/Martin/*Schneider*, § 164 Rn 8.
25 Prölss/Martin/*Schneider*, § 164 Rn 15; *Fricke*, NVersZ 2000, 314; *Wandt*, VersR 2001, 1452.
26 Begr. RegE, BT-Drucks. 16/3945, S. 100.
27 AG Köln 21.2.2003 – 111 C 429/02, VersR 2003, 1026; AG Hannover 12.11.2002 – 525 C 5344/02, VersR 2003, 314; AG Karlsruhe 13.9.2002 – 1 C 52/02, VersR 2003, 316.
28 Prölss/Martin/*Schneider*, § 164 Rn 9; Looschelders/Pohlmann/*Krause*, § 164 Rn 15.
29 LG Aachen 10.7.2003 – 2 S 367/02, VersR 2003, 1022; LG Stuttgart 11.12.2002 – 13 S 86/02, VersR 2003, 313; LG Landshut 3.9.2002 – 72 O 1458/02, VersR 2002, 1362; Römer/Langheid/*Langheid*, § 164 Rn 13; Prölss/Martin/*Schneider*, § 164 Rn 9; *Wandt*, VersR 2001, 1449; MAH VersR/*Höra/Leithoff*, § 25 Rn 219 f.

lichst sachgerechten Lösungen zu kommen. Im Ergebnis kommt es also auf den Einzelfall an.
Die Notwendigkeit einer Klauselersetzung ist unabhängig davon zu beurteilen, ob bereits **Klage erhoben** worden ist. Hat der BGH eine Klausel für unwirksam erklärt, wie etwa die Klausel zur Verrechnung der Abschlusskosten 2012,[30] so entsteht hierdurch die Notwendigkeit zur Lückenfüllung aller betroffenen Verträge und zwar unabhängig davon, ob sich der VR mit einem einzelnen VN über die Wirksamkeit der fraglichen Klausel und die Rechtsfolgen der Unwirksamkeit vor Gericht im Streit befindet.[31]

III. Rechtsfolge

1. Ersetzungsbefugnis. Der VR hat die Möglichkeit, durch einseitige, gestaltende Erklärung die unwirksame Bedingung durch eine neue Regelung zu ersetzen. Aus der Formulierung „kann" ergibt sich, dass der VR das Recht hat, bei Vorliegen der gesetzlichen Voraussetzungen eine unwirksame Bestimmung durch eine neue Regelung zu ersetzen.[32] Eine diesbezügliche Pflicht des VR besteht ebenso wenig, wie sich eine Pflicht des VN zur Prämienfreistellung nach § 165 ergibt. Auch der – wohl als Kompromiss in die Diskussion eingeführte – Vorschlag, dem VR ein Ermessen einzuräumen, ob er eine Bedingungsersetzung durchführt oder nicht,[33] ist wenig hilfreich und für das Verständnis der Beteiligten eher irreführend. Nicht der VR, sondern die Aufsichtsbehörde BaFin ist Träger hoheitlicher Rechte und damit ist auch nur der BaFin und nicht dem VR ein Ermessen eingeräumt, das sie im Rahmen ihrer Tätigkeit pflichtgemäß auszuüben hat. Das Verhältnis zwischen dem VR und dem VN ist demgegenüber ein zivilrechtliches, das auch nach zivilrechtlichen Normen zu bewerten ist. Wenn also das Gesetz „der VR kann" formuliert, dann hat der VN keinen Anspruch darauf, dass der VR diese Möglichkeit nutzt. Häufig ist es nicht empfehlenswert, eine Bedingungsanpassung vorzunehmen.[34] Nur in ganz eng begrenzten Ausnahmefällen mag es einmal treuwidrig sein, wenn der VR die ihm eingeräumte Möglichkeit nicht nutzt.

Eine **Pflicht zur Durchführung eines Bedingungsanpassungsverfahrens** gegenüber den VN besteht grds. nicht. Deswegen ist auch kein Raum für Schadenersatzansprüche wegen Unterlassung eines solchen Verfahrens.[35]

Die Möglichkeit einer Klauselersetzung beeinflusst nicht das Ergebnis einer möglichen **ergänzenden Vertragsauslegung**.[36] Bei einer ergänzenden Vertragsauslegung kommt es nämlich darauf an, was die Parteien bei Vertragsabschluss vereinbart hätten, wenn sie um die Unwirksamkeit der Klausel gewusst hätten. Nicht maßgeblich ist demgegenüber, was die Parteien für den Fall vereinbart hätten, dass eine Partei von einer gesetzlich eingeräumten Möglichkeit keinen Gebrauch macht. Hierzu haben sie nichts vereinbart und hierin liegt auch nicht die fragliche Regelungslücke. Deswegen ist den Entscheidungen des BGH vom 25.7.2012[37] und vom

---

30 BGH 25.7.2012 – IV ZR 201/10, VersR 2012, 1149.
31 *Reiff*, in: Prölss/Martin, § 169 Rn 53 b, sieht dies offenbar anders, wenn er davon ausgeht, dass sich der BGH nicht zu der Frage einer unterlassenen Klauselersetzung hätte äußern müssen.
32 BGH 11.9.2013 – IV ZR 17/13, r+s 2013, 614; *Brambach*, r+s 2014, 1; Römer/Langheid/*Langheid*, § 164 Rn 18; Prölss/Martin/*Schneider*, § 164 Rn 21.
33 Prölss/Martin/*Schneider*, § 164 Rn 21; Bruck/Möller/*Winter*, § 164 Rn 30.
34 Ausf. *Brambach*, r+s 2014, 1 zur Bedingungsanpassung bei unwirksamen Klauseln zum Rückkaufswert.
35 *Brambach*, r+s 2014, 1; aA Prölss/Martin/*Schneider*, § 164 Rn 21; Prölss/Martin/*Reiff*, § 169 Rn 53 c.
36 *Brambach*, r+s 2014, 1; aA Prölss/Martin/*Reiff*, § 169 Rn 53 c.
37 BGH 25.7.2012 – IV ZR 201/10, BGHZ 194, 208 = VersR 2012, 1149.

11.9.2013[38] in dem Punkt zuzustimmen, dass eine mögliche, aber unwirksam oder gar nicht durchgeführte Klauselersetzung das Ergebnis einer ergänzenden Vertragsauslegung nicht beeinflusst.

15 Die **Mitwirkung eines Treuhänders** ist, anders als bei § 163, nicht erforderlich, da nach Einschätzung des Gesetzgebers durch die Einschaltung des Treuhänders der damit verfolgte zusätzliche Schutz der Interessen der VN bei der Ersetzung unwirksamer AVB-Klauseln in der Vergangenheit nicht erreicht wurde.[39] Die Kontrolle der Berücksichtigung der Belange der VN obliegt dementsprechend weder einem Treuhänder noch der BaFin, sondern den Gerichten.

16 **2. Inhaltliche Anforderungen an die Ersetzung.** Zum Schutz der VN ist die neue Regelung nur dann wirksam, wenn sie unter Wahrung des Vertragsziels die Belange der VN angemessen berücksichtigt. Dies ist nach der Vorstellung des Gesetzgebers dann der Fall, wenn durch die neue Regelung das bei Vertragsschluss vorhandene und durch den Wegfall der unwirksamen Regelung gestörte Äquivalenzverhältnis wiederhergestellt wird.[40] Demgegenüber sind die Belange der VN in aller Regel dann nicht gewahrt, wenn die VN (in ihrer Gesamtheit) durch die ersetzende Klausel schlechter gestellt werden, als sie bei Vertragsschluss standen.[41] Darüber hinaus sind die Anforderungen einzuhalten, die sich aus den §§ 307 ff BGB ergeben, denn anderenfalls wäre die Neuregelung ggf ihrerseits wieder unwirksam, weil auch die ersetzende Klausel wie jede andere der richterlichen Inhaltskontrolle unterliegt.[42]

17 Nach den Entscheidungen des BGH zur Unwirksamkeit verschiedener Klauseln zur Abschlusskostenverrechnung[43] haben viele VR von der Möglichkeit einer Klauselersetzung Gebrauch gemacht. Dabei haben sie sich an der ergänzenden Vertragsauslegung des BGH für die Verrechnung von Abschlusskosten und die Ermittlung des Mindestrückkaufswertes bei unwirksamen diesbezüglichen AVB orientiert, ohne sie vollständig zu übernehmen. Vielmehr wichen sie in Details von ihr ab, indem sie statt der unwirksamen Zillmerung der Abschlusskosten den Mindestrückkaufswert als Hälfte des ungezillmerten Deckungskapitals bei einer Verteilung der Abschlusskosten über die gesamte Laufzeit festlegen wollten. In einer ersten Entscheidung hat das LG Stuttgart[44] in diesem Vorgehen eine unangemessene Benachteiligung gesehen: Zwar sei der VR bei einer Klauselersetzung nicht verpflichtet, zwingend die vom BGH im Rahmen einer ergänzenden Vertragsauslegung entwickelten Berechnungsmethoden zu verwenden, da es auch andere Möglichkeiten zur Berechnung eines Mindestrückkaufswertes gibt. Greift der VR aber die vom BGH entwickelte Methode auf, muss sie auch an den hierzu aufgestellten Maßstäben messen lassen. Eine Unterschreitung des vom BGH entwickelten Mindestrückkaufswertes, mag sie auch im Einzelfall geringfügig sein, stelle daher eine unangemessene Benachteiligung der Kunden dar.

18 **3. Wirksamwerden (Abs. 2).** Nach Abs. 2 wird die neue Regelung zwei Wochen, nachdem sie und die für die Ersetzung maßgeblichen Gründe dem VN mitgeteilt worden sind, Vertragsbestandteil. Mitzuteilen sind also nicht nur die neuen For-

---

38 BGH 11.9.2013 – IV ZR 17/13, r+s 2013, 614.
39 Begr. RegE, BT-Drucks. 16/3945, S. 100.
40 Begr. RegE, BT-Drucks. 16/3945, S. 100.
41 Begr. RegE, BT-Drucks. 16/3945, S. 100; Prölss/Martin/*Schneider*, § 164 Rn 19.
42 BGH 12.10.2005 – IV ZR 162/03, BGHZ 164, 297 = VersR 2005, 1565; Begr. RegE, BT-Drucks. 16/3945, S. 100.
43 BGH 25.7.2012 – IV ZR 201/10, BGHZ 194, 208 = VersR 2012, 1149; BGH 17.10.2012 – IV ZR 202/10, r+s 2013, 447 = VersR 2013, 213; BGH 12.9.2012 – IV ZR 64/11, r+s 2013, 240 = VersR 2013, 300; BGH 14.11.2012 – IV ZR 198/10, r+s 2014, 29 = VersR 2013, 1116.
44 LG Stuttgart 7.8.2014 – 11 O 298/13, BeckRS 2014, 18599.

mulierungen, sondern auch die maßgeblichen Gründe. Nicht mitzuteilen ist demgegenüber die ersetzte unwirksame alte Regelung.

Der VR muss die **maßgeblichen Gründe** für die Ersetzung mitteilen, um dem VN oder dessen Rechtsberater eine Überprüfung der Entscheidung möglich zu machen. Hierfür ist es ausreichend, die maßgebliche höchstrichterliche Entscheidung und deren Fundstelle zu zitieren, wenn diese veröffentlicht wurde.[45] Entsprechendes gilt auch für den Verwaltungsakt. Sofern die Entscheidung nicht veröffentlicht wurde, dürfte es ausreichen, wenn der VR diese auf seiner Homepage selber veröffentlicht oder anbietet, sie auf Anforderung zu übersenden. Nicht erforderlich, aber jedenfalls ausreichend ist es, die entsprechende Entscheidung der Mitteilung beizufügen.[46]

Sofern die Entscheidung sich nicht auf den Wortlaut der zu ersetzenden Klausel bezieht, sondern auf den Wortlaut einer ähnlichen Klausel, wird der VR zusätzlich Ausführungen dazu machen müssen, warum die von ihm verwandte Klausel nach der zitierten Entscheidung ebenfalls unwirksam ist.[47]

Die Änderung wird **zwei Wochen** nach der entsprechenden Mitteilung **Vertragsbestandteil**. Diese Formulierung lehnt sich an § 305 Abs. 2 BGB an und soll nach dem Willen des Gesetzgebers deutlich machen, dass eine gerichtliche Inhaltskontrolle noch nicht erfolgt ist.[48] Ob dieses Ziel erreicht wird, erscheint indes zweifelhaft. Jedenfalls entfällt durch diese Formulierung der alte Streit bei § 172 Abs. 2 aF, ob die ersetzende Klausel Wirkung ex nunc oder ex tunc entfaltet.[49] Anders als bei § 163 Abs. 3 oder § 172 aF lässt Abs. 2 mit dieser Formulierung den **Wirksamkeitszeitpunkt** ausdrücklich offen, indem die Vorschrift lediglich normiert, wann die entsprechende Neuregelung Vertragsbestandteil wird. Hieraus ergibt sich, dass es der VR bei Neufestsetzung der Regelung, natürlich nur unter angemessener Berücksichtigung der Belange der VN, in der Hand hat, den Wirksamkeitszeitpunkt festzulegen. Dass die Anpassung jeweils nur für die Zukunft wirkt (ex nunc), wie die Gesetzesbegründung annimmt,[50] findet aufgrund der Wortlautabweichung zwischen § 163 und § 164 nach hier vertretener Auffassung keine Stütze im Gesetz. Aber selbst wenn man der Gegenauffassung folgt, können die Vertragsparteien bzw kann der VR im Wege der Ersetzung einen anderen Zeitpunkt für das Wirksamwerden, zB rückwirkend zum Vertragsschluss, vereinbaren, sofern dieser Zeitpunkt für den VN nicht nachteilig ist, § 171.[51] Dass eine entsprechende Klauselersetzung ab dem Zeitpunkt wirken muss, ab dem die Lücke entstanden ist, unterstellt auch der BGH in seiner Grundsatzentscheidung vom 12.10.2005[52] – eine Meinung, die auch deswegen geteilt wird, weil die Regelung gerade dazu dient, Regelungslücken zu vermeiden.[53]

Geltung kann die Bedingungsanpassung aber nur für noch bestehende, also **noch nicht vollständig abgewickelte Verträge** entfalten. Soweit die Meinung vertreten wird, dass eine Klauselersetzung auch für bereits vollständig abgewickelte Verträge vorgesehen werden kann, wenn dies notwendig erscheint,[54] so ist dem nicht beizu-

---

45 Langheid/Wandt/*Wandt*, § 164 Rn 78 hält dies auch bei unveröffentlichten Entscheidungen für ausreichend.
46 Langheid/Wandt/*Wandt*, § 164 Rn 78.
47 Langheid/Wandt/*Wandt*, § 164 Rn 78.
48 Begr. RegE, BT-Drucks. 16/3945, S. 100.
49 Prölss/Martin/*Schneider*, § 164 Rn 22.
50 Begr. RegE, BT-Drucks. 16/3945, S. 100.
51 Begr. RegE, BT-Drucks. 16/3945, S. 100.
52 BGH 12.10.2005 – IV ZR 162/03, BGHZ 164, 297 = VersR 2005, 1565.
53 Prölss/Martin/*Schneider*, § 164 Rn 22; Looschelders/Pohlmann/*Krause*, § 164 Rn 14; Langheid/Wandt/*Wandt*, § 164 Rn 81; Beckmann/Matusche-Beckmann/*Brömmelmeyer*, § 42 Rn 123; *Kollhosser*, VersR 2003, 812.
54 Looschelders/Pohlmann/*Krause*, § 164 Rn 15.

pflichten, denn es ist nicht nur kaum vorstellbar, dass eine Klauselersetzung noch notwendig ist, sondern das Vertragsverhältnis ist nach § 362 BGB bereits erloschen. Für bereits vollständig abgewickelte Verträge kommt also eine Klauselersetzung nicht mehr in Betracht.

23 Die **Beweislast** für den Zugang trägt nach den allgemeinen Regeln der VR.[55]

IV. Abdingbarkeit

24 Von den Regelungen des § 164 darf nach § 171 nicht zum Nachteil des VN, der versicherten Person oder des Eintrittsberechtigten abgewichen werden. Im Übrigen gelten die Ausführungen zu § 163 entsprechend (vgl § 163 Rn 16).

V. Risiken

25 Die Aufnahme unzulässiger Klauseln in Allgemeine Geschäftsbedingungen könnte eine unzulässige geschäftliche Handlung iSd §§ 3, 4 Nr. 11 UWG darstellen.[56]

§ 165 Prämienfreie Versicherung

(1) [1]Der Versicherungsnehmer kann jederzeit für den Schluss der laufenden Versicherungsperiode die Umwandlung der Versicherung in eine prämienfreie Versicherung verlangen, sofern die dafür vereinbarte Mindestversicherungsleistung erreicht wird. [2]Wird diese nicht erreicht, hat der Versicherer den auf die Versicherung entfallenden Rückkaufwert einschließlich der Überschussanteile nach § 169 zu zahlen.

(2) Die prämienfreie Leistung ist nach anerkannten Regeln der Versicherungsmathematik mit den Rechnungsgrundlagen der Prämienkalkulation unter Zugrundelegung des Rückkaufswertes nach § 169 Abs. 3 bis 5 zu berechnen und im Vertrag für jedes Versicherungsjahr anzugeben.

(3) [1]Die prämienfreie Leistung ist für den Schluss der laufenden Versicherungsperiode unter Berücksichtigung von Prämienrückständen zu berechnen. [2]Die Ansprüche des Versicherungsnehmers aus der Überschussbeteiligung bleiben unberührt.

I. Tatbestandsvoraussetzungen	1	1. Umwandlung	10
1. Kapitalbildende Lebensversicherung	1	2. Fortsetzung der Prämienzahlung	15
2. Umwandlungsverlangen	4	3. Abzug	17
3. Erklärender	7	4. Ende der Versicherung und Auszahlung des Rückkaufswertes (Abs. 1 S. 2)	18
4. Form	8		
5. Frist	9		
II. Rechtsfolgen	10	III. Abdingbarkeit	22

I. Tatbestandsvoraussetzungen

1 **1. Kapitalbildende Lebensversicherung.** Voraussetzung für die Anwendung dieser Norm ist nach dem Sinn und Zweck zunächst, dass nach dem der Versicherung zugrunde liegenden Tarif (Deckungs-)Kapital aufgebaut wird.[1] Die Gegenauffassung hält die Norm grds. für alle Arten von Lebensversicherungen für anwendbar.[2]

---

55 Langheid/Wandt/*Wandt*, § 164 Rn 90.
56 So LG Stuttgart 7.8.2014 – 11 O 298/13, BeckRS 2014, 18599.
1 Looschelders/Pohlmann/*Krause*, § 165 Rn 2; Langheid/Wandt/*Mönnich*, § 165 Rn 3; Bruck/Möller/*Winter*, § 165 Rn 2 (für rückkaufsfähige Versicherungen).
2 Prölss/Martin/*Reiff*, § 165 Rn 2.

Dass diese These dem Wortlaut nach zutreffend ist, allerdings im Ergebnis nicht zu einer Erweiterung des Anwendungsbereichs führt, ergibt sich daraus, dass nach der Beendigung der Prämienzahlung ein Deckungskapital vorhanden sein muss, aus dem sich ein Rückkaufswert berechnen lässt, der dann entweder als Grundlage für die Berechnung der prämienfreien Leistung nach Abs. 2 oder für die Berechnung des Zahlungsanspruchs nach Abs. 1 S. 3 dienen kann.[3] Auch der Verweis auf § 169 deutet darauf hin, dass auch für das Umwandlungsverlangen die Voraussetzungen des § 169 Abs. 1 einzuhalten sind oder jedenfalls eine Mindestversicherungsleistung erreicht werden muss.

Offen ist die Frage, was gilt, wenn bei einer Versicherung der Eintritt der Verpflichtung zwar **ungewiss** ist, aber trotzdem ein Deckungskapital gebildet wird, aus dem eine Mindestversicherungsleistung gewährt werden könnte. Unter Bezugnahme auf den Wortlaut soll auch in diesen Fällen eine Prämienfreistellung in Betracht kommen.[4] Ohne weitere Begründung wird die Norm nur bei rückkaufsfähigen Versicherungen für anwendbar gehalten.[5] Zwingend rückkaufsfähig sind aber nur Versicherungen, bei denen der Eintritt der Leistungspflicht gewiss ist. In der Praxis wird es auf die Entscheidung selten ankommen, denn durch das Nichterreichen der notwendigen Mindestversicherungsleistung würde auch bei Anwendbarkeit der Norm trotzdem bei Risikoversicherungen häufig kein Anspruch auf eine prämienfreie Versicherung entstehen. 2

Ferner ist erforderlich, dass **noch laufende Prämien zu zahlen** sind. Daran fehlt es bei Einmalbeitragsversicherungen und nach dem Ende der vertraglich vereinbarten Prämienzahlungspflicht.[6] Dies ergibt sich daraus, dass das Verlangen des VN ins Leere gehen würde, da er ohnehin zu keiner Prämienzahlung mehr verpflichtet ist. 3

2. Umwandlungsverlangen. Der VN besitzt das Recht, jederzeit für den Schluss der laufenden Versicherungsperiode die Umwandlung der Versicherung in eine prämienfreie Versicherung zu verlangen. Es handelt sich hierbei um ein Gestaltungsrecht.[7] Wie bei allen Gestaltungsrechten muss sich die beabsichtigte Rechtsänderung klar und unzweideutig aus der Erklärung ergeben,[8] da stets Klarheit über Bestand und Umfang des Versicherungsschutzes bestehen muss.[9] Deswegen ist das Umwandlungsverlangen nur dann wirksam ausgeübt, wenn sich aus der Erklärung klar und eindeutig der Wille ergibt, dass die zuvor prämienpflichtige Versicherung in eine prämienfreie umgewandelt werden soll.[10] Erklärt der VN, dass er lediglich zeitweise keine Prämie zahlen könne, so stellt dies nicht ohne weiteres ein Umwandlungsverlangen dar.[11] Wegen der hiermit verbundenen Nachteile für den VN kann eine solche Erklärung auch dann nicht als Umwandlungsverlangen verstanden werden, wenn dies nach den Möglichkeiten des VersVertrages naheliegend wäre, weil der VersVertrag für den Fall der Nichtzahlung der Prämie weder eine Aussetzung noch eine Stundung, sondern lediglich die Beendigung des Vertrages 4

---

3 Looschelders/Pohlmann/*Krause*, § 165 Rn 2.
4 Langheid/Wandt/*Mönnich*, § 165 Rn 3; Looschelders/Pohlmann/*Krause*, § 165 Rn 2; FAKomm-VersR/*Höra/Leithoff*, § 164 VVG Rn 2.
5 Bruck/Möller/*Winter*, § 165 Rn 3.
6 Prölss/Martin/*Reiff*, § 165 Rn 3.
7 Prölss/Martin/*Reiff*, § 165 Rn 6; Looschelders/Pohlmann/*Krause*, § 165 Rn 4.
8 BGH 24.9.1975 – IV ZR 50/74, VersR 1975, 1089; OLG Stuttgart 26.7.2001 – 7 U 71/01, VersR 2002, 301; Palandt/*Ellenberger*, Überbl. v. § 104 BGB Rn 17.
9 BGH 23.6.1993 – IV ZR 37/92, VersR 1994, 39; BGH 24.9.1975 – IV ZR 50/74, NJW 1976, 148; Prölss/Martin/*Reiff*, § 165 Rn 6.
10 BGH 23.6.1993 – IV ZR 37/92, VersR 1994, 39; BGH 24.9.1975 – IV ZR 50/74, NJW 1976, 148; Römer/Langheid/*Langheid*, § 165 Rn 6.
11 BGH 23.6.1993 – IV ZR 37/92, VersR 1994, 39; OLG Stuttgart 26.7.2001 – 7 U 71/01, VersR 2002, 301; Langheid/Wandt/*Mönnich*, § 165 Rn 11; Prölss/Martin/*Reiff*, § 165 Rn 6; Römer/Langheid/*Langheid*, § 165 Rn 6; van Bühren/*Prang*, § 14 Rn 133.

vorsieht. Mangelt es an einer eindeutigen Erklärung des VN, so ist auch sein Einverständnis mit der durch den VR vorgenommenen Umwandlung nicht ausreichend.[12] Vielmehr wird der VR in geeigneter Weise auf die fehlende Eindeutigkeit der Erklärung hinweisen und den VN zu einer Klarstellung auffordern müssen. Auch dürfte in diesen Fällen regelmäßig eine Beratungspflicht bestehen.[13]

5 Strittig ist demgegenüber, ob der VR eine **Aufklärungspflicht** gegenüber dem VN auch nach einer eindeutigen Erklärung hat und bezüglich deren Folgen aufklären muss.[14] Maßstab hierfür ist § 6 Abs. 4, wonach eine anlassbezogene Beratungspflicht besteht. Ein solcher Anlass dürfte bei klaren und eindeutigen Erklärungen des VN die Ausnahme sein, da es sich immerhin um die Ausübung eines Gestaltungsrechts handelt. Ist für den VR allerdings erkennbar, dass der VN aus mangelnder Kenntnis nicht die für seine spezifische Situation zweckmäßigste Lösung gewählt hat, so sollte er nachfragen und ggf aufklären. Ferner könnte sich eine Beratungspflicht dann ergeben, wenn der VR in seiner Vertragsdokumentation nicht ausreichend transparent auf die negativen Folgen einer Beitragsfreistellung hingewiesen hat. Jedenfalls kann es einem VR oder seinem Vertreter nicht zum Nachteil gereichen, wenn er das Umwandlungsverlangen zum Anlass nimmt, den VN über die Folgen aufzuklären, selbst wenn er dabei das Ziel verfolgt, den VN zur Rücknahme seiner Erklärung zu bewegen.

6 Ein **Teilumwandlungsrecht** besteht nach dem Gesetz nicht,[15] so dass eine entsprechende Erklärung des VN für den VR unbeachtlich ist.[16] Ein solches Teilumwandlungsrecht kann aber in den AVB wirksam eingeräumt werden.

7 **3. Erklärender.** Das Gestaltungsrecht steht nach dem Wortlaut lediglich dem VN als dem Vertragspartner des VR zu. Es steht demgegenüber nicht der versicherten Personen, dem Pfandgläubiger oder dem Bezugsberechtigten zu.[17] Auch dem VR steht ein solches Recht nicht zu, so dass ein entsprechendes Angebot des VR auf Vertragsänderung durch den VN anzunehmen wäre und eine lediglich mutmaßliche Zustimmung nicht ausreichen würde.[18] Hat der VN seine Ansprüche abgetreten, so steht das Gestaltungsrecht dem Zessionar zu.[19] Ist das Insolvenzverfahren über das Vermögen des VN eröffnet, so kann der Insolvenzverwalter die Umwandlung verlangen.[20]

8 **4. Form.** Eine bestimmte Form für die Erklärung des Umwandlungsverlangens ist nicht vorgeschrieben. Ein Text- oder Schriftformerfordernis kann nunmehr unzweifelhaft in den AVB vereinbart werden. Eine solche Regelung schützt den VN davor, missverstanden zu werden oder eine übereilte Entscheidung zu treffen, die – einmal dem VR zugegangen – nicht mehr ohne dessen Zustimmung und mit möglicherweise nachteiligen steuerlichen Folgen rückgängig gemacht werden kann. Dies hat der Gesetzgeber ausdrücklich in § 171 S. 2 klargestellt.

---

12 BGH 23.6.1993 – IV ZR 37/92, VersR 1994, 39; Langheid/Wandt/*Mönnich*, § 165 Rn 11; van Bühren/*Prang*, § 14 Rn 133.
13 Prölss/Martin/*Reiff*, § 165 Rn 6; Looschelders/Pohlmann/*Krause*, § 165 Rn 18; van Bühren/*Prang*, § 14 Rn 133.
14 Dafür: Prölss/Martin/*Reiff*, § 165 Rn 6; van Bühren/*Prang*, § 14 Rn 133; Römer/Langheid/*Langheid*, § 165 Rn 6. Dagegen: Looschelders/Pohlmann/*Krause*, § 165 Rn 18 f.
15 Bruck/Möller/*Winter*, § 165 Rn 29.
16 Looschelders/Pohlmann/*Krause*, § 165 Rn 5; aA unter Hinweis auf die Gesetzgebungshistorie Langheid/Wandt/*Mönnich*, § 165 Rn 14 f.
17 Langheid/Wandt/*Mönnich*, § 165 Rn 9; Looschelders/Pohlmann/*Krause*, § 165 Rn 6; Römer/Langheid/*Langheid*, § 165 Rn 5.
18 OLG Stuttgart 26.7.2001 – 7 U 71/01, VersR 2002, 301.
19 Prölss/Martin/*Reiff*, § 165 Rn 5; Looschelders/Pohlmann/*Krause*, § 165 Rn 6; Römer/Langheid/*Langheid*, § 165 Rn 5; zweifelnd Langheid/Wandt/*Mönnich*, § 165 Rn 9.
20 Römer/Langheid/*Langheid*, § 165 Rn 5; Looschelders/Pohlmann/*Krause*, § 165 Rn 4.

5. Frist. Anders verhält es sich, wenn in den AVB eine Frist vorgesehen würde, da das Gesetz ausdrücklich ein jederzeitiges Umwandlungsrecht statuiert.[21] Die Statuierung einer Frist in den ALB oder individuellen Vertragsbedingungen wäre nach § 171 unwirksam.

II. Rechtsfolgen

1. Umwandlung. Durch das Umwandlungsverlangen wird das Versicherungsverhältnis unmittelbar mit dessen Zugang beim VR umgestaltet,[22] wenn die vereinbarte Mindestversicherungsleistung erreicht wird (**Abs. 1 S. 1**). Anderenfalls zahlt der VR den Rückkaufswert nach den Voraussetzungen des § 169 aus (**Abs. 1 S. 2**; s. Rn 18 ff).

Bei der **Umwandlung** bleibt der VersVertrag als prämienfreier Vertrag bestehen[23] und es ändert sich die Versicherungsleistung. Die nunmehr seitens des VR geschuldete prämienfreie Leistung ist für den Schluss der laufenden Versicherungsperiode unter Berücksichtigung der Prämienrückstände zu berechnen. Diese Berechnung hat nach den anerkannten Regeln der Versicherungsmathematik mit den Rechnungsgrundlagen der Prämienkalkulation unter Zugrundelegung des Rückkaufswertes zu erfolgen (**Abs. 2**). Mit der Bezugnahme auf den Rückkaufswert soll der Gleichlauf der Berechnung im Fall der Prämienfreistellung einerseits und der Kündigung andererseits sichergestellt werden.[24] Der insofern berechnete Wert dürfte im Regelfall nicht den bei Vertragsabschluss angegebenen Werten entsprechen, da es sich bei diesen nur um die garantierten Werte handelt[25] und zudem eine vertragsgemäße Beitragszahlung unterstellt wurde.

Der Gesetzgeber gibt mit der gewählten Formulierung in Abs. 2 neben den anerkannten Regeln der Versicherungsmathematik die **Berechnungsmodalitäten** zwingend vor: Zunächst ist unter Zugrundelegung des § 169 Abs. 3–5 der Rückkaufswert zu berechnen, um auf dessen Grundlage – unter Berücksichtigung der Rechnungsgrundlagen der Prämienkalkulation – die prämienfreie Leistung zu ermitteln. Diese Leistung ist konkret zu berechnen. Der bei Vertragsschluss angegebene Betrag ist im Wesentlichen um zwei Positionen zu korrigieren, nämlich um den Betrag der Überschussbeteiligung zu Gunsten des VN und um eventuelle Prämienrückstände zu Lasten des VN.

Unter **Versicherungsmathematik** versteht man mathematische Methoden und Modelle, die quantifizierbare Sachverhalte der Versicherung beschreiben und erklären.[26] Bei den **anerkannten Regeln** handelt es sich um der Rechtsetzung vorgelagerte Erkenntnisse der Wissenschaft, vergleichbar mit den wissenschaftlichen Erkenntnissen der Natur und Physik.[27] Ob diese Vorgaben im Einzelfall durch den VR eingehalten wurden, wird sich regelmäßig nur unter Hinzuziehung eines Sachverständigen klären lassen.

Die Versicherungsperiode beträgt regelmäßig ein Jahr, wenn nicht die Prämie nach kürzeren Zeitabständen bemessen ist, § 12. Der Schluss der Versicherungsperiode ergibt sich aus dem Versicherungsschein.

---

21 Prölss/Martin/*Reiff*, § 165 Rn 8; Loosschelders/Pohlmann/*Krause*, § 165 Rn 8.
22 Prölss/Martin/*Reiff*, § 165 Rn 8; Loosschelders/Pohlmann/*Krause*, § 165 Rn 4; Römer/Langheid/*Langheid*, § 165 Rn 10.
23 Römer/Langheid/*Langheid*, § 165 Rn 10.
24 Begr. RegE, BT-Drucks. 16/3945, S. 101; *Römer*, DB 2007, 2523.
25 Begr. RegE, BT-Drucks. 16/3945, S. 101.
26 *Boetius*, VersR 2007, 1589.
27 *Boetius*, VersR 2007, 1589.

15 **2. Fortsetzung der Prämienzahlung.** Eine Rückgängigmachung der Umwandlung ist nur mit **Zustimmung** des VR möglich,[28] denn auf die Vereinbarung einer nachträglichen Erhöhung der Versicherungsleistung hat der VN regelmäßig keinen Anspruch. Die entsprechende Vereinbarung gleicht daher einem Neuabschluss und der VN ist verpflichtet, auf entsprechende Fragen des VR hin gefahrerhöhende Umstände anzuzeigen.[29]

16 Eine Ausnahme besteht nach § 1 Abs. 1 S. 1 Nr. 10 Buchst. a AltZertG für Lebensversicherungsverträge, die den Anforderungen des AltZertG genügen sollen, um in den Genuss der sog. Riesterförderung zu kommen. Bei diesen Verträgen muss der VR dem VN vertraglich das Recht einräumen, den Vertrag ruhen zu lassen. Bei einer entsprechenden vertraglichen Regelung kann der VN durch Wiederaufnahme der Beitragszahlung den Vertrag wieder in Kraft setzen.[30]

17 **3. Abzug.** Nach § 174 Abs. 4 aF war der VR im Fall der Umwandlung zu einem Abzug berechtigt, wenn dieser vereinbart und angemessen war. Eine entsprechende Klarstellung dieses allgemeinen Rechtsprinzips[31] fehlt in der Neufassung. Daher könnte eine entsprechende Klausel, wenn sie als AVB vereinbart würde, eine nach § 171 unzulässige nachteilige Abweichung von § 165 darstellen, so dass sie unwirksam wäre. Allerdings verweist Abs. 2 auf § 169 Abs. 5, so dass ein Abzug zulässig ist, wenn er vereinbart, beziffert und angemessen ist (s. ausf. § 169 Rn 49 ff).[32]

18 **4. Ende der Versicherung und Auszahlung des Rückkaufswertes (Abs. 1 S. 2).** Um den VR und die Versichertengemeinschaft vor überproportional hohen Verwaltungskosten zu schützen, die die Verwaltung kleinerer Versicherungssummen mit sich bringt, wird nach richtiger Vorstellung des Gesetzgebers regelmäßig das Erreichen einer bestimmten **Mindestversicherungsleistung** als Voraussetzung für die Umwandlung im Geschäftsplan enthalten oder in den AVB vereinbart.[33] Wird eine solche Mindestversicherungsleistung entweder als Mindestversicherungssumme oder als Mindestrente vereinbart, ist deren Erreichen die Voraussetzung dafür, dass die Versicherung nach Abs. 1 S. 1 als prämienfreie Versicherung weitergeführt wird (vgl Rn 10). Wird sie nicht erreicht, so endet die Versicherung und der VR hat nach Abs. 1 S. 2 iVm § 169 den auf die Versicherung entfallenden Rückkaufswert einschließlich der Überschussanteile zu zahlen. Eine entsprechende Zahlungspflicht entfällt, wenn der vorzeitige Rückkauf ausgeschlossen ist, obwohl der Vertrag endet. Dies ist bei Altersvorsorgeverträgen regelmäßig der Fall, da diese andernfalls nicht in den Genuss der steuerlichen Förderung kommen könnten. Nach anderer Auffassung ist die Berufung auf der Mindestversicherungsleistung dem VR in diesen Fällen verwehrt, da er wegen der anderenfalls eintretenden Steuerschädlichkeit nach den entsprechend gestalteten Versicherungsbedingungen keinen Rückkaufswert erstatten kann.[34] Diese Auffassung verkennt die wirtschaftlichen Realitäten: Regelmäßig hat der VR ein Interesse an der Bestandskraft von VersVerträgen, da diese seine wirtschaftliche Basis bilden. Er wird also die Mindestversicherungsleistung so festsetzen, dass aus den Kapitalerträgen die Kostenentnahmen getätigt werden können, ohne dass bei regelmäßigem Verlauf ein Kapitalverlust eintritt. Im

---

28 BGH 8.5.1954 – II ZR 20/53, BGHZ 13, 236; Prölss/Martin/*Reiff*, § 165 Rn 19; van Bühren/*Prang*, § 14 Rn 126; Römer/Langheid/*Langheid*, § 165 Rn 19.
29 BGH 23.6.1993 – IV ZR 37, VersR 1994, 39; Prölss/Martin/*Reiff*, § 165 Rn 19; Römer/Langheid/*Langheid*, § 165 Rn 19.
30 van Bühren/*Prang*, § 14 Rn 127.
31 Vgl hierzu Prölss/Martin/*Kollhosser*, 27. Aufl. 2004, § 174 Rn 6.
32 Prölss/Martin/*Reiff*, § 165 Rn 16; Looschelders/Pohlmann/*Krause*, § 165 Rn 12; Römer/Langheid/*Langheid*, § 165 Rn 16.
33 Prölss/Martin/*Schneider*, § 165 Rn 9; Looschelders/Pohlmann/*Krause*, § 165 Rn 15; van Bühren/*Prang*, § 14 Rn 123.
34 OLG Köln 1.10.2010 – 20 U 126/09, VersR 2011, 101.

entschiedenen Fall[35] wurde dieser Betrag auf 250 € festgesetzt. Liegt der Wert darunter, so ist das darauf zurückzuführen, dass noch nicht viele Beiträge geleistet wurden und damit der Vertrag selber noch eine sehr lange Restlaufzeit hat. Bei einer Kapitalanlageperformance von 5 % und einer angenommenen Kostenbelastung von 20 € p.a. ergibt sich bereits im ersten Jahr ein Verlust von 7,50 €. Damit liegt es auf der Hand, dass die Entscheidung dem VN Steine statt Brot gibt, denn bis zum Erreichen des Rentenalters wird sein bereits vorhandenes Kapital kaum in der Lage sein, auch nur die Verwaltungskosten zu erwirtschaften, und sich daher sukzessive aufbrauchen. Die Aufrechterhaltung des VersVertrages ist damit für den VN sinnlos.

Ferner ist nur dann ein Rückkaufswert zu zahlen, wenn die Voraussetzungen des § 169 vorliegen, namentlich ein Versicherungsvertrag vorliegt, bei dem der Eintritt der Verpflichtung des VR gewiss ist.[36] 19

Offen ist, ob die Festsetzung **zu hoher** Mindestversicherungsleistung im Geschäftsplan oder deren Vereinbarung in den AVB wegen Verstoßes gegen § 171 unwirksam ist.[37] Es könnte sich nämlich um eine Beschränkung der Rechte des VN handeln.[38] In diesem Sinne zu hoch ist die Mindestversicherungsleistung, wenn sie das Recht zur Beitragsfreistellung faktisch ausschließen oder nicht mehr vertretbar erschweren würde. 20

Offen ist die Frage, ob statt der Mindestversicherungsleistung eine **Mindestvertragslaufzeit** vereinbart werden kann. Wegen des insofern eindeutigen Wortlautes sei es nicht möglich, statt einer Mindestversicherungsleistung eine Mindestvertragslaufzeit zu vereinbaren.[39] Diese Meinung hat zwar das Wortlautargument für sich, wirtschaftlich wäre aber die Vereinbarung einer Mindestvertragslaufzeit gleichwertig. Trotzdem tun die VR gut daran, stets eine Mindestversicherungsleistung zu vereinbaren. 21

III. Abdingbarkeit

Die Vorschrift ist nach § 171 halbzwingend, so dass die Umwandlung nicht von weiteren als den in § 165 vorgesehenen Voraussetzungen abhängig gemacht werden kann. 22

§ 166 Kündigung des Versicherers

(1) ¹Kündigt der Versicherer das Versicherungsverhältnis, wandelt sich mit der Kündigung die Versicherung in eine prämienfreie Versicherung um. ²Auf die Umwandlung ist § 165 anzuwenden.

(2) Im Fall des § 38 Abs. 2 ist der Versicherer zu der Leistung verpflichtet, die er erbringen müsste, wenn sich mit dem Eintritt des Versicherungsfalles die Versicherung in eine prämienfreie Versicherung umgewandelt hätte.

(3) Bei der Bestimmung einer Zahlungsfrist nach § 38 Abs. 1 hat der Versicherer auf die eintretende Umwandlung der Versicherung hinzuweisen.

(4) Bei einer Lebensversicherung, die vom Arbeitgeber zugunsten seiner Arbeitnehmerinnen und Arbeitnehmer abgeschlossen worden ist, hat der Versicherer die versicherte Person über die Bestimmung der Zahlungsfrist nach § 38 Abs. 1 und die

---

35 OLG Köln 1.10.2010 – 20 U 126/09, VersR 2011, 101.
36 AA Looschelders/Pohlmann/*Krause*, § 165 Rn 15.
37 Looschelders/Pohlmann/*Krause*, § 165 Rn 15.
38 Bruck/Möller/*Winter*, § 165 Rn 19; Langheid/Wandt/*Mönnich*, § 165 Rn 18; Prölss/Martin/*Schneider*, § 165 Rn 9.
39 OLG Köln 1.10.2010 – 20 U 126/09, VersR 2011, 101.

eintretende Umwandlung der Versicherung in Textform zu informieren und ihnen eine Zahlungsfrist von mindestens zwei Monaten einzuräumen.

I. Kündigung

1 Die Norm regelt das Kündigungsrecht des VR bzw – genauer – die Rechtsfolgen einer Kündigung des VR. Voraussetzung ist zunächst die dem VN zugegangene (außerordentliche) Kündigung des VR. Demgegenüber gilt bei einer Kündigung des VN § 168. Die Norm setzt voraus, dass die Kündigung berechtigt ist. Namentlich muss ein **Kündigungsgrund** vorliegen, zB § 19 Abs. 3 S. 2 oder § 38 Abs. 3. Dies ergibt sich daraus, dass die Möglichkeiten der §§ 163 und 164 zu Gunsten des VR nur als Ausgleich für ein fehlendes ordentliches Kündigungsrecht verständlich sind.[1] Welcher Kündigungsgrund gegeben ist, ist für die Anwendung des § 166 unerheblich.

II. Folge der Kündigung

2 Im Fall der Kündigung des VR endet der VersVertrag regelmäßig nicht, sondern wandelt sich nach Maßgabe von § 165 in eine prämienfreie Versicherung um (s. § 165 Rn 10 ff). Nur wenn die Mindestversicherungsleistung nicht erreicht ist, endet der Vertrag und der VR hat den auf die Versicherung entfallenden Rückkaufswert zu zahlen (s. § 165 Rn 18).[2] Ist kein Rückkaufswert vorhanden, so endet der Vertrag mit der Kündigung.[3] Nach der hier vertretenen Auffassung endet der Vertrag auch dann, wenn bei einer nicht rückkauffähigen Versicherung die Mindestversicherungsleistung nicht erreicht wird (s. § 165 Rn 18). Abweichend von § 38 Abs. 2 tritt nach Ablauf einer wirksam gesetzten Zahlungsfrist bei Prämienverzug gem. § 38 Abs. 2 keine Leistungsfreiheit ein, sondern der VR bleibt zu der Leistung verpflichtet, die er erbringen müsste, wenn sich mit dem Eintritt des Versicherungsfalles die Versicherung in eine prämienfreie Versicherung umgewandelt hätte. Die Leistung berechnet sich also unter Berücksichtigung der Überschussanteile und der Prämienrückstände. Nach Abs. 3 hat der VR bei der Bestimmung einer Zahlungsfrist nach § 38 Abs. 1 auf die eintretende Umwandlung der Versicherung hinzuweisen.

III. Hinweispflicht in der betrieblichen Altersversorgung

3 Nach dem neu eingefügten Abs. 4 hat der VR gegenüber bezugsberechtigten Arbeitnehmerinnen und Arbeitnehmern für den Fall eine Informationspflicht, dass die fällige Prämie vom Arbeitgeber als dem VN nicht rechtzeitig gezahlt wird. Dass im Gesetzgebungsverfahren der Begriff „Bezugsberechtigte" durch „versicherte Person" ersetzt wurde, stellt eine rein begriffliche Korrektur dar.[4] Der VR hat über den Zahlungsverzug und die eintretende Umwandlung der Versicherung zu informieren, wobei er die rückständigen Beträge der Prämien, Zinsen und Kosten im Einzelnen beziffern und über die Rechtsfolge des Zahlungsverzugs aufklären muss.[5] Hierzu muss er also über die jeweils aktuellen Adressen dieser Personen verfügen und daher sicherstellen, dass er vom Arbeitgeber immer entsprechend informiert wird.[6] Er muss ferner der versicherten Person vor der Kündigung der Versicherung eine Zahlungsfrist von mindestens zwei Monaten einräumen, damit diese die Möglichkeit erhält, mit eigenen Mitteln den Versicherungsschutz aufrechtzu-

---

1 Römer/Langheid/*Langheid*, § 166 Rn 4.
2 Prölss/Martin/*Reiff*, § 166 Rn 5; Römer/Langheid/*Langheid*, § 166 Rn 2.
3 Looschelders/Pohlmann/*Krause*, § 166 Rn 2.
4 BT-Drucks. 16/5862, S. 99.
5 So auch Prölss/Martin/*Reiff*, § 167 Rn 12.
6 Looschelders/Pohlmann/*Krause*, § 166 Rn 8.

erhalten.[7] Kommt der VR dieser Pflicht nicht nach, so tritt weder der Fall des § 38 Abs. 2 ein noch entsteht ein Kündigungsrecht nach § 38 Abs. 3 S. 2.[8] Ob sich der VR darüber hinaus gegenüber der versicherten Person schadensersatzpflichtig macht,[9] erscheint zweifelhaft, denn zunächst ist die versicherte Person nicht der Vertragspartner des VR und sodann dürfte es regelmäßig an einem adäquat-kausal verursachten Schaden fehlen.

Die Hinweispflicht besteht bei einer Direktversicherung und bei Pensionskassen, nicht hingegen bei Rückdeckungsversicherungen, die vom Arbeitgeber zur Finanzierung bzw Deckung einer Versorgungszusage im Bereich der betrieblichen Altersversorgung abgeschlossen wurden, da bei Letzteren der VN und die bezugsberechtigte Person identisch sind[10] und auch die Zahlung durch den Arbeitgeber erfolgt. Zwar wird auch in diesen Fällen das Altersvorsorgerisiko einer bestimmten Person versichert, allerdings entsteht grds. kein Anspruch des Arbeitnehmers gegen den VR. Daher bedarf es einer entsprechenden Information nicht und auch das Merkmal „zugunsten der Arbeitnehmerinnen und Arbeitnehmer" ist nicht erfüllt. Das kann sich dann anders darstellen, wenn der Arbeitgeber die Versicherung zur Sicherung der Altersvorsorgeansprüche an die jeweiligen Arbeitnehmerinnen und Arbeitnehmer abgetreten oder verpfändet hat.[11] Zwar kann man daran zweifeln, dass bereits bei Abschluss dieser Wille, zugunsten der Arbeitnehmerinnen und Arbeitnehmer handeln zu wollen, vorhanden war, aber es dürfte kaum Zweifel daran bestehen, dass auch bei diesem Sachverhalt eine Information vernünftig und im Sinne des Gesetzgebers wäre. 4

IV. Abdingbarkeit

Nach § 171 ist die Vorschrift halbzwingend, so dass von ihr nicht zum Nachteil des VN, der versicherten Person oder des Eintrittsberechtigten abgewichen werden darf. Soweit hieraus gefolgert wird, dass der VR keine Möglichkeit hat, durch Absprache zu erreichen, dass eine Kündigung zur Auflösung des VersVertrages statt zur Umwandlung in eine prämienfreie Versicherung führt,[12] ist dies nur insoweit richtig, als das Recht zur Festsetzung der Mindestversicherungsleistung nicht grenzenlos ist (s. § 165 Rn 18). Legt der VR bei Beachtung der Grenzen eine hohe Mindestversicherungsleistung fest, erreicht er mit einer Kündigung zumindest für die Fälle, in denen dieser Betrag nicht erreicht wird, die Auflösung. 5

§ 167 Umwandlung zur Erlangung eines Pfändungsschutzes

¹Der Versicherungsnehmer einer Lebensversicherung kann jederzeit für den Schluss der laufenden Versicherungsperiode die Umwandlung der Versicherung in eine Versicherung verlangen, die den Anforderungen des § 851 c Abs. 1 der Zivilprozessordnung entspricht. ²Die Kosten der Umwandlung hat der Versicherungsnehmer zu tragen.

I. Normzweck	1	1. Lebensversicherungsvertrag	2
II. Tatbestandsvoraussetzungen		2. Verfügungsbefugnis	3
(S. 1)	2	3. Verlangen der Umwandlung	8

---

7 Begr. RegE, BT-Drucks. 16/3945, S. 101; *Meixner/Steinbeck*, § 7 Rn 44.
8 So auch Looschelders/Pohlmann/*Krause*, § 166 Rn 8.
9 So *Meixner/Steinbeck*, § 7 Rn 46.
10 Looschelders/Pohlmann/*Krause*, § 166 Rn 9; Langheid/Wandt/*Mönnich*, § 166 Rn 19; *Meixner/Steinbeck*, § 7 Rn 46.
11 Langheid/Wandt/*Mönnich*, § 166 Rn 19.
12 Prölss/Martin/*Reiff*, § 166 Rn 16.

III. Rechtsfolge 11
 1. Umwandlung der Versicherung (S. 1) 11
 2. Kostentragungspflicht (S. 2).. 13
 3. Pfändungsschutz 14
IV. Abdingbarkeit 21

I. Normzweck

1 Die Norm bezweckt die Sicherung des Existenzminimums des VN und die Entlastung der Gemeinschaft von Sozialkosten und gewährt dem VN hierfür das Recht, bestehende Verträge in die Privilegierung des Pfändungsschutzes für die Altersvorsorgeverträge einzubeziehen.[1] Der begünstigte Personenkreis wird nicht beschränkt, so dass sich sowohl Arbeitnehmer als auch Selbständige auf die Norm berufen können.[2] Der Gesetzgeber reagiert insofern auf die wachsende Bedeutung einer angemessenen Altersversorgung und die Belastung der Sozialsysteme, wenn es an einer solchen fehlt oder diese dem (selbständigen) VN durch den Zugriff von Gläubigern entzogen wird.[3] Die Norm ist insofern Ausdruck der politischen Entscheidung, den Interessen der Allgemeinheit an einer dauerhaften Funktionsfähigkeit der Sozialsysteme gegenüber den Individualinteressen von Gläubigern an einer Befriedigung ihrer Ansprüche partiell Vorrang einzuräumen. Ein entsprechender Schutz des Vorsorgevermögens von Personen, die am Ende ihrer Verdienstfähigkeit keine oder keine ausreichenden Renten aus der gesetzlichen Rentenversicherung erhalten, ist nach Einschätzung des Gesetzgebers auch aus verfassungsrechtlichen Gründen geboten.[4] Das Gesetz bezweckte insofern einen wirksamen Pfändungsschutz, der den Eintritt der Sozialhilfebedürftigkeit infolge von Zwangsvollstreckungsmaßnahmen verhindert und dadurch den Staat dauerhaft von Sozialleistungen entlastet.[5] Die Regelung im VVG ergänzt insofern die Regelungen zur Pfändungsfreiheit der ZPO, insb. die §§ 851 c und 851 d ZPO.

II. Tatbestandsvoraussetzungen (S. 1)

2 **1. Lebensversicherungsvertrag.** Tatbestandsvoraussetzung ist zunächst, dass ein Lebensversicherungsvertrag besteht. Nicht erforderlich ist, dass es sich bereits um einen Vertrag handelt, der Rentenleistungen vorsieht, oder dass es sich um eine klassische, kapitalbildende Lebensversicherung handelt.[6] Die Norm ist unmittelbar auch auf fondsgebundene Verträge anwendbar. Es ist ferner nicht erforderlich, dass der Lebensversicherungsvertrag bereits eine weitere der Anforderungen nach § 851 c Abs. 1 Nr. 1–4 ZPO erfüllt. Das bedeutet auch, dass deutlich kürzer laufende Verträge umgewandelt werden können. Beispielsweise kann eine kapitalbildende Lebensversicherung, die der VN im Alter von 30 Jahren mit einer Laufzeit von 12 Jahren abgeschlossen hat, in der Form umgewandelt werden, dass sie nach der Umwandlung Leistungen erst nach Vollendung des 60. Lebensjahres vorsieht.[7] Offen ist, ob auch eine Risikolebensversicherung in eine pfändungsfreie Versicherung umgewandelt werden kann.[8] Obwohl dies nach dem Wortlaut möglich sein könnte, will nicht recht einleuchten, worin der Vorteil einer solchen Möglichkeit liegt.

---

1 BT-Drucks. 16/886, S. 1; BFH 31.7.2007 – VII R 60/06, BB 2007, 2275; *Römer*, DB 2007, 2523.
2 Looschelders/Pohlmann/*Krause*, § 167 Rn 2; *Römer*, DB 2007, 2523.
3 BT-Drucks. 16/886, S. 1.
4 BT-Drucks. 16/886, S. 2.
5 BT-Drucks. 16/886, S. 2.
6 So auch Prölss/Martin/*Reiff*, § 167 Rn 2; Looschelders/Pohlmann/*Krause*, § 167 Rn 4.
7 So auch Prölss/Martin/*Reiff*, § 167 Rn 2; Römer/Langheid/*Langheid*, § 167 Rn 4; aA Schwintowski/Brömmelmeyer/*Ortmann*, § 167 Rn 12.
8 So Looschelders/Pohlmann/*Krause*, § 167 Rn 5; abl. Prölss/Martin/*Reiff*, § 167 Rn 2; Römer/Langheid/*Langheid*, § 167 Rn 4.

2. Verfügungsbefugnis. Nur der VN kann die Umwandlung verlangen. Nicht berechtigt ist die versicherte Person oder ein bereits bestimmter Bezugsberechtigter. Der VN kann nur so lange die Umwandlung verlangen, als er **verfügungsbefugt** ist. Dies ist dann nicht mehr der Fall, wenn **er bereits verfügt hat**.[9]

Sofern also der Anspruch aus der Versicherung bereits – zur Sicherung – abgetreten oder unwiderruflich ein Bezugsberechtigter bestellt wurde, ist eine Umwandlung ohne **Zustimmung** des Abtretungsempfängers bzw des unwiderruflich Bezugsberechtigten nicht möglich.[10] Dies ergibt sich auch aus der Gesetzesbegründung, wenn der Gesetzgeber ausführt, dass Rechte Dritter nicht entgegenstehen dürfen und insb. die Ansprüche aus dem Vertragsverhältnis nicht abgetreten oder gepfändet sein dürfen.[11]

Sofern ein Dritter lediglich widerruflich als Bezugsberechtigter bezeichnet wurde, ist dies unschädlich, da in dem Verlangen der Umwandlung regelmäßig zugleich der Widerruf dieser Bezugsberechtigung liegen dürfte.

Unschädlich könnte ferner sein, wenn lediglich Hinterbliebene als unwiderruflich Bezugsberechtigte benannt worden sind, da eine solche Bezugsberechtigung den Eintritt des Pfändungsschutzes nach § 851c Abs. 1 Nr. 3 ZPO nicht hindern würde.[12] Allerdings ist Wesen einer unwiderruflichen Bezugsberechtigung, dass der Bezugsberechtigte das Recht auf die Leistung des VR bereits mit der Bezeichnung erwirbt und dieses Recht der Disposition des VN entzogen sein soll. Daraus ergibt sich, dass auch eine Umwandlung von einer Kapitalleistung in eine Rentenleistung ohne Zustimmung des Bezugsberechtigten nicht möglich ist. Selbst wenn also lediglich Hinterbliebene als unwiderruflich Bezugsberechtigte benannt wurden, ist gleichwohl deren Zustimmung Voraussetzung eines wirksamen Umwandlungsverlangens.[13]

Hat der VN den Vertrag bereits gekündigt, so hat er ebenfalls bereits in einer Weise über den Vertrag verfügt, die das Verlangen einer Umwandlung ausschließt. Dies ergibt sich bereits daraus, dass nach der gesetzlichen Systematik beide Erklärungen jeweils zum Schluss der laufenden Versicherungsperiode wirksam werden sollen, aber das Wirksamwerden der einen Alternative die andere ausschließt. Der Ausspruch der Kündigung und auch die Akzeptanz derselben durch die Parteien des Vertrages, also den VN und den VR, hindern allerdings nicht daran, sich statt der Kündigung auf eine Umwandlung zu verständigen und die Wirkung der Kündigungserklärung zu beseitigen.

3. Verlangen der Umwandlung. Unter der Voraussetzung, dass der VN die Kosten der Umwandlung trägt (vgl S. 2), kann er die Umwandlung einer bestehenden Versicherung in eine Versicherung verlangen, die folgenden Anforderungen genügt:

1. Die Leistung wird in regelmäßigen Zeitabständen lebenslang und nicht vor Vollendung des 60. Lebensjahres oder nur bei Eintritt der Berufsunfähigkeit gewährt,
2. über die Ansprüche aus dem Vertrag darf nicht verfügt werden,
3. die Bestimmung von Dritten mit Ausnahme von Hinterbliebenen als Berechtigte ist ausgeschlossen, und
4. die Zahlung einer Kapitalleistung, ausgenommen eine Zahlung für den Todesfall, wurde nicht vereinbart.

---

9 Prölss/Martin/*Reiff*, § 167 Rn 4; Looschelders/Pohlmann/*Krause*, § 167 Rn 7.
10 Looschelders/Pohlmann/*Krause*, § 167 Rn 7.
11 BT-Drucks. 16/886, S. 14.
12 Looschelders/Pohlmann/*Krause*, § 167 Rn 7.
13 So auch Prölss/Martin/*Reiff*, § 167 Rn 4.

9 Das Änderungsverlangen wirkt nach dem Wortlaut zum Ende der Versicherungsperiode. Die Parteien können sich freilich auch auf eine Umwandlung zu einem früheren Zeitpunkt verständigen.

10 Das Änderungsverlangen bedarf nach dem Gesetz keiner bestimmten **Form**. Es ist auch **nicht fristgebunden** und kann daher jederzeit geäußert werden. Allerdings verwundert, dass nach § 171 eine abweichende Vereinbarung zum Nachteil des VN unzulässig ist und es – anders als bei der Umwandlung nach § 165 und bei der Kündigung nach § 168 – keine Ausnahme gibt, die klarstellt, dass Schrift- oder Textform vereinbart werden kann. Es ist kein Grund ersichtlich, warum die Umwandlung nach § 167 anders behandelt werden sollte als die Umwandlung nach § 165. Die Gesetzesbegründung schweigt hierzu.[14] Vermutlich handelt es sich insofern um ein Versehen des Gesetzgebers, der nur vergessen hat, in § 171 den Verweis auf § 167 aufzunehmen. Dies erscheint auch deswegen plausibel, weil das Umwandlungsrecht zur Erlangung des Pfändungsschutzes (§ 173 aF) vor der VVG-Reform nicht als zwingendes Recht ausgestaltet war (vgl § 178 aF). Auch insofern änderte die VVG-Reform das alte Recht, ohne dass die Gesetzesbegründung hierauf eingeht. Insofern ist nach diesseitiger Auffassung § 171 teleologisch zu ergänzen und die Vereinbarung eines Text- oder Schriftformerfordernisses für das Verlangen der Umwandlung in den AVB möglich.[15]

III. Rechtsfolge

11 **1. Umwandlung der Versicherung (S. 1).** Der Vertrag wird umgewandelt. Der VR ist gezwungen, einen Tarif anzubieten, der den Anforderungen des § 851c ZPO entspricht, selbst wenn der VR nach seinem Geschäftsmodell grds. keine Rententarife anbietet. Da es sich um ein Recht des VN handelt, dem kein entsprechendes Pendant zu Gunsten des VR gegenübersteht, ist der VR nicht daran gehindert, bei der Umwandlung aktuelle Tarife, die den genannten Anforderungen entsprechen, zugrunde zu legen.[16] Namentlich ist er nicht dazu verpflichtet, Tarife zu verwenden, die er bei Abschluss des ursprünglichen VersVertrages bereits verwendet hat.[17] Dies ergibt sich bereits daraus, dass der Rechtsanspruch auf Umwandlung erst seit dem 31.3.2007 besteht und erst seit diesem Zeitpunkt die VR überhaupt gezwungen sind, entsprechende Tarife anzubieten.

12 Darüber hinaus ist der VR nicht verpflichtet, einen Tarif anzubieten, mit dem das bisher eingegangene Risiko erweitert wird.[18] So hat der VN bspw keinen Anspruch darauf, dass eine bislang bestehende Rentenversicherung ohne Einschluss einer Hinterbliebenenabsicherung in eine Rentenversicherung mit Einschluss einer Hinterbliebenenabsicherung umgewandelt wird, wenn dies zu einer Erhöhung des Risikos für den VR führt. Da eine Pflicht zur Übernahme weiterer Risiken nicht besteht, stellt sich auch die Frage von vorvertraglichen Anzeigepflichten oder einer Gesundheitsprüfung im Rahmen des Umwandlungsverlangens nicht.[19] Allerdings sind die Parteien nicht daran gehindert, die Umwandlung eines VersVertrages auch dazu zu nutzen, den Risikoschutz zu überdenken und ggf zu ergänzen. Einer solchen Erweiterung müsste dann aber der VR zustimmen und er kann diese Zustimmung selbstverständlich auch von weiteren Voraussetzungen, wie zB einer Ge-

---

14 Begr. RegE, BT-Drucks. 16/3945, S. 101, 105.
15 Im Ergebnis zust. Prölss/Martin/*Reiff*, § 167 Rn 16; Römer/Langheid/*Langheid*, § 167 Rn 16; abl. Looschelders/Pohlmann/*Krause*, § 167 Rn 17; Langheid/Wandt/*Mönnich*, § 167 Fn 29.
16 So auch Looschelders/Pohlmann/*Krause*, § 167 Rn 11.
17 So auch Looschelders/Pohlmann/*Krause*, § 167 Rn 11; ähnl. Langheid/Wandt/*Mönnich*, § 167 Rn 20.
18 Langheid/Wandt/*Mönnich*, § 167 Rn 17 ff.
19 Langheid/Wandt/*Mönnich*, § 167 Rn 17 ff; aA *Hasse*, VersR 2007, 870.

sundheitsprüfung oder der Beantwortung von Gesundheitsfragen, abhängig machen. Im Übrigen kann der VR in den Grenzen des § 242 BGB frei entscheiden, welchen Tarif er anbietet.

2. Kostentragungspflicht (S. 2). Nach S. 2 hat der VN die Kosten der Umwandlung zu tragen. Gemeint sind hier die entstehenden Verwaltungskosten beim VR. Es ist dabei aber nicht notwendig, dass der VR die konkret für die einzelne Umwandlung entstehenden Kosten ausrechnet und belegt, da hierdurch unnötige weitere Kosten entstünden. Vielmehr ist es möglich, dass der VR eine **angemessene Pauschale** fordert.[20] Da ein eigenes Interesse des VR an der Umwandlung besteht, weil hierdurch die Bestandsfestigkeit des Vertrages durch Ausschluss des Kündigungsrechts erhöht wird, ist er daran interessiert, die Pauschale nicht zu hoch anzusetzen.

3. Pfändungsschutz. Es entsteht ein Pfändungsschutz. Fraglich ist allerdings, ab wann der Pfändungsschutz eingreift. In Betracht kommen namentlich **zwei Zeitpunkte**, nämlich der Zeitpunkt des Zugangs des Umwandlungsverlangens beim VR oder der der tatsächlichen Umwandlung der Versicherung. Ein früherer Zeitpunkt scheidet aus. Bereits aus der Gesetzesbegründung ergibt sich nämlich, dass die Umgestaltung nur verlangt werden kann, wenn Rechte Dritter dem nicht entgegenstehen.[21] Ist also vor dem Zugang des Umwandlungsverlangens beim VR bereits die Pfändung eines Gläubigers eingegangen, ist die Umwandlung nicht mehr möglich. Andererseits besteht nach § 851 c ZPO ohne Zweifel Pfändungsschutz, wenn die Versicherung nach erfolgter Umwandlung den dort genannten Anforderungen genügt.[22]

Zweifelhaft ist allerdings, was passiert, wenn nach Eingang eines Umwandlungsverlangens beim VR und vor der tatsächlichen Durchführung der Umwandlung beim VR eine Pfändung der Ansprüche aus dem VersVertrag eingeht. Würde es sich bei dem Umwandlungsverlangen um ein Gestaltungsrecht handeln, so spräche dies für einen Pfändungsschutz bereits ab Zugang des Verlangens beim VR, denn dieses Verlangen würde ohne anderweitige Einigung, den VN binden. Es würde, ohne anderweitige Einigung, also einseitig, nicht revidierbar bewirken, dass über die Ansprüche aus dem Vertrag spätestens mit Ende der Versicherungsperiode nicht mehr verfügt werden darf. Eine später eingehende Pfändung könnte die Umwandlung nicht mehr verhindern, da das Kündigungsrecht nach § 165 Abs. 1 ebenfalls nur zum Ende der Versicherungsperiode besteht und wegen des vorhergehenden Umwandlungsverlangens nicht mehr ausgeübt werden kann. Danach ist das Kündigungsrecht nach § 165 Abs. 3 ausgeschlossen. Die Pfändung würde in diesem Fall lediglich für die Todesfallleistung und für die ggf die Pfändungsfreigrenze übersteigenden Beträge greifen.

Handelt es sich demgegenüber lediglich um einen schuldrechtlichen Anspruch, der durch das Versicherungsunternehmen erst erfüllt werden muss, so bedeutet dies, dass nach den Regelungen der ZPO Pfändungsschutz erst mit der rechtswirksam vollzogenen Umwandlung besteht.

Für die Annahme eines lediglich schuldrechtlichen Anspruchs könnte zunächst der Wortlaut sprechen, denn der VN muss die Umwandlung verlangen und kann nicht etwa die Lebensversicherung durch einseitige Erklärung auch umwandeln. Andererseits geht die hM auch im Hinblick auf das Verlangen nach einer Prämienfreistellung (§ 165 Abs. 1) davon aus, dass es sich hierbei um eine einseitige, empfangsbedürftige Willenserklärung, mithin um ein Gestaltungsrecht des VN handelt (vgl § 165 Rn 4). Damit lässt sich aus dem Wortlaut keine zwingende Schlussfolgerung ziehen.

---

20 Prölss/Martin/*Reiff*, § 167 Rn 15; Looschelders/Pohlmann/*Krause*, § 167 Rn 16.
21 BT-Drucks. 16/886, S. 14.
22 *Hasse*, VersR 2007, 870; *Stöber*, NJW 2007, 1242.

18 Ferner hat der VN es nicht in der Hand, wann der VR die rechtswirksame Umwandlung vornimmt, und indem das Verlangen auch kurz vor dem gesetzlichen Umwandlungszeitpunkt gestellt werden kann, ist es dem VR ggf gar nicht möglich, die Umwandlung tatsächlich zum oder vor dem Ende der laufenden Versicherungsperiode auch tatsächlich vorzunehmen. Im Hinblick auf die Wertentscheidung des Gesetzgebers stehen der Annahme des früheren Zeitpunkts für das Eingreifen des Pfändungsschutzes auch keine schutzwürdigen Interessen des pfändenden Gläubigers gegenüber. Daher erscheint es sachgerecht, den Vollstreckungsschutz bereits mit dem Zugang des Umwandlungsverlangens beim VN eintreten zu lassen.[23]

19 Der durch die Umwandlung erreichte bzw erreichbare Pfändungsschutz ist betragsmäßig begrenzt (vgl hierzu § 851 c Abs. 2 ZPO).

20 Die Umwandlungserklärung des VN ist durch den Gläubiger nicht im Wege einer Gläubiger-/Insolvenzanfechtung (§ 4 AnfG und § 134 InsO) angreifbar, da anderenfalls ein effektiver Vollstreckungsschutz nicht gewährleistet wäre.[24] Dies widerspräche dem erklärten Ziel des Gesetzgebers.

IV. Abdingbarkeit

21 Die Vorschrift ist halbzwingend, so dass von ihr nach § 171 nicht zum Nachteil des VN, der versicherten Person oder des Eintrittsberechtigten abgewichen werden darf. Die Vereinbarung eines Text- oder Schriftformerfordernisses für die Ausübung des Umwandlungsverlangens ist gleichwohl zulässig (vgl Rn 10).

§ 168 Kündigung des Versicherungsnehmers

(1) Sind laufende Prämien zu zahlen, kann der Versicherungsnehmer das Versicherungsverhältnis jederzeit für den Schluss der laufenden Versicherungsperiode kündigen.

(2) Bei einer Versicherung, die Versicherungsschutz für ein Risiko bietet, bei dem der Eintritt der Verpflichtung des Versicherers gewiss ist, steht das Kündigungsrecht dem Versicherungsnehmer auch dann zu, wenn die Prämie in einer einmaligen Zahlung besteht.

(3) ¹Die Absätze 1 und 2 sind nicht auf einen für die Altersvorsorge bestimmten Versicherungsvertrag anzuwenden, bei dem der Versicherungsnehmer mit dem Versicherer eine Verwertung vor dem Eintritt in den Ruhestand unwiderruflich ausgeschlossen hat; der Wert der vom Ausschluss der Verwertbarkeit betroffenen Ansprüche darf die in § 12 Abs. 2 Nr. 3 des Zweiten Buches Sozialgesetzbuch bestimmten Beträge nicht übersteigen. ²Entsprechendes gilt, soweit die Ansprüche nach § 851 c oder § 851 d der Zivilprozessordnung nicht gepfändet werden dürfen.

I. Tatbestandsvoraussetzungen 1	4. Kündigungserklärung 15
1. Kündigungsberechtigter 1	II. Rechtsfolge 18
2. Laufende Prämienzahlungspflicht oder Einmalprämie ... 10	III. Abdingbarkeit 22
3. Altersvorsorgeverträge (Abs. 3) 11	

---

23 So auch Prölss/Martin/*Reiff*, § 167 Rn 14; Looschelders/Pohlmann/*Krause*, § 167 Rn 13; Bach/Langheid/*Langheid*, § 167 Rn 14; *Hasse*, VersR 2007, 870; *Stöber*, NJW 2007, 1242; aA Langheid/Wandt/*Mönnich*, § 167 Rn 14.
24 *Hasse*, VersR 2007, 870.

I. Tatbestandsvoraussetzungen

1. Kündigungsberechtigter. Nach dieser Norm erhält der VN ein übertragbares und auch pfändbares Kündigungsrecht.[1] Kündigungsberechtigt ist damit zunächst der VN. Er kann das Kündigungsrecht durch Verfügung oder Pfändung verlieren, denn das Kündigungsrecht ist kein höchstpersönliches Recht und kann daher abgetreten und ver- bzw gepfändet werden,[2] allerdings nicht isoliert (s. Rn 8). Ist die Pfändbarkeit ausgeschlossen, besteht nach § 400 BGB auch ein gesetzliches Abtretungsverbot. Ein Ausschluss der Pfändbarkeit kommt namentlich in Betracht, wenn die Voraussetzungen des § 2 Abs. 2 BetrAVG, der §§ 851 c, 851 d ZPO oder auch des § 850 b ZPO für Rentenansprüche aus einer Berufsunfähigkeits(-zusatz-)versicherung erfüllt sind.[3] Im Fall der Insolvenz des VN steht das Kündigungsrecht dessen Insolvenzverwalter wie zuvor ihm selber zu.[4] Im Fall der Abtretung der Ansprüche aus dem VersVertrag kann regelmäßig der Abtretungsempfänger das Kündigungsrecht ausüben, denn die Abtretung des Vertragsrechts ist im Zweifel umfassend gemeint und umfasst deshalb auch das Kündigungsrecht.[5]

Ist wegen des Vorliegens eines Abtretungsverbots eine Abtretung teilweise nichtig, so ist nach § 139 BGB zunächst zu prüfen, ob die getroffene Vereinbarung zerlegbar ist und die Parteien ggf die selbständige Geltung eines Teils der Vereinbarung gewollt hätten. Ein solcher Fall kann bei Abschluss einer Lebensversicherung mit Berufsunfähigkeits-Zusatzversicherung eintreten, denn diese ist nach § 850 b Abs. 1 S. 1 ZPO nicht pfändbar und damit nach § 400 BGB nicht abtretbar. Bei einer Lebensversicherung mit Berufsunfähigkeits-Zusatzversicherung liegt eine zerlegbare Vereinbarung vor und eine Auslegung wird dann zu einer wirksamen Vereinbarung bzgl der Abtretung der Ansprüche aus dem Lebensversicherungsvertrag kommen, wenn es den Parteien wesentlich auf die Übertragung dieser Ansprüche angekommen ist.[6] Gegen dieses Ergebnis spricht dabei auch nicht die Folge der Kündbarkeit des gesamten Vertrages und damit auch der Berufsunfähigkeits-Zusatzversicherung, da die Entstehung der Ansprüche, die der Sicherstellung der Existenz dienen, noch völlig ungewiss ist und daher diese Ansprüche vom Pfändungsschutz des § 850 b ZPO nicht umfasst werden.[7]

Eine Sicherungsabtretung wird durch das **Erlöschen der gesicherten Forderung** nicht gegenstandslos, sondern bedarf als Verfügungsgeschäft einer Rückabtretung.[8] Anders liegt der Sachverhalt dann, wenn die Sicherungsabtretung auflösend bedingt vereinbart worden ist. Allerdings wird dies wegen der mit der Feststellung des Eintritts der Bedingung verbundenen Schwierigkeiten nur äußerst selten der Fall sein. Auch im Fall einer Sicherungsabtretung ist nach Eintritt der Insolvenz der Insolvenzverwalter gem. § 166 Abs. 2 InsO zur Kündigung und Einziehung des Rückkaufswertes berechtigt.[9] Er hat dann allerdings den insoweit absonderungs-

---

1 BGH 17.2.1966 – II ZR 286/63, NJW 1966, 1071; Römer/Langheid/*Langheid*, § 168 Rn 11.
2 BGH 17.2.1966 – II ZR 286/63, NJW 1966, 1071; OLG München 2.3.2007 – 25 U 4003/06, VersR 2007, 1637; Langheid/Wandt/*Mönnich*, § 168 Rn 15.
3 OLG Saarbrücken 9.11.1994 – 5 U 69, VersR 1995, 1227.
4 Prölss/Martin/*Reiff*, § 168 Rn 13; Langheid/Wandt/*Mönnich*, § 168 Rn 28.
5 OLG München 2.3.2007 – 25 U 4003/06, VersR 2007, 1637; OLG Saarbrücken 9.11.1994 – 5 U 69, VersR 1995, 1227; Römer/Langheid/*Langheid*, § 168 Rn 9; Prölss/Martin/*Reiff*, § 168 Rn 9; Langheid/Wandt/*Mönnich*, § 166 Rn 15.
6 OLG Saarbrücken 9.11.1994 – 5 U 69, VersR 1995, 1227; Prölss/Martin/*Reiff*, § 168 Rn 10.
7 BGH 18.11.2009 – IV ZR 39/08, VersR 2010, 237; OLG Saarbrücken 9.11.1994 – 5 U 69, VersR 1995, 1227; Langheid/Wandt/*Mönnich*, § 168 Rn 17.
8 OLG München 2.3.2007 – 25 U 4003/06, VersR 2007, 1637; Prölss/Martin/*Kollhosser*, 27. Aufl. 2004, § 13 ALB 86 Rn 53.
9 OLG Hamm 25.1.2008 – 20 U 89/07, NJW 2008, 2660.

berechtigten Sicherungsgläubiger nach § 170 Abs. 1 InsO aus dem Verwertungserlös nach Abzug der Kosten zu befriedigen.

4 Ist der Versicherungsschein, wie üblich (§ 8 ALB[10]), nach § 4 als Urkunde auf den Inhaber ausgestellt, so kann der VR den Inhaber des Versicherungsscheins als berechtigt ansehen, über die Rechte aus dem VersVertrag zu verfügen, also auch, ihn zu kündigen.[11] Die Weitergabe des Versicherungsscheins ist daher für den VN nicht ohne Risiko, da er sich bei Weitergabe des Versicherungsscheins noch nicht einmal darauf berufen kann, dass seine Unterschrift gefälscht worden ist.[12]

5 Weder an Stelle des VN noch neben dem VN ist demgegenüber der widerruflich oder unwiderruflich[13] bezeichnete Bezugsberechtigte oder die versicherte Person kündigungsberechtigt.[14] Auch aus dem Umstand, dass ein Dritter Prämienschuldner ist, folgt aufgrund des eindeutigen Wortlauts der Norm nicht, dass ihm ein Kündigungsrecht zusteht.

6 Im Falle der Verpfändung der Rechte aus dem VersVertrag ist das Kündigungsrecht grds. mit ver- bzw gepfändet,[15] woraus folgt, dass der VN vor Pfandreife das Kündigungsrecht nur mit Zustimmung des Pfandgläubigers ausüben darf. Mit demselben Ergebnis stellt eine andere Auffassung auf § 1276 BGB ab und folgert aus dieser Norm, dass der VN nur mit Zustimmung des Pfandgläubigers den VersVertrag kündigen kann.[16] Auch der Pfandgläubiger hat vor Pfandreife kein alleiniges Kündigungsrecht (§ 1283 Abs. 3 BGB iVm § 1228 Abs. 2 BGB), denn erst mit Fälligkeit der gesicherten Forderung ist der Pfandgläubiger zur Einziehung berechtigt.[17] Wer nach Pfandreife ein Kündigungsrecht hat, ist strittig.[18] Nach § 1283 Abs. 3 BGB ist der Pfandgläubiger grds. zur Kündigung berechtigt. Allerdings kann diese Kündigung rechtsmissbräuchlich sein.[19] Darüber hinaus ist auch der VN zur Kündigung berechtigt, und zwar ohne Zustimmung des Pfandgläubigers, denn nach § 1283 Abs. 1 BGB bedarf es der Zustimmung des Pfandgläubigers nur, wenn der Pfandgläubiger berechtigt ist, die Nutzungen zu ziehen.[20]

7 Ist dem Pfandgläubiger nach einer Pfändung der Anspruch auf die Versicherungsleistung zur Einziehung überwiesen worden, so steht ihm auch ein Kündigungsrecht zu.[21] Im Ergebnis hat also nach Pfandreife sowohl der VN als auch der Sicherungsnehmer ein Kündigungsrecht.

8 Das Kündigungsrecht an sich kann allerdings nicht ohne den Anspruch auf den Rückkaufswert übertragen oder verpfändet werden, weil es dann keinen wirt-

---

10 Allgemeine Bedingungen für die kapitalbildende Lebensversicherung – Musterbedingungen des GDV, Stand: 6.8.2014.
11 BGH 22.3.2000 – IV ZR 23/99, VersR 2000, 709; Prölss/Martin/*Reiff*, § 168 Rn 8; Römer/Langheid/*Langheid*, § 168 Rn 8.
12 BGH 20.5.2009 – IV ZR 16/08, VersR 2009, 1061; Prölss/Martin/*Reiff*, § 168 Rn 8; Römer/Langheid/*Langheid*, § 168 Rn 8.
13 BGH 17.2.1966 – II ZR 286/63, NJW 1966, 1071; OLG Frankfurt 19.12.2001 – 7 U 64/01, VersR 2002, 963.
14 BGH 1.4.1987 – IVa ZR 26/86, VersR 1987, 659; Prölss/Martin/*Reiff*, § 168 Rn 7; Römer/Langheid/*Langheid*, § 168 Rn 7.
15 BGH 17.2.1966 – II ZR 286/63, NJW 1966, 1071.
16 Prölss/Martin/*Reiff*, § 168 Rn 11; van Bühren/*Prang*, § 14 Rn 290.
17 OLG Hamburg 27.8.2002 – 9 U 265/00, VersR 2003, 630; Prölss/Martin/*Reiff*, § 168 Rn 11.
18 BGH 20.3.1991 – IV ZR 50/90, VersR 1991, 576 mwN; Römer/Langheid/*Langheid*, § 168 Rn 11.
19 BGH 20.3.1991 – IV ZR 50/90, VersR 1991, 576.
20 Palandt/*Bassenge*, § 1283 BGB Rn 1; Prölss/Martin/*Kollhosser*, 27. Aufl. 2004, § 13 ALB 13 Rn 66.
21 LG Darmstadt 1.10.1999 – 1 O 416/98, NVersZ 2000, 221; Prölss/Martin/*Kollhosser*, 27. Aufl. 2004, § 165 Rn 2.

schaftlichen Wert hat.[22] Eine Pfändung des Kündigungsrechts ist für den Gläubiger des VN also dann ausgeschlossen, wenn ein Dritter als unwiderruflich bezugsberechtigt bezeichnet wurde.[23] Dies gilt selbst dann, wenn diese Bezeichnung unter einer auflösenden Bedingung steht, etwa wenn der Ehepartner nur für den Todesfall bis zu einem bestimmten Zeitpunkt unwiderruflich als Bezugsberechtigter bezeichnet wurde, im Erlebensfall allerdings die Versicherungsleistung an den VN fließen soll.[24]

Bei einer Versicherung auf verbundene Leben ist jeder Beteiligte zugleich VN und Versicherter.[25] In einem solchen Fall bedarf jeder Partner des Schutzes gegen einseitige abändernde Verfügung zu seinen Lasten seitens des anderen VN, so dass ein VN den Vertrag nur mit der **Zustimmung** des anderen kündigen kann.[26] Ob allerdings im Einzelfall eine **Versicherung auf verbundene Leben** oder lediglich eine Versicherung zweier Leben auf den Todes- und Erlebensfall vorliegt, ist sorgfältig anhand der Vertragserklärungen zu prüfen, da es im zweiten Fall nur einen VN gibt, der dann ohne Mitwirkung des zweiten Versicherten kündigen kann.[27]

2. Laufende Prämienzahlungspflicht oder Einmalprämie. Weitere Voraussetzung für ein Kündigungsrecht ist, dass laufende Prämien zu zahlen sind. Dies ist nicht (mehr) der Fall, wenn die Versicherung bereits prämienfrei gestellt wurde oder sich eine Rentenversicherung bereits in der Rentenbezugsphase befindet.[28] In diesen Fällen ist also eine Kündigung des Vertrages auf Basis des gesetzlichen Rechts nicht mehr möglich[29] und der VN ist auf ein ggf vereinbartes vertragliches Kündigungsrecht oder darauf angewiesen, dass der VR einer Auflösung des Vertrages zustimmt, wenn er vorzeitig den (verbliebenen) Rückkaufswert ausgezahlt erhalten will. Nach Abs. 2 besteht ein Kündigungsrecht auch dann, wenn zwar keine laufenden Prämien zu zahlen sind, weil die Prämie in einer einmaligen Zahlung besteht, aber Versicherungsschutz für ein Risiko geboten wird, bei dem der Eintritt der Verpflichtung des VR gewiss ist. Diese Änderung des Gesetzestextes soll dazu führen, dass auch bei einer Rentenversicherung ein Kündigungsrecht besteht.[30] Da indes Rentenversicherungsverträge regelmäßig der Altersvorsorge dienen, unterfällt ein Rentenversicherungsvertrag, wenn nicht nur das Kündigungsrecht, sondern auch im Übrigen die Verwertung vor Eintritt in den Ruhestand ausgeschlossen wurde, dem Abs. 3, so dass in diesen Fällen der Ausschluss des Kündigungsrechts wirksam ist. Auch ist eine Kündigung eines Rentenversicherungsvertrages ausgeschlossen, sobald der Versicherungsfall eingetreten ist, also die Rentenauszahlung beginnt. Dies ist regelmäßig bei Erreichen eines bestimmten Alters der Fall. Wäre nach Rentenbeginn noch eine Kündigung möglich, würde dies die Möglichkeit eröffnen, dass ein schwer Erkrankter im Angesicht seines Todes noch kündigt, den Rückkaufswert verlangt und so das Kollektiv der Versicherten schädigt.[31]

3. Altersvorsorgeverträge (Abs. 3). Nach Abs. 3 besteht kein Kündigungsrecht nach den Absätzen 1 und 2 bei einem für die Altersvorsorge bestimmten VersVertrag, bei dem der VN mit dem VR eine Verwertung vor dem Eintritt in den Ruhe-

---

22 BGH 17.2.1966 – II ZR 286/63, NJW 1966, 1071; Prölss/Martin/*Reiff*, § 168 Rn 7.
23 BGH 17.2.1966 – II ZR 286/63, NJW 1966, 1071.
24 BGH 17.2.1966 – II ZR 286/63, NJW 1966, 1071.
25 OLG Köln 4.6.1992 – 5 U 168/91, VersR 1992, 1337.
26 OLG Köln 4.6.1992 – 5 U 168/91, VersR 1992, 1337; Langheid/Wandt/*Mönnich*, § 168 Rn 13.
27 OLG Köln 4.6.1992 – 5 U 168/91, VersR 1992, 1337.
28 Prölss/Martin/*Reiff*, § 168 Rn 3; Römer/Langheid/*Langheid*, § 168 Rn 3.
29 Looschelders/Pohlmann/*Krause*, § 168 Rn 2 f; aA Prölss/Martin/*Reiff*, § 168 Rn 5; Römer/Langheid/*Langheid*, § 168 Rn 3; Langheid/Wandt/*Mönnich*, § 168 Rn 5.
30 Begr. RegE, BT-Drucks. 16/3945, S. 101.
31 Prölss/Martin/*Reiff*, § 168 Rn 4; Looschelders/Pohlmann/*Krause*, § 168 Rn 2 f; Römer/Langheid/*Langheid*, § 168 Rn 4.

stand unwiderruflich ausgeschlossen hat. Der Ausschluss der Verwertbarkeit ist aber nur der Höhe nach begrenzt zulässig, denn der Wert der vom Ausschluss der Verwertbarkeit betroffenen Ansprüche darf die in § 12 Abs. 2 Nr. 3 SGB II bestimmten Beträge nicht übersteigen. Da sich diese Beträge ändern können, ist sinnvollerweise mit einer dynamischen Klausel zu arbeiten, die allerdings den Nachteil einer gewissen Intransparenz in sich birgt. Bezüglich der über diese Beträge hinausgehenden Ansprüche ist eine **Teilkündigung** nach Abs. 1 und 2 grds. möglich.[32] Auch wenn der vereinbarte Verwertungsausschluss die höhenmäßige Beschränkung nicht enthält, so wird man die Erklärungen der Vertragspartner regelmäßig dahin gehend interpretieren müssen, dass sie nur einen zulässigen Verwertungsausschluss vereinbaren wollten, so dass auch in diesen Fällen lediglich bei Übersteigen der Grenze eine Teilkündigung möglich ist.

12 Auf Basis dieser gesetzlichen Regelung kann also der **Kündigungsausschluss** bei diesen Verträgen wirksam vereinbart und die Geltendmachung des Rückkaufswertes bis zur benannten Höhe ausgeschlossen werden.[33] Nicht ausgeschlossen wird durch diese Regel das Recht des VN zur Kündigung wegen Störung der Geschäftsgrundlage oder aus wichtigem Grund (§§ 313 Abs. 3 S. 2, 314 Abs. 1 BGB),[34] auch wenn dieses Recht praktisch kaum jemals zur Anwendung kommen dürfte. Praktisch größere Relevanz hat da schon die Möglichkeit, den Vertrag in eine prämienfreie Versicherung umzuwandeln, § 165. Das diesbezügliche gesetzliche Gestaltungsrecht des VN wird durch den Ausschluss der Verwertung nicht eingeschränkt.[35]

13 Für die Vereinbarung eines materiellen Kündigungsausschlusses ist es nicht notwendig, auch wörtlich das Kündigungsrecht in den AVB auszuschließen. Ausreichend, transparent und zulässig ist es, die Folge der ordentlichen Kündigung abweichend von Abs. 1 dahin gehend zu regeln, dass sich bei Erklärung der Kündigung die Versicherung in eine beitragsfreie Versicherung umwandelt.[36] Ein VR ist bei Verträgen, die der Altersversorgung dienen und auf die die Absätze 1 und 2 keine Anwendung finden, nicht gehindert, dem VN gleichwohl ein Recht zur ordentlichen Kündigung einzuräumen. Dabei hat er darauf zu achten, dass dies nicht steuerschädlich ist. Wenn er dies tut, indem er als Folge einer Kündigung die Umwandlung in eine beitragsfreie Versicherung definiert, so ist das nicht zu beanstanden und verstößt insb. nicht gegen den wesentlichen Grundgedanken des Abs. 3.[37]

14 Abs. 3 S. 2 führt sprachlich zu einem Zirkelschluss und muss daher als missglückt betrachtet werden. So setzt er voraus, dass die Ansprüche nach §§ 851 c und 851 d ZPO nicht gepfändet werden dürfen. § 851 c Abs. 1 Nr. 2 ZPO setzt seinerseits voraus, dass über die Ansprüche aus dem Vertrag nicht verfügt werden darf. Eine reine Wortlautinterpretation würde dazu führen, dass Abs. 3 S. 2 leerläuft und der Pfändungsschutz des § 851 c ZPO nicht erreicht werden kann, weil eine Verfügungsbeschränkung und damit der Ausschluss des Kündigungsrechts nicht wirksam vereinbart werden kann. Dementsprechend ist Abs. 3 S. 2 dahin gehend zu interpretieren, dass ein Ausschluss des Kündigungsrechts bei solchen Verträgen wirksam ist, die im Übrigen den Anforderungen der §§ 851 c und 851 d ZPO genügen und bei denen die dort genannten Höchstgrenzen nicht überschritten werden. Dies dürfte der Intention des Gesetzgebers entsprechen und auch teleologisch geboten sein.

---

32 So auch Prölss/Martin/*Reiff*, § 168 Rn 20.
33 *Hasse*, VersR 2007, 870.
34 *Stöber*, NJW 2007, 1242.
35 *Stöber*, NJW 2007, 1242.
36 OLG Köln 1.10.2010 – 20 U 126/09, VersR 2011, 101.
37 OLG Köln 1.10.2010 – 20 U 126/09, VersR 2011, 101.

4. Kündigungserklärung. Die Kündigung muss erklärt werden. Nach dem Gesetz ist diese Erklärung an keine Form gebunden. Im Rahmen der AVB kann Schrift- oder Textform vereinbart werden, § 171 S. 2. 15

Ob in einer bestimmten Erklärung des VN eine Kündigung liegt, bestimmt sich nach den allgemeinen Auslegungsregelungen.[38] Hat eine Erklärung nach Wortlaut und Zweck einen eindeutigen Inhalt, ist für eine Auslegung kein Raum.[39] Ist in einem Schreiben ausdrücklich von „Kündigung" die Rede, so ist dies bereits eindeutig. Wird zudem noch der Rückkaufswert gefordert, so kann eine solche Erklärung nur als Kündigung, nicht aber als Widerruf ausgelegt werden.[40] Jedenfalls muss die Erklärung das Wort „Kündigung" nicht ausdrücklich enthalten. 16

Auch eine **Kündigungsfrist** ist nicht vorgesehen, so dass eine Kündigung noch am letzten Tage der laufenden Versicherungsperiode für diese möglich ist.[41] 17

II. Rechtsfolge

Die Kündigung wirkt nach dem Gesetz zum Schluss der laufenden Versicherungsperiode. Die Länge der Versicherungsperiode hängt nach § 12 davon ab, nach welchen Zeitabschnitten die Prämie bemessen ist. Sie hat maximal die Länge eines Jahres. Sind bei einer Lebensversicherung kürzere Zahlungsintervalle vorgesehen, so kann es sich entweder um Ratenzahlungsvereinbarungen, die die Versicherungsperiode von einem Jahr unberührt lassen, oder um die Vereinbarung echter unterjähriger Prämien handeln. Echte unterjährige Prämien liegen vor, wenn im Vers-Vertrag vereinbart ist oder sich diesem entnehmen lässt, dass die Versicherungsperiode kürzer als ein Jahr ist und die Prämie für diese kürzere Periode zu zahlen ist, § 12. In der fondsgebundenen Lebens- und Rentenversicherung dürfte die Versicherungsperiode regelmäßig der Prämienbemessungsdauer entsprechen. Auch bei Einmalprämienprodukten dauert die Versicherungsperiode regelmäßig ein Jahr. Regelmäßig ist die Versicherungsperiode im Versicherungsschein angegeben. 18

Mit der Wirksamkeit der Kündigung endet die Pflicht zur Prämienzahlung. Es entsteht der Anspruch auf Zahlung des Rückkaufswertes, § 169 Abs. 1. Eventuell vorausgezahlte Prämien sind nach den §§ 812, 818 BGB zu erstatten.[42] 19

Bei der **Bezeichnung eines Bezugsberechtigten** hat dieser den Anspruch auf den Rückkaufswert, wenn es sich um eine **unwiderrufliche Bezugsberechtigung** handelte, da mit dieser Bezeichnung der sofortige Rechtserwerb einhergeht.[43] Dies gilt auch dann, wenn der VN die unwiderrufliche Bezugsberechtigung eingeschränkt und sich eine Beleihung der Versicherung mit Zustimmung des Bezugsberechtigten vorbehalten hat, solange die Voraussetzungen des Vorbehalts nicht erfüllt sind.[44] 20

Ist ein **widerrufliches Bezugsrecht** eingeräumt, so steht der Anspruch auf den Rückkaufswert dem VN zu.[45] Ein ausdrücklicher Widerruf ist regelmäßig entbehrlich, jedenfalls dann, wenn der Insolvenzverwalter des VN die Kündigung erklärt.[46] Für die Frage der Folgen der Kündigung kommt es ausschließlich auf die versicherungsvertragliche Beziehung zwischen dem VR und dem VN und ggf dem 21

---

38 Prölss/Martin/*Reiff*, § 168 Rn 17.
39 OLG Köln 9.7.2010 – 20 U 51/10; Palandt/*Ellenberger*, § 133 BGB Rn 6.
40 OLG Köln 9.7.2010 – 20 U 51/10.
41 Römer/Langheid/*Langheid*, § 165 Rn 17; Prölss/Martin/*Reiff*, § 168 Rn 17.
42 Prölss/Martin/*Reiff*, § 168 Rn 18.
43 BGH 17.2.1966 – II ZR 286/63, BGHZ 45, 162 = NJW 1966, 1071; Römer/Langheid/*Langheid*, § 168 Rn 19.
44 BGH 19.6.1996 – IV ZR 243/95, NJW 1996, 2731.
45 BGH 4.3.1993 – IX ZR 169/92, VersR 1993, 689; Römer/Langheid/*Langheid*, § 168 Rn 19.
46 Römer/Langheid/*Langheid*, § 168 Rn 19.

Bezugsberechtigten an und nicht auf sonstige, etwa arbeitsvertragliche Vereinbarungen zwischen dem VN und dem Bezugsberechtigten.[47]

III. Abdingbarkeit

22 Nach § 171 kann von dieser Norm nicht zu Lasten des VN, der versicherten Person oder des Eintrittsberechtigten abgewichen werden. Eine solche nachteilige Abweichung liegt bei Konstituierung eines Schrift- oder Textformerfordernisses für die Kündigung nicht vor, § 171 S. 2.

§ 169 Rückkaufswert

(1) Wird eine Versicherung, die Versicherungsschutz für ein Risiko bietet, bei dem der Eintritt der Verpflichtung des Versicherers gewiss ist, durch Kündigung des Versicherungsnehmers oder durch Rücktritt oder Anfechtung des Versicherers aufgehoben, hat der Versicherer den Rückkaufswert zu zahlen.

(2) [1]Der Rückkaufswert ist nur insoweit zu zahlen, als dieser die Leistung bei einem Versicherungsfall zum Zeitpunkt der Kündigung nicht übersteigt. [2]Der danach nicht gezahlte Teil des Rückkaufswertes ist für eine prämienfreie Versicherung zu verwenden. [3]Im Fall des Rücktrittes oder der Anfechtung ist der volle Rückkaufswert zu zahlen.

(3) [1]Der Rückkaufswert ist das nach anerkannten Regeln der Versicherungsmathematik mit den Rechnungsgrundlagen der Prämienkalkulation zum Schluss der laufenden Versicherungsperiode berechnete Deckungskapital der Versicherung, bei einer Kündigung des Versicherungsverhältnisses jedoch mindestens der Betrag des Deckungskapitals, das sich bei gleichmäßiger Verteilung der angesetzten Abschluss- und Vertriebskosten auf die ersten fünf Vertragsjahre ergibt; die aufsichtsrechtlichen Regelungen über Höchstzillmersätze bleiben unberührt. [2]Der Rückkaufswert und das Ausmaß, in dem er garantiert ist, sind dem Versicherungsnehmer vor Abgabe von dessen Vertragserklärung mitzuteilen; das Nähere regelt die Rechtsverordnung nach § 7 Abs. 2. [3]Hat der Versicherer seinen Sitz in einem anderen Mitgliedstaat der Europäischen Union oder einem anderen Vertragsstaat des Abkommens über den Europäischen Wirtschaftsraum, kann er für die Berechnung des Rückkaufswertes an Stelle des Deckungskapitals den in diesem Staat vergleichbaren anderen Bezugswert zu Grunde legen.

(4) [1]Bei fondsgebundenen Versicherungen und anderen Versicherungen, die Leistungen der in *§ 54b des Versicherungsaufsichtsgesetzes*[1] bezeichneten Art vorsehen, ist der Rückkaufswert nach anerkannten Regeln der Versicherungsmathematik als Zeitwert der Versicherung zu berechnen, soweit nicht der Versicherer eine bestimmte Leistung garantiert; im Übrigen gilt Absatz 3. [2]Die Grundsätze der Berechnung sind im Vertrag anzugeben.

(5) [1]Der Versicherer ist zu einem Abzug von dem nach Absatz 3 oder 4 berechneten Betrag nur berechtigt, wenn er vereinbart, beziffert und angemessen ist. [2]Die Vereinbarung eines Abzugs für noch nicht getilgte Abschluss- und Vertriebskosten ist unwirksam.

(6) [1]Der Versicherer kann den nach Absatz 3 berechneten Betrag angemessen herabsetzen, soweit dies erforderlich ist, um eine Gefährdung der Belange der Versicherungsnehmer, insbesondere durch eine Gefährdung der dauernden Erfüllbarkeit

---

47 Prölss/Martin/*Schneider*, § 168 Rn 19.
1 *Kursive Hervorhebung:* Fassung bis 31.12.2015. – Fassung ab 1.1.2016: „*§ 124 Absatz 2 Satz 3 des Versicherungsaufsichtsgesetzes*". – Siehe Art. 2 Abs. 49 Nr. 3 des Gesetzes zur Modernisierung der Finanzaufsicht über Versicherungen vom 1.4.2015 (BGBl. I S. 434, 560). Zum Inkrafttreten s. Art. 3 Abs. 1 S. 1.

der sich aus den Versicherungsverträgen ergebenden Verpflichtungen, auszuschließen. ²Die Herabsetzung ist jeweils auf ein Jahr befristet.

(7) Der Versicherer hat dem Versicherungsnehmer zusätzlich zu dem nach den Absätzen 3 bis 6 berechneten Betrag die diesem bereits zugeteilten Überschussanteile, soweit sie nicht bereits in dem Betrag nach den Absätzen 3 bis 6 enthalten sind, sowie den nach den jeweiligen Allgemeinen Versicherungsbedingungen für den Fall der Kündigung vorgesehenen Schlussüberschussanteil zu zahlen; § 153 Abs. 3 Satz 2 bleibt unberührt.

I. Normzweck	1
II. Anwendungsbereich	4
III. Tatbestandsvoraussetzungen (Abs. 1)	5
1. Kündigung des VN	5
2. Rücktritt oder Anfechtung des VR	6
3. Sichere („gewisse") Eintrittspflicht des VR	8
4. Analoge Anwendung	13
5. Vertragliche Vereinbarung ...	15
6. Begrenzung auf Versicherungsleistung	16
IV. Rechtsfolgen	18
1. Anspruch auf den Rückkaufswert	18
a) Systematik	18
b) Zeitpunkt für die Berechnung des Rückkaufswertes	19
c) Deckungskapital	20
d) Rechnungsgrundlagen der Prämienkalkulation	23
e) Anerkannte Regeln der Versicherungsmathematik	26
f) Vereinbarung der Rechnungsgrundlagen	27
g) Verteilung der Abschluss- und Vertriebskosten	29
2. Mindestrückkaufswert (Abs. 3)	31
a) Berechnung	31
b) Angesetzte Abschluss- und Vertriebskosten (Abs. 3 S. 1 Hs 1 aE)	32
c) Höchstzillmersätze (Abs. 3 S. 1 Hs 2)	36
d) Versicherung gegen Einmalbeitrag	40
3. Gesonderte Kostenvereinbarung	41
a) Kostenvereinbarung mit dem VR	41
b) Kostenausgleichsvereinbarung mit dem Vermittler..	42
4. Informationspflicht und Umfang der Garantie (Abs. 3 S. 2)	43
a) Garantierter Mindestrückkaufswert	43
aa) Pflicht zur Angabe eines garantierten Mindestrückkaufswertes?	43
bb) Stellungnahme	43a
cc) Konsequenzen der hM ..	43b
b) Rückkaufswert (Rückzahlungsbetrag)	44
5. EU-Versicherer (Abs. 3 S. 3)..	45
6. Fondsgebundene Versicherungen (Abs. 4)	48
7. Sonstiger Abzug (Stornoabzug) (Abs. 5)	49
a) Begriffe	49
b) Sinn und Zweck des Stornoabzugs	50
c) Vereinbarung des Stornoabzugs	58
d) Bezifferung des Stornoabzugs	61
e) Angemessenheit des Stornoabzugs	64
8. Gefährdung der Belange der VN (Abs. 6)	73
9. Überschussbeteiligung (Abs. 7)......................	75
V. Abdingbarkeit	76
VI. Beweislast.......................	77
VII. Altverträge	80
1. Anwendbares Recht..........	80
2. Regulierter Bestand bis zum 31.12.1994	81
3. Deregulierter Bestand bis zum 31.12.2007	82
a) Grundsatz	82
b) Wirksamkeit der Klauseln zum Rückkaufswert	84
aa) Notwendiger Regelungsinhalt.	84
bb) Transparenz.............	85
cc) Inhaltliche Angemessenheit.	86
dd) Rechtsfolgen.............	87
ee) Hilfsansprüche...........	87a
4. Verjährung	88

I. Normzweck

1 Nach den §§ 165 und 168 hat der VN die unabdingbare Möglichkeit, einen Lebensversicherungsvertrag, der – wie üblich – für eine sehr lange Laufzeit abgeschlossen worden ist, zu kündigen oder zumindest beitragsfrei zu stellen, da er seine eigenen wirtschaftlichen Verhältnisse für eine derart lange Zeit nicht voraussehen kann.[1] Zur Funktionsfähigkeit dieser Regelungen gehören nach Einschätzung des Gesetzgebers auch die Regelungen über die Folgen, wenn der VN von seinem Recht auf Kündigung oder Umwandlung Gebrauch macht.[2] Könnte der VR im Vertrag besondere Nachteile für den Fall der Kündigung oder Umwandlung vorsehen, die der VN bei Abschluss des Vertrages nicht erkennen und bewerten konnte, so würde das diese Rechte des VN deutlich entwerten. Die Norm regelt also die **Ansprüche des VN bei einer vorzeitigen Vertragsbeendigung**. Bereits die Vorgängerregelung § 176 Abs. 3 aF verfolgte dieses Ziel, hat aber nach Einschätzung des Gesetzgebers keine ausreichende Transparenz zur Berechnung und damit zur Höhe des Anspruchs des VN gebracht. Daher sollte mit der VVG-Reform 2008 an die Stelle des Zeitwertes eine **nachvollziehbare Berechnung des Rückkaufswertes** treten. Der Gesetzgeber bezweckte einerseits, dem VN bei Kündigung den durch die bisherige Prämie angesparten Wert des Vertrages zu erhalten und andererseits, den VR weder über seine entstandenen Verpflichtungen hinaus zu belasten noch ihm zu gestatten, Vorteile aus der Tatsache der Kündigung zu ziehen.[3] Der Schutz des VN bei vorzeitiger Beendigung des Vertrages ist notwendig und nach Art. 14 Abs. 1 GG geboten, weil kapitalbildende Lebensversicherungsverträge nicht nur, vielleicht nicht einmal in erster Linie, Schutz gegen ein Risiko bieten, sondern auch der Kapitalanlage und Vermögensbildung dienen.[4] Zu Recht wird der Regelung aber auch das Ziel beigemessen, die unterschiedlichen Interessen des einzelnen VN, der seinen Vertrag im bisherigen Umfang nicht aufrecht erhalten möchte, gegenüber denjenigen der verbleibenden VN, die ihre Verträge länger, ggf bis zum vereinbarten Vertragsende, fortführen möchten, sowie des VR, der noch andere Interessengruppen, nämlich seine Mitarbeiter und seine Aktionäre, im Auge haben muss, auszugleichen.[5]

2 Bei **fondsgebundenen Lebensversicherungen**, bei denen der VN unmittelbar die Chancen und Risiken seiner Vermögensanlage am Kapitalmarkt trägt, bleibt es bei der **Zeitwertberechnung**. Dies gilt selbst dann, wenn der Fondsanbieter oder ein anderer Dritter einen Rückkaufswert garantiert.[6] Nur wenn der VR bei fondsgebundenen Verträgen eine Versicherungsleistung garantiert und einen Rückkaufswert zusagt, ist insoweit wieder das prospektive Deckungskapital mit den Rechnungsgrundlagen der Prämienkalkulation heranzuziehen.[7]

3 Zuletzt dient die Vorschrift der Umsetzung der bundesverfassungsgerichtlichen Anforderungen,[8] auch wenn diese Art der Regelung durch diese Rspr nicht determiniert wurde.[9]

---

1 Begr. RegE, BT-Drucks. 16/3945, S. 52.
2 Begr. RegE, BT-Drucks. 16/3945, S. 52.
3 Begr. RegE, BT-Drucks. 16/3945, S. 52.
4 BVerfG 15.2.2006 – 1 BvR 1317/96, VersR 2006, 489; BGH 25.7.2012 – IV ZR 201/10, r+s 2012, 503.
5 BGH 25.7.2012 – IV ZR 201/10, r+s 2012, 503; Looschelders/Pohlmann/*Krause*, § 169 Rn 1.
6 Bruck/Möller/*Winter*, § 169 Rn 107 ff.
7 Looschelders/Pohlmann/*Krause*, § 169 Rn 49; Bruck/Möller/*Winter*, § 169 Rn 107 ff.
8 BVerfG 26.7.2005 – 1 BvR 80/95, VersR 2005, 1127.
9 BVerfG 15.2.2006 – 1 BvR 1317/96 (Tz 76 ff), VersR 2006, 489; *Engeländer*, VersR 2009, 1308.

II. Anwendungsbereich

Nach Art. 4 Abs. 2 EGVVG ist die Norm nur auf Neuverträge und nicht auf Altverträge anzuwenden. Altverträge in diesem Sinne sind solche, die bis zum 1.1.2008 entstanden sind. Für diese Altverträge ist grds. § 176 aF weiter anzuwenden. Zu den Einzelheiten s. Rn 80 ff.

III. Tatbestandsvoraussetzungen (Abs. 1)

1. Kündigung des VN. Voraussetzung ist zunächst eine Kündigung des VN. Ein entsprechendes Kündigungsrecht ergibt sich aus dem Vertrag oder aus § 168 Abs. 1 für Verträge mit laufenden Beiträgen und aus § 168 Abs. 2 für Verträge gegen Einmalbeitrag, wenn die Eintrittspflicht des VR gewiss ist. Ein Kündigungsausschluss ergibt sich aus § 168 Abs. 3 für bestimmte Altersvorsorgeverträge. Entgegen § 176 aF finden die Regelungen zum Rückkaufswert bei einer Kündigung des VR keine Anwendung, weil nach § 166 Abs. 1 die Rechtsfolge einer Kündigung des VR die Umwandlung der Versicherung in eine prämienfreie Versicherung ist (s. § 166 Rn 2 ff).[10] Die Kündigung des VN führt zur Beendigung des VersVertrages zum Ende der laufenden Versicherungsperiode (§ 168 Abs. 1). Bei Einmalbeitragsversicherungen endet der Vertrag mit dem Zugang der Kündigung beim VR, wenn nichts anderes vereinbart ist. Einer Kündigung des VN steht eine Kündigung derjenigen Person gleich, die das Kündigungsrecht vom VN wirksam erworben hat (vgl hierzu § 168 Rn 1 ff).

2. Rücktritt oder Anfechtung des VR. Alternativ kommt als Voraussetzung für die Zahlung des Rückkaufswertes eine Anfechtung oder ein Rücktritt des VR in Betracht.[11] Ein **Anfechtungsrecht** dürfte im Wesentlichen dann gegeben sein, wenn der VR arglistig getäuscht wurde. Andere Anfechtungsgründe sind wegen der abschließenden Regelung des § 19 ausgeschlossen (s. § 19 Rn 2). Unter den Voraussetzungen des § 19 und des § 37 ist der VR zum **Rücktritt** berechtigt. § 169 führt dann dazu, dass statt der bereicherungsrechtlichen Rückabwicklung des Sparanteils der Rückkaufswert an den VN zu zahlen ist. Dabei finden die Regelungen zum Mindestrückkaufswert keine Anwendung.[12]

Demgegenüber richtet sich die Rechtsfolge eines Rücktritts oder der Anfechtung des **VN** nicht nach § 169, sondern nach allgemeinen Vorschriften, also nach Bereicherungsrecht.[13] Begründet wird diese – gegenüber dem alten Recht – schärfere Haftung des VR damit, dass er in diesen Fällen Anlass zum Rücktritt oder zur Anfechtung gegeben habe und dass für eine Privilegierung im Verhältnis zum allgemeinen Vertragsrecht kein Anlass bestünde.[14] – Ein gesetzliches Recht zugunsten des VN zum Rücktritt sieht indes das VVG nicht vor und auch eine diesbezügliche vertragliche Vereinbarung dürfte nur selten vorkommen.[15]

3. Sichere („gewisse") Eintrittspflicht des VR. Die Vorschrift des § 169 findet nur Anwendung, wenn Versicherungsschutz für ein Risiko geboten wird, bei dem der **Eintritt der Verpflichtung des VR gewiss** ist. Bei einer reinen Risikodeckung, also bei Risikolebensversicherungen oder Restschuldversicherungen mit fester Laufzeit, ist diese Voraussetzung regelmäßig nicht gegeben.[16] Bei einer „Risikoversicherung", bei der ein Todesfallrisiko bis zu einem Alter abgesichert wird, das die ver-

---

[10] Römer/Langheid/*Langheid*, § 169 Rn 16.
[11] Prölss/Martin/*Reiff*, § 169 Rn 10; Römer/Langheid/*Langheid*, § 169 Rn 16.
[12] Bruck/Möller/*Winter*, § 169 Rn 62.
[13] Begr. RegE, BT-Drucks. 16/3945, S. 101; Prölss/Martin/*Reiff*, § 169 Rn 11; Looschelders/Pohlmann/*Krause*, § 169 Rn 12.
[14] Begr. RegE, BT-Drucks. 16/3945, S. 101; Looschelders/Pohlmann/*Krause*, § 169 Rn 12.
[15] Prölss/Martin/*Reiff*, § 169 Rn 8.
[16] BGH 12.10.2005 – IV ZR 162/03, BGHZ 164, 297 = VersR 2005, 1565; Prölss/Martin/*Reiff*, § 169 Rn 21; Marlow/Spuhl/*Grote*, Rn 1132.

sicherte Person nicht erreichen kann, handelt es sich freilich nicht mehr um eine Versicherung, bei der der Eintritt des Versicherungsfalles ungewiss ist. Eine feste **Altersgrenze**, bei deren Vereinbarung eine Leistungspflicht des VR als gewiss betrachtet werden muss, lässt sich schwerlich angeben, da die Lebenserwartung mit zunehmendem Alter steigt. Ein **Anhaltspunkt** lässt sich aber aus § 1 Abs. 1 S. 1 Nr. 4 AltZertG entnehmen, wo der Gesetzgeber einen Altersvorsorgevertrag nur dann annimmt, wenn die Leistungspflicht des VR spätestens mit dem 85. Lebensjahr beginnt. Damit unterstellt er implizit, dass der Eintritt der Verpflichtung bei einer Versicherung, deren Dauer vor dem 85. Lebensjahr endet, ungewiss ist. Kritisch wird es also dann, wenn eine „Risikodeckung" über das 85. oder gar 100. Lebensjahr hinaus angeboten wird, da dem VR dann ein Risikoausgleich im Kollektiv kaum noch möglich sein wird und er für jeden einzelnen diesbezüglichen Vertrag Deckungsrückstellungen fast in Höhe der Leistungspflicht im Todesfall bilden müsste.

9 Entfällt im Todesfall jeglicher Anspruch – was etwa bei **Rentenversicherungen** der Fall sein kann, aber nicht sein muss –, ist die Norm nicht anwendbar.[17]

10 Keine Anwendung findet § 169 im Bereich der **Berufsunfähigkeitsversicherung**, da auch bei dieser Versicherung der Eintritt der Verpflichtung des VR ungewiss ist.[18]

11 Diskutiert wird die Frage, worauf es ankommt, wenn ein Vertrag verschiedene Leistungen vorsieht, von denen **bei einigen der Eintritt gewiss ist, bei anderen nicht**.[19] Angeführt wird das Beispiel einer höheren Todes- als Erlebensfallleistung, wobei fraglich ist, ob die über die Erlebensfallleistung hinausgehende Todesfallleistung auch unter § 169 fällt.[20] Zunächst ist zu prüfen, ob es sich um einen einheitlichen Vertrag handelt. Sofern einzelne Teile des Vertragsverhältnisses gesondert gekündigt werden können, sind diese auch gesondert zu bewerten. Umgekehrt sind Haupt- und Zusatzversicherung regelmäßig nicht gesondert kündbar und daher zusammen zu beurteilen.[21] Handelt es sich um einen einheitlichen Vertrag, so ist es häufig – und nicht nur in dem beispielhaft gebildeten Fall – so, dass nur das Ob einer Leistung gewiss ist, nicht die Höhe und auch nicht der Zeitpunkt. Daher bedurfte es auch der Regelung des Absatzes 2. Es würde aber gekünstelt wirken, den Todesfallrisikoschutz in zwei Teile zu zerlegen und unterschiedlich zu behandeln, so dass es naheliegender ist, auch diesen Teil als von § 169 als erfasst anzusehen.[22]

12 Ferner muss es sich um einen **bestehenden Vertrag** handeln. Fehlt es hieran von Anfang an, etwa weil die versicherte Person nicht zugestimmt hat, so ist diese Voraussetzung nicht erfüllt.[23] Was zurückzugewähren ist, richtet sich dann vielmehr nach den allgemeinen bereicherungsrechtlichen Vorschriften. Die Ansprüche auf Prämienrückgewähr **verjähren** drei Jahre nach dem Jahr der jeweiligen Prämienzahlung unter der Voraussetzung der Kenntnis vom Fehlen der Zustimmung oder bei grob fahrlässiger Unkenntnis, § 195 BGB. Fehlt es an diesen subjektiven Voraussetzungen, so verjährt der Rückzahlungsanspruch der jeweiligen Prämie zehn

---

17 Prölss/Martin/*Reiff*, § 169 Rn 21; *Schick*/*Franz*, VersWirtschaft 2007, 764.
18 BGH 12.10.2005 – IV ZR 162/03, BGHZ 164, 297 = VersR 2005, 1565; Prölss/Martin/*Reiff*, § 169 Rn 21; Schwintowski/Brömmelmeyer/*Ortmann*, § 169 Rn 10; Marlow/Spuhl/*Grote*, Rn 1132.
19 Prölss/Martin/*Reiff*, § 169 Rn 26.
20 Dagegen: *Engeländer*, VersR 2007, 1297; dafür: Schwintowski/Brömmelmeyer/*Ortmann*, § 169 Rn 13; offen gelassen von BGH 12.10.2005 – IV ZR 162/03, BGHZ 164, 297 = VersR 2005, 1565.
21 BGH 12.10.2005 – IV ZR 162/03, BGHZ 164, 297 = VersR 2005, 1565; Looschelders/Pohlmann/*Krause*, § 169 Rn 9.
22 Schwintowski/Brömmelmeyer/*Ortmann*, § 169 Rn 13; Prölss/Martin/*Reiff*, § 169 Rn 26; Looschelders/Pohlmann/*Krause*, § 169 Rn 11; Römer/Langheid/*Langheid*, § 169 Rn 19; Marlow/Spuhl/*Grote*, Rn 1132.
23 Prölss/Martin/*Reiff*, § 169 Rn 29; Römer/Langheid/*Langheid*, § 169 Rn 20.

Jahre nach der Zahlung, § 199 Abs. 4 BGB. Beruft sich der VR auf Verjährung, so erhält der VN maximal die Beiträge, die in nicht verjährter Zeit gezahlt wurden, ggf zzgl Nutzungen abzgl Aufwendungen und Entreicherung. Diese Summe kann geringer sein als der vertragliche Rückkaufswert.

4. Analoge Anwendung. Es wird die Ansicht vertreten, dass die Norm einen allgemeinen Rechtsgedanken enthalte und daher über ihren Wortlaut hinaus grds. entsprechend anwendbar sei, wenn der VersVertrag aus anderen Gründen, zB bei einer einvernehmlichen Vertragsauflösung, aufgelöst und in ein Abwicklungsverhältnis umgewandelt wird.[24] Dem ist entgegenzuhalten, dass es im Hinblick auf die umfassenden Beratungen der VVG-Kommission und im Rahmen des anschließenden Gesetzgebungsprozesses bereits an einer notwendigen planwidrigen Regelungslücke fehlen dürfte.[25] Der Gesetzgeber hat vielmehr nach den unterschiedlichen Ursachen für eine Vertragsbeendigung differenziert und damit gerade keinen allgemeinen Rechtsgedanken etablieren wollen.[26] Auch das angeführte Beispiel einer einvernehmlichen Vertragsaufhebung stützt die These einer analogen Anwendung nicht, da Charakteristikum dieses Beispiels gerade die Einvernehmlichkeit ist, die sich selbstverständlich auch auf die Folge erstrecken muss. Eine analoge Anwendung kommt dementsprechend bei einer einvernehmlichen Vertragsauflösung nicht in Betracht.[27]

Fehlt es an einer Einigung über die Folgen, so wird man die Erklärung des VN, sich vom Vertrag lösen zu wollen, auslegen müssen. Ergibt diese Auslegung, dass es sich um eine Kündigung handelt, ist die Norm unmittelbar anwendbar.[28] Ergibt die Auslegung, dass es sich um einen wirksamen Widerruf handelt, so besteht ebenfalls kein Bedarf an einer anlogen Anwendung, da die Rechtsfolgen in § 152 Abs. 2 geregelt sind. Für die Fälle, in denen die Auslegung einen Widerspruch nach § 5 a aF ergibt, hat der BGH eine analoge oder unmittelbare Anwendung des § 169 nicht einmal angedacht, sondern geht von einer bereicherungsrechtlichen Rückabwicklung aus (s. auch § 152 Rn 72).[29]

5. Vertragliche Vereinbarung. Aus dem Grundsatz der Vertragsfreiheit ergibt sich, dass die Zahlung eines Rückkaufswertes oder die Erstattung nicht verbrauchter Prämienanteile in den Fällen vertraglich vereinbart werden kann, in denen § 169 nicht anwendbar ist, etwa weil die Leistungspflicht ungewiss ist.

6. Begrenzung auf Versicherungsleistung. Nach Abs. 2 ist der volle Rückkaufswert nur im Falle des Rücktritts und der Anfechtung zu zahlen. Bei einer **Kündigung** kommt es zu einer Begrenzung: Ist der Rückkaufswert höher als die Versicherungsleistung, die der VR bei Eintritt des Versicherungsfalles im Zeitpunkt der Kündigung geschuldet hätte, so hat der VN nur einen Anspruch auf eine Auszahlung in Höhe der vereinbarten Versicherungsleistung. Der danach nicht zu zahlende Betrag ist für eine prämienfreie Versicherung zu verwenden. Ein solcher Fall kann vorkommen, wenn das Deckungskapital für eine vereinbarte lebenslange Rente höher ist als die vereinbarte Rückzahlung aller Prämien im Todesfall vor Beginn der Rentenzahlung.[30] Bezweckt wird mit dieser Regelung der Schutz des Versichertenkollektivs vor den Individualinteressen des einzelnen VN. So verhindert diese Regelung, dass ein VN, der um seine kurze Lebenserwartung weiß, dem Kollektiv durch eine Kündigung auch diejenigen Beträge entzieht, aus denen die Renten für

---

24 *Schick/Franz*, VersWirtschaft 2007, 764; Looschelders/Pohlmann/*Krause*, § 169 Rn 13.
25 So auch Prölss/Martin/*Reiff*, § 169 Rn 29.
26 So auch Prölss/Martin/*Reiff*, § 169 Rn 29; Römer/Langheid/*Langheid*, § 169 Rn 14.
27 So auch Römer/Langheid/*Langheid*, § 169 Rn 14.
28 Im Ergebnis ebenso Prölss/Martin/*Reiff*, § 169 Rn 29.
29 BGH 7.5.2014 – IV ZR 76/11, VersR 2014, 817.
30 Begr. RegE, BT-Drucks. 16/3945, S. 101; Prölss/Martin/*Reiff*, § 169 Rn 30.

besonders langlebende VN gezahlt werden sollen (**Antiselektion**).[31] Zur Abdingbarkeit dieser Regelung s. Rn 76.

17 Entfällt demgegenüber der Vertrag durch **Rücktritt** oder **Anfechtung**, so ist eine Fortsetzung des Vertragsverhältnisses als prämienfreie Versicherung für die Vertragsparteien nicht zumutbar und daher der volle Rückkaufswert zu zahlen.[32]

IV. Rechtsfolgen

18 **1. Anspruch auf den Rückkaufswert. a) Systematik.** Liegen die Voraussetzungen vor, so hat der VN einen Anspruch auf den Rückkaufswert. Dieser Anspruch mindert sich ggf noch um einen Abzug nach Abs. 5 (s. Rn 49 ff) oder eine Herabsetzung nach Abs. 6 (s. Rn 73) und erhöht sich ggf um Überschüsse nach Abs. 7 (s. Rn 75). Insgesamt stellen die Abs. 3–7 der Norm den Versuch dar, die frühere Unsicherheit über die Berechnung und den Betrag, den der VN bei Vorliegen der Voraussetzungen erhalten soll, so weit wie möglich zu beseitigen und eine größtmögliche **Transparenz** herzustellen.[33] Die Verbesserung bei der Transparenz wird nach Einschätzung des Gesetzgebers dadurch erreicht, dass die Auszahlung des **Deckungskapitals** festgeschrieben wird. Dabei geht der Gesetzgeber davon aus, dass das Deckungskapital versicherungsmathematisch nach den Rechnungsgrundlagen der Prämienkalkulation unter Berücksichtigung der bilanz- und aufsichtsrechtlichen Regelungen der Deckungsrückstellung (§ 341 f HGB, § 65 VAG) berechnet wurde.[34] Entsprechend der grundrechtlichen Vorgaben ist Ziel dieser Festlegung, einerseits dem VN bei seiner Kündigung den durch die bisherigen Prämien angesparten Wert des Vertrages zu erhalten und andererseits den VR weder über seine bereits entstandenen Verpflichtungen hinaus zu belasten, noch ihm zu gestatten, Vorteile aus der Kündigung zu ziehen.[35]

19 **b) Zeitpunkt für die Berechnung des Rückkaufswertes.** Maßgeblicher **Zeitpunkt** für die Berechnung des Rückkaufswertes ist der Schluss der Versicherungsperiode.

20 **c) Deckungskapital.** Ausgangspunkt für die Berechnung des Rückkaufswertes ist das **Deckungskapital**. Der **Begriff** des Deckungskapitals wird im VVG nicht weiter definiert und findet auch in anderen Gesetzen oder Verordnungen zur Lebensversicherung keine weitere Erwähnung.[36] Dies ist nicht verwunderlich, denn es handelt sich ursprünglich um einen versicherungsmathematischen Begriff.[37] Rechtlich sei unter Deckungskapital für einen bestimmten Vertrag der Teil der gezahlten Beiträge zu verstehen, der beim VR zu einem bestimmen Zeitpunkt angesammelt und zurückgelegt werden muss, um zusammen mit den künftigen Prämien die noch zu erwartenden Verpflichtungen erfüllen zu können.[38]

21 Das Deckungskapital ist nicht identisch mit der **Deckungsrückstellung nach § 341 f HGB** für den konkreten Vertrag.[39] Dagegen spricht bereits, dass der Gesetzgeber unterschiedliche Begriffe benutzt hat und das Deckungskapital nach der Gesetzesbegründung nur unter Berücksichtigung der bilanz- und aufsichtsrechtlichen Rege-

---

31 Looschelders/Pohlmann/*Krause*, § 169 Rn 18; *Engeländer*, VersR 2007, 1297.
32 Begr. RegE, BT-Drucks. 16/3945, S. 101; Prölss/Martin/*Reiff*, § 169 Rn 130.
33 Begr. RegE, BT-Drucks. 16/3945, S. 102.
34 Begr. RegE, BT-Drucks. 16/3945, S. 102.
35 Begr. RegE, BT-Drucks. 16/3945, S. 102.
36 Langheid/Wandt/*Mönnich*, § 169 Rn 65.
37 Looschelders/Pohlmann/*Krause*, § 169 Rn 20.
38 Bruck/Möller/*Winter*, § 169 Rn 22.
39 Looschelders/Pohlmann/*Krause*, § 169 Rn 20; Bruck/Möller/*Winter*, § 169 Rn 22; Langheid/Wandt/*Mönnich*, § 169 Rn 81; Prölss/Martin/*Reiff*, § 169 Rn 31; aA Bruck/Möller/*Winter*, § 169 Rn 24; *Wandt*, Versicherungsrecht, Rn 1161.

lungen der Deckungsrückstellung (§ 341 f HGB, § 65 VAG) berechnet werden muss.[40]

Fraglich ist, ob Deckungskapital und Deckungsrückstellung stets die gleiche **Höhe** haben. Richtig ist, dass sich die mathematische Formel zur Berechnung des Deckungskapitals einerseits und zur Berechnung der Deckungsrückstellung andererseits nur marginal unterscheiden können, da die rechtlichen Regelungen für die Berechnung der Deckungsrückstellung auch bei der Berechnung des Deckungskapitals berücksichtigt werden müssen.[41] Nach § 341 f HGB ist die Höhe der **Deckungsrückstellung** vorrangig **prospektiv** zu ermitteln. Sie entspricht dem versicherungsmathematisch ermittelten Barwert der erwarteten Verpflichtungen des VR einschließlich bereits zugeteilter Überschussanteile abzüglich des versicherungsmathematisch ermittelten Barwertes der künftigen Beiträge des VN. Die zur Ermittlung der Deckungsrückstellung **subsidiär** zulässige **retrospektive Methode** erfolgt durch die Saldierung der aufgezinsten Einnahmen und Ausgaben der vorangegangenen Perioden. Aus dem Verweis in der Gesetzesbegründung auf § 341 f HGB ergibt sich, dass nach Vorstellung des Gesetzgebers auch die Berechnung des **Deckungskapitals prospektiv** erfolgen soll.[42] Bei beiden Methoden fließen in die Berechnung des versicherungsmathematisch ermittelten Barwertes Zinsannahme, stochastische bzw biometrische Faktoren ein; sind diese Rechnungsgrundlagen identisch, dann ergibt sich auch dieselbe Höhe für die Deckungsrückstellung.[43] Damit kommt es auf die Methode nicht an. Danach könnten Deckungsrückstellung und Deckungskapital gleich hoch sein. 22

d) Rechnungsgrundlagen der Prämienkalkulation. Für die Berechnung der Deckungsrückstellung nach § 341 f HGB und damit deren Höhe ist aber nicht nur die anzuwendende Formel relevant, sondern auch, welche Eingangsparameter und Annahmen verwendet werden. Bei der Berechnung des Deckungskapitals ist nach dem Gesetz zwingend auf die **Rechnungsgrundlagen der Prämienkalkulation** zurückzugreifen. Es handelt sich hierbei um die **Parameter und Annahmen**, die bei der Kalkulation zur Festlegung der Prämie genutzt worden sind.[44] Dies ist nachvollziehbar, denn der Vertrag soll ja so durchgeführt werden, wie er vereinbart wurde. Anders ausgedrückt: Der VR soll die Parameter nicht ohne Weiteres oder gar willkürlich ändern können. Will oder muss der VR hiervon zum Nachteil des VN abweichen, muss er eine Prämienanpassung nach § 163 durchführen, denn das Gesetz erkennt die Notwendigkeit der Anpassung in den dort bestimmten Fällen an. 23

Die bei der Prämienkalkulationen verwandten Parameter dienen also auch zur Ermittlung des Deckungskapitals und damit auch zur Ermittlung des Rückkaufswertes. Worum es sich dabei im Einzelnen handelt, hängt von der jeweiligen Kalkulation des einzelnen VR ab. In Betracht kommen **Sterbetafeln, Diskontierungssätze, Kostensätze und Ausscheideordnungen**.[45] Durch die Fixierung auf die Rechtsgrundlagen der Prämienkalkulation ergibt sich, dass später hinzugetretene oder geänderte Parameter für die Höhe des Deckungskapitals nicht berücksichtigt werden.[46] Hierin liegt ein Unterschied zur Ermittlung der Höhe der Deckungsrückstellung. Bei der Ermittlung der Höhe der Deckungsrückstellung müssen neuere Erkenntnisse berücksichtigt und ggf Parameter angepasst werden. Namentlich spielt eine Veränderung des (Höchst-)Rechnungszinses für die Höhe der Deckungsrück- 24

---

40 Begr. RegE, BT-Drucks. 16/3945, S. 102.
41 Begr. RegE, BT-Drucks. 16/3945, S. 102.
42 Begr. RegE, BT-Drucks. 16/3945, S. 102; Looschelders/Pohlmann/*Krause*, § 169 Rn 22 f.
43 Looschelders/Pohlmann/*Krause*, § 169 Rn 22.
44 Looschelders/Pohlmann/*Krause*, § 169 Rn 23; Langheid/Wandt/*Mönnich*, § 169 Rn 82.
45 Looschelders/Pohlmann/*Krause*, § 169 Rn 23; Langheid/Wandt/*Mönnich*, § 169 Rn 82.
46 Looschelders/Pohlmann/*Krause*, § 169 Rn 23; Langheid/Wandt/*Mönnich*, § 169 Rn 88.

stellung eine Rolle, für die Höhe des Deckungskapitals nicht.[47] Entsprechendes gilt auch für die wegen der anhaltenden Niedrigzinsphase aufgrund aufsichtsrechtlicher Vorgaben bilanziell zu stellende Zinszusatzreserve. Die Rechnungsgrundlagen der Prämienkalkulationen sehen eine solche kollektive Reserve nicht vor, so dass diese bei der Ermittlung des Rückkaufswertes nicht zu berücksichtigen ist.[48]

25 Dies entspricht auch dem Willen des Gesetzgebers. Der VN soll bei vorzeitiger Beendigung nur den mit seinen Prämien angesparten Wert des Vertrages erhalten. Das bei Vertragsabschluss bestehende synallagmatische Verhältnis soll so weit wie möglich bestehen bleiben und der VR und mit ihm das verbleibende Kollektiv sollen über die bereits entstandenen Belastungen hinaus nicht belastet werden.[49] Würde man das anders sehen, würde man entgegen dem Willen des Gesetzgebers eine Zeitwertberechnung vornehmen, denn die Zinszusatzreserve bemisst sich als abgezinster Wert der künftigen Leistungen und Verpflichtungen und unterstellt damit ein Fälligwerden dieser Leistungen erst zum vereinbarten Vertragsende.

26 **e) Anerkannte Regeln der Versicherungsmathematik.** Das Tatbestandsmerkmal nach den „anerkannten Regeln der Versicherungsmathematik" hat nach richtiger Auffassung im Wesentlichen deklaratorischen Charakter, da ja bereits die Rechnungsgrundlagen der Prämienkalkulation zu verwenden sind und die Prämien ihrerseits nach § 11 VAG zwingend unter Zugrundelegung angemessener versicherungsmathematischer Annahmen kalkuliert werden müssen.[50] So verpflichtet § 11 VAG den VR zu einer vorsichtigen Kalkulation und damit zu einer bestimmten Mindestprämienhöhe.[51] Insofern ist der VR nicht völlig frei, wenn ihm auch keine konkreten Vorgaben seitens der BaFin mehr gemacht werden dürfen.[52] Daher ist der VR auch nicht verpflichtet, bei der Beitragskalkulation den Höchstrechnungszinssatz gem. § 2 Deckungsrückstellungverordnung bzw einen davon abweichenden anderen, für die Ermittlung der Deckungsrückstellung verwendeten Zinssatz zu benutzen.[53] Im Rahmen der Prämienkalkulation kann also der Zinssatz sowohl höher als auch niedriger als der Höchstrechnungszinssatz sein. Auch bedeutet dieses Tatbestandsmerkmal nicht, dass lediglich traditionell anerkannte Verfahren angewendet werden dürfen und moderne Verfahren ausgeschlossen sind. Vielmehr sind alle diejenigen Verfahren zulässig, die auch das Aufsichtsrecht anerkennt, weil § 11 Abs. 2 VAG gegenüber der Art der verwendeten Methode neutral ist und keine Vorgabe macht.

27 **f) Vereinbarung der Rechnungsgrundlagen.** Aus zivilrechtlicher Sicht wäre eine Vereinbarung des Rückkaufswertes oder zumindest der Formel zu seiner Berechnung zu begrüßen. Allerdings hängt die Höhe des Rückkaufswertes maßgeblich von den Grundlagen der Prämienkalkulation ab. Dabei handelt es sich nicht nur aus Sicht des VR um Geschäftsgeheimnisse, sondern auch um umfangreiche und regelmäßig nicht allgemeinverständliche, aktuarielle Darstellungen, die einer transparenten Erläuterung gegenüber dem durchschnittlichen VN nicht zugänglich und von diesem nicht zu durchdringen sind.

28 Eine Vereinbarung ist auch nicht deswegen notwendig, weil § 169 nur einen Rahmen für die Festlegung des Rückkaufswertes vorgibt, innerhalb dessen sich der VR bewegen muss. Denn mit der nach Abs. 3 S. 2 mitzuteilenden Tabelle zur Höhe des Rückkaufswertes wird dieser ausreichend bestimmt, weil diese auf Basis der Verwendung bestimmter Parameter entstanden ist. Einer weiteren Konkretisierung be-

---

47 Looschelders/Pohlmann/*Krause*, § 169 Rn 25.
48 So auch Looschelders/Pohlmann/*Krause*, § 169 Rn 25.
49 Begr. RegE, BT-Drucks. 16/3945, S. 102.
50 Langheid/Wand/*Mönnich*, § 169 Rn 87.
51 Prölss/Martin/*Reiff*, § 169 Rn 32.
52 Prölss/Martin/*Reiff*, § 169 Rn 32.
53 Looschelders/Pohlmann/*Krause*, § 169 Rn 25.

darf es nicht. Dies führt freilich zu einer gespaltenen Überprüfbarkeit der Einhaltung dieses Rahmens: Während die Einhaltung der angegebenen Werte durch die Zivilgerichte überprüft werden kann, obliegt die Prüfung der Richtigkeit der Tabelle anhand der Prämienkalkulation allein der Aufsichtsbehörde. In der Praxis hat sich gezeigt, dass die BaFin diese Aufgabe sehr gut erfüllen kann.

g) Verteilung der Abschluss- und Vertriebskosten. Der VR ist bei der Kalkulation 29 im Rahmen der aufsichtsrechtlichen Vorgaben (insb. § 11 VAG) frei darin, wie er seine Produkte kalkuliert. Aus den Vorgaben des § 169 für die Berechnung des Rückkaufswertes ergibt sich zivilrechtlich für die Kalkulation keine Einschränkung. Insbesondere ist der VR frei darin, wie er die Abschluss- und Vertriebskosten berücksichtigt. Nach dem **Zillmerverfahren** werden nach Deckung der Risikokosten und der allgemein Verwaltungsaufwendungen die Prämien zunächst für die Deckung der **Abschluss- und Vertriebskosten** herangezogen, bevor ein Ansparvorgang stattfindet.[54] Dies führt dann gerade in Frühstornofällen dazu, dass die Deckungsrückstellung und auch das Deckungskapital für die fragliche Versicherung sehr gering sind oder Null betragen.[55]

Gedanklich setzt das Zillmerverfahren die Regelung voraus, dass die Verrechnung 30 dieser Kosten mit den ersten Prämien in den AVB vereinbart worden ist.[56] Als Alternative kommen Vereinbarungen in Betracht, nach denen die Abschlusskosten über die gesamte Laufzeit verteilt aus den Prämien entnommen werden oder nach denen sie gesondert und ohne Verzögerung/Verrechnung gezahlt werden (vgl hierzu Rn 41 f). Offen ist, ob eine **explizite und transparente Vereinbarung** notwendig ist.[57] Dagegen spricht, dass die Kalkulation der Versicherungsprämien als Geschäftsgeheimnis angesehen wird und die Vereinbarung der Zillmerung wenig nutzt, wenn nicht auch zugleich sämtliche andere Parameter der Prämienkalkulation vereinbart werden. Deswegen ist weniger die Kostenseite zu vereinbaren, als vielmehr die Leistungsseite. So muss festgelegt werden, ob es eine garantierte Verzinsung und eine nicht garantierte Überschussbeteiligung gibt und – mittels Tabelle – wie die Wertentwicklung bei planmäßigem Verlauf ist. Ob gezillmert wird oder nicht, ergibt sich dann zwar mittelbar aus dieser Tabelle, muss aber nicht noch einmal explizit vereinbart werden.[58] Auch für bilanzielle Zwecke, insb. für eine Aktivierung der Abschlusskosten, ist dann eine explizite Vereinbarung nicht nötig. Es reicht ein Anspruch, der sich aus der vertraglichen Regelung ergibt.

2. Mindestrückkaufswert (Abs. 3). a) Berechnung. Bei einer **Kündigung des VN** 31 **oder des VR** einer Versicherung mit laufender Beitragszahlung kommt es zu einer Besserstellung des VN. In diesem Fall ist mindestens der Betrag des Deckungskapitals zu zahlen, der sich bei gleichmäßiger Verteilung der angesetzten Abschluss- und Vertriebskosten auf die ersten fünf Vertragsjahre ergibt. Diese, den VN privilegierende Regelung über den Mindestrückkaufswert findet allerdings keine Anwendung, wenn der VR zurückgetreten ist oder den Vertrag angefochten hat, da hierbei immer ein Fehlverhalten des VN vorliegen wird.[59]

b) Angesetzte Abschluss- und Vertriebskosten (Abs. 3 S. 1 Hs 1 aE). Es stellt sich 32 die Frage, was unter „angesetzte Abschluss- und Vertriebskosten" (Abs. 3 S. 1 Hs 1) zu verstehen ist.

---

54 Looschelders/Pohlmann/*Krause*, § 169 Rn 32.
55 Looschelders/Pohlmann/*Krause*, § 169 Rn 33.
56 Begr. RegE, BT-Drucks. 16/3945, S. 102; *Engeländer*, VersR 2007, 1306; Prölss/Martin/ *Reiff*, § 169 Rn 33.
57 Dafür: Prölss/Martin/*Reiff*, § 169 Rn 33; dagegen: Looschelders/Pohlmann/*Krause*, § 169 Rn 34.
58 In diesem Sinne Looschelders/Pohlmann/*Krause*, § 169 Rn 34.
59 Begr. RegE, BT-Drucks. 16/3945, S. 103.

33 Zu beachten ist, dass der Begriff der **Abschluss- und Vertriebskosten** grds. der Abgrenzung von anderen Kostenarten dient, so dass nur bestimmte kalkulatorische Kosten hierunter fallen. So weckt der Gesetzeswortlaut die Erwartung, dass dieser Begriff eindeutig von anderen, allgemeinen Verwaltungskosten abgegrenzt werden könnte. Im Geschäftsplan des VR findet sich hierzu regelmäßig eine eindeutige Differenzierung. Dieser ist für den VR verbindlich und daher bei der Berechnung des Rückkaufswertes und damit auch bei der Berücksichtigung der Abschluss- und Vertriebskosten zu berücksichtigen. Damit stellt sich die weitere Problematik, ob der VR bei der Gestaltung des Geschäftsplans frei ist. Dazu ist festzustellen, dass das VVG keine Definition von Abschluss- und Vertriebskosten kennt. Auch ergibt sich keine Abgrenzungsmöglichkeit aus dem Vertrag, weil diesen Kosten aus vertraglicher Sicht keine verpflichtende Gegenleistung des VR gegenübersteht, anhand derer man sie bemessen könnte.[60] Vielmehr entspricht es wohl der Vorstellung des Gesetzgebers, dass sich der vom VN zu zahlende Beitrag kalkulatorisch aus verschiedenen Komponenten zusammensetzt. Dies ist schon für Zwecke der Überschussbeteiligung zwingend, so dass sich der Beitrag bei der kapitalbildenden Versicherung aus dem Sparbeitrag, dem Risikobeitrag und den Kosten zusammensetzt. Zwar lassen sich die Kosten grds. differenzieren, wie dies für die Zwecke der Gewinn- und Verlustrechnung in den §§ 41 ff RechVersV geschehen ist. Diese Vorgaben, die etwa in § 43 Abs. 2 RechVersV die Abschlussaufwendungen definieren, verwenden aber eine andere Begrifflichkeit („Aufwendung gegenüber Kosten"). Ferner haben die in der RechVersV geregelten Bilanzierungsvorgaben keine Auswirkungen auf das Versicherungsverhältnis, denn der VN wird nur insgesamt am Kostenergebnis, nicht aber an den Ergebnissen einzelner Kostenarten beteiligt. Zuletzt hat der Gesetzgeber – anders als in der Krankenversicherung (dort § 12 Abs. 7 VAG) – an einer expliziten Vorgabe für die Abschlusskosten oder einen Teil hiervon verzichtet. Die in der Begrifflichkeit auf den ersten Blick angelegte Differenzierung nach der Entstehungsseite ist auch zum intendierten Schutz des stornierenden VN gar nicht notwendig. Nachteilig für den VN ist vielmehr die versicherungsmathematisch richtige, aber zu Beginn sehr belastende beitragsdisproportionale Verteilung von Kosten.

34 Aus der gesetzlichen Formulierung, dass die aufsichtsrechtliche Regelung über Höchstzillmersätze unberührt bleibt (**Abs. 3 S. 1 Hs 2**), und dem gesetzlichen Zweck, dass die Nachteile der Belastung der Prämien durch die Zillmerung abgemildert werden sollten, ergibt sich, dass der Gesetzgeber wohl die disproportional verteilten Kosten mit seiner Formulierung „Abschluss- und Vertriebskosten" gemeint hat.[61] Da mit der Etablierung eines Mindestrückkaufswertes durch Verteilung der Abschluss- und Vertriebskosten eine Besserstellung gerade im Bereich der Frühstornofälle erreicht werden sollte, sind nur die Abschluss- und Vertriebskosten relevant, die sofort in Rechnung gestellt und nicht auf die gesamte Laufzeit verteilt werden. Welche Kosten hier konkret zu berücksichtigen sind, richtet sich nach der jeweiligen Kalkulation im Einzelfall. Unmaßgeblich ist insofern sowohl die konkrete Bezeichnung im Vertrag als auch der konkrete Zweck, für den der VR gerade diese Kosten einkalkuliert hat, da andernfalls die gesetzliche Vorschrift zu leicht umgangen werden könnte. Maßgeblich ist alleine, ob Kostenpositionen beitragsdisproportional kalkuliert wurden.[62]

35 Unter **angesetzten Abschluss- und Vertriebskosten** sind die in den jeweiligen Tarif einkalkulierten, beitragsdisparitätischen Kosten, also die sog. **rechnungsmäßigen Abschlusskosten**, gemeint, nicht die tatsächlich durch den Vertrag entstandenen

---

60 *Engeländer*, VersR 2007, 1.
61 *Engeländer*, VersR 2007, 1306.
62 So auch *Engeländer*, VersR 2007, 1306.

Abschlussaufwendungen.[63] Letztere können im Einzelfall höher oder niedriger als die kalkulierten Beträge sein, zumal die VR in den Grenzen des § 138 BGB grds. frei sind, durch den Ansatz von kalkulatorischen Kostenpositionen beliebig hohe Prämien mit den VN zu vereinbaren.[64]

c) Höchstzillmersätze (Abs. 3 S. 1 Hs 2). Allerdings bleiben die aufsichtsrechtlichen Regelungen über Höchstzillmersätze unberührt (**Abs. 3 S. 1 Hs 2**), womit der Gesetzgeber ausgedrückt hat, dass Abschluss- und Vertriebskosten bzw die prämiendisproportional kalkulierten Kosten nur im Rahmen des jeweils geltenden Höchstzillmersatzes angesetzt werden dürfen.[65] 36

Der Höchstzillmersatz ist in § 4 Abs. 1 der **Deckungsrückstellungsverordnung (DeckRV)** für Verträge, die bis zum 31.12.2014 abgeschlossen wurden, mit 40 ‰ der Summe aller Prämien festgelegt. Ab dem 1.1.2015 wurde der zulässige Höchstzillmersatz auf 25 ‰ der Summe aller Prämien durch das Lebensversicherungsreformgesetz (LVRG) vom 1.8.2014[66] reduziert. Mit dieser Reduktion hat der Gesetzgeber die Erwartung verbunden, dass die VR ihre Vertriebskosten senken.[67] Dabei ist nach Einschätzung der BaFin mit der Formulierung „Prämie" in diesem Zusammenhang die dem Lebensversicherungsunternehmen zu Vertragsbeginn geschuldete Prämie des entsprechenden, gezillmerten Tarifs gemeint. Tarifliche Zuschläge, die Prämien iSd § 11 VAG sind, sind zu berücksichtigen,[68] spätere Prämienerhöhungen auf Basis von disponiblen Dynamikabsprachen aber erst zu Beginn der neuen Beitragsstufe.[69] Bei fest vereinbarten Dynamiken können diese Erhöhungen bereits bei der Ermittlung des Höchstzillmersatzes berücksichtigt werden, auch wenn sich dadurch ein deutlich längerer Zeitraum ergibt, in dem der VN nur ein geringes Vertragsguthaben hat. 37

Abschluss- und Vertriebskosten, die den Höchstzillmersatz überschreiten, muss der VR proportional auf die ganze Laufzeit verteilen.[70] 38

Es gibt keine Grundlage, nach der der VR andere Kosten als die Abschluss- und Vertriebskosten zillmern darf. Das bedeutet, dass er auch andere Kosten proportional auf die Laufzeit verteilen oder anlassbezogen kalkulieren muss. Fallende Kostensätze oder nur über einen bestimmten Zeitraum verteilte, also gewissermaßen teilweise gezillmerte Kosten dürften unzulässig sein. 39

d) Versicherung gegen Einmalbeitrag. Obwohl der Wortlaut nicht nach Beitragszahldauer, Zahlungsweise etc. unterscheidet, ist eine Verteilung der Abschluss- und Vertriebskosten bei **Versicherungen gegen Einmalbeitrag** nicht notwendig.[71] Der VR kann vielmehr bei Einmalbeitragsprodukten den Rückkaufswert ohne eine solche Verteilung auf mehrere Vertragsjahre berechnen, denn bei diesen findet das **Zillmerverfahren keine Anwendung.**[72] Entsprechendes gilt, wenn Verträge eine vertraglich vorgesehene Laufzeit von weniger als fünf Jahren haben. Hier sind die Abschlusskosten dann gleichmäßig auf die Beitragszahldauer zu verteilen.[73] Abs. 3 ist insoweit teleologisch zu reduzieren, denn auch ohne eine Verteilung der Abschlusskosten hat die Einmalbeitragsversicherung, anders als die Versicherung gegen laufenden Beitrag, mit der Zahlung der ersten (und einzigen) Prämie einen 40

---

63 *Engeländer*, VersR 2007, 1306.
64 *Engeländer*, VersR 2007, 1306.
65 Begr. RegE, BT-Drucks. 16/3945, S. 102; Prölss/Martin/*Reiff*, § 169 Rn 36.
66 BGBl. I S. 1330.
67 Prölss/Martin/*Reiff*, § 169 Rn 36.
68 Veröffentlichung der BaFin „Bemessungsgrundlage für die Zillmerung" vom 26.9.2007.
69 Prölss/Martin/*Reiff*, § 169 Rn 36.
70 Prölss/Martin/*Reiff*, § 169 Rn 36.
71 Prölss/Martin/*Reiff*, § 169 Rn 38; *Engeländer*, VersR 2007, 1297.
72 Marlow/Spuhl/*Grote*, Rn 1151 ff; Prölss/Martin/*Reiff*, § 169 Rn 38; *Engeländer*, VersR 2007, 1307.
73 Prölss/Martin/*Reiff*, § 169 Rn 38; *Engeländer*, VersR 2007, 1307.

sehr hohen Rückkaufswert, der dann allein durch die Überschussbeteiligung weiter steigt.[74] Es liegt auch eine unbewusste Regelungslücke vor, denn der Gesetzgeber geht in seiner Begründung davon aus, dass mehrere Prämien zu zahlen sind,[75] und vergisst Verträge mit einer kürzeren Laufzeit oder Einmalbeitragsprodukte. Wegen des von vornherein hohen Rückkaufswertes gibt es bei diesen Verträgen keinen Regelungsbedarf und ein Eingriff in die allgemeine Vertragsfreiheit lässt sich nicht rechtfertigen.[76] Zuletzt darf nicht vergessen werden, dass die Verteilung der Abschlusskosten bei diesen Versicherungen eine vollständige Tilgung mit der Folge ausschließen würde, dass das sonstige Ergebnis des VR sinken und die anderen überschussberechtigten VN belastet würden. Da es sich bei den VN jeweils weit überwiegend um Verbraucher handeln dürfte, lässt sich ein solches Ergebnis, das allein die Individualinteressen des Kündigenden schützt, nicht mit Verbraucherschutzerwägungen rechtfertigen. Teilweise wird sogar davon ausgegangen, dass es für dieses Ergebnis einer teleologischen Reduktion gar nicht bedarf, sondern dass sich dieses bereits aus einer Auslegung ergibt: Das Gegenteil einer Zillmerung sei die beitragsproportionale Berücksichtigung der Abschlusskosten. Gibt es nur einen Beitrag, so sei eine Zillmerung nicht möglich und die beitragsproportionale Berücksichtigung bedeute eben eine Berücksichtigung sofort bei Vertragsbeginn.[77]

41 **3. Gesonderte Kostenvereinbarung. a) Kostenvereinbarung mit dem VR.** Der VR ist nicht verpflichtet, seine Abschluss- und Vertriebskosten in die Prämie einzukalkulieren. Deswegen kann er natürlich auch abschlusskostenfreie Tarife anbieten. Da er aber selber Kosten durch den Verkauf seiner Produkte hat und seine Prämien nach § 11 VAG auskömmlich kalkuliert sein müssen, muss er für eine anderweitige Kostendeckung sorgen. Dies ist grds. durch gesonderte Vereinbarung mit dem VN möglich. Diskutiert wird in diesem Zusammenhang, ob hierin eine unzulässige Umgehung des Mindestrückkaufswertes und der Regelung zum Stornoabschlag zu sehen ist.[78] Hiergegen spricht bereits die Gesetzesbegründung.[79] Daher kann der VR mit dem VN die Übernahme der Abschluss- und Vertriebskosten unabhängig vom Abschluss des VersVertrages wirksam vereinbaren. Vereinbart er aber eine ratenweise Tilgung, so kann er bei dieser das Kündigungsrecht wegen Vertragszweckgefährdung nach § 307 Abs. 2 Nr. 2 BGB in vorformulierten Bedingungen nicht wirksam ausschließen.[80] Der BGH sieht hier nämlich zwischen dem VersVertrag und der Kostenausgleichsvereinbarung zu Recht eine wirtschaftliche Einheit.

42 **b) Kostenausgleichsvereinbarung mit dem Vermittler.** Auch eine Kostenausgleichsvereinbarung zwischen VN und Vermittler ist ohne Weiteres möglich und wirksam, ausreichende Transparenz vorausgesetzt. Da der Vermittler nicht durch § 169 gebunden ist, kann das Ziel, die vollständige Kostenlast für den Abschluss der Versicherung dem VN auch unabhängig vom weiteren Schicksal des VersVertrages aufzubürden, durch entsprechende Vereinbarung zwischen Vermittler und VN erreicht werden.[81] Anders als ein VersMakler muss ein VersVertreter deutlich darauf

---

74 Marlow/Spuhl/*Grote*, Rn 1151 ff.
75 Begr. RegE, BT-Drucks. 16/3945, S. 102.
76 *Engeländer*, VersR 2007, 1307.
77 *Engeländer*, VersR 2007, 1307.
78 So LG Rostock 6.8.2010 – 10 O 137/10, r+s 2011, 170; Langheid/Wandt/*Mönnich*, § 169 Rn 90.
79 Begr. RegE, BT-Drucks. 16/3945, S. 102; Looschelders/Pohlmann/*Krause*, § 169 Rn 51; Prölss/Martin/*Reiff*, § 169 Rn 61 a.
80 BGH 12.3.2014 – IV ZR 295/13, VersR 2014, 567; Prölss/Martin/*Reiff*, § 169 Rn 61 a.
81 BGH 20.1.2005 – III ZR 251/04, VersR 2005, 406; BGH 14.6.2007 – III ZR 269/06, VersR 2007, 1127; BGH 18.10.2012 – III ZR 106/11, NJW 2012, 3718; BGH 6.11.2013 – I ZR 104/12, VersR 2014, 64; BGH 12.12.2013 – III ZR 124/13, VersR 2014, 240; BGH 5.6.2014 – III ZR 557/13, VersR 2014, 877; Prölss/Martin/*Reiff*, § 168 Rn 22, § 169 Rn 61 a; *Reiff*, r+s 2013, 525.

hinweisen, dass die gesonderte Vergütungsvereinbarung im Fall der vorzeitigen Beendigung des VersVertrages nicht auch gekündigt werden kann und daher sehr nachteilig sein kann.[82] Diese Differenzierung ist im gesetzlichen Leitbild angelegt und daher nicht zu beanstanden. Dass aber im Fall des Widerrufs der Wert der Beratung eines VersMaklers grds. größer ist als der der Beratung eines Vertreters und daher höherer Wertersatz zu leisten sei,[83] ist nicht nachvollziehbar. Weder ist in der Praxis ausreichend Transparenz für den VN darüber gegeben, ob ihm nun ein VersMakler oder ein Mehrfachagent gegenübersitzt, noch ist gewährleistet, dass ein VersMakler einen besseren Marktüberblick oder auch nur mehr Anbieter im Portfolio hat als ein Mehrfachagent. In vielen Fällen liegt der Schwerpunkt der Beratung ohnehin in der Erfassung der Situation des VN und dessen speziellem Absicherungsbedürfnis. Und ob nach einer entsprechenden Anamnese der VN nicht sogar durch einen Einfirmenvertreter besser beraten wird, weil dieser die Produktdetails seines VR besser kennt, als durch einen VersMakler, der sich bei den häufig ändernden Tarifwelten vieler VR auf dem Laufenden halten muss, ist nicht sicher vorherzusagen.

4. Informationspflicht und Umfang der Garantie (Abs. 3 S. 2). a) Garantierter Mindestrückkaufswert. aa) Pflicht zur Angabe eines garantierten Mindestrückkaufswertes? Nach Abs. 3 S. 2 sind der Rückkaufswert und das Ausmaß, in dem er garantiert ist, dem VN vor Abgabe seiner Vertragserklärung mitzuteilen. Nähere Einzelheiten regelt die Rechtsverordnung nach § 7 Abs. 2 (s. § 7 Rn 37; VVG-InfoV § 2 Abs. 1 Nr. 4, 6). Der jeweilige Rückkaufswert muss von vornherein für jedes Vertragsjahr angegeben werden.[84] Bei der Berechnung kann der VR vertragsgemäße Prämienzahlungen unterstellen. Gegen die **hier vertretene These**, dass vorbehaltlich etwaiger Minderungen wegen nicht bezahlter Prämien oder Anwendung der Abs. 5 oder 6 die angegebenen Rückkaufswerte garantiert seien,[85] ist eine Vielzahl von beachtlichen Argumenten vorgebracht worden. Die mittlerweile hM[86] geht davon aus, dass es **gar keinen garantierten Rückkaufswert** und damit **keine Pflicht zur Angabe** eines garantierten Mindestrückkaufswertes geben muss.[87] Der Gesetzgeber habe den Regierungsentwurf zur Einhaltung des Gemeinschaftsrechts um den Satzteil „und das Ausmaß, in dem er garantiert ist", ergänzt, um die Europarechtskonformität des Gesetzes zu erreichen. In der Tat entspricht dieser Satzteil exakt dem europäischen Recht.[88] Der Gesetzgeber hat seine Änderung damit begründet, dass die Vorschrift *zur Mitteilung der Rückkaufswerte* (Hervorhebung durch den Verf.) an EU-rechtliche Vorgaben (Richtlinie 2002/83/EG) angepasst wird.[89] Diese Motivation ist unstrittig. Dass der Gesetzgeber damit aber zugleich auch im Anwendungsbereich des dritten Absatzes für die Versicherer die Möglichkeit schaffen wollte, Produkte ohne garantierten Rückkaufswert anzubieten, lässt sich dieser Begründung nicht entnehmen. Vielmehr ist das Gegenteil der Fall, denn weil der Regierungsentwurf noch davon ausging, dass die angegebenen Rückkaufswerte garantiert sind, wäre bei einer Änderung dieses Motivs eine Erläuterung notwendig gewesen. Das Fehlen entsprechender Hinweise in der Begründung

---

82 BGH 12.12.2013 – III ZR 124/13, VersR 2014, 240.
83 BGH 12.12.2013 – III ZR 124/13, VersR 2014, 240; BGH 5.6.2014 – III ZR 557/13, VersR 2014, 877; Prölss/Martin/*Reiff*, § 168 Rn 23.
84 Begr. RegE, BT-Drucks. 16/3945, S. 103.
85 Begr. RegE, BT-Drucks. 16/3945, S. 103.
86 So jedenfalls Prölss/Martin/*Reiff*, § 169 Rn 43.
87 Langheid/Wandt/*Mönnich*, § 169 Rn 100; Prölss/Martin/*Reiff*, § 169 Rn 41; Looschelders/Pohlmann/*Krause*, § 169 Rn 43; Schwintowski/Brömmelmeyer/*Ortmann*, § 169 Rn 31; aA Looschelders/Pohlmann/*Pohlmann/Schäfer*, § 2 VVG-InfoV § 2 Rn 33; *Präve*, VersR 2008, 151.
88 Anhang III A, a.9 RL Leben (2002/83/EG) bzw ab dem 1.12.2012 Art. 185 Abs. 3 Buchst. f RL Solvabilität II (2009/138/EG).
89 BT-Drucks. 16/5862, S. 100.

lässt den Schluss zu, dass der Gesetzgeber zwar die Umsetzung europäischen Rechts, nicht aber eine Verminderung des Schutzes des einzelnen Verbrauchers wollte. Es stellt sich also die Frage, inwieweit europäisches Recht zwingend davon ausgeht, dass ein Rückkaufswert nicht garantiert werden muss.

Nach der hM würde der deutsche Gesetzgeber gegen geltendes EU-Recht verstoßen, wenn er jährlich garantierte Rückkaufswerte fordere.[90] Die hM meint weiter, dass auch alle oder doch zumindest einige, gravierend von einem klassischen, deutschen Verständnis abweichende, im EU-Ausland mögliche, klassische Produktgestaltungen wegen des Rechts auf Dienstleistungs- (Art. 56 AEUV; ex-Art. 49 EGV) und Niederlassungsfreiheit (Art. 49 AEUV; ex-Art. 43 EGV) auch in Deutschland möglich sein bzw sein müssten.[91] Die fraglichen Produkte sollen zwar klassisch sein, weshalb eine Deckungsrückstellung oder Reserve gebildet werden muss, allerdings keinen garantierten Rückkaufswert während der Laufzeit vorsehen, sondern lediglich eine bedingte oder zum vertraglich vorgesehenen Ende garantierte Leistung, um durch die Inkaufnahme höheren Risikos eine höhere Rendite zu erzielen.[92] Namentlich sei es zulässig, dass sich der VR auf endfällige Garantien beschränke.[93] Um solche Produkte nicht auszuschließen, sei die Norm europafreundlich so auszulegen, dass es einen auch über die Laufzeit garantierten Rückkaufswert nicht geben muss.[94]

Als weiteres Argument führt die hM an, dass auch in Deutschland Produkte möglich sein müssten, die nur mit einer endfälligen Garantie arbeiten, denn solche Produkte seien in der Kapitalanlage flexibler und könnten deswegen höhere Renditen erzielen.[95] Zuletzt gehe auch die VVG-InfoV von einem möglichen Rückkaufswert in Höhe von Null Euro aus.[96]

43a bb) Stellungnahme. Zunächst ist der hM einzuräumen, dass es Produkte gibt, bei denen es von vornherein keinen garantierten Rückkaufswert gibt, weil der VN das Kapitalmarktrisiko trägt (vgl hierzu Abs. 4). Soweit also Abs. 4 auf Abs. 3 verweist, ist ein garantierter Rückkaufswert nur dann anzugeben, wenn der VR eine bestimmte Leistung garantiert hat (Abs. 4 S. 1 aE). Man könnte also durchaus die These aufstellen, dass sich Abs. 3 mit Produkten befasst, bei denen der VR das Kapitalanlagerisiko trägt, weil es eine garantierte Leistung des VR gibt, und Abs. 4 mit Produkten, bei denen der VN das Kapitalanlagerisiko trägt und es keine garantierte Leistung gibt. Gemischte Produkte unterfallen Abs. 4 und nur bezüglich der Garantie Abs. 3; sind also nach der gesetzlichen Systematik in der Form einer fondsgebundenen Versicherung möglich.

Diese Differenzierung ist auch deswegen sinnvoll, weil es sich nach den aufsichtsrechtlichen Vorgaben bei klassischen Produkten um Sparprodukte handelt, bei denen die Sicherheit und jederzeitige Liquidierbarkeit der Kapitalanlage tragende Prinzipien sind, § 54 Abs. 1 VAG. Deswegen erhöht sich die Deckungsrückstellung nach den Annahmen der Prämienkalkulation jährlich wenigstens um den Sparbeitrag. Aus der oben beschriebenen Bindung (s. Rn 21) des Deckungskapitals an die Deckungsrückstellung und aus der Festlegung, dass der Rückkaufswert dem Deckungskapital entsprechen muss (Abs. 3 S. 1), ergibt sich weiter, dass es einen garantierten Rückkaufswert in Höhe der Summe der Sparanteile der Versicherungsprämie gibt. Diese Auslegung wird bestätigt durch Abs. 3 S. 2, der anderen EU-Versicherern ermöglicht, statt des deutschen Deckungskapitals den jeweilig in-

---

90 Prölss/Martin/*Reiff*, § 169 Rn 43; Römer/Langheid/*Langheid*, § 169 Rn 28.
91 Schwintowski/Brömmelmeyer/*Ortmann*, § 169 Rn 33.
92 Schwintowski/Brömmelmeyer/*Ortmann*, § 169 Rn 33.
93 Bruck/Möller/*Winter*, § 169 Rn 103.
94 Bruck/Möller/*Winter*, § 169 Rn 103; Prölss/Martin/*Reiff*, § 169 Rn 43.
95 Prölss/Martin/*Reiff*, § 169 Rn 44.
96 Prölss/Martin/*Reiff*, § 169 Rn 44; Begr. der VVG-InfoV VersR 2008, 186 (189).

ländischen Bezugswert zu nehmen, um die Höhe des Rückkaufswertes zu berechnen. Eine solche Festlegung wäre überflüssig, wenn es keinen laufend fest zugesagten Rückkaufswert geben muss.

Damit ist auch erklärt, warum der Verordnungsgeber der VVG-InfoV davon ausging, dass eine Bezifferung des garantierten Teils des Rückkaufswertes Null sein kann: Dies bezieht sich nur auf die fondsgebundenen Verträge nach § 169 Abs. 4, nicht auf Verträge nach § 169 Abs. 3 S. 1 und 2.[97]

Diese Auslegung verhindert im Übrigen nicht die Einführung von Produkten, die neben einem laufend garantierten (niedrigen) Rückkaufswert – etwa in Höhe der Summe der Sparbeiträge – eine zusätzliche endfällige Garantie vorsehen. Auch ist es möglich, gar keine feste Verzinsung des Sparanteils der Prämie zuzusagen. Zuletzt muss der Rückkaufswert auch nur zu den potentiellen Beendigungszeitpunkten zugesagt sein. Möglicher Beendigungszeitpunkt ist dabei auch jedes Ende der Versicherungsperiode, da der VN zu diesen Zeitpunkten kündigen kann. Die Idee der endfälligen Garantie in Deutschland für klassische Produkte ohne oder mit nur in geringer Höhe zugesagter Verzinsung während der Ansparphase bedient zwei Probleme: Einerseits ist das Eingehen langfristiger Zinsverpflichtungen durch Zusage eines Garantiezinses gegenüber dem VN dann sehr kapitalintensiv und für den VR sehr teuer, wenn dieser Garantiezins oberhalb des aktuell erzielbaren sicheren Zinses liegt. Andererseits erwartet der VN wenigstens zum Ende seines Vertrages, dass er trotz Abzug von Kosten und Risikobeiträgen wenigstens seine eingezahlten Beiträge oder einen Großteil hiervon zurückerhält. Ein Produkt, das dieses Kriterium nicht erfüllt, ist für den Vermögensaufbau nicht geeignet und daher für den VN wenig attraktiv. Auch wenn der VR in der Prämienkalkulation keine gleichbleibende Verzinsung berücksichtigen muss, so muss er doch berücksichtigen, dass er zu bestimmten Zeitpunkten eine bestimmte Höhe der Deckungsrückstellung erreicht haben muss, will er eine endfällige Garantie bedienen. Deswegen ist zwar eine Schwankung oberhalb dieser bei der Kalkulation angenommenen Höhe der Deckungsrückstellung möglich, ein Unterschreiten aber nicht. Die Annahmen der Prämienkalkulation müssen damit – in Abhängigkeit vom unterstellten Zins – zwar zu einem flachen, aber doch stetig wenigstens um den Sparbeitrag anwachsenden, für den Vertrag zu bildenden Deckungskapital führen. Dabei ist es möglich, zum Ende der Laufzeit kalkulatorisch eine höhere Verzinsung annehmen als zu Beginn. Bei der Kalkulation wird der VR aber nicht davon ausgehen können, Verluste der Sparprämie zum jeweiligen Versicherungsperiodenende hinzunehmen, so dass es weder ein Deckungskapital Null noch ein nach den Maßstäben der Prämienkalkulation während der Laufzeit sinkendes Deckungskapital geben kann. Nach der hier vertretenen Meinung ist der sich aus diesem Deckungskapital ergebende Rückkaufswert dann vorbehaltlich der Absätze 5 und 6 garantiert.

Nicht garantiert, aber als Prognose darstellbar, ist daneben der Rückkaufswert, der sich bei einer Berücksichtigung nicht garantierter Überschüsse zB unter Verwendung der aktuellen Deklaration ergeben würde. Dieser liegt zwingend höher und die Differenz ist nicht garantiert. Der tatsächlich erreichte und auszuzahlende Rückkaufswert ist zwingend wenigstens der garantierte, nicht aber notwendigerweise der prognostizierte.

cc) Konsequenzen der hM. Folgt man demgegenüber der hM, so hat das gravierende Konsequenzen:

Danach werden die Rückkaufswerte insgesamt nicht für alle zeitlichen Abschnitte garantiert und der VR ist frei in der Wahl der Zeitpunkte für seine Garantien, so dass diese auch nur am Ende gewährt werden könnten und der Rückkaufwert bis

---

97 So auch Looschelders/Pohlmann/*Pohlmann/Schäfers*, § 2 VVG-InfoV Rn 33.

zu diesem Zeitpunkt Null betragen kann.[98] Diese Auffassung wird damit begründet, dass die Vorschrift nicht zum Ziel habe, auch hinsichtlich Kapitalmarktschwankungen, einer Änderung der Wahrscheinlichkeitstafeln und einer unvorhergesehenen Kostenbelastung für die gesamte Laufzeit des Vertrages Garantien zu gewähren.[99] Will ein VR also keinen Rückkaufswert garantieren, um risikoreicher zu investieren, dann könne er dies auch bei einem klassischen Produkt tun, indem er nur eine endfällige Garantie ausspricht. Offen bleibt, ob der VR im Rahmen der Prämienkalkulation dann auch davon ausgehen darf, dass bis zum Eintrittszeitpunkt der Garantie auch keine Deckungsrückstellung zu stellen ist, denn andernfalls würde die Anknüpfung des Deckungskapitals an die Deckungsrückstellung aufgehoben und die durch die VVG-Reform gewonnene Sicherheit bei der Ermittlung der Höhe des Anspruchs des VN wieder zerstört.

44 **b) Rückkaufswert (Rückzahlungsbetrag).** Der Rückkaufswert ist nicht zu verwechseln mit dem tatsächlichen **Rückzahlungsbetrag**. So versteht der BGH unter **Rückkaufswert** den Betrag vor Berücksichtigung eines eventuellen Stornoabschlags nach Abs. 5, durch den der eigentliche Rückzahlungsbetrag geringer wird, und vor der Beteiligung an Bewertungsreserven, die erhöhend wirkt.[100] Ist kein Betrag garantiert, so muss insoweit ein Betrag von Null Euro ausgewiesen werden.[101] Hat der Vertrag nur eine endfällige Garantie, so muss er auch nur am Ende der Laufzeit einen Betrag größer Null ausweisen. Dies gilt erst recht bei einer fondsgebundenen Versicherung, wenn die Garantie gar nicht vom VR, sondern von der Fondsgesellschaft gestellt wird.

45 **5. EU-Versicherer (Abs. 3 S. 3).** Ein VR, der seinen Sitz in einem anderen Mitgliedstaat der Europäischen Union oder einem anderen Vertragsstaat des Abkommens über den Europäischen Wirtschaftsraum hat, kann für die Berechnung des Rückkaufswertes anstelle des Deckungskapitals den in diesem Staat vergleichbaren anderen Bezugswert zugrunde legen. Die Regelung ist notwendig, um eine Benachteiligung solcher europäischer VR zu vermeiden, deren Heimatrecht ein Deckungskapital nicht kennt, da ein zwischen einem solchen VR und einem VN in Deutschland geschlossener Lebensversicherungsvertrag idR deutschem Recht unterliegt (vgl Art. 7 Abs. 3 und 6 Rom I-VO). Welche Bezugswerte verwandt werden können, bleibt hingegen offen. *Grote* nimmt an, dass solche Bezugsgrößen gemeint sind, die sich bei Produkten ergeben, bei denen ein Sparprozess stattfindet und die Rechnungsgrundlagen der Prämienkalkulation verwandt werden.[102]

46 Eine weitere Erleichterung gibt es hingegen für die betroffenen ausländischen VR nicht. Daher gilt auch für sie, dass im Fall der Kündigung die Mindestbetragsregelung des Abs. 3 S. 1 gilt, nach der die angesetzten Abschluss- und Vertriebskosten auf die ersten fünf Vertragsjahre zu verteilen sind und die aufsichtsrechtlich zunächst nur für deutsche VR geltenden Höchstzillmersätze nunmehr auch für die ausländischen VR gelten.[103] Die Gegenauffassung will in den Fällen, in denen es keine Höchstzillmersätze oder vergleichbaren Werte gibt, eine Verteilung aller Abschlusskosten auf die ersten fünf Jahre zulassen und verweist darauf, dass eine Inländerdiskriminierung zulässig sei.[104] Da es sich bei Abs. 3 S. 3 aber um eine Erleichterung für VR mit Sitz in einem anderen Mitgliedstaat der Europäischen Uni-

---

98 Bruck/Möller/*Winter*, § 169 Rn 103; Prölss/Martin/*Reiff*, § 169 Rn 43; Looschelders/Pohlmann/*Krause*, § 169 Rn 47; Römer/Langheid/*Langheid*, § 169 Rn 28; Langheid/Wandt/*Mönnich*, § 169 Rn 100.
99 Bruck/Möller/*Winter*, § 169 Rn 103; Prölss/Martin/*Reiff*, § 169 Rn 44.
100 BGH 25.7.2012 – IV ZR 204/10 (Rz 43 ff zu VVG aF), VersR 2012, 1149.
101 Prölss/Martin/*Reiff*, § 169 Rn 40.
102 Marlow/Spuhl/*Grote*, Rn 1158.
103 *Schick/Franz*, VersWirtschaft 2007, 764; aA Looschelders/Pohlmann/*Krause*, § 169 Rn 48.
104 Prölss/Martin/*Reiff*, § 169 Rn 37.

on oder einem Vertragsstaat des Abkommens über den Europäischen Wirtschaftsraum handelt, die anderen ausländischen VR nicht zuteil wird, und es sich zudem um einen vergleichbaren Bezugswert handeln muss, ist der Gegenauffassung nicht zu folgen. Gibt es keinen vergleichbaren Bezugswert, so ist das nach deutschem Aufsichtsrecht zu berechnende Deckungskapital unter Beachtung der Höchstzillmersätze auch bei ausländischen VR maßgeblich.

Für VR, die nicht unter den Wortlaut fallen, weil sie ihren Sitz im **außereuropäischen Ausland** haben, gilt diese Ausnahmeregelung nicht.[105] Auch für eine analoge Anwendung dieser Privilegierung besteht kein Anlass.[106]   47

6. Fondsgebundene Versicherungen (Abs. 4). Bei fondsgebundenen Lebensversicherungen und den anderen in § 54 b VAG geregelten Verträgen ist der Rückkaufswert nach den **anerkannten Regeln der Versicherungsmathematik als Zeitwert** der Versicherung zu berechnen (Abs. 4 S. 1).[107] Nach Abs. 4 S. 2 sind die Grundsätze der Berechnung im Vertrag anzugeben. Durch diese „Angabe" erhalten die Grundsätze der Berechnung den Charakter einer vertraglichen Vereinbarung.[108] Eine Aufnahme in die AVB ist ausreichend, eine Angabe an anderer Stelle im Vertrag aber ebenfalls möglich. Im Übrigen, also insb. für die Verteilung der Abschluss- und Vertriebskosten zur Sicherung eines Mindestrückkaufswertes in den Fällen der Kündigung, verbleibt es bei der Regelung des Abs. 3.[109] Werden solche Versicherungen als Hybridprodukte ausgestaltet oder mit einer Garantie versehen und verfügen sie insofern über ein klassisches Sicherungsvermögen, so gilt nach Abs. 4 S. 1 aE für diesen Teil Abs. 3. Im Ergebnis erhält der VN also eine Zahlung, in der Höhe sich aus einer Kombination von Zeitwert und Wert des Deckungskapitals ergibt.[110] Bei diesen Verträgen ist – unabhängig vom aktuellen Fondswert – mindestens das für die garantierten Leistungen nach Abs. 3 berechnete Deckungskapital als Rückkaufswert anzusetzen.[111] Maßgeblich für den Rückkaufswert ist also der jeweils höhere Wert aus Fondsvermögen (= Zeitwert) und Deckungskapital für die garantierten Leistungen: Ist das aktuelle Fondsvermögen bereits höher als das Deckungskapital für die garantierten Leistungen, kommt lediglich das Fondsvermögen zur Auszahlung. Das Deckungskapital für die garantierten Leistungen muss in diesem Fall nicht etwa zusätzlich ausgezahlt werden.[112] Voraussetzung ist allerdings, dass der VR selber die Garantie stellt. Wird die Garantie dagegen nicht vom VR, sondern von einem Dritten übernommen, ist nicht Abs. 3, sondern nur Abs. 4 anzuwenden. Dies kommt in Betracht, wenn im Rahmen einer fondsgebundenen (Renten-)Versicherung ein Garantiefonds gewählt wird, der zu einem bestimmten Zeitpunkt (zB zum Ende der Ansparphase) eine bestimmte Kapitalhöhe (zB die eingezahlten Beiträge) garantiert. In diesen Fällen bildet der VR kein stetig anwachsendes Sicherungsvermögen zur Erfüllung der Garantie, weil er selber gar nicht verpflichtet ist. Ferner gibt es vor Erreichen des Garantiezeitpunkts auch keinen garantierten Rückkaufswert und der VN hat (nur) einen Anspruch auf den Zeitwert, also den aktuellen Wert des entsprechenden Fonds. Bei einer fondsgebundenen Versicherung ohne Garantie kann der Rückkaufswert auch Null sein.[113]   48

7. Sonstiger Abzug (Stornoabzug) (Abs. 5). a) Begriffe. Abs. 5 gibt dem VR die Möglichkeit, einen Abzug von dem nach Abs. 3 oder 4 ermittelten Rückkaufswert vorzunehmen, den sog. **Stornoabzug** oder **Stornoabschlag**. Er muss dann dem VN   49

---

105 So auch Prölss/Martin/*Reiff*, § 169 Rn 45.
106 Prölss/Martin/*Reiff*, § 169 Rn 45; aA Bruck/Möller/*Winter*, § 169 Rn 105.
107 *Römer*, DB 2007, 2523; Marlow/Spuhl/*Grote*, Rn 1138.
108 Prölss/Martin/*Reiff*, § 169 Rn 54.
109 Begr. RegE, BT-Drucks. 16/3945, S. 103; Prölss/Martin/*Reiff*, § 169 Rn 56.
110 Prölss/Martin/*Reiff*, § 169 Rn 55; Marlow/Spuhl/*Grote*, Rn 1139.
111 Langheid/Wandt/*Mönnich*, § 169 Rn 112.
112 Langheid/Wandt/*Mönnich*, § 169 Rn 112.
113 Begr. der VVG-InfoV VersR 2008, 186 (189).

einen geringeren Betrag auszahlen, den man als „**Auszahlungsbetrag**" bezeichnen könnte.

50 b) **Sinn und Zweck des Stornoabzugs.** Die Möglichkeit eines Abzugs beschreibt eine Kalkulationsmöglichkeit des VR: Bei der Kalkulation seiner Beiträge und Leistungen muss der VR das jederzeitige gesetzliche Kündigungsrecht des VN berücksichtigen. Er muss sich sowohl darauf einstellen, dass er verpflichtet ist, seine Verpflichtungen bis zum Ende der vertraglichen Laufzeit zu erbringen, als auch darauf, dass der Vertrag kurzfristig endet und er den Rückkaufswert zahlen muss. Indem sich der VR auf diese beiden Alternativen einstellt, entstehen Kosten. So muss der VR zB jemanden haben, der die vorzeitige Vertragsabwicklung betreut, seine IT-Systeme müssen entsprechend gestaltet werden und die Kapitalanlage muss die Auszahlung des Rückkaufswertes zu jedem möglichen Beendigungszeitpunkt zulassen. Dies wäre alles nicht notwendig, wenn es die Kündigungsmöglichkeit nicht gäbe. Es stellt sich also die Frage, wer diese Kosten zu tragen hat: alle VN, weil alle diese Option (also ein Kündigungsrecht) haben, oder nur diejenigen, die die Möglichkeit tatsächlich nutzen, indem sie kündigen? Mischmodelle sind natürlich ebenfalls denkbar. Der VR selber wird diese Kosten aus wirtschaftlichen Erwägungen nicht tragen wollen, aus aufsichtsrechtlichen Gründen nicht tragen dürfen: Das ergibt sich aus § 11 Abs. 1 VAG, nach dem der Lebensversicherer seine Prämien so hoch kalkulieren muss, dass er allen seinen Verpflichtungen nachkommen kann.

51 Durch dieses Instrument kann der VR also entscheiden, ob er die Kosten der jederzeitigen Kündigungsmöglichkeit dem Kollektiv auferlegt, dann würde er auf einen Stornoabschlag verzichten, oder ob der kündigende VN diese Kosten tragen soll.

52 Die **Kosten** einer Kündigung für den VR sind **zu Beginn**, aber auch in besonderen Vertragskonstellationen besonders hoch: Zu Beginn hat der VR Abschluss- und Vertriebsaufwendungen, er muss den Vertrag einrichten, er muss für eine ordnungsgemäße Verwaltung sorgen etc. Hier hat der Gesetzgeber bereits die Möglichkeit eröffnet, Abschluss- und Vertriebskosten zu zillmern, also zu Beginn des Vertrages zu belasten und nicht auf die Vertragslaufzeit zu verteilen. Diese Belastung darf aber nicht zu hoch ausfallen, weshalb die Höhe aufsichtsrechtlich begrenzt und die Belastung bei einem Rückkauf auf die ersten fünf Jahre zu verteilen ist (s. Rn 31). Da insofern die Kalkulation bereits geregelt ist, ist die Berücksichtigung dieser Position im Rahmen des Stornoabzugs ausgeschlossen. Dies ist in **Abs. 5 S. 2** auch noch einmal ausdrücklich klargestellt. Für alle anderen Kosten, also diejenigen, die der VR **in die laufenden Prämien einkalkuliert** hat, kann er dem Grunde nach einen Stornoabschlag nehmen.

53 Ferner können während der Vertragslaufzeit besondere Konstellationen auftreten, in denen eine Kündigung zu hohen Aufwendungen für den VR führt: Die Kapitalanlage des VR bei klassischen, kapitalbildenden Produkten ist darauf auszurichten, dass der VR seine Zinsverpflichtungen über die gesamte Laufzeit erbringen kann. Das legt es nahe, langfristig, möglicherweise sogar laufzeitkongruent zu investieren. Steigen nun die Zinsen, so führt dies einerseits dazu, dass ein finanzrational denkender VN motiviert wird zu kündigen, um dann einen Vertrag mit einem höheren Zins abzuschließen. Andererseits haben sich auf den Zinspapieren des VR stille Lasten gebildet, so dass der VR bei einem Verkauf in einer solchen Situation nicht einmal mehr den Nennwert erhält. Dies führt zu Aufwendungen oder gar Verlusten. Eine entsprechende Situation kann auch dadurch entstehen, dass gute Risiken aus dem Kollektiv durch Kündigung ausscheiden und schlechte verbleiben. Bei einer Rentenversicherung ist derjenige ein „schlechtes Risiko", der lange lebt, weil der VR dann auch lange leisten muss. Kündigen nun diejenigen, die keine lange Lebenserwartung haben, so würden für das Kollektiv gute Risiken ausscheiden und den Rückkaufswert mitnehmen. Die Zusammensetzung des Kollektivs würde sich verschlechtern, weil im Fall eines frühen Todes eines Rentenbe-

ziehers im gesetzlichen Regelfall kein Rückkaufswert mehr zu zahlen ist, sondern die ersparten Renten dem Kollektiv weiter zur Verfügung ständen.

Auf den Punkt gebracht haben die VN, die den Vertrag bis zum Ende durchhalten, ein Interesse an einem möglichst hohen Stornoabschlag, und diejenigen, die kündigen, an einem möglichst niedrigen. 54

Bei seiner Kalkulation des Stornoabzugs ist der VR aber auch nicht ganz frei: Die Kalkulation des VR darf das gesetzliche Recht des VN, sich vom Vertrag zu lösen, grds. nicht negieren und nicht ungemessen erschweren. Je höher der Abzug kalkuliert wurde, umso höher dürften auch die Anforderungen an die Transparenz bei Vertragsabschluss sein. 55

Bei dem möglichen Abzug handelt es sich also um eine **Kalkulationsgröße** und nicht um die Vereinbarung von Kosten iSd § 2 a Nr. 2 AltZertG. 56

Aus dem Gesetz ergeben sich die folgenden weiteren Rahmenbedingungen für den Stornoabzug: Nach **Abs. 5 S. 1** ist der VR zu einem Abzug von dem zu zahlenden Rückkaufswert nur berechtigt, wenn dieser Abzug **vereinbart** (s. Rn 58 ff), **beziffert** (s. Rn 61 ff) **und angemessen** (s. Rn 64 ff) ist. 57

c) **Vereinbarung des Stornoabzugs.** Die Regelung, dass der Abzug **vereinbart** sein muss, ist deswegen sinnvoll, weil andere Kalkulationsgrößen nicht explizit vereinbart werden. Indem der Gesetzgeber die Notwendigkeit einer Vereinbarung sieht, bringt er zugleich zum Ausdruck, dass er einen Stornoabschlag nicht als notwendigen Teil der Kalkulation des VR ansieht. Dies hat auch in der Rspr zum Mindestrückkaufswert Bedeutung erlangt. Indem der BGH die Klauseln zur Berechnung des Rückkaufswertes zunächst wegen Intransparenz[114] und dann wegen inhaltlicher Unangemessenheit[115] für unwirksam erklärt hat, hat er auch den Klauseln zum Stornoabzug den Boden entzogen, so dass auch diese Klauseln unwirksam wurde. Ist aber die Klausel zur Vereinbarung des Abzugs aus diesem oder einem anderen Grund unwirksam, so verbietet sich wegen der Notwendigkeit einer Vereinbarung auch die Berücksichtigung eines Abzugs im Wege einer ergänzenden Vertragsauslegung oder mangels Notwendigkeit einer nachträglichen Klauselersetzung nach § 164.[116] Ist also ein Abzug nicht von vornherein vereinbart oder eine Klausel, mit der der Abzug vereinbart wurde, unwirksam, so besteht kein Anspruch auf einen Abzug.[117] 58

An eine wirksame Vereinbarung werden seitens der Gerichte **hohe Anforderungen** gestellt, zumal die Vereinbarung regelmäßig und zulässigerweise[118] im Rahmen der Allgemeinen Versicherungsbedingungen erfolgt. So kommt es nicht nur darauf an, dass die Klausel in ihrer Formulierung für den durchschnittlichen VN verständlich ist, sondern auch darauf, dass die Vereinbarung die wirtschaftlichen Nachteile und Belastungen so weit erkennen lässt, wie dies nach den Umständen gefordert werden kann.[119] Aus dem Umstand, dass der Rückkaufswert und der Abschlag im Gesetz in unterschiedlichen Absätzen geregelt sind, und aus der Historie der Norm folgert der BGH, dass ein getrennter Ausweis notwendig ist und eine Darstellung 59

---

114 BGH 9.5.2001 – IV ZR 138/99, VersR 2001, 839.
115 BGH 12.7.2012 – IV ZR 201/10, r+s 2012, 503.
116 BGH 12.10.2005 – IV ZR 162/03, BGHZ 164, 297 = VersR 2005, 1565; BGH 12.7.2012 – IV ZR 201/10, r+s 2012, 503.
117 BGH 12.10.2005 – IV ZR 162/03 (Rz 38), BGHZ 164, 297 = VersR 2005, 1565; *Wandt*, VersR 2001, 1458 f.
118 Prölss/Martin/*Reiff*, § 169 Rn 58; *Grote/Thiel*, VersR 2013, 666; *Brömmelmeyer*, VersR 2014, 133.
119 BGH 12.10.2005 – IV ZR 162/03 (Rz 44), BGHZ 164, 297 = VersR 2005, 1565; OLG Stuttgart 24.5.2012 – 7 U 170/11, VersR 2013, 218.

nur des Auszahlungsbetrags nicht ausreicht.[120] Vielmehr hält der BGH eine Darstellung von Rückkaufswert, Stornoabschlag und Auszahlungsbetrag nebeneinander für möglich[121] und wohl auch nötig. Dies ist freilich keineswegs zwingend, denn kennt der VN zwei der drei Größen, kann er die dritte unschwer ermitteln.

60 Der VR darf bei der Darstellung des Abzugs in seinen AVB auch nicht den Anschein erwecken, der Abzug beruhe auf einer gesetzlichen Vorgabe.[122] Daher verbieten sich Formulierungen wie: „Bei der Berechnung des Rückkaufswertes wird ein als angemessen angesehener Abzug vorgenommen (§ 169)."[123] Nicht zu beanstanden ist die Formulierung:

▶ „Der Abzug ist zulässig, wenn er angemessen ist (...). Wir halten den Abzug für angemessen, weil (...).“[124] ◀

61 **d) Bezifferung des Stornoabzugs.** Durch die VVG-Reform 2008 neu hinzugekommen ist die Voraussetzung, dass der Abzug **beziffert** werden muss. Der Gesetzgeber wollte hiermit sicherstellen, dass der VN bereits bei Vertragsabschluss über die wirtschaftliche Bedeutung des bei Kündigung erfolgenden Abzugs informiert ist.[125] Dieses Ziel würde nicht erreicht, wenn der VR bezüglich dieses Abzugs lediglich auf die versicherungsmathematischen Grundsätze verweist. Ausreichend ist unstrittig die Angabe eines konkreten Euro-Betrages,[126] der aber unter dem Manko leidet, dass die Angemessenheit eines gleichbleibenden Betrages über die gesamte Laufzeit zweifelhaft ist. Angeregt wurde insofern eine Staffelung der Abzüge nach Höhe der geleisteten Prämie, der vereinbarten Versicherungssumme und der Vertragsdauer.[127] Eine solche Regelung bedeutet aber viel Text und macht die Bedingungen dadurch tendenziell intransparenter. Andererseits ist es zur Erreichung des gesetzgeberischen Ziels und auch aufgrund des Wortlauts nach der aktuell hL nicht erforderlich, dass der Stornoabzug als absoluter Euro-Betrag angegeben wird.[128] So sind auch prozentuale Angaben möglich, wenn der VN aus diesen ohne Mühe den Euro-Betrag errechnen kann.[129] Der Abschlag muss nicht stets die gleiche Höhe haben, sondern kann sowohl steigend als auch fallend ausgestaltet werden und insb. zum Ende der ursprünglichen vertraglichen Laufzeit ganz entfallen.[130] Zuletzt muss es sich nicht um einen einheitlichen Stornoabschlag handeln. Vielmehr ist es möglich und im Sinne der Transparenz häufig auch tunlich, in Abhängigkeit von der Begründung des Stornoabzugs (s. hierzu Rn 64) die einzelnen Teile des Stornoabzugs gesondert zu beziffern.

62 Ferner hat der Gesetzgeber mit Abs. 5 S. 2 die Entscheidung getroffen und ausführlich begründet,[131] dass die Vereinbarung eines Abzugs für noch **nicht getilgte Ab-**

---

120 BGH 12.10.2005 – IV ZR 162/03 (Rz 46 ff), BGHZ 164, 297 = VersR 2005, 1565; *Brömmelmeyer*, VersR 2014, 133.
121 BGH 12.10.2005 – IV ZR 162/03 (Rz 52), BGHZ 164, 297 = VersR 2005, 1565.
122 BGH 25.7.2012 – IV ZR 201/10, r+s 2012, 503; *Brömmelmeyer*, VersR 2014, 133.
123 BGH 25.7.2012 – IV ZR 201/10, r+s 2012, 503.
124 *Brömmelmeyer*, VersR 2014, 133.
125 Prölss/Martin/*Reiff*, § 169 Rn 58.
126 *Grote/Thiel*, VersR 2013, 666.
127 Marlow/Spuhl/*Grote*, Rn 1173.
128 Prölss/Martin/*Reiff*, § 169 Rn 58; Römer/Langheid/*Langheid*, § 169 Rn 47; Schwintowski/Brömmelmeyer/*Ortmann*, § 169 Rn 89; Langheid/Wandt/*Mönnich*, § 169 Rn 118; *Grote/Thiel*, VersR 2013, 666; *Brömmelmeyer*, VersR 2014, 133; offen gelassen Looschelders/Pohlmann/*Krause*, § 169 Rn 50.
129 LG Hamburg 22.1.2010 – 324 O 1152/07; Prölss/Martin/*Reiff*, § 169 Rn 58; Schwintowski/Brömmelmeyer/*Ortmann*, § 169 Rn 89; Römer/Langheid/*Langheid*, § 169 Rn 47; *Brömmelmeyer*, VersR 2014, 133; offen gelassen Marlow/Spuhl/*Grote*, Rn 1175.
130 *Brömmelmeyer*, VersR 2014, 133.
131 Vgl hierzu Begr. RegE, BT-Drucks. 16/3945, S. 103 f.

schluss- und Vertriebskosten unwirksam ist.[132] Er verwendet hier dieselbe Formulierung wie in Abs. 3, so dass er offensichtlich nur die disproportional verteilten Kosten im Blick hatte (vgl Rn 32 ff). Dies ist konsequent, denn die vorgegebene Fünfjahresverteilung der aufsichtsrechtlich im ersten Jahr zillmerbaren Kosten soll ja nicht durch einen erhöhten Stornoabschlag in diesen Jahren wirtschaftlich kompensiert werden, sondern zu einer Begrenzung des vom kündigenden VN zu tragenden, im Produkt einkalkulierten Abschlussaufwands führen.[133]

Allerdings stellt sich die Frage, ob der Stornoabschlag zur Deckung nicht getilgter, beitragsproportional verteilter Abschlussaufwendungen herangezogen werden kann. Dafür spricht, dass ohne eine solche Deckung das Versichertenkollektiv diese Kosten tragen müsste und grds. Kalkulationsfreiheit zugunsten des VR gilt. Dagegen wird der gesetzgeberische Wille angeführt.[134] Da der Gesetzgeber indes durch Absenkung des Höchstzillmersatzes in die Regelungszusammenhänge eingegriffen hat, ist der Einschätzung des früheren Gesetzgebers nur noch bedingt Bedeutung beizumessen. Überzeugender ist da schon das Argument, dass die Abschluss- und Vertriebskosten der unternehmerischen Sphäre und damit dem unternehmerischen Risiko des VR zuzuordnen sind und sie damit das Gegenstück zu den Ertragsaussichten des VR und seiner Aktionäre bilden.[135] Daher könne der Stornoabschlag nicht damit begründet werden, dass noch nicht durch den fraglichen Vertrag verursachten Abschluss- und Vertriebskosten gedeckt wurden. Entschieden wurde diese Frage bislang freilich nicht. 63

e) Angemessenheit des Stornoabzugs. Der Abzug muss nach Grund und Höhe angemessen sein.[136] Die Einhaltung dieses offenen Erfordernisses ist nach den Umständen des Einzelfalles zu prüfen.[137] 64

Ein Abzug ist dann **angemessen**, wenn er in einem vernünftigen Verhältnis zu dem Aufwand oder Nachteil steht, der wegen der vorzeitigen Beendigung des Vertrages beim VR oder im verbleibenden Risikokollektiv entsteht. Anzuerkennen sind insofern nur mathematisch-statistisch oder konkret nachweisbare Nachteile.[138] Da die Berücksichtigung nicht getilgter Abschlusskosten gesetzlich ausgeschlossen ist, verbleiben im Wesentlichen die Bearbeitungskosten, entgangener Gewinn, die Risikoverschlechterung (auch Antiselektion genannt), die Abwehr finanzrational motivierter Kündigungen sowie ein Ausgleich für das kollektiv zur Verfügung gestellte Risikokapital als Maßstab.[139] 65

Dem Ansatz von **Bearbeitungskosten** mag man entgegenhalten, dass der VR den Vertrag ja ohnehin abrechnen muss und dies bei der Kalkulation seiner Kosten berücksichtigen kann.[140] Allerdings ist es nach der hier vertretenen Auffassung so, dass der VR seine Kosten mit Ausnahme der Abschluss- und Vertriebskosten linear auf die Laufzeit verteilen muss, so dass er den Betrag, den er für die Verwaltung und Abrechnung eines Vertrages braucht, bei Fällen, in denen der VN früh storniert, noch gar nicht den vom VN gezahlten Beiträgen entnehmen konnte. Auch ist für die Bearbeitung einer Stornierung ein besonderer Arbeitsgang notwendig, während die Abrechnung eines normal ablaufenden Vertrages regelmäßig maschinell 66

---

132 *Römer*, DB 2007, 2523.
133 Römer/Langheid/*Langheid*, § 169 Rn 50.
134 *Brömmelmeyer*, VersR 2014, 133.
135 Ähnl. *Grote/Thiel*, VersR 2013, 666.
136 Looschelders/Pohlmann/*Krause*, § 169 Rn 50; Langheid/Wandt/*Mönnich*, § 169 Rn 119.
137 Römer/Langheid/*Langheid*, § 169 Rn 48.
138 *Brömmelmeyer*, VersR 2014, 133.
139 Prölss/Martin/*Reiff*, § 169 Rn 59 f; Römer/Langheid/*Langheid*, § 169 Rn 48; Langheid/Wandt/*Mönnich*, § 169 Rn 119; *Römer*, DB 2007, 2523; *Grote/Thiel*, VersR 2013, 666.
140 *Grote/Thiel*, VersR 2013, 666.

erfolgen kann. Das führt zu einem höheren Aufwand, der nach allgM berücksichtigt werden kann.[141] Daher ist gerade in einer frühen Phase ein Abschlag auch in Höhe noch nicht gezahlter Verwaltungskostenbeiträge des VN und zusätzlich entstandenen Aufwands angemessen.[142]

67 **Entgangener Gewinn** sei prinzipiell ein legitimer Grund für einen angemessenen Stornoabschlag, auch wenn die Berechnung und der Nachweis im Einzelfall schwierig seien.[143] Für einen solchen Ansatz spricht, dass durch das explizite Berücksichtigungsverbot von Abschluss- und Vertriebskosten keine Kostenneutralität für den Fall der vorzeitigen Beendigung hergestellt werden soll, weshalb man dem VR als Pendant zum Vertriebskostenrisiko auch die Gewinnchance erhalten könnte. Dem wird widersprochen, denn wenn der VR nicht einmal die Kosten in Rechnung stellen darf, dann doch erst recht keinen Kündigungsschaden.[144]

68 **Antiselektionsnachteile** entstehen dann, wenn sich die Zusammensetzung des Bestands der VR dadurch verschlechtert, dass diejenigen VN ausscheiden, die davon ausgehen, dass sich das versicherte Risiko bei ihnen nicht verwirklicht, schlechte Risiken indes im Bestand verbleiben.[145] Mit dem Stornoabschlag wird dann erreicht, dass der Nachteil für das Kollektiv durch das Ausscheiden eines guten Risikos ausgeglichen wird. Diese Begründung ist als legitimer Zweck für einen Stornoabschlag anerkannt.[146]

69 Die **Abwehr finanzrationaler Kündigungen** als Begründung des Stornoabschlags wird erst seit Kurzem diskutiert, aber überwiegend anerkannt, teilweise als Fallgruppe der Antiselektion.[147] Gemeint ist hier der Umstand, dass der VR bei Abschluss eines kapitalbildenden Vertrages grds. den beim VN versprochenen Garantiezins über die gesamte Laufzeit erwirtschaften muss. In schwankenden Kapitalmärkten würde er hierzu am besten laufzeitproportional unter Berücksichtigung nicht gewillkürter Abgänge (zB Todesfälle) anlegen, um das Risiko zu vermeiden, die Garantie nicht erfüllen zu können. Steigen die erzielbaren Renditen, hat der VN ein Interesse daran, aus dem Vertrag auszusteigen, um an anderer Stelle höhere Renditen zu erzielen. In diesem Zeitpunkt sind aber die noch lange laufenden Kapitalanlagen des VR weniger wert geworden, so dass ein Verlust entsteht. Andererseits soll die Kündigungsmöglichkeit dem VN zwar eine Reaktion auf geänderte Lebensumstände, nicht aber eine Spekulation auf Kosten des VR und des verbleibenden Versichertenkollektivs ermöglichen. Für die Anerkennung dieses Zwecks spricht ferner, dass die BaFin im Fall von Einmalbeitragsversicherungen diesen Zweck explizit anerkennt.[148] Gegen diesen Ansatz wird vorgebracht, dass das Kündigungsrecht als Option grds. jedem VN zustehe und folglich auch jeder VN die entsprechende Last tragen müsste, so dass diese Begründung für den Abschlag ausscheide. Bei Kündigungswellen zur Unzeit sei vielmehr auf § 169 Abs. 6 zurückzugreifen.[149] Da bei Versicherungen nicht die Spekulation, sondern ein langlaufender Sparvorgang zum Kapitalaufbau und zur Absicherung im Alter im

---

141 Römer/Langheid/*Langheid*, § 169 Rn 48; Langheid/Wandt/*Mönnich*, § 169 Rn 119; *Grote/Thiel*, VersR 2013, 666.
142 *Brömmelmeyer*, VersR 2014, 133.
143 *Grote/Thiel*, VersR 2013, 666.
144 *Brömmelmeyer*, VersR 2014, 133.
145 OLG Stuttgart 24.5.2012 – 7 U 170/11, VersR 2013, 218; Langheid/Wandt/*Mönnich*, § 169 Rn 119; *Grote/Thiel*, VersR 2013, 666.
146 Langheid/Wandt/*Mönnich*, § 169 Rn 119; *Brömmelmeyer*, VersR 2014, 133; *Grote/Thiel*, VersR 2013, 666 mwN.
147 OLG Stuttgart 24.5.2012 – 7 U 170/11, VersR 2013, 218; Langheid/Wandt/*Mönnich*, § 169 Rn 119; *Grote/Thiel*, VersR 2013, 666; *Schwintowski*, VersR 2010, 1126, 1128 ff; aA *Brömmelmeyer*, VersR 2014, 133.
148 Rundschreiben 8/2010 vom 7.9.2010.
149 *Brömmelmeyer*, VersR 2014, 133.

Vordergrund steht, ist die Abwehr finanzrationaler Kündigungen als Grund anzuerkennen. Ihm kommt gerade für den Vertragsabschluss in einem Niedrigzinsumfeld besondere Bedeutung zu.

Als Begründung für die Angemessenheit eines Stornoabschlags wird ferner angeführt, dass der früh ausscheidende VN zwar das **kollektiv gestellte Risikokapital** in Anspruch genommen habe, mit seiner Kündigung aber nun vereitle, dass er selber für andere Solvenzmittel bereitstelle.[150] Die Begründung ist insofern stringent, weil dieser Umstand zwar mathematisch kalkulierbar, aber bei beitragsproportional verteilten Kosten eben nicht berücksichtigt ist. Bedenken hiergegen werden geäußert, weil die Nutzung von Mitteln der VN im Rahmen der Kapitalausstattung bereits ein Privileg der VR seien, die nicht zu einer dementsprechenden Pflicht der VN führen dürfe, solche Mittel auch aufzubringen.[151]

Die VR sind nicht daran gehindert, die Angemessenheit des vereinbarten Stornoabschlags mit nur einem oder auch mehreren Gründen darzulegen. Gibt der VR **verschiedene Gründe** in seinen AVB an, so hindert ihn dies prinzipiell nicht daran, den vollen bezifferten Stornoabschlag auch dann als allgemein angemessen anzusehen, wenn einzelne Begründungen im Einzelfall nicht zutreffen.[152] Im Sinne einer vereinfachten und transparenten Abwicklung könnte aber auch eine Aufteilung des Stornoabschlags auf die verschiedenen Gründe sinnvoll sein.

Nicht mehr angemessen ist ein Abzug dann, wenn er in Bezug auf das Aufhebungsverlangen des VN prohibitiv wirkt und zusätzlich nicht durch betriebliche Überlegungen des VR gerechtfertigt werden kann.[153] Hierin läge eine Beeinträchtigung des gesetzlichen Rechts auf Kündigung (§ 168), das nach § 171 nicht zum Nachteil des VN abgeändert werden kann. Zu betragsmäßigen oder relativen Grenzen gibt es bislang keine Rechtsprechung und auch in der Literatur nur Annäherungen.[154]

8. Gefährdung der Belange der VN (Abs. 6). Nach Abs. 6 kann der VR den auszuzahlenden Betrag angemessen herabsetzen, um eine Gefährdung der Belange der VN auszuschließen. Liegen diese Voraussetzungen vor, so hat der VR also ein einseitiges gesetzliches Leistungsbestimmungsrecht iSd § 315 BGB. Dieses Recht bedarf keiner weiteren vertraglichen Vereinbarung, Konkretisierung oder auch nur Wiederholung in den AVB. Bei der Beurteilung der Rechtmäßigkeit der Kürzung ist weder VN noch Aufsichtsbehörde zu beteiligen.[155]

Diese Herabsetzungsmöglichkeit, die jeweils auf **ein Jahr** zu **befristen** ist (**Abs. 6 S. 2**), dürfte nur in besonderen Ausnahmefällen zum Tragen kommen, da bereits das enge Aufsichtsregime dazu dient, eine Gefährdung der Belange der VN auszuschließen. Eine Gefährdung der Belange der VN ist daher kaum vorstellbar, solange der VR alle aufsichtsrechtlichen Pflichten erfüllt und alle behördlich angeordneten Stresstests besteht. Wie das Beispiel der Gefährdung der dauernden Erfüllbarkeit der sich aus den VersVerträgen ergebenden Verpflichtungen zeigt, geht es darum, die Interessen der kündigenden und der verbleibenden VN in Übereinstimmung zu bringen. Dies könnte etwa dadurch erforderlich werden, dass eine Vielzahl von VN in einer besonders ungünstigen Situation der Kapitalmärkte kündigt,

---

150 *Grote/Thiel*, VersR 2013, 666; offen gelassen: Looschelders/Pohlmann/*Krause*, § 169 Rn 50; zweifelnd: Langheid/Wandt/*Mönnich*, § 169 Rn 119.
151 *Brömmelmeyer*, VersR 2014, 133.
152 *Grote/Thiel*, VersR 2013, 666.
153 Looschelders/Pohlmann/*Krause*, § 169 Rn 46; Römer/Langheid/*Langheid*, § 169 Rn 48; *Grote/Thiel*, VersR 2013, 666.
154 So bei *Grote/Thiel*, VersR 2013, 666.
155 Römer/Langheid/*Langheid*, § 169 Rn 52.

den Rückkaufswert fordert und die Vermögenswerte bei marktgerechter Bewertung die Verbindlichkeiten nicht mehr vollständig decken.[156]

9. Überschussbeteiligung (Abs. 7). In Abs. 7 wird klargestellt, dass bereits erworbene Ansprüche des VN aus einer vereinbarten Überschussbeteiligung durch die Kündigung nicht in Frage gestellt werden. Dies gilt sowohl für die bereits zugeteilten laufenden Überschussanteile als auch für die unter Berücksichtigung der Bewertungsreserven nach § 153 Abs. 3 zuletzt deklarierten und noch zuzuordnenden Überschussanteile.[157]

V. Abdingbarkeit

Von den Regelungen des § 169 kann nach § 171 grds. nicht zum Nachteil des VN, der versicherten Personen oder des Eintrittsberechtigten abgewichen werden. Fraglich ist allerdings, ob die Umwandlungspflicht nach Abs. 1 im Fall der Kündigung bzgl des die Höchstgrenze übersteigenden Betrags wirksam in den AVB abbedungen werden kann. Da das Ziel des VN bei Ausspruch der Kündigung die Vertragsbeendigung war, liegt hierin kein Nachteil, so dass eine entsprechende Klausel wirksam wäre.[158]

VI. Beweislast

Der VR trägt die Beweislast dafür, dass die Berücksichtigung der Vertriebs- und Abschlusskosten wirksam vereinbart wurde, wenn er diese bei der Berechnung des Deckungskapitals berücksichtigt hat. Der VN trägt nach den allgemeinen Regeln die Beweislast dafür, dass der Rückkaufswert falsch berechnet wurde. Der VR trägt die Beweislast für die generelle Angemessenheit des Stornoabzugs,[159] so dass es eines AGB-rechtlichen Hinweises auf die Gegenbeweismöglichkeit nicht bedarf.[160] Eine entsprechende Regelung in den AVB, die dem VN die Möglichkeit einräumt, einen geringeren Schaden nachzuweisen, dürfte möglich sein und nicht zur Intransparenz der gesamten Vereinbarung über den Stornoabzug führen.[161] Allerdings ist dies umstritten.

Der BGH hält § 309 Nr. 5 Buchst. b BGB für einschlägig, sieht also im Abschlag einen pauschalierten Schadensersatzanspruch bzw will die Regelung auch für den Fall entsprechend anwenden, dass es sich bei dem Abschlag um eine Regelung zur Vertragsabwicklung handelt.[162] Daraus folgt die Anforderung, dass der VN darauf hingewiesen werden muss, dass ihm der Nachweis gestattet ist, dem VR sei ein Schaden gar nicht oder jedenfalls nur in geringerer Höhe entstanden. Der BGH fordert, dass das Regel-Ausnahme-Verhältnis transparent dargestellt wird, nach dem zunächst der VR als Verwender darlegungs- und beweispflichtig für die generelle Angemessenheit der Höhe des Stornoabzugs ist. In einem zweiten Schritt hat dann der VN die Beweislast dafür, dass in seinem konkreten Einzelfall ein Abzug überhaupt nicht oder nur in geringerer Höhe angemessen ist.[163]

---

156 Begr. RegE, BT-Drucks. 16/3945, S. 104.
157 Begr. RegE, BT-Drucks. 16/3945, S. 104 f.
158 Marlow/Spuhl/*Grote*, Rn 1134.
159 Looschelders/Pohlmann/*Krause*, § 169 Rn 1361; Marlow/Spuhl/*Grote*, Rn 1172; *Brömmelmeyer*, VersR 2014, 133.
160 *Römer*, DB 2007, 2523; Schwintowski/Brömmelmeyer/*Ortmann*, § 169 Rn 28; Marlow/Spuhl/*Grote*, Rn 1172.
161 Prölss/Martin/*Reiff*, § 169 Rn 60 a; aA Beckmann/Matusche-Beckmann/*Brömmelmeyer*, § 142 Rn 179.
162 BGH 12.10.2005 – IV ZR 162/03 (Rz 60, 64), BGHZ 164, 297 = VersR 2005, 1565; ebenso Römer/Langheid/*Langheid*, § 169 Rn 51, wenn eine Pauschalierung vorliegt.
163 BGH 12.10.2005 – IV ZR 162/03 (Rz 64), BGHZ 164, 297 = VersR 2005, 1565; zust. *Brömmelmeyer*, VersR 2014, 133.

Der GDV hat dies zum Anlass genommen, einerseits in der Klausel zur Vereinbarung des Stornoabzugs dessen inhaltliche Begründung und damit seine grundsätzliche Angemessenheit bereits darzulegen und andererseits zur Beweissituation folgende Klausel formuliert:[164]

„*Von dem nach Absatz 3 ermittelten Wert nehmen wir einen Abzug in Höhe von […] vor. Der Abzug ist zulässig, wenn er angemessen ist. Dies ist im Zweifel von uns nachzuweisen. Wir halten den Abzug für angemessen, weil mit ihm die Veränderung der Risikolage des verbleibenden Versichertenbestandes ausgeglichen wird. Zudem wird damit ein Ausgleich für kollektiv gestelltes Risikokapital vorgenommen. Wenn Sie uns nachweisen, dass der aufgrund Ihrer Kündigung von uns vorgenommene Abzug wesentlich niedriger liegen muss, wird er entsprechend herabgesetzt. Wenn Sie uns nachweisen, dass der Abzug überhaupt nicht gerechtfertigt ist, entfällt er.*"

Durch diese Klausel wird das vom BGH geforderte Regel-Ausnahme-Verhältnis hinreichend klar, so dass weder eine Beweislastumkehr[165] noch ein Verstoß gegen § 309 Nr. 12 Buchst. a BGB vorliegt.[166]

VII. Altverträge

1. Anwendbares Recht. Nach der Legaldefinition des Art. 1 Abs. 1 EGVVG sind Altverträge solche, die vor dem 1.1.2008 entstanden sind (vgl Art. 1 EGVVG Rn 1). Der Grundsatz, nach dem das VVG nF auch für Altverträge gilt, wird für § 169 nach Art. 4 Abs. 2 EGVVG aufgehoben, denn danach ist statt § 169 die Regelung des § 176 (aF) in der bis zum 31.12.2007 geltenden Fassung weiter anzuwenden. Insofern sollte es bei der Anwendung des bis zum 31.12.2007 geltenden Rechts in der durch die Rspr[167] geprägten Auslegung bleiben.[168] Danach ist wie bisher weiter im Altbestand zwischen den Verträge aus regulierter Zeit (Vertragsabschluss bis zum 31.12.1994) und den nicht regulierten Beständen zu differenzieren.[169]

§ 176 VVG aF Rückkaufswert

(1) Wird eine Kapitalversicherung für den Todesfall, die in der Art genommen ist, daß der Eintritt der Verpflichtung des Versicherers zur Zahlung des vereinbarten Kapitals gewiß ist, durch Rücktritt, Kündigung oder Anfechtung aufgehoben, so hat der Versicherer den auf die Versicherung entfallenden Rückkaufswert zu erstatten.

(2) Das gleiche gilt bei einer Versicherung der in Absatz 1 bezeichneten Art auch dann, wenn nach dem Eintritt des Versicherungsfalls der Versicherer von der Verpflichtung zur Zahlung des vereinbarten Kapitals frei ist. Im Fall des § 170 Abs. 1 ist jedoch der Versicherer zur Erstattung des Rückkaufswerts nicht verpflichtet.

(3) Der Rückkaufswert ist nach den anerkannten Regeln der Versicherungsmathematik für den Schluß der laufenden Versicherungsperiode als Zeitwert der Versicherung zu berechnen. Prämienrückstände werden vom Rückkaufswert abgesetzt.

(4) Der Versicherer ist zu einem Abzug nur berechtigt, wenn er vereinbart und angemessen ist.

2. Regulierter Bestand bis zum 31.12.1994. Für den regulierten Altbestand, also für die Verträge, die auf Basis der bis zum 29.7.1994 genehmigten Allgemeinen

---

164 § 12 Abs. 4 ALB der Musterbedingungen, Stand: 6.8.2014.
165 So zur Vorgängerklausel Langheid/Wandt/*Mönnich*, § 169 Rn 122.
166 So auch *Brömmelmeyer*, VersR 2014, 133.
167 Gemeint sind hier insb. die Entscheidungen des BVerfG aus 2005 und des BGH aus 2001 und 2005.
168 Vgl BT-Drucks. 16/5862, S. 71, 101.
169 Prölss/Martin/*Reiff*, § 169 Rn 24.

Versicherungsbedingungen bis zum 31.12.1994 abgeschlossen wurden, ist nach Art. 4 Abs. 2 EGVVG § 176 aF in seiner bis zum 31.12.2007 geltenden Fassung weiter anzuwenden. Bereits vor dem 31.12.2007 gab es ein unterschiedliches Rechtsregime, das durch den nunmehrigen Verweis weiterbesteht. Für den regulierten Altbestand bedeutet dies, dass § 176 in der vor 1994 geltenden Fassung anzuwenden ist.[170]

82 **3. Deregulierter Bestand bis zum 31.12.2007. a) Grundsatz.** Für den deregulierten Bestand gilt, dass das bei Abschluss des Vertrages geltende VVG fortgilt. Dabei stellen §§ 176 Abs. 3 S. 1 und 174 Abs. 2 aF nur den Rahmen dar, innerhalb dessen sich die Berechnung halten muss. Das anerkannte System zur Ermittlung des Rückkaufswertes ist kein eindeutiges Verfahren, bei dem stets ein bestimmtes Ergebnis erzielt wird, sondern es enthält im Hinblick auf Methodik und Parameter Spielräume, die durch geschäftspolitische Entscheidungen der jeweiligen Unternehmens ausgefüllt werden.[171] Auch treffen diese Normen keine Aussage darüber, ob der VR für den Fall der Kündigung des Vertrages die Höhe des Rückkaufswertes mit dem VN vereinbaren muss oder sich die Berechnung nach den anerkannten Regeln der Versicherungsmathematik vorbehalten darf.[172] Insoweit ist zwischenzeitlich anerkannt, dass ein nicht zu übergehendes Bedürfnis des VN nach weiterer transparenter Unterrichtung besteht. Dies gilt jedenfalls dann, wenn der VR bestimmte Kostenpositionen, insb. Abschluss- und Vertriebskosten zillmert, also nicht laufzeitproportional verteilt.

83 Die allgemein übliche **Zillmerung** ist seit der Deregulierung Gegenstand zahlreicher Gerichtsverfahren geworden, weil sie dazu führt, dass der VN bei **Frühstornofällen**, wenn er also den Vertrag relativ zu Beginn der Laufzeit kündigt oder beitragsfrei stellt, keinen oder nur einen sehr geringen Rückkaufswert erhält. Hat der BGH zunächst nur darauf abgestellt, dass die Klauseln wegen eines Transparenzdefizits unwirksam waren, kommt er in jüngeren Entscheidungen zu dem Ergebnis, dass der Regelungsgehalt inhaltlich unangemessen ist und Klauseln, die zu keinem oder einem unangemessen niedrigen Rückkaufswert führen, selbst bei ausreichender Transparenz unwirksam sind.[173]

84 **b) Wirksamkeit der Klauseln zum Rückkaufswert. aa) Notwendiger Regelungsinhalt.** Die Wirksamkeit der vom VR verwandten AVB ist nach den Umständen des Einzelfalles zu prüfen.[174] Nach Treu und Glauben haben dabei die Klauseln die wirtschaftlichen Nachteile und Belastungen so weit erkennen zu lassen, wie dies nach den Umständen gefordert werden kann.[175] Der BGH hat hierfür verschiedene Kriterien aufgestellt: Wenn der VR das Ergebnis seiner Berechnungen zum Rückkaufswert in einer Tabelle darstellt, ist es nicht notwendig, dass er die Methode zur Ermittlung des Zeitwertes mitteilt oder gar erläutert. Es muss dabei in Kauf genommen werden, dass die anteilige Überschussbeteiligung wegen ihrer nicht prognostizierbaren Höhe nicht garantiert werden kann.[176]

85 **bb) Transparenz.** Soweit die Abschlusskosten nicht gleichmäßig über die Vertragslaufzeit verteilt, sondern nach dem Zillmerverfahren dem Konto des VN sofort belastet werden, und dadurch der Rückkaufswert im ersten oder in den ersten Jahren Null ist, ist dies bei einer tabellenförmigen Darstellung in der **Tabelle** aufzuneh-

---

170 Prölss/Martin/*Reiff*, § 169 Rn 24.
171 BGH 9.5.2001 – IV ZR 138/99, BGHZ 147, 373 = VersR 2001, 839; *Jaeger*, VersR 2002, 133.
172 BGH 9.5.2001 – IV ZR 138/99, BGHZ 147, 373 = VersR 2001, 839.
173 BGH 25.7.2012 – IV ZR 201/10, r+s 2012, 503.
174 BGH 9.5.2001 – IV ZR 121/00, BGHZ 147, 354 = VersR 2005, 841.
175 BGH 9.5.2001 – IV ZR 138/99, BGHZ 147, 373 = VersR 2001, 839.
176 BGH 9.5.2001 – IV ZR 121/00, BGHZ 147, 354 = VersR 2001, 841.

men.[177] Der BGH hat es als nicht ausreichend angesehen, wenn sich der VN dies selber durch einen Vergleich mit den in der Tabelle angeführten Daten der Laufzeit und dem Abschlussdatum ermitteln muss.[178] Auch eine Beschränkung der tabellarischen Darstellung auf lediglich sieben Jahre reicht nicht aus.[179] Im Hinblick auf den Umfang der AVB fordert der BGH weiter, dass sich die Tabelle an einer Stelle der AVB befindet, an der der VN sie erwarten durfte, oder sich dort wenigstens ein Verweis findet, nämlich bei den Regelungen über die Beitragsfreistellung und Kündigung (§ 6 ALB 94).[180] Stets muss an dieser Stelle schon grds. deutlich werden, dass die Ausübung des Rechts auf Kündigung mit wirtschaftlichen Nachteilen verbunden sein kann.[181] Dabei darf aber nicht suggeriert werden, dass die Kündigung des Vertrages stets mit Nachteilen verbunden ist.

cc) Inhaltliche Angemessenheit. Bestimmungen in AVB für Kapitallebensversicherung und aufgeschobene Rentenversicherung, die vorsehen, dass die Abschlusskosten im Wege des **Zillmerverfahrens** mit den ersten Beiträgen des VN verrechnet werden, stellen eine unangemessene Benachteiligung des VN dar und sind daher nach § 307 Abs. 2 Nr. 2, Abs. 1 S. 1 BGB unwirksam.[182] Die Unangemessenheit rührt daher, dass die Zillmermethode dazu führt, dass dem VN kein oder nur ein unverhältnismäßig niedriger Rückkaufswert zusteht.[183] Angemessen ist danach eine Vereinbarung, die auch in den Anfangsjahren dem VN einen angemessen hohen Rückkaufswert zuspricht. Dies bedeutet aber nicht, dass der VR auf die Zillmerung verzichten muss. Diese ist für Verträge, die planmäßig bis zum vereinbarten Ende durchgeführt werden, zulässig. Vielmehr muss bei Vereinbarung der Zillmerung dem VN der Anspruch auf einen ausreichend hohen **Mindestrückkaufswert** eingeräumt werden. Die Höhe kann sich dabei entweder an der aktuellen gesetzlichen Regelung orientieren. Danach wäre der Rückkaufswert bei einer Verteilung der gezillmerten Abschlusskosten auf die ersten fünf Vertragsjahre zu ermitteln. Alternativ kann aber auch auf die Formel des BGH zurückgegriffen werden, wonach der VN einen Anspruch auf die Hälfte des mit den Rechnungsgrundlagen der Prämienkalkulation berechneten ungezillmerten Deckungskapitals hat.[184] Ungezillmert bedeutet dabei, dass der Mindestrückkaufswert ohne Berücksichtigung jeglicher Abschlusskosten berechnet wird, für die der VR bei der Prämienkalkulation die Zillmerung vorgesehen hat.[185] Diese Abschlusskosten sind für die Zwecke der Berechnung also auch nicht auf die gesamte Laufzeit zu verteilen. Vielmehr muss der VR diese Kosten aus der ihm verbleibenden anderen Hälfte des ungezillmerten Deckungskapitals bestreiten. 86

dd) Rechtsfolgen. Bei Intransparenz der Regelungen zum Rückkaufswert und insbesondere zur Verrechnung der Abschlusskosten sind diese unwirksam. Dies führt aber nicht dazu, dass damit der VR sämtliche Abschlusskosten tragen muss.[186] Vielmehr kommt es zu einer ergänzenden Vertragsauslegung, nach der es bei der ursprünglichen Regelung zum Rückkaufswert bleibt, die ergänzt wird, so dass der 87

---

177 BGH 9.5.2001 – IV ZR 138/99, BGHZ 147, 373 = VersR 2001, 839.
178 BGH 9.5.2001 – IV ZR 138/99, BGHZ 147, 373 = VersR 2001, 839.
179 BGH 9.5.2001 – IV ZR 138/99, BGHZ 147, 373 = VersR 2001, 839.
180 BGH 9.5.2001 – IV ZR 138/99, BGHZ 147, 373 = VersR 2001, 839; OLG Köln 5.2.2010 – 20 U 80/08.
181 BGH 9.5.2001 – IV ZR 138/99, BGHZ 147, 373 = VersR 2001, 839; OLG Köln 5.2.2010 – 20 U 80/08.
182 BGH 25.7.2012 – IV ZR 201/10, NJW 2012, 3023.
183 BGH 25.7.2012 – IV ZR 201/10 (Rz 27), NJW 2012, 3023.
184 BGH 12.10.2005 – IV ZR 162/03, BGHZ 164, 297 = VersR 2005, 1565 = r+s 2005, 519; BGH 25.7.2012 – IV ZR 201/10, VersR 2012, 1149; BGH 26.6.2013 – IV ZR 39/10, VersR 2013, 1381.
185 BGH 26.6.2013 – IV ZR 39/10 (Rz 55 ff), VersR 2013, 1381; *Brambach*, r+s 2014, 1.
186 So aber noch Prölss/Martin/*Schneider*, § 164 Rn 21; *Armbüster*, NJW 2012, 3001; *Reiff*, NJW 2013, 785.

VR dem VN wenigstens einen Mindestrückkaufswert zahlen muss.[187] Dieser beträgt einheitlich für die Vertragsgeneration 1994–2007 die Hälfte des mit den Rechnungsgrundlagen der Prämienkalkulation berechneten ungezillmerten Deckungskapitals.[188] Dies gilt entsprechend auch für die fondsgebundenen Lebensversicherungsverträge, wobei an die Stelle des ungezillmerten Deckungskapitals das ungezillmerte Fondsvermögen tritt.[189] Ist der Anspruch auf den Rückkaufswert nach der ursprünglichen vertraglichen Regelung höher als der Mindestrückkaufswert, so hat der VN einen Anspruch hierauf.[190]

87a ee) **Hilfsansprüche.** Da der VN regelmäßig die Höhe des Mindestrückkaufswertes nicht ohne Weiteres berechnen kann, hat er einen **Auskunftsanspruch** gegenüber dem VR. Dieser ist allerdings begrenzt. Der BGH hat die maßgeblichen Grundsätze zum Auskunftsanspruch des VN gegen den Lebensversicherer in seinem Urteil vom 26.6.2013[191] aufgestellt. Dort hat er es gebilligt, dass der VR verurteilt worden war, in geordneter Form Auskunft zu erteilen durch die Benennung folgender Beträge: der Hälfte des mit den Rechnungsgrundlagen der Prämienkalkulation berechneten ungezillmerten Deckungskapitals bzw des ungezillmerten Fondsguthabens; des Rückkaufswertes, der sich für den Zeitpunkt der Beendigung des Vers-Vertrages bei Zugrundelegung der Bestimmungen des jeweiligen VersVertrages, so wie er geschlossen ist, ergibt („versprochene Leistung"); eines vorgenommenen Abzugs gem. § 176 Abs. 4 aF. Ergänzend hat er den VR verurteilt, in geordneter Form Auskunft zu erteilen durch Benennung der während der Vertragslaufzeit zugewiesenen, laufenden Überschussbeteiligung und des anlässlich der Vertragsbeendigung zugewiesenen Schlussüberschussanteils, soweit etwaige Überschüsse Bestandteil der Berechnung des ungezillmerten Deckungskapitals und/oder der Berechnung des Rückkaufswertes sind, sowie der an die Finanzverwaltung abgeführten Kapitalertragsteuern und Solidaritätszuschläge auf die vorerwähnte Überschussbeteiligung. Diese Ansprüche sollen den VN dazu in die Lage versetzen, seinen Anspruch auf einen Mindestrückkaufswert sowohl in der klassischen als auch in der fondsgebundenen Versicherung zu begründen und eventuelle Zweifel oder Fehler darzulegen und ggf zu beweisen. Eine weitergehende Beweislastumkehr hat der BGH explizit abgelehnt.[192]

88 **4. Verjährung.** Soweit es sich um Verträge handelt, die vor dem 1.1.2008 abgeschlossen wurden, handelt es sich bei den Ansprüchen auf den Rückkaufswert um solche aus dem VersVertrag iSd § 12 Abs. 1 S. 1 aF mit der Folge, dass sich die Verjährung nach § 12 aF richtet.[193] Nach § 12 aF wurde nicht nur die Länge der Verjährungsfrist mit fünf Jahren, sondern auch deren Beginn festgesetzt. Danach beginnt die Verjährungsfrist mit dem Schluss des Jahres, in dem die Leistung verlangt werden kann. Maßgeblich ist also der Zeitpunkt, in dem der Anspruch auf Zahlung des Rückkaufswertes fällig geworden ist.[194] Für den Beginn der Verjährungsfrist genügt es dabei in subjektiver Hinsicht, wenn der Gläubiger die Tatsachen

---

187 BGH 9.5.2001 – IV ZR 121/00, BGHZ 147, 354 = VersR 2005, 841; BGH 12.10.2005 – IV ZR 162/03, BGHZ 164, 297 = VersR 2005, 1565; BGH 24.10.2007 – IV ZR 94/05, VersR 2008, 337; BGH 11.9.2013 – IV ZR 17/13, r+s 2013, 614; *Brambach*, r+s 2014, 1.
188 BGH 11.9.2013 – IV ZR 17/13, r+s 2013, 614.
189 BGH 26.9.2007 – IV ZR 321/05, VersR 2008, 321.
190 BGH 26.6.2013 – IV ZR 39/10, NJW 2013, 3580; BGH 7.1.2014 – IV ZR 216/13, r+s 2015, 83.
191 BGH 26.6.2013 – IV ZR 39/10, NJW 2013, 3580; BGH 7.1.2014 – IV ZR 216/13, r+s 2015, 83.
192 BGH 7.1.2014 – IV ZR 216/13, r+s 2015, 83.
193 OLG Köln 5.2.2010 – 20 U 80/08 (Rz 118 ff), EWiR 2010, 471.
194 BGH 14.7.2010 – IV ZR 208/09, VersR 2010, 1067; OLG Köln 5.2.2010 – 20 U 80/08 (Rz 99 ff), EWiR 2010, 471; OLG München 17.2.2009 – 25 U 3974/08, VersR 2009, 666.

kennt, aus denen sich der Anspruch ergibt, also die Beendigung des Vertrages durch die Kündigung, die Vertragsdaten und die Abrechnung durch den VR. Auf weitere subjektive Elemente, wie etwa die Kenntnis des Gläubigers vom Bestehen eines Anspruchs, kommt es nicht an.[195]

Soweit vertreten wird, dass erst mit dem Urteil des BGH vom 12.10.2005 oder 25.7.2012 Ansprüche auf den (erhöhten) Rückkaufswert entstanden seien, weil erst der BGH diese durch eine ergänzende Vertragsauslegung begründet habe,[196] ist dem nicht zu folgen. Da die Zahlung eines Rückkaufswertes bei Kündigung bereits mit Vertragsabschluss vereinbart worden ist[197] und sich nicht einmal die Berechnung des Rückkaufswertes unter Berücksichtigung des Zillmerverfahrens geändert hat, sondern lediglich eine Mindesthöhe des Rückkaufswertes festgelegt wurde, fehlt es an einem neuen Anspruch.[198] Der Anspruch ist vielmehr mit der Kündigung entstanden. Die ergänzende Vertragsauslegung, die dem Mindestrückkaufswert zugrunde liegt, schließt insoweit eine bereits bei Vertragsabschluss bestehende Regelungslücke rückwirkend.[199] Dies gilt auch, wenn der VR zu einem Stornoabzug nicht berechtigt war, weil die entsprechende vertragliche Klausel unwirksam ist.[200]

89

Zuletzt liegt auch kein Fall vor, in dem wegen unsicherer und zweifelhafter Rechtslage der Verjährungsbeginn hinausgeschoben worden wäre. So geht der BGH explizit davon aus, dass auch vor seinem Urteil vom 12.10.2005 die Erhebung einer Klage auf Zahlung eines höheren Rückkaufswertes nicht unzumutbar gewesen wäre.[201] Die VN durften insoweit nicht den Ausgang eines „Musterverfahrens" abwarten, sondern mussten ggf. selber klagen.

90

§ 170 Eintrittsrecht

(1) ¹Wird in die Versicherungsforderung ein Arrest vollzogen oder eine Zwangsvollstreckung vorgenommen oder wird das Insolvenzverfahren über das Vermögen des Versicherungsnehmers eröffnet, kann der namentlich bezeichnete Bezugsberechtigte mit Zustimmung des Versicherungsnehmers an seiner Stelle in den Versicherungsvertrag eintreten. ²Tritt der Bezugsberechtigte ein, hat er die Forderungen der betreibenden Gläubiger oder der Insolvenzmasse bis zur Höhe des Betrags zu befriedigen, dessen Zahlung der Versicherungsnehmer im Fall der Kündigung des Versicherungsverhältnisses vom Versicherer verlangen könnte.

(2) Ist ein Bezugsberechtigter nicht oder nicht namentlich bezeichnet, steht das gleiche Recht dem Ehegatten oder Lebenspartner und den Kindern des Versicherungsnehmers zu.

(3) ¹Der Eintritt erfolgt durch Anzeige an den Versicherer. ²Die Anzeige kann nur innerhalb eines Monats erfolgen, nachdem der Eintrittsberechtigte von der Pfändung Kenntnis erlangt hat oder das Insolvenzverfahren eröffnet worden ist.

---

195 BGH 14.7.2010 – IV ZR 208/09, VersR 2010, 1067.
196 *Schwintowski*, DStR 2006, 429.
197 BGH 14.7.2010 – IV ZR 208/09, VersR 2010, 1067; OLG Köln 5.2.2010 – 20 U 80/08 (Rz 120), EWiR 2010, 471; *Winkens/Abel*, VersR 2007, 527.
198 OLG Köln 5.2.2010 – 20 U 80/08 (Rz 99 ff), EWiR 2010, 471.
199 BGH 14.7.2010 – IV ZR 208/09, VersR 2010, 1067.
200 BGH 14.7.2010 – IV ZR 208/09, VersR 2010, 1067.
201 BGH 14.7.2010 – IV ZR 208/09, VersR 2010, 1067.

I. Tatbestandsvoraussetzungen

1. Bestehender Lebensversicherungsvertrag. Zunächst ist Voraussetzung für ein Eintrittsrecht, dass ein gültiger Lebensversicherungsvertrag besteht.[1] Der VR darf die Versicherungsleistung oder den Rückkaufswert noch nicht ausgezahlt haben.

Strittig ist, ob die Versicherung **rückkaufbar** sein muss.[2] Nicht rückkaufbar sind reine Risikolebensversicherungen und Versicherungen iSd § 168 Abs. 3. Da bzgl der Letztgenannten ohnehin nach § 851 c ZPO oder § 851 d ZPO Pfändungsschutz besteht und es damit an einer weiteren Voraussetzung mangeln würde, ist für diese Policen der Streit nicht zu entscheiden. Bei einer Risikoversicherung stellt eine Auffassung[3] das schützenswerte Interesse des Gläubigers, in die Versicherung zu vollstrecken, zu Unrecht in Abrede: Selbst wenn nämlich eine sofortige Verwertung ausscheidet, so ist immerhin der Zugriff im Fall des Eintritts des Risikos auf die dann durch den VR auszuzahlende Versicherungssumme für den Gläubiger lohnend. Andererseits kommt es im Hinblick auf die Voraussetzungen eines Eintrittsrechts des Bezugsberechtigten nicht auf die schützenswerten Interessen des Gläubigers an, sondern auf die Frage, wie die Bezugsberechtigten oder Angehörigen auf eine Zwangsvollstreckungsmaßnahme reagieren können. Da der Neuabschluss einer Risikoversicherung wegen des höheren Alters der versicherten Person nachteilig ist, stellt das Eintrittsrecht, zumal kein Rückkaufswert zu zahlen ist, eine vernünftige Möglichkeit zur Reaktion auf die Zwangsvollstreckung in die Ansprüche aus einer Risikolebensversicherung dar. Daher kann es nach hier vertretener Auffassung nicht darauf ankommen, ob die Versicherung rückkaufbar ist. Die Gegenauffassung differenziert weiter danach, ob schon ein positiver Rückkaufswert vorliegen muss.[4]

2. Arrest, Zwangsvollstreckungsmaßnahme oder Insolvenz. Weitere Voraussetzung ist entweder der **Arrest oder die Zwangsvollstreckung** in die Versicherungsforderung oder die Eröffnung des **Insolvenzverfahrens** über das Vermögen des VN. Nicht ausreichend ist die Androhung der Zwangsvollstreckung.[5]

Offen ist die Frage, inwieweit die Norm bei einem unwiderruflichen Bezugsrecht anwendbar ist. So wird vertreten, dass das Eintrittsrecht nicht nur einem widerruflich, sondern auch einem unwiderruflich Bezugsberechtigten zusteht.[6] Zu einer wirksamen Zwangsvollstreckungsmaßnahme kann es allerdings nur dann kommen, wenn das unwiderrufliche Bezugsrecht nicht sämtliche Forderungen aus dem VersVertrag umfasst, sondern auf eine Forderung zugegriffen wird, bezüglich derer noch kein unwiderrufliches Bezugsrecht entstanden ist. Nur dann kann die Maßnahme dazu führen, dass sich der zwangsvollstreckende Gläubiger zu irgendeinem Zeitpunkt aus der Versicherung befriedigen kann, sei es durch die Zahlung einer Versicherungsleistung, des Rückkaufswertes oder der Überschussbeteiligung,[7] und nur dann kann er ggf. auf das Kündigungsrecht mit zugreifen (vgl § 168 Rn 8).

3. Zustimmung des VN. Dritte Voraussetzung ist die **Zustimmung des VN**. Bei der Zustimmungserklärung handelt es sich um eine einseitige, empfangsbedürftige, unwiderrufliche, formfreie und unbedingte Willenserklärung, die nach Abs. 3 fristgebunden ist und innerhalb der Frist dem VR zugegangen sein muss.[8] Aus dieser

---

1 Römer/Langheid/*Langheid*, § 170 Rn 2; Prölss/Martin/*Reiff*, § 170 Rn 3.
2 So Prölss/Martin/*Reiff*, § 170 Rn 3; *Prahl*, VersR 2005, 1037; abl. Römer/Langheid/*Langheid*, § 170 Rn 2.
3 Prölss/Martin/*Reiff*, § 170 Rn 3.
4 So noch Prölss/Martin/*Kollhosser*, 27. Aufl. 2004, § 177 Rn 2; *Hasse*, VersR 2005, 33; abl. nunmehr Prölss/Martin/*Reiff*, § 170 Rn 3.
5 Prölss/Martin/*Reiff*, § 170 Rn 4.
6 Prölss/Martin/*Reiff*, § 170 Rn 4.
7 Prölss/Martin/*Reiff*, § 170 Rn 4.
8 Prölss/Martin/*Reiff*, § 170 Rn 8.

Erklärung muss sich ergeben, dass der VN mit dem Eintritt des namentlich benannten Bezugsberechtigten in den VersVertrag einverstanden ist, Der VN ist nicht verpflichtet, seine Zustimmung zu erteilen, sondern kann diese auch ohne Grund verweigern.[9]

4. Eintrittsberechtigter nach Abs. 1. Eintrittsberechtigt ist jeder **namentlich benannte** Bezugsberechtigte. Aufgrund des eindeutigen Wortlauts reicht es nicht aus, wenn der Bezugsberechtigte bestimmbar ist. Die Ehefrau muss also tatsächlich mit Namen bezeichnet werden; die Bezeichnung „Ehefrau" reicht nicht aus.[10]

Nach dem Wortlaut der Norm ist es unerheblich, ob der Bezugsberechtigte widerruflich oder unwiderruflich bezeichnet wurde. Allerdings dürfte das Interesse des unwiderruflich bezeichneten Bezugsberechtigten an einem Eintritt gering sein, denn durch die Zwangsvollstreckungsmaßnahmen wird seine Bezugsberechtigung nicht gefährdet. Andererseits dürfte regelmäßig aber auch keine Zahlungsverpflichtung entstehen, da mit dem Eintritt in die Position des VN gegenüber dem VR auch das Recht zur Beitragsfreistellung durch den Bezugsberechtigten geltend gemacht werden kann und die Bezugsberechtigung regelmäßig auch den Anspruch auf die Zahlung des Rückkaufswertes umfasst, so dass der VN im Fall der Kündigung vom VR nichts verlangen kann und daher in diesem Fall der Anspruch des betreibenden Gläubigers Null ist. Besteht also ein Interesse des unwiderruflich namentlich benannten Bezugsberechtigten an einem Eintritt in den VersVertrag und an einer Fortzahlung der Prämien, etwa weil die Versicherungsleistung höher ist als die Summe aus Rückkaufswert und noch zu zahlenden Prämien, so kann er die Rechte aus Abs. 1 geltend machen, zumal auch kein Grund ersichtlich ist, den nur widerruflich Bezugsberechtigten gegenüber dem unwiderruflich Bezugsberechtigten zu privilegieren.[11]

5. Eintrittsberechtigter nach Abs. 2. Ist ein Bezugsberechtigter nicht oder nicht namentlich bezeichnet, so steht nach Abs. 2 das Eintrittsrecht dem Ehegatten oder Lebenspartner und den Kindern des VN zu. Gemeint sind der aktuelle Ehepartner oder Lebenspartner nach dem LPartG sowie die Kinder im Rechtssinne, nicht etwa entferntere Abkömmlinge.[12] Nach Scheidung der Ehe oder Aufhebung der Lebenspartnerschaft besteht das Recht nach Abs. 2 nicht mehr. Aus der Formulierung ergibt sich weiter, dass Ehegatten, Lebenspartner und Kinder aber dann kein Eintrittsrecht haben, wenn ein Bezugsberechtigter namentlich bezeichnet wurde und entweder das Eintrittsrecht nicht ausgeübt hat oder aber die Zustimmung des VN nicht erteilt wurde.[13]

Mehrere Eintrittsberechtigte können gemeinsam eintreten und werden dann Gesamtschuldner und Gesamtgläubiger.[14] Durch den Eintritt ändert sich an der erklärten Bezugsberechtigung bzw den erklärten Bezugsberechtigungen nichts. Ferner können sich mehrere durch den VN benannte Bezugsberechtigte auch darauf verständigen, dass nur einer eintritt oder die Bezugsberechtigung dadurch ändern, dass nicht alle benannten, aber einzelne verzichten.

6. Eintrittsanzeige (Abs. 3). Nach Abs. 3 erfolgt der Eintritt durch **formlose Anzeige** an den VR. Es handelt sich insofern um eine einseitige, empfangsbedürftige Willenserklärung. Diese muss die Zustimmung des VN enthalten und in der Frist des Abs. 3 S. 2 dem VR zugehen. Diese **Monatsfrist** beginnt mit Kenntnis des Ein-

---

9 Prölss/Martin/*Reiff*, § 170 Rn 8.
10 Langheid/Wandt/*Mönnich*, § 170 Rn 7; Prölss/Martin/*Reiff*, § 170 Rn 5.
11 OLG Düsseldorf 17.4.1998 – 22 U 197/97, VersR 1998, 1559; Prölss/Martin/*Reiff*, § 170 Rn 7; aA *Sieg*, FS Klingmüller, 1974, S. 458.
12 Prölss/Martin/*Reiff*, § 170 Rn 6.
13 Prölss/Martin/*Reiff*, § 170 Rn 6.
14 Prölss/Martin/*Reiff*, § 170 Rn 7.

trittsberechtigten von der Pfändung oder unabhängig von der Kenntnis mit der Eröffnung des Insolvenzverfahrens über das Vermögen des VN.

II. Rechtsfolge

11 Folge des Eintritts ist ein **Wechsel des Vertragspartners des VR**. An den bestehenden Rechten und Pflichten des Versicherungsverhältnisses ändert sich im Übrigen nichts.[15] Der Eintretende kann also wie zuvor der VN alle Gestaltungsrechte ausüben. Bei mehreren Eintretenden ist eine Verfügung über das Versicherungsverhältnis künftig nur noch gemeinsam möglich, § 432 BGB. Willenserklärungen des VR brauchen zu ihrer Wirksamkeit nur einem von mehreren Eintretenden zuzugehen.[16]

12 Der Eintretende hat die Forderungen des die Zwangsvollstreckung betreibenden Gläubigers oder der Insolvenzmasse bis zur Höhe des Betrags zu befriedigen, den der VN im Fall der Kündigung des Versicherungsverhältnisses vom VR verlangen könnte. Bei einer Risikoversicherungen wie auch bei einer Versicherung nach § 168 Abs. 3 – so bei einer solchen Police überhaupt Zwangsvollstreckungsmaßnahmen erfolgreich durchgeführt wurden – gäbe es keinen Rückkaufswert, so dass auch keine Zahlungsverpflichtung entstünde. In allen anderen Fällen würde der VR den Betrag des Rückkaufswertes mitteilen und der Gläubiger bzw die Insolvenzmasse hätte einen Anspruch gegen den oder die Eintretenden maximal in Höhe des Rückkaufswertes. Für die zusätzliche Berechnung des Rückkaufswertes kann der VR eine Verwaltungsgebühr erheben. Die Befriedigung dieses Anspruchs ist aufgrund des klaren Wortlauts nicht Voraussetzung des Eintritts.[17] Die Gegenauffassung, die sich im Wesentlichen auf die Gesetzesgeschichte und den Gläubigerschutz beruft, lässt außer Acht, dass Abs. 3 eine Anzeige an den VR ausreichen lässt. Wäre die Erfüllung der Zahlungsverpflichtung konstitutiv, so müsste der VR zur Vermeidung einer Unsicherheit bzgl seines Vertragspartners auch noch den Nachweis der Zahlung verlangen und diesen ggf. prüfen. Auch ist der Gläubiger ausreichend geschützt, denn wenn der Eintretende tatsächlich einmal nicht leistet, kann er sich normalerweise durch Vollstreckung in den Anspruch gegen die Versicherung schadlos halten. Sollte dieser bereits durch ein Verhalten des Eintretenden vereitelt sein, dürfte regelmäßig bereits die Ausübung des Eintrittsrechts mit der Absicht der Nichterfüllung der hierdurch entstehenden Ansprüche des Gläubigers dolos und damit strafrechtlich relevant sein.

III. Abdingbarkeit

13 Nach § 171 kann von den gesetzlichen Regelungen zum Eintrittsrecht nicht zum Nachteil des VN, der versicherten Person oder des Eintrittsberechtigten abgewichen werden.

§ 171 Abweichende Vereinbarungen

[1]Von § 152 Abs. 1 und 2 und den §§ 153 bis 155, 157, 158, 161 und 163 bis 170 kann nicht zum Nachteil des Versicherungsnehmers, der versicherten Person oder des Eintrittsberechtigten abgewichen werden. [2]Für das Verlangen des Versicherungsnehmers auf Umwandlung nach § 165 und für seine Kündigung nach § 168 kann die Schrift- oder die Textform vereinbart werden.

---

15 Prölss/Martin/*Reiff*, § 170 Rn 15.
16 Prölss/Martin/*Reiff*, § 170 Rn 15.
17 BK/*Schwintowski*, § 177 Rn 19; Schwintowski/Brömmelmeyer/*Ortmann*, § 170 Rn 18; *Elfring*, BB 2004, 617; aA Prölss/Martin/*Reiff*, § 170 Rn 10 f; *Hasse*, VersR 2005, 15.

Nach der Norm sind viele Vorschriften zu Gunsten des vermutlich Schwächeren halbzwingend. Der Gesetzgeber versucht so, den VN, die versicherte Person und die Eintrittsberechtigten zu schützen.[1] Ob gewisse Abweichungen von den gesetzlichen Normen tatsächlich einen Nachteil für die geschützten Personen darstellen, wird bei den einzelnen Vorschriften diskutiert (siehe dort).

Kapitel 6: Berufsunfähigkeitsversicherung

§ 172 Leistung des Versicherers

(1) Bei der Berufsunfähigkeitsversicherung ist der Versicherer verpflichtet, für eine nach Beginn der Versicherung eingetretene Berufsunfähigkeit die vereinbarten Leistungen zu erbringen.

(2) Berufsunfähig ist, wer seinen zuletzt ausgeübten Beruf, so wie er ohne gesundheitliche Beeinträchtigung ausgestaltet war, infolge Krankheit, Körperverletzung oder mehr als altersentsprechendem Kräfteverfall ganz oder teilweise voraussichtlich auf Dauer nicht mehr ausüben kann.

(3) Als weitere Voraussetzung einer Leistungspflicht des Versicherers kann vereinbart werden, dass die versicherte Person auch keine andere Tätigkeit ausübt oder ausüben kann, die zu übernehmen sie auf Grund ihrer Ausbildung und Fähigkeiten in der Lage ist und die ihrer bisherigen Lebensstellung entspricht.

I. Allgemeines 1	bb) Medizinische Komponente 42
1. Gesetzliche Mindeststandards 1	(1) Krankheit, Körperverletzung oder mehr als altersentsprechender Kräfteverfall 42
2. Sinn und Zweck der Berufsunfähigkeitsversicherung..... 5	
3. Leitbildfunktion 7	(2) Kausalität.................. 45
II. Regelungsgehalt 13	(3) Beeinträchtigung „ganz oder teilweise" 51
1. Leistungsinhalt (Abs. 1) 13	
a) Materielles 13	cc) Zeitliche Komponente... 54
b) Prozessuales: Streitgegenstand 14	3. Zulässigkeit der Verweisung (Abs. 3) 61
2. Begriff der Berufsunfähigkeit (Abs. 2) 17	a) Allgemeines 61
	b) Abstrakte und konkrete Verweisung 62
a) Eigenständigkeit des BU-Begriffs 17	
b) Abweichung von Musterbedingungen 20	c) Voraussetzungen der Vergleichbarkeit.............. 63
	aa) Maßstab 63
c) Tatbestandsmerkmale der Berufsunfähigkeit......... 21	bb) Ausbildung und Fähigkeiten 64
aa) Berufliche Komponente 22	cc) Wahrung der Lebensstellung 67
(1) Berufsbegriff............. 22	
(a) Bedeutung des Begriffs .. 22	(1) Einkommensvergleich ... 68
(b) Tätigkeitsbeschreibung.. 27	(2) Soziale Wertschätzung .. 72
(2) Besonderheit: Selbständiger 31	d) Darlegungs- und Beweislast 78
(3) Besonderheit: Berufsklauseln 35	e) Zulässigkeit von Mischformen 82
(4) Prozessuale Bedeutung .. 41	

---

1 Begr. RegE, BT-Drucks. 16/3945, S. 105.

I. Allgemeines

1. Gesetzliche Mindeststandards. Die Berufsunfähigkeitsversicherung ist als einziger Versicherungszweig zum 1.1.2008 gänzlich neu in das VVG aufgenommen worden, wobei sich der Gesetzgeber an den Musterbedingungen 1990 (MB-BUZ 90[1]) orientierte.[2] Gegenüber dem Abschlussbericht der Kommission vom 19.4.2004 (dort §§ 164–169 VVG-E) haben sich die Regelungen bei ansonsten gleichem Inhalt um „+ 7" Paragrafen-Ziffern verschoben. Die zunehmende Bedeutung der privaten Berufsunfähigkeitsversicherung zeigt sich auch darin, dass in der gesetzlichen Sozialversicherung seit 1.1.2001 für nach dem 2.1.1961 Geborene lediglich noch Schutz in Form (teilweiser) Erwerbsminderung gem. § 240 SGB VI gewährt wird, obwohl statistisch jeder vierte Erwerbstätige vor Erreichen der Altersgrenze aus gesundheitlichen Gründen aus dem „Beruf" ausscheidet.[3] Mit weiterem Potential gestiegen sind die Vertragsbestände: Waren 1990 noch 8,5 Mio. Berufsunfähigkeitsabsicherungen im Bestand der VR, waren es 2013 fast 17,1 Mio.[4]

Dieser gewachsenen Bedeutung der privaten Berufsunfähigkeitsversicherung wird durch die Schaffung von **Mindeststandards**[5] im Gesetz Rechnung getragen. Dabei orientiert sich das Gesetz an den Musterbedingungen zur Berufsunfähigkeitsversicherung des GDV (**MB-BUZ**), die sowohl als Zusatzversicherung, häufig auch als eigenständige Versicherung (beide im Folgenden: BUZ) angeboten wird.

Die Produktvielfalt soll weiterhin erhalten bleiben, so dass es auf die **konkret vereinbarten Bedingungen** ankommt, die v.a. in der zeitlichen Komponente, der Frage der Verweisung und neuerdings auch im Rahmen der Befristung und der Obliegenheiten Unterschiede enthalten. Halbzwingend sind nur die Vorschriften zum Anerkenntnis (§ 173) und zum sog. Nachprüfungsverfahren (§ 174), von denen gem. § 175 nicht zum Nachteil des VN abgewichen werden darf (vgl auch § 18 Rn 4 f).[6] Wie bisher[7] bleiben die Bestimmungen zur Lebensversicherung ergänzend anwendbar (§ 176).

Auf **Altverträge**, dh auf Verträge, die vor dem 1.1.2008 geschlossen wurden, ist nur § 173 ab 1.1.2009 anwendbar.[8]

2. Sinn und Zweck der Berufsunfähigkeitsversicherung. Sinn und Zweck der BUZ müssen anhand der Leistungen bestimmt werden, die bei Vorliegen der Leistungsvoraussetzungen gewährt werden. Nach den AVB meist dauernde oder zumindest länger dauernde, krankheitsbedingte Nichtausübbarkeit des Berufs sowie die Lebensstellung wahrende Nichtverweisbarkeit werden als Voraussetzungen in Abs. 2 und 3 genannt, so dass danach der berufsbedingte Status[9] des Versicherten gewahrt werden soll. Zum Teil wird auch als Zweck der BUZ eine Absicherung vor

---

1 VerBAV 1990, 347; VerBAV 1993, 139.
2 Begr. VVG-KE S. 132, 134; Begr. RegE, BT-Drucks. 16/3945, S. 105 (zu § 172 Abs. 2, 3. Abs.), S. 106 (zu § 174 Abs. 1, 1. Abs.).
3 *Schimikowski/Höra*, S. 193; *Rosensträter-Krumbach*, VersR 2004, 170.
4 GdV, Die deutsche Lebensversicherung in Zahlen 2013, S. 14, 18: Bestand ca. 13, 7 Mio. BUZ-Verträge und ca. 3,4 Mio. selbständige BU-Verträge.
5 *Meixner/Steinbeck*, § 8 Rn 2; *Schimikowski/Höra*, S. 193.
6 Prüfungsmaßstab bleiben §§ 307 ff BGB, BGH 18.3.2009 – IV ZR 298/06, VersR 2009, 769.
7 BGH 5.12.1990 – IV ZR 13/90, VersR 1991, 289 (unter III).
8 Beschlussempfehlung Rechtsausschuss vom 20.6.2007, BT-Drucks. 16/5862, S. 101; LG Halle 24.1.2011 – 5 O 1279/09 nach *Neuhaus*, BUZintensiv 1/2011; aA wohl LG Dortmund 29.7.2009 – 2 O 22/08, was im konkreten Fall überzeugt, in der Begründung aber nicht, weil der Umkehrschluss (argumentum e contrario) gerade dem gesetzgeberischen Willen entspricht.
9 OLG Hamm 30.3.1990 – 20 U 143/89, r+s 1990, 355; Römer/Langheid/*Rixecker*, § 172 Rn 1.

dem Sozialfall[10] oder Sicherung der wirtschaftlichen Existenzgrundlage[11] genannt. Dies darf nicht dazu verleiten, die private BUZ als eine (Art) Sozialversicherung zu verstehen, denn diese Funktion ist ausgeschlossen.[12] Durch Risikogrundsätze der VR zum subjektiven Risiko, zumeist bis zu einer Höhe von 50–65 % des Bruttoeinkommens aus der Tätigkeit begrenzt,[13] wird vielmehr ein objektiver oder subjektiver Bedarf gedeckt. Ob der vereinbarte Bedarf tatsächlich die erreichte berufliche Lebensstellung wahrt, ist unerheblich. Demzufolge wird nur im Umfang der vereinbarten Leistungen des VR eine Einkommenssicherung[14] erzielt.

Da die Höhe der Leistungen nach den Vertragsbestimmungen meist feststeht, handelt es sich bei der Berufsunfähigkeitsversicherung um eine **Summenversicherung**.[15] Daher sind auch die §§ 74–99 als Regeln der Schadensversicherung nicht anwendbar.[16] Dies ist für die zukünftige Produktgestaltung aber nicht zwingend.

3. Leitbildfunktion. Umschrieben wird in Abs. 2 und 3 der Kernbestandteil der Berufsunfähigkeitsversicherung,[17] in dem die wesentlichen Merkmale der bisherigen vertraglichen Regelungen gesetzlich fixiert werden, die „Wort für Wort" ihre gerichtliche Bestätigung[18] oder nähere Kontur erhalten haben. Dies führt zu zwei Folgerungen: Zum einen ist die bisherige Rspr zu den MB-BUZ weiterhin auch beim Verständnis der gesetzlichen Regeln zu berücksichtigen.[19] Zum anderen stellt sich die Frage, inwieweit der gem. § 175 **dispositiven Definition der Berufsunfähigkeit in § 172** eine **Leitbildfunktion** gem. § 307 BGB zukommt, die abweichende Vereinbarungen zu den Leistungsvoraussetzungen ausschließt.

Nach Veröffentlichung des Zwischenberichts der Kommission vom 30.5.2002 wurde vertreten, dass Erwerbsunfähigkeitsklauseln,[20] bedingungsgemäße generelle Ausschlüsse etwa für psychisch (mit-)verursachter Berufsunfähigkeit,[21] oder das Abstellen allein auf eine Einkommenseinbuße[22] ausgeschlossen seien. Tatsächlich dürfte zu differenzieren sein:

Zwar ist der grundsätzliche Maßstab nicht § 307 Abs. 3 BGB, wonach Abreden unmittelbar über den Gegenstand des Vertrages keiner Inhaltskontrolle unterliegen.[23] Denn es handelt sich nicht um Regeln unmittelbar über den Vertragsgegenstand oder um Regeln des Leistungsinhalts, sondern um Regeln, die das Leistungs-

---

10 Veith/Gräfe/*Veith*, Versicherungsprozess, § 8 Rn 1.
11 Begr. VVG-KE S. 130; OLG Frankfurt 21.11.1987 – 15 U 107/84, VersR 1987, 349, 350 (Ausgleich Einbußen Lebensstandard); ÖGH 12.5.1999 – 7Ob 372/98, VersR 2000, 1526; Prölss/Martin/*Lücke*, § 173 Rn 17 = § 13 BU Rn 14; aA zu Recht *Benkel/Hirschberg*, vor BUZ 2008 Rn 12, § 1 BUZ Rn 37.
12 *Neuhaus*, BUV, Kap. A Rn 64 ff, 66 f unter Hinweis auf § 1 Abs. 1 Nr. 1 VAG.
13 LG Stuttgart 13.6.2006 – 16 O 282/05.
14 Begr. RegE, BT-Drucks. 16/3945, S. 105 (zu § 172); Begr. VVG-KE S. 130; aA BGH 14.6.1989 – IVa ZR 74/88, VersR 1989, 903, 904 (keine Verdienstausfallversicherung).
15 ÖGH 12.5.1999 – 7Ob 372/98, VersR 2000, 1526; *Neuhaus*, BUV, Kap. A Rn 65 ff, 71; Prölss/Martin/*Lücke*, vor § 172 Rn 5.
16 *Neuhaus*, BUV, Kap. A Rn 56.
17 Begr. VVG-KE S. 131.
18 *Rosensträter-Krumbach*, VersR 2004, 170, 171.
19 Schimikowski/Höra, S. 193.
20 *Rüther*, ZuRecht: Business as usual, GenRe BUZAktuell 2/2003, 20, 21; *Rixecker*, zfs 2007, 669; aA OLG Saarbrücken 21.6.2006 – 5 U 720/05-105, VersR 2007, 235; OLG Stuttgart 28.5.2009 – 7 U 112/08 (nachträgliche EU-Klausel in BUZ wirksam).
21 *Rüther*, ZuRecht: Business as usual, GenRe BUZAktuell 2/2003, 20, 21; aA zu Recht OLG Karlsruhe 15.11.2007 – 19 U 57/07, VersR 2008, 524; OLG Stuttgart 5.6.2008 – 7 U 28/08, VersR 2008, 1243 (AU-Versicherung: Ausschluss behandlungsbedürftiger psychischer Erkrankung ist wirksam); OLG Hamm 5.7.2013 – 20 U 79/13, zfs 2014, 463, 464.
22 *Rüther*, ZuRecht: Business as usual, GenRe BUZAktuell 2/2003, 20, 21.
23 So aber Marlow/Spuhl/*Marlow*, Rn 1209 (Kap. XIX 1).

versprechen ändern, im Fall etwa der EU-Klausel einschränken. Der enge kontrollfreie Bereich ist aufgrund Bestimmbarkeit des wesentlichen Vertragsinhalts[24] auch ohne diese Klauseln nicht tangiert. Prüfungsmaßstab ist jedoch der Grundgedanke dispositiven Rechts,[25] wobei die Rspr zwischen abänderbaren Zweckmäßigkeitsregeln und nicht abdingbaren Gerechtigkeitsgeboten unterscheidet.[26] Bei gesetzlich ausdrücklich zugelassenen Änderungen indiziert nicht allein die formale **Abweichung** einen **Leitbildverstoß**, sondern nur eine solche, die in rechtlich geschützte Interessen des Vertragspartners **nicht unerheblich** eingreift.[27] Dass es Abweichungen vom Leitbild der Berufsunfähigkeitsversicherung geben muss, folgt aus den allgemeinen Bestimmungen zur Anzeigeobliegenheit, § 19 Abs. 4, wo vorausgesetzt ist, dass der VR den Vertrag zu „anderen Bedingungen" geschlossen hätte, wäre es nicht zur Anzeigepflichtverletzung gekommen. Dies ist gem. § 310 Abs. 3 Nr. 3 BGB zu berücksichtigen. Aufgrund der Risikoprüfung muss es daher möglich sein, auch in Abweichung von der gesetzlichen BU-Definition **Einschränkungen des Leistungsversprechens** zu machen. Ein erheblicher Eingriff in die Interessen des Vertragspartners ist daher dann ausgeschlossen, wenn ansonsten aufgrund der Risikoprüfung statt jedenfalls eingeschränktem gar kein Schutz geboten werden könnte.[28] Denn einen Kontrahierungszwang[29] kennt die Berufsunfähigkeitsversicherung trotz der „sozialen" Funktion nicht.[30]

10 In Bezug auf die **Erwerbsunfähigkeitsklausel** besteht die Besonderheit, dass der private Schutz vor Erwerbsunfähigkeit nach dem Willen des Gesetzgebers als „**kleine Berufsunfähigkeitsversicherung**" unter § 177 fallen sollte.[31] Berücksichtigt man den Zweck der BUZ, würde bei VN ohne bzw in Berufsausbildung eine Berufsausübung versichert, die für die Lebensstellung noch nicht prägend war, sondern diese erst schaffen soll, weshalb für Altverträge keine Bedenken gegen die Klausel bestanden.[32] Daher ist bei der – jedenfalls zeitlich nicht eingeschränkten[33] – Erwerbsunfähigkeitsklausel ein ein Verstoß gegen § 307 BGB zu bejahen, wenn der Vertrag weiterhin unter dem „Titel" Berufsunfähigkeit vertrieben wird (was tatsächlich ein Transparenzproblem sein dürfte),[34] sofern nicht auf die Änderung vom VR zuvor deutlich hingewiesen wurde.[35]

---

24 Vgl zur Abgrenzung BGH 24.3.1999 – IV ZR 90/98, VersR 1999, 710.
25 Palandt/*Grüneberg*, § 307 Rn 31.
26 BGH 21.12.1983 – VIII ZR 195/82, BGHZ 83, 206, 211 = NJW 1984, 1182; BGH 4.6.1970 – VII ZR 187/68, BGHZ 54, 106, 110 = NJW 1970, 1596; Palandt/*Grüneberg*, § 307 Rn 27.
27 Palandt/*Grüneberg*, § 307 Rn 28.
28 OLG Hamburg 28.5.2014 – 9 U 33/14 zum Ausschluss „behandelte Psyche" in der Restschuldversicherung; OLG Hamm 5.7.2013 – 20 U 79/13, zfs 2014, 463, 464 zum Ausschluss behandlungsbedürftiger Psyche in der AU-Versicherung.
29 So aber die abzulehnende Anregung *Prof. Römer*, Ombudsmann aD. nach www.bundderversicherten.de/news/493/Berufsunfaehigkeitsversicherung-fuer-alle; *ders.*, VuR 2010, 366, 369.
30 OLG Thüringen 5.2.2008 – 4 U 472/07; OLG Karlsruhe 18.12.2007 – 12 U 117/07, VersR 2008, 522 = zfs 2008, 145 = OLGR 2008, 205 (Revision zurückgewiesen: BGH 13.5.2009 – IV ZR 278/08).
31 Begr. VVG-KE S. 135; Begr. RegE, BT-Drucks. 16/3945, S. 107.
32 OLG Saarbrücken 21.6.2006 – 5 U 720/05-105, VersR 2007, 235 (unter II 1 (c)); OLG Koblenz 15.11.2002 – 10 U 106/02, NJW-RR 2004, 30; Beckmann/Matusche-Beckmann/*Rixecker*, § 46 Rn 63; OLG Celle 26.2.2009 – 8 U 150/08, VersR 2009, 914 = zfs 2009, 702; ebenso OLG Stuttgart 28.5.2009 – 7 U 112/08.
33 BGH 28.3.2001 – IV ZR 180/00, VersR 2001, 752 = NVersZ 2001, 453; Beckmann/Matusche-Beckmann/*Rixecker*, § 46 Rn 63.
34 So auch *Münkel*, Anm. zu OLG Celle 26.2.2009 – 8 U 150/08, jurisPR-VersR 8/2009 Anm. 2.
35 Auf die Gefahr eines Beratungsverschuldens gem. § 6 weist Prölss/Martin/*Lücke*, § 177 Rn 3 hin; ausf. *Neuhaus*, BUV, Kap. U Rn 35 f.

Gegen eine Berücksichtigung *nur* der **Einkommensminderung** im Rahmen der Verweisung bestehen keine Bedenken, da ein erheblicher Eingriff in die Interessen des VN nicht gegeben ist.[36] Dies folgt schon aus der Zweckrichtung der (teilweisen) Einkommenssicherung sowie des weiterhin primären Maßstabs des Einkommensvergleichs (s. dazu Rn 68 ff). 11

Die vorausgesetzten Folgen der Falschbeantwortung der Risikofragen bei Antragstellung in Form „abändernder Annahme" belegen zudem, dass auch die Vereinbarungen individueller medizinischer Ausschlüsse nicht gegen das Leitbild verstoßen, zumal solche Ausschlüsse das individuelle Risiko betreffen. Sofern dies im Antrag und in der Vertragsbezeichnung deutlich wird, können auch Erkrankungen generell ausgenommen werden, was aber strittig ist (s. Rn 9).[37] 12

II. Regelungsgehalt

1. Leistungsinhalt (Abs. 1). a) Materielles. Abs. 1 bestimmt die zeitliche Leistungsvoraussetzung, dass der Versicherungsfall nach Versicherungsbeginn eingetreten sein muss (s. Rn 57 f; § 1 BB-BUZ Rn 2). Hinsichtlich des Vertragsinhalts wird auf die Vertragsbedingungen verwiesen. Insoweit bewusst **nicht** geregelt wurden: 13

- Grad der für eine Leistung erforderlichen Einschränkung (s. § 1 BB-BUZ Rn 7),
- Art und Dauer der Leistung (s. § 1 BB-BUZ Rn 5),
- Beginn und Ende der Leistungspflicht (s. § 1 BB-BUZ Rn 12 ff).[38]

Zumeist vereinbart werden Beitragsbefreiung auch vom Hauptvertrag (bei der Zusatzversicherung) und Rentenleistungen.

b) Prozessuales: Streitgegenstand. Streitgegenstand im Prozess ist die bedingungsgemäße Einschränkung wegen der *konkreten* geltend gemachten Gesundheitsbeeinträchtigungen, so dass allein aus zeitlichen Verschiebungen des Beginns sich der einheitliche Anspruch nicht ändert, wenn die gesundheitlichen Beschwerden im Wesentlichen identisch sind.[39] Werden **neue Beschwerden im Prozess** geltend gemacht, ist deshalb zunächst das außergerichtliche Leistungsprüfungsverfahren vom VR durchzuführen.[40] Die neuen Beschwerden sind regelmäßig prozessual nicht zu beachten, weil die Voraussetzungen der §§ 263, 533 ZPO nicht gegeben sind.[41] 14

Im Prozess sollte der **Klageantrag** begrenzt werden auf „längstens" zum vereinbarten Leistungsende (s.a. § 1 BB-BUZ Rn 17).[42] 15

Der **Streitwert** richtet sich nach den geltend gemachten Leistungen (ggf Rente und Beitragsbefreiung). Anzusetzen ist hier zunächst der Wert der bis zur Anhängigkeit 16

---

36 KG 12.7.2011 – 6 U 172/10, VersR 2012, 349 = zfs 2012, 101; LG Berlin 30.5.2013 – 7 O 281/11; anders für den Fall der Abgabe des Kundenbestands eines Versicherungsagenten: OLG Saarbrücken 3.12.2014 – 5 U 17/14.
37 Bejahend für die Restschuldversicherung: OLG Hamburg 28.5.2014 – 9 U 33/14; OLG Hamm 5.7.2013 – 20 U 79/13, zfs 2014, 463, 464; OLG Koblenz 1.6.2007 – 10 U 1321/06, VersR 2008, 383; OLG Köln 13.8.2010 – 20 U 43/10, VersR 2011, 201 = r+s 2011, 217, 218; eher verneinend: *Rixecker*, zfs 2007, 669; *Schneider*, VersR 2014, 1295, 1298 f.
38 Begr. RegE, BT-Drucks. 16/3945, S. 105; *Niederleithinger*, A Rn 323.
39 BGH 16.1.2008 – IV ZR 271/04; KG 15.9.2009 – 6 U 246/08.
40 OLG Saarbrücken 13.11.2013 – 5 U 359/12 (unter II 4), zfs 2014, 163, 165 (insoweit in VersR 2014, 1194 nicht abgedruckt); OLG München 28.5.2003 – 21 U 3770/00, VersR 2004, 230 (LS) = zfs 2003, 607 m. Anm. *Rixecker*; zur Nachprüfung ebenso: OLG Karlsruhe 7.12.2006 – 19 U 53/06, VersR 2007, 934.
41 OLG Saarbrücken 13.11.2013 – 5 U 359/12, zfs 2014, 163, 165 (insoweit in VersR 2014, 1194 nicht abgedruckt).
42 *Ahlburg*, in: Hdb FA VersR, 5. Aufl. 2015, Kap. 20 Rn 177; Prölss/Martin/*Lücke*, § 173 Rn 30 = § 12 BU Rn 20.

geltend gemachten Rückstände gem. § 42 Abs. 3 GKG. Für zukünftige Ansprüche ist der 3,5fache Jahreswert der versicherten Leistungen den so ermittelten Rückständen hinzuzuaddieren.[43] Die Erhöhung des Antrags, mit dem zwischenzeitlich fällige Zeiträume erfasst werden, führt nach Anhängigkeit nicht zu einer Streitwerterhöhung, soweit Zukunftsleistungen bereits geltend gemacht waren.[44] Bei einem Antrag auf **Feststellung der Leistungspflicht**, der wegen der „Größe" einer Versicherung für zulässig erachtet wird,[45] ist hinsichtlich der Beitragsbefreiung kein Abschlag vorzunehmen.[46] Wegen der Begründung der Zulässigkeit aus Prozessökonomie sowie der Wirkung „wie" ein Leistungsurteil sollte dies auch für die Rentenleistung gelten, für die sonst wegen des „Minus" zum Leistungsantrag ein Abschlag von 20 % angenommen wird.

Wird *nur* der **Fortbestand des BU-Vertrages** geltend gemacht, sind hinsichtlich des (Feststellungs-)Abschlags nach der Rspr des BGH drei Varianten zu unterscheiden:[47]

- BU unstreitig gegeben: Abschlag 20 %;
- BU unstreitig nicht gegeben: Abschlag 80 %;
- BU behauptet, aber ungeklärt: Abschlag 50 %.[48]

Letzteres hat der BGH ausdrücklich für den Fall, dass *auch* Leistungen geltend gemacht werden, aufgegeben. Zwar hat auch bei einem Leistungsantrag der Antrag auf Fortbestand des Vertrages einen eigenständigen Wert;[49] es erscheint aber schon nach dem Interesse des VN an zukünftigen Versicherungsfällen wenig überzeugend,[50] wenn lediglich 20 % des 3,5fachen Jahreswertes versicherter Leitungen angesetzt werden (also Abschlag 80 %). In diesen Fällen ist ein Teilurteil über den Fortbestandsantrag ausgeschlossen.[51]

Bei einem **Abfindungsvergleich**, in dem zugleich aus Gründen der Rechtssicherheit und Klarstellung die Beendigung der BUZ vereinbart wird, ergibt sich aus dieser Regelung ein Mehrwert des Vergleichs von 20 % des 3,5fachen Jahreswertes der

---

43 BGH 11.7.1990 – IV ZR 100/90, NJW-RR 1990, 1361; OLG Frankfurt 5.12.2006 – 7 U 109/05.
44 BGH 25.6.2008 – II ZR 179/07; BGH 7.2.2007 – IV ZR 232/03, VersR 2007, 631; OLG Oldenburg 6.7.2010 – 5 W 38/10.
45 BGH 16.2.2005 – IV ZR 18/04, VersR 2005, 629 (unter II 1).
46 BGH 7.2.2007 – IV ZR 232/03; OLG Köln 29.11.2006 – 5 W 76/06, OLGR 2006, 62; ungenau insoweit Prölss/Martin/*Lücke*, § 12 BU Rn 22, der missachtet, dass es sich bei der Beitragsbefreiung um ein *negatives* Feststellungsbegehr handelt.
47 BGH 17.5.2000 – IV ZR 294/99, VersR 2001, 600 = NJW-RR 2000, 1266; BGH 1.12.2004 – IV ZR 150/04, VersR 2005, 959; BGH 12.2.1992 – IV ZR 241/91, NJW-RR 1992, 608; BGH 11.7.1990 – IV ZR 100/90, NJW-RR 1990, 1361 = VVGE § 1 BUZ Nr. 1.
48 BGH 9.2.2011 – IV ZR 11/09; zu den Anträgen: OLG Celle 12.12.2008 – 8 U 104/06; BGH 1.12.2004 – IV ZR 150/04, VersR 2005, 959; BGH 12.2.1992 – IV ZR 241/91, NJW-RR 1992, 608; so auch zu Recht: OLG Bamberg 6.5.2008 – 1 W 14/08, VersR 2009, 701; OLG Düsseldorf 22.6.2009 – 4 W 27/08; OLG Nürnberg 10.11.2010 – 8 U 200/10; *Neuhaus*, BUV, Kap. R Rn 169.
49 OLG Bamberg 6.5.2008 – 1 W 14/08, VersR 2009, 701; OLG Düsseldorf 22.6.2009 – 4 W 27/08; OLG Nürnberg 10.11.2010 – 8 U 200/10; aA OLG Frankfurt 13.7.2010 – 7 U 90/09, VersR 2011, 92 unter Hinweis auf BGH 21.11.2007 – IV ZR 282/05.
50 *Neuhaus*, BUV, Kap. R Rn 171; akzeptierend dagegen aus Gründen der Rechtssicherheit Prölss/Martin/*Lücke*, § 12 BU Rn 25.
51 BGH 6.10.2011 – IV ZR 183/10, VersR 2012, 78 = r+s 2012, 104; so schon OLG Köln 22.7.2005 – 5 W 76/05, OLGR 2006, 62; OLG Köln 7.4.2010 – 20 W 75/09; OLG Celle 3.1.2007 – 8 U 123/06, VersR 2008, 1515 = OLGR 2007, 239; OLG Saarbrücken 8.3.2006 – 5 U 269/05; OLG Oldenburg 29.3.2010 – 5 W 16/10, VersR 2010, 1243, 1244; OLG Nürnberg 24.3.2014 – 8 U 2134/13, VersR 2014, 1225.

versicherten Leistungen, soweit kein Fortbestand, sondern nur Rückstände und Zukunftsleistungen geltend gemacht wurden.[52]

2. Begriff der Berufsunfähigkeit (Abs. 2). a) Eigenständigkeit des BU-Begriffs. Der Begriff „Berufsunfähigkeit" ist ein **eigenständiger Begriff**.[53] Er ist nicht identisch mit dem Begriff „Berufsunfähigkeit" etwa in § 240 SGB VI,[54] den Bestimmungen der Versorgungswerke oder in der privaten Krankenversicherung (§ 15 Buchst. b MBKT 08), worauf im Produktinformationsblatt hinzuweisen ist (§ 2 Abs. 4 VVG-InfoV).[55] Im SGB VI wird nicht die individuelle Situation, sondern nur abstrakt beurteilt, ob der Versicherte im Vergleich zum Durchschnitt der gesunden Versicherten mit entsprechender Ausbildung zu beruflicher Tätigkeit in der Lage ist.[56] Maßgeblich ist zudem nur die Frage, ob Tätigkeiten als 6-Stunden/Tag möglich sind oder nicht. Gleichfalls unerheblich ist eine GdB- oder MdE-Bestimmung, die sich abstrakt nach der **Versorgungsmedizin-Verordnung** (VersMedV)[57] richtet.[58] Diese weist ausdrücklich in Anlage zu § 2 Teil A Ziff. 2 b) darauf hin, dass die Einschätzung unabhängig von der Tätigkeit ist und vielmehr abstrakt die Einschränkung der Teilhabe am Leben in der Gesellschaft (zB Lebensfreude) in allen Lebensbereichen (zB Privatbereich) anhand fester Tabellenwerte erfasst. Von der **Berufskrankheit** iSd § 9 SGB VII grenzt sich die BU dadurch ab, dass der Krankheitsbegriff (vgl § 172 Rn 43) abweichend durch Rechtsverordnung der Bundesregierung definiert wird, im Übrigen auch die Kausalität umgekehrt wird, wenn nicht ein „infolge Krankheit" (s. näher § 172 Rn 45) dort maßgeblich ist, sondern auf „Krankheit infolge Beruf" abgestellt wird, wobei Beruf nicht einmal die konkret letzte Tätigkeit sein muss.[59]

In der privaten Kranken-(tagegeld-)Versicherung stellt § 15 Buchst. b MBKT 08 zwar auf die konkrete Tätigkeit ab, berücksichtigt jedoch weder zumutbare Schutzmaßnahmen noch die Frage der Verweisbarkeit. Bei Selbständigen bleibt die **Umorganisation** unberücksichtigt.[60] Auch Sinn und Zweck sprechen für eine Spe-

---

52 OLG Hamm 27.4.2012 – 20 W 13/12, VersR 2013, 920 = r+s 2013, 311; OLG Nürnberg 18.4.2012 – 8 W 390/12, r+s 2014, 207; KG 17.9.2014 – 6 W 127/14, VersR 2015, 128 = MDR 2014, 1344 m. Anm. *Münkel*, jurisPR-VersR 12/2014 Anm. 3; OLG Köln 29.4.2015 – 20 W 16/15; aA OLG Dresden 16.4.2012 – 7 W 330/12; OLG Düsseldorf 17.9.2012 – 4 W 2/12; OLG Frankfurt 29.10.2013 – 7 W 29/13. AA noch Vorauflage (2. Aufl. 2011, aaO) unter Bezug auf BGH 17.3.2004 – IV ZR 21/02, NJW-RR 2004, 1219 aE; KG 13.6.2008 – 6 W 64/07; OLG Stuttgart 3.8.2009 – 7 W 48/09, VersR 2010, 366; zur Vergleichsgrundlage und zur Sittenwidrigkeit OLG Hamm 22.10.2008 – 20 U 70/07, VersR 2009, 532.
53 OLG Hamm 5.12.1986 – 20 U 50/86, VersR 1987, 899, 900; OLG Hamm 20.12.1991 – 20 U 159/91, VersR 1992, 862; BGH 25.1.1989 – IVa ZR 178/87, VersR 1989, 392; OLG Hamm 29.4.2008 – 28 U 139/07, juris (Tz 74).
54 Früher § 43 SGB VI; vgl BGH 12.6.1995 – IV ZR 116/95, VersR 1996, 959.
55 Zu den Einzelheiten der Unterschiede: *Mertens*, Arbeitsunfähigkeit und Berufsunfähigkeit – Bedeutung im Privat- und Sozialversicherungsrecht aus der Perspektive der privaten Berufsunfähigkeitsversicherung, MedSach 2014, 14 ff.
56 OLG Koblenz 27.8.1999 – 10 U 105/91, VersR 2000, 1224; BGH 30.6.2010 – IV ZR 163/09, VersR 2010, 1171, 1173 (Tz 26); zur Sichtweise in § 240 SGB VI: LPK-SGB VI/*Reinhardt*, § 240 Rn 5 ff.
57 VersMedV vom 10.12.2008 (BGBl. I S. 2412), zul. geänd. d. Art. 1 der Verordnung vom 11.10.2012 (BGBl. I S. 2122); früher „Anhaltspunkte" für die ärztliche Gutachtertätigkeit im Sozialen Entschädigungsrecht und nach dem Schwerbehindertenrecht (Teil 2 SGB IX).
58 OLG Koblenz 2.3.2012 – 10 U 919/08, VersR 2013, 1518, 1519; OLG Brandenburg 26.6.2007 – 6 U 101/06; OLG Köln 18.12.1986 – 5 U 82/86, r+s 1987, 296; OLG Köln 10.7.1996 – 5 U 37/96 (zum GdB); *Neuhaus*, BUV, Kap. G Rn 157.
59 BSG 20.10.1983 – 2 RU 70/82. Bei den BK mit Voraussetzung Berufsaufgabe genügt die Aufgabe der verursachenden Tätigkeit: BSG 15.12.1981 – 2 RU 65/80.
60 BGH 20.5.2009 – IV ZR 274/06, VersR 2009, 1063 (Tz 7).

zialität zwischen Krankentagegeld- und Berufsunfähigkeitsversicherung.[61] Keinesfalls darf Berufsunfähigkeit mit **Arbeitsunfähigkeit** nach dem SGB V gleichgesetzt werden.[62] Weder berücksichtigt Arbeitsunfähigkeit die Frage der Verweisung, noch ergibt sich aus Arbeitsunfähigkeitsbescheinigungen ein konkreter Einschränkungsgrad, wie er bedingungsgemäß in der BUZ vorausgesetzt wird.[63]

19 Selbst innerhalb des Bereichs der privaten Berufsunfähigkeitsversicherung findet sich keine einheitliche Definition[64] und wird vom Gesetzgeber auch nicht gewünscht.[65]

20 **b) Abweichung von Musterbedingungen.** Von den der gesetzlichen BU-Definition zugrunde gelegten Musterbedingungen MB-BUZ 1990/1994[66] weicht § 172 in einigen Punkten ab: Das Merkmal der Musterbedingungen „ärztlich nachzuweisen" ist **nicht** ausdrücklich in der gesetzlichen Definition enthalten. Dieses Merkmal war auch bisher nicht als Schlüssigkeitsvoraussetzung, sondern als der gesundheitlichen Komponente immanent verstanden worden.[67] Hinsichtlich der zeitlichen Komponente wurde die Fiktionsregel des § 2 Abs. 3 MB-BUZ 1990/1994 nicht aufgenommen, da ein wesentlicher Vorteil für den VN nicht bestehe.[68] Die übrigen Abweichungen im Wortlaut des Gesetzestextes in Abs. 2 sind lediglich redaktioneller Natur und geben das bisherige Verständnis der Rspr zu den einzelnen Merkmalen wieder. Abs. 3 regelt die Verweisung als „Kann-Klausel", ohne zwischen abstrakter und konkreter Verweisung zu unterscheiden.

21 **c) Tatbestandsmerkmale der Berufsunfähigkeit.** Der Begriff der Berufsunfähigkeit iSd § 172 besteht aus drei Merkmalen, nämlich aus der beruflichen Komponente, medizinischen Komponente und zeitlichen Komponente, die **kumulativ** vorliegen müssen,[69] zzgl eines „Kann-Merkmals" der Verweisung in Abs. 3. Verknüpft sind berufliche und medizinische Komponente durch das Kausalitätserfordernis „infolge", wodurch nichtmedizinische Unfähigkeitsgründe zu keiner Leistungspflicht des VR führen.

22 **aa) Berufliche Komponente. (1) Berufsbegriff. (a) Bedeutung des Begriffs.** Das Gesetz erhebt die bisherige Rspr zum Bedingungsmerkmal des § 2 MB-BUZ

---

61 BGH 22.1.1992 – IV ZR 59/91, VersR 1992, 477 m. Anm. *Bach*; BGH 25.1.1989 – IVa ZR 178/87, VersR 1989, 392; BGH 30.6.2010 – IV ZR 163/09, VersR 2010, 1171, 1172 (Tz 18).
62 BGH 12.6.1995 – IV ZR 116/95, VersR 1996, 959 aE; aA (ohne Begründung) LG Dortmund 6.2.2014 – 20 U 249/13, zfs 2014, 343.
63 Richtig deshalb OLG Saarbrücken 19.5.2010 – 5 U 91/08-10, VersR 2011, 249, 250 (unter II 2); ebenso *Neuhaus*, BUV, Kap. G Rn 247; näher *Mertens*, Arbeitsunfähigkeit und Berufsunfähigkeit – Bedeutung im Privat- und Sozialversicherungsrecht aus der Perspektive der privaten Berufsunfähigkeitsversicherung, MedSach 2014, 14, 15 f; aA van Bühren/*Dunkel*, Hdb VersR, § 15 Rn 166 unter Bezug auf Rspr des BSG; LG Dortmund 6.2.2014 – 20 U 249/13, zfs 2014, 343 (ohne Begründung).
64 BGH 25.1.1989 – IVa ZR 178/87, VersR 1989, 392, 393; OLG Hamm 5.12.1986 – 20 U 50/86, VersR 1987, 899, 900.
65 Begr. RegE, BT-Drucks. 16/3945, S. 105 (Stichwort: Produktvielfalt).
66 Begr. RegE, BT-Drucks. 16/3945, S. 105 (zu § 172 Abs. 2, 3. Abs.); veröffentlicht sind die MB-BUZ in VerBAV 1990, 347; VerBAV 1993, 139.
67 OLG Hamm 9.12.1994 – 20 U 151/94, OLGR 1995, 92, 93; OLG Hamm 15.10.1996 – 20 W 20/96, NJW-RR 1995, 793; *Voit*, BUV, Rn 297; *Neuhaus*, BUV, Kap. G Rn 87; *Präve*, VersR 2003, 1207, 1209.
68 Begr. VVG-KE S. 396; Begr. RegE, BT-Drucks. 16/3945, S. 105.
69 BGH 22.2.1984 – IVa ZR 63/82, VersR 1984, 630 (unter III); BGH 21.3.1990 – IV ZR 39/89, VersR 1990, 729 (unter I 1); BGH 11.10.2006 – IV ZR 66/05, VersR 2007, 383 (unter II 1).

1990/1994 „Beruf"[70] zum Gesetzestext, indem es diesen präzisiert als **„zuletzt ausgeübten Beruf, so wie er ohne gesundheitliche Beeinträchtigung ausgestaltet war"**. Damit ist ein zeitlicher Umstand in die Betrachtung einbezogen: Die „Ausgestaltung" des Berufs ist dahingehend zu verstehen, dass es grds. nicht auf den im Versicherungsantrag oder Versicherungsschein angegebenen Beruf ankommt,[71] sondern maßgeblich ist der **konkrete Beruf**, der zu der Zeit ausgeübt wurde, zu welcher der Eintritt der gesundheitsbedingten Unfähigkeit vom VN behauptet wird.[72] Der Beruf muss aber zumindest aufgenommen worden sein.[73] Das soll anders sein, wenn der VN seine Tätigkeit wegen Erziehungszeiten oder Arbeitslosigkeit aufgegeben hat,[74] was aber schon wegen des Stichtagsprinzips (s. Rn 63) so nicht überzeugt, wenn zwischenzeitlich, wenn auch reduziert und ggf im Rahmen des § 15 Abs. 4 BEEG (max. 30 Stunden/Woche), eine Tätigkeit ausgeübt wurde. Der Zeitpunkt behaupteter Unfähigkeit kann vom Zeitpunkt, ab dem Leistungen geltend gemacht werden, abweichen. Gerade bei progredient verlaufenden Krankheiten und Kräfteverfall sind die „gesunden Tage" schwer bestimmbar, so dass eine zeitliche Grenze einzuziehen ist, will man nicht plötzlich auf einen Beruf abstellen, der schon jahrelang vor Leistungsanmeldung durch den VN nicht ausgeübt wurde. Dies kann beim sog. **leidensbedingten Berufswechsel** vorkommen, der dann gegeben ist, wenn *ausschließlich* leidensbedingt eine frühere Tätigkeit aufgegeben wurde.[75] Zum Teil wird in Analogie zu den Verjährungsvorschriften angenommen, dass der Beruf maßgeblich ist, der längstens drei bis fünf Jahre vor Leistungsanmeldung ausgeübt wurde.[76] Diese Analogie erscheint jedoch eher zufällig. Besser zu begründen ist die zeitliche Begrenzung mit der dann gefestigten Lebensstellung sowie der zeitlichen Komponente der Dauerhaftigkeit, für die ein Anhaltspunkt bei ca. drei Jahren gesehen wird.[77] Kriterien dafür sind die Verfestigung in fachlicher, wirtschaftlicher und sozialer Hinsicht, ggf Verweisbarkeit auf die (spätere) Tätigkeit.[78] Auf Berufsunfähigkeit im verlassenen Beruf kommt es auch dann nicht an, wenn dieser aus anderen als gesundheitlichen Gründen (zB Verdienst, Arbeitsbe-

---

70 BGH 22.9.1993 – IV ZR 203/92, VersR 1993, 1470, 1471 (unter 3); BGH 13.5.1987 – IVa ZR 8/86, VersR 1987, 753, 754; BGH 26.2.2003 – IV ZR 238/01, VersR 2003, 631 (unter II 1).
71 BGH 16.3.1994 – IV ZR 110/92, VersR 1994, 587; BGH 3.4.1996 – IV ZR 344/94, VersR 1996, 830.
72 BGH 12.1.2000 – IV ZR 85/99, VersR 2000, 349; OLG Saarbrücken 16.1.2013 – 5 U 276/12, VersR 2014, 1114.
73 OLG Saarbrücken 20.3.2013 – 5 U 379/11, zfs 2013, 646; LG Dortmund 14.4.2010 – 2 O 501/07, zfs 2010, 641; soweit *Neuhaus*, BUV, Kap. F Rn 46 und OLG Saarbrücken 28.4.2104 – 5 U 355/12, VersR 2015, 226, 228 fordern, die Tätigkeit müsse eine „gewisse Zeit" ausgeübt sein, überzeugt das nicht, weil die Wahrung der Lebensstellung nur Frage der Verweisung ist und das Stichtagsprinzip missachtet wird.
74 BGH 30.11.2011 – IV ZR 143/10, VersR 2012, 213, 215 (Tz 30 ff) in Bestätigung von OLG Stuttgart 10.6.2010 – 7 U 179/09, VersR 2011, 59, 60; OLG Saarbrücken 28.5.2014 – 5 U 335/12, VersR 2015, 226, 227 f.
75 OLG Saarbrücken 16.1.2013 – 5 U 236/12-28, VersR 2014, 1114 (unter b) (nicht Tätigkeit zur Überbrückung von Arbeitslosigkeit); OLG Saarbrücken 13.11.2013 – 5 U 359/12, VersR 2014, 1194, 1195; BGH 30.11.1994 – IV ZR 300/93, VersR 1995, 159 (unter 3 b zu b); Looschelders/Pohlmann/*Klenk*, § 172 Rn 10; aA van Bühren/*Dunkel*, Hdb VersR, § 15 Rn 135 (ausreichend „auch Motiv").
76 LG München I 13.8.2003 – 25 O 23486/02, VersR 2004, 990, 991; wohl auch Prölss/Martin/*Lücke*, § 2 BU Rn 27; *Richter*, VersR 1988, 1207, 1208; aA Beckmann/Matusche-Beckmann/*Rixecker*, § 46 Rn 18.
77 *Neuhaus*, BUV, Kap. F Rn 79; Looschelders/Pohlmann/*Klenk*, § 172 Rn 9; differenzierend Beckmann/Matusche-Beckmann/*Rixecker*, § 46 Rn 19 f.
78 OLG Saarbrücken 13.11.2013 – 5 U 359/12, VersR 2014, 1194, 1195; Römer/Langheid/*Rixecker*, § 172 Rn 8 unter Missverständnis der diesseitigen Kommentierung der Vorauflage (2. Aufl. 2011, aaO).

dingungen) gewechselt wurde.[79] Ist zum Zeitpunkt der letzten gesunden Tage kein Beruf ausgeübt, kommt es auf den zuvor ausgeübten Beruf an.[80] Nicht geregelt ist im Gesetz der Fall des Ausscheidens aus dem Berufsleben noch in gesunden Tagen (s. § 2 BB-BUZ Rn 9).

23 Was unter „Beruf" zu verstehen ist, bestimmt sich nach der **Alltags- und Rechtssprache**.[81] Danach ist Beruf jede auf Erwerb gerichtete[82] und auf Dauer angelegte Tätigkeit, die der Schaffung und Erhaltung der Lebensgrundlage dient.[83] Die Tätigkeit muss nicht dem klassischen Berufsbild entsprechen, darf sich jedoch nicht in einem einmaligen Erwerbsakt erschöpfen. Erfasst sind damit alle erdenklichen Tätigkeiten, so sie denn auf Erwerb und damit auf eigenem Einkommen ausgerichtet sind (zu Sinn und Zweck der BUZ s. Rn 5). Erfasst werden daher auch grds. **mehrere Berufstätigkeiten**.[84]

Nicht erfasst ist allerdings „**Schwarzarbeit**", da ansonsten – jedenfalls mittelbar – eine verbotene Tätigkeit beschützt würde, was mit Sinn und Zweck nicht vereinbar ist.[85]

Abzugrenzen ist der „Beruf" von der **Freizeitbeschäftigung**, was durch verschiedene Merkmale, wie zB Einkommenserzielung (Gewerbeanmeldung), Dauerhaftigkeit oder erforderliche Planung, geschieht.[86]

24 Auch **Teilzeittätigkeit** ist danach Beruf in diesem Sinne. Ebenso sind nur hin und wieder, in zeitlichen Abständen oder nur stundenweise ausgeübte Tätigkeiten „Beruf", so dass auch die einstündige Tätigkeit pro Tag Anknüpfungspunkt sein kann.[87] Mehrere Teilzeittätigkeiten können zu einem „Beruf" zusammenzufassen sein, sofern nicht eine Tätigkeit „prägend" ist.[88]

---

79 Beckmann/Matusche-Beckmann/*Rixecker*, § 46 Rn 22 f; OLG Saarbrücken 16.1.2013 – 5 U 236/12, VersR 2014, 1114; unklar Prölss/Martin/*Lücke*, § 172 Rn 62 = § 2 BU Rn 27 (*auch* gesundheitliche Gründe genügend?).
80 OLG Hamm 8.2.2006 – 20 U 171/05, VersR 2007, 384 (mitarbeitender Schlachter statt Abwickler).
81 Beckmann/Matusche-Beckmann/*Rixecker*, § 46 Rn 14; *Voit*, BuV, Rn 245 ff; *Neuhaus*, BUV, Kap. F Rn 5.
82 BVerfG 19.7.2000 – 1 BvR 539/96, BVerfGE 102, 197, 213 (Tz 57); *Ahlburg*, in: Hdb FA VersR, 5. Aufl. 2015, Kap. 20 Rn 58 (Erwerbstätigkeit); OLG Saarbrücken 14.1.2004 – 5 U 437/03-45, OLGR 2004, 263; aA Prölss/Martin/*Lücke*, § 172 Rn 54 = § 2 BU Rn 18: Einkünfte nicht notwendig zu erzielen, was zu Recht von *Neuhaus*, BUV, Kap. F Rn 11 abgelehnt wird.
83 BVerfG 11.6.1958 – 1 BvR 596/56, BVerfGE 7, 377, 397 ff = NJW 1958, 641 (Apotheker-Entscheidung); BVerfG 3.7.2007 – 1 BvR 2186/06 (Tz 66), GewArch 2008, 28 (Hufbeschlag).
84 OLG Dresden 29.5.2013 – 7 U 1220/12, r+s 2013, 564.
85 LG Bonn 6.2.1995 – 10 O 310/94, VersR 1997, 439 (LS) = r+s 1996, 461; *Neuhaus*, BUV, Kap. F Rn 28; Prölss/Martin/*Lücke*, § 172 Rn 53 = § 2 BU Rn 17 weist darauf hin, dass hier ggf eine Arglistanfechtung in Betracht kommt, wenn Falschangaben schon bei Antragstellung vorliegen.
86 OLG Hamm 3.8.2011 – 20 W 18/11, VersR 2012, 174 (AHB-Fall).
87 OLG Saarbrücken 13.11.2013 – 5 U 359/12, VersR 2014, 1194, 1196 aE = zfs 2014, 163, 164 f; OLG Saarbrücken 14.1.2004 – 5 U 437/03-45, OLGR 2004, 263; OLG Köln 18.12.2007 – 5 U 177/07, VersR 2008, 950; in diesem Sinne Versicherungsombudsmann E 14031/06 vom 15.11.2007.
88 BGH 16.3.1994 – IV ZR 110/92, VersR 1994, 587 (unter 4 b); BGH 12.1.2000 – IV ZR 85/99, VersR 2000, 349 (unter 2 c); *Höra*, in: MAH VersR, § 26 Rn 38.

Unklar ist, ob „**Hausfrau/-mann**" ein Beruf im Sinne der Bedingungen ist;[89] einkommensteuerrechtlich ist dies nicht der Fall.[90] Auch aus dem Schadensersatzrecht dürfte ein bedingungsgemäßer Beruf nicht hergeleitet werden können, da ein Erwerbsschaden iSd § 843 Abs. 1 Alt. 1 BGB der Befriedung der gesetzlichen Unterhaltspflicht gegenüber dem Ehepartner gilt,[91] der aber nicht in den VersVertrag involviert ist. Es ist zu differenzieren: Wird der Vertrag trotz der Risikoangabe „Hausfrau/-mann" im Antrag geschlossen, so **gilt** damit die Tätigkeit als Beruf.[92] Ist durch Berufsaufgabe aus nichtgesundheitlichen Gründen der VN/VP nunmehr „Hausfrau/-mann", so bleibt zunächst die aufgegebene Tätigkeit maßgeblich, sofern eine Rückkehr in den Beruf gewollt war (zB Mutterschutz, **Arbeitslosigkeit**).[93] Erst wenn aufgrund des Zeitablaufs an die für den letzten Beruf notwendige Ausbildung und Erfahrung nicht mehr angeknüpft werden kann, liegt „Berufslosigkeit" vor,[94] die nur in § 2 Abs. 4 BB-BUZ geregelt ist (s. § 2 BB-BUZ Rn 9). Ist eine entsprechende Ausweitung nicht vereinbart, ist Hausmann/-frau kein Beruf,[95] wäre ansonsten auch bei jedem anderen Beruf daneben als Teilzeittätigkeit zu berücksichtigen.

Da der **Auszubildende** erst auf einen Beruf vorbereitet werden soll, ist die Ausbildung nur dann auch Beruf im Sinne der BUZ, wenn dies aufgrund der Risikoangaben im Antrag so vereinbart wurde.[96] Nur in einem solchen Fall kann man die BUZ nicht als Erwerbsunfähigkeitsversicherung behandeln.[97] Dann ist Maßstab zur Beurteilung der Berufsunfähigkeit die Ausbildung als konkret letzte Tätigkeit,[98] nicht aber die gewollte Tätigkeit nach Abschluss der Ausbildung,[99] denn die BUZ versichert nur den Status, nicht aber die Karriere.[100] Der Differenzierung in der *Erstprüfung* danach, wie weit die Ausbildung bereits vorangeschritten ist,[101]

---

89 Wohl verneinend *Voit*, BUV (1994), Rn 246 f; jetzt differenzierend Beckmann/Matusche-Beckmann/*Rixecker*, § 46 Rn 35; *Rixecker*, zfs 2007, 102; van Bühren/*Dunkel*, Hdb VersR, § 15 Rn 139; Prölss/Martin/*Lücke*, § 172 Rn 54 = § 2 BUV Rn 18; *Neuhaus*, BUV, Kap. F Rn 29; Schwintowski/Brömmelmeyer/*Schwintowski*, § 172 Rn 5.
90 FG Düsseldorf 16.8.2001 – 14 K 582/00 E, EFG 2001, 1598, bestätigt von BFH 9.8.2002 – VI B 248/01.
91 Nicht ausreichend ist die nichteheliche Lebensgemeinschaft: OLG Düsseldorf 12.6.2006 – 1 U 241/05, r+s 2006, 436 = NJW-RR 2006, 1535; OLG Nürnberg 10.6.2005 – 5 U 195/05, VersR 2007, 248.
92 So auch *Voit*, BUV (1994), Rn 247; weitergehend *Neuhaus*, BUV, Kap. F Rn 29.
93 In diesem Sinne BGH 13.5.1987 – IVa ZR 8/86, VersR 1987, 753; BGH 30.11.2011 – IV ZR 143/10, VersR 2012, 213, 215 (Tz 29 f).
94 LG Saarbrücken 25.5.2005 – 12 O 439/03, zfs 2007, 101.
95 Anders und nicht überzeugend für den Sonderfall des Erhalts von Haushaltsgeld: OLG Saarbrücken 26.2.2014 – 5 U 248/12 (Hausfrau ist dann aber als „selbständige Tätigkeit mit Umorganisationsmöglichkeiten" zu verstehen); krit. auch OLG Celle 26.2.2009 – 8 U 150/08, VersR 2009, 914, 915 (unter 1 c).
96 OLG Dresden 18.6.2007 – 4 W 618/07, VersR 2008, 1251 = NJW-RR 2008, 543 = r+s 2008, 205 m. Anm. *Hoenicke*, r+s 2008, 206; Prölss/Martin/*Lücke*, § 172 Rn 58 = § 2 BU Rn 22; Beckmann/Matusche-Beckmann/*Rixecker*, § 46 Rn 14, 36; *Neuhaus*, BUV, Kap. F Rn 237.
97 BGH 27.9.1995 – IV ZR 319/94, VersR 1995, 1431 (unter 3 b); OLG München 27.1.2005 – 14 U 273/04, VersR 2005, 966.
98 BGH 24.2.2010 – IV ZR 119/09, VersR 2010, 619, 620 (Tz 12 f) = r+s 2010, 247; Beckmann/Matusche-Beckmann/*Rixecker*, § 46 Rn 37.
99 OLG München 27.1.2005 – 14 U 273/04, VersR 2005, 966; OLG Zweibrücken 9.4.1997 – 1 U 19/96, VersR 1998, 1364; Schwintowski/Brömmelmeyer/*Schwintowski*, § 172 Rn 35.
100 OLG Köln 18.12.2007 – 5 U 177/07, VersR 2008, 950; OLG Hamm 30.3.1990 – 20 U 143/89, r+s 1990, 355. Anders kann dies aber in den konkreten Bedingungen vereinbart werden; vgl *Neuhaus*, BUV, Kap. F Rn 240.
101 OLG Koblenz 17.12.1993 – 10 U 968/93, r+s 1994, 195; OLG Dresden 18.6.2007 – 4 W 618/07, VersR 2008, 1251 = NJW-RR 2008, 543 = r+s 2008, 205; so auch *Neu-*

hat der BGH eine Absage erteilt, wenn er auf die in Fn 100 (siehe unten) genannte Rspr und Lit. verweist, dabei jedoch Einzelfallentscheidung sowie Beurteilung nach dem Ausbildungsstand ablehnt.[102] Damit lassen sich auch die aufgeworfenen **Zweifelsfragen**[103] **sachgerecht lösen:** Ist BU in der Ausbildung eingetreten, besteht vorbehaltlich der Verweisung die Leistungspflicht; kann später die Tätigkeit der Ausübungsphase nicht ausgeübt werden, tritt BU erst dann ein. Bedeutung hat die Zusammenfassung von „Vorbereitungs- und Ausübungsphase" durch den BGH jedoch für die *Nachprüfung*, denn dort ist nicht (nur) auf die Vorbereitungsphase der Ausbildung abzustellen, sondern auch auf die Ausübungsphase, sofern tatsächlich begonnen (s. näher § 174 Rn 7).[104] Regelmäßig bei Auszubildenden problematisch ist auch die Frage der Verweisung (vgl Rn 76), in deren Rahmen die „Ausübungsphase" keine „andere Tätigkeit" gegenüber der Ausbildung ist.

Was für die Ausbildung gilt, gilt auch für die **Umschulung**,[105] sofern BU nicht zuvor eingetreten ist. Kein Beruf und keine Ausbildung ist ein **Praktikum**.[106]

27 **(b) Tätigkeitsbeschreibung.** Steht damit fest, auf welchen konkreten „Beruf" zur Beurteilung von Berufsunfähigkeit abzustellen ist, muss dieser vom VN im Regulierungsverfahren und erst recht im Prozess in allen Einzelheiten beschrieben werden. Den **VN** trifft die **Darlegungs- und Beweislast**. Die konkreten Einzelheiten müssen bekannt sein, denn anders kann nicht festgestellt werden, wie sich gesundheitliche Beeinträchtigungen in der konkreten Berufsausübung auswirken. Der Anspruchsteller muss gegenüber dem VR – im Prozess schon als Substantiierungserfordernis – eine ganz **konkrete Arbeitsbeschreibung** geben, mit der die für ihn anfallenden Leistungen ihrer **Art**, ihres **Umfangs** sowie ihrer **Häufigkeit** nach für einen Außenstehenden nachvollziehbar werden.[107] Dabei genügen weder die bloße Berufsbezeichnung oder Sammelbegriffe[108] noch Hinweise auf Gebührenordnungen[109] oder auf die Beschreibung im „berufenet" der Agentur für Arbeit.[110] Geschildert werden muss die letzte Tätigkeit vielmehr so, dass sich ein lebhaftes Bild

---

haus, BUV, Kap. F Rn 245; *ders.*, Anm. zu BGH 24.2.2010 – IV ZR 119/09, VersR 2010, 619 in r+s 2010, 249, 250; aA zuletzt BGH 30.3.2011 – IV ZR 269/08, VersR 2011, 655 = r+s 2011, 259 = zfs 2011, 398 = NJW 2011, 1736, wo die Dauer der Maurerlehre nicht berücksichtigt wird.

102 Vgl BGH 24.2.2010 – IV ZR 119/09, VersR 2010, 619 (Tz 19) = r+s 2010, 247; so iE auch BGH 30.3.2011 – IV ZR 269/08, VersR 2011, 655 = r+s 2011, 259 = zfs 2011, 398 = NJW 2011, 1736; *Tschersich*, MVW-BU-Seminar 27.9.2010, Folie 65 f; Beckmann/Matusche-Beckmann/*Rixecker*, § 46 Rn 40 f; aA *Neuhaus*, Anm. zu BGH 24.2.2010 – IV ZR 119/09, VersR 2010, 619 in r+s 2010, 249, 250.

103 *Neuhaus*, Anm. zu BGH 24.2.2010 – IV ZR 119/09, VersR 2010, 619 in r+s 2010, 249, 250; Lösung wie hier: Prölss/Martin/*Lücke*, § 2 BU Rn 22; abw. *Neuhaus*, BUV, Kap. F Rn 244 f.

104 BGH 24.2.2010 – IV ZR 119/09, VersR 2010, 619 (Vorinstanz: OLG Köln 8.5.2009 – 20 U 165/08, VersR 2009, 1105); BGH 30.3.2011 – IV ZR 269/08 (Tz 18), VersR 2011, 655 = r+s 2011, 259 = zfs 2011, 398 = NJW 2011, 1736.

105 OLG Zweibrücken 9.4.1997 – 1 U 19/96, VersR 1998, 1364.

106 LG Dresden 5.2.2009 – 8 O 895/08; *Neuhaus*, BUV, Kap. F Rn 17.

107 BGH 30.9.1992 – IV ZR 227/91, BGHZ 119, 263, 266 = VersR 1992, 1386, 1387; BGH 12.6.1996 – IV ZR 118/95, VersR 1996, 1090; BGH 22.9.2004 – IV ZR 200/03, VersR 2005, 676, 677; zu einem seltenen Ausnahmefall: OLG Düsseldorf 10.6.2003 – 4 U 200/02, VersR 2004, 988; OLG Celle 18.10.2010 – 8 W 32/10, NJW-RR 2011, 536 = AnwBl 2011, 78.

108 BGH 12.6.1996 – IV ZR 118/95, VersR 1996, 1090 (unter II 2 a); KG 23.2.2010 – 6 W 9/10 („floskelhafte Wendung").

109 BGH 12.6.1996 – IV ZR 118/95, VersR 1996, 1090; KG 6.12.2002 – 6 U 219/01, r+s 2004, 514 (HOAI).

110 OLG Stuttgart 19.4.2007 – 7 W 29/07.

der jeweils ausgeübten Einzeltätigkeiten, ihres Umfangs und der gesundheitlichen Anforderungen ergibt. Geschehen sollte dies **stundenplanmäßig**.[111]

Beispiel: Tätigkeitsbeschreibung eines mitarbeitenden Gastwirts[112]

28

Tageszeit	Art der Tätigkeit	Anforderung/Beschwerden
10.30–11.30	Schreibarbeiten	Sitzend am PC, gelegentliches Aufstehen (Ordner holen); Schmerzen untere LWS
11.30–12.45	Entgegennahme von Getränkekisten von 12,5 kg	Schmerzen beim Bücken, Knacken der Knie beim Anheben ...
usw		

Die VR erfragen die letzte Tätigkeit zumeist mit Hilfe eines Formulars, zT wird der VN vor Ort aufgesucht, um in einem Gespräch die Einzelheiten der Tätigkeit zu erfragen. Prozessual folgt daraus eine Kenntnis des VR nicht (er war ja in gesunden Tagen nicht anwesend). Auch dass Formulare nicht immer ausreichende Angaben nach den dargestellten Grundsätzen enthalten, kann einem VR nicht prozessual vorgehalten werden. Denn dieser ist in der „Zwickmühle", entweder zügig zu entscheiden oder langdauernd und mehrfach nachzufragen, bis er endlich die Grundlage weiterer Prüfung in Händen hält. Der zur Darstellung erforderliche Aufwand des VN ist auch im Hinblick auf den Umfang der Leistungen unerheblich.[113]

Da in den Bedingungen meist auf einen bestimmten Einschränkungsgrad abgestellt wird (idR 50 %) – was Abs. 2 bewusst nicht regelt –, muss natürlich auch die Gesamttätigkeitszeit mitgeteilt werden. Kommt es dabei zu Unterschieden etwa zwischen Erklärungen in der Leistungsprüfung und im Prozessvortrag, so fehlt es an ausreichend nachvollziehbaren Anknüpfungstatsachen, um den Umfang gesundheitlicher Einschränkungen zu beurteilen, so dass eine entsprechende Klage ohne weitere Hinweise des Gerichts abzuweisen ist.[114] Dem entgeht die Rspr häufig unter Hinweis auf die Hinweispflichten des Gerichts gem. § 139 ZPO.[115] Zu angeblichen Einschränkungen der Darstellungslast bei bestimmten Krankheiten s. Rn 41.

29

---

111 OLG Koblenz 31.7.1998 – 10 U 746/97, OLGR 1999, 56, 57; OLG Koblenz 11.3.2004 – 10 U 744/03, VersR 2004, 989; zweifelnd zur „Tabelle": OLG Karlsruhe 7.7.2009 – 12 U 111/09; sowie bei „allgemein bekannten" Berufen: OLG Karlsruhe 6.11.2014 – 12 U 45/13, was abzulehnen ist, weil es auf die konkrete Situation und nicht das Berufsbild ankommt.
112 van Bühren/*Dunkel*, Hdb VersR, § 15 Rn 156 (dort wohl unzureichend mangels Darstellung der Anforderungen); FAKomm-VersR/*Gramse*, § 172 VVG Rn 57 (Tabelle unter Einschluss der Beschwerden).
113 OLG Dresden 11.5.1999 – 3 U 2853/98, VersR 2000, 1222 (unter II 1 aE); OLG Dresden 30.4.2009 – 4 W 406/09.
114 OLG Nürnberg 6.8.2009 – 8 U 1257/09; OLG Köln 27.2.2008 – 5 U 237/06, VersR 2009, 667 (rk: BGH 10.12.2008 – IV ZR 79/08); OLG Koblenz 16.11.2007 – 10 U 1729/06, VersR 2008, 669 (Nichtzulassungsbeschwerde zurückgenommen: BGH 2.4.2008 – IV ZR 335/07). Bei krassen Widersprüchen kommt auch eine Kündigung gem. § 314 BGB in Betracht, so OLG Dresden 5.6.2015 – 7 U 1332/14.
115 OLG Köln 4.5.2012 – 20 U 226/11; OLG Köln 20.4.2012 – 20 U 236/11; wobei es entgegen dem OLG Köln mehrerer Hinweise gerade nicht bedarf (BGH 16.4.2008 – XII ZB 192/06, NJW 2008, 2036 (Tz 21); anders deshalb zu Recht: OLG Koblenz 16.5.2013 – 10 W 242/13; OLG Zweibrücken 15.1.2014 – 1 U 190/12, BeckRS 2014, 12027.

30 Ist das Tätigkeitsbild entsprechend vorgetragen, so kann das Gericht zwar entscheiden, ob eine Beweisaufnahme geboten ist (was regelmäßig der Fall sein wird).[116] Es muss aber dem gerichtlichen Sachverständigen in jedem Fall vorgeben, von welchem Tätigkeitsbild er **unverrückbar** auszugehen hat. Geht der Sachverständige von Tätigkeitsbeschreibungen des VN während der Untersuchung aus oder erweitert er diese dadurch, so ist dies rechtsfehlerhaft.[117]

31 **(2) Besonderheit: Selbständiger.** Im Prinzip gilt Vorstehendes auch für den in letzter Tätigkeit **Selbständigen**, der zu seinen Einzelverrichtungen vortragen und diese beweisen muss. Erfasst wird grds. auch der **faktische Betriebsinhaber**[118] oder angestellte **Geschäftsführer einer GmbH**.[119] Gegenüber dem abhängig Beschäftigten besteht aber tätigkeitsimmanent die Besonderheit, dass die Tätigkeit nicht fremdbestimmt ist, sondern in eigener Entscheidungsgewalt steht, welche in seinem Betrieb anfallenden Tätigkeiten er in welchem Umfang und zu welcher Zeit übernimmt. Er ist „Chef", dem ein Weisungs- und Direktionsrecht gegenüber seinen Mitarbeitern zukommt.[120] Dieses Direktionsrecht, das auch die Möglichkeit einer Umverteilung der Arbeit einschließt, gibt seiner Stellung im Betrieb das Gepräge. Sein „Beruf" ist daher die Leitung des Betriebs unter seiner Mitarbeit an einer von ihm bestimmten Stelle.[121] Deswegen trifft den Selbständigen auch die Darlegungs- und **Beweislast** zur Struktur/Organisation seines Betriebs, zur Anzahl der Mitarbeiter, welche Aufgaben die Mitarbeiter wahrnehmen und zur finanziellen Situation seines Betriebs.[122] Nur wenn dazu vom VN vorgetragen ist, sind **Anknüpfungstatsachen** zur **Umorganisationsmöglichkeit** gegeben. Deren Fehlen und Unzumutbarkeit hat der VN dazulegen und zu beweisen, wobei es um den Grund des Anspruchs geht, so dass § 287 ZPO keine Anwendung findet.[123]

32 **Umorganisationsmöglichkeit** bedeutet dabei, dass vom VN vorzutragen und zu beweisen ist, dass Tätigkeitsfelder, in denen er mit seiner gesundheitlichen Beeinträchtigung in seinem Betrieb noch arbeiten kann, ihm keine Betätigungsmöglichkeiten belassen, die bedingungsgemäße Berufsunfähigkeit ausschließen.[124] Erst mit Vortrag und Feststellung bisheriger Organisation des Betriebs zeigt sich die Grundlage der weiteren Prüfung: Eröffnung anderer Tätigkeitsfelder, die BU ausschließen, und Zumutbarkeit derartiger Umorganisation und Aufgabenumverteilung.[125] Die **Eröffnung anderer Tätigkeitsfelder**, die dazu ggf erforderlichen Maßnahmen und Kosten sind eine Frage des Einzelfalles, so dass die Rspr dazu nur einen Rah-

---

116 BGH 27.2.2008 – IV ZR 45/06, VersR 2008, 770 (Tz 4); bei Nichterweislichkeit wäre ein medizinisches Gutachten Beweisermittlung: OLG Nürnberg 6.8.2009 – 8 U 1257/09; OLG Frankfurt 12.8.2009 – 7 U 36/07; OLG Koblenz 16.11.2007 – 10 U 1729/06, VersR 2008, 669; OLG Zweibrücken 15.1.2014 – 1 U 190/12, BeckRS 2014, 12027.
117 BGH 29.11.1995 – IV ZR 233/94, r+s 1995, 116; Veith/Gräfe/Gebert/*Steinbeck*, Versicherungsprozess, 2. Aufl., § 9 Rn 82.
118 OLG Koblenz 27.3.2009 – 10 U 1367/07, VersR 2009, 1249, 1250; OLG Koblenz 15.1.1999 – 10 U 1930/97, NVersZ 1999, 521 = r+s 2000, 301.
119 OLG Bamberg 18.10.2007 – 1 U 85/07, VersR 2008, 340, 341 (zur KT-VersR).
120 BGH 25.9.1991 – IV ZR 145/90, VersR 1991, 1358 (unter 2 b); BGH 3.11.1993 – IV ZR 185/92, VersR 1994, 204; OLG Dresden 11.5.1999 – 3 U 2853/98, VersR 2000, 1222 (unter II 1); OLG München 7.12.2007 – 25 U 2936/07.
121 BGH 12.6.1996 – IV ZR 118/95, VersR 1996, 1090 (unter 3); *Voit*, BuV, Rn 328.
122 OLG Köln 14.6.2007 – 5 U 28/07, VersR 2008, 107, 108; Folgebeschluss: OLG Köln 15.8.2007 – 5 U 28/07, r+s 2008, 520; OLG Dresden 30.4.2009 – 4 W 406/09; OLG Brandenburg 11.3.2010 – 12 U 139/09; OLG Düsseldorf 6.2.2015 – 4 U 47/12.
123 BGH 5.4.1989 – IVa ZR 35/88, VersR 1989, 579.
124 BGH 25.9.1991 – IV ZR 145/90, VersR 1991, 1358 (unter 2 b); BGH 12.6.1996 – IV ZR 118/95, VersR 1996, 1090 (unter 3 a); BGH 26.2.2003 – IV ZR 238/01, VersR 2003, 631; *Neuhaus*, BUV, Kap. F Rn 104.
125 BGH 16.3.1994 – IV ZR 110/92, VersR 1994, 587.

men entwickeln konnte. So dürfen die Tätigkeitsfelder nach Umorganisation **keine Verlegenheitsbeschäftigung** darstellen,[126] wie dies etwa bei bloßen Reinigungsarbeiten oder beim Einkauf von Lebensmitteln für die Belegschaft[127] der Fall wäre. Schon dies zeigt, dass die Umorganisation mit zunehmender Mitarbeiteranzahl eher in Betracht kommt als in einem Kleinbetrieb.[128] Keine Verlegenheitsbeschäftigung ist jedoch die Aufsicht in der Gaststätte[129] oder auf der Baustelle[130] oder die Kundenakquise.[131] Generell kommt eine Verlagerung von körperlicher Mitarbeit auf mehr administrative, kaufmännische Tätigkeiten in Betracht,[132] sofern diese geänderten Tätigkeiten dem VN auch medizinisch möglich sind.[133] Bei einer solchen Verlagerung kann es entweder zur Kompensation bisheriger Tätigkeit des VN durch vorhandene Mitarbeiter kommen; notwendig sein kann aber auch die Einstellung neuer Mitarbeiter. Derartige **Entlassungen** oder **Neueinstellungen** sind grds. zumutbar.[134] Häufig in Betracht kommt etwa die Einstellung von Aushilfen in Voll- oder Teilzeit.[135]

Ergeben sich derartige Umorganisationsmöglichkeiten, müssen diese dem VN **zumutbar** sein. Ausgeschlossen ist die Verpachtung des Betriebs[136] oder die Änderung des Betriebscharakters.[137] Völlige Kostenneutralität ist für die Zumutbarkeit der Umorganisation nicht gefordert. Lediglich erheblicher Kapitaleinsatz ohne zeitnahe Amortisation[138] oder auf Dauer ins Gewicht fallende Einkommenseinbußen[139] sind unzumutbar, wobei auf das Bruttoeinkommen abzustellen ist.[140] Zur Beurteilung ist wegen der typischen Einkommensschwankungen ein längerer Zeitraum zu betrachten.[141] Dabei sind Einkommensminderungen oder faktische Tätigkeitsaufgabe aus nicht gesundheitlichen Gründen (zB geändertes Konsumverhal-

33

---

126 KG 7.6.2002 – 6 U 5317/00, VersR 2003, 491; OLG Karlsruhe 20.9.1990 – 12 U 234/89, VersR 1992, 1075.
127 OLG Dresden 11.5.1999 – 3 U 2853/98, VersR 2000, 1222 (unter II 2 c).
128 Auch in diesen ist eine Umorganisation nicht ausgeschlossen: OLG Hamm 26.9.2012 – 20 U 23/12, zfs 2013, 217 (in concreto verneint); OLG Hamm 10.11.2010 – 20 U 64/10, VersR 2011, 384, 385 f = r+s 2014, 32, 33 (Umpacken in leichtere Gebinde).
129 OLG Hamm 18.2.2005 – 20 U 174/04, r+s 2006, 423.
130 OLG Köln 31.1.2006 – 5 U 173/05; OLG Köln 3.6.1993 – 5 U 229/92, VersR 1994, 1096; OLG Frankfurt 14.6.2007 – 12 U 139/06; aA OLG Karlsruhe 20.9.1990 – 12 U 234/89, VersR 1992, 1075.
131 OLG Karlsruhe 19.11.2013 – 12 U 95/13 (Tätigkeit als „Dachhai").
132 ZB OLG Hamm 3.7.2002 – 20 U 194/01, r+s 2003, 377 = zfs 2003, 33; OLG Köln 3.6.1992 – 5 U 229/92, VersR 1994, 1096.
133 OLG Frankfurt 19.3.2010 – 7 U 284/08, NJW-RR 2010, 1256 (keine Umorganisation beim Inhaber eines Reinigungsunternehmens, wenn alle möglichen Tätigkeiten nur im ihm unmöglichen Stehen verrichtet werden können).
134 BGH 26.2.2003 – IV ZR 238/01, VersR 2003, 631 (unter II 2 b); BGH 25.9.1991 – IV ZR 145/90, VersR 1991, 1358 (unter 2 b); krit. bei Ein-Mann-Betrieb: OLG Koblenz 27.3.2009 – 10 U 1367/07, VersR 2009, 1249, 1250 f.
135 OLG Celle 21.8.1997 – 22 U 101/96, VersR 1998, 441 (unter 3); OLG Köln 7.10.1993 – 5 U 8/93, r+s 1994, 35; OLG Düsseldorf 20.8.1997 – 4 U 41/96, r+s 1998, 478.
136 OLG Karlsruhe 18.8.1988 – 12 U 213/86, VersR 1990, 608.
137 OLG Hamm 2.9.1992 – 20 U 82/92, VersR 1993, 954; OLG Karlsruhe 20.9.1990 – 12 U 234/89, VersR 1992, 1075.
138 OLG Frankfurt 9.2.2000 – 7 U 46/98, r+s 2002, 82 = NVersZ 2000, 426.
139 BGH 26.2.2003 – IV ZR 238/01, VersR 2003, 631 (unter II 2 b); BGH 12.6.1996 – IV ZR 118/95, VersR 1996, 1090; OLG Karlsruhe 19.2.2009 – 9 U 140/08, VersR 2009, 969 (unter II 1) = r+s 2010, 208 (insoweit nicht veröffentlicht).
140 BGH 22.10.1997 – IV ZR 259/96, VersR 1998, 42; OLG München 8.5.1991 – 27 U 558/90, VersR 1992, 1339.
141 BGH 22.10.1997 – IV ZR 259/96, VersR 1998, 42; OLG Hamm 18.2.2005 – 20 U 174/04, r+s 2006, 423; *Benkel/Hirschberg*, § 4 BUZ Rn 26 (5 Jahre) (1. Aufl.: § 4 BUZ Rn 18 f).

ten, Insolvenz) nicht berücksichtigungsfähig.[142] Berücksichtigt man, dass bei der Verweisung **Einkommenseinbußen** von bis zu 20–25 % zulässig sind (vgl Rn 69 ff), fallen derartige Minderungen noch nicht ins Gewicht.[143] Da es um die ursprüngliche Tätigkeit geht und nicht um eine „andere" Tätigkeit, ist vielmehr eine weitergehende Minderung durchaus tolerabel.[144]

34 Wegen des Verständnisses des Berufs „Selbständiger" als „Leitung an von ihm bestimmter Stelle" bestehen gegen die Umorganisation als Leistungsvoraussetzung auch keine Bedenken hinsichtlich ihrer Wirksamkeit nach §§ 305 ff BGB, auch wenn sie nicht ausdrücklich in den Bedingungen dargestellt sind.[145] Das Transparenzgebot des § 307 Abs. 1 S. 2 BGB bleibt gewahrt, da weder Bestimmtheits- noch Verständlichkeitsgebot als Bestandteil der Transparenz verletzt sind. Im Gegenteil: Problematisch können etwaige abweichende Regelungen in den AVB sein, wenn diese nicht ausreichend klar formuliert sind.[146] Der Gesetzgeber hat eine Aufnahme in die gesetzliche Regelung als Präzisierung bewusst nicht für notwendig erachtet.[147] Zudem ist der Selbständige dem Wesen nach Unternehmer iSd § 14 BGB. Er kann daher zumindest erkennen, dass sein Beruf in Struktur und Aufbau nicht dem eines Arbeitnehmers entspricht. Vielmehr ist das Bewusstsein, sich neuer Gegebenheiten anpassen zu müssen, Grundvoraussetzung der Tätigkeit und daher als solche dem „Beruf" immanent. Zur „Ausgestaltung" des Berufs (und nicht der Tätigkeit) gehört das Organisations- und Direktionsrecht.[148]

35 **(3) Besonderheit: Berufsklauseln.** Für bestimmte Berufe bzw Berufsgruppen bestehen spezifische Risikoeinschätzungen, so dass teils weitere, teils engere Voraussetzungen in sog. Berufsklauseln den BU-Begriff ergänzen oder ersetzen und dadurch die im Gesetz geregelten Voraussetzungen spezifizieren. AGB-rechtliche Bedenken bestehen gegen derartige **Berufs- bzw Tätigkeitsklauseln** nicht, weil diese zum einen Folge der Risikoeinschätzung (vgl Rn 9) sind, zum anderen in den Klauseln hinreichend transparent auf einen bestimmten Beruf (zB Transportunternehmer)[149] oder auf ein besonderes Merkmal (zB Fluguntauglichkeit)[150] hingewiesen wird.[151]

36 **Beispiel:** Ärzteklausel.[152] Berufsunfähig ist, wer infolge Krankheit, Körperverletzung oder Kräfteverfalls, die ärztlich nachzuweisen sind, voraussichtlich sechs Monate ununterbrochen außerstande ist, eine für ihn zulässige Tätigkeit als Arzt, Zahnarzt, Tierarzt oder Apotheker auszuüben.

---

142 OLG Hamm 18.2.2005 – 20 U 174/04, r+s 2006, 423; OLG Hamm 3.7.2002 – 20 U 194/01, r+s 2003, 33; OLG Saarbrücken 8.3.2006 – 5 U 269/05-22, VersR 2007, 96 (unter 4 b).
143 KG 6.12.2002 – 6 U 219/01, r+s 2004, 514; LG Frankenthal 10.1.2008 – 3 O 347/07, VersR 2008, 1341.
144 *Neuhaus*, BUV, Kap. F Rn 148 hält einen Zuschlag von 5 % für angemessen.
145 So aber van Bühren/*Dunkel*, Hdb VersR, § 15 Rn 198; Schwintowski/Brömmelmeyer/*Schwintowski*, § 172 Rn 32; *Hollenborg*, Berufsunfähigkeit Selbständiger (Diss.), 2009, S. 138 f; Darstellung bei *Neuhaus*, BUV, Kap. F Rn 120.
146 OLG Saarbrücken 16.6.2010 – 5 U 272/08, zfs 2012, 704, 707 (unter IV 4); *Neuhaus*, BUV, Kap. F Rn 116.
147 OLG Frankfurt 7.5.2013 – 12 U 52/12; vgl Begr. RegE, BT-Drucks. 16/3945, S. 105 (zu § 172 Abs. 2, 1. Abs. aE).
148 Im Ergebnis so auch *Neuhaus*, BUV, Kap. F Rn 103, 112.
149 OLG Saarbrücken 14.1.2004 – 5 U 583/01-41, r+s 2004, 385; für Fernfahrer: OLG Koblenz 22.12.2000 – 10 U 1634/99, VersR 2001, 1371.
150 OLG Frankfurt 20.3.2003 – 3 U 102/02, VersR 2003, 979; zur „lost-licence-Klausel": OLG Schleswig 14.1.2010 – 16 U 39/09, VersR 2010, 1483.
151 *Rixecker*, zfs 2007, 669; krit. jetzt Beckmann/Matusche-Beckmann/*Rixecker*, § 46 Rn 50, 60 (Leitbild); näher zu Berufsklauseln: van Bühren/*Dunkel*, Hdb VersR, § 15 Rn 211 ff.
152 LG München I 11.10.2005 – 23 O 16706/04, VersR 2006, 1246, bestätigt von OLG München 4.5.2006 – 25 U 5096/05.

Forensisch bedeutsamer ist die sog. **Beamtenklausel**. In dieser wird die **Dienstunfähigkeit** von Beamten mit der Berufsunfähigkeit gleichgestellt. Dies bewirkt, dass eine eigene Prüfung der Berufsunfähigkeit (nicht aber der Leistungspflicht) des VR entfällt, der sich an die Entscheidung des Dienstherrn anschließt, wobei auch eine abstrakte Verweisung nicht in Betracht kommt. Versicherungsfall ist dabei nicht die ärztliche Feststellung der Dienstunfähigkeit, sondern der Wirkungszeitpunkt des Bescheides zur Entlassung aus dem öffentlichen Dienst oder Versetzung in den Ruhestand.[153] Daran kann es im Anwendungsbereich des Einsatz-Weiterverwendungsgesetzes (EinsatzWVG) fehlen.[154] Für die Zeit davor kann eine „normale" Berufsunfähigkeit vorliegen.[155] Erst wenn der VN beamtenrechtlich „reaktiviert" wird, ist eine Nachprüfung (vgl § 174) erfolgversprechend.[156]

37

Die Beamtenklausel bedarf besonderer **Vereinbarung** im VersVertrag. Allein die Berufsbezeichnung im Antrag genügt insoweit nicht.[157] Die Klausel erfasst zwar Beamte auf Probe und beurlaubte Beamte,[158] nicht aber Soldaten, Richter oder Minister.[159] Regelmäßig ist nur die allgemeine Dienstunfähigkeit, nicht aber Polizei- oder Feuerwehrdienstunfähigkeit gemeint, wobei es auf den genauen Wortlaut der Klausel ankommt.[160] Hier besteht die Gefahr eines Anspruchs, wenn der Agent bei Antragstellung zum Umfang des Versicherungsschutzes fehlerhaft beriet.[161]

38

Zu unterscheiden sind mehrere **Klauselvarianten:**

39

- Nach der „**allgemeinen DU-Klausel**" gilt die Ruhestandsversetzung als Berufsunfähigkeit. Dann handelt es sich bei der entsprechenden Feststellung des Dienstherrn gem. § 42 BBG um eine **unwiderlegliche Vermutung** der Berufsunfähigkeit.[162] Rationalisierungsbestrebungen jetzt privatisierter Staatsbetriebe haben Zweifel an der sachgerechten Prüfung durch den Dienstherrn geweckt.[163] Kann der VR substantiiert darlegen, dass gesundheitliche Gründe nicht den eigentlichen Grund für die Entlassung darstellen, muss daher die Vermutung durchbrochen werden können.[164] Ergeben sich aus der Entlas-

---

153 BGH 20.4.1994 – IV ZR 70/93, NJW-RR 1994, 859, 860 aE; OLG Frankfurt 9.12.1992 – 17 U 102/91, OLGR 1993, 37; OLG Karlsruhe 4.3.2008 – 12 U 206/07, VersR 2009, 386; vgl auch OLG Koblenz 5.2.2009 – 10 U 736/08, VersR 2009, 1062 (Zurückweisungsbeschluss: 6.4.2009, n.v.).
154 OLG Frankfurt 13.1.2013 – 3 U 145/12; Gesetz zur Regelung der Weiterverwendung nach Einsatzunfällen (Einsatz-Weiterverwendungsgesetz – EinsatzWVG) idF der Bek. vom 4.9.2012 (BGBl. I S. 2070), geänd. d. Art. 12 des Gesetzes vom 21.7.2014 (BGBl. I S. 1133).
155 KG 28.5.2002 – 6 U 144/01, VersR 2004, 723.
156 BGH 5.7.1995 – IV ZR 196/94, VersR 1995, 1174; BGH 14.6.1989 – IVa ZR 74/88, VersR 1989, 903 (unter 4 e).
157 BGH 7.3.2007 – IV ZR 133/06, VersR 2007, 821 (unter II 2 a); BGH 26.9.2001 – IV ZR 220/00, VersR 2001, 1502 (Soldat); OLG Düsseldorf 3.6.2003 – I-4 U 174/02, r+s 2006, 339 = zfs 2004, 178 (Gerichtsvollzieher).
158 OLG Frankfurt 29.6.2001 – 25 U 159/00, VersR 2001, 1543; OLG Frankfurt 4.12.2002 – 7 U 16/02, VersR 2004, 53.
159 BGH 26.9.2001 – IV ZR 220/00, VersR 2001, 1502; aA Beckmann/Matusche-Beckmann/*Rixecker*, § 46 Rn 52.
160 *Müller-Frank*, Rspr BUZ, S. 130 mwN.
161 OLG Koblenz 28.4.2008 – 10 U 1115/07, VersR 2009, 98 = r+s 2009, 291.
162 BGH 14.6.1989 – IVa ZR 74/88, VersR 1989, 903; BGH 5.7.1995 – IV ZR 196/94, VersR 1995, 1174; OLG Karlsruhe 4.3.2008 – 12 U 206/07, VersR 2009, 386; OLG Nürnberg 24.11.2009 – 8 U 1820/09, VersR 2011, 103.
163 BT-Drucks. 15/328 (Anfrage vom 15.1.2003) und BT-Drucks. 15/399 (Antwort BReg. vom 4.2.2003); M.S., ZfV 2003, 17 (Grübelzwang).
164 OLG Köln 23.12.1997 – 5 U 152/97, VersR 1998, 1272; OLG Düsseldorf 14.11.2000 – 4 U 216/99, VersR 2001, 754 aE; OLG Düsseldorf 29.4.2003 – 4 U 175/02, VersR

sungsverfügung andere Gründe, wie zB disziplinarische Maßnahmen, greift die Vermutung jedenfalls nicht.[165]

- Nach der „**weiten DU-Klausel**" muss der VN wegen gesundheitlicher Gründe dienstunfähig sein *und* wegen Dienstunfähigkeit in den Ruhestand versetzt sein oder entlassen worden sein. Hier ist die Vermutung jedenfalls widerleglich,[166] nach richtiger Ansicht sind die gesundheitlichen Gründe vom VN zu beweisen.[167]

40 Ist keine Dienstunfähigkeitsklausel vereinbart, so verbleibt es beim „Normalfall": Maßgeblich ist die letzte Tätigkeit des VN.[168] Strittig ist, ob angesichts der Stellung des VN als Beamter bei seiner „letzten Tätigkeit" nicht auch Aufgabenbereiche zu berücksichtigen sind, die ihm im Rahmen der Dienststellung zugewiesen werden können.[169] Dafür spricht, dass der Treuepflicht des Beamten die Alimentation durch den Dienstherrn gegenübersteht,[170] nicht aber Leistung und Vergütung (§ 611 BGB). Bei Vereinbarung abstrakter Verweisbarkeit ist dies nur ein akademisches Problem.

41 **(4) Prozessuale Bedeutung.** Da der „Beruf" Grundlage für die weiteren Komponenten der Berufsfähigkeit ist, kann eine prozessuale Geltendmachung schon an dieser Voraussetzung scheitern. Nur einen extremen Ausnahmefall stellte es dementsprechend dar, wenn das OLG Düsseldorf[171] eine genaue Tätigkeitsbeschreibung für nicht erforderlich hielt. Wenn dies bei bestimmten Erkrankungen zum Regelfall gemacht werden soll,[172] überzeugt dies gerade auch bei psychischen Erkrankungen nicht, deren Funktionseinschränkungen gerade auch von der tatsächlichen beruflichen Situation abhängen.[173] Regelmäßig bedarf es vielmehr der genauen Darstellung, wie in Rn 27 f dargestellt. Dies führt im Prozess häufig dazu, dass sich der VR zu den Tätigkeitsbehauptungen mit Nichtwissen erklärt, was zulässig[174] ist, § 138 Abs. 4 ZPO. Da dem Sachverständigen der unverrückbare außermedizinische Sachverhalt vom Gericht vorzugeben ist (§ 404 a ZPO), bedarf es dann des Zeugenbeweises und ggf eines berufskundlichen Gutachtens.[175] Die Ermittlung der (Teil-)Tätigkeiten durch den medizinischen Sachverständigen in der

---

2004, 1033; Veith/Gräfe/*Gebert/Steinbeck*, Versicherungsprozess, § 9 Rn 56 f (Wegfall der Geschäftsgrundlage, § 317 BGB).
165 OLG Koblenz 5.2.2009 – 10 U 736/08, VersR 2009, 1062 (Hinweisbeschluss) = r+s 2010, 475, 476; OLG Koblenz 4.6.2009 – 10 U 736/08, OLGR 2009, 514 (Zurückweisungsbeschluss).
166 OLG Nürnberg 20.2.2003 – 8 U 1208/02, VersR 2003, 1028; unklar: KG 11.6.2002 – 6 U 193/01, VersR 2003, 718.
167 Versicherungsombudsmann E 3290/2002 vom 31.1.2003, zfs 2003, 417.
168 BGH 7.3.2007 – IV ZR 133/06, VersR 2007, 821; BGH 22.10.1997 – IV ZR 221/96, VersR 1997, 1520; OLG München 9.8.1996 – 21 U 3980/95, VersR 1997, 1126.
169 So zu Recht OLG Köln 23.12.1997 – 5 U 152/97, VersR 1998, 1272; OLG Koblenz 30.7.1999 – 10 U 462/98, VersR 1999, 1399; OLG Saarbrücken 26.2.1992 – 5 U 65/91, VersR 1992, 1388; aA OLG Düsseldorf 14.11.2000 – 4 U 216/99, VersR 2001, 754; OLG Frankfurt 25.5.2005 – 7 U 151/03, VersR 2006, 916; Veith/Gräfe/*Gebert/Steinbeck*, Versicherungsprozess, § 9 Rn 63.
170 Maunz/Dürig/*Badura*, Grundgesetz, 58. Lfg. 2010, § 33 GG Rn 60.
171 OLG Düsseldorf 10.6.2003 – 4 U 200/02, OLGR 2004, 201 = VersR 2004, 988 (die Funktionseinschränkung war unstreitig).
172 OLG Celle 6.1.2014 – 8 W 62/13; OLG Celle 28.1.2010 – 8 U 184/07, BeckRS 2011, 05571; dem wohl folgend *Neuhaus*, BUV, Kap. F Rn 299, der auf § 291 ZPO abstellt.
173 OLG Köln 20.4.2012 – 20 U 236/11; OLG Zweibrücken 15.1.2014 – 1 U 190/12, BeckRS 2014, 12027.
174 Und im Bestreiten ausreichend: OLG Bremen 9.2.2009 – 3 U 24/08, OLGR 2009, 351; OLG Köln 11.4.2008 – 20 W 11/08, VersR 2008, 1340; OLG Brandenburg 5.9.2014 – 11 U 158/13.
175 BGH 27.2.2008 – IV ZR 45/06, VersR 2007, 770.

Anamneseerhebung führt zur Unbrauchbarkeit des Gutachtens.[176] Deshalb ist auch ein **selbständiges Beweisverfahren** in Streitfragen zur BU unzulässig.[177] Gerade wegen der herausragenden Bedeutung der Tätigkeitsbeschreibung ist es auch zu begrüßen, wenn nicht jede Darstellung akzeptiert wird, sondern die prozessualen Schlüssigkeitskriterien auch hier – unter Berücksichtigung der Hinweispflicht gem. § 139 ZPO[178] – angewandt werden, so dass eine widersprüchliche[179] oder unschlüssige bzw nicht bewiesene[180] Darstellung zur Uneinholbarkeit eines medizinischen Gutachtens und damit zur Abweisungsreife einer Klage führt.

bb) Medizinische Komponente. (1) Krankheit, Körperverletzung oder mehr als altersentsprechender Kräfteverfall. Die versicherte Person muss an „Krankheit, Körperverletzung oder mehr als altersentsprechendem Kräfteverfall" leiden. Das Erfordernis des Kräfteverfalls „mehr als altersentsprechend" ist eine redaktionelle Klarstellung gegenüber den ursprünglichen MB-BUZ 1994, die nur auf „Kräfteverfall" insoweit abstellte. Das normale altersbedingte Nachlassen der Kräfte des VN und die sich daraus ergebenden Folgen für seine Berufsausübung waren und sind nicht versichert;[181] Maßstab soll dabei die „Bevölkerung", nicht die Berufsgruppe sein.[182] Im Übrigen sind die gesundheitlichen Umstände gleichwertig und **objektiv** zu bestimmen; es kommt also nicht auf die subjektive Vorstellung des VN zu einer Normabweichung an.[183]   42

Krankheit ist dabei der regelwidrige psychische (s. näher Rn 50) oder physische Zustand, der eine Einschränkung oder Störung der normalen Funktion des Organismus zur Folge hat. Anders als in der Krankenversicherung kommt es auf Behandlungsbedürftigkeit aber nicht an.[184] Unerheblich ist die diagnostische Einord-   43

---

176 BGH 29.11.1995 – IV ZR 233/94, r+s 1996, 116, 117 = NJW-RR 1996, 345, 345 aE; Veith/Gräfe/*Gebert/Steinbeck*, Versicherungsprozess, § 9 Rn 82.
177 OLG Oldenburg 15.2.2012 – 9 OH 136/11, r+s 2012, 520; OLG Köln 11.4.2008 – 20 W 11/08, VersR 2008, 1340; LG Marburg 1.10.2008 – 1 OH 14/08, VersR 2009, 201; OLG Köln 23.12.2009 – 20 W 66/09; aA OLG Celle 18.10.2010 – 8 W 32/10, NJW-RR 2011, 536 (Unerheblichkeit des Gutachtens habe der Gesetzgeber in Kauf genommen) m. zust. Anm. *Neuhaus*, jurisPR-VersR 2/2011 Anm. 5.
178 BGH 13.1.1999 – IV ZR 7/98, NJW-RR 1999, 605, 606 = NVersZ 1999, 215; allerdings kann ein Hinweis im VR-Schriftsatz ausreichend sein: LG Stade 30.1.2002 – 5 O 495/00, VersR 2002, 1014.
179 OLG Köln 27.2.2008 – 5 U 237/06, VersR 2009, 667, bestätigt durch BGH 10.12.2008 – IV ZR 79/08 (Nichtannahmebeschluss); OLG Koblenz 16.11.2007 – 10 U 1729/06, VersR 2008, 669, bestätigt durch BGH 2.4.2008 – IV ZR 335/07 (Nichtannahmebeschluss); Prölss/Martin/*Lücke*, § 172 Rn 116. Bei krassen Widersprüchen kommt auch eine Kündigung gem. § 314 BGB in Betracht, so OLG Dresden 5.6.2015 – 7 U 1332/14.
180 OLG Nürnberg 6.8.2009 – 8 U 1257/09 (unschlüssig); OLG Frankfurt 12.8.2009 – 7 U 36/07 (nicht bewiesen).
181 Begr. RegE, BT-Drucks. 16/3945, S. 105 (zu § 172 Abs. 2); so schon OLG Frankfurt 20.3.2003 – 3 U 102/02, VersR 2003, 979; Beckmann/Matusche-Beckmann/*Rixecker*, § 46 Rn 68; Bruck/Möller/*Winter*, V2 G28; *Hausotter/Eich*, Die Begutachtung in der privaten BU, 2008, S. 17 f.
182 In diesem Sinne: OLG Saarbrücken 9.1.2008 – 5 U 2/07, zfs 2008, 39 (vor II 1 b); Prölss/Martin/*Lücke*, § 172 Rn 40 = § 2 BU 6.
183 BGH 17.12.1986 – IVa ZR 78/85, BGHZ 99, 228 = VersR 1987, 278 (unter II 2 a); BGH 27.9.1995 – IV ZR 319/94, VersR 1995, 1431 (unter 2 a); OLG Köln 23.5.2005 – 5 U 171/01; OLG Schleswig 2.6.2010 – 16 U 28/10; Prölss/Martin/*Lücke*, § 172 Rn 39 = § 2 BU Rn 5; Beckmann/Matusche-Beckmann/*Rixecker*, § 46 Rn 69, 67; *Neuhaus*, BUV, Kap. G Rn 3.
184 OLG Frankfurt 20.3.2003 – 3 U 102/02, VersR 2003, 979; OLG Saarbrücken 28.4.2104 – 5 U 355/12, VersR 2015, 226, 227; Prölss/Martin/*Lücke*, § 172 Rn 38 = § 2 BU Rn 4.

nung.[185] Ein Syndrom ist keine „Krankheit", sondern eine Zusammenfassung von Symptomen, so dass etwa das Schlagwort **„burn-out-Syndrom"** selbst nicht zur Erfüllung dieser medizinischen Komponente ausreicht.[186] Keine Krankheit ist auch das sog. **Mobbing**, also die (subjektive) Schikane am Arbeitsplatz.[187] Folgen daraus jedoch objektiv nach ärztlicher Befundung regelwidrige Zustände, kann die „Krankheit" gegeben sein.[188] Nicht ausreichend ist eine Disposition zu Krankheiten[189] oder jegliche Minderbelastbarkeit.[190]

44 **Körperverletzung** ist der physische Eingriff in die körperliche Unversehrtheit oder psychisch vermittelte Störung der inneren Lebensvorgänge.

45 **(2) Kausalität.** „**Infolge**" der gesundheitlichen Umstände muss der Beruf (oder Verweisungstätigkeiten) nicht mehr ausgeübt werden können. Krankheit, Körperverletzung oder mehr als alterssentsprechender Kräfteverfall müssen also **ursächlich** für die Einschränkung im Beruf sein. Wenn daher feststeht, dass die Berufsausübung aus anderen Gründen eingeschränkt ist, fehlt diese notwendige „haftungsbegründende" Kausalität. Rechtliche Unmöglichkeit der Berufsausübung ist ebenso wenig versichert[191] wie Kenntniswegfall[192] oder Berufsverbote.[193] Auch wenn die berufsspezifische Altersgrenze erreicht wird, entfällt das Merkmal „infolge".[194] Darauf soll sich der VR aber nicht berufen können, wenn er über die Versicherungsdauer hinaus eine Leistung verspricht.[195] Bei psychischen Beschwerden fehlt die Kausalität, wenn diese durch Willensanstrengung überwunden werden können.[196]

46 An einem Außerstandesein „infolge" gesundheitlicher Umstände fehlt es auch, wenn der Versicherte sog. **zumutbare Schutzmaßnahmen** unterlässt.[197] Zwar mag die unbehandelte Krankheit „conditio sine qua non" für Einschränkungen in der

---

185 *Hausotter/Eich*, Die Begutachtung in der privaten BU, 2008, S. 17; OLG Saarbrücken 19.5.2010 – 5 U 91/08-10, VersR 2011, 249, 250 (unter II 3 a).
186 So auch im Ergebnis LG München I 22.3.2006 – 25 O 19798/03, r+s 2008, 388; *Neuhaus*, BUV, Kap. G Rn 79 ff; *Berger/Falkai/Maier*, Burn-out ist keine Krankheit, Dtsch Ärztebl 2012 Jg. 109 Heft 14: A 700 ff.
187 Wobei die Mobbing-Handlung zur Beweislast des VN steht, vgl BAG 14.11.2013 – 8 AZR 813/12, NJW 2014, 1326.
188 Ähnlich zu § 15 b MB/KT: OLG Köln 13.2.2008 – 5 U 65/05, VK 2009, 40; OLG Celle 12.5.2010 – 8 U 216/09, bestätigt v. BGH 9.3.2011 – IV ZR 137/10, VersR 2011, 518 = r+s 2011, 256 = NJW 2011, 1675; näher zum Problemkreis: *Brams*, Mobbing – Ein KT-Problem?, VersR 2009, 344 ff.
189 BGH 27.9.1995 – IV ZR 319/94, VersR 1995, 1431 (unter 2 b); BGH 11.7.2005 – NotZ 10/05, NJW-RR 2005, 1513 (zur ängstlich-vermeidenden Persönlichkeitsstörung als bloße Disposition); OLG Hamm 29.4.2008 – 28 U 139/07 (Borderline); medizinisch: *Stevens/Foerster*, Genügt Beschwerdeschilderung?, VersMed 52 (2000), 76 ff.
190 ZB untrainierte Rückenmuskulatur, vgl OLG Frankfurt 7.3.2013 – 15 U 4/10.
191 BGH 7.3.2007 – IV ZR 133/06, VersR 2007, 821 (unter II 2 b); OLG Köln 30.8.2006 – 5 U 143/03 (Rückgabe der Anwaltszulassung).
192 BGH 7.2.2007 – IV ZR 232/03, VersR 2007, 631 (unter II 1 a).
193 OLG Celle 31.8.2005 – 8 U 60/05, VersR 2006, 394 (unter 4), bestätigt von BGH 5.4.2006 – IV ZR 227/05; *Müller-Frank*, BUZaktuell 2/2006, 4 f; näher *Neuhaus*, BUV, Kap. G Rn 128 ff; LG Mannheim 26.11.2014 – 9 O 4/11 (n.rk.).
194 LG Berlin 7.5.2002 – 7 O 490/01 nach *Müller-Frank*, Rspr.-BUZ S. 46, best. v. KG 3.2.2004 – 6 U 128/02, zfs 2008, 163; Beckmann/Matusche-Beckmann/*Rixecker*, § 46 Rn 77; Prölss/Martin/*Lücke*, § 172 Rn 40 = § 2 BU Rn 15 (anders noch die 27. Aufl. 2004, § 2 BUZ Rn 8, 36).
195 OLG Köln 22.7.2011 – 20 U 127/10, r+s 2012, 451.
196 OLG Köln 5.6.2002 – 5 U 77/00, VersR 2002, 1365; OLG Köln 23.5.2005 – 5 U 171/01; OLG Koblenz 11.1.2002 – 10 U 786/01, r+s 2003, 337; OLG Koblenz 27.1.2005 – 10 U 483/04, zfs 2005, 404; OLG Saarbrücken 24.2.2010 – 5 U 368/07-36 (Mountainbiker-Fall).
197 Beckmann/Matusche-Beckmann/*Rixecker*, § 46 Rn 78 f.

Berufsausübung sein. Der Schutzzweck der BUZ ist aber gerichtet auf schicksalhaft erlittene Gesundheitsrisiken. Schicksalhaft ist es aber nicht, wenn die Einschränkung auf dem Unwillen des Versicherten beruht, dieser also das unterlässt, was ein anderer in gleicher Lage ohne Versicherungsschutz tun würde;[198] es fehlt die objektive Einschränkung. Dementsprechend fehlt es an der Kausalität, wenn die Leistungsfähigkeit mit **Medikamenten** erhalten oder verbessert werden kann, sofern diese nicht die Gesundheit einschränken,[199] wenn Einschränkungen zB aufgrund Krankengymnastik bzw Rückenschule gemindert oder kompensiert werden.[200] Ebenso fehlt es am kausalen Außerstandesein, wenn einfache Schutzmaßnahmen, wie zB das Tragen von Handschuhen, Schutzkleidung[201] oder die Einhaltung von Pausen,[202] Organisation des Arbeitstages zur Meidung von Stressoren sowie einfache Umstellungsmaßnahmen oder Hilfsmittel, wie zB ein Stehpult,[203] zumutbar möglich sind.[204]

Andererseits kann auch eine gesundheitliche Überforderung zur Berufsunfähigkeit führen. Für die Annahme eines solchen **Raubbaus** genügt aber nicht jede und letztlich nie auszuschließende Gefahr einer Gesundheitsverschlechterung durch die Fortführung der Tätigkeit.[205] Erforderlich ist vielmehr, dass die Prognose gestellt werden kann, es werde mit einem messbaren, rational begründbaren Grad von Wahrscheinlichkeit *durch die Tätigkeit* zu weiteren Gesundheitsschäden kommen,[206] wozu allgemeine und vermeidbare Gefahren nicht ausreichen.[207] Der „Raubbau" kann auch zu „**mitgebrachter Berufsunfähigkeit**" führen[208] (s. Rn 57). Bleibt dies offen, soll die fortdauernde Ausübung der Tätigkeit indiziell gegen eine Berufsunfähigkeit sprechen.[209]

47

---

198 Beckmann/Matusche-Beckmann/*Rixecker*, § 46 Rn 79; KG 21.10.2014 – 6 U 18/13 m. zu Unrecht krit. Anm. *Laux*, jurisPR-VersR 05/2015 Anm. 4 (zumutbares Gegensteuern des VN); OLG Saarbrücken 16.6.2010 – 5 U 272/08-35, zfs 2012, 704 aE; OLG Saarbrücken 17.10.2006 – 5 W 258/06-78, VersR 2007, 635; aA wohl OLG Karlsruhe 3.4.2003 – 12 U 57/01, VersR 2004, 98.
199 BGH 27.2.1991 – IV ZR 66/90, VersR 1991, 450; OLG Saarbrücken 10.1.2001 – 5 U 737/00-70, VersR 2002, 877; LG Heidelberg 8.3.2013 – 3 O 316/10, NJOZ 2014, 46.
200 OLG Saarbrücken 23.7.2004 – 5 U 683/03-64, VersR 2005, 63.
201 OLG Köln 20.7.1998 – 5 U 72/98, VersR 1999, 1532; LG Ingolstadt 24.5.1996 – 4 O 1311/95, VersR 1997, 480; OLG Hamm 19.12.1990 – 20 U 209/90, r+s 1991, 178; krit. je nach Tätigkeit Orthese: OLG Saarbrücken 16.6.2010 – 5 U 272/08-35, zfs 2012, 704 (unter 3 a).
202 OLG Saarbrücken 23.7.2004 – 5 U 683/03-64, VersR 2005, 63 (Fahrlehrer); OLG Köln 26.11.1997 – 5 U 31/96 (Stehsitz eines Kochs).
203 OLG Saarbrücken 13.11.2013 – 5 U 359/12 (vor 4.), zfs 2014, 163, 165 (in VersR 2014, 1194 nicht abgedruckt).
204 OLG Zweibrücken 15.1.2014 – 1 U 190/12, BeckRS 2014, 12027 (Stressoren); OLG Saarbrücken 13.4.2005 – 5 U 842/01-67, VersR 2006, 778 (Tagesablauf); OLG Köln 30.8.2006 – 5 U 43/05 (9-Finger-System statt 10-Finger-System).
205 OLG Koblenz 23.7.2004 – 10 U 518/03, r+s 2005, 257; Beckmann/Matusche-Beckmann/*Rixecker*, § 46 Rn 81. Weitere Einzelheiten: *Mertens*, Bedeutung des Partei-Vortrags „Raubbau" im Rahmen von Gutachten zur privaten Berufsunfähigkeits-(Zusatz-)Versicherung, GenRe Forum Medizinische Begutachtung, 2/2014, 11 ff.
206 BGH 11.10.2000 – IV ZR 208/99, VersR 2001, 89; LG Saarbrücken 25.5.2005 – 14 O 291/03, zfs 2006, 700; OLG Köln 15.9.2009 – 20 U 202/08, VersR 2010, 104 (zu § 15 MB/KT).
207 BGH 11.7.2012 – IV ZR 5/11, VersR 2012, 1547 = zfs 2012, 703 = r+s 2013, 33 = NJW 2013, 172 in Bestätigung von OLG Saarbrücken 8.12.2010 – 5 U 8/10-1, VersR 2011, 1166 (Unfallverhütungsmaßnahmen versus Sturzgefahr).
208 OLG Saarbrücken 29.1.2008 – 5 U 2/07, zfs 2009, 38; OLG Karlsruhe 9.2.2010 – 12 U 169/09.
209 van Bühren/*Dunkel*, Hdb VersR, § 15 Rn 194; OLG Nürnberg 27.2.1992 – 8 U 2577/91, NJW-RR 1992, 673 = VersR 1993, 427 (LS); Tätigkeitsaufgabe ist aber keine Voraussetzung: OLG Karlsruhe 19.5.1982 – 12 U 190/81, VersR 1982, 281.

48 Auch die gesundheitliche Komponente nebst kausaler Verknüpfung steht als Anspruchsvoraussetzung zur **Darlegungs- und Beweislast** des VN. Dabei sind grds. angesichts der für einen (medizinischen) Laien sich ergebenden Schwierigkeiten nicht zu hohe Anforderungen zu stellen. Allein der Vortrag zu gestellten Diagnosen genügt aber nicht, da die Bezeichnung an sich zu Auswirkungen nichts aussagt.[210] Deshalb muss der VN vortragen, woran er leidet und wie sich dieses Leiden auf die in seinem konkreten Beruf erforderlichen Arbeitsschritte auswirkt. Allgemeine Phrasen genügen nicht.[211] Ebenso wenig genügen Verweise auf **Arbeitsunfähigkeitsbescheinigungen**,[212] GdB- bzw MdE-Bescheide oder der bloße Verweis auf Entscheidungen der gesetzlichen Rentenversicherung.[213] Unzureichend ist auch der Hinweis auf die Feststellung einer Berufskrankheit (BK),[214] weil die Voraussetzungen jeweils von denen der Berufsunfähigkeit abweichen (vgl Rn 17 f). Anknüpfungstatsachen sind vielmehr die **medizinischen (Vor-)Befunde**,[215] die der VN entsprechend § 630 g BGB von seinen Behandlern als Teil deren Dokumentation (vgl § 630 f Abs. 2 BGB) beibringen kann. Genügen diese nicht, geht das im Zweifel zu Lasten des VN.[216]

49 Im **Prozess** muss die medizinische Komponente durch ein **medizinisches Sachverständigengutachten** festgestellt werden,[217] wenn vorstehende Behauptungen des VN vorliegen. Ist das Gerichtsgutachten erstellt, das im Widerspruch zu einem Parteigutachten steht, muss das Gericht den Einwänden aus dem Privatgutachten – wie bei zwei sich widersprechenden Gerichtsgutachten – nachgehen.[218] Dazu muss das Gericht den gerichtlichen Sachverständigen unter Gegenüberstellung mit dem Parteigutachter anhören (wenn die schriftliche Erläuterung nicht ausreicht), um zu entscheiden, ob es den Ausführungen des gerichtlichen Sachverständigen folgen will.[219] Bleiben Unklarheiten, bedarf es eines neuen Gutachtens (§ 412 ZPO). Bei

---

210 OLG Saarbrücken 19.5.2010 – 5 U 91/08-10, VersR 2011, 249, 250; KG 14.3.2008 – 6 W 4/08; OLG Saarbrücken 24.2.2010 – 5 U 368/07-36 (unter II 1 b (1)); ähnl. *Neuhaus*, BUV, Kap. G Rn 22, 88; *Venzlaff/Foerster*, Psychiatrische Begutachtung, 5. Aufl. 2009, Kap. 2.8, S. 27; *Schneider et al.*, Gutachtenleitfaden – Berufliche Leistungsbegutachtung bei psychischen und psychosomatischen Erkrankungen, Psychotherapeut 2010, 380, 382; aA Prölss/Martin/*Lücke*, § 172 Rn 118.
211 OLG München 22.5.2007 – 25 U 1723/07, bestätigt von BGH 13.2.2008 – IV ZR 161/07; Veith/Gräfe/*Gebert/Steinbeck*, Versicherungsprozess, § 9 Rn 69; Römer/Langheid/*Rixecker*, § 172 Rn 22.
212 BGH 12.6.1996 – IV ZR 116/95, VersR 1996, 959; BGH 22.2.1984 – IVa ZR 63/82, VersR 1984, 630; OLG Saarbrücken 19.5.2010 – 5 U 91/08-10, VersR 2011, 249, 250 (unter II 2); KG 2.12.2014 – 6 U 18/13, juris Tz 14; näher *Mertens*, Arbeitsunfähigkeit und Berufsunfähigkeit im Privat- und Sozialversicherungsrecht aus der Perspektive der privaten Berufsunfähigkeitsversicherung, MedSach 2014, 14 ff; *Erwin*, AU und BU-vergleichende Darstellung, GenRe BUaktuell 2/2010, 9–12.
213 OLG Köln 18.12.1986 – 5 U 82/86, r+s 1987, 296; OLG Köln 10.7.1996 – 5 U 37/96; OLG Hamm 29.3.1996 – 20 W 5/96, VersR 1997, 217; OLG Koblenz 18.1.2002 – 10 U 374/01, VersR 2002, 1091 (LS) = NVersZ 2002, 260.
214 OLG Koblenz 1.12.2000 – 10 U 1941/98, r+s 2003, 378 = zfs 2003, 250.
215 BGH 30.6.2010 – IV ZR 163/09 (Tz 24), VersR 2010, 1171, 1173 (zur KT); OLG Köln 18.11.2014 – 20 W 61/14; ähnl. schon OLG Köln 8.4.2011 – 20 U 160/10 (medizinische Tatsachen); OLG Hamm 3.2.2015 – 26 U 153/13, aus med. Sicht so auch *Venzlaff/Foerster*, Psychiatrische Begutachtung, 5. Aufl. 2009, Kap. 2.4.1, S. 21.
216 Vgl OLG Karlsruhe 14.6.2012 – 9 U 139/10, VersR 2013, 172 (zur KT).
217 So jetzt auch unter Ausschluss sachverständigen Zeugnisses der Behandler: OLG Koblenz 14.3.2014 – 10 U 356/13.
218 BGH 24.9.2008 – IV ZR 250/06, VersR 2008, 1676 (Tz 11) = r+s 2009, 35; BGH 25.2.2009 – IV ZR 27/08, VersR 2009, 817 (Tz 9).
219 BGH 12.1.2011 – IV ZR 190/08, VersR 2011, 522 (Tz 5) = VK 2011, 67 (Revision zu OLG Koblenz 11.7.2008 – 10 U 842/07, VersR 2008, 1254); BGH 18.5.2009 – IV ZR 57/08, VersR 2009, 975 (Tz 7); *Karczewski*, Berufung in Versicherungssachen, r+s 2010, 489, 494.

identischer Befundgrundlage und widersprüchlichen Einschätzungen der Sachverständigen ist der Beweis bedingungsgemäßer Berufsunfähigkeit idR nicht geführt.[220]

Subjektive Vorstellungen des VN sind irrelevant (s. Rn 42).[221] Dieses subjektive „Erleben" soll aber gerade bei **psychischen Erkrankungen**, die sich als Ursache der Berufsunfähigkeit allein in den Jahren 1994–2004 nahezu verdoppelten,[222] maßgeblich sein. Neben dem Hinweis auf abweichende Wahrscheinlichkeitsmaßstäbe[223] wurde es als ausreichend angesehen, wenn der Sachverständige seine Diagnose auf die Beschwerdeschilderung des VN stütze.[224] Dies hat zu recht zu Diskussionen zwischen Medizinern und Juristen geführt.[225] Die subjektive Beschwerdeschilderung ist das eine, die objektive Befunderhebung aufgrund (mittelbarer) Anknüpfungstatsachen das andere. Gerade wegen der lediglich gegebenen Wahrscheinlichkeit von 80–90 %[226] müssen die gegebenen Objektivierungsmöglichkeiten genutzt werden; allein eine Einschätzung aufgrund der sachverständigen Erfahrung[227] oder der Hinweis auf den geringeren Wahrscheinlichkeitsmaßstab[228] genügt nicht. Vielmehr bedarf es der Überprüfung durch entsprechende Verfahren,[229] sofern nicht bereits ohne diese aus objektivierten Verhaltensweisen Zweifel an den vorgebrachten Leiden bestehen.[230] Zur besseren Objektivierung entwickelt wurden **AWMF-„Begutachtungsleitlinien"**,[231] deren Anwendung obligat sein sollte, da sie den medizinischen Erkenntnisstand deklaratorisch wiedergeben[232] und vor willkürlichen,

---

220 OLG Frankfurt 14.1.2011 – 25 U 1122/09 (zu zwei Gerichtsgutachten in Parallelprozessen).
221 BGH 27.9.1995 – IV ZR 319/94, VersR 1995, 1431 (unter 2 a); OLG Köln 23.5.2005 – 5 U 171/01; OLG Schleswig 2.6.2010 – 16 U 28/10; OLG Saarbrücken 19.5.2010 – 5 U 91/08-10 (unter II 3 d), r+s 2011, 77, 79 – in VersR 2011, 249 nicht abgedruckt; *Neuhaus*, BUV, Kap. G Rn 22.
222 Map-report Nr. 627–628 (7/2006); *Neuhaus*, BUV, Kap. G Rn 11 (Rn 15: zwischenzeitlich verdreifacht).
223 OLG Hamm 21.6.1996 – 20 U 351/94, VersR 1997, 817; Prölss/Martin/*Lücke*, § 172 Rn 39 = § 2 BU Rn 5.
224 BGH 14.4.1999 – IV ZR 289/97, VersR 1999, 838; wohl auch noch OLG Bremen 25.6.2010 – 3 U 60/09, VersR 2010, 1481, 1482.
225 *Foerster*, Grundlagen Begutachtung, MedSach 97 (2001), 33, 34; *Stevens/Foerster*, Genügt Beschwerdeschilderung?, VersMed 52 (2000), 76 ff; *Römer/Foerster/Stevens*, Nochmals: Genügt Beschwerdeschilderung?, GenRe Forum medizinische Begutachtung 1/2005, S. 29.
226 OLG Hamm 21.6.1996 – 20 U 351/94, VersR 1997, 817.
227 So aber OLG Bremen 25.6.2010 – 3 U 60/09, r+s 2012, 609, 610 mit zu Recht krit. Anm. *Hoenicke*, r+s 2012, 611; *Merten*, Testmotivation, MedSach 100 (2004), 154, 156.
228 So aber *Neuhaus*, BUV, Kap. G Rn 159 f; *Neuhaus*, Anm. zu OLG Bremen 25.6.2010 – 3 U 60/09, jurisPR-VersR 8/2010 Anm. 6.
229 OLG Saarbrücken 19.5.2010 – 5 U 91/08-10, VersR 2011, 249, 251; OLG Schleswig 2.6.2010 – 16 U 28/10; KG 21.10.2014 und 2.12.2014 – 6 U 18/13; OLG Hamm 5.12.2014 – 26 U 126/13; sog. Beschwerdevalidierungstests; ausf. *Merten/Dettenborn*, Diagnostik der Beschwerdevalidität, 2009; unzureichend ist die Erklärung „Aggravation ausgeschlossen", wenn keine entsprechende Testung erfolgte; ebenso Römer/Langheid/*Rixecker*, § 172 Rn 23.
230 OLG Frankfurt 18.1.2008 – 3 U 171/06, OLGR 2008, 761 m. Anm. *Schäfer*, VK 2008, 129; einschr. FAKomm-VersR/*Gramse*, § 172 VVG Rn 83 f.
231 AWMF Reg-Nr. 094-001: Leitlinie Allgemeine Begutachtung (S2 k 7/2013); AWMF Reg.-Nr. 051-59: Leitlinie zur Begutachtung psychischer und psychosomatischer Erkrankungen (S2 k 3/2012); ähnl. auch Leitlinien für die Sozialmedizinische Begutachtung – Sozialmedizinische Beurteilung bei psychischen und Verhaltensstörungen (Deutsche Rentenversicherung 8/2012).
232 BGH 15.4.2014 – VI ZR 382/12, VersR 2014, 879 m. Anm. *Makoski*, jurisPR-MedizinR 6/2014 Anm. 3; nach OLG Hamm 18.6.2014 – 3 U 66/14, juris (Tz 29) sind Ab-

nicht hinreichend begründeten Beurteilungen schützen.[233] Da Anknüpfungstatsachen nach prozessualen Grundsätzen dem Sachverständigen vorzugeben sind (§ 404 a ZPO) – weshalb eine Fremdanamnese im Gerichtsgutachten unzulässig ist[234] –, muss gerade bei psychischen Erkrankungen vom VN dargelegt und – ggf im Beisein des Sachverständigen – bewiesen werden, welche gesundheitlichen Hindernisse den Versicherten in welcher konkreten Weise beeinträchtigen, die Anforderungen seines Berufs zu erfüllen.[235] Der Objektivierung dient auch das EFL-Verfahren,[236] das entgegen vereinzelter Stimmen durchaus aufgrund der ärztlich kontrollierten Ausgestaltung zumutbar ist.[237]

51 (3) **Beeinträchtigung „ganz oder teilweise".** Gesundheitsbedingt muss die Beeinträchtigung in der letzten Tätigkeit „ganz oder teilweise" nach dem Gesetzeswortlaut sein. Damit wird die Quantifizierung der Beeinträchtigung dem konkret vereinbarten Bedingungswerk überlassen.[238] Meist vereinbart ist darin die sog. **50 %-Klausel**, dh, die Beeinträchtigung muss mindestens 50 % gegenüber den gesunden Tagen ausmachen. Zum Teil sind aber auch andere Regeln, wie zB die Staffelregelung (ab 25–75 % anteilige Leistungen)[239] o.Ä. vereinbart.

52 Zur Feststellung des Umfangs der gesundheitsbedingten Einschränkung ist **primärer** Maßstab die **Arbeitszeit**.[240] Es sind also die noch ausübbaren Teiltätigkeiten zu den nicht mehr ausübbaren Teiltätigkeiten ins Verhältnis zu setzen, was auch bei einer etwaig krankheitsbedingten Verlängerung der Arbeitszeit gilt.[241] Deshalb bedarf es auch zwingend der oben genannten Darlegung zu den Arbeitsschritten (s. Rn 27). Eine pauschale Einschätzung durch den Sachverständigen genügt nicht; die Bewertung des beruflichen Einschränkungsgrads obliegt dem Gericht.[242] Es muss geklärt werden, in welchem sachlichen oder funktionellen Maße die den „Beruf" ausmachenden (Teil-)Tätigkeiten aus gesundheitlichen Gründen eingeschränkt sind.[243]

---

weichungen vom „Wegweiser für den medizinischen Standard" nachvollziehbar zu begründen.
233 *Jannsen*, Umgang der Prozessbeteiligten mit medizinischen Gutachten, r+s 2015, 161, 164, der zu Recht die AWMF-Leitlinie 051-029 als „Goldstandard" bezeichnet.
234 KG 12.11.2014 – 6 U 66/13, VersR 2015, 566, 568; noch zweifelnd: FAKomm-VersR/*Gramse*, § 172 VVG Rn 85.
235 OLG Saarbrücken 8.3.2006 – 5 U 269/05-22, VersR 2007, 96; OLG Saarbrücken 2.11.2006 – 5 W 220/06-64, NJW-RR 2007, 755 = VersR 2007, 974; OLG Saarbrücken 16.7.2008 – 5 U 135/06-27, VersR 2009, 344, 347; *Neuhaus*, Anm. zu OLG Bremen 25.6.2010 – 3 U 60/09, jurisPR-VersR 8/2010 Anm. 6; *Müller-Frank*, Rspr BUZ, S. 34 f.
236 *Kaiser et al.*, Der Stellenwert des EFL-Verfahrens nach Susan Isernhagen, Rehabilitation 2000, S. 297–306; *Grosser*, EFL-Test zur Einschätzung von Arbeitsfähigkeit, Trauma Berufskrankheit 2007, S. 87–89.
237 OLG Dresden 8.1.2015 – 4 U 1648/14; abl. FAKomm-VersR/*Gramse*, § 172 VVG Rn 82.
238 Begr. RegE, BT-Drucks. 16/3945, S. 105.
239 OLG Koblenz 13.1.2012 – 10 U 169/11, VersR 2013, 304 = r+s 2013, 399.
240 OLG Köln 30.9.2011 – 20 U 43/11, juris (Tz 40) (insoweit nicht in r+s 2015, 205 abgedruckt); OLG Hamm 13.6.2001 – 20 U 177/00, NJW-RR 2002, 95; Looschelders/Pohlmann/*Klenk*, § 172 Rn 20; ähnl. Beckmann/Matusche-Beckmann/*Rixecker*, § 46 Rn 89 f; Veith/Gräfe/Gebert/*Steinbeck*, Versicherungsprozess, § 9 Rn 70; *Neuhaus*, BUV, Kap. G Rn 141.
241 OLG Saarbrücken 23.2.2011 – 5 U 275/09, zfs 2012, 161.
242 OLG Koblenz 27.3.2009 – 10 U 1367/07, VersR 2009, 1249; OLG Hamm 11.2.2011 – 20 U 167/10, r+s 2011, 437.
243 BGH 27.2.2008 – IV ZR 45/06, VersR 2008, 770 aE = r+s 2008, 430, 431; OLG Saarbrücken 13.1.2010 – 5 U 339/06-49, VersR 2010, 799, wo von Pauschaleinschätzungen im Bereich von 20–70 % berichtet wird; Prölss/Martin/*Lücke*, § 172 Rn 50 = § 2 BU Rn 96.

Sind die nicht ausübbaren Einzelverrichtungen für den Beruf so wesentlich und 53
prägend, dass der VN den Beruf im Ganzen vernünftigerweise nicht mehr ausüben
kann, kommt im Wege **sekundärer qualitativer** Betrachtung auch deswegen ein bedingungsgemäßer Umfang der Einschränkung in Betracht.[244] Schon aus der jeweils
versicherten Schwelle eines BU-Grades ergibt sich, dass ohne derartige Einzeltätigkeiten der Rest unproduktiv und gleichsam nutzlos sein muss.[245] Nicht überzeugend erscheint es deshalb, etwa allein auf „Notfallsituationen" abzustellen[246] oder
fehlende Verlässlichkeit,[247] weil dann die Leistungsvoraussetzungen ausgehebelt
werden.[248] Der BGH bezeichnet dieses Korrektiv als den zu berücksichtigenden
einheitlichen Lebensvorgang.[249] Irrelevant ist jedoch, ob durch eine im Umfang
nicht ausreichende gesundheitliche Einschränkung ein höhergradiger Einkommensverlust in der letzten Tätigkeit resultiert.[250]

cc) Zeitliche Komponente. Weder Krankheitsprozess alleine noch die darauf beru- 54
hende Unfähigkeit zur Berufsausübung führen zur Berufsunfähigkeit. Zwingend
erforderlich ist zusätzlich, dass der körperlich-geistige Gesamtzustand des Versicherten derart beschaffen ist, dass eine günstige Prognose für die Wiederherstellung der verloren gegangenen Fähigkeiten in einem überschaubaren Zeitraum
nicht gestellt werden kann; es muss demnach ein Zustand erreicht sein, dessen Besserung zumindest bis zur Wiederherstellung der halben Arbeitskraft (bei 50 %-
Klausel, s. Rn 51) nicht mehr zu erwarten ist.[251] Dies wird durch das gesetzliche
Merkmal „**voraussichtlich dauernd**" ausgedrückt. Erfasst wird nach dem Sprachverständnis ein nicht überschaubarer Zeitraum, der jedenfalls länger als ein halbes
Jahr ist,[252] zT mit jedenfalls drei Jahren angenommen wurde.[253] Maßgeblich sind
die individuellen Umstände wie Alter, Art und Schwere der Erkrankung und die
Tätigkeit.[254] Die jeweiligen Bedingungen neuerer Generation benennen die Zeiträume konkret (3 Jahre/6 Monate). Erst wenn diese Prognose gestellt werden
kann, ist Berufsunfähigkeit insoweit gegeben.

---

244 OLG Hamm 11.3.1994 – 20 U 334/93, r+s 1994, 473; OLG Hamm 11.2.1994 – 20 U 151/93, VersR 1995, 80; OLG Karlsruhe 2.3.2000 – 12 U 191/99, VersR 2000, 1401; OLG Koblenz 27.3.2009 – 10 U 1367/07, VersR 2009, 1249.
245 *Müller-Frank*, Rspr BUZ, S. 27.
246 LG Landshut 26.9.2006 – 71 O 816/05, r+s 2008, 79, 80; LG Dortmund 28.8.2008 – 2 O 69/07 („Altenpflegerin"); Prölss/Martin/*Lücke*, § 2 BU Rn 28; *Neuhaus*, BUV, Kap. G Rn 145, Kap. E Rn 62 f.
247 BGH 28.2.2007 – IV ZR 46/06, VersR 2007, 777 (unter II 3 b aE).
248 Krit. jetzt auch *Neuhaus*, Aktuelle Probleme Personenversicherung, r+s 2009, 309, 317 f.
249 BGH 27.2.2008 – IV ZR 45/06, VersR 2008, 770; BGH 26.2.2003 – IV ZR 238/01, VersR 2003, 631; so auch zur KT: BGH 3.4.2013 – IV ZR 239/11, VersR 2013, 615 = r+s 2013, 295 = NJW 2013, 2121 m. Anm. *Hirtz* (Rechtsanwalt mit Leseschwäche).
250 OLG Köln 27.11.2000 – 5 U 34/00, VersR 2002, 1092 (LS); OLG Köln 30.8.2006 – 5 U 43/05.
251 BGH 11.10.2006 – IV ZR 66/05, VersR 2007, 383 (unter II 1); BGH 22.2.1984 – IVa ZR 63/82, VersR 1984, 630 (unter III); BGH 21.3.1990 – IV ZR 39/89, BGHZ 111, 44 = VersR 1990, 729.
252 OLG Saarbrücken 26.1.2005 – 5 U 356/04-42, VersR 2005, 966, bestätigt von BGH 11.10.2006 – IV ZR 66/05, VersR 2007, 383.
253 OLG Hamm 25.1.1995 – 20 U 252/94, VersR 1995, 1039; OLG Celle 8.2.2007 – 8 U 179/04 (Prognose 1–2 Jahre, möglicherweise 3 Jahre reicht nicht); zweifelnd im Bereich des § 15 b MB/KT: BGH 30.6.2010 – IV ZR 163/09, VersR 2010, 1171, 1173 (Tz 30) (individuelle Umstände).
254 BGH 30.6.2010 – IV ZR 163/09, VersR 2010, 1171, 1173 (Tz 30); so schon Bach/Moser/*Wilmes*, Private Krankenversicherung, 4. Aufl., § 15 MBKT Rn 27 f.

55 Dieser Zeitpunkt der **Prognosestellung** ist **rückschauend** zu ermitteln,[255] ohne dass die näheren Kriterien zum „Wie" damit deutlich werden. Kommt es nicht auf die Beurteilung durch die damaligen Behandler an,[256] sondern ist der Zeitpunkt unter Auswertung der Krankengeschichte durch einen Sachverständigen rückschauend zu bestimmen,[257] dann ist dies die **Sicht ex ante**.[258] Erforderlich ist also quasi auf einem Zeitstrahl die bis zu einem Zeitpunkt X bekannte (befundliche) Situation unter Ausblendung des weiteren Verlaufs bis zum Sachverständigengutachten.[259] Maßstab soll dabei – vom BGH für nicht erforderlich erachtet – ein gut ausgebildeter, wohl informierter und sorgfältig behandelnder Arzt nach dem jeweiligen Stand der medizinischen Wissenschaft sein.[260]

56 Die Bedingungswerke der VR enthalten regelmäßige eine weitere Bestimmung, wonach ein bereits abgelaufener Zeitraum sechsmonatiger Berufsunfähigkeit als Berufsunfähigkeit (rückwirkend oder bei Fortdauer) gilt. Der Gesetzgeber hat diese **Fiktion der Dauerprognose** mangels wesentlichen Vorteils für den VN nicht in das Leitbild aufgenommen, ohne dass sie deshalb unzulässig wird[261] (s. näher § 2 BB-BUZ Rn 4 ff).

57 Eine weitere zeitliche Komponente enthält Abs. 1, wonach die Berufsunfähigkeit **nach** dem Beginn der Versicherung eintreten muss. Zum Versicherungsbeginn s. § 1 BB-BUZ Rn 2. Die sog. **mitgebrachte BU** ist folglich nicht versichert. Dabei ist die Frage der Verweisbarkeit nicht zu berücksichtigen, sondern das Außerdasein im letzen Beruf, ohne Raubbau zu betreiben, genügt.[262] Entscheidend ist somit, ob die Prognose vor Versicherungsbeginn möglich war. Ist eine Fiktion der Prognose vertraglich vereinbart, kann diese gleichfalls zu vorvertraglicher Berufsunfähigkeit führen (s. § 2 BB-BUZ Rn 8).[263]

58 Strikt zu trennen ist von der Frage der Vorvertraglichkeit die Frage etwaiger **Anzeigepflichtverletzung** des VN, die einen gänzlich anderen Zweck hat. Deshalb kann auch aus einer nicht erfolgten oder eingeschränkten Risikoprüfung auf eine

---

255 BGH 11.10.2006 – IV ZR 66/05, VersR 2007, 383; BGH 21.3.1990 – IV ZR 39/89, BGHZ 111, 44 = VersR 1990, 729.
256 BGH 22.2.1984 – IVa ZR 63/82, VersR 1984, 630; Beispiel für unzureichende Feststellung: BGH 3.4.1996 – IV ZR 344/94, NJW-RR 1996, 795 (unter I 2 b; insoweit nicht in VersR 1996, 830 abgedruckt).
257 BGH 11.10.2006 – IV ZR 66/05, VersR 2007, 383.
258 So wohl auch OLG Hamm 25.1.1995 – 20 U 252/94, VersR 1995, 1039; OLG Saarbrücken 3.5.2006 – 5 U 578/00-48, VersR 2007, 780; OLG Bremen 25.6.2010 – 3 U 60/09, VersR 2010, 1481, 1482; OLG Hamm 23.3.2011 – 20 U 37/10, juris Tz 9; ausdr. Beckmann/Matusche/*Rixecker*, § 46 Rn 69; jetzt bestätigt KG 21.10.2014 – 6 U 18/13, juris (Tz 35); zur KT: BGH 20.6.2012 – IV ZR 241/11 (Tz 13), VersR 2012, 981 = r+s 2012, 499 = zfs 2012, 578 m. Anm. *Rogler*, jurisPR-VersR 8/2012 Anm. 1.
259 Anders *Neuhaus*, Nichts ist von Dauer – Der neue Grundsatz der individuellen Prognose der Berufsunfähigkeit in der Krankentagegeldversicherung, r+s 2012, 162, 163 f, der auch spätere Unterlagen berücksichtigen will.
260 OLG Bremen 25.6.2010 – 3 U 60/09 m. Anm. *Neuhaus*, jurisPR-VersR 8/2010 Anm. 6, VersR 2010, 1481, 1482 = r+s 2012, 609 m. Anm. *Hoenicke*; OLG Saarbrücken 26.1.2005 – 5 U 356/04-42, VersR 2005, 966 = r+s 2006, 424 (dazu aber BGH 11.10.2006 – IV ZR 66/05, VersR 2007, 383).
261 Begr. RegE, BT-Drucks. 16/3945, S. 105; Begr. VVG-KE S. 396.
262 BGH 27.1.1993 – IV ZR 309/91, VersR 1993, 469; BGH 7.7.1999 – IV ZR 32/98, VersR 1999, 1266 (unter 1 b); OLG Saarbrücken 9.1.2008 – 5 U 2/07, zfs 2009, 38; KG Berlin 27.3.2009 – 6 U 123/08; OLG Karlsruhe 9.2.2010 – 12 U 169/09; zweifelnd: Prölss/Martin/*Lücke*, § 172 Rn 29 = § 1 BU Rn 20; abl. Beckmann/Matusche-Beckmann/*Rixecker*, § 46 Rn 97.
263 So auch Beckmann/Matusche-Beckmann/*Rixecker*, § 46 Rn 96 aE; aA Prölss/Martin/*Lücke*, § 172 Rn 28 = § 1 BU Rn 19 unter Bezug auf OLG Celle 4.5.2005 – 8 U 181/04, VersR 2006, 1201, aber den dortigen Klauselwortlaut nicht beachtend.

"Berufsfähigkeitsvereinbarung" nicht geschlossen werden.[264] Dagegen spricht schon, dass die Berufsunfähigkeit objektiv zu bestimmen ist, es also auf eine Kenntnis des VN von der Vorvertraglichkeit nicht ankommt.[265] Dieser Kenntnis bedarf es jedoch als Voraussetzung einer Anzeigepflicht und damit als Grundlage der Risikoprüfung. Folglich bieten auch weder Gesetz noch Bedingungen für eine Verschiebung des Eintrittszeitpunktes ab Kenntnis des VN keinen Anhalt.[266] Da Raubbau vom VN nicht verlangt werden kann, spricht auch fortwährende Tätigkeit gegen mitgebrachte BU nicht.[267]

Die **Beweislast**, dass Berufsunfähigkeit während der Versicherungsdauer eingetreten ist, trifft den VN, da es sich um eine Leistungsvoraussetzung handelt.[268]

Liegt vollständige Berufsunfähigkeit **vor** Versicherungsbeginn vor, kann der VN nicht mehr berufsunfähig werden, so dass die Prämienleistungspflicht entfällt.[269]

3. Zulässigkeit der Verweisung (Abs. 3). a) Allgemeines. Abs. 3 erklärt die schon bisher in den BB-BUZ enthaltene Verweisung für weiterhin zulässig.[270] Sie ist als „Kann-Regelung" ausgestaltet, so dass Vereinbarungen zur Verweisung keinen Verstoß gegen § 307 BGB darstellen. Im Rahmen der Schaffung des VVG 2008 war die Möglichkeit der Verweisung von Beginn an aufgrund der Bedeutung für Prämienhöhe und Produktvielfalt gewünscht.[271] Beschrieben wird im Gesetz die abstrakte und konkrete Verweisung. Die durch die Gesetzessystematik deutlich werdende Nachrangigkeit der Verweisung entspricht dem bisherigen Verständnis der Rspr zu den BB-BUZ.[272]

b) Abstrakte und konkrete Verweisung. Bei der sog. **abstrakten** Verweisung übt der VN keine andere Tätigkeit als den zuletzt ausgeübten Beruf nicht aus, könnte dies aber aus medizinischen Gründen noch in einem Umfang, der die bedingungsgemäße Berufsunfähigkeit ausschließt. Im Unterschied dazu übt der VN eine andere Tätigkeit bei der **konkreten** Verweisung auch tatsächlich aus. Nur wenn gesundheitlich auch in der anderen Tätigkeit eine 50 %ige Einschränkung (bei Vereinbarung der 50 %-Klausel, s. Rn 51) besteht, liegt Berufsunfähigkeit vor. Bedeutung

---

264 OLG Nürnberg 28.6.2011 – 8 U 2330/10, VersR 2012, 50 bestätigt LG Regensburg 28.10.2010 – 3 O 1208/10, VersR 2011, 610; aA OLG Nürnberg 27.2.1992 – 8 U 2577/91, VersR 1993, 427 (LS) = NJW-RR 1992, 673; LG Hamburg 2.12.1999 – 319 O 149/99, VersR 2002, 427; Prölss/Martin/*Lücke*, § 172 Rn 30 = § 1 BU Rn 21; zweifelnd jetzt auch *Marlow*, Anm. zu LG Braunschweig 5.8.2014 – 7 O 651/14, r+s 2015, 86, 88.
265 BGH 27.9.1995 – IV ZR 319/94, VersR 1995, 1431 (unter 2 a); OLG Rostock 19.2.2010 – 5 U 146/09; in diesem Sinne wohl auch BGH 30.4.2008 – IV ZR 227/06, VersR 2008, 905 (keine Obliegenheitsverletzung mangels Kenntnis/Vorvertraglichkeit).
266 Wie hier Looschelders/Pohlmann/*Klenk*, § 172 Rn 43; Beckmann/Matusche-Beckmann/*Rixecker*, § 46 Rn 98; *Neuhaus*, BUV, Kap. G Rn 189; aA noch Voit/*Neuhaus*, BUV, 2. Aufl. 2009, Kap. H Rn 16 und wohl auch Schwintowski/Brömmelmeyer/*Schwintowski*, § 172 Rn 3; Prölss/Martin/*Lücke*, § 172 Rn 31 = § 1 BU Rn 23.
267 OLG Saarbrücken 9.1.2008 – 5 U 2/07, zfs 2009, 38; OLG München 20.4.2007 – 25 U 4246/06, VersR 2007, 1686; aA Prölss/Martin/*Lücke*, § 172 Rn 30 f = § 1 BU Rn 22; OLG Nürnberg 27.2.1992 – 8 U 2577/91, NJW-RR 1992, 673 = VersR 1993, 427 (LS); LG Hamburg 2.12.1999 – 319 O 149/99, VersR 2002, 427.
268 KG 28.5.2002 – 6 U 144/01, VersR 2004, 723; OLG Koblenz 18.6.1999 – 10 U 125/98, VersR 2000, 749; OLG Saarbrücken 9.1.2008 – 5 U 2/07, zfs 2009, 38; OLG Karlsruhe 9.2.2010 – 12 U 169/09.
269 Prölss/Martin/*Lücke*, § 5 BU Rn 2 (arg.: Interessenwegfall); OLG Rostock 19.2.2010 – 5 U 146/09 (über § 280 BGB).
270 *Baumann/Sandkühler*, S. 148; *Meixner/Steinbeck*, § 8 Rn 7.
271 Begr. Zwischenbericht Kommission vom 30.5.2002, S. 123 (16.2.1); Begr. RegE, BT-Drucks. 16/3945, S. 105.
272 BGH 14.6.1989 – IVa ZR 74/88, VersR 1989, 903, 904; BGH 5.4.1989 – IVa ZR 35/88, VersR 1989, 579; BGH 27.1.1993 – IV ZR 309/91, VersR 1993, 469.

hat die Unterscheidung insb. für die Verteilung der Darlegungslast, aber auch für die Zumutbarkeit einer Verweisungstätigkeit.

63 **c) Voraussetzungen der Vergleichbarkeit. aa) Maßstab.** Beide Arten der Verweisung (s. Rn 62) setzten voraus, dass die Vergleichstätigkeit aufgrund der Ausbildung und Fähigkeiten (Synonym: Erfahrung und Kenntnisse)[273] vom VN ausgeübt werden kann und diese der bisherigen Lebensstellung entspricht. Maßstab zur Bestimmung dieser Voraussetzungen ist zum einen der zuletzt ausgeübte Beruf,[274] zum anderen der Zeitpunkt des dortigen Eintritts des bedingungsgemäßen Außerstandeseins, wobei **objektive Kriterien** anzulegen sind (zB typisches Berufsbild, arbeitsvertragliche Pflichten).[275] Spätere Veränderungen außergesundheitlicher Umstände sind im Rahmen der Erstprüfung nicht zu berücksichtigen (zB Hinzulernen oder Vergessen),[276] so dass ein **Stichtagsprinzip** gilt.

64 **bb) Ausbildung und Fähigkeiten.** „Ausbildung und Fähigkeiten" stellen eine Ober- und Untergrenze für die tätigkeitsbezogene Vergleichbarkeit dar. **Synonym** werden in Bedingungen die Begriffe „**Kenntnisse und Fähigkeiten**" verwandt, wobei Erfahrungen deren Bestandteil ist.[277] Grundsätzlich ist der Status der Fähigkeiten die Obergrenze. Neue Kenntnisse und Fähigkeiten darf die Verweisungstätigkeit dem VN nicht abverlangen, soweit derartige nicht im Rahmen einer normalen **Einarbeitungszeit** erworben werden können.[278] Eine Fortbildung (§ 1 Abs. 4 BBiG), die sich regelmäßig durch eine Abschlussprüfung kennzeichnet, kann nicht verlangt werden.[279] Zumutbar ist eine arbeitsplatzbezogene Einarbeitung von unter sechs bis neun Monaten.[280] Es sind aber sämtliche Kenntnisse und Erfahrungen des bisherigen Berufslebens zu berücksichtigen, nicht nur die der letzten Tätigkeit.[281]

65 Fehlt die zur Ausübung notwendige Qualifikation oder Eingangsvoraussetzung, ist die Verweisung wegen **Überforderung** unzulässig.[282] Allgemeine Qualifikationsmerkmale wie kommunikative Fähigkeiten oder kundenbezogenes Verhalten wer-

---

273 *Müller-Frank*, Rspr BUZ, S. 76; Beckmann/Matusche-Beckmann/*Rixecker*, § 46 Rn 111; Römer/Langheid/*Rixecker*, § 172 Rn 42; unterschiedliche Bedeutung sieht aber OLG Karlsruhe 17.5.2011 – 12 U 45/11, VersR 2011, 1165 = zfs 2011, 399 = r+s 2011, 301 (Begriff „ähnliche" Ausbildung).
274 BGH 27.1.1993 – IV ZR 309/91, VersR 1993, 469; BGH 11.12.2002 – IV ZR 302/01, r+s 2003, 164 = NJW-RR 2003, 383.
275 OLG Koblenz 11.4.2003 – 10 U 768/02, VersR 2003, 1431.
276 BGH 30.11.1994 – IV ZR 300/93, VersR 1995, 159 (Hinzulernen); BGH 7.2.2007 – IV ZR 232/03, VersR 2007, 631 (Kenntniswegfall).
277 OLG Köln 25.8.1997 – 5 U 79/97, VersR 1998, 86; zweifelnd *Neuhaus*, BUV, Kap. H Rn 129; das OLG Karlsruhe 17.5.2011 – 12 U 45/11, VersR 2011, 1165 = zfs 2011, 399 = r+s 2011, 301 hat über „ähnliche Ausbildung" entschieden.
278 OLG Frankfurt 16.3.1995 – 3 U 167/93, VersR 1996, 46; BGH 30.11.1994 – IV ZR 300/93, VersR 1995, 159; OLG Saarbrücken 29.10.2008 – 5 U 124/07-11, VersR 2009, 971 (PC-Bearbeitung statt Karteikarten in ursprünglich erlernter Tätigkeit als Verwaltungsangestellte).
279 OLG Saarbrücken 10.4.2002 – 5 U 562/01-38, NJW-RR 2003, 528 (PC-Grundkurs); OLG Koblenz 12.12.1997 – 10 U 716/96, VersR 1998, 1272.
280 OLG Hamm 19.1.1996 – 20 U 193/95, VersR 1997, 479; OLG Koblenz 12.12.1997 – 10 U 716/96, VersR 1998, 1272.
281 BGH 17.9.1986 – IVa ZR 252/84, VersR 1986, 1113, 1115; OLG Köln 20.7.1998 – 5 U 72/98, VersR 1999, 1532; OLG Saarbrücken 29.10.2008 – 5 U 124/07-11, VersR 2009, 971; nur auf die letzte Tätigkeit abstellend: OLG Karlsruhe 30.12.2011 – 12 U 140/11, VersR 2012, 841 = zfs 2012, 159 = r+s 2014, 140 (unter 3 c).
282 BGH 23.6.1999 – IV ZR 211/98, VersR 1999, 1134; OLG Karlsruhe 19.2.2010 – 9 U 140/08, VersR 2009, 968, 970 = r+s 2010, 208 (Elektrikermeister ./. Projektleiter bei großer Baufirma).

den in der Rspr als selbstverständlich unterstellt,[283] da ansonsten der Manipulation Tür und Tor geöffnet wären.

Eine **Unterforderung** liegt dann vor, wenn **deutlich** geringere Erfahrungen und Fähigkeiten in der Vergleichstätigkeit vom VN gefordert werden, wobei auch die Dauer der Tätigkeit in einem Anlernberuf zu berücksichtigen ist.[284] Allerdings bedarf es nicht einer Gleichartigkeit, sondern nur der Gleichwertigkeit.[285] Da auch sämtliche Kenntnisse und Fähigkeiten eines VN nicht im zuletzt ausgeübten Beruf genutzt wurden, müssen sie auch nicht vollumfänglich in der Vergleichstätigkeit nutzbar gemacht werden, was sich schon deshalb verbietet, weil ein Teil der Fähigkeiten ja gerade gesundheitsbedingt „wegfällt".[286] Erforderlich ist ein konkreter Vergleich der Anforderungsprofile zu Kenntnissen, Erfahrungen, Fähigkeiten.[287]

cc) **Wahrung der Lebensstellung.** Die Lebensstellung wahrend muss die Verweisungstätigkeit sein. Erfasst wird durch dieses Kriterium der (soziale) Status. Dieser wiederum ist geprägt durch das Einkommen sowie die abstrakte Wertschätzung der bisherigen Tätigkeit. Da die BUZ einen finanziellen Ausgleich verspricht, ist auch der Einkommensvergleich Schwerpunkt des Vergleichs.[288]

(1) **Einkommensvergleich.** Im Rahmen des Einkommensvergleichs zwischen ursprünglicher Tätigkeit und abstrakter Verweisbarkeit ist bei konkret ausgeübter Verweisungstätigkeit auf die Vollzeittätigkeit abzustellen, wenn auch die letzte Tätigkeit in Vollzeit ausgeübt wurde, da die gesundheitliche Einschränkung unberücksichtigt bleiben muss.[289]

Beispiel: Wurde in konkret letzter Tätigkeit 40 Stunden/Woche gearbeitet, in konkreter Verweisungstätigkeit dagegen nur 25 Stunden/Woche, so ist der Verdienst der Verweisungstätigkeit auf 40 Stunden/Woche „hochzurechnen" zur Vergleichbarkeit.[290]

Bei konkreter Verweisung kommt es auf den genauen Bedingungswortlaut an; regelmäßig dürfte aber bei rein konkreter Verweisung diese „Hochrechnung" ausscheiden.[291]

Für den Vergleich des **Bruttoeinkommens** spricht, dass nur dieses die objektive wirtschaftliche Vergleichbarkeit und Wertigkeit der Tätigkeit widerspiegelt und

---

283 KG 13.6.1995 – 6 U 1067/95, VersR 1995, 1473; OLG Saarbrücken 10.1.2001 – 5 U 720/99-48, VersR 2003, 50; OLG Dresden 19.6.2006 – 4 U 482/06; zust. *Neuhaus,* BUV, Kap. H Rn 148; aA OLG Braunschweig 14.6.1999 – 3 U 288/98, VersR 2000, 620; OLG Karlsruhe 2.3.2000 – 12 U 191/99, VersR 2000, 1401, 1404.
284 BGH 17.9.1986 – IVa ZR 252/84, VersR 1986, 1113; BGH 27.5.1992 – IV ZR 112/91, VersR 1992, 1073, 1074 (Gatterschneider); OLG Karlsruhe 15.3.2007 – 12 U 196/96, VersR 2007, 1212.
285 OLG Karlsruhe 3.5.2005 – 12 U 326/04, VersR 2006, 59; OLG Koblenz 11.4.2003 – 10 U 768/02, VersR 2003, 1431; OLG Köln 20.7.1998 – 5 U 72/98, VersR 1999, 1532; unklar Prölss/Martin/*Lücke,* § 172 Rn 76 = § 2 BU Rn 42: Anforderung im Kern identisch.
286 OLG Saarbrücken 31.1.1996 – 5 U 374/95-26, r+s 1997, 433, bestätigt von BGH 5.2.1997 – IV ZR 99/96; OLG Köln 26.10.1991 – 5 U 196/90, VersR 1991, 1362, 1363; aA nicht überzeugend, weil dann jede Verweisung ausgeschlossen wäre: OLG Karlsruhe 30.12.2011 – 12 U 140/11, VersR 2012, 841 = zfs 2012, 159 = r+s 2014, 140.
287 BGH 11.12.1996 – IV ZR 238/95, VersR 1996, 436; Beispiel: OLG Hamm 8.3.2000 – 20 U 95/99, VersR 2001, 1411; OLG Köln 20.7.1998 – 5 U 72/98, VersR 1999, 1532 (Revision nicht angenommen, BGH 9.6.1999 – IV ZR 196/98).
288 Beckmann/Matusche-Beckmann/*Rixecker,* § 46 Rn 116.
289 OLG Karlsruhe 3.5.2005 – 12 U 326/04, VersR 2006, 59 (unter II 2 aE).
290 OLG Karlsruhe 3.5.2005 – 12 U 326/04, VersR 2006, 59 (unter II 2 aE).
291 OLG Nürnberg 23.1.2012 – 8 U 607/11, VersR 2012, 843 = r+s 2014, 617.

von durchaus verschiedenen und steuerbaren Steuertatbeständen unabhängig ist.[292] Gibt es einen Tarifvertrag für die (abstrakte) Verweisungstätigkeit, ist dieser zugrunde zu legen.[293] Für den Vergleich des **Nettoeinkommens** wird dagegen angeführt, dass dieses als „verfügbares" Einkommen die Lebensstellung verwirklicht.[294] Beide Varianten sollten aber in der Bewertung zu identischen Ergebnissen führen,[295] zumal das Nettoeinkommen um Sondereffekte, die mit der Verweisung nichts zu tun haben, zu bereinigen ist.

70 Hinsichtlich des Ausgangsberufs bedarf es nicht nur bei Selbständigen oder bei wechselnder Erwerbsbiographie des Vergleichs **längerer Zeiträume** aufgrund der typischen Einkommensschwankungen[296] und sollte mindestens 1 Jahr,[297] bei Selbständigen mindestens 3 Jahre, betragen. Bei Selbstständigen sind Abschreibungen zu berücksichtigen, da diesen tatsächliche Ausgaben gegenüberstehen.[298] Ein kurz vor dem Außerstandesein begonnenes Arbeitsverhältnis prägt die Lebensstellung allein nicht.[299] Bei regelmäßig nur saisonaler Beschäftigung ist auch der Bezug des Arbeitslosengeldes in die Vergleichsbetrachtung einzubeziehen.[300] Soweit vertreten wird, das Einkommen der letzten Tätigkeit müsse anhand der Statistiken zur Einkommensentwicklung des Statistischen Bundesamtes fortgeschrieben werden, außer, es seien unmittelbar aneinander anschließende Zeiträume zugrunde zu legen,[301] überzeugt das nicht. Da entscheidend die Lebensstellung ist, also das, was sich der VN mit seinem Verdienst „leisten kann", kann nur eine Hochrechnung anhand der statistischen Lebenshaltungskosten maßgeblich sein, um die ursprüngliche Lebensstellung mit der jetzigen zu vergleichen.[302] Diese statistischen Lebenshaltungskosten werden regelmäßig durch das Statistische Bundesamt veröffentlicht:[303]

---

292 OLG Dresden 20.8.2010 – 7 U 431/10; OLG München 8.5.1991 – 27 U 558/90, VersR 1992, 1339, 1342; BGH 22.10.1997 – IV ZR 259/96, VersR 1998, 42, 43; OLG München 23.5.2000 – 25 U 1566/00, r+s 2003, 166 = VersR 2001, 972 (LS); OLG Hamm 8.3.2000 – 20 U 95/99, VersR 2001, 1411; wie hier: Langheid/Wandt/*Dörner*, § 172 Rn 163.
293 OLG Saarbrücken 20.10.1993 – 5 U 40/92, VersR 1994, 969.
294 OLG Saarbrücken 31.5.2006 – 5 U 605/05-92, OLGR 2006, 902; OLG Brandenburg 7.9.2006 – 12 U 165/03; Römer/Langheid/*Rixecker*, § 172 VVG Rn 53; *Neuhaus*, BUV, Kap. H Rn 71.
295 BGH 2.8.2012 – IV ZR 287/10, VersR 2012, 427 = r+s 2012, 193 (Tz 16) unter Aufhebung von OLG München 12.11.2010 – 25 U 5408/09.
296 BGH 22.10.1997 – IV ZR 259/96, VersR 1998, 42; OLG Hamm 8.3.2000 – 20 U 95/99, VersR 2001, 1411; OLG Saarbrücken 28.6.2006 – 5 U 52/06-7, OLGR 2006, 987; OLG Dresden 20.8.2010 – 7 U 431/10.
297 OLG Dresden 20.8.2010 – 7 U 431/10; OLG Saarbrücken 28.6.2006 – 5 U 52/06, OLGR 2006, 987 = juris (Tz 26 aE); *Neuhaus*, BUV, Kap. H Rn 62.
298 OLG Köln 31.3.2004 – 5 U 64/03, VersR 2004, 1587 (unter II 1 a) bb)); aA Prölss/Martin/*Lücke*, § 172 Rn 93 = § 2 BU Rn 57; dem ohne Begründung folgend *Neuhaus*, BUV, Kap. H Rn 75.
299 OLG Oldenburg 5.2.2010 – 5 U 4/10, VersR 2010, 655, 656; ähnl. OLG Köln 12.2.2010 – 20 U 112/09.
300 BGH 2.8.2012 – IV ZR 287/10 (Tz 17), VersR 2012, 427 = r+s 2012, 193; OLG München 12.11.2010 – 25 U 5408/09, wobei die dortige Berechnung den fiktiven Arbeitgeberanteil an den Kosten der Sozialversicherung nicht berücksichtigt.
301 OLG Saarbrücken 28.6.2006 – 5 U 52/06-7, OLGR 2006, 987; OLG Köln 14.2.2001 – 5 U 153/00, VersR 2001, 1225; OLG Karlsruhe 22.4.2009 – 12 U 252/08 (Hinweisverfügung); Prölss/Martin/*Lücke*, § 172 Rn 91 = § 2 BU Rn 56.
302 So jetzt auch LG Mannheim 11.10.2012 – 10 O 45/11, r+s 2013, 243, 243; so schon LG Stuttgart 27.6.2006 – 16 O 143/06; wie hier schon in 2. Aufl. 2011 (aaO) jetzt auch *Neuhaus*, BUV, Kap. H Rn 59.
303 www.destatis.de/DE/ZahlenFakten/Gesamtwirt-schaftUmwelt/Preise/Verbraucherpreisindizes/Tabellen_/VerbraucherpreiseKategorien.html (abgerufen März 2015).

Kapitel 6: Berufsunfähigkeitsversicherung § 172

Jahr	Verbraucherpreisindex insgesamt	Jahr	Verbraucherpreisindex insgesamt
Jahr 2000	85,7	Jahr 2008	98,6
Jahr 2001	87,4	Jahr 2009	98,9
Jahr 2002	88,6	Jahr 2010	100,0
Jahr 2003	89,6	Jahr 2011	102,1
Jahr 2004	91,0	Jahr 2012	104,1
Jahr 2005	92,5	Jahr 2013	105,7
Jahr 2006	93,9	Jahr 2014	106,6
Jahr 2007	96,1	April 2015	107,0

Da eine Wahrung, nicht aber Identität der Lebensstellung vorausgesetzt wird, sind **Einkommenseinbußen** zulässig. Absolute Werte bzw einheitliche Prozentsätze, wann eine Einkommenseinbuße unzumutbar ist, bestehen nicht, da die Auswirkung je nach ursprünglicher Einkommenshöhe unterschiedlich ist.[304] Tendenziell sieht die Rspr Einkommensminderungen im Rahmen von 18–25 % als noch zumutbar an.[305] Soweit in AVB auf „Rahmen der Rechtsprechung" verwiesen wird, wird eine Unklarheit dieser Regelung moniert.[306] Ob Unterhaltspflichten bei der Zumutbarkeit zu berücksichtigen sind, ist streitig.[307] Überzeugend ist die Berücksichtigung nicht, da die berufliche Lebensstellung versichert wird, nicht aber der Familienstand.[308] Zudem sind Heirat oder Familie keine gefahrerheblichen bzw prämienrelevanten Umstände. Die Grundsätze abstrakter Bedarfsdeckung würden verlassen.[309] 71

(2) Soziale Wertschätzung. Im Rahmen der notwendigen Gesamtbetrachtung ist neben dem Einkommen als sekundäres Kriterium auch die soziale Wertschätzung zu prüfen, die **nicht spürbar geringer** sein darf. Diese kann Schichtdienst, Schwere der Arbeit, Kündigungssicherheit,[310] Weisungsgebundenheit und Weisungsberechtigung, Kreativität[311] etc. mit einschließen. **Aufstiegsmöglichkeiten** sind zwar 72

---

304 Zur Einkommenseinbuße bei geringfügiger Beschäftigung iSd § 8 SGB IV OLG Nürnberg 26.2.2015 – 8 U 266/13, VK 2015, 60.
305 OLG Köln 20.7.1998 – 5 U 72/98, VersR 1999, 1532 (22 % ja); OLG Düsseldorf 3.12.1996 – 4 U 220/95, r+s 1998, 211 (18 % ja); OLG Stuttgart 18.1.1996 – 7 U 130/95, r+s 1997, 347 (bis 25 %); BGH 22.10.1997 – IV ZR 259/96, VersR 1998, 42 (23 % noch ja); OLG Hamm 16.1.2008 – 20 U 17/07 (28 % nein); OLG München 23.5.2000 – 25 U 1566/00, r+s 2003, 166 = VersR 2001, 972 (LS) (33 % nein).
306 *Neuhaus*, BUV, Kap. H Rn 61 unter Bezug auf OLG Karlsruhe 30.12.2011 – 12 U 140/11, VersR 2012, 841, 843 (unter 4.) = r+s 2014, 140, 142 = zfs 2012, 159.
307 Bejahend: OLG Karlsruhe 15.3.2007 – 12 U 196/96, VersR 2007, 1212; OLG Hamm 20.1.1999 – 20 U 145/98, r+s 1999, 432; nunmehr differenziert Beckmann/Matusche-Beckmann/*Rixecker*, § 46 Rn 122.
308 So aber Prölss/Martin/*Lücke*, § 172 Rn 88 = § 2 BU Rn 53.
309 *Leggewie*, Berücksichtigung Familieneinkommen, NVersZ 1998, 110; *Müller-Frank*, Rspr BUZ, S. 94 f.
310 BGH 17.6.1998 – IV ZR 215/97, VersR 1998, 1537, 1538 (keine Kündigungssicherheit).
311 OLG Saarbrücken 10.4.2002 – 5 U 562/01-38, NJW-RR 2003, 528 (Tagesablauf); BGH 15.1.1997 – IV ZR 323/95, r+s 1997, 260 = NJWE-VHR 1997, 76 (Kreativität); OLG Köln 26.6.2009 – 20 U 155/08 (Kanalbauer ./. Elektromonteur mit monotonen Handgriffen); nicht aber Glasveredeler ./. Kaufmann: OLG Köln 12.2.2010 – 20 U 112/09.

gleichfalls Kriterium,[312] müssen aber hinreichend konkret gegeben sein, nicht lediglich für die Zukunft ohne Objektivierung „angedacht" sein.[313] Maßstab zur Beurteilung ist das Ansehen des Berufs in der Öffentlichkeit,[314] nicht aber nur der Kollegenkreis,[315] denn dies verschiebt den Vergleichsmaßstab. Ein Automatismus ähnlich des Mehrstufenschema des BSG[316] besteht nicht. Wird ein Gelernter auf eine Tätigkeit in einem Beruf verwiesen, der keine Ausbildung voraussetzt, so ist damit nicht von vornherein ein Abstieg in der sozialen Wertschätzung des VN verbunden, auch wenn die Ausbildung *ein* Kriterium ist.[317] Aufgrund des objektiven Maßstabs ist auch nicht überzeugend darauf abzustellen, man wähle nicht einen Beruf nach dem Kriterium „viel Geld, wenig Arbeit",[318] denn es geht nicht um ein subjektives „berufen fühlen".

73 Die **Arbeitsmarktlage** ist **nicht** zu berücksichtigen.[319] Sehr wohl zu berücksichtigen ist aber, ob es sich um **Nischenarbeitsplätze** oder **Schonarbeitsplätze** handelt. Auf solche Arbeitsplätze, die aus Wohlwollen Dritter auf spezielle Bedürfnisse eines bestimmten Mitarbeiters zugeschnitten wurden, darf der VR nicht abstrakt verweisen.[320] Dabei geht es nicht um die Frage der Arbeitsmarktlage, sondern der Existenz eines Arbeitsmarktes in zumutbarer Nähe[321] überhaupt, die Zumutbarkeitskriterium ist.[322] Hilfestellungen mit gesetzlichem Anspruch stellen jedoch zumutbares Entgegenkommen dar. **Konkret** verweisen darf der VR auf derartige Nischenarbeitsplätze.[323]

74 Kann der VN wegen der gesundheitlichen Umstände keinen Arbeitsplatz erhalten, weil er dies dem Arbeitgeber gegenüber offenlegen muss, soll dies zur Unzumutbarkeit der abstrakten Verweisung führen,[324] wobei dafür bloße Vermutungen

---

312 BGH 30.5.1990 – IV ZR 43/89, VersR 1990, 885.
313 OLG Düsseldorf 9.11.2010 – 4 U 51/10, r+s 2011, 524 m. Anm. *Schubach*, jurisPR-VersR 1/2011 Anm. 5 (Stellung als Sohn des Betriebsinhabers muss nach außen deutlich werden in der Tätigkeit); OLG Köln 12.2.2010 – 20 U 112/09 (beabsichtigte Meisterprüfung in ferner Zukunft nach erst zwei Jahren Gesellensein).
314 OLG Düsseldorf 9.11.2010 – 4 U 51/10; OLG Frankfurt 19.2.2007 – 14 U 225/05, VersR 2007, 1358; OLG Nürnberg 30.4.1998 – 8 U 3172/96, VersR 1998, 1496; LG Berlin 25.6.1992 – 7 O 478/91, VersR 1993, 956 (allgemeine Wertung, nicht abgehobene eigene Sicht der Stewardess).
315 So aber OLG Karlsruhe 15.3.2007 – 12 U 196/06, VersR 2007, 1212; ähnl. Prölss/Martin/*Lücke*, § 172 Rn 99 = § 2 BU Rn 64 (nicht Lebenskreis maßgeblich, aber betriebliches Umfeld).
316 BSG 20.7.2005 – B 13 RJ 29/04 R, juris (Tz 22); BSG 18.1.1995 – 5 RJ 18/94 mwN.
317 BGH 21.4.2010 – IV ZR 8/08, VersR 2010, 1023, 1025 (Tz 17); aA OLG Braunschweig 14.6.1999 – 3 U 288/98, VersR 2000, 620, 621.
318 So aber OLG Karlsruhe 6.12.2012 – 12 U 93/12, VersR 2013, 747, 748 = r+s 2014, 139 = zfs 2013, 219; zaghafte Kritik auch *Neuhaus*, BUV, Kap. H Rn 109.
319 Zur Arbeitsmarktlage: BGH 5.4.1989 – IVa 35/88, VersR 1989, 579; BGH 7.2.2007 – IV ZR 232/03, VersR 2007, 631 (unter II 1 a); OLG Saarbrücken 30.11.2011 – 5 U 139/09-31, juris (Tz 40).
320 BGH 23.6.1999 – IV ZR 211/98, VersR 1999, 1134; OLG Saarbrücken 19.11.2003 – 5 U 168/00-11, VersR 2004, 1401; OLG Düsseldorf 19.9.2000 – 4 U 166/99, VersR 2001, 972.
321 OLG Saarbrücken 10.1.2001 – 5 U 720/99-4, VersR 2003, 50 (1,25 Stunden pro Strecke unter Hinweis auf § 121 Abs. 2 SGB III); OLG Nürnberg 26.2.2015 – 8 U 266/13, juris.
322 BGH 23.6.1999 – IV ZR 211/98, VersR 1999, 1134; OLG Hamm 8.2.2006 – 20 U 171/05, VersR 2007, 384.
323 OLG Koblenz 14.6.1996 – 10 U 996/95, VersR 1997, 688; OLG Düsseldorf 4.4.2000 – 4 U 64/99, VersR 2001, 1411 (LS) = NVersZ 2001, 359; OLG Frankfurt 19.2.2007 – 14 U 225/05, VersR 2007, 1358; OLG Oldenburg 14.12.2011 – 5 U 139/10; so auch Beckmann/Matusche-Beckmann/*Rixecker*, § 46 Rn 135.
324 OLG Hamm 21.6.1996 – 20 U 351/94, VersR 1997, 817; OLG Karlsruhe 2.3.2000 – 12 U 191/99, VersR 2000, 1401; OLG Düsseldorf 26.9.2006 – I-4 U 27/06.

oder Allgemeinplätze nicht ausreichen.[325] Wird der VN für die abstrakte Verweisungstätigkeit als zu alt erachtet, ohne dass weitere gesundheitliche Gründe ihr entgegenstehen, führt dies nicht zur Nichtvergleichbarkeit, weil das Alter nicht berücksichtigungsfähig ist, wie die medizinische Komponente zeigt (s. Rn 42).

Allein aus der **Selbständigkeit** folgt bei Verweisung auf abhängige Beschäftigung kein sozialer Abstieg,[326] was regelmäßig für Ein-Mann-Unternehmen gilt.[327] 75

Auszubildende (vgl Rn 26) können nicht auf jedwede (ungelernte) Erwerbstätigkeit verwiesen werden, da dies den Berufsunfähigkeitsschutz aushöhlen würde.[328] Regelmäßig zulässig ist jedoch bei entsprechender Vereinbarung **abstrakter** Verweisung die Verweisung auf einen anderen Ausbildungsberuf, wobei ein Zeitverlust in der Ausbildung selbst nicht relevant ist.[329] Konsequent zum Stichtagsprinzip (s. Rn 63) und zum Verständnis des Berufsbegriffs (s. Rn 22) ist folglich anhand der obigen Kriterien zu prüfen, ob der VN eine andere Ausbildung aufgrund seiner Kenntnisse und Fähigkeiten (vgl Rn 65 f) ausüben kann, ohne dass der Fortschritt der Ausbildung und damit der Übergang von der Vorbereitungsphase in die Ausübungsphase des Berufs berücksichtigungsfähig ist.[330] Der Prüfungsmaßstab muss in jedem Fall identisch sein; man kann nicht die Ausbildungs- mit der Ausübungsphase vergleichen.[331] Die Prüfung muss umfassend erfolgen,[332] da bei abstrakter Verweisbarkeit auch eine spätere konkrete Verweisung (trotz der damit gegebenen Veränderung) wegen der Bindungswirkung (s. § 173 Rn 5) ausgeschlossen sein soll 76

---

325 *Voit*, BUV, Rn 401; *Müller-Frank*, Rspr BUZ, S. 69 f; van Bühren/*Dunkel*, Hdb VersR, § 15 Rn 295.
326 BGH 11.11.1987 – IVa ZR 240/86, BGHZ 102, 194 = VersR 1988, 234, 235; BGH 11.12.2002 – IV ZR 302/01, r+s 2003, 164 = NJW-RR 2003, 383; wenig überzeugend: OLG Karlsruhe 19.2.2010 – 9 U 140/08, VersR 2009, 968, 970 = r+s 2010, 208 (Kriterium Eigenständigkeit statt Papierkram).
327 OLG Saarbrücken 30.11.2011 – 5 U 139/09-31, juris (Tz 48); OLG Stuttgart 20.4.2010 – 7 U 38/10; OLG Celle 7.11.2005 – 5 U 101/05 (Schankwirtin ohne Angestellte); OLG Hamm 8.3.2000 – 20 U 95/99, VersR 2001, 1411 (Scheinselbständiger); aA OLG Karlsruhe 6.12.2012 – 12 U 93/12, VersR 2013, 747, 748 = r+s 2014, 139 = zfs 2013, 219 (zur Kritik s. Rn 73).
328 OLG Koblenz 17.12.1993 – 10 U 968/93, r+s 1994, 195; BGH 27.9.1995 – IV ZR 319/94, VersR 1995, 1431 (unter 3 b); BGH 24.2.2010 – IV ZR 119/09, VersR 2010, 619, 620 (Tz 12) = r+s 2010, 247 (Rev. zu OLG Köln 8.5.2009 – 20 U 165/08, VersR 2009, 1105).
329 BGH 24.2.2010 – IV ZR 119/09, VersR 2010, 619, 620 (Tz 19) = r+s 2010, 247, 249; iE auch BGH 30.3.2011 – IV ZR 269/08, VersR 2011, 655 = r+s 2011, 259 = zfs 2011, 398 = NJW 2011, 1736; OLG München 16.9.1992 – 30 U 823/92, VersR 1993, 1000; OLG Koblenz 12.2.1993 – 10 U 1796/91, r+s 1993, 356; OLG Zweibrücken 9.4.1997 – 1 U 19/96, VersR 1998, 1364; OLG München 27.1.2005 – 14 U 273/04, VersR 2005, 966; wohl auch OLG Karlsruhe 3.5.2005 – 12 U 326/04, VersR 2006, 59; Beckmann/Matusche-Beckmann/*Rixecker*, § 46 Rn 40; aA *Neuhaus*, Anm. zu BGH 24.2.2011 – IV ZR 119/09, VersR 2010, 619 in r+s 2010, 249, 250.
330 BGH 30.3.2011 – IV ZR 269/08 (Tz 12), VersR 2011, 655 = r+s 2011, 259 = zfs 2011, 398 = NJW 2011, 1736 (Maurer-Azubi ist auf Versicherungskaufmann-Azubi verweisbar); BGH 24.2.2010 – IV ZR 119/09, VersR 2010, 619, 620 (Tz 19) = r+s 2010, 247, 249 (keine „einzelfallbezogene, auf den bereits erreichten Ausbildungsstand abhebende Beurteilung"); krit. *Müller-Frank*, ZuRecht, GenRe BUaktuell 2/2010, 5, 6 f; aA OLG Koblenz 17.12.1993 – 10 U 968/93, r+s 1994, 195; *Neuhaus*, Anm. BGH 24.2.2010 – IV ZR 119/09 in r+s 2010, 249, 250.
331 KG 28.4.2014 – 6 U 206/13 (Hinweisverfügung) gegen LG Berlin 23.10.2013 – 23 O 285/12, n.v.
332 BGH 30.3.2011 – IV ZR 269/08 (Tz 12), VersR 2011, 655 = r+s 2011, 259 = zfs 2011, 398 = NJW 2011, 1736: Maurer-Azubi (Praxis 2009: 71 % Hauptschulabschluss) ist auf Versicherungskaufmann-Azubi (Praxis: 62 % Hochschulreife) verweisbar; Praxis-Info jeweils aus http://berufenet.arbeitsagentur.de/berufe/ dort Ausbildung/Zugangsvoraussetzung.

(s. krit. § 174 Rn 6). Alternative zur umfassenden Prüfung erscheint nur ein ausreichend langes, befristetes Anerkenntnis (s. § 173 Rn 8), sofern es nach den Bedingungen in Betracht kommt.

77 Ist nur **konkrete** Verweisbarkeit in den Bedingungen vereinbart, so bedarf es zur Verweisbarkeit der Aufnahme einer Ausbildung oder zumutbaren (Verweisungs-)Tätigkeit,[333] wobei Letzteres nicht der angestrebte Beruf als „Ausübungsphase" ist.[334]

78 **d) Darlegungs- und Beweislast.** Die **Beweislast** für die Nichtausübbarkeit der Verweisungstätigkeit trifft bei abstrakter und konkreter Verweisung den VN, da es sich um eine Leistungsvoraussetzung handelt.[335]

79 Unterschiede ergeben sich hinsichtlich der **Darlegungslast:** Bei abstrakter Verweisung trifft den **VR** die **Aufzeigelast** prägender Merkmale der Verweisungstätigkeit, da er hierfür über das entsprechende Instrumentarium nach der Rspr verfügen soll, jedenfalls erfahren ist, sich einschlägigen Rat zu holen. Der VR muss mithin – nach einem pauschalen Bestreiten des VN zur Ausübbarkeit – zu der für die Verweisungstätigkeit erforderlichen Vorbildung und den körperlichen Kräften (= Kenntnisse und Fähigkeiten), zu den üblichen Arbeitsbedingungen (zB Arbeitsplatzverhältnisse, Arbeitszeiten), zur erzielbaren bzw üblichen Entlohnung und zum Einsatz technischer Hilfsmittel vortragen.[336] Da die Aufzeigelast davon abhängt, was der VR beim VN insoweit an Kenntnissen voraussetzen kann, gilt Letzteres nicht, wenn der VN bei Vereinbarung abstrakter Verweisung die angesonnene Verweisungstätigkeit in nahen Vergangenheit ausgeübt hat,[337] wohl aber, wenn er sie erst ausüben will. Will der VN fehlende Kenntnisse behaupten, so trifft ihn und nicht den VR die Darlegungs- und Beweislast, weil es sich um Umstände aus seiner Sphäre handelt.[338] Weil eine abstrakte Verweisung erfolgt, kann das Aufzeigen nicht gleich präzise sein wie bei der konkreten Tätigkeit des VN. Unzureichend sind allgemeine Hinweise auf Tätigkeitsbereiche;[339] ausreichend ist das Leistungsverzeichnis.[340]

80 Nach derartigem Vortrag des VR ist es dann Sache des VN, die Nichtverweisbarkeit aus welchen Gründen auch immer (fehlende Ausübbarkeit, Vergleichbarkeit etc.) zu beweisen.[341]

81 Bei der konkreten Verweisung trifft den VR die Aufzeigelast nicht, weil der VN die Merkmale seiner Tätigkeit durch die Ausübung kennt.[342] Der VN muss von vorne-

---

333 OLG Dresden 18.6.2007 – 4 W 618/07, r+s 2008, 205, 206 = VersR 2008, 1251.
334 BGH 24.2.2010 – IV ZR 119/09, VersR 2010, 619, 620 (Tz 19) = r+s 2010, 247 (Rev. zu OLG Köln 8.5.2009 – 20 U 165/08, VersR 2009, 1105); vgl auch OLG Dresden 18.6.2007 – 4 W 618/07, VersR 2008, 1251 = NJW-RR 2008, 543 = r+s 2008, 205, 206 m. Anm. *Hoenicke.*
335 BGH 12.1.2000 – IV ZR 85/99, VersR 2000, 349; BGH 29.6.1994 – IV ZR 120/93, VersR 1994, 1095 (unter 2 b); unklar: van Bühren/*Dunkel*, Hdb VersR, § 15 Rn 256 (Beweislast: Merkmale der Verweisungstätigkeit bei VR), anders Rn 257; zweifelnd *Neuhaus*, BUV, Kap. H Rn 226.
336 BGH 29.6.1994 – IV ZR 120/93, VersR 1994, 1095; BGH 28.9.1994 – IV ZR 226/93, NJW-RR 1995, 20; BGH 23.6.1999 – IV ZR 211/98, VersR 1999, 1134; BGH 23.1.2008 – IV ZR 10/07, VersR 2008, 479.
337 *Römer*, r+s 2001, 45, 49; *Müller-Frank*, Rspr BUZ, S. 74; aA wohl van Bühren/*Dunkel*, Hdb VersR, § 15 Rn 264 (gemischt abstrakt-konkrete Verweisung).
338 AA *Neuhaus*, BUV, Kap. H Rn 233 – dagegen spricht aber, dass ein Vergessen unerheblich ist, vgl BGH 7.2.2007 – IV ZR 232/03, VersR 2007, 631.
339 BGH 23.1.2008 – IV ZR 10/07, VersR 2008, 479.
340 OLG Saarbrücken 29.10.2003 – 5 U 451/02-58, VersR 2004, 1165 (allgemeine Hinweise); OLG Köln 20.7.1998 – 5 U 72/98, VersR 1999, 1532 (Leistungsverzeichnis).
341 BGH 12.1.2000 – IV ZR 85/99, VersR 2000, 349; BGH 29.6.1994 – IV ZR 120/93, VersR 1994, 1095.
342 OLG München 28.3.1996 – 4793/95, VersR 1997, 95.

herein vortragen und beweisen, dass und warum die Verweisung unzulässig sein soll.[343]

e) **Zulässigkeit von Mischformen.** Abs. 3 sieht sowohl die abstrakte als auch die konkrete Verweisung als zulässig an, sofern die Lebensstellung berücksichtigt wird. Da gerade die Produktvielfalt vom Gesetzgeber gewünscht ist,[344] sind Varianten zwischen abstrakter Verweisung und konkreter Verweisung denkbar, sofern auch die Lebensstellung berücksichtigt wird. Deren Notwendigkeit ergibt sich aus der Systematik. Da gerade das Einkommen für diese Hauptelement ist, dürfte ein Abstellen nur auf den Einkommensverlust in engen Grenzen zulässig bleiben,[345] zumal der Gesetzgeber die Lohnersatzfunktion hervorhebt (vgl Rn 5).

82

§ 173 Anerkenntnis

(1) Der Versicherer hat nach einem Leistungsantrag bei Fälligkeit in Textform zu erklären, ob er seine Leistungspflicht anerkennt.

(2) ¹Das Anerkenntnis darf nur einmal zeitlich begrenzt werden. ²Es ist bis zum Ablauf der Frist bindend.

I. Allgemeines

Die Regelung ist § 5 MB-BUZ 90 entlehnt. Der VN hat naturgemäß das Interesse, die Leistungen aus dem Vertrag schnellstmöglich zu erhalten; regelmäßig hält er sich aufgrund seiner gesundheitlichen Umstände für nicht in der Lage, durch Tätigkeit seinen Lebensunterhalt zu halten. Der VR hat sicher nicht das Interesse, die Leistungspflicht zu verzögern,[1] jedoch zur Wahrung der Interessen der Versichertengemeinschaft die Pflicht, den geltend gemachten Anspruch sorgsam zu prüfen. Er ist sogar von der Rspr geradezu dazu gezwungen, auch vermeintlich eindeutige Fälle umfassend zu prüfen und Befunde anzufordern, um die Grundlage für die spätere Nachprüfung zu schaffen.[2] Es verwundert deshalb auch nicht, wenn Erhebungen auf Tatsachenbasis eine ordnungsgemäße Leistungsprüfung der VR feststellen nebst einer Anerkenntnisquote von über 70 %,[3] was nicht nur deutlich mehr gegenüber den Zahlen der Deutschen Rentenversicherung darstellt,[4] sondern der Forsa-Umfrage auf Gefühlsbasis im Auftrag des DAV[5] widerspricht. Der Gemengelage zwischen abstrakter Bedarfsdeckung (s. § 172 Rn 5), Zukunftsplanung

1

---

343 BGH 12.1.2000 – IV ZR 85/99, VersR 2000, 349; BGH 22.9.2004 – IV ZR 200/03, VersR 2005, 676; OLG Bremen 18.5.2009 – 3 U 46/08, VersR 2009, 1605, 1606 (unter II 2 b).
344 Begr. RegE, BT-Drucks. 16/3945, S. 105.
345 So zum Altvertrag: KG 12.7.2011 – 6 U 172/10, VersR 2012, 349 = NJW-RR 2012, 235 = zfs 2012, 101; aA *Neuhaus*, BUV, Kap. H Rn 220.
1 So aber *Niederleithinger*, A Rn 330.
2 *Mertens*, Arbeitsunfähigkeit und Berufsunfähigkeit – Bedeutung im Privat- und Sozialversicherungsrecht aus der Perspektive der privaten Berufsunfähigkeitsversicherung, MedSach 2014, 14 ff.
3 *Franke*, Regulierungspraxis in der Berufsunfähigkeitsversicherung – die Studie der Franke und Bornberg GmbH, GenRe BUaktuell 2/2014, 1, 4; Ergebnisse abrufbar unter www.franke-bornberg.de/blog/bu-leistungspraxisstudie-teil-2-keine-leistung-heisst-ablehnung-oder-vielleicht-doch-nicht/ (Stand 31.12.2014).
4 Nach *DRV*, Rentenversicherung in Zahlen 2013 – Indikatoren EU 2013 gab es 358.839 Rentenneuanträge (S. 69), 191.748 Bewilligung und 148.598 Ablehnung, was einer Anerkenntnisquote von nur 53 % entspricht (trotz mehrfacher Befristungsmöglichkeit gem. § 102 Abs. 1 S. 1 SGB VI).
5 Abrufbar unter www.procontra-online.de/fileadmin/galerie/2014/2014_11_14_Schaden regulierung_Anwaltschaft_uebt_neuerlich_Kritik.pdf (Stand 01/2015).

des VN[6] und Prüfungsinteresse des VR entspricht es, dem VN einen **Anspruch** auf die Erklärung zur Leistungspflicht durch den VR zu geben, was an sich nicht neu ist.[7]

2   Die Regelung ist halbzwingend (§ 175) und gilt bereits für **Altverträge** ab 1.1.2009 (Art. 1 Abs. 1 EGVVG iVm Art. 4 Abs. 3 EGVVG).[8] Zu beachten ist jedoch, dass engere Befristungsmöglichkeiten in den BB-BUZ (zB § 5 Abs. 2 BB-BUZ 8/2010) nach der Normenpyramide vorrangig sind.

II. Regelungsgehalt

3   1. **Unbefristetes Anerkenntnis (Abs. 1).** Nach Abs. 1 hat der VR wie bisher nur zwei Möglichkeiten der Entscheidung: Anerkenntnis oder Ablehnung. Beides setzt einen Leistungsantrag voraus, für den die Mitteilung möglicher Berufsunfähigkeit ausreicht (vgl aber § 30 Rn 1).[9] Ohne eine solche muss sich der VR nicht erklären.

4   Nach der Mitteilung tritt der VR in die Leistungsprüfung ein, in deren Rahmen die Obliegenheitsregeln der jeweils vereinbarten Bedingungen (vgl § 4 BB-BUZ aF) einen Anhalt geben, welche Informationen der VR benötigt.[10] Wann sich der VR zu erklären hat, wird nicht gesondert bestimmt, sondern richtet sich nach den Bestimmungen zur Fälligkeit (§ 14), so dass sich der VR mit Abschluss der notwendigen Erhebungen zur Feststellung des Versicherungsfalles und des Umfangs der Leistung erklären muss. Diese Fälligkeit ist so lange nicht gegeben, wie der VN die notwendigen Informationen (§ 31 VVG, § 4 BB-BUZ) nicht beibringt.[11] Das Prüfungsrecht (und gegenüber der Versichertengemeinschaft die Prüfungspflicht) richten sich dabei auch auf die Prüfung vorvertraglicher Anzeigepflicht,[12] was aber durch einen Autor[13] bestritten wird. Solange diese Prüfung nicht abgeschlossen ist, tritt Fälligkeit deshalb nicht ein.[14] Eine Änderung gegenüber der früheren Rechtslage ist damit nicht verbunden. Da der Grund des Anspruchs noch nicht festgestellt ist, sind während der Prüfung Abschlagszahlungen nicht zu erbringen;[15] ein Verfahren nach §§ 935 ff ZPO ist nahezu aussichtslos.[16]

---

6   Begr. RegE, BT-Drucks. 16/3945, S. 105 f; Begr. VVG-KE S. 397 (§ 165 entspr. § 172).
7   So nämlich schon BGH 19.11.1997 – IV ZR 6/97, BGHZ 137, 178 (unter 2 b aa) = VersR 1998, 173; Veith/Gräfe/*Gebert/Steinbeck*, Versicherungsprozess, § 9 Rn 143; *Rixecker*, Nicht-Anerkenntnisse als Anerkenntnisse?, in: FS Stilz, 2014, S. 517, 521.
8   LG Halle 24.1.2011 – 5 O 1279/09 nach *Neuhaus*, BUZintensiv 1/2011; zweifelnd wohl LG Dortmund 29.7.2009 – 2 O 22/08, NJOZ 2009, 3991 = r+s 2010, 254.
9   OLG Saarbrücken 3.5.2006 – 5 U 578/00-48, VersR 2007, 780 (unter 4).
10 BGH 19.5.1993 – IV ZR 80/92, VersR 1993, 953, 954 (unter 2 c).
11 LG München I 20.1.1993 – 4 O 12156/92, r+s 1993, 202; OLG Köln 15.8.2007 – 5 U 28/07, VersR 2008, 107, 108.
12 OLG Brandenburg 11.6.2014 – 11 U 2/13, NJW-RR 2014, 1501; KG 8.7.2014 – 6 U 134/13, VersR 2014, 1191 in Bestätigung von LG Berlin 12.6.2013 – 23 O 341/12, VersR 2014, 230 (Revision BGH – IV ZR 289/14); OLG Köln 13.1.2014 – 20 W 91/13, zfs 2015, 34; *Britz*, Postmortale Gesundheitsdatenerhebung, GenRe BUaktuell 2/2012, 1, 2; *Britz*, Die vorvertragliche Anzeigepflicht in der Leistungsprüfung einer Lebensversicherung, VersR 2015, 410.
13 *Egger*, Auskunftspflicht und Fälligkeit in der BU, VersR 2014, 1304; *ders.*, Auskunftspflicht und Schweigerecht in privater BU, VersR 2014, 553; *ders.*, Auskunftspflicht und Schweigerecht in privater Berufsunfähigkeits- und Krankheitskostenversicherung, VersR 2012, 810.
14 BGH 28.10.2009 – IV ZR 140/08, VersR 2010, 97, 99 (Tz 27); OLG Köln 19.3.2010 – 20 U 173/09; OLG Hamburg 2.3.2010 – 9 U 186/09, VersR 2010, 749 m. Anm. *Schulze*; LG Dortmund 1.4.2010 – 2 S 56/09; zu Unrecht einengend *Spuhl*, VK 2010, 111.
15 AA *Meixner/Steinbeck*, § 8 Rn 10.
16 OLG Saarbrücken 4.10.2006 – 5 U 247/06-40, VersR 2007, 935; anders in der Nachprüfung: OLG Karlsruhe 3.7.2008 – 12 U 22/08, VersR 2008, 1252.

Erklärt der VR das Anerkenntnis, führt dies aufgrund des Regelungsgehalts der §§ 173, 174 entsprechend der Rspr zu §§ 5, 7 BB-BUZ zu einer **Bindungswirkung**,[17] anders als im Rahmen der Unfallversicherung (§ 187 VVG, § 11 AUB 88).[18] Zu weitgehend und den Schutzzweck (s. § 172 Rn 5) überflügelnd erscheint es, wenn die Rspr der Bindungswirkung Vorrang gegenüber tatsächlichen Veränderungen einräumt, indem sie die Änderung von nur theoretischer Verweisbarkeit zu tatsächlicher Ausübung einer Verweisungstätigkeit ausschließt.[19] Zur Anfechtbarkeit des Anerkenntnisses s. § 174 Rn 9.

Formell genügt für die Erklärung des VR die **Textform**, § 126 b BGB. Erklärt sich der VR gar nicht, wird in der Lit. ein Schmerzensgeldanspruch in schweren Fällen wegen Verletzung der Persönlichkeit postuliert.[20] Das überzeugt nicht, denn ein Fall des § 253 Abs. 2 BGB erscheint eher fernliegend, fehlt es doch jedenfalls am Schutzzweck der Gesundheitswahrung in den Vertragspflichten des VR.[21] In Betracht kommen jedoch Ersatzansprüche gem. §§ 280, 286 BGB, was aber ein Verschulden des VR voraussetzt.[22] Wenn eine erklärte Ablehnung auf Einschätzungen der Behandler beruht, fehlt es am Verschulden des VR;[23] beruht sie auf einem vom VR eingeholten Gutachten, das wissenschaftlich in der Bewertung nicht haltbar ist, soll dem VR das Verschulden des Sachverständigen zugerechnet werden,[24] obwohl die Nachweispflicht für den Leistungsanspruch beim VN liegt.

Ist es zu einer **Ablehnung** oder **Kulanzleistung ohne Anerkenntnis** gekommen, hat die Rspr eine Bindungswirkung über ein „**gebotenes Anerkenntnis**" fingiert,[25] von dem sich der VR nur nach den Regeln der Nachprüfung (s. § 174 Rn 12) lösen kann.[26] Dies erscheint nicht haltbar, sofern der Wortlaut der VR-Erklärung unmissverständlich ist.[27] Wann ein Anerkenntnis als geboten zu unterstellen ist, bleibt unklar. Allein eine nachträgliche Feststellung im Prozess, dass doch Berufsunfähigkeit vorlag (nun aber entfallen ist), kann dies nicht bewirken, wenn der VR bei Ablehnung einem unverschuldeten Tatsachenirrtum unterlag,[28] wozu Zweifel

---

17 BGH 17.2.1993 – IV ZR 206/91, BGHZ 121, 284 = VersR 1993, 562; BGH 5.10.1983 – IVa ZR 11/82, VersR 1984, 51 aE; OLG Karlsruhe 20.11.2008 – 12 U 234/07, VersR 2009, 1104, 1105; OLG Karlsruhe 23.5.2012 – 9 U 138/10, VersR 2012, 1419 = NJW-RR 2013, 359 = r+s 2014, 566.
18 Zur dortigen Bedeutung: BGH 24.3.1976 – IV ZR 222/74, BGHZ 66, 250 = VersR 1977, 281; OLG Saarbrücken 25.2.2013 – 5 U 224/11-34, VersR 2014, 456, 458.
19 BGH 17.2.1993 – IV ZR 206/91, BGHZ 121, 284, 291 f = VersR 1993, 562, 564; BGH 30.3.2011 – IV ZR 269/08, VersR 2011, 655 = r+s2011, 259 = zfs 2011, 398 = NJW 2011, 1736.
20 Schwintowski/Brömmelmeyer/*Schwintowski*, § 173 Rn 9; wohl auch Looschelders/Pohlmann/*Klenk*, § 173 Rn 24.
21 Vgl etwa zur Haftung aus Anwaltsvertrag: BGH 9.7.2009 – IX ZR 88/08, VersR 2010, 211, 212 f.
22 Langheid/Wandt/*Dörner*, § 173 Rn 7; Looschelders/Pohlmann/*Klenk*, § 173 Rn 23; *Rixecker*, Nicht-Anerkenntnisse als Anerkenntnisse?, in: FS Stilz, 2014, S. 517, 521.
23 OLG Düsseldorf 11.4.2000 – 4 U 54/99, VersR 2001, 885 (unter 1 b (1)).
24 OLG Koblenz 16.11.2007 – 10 U 100/07, VersR 2008, 1381, 1381 f; ist das Gutachten lege artis und unparteiisch, fehlt es ohnehin am zurechenbaren Verschulden, worauf *Rixecker*, Nicht-Anerkenntnisse als Anerkenntnisse?, in: FS Stilz, 2014, S. 517, 521 zu Recht hinweist.
25 BGH 27.9.1989 – IVa ZR 132/88, VersR 1989, 1182; BGH 11.12.1996 – IV ZR 238/95, VersR 1997, 436; OLG Oldenburg 10.11.1999 – 7 O 1131/99, OLGR 2000, 69 = VersR 2000, 574 (LS); OLG Saarbrücken 10.1.2001 – 5 U 737/00-70, VersR 2002, 877 (unter II 1); OLG Karlsruhe 21.7.2011 – 12 U 55/11, r+s 2013, 34, 35.
26 Veith/Gräfe/*Gebert/Steinbeck*, § 9 Rn 146; BGH 20.6.2007 – IV ZR 3/05, VersR 2007, 1398.
27 Zur Vereinbarung: BGH 28.2.2007 – IV ZR 46/06, VersR 2007, 777; Prölss/Martin/*Lücke*, § 173 Rn 13 = § 12 BU Rn 11.
28 OLG Düsseldorf 11.4.2000 – 4 U 54/99, VersR 2001, 885.

ausreichend sind. Von einem gebotenen Anerkenntnis wird man also nur dann sprechen können, wenn die Leistungspflicht dem Vorgang gleichsam „auf die Stirn" geschrieben ist,[29] was aus der Sicht ex ante zu beurteilen ist.[30] Bei einer Ablehnung verbleibt es bei der Darlegungs- und Beweislast des VN; bei Kulanzvereinbarungen sind Treu und Glauben besonders zu berücksichtigen (vgl Rn 11).

7 Wird nur für einen vergangenen Zeitraum Berufsunfähigkeit festgestellt, so muss der VR die Änderung entsprechend der Förmlichkeiten des § 174 darstellen, was im Anerkenntnisschreiben selbst erfolgen kann (sog. **uno actu**).[31] Dies ist auch durch Schriftsatz im Prozess zulässig, so dass das Gericht dann im Urteil über Beginn und Ende der Leistungspflicht zu entscheiden hat.[32] Zur Frage der Nachleistungspflicht bei uno actu und den Förmlichkeiten s. § 174 Rn 19. Die Formalien des § 174 sind aber dann bloße Förmelei, wenn schon bei Leistungsanmeldung keine Berufsunfähigkeit mehr bestand.[33] Zur Frage uno actu als rückwirkende Befristung s. Rn 9.

8 **2. Befristetes Anerkenntnis (Abs. 2).** Abs. 2 S. 1 sieht die Möglichkeit *eines* befristeten Anerkenntnisses vor, was einem dringenden Bedürfnis der Praxis geschuldet ist und beiden Vertragsparteien Vorteile bietet:[34] Der VN erhält die schnelle Zahlung, und der VR kann Zweifelsfälle zunächst zurückstellen, statt die Ablehnung auszusprechen. Genannt wird auch der Vorbehalt der Verweisung als solches Bedürfnis.[35] Das Anerkenntnis darf jedoch nur **einmal befristet** werden, wodurch Kettenanerkenntnisse vermieden werden sollen, welche die Bindung und die Änderung der Beweislast nach dem unbefristeten Anerkenntnis zugunsten des VN unterliefen.[36] Die **Dauer** der Befristung steht im Belieben des VR. Da Abs. 2 S. 2 während der Befristung die Bindung anordnet, scheidet eine „Nachprüfung" in gebundener Zeit aus. Der VR wird also von sich aus die Dauer der Befristung nicht unangemessen ausweiten.[37] Da die einmalige Befristung ausdrücklich zulässig ist, kann nur noch die mehrfache Befristung zur Bindungswirkung über das Fristende hinaus führen, was unter dem Stichwort „**unzulässige Befristung**" diskutiert wird.

9 Streitig ist, ob es für die Befristung des Anerkenntnisses eines **sachlichen Grundes** sowie einer **nachvollziehbaren Begründung** – ähnlich der Regelung des § 174

---

29 BGH 28.2.2007 – IV ZR 46/06, VersR 2007, 777 = r+s 2007, 252 = NJW-RR 2007, 1034 (naheliegende BU).
30 AA offenbar Prölss/Martin/*Lücke*, § 173 Rn 14 = § 12 BU Rn 14; krit. zur ex-post-Betrachtung auch *Rixecker*, Nicht-Anerkenntnisse als Anerkenntnisse?, in: FS Stilz, 2014, S. 517, 520; Beckmann/Matusche-Beckmann/*Rixecker*, § 46 Rn 160.
31 BGH 19.11.1997 – IV ZR 6/97, BGHZ 137, 178 = VersR 1998, 173; BGH 3.11.1999 – IV ZR 155/98, VersR 2000, 171; BGH 3.5.2006 – IV ZR 240/03; eine rückwirkende Befristung gem. Abs. 2 ablehnend: LG Berlin 19.3.2014 – 23 O 87/12, VersR 2014, 1196; aA zu Recht *Neuhaus*, BUV, Kap. L Rn 40.
32 BGH 20.1.2010 – IV ZR 111/07, r+s 2010, 251 in Bestätigung von OLG Köln 18.4.2007 – 5 U 180/07; OLG Oldenburg 14.12.2011 – 5 U 139/10; so schon OLG Düsseldorf 8.12.1998 – 4 U 176/97, NVersZ 2000, 169.
33 OLG Karlsruhe 24.10.2006 – 12 U 109-06, VersR 2007, 344 (unter II 1); aA Prölss/Martin/*Lücke*, § 173 Rn 11 = § 12 BU Rn 8.
34 Begr. RegE, BT-Drucks. 16/3945, S. 106 (zu § 173 Abs. 1); Begr. VVG-KE S. 397 (§ 165 entspr. § 173); *Römer*, VersR 2006, 865, 870.
35 Unklar Begr. RegE, BT-Drucks. 16/3945, S. 106 (zu § 173 Abs. 1, 3. Abs.) – gegenteilig Begr. RegE, BT-Drucks. 16/3945, S. 106 (zu § 173 Abs. 2, 1. Abs.); ohne Begr. abl. *Baumann/Sandkühler*, S. 148 (unter 6.2); abl. auch *Neuhaus*, BUV, Kap. L Rn 46 f, 58 f.
36 Begr. RegE, BT-Drucks. 16/3945, S. 106 (zu § 173 Abs. 2); so schon OLG Schleswig 25.11.2004 – 16 U 125/04, OLGR 2005, 425; OLG Saarbrücken 30.9.2008 – 5 U 156/08-16, VersR 2009, 917 (nach bedingungsgemäß max. zwölfmonatiger Befristung ist das Anerkenntnis automatisch als unbefristet anzusehen).
37 Begr. RegE, BT-Drucks. 16/3945, S. 106 (zu § 173 Abs. 1, 3. Abs.); *Niederleithinger*, A Rn 332; krit. *Neuhaus*, BUV, Kap. L Rn 33.

Abs. 1 – bedarf.[38] Nach dem Wortlaut des Abs. 2 ist dies nicht der Fall. Auch Sinn und Zweck der Regelung erfordern keinen besonderen sachlichen Grund. Denn allein der Schutz der dauerhaften Lebensplanung des VN gebietet nicht,[39] hier dem VR die Möglichkeit der Befristung zu nehmen. Planen kann der VN auch für die Dauer der Befristung. Dass der VN zunächst nicht dauerhaft mit der Versicherungsleistung rechnen kann, ist dabei schon deswegen keine unangemessene Benachteilung, weil er die volle Darlegungs- und Beweislast noch nicht getragen hat.[40] Der Gesetzgeber hat zudem gerade wegen des befristeten Anerkenntnisses die Prognosefiktion aus den Musterbedingungen nicht übernommen,[41] so dass jedenfalls einfache **Zweifel** des VR ausreichend sind.[42] Es überzeugt nicht, wenn eine Befristungsmöglichkeit dann abgelehnt wird, wenn aufgrund der Prognosefiktion (s. dazu § 2 BUZ Rn 4) ein zeitlich unbeschränktes Anerkenntnis in Betracht käme;[43] zeitlich wird nämlich die Befristung gerade für die Fälle einer Umschulung etc. beworben,[44] die naturgemäß länger als 6 Monate andauert. Ob das Anerkenntnis **rückwirkend** befristet werden kann, ist streitig geworden.[45] Richtigerweise muss die Befristung auch in die Vergangenheit möglich sein. Dafür spricht schon, dass es sonst der VN in der Hand hätte, durch späte Leistungsanmeldung die Dauer des Leistungsbezugs zu bestimmen, wenn der VR entsprechend § 174 Abs. 2 noch drei Monate „nach seiner Entscheidung" leisten muss, die ggf Jahre nach dem BU-Zeitraum liegt.

Beispiel: Unstreitige BU nur in 2013, Leistungsanmeldung im Dezember 2014 und Entscheidung des VR im April 2015. Soll der VR dann bis Juli 2015 leisten müssen?

Nur in diesem Fall mag man ein Begründungserfordernis annehmen, was ansonsten nicht überzeugt, weil es hier nicht um Hinweise auf außervertragliche Regelungen geht mit umfänglichen Aufklärungs- und Warnpflichten,[46] sondern um gesetzliche Vorgaben zu innervertraglichen Regelungen, so dass es an der Grundlage einer Begründung der „Änderung der Rechtslage" fehlt.[47] Abs. 2 S. 2 schließt gerade die Regeln des Nachprüfungsverfahrens (§ 174) für das befristete Anerkenntnis

---

38 Bejahend: *Höra*, r+s 2008, 89, 94; Marlow/Spuhl/*Marlow*, Rn 1213 (Kap. XIX 2 b); Schimikowski/*Höra*, S. 196; Veith/Gräfe/*Gebert/Steinbeck*, Versicherungsprozess, § 9 Rn 151; Prölss/Martin/*Lücke*, § 173 Rn 22 (Grund ja; Begründung nein); verneinend: *Römer*, VersR 2006, 865, 870; wohl auch Begr. Zwischenbericht Kommission vom 30.5.2002, S. 125, die zwischen zeitlicher Befristung *oder* sachlicher Begrenzung sich für die zeitliche Begrenzung entschied.
39 So aber OLG Frankfurt 28.8.2002 – 7 U 191/01, VersR 2003, 358; OLG Köln 22.6.2005 – 5 U 196/04, VersR 2006, 351; aA zu Recht noch BGH 17.9.1986 – IVa ZR 252/84, VersR 1986, 1113, 1115; wohl auch OLG Düsseldorf 28.2.2000 – 4 U 56/99, VersR 2001, 1370 (unter 2 a).
40 *Römer*, VersR 2006, 865, 870; aA Looschelders/Pohlmann/*Klenk*, § 173 Rn 15.
41 Begr. RegE, BT-Drucks. 16/3945, S. 105 (zu § 172 Abs. 2, 3. Abs.).
42 Römer/Langheid/*Rixecker*, § 173 Rn 6 fordert für den sachlichen Grund „keine hohen Anforderungen".
43 So aber Römer/Langheid/*Rixecker*, § 173 Rn 8; *Neuhaus*, BUV, Kap. L Rn 41; OLG Saarbrücken 29.4.2015 – 5 U 67/14.
44 So wiederum Römer/Langheid/*Rixecker*, § 173 Rn 7 („unbedenklich" für Reha oder Umschulung); Beckmann/Matusche-Beckmann/*Rixecker*, § 46 Rn 166; *Neuhaus*, BUV, Kap. L Rn 37.
45 Bejahend: Looschelders/Pohlmann/*Klenk*, § 173 Rn 13; Langheid/Wandt/*Dörner*, § 173 Rn 18, 25. AA LG Berlin 19.3.2014 – 23 O 87/12, VersR 2014, 1196, 1197; LG Dortmund 4.12.2014 – 2 O 124/14, juris (Tz 43).
46 BGH 7.2.2007 – IV ZR 244/03, VersR 2007, 633 m. Anm. *Neuhaus*, r+s 2007, 206.
47 *E contrario* zu BGH 7.2.2007 – IV ZR 244/03, VersR 2007, 633 (Tz 14); zu § 5 Abs. 2 BB-BUZ so ausdr. OLG Karlsruhe 3.5.2005 – 12 U 326/04, VersR 2006, 59 (unter II 1); Begr. RegE, BT-Drucks. 16/3945, S. 106 (zu § 173 Abs. 2, 2. Abs.) schließt das Nachprüfungsverfahren gerade aus; aA Langheid/Wandt/*Dörner*, § 173 Rn 18.

aus, kann also nicht contra legem eingeführt werden. Sie würden den VR geradezu dazu zwingen, in Zweifelsfällen abzulehnen, statt – möglicherweise irrtümlich – unbefristet anzuerkennen. Wurde nämlich irrtümlich anerkannt, so erhält der tatsächlich nicht Berufsunfähige dauerhaft Leistungen, während dem tatsächlich Berufsunfähigen diese wieder entzogen werden können.[48] Die Bindung an ein falsches Anerkenntnis kann aber nicht angemessen sein. Berücksichtigt man zudem, dass viele Bedingungen statt der Prognose der Dauerhaftigkeit lediglich eine solche von 6 Monaten vorsehen, fehlt erst recht eine Benachteiligung des VN durch die Befristung.[49]

10 Ob der VN nach **Ablauf der Befristung** Ansprüche erneut geltend machen muss oder der VR zum Ablauf hin endgültig prüft,[50] muss in den AVB geregelt werden; das Gesetz schweigt dazu (s. § 5 BUZ Rn 3). Prüfungsansatz nach Ablauf des befristeten Anerkenntnisses ist jedenfalls der Zeitpunkt des Auslaufens der Befristung und zwar nach den Grundsätzen der Erstprüfung, wie der Ausschluss des § 174 in § 173 Abs. 2 verdeutlicht.[51] Dabei ist eine Beschränkung auf Vorbehalte des VR abzulehnen.[52] Die Maßstäbe der Erstprüfung entsprach schon für die Fälle zurückgestellter Verweisung der bisherigen Rspr.[53]

11 Vor Geltung des VVG 2008 haben VR häufig **außervertragliche Vereinbarungen** mit den VN getroffen, um diesen bei Zweifeln über die Leistungspflicht entgegenzukommen. Derartige Vereinbarungen sollen nach dem Willen des Gesetzgebers auch nach einer Befristung möglich sein[54] und bleiben zulässig.[55] Sie erfordern dann aber klare, unmissverständliche Hinweise an den VN zu möglichen Rechtsnachteilen, etwa durch Verschiebungen des Prüfungszeitpunktes.[56] Eine Neuschaffung von (Einstellungs-)Rechten des VR über die Bedingungen hinaus (§ 6 BB-BUZ) ist jedenfalls ohne deutliche Hinweise darauf rechtsmissbräuchlich. Andererseits ist es auch rechtsmissbräuchlich, den VR auf die Bindungswirkung zu verweisen, wenn dieser überobligationsmäßig auf den VN Rücksicht nimmt und etwa eine mögliche abstrakte Verweisung zunächst nicht erklärt.[57] Liegt doch Unwirksamkeit vor, so kann diese dazu führen, dass den VR bei durch Zeitablauf zwischen Vereinbarung und Prozess bedingten Beweisschwierigkeiten im Ergebnis die Beweislast für fehlende Berufsunfähigkeit trifft,[58] was aber infolge gerichtlicher

---

48 *Langheid*, NJW 2007, 3745, 3748 (unter III).
49 LG München I 10.4.1992 – 23 O 11932/90 (wegen zeit- und kostenintensiven Verfahrens); LG Berlin 10.8.1999 – 7 O 498/98 (Ausgleich durch schnelle Leistung).
50 So *Neuhaus*, BUV, Kap. L Rn 49.
51 Zust. *Neuhaus*, BUV, Kap. L Rn 51.
52 So aber Langheid/Wandt/*Dörner*, § 173 Rn 24.
53 OLG Karlsruhe 3.5.2005 – 12 U 326/04, VersR 2006, 59; *Wachholz*, VersR 2003, 161, 167 (unter 4).
54 Begr. RegE, BT-Drucks. 16/3945, S. 106 (zu § 173 Abs. 2, 1. Abs.).
55 AA Veith/Gräfe/*Gebert/Steinbeck*, Versicherungsprozess, § 9 Rn 156.
56 BGH 28.2.2007 – IV ZR 46/06, VersR 2007, 777; BGH 7.2.2007 – IV ZR 244/03, VersR 2007, 633; BGH 30.3.2011 – IV ZR 269/08 (Tz 14), VersR 2011, 655 = r+s 2011, 259 = zfs 2011, 398 = NJW 2011, 1736; zur berechtigten Kritik *Müller-Frank*, Rspr BUZ, S. 198 f; auf die Begründung der Aufklärungspflicht des VR gegenüber dem „real konkret unmündigen Verbraucher" aus § 6 Abs. 4 VVG weist *Rixecker*, Nicht-Anerkenntnisse als Anerkenntnisse?, in: FS Stilz, 2014, S. 517, 522 hin.
57 BGH 17.9.1986 – IVa ZR 252/84, VersR 1986, 1113, 1114 f; Looschelders/Pohlmann/*Klenk*, § 173 Rn 20; abl. wohl LG Dortmund 29.7.2009 – 2 O 22/08, NJOZ 2009, 3991 = r+s 2010, 524 unter der fehlerhaften Prämisse, bei nicht wahrgenommener abstrakter Verweisung sei die konkrete Verweisung wegen der Bindungswirkung verloren.
58 BGH 28.2.2007 – IV ZR 46/06, VersR 2007, 777; *Rixecker*, Nicht-Anerkenntnisse als Anerkenntnisse?, in: FS Stilz, 2014, S. 517, 522.

Vergleiche über befristete Leistungen wegen der gerichtlichen Fürsorgepflicht nicht gelten kann.[59]

3. Ablehnung der Leistungspflicht, Verjährung. Erklärt der VR die Ablehnung einer Leistungspflicht, so sieht das Gesetz ein **Begründungserfordernis nicht** vor. Da es nur die Alternative Ablehnung oder Anerkennung der Leistungspflicht gibt, präjudiziert eine – gleichwohl aus Transparenzgründen meist gegebene – Begründung der Ablehnung den VR nicht und bindet ihn auch nicht hinsichtlich einzelner Tatbestandsmerkmale.[60]

Ist der Leistungsanspruch abgelehnt, beginnt spätestens die **dreijährige Verjährung** mit dem Schluss des Jahres der Ablehnung, §§ 195, 199 Abs. 1 BGB. Werden innerhalb der Verjährung unter Berücksichtigung der Hemmungstatbestände die Ansprüche nicht gerichtlich geltend gemacht, so verjährt der Leistungsanspruch. Er verjährt aber nicht nur ratierlich, sondern es tritt eine **Verjährung des Stammrechts** ein, da die vereinbarten Leistungen dessen „Nutzungen" sind,[61] was sich aus dem Verständnis als gedehnter Versicherungsfall ergibt. Infolgedessen kann dann nur bei einer wesentlichen Gesundheitsverschlechterung ein Leistungsanspruch geltend gemacht werden.[62]

§ 174 Leistungsfreiheit

(1) Stellt der Versicherer fest, dass die Voraussetzungen der Leistungspflicht entfallen sind, wird er nur leistungsfrei, wenn er dem Versicherungsnehmer diese Veränderung in Textform dargelegt hat.

(2) Der Versicherer wird frühestens mit dem Ablauf des dritten Monats nach Zugang der Erklärung nach Absatz 1 beim Versicherungsnehmer leistungsfrei.

I. Allgemeines

§ 174 übernimmt den Kernbereich der Musterbedingungen zur **Nachprüfung** (§ 7 MB-BUZ 90, jetzt § 6 BB-BUZ 2010 und neuer gemäß GDV-Empfehlung) in das Gesetz. Aus dieser Regelung wird die **Selbstbindung** des VR an das Anerkenntnis gefolgert (s. § 173 Rn 5), so dass sich eine wesentliche Änderung der Rechtslage nicht ergibt.[1] In Abweichung zu den heutigen BB-BUZ wird die „Nachleistungspflicht" von einem Monat auf drei Monate verlängert, was jedoch nicht zu einer Zahlung über den Tod des VN hinaus führt.[2] Auf Altverträge ist die Regelung nicht anwendbar (Art. 1 Abs. 1 EGVVG iVm Art. 4 Abs. 3 EGVVG).

---

59 OLG Saarbrücken 30.11.2011 – 5 U 123/09-31, juris (Tz 24); Römer/Langheid/Rixecker, § 173 Rn 14.
60 OLG Hamm 10.11.2010 – 20 U 64/10, VersR 2011, 384, 387 (Ablehnung ist kein Gestaltungsrecht); KG 13.6.1995 – 6 U 1067/95, VersR 1995, 1473; OLG Koblenz 4.1.2002 – 10 U 1768/00, r+s 2002, 480 (insoweit dort nicht abgedruckt); OLG Köln 15.10.1997 – 5 U 101/97, r+s 1999, 170 (zur Ablehnung in der Unfallversicherung).
61 OLG Stuttgart 3.4.2014 – 7 U 228/13, VersR 2014, 1115, 1116 f = zfs 2014, 511 unter Bezug auf BGH 20.1.1955 – II ZR 108/54, VersR 1955, 97 = MDR 1955, 221; BGH 2.11.2005 – IV ZR 15/05 (Tz 14), VersR 2006, 102 = r+s 2006, 205 (zu § 12 Abs. 3 VVG aF); ebenso OLG Koblenz 17.12.2010 – 10 U 1417/09, VersR 2011, 1294 = r+s 2011, 523; OLG Hamm 26.11.2014 – 20 W 35/14, BeckRS 2015, 04940.
62 OLG Hamm 26.11.2014 – 20 W 35/14, BeckRS 2015, 04940; OLG Köln 11.1.2013 – 20 U 164/10, VersR 2013, 1557 (Bestandskraft); zur „Sperrwirkung" des § 12 Abs. 3 VVG aF: OLG Karlsruhe 7.12.2006 – 19 U 53/06, VersR 2007, 934 (unter II 5); KG 16.2.2007 – 6 U 113/06, VersR 2008, 105 (unter II 4).
1 Begr. RegE, BT-Drucks. 16/3945, S. 106 (zu § 174 Abs. 1).
2 So ausdr. Begr. RegE, BT-Drucks. 16/3945, S. 106 (zu § 174 Abs. 2).

2 Grund für die Nachprüfungsmöglichkeit ist das Verständnis der BU als **gedehnter Versicherungsfall**[3] (s. § 6 BB-BUZ Rn 2).

II. Regelungsgehalt

3 **1. Materielle Voraussetzungen.** Die Grundlagen für die Einschätzung des Bestehens von Berufsunfähigkeit müssen sich nachträglich geändert haben, wie aus dem Wort „**Veränderung**" deutlich wird. Ob die Veränderung dabei gesundheitlicher oder beruflicher Natur sein muss, ist nach dem Wortlaut und der Anlehnung des Gesetzgebers an die Musterbedingungen 1990 unerheblich.[4]

4 **a) Maßstab der Veränderung.** Berufsunfähigkeit ist objektiv zu bestimmen (s. § 172 Rn 42). Folglich kommt es auf die tatsächlichen Veränderungen an, wobei die Rspr zu Recht auch die Änderung des Kenntnisstands des VR genügen lässt.[5]

5 Weil eine Veränderung erforderlich ist, kommt es auf die zugrunde zu legenden **Zeiträume** an, die zu vergleichen sind. Hier ist die Rspr teilweise ungenau, wenn auf den „Zeitpunkt" der Erklärung des Anerkenntnisses abgestellt wird.[6] Richtigerweise kommt es auf den Vergleich des Zustands an, wie er dem Anerkenntnis *zugrunde* gelegen hat oder zugrunde zu legen gewesen wäre[7] (also der angenommenen Eintrittszeit der BU), mit dem Zustand bei Abgabe der Nachprüfungsentscheidung,[8] wobei die spätere Veränderung schon eingetreten sein muss und Änderungen nach der Erklärung unerheblich sind.[9] Dabei zeigt schon die zeitliche Komponente der Berufsunfähigkeit (s. § 172 Rn 54) die Maßgeblichkeit des ursprünglichen Zeitraums.

Falsch ist es, wenn statt auf die zum Anerkenntnis in der Erstprüfung führende Situation auf den Vergleich mit der letzten „Nachprüfungsentscheidung", mit der keine Leistungseinstellung erfolgte, abgestellt wird,[10] was auch für die Nichtverweisung auf eine etwaig neue Tätigkeit des VN in einer ersten Nachprüfung gilt,

---

3 OLG Saarbrücken 3.5.2006 – 5 U 578/00-48, VersR 2007, 780 (unter II 3 b); BGH 22.2.1984 – IVa ZR 63/82, VersR 1984, 630 (unter III); allg. zum gedehnten Versicherungsfall: BGH 12.4.1989 – IVa ZR 21/88, BGHZ 107, 170 = VersR 1989, 588; vgl auch *Mertens*, Anm. zu LG Potsdam, VersR 2013, 1034, 1036.
4 So schon BGH 17.2.1993 – IV ZR 264/91, r+s 1993, 315 (unter 3 d); BGH 11.12.1996 – IV ZR 238/95, VersR 1997, 436 (unter II 1).
5 BGH 17.9.1986 – IVa ZR 252/84, VersR 1986, 1113 (unter 2 b); BGH 30.3.2011 – IV ZR 269/08 (Tz 10), VersR 2011, 655 = r+s 2011, 259 = zfs 2011, 398 = NJW 2011, 1736; OLG Köln 22.7.2011 – 20 U 127/10, r+s 2012, 451, 452 (unter 1 a); offen lassend: BGH 24.2.2010 – IV ZR 119/09, VersR 2010, 619, 620 = NJW 2010, 1755 (Tz 9); ausdr. OLG Frankfurt 30.9.2009 – 7 U 101/08; abl. Prölss/Martin/*Lücke*, § 174 Rn 3 = § 13 BU Rn 10.
6 OLG Saarbrücken 4.2.1998 – 5 U 413/95-28, VersR 2000, 621; so ausdr. auch Römer/Langheid/*Rixecker*, § 174 Rn 7.
7 BGH 30.1.2008 – IV ZR 48/06, VersR 2008, 521; BGH 28.4.1999 – IV ZR 123/98, VersR 1999, 958 (unter II 1 a); OLG Köln 22.7.2011 – 20 U 127/10, r+s 2012, 451, 452; in sich widersprüchlich OLG Düsseldorf 10.6.2003 – I-4 U 194/02, VersR 2003, 1383 (unter II 2 b) – (bei Urteil: Zeitraum; bei Anerkenntnis: Zeitpunkt); *Müller-Frank*, Rspr BUZ, S. 205.
8 Römer/Langheid/*Rixecker*, § 174 Rn 16.
9 BGH 11.12.1996 – IV ZR 238/95, VersR 1997, 436 (unter II 1 b); OLG Düsseldorf 20.6.2003 – 4 U 194/02, VersR 2003, 1383; zweifelhaft: KG 16.9.2014 – 6 U 39/14, das angekündigte Umstände bereits zur Bindung des VR und damit fehlender Änderung ausreichen lässt.
10 So aber OLG Karlsruhe 23.5.2012 – 9 U 138/10, VersR 2012, 1419 = r+s 2014, 566 = NJW-RR 2013, 359.

die in einer zweiten Nachprüfung erklärt werden kann.[11] Unabhängig von der Formulierung wird nämlich bei der Erklärung einer Nichteinstellung der Leistung die ursprüngliche Bindungswirkung nicht tangiert, es wird keine neue Rechtsposition des VN geschaffen.[12] Gleichwohl sollte vorsorglich etwa „Wir leisten weiter"[13] oder „Wir haben das Nachprüfungsverfahren beendet" formuliert werden, natürlich mit dem entsprechenden Hinweis auf die Mitteilungspflicht gem. § 6 Abs. 3 BB-BUZ.

b) Berufliche Veränderung. In beruflicher Hinsicht erfasst die „Veränderung" den Erwerb neuer Kenntnisse und Fähigkeiten[14] sowie nachträgliche Einkommenssteigerungen[15] (zur Darlegungslast s. Rn 16). Werden berufliche Veränderungen wegen neuer Kenntnisse und Fähigkeiten geltend gemacht, so muss auch bei Vereinbarung abstrakter Verweisung (s. § 172 Rn 62) ein Arbeitsplatz erlangt sein oder sich der VN nicht zumutbar um einen solchen bemühen, damit die Einstellung wirksam ist.[16] Wann **kein zumutbares Bemühen** gegeben ist, ist vom Einzelfall abhängig. Es hängt von der ursprünglichen Tätigkeit und der zumutbaren Verweisungstätigkeit ab. Je häufiger sich die Tätigkeiten in der Arbeitswelt finden, umso mehr Bewerbungen dürften zu fordern sein. Arbeitslosigkeit nach gewisser Zeit zumutbarer Verweisungstätigkeit hindert die Einstellung nicht.[17] Deshalb auch überzeugt es nicht, wenn nur eine Festeinstellung als zumutbar erachtet wird.[18] Bei Nischenarbeitsplätzen kann die konkrete Verweisung wirksam sein (s. § 172 Rn 62, 73),[19] wobei die Tätigkeit während der Wiedereingliederung gem. § 74 SGB V, § 28 SGB IX keine solche Tätigkeit ist.[20] Keine Veränderung soll bei Vereinbarung abstrakter Verweisung die (spätere) konkrete Ausübung der Verweisungstätigkeit sein, obwohl der berufliche Status nun objektiv gewahrt ist (zur Kritik s. § 173 Rn 5).[21] Bei nachträglicher Umorganisation, die grds. eine zulässige Veränderung darstellt,[22] muss die „neue" Tätigkeit sowohl nach Art als auch nach Umfang zumutbar sein und darf nicht auf erheblichem Kapitaleinsatz mit alleinigem Unternehmerrisiko des VN beruhen.[23]

---

11 So aber *Neuhaus*, BUV, Kap. M Rn 26, was seiner eigenen, richtigen Darstellung in Kap. M Rn 18, 117 f widerspricht.
12 *Neuhaus*, BUV, Kap. M Rn 18; so schon BGH 30.1.2008 – IV ZR 48/06 (Tz 2), VersR 2008, 521; BGH 2.11.2005 – IV ZR 15/05 (unter II 4. aE), VersR 2006, 102 = r+s 2006, 205.
13 So *Neuhaus*, BUV, Kap. M Rn 18.
14 Die Begr. RegE, BT-Drucks. 16/3945, S. 106 (zu § 174 Abs. 1) stellt auf die MB-BUZ 1990 ab, die diese in § 7 Abs. 1 S. 2 vorsehen; anders nur MB-BUZ 1975 und älter.
15 OLG Hamm 17.5.2006 – 20 U 31/06, zfs 2007, 582 (erstmalige Wahrung der Lebensstellung).
16 BGH 3.11.1999 – IV ZR 155/98, VersR 2000, 171 (unter I 4 b).
17 OLG Düsseldorf 10.6.2003 – I 4 U 194/02, VersR 2003, 1383; wohl auch bei befristeter Tätigkeit: BGH 11.12.2002 – IV ZR 302/01, NJW-RR 2003, 283.
18 So aber OLG Karlsruhe 6.12.2012 – 12 U 93/12, VersR 2013, 747, 748 (unter B) = r+s 2014, 139 = zfs 2013, 219 für die Tätigkeit als MTA an der Universität, die *regelmäßig* nur befristet und mit Hilfe von Fördergeldern vergeben wird.
19 OLG Oldenburg 14.12.2011 – 5 U 139/10; OLG Frankfurt 19.2.2007 – 14 U 225/05, VersR 2007, 1358.
20 OLG Nürnberg 23.1.2012 – 8 U 607/11, VersR 2012, 843 = r+s 2014, 617. Es handelt sich aber gleichwohl um „Tätigkeit", vgl OLG Köln 10.1.2014 – 20 U 119/13, VersR 2014, 576 (zur KT-Versicherung); bestätigt durch BGH 11.3.2015 – IV ZR 54/14, VersR 2015, 570 = r+s 2015, 242.
21 LG Dortmund 29.7.2009 – 2 O 22/08, NJOZ 2009, 3991; *Neuhaus*, BUV, Kap. M Rn 25, was aus dem bei Fn 10 genannten Grund nicht überzeugt; wohl auch BGH 30.3.2011 – IV ZR 269/08, VersR 2011, 655 = r+s 2011, 259 = zfs 2011, 398 = NJW 2011, 1736.
22 LG Dortmund 29.5.2008 – 2 O 20/08, juris (Tz 20).
23 BGH 28.4.1999 – IV ZR 123/98, VersR 1999, 958 (unter II 1 b).

7 Eine Besonderheit ist zu beachten, wenn das Anerkenntnis einen **Auszubildenden** betrifft: In der Nachprüfung darf nämlich nicht zwischen der Ausbildungs- und der Ausübungsphase unterschieden werden,[24] was aber nach den Grundsätzen der BU (s. § 172 Rn 22) nur dann gelten kann, wenn die Ausbildung zu *einem* bestimmten Beruf befähigen soll, so dass sich *ein* „Berufsweg" ergibt. Eine Übertragung dieser Ausweitung des Berufsbegriffs durch den BGH auf andere, breitgefächerte Ausbildungen dürfte aber schon aus praktischen Erwägungen ausscheiden.[25]

Beispiel: Ausbildung ist Studium der Humanmedizin. Wäre Ausübungsphase die Tätigkeit des Psychiaters oder die des Chirurgen oder die des Notarztes?

8 Deshalb ist die Zusammenfassung der Ausbildungs- und Ausübungsphase nur dann als Richtlinie zu beachten, wenn der VN genau den *einen* Beruf ergreift, für den er ausgebildet wurde; beim Ergreifen eines anderen Berufs verbleibt es beim „Normalfall" der dann gegebenen anderen Tätigkeit. Ob im Übrigen die These des BGH, ein ausgeübter Beruf sei schwieriger als die Ausbildungsphase mit „geringeren Anforderungen", tatsächlich berufskundlicher Überprüfung standhält,[26] muss bezweifelt werden.

9 **c) Gesundheitliche Komponente.** Der Gesundheitszustand des VN muss sich **gebessert** haben, wobei auch eine tatsächlich durchgeführte Operation berücksichtigungsfähig ist. Dadurch kann sich erstmals die Möglichkeit der Verweisung ergeben. Kann der VN dann zwar medizinisch seine konkret letzte Tätigkeit ausüben, hat er aber die Kenntnisse nicht mehr wegen der beruflichen Fortentwicklung, so ändert dies an der Möglichkeit der Leistungseinstellung deshalb nichts, weil der Kenntnisverlust nicht versichert ist,[27] dem Arbeitsmarkt zuzuschreiben wäre.

Wörtlich wäre eine Veränderung auch die **nachträgliche Andersbewertung** insb. des Gesundheitszustands durch den VR. Diese soll jedoch ausgeschlossen sein, weil die Berufsunfähigkeit „entfallen" muss.[28] Dann bliebe es trotz anders lautender Anregung[29] dabei, dass bei irrtümlich nicht erklärter Verweisung[30] oder Fehleinschätzung unveränderten Gesundheitszustands[31] die Bindungswirkung (s. § 173 Rn 5) bestehen bleibt. Dies hat die unverständliche Wirkung, das der tatsächlich nicht Berufsunfähige Leistungen bis zum vereinbarten Leistungsende erhält, dagegen der tatsächlich Berufsunfähige diese bei Einstellung in der Nachprüfung verliert und somit schlechter steht. Angesichts dieses Wertungswiderspruchs überzeugt es nicht, wegen der Bindungswirkung (s. § 173 Rn 5) den VR trotz Fehleinschätzung an seiner Leistungspflicht festzuhalten.[32] Die Gesetzesbegründung ver-

---

24 BGH 24.2.2010 – IV ZR 119/09, VersR 2010, 619, 620 (unter 3) = r+s 2010, 247 = NJW 2010, 1755.
25 Ähnl. *Neuhaus*, Anm. zu BGH 24.2.2010 – IV ZR 119/09, VersR 2010, 619, 620 (unter 3) in r+s 2010, 249, 250; *Neuhaus*, BUV, Kap. M Rn 53.
26 BGH 24.2.2010 – IV ZR 119/09, VersR 2010, 619, 621 (Tz 20); Berufskunde selbst noch fordernd: BGH 27.2.2008 – IV ZR 45/06, VersR 2008, 770.
27 BGH 7.2.2007 – IV ZR 232/03, VersR 2007, 631 (Tz 12); aA für die Nachprüfung: Prölss/Martin/*Lücke*, § 174 Rn 15 = § 13 BU Rn 9; differenziert: Beckmann/Matusche-Beckmann/*Rixecker*, § 46 Rn 195.
28 *Langheid*, NJW 2007, 3745, 3748 (unter III); Prölss/Martin/*Lücke*, § 174 Rn 4; zT anders: OLG Saarbrücken 4.2.1998 – 5 U 413/95-28, VersR 2000, 621 (Minderung der Einschränkung genügt).
29 Prölss/Martin/*Voit/Knappmann*, 27. Aufl. 2004, § 7 BUZ Rn 13 aE.
30 BGH 13.5.1987 – IVa 8/86, VersR 1987, 753; BGH 3.11.1999 – IV ZR 155/98, VersR 2000, 171, 173 (unter II 4 b); BGH 30.3.2011 – IV ZR 269/08 (Tz 10), VersR 2011, 655 = r+s 2011, 259 = zfs 2011, 398 = NJW 2011, 1736.
31 BGH 28.4.1999 – IV ZR 123/98, VersR 1999, 958, 959 (unter II 1 b); BGH 17.2.1993 – IV ZR 206/91, BGHZ 121, 284 = VersR 1993, 470, 471; besonders krass: OLG Celle 31.8.2006 – 8 U 144/05, OLGR 2007, 320 (Herzinfarkt).
32 So aber Prölss/Martin/*Lücke*, § 174 Rn 3, 10.

weist den VR für den Fall tatsächlich unbegründeten Anerkenntnisses auf die Rechte aus § 119 BGB und § 123 BGB.[33] Zu denken ist hier an einen Inhaltsirrtum gem. § 119 Abs. 1 Alt. 1 BGB[34] oder einen Irrtum über verkehrswesentliche Eigenschaften der Person nach § 119 Abs. 2 BGB.[35] In jedem Falle sollte der VR aus diesem Grunde sein Anerkenntnis begründen, auch wenn dies rechtlich an sich nicht gefordert ist (s. § 173 Rn 5). Richtigerweise sollte aber zumindest dann die Leistungseinstellung möglich sein, wenn sich trotz ursprünglich nicht gegebener 50 % eine objektive Besserung ergibt.[36]

Zum Hinzutreten von Gesundheitsbeschwerden nach Anerkenntnis s. Rn 16.

Kein Fall **irrtümlicher** Beurteilung ist die Einstellung wegen Gesundheitsverbesserung trotz Anerkenntnisses wegen der Prognose der Dauerhaftigkeit.[37] Diese Prognose wird nämlich durch die in den Bedingungen regelmäßig enthaltene Fiktion (zB § 2 Abs. 3 BB-BUZ) lediglich ersetzt, so dass kein Unterschied in den Anerkenntnisgrundlagen gegeben ist und ansonsten wegen der Fiktionswirkung nie eine Nachprüfung möglich wäre.[38]   10

Eine Nachprüfungsentscheidung des VR, die trotz Kenntnis von Einstellungsmöglichkeiten keine Einstellung beinhaltet, bindet den VR nicht, da die Rechtsposition des VN nicht tangiert wird (s. Rn 5).[39]   11

2. Formelle Voraussetzungen. Die Erklärung des VR über die Leistungseinstellung ist konstitutiv,[40] weshalb für sie auch die **Textform** vorgeschrieben ist. Sie muss dem VN **zugehen**, was aufgrund der Reichweite der Prozessvollmacht gem. § 81 ZPO auch dann der Fall ist, wenn sie im Prozess seinem Rechtsanwalt übermittelt   12

---

33 ZB im Fall der Simulation, § 123 BGB (so Prölss/Martin/*Lücke*, § 12 BU Rn 18); allg.: Begr. RegE, BT-Drucks. 16/3945, S. 106 (zu § 174 Abs. 1, 2. Abs.); Begr. VVG-KE S. 398 (zu § 166 Abs. 1 aE), unklar S. 134; *Niederleithinger*, A Rn 335; aA wohl BGH 17.2.1993 – IV ZR 228/91, VersR 1993, 470 (unter 1 a) (keine Änderung bei irrtümlicher Falschbewertung).
34 Problematisch aber als „Wertungs-" bzw Kalkulationsirrtum – zu diesem BGH 7.7.1998 – X ZR 17/97, BGHZ 139, 177 = NJW 1998, 3192 (unter IV 1 c); abl. daher Prölss/Martin/*Lücke*, § 174 Rn 7 f = § 12 BU Rn 18.
35 Dies dürfte naheliegender sein, vgl zu den Voraussetzungen BGH 22.9.1983 – VII ZR 43/83, BGHZ 88, 240 = NJW 1984, 230 (unter 2 b); dafür auch *Rixecker*, Nicht-Anerkenntnisse als Anerkenntnisse?, in: FS Stilz, 2014, S. 517, 518; Beckmann/Matusche-Beckmann/*Rixecker*, § 46 Rn 160.
36 *Neuhaus*, BUV, Kap. M Rn 32 aE unter Bezug auf OLG Saarbrücken 4.2.1998 – 5 U 413/95-28, VersR 2000, 621; Beckmann/Matusche-Beckmann/*Rixecker*, § 46 Rn 191 will nur für den erforderlichen BU-Grad als bei Anerkenntnis gegeben unterstellen.
37 So aber wohl noch Veith/Gräfe/*Gebert/Steinbeck*, Versicherungsprozess, 2. Aufl., § 9 Rn 157 f; ausdr. Veith/Gräfe/*Veith*, 2005, § 8 Rn 164 f; ebenso *Neuhaus*, BUV, Kap. M Rn 31.
38 BGH 17.2.1993 – IV ZR 206/91, BGHZ 121, 284 (unter II 2) = VersR 1993, 470, 471.
39 BGH 30.1.2008 – IV ZR 48/06, VersR 2008, 521; anders wohl noch OLG Koblenz 31.3.2006 – 10 U 99/04, VersR 2007, 824 m. Anm. *Mertens*; OLG Karlsruhe 23.5.2012 – 9 U 138/10, VersR 2012, 1419 = r+s 2014, 566 = NJW-RR 2013, 359; krit. zu Recht *Neuhaus*, BUV, Kap. M Rn 18.
40 BGH 30.1.2008 – IV ZR 48/06, VersR 2008, 521; BGH 16.12.1987 – IVa ZR 156/86, VersR 1988, 281.

wird.⁴¹ Auch bei Bestreiten der Berufsunfähigkeit sollte der VR dies zumindest hilfsweise vorbringen.⁴²

13 Der Wortlaut des Abs. 1 übernimmt mit der formellen Wirksamkeitsvoraussetzung der **Darlegung der Veränderung** in Textform die Rspr des BGH zur formellen Wirksamkeitsvoraussetzung der Einstellungsmitteilung nach § 7 MB-BUZ 90⁴³ jedenfalls teilweise, denn „Darlegung" ist schon begrifflich weniger als „nachvollziehbare Begründung".⁴⁴ Nach deren Wortsinn wird eine verständige Würdigung aller Facetten der Einstellung durch den VN gefordert. Statt dieses subjektiven Verständnisses kommt es bei der Darlegung nur noch auf eine objektive Darstellung an. Dafür spricht auch, dass die Gesetzesbegründung darauf verweist, maßgeblich sei eine *tatsächliche* Änderung.⁴⁵ Der BGH hatte die „**nachvollziehbare Begründung**" aus der als „ungewöhnlich" bezeichneten Mitwirkungsobliegenheit des Gläubigers (= VN) an der Beweisführung des Schuldners (= VR) hergeleitet. Der VN muss nämlich auch nach einem Anerkenntnis gem. § 173 Abs. 1 nach den Bestimmungen des § 7 Abs. 2, 3 MB-BUZ 90 (nach den GDV-Empfehlungen 2007: § 6 BB-BUZ) dem VR jederzeit sachdienliche Auskünfte erteilen, eine Minderung der Berufsunfähigkeit, eine Wiederaufnahme oder Änderung der beruflichen Tätigkeit anzeigen und sich ein Mal jährlich ärztlich untersuchen lassen. Die im Gegenzug zum obliegenheitstreuen VN vom VR zu erbringende nachvollziehbare Begründung umfasst, dass der VR

- medizinische Gutachten und Arztberichte *ungekürzt* beifügt, sofern der VN diese nicht in Händen hält;⁴⁶

- eine Vergleichsbetrachtung anstellt und darlegt zwischen Situation, die dem Anerkenntnis zugrunde lag (vorher), und späterer Situation (nachher),⁴⁷ wobei genügt, dass diese in einem Gutachten enthalten ist.⁴⁸ Ist sie es nicht, muss sie im Ablehnungsschreiben erfolgen;

- Folgerungen aus der Vergleichsbetrachtung vorher/nachher mitteilt⁴⁹ (s. Rn 15).

---

41 BGH 18.12.2002 – VIII ZR 72/02 (unter II 2 a), NJW 2003, 963 („Prozesshandlung sind auch materiell-rechtliche Willenserklärungen, wenn sie sich auf den Gegenstand des Rechtsstreits beziehen"); Langheid/Wandt/*Dörner*, § 174 Rn 21; Beckmann/Matusche-Beckmann/*Rixecker*, § 46 Rn. 185; aA LG Karlsruhe 11.5.2011 – 8 O 236/09, r+s 2012, 349 unter Bezug auf OLG Karlsruhe 16.6.2009 – 12 U 36/09 (unter 4 b), VersR 2010, 653, 655; jetzt einlenkend OLG Karlsruhe 30.9.2014 – 12 U 204/14, r+s 2015, 81 f.
42 OLG Karlsruhe 30.9.2014 – 12 U 204/14; vgl auch *Müller-Frank*, ZuRecht – Eintritt und Wegfall von Berufsunfähigkeit im selben Verfahren, GenRe BUaktuell 2/2013, 17 ff.
43 Begr. RegE, BT-Drucks. 16/3945, S. 106 (zu § 174 Abs. 1); Begr. VVG-KE S. 398 (zu § 166); Begr. Zwischenbericht Kommission vom 30.5.2002, S. 125 (16.2.3).
44 AA Marlow/Spuhl/*Marlow*, Rn 1218 (Kap. XIX 3); *Schimikowski/Höra*, S. 197; Römer/Langheid/*Rixecker*, § 174 Rn 9.
45 BT-Drucks. 16/3945, S. 106.
46 BGH 17.2.1993 – IV ZR 228/91, VersR 1993, 470 (unter 2 b); Begr. RegE, BT-Drucks. 16/3945, S. 106 (zu § 174 Abs. 1: „eventueller Unterlagen"); *Neuhaus*, BUV, Kap. M Rn 104; Römer/Langheid/*Rixecker*, § 174 Rn 11.
47 BGH 30.1.2008 – IV ZR 48/06, VersR 2008, 521; BGH 17.2.1993 – IV ZR 206/91, BGHZ 121, 284 = VersR 1993, 562; OLG Saarbrücken 30.9.2008 – 5 U 156/08-16, VersR 2009, 917; OLG Karlsruhe 16.6.2009 – 12 U 36/09, VersR 2010, 653.
48 AA Beckmann/Matusche-Beckmann/*Rixecker*, § 46 Rn 184 (eigene Begründung des VR oder genauer Verweis auf Textpassage des Gutachtens).
49 BGH 17.2.1993 – IV ZR 264/91, r+s 1993, 315 = NJW-RR 1993, 721; BGH 17.2.1993 – IV ZR 162/91, VersR 1993, 559 = NJW-RR 1993, 723.

Unzureichend ist die Gegenüberstellung der Gradzahlen von Einschätzungen verschiedener Ärzte,[50] die Darstellung von Diagnosen[51] oder die Verweisung ohne Darlegung, woraus sich die Berechtigung ergibt.[52]

14

Der Zweck der geforderten Darlegung sollte immer bei der Bewertung des Einstellungsschreibens berücksichtigt werden: Es ist dann ausreichend, wenn der VN die Auskünfte erhält, die es ihm ermöglichen, sein Prozessrisiko für eine Klage gegen die Einstellung abzuschätzen, was auch bei der Bewertung einer uno-actu-Entscheidung (s. § 173 Rn 7) gilt. Kann der VN etwa aufgrund eigener Kenntnisse sein Prozessrisiko selbst abschätzen – was gerade bei beruflichen Veränderungen der Fall ist –, widerspräche die Förmelei Treu und Glauben.[53] Der VR kann die Erklärung auch im Prozess nachholen,[54] wozu die Darstellung der Voraussetzungen des Entfallens der Leistungspflicht genügt.[55] Daher sollten auch die Anforderungen an die Nachvollziehbarkeit nicht überspannt werden, zumal den materiellen Fragen nicht durch übertriebene Anforderungen an das formelle Recht ausgewichen werden darf,[56] auch da es nicht um Erklärungen gegenüber einem Fremden, sondern gegenüber dem VN geht.[57] Die **Nachsendung** von zugrunde liegenden Arztberichten oder Gutachten ist zulässig.[58] Nicht erreichbare formelle Anforderungen werden aber gestellt, wenn etwa im Rahmen der Folgerungen eine genaue Darstellung der Auswirkungen der (Gesundheits-)Verbesserung auf die ursprüngliche Tätigkeit gefordert wird[59] oder gar die in Altbedingungen enthalte sog. Klagefrist gem. § 12 Abs. 3 aF zur Wirksamkeitsvoraussetzung erkoren wird.[60] Ebenso erscheint es gerade angesichts der Prämisse unzureichender Gegenüberstellung von Gradzahlen (s. Rn 14 aE) nicht nachvollziehbar, wenn für die Vergleichsbetrachtung gefordert wird aufzuzeigen, von welchem Grad der Berufsunfähigkeit der VR aufgrund welcher für feststehend erachteten Beeinträchtigungen des VN bei Anerkennung ausgegangen ist,[61] zumal für dieses das Erreichen, nicht aber das Übersteigen des vertraglich festgelegten BU-Grades genügt.

15

---

50 BGH 28.4.1999 – IV ZR 123/98, VersR 1999, 958 (unter II 1 b).
51 BGH 12.6.1996 – IV ZR 106/95, VersR 1996, 958 (unter 2 c dd aE); KG 3.6.2005 – 6 U 224/04, r+s 2006, 514.
52 BGH 11.2.2005 – IV ZR 15/05, VersR 2006, 102.
53 OLG München 28.3.1996 – 6 U 4793/95, VersR 1997, 95 (unter III 3); OLG Schleswig 11.11.2009 – 16 U 40/09 (Förmelei bei Vollzeit-Verweisungstätigkeit); Römer/Langheid/*Rixecker*, § 174 Rn 11.
54 BGH 20.1.2010 – IV ZR 111/07, r+s 2010, 251; BGH 3.5.2006 – IV ZR 240/03; BGH 3.11.1999 – IV ZR 155/98, VersR 2000, 171 (unter II 2 b); OLG Koblenz 11.7.2008 – 10 U 842/07, VersR 2008, 1254.
55 BGH 20.1.2010 – IV ZR 111/07, r+s 2010, 251; OLG Koblenz 11.7.2008 – 10 U 842/07, VersR 2008, 1254 – insoweit nicht vom BGH 12.1.2011 – IV ZR 190/08 zurückverwiesen; OLG Koblenz 15.3.2015 – 4 U 1648/14 (keine Darstellung einzelner Arbeitsleistungen).
56 So BVerfG 22.10.2004 – 1 BvR 894/04, VersR 2004, 1585 (zu § 12 Abs. 3 aF); iE jetzt ebenso *Neuhaus*, BUV, 3. Aufl., Kap. M Rn 79 (Stolperfalle).
57 *Neuhaus*, BUV, Kap. M Rn 79–81.
58 *Neuhaus*, BUV, Kap. M Rn 107.
59 So OLG Karlsruhe 3.7.2008 – 12 U 22/08, VersR 2008, 1252; krit. dazu *Neuhaus*, jurisPR-VersR 3/2009 Anm. 5 („fast nicht mehr erreichbare Höhen"); *Neuhaus*, BUV, Kap. M Rn 79 ff; aA zu Recht OLG Koblenz 11.7.2008 – 10 U 842/07, VersR 2008, 1254.
60 So zu Unrecht: OLG Karlsruhe 16.6.2009 – 12 U 36/09, VersR 2010, 653, 655 (unter 4 c) – trotz der „wohlwollenden Betrachtung" des OLG zu Recht anders: BGH 22.9.1999 – IV ZR 201/98, VersR 1999, 1530.
61 So aber OLG München 12.3.2010 – 25 U 4291/09, NJW-RR 2010, 1619, 1619 (unter 2), was schon deshalb nicht überzeugt, weil der VR „nur seine Leistungspflicht", nicht einen bestimmten BU-Grad anerkennt (so *Rixecker*, Nicht-Anerkenntnisse als Anerkenntnisse?, in: FS Stilz, 2014, S. 517, 519).

16 Während den VN bei der Erstprüfung bedingungsgemäßer Berufsunfähigkeit die Darlegungs- und Beweislast trifft (s. § 172 Rn 27, 48), ändert sich diese nach dem unbefristeten Anerkenntnis: Der **VR** will seine Leistungspflicht beenden, so dass er grds. die Darlegungs- und **Beweislast** für die Veränderungen trägt.[62] Will der VN eine in der Einstellungsmitteilung erklärte konkrete Verweisung nicht gelten lassen[63] oder behauptet er Abweichungen vom Tätigkeitsbild, wie es dem Anerkenntnis zugrunde gelegt wurde,[64] so trifft den **VN** die **sekundäre Darlegungslast** aufgrund seines Wissensvorsprungs,[65] will man nicht von einer feststehenden Vergleichsgrundlage ausgehen (tatsächlich zugrunde gelegte Umstände, vgl Rn 5). Dann aber kann nichts anderes gelten, wenn sich der VN auf neue medizinische Umstände stützt, die nicht Gegenstand des Anerkenntnisses waren. Auch dann muss der VN die Anknüpfungstatsachen substantiiert mitteilen, damit der VR den Beweis der Änderung und damit des Entfallens der Leistungspflicht führen kann.[66] Zu beachten ist, dass der obliegenheitstreue VN die Untersuchung durch den vom VR gewählten Arzt zu ermöglichen hat.[67]

17 **3. Nachleistungspflicht (Abs. 2).** Der VN soll sich auf den Wegfall der vertraglichen Leistungen in seiner Lebensgestaltung einstellen können, bei rein gesundheitlicher Verbesserung ggf Zeit haben, eine Tätigkeit zu suchen.[68] Deshalb darf der VR erst drei Monate nach Zugang der Einstellungsmitteilung (den er zu beweisen hat) die Leistungen einstellen (sog. **Nachleistungspflicht**). Gegenüber den MB-BUZ 90 wird der Nachleistungszeitraum also verlängert.

18 **Beispiel:** Nachleistung. Der VR lehnt mit Schreiben vom 14.9.2015 unter Darstellung der Veränderung die weitere Leistung ab. Geht das Schreiben am 15.9.2015 dem VN zu, so endet die Leistungspflicht aus dem Vertrag am 15.12.2015 (§§ 187 Abs. 1, 188 Abs. 2 BGB).

19 Unklar ist die Nachleistungspflicht bei einer Entscheidung **uno actu** oder dann, wenn sich im Prozess Berufsunfähigkeit für einen vergangenen Zeitraum herausstellt (s. § 173 Rn 7, 9), wenn keine rückwirkende Befristung des Anerkenntnisses zulässig ist. Nach dem Wortlaut des § 174 müsste der VR bis zur Anerkenntniserklärung verbunden mit der Einstellungsmitteilung zzgl. drei Monate leisten, selbst wenn der Versicherungsfall schon Jahre zuvor beendet war. Dass dies nicht richtig sein kann, liegt auf der Hand. In diesen Fällen ist deshalb Abs. 2 teleologisch zu reduzieren. Wie sowohl der Zwischenbericht der VVG-Kommission als auch der Abschlussbericht und Regierungsentwurf zeigen, wurde diese Konstellation nicht gesehen.[69] Denn schon nach der Gesetzesbegründung dient die Nachleistungs-

---

62 BGH 27.5.1987 – IVa ZR 56/86, VersR 1987, 808 (unter 3 a); BGH 3.11.1999 – IV ZR 155/98, VersR 2000, 171 (unter I 3 b).
63 BGH 21.4.2010 – IV ZR 8/08, VersR 2010, 1023; BGH 11.12.2002 – IV ZR 302/01, r+s 2003, 164 = NJW-RR 2003, 383; BGH 3.11.1999 – IV ZR 155/98, VersR 2000, 171 (unter III).
64 BGH 3.5.2006 – IV ZR 240/03 (unter 3).
65 BGH 30.11.1994 – IV ZR 300/93, VersR 1995, 159 (unter 3 b) zu a)); BGH 21.4.2010 – IV ZR 8/08, VersR 2010, 1023, 1024 (Tz 13); BGH 11.12.2002 – IV ZR 302/01, NJW-RR 2003, 383 = r+s 2003, 164.
66 So iE zu Recht OLG Köln 23.5.2005 – 5 U 171/01; ebenso *Neuhaus*, BUV, Kap. M Rn 93, der dem VN auch für „neue" Umstände die erstmalige Beweislast aufbürdet; aA – trotz offenbar unzureichenden Vortrags des VN – OLG Karlsruhe 16.6.2009 – 12 U 36/09, VersR 2010, 653, 655; zust. Langheid/Wandt/*Dörner*, § 174 Rn 22.
67 OLG Köln 19.7.2013 – 20 U 26/11, VersR 2014, 487 = zfs 2014, 105; zur Ausnahme unheilbarer Erkrankung, bei der es an der Erforderlichkeit iSd § 31 VVG fehlen soll: OLG Bremen 12.9.2011 – 3 U 12/11, r+s 2012, 88 = zfs 2012, 400 = NJW 2012, 322 in Bestätigung von LG Bremen 10.3.2011 – 6 O 1802/10, VersR 2011, 868.
68 Begr. RegE, BT-Drucks. 16/3945, S. 106 (zu § 174 Abs. 2).
69 Zwischenbericht VVG-Kommission 30.5.2002, zit. 16.2.3 S. 124; VVG-KE S. 134 (wegen *laufender* Leistungen), BT-Drucks. 16/3945, S. 106.

pflicht dem Vertrauensschutz; der VN soll sich auf den Wegfall bislang gezahlter Leistungen für seinen Lebensunterhalt einstellen können.[70] Dieser Zweck ist bei bislang gar nicht geflossenen Leistungen (uno actu oder befristetem Zeitraum im Prozess) nicht gegeben. Richtigerweise besteht dann die „Nachleistungspflicht" nicht, allenfalls für drei Monate ab dem festgestellten Entfallen von Berufsunfähigkeit.[71]

§ 175 Abweichende Vereinbarungen

Von den §§ 173 und 174 kann nicht zum Nachteil des Versicherungsnehmers abgewichen werden.

§ 175 erklärt die Regelung des § 172 zu dispositivem Recht, während die Regeln zum Anerkenntnis der Leistung (§ 173) und zum Nachprüfungsverfahren (§ 174) wegen ihrer Schutzfunktion halbzwingend sind. Dem VN nachteiligere Regelungen der BB-BUZ in ab 7.1.2008 geschlossenen Verträgen sind folglich unwirksam. An deren Stelle tritt dann das Gesetz (str; s. näher Art. 1 EGVVG Rn 29 ff). 1

Zur Beurteilung, wann ein **Nachteil** des VN gegeben ist, kommt es nicht auf den Einzelfall an. Maßgeblich ist vielmehr, ob die Klausel generell einem VN nachteilig ist.[1] Siehe näher § 18 Rn 4 und § 42 Rn 1. 2

Für Altverträge (Art. 1 EGVVG Rn 1) gilt § 174 jedoch nicht (Art. 1 Abs. 1 EGVVG iVm Art. 4 Abs. 3 EGVVG). Ausdrücklich nicht ausgeschlossen wird die Möglichkeit eines Vergleichs außerhalb der Bedingungen,[2] so dass sog. **Abfindungsvergleiche** weiterhin möglich bleiben. Unter Beachtung der Kriterien der Rspr (s. § 173 Rn 11) bleiben auch Vereinbarungen in der Leistungsprüfung zulässig.[3] 3

§ 176 Anzuwendende Vorschriften

Die §§ 150 bis 170 sind auf die Berufsunfähigkeitsversicherung entsprechend anzuwenden, soweit die Besonderheiten dieser Versicherung nicht entgegenstehen.

Die Vorschriften zur Lebensversicherung sind ergänzend anzuwenden, was sich schon daraus versteht, dass die Berufsunfähigkeitsversicherung der Lebensversicherung zugeordnet ist.[1] Erforderlich ist, dass die Besonderheiten der Lebensversicherung dem nicht entgegenstehen, so dass § 169 (Rückkaufswert) nicht, wohl aber §§ 163 und 164 (Prämien- und Leistungsänderung, Bedingungsanpassung) auf die BUZ anwendbar sind.[2] Schon bisher waren die Wirksamkeitsvoraussetzung über das schriftliche Einverständnis des Dritten (§ 150 Abs. 2), unrichtige Al- 1

---

70 Begr. RegE, BT-Drucks. 16/3945, S. 106 (zu § 174 Abs. 2).
71 OLG Köln 16.11.2012 – 20 U 15/11, juris (Tz 40); abw. OLG Saarbrücken 6.6.2012 – 5 U 163/08 und OLG Saarbrücken 14.11.2012 – 5 U 343/10-55, VersR 2013, 1030, 1034 = zfs 2013, 403, 405: Leistung bis Einstellungsschreiben – was aber aus den in § 173 Rn 6 genannten Gründen nicht überzeugt; noch weitergehend OLG Karlsruhe 30.9.2014 – 12 U 204/14, r+s 2015, 81, 83.
1 Prölss/Martin/*Knappmann*, § 42 Rn 1; Looschelders/Pohlmann/*Klenk*, § 175 Rn 3.
2 Begr. RegE, BT-Drucks. 16/3945, S. 107 (zu § 175, 2. Abs.).
3 Prölss/Martin/*Lücke*, § 175 Rn 1; aA Veith/Gräfe/*Gebert/Steinbeck*, Versicherungsprozess, § 9 Rn 156.
1 Begr. VVG-KE S. 130 zu Pkt. 1.3.2.2.1; Begr. RegE, BT-Drucks. 16/3945, S. 54 (zu II. 9.); BGH 5.12.1990 – IV ZR 13/90, VersR 1991, 289.
2 Begr. RegE, BT-Drucks. 16/3945, S. 107 (zu § 176).

tersangabe (§ 157), Notwendigkeit schriftlicher Vereinbarung zur Gefahrerhöhung (§ 158), Auslegungsregeln zur Bezugsberechtigung (§ 160), Herbeiführung des Versicherungsfalles durch Dritte (§ 162 Abs. 2) und die Regelung zum Eintrittsrecht bei Insolvenz (§ 170 Abs. 1) anwendbar. Die Anwendbarkeit des § 161 ist str.[3] Einer Klärung bedarf es aber nicht, weil es für den Fall der absichtlichen Eigenherbeiführung des Versicherungsfalles durch die versicherte Person selbst einen entsprechenden Ausschluss in § 3 Buchst. f BB-BUZ gibt. Nicht anwendbar sein dürfte § 167, da vom VR lebenslange BU-Renten als Risikoausweitung nicht verlangt werden können (s. § 167 Rn 12), dies aber nach dem Verständnis der Rspr zu § 851 c ZPO[4] erforderlich wäre (s. auch § 9 BB-BUZ Rn 8). § 212 soll analog anwendbar sein.[5]

§ 177 Ähnliche Versicherungsverträge

(1) Die §§ 173 bis 176 sind auf alle Versicherungsverträge, bei denen der Versicherer für eine dauerhafte Beeinträchtigung der Arbeitsfähigkeit eine Leistung verspricht, entsprechend anzuwenden.

(2) Auf die Unfallversicherung sowie auf Krankenversicherungsverträge, die das Risiko der Beeinträchtigung der Arbeitsfähigkeit zum Gegenstand haben, ist Absatz 1 nicht anzuwenden.

1   Nach dem Regelungszweck der Gesetzesbegründung bezieht sich § 177 auf die **Erwerbsunfähigkeitsversicherung**.[1] Erfasst werden sollen danach auch andere Arten der Versicherung zur (teilweisen) Einkommenssubstitution, so sie denn auf die gesundheitsbedingte[2] Arbeitsunfähigkeit abstellen. Wegen des als maßgeblich erachteten Kriteriums der Arbeitsunfähigkeit bedurfte es des „Wiederausschlusses" der Krankenversicherung und Unfallversicherung in Abs. 2.

Kapitel 7: Unfallversicherung

§ 178 Leistung des Versicherers

(1) Bei der Unfallversicherung ist der Versicherer verpflichtet, bei einem Unfall der versicherten Person oder einem vertraglich dem Unfall gleichgestellten Ereignis die vereinbarten Leistungen zu erbringen.

(2) ¹Ein Unfall liegt vor, wenn die versicherte Person durch ein plötzlich von außen auf ihren Körper wirkendes Ereignis unfreiwillig eine Gesundheitsschädigung erleidet. ²Die Unfreiwilligkeit wird bis zum Beweis des Gegenteils vermutet.

I. Normzweck

1   Abs. 1 normiert die **Leistungsverpflichtung des VR in der Unfallversicherung**. Versicherte Gefahr ist der Unfall der versicherten Person oder aber ein vertraglich dem

---

3   Bejahend: Looschelders/Pohlmann/*Klenk*, § 176 Rn 4; verneinend wohl Prölss/Martin/*Lücke*, § 176 Rn 7; Marlow/Spuhl/*Marlow*, Rn 1222 (Kap. XIX 5).
4   BGH 15.7.2010 – IX ZR 132/09, MDR 2010, 1081 = NZI 2010, 777; so auch Vorinstanz OLG Hamm 20.5.2009 – 20 U 135/08, VersR 2010, 100.
5   *Neuhaus*, BUV, Kap. T Rn 7.
1   Begr. RegE, BT-Drucks. 16/3945, S. 107 (zu § 177, 1. Abs.); Begr. VVG-KE S. 134, 400 (§ 169 entspr. § 177).
2   Prölss/Martin/*Lücke*, § 177 Rn 5.

Unfall gleichgestelltes Ereignis. Abs. 2 S. 1 enthält erstmals eine Legaldefinition des Unfallbegriffs. Abs. 2 S. 2 übernimmt inhaltlich unverändert die in § 180a Abs. 1 aF normierte Vermutungsregel für das im Unfallbegriff enthaltene Tatbestandsmerkmal der Unfreiwilligkeit.

II. Leistungspflicht des VR

Die Regelung des Abs. 1 hat **keine konstitutive Bedeutung**, da die Leistungspflicht des VR aus dem Vertrag folgt. Dies berücksichtigt, dass über einen Unfall iSd Begriffsbestimmung in Abs. 2 hinaus auch vertraglich dem Unfall gleichgestellte Ereignisse eine Leistungspflicht begründen können.[1] Anwendungsfall ist die Einbeziehung von Verrenkungen oder Zerrungen durch „erhöhte Kraftanstrengung" iSv § 1 Abs. 4 AUB 94 und Ziff. 1.4 AUB 99/2008/2010 (vgl hierzu Ziff. 1 AUB 2010 Rn 2 ff).

III. Unfallbegriff

1. Definition. Der erstmals gesetzlich definierte Unfallbegriff entspricht der Begriffsbestimmung in den Versicherungsbedingungen (zB § 1 III AUB 94, Ziff. 1.3 AUB 99). Danach liegt ein **Unfall** vor, wenn die versicherte Person durch ein plötzlich von außen auf ihren Körper wirkendes Ereignis unfreiwillig eine Gesundheitsschädigung erleidet. Der Unfallbegriff setzt sich zusammen aus dem Unfallereignis (plötzliche Einwirkung von außen auf den Körper) und der Ereignisfolge (unfreiwillige Gesundheitsschädigung). Hiervon zu unterscheiden sind die Unfallfolgen (zB Invalidität, Beeinträchtigung der Arbeitsfähigkeit, Tod).

2. Tatbestandsmerkmale. a) Von außen auf den Körper wirkendes Ereignis. Das Ereignis muss von außen auf den Körper einwirken. Hiervon **abzugrenzen** sind innere Körpervorgänge (Erkrankungen, degenerative Veränderungen), die den Unfallbegriff nicht erfüllen.[2] Zu beachten ist insoweit jedoch, dass es ausschließlich auf dasjenige Ereignis ankommt, bei dem der Körper des Versicherten mit der Außenwelt in Kontakt kommt und welches nachfolgend die körperliche Schädigung verursacht, nicht aber auf dessen einzelne (vorangehende) Umstände und Ursachen, die nur im Rahmen der Ausschlussklauseln eine Rolle spielen.[3] Ein Unfall kann deshalb auch dann vorliegen, wenn das äußere Ereignis seine auslösende Ursache in einem körperinternen Vorgang (zB Sturz infolge Ohnmacht) hatte.[4] Unerheblich ist auch, dass bei einem von außen auf den Körper einwirkenden Ereignis körperinnere Ursachen mitgewirkt haben. Insoweit können allerdings ggf die Kürzungsvorschriften des § 8 AUB 94 und der Ziff. 3 AUB 99/2008/2010 zur Anwendung kommen. Nicht erforderlich ist, dass das von außen auf den Körper wirkende Ereignis unmittelbar eine Schädigung des Körpers herbeiführt.[5] Beispielhaft gilt dies für die Fälle des Erfrierens nach einem Sturz oder dem Verhängen eines Seils beim Bergsteigen, wenn die Einwirkung auf den Körper zum Verlust der Bewegungsmöglichkeit oder zu einer sonstigen Einschränkung führt, die den Betroffe-

---

1 Vgl Bruck/Möller/*Leverenz*, § 178 Rn 5.
2 BGH 15.2.1962 – IV ZR 95/60, VersR 1962, 341, 342; Bruck/Möller/*Leverenz*, § 178 Rn 32 ff; Langheid/Wandt/*Dörner*, § 178 Rn 55.
3 BGH 23.10.2013 – IV ZR 98/12, r+s 2014, 91; BGH 6.7.2011 – IV ZR 29/09, VersR 2011, 1135; BGH 10.1.1957 – II ZR 162/55, BGHZ 23, 76, 80 = VersR 1957, 90; OLG München 10.1.2012 – 25 U 3980/11, VersR 2012, 715, 716; Prölss/Martin/*Knappmann*, § 178 Rn 3.
4 OLG Saarbrücken 24.3.2010 – 5 U 144/09-38, VersR 2011, 659, 660; OLG Saarbrücken 29.10.2003 – 5 U 265/03-30, r+s 2005, 35, 36 = VersR 2004, 1544, 1545; Prölss/Martin/*Knappmann*, § 178 Rn 3; Langheid/Wandt/*Dörner*, § 178 Rn 55; *Marlow*, r+s 2004, 353, 354; unzutr. OLG Koblenz 25.2.2000 – 10 U 521/99, r+s 2000, 393.
5 BGH 23.10.2013 – IV ZR 98/12, r+s 2014, 91 = VersR 2013, 1570 (Verzehr nusshaltiger Schokolade, in dessen Folge ein an einer schweren Nussallergie leidendes Kind verstirbt).

nen hilflos schädigenden Einflüssen aussetzt.[6] Bei Einschlafen in der Sonne und einer durch die ungehinderte Sonneneinstrahlung herbeigeführten Kreislaufstörung fehlt es an einem äußeren Ereignis, durch welches die Bewegungsfreiheit beeinträchtigt worden ist.[7] Die Einwirkung von außen auf den Körper kann auch durch sinnliche Wahrnehmungen oder seelische Eindrücke erfolgen. Eine Körperberührung ist mithin nicht erforderlich. Beispielhaft gilt dies für das Erleiden eines Schocks durch das Zerspringen einer Windschutzscheibe[8] oder eines Schrecks durch Blitzschlag, Verkehrsunfälle oder Katastrophenereignisse.[9]

5 Ein von außen auf den Körper wirkendes Ereignis stellt auch das Einatmen giftiger Gase oder sauerstoffverknappter Luft (Atemnot durch Rauchentwicklung),[10] das Verschlucken gesundheitsgefährdender Stoffe sowie das Verschlucken von Nahrungsmitteln in großen Stücken dar.[11] Ein von außen auf den Körper wirkendes Ereignis liegt auch vor, wenn Speisen bestimmungsgemäß zu sich genommen werden und erst im Körperinneren eine zu einer Gesundheitsschädigung führende Reaktion hervorrufen.[12] Auch der Tod durch Ertrinken ist unfallbedingt. Das äußere Ereignis stellt hierbei das Eindringen von Wasser in den Kehlkopf dar. Auf die Ursachen für das Absinken unter Wasser kommt es nicht an.[13] Stets ist in diesen Fällen jedoch der Ausschlusstatbestand des § 2 I 1 AUB 94 bzw. der Ziff. 5.1.1 AUB 99/2008/2010 zu beachten. Auch bei Druckveränderungen beim Tauchen oder bei Sauerstoffveränderungen in Höhenlagen (Bergsteigen oder Fliegen) liegt ein auf den Körper wirkendes Ereignis vor.[14] Insektenstiche oder Zeckenbisse erfüllen grds. die Voraussetzungen des Unfallbegriffs.[15] Insoweit dürfte jedoch regelmäßig der Ausschlusstatbestand des § 2 II Nr. 3 AUB 94 bzw. der Ziff. 5.2.4 AUB 99/2008/2010 eingreifen.[16] Auch die willentliche Injektion von Rauschgift ist als ein plötzlich von außen auf den Körper wirkendes Ereignis iSv Abs. 2 anzusehen,[17] wobei auch insoweit idR der Ausschluss gem. Ziff. 5.2.3 AUB 2008/2010 eingreifen wird.

6 Bei **Eigenbewegungen des Versicherten** liegt ein von außen auf den Körper wirkendes Ereignis dann vor, wenn die Eigenbewegung in ihrem Verlauf **nicht** (vollstän-

---

6 Vgl zu den Fällen des Erfrierens: BGH 15.2.1962 – IV ZR 95/60, VersR 1962, 341, 342; OLG Karlsruhe 17.3.1994 – 12 U 318/93, VersR 1995, 36; OLG Stuttgart 29.9.1994 – 7 U 115/94, VersR 1997, 176; OLG Karlsruhe 9.7.1999 – 14 U 131/98, VersR 2000, 446; *Wussow/Pürckhauer*, AUB, § 1 Rn 49, 63.
7 BGH 24.9.2008 – IV ZR 219/07, VersR 2007, 1683.
8 BGH 19.4.1972 – IV ZR 50/71, VersR 1972, 582.
9 Vgl die Hinweise in der Entscheidung BGH 15.2.1962 – IV ZR 95/60, VersR 1962, 341, 342 auf ältere Rspr; OLG Saarbrücken 15.2.2004 – 5 U 752/03-72, r+s 2005, 344 (Reflexbewegung nach Gebirgsschlag); Beckmann/Matusche-Beckmann/*Mangen*, § 47 Rn 10.
10 OLG Düsseldorf 5.12.1995 – 4 U 190/93, r+s 1996, 329.
11 Vgl *Grimm*, Ziff. 1 AUB 2010 Rn 35; Beckmann/Matusche-Beckmann/*Mangen*, § 47 Rn 17; Prölss/Martin/*Knappmann*, § 178 Rn 9.
12 BGH 23.10.2013 – IV ZR 98/12, VersR 2013, 1570 = r+s 2014, 91 (Verzehr nusshaltiger Schokolade bei Nussallergie); vgl zur Nahrungsaufnahme als ein „von außen wirkendes Ereignis" Bruck/Möller/*Leverenz*, § 178 Rn 72 ff.
13 BGH 18.1.2012 – IV ZR 116/11, VersR 2012, 849 = r+s 2012, 252; BGH 22.6.1977 – IV ZR 128/75, VersR 1977, 736; OLG Stuttgart 27.7.2006 – 7 U 208/05, r+s 2007, 165 = VersR 2007, 1363; Prölss/Martin/*Knappmann*, § 178 Rn 7; *Eichelmann*, VersR 1972, 411; *Grimm*, Ziff. 1 AUB 2010 Rn 36; Langheid/Wandt/*Dörner*, § 178 Rn 58.
14 Vgl Prölss/Martin/*Knappmann*, § 178 Rn 11; OLG Karlsruhe 16.5.1995 – 19 U 283/94, VersR 1996, 364; OLG Köln 30.11.1989 – 5 U 71/89, r+s 1990, 33, 34; OLG München 27.10.1981 – 9 U 2188/81, VersR 1983, 127.
15 OLG Braunschweig 15.3.1995 – 5 U 40/94, VersR 1995, 823; OLG Koblenz 25.11.2003 – 10 U 44/03, VersR 2005, 493; Langheid/Wandt/*Dörner*, § 178 Rn 57.
16 Vgl hierzu OLG Hamm 23.2.2007 – 20 U 237/06, VersR 2008, 342.
17 BGH 16.10.2003 – IV ZR 390/12, VersR 2014, 59, 63 = r+s 2014, 34.

dig) willensgesteuert ist.[18] Anders ausgedrückt begründen Eigenbewegungen dann ein Unfallereignis, wenn sie nicht programmgemäß bzw nicht regulär verlaufen, der geplante Bewegungsablauf vielmehr von außen (zB durch Straucheln, Ausrutschen, Abgleiten) gestört oder behindert wird.[19] An einer Einwirkung von außen fehlt es demgegenüber bei vollständig willensgesteuerten und ggf ungeschickten Eigenbewegungen (Aufrichten aus der Hocke, Bücken),[20] wenn schon diese Eigenbewegung – und nicht erst eine durch sie verursachte Kollision – zur Gesundheitsbeschädigung führt.[21]

Arbeiten mit oder an einem Gegenstand stellen keine Einwirkungen von außen dar, solange die Arbeit plan- und willensgemäß ausgeführt wird und der Gegenstand keine Eigendynamik entwickelt, durch die der Einwirkende in seiner Eigenbewegung, zB durch Straucheln oder Ausgleiten, beeinträchtigt ist.[22] Eine Einwirkung von außen liegt demgegenüber vor, wenn der Gegenstand in eine unerwartete Bewegung gerät, also umzufallen droht oder ins Rutschen kommt, und dies dazu führt, dass die versicherte Person ihn nicht mehr kontrollieren kann.[23] Ist ein ab-

---

18 BGH 28.1.2009 – IV ZR 6/08, r+s 2009, 161; BGH 23.11.1988 – IVa ZR 38/88, VersR 1989, 73 = r+s 1989, 166; Römer/Langheid/*Rixecker*, § 178 Rn 6; Bruck/Möller/ *Leverenz*, § 178 Rn 63 ff.
19 So *Marlow*, r+s 2004, 353, 354; BGH 12.12.1984 – IVa ZR 88/83, VersR 1985, 177 (Absprung von einer 50 cm hohen Bank mit heftigem Aufprall); OLG Frankfurt/M 10.1.1996 – 21 U 2/94, VersR 1996, 1355; OLG Hamm 26.11.1997 – 20 U 177/97, VersR 1999, 44; OLG München 20.5.1998 – 15 U 3010/97, r+s 2000, 39 (Hängenbleiben eines Handballspielers am stumpfen Hallenboden); OLG Köln 20.12.2006 – 5 U 34/04, VersR 2007, 1689 (Wegrutschen bei einem größeren Schritt auf nassem Untergrund); OLG Hamm 17.8.1994 – 20 U 213/93, VersR 1995, 1181 (Abspringen vom Fahrrad zur Vermeidung eines Sturzes); OLG Hamm 11.6.1975 – 20 U 358/74, VersR 1976, 336 (Umknicken des Fußes nach Stoß gegen eine Bordsteinkante); OLG Hamm 15.8.2007 – 20 U 5/07, VersR 2008, 249 (Umknicken beim Fußballspiel wegen Bodenunebenheit).
20 Vgl OLG Hamm 18.6.1997 – 20 U 246/96, VersR 1998, 708; OLG Köln 17.10.1991 – 5 U 36/91, r+s 1992, 105, 106 (Umknicken auf einer Treppe ohne äußere Einwirkungen); OLG Düsseldorf 27.11.1997 – 4 U 164/96, r+s 1999, 296 (Kniegelenkszerrung bei Aussteigen aus einem Auto); KG 30.5.2014 – 6 U 54/01, r+s 2015, 85 (Umknicken beim Tennisspiel) m. Hinw. der Schriftleitung; LG Dortmund 14.2.2008 – 2 O 362/07, r+s 2009, 206 m. Anm. *Hoenicke* (Achillessehnenriss bei normaler Gehbewegung); ÖOGH 23.1.2001 – 7 Ob 5/01, VersR 2002, 779 (Achillessehnenriss während normaler Laufbewegung); unzutr. OLG Celle 15.1.2009 – 8 U 131/08, r+s 2009, 255 = VersR 2009, 1252 (Sturz eines erschrockenen Skiläufers ohne ungünstige Schneeverhältnisse), aufgehoben durch BGH 6.7.2011 – IV ZR 29/09, VersR 2011, 1135; vgl auch *Knappmann*, VersR 2009, 1652; *Hoenicke*, r+s 2009, 344; *Marlow/Tschersich*, r+s 2009, 441, 442.
21 BGH 6.7.2011 – IV ZR 29/09, VersR 2011, 1135; vgl hierzu *Kessal-Wulff*, r+s 2011, 497.
22 BGH 23.11.1988 – IVa ZR 38/88, VersR 1989, 73 (Anheben einer schweren Mörtelwanne); OLG Hamm 21.9.2012 – I-20 U 92/12, VersR 2013, 573 (Tragen schwerer Kanister); OLG Frankfurt 12.1.2000 – 7 U 63/99, VersR 2000, 1489 (Anheben einer schweren Tür mit dem Fuß); OLG Hamm 26.1.1997 – 20 U 177/97, VersR 1999, 44 (Herausziehen eines festsitzenden Strauchs); OLG Karlsruhe 4.2.1999 – 12 U 226/98, r+s 1999, 525 (Anziehen einer Schraube); OLG Koblenz 18.12.1998 – 10 U 1477/97, VersR 2000, 45 (Anheben eines Rasenmähers); OLG Koblenz 11.9.2003 – 10 U 1511/02, r+s 2004, 211 (Anheben eines schweren Behälters ohne Nachweis einer Eigendynamik); OLG Dresden 8.10.2007 – 4 U 1046/07, r+s 2008, 432 (Anheben eines Wasserkastens); bedenklich OLG Koblenz 12.12.2002 – 10 U 612/02, r+s 2003, 429 (Anheben eines schweren Eimers mit Aufschlagen des Knies auf eine Betonplatte; Letzteres erfüllt den Unfallbegriff), vgl hierzu auch *Marlow*, r+s 2004, 353, 354; Bruck/Möller/*Leverenz*, § 178 Rn 69 f.
23 BGH 28.1.2009 – IV ZR 6/08, r+s 2009, 161 = VersR 2009, 492 (anfänglich willensgesteuerte, in ihrem weiteren Verlauf nicht mehr gezielte und beherrschbare Eigenbewegung), vgl hierzu *Kessal-Wulff*, r+s 2010, 353, 354; BGH 23.11.1988 – IVa ZR 38/88, VersR 1989, 73; OLG Frankfurt/M 27.6.1990 – 21 U 201/87, r+s 1991, 391 (Entgegen-

rutschender Sack aufgefangen worden und tritt die Schädigung erst beim Wiederaufrichten ein, so liegt ein Unfallereignis nicht vor.[24]

8 **b) Plötzliche Einwirkung.** Der Begriff der **Plötzlichkeit** ist nicht eindeutig zu fassen und enthält sowohl objektive als auch subjektive Komponenten. In zeitlicher Hinsicht ist „plötzlich" im Gegensatz zu „allmählich" zu verstehen. Insoweit beinhaltet der Begriff der Plötzlichkeit in jedem Falle auch ein **zeitliches Element**, wenngleich nicht zu verkennen ist, dass eine zeitliche Eingrenzung des Begriffs kaum möglich ist. Das Erfordernis des Plötzlichen dient der Abgrenzung der versicherten Risiken gegenüber solchen Ereignissen, die durch einen allmählichen, sich auf einen längeren Zeitraum erstreckenden Eintritt des schädigenden Umstandes gekennzeichnet sind.[25] Hat ein Ereignis innerhalb eines kurzen Zeitraums auf den Körper der versicherten Person eingewirkt, so ist Plötzlichkeit gegeben.[26] Auf die Erwartungen des Betroffenen kommt es nicht an. Ein willensgesteuertes Verhalten – wie zB bei einer Rauschmittelinjektion – schließt mithin die Plötzlichkeit des Geschehens nicht aus.[27]

9 Neben dem Zeitmoment enthält der Begriff der Plötzlichkeit noch eine sog. **subjektive Komponente**, wonach ein Ereignis auch dann das Merkmal der Plötzlichkeit erfüllt, wenn es für den Betroffenen **unerwartet, überraschend und deshalb unentrinnbar** ist.[28] Die subjektive Komponente des Unerwarteten muss nicht kumulativ zu dem zeitlichen Element hinzutreten, sondern ermöglicht es, auch Fälle zu erfassen, in denen das Ereignis nicht nur innerhalb eines kurzen Zeitraums eingewirkt hat.[29] Letztlich wird durch die Komponente des Unerwarteten, Überraschenden und Unentrinnbaren eine Grenze gezogen, bis zu der noch von einem plötzlichen Ereignis gesprochen werden kann.[30] Bei der Beurteilung, ob ein Ereignis für den Betroffenen unerwartet, überraschend und deshalb unentrinnbar eingetreten ist, ist ein objektiver Maßstab anzulegen. Es ist deshalb unerheblich, ob der Betroffene das auf seinen Körper wirkende Ereignis bei Anwendung der erforderlichen Sorgfalt hätte voraussehen können oder nicht.[31] An einem Unfall fehlt es deshalb nur dann, wenn der Betroffene die Art, den Zeitpunkt und auch die Intensität der Einwirkung mit der damit verbundenen bevorstehenden Gesundheitsschädi-

---

stemmen gegen eine plötzlich kippende Baugrubenwand); OLG Nürnberg 3.8.2000 – 8 U 465/00, r+s 2001, 217 (Auffangen eines umkippenden Motorrads); OLG Hamm 29.3.1996 – 20 U 265/95, r+s 1996, 330 (Unfall beim Anheben und Fallenlassen eines Grabsteins); OLG Koblenz 3.3.2005 – 10 U 586/04, r+s 2006, 297 (Sprung mit nicht mehr zu kontrollierender Last); OLG Frankfurt/M 27.3.2008 – 15 U 217/07, r+s 2009, 32 (Sturz beim Nachgeben eines gezogenen Kabels); Prölss/Martin/*Knappmann*, § 178 Rn 6.

24 So OLG Hamm 31.8.1994 – 20 U 87/94, VersR 1995, 774.
25 So BGH 12.12.1984 – IVa ZR 88/83, VersR 1985, 177 = r+s 1985, 53; Römer/Langheid/*Rixecker*, § 178 Rn 8.
26 BGH 16.10.2013 – IV ZR 390/12, VersR 2014, 59, 63 = r+s 2014, 34; BGH 12.12.1984 – IVa ZR 88/83, VersR 1985, 177; BGH 13.7.1988 – IVa ZR 204/87, VersR 1988, 951; Beckmann/Matusche-Beckmann/*Mangen*, § 47 Rn 10.
27 BGH 16.10.2013 – IV ZR 390/12, VersR 2014, 59, 63 = r+s 2014, 34; aA Langheid/Wandt/*Dörner*, § 178 Rn 84.
28 BGH 6.2.1954 – II ZR 65/53, VersR 1954, 113, 114; BGH 12.12.1984 – IVa ZR 88/83, VersR 1985, 177; Römer/Langheid/*Rixecker*, § 178 Rn 8.
29 Prölss/Martin/*Knappmann*, § 178 Rn 14; OLG München 10.1.2012 – 25 U 3980/11, VersR 2012, 715, 717.
30 So zutr. Beckmann/Matusche-Beckmann/*Mangen*, § 47 Rn 10.
31 BGH 12.12.1984 – IVa ZR 88/83, VersR 1985, 177; OLG Karlsruhe 17.3.1994 – 12 U 318/93, VersR 1995, 36; OLG München 27.10.1981 – 9 U 2188/81, VersR 1983, 127; OLG Köln 30.10.1974 – 17 U 57/74, VersR 1975, 237; OLG Nürnberg 27.2.1975 – 8 U 17/74, VersR 1975, 897.

gung konkret vorhergesehen hat und sich bei vollem Bewusstsein der drohenden Einwirkung noch hätte entziehen können.[32]

Maßgeblich ist allein die **Dauer der Einwirkung auf den Körper.** Wann diese Einwirkung zu einer Gesundheitsschädigung führt, ist unerheblich.[33]

c) **Gesundheitsschädigung.** Der Unfallbegriff erfordert, dass die versicherte Person durch das Unfallereignis eine **Gesundheitsschädigung** erlitten hat. Neben äußeren Verletzungen des Körpers sind auch psychische und nervöse Störungen und deren Folgen als Gesundheitsbeeinträchtigungen zu bewerten, wenn zwischen dem Unfall und der Störung ein logisch-naturwissenschaftlicher und rechtlich erheblicher Ursachenzusammenhang besteht.[34] Insoweit können jedoch Ausschlusstatbestände eingreifen, deren Vorliegen vom VR zu beweisen ist. Nicht erforderlich ist, dass das äußere Ereignis unmittelbar die Gesundheitsschädigung herbeiführt. Mittelbarkeit, zB durch sinnliche Wahrnehmung oder seelische Eindrücke, genügt.[35] Die Schädigung braucht nicht erheblich zu sein. Es genügt, wenn eine als solche unerhebliche Körperbeschädigung die Voraussetzung für weitere auf den Verletzten einwirkende Ursachen schafft.[36]

d) **Unfreiwilligkeit.** Die versicherte Person muss die Gesundheitsschädigung unfreiwillig erleiden. Die Unfreiwilligkeit bezieht sich, wie sich aus dem Wortlaut von Abs. 2 S. 1 ergibt, nicht auf das von außen auf den Körper wirkende Ereignis, sondern nur auf die hierdurch verursachte Gesundheitsschädigung.[37] Wenngleich das Merkmal der Unfreiwilligkeit Bestandteil des gesetzlich definierten Unfallbegriffs ist und damit eine Voraussetzung der Leistungspflicht des VR beschreibt, trifft die **Beweislast** für die Unfreiwilligkeit nicht den VN, sondern den **VR. Abs. 2 S. 2** regelt dies dahingehend, dass die Unfreiwilligkeit bis zum Beweis des Gegenteils **vermutet** wird. Der VR hat demgemäß als Voraussetzung seiner Leistungsfreiheit zu beweisen, dass die Gesundheitsschädigung vom Versicherten freiwillig – mithin vorsätzlich – herbeigeführt worden ist.[38] Der Beweis ist geführt, wenn feststeht, dass die Unfallschilderung des Versicherten nicht zutreffen kann, weil sie in

---

32 *Grimm*, Ziff. 1 AUB 2010 Rn 25; *Wussow/Pürckhauer*, AUB, § 1 Rn 41; OLG Karlsruhe 17.3.1994 – 12 U 318/93, VersR 1995, 36; OLG Karlsruhe 13.12.1996 – 10 U 1712/95, r+s 1998, 302, 303 (Höhenkrankheit bei tagelanger Wanderung im Hochgebirge); OLG Stuttgart 30.4.1998 – 7 U 260/97, VersR 1999, 1228 (allmählicher Aufbau eines Erregungszustands während einer streitigen Auseinandersetzung mit nachfolgender Gehirnblutung); OLG Koblenz 17.4.1998 – 10 U 315/97, VersR 1999, 436 (Einatmen von Lösemitteldämpfen über einen Zeitraum von mehreren Stunden); LG Bremen 14.3.2012 – 1 O 350/09, VersR 2013, 893 (Ausweitung der subjektiv begründeten Plötzlichkeit bei Rettungskräften, die sich einer Gefahr nicht entziehen dürfen); LG Bayreuth 9.11.2005 – 13 S 57/05, r+s 2007, 338 (Verätzungen bei Betonarbeiten über mehrere Stunden).
33 BGH 13.7.1988 – IVa ZR 204/87, VersR 1988, 851 = r+s 1988, 383 (Eintritt eines Herzinfarkts mehrere Stunden nach Einatmen von Jauchegasen innerhalb eines großen Zeitraums); OLG Karlsruhe 3.3.2005 – 12 U 414/04, VersR 2005, 678; OLG Karlsruhe 17.3.1994 – 12 U 318/93, VersR 1995, 36 (witterungsbedingter Verlust der Sichtmöglichkeit als Unfall mit anschließendem Kältetod); Prölss/Martin/*Knappmann*, § 178 Rn 13, 16; Römer/Langheid/*Rixecker*, § 178 Rn 8.
34 Vgl OLG Celle 20.7.1978 – 8 W 337/78, VersR 1979, 51; Bruck/Möller/*Leverenz*, § 178 Rn 123.
35 BGH 19.4.1972 – IV ZR 50/71, VersR 1972, 582.
36 OLG Saarbrücken 21.1.2009 – 5 U 249/08-29, VersR 2009, 1109, 1110; Prölss/Martin/*Knappmann*, § 178 Rn 17; Bruck/Möller/*Leverenz*, § 178 Rn 125.
37 BGH 16.10.2013 – IV ZR 390/12, VersR 2014, 59, 63; BGH 29.4.1998 – IV ZR 118/97, VersR 1998, 1231; BGH 12.12.1984 – IVa ZR 88/83, VersR 1985, 177 = r+s 1985, 53; OLG München 10.1.2012 – 25 U 3980/11, VersR 2012, 715, 717; OLG Karlsruhe 16.5.1995 – 19 U 283/94, VersR 1996, 364; Prölss/Martin/*Knappmann*, § 178 Rn 20; Römer/Langheid/*Römer*, § 179 Rn 15.
38 So BGH 29.4.1988 – IV ZR 118/97, VersR 1998, 1231.

wesentlichen Punkten nicht mit der Realität oder mit objektiven ärztlichen Befunden über das Verletzungsbild in Einklang zu bringen ist.[39]

13 Da sich das Merkmal „unfreiwillig" ausschließlich auf die Gesundheitsschädigung bezieht, ist nicht ausreichend, dass der Versicherte das auf den Körper wirkende Ereignis vorsätzlich herbeigeführt hat, solange er darauf vertraut hat, eine Gesundheitsschädigung werde nicht eintreten.[40] Der Umstand, dass der Versicherte sich bewusst war, sein Verhalten könne unter ungünstigen Umständen gesundheitsschädigend oder gar lebensbedrohend sein, reicht nicht aus, um die Vermutung der Unfreiwilligkeit entfallen zu lassen. Auch derjenige, der sich bewusst und gewollt einem hohen Schädigungsrisiko in der Erwartung aussetzt, er werde dieses Risiko ohne Schaden meistern, erleidet die Gesundheitsschädigung unfreiwillig, wenn er erwartungswidrig verunglückt.[41] Dies hat insb. Bedeutung für die **Ausübung gefährlicher Sportarten**.[42] Die Grenzziehung ist insoweit schwierig. Bedenklich erscheint eine Entscheidung des LG Köln,[43] das bei einem nach einer Teilnahme an einem Boxkampf im Rahmen von studentischen Boxmeisterschaften eingetretenen Unfalltod infolge einer Gehirnblutung eine freiwillige (bedingt vorsätzliche) Inkaufnahme einer Gesundheitsschädigung angenommen hat. Von einer Einwilligung in eine Todesfolge kann schlechterdings nicht ausgegangen werden. Es ist auch nicht erkennbar, dass sich die Ausübung des Boxsports im Amateurbereich in ihrer Gefährlichkeit grundlegend von der Ausübung anderer gefährlicher Sportarten unterscheidet. Einen gesonderten Ausschluss des Versicherungsschutzes für die Ausübung des Boxsports sehen die AUB – im Gegensatz zur Beteiligung an Motorsportveranstaltungen – nicht vor.

14 Abgrenzungsschwierigkeiten bestehen auch bei Gesundheitsschädigungen nach **autoerotischen oder sadomasochistischen Handlungen**. In der Regel sind ernsthafte – oder sogar ein Todesrisiko herbeiführende – Verletzungen nicht beabsichtigt, so dass von einer Freiwilligkeit nicht ausgegangen werden kann.[44] Häufig dürfte jedoch der Ausschlusstatbestand des § 2 II (2) Abs. 1 AUB 94 = Ziff. 5.2.3 AUB 99/2008/2010 (Vornahme von Eingriffen am Körper) eingreifen.[45]

15 Eine vom VR zu beweisende Freiwilligkeit der Gesundheitsschädigung wird insb. beim **Verdacht auf Selbsttötung** und in den Fällen der **Selbstverletzung/Selbstverstümmelung** anzunehmen sein. Hierbei ist allerdings zu berücksichtigen, dass die Vermutung der Freiwilligkeit einer Gesundheitsschädigung nicht durch einen Anscheinsbeweis widerlegt werden kann, da es einen typischen Geschehensablauf für

---

39 BGH 17.4.1991 – IV ZR 61/90, r+s 1991, 285; OLG Hamm 2.12.2011 – I-20 U 83/11, VersR 2012, 1549, 1550.
40 Römer/Langheid/*Rixecker*, § 178 Rn 11; Prölss/Martin/*Knappmann*, § 178 Rn 20; BGH 16.10.2013 – IV ZR 390/12, VersR 2014, 59, 63; OLG Saarbrücken 18.12.1996 – 5 U 421/94, VersR 1997, 949, 950.
41 Prölss/Martin/*Knappmann*, § 178 Rn 20; *Wussow/Pürckhauer*, AUB, § 1 III Rn 56; OLG Zweibrücken 27.11.1987 – 1 U 26/87, VersR 1988, 287.
42 OLG München 27.10.1981 – 9 U 2188/81, VersR 1983, 127 (Segelfliegen in sauerstoffarmer Höhenluft); OLG Köln 30.11.1989 – 5 U 71/89, r+s 1990, 33 (Tauchen).
43 LG Köln 20.12.1973 – 15 O 546/73, VersR 1974, 542; krit. hierzu auch *Grimm*, Ziff. 1 AUB 2010 Rn 41; Prölss/Martin/*Knappmann*, 27. Aufl. 2004, § 1 AUB 94 Rn 19; anders *ders.*, 29. Aufl., § 178 Rn 21 a; Bruck/Möller/*Leverenz*, § 178 Rn 143; Langheid/Wandt/ *Dörner*, § 178 Rn 91.
44 OLG Zweibrücken 27.11.1987 – 1 U 26/87, VersR 1988, 287 (Strangulierung); OLG Oldenburg 25.6.1997 – 2 U 108/97, VersR 1997, 1128 (Einatmung von Gasgemisch); OLG Saarbrücken 18.12.1996 – 5 U 421/94-36, VersR 1997, 949 (Messerstich im Rahmen sadomasochistischer Praktiken); aA LG Heidelberg 14.12.1995 – 1 O 187/95, VersR 1997, 99; vgl zu allem *Trompetter*, VersR 1998, 685 m. zahlr. weiteren Nachw.; Bruck/Möller/*Leverenz*, § 178 Anhang Rn 77 ff.
45 Vgl hierzu BGH 8.11.2000 – IV ZR 1/2000, VersR 2001, 227.

menschliche willensgesteuerte Verhaltensweisen nicht gibt.[46] Der VR ist somit auf eine **Beweisführung durch Indizien** angewiesen. Mehrere Umstände, aus denen auf die Freiwilligkeit der Gesundheitsschädigung geschlossen werden kann, können in ihrer Gesamtheit eine tragfähige Grundlage für die Feststellung sein, die Vermutung der Unfreiwilligkeit sei widerlegt.[47] Bei einer Selbsttötung kommt es neben dem konkreten Unfallhergang, der ggf durch einen Sachverständigen zu rekonstruieren ist, insb. auf die Lebensumstände des Verstorbenen, seine psychische Verfassung und etwaige Selbstmordäußerungen an. Zur Überzeugungsbildung ist keine unumstößliche Gewissheit erforderlich; es genügt ein für das praktische Leben brauchbarer Grad von Gewissheit, der Zweifeln Schweigen gebietet, ohne sie völlig auszuschließen.[48] Es gibt eine **reichhaltige Kasuistik** zu Selbstmordverdachtsfällen, die sich in verschiedene Fallgruppen einteilen lassen: Herbeiführen eines Verkehrsunfalls,[49] Stürze aus großer Höhe,[50] Erhängen,[51] Schussverletzungen[52] und Kohlenmonoxydvergiftungen.[53]

Besteht der Verdacht einer **Selbstverletzung/Selbstverstümmelung**, so ist insb. zu klären, ob der vom Versicherten geschilderte Unfallhergang in sich schlüssig und

16

---

46 Prölss/Martin/*Knappmann*, § 178 Rn 26; Römer/Langheid/*Rixecker*, § 178 Rn 23; BGH 4.5.1988 – IVa ZR 278/86, VersR 1988, 682; BGH 18.3.1987 – IVa ZR 205/85, BGHZ 100, 214, 216 = VersR 1987, 503.
47 BGH 15.6.1994 – IV ZR 126/93, VersR 1994, 1054.
48 BGH 18.3.1987 – IVa ZR 205/85, BGHZ 100, 214, 217 = VersR 1987, 503.
49 **Freiwilligkeit bejaht:** OLG Hamm 7.12.1988 – 20 U 82/88, VersR 1989, 695 (Fahrzeug kommt aus ungeklärter Ursache auf trockener gerader Fahrbahn von der Straße ab und prallt gegen einen Baum, Äußerungen von Selbstmordabsichten); OLG Köln 11.6.1997 – 5 U 155/96, r+s 1998, 81 (Hechtsprung vor ein herannahendes Fahrzeug); OLG Zweibrücken 10.2.1984 – 1 U 255/82, VersR 1986, 339 (ungebremster Aufprall auf eine Betonmauer mit hoher Geschwindigkeit, Konfrontation mit Unterschlagungsverdacht, finanzielle Probleme); OLG Köln 2.5.1991 – 5 U 148/90, VersR 1992, 562 (Aufprall auf eine Stützmauer ohne Anhaltspunkt für technischen Defekt, Hinterlassen eines Abschiedsbriefs); LG Köln 20.4.1988 – 24 O 597/87, VersR 1989, 1039 (VN läuft mit erhobenen Armen vor herannahenden Lkw, Abschluss mehrerer Unfallversicherungen kurz vor dem Ereignis). **Freiwilligkeit verneint:** OLG Köln 2.3.1989 – 5 U 193/88, r+s 1989, 235 (Zusammenstoß eines unheilbar Kranken mit Lkw auf Gegenfahrbahn, frühere Äußerung von Selbstmordabsichten, „es kann so gewesen sein, muss aber nicht"); OLG Köln 3.5.1990 – 5 U 199/89, VersR 1990, 1346 (Frontalzusammenstoß mit Fahrzeug auf Gegenfahrbahn, trotz Abschlusses mehrerer Unfallversicherungen und Vorverschuldung Annahme eines Fahrfehlers nicht ausgeschlossen); OLG Oldenburg 14.7.1999 – 2 U 121/99, r+s 2000, 304 (Auffinden eines kopfverletzten, alkoholisierten VN am Bahngleis).
50 OLG Saarbrücken 26.3.2003 – 5 U 615/02-69, r+s 2005, 120 (Sturz von einer 130 m hohen Autobahnbrücke, die als Ort für Todessprünge bekannt ist, finanzielles Motiv); OLG Koblenz 20.3.1992 – 10 U 172/90, VersR 1993, 847 (Sturz kopfüber aus einem Speicherfenster); LG Osnabrück 6.10.2004 – 9 O 833/04 (Sturz vom Krankenhausbalkon); LG Hamburg 24.7.1997 – 321 O 72/91 (Sturz aus einem Fenster in Höhe von 5,10 m und einer Flugweite von 3 m mit seitlicher Versetzung von 1 m, hohe Verschuldung); KG 10.2.1987 – 6 U 5076/86, VersR 1987, 777 (Sturz von Balkonbrüstung); OLG Hamm 16.2.1979 – 20 U 257/77, VersR 1982, 64 = r+s 1982, 27 (Sturz von Balkonbrüstung); LG Dortmund 28.2.2008 – 2 O 242/07, r+s 2009, 31.
51 OLG Düsseldorf 27.8.2002 – 4 U 223/01, r+s 2003, 517 = VersR 2003, 1388 (andere Geschehensabläufe „geradezu unvorstellbar"); AG Hamburg 19.6.1998 – 4 C 148/98, r+s 1999, 167.
52 OLG Hamm 22.9.1995 – 20 U 77/95, r+s 1996, 117 (Nachweis eines aufgesetzten Schusses); OLG München 4.3.1988 – 21 U 4667/87, VersR 1988, 1020 m. Anm. *Johannsen* (Nachweis eines aufgesetzten Schusses durch Schusssachverständigen).
53 OLG Frankfurt 2.12.1977 – 3 U 35/76, VersR 1978, 1110 (in Betracht kam entweder eine Selbsttötung oder aber eine durch Trunkenheit verursachte Geistes- oder Bewusstseinsstörung); OLG München 26.4.1983 – 25 U 4907/82, VersR 1984, 576 (Annahme eines Unfallereignisses mangels Indizien für eine Selbsttötungsabsicht).

mit der erlittenen Verletzung naturwissenschaftlich in Einklang zu bringen ist. Neben dem Geschehensablauf selbst ist das Verhalten des Verletzten vor und nach dem Unfall zu bewerten. Insoweit können der Umfang des Versicherungsschutzes, insb. bei erst kurz vor dem Unfall abgeschlossenen Versicherungen, die wirtschaftlichen und persönlichen Verhältnisse sowie eine Mitwirkung bei anschließender medizinischer Behandlung eine Rolle spielen. Freiwilligkeit kommt insb. in Betracht beim Abtrennen von Gliedmaßen, wenn die Darstellung des Versicherten mit ärztlichen Befunden über das Verletzungsbild nicht in Einklang zu bringen ist.[54] Insgesamt ist eine umfassende Gesamtschau aller Umstände erforderlich.[55] Ist das Verletzungsbild mit dem geschilderten Unfallhergang in Einklang zu bringen, zB durch Unachtsamkeit zu erklären, so ist der Beweis der Freiwilligkeit, wenn nicht andere schwerwiegende Indizien hinzukommen, die Zweifel an einer Selbstverstümmelung verbieten, regelmäßig nicht erbracht.[56]

17 Bei missglückten oder fehlgeschlagenen Selbstverletzungen ist idR Freiwilligkeit anzunehmen, auch wenn sich der Geschehensablauf abweichend von dem vorgefassten Plan entwickelt.[57]

---

54 BGH 15.6.1994 – IV ZR 126/93, VersR 1994, 1054 (Abtrennen eines Fingers bei Holzarbeiten, zahlreiche ungewöhnliche Umstände); BGH 17.4.1991 – IV ZR 61/90, r+s 1991, 285 (Abtrennen des Daumens mit Kettensäge); BGH 10.7.1985 – IVa ZR 13/84, VersR 1985, 940 (Amputation eines Daumens bei Sägearbeiten); OLG Hamm 2.12.2011 – I-20 U 83/11, VersR 2012, 1549 (Abtrennen von Gliedmaßen durch angeblichen Sturz in laufende Kreissäge); OLG Köln 26.2.2003 – 5 U 178/99, VersR 2004, 1042 (Abtrennen des linken Zeigefingers mit Axt, widersprüchliche Darstellung des angeblichen Unfallhergangs); OLG Düsseldorf 11.5.1999 – 4 U 160/97, VersR 2001, 974 (Selbstverstümmelung eines Fingers mittels Kreissäge durch einen Arzt, unwahrscheinlicher Geschehensablauf, hohe Unfallversicherungen, von denen eine am Tag nach dem Unfall auslief); OLG Düsseldorf 9.6.1998 – 4 U 141/97, VersR 2000, 1227 (Amputation eines Fußes nach Überrollen durch Lkw, zeitlicher Zusammenhang mit Neuabschluss und Beendigung von Unfallversicherungen); KG Berlin 25.9.1995 – 12 U 4574/94, r+s 1996, 377 f (Amputation des linken Zeigefingers mit Beil, ungewöhnlich hohe Versicherungssummen, widersprüchliche Unfallschilderung, zahlreiche für eine Selbstverstümmelung sprechende typische Indizien); OLG Köln 20.3.1996 – 5 U 142/95, r+s 1996, 422 (Amputation des linken Daumens beim Fleischhacken, zahlreiche „Probierschnitte", ungewöhnlich viele Unfallversicherungen mit hohen Versicherungsleistungen); OLG Frankfurt 23.6.1994 – 3 U 20/93, VersR 1996, 837; OLG Celle 17.6.1993 – 8 U 89/91, r+s 1995, 198 (Schilderung des Unfallhergangs mit Verletzungsbild nicht vereinbar, zahlreiche Versicherungen mit außergewöhnlich hohen Versicherungssummen); OLG Köln 30.6.1994 – 5 U 255/89, r+s 1995, 37 f; OLG Koblenz 21.9.1990 – 10 U 940/89, VersR 1992, 229; OLG Saarbrücken 31.1.1990 – 5 U 31/89, VersR 1990, 968 (unwahrscheinlicher Unfallhergang und Beseitigung des Amputats); OLG Hamm 1.12.1989 – 20 U 113/89, VersR 1990, 966 (Verlust von zwei Fingern und Daumen durch schnell laufende Bandsäge ohne völlige Durchtrennung); OLG Karlsruhe 24.8.1989 – 12 U 78/89, VersR 1990, 967; OLG Hamburg 1.8.1989 – 12 U 90/88, VersR 1991, 763 (Abschluss von 18 Unfallversicherungen mit Invaliditätssumme von nahezu 7 Mio. DM und monatlichen Prämienverpflichtungen von rund 1.000 DM, krasses Missverhältnis zu den wirtschaftlichen Lebensverhältnissen); ähnl. OLG Hamburg 28.11.1988 – 10 W 30/88, VersR 1989, 945.
55 BGH 15.6.1994 – IV ZR 126/93, VersR 1994, 1054.
56 Vgl instruktiv OLG Nürnberg 4.7.1987 – 8 U 1865/85, r+s 1988, 280; OLG Hamm 21.2.1990 – 20 U 249/89, VersR 1990, 1345; OLG München 14.1.2011 – 25 U 2751/10, VersR 2011, 1305; OLG Stuttgart 13.1.2011 – 7 U 42/10, VersR 2011, 1309.
57 KG 19.5.2000 – 6 U 6781/98, VersR 2001, 1416 (keine Unfreiwilligkeit bei gescheitertem „Rücktritt" vom Selbstmord); OLG Frankfurt 25.3.1998 – 23 U 80/97, NVersZ 2000, 325, 326; OLG Hamm 12.3.1999 – 20 U 203/98, r+s 1999, 524 (Verletzungen nach fehlgeschlagenem Selbstmordversuch); Prölss/Martin/*Knappmann*, § 178 Rn 21; Beckmann/Matusche-Beckmann/*Mangen*, § 47 Rn 24; Bruck/Möller/*Leverenz*, § 178 Rn 136, 147.

e) **Kausalität.** Zwischen Unfallereignis und Gesundheitsschädigung ist ein **adäqua-** 18
ter Kausalzusammenhang erforderlich, wobei adäquate Mitursächlichkeit genügt.[58] Lässt sich nicht klären, ob die Gesundheitsschädigung die Folge eines von außen auf den Körper wirkenden Ereignisses ist oder ob die Schädigung schon vorher eingetreten und ihrerseits erst das Ereignis verursacht hat, ist ein Unfall nicht bewiesen.[59] Eine Kausalität zwischen Gesundheitsschädigung und Unfallereignis liegt dann nicht vor, wenn jede beliebige Ursache (sog. **Gelegenheitsursache**) die Schädigung ebenfalls hätte herbeiführen können. Dies kann allerdings nur bei ganz erheblichen Vorschädigungen angenommen werden, bei denen jede andere alltagsübliche Tätigkeit über kurz oder lang den Schaden herbeigeführt hätte.[60] In Betracht kommen insoweit zB Aneurysmen, Bandscheibenschäden sowie Meniskus- und Achillessehnenrisse nach degenerativen Veränderungen.[61] Eine Mitursächlichkeit ist jedenfalls dann anzunehmen, wenn die versicherte Person vor dem Unfall beschwerdefrei war.[62]

IV. Beweislast

Die Beweislast für das Vorliegen eines Unfalls trägt in vollem Umfang der VN bzw 19
sein Rechtsnachfolger. Für die Tatbestandsmerkmale des Unfallbegriffs, die Gesundheitsschädigung und die Unfallfolgen ist der Vollbeweis gem. § 286 ZPO zu führen.[63] Hiervon ausgenommen ist allein die Unfreiwilligkeit, die gem. Abs. 2 S. 2 vermutet wird (s. Rn 12). Beim Unfalltod muss ein bestimmtes Unfallgeschehen nicht festgestellt werden. Es genügt die Schilderung von Geschehensabläufen, die den Unfallbegriff der maßgeblichen Versicherungsbedingungen erfüllen.[64] Hierbei reicht es aus, wenn als Ursache für den Tod der versicherten Person nur solche Geschehensabläufe in Betracht kommen, die den Unfallbegriff erfüllen.[65] Für die Kausalität, also die Behauptung, dass der Gesundheitsschaden durch das Unfaller-

---

58 Prölss/Martin/*Knappmann*, § 178 Rn 18; OLG Koblenz 13.1.1998 – 10 U 1671/96, VersR 2000, 219 (Schlaganfall sechs Tage nach Verkehrsunfall); OLG Saarbrücken 15.12.2004 – 5 U 752/03-72, VersR 2005, 1276 = r+s 2005, 344; OLG Koblenz 18.6.2010 – 10 U 1014/09, VersR 2011, 1508.
59 OLG Köln 12.6.1995 – 5 U 276/94, VersR 1996, 620 (Hirnblutung als Folge oder Ursache eines Sturzes); OLG Koblenz 9.10.1998 – 10 U 1357/97, VersR 2000, 218 = r+s 1999, 348 (Hirnblutung als Unfallfolge oder Unfallursache); OLG Köln 29.10.1992 – 5 U 137/91, r+s 1993, 157 (Sturz vor oder nach Infarkt); OLG Schleswig 13.7.1990 – 16 U 165/89, VersR 1991, 916; OLG Koblenz 25.2.2000 – 10 U 521/99, r+s 2000, 393 (Sturz infolge Versagens körperinterner Funktionen); OLG Frankfurt/M 7.8.2002 – 7 U 216/00, r+s 2004, 79 (Unfall infolge Herzinfarkts); LG Berlin 18.6.2002 – 7 O 80/00, r+s 2005, 343 (Bewusstlosigkeit als Folge oder Ursache eines Auffahrunfalls); OLG Celle 17.6.2010 – 8 U 250/09, r+s 2011, 306 (Hirninfarkt als Unfallursache oder Unfallfolge).
60 Vgl ausf. Bruck/Möller/*Leverenz*, § 178 Rn 156 f.
61 OLG Frankfurt 10.1.1996 – 21 U 2/94, VersR 1996, 1355 (Bandscheibenvorfall beim Umgraben); OLG Köln 22.5.2002 – 5 U 185/01, r+s 2004, 165 (Bandscheibenschaden nach Treppensturz ohne Verletzung knöcherner Strukturen); OLG Köln 20.12.2006 – 5 U 34/04, r+s 2007, 516 (Riss einer degenerativen Achillessehne beim Queren einer Pfütze); LG Kiel 10.8.2007 – 12 O 64/06, r+s 2007, 517; *Grimm*, Ziff. 1 AUB 2010 Rn 52; *Knappmann*, NVersZ 2002, 1 ff; Veith/Gräfe/*Lücke*, Der Versicherungsprozess, § 7 Rn 38, 45; krit. Langheid/Wandt/*Dörner*, § 178 Rn 100.
62 *Knappmann*, NVersZ 2002, 1, 2; Beckmann/Matusche-Beckmann/*Mangen*, § 47 Rn 29.
63 BGH 13.4.2011 – IV ZR 36/10, VersR 2011, 1171, 1172; BGH 13.5.2009 – IV ZR 211/05, VersR 2009, 1213, 1215; BGH 17.10.2001 – IV ZR 205/00, VersR 2001, 1547; Prölss/Martin/*Knappmann*, § 178 Rn 24.
64 BGH 18.1.2012 – IV ZR 116/11, VersR 2012, 849.
65 BGH 22.6.1977 – IV ZR 128/75, VersR 1977, 736; OLG Köln 22.12.1999 – 5 U 106/99, r+s 2002, 171.

eignis herbeigeführt worden ist, genügt das Beweismaß des § 287 ZPO.[66] Der Beweis dafür, dass die Gesundheitsschädigung auf das Unfallereignis zurückzuführen ist, kann auch in der Weise geführt werden, dass nicht unfallbedingte Ursachen ausscheiden.[67]

§ 179 Versicherte Person

(1) ¹Die Unfallversicherung kann für den Eintritt eines Unfalles des Versicherungsnehmers oder eines anderen genommen werden. ²Eine Versicherung gegen Unfälle eines anderen gilt im Zweifel als für Rechnung des anderen genommen.

(2) ¹Wird die Versicherung gegen Unfälle eines anderen von dem Versicherungsnehmer für eigene Rechnung genommen, ist zur Wirksamkeit des Vertrags die schriftliche Einwilligung des anderen erforderlich. ²Ist der andere geschäftsunfähig oder in der Geschäftsfähigkeit beschränkt oder ist für ihn ein Betreuer bestellt und steht die Vertretung in den seine Person betreffenden Angelegenheiten dem Versicherungsnehmer zu, kann dieser den anderen bei der Erteilung der Einwilligung nicht vertreten.

(3) Soweit im Fall des Absatzes 2 nach diesem Gesetz die Kenntnis und das Verhalten des Versicherungsnehmers von rechtlicher Bedeutung sind, sind auch die Kenntnis und das Verhalten des anderen zu berücksichtigen.

I. Normzweck

1   Die Unfallversicherung kann, wie die Lebensversicherung, nicht nur zur Absicherung gegen Unfälle des VN, sondern auch zur Absicherung gegen Unfälle einer anderen Person abgeschlossen werden. Derjenige, dessen Unfallrisiko abgesichert ist, wird als **versicherte Person** bezeichnet. Soweit die versicherte Person ein **Dritter** ist, handelt es sich im Zweifel um eine Unfallversicherung für fremde Rechnung (Abs. 1 S. 2). Wird die Versicherung gegen Unfälle eines anderen ausnahmsweise für eigene Rechnung des VN genommen, so ist zur Wirksamkeit des Vertrages die schriftliche Einwilligung des anderen erforderlich. Abs. 3 bestimmt, dass es im Hinblick auf die Kenntnis und das Verhalten des VN bei einer Versicherung auf eigene Rechnung auch auf die Kenntnis und das Verhalten der vom VN abweichenden versicherten Person ankommt. Insoweit gilt nichts anderes als für die Lebensversicherung (§ 156). Bei einer Versicherung für fremde Rechnung ergibt sich die Zurechnung von Kenntnis und Verhalten des Versicherten bereits aus § 47 Abs. 1.

II. Unfallversicherung gegen Unfälle Dritter

2   Ist die Unfallversicherung gegen Unfälle abgeschlossen worden, die einem anderen zustoßen, so gilt die Versicherung nach der **Auslegungsregel** des Abs. 1 S. 2 im Zweifel als für Rechnung des anderen genommen. Es handelt sich dann um eine **Versicherung für fremde Rechnung (Fremdversicherung)**. Anwendbar sind die Vorschriften der §§ 43 ff. Gemäß § 44 Abs. 1 stehen bei der Versicherung für fremde Rechnung die Rechte materiell dem Versicherten zu. In den AVB ist jedoch regelmäßig bestimmt, dass die Ausübung der Rechte aus dem Vertrag nicht der versicherten Person, sondern ausschließlich dem VN zusteht (vgl hierzu Ziff. 12 AUB 2010 Rn 1). Bei einer Fremdversicherung besteht zwischen dem VN und dem Ver-

---

[66] BGH 13.4.2011 – IV ZR 36/10, VersR 2011, 1171, 1172; BGH 17.10.2001 – IV ZR 205/00, VersR 2001, 1547; BGH 23.9.1992 – IV ZR 157/91, VersR 1992, 1503.
[67] OLG Hamm 17.8.1994 – 20 U 213/92, VersR 1995, 1181 (Abgrenzung zwischen spontanen und traumatischen Hirnblutungen).

sicherten ein gesetzliches Treuhandverhältnis.[1] Aufgrund dessen ist der VN verpflichtet, die Entschädigung an die versicherte Person auszukehren.[2]

III. Einwilligung (Abs. 2)

Wird die Versicherung gegen Unfälle, die einem anderen zustoßen, für eigene Rechnung genommen, so ist zur Wirksamkeit des Vertrages die **schriftliche Einwilligung** des anderen erforderlich (**Abs. 2 S. 1**). Wie auch im Recht der Lebensversicherung (vgl § 150) soll hierdurch eine missbräuchliche Spekulation mit der Gesundheit eines Dritten ohne dessen Einverständnis unterbunden werden. Das Einwilligungserfordernis besteht (nur) dann, wenn die Versicherung gegen Unfälle eines anderen auf eigene Rechnung genommen wird. Dies ist durch Auslegung zu ermitteln und sollte im VersVertrag zum Ausdruck kommen. Als Beispiele einer Versicherung auf eigene Rechnung werden die Filmausfallversicherung und die Versicherung gegen Unfälle von Anteilseignern einer GmbH genannt,[3] wobei Letzteres durchaus zweifelhaft ist.[4]

Fehlt die Einwilligung der versicherten Person, so ist der VersVertrag nicht unwirksam, sondern als Fremdversicherung zu behandeln.[5] Unfallversicherungen für fremde Rechnung stellen insb. **Familienversicherungen** (ein Elternteil als VN, Ehegatte und Kinder als versicherte Personen), **Gruppenversicherungen** (Sportvereine, Verbände, Jugendgruppen, Unternehmen) und die **Insassenunfallversicherung** dar.

Die Einwilligung muss in **Schriftform** und somit gemäß den Voraussetzungen des § 126 BGB erfolgen. Die elektronische Form gem. § 126a BGB genügt nicht.[6] Für Geschäftsunfähige, Minderjährige und Betreute schließt **Abs. 2 S. 2** die Möglichkeit einer Einwilligung durch den VN, wenn dieser zugleich Vertreter ist, aus. Dies gilt jedoch stets nur dann, wenn die Versicherung gegen Unfälle des Geschäftsunfähigen, Minderjährigen oder Betreuten für eigene Rechnung genommen werden soll.

IV. Zurechnung (Abs. 3)

Die Vorschrift übernimmt inhaltlich unverändert § 179 Abs. 4 aF. Kenntnis und Verhalten der versicherten Person sind zuzurechnen, was insb. darin begründet liegt, dass häufig allein die versicherte Person Kenntnis von den gefahrerheblichen Umständen hat. Gleiches gilt gem. § 156 in der Lebensversicherung.

§ 180 Invalidität

[1]Der Versicherer schuldet die für den Fall der Invalidität versprochenen Leistungen im vereinbarten Umfang, wenn die körperliche oder geistige Leistungsfähigkeit der versicherten Person unfallbedingt dauerhaft beeinträchtigt ist. [2]Eine Beeinträchti-

---

1 BGH 12.12.1990 – IV ZR 213/89, VersR 1991, 299; BGH 12.6.1991 – XII ZR 17/90, VersR 1994, 1101; OLG Hamm 28.11.1975 – 20 U 163/75, VersR 1977, 1124.
2 OLG Hamm 28.11.1975 – 20 U 163/75, VersR 1977, 1124; Prölss/Martin/*Knappmann*, § 179 Rn 18.
3 Vgl Prölss/Martin/*Knappmann*, § 179 Rn 11; BK/*Schwintowski*, § 179 Rn 26.
4 Dies ergibt sich so auch nicht aus der in diesem Zusammenhang stets zitierten Entscheidung OLG Hamm 28.11.1975 – 20 U 163/75, VersR 1977, 1124.
5 BGH 8.2.1960 – II ZR 136/58, BGHZ 32, 44 = VersR 1960, 339; OLG Hamm 28.11.1975 – 20 U 163/75, VersR 1977, 1124; aA Römer/Langheid/*Rixecker*, § 179 Rn 3; für eine einzelfallorientierte Prüfung Bruck/Möller/*Leverenz*, § 179 Rn 227 ff.
6 Römer/Langheid/*Langheid*, § 150 Rn 10; Prölss/Martin/*Schneider*, § 150 Rn 9; *Fricke*, VersR 2001, 925, 929 (Einwilligung durch Anklicken bei Abschluss im Internet nicht ausreichend); ausf. Bruck/Möller/*Leverenz*, § 179 Rn 217 ff.

I. Begriff der Invalidität (S. 1)

1 Die Vorschrift enthält eine **Auslegungsregel**, soweit mit dem VersVertrag Leistungen für den Fall der Invalidität versprochen sind und der VersVertrag keine näheren Bestimmungen enthält. Leistungen für den Fall der Invalidität werden danach geschuldet, wenn die körperliche oder geistige Leistungsfähigkeit der versicherten Person unfallbedingt dauerhaft beeinträchtigt ist (S. 1). Die **Definition** des Begriffs der **Invalidität** in § 180 stimmt überein mit den üblichen Klauseln in den AUB (vgl § 7 I (1) S. 1 AUB 88/94, Ziff. 2.1.1.1 AUB 99/2008/2010). Unfallversicherungsverträge, die Invaliditätsleistungen erst ab einem bestimmten Grad der Behinderung vorsehen, werden von der Regelung nicht betroffen. Gleiches gilt für Versicherungsbedingungen, die einen abweichenden Invaliditätsbegriff (zB dauernde Beeinträchtigung der Arbeitsfähigkeit in § 8 II (1) AUB 61) enthalten. Zum Begriff der Invalidität und zu den Leistungsvoraussetzungen bei Invalidität wird auf die Kommentierung der AUB verwiesen (s. Ziff. 2 AUB 2010 Rn 1 ff).

II. Dauerhaftigkeit der Beeinträchtigung (S. 2)

2 S. 2 bestimmt, dass eine Beeinträchtigung dann als **dauerhaft** anzusehen ist, wenn sie voraussichtlich länger als drei Jahre bestehen wird und eine Änderung dieses Zustandes nicht erwartet werden kann. Das Gesetz übernimmt insoweit die in der obergerichtlichen Rspr vertretene Ansicht, wonach es für eine dauernde Beeinträchtigung ausreicht, wenn die Beeinträchtigung nach ärztlicher Prognose wenigstens drei Jahre anhalten wird.[1] Die Definition des S. 2 ist wortgleich in Ziff. 2.1.1.1 AUB 2008/2010 aufgenommen worden. Die Streitfrage, was unter einer dauernden Beeinträchtigung zu verstehen ist, ist damit bei Geltung der AUB 2008/2010 geklärt. Im Übrigen und zu den formellen Voraussetzungen der Invaliditätsentschädigung vgl Ziff. 2.1.1 AUB 2010 Rn 1 ff.

§ 181 Gefahrerhöhung

(1) Als Erhöhung der Gefahr gilt nur eine solche Änderung der Umstände, die nach ausdrücklicher Vereinbarung als Gefahrerhöhung angesehen werden soll; die Vereinbarung bedarf der Textform.

(2) ¹Ergeben sich im Fall einer erhöhten Gefahr nach dem geltenden Tarif des Versicherers bei unveränderter Prämie niedrigere Versicherungsleistungen, gelten diese mit Ablauf eines Monats nach Eintritt der Gefahrerhöhung als vereinbart. ²Weitergehende Rechte kann der Versicherer nur geltend machen, wenn der Versicherungsnehmer die Gefahrerhöhung arglistig nicht angezeigt hat.

I. Gefahrerhöhung (Abs. 1)

1 Abweichend von der allgemeinen Bestimmung in § 23 gilt auch in der Unfallversicherung – wie in der Lebens- und Berufsunfähigkeitsversicherung (vgl §§ 158, 176) – eine nachträgliche Änderung von Umständen nur dann als Gefahrerhöhung, wenn dies ausdrücklich und in Textform so vereinbart ist. Ein **gefahrerhöhender Umstand** kann zB in einem Berufswechsel (zB von kaufmännischer Innendiensttätigkeit zu risikobehafteter handwerklicher Tätigkeit) oder in der Neuaus-

---

[1] Prölss/Martin/*Knappmann*, § 180 Rn 5; Beckmann/Matusche-Beckmann/*Mangen*, § 47 Rn 157; OLG Hamm 29.12.1986 – 20 U 334/86, VersR 1988, 513; OLG Frankfurt/M 22.5.2002 – 7 U 147/01, NVersZ 2002, 403, 404.

übung gefährlicher Sportarten liegen. Als Gefahrerhöhung gilt dies nur bei ausdrücklicher Vereinbarung. Die Überlassung eines „Berufsgruppenverzeichnisses" bei Vertragsabschluss dürfte nicht ausreichen.[1] Erforderlich ist der mit der Überlassung des Berufsgruppenverzeichnisses verbundene Hinweis, dass ein Wechsel in eine risikoreichere Berufsgruppe als Gefahrerhöhung gilt.[2]

II. Rechtsfolgen (Abs. 2)

Abs. 2 S. 1 regelt – abweichend von den allgemeinen Bestimmungen der §§ 23 ff – die Rechtsfolgen einer gem. Abs. 1 wirksam vereinbarten Gefahrerhöhung. Danach gelten, falls der Tarif für den die Gefahrerhöhung begründenden Umstand niedrigere Versicherungsleistungen bei unveränderten Prämien vorsieht, automatisch die **niedrigeren Versicherungsleistungen** als vereinbart, und zwar mit Ablauf eines Monats nach Eintritt der Gefahrerhöhung. Auf eine Anzeige der Gefahrerhöhung kommt es nicht an.

Weitergehende Rechtsfolgen der Gefahrerhöhung sind nicht vorgesehen (vgl **Abs. 2 S. 1**) und können wegen des halbzwingenden Charakters der Vorschrift (vgl § 191) auch nicht zum Nachteil des VN oder der versicherten Person vereinbart werden. Soweit Versicherungsbedingungen weitergehende Sanktionen vorsehen (zB Leistungsfreiheit gem. § 6 II (3) b AUB 94), ist dies mit Abs. 2 nicht vereinbar. Etwas anderes gilt dann, wenn der VN, was vom VR zu beweisen ist, die Gefahrerhöhung arglistig nicht angezeigt hat (**Abs. 2 S. 2**). In diesem Fall bestimmen sich die Rechtsfolgen nach den allgemeinen Vorschriften der §§ 23 ff.

Sehen die Versicherungsbedingungen, so zB in Ziff. 6.2.3 AUB 99/2008/2010, vor, dass der Vertrag auf Wunsch des VN mit den bisherigen Versicherungssummen, aber mit geändertem Beitrag fortgeführt wird, so ist dies für den VN nicht nachteilig und daher im Hinblick auf § 191 wirksam.

§ 182 Mitwirkende Ursachen

Ist vereinbart, dass der Anspruch auf die vereinbarten Leistungen entfällt oder sich mindert, wenn Krankheiten oder Gebrechen bei der durch den Versicherungsfall verursachten Gesundheitsschädigung oder deren Folgen mitgewirkt haben, hat der Versicherer die Voraussetzungen des Wegfalles oder der Minderung des Anspruchs nachzuweisen.

Die Vorschrift enthält eine **Beweislastregel** zu den in den Unfallversicherungsbedingungen regelmäßig enthaltenen Vorschriften über eine Leistungseinschränkung bei Mitwirkung von Krankheiten oder Gebrechen bei der durch ein Unfallereignis hervorgerufenen Gesundheitsschädigung oder deren Folgen (zB § 8 AUB 94, Ziff. 3 AUB 99/2008/2010; vgl hierzu die Kommentierung zu Ziff. 3 AUB 2010). Will sich der VR auf eine solche Mitwirkung von Krankheiten oder Gebrechen berufen, so hat er das Bestehen und den Umfang dieser Mitwirkung darzulegen und iSd Vollbeweises gem. § 286 Abs. 1 ZPO zu beweisen. Die Beweislast des VR entspricht der früheren Rechtslage.[1]

---

1 Anders wohl *Marlow/Spuhl*, S. 263; *Meixner/Steinbeck*, § 9 Rn 14.
2 Bruck/Möller/*Leverenz*, § 181 Rn 7; Langheid/Wandt/*Dörner*, § 181 Rn 6.
1 Vgl Prölss/Martin/*Knappmann*, § 182 Rn 2; *Grimm*, Ziff. 3 AUB 2010 Rn 7; OLG Koblenz 18.6.2010 – 10 U 1014/09, VersR 2011, 1508; OLG Koblenz 20.10.2000 – 10 U 1521/99, r+s 2001, 348; OLG Köln 21.9.1989 – 5 U 49/89, r+s 1989, 414.

§ 183 Herbeiführung des Versicherungsfalles

(1) Der Versicherer ist nicht zur Leistung verpflichtet, wenn im Fall des § 179 Abs. 2 der Versicherungsnehmer vorsätzlich durch eine widerrechtliche Handlung den Versicherungsfall herbeiführt.

(2) Ist ein Dritter als Bezugsberechtigter bezeichnet, gilt die Bezeichnung als nicht erfolgt, wenn der Dritte vorsätzlich durch eine widerrechtliche Handlung den Versicherungsfall herbeiführt.

I. Unfallherbeiführung durch den VN (Abs. 1)

1   Abs. 1 betrifft Unfallversicherungen mit Dritten als Gefahrpersonen, soweit die Versicherung iSv § 179 Abs. 2 auf eigene Rechnung abgeschlossen wurde. Führt der VN den Versicherungsfall bei dem Dritten vorsätzlich durch eine widerrechtliche Handlung herbei, so besteht Leistungsfreiheit des VR. Nicht anwendbar ist Abs. 1 auf den Fall der Unfallversicherung auf fremde Rechnung gem. § 179 Abs. 1.[1] In diesem Fall steht die Versicherungsleistung ohnehin nicht dem VN, sondern dem Dritten zu bzw fällt in dessen Nachlass. Die Gefahrperson selbst muss die Gesundheitsschädigung gem. § 178 Abs. 2 unfreiwillig erlitten haben, so dass bei einem **verabredeten Versicherungsfall** schon deshalb Leistungsfreiheit besteht.

II. Unfallherbeiführung durch den Bezugsberechtigten (Abs. 2)

2   Abs. 2 bestimmt für den Fall, dass ein Dritter als Bezugsberechtigter bezeichnet ist und dieser die Gesundheitsschädigung der versicherten Person vorsätzlich durch eine widerrechtliche Handlung herbeiführt, dass die Bezugsberechtigung entfällt. Der VR wird mithin nicht leistungsfrei, sondern hat an denjenigen zu leisten, der ohne die Einsetzung des Bezugsberechtigten Inhaber des Anspruchs wäre. Ist bei einem Unfall mit Todesfolge der ausgeschlossene Bezugsberechtigte zugleich Erbe des Versicherten, so bleibt es den Miterben oder denjenigen, die an die Stelle des vorsätzlich und widerrechtlich Handelnden treten würden, überlassen, die Erbunwürdigkeit nach §§ 2339 Abs. 1 Nr. 1, 2341 BGB geltend zu machen.[2] Verwiesen wird ergänzend auf die Kommentierung zu § 162 als entsprechende Vorschrift für die Lebensversicherung (s. § 162 Rn 7).

§ 184 Abwendung und Minderung des Schadens

Die §§ 82 und 83 sind auf die Unfallversicherung nicht anzuwenden.

1   Die Vorschriften über die Abwendung und Minderung des Schadens sowie den Aufwendungsersatz in den §§ 82 und 83 sind auf die Unfallversicherung insgesamt nicht anwendbar.
2   Der VR ist nicht gehindert, Obliegenheiten zur Verminderung der Folgen eines Unfalls – im Rahmen der Zumutbarkeit – vertraglich zu vereinbaren (vgl hierzu Ziff. 7.1 und 7.3 AUB 99/2008/2010).

---

1 Prölss/Martin/*Knappmann*, § 183 Rn 2; BK/*Schwintowski*, § 181 Rn 3.
2 Vgl OLG Hamm 27.5.1987 – 20 U 335/86, VersR 1988, 458, 460.

§ 185 Bezugsberechtigung

Ist als Leistung des Versicherers die Zahlung eines Kapitals vereinbart, sind die §§ 159 und 160 entsprechend anzuwenden.

Die Vorschrift eröffnet dem VN die Möglichkeit, auch in der Unfallversicherung einen Bezugsberechtigten zu benennen. Zu den Einzelheiten wird auf die Kommentierung der §§ 159 und 160 verwiesen. Wird die Unfallversicherung auf fremdes Leben genommen, so bedarf die Bezugsberechtigung einer schriftlichen Einwilligung der Gefahrperson (vgl § 179 Abs. 2).[1] Erworben wird der Anspruch auf die Todesfallleistung nicht schon mit dem Unfall, sondern erst mit dem Tod.[2] 1

§ 186 Hinweispflicht des Versicherers

[1]Zeigt der Versicherungsnehmer einen Versicherungsfall an, hat der Versicherer ihn auf vertragliche Anspruchs- und Fälligkeitsvoraussetzungen sowie einzuhaltende Fristen in Textform hinzuweisen. [2]Unterbleibt dieser Hinweis, kann sich der Versicherer auf Fristversäumnis nicht berufen.

I. Normzweck

Die Vorschrift statuiert eine gesetzliche **Hinweispflicht des VR** auf vertragliche Anspruchs- und Fälligkeitsvoraussetzungen sowie einzuhaltende Fristen im Bereich der Unfallversicherung. Die Einführung der Vorschrift beruht darauf, dass die weitaus größte Zahl der auf dem Markt verwendeten AUB die Leistungspflicht des VR von der Einhaltung bestimmter zeitlicher Anspruchs- und Fälligkeitsvoraussetzungen abhängig macht. Insbesondere betrifft dies den vertraglichen **Anspruch auf Invaliditätsleistungen**. Diese können gem. § 7 I S. 3 AUB 98 und Ziff. 2.1.1.1 S. 2 AUB 99/2008/2010 nur verlangt werden, wenn die Invalidität innerhalb eines Jahres nach dem Unfall eingetreten und spätestens innerhalb von 15 Monaten nach dem Unfall ärztlich festgestellt und beim VR geltend gemacht worden ist. 1

Die Rspr betrachtet die rechtzeitige ärztliche Feststellung der Invalidität als **Anspruchsvoraussetzung** und die Frist für die Geltendmachung der Invalidität als **Ausschlussfrist**, was dazu führt, dass im Falle der Fristversäumung der Anspruch auf die Invaliditätsleistung verloren geht. In der Rechtspraxis führt die Nichtbeachtung dieser Fristen häufig zu Streit. Die Rspr hat den Versicherern in Einzelfällen unter Hinweis auf § 242 BGB die Berufung auf die Versäumung der 15-Monats-Frist zur Geltendmachung des Anspruchs versagt.[1] Überdies sind im Schrifttum erhebliche Bedenken erhoben worden, ob die Regelungen über die Fristen einer richterlichen Kontrolle nach dem Transparenzgebot standhalten.[2] Dies hat der Reformgesetzgeber zum Anlass genommen, eine generelle Hinweis- und Belehrungspflicht einzuführen. Die Hinweispflicht gilt nicht nur für die Invaliditätsleistung, sondern auch für andere Leistungen, bei denen der VR spezielle Anspruchs- und Fälligkeitsvoraussetzungen sowie einzuhaltende Fristen für seine Leistungspflicht vorsieht. 2

---

1 BGH 8.2.1960 – II ZR 136/58, BGHZ 32, 44, 49; Prölss/Martin/*Knappmann*, § 185 Rn 3.
2 Prölss/Martin/*Knappmann*, § 185 Rn 1; BK/*Schwintowski*, § 180 Rn 3.
1 Vgl hierzu Römer/Langheid/*Römer*, 2. Aufl., § 179 Rn 25; Prölss/Martin/*Knappmann*, 27. Aufl. 2004, § 7 AUB 94 Rn 16.
2 Vgl Römer/Langheid/*Römer*, 2. Aufl., § 179 Rn 21; Prölss/Martin/*Knappmann*, 27. Aufl. 2004, § 7 AUB 94 Rn 8.

II. Inhalt und Form der Hinweispflicht (S. 1)

3 Nach dem Wortlaut von § 186 ist **Adressat** der Hinweispflicht der VN. Zeigt bei der Versicherung für fremde Rechnung die versicherte Person den Versicherungsfall an, so besteht die Hinweispflicht auch gegenüber der versicherten Person.[3]

4 Die Hinweispflicht beschränkt sich auf „**spezielle**" **Anspruchs- und Fälligkeitsvoraussetzungen**,[4] muss sich also nicht auf die allgemeinen Voraussetzungen eines vertraglichen Leistungsanspruchs (so zB Bestehen eines Vertrages, Eintritt des Versicherungsfalles im versicherten Zeitraum)[5] und auf etwa bestehende Entschuldigungsmöglichkeiten[6] beziehen. Die Pflicht, auf Fälligkeitsvoraussetzungen hinzuweisen, soll Verzögerungen zum Nachteil des Anspruchstellers verhindern. Voraussetzung ist insoweit jedoch, dass die vertraglichen Regelungen spezielle Fälligkeitsvoraussetzungen vorsehen.

5 Zu erfolgen hat die Belehrung in **Textform**. Eine besondere drucktechnische Hervorhebung wird nicht verlangt. Gleichwohl wird erforderlich sein, dass der VN den Hinweis in zumutbarer Weise wahrnehmen kann.[7] Die vom VR zu erteilenden Hinweise müssen selbstverständlich zutreffend sein. Eine nicht ordnungsgemäße Belehrung führt zu den gleichen Rechtsfolgen wie eine unterlassene Belehrung. Sinn und Zweck der Regelung legen es nahe, dass mit dem Hinweis auf die einzuhaltenden Fristen zugleich auch über die Rechtsfolge einer Fristversäumnis belehrt wird, da ansonsten der Hinweis auf „einzuhaltende" Fristen unvollständig ist.[8]

III. Rechtsfolgen (S. 2)

6 Gemäß S. 2 kann sich der VR, wenn er seiner Hinweispflicht nicht nachkommt, **auf** eine **Fristversäumnis**, dh eine verspätete Darlegung der Anspruchs- oder Fälligkeitsvoraussetzungen, **nicht berufen**. Ist eine ärztliche Feststellung der Invalidität zu keinem Zeitpunkt erfolgt und hat der VR die von ihm versprochene Leistung von einer solchen Feststellung abhängig gemacht, kommt es auf einen Verstoß gegen die Hinweispflicht nicht an, da die Hinweispflicht nicht das Vorliegen der Anspruchs- oder Fälligkeitsvoraussetzungen entbehrlich macht.[9]

7 Die Einführung einer generellen Belehrungspflicht nach Anzeige des Versicherungsfalles bedeutet nicht, dass sonstige Belehrungspflichten, die in der Vergangenheit von der Rspr bei besonderen Fallgestaltungen entwickelt worden sind, hinfällig werden.[10] Als Beispiele sind zu nennen: Einholung eines Gutachtens durch den VR vor Fristablauf;[11] Leistungsablehnung vor Fristablauf für die Invaliditätsfeststellung und Fristsetzung nach § 12 Abs. 3 aF;[12] Berufen auf ein den Fristablauf ausschließendes Verhalten des VR nach Fristablauf.[13] Zu Einzelheiten s. Ziff. 2 AUB 2010 Rn 14 ff.

---

3 So zutr. *Marlow/Spuhl*, S. 267; Prölss/Martin/*Knappmann*, § 186 Rn 9.
4 So ausdr. Begr. RegE, BT-Drucks. 16/3945, S. 109 (zu § 186 VVG-E).
5 *Marlow/Spuhl*, S. 267; Prölss/Martin/*Knappmann*, § 186 Rn 1; Langheid/Wandt/*Dörner*, § 186 Rn 6, der allerdings fordert, dass auch auf die Voraussetzung des Eintritts der Invalidität „innerhalb eines Jahres nach dem Unfall" hingewiesen werden müsse.
6 Vgl hierzu *Klimke*, VersR 2010, 290, 293.
7 *Marlow/Spuhl*, S. 269.
8 So auch *Marlow/Spuhl*, S. 269; Prölss/Martin/*Knappmann*, § 186 Rn 2.
9 Prölss/Martin/*Knappmann*, § 186 Rn 4.
10 *Marlow/Spuhl*, S. 270.
11 Vgl BGH 30.11.2005 – IV ZR 154/04, VersR 2006, 352 = r+s 2006, 122.
12 OLG Hamm 19.11.2004 – 20 U 133/04, VersR 2005, 169 = r+s 2006, 83.
13 Vgl OLG Saarbrücken 3.11.2004 – 5 U 190/04-26, VersR 2005, 929.

§ 187 Anerkenntnis

(1) ¹Der Versicherer hat nach einem Leistungsantrag innerhalb eines Monats nach Vorlage der zu dessen Beurteilung erforderlichen Unterlagen in Textform zu erklären, ob und in welchem Umfang er seine Leistungspflicht anerkennt. ²Wird eine Invaliditätsleistung beantragt, beträgt die Frist drei Monate.

(2) ¹Erkennt der Versicherer den Anspruch an oder haben sich Versicherungsnehmer und Versicherer über Grund und Höhe des Anspruchs geeinigt, wird die Leistung innerhalb von zwei Wochen fällig. ²Steht die Leistungspflicht nur dem Grunde nach fest, hat der Versicherer auf Verlangen des Versicherungsnehmers einen angemessenen Vorschuss zu leisten.

I. Erklärungsfrist (Abs. 1)

Der VR hat nach einem Leistungsantrag innerhalb eines Monats – bei der Beantragung von Invaliditätsleistungen binnen drei Monaten – nach Vorlage der für die Beurteilung erforderlichen Unterlagen zu erklären, ob und in welchem Umfang er seine Leistungspflicht anerkennt. Die in Abs. 1 geregelte Erklärungsfrist lässt die allgemeine Vorschrift zur Fälligkeit von Geldleistungen des VR gem. § 14 Abs. 1 unberührt. Voraussetzung ist somit stets, dass die zur Feststellung des Versicherungsfalles und des Umfangs der Leistung des VR notwendigen Erhebungen beendet sind. Ist dies bereits vor Ablauf der Erklärungsfrist des Abs. 1 der Fall, so tritt Fälligkeit nach § 14 ein und nicht erst mit Ablauf der Erklärungsfrist des Abs. 1.[1] Sind demgegenüber noch weitere Erhebungen iSv § 14 Abs. 1 notwendig, so führt der Ablauf der Erklärungsfrist nicht zur Fälligkeit.[2] Lehnt der VR Leistungen ab, so tritt sofortige Fälligkeit der bis dahin entstandenen Ansprüche mit Zugang der Erklärung ein, was jedoch nicht bedeutet, dass noch nicht entstandene Ansprüche fällig werden.[3] Gleiches gilt, wenn der VR eine Erklärung ausdrücklich ablehnt oder aber eine Erklärung nicht abgibt. Bereits entstandene Ansprüche werden in diesem Fall zu dem Zeitpunkt fällig, zu dem sich der VR hätte erklären müssen.[4] Zu weiteren Einzelheiten, insb. auch zur Rechtsnatur des Anerkenntnisses (regelmäßig keine deklaratorische Schuldbestätigung), vgl Ziff. 9 AUB 2010 Rn 1 ff.

II. Fälligkeit (Abs. 2 S. 1)

Erkennt der VR den Anspruch an oder haben sich der VR und der VN über Grund und Höhe des Anspruchs geeinigt, wird die Leistung gem. Abs. 2 S. 1 **innerhalb von zwei Wochen fällig**.[5] Nur für diesen Fall enthält § 187 eine Fälligkeitsregelung. Vgl auch Ziff. 9 AUB 2010 Rn 6 ff.

III. Vorschuss (Abs. 2 S. 2)

In Abs. 2 S. 2 ist nunmehr die früher schon in den Versicherungsbedingungen enthaltene Verpflichtung zur Leistung eines angemessenen **Vorschusses** bei Feststehen der Leistungspflicht dem Grunde nach kodifiziert. Die Zahlung eines Vorschusses ohne ausdrückliche Anerkennung der Leistungspflicht stellt ein Anerkenntnis dem

---

1 Marlow/Spuhl, S. 271.
2 Begr. RegE, BT-Drucks. 16/3945, S. 109; schon nach früherem Verständnis stellte zB § 11 I AUB 94 nur für den Sonderfall, dass der VR seine Leistungspflicht anerkennt, eine Abänderung der allgemeinen Fälligkeitsregelung dar; anders jetzt Prölss/Martin/Knappmann, § 187 Rn 2.
3 BGH 27.2.2002 – IV ZR 238/00, VersR 2002, 472, 473; BGH 22.3.2000 – IV ZR 233/99, VersR 2000, 753; Prölss/Martin/Knappmann, § 187 Rn 2.
4 OLG Hamm 6.2.1998 – 20 U 218/97, r+s 1998, 302; Prölss/Martin/Knappmann, § 187 Rn 2.
5 Zum Anerkenntnis des VR OLG Karlsruhe 16.1.2012 – 9 W 64/11, VersR 2012, 1295.

Grunde nach dar, falls vom VR nicht ausdrücklich klargestellt wird, dass die Leistung unter Vorbehalt erbracht wird.[6] Die Angemessenheit des Vorschusses richtet sich danach, welcher Betrag vom VR nach Lage des Falles mindestens zu zahlen ist.[7]

§ 188 Neubemessung der Invalidität

(1) [1]Sind Leistungen für den Fall der Invalidität vereinbart, ist jede Vertragspartei berechtigt, den Grad der Invalidität jährlich, längstens bis zu drei Jahre nach Eintritt des Unfalles, neu bemessen zu lassen. [2]In der Kinderunfallversicherung kann die Frist, innerhalb derer eine Neubemessung verlangt werden kann, verlängert werden.

(2) [1]Mit der Erklärung des Versicherers über die Leistungspflicht ist der Versicherungsnehmer über sein Recht zu unterrichten, den Grad der Invalidität neu bemessen zu lassen. [2]Unterbleibt diese Unterrichtung, kann sich der Versicherer auf eine Verspätung des Verlangens des Versicherungsnehmers, den Grad der Invalidität neu zu bemessen, nicht berufen.

I. Neubemessung der Invalidität (Abs. 1)

1 Die Vorschrift berücksichtigt, dass in der Unfallversicherung einerseits ein Interesse des VN daran besteht, alsbald eine Invaliditätsleistung zu erhalten, andererseits die Einschätzung des Grades einer gesundheitlichen Beeinträchtigung einer versicherten Person jedenfalls innerhalb eines bestimmten Zeitraums nach dem Unfallereignis schwanken kann.[1] Da die körperliche Entwicklung von **Kindern** in Abhängigkeit von ihrem Alter erst nach längerer Zeit als abgeschlossen gelten kann, besteht für die Kinderunfallversicherung die Möglichkeit, die Frist, innerhalb derer eine Neubemessung verlangt werden kann, vertraglich zu verlängern (**Abs. 1 S. 2**).

2 Eine Bestimmung, wonach der Anspruch auf Neubemessung der Invalidität innerhalb einer bestimmten Frist ausgeübt werden muss, enthält § 188 nicht. Da die Regelung halbzwingend ist (§ 191), sind Bedingungen, die für den VN eine Ausübungsfrist vorsehen,[2] unwirksam. Erforderlich ist lediglich, dass die **Neufeststellung vor Ablauf der Drei-Jahres-Frist** begehrt wird (vgl Abs. 1 S. 1).[3] Eine Festlegung, ob die Neubemessung der Invalidität einmal oder mehrmals erfolgen soll, ist nicht erforderlich. In Betracht kommen insgesamt drei mögliche Neubemessungen für die Zeitpunkte ein Jahr, zwei Jahre und drei Jahre nach Eintritt des Unfalls. Ist das erste Jahr bzw das zweite Jahr nach Eintritt des Unfalls verstrichen, ohne dass eine Neubemessung beantragt worden ist, kann eine Neubemessung nur noch für den nächstmöglichen Zeitraum erfolgen.

3 Der Regelung des Abs. 1 steht nicht entgegen, Untersuchungen zum Zwecke der Neubemessung der Invalidität auch noch nach Ablauf des Zeitraums von drei Jahren nach Eintritt des Unfalls vorzunehmen. Maßgeblich ist allein, dass das Verlangen vor Ablauf der Drei-Jahres-Frist gestellt worden ist. Allerdings dürfen bei der Begutachtung des Gesundheitszustandes nur Tatsachen berücksichtigt werden, die

---

6 Prölss/Martin/*Knappmann*, § 187 Rn 11; Beckmann/Matusche-Beckmann/*Mangen*, § 47 Rn 226; *Grimm*, Ziff. 9 AUB 2010 Rn 17.
7 Prölss/Martin/*Knappmann*, § 187 Rn 11; *Grimm*, Ziff. 9 AUB 2010 Rn 18.
1 Begr. RegE, BT-Drucks. 16/3945, S. 109.
2 Vgl zB § 11 Abs. 4 AUB 88/94.
3 Langheid/Wandt/*Dörner*, § 188 Rn 4; so jetzt auch Prölss/Martin/*Knappmann*, § 188 Rn 4; anders Bruck/Möller/*Leverenz*, § 188 Rn 19: Untersuchung muss noch vor Ablauf der Frist möglich sein.

beim Ablauf der Drei-Jahres-Frist erkennbar waren.[4] Der Anspruch auf Neubemessung der Invalidität kann nicht nur in Form einer Zahlungsklage, sondern auch mit einer Leistungsklage auf Durchführung einer fachärztlichen Nachbegutachtung geltend gemacht werden.[5]

Die Möglichkeit, eine Neubemessung des Invaliditätsgrades zu verlangen, beschränkt nicht die Möglichkeit des VN, die ursprüngliche Regulierungsentscheidung des VR gem. § 187 Abs. 1 überprüfen zu lassen.[6] Die insoweit durchgeführten Erhebungen stellen eine Nachprüfung der ersten Entscheidung des VR dar, ohne dass damit die Rechte nach § 188 Abs. 1 tangiert werden. Zur Neubemessung des Invaliditätsgrades vgl auch Ziff. 9.4 AUB 2010 Rn 12 ff.

II. Belehrung über das Nachprüfungsrecht (Abs. 2)

Die Regelung des Abs. 2 bestimmt zum Schutz des VN, dass der VR ihn über die idR unbekannte Befugnis zur Neubemessung des Invaliditätsgrades unterrichten muss. Unterbleibt die Unterrichtung, kann sich der VR auf eine Verspätung des Neubemessungsverlangens nicht berufen. Das Gesetz folgt damit der Auffassung im Schrifttum, die bereits zur früheren Rechtslage eine Belehrungspflicht des VR verlangt hat.[7]

§ 189 Sachverständigenverfahren, Schadensermittlungskosten

Die §§ 84 und 85 Abs. 1 und 3 sind entsprechend anzuwenden.

§ 189 verweist zu den beiden Komplexen Sachverständigenverfahren sowie Erstattung von Ermittlungskosten auf die allgemeinen Vorschriften für die Schadensversicherung in § 84 und § 85 Abs. 1 und 3. Da die Unfallversicherung regelmäßig als Summenversicherung ausgestaltet ist, ist die entsprechende Anwendung angeordnet. Soweit die Unfallversicherung Elemente einer Schadensversicherung enthält (Tagegeld, Heilungskosten), gelten die §§ 84 und 85 unmittelbar.

Die Einschränkung der Kostenerstattung bei Hinzuziehung eines Sachverständigen oder eines Beistandes gem. § 85 Abs. 2 gilt für die Unfallversicherung nicht. Die Vorschrift ist abdingbar (§ 191).[1]

§ 190 Pflichtversicherung

Besteht für den Abschluss einer Unfallversicherung eine Verpflichtung durch Rechtsvorschrift, hat der Versicherer dem Versicherungsnehmer unter Angabe der Versicherungssumme zu bescheinigen, dass eine der zu bezeichnenden Rechtsvorschrift entsprechende Unfallversicherung besteht.

---

4 BGH 20.4.2005 – IV ZR 237/03, r+s 2005, 299 = VersR 2005, 926, 928; BGH 13.4.1988 – IVa ZR 303/86, VersR 1988, 798; OLG Koblenz 26.5.2000 – 10 U 754/99, VersR 2001, 1150.
5 Vgl OLG Frankfurt/M 17.6.2009 – 7 U 218/08, VersR 2009, 1482, 1483; OLG Hamm 14.7.1995 – 20 U 48/95, VersR 1996, 1402.
6 Prölss/Martin/*Knappmann*, § 188 Rn 2; BGH 22.4.2009 – IV ZR 328/07, VersR 2009, 920, 922; OLG Hamm 5.6.1992 – 2 U 20/93, r+s 1993, 157.
7 Prölss/Martin/*Knappmann*, § 188 Rn 6; Beckmann/Matusche-Beckmann/*Mangen*, § 47 Rn 228; zur früheren Rechtslage aA *Grimm*, Ziff. 9 AUB 2010 Rn 20; OLG Braunschweig 16.8.2010 – 3 U 63/10, r+s 2011, 348, 349.
1 Vgl hierzu Langheid/Wandt/*Dörner*, § 189 Rn 8.

1 Die Bescheinigungspflicht liegt im öffentlichen Interesse, um den Nachweis des Abschlusses einer Pflichtversicherung führen zu können (Beispiel: § 27 Abs. 1 S. 2 WaffG).

§ 191 Abweichende Vereinbarungen

Von § 178 Abs. 2 Satz 2 und den §§ 181, 186 bis 188 kann nicht zum Nachteil des Versicherungsnehmers oder der versicherten Person abgewichen werden.

1 Die Vorschrift übernimmt inhaltlich § 180a Abs. 2 aF und erweitert zum Schutz des VN die halbzwingenden Vorschriften um die §§ 181, 186–188. Im Hinblick auf § 178 Abs. 2 S. 2 wird ausdrücklich klargestellt, dass auch abweichende Vereinbarungen zum Nachteil der versicherten Person ausgeschlossen sind.

Kapitel 8: Krankenversicherung

§ 192 Vertragstypische Leistungen des Versicherers

(1) Bei der Krankheitskostenversicherung ist der Versicherer verpflichtet, im vereinbarten Umfang die Aufwendungen für medizinisch notwendige Heilbehandlung wegen Krankheit oder Unfallfolgen und für sonstige vereinbarte Leistungen einschließlich solcher bei Schwangerschaft und Entbindung sowie für ambulante Vorsorgeuntersuchungen zur Früherkennung von Krankheiten nach gesetzlich eingeführten Programmen zu erstatten.

(2) Der Versicherer ist zur Leistung nach Absatz 1 insoweit nicht verpflichtet, als die Aufwendungen für die Heilbehandlung oder sonstigen Leistungen in einem auffälligen Missverhältnis zu den erbrachten Leistungen stehen.

(3) Als Inhalt der Krankheitskostenversicherung können zusätzliche Dienstleistungen, die in unmittelbarem Zusammenhang mit Leistungen nach Absatz 1 stehen, vereinbart werden, insbesondere

1. die Beratung über Leistungen nach Absatz 1 sowie über die Anbieter solcher Leistungen;
2. die Beratung über die Berechtigung von Entgeltansprüchen der Erbringer von Leistungen nach Absatz 1;
3. die Abwehr unberechtigter Entgeltansprüche der Erbringer von Leistungen nach Absatz 1;
4. die Unterstützung der versicherten Personen bei der Durchsetzung von Ansprüchen wegen fehlerhafter Erbringung der Leistungen nach Absatz 1 und der sich hieraus ergebenden Folgen;
5. die unmittelbare Abrechnung der Leistungen nach Absatz 1 mit deren Erbringern.

(4) Bei der Krankenhaustagegeldversicherung ist der Versicherer verpflichtet, bei medizinisch notwendiger stationärer Heilbehandlung das vereinbarte Krankenhaustagegeld zu leisten.

(5) Bei der Krankentagegeldversicherung ist der Versicherer verpflichtet, den als Folge von Krankheit oder Unfall durch Arbeitsunfähigkeit verursachten Verdienstausfall durch das vereinbarte Krankentagegeld zu ersetzen.

(6) ¹Bei der Pflegekrankenversicherung ist der Versicherer verpflichtet, im Fall der Pflegebedürftigkeit im vereinbarten Umfang die Aufwendungen für die Pflege der

versicherten Person zu erstatten (Pflegekostenversicherung) oder das vereinbarte Tagegeld zu leisten (Pflegetagegeldversicherung). ²Absatz 2 gilt für die Pflegekostenversicherung entsprechend. ³Die Regelungen des Elften Buches Sozialgesetzbuch über die private Pflegeversicherung bleiben unberührt.

(7) ¹Bei der Krankheitskostenversicherung im Basistarif nach *§ 12 des Versicherungsaufsichtsgesetzes*[1] kann der Leistungserbringer seinen Anspruch auf Leistungserstattung auch gegen den Versicherer geltend machen, soweit der Versicherer aus dem Versicherungsverhältnis zur Leistung verpflichtet ist. ²Im Rahmen der Leistungspflicht des Versicherers aus dem Versicherungsverhältnis haften Versicherer und Versicherungsnehmer gesamtschuldnerisch.

(8) ¹Der Versicherungsnehmer kann vor Beginn einer Heilbehandlung, deren Kosten voraussichtlich 2.000 Euro überschreiten werden, in Textform vom Versicherer Auskunft über den Umfang des Versicherungsschutzes für die beabsichtigte Heilbehandlung verlangen. ²Ist die Durchführung der Heilbehandlung dringlich, hat der Versicherer eine mit Gründen versehene Auskunft unverzüglich, spätestens nach zwei Wochen, zu erteilen, ansonsten nach vier Wochen; auf einen vom Versicherungsnehmer vorgelegten Kostenvoranschlag und andere Unterlagen ist dabei einzugehen. ³Die Frist beginnt mit Eingang des Auskunftsverlangens beim Versicherer. ⁴Ist die Auskunft innerhalb der Frist nicht erteilt, wird bis zum Beweis des Gegenteils durch den Versicherer vermutet, dass die beabsichtigte medizinische Heilbehandlung notwendig ist.

I. Normzweck 1	4. Unberechtigte Entgeltansprüche (Nr. 3) 35
II. Begriff der Krankenversicherung 2	5. Fehlerhafte Leistungserbringung (Nr. 4) 36
1. Soziale Funktion 2	
2. Funktionelle Differenzierung 3	6. Vertragliche Beziehungen (Nr. 5) 37
3. Inhaltliche Differenzierung... 6	
III. Mehrere Krankenversicherungen eines VN bei demselben VR 13	VII. Krankenhaustagegeldversicherung (Abs. 4) 38
IV. Krankheitskostenversicherung (Abs. 1) 16	VIII. Krankentagegeldversicherung (Abs. 5) 39
V. Übermaßverbot (Abs. 2) 17	IX. Pflegeversicherung (Abs. 6) 40
1. Kontext und Entwicklung.... 17	X. Direktabrechnung (Abs. 7) 46
2. Regelungsgehalt 20	XI. Auskunft über den Umfang des Versicherungsschutzes (Abs. 8) ... 50
3. Voraussetzung des Übermaßverbots 23	
VI. Zusätzliche Dienstleistungen (Abs. 3) 28	1. Leistungszusage und Selbstbindung 50
1. Grundsätzliches 28	2. Gesetzlicher Auskunftsanspruch 53
2. Beratung über Leistungen und deren Anbieter (Nr. 1) ... 33	XII. Weitere praktische Hinweise 57
3. Beratung über die Berechtigung von Entgeltansprüchen (Nr. 2) 34	

I. Normzweck

§ 192 definiert den möglichen Inhalt und Umfang des Versicherungsschutzes in der privaten Krankenversicherung[1] als Krankheitskosten-, Krankenhaustagegeld-,   1

---

1 *Kursive Hervorhebung:* Fassung bis 31.12.2015. – **Fassung ab 1.1.2016:** „*§ 152 des Versicherungsaufsichtsgesetzes*". – Siehe Art. 2 Abs. 49 Nr. 4 des Gesetzes zur Modernisierung der Finanzaufsicht über Versicherungen vom 1.4.2015 (BGBl. I S. 434, 560). Zum Inkrafttreten s. Art. 3 Abs. 1 S. 1.

1 Begr. RegE, BT-Drucks. 16/3945, S. 110; BGH 27.9.2000 – IV ZR 115/99, VersR 2000, 1533; BT-Drucks. 12/6959, S. 104, jew. zu § 178 d aF.

Krankentagegeld- und Pflegekrankenversicherung. Die Norm hat Leitbildcharakter iSd § 307 Abs. 2 Nr. 1 BGB.[2]

II. Begriff der Krankenversicherung

1. Soziale Funktion. Die private Krankenversicherung hat eine bedeutende soziale Funktion, wenn bzw da sie für weite Bevölkerungskreise einen fehlenden Sozialversicherungsschutz ersetzt.[3] Der Wegfall entsprechenden Versicherungsschutzes kann existenzielle Bedeutung für den Betroffenen haben. Dieser Aspekt kommt im Gesetz wiederholt zum Ausdruck (zB in §§ 195 Abs. 1, 206 Abs. 1 S. 1, 207 Abs. 1, 2) und bestimmt dessen Auslegung und die sonstige Rechtsanwendung maßgeblich. Die Vorschriften des Kapitels 8 gelten im umfassenden Sinn und meinen die Krankenversicherung insgesamt – einschließlich der Pflegeversicherung.[4] Anderes gilt allerdings – nur –, wenn der Anwendungsbereich einer Norm ausdrücklich auf bestimmte Formen der Krankenversicherung eingegrenzt ist.[5] So gilt etwa § 196 nur für die Krankentagegeldversicherung. Neben den in § 192 genannten Formen der Krankenversicherung lassen sich nach Funktionsweise und Inhalt des Versicherungsschutzes die folgenden Begriffe unterscheiden, an die sich mitunter weitreichende Differenzierungen in den Rechtsfolgen knüpfen:

2. Funktionelle Differenzierung. Die **Krankenversicherung** ist **Personenversicherung** (im Gegensatz zur Nichtpersonenversicherung), weil die versicherte Gefahr unmittelbar einer Person anhaftet, bei der das versicherte Schadensereignis eintreten kann.[6] Die **Krankheitskostenversicherung** (s. Rn 16) versichert die Belastung mit einer Verbindlichkeit, ist folglich **Passivenversicherung**; den Gegensatz dazu bildet die **Aktivenversicherung**, wie sie etwa die Sachversicherung darstellt, die das Risiko des Verlustes von Vermögenswerten (Aktiva) abdeckt. Eine **Schadensversicherung** liegt vor, wenn der VersVertrag auf die Deckung eines konkreten Schadens gerichtet ist.[7] Dagegen liegt eine **Summenversicherung** vor, wenn der VersVertrag einen abstrakt berechneten Bedarf zu decken verspricht.[8] Diese Unterscheidung ist für die Krankenversicherung v.a. im Rahmen des § 194 Abs. 1 S. 1 von erheblicher praktischer Bedeutung. Eine **Eigenversicherung** ist die Versicherung eigenen Interesses für eigene Rechnung – jemand versichert sich selbst. Davon zu unterscheiden ist die **Fremdversicherung**, zB in Form der **Gruppenversicherung** (s. § 206 Rn 15) oder **Familienversicherung** – ein Ehepartner versichert den anderen und die Kinder.[9]

Die Krankenversicherung ist **Vollversicherung**, wenn sie grds. sämtliche medizinische Risiken abdeckt,[10] dagegen **Teilversicherung**, wenn sie nur einen Teilbereich der Krankheitskosten abdeckt,[11] wie etwa stationäre oder ambulante Behand-

---

2 Bach/Moser/*Kalis*, § 192 VVG Rn 2; Schwintowski/Brömmelmeyer/*Brömmelmeyer*, § 192 Rn 1.
3 StRspr, BGH 6.7.1983 – IVa ZR 206/81, BGHZ 88, 78, 80; BGH 3.10.1984 – IVa ZR 76/83, VersR 1985, 54.
4 Vgl VVG-KE S. 166.
5 Begr. RegE, BT-Drucks. 16/3945, S. 110.
6 BGH 24.9.1964 – IV ZR 776/68, VersR 1969, 1036; BGH 8.2.2006 – IV ZR 205/04, VersR 2006, 686; BT-Drucks. 12/6959, S. 103.
7 BGH 4.7.2001 – IV ZR 307/00, VersR 2001, 1100.
8 BGH 4.7.2001 – IV ZR 307/00, VersR 2001, 1100; Bach/Moser/*Kalis*, § 194 VVG Rn 2.
9 OLG Saarbrücken 18.12.1996 – 5 U 800/95-82, VersR 1997, 863; BK/*Hohlfeld*, § 178a Rn 2.
10 Bruck/Möller/*Wriede*, Anm. B 5.
11 BGH 15.6.1983 – IVa ZR 31/82, VersR 1983, 850; Beckmann/Matusche-Beckmann/*Stormberg*, § 44 Rn 24; BK/*Hohlfeld*, § 178i Rn 7.

lung.[12] Eine Teilversicherung liegt auch vor, wenn Zusatzleistungen – sei es zu Leistungen der Sozialversicherung oder einer bereits bestehenden privaten Vollversicherung – gewährt werden sollen.[13] Die prozentuale Beschränkung des vereinbarten Versicherungsschutzes, die Vereinbarung von Selbstbehalten oder Erstattungsobergrenzen[14] ist für die Einordnung als Teilversicherung dagegen unbeachtlich. Beihilfeergänzungstarife sind also grds. Vollversicherung.[15] Die Teilversicherung kommt als unselbständige oder selbständige vor, wenn sie auch alleine abgeschlossen werden kann, also ohne einen weiteren selbständigen Tarif bei demselben VR.

Zum Begriff der **substitutiven Krankenversicherung** s. § 195 Rn 4. Für die Anwendbarkeit der §§ 192 ff ist Substitutivität nicht Voraussetzung.[16] Bei der sog. **großen Anwartschaftsversicherung** wird weit im Voraus ein bestimmter Versicherungsschutz ab einem späteren Zeitpunkt zugesagt, auch wenn sich der Gesundheitszustand des Versicherten nach Abschluss des Vertrages, aber vor Beginn des eigentlichen Versicherungsschutzes, verschlechtert. Dabei richtet sich der Beitrag für die später auflebende Versicherung nach dem Alter zu Beginn der Anwartschaftsversicherung, der Anwartschaftsbeitrag enthält also auch die Sparprämie zum Aufbau der Alterungsrückstellung.[17] Bei der sog. **kleinen Anwartschaft** wird lediglich der Gesundheitszustand bei Beginn der Anwartschaftsversicherung zugrunde gelegt, nicht aber das Eintrittsalter. Hierfür ist maßgebend der Zeitpunkt der Umwandlung. Bei einer **Ruhensversicherung** werden nach einer beitragsfreien Zeit die gestundeten Alterungsrückstellungen nacherhoben[18] bzw die Beiträge auf die Alterungsrückstellungen reduziert.[19]

3. Inhaltliche Differenzierung. Zu Krankheitskosten-, Krankenhaustagegeld-, Krankentagegeld- und Pflegeversicherung s. die Kommentierungen zu Abs. 1, 4–6 (s. Rn 16, 38, 39, 40).

Das Hauptleistungsversprechen der **Reisekrankenversicherung** bietet Krankenversicherungsschutz bei einem im Ausland unvorhergesehenen Krankenversicherungsfall.[20] Ihr Zweck liegt regelmäßig darin, Risiken einer Auslandsreise abzudecken, die andere VR nicht tragen, ohne gleichzeitig die vollen Prämien einer echten Doppelversicherung zu verursachen; versicherbar ist damit auch der Reiseaufenthalt eines Ausländers in Deutschland. Die Reisekrankenversicherung ist insofern **Subsidiärversicherung**.[21] Verlangt der Versicherungsfall, dass der Krankheitseintritt „nicht vorhersehbar" oder „unerwartet" war, ist dafür auf die subjektive Sicht des VN oder der versicherten Person abzustellen.[22]

Ein **Leistungsausschluss** ist hier nur dann berechtigt, wenn der fragliche Körperzustand schon bei Abschluss des VersVertrages objektiv und subjektiv behandlungsbedürftig war.[23] Dies erfasst bereits bestehende und bekannte Vorerkrankungen.[24] Was als „Ausland" gilt, ergibt sich aus den jeweiligen AVB, die insofern nicht ein-

---

12 Prölss/Martin/*Voit*, § 192 Rn 2; BK/*Hohlfeld*, § 178 i Rn 7; offen gelassen von OLG Hamm 8.1.1982 – 20 U 203/81, VersR 1982, 745.
13 OLG Hamm 8.1.1982 – 20 U 203/81, VersR 1982, 745.
14 BK/*Hohlfeld*, § 178 i Rn 7.
15 So wohl auch BK/*Hohlfeld*, § 178 i Rn 7; Schwintowski/Brömmelmeyer/*Brömmelmeyer*, vor § 192 Rn 3; aA Prölss/Martin/*Prölss*, 27. Aufl. 2004, § 14 MBKK 94 Rn 2.
16 BGH 27.9.2000 – IV ZR 115/99, VersR 2000, 1533.
17 Bach/Moser/*Rudolph*, § 8 MBKK Rn 69.
18 BK/*Hohlfeld*, § 178 f Rn 5.
19 Bach/Moser/*Rudolph*, § 8 MBKK Rn 67.
20 BGH 22.11.2000 – IV ZR 235/99, VersR 2001, 184.
21 BGH 21.4.2004 – IV ZR 113/03, VersR 2004, 994.
22 BGH 21.9.2011 – IV ZR 227/09, r+s 2012, 135.
23 OLG Brandenburg 28.3.2001 – 1 U 188/00, VersR 2002, 350; Rechtsprechungsübersicht bei Bach/Moser/*Schriever*, Teil F Auslandsreisekrankenversicherung Rn 11.
24 Vgl BGH 21.9.2011 – IV ZR 227/09, r+s 2012, 135.

heitlich sind.[25] Nicht immer hält die Formulierung des räumlichen Anwendungsbereichs einer Inhaltskontrolle stand.[26] Die Klausel „während vorübergehender Reisen bis zu sechs Wochen Dauer" ist dahin auszulegen, dass auf Auslandsreisen Versicherungsschutz für die ersten sechs Wochen immer und unabhängig davon besteht, ob der VN die Reise für einen längeren Zeitraum geplant hat oder nicht.[27]

9 Der Begriff der **Auslandskrankenversicherung** wird etwa in § 195 Abs. 2 und § 198 Abs. 4 verwendet. Er hat neben dem dort ebenfalls zu findenden Begriff der Reisekrankenversicherung keine eigenständige praktische Bedeutung,[28] da der Begriff der Reise in diesem Zusammenhang ohnehin Auslandsbezug vermittelt.[29] Man mag eine Abgrenzung höchstens über die Dauer des Auslandsaufenthaltes vornehmen, wenn dieser also die Dauer einer „Reise" übersteigt.[30]

10 Die **Kurkostenversicherung** deckt die Kosten einer Kurbehandlung; sie ist Krankheitskostenteilversicherung.[31]

11 Die **Ausbildungskrankenversicherung** ist zeitlich befristet auf die Dauer der Ausbildung (oder Studium), wobei der besondere Status des Versicherten Voraussetzung der Versicherungsfähigkeit ist.

12 Bei der **Restschuldkrankenversicherung** handelt es sich um eine Sonderform der Krankentagegeldversicherung.[32] Ihr Zweck liegt darin, die Bedienung der Darlehensschuld während krankheitsbedingten Verdienstausfalls bzw -minderung zu sichern.[33] Der Darlehensvertrag und der Restschuldversicherungsvertrag können verbundene Geschäfte iSd § 358 Abs. 3 BGB bilden.[34] Wirksamkeit und Reichweite der in diesem Zusammenhang regelmäßig verwendeten Klausel, wonach „bekannte ernstliche Erkrankungen" vom Versicherungsschutz ausgeschlossen sind, sind umstritten.[35] Die Versicherung kann aber auch ähnlich einer Berufsunfähigkeitsversicherung ausgestaltet sein.[36] Dann soll allerdings eine abstrakte Verweisung unwirksam sein.[37]

III. Mehrere Krankenversicherungen eines VN bei demselben VR

13 Etwa im Fall einer Kündigung durch den VR (s. § 206 Rn 24 f) muss ggf festgestellt werden, ob **ein einziges Vertragsverhältnis** mit mehreren Tarifen **oder mehrere selbständige VersVerträge** vorliegen. Pflegepflichtversicherung und „normale" Krankenversicherung sind stets Gegenstand selbständiger VersVerträge.[38] Im Übrigen entscheidet sich grds. nach dem Parteiwillen, ob von einem oder mehreren VersVerträgen auszugehen ist. Sind mehrere Versicherungsscheine ausgestellt,

---

25 Überblick bei van Bühren/*Müller-Stein*, § 17 Rn 96 ff.
26 ZB OLG Frankfurt 20.1.2000 – 1 U 230/98, VersR 2000, 1097; BGH 22.11.2000 – IV ZR 235/99, VersR 2001, 184; OLG Saarbrücken 6.2.2002 – 5 U 141/01, zfs 2003, 86.
27 BGH 19.9.2007 – IV ZR 136/06, VersR 2008, 64.
28 Vgl BT-Drucks. 12/6959, S. 60: „Auslandsreise-Krankenversicherung".
29 Vgl Beckmann/Matusche-Beckmann/*Stormberg*, § 44 Rn 30.
30 Vgl Looschelders/Pohlmann/*Reinhard*, § 198 Rn 14.
31 BGH 15.6.1983 – IVa 31/82, VersR 1983, 850.
32 BT-Drucks. 12/6959, S. 60: „Restschuld-Krankentagegeldversicherung".
33 Beckmann/Matusche-Beckmann/*Stormberg*, § 44 Rn 31.
34 BGH 15.12.2009 – XI ZR 45/90, VersR 2010, 469.
35 Vgl OLG Saarbrücken 11.7.2007 – 5 U 643/06, VersR 2008, 621; OLG Koblenz 1.6.2007 – 10 U 1321/06, VersR 2008, 383; OLG Brandenburg 25.4.2007 – 4 U 183/06, VersR 2007, 1071; OLG Schleswig 27.3.2006 – 16 W 177/05, VuR 2007, 22; zusammenfassend Marlow/Spuhl, r+s 2009, 177.
36 BGH 11.9.2013 – IV ZR 303/12, r+s 2013, 561 („Ratenschutz-Arbeitsunfähigkeitsversicherung").
37 OLG Hamm 7.9.2012 – I-20 W 12/12, VersR 2013, 358; wohl auch OLG Koblenz 18.11.2011 – 10 U 1111/10, VersR 2012, 1516 = r+s 2013, 398.
38 KG 9.11.1999 – 6 U 2171/98, r+s 2000, 122, 124; Prölss/Martin/*Voit*, § 192 Rn 208.

spricht eine tatsächliche Vermutung dafür, dass auch mehrere Verträge bestehen.[39] Umgekehrt kann bei Vorliegen nur eines Versicherungsscheins jedenfalls nicht stets darauf geschlossen werden, dass nach dem Parteiwillen nur ein einheitlicher Vertrag abgeschlossen werden sollte.[40]

Möglich ist eine Koppelung (mehrere selbständige VersVerträge werden in einem Formular beantragt und mehrere Versicherungsscheine ausgestellt) oder eine Bündelung (mehrere selbständige Verträge werden in einem Formular beantragt, nur ein Versicherungsschein wird ausgestellt, aber verschiedene Versicherungsbedingungen gelten). Schließlich können mehrere Gefahren auch in nur einem Vertrag als sog. **kombinierte Versicherung** zusammengefasst sein (ein einheitlicher Antrag wird gestellt, nur ein Versicherungsschein liegt vor, einheitliche Versicherungsbedingungen gelten).[41] Für das Verhältnis verschiedener KrankenVersVerträge zueinander (insb. Krankheitskosten-, Krankenhaustagegeld- und Krankentagegeldversicherung) wird teilweise von einem einheitlichen VersVertrag,[42] teilweise von rechtlich selbständigen Verträgen ausgegangen.[43]

14

Nach hier vertretener Ansicht stellen die vorgenannten Krankenversicherungen stets rechtlich selbständige Verträge dar. Diese Versicherungen decken trotz der Gemeinsamkeit „Krankheit" verschiedene Gefahrenbereiche, haben deshalb auch – teilweise – unterschiedliche rechtliche Rahmenbedingungen und könnten auch jeweils gesondert abgeschlossen werden.[44] Dann schadet es nicht, wenn sie in einem Formular gemeinsam beantragt werden und nur ein Versicherungsschein vorliegt. Im Übrigen geht wegen der sozialen Funktion der privaten Krankenversicherung das Interesse des VN regelmäßig auf den Abschluss selbständiger Verträge, da diese in ihrem Bestand grds. voneinander unabhängig zu sehen sind und deshalb grds. weiterreichenden Schutz bieten. Hier besteht – anders als bei Zusatzversicherungen – kein besonderes Abhängigkeitsverhältnis zu einer jeweiligen Hauptversicherung.[45]

15

IV. Krankheitskostenversicherung (Abs. 1)

Sie ist die „klassische" Krankenversicherung und deckt das Risiko ab, mit finanziellen Aufwendungen belastet zu werden, die ihre Ursache in medizinisch notwendigen Heilbehandlungen oder ähnlichen medizinischen Maßnahmen haben. Sie ist Schadensversicherung.[46] Zu Einzelheiten s. § 1 MB/KK 09 Rn 1 ff.

16

V. Übermaßverbot (Abs. 2)

1. Kontext und Entwicklung. Die 2008 eingefügte Norm bringt in der Sache keine maßgebliche Veränderung gegenüber der Rechtslage, wie sie sich unter Geltung des alten Rechts in der Zeit nach der Grundsatzentscheidung des BGH vom 12.3.2003 („**Alphaklinik**")[47] darstellte. Bis zu dieser Entscheidung war es übereinstimmende Ansicht, dass wegen § 5 Abs. 2 MB/KK 94 eine Leistungspflicht des VR

17

---

39 Prölss/Martin/*Armbrüster*, § 29 Rn 2, § 1 Rn 161.
40 Ähnl. Prölss/Martin/*Armbrüster*, § 1 Rn 161.
41 *Kirsch*, Koppelung von Versicherungsanträgen, S. 13 ff; *Heidel*, VersR 1989, 986; *Präve*, VW 1992, 1529, 1530.
42 OLG Celle 22.3.1985 – 8 U 150/84, VersR 1986, 569; *Heidel*, VersR 1989, 986.
43 LG Köln 24.9.1991 – 25 O 448/90, r+s 1992, 352; *Kirsch*, Koppelung von Versicherungsanträgen, S. 36.
44 Ähnl. Bach/Moser/*Staudinger*, Teil A Einleitung Rn 49.
45 Deshalb stehen BGH 10.12.1986 – IVa ZR 94/85, VersR 1987, 177 und BGH 8.3.1989 – IVa ZR 17/88, VersR 1989, 689 nicht entgegen.
46 BGH 13.10.1971 – IV ZR 56/70, VersR 1971, 1138.
47 BGH 12.3.2003 – IV ZR 278/01, VersR 2003, 581; zusammenfassend *Rogler*, VersR 2009, 573.

nur für die kostenmäßig günstigere, zweier bei gegebener Indikation medizinisch gleichwertiger Behandlungsmöglichkeiten, die sich kostenmäßig aber erheblich unterscheiden, besteht.[48] Weiter war es höchstrichterliche Auffassung, dass ein im Verhältnis zum medizinischen Behandlungsumfang überhöhter Vergütungsansatz vom VR ebenfalls nicht zu ersetzen ist.[49] Mit der Entscheidung „Alphaklinik" wurde durch den BGH eine Korrektur bzw Kehrtwende vollzogen. Nunmehr soll sich den MB/KK keine Beschränkung der Leistungspflicht des VR auf die kostengünstigste Behandlung entnehmen lassen (**finanzielle Übermaßbehandlung**);[50] das Kürzungsrecht des VR bei der sog. **medizinischen Übermaßbehandlung** gem. § 5 Abs. 2 S. 1 MB/KK 09 erstreckt sich nicht auch auf Übermaßvergütungen (s. § 5 MB/KK 09 Rn 16).

18 Im **VVG-KE** war noch ein „echtes" Wirtschaftlichkeitsgebot vorgesehen, mit dem weder eine Übermaßbehandlung noch eine Übermaßvergütung vereinbar wäre.[51]

19 Der **Gesetzgeber** hingegen hat schließlich[52] bewusst von der Einführung eines Wirtschaftlichkeitsgebots abgesehen. Nach seinem Verständnis gibt Abs. 2 nun die geltende Rechtslage nach der BGH-Rspr wieder.[53] Praktisch hat die Norm keine Bedeutung erlangt,[54] Entscheidungen hierzu sind nicht veröffentlicht.

20 **2. Regelungsgehalt.** Damit verbleibt es für Alt- und Neuverträge von Gesetzes wegen also bei der **Unanwendbarkeit eines allgemeinen Wirtschaftlichkeitsgebots**. Es gilt „nur" das **Übermaßverbot des Abs. 2** (wegen Abs. 6 S. 2 auch für die Pflegekostenversicherung).[55] Dessen Regelungsgehalt beschränkt sich auf ein Verbot der Übermaßvergütung,[56] soll also eine Kürzung der Leistungspflicht ermöglichen, wenn eine Behandlung schlicht „objektiv" zu teuer ist, während die medizinische Seite der Behandlung nicht in Streit steht.[57] Für **Neuverträge** ist die Vereinbarung eines Wirtschaftlichkeitsgebots möglich,[58] da § 208 S. 1 das Übermaßverbot des Abs. 2 nicht zu den halbzwingenden Normen rechnet. Eine solche Klausel müsste aber dem Selbstbestimmungsrecht des VN als Patienten in transparenter Weise Rechnung tragen.[59] In den MB/KK 09 ist ein Wirtschaftlichkeitsgebot nicht verankert, wohl aber das gesetzliche Verbot der Übermaßvergütung und weiterhin das Verbot der (medizinischen) Übermaßbehandlung (§ 5 Abs. 2 MB/KK 09, s. § 5 MB/KK 09 Rn 16). Die Wirtschaftlichkeitsklausel des Teil B. § 1 Abs. 1 S. 4 MB/BT 2009,[60] wonach die Erstattungspflicht des VR im Basistarif „nach Grund und Höhe auf ausreichende, zweckmäßige und wirtschaftliche Leistungen" beschränkt ist, hält zumindest einer Inhaltskontrolle stand.[61]

---

48 BK/*Hohlfeld*, § 178 b Rn 7 m. umf. Nachw. aus der Rspr.
49 BGH 30.11.1977 – IV ZR 69/76, VersR 1978, 267.
50 Zu den Begriffen *Rogler*, VersR 2009, 573.
51 VVG-KE S. 407 f; ausf. hierzu Vorauflage (2. Aufl. 2011, aaO).
52 Differenzierend noch VVG-RefE S. 161 zu § 192 Abs. 2 RefE.
53 Begr. RegE, BT-Drucks. 16/3945, S. 110; ausf. hierzu Vorauflage (2. Aufl. 2011, aaO).
54 So auch *Rehmann/Vergho* VersR 2015, 159.
55 Dies auch ohne gesonderte vertragliche Vereinbarung: *Rogler*, VersR 2009, 575, 580; aA Marlow/Spuhl/*Marlow*, Rn 1285 f.
56 Prölss/Martin/*Voit*, § 192 Rn 153; aA Langheid/Wandt/*Boetius*, vor § 192 Rn 1121 ff; hiergegen *Rogler*, VersR 2009, 573.
57 Ausführlich *Rogler*, VersR 2009, 573, zT gegen *Boetius*, VersR 2008, 1431. Wie hier Bach/Moser/*Kalis*, § 192 VVG Rn 12 f; vgl LG Dortmund 18.11.2010 – 2 S 39/10, NJW-RR 2011, 903.
58 Begr. RegE, BT-Drucks. 16/3945, S. 110; Marlow/Spuhl/*Marlow*, Rn 1289.
59 Zu entsprechenden Formulierungen und deren Wirksamkeit eingehend *Rogler*, VersR 2009, 573.
60 Allgemeine Versicherungsbedingungen 2009 für den Basistarif (AVB/BT 2009), abrufbar unter http://www.pkv.de/recht/allgemeine_versicherungsbedingungen_2009/allgemeine_versicherungsbedingungen_basistarif_mb_bt_2009_pdf.pdf.
61 *Rogler*, VersR 2009, 573.

Altverträge konnten nach Art. 1 Abs. 3 EGVVG bzw Art. 2 Nr. 2 EGVVG an das neue Recht – und damit auch Abs. 2 – angepasst werden; die Anpassung war aber nur insoweit zulässig, als sie aufgrund einer Änderung des bisherigen Rechts geboten war.[62] Eine gesetzlich nicht vorgeschriebene Schlechterstellung des VN durch die Einführung eines Wirtschaftlichkeitsgebots „bei Gelegenheit" der Gesetzesreform war daher nicht zulässig.[63] Die Geltung des Abs. 2 für Altverträge ipso jure ist rechtlich nicht begründbar.[64] Der BGH hat dem Bemühen der VR, im Wege des Treuhänderverfahrens nach § 178 g Abs. 3 aF bzw § 18 MB/KK 94 ihre Bedingungen auf den Status quo ante zurückzuführen, eine deutliche Absage erteilt:[65] Eine Änderung der Rspr zur Auslegung einer Versicherungsbedingung wie in der Entscheidung „Alphaklinik" ist weder mit der Unwirksamkeit einer Bestimmung iSd § 178 g Abs. 3 S. 2 aF (jetzt: § 203 Abs. 4) gleichzusetzen noch als eine „nicht nur als vorübergehend anzusehende Änderung der Verhältnisse des Gesundheitswesens" iSd § 178 g Abs. 3 S. 1 aF (jetzt: § 203 Abs. 3) zu verstehen.[66] Auch eine Änderung der AVB auf der Grundlage des § 18 Abs. 1 S. 1 d, Abs. 4 MB/KK 94 hat der BGH wegen dessen Unwirksamkeit verworfen.[67]

21

Bei Bejahung eines „auffälligen Missverhältnisses" kann der Behandlungsvertrag – bei Vorliegen der für Abs. 2 allerdings nicht erforderlichen (s. Rn 26) subjektiven Voraussetzungen – an sich bereits nach § 138 Abs. 2 BGB nichtig sein; der VR wäre demnach zu überhaupt keiner Leistung verpflichtet (vgl § 1 MB/KK 09 Rn 2). Die Bedeutung des Abs. 2 liegt nun darin, den VN in diesen Fällen nicht vollends anspruchslos zu stellen, sondern ihm die Leistung der „angemessenen" Vergütung zu bewahren. Wie sich aus der Formulierung „insoweit" ergibt, hat der VR nur ein Kürzungsrecht. Für den Sockelbetrag der Leistung, der nicht „in einem auffälligen Missverhältnis zu den erbrachten Leistungen" steht, bleibt er weiterhin erstattungspflichtig.[68]

22

3. Voraussetzung des Übermaßverbots. Erforderlich ist ein „**auffälliges Missverhältnis**" von Aufwendung zu erbrachter Leistung, also von Leistung und Gegenleistung. Zur Auslegung wird man auf die entsprechende Formulierung des Wucherverbots in § 138 Abs. 2 BGB zurückgreifen können, ja müssen, da der Gesetzgeber sich auf die Entscheidung „Alphaklinik" stützt und diese gerade die Anwendung des § 138 BGB prüft.[69]

23

Entscheidend ist der Wert der tatsächlich erbrachten Leistungen. Nicht maßgeblich ist der erzielte Leistungserfolg oder die Dauer der Leistung. Auch die tatsächlichen Kosten des Leistungserbringers oder dessen frühere Abrechnungspraxis dürfen nicht zur Bestimmung des objektiven Wertes herangezogen werden. Geeignetes Mittel hierfür ist vielmehr ein **Marktvergleich**, so dass das vereinbarte Entgelt dem marktüblichen Preis, den die Mehrzahl der übrigen Anbieter für vergleichbare

24

---

62 Begr. RegE, BT-Drucks. 16/3945, S. 118; so grds. auch *Marlow/Spuhl*, VersR 2006, 1334, 1338.
63 Prölss/Martin/*Voit*, § 192 Rn 159; die Möglichkeit der Aufnahme des Verbots der Übermaßvergütung in § 192 Abs. 2 nach Art. 1 Abs. 3 EGVVG bejahend Marlow/Spuhl/*Marlow*, Rn 1286 f; ihm folgend: *Meixner/Steinbeck*, § 10 Rn 5 Fn 6. Grundsätzlich bejahend auch Schwintowski/Brömmelmeyer/*Brömmelmeyer*, § 192 Rn 55; zweifelnd *Höra*, r+s 2008, 89, 96.
64 Prölss/Martin/*Voit*, § 192 Rn 158; ausf. zu Altverträgen *Rogler*, VersR 2009, 573; aA Looschelders/Pohlmann/*Reinhard*, § 192 Rn 24; vgl LG Dortmund 18.11.2010 – 2 S 39/10, NJW-RR 2011, 903.
65 BGH 12.12.2007 – IV ZR 130/06, VersR 2008, 246.
66 Zusammenfassend *Rogler*, jurisPR-VersR 3/2008 Anm. 1.
67 BGH 23.1.2008 – IV ZR 169/06, VersR 2008, 482.
68 Vgl OLG Köln 22.10.1997 – 5 U 94/97, VersR 1998, 88.
69 AA *Rehmann/Vergho*, VersR 2015, 159, 164.

Leistungen fordert, gegenüberzustellen ist.[70] Damit dürfen also etwa Privatkliniken nur untereinander, nicht aber mit öffentlich geförderten Krankenhäusern und Versorgungskrankenhäusern nach den Bestimmungen des Krankenhausfinanzierungsgesetzes und der Bundespflegesatzverordnung verglichen werden. Auch der Abrechnungsmodus muss vergleichbar sein; Fallpauschalen dürfen also nicht tagesgleichen Pflegesätzen gegenübergestellt werden.[71]

25 Ausgehend von dieser Vergleichsbetrachtung ist nach allgemeinen Grundsätzen von einem „auffälligen Missverhältnis" bei einer Differenz von Leistung und Gegenleistung von **mehr als 100 %** auszugehen.[72]

26 Anders als § 138 Abs. 2 BGB nennt Abs. 2 keine weiteren subjektiven Voraussetzungen. Dies ist damit erklärbar, dass § 138 BGB insoweit das Verhältnis der beiden (Behandlungs-)Vertragspartner meint, während Abs. 2 die Parteien des KrankenVersVertrages anspricht. Zur Begründung des Kürzungsrechts des Abs. 2 genügt deshalb ein objektiv „auffälliges Missverhältnis".[73] Liegen allerdings zusätzlich die subjektiven Voraussetzungen des § 138 BGB vor, ist der VR vollumfänglich leistungsfrei (s. Rn 22 und § 1 MB/KK 09 Rn 2).

27 Ansatzpunkt einer „Aufweichung" iSd VR könnte die Argumentation sein, dass – etwa vergleichbar der Rspr. zum sog. Unfallersatztarif im Schadensersatzrecht – ein Marktvergleich nicht mehr möglich ist, wenn sich besondere Entgelte etwa für Privatleistungen entwickelt haben, die nicht mehr maßgeblich von Angebot und Nachfrage bestimmt werden, wenn also die Entgelte durch weitgehend gleichförmiges Verhalten der Anbieter geprägt sind.[74] Die Voraussetzungen des Abs. 2 muss der VR darlegen und **beweisen**, der sich auf eine Kürzungsbefugnis berufen will.[75] Den VN trifft nach allgemeinen Grundsätzen[76] ggf eine sekundäre Darlegungslast, die aber nicht zu einer Beweislastumkehr führt.[77]

VI. Zusätzliche Dienstleistungen (Abs. 3)

28 **1. Grundsätzliches.** Abs. 3 soll es dem VR ermöglichen, auf die Qualität der medizinischen Versorgung und die dafür zu leistenden Vergütungen Einfluss zu nehmen, wie es in der gesetzlichen Krankenversicherung aufgrund direkter Vertragsbeziehungen zwischen Krankenkassen und den medizinischen Leistungserbringern (insb. Kassenärztliche Vereinigungen mit ihren Bundesverbänden) möglich ist. Den VR soll ebenfalls ein Instrumentarium zur Verfügung gestellt werden, um auf Kostensteigerungen im Gesundheitswesen – insb. auf der Ausgabenseite – Einfluss zu nehmen.[78] Erforderlich ist für den Anwendungsbereich der Norm – anders als für Abs. 8 – eine gesonderte Vorabvereinbarung der Zusatzleistungen.

29 Unter den in diesem Zusammenhang fallenden Stichworten „**Managed Care/Leistungsmanagement**" werden unterschiedliche Arten von Maßnahmen zur Kosten-

---

70 BGH 12.3.2003 – IV ZR 278/01, VersR 2003, 581; Schwintowski/Brömmelmeyer/*Brömmelmeyer*, § 192 Rn 53.
71 BGH 12.3.2003 – IV ZR 278/01, VersR 2003, 581.
72 BGH 23.6.2006 – V ZR 147/05, NJW 2006, 3054; BGH 20.6.2000 – XI ZR 237/99, NJW-RR 2000, 1431, jew. mwN; iE ebenso Schwintowski/Brömmelmeyer/*Brömmelmeyer*, § 192 Rn 53; Prölss/Martin/*Voit*, § 192 Rn 155 f; aA *Rehmann/Vergho*, VersR 2015, 159, 165; Marlow/Spuhl/*Marlow*, Rn 1288 („regelmäßig 50 %").
73 HM, Prölss/Martin/*Voit*, § 192 Rn 156; Schwintowski/Brömmelmeyer/*Brömmelmeyer*, § 192 Rn 53; Looschelders/Pohlmann/*Reinhard*, § 192 Rn 21; Langheid/Wandt/*Kalis*, § 192 Rn 77. Vgl auch BGH 4.8.2000 – III ZR 158/99, VersR 2000, 1250.
74 Vgl BGH 12.10.2004 – VI ZR 151/03, VersR 2005, 239.
75 Vgl BGH 12.3.2003 – IV ZR 278/01, VersR 2003, 581; grds. auch Bach/Moser/*Kalis*, § 192 VVG Rn 14.
76 Vgl BGH 22.9.2004 – IV ZR 200/03, VersR 2005, 676.
77 AA Bach/Moser/*Kalis*, § 192 VVG Rn 14.
78 BT-Drucks. 16/3945, S. 55.

steuerung zusammengefasst. Mit Abs. 3 soll das Leitbild der PKV über die reine Kostenerstattung hinaus erweitert werden, indem die derzeit[79] praktisch bedeutsamsten Dienstleistungen des Leistungsmanagements als mögliche Zusatzleistung des VR benannt werden.[80]

Der unmittelbare Regelungsgehalt der Norm ist eher gering. Bereits heute sind etwa die unmittelbare Abrechnung (Nr. 5) und die Beratung (Nr. 1) Gegenstand vieler Tarifbestimmungen. Die Norm hat deshalb zum einen klarstellende Funktion, indem sie diese Praxis auf eine – nicht zwingend erforderliche – gesetzliche Grundlage stellt; zum anderen sollen durch die Klarstellung die VR ermuntert werden von den angebotenen Maßnahmen Gebrauch zu machen.[81]   30

Abs. 3 ist **nicht abschließend** („insbesondere"),[82] um der fortschreitenden Entwicklung in diesem Bereich Rechnung zu tragen,[83] und auch im Übrigen **dispositiv** (§ 208 S. 1).   31

Das Kriterium der **Unmittelbarkeit** („Dienstleistungen, die in unmittelbarem Zusammenhang mit Leistungen nach Abs. 1 stehen") wird eine spürbare Eingrenzung des Anwendungsbereichs kaum begründen können; dies lässt sich aus Nr. 4 herleiten, die noch als „unmittelbar" gelten soll, obgleich sie Beziehungen des VN zu Dritten berührt und eine Involvierung des VR in dieser Konstellation alles andere als zwingend erscheint. Zu beachten sind bei der Einführung über Abs. 3 hinausgehender Maßnahmen allerdings die durch §§ 307 f BGB und das Aufsichtsrecht gezogenen Grenzen. Abs. 3 betrifft unmittelbar nur das Innenverhältnis von VR und VN. Die Außenbeziehungen zu den Leistungserbringern werden hiervon nicht beeinflusst[84] und bedürfen ggf besonderter Ausgestaltung.[85]   32

2. Beratung über Leistungen und deren Anbieter (Nr. 1). Die Bezugnahme auf Abs. 1 ist nicht notwendig dahingehend zu verstehen, dass die Beratung nur den bereits bestehenden vertraglichen Leistungskatalog ansprechen darf. Sie kann sich vielmehr auf das generelle Leistungsangebot des VR beziehen.[86] **Beratung** meint hier sowohl den **objektiv-medizinischen** Aspekt – also etwa Beratung über die Vergleichbarkeit oder Vorzüge verschiedener Therapien[87] – als auch den **persönlich-fachlichen** – etwa wertende Hinweise auf die „Vorzüge" des einen gegenüber einem anderen Anbieter.[88] Dies begegnet aus wettbewerbsrechtlicher Sicht keinen Bedenken, da es insofern an einer auf Außenwirkung im Markt gerichteten Wettbewerbshandlung fehlt (§ 2 Abs. 1 Nr. 1 UWG).[89] Siehe auch Abs. 8 (Rn 50 ff).   33

3. Beratung über die Berechtigung von Entgeltansprüchen (Nr. 2). Die Abgrenzung zu Nr. 3 dürfte in **zeitlicher** Hinsicht zu erfolgen haben. Nr. 2 meint die Konstellation, die erst bei Hinzutreten weiterer Umstände (Mahnung etc.) zu einem pathologischen Vertragsverhältnis zum Leistungserbringer führt (dann Nr. 3). Hier wie auch zu Nr. 3 und 4 gilt, dass die entsprechende Tätigkeit des VR nach § 5 Abs. 1 S. 1 RDG unbedenklich ist.[90] Danach sind **Rechtsdienstleistungen** im Zusammenhang mit einer anderen Tätigkeit erlaubt, wenn sie als Nebenleistung zum   34

---

79 VVG-KE S. 166.
80 BT-Drucks. 16/3945, S. 55.
81 Zu den Auswirkungen auf die Prämienkalkulation s. Bach/Moser/*Kalis*, § 192 VVG Rn 15.
82 Bach/Moser/*Kalis*, § 192 VVG Rn 15.
83 BT-Drucks. 12/6959, S. 110; VVG-KE S. 408.
84 BT-Drucks. 12/6959, S. 110.
85 Bach/Moser/*Kalis*, § 192 VVG Rn 31.
86 AA möglicherweise BT-Drucks. 12/6959, S. 110; VVG-KE S. 408.
87 Hierzu eingehender Looschelders/Pohlmann/*Reinhard*, § 192 Rn 26.
88 Bach/Moser/*Kalis*, § 192 VVG Rn 19 f; *ders.*, in: Langheid/Wandt, § 192 Rn 89 f.
89 Vgl BGH 12.12.2007 – IV ZR 130/06, VersR 2008, 246.
90 Gesetz über außergerichtliche Rechtsdienstleistungen (Rechtsdienstleistungsgesetz – RDG) vom 12.12.2007 (BGBl. I S. 2840) mit späteren Änderungen.

Berufs- oder Tätigkeitsbild gehören. Davon wird bereits man aufgrund der gesetzlichen Wertung des Abs. 3 auszugehen haben.[91] Für eine Unterlassungsklage gegen den VR mit dem Ziel zu untersagen, dass und weshalb ein geltend gemachtes (Zahn-)Arzthonorar der Höhe nach nicht gerechtfertigt sei, fehlt regelmäßig das Rechtsschutzbedürfnis.[92] Den VN trifft die Nebenpflicht, eingereichte Rechnungen zumindest auf ihre Plausibilität zu prüfen und den VR auf etwaige Ungereimtheiten hinzuweisen; dies kann im Einzelfall Schadensersatzansprüche begründen.[93]

35 **4. Unberechtigte Entgeltansprüche (Nr. 3).** Der Tatbestand greift nur, wenn der VN die unberechtigten Entgeltansprüche nicht auf eigene Kosten, zB ohne Inanspruchnahme des VR, erfüllen will.[94] Erst dann sind nämlich (auch) seine Interessen berührt. Die Formulierung lehnt sich an Ziff. 5.1 S. 1 AHB 08 an, hier allerdings beschränkt auf die Abwehr vertraglicher Entgeltansprüche. Vorbehaltlich anderweitiger Ausgestaltung in den AVB oder Tarifbestimmungen wird man eine dem Wortlaut der Nr. 4 entsprechende Klausel nur wie in den AHB verstehen können. Demnach geht die Abwehr unberechtigter Entgeltansprüche inhaltlich auf die Übernahme einer Rechtsschutzverpflichtung durch den VR.[95] Je nach der weiteren vertraglichen Ausgestaltung dieser Verpflichtung könnte dies auch die Führung eines Prozesses auf Kosten des VR einschließlich der Auswahl und Beauftragung eines Anwalts durch diesen beinhalten.[96]

36 **5. Fehlerhafte Leistungserbringung (Nr. 4).** Die Unterstützung durch den VR bei der Durchsetzung eigener Ansprüche des VN wegen fehlerhafter Erbringung von Leistungen ihm gegenüber betrifft v.a. den Arzthaftungsbereich. Unterstützung dürfte hier allerdings eher in tatsächlicher Hinsicht und nicht in rechtlicher Form zu verstehen sein, also weniger weit reichen als die „Abwehr" iSd Nr. 3.[97] Vorstellbar ist zB die Hilfe bei der Suche nach geeigneten Sachverständigen zur vorprozessualen Gutachtenerstellung oder die Benennung geeigneter Anwälte.

37 **6. Vertragliche Beziehungen (Nr. 5).** Direkte vertragliche Beziehungen zwischen KrankenVR und Leistungserbringern („Klinik-Card")[98] ermöglichen bei einer Verknüpfung mit entsprechenden Tarifangeboten eine unmittelbare Einflussnahme auf die dann im Versicherungsfall zu erstattenden Leistungen. Denkbar ist neben der direkten Abrechnung[99] etwa die Vereinbarung einer „**Klinikbindung**", vergleichbar der Werkstattbindung in der Kfz-Versicherung.[100] Zu den – in Grenzen – gegebenen Möglichkeiten zur Vereinbarung von Vergütungshöhen s. Bach/Moser/*Kalis*, § 192 VVG Rn 36 f.

---

91 Ebenso Langheid/Wandt/*Kalis*, § 192 Rn 83.
92 OLG Düsseldorf 28.5.2014 – 15 U 45/14, GRUR 2014, 1219.
93 AG München 4.7.2013 – 282 C 28161/12, juris.
94 VVG-KE S. 165.
95 StRspr zur Haftpflichtversicherung, BGH 7.2.2007 – IVZR 149/03, VersR 2007, 1116. So wohl auch Looschelders/Pohlmann/*Reinhard*, § 192 Rn 28.
96 Vgl BGH 7.2.2007 – IV ZR 149/03, VersR 2007, 1116 zu Ziff. 3 AHB; ähnl. Langheid/Wandt/*Kalis*, § 192 Rn 93.
97 Ähnl. Looschelders/Pohlmann/*Reinhard*, § 192 Rn 29.
98 Dazu OLG München 20.8.2013 – 25 U 1842/13, VersR 2014, 694; OLG München 18.10.2005 – 25 U 4903/04, NJW-RR 2005, 1697; OLG Celle 5.3.2003 – 9 U 201/02, VersR 2003, 1293.
99 Zur Rückforderung eines vom VR versehentlich nicht einbehaltenen Selbstbehalts AG Saarbrücken 19.11.2013 – 121 C 263/13, juris.
100 Dazu etwa Bieber, VW 2007, 992; *Thiele*, VW 2008, 215; vgl Langheid/Wandt/*Kalis*, § 192 Rn 108 ff; zur sog. Hausarztklausel s. BGH 18.2.2009 – IV ZR 11/07, VersR 2009, 623.

VII. Krankenhaustagegeldversicherung (Abs. 4)

Die Norm macht dispositive Vorgaben zum Versicherungsfall und Leistungsumfang für die Krankenhaustagegeldversicherung (vgl § 1 Abs. 1, 2 MB/KK 09; s. § 1 MB/KK 09 Rn 1 ff). Die Krankenhaustagegeldversicherung ist eine Summenversicherung; sie dient nicht der konkreten, sondern der abstrakten Bedarfsdeckung.[101] Sie soll – ausgenommen der Tarife, die ein Wahlrecht zwischen der Erstattung der Krankenhauskosten bzw Wahlleistungen und der Zahlung eines Krankenhaustagegeldes einräumen[102] – vornehmlich die mit einem Krankenhausaufenthalt vielfach indirekt verbundenen Kosten decken, etwa zusätzliche Aufwendungen für die Betreuung der Familie, für Besuche und die damit verbundenen Fahrtkosten oder für die Unterbringung einer Begleitperson im Krankenhaus.[103] Siehe im Übrigen § 1 MB/KK 09 Rn 3.

38

VIII. Krankentagegeldversicherung (Abs. 5)

Die Regelung der Krankentagegeldversicherung ist mit § 178 b Abs. 3 aF identisch.[104] Sie ist Verdienstausfallversicherung (s. § 1 MB/KT 09 Rn 1 ff). Ob sie Summenversicherung ist, hängt von dem durch die jeweilige Versicherungsbedingungen ausgestalteten Leistungsversprechen ab. Ist ein fester Tagessatz für – von der Karenzzeit abgesehen – jeden Tag der Arbeitsunfähigkeit vereinbart, liegt – wie für eine Summenversicherung typisch – eine pauschale Bedarfsdeckung vor.[105] Dann ist die Krankentagegeldversicherung auch bei Geltung der MB/KT 09 eine Summenversicherung.[106] Siehe im Übrigen § 1 MB/KT 09 Rn 1 ff.

39

IX. Pflegeversicherung (Abs. 6)

Die private (freiwillige bzw Zusatz-)Pflegekrankenversicherung soll die Differenz, die zwischen den Leistungen der sozialen Pflegeversicherung bzw der ihr nach Art und Umfang gleichwertigen privaten Pflegepflichtversicherung und den tatsächlichen Kosten einer Pflegebedürftigkeit besteht, abdecken. Dies kann in Form von Kostenersatz oder eines pauschalierten Tagegeldes erfolgen.[107] **Versicherungsfall** ist die **Pflegebedürftigkeit**. Diese liegt nach der bedingungsgemäßen Definition (§ 1 Abs. 2 S. 2 der einschlägigen Musterbedingungen; s. Rn 42) im Wesentlichen vor, wenn die versicherte Person für die gewöhnlichen und regelmäßig wiederkehrenden Verrichtungen im Ablauf des täglichen Lebens auf Dauer, voraussichtlich für mindestens sechs Monate, der Hilfe bedarf.[108] Die Pflegebedürftigkeit alleine schließt Ansprüche aus der Krankheitskostenversicherung bei Vorliegen der übrigen Anspruchsvoraussetzungen nicht aus.[109]

40

Als **Pflicht**versicherung folgt die Pflegeversicherung nach § 23 Abs. 1 SGB XI der privaten Krankheitskostenversicherung. Der Inhalt des privaten PflegepflichtVers-Vertrages ist im Wesentlichen zwingend gesetzlich vorgeschrieben (§§ 23, 110

41

---

101 BGH 11.4.1984 – IVa ZR 38/83, VersR 1984, 677; BGH 11.4.1984 – IVa ZR 133/82, VersR 1984, 675; OLG Hamm 9.8.1989 – 20 U 292/88, VersR 1990, 843; BT-Drucks. 12/6959, S. 104.
102 Zu einem solchen Fall s. OLG Frankfurt 5.12.2002 – 15 U 246/01, VersR 2004, 368.
103 BGH 11.4.1984 – IVa ZR 38/83, VersR 1984, 677; BGH 11.4.1984 – IVa ZR 133/82, VersR 1984, 675; OLG Hamm 8.1.1999 – 20 U 137/98, VersR 1999, 1138.
104 Begr. RegE, BT-Drucks. 16/3945, S. 110.
105 Vgl Langheid/Wandt/*Hütt*, § 192 Rn 126 f.
106 BGH 4.7.2001 – IV ZR 307/00, VersR 2001, 1100 (zu den insoweit identischen MBKT 94); ausf. Bach/Moser/*Wilmes*, § 1 MBKT Rn 4 f.
107 BGH 27.9.2000 – IV ZR 115/99, VersR 2000, 1533.
108 Systematische Kommentierung bei Bach/Moser/*Weber*, Teil G Private Pflegepflichtversicherung.
109 OLG Hamm 7.12.1994 – 20 U 106/94, r+s 1995, 353.

SGB XI) und damit der autonomen Gestaltung der Vertragspartner entzogen.[110] Es besteht Kontrahierungszwang des Krankenversicherers (§ 110 Abs. 1 Nr. 1 SGB XI). Nach § 110 Abs. 4 SGB XI sind Rücktritts- und Kündigungsrechte des VR ausgeschlossen, solange der Kontrahierungszwang besteht – selbst in gravierendsten Fällen, in denen ausnahmsweise die außerordentliche Kündigung einer Pflichtversicherung möglich bleibt (s. § 206 Rn 17 ff).[111] Beendigungsgründe des KrankenVersVertrages bewirken nicht zwingend das Ende des PflegeVersVertrages, sondern müssen auf diesen durchschlagen.[112] Siehe hierzu auch § 206 Rn 24 f.

42 Die Pflegeversicherung ist in ihrer Form als **Pflegekostenversicherung**, die – wie die Krankheitskostenversicherung – konkrete (Pflege-)Aufwendungen decken soll, Schadensversicherung.[113] Ist (ergänzend) die Zahlung eines täglichen Pflegegeldes vereinbart (**Pflegetagegeldversicherung**), ist die Pflegeversicherung – wie die Krankentagegeldversicherung – Summenversicherung;[114] dies gilt auch bei Abhängigkeit des Tagegeldes von der zugeordneten Pflegestufe.[115] Es gibt Musterbedingungen.[116]

43 Für Streitigkeiten in Angelegenheiten der privaten Pflegeversicherung ist nicht die Zuständigkeit der ordentlichen Gerichte gegeben, sondern nach § 51 Abs. 2 S. 2 SGG ist der Rechtsweg zu den **Gerichten der Sozialgerichtsbarkeit** eröffnet.[117] ZB fallen in die Zuständigkeit der Sozialgerichte aus einer privaten Pflegeversicherung Klagen auf Pflegeleistungen, auf Beitragszahlung, betreffend Versicherungspflicht, Beitragszuschüssen und Kontrahierungszwang. Dies gilt auch, wenn zugleich die private Krankenversicherung Streitgegenstand ist (vgl § 17 Abs. 2 S. 1 GVG). An diesem systemwidrigen Zustand wurde trotz entsprechenden Änderungsvorschlags des VVG-KE festgehalten.[118] § 17 a Abs. 5 GVG ist zu beachten.[119]

44 Nach **S. 2** gilt das **Übermaßverbot** des Abs. 2 auch für die Pflegekostenversicherung.

45 **S. 3** stellt klar, was schon bislang galt, nämlich dass das SGB XI die private Pflegeversicherung als Pflegepflichtversicherung detailliert regelt und insoweit vorgeht.[120] Der Vorschlag des VVG-KE, das inhaltlich mit dem gesetzlichen materiellen Pflegeversicherungsrecht nach § 23 Abs. 6 Nr. 1 SGB XI identische private Pflegeversicherungsrecht in das VVG zu übernehmen, wurde nicht Gesetz.[121]

X. Direktabrechnung (Abs. 7)

46 Im Rahmen der Art. 2 Nr. 8 a und 48 Abs. 9 GKV-WSG[122] (§ 75 Abs. 3 a SGB V) wurde die Verpflichtung für Ärzte eingeführt, Patienten, die im Basistarif versi-

---

110 BSG 8.8.1996 – 3 BS 1/96, VersR 1998, 486.
111 BGH 7.12.2011 – IV ZR 105/11, r+s 2012, 136.
112 Prölss/Martin/*Voit*, § 192 Rn 208; s. für den umgekehrten Fall OLG Koblenz 14.11.2008 – 10 U 592/07, VersR 2009, 771 m. abl. Anm. *Rogler*, jurisPR-VersR 3/2009 Anm. 2.
113 BSG 22.8.2001 – B 3 P 21-00 R, NVersZ 2002, 562, 564; Bach/Moser/*Kalis*, § 194 VVG Rn 2; Looschelders/Pohlmann/*Reinhard*, § 192 Rn 42.
114 Bach/Moser/*Kalis*, § 194 VVG Rn 2; Looschelders/Pohlmann/*Reinhard*, § 192 Rn 42.
115 AA BSG 22.8.2001 – B 3 P 21-00 R, NVersZ 2002, 562, 564.
116 Allgemeine Versicherungsbedingungen für die private Pflegepflichtversicherung (MB/PPV 2009); Musterbedingungen 2009 für die Pflegekrankenversicherung (MB/PV 2009); Musterbedingungen 2009 für die ergänzende Pflegekrankenversicherung (MB/EPV 2009). Siehe www.pkv.de/recht/Musterbedingungen/
117 BSG 8.8.1996 – 3 BS 1/96, VersR 1998, 486.
118 VVG-KE S. 186 f, 284.
119 KG 9.11.1999 – 6 U 2171/98, r+s 2000, 122.
120 Begr. RegE, BT-Drucks. 16/3945, S. 110.
121 VVG-KE S. 408, 424.
122 Vom 26.3.2007 (BGBl. I S. 378).

chert sind, zu denselben Konditionen zu behandeln wie GKV-Versicherte. Als Gegenstück zu dieser Angleichung an die Erstattungssätze der GKV wurde in **Abs. 7 S. 1** dem Leistungserbringer die Möglichkeit zur Direktabrechnung mit dem VR eingeräumt.[123] Nach **Abs. 7 S. 2** haften ferner VR und VN dem Leistungserbringer gesamtschuldnerisch.

Sowohl die **Befugnis zur Direktabrechnung** als auch die **gesamtschuldnerische Haftung** beschränken sich auf die Krankheitskostenversicherung im Basistarif und auf die jeweilige tarifliche Leistungspflicht des VR („**soweit**"). Das bedeutet insb., dass der VR der Forderung des Leistungserbringers etwaige tarifliche Selbstbehalte des VN entgegenhalten kann, soweit diese noch nicht aufgebraucht sind.[124] Ebenso kann der VR dem Leistungserbringer die Einschränkung der Leistungspflicht im Falle des Ruhens der Leistungen nach § 193 Abs. 6[125] oder eine evtl. **vollständige Leistungsfreiheit**[126] entgegenhalten. Der VR kann mit Beitragsrückständen des VN aufrechnen.[127] 47

Wirtschaftlich bedeutet Abs. 7 die Verlagerung des Inkassorisikos vom Arzt auf den VR, wenn der Versicherte die Rechnung des Leistungserbringers beim VR einreicht und die erhaltene Versicherungsleistung nicht an den Leistungserbringer weiterreicht. Die Zahlung des VR an den Versicherten stellt im Verhältnis zum Leistungserbringer keine Erfüllung iSd § 362 BGB dar. Der VR läuft bei Erstattung der Rechnung an den Versicherten somit grds. Gefahr, dass er vom Leistungserbringer auch noch in Anspruch genommen wird und somit die Rechnung doppelt begleichen muss.[128] Nach *Reinhard*[129] soll dagegen der Anspruch des Leistungserbringers durch Zahlung an den Versicherten erlöschen. Dies dürfte verkennen, dass Abs. 7 S. 2 den VR zum Gesamtschuldner (neben dem Versicherten) des Vergütungsanspruchs des Leistungserbringers macht, nicht aber den Leistungserbringer zum Gesamtgläubiger (neben dem Versicherten) des Erstattungsanspruchs aus dem VersVertrag. 48

Praktische Auswirkungen hat dieser Streit aber nicht: Abs. 7 ist nach § 208 S. 1 im Verhältnis zwischen VR und VN dispositiv. Zur Vermeidung jeglichen Inkassorisikos ist dem VR deshalb in § 6 Abs. 3, 4 MB/BT 2009[130] das Recht zur unmittelbaren Leistung an den Leistungserbringer/Rechnungssteller eingeräumt, sofern dieser dem VR eine den Anforderungen von § 6 Abs. 1 MB/BT 09 genügende Rechnung übersendet oder der VN eine Rechnung zur Erstattung einreicht, ohne einen Nachweis darüber beizufügen, dass er die Forderung des Rechnungsstellers erfüllt hat. Der vertragliche Anspruch des VN gilt insoweit als erfüllt (§ 6 Abs. 3 S. 2, Abs. 4 S. 2 MB/BT 2009). 49

---

123 Bach/Moser/*Kalis*, § 192 VVG Rn 56.
124 Looschelders/Pohlmann/*Reinhard*, § 192 Rn 31; Langheid/Wandt/*Kalis*, § 192 Rn 223; Marlow/Spuhl/*Marko*, Rn 1343.
125 Bach/Moser/*Kalis*, § 192 VVG Rn 57.
126 Langheid/Wandt/*Kalis*, § 192 Rn 223; aA offenbar LG Köln 5.3.2014 – 23 S 15/13, VersR 2014, 993.
127 LG Köln 5.3.2014 – 23 S 15/13, VersR 2014, 993.
128 LG Köln 5.3.2014 – 23 S 15/13, VersR 2014, 993; *Marko*, Private Krankenversicherung, Teil B Rn 64; *Boetius*, PKV, § 192 VVG Rn 204.
129 Looschelders/Pohlmann/*Reinhard*, § 192 Rn 32.
130 Allgemeine Versicherungsbedingungen für den Basistarif (MB/BT 2009); abrufbar unter www.pkv.de/recht/Musterbedingungen/

XI. Auskunft über den Umfang des Versicherungsschutzes (Abs. 8)

50 **1. Leistungszusage und Selbstbindung.** Bereits vor und unabhängig von der zum 1.5.2013 eingeführten[131] Neuregelung des Abs. 8 gilt, dass eine aus Sicht des VN als verbindlich zu verstehende Leistungszusage des VR – im Rahmen ihrer Reichweite – bindende Wirkung hat. Der VR kann dann nicht ohne Weiteres seine Meinung ändern und die Zusage zurückziehen.[132]

51 Alleine der Umstand, dass der VR bereits bei anderer Gelegenheit dem Versicherten entsprechende Leistungen gewährt hat, bewirkt aber keine Selbstbindung, die gleichsam automatisch ohne weitere Sachprüfung zu einem Anspruch des Versicherten auch im konkreten Fall führen müsste.[133] Grundsätzlich steht dem VR nämlich in jedem einzelnen (Versicherungs-)Fall das Recht zu, die Leistungsvoraussetzungen erneut zu prüfen. Anders ist dies nur, wenn nach den Grundgedanken des § 242 BGB beim VN ein Vertrauen dahin gehend geweckt wurde, dass auch bei zukünftigen Versicherungsfällen entsprechende Leistungen erbracht würden (venire contra factum proprium). Dies bedarf stets einer konkreten Prüfung des Einzelfalls und dürfte nur unter besonderen Voraussetzungen einmal zu bejahen sein.[134]

52 Zur (Un-)Wirksamkeit von Leistungszusage-Klauseln s. § 4 MB/KK 09 Rn 2. Im Ausnahmefall kann der Anspruch auf eine Deckungszusage auch im Wege der **einstweiligen Verfügung** durchgesetzt werden (s. § 1 MB/KK 09 Rn 30).

53 **2. Gesetzlicher Auskunftsanspruch.** Der an § 13 Abs. 3a SGB V angelehnte Auskunftsanspruch des S. 1 soll dem Interesse des VN Rechnung tragen, vorab zu klären, ob bzw. inwieweit die Kosten einer Heilbehandlung, die höhere Kosten verursachen wird, durch seine Versicherung getragen werden.[135] Voraussetzung ist ein wirksamer VersVertrag, der aber dem Grunde nach überhaupt einen Anspruch auf eine entsprechende Kostenübernahme gewähren muss.[136] Die Anfrage des VN unterliegt dem Textformerfordernis (§ 126b BGB). Um dem Sinn der Auskunftspflicht zu genügen, kann der Begriff der („beabsichtigten") Heilbehandlung nicht zu eng verstanden werden, vielmehr müssen im Einzelfall auch einzelne Behandlungsschritte einer einheitlichen Heilbehandlung der Norm unterstellt werden.[137] Die Regelung wurde in § 4 Abs. 7 MB/KK umgesetzt.

54 Ähnlich muss zweckorientiert die Berechnung der **2.000 €-Grenze** vorgenommen werden. Maßgeblich sind die absoluten Heilbehandlungskosten und nicht die – etwa aufgrund eines Beihilfeanspruchs geminderte – dem VN im Einzelfall verbleibende Kostenbelastung.[138] Es ist Sache des VN, durch geeigneten Vortrag das Erreichen dieser Grenze jedenfalls plausibel zu machen.[139] Wird die 2.000 €-Grenze

---

131 Durch Art. 1 Nr. 2 des Gesetzes zur Änderung versicherungsrechtlicher Vorschriften vom 24.4.2013 (BGBl. I S. 932).
132 OLG Karlsruhe 21.8.1997 – 12 U 118/97, r+s 1998, 255 (zu § 4 Abs. 5 MBKK); *Ombudsmann-PKV*, Jahresbericht 2010, S. 40; *ders.*, Jahresbericht 2013, S. 45. OLG Karlsruhe 22.12.2011 – 9 U 3/10, r+s 2012, 500: deklaratorisches Anerkenntnis.
133 ZB OLG Köln 22.10.2010 – 20 U 30/10, VersR 2011, 656; OLG Frankfurt 20.6.2001 – 7 U 22/01, VersR 2002, 601; OLG Nürnberg 23.2.1995 – 8 U 2536/94, VersR 1996, 49.
134 *Rogler*, jurisPR-VersR 1/2011 Anm. 4; bejahend zB OLG Frankfurt 18.10.2012 – 3 U 278/11, juris.
135 BT-Drucks. 17/11469, S. 13.
136 *Mandler*, VersR 2013, 1104: kein Anspruch während Wartezeiten oder im Notlagentarif nach § 193 Abs. 6 (außer in den in § 12h Abs. 1 VAG benannten Ausnahmen).
137 Ausf. zur Abgrenzungsproblematik *Mandler*, VersR 2013, 1104, 1105.
138 BT-Drucks. 17/11469, S. 13.
139 BT-Drucks. 17/11469, S. 13.

nicht überschritten, kann – wie bereits bisher – ein Auskunftsanspruch im Einzelfall auf § 242 BGB gestützt werden.[140]

Nach S. 2 hat bei – objektiver[141] – (medizinischer) **Dringlichkeit** die Auskunftserteilung unverzüglich (§ 121 BGB), spätestens nach zwei Wochen, zu erfolgen; ohne Dringlichkeit beträgt die Frist vier Wochen. Fristbeginn ist nach S. 3 der Eingang beim VR; das ist eher als der Zugang iSd § 130 BGB.[142] Eine vollständige Vorlage aller erforderlichen Unterlagen zur Prüfung der Einstandspflicht ist nicht Voraussetzung für den Fristlauf.[143]

S. 4 bestimmt als **Rechtsfolge** einer nicht (rechtzeitig) erteilten Auskunft eine **Beweislastumkehr** zugunsten des VN.[144] Diese beschränkt sich aber auf die medizinische Notwendigkeit der Heilbehandlung, beinhaltet also keine Aussage zu Kostenfragen.[145] Nach dem Zweck der Regelung kann der VR die Beweislastumkehr nicht durch das Erteilen einer nicht begründeten Ablehnung umgehen.[146] Erteilt der VR fristgerecht eine Auskunft, ist diese bei Ablehnung für VN und VR nicht bindend; die Unsicherheit der Kostenübernahme bleibt dem VN. Wird hingegen vorbehaltlos eine positive Auskunft erteilt, muss dies aus Sicht des VN als bindend verstanden werden (s. Rn 50).[147] Der Gesetzgeber will mit der Norm den nach Treu und Glauben bestehenden Auskunftsanspruch klarstellend in das Gesetz aufgenommen wissen;[148] es kann deshalb nicht davon ausgegangen werden, dass er einer positiven Auskunft explizit einen verbindlichen Rechtscharakter absprechen wollte.[149]

XII. Weitere praktische Hinweise

Um die Freiheit der Produktgestaltung nicht zu beschränken,[150] ist § 192 **abdingbar** (§ 208 S. 1). Dies gilt aber nicht für den Direktanspruch nach Abs. 7.[151] Ansprüche auf Erstattung von Heilbehandlungskosten sind nach § 850b Abs. 1 Nr. 4, Abs. 2 ZPO grds. **nicht pfändbar**.[152] Ein privater Krankheitskostenversicherungsvertrag wird nicht vom Insolvenzbeschlag erfasst und unterliegt daher nicht dem Wahlrecht des Insolvenzverwalters nach § 103 InsO.[153] Bei **Insolvenz** des VN kann der Insolvenzverwalter den Vertrag zB nicht kündigen. Infolge der Unpfändbarkeit nach § 850b ZPO fällt der Anspruch auf Krankheitskostenerstattung oder Krankentagegeld nicht in die Insolvenzmasse (§ 36 Abs. 1 S. 1 InsO), so dass auch keine Unterbrechung eines Rechtsstreits nach 3 241 ZPO eintritt.[154]

Zum **einstweiligen Rechtsschutz** s. § 1 MB/KK 09 Rn 30 und § 1 MB/KT 09 Rn 12. Zum **Streitwert** s. § 205 Rn 39.

---

140 BT-Drucks. 17/11469, S. 13.
141 BT-Drucks. 17/11469, S. 14.
142 *Mandler*, VersR 2013, 1104, 1106.
143 BT-Drucks. 17/11469, S. 14.
144 BT-Drucks. 17/11469, S. 14; *Mandler*, VersR 2013, 1104, 1106.
145 BT-Drucks. 17/11469, S. 14; Prölss/Martin/*Voit*, § 192 Rn 77 i.
146 *Mandler*, VersR 2013, 1104, 1106, krit. Prölss/Martin/*Voit*, § 192 Rn 77 h.
147 Prölss/Martin/*Voit*, § 192 Rn 77 g mit der Möglichkeit des Widerrufs vor Durchführung der Heilbehandlung.
148 BT-Drucks. 17/11469, S. 10.
149 So aber wohl *Mandler*, VersR 2013, 1104, 1106.
150 VVG-KE S. 407; Looschelders/Pohlmann/*Reinhard*, § 192 Rn 1.
151 Looschelders/Pohlmann/*Reinhard*, § 192 Rn 46.
152 BGH 4.7.2007 – VII ZB 68/06, VersR 2007, 1435; BGH 19.2.2014 – IV ZR 163/13, r+s 2014, 183.
153 BGH 19.2.2014 – IV ZR 163/13, r+s 2014, 183.
154 OLG Karlsruhe 14.6.2012 – 9 U 139/10, VersR 2013, 172 = r+s 2012, 555 mwN.

§ 193 Versicherte Person; Versicherungspflicht

(1) ¹Die Krankenversicherung kann auf die Person des Versicherungsnehmers oder eines anderen genommen werden. ²Versicherte Person ist die Person, auf welche die Versicherung genommen wird.

(2) Soweit nach diesem Gesetz die Kenntnis und das Verhalten des Versicherungsnehmers von rechtlicher Bedeutung sind, ist bei der Versicherung auf die Person eines anderen auch deren Kenntnis und Verhalten zu berücksichtigen.

(3) ¹Jede Person mit Wohnsitz im Inland ist verpflichtet, bei einem in Deutschland zum Geschäftsbetrieb zugelassenen Versicherungsunternehmen für sich selbst und für die von ihr gesetzlich vertretenen Personen, soweit diese nicht selbst Verträge abschließen können, eine Krankheitskostenversicherung, die mindestens eine Kostenerstattung für ambulante und stationäre Heilbehandlung umfasst und bei der die für tariflich vorgesehene Leistungen vereinbarten absoluten und prozentualen Selbstbehalte für ambulante und stationäre Heilbehandlung für jede zu versichernde Person auf eine betragsmäßige Auswirkung von kalenderjährlich 5.000 Euro begrenzt ist, abzuschließen und aufrechtzuerhalten; für Beihilfeberechtigte ergeben sich die möglichen Selbstbehalte durch eine sinngemäße Anwendung des durch den Beihilfesatz nicht gedeckten Vom-Hundert-Anteils auf den Höchstbetrag von 5.000 Euro. ²Die Pflicht nach Satz 1 besteht nicht für Personen, die

1. in der gesetzlichen Krankenversicherung versichert oder versicherungspflichtig sind oder
2. Anspruch auf freie Heilfürsorge haben, beihilfeberechtigt sind oder vergleichbare Ansprüche haben im Umfang der jeweiligen Berechtigung oder
3. Anspruch auf Leistungen nach dem Asylbewerberleistungsgesetz haben oder
4. Empfänger laufender Leistungen nach dem Dritten, Vierten, Sechsten und Siebten Kapitel des Zwölften Buches Sozialgesetzbuch sind für die Dauer dieses Leistungsbezugs und während Zeiten einer Unterbrechung des Leistungsbezugs von weniger als einem Monat, wenn der Leistungsbezug vor dem 1. Januar 2009 begonnen hat.

³Ein vor dem 1. April 2007 vereinbarter Krankheitskostenversicherungsvertrag genügt den Anforderungen des Satzes 1.

(4) ¹Wird der Vertragsabschluss später als einen Monat nach Entstehen der Pflicht nach Absatz 3 Satz 1 beantragt, ist ein Prämienzuschlag zu entrichten. ²Dieser beträgt einen Monatsbeitrag für jeden weiteren angefangenen Monat der Nichtversicherung, ab dem sechsten Monat der Nichtversicherung für jeden weiteren angefangenen Monat der Nichtversicherung ein Sechstel eines Monatsbeitrags. ³Kann die Dauer der Nichtversicherung nicht ermittelt werden, ist davon auszugehen, dass der Versicherte mindestens fünf Jahre nicht versichert war. ⁴Der Prämienzuschlag ist einmalig zusätzlich zur laufenden Prämie zu entrichten. ⁵Der Versicherungsnehmer kann vom Versicherer die Stundung des Prämienzuschlages verlangen, wenn den Interessen des Versicherers durch die Vereinbarung einer angemessenen Ratenzahlung Rechnung getragen werden kann. ⁶Der gestundete Betrag ist zu verzinsen. ⁷Wird der Vertragsabschluss bis zum 31. Dezember 2013 beantragt, ist kein Prämienzuschlag zu entrichten. ⁸Dies gilt für bis zum 31. Juli 2013 abgeschlossene Verträge für noch ausstehende Prämienzuschläge nach Satz 1 entsprechend.

(5) ¹Der Versicherer ist verpflichtet,
1. allen freiwillig in der gesetzlichen Krankenversicherung Versicherten

a) innerhalb von sechs Monaten nach Einführung des Basistarifes,
b) innerhalb von sechs Monaten nach Beginn der im Fünften Buch Sozialgesetzbuch vorgesehenen Wechselmöglichkeit im Rahmen ihres freiwilligen Versicherungsverhältnisses,

2. allen Personen mit Wohnsitz in Deutschland, die nicht in der gesetzlichen Krankenversicherung versicherungspflichtig sind, nicht zum Personenkreis nach Nummer 1 oder Absatz 3 Satz 2 Nr. 3 und 4 gehören und die nicht bereits eine private Krankheitskostenversicherung mit einem in Deutschland zum Geschäftsbetrieb zugelassenen Versicherungsunternehmen vereinbart haben, die der Pflicht nach Absatz 3 genügt,

3. Personen, die beihilfeberechtigt sind oder vergleichbare Ansprüche haben, soweit sie zur Erfüllung der Pflicht nach Absatz 3 Satz 1 ergänzenden Versicherungsschutz benötigen,

4. allen Personen mit Wohnsitz in Deutschland, die eine private Krankheitskostenversicherung im Sinn des Absatzes 3 mit einem in Deutschland zum Geschäftsbetrieb zugelassenen Versicherungsunternehmen vereinbart haben und deren Vertrag nach dem 31. Dezember 2008 abgeschlossen wird,

Versicherung im Basistarif nach *§ 12 Abs. 1 a des Versicherungsaufsichtsgesetzes*[1] zu gewähren. [2]Ist der private Krankheitskostenversicherungsvertrag vor dem 1. Januar 2009 abgeschlossen, kann bei Wechsel oder Kündigung des Vertrags der Abschluss eines Vertrags im Basistarif beim eigenen oder einem anderen Versicherungsunternehmen unter Mitnahme der Alterungsrückstellungen gemäß § 204 Abs. 1 nur bis zum 30. Juni 2009 verlangt werden. [3]Der Antrag muss bereits dann angenommen werden, wenn bei einer Kündigung eines Vertrags bei einem anderen Versicherer die Kündigung nach § 205 Abs. 1 Satz 1 noch nicht wirksam geworden ist. [4]Der Antrag darf nur abgelehnt werden, wenn der Antragsteller bereits bei dem Versicherer versichert war und der Versicherer

1. den Versicherungsvertrag wegen Drohung oder arglistiger Täuschung angefochten hat oder
2. vom Versicherungsvertrag wegen einer vorsätzlichen Verletzung der vorvertraglichen Anzeigepflicht zurückgetreten ist.

(6) [1]Ist der Versicherungsnehmer in einer der Pflicht nach Absatz 3 genügenden Versicherung mit einem Betrag in Höhe von Prämienanteilen für zwei Monate im Rückstand, hat ihn der Versicherer zu mahnen. [2]Der Versicherungsnehmer hat für jeden angefangenen Monat eines Prämienrückstandes an Stelle von Verzugszinsen einen Säumniszuschlag in Höhe von 1 Prozent des Prämienrückstandes zu entrichten. [3]Ist der Prämienrückstand einschließlich der Säumniszuschläge zwei Monate nach Zugang der Mahnung höher als der Prämienanteil für einen Monat, mahnt der Versicherer ein zweites Mal und weist auf die Folgen nach Satz 4 hin. [4]Ist der Prämienrückstand einschließlich der Säumniszuschläge einen Monat nach Zugang der zweiten Mahnung höher als der Prämienanteil für einen Monat, ruht der Vertrag ab dem ersten Tag des nachfolgenden Monats. [5]Das Ruhen des Vertrages tritt nicht ein oder endet, wenn der Versicherungsnehmer oder die versicherte Person hilfebedürftig im Sinne des Zweiten oder Zwölften Buches Sozialgesetzbuch ist oder wird; die Hilfebedürftigkeit ist auf Antrag des Versicherungsnehmers vom zuständigen Träger nach dem Zweiten oder dem Zwölften Buch Sozialgesetzbuch zu bescheinigen.

---

1 *Kursive Hervorhebung:* Fassung bis 31.12.2015. – **Fassung ab 1.1.2016:** „*§ 152 des Versicherungsaufsichtsgesetzes*". – Siehe Art. 2 Abs. 49 Nr. 5 Buchst. a) des Gesetzes zur Modernisierung der Finanzaufsicht über Versicherungen vom 1.4.2015 (BGBl. I S. 434, 560). Zum Inkrafttreten s. Art. 3 Abs. 1 S. 1.

(7) ¹Solange der Vertrag ruht, gilt der Versicherungsnehmer als im Notlagentarif nach *§ 12h des Versicherungsaufsichtsgesetzes*² versichert. ²Risikozuschläge, Leistungsausschlüsse und Selbstbehalte entfallen während dieser Zeit. ³Der Versicherer kann verlangen, dass Zusatzversicherungen ruhen, solange die Versicherung nach *§ 12h des Versicherungsaufsichtsgesetzes*³ besteht. ⁴Ein Wechsel in den oder aus dem Notlagentarif nach *§ 12h des Versicherungsaufsichtsgesetzes*⁴ ist ausgeschlossen. ⁵Ein Versicherungsnehmer, dessen Vertrag nur die Erstattung eines Prozentsatzes der entstandenen Aufwendungen vorsieht, gilt als in einer Variante des Notlagentarifs nach *§ 12h des Versicherungsaufsichtsgesetzes*⁵ versichert, die Leistungen in Höhe von 20, 30 oder 50 Prozent der versicherten Behandlungskosten vorsieht, abhängig davon, welcher Prozentsatz dem Grad der vereinbarten Erstattung am nächsten ist.

(8) ¹Der Versicherer übersendet dem Versicherungsnehmer in Textform eine Mitteilung über die Fortsetzung des Vertrages im Notlagentarif nach *§ 12h des Versicherungsaufsichtsgesetzes*⁶ und über die zu zahlende Prämie. ²Dabei ist der Versicherungsnehmer in herausgehobener Form auf die Folgen der Anrechnung der Alterungsrückstellung nach *§ 12h Absatz 2 Satz 6 des Versicherungsaufsichtsgesetzes*⁷ für die Höhe der künftig zu zahlenden Prämie hinzuweisen. ³Angaben zur Versicherung im Notlagentarif nach *§ 12h des Versicherungsaufsichtsgesetzes*⁸ kann der Versicherer auf einer elektronischen Gesundheitskarte nach § 291a Absatz 1a des Fünften Buches Sozialgesetzbuch vermerken.

(9) ¹Sind alle rückständigen Prämienanteile einschließlich der Säumniszuschläge und der Beitreibungskosten gezahlt, wird der Vertrag ab dem ersten Tag des übernächsten Monats in dem Tarif fortgesetzt, in dem der Versicherungsnehmer vor Eintritt des Ruhens versichert war. ²Dabei ist der Versicherungsnehmer so zu stellen, wie er vor der Versicherung im Notlagentarif nach *§ 12h des Versicherungsaufsichtsgesetzes*⁹ stand, abgesehen von den während der Ruhenszeit verbrauchten Anteilen der Alterungsrückstellung. ³Während der Ruhenszeit vorgenommene Prämienanpassungen und Änderungen der Allgemeinen Versicherungsbedingungen gelten ab dem Tag der Fortsetzung.

---

2 *Kursive Hervorhebung: Fassung bis 31.12.2015.* – **Fassung ab 1.1.2016:** „*§ 153 des Versicherungsaufsichtsgesetzes*". – Siehe Art. 2 Abs. 49 Nr. 5 Buchst. c) des Gesetzes zur Modernisierung der Finanzaufsicht über Versicherungen vom 1.4.2015 (BGBl. I S. 434, 560). Zum Inkrafttreten s. Art. 3 Abs. 1 S. 1.
3 Wie vor.
4 Wie vor.
5 Wie vor.
6 *Kursive Hervorhebung: Fassung bis 31.12.2015.* – **Fassung ab 1.1.2016:** „*§ 153 des Versicherungsaufsichtsgesetzes*". – Siehe Art. 2 Abs. 49 Nr. 5 Buchst. b) des Gesetzes zur Modernisierung der Finanzaufsicht über Versicherungen vom 1.4.2015 (BGBl. I S. 434, 560). Zum Inkrafttreten s. Art. 3 Abs. 1 S. 1.
7 *Kursive Hervorhebung: Fassung bis 31.12.2015.* – **Fassung ab 1.1.2016:** „*§ 153 Absatz 2 Satz 6 des Versicherungsaufsichtsgesetzes*". – Siehe Art. 2 Abs. 49 Nr. 5 Buchst. b) des Gesetzes zur Modernisierung der Finanzaufsicht über Versicherungen vom 1.4.2015 (BGBl. I S. 434, 560). Zum Inkrafttreten s. Art. 3 Abs. 1 S. 1.
8 *Kursive Hervorhebung: Fassung bis 31.12.2015.* – **Fassung ab 1.1.2016:** „*§ 153 des Versicherungsaufsichtsgesetzes*". – Siehe Art. 2 Abs. 49 Nr. 5 Buchst. b) des Gesetzes zur Modernisierung der Finanzaufsicht über Versicherungen vom 1.4.2015 (BGBl. I S. 434, 560). Zum Inkrafttreten s. Art. 3 Abs. 1 S. 1.
9 *Kursive Hervorhebung: Fassung bis 31.12.2015.* – **Fassung ab 1.1.2016:** „*§ 153 des Versicherungsaufsichtsgesetzes*". – Siehe Art. 2 Abs. 49 Nr. 5 Buchst. c) des Gesetzes zur Modernisierung der Finanzaufsicht über Versicherungen vom 1.4.2015 (BGBl. I S. 434, 560). Zum Inkrafttreten s. Art. 3 Abs. 1 S. 1.

(10) Hat der Versicherungsnehmer die Krankenversicherung auf die Person eines anderen genommen, gelten die Absätze 6 bis 9 für die versicherte Person entsprechend.

(11) Bei einer Versicherung im Basistarif nach *§ 12 des Versicherungsaufsichtsgesetzes*[10] kann das Versicherungsunternehmen verlangen, dass Zusatzversicherungen ruhen, wenn und solange ein Versicherter auf die Halbierung des Beitrags nach *§ 12 Abs. 1 c des Versicherungsaufsichtsgesetzes*[11] angewiesen ist.

I. Normzweck	1
II. Versicherung dritter Personen	12
1. Grundsätzliches	12
a) Regelungsgehalt des Abs. 1 S. 1	12
b) Gesetzeslage bis 31.12.2007 (§ 178 a Abs. 1 aF)	13
c) Gesetzeslage ab 1.1.2008	17
2. Versicherte Person (Abs. 1 S. 2)	19
3. Prozessuales	21
III. Kenntnis- und Verhaltenszurechnung (Abs. 2)	22
IV. Versicherungspflicht (Abs. 3)	25
1. Grundsatz allgemeiner Versicherungspflicht	25
a) Geltungsbereich (Abs. 3 S. 1)	25
b) Verhältnis zur Versicherungspflicht in der gesetzlichen Krankenversicherung	26
c) Ausnahmen (Abs. 3 S. 2)	28
2. Umfang der Versicherungspflicht	30
a) Grundsätzliche Anforderungen (Abs. 3 S. 1)	30
b) Sonderregelungen	34
V. Sanktionen bei Verstoß gegen die Versicherungspflicht – Prämienzuschlag (Abs. 4)	38
VI. Kontrahierungszwang des VR im Basistarif (Abs. 5)	44
1. Allgemeines	44
2. Reichweite des Kontrahierungszwangs	47
a) Sachlicher Anwendungsbereich	47
b) Risikoprüfung und Anzeigepflicht	48
c) Berechtigter Personenkreis (Abs. 5 S. 1 Nr. 1–4)	49
d) Ausnahmen vom Kontrahierungszwang	52
e) Unabhängigkeit der Kontrahierungspflicht vom Zeitpunkt des Wirksamwerdens der Kündigung der Vorversicherung (Abs. 5 S. 3)	54
f) Umfang des Versicherungsschutzes im Rahmen des Kontrahierungszwangs	56
aa) Materieller Umfang	56
bb) Prämienhöhe	59
cc) Gestaltungsvarianten des Basistarifs	62
g) Vertragliche Mindestbindungsfrist bei Verträgen mit Selbstbehalt	63
aa) Reichweite der Mindestbindungsfrist	64
bb) Verhältnis zum Kündigungsrecht bei Prämienerhöhung oder Verminderung der Leistung	65
VII. Ruhen der Leistungen (Abs. 6–11)	67
1. Allgemeines	67
2. Voraussetzungen für das Ruhen der Leistungen	68
3. Rechtsfolgen bei Ruhen des Vertrages	72
a) Auswirkungen auf den Vertrag (Abs. 7 S. 1)	72
b) Auswirkungen auf den Leistungsanspruch	73

---

10 *Kursive Hervorhebung:* Fassung bis 31.12.2015. – **Fassung ab 1.1.2016:** „*§ 152 des Versicherungsaufsichtsgesetzes*". – Siehe Art. 2 Abs. 49 Nr. 5 Buchst. d) des Gesetzes zur Modernisierung der Finanzaufsicht über Versicherungen vom 1.4.2015 (BGBl. I S. 434, 560). Zum Inkrafttreten s. Art. 3 Abs. 1 S. 1.

11 *Kursive Hervorhebung:* Fassung bis 31.12.2015. – **Fassung ab 1.1.2016:** „*§ 152 Absatz 4 des Versicherungsaufsichtsgesetzes*". – Siehe Art. 2 Abs. 49 Nr. 5 Buchst. d) des Gesetzes zur Modernisierung der Finanzaufsicht über Versicherungen vom 1.4.2015 (BGBl. I S. 434, 560). Zum Inkrafttreten s. Art. 3 Abs. 1 S. 1.

c) Auswirkungen auf die Pflicht zur Beitragszahlung 81
  d) Aufrechnung von Leistungen und Beiträgen 82
  e) Säumniszuschlag (Abs. 6 S. 2) 83
  f) Varianten des Notlagentarifs (Abs. 7 S. 5) 84
  g) Ruhen von Zusatzversicherungen zum Basistarif bei Halbierung des Beitrags im Basistarif (Abs. 11) 85
  h) Auswirkungen auf das Tarifwechselrecht 87
4. Ende des Ruhens der Leistungen (Abs. 9 S. 1) 88
  a) Begleichung aller rückständigen Prämienanteile 88
  b) Eintritt von Hilfebedürftigkeit (Abs. 6 S. 5 Hs 1 Alt. 2)... 89

I. Normzweck

1 **Abs. 1 S. 1** stellt klar, dass auch die Krankenversicherung auf eine dritte Person genommen werden kann, also der Versicherungsfall nicht zwingend nur in der Person des VN, sondern auch in der Person eines Dritten eintreten können soll.[1] **Abs. 1 S. 2** bezeichnet diesen Dritten als versicherte Person. Nach der Gesetzesbegründung soll Abs. 1 (auch) klarstellen, dass die versicherte Person auf eigene Rechnung des VN, also in dessen Interesse, oder im fremden – des Dritten – Interesse versichert sein kann (s. dazu § 194 Rn 1, 10 ff).[2]

2 **Abs. 2** entspricht § 47 Abs. 1, der ebenfalls schon allein aufgrund der (Rechtsgrund-)Verweisung des § 194 Abs. 3 S. 1 anwendbar sein kann (s. § 194 Rn 10 ff). Zweck dieser Norm ist es, den VR auch in der Krankenversicherung nicht dadurch schlechter zu stellen, dass er sich einem/mehreren Dritten gegenübersieht, die etwa durch falsche Angaben in gleicher Weise wie der VN auf die Entscheidungen des VR Einfluss nehmen können. Der Versicherte wird dem VN deshalb insofern gleichgestellt.[3]

3 Mit der in **Abs. 3** erfolgten Einführung der **Verpflichtung zum Abschluss eines privaten KrankheitskostenVersVertrages** bei gleichzeitigem Kontrahierungszwang im Basistarif seitens des VR soll vermieden werden, dass sich Personen nicht oder verspätet gegen Krankheit versichern und so zum Kostenrisiko für die Allgemeinheit oder die Solidargemeinschaft der Versicherten werden. Ziel des Gesetzgebers ist es, einen Versicherungsschutz für alle in Deutschland lebenden Menschen zu bezahlbaren Konditionen herzustellen. Außerdem soll verhindert werden, dass sich jemand erst dann versichert, wenn er bereits erkrankt ist.[4] Ob die gesetzliche Regelung der Versicherungspflicht in der vorliegenden Form tatsächlich dazu geeignet ist, dieses Ziel zu erreichen, ist mehr als fraglich, da im Rahmen des GKV-WSG keine Nachweispflicht oder sonstige Kontrolle geschaffen wurde, ob der Versicherungspflicht im Einzelfall nachgekommen wurde.

4 **Abs. 4** regelt die **Sanktionen** für versicherungspflichtige Personen, die ihrer Pflicht zur Versicherung nicht rechtzeitig nachkommen. Mit der Vorschrift wird bezweckt, die materiellen Vorteile bei Personen zu begrenzen, die sich, um Prämie zu sparen, nicht bereits mit Eintritt der Pflicht zur Versicherung, sondern erst später versichern.[5] Die in Abs. 4 geregelten Sanktionen sind allerdings zu schwach, um nicht versicherte Personen, die die neue Rechtslage ausnutzen wollen und erst bei

---

1 BGH 8.2.2006 – IV ZR 205/04, VersR 2006, 686; Langheid/Wandt/*Kalis*, § 193 Rn 1; aA Schwintowski/Brömmelmeyer/*Brömmelmeyer*, § 193 Rn 2.
2 Begr. RegE, BT-Drucks. 16/3945, S. 111; *Boetius*, PKV, § 193 VVG Rn 4.
3 BT-Drucks. 12/6959, S. 104 zu § 178 a aF.
4 Vgl Bericht des Ausschusses für Gesundheit zu Art. 43 zu Nr. 01 (§ 178 a) GKV-WSG, BT-Drucks. 16/4247, S. 66.
5 Vgl Bericht des Ausschusses für Gesundheit zu Art. 43 zu Nr. 01 (§ 178 a) GKV-WSG, BT-Drucks. 16/4247, S. 67.

Eintritt schwerer oder kostspieliger Erkrankungen Versicherungsschutz suchen, dazu zu bewegen, tatsächlich mit Inkrafttreten des Abs. 3 ihrer Versicherungspflicht nachzukommen. Für Personen, die der Pflicht zur Versicherung überhaupt nicht nachkommen, sind keinerlei Sanktionen vorgesehen.

Der in **Abs. 5** geregelte **Kontrahierungszwang des VR im Basistarif** stellt das Gegenstück zur Versicherungspflicht der Versicherten nach Abs. 3 S. 1 dar. Ohne ihn würde die Pflicht zur Versicherung leer laufen, da zahlreiche Personen aufgrund ihres Gesundheitszustandes nicht oder nicht zu bezahlbaren Konditionen Versicherungsschutz in normalen Krankheitskostenvollversicherungstarifen von privaten VR finden. Der Basistarif erfüllt seinerseits die Mindestanforderungen an die Grundabsicherung im Rahmen der Versicherungspflicht.[6] 5

Abs. 6 regelt die Rechtsfolgen des Zahlungsverzugs, nachdem die Vorschrift des § 206 Abs. 1 S. 1 die Kündigung des VR ausschließt. 6

Abs. 7 beschreibt die Auswirkungen des Eintritts des Ruhens der Leistungen auf den Versicherungsschutz. 7

Abs. 8 regelt die Verpflichtung des VR zur Information des VN über die Fortsetzung des Vertrages im Notlagentarif sowie die Folgen der Anrechnung der Alterungsrückstellung für die Höhe der zukünftig zu zahlenden Prämie. 8

In **Abs. 9** wird das Schicksal des Vertrages nach Zahlung aller rückständigen Prämienanteile und Säumniszuschläge beschrieben. 9

Abs. 10 regelt die Auswirkungen der Abs. 6–9 auf mitversicherte Personen. 10

Abs. 11 zeigt die Auswirkungen der Beitragshalbierung nach § 12 Abs. 1c VAG auf Zusatzversicherungen auf. 11

II. Versicherung dritter Personen

1. Grundsätzliches. a) Regelungsgehalt des Abs. 1 S. 1. Vertragspartner des VR ist der VN.[7] Leistungen aus dem VersVertrag werden nur für versicherte Personen erbracht, also für diejenigen, in deren Person der Versicherungsfall eintreten kann. Auch wenn dem solchermaßen Versicherten ein selbständiges Forderungsrecht auf die Versicherungsleistung eingeräumt ist, wird er dadurch nicht zu einem zweiten VN. Rechtlich kann daher nicht von zwei eigenständigen, nebeneinander bestehenden Versicherungsverhältnissen ausgegangen werden. Die eigentlichen Vertragspflichten, wie zB die Zahlung der Prämie (§ 1 S. 2), hat allein der VN zu erfüllen; der Versicherte tritt insoweit weder neben den VN noch an seine Stelle.[8] Ist sowohl der VN als auch (ein) Dritte(r) versichert, liegt **Mitversicherung** vor.[9] 12

b) Gesetzeslage bis 31.12.2007 (§ 178 a Abs. 1 aF). Für die Frage, ob dem Dritten überhaupt eine eigene Rechtsposition aus dem VersVertrag eingeräumt werden sollte, und wenn ja, in welchem Umfang und mit welchen Möglichkeiten deren gerichtlicher Geltendmachung, war folgende Weichenstellung entscheidend: Hatte der VN den Dritten in seinem – des VN – Interesse in den Vertrag einbezogen oder war der Dritte in seinem eigenem Interesse einbezogen (dann Versicherung auf fremde Rechnung)? Ein Interesse an der Versicherung hat, wer den Schaden tragen müsste, wenn der VersVertrag nicht bestünde.[10] Eine Eigenversicherung lag vor, wenn der VN sich nur gegen eigene wirtschaftliche Einbußen schützen wollte, die 13

---

6 Vgl *Marko*, Private Krankenversicherung, Teil B Rn 49; *Marlow/Spuhl*, VersR 2009, 593, 595.
7 Bach/Moser/*Kalis*, § 193 VVG Rn 1; Prölss/Martin/*Klimke*, vor § 43 Rn 2.
8 BGH 10.3.1993 – XII ZR 253/91, VersR 1994, 208; BGH 25.11.1963 – II ZR 54/61, BGHZ 40, 297, 302.
9 Schwintowski/Brömmelmeyer/*Brömmelmeyer*, § 193 Rn 4.
10 Prölss/Martin/*Armbrüster*, Vorbem. v. § 74 Rn 28; Bach/Moser/*Bach*, 3. Aufl. 2002, § 178 a VVG Rn 10.

für ihn mit der Erkrankung der versicherten Person verbunden waren,[11] zB wegen gegenüber dem Dritten bestehender Unterhaltsverpflichtungen (Familienversicherung, s. § 192 Rn 3). Schloss der VN den VersVertrag aber in der Art, dass ausschließlich oder jedenfalls neben dem Eigeninteresse des VN auch das eigene Interesse der versicherten Person versichert sein sollte, lag eine Versicherung für fremde Rechnung, also eine Fremdversicherung, vor.[12] Dies war bspw idR in der Gruppenversicherung der Fall.[13]

14 Wurde der Dritte ausschließlich im eigenen Interesse des VN einbezogen, konnte der Dritte aus dem Vertrag keine eigene Rechtsposition ableiten. Er war dann lediglich sog. **Gefahrsperson**.[14] Damit lag schon begrifflich keine Versicherung für fremde Rechnung iSd §§ 43 ff vor. Die Frage nach dem versicherten Interesse zur Bestimmung der Rechte des Dritten aus dem Vertrag war überhaupt nur deshalb erforderlich, weil nach der alten Gesetzeslage eine dem § 194 Abs. 3 entsprechende ausdrückliche Verweisungsnorm auf die Vorschriften zur Versicherung für fremde Rechnung fehlte. Es war umstritten, ob die §§ 74 ff aF (§§ 43 ff nF) trotz der unklaren Verweisungslage des § 178 a Abs. 2 aF auf die Krankenversicherung Anwendung finden sollten. Mit einer Grundsatzentscheidung vom 8.2.2006[15] hat der BGH diesen langjährigen Streit[16] dahingehend entschieden, dass die §§ 74 ff aF auf die Krankenversicherung von Gesetzes wegen keine Anwendung finden. Diese Entscheidung war nach der alten Gesetzeslage überzeugend begründet: Zum einen drängte sich dieses Ergebnis schon nach der Gesetzesgeschichte auf, zum anderen – und noch deutlicher – ließ es sich aus der Gesetzessystematik erklären. So wäre die Regelung des § 178 a Abs. 3 S. 2 aF, die § 79 Abs. 1 aF (§ 47 Abs. 1) nahezu wortgleich ersetzte, anderenfalls gar nicht erforderlich gewesen.[17]

15 Ohne die Anwendbarkeit der Vorschriften über die Versicherung für fremde Rechnung musste die Frage, ob einem Dritten aus dem VersVertrag Rechte eingeräumt worden sein sollten, aus dem VersVertrag (ggf durch dessen Auslegung) oder aus den subsidiär weiterhin anwendbaren §§ 328 ff BGB bestimmt werden.[18] Diese wurden bzw werden durch die §§ 74 ff aF – §§ 43 ff nF – lediglich modifiziert, setzen deren grundsätzliche Geltung also als selbstverständlich voraus. Ergebnis konnte nach der alten Gesetzeslage sein, dass entweder eine Eigenversicherung des VN ohne eigene Rechte der versicherten Person (Gefahrsperson) vorlag oder eben eine Versicherung für fremde Rechnung, bei der sich die Rechte der versicherten Person nach den §§ 328 ff BGB bestimmten. Nach § 335 BGB gilt im Zweifel, dass sowohl die versicherte Person selbst als auch der VN – dieser allerdings nur an den Dritten – die Versicherungsleistung fordern und diese auch aktivlegitimiert gerichtlich geltend machen kann.[19] Die Auslegungsregel des § 335 BGB[20] stand einer abweichenden vertraglichen Vereinbarung der Rechtsstellung des Dritten natürlich nicht entgegen. Diese scheiterte auch nicht aus versicherungsvertragsrechtlichen Gründen, da § 178 a Abs. 2 aF nach § 178 o aF dispositiv war. Allerdings konnte

---

11 BGH 8.2.2006 – IV ZR 205/04, VersR 2006, 686.
12 BGH 8.2.2006 – IV ZR 205/04, VersR 2006, 686.
13 Schwintowski/Brömmelmeyer/*Brömmelmeyer*, § 193 Rn 8; Prölss/Martin/*Voit*, § 193 Rn 4.
14 BGH 8.2.2006 – IV ZR 205/04, VersR 2006, 686; OLG Saarbrücken 18.12.1996 – 5 U 800/95-82, VersR 1997, 863. Die Begriffe „Versicherter" und „Gefahrsperson" wurden bislang unscharf abgegrenzt: BK/*Hohlfeld*, § 178 a Rn 3.
15 BGH 8.2.2006 – IV ZR 205/04, VersR 2006, 686; bestätigt von BGH 10.10.2007 – IV ZR 37/06, VersR 2008, 64.
16 *Geisler*, jurisPR-BGHZivilR 23/2006 Anm. 2; vgl Prölss/Martin/*Prölss*, 27. Aufl. 2004, § 178 a Rn 6 ff mwN.
17 BGH 8.2.2006 – IV ZR 205/04, VersR 2006, 686.
18 BGH 8.2.2006 – IV ZR 205/04, VersR 2006, 686.
19 BGH 8.2.2006 – IV ZR 205/04, VersR 2006, 686.
20 Palandt/*Grüneberg*, § 335 BGB Rn 1.

eine solche abweichende Vereinbarung idR nicht stillschweigend erfolgen, zumindest nicht schon alleine konkludent durch die bloße Tatsache, dass überhaupt eine dritte Person versichert worden war. Die an sich mögliche Vereinbarung der auf vertraglicher Grundlage anwendbaren §§ 43 ff musste dem VN transparent gemacht werden.[21] Nach diesen Vorgaben war eine ausdrückliche vertragliche Vereinbarung in entsprechend verständlicher Form unumgänglich.

Damit galt etwa für eine Ehefrau als in den Vertrag einbezogene Dritte, dass diese nicht lediglich nur als Gefahrsperson einer allein im Eigeninteresse ihres Ehemannes abgeschlossenen Versicherung anzusehen war, sondern ein KrankenVersVertrag für fremde Rechnung – und damit ein echter Vertrag zugunsten einer Dritten iSv § 328 BGB – vorlag. Dabei sollte es nach Ansicht des BGH nicht darauf ankommen, ob die Ehefrau einer bezahlten Erwerbstätigkeit nachging oder als Hausfrau arbeitete.[22] Damit war der BGH der bis dahin herrschenden Ansicht entgegengetreten.[23] Ob nach dieser höchstrichterlichen Entscheidung idR auch ein minderjähriges mitversichertes Kind ein eigenes Forderungsrecht erwerben sollte, blieb offen. Nach zutreffender Ansicht[24] soll dem mitversicherten Kind vom unterhaltspflichtigen Elternteil als VN regelmäßig kein eigenes Forderungsrecht zugewendet werden. Dem ist zuzustimmen: Es liegt regelmäßig keine Versicherung für fremde Rechnung vor.[25]

16

c) Gesetzeslage ab 1.1.2008. Anders als früher sind die Vorschriften zur Versicherung für fremde Rechnung nunmehr ausdrücklich auch auf die Krankenversicherung anwendbar (§ 194 Abs. 3; s. § 194 Rn 10 ff). Dass dies sowohl für die Krankenversicherung in der Form der Summen- als auch der Schadensversicherung gelten soll, ergibt sich deutlich aus der systematischen Stellung der §§ 43 ff (Teil 1 Kapitel 1 – „Vorschriften für alle Versicherungszweige") und lässt sich auch aus § 194 Abs. 3 nicht gegenteilig begründen. Aufgrund der in § 194 Abs. 3 getroffenen Modifikationen der §§ 43 ff entscheidet sich die Frage nach einem eigenen Forderungsrecht des Dritten nun rein formal nach der Benennung des Dritten als Empfangsberechtigter gegenüber dem VR (s. § 194 Rn 12).

17

Der Begriff der Gefahrsperson kann also nicht mehr mit demselben Inhalt wie früher Verwendung finden. Als **Gefahrsperson** in dem Sinne, dass dieser kein eigenes Forderungsrecht aus dem VersVertrag zustehen soll, kann nunmehr nur ein Dritter bezeichnet werden, der vom VN gegenüber dem VR nicht als Empfangsberechtigter benannt ist. Nach diesem Verständnis ist Konsequenz, dass es unter diesem Gesichtspunkt nicht darauf ankommen kann, ob die dritte Person überhaupt ein eigenes Interesse an der Versicherung hat oder lediglich Gefahrsperson im früheren Verständnis ist. Konsequenter und aussagekräftiger ist es, den Begriff der Gefahrsperson gänzlich fallen zu lassen und den forderungs- und empfangsberechtigten Dritten nunmehr als materiell versicherte Person bzw Versicherten und den Dritten ohne eigenes Forderungs- und Empfangsrecht als formal versicherte Person bzw Versicherten zu bezeichnen.

18

2. Versicherte Person (Abs. 1 S. 2). Versicherte Personen sind diejenigen, in deren Person der Versicherungsfall eintreten kann. Abs. 1 S. 2 bestimmt, dass versicherte Person diejenige ist, auf welche die Versicherung genommen ist. Ausgehend von

19

---

21 BGH 8.2.2006 – IV ZR 205/04, VersR 2006, 686.
22 BGH 8.2.2006 – IV ZR 205/04, VersR 2006, 686; ebenso LG Dortmund 13.4.2006 – 2 O 410/05, juris.
23 So etwa OLG Koblenz 9.9.2004 – 10 U 20/04, VersR 2005, 491 mwN; aA, soweit ersichtlich, nur OLG Frankfurt 2.8.2000 – 7 U 167/99, VersR 2001, 448.
24 OLG Saarbrücken 3.3.2010 – 5 U 246/09, juris; LG Dortmund 9.11.2006 – 2 O 172/06, VuR 2007, 120 im Anschluss an *Voit*, NJW 2006, 2225, 2227; differenzierend *Boetius*, PKV, § 193 VVG Rn 52.
25 OLG Koblenz 27.11.2003 – 5 U 869/03, VersR 2004, 993; Schwintowski/Brömmelmeyer/*Brömmelmeyer*, § 193 Rn 6; Prölss/Martin/*Voit*, § 193 Rn 2.

Abs. 1 S. 2 erfolgt eine umfassende Gleichstellung: Überall dort, wo das Gesetz von der „versicherten Person" spricht, gilt die ebenda angeordnete Rechtsfolge auch für den im Vertrag benannten Dritten – dies unabhängig davon, ob der Versicherte Empfangsberechtigter oder lediglich formal Versicherter ist. Ein solcher Dritter ohne eigenes Forderungsrecht war nach früherem Verständnis die sog. Gefahrsperson (s. Rn 14). Folglich wurde der Zweck der Norm früher darin gesehen, auch die Gefahrsperson zur „versicherten Person" iSd Gesetzes zu machen.[26]

20 Der Schutz der versicherten Personen, die mangels Status als Partei des VersVertrages keine Herrschaft über dessen Fortbestand haben, ist in der Krankenversicherung wegen deren sozialer Komponente besonders berücksichtigt worden. So hat der Versicherte nach §§ 205 Abs. 4 S. 1, 206 Abs. 4 S. 1 die Möglichkeit, bei Kündigung des VR, nach § 207 Abs. 1 bei Tod des VN und nach § 207 Abs. 2 S. 2 bei Kündigung des Versicherungsverhältnisses durch den VN einen (Gruppen-)Vertrag fortzusetzen.

21 **3. Prozessuales.** Wegen § 194 Abs. 3 kann bei einer Klage des VN eine Zahlung der Versicherungsleistung zu Händen des Versicherten nicht mehr möglich sein: Bei Benennung durch den VN ist nur der Versicherte und ohne Benennung nur der VN **forderungsberechtigt**[27] (s. § 194 Rn 22) und damit **aktivlegitimiert**. Wer klagt, trägt die **Beweislast** für seine Aktivlegitimation.[28] Dabei können sich sowohl der materiell Versicherte als auch der VN ggf auf die Beweiskraft der jeweiligen Benennungsurkunde (s. § 194 Rn 16) stützen, die auch hinsichtlich der darin benannten Person die Vermutung der Vollständigkeit und Richtigkeit für sich hat.[29]

III. Kenntnis- und Verhaltenszurechnung (Abs. 2)

22 Nach der Gesetzesbegründung soll Abs. 2 inhaltlich unverändert § 178a Abs. 3 S. 2 aF übernehmen. Die Erwägungen zur Parallelvorschrift des § 156 bei der Lebensversicherung gälten auch bei der Krankenversicherung.[30] Zu § 156 wiederum heißt es, dass die Vorschrift inhaltlich unverändert § 161 aF übernehme. Auf diese Regelung könne nicht verzichtet werden, da Lebensversicherungen auf den Tod eines anderen regelmäßig nicht „auf fremde Rechnung" (dh nicht im (wirtschaftlichen) Interesse des Dritten) iSd §§ 43 ff abgeschlossen würden, so dass insoweit § 47 Abs. 1 nicht anwendbar sei.[31] Diese Erwägungen zu § 156 sind sicherlich zutreffend, doch ist zu beachten: Bereits aufgrund der Systematik des Gesetzes, das die §§ 43–48 in Teil 1 Kapitel 1 „Vorschriften für alle Versicherungszweige" aufführt, sind die Normen der Versicherung für fremde Rechnung auch auf die Krankenversicherung anzuwenden.[32] Dies wird durch die neue Verweisungsnorm des § 194 Abs. 3, wonach die §§ 43–48 im Grundsatz auch auf die Krankenversicherung anzuwenden sind, lediglich bestätigt.

23 Die in § 194 Abs. 3 verordnete Maßgabe zur Anwendung der §§ 43–48 betrifft ausschließlich das Recht und die Umstände zur Forderung der Versicherungsleistung bei Beteiligung einer dritten Person (VN oder Versicherter?, Vorlage des Versicherungsscheins? etc.). Damit ergibt sich im Umkehrschluss, dass durch die Verweisung die übrigen Vorschriften der §§ 43–48 im Bereich der Krankenversicherung ohne Modifikationen Anwendung finden sollen. Dies wiederum schließt auch

---

26 Bach/Moser/*Bach*, 3. Aufl. 2002, § 178a VVG Rn 14; Prölss/Martin/*Prölss*, 27. Aufl. 2004, § 178a Rn 7a.
27 VVG-KE S. 168.
28 Langheid/Wandt/*Kalis*, § 194 Rn 58.
29 Zum Versicherungsschein vgl OLG Saarbrücken 18.12.1996 – 5 U 800/95-82, VersR 1997, 863.
30 Begr. RegE, BT-Drucks. 16/3945, S. 111.
31 Begr. RegE, BT-Drucks. 16/3945, S. 98.
32 Marlow/Spuhl/*Marlow*, Rn 439.

die unmodifizierte Anwendung des § 47 Abs. 2 ein, der mit § 193 Abs. 2 zwar nicht wortlautidentisch, wohl aber – nach dem Willen des Gesetzgebers – inhaltsidentisch ist.[33]

Unabhängig davon bewirkt Abs. 1 S. 2, dass die Zurechnung von Kenntnis und Verhalten eines am VersVertrag beteiligten Dritten zum einen sowohl für den materiell als auch für den formal Versicherten gilt, zum anderen unabhängig von der Art des versicherten Interesses.[34]

IV. Versicherungspflicht (Abs. 3)

1. Grundsatz allgemeiner Versicherungspflicht.[35] **a) Geltungsbereich (Abs. 3 S. 1).** Zum Normzweck des Abs. 3 s. Rn 3. Die Regelung des Abs. 3 S. 1 enthält eine allgemeine Pflicht zur Versicherung für eine Grundabsicherung in der Krankheitskostenversicherung bei einem in Deutschland zugelassenen Versicherungsunternehmen. Die Versicherungspflicht besteht für Personen mit Wohnsitz im Inland.

b) Verhältnis zur Versicherungspflicht in der gesetzlichen Krankenversicherung. Die Pflicht zur Versicherung ist im Zusammenhang mit der in § 5 Abs. 1 Nr. 13 SGB V geregelten Versicherungspflicht in der gesetzlichen Krankenversicherung zu sehen.[36] Danach sind alle Einwohner, die bisher nicht von der Versicherungspflicht in der GKV erfasst sind und dort auch nicht freiwillig versichert sind und die auch keine andere Absicherung im Krankheitsfall haben, in die Versicherungspflicht der PKV einbezogen, wenn sie dort zuletzt versichert waren.[37] Der privaten Krankenversicherung zuzuordnen sind daher Personen, die nicht in der gesetzlichen Krankenversicherung versicherungspflichtig sind.

Durch das Gesetz zur Weiterentwicklung der Organisationsstrukturen in der gesetzlichen Krankenversicherung vom 15.12.2008[38] wurde der von der Pflicht zur Versicherung in der PKV erfasste Personenkreis erweitert, indem ursprünglich im Gesetz vorgesehene Beschränkungen wieder aufgehoben wurden. In § 6 Abs. 3 S. 1 SGB V wurde durch das Gesetz der Verweis auf § 5 Abs. 1 Nr. 1 oder 5 bis 12 SGB V durch die Angabe „§ 5 Abs. 1 Nr. 1 oder Nr. 5 bis 13" ersetzt. Betroffen von dieser Neuregelung sind insb. Arbeitnehmer, die nach § 6 Abs. 1 Nr. 1 SGB V nicht der Versicherungspflicht in der gesetzlichen Krankenversicherung unterliegen, sowie Beamte. Selbständige werden von dieser Regelung allerdings nicht erfasst.[39]

c) Ausnahmen (Abs. 3 S. 2). Ausgenommen von der Pflicht zur Versicherung sind nur die in Abs. 3 S. 2 Nr. 1–4 genannten Personenkreise. Darunter fallen nach **Nr. 1** alle in der GKV versicherten oder versicherungspflichtigen Personen, nach **Nr. 2** alle Heilfürsorge- und Beihilfeberechtigten sowie Personen mit vergleichbaren Ansprüchen, nach **Nr. 3** alle Personen mit Ansprüchen nach dem AsylbLG sowie nach **Nr. 4** alle Sozialhilfeempfänger nach dem Dritten, Vierten, Sechsten und Siebten Kapitel des SGB XII für die Dauer des Bezugs der Sozialhilfeleistungen. Das gilt auch für die Dauer der Unterbrechung des Leistungsbezugs von weniger als einem Monat, wenn der Leistungsbezug vor dem 1.1.2009 begonnen hat. Diese Ausnahmen begründen sich damit, dass für die in Abs. 3 S. 2 Nr. 1–4 genannten

---

33 Begr. RegE, BT-Drucks. 16/3945, S. 111; BT-Drucks. 12/6959, S. 104.
34 Prölss/Martin/*Voit*, § 193 Rn 7; *Boetius*, PKV, § 193 VVG Rn 60 f.
35 Vgl auch Marlow/Spuhl/*Marko*, Rn 1320 ff; *Marko*, Private Krankenversicherung, Teil B Rn 1 ff.
36 Vgl Bericht des Ausschusses für Gesundheit zu Art. 43 zu Nr. 01 (§ 178 a) GKV-WSG, BT-Drucks. 16/4247, S. 67; *Marko*, Private Krankenversicherung, Teil B Rn 7 f.
37 Vgl Bericht des Ausschusses für Gesundheit zu Art. 43 zu Nr. 01 (§ 178 a) GKV-WSG, BT-Drucks. 16/4247, S. 67.
38 BGBl. I S. 2426.
39 Vgl *Marko*, Private Krankenversicherung, Teil B Rn 8.

Personenkreise keine Absicherungslücke besteht, da sie vorrangig Leistungen des Sozialhilfeträgers erhalten. Dies gilt analog den Regelungen in § 5 Abs. 5 a SGB V auch bei einer kurzen Unterbrechung des Leistungsbezugs.[40]

29 Durch das Gesetz zur Änderung arzneimittelrechtlicher und anderer Vorschriften vom 17.7.2009[41] wurde Abs. 3 Nr. 3 geringfügig geändert. Bislang galt der Ausschluss von der Pflicht zur Versicherung nur allgemein für Empfänger von Leistungen nach dem AsylbLG. Das führte dazu, dass der überwiegende Anteil der Asylbewerber der Pflicht zur Versicherung unterlag und zwar unabhängig davon, ob ein tatsächliches Bedürfnis dafür bestand. Die bisherige Regelung kollidierte insoweit insb. mit § 5 Abs. 11 AsylbLG.[42] Demgemäß wurde die Ausnahmeregelung zur Pflicht zur Versicherung auf alle nach dem AsylbLG anspruchsberechtigten Personen ausgeweitet, um die vom AsylbLG eigenständig getroffene Entscheidung zur Regelung der Leistungen bei Krankheit beizubehalten.[43]

30 **2. Umfang der Versicherungspflicht. a) Grundsätzliche Anforderungen (Abs. 3 S. 1).** Ein der Versicherungspflicht genügender Versicherungsschutz muss nach Abs. 3 S. 1 mindestens **Kostenerstattung für ambulante und stationäre Heilbehandlung** umfassen. Das sind klassische Leistungsbereiche der PKV, deren genauer Leistungsumfang im Tarif festgelegt wird.[44] Die Versicherungspflicht umfasst **nicht** die Kosten für **Zahnersatz** und **Zahnbehandlung**.[45] Nach einer vereinzelt vertretenen Auffassung ist der Basistarif Maßstab für die inhaltliche Ausgestaltung des der Pflicht zur Versicherung genügenden Versicherungsschutzes.[46] Diese Auffassung überzeugt nicht, denn der Basistarif enthält im Gegensatz zum Leistungsversprechen in der privaten Krankenversicherung auch Leistungen für medizinisch nicht notwendige Heilbehandlungen sowie für versicherungsfremde Leistungen.[47]

31 Der **absolute und prozentuale Selbstbehalt** ist nach dem Gesetzeswortlaut des Abs. 3 S. 1 Hs 1 für jede zu versichernde Person **kalenderjährlich auf 5.000 €** begrenzt. Es stellt sich die Frage, ob auch anderweitige Leistungsbeschränkungen, wie zB die Begrenzung der erstattungsfähigen Gebührensätze von Ärzten, unter die Selbstbehaltgrenze fallen, sofern die dem Versicherten insoweit entstandenen Aufwendungen den Betrag von 5.000 € kalenderjährlich überschreiten.[48] Dagegen sprechen der klare Wortlaut der Vorschrift sowie der Gesetzeszweck. Auch nach dem Willen des Gesetzgebers soll die Möglichkeit erhalten bleiben, der Versicherungspflicht genügende Tarife durch das Angebot klassischer PKV-Leistungen vom Leistungsumfang her oder durch eine Begrenzung der erstattungsfähigen Aufwendungen vom Beitrag her attraktiv zu gestalten. Andernfalls wäre der Wettbewerb zwischen den PKV-Unternehmen beschränkt. Die Einführung der absoluten und prozentualen Selbstbehaltgrenze soll lediglich dazu dienen, dass der Mindestumfang der Versicherung nicht unterlaufen wird.[49] Gegen eine weite Auslegung des

---

40 Vgl Bericht des Ausschusses für Gesundheit zu Art. 43 zu Nr. 01 (§ 178 a) GKV-WSG, BT-Drucks. 16/4247, S. 67.
41 BGBl. I S. 1990, 2013.
42 Vgl vertiefend *Marko*, Private Krankenversicherung, Teil B Rn 12.
43 Vgl Begr. RegE, BT-Drucks. 16/13428, S. 133.
44 Vgl § 12 Abs. 1 S. 1 Nr. 1 und 2 KalV; Bericht des Ausschusses für Gesundheit zu Art. 43 zu Nr. 01 (§ 178 a) GKV-WSG, BT-Drucks. 16/4247, S. 67.
45 Vgl *Marko*, Private Krankenversicherung, Teil B Rn 13; Bach/Moser/*Kalis*, § 193 VVG Rn 5; wohl aA Prölss/Martin/*Voit*, § 193 Rn 11.
46 Vgl *Marlow/Spuhl*, VersR 2009, 593, 596.
47 Vgl *Marko*, Private Krankenversicherung, Teil B Rn 23; Langheid/Wandt/*Kalis*, § 193 Rn 18; *Grote/Bronkars*, VersR 2008, 580, 581.
48 So *Grote/Bronkars*, VersR 2008, 580, 581; *Marlow/Spuhl*, VersR 2009, 593, 596, die diese Einschränkung der Belastung des VN auf höchstens 5.000 € pro Jahr auf alle Leistungsbereiche des Basistarifs beziehen; *Langheid*, NJW 2007, 3745, 3749.
49 Vgl Bericht des Ausschusses für Gesundheit zu Art. 43 zu Nr. 01 (§ 178 a) GKV-WSG, BT-Drucks. 16/4247, S. 67.

Begriffs des Selbstbehalts spricht auch der Umstand, dass dann nicht einmal der Basistarif den Mindestanforderungen an die Versicherungspflicht genügen würde.[50]

Individuelle Leistungsausschlüsse werden vom Wortlaut des Abs. 3 S. 1 nicht umfasst.[51] Es ist daher davon auszugehen, dass diese auch nicht von der Vorschrift erfasst werden. Dafür spricht auch, dass der Gesetzgeber die nach § 203 Abs. 1 S. 2 bestehende Möglichkeit zur Vereinbarung eines Risikozuschlags oder individueller Leistungsausschlüsse lediglich dahingehend modifiziert hat, dass in § 203 Abs. 1 S. 2 nur der Basistarif von dieser Möglichkeit ausgenommen wurde. Daraus lässt sich im Umkehrschluss folgern, dass er Leistungsausschlüsse für Pflichtversicherungen iSv Abs. 3 weder verbieten noch der Höhe nach auf 5.000 € beschränken wollte.[52]

Es ist davon auszugehen, dass auch solche Personen von der Versicherungspflicht ausgenommen sein müssen, die zwar ihren Wohnsitz in Deutschland haben, aber bei einer ausländischen gesetzlichen Krankenversicherung versicherungspflichtig sind (sog. **Grenzgänger**). Andernfalls würde man diesem Personenkreis in unbilliger Weise eine Doppelversicherung zumuten.[53]

b) Sonderregelungen. Vor dem 1.4.2007 vereinbarte KrankheitskostenVersVerträge genügen nach **Abs. 3 S. 3** der Pflicht zur Versicherung, auch wenn sie die o.g. Voraussetzungen (s. Rn 30 f) nicht erfüllen. Die bloße Hinzunahme oder der Wegfall eines Rabatts aus einem Gruppenversicherungsvertrag ohne Tarifänderung berührt den **Bestandsschutz** grds. nicht, sofern damit nicht gleichzeitig ein Tarifwechsel verbunden ist.[54] Ohne Einfluss auf den Bestandsschutz sind auch Änderungen bei einzelnen tariflichen Bausteinen, die nicht von den Mindestanforderungen des Abs. 3 erfasst werden, wie zB Wegfall oder Erhöhung des Krankentagegeldes, sowie rein technische Änderungen, wie zB Anpassung von persönlichen Daten oder Umbündelungen.[55]

Das Gesetz regelt nicht ausdrücklich, ob sich dieser Bestandsschutz auch auf **zukünftige Tarifwechsel** erstreckt. Das ist iE abzulehnen, da der Wortlaut des Abs. 3 S. 3 nicht auf den Zeitpunkt des Vertragsschlusses, sondern auf den Zeitpunkt der Vereinbarung des Vertrages abstellt. Im Rahmen eines Tarifwechsels wird kein neuer Vertrag abgeschlossen, sondern lediglich eine neue Vereinbarung hinsichtlich des Umfangs des Versicherungsschutzes nach Maßgabe des Zieltarifs getroffen. Ein Tarifwechsel ist somit auch für sog. Altkunden, die ihren Vertrag vor dem 1.4.2007 abgeschlossen haben, nur noch in solche Tarife möglich, die der Pflicht zur Versicherung nach Abs. 3 S. 3 genügen.[56]

Die Sonderregelung gilt auch für solche Altverträge mit Abschluss vor dem 1.4.2007, die nur einen KrankheitskostenVersVertrag für ambulante oder stationäre Leistungen vorsehen.[57] Ein bloßer Zahntarif genügt den Anforderungen aller-

---

50 Vgl vertiefend *Marko*, Private Krankenversicherung, Teil B Rn 23 ff.
51 Vgl *Marko*, Private Krankenversicherung, Teil B Rn 29 ff; Prölss/Martin/*Voit*, § 193 Rn 14, der die Auffassung vertritt, dass derartige Leistungsausschlüsse daran gemessen werden müssen, ob der Versicherungsschutz mit den Leistungsausschlüssen dann noch der Pflicht zur Versicherung genügt.
52 Vgl *Marko*, Private Krankenversicherung, Teil B Rn 14 f.
53 Vgl *Marko*, Private Krankenversicherung, Teil B Rn 13.
54 Vgl *Marko*, Private Krankenversicherung, Teil B Rn 14 und 21.
55 Vgl *Marko*, Private Krankenversicherung, Teil B Rn 14.
56 Vgl *Marko*, Private Krankenversicherung, Teil B Rn 19 ff; einschr. Prölss/Martin/*Voit*, § 193 Rn 15, der zumindest im Falle der Anpassung an die Änderung der Beihilfe nach § 199 Abs. 2 von einem Bestandsschutz ausgeht.
57 Vgl ausf. *Marko*, Private Krankenversicherung, Teil B Rn 15; aA *Marlow/Spuhl*, VersR 2009, 593, 595.

dings nicht, da er keine Leistungen absichert, die von der Pflicht zur Versicherung umfasst sind.

37 Von der Versicherungspflicht sind auch Personen mit Anspruch auf **Heilfürsorge, Beihilfeberechtigte sowie Personen mit vergleichbaren Ansprüchen** erfasst. Für diesen Personenkreis ist allerdings eine die Leistungen des Beihilfeträgers ergänzende Absicherung ausreichend.[58] Die möglichen **Selbstbehalte** sind nach **Abs. 3 S. 1 Hs 2** für **Beihilfeversicherte** entsprechend ihrem prozentualen Beihilfesatz gekürzt.

V. Sanktionen bei Verstoß gegen die Versicherungspflicht – Prämienzuschlag (Abs. 4)

38 Zum Normzweck des Abs. 4 s. Rn 4. Kommen die von der Pflicht zur Versicherung erfassten Personen später als einen Monat nach Eintritt der Versicherungspflicht ihrer Verpflichtung zum Abschluss einer Krankenversicherung nach, wird nach Abs. 4 S. 1 ein **einmaliger Prämienzuschlag** verlangt. Die **Höhe** beträgt nach Abs. 4 S. 2 Hs 1 einen Monatsbeitrag für jeden weiteren angefangenen Monat der Nichtversicherung. Ab dem sechsten Monat einer Nichtversicherung ist nach Abs. 4. S. 2 Hs 2 der Zuschlag auf ein Sechstel eines Monatsbeitrags reduziert. Kann die Dauer der Nichtversicherung nicht ermittelt werden, greift nach Abs. 4 S. 3 die **Fiktion** einer fünfjährigen Nichtversicherungsdauer.

39 Das wirtschaftliche Risiko für Personen, die der Pflicht zur Versicherung nicht rechtzeitig nachkommen, ist folglich in Summe auf **13,17 Monatsbeiträge begrenzt**.[59] Theoretisch sind zwar bei nachgewiesener längerer Dauer auch höhere Summen denkbar. In der Praxis dürfte es dem VR jedoch ohne Mitwirkung des VN nur selten möglich sein, eine längere Dauer der Nichtversicherung nachzuweisen.

40 Nach Abs. 4 S. 4 ist der Prämienzuschlag **einmalig zur laufenden Prämie** zu entrichten. Eine der Vorschrift des § 186 Abs. 11 S. 3 SGB V entsprechende Regelung zum rückwirkenden Beginn des Versicherungsschutzes und entsprechende Pflicht zur rückwirkenden Beitragszahlung sieht das Gesetz nicht vor. Gegen die Annahme der Herbeiführung einer rückwirkenden Versicherung für die Zeit der Nichtversicherung durch Bezahlung des Prämienzuschlags spricht insb. auch der Wortlaut des Abs. 4 S. 4, der ausdrücklich regelt, dass der Prämienzuschlag einmalig neben der laufenden Prämie geschuldet ist.[60]

41 Der Versicherte kann nach Abs. 4 S. 5 vom VR die **Stundung** der Zahlung des Prämienzuschlags und **Ratenzahlung** verlangen, wenn den Interessen des VR durch die Vereinbarung einer angemessenen Ratenzahlung Rechnung getragen werden kann. Das bisherige, ergänzende Tatbestandsmerkmal, dass den VN „die sofortige Zahlung [der vollen Summe, Erg. des Verf.] ungewöhnlich hart treffen würde", wurde zum 1.8.2013 im Rahmen des Gesetzes zur Beseitigung sozialer Überforderung bei Beitragsschulden in der Krankenversicherung[61] ersatzlos gestrichen. Mit dem Verzicht auf diese Voraussetzung wird das Recht des VN, eine Stundungsvereinbarung mit dem VR zu treffen, gestärkt. Personen, die seither ihrer Pflicht zur Versicherung verspätet nachkommen, wurde dadurch erleichtert, den Prämienzuschlag zu entrichten. Auch dem VR wurde erleichtert, den jeweiligen finanziellen Situationen des einzelnen VN besser Rechnung zu tragen.[62] Darüber hinaus entstehen dem VR durch die Stundung keine zusätzlichen finanziellen Belastungen, da

---

58 Vgl Bericht des Ausschusses für Gesundheit zu Art. 43 zu Nr. 01 (§ 178a) GKV-WSG, BT-Drucks. 16/4247, S. 67.
59 Zur korrekten Berechnung vgl *Marlow/Spuhl*, VersR 2009, 593, 599 Fn 48.
60 Vgl *Marko*, Private Krankenversicherung, Teil B Rn 44 ff; Prölss/Martin/*Voit*, § 193 Rn 21.
61 Vom 15.7.2013 (BGBl. I S. 2423).
62 Vgl Beschlussempfehlung des Ausschusses für Gesundheit, BT-Drucks. 17/13947, S. 30.

hierdurch keine Beiträge gestundet werden, die einen Leistungsanspruch des VN für die Vergangenheit auslösen.[63] Zu den Rechtsfolgen der **verspäteten Zahlung** des Prämienzuschlags s. im Übrigen Rn 42.

Der Verspätungszuschlag wird für Personen, die bis zum 31.12.2013 den Vertragsabschluss beantragt haben, nicht erhoben (**Abs. 4 S. 7**). Das gilt nach **Abs. 4 S. 8** für bis zum 31.7.2013 abgeschlossene Verträge für noch ausstehende Prämienzuschläge entsprechend. Mit dieser Stichtagsregelung sollte bislang Nichtversicherten ein Anreiz gesetzt werden, ihrer Pflicht zur Versicherung zeitnah nachzukommen, und die in der Vergangenheit aufgelaufenen Forderungen sollten reduziert werden.[64] 42

Ungeklärt ist, ob der VR freiwillig auf die Erhebung des Prämienzuschlags **verzichten** darf. Das ist iE abzulehnen, da dies einen Verstoß gegen das aufsichtsrechtliche Verbot von Sondervergünstigungen und das Gleichbehandlungsgebot in der substitutiven Krankenversicherung nach §§ 11 Abs. 2, 12 Abs. 4 VAG darstellen würde.[65] 43

VI. Kontrahierungszwang des VR im Basistarif (Abs. 5)

1. Allgemeines. Zum Normweck des Abs. 5 s. Rn 5. Eine Sonderregelung bestand für eine Übergangsphase vom 1.7.2007 bis zum 31.12.2008 für bislang nicht krankenversicherte Personen.[66] Diese konnten nach § 315 Abs. 1 S. 1 SGB V zunächst Aufnahme in den brancheneinheitlichen Standardtarif eines privaten Krankenversicherungsunternehmens verlangen, sofern sie aufgrund ihrer beruflichen Tätigkeit oder aufgrund einer Vorversicherung bei einem privaten Krankenversicherungsunternehmen der privaten Krankenversicherung zuzuordnen sind. Seit dem 1.1.2009 werden diese Personen nach § 315 Abs. 4 SGB V in den Standardtarif überführt. Eine entsprechende Regelung zur Aufnahme von Nichtversicherten in die gesetzliche Krankenversicherung ist in § 5 Abs. 1 Nr. 13 SGB V auch für Personen vorgesehen, die der gesetzlichen Krankenversicherung zuzuordnen sind.[67] 44

Der Kontrahierungszwang unterliegt keiner zeitlichen Beschränkung. Das wirtschaftliche Risiko für gesunde Nichtversicherte, die der Pflicht zur Versicherung nicht nachkommen, ist somit auf die Sanktionen des Abs. 4 beschränkt. 45

Der Kontrahierungszwang ist nach der Entscheidung des BVerfG zur Verfassungsbeschwerde von PKV-Unternehmen gegen die Gesundheitsreform verfassungsgemäß.[68] Allerdings ist er bei kleineren VVaG auf Antragsteller begrenzt, die zu ihrem satzungsmäßigen Mitgliederkreis gehören.[69] Andernfalls würde das VAG eine widersprüchliche Rechtslage begründen, da der kleinere VVaG auf einen sachlich, örtlich oder dem Personenkreis nach eng begrenzten Mitgliederkreis beschränkt ist. Diese Beschränkung setzt sich mit der ihm erteilten Erlaubnis fort.[70] 46

2. Reichweite des Kontrahierungszwangs. a) Sachlicher Anwendungsbereich. Der Kontrahierungszwang besteht nach dem Wortlaut des Gesetzes nur bei Antrag auf Versicherung im **Basistarif**. Der VR ist nach **Abs. 5 S. 1** verpflichtet, ohne Rück- 47

---

63 Vgl Beschlussempfehlung des Ausschusses für Gesundheit, BT-Drucks. 17/13947, S. 30.
64 Vgl Beschlussempfehlung des Ausschusses für Gesundheit, BT-Drucks. 17/13947, S. 30 f.
65 Vgl *Marko*, Private Krankenversicherung, Teil B Rn 47; zum Gleichbehandlungsgebot vgl auch *Wandt*, Rn 111 mwN.
66 Vgl im Einzelnen auch *Marko*, Private Krankenversicherung, Teil B Rn 50 und Teil C Rn 1 ff.
67 Vgl *Marko*, Private Krankenversicherung, Teil B Rn 7; zur Zuordnung zur PKV vgl Bericht des Ausschusses für Gesundheit zum GKV-WSG, BT-Drucks. 16/4247, S. 67.
68 Vgl BVerfG VersR 2009, 1057; 2009, 957.
69 Vgl BVerfG VersR 2009, 1057.
70 Vgl BVerfG VersR 2009, 1060; vgl vertiefend auch *Marko*, Private Krankenversicherung, Teil B Rn 52 f.

sicht auf den Gesundheitszustand des Antragstellers und ohne die Möglichkeit, individuelle Risikozuschläge zu vereinbaren, den in S. 1 genannten Personengruppen im **Basistarif** Versicherungsschutz zu gewähren.

48 b) **Risikoprüfung und Anzeigepflicht.** Eine **Risikoprüfung** für den Fall eines späteren Tarifwechsels ist nach § 204 Abs. 1 S. 1 Nr. 1 Hs 2 zulässig.[71] Im Rahmen des Kontrahierungszwangs im Basistarif bestehen keine gesetzlichen Sonderregelungen hinsichtlich der **Anzeigepflicht.** Es gelten somit die allgemeinen Regelungen der §§ 19 ff sowohl hinsichtlich des Umfangs der Verpflichtung des Antragstellers zur Anzeige bekannter Gefahrumstände als auch hinsichtlich der Rechtsfolgen bei Verletzung der Anzeigepflicht. Es ist folglich davon auszugehen, dass der VR auch bei Vertragsschluss im Basistarif nach Maßgabe des § 19 berechtigt ist, im Falle der Anzeigepflichtverletzung des Versicherten im Zusammenhang mit der Risikoprüfung vom Vertrag zurückzutreten. Er ist dann im Nachgang zum Rücktritt hinsichtlich dieses Versicherten bei einem künftigen Folgeantrag nicht mehr kontrahierungspflichtig.[72] Es ist davon auszugehen, dass Abs. 5 S. 1 als **spezielle Regelung** dem § 204 Abs. 1 S. 1 Nr. 1 vorgeht und dass im Rahmen der Risikoprüfung auch ein späterer Tarifwechsel in die normalen Krankheitskostentarife ausgeschlossen werden kann.[73]

49 c) **Berechtigter Personenkreis (Abs. 5 S. 1 Nr. 1–4).** Der Kontrahierungszwang besteht gegenüber allen freiwillig in der gesetzlichen Krankenversicherung Versicherten, allerdings nach **Nr. 1 Buchst. a** nur innerhalb von sechs Monaten nach Einführung des Basistarifs und gem. **Nr. 1 Buchst. b** nur innerhalb von sechs Monaten nach Beginn der im SGB V geregelten Wechselmöglichkeit.

50 Ferner besteht Kontrahierungszwang gegenüber allen Personen mit Wohnsitz in Deutschland, die in der gesetzlichen Krankenversicherung weder pflicht- noch freiwillig versichert sind und auch nicht bereits eine private Krankheitskostenversicherung bei einem in Deutschland zum Geschäftsbetrieb zugelassenen VR abgeschlossen haben und die der privaten Krankenversicherung zuzuordnen sind (**Nr. 2**), sowie gegenüber Personen, die beihilfeberechtigt sind oder vergleichbare Ansprüche haben, allerdings nur, soweit sie zur Erfüllung ihrer Pflicht zur Versicherung nach Abs. 3 S. 1 ergänzenden Versicherungsschutz benötigen (**Nr. 3**).

51 Uneingeschränkt Zugang zum Basistarif haben ferner nach **Nr. 4** Personen mit Wohnsitz in Deutschland, die nach dem 31.12.2008 eine private Krankheitskostenversicherung mit einem in Deutschland zum Geschäftsbetrieb zugelassenen Versicherungsunternehmen abgeschlossen haben. PKV-Altkunden, die ihren VersVertrag vor dem 1.1.2009 abgeschlossen haben, konnten allerdings nach **Abs. 5 S. 2** nur zeitlich befristet unter Mitgabe der Alterungsrückstellungen in den Basistarif des derzeitigen VR oder eines anderen VR wechseln, wenn der Wechsel bis zum 30.6.2009 beantragt wurde. Ausreichend war somit die Abgabe der erforderlichen Erklärungen und Anträge innerhalb der gesetzlichen Frist.[74] Seit Ablauf dieser Frist richtet sich das Wechselrecht für PKV-Altkunden in den Basistarif nach § 204 Abs. 1 S. 1 Nr. 1 Buchst. b.

52 d) **Ausnahmen vom Kontrahierungszwang.** Kein Kontrahierungszwang besteht u.a. nach Abs. 5 S. 1 Nr. 2 iVm Abs. 3 S. 2 Nr. 3 und 4 gegenüber Personen mit Leistungen nach dem AsylbLG (Nr. 3) und gegenüber Empfängern laufender Leis-

---

71 Zur Frage der Kostentragung vgl *Marko*, Private Krankenversicherung, Teil B Rn 56 f.
72 Vgl *Marko*, Private Krankenversicherung, Teil B Rn 58 ff; aA *Marlow/Spuhl*, VersR 2009, 593, 600.
73 Vgl *Marko*, Private Krankenversicherung, Teil B Rn 62 und 176; aA *Marlow/Spuhl*, VersR 2009, 593, 604.
74 Vgl Bericht des Ausschusses für Gesundheit zu Art. 43 zu Nr. 01 (§ 178 a) GKV-WSG, BT-Drucks. 16/4247, S. 68; aA Prölss/Martin/*Voit*, § 193 Rn 27.

tungen nach dem Dritten, Vierten, Sechsten und Siebten Kapitel des SGB XII (Nr. 4).

Ausnahmen bestehen ferner für den früheren VR des Antragstellers, wenn sich der Antragsteller im Rahmen eines früheren Versicherungsvertragsverhältnisses nicht vertragstreu verhalten hat.[75] Dies ist nach Abs. 5 S. 4 der Fall bei vorausgegangener Anfechtung des VersVertrages wegen Drohung oder bei Rücktritt wegen vorsätzlicher Verletzung der vorvertraglichen Anzeigepflicht. Das muss erst recht für den Fall gelten, wenn der VR ausnahmsweise zur außerordentlichen Kündigung des Vertrages berechtigt war und davon Gebrauch gemacht hat.[76]

e) Unabhängigkeit der Kontrahierungspflicht vom Zeitpunkt des Wirksamwerdens der Kündigung der Vorversicherung (Abs. 5 S. 3). Der VR muss nach Abs. 5 S. 3 den Antrag bereits dann annehmen, wenn die Kündigung noch nicht wirksam geworden ist. Das wird bei Versicherten, die vor dem 1.1.2009 bereits einen KrankheitskostenVersVertrag abgeschlossen haben und die von ihrem zeitlich befristeten Wechselrecht zu einem anderen VR unter Mitnahme eines Übertragungswerts im ersten Halbjahr 2009 Gebrauch gemacht haben (s. § 204 Rn 45 ff), infolge der Regelung des § 205 Abs. 1 S. 1 regelmäßig der Fall sein. Abs. 5 S. 3 ist deshalb von erheblicher praktischer Bedeutung. Die Vorschrift steht im Zusammenhang mit der Regelung des § 204 Abs. 1 S. 1 Nr. 2 Buchst. b, der PKV-Altkunden nur bei Kündigung und gleichzeitigem Neuabschluss eines KrankheitskostenVersVertrages im Basistarif bei einem anderen VR die Mitnahme von Teilen der Alterungsrückstellung zum neuen VR ermöglicht. Ohne die Verpflichtung zur Annahme des Antrags unabhängig vom Zeitpunkt des materiellen Wirksamwerdens der Kündigung wäre PKV-Altkunden die Möglichkeit verwehrt, die Voraussetzungen des § 204 Abs. 1 S. 1 Nr. 2 Buchst. b für die Mitgabe der Alterungsrückstellungen zu erfüllen.

Ist die Kündigung der Vorversicherung aber überhaupt nicht wirksam erklärt worden, greift Abs. 5 S. 3 dagegen nicht.

f) Umfang des Versicherungsschutzes im Rahmen des Kontrahierungszwangs. aa) Materieller Umfang. Der Umfang des Versicherungsschutzes im Basistarif ist **branchenweit einheitlich** geregelt.[77] Alle VR mit Sitz im Inland, die substitutive Krankenversicherung anbieten, müssen nach § 12 Abs. 1 a VAG den branchenweit einheitlichen Basistarif anbieten. Die Vertragsleistungen müssen nach § 12 Abs. 1 a S. 1 VAG in Art, Umfang und Höhe den Leistungen nach dem 3. Kapitel des SGB V entsprechen. Sie sind nach § 12 Abs. 1 d VAG vom Verband der privaten Krankenversicherer als Beliehenem festzulegen. Die Fachaufsicht übt dabei das Bundesministerium der Finanzen aus. Auf diese Weise soll verhindert werden, dass die Ausgestaltung des Basistarifs von interessenpolitischen Erwägungen dominiert wird.[78]

Der Abschluss **ergänzender Krankheitskostenzusatztarife** zum Basistarif ist – anders als im Standardtarif – in § 12 Abs. 1 a S. 4 VAG ausdrücklich zugelassen.

Das Gesetz lässt offen, ob bislang nicht Versicherte ab Vertragsbeginn auch für **vorvertragliche Versicherungsfälle** Versicherungsschutz haben. Aufgrund des Ziels des Gesetzgebers, allen Einwohnern in Deutschland Versicherungsschutz zu gewähren,[79] und wegen des in § 12 Abs. 1 a VAG vorgeschriebenen, mit der GKV

---

75 Vgl Bericht des Ausschusses für Gesundheit zu Art. 43 zu Nr. 01 (§ 178 a) GKV-WSG, BT-Drucks. 16/4247, S. 68.
76 Zur Zulässigkeit einer außerordentlichen Kündigung aus wichtigem Grund vgl BGH 7.12.2011 – IV ZR 50/11, NJW 2012, 376.
77 Vgl auch zum Umfang des Leistungsumfangs im Basistarif *Sodan*, in: Sodan, Handbuch des Krankenversicherungsrechts, 2010, S. 75; *ders.*, NJW 2007, 1313, 1319.
78 Vgl Bericht des Ausschusses für Gesundheit zu Art. 44 Nr. 5 (§ 12 VAG) GKV-WSG, BT-Drucks. 16/4247, S. 69.
79 Vgl Begr. zum GKV-WSG, BT-Drucks. 16/3100, S. 1.

vergleichbaren Versicherungsschutzes ist vertretbar anzunehmen, dass bislang nicht Versicherte, die infolge der Versicherungspflicht in den Basistarif einer privaten Krankenversicherung aufgenommen werden, ab Vertragsbeginn auch für vorvertragliche Versicherungsfälle Versicherungsschutz haben.[80] Dagegen spricht aber, dass eine solche Auslegung keine konkrete Ausgestaltung im Gesetz gefunden hat und in diametralem Gegensatz zu den Grundprinzipien eines privaten VersVertrages steht, wonach nur der ungewisse Eintritt eines in der Zukunft liegenden Risikos versichert werden kann. Die MB/BT haben diese Frage in § 2 Abs. 1 S. 2 dahingehend gelöst, dass ein Leistungsanspruch grds. auch für vorvertragliche Versicherungsfälle besteht. Allerdings sind nach § 2 Abs. 1 S. 3 MB/BT vor und nach Abschluss des VersVertrages eingetretene Versicherungsfälle für den Teil von der Leistungspflicht ausgeschlossen, der in die Zeit vor Versicherungsbeginn fällt.

59 **bb) Prämienhöhe.** Die Prämie für den Basistarif wird einheitlich für alle beteiligten privaten Krankenversicherungsunternehmen auf der Basis gemeinsamer Kalkulationsgrundlagen (ohne Berücksichtigung der Kosten für den Versicherungsbetrieb) ermittelt (§ 12 Abs. 4 b VAG). Sie darf den jährlich zu ermittelnden Höchstbeitrag der gesetzlichen Krankenversicherung nicht übersteigen. Auf diese Weise soll die Bezahlbarkeit der Prämie im Basistarif sichergestellt werden.[81]

60 Die Prämie vermindert sich ggf auf die Hälfte des Höchstbeitrags der gesetzlichen Krankenversicherung, wenn allein durch die Zahlung der Prämie Hilfsbedürftigkeit iSd SGB II oder SGB XII entsteht (§ 12 Abs. 1 c S. 4 VAG) oder wenn unabhängig von der Höhe des zu zahlenden Beitrags Hilfebedürftigkeit iSd SGB II oder SGB XII besteht (§ 12 Abs. 1 c S. 6 VAG).

61 Zwischen den Versicherungsunternehmen, die einen Basistarif anbieten, hat ein Risikoausgleich zu erfolgen (§ 12 g VAG). Es zeichnet sich ab, dass der Basistarif unter diesen Voraussetzungen nicht ausfinanziert ist, zumal auch im Basistarif, mit Ausnahme der Tarife für Kinder und Jugendliche nach § 12 Abs. 1 a S. 1 Nr. 1 VAG, Alterungsrückstellungen zu bilden sind.

62 **cc) Gestaltungsvarianten des Basistarifs.** Im Basistarif können **Selbstbehalte** von 300, 600, 900 oder 1.200 € vereinbart werden, § 12 Abs. 1 a S. 2 VAG. Es steht zu erwarten, dass von der Möglichkeit der Vereinbarung von Selbstbehalten wegen der damit verbundenen Prämienersparnis überwiegend gesunde VN Gebrauch machen. Der Basistarif muss auch Varianten für **Beihilfeberechtigte** und deren Angehörige vorsehen, § 12 Abs. 1 a S. 1 Nr. 2 VAG. Der Abschluss ergänzender Krankheitskostenzusatztarife ist in § 12 Abs. 1 a S. 4 VAG ausdrücklich zugelassen.

63 **g) Vertragliche Mindestbindungsfrist bei Verträgen mit Selbstbehalt.** In Anlehnung an die Vorschrift des § 53 SGB V betreffend die Wahltarife in der GKV sieht das Gesetz bei Verträgen im Basistarif mit Selbstbehalt eine vertragliche Mindestbindungsfrist vor. Diese beträgt nach § 12 Abs. 1 a S. 4 VAG **drei Jahre**.

64 **aa) Reichweite der Mindestbindungsfrist.** Es stellt sich die Frage nach der Reichweite dieser vertraglichen Mindestbindungsfrist.[82] Es ist davon auszugehen, dass die Mindestbindungsfrist nur bei Wechseln von einer Basistarifvariante in eine andere Basistarifvariante desselben VR oder auch im Rahmen des für Neukunden seit 1.1.2009 möglichen Wechsels in eine andere Basistarifvariante eines anderen VR gilt. Sinn und Zweck dieser Regelung ist die Begrenzung der mit der Vereinbarung von Selbstbehalten einhergehenden Risikoselektion.[83] Wie auch im Bereich der GKV ist bei den Selbstbehaltsstufen im Basistarif mit Ausnutzungseffekten dergestalt zu rechnen, dass Versicherte zunächst zum Zwecke der Beitragsminimie-

---

[80] Vgl Marlow/Spuhl/*Marko*, Rn 1353.
[81] Vgl Begr. zu Art. 44 zu Nr. 5 (§ 12 VAG) GKV-WSG, BT-Drucks. 16/3100, S. 207; zur Prämienkalkulation vgl *Marko*, Private Krankenversicherung, Teil B Rn 75.
[82] Vgl auch dazu Marlow/Spuhl/*Marko*, Rn 1336.
[83] Vgl Begr. zu Art. 44 zu Nr. 5 (§ 12 VAG) GKV-WSG, BT-Drucks. 16/3100, S. 207.

rung einen hohen Selbstbehalt wählen und erst im Falle des Eintritts von Erkrankungen in eine niedrigere Selbstbehaltstufe oder in einen Basistarif ohne Selbstbehaltstufe wechseln. Da nach § 204 auch bei einem Wechsel aus dem Basistarif in einen Normaltarif eine Risikoprüfung für die regelmäßig anzunehmende Mehrleistung möglich ist, besteht insoweit ein ausreichender Schutzmechanismus gegen derartige Trittbrettfahrer. Diese müssen ggf mit Leistungsausschlüssen oder hohen Risikozuschlägen rechnen, wenn sie erst nach Eintritt von Erkrankung in einen Normaltarif wechseln wollen.

bb) Verhältnis zum Kündigungsrecht bei Prämienerhöhung oder Verminderung der Leistung. Es stellt sich ferner die Frage nach dem Verhältnis der Mindestbindungsfrist zum Recht des VN, im Falle der Prämienerhöhung oder Verminderung der Leistung den Vertrag nach § 205 Abs. 4 zu kündigen. 65

Durch das Sonderkündigungsrecht des § 205 Abs. 4 soll dem VN ermöglicht werden, unabhängig von vertraglichen Kündigungsfristen kurzfristig den VR zu wechseln, wenn sich die Grundlagen der Prämienkalkulation ändern.[84] Bei der Versicherung im Basistarif bestehen aber diesbezüglich Besonderheiten, die für einen Vorrang der Mindestbindungsfrist vor dem Sonderkündigungsrecht sprechen: Beim Basistarif handelt es sich um einen hinsichtlich Leistungsumfang und Tarifbedingungen brancheneinheitlichen Tarif. Infolge der brancheneinheitlichen Kalkulation mit Risikoausgleich nach § 12 g VAG wird es beim Basistarif keine nennenswerten Preisunterschiede und keinerlei Leistungsunterschiede zwischen den verschiedenen Anbietern geben. Änderungen der Grundlagen der Prämienkalkulation treffen somit alle im PKV-Markt angebotenen Basistarife gleichermaßen. Es besteht folglich bei Prämienerhöhungen und Leistungseinschränkungen im Basistarif eine im Vergleich zu Normaltarifen völlig unterschiedliche Ausgangslage für den VN. Hinzu kommt, dass der Basistarif hinsichtlich des Preises und der Leistungsmerkmale eng an das Leitbild der GKV gekoppelt ist. Dort ist gem. § 53 Abs. 8 S. 2 SGB V während der Bindungszeit von drei Jahren eine Kündigung trotz erfolgter Beitragserhöhung ausdrücklich gesetzlich ausgeschlossen. Außerdem ist zu bedenken, dass im Bereich der PKV die Zyklen der Änderung der Grundlagen für die Prämienkalkulation verhältnismäßig kurz sind. Es ist daher davon auszugehen, dass die Wahrscheinlichkeit einer Prämienanpassung im Basistarif innerhalb der Bindungsfrist sehr groß ist. Die Bindungsfrist würde somit im Falle der Einräumung des Sonderkündigungsrechts mit überwiegender Wahrscheinlichkeit in den meisten Fällen leerlaufen. Das kann aber nicht im Sinne der gesetzlichen Regelung des § 12 Abs. 1 a S. 4 VAG sein. Nach alldem ist es sachgerecht anzunehmen, dass die Mindestbindungsfrist des § 12 Abs. 1 a S. 4 VAG als lex specialis dem Sonderkündigungsrecht des § 205 Abs. 4 vorgeht. 66

VII. Ruhen der Leistungen (Abs. 6–11)

1. Allgemeines. Die Sanktionen bei Verstoß gegen die Pflicht des VN zur Beitragszahlung wurden im Rahmen des Gesetzes zur Beseitigung sozialer Überforderung bei Beitragsschulden in der Krankenversicherung[85] mit Wirkung zum 1.8.2013 erheblich modifiziert. In der Praxis hatten die Neuregelungen des GKV-WSG nicht den gewünschten Effekt, Beitragsschuldner vor weiterer Überschuldung zu entlasten und eine finanzielle Belastung der Versichertengemeinschaft zu vermeiden.[86] Mit der Modifikation wurde insb. eine Verringerung aufgebauter Beitragsschulden bei den säumigen VN beabsichtigt.[87] Auch für die Versicherungsunternehmen ist die Neuregelung vorteilhaft, da sie durch die Rückwirkung in Abs. 6 den Wertbe- 67

---

84 Vgl Prölss/Martin/*Prölss*, 27. Aufl. 2004, § 178 h Rn 11.
85 Vom 15.7.2013 (BGBl. I S. 2423).
86 Vgl Begr. RegE, BT-Drucks. 17/13402, S. 1.
87 Vgl Beschlussempfehlung des Ausschusses für Gesundheit, BT-Drucks. 17/13947, S. 31.

richtigungsbedarf dadurch reduzierte, dass in den Fällen nicht mehr beitreibbarer Beitragsforderungen an die Stelle der bisherigen Beitragsforderungen eine niedrigere Forderung trat.[88] Das wurde dadurch ermöglicht, dass nach § 12 h Abs. 2 VAG im Notlagentarif für alle VN eine einheitliche Prämie zu kalkulieren ist, so dass keine Alterungsrückstellungen zu bilden sind. Gemäß § 12 h S. 3 VAG gilt für den Notlagentarif der Höchstbeitrag der gesetzlichen Krankenversicherung. Das Ausbleiben der Prämienzahlung durch den VN hat bei einer der Pflicht nach Abs. 3 genügenden Versicherung das **Ruhen des Vertrages und die Fortgeltung des Vertrages im Notlagentarif** zur Folge, Abs. 6 S. 4 und Abs. 7 S. 1. Diese Regelung gilt für **alle Pflichtversicherungen** nach Abs. 3, also nicht nur für den Basistarif. Aus dem ausdrücklichen Hinweis im Gesetz auf die Pflichtversicherungen nach Abs. 3 ist ersichtlich, dass Abs. 6 nicht auf das Ruhen von Zusatzversicherungen nach Abs. 11 Anwendung findet. Das Ruhen tritt ausnahmsweise nicht ein, wenn der VN hilfebedürftig im Sinne des Zweiten oder Zwölften Buches Sozialgesetzbuch ist, Abs. 6 S. 5 Hs 1 Alt. 1.

68 2. Voraussetzungen für das Ruhen der Leistungen. Voraussetzung für das Ruhen der Leistungen ist zunächst der **Rückstand des VN mit zwei Monatsprämien** und die Durchführung eines im Vergleich zur früheren Regelung deutlich komplexeren Mahnverfahrens. Ist dieser Betrag erreicht, hat der VR zunächst den VN zu **mahnen, Abs. 6 S. 1**. Entgegen der früheren Rechtslage ist eine **zweite Mahnung** erforderlich, wenn der Prämienrückstand einschließlich der Säumniszuschläge zwei Monate nach Zugang der Mahnung noch höher ist als der Prämienanteil für einen Monat, **Abs. 6 S. 3**. Im Zuge der zweiten Mahnung ist der VN auf die Rechtsfolge des Ruhens hinzuweisen. Erst nach Ablauf eines weiteren Monats nach Zugang der zweiten Mahnung tritt das Ruhen des Vertrages ab dem ersten des nachfolgenden Monats ein, sofern der Prämienrückstand einschließlich der Säumniszuschläge zu diesem Zeitpunkt höher ist als der Prämienanteil für einen Monat, **Abs. 6 S. 4**. Der Eintritt des Ruhens kann somit frühestens fünf Monate nach erstmaligem Rückstand des VN mit zwei Monatsprämien erfolgen. Das Ruhen der Leistungen tritt – entgegen der früheren Regelung – automatisch ein, ohne dass es dem VN mitzuteilen ist. Anders als bei der Verzugsregelung des § 286 Abs. 4 BGB tritt das Ruhen des Vertrages nach **Abs. 6 S. 4** verschuldensunabhängig ein.[89] Auf ein Verschulden kommt es für den Eintritt der Rechtsfolge des Ruhens nicht an, da das Gesetz nicht auf Verzug, sondern auf den bloßen Rückstand mit der Beitragszahlung abstellt.[90]

69 Es stellt sich die Frage, ob diese Rechtsfolge auch bei Ausbleiben der Zahlung des **einmaligen Prämienzuschlags** nach Abs. 4 S. 1 eintritt. Dafür spricht der Wortlaut des Abs. 4 S. 1. Der Begriff „Prämie" ist regelmäßig mit „Beitrag" gleichzusetzen. Gegen eine uneingeschränkte Gleichstellung des Ausbleibens der Zahlung des Prämienzuschlags nach Abs. 4 S. 1 mit dem Ausbleiben der Prämienzahlung iSv Abs. 6 S. 1 kann allerdings die Stundungsmöglichkeit des Abs. 4 S. 5 angeführt werden. Rechtsfolge einer wirksamen Stundungsvereinbarung ist das Hinausschieben der Fälligkeit des Beitragszuschlags.[91]

70 Es spricht daher viel für folgende, differenzierte Betrachtungsweise: Ohne Vorliegen einer wirksamen Stundungsvereinbarung nach Abs. 4 S. 5 ist das Ausbleiben der Zahlung des Prämienzuschlags mit dem Ausbleiben der Prämienzahlung nach Abs. 6 S. 1 gleichzustellen. Das Ruhen des Vertrages tritt dann unter den Voraus-

---

88 Vgl Beschlussempfehlung und Bericht des Ausschusses für Gesundheit, BT-Drucks. 17/13947, S. 42.
89 Vgl *Marko*, Private Krankenversicherung, Teil B Rn 136; aA *Marlow/Spuhl*, VersR 2009, 593, 603.
90 Vgl Prölss/Martin/*Voit*, § 193 Rn 40; aA *Marlow/Spuhl*, VersR 2009, 593, 602.
91 Vgl Palandt/*Grüneberg*, § 271 BGB Rn 12.

setzungen des Abs. 6 wie beim Ausbleiben der monatlichen Prämienzahlung ein.[92] Liegt eine wirksame Stundungsvereinbarung zwischen VN und VR vor und hält der VN die in der Stundungsvereinbarung getroffenen Abreden (zB Ratenzahlung) ein, tritt das Ruhen des Vertrages nach Abs. 6 S. 4 nicht ein.[93]

Im Gegensatz zur Regelung des § 16 Abs. 3 a SGB V[94] enthält das VVG keine Besonderheit der Behandlung von **mitversicherten Personen** innerhalb eines **Versicherungsmantels**. Liegen beim VN die Voraussetzungen des Abs. 6 für das Ruhen des Vertrages vor, tritt somit diese Rechtsfolge des Ruhens für alle im Mantel mitversicherten Personen ein. Das ergibt sich unmittelbar aus **Abs. 10**.

3. Rechtsfolgen bei Ruhen des Vertrages. a) Auswirkungen auf den Vertrag (Abs. 7 S. 1). Die Rechtsfolgen des Eintritts des Ruhens wurden durch die gesetzliche Neuregelung des Abs. 7 und die Einführung des Notlagentarifs nach § 12 h VAG völlig verändert. Nach Abs. 7 S. 1 gilt der VN während der Ruhenszeit dauerhaft als im **Notlagentarif** versichert und wird nicht mehr im Basistarif überführt. Die Prämie des Notlagentarifs ist ohne Alterungsrückstellungen kalkuliert und zeichnet sich durch erheblich verringerte Leistungen aus. Hinzu kommt, dass nach § 12 Abs. 4 a S. 2 VAG für die Dauer der Versicherung im Notlagentarif kein gesetzlicher Zuschlag entrichtet wird. Das zusammen führt zu einer deutlich niedrigeren Prämie und dazu, dass der mit der Neuregelung beabsichtigte Zweck erreicht wird (s. Rn 67).

b) Auswirkungen auf den Leistungsanspruch. Wie auch im Basistarif ist das Leistungsspektrum im Notlagentarif brancheneinheitlich nach § 12 Abs. 1 d, Abs. 4 a S. 2 VAG geregelt. Für die Bedingungen des Notlagentarifs nach § 12 h VAG bestimmt § 12 Abs. 1 d S. 1 VAG, dass sich die Beleihung des Verbandes der privaten Krankenversicherung mit der Festlegung von Art, Umfang und Höhe der Leistung im Basistarif auch auf den Notlagentarif erstreckt. Der Inhalt entspricht infolge des insoweit gleichen Gesetzeswortlauts weitgehend der früheren Ruhensleistung. Nach § 12 h Abs. 1 S. 2 VAG sieht das Leistungsspektrum ausschließlich die Erstattung von Aufwendungen, die zur Behandlung **akuter Erkrankungen** und **Schmerzzustände** sowie bei **Schwangerschaft und Mutterschaft** erforderlich sind, vor. Die Gesetzesbegründung zum GKV-WSG geht davon aus, dass in diesem Fall nur für Notfallbehandlungen in Anlehnung an die Regelung des § 4 Abs. 1 AsylbLG, der insoweit eine identische Formulierung enthält, geleistet werden müsse.[95] Bei mitversicherten Kindern und Jugendlichen sind abweichend davon nach § 12 h Abs. 1 S. 3 VAG zudem insb. Aufwendungen für **Vorsorgeuntersuchungen** zur Früherkennung von Krankheiten nach gesetzlich eingeführten Programmen und für Schutzimpfungen, die die Ständige Impfkommission beim Robert Koch-Institut gem. § 20 Abs. 2 des Infektionsschutzgesetzes empfiehlt, zu erstatten. Vorsorge und Früherkennungsuntersuchungen werden auch in der GKV bei ruhenden Verträgen, wenn die Kinder selbständig versichert sind, geleistet.

Die Rspr zu § 4 AsylbLG ist hinsichtlich des Umfangs des Leistungsanspruchs nicht einheitlich. Insbesondere bestehen unterschiedliche Auffassungen der Gerichte, ob die gesetzlichen Merkmale „akute Erkrankungen" und „Schmerzzustände" kumulativ oder alternativ vorliegen müssen. Beispielhaft können aus der Rspr zu § 4 Abs. 1 AsylbLG folgende Fälle angeführt werden, in denen ein **Leistungsanspruch zugesprochen** wurde:

---

92 So iE auch *Marlow/Spuhl*, VersR 2009, 593, 602.
93 AA Prölss/Martin/*Voit*, § 193 Rn 41.
94 Die Leistungsbeschränkungen der GKV bei Zahlungsverzug auf Akutfälle gelten nach der Neuregelung durch das Gesetz zur Änderung arzneimittelrechtlicher und anderer Vorschriften vom 17.7.2009 (BGBl. I S. 1990) im Gegensatz zur früheren Rechtslage ausschließlich für das Mitglied und nicht für familienversicherte Angehörige.
95 BT-Drucks. 16/4247, S. 68; *Marko*, Private Krankenversicherung, Teil B Rn 139 f.

75 Bei Multipler Sklerose wurde ein Leistungsanspruch in einem Fall bejaht, in dem aufgrund der Schwere der Erkrankung eine fortwährende, akute Behandlungsbedürftigkeit vorliegt.[96] Maßnahmen im Rahmen einer chronischen Erkrankung, die zur Linderung des Schmerzzustands dienen (orthopädischer Schuh oder Schuheinlagen), müssen geleistet werden.[97] Depressive Leidenszustände (Psychotherapie) sind idR mindestens ebenso quälend und beeinträchtigend wie erhebliche körperliche Schmerzen und daher als Schmerzzustand zu qualifizieren.[98]

76 In folgenden Fällen wurde dagegen ein **Leistungsanspruch** nach § 4 AsylbLG **verneint:** Bei In-Vitro-Fertilisation handelt es sich weder um eine Akutbehandlung noch um eine Leistung für werdende Mütter.[99] Der Einsatz eines künstlichen Hüftgelenks bei schwerer Hüftgelenksnekrose wurde verneint mit dem Argument, dass alternativ zur Operation die Gabe von Opiaten erfolgen könne.[100] Eine Nierentransplantation ist keine unaufschiebbare Behandlung.[101] Kein Leistungsanspruch besteht auch bei einer Lebertransplantation aufgrund einer durch chronische Hepatitis bedingten Leberzirrhose, da es sich bei Hepatitis um eine chronische und nicht um eine akute Erkrankung handelt.[102] Ein stationärer Aufenthalt in einem rheumatologischen Zentrum wegen Synovitis war unter dem Blickwinkel eines Schmerzzustands nicht medizinisch indiziert oder unaufschiebbar, da das Bestehen von kostengünstigeren Behandlungsmethoden nicht ausgeschlossen werden konnte.[103] Hörgeräte sind nicht erstattungsfähig, da die Hörbehinderung keine akute Erkrankung oder ein Schmerzzustand ist.[104]

77 Die beispielhaft aufgeführten Fälle aus der Rspr zum Asylrecht, in denen ein Leistungsanspruch bejaht wurde (s. Rn 75), zeigen, dass die asylrechtliche Rspr jedenfalls teilweise zu einer sehr weiten Auslegung des Begriffs „Notfallbehandlung" neigt. Dies verwundert nicht vor dem Hintergrund, dass Asylbewerber wegen ihrer sehr eingeschränkten Erwerbsmöglichkeiten in besonderem Maße auf Sozialleistungen angewiesen sind.

78 Der Grad an sozialem Schutzbedürfnis von säumigen Privatversicherten, bei denen das Ruhen der Leistungen eingetreten ist, stellt sich dagegen ganz anders dar. Diese sind jedenfalls nicht hilfebedürftig im sozialversicherungsrechtlichen Sinne. Wie beschrieben, endet das Ruhen der Leistungen mit Eintritt der Hilfebedürftigkeit im sozialversicherungsrechtlichen Sinne und der Leistungsanspruch lebt dann in voller Höhe wieder auf. Würde man die weitreichende Rspr zu § 4 AsylbLG uneingeschränkt zum Maßstab für die im Rahmen des Ruhens der Leistungen zu erbringende Notfallbehandlung machen, käme dem Ruhen allenfalls noch ein sehr eingeschränkter Sanktionscharakter zu, der dem mangels Hilfebedürftigkeit nur sehr eingeschränkten sozialen Schutzbedürfnis der säumigen Beitragszahler nicht entsprechen würde.

79 Im Rahmen des § 12h Abs. 1 S. 2 VAG ist daher von einer **engen Auslegung** der Begrifflichkeit „**akute Erkrankungen**" und „**Schmerzustände**" im Sinne einer rei-

---

96 Vgl VG Mainz 27.10.1999 – 1 L 1062/99.MZ.
97 Vgl VG Osnabrück 22.11.1999 – 6 B 61/99; VGH Baden-Württemberg 4.5.1998 – 7 S 920/98.
98 Vgl VG Braunschweig 13.4.2000 – 3 B 67/00; OVG Lüneburg 22.9.1999 – 4 M 3551/99.
99 Vgl VG Stade 14.3.2002 – 4 A 917/01.
100 VG Gera 7.8.2003 – 6 K 1849/01.
101 OVG Mecklenburg-Vorpommern 28.1.2004 – 1 O 5/04, NVwZ-RR 2004, 902.
102 VG Frankfurt/M 9.4.1997 – 8 G 638/97.
103 LSG Baden-Württemberg 11.1.2007 – L 7 AY 6025/06 PKH-B.
104 OVG Münster 28.6.1994 – 24 B 1290/94.

nen Notfallbehandlung auszugehen.[105] Die Rspr zu § 4 AsylbLG kann insb. bei chronischen Erkrankungen allenfalls insoweit als Maßstab dienen, als sie die Vorschrift restriktiv auslegt.

Ein Anspruch auf Notfallleistung besteht nur im Rahmen des tariflichen Leistungsanspruchs. Sieht der Tarif einen **Selbstbehalt** vor, kann demgemäß auch nur insoweit die Erstattung von Notfallleistungen verlangt werden, als der Selbstbehalt ausgeschöpft ist.[106] Die Gegenmeinung verkennt, dass es sich bei Personen, die sich im Zahlungsverzug befinden, nicht zwangläufig um einen schutzbedürftigen Personenkreis handelt, sondern zunächst einmal um nicht vertragstreue VN, die ihren Beitrag nicht bezahlen. Sofern dies aus einer wirtschaftlichen Notlage heraus geschieht, sieht das Gesetz bei Eintritt von Hilfebedürftigkeit nach Abs. 6 S. 5 einen sozial ausgewogenen Schutz in Form des Wiederauflebens des vollen Leistungsanspruchs vor. Der Eintritt von Hilfebedürftigkeit ist aber nach Abs. 6 S. 5 durch die Sozialämter zu bescheinigen. Er unterliegt somit – anders als der Eintritt und die Aufrechterhaltung des Zahlungsverzugs – der Überprüfung durch die Sozialbehörden und kann nicht willkürlich durch den VN beeinflusst werden. Würde man den Selbstbehalt nicht auf die Notfallleistung anrechnen, käme das einer Besserstellung von beitragssäumigen VN im Vergleich zu vertragstreuen VN im Rahmen der Notfallversorgung gleich, die sachlich nicht gerechtfertigt ist und vertragstreue VN innerhalb des gleichen Tarifs benachteiligt, die regelmäßig ihren Beitrag zahlen und im Rahmen ihres vertraglich vereinbarten Selbstbehalts keinen Leistungsanspruch haben. Damit würde insb. bei Tarifen mit einem hohen Selbstbehalt förmlich dem Missbrauch Vorschub geleistet.

c) **Auswirkungen auf die Pflicht zur Beitragszahlung.** Während des Ruhens hat der VN nur die Prämie des Notlagentarifs zu bezahlen. Das ergibt sich mittelbar aus der Mitteilungspflicht nach Abs. 8 S. 1 über die Höhe der im Notlagentarif zu zahlenden Prämie. Während der Ruhenszeit entfallen nach Abs. 7 S. 2 Risikozuschläge, Leistungsausschlüsse und Selbstbehalte.

d) **Aufrechnung von Leistungen und Beiträgen.** Das Gesetz enthält keine eindeutige Regelung, ob eine Aufrechnung von Leistungsansprüchen des VN im Rahmen des Notlagentarifs mit Beitragsforderungen durch den VR zulässig ist. Sinn und Zweck der Leistungen im Notlagentarif ist der von der Beitragszahlung unabhängige Erhalt eines Mindestmaßes an Versorgung für den VN. Eine Verrechnung von Beitragsforderungen mit diesen „Notfallleistungen" würde dem zuwiderlaufen und im Ergebnis dazu führen, dass der VN diese Notfallleistungen faktisch selbst finanzieren muss. Eine Aufrechnung von Leistungsansprüchen mit Beitragsforderungen ist daher unzulässig.[107]

e) **Säumniszuschlag (Abs. 6 S. 2).** Nach Abs. 6 S. 2 hat der VN für jeden angefangenen Monat des Rückstandes an Stelle von Verzugszinsen einen Säumniszuschlag in Höhe von 1 Prozent des Beitragsrückstandes zu entrichten.

f) **Varianten des Notlagentarifs (Abs. 7 S. 5).** Nach Abs. 7 S. 5 gilt ein VN, dessen Vertrag nur die Erstattung eines Prozentsatzes der entstandenen Aufwendungen vorsieht, als in einer Variante des Notlagentarifs nach § 12h VAG versichert, die Leistungen in Höhe von 20, 30 oder 50 Prozent der versicherten Behandlungskosten vorsieht, abhängig davon, welcher Prozentsatz dem Grad der vereinbarten Erstattung am nächsten ist.

---

105 Vgl *Marko*, Private Krankenversicherung, Teil B Rn 143; iE auch *Marlow/Spuhl*, VersR 2009, 593, 603; aA *Grote/Bronkars*, VersR 2008, 580, 584; *Boetius*, VersR 2007, 431, 436.
106 Vgl *Marko*, Private Krankenversicherung, Teil B Rn 145; aA Prölss/Martin/*Voit*, § 193 Rn 48.
107 Zur vergleichbaren Problematik bei Eintritt von Hilfebedürftigkeit vgl *Marko*, Private Krankenversicherung, Teil B Rn 158.

85 **g) Ruhen von Zusatzversicherungen zum Basistarif bei Halbierung des Beitrags im Basistarif (Abs. 11).** Im Rahmen einer Versicherung im Basistarif kann der VR nach Abs. 11 verlangen, dass **Zusatzversicherungen ruhen**, wenn und solange ein Versicherter hilfebedürftig iSd Zweiten oder Zwölften Buches Sozialgesetzbuch wird und somit auf eine Halbierung des Beitrags nach § 12 Abs. 1 c VAG angewiesen ist. Damit soll ein Missbrauch der in § 12 Abs. 1 c VAG vorgesehenen, beitragssenkenden Instrumente verhindert werden.[108] Es stellt sich die Frage, welche Rechtsfolgen an ein „Ruhen" einer Zusatzversicherung im Rahmen des Abs. 11 geknüpft sind. Das Gesetz gibt hier keine Rechtsfolgen an.

86 Als Auslegungshilfe bietet sich ein Blick auf die Rspr zum Arbeitsrecht an, wo sich der Begriff des „Ruhens" des Vertragsverhältnisses etabliert hat. Danach wird das Ruhen als Fortbestand des Vertragsverhältnisses ohne die vertraglichen Hauptleistungspflichten zur Arbeitsleistung und Vergütung definiert.[109] Auf die Vorschrift des Abs. 7 übertragen bedeutet diese Auslegung des Begriffs, dass während der Ruhenszeit kein Anspruch des Versicherten auf Versicherungsleistungen für während der Ruhenszeit eintretende neue Versicherungsfälle und kein Anspruch des VR auf Zahlung des Beitrags bestehen.[110] Das Recht des VR zur Kündigung von Zusatzversicherungen wegen Beitragsverzugs nach § 38 wird durch die Neuregelung nicht beeinträchtigt.

87 **h) Auswirkungen auf das Tarifwechselrecht.** Nach Abs. 7 S. 4 ist ein Wechsel in den oder aus dem Notlagentarif gesetzlich ausgeschlossen. Es stellt sich die Frage, ob und wie sich dieser Ausschluss des Tarifwechselrechts nach § 204 Abs. 1 S. 1 Nr. 1 auf den Anspruch nach § 204 Abs. 4 auswirkt, einen – zB wegen Eintritts der Versicherungspflicht in der GKV – gekündigten Vertrag als **Anwartschaftsversicherung** fortzuführen. Im Ergebnis ist dem VN das Recht einzuräumen, den gekündigten Vertrag in Form einer Anwartschaftsversicherung für den Ursprungstarif fortzuführen. Ein Anspruch auf Fortführung des Notlagentarifs als Anwartschaftsversicherung besteht nicht. Wird der Ursprungstarif als Anwartschaftsversicherung fortgeführt, handelt es sich bei den geschuldeten Prämien um Folgeprämien iSd § 38. Ist der VN mit diesen Beiträgen weiter säumig, ist der VR nach Maßgabe des § 38 zur Kündigung der Anwartschaftsversicherung berechtigt, auch wenn der VN die Beiträge für die Anwartschaftsversicherung, nicht aber für den Ursprungstarif bezahlt.

88 **4. Ende des Ruhens der Leistungen (Abs. 9 S. 1). a) Begleichung aller rückständigen Prämienanteile.** Nach Abs. 9 wird der Vertrag automatisch ab dem ersten Tag des übernächsten Monats zu den Bedingungen nach Abs. 9 S. 2 und 3 in dem Tarif fortgesetzt, in dem der VN vor Eintritt des Ruhens versichert war. Voraussetzung ist, dass alle rückständigen und auf die Zeit des Ruhens entfallenden Prämienanteile einschließlich der Säumniszuschläge und der Beitreibungskosten gezahlt sind. Während der Ruhenszeit vorgenommene Prämienanpassungen und Änderungen der Allgemeinen Versicherungsbedingungen gelten nach Abs. 9 S. 3 ab dem Tag der Fortsetzung. Ein Sonderkündigungsrecht des VN besteht nicht, da die Anpassung insoweit kraft Gesetzes und nicht aufgrund einer Anpassungsklausel iSd § 205 Abs. 4 erfolgt. Aus diesem Grund ist der VN auch nicht nach § 205 Abs. 5 über Beitragsanpassungen und Bedingungsänderungen im Ursprungstarif während der Dauer der Versicherung im Notlagentarif zu informieren. Die Rückkehr in den Ursprungstarif nach Ausgleich aller Leistungen kann jedoch Anlass für eine Beratung nach § 6 Abs. 4 sein. Das kommt in Fällen in Betracht, in denen aufgrund der Versicherung im Notlagentarif ein teilweiser Verbrauch der Alterungsrückstellungen nach § 12h Abs. 2 S. 6 VAG eingetreten ist und/oder in denen aufgrund wäh-

---

108 Vgl Langheid/Wandt/*Kalis*, § 193 Rn 38.
109 Vgl Palandt/*Weidenkaff*, Vorbem. v. § 620 BGB Rn 1.
110 Vgl *Marko*, Private Krankenversicherung, Teil B Rn 160.

rend der Versicherung im Notlagentarif durchgeführter Beitragsanpassungen eine erhebliche Beitragsdifferenz zwischen der Prämie im Ursprungstarif zum Zeitpunkt des Ruhendstellens und der nunmehr im Ursprungstarif zu zahlenden Prämie besteht.

b) Eintritt von Hilfebedürftigkeit (Abs. 6 S. 5 Hs 1 Alt. 2). Das Ruhen der Leistungen endet ferner nach Abs. 6 S. 5 Hs 1 Alt. 2, wenn der VN oder die versicherte Person hilfebedürftig iSd Zweiten oder Zwölften Buches Sozialgesetzbuch *wird*. Nachweispflichtig für den Eintritt der Hilfebedürftigkeit ist der VN.[111] Die Hilfebedürftigkeit ist auf Antrag des Berechtigten vom zuständigen Sozialversicherungsträger zu bescheinigen, Abs. 6 S. 5 Hs 2.

89

Diese Regelung kann praktische Schwierigkeiten hervorrufen, wenn die Hilfebedürftigkeit innerhalb eines Versicherungsmantels mit mehreren Personen nicht beim VN, sondern bei einer mitversicherten Person eintritt. Es stellt sich dann die Frage, ob das Ruhen auch für den VN und alle anderen mitversicherten Personen endet oder nur für die jeweilige mitversicherte Person, die tatsächlich hilfebedürftig wird. Der Gesetzgeber geht offenbar davon aus, dass die PKV grds. nur Personen in einem Versicherungsmantel versichert, die miteinander eng verwandt sind und sich die Prüfung der Hilfebedürftigkeit iSd in SGB II verwendeten Begriffs der Bedarfsgemeinschaft zumindest mittelbar auf alle in einem Versicherungsmantel versicherte Personen erstreckt. Das ist aber bei der PKV – anders als bei der in § 10 SGB V geregelten, beitragsfreien Mitversicherung von Familienangehörigen in der GKV – nicht zwangsläufig der Fall. Sinn und Zweck der Regelung ist der Schutz von Versicherten, die infolge ihrer Hilfebedürftigkeit die Beiträge nicht mehr bezahlen können. Sie sollen dann unabhängig davon, ob die ausstehenden Beiträge beglichen worden sind, wieder vollen Versicherungsschutz erhalten.[112] Dieser Zweck gebietet in keiner Weise, dass das Ende des Ruhens auch auf den VN und andere in einem Versicherungsmantel mitversicherte Personen ausgedehnt wird, bei denen keine Hilfebedürftigkeit festgestellt wurde. Die Vorschrift ist daher dahingehend auszulegen, dass das Ruhen nur für die mitversicherte Person endet, die tatsächlich hilfebedürftig geworden ist.[113]

90

§ 194 Anzuwendende Vorschriften

(1) ¹Soweit der Versicherungsschutz nach den Grundsätzen der Schadensversicherung gewährt wird, sind die §§ 74 bis 80 und 82 bis 87 anzuwenden. ²Die §§ 23 bis 27 und 29 sind auf die Krankenversicherung nicht anzuwenden. ³§ 19 Abs. 4 ist auf die Krankenversicherung nicht anzuwenden, wenn der Versicherungsnehmer die Verletzung der Anzeigepflicht nicht zu vertreten hat. ⁴Abweichend von § 21 Abs. 3 Satz 1 beläuft sich die Frist für die Geltendmachung der Rechte des Versicherers auf drei Jahre.

(2) Steht dem Versicherungsnehmer oder einer versicherten Person ein Anspruch auf Rückzahlung ohne rechtlichen Grund gezahlter Entgelte gegen den Erbringer von Leistungen zu, für die der Versicherer auf Grund des Versicherungsvertrags Erstattungsleistungen erbracht hat, ist § 86 Abs. 1 und 2 entsprechend anzuwenden.

(3) ¹Die §§ 43 bis 48 sind auf die Krankenversicherung mit der Maßgabe anzuwenden, dass ausschließlich die versicherte Person die Versicherungsleistung ver-

---

111 Vgl Bericht des Ausschusses für Gesundheit zu Art. 43 zu Nr. 01 (§ 178 a) GKV-WSG, BT-Drucks. 16/4247, S. 68.
112 Vgl Bericht des Ausschusses für Gesundheit zu Art. 43 zu Nr. 01 (§ 178 a) GKV-WSG, BT-Drucks. 16/4247, S. 68.
113 Vgl *Marko*, Private Krankenversicherung, Teil B Rn 155 ff; aA Prölss/Martin/*Voit*, § 193 Rn 35.

langen kann, wenn der Versicherungsnehmer sie gegenüber dem Versicherer in Textform als Empfangsberechtigten der Versicherungsleistung benannt hat; die Benennung kann widerruflich oder unwiderruflich erfolgen. ²Liegt diese Voraussetzung nicht vor, kann nur der Versicherungsnehmer die Versicherungsleistung verlangen. ³Einer Vorlage des Versicherungsscheins bedarf es nicht.

I. Normzweck	1
II. Anzuwendende Vorschriften (Abs. 1)	2
III. Zahlungsverzug (Abs. 2 aF)	6
IV. Übergang von Rückzahlungsansprüchen (Abs. 2)	9
V. Versicherung für fremde Rechnung (Abs. 3)	10
1. Kontext und Entwicklung....	10
2. Benennung eines Empfangsberechtigten	14
a) Grundsätzliches...........	14
b) Benennungsberechtigung	15
c) Rechtsfolge	22
d) Rückabwicklung..........	23
3. Geltung der §§ 43 ff..........	24
4. Abs. 3 ist halbzwingend, § 208 S. 1.....................	26
5. Weitere praktische Hinweise	27

I. Normzweck

1 **Abs. 1** regelt die Anwendbarkeit von allgemeinen Vorschriften zur Schadensversicherung sowie überwiegend dem sozialen Schutzzweck der Krankenversicherung geschuldete Modifikationen weiterer allgemeiner Vorschriften. **Abs. 2** erweitert den Regress des VR auf Bereicherungsansprüche des VN bzw Versicherten. Damit soll gleichzeitig deren Bereicherung vermieden werden. Mit dem neuen **Abs. 3** werden erstmals die allgemeinen Bestimmungen über die Versicherung für fremde Rechnung im Grundsatz auch auf die Krankenversicherung für anwendbar erklärt. Gleichzeitig werden einige Modifizierungen der §§ 43–48 vorgenommen, die den Besonderheiten der Krankenversicherung geschuldet sind.[1]

II. Anzuwendende Vorschriften (Abs. 1)

2 Abs. 1 entspricht weitgehend dem § 178a Abs. 2 aF. Auch S. 1 bewirkt, dass die allgemeinen Vorschriften über die Schadensversicherung in gleicher Weise für die Krankenversicherung gelten, aber nur, wenn und soweit diese im Einzelfall nicht Summen-, sondern eben Schadensversicherung ist[2] (zur Abgrenzung s. § 192 Rn 3, 16, 38 f). Es gilt dann Kapitel 2 Abschnitt 1 (Schadensversicherung – Allgemeine Vorschriften: §§ 74–87) mit Ausnahme des § 81, der in § 201 eine Sonderregelung gefunden hat. Praktische Bedeutung hat allenfalls die Verweisung auf die **Schadensminderungspflicht** des § 82 (s. § 9 MB/KK 09 Rn 6) und auf den **Forderungsübergang** nach § 86. Hier ist für den Regress insb. eine nach §§ 265, 325 ZPO mögliche Rechtskrafterstreckung aus dem Haftpflichtprozess zu beachten. Denkbar ist vor dem Hintergrund der erschwerten Kündigung einer Pflichtversicherung iSd § 193 Abs. 3 S. 1 ein Fall der **Mehrfachversicherung** nach §§ 78 f (s. § 205 Rn 33 f).[3]

3 Für **S. 2** spielt die Frage nach Schadens- oder Summenversicherung keine Rolle.[4] S. 2 schließt zunächst die Regeln der **Gefahrerhöhung** für die Krankenversicherung aus: Die Krankheitsanfälligkeit eines Menschen nimmt idR mit steigendem Lebensalter zu, wodurch sich auch das vom VR übernommene Risiko erhöht. Dies ist jedoch ein Umstand, der bei Vertragsschluss schon voraussehbar und daher Be-

---

1 Begr. RegE, BT-Drucks. 16/3945, S. 111; VVG-KE S. 407.
2 Langheid/Wandt/*Kalis*, § 194 Rn 7; Prölss/Martin/*Voit*, § 194 Rn 14.
3 Vgl BGH 19.2.2014 – IV ZR 163/13, r+s 2014, 183 (Tz. 21).
4 Prölss/Martin/*Voit*, § 194 Rn 1.

standteil der versicherten Gefahr ist.[5] Hinsichtlich der Nichtanwendbarkeit des § 29 (erweiterte Teilkündigung bzw -rücktritt durch den VR) ist der Wortlaut eindeutig (s. aber § 205 Abs. 5 und § 207 Abs. 2). Die amtliche Begründung nimmt hierzu nicht näher Stellung.[6] Für dessen Anwendung sind auch keine durchgreifenden systematischen Erwägungen ersichtlich, so dass es beim Ausschluss des § 29 verbleiben muss.[7] Einer Vereinbarung dessen Anwendbarkeit steht nunmehr § 208 S. 1 entgegen.[8] Der Rechtsgedanke des § 29 kann aber im Zusammenhang mit einer außerordentlichen Kündigung durch den VR Bedeutung erlangen (s. § 206 Rn 24 f). Eine analoge Anwendung des § 29 scheidet mangels Regelungslücke aus.[9]

Nach der vom 1.1. bis 31.12.2008 geltenden Fassung des **S. 3** („§ 19 Abs. 3 Satz 2 und Abs. 4 ist auf die Krankenversicherung nicht anzuwenden, wenn der Versicherungsnehmer die Verletzung der Anzeigepflicht nicht zu vertreten hat.") war das dem VR nach § 19 Abs. 3 S. 2 bei vor höchstens **einfach fahrlässigen Verletzung der Anzeigepflicht** durch den VN anstelle des Rücktrittsrechts zugebilligte Kündigungsrecht für die Krankenversicherung ausgeschlossen, wenn die Verletzung der Anzeigepflicht nicht einmal fahrlässig, also schuldlos war. Seit 1.1.2009 ist diese Bevorzugung des VN in der Krankenversicherung weggefallen, so dass der VR sich in einer solchen Fallkonstellation ex nunc durch **Kündigung** vom VersVertrag lösen kann[10] – sofern nicht § 206 Abs. 1 S. 1 einschlägig ist (s. § 206 Rn 2 ff). Weiterhin verschlossen bleibt dem VR aber bei einer nicht zu vertretenden Anzeigepflichtverletzung des VN nach S. 3 die ihm nach § 19 Abs. 4 grds. zugebilligte Option, eine **höhere Prämie** zu verlangen.[11] Bei Verletzung der Anzeigepflicht mit (mindestens) einfacher Fahrlässigkeit bleiben dem Krankenversicherer die allgemeinen Rechte nach § 19 hingegen in vollem Umfang erhalten.[12] Ebenso bleibt – auch im Bereich der Pflichtversicherung nach § 193 Abs. 3 – das Recht der Anfechtung wegen arglistiger Täuschung bei Verletzung der Anzeigepflicht anlässlich des Vertragsschlusses erhalten.[13]

S. 4 verkürzt zugunsten des VN die für den VR geltende – neu eingeführte – allgemeine fünfjährige Frist des § 21 Abs. 3 S. 1, um bei einer Anzeigepflichtverletzung des VN (sämtliche) dem VR nach § 19 Abs. 2–4 gewährten Rechte geltend zu machen, auf **drei Jahre**. Dies trägt der „Planungssicherheit" des VN[14] wegen der sozialen Bedeutung der Krankenversicherung besonders Rechnung.[15] § 21 Abs. 3 S. 2, wonach sich bei vorsätzlicher Verletzung der Anzeigepflicht die Frist auf zehn Jahre beläuft, bleibt davon unberührt. Auch in der Krankenversicherung verdient Arglist keinen schutzwürdigen Schutz.[16] Dies ist zumindest insofern eine Besserstellung des VN gegenüber § 178 k S. 2 aF, als nunmehr überhaupt eine Befristung auch in Arglistfällen Platz greift. Nach § 22 bleibt allerdings das Recht des VR zur Anfechtung wegen arglistiger Täuschung unberührt[17] (zu beachten bleibt, dass nach § 124 Abs. 3 BGB die Anfechtung ausgeschlossen ist, wenn seit der Abgabe der

---

5 BGH 6.7.1983 – IVa ZR 206/81, VersR 1983, 848.
6 BT-Drucks. 12/6959, S. 103 f; ebenso der Bericht des Finanzausschusses: BT-Drucks. 12/7595.
7 OLG Karlsruhe 7.11.2006 – 12 U 250/05, VersR 2007, 530; LG Dortmund 19.10.2006 – 2 O 559/03, juris; Langheid/Wandt/*Kalis*, § 194 Rn 28; dagegen: Bach/Moser/*Bach*, 3. Aufl. 2002, Einl. Rn 51: mögliches redaktionelles Versehen.
8 Anders noch zur alten Gesetzeslage: Prölss/Martin/*Prölss*, 27. Aufl. 2004, § 178 a Rn 15.
9 AA *Boetius*, PKV, § 194 VVG Rn 57.
10 Vgl Bach/Moser/*Kalis*, § 194 VVG Rn 7; ders., in: Langheid/Wandt, § 194 Rn 29.
11 Begr. RegE, BT-Drucks. 16/3945, S. 111.
12 Begr. RegE, BT-Drucks. 16/3945, S. 111; Bach/Moser/*Kalis*, § 194 VVG Rn 7.
13 BGH 7.12.2011 – IV ZR 50/11, r+s 2012, 141.
14 VVG-RefE S. 53.
15 Begr. RegE, BT-Drucks. 16/3945, S. 111.
16 Vgl Begr. RegE, BT-Drucks. 16/3945, S. 111.
17 Prölss/Martin/*Voit*, § 194 Rn 7; BGH 7.12.2011 – IV ZR 50/11, r+s 2012, 141.

Willenserklärung zehn Jahre verstrichen sind). Fristbeginn ist in allen Fällen – kenntnisunabhängig – der Zeitpunkt des Vertragsschlusses,[18] also der formelle Versicherungsbeginn (s. § 197 Rn 8). Im Übrigen gelten die in Abs. 1 nicht genannten allgemeinen Vorschriften für alle Versicherungszweige.

III. Zahlungsverzug (Abs. 2 aF)

6 Vom 1.1.2008 bis 31.12.2008 galt Abs. 2 in einer abweichenden Fassung (s. Rn 7). Die Modifizierung des § 38 (Zahlungsverzug bei Folgeprämie) sollte der herausragenden Bedeutung, die dem Krankenversicherungsschutz für die privat Versicherten zukommt, Rechnung tragen.[19] Die Regelung wurde durch die im Rahmen des Art. 43 Nr. 7 GKV-WSG erfolgte Neuregelung der Kündigungsmöglichkeiten für den VR in § 206 überflüssig und ist daher mit Wirkung zum 1.1.2009 gestrichen worden. Der Wortlaut des § 206 (idF ab 1.1.2009) verbietet nunmehr jegliche Kündigung des VersVertrages durch den VR (zur Reichweite vgl § 206 Rn 2 ff). Die Rechtsfolgen beim Zahlungsverzug mit der Folgeprämie wurden durch das GKV-WSG in § 193 Abs. 6 als Spezialvorschrift zu § 38 abschließend geregelt (s. § 193 Rn 67 ff). Soweit die Krankenversicherung aber keine Pflichtversicherung iSd § 193 Abs. 3 ist, gilt nicht § 193 Abs. 6, sondern § 38 in seiner allgemein geltenden, nicht (mehr) modifizierten Fassung.[20]

7 Abs. 2 idF vom 1.1.2008 bis zum 31.12.2008 lautete:

(2) § 38 ist auf die Krankenversicherung mit der Maßgabe anzuwenden, dass die Zahlungsfrist nach § 38 Abs. 1 Satz 1 mindestens zwei Monate betragen muss. Zusätzlich zu den Angaben nach § 38 Abs. 1 Satz 2 hat der Versicherer den Versicherungsnehmer darauf hinzuweisen, dass

1. der Abschluss einer neuen Krankenversicherung nach der Kündigung des Versicherers nach § 38 Abs. 3 für den Versicherungsnehmer mit einer neuen Gesundheitsprüfung, einer Einschränkung des Umfangs des bisherigen Versicherungsschutzes sowie einer höheren Prämie verbunden sein kann,
2. Bezieher von Arbeitslosengeld II unter den Voraussetzungen des § 26 Abs. 2 des Zweiten Buches Sozialgesetzbuch einen Zuschuss zu den Beiträgen erhalten können, die sie für eine private Kranken- oder Pflegeversicherung zahlen,
3. der Träger der Sozialhilfe unter den Voraussetzungen des § 32 Abs. 2 und 3 des Zwölften Buches Sozialgesetzbuch Beiträge zur privaten Kranken- oder Pflegeversicherung übernehmen kann.

8 Damit war der im Übrigen unverändert Geltung beanspruchende § 38 in zwei Punkten modifiziert: Zum einen musste die Zahlungsfrist des § 38 Abs. 1 S. 1 statt zwei Wochen mindestens zwei Monate betragen. Zum anderen sollten dem VN durch über § 38 Abs. 1 S. 2 hinausgehende wichtige Zusatzinformationen die Konsequenzen des (drohenden) Verlusts des Versicherungsschutzes verdeutlicht (Nr. 1) und gleichzeitig Möglichkeiten zur Vermeidung des Zahlungsverzuges aufgezeigt werden (Nr. 2, 3). Fehlten diese Angaben, war die Mahnung unwirksam.

IV. Übergang von Rückzahlungsansprüchen (Abs. 2)

9 Abs. 2 war vom 1.1.2008 bis zum 31.12.2008 als Abs. 3 notiert (s. Rn 6). Zwar gilt § 86 bereits nach Abs. 1 S. 1 für die Krankenversicherung als Schadensversicherung (s. Rn 2), doch erfasst er nur Ersatzansprüche, nicht aber Bereicherungs-

---

18 Prölss/Martin/*Voit*, § 194 Rn 5.
19 Begr. RegE, BT-Drucks. 16/3945, S. 111.
20 Bach/Moser/*Kalis*, § 194 VVG Rn 8.

ansprüche.[21] Diese Lücke füllt Abs. 2. **Voraussetzung** für den Übergang ist ein Bereicherungsanspruch des VN oder Versicherten. Dieser Anspruch kann entweder aus einer Überzahlung (überhöhtes Entgelt, zB unzutreffende GOÄ-Abrechnung) oder einer Unwirksamkeit des Behandlungsvertrages (zB unwirksame Stellvertretervereinbarung bei Wahlleistungen)[22] resultieren. § 814 BGB gilt.[23] Abzustellen ist auf die Kenntnis des die Entgeltforderung begleichenden VN[24] (arg. e. §§ 412, 404 BGB). Es liegt dann keine Kenntnis von der Nichtschuld vor, wenn die Entgeltforderung zwischen den Beteiligten streitig ist.[25] Erforderlich ist weiter, dass der VR seinerseits bereits Leistungen aus dem VersVertrag – sei es an den Bereicherungsgläubiger oder unmittelbar an den Bereicherungsschuldner (§ 192 Abs. 3 Nr. 5) – erbracht hat. **Rechtsfolge** ist dann die cessio legis des § 86 Abs. 1 S. 1. Dadurch kann das Arzt-Patienten-Verhältnis weitgehend vor Belastungen bewahrt werden.[26] Wegen § 86 Abs. 1 S. 2 muss sichergestellt sein, dass der VN bzw Versicherte in jedem Fall vorrangig hinsichtlich von ihm gezahlter Entgelte, die über die erbrachte Versicherungsleistung hinausgehen, befriedigt wird. Der VN bzw Versicherte wird schließlich mit der Mitwirkungspflicht des § 86 Abs. 2 belastet. Dies ist insb. für Auskunftsansprüche des VN bzw Versicherten gegenüber dem Behandler relevant.[27] Diese Obliegenheit ist nach § 86 Abs. 2 S. 2, 3 sanktionsbewehrt. Eine Erstreckung auf § 86 Abs. 3 kam mangels Vergleichbarkeit des Schutzzwecks bei einem Bereicherungsanspruch gegenüber einem in häuslicher Gemeinschaft lebenden Behandler nicht in Betracht.[28]

V. Versicherung für fremde Rechnung (Abs. 3)

1. Kontext und Entwicklung. Nach Abs. 3 sind die Vorschriften der Versicherung für fremde Rechnung (§§ 43–48) grds. auch auf die Krankenversicherung anzuwenden. Diese Verweisung ist neu. Mit Entscheidung vom 8.2.2006[29] hatte der BGH klargestellt, dass die Vorschriften der Versicherung für fremde Rechnung auf die Krankenversicherung nach altem Recht von Gesetzes wegen keine Anwendung fanden (s. § 193 Rn 13 ff). **Typische Fallgestaltungen** der Versicherung für fremde Rechnung sind zB die Mitversicherung der Kinder durch die Eltern auch über deren Ausbildung hinaus, die Mitversicherung des Ehepartners auch im Falle einer Trennung oder Scheidung oder die Versicherung von Verwandten aus Unterhaltsgründen.[30] Bereits vor der Neuregelung des Abs. 3 war allerdings anerkannt, dass die Vorschriften der Versicherung für fremde Rechnung im Grundsatz auch im Bereich der Krankenversicherung einen sinnvollen Anwendungsbereich finden können.[31] Die vorgenannte Grundsatzentscheidung des BGH wurde im Gesetzgebungsverfahren nicht erwähnt. Dies mag daran liegen, dass die Reformkommission bereits mehr als zwei Jahre zuvor schon beabsichtigt hatte, die bestehende Unsicherheit der Rechtsstellung des versicherten Dritten zu beseitigen.

Eine uneingeschränkte Verweisung auf die §§ 43–48 würde allerdings nach zutreffenden Erwägungen der Reformkommission bei teilweise zwischen 9.000

---

21 OLG Düsseldorf 22.2.2007 – I-8 U 119/06, VersR 2007, 937; Begr. RegE, BT-Drucks. 16/3945, S. 111.
22 BGH 20.12.2007 – III ZR 144/07, VersR 2008, 493.
23 Looschelders/Pohlmann/*Reinhard*, § 192 Rn 16.
24 Offen lassend OLG Saarbrücken 26.6.2012 – 4 U 62/11, VersR 2013, 223.
25 OLG Saarbrücken 26.6.2012 – 4 U 62/11, VersR 2013, 223.
26 Vgl Langheid/Wandt/*Kalis*, § 194 Rn 46.
27 Bach/Moser/*Kalis*, § 194 VVG Rn 11; Looschelders/Pohlmann/*Reinhard*, § 194 Rn 18.
28 Begr. RegE, BT-Drucks. 16/3945, S. 111.
29 BGH 8.2.2006 – IV ZR 205/04, VersR 2006, 686.
30 VVG-KE S. 167 f.
31 BGH 8.2.2006 – IV ZR 205/04, VersR 2006, 686; Prölss/Martin/*Prölss*, 27. Aufl. 2004, § 178 a Rn 7.

und 12.500 Erstattungsfällen eines Krankenversicherers pro Tag zu erheblichen praktischen Problemen führen. Wegen § 45 Abs. 2 müsste der VR zur Vermeidung doppelter Auszahlungen bzw um eine befreiende Zahlung an VN oder Dritten sicherzustellen, im Leistungsfall jeweils die Vorlage des Versicherungsscheins oder die Zustimmung des jeweils anderen zur Auszahlung einfordern. Da die Krankenversicherung – anders als etwa die Unfallversicherung – ein Massengeschäft ist, führte diese Vorgehensweise zu unvertretbarem Verwaltungsaufwand, verzögerte zum Nachteil des Erstattungsempfängers die Auszahlung der Leistung erheblich und begegnete auch vor dem Hintergrund, dass aufgrund Beitragsanpassungen häufig Nachträge zum Versicherungsschein ausgestellt werden, weiteren Durchführungsbedenken. Schließlich könnte eine befreiende Leistung an den die Erstattung verlangenden Versicherten das Interesse des VN an einem sonst bestehenden Anspruch auf Beitragsrückerstattung beeinträchtigen.[32]

12 Nach §§ 43–48 soll der Versicherte nur dann eine befreiende Leistung des VR verlangen können, wenn der VN ihn – widerruflich oder unwiderruflich – gegenüber dem VR als Empfangsberechtigten der Versicherungsleistung benannt hat. Auf diese Weise ist eine eindeutige Empfangsberechtigung gesichert, ohne dass es der Vorlage des Versicherungsscheins bedürfte: Bei Benennung durch den VN ist nur der Versicherte und ohne Benennung nur der VN empfangsberechtigt.[33] Dieser Entstehungsgedanke muss bei einer Auslegung der Vorschrift stets bedacht werden.

13 Abs. 3 ist **Rechtsgrundverweisung**. Dies bedeutet, dass zunächst festgestellt werden muss, ob bzw dass überhaupt eine Versicherung für fremde Rechnung vorliegt.[34] Nicht immer, wenn eine andere Person versichert ist, muss eine Versicherung für fremde Rechnung gegeben sein.[35] Hierzu gelten die Ausführungen in § 193 Rn 13 fort. Erst wenn eine Versicherung für fremde Rechnung vorliegt, kann über Abs. 3 die Modifikation der §§ 43 ff greifen. Die Rechtsstellung des in seinem eigenen Interesse versicherten Dritten bestimmt sich dann allein durch seine Benennung gegenüber dem VR als Empfangsberechtigtem. Der **Begriff der Gefahrsperson** hat zur Bestimmung der Rechtsstellung des Dritten insoweit ausgedient. Besser sollte der forderungs- und empfangsberechtigte Dritte als **materiell versicherte Person/Versicherter** und der Dritte ohne eigenes Forderungs- und Empfangsrecht als **formal versicherte Person/Versicherter** bezeichnet werden (s. § 193 Rn 18). Von alledem unberührt bleibt allerdings die Möglichkeit, auch dem versicherten Dritten, dessen eigenes Interesse nicht versichert ist – so dass die §§ 43 ff grds. gar nicht anwendbar sind –, ausdrücklich ein **eigenes Forderungsrecht durch Benennung als Empfangsberechtigter** einzuräumen.[36] Nach *Voit*[37] soll durch die Benennung als Empfangsberechtigter stets das eigene Interesse des Versicherten an der Versicherung zum Ausdruck kommen.

14 **2. Benennung eines Empfangsberechtigten. a) Grundsätzliches.** Das Benennungsrecht erfasst die gesamte Krankenversicherung, also auch die Pflegeversicherung.[38] Die Benennung als **Gestaltungserklärung** ähnelt der Erklärung zur Person eines Bezugsberechtigten in der Lebensversicherung (§ 159). Hier wie dort handelt es sich bei der Benennung des Dritten um eine einseitige empfangsbedürftige Willenserklärung, die demnach grds. nach §§ 133, 157 BGB **auszulegen** ist.[39] Dies gilt jedenfalls für die Auslegung von individuellen Erklärungen des VN zur Ermittlung

---

32 VVG-KE S. 168.
33 VVG-KE S. 168; Langheid/Wandt/*Kalis*, § 194 Rn 53.
34 *Boetius*, PKV, § 193 VVG Rn 61.
35 Prölss/Martin/*Voit*, § 193 Rn 1; *Boetius*, PKV, § 193 VVG Rn 3, 43 f.
36 Vgl BGH 8.2.2006 – IV ZR 205/04, VersR 2006, 686.
37 Prölss/Martin/*Voit*, § 194 Rn 11; anders aaO § 193 Rn 3: „in aller Regel".
38 Langheid/Wandt/*Kalis*, § 194 Rn 56, 7.
39 BGH 25.4.2001 – IV ZR 305/00, VersR 2001, 883; BGH 1.4.1987 – IVa ZR 26/86, VersR 1987, 659.

der konkreten Person des Bezugsberechtigten. Die hierzu ergangene Rspr kann deshalb grds. entsprechend übertragen werden.[40] Zu beachten ist, dass der Empfangsberechtigte – anders als der Bezugsberechtigte eines Lebensversicherungsvertrages – den Vertrag schon durch das in seiner Person versicherte Risiko beeinflusst. Fraglich ist, ob es insofern aufgrund einer hierzu erforderlichen Vielzahl von Versicherten überhaupt zu Abgrenzungsschwierigkeiten kommen wird. Soweit die Vertragsbestimmungen über die Benennung des individuellen Versicherten hinausgehen, dürfte es sich regelmäßig um entsprechend auszulegende AVB handeln. Die Bestimmungen haben Regelungscharakter, da bzw wenn sie unmittelbar wirkende Aussagen zum Bezugsrecht des Versicherten treffen.[41] Der Gesamtcharakter als AVB dürfte damit feststehen.[42] Ohne gegenteilige Anhaltspunkte wird die Benennungserklärung nur Ansprüche des Versicherten auf seine Person betreffende Versicherungsleistungen erfassen.[43]

b) Benennungsberechtigung. Benennungsberechtigt ist alleine der VN. **Stellvertretung** für die Benennung selbst (vgl Rn 22) ist jedoch grds. möglich (beachte allerdings §§ 174, 180 BGB). Eine Benennungspflicht besteht nicht.[44]

Die Benennung muss in **Textform** erfolgen. Damit ist § 126 b BGB maßgeblich. Es genügt also auch ein unterschriftsloses Dokument, wie etwa ein Computerfax oder eine E-Mail.[45] Das Textformerfordernis stellt nur einen Mindeststandard auf. Schriftform (§ 126 Abs. 1, 4 BGB) oder elektronische Form (§ 126 Abs. 3 BGB iVm § 126 a Abs. 1 BGB) bleibt daneben zulässig, darf aber nicht gefordert werden (s. Rn 26).

Die Benennung muss **gegenüber dem VR** erfolgen. Damit reicht eine entsprechende Erklärung gegenüber dem jeweiligen Versicherten nicht aus, um diesem ein eigenes Forderungsrecht zu begründen. Man wird zu fordern haben, dass der VR den VN überhaupt auf die Möglichkeit der Benennung eines Empfangsberechtigten und daran anknüpfend auch auf die Folgen einer solchen Benennung hinweist. Für eine identische Versicherungsleistung können gleichzeitig mehrere Versicherte nur als Empfangsberechtigte, nicht aber als Anspruchsberechtigte benannt werden.[46]

Die Benennung des Versicherten als Empfangsberechtigtem der Versicherungsleistung kann bereits **bei Abschluss** des VersVertrages erklärt werden. Sie kann aber ggf auch noch nach Vertragsschluss **nachgereicht** werden.[47] Dies bedeutet, dass der VN seit 1.1.2009 (vgl Art. 1 Abs. 2 EGVVG) auch für Altverträge im Außenverhältnis zu VR und Versicherten wirksam einen Empfangsberechtigten benennen kann.[48] Hiervon unberührt bleibt die Frage nach einer evtl. Pflichtverletzung im Innenverhältnis (s. Rn 20). Um dem mit der Modifikation der §§ 43 ff beabsichtigten Zweck der beschleunigten und rechtssicheren Abwicklung von Leistungsanträgen Rechnung zu tragen, wird man aber verlangen müssen, dass die Benennung

---

40 ZB BGH 7.2.2007 – IV ZR 150/05, VersR 2007, 784: „Ehegatte" als Empfangsberechtigter.
41 BGH 20.9.1988 – IVa ZR 126/87, VersR 1988, 1236.
42 Vgl BGH 18.5.1983 – VIII ZR 20/82, NJW 1983, 1603; BGH 2.7.1998 – IX ZR 255/97, NJW 1998, 2815; vgl auch BGH 29.1.1981 – IVa ZR 80/80, VersR 1981, 326, wonach die abstrakte Benennung eines Bezugsberechtigten den Charakter von AVB hat.
43 Vgl Bach/Moser/*Sauer*, § 6 MBKK Rn 12; enger Looschelders/Pohlmann/*Reinhard*, § 194 Rn 20.
44 Langheid/Wandt/*Kalis*, § 194 Rn 54.
45 Bach/Moser/*Sauer*, § 6 MBKK Rn 12; Prölss/Martin/*Voit*, § 194 Rn 11; Staudinger/*Hertel*, § 126 b Rn 1.
46 Langheid/Wandt/*Kalis*, § 194 Rn 55; enger Looschelders/Pohlmann/*Reinhard*, § 194 Rn 20.
47 *Boetius*, PKV, § 194 VVG Rn 75, 78.
48 AA wohl *Boetius*, PKV, § 194 VVG Rn 78.

19 Gleiches wird für einen – sofern nach der vertraglichen Ausgestaltung des Benennungsrechts zulässigen – **Widerruf** der Empfangsberechtigung zu gelten haben. Der Widerruf muss nicht ausdrücklich erklärt werden, doch wird im Zweifel eine einen Widerruf verneinende Auslegung geboten sein.[49] Hinsichtlich des Formerfordernisses kann für den Widerruf nichts anderes gelten als für die Benennung selbst – es ist **Textform** erforderlich.

20 Ob die Benennung **widerruflich** ist, entscheidet der Vertragsinhalt. Fehlt – wie in § 6 Abs. 3 MB/KK 09 – eine Bestimmung zur (Un-)Widerruflichkeit, wird man zugunsten des VN von einer widerruflichen Benennung auszugehen haben. Schutzwürdige Interessen des VR, der davon abgesehen hat, eine Bestimmung zur Unwiderruflichkeit zu treffen, sind dadurch nicht beeinträchtigt. Abs. 3 S. 2 meint nur den Fall, dass ein Empfangsberechtigter überhaupt nicht benannt ist. Unberührt von einer Widerruflichkeit der Empfangsberechtigung im Außenverhältnis des VN zum VR bleibt allerdings die Verantwortlichkeit des VN gegenüber dem (zunächst) materiell Versicherten, dem er aus dem zwischen diesen beiden bestehenden Rechtsverhältnis zum Schadensersatz verpflichtet sein kann. Da **Abs. 3 S. 1 Hs 2** die Ausgestaltung des Benennungsrechts als **widerruflich oder unwiderruflich** zulässt, muss es auch als zulässig angesehen werden, dem VN ein nachträgliches, dh dem Vertragsschluss zeitlich nachfolgendes, Benennungsrecht in den AVB zu versagen. In diesem Fall gilt § 130 Abs. 1 S. 2 BGB entsprechend: Eine zumindest gleichzeitig mit der Annahme des VersVertrages zugegangene Benennung eines Empfangsberechtigten hat der VR damit noch gegen sich gelten zu lassen. Einer Mitwirkung des Benannten bedarf es nicht; der benannte Versicherte hat allerdings nach § 333 BGB ein Zurückweisungsrecht.

21 Nach **Abs. 3 S. 2** verbleibt das Forderungsrecht auf die Versicherungsleistung **ohne Benennung** eines Empfangsberechtigten beim VN. Abs. 3 S. 2 meint nicht den Fall, dass lediglich keine Bestimmung zur Widerruflichkeit einer tatsächlich erfolgten Erklärung des Empfangsberechtigten erfolgt ist. Der VN behält dann also seine Aktivlegitimation und kann bei dennoch erfolgter Leistung an den formal Versicherten nochmalige – erst diesmal befreiende – Zahlung des VR an sich verlangen.

22 c) Rechtsfolge. Der Empfangsberechtigte erwirbt ein **eigenes Forderungsrecht** iSd § 328 BGB (zur Reichweite des Forderungsrechts s. Rn 14 aE). Als Inhaber dieses Forderungsrechts ist der materiell Versicherte (s. Rn 13) gegenüber dem Erstattung verweigernden VR im Prozess **aktivlegitimiert**.[50] Der VN kann damit Zeuge sein. Die Übertragung des Forderungsrechts auf einen Bevollmächtigten dürfte wohl nicht zulässig sein,[51] da Abs. 3 als eine die Bevollmächtigung beschränkende Regelung zu verstehen sein dürfte. Nur so kann die nötige Rechtsklarheit erreicht werden. Zwischen dem VN und dem Versicherten kann ein gesetzliches Treuhandverhältnis bestehen.[52] Dies kann wegen des grundsätzlichen Entfallens zweier Forderungsrechte in der Krankenversicherung (s. Rn 12, 24) allerdings nur für die Fälle gelten, in denen sich die Kreise der – mit der Benennung eines Empfangsberechtigten an sich klar abgrenzbaren – jeweiligen Erstattungsansprüche von VN und versicherter Person kreuzen, wie dies etwa im Falle einer Bereicherung des Versicherten (§ 200) möglich werden kann. Davon unberührt bleibt eine Treuhänderstellung, die durch ein zwischen VN und Versicherten bestehendes Privatrechtsverhältnis begründet worden sein kann.[53]

---

49 Prölss/Martin/*Voit*, § 194 Rn 11.
50 Bach/Moser/*Sauer*, § 6 MBKK Rn 12; Looschelders/Pohlmann/*Reinhard*, § 194 Rn 22.
51 AA Bach/Moser/*Kalis*, § 194 VVG Rn 15; *ders.*, in: Langheid/Wandt, § 194 Rn 60.
52 BGH 12.6.1991 – XII ZR 17/90, VersR 1994, 1101.
53 Vgl BGH 12.12.1990 – IV ZR 213/89, VersR 1991, 299.

d) Rückabwicklung. Für rechtsgrundlos erbrachte Leistungen des VR – hier etwa 23
an einen nur formal Versicherten – gilt: Eine generelle Abwicklung „im Dreieck",
also im Verhältnis VR gegenüber VN als Vertragspartner, wird nicht geboten sein.
Es ist auf die Umstände des Einzelfalles abzustellen. Maßgeblich sind also die tatsächlichen Zweckvorstellungen des Versicherten als Zahlungsempfänger und des
VR als Zuwendenden im Zeitpunkt der Leistung. Nur wenn diese nicht übereinstimmen, ist eine objektive Betrachtungsweise aus der Sicht des Zahlungsempfängers geboten. Dann dürfte der eigentliche Leistungszweck gegenüber dem VN als
Vertragspartner zu suchen sein.[54] Im Einzelfall kann sich aber aus den vom BGH
in diesem Zusammenhang genannten Argumenten (Vertrauensschutz, Risikoverteilung, Bereicherung des VN)[55] etwas anderes ergeben. Dem Rückforderungsverlangen des VR einer gegenüber einem formal Versicherten erbrachten Erstattungsleistung gegen diesen kann § 814 BGB entgegenstehen; dabei ist allerdings auf die
Kenntnis des konkreten Mitarbeiters des VR abzustellen.[56]

3. Geltung der §§ 43 ff. Abs. 3 modifiziert die §§ 43 ff nur, setzt also deren An- 24
wendbarkeit bereits voraus (s. Rn 13). Grundsätzlich anwendbar sind die Auslegungsregeln des § 43 Abs. 2, 3 und § 48. Die Regelungen des § 44 Abs. 1 S. 1,
Abs. 2 und § 45 haben wegen der in Abs. 3 vorgenommenen Modifikationen in
der Krankenversicherung kaum noch einen eigenen Anwendungsbereich: Maßgeblich für die Zuordnung des Forderungsrechts ist alleine die **Benennung als Empfangsberechtigter**. Ein Nebeneinander von Forderungsrechten auf dieselbe Leistung des VR, wie es für die Versicherung auf fremde Rechnung typisch ist,[57] kann
es mit Abs. 3 nicht mehr geben. Die nach den unmodifizierten §§ 43 ff starke Stellung des VN soll zugunsten des VR dafür sorgen, dass es dieser nur mit seinem
Vertragspartner zu tun hat.[58] Diesem Interesse an einem eindeutigen und abschließenden Ansprechpartner zur Leistungsabwicklung ist jedoch durch die Rechtssicherheit schaffende Benennung eines Empfangsberechtigten in Textform hinreichend Rechnung getragen.

Mit **Abs. 3 S. 3** kommt in diesem Zusammenhang auch der Inhaberschaft am **Ver-** 25
sicherungsschein keine Bedeutung mehr zu. Das Forderungsrecht des Versicherten
schließt jedoch nicht das Recht mit ein, den Bestand des VersVertrages in Frage zu
stellen,[59] wohl aber, Feststellungsbegehren zu erheben (etwa auf unwirksame Einbeziehung einer Klausel).[60] Auch das Zurückbehaltungsrecht des § 46 S. 1 verliert
vor diesem Hintergrund schon deshalb seinen eigenständigen Regelungsgehalt.
Von alledem unberührt bleibt das alleinige Recht des VN, die Übermittlung des
Versicherungsscheins zu verlangen (§ 44 Abs. 1 S. 2). Dass § 47 Abs. 2 wegen der
wiederholten Nennung des § 47 Abs. 1 in § 193 Abs. 2 in der Krankenversicherung nicht gelten soll, kann man nicht annehmen. Die Verweisungsregel des Abs. 3
ist insofern – in negativer Hinsicht – eindeutig. Auch der soziale Schutzzweck der
Krankenversicherung gebietet nichts anderes.

4. Abs. 3 ist halbzwingend, § 208 S. 1. Zum Nachteil des VN kann deshalb weder 26
die Anwendung der §§ 43–48 an sich noch die in Abs. 3 verordnete Maßgabe zu
deren Anwendung eingeschränkt werden (vgl zB § 6 MB/KK 09 Rn 2). Dies bedeutet, dass sich der VR zB gegenüber dem materiell Versicherten nicht auf eine Vereinbarung berufen kann, mit der vom VN zur Erlangung der Versicherungsleistung

---

54 BGH 10.3.1993 – XII ZR 253/91, VersR 1994, 208.
55 BGH 10.3.1993 – XII ZR 253/91, VersR 1994, 208.
56 BGH 10.12.1998 – III ZR 208/97, NJW 1999, 1024; OLG Hamm 12.5.1995 – 20 U 37/95, NJW-RR 1996, 1312.
57 Römer/Langheid/*Rixecker*, § 44 Rn 1 f.
58 Römer/Langheid/*Rixecker*, § 44 Rn 1; vgl auch BGH 8.2.2006 – IV ZR 205/04, VersR 2006, 686.
59 Offen gelassen von BGH 8.2.2006 – IV ZR 205/04, VersR 2006, 686.
60 BGH 10.10.2007 – IV ZR 37/06, VersR 2008, 64.

die Vorlage des Versicherungsscheins verlangt wird. Genauso wenig kann der VR die Entgegennahme der Benennung eines Empfangsberechtigten unter Hinweis auf den Ausschluss dieser Möglichkeit in seinen AVB verweigern. Es kann weder für die Benennung noch für deren Widerruf ein höheres Formerfordernis als Textform gefordert werden.[61]

27 **5. Weitere praktische Hinweise.** Abs. 3 findet sich in § 6 Abs. 2 MB/KK 09 (s. § 6 MB/KK 09 Rn 2). Im Übrigen (zB Beweislast) kann auf die Ausführungen in § 193 Rn 21 verwiesen werden.

§ 195 Versicherungsdauer

(1) ¹Die Krankenversicherung, die ganz oder teilweise den im gesetzlichen Sozialversicherungssystem vorgesehenen Kranken- oder Pflegeversicherungsschutz ersetzen kann (substitutive Krankenversicherung), ist vorbehaltlich der Absätze 2 und 3 und der §§ 196 und 199 unbefristet. ²Wird die nicht substitutive Krankenversicherung nach Art der Lebensversicherung betrieben, gilt Satz 1 entsprechend.

(2) Bei Ausbildungs-, Auslands-, Reise- und Restschuldkrankenversicherungen können Vertragslaufzeiten vereinbart werden.

(3) ¹Bei der Krankenversicherung einer Person mit befristetem Aufenthaltstitel für das Inland kann vereinbart werden, dass sie spätestens nach fünf Jahren endet. ²Ist eine kürzere Laufzeit vereinbart, kann ein gleichartiger neuer Vertrag nur mit einer Höchstlaufzeit geschlossen werden, die unter Einschluss der Laufzeit des abgelaufenen Vertrags fünf Jahre nicht überschreitet; dies gilt auch, wenn der neue Vertrag mit einem anderen Versicherer geschlossen wird.

I. Normzweck

1 In § 195 werden die wichtigsten Vorschriften zur **Versicherungsdauer** und **zulässigen Befristung** von KrankenVersVerträgen zusammengefasst. Zur Erleichterung der Lesbarkeit werden die an sich sachlich zusammenhängenden Regelungen für Befristungsmöglichkeiten bei der Krankentagegeldversicherung gesondert in § 196[1] und für Beihilfetarife wegen des dortigen Sachzusammenhangs in § 199 geregelt.[2] § 195 ist Spezialregelung gegenüber der allgemeineren Norm des § 11. Dessen Abs. 2 hat noch Bedeutung für die zulässige Mindestversicherungsdauer (zwei Jahre), da die Regelung des § 178a Abs. 4 S. 2 aF, die für die Krankenversicherung eine zulässige Mindestversicherungsdauer von drei Jahren vorsah, nicht übernommen worden ist (s. Rn 8).

2 Der Grundsatz, dass KrankenVersVerträge auf **unbefristete** Zeit zu schließen sind, ist der existenziell wichtigen Bedeutung des Krankenversicherungsschutzes geschuldet.[3] Da mit steigendem Alter die Belastung mit medizinisch erforderlichen Aufwendungen erfahrungsgemäß steigt, werden die dadurch an sich erforderlichen Prämiensteigerungen mit der Bildung von Alterungsrückstellungen aufgefangen. Auch um den darin verkörperten Schutz der Versicherten zu gewährleisten, ist die Krankenversicherung grds. **befristungsfeindlich**.[4] Damit wird gleichzeitig deutlich, dass diejenigen KrankenVersVerträge nicht vom Befristungsverbot des § 195 erfasst werden müssen, die keine existenzielle Bedeutung haben, da sie zum einen keinen Basisschutz, sondern Versicherungsschutz in Teilbereichen bieten (also

---

61 Prölss/Martin/*Voit*, § 194 Rn 11 (für den Widerruf).
1 Ursprünglich in § 187 Abs. 4 VVG-KE geregelt.
2 Begr. RegE, BT-Drucks. 16/3945, S. 111.
3 Begr. RegE, BT-Drucks. 16/3945, S. 114.
4 VVG-KE S. 169.

nicht substitutiv sind), oder zum anderen nach ihrem wirtschaftlichen Zweck nur für bestimmte, zeitlich begrenzte Anlässe benötigt werden und damit die Bildung von Alterungsrückstellungen nicht erfordern.[5] Dies rechtfertigt die in Abs. 2, 3 und in §§ 196 Abs. 1 S. 1 und 199 Abs. 1 geregelten Ausnahmetatbestände.

II. Substitutive Krankenversicherung (Abs. 1)

1. Grundsatz der Unbefristetheit (S. 1). a) Begriff der substitutiven Krankenversicherung. Die substitutive Krankenversicherung ist aufgrund ihres sozialen Schutzzwecks grds. **unbefristet**. Die Regelung geht zurück auf Art. 54 der Dritten Richtlinie Schadenversicherung (Richtlinie 92/49/EWG des Rates vom 18.6.1992 zur Koordinierung der Rechts- und Verwaltungsvorschriften für die Direktversicherung (mit Ausnahme der Lebensversicherung) sowie zur Änderung der Richtlinien 73/239/EWG und 88/357/EWG – Dritte Richtlinie Schadenversicherung)[6] iVm dem dortigen Erwägungsgrund Nr. 24, wonach u.a. Rechtsvorschriften erlassen oder beibehalten werden können, die lebenslangen Versicherungsschutz vorsehen. 3

Der **Begriff** der **substitutiven Krankenversicherung** ist in S. 1 in gleicher Weise wie in § 12 Abs. 1 VAG legaldefiniert und soll auch denselben Inhalt haben.[7] **Substitutiv** ist Krankenversicherungsschutz, wenn er die gleichen Risiken wie die gesetzliche Krankenversicherung erfasst und nicht nur dem Ausgleich von Leistungsbegrenzungen der gesetzlichen Krankenversicherung dient.[8] Der Versicherungsschutz muss also eine Alternative zu der von den gesetzlichen Kranken- bzw Pflegeversicherung gewährten Deckung bieten,[9] ohne deswegen zwingend inhaltlich identisch sein zu müssen.[10] Es reicht, wenn schon eine Pflichtleistungsart der GKV privat versichert ist, um diesen Tarif zur substitutiven Krankenversicherung zu machen.[11] Die inhaltliche Angleichung der Leistungen ist dem Basistarif vorbehalten. Kein maßgebliches Kriterium ist, ob die Versicherung einen nur vorübergehenden Bedarf decken soll[12] (vgl die zeitlich begrenzte, gleichwohl substitutive Ausbildungskrankenversicherung). Die Formulierung „**ganz oder teilweise**" will nicht den Umfang bzw die Reichweite der Alternativität von gesetzlichem und privatem Krankenversicherungsschutz einschränken. Sie bezieht sich vielmehr auf den Anteil der Deckung, der dem Grunde nach die gesetzliche Krankenversicherung substituieren soll. „**Teilweise**" bedeutet deshalb, dass die Vereinbarung von Selbstbehalten ebenso wenig der Substitutivität entgegensteht[13] wie etwa eine Krankenversicherung als Ergänzung zu Beihilfeansprüchen. 4

b) Beispiele. Vor diesem Hintergrund und unter Berücksichtigung des Normzwecks des § 195 ist die Austauschbarkeit des Versicherungsschutzes nach der Verkehrsanschauung[14] in wertender Betrachtung zu bestimmen. Gemessen daran ist Substitutivität zB zu **bejahen** (zu den Begriffen s. § 192 Rn 3 ff) für: die Krank- 5

---

5 VVG-KE S. 169, 409; dies war in § 187 Abs. 5 VVG-KE noch ausdrücklich normiert.
6 ABl. EG Nr. L 228 S. 1.
7 Begr. RegE, BT-Drucks. 16/3945, S. 111, 122; VVG-KE S. 166 f.
8 Prölss/Martin/*Prölss*, 27. Aufl. 2004, § 178 a Rn 11.
9 BT-Drucks. 12/6959, S. 60 zu § 12 VAG.
10 Bach/Moser/*Hütt*, § 195 VVG Rn 3; BT-Drucks. 12/6959, S. 60 zu § 12 VAG: „deren Leistungen der Art nach entspricht".
11 Langheid/Wandt/*Boetius*, vor § 192 Rn 574.
12 AA scheinbar BT-Drucks. 12/6959, S. 60 für § 12 VAG.
13 Langheid/Wandt/*Boetius*, vor § 192 Rn 575; BK/*Hohlfeld*, § 178 i Rn 7; Prölss/Martin/*Voit*, § 195 Rn 3; *Kirsten*, Der Tarif- und Versichererwechsel des Versicherungsnehmers in der privaten Krankenversicherung, S. 21 f.
14 Prölss/Martin/*Prölss*, 27. Aufl. 2004, § 178 a Rn 11.

heitskostenvollversicherung;[15] die Krankentagegeldversicherung,[16] solange ein entsprechender Anspruch aus der gesetzlichen Krankenversicherung besteht[17] (vgl § 50 Abs. 1 SGB V); die Pflegekrankenversicherung;[18] die Ausbildungskrankenversicherung,[19] bei entsprechendem Leistungsumfang auch für die Krankenversicherung für Personen mit befristetem Aufenthaltstitel.[20]

6 **Nicht substitutiv**, ggf aber komplementär[21] sind dagegen: die Krankenhaustagegeldversicherung;[22] die Versicherung von Krankenhauswahlleistungen;[23] die Auslandsreisekrankenversicherung,[24] da insoweit der Leistungsanspruch aus der GKV ruht (§ 16 Abs. 1 Nr. 1 SGB V, vorbehaltlich zwischenstaatlichen bzw EU-Rechts); die Restschuldkrankenversicherung;[25] die Krankheitskostenteilversicherung; reine Zusatztarife zur gesetzlichen Krankenversicherung, Kurzusatztarife oder Pflegezusatztarife.[26]

7 **c) Rechtsfolge.** Die substitutive bzw die über Abs. 1 S. 2 gleichgestellte nicht substitutive Krankenversicherung läuft – vorbehaltlich der in Abs. 1 S. 1 genannten Ausnahmen – **unbefristet**. Ihre ordentliche Kündigung durch den VR ist für die Krankheitskosten-, Krankentagegeld- oder Pflegekrankenversicherung ausgeschlossen (§ 206 Abs. 1 S. 1, Abs. 2; vgl auch § 12 Abs. 1 Nr. 3 VAG und § 14 Abs. 1 MB/KK 09). Nach § 12 Abs. 1 VAG darf die substitutive Krankenversicherung – sofern sie nicht zulässigerweise eine befristete Vertragslaufzeit hat (§ 12 Abs. 6 VAG) – nur nach Art der Lebensversicherung betrieben werden. In § 12 VAG werden weitere aufsichtsrechtliche Anforderungen normiert.

8 Die früher in § 178a Abs. 4 S. 2 aF eröffnete Möglichkeit, für die Krankheitskosten- und die Krankenhaustagegeldversicherung eine Mindestdauer von drei Jahren zu vereinbaren, wurde aufgehoben, weil die nach § 11 Abs. 2 S. 2 zulässige Mindestlaufzeit von zwei Jahren auch bei der Krankenversicherung angemessen ist,[27] um den Zweck der Mindestlaufzeit – die Deckung der Abschlusskosten des VR – sicherzustellen.[28]

9 **2. Nicht substitutive Krankenversicherung (S. 2).** Vor 2008 konnten nicht substitutive Krankenversicherungen, die nach Art der Lebensversicherung betrieben werden, befristet werden (vgl § 12 Abs. 5, Abs. 1 Nr. 3 VAG).[29] S. 2 erweiterte nun die Rechtsfolge des S. 1 (s. Rn 7) auch auf solche nicht substitutive Krankenversiche-

---

15 BT-Drucks. 12/6959, S. 60 zu § 12 VAG; Prölss/Martin/*Voit*, § 195 Rn 3; Bach/Moser/*Hütt*, § 195 VVG Rn 3.
16 BT-Drucks. 12/6959, S. 60 zu § 12 VAG; Bach/Moser/*Hütt*, § 195 VVG Rn 3; Prölss/Martin/*Voit*, § 195 Rn 4.
17 Prölss/Martin/*Voit*, § 195 Rn 4.
18 BT-Drucks. 12/6959, S. 60 zu § 12 VAG; Prölss/Martin/*Voit*, § 195 Rn 5; Bach/Moser/*Hütt*, § 195 VVG Rn 3.
19 BK/*Hohlfeld*, § 178a Rn 13; *Kirsten*, Der Tarif- und Versichererwechsel des Versicherungsnehmers in der privaten Krankenversicherung, S. 30; Looschelders/Pohlmann/*Reinhard*, § 195 Rn 7.
20 Begr. RegE, BT-Drucks. 16/3945, S. 112, 122; VVG-KE S. 422, 171.
21 BT-Drucks. 12/6959, S. 103.
22 BT-Drucks. 12/6959, S. 60 zu § 12 VAG; Bach/Moser/*Hütt*, § 195 VVG Rn 3; Prölss/Martin/*Voit*, § 195 Rn 4.
23 BT-Drucks. 12/6959, S. 60 zu § 12 VAG; Prölss/Martin/*Voit*, § 195 Rn 3; aA Bach/Moser/*Hütt*, § 195 VVG Rn 4; *ders.*, in: Langheid/Wandt, § 195 Rn 12 ff; Looschelders/Pohlmann/*Reinhard*, § 195 Rn 3.
24 BT-Drucks. 12/6959, S. 60 zu § 12 VAG; Bach/Moser/*Hütt*, § 195 VVG Rn 3; BK/*Hohlfeld*, § 178a Rn 13; Looschelders/Pohlmann/*Reinhard*, § 195 Rn 3.
25 BT-Drucks. 12/6959, S. 60 zu § 12 VAG; Bach/Moser/*Hütt*, § 195 VVG Rn 3.
26 Bach/Moser/*Hütt*, § 195 VVG Rn 3; Langheid/Wandt/*Boetius*, vor § 192 Rn 581.
27 Begr. RegE, BT-Drucks. 16/3945, S. 111; Prölss/Martin/*Voit*, § 195 Rn 1.
28 BT-Drucks. 12/6959, S. 104.
29 VVG-KE S. 172.

rungen. Dies trägt dem hier in gleicher Weise gegebenen Schutzbedürfnis der Versicherten Rechnung und soll sicherstellen, dass etwaige aus der gesetzlichen Krankenversicherung ausgegliederte Leistungen durch (nicht substitutive) Ergänzungstarife aufgefangen werden können und dennoch den Versicherten der gleiche Schutzstandard geboten wird.[30]

III. Laufzeitvereinbarungen (Abs. 2)

In Abweichung von Abs. 1 S. 1 nennt Abs. 2 einige einer Befristung durch Vereinbarung einer Vertragslaufzeit zugängliche Krankenversicherungsarten. Diese Versicherungen können ohne Alterungsrückstellung kalkuliert werden (§ 12 Abs. 6 VAG). Neu aufgenommen ist die Restschuldkrankenversicherung. Zu den Begriffen s. § 192 Rn 3 ff.

Von den genannten Versicherungsarten ist lediglich die **Ausbildungskrankenversicherung** substitutiver Natur. Dies ist darauf zurückzuführen, dass vom Befristungsverbot der VersVerträge ausgenommen werden sollen, die nach ihrem wirtschaftlichen Zweck nur für bestimmte, zeitlich begrenzte Anlässe benötigt werden.[31] Diese Zeitlichkeit ist allen genannten VersVerträgen immanent, auch den nicht substitutiven. Besonders deutlich wird dies anhand der **Restschuldkrankenversicherung**, die wegen ihrer Bindung an die Laufzeit des zugrunde liegenden Darlehens ihrer Natur nach nicht unbefristet vereinbart werden kann.[32] Insoweit ist Abs. 2 rein **deklaratorisch**.[33] Andere nicht substitutive Krankenversicherungen als die in Abs. 2 genannten können jedenfalls dann befristet werden, wenn sie nicht nach Art der Lebensversicherung betrieben werden (Abs. 1 S. 2). Insofern ist Abs. 2 nicht abschließend.[34] Sehr wohl ist Abs. 2 aber abschließend, was die Benennung der befristbaren substitutiven Krankenversicherungsarten angeht (s. aber auch Abs. 3).

IV. Befristeter Aufenthaltstitel (Abs. 3)

1. Höchstdauer der Befristung (S. 1). Die Norm schließt an Abs. 2 an. Auch die Krankenversicherung für Personen mit befristetem Aufenthaltstitel ist bei entsprechendem Versicherungsumfang substitutiv (s. Rn 5). Der gesetzliche Schutzzweck gebietet ein Befristungsverbot für diese VersVerträge nicht. Teilweise wurde der nunmehr Gesetz gewordene Ausnahmetatbestand bereits unter der Geltung des alten VVG kraft teleologischer Auslegung angenommen.[35] Wird wie im Fall des Abs. 3 nur befristeter Krankenversicherungsschutz benötigt, sind auch keine Alterungsrückstellungen erforderlich (§ 12 Abs. 6 VAG).

Die **Aufenthaltstitel** sind in § 4 AufenthG[36] geregelt: Befristet sind allerdings nur Visum (§ 6 AufenthG: Schengenvisum für kurzfristige Aufenthalte von je max. drei Monaten oder nationales Visum für längerfristige Aufenthalte), Aufenthaltserlaubnis (§ 7 AufenthG: zum Zwecke der Ausbildung, der Erwerbstätigkeit oder aus völkerrechtlichen, humanitären, politischen oder familiären Gründen) und Blaue Karte EU (§ 19 a AufenthG: Aufenthalt von Drittstaatsangehörigen zur Ausübung einer hochqualifizierten Beschäftigung). Die Niederlassungserlaubnis (§ 9 AufenthG) und die Erlaubnis zum Daueraufenthalt-EG (§ 9 a AufenthG) sind da-

---

30 VVG-KE S. 172.
31 VVG-KE S. 169.
32 Begr. RegE, BT-Drucks. 16/3945, S. 112.
33 Bach/Moser/*Hütt*, § 195 VVG Rn 7.
34 Prölss/Martin/*Voit*, § 195 Rn 6.
35 Bach/Moser/*Schoenfeldt/Kalis*, 3. Aufl. 2002, § 178 a VVG Rn 23; aA BK/*Hohlfeld*, § 178 a Rn 13.
36 Gesetz über den Aufenthalt, die Erwerbstätigkeit und die Integration von Ausländern im Bundesgebiet vom 30.7.2004 (BGBl. I S. 1950).

gegen unbefristete Titel. EU-Bürger bedürfen für die Einreise keines Visums und für den Aufenthalt keines Aufenthaltstitels (§ 2 Abs. 4 S. 1 FreizügG/EU).

14 Nur wenn tatsächlich eine befristete Aufenthaltserlaubnis vorliegt, ist eine Befristung des Krankenversicherungsschutzes zulässig. Für eine entsprechende Anwendung auf EU-Bürger s. *Boetius*, PKV, § 195 VVG Rn 50 (zw.). Die **Höchstdauer von fünf Jahren** muss nicht ausgeschöpft werden (vgl S. 2). Für die Berechnung ist aus Gründen der Rechtssicherheit und Gleichbehandlung der technische Versicherungsbeginn (s. § 197 Rn 8) maßgeblich.

15 **2. Mehrere aufeinander folgende Verträge (S. 2).** S. 2 will die Umgehung der Höchstdauer in missbräuchlicher Absicht durch den Abschluss von Kettenverträgen verhindern. Deshalb werden die Versicherungszeiten mehrerer aufeinander folgender Verträge zusammengerechnet, und zwar auch dann, wenn diese bei unterschiedlichen VR bestanden.[37] Überschneiden sich die beiden VersVerträge, ist die Zeit der Doppelversicherung nur einfach zu berücksichtigen. Mehrere, durch Unterbrechungen getrennte befristete Aufenthalte sind für die Höchstdauer isoliert zu betrachten und nicht zu addieren.[38]

16 Der zu addierende VersVertrag muss **gleichartig** sein. Dies ist der Fall, wenn er die gleichen Risiken wie der vorhergehende VersVertrag deckt und ebenfalls ohne Alterungsrückstellungen kalkuliert wird.[39] Inhaltliche Identität ist dagegen nicht erforderlich. Auch dürfte nicht erforderlich sein, dass sich der neue Tarif speziell an Ausländer mit befristetem Aufenthaltstitel richtet.[40] Weiter muss der zu addierende VersVertrag **neu** sein. Damit ist auch die Vertragsfortsetzung nach § 206 Abs. 3 S. 1 und § 207 Abs. 1, 2 S. 1 erfasst. Für die Berechnung der Höchstdauer ist wegen des Normzwecks alleine die **objektive Lage** maßgeblich, so dass die Unkenntnis von der Überschreitung der Höchstdauer seitens einer oder beider Parteien des VersVertrages unbeachtlich ist. Der Schutzzweck erfordert auf der anderen Seite nicht, dass eine Überschreitung der Höchstdauer den VersVertrag unwirksam macht (§ 134 BGB).[41] Der unter Abs. 3 fallende VN soll vor dem Abschluss eines überteuerten VersVertrages geschützt werden, da die Alterungsrückstellungen für ihn ohne Nutzen sind und lediglich Kosten verursachen. Mit diesem Sinn und Zweck wäre es nicht unvereinbar, die durch den VersVertrag getroffene Regelung trotz Verstoßes gegen Abs. 3 hinzunehmen und bestehen zu lassen (vgl § 200 Rn 11 f).[42] Dies gilt umso mehr, als der VR im Falle durch den VN in Missbrauchsabsicht[43] gemachter unzutreffender Angaben zur Vorversicherung vom VersVertrag zurücktreten (§ 19 Abs. 2) oder diesen anfechten (§ 22) kann. Die Überschreitung der Höchstfrist bildet aber für beide Vertragspartner einen Grund zur **außerordentlichen Kündigung**.[44]

17 Es gilt: Nach § 208 S. 1 ist (auch) Abs. 3 **halbzwingend**. Auf eine vereinbarte Überschreitung der Höchstdauer kann sich der VR nicht berufen. Er wird im Antrag auf Abschluss eines entsprechenden KrankenVersVertrages deshalb stets ausdrücklich nach einer entsprechenden Vorversicherung fragen müssen. Die Einhaltung der Norm ist ggf durch Prüfungen der Versicherungsaufsicht zu überwachen.[45] Auch der Abschluss eines unbefristeten VersVertrages bei lediglich befristetem

---

37 Begr. RegE, BT-Drucks. 16/3945, S. 112; VVG-KE S. 409.
38 AA Looschelders/Pohlmann/*Reinhard*, § 195 Rn 10.
39 Zu Letzterem Langheid/Wandt/*Hütt*, § 195 Rn 23; *ders.*, in: Bach/Moser, § 195 VVG Rn 9.
40 So aber Langheid/Wandt/*Hütt*, § 195 Rn 23; *ders.*, in: Bach/Moser, § 195 VVG Rn 9.
41 Im Ergebnis ebenso Prölss/Martin/*Voit*, § 195 Rn 16.
42 AA Langheid/Wandt/*Hütt*, § 195 Rn 25 f; *ders.*, in: Bach/Moser, § 195 VVG Rn 10; s. insb. BGH 30.4.1992 – III ZR 151/91, BGHZ 118, 142, 144.
43 So Begr. RegE, BT-Drucks. 16/3945, S. 112 zum Zweck des Abs. 3.
44 Prölss/Martin/*Voit*, § 195 Rn 16.
45 Begr. RegE, BT-Drucks. 16/3945, S. 112; VVG-KE S. 409.

Aufenthaltstitel ist nicht möglich: Auch wenn dieser für den VN kündbar ist (§ 205 Abs. 1 S. 1), sieht sich der VN durch die zwingende Bildung von Alterungsrückstellungen doch unnötig hohen Prämien ausgesetzt. Gegebenenfalls kann der Beendigungsgrund des § 15 Abs. 3 S. 1 MB/KK 09 greifen.

§ 196 Befristung der Krankentagegeldversicherung

(1) ¹Bei der Krankentagegeldversicherung kann vereinbart werden, dass die Versicherung mit Vollendung des 65. Lebensjahres der versicherten Person endet. ²Der Versicherungsnehmer kann in diesem Fall vom Versicherer verlangen, dass dieser den Antrag auf Abschluss einer mit Vollendung des 65. Lebensjahres beginnenden neuen Krankentagegeldversicherung annimmt, die spätestens mit Vollendung des 70. Lebensjahres endet. ³Auf dieses Recht hat der Versicherer ihn frühestens sechs Monate vor dem Ende der Versicherung unter Beifügung des Wortlauts dieser Vorschrift in Textform hinzuweisen. ⁴Wird der Antrag bis zum Ablauf von zwei Monaten nach Vollendung des 65. Lebensjahres gestellt, hat der Versicherer den Versicherungsschutz ohne Risikoprüfung oder Wartezeiten zu gewähren, soweit der Versicherungsschutz nicht höher oder umfassender ist als im bisherigen Tarif.

(2) ¹Hat der Versicherer den Versicherungsnehmer nicht nach Absatz 1 Satz 3 auf das Ende der Versicherung hingewiesen und wird der Antrag vor Vollendung des 66. Lebensjahres gestellt, gilt Absatz 1 Satz 4 entsprechend, wobei die Versicherung mit Zugang des Antrags beim Versicherer beginnt. ²Ist der Versicherungsfall schon vor Zugang des Antrags eingetreten, ist der Versicherer nicht zur Leistung verpflichtet.

(3) Absatz 1 Satz 2 und 4 gilt entsprechend, wenn in unmittelbarem Anschluss an eine Versicherung nach Absatz 1 Satz 4 oder Absatz 2 Satz 1 eine neue Krankentagegeldversicherung beantragt wird, die spätestens mit Vollendung des 75. Lebensjahres endet.

(4) Die Vertragsparteien können ein späteres Lebensjahr als in den vorstehenden Absätzen festgelegt vereinbaren.

I. Normzweck

§ 196 setzt eine der in § 195 Abs. 1 genannten Ausnahmen vom grundsätzlichen Befristungsverbot um. Da die Krankentagegeldversicherung das Risiko Verdienstausfall absichert, entfällt ihre Erforderlichkeit, wenn der VN altersbedingt aus dem Erwerbsleben ausscheidet und seine Lebenshaltungskosten durch eine regelmäßige Altersversorgung gesichert sind.[1] Daneben bietet die nicht ganz einfach zu erfassende Norm durch einen zweifachen Fortsetzungsanspruch (Abs. 1 S. 2 und Abs. 3) und die Vereinbarung individueller Altersgrenzen die Möglichkeit zu flexiblen Vertragsgestaltungen.

II. Befristung der Krankentagegeldversicherung (Abs. 1)

1. **Befristung (S. 1).** Die Norm setzt die früher bereits in den Musterbedingungen enthaltene Möglichkeit (jetzt: § 15 Abs. 1 Buchst. c MB/KT 09, s. § 15 MB/KT 09 Rn 10) zur Befristung einer Krankentagegeldversicherung aus § 195 Abs. 1 S. 1 um. Etwaige Wirksamkeitsbedenken hinsichtlich der (bisherigen) Musterbedingungen sind damit hinfällig.[2] Für den Basistarif gilt Tarif BT F Abs. 7 Buchst. g, der

---

1 VVG-KE S. 170; OLG Köln 21.10.1993 – 5 U 18/93, VersR 1994, 165; Langheid/Wandt/*Hütt*, § 196 Rn 1.
2 Prölss/Martin/*Prölss*, 27. Aufl. 2004, § 15 MBKT 94 Rn 28 a.

eine Verlängerungsoption allerdings nicht vorsieht.[3] Nach § 12 Abs. 6 VAG kann bei einem befristeten substitutiven KrankentagegeldVersVertrag auf die Bildung von Alterungsrückstellungen verzichtet werden; nach § 12 Abs. 4 a S. 2 VAG ist die Erhebung eines entsprechenden Beitragszuschlags nicht erforderlich. Maßgeblich ist das Alter der versicherten Person, nicht das des VN. Mit Ablauf einer vereinbarten Befristung endet der VersVertrag und mit ihm der Versicherungsschutz (§ 7 MB/KT 09) ohne weiteres.[4] Die Normierung anderer Beendigungstatbestände (vgl § 15 Abs. 1 MB/KT 09) bleibt hiervon grds. unberührt.[5]

3 **2. Kontrahierungszwang (S. 2).** Die Vorschrift erlegt dem VR (nur) bei Ablauf eines befristeten KrankentagegeldVersVertrages gerade wegen des Eintritts des Befristungstatbestandes[6] einen **Kontrahierungszwang zum Abschluss eines neuen VersVertrages** auf. Da also dogmatisch nicht von einer Verlängerung des ursprünglichen VersVertrages auszugehen ist,[7] führt dies altersbedingt zu einer dem VN nachteiligeren Prämienkalkulation.[8] Durch den Kontrahierungszwang wird insb. selbständig und freiberuflich Beschäftigten ermöglicht, eine kurzfristige Verlängerung ihrer beruflichen Tätigkeit abzusichern.[9] Während Abs. 1 S. 2 den Anspruch auf erstmalige Verlängerung des Versicherungsschutzes regelt, ist in Abs. 3 der Anspruch auf eine zweite Vertragsverlängerung festgelegt. Der neue VersVertrag muss nicht mit dem abgelaufenen identisch sein, wie sich aus S. 4 ergibt. Ein Abschlussanspruch besteht aber nur und soweit erneut, als eine Krankentagegeldversicherung beantragt wird. Selbstverständlich müssen auch die übrigen Voraussetzungen einer Versicherbarkeit des VN (weiterhin) vorliegen.[10] Nach Ansicht des VVG-KE[11] sei die Absicherung der versicherten Person nach Ablauf der Befristung dadurch sicherzustellen, dass ein Anspruch auf Fortführung der Krankentagegeldversicherung nach Fristablauf als Schadensversicherung zu gewähren sei. Eine etwaig darin zum Ausdruck kommende Einschränkung des Anschlussvertrages für einen KrankentagegeldVersVertrag als Schadensversicherung wurde in den Materialien des Gesetzgebers nicht aufgenommen. Da sich eine solche Einschränkung auch weder dem Wortlaut des S. 2 entnehmen lässt, noch sonstige zwingende Gründe für eine solche teleologische Einschränkung ersichtlich sind, kann der Anschlussvertrag auch eine Summenversicherung sein (s. § 192 Rn 3, 38).

4 Nach dem Wortlaut des S. 2 („spätestens mit Vollendung des 70. Lebensjahres") kann der VN seinen Fortsetzungsanspruch einseitig auf eine kürzere Vertragslaufzeit begrenzen. Auf der anderen Seite ermöglicht Abs. 4 die einvernehmliche Heraufsetzung der gesetzlichen Altersgrenzen. Da im Rahmen des Abs. 4 die Verlängerung der Befristung nur um volle Jahre möglich ist (s. Rn 14), muss dies auch für die einseitige Herabsetzung der gesetzlichen Altersgrenze durch den VN gelten.

5 Der Verlängerungsanspruch steht nur dem VN zu.[12] Ob der versicherten Person gegenüber dem VN ein Anspruch auf Ausübung der Verlängerungsoption zusteht,

---

3 Zu Wirksamkeitsbedenken deshalb Prölss/Martin/*Voit*, § 196 Rn 3.
4 Vgl Bach/Moser/*Wilmes*, § 196 VVG Rn 12.
5 Bach/Moser/*Wilmes*, § 196 VVG Rn 10.
6 OLG Nürnberg 26.7.2012 – 8 U 760/12, VersR 2013, 1390: nicht bei Beendigung nach § 15 Buchst. c) MB/KT 2009; Langheid/Wandt/*Hütt*, § 196 Rn 16.
7 OLG Nürnberg 26.7.2012 – 8 U 760/12, VersR 2013, 1390; Looschelders/Pohlmann/*Reinhard*, § 196 Rn 4; *Boetius*, PKV, § 196 VVG Rn 16 f.
8 VVG-KE S. 171; Bach/Moser/*Wilmes*, § 196 VVG Rn 3; Langheid/Wandt/*Hütt*, § 196 Rn 14.
9 Begr. RegE, BT-Drucks. 16/3945, S. 112.
10 Bach/Moser/*Wilmes*, § 196 VVG Rn 6; Langheid/Wandt/*Hütt*, § 196 Rn 16; Looschelders/Pohlmann/*Reinhard*, § 196 Rn 4.
11 VVG-KE S. 171.
12 Ebenso Prölss/Martin/*Voit*, § 196 Rn 3; Looschelders/Pohlmann/*Reinhard*, § 196 Rn 9.

beurteilt sich nach der zwischen diesen beiden bestehenden Rechtsbeziehung. Zu den Folgen für den Versicherungsschutz s. Rn 8.

3. Hinweisobliegenheit (S. 3). Die Norm erlegt dem VR die Obliegenheit auf, den VN beizeiten auf sein ihm nach S. 2 zustehendes Verlängerungsrecht hinzuweisen. Der Hintergrund für diese ungewöhnliche Regelung ist, dass dem VN die Befristung des KrankentagegeldVersVertrages nach dessen uU langjährigem Lauf und damit die Beendigung des Versicherungsschutzes ohne Vorwarnung und eigenes Zutun nicht mehr präsent sein dürften.[13] Die Hinweisobliegenheit wird nur durch ein bevorstehendes Vertragsende wegen vereinbarter Befristung ausgelöst, nicht also wegen anderer Beendigungstatbestände.[14] Es handelt sich dabei nicht um eine echte Nebenpflicht als unmittelbar erzwingbare Verbindlichkeit, sondern um eine **Obliegenheit**, die der VR im eigenen Interesse (s. Abs. 2) beachten muss.[15] Eine solche Hinweisobliegenheit ist dem Versicherungsrecht an sich fremd; sie ist als Ausnahmetatbestand deshalb **eng auszulegen**[16] und auf den gesetzlich vorgesehenen Anwendungsfall zu beschränken. Dies bedeutet, dass die Hinweisobliegenheit auch nur zum Ablauf der ersten Befristung zum – sofern nicht anders vereinbart (s. Rn 14) – 65. Lebensjahr gilt. Nach Abschluss eines ersten Verlängerungsvertrages, also eines zweiten befristeten VersVertrages, besteht die Hinweisobliegenheit nicht mehr, da dann erwartet werden kann, dass die Tatsache der Befristung dem VN noch in deutlicher Erinnerung sein wird.[17]

Der Hinweis muss – um wirksam zu sein und damit die Rechtsfolge des Abs. 2 S. 1 zu vermeiden – einige **Voraussetzungen** erfüllen: Er darf nicht eher als sechs Monate vor Ende des ersten befristeten KrankentagegeldVersVertrages erfolgen. Maßgeblich ist hierbei der Zugang beim VN, da diesem eine längere Netto-Aufmerksamkeitsspanne hinsichtlich des bevorstehenden Vertragsendes nicht zugemutet werden soll. Um seinen Sinn zu erfüllen, muss der Hinweis den VN aber noch vor dem Ende des VersVertrages erreichen.[18] Der Wortlaut „dieser Vorschrift", also des gesamten[19] § 196, ist dem Hinweis ohne Veränderungen oder Hervorhebungen innerhalb des Wortlauts beizufügen. Erläutert der VR den Inhalt der nicht ganz leicht verständlichen Vorschrift, darf dies die Rechte des VN nicht verschleiern, anderenfalls der Hinweis als unwirksam anzusehen ist. Der Schutzzweck der Norm erfordert nicht – wie der Wortlaut „beifügen" nahelegen könnte –, dass der Wortlaut der Vorschrift in einer gesonderten Urkunde/Erklärung erfolgen muss. Er muss allerdings drucktechnisch hervorgehoben sein. Der Hinweis muss in Textform ergehen (§ 126 b BGB; s. § 194 Rn 16).

4. Rechtsfolge (S. 4). Die Vorschrift regelt die Rechtsfolge eines bis spätestens zwei Monate nach Ablauf des 65. bzw des nach Abs. 4 vereinbarten Lebensjahres gestellten Verlängerungsantrags. Eine frühere Stellung des Verlängerungsantrags, noch vor Ablauf der Befristung, ist grds. zulässig. Einer Feststellungsklage (s. Rn 16) würde zu diesem Zeitpunkt aber das Rechtsschutzbedürfnis fehlen, da zumindest die Möglichkeit einer Verlängerung feststehen muss, was erst mit Erleben des Befristungsendes seitens der versicherten Person der Fall ist. Es handelt

---

13 Begr. RegE, BT-Drucks. 16/3945, S. 112.
14 Langheid/Wandt/*Hütt*, § 196 Rn 17; Bach/Moser/*Wilmes*, § 196 VVG Rn 6.
15 BGH 13.6.1957 – II ZR 35/57, BGHZ 24, 378, 382.
16 VVG-KE S. 410.
17 Begr. RegE, BT-Drucks. 16/3945, S. 112; VVG-KE S. 410; Langheid/Wandt/*Hütt*, § 196 Rn 21; Bach/Moser/*Wilmes*, § 196 VVG Rn 8.
18 Im Ergebnis ebenso Bach/Moser/*Wilmes*, § 196 VVG Rn 4; Langheid/Wandt/*Hütt*, § 196 Rn 18.
19 Langheid/Wandt/*Hütt*, § 196 Rn 17 will den Hinweis mit wenig überzeugenden Gründen auf § 196 Abs. 1 und 2 beschränken; wie hier *Boetius*, PKV, § 196 VVG Rn 30; Looschelders/Pohlmann/*Reinhard*, § 196 Rn 11.

sich um eine **echte Rückwärtsversicherung** iSd § 2 Abs. 1.[20] Dies gilt aber nur für die erste Verlängerung (vgl Abs. 2 S. 1 aE; s. Rn 13). Der Anspruch geht auf einen übergangslosen – besser: lückenlosen – Versicherungsschutz. Dies bedeutet aber nicht,[21] dass ein unter dem Vorvertrag entstandener Anspruch in den Folgevertrag transferiert würde. Vielmehr unterliegt jeder der beiden selbständigen VersVerträge seinem eigenen Recht (Ausnahme: s. Rn 9). Es besteht also – vorbehaltlich abweichender Vereinbarung – keine Leistungspflicht des VR aus dem Folgevertrag für einen schon/noch während des Vorvertrages eingetretenen Versicherungsfall[22] (vgl § 2 S. 2 MB/KT 09).

9   Nach S. 4 ist eine **Risikoprüfung** grds. **nicht zulässig**, unabhängig davon, ob eine solche bereits bei Abschluss des ersten befristeten KrankentagegeldVersVertrages stattgefunden hat.[23] Auch **Wartezeiten** dürfen nicht gefordert werden. Beides gilt aber nur hinsichtlich Inhalt und Umfang des auslaufenden bzw abgelaufenen VersVertrages. Erweiterungen des Versicherungsschutzes gegenüber dem bisherigen Tarif bleiben von dieser Privilegierung ausgenommen.

10 Wird die Zwei-Monats-Frist nicht eingehalten, obwohl der Hinweis nach S. 3 erteilt worden war, ist der VR aus dem Kontrahierungszwang entlassen.[24] Der Abschluss eines neuen KrankentagegeldVersVertrages kann dann vom VR ganz abgelehnt, an Risikoprüfung oder Wartezeiten oder den Ausschluss einer Rückwärtsversicherung geknüpft werden. Im Übrigen wird auf die entsprechend geltenden Erläuterungen zu § 207 Abs. 1 verwiesen (s. § 207 Rn 10 f, 41 f).

III. Unterbliebener Hinweis (Abs. 2)

11 **1. Rechtsfolgen (S. 1).** S. 1 regelt die Rechtsfolgen eines unterbliebenen oder sonst unwirksamen Hinweises. Wird dann – nach Ablauf der Zwei-Monats-Frist des Abs. 1 S. 4, aber noch vor Vollendung des 66. Lebensjahres – ein Verlängerungsantrag gestellt, kann sich der VR nicht auf Risikoprüfung oder Wartezeiten berufen. Das 66. Lebensjahr ist hier dynamisiert im Sinne einer Jahresfrist zu verstehen: Wird etwa nach Abs. 4 eine erste Befristung bis zum Ablauf des 68. Lebensjahres vereinbart, greift Abs. 2 S. 1 mit der Maßgabe, dass der Antrag vor Ablauf des 69. Lebensjahres zu stellen ist. Anders als nach Abs. 1 S. 2 hat der VN aber keinen Anspruch auf Abschluss einer Rückwärtsversicherung. Damit soll der Gefahr des Missbrauchs vorgebeugt werden. Materieller Versicherungsbeginn (s. § 197 Rn 8) kann dann nur der Zeitpunkt des Zugangs des Verlängerungsantrags beim VR sein.[25] Vorher eingetretene Versicherungsfälle bleiben ungedeckt (s. Rn 8).[26] Wird dagegen auch binnen der Jahresfrist (66. Lebensjahr) kein Verlängerungsantrag gestellt, hat der VN keine Rechte aus § 196 mehr (s. Rn 10).

12 **2. Kein Versicherungsschutz (S. 2).** Nach S. 2 besteht für einen im Zeitpunkt des Zugangs beim VR bereits eingetretenen Versicherungsfall kein Versicherungsschutz. Dies gilt dann nicht nur anteilig für vor diesem Zugang liegende anspruchsberechtigte Krankentage, sondern für alle aus diesem Versicherungsfall resultierende Krankentagegeldansprüche (§ 2 S. 2 MB/KT 09). Der Wortlaut des S. 2 ist insofern eindeutig. Will das Gesetz eine anteilige Regelung bestimmen, geschieht dies durch Begriffe wie „soweit" (Abs. 1 S. 4) oder „insoweit" (§ 198

---

20 Vgl VVG-KE S. 410.; zust. Looschelders/Pohlmann/*Reinhard*, § 196 Rn 6.
21 Missverstanden von Langheid/Wandt/*Hütt*, § 196 Rn 15 Fn 35.
22 Langheid/Wandt/*Hütt*, § 196 Rn 15; Bach/Moser/*Wilmes*, § 196 VVG Rn 11.
23 Begr. RegE, BT-Drucks. 16/3945, S. 112.
24 AA wohl Looschelders/Pohlmann/*Reinhard*, § 196 Rn 5, 7; wie hier Langheid/Wandt/*Hütt*, § 196 Rn 16.
25 Begr. RegE, BT-Drucks. 16/3945, S. 112; VVG-KE S. 410.
26 Langheid/Wandt/*Hütt*, § 196 Rn 19; Prölss/Martin/*Voit*, § 196 Rn 6.

Abs. 1 S. 2). Daran fehlt es hier. Ein Fall des § 2 S. 3 MB/KT 09 liegt in dieser Konstellation nicht vor.

IV. Zweite Verlängerung (Abs. 3)

Die Norm ist nicht einfach zu lesen. Sie will dem VN letztlich nur einen Anspruch auf eine nochmalige (zweite) Verlängerung der Krankentagegeldversicherung unter den gleichen Umständen und zu den gleichen Bedingungen des ersten Verlängerungsanspruchs zugestehen.[27] Als verlängerungsfähige Vorversicherung kommt sowohl ein nach entsprechendem Hinweis des VR nach Abs. 1 S. 4, als auch trotz fehlenden bzw fehlerhaften oder nicht fristgerechten Hinweises nach Abs. 2 S. 1 zustande gekommener KrankentagegeldVersVertrag in Betracht. Eine Hinweisobliegenheit nach Abs. 1 S. 3 hat der VR bei Ablauf dieser beiden Vorversicherungen nicht (s. Rn 6), so dass auch Abs. 2 nicht entsprechend anwendbar ist. Wie bei Abs. 1 S. 2 kann der VN seinen Fortsetzungsanspruch einseitig auf eine kürzere Vertragslaufzeit begrenzen. Voraussetzungen (Fristen etc.) und Rechtsfolgen der zweiten Vertragsverlängerung entsprechen dem ersten Verlängerungsanspruch nach Abs. 1 (S. 2, 4).

V. Abweichende Altersgrenzen (Abs. 4)

Die in Abs. 1 und 3 genannten Altersgrenzen von 65, 70 und 75 Jahren sind nicht zwingend. Das maßgebliche Rentenrecht ist insofern stets in Bewegung, mit einem steigenden Renteneintrittsalter ist zu rechnen, wie die mit Wirkung zum 1.1.2008 eingeführte Regelaltersrente mit Vollendung des 67. Lebensjahres beweist (§ 35 S. 2 SGB VI[28]). Deshalb ermöglicht Abs. 4, die gesetzlich vorgeschlagenen Befristungsalter durch individualvertragliche, also einvernehmliche Absprache anzupassen.[29] Eine **Verlängerung** ist für jede der drei Altersgrenzen gesondert zulässig. Die Verlängerung ist aber nur in Jahresschritten möglich.[30] Der Wortlaut ist insofern eindeutig. Dies entspricht dem jährlichen Kündigungsrecht des VN (§ 205 Abs. 1 S. 1). § 208 gebietet, dem VN in jedem Fall eine Verlängerung bis zum 75. Lebensjahr einzuräumen. Ist die ursprüngliche Laufzeit die Vollendung des 70. Lebensjahres, ist in entsprechender Anwendung des Abs. 1 S. 3 (ausnahmsweise) eine Hinweispflicht des VR zu fordern.[31] Eine **Altershöchstgrenze** sieht das Gesetz nicht vor. Dies erscheint wegen § 15 Abs. 1 Buchst. d MB/KT 09 (Ende des Vers-Vertrages mit Tod der versicherten Person) auch nicht erforderlich.

Aus dem Gesamtkonzept der gesetzlichen Regelung ergibt sich, dass die Altersgrenzen 70 und 75 Jahre einvernehmlich auch **herabgesetzt** werden können (für Abs. 1 S. 2 auch einseitig durch den VN, s. Rn 4). § 208 S. 1 steht dem nicht entgegen. Insgesamt bietet sich dem VN – teils im Einvernehmen mit dem VR – ein nahezu unbegrenztes Spektrum an individuellen Gestaltungsmöglichkeiten zur Laufzeit des KrankentagegeldVersVertrages.[32]

VI. Weitere praktische Hinweise

Der Verlängerungsanspruch kann mittels **Leistungsklage** durchgesetzt werden[33] (vgl § 207 Rn 41 f). Die **Beweislast** für eine vereinbarte Befristung, die nach § 163 BGB der auflösenden Bedingung gleichgestellt ist, liegt beim VR, wenn er Ansprü-

---

27 Begr. RegE, BT-Drucks. 16/3945, S. 112; VVG-KE S. 410.
28 Art. 1 Nr. 8 RV-Altersgrenzenanpassungsgesetz vom 20.4.2007 (BGBl. I S. 554).
29 Begr. RegE, BT-Drucks. 16/3945, S. 112.
30 Ebenso Langheid/Wandt/*Hütt*, § 196 Rn 23.
31 Prölss/Martin/*Voit*, § 196 Rn 9.
32 Im Ergebnis auch Langheid/Wandt/*Hütt*, § 196 Rn 23 ff.
33 Prölss/Martin/*Voit*, § 196 Rn 3.

che des VN aus dem befristeten VersVertrag abwehren will.[34] Will der VN einen Anspruch auf bzw aus einem Folgevertrag mit der „Vergünstigung" des Abs. 1 S. 4 (keine Risikoprüfung oder Wartezeiten) geltend machen, muss er entweder die Antragstellung im Zeitfenster des Abs. 1 S. 4 Hs 1 (bis zwei Monate nach Ablauf des 65. Lebensjahres) beweisen; oder er muss – kumulativ – die Einhaltung des Zeitfensters „zwei Monate nach Ablauf des 65. Lebensjahres bis vor Vollendung des 66. Lebensjahres" und das Fehlen eines ordnungsgemäßen Antrags iSd Abs. 2 S. 1 beweisen.[35] Den Zeitpunkt des Eintritts des Versicherungsfalls im Rahmen des Abs. 2 S. 2 muss als Einwendung wiederum der VR beweisen.

§ 197 Wartezeiten

(1) ¹Soweit Wartezeiten vereinbart werden, dürfen diese in der Krankheitskosten-, Krankenhaustagegeld- und Krankentagegeldversicherung als allgemeine Wartezeit drei Monate und als besondere Wartezeit für Entbindung, Psychotherapie, Zahnbehandlung, Zahnersatz und Kieferorthopädie acht Monate nicht überschreiten. ²Bei der Pflegekrankenversicherung darf die Wartezeit drei Jahre nicht überschreiten.

(2) ¹Personen, die aus der gesetzlichen Krankenversicherung ausscheiden oder die aus einem anderen Vertrag über eine Krankheitskostenversicherung ausgeschieden sind, ist die dort ununterbrochen zurückgelegte Versicherungszeit auf die Wartezeit anzurechnen, sofern die Versicherung spätestens zwei Monate nach Beendigung der Vorversicherung zum unmittelbaren Anschluss daran beantragt wird. ²Dies gilt auch für Personen, die aus einem öffentlichen Dienstverhältnis mit Anspruch auf Heilfürsorge ausscheiden.

I. Normzweck.................... 1	3. Folge........................ 12
II. Wartezeiten (Abs. 1)............. 3	4. Pflegekrankenversicherung
1. Wartezeitbestimmungen...... 3	(Abs. 1 S. 2).................. 16
a) Anwendungsbereich...... 3	III. Übertrittsversicherung (Abs. 2)... 17
b) Allgemeine Wartezeit..... 6	1. Regelungsgehalt............. 17
c) Besondere Wartezeiten ... 7	2. Reichweite................... 19
d) Folgen wirksamer Warte-	3. Voraussetzungen 22
zeitvereinbarung.......... 8	4. Rechtsfolge.................. 24
2. Prüfungsschritte 9	IV. Weitere praktische Hinweise 25

I. Normzweck

1 Durch die Vereinbarung von Wartezeiten soll dem VR eine verlässlichere Prämienkalkulation ermöglicht werden. Dem VN bereits bekannte und unbekannte, jedoch unmittelbar bevorstehende Risiken, die sofort nach Beginn des VersVertrages eine Leistungspflicht des VR auslösen könnten, sollen ausgeschlossen sein können.[1] Wartezeiten gehen in ihrer inhaltlichen Wirkung über den Einwand der Vorvertraglichkeit (§ 2 Abs. 1 S. 2 MB/KK 09) hinaus, da sie unabhängig von einem bereits eingetretenen Versicherungsfall sind.[2] Mit Wartezeiten soll sowohl dem objektiven Risiko (Geschlecht, Alter, Familienstand, Beruf, Gesundheitszustand und

---

34 BGH 27.4.1966 – Ib ZR 50/64, MDR 1966, 571.
35 Langheid/Wandt/*Hütt*, § 196 Rn 20; aA zT noch die Vorauflage.
1 Vgl BGH 14.12.1977 – IV ZR 12/76, VersR 1978, 271; BGH 24.3.1976 – IV ZR 208/74, VersR 1976, 851; OLG Hamburg 11.3.1998 – 5 U 211/96, VersR 1998, 627; darstellend – auch historisch – *Präve*, VersR 1999, 15; BT-Drucks. 12/6959, S. 104 zu § 178 c.
2 Vgl Bach/Moser/*Hütt*, § 3 MBKK Rn 1.

ähnliche, die normale Krankheitswahrscheinlichkeit bestimmende objektiv feststellbare Faktoren) als auch dem subjektiven Risiko (also dem in den individuellen Charaktereigenschaften des Versicherten begründeten Faktoren, wie zB Überempfindlichkeit, Gefährdung der eigenen Gesundheit, schuldhafte Risikoerhöhung durch Abrechnungsbetrug) begegnet werden. Insofern erfüllen Wartezeiten eine steuernde Funktion wie Leistungsausschlüsse und Risikozuschläge (vgl § 204 Abs. 1 S. 1 Nr. 1 Hs 2–4). Außerdem kann der VR aus den Beitragseinnahmen während der leistungsfreien Wartezeit (zumindest teilweise) seine Abschlusskosten (Provisionen) decken. Die Norm stellt klar, dass die vertragliche Vereinbarung von Wartezeiten (vgl § 3 MB/KK 09) im Rahmen der durch § 197 gezogenen Grenzen weiterhin zulässig bleibt.[3]

Abs. 2 dient der Vermeidung unzumutbarer Versicherungslücken bei einem Wechsel von der gesetzlichen in die private Krankenversicherung[4] und seit 1.1.2009 auch bei einem Wechsel zwischen zwei privaten Krankenversicherern. Dadurch sollen Versicherte, die von der durch § 204 geschaffenen Möglichkeit des Wechsels zu einem anderen VR unter Mitnahme von Alterungsrückstellungen Gebrauch machen, Personen gleichgestellt werden, die aus der gesetzlichen Krankenversicherung in die private Krankenversicherung wechseln.[5]

II. Wartezeiten (Abs. 1)

1. Wartezeitbestimmungen. a) Anwendungsbereich. Sie sind mit ihrer generalisierenden zeitlichen Beschränkung notwendig starr, bieten so aber auf der anderen Seite VR und VN eine klare und praktikable Risikoabgrenzung und damit Rechtssicherheit.[6] Die Anwendbarkeit des Abs. 1 ist auf den Bereich der Krankenversicherung beschränkt.[7] In anderen Versicherungszweigen können deshalb auch längere Wartezeiten vereinbart werden (zB § 5 Abs. 1 ALB bei Selbsttötung).[8]

Ob es sich bei den in Abs. 1 als wartezeitfähige genannten Arten der Krankenversicherung – **Krankheitskosten-, Krankenhaustagegeld-, Krankentagegeld- und (freiwillige)**[9] **Pflegekrankenversicherung** – um Summen- oder Schadensversicherung handelt, ist gleichgültig.[10] Soweit *Hütt*[11] die Anwendung grds. auch auf nicht substitutive Verträge wie die Reisekrankenversicherung mit idR kurzer Laufzeit befürwortet, dürfte dies Zweifeln begegnen: Bei einer „erheblichen Entwertung" des Versicherungsschutzes, also einer Vertragszweckgefährdung iSd § 307 Abs. 2 Nr. 2 BGB, erscheint eine „Korrektur" im Einzelfall widersprüchlich. Damit würde nämlich eine gesetzlich zugelassene Vertragsgestaltung als vertragszweckgefährdend abgelehnt. Zumindest in der Reisekrankenversicherung dürfte der Streit aber kaum praktisch werden, da dort idR ein Leistungsausschluss vereinbart ist für den Fall, dass der fragliche Körperzustand schon bei Abschluss des VersVertrages objektiv und subjektiv behandlungsbedürftig war (s. § 192 Rn 8), was dem Ziel einer Wartezeit praktisch gleichkommt.

---

3 Bach/Moser/*Hütt*, § 3 MBKK Rn 1; ähnl. Prölss/Martin/*Voit*, § 197 Rn 1.
4 BT-Drucks. 12/6959, S. 105 zu § 178c; BVerwG 21.3.2007 – 6 C 26/06, VersR 2007, 1253.
5 Vgl Begr. zu Art. 43 zu Nr. 2 (§ 178c) GKV-WSG, BT-Drucks. 16/3100, S. 206; Langheid/Wandt/*Hütt*, § 197 Rn 7.
6 BGH 14.12.1977 – IV ZR 12/76, VersR 1978, 271.
7 OLG Hamburg 11.3.1998 – 5 U 211/96, VersR 1998, 627 gegen *Schwintowski*, VuR 1997, 175.
8 OLG Hamburg 11.3.1998 – 5 U 211/96, VersR 1998, 627; OLG Nürnberg 8.11.1990 – 8 U 1611/90, VersR 1991, 799.
9 §§ 110 Abs. 1 Nr. 2 Buchst. c, 33 Abs. 2 SGB XI.
10 Langheid/Wandt/*Hütt*, § 197 Rn 8.
11 In: Langheid/Wandt, § 197 Rn 8; ebenso wohl Prölss/Martin/*Voit*, § 197 Rn 11; Looschelders/Pohlmann/*Reinhard*, § 197 Rn 7.

5 Grundsätzlich dürfte sowohl im modifizierten Standardtarif als auch im Basistarif die Vereinbarung von Wartezeiten zulässig sein.[12] § 3 AVB/ST 09 sieht Wartezeiten wie § 3 MB/KK vor, wobei jedoch nach Nr. 2 TB/ST die Versicherungszeit in einem Tarif mit substitutiven Versicherungsschutz angerechnet wird. Nach § 3 MB/BT 09 entfallen die Wartezeiten vollständig. Nach § 3 AVB/NLT 13 bestehen im Notlagentarif keine Wartezeiten. Deren Vereinbarung dürfte nach Sinn und Zweck des Notlagentarifs auch nicht zulässig sein.

6 **b) Allgemeine Wartezeit.** Sie stellt einen zeitlich begrenzten Risikoausschluss dar.[13] Die allgemeine Wartezeit beträgt **drei Monate**. Ihr Lauf schließt grds. Ansprüche aus jedwedem Versicherungsfall aus. Nach § 3 Abs. 2 S. 2 MB/KK 09 gilt dies jedoch nicht für Unfälle und uU für Ehegatten (s. § 3 MB/KK 09 Rn 1).

7 **c) Besondere Wartezeiten.** Die besonderen Wartezeiten stellen einen sowohl zeitlich als auch sachlich begrenzten Risikoausschluss dar.[14] Sie betragen **acht Monate**. Zu den in S. 1 genannten Versicherungsfällen s. § 1 MB/KK 09 Rn 4 ff, 10. Über diese Versicherungsfälle hinaus kann eine die allgemeine Wartezeit überschreitende „neue" besondere Wartezeit nicht vereinbart werden.[15] Auf entsprechende Vereinbarungen, die zwangsweise nachteilige Wirkung haben würden, kann sich der VR ebenso wenig berufen wie auf eine verlängerte Wartezeit[16] (§ 208 S. 1). Die Vereinbarung einer sog. **Zahnstaffel** (zeitliche und betragliche Erhöhung des Erstattungsbetrags) stellt keine Wartezeit iSd § 197 dar, wenngleich die Wirkungen vergleichbar sind.[17] Kürzere als die in Abs. 1 vorgesehene Wartezeiten können vereinbart werden.[18] Die Bedeutung eines vereinbarungsgemäß vorverlegten „Vertragsbeginns" für Wartezeiten ist durch Auslegung zu ermitteln.[19]

8 **d) Folgen wirksamer Wartezeitvereinbarung.** Bei wirksamer Vereinbarung einer Wartezeit fallen technischer und materieller Versicherungsbeginn auseinander. **Technischer Versicherungsbeginn** ist der im Versicherungsschein genannte Beginn des Versicherungsschutzes, ab dem auch die Pflicht zur Prämienzahlung beginnt.[20] **Materieller Versicherungsbeginn** ist dagegen der Zeitpunkt, zu dem die materielle Gefahrtragung durch den VR vorbehaltlich etwaiger Wartezeiten beginnt. Die Zahlung der Erstprämie ist hierzu nicht Voraussetzung[21] (vgl § 37, der aber im Bereich der Pflichtversicherung durch § 193 Abs. 6 überlagert wird). Der **formelle Versicherungsbeginn** meint den Zeitpunkt des Vertragsschlusses.[22]

9 **2. Prüfungsschritte.** Die Prüfung eines Wartezeitausschlusses hat sich in zwei Schritten zu vollziehen: Zunächst ist der **Lauf der Wartezeit** zu bestimmen. Deren Beginn fällt mit dem technischen Versicherungsbeginn zusammen.[23] Dies gilt zum einen bei Anwendbarkeit der MB/KK 09 nach deren § 3 Abs. 1, § 2 Abs. 1 S. 1, zum anderen aber auch bei Fehlen einer solchen Vereinbarung.[24] Dies ergibt eine

---

12 *Boetius*, VersR 2007, 431; Langheid/Wandt/*Hütt*, § 197 Rn 14.
13 BGH 14.12.1977 – IV ZR 12/76, VersR 1978, 271.
14 BGH 14.12.1977 – IV ZR 12/76, VersR 1978, 271.
15 Bach/Moser/*Bach*/*Hütt*, 3. Aufl. 2002, § 3 MBKK 94 Rn 1; anders noch OLG Hamburg 29.11.1972 – 5 U 100/72, VersR 1973, 1014.
16 Bach/Moser/*Hütt*, § 3 MBKK Rn 1.
17 Vgl BVerwG 21.3.2007 – 6 C 26/06, VersR 2007, 1253; Bach/Moser/*Hütt*, § 3 MBKK Rn 10.
18 BK/*Hohlfeld*, § 178 c Rn 3; Prölss/Martin/*Voit*, § 197 Rn 3.
19 Vgl BGH 16.6.1982 – IVa ZR 270/80, VersR 1982, 841; vgl auch Schwintowski/Brömmelmeyer/*Brömmelmeyer*, § 197 Rn 7; Bach/Moser/*Hütt*, § 3 MBKK Rn 4.
20 BGH 25.1.1978 – IV ZR 25/76, VersR 1978, 362; vgl auch § 2 Abs. 1 MBPPV 96.
21 Bach/Moser/*Hütt*, § 2 MBKK Rn 35.
22 Zu den Begrifflichkeiten vgl auch Prölss/Martin/*Prölss*, § 2 Rn 2 ff.
23 Schwintowski/Brömmelmeyer/*Brömmelmeyer*, § 197 Rn 5; Bach/Moser/*Hütt*, § 3 MBKK Rn 4; *Boetius*, PKV, § 197 VVG Rn 34.
24 Vgl BGH 25.1.1978 – IV ZR 25/76, VersR 1978, 362; BK/*Hohlfeld*, § 178 c Rn 6.

an den Zwecken der verlässlichen Risikokalkulation und der Rechtssicherheit für die Vertragspartner orientierte Auslegung des Abs. 1 S. 1. Zeiten des Ruhens des Vertrages hindern den Lauf von Wartezeiten nicht.[25] Bei mehreren selbständigen Verträgen ist die Laufzeit gesondert zu berechnen.[26]

Im zweiten Schritt ist danach zu fragen, ob der **Versicherungsfall in die Wartezeit** 10 fällt. Wegen des Verständnisses des „gedehnten Versicherungsfalls" (s. § 1 MB/KK 09 Rn 18) kann der Ausschluss relativ weit reichen. Ist jedoch – wie regelmäßig – eine sog. **Karenzzeit** vereinbart (s. Rn 13), hat dies keine weiteren Konsequenzen. Wichtig ist es also, auf den konkreten Versicherungsfall abzustellen.

Vereinbarte Wartezeiten sind nicht nur bei der Begründung eines Versicherungsver- 11 tragsverhältnisses zu beachten. Ihr Zweck – Kalkulierbarkeit des subjektiven Risikos – erfordert ihre Anwendbarkeit auch in folgenden beiden Fällen: Bestehender Versicherungsschutz wird durch einen **zusätzlichen, rechtlich selbständigen Vers-Vertrag erweitert**[27] oder Versicherungsschutz wird **innerhalb des bestehenden Vertrages erweitert** (zur Abgrenzung s. § 192 Rn 13 ff).[28] Dies kann etwa durch die Vereinbarung einer neuen Tarifart oder eine Ausweitung des Versicherungsschutzes innerhalb einer bestehenden Tarifart erfolgen.[29] Stets gelten die Wartezeiten aber nur für den hinzukommenden Teil des Versicherungsschutzes (§ 3 Abs. 6 MB/KK 09).[30] Bereits abgelaufene Wartezeiten haben für den Versicherungsschutz ante ihren Zweck bereits erfüllt – sie sind „verbraucht". Bei Reduktion des Versicherungsschutzes kann sich der VR in keinem Fall erneut auf (bereits abgelaufene) Wartezeiten berufen. Ein VN, der gegen erhöhte Beiträge höhere Versicherungsleistungen vereinbart, geht davon aus, dass sich, abgesehen von der vereinbarten Höherversicherung, an dem Versicherungsverhältnis im Übrigen nichts Wesentliches ändert.[31] Aus diesem Grund ist der VR nach dem Grundsatz von Treu und Glauben, der das Versicherungsrecht in besonderem Maße beherrscht,[32] zu einem Hinweis auf die hinsichtlich der erhöhenden Änderung erneut laufenden Wartezeiten verpflichtet.[33] Unterbleibt ein solcher Hinweis, kann sich der VR auf die Wartezeiten nicht berufen.

3. Folge. Eine wirksam vereinbarte Wartezeit bewirkt, dass der VN bzw Versicher- 12 te während dieser Phase so behandelt wird, als wäre die Versicherungsleistung insoweit ausgeschlossen.[34] Davon unberührt bleibt jedoch die versicherungsvertragliche Pflicht des VN zur Zahlung der in diesem Zeitraum fällig werdenden Prämien.[35] Darauf, ob der VN von in die Wartezeit fallenden Umständen wusste, kommt es nicht an.[36] Wartezeiten sind in den Fällen der Kindernachversicherung (§ 198 Abs. 1 S. 2) und bei Beihilfeänderungen (§ 199 Abs. 2 S. 2) unbeachtlich.

In der Regel ist eine sog. **Karenzzeit** (leistungsfreie Zeit) vereinbart (so § 2 Abs. 2 13 S. 3 MB/KK 09).[37] In diesem Fall bleibt der VR für einen Versicherungsfall, der während der Wartezeit eintritt, nur während dieses Zeitraums leistungsfrei; nach

---

25 Bach/Moser/*Hütt*, § 3 MBKK Rn 8.
26 Prölss/Martin/*Voit*, § 197 Rn 10.
27 Prölss/Martin/*Voit*, § 197 Rn 10; Bach/Moser/*Hütt*, § 3 MBKK Rn 5.
28 Bach/Moser/*Hütt*, § 3 MBKK Rn 5.
29 OLG Hamm – 20 U 216/97, VersR 1999, 478; LG Ansbach – 2 S 36/77, VersR 1977, 905.
30 Langheid/Wandt/*Hütt*, § 197 Rn 9; Looschelders/Pohlmann/*Reinhard*, § 197 Rn 9.
31 BGH 24.11.1972 – IV ZR 149/71, VersR 1973, 176.
32 BGH 3.11.1999 – IV ZR 155/98, VersR 2000, 171.
33 AA Bach/Moser/*Hütt*, § 3 MBKK Rn 5; Prölss/Martin/*Voit*, § 197 Rn 10.
34 BVerwG 21.3.2007 – 6 C 26/06, VersR 2007, 1253.
35 Langheid/Wandt/*Hütt*, § 197 Rn 1; BK/*Hohlfeld*, § 178 c Rn 10.
36 Vgl BT-Drucks. 12/6959, S. 104 zu § 178 c aF: „unentdeckte ... Krankheiten".
37 Vgl auch BAV-Verlautbarung VerBAV 1991, 143; Prölss/Martin/*Voit*, § 197 Rn 14.

Ablauf der Wartezeit muss er allerdings Leistungen erbringen, wenn der (gedehnte) Versicherungsfall noch andauert.[38]

14 Die Wartezeit kann jedoch auch als absolute Zeit der Leistungsfreiheit ausgestaltet sein. Abs. 1 steht dem nicht entgegen. In diesem Fall ist der VR bei Eintritt bzw Beginn des Versicherungsfalls während der Wartezeit für alle aus gerade diesem Versicherungsfall folgenden Ansprüche befreit.[39]

15 In der Praxis verzichten die KrankenVR weitgehend auf die Vereinbarung von Wartezeiten. Es besteht dann Versicherungsschutz ohne Wartezeiten. Ein solcher Verzicht auf Wartezeiten durch Unterlassen deren Vereinbarung muss jedoch aufgrund des aufsichtsrechtlichen Gleichbehandlungsgrundsatzes (§ 12 Abs. 4 VAG iVm § 11 Abs. 2 VAG) allen VN unter denselben Voraussetzungen zuteil werden.[40] Zum – zulässigen[41] – Erlass von Wartezeiten kraft Individualvereinbarung s. § 3 Abs. 4 MB/KK 09.

16 **4. Pflegekrankenversicherung (Abs. 1 S. 2).** Die Norm trägt dem Bedürfnis einer längeren Wartezeit für das Risiko Pflege Rechnung (vgl § 3 Abs. 2 MBPV 08). Die Regelung gilt allerdings nicht für die private Pflegepflichtversicherung iSd § 23 SGB XI.[42] Dies ergibt sich aus § 110 Abs. 1 Nr. 2 Buchst. c, Abs. 3 Nr. 4, § 33 Abs. 2 SGB XI, wonach für die Pflichtversicherung eine bestimmte Vorversicherungszeit Anspruchsvoraussetzung sind.

III. Übertrittsversicherung (Abs. 2)

17 **1. Regelungsgehalt.** Bei der sog. Übertrittsversicherung beginnt der Schutz der privaten Krankenversicherung schon vor Abschluss des entsprechenden VersVertrages. Da also der materielle vor dem formellen Versicherungsbeginn liegt, handelt es sich um eine **echte Rückwärtsversicherung**.[43] Die Worte „oder die aus einem anderen Vertrag über eine Krankheitskostenversicherung ausgeschieden sind" wurden zum 1.1.2009 ergänzt. Damit ist die Anrechnung der Wartezeiten nicht mehr auf den Wechsel von gesetzlicher zu privater Krankenversicherung beschränkt, sondern greift auch für einen Wechsel zwischen zwei privaten Krankenversicherern. Die beiden Versicherungssphären bleiben aber zu trennen: Versicherungsfälle, die vor dem materiellen Versicherungsbeginn der neuen privaten Krankenversicherung (Anschlussvertrag) liegen, unterliegen damit weiterhin der gesetzlichen bzw vorherigen privaten Krankenversicherung (Vorvertrag; § 2 Abs. 1 S. 2, 3 MB/KK 09).[44] Siehe auch Rn 24.

18 **Freie Heilfürsorge (S. 2)** ist ein gesetzlicher Rechtsanspruch auf ein unentgeltliches notwendiges Heilverfahren, dh der öffentliche Dienstherr bewirkt oder lässt die Heilung selbst bewirken.[45] Diesen Anspruch haben Soldaten (§ 69 Abs. 2 BBesG; Stichwort: Bundeswehrkrankenhaus), Wehrdienstleistende (§ 6 WSG), Polizeivollzugsbeamte (Bundespolizei: § 70 Abs. 2 BBesG und entsprechende landesrechtliche Regelungen) und Zivildienstleistende (§ 35 Abs. 1, 3 ZDG). Darunter fällt auch die Unfallfürsorge für Beamte (§ 30 Abs. 1 S. 1 BeamtVG der Länder), nicht jedoch

---

38 *Präve*, VersR 1999, 15.
39 Vgl Prölss/Martin/*Voit*, § 197 Rn 12 f.
40 *Präve*, VersR 1999, 15; Prölss/Martin/*Voit*, § 197 Rn 3; Langheid/Wandt/*Hütt*, § 197 Rn 11.
41 Langheid/Wandt/*Hütt*, § 197 Rn 12.
42 Begr. RegE, BT-Drucks. 16/3945, S. 112; Prölss/Martin/*Voit*, § 197 Rn 6.
43 Vgl Bach/Moser/*Hütt*, § 3 MBKK Rn 11.
44 Bach/Moser/*Hütt*, § 3 MBKK Rn 11.
45 BGH 13.10.1971 – IV ZR 56/70, VersR 1971, 1138; Langheid/Wandt/*Hütt*, § 205 Rn 36.

die beamtenrechtliche Beihilfe.[46] Für Letztere findet sich jedoch eine wirkungsgleiche Regelung in § 199 Abs. 2 S. 2. Da Abs. 2 S. 2 ausdrücklich ein „öffentliches Dienstverhältnis" fordert, kann sich ein privatrechtlich mit einem öffentlichen Dienstherrn verbundener Arbeitnehmer nicht auf die Übertrittsversicherung berufen.[47]

2. Reichweite. Der Wortlaut des Abs. 2 S. 1 erlaubt die Annahme, dass eine Anrechnung von Wartezeiten auch bei einem Wechsel aus einem privaten Vorvertrag in einen privaten Anschlussvertrag mit gegenüber dem Vorvertrag erweitertem Leistungsspektrum gelten könnte. Hiergegen spricht jedoch folgende Argumentation: Die Gesetzesmaterialien zu § 178 c aF stellen darauf ab, dass ein lückenloser Versicherungsschutz gewährleistet werden soll. Dieser lückenlose Schutz bleibt aber auch erhalten, wenn nur hinsichtlich der Schnittmenge der alten und neuen Tarife Wartezeiten angerechnet werden. Die neuen (erweiterten) Tarife bzw Leistungsbereiche des Anschlussvertrages bedürfen keines wechselspezifischen Schutzes, sondern sollten sich mit derselben Behandlung begnügen müssen, die auch den Tarifen zukommt, die ein erstmals privaten Krankenversicherungsschutz Suchender wählt. Die entsprechende Erwägung gilt für die Neuregelung zur Erleichterung der Portabilität von Alterungsrückstellungen (s. Rn 2), da diese ebenfalls nicht die Konstellation unterstützt, in der der VN eine Leistungserweiterung vereinbart (vgl § 204 Rn 45, 62).[48] Schließlich würde durch die Gegenansicht auch der VN besser gestellt, der einen VR-Wechsel vornimmt gegenüber dem, der lediglich beim selben VR einen Tarifwechsel vollzieht (s. § 204 Abs. 1 S. 1 Nr. 1 Hs 2).[49] Im Ergebnis kann die **Wartezeitanrechnung** damit nur für **Tarife** greifen, die **sowohl im Vor- als auch im Anschlussvertrag vereinbart** waren bzw sind (vgl § 3 Abs. 6 MB/KK 09).[50]

Fraglich ist weiter, ob sich die Regelung beim Wechsel zwischen Privatversicherungen nur auf die **Krankheitskostenvollversicherung** oder auch auf den Bereich der **Zusatzversicherung** erstreckt. Für die Ausdehnung auf den Bereich der Zusatzversicherung spricht der undifferenzierte Wortlaut der Vorschrift, der allgemein auf die Krankheitskostenversicherung abstellt. Gegen die Erstreckung der Reichweite auf die Zusatzversicherung spricht aber der geschilderte Normzweck der Gleichstellung von Versicherten (s. Rn 2), die von einem PKV-Unternehmen zum anderen wechseln, mit Wechslern von der GKV zur PKV. Personen, die aus der gesetzlichen Krankenversicherung ausscheiden, verlieren regelmäßig den Vollversicherungsschutz in der gesetzlichen Krankenversicherung. Die vom Gesetz bezweckte Gleichstellung von Personen, die von der durch § 204 geschaffenen Möglichkeit Gebrauch machen, zu einem anderen VR unter Mitnahme der Alterungsrückstellungen zu wechseln, mit Personen, die aus der GKV ausscheiden und zur PKV wechseln, ist mit der Begrenzung der Regelung auf die substitutive Krankheitskostenvollversicherung erreicht. Die Ausdehnung der Reichweite auch auf den Bereich der nicht substitutiven Zusatzversicherung würde daher über das erklärte Ziel des Gesetzgebers hinausgehen. Auch hier gilt schließlich zu beachten, dass die vom Gesetzgeber zu fördern gewünschte Portabilität der Alterungsrückstellungen als Vorvertrag einen substitutiven Krankenversicherungsvertrag verlangt.[51] Es ist da-

---

46 Langheid/Wandt/*Hütt*, § 197 Rn 16; vgl auch BGH 13.10.1971 – IV ZR 56/70, VersR 1971, 1138; OLG Frankfurt 24.5.2006 – 3 U 145/05, OLGR 2006, 949. AA für § 5 Abs. 3 MB/KK 09: Looschelders/Pohlmann/*Reinhard*, § 200 Rn 9.
47 Prölss/Martin/*Voit*, § 197 Rn 15.
48 Langheid/Wandt/*Boetius*, § 204 Rn 435 ff.
49 So auch Langheid/Wandt/*Hütt*, § 197 Rn 18.
50 Langheid/Wandt/*Hütt*, § 197 Rn 18; wohl auch *Boetius*, PKV, § 197 VVG Rn 60 f; aA Prölss/Martin/*Voit*, § 197 Rn 18; Looschelders/Pohlmann/*Reinhard*, § 197 Rn 11.
51 Langheid/Wandt/*Boetius*, § 204 Rn 435 ff.

her davon auszugehen, dass die Vorschrift nur dann eine Wartezeitanrechnung zubilligt, wenn der Vorvertrag substitutive Krankheitskosten(voll)versicherung war.[52]

21 Aus welchem Grund der private Vorvertrag endete, ist ohne Bedeutung.[53]

22 **3. Voraussetzungen.** Die Anrechnung setzt voraus, dass die private Krankenversicherung binnen zwei Monaten nach Ausscheiden aus der Vorversicherung beantragt wird. Die Annahme dieses Antrags kann also nach Ablauf der Zwei-Monats-Frist erfolgen.[54] Die neue Versicherung muss zum unmittelbaren Anschluss führen, dh ohne zeitliche Deckungslücke – und sei sie auch noch so klein – darf nicht entstehen. Die Vorversicherungszeit wirkt nur und soweit als Anrechnungszeit, als sie zum einen „**dort**" bestand, was besagt, dass nur die Versicherungszeit bei einem Vorversicherer zugunsten des Ausscheidenden wirkt. Zum anderen muss die Vorversicherungszeit „**ununterbrochen**" bestanden haben, so dass von mehreren Versicherungsepisoden nur die letzte maßgeblich ist.

23 Das Durchlaufen einer früheren Wartezeit in der gesetzlichen Krankenversicherung ist keine Voraussetzung für die Anrechnung von Vorversicherungszeiten.[55] Der Bezug von Sozialhilfe ist in der gesetzlichen Krankenversicherung geleisteten Versicherungszeiten nicht von Gesetzes wegen gleichzustellen.[56] Eine einzelvertragliche Ausdehnung der Anrechnungsmöglichkeit ist jedoch zulässig.[57] Der richtige Vorschlag der VVG-KE (§ 188 Abs. 2 S. 1 VVG-KE), die in § 23 Abs. 6 Nr. 2 SGB XI normierte Anrechnung von Wartezeiten aus der sozialen Pflegeversicherung in das materielle Versicherungsrecht zu überführen, konnte sich nicht durchsetzen.

24 **4. Rechtsfolge.** S. 1 bewirkt, dass die Vorversicherungszeit in ihrem jeweiligen Umfang als abgelaufene allgemeine und besondere Wartezeit gilt. Der Versicherungsschutz tritt also insoweit rückwirkend in Kraft. Die **Anrechnung der Wartezeit** bedarf keiner Entschließung oder Erklärung des privaten Krankenversicherers, sondern wirkt unmittelbar von Gesetzes wegen. Die Vorschrift enthält dabei keine Einschränkung des Rechts der VR, Wartezeiten zu vereinbaren. Infolge der Regelung des Abs. 2 wird der neue VR vielmehr dazu verpflichtet, Vorversicherungszeiten beim bisherigen VR auf etwa vereinbarte Wartezeiten anzurechnen. In der Praxis dürfte die Vorschrift dazu führen, dass für die meisten Versicherten im Zuge eines Versichererwechsels keine Wartezeiten gelten.[58] Der Einwand der Vorvertraglichkeit (s. § 2 MB/KK 09 Rn 1) bleibt dem VR unbenommen.[59] Wechselt der Versicherte auf Anraten eines Versicherungsagenten aus der im konkreten Einzelfall günstigeren gesetzlichen in die private Krankenversicherung, kann uU ein Schadensersatzanspruch bestehen (§§ 311 Abs. 2 Nr. 1, 241 Abs. 2, 280 Abs. 1 BGB).[60]

IV. Weitere praktische Hinweise

25 § 197 findet in § 3 MB/KK 09 sein Gegenstück (s. dort). Die Darlegungs- und **Beweislast** hat nach allgemeinen Regeln der VR, der sich auf Leistungsfreiheit wegen Wartezeit beruft. Er muss den Zeitpunkt des Eintritts des Versicherungsfalls wäh-

---

52 *Marko*, Private Krankenversicherung, Teil B Rn 288; Looschelders/Pohlmann/*Reinhard*, § 197 Rn 11; aA Prölss/Martin/*Voit*, § 197 Rn 18.
53 Vgl Begr. zu Art. 43 zu Nr. 2 (§ 178 c) GKV-WSG, BT-Drucks. 16/3100, S. 206; *Boetius*, PKV, § 197 VVG Rn 57.
54 BK/*Hohlfeld*, § 178 c Rn 7; Langheid/Wandt/*Hütt*, § 197 Rn 16.
55 BVerwG 21.3.2007 – 6 C 26/06, VersR 2007, 1253.
56 OLG Köln 8.12.1988 – 5 U 45/88, r+s 1988, 98; Prölss/Martin/*Voit*, § 197 Rn 16.
57 OLG Köln 8.12.1988 – 5 U 45/88, r+s 1988, 98.
58 Vgl Begr. zu Art. 43 zu Nr. 2 (§ 178 c) GKV-WSG, BT-Drucks. 16/3100, S. 206.
59 Langheid/Wandt/*Hütt*, § 197 Rn 17.
60 OLG Celle 7.2.2008 – 8 U 189/07, VersR 2008, 1098; OLG Stuttgart 12.11.1998 – 7 U 103/98, VersR 1999, 1268.

rend der Wartezeit darlegen und beweisen.[61] Dagegen muss der Versicherte als ihm günstig das Vorliegen eines gedehnten Versicherungsfalls in der Zeit nach Beginn des Versicherungsschutzes dartun.[62] Die Beweislast für das Vorliegen eines Unfalls iSd § 3 Abs. 2 Buchst. a) MB/KK 09 (Wiedereinschluss) trägt der VN.[63]

Das (Nicht-)Bestehen einer Wartezeit kann nicht Gegenstand einer Feststellungsklage sein, da damit idR prozessunökonomisch nur ein einzelnes Anspruchselement eines Leistungsanspruchs isoliert zur Entscheidung gestellt würde.[64]

§ 198 Kindernachversicherung

(1) ¹Besteht am Tag der Geburt für mindestens einen Elternteil eine Krankenversicherung, ist der Versicherer verpflichtet, dessen neugeborenes Kind ab Vollendung der Geburt ohne Risikozuschläge und Wartezeiten zu versichern, wenn die Anmeldung zur Versicherung spätestens zwei Monate nach dem Tag der Geburt rückwirkend erfolgt. ²Diese Verpflichtung besteht nur insoweit, als der beantragte Versicherungsschutz des Neugeborenen nicht höher und nicht umfassender als der des versicherten Elternteils ist.

(2) ¹Der Geburt eines Kindes steht die Adoption gleich, sofern das Kind im Zeitpunkt der Adoption noch minderjährig ist. ²Besteht eine höhere Gefahr, ist die Vereinbarung eines Risikozuschlags höchstens bis zur einfachen Prämienhöhe zulässig.

(3) ¹Als Voraussetzung für die Versicherung des Neugeborenen oder des Adoptivkindes kann eine Mindestversicherungsdauer des Elternteils vereinbart werden. ²Diese darf drei Monate nicht übersteigen.

(4) Die Absätze 1 bis 3 gelten für die Auslands- und die Reisekrankenversicherung nicht, soweit für das Neugeborene oder für das Adoptivkind anderweitiger privater oder gesetzlicher Krankenversicherungsschutz im Inland oder Ausland besteht.

I. Normzweck

Der grundsätzliche Anspruch auf lückenlosen Versicherungsschutz für **Neugeborene** und **Adoptivkinder** (sog. Kindernachversicherung) beruht auf sozialpolitischen Erwägungen:[1] Angeborene bzw ererbte Krankheiten oder Anomalien sollen nicht unversichert bleiben müssen,[2] was bei Abschluss eines VersVertrages auf dem freien Markt ohne weiteres der Fall sein könnte; insofern wird die Substitutivität zur gesetzlichen Krankenversicherung sichergestellt[3] (§ 10 SGB V: Familienversicherung). Mit Inkrafttreten des seit dem 1.1.2009 durch das GKV-WSG eingeführten Kontrahierungszwangs (§ 193 Abs. 5) hat sich die Bedeutung der Norm relativiert.[4] Es ist nunmehr zumindest der Mindestversicherungsschutz in Gestalt des Basistarifs auch für Kinder gesichert. Anspruch auf einen „höherwertigen" Versicherungsschutz kann aber weiterhin nur § 198 bieten.

---

61 OLG Hamm 3.6.1977 – 20 U 260/76, VersR 1977, 953; Schwintowski/Brömmelmeyer/*Brömmelmeyer*, § 197 Rn 14; Prölss/Martin/*Voit*, § 197 Rn 12.
62 OLG Hamm 3.6.1977 – 20 U 260/76, VersR 1977, 953; Bach/Moser/*Hütt*, § 3 MBKK Rn 3; Prölss/Martin/*Voit*, § 197 Rn 12.
63 OLG Köln 7.6.2013 – 20 U 177/12, VersR 2014, 616.
64 Vgl BGH 20.12.1974 – IV ZR 191/73, VersR 1975, 440.
1 BGH 27.9.2000 – IV ZR 115/99, VersR 2000, 1533.
2 VVG-KE S. 173.
3 BT-Drucks. 12/6959, S. 105 zu § 178 d.
4 Prölss/Martin/*Voit*, § 198 Rn 5; nach Langheid/Wandt/*Hütt*, § 198 Rn 7 habe § 198 seine sozialpolitische Legitimation vollständig verloren.

II. Neugeborenes Kind (Abs. 1)

1. Voraussetzungen. S. 1 erfordert – ebenso wie § 2 Abs. 2 MB/KK 09 – für die Begründung des Versicherungsschutzes für ein Neugeborenes, dass zumindest am Tag der Geburt für einen seiner beiden – nicht notwendig miteinander verheirateten[5] – Elternteile bereits Krankenversicherungsschutz besteht. Wie sich nunmehr im Umkehrschluss aus Abs. 4 offenbart, gilt Abs. 1 grds. für alle Formen der Krankenversicherung des § 192.[6] Es reicht aus, wenn der „versicherte Elternteil" nur versicherte Person ist (so deutlicher § 2 Abs. 2 MB/KK 09), er muss nicht zugleich VN der Krankenversicherung sein.[7] **Anmeldungsberechtigt** ist nicht der (nur) versicherte Elternteil, sondern nur der VN als Vertragspartner des VR.[8]

Die **Anmeldungserklärung** muss dem VR spätestens zwei Monate nach der (tatsächlichen,[9] nicht der errechneten) vollendeten[10] Geburt zugehen. Nach dem Wortlaut könnte der VR bei einer nicht rückwirkend, sondern ex nunc – doch innerhalb von zwei Monaten – erklärten Versicherung des Neugeborenen Risikozuschläge und Wartezeiten einwenden. Der Zweck der Norm und auch das Schutzbedürfnis des VR erfordern eine solche Auslegung allerdings wohl nicht. Der VR muss also – im Sinne eines Erst-Recht-Schlusses – auch einem solchen Antrag grds. entsprechen.

2. Anmeldung. Folge der Anmeldungserklärung ist die **Einbeziehung des Kindes als versicherte Person** in den VersVertrag (s. hierzu auch § 193 Rn 16).[11] Umstritten ist, ob diese Einbeziehung bereits mit der einseitigen „Anmeldung" bewirkt wird[12] oder ob dies lediglich einen schuldrechtlichen Anspruch im Sinne eines Kontrahierungszwangs[13] konkretisiert, der erst durch eine Annahme seitens des VR umgesetzt werden muss.[14] Der Gesetzeswortlaut (Abs. 1: „verpflichtet" bzw „Verpflichtung" und „beantragt") spricht deutlich für das Erfordernis einer Annahme der Anmeldung durch den VR. Die Gesetzesmaterialien geben ein uneinheitliches Bild: Die Vorgängervorschrift § 178 d Abs. 1 soll § 2 Abs. 2 MB/KK 76 entsprechen.[15] Demnach „beginnt der Versicherungsschutz … unmittelbar nach der Geburt, wenn … und die Anmeldung … spätestens … erfolgt". Diese Regelung zwingt indes nicht zur Annahme eines unmittelbaren Versicherungsschutzes. Es bedürfe keines Antrags, lediglich einer Anmeldung. Der VersVertrag eines Elternteils begründe den Anspruch auf Erstreckung des Versicherungsschutzes.[16] Nach VVG-KE bestehe aufgrund einseitiger Erklärung eine Verpflichtung des VR, das Kind einzubeziehen.[17] Da auch der Zweck der Norm keine unmittelbare Bewirkung des Versicherungsschutzes für das Kind kraft einseitiger Erklärung zwingend erfordert, ist nach allgemeinen Grundsätzen (§ 311 Abs. 1 BGB) in Übereinstimmung mit

---

5 Prölss/Martin/*Voit*, § 198 Rn 4; *Boetius*, PKV, § 198 VVG Rn 16.
6 BGH 27.9.2000 – IV ZR 115/99, VersR 2000, 1533 (für die komplementäre Pflegetagegeldversicherung); Langheid/Wandt/*Hütt*, § 198 Rn 8; Prölss/Martin/*Voit*, § 198 Rn 2; vgl auch Begr. RegE, BT-Drucks. 16/3945, S. 112.
7 Looschelders/Pohlmann/*Reinhard*, § 198 Rn 4; BK/*Hohlfeld*, § 178 d Rn 5; ähnl. Prölss/Martin/*Voit*, § 198 Rn 11; aA scheinbar BT-Drucks. 12/6959, S. 105.
8 So wohl auch VVG-KE, S. 173; Looschelders/Pohlmann/*Reinhard*, § 198 Rn 8; aA Prölss/Martin/*Voit*, § 198 Rn 11 f; *Boetius*, PKV, § 198 VVG Rn 35.
9 OLG Köln 19.2.1997 – 5 U 153/96, VersR 1998, 352; Bach/Moser/*Hütt*, § 2 MBKK Rn 44.
10 Bach/Moser/*Hütt*, § 2 MBKK Rn 46.
11 Prölss/Martin/*Voit*, § 198 Rn 3 („als Gefahrsperson").
12 Römer/Langheid/*Langheid*, § 198 Rn 1; Bach/Moser/*Hütt*, § 2 MBKK Rn 44; BK/*Hohlfeld*, § 178 d Rn 1; Schwintowski/Brömmelmeyer/*Brömmelmeyer*, § 198 Rn 5.
13 *Buchholz*, VersR 2008, 27.
14 Siehe auch BK/*Hohlfeld*, § 178 d Rn 1 („Annahmezwang").
15 BT-Drucks. 12/6959, S. 105.
16 BT-Drucks. 12/6959, S. 105.
17 VVG-KE S. 173.

dem Wortlaut des Abs. 1 eine **Annahmeerklärung des VR erforderlich**.[18] Eine unberechtigte Ablehnung der Anmeldung kann den VR zum Schadensersatz verpflichten.

3. Rechtsfolge. Die Anmeldung bewirkt rückwirkenden Versicherungsschutz für das Kind. Es liegt eine **echte Rückwärtsversicherung** vor, wobei allerdings der Schutzzweck der Norm es zwingend gebietet, die Anwendbarkeit des § 2 Abs. 2 – auch ohne entsprechende ausdrückliche Abrede – insgesamt auszuschließen.[19] Der Versicherungsschutz für das Kind kommt grds. im Umfang des für den VN bestehenden Versicherungsschutzes zustande (S. 2). Dies gilt auch in zeitlicher Hinsicht (befristeter Elternvertrag).[20] Es besteht aber keine Pflicht zur Anmeldung in voller Höhe/Umfang des Versicherungsschutzes des Elternteils.[21] Eine inhaltlich darüber hinausgehende Anmeldungserklärung muss der VR nicht annehmen. Er hat aber – entsprechend den Erwägungen zur Zurückweisungspflicht einer unbegründeten Kündigung (s. § 205 Rn 8 ff) – den Anmeldenden hierauf hinzuweisen.[22] Grundsätzlich gilt auch § 150 Abs. 2 BGB. Denkbar ist schließlich eine Umdeutung (§ 140 BGB) der Anmeldung in eine zwingend annahmefähige, da der Wille des Anmeldenden regelmäßig auf die Erlangung des zumindest erreichbaren Versicherungsschutzes für das Kind gehen wird.[23]

Sind beide Elternteile versichert, ist auf denjenigen mit dem – ggf nach einer Gesamtschau – höheren bzw weiter reichenderen Versicherungsschutz abzustellen.[24] Eine Kombination von Tarifen beider Ehegatten („Rosinentheorie") ist dagegen nicht möglich.[25] Zum Problem, wenn der Tarif des Elternteils nicht mehr neu aufgelegt wird, s. Prölss/Martin/Voit, § 198 Rn 6. Dass § 2 Abs. 2 S. 1 MBKK 09 abweichend vom Gesetz vom Versicherungsschutz „eines" versicherten Elternteils spricht, bedeutet keinen inhaltlichen Unterschied.

Der Versicherungsschutz für das Kind umfasst dem Zweck der Norm nach auch alle bereits bekannten Krankheiten etc. und damit – natürlich – auch solche, die während des Geburtsvorgangs entstanden sind.[26] Die Vereinbarung von Wartezeiten, Zuschlägen und Ausschlüssen ist unzulässig. Die erhöhte Erstprämie ist taggenau zu berechnen.[27]

III. Adoptivkind (Abs. 2)

Durch die Gleichstellung von Neugeborenem und Adoptivkind durch S. 1 (bzw § 2 Abs. 3 MB/KK 09) soll erreicht werden, dass ab dem Zeitpunkt der Adoption auch

---

18 *Boetius*, PKV, § 198 VVG Rn 33. Nach Prölss/Martin/*Voit*, § 198 Rn 10 ist die Anmeldung rechtsgeschäftsähnliche Handlung, die noch einer einvernehmlichen Vertragsänderung bedarf.
19 Römer/Langheid/*Langheid*, § 198 Rn 2; so jetzt auch ausdr. Begr. RegE, BT-Drucks. 16/3945, S. 112, aber nur bzgl § 2 Abs. 2 S. 2; ebenso Prölss/Martin/*Voit*, § 198 Rn 3; Bach/Moser/*Hütt*, § 2 MBKK Rn 45; BK/*Hohlfeld*, § 178 d Rn 1; Schwintowski/Brömmelmeyer/*Brömmelmeyer*, § 198 Rn 7.
20 *Boetius*, PKV, § 198 VVG Rn 26.
21 Looschelders/Pohlmann/*Reinhard*, § 198 Rn 5.
22 Im Grundsatz auch Prölss/Martin/*Voit*, § 198 Rn 7; Langheid/Wandt/*Hütt*, § 198 Rn 17; aA konsequent BK/*Hohlfeld*, § 178 d Rn 3: VersVertrag im Eltern-identischen Umfang.
23 Vgl Bach/Moser/*Hütt*, § 2 MBKK Rn 47; *ders.*, in: Langheid/Wandt, § 198 Rn 17.
24 Prölss/Martin/*Voit*, § 198 Rn 6; Langheid/Wandt/*Hütt*, § 198 Rn 16; *ders.*, in: Bach/Moser, § 2 MBKK Rn 47; BK/*Hohlfeld*, § 178 d Rn 4.
25 Bach/Moser/*Hütt*, § 2 MBKK Rn 47; *Boetius*, PKV, § 198 VVG Rn 17; aA Prölss/Martin/*Voit*, § 198 Rn 7; BK/*Hohlfeld*, § 178 d Rn 4.
26 Prölss/Martin/*Voit*, § 198 Rn 5; Bach/Moser/*Hütt*, § 2 MBKK Rn 48; *ders.*, in: Langheid/Wandt, § 198 Rn 11.
27 Bach/Moser/*Hütt*, § 2 MBKK Rn 46; Schwintowski/Brömmelmeyer/*Brömmelmeyer*, § 198 Rn 6.

für bereits eingetretene Versicherungsfälle Versicherungsschutz beansprucht werden kann.[28] Eine Altersgrenze für das adoptierte Kind gibt es – abgesehen von dessen Minderjährigkeit – in diesem Zusammenhang nicht.[29] „Zeitpunkt der Adoption" iSd S. 1 ist der Zeitpunkt des Annahmebeschlusses.[30] Maßgeblicher Zeitpunkt als Entsprechung des „Tag(s) der Geburt" iSd Abs. 1 S. 1 für den Beginn der Zwei-Monats-Frist und des Versicherungsschutzes ist die Wirksamkeit der Adoption, die mit der ordnungsgemäßen Zustellung des entsprechenden vormundschaftsgerichtlichen Beschlusses eintritt.[31]

9 Der Risikozuschlag soll nach dem Wortlaut des **S. 2** „vereinbart" werden können. Die Gesetzesmaterialien sprechen indes davon, dass der VR einen Zuschlag (einseitig) „verlangen" können soll.[32] Verweigern nun die Eltern die „Vereinbarung" des Zuschlags, bestehen aber ansonsten auf der Anmeldung, muss es dem VR erlaubt sein, nach § 315 BGB den – ggf von ihm darzulegend und zu beweisend – angemessenen Zuschlag einseitig zu bestimmen und einzuklagen.[33] Denkbar ist auch eine Feststellungsklage des VN auf Bestand des VersVertrages ohne Risikozuschlag.[34] Dieser darf höchstens so hoch wie die einfache Prämie und muss angemessen iSd § 203 Abs. 1 S. 2 sein.

IV. Mindestversicherungsdauer (Abs. 3)

10 Die Norm ermöglicht sowohl für Abs. 1 als auch Abs. 2 die Vereinbarung einer Mindestversicherungsdauer von **höchstens drei Monaten** für „den" Elternteil. Hiervon ist in § 2 Abs. 2, 3 MB/KK 09 Gebrauch gemacht worden (s. § 2 MB/KK 09 Rn 2). Maßgeblicher Elternteil ist der, dessen Versicherungsschutz übernommen werden soll (vgl Rn 6). Zweck dieser Mindestversicherungsdauer – bei der es sich nicht um eine Wartezeit iSd § 197 handelt – ist es, zumindest in minimalem Umfang Beitragszahlungen für das neugeborene Mitglied zu erbringen.[35] Zur Fristberechnung ist deshalb als Beginn auf den technischen Versicherungsbeginn des jeweiligen Tarifs[36] abzustellen (s. § 197 Rn 8).

V. Anwendungsausnahme (Abs. 4)

11 Die neue Norm soll das sozialpolitische Anliegen der Kindernachversicherung auf die Fälle beschränken, in denen deren Schutzzweck keiner Durchsetzung bedarf. Dies ist nach dem Willen des Gesetzgebers jedenfalls dann der Fall, wenn bei einer nicht substitutiven Krankenversicherung, wie sie Auslands- oder Reisekrankenversicherungen darstellen (s. § 195 Rn 6), die Kinder bereits anderweitig – sei es privat oder gesetzlich, sei es im In- oder im Ausland – gegen das Risiko Krankheit versichert sind.[37] Es fehlt dann am Schutzbedürfnis für lückenlosen Versicherungsschutz.[38] „Soweit" der anderweitige Krankenversicherungsschutz aber nicht reicht,

---

28 BGH 27.9.2000 – IV ZR 115/99, VersR 2000, 1533; Prölss/Martin/*Voit*, § 198 Rn 13.
29 BGH 27.9.2000 – IV ZR 115/99, VersR 2000, 1533.
30 OLG Stuttgart 19.1.2007 – 8 AR 1/07, NJW-RR 2007, 732, 734; Looschelders/Pohlmann/*Reinhard*, § 198 Rn 9.
31 Looschelders/Pohlmann/*Reinhard*, § 192 Rn 8; Bach/Moser/*Hütt*, § 2 MBKK Rn 49.
32 BT-Drucks. 12/6959, S. 105 zu § 178 d.
33 BK/*Hohlfeld*, § 178 d Rn 10; Bach/Moser/*Hütt*, § 2 MBKK Rn 49; *ders.*, in: Langheid/Wandt, § 198 Rn 20; Schwintowski/Brömmelmeyer/*Brömmelmeyer*, § 198 Rn 12; aA Prölss/Martin/*Voit*, § 198 Rn 14.
34 Looschelders/Pohlmann/*Reinhard*, § 198 Rn 11.
35 OLG Köln 19.2.1997 – 5 U 153/96, VersR 1998, 352.
36 Looschelders/Pohlmann/*Reinhard*, § 198 Rn 12.
37 VVG-KE S. 174.
38 Begr. RegE, BT-Drucks. 16/3945, S. 112.

ist der Anwendungsbereich der Norm wieder eröffnet.[39] Von einem „Bestehen" anderweitigen Krankenversicherungsschutzes ist auch im Fall rückwirkenden Versicherungsschutzes auszugehen.[40] Zu den Begriffen „Auslandskrankenversicherung" und „Reisekrankenversicherung" s. § 192 Rn 7 ff. Die von der generellen in die auf die Auslands- und Reisekrankenversicherung begrenzte Betrachtung mündende Gesetzesbegründung lässt es ausschließen, dass der Gesetzgeber eine erweiternde Anwendung der Norm im Wege der Analogie auf andere Formen der Krankenversicherung zulassen wollte.[41]

VI. Weitere praktische Hinweise

Die Abs. 1–3 finden sich in den Musterbedingungen in § 2 Abs. 2 und 3 MB/KK 09 wieder. Bei Verweigerung der Annahme durch den VR s. § 207 Rn 41. **Aktivlegitimiert** sind die Eltern als VN, bei einem streitigen Leistungsanspruch jedoch das (zu versichernde) Kind.[42] Die **Beweislast** für die Voraussetzungen des Abs. 4 trägt der VR.[43]   12

§ 199 Beihilfeempfänger

(1) Bei der Krankheitskostenversicherung einer versicherten Person mit Anspruch auf Beihilfe nach den Grundsätzen des öffentlichen Dienstes kann vereinbart werden, dass sie mit der Versetzung der versicherten Person in den Ruhestand im Umfang der Erhöhung des Beihilfebemessungssatzes endet.

(2) ¹Ändert sich bei einer versicherten Person mit Anspruch auf Beihilfe nach den Grundsätzen des öffentlichen Dienstes der Beihilfebemessungssatz oder entfällt der Beihilfeanspruch, hat der Versicherungsnehmer Anspruch darauf, dass der Versicherer den Versicherungsschutz im Rahmen der bestehenden Krankheitskostentarife so anpasst, dass dadurch der veränderte Beihilfebemessungssatz oder der weggefallene Beihilfeanspruch ausgeglichen wird. ²Wird der Antrag innerhalb von sechs Monaten nach der Änderung gestellt, hat der Versicherer den angepassten Versicherungsschutz ohne Risikoprüfung oder Wartezeiten zu gewähren.

(3) Absatz 2 gilt nicht bei Gewährung von Versicherung im Basistarif.

I. Normzweck

Die Vorschrift fasst alle Sonderregelungen für Beihilfeempfänger zusammen. **Abs. 1** sieht in Umsetzung des § 195 Abs. 1 S. 1 eine Befristungsmöglichkeit für Beihilfetarife vor. Diejenigen Beihilfeversicherungen, die nur für die Dauer der aktiven Dienstzeit des Versicherten benötigt werden, sollen als befristet und mit dem Eintritt in den Ruhestand endend abgeschlossen werden können.[1] **Abs. 2** soll das Interesse im öffentlichen Dienst stehender Versicherter an einer vollen Deckung der dem Grunde nach beihilfefähigen Aufwendungen im Krankheitsfall sichern,[2] indem sie den Berechtigten einen Anpassungsanspruch gewährt. Gleichzeitig wird   1

---

39 Langheid/Wandt/*Hütt*, § 198 Rn 23; *ders*., in: Bach/Moser, § 2 MBKK Rn 3; aA wohl Prölss/Martin/*Voit*, § 198 Rn 18.
40 Langheid/Wandt/*Hütt*, § 198 Rn 24.
41 Vgl Begr. RegE, BT-Drucks. 16/3945, S. 112; VVG-KE S. 174.
42 Schwintowski/Brömmelmeyer/*Brömmelmeyer*, § 198 Rn 15; differenzierend Prölss/Martin/*Voit*, § 198 Rn 17.
43 *Boetius*, PKV, § 198 VVG Rn 66.
1 Begr. RegE, BT-Drucks. 16/3945, S. 112; VVG-KE S. 411. Zur Rechtslage vor Inkrafttreten des VVG 2008: vgl Bach/Moser/*Schoenfeldt/Kalis*, 3. Aufl. 2002, § 178 a Rn 21; BK/*Hohlfeld*, § 178 i Rn 3.
2 BT-Drucks. 12/6959, S. 105 zu § 178 e.

dadurch dem Bereicherungsverbot (§ 200) Rechnung getragen. Die Norm trägt dem Bedürfnis des VN nach einer Anpassung seines Krankenversicherungsschutzes bei beihilfespezifischen Änderungen (zB Herabsetzung der Beihilfe) Rechnung, ohne Nachteile aus der Berücksichtigung von Faktoren, die er selbst nicht beeinflussen kann, befürchten zu müssen.[3] So sollen unzumutbare Prämien im Fall eines Neuabschlusses von VersVerträgen vermieden werden.[4]

II. Befristung (Abs. 1)

2 Voraussetzung des Abs. 1 ist ein Beihilfeanspruch der jeweiligen versicherten Person, die nicht gleichzeitig VN sein muss. Das Ende des VersVertrages muss vereinbart sein, es tritt nicht qua Gesetz ein.[5] Bei Eintritt der Beendensvoraussetzungen bedarf die Anpassung jedoch keines weiteren Handelns der Vertragspartner.[6] Möglich ist eine solche Vereinbarung nur für die Krankheitskostenversicherung in Gestalt der Beihilfeergänzungstarife. Das Regeldatum für den Eintritt in den Ruhestand liegt bei Vollendung des 65. Lebensjahres, gilt jedoch aus allgemeinen (politischen) oder individuellen Erwägungen nicht einheitlich und dauerhaft für alle Beihilfeberechtigten, so dass die individuelle – ggf auch vorzeitige[7] – Ruhestandsversetzung maßgeblich ist.[8] Wegen der damit verbundenen Erhöhung des Beihilfesatzes auf 70 % wird der dadurch gedeckte Krankenversicherungsschutz nicht mehr benötigt, so dass das Befristungsverbot zum Schutz des Versicherten (s. § 195 Rn 2) insoweit („im Umfang der Erhöhung des Beihilfebemessungssatzes") nicht erforderlich ist.[9]

III. Anpassungsanspruch (Abs. 2)

3 **1. Anwendungsbereich.** Die Vorschrift des Abs. 2 übernimmt im Wesentlichen unverändert den früheren § 178 e. Sie gilt nach Abs. 3 nicht im Basistarif (s. Rn 8 f).

4 **2. Voraussetzungen.** S. 1 verlangt zunächst den vollständigen oder zumindest teilweisen[10] Wegfall des Beihilfeanspruchs oder eine Änderung des Beihilfebemessungssatzes. Letzteres bedeutet nach dem deutlichen Wortlaut der Norm eine prozentuale Änderung des Anspruchs; ein (teilweiser) Wegfall des Beihilfeanspruchs liegt in der Einführung einer Eigenbeteiligung[11] oder aber in der Streichung von Wahlleistungen.[12] Der darin liegende teilweise Wegfall von Leistungen der Beihilfe ist vom Wortlaut des Abs. 2 S. 1 nicht zwingend ausgeschlossen, vom Zweck der Norm aber umfasst. Unbeachtlich ist, ob der Versicherte schuldlos in die Verlegenheit geraten ist, seinen privaten Krankenversicherungsschutz erweitern oder erneu-

---

3 BGH 20.12.2006 – IV ZR 175/05, VersR 2007, 196.
4 BGH 29.10.2003 – IV ZR 38/03, VersR 2004, 58.
5 Bach/Moser/*Hütt*, § 199 VVG Rn 3; *Boetius*, PKV, § 199 VVG Rn 18.
6 Prölss/Martin/*Voit*, § 199 Rn 4.
7 Prölss/Martin/*Voit*, § 199 Rn 4; Looschelders/Pohlmann/*Reinhard*, § 199 Rn 4.
8 VVG-KE S. 170; Bach/Moser/*Hütt*, § 199 VVG Rn 2.
9 VVG-KE S. 170.
10 LG Stuttgart 24.4.2002 – 4 S 61/02, VersR 2003, 53; OVG Niedersachsen 23.4.2002 – 2 LB 3476/01, juris; Prölss/Martin/*Voit*, § 199 Rn 5; BK/*Hohlfeld*, § 178 e Rn 1.
11 LG Stuttgart 24.4.2002 – 4 S 61/02, VersR 2003, 53 (mit irreführendem Leitsatz); Looschelders/Pohlmann/*Reinhard*, § 199 Rn 7; aA *Boetius*, PKV, § 199 VVG Rn 32 f.
12 OLG Stuttgart 28.8.2014 – 7 U 52/14, r+s 2014, 614; OVG Niedersachsen 23.4.2002 – 2 LB 3476/01, juris; LG Saarbrücken 28.5.1997 – 12 O 214/96, juris; Looschelders/Pohlmann/*Reinhard*, § 199 Rn 7; obiter BVerfG 7.11.2002 – 2 BvR 1053/98, VersR 2003, 1425; aA Bach/Moser/*Hütt*, § 199 VVG Rn 5; *ders.*, in: Langheid/Wandt, § 199 Rn 10; s. noch 1. Auflage 2008, aaO.

ern zu müssen,[13] oder ob die Änderung des Beihilfeanspruchs rechtmäßig war.[14] Voraussetzung ist weiter, dass überhaupt bereits entsprechender privater Krankenversicherungsschutz besteht.[15] Eine entsprechende Anwendung des Abs. 2 bei (erstmaligem) Eintritt einer Beihilfeberechtigung muss ausscheiden, da der Kontrahierungszwang des Abs. 2 eine restriktive Handhabung der Vorschrift gebietet.[16] Nicht zwingend muss jedoch die Beihilfeänderung auf individuellen Gründen in der Person des Beihilfeberechtigten beruhen.[17]

Berechtigt zur Geltendmachung des Anpassungsanspruchs ist nach dem klaren Wortlaut des S. 1 nur der VN selbst. Der VR kann eine Tarifänderung nicht auf Abs. 2 stützen.[18] Der erweiterte Versicherungsschutz kommt erst mit Annahme eines darauf gerichteten Antrags des VN zustande, es besteht für den VR Kontrahierungszwang.[19] Der Anspruch beinhaltet eine Ergänzung des Beihilfeanspruchs auf insgesamt (wieder) 100 %. Er gilt nur für bereits in der Person des VN bestehende Krankheitskostentarife[20] und steht unter dem Vorbehalt des nach dem Tarif Möglichen. Bietet der VR den begehrten bzw erforderlichen Tarif überhaupt nicht an, begründet S. 1 keine Pflicht, anlässlich einer Änderung des Beihilferechts neue Tarife aufzulegen.[21] Andererseits hindert es nicht, dass im „Zieltarif" zusätzliche Leistungen enthalten sind.[22] Für den neu hinzukommenden Versicherungsschutz ist das Eintrittsalter des Versicherten zum Zeitpunkt der Änderung und nicht das ursprüngliche Eintrittsalter zugrunde zu legen.[23]

Neu ist in S. 2 die Verlängerung der Frist zur Stellung des Antrags von bisher zwei auf **sechs Monate**. Damit soll den Versicherten entgegengekommen werden, denen eine Änderung des Beihilfesatzes nicht zeitnah zur Kenntnis kommt. Der Fristbeginn (Wirksamwerden der Änderung)[24] ist im Übrigen unabhängig von der Kenntnis des VN von der Beihilfeänderung,[25] jedoch können sich im Einzelfall Hinweispflichten des VR ergeben.[26] Im Übergangszeitraum gilt die Sechs-Monats-Frist nur,

---

13 BGH 29.10.2003 – IV ZR 38/03, VersR 2004, 58; Prölss/Martin/*Voit*, § 199 Rn 8.
14 Schwintowski/Brömmelmeyer/*Brömmelmeyer*, § 199 Rn 6; Prölss/Martin/*Voit*, § 199 Rn 7.
15 BGH 29.10.2003 – IV ZR 38/03, VersR 2004, 58; VG Hannover 7.2.2003 – 13 A 3167/02, juris; BK/*Hohlfeld*, § 178 e Rn 2; Schwintowski/Brömmelmeyer/*Brömmelmeyer*, § 199 Rn 4.
16 Vgl BGH 20.12.2006 – IV ZR 175/05, VersR 2007, 196; Looschelders/Pohlmann/*Reinhard*, § 199 Rn 14; *Boetius*, PKV, § 199 VVG Rn 26; aA scheinbar BK/*Hohlfeld*, § 178 h Rn 10.
17 LG Saarbrücken 28.5.1997 – 12 O 214/86, juris; aA wohl Bach/Moser/*Schoenfeldt/Kalis*, § 1 MBKK 94 Rn 128.
18 OLG Frankfurt 24.5.2006 – 3 U 145/05, OLGR 2006, 949; LG Coburg 3.8.2004 – 13 O 87/04, VersR 2004, 1591; Prölss/Martin/*Voit*, § 199 Rn 10 f.
19 BGH 20.12.2006 – IV ZR 175/05, VersR 2007, 196; *Boetius*, PKV, § 199 VVG Rn 45 f.
20 Langheid/Wandt/*Hütt*, § 199 Rn 11; BK/*Hohlfeld*, § 178 e Rn 2; aA wohl LG Saarbrücken 28.5.1997 – 12 O 214/86, juris.
21 OLG Hamburg 19.7.2005 – 9 U 28/05, VersR 2005, 1382; LG Stuttgart 24.4.2002 – 4 S 61/02, VersR 2003, 53; LG Saarbrücken 28.5.1997 – 12 O 214/86, juris; Prölss/Martin/*Voit*, § 199 Rn 13.
22 OLG Stuttgart 28.8.2014 – 7 U 52/14, r+s 2014, 614.
23 BGH 20.12.2006 – IV ZR 175/05, VersR 2007, 196; Schwintowski/Brömmelmeyer/*Brömmelmeyer*, § 199 Rn 8; Prölss/Martin/*Voit*, § 199 Rn 14; aA OLG München 30.11.1999 – 25 U 3487/99, VersR 2000, 575.
24 Prölss/Martin/*Voit*, § 199 Rn 16.
25 OLG Saarbrücken 20.9.1995 – 5 U 1054/94-98, r+s 1997, 209; Bach/Moser/*Hütt*, § 199 VVG Rn 6; Prölss/Martin/*Voit*, § 199 Rn 16.
26 OLG Saarbrücken 20.9.1995 – 5 U 1054/94-98, r+s 1997, 209; OLG Hamm 25.8.1999 – 20 U 72/99, NVersZ 2000, 125; LG Saarbrücken 25.11.1994 – 14 O 485/93, VersR 1995, 1179; Prölss/Martin/*Voit*, § 199 Rn 19 ff; grundlegend: BGH 20.12.2006 – IV ZR 175/05, VersR 2007, 196.

wenn die bisherige Zwei-Monats-Frist noch nicht vor dem 1.1.2008 abgelaufen war.[27] Bei **fristgerechter Antragstellung** bedarf es einer **Risikoprüfung** auch dann nicht, wenn eine solche zu einem früheren Zeitpunkt nicht stattgefunden hat (§ 178 e S. 2 aF: „erneute Risikoprüfung").[28] Konnten Risikozuschläge beim Abschluss des ursprünglichen VersVertrages nicht erhoben werden, muss dies auch für die „Erhöhung" des Versicherungsschutzes gelten.[29] Der bei Vertragsbeginn festgestellte Gesundheitszustand und die mit Blick darauf vorgenommene Risikoeinstufung bleiben aber auch für den weiteren Verlauf des Versicherungsverhältnisses maßgeblich;[30] der VR kann sich jedoch nicht darauf berufen, der Gesundheitszustand des Versicherten habe sich mittlerweile nachteilig verändert oder aufgrund später gewonnener Erkenntnisse erscheine die anfängliche Bewertung des Risikos zu günstig.[31] Dass der „Zieltarif" weitergehende Leistungen enthält, rechtfertigt auch insoweit nicht das Verlangen einer Risikoprüfung.[32] **Wartezeiten** können nicht verlangt werden. Dies gilt sowohl bei Änderung als auch Entfallen des Beihilfeanspruchs.

7 3. **Rechtsfolge.** Wenngleich nicht aus dem Wortlaut, wie etwa in § 198 ersichtlich, geht der Anpassungsanspruch wegen des Schutzzwecks der Norm jedenfalls bei fristgerechter Anmeldung auf nahtlosen Versicherungsschutz.[33] Zur Risikoprüfung und zu Wartezeiten s. Rn 6. Es handelt sich dann um eine Rückwärtsversicherung auf den Zeitpunkt der Änderung des Bemessungssatzes oder des Wegfalls des Beihilfeanspruchs, wobei jedoch § 2 Abs. 2 S. 2 nicht gilt.[34] Wird die Frist des S. 2 versäumt, kann nur eine ex-nunc-Anpassung verlangt werden; dann ist nach § 203 Abs. 1 S. 2 auch das Verlangen des VR nach einem Risikozuschlag zulässig.[35] Gegebenenfalls ist der Anwendungsbereich des § 200 eröffnet. Hinsichtlich des erweiterten Versicherungsschutzes ist dann auch das Verlangen des VR nach Risikoprüfung mit etwaigen (neuen) Zuschlägen sowie Wartezeiten zulässig.[36] Der Kontrahierungszwang gebietet auch insoweit eine restriktive Handhabung der Vorschrift.[37]

IV. Ausnahme im Basistarif (Abs. 3)

8 Abs. 3 wurde erst durch Art. 43 Nr. 3 GKV-WSG im Zuge der gesetzlichen Regelung des Anspruchs auf Mitgabe von Alterungsrückstellungen nach § 204 Abs. 1 S. 1 Nr. 1 in das VVG aF eingeführt und durch Art. 11 iVm Art. 10 des Gesetzes zur Reform des Versicherungsvertragsrechts[38] mit Wirkung zum 1.1.2009 in das VVG nF überführt. Die Einfügung des Abs. 3 resultiert aus dem Umstand, dass Beihilfetarife nach bisherigem Recht nicht die Anforderungen erfüllen, die für die Portabilität von Alterungsrückstellungen nach § 204 Abs. 1 S. 1 Nr. 2 erfüllt sein

---

27 Prölss/Martin/*Voit*, § 199 Rn 18.
28 Begr. RegE, BT-Drucks. 16/3945, S. 113; Langheid/Wandt/*Hütt*, § 199 Rn 14.
29 OLG München 30.11.1999 – 25 U 3487/99, VersR 2000, 575; vgl auch – allerdings zu § 178 f aF – BVerwG 5.3.1999 – 1 A 1/97, VersR 1999, 743 und BGH 20.12.2006 – IV ZR 175/05, VersR 2007, 196.
30 Prölss/Martin/*Voit*, § 199 Rn 15; Looschelders/Pohlmann/*Reinhard*, § 199 Rn 9.
31 BGH 20.12.2006 – IV ZR 175/05, VersR 2007, 196.
32 OLG Stuttgart 28.8.2014 – 7 U 52/14, r+s 2014, 614.
33 Prölss/Martin/*Voit*, § 199 Rn 9; Schwintowski/Brömmelmeyer/*Brömmelmeyer*, § 199 Rn 9; aA Langheid/Wandt/*Hütt*, § 199 Rn 13; *ders.*, in: Bach/Moser, § 199 VVG Rn 7: ab Antragseingang; BK/*Hohlfeld*, § 178 e Rn 4.
34 Looschelders/Pohlmann/*Reinhard*, § 199 Rn 12; Prölss/Martin/*Voit*, § 199 Rn 9; *Boetius*, PKV, § 199 VVG Rn 40.
35 LG Würzburg 18.12.2013 – 21 O 1585/13, VersR 2014, 1494.
36 OLG Saarbrücken 6.4.2011 – 5 U 428/10, VersR 2011, 1556 = r+s 2011, 482.
37 BGH 20.12.2006 – IV ZR 175/05, VersR 2007, 196; Schwintowski/Brömmelmeyer/*Brömmelmeyer*, § 199 Rn 1, 12.
38 Vom 23.11.2007 (BGBl. I S. 2631, 2672).

müssen. Ihr Leistungsumfang entspricht nicht dem im gesetzlichen Sozialversicherungssystem vorgesehenen Krankenversicherungsschutz. Vielmehr wird der Leistungsumfang mittelbar durch die Beihilfebestimmungen des Bundes und der Länder bestimmt.

Im Rahmen der Einführung der allgemeinen Versicherungspflicht mit entsprechendem Kontrahierungszwang sieht für Beihilfeberechtigte und deren Angehörige § 12 Abs. 1 a S. 2 Nr. 2 VAG die Verpflichtung der PKV-Unternehmen zur Schaffung eigener Basistarifvarianten vor. Diese bilden im Gegensatz zu herkömmlichen Beihilfetarifen nicht spiegelbildlich den Leistungskatalog der Beihilfe ab, sondern entsprechen im Leistungsumfang dem normalen Basistarif, gekürzt um den entsprechenden prozentualen Beihilfesatz. Bei Änderungen der erstattungsfähigen Leistungen der Beihilfe besteht somit kein Anspruch und zur Erfüllung der Voraussetzungen der Versicherungspflicht auch kein Anlass auf Anpassung des Versicherungsschutzes im Rahmen der Beihilfevarianten des Basistarifs.[39] Der Zugang zum Basistarif mittels Kontrahierungszwangs richtet sich für Beihilfeberechtigte nach § 193 Abs. 5 S. 1 Nr. 3.[40]

V. Weitere praktische Hinweise

§ 199 hat nicht in die MB/KK 09, wohl aber in viele Tarifbestimmungen Eingang gefunden. Er ist nach § 208 S. 1 halbzwingend. Verweigert der VR die Annahme eines ordnungsgemäßen Anpassungsantrags, kann auf Abgabe der Annahmeerklärung geklagt werden (s. § 207 Rn 41 f).[41] Ergeben sich Änderungen im Beihilfesatz, kann der VR für eine Falschberatung seines Agenten, die zu einer unnötig hohen Prämienbelastung führt, auf Schadensersatz haften.[42]

§ 200 Bereicherungsverbot

Hat die versicherte Person wegen desselben Versicherungsfalles einen Anspruch gegen mehrere Erstattungsverpflichtete, darf die Gesamterstattung die Gesamtaufwendungen nicht übersteigen.

I. Normzweck

§ 200 erweitert das früher in § 178a Abs. 2 S. 1 aF und § 55 aF geregelte dispositive Bereicherungsverbot für die Schadensversicherung und soll sicherstellen, dass Erstattungsleistungen aus Beihilfeansprüchen oder aus der gesetzlichen Krankenversicherung einerseits und Leistungen aus der privaten Krankenversicherung andererseits zusammen die Gesamtkosten des Versicherten nicht übersteigen.[1] Da die früher geltenden Regelungen eine Überkompensation nicht zwingend ausschließen können, soll der Anreiz genommen werden, Krankheitskosten über das medizinisch und wirtschaftlich notwendige Maß hinaus absichtlich oder doch zumindest fahrlässig zu verursachen, um so dem VN die Möglichkeit zu nehmen, am Versicherungsfall zu verdienen.[2]

---

39 Vgl auch Begr. zu Art. 43 zu Nr. 3 (§ 178e) GKV-WSG, BT-Drucks. 16/3100, S. 206.
40 Vgl Langheid/Wandt/*Hütt*, § 199 Rn 15.
41 LG Saarbrücken 28.5.1997 – 12 O 214/86, juris; zu Schadensersatz Prölss/Martin/*Voit*, § 199 Rn 22 f.
42 BGH 16.12.2009 – IV ZR 195/08, VersR 2010, 373.
1 VVG-KE S. 412.
2 VVG-KE S. 168 f; ähnl. bereits die Begr. von 1908.

II. Hintergrund

2 § 200 betrifft eine typische Fallgestaltung in der Krankenversicherung. Deren Leistungen werden nicht selten von Leistungen der gesetzlichen Krankenversicherung oder der Beihilfe flankiert. Der Gesetzgeber ist der Ansicht, dass eine Überkompensation eines Schadens in diesem Zusammenhang ordnungspolitisch unerwünscht ist. Die nach dem „alten" VVG zu Gebote stehenden Regelungen konnten eine solche Überkompensation nicht verhindern: § 55 aF ist nicht zwingend und wird durch die versicherungsvertraglichen Regelungen häufig abbedungen. § 59 aF (Doppelversicherung) greift nicht, da Beihilfe, gesetzliche und private Krankenversicherung unterschiedlichen Rechtskreisen angehören (öffentliches Recht – Beamtenrecht; Sozialrecht; Zivilrecht).[3]

3 Wie die frühere Verortung in § 178 a Abs. 2 S. 1 aF, § 55 aF zeigt, bezog sich das Bereicherungsverbot nur auf Krankenversicherungen, die Schadensversicherung sind, nicht dagegen auch auf Summenversicherungen.[4] Da die Krankheitskostenversicherung Schadensversicherung ist (s. § 192 Rn 3, 16),[5] galt über § 178 a Abs. 2 aF auch das Bereicherungsverbot des § 55 aF.[6] In der höchstrichterlichen Rspr hat sich jedoch die Ansicht durchgesetzt, dass § 55 aF kein zwingendes und unabdingbares Bereicherungsverbot postulierte.[7] Folge war, dass der VR wie jeder andere Vertragspartner an sein Leistungsversprechen gebunden ist, wenn nicht zwingende gesetzliche Vorschriften entgegenstehen oder gesetzliche oder vertragliche Bestimmungen ihm die Möglichkeit eröffnen, sich davon zu befreien.[8] Es galt also: Was der VR vertraglich versprochen hatte, musste er halten. Er konnte sich von seinem Versprechen nicht unter Berufung auf ein angebliches Bereicherungsverbot lösen, es sei denn, das Gesetz bestimmte ausdrücklich etwas anderes.[9] Das ist mit § 200 nunmehr der Fall.

4 Im Katalog der halbzwingenden Normen des § 208 ist § 200 nicht enthalten (vgl insb. § 5 Abs. 3 MB/KK 09). Dies erklärt sich daraus, dass § 200 einschlägige und dem VN günstige Vereinbarungen schon kraft Gesetzes einschränkt. Eine über den tatsächlichen Aufwand hinausgehende Erstattung kann also dem VN nicht zugute kommen.

III. Anwendungsbereich

5 Nach Wortlaut und Entstehungsgeschichte regelt § 200 nicht Fragen der Ausgleichspflicht beteiligter Erstattungsverpflichteter untereinander oder eine Leistungsbegrenzung zugunsten anderer Leistungserbringer als privater Krankenversicherer.[10] Das Bereicherungsverbot des § 200 gilt (weiterhin) nur für **Krankenversicherungen**, die **Schadensversicherung** sind, nicht dagegen für Summenversicherungen.[11] Zwar könnte die systematische Stellung für eine Anwendung auf alle Formen der Krankenversicherung sprechen, doch sind die Gesetzesmaterialien inso-

---

[3] VVG-KE S. 168 f.
[4] Begr. RegE, BT-Drucks. 16/3945, S. 113; VVG-KE S. 412.
[5] BGH 13.10.1971 – IV ZR 56/70, VersR 1971, 1138.
[6] OLG Frankfurt 24.5.2006 – 3 U 145/05, OLGR 2006, 949.
[7] AA zB noch OLG Nürnberg 9.4.1987 – 8 U 3533/86, VersR 1988, 1262 mwN; scheinbar auch LG Köln 9.7.2008 – 23 O 137/07, VersR 2008, 1486; ausf. zur Entstehungsgeschichte der Norm Langheid/Wandt/*Hütt*, § 200 Rn 3 ff.
[8] BGH 4.4.2001 – IV ZR 138/00, VersR 2001, 749.
[9] BGH 4.4.2001 – IV ZR 138/00, VersR 2001, 749.
[10] Langheid/Wandt/*Hütt*, § 200 Rn 31, 17.
[11] Begr. RegE, BT-Drucks. 16/3945, S. 113; VVG-KE S. 412; Langheid/Wandt/*Hütt*, § 200 Rn 12; Schwintowski/Brömmelmeyer/*Brömmelmeyer*, § 200 Rn 3; Prölss/Martin/*Voit*, § 200 Rn 4 f.

fern eindeutig.[12] Die Art der Krankenversicherung ist dagegen nicht entscheidend, erfasst wird also etwa auch die Pflegeversicherung – so bei Zusammentreffen von privater Pflegepflichtversicherung und sozialer Pflegeversicherung.[13] Dagegen bleibt es bei der Summenversicherung bei dem Grundsatz, dass der VR halten muss, was er vertraglich versprochen hat.[14] Eine „Bereicherung" ist deshalb grds. zulässig. Unberührt davon bleibt jedoch das Recht, in diesem Fall zur Vermeidung einer Doppelentschädigung die Versicherungsleistung für den Fall, dass ein Dritter zum Schadenausgleich verpflichtet ist, durch Vereinbarung auf den hierdurch nicht gedeckten Teil der Aufwendungen zu begrenzen.[15]

IV. Voraussetzungen

Das Bereicherungsverbot des § 200 wirkt nur zugunsten eines **privaten Krankenversicherers**.[16] Es greift nur dort, wo es um **denselben Versicherungsfall** geht. Maßgeblich ist also eine konkrete Einzelfallbetrachtung, nicht eine Betrachtung der Gesamtvermögenslage des VN.[17] Da der Begriff des gedehnten Versicherungsfalles gilt (s. § 1 MB/KK 09 Rn 18), kann eine Abgrenzung erforderlich sein, wenn eine notwendige ärztliche Heilbehandlung mehrfach indiziert ist. In diesen Fällen wird die Zuziehung eines medizinischen Sachverständigen erforderlich sein. Letztlich wird man in entsprechender Anwendung des § 287 ZPO eine Schätzung des Anteils des doppelt erfassten Versicherungsfalles zuzulassen haben.[18] Der zum Versicherungsfall hergestellte Bezug macht ebenso wie die Erwägungen zur Entstehung der Norm[19] deutlich, dass mit „**Erstattungspflichtigen**" nur aufgrund öffentlich-rechtlicher Verbindung leistungsverpflichtete Dritte gemeint sein können: Dienstherr (Beihilfe), Versorgungsträger oder Sozialversicherungsträger. Deliktische Ansprüche gegen den Verursacher des Versicherungsfalles werden von § 200 nicht erfasst. Besteht eine zweite private Krankenversicherung, gilt § 78 (§ 59 aF: Doppelversicherung),[20] wobei die VR in der Praxis aufgrund des hohen Verwaltungsaufwands auf einen internen Ausgleich verzichten. Freiwillige Leistungen Dritter fallen nicht unter § 200.[21]

6

„**Gesamtaufwendungen**" sind nur die dem VN bzw Versicherten berechtigterweise belasteten finanziellen Folgen des Versicherungsfalles (s. § 1 MB/KK 09 Rn 2). Es ist also nicht möglich, unberechtigte Forderungen von Leistungserbringern durch eine Auszahlung, die die tatsächlich berechtigte Erstattung von 100 % überschreitet, zu decken. Anderes wäre mit dem ordnungspolitisch motivierten Bemühen zur Kostendämpfung nicht vereinbar. „**Gesamterstattung**" ist die Summe aller tatsächlich[22] aufgrund des konkreten Versicherungsfalles geflossenen Zahlungen bzw Sachleistungen (bei der gesetzlichen Krankenversicherung).[23] Vertragliche Nebenpflicht (§ 242 BGB) des VN ist es, dem VR zumindest auf Verlangen Auskunft über Ob und Umfang einschlägiger Erstattungsansprüche zu erteilen (vgl auch § 9

7

---

12 Begr. RegE, BT-Drucks. 16/3945, S. 113; VVG-KE S. 412; Römer/Langheid/*Langheid*, § 200 Rn 1.
13 Begr. RegE, BT-Drucks. 16/3945, S. 113.
14 BGH 4.4.2001 – IV ZR 138/00, VersR 2001, 749.
15 BGH 13.10.1971 – IV ZR 56/70, VersR 1971, 1138 zur Schadensversicherung; vgl auch BGH 21.4.2004 – IV ZR 113/03, VersR 2004, 994.
16 Langheid/Wandt/*Hütt*, § 200 Rn 17; Römer/Langheid/*Langheid*, § 200 Rn 2.
17 LG Berlin 13.1.1977 – 7 S 24/76, VersR 1977, 661.
18 Vgl BGH 24.6.1999 – X ZR 195/97, NJW-RR 1999, 1586.
19 VVG-KE S. 168 f.
20 Vgl BGH 21.4.2004 – IV ZR 113/03, VersR 2004, 994.
21 Looschelders/Pohlmann/*Reinhard*, § 200 Rn 4.
22 Looschelders/Pohlmann/*Reinhard*, § 200 Rn 5.
23 *Boetius*, PKV, § 200 VVG Rn 27.

Abs. 2 und 5 MB/KK 09).[24] Der Anwendungsbereich des § 213 dürfte insoweit nicht berührt sein, da die Frage nach anderweitigen Erstattungsansprüchen keine „Gesundheitsdaten" tangiert (s. § 213 Rn 17 f).

V. Rechtsfolge

8 1. **Grundsätzliches.** § 200 ist **keine Subsidiaritätsvorschrift** zugunsten der privaten Krankenversicherung (s. aber § 5 Abs. 3 MB/KK 09).[25] Ihre Bedeutung im Verhältnis der privaten Krankenversicherung zur Beihilfe dürfte gering bleiben, da dort mit § 48 S. 1 BBhV[26] bereits eine ähnliche Regelung existiert.[27] Demzufolge darf die Beihilfe zusammen mit den aus demselben Anlass gewährten Leistungen aus einer Krankenversicherung, einer Pflegeversicherung, aufgrund von Rechtsvorschriften oder arbeitsvertraglicher Vereinbarungen die dem Grunde nach beihilfefähigen Aufwendungen nicht übersteigen. Dabei bleiben Leistungen aus Krankentagegeld-, Krankenhaustagegeld-, Pflegetagegeld-, Pflegerentenzusatz- und Pflegerentenversicherungen unter gewissen Umständen unberücksichtigt. Diese Regelung ist verfassungskonform[28] und bringt den der Beihilfe innewohnenden Grundsatz der Subsidiarität zum Ausdruck.[29] Voll erfasst wird von § 200 jedoch das Verhältnis der gesetzlichen zur privaten Krankenversicherung. Die Norm gilt nicht nur für neue VersVerträge, sondern auch für bereits vor dem 1.1.2008 begründete KrankenVersVerträge.[30]

9 Eine bestimmte Rangfolge der Erstattungsverpflichteten soll durch § 200 also nicht begründet werden.[31] Das Verhältnis mehrerer bereicherungsverbotsähnlicher Tatbestände zueinander ist deshalb zunächst alleine nach der **zeitlichen Reihenfolge** der Erstattungen zu bestimmen.[32] Anderes muss jedoch gelten, wenn der Zweck einer anderen einschlägigen Bereicherungsregelung dies gebietet.[33] So hat aufgrund des überlagernden subsidiären Charakters der Beihilfe (s. Rn 8) zunächst eine Prüfung nach § 48 Abs. 1 BBhV zu erfolgen. Erst dann unterliegt ein noch überschießender Erstattungsanspruch aus der privaten Krankenversicherung der Rechtsfolge des § 200. Kann ein Vorrang eines Erstattungspflichtigen nicht festgestellt werden, sind die beteiligten Leistungserbringer untereinander nach gesamtschuldnerischen Grundsätzen zum internen Ausgleich verpflichtet.[34] Im Basistarif gilt nach § 5 Abs. 3 MB/BT ein vorrangiges Kürzungsrecht des Krankenversicherers. Dieses dürfte im Hinblick auf die entsprechende Regelung des § 12 Abs. 1a S. 2 Nr. 2 Hs 2 VAG wirksam sein.[35]

---

24 Langheid/Wandt/*Hütt*, § 200 Rn 15; vgl auch LG Köln 9.7.2008 – 23 O 137/07, VersR 2008, 1486.
25 Anders noch VVG-KE S. 168 f: „... so ist der Versicherer nur abzüglich der Leistungen der Beihilfeträger und der Kranken- oder Pflegekassen zur Leistung verpflichtet."
26 Verordnung über Beihilfe in Krankheits-, Pflege- und Geburtsfällen (Bundesbeihilfeverordnung – BBhV) vom 13.2.2009 (BGBl. I S. 326), zuletzt geändert durch Art. 1 der Verordnung vom 18.7.2014 (BGBl. I S. 1154).
27 Vgl OLG Frankfurt 24.5.2006 – 3 U 145/05, OLGR 2006, 949.
28 BVerfG 13.11.1990 – 2 BvF 3/88, NJW 1991, 743; OLG Frankfurt 24.5.2006 – 3 U 145/05, OLGR 2006, 949.
29 BVerwG 25.6.1987 – 2 C 57/85, NJW 1987, 2387, 2388; BVerfG 13.11.1990 – 2 BvF 3/88, NJW 1991, 743; OLG Frankfurt 24.5.2006 – 3 U 145/05, OLGR 2006, 949.
30 VVG-KE S. 168 f.
31 Begr. RegE, BT-Drucks. 16/3945, S. 113; anders noch VVG-KE S. 168 f.
32 Vgl Looschelders/Pohlmann/*Reinhard*, § 200 Rn 7; krit. hierzu Prölss/Martin/*Voit*, § 200 Rn 12.
33 Dies grds. erwägend auch Prölss/Martin/*Voit*, § 200 Rn 13.
34 Prölss/Martin/*Voit*, § 200 Rn 16 ff; für anteiligen Ausgleichsanspruch Schwintowski/Brömmelmeyer/*Brömmelmeyer*, § 200 Rn 7; *Boetius*, PKV, § 200 VVG Rn 40; aA Langheid/Wandt/*Hütt*, § 200 Rn 31.
35 Prölss/Martin/*Voit*, § 200 Rn 10.

2. Vereinbarte Bereicherung. In der Gesetzeshistorie findet sich kein Hinweis auf die möglichen Rechtsfolgen einer dennoch vereinbarten Bereicherung des VN. Zu § 55 aF wurde vertreten, dass eine solche Vereinbarung wegen Verstoßes gegen § 55 aF als gesetzliches Verbot nach § 134 BGB nichtig sei.[36] Hiergegen wurde eingewandt, dass sich § 55 aF nur an den VR richte und jedenfalls in den Fällen des Massengeschäfts, in denen der VN keinen Einfluss auf die Gestaltung der Vereinbarung habe, nicht – wie für ein Verbotsgesetz iSd § 134 BGB erforderlich – gleichzeitig an den VN.[37] Tatsächlich schien § 55 aF nach seinem Wortlaut („nicht verpflichtet … zu ersetzen") dem VR nur ein Leistungsverweigerungsrecht zu geben.

Zumindest die Neuregelung des § 200 ist nach der hier vertretenen Ansicht ein **Verbotsgesetz iSd § 134 BGB.** Die Folge ist, dass der vertragliche Erstattungsanspruch von vornherein nur in reduzierter Höhe entsteht. Abzulehnen ist demnach die Funktion des § 200 als reines Leistungsverweigerungsrecht bei grds. voll bestehendem Anspruch.[38] § 200 ist eine zwingende, vertraglich nicht abänderbare Vorschrift (§ 208 S. 1).[39] Die Frage, ob der in einem Rechtsgeschäft liegende Verstoß gegen eine gesetzliche Regelung zur Nichtigkeit des Rechtsgeschäfts führt, ist, wenn – wie hier – eine ausdrückliche Regelung fehlt, nach Sinn und Zweck der jeweiligen Vorschrift zu beantworten. Entscheidend ist, ob das Gesetz sich nicht nur gegen den Abschluss des Rechtsgeschäfts wendet, sondern auch gegen seine privatrechtliche Wirksamkeit und damit gegen seinen wirtschaftlichen Erfolg.[40] Der Verstoß gegen ein solches gesetzliches Verbot hat die Nichtigkeit des Rechtsgeschäfts idR aber nur dann zur Folge, wenn sich das Verbot gegen beide Seiten richtet.[41] Davon wird man nach dem Willen des Gesetzgebers auszugehen haben: Dem VN soll der Anreiz zu einer kostentreibenden Bereicherung genommen werden, dem VR die Möglichkeit, auf Kosten der Versichertengemeinschaft in Einzelfällen einer Überkompensation die Hand zu reichen. Dies kann erfolgreich nur durch die ipso jure Unwirksamkeit einer entsprechenden Vereinbarung bewirkt werden. Im Übrigen würden aber auch einseitige Verbote ausnahmsweise die Nichtigkeit des Rechtsgeschäfts begründen, wenn es mit dem Zweck des Verbotsgesetzes unvereinbar wäre, die durch das Rechtsgeschäft getroffene Regelung hinzunehmen und bestehen zu lassen.[42] Auch dies wäre zu bejahen, da § 200 eine Überkompensation aus ordnungspolitischen Gründen zwingend ausschließen will (s. Rn 1). Gegen ein bloßes Leistungsverweigerungsrecht spricht außerdem maßgeblich, dass die Möglichkeit, dieses – etwa aus geschäftspolitischen Gründen – nicht auszuüben, die an sich zwingende Regelung des § 200 der Wirksamkeitsbeliebigkeit des VR anheimstellte.

Damit kann ein Verstoß gegen § 200 nur die **Folge des § 134 BGB** zeitigen. Eine entsprechende Regelung ist – ohne Rücksicht auf Verschulden der Beteiligten[43] – unwirksam. Aus dem Zweck des § 200, alleine eine Bereicherung auszuschließen, folgt, dass die Vereinbarung nur im erforderlichen Umfang unwirksam ist. Die Teilnichtigkeit kann nämlich nicht weiter reichen als die tatbestandliche Erfüllung des Verbotsgesetzes. Was das Gesetz nicht verbietet, ist rechtmäßig und kann daher nicht der Nichtigkeitsfolge nach § 134 BGB anheimfallen.[44] Der Erstattungs-

---

36 OLG Oldenburg 6.12.1995 – 2 U 162/95, VersR 1996, 1364.
37 Römer/Langheid/*Römer*, 2. Aufl., § 55 Rn 8.
38 So aber Prölss/Martin/*Voit*, § 200 Rn 6; ausf. – mit demselben Ergebnis wie hier – Langheid/Wandt/*Hütt*, § 200 Rn 18 ff.
39 Vgl BGH 27.6.2007 – VIII 149/06, WM 2007, 1893.
40 BGH 30.4.1992 – III ZR 151/91, BGHZ 118, 142, 144.
41 BGH 27.6.2007 – VIII ZR 149/06, WM 2007, 1893 mwN.
42 BGH 27.6.2007 – VIII ZR 149/06, WM 2007, 1893 mwN.
43 Palandt/*Ellenberger*, § 134 BGB Rn 12 a.
44 BGH 11.1.1984 – VII ARZ 13/83, BGHZ 89, 316, 321.

anspruch bleibt also bis zum Erreichen der Höhe der tatsächlichen Gesamtaufwendungen unberührt. § 200 ist somit **anspruchshindernde Einwendung**[45] und im Prozess von Amts wegen zu berücksichtigen.[46]

13 Der versicherungsvertragliche Erstattungsanspruch ist durch das Bereicherungsverbot inhaltlich von vornherein auf die Höhe des etwaige andere Erstattungsansprüche zu insgesamt 100 % ergänzenden Betrages begrenzt.[47]

14 Hat der VR den VN entgegen § 200 überkompensiert, kann er nach § 812 Abs. 1 S. 1 Alt. 1 BGB (**ungerechtfertigte Bereicherung**) die geleisteten Zahlungen zurückverlangen. Grundsätzlich wird man allerdings davon ausgehen müssen, dass ein VR die Unwirksamkeit einer Vereinbarung über bereichernde Erstattungen positiv kennt. Die Rückforderung wäre somit nach § 814 BGB ausgeschlossen, wenn nicht aufgrund besonderer Umstände etwas anderes anzunehmen ist (zB leistet die Beihilfe erst nach Widerspruch gegen eine Leistungsablehnung, nachdem der private VR bereits geleistet hat). Grundsätzlich gilt auch § 817 BGB. Nach dessen S. 2 wäre die Rückforderung jedoch ausgeschlossen, wenn bzw da sowohl dem VR als auch dem VN ein (dem Versicherten zurechenbarer) Verstoß gegen das gesetzliche Verbot des § 200 zur Last fällt. Bei der Anwendung des Rückforderungsverbots des § 817 S. 2 BGB kann indes nicht außer Betracht bleiben, welchen Zweck das in Frage stehende Verbotsgesetz verfolgt. Da hier überragende ordnungspolitische Motive, also die Wahrung öffentlicher Belange, inmitten stehen, ist eine einschränkende Auslegung des umstrittenen § 817 S. 1 BGB geboten.[48] Nur durch den Ausschluss des Rückforderungsverbots lassen sich die verfolgten Zwecke erreichen.

V. Weitere praktische Hinweise

15 Die Darlegungs- und **Beweislast** ist nach allgemeinen Grundsätzen differenzierend verteilt: Macht der VR die Rückforderung entgegen § 200 geleisteter Erstattungszahlungen geltend, muss er die Voraussetzungen des § 200 als ihm günstig dartun.[49] Begehrt der VN Versicherungsleistungen, muss er insoweit darlegen und beweisen, dass keine Bereicherungssituation vorliegt, als die Höhe der Gesamtaufwendungen betroffen ist.[50] Im Übrigen hat der VR die Einwendungsvoraussetzungen zu beweisen.[51] § 200 findet in § 5 Abs. 4 MB/KK 09 seine Entsprechung. Siehe auch die Subsidiaritätsklausel des § 5 Abs. 3 MB/KK 09 (s. § 5 MB/KK 09 Rn 19).

§ 201 Herbeiführung des Versicherungsfalles

Der Versicherer ist nicht zur Leistung verpflichtet, wenn der Versicherungsnehmer oder die versicherte Person vorsätzlich die Krankheit oder den Unfall bei sich selbst herbeiführt.

I. Normzweck

1 Der **Ausschluss der Leistungspflicht** bei vorsätzlicher Herbeiführung des Versicherungsfalles ist ein allgemeiner Grundsatz des Versicherungsrechts.[1] Spezifische

---

45 Langheid/Wandt/*Hütt*, § 200 Rn 29.
46 BGH 20.5.1992 – VIII ZR 240/91, NJW 1992, 2348, 2350.
47 Vgl LG Köln 24.5.1976 – 74 O 435/75, VersR 1978, 224.
48 BGH 31.5.1990 – VII ZR 336/89, BGHZ 111, 308, 312 f.
49 Langheid/Wandt/*Hütt*, § 200 Rn 32.
50 Langheid/Wandt/*Hütt*, § 200 Rn 32.
51 Vgl BGH 14.1.1991 – II ZR 190/89, NJW 1991, 1052.
1 BT-Drucks. 12/6959, S. 106 zu § 178 l.

Ausprägungen finden sich für die Schadens-, Lebens- und Unfallversicherung in §§ 81 Abs. 1, 161 und 183 (§§ 61, 169 und 181 aF). § 81 findet aufgrund der fehlenden Verweisung in § 194 Abs. 1 keine Anwendung (s. § 194 Rn 2).[2] Indes gilt auch in der Krankenversicherung der Grundgedanke, dass ein VN, der sich in Bezug auf das versicherte Interesse völlig sorglos oder sogar unlauter verhält, keinen Versicherungsschutz verdient. Dies ist ein Ausfluss von Treu und Glauben.[3] Risiken, die auf vorsätzlichem Verhalten beruhen, sollen wegen ihrer größeren Schadenträchtigkeit vom Versicherungsschutz ausgenommen werden.[4] Wegen des sozialen Charakters der Krankenversicherung ist der Leistungsausschluss hier aber auf Vorsatz beschränkt.[5] Diese Reduzierung des subjektiven Risikos berücksichtigt ausreichend das Interesse des VR und der Versichertengemeinschaft (Stichwort: höhere Prämien). Das sonst im Grundsatz abgeschaffte Alles-oder-Nichts-Prinzip wurde also bei Vorsatz als sachgerecht beibehalten.[6] § 201 bildet nun eine vorrangige Sonderregelung, um durch eine Beschneidung der Möglichkeiten des VR zur Risikobegrenzung im Interesse der Versicherten der sozialen Bedeutung der Krankenversicherung Geltung zu verschaffen.[7]

II. Kontext

§ 201 gilt für jede Form der Krankenversicherung, unabhängig davon, ob diese Schadens- oder Summenversicherung ist.[8] § 208 verbietet, von der hohen Anforderung des Vorsatzerfordernisses abzurücken; die Vereinbarung von Leistungsfreiheit bereits bei **grober Fahrlässigkeit** ist demnach nicht möglich. **Krankheit** und **Unfall** sind wie in § 192 zu verstehen. Aufgrund des Normzwecks muss der Ausschluss auch bei der vorsätzlichen Herbeiführung von **Pflegebedürftigkeit** greifen.[9] Auf die weiteren Versicherungsfälle des § 192 ist § 201 nicht entsprechend anwendbar. Diese sind bereits ihrer Natur nach dergestalt, dass ihr Eintritt Vorsatz zumindest regelmäßig geradezu voraussetzt (Beispiel: Schwangerschaft).

III. Vorsatz

Vorsatz verlangt willentliches oder wissentliches Herbeiführen des Versicherungsfalles.[10] Der Begriff des Vorsatzes umfasst auch den **bedingten Vorsatz**.[11] Dieser liegt nicht schon dann vor, wenn der VN in Erkenntnis der Möglichkeit des Eintritts eines schadenstiftenden Erfolges handelt. Darüber hinaus ist vielmehr erforderlich, dass er den als möglich vorgestellten Erfolg auch in seinen Willen aufnimmt und mit ihm für den Fall seines Eintritts einverstanden ist,[12] er muss also mit der Möglichkeit eines Eintritts des Versicherungsfalles infolge seines Handelns rechnen und diesen Eintritt billigend in Kauf nehmen.[13] Handelt der VN/Versicherte im Zustand der Zurechnungsunfähigkeit iSd § 827 BGB, scheidet vorsätzli-

---

2 Begr. RegE, BT-Drucks. 16/3945, S. 113; Prölss/Martin/*Voit*, § 201 Rn 1.
3 BGH 14.4.1976 – IV ZR 29/74, VersR 1976, 649; *Lorenz*, VersR 2000, 2.
4 Vgl VVG-KE S. 69.
5 Langheid/Wandt/*Hütt*, § 201 Rn 3; BK/*Hohlfeld*, § 178 l Rn 1.
6 VVG-KE S. 69 f.
7 BT-Drucks. 12/6959, S. 106 zu § 178 l; Bach/Moser/*Kalis*, § 201.
8 BT-Drucks. 12/6959, S. 106 zu § 178 l; Römer/Langheid/*Langheid*, § 201 Rn 2; Langheid/Wandt/*Hütt*, § 201 Rn 8.
9 BK/*Hohlfeld*, § 178 l Rn 2; aA wohl *Boetius*, PKV, § 201 VVG Rn 17 ff.
10 Vgl BGH 29.10.2003 – IV ZR 16/03, VersR 2003, 1561.
11 BGH 18.10.1952 – II ZR 72/52, BGHZ 7, 311, 313 zu § 152 aF (§ 103); OLG Oldenburg 29.6.1988 – 2 U 108/88, VersR 1989, 242; Römer/Langheid/*Langheid*, § 201 Rn 5; Prölss/Martin/*Voit*, § 201 Rn 4.
12 BGH 18.10.1952 – II ZR 72/52, BGHZ 7, 311, 313.
13 Vgl BGH 8.4.1988 – V ZR 64/87, NJW 1988, 2037; Bach/Moser/*Kalis*, § 5 MBKK Rn 6.

ches Handeln aus, nicht aber bei lediglich eingeschränkter Steuerungsfähigkeit.[14] Die Beweislast für die Zurechnungsunfähigkeit trifft den VN, § 827 BGB gilt entsprechend.[15]

4 *Prölss*[16] fordert im Ergebnis zu Recht eine ergebnisorientierte **Einschränkung** des Begriffs des bedingten Vorsatzes für „sozialadäquates" Handeln (zB Besuch oder Pflege von Personen, die an leichten, aber ansteckenden Krankheiten leiden; sportliche Tätigkeiten). Der Versicherungsschutz würde zu oft entfallen, wenn ein riskantes und selbstgefährdendes Handeln der versicherten Person, bei dem eine Kenntnis von der Möglichkeit der Erkrankung anzunehmen ist, in die Annahme des bedingten Vorsatzes mündete. *Prölss* will **bedingten Vorsatz** daher nur annehmen, wenn wegen des hohen Risikos schwerer Krankheiten der Bereich einer „akzeptablen Daseinsgestaltung" überschritten wird.[17] Man kann in diesem Zusammenhang bei der strafrechtlichen Rspr zur Abgrenzung einer bewusst fahrlässigen von einer bedingt vorsätzlichen Tötung Anleihen nehmen:[18] Die offensichtliche Gefährlichkeit des Tuns bildet dabei ein gewichtiges Indiz für bedingten Vorsatz. Angesichts der hohen Hemmschwelle, sich erhebliche Erkrankungen (Unfälle) zuzuziehen, bedarf es aber in jedem Einzelfall einer Gesamtschau aller objektiven und subjektiven Umstände.[19]

5 Zur **Reichweite des Vorsatzes** gilt: Der Vorsatz braucht sich nur auf die Krankheit oder den Unfall zu erstrecken, nicht dagegen auch auf die Folgen der Behandlung und deren Kosten.[20] Ebenso wenig muss sich der Vorsatz auf die in § 5 Abs. 1 Buchst. b MB/KK 09 zusätzlich genannten „Folgen" erstrecken (s. § 5 MB/KK 09 Rn 3).[21] Ein Bewusstsein der Rechtswidrigkeit ist nicht erforderlich.[22]

6 **Beispiele:** Bei **Suchtkrankheiten** (zB Alkoholismus, Rauschgift) wird idR zweifelhaft sein, ob der VN sich darüber im Klaren ist (Wissen), dass er eine Krankheit – die Sucht als solche oder Folgen der Sucht – verursacht und nicht nur eine vorübergehende Verschlechterung seines Wohlbefindens oder die Inkaufnahme von Risikofaktoren; ebenso kann er hoffen, dass diese sich bei ihm nicht auswirken (Wollen). Gegebenenfalls kann bei Einnahme von Heroin Vorsatz zu bejahen sein.[23] Im Wiederholungsfall, wenn also der VN nach überstandener Krankheit entgegen ärztlichem Rat seine Suchtgewohnheiten fortsetzt, wird man regelmäßig Vorsatz anzunehmen haben.[24] Davon unberührt bleibt allerdings die Frage, ob der

---

14 BGH 9.11.2005 – IV ZR 146/04, VersR 2006, 108; BGH 29.10.2003 – IV ZR 16/03, VersR 2003, 1561; BGH 20.6.1990 – IV ZR 298/89, VersR 1990, 888; BGH 5.7.1965 – II ZR 192/63, VersR 1965, 949.
15 BGH 20.6.1990 – IV ZR 298/89, VersR 1990, 888.
16 Prölss/Martin/*Prölss*, 27. Aufl. 2004, § 178 I Rn 5; ebenso Schwintowski/Brömmelmeyer/*Brömmelmeyer*, § 201 Rn 5.
17 Für Anwendbarkeit des § 242 BGB zum Nachteil des VR: Prölss/Martin/*Voit*, § 201 Rn 7.
18 Im Ergebnis wie hier Langheid/Wandt/*Hütt*, § 201 Rn 24.
19 BGH 26.1.2005 – 5 StR 290/04, NStZ 2005, 384, 386; BGH 4.1.1988 – 1 StR 262/88, BGHSt 36, 1, 10.
20 HM, Langheid/Wandt/*Hütt*, § 201 Rn 20 f; Prölss/Martin/*Voit*, § 201 Rn 3; Römer/Langheid/*Langheid*, § 201 Rn 5; Bach/Moser/*Kalis*, § 5 MBKK Rn 6; BK/*Hohlfeld*, § 178 I Rn 3.
21 Langheid/Wandt/*Hütt*, § 201 Rn 20 f; Bach/Moser/*Kalis*, § 5 MBKK Rn 6; offen lassend OLG Köln 13.1.1994 – 5 U 104/92, VersR 1994, 1170.
22 Bach/Moser/*Kalis*, § 5 MBKK Rn 6.
23 Zu einem Sonderfall LG Nürnberg-Fürth 11.12.2008 – 8 O 3170/07, VersR 2009, 919; zu weitgehend und Vorsatz bei „harten" Drogen generell bejahend Langheid/Wandt/*Hütt*, § 201 Rn 31 und Looschelders/Pohlmann/*Reinhard*, § 201 Rn 10.
24 OLG Oldenburg 29.6.1988 – 2 U 108/88, VersR 1989, 242; OLG Hamburg 16.11.79 – 1 U 46/79, VersR 1980, 275; BK/*Hohlfeld*, § 178 I Rn 3; Bach/Moser/*Kalis*, § 5 MBKK Rn 7.

Versicherte die Krankheit/den Unfall im Zustand der Steuerungsfähigkeit herbeigeführt hat (Alkoholdelir nach Entgiftung, aber nicht auskurierter Alkoholerkrankung).[25] Ein durch berauschende Mittel verursachter Verkehrsunfall wird idR nicht bedingt vorsätzlich herbeigeführt sein, da der VN/Versicherte davon ausgehen wird, trotz Rauschzustands einen Unfall vermeiden zu können.[26] Werden durch einen **Suizidversuch** Behandlungskosten ausgelöst, greift der Leistungsausschluss grds., da der Verletzungsvorsatz notwendiges Durchgangsstadium des Vollendungsvorsatzes ist.[27] Allerdings dürfte hier regelmäßig die Frage der Steuerungsfähigkeit zu prüfen sein (s. Rn 3). Für einen etwaigen Sterbegeldanspruch (§ 1 Abs. 2 S. 3 Buchst. c MB/KK 09) behält bei Bejahung der Steuerungsfähigkeit aufgrund des Zwecks des § 201 der Leistungsausschluss Wirkung.[28]

IV. Weitere Voraussetzungen

„Herbeigeführt" ist der Versicherungsfall, wenn der VN/Versicherte diesen adäquat verursacht hat. Nach allgemeinen Grundsätzen reicht es aus, wenn der VN/Versicherte einen Mitverursachungsbeitrag setzt.[29] Der Versicherungsfall kann auch durch ein Unterlassen „herbeigeführt" sein. Das ist der Fall, wenn der VN trotz dringender Gefahr die ihm möglichen, geeigneten und zumutbaren Schutzmaßnahmen nicht ergriffen hat. Um allerdings den Versicherungsschutz nicht unangemessen zu beschränken, muss der VN das zum Versicherungsfall führende Geschehen positiv gekannt haben. Dabei ist die Kenntnis von Umständen notwendig und ausreichend, aus denen sich ergibt, dass der Eintritt des Versicherungsfalles in den Bereich der praktisch unmittelbar in Betracht zu ziehenden Möglichkeiten gerückt ist.[30]

Herbeiführung „bei sich selbst" liegt auch vor, wenn sich der VN/Versicherte eines Dritten als Werkzeug bedient.[31] Nach dem eindeutigen Wortlaut entlassen Schädigungshandlungen zwischen VN und Versichertem den VR allerdings nicht aus der Leistungspflicht[32] (s. aber § 5 MB/KK 09 Rn 6).

V. Folge

Fraglich ist, ob die Leistungsfreiheit nach § 201 von Amts wegen zu berücksichtigen ist oder aber der **Geltendmachung durch den VR** bedarf. Bedeutung hat diese Frage zB im Zusammenhang mit etwaigen **richterlichen Hinweispflichten nach § 139 ZPO**, wenn entsprechender Sachvortrag vorliegt, aber der beklagte VR diesen Punkt nicht ausdrücklich in seine Verteidigung aufnimmt: Darf dann darauf hingewiesen werden, um etwa substantiierteren Vortrag zum Vorsatz anzuregen oder ist dies – wie bei der Einrede der Verjährung allgemein anerkannt – nicht zulässig? Für Obliegenheitsverletzungen ist in der höchstrichterlichen Rspr geklärt,

---

25 Ebenso Prölss/Martin/*Voit*, § 201 Rn 10.
26 OLG Frankfurt 4.2.2004 – 7 U 180/03, VersR 2005, 927; BK/*Hohlfeld*, § 178 I Rn 3; Prölss/Martin/*Voit*, § 201 Rn 8.
27 LG Dortmund 16.1.2014 – 2 O 309/13, r+s 2014, 291, bestätigt durch OLG Hamm 9.7.2014 – 20 U 47/14; vgl auch BGH 28.6.1961 – 2 StR 136/61, BGHSt 16, 122, 123; aA die hM Bach/Moser/*Kalis*, § 5 MBKK Rn 7; Prölss/Martin/*Voit*, § 201 Rn 11; BK/*Hohlfeld*, § 178 I Rn 3; sinnvoll, aber schwer abgrenzbar differenzierend Langheid/Wandt/*Hütt*, § 201 Rn 25 f.
28 Vgl Prölss/Martin/*Voit*, § 5 MBKK Rn 4.
29 BGH 14.7.1986 – IVa ZR 22/85, VersR 1986, 962; vgl auch BGH 30.9.1998 – IV ZR 323/97, VersR 1998, 1504.
30 BGH 14.4.1976 – IV ZR 29/74, VersR 1976, 649; BGH 14.7.1986 – IVa ZR 22/85, VersR 1986, 962.
31 BK/*Hohlfeld*, § 178 I Rn 4; Prölss/Martin/*Voit*, § 201 Rn 13; *Boetius*, PKV, § 201 VVG Rn 23.
32 Looschelders/Pohlmann/*Reinhard*, § 201 Rn 4 ff.

dass solche allein im Interesse des VR geschaffenen Verwirkungsklauseln wegen der besonderen Rechtsbeziehungen, die innerhalb eines Versicherungsverhältnisses bestehen, sowie ferner aus wirtschaftlichen Überlegungen zur Disposition des VR stehen müssen.[33] Nun ist § 201 kein Obliegenheitstatbestand, sondern eine **subjektive Risikobegrenzung**.[34] Sie hat ihre Wurzel in Treu und Glauben und gibt diesem fundamentalen Grundsatz ein konkretes Gesicht. Aus § 242 BGB abzuleitende Einwendungen sind jedoch stets von Amts wegen zu berücksichtigen.[35] Andererseits stand auch der wortlautgleich formulierte Tatbestand des § 12 Abs. 3 aF nach höchstrichterlicher Rspr zur Disposition des VR.[36] Zur Begründung wurde angeführt, dass § 12 Abs. 3 aF alleine im Interesse des VR bestehe, so dass dieser auch die Dispositionsfreiheit haben müsse. Die neue sprachliche Formulierung gibt keine weiterführenden Hinweise, da sie lediglich redaktionellen Charakter hat (s. Rn 1). Folglich ist maßgeblich auf den Zweck des § 201 abzustellen. Soweit das Interesse des VR an einer kalkulierbaren Belastung berührt ist, muss dies in Anlehnung an die Rspr zu § 12 Abs. 3 aF und den Obliegenheitstatbeständen zu seiner Disposition stehen. Zu berücksichtigen ist weiter das Interesse der Versichertengemeinschaft an stabilen und niedrigen Prämien. Ob dieses Interesse bei der Dispositionsbefugnis des VR über den Vorsatzeinwand aber tatsächlich relevant tangiert wird, dürfte ebenso wie im Fall einer Leistung trotz Obliegenheitsverletzung oder Klagefristablauf sehr zweifelhaft sein. Die besseren Gründe sprechen deshalb dafür, § 201 als **Einrede** zu verstehen, die nur auf entsprechende Rüge des VR beachtlich ist.

10 Folgt man der Gegenansicht, lässt dies natürlich die Möglichkeit des VR unberührt, durch entsprechend aus der Sicht des VN zu verstehendes Verhalten einen Verzicht auf das Recht aus § 201 herbeizuführen, etwa durch vorbehaltlose Leistung in Kenntnis eines Verstoßes,[37] was jedoch stets Frage des Einzelfalles ist.[38]

VI. Weitere praktische Hinweise

11 § 201 wurde in § 5 Abs. 1 Buchst. b MB/KK 09 übernommen (s. ergänzend § 5 MB/KK 09 Rn 3 ff). Im Basistarif gilt der Grundsatz nach § 5 Abs. 1 Buchst. b MB/BT. Will sich der VR auf den Leistungsausschluss nach § 201 bzw § 5 Abs. 1 Buchst. b MB/KK 09 berufen, trägt er die volle **Beweislast** für deren Voraussetzungen. Dies gilt auch für den erforderlichen Vorsatz.[39] Beweiserleichterungen kann der VR in diesem Zusammenhang nicht in Anspruch nehmen.[40] Will der VN dagegen einwenden, dass der Versicherungsfall auch ohne sein vorsätzliches Handeln eingetreten wäre (hypothetische Kausalität), trifft ihn hierfür die Beweislast.[41] Dies gilt auch für eine behauptete Zurechnungsunfähigkeit iSd § 827 BGB.[42]

---

33 BGH 18.12.1989 – II ZR 34/89, VersR 1990, 384; BGH 24.4.1974 – IV ZR 202/72, VersR 1974, 689.
34 Siehe auch *Lorenz*, VersR 2000, 2.
35 BGH 10.11.1965 – Ib ZR 101/63, NJW 1966, 343.
36 BGH 19.10.2005 – IV ZR 89/05, VersR 2006, 57.
37 ZB OLG Düsseldorf 28.10.1997 – 4 U 101/96, VersR 1998, 966.
38 BGH 22.3.1962 – II ZR 195/59, VersR 1962, 501; BGH 12.12.1963 – II ZR 38/61, VersR 1964, 156, 158.
39 BGH 13.4.2005 – IV ZR 62/04, VersR 2005, 1387 zu § 61 aF (= § 81 nF) zur Feuerversicherung; Langheid/Wandt/*Hütt*, § 201 Rn 35.
40 BGH 13.4.2005 – IV ZR 62/04, VersR 2005, 1387 zur Feuerversicherung.
41 BGH 14.7.1986 – IVa ZR 22/85, VersR 1986, 962.
42 BGH 20.6.1990 – IV ZR 298/89, VersR 1990, 888.

§ 202 Auskunftspflicht des Versicherers; Schadensermittlungskosten

¹Der Versicherer ist verpflichtet, auf Verlangen des Versicherungsnehmers oder der versicherten Person Auskunft über und Einsicht in Gutachten oder Stellungnahmen zu geben, die er bei der Prüfung seiner Leistungspflicht über die Notwendigkeit einer medizinischen Behandlung eingeholt hat. ²Wenn der Auskunft an oder der Einsicht durch den Versicherungsnehmer oder die versicherte Person erhebliche therapeutische Gründe oder sonstige erhebliche Gründe entgegenstehen, kann nur verlangt werden, einem benannten Arzt oder Rechtsanwalt Auskunft oder Einsicht zu geben. ³Der Anspruch kann nur von der jeweils betroffenen Person oder ihrem gesetzlichen Vertreter geltend gemacht werden. ⁴Hat der Versicherungsnehmer das Gutachten oder die Stellungnahme auf Veranlassung des Versicherers eingeholt, hat der Versicherer die entstandenen Kosten zu erstatten.

I. Normzweck

Der VN hat ein Interesse, zur Vorbereitung eines etwaigen Rechtsstreits Einsicht in bzw Auskunft aus beim VR vorhandenen Urkunden zu nehmen. Der VN, der seinerseits verpflichtet ist, sich durch einen vom VR beauftragten Arzt untersuchen zu lassen (§ 9 Abs. 3 MB/KK 09 – mit der drohenden Folge der Leistungsfreiheit des VR, § 10 Abs. 1 MB/KK 09), soll durch das **Auskunfts- und Einsichtsrecht** im Kenntnisstand auf Augenhöhe gebracht werden.[1] Gegebenenfalls kann bereits auf diese Weise ein Rechtsstreit vermieden werden.[2] Außerdem sollen dem VN so die Kosten einer zusätzlichen Beauftragung eines Arztes erspart bleiben.[3] S. 3 sichert schließlich das Recht auf informationelle Selbstbestimmung, also die Möglichkeit, selbst zu entscheiden, wann und innerhalb welcher Grenzen persönliche Lebenssachverhalte offenbart werden.[4] Nach § 208 S. 1 ist § 202 **nicht abdingbar**, dh, der VR kann sich auf eine Beschneidung des Anspruchs auf Einsicht bzw Auskunft und Kostenerstattung nicht berufen. Die Regelung findet sich in § 4 Abs. 8 MB/KK 90 und § 4 Abs. 10 MB/KT 90 wieder (s. jew. dortige Kommentierung).

1

II. Auskunfts- und Einsichtsrecht (S. 1)

1. Grundsätzliches. Der VN braucht ein (besonderes) berechtigtes Interesse an Auskunft bzw Einsicht nicht darzutun (s. aber Rn 9). § 202 fingiert unwiderleglich ein solches Interesse. § 202 ist insofern weiter als § 810 BGB, dessen Tatbestandsalternativen den hiesigen Fall nicht erfassen.[5] Vor Inkrafttreten der Vorgängernorm § 178 m S. 1 aF zum 29.7.1994 war in der Rspr ein Anspruch auf Einsichtnahme aus dem VersVertrag (§ 242 BGB) begründet worden.[6] § 202 dürfte zumindest im Bereich der Sachversicherung **nicht analog anwendbar** sein.[7] Der Gesetzgeber sah sich aufgrund der Rspr des BVerfG zur informationellen Selbstbestimmung aufgefordert, dem höchstpersönlichen Recht auf Auskunft durch § 178 m aF Rechnung zu tragen.[8] Sachschadensgutachten ist ein solch höchstpersönlicher Charak-

2

---

1 BGH 11.6.2003 – IV ZR 418/02, VersR 2003, 1030 („Waffengleichheit"); Römer/Langheid/*Langheid*, § 202 Rn 1.
2 LG Stuttgart 17.7.1997 – 16 S 57/97, NJW-RR 1998, 173.
3 BR-Drucks. 707/06, S. 283; Begr. RegE, BT-Drucks. 16/3945, S. 113.
4 BVerfG 15.12.1983 – 1 BvR 209/83, NJW 1984, 419, 421.
5 AG Nürnberg 26.3.1997 – 31 C 148/97, r+s 1997, 475.
6 OLG Frankfurt 28.5.1991 – 8 U 158/90, VersR 1992, 224.
7 So aber wohl OLG Saarbrücken 14.10.1998 – 5 U 1011/97, VersR 1999, 750 für die Hausratversicherung m. insofern abl. Anm. *Jaestedt*. Wie hier LG Dortmund 21.5.2008 – 2 O 400/07, NJW-RR 2008, 1483.
8 BT-Drucks. 12/6959, S. 107.

ter indes schwerlich zuzusprechen. Davon unberührt bleibt ein vertraglicher Anspruch auf Auskunft bzw Einsicht,[9] ggf aufgrund ergänzender Vertragsauslegung.

3 Ein „**Verlangen**" des Berechtigten setzt eine für den VR erkennbare Aufforderung zu entsprechendem Handeln voraus. So kann etwa eine geäußerte bloße Vermutung auf beim VR möglicherweise vorhandene Unterlagen nicht ausreichen. **Anspruchsgegner** ist nur der VR, nicht auch der jeweilige Arzt selbst.[10]

4 **2. Gutachten und Stellungnahmen.** Gegenstand des Anspruchs sind Gutachten und – anders noch als in § 178 m S. 1 aF – Stellungnahmen,[11] auch im Rahmen der Pflegeversicherung.[12] Wie die Urkunden überschrieben sind, spielt keine Rolle.[13] Die Aufzählung legt insofern ein weites Verständnis nahe.[14] Es muss sich jedoch um eine schriftliche Gedankenäußerung mit fachlicher Wertung, sei es in diagnostischer, therapeutischer oder kostenrechtlicher Hinsicht, handeln.[15] Der Anspruch ist nicht auf Urkunden beschränkt, denen eine körperliche Untersuchung des Betroffenen zugrunde liegt.[16] Aus dem Gesetzeswortlaut „eingeholt" ergibt sich nicht zwingend, dass die Urkunde eines bei dem VR angestellten Arztes dem VN nicht zur Verfügung gestellt werden müsste.[17] Das Gebot der Waffengleichheit (s. Rn 1) gebietet vielmehr auch insofern ein Einsichtsrecht. Nach erfolgter Einsicht kann sich der VN immer noch dazu entschließen, ein „externes" Gutachten einzuholen. Insofern ist ein „anerkennenswertes Interesse" an deren Überprüfung durchaus zuzubilligen.

5 **3. Voraussetzungen.** Erforderlich ist stets, dass die Urkunden vom VR aus Anlass der Beurteilung seiner Leistungspflicht „über die Notwendigkeit einer medizinischen Behandlung" (vgl § 192 Abs. 1, 4) aus dem VersVertrag angefertigt wurden. Der unmittelbare Wortlaut scheint einen Anspruch auf Wirtschaftlichkeitserwägungen betreffende Gutachten und Stellungnahmen (vgl § 192 Abs. 2) oder solche zu Arbeitsunfähigkeit oder Berufsunfähigkeit in der Krankentagegeldversicherung nicht zu geben. Es liegt jedoch nahe, vor dem Hintergrund der gesetzgeberischen Absicht zur Auskunftspflicht des VR (s. Rn 1) eine teleologisch erweiternde Auslegung zu bejahen und einen Anspruch auch insofern zu gewähren.[18] Nicht erfasst sind Urkunden, die (nur) im Zusammenhang mit dem Vertragsschluss oder einer Vertragsänderung erstellt wurden.[19]

6 Die verlangte **Auskunft** kann mündlich oder schriftlich erteilt werden. Sieht der Anspruchsteller eine mündliche Auskunft nicht als ausreichend an, kann er ohne weiteres zusätzlich noch Einsichtnahme verlangen. S. 1 gibt dem VN insofern ein kumulatives Wahlrecht. Die **Einsichtnahme** kann nach Wahl des VR entweder in

---

9 Vgl BGH 17.2.1993 – IV ZR 206/91, VersR 1993, 562; OLG Saarbrücken 14.10.1998 – 5 U 1011/97, VersR 1999, 750.
10 BK/*Hohlfeld*, § 178 m Rn 2; Bach/Moser/*Hütt*, § 202 Rn 3; Prölss/Martin/*Voit*, § 202 Rn 3.
11 In diesem Sinne bereits LG Stuttgart 17.7.1997 – 16 S 57/97, NJW-RR 1998, 173.
12 BK/*Hohlfeld*, § 178 m Rn 4; Prölss/Martin/*Voit*, § 202 Rn 4.
13 Vgl bereits LG Stuttgart 17.7.1997 – 16 S 57/97, NJW-RR 1978, 173; AG Mannheim 8.10.1998 – 9 C 3454/98, NVersZ 1999, 169; Looschelders/Pohlmann/*Reinhard*, § 202 Rn 3.
14 Langheid/Wandt/*Hütt*, § 202 Rn 9.
15 Bach/Moser/*Hütt*, § 202 Rn 4; *ders.*, in: Langheid/Wandt, § 202 Rn 12.
16 BGH 11.6.2003 – IV ZR 418/02, VersR 2003, 1030; Schwintowski/Brömmelmeyer/*Brömmelmeyer*, § 202 Rn 4; Langheid/Wandt/*Hütt*, § 202 Rn 9.
17 Wie hier Beckmann/Matusche-Beckmann/*Tschersich*, § 45 Rn 71; aA AG Nürnberg 26.3.1997 – 31 C 148/97, r+s 1997, 475; Prölss/Martin/*Voit*, § 203 Rn 5; Schwintowski/Brömmelmeyer/*Brömmelmeyer*, § 202 Rn 7; Bach/Moser/*Hütt*, § 202 Rn 6; *ders.*, in: Langheid/Wandt, § 202 Rn 11 f; offen lassend BGH 11.6.2003 – IV ZR 418/02, VersR 2003, 1030.
18 Ebenso Prölss/Martin/*Voit*, § 202 Rn 4; aA Bach/Moser/*Hütt*, § 202 Rn 5.
19 Looschelders/Pohlmann/*Reinhard*, § 202 Rn 3; *Boetius*, PKV, § 202 VVG Rn 23.

seinen Räumen – ggf unter Aufsicht – oder besser durch Übersendung einer Kopie der betreffenden Urkunde (gegen Erstattung der Kopiekosten) gewährt werden.[20] Deren Vollständigkeit hat der VR zumindest auf Verlangen zu bestätigen.[21]

Bei **therapeutischen Bedenken** ist nur ein **Arzt** oder **Rechtsanwalt** für Auskunft oder Einsicht empfangsberechtigt (S. 2; s. Rn 11). Dass der dann unmittelbar Einsicht Nehmende bzw Auskunft Begehrende vom Berechtigten „benannt" werden muss, zielt in zweierlei Richtungen: Zum einen muss eine Beauftragung des Arztes/ Rechtsanwalts gegeben sein; zum anderen muss diese Beauftragung dem VR gegenüber offengelegt werden. Dem VR ist deshalb das Recht zuzusprechen, vom VN vor Stattgabe des Verlangens die Vorlage einer entsprechenden Legitimationsurkunde zu fordern. Therapeutische Gesichtspunkte berechtigen den VR nicht zu einer inhaltlichen Beschränkung der Rechte des VN[22] (s. auch § 9 MB/KK 09 Rn 4), ggf aber zu einer Verweisung auf einen Arzt als Einsichtnehmenden. 7

Nicht ausdrücklich in S. 1 genannt wird ein Anspruch auf Erklärung des VR, ob er überhaupt eine Stellungnahme oder ein Gutachten eingeholt hat. Gegenüber dem Einsichtnahmerecht stellt diese Auskunft als Vorstufe der Einsichtnahme bei identischer Stoßrichtung ein Weniger dar. Schutzwürdige Interessen des VR an einer dahingehenden Geheimhaltung sind nicht ersichtlich. Damit muss S. 1 auch einen Anspruch auf Beantwortung der Frage gewähren, **ob bereits ein Gutachten eingeholt** wurde.[23] Genauso umfasst der Informationsanspruch die **Identität und Qualifikation** des Gutachters.[24] 8

Wie sich aus der Wortwahl „betroffene Person" (S. 3) ableiten lässt, muss der VN bzw Versicherte überhaupt **beschwert** sein, um einen Anspruch aus S. 1 geltend machen zu können. Der Normzweck gebietet es nicht, dem Betroffenen einen anlasslosen Anspruch zuzubilligen. Aus dem Gedanken des Rechtsschutzbedürfnisses muss deshalb als **ungeschriebene Anspruchsvoraussetzung** gefordert werden, dass der VR bereits einen einschlägigen Erstattungsantrag (teilweise) abgelehnt hat.[25] 9

Mit Wirkung zum 1.5.2013 ist – orientiert an § 630g BGB[26] – mit dem neuen S. 2[27] (der bisherige S. 2 wurde S. 3) eine Aufwertung des in der Vorgängervorschrift bereits beschränkten Selbstbestimmungsrechts erfolgt. Die gut gemeinte Regelung begegnet in tatsächlicher Hinsicht erheblichen Umsetzungsschwierigkeiten.[28] Grundsätzlich soll es dem mündigen VN zwar überlassen bleiben, eigenverantwortlich zu entscheiden, ob er Gutachten oder Stellungnahmen einsehen möchte, die seine gesundheitliche Situation behandeln.[29] Ist die Information aber mit der Gefahr einer gesundheitlichen Schädigung für ihn verbunden, setzt das Gesetz (weiterhin) Grenzen[30] und beruft als Empfangsberechtigten der Information nicht den VN selbst, sondern einen benannten **Arzt** oder **Rechtsanwalt**. Neben diesen **therapeutischen Gründen** können auch **sonstige erhebliche Gründe** der Informati- 9a

---

20 OLG Frankfurt 28.5.1991 – 8 U 158/90, VersR 1992, 224; OLG Köln 12.11.1981 – 7 U 96/81, NJW 1982, 704.
21 OLG Köln 12.11.1981 – 7 U 96/81, NJW 1982, 704.
22 So aber *Boetius*, PKV, § 199 VVG Rn 35.
23 Wohl auch Looschelders/Pohlmann/*Reinhard*, § 202 Rn 6.
24 BGH 11.6.2003 – IV ZR 418/02, VersR 2003, 1030; AG Mannheim 8.10.1998 – 9 C 3454/98, NVersZ 1999, 169; Bach/Moser/*Hütt*, § 202 Rn 7; Prölss/Martin/*Voit*, § 202 Rn 4.
25 AA Prölss/Martin/*Voit*, § 202 Rn 3 („Selbstbestimmungsrecht"); Looschelders/Pohlmann/ *Reinhard*, § 202 Rn 5.
26 Inhaltlich hiermit vergleichbar BGH 2.10.1984 – VI ZR 311/82, NJW 1985, 674.
27 Art. 1 Nr. 3 des Gesetzes zur Änderung versicherungsrechtlicher Vorschriften vom 24.4.2014 (BGBl. I S. 932).
28 Zutreffend Römer/Langheid/*Langheid*, § 202 Rn 5 ff.
29 BT-Drucks. 17/11469, S. 14.
30 BT-Drucks. 17/11469, S. 14.

onserteilung direkt an den VN entgegenstehen. Darunter können zB schutzwürdige Rechte Dritter fallen, wenn zB das Gutachten bzw die Stellungnahme auch die gesundheitliche Situation eines Dritten behandelt; kein erheblicher Grund soll im Regelfall vorliegen, wenn ärztliche Behandlungsfehler erörtert werden.[31]

III. Anspruchsberechtigte (S. 3)

10 Berechtigt, Auskunft bzw Einsicht einzufordern, ist wegen des höchstpersönlichen Charakters des Inhalts der einschlägigen Unterlagen nur der VN oder der Versicherte als „Betroffener", dh Personen, deren Gesundheitszustand begutachtet wurde.[32] Alternativ ist auch das Verlangen eines gesetzlichen Vertreters (zB Eltern, § 1629 Abs. 1 BGB) ausreichend. Einem auf eine (rechtsgeschäftliche) Vollmacht (§ 167 BGB) gestützten Verlangen muss deshalb nicht entsprochen werden.

11 Auch im Fall therapeutischer Bedenken (S. 2; s. Rn 9 a) bleiben nur VN oder Versicherter anspruchsberechtigt. Der Anspruch kann aber nur durch Einsicht für oder Auskunft an einen benannten Arzt oder Rechtsanwalt[33] erfüllt werden. Dieser leitet die eingeholten Informationen im gewünschten und gebotenen Umfang weiter.

IV. Kostentragung (S. 4)

12 Die Regelung wurde auf Intervention des Rechtsausschusses eingefügt.[34] Die Prüfung der Leistungspflicht ist im ureigensten Interesse des VR. Grundsätzlich besteht ein Erstattungsanspruch wohl schon aus allgemeinen Vorschriften (etwa § 670 BGB oder – beschränkt auf die Schadensversicherung – § 85 Abs. 2 iVm § 194 Abs. 1 S. 1[35]); S. 4 schafft insofern jedoch Klarheit.[36] Veranlasst ist die Einholung, wenn der VR den Betroffenen dergestalt zur Einholung hinführt, dass vom objektiven Empfängerhorizont des VN aus – wohl auch des Versicherten – das Interesse des VR an der Stellungnahme oder dem Gutachten so sehr erkennbar hervortritt, dass von einer Kostenerstattung ausgegangen werden konnte. Eine ausdrückliche Aufforderung ist nicht erforderlich.[37] Die „Veranlassung" scheint weiter zu reichen als die „Aufforderung" iSd § 85 Abs. 2. Die Gesetzesbegründung[38] spricht aber von „angeforderten" Gutachten, was einen über § 85 Abs. 2 hinausgehenden Anwendungsbereich nicht nahe legt.[39] Der VN kann entsprechend § 669 BGB einen **Vorschuss** verlangen.[40]

13 S. 4 umfasst nur die reinen Kosten für Gutachten bzw Stellungnahme, so dass der VN etwaige andere Kosten (**Kopiekosten**) selbst zu tragen hat. Da S. 4 lediglich einen Erstattungsanspruch gewährt, ist der VR zu einer Vorleistung nicht verpflichtet.

V. Weitere praktische Hinweise

14 **1. Klageart.** Ein **Klageantrag auf Auskunft** kann nach § 254 ZPO im Wege der Stufenklage mit einem entsprechenden Leistungsantrag verknüpft werden. Raum für die Abgabe einer eidesstattlichen Versicherung ist aber nicht, da wegen des Anspruchs auf Einsichtnahme das für die Abgabe einer eidesstattlichen Versicherung

---

31 BT-Drucks. 17/11469, S. 14.
32 Bach/Moser/*Hütt*, § 202 Rn 1; BK/*Hohlfeld*, § 178 m Rn 6; *Boetius*, PKV, § 202 VVG Rn 25.
33 Krit. zur Erweiterung auf den Rechtsanwalt Langheid/Wandt/*Hütt*, § 202 Rn 3.
34 BT-Drucks. 16/5862, S. 100.
35 Langheid/Wandt/*Hütt*, § 202 Rn 14.
36 BT-Drucks. 16/5862, S. 100.
37 AA Langheid/Wandt/*Hütt*, § 202 Rn 15.
38 BT-Drucks. 16/5862, S. 100.
39 Langheid/Wandt/*Hütt*, § 202 Rn 15.
40 Looschelders/Pohlmann/*Reinhard*, § 202 Rn 8; Prölss/Martin/*Voit*, § 202 Rn 1.

erforderliche Rechtsschutzbedürfnis fehlt.[41] Anders ist dies im Fall des Anspruchs auf Erklärung des VR, ob er überhaupt eine Stellungnahme oder ein Gutachten eingeholt hat (s. Rn 8). Der Klageantrag könnte wie folgt lauten:

▶ Die Beklagte wird verurteilt, [ggf: dem Arzt/Rechtsanwalt ... (Name, Anschrift)] Einsicht in (alternativ: Auskunft über) Gutachten oder Stellungnahmen zu geben, die sie zur Ablehnung ihrer Leistungspflicht über die Notwendigkeit der medizinischen Behandlung (alternativ: wegen Unwirtschaftlichkeit der Aufwendungen/Leistungen) ... (hier: konkrete Benennung der Maßnahme) des VN/Versicherten ... aus dem VersVertrag ... eingeholt hat, durch Übersendung einer deren Vollständigkeit bestätigenden Kopie der jeweiligen Urkunde Zug um Zug gegen Erstattung der dafür anfallenden Verwaltungskosten. ◀

2. Streitwert. Beim Streitwert einer Klage nach § 202 ist zu differenzieren: Klagt der VR (etwa auf negative Feststellung des Anspruchs), liegt sein Interesse darin, die Einsicht nicht gewähren zu müssen. Seine durch die Einsichtnahme zu befürchtenden (Verwaltungs-)Kosten sind zu schätzen.[42] Die Kosten für die Zuziehung einer Hilfsperson des Auskunftspflichtigen können nur erhöhend wirken, wenn und soweit deren Notwendigkeit glaubhaft gemacht ist.[43] Ein den Streitwert erhöhendes Geheimhaltungsinteresse des VR ist nicht anzunehmen.[44] Im Regelfall dürfte damit ein Betrag von 150 € kaum zu überbieten sein. Klagt dagegen ein aus § 202 Berechtigter, richtet sich der Streitwert nach dem wirtschaftlichen Interesse, das er an der Erteilung der begehrten Auskunft hat.[45] Abzustellen ist damit auf den inmitten stehenden Leistungsanspruch, der jedoch nur mit einem Bruchteil von 1/4 bis 1/10 anzusetzen ist.[46]

3. Beweislast. Die Beweislast für die Anspruchsvoraussetzungen des S. 1 liegt beim VN. Für die Tatbestandsvoraussetzungen der „Einrede", der Information stünden Gründe iSd S. 2 entgegen, liegt sie hingegen beim VR. Diesen trifft eine sekundäre Darlegungslast, wenn die „Veranlassung" iSd S. 4 im Streit ist; die Beweislast liegt jedoch beim VN.

§ 203 Prämien- und Bedingungsanpassung

(1) ¹Bei einer Krankenversicherung, bei der die Prämie nach Art der Lebensversicherung berechnet wird, kann der Versicherer nur die entsprechend den technischen Berechnungsgrundlagen nach den *§§ 12, 12a und 12e in Verbindung mit § 12c des Versicherungsaufsichtsgesetzes*[1] zu berechnende Prämie verlangen. ²Außer bei Verträgen im Basistarif nach *§ 12 des Versicherungsaufsichtsgesetzes*[2] kann der Versicherer mit Rücksicht auf ein erhöhtes Risiko einen angemessenen Risiko-

---

41 Vgl BGH 20.1.1971 – VIII ZR 251/69, NJW 1971, 656.
42 BGH 12.2.1992 – IV ZB 2/92, NJW-RR 1992, 698.
43 BGH 5.3.2001 – II ZB 11/00, NJW-RR 2001, 929.
44 BGH 12.2.1992 – IV ZB 2/92, NJW-RR 1992, 698; BGH 5.3.2001 – II ZB 11/00, NJW-RR 2001, 929.
45 Vgl BGH 8.2.1989 – IVb ZB 1/89, EzFamR ZPO § 3 Nr. 8; BGH 8.1.1997 – XII ZR 312/95, NJW 1997, 1016.
46 BGH 8.1.1997 – XII ZR 312/95, NJW 1997, 1016; OLG Köln 16.11.2009 – 5 W 32/09, VersR 2010, 693 (10 %).
1 *Kursive Hervorhebung:* Fassung bis 31.12.2015. – **Fassung ab 1.1.2016:** „*§§ 146, 149, 150 in Verbindung mit § 160 des Versicherungsaufsichtsgesetzes*". – Siehe Art. 2 Abs. 49 Nr. 6 Buchst. a) aa) des Gesetzes zur Modernisierung der Finanzaufsicht über Versicherungen vom 1.4.2015 (BGBl. I S. 434, 560). Zum Inkrafttreten s. Art. 3 Abs. 1 S. 1.
2 *Kursive Hervorhebung:* Fassung bis 31.12.2015. – **Fassung ab 1.1.2016:** „*§ 152 des Versicherungsaufsichtsgesetzes*". – Siehe Art. 2 Abs. 49 Nr. 6 Buchst. a) bb) des Gesetzes zur

zuschlag oder einen Leistungsausschluss vereinbaren. ³Im Basistarif ist eine Risikoprüfung nur zulässig, soweit sie für Zwecke des Risikoausgleichs nach *§ 12 g des Versicherungsaufsichtsgesetzes*³ oder für spätere Tarifwechsel erforderlich ist.

(2) ¹Ist bei einer Krankenversicherung das ordentliche Kündigungsrecht des Versicherers gesetzlich oder vertraglich ausgeschlossen, ist der Versicherer bei einer nicht nur als vorübergehend anzusehenden Veränderung einer für die Prämienkalkulation maßgeblichen Rechnungsgrundlage berechtigt, die Prämie entsprechend den berichtigten Rechnungsgrundlagen auch für bestehende Versicherungsverhältnisse neu festzusetzen, sofern ein unabhängiger Treuhänder die technischen Berechnungsgrundlagen überprüft und der Prämienanpassung zugestimmt hat. ²Dabei dürfen auch ein betragsmäßig festgelegter Selbstbehalt angepasst und ein vereinbarter Risikozuschlag entsprechend geändert werden, soweit dies vereinbart ist. ³Maßgebliche Rechnungsgrundlagen im Sinn der Sätze 1 und 2 sind die Versicherungsleistungen und die Sterbewahrscheinlichkeiten. ⁴Für die Änderung der Prämien, Prämienzuschläge und Selbstbehalte sowie ihre Überprüfung und Zustimmung durch den Treuhänder gilt *§ 12 b Abs. 1 bis 2 a in Verbindung mit einer auf Grund des § 12 c des Versicherungsaufsichtsgesetzes*⁴ erlassenen Rechtsverordnung.

(3) Ist bei einer Krankenversicherung im Sinn des Absatzes 1 Satz 1 das ordentliche Kündigungsrecht des Versicherers gesetzlich oder vertraglich ausgeschlossen, ist der Versicherer bei einer nicht nur als vorübergehend anzusehenden Veränderung der Verhältnisse des Gesundheitswesens berechtigt, die Allgemeinen Versicherungsbedingungen und die Tarifbestimmungen den veränderten Verhältnissen anzupassen, wenn die Änderungen zur hinreichenden Wahrung der Belange der Versicherungsnehmer erforderlich erscheinen und ein unabhängiger Treuhänder die Voraussetzungen für die Änderungen überprüft und ihre Angemessenheit bestätigt hat.

(4) Ist eine Bestimmung in Allgemeinen Versicherungsbedingungen des Versicherers durch höchstrichterliche Entscheidung oder durch einen bestandskräftigen Verwaltungsakt für unwirksam erklärt worden, ist § 164 anzuwenden.

(5) Die Neufestsetzung der Prämie und die Änderungen nach den Absätzen 2 und 3 werden zu Beginn des zweiten Monats wirksam, der auf die Mitteilung der Neufestsetzung oder der Änderungen und der hierfür maßgeblichen Gründe an den Versicherungsnehmer folgt.

I. Normzweck.................... 1	2. Materielle Voraussetzungen.. 29
II. Berechnung der Prämie (Abs. 1).. 2	3. Formelle Voraussetzungen ... 32
III. Prämienanpassung (Abs. 2)....... 6	4. Anwendbarkeit des Abs. 3
1. Allgemeines.................. 6	auf die Krankenversicherung
2. Materielle Voraussetzungen... 8	im Basistarif 33
3. Formelle Voraussetzungen ... 16	V. Ersetzung unwirksamer Bedingungen (Abs. 4).................... 35
4. Gerichtliche Überprüfbarkeit 24	VI. Rechtsfolge (Abs. 5) 37
IV. Bedingungsänderung (Abs. 3) 26	
1. Allgemeines.................. 26	

Modernisierung der Finanzaufsicht über Versicherungen vom 1.4.2015 (BGBl. I S. 434, 560). Zum Inkrafttreten s. Art. 3 Abs. 1 S. 1.
3 *Kursive Hervorhebung:* Fassung bis 31.12.2015. – **Fassung ab 1.1.2016:** „*§ 154 des Versicherungsaufsichtsgesetzes*". – Siehe Art. 2 Abs. 49 Nr. 6 Buchst. a) cc) des Gesetzes zur Modernisierung der Finanzaufsicht über Versicherungen vom 1.4.2015 (BGBl. I S. 434, 560). Zum Inkrafttreten s. Art. 3 Abs. 1 S. 1.
4 *Kursive Hervorhebung:* Fassung bis 31.12.2015. – **Fassung ab 1.1.2016:** „*§ 155 in Verbindung mit einer auf Grund des § 160 des Versicherungsaufsichtsgesetzes*". – Siehe Art. 2 Abs. 49 Nr. 6 Buchst. b) des Gesetzes zur Modernisierung der Finanzaufsicht über Versicherungen vom 1.4.2015 (BGBl. I S. 434, 560). Zum Inkrafttreten s. Art. 3 Abs. 1 S. 1.

I. Normzweck

Die Regelung über die Prämien- und Bedingungsanpassung wurde im Zuge des Wegfalls der Genehmigungspflicht von AVB und Prämienkalkulationen eingeführt.[1] Insbesondere bei der substitutiven Krankenversicherung ist dem VR einerseits nach § 206 Abs. 1 S. 1 das ordentliche Kündigungsrecht verwehrt. Andererseits unterliegen die in den Rechnungsgrundlagen festgehaltenen tatsächlichen und rechtlichen Verhältnisse einem laufenden Wandel. Es besteht somit die Notwendigkeit, dass die vertraglichen Bedingungen an die veränderten Rahmenbedingungen, insb. an den medizinisch-technischen Fortschritt angepasst werden können. Infolgedessen korrespondiert mit der Regelung des Abs. 2 in § 12 Abs. 1 Nr. 3 VAG eine entsprechende aufsichtsrechtliche Verpflichtung des VR, sich das Recht auf Erhöhung der Prämie vertraglich vorzubehalten.[2] Andernfalls bestünde mittelfristig die Gefahr einer erheblichen Äquivalenzstörung von Preis und Leistung, mit der Folge, dass der VR die dauernde Erfüllbarkeit der Verpflichtung aus dem Vers-Vertrag nicht mehr gewährleisten kann.[3] Zudem wäre absehbar, dass der Versicherungsschutz mittelfristig nicht mehr den sich im Laufe der Zeit ändernden Verhältnissen und damit dem tatsächlichen Bedarf der VN entspricht. Die Regelung in **Abs. 1 S. 2 und 3** bezweckt die Sicherstellung, dass im Basistarif das individuelle Risiko für die Prämienhöhe keine Rolle spielt. Die Erfassung der individuellen Risikodaten dient nach **Abs. 1 S. 3 Alt. 1** sowie nach der Gesetzesbegründung auch der Sicherstellung des Funktionierens des Risikoausgleichs nach § 12 g Abs. 1 VAG zwischen den VR, die einen Basistarif anbieten.[4]

II. Berechnung der Prämie (Abs. 1)

Abs. 1 S. 1 schließt durch den Verweis auf die für die Prämienberechnung maßgeblichen Vorschriften der §§ 12, 12 a und 12 e VAG die Erhebung einer frei verhandelten Prämie aus und gewährleistet insoweit, dass alle VN hinsichtlich der Bemessung der Prämienhöhe gleichbehandelt werden.[5]

Als einzige Ausnahme von diesem Grundsatz lässt **Abs. 1 S. 2** grds. die Erhebung **individueller Risikozuschläge** zu, allerdings mit einer Einschränkung bei Verträgen im Basistarif: Die Erhebung von Risikozuschlägen oder die Vereinbarung von Leistungsausschlüssen ist bei Vertragsschluss im **Basistarif** nicht zulässig.[6]

Alleinige Grundlage der Prämienberechnung sind die genannten Vorschriften des VAG, die auf Grundlage des § 12 c VAG erlassene Kalkulationsverordnung[7] sowie die Überschussverordnung.[8] Ein wesentliches Element der Prämienberechnung stellt der Nettobeitrag dar. Er wird auf Basis des mutmaßlichen Schadenbedarfs sowie auf Basis des Sparbeitrags, der für die Bildung von Alterungsrückstellungen

---

1 Gesetz vom 21.7.1994 (BGBl. I S. 1630).
2 Vgl auch *Wandt*, Rn 1322.
3 So auch ausf. *Grote*, Die Rechtsstellung der Prämien-, Bedingungs-, und Deckungsstocktreuhänder nach dem VVG und VAG, 2002, S. 261.
4 Vgl Begr. zu Art. 43 zu Nr. 5 (§ 178g) GKV-WSG, BT-Drucks. 16/3100, S. 207.
5 Vgl Römer/Langheid/*Römer*, § 178g Rn 1 mwN.
6 Vgl dazu auch Langheid/Wandt/*Boetius*, § 203 Rn 633; *Marko*, Private Krankenversicherung, Teil B Rn 54.
7 Verordnung über die versicherungsmathematischen Methoden zur Prämienkalkulation und zur Berechnung der Alterungsrückstellung in der privaten Krankenversicherung (Kalkulationsverordnung – KalV) vom 18.11.1996 (BGBl. I S. 1783), zuletzt geändert durch Art. 1 der Vierten Verordnung zur Änderung der Kalkulationsverordnung vom 29.1.2013 (BGBl. I S. 160).
8 Verordnung zur Ermittlung und Verteilung von Überzins und Überschuß in der Krankenversicherung (Überschußverordnung – ÜbschV) vom 8.11.1996 (BGBl. I S. 1687), zuletzt geändert durch Art. 1 der Zweiten Verordnung zur Änderung der Überschussverordnung vom 16.12.2014 (BGBl. I S. 2219).

erforderlich ist, ermittelt. Hinzu kommen die in §§ 7 und 8 KalV einzeln aufgeführten Zuschläge für Abschluss- und Verwaltungskosten, für Schadenregulierungskosten, für Sicherheit, für eine erfolgsunabhängige Beitragsrückerstattung sowie für den Standardtarif. Ferner sieht § 12 Abs. 4 a VAG einen gesetzlichen Beitragszuschlag von 10 % der gezillmerten Bruttoprämie vor.[9]

5 **Abs. 1 S. 3 Alt. 2** stellt klar, dass eine **Risikoprüfung** bei einer **Versicherung im Basistarif** nur insoweit zulässig ist, als sie für spätere **Tarifwechsel** erforderlich ist. Die Vorschrift enthält aber keine Regelung zur Frage, ob und ggf in welchem Umfang bei einem späteren Tarifwechsel eine ergänzende Risikoprüfung zulässig ist. Der Wortlaut beschränkt die Erhebung von Risikozuschlägen bei Tarifwechsel auf die bei Vertragsschluss ermittelten. Diese Beschränkung gilt aber nur insoweit, als das Leistungsspektrum des Zieltarifs mit dem des Basistarifs identisch ist. Nach § 204 Abs. 1 S. 1 Nr. 1 Hs 1 ist beim Tarifwechsel für Leistungselemente, die über den Umfang des Zieltarifs hinausgehen, eine Risikoprüfung zulässig. Das Gesetz enthält keine diesbezüglichen Einschränkungen für Tarifwechsel aus dem Basistarif. Daher sind nach § 204 Abs. 1 S. 1 Nr. 1 im Rahmen eines Tarifwechsels aus dem Basistarif in andere Tarife des VR auch Leistungsausschlüsse und Wartezeiten für Mehrleistungen des Zieltarifs statthaft.[10]

III. Prämienanpassung (Abs. 2)

6 **1. Allgemeines.** Durch die Anpassungsmöglichkeit in Abs. 2 wird verhindert, dass der VR das Risiko einer nicht vorhersehbaren Veränderung der Rechnungsgrundlagen trägt.[11] Abs. 2 stellt das privatrechtliche Gegenstück zu § 12 b Abs. 2 VAG dar, der bei der nach Art der Lebensversicherung betriebenen Krankenversicherung den VR zur regelmäßigen Überprüfung der Rechnungsgrundlagen und ggf zur Anpassung der Prämien verpflichtet. Der **Anwendungsbereich** der Vorschrift erstreckt sich nach Abs. 2 auf alle Krankenversicherungen, bei denen das ordentliche Kündigungsrecht des VR gesetzlich oder vertraglich ausgeschlossen ist. Die Regelung gibt dem VR die privatrechtliche Befugnis zur Umsetzung der aufsichtsrechtlichen Verpflichtung zur Prämienanpassung. In auf den MB/KT und MB/KK basierenden Tarifen ist sie zudem vertraglich in § 8 a MB/KK 09 und § 8 a MB/KT 09 vereinbart. Auch wenn Abs. 2 nicht identisch ist mit der Regelung des § 12 b Abs. 2 VAG und auch nicht auf diese verweist, ist davon auszugehen, dass Inhalt und Reichweite der zivilrechtlichen Befugnis mit der aufsichtsrechtlichen Verpflichtung in Einklang stehen. Gegenstand und Maßstab der Prüfung können somit ebenso wie das Verfahren nicht Abs. 2, sondern § 12 b Abs. 1–4 VAG entnommen werden.[12]

7 Da § 12 VAG keine Differenzierung der Beobachtungs- und Anpassungspflicht nach Richtung der Abweichung enthält, wird Abs. 2 bei einer günstigen Entwicklung der Rechnungsgrundlagen auch eine Verpflichtung des VR zur **Prämienermäßigung** beizumessen sein. In der Regel wird die Neufestsetzung allerdings zu einer **höheren Prämie** führen[13]

8 **2. Materielle Voraussetzungen.** Voraussetzung für die **Berechtigung zur Prämienanpassung** nach Abs. 2 S. 1 ist eine nicht nur vorübergehende Veränderung einer für die Prämienkalkulation maßgeblichen Rechnungsgrundlage. Maßgebliche Rechnungsgrundlagen sind die **Versicherungsleistungen** und die **Sterbewahrscheinlichkeiten, Abs. 2 S. 3**. Die Veränderung einer dieser beiden maßgeblichen Rechnungsgrundlagen wird aktuariell auch als „**auslösender Faktor**" bezeichnet. Die

---

9 Zu Einzelheiten der Prämienberechnung vgl auch Prölss/Martin/*Voit*, § 203 Rn 5 ff; Bach/Moser/*Moser*, MBKK/MBKT, § 8 a Rn 8 ff.
10 Vgl *Marko*, Private Krankenversicherung, Teil B Rn 183.
11 So auch Römer/Langheid/*Römer*, § 178 g Rn 3 mwN.
12 BGH 16.6.2004 – IV ZR 117/02, VersR 2004, 991.
13 So auch Prölss/Martin/*Voit*, § 203 Rn 19.

Sterbewahrscheinlichkeiten wurden als maßgebliche Rechnungsgrundlage in Abweichung von § 178 g Abs. 2 aF neu eingeführt, um Interesse der VN Beitragssprünge, die sich bei einer Kumulierung von Anpassungserfordernissen ergeben können, zu vermeiden.[14]

Einzelheiten hierzu werden in § 12 b Abs. 2 VAG und § 14 KalV geregelt. Die Veränderung der Versicherungsleistungen oder der Sterbewahrscheinlichkeit ist anhand des konkreten Tarifs und der jeweiligen **Beobachtungseinheit** zu beurteilen. Diese wird nach den §§ 6 und 14 KalV bestimmt.[15] Eine Vermischung von Kindern, Jugendlichen, Männern und Frauen ist somit nicht zulässig, da diese innerhalb eines Tarifs verschiedene Beobachtungseinheiten bilden, die im Rahmen der Ermittlung der Veränderung der kalkulierten zu den tatsächlichen Versicherungsleistungen nicht vermischt werden dürfen.[16]

Versicherungsleistungen iSv Abs. 2 S. 3 sind die Leistungen, die der VR aufgrund des im Tarif beschriebenen Leistungsversprechens erbringt. Die weiteren Rechnungsgrundlagen sind in § 3 KalV definiert. Das sind insb. der Rechnungszins, die Ausscheideordnung, der Sicherheitszuschlag und die sonstigen Zuschläge. Die Aufzählung der Rechnungsgrundlagen in der KalV ist nicht abschließend.[17] Die bloße Veränderung einer in Abs. 2 S. 3 nicht erwähnten Rechnungsgrundlage berechtigt somit nicht zur Prämienanpassung. Erwirtschaftet beispielsweise der VR nicht mehr den in der Kalkulation zugrunde gelegten Rechnungszins iSv § 4 KalV, berechtigt dieser Umstand für sich genommen zunächst nicht zu einer Anpassung der Prämien im Bestand.[18] Vielmehr kann eine Überprüfung und ggf Korrektur der nicht in Abs. 2 genannten Rechnungsgrundlagen nach § 12 b Abs. 2 VAG nur dann erfolgen, wenn die der Aufsichtsbehörde und dem Treuhänder vorzulegende Gegenüberstellung der erforderlichen und der kalkulierten Versicherungsleistungen eine Abweichung von mehr als 10 % ergibt – sofern nicht in den AVB ein geringerer Prozentsatz angegeben ist. Sind die tatsächlichen Leistungen um diesen Prozentsatz höher oder niedriger als die einstmals kalkulierten, hat der VR alle Prämien dieses Tarifs und alle Rechnungsgrundlagen zu überprüfen und, wenn die Abweichung als nicht nur vorübergehend anzusehen ist, mit Zustimmung des Treuhänders anzupassen. Die Berichtigung erfolgt hierbei nach den für die Prämienberechnung geltenden Grundsätzen, so dass eine vollumfängliche risikogerechte Kalkulation durchzuführen ist.[19] Eine **Teilanpassung** – etwa nur im Hinblick auf einzelne Rechnungsgrundlagen – ist daher mit dem Grundsatz einer risikogerechten Kalkulation **nicht** vereinbar. Ergänzend regelt § 14 Abs. 1 S. 6 KalV, dass bei dem Abgleich der für die Grundprämie kalkulierten mit den erforderlichen Versicherungsleistungen erhobene Risikozuschläge zu berücksichtigen sind. Das Anspringen des auslösenden Faktors der im Gesetz genannten Rechnungsgrundlagen „Versicherungsleistungen" und „Sterbewahrscheinlichkeiten" hat allein zur Folge, dass die Überprüfungspflicht des VR eintritt. Für die anschließende inhaltliche Überprüfung der Rechnungsgrundlagen ist es ohne Relevanz.[20] Die vollständige Überprüfung aller Rechnungsgrundlagen kann daher im Ergebnis auch dann zu einer Prämiensteigerung führen, wenn die Versicherungsleistungen rückläufig sind und der auslösende Faktor somit „nach unten angesprungen ist".[21]

---

14 Vgl Begr. RegE, BT-Drucks. 16/3945, S. 113; *Wandt*, Rn 1323.
15 Vgl Prölss/Martin/*Voit*, § 203 Rn 21.
16 BGH NJW 2004, 2679; Prölss/Martin/*Voit*, § 203 Rn 21 mwN.
17 Dies hebt auch die Begr. zur KalV aF zu § 2 Abs. 2 hervor, BR-Drucks. 414/96, S. 20; Langheid/Wandt/*Boetius*, § 203 Rn 192.
18 Vgl auch Prölss/Martin/*Voit*, § 203 Rn 21.
19 Vgl Langheid/Wandt/*Boetius*, § 203 Rn 795.
20 Vgl *Wandt*, VersR 2013, 1564, 1565.
21 Vgl *Wandt*, VersR 2013, 1564, 1568; *Boetius*, VersR 2013, 1568, 1570; aA OLG Köln 20.7.2012 – 20 U 149/11, VersR 2013, 1561; Prölss/Martin/*Voit*, § 203 Rn 22.

11 Nach § 12b Abs. 2 S. 1 VAG und § 14 Abs. 1 KalV hat der VR den beschriebenen Abgleich der kalkulierten mit den tatsächlichen Versicherungsleistungen **jährlich** vorzunehmen.

12 Bei einer Veränderung der **Sterbewahrscheinlichkeit** reicht nach § 12b Abs. 2a VAG bereits eine Veränderung von mehr als 5 % für eine Überprüfungs- und Anpassungspflicht aus.

13 Liegen die Voraussetzungen für eine Prämienanpassung vor, dürfen nach **Abs. 2 S. 2** auch ein betragsmäßig festgelegter **Selbstbehalt** angepasst und ein vereinbarter **Risikozuschlag** entsprechend geändert werden, soweit dies vertraglich vereinbart wurde, § 12b Abs. 2 S. 3 VAG. Eine erstmalige Vereinbarung eines Selbstbehalts oder eines Risikozuschlags anlässlich einer Prämienanpassung sieht das Gesetz dagegen nicht vor und kann wegen des nach § 208 halbzwingenden Charakters der Vorschrift auch nicht vertraglich vereinbart werden.

14 Nach § 14 Abs. 1 KalV ist die Gegenüberstellung des Tarifs nach § 12b Abs. 2 S. 1 und 2 VAG **jährlich** und für jede **Beobachtungseinheit** iSv § 10 KalV getrennt durchzuführen. Daraus ergibt sich, dass mit „Tarif" iSv § 12b Abs. 2 VAG die Beobachtungseinheit gemeint ist.[22] Nach § 12b Abs. 2 S. 4 VAG scheidet eine Prämienanpassung bei einer unzureichenden Kalkulation der Erstprämie aus, sofern ein gewissenhafter Aktuar dies erkennen musste.[23]

15 Eine Prämienanpassung ist unzulässig, wenn die Versicherungsleistungen zum Zeitpunkt der Erst- oder Neukalkulation unzureichend kalkuliert waren und ein ordentlicher und gewissenhafter Aktuar dies hätte erkennen müssen, Abs. 2 S. 4 iVm § 12b Abs. 2 S. 4 VAG.

16 **3. Formelle Voraussetzungen.** Formell erfordert die Prämienanpassung nach Abs. 2 die **Zustimmung** eines **unabhängigen Treuhänders**. Sie ersetzt die bis zum Inkrafttreten des Gesetzes vom 21.7.1994 geltende Genehmigung durch die Aufsichtsbehörde.

17 Das Erfordernis der **Unabhängigkeit** ist in § 12b Abs. 3 S. 1 VAG näher beschrieben. Es bedeutet, dass der Treuhänder weder in einem Anstellungs- noch in einem sonstigen Dienstverhältnis zum ihn einschaltenden VR oder einem mit diesem verbundenen Unternehmen stehen darf. Auch die persönlichen Kriterien für die Auswahl des Treuhänders sind in § 12b Abs. 3 VAG niedergelegt: Der Treuhänder muss zuverlässig, fachlich geeignet und von dem Versicherungsunternehmen wirtschaftlich unabhängig sein.[24] Das Fehlen der Unabhängigkeit führt nach allgM materiell zur Unwirksamkeit der Treuhänder-Zustimmung.[25]

18 Zu weitreichend erscheint die Anforderung, der Treuhänder dürfe keine Versorgungsbezüge vom beauftragten VR beziehen.[26] Pensionsansprüche unterliegen einem besonderen Vertrauensschutz und können dem Berechtigten durch den Verpflichteten – jedenfalls nach Eintritt der Unverfallbarkeit nach § 1b BetrAVG – selbst bei schwersten Verfehlungen nur unter sehr engen gesetzlichen Voraussetzungen entzogen werden.[27] Der durch die Unverfallbarkeit geschaffene Vertrauensschutz ist so groß, dass eine Beeinträchtigung der Unabhängigkeit des Treuhänders alleine durch den Bezug von Versorgungsansprüchen nicht anzunehmen ist.

---

22 BGH 16.6.2004 – IV ZR 117/02, VersR 2004, 991.
23 So auch *Grote*, Die Rechtsstellung der Prämien-, Bedingungs-, und Deckungsstocktreuhänder nach dem VVG und VAG, 2002, S. 270; Römer/Langheid/*Römer*, § 178g Rn 3; Prölss/Martin/*Prölss*, 27. Aufl. 2004, § 178g Rn 12.
24 Vgl Prölss/Martin/*Voit*, § 203 Rn 25 mwN.
25 *Renger*, VersR 1994, 1257.
26 So aber *Renger*, VersR 1994, 1257.
27 Eingehend zu den Voraussetzungen BGH 25.11.1996 – II ZR 118/95, NJW-RR 1997, 348.

Nach einer Auffassung ist eine **Abhängigkeit** in Anlehnung an die für den Abschlussprüfer geltende Regelung in § 319 Abs. 2 S. 1 Nr. 8 HGB dann anzunehmen, wenn in den letzten 5 Jahren mehr als 30 % der jährlichen Gesamteinnahmen aus einer Tätigkeit für die betreffende Gesellschaft oder für mit der Gesellschaft konzernverbundenen Unternehmen erzielt wurden.[28] Eine solche undifferenzierte Sicht wird den tatsächlichen Gegebenheiten angesichts der vielfach großen Dimension der Tarifwelt von etablierten Krankenversicherungsunternehmen nicht gerecht. In der Praxis würde die konsequente Anwendung dieser strengen Sicht dazu führen, dass große, etablierte Versicherungen zunehmend Schwierigkeiten bekämen, einen Treuhänder zu finden, der bei der Überprüfung der Beitragsanpassungen von teilweise mehreren hundert Tarifen noch ausreichend Zeit hat, genügend anderweitige Einkünfte zu erzielen, um diese Grenze nicht zu überschreiten. Praktikabler erscheint es daher, unabhängig vom prozentualen Anteil der Tätigkeit an den jährlichen Gesamteinnahmen im Einzelfall zu prüfen, ob noch anderweitige Einnahmequellen oder hinreichendes Vermögen bestehen, die eine wirtschaftliche Abhängigkeit vom Versicherungsunternehmen ausschließen.

19

Das Gesetz trifft keine Aussage darüber, ob ein Versicherungsunternehmen auch einen **stellvertretenden Treuhänder** bestellen kann. Bedarf für eine Stellvertreterregelung besteht insb. dann, wenn das Volumen der regelmäßig zu überprüfenden Beitragsanpassungen so groß ist, dass es praktisch kaum mehr möglich ist, einen Treuhänder zu finden, der infolge der daraus zu erwartenden Auslastung nicht in eine Abhängigkeit geraten würde. Große Probleme können auch dann auftreten, wenn der Treuhänder kurz vor der anstehenden Überprüfung der Beitragsanpassungen krankheitsbedingt ausfällt oder gar verstirbt. Das kann dazu führen, dass eine Neubestellung und Einarbeitung eines Ersatztreuhänders nicht mehr rechtzeitig möglich ist. Eine Stellvertreterregelung ist in einer solchen Situation sowohl im Interesse der Unternehmen als auch im Interesse der Versichertengemeinschaft. Ist eine Beitragsanpassung aus formellen Gründen wegen Verhinderung des bestellten Treuhänders nicht durchführbar, könnte das nämlich zu einer Gefährdung der Erfüllbarkeit der Versicherungsverträge durch das Unternehmen führen, wenn auf diese Weise erforderliche Beitragsmehreinnahmen ausbleiben. Aus diesen Erwägungen muss es daher möglich sein, dass ein Versicherungsunternehmen zusätzlich einen stellvertretenden Treuhänder bestellt. Diese Auffassung wird aufsichtsrechtlich durch den Rechtsgedanken des § 70 VAG gestützt, der für die Überwachung des Sicherungsvermögens bei der Lebensversicherung zwingend die Bestellung eines Treuhänders und eines Stellvertreters vorsieht. Eine Beschränkung auf einen Treuhänder sieht auch der Wortlaut des Gesetzes nicht vor.

20

Ein konkreter **Nachweis für die fachliche Eignung** wird vom Gesetz nicht gefordert. Es genügen nach § 12 b Abs. 3 S. 2 VAG ausreichende Kenntnisse auf dem Gebiet der Prämienkalkulation in der Krankenversicherung. Ferner ist die Höchstzahl an Treuhändermandaten auf insgesamt zehn begrenzt, sofern die Aufsichtsbehörde nicht eine höhere Zahl an Mandaten zulässt, § 12 b Abs. 3 S. 3 und 4 VAG.

21

Fraglich ist, welche Auswirkungen eine **unzureichende fachliche Eignung** auf die Wirksamkeit der erteilten Treuhänder-Zustimmung hat. Zum Teil wird die Auffassung vertreten, die fehlende fachliche Eignung habe die Unwirksamkeit der Treuhänder-Zustimmung zur Folge.[29] Diese Auffassung überzeugt nicht, da bei der wirtschaftlich sehr bedeutsamen Frage der Wirksamkeit einer Treuhänder-Zustimmung nach Abs. 2 ein erhöhtes Bedürfnis für die Vertragspartner an Rechtssicherheit besteht. Anderenfalls würde die fachliche Qualifikation des Treuhänders uU zum Gegenstand zivilrechtlicher Beitragsanpassungsprozesse, ohne dass hierfür aus Verbrauchersicht ein klar erkennbares Schutzbedürfnis besteht. Nach § 12 b

22

---

28 Vgl Römer/Langheid/*Langheid*, § 203 Rn 27 mwN.
29 Vgl *Renger*, VersR 1994, 1259.

Abs. 4 S. 1 VAG muss der in Aussicht genommene Treuhänder vor Bestellung der Aufsichtsbehörde unter Angabe der Tatsachen, die für eine Beurteilung der Anforderungen gem. § 12 b Abs. 3 VAG wesentlich sind, benannt werden. Die Aufsichtsbehörde kann nach § 12 b Abs. 3 S. 2 VAG bei Zweifeln an der Eignung verlangen, dass eine andere Person benannt wird. Entsprechende Befugnisse bestehen nach § 12 b Abs. 3 S. 3 VAG auch noch im Nachgang zur Bestellung, wenn erst später Umstände bekannt werden, die einer Bestellung entgegenstehen. Das aufsichtsrechtliche Verfahren gewährleistet somit genügend Schutz vor einer unzureichenden fachlichen Qualifikation des Treuhänders.

23 Der VN hat einen Anspruch auf namentliche Bekanntgabe des Treuhänders.[30]

24 **4. Gerichtliche Überprüfbarkeit.** Sowohl die Voraussetzungen als auch die Höhe der erfolgten Beitragsanpassung unterliegen der gerichtlichen Überprüfung.[31] Maßstab für die gerichtliche Überprüfung einer Prämienanpassung ist, ob diese nach aktuariellen Grundsätzen und mit den bestehenden Rechtsvorschriften in Einklang stehend anzusehen ist. Die danach vorzunehmende Kontrolle der Prämienerhöhung hat sich auf der Grundlage der dem Treuhänder vom VR vorgelegten Unterlagen zunächst darauf zu erstrecken, ob die Anpassungsvoraussetzungen gegeben sind. Ist das der Fall, ist der Umfang der Prämienerhöhung zu überprüfen.[32]

25 Gegenstand der gerichtlichen Überprüfung sind nur die Unterlagen, die der VR dem Treuhänder zur Prüfung gem. § 12 b VAG, § 15 KalV vorgelegt hat.[33] Allerdings ist es Aufgabe der Zivilgerichte, das Interesse des VN an einer sachlichen Überprüfung der Berechnung der Prämienerhöhung mit dem schutzwürdigen Geheimhaltungsinteresse des VR an seinen Berechnungsgrundlagen in Einklang zu bringen. Die Gerichte müssen auch klären, worauf sich die Geheimhaltungsinteressen beziehen und inwieweit ihnen durch die Anwendung der §§ 172 Nr. 2, 173 Abs. 2, 174 Abs. 3 S. 1 GVG Rechnung getragen wird.[34]

IV. Bedingungsänderung (Abs. 3)

26 **1. Allgemeines.** Abs. 3 gestattet eine **Anpassung der Versicherungsbedingungen** unter engen Voraussetzungen. Er trägt dem Umstand Rechnung, dass die Verhältnisse im Gesundheitswesen einem ständigen Wandel unterliegen und insoweit ein Bedürfnis entstehen kann, die AVB entsprechend zu ändern. Mit der Anpassung der Versicherungsbedingungen greift der VR in die Grundlagen des Vertrages ein. Insoweit stellt eine Bedingungsanpassung nach Abs. 3 einen deutlich schwerwiegenderen Eingriff in den Vertrag dar als eine auf Abs. 2 gestützte Prämienanpassung.

27 Die Vorschrift enthält eine Vielzahl unbestimmter Rechtsbegriffe. Das führt zu einem hohen Maß an Rechtsunsicherheit bei der Beurteilung des Vorliegens der Tatbestandsvoraussetzungen im Einzelfall. Nicht zuletzt als Reaktion auf diese Unsicherheiten gehen VR in ihren AVB teilweise dazu über, die Tatbestandsmerkmale, die zu einer Anpassung führen können, im Rahmen von vertraglichen Anpassungsklauseln zu präzisieren. Derartige **vertragliche Anpassungsklauseln** finden sich insb. im Zusammenhang mit **Sachkostenlisten** in Tarifbedingungen. Deren Zulässigkeit ist höchstrichterlich zwischenzeitlich anerkannt.[35] Im Rahmen der Inhaltskontrolle vertraglicher Anpassungsklauseln ist allerdings zu beachten, dass die Vorschrift gem. § 208 S. 1 VVG halbzwingenden Charakter hat. Eine für die VN

---

30 VerBAV 1995, 338.
31 BVerfG 28.12.1999 – 1 BvR 2203/98, VersR 2000, 214.
32 BGH 16.6.2004 – IV ZR 117/02, VersR 2004, 991; Prölss/Martin/*Voit*, § 203 Rn 30; aA *Renger*, VersR 1994, 1257.
33 BGH 16.6.2004 – IV ZR 117/02, VersR 2006, 991.
34 BVerfG 28.12.1999 – 1 BvR 2203/98, VersR 2000, 214.
35 BGH 18.1.2006 – IV ZR 244/04, VersR 2004, 497.

nachteilige Präzisierung der Tatbestandsvoraussetzungen des Abs. 3 im Rahmen von Anpassungsklauseln ist folglich nicht statthaft. Dabei ist zu berücksichtigen, dass auch Leistungserweiterungen in den AVB für VN infolge der Auswirkungen auf die Schadenzahlungen und damit einhergehenden Prämienanpassungen nach Abs. 2 nachteilige Folgen für VN haben können. Es lassen sich in der Praxis somit kaum Anpassungsklauseln vorstellen, die eindeutig nur zum Vorteil des Versicherten vom Wortlaut des Abs. 3 abweichen.

Ob Abs. 3 den VR nur **berechtigt**, bei Vorliegen der Tatbestandsvoraussetzungen die Versicherungsbedingungen zu ändern, oder ihn sogar dazu **verpflichtet**, ist nicht abschließend geklärt.[36] Für eine bloße Berechtigung spricht der Wortlaut der Vorschrift. Allerdings sind durchaus Fallgruppen denkbar, in denen eine Verpflichtung zur Anpassung angenommen werden kann. Vorstellbar ist das in Fällen, in denen das Unterbleiben der Anpassung die Auskömmlichkeit des Versicherungsschutzes oder gar den substitutiven Charakter der Krankenversicherung infrage stellen würde. Diese Konstellation kann insb. im Rahmen der Verwendung von **Sachkostenlisten** in den Versicherungsbedingungen eintreten, da KrankenVersVerträge häufig durch sehr lange, wenn nicht sogar lebenslange Vertragslaufzeiten gekennzeichnet sind. Die Bejahung der Zulässigkeit von Sachkostenlisten in den AVB durch den BGH impliziert aber, dass diese auch einer Anpassung unterliegen können bzw. müssen, da ansonsten der Versicherungsschutz – inflationsbedingt – mit der Zeit ausgehöhlt würde. Der Zweck von Sachkostenlisten besteht ja gerade darin, dem VR eine sichere, vertretbare Prämiengestaltung zu ermöglichen und so auch zur Wahrung der Belange der Versicherten die Prämie niedrig zu halten.[37] Auch das Kriterium der Verhinderung der Aushöhlung des Versicherungsschutzes muss im Einzelfall Beachtung finden. Der BGH hat zu dieser Folgeproblematik der Bejahung der Zulässigkeit von Sachkostenlisten bislang nicht Stellung bezogen.

2. Materielle Voraussetzungen. Die Änderung der Verhältnisse im Gesundheitswesen darf nicht nur als vorübergehend anzusehen sein. Sie kann durch Änderungen der Gesetzeslage oder durch tatsächliche Änderungen der Rahmenbedingungen eintreten.[38]

Ob eine Änderung der Verhältnisse des Gesundheitswesens auch durch eine Änderung der höchstrichterlichen Rechtsprechung begründet sein kann, war lange Zeit weitgehend ungeklärt und hoch umstritten.[39] Der BGH hat diese Frage dahingehend entschieden, dass eine **Rechtsprechungsänderung** einer Änderung der Verhältnisse im Gesundheitswesen nicht gleichsteht.[40]

Liegen die Voraussetzungen für eine Bedingungsanpassung nach Abs. 3 vor, dürfen die Bedingungen infolge des halbzwingenden Charakters der Vorschrift nach § 208 „nur" an die veränderten Verhältnisse angepasst werden.

3. Formelle Voraussetzungen. Formell erfordert Abs. 3, dass ein **unabhängiger Bedingungstreuhänder** die vorstehenden Voraussetzungen überprüft und die Angemessenheit der Anpassung bestätigt hat. Das Bestehen eines Anstellungs- oder Dienstvertrages zum Unternehmen schließt die Unabhängigkeit aus, § 12 b Abs. 3 S. 1 VAG. Dabei handelt es sich allerdings nur um Beispielsfälle. Es ist im Einzelfall stets darauf abzustellen, ob die Unabhängigkeit durch eine Interessenkollision beeinträchtigt werden kann. Dies ist insb. bei bestehenden engen Rechtsbeziehungen, wie zB Aufsichtsratsmandate, oder bei Bestellung eines für das Unternehmen

---

36 Zur Diskussion bei § 172 Abs. 2 vgl *Wandt*, VersR 2001, 1449 (Obliegenheit).
37 BGH 18.1.2006 – IV ZR 244/04, VersR 2004, 497.
38 Vgl Prölss/Martin/*Voit*, § 203 Rn 36.
39 Vgl *Werber*, in: Festschrift für Lorenz, 2004, S. 893; *Langheid/Grote*, VersR 2003, 1469; *Schünemann*, VersR 2004, 817.
40 BGH 12.12.2007 – IV ZR 144/06, VersR 2008, 386; aA Langheid/Wandt/*Boetius*, § 203 Rn 910 ff mwN.

auch anderweitig tätigen Rechtsanwalts der Fall.[41] Der Treuhänder ist Vertreter der Interessen der Gesamtheit der VN. Seine Einschaltung soll einen Ausgleich dafür schaffen, dass das Gesetz dem VR ein einseitiges Vertragsänderungsrecht einräumt.[42] Hinsichtlich der Bestellung sowie der persönlichen Anforderungen an den Bedingungstreuhänder gelten nach § 12b Abs. 5 S. 1 VAG die Vorschriften über den Prämientreuhänder entsprechend. Auch die Rechtsfolgen deren Fehlens sind analog. Die fachliche Eignung setzt nach § 12b Abs. 5 S. 2 VAG „ausreichende Rechtskenntnisse, insbesondere auf dem Gebiet der Krankenversicherung" voraus.

33 **4. Anwendbarkeit des Abs. 3 auf die Krankenversicherung im Basistarif.** Abs. 3 wurde im Rahmen des GKV-WSG nicht verändert. Es stellt sich aber die Frage, ob Bedingungsänderungen im Basistarif unter den Anwendungsbereich des Abs. 3 fallen. Diese Frage ist von besonderer praktischer Relevanz. Die in den Tarifbedingungen des Basistarifs festgeschriebenen Leistungen werden infolge der in § 12 Abs. 1a S. 1 VAG vorgeschriebenen Anlehnung an den Leistungskatalog der GKV laufend an diesen angepasst werden müssen. Für die Festlegung der Leistungen des Basistarifs sieht das Gesetz in § 12 Abs. 1d VAG aber im Wege der öffentlich-rechtlichen Beleihung die Zuständigkeit des Verbandes der Privaten Krankenversicherung und nicht der jeweils den Basistarif anbietenden Unternehmen vor. Nach § 12 Abs. 1d S. 2 VAG unterliegt der PKV-Verband insoweit der Fachaufsicht des Bundesministeriums der Finanzen, das insoweit eine der Funktion des juristischen Treuhänders nach Abs. 3 vergleichbare Aufgabe wahrnimmt. Infolgedessen besteht eigentlich keinerlei praktisches Bedürfnis, zum Schutze der Versicherten ein Treuhänderverfahren bei Bedingungsänderungen im Basistarif durchzuführen.

34 Es spricht daher viel für die Annahme, dass der Anwendungsbereich des Abs. 3 auf von VR initiierte Bedingungsänderungen begrenzt ist. Bedingungsänderungen infolge hoheitlichen Handelns durch einen Beliehenen, wie dem PKV-Verband, unterfallen daher nach der hier vertretenen Auffassung nicht dem Abs. 3. Somit ist davon auszugehen, dass Bedingungsänderungen im Basistarif dem Anwendungsbereich des Treuhänderverfahrens nach Abs. 3 entzogen sind, soweit sie eine Angleichung des Leistungskatalogs des Basistarifs an die leistungsbezogenen Vorschriften des SGB V bewirken.[43]

V. Ersetzung unwirksamer Bedingungen (Abs. 4)

35 Abs. 4 verweist auf die Regelung zur Lebensversicherung in § 164. Die Vorschrift eröffnet dem VR die Möglichkeit des Schließens einer Lücke in den AVB, die infolge einer durch höchstrichterliche Entscheidung festgestellten Unwirksamkeit einer Klausel entstanden ist. Dies stellt eine Verschärfung der Voraussetzungen für die Ersetzung unwirksamer Bedingungen im Vergleich zu § 178g Abs. 3 S. 2 aF dar, der das Postulat der höchstrichterlichen Feststellung der Unwirksamkeit nicht enthielt und stattdessen noch zur Wahrung der Belange der VN die Zustimmung des Bedingungstreuhänders vorsah.

36 Abs. 4 ist gem. § 208 S. 1 halbzwingend, dh, Anpassungsvorbehalte in Versicherungsbedingungen dürfen nicht zum Nachteil des VN vom Gesetz abweichen.

VI. Rechtsfolge (Abs. 5)

37 Die Neufestsetzung der Prämie oder eine Leistungsminderung löst ein Sonderkündigungsrecht des VN nach § 205 Abs. 4 aus. Die Neufestsetzung der Prämie und

---

41 Vgl ausf. Langheid/Wandt/*Boetius*, § 203 Rn 453 ff.
42 Vgl Langheid/Wandt/*Boetius*, § 203 Rn 419 ff; zur Funktion des Bedingungstreuhänders bei der Lebensversicherung BGH 22.10.2005 – IV ZR 162/03, VersR 2005, 1565; krit. dazu *Römer*, VersR 2006, 865.
43 So auch Prölss/Martin/*Voit*, § 203 Rn 34.

die Änderungen nach den Abs. 2 und 3 werden nach Abs. 5 zu Beginn des zweiten Monats wirksam, der auf die Mitteilung der Neufestsetzung oder der Änderungen und der hierfür maßgeblichen Gründe an den VN folgt. Die Wirksamkeit einer Ersetzung unwirksamer Bedingungen richtet sich dagegen nach § 164 Abs. 2.[44]

§ 204 Tarifwechsel

(1) [1]Bei bestehendem Versicherungsverhältnis kann der Versicherungsnehmer vom Versicherer verlangen, dass dieser
1. Anträge auf Wechsel in andere Tarife mit gleichartigem Versicherungsschutz unter Anrechnung der aus dem Vertrag erworbenen Rechte und der Alterungsrückstellung annimmt; soweit die Leistungen in dem Tarif, in den der Versicherungsnehmer wechseln will, höher oder umfassender sind als in dem bisherigen Tarif, kann der Versicherer für die Mehrleistung einen Leistungsausschluss oder einen angemessenen Risikozuschlag und insoweit auch eine Wartezeit verlangen; der Versicherungsnehmer kann die Vereinbarung eines Risikozuschlages und einer Wartezeit dadurch abwenden, dass er hinsichtlich der Mehrleistung einen Leistungsausschluss vereinbart; bei einem Wechsel aus dem Basistarif in einen anderen Tarif kann der Versicherer auch den bei Vertragsschluss ermittelten Risikozuschlag verlangen; der Wechsel in den Basistarif des Versicherers unter Anrechnung der aus dem Vertrag erworbenen Rechte und der Alterungsrückstellung ist nur möglich, wenn
   a) die bestehende Krankheitskostenversicherung nach dem 1. Januar 2009 abgeschlossen wurde oder
   b) der Versicherungsnehmer das 55. Lebensjahr vollendet hat oder das 55. Lebensjahr noch nicht vollendet hat, aber die Voraussetzungen für den Anspruch auf eine Rente der gesetzlichen Rentenversicherung erfüllt und diese Rente beantragt hat oder ein Ruhegehalt nach beamtenrechtlichen oder vergleichbaren Vorschriften bezieht oder hilfebedürftig nach dem Zweiten oder Zwölften Buch Sozialgesetzbuch ist oder
   c) die bestehende Krankheitskostenversicherung vor dem 1. Januar 2009 abgeschlossen wurde und der Wechsel in den Basistarif vor dem 1. Juli 2009 beantragt wurde;

   ein Wechsel aus einem Tarif, bei dem die Prämien geschlechtsunabhängig kalkuliert werden, in einen Tarif, bei dem das nicht der Fall ist, ist ausgeschlossen;
2. bei einer Kündigung des Vertrags und dem gleichzeitigen Abschluss eines neuen Vertrags, der ganz oder teilweise den im gesetzlichen Sozialversicherungssystem vorgesehenen Krankenversicherungsschutz ersetzen kann, bei einem anderen Krankenversicherer
   a) die kalkulierte Alterungsrückstellung des Teils der Versicherung, dessen Leistungen dem Basistarif entsprechen, an den neuen Versicherer überträgt, sofern die gekündigte Krankheitskostenversicherung nach dem 1. Januar 2009 abgeschlossen wurde;
   b) bei einem Abschluss eines Vertrags im Basistarif die kalkulierte Alterungsrückstellung des Teils der Versicherung, dessen Leistungen dem Basistarif entsprechen, an den neuen Versicherer überträgt, sofern die gekündigte Krankheitskostenversicherung vor dem 1. Januar 2009 abgeschlossen wurde und die Kündigung vor dem 1. Juli 2009 erfolgte.

---

44 Vgl Prölss/Martin/*Voit*, § 203 Rn 48.

²Soweit die Leistungen in dem Tarif, aus dem der Versicherungsnehmer wechseln will, höher oder umfassender sind als im Basistarif, kann der Versicherungsnehmer vom bisherigen Versicherer die Vereinbarung eines Zusatztarifes verlangen, in dem die über den Basistarif hinausgehende Alterungsrückstellung anzurechnen ist. ³Auf die Ansprüche nach den Sätzen 1 und 2 kann nicht verzichtet werden.

(2) Im Falle der Kündigung des Vertrags zur privaten Pflege-Pflichtversicherung und dem gleichzeitigen Abschluss eines neuen Vertrags bei einem anderen Versicherer kann der Versicherungsnehmer vom bisherigen Versicherer verlangen, dass dieser die für ihn kalkulierte Alterungsrückstellung an den neuen Versicherer überträgt. Auf diesen Anspruch kann nicht verzichtet werden.

(3) ¹Absatz 1 gilt nicht für befristete Versicherungsverhältnisse. ²Handelt es sich um eine Befristung nach § 196, besteht das Tarifwechselrecht nach Absatz 1 Nummer 1.

(4) Soweit die Krankenversicherung nach Art der Lebensversicherung betrieben wird, haben die Versicherungsnehmer und die versicherte Person das Recht, einen gekündigten Versicherungsvertrag in Form einer Anwartschaftsversicherung fortzuführen.

I. Normzweck und Wirkung des Tarifwechselrechts................ 1	5. Ausgestaltung des Tarifwechselrechts bei unterschiedlichen Strukturen zwischen Ausgangstarif und Zieltarif .. 29
1. Normzweck 1	a) Problemaufriss............ 29
2. Wirkungsweise des Tarifwechselrechts................ 7	b) Kernaussagen der Rspr. zum Regelungsgehalt der Vorschrift................. 30
a) Tatsächliche Wirkung 7	III. Allgemeine Ausgestaltung des Tarifwechselrechts infolge des GKV-WSG (Abs. 1 S. 1 Nr. 1) 32
b) Rechtliche Wirkung 9	IV. Tarifwechsel aus dem Basistarif in normale Krankheitskostentarife (Abs. 1 S. 1 Nr. 1 Hs 4)..... 33
II. Inhalt des Tarifwechselrechts (Abs. 1 S. 1 Nr. 1)................ 10	1. Zulässigkeit des Tarifwechsels aus dem Basistarif in Normaltarife 33
1. Allgemeines, Anwendungsbereich........................ 10	2. Möglichkeit des Ausschlusses des Tarifwechselrechts aus dem Basistarif in Normaltarife........................ 34
2. Gleichartigkeit des Versicherungsschutzes (Nr. 1 Hs 1) ... 15	3. Zulässigkeit einer ergänzenden Risikoprüfung für Mehrleistungen des Zieltarifs 37
3. Umfang und Inhalt der erworbenen Rechte (Nr. 1 Hs 1)................ 17	V. Tarifwechsel in den Basistarif (Abs. 1 S. 1 Nr. 1 Hs 5)........... 38
a) Allgemeines.............. 17	1. Allgemeines................. 38
b) Als erworbene Rechte anerkannte Rechtspositionen................ 18	2. Wechselmöglichkeit für PKV-Neukunden (Abs. 1 S. 1 Nr. 1 Buchst. a) 40
c) Rechtspositionen, die keine erworbenen Rechte darstellen 19	3. Wechselmöglichkeit für PKV-Altkunden (Abs. 1 S. 1 Nr. 1 Buchst. b und c) 41
d) Anrechnung der Alterungsrückstellung (Nr. 1 Hs 1)............... 20	a) Allgemeine Wechselmöglichkeit................ 42
4. Vereinbarung eines Risikozuschlags oder Leistungsausschlusses..................... 21	b) Verhältnis zur Wechselmöglichkeit in den Standardtarif................... 43
a) Risikozuschlag und Leistungsausschluss bei höheren oder umfassenderen Leistungen des Zieltarifs (Nr. 1 Hs 2 und 3) 21	
b) Erneute Vereinbarung von Risikozuschlägen des Ausgangstarifs im Zieltarif 28	

c) Sonderwechselrecht im ersten Halbjahr 2009..... 45
VI. Mitgabe der kalkulierten Alterungsrückstellungen beim Wechsel des VR (Abs. 1 S. 1 Nr. 2)..... 47
 1. Allgemeines................... 47
 2. Voraussetzungen des Anspruchs auf Mitgabe von Alterungsrückstellungen 50
 3. Mitgabe der Alterungsrückstellungen bei PKV-Neukunden (Abs. 1 S. 1 Nr. 2 Buchst. a).................... 55
 4. Mitgabe der Alterungsrückstellungen bei PKV-Altkunden (Abs. 1 S. 1 Nr. 2 Buchst. b).................... 56
 5. Besonderheiten bei der Anwartschaftsversicherung .. 61
VII. Anspruch auf Vereinbarung eines Zusatztarifs beim Wechsel in den Basistarif (Abs. 1 S. 2, 3) 65
VIII. Recht auf Fortführung eines gekündigten Vertrages in Form einer Anwartschaftsversicherung (Abs. 4) 67

I. Normzweck und Wirkung des Tarifwechselrechts

1. Normzweck. Die Vorschrift des Abs. 1 wurde in ihrer früheren Fassung (§ 178 f aF) im Rahmen des Dritten Durchführungsgesetzes EWG/VAG vom 21.7.1994[1] eingeführt. Sinn und Zweck der Vorschrift bestehen in dem Schutz des Bestands eines Tarifs vor „**Vergreisung**".[2] Darunter ist der Effekt einer mangels ausreichenden Zugangs gesunder Versicherter eintretenden übermäßigen Schadensteigerung und damit einhergehenden Verteuerung der Prämie zu verstehen. Dieser kann nach verbreiteter Auffassung dann eintreten, wenn ein VR einen bestehenden Tarif für das Neugeschäft schließt und stattdessen für das Neugeschäft einen moderneren Tarif einführt. Allerdings wird in der Diskussion verkannt, dass allein durch Einstellung des Neugeschäfts eines Tarifs nach den Grundsätzen ordnungsgemäßer Beitragskalkulation eigentlich keine Vergreisung eintreten kann.[3] Nach § 10 f KalV ist im Rahmen der Kalkulation der Einfluss eines steigenden Lebensalters auf die Kopfschäden zu berücksichtigen. Einen bedeutenden Einfluss auf die Prämienhöhe geschlossener Tarife haben vielmehr **Risikoentmischungseffekte**, die dadurch eintreten können, dass gesunde VN das geschlossene Kollektiv verlassen und somit die im Rahmen der Erstkalkulation zugrunde gelegte durchschnittliche Risikoverteilung des Kollektivs sich verändert, weil überproportional viele risikobehaftete VN mit hohen Kopfschäden im Kollektiv zurückbleiben. Man spricht in diesem Zusammenhang auch von „**negativer Risikoselektion**".[4]

Da im Rahmen des unternehmensinternen Tarifwechsels nach § 204 eine Risikoprüfung ausgeschlossen ist bzw nur insoweit erfolgen darf, als der Zieltarif Mehrleistungen vorsieht, führen in erster Linie Kündigungen von VN im Zuge eines Wechsels des VR zu einer Risikoentmischung. Das gesetzliche Tarifwechselrecht ist eine auf diesen Effekt ausgerichtete gesetzgeberische Reaktion auf die vorausgesetzte Produktgestaltungsfreiheit des VR.[5]

Zweck der im Rahmen des GKV-WSG vorgenommenen Änderungen der Vorschrift ist die Verstärkung des Wettbewerbs der privaten Versicherungsunternehmen, der bislang im Wesentlichen nur auf gesunde Neukunden beschränkt war. Ältere Versicherte konnten bislang nur dann zu Konkurrenzunternehmen wechseln,

---

1 BGBl. I S. 1630.
2 Begr. Drittes Durchführungsgesetz/EWG zum VAG, BT-Drucks. 12/6959, S. 105; *Lorenz/Wandt*, VersR 2008, 7, 8; BVerwG 21.3.2007 – 6 C 26.06, VersR 2007, 1253, 1254 f; *Brömmelmeyer*, VersR 2010, 706 mwN; *Wandt*, Versicherungsrecht, 5. Aufl., Rn 1356; BVerwG 23.6.2010 – 8 C 42.09, VersR 2010, 1345; BGH 12.9.2012 – IV ZR 28/12, VersR 2012, 1422.
3 Vgl hierzu eingehend *Brömmelmeyer*, VersR 2010, 706, 707 mwN.
4 *Brömmelmeyer*, VersR 2010, 706, 707.
5 *Lorenz/Wandt*, VersR 2008, 7, 8.

wenn sie keine gravierenden Vorerkrankungen hatten.[6] Das für die Prämienkalkulation relevante höhere Lebensalter sowie ggf zu bezahlende Risikozuschläge machten einen Unternehmenswechsel mit zunehmender Vorversicherungsdauer und fortgeschrittenem Lebensalter faktisch unmöglich oder zumeist wirtschaftlich unattraktiv. Der Gesetzgeber erachtete als praktikable Lösung des Problems die **Einführung eines Basistarifs mit einheitlicher Leistungsbeschreibung**, für die eine **Mitgabe der Alterungsrückstellung** möglich sein soll, verbunden mit einem **Kontrahierungszwang** sowie einem **Risikoausgleich** zwischen den Versicherungsunternehmen.[7]

4   Ob die konkrete Ausgestaltung der unternehmensübergreifenden Wechselmöglichkeit unter Mitgabe von Alterungsrückstellungen das Ziel der Verstärkung des Wettbewerbs unter den privaten Krankenversicherungsunternehmen tatsächlich fördert und gleichzeitig den Verbraucherinteressen ausreichend Rechnung trägt, darf bezweifelt werden. Kranke Versicherte werden durch die Neuregelung benachteiligt. Bei Neuabschluss privater KrankenVersVerträge außerhalb des Basistarifs ist privaten Krankenversicherungsunternehmen in Einklang mit der durch das Grundgesetz in Art. 12 Abs. 1 GG garantierten Wettbewerbs- und Kalkulationsfreiheit[8] nach wie vor freigestellt, Versicherungsanträge auf Grundlage einer Risikoprüfung nicht oder nur mit teilweise erheblichen Risikozuschlägen anzunehmen, § 203 Abs. 1 S. 2. Faktisch können somit nur gesunde Versicherte den Vertrag kündigen und gleichzeitig bei einem anderen Unternehmen einen ihrem bestehenden Versicherungsschutz entsprechenden neuen KrankheitskostenvollVersVertrag abschließen.[9] Die in Abs. 1 S. 1 Nr. 2 Buchst. b geregelte Möglichkeit für Kunden, die ihren VersVertrag vor dem 1.1.2009 abgeschlossen haben, in den Basistarif eines Konkurrenzunternehmens unter teilweiser Mitgabe der Alterungsrückstellung zu wechseln, stellte in der Praxis in erster Linie nur ein Mittel zur Mitnahme von Alterungsrückstellungen für gesunde Vollversicherte dar, die nach § 204 in andere Vollversicherungstarife des neuen Anbieters wechselten. Das Preis-Leistungs-Verhältnis des Basistarifs ist nämlich infolge des Kontrahierungszwangs und der damit einhergehenden schlechteren Risikostruktur im Vergleich zu herkömmlichen Vollversicherungstarifen unattraktiv.

5   Die Einfügung des neuen **Abs. 2** durch Art. 9 des Pflege-Weiterentwicklungsgesetzes erfolgte zum Zwecke der Herstellung eines Gleichklangs zwischen privater Krankenversicherung und privater Pflege-Pflichtversicherung hinsichtlich der Portabilität der Alterungsrückstellung.[10]

6   Mit **Abs. 1 S. 1 Nr. 1 aE**[11] wird der Tarifwechsel aus geschlechtsunabhängig kalkulierten Tarifen (sog. **Unisex-Tarifen**) in geschlechtsabhängig kalkulierte Tarife **untersagt**. Auf diese Weise sollte verhindert werden, dass die zwangsweise Einführung von Unisex-Tarifen dadurch umgangen wird, dass VN unverzüglich in die alte „Bisex"-Tarifwelt wechseln, um – je nach Alter und Geschlecht – Beitragsvorteile zu erzielen. Entsprechende negative Auswirkungen auf die Kalkulation der Unisex-Tarife wären die Folge. Ferner würde ohne die diesbezügliche Einschränkung des Tarifwechselrechts der in dem Urteil des EuGH vom 1.3.2011[12] aufgestellte Grundsatz, wonach sich das Geschlecht künftig nicht mehr auf die Prämie

---

6   Begr. zu Art. 43 zu Nr. 4 (§ 178 f) GKV-WSG, BT-Drucks. 16/3100, S. 206.
7   Begr. zu Art. 43 zu Nr. 4 (§ 178 f) GKV-WSG, BT-Drucks. 16/3100, S. 206.
8   *Sodan*, Private Krankenversicherung und Gesundheitsreform, 2. Aufl., S. 80.
9   Zu den Auswirkungen der negativen Risikoselektion vgl auch *Bürger*, ZfV 2007, 669.
10 Begr. zu Art. 9, BT-Drucks. 16/7439, S. 98.
11 Eingefügt durch Art. 1 Nr. 4 Buchst. a des Gesetzes zur Änderung versicherungsrechtlicher Vorschriften vom 24.4.2013 (BGBl. I S. 932) mWz 1.5.2013.
12 EuGH 1.3.2011 – Rs. C-236/09, VersR 2011, 377.

und den Leistungsumfang auswirken soll, ausgehebelt.[13] Folgerichtig bleibt ein Tarifwechsel aus der „alten", geschlechtsabhängig kalkulierten Welt in die „neue", geschlechtsunabhängig kalkulierte Welt zulässig. Der Rückwechsel ist allerdings ausgeschlossen.[14]

2. Wirkungsweise des Tarifwechselrechts. a) Tatsächliche Wirkung. Die konkrete Ausgestaltung des Tarifwechselrechts wird der beabsichtigten Schutzfunktion für die VN nicht wirklich gerecht und führt in erster Linie zu einer Benachteiligung etablierter VR im Wettbewerb mit neu gegründeten VR, die keine älteren Bestände haben. Für den beabsichtigten Schutz älterer Bestandsversicherter vor den oben beschriebenen negativen Risikoentmischungseffekten (s. Rn 1) wirkt die konkrete Ausgestaltung des Tarifwechselrechts geradezu kontraproduktiv. Im Rahmen der Kalkulation der Kopfschäden bei Auflage eines neuen Tarifs müssen VR, die über signifikante Altbestände verfügen, gem. §§ 2 Abs. 1 Nr. 6, 13 a KalV auch die Wahrscheinlichkeit einkalkulieren, dass risikobehaftete, zumeist ältere VN aus den alten Tarifen in den neuen Tarif wechseln.[15] Das Tarifwechselrecht führt somit idR zu einer **kalkulatorischen Verteuerung der Prämie des VR im Neugeschäft.** Der Umstand, dass neu gegründete VR einen entsprechend günstigeren Versicherungsschutz anbieten können, weil sie keine Bestandswechsel in der Erstkalkulation berücksichtigen müssen, wirkt sich nachteilig auf die beschriebene negative Risikoselektion (s. Rn 1) in den Beständen der etablierten VR aus. Je größer das Verhältnis der Anzahl an Bestandskunden zum Neugeschäft ist, desto größer ist der nachteilige Effekt auf die Prämie des neuen Tarifs, der dadurch entsteht, dass die Versicherten des alten Tarifs mit der höheren Prämie in den neuen, günstigeren Tarif wechseln.[16] Dadurch wird es aber zunehmend schwerer, wettbewerbsfähige Tarife auf den Markt zu bringen. Das Tarifwechselrecht führt folglich dazu, dass etablierte VR mit großen Beständen an Altversicherten ohne Einschränkung des Leistungsniveaus keine für überdurchschnittlich gesunde VN attraktiven Prämien mehr im Neugeschäft anbieten können und somit eine „Vergreisung" des Gesamtbestandes droht. Kranke VN oder ältere VN, die ihren Vertrag vor dem 1.1.2009 abgeschlossen (s. Rn 56) und signifikante Alterungsrückstellungen aufgebaut haben und für die ein Wechsel des VR nicht oder nur zu wirtschaftlich unattraktiven Konditionen möglich ist, werden durch die Wirkung des Tarifwechselrechts auf die Prämienkalkulation des VR **benachteiligt.** Letztlich beschränkt das Tarifwechselrecht den VR auch in seiner Produktgestaltungsfreiheit, da er wettbewerbsfähige Prämien bei neuen Tarifen nur durch Leistungseinschränkungen und damit zu Lasten der Wettbewerbsfähigkeit seiner Produktgestaltung anbieten kann.[17]

Nach aA ist der mit der konkreten Ausgestaltung und Wirkung des Tarifwechselrechts verbundene Eingriff in die Berufsausübungsfreiheit des VR durch vernünftige Erwägungen des Gemeinwohls gerechtfertigt und die oben beschriebenen Auswirkungen hinzunehmen. Der VR könne sich auch durch Einführung einer strengeren Risikoprüfung behelfen und diese bei Einführung eines neuen Tarifs zum Maßstab der Risikoprüfung machen.[18] Diese Auffassung verkennt jedoch den Umstand, dass die bloße Einführung einer neuen Risikoprüfung kurzfristig keine signifikante Auswirkung auf die Prämien eines neuen Tarifs hat. Nach § 14 Abs. 4 S. 1 KalV hat nämlich in den ersten Jahren, bis eine hinreichend große Anzahl an VN in der jeweiligen Beobachtungseinheit des Tarifs versichert ist, die Gegenüberstellung der erforderlichen und der kalkulierten Versicherungsleistungen auf Basis

---

13 Vgl Gesetzesbegründung zum Gesetz zur Änderung versicherungsrechtlicher Vorschriften vom 24.4.2013, RegE, BT-Drucks. 17/11469, S. 14 f.
14 Vgl RegE, BT-Drucks. 17/11469, S. 15.
15 Vgl dazu auch *Hofer u.a.*, VersR 2008, 1007, 1013.
16 *Lorenz/Wandt*, VersR 2010, 717, 722.
17 *Lorenz/Wandt*, VersR 2010, 717, 722.
18 *Brömmelmeyer*, VersR 2010, 706, 716.

eines der Erstkalkulation zugrunde zu legenden Stütztarifs des VR zu erfolgen. Eine Auswirkung auf die Prämie kann sich nur mittel- bis langfristig ergeben, wenn es dem VR gelingt, eine für eine eigenständige Kalkulation hinreichende Zahl an überdurchschnittlich gesunden VN in den neuen Tarifen zu versichern. Das wird aber durch eine überdurchschnittlich hohe Prämie oder einen nicht wettbewerbsfähigen Leistungszuschnitt zur Erlangung einer wettbewerbsfähigen Prämie stark erschwert.

9 **b) Rechtliche Wirkung.** In rechtlicher Hinsicht führt die Ausübung des Tarifwechselrechts nicht zum Abschluss eines neuen VersVertrages. Vielmehr wird der **bestehende VersVertrag zu veränderten Bedingungen fortgesetzt**, dh lediglich **inhaltlich modifiziert**.[19]

II. Inhalt des Tarifwechselrechts (Abs. 1 S. 1 Nr. 1)

10 **1. Allgemeines, Anwendungsbereich.** Die Vorschrift gewährt in **Abs. 1 S. 1 Nr. 1 Hs 1** dem VN einen Anspruch gegen den VR auf Annahme des Antrags auf Wechsel in andere Tarife mit gleichartigem Versicherungsschutz unter Anrechnung der aus dem Vertrag erworbenen Rechte und der Alterungsrückstellung. Was unter dem Begriff „Gleichartigkeit" zu verstehen ist und wie mit der im Ausgangstarif aufgebauten Alterungsrückstellung zu verfahren ist, wird durch die Vorschrift des § 12 Abs. 1 Nr. 4 VAG iVm der Kalkulationsverordnung präzisiert. Diesen Normen kommt insoweit vertragsrechtliche Wirkung zu.[20] Die Beitragshöhe spielt bei der Beurteilung der Gleichartigkeit des Versicherungsschutzes keine Rolle.[21] Auch die Beitragskalkulation ist für die Beurteilung der Gleichartigkeit ohne Bedeutung.[22]

11 Das Tarifwechselrecht ist allerdings besonderen Regeln unterworfen, wenn der Zieltarif Mehrleistungen im Vergleich zum Ausgangstarif enthält. Der VR kann nach **Hs 2** für die **Mehrleistung** einen Leistungsausschluss, einen angemessenen Risikozuschlag und insoweit auch eine Wartezeit verlangen. Auch der Wegfall eines absoluten Selbstbehalts stellt eine Mehrleistung dar, da dadurch der Leistungsaufwand des VR steigt.[23]

12 Nach **Hs 3** kann der VN sowohl den Risikozuschlag als auch eine Wartezeit dadurch abwenden, dass er hinsichtlich der Mehrleistungen einen **Leistungsausschluss** vereinbart. Dem VN steht keine Abwendungsbefugnis hinsichtlich eines vom VR geltend gemachten Leistungsausschlusses zu, da diese nur für den Fall einer Vereinbarung eines Risikozuschlags und einer Wartezeit seitens des VR vorgesehen ist. Der VR kann im Zusammenhang mit dem Wegfall eines absoluten Selbstbehalts einen generellen Leistungsausschluss in Form des bisherigen Selbstbehalts verlangen und wird darauf verwiesen, einen Leistungsausschluss nur für bestimmte Krankheiten aufzunehmen, für die der VN nach dem Ergebnis der erneuten Gesundheitsprüfung in dem Zieltarif nicht oder nicht ohne Zuschlag versicherbar wäre.[24] Bei Wechsel aus einem Tarif mit einem absoluten Selbstbehalt in einen Zieltarif mit einem prozentualen Selbstbehalt muss der VR sicherstellen, dass die behandlungsbezogenen Selbstbeteiligungen aus dem Zieltarif auf den absoluten

---

19 *Lorenz/Wandt*, VersR 2008, 7, 8; BVerwG 21.3.2007 – 6 C 26.06, VersR 2007, 1253, 1255; Römer/Langheid/*Römer*, § 178 f Rn 1.
20 Begr. VVG-RegE, BT-Drucks. 16/3945, S. 114.
21 Bach/Moser/*Kalis/Schoenfeldt*, § 1 MB/KK Rn 122; *Brömmelmeyer*, VersR 2010, 706, 707; BVerwG 21.3.2007 – 6 C 26.06, VersR 2007, 1253; BGH 12.9.2012 – IV ZR 28/12, VersR 2012, 1422.
22 *Lorenz/Wandt*, VersR 2008, 7, 10; *Brömmelmeyer*, VersR 2010, 706, 707.
23 BGH 12.9.2012 – IV ZR 28/12, VersR 2012, 1422; LG Hildesheim 20.11.2009 – 7 S 102/09, VersR 2010, 753; Langheid/Wandt/*Boetius*, § 204 Rn 104.
24 BGH 12.9.2012 – IV ZR 28/12, VersR 2012, 1422, 1423.

jährlichen Selbstbehalt aus dem Ausgangstarif angerechnet werden. Es kommt nämlich nur insoweit eine Mehrleistung des Zieltarifs in Betracht, als die prozentualen Selbstbeteiligungen den absoluten Selbstbehalt des Ausgangstarifs nicht überschreiten.[25] Ein kumulativer Ansatz von absolutem und prozentualem Selbstbehalt, der zu einer Schlechterstellung des VN führt, ist somit unzulässig.

Die Vorschrift des § 204 ist nach § 208 **halbzwingend**. 13

Der **Anwendungsbereich** ist nicht auf die substitutive Krankheitskostenversicherung beschränkt. Eine Ausnahme besteht lediglich für befristete Krankenversicherungsverträge (vgl **Abs. 3**), weil diesbezüglich kein Wechselbedarf besteht.[26] Im Rahmen des Gesetzes zur Änderung versicherungsrechtlicher Vorschriften vom 24.4.2013[27] wurde Abs. 3 durch den S. 2 ergänzt und damit klargestellt, dass die nach § 196 Abs. 1 mögliche Befristung einer Krankentagegeldversicherung bis zur Vollendung des 65. Lebensjahres keine Befristung im Sinne dieser Vorschrift darstellt. Nach Sinn und Zweck des Abs. 3 fallen unter den Begriff der „befristeten Versicherungsverhältnisse" nur solche Versicherungsverträge, die nur kurze Zeit andauern. Bei solchen kurzlaufenden Verträgen besteht kein Bedürfnis nach einem Tarifwechselrecht.[28] 14

2. Gleichartigkeit des Versicherungsschutzes (Nr. 1 Hs 1). Das Erfordernis der Gleichartigkeit bedeutet, dass Ausgangstarif und Zieltarif über gleiche Leistungsbereiche verfügen müssen und dass der VN im Zieltarif versicherungsfähig ist.[29] Auf das konkrete Leistungsspektrum innerhalb eines Leistungsbereichs kommt es dagegen für die Beurteilung der Gleichartigkeit nicht an. Die Gleichartigkeit ist daher nicht schon deshalb zu verneinen, wenn der Zieltarif Mehr- oder Minderleistungen gegenüber dem Ausgangstarif aufweist.[30] Nach § 12 Abs. 1 S. 2 KalV stellen die zentralen Leistungsbereiche dar: die Kostenerstattung für ambulante Heilbehandlung (Nr. 1), Kostenerstattung für stationäre Heilbehandlung sowie Krankenhaustagegeld (Nr. 2, 4), Kostenerstattung für Zahnbehandlung und Zahnersatz (Nr. 3), Krankentagegeld (Nr. 5), Kurtagegeld und Kostenerstattung für Kuren (Nr. 6) sowie Pflegekosten und Pflegetagegeld (Nr. 7). Keine Gleichartigkeit besteht nach § 12 Abs. 3 KalV zwischen einem gesetzlichen Versicherungsschutz mit Ergänzungsschutz der privaten Krankenversicherung und einer substitutiven Krankenversicherung. 15

Nach § 12 Abs. 2 KalV ist die Versicherungsfähigkeit als personengebundene Eigenschaft des Versicherten definiert, deren Wegfall zur Folge hat, dass der Versicherte bedingungsgemäß nicht mehr in diesem Tarif versichert bleiben kann. Als **Beispiel** hierfür kann die Zugehörigkeit zu einer bestimmten Berufs- oder anderweitig definierten Personengruppe herangezogen werden (zB freiwillige oder durch Versicherungspflicht begründete Mitgliedschaft in einer GKV als Voraussetzung für die Versicherungsfähigkeit in einem GKV-Zusatzversicherungstarif; Beihilfeberechtigung als Voraussetzung für die Versicherungsfähigkeit in einem Beihilfeergänzungstarif; Selbständigkeit bzw Arbeitnehmereigenschaft als Voraussetzung für 16

---

25 BGH 12.9.2012 – IV ZR 28/12, VersR 2012, 1422, 1424.
26 *Lorenz/Wandt*, VersR 2008, 7, 8 mwN.
27 BGBl. I S. 932.
28 RegE, BT-Drucks. 17/11469, S. 115; Römer/Langheid/*Römer*, 4. Aufl. 2014, § 204 Rn 77.
29 BVerwG 21.3.2007 – 6 C 26.06, VersR 2007, 1253, 1254; *Brömmelmeyer*, VersR 2010, 706, 707; *Hofer u.a.*, VersR 2008, 1007, 1010; *Lehmann*, VersR 2010, 992, 993; Prölss/Martin/*Voit*, § 204 Rn 15 ff.
30 *Lorenz/Wandt*, VersR 2008, 7, 8; BVerwG 21.3.2007 – 6 C 26.06, VersR 2007, 1253, 1254; *Lehmann*, VersR 2008, 7, 993 f mwN. Zur Frage der Gleichartigkeit bei einem Wechsel aus einem Kompakttarif in einen aus einzelnen Tarifbausteinen zusammengesetzten Tarif vgl Langheid/Wandt/*Boetius*, § 204 Rn 249 ff.

17 **3. Umfang und Inhalt der erworbenen Rechte (Nr. 1 Hs 1). a) Allgemeines.** Das Tarifwechselrecht sieht vor, dass dem Versicherten im Rahmen des Tarifwechsels seine erworbenen Rechte aus dem Alttarif angerechnet werden. Besondere praktische Bedeutung im Rahmen des Tarifwechselrechts kommt der Frage nach Umfang und Inhalt der erworbenen Rechte zu. Das Gesetz gibt hier keinen näheren Anhaltspunkt. Die Begriffe sind daher durch **Auslegung** des Tarifwechselrechts zu bestimmen.[31] Als Basis für die Auslegung dienen insb. zwei grundlegende Entscheidungen des BVerwG.[32] Danach sind erworbene Rechts besondere, unentziehbare Rechtspositionen, die der VN durch Abschluss und Verlauf des KrankenVersVertrages gewinnt.[33]

18 **b) Als erworbene Rechte anerkannte Rechtspositionen.** Von der hM als „erworbenes Recht" anerkannt ist die Berücksichtigung der zurückgelegten Vertragsdauer. Das bedeutet, dass Ablauf und Verzicht auf Wartezeiten oder laufzeitabhängige Leistungsstaffeln, die die Höhe des Leistungsanspruchs im Versicherungsfall an bestimmte Mindestvertragsdauern knüpfen, ein erworbenes Recht darstellen.[34] An die Vertragsdauer geknüpft ist auch der Ablauf der Frist von drei Jahren für die Ausübung des Rücktrittsrechts des VR bei Verletzung der Anzeigeobliegenheit durch den Versicherten nach § 194 Abs. 1 S. 4.[35] Ferner sind der bei Vertragsschluss durch eine Risikoprüfung festgestellte Gesundheitszustand und die danach vorgenommene Risikoeinstufung durch den VR als erworbenes Recht anerkannt.[36] Das bedeutet, dass der Gesundheitszustand des Versicherten anlässlich des Tarifwechsels insoweit nicht neu bewertet werden darf, als die Leistungen des Zieltarifs auch bereits vom Ausgangstarif abgedeckt waren.

19 **c) Rechtspositionen, die keine erworbenen Rechte darstellen.** Sind einzelne Leistungsbereiche des Ausgangstarifs im Zieltarif nicht enthalten, hat der Versicherte keinen Anspruch darauf, dass im Zuge des Tarifwechsels diese Leistungsbereiche aus dem Ausgangstarif aufrechterhalten werden.[37] Nicht als erworbene Rechte anzuerkennende Rechtspositionen sind ferner die Höhe der vor dem Tarifwechsel gezahlten Prämie als Obergrenze der nach dem neuen Tarif zu zahlenden Prämie[38] sowie die Kalkulation des Ausgangstarifs.[39] Zu den erworbenen Rechten zählt auch nicht ein „Recht auf die ursprüngliche Risikomischung".[40]

20 **d) Anrechnung der Alterungsrückstellung (Nr. 1 Hs 1).** Abs. 1 S. 1 Nr. 1 ordnet ferner in Hs 1 an, dass der VR im Zuge des Tarifwechsels die aufgebaute Alte-

---

31 *Lorenz/Wandt*, VersR 2008, 7, 9.
32 BVerwG 5.3.1999 – 1 A 1/97, VersR 1999, 743; BVerwG 21.3.2007 – 6 C 26.06, VersR 2007, 1253.
33 BVerwG 5.3.1999 – 1 A 1/97, VersR 1999, 743; BVerwG 21.3.2007 – 6 C 26.06, VersR 2007, 1253.
34 *Lorenz/Wandt*, VersR 2008, 7, 9; BVerwG 21.3.2007 – 6 C 26.06, VersR 2007, 1253; Prölss/Martin/*Voit*, § 204 Rn 22 f; aA *Grote/Finkel*, VersR 2007, 339.
35 *Lorenz/Wandt*, VersR 2008, 7, 9; Prölss/Martin/*Voit*, § 204 Rn 23; BVerwG 5.3.1999 – 1 A 1/97, VersR 1999, 743.
36 BVerwG 5.3.1999 – 1 A 1/97, VersR 1999, 743, 744 f; *Lorenz/Wandt*, VersR 2008, 7, 9 mwN.
37 OLG Frankfurt 28.10.1998 – 7 U 6/98, VersR 1999, 86.
38 BVerwG 5.3.1999 – 1 A 1/97, VersR 1999, 743; BVerwG 21.3.2007 – 6 C 26.06, VersR 2007, 1253, 1254.
39 *Lorenz/Wandt*, VersR 2008, 7, 9.
40 BVerwG 23.6.2010 – 8 C 42.09, VersR 2010, 1345.

rungsrückstellung anrechnet. Das Verfahren zur Anrechnung der Alterungsrückstellung ist in § 13 KalV geregelt.[41]

4. Vereinbarung eines Risikozuschlags oder Leistungsausschlusses. a) Risikozuschlag und Leistungsausschluss bei höheren oder umfassenderen Leistungen des Zieltarifs (Nr. 1 Hs 2 und 3). Nach **Nr. 1 Hs 2** kann der VR – soweit die Leistungen in dem Tarif, in den der VN wechseln will, höher oder umfassender sind als in dem bisherigen Tarif – für die Mehrleistung einen Leistungsausschluss oder einen angemessenen Risikozuschlag und insoweit auch eine Wartezeit verlangen. Der VN kann dies nach **Nr. 1 Hs 3** dadurch abwenden, dass er hinsichtlich der Mehrleistung einen Leistungsausschluss vereinbart. Auch wenn der Wortlaut von Nr. 1 Hs 2 dies nicht ausdrücklich fordert, ist davon auszugehen, dass als ungeschriebenes Tatbestandsmerkmal für eine Sondervereinbarung nach Nr. 1 Hs 2 ein **erhöhtes Risiko des Versicherten** vorliegen muss.[42] Folgerichtig besteht in der Literatur Einigkeit, dass der VN beim Tarifwechsel einer erneuten Anzeigepflicht unterliegt.[43] Rechtsprechung ist zu dieser Fragestellung erkennbar noch nicht erkennbar ergangen. Außerhalb der PKV ist eine erneute Anzeigepflicht bei einer Vertragserweiterung jedenfalls anerkannt.[44]

In der Praxis spielt die Frage nach dem **Verhältnis von Nr. 1 Hs 2 zu Hs 3** eine große Rolle. Es ist insb. von der Rspr bislang noch nicht geklärt, ob der Versicherte zur Abwendung einer Risikoprüfung von vornherein auf die Vereinbarung eines Leistungsausschlusses hinsichtlich aller Mehrleistungen des Zieltarifs bestehen kann, um auf diese Weise eine neue Risikoprüfung im Zuge des Tarifwechsels zu vermeiden.

Der Gesetzeswortlaut spricht für ein Verhältnis von Nr. 1 Hs 2 zu Hs 3 im Sinne eines **Gestaltungsrechts zu einem Gegengestaltungsrecht**.[45] Während normalerweise der VR bestimmt, ob und zu welchen Konditionen er ein bestimmtes Risiko versichert oder nicht, gelangt in diesem Ausnahmefall der Versicherte in den Genuss dieser Gegengestaltungsmöglichkeit in Form eines Verzichts auf die Mehrleistung. Voraussetzung dafür ist aber, dass der VR sich gegen einen Leistungsausschluss entschieden hat, denn nur dann ist nach dem Wortlaut des Hs 3 dem VN seinerseits überhaupt die Entscheidungsoption für das Verlangen eines Leistungsausschlusses hinsichtlich der Mehrleistung eröffnet.[46]

Gegen die Annahme der Zulässigkeit eines generellen Verzichts auf die Mehrleistung des Zieltarifs durch den VN und die damit einhergehende Vereinbarung eines Leistungsausschlusses spricht auch die grundsätzliche Risikoverteilung in der privaten Krankenversicherung, die sich u.a. aus § 194 Abs. 1 S. 2 ergibt, der nach § 208 ebenfalls halbzwingendes Recht ist. Danach ist die Anwendung der Vorschriften zur Gefahrerhöhung gem. §§ 23–27 auf die private Krankenversicherung ausgeschlossen. Nach Vertragsschluss eintretende Änderungen im Gesundheitszustand des VN lassen deshalb das einmal erteilte Leistungsversprechen ebenso unberührt wie die Höhe des Beitrags.[47] Wenn nun die vertragliche Vereinbarung ei-

---

41 Zu Einzelheiten zum Verfahren vgl *Kirsten*, Der Tarif- und Versichererwechsel des Versicherungsnehmers in der privaten Krankenversicherung, 2005, S. 118 ff.
42 So auch Langheid/Wandt/*Boetius*, § 204 Rn 352.
43 *Kirsten*, Der Tarif- und Versichererwechsel des Versicherungsnehmers in der privaten Krankenversicherung, 2005, S. 153; *Wriede*, VersR 1996, 271.
44 BGH 7.3.2007 – IV ZR 133/06, VersR 2007, 821; OLG Celle 28.10.2004 – 8 U 98/04, VersR 2005, 1381.
45 Vgl dazu auch *Kirsten*, Der Tarif- und Versichererwechsel des Versicherungsnehmers in der privaten Krankenversicherung, 2005, S. 152.
46 So auch *Kirsten*, Der Tarif- und Versichererwechsel des Versicherungsnehmers in der privaten Krankenversicherung, 2005, S. 152.
47 Langheid/Wandt/*Kalis*, § 194 Rn 26; BVerwG 5.3.1999 – 1 A 1/97, VersR 1999, 743; BVerwG 21.3.2007 – 6 C 26.06, VersR 2007, 1253.

nes Leistungsausschlusses keine Einschränkung auf das bei Tarifwechsel vorliegende Risiko vorsieht, erfasst der Ausschluss auch Krankheiten und Unfallfolgen, die erst nach dem Vollzug des Tarifwechsels eingetreten sind. Darin liegt aber ein Verstoß gegen die gesetzliche Risikoverteilung des § 194 Abs. 1 S. 2, mit der Folge, dass jedenfalls in diesem Umfang der vertragliche Leistungsausschluss nichtig wäre.[48] Eine solche Vereinbarung würde auch Gefahr laufen, den mit dem VersVertrag verfolgten Zweck auszuhöhlen, weil ein Teil der im Tarif vorgesehenen Leistung auf Dauer vom Versicherungsschutz ausgenommen wäre. Gleichzeitig würde dieser dauerhafte Leistungsausschluss die Tarifidentität infrage stellen, weil das nach § 10 Abs. 1 S. 1 KalV gesetzlich obligatorische einheitliche Leistungsversprechen[49] nicht mehr gewahrt wäre. Davon kann nach den Grundsätzen der ordnungsgemäßen Prämienberechnung nach § 203 Abs. 1 S. 1 iVm § 12 c Abs. 1 Nr. 1 VAG, § 10 Abs. 3 KalV nur mit Rücksicht auf ein erhöhtes Risiko abgewichen werden.

25 Gegen die Annahme, dass der VN auch von vornherein auf einen Leistungsausschluss zur Vermeidung einer Risikoprüfung bestehen kann, sprechen auch Gesichtspunkte des Verbraucherschutzes. Die Vereinbarung eines Leistungsausschlusses hinsichtlich der Mehrleistungen kann auch zu Lasten des Versicherten gehen, wenn er keine erhöhten Risiken aufweist und daher in den Genuss des uneingeschränkten Versicherungsschutzes des Zieltarifs inkl. Mehrleistungen kommen könnte. Dann wäre im Ergebnis eine solche Vereinbarung als Verstoß gegen den nach § 208 halbzwingenden Charakter der Vorschrift zu werten und daher unzulässig.

26 Ferner ist zu berücksichtigen, dass die Vereinbarung eines Leistungsausschlusses eine Sondervereinbarung nach § 41 darstellt, deren Überprüfung der Versicherte nach Maßgabe des § 41 verlangen kann.[50] Dies setzt zwingend voraus, dass der Gesundheitszustand des Versicherten im Rahmen einer Risikoprüfung bzgl der Mehrleistung bei Tarifwechsel festgestellt wurde.

27 Zur Frage der Reichweite der Möglichkeit des VR, einen Leistungsausschluss zu verlangen, wird teilweise in der Lit. die Auffassung vertreten, der Leistungsausschluss dürfe sich nicht auf alle Mehrleistungen des neuen Tarifs beziehen. Dies wird damit begründet, dass die Umstufung für den VN ansonsten keinen Sinn machen würde.[51] Diese Auffassung verkennt aber, dass ein Anreiz zur Umstufung auch in einer zB durch etwaige Minderleistungen bedingten geringeren Grundprämie oder durch andere, nicht risikoprüfungsrelevante Elemente, wie zB eine garantierte Beitragsrückerstattung im Zieltarif, gegeben sein kann.[52]

28 **b) Erneute Vereinbarung von Risikozuschlägen des Ausgangstarifs im Zieltarif.** Aus den speziellen Regelungen von Nr. 1 Hs 2 und Hs 3 folgt nicht, dass der VR bei einem Tarifwechsel nur dann einen Zuschlag erheben darf, wenn eine höhere oder umfassendere Leistung in dem neuen Tarif versprochen wird. Vielmehr ist dies auch im Rahmen von Nr. 1 Hs 1 zulässig, wenn dabei die aus dem bisherigen Vertrag erworbenen Rechte und die Alterungsrückstellung angerechnet werden.[53] Es ist insb. zulässig, beim Tarifwechsel im Zieltarif einen Risikozuschlag zu vereinbaren, wenn ein solcher Zuschlag bereits nach dem alten Tarif zu bezahlen war.[54]

29 **5. Ausgestaltung des Tarifwechselrechts bei unterschiedlichen Strukturen zwischen Ausgangstarif und Zieltarif. a) Problemaufriss.** Die Frage der Ausgestaltung eines

---

48 Schwintowski/Brömmelmeyer/*Brömmelmeyer*, § 208 Rn 1.
49 Vgl hierzu auch Langheid/Wandt/*Boetius*, § 203 Rn 111.
50 Bach/Moser/*Kalis*/Schoenfeldt, § 1 MB/KK Rn 113 f.
51 *Wriede*, VersR 1996, 271.
52 So iE auch Prölss/Martin/*Voit*, § 204 Rn 31.
53 BVerwG 5.3.1999 – 1 A 1/97, VersR 1999, 743, 745.
54 BVerwG 5.3.1999 – 1 A 1/97, VersR 1999, 743, 745.

Tarifwechsels bei infolge anderweitiger Kalkulation unterschiedlichen Tarifstrukturen ist nur schwer mit Hilfe des Wortlauts der Vorschrift sachgerecht zu beantworten. Derart unterschiedliche Kalkulationsansätze liegen bei einem Wechsel aus einem Tarif vor, dessen Grundprämie einen hohen Anteil an Risiken beinhaltet, die nicht zur Erhebung individueller Risikozuschläge führen (Pauschaltarif), in einen Tarif, dessen Grundprämie auf Basis sog. **bester Risiken** kalkuliert ist und bei dem Vorerkrankungen überwiegend zur Vereinbarung individueller Risikozuschläge führen. Zweifelsohne dürfen derartige strukturelle Unterschiede zwischen den Tarifen nicht dazu führen, dass dem Versicherten der Tarifwechsel abgeschnitten wird. Es wäre aber auch nicht sachgerecht, den Versicherten aus dem Alttarif ohne weiteres im Zuge des Tarifwechsels in den Genuss der niedrigeren Grundprämie des Zieltarifs kommen zu lassen, da dies ansonsten zu einer Unterfinanzierung der Grundprämie des Zieltarifs führen würde, die zu Lasten des Kollektivs des neuen Tarifs gehen würde. Das hätte zur Folge, dass sich infolge der Wechselströme die Grundprämien von Ausgangstarif und Zieltarif sukzessive angleichen würden. Umgekehrt muss aber auch sichergestellt werden, dass der Versicherte im Zuge eines derartigen Tarifwechsels nicht schlechter gestellt wird als im Ausgangstarif.

b) Kernaussagen der Rspr zum Regelungsgehalt der Vorschrift. Das BVerwG hat in einer Grundsatzentscheidung zu dieser Frage festgestellt, dass dieser Sachverhalt vom Gesetzgeber möglicherweise bei Schaffung des Gesetzes nicht gesehen worden ist, und einige wesentliche Kernaussagen hierzu getroffen.[55] Das Gesetz gibt danach keinen Hinweis darauf, dass bei einem Tarifwechsel die Folgen, die sich aus der mangelnden Vergleichbarkeit der kalkulatorischen Grundlagen des bisherigen und des neuen Tarifs ergeben, einseitig zu Lasten des VR gehen müssten. Insbesondere enthält die Vorschrift weder ein Verbot, Risikozuschläge zu verlangen, wenn im bisherigen Tarif höhere Risiken durch eine Pauschalprämie berücksichtigt wurden und deswegen keine Risikozuschläge zu bezahlen waren, noch ein Verbot, die neuen Risikozuschläge auf eine anders kalkulierte Grundprämie prozentual oder absolut höher als die alte zu bemessen.[56] Allerdings können die Kriterien des neuen Tarifs auf den VN mit dem Gesundheitszustand bei Abschluss des ursprünglichen Tarifs angewendet werden. Sieht der neue Tarif Zuschläge bei Erkrankungen vor, die nach dem ursprünglichen Tarif keine Zuschläge rechtfertigen, so kann der VR diese Zuschläge verlangen, solange er nur die Kriterien auf den damaligen Gesundheitszustand des Versicherten anwendet.[57]

Dem in der Lit. vertretenen Ansatz der Erhebung eines „**pauschalen Risikozuschlags**", der die kalkulatorischen Unterschiede zwischen Ausgangs- und Zieltarif ausgleicht,[58] hat das BVerwG in seiner jüngsten Entscheidung eine Absage erteilt.[59] Vielmehr ist in diesen Fällen die ursprüngliche, auf der Gesundheitsprüfung bei Vertragsschluss im Alttarif beruhende Risikoeinstufung des VN in die Risikoeinstufung des neuen Tarifs einzupassen.[60] Der bei Vertragsbeginn festgestellte Gesundheitszustand darf dabei nicht neu bewertet werden.[61] Die Risikoeinstufung entspricht somit dem bei Vertragsbeginn festgestellten Gesundheitszustand.[62] Der

---

55 BVerwG 5.3.1999 – 1 A 1/97, VersR 1999, 743; bestätigt durch BVerwG 23.6.2010 – 8 C 42.09, VersR 2010, 1345 ff.
56 BVerwG 5.3.1999 – 1 A 1/97, VersR 1999, 743, 745.
57 Prölss/Martin/*Voit*, § 204 Rn 24; BVerwG 5.3.1999 – 1 A 1/97, VersR 1999, 743; OLG München 27.2.2014 – 25 U 4550/13, VersR 2014, 1447.
58 Zu Einzelheiten der Ausgestaltung und rechtlichen Rahmenbedingungen eines pauschalen Risikozuschlags vgl *Lorenz/Wandt*, VersR 2008, 7.
59 BVerwG 23.6.2010 – 8 C 42.09, VersR 2010, 1345.
60 BVerwG 23.6.2010 – 8 C 42.09, VersR 2010, 1345, 1347.
61 BVerwG 23.6.2010 – 8 C 42.09, VersR 2010, 1345, 1348.
62 *Hofer et al.*, VersR 2008, 1007, 1010; Looschelders/Pohlmann/*Reinhard*, § 204 Rn 12; *Brömmelmeyer*, VersR 2010, 706, 708.

VR ist somit berechtigt, auf Basis der bei Antragstellung auf Aufnahme in den Ausgangstarif vom VN angegebenen bzw im Zuge der Antragsprüfung festgestellten und dokumentierten risikoerheblichen Vorerkrankungen hinsichtlich der Mehrleistungen des Zieltarifs eine Risikoprüfung nach den gleichen Grundsätzen durchzuführen, die für Neukunden des Zieltarifs gelten (sog. **Erstantragsauswertung**).[63]

III. Allgemeine Ausgestaltung des Tarifwechselrechts infolge des GKV-WSG (Abs. 1 S. 1 Nr. 1)

32 Durch das GKV-WSG wurde das gesetzliche Tarifwechselrecht des Versicherten nach Abs. 1 S. 1 Nr. 1 grds. im bisherigen Umfang beibehalten. Eine Besonderheit hinsichtlich der **Wahl des Zieltarifs** ergibt sich für **Altkunden**, die vor dem 1.1.2009 ihren Vertrag abgeschlossen haben, aus der im Zuge der Umsetzung des GKV-WSG geschaffenen neuen Generation von Tarifen mit Wechselleistung (s. näher Rn 47 ff). Altkunden können im Gegensatz zu Neukunden mit Vertragsschluss nach dem 1.1.2009 im Rahmen des unternehmensinternen Tarifwechsels wählen, ob sie in einen Zieltarif der Tarifgeneration mit Aufbau einer Wechselleistung ab dem Zeitpunkt des Tarifwechsels wechseln wollen oder in einen Tarif der alten Welt ohne Wechselleistung. Für Neukunden besteht diese Wahlmöglichkeit wegen der Vorschrift des § 12 Abs. 1 Nr. 5 VAG nicht.

IV. Tarifwechsel aus dem Basistarif in normale Krankheitskostentarife (Abs. 1 S. 1 Nr. 1 Hs 4)

33 **1. Zulässigkeit des Tarifwechsels aus dem Basistarif in Normaltarife.** Der Wortlaut des Gesetzes schränkt das Tarifwechselrecht aus dem Basistarif in die normale Tarifwelt der Krankheitskostenversicherungen desselben Unternehmens nicht speziell ein. Ein Tarifwechsel aus dem Basistarif in die Normaltarifwelt ist somit grds. möglich.

34 **2. Möglichkeit des Ausschlusses des Tarifwechselrechts aus dem Basistarif in Normaltarife.** Nach Abs. 1 S. 1 Nr. 1 kann der VR bei einem Tarifwechsel aus dem Basistarif in einen anderen Tarif lediglich den bei Aufnahme in den Basistarif festgestellten Risikozuschlag verlangen. Leistungsausschlüsse oder gar die Ablehnung des Tarifwechsels durch den VR erwähnt das Gesetz in diesem Zusammenhang nicht. Insoweit steht das Gesetz aber in Widerspruch zur Regelung des § 193 Abs. 5, der die Kontrahierungspflicht des VR ausdrücklich nur auf den Basistarif begrenzt. Diese Begrenzung greift aber faktisch nicht, wenn der Tarifwechsel aus dem Basistarif in andere Krankheitskostenvollversicherungstarife uneingeschränkt zugelassen wird. Die Folge wäre, dass der VR entgegen dem Wortlaut des § 193 Abs. 5 nicht nur im Basistarif, sondern über das Tarifwechselrecht mittelbar auch in allen anderen Krankheitskostentarifen kontrahierungspflichtig wäre.

35 Es stellt sich in diesem Zusammenhang speziell die Frage, ob im Rahmen der nach § 203 Abs. 1 S. 3 zulässigen Risikoprüfung bei Aufnahme in den Basistarif auch die Nichtversicherbarkeit in einem normalen Krankheitskostenvollversicherungstarif des VR festgestellt und damit das Recht ausgeschlossen werden kann, später nach Abs. 1 S. 1 Nr. 1 in einen Normaltarif zu wechseln. Da der Gesetzgeber die Kontrahierungspflicht in § 193 Abs. 5 explizit auf den Basistarif begrenzt hat, ist davon auszugehen, dass im Rahmen der Risikoprüfung bei Aufnahme in den Basistarif auch ein späterer Tarifwechsel in die normalen Krankheitskostenvollversicherungstarife des VR ausgeschlossen werden kann.[64]

---

[63] OLG München 27.2.2014 – 25 U 4550/13, VersR 2014, 1447; LG Berlin 19.7.2013 – 23 O 178/12; LG Regensburg 25.6.2014 – 3 O 1010/13 (4).
[64] Marlow/Spuhl/*Marko*, Rn 1362 f.

Im Ergebnis spricht daher viel für die Annahme, dass § 193 Abs. 5 S. 1, der den Kontrahierungszwang des VR ausdrücklich auf den Basistarif beschränkt, insoweit als spezielle Regelung dem Tarifwechselrecht des § 204 vorgeht. Abs. 1 S. 1 Nr. 1, der die Möglichkeit der Erhebung von Risikozuschlägen bei Wechsel aus dem Basistarif in andere Tarife vorsieht, greift nach dieser Lesart folglich nur in den Fällen, in denen der VR bei Aufnahme in den Basistarif die Versicherbarkeit in anderen Tarifen nicht ausdrücklich ausgeschlossen hat. 36

3. Zulässigkeit einer ergänzenden Risikoprüfung für Mehrleistungen des Zieltarifs. 37
§ 204 regelt nicht ausdrücklich, ob und ggf in welchem Umfang bei einem späteren Tarifwechsel für Mehrleistungen des Zieltarifs eine ergänzende Risikoprüfung zulässig ist und welche Folgen daran geknüpft sind. Aus der Formulierung des Abs. 1 S. 1 Nr. 1, wonach der VR bei einem Wechsel aus dem Basistarif berechtigt ist, auch den bei Vertragsschluss ermittelten Risikozuschlag zu verlangen, ist ersichtlich, dass dieses Recht ergänzend zum in Abs. 1 S. 1 Nr. 1 Hs 2 geregelten Grundsatz gelten soll, wonach generell bei Tarifwechsel hinsichtlich von Mehrleistungen die Vereinbarung von Risikozuschlägen, Wartezeiten und Leistungsausschlüssen zulässig ist.

V. Tarifwechsel in den Basistarif (Abs. 1 S. 1 Nr. 1 Hs 5)

1. Allgemeines. Für den Zugang zum Basistarif durch Bestandskunden unterscheidet das Gesetz zwischen Kunden nach Abs. 1 S. 1 Nr. 1 Buchst. a, deren bestehende Krankheitskostenversicherung nach dem 1.1.2009 abgeschlossen wurde (im Folgenden: „PKV-Neukunden"), und VN nach Abs. 1 S. 1 Nr. 1 Buchst. c, deren bestehende Krankheitskostenversicherung vor dem 1.1.2009 abgeschlossen wurde (im Folgenden: „PKV-Altkunden"). Die sich theoretisch ergebende Regelungslücke für Vertragsabschlüsse am 1.1.2009 beruht offenbar auf einem redaktionellen Versehen des Gesetzgebers und dürfte in der Praxis nicht relevant sein, da der 1. Januar in Deutschland ein gesetzlicher Feiertag ist. Wie sich aus der korrespondierenden Regelung der § 12 Abs. 1 b S. 1 Nr. 4 VAG, § 193 Abs. 5 S. 1 Nr. 4 herleiten lässt, ist ein Vertragsschluss nach dem 31.12.2008 gemeint. 38

Ein unternehmensübergreifendes Tarifwechselrecht in den Basistarif sieht das Gesetz nicht vor. Faktisch besteht ein solches aber durch die Kündigungsmöglichkeit, die Regelung der Mitgabe von Alterungsrückstellungen in Abs. 1 S. 1 Nr. 2 sowie durch den Annahmezwang im Basistarif nach § 193 Abs. 5 Nr. 1 Buchst. a. PKV-Altkunden stand diese Möglichkeit aber nur im ersten Halbjahr 2009 offen. Allerdings werden in diesen Fällen Alterungsrückstellungen nur teilweise mitgegeben (s. Rn 56 ff). 39

2. Wechselmöglichkeit für PKV-Neukunden (Abs. 1 S. 1 Nr. 1 Buchst. a). PKV-Neukunden können nach Abs. 1 S. 1 Nr. 1 **Buchst. a** unabhängig vom erreichten Lebensalter zeitlich unbefristet in den Basistarif desselben VR wechseln. Für die Alterungsrückstellungen gelten insoweit keine Besonderheiten im Vergleich zum herkömmlichen Tarifwechsel, dh, diese werden nach Abs. 1 S. 1 voll angerechnet. Das Wechselrecht wird in den neuen Tarifen seit Januar 2009 als eigenständige Wechselleistung tariflich festgeschrieben und kalkulatorisch berücksichtigt. 40

3. Wechselmöglichkeit für PKV-Altkunden (Abs. 1 S. 1 Nr. 1 Buchst. b und c). PKV-Altkunden können unter den in Abs. 1 genannten Voraussetzungen in den Basistarif des bestehenden VR wechseln. Für diesen Personenkreis gibt es eine allgemeine Regelung nach Abs. 1 S. 1 Nr. 1 Buchst. b sowie eine davon unabhängige – infolge des zwischenzeitlichen Zeitablaufs in der Praxis nicht mehr relevante – besondere Regelung nach Abs. 1 S. 1 Nr. 1 Buchst. c zum Wechsel in den Basistarif innerhalb eines eng begrenzten zeitlichen Wechselfensters im ersten Halbjahr 2009. 41

42 **a) Allgemeine Wechselmöglichkeit.** Abs. 1 S. 1 Nr. 1 **Buchst. b** räumt PKV-Altkunden die Möglichkeit eines Wechsels in den Basistarif nach Vollendung des 55. Lebensjahres ein. Liegt diese Voraussetzung nicht vor, kommt ein Wechsel in den Basistarif auch dann in Betracht, wenn der VN die Voraussetzungen für den Anspruch auf eine Rente der gesetzlichen Rentenversicherung erfüllt und er diese Rente beantragt hat. Ein Wechsel in den Basistarif ist ferner möglich, wenn der VN ein Ruhegehalt nach beamtenrechtlichen oder vergleichbaren Vorschriften bezieht oder hilfebedürftig nach dem Zweiten oder Zwölften Buch Sozialgesetzbuch ist. Ruhegehaltsempfänger nach vergleichbaren Vorschriften sind insb. Dienstordnungsangestellte. Das sind Beschäftige von Berufsgenossenschaften oder Krankenkassen, die zwar in einem privatrechtlichen Angestelltenverhältnis stehen, für die aber beamtenrechtliche Grundsätze gelten.[65]

43 **b) Verhältnis zur Wechselmöglichkeit in den Standardtarif.** Es stellt sich die Frage, ob PKV-Altkunden unabhängig vom Wechselrecht in den Basistarif nach Abs. 1 S. 1 Nr. 1 Buchst. b auch noch unter den Voraussetzungen des § 257 Abs. 2 a SGB V in der bis zum 31.12.2008 geltenden Fassung die Möglichkeit des Wechsels in den Standardtarif offensteht. Der Wortlaut des § 257 a SGB V idF ab 1.4.2007 lässt die Auslegung zu, dass PKV-Altkunden nach wie vor das Recht haben, in den Standardtarif zu wechseln. Nach § 257 Abs. 2 a S. 2 iVm § 257 Abs. 2 a S. 1 Nr. 3 SGB V (jeweils idF ab 1.1.2009) müssen sich die PKV-Unternehmen zur Erlangung einer Bescheinigung nach § 257 Abs. 2 a S. 2 SGB V verpflichten, die in § 257 Abs. 2 a SGB V idF bis zum 31.12.2008 geltenden Pflichten in Bezug auf den Standardtarif einzuhalten. Das impliziert zum einen, dass der VR den PKV-Altkunden, die bereits im Standardtarif versichert sind, diesen weiterhin anbieten muss und kein automatischer Tarifwechsel in den Basistarif erfolgt. Zum anderen lässt sich aber daraus ableiten, dass PKV-Altkunden, die nach § 19 MB/KK, der auf § 257 Abs. 2 a SGB V idF bis zum 31.12.2008 verweist, ein Wechselrecht in den Standardtarif haben, auch nach dem 31.12.2008 auch noch weiterhin unter den Voraussetzungen des § 257 Abs. 2 a SGB V idF bis zum 31.12.2008 in den Standardtarif wechseln können.

44 In der Praxis wird diese Frage für PKV-Altkunden deshalb von großer Relevanz sein, weil der Standardtarif im Vergleich zum Basistarif ein deutlich besseres Preis-Leistungs-Verhältnis aufweist, da der allgemeine Kontrahierungszwang ohne Möglichkeit, Leistungsausschlüsse oder Risikozuschläge zu vereinbaren, sich beim Basistarif prämienerhöhend auswirkt.

45 **c) Sonderwechselrecht im ersten Halbjahr 2009.** Abs. 1 S. 1 Nr. 1 **Buchst. c** räumte PKV-Altkunden ein bis einschließlich 31.7.2009 befristetes Wechselrecht in den Basistarif des bestehenden VR ein. Dieses Wechselrecht war v.a. für PKV-Altkunden interessant, die sich ihren bestehenden Krankheitskostenversicherungsschutz nicht mehr leisten konnten oder wollten und für die ein Wechsel in den Standardtarif mangels Erfüllung der Voraussetzungen des § 257 Abs. 2 a SGB V nicht in Betracht kam.

46 Der Antrag auf Versicherung im Basistarif darf vom VR nur aus den in § 193 Abs. 5 S. 4 genannten Gründen abgelehnt werden.

VI. Mitgabe der kalkulierten Alterungsrückstellungen beim Wechsel des VR (Abs. 1 S. 1 Nr. 2)

47 **1. Allgemeines.** Der VR ist nach § 12 Abs. 1 Nr. 5 VAG verpflichtet, bei VersVerträgen, die seit dem 1.1.2009 abgeschlossen werden, im Rahmen des Wechsels des

---

[65] Zur Vertiefung vgl *Sander*, Die Stellung der Bediensteten von Sozialversicherungsträgern im Lichte von Art. 33 Abs. 4 GG, Göttingen 2000; Hauck/Noftz/*Gerlach*, Sozialgesetzbuch (SGB) V: Gesetzliche Krankenversicherung, K § 6, Rn 76.

Versicherten zu einem anderen VR als **Wechselleistung** die Mitgabe des Übertragungswertes des Teils der Versicherung vorzusehen, dessen Leistungen dem Basistarif iSd § 12 Abs. 1 a VAG entsprechen. Aus der Beschreibung des **Übertragungswertes** im Gesetz als der Teil, dessen Leistungen dem Basistarif entsprechen, ist ersichtlich, dass eine Mitgabe von Alterungsrückstellungen nur bei Wechsel aus einem KrankheitskostenvollVersVertrag in einen anderen KrankheitskostenvollVersVertrag bei einem neuen Anbieter erfolgt. Beim Wechsel aus einer Zusatzversicherung in eine Vollversicherung oder eine andere Zusatzversicherung werden keine Alterungsrückstellungen mitgegeben. Die Übertragung der anteiligen Alterungsrückstellung erfolgt auch nur bei einem Wechsel zwischen zwei PKV-Unternehmen und nicht bei einem Wechsel zur gesetzlichen Krankenversicherung.

Mit dieser aufsichtsrechtlichen Verpflichtung korrespondieren entsprechende Ansprüche des Versicherten im Rahmen der Neufassung des § 204 VVG 2009. Wie auch beim Wechselrecht in den Basistarif nach Abs. 1 S. 1 Nr. 1 unterscheidet Abs. 1 S. 1 Nr. 2 hinsichtlich der Mitgabe der kalkulierten Alterungsrückstellung beim Wechsel des VR zwischen Versicherungen, die vor dem 1.1.2009 abgeschlossen wurden (im Folgenden: „PKV-Altverträge"), und Vertragsabschlüssen nach dem 1.1.2009 (im Folgenden: „PKV-Neuverträge"). Abs. 1 S. 1 Nr. 2 Buchst. a sieht daher im Rahmen der Kündigung eines nach dem 1.1.2009 abgeschlossenen Vertrages die Möglichkeit der teilweisen Mitgabe der kalkulierten Alterungsrückstellung vor. Eine zeitlich befristete Sonderregelung zur Mitgabe von Alterungsrückstellungen bei Verträgen, die vor dem 1.1.2009 abgeschlossen wurden, findet sich in Abs. 1 S. 1 Nr. 2 Buchst. b. 48

Damit ist eine in bestehenden KrankheitskostenVersVerträgen bislang nicht vorgesehene Wechselleistung gesetzlich verankert worden. Bislang kamen im Falle einer Kündigung des VersVertrages die Alterungsrückstellungen im Wege der sog. Vererbung beitragsmindernd den Bestandsversicherten zugute. Die auf diese Weise erzielten Stornogewinne fallen künftig deutlich geringer aus.[66] In der Folge führte diese Regelung zu einer praktischen Verdoppelung der Krankheitskostenversicherungstarife: Es gibt seit dem 1.1.2009 weiterhin für Bestandskunden Alttarife ohne Wechselleistung und für Neukunden neue Tarife mit Wechselleistung. 49

2. Voraussetzungen des Anspruchs auf Mitgabe von Alterungsrückstellungen. Voraussetzung für die Mitgabe der Alterungsrückstellung ist nach Abs. 1 S. 1 Nr. 2 die **Kündigung** des alten Vertrages und der gleichzeitige Abschluss eines neuen Vertrages, der ganz oder teilweise den im gesetzlichen Sozialversicherungssystem vorgesehenen Krankenversicherungsschutz ersetzen kann, bei einem anderen Anbieter. Es stellt sich die Frage, welche Anforderungen an das Erfordernis der **Gleichzeitigkeit des Abschluss eines neuen Vertrages** zu stellen sind. In der Praxis dürfte diese Frage insb. in Fällen relevant sein, in denen PKV-Altkunden im Rahmen ihres Wechselrechts im ersten Halbjahr 2009 (s. näher Rn 56 ff) unter Mitnahme der Alterungsrückstellungen zu einem anderen VR wechseln wollten. 50

Nach wörtlicher Auslegung müsste der Neuabschluss des Vertrages „uno actu", dh im gleichen Zuge mit der Kündigung, erfolgt sein. Das wäre allerdings faktisch nicht umsetzbar gewesen und daher realitätsfremd. 51

Als weitere Möglichkeit kommt eine Auslegung in Betracht, wonach das Merkmal der Gleichzeitigkeit dann erfüllt ist, wenn der neue Vertrag **spätestens** zum Zeitpunkt der Kündigung abgeschlossen worden ist. Gegen diese Auslegung spricht allerdings, dass das Gesetz von „gleichzeitig" und nicht von „spätestens gleichzeitig" spricht. Im Übrigen würde diese Lesart dazu führen, dass das Zeitfenster im ersten Halbjahr 2009, das für die Entscheidung zur Verfügung stand, ob PKV-Altversicherte unter Mitnahme der Alterungsrückstellungen das Unternehmen wech- 52

---

66 Marlow/Spuhl/*Marko*, Rn 1370.

seln wollten oder nicht, entgegen der gesetzlichen Regelung faktisch erheblich verkürzt worden und für den Versicherten nicht mehr hinreichend konkret bestimmt wäre. Der VN hätte die Vertragsanbahnung bei einem neuen VR so rechtzeitig vornehmen müssen, dass es mit Sicherheit noch vor dem 30.6.2009 zu einem festen Vertragsschluss kam. Auf die Geschwindigkeit der Arbeitsabläufe beim neuen VR im Zusammenhang mit Risikoprüfung und Angebotserstellung hatte er aber keinen Einfluss. Diese hätte zu für den VN nicht hinnehmbare Unwägbarkeiten im Zuge des Wechsels geführt.

53 Zur Klärung der aufgeworfenen Frage bietet sich ein Blick auf die Regelung des § 205 Abs. 6 S. 2 an. Nach dieser Vorschrift wird die Kündigung einer Versicherung nach § 203 Abs. 3 S. 1 erst mit dem Nachweis wirksam, dass die versicherte Person bei einem neuen VR ohne Unterbrechung versichert ist. Eine wirksame Kündigung einer Versicherung nach § 193 Abs. 3 S. 1 ohne Abschluss und Nachweis eines entsprechenden Vertrages bei einem neuen Anbieter ist rechtlich somit überhaupt nicht möglich. Es besteht folglich eine unmittelbare Verknüpfung und „Gleichzeitigkeit" im übertragenen Sinne zwischen Kündigung des alten und Abschluss des neuen Vertrages.

54 Daher ist der Auslegung der Vorzug zu geben, wonach das Merkmal der „Gleichzeitigkeit des Abschlusses" im übertragenen Sinne zu verstehen ist. Es ist folglich auch dann erfüllt, wenn der Zeitpunkt des materiellen Beginns des Versicherungsschutzes im neuen Vertrag lückenlos an den Zeitpunkt des Wirksamwerdens der Kündigung des Altvertrages anknüpft.

55 **3. Mitgabe der Alterungsrückstellungen bei PKV-Neukunden (Abs. 1 S. 1 Nr. 2 Buchst. a).** Das Recht auf Mitgabe der kalkulierten Alterungsrückstellung steht nach Abs. 1 S. 1 Nr. 2 **Buchst. a** allen Kunden mit PKV-Neuverträgen zu. Diesen Kunden dürfen nach § 12 Abs. 1 Nr. 5 VAG dann nur noch Tarife angeboten werden, die eine Wechselleistung in Form der anteiligen Mitgabe der Alterungsrückstellung vorsehen. Bei allen späteren Wechseln des VR können daher die bis dahin angesparten Alterungsrückstellungen des Teils der Versicherung mitgenommen werden, der dem Basistarif entspricht. Das setzt allerdings in der Praxis voraus, dass die Versicherungszeit beim bisherigen VR ausreichend lang ist, um unter Berücksichtigung der Zillmerung der Abschlusskosten überhaupt eine nennenswerte Alterungsrückstellung aufgebaut zu haben.

56 **4. Mitgabe der Alterungsrückstellungen bei PKV-Altkunden (Abs. 1 S. 1 Nr. 2 Buchst. b).** Der Gesetzgeber hat auch für Versicherte mit PKV-Altverträgen in Abs. 1 S. 1 Nr. 2 **Buchst. b** die Möglichkeit eingeräumt, die kalkulierte Alterungsrückstellung an den neuen VR übertragen zu lassen, sofern sie den alten Vertrag gegenüber dem bisherigen VR vor dem 1.7.2009 gekündigt haben. Anders als bei PKV-Neuverträgen bestand nach dem Wortlaut der Vorschrift der Anspruch auf Übertragung der kalkulierten Alterungsrückstellung aber nur bei Abschluss eines Vertrages im Basistarif des neuen VR. Versicherte, die in einen Krankheitskostennormaltarif eines anderen VR wechseln wollten, mussten daher zunächst den Umweg über den Basistarif des neuen VR gehen und dann unverzüglich nach Abs. 1 S. 1 in den Normaltarif wechseln, sofern sie im Zuge des Wechsels den Anspruch auf Übertragung von Alterungsrückstellungen geltend machen wollten.

57 Es stellt sich die Frage, ob PKV-Altkunden, die im ersten Halbjahr 2009 nach Abs. 1 S. 1 Nr. 2 Buchst. c zu einem anderen PKV-VR gewechselt sind, einen **Neuvertrag** iSd Abs. 1 S. 1 Nr. 2 Buchst. a abgeschlossen haben. In diesem Fall wären PKV-Altkunden, die sich ein dauerhaftes Recht auf Übertragung der kalkulatorischen Alterungsrückstellung sichern wollten, angehalten gewesen, im ersten Halbjahr 2009 in jedem Fall einen neuen Vertrag bei einem anderen VR abzuschließen.

Für eine derartige Auslegung spricht der isoliert betrachtete Wortlaut von Abs. 1 **58**
S. 1 Nr. 2 Buchst. a, da der Wechsel zu einem anderen VR den Abschluss eines neuen Vertrages bedingt.

Ein solches Ergebnis würde aber in Widerspruch zu der in Abs. 1 S. 1 Nr. 1 und 2 **59**
enthaltenen generellen Zweiteilung in PKV-Altkunden und PKV-Neukunden stehen. Bedeutung für die Entscheidung dieser Rechtsfrage kommt auch dem Gang des Gesetzgebungsverfahrens zu. Ursprünglich sah der Regierungsentwurf zu § 161 VAG eine Begrenzung der Portabilität der Alterungsrückstellungen vor. Die Versicherten sollten nicht mit ihrem tatsächlichen Eintrittsalter eingestuft werden, sondern mit dem fiktiven Alter von 40 Jahren. Nur soweit das Eintrittsalter höher als 40 war, sollte das tatsächliche Lebensalter gelten.[67] Damit sollte zum Schutz des Altbestands der Umfang der Mitgabe von Alterungsrückstellungen zusätzlich begrenzt werden.

Aus der Begründung zu § 12 g VAG-RegE ergibt sich eindeutig, dass der Gesetzgeber die Schutzbedürftigkeit des Altbestands gesehen und die nunmehrige Regelung, **60**
insb. wegen der zeitlichen Befristung des Wechselrechts, als im Vergleich zum ursprünglichen RegE gleichwertigen Schutz für den Altbestand erachtet hatte.[68] Ein annähernd gleichwertiger Schutz für den Altbestand erfordert allerdings eine Auslegung des Abs. 1 S. 1 Nr. 2 Buchst. a dahingehend, dass es auf den erstmaligen Abschluss eines privaten KrankheitskostenVersVertrages ankommt. PKV-Altkunden haben daher im Zuge des Wechsels zu einem anderen VR im ersten Halbjahr 2009 kein dauerhaftes Recht auf Übertragung der kalkulatorischen Alterungsrückstellungen nach Abs. 1 S. 1 Nr. 2 Buchst. a erworben.

5. Besonderheiten bei der Anwartschaftsversicherung. Es stellt sich die Frage, ob **61**
auch Versicherte, die lediglich eine Anwartschaftsversicherung abgeschlossen haben, unter den Voraussetzungen des Abs. 1 S. 1 Nr. 2 einen Anspruch gegen ihren bisherigen VR auf Mitgabe von Alterungsrückstellungen haben.

Die Anwartschaftsversicherung stellt bereits eine Krankheitskostenversicherung **62**
iSd Abs. 1 dar, die lediglich die Besonderheit aufweist, dass **noch kein Leistungsanspruch** besteht.

Bei der **Anwartschaftsversicherung** ist zwischen einer „kleinen" Anwartschaftsversicherung und einer „großen" Anwartschaftsversicherung zu unterscheiden. Während bei der **kleinen** Anwartschaftsversicherung lediglich das Eintrittsalter und der Gesundheitszustand des Versicherten bei Vertragsschluss für den Fall eines Wechsels in eine Krankheitskostenvollversicherung festgeschrieben werden, erfolgt bei der **großen** Anwartschaftsversicherung bereits zusätzlich der Aufbau einer Alterungsrückstellung. Die Frage, ob bei Kündigung des Vertrages und gleichzeitigem Neuabschluss eines neuen Vertrages bei einem anderen VR nach Abs. 1 S. 1 Nr. 2 Alterungsrückstellungen mitgegeben werden müssen oder nicht, stellt sich somit nur bei der großen Anwartschaftsversicherung. **63**

Der Wortlaut des Abs. 1 S. 1 Nr. 2, der als Voraussetzung für die Mitgabe der Alterungsrückstellung den Abschluss eines neuen Vertrages fordert, der ganz oder teilweise den im gesetzlichen Sozialversicherungssystem vorgesehenen Krankenversicherungsschutz ersetzen kann, spricht für folgende differenzierte Betrachtung: Schließt der Versicherte beim neuen VR lediglich erneut eine Anwartschaftsversicherung ab, besteht kein Anspruch gegen den bisherigen VR auf Mitgabe der Alterungsrückstellung, da eine Anwartschaftsversicherung keine Leistungsansprüche gewährt und daher nicht substitutiv iSd Abs. 1 S. 1 Nr. 2 ist. Im Falle des Abschlusses einer Krankheitskostenvollversicherung bei einem anderen VR besteht **64**

---

67 RegE zu § 161 VAG, BR-Drucks. 755/06, S. 235.
68 Begr. zum GKV-WSG, BT-Drucks. 16/3100, S. 208.

dagegen ein Anspruch gegen den bisherigen VR auf Mitgabe der im Rahmen der Anwartschaftsversicherung aufgebauten Alterungsrückstellung.

VII. Anspruch auf Vereinbarung eines Zusatztarifs beim Wechsel in den Basistarif (Abs. 1 S. 2, 3)

65 Abs. 1 S. 2 räumt dem VN das Recht auf Abschluss eines Zusatzversicherungstarifs ein, in dem die über den Basistarif hinausgehende Alterungsrückstellung anzurechnen ist. Sinn und Zweck der Regelung ist die Vermeidung des teilweisen Verlusts von Alterungsrückstellungen beim Wechsel in den Basistarif eines anderen VR. Abs. 1 S. 3 stellt klar, dass der VN auf das Recht zur Portabilität **nicht verzichten** kann. Damit soll eine negative Risikoentmischung begrenzt werden.[69] Praktisch wird diese Regelung nur für wechselwillige VN von Interesse sein, die in den Basistarif eines anderen Unternehmens wechseln und dort dauerhaft verbleiben wollen oder – infolge ihres Gesundheitszustands – dauerhaft verbleiben müssen. Gesunde VN werden zumindest beim Wechsel in den Basistarif eines anderen Unternehmens regelmäßig unverzüglich in einen preiswerteren, höherwertigen Vollversicherungstarif wechseln und daher keinen Bedarf an einem Zusatztarif beim alten Anbieter haben.

66 Eine Verpflichtung für den VR, einen „passgenauen" Zusatztarif anzubieten, der die Leistungsdifferenz des herkömmlichen Krankheitskostenvollversicherungstarifs, aus dem der Versicherte wechselt, zum Basistarif ausgleicht, kann weder dem Gesetz noch der Gesetzesbegründung entnommen werden. Der Anspruch ist also auf das Spektrum an bestehenden Zusatzversicherungen des VR beschränkt, in denen der Wechselwillige versicherungsfähig iSd Tarifbedingungen ist.

VIII. Recht auf Fortführung eines gekündigten Vertrages in Form einer Anwartschaftsversicherung (Abs. 4)

67 Bislang war es dem VR freigestellt, ob er im Falle der Kündigung eines Vertrages durch den VN dem Abschluss einer Anwartschaftsversicherung zustimmt oder nicht. Abs. 4 räumt den VN nunmehr das Recht ein, eine gekündigte Krankenversicherung, soweit diese nach Art der Lebensversicherung betrieben wird, in Form einer Anwartschaftsversicherung fortzuführen. Dabei werden die aus dem Vertrag erworbenen Rechte und die Alterungsrückstellung angerechnet, sofern der Abschluss der Anwartschaftsversicherung im unmittelbaren Anschluss an die Kündigung erfolgt. Der Gesetzgeber geht in der Gesetzesbegründung davon aus, dass eine derartige Anwartschaftsversicherung zur Erhaltung des niedrigeren Eintrittsalters nach § 2 Abs. 1 auch rückwirkend abgeschlossen werden kann. In diesem Fall muss aber der Verlust der Alterungsrückstellung in Kauf genommen werden, da die Alterungsrückstellung nach der Kündigung des Vertrages zugunsten des verbleibenden Versichertenkollektivs aufgelöst wurde.[70]

68 Der neue Anspruch beschränkt sich auf Personen, die nur vorübergehend die Leistungen aus dem KrankheitskostenVersVertrag nicht in Anspruch nehmen können. Ein häufiger Anwendungsfall ist zB ein **vorübergehender Auslandsaufenthalt**.[71] Weitere Beispiele wären der vorübergehende Eintritt der Versicherungspflicht wegen temporären Unterschreitens der Verdienstgrenze für die Versicherungspflicht oder Überschreitens der sozialversicherungsrechtlichen Zuverdienstgrenze für Studenten.

69 Offen ist, ob Abs. 4 den Anspruch auf Abschluss einer sog. große Anwartschaftsversicherung begründet, bei der während der Dauer der Anwartschaftsversiche-

---

[69] Begr. zu Art. 43 zu Nr. 4 (§ 178 f) GKV-WSG, BT-Drucks. 16/3100, S. 207.
[70] Begr. zu Art. 43 zu Nr. 4 (§ 178 f) GKV-WSG, BT-Drucks. 16/3100, S. 207.
[71] Begr. zu Art. 43 zu Nr. 4 (§ 178 f) GKV-WSG, BT-Drucks. 16/3100, S. 207.

rung auch zusätzliche Alterungsrückstellungen aufgebaut werden, oder ob der Anspruch auf eine sog. kleine Anwartschaftsversicherung begrenzt ist, bei der lediglich bestehende Alterungsrückstellungen konserviert werden. Wegen des damit verbundenen Eingriffs in die Privatautonomie ist Abs. 4 restriktiv auszulegen. Dem Sinn und Zweck der Vorschrift, Versicherte im Falle der vorübergehenden Verhinderung der Fortführung ihrer Versicherung vor dem Verlust ihrer Alterungsrückstellungen und das jüngere Eintrittsalter zu bewahren, wird durch eine kleine Anwartschaftsversicherung hinreichend Rechnung getragen. Es besteht somit kein praktisches Bedürfnis einer extensiven Auslegung der Vorschrift im Sinne eines Anspruchs auf Abschluss einer großen Anwartschaftsversicherung. Das schließt nicht aus, dass der Abschluss einer großen Anwartschaftsversicherung zwischen den Parteien einvernehmlich vereinbart wird. Ein entsprechender Anspruch des Versicherten ist aber zu verneinen.

§ 205 Kündigung des Versicherungsnehmers

(1) ¹Vorbehaltlich einer vereinbarten Mindestversicherungsdauer bei der Krankheitskosten- und bei der Krankenhaustagegeldversicherung kann der Versicherungsnehmer ein Krankenversicherungsverhältnis, das für die Dauer von mehr als einem Jahr eingegangen ist, zum Ende des ersten Jahres oder jedes darauf folgenden Jahres unter Einhaltung einer Frist von drei Monaten kündigen. ²Die Kündigung kann auch auf einzelne versicherte Personen oder Tarife beschränkt werden.

(2) ¹Wird die versicherte Person kraft Gesetzes kranken- oder pflegeversicherungspflichtig, kann der Versicherungsnehmer binnen drei Monaten nach Eintritt der Versicherungspflicht eine Krankheitskosten-, eine Krankentagegeld- oder eine Pflegekrankenversicherung sowie eine für diese Versicherungen bestehende Anwartschaftsversicherung rückwirkend zum Eintritt der Versicherungspflicht kündigen. ²Die Kündigung ist unwirksam, wenn der Versicherungsnehmer dem Versicherer den Eintritt der Versicherungspflicht nicht innerhalb von zwei Monaten nachweist, nachdem der Versicherer ihn hierzu in Textform aufgefordert hat, es sei denn, der Versicherungsnehmer hat die Versäumung dieser Frist nicht zu vertreten. ³Macht der Versicherungsnehmer von seinem Kündigungsrecht Gebrauch, steht dem Versicherer die Prämie nur bis zu diesem Zeitpunkt zu. ⁴Später kann der Versicherungsnehmer das Versicherungsverhältnis zum Ende des Monats kündigen, in dem er den Eintritt der Versicherungspflicht nachweist. ⁵Der Versicherungspflicht steht der gesetzliche Anspruch auf Familienversicherung oder der nicht nur vorübergehende Anspruch auf Heilfürsorge aus einem beamtenrechtlichen oder ähnlichen Dienstverhältnis gleich.

(3) Ergibt sich aus dem Versicherungsvertrag, dass bei Erreichen eines bestimmten Lebensalters oder bei Eintreten anderer dort genannter Voraussetzungen die Prämie für ein anderes Lebensalter oder eine andere Altersgruppe gilt oder die Prämie unter Berücksichtigung einer Alterungsrückstellung berechnet wird, kann der Versicherungsnehmer das Versicherungsverhältnis hinsichtlich der betroffenen versicherten Person binnen zwei Monaten nach der Änderung zum Zeitpunkt ihres Wirksamwerdens kündigen, wenn sich die Prämie durch die Änderung erhöht.

(4) Erhöht der Versicherer auf Grund einer Anpassungsklausel die Prämie oder vermindert er die Leistung, kann der Versicherungsnehmer hinsichtlich der betroffenen versicherten Person innerhalb von zwei Monaten nach Zugang der Änderungsmitteilung mit Wirkung für den Zeitpunkt kündigen, zu dem die Prämienerhöhung oder die Leistungsminderung wirksam werden soll.

(5) ¹Hat sich der Versicherer vorbehalten, die Kündigung auf einzelne versicherte Personen oder Tarife zu beschränken, und macht er von dieser Möglichkeit Ge-

brauch, kann der Versicherungsnehmer innerhalb von zwei Wochen nach Zugang der Kündigung die Aufhebung des übrigen Teils der Versicherung zu dem Zeitpunkt verlangen, zu dem die Kündigung wirksam wird. ²Satz 1 gilt entsprechend, wenn der Versicherer die Anfechtung oder den Rücktritt nur für einzelne versicherte Personen oder Tarife erklärt. ³In diesen Fällen kann der Versicherungsnehmer die Aufhebung zum Ende des Monats verlangen, in dem ihm die Erklärung des Versicherers zugegangen ist.

(6) ¹Abweichend von den Absätzen 1 bis 5 kann der Versicherungsnehmer eine Versicherung, die eine Pflicht aus § 193 Abs. 3 Satz 1 erfüllt, nur dann kündigen, wenn er bei einem anderen Versicherer für die versicherte Person einen neuen Vertrag abschließt, der dieser Pflicht genügt. ²Die Kündigung wird nur wirksam, wenn der Versicherungsnehmer innerhalb von zwei Monaten nach der Kündigungserklärung nachweist, dass die versicherte Person bei einem neuen Versicherer ohne Unterbrechung versichert ist; liegt der Termin, zu dem die Kündigung ausgesprochen wurde, mehr als zwei Monate nach der Kündigungserklärung, muss der Nachweis bis zu diesem Termin erbracht werden.

I. Normzweck ... 1	4. „Verspätete Kündigung" (S. 4) ... 21
II. Ordentliche Kündigung (Abs. 1) ... 2	IV. Grundlagenänderung (Abs. 3) ... 22
1. Regelungsgehalt und Kontext ... 2	V. Vertragsänderung (Abs. 4) ... 24
2. Allgemeine Kündigungsvoraussetzungen ... 4	VI. Teilbeendigung durch den VR (Abs. 5) ... 28
3. Hinweispflicht des VR ... 8	VII. Kündigung einer Pflichtversicherung (Abs. 6) ... 31
4. Außerordentliche Kündigung ... 12	VIII. Weitere praktische Hinweise ... 35
III. Eintritt der Versicherungspflicht (Abs. 2) ... 13	1. Grundsätzliches ... 35
1. Regelungsgehalt (S. 1) ... 13	2. Beweislast ... 36
2. Nachweispflicht (S. 2) ... 16	3. Feststellungsklage ... 37
3. Anteilige Prämienpflicht (S. 3) ... 20	4. Streitwert ... 39

I. Normzweck

1 Die in § 205 geregelten Kündigungsrechte sollen dem VN die Möglichkeit eines Versichererwechsels innerhalb der privaten Krankenversicherung (Abs. 1, 3–5) bzw zur gesetzlichen Krankenversicherung (Abs. 2) eröffnen.[1] Kündigungsanlass kann dem VN neben dem Eintritt der gesetzlichen Versicherungspflicht v.a. eine Änderung des ursprünglichen Vertragsgleichgewichts durch Prämienerhöhung, Leistungskürzung oder Ausscheiden einer versicherten Person bieten. Das besondere Kündigungsrecht des § 257 Abs. 2 c SGB V wurde zum 1.1.2009 aufgehoben.[2]

II. Ordentliche Kündigung (Abs. 1)

2 **1. Regelungsgehalt und Kontext.** Nach § 11 Abs. 2 S. 2 können die Parteien des VersVertrages auf das Kündigungsrecht einvernehmlich bis zur Dauer von zwei Jahren verzichten (s. auch § 195 Rn 8). Während dieser Zeit ist eine Kündigung des VersVertrages auch durch den VN ausgeschlossen. Nur wenn für die Krankheitskosten- oder Krankentagegeldversicherung eine Mindestversicherungsdauer nicht vereinbart ist und gleichzeitig der VersVertrag länger als ein Jahr laufen soll, gilt das ordentliche Kündigungsrecht des S. 1, das § 11 Abs. 4 insoweit verdrängt.[3]

---

[1] BT-Drucks. 12/6959, S. 106.
[2] Durch Art. 6 Nr. 3 Buchst. c des Gesetzes zur Änderung medizinprodukterechtlicher und anderer Vorschriften vom 14.6.2007 (BGBl. I S. 1066, 1096).
[3] Prölss/Martin/*Voit*, § 205 Rn 3.

Abs. 1 gilt auch, wenn der VersVertrag von vornherein auf unbefristete Zeit geschlossen ist.[4] Für kürzere Laufzeiten (Auslandsreisekrankenversicherung) gilt Abs. 1 nicht.[5] Dies ermöglicht eine Beendigung mit Ablauf der Mindestlaufzeit (vgl § 13 Abs. 1 MB/KK 09: „frühestens aber zum Ablauf einer vereinbarten Vertragsdauer"). Maßgeblich ist insofern das Jahr, beginnend ab dem technischen Versicherungsbeginn[6] (s. § 197 Rn 8). Bei einer Pflichtversicherung ist Abs. 6 zu beachten.

S. 2 ermöglicht eine Beschränkung der ordentlichen Kündigung des VN auf **einzelne versicherte Personen (zB Kinder) und Tarife**. Wegen vergleichbarer Interessenlage muss die Teilbeendigung auch für andere Beendigungstatbestände (insb. Anfechtung) seitens des VN gelten.[7] Nach der Gesetzeslage kann der VR die Fortführung des durch Teilbeendigung entstehenden „Rumpfvertrages" nicht ablehnen.[8] Dies gilt auch bei einem Pakettarif, der nur formal in mehrere Tarife aufgeteilt ist.[9] Es ist dann § 207 Abs. 2 zu beachten.

2. Allgemeine Kündigungsvoraussetzungen. Die Kündigung muss den Beendigungswillen – ggf durch Auslegung – deutlich zum Ausdruck bringen. Bloße „Ankündigungen" reichen nicht aus. Bei Vertretung sind §§ 174, 180 BGB zu beachten.[10] Grundsätzlich ist eine **Umdeutung** einer unwirksamen Kündigung in eine „andere" – wirksame – möglich, zB wird idR eine unwirksame außerordentliche Kündigung in eine wirksame ordentliche umgedeutet werden können.[11] Dies erfordert aber v.a. einen über die konkrete Kündigungserklärung hinausdauernden Beendigungswillen des VN; hierbei ist eine genaue Prüfung des Einzelfalles unabdingbar.[12] Zusätzlich darf die „neue" Kündigung über den Erfolg der ursprünglich gewollten nicht hinausgehen.[13] In einer unwirksamen Kündigung kann grds. auch ein Angebot auf Abschluss eines Aufhebungsvertrages gesehen werden.[14] Dessen Annahme wird durch Schweigen des VR nur bei besonderen Umständen im Einzelfall denkbar, idR aber nicht gegeben sein. Eine Annahme nach § 151 BGB kommt nicht in Betracht,[15] da es keine allgemeine Verkehrssitte gibt, wonach eine Annahmeerklärung durch den VR nicht zu erwarten ist.[16]

Die Kündigung ist grds. **bedingungsfeindlich**, es sei denn, der VR wird durch die Bedingung nicht in eine ungewisse Lage versetzt, sodass seine berechtigten Interessen nicht beeinträchtigt sein können.[17] Damit kann der VN die Wirksamkeit seiner Kündigung zB von einer endgültigen Ablehnung eines Leistungsantrags abhängig machen.[18]

---

4 BGH 12.9.2012 – IV ZR 258/11, r+s 2012, 552.
5 Langheid/Wandt/*Hütt*, § 205 Rn 9; *ders.*, in: Bach/Moser, § 13 MBKK Rn 3.
6 Wohl auch Bach/Moser/*Hütt*, § 13 MBKK Rn 15.
7 Langheid/Wandt/*Hütt*, § 205 Rn 13; *ders.*, in: Bach/Moser, § 13 MBKK Rn 16.
8 BK/*Hohlfeld*, § 178 h Rn 3; Prölss/Martin/*Voit*, § 205 Rn 7; Langheid/Wandt/*Hütt*, § 205 Rn 12.
9 Prölss/Martin/*Voit*, § 205 Rn 7.
10 Hierzu zB OLG Hamm 9.9.1987 – 20 U 161/87, r+s 1987, 331.
11 OLG Düsseldorf 21.12.2000 – 4 U 222/99, NVersZ 2001, 571.
12 ZB zur Umdeutung eines Widerrufs nach § 8 in eine Kündigung: OLG Karlsruhe 27.7.2006 – 12 U 34/06, VersR 2006, 1625; Übersicht mit Fallgruppen zur Umdeutung bei Bach/Moser/*Hütt*, § 13 MBKK Rn 10 ff.
13 BGH 15.12.1955 – II ZR 204/54, BGHZ 19, 269, 275.
14 BGH 10.2.1999 – IV ZR 56/98, r+s 1999, 186; BGH 6.5.1985 – VIII ZR 119/84, NJW 1985, 2579.
15 BGH 1.7.1987 – IVa ZR 63/86, VersR 1987, 923.
16 BGH 1.7.1987 – IVa ZR 63/86, VersR 1987, 923; BGH 31.1.1951 – II ZR 46/50, NJW 1951, 313.
17 OLG Hamm 16.6.1989 – 20 U 216/88, r+s 1989, 341; allgemein BGH 21.3.1986 – V ZR 23/85, NJW 1986, 2245.
18 Bach/Moser/*Hütt*, § 13 MBKK Rn 5.

6 Eine – ordentliche wie außerordentliche – Kündigung kann **nicht einseitig zurückgenommen** oder **widerrufen** werden. Das wirksam gekündigte Versicherungsverhältnis lebt nur dann wieder auf, wenn beide Vertragspartner dies vereinbaren.[19]

7 Grundsätzlich steht das Kündigungsrecht nur dem **VN** zu. Bei einem Gruppen-VersVertrag (s. § 206 Rn 14 ff) richtet sich das Kündigungsrecht der versicherten Person nach ihrem Rechtsverhältnis zum VN (Gruppenspitze). Fehlt es an einer entsprechenden Regelung und verkehrt der Versicherte – wie regelmäßig – direkt und von diesem geduldet mit dem VR, kann auch die Kündigungs- bzw Austrittserklärung direkt gegenüber dem VR abgegeben werden.[20]

8 **3. Hinweispflicht des VR.** Der VR ist nach Treu und Glauben (§ 242 BGB) verpflichtet, den VN auf die Unwirksamkeit einer von ihm ausgesprochenen Kündigung hinzuweisen.[21] Dies folgt aus dem VersVertrag, der in besonderer Weise vom Grundsatz von Treu und Glauben beherrscht wird.[22] Der Zweck der Aufklärungspflicht besteht darin, das gegenüber dem VR bestehende (Rechts-)Wissensgefälle zu nivellieren.[23] Es handelt sich um eine unselbständige, also nicht klagbare[24] vertragliche **Nebenpflicht**, nicht nur um eine Obliegenheit des VR.[25]

9 Voraussetzungen und **Reichweite** der Aufklärungspflicht können nur anhand der Umstände des jeweiligen Einzelfalles bestimmt werden. Grundsätzlich aber gilt: Der VN bedarf keiner Belehrung, wenn er die Unwirksamkeit der Kündigung positiv kennt, etwa im Falle einer von ihm auf denselben Kündigungsgrund gestützten, wiederholten Kündigung, die bereits zuvor vom VR mit zutreffender Belehrung zurückgewiesen worden war.[26] Dagegen wird zum Schutz des VN eine Hinweispflicht nicht entfallen, wenn er die Unwirksamkeit – auch grob – fahrlässig verkannt hat, es sei denn, er verschließt vor der möglichen Kenntnis der Unwirksamkeit arglistig die Augen.

10 Die Unwirksamkeit der Kündigung muss ihre Ursache in versicherungsrechtlichen Umständen haben, so dass ein „allgemeiner" Rechtsmangel, wie fehlende Geschäftsfähigkeit des VN, keine Hinweispflicht des VR begründet.[27] Die Unwirksamkeit kann sich aber etwa aus der Nichteinhaltung einer Kündigungsfrist ergeben. Inhaltlich muss neben dem Hinweis auf die Unwirksamkeit der Kündigung und deren unmissverständlicher Zurückweisung[28] auch eine knappe, jedoch verständliche Darlegung der konkreten Unwirksamkeitsgründe geliefert werden. Zu weit geht es allerdings, darüber hinaus unaufgefordert den Hinweis auf wirksame Kündigungsalternativen zu verlangen.[29] Seine rechtlichen Interessen bestmöglich wahrzunehmen, ist grds. Sache eines jeden Vertragspartners selbst. Dagegen kann sich der VR bei konkreten Fragen des VN nach bestehenden Möglichkeiten, sich

---

19 BGH 3.10.1984 – IVa ZR 76/83, VersR 1985, 54.
20 Eingehender Bach/Moser/*Hütt*, § 13 MBKK Rn 7.
21 BGH 14.1.2015 – IV ZR 43/14, r+s 2015, 140 = VersR 2015, 230; OLG Hamm 26.10.1990 – 20 U 71/90, VersR 1991, 663; OLG Karlsruhe 18.10.2001 – 12 U 161/01, VersR 2002, 1497; offen gelassen von BGH 1.7.1987 – IVa ZR 63/86, VersR 1987, 923; eingehend *Rogler*, r+s 2007, 140; abl. *Brams*, VersR 1997, 1308.
22 BGH 8.7.1991 – II ZR 65/90, VersR 1991, 1129.
23 *Rogler*, r+s 2007, 140.
24 Palandt/*Grüneberg*, § 242 BGB Rn 25.
25 *Rogler*, r+s 2007, 140; *Boetius*, PKV, § 205 VVG Rn 36.
26 OLG Koblenz 14.8.1998 – 10 U 1273/97, VersR 1999, 875.
27 Prölss/Martin/*Armbrüster*, vor § 11 Rn 32; *Rogler*, r+s 2007, 140.
28 So ausdr. zB OGH 8.3.1990 – 7 Ob 10/90, VersR 1991, 367; LG Marburg 2.3.1963 – 1 S 13/63, VersR 1963, 1191.
29 So aber LG Marburg 2.3.1963 – 1 S 13/63, VersR 1963, 1191; LG Saarbrücken 22.4.1965 – 2 S 256/64, VersR 1965, 945; wohl auch Bach/Moser/*Hütt*, § 13 MBKK Rn 11.

vom Vertrag zu lösen, seiner Pflicht auf zutreffende Auskunft nicht entziehen.[30] In zeitlicher Hinsicht ist die Hinweispflicht unverzüglich zu erfüllen, also ohne schuldhaftes Zögern (§ 121 Abs. 1 S. 1 BGB).[31] Demzufolge können im Einzelfall auch erforderliche zügige Ermittlungen des VR zu den Unwirksamkeitsgründen hinzunehmen sein.

Folge der unterlassenen Zurückweisung einer unwirksamen Kündigung ist nicht deren Wirksamkeit.[32] Dies ist rechtlich nicht begründbar.[33] Dagegen kann der VN bei schuldhafter Verletzung der Rückweisungspflicht Anspruch auf Schadensersatz, genauer auf das negative Interesse,[34] haben, zB bei Abschluss eines gleichartigen VersVertrages bei einem anderen VR. Insofern kommt dem VN ein Anscheinsbeweis zugute.[35]

Will der VR aus dem wegen Unwirksamkeit der Kündigung fortlaufenden VersVertrag einen Prämienanspruch geltend machen, ist er bei unterlassenem Hinweis nach § 242 BGB daran gehindert, sich auf die Unwirksamkeit der Kündigung zu berufen.[36] Wenn der VN für den Zeitraum zwischen (unwirksamer) Kündigungserklärung und letztendlichem Wirksamwerden der Kündigung (zB Vorlage des Anschlussversicherungsnachweises) wegen des noch fortbestehenden VersVertrages Leistungsansprüche aus der Krankheitskostenversicherung geltend macht, kann sich der VN seinerseits nicht auf einen unterbliebenen oder jedenfalls nicht bewiesenen Zugang des Hinweises des VR berufen.[37]

4. Außerordentliche Kündigung. Stets verbleibt dem VN das Recht zur außerordentlichen Kündigung. Auch wenn § 14 Abs. 3 MB/KK 09 und § 14 Abs. 2 MB/KT 08 nur das außerordentliche Kündigungsrecht des VR erwähnen, bleibt doch beiden Parteien eines VersVertrages grds. das Recht zur Kündigung aus wichtigem Grund nach § 314 Abs. 1 S. 1 BGB unbenommen[38] (s. im Einzelnen § 206 Rn 17 ff). Ein rechtfertigender Grund zur außerordentlichen Kündigung ist die grundlose und endgültige Vertragsverweigerung des VR[39] oder die Unzumutbarkeit einer Fortsetzung des VersVertrages für den VN bis zu dessen Beendigung durch ordentliche Kündigung wegen einer sonstigen schwerwiegenden Vertragsverletzung des VR.[40] Differenzen im Einzelfall (Leistungsablehnung) reichen dagegen ebenso wenig wie eine sonstige schuldhafte, aber nur „durchschnittliche" Vertragsverletzung.

---

30 *Leverenz*, VersR 1999, 525, 532.
31 LSG Essen 16.8.2000 – L 10 P 92/99, VersR 2001, 1228.
32 BGH 14.1.2015 – IV ZR 43/14, r+s 2015, 140 = VersR 2015, 230; BGH 5.6.2013 – IV ZR 277/12, r+s 2013, 424; BSG 29.11.2006 – B 12 P 1/05 R, r+s 2007, 144 m. zust. Anm. *Rogler*, S. 140; aA noch OLG Hamm 26.10.1990 – 20 U 71/90, VersR 1991, 663; OLG Karlsruhe 18.10.2001 – 12 U 161/01, VersR 2002, 1497.
33 Eingehend *Rogler*, r+s 2007, 140; zust. *Boetius*, PKV, § 205 VVG Rn 33.
34 BGH 16.1.2013 – IV ZR 94/11, r+s 2013, 185; BGH 8.2.1996 – IX ZR 215/94, VersR 1996, 1161.
35 BSG 29.11.2006 – B 12 P 1/05 R, r+s 2007, 144.
36 BGH 14.1.2015 – IV ZR 43/14, r+s 2015, 140 = VersR 2015, 230 (zu Abs. 6).
37 BGH 14.1.2015 – IV ZR 43/14, r+s 2015, 140 = VersR 2015, 230 (zu Abs. 6).
38 BGH 18.7.2007 – IV ZR 129/06, VersR 2007, 1260; Prölss/Martin/*Voit*, § 205 Rn 1.
39 OLG Oldenburg 8.2.1995 – 2 U 221/94, VersR 1995, 819: Rücktritt des VR; Prölss/Martin/*Armbrüster*, vor § 11 Rn 5 unter Hinweis auf BGH 22.6.1972 – II ZR 32/71, VersR 1972, 970.
40 LG Stuttgart 18.6.1998 – 6 S 448/97, r+s 1999, 256. Zu den Voraussetzungen eines daraus folgenden Schadensersatzanspruchs des VN: OLG Oldenburg 8.2.1995 – 2 U 221/95, VersR 1995, 819.

III. Eintritt der Versicherungspflicht (Abs. 2)

1. Regelungsgehalt (S. 1). Die Vorschrift nimmt § 5 Abs. 9 SGB V auf und gibt 13
dem VN ein **außerordentliches Kündigungsrecht**, wenn eine versicherte Person
(einschließlich des VN selbst; ggf ist § 207 Abs. 2 S. 2 zu beachten) in der gesetzlichen[41] Krankenversicherung versicherungspflichtig wird. Der VN soll so vor der
mit einer „Doppelversicherung" verbundenen Beitragsbelastung geschützt werden.[42] Die Voraussetzungen der Versicherungspflicht richten sich nach § 5 SGB V,
die §§ 6 und 7 SGB V regeln Fälle der Versicherungsfreiheit, § 8 SGB V regelt die
Befreiung von der Versicherungspflicht. Diese muss dem Abschluss des privaten
VersVertrages zeitlich nachfolgen.[43] Nach S. 5 ist dem Eintritt der gesetzlichen Versicherungspflicht der Anspruch auf Familienversicherung (§ 10 SGB V) und ein
nicht nur vorübergehender Anspruch auf Heilfürsorge (s. § 197 Rn 18) gleichgestellt. Vorübergehend ist ein solcher Anspruch, wenn bereits bei dessen Entstehen
dessen temporärer Charakter klar ist[44] (zB Wehrdienst oder Strafhaft[45]). Dann
macht eine Kündigung für den VN keinen Sinn; der VR wird sich als Nebenpflicht
aus dem VersVertrag in diesen Fällen einem Antrag auf temporäres Ruhen bzw
Umwandlung in eine Anwartschaftsversicherung nicht verschließen dürfen, sofern
der Zeitraum nicht vernachlässigbar kurz ist;[46] der VR ist zur Zurückweisung
(s. Rn 8 ff) einer rechtsirrtümlich erklärten Kündigung verpflichtet.[47] Der Beihilfeanspruch fällt nicht unter S. 5 (s. § 197 Rn 18).[48] Bei Eintritt einer Beihilfeberechtigung wird der private Versicherungsschutz zwar nicht überflüssig; der VN kann
seinen geänderten Versicherungsbedarf nur durch ordentliche Teilkündigung nach
Abs. 1 anpassen, da § 199 Abs. 2 (s. § 199 Rn 3 ff) nicht entsprechend anwendbar
ist.

Nach S. 1 wirkt die Kündigung des VN auf den Zeitpunkt des Eintritts der Versi- 14
cherungspflicht zurück (**ex tunc**), wenn die Kündigung innerhalb von drei Monaten nach diesem Zeitpunkt zugeht.[49] Wegen des vorgenannten Zwecks der Norm
entfällt das Kündigungsrecht nicht schon deshalb, weil bzw wenn im Zeitpunkt
der Kündigungserklärung die gesetzliche Versicherungspflicht bereits wieder geendet hat.[50] Ein Verstoß des VN gegen Treu und Glauben kann nur dann angenommen werden, wenn feststeht, dass der VN die gesetzliche Versicherungspflicht für
kurze Zeit in der Absicht herbeigeführt hat, um sich vorzeitig aus dem VersVertrag
zu lösen.[51] S. 1 schränkt den Umfang der Kündigungsmöglichkeit für den VN
nicht ein. Dies erschließt sich aus der in Abs. 3 und 4 enthaltenen Beschränkung
(„hinsichtlich der betroffenen versicherten Person"), die Abs. 2 gerade nicht enthält. Maßgeblich ist also alleine der Eintritt der Versicherungspflicht. An diesen
schließt sich das Recht an, den betroffenen VersVertrag in vollem Umfang oder
aber nur beschränkt auf den Umfang des Eintritts der Versicherungspflicht zu kün-

---

41 Versicherungspflicht nach § 193 Abs. 3 reicht nicht: Prölss/Martin/*Voit*, § 205 Rn 11; Langheid/Wandt/*Hütt*, § 205 Rn 14.
42 BGH 3.11.2004 – IV ZR 214/03, VersR 2005, 66; Langheid/Wandt/*Hütt*, § 205 Rn 14.
43 BSG 29.11.2006 – B 12 P 1/05 R, r+s 2007, 144 m. zust. Anm. *Rogler*, S. 140; OLG Düsseldorf 17.8.2010 – 4 U 2/10, VersR 2010, 1439; aA Prölss/Martin/*Voit*, § 205 Rn 15 f.
44 Prölss/Martin/*Voit*, § 205 Rn 28; BK/*Hohlfeld*, § 178 h Rn 11.
45 OLG Hamm 13.7.2012 – 20 U 180/11, VersR 2013, 489.
46 Prölss/Martin/*Voit*, § 205 Rn 28.
47 OLG Hamm 13.7.2012 – 20 U 180/11, VersR 2013, 489.
48 Langheid/Wandt/*Hütt*, § 205 Rn 37; BK/*Hohlfeld*, § 178 h Rn 10; Bach/Moser/*Hütt*, § 13 MBKK Rn 25; Prölss/Martin/*Voit*, § 205 Rn 18.
49 BGH 3.11.2004 – IV ZR 214/03, VersR 2005, 66; *Boetius*, PKV, § 205 VVG Rn 77.
50 BGH 3.11.2004 – IV ZR 214/03, VersR 2005, 66.
51 BGH 3.11.2004 – IV ZR 214/03, VersR 2005, 66; Langheid/Wandt/*Hütt*, § 205 Rn 27; Bach/Moser/*Hütt*, § 13 MBKK Rn 17.

digen.[52] Dem ist jetzt auch in § 13 Abs. 3 S. 1 MB/KK 09 Rechnung getragen, indem dort die noch in § 13 MB/KK 94 enthaltene Einschränkung („soweit") weggefallen ist (s. § 13 MB/KK 09 Rn 2).

S. 1 beschränkt den **Kreis der kündbaren Versicherungen** auf – substitutive[53] – Krankheitskosten-, Krankentagegeld- und Pflegekrankenversicherungen, da nur bei diesen die Gefahr einer „Doppelversicherung" mit der gesetzlichen Krankenversicherung bestehen kann.[54] Erfasst werden auch Anwartschaftsversicherungen für die in S. 1 ausdrücklich genannten Versicherungen.[55] Mit der Verlängerung der Frist zur rückwirkenden Kündigung von zwei auf nunmehr drei Monate soll evtl Härten vorgebeugt werden, die sich aus einer kürzeren Frist ergeben können, da der Beginn des Laufs der Drei-Monats-Frist von einer **Kenntnis des VN** vom Eintritt der Versicherungspflicht unabhängig ist.[56] Dies bezweckt, Probleme bei der Rückabwicklung des zwischenzeitlich weitergelaufenen VersVertrages soweit als möglich zu reduzieren.[57] Der VN soll nicht mit doppelten Prämien belastet werden, während der VR nur für eine begrenzte Zeit trotz Übernahme des vollen Risikos keinen Ausgleich erhalten soll.[58] Deshalb ist ein Fristablauf auch möglich, wenn der Eintritt der Versicherungspflicht erst nach Fristablauf durch sozialgerichtliches Urteil festgestellt wird.[59] Auf Verschulden des VN kommt es insofern nicht an.[60] Die Frist beginnt mit Eintritt der Versicherungspflicht zu laufen.[61]

2. Nachweispflicht (S. 2).[62] Neu[63] ist die Pflicht des VN, den Eintritt der Versicherungspflicht (bloßer Nachweis der Versicherung an sich reicht nicht) **nachzuweisen**. Dies bezweckt, Rechtsunsicherheit über die Wirksamkeit der Kündigung bei Eintritt der gesetzlichen Kranken- oder Pflegeversicherungspflicht zu vermeiden.[64] S. 2 geht insoweit Abs. 6 als Spezialregelung vor.[65] Dieser Gesetzeszweck wird jedoch nicht ausnahmslos umgesetzt: Die Unwirksamkeit der Kündigung tritt nämlich nur bei einer schuldhaften Verletzung der Versäumung der Frist zur Erbringung des Nachweises ein. Wie die Gesetzesformulierung deutlich zum Ausdruck bringt, liegt die Beweislast für die **schuldlose Fristversäumung** beim VN.[66] Der Nachweis der „Schuldlosigkeit" kann etwa gelingen, wenn der VN seinerseits von seinem Arbeitgeber oder dem gesetzlichen Krankenversicherer eine entsprechende Bestätigung trotz rechtzeitiger Anforderung und regelmäßiger Mahnung nicht beibringen kann.[67] Damit hat es der VN letztlich in der Hand, die Unwirksamkeit seiner zunächst mit Wirksamkeitswillen ausgesprochenen Kündigung herbeizuführen („zweite Chance"). Diese Konsequenz der gesetzlichen Regelung wird man um des

---

52 AA Langheid/Wandt/*Hütt*, § 205 Rn 15; BK/*Hohlfeld*, § 178 h Rn 4.
53 *Boetius*, PKV, § 205 VVG Rn 70 f.
54 Langheid/Wandt/*Hütt*, § 205 Rn 15.
55 BT-Drucks. 16/3945, S. 114; VVG-KE S. 414.
56 BT-Drucks. 16/3945, S. 114; KG 20.4.2004 – 6 U 27/03, VersR 2005, 942; LG Freiburg 2.12.1999 – 3 S 85/99, VersR 2000, 1007; Prölss/Martin/*Voit*, § 205 Rn 22; BK/*Hohlfeld*, § 178 h Rn 5; Schwintowski/Brömmelmeyer/*Brömmelmeyer*, § 205 Rn 8; Bach/Moser/*Hütt*, § 13 MBKK Rn 20.
57 LG Freiburg 2.12.1999 – 3 S 85/99, VersR 2000, 1007.
58 KG 11.11.2005 – 6 U 79/05, VersR 2006, 689.
59 KG 20.4.2004 – 6 U 27/03, VersR 2005, 942; Prölss/Martin/*Voit*, § 205 Rn 23 f.
60 LG Freiburg 2.12.1999 – 3 S 85/99, VersR 2000, 1007.
61 LG Freiburg 2.12.1999 – 3 S 85/99, VersR 2000, 1007; BK/*Hohlfeld*, § 178 h Rn 5.
62 BT-Drucks. 16/3945, S. 114 nennt noch den von VVG-KE S. 273 als Standort gewählten S. 1 Hs 2 – ein Redaktionsversehen.
63 Anders noch BGH 3.11.2004 – IV ZR 214/03, VersR 2005, 66.
64 Begr. RegE, BT-Drucks. 16/3945, S. 114; VVG-KE S. 185, 414.
65 LG Dortmund 8.11.2013 – 2 O 162/13, r+s 2014, 616.
66 Ebenso Langheid/Wandt/*Hütt*, § 205 Rn 19; *ders.*, in: Bach/Moser, § 13 MBKK Rn 19; *Boetius*, PKV, § 205 VVG Rn 82.
67 S. auch LG Dortmund 13.1.2011 – 2 O 139/10, NJW-RR 2011, 769.

grundsätzlichen Zieles willen, Rechtssicherheit hinsichtlich der Wirksamkeit der Kündigung zu erlangen, hinzunehmen haben. Dem VR ist deshalb insofern eine Berufung auf § 242 BGB (widersprüchliches Verhalten) nicht möglich. Erfordert die unverschuldete Fristversäumung ein Nachholen des Nachweises, hat der VN – wie auch der VR (s. Rn 17) – unverzüglich zu reagieren.[68]

17 Fraglich ist, ob die Kündigung auch dann unwirksam ist, wenn der VR einen **Nachweis nicht verlangt**. Dies wird man verneinen müssen:[69] S. 2 formuliert keine Tatbestandsvoraussetzung für die Wirksamkeit einer Kündigung. Vielmehr ist umgekehrt die Unwirksamkeit der Kündigung als Rechtsfolge normiert, anknüpfend an die schuldhafte (unterbliebene bzw verspätete) Vorlage des Nachweises.[70] Dies legt auch der Umkehrschluss aus S. 4 nahe, wo ein Nachweis Wirksamkeitsvoraussetzung der außerordentlichen Kündigung ist. Es leuchtet ein, dass man nach dem Gedanken der Rechtssicherheit dem VR aber keine unbefristete Möglichkeit zur Anforderung des Nachweises zugestehen kann. Will also der VR vom VN einen Nachweis der Versicherungspflicht, hat er diesen unverzüglich nach Eingang der Kündigungserklärung anzufordern. Der VR hat also ohne schuldhaftes Zögern zu reagieren (§ 121 Abs. 1 S. 1 BGB). Ob der informierten Position eines VR dürften hierbei mehr als 14 Tage nicht mehr als angemessen anzusehen sein. Maßgeblich ist der Zugang der Aufforderung. § 121 Abs. 1 S. 2 BGB kann als eng auszulegende Sondervorschrift zugunsten des VR keine Anwendung finden.[71] Die durch die Forderung einer solchen zeitlichen Begrenzung des Anforderungsrechts auf das Merkmal der Unverzüglichkeit einhergehende Unsicherheit ist deshalb akzeptabel, da das Gesetz zum einen selbst nicht von einer starren Zeitgrenze ausgeht (s. Rn 15), zum anderen die Rechtsunsicherheit bei einem zeitlich unbegrenzten Anforderungsrecht noch wesentlich größer wäre.

18 Die Anforderung des Nachweises der Versicherungspflicht durch den VR stellt eine **Obliegenheit** dar. Verletzt der VR sie, kann er sich nicht mehr nach S. 2 auf die Unwirksamkeit der Kündigung berufen; diese ist „endgültig" wirksam. Diese Obliegenheit ist allerdings nicht mit der zur Zurückweisung einer unwirksamen Kündigung identisch, da die Kündigung an sich ja zunächst wirksam ist. Die Grundsätze zur Zurückweisungspflicht (s. Rn 8 ff) sind insoweit eingeschränkt.[72] Die Nachweispflicht besteht nicht ohne weiteres, sondern wird nur auf Aufforderung des VR in Textform (s. § 194 Rn 16) ausgelöst. Eine „vorsorgliche" Aufforderung in AVB reicht hierzu nicht.[73] Eine Nachweispflicht ohne entsprechende Aufforderung kann wegen § 208 S. 1 nicht wirksam vereinbart werden.

19 Es können sich damit folgende **Fallgruppen** ergeben:
1. Der VN kündigt innerhalb der Drei-Monats-Frist des S. 1.
    a) Der VR verlangt den Nachweis nach S. 2. aa) Der VN erbringt den Nachweis (fristgerecht): Die Kündigung ist ex tunc wirksam. bb) Der VN erbringt den Nachweis nicht (fristgerecht): Die Kündigung ist unwirksam.
        (1) Liegt ein (verspäteter) Nachweis vor, wirkt die Kündigung nach S. 4.
        (2) Ganz ohne Nachweis kann die Kündigung nach Abs. 1 zu behandeln sein (s. Rn 4).

---

68 AA LG Dortmund 13.1.2011 – 2 O 139/10, juris.
69 Ebenso Langheid/Wandt/*Hütt*, § 205 Rn 19; *ders.*, in: Bach/Moser, § 13 MBKK Rn 19.
70 Vgl LG Dortmund 13.1.2011 – 2 O 139/10, NJW-RR 2011, 769; Römer/Langheid/ *Langheid*, § 205 Rn 6; Bach/Moser/*Hütt*, § 13 MBKK Rn 19.
71 Vgl BAG 3.7.1980 – 2 AZR 340/78, NJW 1981, 1332, 1334.
72 Anders noch zu § 178 h VVG aF: OLG Hamm 13.7.2012 – 20 U 180/11, VersR 2013, 489.
73 Looschelders/Pohlmann/*Reinhard*, § 205 Rn 10.

b) Der VR verlangt keinen Nachweis bzw nicht fristgerecht (s. Rn 17). Die Kündigung ist wirksam.

2. Der VN kündigt nach Ablauf der Drei-Monats-Frist. Die Kündigung kann nur noch ex nunc wirksam sein (S. 4).

3. **Anteilige Prämienpflicht** (S. 3). Die Vorschrift wiederholt die allgemeine Regelung des § 39 Abs. 1 S. 1 zur anteiligen Prämienpflicht. Dies hat lediglich klarstellende Bedeutung.[74] Gleiches gilt für § 13 Abs. 3 S. 5 MB/KK 09, wonach dem VR im Fall der ex-nunc-Kündigung des S. 4 der Beitrag bis zum Ende des VersVertrages zusteht (s. § 13 MB/KK 09 Rn 2). Maßgeblich für die Prämienberechnung ist bei der ex-tunc-Kündigung damit der Wirksamkeits- und nicht der Erklärungszeitpunkt.[75]

4. **"Verspätete Kündigung"** (S. 4). Das Kündigungsrecht bleibt dem VN auch nach Fristablauf grds. erhalten. Allerdings beendet die Kündigung den VersVertrag dann erst zum Ende des Monats, in dem der VN dem VR den Eintritt der Versicherungspflicht nachweist; die Möglichkeit der Rückwirkung entfällt.[76] Eine absolute zeitliche Grenze bestimmt das Gesetz nicht; sie ist auch nicht geboten, da der VR insoweit durch § 200 geschützt ist, so dass die Kündigung bei Eintritt der gesetzlichen Versicherungspflicht alleine im Interesse des VN liegen kann. Der Nachweis der Versicherungspflicht kann etwa mit einem Formular des gesetzlichen Krankenversicherers geführt werden.[77] Die bloße Ankündigung auf den bevorstehenden Eintritt der Versicherungspflicht reicht nicht.[78] Nach § 16 MB/KK 09 ist Schriftform erforderlich. Fehlt der Nachweis, ist es eine Frage des Einzelfalles, ob die – insoweit unwirksame – Kündigung in eine ordentliche nach Abs. 1 umgedeutet werden kann. Im Zweifel wird man von einem unbedingten Beendigungswillen des VN auszugehen haben. Das Nachreichen eines Nachweises ist als Wiederholung der Kündigung zu verstehen,[79] kann aber seinerseits nur eine ex-nunc-Beendigung bewirken. Da eine ohne Nachweis erklärte Kündigung nach S. 4 unwirksam ist, gelten hier die Grundsätze zur Zurückweisungspflicht (s. Rn 8 ff) entsprechend.[80]

IV. Grundlagenänderung (Abs. 3)

Die Norm regelt einen Fall der **Änderung der Geschäftsgrundlage**. Dem VN wird eine außerordentliche (Teil-)Lösung vom VersVertrag ermöglicht, wenn sich aufgrund des Eintritts bestimmter altersspezifischer Voraussetzungen eine Prämienänderung ergibt. Diese Prämienänderung muss aber vertraglich vereinbart sein[81] und im konkreten Fall tatsächlich wirksam werden. Dies kann etwa bei Wechsel von Tarifen, die für Kinder und Jugendliche niedrigere Beiträge vorsehen, zu Tarifen, die sich dann mit dem Erwachsenwerden erhöhen, der Fall sein.[82] Auch Spezialtarife für Auszubildende werden davon erfasst.

Die Kündigung ist nur für die von der Prämienerhöhung betroffene versicherte Person möglich.[83] Eine Begrenzung auf Tarife ist hingegen nicht möglich, wie der Gegenschluss aus Abs. 1 S. 2 zeigt. Nach § 39 Abs. 1 S. 1 unterliegt der VN der

---

74 BT-Drucks. 16/3945, S. 114.
75 Langheid/Wandt/*Hütt*, § 205 Rn 25; *ders.*, in: Bach/Moser, § 13 MBKK Rn 21.
76 BGH 3.11.2004 – IV ZR 214/03, VersR 2005, 66; LG Dortmund 24.11.2011 – 2 O 209/11, juris.
77 Römer/Langheid/*Langheid*, § 205 Rn 7.
78 AG Bochum 15.8.1990 – 70 C 604/89, VersR 1991, 762.
79 So wohl auch Prölss/Martin/*Voit*, § 205 Rn 27; Looschelders/Pohlmann/*Reinhard*, § 205 Rn 11.
80 AA Langheid/Wandt/*Hütt*, § 205 Rn 28 ff; *ders.*, in: Bach/Moser, § 13 MBKK Rn 22.
81 Römer/Langheid/*Langheid*, § 205 Rn 8.
82 BT-Drucks. 12/6959, S. 106; Prölss/Martin/*Voit*, § 205 Rn 30.
83 *Boetius*, PKV, § 205 VVG Rn 111.

Prämienpflicht zeitanteilig. Kenntnis des VN von der Prämienänderung ist nicht erforderlich.[84] Praktisch wird dies aber wegen entsprechender Änderungsmitteilungen des VR bzw des tatsächlichen Einzugs höherer Prämien kaum Probleme machen. Deshalb war auch eine Verlängerung der Frist auf drei Monate wie in Abs. 2 S. 1 nicht geboten. Abs. 3 gibt wie Abs. 2 S. 1 das Recht zur Kündigung ex tunc. Ist die Zwei-Monats-Frist abgelaufen, die mit dem vertraglich vereinbarten Wirksamkeitszeitpunkt der Prämienänderung beginnt, ist eine ex-tunc-Kündigung ausgeschlossen und der VN muss sich auf Abs. 1 verweisen lassen.[85] Zu beachten ist auch hier Abs. 6. Im Basistarif gilt § 13 Abs. 5 MB/BT.

V. Vertragsänderung (Abs. 4)

24 Dem VN wird ein außerordentliches Kündigungsrecht gewährt, wenn der VR **einseitig die Prämie erhöht** oder die **vereinbarten Leistungen herabsetzt** (im Folgenden: Vertragsänderung). Maßgeblich ist eine generelle Änderung des Äquivalenzverhältnisses im Leistungsbereich; eine Beeinträchtigung im Einzelfall (Leistungsablehnung) reicht deshalb genauso wenig wie eine Einführung neuer Obliegenheiten.[86] Es sprechen gute Gründe dafür, im Basistarif wegen der dreijährigen Mindestbindungsfrist des § 12 Abs. 1 a S. 4 VAG ein Kündigungsrecht nach Abs. 4 abzulehnen (s. § 193 Rn 65 f).[87] § 13 Abs. 5 MB/BT sieht das Kündigungsrecht nur für den Fall der Beitragsanpassung vor. Teilweise wird befürwortet, eine Bedingungsänderung zur unmittelbaren Umsetzung einer gesetzlichen Änderung des Leistungsverhältnisses (Pflegeversicherung) vom Normzweck auszunehmen.[88]

25 Anders als bei § 40 Abs. 1 S. 1, der insoweit hinter Abs. 4 zurücktritt, kommt es bei einer **Prämienerhöhung** nicht darauf an, ob der VR den Umfang des Versicherungsschutzes gleichzeitig unverändert lässt.[89] Nach seinem Wortlaut gilt das Kündigungsrecht nur bei Vertragsänderung aufgrund einer Anpassungsklausel.[90] Die Gesetzesbegründung, wonach § 178 h Abs. 4 aF die Übernahme des 1994 geltenden Bedingungsrechts widerspiegelt,[91] legt nahe, auch die Bedingungskodifizierung der Vertragsänderung, also jetzt § 203 Abs. 2, 3, als Auslöser des Kündigungsrechts ausreichen zu lassen.[92] Dies ist unabhängig davon, dass mittelbarer Anlass für die Vertragsänderung eine gesetzliche Regelung ist;[93] ein Vertretenmüssen der Änderung des ursprünglichen Vertragsgleichgewichts ist auch in den übrigen Kündigungsfällen keine Tatbestandsvoraussetzung. Für die Pflegeversicherung gilt Abs. 4 nicht, da § 23 Abs. 1 S. 1 SGB XI den VN verpflichtet, den VersVertrag „aufrechtzuerhalten".[94]

---

84 Langheid/Wandt/*Hütt*, § 205 Rn 38.
85 BK/*Hohlfeld*, § 178 h Rn 12; Langheid/Wandt/*Hütt*, § 205 Rn 38.
86 Römer/Langheid/*Langheid*, § 205 Rn 11; Bach/Moser/*Hütt*, § 13 MBKK Rn 32; BK/*Hohlfeld*, § 178 h Rn 16; Langheid/Wandt/*Hütt*, § 205 Rn 45.
87 *Marko*, Private Krankenversicherung, Teil B Rn 60; aA Prölss/Martin/*Voit*, § 205 Rn 32.
88 Looschelders/Pohlmann/*Reinhard*, § 205 Rn 15 mwN.
89 BK/*Hohlfeld*, § 178 h Rn 18.
90 Prölss/Martin/*Voit*, § 205 Rn 31.
91 BT-Drucks. 12/6959, S. 106.
92 Ähnl. Prölss/Martin/*Voit*, § 205 Rn 32; BK/*Hohlfeld*, § 178 h Rn 13; Langheid/Wandt/*Hütt*, § 205 Rn 40; Schwintowski/Brömmelmeyer/*Brömmelmeyer*, § 205 Rn 13; Bach/Moser/*Hütt*, § 13 MBKK Rn 29; *Boetius*, PKV, § 205 VVG Rn 118.
93 SG Dortmund 19.10.1999 – S 39 (43,47) P 550/97, juris.
94 SG Dortmund 19.10.1999 – S 39 (43,47) P 550/97, juris; Prölss/Martin/*Voit*, § 205 Rn 32; obiter LSG Essen 16.8.2000 – L 10 P 92/99, VersR 2001, 1228.

Die Kündigung kann nicht auf das ganze Versicherungsverhältnis erstreckt werden;[95] seinem Wortlaut und Zweck folgend soll Abs. 4 dem VN nur ermöglichen, sich einer zusätzlichen Belastung zu entziehen und so das ursprüngliche Vertragsgleichgewicht wiederherzustellen. Dazu braucht es eines sich auf den gesamten VersVertrag erstreckenden Kündigungsrechts nicht, wie auch der Gegenschluss aus Abs. 1 S. 2 verdeutlicht („kann"). Die Kündigung muss und darf deshalb auf die von der Vertragsänderung betroffene(n) versicherte(n) Person(en) **beschränkt** sein.[96] Der VN hat hier schon gar keine Option zur weitergehenden Kündigung. Erst recht muss dies natürlich bei selbständigen VersVerträgen gelten (s. § 206 Rn 24 f). Zum Teil abweichend ist die Situation bei § 13 Abs. 5 MB/KK 09 (s. § 13 MB/KK 09 Rn 3). Reicht dies dem VN nicht aus, bleibt sein Recht zur ordentlichen (Teil-)Kündigung nach Abs. 1, 6 unberührt. Innerhalb des Vertragsverhältnisses des betroffenen Versicherten muss eine Kündigung auf die betroffenen Tarife beschränkt bleiben.[97] Der VN kann allerdings die Kündigung auf einzelne der betroffenen Tarife beschränken.[98]

26

Der VN kann das Versicherungsverhältnis **innerhalb von zwei Monaten** nach Zugang der Änderungsmitteilung mit Wirkung auf den Zeitpunkt aussprechen, zu dem die Änderung wirksam wird. Die bis 30.4.2013 geltende Monatsfrist hat sich angesichts der für den Abschluss einer erforderlichen Anschlussversicherung (Abs. 6) notwendigen Zeit als zu kurz erwiesen.[99] Aufgrund der in § 203 Abs. 5 vorgesehenen Fristen für den Wirksamkeitseintritt von Vertragsänderungen ist eine Kündigung durch den VN faktisch nur ex nunc möglich. Nach Wortlaut und Sinn ist die schlichte Abbuchung einer erhöhten Prämie vom Konto des VN keine „**Änderungsmitteilung**".[100] § 39 Abs. 1 S. 1 gilt (s. Rn 20). Nach Fristablauf kann nur auf Abs. 1 zurückgegriffen werden.[101]

27

VI. Teilbeendigung durch den VR (Abs. 5)

Die Regelung tritt an die Stelle von § 29 Abs. 2, der wegen § 194 Abs. 1 S. 2 für die Krankenversicherung nicht gilt. Er räumt dem VN ein Kündigungsrecht für den Fall ein, dass der VR seinerseits von Rechten zur Vertragsbeendigung Gebrauch macht und einzelne Versicherte und/oder Tarife kündigt. Wegen der Einschränkungen des Kündigungsrechts des VR nach § 206 Abs. 1, 2 wird dies in einer Vielzahl von Fällen gar nicht mehr möglich sein. Bei wirksamer Teilbeendigung durch den VR kann der VN die Aufhebung des gesamten Vertragsverhältnisses verlangen (vgl § 13 Abs. 6 MB/KK 09).[102] „**Aufhebung**" bedeutet nicht, dass diese einvernehmlich erfolgen müsste. S. 1 gewährt dem VN vielmehr ein echtes einseitiges Kündigungsrecht,[103] so dass es zur Vertragsbeendigung keiner Mitwirkung des VR

28

---

95 AG Karlsruhe 16.7.1999 – 10 C 121/99, VersR 1999, 1402; AG Köln 28.10.1999 – 115 C 248/99, VersR 2000, 574; Prölss/Martin/*Voit*, § 205 Rn 35; aA Looschelders/Pohlmann/*Reinhard*, § 205 Rn 16.
96 BGH 15.10.2012 – IV ZR 241/11, juris; OLG Köln 22.5.2002 – 5 U 257/01, VersR 2002, 1368; Prölss/Martin/*Voit*, § 205 Rn 35; vgl auch Langheid/Wandt/*Hütt*, § 205 Rn 43 f.
97 AG Köln 28.10.1999 – 115 C 248/99, VersR 2000, 574; AG Karlsruhe 16.7.1999 – 10 C 121/99, VersR 1999, 1402; mit Einschränkungen Prölss/Martin/*Voit*, § 205 Rn 36 und Langheid/Wandt/*Hütt*, § 205 Rn 42, 44; *ders.*, in: Bach/Moser, § 13 MBKK Rn 31; aA Looschelders/Pohlmann/*Reinhard*, § 205 Rn 16.
98 Römer/Langheid/*Langheid*, § 205 Rn 13; BK/*Hohlfeld*, § 178 h Rn 15.
99 BT-Drucks. 17/11469, S. 15.
100 LG Neuruppin 16.6.2000 – 4 S 317/99, VersR 2002, 602 (LS); Prölss/Martin/*Voit*, § 205 Rn 34.
101 BK/*Hohlfeld*, § 178 h Rn 17.
102 BT-Drucks. 12/6959, S. 106 zu § 178 h Abs. 5.
103 BT-Drucks. 12/6959, S. 106 zu § 178 h Abs. 5: „dass der VN ... kündigen kann"; Looschelders/Pohlmann/*Reinhard*, § 205 Rn 19; *Boetius*, PKV, § 205 VVG Rn 140.

bedarf. Voraussetzung einer Teilbeendigung durch den VR ist zunächst, dass eine solche nach den Vertragsbestimmungen überhaupt zulässig ist (zB § 14 Abs. 4 MB/KK 09, § 14 Abs. 3 MB/KT 09). Voraussetzung für die Anwendbarkeit des Abs. 5 ist wiederum, dass der VR tatsächlich nur eine Teilbeendigung erklärt. Daran fehlt es, wenn der VR einen von mehreren selbständigen VersVerträgen (s. § 206 Rn 24 f) in vollem Umfang kündigt.[104] Aufhebung der übrigen selbständigen VersVerträge kann der VN dann nur bei entsprechender vertraglicher Vereinbarung verlangen.[105]

29 Eine **Verpflichtung** des VR zur **Teilbeendigung** besteht hingegen nicht (s. auch § 206 Rn 25). S. 1 spricht ausdrücklich nur von einer entsprechenden „**Möglichkeit**" des VR (ebenso § 13 MB/KK 09). Damit kann der VR also grds. auch den gesamten einheitlichen VersVertrag kündigen.[106] Voraussetzung ist aber, dass der Kündigungsgrund auch auf die anderen Tarife oder versicherten Personen „durchschlägt".[107] Dies wird bei einer Familienversicherung (s. § 192 Rn 3) die Kündigung regelmäßig nur für die versicherte Person rechtfertigen, die den Kündigungsgrund zu verantworten hat.[108] Einen Anspruch des VN auf Aufhebung lediglich eines Teils des nach Kündigung durch den VR verbleibenden VersVertrages (Restvertrag) gewährt Abs. 5 nicht.[109] Dies ergibt der Umkehrschluss aus Abs. 1 S. 2. Um einen Fortbestand eines Teils des Restvertrages zu erreichen, muss der VN das Kündigungsrecht nach Abs. 5 ungenutzt lassen und dann ordentlich nach Abs. 1 (S. 2) kündigen. Die Kündigung des VN nach Abs. 5 S. 1 wirkt ex tunc auf den Zeitpunkt der Kündigung durch den VR zurück, wenn jene innerhalb von zwei Wochen nach Zugang der Kündigung des VR erklärt wird. § 39 Abs. 1 S. 1 gilt (s. Rn 20).

30 Erklärt der VR nicht die Kündigung des VersVertrages, sondern macht von gesetzlichen **Anfechtungs- oder Rücktrittsrechten** (insb. §§ 19 Abs. 2, 22) nur für einzelne Versicherte oder einzelne Tarife Gebrauch, ermöglicht es **S. 2** dem VN, sich in entsprechender Anwendung von S. 1 ebenfalls vom gesamten VersVertrag zu lösen. **S. 3** modifiziert allerdings die ex-tunc-Wirkung des S. 1, indem er den VN in zeitlicher Hinsicht auf die Aufhebung des Restvertrages zum Schluss des Monats verweist, in dem ihm die Erklärung des VR zugegangen ist. Eine echte ex-tunc-Wirkung der Kündigung des VN nach S. 2 kann aber dann eintreten, wenn zwischen Zugang der Kündigung des VR einerseits und fristgerechter (S. 1: zwei Wochen) Kündigungserklärung des VN andererseits ein Monatswechsel liegt.[110]

VII. Kündigung einer Pflichtversicherung (Abs. 6)

31 Abs. 6 stellt gleichsam das Spiegelbild zum Kündigungsverbot für den VR nach § 206 Abs. 1 S. 1 dar. Die Regelung soll sicherstellen, dass der Versicherte im Falle der Eigenkündigung des VN über einen **nahtlosen Versicherungsschutz** verfügt.[111] Das **Nachweiserfordernis** ist deshalb unverzichtbar.[112] Es gilt auch, wenn die Kün-

---

104 Langheid/Wandt/*Hütt*, § 205 Rn 51; Looschelders/Pohlmann/*Reinhard*, § 205 Rn 19.
105 Vgl Prölss/Martin/*Voit*, § 205 Rn 37.
106 Ebenso Prölss/Martin/*Prölss*, 27. Aufl. 2004, § 178h Rn 17; Looschelders/Pohlmann/*Reinhard*, § 205 Rn 19.
107 Vgl OLG Saarbrücken 5.10.2011 – 5 U 90/11, r+s 2013, 350; OLG Saarbrücken 18.12.1996 – 5 U 800/95-82, VersR 1997, 863.
108 Bach/Moser/*Hütt*, § 14 MBKK Rn 9.
109 Langheid/Wandt/*Hütt*, § 205 Rn 50; BK/*Hohlfeld*, § 178h Rn 19; *Boetius*, PKV, § 205 VVG Rn 144.
110 Looschelders/Pohlmann/*Reinhard*, § 205 Rn 20; Prölss/Martin/*Prölss*, 27. Aufl. 2004, § 178h Rn 16.
111 Vgl Bericht des Ausschusses für Gesundheit zu Art. 43 (§ 178a) GKV-WSG, BT-Drucks. 16/4247, S. 68; BGH 12.9.2012 – IV ZR 258/11, r+s 2012, 552.
112 Looschelders/Pohlmann/*Reinhard*, § 205 Rn 25.

digung noch vor Inkrafttreten des neuen VVG erklärt, aber erst nach dessen Inkrafttreten wirksam werden soll.[113] Im Anwendungsbereich des Abs. 2 geht Abs. 2 S. 2 vor.[114] Versicherte Person iSd Abs. 6 ist auch der VN selbst, so dass die Anforderungen der Norm auch bei Kündigung einer Eigenversicherung (s. § 192 Rn 3) gelten.[115] Das Nachweiserfordernis soll aber nicht bei einer durch den VN ausgesprochenen Kündigung der Versicherung für einen erwachsenen Mitversicherten (zB Ehepartner, volljähriges Kind) gelten, da dieser durch die Mitteilungspflicht des § 207 Abs. 2 S. 1 iVm Abs. 1 geschützt ist und der VN ohne Vollmacht einen Anschlussversicherungsschutz nicht sicherstellen kann.[116]

S. 1 schränkt seinem Wortlaut nach zunächst das Recht des VN nach Abs. 1–5 ein, **32** eine Krankheitskostenversicherung, die die Versicherungspflicht nach § 193 Abs. 3 S. 1 erfüllt, zu kündigen; für eine Krankentagegeldversicherung gilt das nicht.[117] Vor dem Hintergrund seines Normzwecks (s. Rn 31) sprechen überzeugende Gründe dafür, die Regelung im Wege der Analogie entsprechend auf eine durch den VN ausgesprochene außerordentliche Kündigung nach § 314 BGB auszudehnen.[118] Konsequenterweise muss das Nachweiserfordernis auch im Fall des Widerrufs (§ 8) einer Pflichtversicherung nach § 193 Abs. 3 S. 1[119] und für eine Kündigung des VN nach § 19 Abs. 6[120] gelten. Voraussetzung einer wirksamen Kündigung ist nach S. 1 zunächst der Abschluss einer neuen Versicherung nach § 193 Abs. 3 S. 1. Wegen des Normzwecks des nahtlosen Versicherungsschutzes kann eine Kündigung also überhaupt frühestens zum Zeitpunkt des Beginns eines neuen Versicherungsschutzes wirksam werden. Beginnt zB der Anschlussvertrag erst zwei Monate nach dem gewollten Ende des gekündigten Vertrages, läuft dieser noch zwei Monate weiter – mit den beiderseitigen Vertragspflichten. Der Wortlaut und das Zusammenspiel mit S. 2 nötigen dagegen nicht zu der Annahme, dass bei einer „Versicherungslücke" die Kündigung nach S. 1 unheilbar unwirksam ist.[121] Es besteht ein praktisches Bedürfnis, bei einem zu kündigenden GruppenVersVertrag vom Nachweiserfordernis abzusehen. Die Gesetzeslage dürfte dies aber wohl nicht zulassen.[122]

Die Kündigung wird nach S. 2 erst wirksam, wenn der VN zusätzlich nachweist, **33** dass die versicherte Person bei einem neuen VR ohne Unterbrechung im Umfang einer Pflichtversicherung nach § 193 Abs. 3 S. 1 versichert ist.[123] Die Norm statuiert damit gegenüber S. 1 ein weiteres Wirksamkeitserfordernis.[124] Dabei spielt es nach dem Zweck der Norm keine Rolle, ob der Versicherte weiterhin über den kündigenden VN, einen Dritten oder durch einen eigenen VersVertrag versichert

---

113 LG Köln 18.7.2012 – 23 S 4/12, VersR 2013, 308.
114 LG Dortmund 8.11.2013 – 2 O 162/13, r+s 2014, 616.
115 Vgl Bericht des Ausschusses für Gesundheit zu Art. 43 (§ 178 a) GKV-WSG, BT-Drucks. 16/4247, S. 68.
116 BGH 18.12.2013 – IV ZR 140/13, r+s 2014, 83; aA Vorauflage (2. Aufl. 2011, aaO).
117 LG Berlin 14.11.2012 – 23 O 241/12, r+s 2013, 392.
118 *Marko*, Private Krankenversicherung, Teil B Rn 93; Langheid/Wandt/*Hütt*, § 205 Rn 61 f; Prölss/Martin/*Voit*, § 205 Rn 42.
119 *Marlow/Spuhl*, VersR 2009, 593, 598; Prölss/Martin/*Voit*, § 205 Rn 42; *Marko*, Private Krankenversicherung, Teil B Rn 122; aA LG Dortmund 22.8.2013 – 2 O 85/13, r+s 2014, 27.
120 Römer/Langheid/*Langheid*, § 205 Rn 9; aA LG Dortmund 8.8.2013 – 2 O 129/13, NJW-RR 2014, 299.
121 So aber Looschelders/Pohlmann/*Reinhard*, § 205 Rn 22.
122 AA *Marko*, Private Krankenversicherung, Teil B Rn 103.
123 *Marko*, Private Krankenversicherung, Teil B Rn 94 und Looschelders/Pohlmann/*Reinhard*, § 205 Rn 22: „schwebend unwirksam".
124 *Boetius*, PKV, § 205 VVG Rn 157.

ist.[125] Macht der Versicherte im Nachgang zu dem erbrachten Nachweis des neuen Versicherungsschutzes hinsichtlich dieses neuen Vertrages von seinem Widerrufsrecht nach § 8 Gebrauch, ist dies vom Wortlaut der Vorschrift her ohne Auswirkung auf die mit dem Nachweis des Vertragsschlusses eingetretene Wirksamkeit der ursprünglichen Kündigung beim bisherigen VR;[126] Gleiches gilt für einen Rücktritt vom Anschlussvertrag[127] oder bei dessen Anfechtung durch den neuen VR.[128]

33a Der VR hat nach Erhalt einer Kündigung nach Treu und Glauben die Pflicht, den VN ggf auf die Notwendigkeit eines Anschlussversicherungsnachweises und dessen Fehlen hinzuweisen (s. Rn 8 ff).[129] Die **Hinweispflicht** verlangt nicht nur die Absendung eines entsprechenden Hinweisschreibens, sondern auch dessen Zugang beim VN; die Darlegungs- und Beweislast hierfür liegt beim VR.[130] Zur Rechtsfolge eines unterbliebenen Hinweises s. Rn 11.

34 Nach Wortlaut und Interessenlage der Regelung wird die Kündigung bzw der Widerruf der Pflichtversicherung erst mit Zugang des Versicherungsnachweises wirksam.[131] Da eine ohne Nachweis erklärte Kündigung unwirksam ist, gelten die Grundsätze zur Zurückweisungspflicht (s. Rn 8 ff) entsprechend.[132] Mit Wirkung zum 1.5.2013 ist die Regelung dahin präzisiert worden, dass der **Nachweis der Anschlussversicherung** innerhalb von **zwei Monaten** nach der Erklärung der Kündigung der Vorversicherung beim VR vorliegen muss (**S. 2 Hs 1**). Innerhalb der Zwei-Monats-Frist wird eine Nachversicherung abgeschlossen werden können.[133] Wenn allerdings die Kündigung früher als zwei Monate vor der gewollten Vertragsbeendigung ausgesprochen wird, ist die Frist entsprechend verlängert (**S. 2 Hs 2**). Dies bedeutet, dass ein nach Fristablauf eingereichter Anschlussversicherungsnachweis nicht mehr zu einer Wirksamkeit der Kündigung der Vorversicherung führen kann; die erklärte Kündigung wird unwiderruflich unwirksam. Damit hat sich das Interesse des VR an Klarheit über Beendigung bzw Fortsetzung des Vorversicherungsvertrages durchgesetzt.[134] Die zeitliche Einschränkung des § 13 Abs. 7 S. 2 MB/KK 09 bzw § 13 Abs. 6 S. 2 MB/BT ist unwirksam (s. § 13 MB/KK 09 Rn 3). Gelingt dem VN eine wirksame Kündigung nach Abs. 6 nicht (rechtzeitig), kann bei bereits verbindlichem neuen Versicherungsschutz eine Mehrfachversicherung mit der Folge doppelter Prämienbelastung des VN vorliegen.[135] Die §§ 78 f sind dann anzuwenden (s. § 194 Rn 2). § 200 ist zu beachten.

VIII. Weitere praktische Hinweise

35 **1. Grundsätzliches.** Bei Personenverschiedenheit von VN und versicherte(n) Person(en) sind im Falle einer Kündigung durch den VN deren Schutzrechte zu beachten (§ 207 Abs. 2), insb. ist zur Wirksamkeit der Kündigung die Kenntnis der Versicherten hiervon erforderlich. § 205 ist praktisch unverändert in § 13 MB/KK 09 übernommen worden. Nach § 208 S. 1 ist eine Verschärfung von bzw das Aufstel-

---

125 BGH 18.12.2013 – IV ZR 140/13, r+s 2014, 83; Prölss/Martin/*Voit*, § 205 Rn 43; *Boetius*, PKV, § 205 VVG Rn 158.
126 *Marko*, Private Krankenversicherung, Teil B Rn 111 ff; Prölss/Martin/*Voit*, § 205 Rn 42; Looschelders/Pohlmann/*Reinhard*, § 205 Rn 23.
127 OLG Bamberg 6.12.2012 – 1 U 141/12, r+s 2013, 505.
128 LG Berlin 14.11.2012 – 23 O 241/12, r+s 2013, 392.
129 BGH 14.1.2015 – IV ZR 43/14, r+s 2015, 140 = VersR 2015, 230.
130 BGH 14.1.2015 – IV ZR 43/14, r+s 2015, 140 = VersR 2015, 230.
131 BGH 12.9.2012, IV ZR 258/11, r+s 2012, 552; BGH 14.1.2015 – IV ZR 43/14, r+s 2015, 140 = VersR 2015, 230.
132 AA Langheid/Wandt/*Hütt*, § 205 Rn 60 Fn 134, Rn 28 ff.
133 BT-Drucks. 17/11469, S. 15.
134 BT-Drucks. 17/11469, S. 15.
135 BGH 12.9.2012 – IV ZR 258/11, r+s 2012, 552 aE.

len zusätzlicher Kündigungsvoraussetzungen durch vertragliche Vereinbarungen nicht zulässig. Grundsätzlich ist die Kündigung durch den VN formlos möglich. Nach § 208 S. 2 kann aber Schrift- oder Textform vereinbart sein (s. § 208 Rn 7) – so geschehen in § 16 MB/KK 09.

2. Beweislast. Die Beweislast für die wirksame Kündigung trägt diejenige Prozesspartei, die sich hierauf beruft. Hat der VR eine Kündigungsbestätigung erteilt, bestreitet aber im Übrigen eine Kündigungserklärung durch den VN, führt dies nicht zu einer Umkehr der Beweislast;[136] allerdings hat sich der VR dann im Rahmen der sekundären Darlegungslast entsprechend zu erklären. Beruft sich der VR auf die Unwirksamkeit der Kündigung nach Abs. 2 S. 2, muss er eine entsprechende Aufforderung (samt deren Zugang) beweisen;[137] den Zugang des Nachweises nach Abs. 2 S. 2 hat dagegen der VN zu beweisen.[138] Die Beweislast für den (Zeitpunkt des) Zugang(s) einer Änderungsmitteilung nach Abs. 4[139] und einer Anschlussversicherung nach Abs. 6 liegt beim VR.[140]

3. Feststellungsklage. Nach § 256 ZPO ist die Feststellung der Unwirksamkeit einer Kündigung zulässig.[141] Die Wirksamkeitsvoraussetzungen der streitgegenständlichen Kündigung muss dann der beklagte VR beweisen.[142] Der Antrag könnte wie folgt lauten:

▶ Es wird festgestellt, dass das Versicherungsverhältnis zur Krankenversicherung Nr. ..., Tarife ..., (ggf: sowie die Pflegepflichtversicherung ...) des Klägers (und die Anwartschaftsversicherungen der Versicherten ...) durch die Kündigung der Beklagten vom ... nicht beendet worden ist, sondern unverändert fortbesteht. ◀

4. Streitwert. Der Streitwert ist bei einer Feststellungsklage über den Fortbestand eines gekündigten KrankenVersVertrages – auch eines PflegeVersVertrages[143] – auf den dreieinhalbfachen Jahresbetrag der vereinbarten Versicherungsprämie festzusetzen (§§ 3, 9 ZPO) – abzgl des bei positiven Feststellungsklagen üblichen Abschlags von 20 %[144] – ggf zzgl etwaiger Leistungsanträge.[145] Dabei sind sowohl bereits rechtshängige als auch lediglich angekündigte Leistungsansprüche ungeachtet ihrer konkreten Erfolgsaussicht einheitlich mit 50 % zu bewerten.[146] Hiervon sind jedoch Gegenansprüche, die ebenfalls vom Bestand des VersVertrages abhängen (zB Prämienzahlungsanspruch des VR), abzuziehen.[147] Im Einzelfall kann die dreieinhalbfache Jahresprämie niedriger zu veranschlagen sein, wenn aufgrund einer weiteren – nicht streitgegenständlichen – Kündigung eine frühere Beendigung des VersVertrages feststeht. Bei einer Leistungsklage ist der alleinige Wert des Leistungsantrags auch dann maßgeblich, wenn der Bestand des VersVertrages streitig

---

136 LG Nürnberg-Fürth 9.4.2008 – 8 S 7413/07, juris; *Rogler*, jurisPR-VersR 8/2008 Anm. 1.
137 LG Dortmund 8.11.2013 – 2 O 162/13, r+s 2014, 616; Langheid/Wandt/*Hütt*, § 205 Rn 19.
138 BGH 15.10.2012 – IV ZR 241/11, juris; Bach/Moser/*Hütt*, § 13 MBKK Rn 19.
139 Bach/Moser/*Hütt*, § 13 MBKK Rn 34.
140 LG Potsdam 21.7.2005 – 7 S 16/05, r+s 2006, 333.
141 BGH 6.7.1983 – IVa ZR 206/81, VersR 1983, 848; OLG Karlsruhe 7.11.2006 – 12 U 250/05, VersR 2007, 530; LG Essen 3.11.2004 – 1 O 88/04, r+s 2005, 428.
142 OLG Karlsruhe 7.11.2006 – 12 U 250/05, VersR 2007, 530.
143 BGH 8.12.2010 – IV ZR 265/08, VersR 2011, 237.
144 BGH 9.11.2011 – IV ZR 37/11, VersR 2012, 336; BGH 15.10.2008 – IV ZR 31/08, VersR 2009, 562; BGH 23.6.2004 – IV ZR 186/03, VersR 2004, 1197.
145 BGH 9.11.2011 – IV ZR 37/11, VersR 2012, 336; BGH 15.10.2008 – IV ZR 31/08, VersR 2009, 562; BGH 10.10.2001 – IV ZR 171/01, NVersR 2002, 21.
146 BGH 9.11.2011 – IV ZR 37/11, VersR 2012, 336; BGH 10.10.2001 – IV ZR 171/01, NVersZ 2002, 21; BGH 8.12.2010 – IV ZR 265/08, VersR 2011, 237.
147 BGH 8.12.2010 – IV ZR 265/08, VersR 2011, 237.

ist.[148] Bei einer negativen Feststellungsklage ist kein Abschlag von der Prämiensumme vorzunehmen.[149] Zum Streitwert einer Prämienklage s. § 8 MBKK.

§ 206 Kündigung des Versicherers

(1) ¹Jede Kündigung einer Krankheitskostenversicherung, die eine Pflicht nach § 193 Abs. 3 Satz 1 erfüllt, ist durch den Versicherer ausgeschlossen. ²Darüber hinaus ist die ordentliche Kündigung einer Krankheitskosten-, Krankentagegeld- und einer Pflegekrankenversicherung durch den Versicherer ausgeschlossen, wenn die Versicherung ganz oder teilweise den im gesetzlichen Sozialversicherungssystem vorgesehenen Kranken- oder Pflegeversicherungsschutz ersetzen kann. ³Sie ist weiterhin ausgeschlossen für eine Krankenhaustagegeld-Versicherung, die neben einer Krankheitskostenvollversicherung besteht. ⁴Eine Krankentagegeldversicherung, für die kein gesetzlicher Anspruch auf einen Beitragszuschuss des Arbeitgebers besteht, kann der Versicherer abweichend von Satz 2 in den ersten drei Jahren unter Einhaltung einer Frist von drei Monaten zum Ende eines jeden Versicherungsjahres kündigen.

(2) ¹Liegen bei einer Krankenhaustagegeldversicherung oder einer Krankheitskostenteilversicherung die Voraussetzungen nach Absatz 1 nicht vor, kann der Versicherer das Versicherungsverhältnis nur innerhalb der ersten drei Versicherungsjahre zum Ende eines Versicherungsjahres kündigen. ²Die Kündigungsfrist beträgt drei Monate.

(3) ¹Wird eine Krankheitskostenversicherung oder eine Pflegekrankenversicherung vom Versicherer wegen Zahlungsverzugs des Versicherungsnehmers wirksam gekündigt, sind die versicherten Personen berechtigt, die Fortsetzung des Versicherungsverhältnisses unter Benennung des künftigen Versicherungsnehmers zu erklären; die Prämie ist ab Fortsetzung des Versicherungsverhältnisses zu leisten. ²Die versicherten Personen sind vom Versicherer über die Kündigung und das Recht nach Satz 1 in Textform zu informieren. ³Dieses Recht endet zwei Monate nach dem Zeitpunkt, zu dem die versicherte Person Kenntnis von diesem Recht erlangt hat.

(4) ¹Die ordentliche Kündigung eines Gruppenversicherungsvertrags, der Schutz gegen das Risiko Krankheit enthält, durch den Versicherer ist zulässig, wenn die versicherten Personen die Krankenversicherung unter Anrechnung der aus dem Vertrag erworbenen Rechte und der Alterungsrückstellung, soweit eine solche gebildet wird, zu den Bedingungen der Einzelversicherung fortsetzen können. ²Absatz 3 Satz 2 und 3 ist entsprechend anzuwenden.

I. Normzweck	1	IV. Fortsetzungsanspruch (Abs. 3)	10
II. Ausschluss des Kündigungsrechts (Abs. 1)	2	V. GruppenVersVertrag (Abs. 4)	14
		VI. Außerordentliche Kündigung	17
1. Reichweite des Kündigungsverbots des S. 1	2	1. Voraussetzungen	17
		2. Abmahnung	23
2. Kündigungsrecht des VR nach S. 2	5	3. Mehrheit von VersVerträgen	24
		VII. Rücktritt und Anfechtung	26
III. Gegenausnahmen (Abs. 2)	8	VIII. Weitere praktische Hinweise	27

---

148 BGH 15.10.2008 – IV ZR 31/08, VersR 2009, 562: nur rechtliche Vorfrage.
149 OLG Karlsruhe 16.6.2011 – 9 W 19/11, VersR 2012, 252 = r+s 2013, 153.

I. Normzweck

Der für den VN so bedeutsame substitutive Krankenversicherungsschutz (s. § 195 Rn 3 ff) soll ihm nicht ohne sein Zutun genommen werden können. **Abs. 1 S. 2** statuiert deshalb den unverzichtbaren **Grundsatz der Unkündbarkeit** eines solchen VersVertrages durch den VR.[1] **Abs. 1 S. 1** wurde ergänzend ab 1.1.2009 zu dem bereits in § 178 i Abs. 1 S. 1 aF bzw § 206 Abs. 1 S. 1 VVG 2008 enthaltenen Verbot der ordentlichen Kündigung einer substitutiven Krankheitskosten-, Krankentagegeld- und einer Pflegekrankenversicherung eingeführt. Zweck der Vorschrift ist die dauerhafte Aufrechterhaltung des Versicherungsschutzes, der der Erfüllung der Versicherungspflicht nach § 193 Abs. 3 S. 1 genügt.[2] Es soll ausgeschlossen werden, dass ein Versicherter seinen Versicherungsschutz und damit auch seine angesparten Alterungsrückstellungen verliert, etwa weil er mit einer Folgeprämie in Verzug ist. Der Gesetzgeber erachtet es insoweit als ausreichenden Schutz für den VR, dass gem. § 193 Abs. 6 während des Prämienverzugs Säumniszuschläge geltend gemacht werden können und der Leistungsanspruch stark eingeschränkt ist.[3] Den Schutz des VN bezweckt auch die in **Abs. 2** vorgesehene Einschränkung der Kündigungsmöglichkeiten des VR ab dem vierten Versicherungsjahr für bestimmte VersVerträge. **Abs. 3** und **Abs. 4** beabsichtigen den Schutz versicherter Personen bei Kündigung eines VersVertrages wegen Zahlungsverzugs des VN oder bei Kündigung eines GruppenVersVertrages,[4] indem den Versicherten befristete Fortsetzungsansprüche eingeräumt werden.

II. Ausschluss des Kündigungsrechts (Abs. 1)

1. Reichweite des Kündigungsverbots des S. 1. Die Reichweite der Vorschrift ist auf die **Krankheitskostenvollversicherung** beschränkt. Dies ergibt sich aus dem Bezug in Abs. 1 S. 1 zur Pflicht zur Versicherung nach § 193 Abs. 3 S. 1. Das Kündigungsrecht bei der Krankheitskostenzusatzversicherung wird folglich durch Abs. 1 S. 1 nicht berührt (s. auch Rn 10).[5] Der Anwendungsbereich der Regelung erstreckt sich auf die überwiegende Mehrzahl der bestehenden privaten KrankheitskostenvollVersVerträge, da nach § 193 Abs. 3 S. 3 alle vor dem 1.4.2007 abgeschlossenen KrankheitskostenVersVerträge unter die Definition der Pflichtversicherung fallen.[6]

Nach dem Wortlaut des Abs. 1 S. 1 ist für die Krankheitskostenversicherung, die eine Pflicht nach § 193 Abs. 3 S. 1 erfüllt, „jedes" Kündigungsrecht des VR abgeschafft worden. Danach wäre jegliche Kündigung, also auch eine Kündigung aus wichtigem Grund, vom Kündigungsverbot erfasst. Selbst schwerste Vertragsverletzungen, wie zB vorsätzliches Erschleichen von Versicherungsleistungen[7] oder ein tätlicher Angriff auf einen Außendienstmitarbeiter,[8] würden demnach eine Kündigung nicht mehr rechtfertigen. Die heftig diskutierte Frage, ob Abs. 1 S. 1 tatsächlich ein solch absolutes Kündigungsverbot[9] statuiert,[10] hat der **BGH** mit seinen

---

1 BT-Drucks. 12/6959, S. 106 zu § 178 i.
2 Vgl Begr. zum Änderungsantrag zu Art. 43 Nr. 7 (§ 178 i) GKV-WSG, BT-Drucks. 16/4247, S. 68.
3 Vgl Begr. zum Änderungsantrag zu Art. 43 Nr. 7 (§ 178 i) GKV-WSG, BT-Drucks. 16/4247, S. 68.
4 BT-Drucks. 12/6959, S. 106; Römer/Langheid/*Langheid*, § 206 Rn 5.
5 *Marko*, Private Krankenversicherung, Teil B Rn 125; Prölss/Martin/*Voit*, § 206 Rn 4.
6 BGH 7.12.2011 – IV ZR 50/11, r+s 2012, 141.
7 BGH 7.12.2011 – IV ZR 50/11, r+s 2012, 141.
8 BGH 7.12.2011 – IV ZR 105/11, r+s 2012, 136.
9 So ausdr. BVerfG 10.6.2009 – BvR 706/08, VersR 2009, 957.
10 Dagegen: zB OLG Brandenburg 5.5.2011 – 12 U 148/10, juris; OLG Celle 24.2.2011 – 8 U 157/10, juris; LG Hannover 10.8.2010 – 2 O 262/09, juris; dafür: Vorauflage (2. Aufl. 2011, aaO) mwN zum Meinungsstand; weiterhin Prölss/Martin/*Voit*, § 206 Rn 7.

Grundsatzentscheidungen vom 7.12.2011[11] beantwortet. Danach ist die Norm nach ihrer Entstehungsgeschichte teleologisch dahin zu reduzieren, dass sie ausnahmslos eine außerordentliche Kündigung wegen Prämienverzugs verbietet, während eine Kündigung wegen sonstiger schwerer Vertragsverletzungen unter den Voraussetzungen des § 314 BGB möglich ist. Das Kündigungsrecht ist nicht dahin gehend beschränkt, dass es sich nur auf den Teil der Krankheitskostenversicherung bezieht, der über den Basistarif hinausgeht.[12] Dem VN verbleibt die Möglichkeit des Wechsels in den Basistarif eines anderen VR[13] nach § 193 Abs. 5, ggf verliert er aber seine Alterungsrückstellungen. Die (ggf gleichzeitig erklärte) außerordentliche Kündigung einer privaten Pflegeversicherung ist wegen § 110 SGB XI hingegen in jedem Fall unwirksam.[14] Die Norm ist verfassungsgemäß,[15] auch hinsichtlich kleinerer Versicherungsvereine auf Gegenseitigkeit.[16]

4 Die Abschaffung des Kündigungsrechts berührt nicht das Recht des VR, im Falle der Anzeigepflichtverletzung nach § 19 Abs. 2 oder des Verzugs mit der Zahlung der Erstprämie nach § 37 Abs. 1 vom Vertrag **zurückzutreten**[17] oder diesen wegen arglistiger Täuschung **anzufechten** (§ 123 BGB).[18]

5 **2. Kündigungsrecht des VR nach S. 2. Abs. 1 S. 2** (entspricht § 14 Abs. 1 MB/KK 09) ist lex specialis zu § 11 Abs. 2 S. 1. Da die in Abs. 1 S. 2 gemeinte substitutive Krankenversicherung für den Versicherten eine überragende Bedeutung hat,[19] kann sich der VR nicht einseitig vom VersVertrag lösen. Hiervon kann nicht zum Nachteil des VN abgewichen werden (§ 208 S. 1). Der Ausschluss des Kündigungsrechts des VR nach Abs. 1 S. 2 bezieht sich ausdrücklich nur auf die dort genannten Krankenversicherungen (Krankheitskosten-, Krankentagegeld- und Pflegekrankenversicherung) und auch nur, wenn sie substitutiv sind.[20] **Abs. 1 S. 3** erweitert den Kündigungsausschluss auf eine **Krankenhaustagegeldversicherung**, die neben einer Krankheitskostenvollversicherung besteht. Damit soll dem VR eine Risikoselektion verwehrt werden, die den VN zu einer Kündigung auch der Krankheitskostenvollversicherung nötigen könnte.[21] **Abs. 1 S. 4** schränkt den Kündigungsausschluss des S. 2 (nur) für eine Krankentagegeldversicherung ein, die mangels Erfüllen der Voraussetzungen des § 257 Abs. 2 a SGB V nicht zuschussfähig ist (s. § 14 Abs. 1 MB/KT 09). Dagegen ergibt sich auch ohne das Nebeneinander mit einer Krankheitskostenvollversicherung für die Krankenhaustagegeld- und die Krankheitskostenteilversicherung eine Unkündbarkeit ab dem vierten Versicherungsjahr (Abs. 2; s. Rn 8 f).

6 Der Ausschluss des Kündigungsrechts ist gesetzliche Tatbestandsvoraussetzung für die substitutive Krankenversicherung (§ 12 Abs. 1 Nr. 3 VAG) und für die Gewährung eines Arbeitgeberzuschusses zur privaten Krankenversicherung (§ 257 Abs. 2 a S. 1 Nr. 5 SGB V). Das Schicksal der unkündbaren substitutiven Krankheitskostenversicherung erfasst daher auch Teilkostentarife, die zu einer Tarifkombination gehören und ebenfalls arbeitgeberzuschussfähig sind.

---

11 BGH 7.12.2011 – IV ZR 50/11, r+s 2012, 141 und IV ZR 105/11, r+s 2012, 136.
12 BGH 7.12.2011 – IV ZR 105/11, r+s 2012, 136.
13 BGH 7.12.2011 – IV ZR 105/11, r+s 2012, 136.
14 BGH 7.12.2011 – IV ZR 105/11, r+s 2012, 136.
15 BVerfG 10.6.2009 – 1 BvR 706/08, VersR 2009, 957; aA zB Looschelders/Pohlmann/Reinhard, § 206 Rn 3.
16 BVerfG 10.6.2009 – 1 BvR 825/08, VersR 2009, 1057.
17 *Boetius*, PKV, § 206 VVG Rn 86; *Marko*, Private Krankenversicherung, Teil B Rn 132; Langheid/Wandt/*Hütt*, § 206 Rn 54.
18 *Boetius*, PKV, § 206 VVG Rn 86.
19 BGH 6.7.1983 – IVa ZR 206/81, VersR 1983, 848.
20 Begr. RegE, BT-Drucks. 16/3945, S. 114.
21 Langheid/Wandt/*Hütt*, § 206 Rn 11.

Aus § 205 Abs. 1 S. 2, Abs. 5 S. 1 lässt sich schließen, dass es dem VR nicht schon von Gesetzes wegen gestattet ist, eine Kündigung auf einzelne versicherte Personen oder Tarife des VersVertrages zu beschränken. In den AVB kann aber eine solche Möglichkeit zur **Teilkündigung** vereinbart werden (§ 14 Abs. 4 MB/KK 09), da sie generell keine Abweichung zum Nachteil des VN bedeutet (§ 208 S. 1). Anders als bei § 205 Abs. 5 kann der VR im Falle einer Teilkündigung durch den VN nicht mit einer Kündigung des gesamten **Restvertrages antworten**.[22] In allen von Abs. 1–3 nicht erfassten Fällen unterliegt eine Kündigung durch den VR den allgemeinen Regeln des § 11 Abs. 2, sofern nicht ohnehin eine feste Vertragslaufzeit vereinbart ist.[23] Das Recht zur außerordentlichen Kündigung durch den VR nach den allgemeinen Regeln bleibt von alledem unberührt (s. Rn 17 ff).

III. Gegenausnahmen (Abs. 2)

Abs. 2 in der bis 31.12.2008 geltenden Fassung, wonach Abs. 1 für die ordentliche Kündigung einer nach Art der Lebensversicherung betriebenen nicht substitutiven Krankenversicherung (zB Zusatztarife) entsprechend galt, ist ohne ersichtlichen Grund[24] zum 1.1.2009 weggefallen. Auch hier würde den VN der Verlust seiner Alterungsrückstellungen aber hart treffen. Der bislang für diese Verträge übliche – durch Abs. 2 aF aber überwunden geglaubte – vertragliche Ausschluss des Kündigungsrechts ist damit erneut nötig.[25]

Das Kündigungsrecht des VR während der ersten drei Versicherungsjahre hat wartezeitähnliche Funktion. Es soll dem VR am Anfang der Versicherung die Möglichkeit bieten, sich von einem für die Versichertengemeinschaft untragbaren Risiko zu trennen, zumal hier vergleichsweise niedrigen Prämien relativ hohe Risiken des VR gegenüberstehen. Der Verweis auf „die Voraussetzungen nach Absatz 1" bedeutet, dass neben der in Rede stehenden Krankenhaustagegeldversicherung bzw Krankheitskostenteilversicherung (s. § 192 Rn 4) keine (substitutive) Krankheitskostenvollversicherung bestehen darf (Abs. 1 S. 3). Letztere Variante ist etwa denkbar, wenn neben einer Krankheitskostenvollversicherung eine Zusatzversicherung (also Teilversicherung) abgeschlossen wird, um eine Deckungslücke zu schließen, etwa eine Erstattungsobergrenze für Zahnersatz. Solchermaßen charakterisierte Versicherungsverhältnisse kann der VR nur eingeschränkt kündigen, eben nur innerhalb der ersten drei Jahre zum Ende des Versicherungsjahres (vgl § 12) mit einer Frist von drei Monaten; danach sind sie ebenfalls unkündbar.

IV. Fortsetzungsanspruch (Abs. 3)

Die Norm verwirklicht den den versicherten Personen wegen der großen Bedeutung der Krankenversicherung gebührenden Schutz bei Kündigung des KrankenVersVertrages durch den VR wegen **Zahlungsverzugs** des VN.[26] Der entsprechende § 14 Abs. 5 MB/KK 09 erweitert die Regelung auf jedwede Kündigung durch den VR. Die gesetzliche Norm steht in Zusammenhang mit § 38 Abs. 1, 3 (s. auch § 194 Rn 6). Dessen Voraussetzungen müssen vorliegen bzw eingehalten sein („wirksam gekündigt").[27] Mit Streichung des § 194 Abs. 2 aF zum 1.1.2009 (s. § 194 Rn 6) sind die erhöhten Anforderungen an die Wirksamkeit der Kündigung (zB verlängerte Zahlungsfrist von zwei Monaten) entfallen. Im Anwendungs-

---

22 Prölss/Martin/*Voit*, § 206 Rn 10.
23 Prölss/Martin/*Voit*, § 206 Rn 16.
24 Langheid/Wandt/*Hütt*, § 206 Rn 42 f.
25 Vgl hierzu Begr. RegE, BT-Drucks. 16/3945, S. 114; Langheid/Wandt/*Hütt*, § 206 Rn 15.
26 Begr. RegE, BT-Drucks. 16/3945, S. 114.
27 Langheid/Wandt/*Hütt*, § 206 Rn 20. Nach OLG Düsseldorf 17.8.2010 – 4 U 2/10, VersR 2010, 1439 (m. abl. Anm. *Reinhard*) ist hierfür die Aufschlüsselung des Prämienrückstands für jeden Tarif gesondert erforderlich.

bereich des Abs. 1 S. 1, 2 ist Abs. 3 mangels Kündigungsmöglichkeit weitgehend bedeutungslos,[28] es gilt ggf § 193 Abs. 6.

11 **Abs. 3 S. 1 Hs 1** gewährt jeder einzelnen versicherten Person (mit Ausnahme des versicherten VN) – wie im Fall der Kündigung oder des Todes des VN (§ 207 Abs. 1, 2) – einen **Fortsetzungsanspruch**. Zu beachten ist aber, dass dieser nur für die Krankheitskostenversicherung und Pflegekrankenversicherung besteht. Im Übrigen wird auf die entsprechend geltenden Ausführungen verwiesen (s. § 207 Rn 4 ff). **Abs. 3 S. 1 Hs 2** hat wie § 205 Abs. 2 S. 2 lediglich klarstellende Wirkung, indem anknüpfend an § 39 Abs. 1 S. 1 und den Grundsatz der „nahtlosen" Fortsetzung des Versicherungsverhältnisses dem „neuen" VN die **Pflicht zur Prämienzahlung taggenau** ab dem Zeitpunkt des Wirksamwerdens des VN-Wechsels auferlegt wird (s. § 207 Rn 16).

12 Nach **Abs. 3 S. 2** hat der VR eine **Informationspflicht** gegenüber den versicherten Personen. Diese müssen sowohl auf die (bereits erfolgte oder noch bevorstehende) Kündigung als auch auf ihr Fortsetzungsrecht (mindestens) in Textform (s. § 208 Rn 7) hingewiesen werden. Der Wortlaut stellt klar, dass die Wirksamkeit der Vorzugskündigung des VR allerdings davon unberührt bleibt, ob den versicherten Personen die Fortsetzung tatsächlich angeboten wird.[29] Bei schuldhafter Verletzung der Informationspflicht durch den VR ist ein Schadensersatzanspruch der Versicherten nach den Grundsätzen des Vertrages mit Schutzwirkung zugunsten Dritter denkbar (§ 280 Abs. 1 BGB).

13 Nach **Abs. 3 S. 3** ist der Fortsetzungsanspruch innerhalb von **zwei Monaten**, nachdem die versicherten Personen entsprechende Kenntnis erlangt haben, auszuüben. Maßgeblich für den Fristbeginn ist – vorbehaltlich einer Zurechnung der Kenntnis des gesetzlichen Vertreters eines Versicherten – die Kenntnis des letzten Versicherten.[30] Ob die Kenntnis tatsächlich durch den VR vermittelt wurde, ist für den Beginn des Fristlaufs irrelevant.[31] Die Frist hat den Zweck, den versicherten Personen angemessene Bedenkzeit einzuräumen, nicht dagegen, den VR im Sinne einer absoluten Ausschlussfrist vor uU weit in die Vergangenheit zurückreichenden Fortsetzungsbegehren zu schützen. Solchen kann sich der VR gegenübersehen, wenn er die Information nach Abs. 3 S. 2 unterlässt und der Versicherte auch nicht in sonstiger Weise – vom VR ggf beweisbar – von Kündigung und Fortsetzungsanspruch positive Kenntnis hat. Insofern besteht die Informationspflicht gleichzeitig im eigenen Interesse des VR. Im Fall einer Fortsetzung des VersVertrages nach Eintritt der Wirksamkeit der Kündigung – und damit nach Beendigung des „alten" VersVertrages – liegt eine echte Rückwärtsversicherung vor (§ 2 Abs. 1; s. § 207 Rn 15).

V. GruppenVersVertrag (Abs. 4)

14 **Abs. 4 S. 1** stimmt inhaltlich mit § 178 i Abs. 3 aF überein.[32] Er erfasst damit alle Formen der Krankenversicherung (s. § 192 Rn 3 ff) in der Form einer Gruppenversicherung.[33] Abs. 4 trägt der besonderen Interessenlage bei einem GruppenVersVertrag Rechnung. Wegen für den VR bei Vertragsschluss nicht vorhersehbarer Schwankungen in der Gruppenzusammensetzung und damit des versicherten Risikos muss der VR einen solchen VersVertrag ordentlich kündigen können.[34] Dies

---

28 Prölss/Martin/*Voit*, § 206 Rn 18 f.
29 Zustimmend Langheid/Wandt/*Hütt*, § 206 Rn 26.
30 Langheid/Wandt/*Hütt*, § 206 Rn 28 ff; aA Prölss/Martin/*Voit*, § 206 Rn 20.
31 Schwintowski/Brömmelmeyer/*Brömmelmeyer*, § 206 Rn 8; Langheid/Wandt/*Hütt*, § 206 Rn 27; vgl auch Prölss/Martin/*Voit*, § 206 Rn 20.
32 Begr. RegE, BT-Drucks. 16/3945, S. 114.
33 LG Köln 28.2.2007 – 23 O 28/06, VersR 2008, 525; Prölss/Martin/*Voit*, § 206 Rn 21; *Boetius*, PKV, § 206 VVG Rn 161 ff.
34 BK/*Hohlfeld*, § 178 i Rn 10.

gilt jedoch nur, wenn die versicherten Personen den VersVertrag als VN fortsetzen können. Nach seinem Wortlaut („... ist zulässig, wenn ...") normiert Abs. 4 damit eine echte Wirksamkeitsbedingung für die Kündigung des VR.[35] Abs. 4 ist lex specialis zu Abs. 1. Die ordentliche Kündigung des VR richtet sich nach den allgemeinen Regeln (§ 11 Abs. 2, 3).[36] Die Kündigungsvoraussetzungen des Abs. 4 gelten auch bei einvernehmlicher Aufhebung des VersVertrags.[37]

Der Begriff des GruppenVersVertrag ist nicht legaldefiniert. Darunter ist ein Vers- 15 Vertrag zu verstehen, bei dem der VN (sog. **Gruppenspitze**; meist: Arbeitgeber, Interessenverband, Verein) nicht gleichzeitig Versicherter ist. Die versicherten Personen – meist ist eine Mindestanzahl erforderlich – zeichnen sich durch die Zugehörigkeit zu einer bestimmten Gruppe aus, die sich durch bestimmte Merkmale charakterisiert (**Gruppenmitglieder**).[38] Als konstituierend wird man weiter zu fordern haben, dass den Gruppenmitgliedern eine eigene Empfangsberechtigung erteilt wurde (§ 194 Abs. 3).[39] In der Regel erfolgt die Versicherung in einem Versicherungsschein. Das einzelne Gruppenmitglied wird automatisch mit Beitritt zur Gruppe oder durch Anmeldung zur versicherten Person.[40] Der Vorteil einer Gruppenversicherung liegt in einem verminderten Verwaltungsaufwand.[41] Die Empfangszuständigkeit für vertragsgestaltende Erklärungen verbleibt beim VR.[42]

Kündigungsvoraussetzung ist also eine ordnungsgemäße Fortsetzungsandienung 16 durch den VR. Diese muss – neben den Voraussetzungen des Abs. 3 S. 2 und 3 (Abs. 4 S. 2; s. Rn 9 f) – die Fortsetzung zeitlich unterbrechungsfrei in unmittelbarem Anschluss an die Kündigungswirksamkeit und inhaltlich in Übereinstimmung mit dem bisherigen Versicherungsschutz widerspiegeln – abgesehen von gruppenvertragsspezifischen Kriterien.[43] Erfolgt die Fortsetzungsandienung erst nach dem Wirksamkeitszeitpunkt der Kündigung, liegt in dem Abschluss des Einzelvertrages eine Rückwärtsversicherung unter Abbedingung des § 2 Abs. 2 (s. auch § 207 Rn 15).[44] Der Fristbeginn nach Abs. 4 S. 2 iVm Abs. 3 S. 2, 3 läuft aufgrund der individualisierten Rechtsfolge (anders bei Abs. 3 S. 1) einer Fortsetzungserklärung für jeden Versicherten gesondert.[45] Im Übrigen ist auf die sinngemäß geltenden Ausführungen zu § 207 Abs. 2 S. 3 zu verweisen (s. § 207 Rn 29 ff).

VI. Außerordentliche Kündigung

1. Voraussetzungen. § 206 Abs. 1 S. 2, 3 schränkt das Recht des VR zur außer- 17 ordentlichen Kündigung nicht ein. Diese ist nach allgemeinen Grundsätzen stets möglich.[46] § 314 Abs. 1 S. 1 BGB hat das aus dem Gebot von Treu und Glauben entwickelte Kündigungsrecht aus wichtigem Grund abgelöst.[47] Vorschriften des VVG, die den Streitfall abschließend regeln (wie jetzt neu Abs. 1 S. 1), haben je-

---

35 Vgl Langheid/Wandt/*Hütt*, § 206 Rn 32; *Boetius*, PKV, § 206 VVG Rn 168.
36 Langheid/Wandt/*Hütt*, § 206 Rn 32.
37 *Rogler*, jurisPR-VersR 1/2008 Anm. 5; Prölss/Martin/*Voit*, § 206 Rn 25; *Boetius*, PKV, § 206 VVG Rn 170 ff.
38 Prölss/Martin/*Voit*, § 206 Rn 21; Langheid/Wandt/*Hütt*, § 206 Rn 31.
39 Ebenso *Wilhelm/Fahl*, VersR 2007, 1338 unter Hinweis auf BAV-Rundschreiben R 3/90 vom 31.7.1990; offen BT-Drucks. 12/6959, S. 106.
40 *Wilhelm/Fahl*, VersR 2007, 1338.
41 Bach/Moser/*Schoenfeldt/Kalis*, § 178 a Rn 16.
42 Prölss/Martin/*Armbrüster*, Vor § 11 Rn 16; aA OLG München 27.10.1994 – 19 U 3605/94, VersR 1995, 902.
43 Vgl Langheid/Wandt/*Hütt*, § 206 Rn 32.
44 LG Köln 28.2.2007 – 23 O 28/06, VersR 2008, 525.
45 Langheid/Wandt/*Hütt*, § 206 Rn 34.
46 BGH 7.12.2011 – IV ZR 50/11, r+s 2012, 141; BGH 20.5.2009 – IV ZR 274/06, VersR 2009, 1063.
47 BGH 18.7.2007 – IV ZR 129/06, VersR 2007, 1260.

doch Vorrang und schließen eine außerordentliche Kündigung weitgehend aus (zu Ausnahmen s. Rn 3).[48]

18 Ein **wichtiger Grund** setzt voraus, dass Tatsachen vorliegen, die dem VR die Fortsetzung des Vertrages unzumutbar machen.[49] Wegen der sozialen Funktion der Krankenversicherung ist ein wichtiger Grund zur Kündigung aber erst dann gegeben, wenn der VN in besonders schwerwiegender Weise die Belange des VR seinem Eigennutz hintanstellt. Es ist eine wertende Betrachtung geboten, die alle Umstände des Einzelfalles berücksichtigt und sowohl die Interessen des VN als auch des VR abwägt (s. näher § 14 MB/KT 09 Rn 1).[50] Dabei sind hohe Anforderungen zu stellen, so dass die Kündigung nur bei Vorliegen besonders schwerwiegender Umstände des Einzelfalles in Betracht kommt.[51] Das ist v.a. der Fall, wenn sich der VN Versicherungsleistungen erschleicht oder zu erschleichen versucht.[52] Der VN muss sich Fehlverhalten nach den Grundsätzen der Repräsentantenrechtsprechung zurechnen lassen.[53]

19 Der VR muss die außerordentliche Kündigung **binnen angemessener Frist**, nachdem er vom Kündigungsgrund Kenntnis erlangt hat, aussprechen, andernfalls erlischt das Recht zur fristlosen Kündigung (§ 314 Abs. 3 BGB).[54] Insoweit ist ihm aber auch Zeit zur Absicherung der seiner Entscheidung zugrunde liegenden Tatsachenbasis zuzubilligen.[55]

20 Die Kündigung wirkt nur für die Zukunft, dh, es sind lediglich die Krankheitskosten nicht zu erstatten, die nach der Zustellung des Kündigungsschreibens entstanden sind.[56]

21 Eine – ordentliche wie außerordentliche – Kündigung kann **nicht** einseitig **zurückgenommen** oder **widerrufen** werden. Das wirksam gekündigte Versicherungsverhältnis lebt nur dann wieder auf, wenn beide Vertragspartner dies vereinbaren.[57]

22 Eine unberechtigte außerordentliche Kündigung kann den VR zum Schadensersatz verpflichten (§ 280 Abs. 1 BGB). Ersatzfähig ist – unter Berücksichtigung eines etwaigen Mitverschuldens des VN – der Schaden, der ihm durch den zwischenzeitlich erforderlichen Abschluss eines gleichartigen KrankenVersVertrages bei einem anderen VR entstanden ist.[58]

23 **2. Abmahnung.** Ob eine vorherige Abmahnung des VN vor Ausspruch der außerordentlichen Kündigung erforderlich ist, ist Frage des Einzelfalles. In der Regel wird man dies aber verneinen müssen,[59] da ansonsten dem VN risikolos ein erst-

---

48 BGH 3.10.1984 – IVa ZR 76/83, VersR 1985, 54; Langheid/Wandt/*Hütt*, § 206 Rn 39.
49 BGH 7.12.2011 – IV ZR 50/11, r+s 2012, 141; BGH 20.5.2009 – IV ZR 274/06, VersR 2009, 1063; BGH 3.10.1984 – IVa ZR 76/83, VersR 1985, 54.
50 BGH 7.12.2011 – IV ZR 50/11, r+s 2012, 141; BGH 20.5.2009 – IV ZR 274/06, VersR 2009, 1063; BGH 18.7.2007 – IV ZR 129/06, VersR 2007, 1260.
51 BGH 7.12.2011 – IV ZR 50/11, r+s 2012, 141.
52 BGH 7.12.2011 – IV ZR 50/11, r+s 2012, 141; BGH 20.5.2009 – IV ZR 274/06, VersR 2009, 1063; BGH 18.7.2007 – IV ZR 129/06, VersR 2007, 1260 mwN; BGH 3.10.1984 – IVa ZR 76/83, VersR 1985, 54; OLG Nürnberg 20.3.2006 – 8 U 527/05, VersR 2008, 388.
53 BGH 7.12.2011 – IV ZR 50/11, r+s 2012, 141.
54 BGH 3.10.1984 – IVa ZR 76/83, VersR 1985, 54; Langheid/Wandt/*Hütt*, § 206 Rn 41.
55 BGH 15.6.1951 – V ZR 86/50, NJW 1951, 836 – insoweit in BGH 3.10.1984 – IVa ZR 76/83, VersR 1985, 54 zitiert.
56 OLG Saarbrücken 18.12.1996 – 5 U 800/95-82, VersR 1997, 863.
57 BGH 3.10.1984 – IVa ZR 76/83, VersR 1985, 54.
58 OLG Hamm 19.9.2001 – 20 U 78/01, NVersZ 2002, 160.
59 Prölss/Martin/*Armbrüster*, Vor § 11 Rn 14; Langheid/Wandt/*Hütt*, § 206 Rn 40; *ders.*, in: Bach/Moser, § 14 MBKK Rn 7; aA BK/*Hohlfeld*, § 178 i Rn 12; zutreffend aber im Einzelfall bejaht von OLG Hamm 19.9.2001 – 20 U 78/01, NVersZ 2002, 160: Beleidigung eines Sachbearbeiters durch den VN.

maliger Versuch zum massiven Vertragsbruch zugebilligt würde.[60] Dass das vertragswidrige und zu einer außerordentlichen Kündigung berechtigende Verhalten des VN erst durch ein vom VR eingeschaltetes Ermittlungsbüro zu Tage getreten ist, steht dem Kündigungsrecht nicht grds. entgegen, solange nicht festgestellt werden kann, dass der Ermittler den VN erst zum Vertragsbruch verleitet hat[61] und es bereits Anhaltspunkte für ein unredliches Verhalten des VN gegeben hat.[62] Dagegen sind regelmäßige Überprüfungen des VN, zB durch die Einschaltung von Detektiven, idR für beide Parteien unzumutbar.[63]

3. Mehrheit von VersVerträgen. Hält der VN beim selben VR mehrere KrankenVersVerträge, gilt Folgendes: Mehrere **rechtlich selbständige Verträge** (s. § 192 Rn 13 ff) haben ihr eigenes rechtliches Schicksal und können unabhängig voneinander gekündigt werden.[64] Hinsichtlich der privaten Pflegepflichtversicherung ist aber § 110 Abs. 4 S. 1 SGB XI zu beachten (s. § 192 Rn 41).[65] Abgesehen davon kommt eine Erstreckung einer außerordentlichen Kündigung auf andere selbständige KrankenVersVerträge in Betracht, wenn sich der Kündigungsgrund, der grds. für jeden betroffenen VersVertrag einzeln zu prüfen ist, auch auf diese VersVerträge auswirkt, insb. das Vertrauensverhältnis schlechthin derart schwerwiegend gestört ist, so dass ein Festhalten auch an weiteren Verträgen nicht zumutbar ist.[66] So wirkt sich etwa regelmäßig ein Vertrauensbruch in der Krankentagegeldversicherung durch Arbeit trotz Leistungsbezug in der Krankheitskosten- und Pflegeversicherung nicht aus.[67] Insoweit kann Vertrauen durchaus teilbar sein.[68] Unter Geltung der MB/KK 09 haben bei einer Gesamtkündigung die Versicherten zumindest einen Fortsetzungsanspruch (§ 14 Abs. 5 MB/KK 09; vgl § 14 MB/KK 09 Rn 4).[69]

Bei einem **einheitlichen KrankenVersVertrag** (s. § 192 Rn 13 ff) ist zunächst festzuhalten, dass § 29 Abs. 1 nicht (entsprechend) gilt (§ 194 Abs. 1 S. 2; s. § 194 Rn 3). Dessen Rechtsgedanke und einige gesetzliche Regelungen (zB § 205 Abs. 1 S. 2) zeigen jedoch, dass eine Beschränkung des Kündigungsrechts auch innerhalb eines einheitlichen VersVertrages grds. möglich ist. Liegen dann die Voraussetzungen des außerordentlichen Kündigungsrechts nur in Bezug auf einen Teil des Vertrages vor, ist auch nur dieser wirksam kündbar.[70] Dies muss in jedem Fall gelten, wenn sich der VR – wie etwa nach § 14 Abs. 4 MB/KK 09 – vorbehalten hat, die Kündigung auf einzelne versicherte Personen oder Tarife beschränken zu können (s. § 205 Rn 29). Wegen der Geltung des das Versicherungsverhältnis in besonderem Maße beherrschenden Grundsatzes von Treu und Glauben[71] besteht dann entsprechend

---

60 OLG Saarbrücken 23.11.2005 – 5 U 70/05-8, VersR 2006, 644; diff. OLG München 8.7.1996 – 17 U 1871/96, VersR 1997, 689; aA scheinbar OLG Nürnberg 20.3.2006 – 8 U 527/05, VersR 2008, 388.
61 OLG Saarbrücken 23.11.2005 – 5 U 70/05-8, VersR 2006, 644; LG Dortmund 19.10.2006 – 2 O 559/03, juris.
62 Vgl BGH 18.7.2007 – IV ZR 129/06, VersR 2007, 1260.
63 OLG Saarbrücken 23.11.2005 – 5 U 70/05-8, VersR 2006, 644.
64 LG Dortmund 28.9.2006 – 2 O 310/06, juris; Prölss/Martin/*Armbrüster*, § 1 Rn 164; vgl Römer/Langheid/*Rixecker*, § 29 Rn 3.
65 KG 9.11.1999 – 6 U 2171/98, r+s 2000, 122, 124.
66 Prölss/Martin/*Armbrüster*, Vor § 11 Rn 15; grds. auch Bach/Moser/*Hütt*, § 14 MBKK Rn 9.
67 LG Dortmund 28.9.2006 – 2 O 310/06, juris; Schwintowski/Brömmelmeyer/*Brömmelmeyer*, § 206 Rn 2.
68 AA OLG Stuttgart 25.4.2006 – 10 U 238/05, VersR 2006, 1485; OLG Koblenz 20.9.2007 – 10 U 1726/06, VersR 2008, 1482.
69 Bach/Moser/*Hütt*, § 14 MBKK Rn 10.
70 OLG Karlsruhe 7.11.2006 –12 U 250/05, VersR 2007, 530; Prölss/Martin/*Voit*, § 206 Rn 10; aA OLG Stuttgart 25.4.2006 – 10 U 238/05, VersR 2006, 1485.
71 BGH 28.4.1971 – IV ZR 174/69, VersR 1971, 662.

die Verpflichtung, von einer möglichen Beschränkung der Kündigung – in den Grenzen der Zumutbarkeit – auch Gebrauch zu machen, mithin ein Kündigungsrecht nur insoweit auszuüben, als der einheitliche Vertrag von dem zur Kündigung berechtigenden Umstand betroffen ist. Vor dem Hintergrund der anerkannten sozialen Funktion der privaten Krankenversicherung besteht auch grds. ein Interesse des VN an weitestgehender Aufrechterhaltung des Krankenversicherungsschutzes, so dass eine Teilkündigung seinem Interesse nicht zuwiderläuft.

VII. Rücktritt und Anfechtung

26 Unberührt bleiben auch in der Pflichtversicherung das Recht des VR zu Rücktritt und Anfechtung des VersVertrages.[72] Es gelten die allgemeinen Grundsätze (§§ 19 ff, 22), wobei die Besonderheiten des § 194 Abs. 1 S. 3, 4 zu beachten sind.

VIII. Weitere praktische Hinweise

27 § 206 ist **halbzwingend** (§ 208 S. 1). Den kündigenden VR trifft für die Kündigungsvoraussetzungen die **Beweislast**,[73] wie natürlich auch für den Zugang der Kündigungserklärung.[74] Bei der außerordentlichen Kündigung trifft ihn für den Vorwurf des Vertrauensbruchs eine substantiierte Darlegungslast, wobei den VN dann eine sekundäre Darlegungslast zu „Rechtfertigungsgründen" treffen kann.[75] In Abs. 3 S. 2 muss der VR den Fristbeginn beweisen.[76] Zur Zulässigkeit einer **Feststellungsklage** s. § 205 Rn 39; dort auch zum **Streitwert**. Ob ein wichtiger Grund zur außerordentlichen Kündigung gegeben ist oder nicht, unterliegt nur eingeschränkter revisionsrechtlicher Überprüfung.[77]

§ 207 Fortsetzung des Versicherungsverhältnisses

(1) Endet das Versicherungsverhältnis durch den Tod des Versicherungsnehmers, sind die versicherten Personen berechtigt, binnen zwei Monaten nach dem Tod des Versicherungsnehmers die Fortsetzung des Versicherungsverhältnisses unter Benennung des künftigen Versicherungsnehmers zu erklären.

(2) ¹Kündigt der Versicherungsnehmer das Versicherungsverhältnis insgesamt oder für einzelne versicherte Personen, gilt Absatz 1 entsprechend. ²Die Kündigung ist nur wirksam, wenn die versicherte Person von der Kündigungserklärung Kenntnis erlangt hat. ³Handelt es sich bei dem gekündigten Vertrag um einen Gruppenversicherungsvertrag und wird kein neuer Versicherungsnehmer benannt, sind die versicherten Personen berechtigt, das Versicherungsverhältnis unter Anrechnung der aus dem Vertrag erworbenen Rechte und der Alterungsrückstellung, soweit eine solche gebildet wird, zu den Bedingungen der Einzelversicherung fortzusetzen. ⁴Das Recht nach Satz 3 endet zwei Monate nach dem Zeitpunkt, zu dem die versicherte Person von diesem Recht Kenntnis erlangt hat.

(3) Verlegt eine versicherte Person ihren gewöhnlichen Aufenthalt in einen anderen Mitgliedstaat der Europäischen Union oder einen anderen Vertragsstaat des Abkommens über den Europäischen Wirtschaftsraum, setzt sich das Versicherungsverhältnis mit der Maßgabe fort, dass der Versicherer höchstens zu denjenigen

---

72 Bach/Moser/*Sauer*, nach § 2 MBKK Rn 125.
73 OLG Karlsruhe 7.11.2006 – 12 U 250/05, VersR 2007, 530.
74 Langheid/Wandt/*Hütt*, § 206 Rn 14.
75 BGH 3.10.1984 – IVa ZR 76/83, VersR 1985, 54.
76 Prölss/Martin/*Voit*, § 206 Rn 20; wohl auch Langheid/Wandt/*Hütt*, § 206 Rn 26.
77 BGH 20.5.2009 – IV ZR 274/06, VersR 2009, 1063; BGH 17.1.2001 – VIII ZR 186/99, VersR 2001, 370.

Leistungen verpflichtet bleibt, die er bei einem Aufenthalt im Inland zu erbringen hätte.

I. Normzweck	1	1. Fortsetzungsrecht (S. 1)	22
II. Fortsetzungsanspruch bei Tod (Abs. 1)	4	2. Kenntnis der versicherten Person von der Kündigung (S. 2)	24
1. Regelungsgehalt	4	3. GruppenVersVertrag (S. 3)	29
2. Benennungsrecht	6	4. Zwei-Monats-Frist (S. 4)	32
3. Künftiger VN	8	IV. Aufenthaltsverlegung (Abs. 3)	33
4. Konstruktion	9	1. Regelungsgehalt	33
5. Fortsetzungserklärung	12	2. Voraussetzung	35
6. Rechtsfolge	15	3. Rechtsfolge	37
a) Grundsätzliches	15	V. Weitere praktische Hinweise	38
b) Prämienzahlungspflicht	16	1. Abdingbarkeit	38
c) Statusidentität	17	2. Beweislast	39
d) Benennungsrecht	19	3. Klage	41
e) „Schwebezeit"	20	4. Streitwert	43
7. Zwei-Monats-Frist	21	5. Vollstreckung	44
III. Fortsetzungsanspruch bei Kündigung (Abs. 2)	22		

I. Normzweck

§ 207 ist nicht auf die Krankheitskostenversicherung beschränkt, sondern erfasst jeden VersVertrag betreffend eine Krankenversicherung iSd § 192.[1] **Abs. 1** ist Schutzvorschrift zugunsten der Versicherten. Deren Bedürfnis an Absicherung im Versicherungsfall Krankheit endet nicht mit dem Tod des VN als Vertragspartner des sie versichernden VersVertrages.[2] Abs. 1 räumt ihnen deshalb das Recht ein, durch Benennung eines neuen VN den Vertrag und damit ihren Versicherungsschutz gleichsam zu „retten". Diesem Schutzgedanken ist bei der Auslegung der Norm eine ganz zentrale Bedeutung beizumessen. 1

Abs. 2 S. 1 erstreckt den Schutzbereich des Abs. 1 auf den Fall der Beendigung des VersVertrages durch Kündigung. Das Interesse des/der Versicherten an lückenlosem Versicherungsschutz bedarf hier in gleicher Weise des Schutzes vor einer ungewollten Beendigung des Versicherungsverhältnisses.[3] Um dem/den Versicherten allerdings überhaupt die Möglichkeit zur Wahrnehmung ihres Fortsetzungsrechts zu verschaffen, muss ihnen die Kündigung durch den VN bekannt sein, um Wirksamkeit zu entfalten (**Abs. 2 S. 2**). **Abs. 2 S. 3 und 4** erweitert das Recht zur Fortsetzung des VersVertrages durch Benennung eines neuen VN um das Recht zum Selbsteintritt des/der Versicherten. Diese Besonderheit ist der Tatsache geschuldet, dass bei einem GruppenVersVertrag die Versicherten untereinander aufgrund ihrer idR großen Zahl keine derartigen Beziehungen untereinander unterhalten, dass die Benennung eines Nachfolgeversicherungsnehmers (rechtzeitig) sichergestellt werden kann. 2

Abs. 3 bringt im Falle eines Wegzugs des Versicherten aus der Bundesrepublik Deutschland dessen Interesse am Fortbestand eines lückenlosen Versicherungsschutzes mit dem in diesem Fall erhöhten Interesse des VR an Beibehaltung der kalkulatorischen Grundlagen in Einklang. Gleichzeitig wird damit die Mobilität innerhalb der EU erhöht[4] und ein faktisches Hindernis der Freiheit der Person beseitigt. 3

---

1 Ebenso Langheid/Wandt/*Hütt*, § 207 Rn 8; Prölss/Martin/*Voit*, § 207 Rn 1.
2 BT-Drucks. 12/6959, S. 107 zu § 178 n; Römer/Langheid/*Langheid*, § 207 Rn 1.
3 BT-Drucks. 12/6959, S. 107 zu § 178 n.
4 BT-Drucks. 16/3945, S. 115; VVG-KE S. 185, 416.

II. Fortsetzungsanspruch bei Tod (Abs. 1)

1. Regelungsgehalt. Abs. 1 übernimmt das bereits vor der erstmaligen gesetzlichen Normierung der Krankenversicherung 1994 bestehende Bedingungsrecht (§ 15 Abs. 1 S. 2, 3 MB/KK 76).[5] Er stimmt mit dem früheren § 178n Abs. 1 überein.[6] Er soll das Erbrecht mit seinen bisweilen langwierigen Unsicherheiten zur Person des Erben und damit (Gesamt-)Rechtsnachfolgers des VN (§ 1922 BGB) aus dem Versicherungsverhältnis heraushalten.[7] Diese Notwendigkeit wird insb. bei einer Mehrheit von Erben deutlich: Die eher trägen Regeln zur gemeinschaftlichen Verwaltung der Miterbengemeinschaft (§§ 2038 ff BGB) sind zur Führung eines KrankenVersVertrages nicht geeignet. Abs. 1 stellt deshalb konstitutiv klar, dass die Vertragsposition des VN nicht auf den/die Erben übergeht, sondern dass das Versicherungsverhältnis mit dem Tod des VN endet. Gegen die Ansicht, dass die Regelung eine vertragliche Abrede voraussetze,[8] spricht, dass Vererblichkeit zwar vertraglich ausschließbar ist,[9] dies aber im Hinblick auf § 305c BGB mit einer Regelung wie § 15 Abs. 1 S. 2 MB/KK 09 Wirksamkeitsbedenken begegnete. Die versicherten Personen erhalten mit Abs. 1 ein Recht zur Fortsetzung des VersVertrages. Beim Tod einer versicherten Person, die nicht gleichzeitig VN ist, endet das Versicherungsverhältnis in Bezug auf diese versicherte Person, ohne dass es zu einer Gesamtrechtsnachfolge kommt (§ 15 Abs. 2 MB/KK 09).[10] Ein Fortsetzungsrecht besteht hier nicht. Die Beendigung wirkt nur in der Person der jeweiligen versicherten Person.[11] Dies bedeutet, dass erst bei bzw mit dem Tod aller versicherten Personen das Versicherungsverhältnis vollends erlischt.[12]

Der Begriff „Versicherungsverhältnis" hat hier keine inhaltliche Bedeutung. Er soll in Abgrenzung bzw Erweiterung zum Begriff „VersVertrag" lediglich klarstellen, dass neben dem zweiseitigen VersVertrag mit Leistungsaustausch zwischen zwei rechtlich und wirtschaftlich selbständigen Vertragspartnern auch der Versicherungsschutz im Zusammenhang mit der Zugehörigkeit des VN zu einem VVaG erfasst ist.[13]

2. Benennungsrecht. Dieses haben nur die Versicherten, die nicht selbst gleichzeitig VN sind. Sind die Versicherten selbst VN, wird der Bestand des VersVertrages in ihrer Person durch den Tod eines Mitversicherungsnehmers nicht berührt (vgl § 425 BGB).

Obwohl Abs. 1 die versicherte Person im Plural nennt, ist eine über eine Person hinausgehende Anzahl von Versicherten nicht erforderlich, um das Benennungsrecht überhaupt auszulösen.[14] Es wäre nicht einzusehen, warum ein einziger Versicherter weniger schutzbedürftig sein sollte als zwei. Nach einer Ansicht soll ein Fortsetzungsanspruch nur bestehen, wenn alle zur Zeit der Beendigung des VersVertrages darin versicherten Personen auch unter dem neuen VN den Status einer versicherten Person beibehalten, anderenfalls der VR den Antrag ablehnen könne. Dem VR solle nicht zugemutet werden, von den mitversicherten Personen das schlechte Risiko zu behalten und die anderen abzugeben.[15] Dem kann nicht gefolgt wer-

---

5 BT-Drucks. 12/6959, S. 107.
6 BT-Drucks. 16/3945, S. 114.
7 Bach/Moser/*Hütt*, § 15 MBKK Rn 1.
8 Römer/Langheid/*Langheid*, § 207 Rn 1.
9 BGH 19.9.1989 – XI ZR 103/88, NJW-RR 1990, 131.
10 Bach/Moser/*Hütt*, § 15 MBKK Rn 1; Prölss/Martin/*Voit*, § 207 Rn 13; auch BT-Drucks. 12/6959, S. 107.
11 Langheid/Wandt/*Hütt*, § 207 Rn 13.
12 Bach/Moser/*Hütt*, § 15 MBKK Rn 1.
13 VVG-KE S. 8 f.
14 Ebenso für § 206 Abs. 3 Langheid/Wandt/*Hütt*, § 206 Rn 28.
15 Bach/Moser/*Hütt*, § 15 MBKK Rn 1; Langheid/Wandt/*Hütt*, § 207 Rn 11 iVm § 206 Rn 24.

den:[16] Der Wortlaut des Abs. 1 („die versicherten Personen ...") gebietet eine solche Auslegung nicht. Der Plural ist im Zusammenhang mit dem folgenden Verb („berechtigt") zu sehen. Es wird also allen versicherten Personen eine Berechtigung gewährt, nicht dagegen einem Kollektiv eine Verpflichtung ausgesprochen. Auch der Hinweis auf Abs. 2 S. 1, wonach sich der Gesetzgeber das Ausscheiden einer versicherten Person nur durch ordentliche Kündigung vorstelle, verfängt nicht. Damit soll nur die „Wohltat" des Abs. 1 auch auf den Fall der Kündigung erstreckt werden. Weiter muss man berücksichtigen, dass bei einer großen Zahl von Versicherten die postulierte einheitliche Linie zur Fortführung des VersVertrages nicht selten schwer zu finden sein dürfte. Damit liefe aber letztlich der Schutzzweck des § 207 in zu vielen Fällen leer. Bedenkt man schließlich noch, dass nach *Hütt*[17] das Recht des neuen VN, nach § 205 Abs. 1 S. 2 bzw § 13 Abs. 2 MB/KK 09 ordentlich zu kündigen und die Kündigung dann auf einzelne versicherte Personen zu beschränken, unberührt bleiben soll, wird ein schützenswertes Interesse des VR an einer „Einheitslösung" umso weniger erkennbar (s. auch Rn 8).[18]

3. Künftiger VN. Dies kann ein bisheriger (und auch weiterhin) Versicherter sein; es kann sich aber auch um einen bislang am VersVertrag überhaupt nicht beteiligten Dritten handeln.[19] Können sich die versicherten Personen auf keinen neuen VN einigen, kann der VR eine dennoch begehrte Fortsetzung ablehnen.[20] Es kann dem VR nicht zugemutet werden, sich mit nunmehr mehreren VN auseinanderzusetzen.[21] Dieses Ergebnis wird systematisch durch Abs. 2 S. 3 gestützt (s. Rn 29). Da andererseits eine versicherte Person nicht gegen ihren Willen einem neuen VN „unterstellt" werden kann, muss die Benennung also entweder einstimmig erfolgen oder zumindest unter Enthaltung der mit der Person des neuen VN nicht einverstandenen versicherten Personen. Diese scheiden aus dem VersVertrag aus. Nicht erforderlich ist, dass überhaupt alle Versicherten die Fortsetzung erklären (s. Rn 7). Einer Mitwirkung des VR – gar seiner Zustimmung – bedarf die Ausübung des Benennungsrechts nicht.[22]

8

4. Konstruktion. Die versicherten Personen haben das Recht, die „Fortsetzung des Versicherungsverhältnisses" zu erklären. Eine solche „Fortsetzung" kann grds. auf zweierlei Wegen rechtsdogmatisch begründet werden: So wäre denkbar, das Versicherungsverhältnis über den Tod des VN hinaus fortbestehen zu lassen, auflösend bedingt durch die Nichterklärung der Fortsetzung (vgl § 158 Abs. 2 BGB). Dann wiederum wäre es denkbar, die Wirkung des Ausfalls der auflösenden Bedingung auf den Zeitpunkt des Todes des VN zurückzubeziehen oder das Versicherungsverhältnis mit dem Ausfall der Bedingung – ggf auch durch ausdrücklich oder konkludent erklärten Verzicht aller versicherten Personen – ex nunc zu beenden. Letztere Variante hätte zur Folge, dass einerseits während der Zwei-Monats-Frist die Pflicht zur Zahlung der Folgeprämien weiter besteht – aber in wessen Person? Andererseits bestünde während dieser Überlegungszeit für die versicherten Personen noch bedingungsgemäßer Versicherungsschutz.

9

---

16 Ebenso Prölss/Martin/*Voit*, § 207 Rn 10; BK/*Hohlfeld*, § 178 n Rn 2; Schwintowski/Brömmelmeyer/*Brömmelmeyer*, § 207 Rn 2; Looschelders/Pohlmann/*Reinhard*, § 207 Rn 4.
17 Bach/Moser/*Hütt*, § 15 MBKK Rn 1. Nach Langheid/Wandt/*Hütt*, § 207 Rn 18 soll im Fall des § 207 Abs. 2 eine „Einzellösung" aber sachgerecht sein.
18 Im Ergebnis ebenso Langheid/Wandt/*Hütt*, § 207 Rn 18; Prölss/Martin/*Voit*, § 206 Rn 17 und § 207 Rn 10.
19 Prölss/Martin/*Voit*, § 207 Rn 9; Schwintowski/Brömmelmeyer/*Brömmelmeyer*, § 207 Rn 3.
20 BK/*Hohlfeld*, § 178 n Rn 2.
21 AA Prölss/Martin/*Voit*, § 206 Rn 17 und § 207 Rn 10; Looschelders/Pohlmann/*Reinhard*, § 207 Rn 4; *Boetius*, PKV, § 206 VVG Rn 142.
22 Bach/Moser/*Moser*, 3. Aufl. 2002, § 15 MBKK 94 Rn 1.

10 Möglich wäre aber auch, das Versicherungsverhältnis grds. mit dem Tod des VN enden zu lassen und die Fortsetzungserklärung als Eintritt einer aufschiebenden Bedingung zu verstehen, die das Versicherungsverhältnis nahtlos an den Zeitpunkt des Todes des VN rückanknüpfend wieder in Kraft setzt. Nach Ansicht des VVG-KE führt im Falle des Abs. 1 eine „rechtsgestaltende Erklärung" des Versicherten dazu, dass „das Versicherungsverhältnis wieder auflebt".[23] Dieses im weiteren Gesetzgebungsverfahren nicht mehr auf- bzw angegriffene Motiv spricht zusammen mit dem insofern eindeutigen Wortlaut des Abs. 1 („Endet das Versicherungsverhältnis ...") dafür, die Konstruktion eines auflösend bedingten Fortbestands des VersVertrages über den Tod des VN hinaus zu verwerfen. Damit bleibt nur, die Fortsetzungserklärung der versicherten Personen als Willenserklärung auf Neubegründung eines KrankenVersVertrages im Sinne eines tatsächlich neuen Vertrages zu begreifen.[24] Diese Erklärung der versicherten Personen stellt nach hier vertretener Ansicht nur ein Angebot auf Abschluss des fortzusetzenden VersVertrages dar. Deshalb bedarf es zum Zustandekommen des „neuen" VersVertrages noch der Annahme durch den VR. Da es keine allgemeine Verkehrssitte gibt, wonach eine Annahmeerklärung durch den VR nicht zu erwarten ist,[25] hilft § 151 BGB nicht. Es ist also nicht etwa so, dass der neue VersVertrag „automatisch" mit der Fortsetzungserklärung der versicherten Personen zustande kommt,[26] sondern erst mit deren ausdrücklicher oder konkludenter Annahme durch den VR. Man kann von einem Kontrahierungszwang des VR zu den Bedingungen des beendeten Vertrages sprechen.[27]

11 Verweigert der VR zu Unrecht die Fortsetzung des beendeten VersVertrages, wird er sich bei idR schuldhaftem Verhalten schadensersatzpflichtig machen: Dem VR obliegt die nachvertragliche Pflicht, im Rahmen des Zumutbaren unter dem Gesichtspunkt von Treu und Glauben die Rechte seiner Versicherten nicht zu verletzen.[28] Der VR hätte dann ggf die Prämiendifferenz gegenüber einem Neuabschluss bei einem anderen VR zu tragen.

12 **5. Fortsetzungserklärung.** Die Rechtswirkungen des Abs. 1 entfalten sich nur, wenn die Fortsetzungserklärung **fristgerecht** gleichzeitig den neuen VN benennt. Erfolgt (auch nur) die Benennung verspätet, ist der Bereich des Abs. 1 verlassen und es kann nur durch „freiwillige" Annahme des Fortsetzungsantrages durch den VR ein Vertrag zustande kommen.[29]

13 Schließt sich der künftige VN seiner Benennung durch die versicherten Personen in der Benennungserklärung nicht ausdrücklich an, macht sich seine Benennung also zu eigen, handeln die versicherten Personen als Vertreter des künftigen VN ohne Vertretungsmacht. Es gilt dann § 177 BGB.[30] § 178 BGB wird aber durch § 207 als lex specialis verdrängt. Lehnt der künftige VN die Genehmigung der Fortsetzungserklärung nach Ablauf der Zwei-Monats-Frist ab, erlischt das Fortsetzungsrecht endgültig.[31]

---

23 VVG-KE S. 415.
24 Wohl auch Bach/Moser/*Hütt*, § 15 MBKK Rn 1; *ders.*, in: Langheid/Wandt, § 207 Rn 10.
25 BGH 1.7.1987 – IVa ZR 63/86, VersR 1987, 923; BGH 31.1.1951 – II ZR 46/50, NJW 1951, 313; in jüngerer Zeit erneut LG Bremen 1.12.1999 – 4 S 278/99, VersR 2000, 305.
26 AA die hM: Langheid/Wandt/*Hütt*, § 207 Rn 11; Prölss/Martin/*Voit*, § 207 Rn 4; BK/*Hohlfeld*, § 178 n Rn 1; Schwintowski/Brömmelmeyer/*Brömmelmeyer*, § 207 Rn 3: „einseitiges Gestaltungsrecht".
27 Ebenso noch Prölss/Martin/*Prölss*, 27. Aufl. 2004, § 178 n Rn 2.
28 Vgl BGH 24.10.1989 – XI ZR 8/89, NJW-RR 1990, 141.
29 Langheid/Wandt/*Hütt*, § 207 Rn 9.
30 „Konstruktionsbedingt" aA Prölss/Martin/*Voit*, § 207 Rn 11.
31 Prölss/Martin/*Voit*, § 207 Rn 12.

Da das Gesetz – anders als etwa in § 194 Abs. 4 S. 1 Hs 1 – für die Form der Fortsetzungserklärung bedauerlicherweise keine besondere Form vorschreibt, kann die Erklärung grds. **formlos** und damit auch mündlich abgegeben werden.[32] Ob sich für die dem Versicherten obliegende Erklärung aus § 16 MB/KK ein Formerfordernis entnehmen lässt, erscheint fraglich. Eine Erstreckung des Formerfordernisses auf den Versicherten über § 193 Abs. 2 dürfte nicht in Betracht kommen. Aus naheliegenden Gründen der Beweisführung erscheint die Einhaltung zumindest der Textform als zwingend angeraten.

6. Rechtsfolge. a) Grundsätzliches. Die Fortsetzungserklärung bewirkt, dass der bisherige VersVertrag nahtlos mit dem neuen VN weitergeführt wird. Da damit der Versicherungsschutz vor dem Zeitpunkt des (neuen) Vertragsschlusses beginnt, liegt ein Fall der echten Rückwärtsversicherung vor (§ 2 Abs. 1), wobei allerdings die Einschränkungen des § 2 Abs. 2 als abbedungen anzusehen sein dürften (vgl § 18).[33] Um dem Schutzzweck des § 207, den versicherten Personen ihre Versicherungsgrundlage zu bewahren, zur Geltung zu verhelfen, muss der neu abgeschlossene VersVertrag inhaltlich mit dem durch den Tod des VN beendeten VersVertrag identisch sein. So bleiben insb. die bereits erworbenen Alterungsrückstellungen unberührt.[34] Die Tatsache, dass deren Anrechnung zwar in Abs. 2 S. 3 genannt wird, nicht jedoch in Abs. 1, lässt keinen Umkehrschluss zu. Zuzugeben ist, dass systematische Erwägungen etwas anderes vermuten lassen könnten, da Abs. 2 S. 3 als lex specialis zur allgemeineren Regelung des Abs. 1 anzusehen sein dürfte. Der Schutzzweck des § 207 und dessen überragende Bedeutung für den Gesetzgeber sprechen indes dafür, Abs. 2 S. 3 lediglich als Klarstellung eines allgemein gültigen Prinzips zu verstehen. Der Schutzzweck der Norm verlangt, den versicherten Personen ihre Versicherungsgrundlage zu bewahren: Der VR kann von den versicherten Personen keine erneute Risikoprüfung verlangen. Auch die Tarifbedingungen bleiben unverändert und können nicht ausschließlich anlässlich der Fortsetzung des Versicherungsverhältnisses modifiziert werden.[35] Letztlich entspricht der Inhalt des neuen Vertrages dem des beendeten. Wartezeiten laufen weiter bzw bereits abgelaufene leben nicht erneut auf.[36]

b) Prämienzahlungspflicht. Der neue VN unterliegt der Prämienzahlungspflicht (§ 1 Abs. 2 S. 1). Die in den Sterbe- bzw Kündigungsmonat fallende Prämie ist zeitanteilig (taggenau) noch dem „alten" VN zuzurechnen (vgl § 39 Abs. 1 S. 1 und § 8 Abs. 8 MB/KK 09). Aus der Tatsache, dass sich hier – anders als in § 205 Abs. 2 S. 3 und § 206 Abs. 4 S. 1 Hs 1 – insoweit keine ausdrückliche Regelung findet, kann nichts Gegenteiliges hergeleitet werden, da die dortigen Vorschriften lediglich deklaratorisch sind (s. § 205 Rn 20). Die sich unmittelbar anschließende „erste" Prämie des neuen VN ist als Folgeprämie iSd § 38 zu verstehen.[37] Die Höhe der Folgeprämien kann sich reduzieren, wenn der ausgeschiedene VN selbst versicherte Person war, da sein Risiko dann nicht mehr zu bewerten ist.[38]

c) Statusidentität. Die Fortsetzungserklärung ist keine „Vertragserklärung" iSd § 19 Abs. 1. Zwar wird durch die Benennung der VersVertrag neu begründet, doch verbietet es der vielfach zitierte Schutzzweck des § 207, die versicherten Personen erneuten (vorvertraglichen) **Anzeigepflichten** zu unterwerfen.[39] Letztlich wäre eine solche wiederauflebende Anzeigepflicht auch sinnwidrig, da sie den VR ja nur in

---

32 Ebenso Looschelders/Pohlmann/*Reinhard*, § 207 Rn 7.
33 Langheid/Wandt/*Hütt*, § 207 Rn 10; Looschelders/Pohlmann/*Reinhard*, § 207 Rn 5.
34 Langheid/Wandt/*Hütt*, § 207 Rn 10; Looschelders/Pohlmann/*Reinhard*, § 207 Rn 5.
35 Vgl VVG-KE S. 415.
36 Langheid/Wandt/*Hütt*, § 207 Rn 10; Prölss/Martin/*Voit*, § 207 Rn 5.
37 Langheid/Wandt/*Hütt*, § 207 Rn 10; Prölss/Martin/*Voit*, § 207 Rn 5; BK/*Hohlfeld*, § 178 n Rn 4.
38 BK/*Hohlfeld*, § 178 n Rn 4.
39 Ebenso Langheid/Wandt/*Hütt*, § 207 Rn 11; Prölss/Martin/*Voit*, § 207 Rn 6 f.

die Lage versetzen soll, das Ob und die konkreten Bedingungen des Vertragsschlusses zu überdenken. Beide Optionen stehen dem VR im Rahmen des § 207 aber ohnehin nicht offen, da er insofern einem Kontrahierungszwang bei unverändertem Vertragsinhalt unterliegt.

18 Aus diesem Grund muss sich der neue VN auch die bei Beendigung des VersVertrages bereits begründeten **Vertragsrechte des VR** entgegenhalten lassen.[40] Das gilt insb. für solche, die auf dem Verhalten des ausgeschiedenen VN beruhen.[41] Dies bedeutet, dass zB bereits verwirklichte Obliegenheitsverletzungen das Recht zu Rücktritt oder Kündigung ebenso unberührt lassen (§ 19 Abs. 2, § 28) wie eine bereits verübte Täuschung das Recht zur Arglistanfechtung (§ 22) oder Folgen von Gefahrerhöhungen (§§ 23 f). Bereits in Lauf gesetzte Fristen laufen weiter, bereits abgelaufenen Fristen(teile) kommen dem neuen VN zugute. Dies gilt auch für Fälligkeitsvoraussetzungen (§ 14), Verjährungsfristen (§ 15), Verzug (§§ 37 f). Letztlich tritt der neue VN gleichsam in die Fußspuren des ausgeschiedenen VN.

19 d) **Benennungsrecht.** Der neue VN muss den VersVertrag auch hinsichtlich des Rechts, versicherte Personen als Empfangsberechtigte zu benennen (§ 194 Abs. 4), so übernehmen, wie er sich zum Zeitpunkt seiner Beendigung darstellte. Dies bedeutet etwa, dass er eine widerrufliche Benennung widerrufen kann; gleichzeitig ist er aber alleine aufgrund der Fortsetzung nicht berechtigt, ein auf den Zeitpunkt des Abschlusses des „alten" VersVertrages beschränktes Benennungsrecht (s. § 194 Rn 19 f) nunmehr gleichsam als wiederauflebend nachzuholen. Das Schutzinteresse der versicherten Personen verbietet eine Verschlechterung deren Status quo ante, gebietet gleichzeitig aber keine Verbesserung desselben.

20 e) **„Schwebezeit".** Während der „Schwebezeit", also zwischen Beendigung – durch Tod oder Kündigung – und Benennung des neuen VN, besteht kein VersVertrag.[42] Dennoch muss sich die versicherte Person an den bislang durch den VersVertrag gestellten Anforderungen, insb. Obliegenheiten, festhalten lassen.[43] Beriefe sich der Versicherte nach Fortsetzungserklärung auf seinen vertraglichen Leistungsanspruch, obwohl er in der „Schwebezeit" eine – gedacht wirksame – Obliegenheit verletzt hat, die den VR während des regulären Bestands des Vertrages zur Leistungsfreiheit berechtigt hätte, verhielte er sich widersprüchlich und treuwidrig. Es ist anerkannt, dass eigenes treuwidriges Verhalten bei gegenseitigen Verträgen Gläubigerrechte ausschließen kann, wenn und solange der Gläubiger sich selbst vertragsuntreu verhält.[44] Will der Versicherte Rechte aus dem VersVertrag geltend machen, kann er sich nicht auf dessen Unwirksamkeit hinsichtlich der Obliegenheiten während gerade der Zeit berufen, für die er Leistungen in Anspruch nehmen will.

21 7. **Zwei-Monats-Frist.** Eine längere Frist würde die Gefahr von Manipulationsmöglichkeiten der mitversicherten Person unvertretbar erhöhen.[45] Deshalb ist eine entsprechende Übertragung der Regelung des Abs. 2 S. 2 (etwa: Fristbeginn erst ab Kenntnis vom Tod des VN) ausgeschlossen. Fristbeginn ist also der tatsächliche Zeitpunkt des Todes.[46] Zwar ist der Wortlaut insofern nicht eindeutig („binnen zwei Monaten ... zu erklären"), doch ist aus Gründen der Rechtssicherheit und entsprechend allgemeinen Grundsätzen (§ 130 Abs. 1 S. 1 BGB) für die Wahrung der Zwei-Monats-Frist der rechtzeitige Eingang der Fortsetzungserklärung beim

---

40 Prölss/Martin/*Voit*, § 207 Rn 8; Bach/Moser/*Hütt*, § 15 MBKK Rn 1; *ders.*, in: Langheid/Wandt, § 207 Rn 10.
41 BK/*Hohlfeld*, § 178 n Rn 1.
42 AA wohl Prölss/Martin/*Voit*, § 207 Rn 6.
43 Im Ergebnis ebenso Prölss/Martin/*Voit*, § 207 Rn 7.
44 Vgl etwa BGH 1.10.1986 – VIII ZR 132/85, NJW 1987, 251, 253 (zu § 326 BGB aF).
45 VVG-KE S. 185.
46 Langheid/Wandt/*Hütt*, § 207 Rn 9; Prölss/Martin/*Voit*, § 207 Rn 12.

VR entscheidend.[47] Nach § 13 Abs. 10 S. 2 MB/KK 09 ist dagegen die rechtzeitige Abgabe der Fortsetzungserklärung ausreichend (s. § 13 MB/KK 09 Rn 4). Mit Verstreichen der Frist entfällt der Fortsetzungsanspruch.

III. Fortsetzungsanspruch bei Kündigung (Abs. 2)

1. Fortsetzungsrecht (S. 1). Soweit vergleichbar, kann zunächst auf die Erläuterungen zu Abs. 1 verwiesen werden. Auch Abs. 2 räumt das Benennungsrecht nur den Versicherten ein, die nicht selbst VN sind. Natürlich gilt das Fortsetzungsrecht nur für eine Kündigung durch den VN, nicht auch für eine durch den VR. Die über die Verweisung auf Abs. 1 geltende Zwei-Monats-Frist wird nur durch eine wirksame Kündigung in Gang gesetzt.[48] Unbeachtlich ist jedoch, ob die vom VN ausgesprochene Kündigung eine ordentliche (§ 205) oder eine außerordentliche Kündigung ist.[49] Der Schutzzweck des Abs. 1 rechtfertigt ohne weiteres die Annahme, dass Abs. 2 in gleicher Weise für den Fall einer einvernehmlichen Vertragsbeendigung (Aufhebungsvertrag) zwischen VR und VN Geltung beansprucht.[50]

S. 1 stellt weiter klar, dass die Kündigung sowohl hinsichtlich des VersVertrages im Ganzen – also alle versicherten Personen betreffend – oder aber nur hinsichtlich einzelner versicherter Personen ausgesprochen werden kann (§ 205 Abs. 1 S. 2). Diese Differenzierung gegenüber Abs. 1 beruht nur darauf, dass vom Tod des VN als Beendigungsgrund bereits zwangsweise alle versicherten Personen betroffen sind. Folge des Abs. 2 ist, dass es der VN letztlich nicht alleine in der Hand hat, die versicherten Personen bei einem Versichererwechsel „mitzunehmen". Dies ist hinzunehmen.

2. Kenntnis der versicherten Person von der Kündigung (S. 2). S. 2 soll inhaltlich mit § 178n Abs. 2 S. 2 aF übereinstimmen.[51] Die Norm stellt sicher, dass die versicherte(n) Person(en) überhaupt die Möglichkeit hat/haben, das Versicherungsverhältnis fortzusetzen.[52] Ihnen wird kein Widerspruchsrecht gegen die Kündigung eingeräumt.[53] Fehlt die Kenntnis, ist die Kündigung (zunächst) irreversibel unwirksam.[54]

Auch S. 2 gilt in gleicher Weise für die Beendigung des VersVertrages durch Aufhebungsvertrag (s. Rn 22).[55] Ebenso muss S. 2 für den Sonderfall des GruppenVersVertrages gelten. Einen überzeugenden Grund, die Kündigung eines GruppenVersVertrages, dessen versicherte Personen in dieser Hinsicht nicht weniger schutzwürdig sind, ohne deren Kenntnis von der Kündigung wirksam werden zu lassen, besteht nicht. Erwähnt werden soll aber, dass die systematische Stellung des S. 2 die gegenteilige Ansicht besser begründen ließe.

Woher die Versicherten die Kenntnis von der Kündigung erlangt haben, ist unbeachtlich. Dies ergibt der Umkehrschluss aus § 206 Abs. 4 S. 2, wonach bei einer Kündigung durch den VR dieser selbst die versicherten Personen zu informieren hat. Folglich kann dies sowohl – naheliegender – durch den VN oder den VR erfolgen. Grundsätzlich kann die Kenntnis aber auch durch eine weitere versicherte

---

47 Zustimmend Prölss/Martin/*Voit*, § 207 Rn 4.
48 Bach/Moser/*Hütt*, § 13 MBKK Rn 38; *ders.*, in: Langheid/Wandt, § 207 Rn 15.
49 Prölss/Martin/*Voit*, § 207 Rn 14; *Boetius*, PKV, § 207 VVG Rn 37.
50 Vgl LG Köln 28.2.2007 – 23 O 28/06, juris; *Rogler*, jurisPR-VersR 1/2008 Anm. 5; Prölss/Martin/*Voit*, § 207 Rn 17.
51 BT-Drucks. 16/3945, S. 114; BGH 16.1.2013 – IV ZR 94/11, r+s 2013, 185.
52 BT-Drucks. 12/6959, S. 107 zu § 178n Abs. 2.
53 BT-Drucks. 12/6959, S. 107; aA scheinbar Bach/Moser/*Moser*, 3. Aufl. 2002, § 15 MBKK 94 Rn 1.
54 BGH 16.1.2013 – IV ZR 94/11, r+s 2013, 185; Bach/Moser/*Hütt*, § 13 MBKK Rn 38; Prölss/Martin/*Voit*, § 207 Rn 15.
55 Prölss/Martin/*Voit*, § 207 Rn 17.

Person vermittelt werden. Eine mündliche Kenntnisvermittlung kann allerdings – nicht zuletzt aus Gründen der Rechtssicherheit – nicht ausreichen. Dies lässt sich damit begründen, dass sich die Kenntnis auf die „Kündigungserklärung", also einen verkörperten Ausspruch, beziehen muss. Der Nachweis muss nicht zivilprozessualen Beweisanforderungen genügen. Es reicht die Beibringung eines nachvollziehbaren Belegs, etwa die Mitunterzeichnung der Kündigung durch die versicherte Person, notfalls ein Einschreibbeleg, aus dem sich die Übermittlung einer Abschrift der Kündigung an den Versicherten ergibt.[56]

27 Einen bestimmten Zeitpunkt, zu dem die Kenntnis der versicherten Person bestehen bzw dargelegt sein muss, statuiert S. 2 nicht. Bei mehreren versicherten Personen ist grds. die Kenntnis aller Versicherten erforderlich und die der letzten versicherten Person maßgeblich.[57] Wird die Kenntnis der versicherten Person(en) von der Kündigung dem VR nicht bereits mit der Kündigungserklärung dargelegt, kann dies grds. nachgeholt werden. Allerdings muss, um dem Erfordernis der Rechtssicherheit ausreichend Genüge zu tun, die Kenntnis spätestens bis zu dem Zeitpunkt, in dem die Kündigung wirksam werden soll, dargelegt sein.[58] Eine insofern verspätete Darlegung wird aber idR als neue Kündigungserklärung auszulegen sein.

28 Bei einer außerordentlichen Kündigung, die mit ihrem Zugang wirksam werden soll, wird es dem VN aufgrund der engen zeitlichen Vorgaben idR nicht möglich sein, die Kenntnis bereits mit dem (sofortigen) Wirksamwerden der Kündigung darzulegen.[59] Der VR ist dann regelmäßig verpflichtet, den VN über die Unwirksamkeit einer von ihm ausgesprochenen Kündigung aufzuklären[60] (s. § 205 Rn 8 ff). Diese Pflicht besteht auch in der hiesigen Konstellation, obwohl S. 2 die versicherte Person schützen soll. Dieser Schutzgedanke kann das zunächst und vorrangig gegenüber dem VN als Vertragspartner bestehende Verhältnis von Treu und Glauben nicht überspielen. Die versicherten Personen sollen lediglich vor einer Kündigung ohne ihre Kenntnis geschützt werden, nicht aber vor einer Kündigung überhaupt. So oder so muss die Kenntnis unverzüglich, dh ohne schuldhaftes Zögern (§ 121 Abs. 1 S. 1 BGB), nachträglich dargelegt werden. Dieses gewisse Maß an Rechtsunsicherheit muss hingenommen werden, um die Option einer außerordentlichen Kündigung nicht völlig leer laufen zu lassen. Sieht das Recht zur außerordentlichen Kündigung Erklärungsfristen vor, gilt das Vorstehende entsprechend.

29 **3. GruppenVersVertrag (S. 3).** Hier wird die Brücke zur Regelung des § 206 Abs. 5 geschlagen, der die Wirksamkeit einer ordentlichen Kündigung eines GruppenVersVertrages (s. § 206 Rn 14) durch den VR davon abhängig macht, dass den versicherten Personen die Fortsetzung des VersVertrages als Einzelsicherung ermöglicht wird. Auch bei einer Kündigung durch den VN bzw die Gruppenspitze sollen die Interessen der versicherten Personen durch eine Fortsetzungsmöglichkeit gewahrt werden.[61] Das Selbsteintrittsrecht steht unter der Voraussetzung, dass ein (einziger, s. Rn 8) neuer VN nicht benannt wird. Es wird deshalb dem Benennungsrecht subsidiär gewährt. Konsequenz ist, dass im Fall der tatsächlichen Benennung eines neuen VN der Selbsteintritt einer versicherten Person nicht mehr möglich ist. Im Gegenschluss lässt sich S. 3 entnehmen, dass in Fällen des Todes des VN oder der Kündigung eines EinzelVersVertrages ein Selbsteintrittsrecht der

---

56 BGH 16.1.2013 – IV ZR 94/11, r+s 2013, 185.
57 Vgl Langheid/Wandt/*Hütt*, § 207 Rn 15, § 206 Rn 28 ff: Kenntnis des gesetzlichen Vertreters und gleichzeitig Mitversicherten eines anderen Mitversicherten reicht. Dem ist zuzustimmen.
58 BGH 16.1.2013 – IV ZR 94/11, r+s 2013, 185; Prölss/Martin/*Voit*, § 207 Rn 15; *Boetius*, PKV, § 207 VVG Rn 42; aA Bach/Moser/*Hütt*, § 13MBKK Rn 38.
59 Prölss/Martin/*Voit*, § 207 Rn 15.
60 BGH 16.1.2013 – IV ZR 94/11, r+s 2013, 185; Prölss/Martin/*Voit*, § 207 Rn 16.
61 BT-Drucks. 16/3945, S. 114.

versicherten Personen nicht besteht. Diese können nur dann VN werden, wenn sie als VN benannt werden.

Es ist nicht anzunehmen oder einzusehen, dass die versicherten Personen eines GruppenVersVertrages gegenüber denen eines EinzelVersVertrages im Fall der Vertragsbeendigung schlechter gestellt werden sollen. S. 3 ist deshalb lediglich als Erweiterung der „Grundregel" des Abs. 1 zu verstehen.[62] Dies lässt sich auch daraus herleiten, dass in S. 3 von der Benennung gesprochen wird, die ihrerseits über die Verweisung des S. 1 auf Abs. 1 Bezug nimmt. Folglich bleibt den Versicherten eines GruppenVersVertrages das Recht aus Abs. 1 zur Benennung eines neuen VN unbenommen. Weiter muss S. 3 damit sowohl in den Fällen der Beendigung des VersVertrages durch Tod des VN (Gruppenspitze als natürliche Einzelperson) oder durch Kündigung gelten. In gleicher Weise muss das Selbsteintrittsrecht bei der Beendigung durch Aufhebungsvertrag gewährt werden.[63] Da beim GruppenVersVertrag nicht selten eine juristische Person als VN fungiert, wird deren Auflösung oder Liquidation als „Tod" iSd Abs. 1 zu verstehen und deshalb auch in diesen Fällen ein Benennungs- und Selbsteintrittsrecht zu bejahen sein.

Im Übrigen gelten die Ausführungen zu Abs. 1 entsprechend: Die Ausübung des Selbsteintrittsrechts ist lediglich das Angebot auf Abschluss eines neuen VersVertrages. Der VR unterliegt allerdings einem Kontrahierungszwang,[64] den beendeten VersVertrag zu denselben Bedingungen mit dem Versicherten als nunmehr neuem VN fortzusetzen. Dies gilt insb. für die Übernahme etwaig gebildeter Alterungsrückstellungen, die in S. 3 exemplarisch hervorgehoben wird.

4. Zwei-Monats-Frist (S. 4). Die Frist bezieht sich nur auf die Kenntnis vom Recht auf Selbsteintritt, nicht aber auf die Kenntnis von der Beendigung des VersVertrages durch Tod, Kündigung oder Aufhebungsvertrag überhaupt. Die Kenntnis der Versicherten von der Kündigung ist hier – anders als in Abs. 1 – nicht Kündigungsvoraussetzung.[65] Unbeachtlich ist, ob die Frist des Abs. 1 bereits vollständig abgelaufen ist. Folglich kann die Bedenkzeit zum Selbsteintritt erheblich kürzer als die addierten vier Monate beider Fristen sein. Woher die versicherten Personen die Kenntnis vom Selbsteintrittsrecht haben, ist zweitrangig.[66]

IV. Aufenthaltsverlegung (Abs. 3)

1. Regelungsgehalt. Die Vorschrift ist in § 1 Abs. 5 MB/KK 09 übernommen. Nach früherer Bedingungslage endete das Versicherungsverhältnis mit Wegzug aus dem Tätigkeitsgebiet des VR[67] bzw mit der Verlegung des Wohnsitzes oder gewöhnlichen Aufenthalts aus Deutschland, vorbehaltlich einer anderweitigen Vereinbarung (§ 15 Abs. 3 S. 1 MB/KK 94). Damit wurde dem Umstand Rechnung getragen, dass bei einem Verlassen des Bundesgebietes dem VR Auskunfts- und Kontrollmöglichkeiten über die Gesundheitskosten fehlen, um der Gefahr einer vertragswidrigen Ausnutzung zu begegnen.[68] Allerdings verpflichtete sich der VR, eine Vereinbarung zur Fortsetzung des Versicherungsverhältnisses zu treffen, wenn

---

62 AA *Boetius*, PKV, § 207 VVG Rn 36.
63 LG Köln 28.2.2007 – 23 O 28/06, juris; *Rogler*, jurisPR-VersR 1/2008 Anm. 5; Prölss/Martin/*Voit*, § 206 Rn 25.
64 *Buchholz*, VersR 2008, 27; aA wohl Langheid/Wandt/*Hütt*, § 206 Rn 32: Fortsetzung durch einseitige Erklärung.
65 Looschelders/Pohlmann/*Reinhard*, § 207 Rn 11.
66 Ebenso Langheid/Wandt/*Hütt*, § 207 Rn 26.
67 § 15 Abs. 3 bzw § 15 e MBKK 76; dazu OLG Hamm 26.11.1999 – 20 U 144/99, VersR 2000, 1270; LG Köln 3.7.1996 – 23 O 473/94, VersR 1997, 565; OLG Karlsruhe 20.6.1991 – 12 U 39/91, VersR 1992, 863; LG Kassel 16.9.1987 – 5 O 494/86, VersR 1988, 842.
68 Bach/Moser/*Moser*, 3. Aufl. 2002, § 15 MBKK 94 Rn 2.

dies innerhalb von zwei Monaten nach Verlegung des Wohnsitzes oder gewöhnlichen Aufenthalts in einen Mitgliedstaat des Europäischen Wirtschaftsraums beantragt wurde (§ 15 Abs. 3 S. 2 MB/KK 94). Abs. 3 geht darüber hinaus, indem er nicht etwa nur einen Anspruch auf Fortsetzung normiert, sondern nach seinem eindeutigen Wortlaut den Bestand des Versicherungsverhältnisses im Ganzen unberührt lässt und lediglich eine inhaltliche Modifikation desselben bestimmt. Damit entfällt gleichzeitig im Anwendungsbereich des Abs. 3 die noch in § 15 Abs. 3 S. 3 MB/KK 94 vorgesehene Möglichkeit, im Rahmen einer Fortsetzungsvereinbarung einen angemessenen Beitragszuschlag zu verlangen. Darüber hinaus bleibt diese Möglichkeit allerdings bestehen (s. § 15 MB/KK 09 Rn 4). Für die Krankentagegeldversicherung s. § 1 Abs. 8 MB/KT 09.

34 Nach seinem Wortlaut gilt Abs. 3 nur bei der Verlegung des gewöhnlichen Aufenthalts einer versicherten Person. Verlegt dagegen der VN, der nicht zugleich Versicherter ist, seinen gewöhnlichen Aufenthalt, ist die Interessenlage eine andere (s. Rn 33). Die Notwendigkeit der grundsätzlichen Beendigung des VersVertrages besteht nicht, da der „reine" VN lediglich Vertragspartner ist.

35 **2. Voraussetzung.** Der maßgebliche Begriff des „**gewöhnlichen Aufenthalts**" ist nicht legaldefiniert. Er findet sich im BGB etwa in §§ 1309 Abs. 2 S. 2, 1558 Abs. 1, 1559, 1617b Abs. 1 S. 2, 1717, 1851, in der ZPO in §§ 29c, 38 Abs. 3 Nr. 2, 110 Abs. 1, 606, 1025 Abs. 3 und auch in Art. 5 Abs. 2, 3 EGBGB und Art. 7 Abs. 2 Nr. 4a EGVVG. Nach der Rspr des BGH ist der gewöhnliche Aufenthalt einer Person dort, wo sie sozial integriert ist und ihren Lebensmittelpunkt, den Schwerpunkt ihrer Bindungen in familiärer oder beruflicher Hinsicht hat, wobei die tatsächlichen Verhältnisse maßgebend sind.[69] Bei einem „echten" Umzug kann dieser neue Schwerpunkt sofort begründet werden, anderenfalls ist eine gewisse Mindestdauer des „neuen" Aufenthalts zu fordern.[70] Unter Berücksichtigung des o.g. Normzwecks ist eine Verlegung des gewöhnlichen Aufenthalts aber erst dann anzunehmen, wenn er im Zeitpunkt seiner Begründung doch zumindest für einen längeren Zeitraum verlegt werden soll. In Anlehnung an § 1 Abs. 4 S. 3 MB/KK 09 muss man mindestens einen Monat fordern. Die Regelung macht deutlich, dass der VR für diesen Zeitraum auf seine Kontrollmöglichkeiten zu verzichten ohnehin bereit ist. Die Verlegung des gewöhnlichen Aufenthalts muss allerdings nicht von vornherein auf unbestimmte Zeit beabsichtigt sein, so etwa bei einem Auslandssemester.

36 Bei dem Hinweis auf die Mitgliedstaaten der Europäischen Union oder einen anderen Vertragsstaat des Abkommens über den Europäischen Wirtschaftsraum handelt es sich um dynamische Verweisungen. **Mitgliedstaaten der Europäischen Union** sind:[71] Belgien, Bulgarien, Dänemark, Deutschland, Estland, Finnland, Frankreich, Griechenland, Irland, Italien, Kroatien, Lettland, Litauen, Luxemburg, Malta, Niederlande, Österreich, Polen, Portugal, Rumänien, Schweden, Slowakei, Slowenien, Spanien, Tschechische Republik, Ungarn, Vereinigtes Königreich, Zypern. Vertragsstaaten des Abkommens über den Europäischen Wirtschaftsraum sind die vorgenannten und zusätzlich Norwegen, Island und Liechtenstein. Wird der gewöhnliche Aufenthalt also nicht in die vorgenannten Staaten, sondern in einen anderen (zB auch die Schweiz) verlegt, führt dies nach den maßgeblichen Bedingungen (§ 15 Abs. 3 S. 1 MB/KK 09; s. § 15 MB/KK 09 Rn 2) weiterhin zur Beendigung des Vertrages.

37 **3. Rechtsfolge.** Der VersVertrag besteht fort. Allerdings werden Leistungen nur wie bei einem inländischen Versicherungsfall erstattet. Dies bedeutet, dass etwa

---

69 BGH 13.12.2000 – XII ZR 278/98, FamRZ 2001, 412.
70 Zu Einzelheiten s. etwa Musielak/*Borth*, ZPO, § 606 Rn 17.
71 Stand: 13.12.2014. Aktueller Stand abrufbar unter http://europa.eu/abc/european_countr ies/eu_members/index_de.htm.

nur Anspruch auf die Erstattung vergleichbarer inländischer Aufwendungen oder sonstiger vereinbarter Leistungen besteht. „Höchstens" ist lediglich in Bezug zu den ausländischen Aufwendungen/Leistungen zu verstehen. Auf die Erstattung der vergleichbaren inländischen Aufwendungen besteht weiterhin ein Rechtsanspruch. Anlass für Streitigkeiten dürfte der hypothetische Vergleichsmaßstab des Inlands werden. Nachdem dieselben Leistungen bekanntermaßen zu unterschiedlichen Aufwendungen führen können, wird man einen Mittelwert finden müssen. Dieser könnte etwa aus je zwei Kostenplänen des VR und des Versicherten ermittelt werden. Stets ist dabei (auf Seiten des Versicherten) das Übermaßverbot des § 192 Abs. 2 als Obergrenze zu beachten. Im Prozess wird der Kostenplan eines gerichtlich bestellten Sachverständigen den Maßstab bestimmen müssen. Keine Erstattung kann für im Ausland durchgeführte Maßnahmen verlangt werden, die in Deutschland aus Rechtsgründen nicht möglich gewesen wären.[72] Beweisbelastet für die Beschränkung ist der VR.[73]

V. Weitere praktische Hinweise

1. Abdingbarkeit. Nach § 208 S. 1 zählt § 207 insgesamt zu den halbzwingenden Vorschriften; insb. kann damit zB nicht vom Wirksamkeitserfordernis der Kenntnis der versicherten Person von der Kündigung durch den VN (Abs. 2 S. 2) abgewichen werden. Abs. 1 ist in § 15 Abs. 1 MB/KK 09 bzw § 15 Abs. 1 MB/KT 09 übernommen, zu Abs. 2 siehe § 13 Abs. 10 MB/KK 09, zu Abs. 3 siehe §§ 15 Abs. 3, 1 Abs. 5 MB/KK 09. Auf die dortigen ergänzenden Erläuterungen wird verwiesen. 38

2. Beweislast. Beruft sich eine versicherte Person auf einen Leistungsanspruch aus einem „fortgesetzten" VersVertrag, trägt sie die Beweislast für dessen wirksame Fortsetzung bzw Neubegründung. Der VN trägt wiederum die Beweislast dafür, dass die zur Wirksamkeit seiner Kündigung erforderliche Kenntnis der versicherten Person vorlag.[74] Dies ergab sich bereits aus dem ausdrücklichen Wortlaut des § 178n Abs. 2 S. 2 aF („[wenn] der VN nachweist, dass ..."; s. § 13 MB/KK 09 Rn 4), dessen Inhalt nicht geändert werden sollte.[75] 39

Hinsichtlich der Frist des Abs. 2 S. 4 gilt Ähnliches: Diese ist eine Einwendung gegen die Entstehung eines bzw gegen das maßgebliche Angebot zum Abschluss eines „neuen" VersVertrages. Die Beweislast für deren Versäumung liegt beim VR, wenn er Ansprüche aus dem VersVertrag abwehren will.[76] Dagegen liegt sie beim VN, wenn er Vorteile aus dem Nichtbestand des VersVertrages ableiten will. 40

3. Klage. Bei Weigerung des VR zur Annahme eines Fortsetzungsbegehrens ist Klage auf **Abgabe einer entsprechenden Willenserklärung** zu erheben.[77] Der entsprechende Leistungsantrag ist nur bestimmt genug, wenn er alles enthält, was nach Vorstellung der versicherten Person den Maßstab der Verpflichtung des VR zum Abschluss des beanspruchten VersVertrages bilden soll.[78] Eine Bezeichnung der Prämienhöhe dürfte zumindest in den Fällen, in denen diese sich wegen des Ausscheidens weiterer versicherter Personen ändert, nicht erforderlich sein, da dem klagenden VN nicht möglich bzw zumutbar. Der Leistungsantrag könnte wie folgt lauten: 41

---

72 Langheid/Wandt/*Hütt*, § 207 Rn 29; Prölss/Martin/*Voit*, § 207 Rn 20; vgl auch LG Köln 4.7.2007 – 12 O 347/06, VersR 2007, 1359.
73 Prölss/Martin/*Voit*, § 207 Rn 20; Looschelders/Pohlmann/*Reinhard*, § 207 Rn 15.
74 BGH 16.1.2013 – IV ZR 94/11, r+s 2013, 185; BK/*Hohlfeld*, § 178n Rn 6.
75 BGH 16.1.2013 – IV ZR 94/11, r+s 2013, 185; aA Vorauflage (2. Aufl. 2011, aaO).
76 AA Prölss/Martin/*Voit*, § 207 Rn 16; diff. auch Langheid/Wandt/*Hütt*, § 207 Rn 23 f.
77 Folgt man dagegen der hM (s. Fn 25), so ist entsprechende Feststellungsklage auf Fortbestand des VersVertrages zu erheben.
78 BGH 18.11.1993 – IX ZR 256/92, NJW-RR 1994, 317.

42 ▶ „Die/Der Beklagte wird verurteilt, mit der/dem Kläger/in (ggf: unter Anrechnung bereits erworbener Alterungsrückstellungen von derzeit monatlich ... [s. Versicherungsschein]) rückwirkend zum ... einen KrankenVersVertrag (Krankheitskostenversicherung oder Zutreffendes) abzuschließen,[79] der inhaltlich dem zwischen der/dem Beklagte/n und der ... (bisherige/r VN) geschlossenen VersVertrag mit der Versicherungsschein-Nr. ... entspricht, also auf Grundlage der AVB ... [benennen] und unter Einschluss der Tarife ... [benennen] sowie ... (ggf Bezeichnung weiterer Parameter, insb. Risikoausschlüssen o.Ä.)." ◀

43 4. **Streitwert.** Der Streitwert ist nach dem Interesse des VN am Fortbestand und damit entsprechend der Feststellung der Wirksamkeit des VersVertrages (ohne Feststellungsabschlag) zu berechnen (vgl § 205 Rn 39).

44 5. **Vollstreckung.** Die Vollstreckung richtet sich nach § 894 Abs. 1 ZPO.

§ 208 Abweichende Vereinbarungen

[1]Von den §§ 194 bis 199 und 201 bis 207 kann nicht zum Nachteil des Versicherungsnehmers oder der versicherten Person abgewichen werden. [2]Für die Kündigung des Versicherungsnehmers nach § 205 kann die Schrift- oder die Textform vereinbart werden.

I. Normzweck

1 Die in S. 1 genannten Normen dienen dem Schutz des VN und der Versicherten.[1] Diese Vorschriften sollen weitgehend die gesetzliche Krankenversicherung ersetzen können.[2] Es besteht deshalb ein besonderes Interesse, ihrem Gehalt Geltung zu verschaffen.

II. Halbzwingende Vorschriften (S. 1)

2 1. **Grundsätzliches.** Da die genannten Vorschriften zwar abänderbar sind, aber nur zugunsten des VN und des Versicherten, werden sie als **halbzwingend** bezeichnet.[3] § 208 gilt auch für die Krankenversicherung mit lediglich ergänzendem Charakter.[4] Wie schon bei § 178o aF werden in den Schutzbereich des S. 1 neben den VN auch die Versicherten einbezogen. Ob die Schlechterstellung in AVB oder durch Individualvereinbarung erfolgt, ist ohne Belang.[5]

3 2. **Abweichung zum Nachteil (S. 1).** Ob die Abweichung dem VN „zum Nachteil" gereicht, ist nach zutreffender und ganz hM im Rahmen einer abstrahierenden Gesamtschau zu entscheiden. Grund hierfür ist, dass sich der Schutzzweck des S. 1 im Falle einer isolierten Einzelbetrachtung gegen den VN als Schutzobjekt wenden könnte. Es sind also die Nachteile den ggf gleichzeitig gewährten Vorteilen gegenüberzustellen.[6]

4 Abwägungsgegenstand kann in diesem Zusammenhang stets nur die von den in S. 1 genannten Normen abweichende Regelung selbst sein, nicht jedoch der übrige

---

79 Vgl BGH 11.2.1963 – VIII ZR 23/62, NJW 1963, 900.
1 BT-Drucks. 12/6959, S. 107 zu § 178o; BK/*Hohlfeld*, § 178o Rn 3.
2 Römer/Langheid/*Langheid*, § 208 Rn 2.
3 Vgl BGH 29.10.2003 – IV ZR 38/03, VersR 2004, 58.
4 BGH 27.9.2000 – IV ZR 115/99, VersR 2000, 1533; vgl Prölss/Martin/*Voit*, § 208 Rn 2.
5 Prölss/Martin/*Voit*, § 208 Rn 1.
6 OLG Köln 4.10.1990 – 5 U 21/90, VersR 1990, 1381; *Schirmer/Marlow*, VersR 1997, 782, 785.

Inhalt des Vertrages.[7] Es ist dabei danach zu fragen, ob die Regelung generell, dh ohne Blick auf den konkreten Einzelfall, ungünstig ist.[8] Maßgeblich ist also auch hier der durchschnittliche VN. Wegen des Schutzzwecks des S. 1 muss im Zweifel ein dem VN nachteiliger Saldo konstatiert werden.[9] Ist dagegen eine Individualabrede zu prüfen (§ 305 Abs. 1 S. 3 BGB), ist auf die Wirkung für den individuell betroffenen VN in seiner konkreten Situation abzustellen.[10]

3. Rechtsfolge. Diese liegt nicht in der Nichtig- oder Unwirksamkeit der entsprechenden Vereinbarung (idR AVB).[11] Zwar besteht im Vergleich zur Vorgängernorm des § 178o in S. 1 eine sprachliche Änderung, weil es dort als Rechtsfolge hieß: „Auf eine Vereinbarung, durch welche ... abgewichen wird, kann sich der VR nicht berufen." Eine inhaltliche Änderung war damit seitens des Gesetzgebers aber nicht beabsichtigt.[12] Der Schutzzweck des S. 1 erfordert es nicht, dass die inkriminierte Regelung vollständig in Wegfall gerät. Es reicht als Rechtsfolge deshalb aus, dass der VR sich lediglich nicht mehr auf die Abweichung berufen kann.[13] Seine Pflichten bestimmen sich dann nach dem Gesetz.[14] Im Übrigen wird auf die jeweiligen Einzelkommentierungen verwiesen.

III. Kündigung (S. 2)

Die Vorschrift ist in § 16 MB/KK 09 umgesetzt. Eine nicht diesen beiden abschließenden Formvorschriften entsprechende Kündigung ist unwirksam (§ 125 S. 2 BGB). Den VR trifft aber eine Zurückweisungspflicht (s. § 205 Rn 8 ff). Der VR muss sich an den von ihm formulierten Formerfordernissen festhalten lassen und kann deshalb zB bei Zulassung von Textform eine Kündigung per E-Mail nicht ausschließen.[15] **Schriftform** ist iSd § 126 Abs. 1, 4 BGB zu verstehen, verlangt also alternativ eigenhändige Namensunterschrift des VN, dessen notariell beglaubigtes Handzeichen oder die notarielle Beurkundung der Kündigung. Die Übermittlung durch elektronische Übertragung einer Textdatei mit eingescannter Unterschrift ist zulässig.[16] Nach § 126 Abs. 3 BGB iVm § 126a Abs. 1 BGB ist auch die elektronische Form zulässig, also der qualifiziert elektronisch signierte Namenszusatz des VN. Ist nur Schriftform vereinbart, bleibt für die Vermutung des § 127 Abs. 2 BGB, wonach Textform ebenfalls ausreichend ist, kein Raum.[17]

Bei **vereinbarter Textform** ist § 126b BGB maßgeblich. Es genügt dann auch ein unterschriftsloses Dokument, wie etwa ein Computerfax oder eine E-Mail.[18]

---

7 Prölss/Martin/*Prölss*, 27. Aufl. 2004, § 178o Rn 1 iVm Prölss/Martin/*Knappmann*, § 42 Rn 1.
8 BGH 7.2.1996 – IV ZR 155/95, VersR 1996, 486 (zu § 32 = § 34a aF); *Schirmer/Marlow*, VersR 1997, 782, 785; Bach/Moser/*Hütt*, § 208; aA RG 19.12.1939 – VII 69/39, RGZ 162, 238, 242.
9 Prölss/Martin/*Prölss*, 27. Aufl. 2004, § 178o Rn 1 iVm Prölss/Martin/*Knappmann*, § 34a Rn 1.
10 Prölss/Martin/*Prölss*, 27. Aufl. 2004, § 178o Rn 1 iVm Prölss/Martin/*Knappmann*, § 42 VVG Rn 1.
11 OLG Karlsruhe 20.6.2002 – 19 U 162/01, NVersZ 2002, 455; RG 19.12.1939 – VII 69/39, RGZ 162, 238, 242 f; *Bruck/Möller*, Bd. 1, § 15a Rn 4; *Rogler*, jurisPR-VersR 1/2008 Anm. 5; aA *Boetius*, PKV, § 208 VVG Rn 18; scheinbar auch BK/*Hohlfeld*, § 178o Rn 2; *Präve*, ZfV 1997, 354, 356.
12 VVG-RegE S. 287.
13 Vgl den Fall OLG Karlsruhe 20.6.2002 – 19 U 162/01, NVersZ 2002, 455.
14 RG 19.12.1939 – VII 69/39, RGZ 162, 238, 242; aA wohl OLG München 30.11.1999 – 25 U 3487/99, VersR 2000, 575.
15 Prölss/Martin/*Voit*, § 208 Rn 4.
16 GmS-OGB 5.4.2000 – GmS-OGB 1/98, NJW 2000, 2340.
17 Im Ergebnis wohl ebenso Prölss/Martin/*Voit*, § 208 Rn 5 f.
18 Staudinger/*Hertel*, § 126b Rn 1; Bach/Moser/*Kalis*, § 16 MBKK Rn 3.

Teil 3
Schlussvorschriften

§ 209 Rückversicherung, Seeversicherung

Die Vorschriften dieses Gesetzes sind auf die Rückversicherung und die Versicherung gegen die Gefahren der Seeschifffahrt (Seeversicherung) nicht anzuwenden.

I. Normzweck

1   Wie bereits vor der VVG-Reform werden die Rückversicherung und die Seeversicherung vom Anwendungsbereich des VVG ausgeschlossen. Auf die **Rückversicherung** ist das VVG nicht anwendbar, weil dessen Vorschriften regelmäßig nur auf Erstversicherungsverträge zugeschnitten sind. Auch ist der Erstversicherer nicht ebenso schutzbedürftig wie ein „normaler" VN.[1] Die Ausdehnung des VVG auf die **Seeversicherung** wurde abgelehnt, weil dies im internationalen Vergleich die Wettbewerbsfähigkeit der deutschen VR beeinträchtigt hätte.[2] Auch ist der VN in der Seeversicherung regelmäßig geschäftserfahren, so dass er des Schutzes des VVG nicht bedarf.[3]

II. Rückversicherung

2   Bei der Rückversicherung wird die vom Erstversicherer übernommene Gefahr versichert. Das zwischen den vertragsschließenden Parteien frei auszuhandelnde[4] Vertragsverhältnis besteht allein zwischen dem Erstversicherer und dem Rückversicherer; der VN des Erstversicherers hat gegen den Rückversicherer keinen Anspruch.[5] Die der Reform zugrunde liegenden EU-rechtlichen Vorgaben wirken sich somit auf dieses Verhältnis nicht aus.[6]

3   Ungeachtet der grundsätzlichen Unanwendbarkeit des VVG gelten dessen grundlegende Parameter (jedenfalls als Anzeichen für das Vorhandensein eines entsprechenden allgemeinen versicherungsrechtlichen Grundsatzes) dennoch für die Rückversicherung.[7] Es wird sich daher künftig die Frage stellen, ob die alten Parameter des VVG aF als Handelsbräuche für die Rückversicherung fortgelten oder durch die Grundsätze des VVG nF abgelöst werden.[8]

III. Seeversicherung

4   Unter Seeversicherung war seit jeher jede Versicherung eines in Geld schätzbaren Interesses zu verstehen, welches jemand daran hat, dass Schiff oder Ladung die Gefahren der Seeschifffahrt besteht (zB Seekaskoversicherung, Seegüterversicherung oder Seerechtsschutzversicherung), vgl § 778 HGB aF.[9] Da die Regelungen

---

1   Langheid/Wandt/*Looschelders*, § 209 Rn 1; Prölss/Martin/*Klimke*, § 209 Rn 1.
2   Begr. RegE, BT-Drucks. 16/3945, S. 115.
3   Prölss/Martin/*Klimke*, § 209 Rn 2.
4   *Looschelders*, VersR 2012, 3.
5   BGH 15.10.1969 – IV ZR 623/68, VersR 1970, 29.
6   Begr. RegE, BT-Drucks. 16/3945, S. 115.
7   Ebenso Prölss/Martin/*Klimke*, § 209 Rn 3 b; aA Looschelders/Pohlmann/*Pohlmann/Wolf*, § 209 Rn 6.
8   *Langheid*, NJW 2007, 3665, 3671; nach Bruck/Möller/*Echarti/Labes*, § 209 Rn 50 ff wird bei Fehlen expliziter Vertragsregelungen im Fall einer Vertragslücke auf Rückversicherungsgrundsätze und -gebräuche zurückgegriffen wie bspw Prämienzahlungspflicht, Selbstbehaltspflicht des Erstversicherers, Grundsatz der Schicksalsteilung, Geschäftsführungsrecht des Erstversicherers, Folgepflicht des Rückversicherers oder Auskunfts-, Informations-, Kooperations- und Kontrollrecht des Rückversicherers.
9   Ausf. zum Begriff der Seeversicherung *Schleif*, VersR 2010, 1281.

der §§ 778 ff HGB im Zuge der VVG-Reform ersatzlos aufgehoben wurden, enthält § 209 eine **Definition** der Seeversicherung als **Versicherung gegen die Gefahren der Seeschifffahrt**. Die Definition ist weit zu verstehen.[10] Zur Seeversicherung zählen daher neben der Seekasko-, Seegüter-, Seehaftpflicht- und Seerechtsschutzversicherung sowie der Loss-of-Hire-Versicherung auch die Baurisikoversicherung (soweit sie sich auf das Schiff und nicht die Werftanlagen bezieht) sowie die Reparaturhaftpflichtversicherung.[11]

Bereits vor der VVG-Reform war die Seeversicherung auf die **gewerbliche** Schifffahrt zugeschnitten. Daran sollte mit der Reform nichts geändert werden, so dass § 209 für privat genutzte Boote nicht gilt.[12]

Wegen der Nichtgeltung des VVG hatte die Seeversicherung ihre rechtliche Grundlage vor der VVG-Reform in den §§ 778 ff HGB. Die entsprechenden AVB (ADS, DTV Güterversicherungsbedingungen) haben die handelsgesetzlichen Regelungen in der Praxis weitestgehend verdrängt, was nunmehr zur Aufhebung der maßgebenden Normen des HGB geführt hat.[13] Nunmehr richtet sich der Inhalt des Seeversicherungsvertrages primär nach den dem Vertrag zugrunde liegenden Versicherungsbedingungen.[14] Während eine analoge Anwendung der Vorschriften des VVG wegen der dem § 209 zugrunde liegenden gesetzgeberischen Grundentscheidung ausscheidet (zu den Folgen für den Anspruchsübergang s. Vor §§ 130–141 Rn 3), ist wiederum ein Rückgriff auf die allgemeinen Grundprinzipien des VVG zulässig.[15] Diese Prinzipien sind im Rahmen einer Inhaltskontrolle der AVB nach § 307 Abs. 1, § 307 Abs. 2 S. 1 BGB zu berücksichtigen.[16] Keinen Leitbildcharakter haben hingegen der Wegfall des Alles-oder-Nichts-Prinzips und das neue Quotelungsprinzip des § 28.[17]

5

Entgegen dem Vorschlag im Kommissionsentwurf[18] wurde auf eine Anwendbarkeit des VVG auf die Seeversicherung verzichtet. Für eine Einbeziehung der Seeversicherung in das VVG sieht der Gesetzgeber kein Bedürfnis, weil durch die AVB bereits ein sicherer international anerkannter Rechtszustand geschaffen wurde, der durch eine Inhaltskontrolle unter Heranziehung der verbraucherrechtlichen Leitbilder des VVG nur gefährdet würde. Eine solche Kontrolle würde sich negativ auf die internationale Wettbewerbsfähigkeit des jeweiligen VR auswirken.[19]

6

§ 210 Großrisiken, laufende Versicherung

(1) Die Beschränkungen der Vertragsfreiheit nach diesem Gesetz sind auf Großrisiken und auf laufende Versicherungen nicht anzuwenden.

---

10 *Schleif*, VersR 2010, 1281, 1287.
11 Bruck/Möller/*Koch*, § 209 Rn 209.
12 OLG Köln 24.6.2014 – 9 U 225/13, VersR 2014, 1205.
13 Begr. RegE, BT-Drucks. 16/3945, S. 115.
14 Prölss/Martin/*Klimke*, § 209 Rn 18; Bruck/Möller/*Koch*, § 209 Rn 207.
15 Prölss/Martin/*Klimke*, § 209 Rn 18; *Schleif*, VersR 2010, 1281, 1288; Bruck/Möller/*Koch*, § 209 Rn 208.
16 BGH VersR 1993, 312.
17 *Looks*, VersR 2008, 884; Prölss/Martin/*Klimke*, § 209 Rn 18.
18 Begr. VVG-KE, S. 10; krit. dazu *Büchner/Jürss*, VersR 2004, 1090.
19 Begr. RegE, BT-Drucks. 16/3945, S. 115.

(2) ¹Großrisiken im Sinne dieser Vorschrift sind:
1. Risiken der unter den Nummern 4 bis 7, 10 Buchstabe b sowie den Nummern 11 und 12 der *Anlage Teil A zum Versicherungsaufsichtsgesetz*[1] erfassten Transport- und Haftpflichtversicherungen,
2. Risiken der unter den Nummern 14 und 15 der *Anlage Teil A zum Versicherungsaufsichtsgesetz*[2] erfassten Kredit- und Kautionsversicherungen bei Versicherungsnehmern, die eine gewerbliche, bergbauliche oder freiberufliche Tätigkeit ausüben, wenn die Risiken damit in Zusammenhang stehen, oder
3. Risiken der unter den Nummern 3, 8, 9, 10, 13 und 16 der *Anlage Teil A zum Versicherungsaufsichtsgesetz*[3] erfassten Sach-, Haftpflicht- und sonstigen Schadensversicherungen bei Versicherungsnehmern, die mindestens zwei der folgenden drei Merkmale überschreiten:
   a) 6.200.000 Euro Bilanzsumme,
   b) 12.800.000 Euro Nettoumsatzerlöse,
   c) im Durchschnitt 250 Arbeitnehmer pro Wirtschaftsjahr.

²Gehört der Versicherungsnehmer zu einem Konzern, der nach § 290 des Handelsgesetzbuchs, nach § 11 des Publizitätsgesetzes vom 15. August 1969 (BGBl. I S. 1189) in der jeweils gültigen Fassung oder nach dem mit den Anforderungen der Siebten Richtlinie 83/349/EWG des Rates vom 13. Juni 1983 aufgrund von Artikel 54 Buchstabe g des Vertrages über den konsolidierten Abschluss (ABl. L 193 vom 18.7.1983, S. 1) in der jeweils geltenden Fassung übereinstimmenden Recht eines anderen Mitgliedstaats der Europäischen Gemeinschaft oder eines anderen Vertragsstaats des Abkommens über den Europäischen Wirtschaftsraum einen Konzernabschluss aufzustellen hat, so sind für die Feststellung der Unternehmensgröße die Zahlen des Konzernabschlusses maßgebend.

I. Normzweck

1 Das VVG sieht zum Schutz des VN an mehreren Stellen eine Beschränkung der Vertragsfreiheit durch halbzwingende oder zwingende Vorschriften vor. Als Beispiele hierfür mögen die Regelungen der § 11 Abs. 1, § 18, § 28 Abs. 5, §§ 32, 42, § 72 Abs. 2, §§ 87, 112, 171 und § 208 dienen. Bei Großrisiken und der laufenden Versicherung bedarf der durchschnittliche VN dieses Schutzes aber nicht, weil er sich aufgrund seiner Geschäftserfahrung selbst ausreichend schützen kann.[1] Aus diesem Grund sieht § 210 dort **Ausnahmen von den Beschränkungen der Vertragsfreiheit** vor. Die Schutzregelungen des VVG sind bei den sog. Großrisiken abdingbar.

II. Großrisiken

2 Wann ein Großrisiko, auf welches Abs. 1 Bezug nimmt, vorliegt, richtet sich nach Abs. 2 iVm der Anlage Teil A zum VAG.

3 **1. Großrisiko nach Sparte (Abs. 2 S. 1 Nr. 1 und 2).** Um Großrisiken kraft Sparte handelt es sich bei den in Nr. 4–7, Nr. 10 Buchst. b, Nr. 11 und 12 bzw den Nr. 14 und 15 der Anlage Teil A zum VAG genannten Risiken.

---

1 *Kursive Hervorhebung:* Fassung bis 31.12.2015. – **Fassung ab 1.1.2016:** „Anlage 1 zum Versicherungsaufsichtsgesetz". – Siehe Art. 2 Abs. 49 Nr. 7 des Gesetzes zur Modernisierung der Finanzaufsicht über Versicherungen vom 1.4.2015 (BGBl. I S. 434, 560). Zum Inkrafttreten s. Art. 3 Abs. 1 S. 1.
2 Wie vor.
3 Wie vor.
1 BGH 1.12.2004 – IV ZR 291/03, VersR 2005, 266, 268; Prölss/Martin/*Klimke*, § 210 Rn 1.

2. Großrisiko nach wirtschaftlicher Größe (Abs. 2 S. 1 Nr. 3). Soweit die betroffene Versicherungssparte nicht von vornherein als Großrisiko qualifiziert ist, sind für die Einordnung als Großrisiko bestimmte Unternehmenskennzahlen maßgebend. Ein Großrisiko liegt erst dann vor, wenn der VN zwei der drei nachgenannten Merkmale erfüllt, namentlich:

- 6,2 Mio. € Bilanzsumme,
- 12,8 Mio. € Nettoumsatzerlöse und
- durchschnittlich 250 Arbeitnehmer pro Wirtschaftsjahr.

Wenn die Großrisiko-Eigenschaft während der Vertragslaufzeit entfällt, leben die Vorschriften des VVG wieder auf.[2]

3. Kombinierte Risiken. Sind neben Großrisiken iSd Abs. 2 S. 1 iVm der Anlage Teil A zum VAG zugleich andere Risiken mit einem einheitlichen Bedingungswerk versichert, soll die Regelung des § 210 insgesamt keine Anwendung finden.[3] Etwas anderes gilt hingegen dann, wenn die Versicherung des Großrisikos überwiegt[4] und aufgrund ausdrücklicher Differenzierung in den Vertragsbestimmungen eine gesonderte Beurteilung auch möglich ist.[5]

III. Laufende Versicherung

Ausdrücklich wird nunmehr auch die laufende Versicherung von den Beschränkungen des VVG freigestellt. Eine Definition der laufenden Versicherung findet sich in § 53 (s. § 53 Rn 1 ff). Es wird bei ihr das versicherte Interesse im VersVertrag nur der Gattung nach bezeichnet und anschließend das jeweilige Einzelrisiko nach seinem Entstehen dem VR angemeldet.

Der Gesetzgeber geht davon aus, dass sich die Neuaufnahme der laufenden Versicherung in § 210 praktisch nicht auswirken wird, weil es sich bei diesen idR bereits um ein Großrisiko handelt (vgl aber § 53 Rn 9 ff).[6]

IV. Umfang der Abbedingbarkeit der Beschränkungen des VVG

1. Abbedingung nach § 210. Mit der Vorschrift des § 210 ist die Abbedingbarkeit der zwingenden Vorschriften des VVG für die Großrisiken des Abs. 2 festgestellt.[7] Für Großrisiken werden die zwingenden Vorschriften zu **dispositivem Recht**.[8] § 210 bezieht sich sowohl auf halbzwingende als auch auf zwingende Vorschriften und findet auch auf Großrisiken im Ausland Anwendung.[9] Für die Annahme einer konkludenten Vereinbarung über ein Abbedingen (im konkreten Fall der Anforderungen des § 19 Abs. 1 S. 1 und Abs. 5) bedarf es konkreter Anhaltspunkte, dass die Beteiligten die Regelungen überhaupt in ihre Erwägungen einbezogen haben und sich ihrer bewusst waren.[10] Nicht von § 210 umfasst sind hingegen Verbote des VVG, die nicht dem Schutz des VN dienen, sondern Vereinbarungen zu Lasten eines nicht am Vertrag beteiligten Dritten verhindern sollen.[11] Die Vorschrift des

---

2 *Grote/Schneider*, BB 2007, 2689.
3 BGH 24.11.1971 – IV ZR 135/69, VersR 1972, 85; OLG Hamburg 26.10.2006 – 6 U 208/05, TranspR 2007, 258; *Freitag*, r+s 2008, 96, 97; *Thume*, VersR 2010, 849.
4 BGH 29.6.1983 – IVa ZR 220/81, VersR 1983, 949; Langheid/Wandt/*Looschelders*, § 210 Rn 14.
5 Prölss/Martin/*Klimke*, § 210 Rn 4.
6 Begr. RegE, BT-Drucks. 16/3945, S. 115.
7 Prölss/Martin/*Klimke*, § 210 Rn 13 a; Römer/Langheid/*Rixecker*, § 210 Rn 1.
8 BGH 3.6.1992 – IV ZR 127/91, BGHZ 118, 275.
9 Begr. RegE, BT-Drucks. 16/3945, S. 115; OLG Hamm 3.11.2010 – I-20 U 38/10, 20 U 38/10, VersR 2011, 469.
10 OLG Hamm 3.11.2010 – 20 U 38/10, VersR 2011, 469.
11 Prölss/Martin/*Klimke*, § 210 Rn 8.

§ 98 ist daher auch für Großrisiken zwingend, ein Vertrag zu Lasten Dritter kann demnach nicht geschlossen werden.[12] Ebenso nicht erfasst sind zwingende Vorschriften, die ein sittenwidriges Verhalten des VN sanktionieren (zB § 74 Abs. 2, § 78 Abs. 3).[13] Die Regelung des § 210 gelangt auch dann zur Anwendung, wenn eine Vorschrift des VVG die Zulässigkeit von Gerichtsstandsvereinbarungen einschränkt. Für Klagen gegen den VN kann der Gerichtsstand des § 215 Abs. 1 S. 1 jedenfalls dann ausgeschlossen werden, wenn der VN die Voraussetzungen des § 38 Abs. 1 ZPO erfüllt.[14] § 215 Abs. 1 S. 2 ist auf Verträge über Großrisiken sowie in der laufenden Versicherung nicht anzuwenden. Dort ist der Wohnort des VN kein ausschließlicher Gerichtsstand, so dass abweichende Regelungen ohne weiteres getroffen werden können.[15]

10 **2. Inhaltskontrolle.** Ist eine Vorschrift des VVG nach Maßgabe des § 210 in den AVB abbedungen, ist eine Inhaltskontrolle der dann geschaffenen vertraglichen Regelung nach §§ 305 ff BGB weiterhin möglich. Es ist dabei das gesetzliche Leitbild der abbedungenen Norm heranzuziehen.[16] Hierbei stellt sich die Frage, ob die durch das neue VVG geänderten Leitbilder iSd § 307 Abs. 2 Nr. 1 BGB künftig auch zur Beurteilung der Angemessenheit bei Großrisiken herangezogen werden können.[17] Jedenfalls die im neuen VVG erfolgte Aufgabe des Alles-oder-Nichts-Prinzips kann hierbei nicht als Grundlage dienen.[18] Für das Großrisiko der Transportversicherung gilt das Alles-oder-Nichts-Prinzip weiterhin fort (§§ 131 Abs. 1, 132 Abs. 2 Nr. 2, 138 Abs. 1).[19] Doch auch über diesen Bereich hinaus dürfte das Alles-oder-Nichts-Prinzip bei Großrisiken aufgrund der gewachsenen Strukturen des Versicherungsmarktes sowie der überwiegenden Internationalität der betroffenen Sparten insgesamt bestehen bleiben.[20]

11 **3. Abbedingung außerhalb des § 210.** Einige Gesetzesvorschriften des VVG schließen ihre Anwendbarkeit auf Großrisiken von vornherein aus, namentlich:

- § 6 Abs. 6 (Beratungspflicht),
- § 7 Abs. 5 (Informationspflicht),
- § 8 Abs. 3 S. 1 Nr. 4 (Widerrufsrecht) sowie
- § 65 (Versicherungsvermittler).

12 Diese Ausnahmeregelungen knüpfen nur an die Definition des Großrisikos gem. Abs. 2 an, so dass sie keine Geltung für die laufende Versicherung haben. Für diese muss eine ausdrückliche Abbedingung erfolgen.[21]

---

12 Begr. RegE, BT-Drucks. 16/3945, S. 115; Langheid/Wandt/*Looschelders*, § 210 Rn 8.
13 Langheid/Wandt/*Looschelders*, § 210 Rn 8; Prölss/Martin/*Klimke*, § 210 Rn 9.
14 Ebenso (mit ausf. Begr.) Prölss/Martin/*Klimke*, § 210 Rn 11.
15 Langheid/Wandt/*Looschelders*, § 215 Rn 53; Prölss/Martin/*Klimke*, § 210 Rn 12.
16 BGH 2.12.1992 – IV ZR 135/91, BGHZ 120, 290, 295; BGH 1.12.2004 – IV ZR 291/03, VersR 2005, 266, 268; Begr. RegE, BT-Drucks. 16/3945, S. 115.
17 Vgl *Franz*, VersR 2008, 298, 311; Bruck/Möller/*Renger*, § 210 Rn 15.
18 Ebenso Langheid/Wandt/*Looschelders*, § 210 Rn 12; Prölss/Martin/*Klimke*, § 210 Rn 17; Looschelders/Pohlmann/*Pohlmann/Wolf*, § 210 Rn 8; *Freitag*, r+s 2008, 96, 99; *Thume*, VersR 2010, 849, 850; aA Schwintowski/Brömmelmeyer/*Klär*, § 210 Rn 11.
19 *Franz*, VersR 2008, 298, 311; aA *Ehlers*, TranspR 2007, 5, 7.
20 *Freitag*, r+s 2008, 96, 99.
21 *Grote/Schneider*, BB 2007, 2689, 2700.

§ 211 Pensionskassen, kleinere Versicherungsvereine, Versicherungen mit kleineren Beträgen

(1) Die §§ 37, 38, 165, 166, 168 und 169 sind, soweit mit Genehmigung der Aufsichtsbehörde in den Allgemeinen Versicherungsbedingungen abweichende Bestimmungen getroffen sind, nicht anzuwenden auf

1. Versicherungen bei Pensionskassen im Sinn des *§ 118 b Abs. 3 und 4 des Versicherungsaufsichtsgesetzes*[1],
2. Versicherungen, die bei einem Verein genommen werden, der als kleinerer Verein im Sinn des Versicherungsaufsichtsgesetzes anerkannt ist,
3. Lebensversicherungen mit kleineren Beiträgen und
4. Unfallversicherungen mit kleineren Beträgen.

(2) Auf die in Absatz 1 Nr. 1 genannten Pensionskassen sind ferner nicht anzuwenden

1. die §§ 6 bis 9, 11, 150 Abs. 2 bis 4 und § 152 Abs. 1 und 2; für die §§ 7 bis 9 und § 152 Abs. 1 und 2 gilt dies nicht für Fernabsatzverträge im Sinn des § 312 c des Bürgerlichen Gesetzbuchs;
2. § 153, soweit mit Genehmigung der Aufsichtsbehörde in den Allgemeinen Versicherungsbedingungen abweichende Bestimmungen getroffen sind; § 153 Abs. 3 Satz 1 ist ferner nicht auf Sterbekassen anzuwenden.

(3) Sind für Versicherungen mit kleineren Beträgen im Sinn von Absatz 1 Nr. 3 und 4 abweichende Bestimmungen getroffen, kann deren Wirksamkeit nicht unter Berufung darauf angefochten werden, dass es sich nicht um Versicherungen mit kleineren Beträgen handele.

I. Normzweck

Die Norm erlaubt aus Praktikabilitätsgründen gewissen Versicherungen, mit Genehmigung der Aufsichtsbehörde von einigen Vorschriften des VVG abzuweichen.

II. Tatbestand

1. Abs. 1. Es ist den in § 211 aufgeführten Versicherungen zugelassen, von den Regelungen der §§ 37, 38, 165, 166, 168 und 169 abzuweichen, wenn dies in aufsichtsbehördlich genehmigten AVB geschieht. Wenn die AVB eine entsprechende, aufsichtsbehördlich genehmigte Regelung nicht enthalten, gilt die gesetzliche Regelung fort.[1] Die Vorschrift ist nicht auf andere (in der Norm nicht aufgeführte) Versicherungen entsprechend anwendbar, etwa in dem Sinne, dass einem VVaG eine Regelung in der Lebensversicherung gestattet wäre, die die Auszahlung eines Rückkaufswertes in den ersten Jahren ausschließt.[2]

Pensionskassen iSd § 118 a VAG sind dort gesetzlich definiert. Es handelt sich um ein rechtlich selbständiges Lebensversicherungsunternehmen, dessen Zweck die Absicherung wegfallenden Erwerbseinkommens wegen Alters, Invalidität oder Tod ist.

---

1 *Kursive Hervorhebung:* Fassung bis 31.12.2015. – **Fassung ab 1.1.2016:** „*§ 233 Absatz 1 und 2 des Versicherungsaufsichtsgesetzes*". – Siehe Art. 2 Abs. 49 Nr. 8 des Gesetzes zur Modernisierung der Finanzaufsicht über Versicherungen vom 1.4.2015 (BGBl. I S. 434, 560). Zum Inkrafttreten s. Art. 3 Abs. 1 S. 1.

1 LAG München 10.4.2013 – 11 Sa 1094/12, juris.
2 BGH 19.12.2012 – IV ZR 200/10, VersR 2013, 565; BGH 17.10.2012 – IV ZR 202/10, VersR 2013, 213.

4 Der Begriff des **kleineren Versicherungsvereins** ist in § 53 VAG normiert. Es handelt sich um Vereine, die bestimmungsgemäß einen sachlich, örtlich oder dem Personenkreis nach eng begrenzten Wirkungskreis haben;[3] über die Einstufung entscheidet die Aufsichtsbehörde.

5 Eine **Kleinlebens- bzw Kleinunfallversicherung** bestimmt sich nach geringen Monatsbeiträgen oder der kleinen Versicherungssumme, wobei der Übergang fließend ist.[4] Hierunter fallen u.a. die **Sterbegeldversicherung** und die **Volksversicherung**.

6 **2. Abs. 2.** Zusätzlich zu Abs. 1 werden für die **Pensionskassen** noch weitere Ausnahmen von Vorschriften des VVG zugelassen. Dies resultiert aus dem Umstand, dass sich entsprechende Pflichten bereits aus dem VAG und aus arbeitsrechtlichen Vorschriften ableiten.[5] Betroffen sind insb. Beratungs- und Informationspflichten (§§ 6, 7) sowie das Widerrufsrecht (§§ 8, 9, 152 Abs. 1 und 2). Es kann dem Arbeitnehmer im Bereich der betrieblichen Altersvorsorge zB kein gesondertes Widerrufsrecht zugestanden werden, weil dies nicht mit der Einbindung der Versorgungszusage in das Arbeitsverhältnis vereinbar wäre.[6] Etwas anderes gilt nur im Rahmen eines Fernabsatzvertrages, weil ansonsten ein Verstoß gegen die Fernabsatzrichtlinie vorliegen würde.[7]

7 **3. Abs. 3.** Wurden abweichende Versicherungsbedingungen durch die Aufsichtsbehörde genehmigt, ist es dem VN verwehrt, sich darauf zu berufen, dass es sich nicht um eine Versicherung mit kleineren Beträgen handele (**Einwendungsausschluss**).[8]

§ 212 Fortsetzung der Lebensversicherung nach der Elternzeit

Besteht während einer Elternzeit ein Arbeitsverhältnis ohne Entgelt gemäß § 1a Abs. 4 des Betriebsrentengesetzes fort und wird eine vom Arbeitgeber zugunsten der Arbeitnehmerin oder des Arbeitnehmers abgeschlossene Lebensversicherung wegen Nichtzahlung der während der Elternzeit fälligen Prämien in eine prämienfreie Versicherung umgewandelt, kann die Arbeitnehmerin oder der Arbeitnehmer innerhalb von drei Monaten nach der Beendigung der Elternzeit verlangen, dass die Versicherung zu den vor der Umwandlung vereinbarten Bedingungen fortgesetzt wird.

1 Die Vorschrift stellt klar, dass der VN bei Versicherungen, die aufgrund der Nichtzahlung der Prämien in der Elternzeit gekündigt und damit nach § 166 Abs. 1 in eine prämienfreie Versicherung umgewandelt wurden, die Fortsetzung der Versicherung zu den alten Bedingungen verlangen kann.[1] Hintergrund der Regelung ist, dass der Arbeitgeber gem. § 1a Abs. 4 BetrAVG nicht verpflichtet ist, während der Elternzeit für eine zugunsten seines Arbeitnehmers geschlossene Lebensversicherung Prämien zu entrichten. Erfolgt wegen der ausbleibenden Prämien die Kündigung des VR, wandelt sich die Versicherung nach § 166 Abs. 1 in eine **prämienfreie Versicherung** um. Dies hat gem. § 165 Abs. 2 die Neuberechnung der Versicherung zur Folge. Nach altem Recht war ein Anspruch auf Wiederherstellung des

---

3 Fahr/Kaulbach/*Kaulbach*, § 53 VAG Rn 1.
4 Looschelders/Pohlmann/*Pohlmann/Wolf*, § 211 Rn 3.
5 Begr. RegE, BT-Drucks. 16/3945, S. 116.
6 Begr. RegE, BT-Drucks. 16/3945, S. 116.
7 Begr. RegE, BT-Drucks. 16/3945, S. 116.
8 Begr. RegE, BT-Drucks. 16/3945, S. 116.
1 Begr. RegE, BT-Drucks. 16/3945, S. 116.

ursprünglichen VersVertrages nur gegeben, wenn sämtliche rückständigen Prämien vom Arbeitnehmer oder Arbeitgeber entrichtet wurden.[2]

Die Regelung bezieht sich ausschließlich auf **Lebensversicherungen**, die der Arbeitgeber zugunsten des Arbeitnehmers abgeschlossen hat. Eine Erstreckung der Regelung des § 212 etwa auf die BUZ-Versicherung findet nicht statt, weil es an einer gesetzlichen Verweisung fehlt (vgl § 176).[3] 2

Das **Begehren auf Fortsetzung** der Versicherung muss der VN innerhalb von **drei Monaten** nach der Beendigung der Elternzeit geltend machen. Damit wird sichergestellt, dass dem VN durch die Elternzeit keine Nachteile entstehen. 3

Eine Form für das Fortsetzungsverlangen ist nicht vorgeschrieben. Es reicht aus, dass sich aus der Erklärung **klar und eindeutig** der Wille zur Fortsetzung der Versicherung zu den ursprünglichen Bedingungen ergibt.[4] Es wird die Versicherung ohne erneute Gesundheitsprüfung und zu dem alten Tarif weitergeführt.[5] Werden die fehlenden Prämien aus der Zeit der prämienfreien Versicherung nicht nachentrichtet, reduziert sich die Versicherungsleistung um die entsprechend fehlenden Mittel.[6] 4

§ 213 Erhebung personenbezogener Gesundheitsdaten bei Dritten

(1) Die Erhebung personenbezogener Gesundheitsdaten durch den Versicherer darf nur bei Ärzten, Krankenhäusern und sonstigen Krankenanstalten, Pflegeheimen und Pflegepersonen, anderen Personenversicherern und gesetzlichen Krankenkassen sowie Berufsgenossenschaften und Behörden erfolgen; sie ist nur zulässig, soweit die Kenntnis der Daten für die Beurteilung des zu versichernden Risikos oder der Leistungspflicht erforderlich ist und die betroffene Person eine Einwilligung erteilt hat.

(2) ¹Die nach Absatz 1 erforderliche Einwilligung kann vor Abgabe der Vertragserklärung erteilt werden. ²Die betroffene Person ist vor einer Erhebung nach Absatz 1 zu unterrichten; sie kann der Erhebung widersprechen.

(3) Die betroffene Person kann jederzeit verlangen, dass eine Erhebung von Daten nur erfolgt, wenn jeweils in die einzelne Erhebung eingewilligt worden ist.

(4) Die betroffene Person ist auf diese Rechte hinzuweisen, auf das Widerspruchsrecht nach Absatz 2 bei der Unterrichtung.

I. Normzweck 1	2. Erhebung bei auskunftsbefugten Stellen (Abs. 1 Hs 1) .. 19
II. Vorgaben des BVerfG 2	3. Erforderlichkeit der Datenerhebung (Abs. 1 Hs 2) 20
III. Gesetzgebungsverfahren 6	4. Einwilligung der betroffenen Person (Abs. 1 Hs 2 aE) 25
IV. Anwendungsbereich 11	
1. Sachlicher Anwendungsbereich 11	
2. Personeller Anwendungsbereich 12	5. Generelle Einwilligung bei Vertragsschluss (Abs. 2 S. 1) 28
V. Voraussetzungen zulässiger Datenerhebung 16	6. Unterrichtung vor Datenerhebung (Abs. 2 S. 2 Hs 1) 30
1. Personenbezogene Gesundheitsdaten (Abs. 1 Hs 1) 17	7. Widerspruchsrecht (Abs. 2 S. 2 Hs 2) 37

---

2 Looschelders/Pohlmann/*Pohlmann*/*Wolf*, § 212 Rn 1.
3 Looschelders/Pohlmann/*Pohlmann*/*Wolf*, § 212 Rn 2.
4 Bruck/Möller/*Winter*, § 212 Rn 14.
5 Begr. RegE, BT-Drucks. 16/3945, S. 116.
6 Schwintowski/Brömmelmeyer/*Klär*, § 212 Rn 10; *Schimikowski*/*Höra*, S. 187; Langheid/Wandt/*Looschelders*, § 212 Rn 10.

8. Verlangen einer Einzeleinwilligung (Abs. 3) 43
9. Hinweispflichten (Abs. 4) 45
VI. Rechtsfolgen 48
  1. Allgemeines..................... 48
  2. Fehlende Einwilligung......... 49
     a) Allgemeines............... 49
     b) Keine Fälligkeit........... 51
     c) Obliegenheitsverletzung des VN.................... 55
        aa) Kein Verstoß gegen informationelle Selbstbestimmung 56
        bb) Keine Unwirksamkeit nach § 307 BGB 59
        cc) Kein Verstoß gegen § 32 S. 1 62
        dd) Kein Verstoß gegen den „nemo-tenetur"-Grundsatz..................... 64
  3. Datenverwertung bei unwirksamer Einwilligung........... 67
     a) Rechtslage nach dem Beschluss des BVerfG vom 23.10.2006 68
        aa) Keine Rechtswidrigkeit.. 69
        bb) Rechtmäßiges Alternativverhalten................ 72
        cc) Kein verfassungsrechtliches Verwertungsverbot 74
        dd) Keine Fernwirkung 82
        ee) Bisherige Rspr der Zivilgerichte 84
     b) Rechtslage nach Inkrafttreten des neuen VVG 86
        aa) Keine Rechtsfolgenregelung im Gesetz........... 87
        bb) Verwertungsverbot nach § 242 BGB 88
     c) Datenschutzrechtliche Auswirkungen 92
VII. Besonderheiten 93
  1. Prozessuales 93
     a) Beweislastverteilung bei § 213..................... 94
     b) Besonderheiten bei versagter Einwilligung 95
        aa) Geringe Substantiierungsanforderungen..... 96
        bb) Beweislastumkehr 99
  2. Kosten der Informationserhebung..................... 101
VIII. Zeitliche Anwendung............. 102

I. Normzweck

1 Der Gesetzgeber sah sich im Anschluss an die Umsetzung der europäischen Datenschutzrichtlinie 95/46/EG durch die Novelle des Bundesdatenschutzgesetzes aus dem Jahr 2001 gehalten, für die Einwilligung zur Übermittlung von Gesundheitsdaten im Versicherungsvertragsrecht eine gesetzliche Grundlage zu schaffen, welche den Anforderungen des § 4a Abs. 1 und 3 BDSG entsprechen sollte.[1] Auch war es die erklärte Intention, mit der gesetzlichen Neuregelung die Vorgaben des BVerfG aus dem Beschluss vom 23.10.2006[2] zur Wahrung der informationellen Selbstbestimmung des VN zu erfüllen.[3]

II. Vorgaben des BVerfG

2 Das BVerfG war in dem zum Beschluss vom 23.10.2006[4] führenden Verfahren mit der Prüfung und Beurteilung der Verfassungskonformität der in § 4 Abs. 2 S. 2 BBBUZ enthaltenen Obliegenheit des VN zur umfänglichen Schweigepflichtentbindung befasst. Nach dieser Bedingungsregelung hat der Versicherte u.a. Ärzte, Krankenhäuser und sonstige Krankenanstalten sowie Pflegeheime, bei denen er in Behandlung oder Pflege war oder sein wird, sowie Pflegepersonen, andere Personen, VR und Behörden zu ermächtigen, dem VR auf Verlangen Auskunft zu erteilen.

---

1 Begr. RegE, BT-Drucks. 16/3945, S. 116 f.
2 BVerfG 23.10.2006 – 1 BvR 2027/02, VersR 2006, 1669 und aktuell BVerfG 17.7.2013 – 1 BvR 3167/08, VersR 2013, 1425.
3 Beschlussempfehlung, BT-Drucks. 16/5862, S. 100.
4 BVerfG 23.10.2006 – 1 BvR 2027/02, VersR 2006, 1669.

Die Beschwerdeführerin hatte vorprozessual Leistungen aus einem Versicherungsfall geltend gemacht, sich aber geweigert, die Schweigepflichtentbindung abzugeben. Anstelle dessen bot sie an, Einzelermächtigungen für jedes Auskunftsersuchen zu erteilen. Dies lehnte der VR ab und berief sich auf Leistungsfreiheit wegen Verletzung der vertraglichen Obliegenheit des § 4 Abs. 2 S. 2 BB-BUZ. Mit ihrer anschließenden Leistungsklage unterlag die VNin vor dem LG Hannover sowie mit der Berufung vor dem OLG Celle.[5]

Auf die anschließende Verfassungsbeschwerde gelangte das BVerfG in seinem Beschluss vom 23.10.2006[6] indes zu dem Ergebnis, dass die in § 4 Abs. 2 S. 2 BB-BUZ vorgesehene **Schweigepflichtentbindung** gegen das Grundrecht der Beschwerdeführerin auf **informationelle Selbstbestimmung** verstoße. Die formularmäßig geforderte Ermächtigung zur Datenerhebung komme einer Generalermächtigung an den VR nahe, sensible Informationen erheben zu dürfen, deren Tragweite der VN nicht abzusehen vermöge.[7]

Das BVerfG stellte allerdings auch klar, dass dem VR nicht grds. die Möglichkeit der Einholung umfassender Schweigepflichtentbindungserklärungen durch die VN genommen werde solle. Es müssten dem VN lediglich Möglichkeiten eingeräumt werden, sein Selbstbestimmungsrecht zu wahren. Als mögliche Alternativen zu einer vorab erklärten umfassenden Schweigepflichtentbindung komme in Betracht,

- den VN Einzelermächtigungen erteilen zu lassen,
- den VN die Informationsbeschaffung selbst vornehmen zu lassen, wobei er dann entscheiden könne, ob er die Informationen – ggf mit eigenen „Ergänzungen" versehen – an den VR weiterleitet oder unter Verzicht auf den vertraglichen Anspruch von einer Weiterleitung absieht,
- dem VN ein Widerspruchsrecht gegen die Informationserhebung einzuräumen.[8]

III. Gesetzgebungsverfahren

Mit der Regelung des § 213 wollte der Gesetzgeber die „Antwort auf die Entscheidung des BVerfG"[9] geben. Bereits der **Regierungsentwurf** erfuhr allerdings von verschiedenen Seiten **Kritik**.

Auf Seiten der **Verbraucherschützer** wurde die vorgesehene Regelung als „zu eng"[10] empfunden. Es sei für den VN ohne Wert, wenn er die Beschaffung der Daten durch den VR künftig zwar kontrollieren könne, bei Nichtoffenlegung aber keine Leistung erhalte.[11]

Auch die **Versicherungswirtschaft** kritisierte den Entwurf.[12] Sie bemängelte, dass mit der Regelung des § 213 „ein für Europa einmaliges datenschutzrechtliches Sonderregime zur Erhebung von Gesundheitsdaten durch die Versicherungswirtschaft bei Dritten"[13] geschaffen werde, für das ein rechtliches Bedürfnis nicht bestehe. Bereits nach der alten Rechtslage sei es dem auf der Grundlage des BDSG im Zusammenwirken mit § 203 StGB möglich gewesen, auf transparenter Basis über die Verwendung seiner personenbezogenen Daten zu entscheiden. Die Neuregelung des § 213 schränke ohne Anlass und entgegen seiner Intention gerade das in-

---

5 OLG Celle 28.2.2002 – 8 U 59/01, VersR 2004, 317.
6 BVerfG 23.10.2006 – 1 BvR 2027/02, VersR 2006, 1669.
7 Krit. zur Entscheidung des BVerfG *Notthoff*, zfs 2008, 243.
8 BVerfG 23.10.2006 – 1 BvR 2027/02, VersR 2006, 1669.
9 *Rixecker*, zfs 2007, 556.
10 *Schwintowski* in seiner Stellungnahme zum RegE vom 27.3.2007, S. 9, Ziff. 15.
11 *Schwintowski* in seiner Stellungnahme zum RegE vom 27.3.2007, S. 9, Ziff. 15.
12 Stellungnahme des GDV zum RegE vom 11.10.2006, S. 6, 15.
13 Stellungnahme des GDV zum RegE vom 11.10.2006, S. 16.

formationelle Selbstbestimmungsrecht des VN ein, welches schließlich auch das Recht umfasse, einem VR für eine unbestimmte Zahl von Einzelfällen einen Zugang zu den Daten zu gewähren und ihm die Wahl der Datenerhebungsquelle zu überlassen.[14]

9 Im Anschluss an die Kritik hat der Rechtsausschuss den Regierungsentwurf modifiziert. Insbesondere wurde in der **Beschlussfassung** davon abgerückt, allein eine Einzelfall-Einwilligung der betroffenen Person in die Datenerhebung zuzulassen. Die Möglichkeit der generellen Einwilligung in die Erhebung personenbezogener Gesundheitsdaten bereits bei Abgabe der Vertragserklärung wurde ausdrücklich für zulässig erklärt und in das Gesetz übernommen.[15] Allerdings wurde der betroffenen Person sodann in Abs. 3 wieder das Recht zum jederzeitigen Verlangen einer Einzeleinwilligung eingeräumt, was teilweise als widersprüchlich und überflüssig kritisiert wurde.[16]

10 Auch in personeller Hinsicht zeigt sich die Gesetz gewordene Beschlussfassung gegenüber dem Regierungsentwurf erweitert. Während zunächst vorgesehen war, personenbezogene Gesundheitsdaten allein bei einer der in § 203 Abs. 1 Nr. 1, Nr. 2 und Nr. 6 StGB genannten Personen einholen zu dürfen,[17] orientiert sich die in Abs. 1 nunmehr um gesetzliche Krankenkassen, Berufsgenossenschaften und Behörden ergänzte Auflistung der informationsbefugten Stellen an der bislang gängigen Praxis.[18]

IV. Anwendungsbereich

11 **1. Sachlicher Anwendungsbereich.** Die systematische Stellung der Norm in den Schlussbestimmungen des VVG stellt klar, dass die Regelung für **alle Versicherungszweige** Geltung entfaltet. Dennoch ist die Regelung dann nicht sachlich einschlägig, wenn keine personenbezogenen Gesundheitsdaten erhoben werden (etwa Krankenunterlagen, Arztberichte oder sonstige Angaben zum Gesundheitszustand), sondern durch eine Personenoberservation lediglich in begrenztem Umfang Rückschlüsse auf den Gesundheitszustand des Observierten gezogen werden können.[19]

12 **2. Personeller Anwendungsbereich.** Vom Anwendungsbereich der Vorschrift umfasst (dh „betroffene Personen" iSd Gesetzes) sind regelmäßig **VN, Versicherte und Gefahrpersonen**.[20] Nicht betroffen sind demhingegen Gesundheitsdaten außerhalb des VersVertrages stehender **Dritter**, etwa die eines Geschädigten bei einem Haftpflichtanspruch. Zwar nimmt der Gesetzeswortlaut insoweit keine Beschränkung vor. Allerdings findet sich die Vorschrift des § 213 im VVG und regelt damit per se versicherungsvertragliche Belange. Auch stellt § 213 ausweislich der Gesetzesbegründung eine speziell für das Versicherungsverhältnis geschaffene Schutznorm dar, die die Rechte vertragsfremder Dritter nicht beeinflusst. Diese können auf den Schutz des BDSG rekurrieren.[21] Mit der Bestimmung wird die Erhebung personenbezogener Daten des VN, Versicherten oder anderer Gefahrpersonen **bei Dritten** geregelt und nicht bei dem Betroffenen selbst, der nicht Dritter ist.[22] Folglich ist der Anwendungsbereich des § 213 zur Beurteilung einer Obliegenheit, die eine

---

14 Stellungnahme des GDV zum RegE vom 11.10.2006, S. 16.
15 Beschlussempfehlung, BT-Drucks. 16/5862, S. 100.
16 *Langheid*, NJW 2007, 3665, 3671.
17 Begr. RegE, BT-Drucks. 16/3945 (zu § 213), S. 40.
18 Beschlussempfehlung, BT-Drucks. 16/5862, S. 100.
19 OLG Köln 3.8.2012 – 20 U 98/12, VersR 2013, 702.
20 Prölss/Martin/*Voit*, § 213 Rn 10.
21 Langheid/Wandt/*Eberhardt*, § 213 Rn 24, 28; Prölss/Martin/*Voit*, § 213 Rn 10.
22 KG 4.7.2014 – 6 U 30/13, VersR 2015, 94; Langheid/Wandt/*Eberhardt*, § 213 Rn 4; Prölss/Martin/*Voit*, § 213 Rn 1; Römer/Langheid/*Rixecker*, § 213 Rn 3.

„Datenerhebung" durch Untersuchung der versicherten Person durch einen vom VR beauftragten Arzt vorsieht, von vornherein nicht eröffnet.[23]

Mit dem **Tod der betroffenen Person** endet das Recht auf informationelle Selbstbestimmung und mit ihm der datenschutzrechtliche Schutz.[24] Es ist nach dem Versterben der betroffenen Person für den VR mithin nicht erforderlich, vor der Einholung personenbezogener Gesundheitsdaten etwa die nahesten Angehörigen oder Erben des Verstorbenen über das Widerspruchsrecht nach Abs. 2 S. 2 Hs 2 zu unterrichten. Das **Widerspruchsrecht** ist als Ausprägung des informationellen Selbstbestimmungsrechts mit dem Verstorbenen untergegangen.[25]

13

Hiervon zu unterscheiden ist die **Schweigepflicht** von Ärzten oder sonstigen Geheimnisträgern des § 203 StGB (u.a. auch von Angehörigen eines Unternehmens der privaten Kranken-, Unfall- oder Lebensversicherung, § 203 Abs. 1 Nr. 6 StGB), welche gem. § 203 Abs. 4 StGB über den Tod des Betroffenen hinaus fortbesteht.[26] Informationen, die der Schweigepflicht unterliegen, dürfen von den Geheimnisträgern grds. nur bei Vorliegen einer Einwilligung des Verfügungsberechtigten preisgegeben werden.[27] Beim Versterben des Patienten geht die Verfügungsbefugnis nicht auf die Erben über. Maßgebend ist, ob der Betroffene bereits zu Lebzeiten eine (wirksame) Einwilligung abgegeben hat, andernfalls ob etwa eine **mutmaßliche Einwilligung** des Verstorbenen anzunehmen ist. Allerdings darf nicht aus dem bloßen „wohlverstandenen Interesse" des Verstorbenen und bei Fehlen sonstiger hinreichend konkreter Anhaltspunkte eine mutmaßliche Einwilligung abgeleitet werden.[28] Es muss sich vielmehr die Überzeugung bilden lassen, dass der Verstorbene vor den potentiellen Verwendern seiner Daten keine Geheimnisse haben wollte.[29] Es ist darauf abzustellen, welche Geheimhaltungswünsche dem Verstorbenen angesichts der durch seinen Tod veränderten Sachlage unterstellt werden müssen.[30] Nur der behandelnde Arzt (oder sonstige Geheimnisträger) kann entscheiden, ob die Schweigepflicht zu wahren ist oder nicht. Er ist in der Frage des Auskunfts- und Einsichtsrechts gewissermaßen die letzte Instanz.[31] Allerdings genügt es nicht, wenn sich der Geheimnisträger bei der Verweigerung der Auskunft nur auf grundsätzliche Erwägungen oder die besondere Bedeutung der Pflicht zur Verschwiegenheit beruft.[32] Vielmehr muss er nachvollziehbar vortragen, dass sich seine Weigerung auf konkrete oder mutmaßliche Belange des Verstorbenen und nicht auf sachfremde Gesichtspunkte stützt (wobei die Substantiierung nicht in einem Maße geschuldet ist, das die Geheimhaltung im Ergebnis unterlaufen würde). Sofern die vom Geheimnisträger in diesem Rahmen angeführten Gründe nicht nachvollzogen

14

---

23 KG 4.7.2014 – 6 U 30/13, VersR 2015, 94 (zu § 9 Abs. 3 MB/KK 2009).
24 Langheid/Wandt/*Eberhardt*, § 213 Rn 25; Bruck/Möller/*Höra*, § 213 Rn 43; *Gola/Schomerus*, BDSG, § 3 Rn 12; offen lassend Prölss/Martin/*Voit*, § 213 Rn 11; Römer/Langheid/*Rixecker*, § 213 Rn 5; aA *Fricke*, VersR 2009, 297; *Neuhaus/Kloth*, NJW 2009, 1707.
25 OLG Saarbrücken 10.10.2012 – 5 U 408/11, VersR 2013, 1157; Langheid/Wandt/*Eberhardt*, § 213 Rn 25; Römer/Langheid/*Rixecker*, § 213 Rn 6, 7; *Rixecker* in einem Vortrag für das Versicherungsforum am 15.9.2009 in Hannover; Looschelders/Pohlmann/*Pohlmann/Wolf*, § 213 Rn 12.
26 BGH 4.7.1984 – IVa ZB 18/83, BGHZ 91, 392 = NJW 1984, 2893; OLG Naumburg 9.12.2004 – 4 W 43/04, NJW 2005, 2017.
27 OLG Naumburg 9.12.2004 – 4 W 43/04, NJW 2005, 2017; *Tröndle/Fischer*, § 203 StGB Rn 34.
28 *Tröndle/Fischer*, § 203 StGB Rn 36; Langheid/Wandt/*Eberhardt*, § 213 Rn 26.
29 BGH 31.5.1983 – VI ZR 259/81, NJW 1983, 2627; Langheid/Wandt/*Eberhardt*, § 213 Rn 26.
30 BAG 23.2.2010 – 9 AZN 876/09, NJW 2010, 1222.
31 BAG 23.2.2010 – 9 AZN 876/09, NJW 2010, 1222; BGH 31.5.1983 – VI ZR 259/81, NJW 1983, 2627.
32 BGH 26.2.2013 – VI ZR 359/11, VersR 2013, 648.

werden und eine Weigerung nicht rechtfertigen können, ist von einer mutmaßlichen Einwilligung auszugehen.[33] Der Annahme einer mutmaßlichen Einwilligung darf wohl billigerweise nicht die Erwägung entgegengestellt werden, dass eine solche gerade dem mutmaßlichen Willen des Verstorbenen entgegenlaufe, eine von ihm begangene vorvertragliche Anzeigepflichtverletzung zu verheimlichen, um so den Leistungsanspruch seiner Erben (oder sonstiger Bezugsberechtigter) gegenüber dem VR nicht zu gefährden.[34] Tatsächlich führt eine Auskunftsverweigerung des Arztes (oder eines sonstigen Geheimnisträgers) gegenüber dem VR im Verhältnis zu den anspruchsstellenden Erben (oder den sonstigen Anspruchsberechtigten) bereits zur fehlenden Fälligkeit des Leistungsanspruchs iSd § 14 (vgl Rn 51 ff).[35]

15 Nach dem Wortlaut des Abs. 1 darf die Erhebung personenbezogener Gesundheitsdaten „**durch den Versicherer**" erfolgen. Jedenfalls dann aber, wenn sich die VR externen Vertragspartnern, wie zB **Rehabilitationsdiensten** oder sonstigen **Assisteuren**, zur Informationsbeschaffung bedienen und die eingeschalteten Unternehmen keine eigenen, über den Auftrag hinausgehenden Ziele verfolgen, dürfen die Daten auch von den jeweiligen Dienstunternehmen als „verlängertes Auge und Ohr" der VR erhoben werden. Dem steht kein gesondertes Geheimnisschutzinteresse der betroffenen Personen entgegen.[36] Der Schutzzweck des § 213 wird gewahrt, weil alle Vorkehrungen zum Schutz des Grundrechts auf informationelle Selbstbestimmung durch den VR zu wahren sind und dieser auch dafür Sorge tragen muss, dass Informationsschutzlücken nicht auftreten.[37]

V. Voraussetzungen zulässiger Datenerhebung

16 Es ist die Erhebung personenbezogener Gesundheitsdaten allein dann erlaubt, wenn ein **kumulatives** Vorliegen nachfolgender **Voraussetzungen** festzustellen ist.

17 **1. Personenbezogene Gesundheitsdaten (Abs. 1 Hs 1).** Die im Gesetz normierten Anforderungen an die Zulässigkeit der Datenerhebung beziehen sich nicht grds. auf personenbezogene Daten iSd § 3 Abs. 1 BDSG,[38] sondern ausschließlich auf **personenbezogene Gesundheitsdaten** der betroffenen Person. Hierunter sind Angaben zu einzelnen Krankheiten des Betroffenen sowie Ablauf und Inhalt der medizinischen Behandlung einschließlich der möglicherweise immer noch eingenommenen Medikamente ebenso wie die Feststellung zu fassen, dass die betroffene Person inzwischen genesen oder überhaupt vollständig gesund sei.[39]

18 Die Erhebung **anderer als Gesundheitsdaten** richtet sich daher allein nach den Vorgaben etwa der Strafprozessordnung, des Bundesdatenschutzgesetzes, des Allgemeinen Gleichbehandlungsgesetzes, des Informationsfreiheitsgesetzes oder des Informations- und Kommunikationsdienstgesetzes.[40]

19 **2. Erhebung bei auskunftsbefugten Stellen (Abs. 1 Hs 1).** Die **Erhebung** von Daten ist nach der Legaldefinition des § 3 Abs. 3 BDSG mit deren Beschaffung von Drit-

---

33 BGH 26.2.2013 – VI ZR 359/11, VersR 2013, 648; OLG München 19.9.2011 – 1 W 1320/11, MDR 2011, 1496.
34 So aber OLG Karlsruhe 3.9.2014 – 12 W 37/14, VersR 2015, 221; dies mit Recht kritisierend *Britz*, VersR 2015, 410, 416.
35 *Britz*, VersR 2015, 410, 416.
36 Beckmann/Matusche-Beckmann/*Rixecker*, § 46 Rn 208; Langheid/Wandt/*Eberhardt*, § 213 Rn 29 mit der Einschränkung, dass es sich bei den externen Vertragspartnern des VR um Auftragsdatenverarbeiter iSd § 11 BDSG handelt.
37 *Rixecker* in einem Vortrag des Versicherungsforums am 15.9.2009 in Hannover.
38 Nach § 3 Abs. 1 BDSG sind personenbezogene Daten Einzelangaben über persönliche und sachliche Verhältnisse einer bestimmten oder bestimmbaren natürlichen Person (Betroffener).
39 Simitis/*Simitis*, BDSG, § 3 Rn 260.
40 Vgl für den Bereich der Sachversicherung *Günther*, VersR 2003, 18.

ten gleichzusetzen.[41] Hieran fehlt es, wenn der VR auf Gesundheitsdaten zurückgreift, die sich aus früheren Anträgen oder Leistungsfällen in seinen Systemen befinden.[42]

Die Datenerhebung darf nach der Regelung des Abs. 1 Hs 1 ausdrücklich bei folgenden Personen und Institutionen erfolgen: Ärzten, Krankenhäusern, sonstigen Krankenanstalten, Pflegeheimen, Pflegepersonen, anderen Personenversicherern, gesetzlichen Krankenkassen, Berufsgenossenschaften und Behörden. Umstritten ist die Frage, ob diese gesetzliche Aufzählung abschließend[43] oder einer Analogiebildung zugänglich[44] ist. Letzteres scheint zutreffend, wollte der Gesetzgeber ausweislich der Gesetzesbegründung doch die bislang „gängige" Praxis der Datenerhebung in das Gesetz transformieren und hierbei nicht andere praxisrelevante gängige Datenquellen verbindlich ausschließen.[45] In entsprechender Anwendung des Gesetzes werden Informationen daher etwa auch bei Psychotherapeuten, Heilpraktikern, Physiotherapeuten und Hebammen erhoben werden dürfen.

3. Erforderlichkeit der Datenerhebung (Abs. 1 Hs 2). Die Erhebung personenbezogener Gesundheitsdaten ist nur zulässig, soweit die Datenkenntnis für die Beurteilung des zu versichernden Risikos oder der Leistungspflicht **erforderlich** ist.

Zunächst darf der VR ein ihm zur Übernahme angebotenes **Risiko** bereits aus wirtschaftlichen Gründen nach seinen eigenen versicherungstechnischen Grundsätzen prüfen. Eine Antragsannahme ohne Risikoprüfung verstieße auch gegen das (öffentlich-rechtliche) Aufsichtsrecht, weil sie auf Dauer die Existenz des VR und damit die dauernde Erfüllbarkeit der VersVerträge (§§ 11, 12 VAG oder § 10 KalV) gefährden könnte.[46] Risiken, die seinen kalkulatorischen Grundsätzen nicht entsprechen, hat der VR im Interesse des Unternehmens und somit mittelbar auch im Interesse seines Versicherungsbestandes entweder nicht oder nur gegen Prämienzuschläge anzunehmen.[47]

Darüber hinaus kann die Datenerhebung zur **Prüfung der Leistungspflicht** des VR erfolgen. Diese Prüfung geht dabei bereits dem **Wortlaut** nach über das Recht hinaus, etwa in medizinischer Sicht den Eintritt des Versicherungsfalles oder den Umfang der vertraglich geschuldeten Leistung nachzuvollziehen. Eine Leistungspflicht des VR besteht lediglich dann, wenn der VR nicht wegen vorvertraglicher Anzeigepflichtverletzung oder arglistiger Täuschung des Anspruchstellers vom Vertrag zurücktreten oder ihn anfechten kann (§§ 19–22). Vom Recht zur Informationserhebung sind somit auch die Gesundheitsdaten umfasst, die dem VR allein die Überprüfung einer Anzeigeobliegenheitsverletzung oder einer arglistigen Täuschung des VN ermöglichen sollen.[48] Das berechtigte Auskunftsverlangen des VR ist auch nicht auf Gesundheitsdaten beschränkt, die einen Einfluss auf den Eintritt

---

41 Bruck/Möller/*Höra*, § 213 Rn 30.
42 Langheid/Wandt/*Eberhardt*, § 213 Rn 31.
43 So Schwintowski/Brömmelmeyer/*Klär*, § 213 Rn 12; Looschelders/Pohlmann/*Pohlmann*/*Wolf*, § 213 Rn 6; Beckmann/Matusche-Beckmann/*Schneider*, § 1a Rn 40; *Fricke*, VersR 2009, 297, 299.
44 So Langheid/Wandt/*Eberhardt*, § 213 Rn 37; Römer/Langheid/*Rixecker*, § 213 Rn 29; Prölss/Martin/*Voit*, § 213 Rn 16; Marlow/Spuhl/*Spuhl*, Rn 1464; *Voit/Neuhaus*, BU-Versicherung, S. 556 Rn 4; Bach/Moser/*Kalis*, § 213 Rn 14.
45 Langheid/Wandt/*Eberhardt*, § 213 Rn 37; Bach/Moser/*Kalis*, § 213 Rn 14.
46 *Lorenz*, VersR 1993, 513; Bach/Moser/*Kalis*, § 213 Rn 13.
47 *Lorenz*, VersR 1993, 513.
48 KG 8.7.2014 – 6 U 134/13, VersR 2014, 1191; OLG Saarbrücken 10.10.2012 – 5 U 408/11, VersR 2013, 1157; OLG Hamburg 2.3.2010 – 9 U 186/09, VersR 2010, 749 m. zust. Anm. *Schulze*; LG Berlin 12.6.2013 – 23 O 341/12, VersR 2014, 230; *Rixecker*, zfs 2007, 556; *Höra*, r+s 2008, 89, 93; Schwintowski/Brömmelmeyer/*Klär*, § 213 Rn 23; Marlow/Spuhl/*Spuhl*, Rn 1460; *Fricke*, VersR 2009, 297, 300; Langheid/Wandt/*Eberhardt*, § 213 Rn 49; Prölss/Martin/*Voit*, § 213 Rn 30.

des Versicherungsfalles gehabt haben könnten.[49] Das Gesetz schützt vielmehr – belegt durch den Regelungsinhalt des § 22 – etwa im Falle arglistiger Täuschung die Willensfreiheit des VR ungeachtet von Kausalitätserwägungen.[50] Nicht erforderlich iSd Vorschrift sind Auskünfte lediglich dann, wenn sie von vornherein unter keinem denkbaren Gesichtspunkt Einfluss auf die Leistungspflicht des VR haben können. Es ist dem VR hierbei allerdings eine gewisse Einschätzungsprärogative zuzusprechen, weil zum Zeitpunkt des Auskunftserhebens noch nicht sicher feststehen kann, auf welche Tatsachen es bei der Beurteilung der Leistungspflicht letztlich entscheidend ankommt.[51]

23 Dieses Verständnis der Vorschrift entspricht auch dem **Sinn und Zweck** des Gesetzes. Der Gesetzgeber erkennt die Notwendigkeit der Missbrauchsbekämpfung an, indem er an verschiedenen Stellen des Gesetzes dem arglistig Handelnden den Schutz versagt (zB § 28 Abs. 3 S. 2, § 39 Abs. 1 S. 2). Es ist daher folgerichtig, wenn dem VR die zur Aufdeckung unredlichen Verhaltens erforderlichen Instrumentarien in Gestalt eines Datenerhebungsrechts an die Hand gegeben werden.[52]

24 Eine Gefährdung schützenswerter Belange des VN kann hierin nicht erkannt werden. Der regelmäßig redliche VN hat selbst ein originäres Interesse daran, dem VR durch die Datenerhebung eine zügige Überprüfung seiner Leistungspflicht zu ermöglichen, um eine zeitnahe Schaffung der Fälligkeitsvoraussetzungen des § 14 zu gewährleisten.

25 **4. Einwilligung der betroffenen Person (Abs. 1 Hs 2 aE).** Die Zulässigkeit der Erhebung personenbezogener Gesundheitsdaten bei Dritten hängt nach Abs. 1 Hs 2 aE grds. von der wirksamen **Einwilligung** der betroffenen Person ab. Die Einwilligung ist eine rechtsgeschäftsähnliche Handlung, die grds. höchstpersönlich abzugeben ist. Sie ist von der Schweigepflichtentbindungserklärung zu unterscheiden,[53] jedoch zweckmäßigerweise mit dieser zu verknüpfen, weil beide Erklärungen regelmäßig denselben Lebenssachverhalt betreffen.[54]

26 Bei **Minderjährigen** ist bei der Frage der Wirksamkeit der Einwilligung nicht auf die Geschäftsfähigkeit, sondern auf die Einsichtsfähigkeit abzustellen. Liegt diese vor, ist die Einwilligung vom Minderjährigen selbst und nicht von seinen gesetzlichen Vertretern einzuholen.[55] Im Zweifel empfiehlt es sich, bei Jugendlichen über 14 Jahren sowohl die Einwilligung des Minderjährigen als auch zusätzlich die des gesetzlichen Vertreters einzuholen.[56]

27 In welcher **Form** die Einwilligung erteilt werden soll, ist im Gesetz nicht geregelt. Das Schriftformerfordernis des § 4a Abs. 1 S. 2 BDSG wurde nicht übernommen, so dass grds. auch eine mündliche Einwilligungserklärung wirksam ist.[57] Dennoch bietet es sich für den VR aus Klarstellungs- und Beweisgründen an, sich die Einwilligung der betroffenen Person schriftlich erteilen zu lassen.

---

49 KG 8.7.2014 – 6 U 134/13, VersR 2014, 1191; OLG Brandenburg 11.6.2014 – 11 U 2/13, NJW-RR 2014, 1501; Römer/Langheid/*Rixecker*, § 213 Rn 13.
50 OLG Brandenburg 11.6.2014 – 11 U 2/13, NJW-RR 2014, 1501.
51 BVerfG 17.7.2013 – 1 BvR 3167/08, VersR 2013, 1425, 1427; Römer/Langheid/*Rixecker*, § 213 Rn 11; *Britz*, VersR 2015, 410, 412.
52 Marlow/Spuhl/*Spuhl*, Rn 1460.
53 Prölss/Martin/*Voit*, § 213 Rn 33.
54 Langheid/Wandt/*Eberhardt*, § 213 Rn 57 ff.
55 *Fricke*, VersR 2009, 297.
56 Prölss/Martin/*Voit*, § 213 Rn 34.
57 So auch Langheid/Wandt/*Eberhardt*, § 213 Rn 51; Prölss/Martin/*Voit*, § 213 Rn 36; Römer/Langheid/*Rixecker*, § 213 Rn 14; Bach/Moser/*Kalis*, § 213 Rn 17; Bruck/Möller/*Höra*, § 213 Rn 40; aA Schwintowski/Brömmelmeyer/*Klär*, § 213 Rn 29; *Fricke*, VersR 2009, 297, 299; Marlow/Spuhl/*Spuhl*, Rn 1463; *Neuhaus/Kloth*, NJW 2009, 1707, 1709.

5. Generelle Einwilligung bei Vertragsschluss (Abs. 2 S. 1). Anders als im Regierungsentwurf ursprünglich vorgesehen und ebenfalls abweichend von § 4a BDSG ist für eine wirksame Einwilligung in die Erhebung personenbezogener Gesundheitsdaten nicht zwingend eine Einzelfalleinwilligung des Betroffenen erforderlich. Zulässig ist es vielmehr auch, dass die betroffene Person **vor Abgabe der Vertragserklärung** eine **generelle Einwilligung** in die Datenerhebung erteilt. Diese auch bislang geltende Praxis war vom BVerfG bei hinreichender Transparenz und möglichen Alternativen für den Betroffenen ausdrücklich für unbedenklich befunden worden.

28

Unklar ist allerdings der Wortlaut des Abs. 2 S. 1, wonach die Einwilligung vor Abgabe der Vertragserklärung möglich sein soll. Es scheint schwer vorstellbar, dass die betroffene Person tatsächlich bereits vor Abgabe einer sie bindenden Vertragserklärung (dh nach dem herrschenden Antragsmodell regelmäßig vor Abgabe ihres Vertragsangebots) den VR ermächtigen möchte, personenbezogene Gesundheitsdaten über sie einzuholen. Zutreffend hieß es daher noch in der Beschlussempfehlung, dass die Regelung die einmalige Einwilligung des Betroffenen in die Datenerhebung bei Abgabe der Vertragserklärung weiterhin zulasse.[58] So soll wohl auch die gesetzliche Regelung verstanden werden.

29

6. Unterrichtung vor Datenerhebung (Abs. 2 S. 2 Hs 1). Bei vorab erteilter Einwilligung zur Datenerhebung hat der VR die betroffene Person im Einzelfall vor der Erhebung zu **unterrichten**, um sie darüber in Kenntnis zu setzen, wann und bei wem über sie personenbezogene Daten eingeholt werden. Darüber hinaus soll die betroffene Person auch über den Inhalt der Befragung (etwa Behandlungen in einem bestimmten Zeitraum) in Kenntnis gesetzt werden müssen.[59]

30

Aus der **systematischen Stellung** der Unterrichtungspflicht in Abs. 2 S. 2 ergibt sich die Frage, ob sich diese allein auf die in Abs. 2 S. 1 geregelten Fälle der vorab erteilten Einwilligung zur Datenerhebung bezieht.[60] Dies hätte zur Folge, dass bei einer nach Vertragsschluss vom VN konkret erteilten Einwilligungserklärung der VR bei erneuter Nachfrage bei den in Abs. 1 genannten Stellen den VN nicht noch einmal unterrichten müsste.

31

Für den VN von Nachteil könnte die Pflicht zur Unterrichtung nach Abs. 2 S. 2 im Verlaufe des Vertragsschlussprozesses werden. Wenn etwa der VN einen Antrag auf Versicherungsschutz stellt und hierbei bereits eine Einwilligungserklärung iSd Abs. 2 S. 1 abgibt, wird er wenig Verständnis dafür haben, wenn der VR, der im Rahmen seiner Risikoprüfung die Notwendigkeit zur Nachfrage bei vorbehandelnden Ärzten erkennt, ihn mitunter nur wenige Tage später nach Abs. 2 S. 2 über die geplante Erhebung unterrichtet und ihm eine mehrtägige Widerspruchsfrist einräumt (vgl hierzu Rn 34). Dieses – nach dem Gesetzeswortlaut wohl vorgesehene – verzögernde Procedere steht dem Interesse des VN an der möglichst zeitnahen Erlangung von Versicherungsschutz entgegen. Angemessen könnte es daher sein, würde dem VN bereits bei Antragstellung für diesen konkreten Fall das Recht (auch formularmäßig) eingeräumt, hier auf eine Unterrichtung durch den VR zu verzichten.[61] Insgesamt ergibt eine vorherige Unterrichtung nur dann einen Sinn, wenn die Einwilligungserklärung des VN und die Datenerhebung des VR in einem erheblichen zeitlichen Abstand voneinander erfolgen. Fehlt es daran, scheint eine gleichsam doppelte Information entbehrlich und vom Schutzzweck der Vorschrift nicht umfasst.[62]

32

---

58 Beschlussempfehlung, BT-Drucks. 16/5862, S. 100.
59 *Rixecker*, zfs 2007, 556.
60 Dies verneinend Marlow/Spuhl/*Spuhl*, Rn 1469.
61 Ebenso Langheid/Wandt/*Eberhardt*, § 213 Rn 64, 65.
62 OLG Brandenburg 11.6.2014 – 11 U 2/13, NJW-RR 2014, 1501; Römer/Langheid/*Rixecker*, § 213 Rn 16.

33 In der Praxis wird es nicht selten vorkommen, dass die Auskünfte befragter Personen oder Stellen dem VR Anlass zu weiterer Nachfrage bieten, etwa bei nachbehandelnden Ärzten oder Krankenhäusern. Zur Wahrung der Informationspflicht des VR nach Abs. 2 S. 2 Hs 1 wird es dann aber ausreichen, die betroffene Person vorab darüber zu informieren, dass Nachfrage bei den von ihm angegebenen Stellen und anschließend ggf bei den von diesen weiter benannten Ärzten oder Institutionen gehalten wird.[63] Eine jeweils gesondert vorgenommene erneute Unterrichtung des Betroffenen ist nicht geschuldet, würde den Rahmen des vertretbaren organisatorischen Aufwandes des VR sprengen und das berechtigte Schutzbedürfnis der betroffenen Person überbetonen.

34 Damit der informationelle Selbstschutz des Betroffenen nicht leer läuft, ist er wohl nicht nur (wie es der Gesetzeswortlaut vorsieht) lediglich **vor** Beginn der Datenerhebung, sondern zutreffenderweise **rechtzeitig** vor der Datenerhebung in Kenntnis zu setzen. Nach Sinn und Zweck der Vorschrift muss der zeitliche Vorlauf vor Beginn der Datenerhebung so bemessen sein, dass der betroffenen Person die Ausübung ihres Widerspruchsrechts (Abs. 2 S. 2 Hs 2), auf welches bei der Unterrichtung gesondert hinzuweisen ist (Abs. 4), mit hinreichender Überlegungsfrist möglich ist. Regelmäßig dürften dem Betroffenen hierzu jedenfalls zwei Wochen genügen.[64]

35 In der praktischen Handhabung bietet es sich an, dass der VR der betroffenen Person mit der Unterrichtung und Belehrung eine angemessene **Frist** zur Widerspruchserhebung setzt, nach deren fruchtlosem Ablauf er mit der Datenerhebung beginnt.[65] Auch hierüber sollte der Betroffene unterrichtet werden.

36 Die **Form** der Unterrichtung ist im Gesetz nicht geregelt, insb. existiert kein Schriftformerfordernis.[66] Der VR darf den Betroffenen daher auch fernmündlich unterrichten. Zu Dokumentations- und Beweiszwecken bietet sich jedoch auch hier eine Text- oder Schriftform der Unterrichtung an.

37 **7. Widerspruchsrecht (Abs. 2 S. 2 Hs 2).** Nach Kenntniserlangung über die beabsichtigte Datenerhebung und deren Inhalt hat die betroffene Person das Recht, dieser zu **widersprechen**. Dieses Recht ist Ausprägung eines im gesamten Datenschutzrecht anerkannten Grundsatzes, dass die betroffene Person eine einmal erteilte Einwilligung in die Datenerhebung regelmäßig widerrufen darf.[67]

38 Allerdings sollte mit dem Widerspruch die Wirkung der ursprünglich erteilten Einwilligung nicht willkürlich, sondern entsprechend den Grundsätzen von Treu und Glauben nur dann zurückgenommen werden, wenn für ihre Erteilung maßgebende Gründe entfallen sind, sich wesentlich geändert oder die tatsächlichen Voraussetzungen für die Erteilung sich verändert haben.[68] Etwa auch die EU-Datenschutz-

---

63 *Rixecker*, zfs 2007, 556, 557.
64 In § 8 wurde vom Gesetzgeber eine Zwei-Wochen-Frist für den VN als ausreichend angesehen, um eine informierte Entscheidung über einen Widerruf zu treffen. Diesen **14-Tages-Zeitraum** halten ebenfalls für angemessen: Prölss/Martin/*Voit*, § 213 Rn 42; *Fricke*, VersR 2009, 297, 298; Marlow/Spuhl/*Spuhl*, Rn 1468; Looschelders/Pohlmann/*Pohlmann*/Wolf, § 213 Rn 11. Einen Zeitraum von **10 Tagen** halten *Voit*/*Neuhaus*, BU-Versicherung, S. 560 Rn 9 für ausreichend. Schließlich soll nach Schwintowski/Brömmelmeyer/*Klär*, § 213 Rn 28, Langheid/Wandt/*Eberhardt*, § 213 Rn 66, *Neuhaus*/*Kloth*, NJW 2009, 1707, 1709 sowie Bach/Moser/*Kalis*, § 213 Rn 18 eine Wartezeit von **7 Tagen** genügen.
65 *Rixecker*, zfs 2007, 556, 557.
66 Ebenso Prölss/Martin/*Voit*, § 213 Rn 41; Looschelders/Pohlmann/*Pohlmann*/Wolf, § 213 Rn 15; aA Marlow/Spuhl/*Spuhl*, Rn 1463; *Fricke*, VersR 2009, 297, 299 (beide: Schriftformerfordernis entsprechend § 4a BDSG).
67 *Gola*/*Schomerus*, BDSG, § 4a Rn 18.
68 Zum Datenschutzrecht *Gola*/*Schomerus*, BDSG, § 4a Rn 18; aA Prölss/Martin/*Voit*, § 213 Rn 42.

richtlinie 95/46/EG vom 24.10.1995[69] räumt dem Betroffenen in Art. 14 Buchst. a) bei der Verarbeitung personenbezogener Daten (Art. 7) ein Widerspruchsrecht gegen die Datenverarbeitung nur aus „überwiegenden, schutzwürdigen, sich aus ihrer besonderen Situation ergebenden Gründen" ein.

Diesem Rechtsgedanken folgend, entspricht es auch im Versicherungsvertragsrecht dem Grundsatz von **Treu und Glauben**, von dem Widerspruchsrecht nur dann Gebrauch zu machen, wenn sich die der ursprünglichen Einwilligung zugrunde liegenden **Umstände wesentlich geändert** haben und sich hieraus ein überwiegendes und schutzwürdiges Interesse des Betroffenen an der Geheimhaltung der Daten ergibt. Obgleich sich im Gesetz kein Begründungszwang für den Widerspruch findet, ist der Betroffene gehalten, dem VR die Gründe für seine Entscheidung mitzuteilen.[70] Unterlässt er dies trotz Aufforderung, können jedenfalls im Zivilprozess für ihn nachteilige Konsequenzen an sein Verhalten geknüpft werden (zu den prozessualen Folgen einer Beweisvereitelung s. Rn 100 f). Denn mit dem Widerruf vereitelt er dann – ohne nachvollziehbare Begründung – eine Informationsmöglichkeit des VR. 39

Der Widerspruch ist eine Willenserklärung. Über die **Form** des Widerspruchs enthält das Gesetz keine Regelung. Es ist daher auch ein mündlicher Widerspruch des Betroffenen oder ein solcher durch schlüssiges Verhalten grds. möglich. Unklarheiten oder fehlende Beweisbarkeit gehen dann aber zu Lasten des Widersprechenden. **Widerspruchsempfänger** ist der die Unterrichtung nach Abs. 2 S. 2 Hs 1 vornehmende VR. Wirksam ist auch eine Erklärung gegenüber einem empfangsbevollmächtigten Vertreter des VR. 40

Der zulässige **Zeitpunkt** des Widerspruchs ist im Gesetz nicht geregelt. Zur Schaffung von Rechtsklarheit sollte der VR der betroffenen Person nach Unterrichtung über die beabsichtigte Datenerhebung eine angemessene Frist zur Widerspruchserhebung einräumen und bis zu deren Ablauf mit der Informationseinholung abwarten. Ist die Frist ohne Zugang eines Widerspruchs abgelaufen, darf der VR mit der Datenerhebung beginnen. 41

Erreicht den VR schließlich nach Datenerhebung ein **verfristeter Widerspruch** der betroffenen Person, kann der VR die eingeholten Informationen dennoch verwerten. Nach dem Gesetzeswortlaut kann der Betroffene lediglich der **Erhebung** der Daten widersprechen. Wenn die Daten aber bereits in zulässiger Weise erhoben worden sind, ergibt sich für ihn kein weitergehendes Widerspruchsrecht gegen deren Nutzung und Verwertung durch den VR.[71] 42

8. Verlangen einer Einzeleinwilligung (Abs. 3). Über die in Abs. 2 formulierten Rechte hinaus hat die betroffene Person nach Abs. 3 einen Anspruch darauf, **jederzeit** verlangen zu können, dass eine Datenerhebung des VR nur bei einer von ihr erteilten **Einzeleinwilligung** erfolgen darf. Der Betroffene kann dies bereits bei Abgabe seiner Vertragserklärung kundtun und dem VR keine generelle Einwilligung iSd Abs. 2 S. 1 erteilen. Ferner darf er aber auch nach ursprünglich erklärter genereller Einwilligung nachträglich auf eine Einzeleinwilligung bestehen. Lediglich wenn die Datenerhebung bereits auf der Grundlage einer generellen Einwilligung nach Abs. 2 erfolgt ist, kann der Betroffene sich hiergegen nachträglich nicht mehr mit der Begründung verwahren, dass er nunmehr („jederzeit") nur noch eine Einzeleinwilligung erteilen wolle. 43

---

69 ABl. EG Nr. L 281 vom 23.11.1995, S. 31, zuletzt geändert durch Anh. II Nr. 18 ÄndV (EG) 1882/2003 vom 29.9.2003 (ABl. EG Nr. L 284 S. 1).
70 AA Bruck/Möller/*Höra*, § 213 Rn 70.
71 Ebenso Prölss/Martin/*Voit*, § 213 Rn 42; aA Bruck/Möller/*Höra*, § 213 Rn 61.

44 Das Verlangen kann **formfrei** erfolgen, nähere Anforderungen hierzu trifft das Gesetz nicht. Auch der **Erklärungsadressat** wird nicht benannt. Empfangsberechtigt dürfte neben dem VR aber etwa wieder der vertretungsberechtigte Vermittler sein.

45 9. Hinweispflichten (Abs. 4). Die betroffene Person ist auf ihr Widerspruchsrecht nach Abs. 2 und auf das Recht auf Verlangen einer Einzeleinwilligung nach Abs. 3 **hinzuweisen.**

46 Der Hinweis auf das Widerspruchsrecht nach Abs. 2 hat **zeitlich** bei der Unterrichtung über die beabsichtigte Datenerhebung nach Abs. 2 S. 2 Hs 1 zu erfolgen. Der Hinweis auf das Recht auf Verlangen einer Einzeleinwilligung nach Abs. 3 sollte bereits bei Vertragsschluss erfolgen, weil nur so die vertraglich vorgesehene „jederzeitige" Rechtsausübung durch den Betroffenen ermöglicht wird.

47 Die **Form** des zu erteilenden Hinweises ist frei. Wiederum sind auch mündliche Hinweise grds. zulässig. Wählt der VR zu Beweiszwecken die Schriftform, ist eine besondere **textliche Gestaltung** des Hinweises nicht gefordert. Dieser darf aber sicherlich nicht so im übrigen Text versteckt werden, dass mit einem Übersehen regelmäßig zu rechnen ist.

VI. Rechtsfolgen

48 1. Allgemeines. Der Gesetzgeber hat davon abgesehen, Rechtsfolgen für die Fälle zu normieren, dass

- der Betroffene seine Einwilligung in die Datenerhebung nicht erteilt bzw einer solchen widerspricht und dem VR eine informierte Regulierungsentscheidung aus diesem Grund nicht möglich ist oder
- der VR trotz fehlender Einwilligung oder erklärten Widerspruchs personenbezogene Gesundheitsdaten der betroffenen Person erlangt und sie zur Grundlage seiner Regulierungsentscheidung macht.

Es scheint von erheblicher praktischer Relevanz, welche Folgen sich aus diesen Konstellationen für die **Regulierungspraxis** der VR ergeben.

49 2. Fehlende Einwilligung. a) Allgemeines. Erfolgt die Verweigerung der Zustimmung zur Erhebung personenbezogener Gesundheitsdaten im Zusammenhang mit dem **Vertragsabschluss**, ist der VR berechtigt, den Versicherungsantrag abzulehnen.[72]

50 Doch auch wenn die betroffene Person **nach Eintritt des Versicherungsfalles** gegenüber dem VR einen Leistungsanspruch formuliert, wird dieser zur Prüfung seiner Leistungspflicht regelmäßig personenbezogene Gesundheitsdaten einholen wollen. Dies insb. dann, wenn beim VR der Eindruck entsteht, dass der Anspruchsteller **ggf Vorerkrankungen** oder **Beschwerden bei Antragstellung** verschwiegen hat. Gerade aber der unlautere Anspruchsteller wird ein Interesse an der Geheimhaltung all jener Umstände haben, deren Kenntnis den VR zu einem Vertragsrücktritt oder einer Arglistanfechtung berechtigen könnte. Er wird daher regelmäßig seine Einwilligung zur Datenerhebung nicht erteilten (Abs. 3) oder bei bereits erteilter Einwilligung nach Unterrichtung durch den VR (Abs. 2 S. 2 Hs 1) der Erhebung widersprechen (Abs. 2 S. 2 Hs 2). Fraglich ist, ob der VR dann

- seine vertraglichen Leistungen erbringen muss, weil er über keine Informationen verfügt, die eine vorvertragliche Anzeigepflichtverletzung des Anspruchstellers belegen und daher einen Rücktritt oder eine Anfechtung des Vertrages rechtfertigen, oder
- ob er gerade aufgrund der vereitelten Leistungsprüfung keine Regulierung schuldet.

---

[72] Höra, r+s 2008, 89, 93.

b) **Keine Fälligkeit.** Einer Leistungspflicht des VR steht in diesen Fällen die fehlende Fälligkeit des geltend gemachten Anspruchs entgegen.[73] Nach § 14 Abs. 1 sind Geldleistungen des VR mit der Beendigung der zur Feststellung des Versicherungsfalles und des Umfangs der Leistung des VR notwendigen Erhebungen fällig. 51

Die notwendigen Erhebungen des VR umfassen aber auch die Prüfung der Vertragsgrundlagen, also die Prüfung, ob Rücktrittsvoraussetzungen oder Gründe zur Anfechtung wegen arglistiger Täuschung vorliegen. Während einer solchen zeitlich angemessenen Prüfung des Vertragsbestandes tritt Fälligkeit nicht ein.[74] Soll der VN Unterlagen beibringen, kann ebenfalls keine Fälligkeit eintreten, bis er dies nicht getan hat.[75] Gleiches gilt, wenn der VN durch Widerspruch gegen die Datenerhebung die Beibringung von Unterlagen und Informationen durch den VR verhindert oder sich weigert, diese selbst zu beschaffen. 52

Bedingt das Verhalten des VN den fehlenden Eintritt der Fälligkeit, muss auf der anderen Seite aber sichergestellt werden, dass er mit diesem Verhalten nicht zugleich die **Verjährung** beliebig hinausschieben kann.[76] Zur Vermeidung dieser Rechtsfolge könnte der VR den angemeldeten Anspruch als zurzeit unbegründet mangels Fälligkeit zurückweisen. Mit dieser Ablehnung endet zunächst die Hemmung der Verjährung. Allerdings tritt noch keine Fälligkeit (als Voraussetzung für den Verjährungsbeginn, vgl § 15 Rn 5) ein. Jedoch hat der VN eine fälligkeitsbegründende Mitwirkungshandlung unterlassen, so dass sich nach Treu und Glauben die Notwendigkeit ergibt, den VN bei Verweigerung zur Datenerhebung oder bei Widerspruch verjährungsrechtlich so zu stellen, als wäre der Anspruch zu diesem Zeitpunkt fällig geworden.[77] 53

Auch muss der Missbrauchsgefahr entgegengetreten werden, dass der treuwidrig handelnde VN sich der Gefahr der Anfechtung des Vertrages durch den VR, des Rücktritts vom Vertrag oder der Vertragsänderung durch unterbliebene Einwilligung in die Datenerhebung (oder den Widerruf) bis zum **Ablauf der Frist des § 21 Abs. 3** (fünf bzw zehn Jahre) entzieht. Auch hier wird die Verzögerung der Aufklärung dergestalt zu Lasten des VN zu gehen haben, als der VR – gewissermaßen im Wege einer Wiedereinsetzung in den vorigen Stand – so gestellt wird, als wenn die nötigen Erhebungen rechtzeitig erfolgt wären.[78] 54

c) **Obliegenheitsverletzung des VN.** Eine Leistungsfreiheit des VR kann in Fällen versagter Datenerhebung auch **vertraglich postuliert** werden.[79] Es muss sich in den AVB dann eine **Obliegenheitsregelung** finden, dass der Anspruchsteller dem VR auf Verlangen die angeforderten Gesundheitsdaten beizubringen hat, andernfalls 55

---

73 So auch OLG Nürnberg 8.10.2007 – 8 U 1031/07, VersR 2008, 627; Marlow/Spuhl/*Spuhl*, Rn 1474; *Höra*, r+s 2008, 89, 93; Langheid/Wandt/*Eberhardt*, § 213 Rn 76; Prölss/Martin/*Voit*, § 213 Rn 58; Bach/Moser/*Kalis*, § 213 Rn 19; Bruck/Möller/*Höra*, § 213 Rn 70.
74 KG 8.7.2014 – 6 U 134/13, VersR 2014, 1191; OLG München 6.9.2012 – 14 U 4805/11, VersR 2013, 169; OLG Saarbrücken 9.9.2009 – 5 U 510/08, zfs 2009, 634; LG Berlin 12.6.2013 – 23 O 341/12, VersR 2014, 230; Prölss/Martin/*Voit*, § 213 Rn 59; Prölss/Martin/*Armbrüster*, § 14 Rn 5, 8, 11; – mit Hinweis auf LG München I 20.1.1993 – 4 O 12156/92, r+s 1993, 202; Bruck/Möller/*K. Johannsen*, § 14 Rn 5; Beckmann/Matusche-Beckmann/*Reichel*, § 21 Rn 13.
75 OLG Nürnberg 8.10.2007 – 8 U 1031/07, VersR 2008, 627; Prölss/Martin/*Voit*, § 213 Rn 58; Prölss/Martin/*Armbrüster*, § 14 Rn 18.
76 *Rixecker* in einem Vortrag des Versicherungsforums am 15.9.2009 in Hannover.
77 *Rixecker* in einem Vortrag des Versicherungsforums am 15.9.2009 in Hannover.
78 *Rixecker* in einem Vortrag des Versicherungsforums am 15.9.2009 in Hannover.
79 AA Marlow/Spuhl/*Spuhl*, Rn 1473; *Fricke*, VersR 2009, 297, 301. Differenzierend *Britz*, VersR 2015, 410, 415: isolierte Obliegenheit zur Abgabe einer Einwilligungs- und Schweigepflichtentbindungserklärung unwirksam; Obliegenheit zur Beschaffung von Gesundheitsdaten und Vorlage beim VR wirksam.

der VR bei schuldhaftem Verstoß hiergegen von seiner vertraglichen Leistungspflicht anteilig oder vollständig frei wird (§ 28).[80]

56 **aa) Kein Verstoß gegen informationelle Selbstbestimmung.** Mit einer solchen Regelung wird nach Maßgabe der vom BVerfG in seinem Beschluss vom 23.10.2006 aufgestellten Grundsätze nicht gegen das Grundrecht des Betroffenen auf informationelle Selbstbestimmung verstoßen. Dessen Schutz hat seine unmittelbare Auswirkung auf Inhalt und Umfang der vertraglich vereinbarten Mitwirkungsobliegenheiten des Betroffenen.[81] Das BVerfG hat eine – auch generelle – Schweigepflichtentbindung dann als verfassungsrechtlich bedenkenlos angesehen, wenn dem betroffenen VN Alternativen zum Schutz seiner informationellen Selbstbestimmung angeboten werden. Ausreichend ist es, wenn der Informationsfluss so ausgestaltet werden darf, dass die befragte Stelle die relevanten Informationen dem VN zur Weiterleitung zur Verfügung stellt, dieser sie dann ergänzen kann oder **unter Verzicht auf seinen Leistungsanspruch** von ihrer Weiterleitung absieht.[82]

57 Eine vertragliche Obliegenheit, die dem Anspruchsteller (alternativ zur Erteilung einer Schweigepflichtentbindung) aufgibt, die Gesundheitsdaten selbst zu beschaffen und dem VR zur Verfügung zu stellen, erfüllt mithin gerade die Vorgaben des BVerfG zur Wahrung des informationellen Selbstbestimmungsrechts.

58 Auch die vertraglich zu regelnde **Rechtsfolge** für den Fall der Obliegenheitsverletzung, nämlich vollständige oder anteilige **Leistungsfreiheit** des VR (abgestuftes Rechtsfolgensystem des § 28), ist verfassungsrechtlich unbedenklich. Es ist vom BVerfG hervorgehoben worden, dass dem Schutz der informationellen Selbstbestimmung des VN das ebenfalls bedeutsame Recht des VR gegenübersteht, seine vertragliche Eintrittspflicht überprüfen zu dürfen, bevor er in die Regulierung eintritt. Dieses Recht des VR ist geeignet, das Recht auf informationelle Selbstbestimmung in erforderlicher und angemessener Art und Weise einzuschränken. Es kann nicht das Resultat berechtigten Grundrechtsschutzes sein, dem Anspruchsteller neben der Hoheitsgewalt über seine Daten zugleich die Verfügungsgewalt über die Regulierungsentscheidung des VR dergestalt einzuräumen, dass er mit der Erteilung oder Versagung seiner Einwilligung zur Datenerhebung bereits das Regulierungsergebnis vorwegnimmt. Plakativ formuliert, gewährleistet das Grundgesetz informationelle Selbstbestimmung, aber keine Berufsunfähigkeitsrente.[83]

59 **bb) Keine Unwirksamkeit nach § 307 BGB.** Eine vertragliche Obliegenheit zur Beibringung der vom VR benötigten Informationen bzw – alternativ – zur Erteilung einer Einwilligung zur Datenerhebung ist auch nicht nach § 307 Abs. 2 Nr. 1 BGB unwirksam. Eine solche Obliegenheitsregelung verstößt nicht gegen wesentliche Grundgedanken des § 213.[84]

60 Die vordergründige Überlegung, dass dem Betroffenen durch Schaffung einer vertraglichen Obliegenheit zur Duldung oder aktiven Beschaffung personenbezogener

---

80 Ebenso Prölss/Martin/*Voit*, § 213 Rn 55; *Neuhaus/Kloth*, NJW 2009, 1707, 1710.
81 *Schimikowski/Höra*, S. 192; anders aber dann *Höra*, r+s 2008, 89, 93.
82 BVerfG 23.10.2006 – 1 BvR 2027/02, VersR 2006, 1669; so auch KG 4.7.2014 – 6 U 30/13, juris.
83 *Rixecker* in einem Vortrag des Versicherungsforums am 27.3.2007 in Köln.
84 KG 4.7.2013 – 6 U 30/13, VersR 2015, 94 (zur Untersuchungsobliegenheit des § 9 Abs. 3 MB/KK); OLG Nürnberg 8.10.2007 – 8 U 1031/07, VersR 2008, 627; *Muschner*, in: FS für Heidrich, 2014, S. 96; Prölss/Martin/*Voit*, § 213 Rn 55; Römer/Langheid/*Rixecker*, § 213 Rn 22; *Britz*, VersR 2015, 410, 415; *Schimikowski/Höra*, S. 193; Bruck/Möller/*Leverenz*, Ziff. 7 AUB 2008 Rn 151; *Neuhaus*, r+s 2009, 309, 311; *Neuhaus/Kloth*, NJW 2009, 1707, 1710, *Jacob*, Unfallversicherung AUB 2010, Ziff. 8 AUB Rn 12; aA OLG München 6.9.2012 – 14 U 4805/11, VersR 2013, 169 (zu § 9 Abs. 2 AVB/KK); Prölss/Martin/*Knappmann*, Nr. 8 AUB 2008 Rn 15; Langheid/Wandt/*Eberhard*, § 213 Rn 75; Bruck/Möller/*Höra*, § 213 Rn 68; Schwintowski/Brömmelmeyer/*Klär*, § 213 Rn 37; *Fricke* VersR 2009, 297, 310; *Marlow/Tschersich*, r+s 2009, 441, 453.

Gesundheitsdaten jedenfalls mittelbar gerade das Recht auf selbstbestimmtes Informationsmanagement genommen werde, welches der § 213 gerade schaffen wollte,[85] greift wohl zu kurz. Diese Auslegung der Vorschrift würde das gesetzlich ebenfalls normierte Recht des VR einseitig vernachlässigen.

Als einer der „Grundgedanken" der Vorschrift ist in Abs. 1 Hs 2 zunächst das Recht des VR normiert, zur Vornahme einer Leistungsprüfung personenbezogene Gesundheitsdaten zu erheben. In Abs. 2 S. 2 Hs 2 sowie in Abs. 3 ist sodann das Recht des Betroffenen geregelt, der Datenerhebung zu widersprechen oder eine Einwilligung zu versagen. Beide Rechte, namentlich die des VR auf Leistungsprüfung sowie die des Betroffenen auf Datengeheimhaltung, stehen einander gleichrangig gegenüber. Eine Wertigkeit oder ein Vorrang eines der beiden Rechte ist vom Gesetzgeber nicht festgelegt worden. Es ist sogar so, dass eine vertragliche Obliegenheit zur Informationsbeschaffung nicht nur nicht gegen einen wesentlichen Grundgedanken der Vorschrift verstößt, sondern sogar erst gewährleistet, dass ein solcher Grundgedanke – das Recht des VR auf Leistungsprüfung – auch realisiert werden kann. Die durch das Gesetz normierte Möglichkeit der Datenerhebung zur Feststellung vertraglicher Leistungspflichten wäre nämlich dann aber ad absurdum geführt, läge es in der Hand des (unredlichen) VN, durch seinen Widerspruch gegen die Datenerhebung nicht nur den Zugriff des VR auf seine persönlichen Daten zu verhindern, sondern – weit darüber hinaus – gleichzeitig eine (ungeprüfte) Leistungspflicht des VR zu begründen.[86] Zur Vermeidung einer solchen Rechtsfolge ist die Obliegenheitsregelung geeignet.

cc) Kein Verstoß gegen § 32 S. 1. Anders als in Abs. 1, wo dem VR die Datenerhebung „für die Beurteilung der Leistungspflicht" gestattet ist, muss der VN nach der gesetzlichen Obliegenheitsregelung des § 31 Abs. 1 S. 1 nur Auskünfte erteilen, die „zur Feststellung des Versicherungsfalles oder des Umfanges der Leistungspflicht des Versicherers" erforderlich ist. Das Problem des abweichenden Inhalts der gesetzlichen Fragerechte des VR in § 213 und den Auskunftsobliegenheiten des VN in § 31 wurde bereits während des Gesetzgebungsverfahrens erkannt und führte zu der Empfehlung, die Formulierung in § 31 Abs. 1 S. 1 so abzuändern, dass der VN ebenfalls jede Auskunft zu erteilen habe, die zur „Feststellung der Leistungspflicht des VR erforderlich ist".[87] Dieser Empfehlung einer gesetzlichen Klarstellung ist der Gesetzgeber nicht nachgekommen.

Es besteht für den VR nichtsdestoweniger die Möglichkeit, in Abweichung des Wortlauts des § 31 Abs. 1 S. 1 eine vertragliche Obliegenheit des VN zu begründen, die inhaltlich mit seinem Datenerhebungsrecht aus § 213 übereinstimmt. Einer solchen vertraglichen Obliegenheit steht die Regelung des § 32 S. 1 nicht entgegen. Nach dieser Vorschrift ist lediglich die Regelung des § 31 Abs. 1 S. 2 halbzwingend und nicht zu Lasten des VN abänderbar; vom Inhalt des § 31 Abs. 1 S. 1 darf hingegen vertraglich zum Nachteil des VN abgewichen werden.

dd) Kein Verstoß gegen den „nemo-tenetur"-Grundsatz. Der Wirksamkeit einer vertraglichen Mitwirkungsobliegenheit zur Beschaffung der für den VR erforderlichen Arztauskünfte steht auch der „nemo-tenetur"-Grundsatz nicht entgegen, wonach niemand gezwungen werden darf, sich selbst zu belasten und zu seiner eigenen Überführung beizutragen. Dieser Grundsatz findet allein auf das Verhältnis des Individuums zu staatlichen Stellen, etwa den Strafverfolgungsbehörden, Anwendung. Keine Geltung entfaltet er hingegen im Verhältnis gleichgeordneter Vertragspartner untereinander.

Es ist im Übrigen bereits nach dem Recht des VVG aF anerkannt, dass zur Wahrung der Aufklärungsobliegenheit der VN auch dann Fragen des VR beantworten

---

[85] So Marlow/Spuhl/*Spuhl*, Rn 1473; Bruck/Möller/*Höra*, § 213 Rn 68.
[86] Im Ergebnis ebenso *Schimikowski/Höra*, S. 192.
[87] *Rixecker* in seiner Stellungnahme zum RegE vom 18.3.2007.

muss, wenn die Antwort für ihn nachteilig, etwa peinlich oder sogar mit der Gefahr strafrechtlicher Verfolgung verbunden ist. Beispielsweise im Bereich der Fahrzeugversicherung ist der VN zur Wahrung seiner vertraglichen Auskunftsobliegenheiten verpflichtet, den VR über eine Alkoholbeeinflussung während der Fahrt oder eine Fahrerflucht nach einem Unfall in Kenntnis zu setzen.[88] Dementsprechend ist es einem VN erst recht zumutbar, Nachprüfungen zu ermöglichen, die seine Vertragstreue zum Gegenstand haben.

66 Zuletzt ist der Betroffene durch Schaffung der Obliegenheit auch nicht gezwungen, vorvertragliche Anzeigepflichtverletzungen dem VR zu offenbaren und damit sich selbst zu belasten. Es ist ihm freigestellt, die von ihm selbst eingeholten Informationen unter Preisgabe seines Anspruchs auf Versicherungsleistung gerade nicht an den VR weiterzuleiten.

67 **3. Datenverwertung bei unwirksamer Einwilligung.** Wird ohne wirksame Einwilligung des Betroffenen bzw trotz dessen Widerspruchs eine Datenerhebung vorgenommen, stellt sich die Frage der **Verwertbarkeit** der gewonnenen Informationen.

68 **a) Rechtslage nach dem Beschluss des BVerfG vom 23.10.2006.** Bereits vor Inkrafttreten des neuen VVG wurde vor dem Hintergrund des Beschlusses des BVerfG vom 23.10.2006 diskutiert, ob die vom VR auf der Grundlage der für unwirksam befundenen Ermächtigung erlangten Daten verwertet werden dürfen oder nicht.[89] Teilweise wurde hierzu die Auffassung vertreten, dass die Intensität der Grundrechtsberührung in Fällen „rechtswidrig" erhobener Daten ihre Unverwertbarkeit im Zivilprozess zur Folge habe.[90] Es lässt sich wohl aber weder aus der Entscheidung des BVerfG noch aus anderen grundrechtlichen Erwägungen ein grundsätzliches Verwertungsverbot der erworbenen Informationen ableiten.

69 **aa) Keine Rechtswidrigkeit.** Einer unmittelbaren Übertragbarkeit der vom BVerfG im Beschluss vom 23.10.2006 aufgestellten Grundsätze steht bereits die **fehlende Vergleichbarkeit der zu beurteilenden Sachverhalte** entgegen: Das BVerfG hatte den Fall zu entscheiden, dass die betroffene VN die Schweigepflichtentbindungserklärung von vornherein nicht unterzeichnen wollte und dem VR daher eine Informationsbeschaffung nicht möglich war. Das Gericht befand, dass die VN nicht verpflichtet sei, eine unzulässig weit gefasste Schweigepflichtentbindung zu unterzeichnen und dem VR damit ein unkontrollierbares Informationsbeschaffungsrecht einzuräumen. Es müssten ihr Alternativen geboten werden.

70 Die hier gegenständliche **Frage eines Verwertungsverbots** stellt sich hingegen regelmäßig erst dann, wenn der VN bereits die (nachträglich als unwirksam eingestufte) Schweigepflichtentbindung bei Antragstellung unterzeichnet hatte, der VR auf ihrer Grundlage personenbezogene Daten eingeholt hat und der VN nun ihrer Verwertung widerspricht. Anders als in dem vom BVerfG entschiedenen Fall hat die betroffene Person bereits bei Vertragsschluss die Entscheidung gefasst, eine generelle Schweigepflichtentbindung zu erteilen. Das informationelle Selbstbestimmungsrecht hat der Betroffene dahin ausgeübt, dem VR ein umfangreiches Datenerhebungsrecht einzuräumen. Damit hat er in einer frei verantworteten Entscheidung in gewissem Umfang auf sein informationelles Selbstbestimmungsrecht verzichtet, um Leistungen aus dem VersVertrag zu erhalten. Wenn er nun nachträglich unter Berufung auf eben jenes informationelle Selbstbestimmungsrecht der Datenverwertung (unter Aufrechterhaltung seines Leistungsanspruchs) widerspricht, ver-

---

[88] OLG Köln 20.11.1964 – 9 U 151/64, VersR 1965, 1045; *Bauer*, Die Kraftfahrtversicherung, S. 142 f Rn 508.
[89] *Müller-Frank*, Aktuelle Rechtsprechung zur Berufsunfähigkeits-(Zusatz-)Versicherung, S. 161.
[90] *Rixecker*, zfs 2007, 37; *Weichert*, NJW 2004, 1695, 1700; *Notthoff*, zfs 2008, 243, 247; Prölss/Martin/*Voit*, § 213 Rn 49.

lässt er die Geschäftsgrundlage des abgeschlossenen Vertrages.[91] Im Rahmen einer vorzunehmenden Güterabwägung ist jedenfalls nicht zu erkennen, weswegen sein Recht ohne Hinzutreten weiterer neuer Gesichtspunkte das ebenso schützenswerte Recht des VR auf Leistungsprüfung überwiegen soll.

Ein die freie Willensbildung ausschließender Zwang kann nicht deshalb angenommen werden, weil die betroffene Person nur dann mit einer Leistungserbringung des VR rechnen kann, wenn sie diesem eine Überprüfung ihrer Angaben ermöglicht. Denn dazu ist der Betroffene auch nach Auffassung des BVerfG verpflichtet, wenn er eine vertragliche Leistung erhalten will.

bb) Rechtmäßiges Alternativverhalten. Gegen ein Verwertungsverbot spricht auch der Rechtsgedanke der hypothetischen Einwilligung bzw des rechtmäßigen Alternativverhaltens. Grundsätzlich ist rechtmäßiges Alternativverhalten beachtlich.[92] Im Arzthaftungsrecht ist anerkannt, dass etwa der wegen Aufklärungsverschuldens auf Schadensersatz in Anspruch genommene Arzt einwenden kann, dass der Patient die aufgrund fehlender oder unzureichender Aufklärung unwirksame Einwilligung auch bei ordnungsgemäßer Aufklärung erteilt hätte (hypothetische Einwilligung).[93] Ist dies vom Arzt substantiiert dargelegt, muss der Patient nachvollziehbar plausibel machen, warum er auch bei hinreichender Aufklärung in einen ernsthaften Entscheidungskonflikt geraten wäre.[94]

Bei einer unwirksamen generellen Schweigepflichtentbindung hätte der VR regelmäßig genau die Informationen, auf die er seinen Rücktritt oder seine Anfechtung gestützt hat, jedenfalls auch auf der Grundlage einer das informationelle Selbstbestimmungsrecht des Betroffenen wahrenden Einzel-Schweigepflichtentbindung erlangt, so dass bei rechtmäßigem Alternativverhalten dieselbe Sach- und Beweislage bestünde. Einen ernsthaften Entscheidungskonflikt bei der Frage, ob er dem VR eine wirksame Schweigepflichtentbindung erteilt hätte, wird der Anspruchsteller regelmäßig nicht plausibel machen können. Denn bei unterbliebener Einwilligung in eine sein Selbstbestimmungsrecht wahrende Datenerhebung hätte der VR – auch nach Auffassung des BVerfG berechtigt –, seine vertragliche Leistung verweigern dürfen.

cc) Kein verfassungsrechtliches Verwertungsverbot. Gegen eine Verwertung der Daten greifen auch keine verfassungsrechtlichen Bedenken durch. Ein **verfassungsrechtliches Verwertungsverbot** ist dann anzunehmen, wenn durch die Informationsbeschaffung in ein verfassungsrechtlich geschütztes Individualrecht eingegriffen wurde und die Verwertung nicht ausnahmsweise durch Güterabwägung gerechtfertigt ist.[95]

In besonderem Maße stellt sich die Frage eines Verwertungsverbots „rechtswidrig" gewonnener Informationen im **Strafprozessrecht**. Dort wird, ausgehend von der sog. Rechtskreistheorie, wonach das unter einem Verfahrensverstoß gewonnene Beweismittel unverwertbar ist, wenn die verletzte Vorschrift wesentlich dem Schutz des Rechtskreises des Beschuldigten dient, eine Abwägung im Einzelfall vorgenommen.[96] Nach dem Großen Senat des BGH[97] sind dabei das allgemeine

---

91 *Gola/Wronka*, RDV 2007, 59, 61: „Wenn aber ein Vertragspartner dem anderen die Konditionen, dh seinen Informationsbedarf, nennt, unter denen er den Vertrag zu schließen bereit ist, der andere ihre Bedeutung und Reichweite ggf nach vorheriger Aufklärung (§ 4 Abs. 3 BDSG) erkennt und sich mit den Bedingungen in freier Entscheidung einverstanden erklärt, werden diese zum übereinstimmend definierten Vertragsinhalt."
92 Palandt/*Grüneberg*, Vor § 249 BGB Rn 64.
93 BGH 22.5.2007 – VI ZR 35/06, BGHZ 173, 254 = VersR 2007, 1273.
94 BGH 27.3.2007 – VI ZR 55/05, BGHZ 172, 1 = VersR 2007, 995.
95 Zöller/*Greger*, § 286 Rn 15 a.
96 BGHSt 11, 213.
97 BGH 13.5.1996 – GSSt 1/96, NJW 1996, 2940.

Persönlichkeitsrecht des Beschuldigten sowie der Grundsatz des fairen Verfahrens auf der einen Seite gegen den Schutz der Allgemeinheit sowie die Pflicht des Rechtsstaats zur effektiven Strafverfolgung auf der anderen Seite abzuwägen. Eine Beweisverwertung ist jedenfalls beim Vorliegen einer Straftat von erheblichem Gewicht zulässig, wenn zudem der Einsatz anderer Ermittlungsmethoden erheblich weniger Erfolg versprechend oder wesentlich erschwert gewesen wäre.

76 Die im Strafprozess entwickelten Grundsätze lassen sich nur modifiziert auf den **Versicherungsprozess** übertragen. Der Eingriff in das Persönlichkeitsrecht ist angesichts der im Strafrecht drohenden Sanktionen (bis hin zum Freiheitsentzug) für den Betroffenen wesentlich gravierender als im Zivilrecht. Obgleich auch die im Versicherungsprozess für den VN drohenden Nachteile mitunter ebenfalls von einschneidender Bedeutung sein können (etwa bei Verlust von Krankenversicherungs- oder Berufsunfähigkeitsschutz), sind die Folgen fehlerhafter Beweisgewinnung im Zivilprozess grds. weniger streng zu beurteilen. Die Zulassung der Beweismittel hängt auch hier vom Ergebnis einer Güter- und Interessenabwägung ab, bei der die beeinträchtigten materiellen Rechtspositionen des Betroffenen den sonstigen involvierten Interessen, etwa auch der Allgemeinheit, gegenübergestellt werden.[98]

77 Bei der Abwägung ist zunächst zu berücksichtigen, dass die Beeinträchtigung der betroffenen Person in ihrem Recht auf informationelle Selbstbestimmung jedenfalls relativ geringfügig wäre. Denn das BVerfG sieht in seinem Beschluss vom 23.10.2006 das Interesse des Versicherten an wirkungsvollem informationellem Selbstschutz nur deshalb als beeinträchtigt an, weil der Versicherte nicht die Möglichkeit hat, den Informationsfluss zwischen den Auskunft gebenden Stellen und dem VR zu kontrollieren und zu entscheiden, welche relevanten Informationen an den VR weitergegeben werden oder unter Verzicht auf seinen Leistungsanspruch von ihrer Weiterleitung abzusehen. Ein Verstoß gegen die „Kontrollhoheit" des Betroffenen beeinträchtigt ihn nur vergleichsweise gering – dies, zumal die Mitarbeiter des VR, die Kenntnis von den gesundheitlichen Daten des Versicherten erlangt haben, einer sogar strafrechtlich sanktionierten (§ 203 StGB) besonderen Geheimhaltungspflicht unterworfen sind.

78 Dem Recht des Versicherten steht der ebenfalls grundrechtlich geschützte Freiheitsbereich des VR gegenüber. Das BVerfG hat in seinem Beschluss vom 23.10.2006 hervorgehoben, dass neben dem Interesse der Beschwerdeführerin an informationeller Selbstbestimmung auch ein **Offenbarungsinteresse** des VR von gleichfalls erheblichem Gewicht besteht. So gilt es für den VR, eine ungerechtfertigte Inanspruchnahme durch einzelne Versicherte zu verhindern und damit im Interesse aller Versicherten eine unnötige Tariferhöhung zu vermeiden.[99] Insbesondere beim Verdacht einer Verletzung der vorvertraglichen Anzeigepflicht und dem Versuch eines rechtswidrigen Erschleichens des Deckungsanspruchs muss dieses Offenbarungsinteresse ausgeübt werden dürfen.

79 Schutzwürdige Interessen des VN stehen dem nicht entgegen. Dieser ist kraft gesetzlicher Regelungen (§§ 19 ff) verpflichtet, bei Vertragsabschluss wahrheitsgemäße Angaben über seinen Gesundheitszustand zu machen. Verstößt er gegen diese Pflicht, handelt er rechtswidrig. Rechtswidrig erlangte oder angestrebte Vorteile werden von der Rechtsordnung jedoch grds. nicht geschützt.[100] Dies gilt auch im

---

98 BVerfG 31.1.1973 – 2 BvR 454/71, BVerfGE 34, 238, 248 = NJW 1973, 891; BVerfG 14.9.1989 – 2 BvR 1062/87, BVerfGE 80, 367, 373 = NJW 1990, 563; BVerfG 9.10.2002 – 1 BvR 1611/96, 1 BvR 805/98, NJW 2002, 3619, 3624; BGH 18.2.2003 – XI ZR 165/02, NJW 2003, 1727, 1728; BAG 27.3.2003 – 2 AZR 51/02, NJW 2003, 3436, 3437.
99 OLG Nürnberg 7.12.2000 – 8 U 1307/00, VersR 2002, 179.
100 BGH 30.11.1979 – V ZR 214/77, BGHZ 75, 368; BGH 28.1.1986 – VI ZR 151/84, NJW 1986, 1486; OLG Koblenz 7.5.1992 – 5 U 1014/91, NJW-RR 1993, 714.

Bereich des Datenschutzes, würde doch sonst aus dem Datenschutz ein „Tatenschutz".[101]

Derjenige VN, der sich in unredlicher Weise Vorteile gegenüber der Versichertengemeinschaft verschaffen will, verletzt darüber hinaus die Rechte der anderen Versicherten nach Art. 2 Abs. 1 GG. Auch hierdurch wird sein Persönlichkeitsrecht begrenzt.[102] 80

Auch der Einsatz anderer Ermittlungsmethoden hätte erheblich weniger Aussicht auf Erfolg und wäre für den VR tatsächlich kaum möglich, ohne das Selbstbestimmungsrecht des Betroffenen (erneut) zu tangieren. Wie soll der VR verlässlich überprüfen, ob eine Leistungsfreiheit aufgrund vorvertraglicher Anzeigepflichtverletzungen des VN besteht, wenn die Erhebung personenbezogener Daten regelmäßig die Einwilligung gerade des VN voraussetzt? Es läge in der Hand des VN, Inhalt und Umfang der Überprüfung seiner eigenen Redlichkeit bei der Angabe von Vorerkrankungen bei Antragstellung durch den VR selbst zu bestimmen, indem er seine Zustimmung zur Schweigepflichtentbindung erteilt oder versagt. Ohne die Zustimmung des VN wäre es dem VR untersagt, etwa bei behandelnden Ärzten oder sonstigen Institutionen Nachfrage zu halten, ob sich der VN wegen Vorerkrankungen oder Beschwerden bereits vor Vertragsschluss dort in Behandlung befunden hatte, dies aber bei Antragsaufnahme verschwieg und damit seine vorprozessuale Anzeigepflicht verletzte. 81

dd) Keine Fernwirkung. Ein Verbot dergestalt, dass ein zulässiges Beweismittel, welches ohne eine in rechtswidriger Weise gewonnene Information nicht hätte erlangt werden können, im Zivilprozess generell nicht verwertbar sei, existiert nicht. Die Frage der Verwertbarkeit richtet sich vielmehr nach Zweck und Gewicht des missachteten Verbots.[103] 82

Hieraus ergibt sich, dass vom VR in rechtmäßiger Weise nachträglich erhobene Daten und Informationen regelmäßig verwertbar sein dürften. Anderenfalls würde das Informationsinteresse des VR und der Versichertengemeinschaft über Gebühr beeinträchtigt. Eine solche Rechtsfolge wäre auch zum Schutz der informationellen Selbstbestimmung nicht erforderlich.[104] 83

ee) Bisherige Rspr der Zivilgerichte. Die bislang unter Berücksichtigung der vom BVerfG explizierten Grundsätze ergangene Rspr verneint sodann – soweit bekannt – folgerichtig ein Verwertungsverbot der aufgrund unwirksamer Schweigepflichtentbindungen erlangten Informationen.[105] 84

Der BGH hat in der Entscheidung vom 28.10.2009[106] die Verwertbarkeit von Erkenntnissen bejaht, die der VR im Vertrauen auf die Wirksamkeit einer weit gefassten Schweigepflichtentbindungserklärung über den Gesundheitszustand des VN erlangt hat und die eine arglistige Täuschung durch die unrichtige Beantwortung von Gesundheitsfragen bei Antragstellung aufgedeckt haben. Er betont in der Entscheidung, dass es sich bei der Frage der Verwertbarkeit um ein vorrangig ma- 85

---

101 OLG Nürnberg 7.12.2000 – 8 U 1307/00, VersR 2002, 179; *Schaffland/Wildfang*, § 28 BDSG Rn 106.
102 OLG Nürnberg 7.12.2000 – 8 U 1307/00, VersR 2002, 179; *Berg*, VersR 1994, 262.
103 Zöller/*Greger*, § 286 Rn 15 e.
104 *Rixecker*, zfs 2007, 37.
105 OLG Brandenburg 11.6.2014 – 11 U 2/13, NJW-RR 2014, 1501; OLG Saarbrücken 9.9.2009 – 5 U 510/08, zfs 2009, 634; OLG Hamburg 19.12.2006 – 9 W 105/06; OLG Hamburg 18.1.2007 und 20.2.2007 – 9 U 41/06, VersR 2008, 770; OLG Nürnberg 8.10.2007 – 8 U 1031/07, VersR 2008, 627; LG Hof 14.2.2007 – 23 O 404/03; LG Dortmund 22.2.2007 – 2 O 586/04; OLG Bamberg 25.9.2008 – 1 U 59/08; OLG Thüringen 22.6.2010 – 4 U 519/07, VersR 2011, 380; OLG Saarbrücken 9.9.2009 – 5 U 510/08-93, VersR 2009, 1478; OLG Saarbrücken 10.10.2012 – 5 U 408/11, VersR 2013, 1157.
106 BGH 28.10.2009 – IV ZR 140/08, VersR 2010, 97.

teriell-rechtliches und nicht allein um ein prozessuales Problem handelt. Die gebotene Güterabwägung kann ergeben, dass der VR weder unter dem Gesichtspunkt unzulässiger Rechtsausübung noch wegen eines prozessualen Verwertungsverbotes an der Einführung der Erkenntnisse in einen Rechtsstreit gehindert ist.[107]

86 **b) Rechtslage nach Inkrafttreten des neuen VVG.** Mit dem Inkrafttreten des neuen § 213 ist der VR gehalten, die personenbezogenen Daten des Betroffenen nach Maßgabe der im Gesetz dargestellten Vorgehensweise zu erheben. Verstößt er indes fahrlässig gegen die dort beschriebenen Voraussetzungen, stellt sich wiederum die Frage der **Verwertbarkeit** der erhobenen Daten.[108]

87 **aa) Keine Rechtsfolgenregelung im Gesetz.** In der Vorschrift des § 213 selbst sind keine Rechtsfolgen für Fälle normiert, in denen

- der VR eine Datenerhebung trotz fehlender Einwilligung des Betroffenen (Abs. 2 S. 1) vornimmt,
- der VR eine Datenerhebung bei bestehender Einwilligung des Betroffenen vornimmt, diesen aber zuvor nicht unterrichtet (Abs. 2 S. 2 Hs 1),
- der VR eine Datenerhebung trotz Widerspruchs (Abs. 2 S. 2 Hs 2) des Betroffenen vornimmt,
- der VR den Betroffenen vor der Datenerhebung zwar unterrichtet, ihn aber nicht über sein Widerspruchsrecht belehrt hat (Abs. 4).

88 **bb) Verwertungsverbot nach § 242 BGB.** Da ein ausdrückliches gesetzliche Verwertungsverbot im VVG nicht formuliert ist, könnte sich die Unzulässigkeit der Verwertung allenfalls aus einem Verstoß gegen **Treu und Glauben** (§ 242 BGB) ergeben. Das Vorliegen eines solchen Verstoßes ist nach objektiven Kriterien zu beurteilen. Im Datenschutzrecht wird er regelmäßig bejaht, wenn der Betroffene etwa über die wahren Verwendungszwecke der erhobenen Daten getäuscht wurde oder die Datenerhebung gegen andere **Schutznormen** verstößt.[109] Als solche Schutznorm ist die Vorschrift des § 213 zu qualifizieren.

89 Dennoch bleibt es fraglich, ob sich der Betroffene auf Treu und Glauben berufen kann, wenn er selbst in rechtswidriger Weise gegen vorvertragliche Anzeigepflichten verstoßen hat und sich nun gegen die Verwertung der ihn überführenden Informationen richtet, um einen vertraglichen Leistungsanspruch durchsetzen zu können.

90 Ein solches Vorgehen stellt eine **unzulässige Rechtsausübung** des Betroffenen dar und begründet einen Verstoß gegen den „tu-quoque-Grundsatz".[110] Nach diesem kann eine Vertragspartei aus der Verletzung der anderen Vertragspartei keine Rechte herleiten, wenn sie selbst vertragsuntreu war. „Nur der selbst Rechtstreue darf Rechtstreue fordern."[111] Aus dem gleichen Grund ist dem Betroffenen im Fall der Verwertung unzulässig erlangter Daten auch kein Schadensersatzanspruch aus § 280 BGB oder aus § 823 Abs. 2 BGB iVm § 213 gegen den VR zuzusprechen.

91 Dies gilt erst recht beim arglistig handelnden VN, der grds. keinen Schutz verdient.[112] Seine Rechte sind eingeschränkt, so kann er sich etwa bei einer arglistigen Verletzung einer Anzeigeobliegenheit nicht auf die Verletzung einer Nachfrageob-

---

107 Ebenso BGH 21.9.2011 – IV ZR 203/09, NJW 2012, 301; BGH 28.10.2009 – IV ZR 140/08, NJW 2010, 289.
108 Für ein Verwertungsverbot: *Höra*, r+s 2008, 89, 93; *Notthoff*, zfs 2008, 243, 347.
109 *Gola/Wronka*, RDV 2007, 59, 63.
110 Ebenso *Neuhaus/Kloth*, NJW 2009, 1707, 1711; allg. hierzu *Prölss*, ZHR 132 (1969), 35; *Lorenz*, VersR 1993, 513; *Larenz*, Lehrbuch des Schuldrechts, Bd. I Allgemeiner Teil, § 23 II S. 331.
111 *Lorenz*, VersR 1993, 513.
112 Marlow/Spuhl/*Spuhl*, Rn 1460.

liegenheit durch den VR berufen.[113] Unter dem gleichen Gesichtspunkt ist es ihm versagt, sich unter Berufung auf § 242 BGB gegen die Datenverwertung des VR zu richten oder in deren Folge den VR auf Schadensersatz in Anspruch zu nehmen.

c) Datenschutzrechtliche Auswirkungen. Die vorsätzliche oder fahrlässige unbefugte Erhebung und Verarbeitung von personenbezogenen Daten stellt gem. § 43 Abs. 2 Nr. 1 BDSG eine **Ordnungswidrigkeit** dar. 92

VII. Besonderheiten

1. Prozessuales. Ist im Zivilprozess streitig, ob der VR in zulässiger Weise personenbezogene Gesundheitsdaten erhoben hat, ist gemäß dem allgemein geltenden Grundsatz die Partei für die für sie jeweils günstigen Tatsachen darlegungs- und beweisbelastet. 93

a) Beweislastverteilung bei § 213. Für die einzelnen Voraussetzungen des § 213 ergibt sich folgende Beweislastverteilung: 94

Erhebung der Daten bei auskunftsbefugten Stellen (Abs. 1)	VR
Erforderlichkeit der Datenerhebung (Abs. 1)	VR
Generelle Einwilligung des Betroffenen (Abs. 2 S. 1)	VR
Unterrichtung vor Datenerhebung (Abs. 2 S. 2 Hs 2)	VR
Widerspruch (Abs. 2 S. 2 Hs 2)	VN
Verlangen einer Einzeleinwilligung (Abs. 3)	VN
Hinweise (Abs. 4)	VR

b) Besonderheiten bei versagter Einwilligung. Erteilt der Betroffene vorprozessual dem VR keine Einwilligung in die Datenerhebung, verweigert der VR wegen Unmöglichkeit der Leistungsprüfung (fehlende Fälligkeit) daraufhin die Regulierung und erhebt der Betroffene Leistungsklage, bestehen im folgenden Zivilprozess Besonderheiten bei der Würdigung des jeweiligen Parteivortrages. 95

aa) Geringe Substantiierungsanforderungen. Grundsätzlich ist der VR für die Voraussetzungen eines Rücktritts oder einer Arglist-Anfechtung darlegungs- und beweisbelastet. Er ist es, der die vorvertragliche Anzeigepflichtverletzung darstellen muss, indem er Tatsachen vorträgt, aus denen sich die Existenz vorbestehender Krankheiten oder Beschwerden ergibt, die der Kläger bei Antragstellung schuldhaft verschwiegen hat. Diese Möglichkeit ist dem VR aber genommen, wenn der Kläger unter Berufung auf § 213 der Erhebung personenbezogener Gesundheitsdaten nicht zustimmt. 96

In diesem Fall sind im Prozess die **Substantiierungsanforderungen** an den Prozessvortrag des VR gering zu halten.[114] Es muss ausreichen, dass der VR **Indizien** für ein mögliches Verschweigen vorvertraglicher Gesundheitsumstände vorträgt. Diese Indizien können sich aus medizinischen Umständen (etwa dem Vorliegen chronischer Krankheiten bereits kurz nach Vertragsschluss, einer Vielzahl von Arztbesuchen unmittelbar nach Vertragsschluss, einem bereits fortgeschrittenen Krankheitsstadium kurz nach Vertragsschluss) ergeben, ebenso wie aus dem Verhalten des Betroffenen selbst (keine plausible Begründung für die versagte Einwilligung oder den erklärten Widerspruch). 97

Der anschließend mögliche Einwand des Klägers, der VR trage prozessual unbeachtlich „ins Blaue hinein" vor, dürfte unzulässig sein – ist es doch gerade der be- 98

---

113 BGH 15.3.2006 – IV ZA 26/05, VersR 2007, 96.
114 AA Marlow/Spuhl/*Spuhl*, Rn 1475.

troffen Kläger, der mit seinem Verhalten eine substantiiertere Einlassung des VR unmöglich macht.

99 **bb) Beweislastumkehr.** Ist die Frage des Vorliegens von Rücktritts- oder Anfechtungsvoraussetzungen beweisbedürftig und erteilt der Kläger unter Berufung auf die Regelung des § 213 auch dann keine Einwilligung in die Datenerhebung, kommt zu Gunsten des VR eine **Beweislastumkehr** infolge beweisvereitelnden Verhaltens in Betracht.[115] Nicht der VR müsste dann eine vorvertragliche Anzeigepflichtverletzung des VN beweisen, die ihn zum Rücktritt berechtigen könnte. Vielmehr müsste der VN den Nachweis erbringen, dass er keine anzeigepflichtigen Krankheiten bei Antragstellung verschwiegen hat.

100 Eine **Beweisvereitelung** ist anzunehmen, wenn eine Partei dem beweispflichtigen Gegner die Beweisführung vorwerfbar unmöglich macht oder erschwert, indem sie die Benutzung von vorhandenen Beweismitteln verhindert.[116] Wenn etwa eine Partei ihren Notar nicht von der Schweigepflicht entbindet, obwohl Letzteres zumutbar wäre, ist dies als Beweisvereitelung zu werten.[117] Das Gericht ist sodann von Amts wegen berufen, im Rahmen seiner freien Beweiswürdigung nach § 286 ZPO aus einem solchen Verhalten einer Partei beweiserleichternde Schlüsse zu ziehen.

101 **2. Kosten der Informationserhebung.** Das BVerfG hält es für verfassungsrechtlich unbedenklich, den VN die Kosten tragen zu lassen, die durch einen besonderen Aufwand bei der Bearbeitung seines Leistungsantrags entstehen. Allerdings dürften die Kosten nicht so hoch sein, dass sie einen informationellen Selbstschutz unzumutbar machen.[118]

VIII. Zeitliche Anwendung

102 Die Vorschrift des § 213 findet auf Altverträge erst zum 1.1.2009 Anwendung (vgl Art. 1 EGVVG Rn 4).[119]

§ 214 Schlichtungsstelle

(1) ¹Das Bundesministerium der Justiz kann im Einvernehmen mit dem Bundesministerium der Finanzen, dem Bundesministerium für Wirtschaft und Technologie und dem Bundesministerium für Ernährung, Landwirtschaft und Verbraucherschutz privatrechtlich organisierte Einrichtungen als Schlichtungsstelle zur außergerichtlichen Beilegung von Streitigkeiten

1. bei Versicherungsverträgen mit Verbrauchern im Sinn des § 13 des Bürgerlichen Gesetzbuchs,
2. zwischen Versicherungsvermittlern oder Versicherungsberatern und Versicherungsnehmern im Zusammenhang mit der Vermittlung von Versicherungsverträgen anerkennen.

²Die Anerkennung ist im Bundesanzeiger bekannt zu machen. ³Die Beteiligten können diese Schlichtungsstelle anrufen; das Recht, die Gerichte anzurufen, bleibt unberührt.

---

115 Ebenso Langheid/Wandt/*Eberhardt*, § 213 Rn 84; aA Marlow/Spuhl/*Spuhl*, Rn 1475.
116 BGH 23.11.2005 – VIII ZR 43/05, NJW 2006, 436; BGH 26.9.1996 – III ZR 56/96, NJW-RR 1996, 1534; OLG Düsseldorf 10.10.2002 – 10 U 114/01, MDR 2003, 216; OLG Köln 21.11.1991 – 7 U 52/91, VersR 1992, 356; Zöller/*Greger*, § 286 Rn 14a; Baumbach/Lauterbach/Albers/*Hartmann*, Anh. § 286 Rn 27.
117 BGH 26.9.1996 – III ZR 56/96, NJW-RR 1996, 1534; LG Kempten 22.2.2007 – 1 O 2613/05 – unter Bezugnahme auf Zöller/*Greger*, § 286 Rn 14a.
118 BVerfG 23.10.2006 – 1 BvR 2027/02, VersR 2006, 1669.
119 Ebenso Marlow/Spuhl/*Spuhl*, Rn 1481; aA *Schneider*, VersR 2008, 859.

(2) Privatrechtlich organisierte Einrichtungen können als Schlichtungsstelle anerkannt werden, wenn sie hinsichtlich ihrer Antworten und Vorschläge oder Entscheidungen unabhängig und keinen Weisungen unterworfen sind und in organisatorischer und fachlicher Hinsicht die Aufgaben erfüllen können.

(3) Die anerkannten Schlichtungsstellen sind verpflichtet, jede Beschwerde über einen Versicherer oder einen Versicherungsvermittler, Vermittler nach § 66 und Versicherungsberater zu beantworten.

(4) ¹Die anerkannten Schlichtungsstellen können von dem Versicherungsvermittler, Vermittler nach § 66 oder Versicherungsberater ein Entgelt erheben. ²Bei offensichtlich missbräuchlichen Beschwerden kann auch von dem Versicherungsnehmer ein Entgelt verlangt werden. ³Die Höhe des Entgeltes muss im Verhältnis zum Aufwand der anerkannten Schlichtungsstelle angemessen sein.

(5) Soweit keine privatrechtlich organisierte Einrichtung als Schlichtungsstelle anerkannt wird, kann das Bundesministerium der Justiz im Einvernehmen mit dem Bundesministerium der Finanzen, dem Bundesministerium für Wirtschaft und Technologie und dem Bundesministerium für Ernährung, Landwirtschaft und Verbraucherschutz die Aufgaben der Schlichtungsstelle durch Rechtsverordnung ohne Zustimmung des Bundesrates einer Bundesoberbehörde oder Bundesanstalt zuweisen und deren Verfahren sowie die Erhebung von Gebühren und Auslagen regeln.

I. Normzweck und Anwendungsbereich (Abs. 1)

Aufgabe der vom Bundesministerium der Justiz im Einvernehmen mit anderen Ministerien anerkannten **Schlichtungsstellen** ist es, bei Streitigkeiten aus VersVerträgen mit **Verbrauchern** (Abs. 1 S. 1 Nr. 1) und zwischen VersVermittlern und VN aus der **Vermittlung von VersVerträgen** (Abs. 1 S. 1 Nr. 2) außergerichtlich zur Beilegung beizutragen. § 214 beschränkt die Möglichkeit eines Schlichtungsverfahrens ausdrücklich auf VerbraucherVersVerträge, so dass etwa VersVerträge über Großrisiken nicht erfasst sind.[1] Bezüglich der Streitigkeiten mit VersBeratern oder VersVermittlern ergibt sich dies aus § 65. Die Vorschrift des § 214 gilt ferner nicht für die Rückversicherung (s. § 209 Rn 1 f). Auch können nur vertragliche Ansprüche zum Gegenstand des Verfahrens gemacht werden, nicht also etwa der Direktanspruch des geschädigten Dritten aus § 115.[2]

1

Die Entscheidung der Schlichtungsstelle ist für die Beteiligten grds. **unverbindlich**. Das Recht, die Gerichte anzurufen, bleibt gem. Abs. 1 S. 3 Hs 2 unberührt. Nur hierdurch ist gewährleistet, dass der Beschwerdeführer durch die Einschaltung der Schlichtungsstelle keinen Nachteil erleidet.[3]

II. Schlichtungsstellen

Bereits seit dem 1.10.2001 besteht eine solche Einrichtung in Gestalt des **Versicherungsombudsmanns e.V.** und des **Ombudsmanns Private Kranken- und Pflegeversicherung**.[4] Die Notwendigkeit der nun getroffenen gesetzlichen Regelung stand daher von vornherein in Frage.[5] Dies zumal neben diesen beiden Stellen wohl eher kein Bedarf für die Anerkennung weiterer privatrechtlich organisierter Stellen besteht.[6]

2

---

1 Begr. RegE, BT-Drucks. 16/3945, S. 117; Langheid/Wandt/*Looschelders*, § 214 Rn 6; aA Looschelders/Pohlmann/*Pohlmann*/*Wolf*, § 214 Rn 3.
2 Langheid/Wandt/*Looschelders*, § 214 Rn 18; Bruck/Möller/*Brand*, § 214 Rn 18.
3 Bruck/Möller/*Brand*, § 214 Rn 22.
4 Homepage: www.versicherungsombudsmann.de bzw www.pkv-ombudsmann.de.
5 *Langheid*, NJW 2007, 3665, 3672.
6 Langheid/Wandt/*Looschelders*, § 214 Rn 8; Bruck/Möller/*Brand*, § 214 Rn 4.

III. Schlichtungsverfahren

3 Das Schlichtungsverfahren nimmt seinen Anfang durch die Anrufung einer der Beteiligten iSd Abs. 1 S. 3. Als solche kommen neben dem VN auch der VersVermittler, VersBerater oder Verbraucherschutzverbände in Betracht.[7] Die Beschwerdeeinlegung kann mündlich, schriftlich oder in jeder anderen geeigneten Form (etwa per E-Mail) erfolgen.[8] In der Praxis sind die Ombudsmannverfahren grds. schriftliche Verfahren, in denen weder die Parteien noch Zeugen oder Sachverständige vernommen werden.[9] Regelungen zu den Voraussetzungen für die Anrufung der Schlichtungsstelle finden sich in den jeweiligen **Verfahrensordnungen der Ombudsmänner** (VomVO). Die Beschwerde kann sich gem. § 2 Abs. 1 VomVO nur gegen einen VR richten, der Mitglied des Vereins Versicherungsombudsmann e.V. ist.[10]

4 Während des Schlichtungsverfahrens ist die **Verjährung** der streitbefangenen Ansprüche auf Versicherungsleistungen zwar nicht gem. § 214, wohl aber gem. § 12 Abs. 1 VomVO **gehemmt**.[11] Auch das Statut des Ombudsmanns Private Kranken- und Pflegeversicherung enthält in § 5 Abs. 2 eine Regelung über die Hemmung der Verjährung während der Laufzeit des Schlichtungsverfahrens. Demgegenüber regelt § 6 der Verfahrensordnung für Vermittlerbeschwerden (VermVO), dass mit Beschwerden im Zusammenhang mit der Vermittlung von VersVerträgen keine Hemmung der Verjährung erzielt werden kann.[12]

IV. Anerkennung als Schlichtungsstelle oder Zuweisung ihrer Aufgaben (Abs. 2 und 5)

5 Voraussetzung für die Anerkennung als Schlichtungsstelle iSd § 214 ist gem. Abs. 2 die Unabhängigkeit und Weisungsungebundenheit der privatrechtlich organisierten Einrichtung. Die Unabhängigkeit ist dann gegeben, wenn die Schlichtungsstelle keiner wirtschaftlichen, politischen oder sonstigen Einflussnahme unterliegt.[13] Sie muss ferner fachlich und organisatorisch in der Lage sein, die ihr zugedachte Aufgabe zu erfüllen. Dies setzt voraus, dass dort in ausreichender Anzahl Mitarbeiter tätig sind, die aufgrund ihrer Ausbildung, bisherigen beruflichen Tätigkeit und praktischen Erfahrung geeignet sind, die Streitigkeiten angemessen zu behandeln.[14] Wird keine Schlichtungsstelle anerkannt, kann das Bundesministerium der Justiz im Einvernehmen mit anderen Ministerien gem. Abs. 5 deren Aufgaben durch Rechtsverordnung einer Bundesoberbehörde oder Bundesanstalt zuweisen.

V. Antwortpflicht (Abs. 3)

6 Eine anerkannte Schlichtungsstelle ist nach Abs. 3 verpflichtet, ausnahmslos alle Beschwerden über einen VR, einen VersVermittler, einen Vermittler nach § 66 und einen VersBerater zu bearbeiten und zu beantworten.

VI. Kosten (Abs. 4)

7 Während die anerkannten Schlichtungsstellen gem. Abs. 4 S. 1 von dem VersVermittler, Vermittler nach § 66 oder VersBerater ein Entgelt verlangen können, ist die Schlichtung für die VN – mit Ausnahme offensichtlicher Missbrauchsfälle – nach

---

7 Langheid/Wandt/*Looschelders*, § 214 Rn 16.
8 Beckmann/Matusche-Beckmann/*v. Rintelen*, § 23 Rn 399; Bruck/Möller/*Brand*, § 214 Rn 17.
9 Bruck/Möller/*Brand*, § 214 Rn 15.
10 *Römer*, NVersZ 2002, 289, 290.
11 Langheid/Wandt/*Looschelders*, § 214 Rn 20; *Scherpe*, NVersZ 2002, 97, 101.
12 Langheid/Wandt/*Looschelders*, § 214 Rn 21.
13 Looschelders/Pohlmann/*Pohlmann*/Wolf, § 214 Rn 4.
14 Looschelders/Pohlmann/*Pohlmann*/Wolf, § 214 Rn 4.

Abs. 4 S. 2 kostenfrei. Die Beteiligten haben gem. § 14 Abs. 2 VomVO aber ihre eigenen Kosten selbst zu tragen. Gleiches gilt gem. § 4 Abs. 3 des Statuts auch für den Ombudsmann Private Kranken- und Pflegeversicherung.[15]

§ 215 Gerichtsstand

(1) ¹Für Klagen aus dem Versicherungsvertrag oder der Versicherungsvermittlung ist auch das Gericht örtlich zuständig, in dessen Bezirk der Versicherungsnehmer zur Zeit der Klageerhebung seinen Wohnsitz, in Ermangelung eines solchen seinen gewöhnlichen Aufenthalt hat. ²Für Klagen gegen den Versicherungsnehmer ist dieses Gericht ausschließlich zuständig.

(2) § 33 Abs. 2 der Zivilprozessordnung ist auf Widerklagen der anderen Partei nicht anzuwenden.

(3) Eine von Absatz 1 abweichende Vereinbarung ist zulässig für den Fall, dass der Versicherungsnehmer nach Vertragsschluss seinen Wohnsitz oder gewöhnlichen Aufenthalt aus dem Geltungsbereich dieses Gesetzes verlegt oder sein Wohnsitz oder gewöhnlicher Aufenthalt im Zeitpunkt der Klageerhebung nicht bekannt ist.

I. Normzweck	1	c) Weitere Berechtigte	12
II. Gerichtsstand der Klage (Abs. 1)	2	III. Gerichtsstand der Widerklage (Abs. 2)	13
1. Allgemeines	2	IV. Gerichtsstandsvereinbarungen (Abs. 3)	14
2. Sachlicher Anwendungsbereich	6	V. Zeitliche Anwendung	16
3. Persönlicher Anwendungsbereich	9	1. Rechtshängigkeit im Jahr 2008	17
a) Juristische Personen, rechtsfähige Personenzusammenschlüsse	9	2. Rechtshängigkeit ab dem Jahr 2009	20
b) Reduktion auf Verbrauchergeschäfte	11		

I. Normzweck

Mit § 215 wurde der Gerichtsstand der Agentur (§ 48 aF) aufgegeben. Die örtliche Zuständigkeit für Klagen aus dem VersVertrag oder der Versicherungsvermittlung bestimmt sich nach dem Bezirk, in dem der VN zum Zeitpunkt der Klageerhebung seinen Wohnsitz hat. Dadurch sollen die Rechte des Verbrauchers gestärkt werden, dem eine wohnortnahe Klagemöglichkeit garantiert wird.[1] Die Neuregelung sah der Gesetzgeber für notwendig an, weil die Anwendbarkeit des § 29 c ZPO auf VersVerträge aufgrund des fehlenden Widerrufs- und Rückgaberechts nach § 312 Abs. 3 BGB nicht eindeutig gewesen ist.[2] **1**

II. Gerichtsstand der Klage (Abs. 1)

1. **Allgemeines.** Für Klagen **gegen den VR oder den VersVermittler** handelt es sich bei § 215 um einen **besonderen Gerichtsstand** nach Wahl des Klägers (§ 35 ZPO), der neben den sonstigen Gerichtsständen der ZPO (insb. §§ 12, 17 und 21 ZPO) besteht, was sich sowohl aus dem Wortlaut der Vorschrift in **Abs. 1 S. 1** („auch") als auch aus dem Gegenschluss zu Abs. 1 S. 2 ergibt.[3] **2**

---

15 Langheid/Wandt/*Looschelders*, § 214 Rn 32.
1 Begr. RegE, BT-Drucks. 16/3945, S. 117.
2 Begr. RegE, BT-Drucks. 16/3945, S. 117.
3 Schwintowski/Brömmelmeyer/*Klär*, § 215 Rn 3; *Fricke*, VersR 2009, 15, 17.

Bei einer Mehrheit von VN können diese den VR bzw den Vermittler an jedem ihrer Wohnsitze verklagen.[4] Will ein VN mehrere VR verklagen, kann er dies gemeinsam an seinem Wohnsitz tun.[5]

3 Nach **Abs. 1 S. 2** handelt es sich beim Wohnsitz des VN dann um einen **ausschließlichen Gerichtsstand**, wenn die Klage **gegen ihn (den VN)** gerichtet ist. Dies gilt aber nur dann, wenn es sich bei dem VN um eine **natürliche Person** (und nicht um eine juristische Person) handelt (vgl Rn 9). Handelt es sich bei dem VN nicht um einen Verbraucher, sondern um einen **Unternehmer**, ist Abs. 1 S. 2 teleologisch dahin zu reduzieren, dass durch Gerichtsstandsvereinbarung anstelle des Wohnortgerichtsstands auch der Gerichtsstand der Niederlassung des VN vereinbart werden kann.[6] Denn der Schutzgedanke des Abs. 1 S. 2 adressiert in erster Linie Verbraucher, wohingegen der Unternehmer durchaus auch Interesse an der Durchführung des Rechtsstreits am Gerichtsstand seiner Niederlassung haben kann.

4 Haben **mehrere beklagte VN**, die als **Streitgenossen** in Anspruch genommen werden, keinen gemeinsamen Wohnsitz, hat eine Gerichtsstandsbestimmung nach §§ 36 Abs. 1 Nr. 3, 37 ZPO zu erfolgen.[7] Werden **VN und Nicht-VN als Streitgenossen** verklagt, setzt sich der (absolute) Gerichtsstand des VN gem. § 36 Abs. 1 S. 3 ZPO durch, so dass es einer Gerichtsstandsbestimmung nicht bedarf (§ 37 ZPO).[8]

5 Hat der VN weder einen Wohnsitz noch einen gewöhnlichen Aufenthaltsort, ist § 215 nicht anwendbar.[9] Es ist dann nicht auf einen nur zeitweiligen Aufenthaltsort zurückzugreifen, weil das Gesetz nur den Schutz des VN mit gefestigter Bindung an einen Aufenthaltsort beabsichtigt.[10]

6 **2. Sachlicher Anwendungsbereich.** Nach Abs. 1 S. 1 ist für Klagen „aus dem Versicherungsvertrag oder der Versicherungsvermittlung" neben dem allgemeinen Gerichtsstand des VR zusätzlich das Gericht örtlich zuständig, in dessen Bezirk der VN zur Zeit der Klageerhebung seinen Wohnsitz oder gewöhnlichen Aufenthalt hat. Um Klagen „**aus dem Versicherungsvertrag**" handelt es sich dann, wenn diese das Bestehen bzw Nicht-(mehr-)Bestehen eines solchen betreffen.[11] Hierunter fallen etwa der Anspruch des VN auf Versicherungsleistung, der Anspruch des VR auf Prämienzahlung sowie etwaige Schadensersatzansprüche wegen Nichterfüllung oder Verzugs.[12] Ebenfalls hiervon umfasst sind Klagen, die etwa auf Bestehen oder Nichtbestehen eines Versicherungsverhältnisses oder auf Rückzahlung erbrachter Leistungen gerichtet sind.[13]

7 Die darüber hinaus angesprochenen Klagen „**aus der Versicherungsvermittlung**" beziehen sich vorwiegend auf Schadensersatzansprüche gem. §§ 6 Abs. 5, 63.[14] Erfasst werden sollen im Wesentlichen Streitigkeiten mit VersVertretern oder VersMaklern[15] im Zusammenhang mit dem Abschluss oder der Anbahnung eines Vers-Vertrages.[16]

---

4 Bruck/Möller/*Brand*, § 215 Rn 32.
5 Bruck/Möller/*Brand*, § 215 Rn 32.
6 Langheid/Wandt/*Looschelders*, § 215 Rn 72; Prölss/Martin/*Klimke*, § 215 Rn 10, 20.
7 *Fricke*, VersR 2009, 15, 19.
8 *Fricke*, VersR 2009, 15, 19.
9 Langheid/Wandt/*Looschelders*, § 215 Rn 51; Prölss/Martin/*Klimke*, § 215 Rn 23.
10 AA Schwintowski/Brömmelmeyer/*Klär*, § 214 Rn 4.
11 Langheid/Wandt/*Looschelders*, § 215 Rn 30; Bruck/Möller/*Brand*, § 215 Rn 25; Marlow/Spuhl/*Spuhl*, Rn 1491; *Wagner*, VersR 2009, 1589.
12 Langheid/Wandt/*Looschelders*, § 215 Rn 30.
13 Prölss/Martin/*Klimke*, § 215 Rn 4.
14 Marlow/Spuhl/*Spuhl*, Rn 1492; *Wagner*, VersR 2009, 1589.
15 Bei VersMaklern erfasst § 215 Abs. 1 auch alle sonstigen Klagen aus dem Maklervertrag (etwa Klage auf Erbringung der Maklerleistung), Bruck/Möller/*Brand*, § 215 Rn 29.
16 Prölss/Martin/*Klimke*, § 215 Rn 6.

Der Gerichtsstand des § 215 gilt nicht für den Direktanspruch des Geschädigten bei der Pflicht-Haftpflichtversicherung gem. § 115. Der Direktanspruch ergibt sich nicht aus dem VersVertrag, sondern beruht auf einem gesetzlichen Schuldverhältnis.[17]

3. Persönlicher Anwendungsbereich. a) Juristische Personen, rechtsfähige Personenzusammenschlüsse. Juristische Personen und rechtsfähige Personenzusammenschlüsse sind vom Wortlaut des § 215 nicht erfasst, weil sie – anders als natürliche Personen – keinen „Wohnsitz" haben.[18] Dies ergibt sich auch aus dem Zweck des Verbraucherschutzes, zumal es sich beim Verbraucher gem. § 13 BGB immer um eine natürliche Person handelt. Demnach kommt bei Klagen juristischer Personen ein Gerichtsstand nur nach § 17 ZPO (Sitz des VR) oder § 21 ZPO (Niederlassung des VR) in Betracht. Fraglich ist, ob damit tatsächlich eine verbraucherfreundlichere Regelung gefunden wurde, weil der VN in dieser Konstellation nun nicht mehr auf den zusätzlichen Gerichtsstand der Agentur rekurrieren kann.

Dieser Umstand der faktischen Schlechterstellung juristischer Personen im Vergleich zum VVG aF (und dem dortigen § 48) rechtfertigt keine Analogiebildung in dem Sinne, dass bei Anwendung des § 215 für juristische Personen anstelle des Wohnsitzes der Gesellschaftssitz iSd § 17 ZPO maßgeblich sein solle.[19] Es ist nicht von einer planwidrigen Regelungslücke bei der Gesetzgebung zu Lasten der juristischen Personen auszugehen. Die Differenzierung ist vielmehr sachlich gerechtfertigt: Es ist einer juristischen Person die Erhebung einer wohnortfernen Klage idR leichter möglich und daher eher zuzumuten als einer natürlichen Person. Letztere ist regelmäßig an ihren Wohnort in viel stärkerem Maße gebunden als eine juristische Person an ihren Sitz. Entsprechend geringer wären folglich auch die Vorteile, die eine juristische Person aus der analogen Anwendung des § 215 ziehen würde.[20]

b) Reduktion auf Verbrauchergeschäfte. Sofern der VN als natürliche Person eine Versicherung nicht als Verbraucher abschließt, sondern für seine betriebliche oder selbständige Tätigkeit, ist § 215 nicht anwendbar. Die Regelung des Abs. 1 S. 2 hätte ansonsten zur Folge, dass der Wohnort des VN bei Klagen des VR zum ausschließlichen Gerichtsstand würde, obwohl die Versicherung rein gewerbliche Zwecke verfolgt.[21] Die Zielsetzung der Regelung zeigt aber bereits, dass der Schutz der Gerichtsstandsregelung allein dem Verbraucher zukommen soll (s. Rn 1), zumal ausdrücklich eine Parallele zu § 29 c ZPO aufgezeigt wird.[22]

---

17 Langheid/Wandt/*Looschelders*, § 215 Rn 37; Schwintowski/Brömmelmeyer/*Klär*, § 215 Rn 6; iE ebenso Prölss/Martin/*Klimke*, § 215 Rn 5, der als Begründung für die Unanwendbarkeit jedoch nicht auf das Bestehen eines gesetzlichen Schuldverhältnisses abstellt, sondern auf das Fehlen einer Sonderverbindung zwischen Geschädigtem und VR, die das Eröffnen eines besonderen Gerichtsstands für den Geschädigten rechtfertigen würde; diese Auffassung teilend Bruck/Möller/*Brand*, § 215 Rn 30.
18 LG Limburg 14.12.2010 – 2 O 75/10, VersR 2011, 609; LG Berlin 30.9.2010 – 7 O 292/10, VersR 2010, 1629; Prölss/Martin/*Klimke*, § 215 Rn 11, 12; *Grote/Schneider*, BB 2007, 2689; Schwintowski/Brömmelmeyer/*Klär*, § 215 Rn 8; Beckmann/Matusche-Beckmann/*v. Rintelen*, § 23 Rn 7; Marlow/Spuhl/*Spuhl*, Rn 1489; *Franz*, VersR 2008, 298, 307.
19 AA Langheid/Wandt/*Looschelders*, § 215 Rn 14; Bruck/Möller/*Brand*, § 215 Rn 10 ff; *Fricke*, VersR 2009, 15, 16; *Wagner*, VersR 2009, 1589; *Looschelders/Heinig*, JR 2008, 267, die sämtlich auch juristische Personen unter den Gerichtsstand fallen lassen.
20 Prölss/Martin/*Klimke*, § 215 Rn 12.
21 *Grote/Schneider*, BB 2007, 2689.
22 AA Prölss/Martin/*Klimke*, § 215 Rn 9 mit der Begründung, dass zwar die Gesetzesbegründung auf die angestrebte Stärkung des Verbraucherschutzes hinweist, diese aber nicht alleiniges Ziel des Reformgesetzgebers war; aA auch Langheid/Wandt/*Looschelders*, § 215 Rn 10 mit der Begründung, dass sich eine solche Beschränkung des Gerichtsstands nicht aus dem Wortlaut des § 215 ergebe, der (anders als § 29 c Abs. 1

12 **c) Weitere Berechtigte.** Da der Gesetzeswortlaut des Abs. 1 S. 1 von Klagen „aus dem Versicherungsvertrag" spricht, allerdings nicht verlangt, dass der Kläger mit dem VN identisch sein muss, ergibt es sich, dass auch anderen Personen, die in einer vertraglichen Sonderbeziehung zum VR stehen[23] und aus dem Versicherungsverhältnis klagen können (etwa versicherte Person, Begünstigter, Zessionar, Pfandgläubiger),[24] ein Gerichtsstand (**am Wohnsitz des VN**) geschaffen wird.[25] Der eindeutige Gesetzeswortlaut lässt es indes nicht zu, aus Gründen des Verbraucherschutzes etwa der versicherten Person einen Gerichtsstand am eigenen Wohnsitz einzuräumen.[26] Es würde bei diesem Verständnis faktisch ein dritter Gerichtsstrand (neben demjenigen des Wohnsitzes des VN und dem allgemeinen Gerichtsstrand des VR) am Wohnsitz der versicherten Person begründet, was dem Willen des Gesetzgebers – jedenfalls soweit ersichtlich – nicht entsprach.[27] Etwas anderes ergibt sich auch nicht aus § 44 Abs. 1 S. 1. Der Gesetzgeber räumt mit dieser Vorschrift zwar dem Versicherten, der kein VN ist, einklagbare Rechte ein. Gleichwohl und in Kenntnis der Klagemöglichkeit des Versicherten unterblieb aber eine gesetzliche Regelung zum Gerichtsstand; der Gesetzgeber sah die Regelung zum Wahlgerichtsstand des VN als ausreichend an und erkannte kein weitergehendes Regelungsbedürfnis zugunsten des Versicherten.[28] Ebenfalls nicht für Klagen gegen die versicherte Person oder den Begünstigten gilt – wiederum ausweislich des eindeutigen Wortlauts – die ausschließliche Zuständigkeit des Abs. 1 S. 2.[29]

III. Gerichtsstand der Widerklage (Abs. 2)

13 Mit Abs. 2 wird dem VR sowie den VersVermittlern die Möglichkeit eingeräumt, in Abweichung zu § 33 Abs. 2 ZPO eine Widerklage gegen den VN auch außerhalb des ausschließlichen Gerichtsstands des Wohnortes zu erheben. Diese Sonderregelung entfaltet allerdings nur dann Relevanz, wenn nicht der VN bereits am Gerichtsstand des Wohnortes geklagt hatte, weil dann beide Gerichtsstände ohnehin übereinstimmen.

ZPO) gerade nicht vom Verbraucher spreche; Bruck/Möller/*Brand*, § 215 Rn 10 ff; Marlow/Spuhl/*Spuhl*, Rn 1490.
23 Zu diesem Erfordernis (und des sich danach ergebenden fehlenden Gerichtsstands am Wohnort des VN für Klagen des Insolvenzverwalters über das Vermögen des VN) OLG Hamm 21.10.2013 – 20 W 32/13, zfs 2014, 212.
24 Für den Bezugsberechtigten eines LebensVersVertrages: OLG Köln 1.7.2011 – 8 AR 25/11, juris; LG Saarbrücken 7.6.2011 – 14 O 131/11, juris; für versicherte Personen, die Verbraucher sind: OLG Oldenburg 18.4.2012 – 5 U 196/11, VersR 2012, 887; LG Stuttgart 15.5.2013 – 13 S 58/13, NJW-RR 2014, 213; für den Versicherten im Rahmen einer Zusatzversorgung des Öffentlichen Dienstes bei der Versorgungsanstalt des Bundes und der Länder: LG Berlin 27.3.2014 – 7 O 208/13, juris. **AA:** bzgl des Bezugsberechtigten: LG Limburg 17.11.2011 – 4 O 280/11, VersR 2012, 889; bzgl der versicherten Person: LG Halle 15.10.2010 – 5 O 406/10, NJW-RR 2011, 114; LG Bielefeld 7.1.2013 – 18 O 160/12, juris.
25 *Fricke*, VersR 2009, 15, 17; Langheid/Wandt/*Looschelders*, § 215 Rn 16; Bruck/Möller/*Brand*, § 215 Rn 17; Looschelders/Pohlmann/*Wolf*, § 215 Rn 6; *Looschelders/Heinig*, JR 2008, 265, 267.
26 LG Würzburg 13.2.2015 – 24 O 2558/14 Ver; LG Cottbus 4.5.2011 – 5 S 78/10, BeckRS 2011, 27578; ausf. Bruck/Möller/*Brand*, § 215 Rn 17; Langheid/Wandt/*Looschelders*, § 215 Rn 16; aA OLG Oldenburg 18.4.2012 – 5 U 196/11, VersR 2012, 887; LG Stuttgart 15.5.2013 – 13 S 58/13, NJW-RR 2014, 213; Marlow/Spuhl/*Spuhl*, Rn 1486; Prölss/Martin/*Klimke*, § 215 Rn 18.
27 LG Würzburg 13.2.2015 – 24 O 2558/14 Ver; LG Bielefeld 7.1.2013 – 18 O 160/12, juris.
28 LG Würzburg 13.2.2015 – 24 O 2558/14 Ver.
29 Langheid/Wandt/*Looschelders*, § 215 Rn 18.

IV. Gerichtsstandsvereinbarungen (Abs. 3)

Es werden (in Abweichung zu Abs. 1) in Abs. 3 Gerichtsstandsvereinbarungen zugelassen, falls 14

- der VN nach Vertragsschluss seinen Wohnsitz oder gewöhnlichen Aufenthalt aus dem Geltungsbereich des VVG verlegt oder
- sein Wohnsitz oder gewöhnlicher Aufenthalt im Zeitpunkt der Klageerhebung nicht bekannt ist.

Indem in Abs. 3 auf den gesamten Abs. 1 der Vorschrift verwiesen wird, ist sogar 15 eine abweichende Vereinbarung bei Vorliegen eines ausschließlichen Gerichtsstands möglich. Andere von Abs. 1 abweichende Vereinbarungen sind nicht zulässig.[30]

V. Zeitliche Anwendung

In Rspr und Lit. entwickelte sich anhand der Gerichtsstandsregelung des § 215 16 eine streitige Diskussion über Inhalt und Auslegung der Übergangsvorschriften des Art. 1 EGVVG. Dabei war für die Begründung des zutreffenden Gerichtsstands zunächst zu unterscheiden, ob der Rechtsstreit im Jahr 2008 oder später rechtshängig gemacht wurde.

1. Rechtshängigkeit im Jahr 2008. Für Klagen, die im Jahr 2008 rechtshängig ge- 17 macht wurden, war nach dem Grundsatz für Altverträge in Art. 1 Abs. 1 EGVVG innerhalb der einjährigen Übergangsfrist bis zum 31.12.2008 das alte VVG anzuwenden. Da zum alten VVG auch die Gerichtsstandsregelung in § 48 aF gehörte, wäre allein diese (bzw § 17 ZPO) – und nicht § 215 – anzuwenden.

Gegen diese Übergangslösung wandte sich jedoch die Auffassung, wonach trotz 18 der Regelung des Art. 1 Abs. 1 EGVVG im Übergangsjahr nicht alle Vorschriften des alten VVG bis zum 31.12.2008 fortgelten sollten. Vielmehr sollte in der Übergangszeit das alte VVG nur Anwendung finden, wenn Vorschriften betroffen waren, die unmittelbar die vertraglichen Ansprüche der Parteien aus dem VersVertrag regelten. Für alle anderen sog. **vertragsfremden Bestimmungen** sollte die allgemeine Regelung zum Inkrafttreten des neuen VVG (Art. 12 VVG-ReformG) mit der Folge greifen, dass die neuen Vorschriften bereits ab dem 1.1.2008 gelten würden. Da es sich bei der Gerichtsstandsregelung gerade um einen solchen „vertragsfremden Umstand" (nämlich um eine in das VVG ausgelagerte zivilprozessuale Regelung) handele, sollte auch der neue Gerichtsstand des § 215 bereits seit dem 1.1.2008 gelten.[31]

---

30 Begr. RegE, BT-Drucks. 16/3945, S. 117.
31 *Schneider*, VersR 2008, 859, 860; Beckmann/Matusche-Beckmann/*Schneider*, § 1 a Rn 45; *Fricke*, VersR 2009, 15; Langheid/Wandt/*Looschelders*, § 215 Rn 38; jurisPK-BGB/*Junker*, § 312 Rn 157.3; OLG Saarbrücken 23.9.2008 – 5 W 220/08 – 83, 5 W 220/08, NJW 2008, 3579 = VersR 2008, 1337; OLG Frankfurt 21.4.2009 – 3 W 20/09, VuR 2009, 145; LG Saarbrücken 7.6.2011 – 14 O 131/11, NJW-RR 2011, 1600; LG Stendal 30.4.2009 – 23 O 432/08, VuR 2009, 390; LG Hechingen 15.12.2008 – 1 O 240/08, VersR 2009, 665.

19 Dieser Auffassung ist die hM[32] jedoch mit Recht entgegengetreten (vgl Art. 1 EGVVG Rn 4). Für die Unterteilung in „vertragsfremde" oder „vertragsimmanente" Bestimmungen findet sich kein Anhalt im Gesetzeswortlaut des Art. 1 Abs. 1 EGVVG, der sich vielmehr uneingeschränkt auf das gesamte VVG bezieht.[33] Jedenfalls geht der Begriff „Versicherungsverhältnis" in Art. 1 Abs. 1 EGVVG über den des „Versicherungsvertrages" hinaus und erfasst auch das Prozessrechtsverhältnis.[34] Es bedarf auch keiner engen Auslegung des Art. 1 Abs. 1 EGVVG, weil dieser keine Ausnahmevorschrift zu Art. 12 VVG-ReformG darstellt. Vielmehr ist Art. 1 Abs. 1 EGVVG für das Übergangsrecht die Spezialvorschrift (vgl Art. 1 EGVVG Rn 4).[35] Schließlich wäre die Vorschrift des § 215 auch inhaltlich keine „vertragsfremde" Bestimmung, sondern eine spezielle Regelung des Versicherungsvertragsrechts für Klagen des VN gegen den VR wegen vertraglicher Ansprüche (vgl Art. 1 EGVVG Rn 4).

20 **2. Rechtshängigkeit ab dem Jahr 2009.** Für Klagen, die ab dem 1.1.2009 rechtshängig gemacht werden, gilt grds. der neue Gerichtsstand des § 215. Anders ist dies nach Art. 1 Abs. 2 EGVVG allein dann, wenn bis zum 31.12.2008 ein Versicherungsfall eingetreten war (zum Streitstand vgl Art. 1 EGVVG Rn 15 ff).

§ 216 Prozessstandschaft bei Versicherermehrheit

Ist ein Versicherungsvertrag mit den bei Lloyd's vereinigten Einzelversicherern nicht über eine Niederlassung im Geltungsbereich dieses Gesetzes abgeschlossen worden und ist ein inländischer Gerichtsstand gegeben, so können Ansprüche daraus gegen den bevollmächtigten Unterzeichner des im Versicherungsschein an erster Stelle aufgeführten Syndikats oder einen von diesem benannten Versicherer geltend gemacht werden; ein darüber erzielter Titel wirkt für und gegen alle an dem Versicherungsvertrag beteiligten Versicherer.

I. Normzweck

1 Mit dem IPR-AnpassungsG[1] wurde § 216 mit Wirkung zum 17.12.2009 in das neue VVG eingefügt. Die Regelung löst den zum selben Datum aufgehobenen, wortgleichen Art. 14 EGVVG aF ab. Als Vorschrift des Internationalen Zivilverfahrensrechts betrifft sie bei Lloyd's of London abgeschlossene Verträge, bei der

---

32 Bruck/Möller/*Brand*, § 215 Rn 56; Marlow/Spuhl/*Spuhl*, Rn 1496; *Meixner/Steinbeck*, Rn 370; Prölss/Martin/*Klimke*, § 215 Rn 2; Schwintowski/Brömmelmeyer/*Klär*, § 215 Rn 16; *Münstermann*, VuR 2008, 199; *Abel/Winkens*, r+s 2009, 103; OLG Braunschweig 5.10.2011 – 3 W 43/11, juris; OLG Hamm 8.4.2011 – 20 W 8/11, VersR 2011, 1293; OLG Hamm 8.5.2009 – 20 W 4/09, NJW-RR 2010, 105; OLG Hamm 20.5.2009 – 20 U 110/08, VersR 2009, 1345; OLG Stuttgart 18.11.2008 – 7 AR 8/08, VersR 2009, 246 = r+s 2009, 102; OLG Jena 26.11.2008 – 4 U 554/07, n.v.; OLG Hamburg 30.3.2009 – 9 W 23/09, VersR 2009, 531; LG Stralsund 1.2.2011 – 6 O 259/10, VuR 2011, 158; LG Mannheim 10.11.2008 – 5 O 253/08, n.v.; LG Berlin 8.12.2008 – 7 O 251/08, VersR 2009, 386; LG Bayreuth 16.12.2008 – 22 O 748/08, n.v.; LG Aachen 23.12.2008 – 9 O 279/08, n.v.; LG Osnabrück 30.1.2009 – 9 O 2685/08, VersR 2009, 1101; LG München II 30.1.2009 – 10V O 6886/08, n.v.; LG Deggendorf 11.2.2009 – 32 O 600/08, n.v.; LG Neubrandenburg 11.2.2009 – 2 O 175/08, n.v.; LG Coburg 6.5.2009 – 14 O 172/09, n.v.; LG Kassel 28.5.2009 – 7 O 62/09, n.v.; LG Dortmund 28.5.2009 – 2 O 353/08, VersR 2010, 193; LG Bielefeld 19.6.2009 – 2 O 89/09, n.v.
33 OLG Stuttgart 18.11.2008 – 7 AR 8/08, VersR 2009, 246 = r+s 2009, 102; OLG Hamburg 30.3.2009 – 9 W 23/09, VersR 2009, 531.
34 LG Berlin 8.12.2008 – 7 O 251/08, VersR 2009, 386.
35 Ebenso der *Ombudsmann*, VersR 2009, 913, 914.
1 Vom 25.6.2009 (BGBl. I S. 1574).

typischerweise eine Vielzahl von Einzelversicherern den Versicherungsschutz gemeinsam erbringen.[2] Ist ein solcher Vertrag nicht über eine Niederlassung im Inland abgeschlossen, müsste der VN gem. Art. 9 Abs. 1 b EuGVVO sämtliche Einzelversicherer verklagen. Dies verhindert die Regelung des § 216 mit der Begründung einer **inländischen Prozessstandschaft des ersten Unterzeichners** (*„underwriter"*) des VersVertrages bzw eines von ihm benannten VR für alle an dem VersVertrag beteiligten VR.[3]

II. Voraussetzungen

Voraussetzung für die Anwendbarkeit des § 216 ist der Abschluss des VersVertrages direkt mit den bei **Lloyd´s of London** vereinigten Einzelversicherern. Ist der Vertrag über einen in Deutschland niedergelassenen Hauptbevollmächtigten zustande gekommen, gilt hingegen § 110 b Abs. 2 VAG, der eine gesetzliche Prozessstandschaft des Hauptbevollmächtigten der deutschen Niederlassung vorsieht.[4]   2

III. Prozessstandschaft

Die Vorschrift des § 216 sieht eine Prozessstandschaft des bevollmächtigten Unterzeichners des ersten und führenden Syndikats, das die Versicherungspolice gezeichnet hat, oder des von diesem benannten VR für die Gesamtheit der Einzelversicherer vor. Die Prozessstandschaft entfaltet Rechtswirkung dahin, dass sämtliche am Vertrag beteiligten Einzelversicherer einen erwirkten Titel für und gegen sich gelten zu lassen haben.[5] Die Prozessstandschaft gilt auch für das PKH- und Schiedsverfahren.[6]   3

---

2 Prölss/Martin/*Klimke/Armbrüster*, § 216 Rn 1; Prölss/*Kollhosser*, VAG, § 110 b Rn 1.
3 Looschelders/Pohlmann/*Schäfer*, Art. 14 EGVVG Rn 1; Bruck/Möller/*Schnepp*, § 216 Rn 3.
4 Prölss/Martin/*Klimke/Armbrüster*, § 216 Rn 3; Bruck/Möller/*Schnepp*, § 216 Rn 16; Staudinger/*Armbrüster*, Anh. I zu Art. 37 EGBGB Rn 83; Looschelders/Pohlmann/*Schäfer*, Art. 14 EGVVG Rn 2.
5 Zu den zivilprozessualen Auswirkungen der Prozessstandschaft vgl Zöller/*Vollkommer*, Vor § 50 ZPO Rn 18 ff.
6 BT-Drucks. 11/6341, S. 40.

Einführungsgesetz zum Versicherungsvertragsgesetz

Vom 30.5.1908 (RGBl. S. 305) (BGBl. III 7632-2)
zuletzt geändert durch Art. 2 Abs. 51 des Gesetzes zur Modernisierung der Finanzaufsicht über Versicherungen vom 1.4.2015 (BGBl. I S. 434, 560)

Art. 1 Altverträge, Allgemeine Versicherungsbedingungen

(1) Auf Versicherungsverhältnisse, die bis zum Inkrafttreten des Versicherungsvertragsgesetzes vom 23. November 2007 (BGBl. I S. 2631) am 1. Januar 2008 entstanden sind (Altverträge), ist das Gesetz über den Versicherungsvertrag in der bis dahin geltenden Fassung bis zum 31. Dezember 2008 anzuwenden, soweit in Absatz 2 und den Artikeln 2 bis 6 nichts anderes bestimmt ist.

(2) Ist bei Altverträgen ein Versicherungsfall bis zum 31. Dezember 2008 eingetreten, ist insoweit das Gesetz über den Versicherungsvertrag in der bis zum 31. Dezember 2007 geltenden Fassung weiter anzuwenden.

(3) Der Versicherer kann bis zum 1. Januar 2009 seine Allgemeinen Versicherungsbedingungen für Altverträge mit Wirkung zum 1. Januar 2009 ändern, soweit sie von den Vorschriften des Versicherungsvertragsgesetzes abweichen, und er dem Versicherungsnehmer die geänderten Versicherungsbedingungen unter Kenntlichmachung der Unterschiede spätestens einen Monat vor diesem Zeitpunkt in Textform mitteilt.

(4) Auf Fristen nach § 12 Abs. 3 des Gesetzes über den Versicherungsvertrag, die vor dem 1. Januar 2008 begonnen haben, ist § 12 Abs. 3 des Gesetzes über den Versicherungsvertrag auch nach dem 1. Januar 2008 anzuwenden.

I. Normzweck 1	4. Eintritt des Versicherungsfalles 22
II. Grundsätzliche Geltung des VVG nF für Altverträge (Abs. 1) 4	5. Beweislast für den Zeitpunkt des Eintritts des Versicherungsfalles 23
1. Grundsatz 4	IV. Altverträge, Anpassung der AVB (Abs. 3) 26
2. Entstehen des Versicherungsverhältnisses 5	1. Allgemeines 26
3. Einschränkungen 8	2. Unterlassen der AVB-Anpassung 27
4. Streitigkeiten bzgl Vertragsschluss 9	3. Vornahme der AVB-Anpassung 33
III. Altverträge, Versicherungsfall vor dem 31.12.2008 (Abs. 2) 12	V. Fristen nach § 12 Abs. 3 VVG (Abs. 4) 36
1. Normzweck und Regelungsgehalt 12	
2. Besonderheiten beim Gerichtsstand, § 215 VVG ... 14	
3. Besonderheiten bei der vorvertraglichen Anzeigepflicht 17	

I. Normzweck

Art. 1 regelt im **Grundsatz** die zeitliche Anwendbarkeit des VVG nF auf Versicherungsvertragsverhältnisse.[1] Das zT weitgehend neu gestaltete VVG nF ändert die Gesetzeslage maßgebend. Aufgrund des geltenden Bestandsschutzes für vor Inkrafttreten bestehende Vertragsverhältnisse (**Altverträge**) gilt das VVG nF grds. nur für nach Inkrafttreten geschlossene VersVerträge (**Neuverträge**).

---

1 So auch *Neuhaus*, r+s 2007, 441, 442.

2 Der Gesetzgeber hielt jedoch eine **Umkehr dieses Grundsatzes** aus zwei Gründen für geboten:[2] Zum einen liegen Versicherungen idR langfristige Vertragsverhältnisse (Dauerschuldverhältnisse) zugrunde, so dass eine Beschränkung des Anwendungsbereiches des VVG nF auf Neuverträge eine ggf „jahrzehntelange Anwendung"[3] des VVG aF für Altverträge zur Folge gehabt hätte. Das damit einhergehende Nebeneinander verschiedener Rechtsordnungen für Alt- und Neuverträge hätte für die Vertragsparteien zu einem gehobenen Maß an Unsicherheiten geführt. Zum anderen war ein erklärtes Ziel des Gesetzgebers,[4] durch die VVG-Reform die Rechtsstellung des VN gegenüber dem VR zu stärken. Da diese Verstärkung der Rechtsposition des VN möglichst kurzfristig eintreten sollte, musste das neue VVG auch auf bestehende Verträge Anwendung finden.

3 Die Erstreckung des VVG nF auf Altverträge stellt eine **unechte Rückwirkung** dar, deren Zulässigkeit nicht durch überwiegende schutzwürdige Bestandsinteressen der Betroffenen in Frage gestellt wird.[5]

II. Grundsätzliche Geltung des VVG nF für Altverträge (Abs. 1)

4 **1. Grundsatz.** Abs. 1 formuliert den **Grundsatz** zur zeitlichen Anwendbarkeit des VVG nF auf Altverträge. Hiernach ist das VVG nF ab dem 1.1.2009 auch auf Altverträge anzuwenden. **Altverträge** sind nach der **Legaldefinition** des Abs. 1 Versicherungsverhältnisse, die bis zum Inkrafttreten des VVG nF am 1.1.2008 entstanden sind. Dieser Regelungsgehalt entspricht dem des Schuldrechtsmodernisierungsgesetzes in Art. 229 § 5 S. 2 EGBGB für Dauerschuldverhältnisse.[6]

Nicht zu folgen war der Auffassung, dass Abs. 1 nicht den Grundsatz, sondern die Ausnahmeregelung für die Anwendung neuen Rechts auf Altverträge darstelle (vgl ausf. § 215 VVG Rn 16 ff).[7] Nach dieser Meinung war der eigentliche Grundsatz zur Anwendung neuen Rechts in Art. 12 des Gesetzes zur Reform des Versicherungsvertragsrechts[8] enthalten, welcher generell das Inkrafttreten des neuen VVG zum 1.1.2008 regelt. Der vermeintliche Ausnahmecharakter des Abs. 1 habe insoweit Berücksichtigung finden müssen, dass sog. vertragsfremde Umstände[9] nicht unter diese Übergangsregelung fallen würden. In der Konsequenz finde zur Beurteilung solcher Umstände auch bei Altverträgen bereits seit dem 1.1.2008 neues Recht Anwendung.[10]

Es wurde bei vorstehender Argumentation allerdings verkannt, dass die Vorschriften des Art. 12 des Gesetzes zur Reform des Versicherungsvertragsrechts und des Abs. 1 nicht in einem Regel-Ausnahme-Verhältnis zueinander standen. Die Vorschrift des Abs. 1 stellte vielmehr die Spezialvorschrift für die Regelung des Übergangsrechts dar, welche nach dem Grundsatz „*lex specialis derogat legi generali*" Vorrang vor der allgemeinen Inkrafttretens-Regel des Art. 12 des Gesetzes zur Reform des Versicherungsvertragsrechts genoss. Es wohnte dem Abs. 1 mithin inso-

---

2 Begr. RegE, BT-Drucks. 16/3945, S. 118; vgl *Neuhaus*, r+s 2007, 441, 442.
3 Begr. RegE, BT-Drucks. 16/3945, S. 118.
4 Begr. RegE, BT-Drucks. 16/3945, S. 118.
5 Begr. RegE, BT-Drucks. 16/3945, S. 118.
6 Begr. RegE, BT-Drucks. 16/3945, S. 118.
7 Entgegen der hM: *Schneider*, VersR 2008, 859, 860; Prölss/Martin/*Armbrüster*, Art. 1 EGVVG Rn 5 ff.
8 BGBl. I 2007, S. 2631, 2678.
9 Hierbei handele es sich um solche Umstände, die nicht das Vertragsverhältnis selbst betreffen, wie zB der Direktanspruch in der Pflichtversicherung (§ 115 Abs. 1 VVG), die Erhebung personenbezogener Gesundheitsdaten bei Dritten (§ 213 VVG) oder der Gerichtsstand für Klagen aus dem VersVertrag oder der Versicherungsvermittlung (§ 215 VVG).
10 Vgl *Schneider*, VersR 2008, 859.

weit gerade kein Ausnahmecharakter inne, der zu einer restriktiven Auslegung des Regelungsinhalts Anlass gegeben hätte.[11]

Des Weiteren erschien auch die Bildung der Fallgruppe „vertragsfremde Umstände" nicht geeignet, die Anwendbarkeit des VVG nF auch auf Altverträge bereits seit dem 1.1.2008 zu begründen. Der Wortlaut des Art. 1 nahm eine Unterteilung in vertragsfremde und vertragsnahe Umstände nicht vor. Auch der Gesetzesbegründung war an keiner Stelle zu entnehmen, dass für Altverträge eine differenzierte Anwendbarkeit des neuen Rechts ab dem 1.1.2008 oder 1.1.2009 je nach „Vertragsfremde" der zu beurteilenden Vorschrift gewünscht gewesen wäre.

In der Konsequenz fand auf Versicherungsverhältnisse, die vor dem 1.1.2008 entstanden waren (Altverträge), jedenfalls im Jahr 2008 noch altes Recht Anwendung.

2. Entstehen des Versicherungsverhältnisses. Das Versicherungsverhältnis entsteht mit Zustandekommen des VersVertrages. Grundsätzlich kommt der VersVertrag mit der Annahme des Versicherungsantrags des VN durch den VR und dem Zugang der Annahmeerklärung bei dem VN zustande. Entscheidend ist der **formelle Versicherungsbeginn**. Beim **Antragsmodell** wird der Vertrag durch Übersendung des Versicherungsscheins durch den VR geschlossen, wenn der VN vor oder bei der Antragsstellung sämtliche Verbraucherinformationen einschließlich der AVB erhalten hat. Die Frage, wann nach dem für Altverträge idR zum Tragen kommenden **Policenmodell** ein VersVertrag zustande gekommen ist, wird uneinheitlich beantwortet.[12] Nach zutreffender Ansicht ist der Vertrag aufgrund der in § 5a VVG aF festgelegten Widerspruchsfrist nach Zugang der Annahmeerklärung beim VN bis Ablauf der Frist schwebend unwirksam.[13] Hat der VN nicht oder nicht fristgerecht widersprochen, kommt der Vertrag rückwirkend zu dem Zeitpunkt zustande, zu dem der VN die Versicherungspolice bzw eine Annahmeerklärung des VR erhalten hat.[14]

Wird ein **Altvertrag** nach Ablauf des 31.12.2007 so geändert, dass die **Änderung** als **Neuabschluss** anzusehen ist, findet neues Recht Anwendung.[15] Es führt allerdings nicht jede Änderung zu einem neuen Vertrag.[16] Als Indiz für einen Neuabschluss kommt in Betracht, dass der Vertragswille der Parteien deutlich zum Ausdruck kommt und zumindest ein wesentliches Merkmal des VersVertrages (versichertes Risiko, Vertragsparteien, Versicherungssumme oder -prämie) erheblich geändert wird.[17] In Anlehnung an § 19 Abs. 6 VVG sind Risikoausschlüsse und Prämienanpassungen von mehr als 10 % als Indizien für einen neuen Vertrag anzusehen.[18]

---

11 Ebenso *Brand*, VersR 2011, 557, 559.
12 Vgl hierzu ausf. Römer/Langheid/*Römer*, 2. Aufl. 2003, § 5a VVG Rn 15 ff; vgl auch *Lange*, VersR 2006, 313 ff.
13 S. Römer/Langheid/*Römer*, 2. Aufl. 2003, § 5a VVG Rn 25; iE so auch *Lorenz*, VersR 1995, 616, 620; *Wandt*, Verbraucherinformationen und Vertragsschluss nach neuem Recht, 1995, S. 19; *Präve*, ZfV 1994, 374, 382.
14 OLG Hamm 29.1.1999 – 20 U 159/98, VersR 1999, 1229 = NVersZ 1999, 489; OLG Düsseldorf 5.12.2000 – 4 U 32/00, VersR 2001, 837; OLG Frankfurt 10.12.2003 – 7 U 15/03, VersR 2005, 631; *Brand*, VersR 2011, 557, 558; Langheid/Wandt/*Looschelders*, Art. 1 EGVVG Rn 1; Prölss/Martin/*Armbrüster*, Art. 1 EGVVG Rn 11; aA *Höra*, r+s 2008, 89, 90, der ein Zustandekommen des Vertrages erst nach Ablauf der Widerspruchsfrist annimmt.
15 Prölss/Martin/*Armbrüster*, Art. 1 EGVVG Rn 12.
16 Vgl zuletzt OLG Karlsruhe 11.3.2010 – 9 U 77/09, VersR 2010, 900, wonach ein Tarifwechsel im Jahr 2008 in einer im Jahr 2007 abgeschlossenen Krankheitskostenvollversicherung nicht zur Annahme des Abschlusses eines Neuvertrages berechtigt.
17 *Brand*, VersR 2011, 557, 558; *Franz*, VersR 2008, 298, 311; Prölss/Martin/*Armbrüster*, Art. 1 EGVVG Rn 13.
18 *Funck*, VersR 2008, 163, 168; Prölss/Martin/*Armbrüster*, Art. 1 EGVVG Rn 13.

7 Bei einer **Vertragsverlängerung** handelt es sich jedenfalls dann um einen **Neuabschluss**, wenn für die Verlängerung eine Willensbetätigung des VN erforderlich war.[19]

8 **3. Einschränkungen.** Der Grundsatz nach Abs. 1 erfährt in zweierlei Hinsicht **Einschränkungen:** Zum einen wurde dem VR eine Übergangszeit von einem Jahr nach Inkrafttreten des VVG nF eingeräumt, um die bestehenden AVB und Vertragsmuster an das neue Recht anzupassen und notwendige betriebsorganisatorische Änderungen vorzunehmen (Abs. 3). Zum anderen werden teilweise erforderliche Abweichungen berücksichtigt (Abs. 2 sowie Art. 2–6).

9 **4. Streitigkeiten bzgl Vertragsschluss.** Stehen Umstände im Zusammenhang mit einem **Vertragsschluss** im Streit, finden allein die zum Zeitpunkt des Vertragsschlusses geltenden Vorschriften Anwendung.[20] Für die Beurteilung des Abschlusses von Altverträgen sind mithin Regelungen des VVG nF, die bei Abschluss eines Neuvertrages Beachtung zu finden haben (zB neue Publizitätsvorschriften, vorvertragliche Anzeigeobliegenheiten), nicht maßgebend.[21] Dies gilt jedenfalls, soweit die neuen Vorschriften tatbestandliche Voraussetzungen schaffen. Hinsichtlich der durch das VVG nF modifizierten Rechtsfolgen könnte mit Ablauf der Übergangszeit zum 1.1.2009 etwas anderes gelten.

10 **Beispiel (Vorvertragliche Anzeigeobliegenheit):** Für die Beurteilung der Frage, ob bei einem Altvertrag eine vorvertragliche Anzeigeobliegenheitsverletzung vorliegt, sind auch über den 31.12.2007 hinaus die §§ 16 Abs. 1, 17 Abs. 1 VVG aF weiterhin maßgeblich. Bis zum 31.12.2008 gilt dies sowohl für die den Vorschriften immanenten Tatsachenregelungen wie auch für die Rechtsfolgenregelungen. Tritt in einem Altvertrag ein Versicherungsfall nach dem 31.12.2008 ein, bleiben die Tatsachenregelungen, die bei Vertragsabschluss zu beachten waren, weiter anwendbar. Die Rechtsfolgen sind nun jedoch nach § 19 Abs. 2, 3 und 6 VVG nF zu bestimmen.[22]

11 Probleme in Hinblick auf die Praktikabilität dieses Modells sind denkbar. Fraglich könnte etwa sein, ob bei Abschluss des Altvertrages nicht erfolgte (und nach VVG aF auch nicht geschuldete), jedoch nach § 6 VVG nF vorgesehene **Beratungs- und Nachfrageleistungen des VR** zu einer differenzierteren Rechtsfolgenanwendung führen müssen. Festzuhalten ist jedoch, dass Beratungs- oder Fragepflichten des VR auf Tatbestandsseite der entsprechenden Regelungen stehen. Die Tatbestandsseite ist aber bei Altverträgen auch über den 31.12.2008 hinaus nach VVG aF zu beurteilen. Insoweit können neue, sich erstmals aus dem VVG nF ergebende Beratungs- und Fragepflichten des VR keinen Einfluss auf die rechtliche Bewertung des Abschlusses eines Altvertrages nehmen.

III. Altverträge, Versicherungsfall vor dem 31.12.2008 (Abs. 2)

12 **1. Normzweck und Regelungsgehalt.** Die Regelung in Abs. 2 trägt dem Umstand Rechnung, dass durch Inkrafttreten des VVG nF zum 31.12.2008 für Altverträge in Hinblick auf bereits laufende Schadensfälle eine **verfassungsrechtlich problematische Rückwirkung der Übergangsregelungen** denkbar ist.[23] Neuregelungen im VVG nF könnten dazu führen, dass sich die bei Eintritt des Versicherungsfalles noch bestehenden Ansprüche und Verpflichtungen im Zeitpunkt der letzten mündlichen Verhandlung eines Prozesses geändert haben. Die Vorschrift des Abs. 2 be-

---

19 Prölss/Martin/*Armbrüster*, Art. 1 EGVVG Rn 14; *Grote/Schneider*, BB 2007, 2689, 2701.
20 Begr. RegE, BT-Drucks. 16/3945, S. 118; vgl *Neuhaus*, r+s 2007, 441, 442.
21 S. Marlow/Spuhl/*Marlow*, Rn 1506.
22 Begr. RegE, BT-Drucks. 16/3945, S. 118; s. Marlow/Spuhl/*Marlow*, Rn 226, der von einem „Spaltungsmodell" spricht.
23 Begr. RegE, BT-Drucks. 16/3945, S. 118.

stimmt daher die Anwendung des VVG aF auf diejenigen Fälle, in denen der Versicherungsfall bis zum 31.12.2008 eingetreten ist.[24] Die Vorschrift stellt damit eine **Ausnahme** zum Grundsatz in Abs. 1 dar.

Beispiel (Neuregelungen für vertragliche Obliegenheitsverletzungen): Zwischen VN und VR besteht ein am 1.7.2007 geschlossener VersVertrag (Altvertrag). Am 15.12.2008 tritt der Versicherungsfall ein. Aus dem Vertrag ergeben sich Ansprüche und Pflichten in Hinblick auf vertragliche Obliegenheitsverletzungen. Nach alter Rechtslage ist hierfür § 6 VVG aF maßgeblich, nach neuer § 28 VVG nF. Durch die Neuerungen in § 28 VVG nF obliegt die Beweislast hinsichtlich des Vorsatzes bei Verletzung einer Obliegenheit nunmehr dem VR, während nach § 6 VVG aF das Verschulden des VN insoweit vermutet wurde. – Um zu verhindern, dass sich die Beweislast der Vertragsparteien im Prozess ändert, bestimmt Abs. 2, dass bei Eintritt des Versicherungsfalles bis zum 31.12.2008 auf die sich hieraus ergebenden Rechte und Pflichten der Vertragsparteien weiterhin das VVG aF anzuwenden ist. Im Beispielsfall gilt daher die Verschuldensvermutung aus § 6 VVG aF. 13

2. Besonderheiten beim Gerichtsstand, § 215 VVG. Anhand der Gerichtsstandsregelung des § 215 VVG entwickelte sich in Rspr und Lit. eine Kontroverse über Inhalt und Umfang des Abs. 2. Namentlich galt es die Frage zu beantworten, ob sich bei Klagen ab dem 1.1.2009 der Gerichtsstand ausnahmslos nach § 215 VVG richtet oder ob altes Recht (mit dem Gerichtsstand des § 48 VVG aF) auch über den 1.1.2009 fortwährend anwendbar bleibt, wenn ein Versicherungsfall bis spätestens 31.12.2008 eingetreten war. 14

Nach einer Auffassung findet ab dem 1.1.2009 der Gerichtsstand des § 215 VVG in jedem Fall Anwendung, und zwar auch dann, wenn im Jahr 2008 noch ein Versicherungsfall eingetreten war.[25] Dies ergebe sich aus dem Wortlaut sowie dem Sinn und Zweck des Abs. 2. Nach dem Wortlaut des Abs. 2 soll bei einem Versicherungsfall in 2008 „insoweit" altes Recht auch über den 31.12.2008 hinweg fortgelten. Diese Formulierung spreche dafür, dass sich allein die für die Abwicklung des konkreten Versicherungsfalles maßgebenden (materiellen) Vorschriften noch nach altem Recht richten sollten, nicht aber rein prozessuale Vorschriften wie die Gerichtsstandsregelung. Dies entspreche auch der Intention des Gesetzgebers, wie sie in den Gesetzesmaterialien zu Abs. 2 formuliert sei, wo es heißt: „Um eine verfassungsrechtlich problematische Rückwirkung ... in diesen Fällen zu vermeiden", ist „bei Eintritt des Versicherungsfalls bis zum 31.12.2008 auf die sich hieraus ergebenden Rechte und Pflichten der Vertragsparteien weiterhin" das alte VVG anzuwenden.[26] Die Bezugnahme des Gesetzgebers auf die „Rechte und Pflichten der Vertragsparteien" impliziere die Beschränkung der Fortgeltung alten Rechts auf die zur Abwicklung des Versicherungsfalles erforderlichen materiellen Vorschriften. 15

Demhingegen hält die gegenläufige – auch hier vertretene – Auffassung bei Eingreifen der Übergangsregelung des Abs. 2 (dh bei Eintreten eines Versicherungsfalles bis 31.12.2008) das VVG aF insgesamt für weiter anwendbar, mithin auch die 16

---

24 AA *Höra*, r+s 2008, 89 f, der von einem Paradigmenwechsel ab dem 1.1.2009 ausgeht.
25 OLG Rostock 15.4.2010 – 5 W 179/09, juris; OLG Hamburg 30.3.2009 – 9 W 23/09, VersR 2009, 531; OLG Köln 9.6.2009 – 9 W 36/09, VersR 2009, 1347; OLG Dresden 10.11.2009 – 3 AR 81/09, juris; LG Bamberg 24.9.2009 – 2 O 286/09, n.v.; LG Fulda 5.8.2009 – 2 O 137/09, n.v.; LG Dresden 9.9.2009 – 8 O 1674/09, n.v.; *Schneider*, VersR 2008, 859; Marlow/Spuhl/*Spuhl*, Rn 1497; Langheid/Wandt/*Looschelders*, Art. 1 EGVVG Rn 15; Langheid/Wandt/*Eberhardt*, § 213 VVG Rn 74; *Kloth*, Private Unfallversicherung, S. 251; *Voit*/Neuhaus, Berufsunfähigkeitsversicherung, S. 571; *Wagner*, VersR 2009, 1589, 1592; Bundesregierung in ihrer Antwort auf die Kleine Anfrage der Abgeordneten *Dyckmans u.a.*, BT-Drucks. 16/11480 sowie BT-Drucks. 16/13061.
26 Amtl. Begr. zu Art. 1 Abs. 2 EGVVG, BT-Drucks. 16/3945, S. 118.

Gerichtsstandsregelungen des VVG aF.²⁷ Aus dem Wortlaut des 1 Abs. 2 lässt sich ebenso wenig wie bei Abs. 1 eine Differenzierung zwischen materiellen und prozessualen Vorschriften entnehmen. Aus dem von der Gegenmeinung angeführten Wort „insoweit" im Gesetzestext lässt eine solch weit reichende Implikation nicht entnehmen. Das „insoweit" bezieht sich allein auf den Umstand des Eintritts von Versicherungsfällen bis Ende 2008 und sieht insoweit die Weitergeltung alten Rechts vor.²⁸ Auch für die Gesamtfortgeltung alten Rechts in Fällen des Abs. 2 lässt sich die Intention des Gesetzgebers heranziehen. In der amtlichen Begründung zu Abs. 1 heißt es: „So sind zB für die Beurteilung der Frage, ob bei Altverträgen eine vorvertragliche Anzeigepflicht vorliegt, die bisherigen Regelungen von § 16 Abs. 1, § 17 Abs. 1 VVG weiterhin maßgeblich; tritt der Versicherungsfall erst nach dem 31.12.2008 ein, bestimmen sich die Rechtsfolgen nach dem neuen VVG."²⁹ Aus dieser Formulierung lässt sich einzig der Gegenschluss ziehen, dass sich bei Versicherungsfällen vor dem 31.12.2008 die Rechtsfolgen nach altem Recht bestimmen. Insgesamt gebieten auch die Grundsätze von Rechtsklarheit und Rechtssicherheit im Übergangsrecht, dass die Regelungen in den Abs. 1 und 2 des Art. 1 einheitlich dahin ausgelegt werden, dass das VVG aF in seiner Gesamtheit gemeint ist und keine – im Einzelfall ausgesprochen schwierigen – Differenzierungen nach materiellen und prozessualen Vorschriften vorgenommen werden.³⁰ Würde eine solche Differenzierung in jedem Einzelfall erforderlich, könnte man sich nämlich auch trefflich darüber streiten, ob es sich nicht bei § 215 VVG gerade um eine in der Gesetzesbegründung angesprochene Vorschrift handelt, die Rechte und Pflichten des VN aus dem VersVertrag regelt. Denn auch das Recht des VN, den VR zu verklagen, ist letztlich ein aus dem VersVertrag resultierendes.³¹

17 **3. Besonderheiten bei der vorvertraglichen Anzeigepflicht.** Die Auslegung des Abs. 2 – konkret die Frage, ob bei Eintritt des Versicherungsfalles bis zum

---

27 OLG Bamberg 21.9.2010 – 1 W 39/10, VersR 2011, 513; OLG Düsseldorf 18.6.2010 – I-4 U 162/09, VersR 2010, 1354; OLG Hamm 8.5.2009 – 20 W 4/09, NJW-RR 2010, 105; OLG Hamm 20.5.2009 – I-20 U 110/08, 20 U 110/08, VersR 2009, 1345; OLG Naumburg 15.10.2009 – 4 W 35/09, VersR 2010, 374; OLG Nürnberg 2.3.2010 – 8 W 353/10, VersR 2010, 935; LG Stralsund 1.2.2011 – 6 O 259/10, VuR 2011, 158; LG Hamburg 20.12.2010 – 332 O 213/10, VersR 2011, 514; LG Landau 13.1.2009 – 4 O 4/09, n.v.; LG Landshut 16.3.2009 – 73 O 336/09, n.v.; LG Münster 15.7.2009 – 15 O 145/09, n.v.; LG Coburg 6.5.2009 – 14 O 172/09, n.v.; LG Bielefeld 8.5.2009 – 5 O 13/09, n.v.; LG Augsburg 7.7.2009 – 2 O 467/09, n.v.; LG Dortmund 4.8.2009 – 2 O 270/09, n.v.; LG Kempten 21.7.2009 – 12 O 132/09, n.v.; LG Kassel 28.5.2009 – 7 O 62/09, n.v.; LG Koblenz 8.6.2009 – 16 O 63/09, n.v.; LG Bückeburg 24.6.2009 – 2 O 59/09, zfs 2009, 510; LG Bremen 25.6.2009 – 6 O 438/09, n.v.; LG Duisburg 16.7.2009 – 4 O 138/09, n.v.; LG Passau 29.7.2009 – 1 O 296/09, n.v.; LG Memmingen 30.7.2009 – 31 O 1277/09, n.v.; LG Krefeld 12.8.2009 – 5 O 233/09, n.v.; LG Potsdam 27.8.2009 – 4 O 198/09, n.v.; LG Düsseldorf 7.9.2009 – 11 O 76/09; LG Mainz 21.10.2009 – 4 O 252/09; LG München I 23.10.2009 – 12 O 13135/09, n.v.; LG München I 5.11.2009 – 26 O 17498/09, n.v.; LG Osnabrück 28.10.2009 – 9 O 2405/09, n.v.; LG Stade 1.11.2009 – 3 O 234/09, n.v.; LG Stralsund 1.2.2011 – 6 O 259/10, juris; LG Regensburg 12.11.2009 – 3 O 1737/09, n.v.; LG Bad Kreuznach 14.12.2009 – 2 O 166/09, n.v.; LG Zwickau 14.12.2009 – 2 O 903/09, n.v.; *Bauer/Rajkowski*, VersR 2010, 1559; *Abel/Winkens*, r+s 2009, 103, 104; *dies.*, r+s 2010, 143; Schwintowski/Brömmelmeyer/*Klär*, § 215 VVG Rn 16; Looschelders/Pohlmann/*Brand*, Art. 1 EGVVG Rn 6; *Meixner/Steinbeck*, § 1 Rn 370; *Münstermann*, VK 2008, 199; Beckmann/Matusche-Beckmann/*v. Rintelen*, § 23 Rn 18.
28 *Münstermann*, VK 2008, 199.
29 BT-Drucks. 16/3945, S. 118.
30 OLG Stuttgart 16.6.2008 – 7 AR 5/08, r+s 2009, 102; LG Osnabrück 30.1.2009 – 9 O 2685/08, VersR 2009, 1101; LG Bielefeld 19.6.2009 – 2 O 89/09; LG Düsseldorf 7.9.2009 – 11 O 76/09; *Abel/Winkens*, r+s 2010, 143.
31 LG München I 5.11.2009 – 26 O 17498/09, n.v.; LG Bielefeld 19.6.2009 – 2 O 89/09, n.v.; *Abel/Winkens*, r+s 2010, 143.

31.12.2008 altes Recht uneingeschränkt fortgilt oder nur zur Abwicklung des Versicherungsfalles erforderliche materielle Vertragsvorschriften des VVG aF Geltung behalten – ist auch für die Frage entscheidend, welches Recht zur Beurteilung von vorvertraglichen Anzeigepflichtverletzungen zur Anwendung gelangt.

Beispiel: Bei der Antragstellung im Jahr 2007 (Altvertrag) verschweigt der VN in der BUZ-Versicherung einfach fahrlässig anzeigepflichtige Gesundheitsumstände. Im Dezember 2008 tritt der Versicherungsfall ein. Im Rahmen der Leistungsprüfung ermittelt der VR die Verletzung der vorvertraglichen Anzeigepflicht und tritt im Januar 2009 nach altem Recht (§§ 16, 17 VVG aF) vom VersVertrag zurück. 18

Nach der Auffassung, welche bei Eintritt des Versicherungsfalles im Jahr 2008 nach Abs. 2 das VVG aF nicht uneingeschränkt fortgelten lässt, wäre der Rücktritt im Jahr 2009 nur nach neuem Recht möglich gewesen.[32] Es gilt nach dieser Meinung ja nur dasjenige materielle Recht des VVG aF fort, welches unmittelbar die Regulierung des Versicherungsfalles betrifft. Die Vorschriften über die vorvertragliche Anzeigepflichtverletzung betreffen aber gar nicht die Regulierung des Versicherungsfalles. Maßgebend ist dort allein, ob eine Verletzung der vorvertraglichen Anzeigepflicht vorliegt; und dies hat mit dem Versicherungsfall nichts zu tun. Dass eine vorvertragliche Anzeigepflichtverletzung typischerweise erst aus Anlass eines Versicherungsfalles aufgedeckt wird, ändere hieran nichts. Vertragsfortbestand und Versicherungsfall seien voneinander zu trennen.[33] 19

Eine vermittelnde Meinung[34] anerkennt zwar grds., dass infolge des Wortlauts des Abs. 2 („insoweit") keine uneingeschränkte Fortgeltung des alten Rechts angenommen werden könne. Nur die zur Abwicklung des Versicherungsfalles maßgebenden Vorschriften des VVG aF behalten Wirksamkeit. Andererseits sei unter bestimmten Voraussetzungen ein Vertragsrücktritt nach altem Recht trotzdem noch im Jahr 2009 möglich. In manchen Fällen sei der Rücktritt gerade für die Abwicklung des Versicherungsfalles maßgebend. Stand der verschwiegene Gesundheitsumstand nämlich in kausaler Verbindung zum Versicherungsfall, wäre der VR bei Rücktritt nach altem Recht leistungsfrei (§§ 16, 21 VVG aF). Bei einer Beurteilung nach neuem Recht (bloße Kündigungsmöglichkeit nach § 19 Abs. 3 S. 2 VVG nF) müsste der VR trotz Kausalität auf den Versicherungsfall leisten. Trotz Abs. 2 würde sich bei Anwendung des neuen Rechts die Rechtslage in Bezug auf die Leistungspflicht des VR für den eingetretenen Versicherungsfall nachträglich verändern. Dies sollte durch Abs. 2 aber gerade verhindert werden. Aus vorstehenden Erwägungen resultieren diese Rechtsfolgen:[35] 20

- Versicherungsfall im Jahr 2008, Rücktritt 2008: in jedem Fall altes Recht.

- Versicherungsfall im Jahr 2008, Rücktritt 2009 wegen einer mit dem Versicherungsfall kausal in Zusammenhang stehenden vorvertraglichen Anzeigepflichtverletzung: altes Recht.

- Versicherungsfall im Jahr 2008, Rücktritt 2009 wegen einer mit dem Versicherungsfall nicht kausal in Zusammenhang stehenden vorvertraglichen Anzeigepflichtverletzung: neues Recht.

---

32 KG 5.6.2012 – 6 U 150/11, VersR 2014, 181; offen lassend OLG Frankfurt 20.4.2011 – 7 U 124/10, VersR 2012, 1105.
33 *Marlow*, VK 2010, 19, 20; *ders.*, VersR 2010, 515; Marlow/Spuhl/*Marlow*, Rn 231, 1515 – jedoch über eine Lösung „in Anlehnung an Art. 1 Abs. 2 EGVVG" zu dem Ergebnis kommend, dass bei wirksamer Ausübung des Rücktritts bis 31.12.2008 das alte Rechtsfolgenregime Anwendung findet, Rn 232.
34 *Grote/Finkel*, VersR 2009, 312, 313; Langheid/Wandt/*Langheid*, § 19 VVG Rn 206; Langheid/Wandt/*Looschelders*, Art. 1 EGVVG Rn 14; Looschelders/Pohlmann/*Looschelders*, § 19 VVG Rn 5; *Brand*, VersR 2011, 557, 561.
35 *Grote/Finkel*, VersR 2009, 312, 313; dem folgend Looschelders/Pohlmann/*Looschelders*, § 19 VVG Rn 5.

21 Die dritte – wiederum vorzugswürdige – Auffassung hält auch bei vorvertraglichen Anzeigepflichtverletzungen die Regelungen des VVG aF insgesamt für anwendbar, wenn der Versicherungsfall bis zum 31.12.2008 eingetreten ist.[36] Danach ist ein Rücktritt nach altem Recht (§§ 16, 17 VVG aF) auch noch im Jahr 2009 und später unter der Voraussetzung möglich, dass ein Versicherungsfall bis spätestens 31.12.2008 eingetreten war.[37]

22 **4. Eintritt des Versicherungsfalles.** Die Frage, ob ein eingetretenes Ereignis als Versicherungsfall iSd Abs. 2 zu qualifizieren ist, richtet sich nach den für den Vertrag maßgebenden gesetzlichen Bestimmungen sowie den jeweiligen AVB.[38] Bei gedehnten Versicherungsfällen gelangt Abs. 2 bereits dann zur Anwendung, wenn der Eintritt des Versicherungsfalles bis zum 31.12.2008 begonnen hat.[39]

23 **5. Beweislast für den Zeitpunkt des Eintritts des Versicherungsfalles.** Hängt von der Fortgeltung alten Rechts oder der Anwendbarkeit neuen Rechts nach Abs. 2 mithin ab, ob ein Versicherungsfall noch im Jahr 2008 oder bereits im Jahr 2009 eingetreten ist, stellt sich die Frage der Beweislast.

24 Teilweise wird vertreten, dass es maßgebend gar nicht auf den Zeitpunkt des Eintritts des Versicherungsfalles ankomme, sondern auf den Zeitpunkt der Geltendmachung des Versicherungsfalles durch den Anspruchsteller.[40] Nur so würden sich Abgrenzungsschwierigkeiten vermeiden lassen und würde auch die Rechtssicherheit der Vertragspartner befördert. Dem wird allerdings zu Recht entgegengehalten, dass das Gesetz in Abs. 2 von einem „eingetretenen" Versicherungsfall und nicht lediglich von einem „behaupteten" oder „geltend gemachten" Versicherungsfall spricht. Käme es bei der Abgrenzung auf den Zeitpunkt der Geltendmachung an, könnte der Anspruchsteller das ihm genehme Recht durch die Wahl des Zeitpunkts der Geltendmachung seines Anspruchs frei (und willkürlich) bestimmen, was nicht der Intention des Gesetzgebers entsprach.[41]

25 Während sodann eine Auffassung die Beweislast für den Zeitpunkt des Eintritts des Versicherungsfalles nach allgemeinen zivilprozessualen Grundsätzen beim VR sieht,[42] weil dieser sich bei grundsätzlicher Geltung neuen Rechts (Abs. 1) auf eine für ihn günstige Ausnahmeregelung (Abs. 2) berufe, wobei den VN die sekundäre Darlegungs- und Beweislast treffe, dürfte zutreffenderweise der VN bereits primär mit dem Beweis belastet sein, dass der Versicherungsfall bis zum 31.12.2008 eingetreten war.[43] Dies ergibt ein Vergleich mit den Fällen der Vorvertraglichkeit, wo anerkannt ist, dass der VN beweisen muss, dass der Versicherungsfall während der Vertragsdauer eingetreten ist.[44] Dies erscheint sachgerecht, weil der VN als Anspruchsteller alle vom VR bestrittenen Voraussetzungen des Leistungsanspruchs darlegen und beweisen muss.

---

36 LG Dortmund 16.11.2009 – 2 S 27/09, VersR 2010, 515; LG Frankfurt/M 12.5.2010 – 2-23 O 236/09, n.v.; Langheid/Wandt/*Langheid*, § 19 Rn 205 ff; *Müller-Frank*, Aktuelle Rechtsprechung zur Berufsunfähigkeits-(Zusatz-)Versicherung, S. 258; Bruck/Möller/*Rolfs*, § 19 VVG Rn 5; *Rogler*, jurisPR-VersR 12/2009 Anm. 4; *Neuhaus*, MDR 2010, 1360, 1366.
37 LG Aschaffenburg 26.11.2010 – 32 O 32/10, n.v.
38 Langheid/Wandt/*Looschelders*, Art. 1 EGVVG Rn 13.
39 Langheid/Wandt/*Looschelders*, Art. 1 EGVVG Rn 13; *Höra*, r+s 2008, 89, 90.
40 Beckmann/Matusche-Beckmann/*Rixecker*, 2. Aufl., § 46 Rn 3, wobei diese Auffassung in der 3. Aufl. nicht mehr vertreten wird; *Müller-Frank*, BUZaktuell 2/2007, 1, 4.
41 *Grote/Finkel*, VersR 2009, 312, 313; *Neuhaus*, r+s 2009, 309, 312.
42 OLG Oldenburg 29.3.2012 – 5 U 11/11, VersR 2012, 1501; Marlow/Spuhl/*Marlow*, Rn 1513; *Grote/Finkel*, VersR 2009, 312, 313.
43 So auch *Neuhaus*, r+s 2009, 309, 312.
44 Vgl OLG Saarbrücken 9.1.2008 – 5 U 2/07, zfs 2009, 38; OLG Karlsruhe 9.2.2010 – 12 U 169/09, n.v.

IV. Altverträge, Anpassung der AVB (Abs. 3)

1. Allgemeines. In Abs. 3 war die Befugnis des VR eingeführt, die AVB von Altverträgen an das VVG 2008 anzupassen. Bei diesem **allgemeinen Anpassungsrecht** (zum besonderen Anpassungsrecht s. Art. 2 Rn 4) handelte es sich um ein gesetzlich eingeräumtes **Recht zur einseitigen Vertragsänderung**. Eine Pflicht, die AVB an das VVG nF anzugleichen, bestand nicht.[45]

26

2. Unterlassen der AVB-Anpassung. Da nach dem EGVVG nF eine Anpassung der AVB nicht zwingend war, sondern dem VR vielmehr lediglich ein **Anpassungsrecht** eingeräumt wurde, konnte dieser auch davon absehen, die AVB an das VVG 2008 anzupassen.[46] Unterließ der VR die Anpassung seiner AVB, konnten die alten Bedingungen indes unwirksam werden, wenn sie etwa gegen halbzwingende Vorschriften des neuen VVG verstießen oder mit seinen wesentlichen Grundgedanken nicht in Einklang zu bringen waren, § 307 Abs. 1 S. 1 iVm Abs. 2 Nr. 1 BGB.[47] Eine Unwirksamkeit der Klauseln konnte sich auch aus einer möglichen Intransparenz ergeben.[48]

27

In den Fällen der Unwirksamkeit der alten Bedingungen mit Geltung des neuen VVG traten an die Stelle der alten AVB grds. die gesetzlichen Regelungen.[49] **Problematisch** war der Rückgriff auf gesetzliche Regelungen allerdings dann, wenn das Gesetz gerade keine den alten Bedingungen vergleichbaren Regelungen traf, was insb. wieder im Obliegenheitsrecht der Fall war.[50] Sowohl der Inhalt der Obliegenheiten als auch die Rechtsfolgen bei Verstoß waren regelmäßig allein in den AVB geregelt. Im Gesetz fanden sich nur die zum Schutz des VN notwendigen Einschränkungen der Leistungsfreiheit.[51] Wurde die maßgebende vertragliche Obliegenheitenregelung zum 1.1.2009 aber unwirksam, fehlte es an Gesetzesrecht, welches an ihre Stelle treten konnte. In der Folge stellte sich die Frage, ob vertragliche Obliegenheiten insgesamt nicht mehr wirksamer Vertragsbestandteil waren, der VR Sanktionen nicht mehr auf sie stützen konnte.

28

Mit **Urteil vom 12.10.2011**[52] hat der **BGH** diese zuvor kontrovers diskutierte Frage[53] entschieden. Nach Ansicht des IV. Zivilsenats ist die Obliegenheits-Sanktionsregelung bei vom VR nicht angepassten AVB und dem Eintritt eines Versicherungsfalles nach dem 31.12.2008 **insgesamt unwirksam**.[54]

29

Es sei der Auffassung im Schrifttum nicht zu folgen, dass die vertraglich vereinbarte Obliegenheit als Verhaltensnorm weiter bestehen bleibe und sich die Rechtsfolge gem. § 306 Abs. 2 BGB aus der gesetzlichen Bestimmung des § 28 Abs. 2 S. 2 VVG

---

45 *Brand*, VersR 2011, 557, 561; *Hövelmann*, VersR 2008, 612; *Schimikowski/Höra*, S. 219; aA *Wagner*, VersR 2009, 1190; *Knappmann*, VRR 2007, 408, der davon spricht, dass die Bedingungen dem neuen Recht angepasst werden müssen.
46 *Brand*, VersR 2011, 557, 561; *Stadler*, VW 2006, 1339; *Maier/Stadler*, AKB 2008 und VVG-Reform, S. 8; *Hövelmann*, VersR 2008, 612, 613; *Franz*, VersR 2008, 298, 312; Prölss/Martin/*Armbrüster*, Art. 1 EGVVG Rn 28; aA *Maier*, VW 2008, 986.
47 Vgl auch *Neuhaus*, r+s 2007, 441, 444.
48 Vgl Marlow/Spuhl/*Marlow*, Rn 392; Römer/Langheid/*Rixecker*, § 28 VVG Rn 7.
49 Vgl auch *Neuhaus*, r+s 2007, 441, 445.
50 Vgl *Neuhaus*, r+s 2007, 441, 445.
51 *Stadler*, VW 2006, 1339, 1342.
52 BGH 12.10.2011 – IV ZR 199/10, VersR 2011, 1550.
53 Zum Streitstand vgl ausf. die Vorauflage (2. Aufl. 2011, aaO).
54 Ebenso bereits OLG Köln 17.8.2010 – 9 U 41/10, VersR 2010, 1592; LG Köln 21.1.2010 – 24 O 458/09, r+s 2010, 104; LG Nürnberg-Fürth 27.1.2010 – 8 O 10700/08, r+s 2010, 145; Marlow/Spuhl/*Marlow*, Rn 392; *Fritzau*, VW 2008, 448; *Meixner/Steinbeck*, S. 238; *Wagner*, VersR 2008, 1190; *Fahl/Kassing*, VW 2008, 320; *Päve*, VW 2009, 98; *Franz*, VersR 2008, 298, 312; *Höra*, r+s 2008, 89, 90; *Maier*, VW 2008, 986; *Staudinger/Kassing*, ZGS 2008, 411; *Neuhaus*, r+s 2007, 441; *Stadler*, VW 2006, 1339; *von Fürstenwerth*, r+s 2009, 221, 223; *Rogler*, r+s 2010, 1, 4.

ergebe, der an die Stelle der unwirksamen vertraglichen Obliegenheitsregelung trete.[55] Es verdränge die Vorschrift des Abs. 3 als Sonderregelung für ihren Anwendungsbereich die allgemeine Regelung des § 306 Abs. 2 BGB. Aus dem Gesetzgebungsverfahren sei ersichtlich, dass der Gesetzgeber das Schließung von Vertragslücken, die durch die Anwendung des VVG nF entstehen, allein durch die Wahrnehmung der Anpassungsoption des Abs. 3 zulassen wollte, um so eine hinreichende Transparenz des vertraglichen Regelwerks zu gewährleisten. Ohne die Anpassung nach Abs. 3 solle es für den VR keine Möglichkeit geben, aus der Verletzung vertraglicher Obliegenheiten in Altverträgen nachteilige Rechtsfolgen für den VN abzuleiten.

Es sei auch keine ergänzende Vertragsauslegung mit der Folge vorzunehmen, dass die in den AVB der Altverträge vereinbarten Obliegenheiten als mit den Sanktionen des § 28 Abs. 2 VVG in Einklang zu bringen seien.[56] Es stehe dem bereits das Fehlen einer planwidrigen Regelungslücke entgegen. Wenn der Verwender von der Unwirksamkeit der Klausel wusste und dennoch keine Abhilfe geschaffen habe (die dem VR hier über Abs. 3 möglich gewesen sei), sei für eine richterliche Vertragsergänzung kein Raum. Eine planwidrige Regelungslücke sei auch nicht deshalb anzunehmen, weil ein Festhalten am Vertrag ohne Obliegenheiten-Sanktionsregelungen dem VR unzumutbar wäre. Es gebe noch einige Auffangregelungen wie etwa die Vorschriften über die Gefahrerhöhung gem. §§ 23 ff VVG, über die Herbeiführung des Versicherungsfalles nach § 81 VVG und die Obliegenheiten nach § 82 VVG, die eine grundlegende Störung des Vertragsgleichgewichts verhindern.[57]

30 Das Urteil des BGH betrifft dabei auch VR, die ihre AVB **fristgerecht angepasst** haben, ggf aber den **rechtzeitigen Zugang beim VN nicht nachweisen** können. Bestreitet ein VN, dass ihm die Anpassungsunterlagen fristgerecht (oder überhaupt) zugegangen sind, trifft den VR die Beweislast.[58] Hier ist dem VR, der die Unterlagen regelmäßig nicht per Einschreiben/Rückschein versandt hat, regelmäßig nur (aber immerhin) der **Indizienbeweis** möglich.[59] Die Indizien können etwa darin erkannt werden, dass dem VN nachweislich jedenfalls Teile der Unterlagen zugegangen sind oder er sich auf darin enthaltene Angaben berufen hat.[60]

31 Die Entscheidung des BGH hat **Kritik** erfahren.[61] Weder der Wortlaut des Abs. 3 noch die historische Auslegung der Vorschrift noch die Gesetzessystematik noch der Normzweck würden den vom IV. Zivilsenat gezogenen Schluss rechtfertigen, dass im Fall einer Nichtanpassung der AVB die Sanktionsregelungen entfallen.[62] Es bestehe kein Spezialitätsverhältnis zwischen Abs. 3 und § 306 Abs. 2 BGB.[63]

---

55 In diesem Sinne zuvor LG Ellwangen 20.8.2010 – 4 O 69/10, VersR 2011, 62; *Günther*, zfs 2010, 362, 363; *Hirsch*, VW 2011, 54; Langheid/Wandt/*Looschelders*, Art. 1 EGVVG Rn 27; *Hövelmann*, VersR 2008, 612, 616; *Funck*, VersR 2008, 163, 168; *Schnepp/ Segger*, VW 2008, 907, 909; *Segger/Degen*, VersR 2011, 440, 445.
56 In diesem Sinne LG Göttingen 18.11.2009 – 5 O 118/09, VersR 2010, 1490; die hiesige Auffassung in der Vorauflage (2. Aufl. 2011, Art. 1 EGVVG Rn 24); *Muschner/Wendt*, MDR 2008, 949, 951; *Schnepp/Segger*, VW 2008, 907; *Honsel*, VW 2008, 480; *Hövelmann*, VersR 2008, 612, 616; *Günther/Spielmann*, r+s 2008, 133; Langheid/Wandt/ *Looschelders*, Art. 1 EGVVG Rn 27; Looschelders/Pohlmann/*Brand*, Art. 1 EGVVG Rn 23; *Brand*, VersR 2011, 557, 563 f; Prölss/Martin/*Armbrüster*, Art. 1 EGVVG Rn 39.
57 Zu diesen Lösungsansätzen in Ansehung des Urteils des BGH vom 12.10.2011 (IV ZR 199/10, VersR 2011, 1550) ausf. *Günther/Spielmann*, VersR 2012, 549.
58 OLG Celle 29.9.2011 – 8 U 58/11, VersR 2012, 753; OLG Köln 12.10.2010 – 9 U 64/10, VersR 2011, 1439, 1441.
59 Prölss/Martin/*Armbrüster*, § 8 VVG Rn 46 f; Langheid/Wandt/*Eberhardt*, § 8 VVG Rn 68; *Armbrüster*, VersR 2012, 9, 16; *ders.*, r+s 2008, 493, 498.
60 *Armbrüster*, VersR 2012, 9, 16.
61 *Armbrüster*, VersR 2012, 9; *Pohlmann*, NJW 2012, 188.
62 *Armbrüster*, VersR 2012, 9, 11.
63 *Pohlmann*, NJW 2012, 188, 190 ff.

In der **Praxis** wird sich künftig in Fällen, in denen eine AVB-Anpassung unterblieben oder nicht beweisbar ist, der Schwerpunkt der Argumentation auf die – auch vom BGH bereits angeführten – „Auffangregelungen" (§§ 23 ff, § 81 Abs. 2, § 82 VVG) richten.[64] Darüber hinaus ist zu beachten, dass sich der VR trotz nicht angepasster AVB jedenfalls auf den besonderen Verwirkungsgrund des Wegfalls der Entschädigungspflicht wegen arglistiger Täuschung des VN berufen kann, weil es sich hierbei nicht um eine Obliegenheit, sondern um eine Verwirkungsvorschrift mit Strafcharakter handelt.[65]

3. Vornahme der AVB-Anpassung. Soweit eine AVB-Anpassung erfolgte, war sie für den Zeitpunkt vorzunehmen, zu dem das VVG 2008 nach dem Grundsatz aus Abs. 1 auf Altverträge Anwendung findet, mithin auf den 1.1.2009.[66] Durch die Neufassung des Abs. 3 mit Beschlussempfehlung des Rechtsausschusses[67] wurde klargestellt, dass Änderungen auch vor dem 1.1.2009 erfolgen konnten. Sie entfalteten ihre Wirkung jedoch erst zum 1.1.2009 als Zeitpunkt der grundsätzlichen Anwendbarkeit des neuen Rechts auf laufende Verträge (Abs. 1).[68]

An die Wirksamkeit von Bedingungsanpassungen knüpften sich **vier Voraussetzungen:**

1. Anpassungen waren nur möglich, wenn sie aufgrund einer Änderung des bisherigen Rechts geboten waren. **Beispiele:** Geboten war eine Anpassung insb. dann, wenn Bedingungen zwingenden oder halbzwingenden Vorschriften des VVG nF widersprachen. Anpassungsbedarf konnte auch geboten sein, wenn im VVG nF auf eine bisherige abdingbare Vorschrift des VVG aF verzichtet wurde. Eine Anpassung der AVB konnte bei Änderungen des dispositiven Rechts geboten sein.

2. Dem VN war die Anpassung in Textform mitzuteilen.

3. Die Mitteilung hatte einen Monat vor dem Zeitpunkt, zu dem die Änderung Vertragsbestandteil werden sollte, zu erfolgen und damit spätestens bis zum 30.11.2008.

4. In der Mitteilung waren die Unterschiede zu den bisher geltenden AVB kenntlich zu machen. **Beispiel:** Die Voraussetzung dürfte jedenfalls dann erfüllt worden sein, wenn eine **synoptische Gegenüberstellung** der alten und neuen Bedingungen erfolgte.[69] Ausreichend war es aber auch, die sich aus dem VVG nF ergebenden Vertragsregelungen in Form eines für die Versicherungspraxis üblichen **Nachtrags** zu dokumentieren.[70] In diesem sollten wenigstens stichwortartig die alten Bedingungen inhaltlich beschrieben werden, um dann die neu ausformulierten an ihre Stelle zu setzen. Um der Anforderung des Abs. 3 – „Kenntlichmachung der Unterschiede" – ausreichend Rechnung zu tragen, sollte hierbei Maßstab gewesen sein, ob ein durchschnittlicher VN ohne größere Schwierigkeiten erkennen konnte, welche Bestimmungen der AVB geändert worden waren. Ratsam waren insoweit auch beispielhafte Erläuterungen von Rechtsbegriffen (zB Obliegenheiten).

Abweichungen zu Abs. 3 ergeben sich aus Art. 2 für die Vertretungsmacht des VersVertreters und die Krankenversicherung sowie aus Art. 4 und 5.

---

64 *Armbrüster*, VersR 2012, 9, 14, 15; *Günther/Spielmann*, VersR 2012, 549.
65 OLG Frankfurt 20.2.2013 – 7 U 229/11, VersR 2013, 1127.
66 Begr. RegE, BT-Drucks. 16/3945, S. 118.
67 Bericht und Beschlussempfehlung des Rechtsausschusses BT-Drucks. 16/5862, S. 70 und S. 100 (hier jedoch fälschlich auf Abs. 1 bezogen).
68 S. *Neuhaus*, r+s 2007, 441, 445.
69 Gegen die Notwendigkeit einer Synopse als Wirksamkeitserfordernis: *Armbrüster*, VersR 2012, 9, 15.
70 Vgl hierzu ausf. *Honsel*, VW 2008, 480.

V. Fristen nach § 12 Abs. 3 VVG (Abs. 4)

36 Der **BGH** hat in drei Urteilen vom 8.12.2012[71] entschieden, dass mit dem Inkrafttreten des neuen VVG zum 1.1.2008 jede **Fristsetzung nach § 12 Abs. 3 VVG unzulässig ist.**[72] Er hat sich damit gegen die Auffassung gewandt, die aus dem Wortlaut und Inhalt der Übergangsregel des Abs. 2 schloss, dass die Klagefrist für Versicherungsfälle, die bis zum 31.12.2008 eingetreten waren, weiter (zeitlich unbegrenzt) gesetzt werden könne.[73] Auch hielt es der IV. Senat nicht für zutreffend, wenn die Instanzrechtsprechung überwiegend eine Fristsetzung jedenfalls innerhalb der Übergangsfrist bis Ende 2008 für zulässig erachtete, weil es insoweit an einer gesetzlichen Ausnahmeregelung zu dem in Abs. 1 und 2 geregelten Grundsatz der Fortgeltung des alten Rechts fehlte.[74]

Aus der Entstehungsgeschichte des Abs. 4 und der Gesetzessystematik habe sich mit hinreichender Deutlichkeit ergeben – so der BGH –, dass der Gesetzgeber mit dem Inkrafttreten des neuen Gesetzes einen sofortigen Ausschluss der weiteren Anwendung des § 12 Abs. 3 VVG gewünscht habe. Dies lasse sich zwar nicht bereits aus dem Wortlaut des Gesetzes schließen.[75] Es ergebe die Regelung in **Abs. 4** keinen Sinn, sollte sie vom Gesetzgeber nicht **als Ausnahme zu Abs. 2** geschaffen worden sein. Der Regelungsgehalt des Abs. 4 beschränke sich auf die vom Gesetzgeber intendierte Klarstellung, dass allein der Lauf bereits gesetzter Klagefristen nicht abgebrochen werden sollte. Nicht aber sollte die Zulassung von Neufristsetzungen in diesem Zeitraum postuliert werden.

Art. 2 Vollmacht des Versicherungsvertreters, Krankenversicherung

Auf Altverträge sind die folgenden Vorschriften des Versicherungsvertragsgesetzes bereits ab 1. Januar 2008 anzuwenden:
1. die §§ 69 bis 73 über die Vertretungsmacht des Versicherungsvertreters und der in § 73 erfassten Vermittler;
2. die §§ 192 bis 208 für die Krankenversicherung, wenn der Versicherer dem Versicherungsnehmer die auf Grund dieser Vorschriften geänderten Allgemeinen Versicherungsbedingungen und Tarifbestimmungen unter Kenntlichmachung der Unterschiede spätestens einen Monat vor dem Zeitpunkt in Textform mitgeteilt hat, zu dem die Änderungen wirksam werden sollen.

---

71 BGH 8.2.2012 – IV ZR 223/10, VersR 2012, 470; BGH 8.2.2012 – IV ZR 2/11, zfs 2012, 210; BGH 8.2.2012 – IV ZR 43/11, NJW 2012, 1213.
72 So bereits Prölss/Martin/*Armbrüster*, Art. 1 EGVVG Rn 46; Bruck/Möller/*Beckmann*, Einführung A Rn 90; Looschelders/Pohlmann/*Brand*, Art. 1 EGVVG Rn 1; *ders.*, VersR 2011, 557, 564; *Grote/Schneider*, BB 2007, 2689, 2701; *Höra*, r+s 2008, 89, 91; Langheid/Wandt/*Looschelders*, Art. 1 EGVVG Rn 29; Marlow/Spuhl/*Spuhl*, Rn 18; *Marlow*, VersR 2010, 198; *Rixecker*, zfs 2007, 430, 431; Beckmann/Matusche-Beckmann/*Schneider*, § 1 a Rn 47.
73 So die hiesige Auffassung in der Vorauflage (2. Aufl., Rn 61–64); *Muschner*, VersR 2008, 317; *ders.*, VersR 2010, 738; *Mertens*, VersR 2007, 825; *Neuhaus*, r+s 2007, 177, 180.
74 OLG Köln 3.9.2010 – 20 U 1/10, r+s 2011, 11, 12; OLG Koblenz 3.12.2010 – 10 U 345/10, VersR 2011, 1554; LG Wuppertal 29.10.2009 – 7 O 85/09, juris; LG Köln 27.1.2010 – 26 O 224/09, VersR 2010, 611; LG Dortmund 28.5.2009 – 2 O 353/08, VersR 2010, 193; LG Dortmund 12.8.2009 – 22 O 179/08, VersR 2010, 196; LG München I 4.6.2010 – 25 O 1416/10, r+s 2010, 317.
75 *Lehmann*, r+s 2012, 320, 321.

I. Normzweck

Bei einigen Bestimmung des VVG nF bedarf es der Übergangsfrist nach Art. 1 Abs. 1 nicht. Für diese Bestimmungen regelt Art. 2 daher in den Nr. 1 und 2, dass das VVG nF auf Altverträge bereits mit dem Inkrafttreten zum 1.1.2008 anzuwenden ist.

II. Vorschriften über die Vertretungsmacht, §§ 69–73 VVG nF (Nr. 1)

Nr. 1 trägt dem Umstand Rechnung, dass einem VersVertreter neben dem Abschluss neuer VersVerträge auch die Betreuung bestehender Versicherungsverhältnisse obliegt. Insoweit ist es zweckmäßig, dass die von ihm betreuten VersVerträge, bezogen auf seine eigene Rechtsstellung, nach selber Gesetzeslage behandelt werden.[1] Die Regelung der Nr. 1 bestimmt daher, dass die Vorschriften über die Vertretungsmacht des VersVertreters (§§ 69–73 VVG nF) ab Inkrafttreten des VVG nF, damit ab dem 1.1.2008, für alle Versicherungsverhältnisse gelten.[2] Dies gilt für VersVertreter, die selbständige Handelsvertreter oder Angestellte des VR sind, sowie für nicht gewerbsmäßig für VR Verträge Vermittelnde.[3]

III. Krankenversicherung (Nr. 2)

Nr. 2 dient dem Schutz der Belange der VN und gewährleistet die dauernde Erfüllung der bestehenden Krankenversicherungsverhältnisse. Zu diesem Zweck hielt der Gesetzgeber es für erforderlich, dass bestehende Krankenversicherungsverhältnisse (Altverträge) mit den unter VVG nF geschlossenen Verträgen (Neuverträge) gemeinsam beobachtet und kalkuliert werden können.[4] Nach Nr. 2 sind daher die Vorschriften für die Krankenversicherung (§§ 192–208 VVG nF) bereits mit dem Inkrafttreten des VVG nF, damit ab dem 1.1.2008, auch auf Altverträge anwendbar.[5] Von einer Übergangszeit iSd Art. 1 Abs. 1 wurde abgesehen.[6] Relevant ist dies für aufgrund des VVG nF geänderte AVB und Tarifbestimmungen.[7] Insoweit knüpfen sich an die Anwendbarkeit des VVG nF auf Altverträge ab dem 1.1.2008 nach Nr. 2, ähnlich der Anforderungen aus Art. 1 Abs. 3,[8] **drei Voraussetzungen:**

1. Dem VN ist die Anpassung in Textform mitzuteilen.
2. Die Mitteilung hat spätestens einen Monat vor dem Zeitpunkt, zu dem die Änderung Vertragsbestandteil werden soll, zu erfolgen.
3. In der Mitteilung sind die Unterschiede zu den bisher geltenden AVB kenntlich zu machen.

Das **besondere Anpassungsrecht** nach Nr. 2 bezieht sich ausschließlich auf die §§ 192–208 VVG nF. Hinsichtlich aller anderen für die Krankenversicherung bedeutsamen Neuerungen, insb. den Vorschriften des Allgemeinen Teils, gelten die Voraussetzungen des **allgemeinen Anpassungsrechts** nach Art. 1 Nr. 3. Insoweit sind Bedingungsanpassungen mit Wirkung zum 1.1.2009 möglich.[9]

---

1 Begr. RegE, BT-Drucks. 16/3945, S. 118; vgl auch *Neuhaus*, r+s 2007, 441, 444.
2 S. Marlow/Spuhl/*Marlow*, Rn 1518.
3 Vgl zur Anwendung des § 70 VVG nF auf den Arzt *Wendt/Jularic*, VersR 2008, 41, 45 f.
4 Begr. RegE, BT-Drucks. 16/3945, S. 118 f.
5 Begr. RegE, BT-Drucks. 16/3945, S. 118 f; Marlow/Spuhl/*Marlow*, Rn 1518.
6 Begr. RegE, BT-Drucks. 16/3945, S. 118 f.
7 Vgl *Neuhaus*, r+s 2007, 441, 443.
8 Begr. RegE, BT-Drucks. 16/3945, S. 118 f.
9 S. auch *Schimikowski/Höra*, S. 212; *Höra*, r+s 2008, 89, 95.

IV. Praktischer Hinweis

5 Umstritten ist die Frage,[10] ob aufgrund von Nr. 2 eine **Ergänzung** der Altverträge in den AVB in Hinblick auf § 192 Abs. 2 VVG nF dahingehend möglich war, dass die Leistungspflicht des VR bei medizinisch notwendigen Heilbehandlungsmaßnahmen ausgeschlossen wird, wenn die Aufwendungen für die Heilbehandlung oder sonstigen Leistungen in einem auffälligen Missverhältnis zu den erbrachten Leistungen stehen. Hiergegen lässt sich anführen, dass mit der Einführung des § 192 Abs. 2 VVG tatsächlich gar keine neue Rechtslage begründet wurde (sondern durch die erstmalige gesetzliche Regelung vielmehr lediglich eine Klarstellung erfolgte), so dass es nicht im Sinne des Art. 1 Abs. 3 geboten gewesen ist, die AVB anzupassen. Den VR hätte es freigestanden, bereits in der Gesetzeslage vor der Reform ein **Verbot der Übermaßvergütung** in die VersVerträge aufzunehmen, was jedoch unterblieb. Es sei daher kein Grund zu erkennen gewesen, bei Fehlen einer sachlichen Änderung der Rechtslage die AVB anlässlich der Reform zu Lasten der VN zu ändern.[11] Sinn und Zweck der Nr. 2 sei die Anpassung von AVB-Klauseln an das VVG nF gewesen und nicht die Verschlechterung eines vertraglich zugesagten Leistungsanspruchs.[12]

6 Andererseits – und dies scheint iE ausschlaggebend – entsprach es gerade dem erklärten Zweck des Gesetzgebers, mit der Regelung der Nr. 2 den VR eine Anpassung der AVB an die neue Gesetzeslage zu ermöglichen.[13] Die Regelung des § 192 Abs. 2 VVG nF ist – ob nun dispositiv oder lediglich im Klarstellungsinteresse – neu in das Gesetz aufgenommen worden und begründet erstmals ein gesetzliches Übermaßverbot. Im Interesse der Rechtssicherheit und -klarheit sollte eine größtmögliche Übereinstimmung von gesetzlichem Versicherungsvertragsrecht und Bedingungsrecht hergestellt werden. Dieser Zweck würde verfehlt, wenn ein VR daran gehindert würde, seine AVB anlässlich des Inkrafttretens des neuen VVG an diesem zu orientieren und rechtskonform zu gestalten.[14]

Art. 3 Verjährung

(1) § 195 des Bürgerlichen Gesetzbuchs ist auf Ansprüche anzuwenden, die am 1. Januar 2008 noch nicht verjährt sind.

(2) Wenn die Verjährungsfrist nach § 195 des Bürgerlichen Gesetzbuchs länger ist als die Frist nach § 12 Abs. 1 des Gesetzes über den Versicherungsvertrag in der bis zum 31. Dezember 2007 geltenden Fassung, ist die Verjährung mit dem Ablauf der in § 12 Abs. 1 des Gesetzes über den Versicherungsvertrag in der bis zum 31. Dezember 2007 geltenden Fassung bestimmten Frist vollendet.

(3) ¹Wenn die Verjährungsfrist nach § 195 des Bürgerlichen Gesetzbuchs kürzer ist als die Frist nach § 12 Abs. 1 des Gesetzes über den Versicherungsvertrag in der bis zum 31. Dezember 2007 geltenden Fassung, wird die kürzere Frist vom 1. Januar 2008 an berechnet. ²Läuft jedoch die längere Frist nach § 12 Abs. 1 des Gesetzes über den Versicherungsvertrag in der bis zum 31. Dezember 2007 geltenden Fas-

---

10 S. *Schimikowski/Höra*, S. 213.
11 *Rogler*, VersR 2009, 573, 583 f; ebenso noch die hier in der 1. Aufl. 2008 (Art. 2 EGVVG Rn 5) vertretene Ansicht.
12 So auch *Schimikowsi/Höra*, S. 213; *Höra*, r+s 2008, 89, 96; *Rogler*, VersR 2009, 573, 580, 583; Prölss/Martin/*Armbrüster*, Art. 2 EGVVG Rn 4.
13 BT-Drucks. 16/3945, S. 110.
14 Ebenso Marlow/Spuhl/*Marlow*, Rn 1286, 1523; *Meixner/Steinbeck*, § 10 Rn 5; Langheid/Wandt/*Boetius*, Vor § 192 VVG Rn 1215; Looschelders/Pohlmann/*Brand*, Art. 2 EGVVG Rn 5.

sung früher als die Frist nach § 195 des Bürgerlichen Gesetzbuchs ab, ist die Verjährung mit dem Ablauf der längeren Frist vollendet.
(4) Die Absätze 1 bis 3 sind entsprechend auf Fristen anzuwenden, die für die Geltendmachung oder den Erwerb oder Verlust eines Rechtes maßgebend sind.

I. Normzweck...................... 1	IV. Altverträge, die Lebensversiche-
II. Grundsatz (Abs. 1) 2	rungsverträge sind (Abs. 3) 15
1. Geltung der §§ 195 ff BGB... 2	1. Allgemeines................... 15
2. Verjährungsbeginn 4	2. Früherer Fristablauf der drei-
a) Bis zum 1.1.2008......... 4	jährigen Verjährungsfrist
b) Ab dem 1.1.2008......... 6	(Abs. 3 S. 1).................... 16
3. Fristende...................... 10	3. Späterer Fristablauf der drei-
4. Höchstverjährungsgrenze in	jährigen Verjährungsfrist
§ 199 Abs. 4 BGB 11	(Abs. 3 S. 2).................... 19
III. Altverträge, die nicht Lebensver-	V. Entsprechende Anwendung der
sicherungsverträge sind (Abs. 2).. 12	Abs. 1–3 (Abs. 4) 21

I. Normzweck

Das VVG nF verzichtet weitgehend auf eigene Verjährungsvorschriften. Während bspw nach VVG aF Ansprüche aus dem VersVertrag in zwei Jahren, bei Lebensversicherungen in fünf Jahren verjähren (§ 12 Abs. 1 S. 1 VVG aF), gelten nunmehr die Allgemeinen Vorschriften des BGB.[1] Die Verjährungsfrist, deren Beginn,[2] Dauer und Unterbrechung bestimmen sich zukünftig nach den §§ 195 ff BGB.[3] Die Hemmung der Verjährung wird jedoch mit geringen Änderungen zu § 12 Abs. 2 VVG aF (Schriftformerfordernis wird durch Textform ersetzt) in § 15 VVG nF geregelt. Die veränderte Rechtslage erfordert eine klarstellende Regelung für Altverträge bzw Ansprüche, die bis Inkrafttreten des VVG nF noch nicht verjährt sind. Art. 3 trägt diesem Umstand Rechnung.[4]

II. Grundsatz (Abs. 1)

1. Geltung der §§ 195 ff BGB. Abs. 1 formuliert den **Grundsatz**, nach dem die von § 12 Abs. 1 VVG aF abweichende Verjährungsregelung des § 195 BGB auch auf bei Inkrafttreten des VVG bestehende Ansprüche der Vertragsparteien anzuwenden sind. Dies gilt jedoch nur für Ansprüche, für die zu diesem Zeitpunkt die Verjährung noch nicht eingetreten ist. Abs. 1 greift die Überleitungsregelung von Art. 229 § 6 Abs. 1 S. 1 EGBGB zum Gesetz zur Modernisierung des Schuldrechts vom 26.11.2001[5] auf.[6]

Beispiel: Dem VN stehen aus dem mit dem VR bestehenden VersVertrag aufgrund endgültiger Leistungsablehnung seit dem 1.8.2006 fällige Ansprüche auf Versicherungsleistung zu.

Lösung: Nach § 12 Abs. 1 S. 2 VVG aF ist Verjährungsfristbeginn der 31.12.2006. Nach § 12 Abs. 1 S. 1 VVG aF beträgt die Verjährungsdauer zwei oder fünf Jahre,

---

1 S. Marlow/Spuhl/*Spuhl*, Rn 21; *Meixner/Steinbeck*, § 1 Rn 347; *Rixecker*, zfs 2007, 430, 431; *Hering*, SVR 2008, 5.
2 Zu beachten sind die Sonderregelungen für Ausgleichsansprüche in der Haftpflichtversicherung nach § 116 Abs. 2 VVG nF.
3 S. *Niederleithinger*, A Rn 83; *Deutsch*, Das Versicherungsvertragsrecht – Ein Grundriss, 6. Aufl. 2008, S. 128; *Meixner/Steinbeck*, § 1 Rn 347; *Rixecker*, zfs 2007, 430, 431; *Muschner/Wendt*, MDR 2008, 609.
4 Vgl zur Verjährung *Schimikowski/Höra*, S. 221; *Muschner/Wendt*, MDR 2008, 609; vgl zu den Übergangsvorschriften *Neuhaus*, r+s 2007, 441.
5 BGBl. I S. 3138.
6 Begr. RegE, BT-Drucks. 16/3945, S. 119.

je nach Vertragsart (vgl § 12 Abs. 1 VVG aF). Verjährungsfristende ist am 31.12.2008 oder am 31.12.2011. Dem Grundsatz nach gilt Abs. 1, wonach nunmehr die dreijährige Verjährungsfrist des § 195 BGB maßgeblich wäre. Zu beachten sind jedoch die Ausnahmen in Abs. 2 und 3.

4 **2. Verjährungsbeginn. a) Bis zum 1.1.2008.** Abs. 1 regelt lediglich, dass auf Altverträge die dreijährige Verjährungsfrist anzuwenden ist. Nach dem Regelungsinhalt ist § 195 BGB auf Ansprüche anzuwenden, die am 1.1.2008 noch nicht verjährt sind. Offen bleibt, ob diese Ansprüche nur entstanden oder bereits fällig sein müssen.[7]

5 Der **BGH** hat in seiner Entscheidung vom 16.4.2014[8] hierzu unter Bezugnahme auf die Überleitungsregel des Art. 229 § 6 EGBGB dargestellt, dass es zur Einschlägigkeit des Regelungsgehalts des Abs. 1 lediglich des **Bestehens**, nicht aber der Fälligkeit zum Stichtag (1.1.2008) bedürfe. Zur Entstehung eines Anspruchs gehöre lediglich, dass dieser nach Inhalt, Gläubiger und Schuldner bekannt sei.[9] Doch selbst (und erst recht) auf Ansprüche, die erst **nach** dem im Gesetz genannten Stichtag (1.1.2008) entstanden sind, aber auf vor diesem Stichtag begründeten Schuldverhältnissen beruhen, finde die Übergangsregelung **analoge Anwendung**.[10]

Werde sodann Art. 3 auf nach dem 1.1.2008 entstandene Ansprüche aus Altverträgen angewandt, sei nicht nur Abs. 1, sondern seien auch die Bestimmungen über den Fristenvergleich nach Abs. 2 und 3 heranzuziehen. Deren Berücksichtigung sei gerade durch den vom Gesetzgeber gewollten Vertrauensschutz geboten. Der Gesetzgeber sei sich bewusst gewesen, dass es sich beim neuen VVG um eine unechte Rückwirkung handele und in bestehende Vertragsverhältnisse mit Bestandsschutz eingegriffen werde. In diesem Kontext habe er die Übergangsvorschrift des Art. 1 Abs. 1 geschaffen und eine einjährige Übergangsfrist eingeräumt. Eine unmodifizierte Geltung des neuen Verjährungsrechts für Altverträge schon zum 1.1.2008 vernachlässige Gesichtspunkte des Vertrauensschutzes und widerspreche letztlich auch dem in Art. 1 Abs. 1, Art. 3 Abs. 1 zum Ausdruck gekommenen Willen des Gesetzgebers.[11]

Aus diesem Grund unterfallen auch im Jahr 2008 (nach dem gesetzlichen Stichtag) entstandene Prämienansprüche aus Altverträgen der zweijährigen Verjährungsfrist des § 12 Abs. 1 S. 1 VVG aF und nicht der dreijährigen Frist des § 195 BGB.[12]

6 **b) Ab dem 1.1.2008.** Während bei Altverträgen der Beginn idR allein vom Element der Fälligkeit des Anspruchs abhing, gilt für Neuverträge insoweit nunmehr das subjektive System des § 199 BGB. Voraussetzungen für den Beginn der Verjährungsfrist sind nunmehr

- Fälligkeit und

- Kenntnis bzw grob fahrlässige Unkenntnis des VN vom Anspruch.

---

7 Für den Verjährungsbeginn nach § 12 Abs. 1 S. 2 VVG aF kam es nach stRspr nicht auf die Entstehung, sondern die Fälligkeit des Anspruchs an, BGH 10.5.1983 – IVa ZR 74/81, VersR 1983, 673 = NJW 1983, 2882 = r+s 1983, 169; BGH 13.3.2002 – IV ZR 40/01, VersR 2002, 698 = NVersZ 2002, 309 = NJW-RR 2002, 892 = r+s 2002, 217.
8 BGH 16.4.2014 – IV ZR 153/13, VersR 2014, 735.
9 Staudinger/Peters/*Jacoby*, BGB, Neubearb. 2009, § 194 Rn 8.
10 So bereits zu Art. 229 § 6 Abs. 1 S. 1 EGBGB: BGH 26.10.2005 – VIII ZR 359/04; BGH 19.1.2005 – VIII ZR 114/04, BGHZ 162, 30, 35.
11 BGH 16.4.2014 – IV ZR 153/13, VersR 2014, 735.
12 BGH 16.4.2014 – IV ZR 153/13, VersR 2014, 735 – insoweit die Entscheidung des OLG München 22.3.2013 – 25 U 3764/12, VersR 2013, 1245 abändernd; dem BGH folgend OLG Düsseldorf 29.9.2014 – I-4 U 62/13.

Die **Fälligkeit** von Geldleistungen[13] wird bei Neuverträgen nunmehr in § 14 Abs. 1 VVG nF geregelt. Die Vorschrift gleicht sachlich § 11 Abs. 1 VVG aF. Nach § 14 Abs. 1 VVG nF werden Geldleistungen erst mit der Beendigung der zur Feststellung des Versicherungsfalles und des Umfangs der Leistung des VR notwendigen Erhebung fällig. Da § 14 Abs. 1 VVG nF nach § 18 VVG nF nicht zwingend ist,[14] können sich Abweichungen aus den AVB ergeben.

Anders als der Wortlaut des § 12 Abs. 1 VVG aF knüpft § 199 Abs. 1 BGB für den Beginn des Verjährungsfristenlaufs nicht nur an die objektive Voraussetzung der Fälligkeit des Anspruchs auf Versicherungsleistung an. Vielmehr stellt § 199 Abs. 1 BGB für den Beginn der Verjährung kumulativ zusätzliche subjektive Anforderungen. Es muss **Kenntnis** oder **grob fahrlässige Unkenntnis** des Gläubigers von den „den Anspruch begründenden Tatsachen und der Person des Schuldners" bestanden haben. In den meisten Versicherungsverhältnissen setzt allerdings bereits die Begründung der Fälligkeit eines Anspruchs Mitwirkungshandlungen des VN (zB die Anzeige des Versicherungsfalles oder die Beibringung von Unterlagen) voraus.[15] Es liegt daher in der Natur der Sache, dass der VN in diesen Fällen bereits Kenntnis von den anspruchsbegründenden Tatsachen hat. Ein VN kann keinen Versicherungsfall anmelden, den er nicht kennt. Das subjektive Element wird daher in der Praxis eher selten Bedeutung erlangen.[16]

Wie schon nach § 12 Abs. 1 S. 2 VVG aF beginnt auch gem. § 199 Abs. 1 BGB die Verjährung nicht in dem Zeitpunkt, in dem die Voraussetzungen der Fälligkeit nach § 199 Abs. 1 Nr. 1 BGB und der Kenntnis bzw grob fahrlässigen Unkenntnis nach § 199 Abs. 1 Nr. 2 BGB vorliegen, sondern erst **mit Schluss des Jahres**, in dem die Voraussetzungen erstmals vorliegen. Diese sog. **Ultimoverjährung**[17] erleichtert dem Gläubiger die Kontrolle des Verjährungsablaufs ausstehender Forderungen.[18]

3. Fristende. Das Fristende bestimmt sich anhaltend nach § 188 Abs. 2 BGB. Da sich die Regelverjährung auf einen mehrere Monate umfassenden Zeitraum erstreckt, nämlich drei Jahre, und sie idR mit Abschluss des Jahres am 31.12. beginnt, endet die Frist gem. § 188 Abs. 2 BGB idR nach Ablauf der drei Jahre am 31.12. Dies gilt jedoch nur dann, wenn keine Hemmung nach § 15 VVG nF eingetreten ist.

4. Höchstverjährungsgrenze in § 199 Abs. 4 BGB. Es gilt die Höchstverjährungsgrenze nach § 199 Abs. 4 BGB. Hiernach ist für Ansprüche unabhängig von der Kenntnis oder grob fahrlässigen Unkenntnis für solche Ansprüche, die nicht Schadensersatzansprüche sind (damit auch Leistungsansprüche aus dem VersVertrag), eine Höchstverjährungsgrenze von zehn Jahren vorgesehen.

III. Altverträge, die nicht Lebensversicherungsverträge sind (Abs. 2)

Abs. 2 trifft Regelungen für Altverträge, die nicht Lebensversicherungsverträge sind („Wenn die Verjährungsfrist nach § 195 des Bürgerlichen Gesetzbuchs *länger* ist als die Frist nach § 12 Abs. 1 des Gesetzes über den Versicherungsvertrag in der bis zum 31. Dezember 2007 geltenden Fassung, ..."). Die Verjährungsfrist nach § 195 BGB beträgt drei Jahre und ist damit lediglich länger als die bisherige Frist von zwei Jahren nach § 12 Abs. 1 VVG (aber kürzer als die für Lebensversicherungen geltende Fünf-Jahres-Frist).

---

13 Die Fälligkeit anderer Leistungen des VR, wie zB die Rechtsschutzleistungen des Haftpflichtversicherers (insoweit ist jedoch § 106 VVG nF zu beachten), bestimmt sich weiterhin nach allgemeinem BGB (s. Marlow/Spuhl/*Spuhl*, Rn 24).
14 S. Marlow/Spuhl/*Spuhl*, Rn 24; *Meixner/Steinbeck*, § 1 Rn 348.
15 S. auch *Meixner/Steinbeck*, § 1 Rn 345.
16 So auch Marlow/Spuhl/*Spuhl*, Rn 27; *Grote/Schneider*, BB 2007, 2869, 2700.
17 S. *Pohlmann*, Jura 2005, 1, 4.
18 S. HK-BGB/*Dörner*, § 199 Rn 2 Fn 9.

13 Nach Abs. 2 ist für die Vollendung der Verjährung der Zeitpunkt maßgeblich, zu dem die kürzere Frist abläuft,[19] mithin die nach § 12 Abs. 1 VVG aF.[20]

14 **Beispiel:** Dem VN stehen aus dem mit dem VR bestehenden Diebstahlversicherungsvertrag aufgrund endgültiger Leistungsablehnung des VR seit dem 2.9.2006 fällige Ansprüche auf Versicherungsleistung zu.
Lösung: Nach § 12 Abs. 1 S. 2 VVG aF ist Verjährungsfristbeginn der 31.12.2006. Dem Grundsatz nach gilt Abs. 1, wonach die dreijährige Verjährungsfrist des § 195 BGB maßgeblich wäre. Nach § 12 Abs. 1 S. 1 VVG aF beträgt die Verjährungsdauer jedoch lediglich zwei Jahre. Nach Abs. 2 ist für den Ablauf der Verjährungsfrist mithin der Zeitpunkt maßgeblich, zu dem die kürzere Frist, die nach § 12 Abs. 1 S. 1 VVG aF, ausläuft. Verjährungsfristende ist danach gem. § 188 Abs. 2 BGB der 31.12.2008, Verjährungseintritt der 1.1.2009.

IV. Altverträge, die Lebensversicherungsverträge sind (Abs. 3)

15 **1. Allgemeines.** Die in dieser Vorschrift geregelten Fälle betreffen die Lebensversicherung („Wenn die Verjährungsfrist nach § 195 des Bürgerlichen Gesetzbuchs *kürzer* ist als die Frist nach § 12 Abs. 1 des Gesetzes über den Versicherungsvertrag in der bis zum 31. Dezember 2007 geltenden Fassung, ..."). Für die Lebensversicherung galt zuvor nach § 12 Abs. 1 VVG aF die Verjährungsfrist von fünf Jahren. Für sie soll künftig ebenfalls die generelle Frist von drei Jahren gelten. Die Berechnung des Fristablaufs in den S. 1 und 2 entspricht der Überleitungsregelung von Art. 229 § 6 Abs. 4 EGBGB.[21]

16 **2. Früherer Fristablauf der dreijährigen Verjährungsfrist (Abs. 3 S. 1).** Die Regelung in Abs. 3 S. 1 ist im Zusammenhang mit der in Abs. 3 S. 2 zu lesen. Hieraus ergibt sich, dass S. 1 die Fälle erfasst, in denen die dreijährige Verjährungsfrist nach § 195 BGB früher abläuft als die fünfjährige Verjährungsfrist nach § 12 Abs. 1 VVG aF; in diesem Fall ist der Fristablauf nach § 195 BGB maßgeblich.[22]

17 Es ist dem VR nicht nach § 242 BGB verwehrt, sich auf Verjährung zu berufen, wenn er den VN nicht über den kürzeren Verjährungslauf belehrt hat. Es besteht keine Verpflichtung des VR, den VN über die Änderungen der Rechtsfolgen im Verjährungsrecht nach Art. 3 zu informieren.[23] Folglich steht dem VN, der Leistungsansprüche nach Maßgabe des Art. 3 hat verjähren lassen, auch kein korrespondierender Schadensersatzanspruch wegen Beratungsunterlassens nach § 6 VVG gegen den VR zu.

18 **Beispiel:** Dem VN stehen aus dem mit dem VR bestehenden Lebensversicherungsvertrag aufgrund endgültiger Leistungsablehnung seit dem 3.10.2007 Ansprüche auf Versicherungsleistung zu.
Lösung: Nach § 12 Abs. 1 S. 2 VVG aF ist Verjährungsfristbeginn der 31.12.2007. Nach § 12 Abs. 1 S. 1 VVG aF beträgt die Verjährungsdauer fünf Jahre. Hiernach ist Verjährungsfristende der 31.12.2012. S. 1 bestimmt, dass die kürzere Frist nach § 195 BGB (drei Jahre statt fünf Jahre) ab dem 1.1.2008 zu laufen beginnt. Gemäß § 188 Abs. 2 BGB ist Verjährungsfristende am 1.1.2011. Nach Abs. 3 S. 1 ist dies der maßgebliche Fristablauf, so dass Verjährungseintritt der 1.1.2011 ist.

19 **3. Späterer Fristablauf der dreijährigen Verjährungsfrist (Abs. 3 S. 2).** In S. 2 ist der entgegengesetzte Fall zu S. 1 geregelt. Die Vorschrift erfasst diejenigen Fälle, in denen die dreijährige Verjährungsfrist nach § 195 BGB später abläuft als die fünfjährige Verjährungsfrist nach § 12 Abs. 1 VVG aF.

---

19 Begr. RegE, BT-Drucks. 16/3945, S. 119.
20 So auch OLG Köln 26.6.2012 – 9 U 3/12, VersR 2013, 1438.
21 Begr. RegE, BT-Drucks. 16/3945, S. 119.
22 OLG Stuttgart 3.4.2014 – 7 U 228/13, juris.
23 OLG Stuttgart 3.4.2014 – 7 U 228/13, juris.

Beispiel: Dem VN stehen seit dem 16.4.2005 aus dem mit dem VR bestehenden 20
Lebensversicherungsvertrag Ansprüche auf Versicherungsleistung zu.
Lösung: Nach § 12 Abs. 1 S. 2 VVG aF ist Verjährungsfristbeginn der 31.12.2005.
Nach § 12 Abs. 1 S. 1 VVG aF beträgt die Verjährungsdauer fünf Jahre. Hiernach
ist Verjährungsfristende der 31.12.2010. Die Regelung des Abs. 3 S. 1 bestimmt,
dass die kürzere Frist nach § 195 BGB (drei Jahre statt fünf Jahre) ab dem
1.1.2008 zu laufen beginnt. Gemäß § 188 Abs. 2 BGB ist Verjährungsfristende am
1.1.2011. Damit läuft die längere Frist nach § 12 Abs. 1 VVG aF früher ab als die
Frist nach § 195 BGB. Nach Abs. 3 S. 2 ist in diesem Fall die Verjährung mit dem
Ablauf der längeren Frist (die des § 12 Abs. 1 VVG aF) vollendet. Verjährungseintritt ist damit der 1.1.2011.

V. Entsprechende Anwendung der Abs. 1–3 (Abs. 4)

Die Vorschrift des Abs. 4 trägt dem Umstand Rechnung, dass das VVG nF in mehreren Vorschriften Fristen enthält, die für die Geltendmachung oder den Erwerb 21
oder Verlust eines Rechts maßgeblich sind (vgl § 158 Abs. 2 VVG nF). Auf diese
Fristen und deren Berechnung sind die Abs. 1–3 entsprechend anzuwenden. Dies
entspricht der Regelung von Art. 229 § 6 Abs. 5 EGBGB.

Besondere Bedeutung erlangt die Regelung des Abs. 4 im Zusammenhang mit der 22
neu in das VVG eingeführten Frist zur Ausübung des **Sonderkündigungsrechts bei
langfristigen Verträgen** in § 11 Abs. 4 VVG nF. Diese Vorschrift sieht vor, dass Verträge mit einer Laufzeit von mehr als drei Jahren zum Schluss des dritten oder jedes darauf folgenden Jahres unter Einhaltung einer Frist von drei Monaten gekündigt werden können. Es ist umstritten, wie die Fristberechnung bei Altverträgen in
der Übergangszeit zu erfolgen hat.

Teilweise wird die Auffassung vertreten, es folge aus der Regelung des Art. 1 23
Abs. 1, dass mit Ablauf des Übergangsjahres zum 31.12.2008 auch die Regelung
des § 11 Abs. 4 VVG nF (und die darin geregelte Drei-Jahres-Frist) auf Altverträge
zurückwirke.[24] Dies hätte zur Folge, dass etwa ein zum 1.1.2007 geschlossener
Fünf-Jahres-Vertrag (vgl § 8 Abs. 2 S. 1 VVG aF) bereits nach drei Jahren zum Ende des Kalenderjahres 2009 kündbar wäre. Ein solches Verständnis würde jedoch
wohl dazu führen, dass mit der rückwirkenden Anwendung einer kürzeren Kündigungsfrist auf Altverträge nachträglich in bereits abgeschlossene Kalkulationen der
VR eingegriffen würde, die etwa beim Abschluss von Fünf-Jahres-Verträgen den
VN regelmäßig Dauerrabatte eingeräumt haben.[25] Hiermit wäre eine verfassungsrechtlich problematische echte Rückwirkung des neuen VVG begründet.[26]

Es scheint mithin allein die Auffassung zutreffend, dass der Lauf der neuen Drei- 24
Jahres-Frist des § 11 Abs. 4 VVG nF gem. Abs. 4 iVm Abs. 3 erst zum 1.1.2008
beginnt.[27] Die Regelung des § 11 Abs. 4 VVG nF stellt eine Frist iSd Abs. 4 dar, die
für den Erwerb eines (Kündigungs-)Rechts maßgebend ist, so dass bereits nach

---

24 LG Berlin 31.10.2012 – 23 S 46/12, VersR 2013, 1115; AG Düsseldorf 20.1.2010 – 45
C 10776/09, VuR 2010, 197; *Ombudsmann*, VersR 2009, 913; Langheid/Wandt/*Fausten*, § 11 Rn 195; Schwintowski/Brömmelmeyer/*Ebers*, § 11 VVG Rn 51; *Steinbeck/
Schmitz-Elvenich*, VW 2009, 1251; Marlow/Spuhl/*Spuhl*, Rn 12.
25 *Funck/Pletsch*, VersR 2009, 615, 616.
26 *Funck/Pletsch*, VersR 2009, 615, 617.
27 LG Düsseldorf 26.2.2010 – 20 S 173/09, n.v.; AG Düsseldorf 17.11.2009 – 23 C
6280/09, n.v.; AG Düsseldorf 30.10.2009 – 41 C 5309/09, NJW-RR 2010, 908; AG
Daun 16.9.2009 – 3 a C 129/09, VersR 2009, 1522; AG Eschweiler 17.11.2009 – 21 C
243/09, juris; *Funck/Pletsch*, VersR 2009, 615; *Neuhaus/Kloth/Köther*, ZfV 2009, 180;
W.T. Schneider, VersR 2008, 859; Looschelders/Pohlmann/*C. Schneider*, § 11 VVG
Rn 49; Prölss/Martin/*Armbrüster*, Art. 3 EGVVG Rn 4; Prölss/Martin/*Armbrüster*, § 11
VVG Rn 11.

dem Wortlaut dieses Gesetzesverständnis zutreffend erscheint. Da die neue Frist des § 11 Abs. 4 VVG nF (drei Jahre) kürzer ist als die alte Frist des § 8 Abs. 2 S. 1 VVG aF (fünf Jahre), läuft ab dem 1.1.2008 die kürzere Frist (Abs. 4 iVm Abs. 3 S. 1). Ist hingegen der Ablauf der alten Frist (fünf Jahre) früher als der Ablauf der (ab dem 1.1.2008 laufenden) neuen Frist, ist der Ablauf der alten Frist für die Ausübung des Kündigungsrechts maßgebend (Abs. 4 iVm Abs. 3 S. 2).

25 Die Regelung des Abs. 4 ist dagegen nicht auf Fristen anzuwenden, die erstmalig in das VVG nF eingeführt werden (vgl zB die Ausschlussfrist nach § 21 Abs. 3 S. 1 VVG).[28]

Art. 4 Lebensversicherung, Berufsunfähigkeitsversicherung

(1) [1]§ 153 des Versicherungsvertragsgesetzes ist auf Altverträge nicht anzuwenden, wenn eine Überschussbeteiligung nicht vereinbart worden ist. [2]Ist eine Überschussbeteiligung vereinbart, ist § 153 des Versicherungsvertragsgesetzes ab dem 1. Januar 2008 auf Altverträge anzuwenden; vereinbarte Verteilungsgrundsätze gelten als angemessen.

(2) Auf Altverträge ist anstatt des § 169 des Versicherungsvertragsgesetzes, auch soweit auf ihn verwiesen wird, § 176 des Gesetzes über den Versicherungsvertrag in der bis zum 31. Dezember 2007 geltenden Fassung weiter anzuwenden.

(3) Auf Altverträge über eine Berufsunfähigkeitsversicherung sind die §§ 172, 174 bis 177 des Versicherungsvertragsgesetzes nicht anzuwenden.

I. Normzweck

1 Art. 4 trifft Regelungen für die Lebens- und die Berufsunfähigkeitsversicherung. Abs. 1 und 2 enthalten für einige „sensible"[1] Bereiche der Lebensversicherung (§§ 150–171 VVG nF) spezielle Übergangsregelungen, teilweise mit dauerhaften Folgen. Die Vorschriften haben im Rahmen des Gesetzgebungsprozesses eine letztmalige Änderung durch die Beschlussempfehlung und den Bericht des Rechtsausschusses erfahren.[2] Abs. 3 trifft Regelungen in Hinblick auf die Berufsunfähigkeitsversicherung.

II. Lebensversicherung – Überschussbeteiligung (Abs. 1)

2 **1. Inkrafttreten.** In Hinblick auf die vom BVerfG[3] gesetzte Frist zur Umsetzung seiner Urteile vom 26.7.2005 ist § 153 VVG nF am 1.1.2008 in Kraft getreten.[4] Abs. 1 stellt Alt- und Neuverträge gleich, greift jedoch nicht in abgeschlossene kalkulatorische Vorgänge ein, sondern wirkt für die Zukunft.[5]

3 Durch die Änderung in der Beschlussempfehlung und den Bericht des Rechtsausschusses[6] wurde lediglich klargestellt, dass § 153 VVG nF insgesamt anwendbar ist, wenn eine Überschussbeteiligung vereinbart ist. Der zuvor versehentlich nicht erfasste § 153 Abs. 4 VVG wurde einbezogen.

4 **2. Überschussbeteiligung nicht vereinbart (Abs. 1 S. 1).** Für Altverträge, die Lebensversicherungsverträge sind und in denen keine Überschussbeteiligung verein-

---

28 Begr. RegE, BT-Drucks. 16/3945, S. 119.
1 So *Neuhaus*, r+s 2007, 441, 443.
2 Vgl BT-Drucks. 16/5862, S. 71, 100.
3 BVerfG 26.7.2005 – 1 BvR 782/94 und 1 BvR 957/96, VersR 2005, 1109 = NJW 2005, 2376; BVerfG 26.7.2005 – 1 BvR 80/95, VersR 2005, 1127.
4 Zu den allg. Erwägungen des § 153 VVG nF vgl RegE BT-Drucks. 16/3945, S. 50 ff.
5 Begr. RegE, BT-Drucks. 16/3945, S. 95.
6 Vgl BT-Drucks. 16/5862, S. 71, 100.

bart worden ist, gilt der nach § 153 VVG nF grundsätzliche Anspruch auf Beteiligung am Überschuss und an den Bewertungsreserven auch nach Ablauf der Übergangszeit ab dem 1.1.2009 nicht. Altverträge, die bisher keine Überschussbeteiligung vorsehen, werden daher durch das VVG nF nicht zu überschussbeteiligten Verträgen.[7] Soweit eine Überschussbeteiligung an älteren Lebensversicherungsverträgen nicht vorgesehen ist, soll sie auch durch die gesetzliche Neuregelung nicht begründet werden.[8]

3. Überschussbeteiligung vereinbart (Abs. 1 S. 2 Hs 1). Für Altverträge, die Lebensversicherungsverträge sind und in denen eine Überschussbeteiligung vereinbart worden ist, gelten dagegen alle Regelungen des § 153 VVG nF sofort und ohne Übergangszeit. Alt- und Neuverträge werden gleich behandelt. Die Regelung wirkt nur für die Zukunft.[9] Ist ein Lebensversicherungsvertrag bereits vor Inkrafttreten des neuen VVG (1.1.2008) abgewickelt oder zumindest fällig geworden, gilt § 153 VVG nF also nicht.[10]

Noch nicht abschließend geklärt ist, wie sich die Regelung des Abs. 1 S. 2 zur konkurrierenden Regelung des Art. 1 Abs. 2 verhält.[11] Nach letzterer ist das VVG aF dann weiter anzuwenden, wenn bei einem Altvertrag bis zum 31.12.2008 ein Versicherungsfall eingetreten ist. In der Lebensversicherung stellen sowohl das Erreichen des vereinbarten Ablauftermins (Erlebensfall) als auch der Tod der versicherten Person (Todesfall) den Versicherungsfall dar. In den Fällen des Art. 1 Abs. 2 wäre – entgegen der Regelung des Abs. 1 S. 2 – der gesetzliche Anspruch auf eine Beteiligung an den Bewertungsreserven nicht gegeben.[12] Nach Sinn und Zweck des Abs. 1 S. 2 sowie aus seiner systematischen Stellung lässt sich sowohl ein Vorrang des Art. 1 Abs. 2 als auch – gegenteilig – eine Spezialität des Abs. 1 vertreten.[13]

4. Vermutung der Angemessenheit (Abs. 1 S. 2 Hs 2). Durch die Formulierung „Vereinbarte Verteilungsgrundsätze gelten als angemessen" wird klargestellt, dass in abgeschlossene kalkulatorische Vorgänge nicht eingegriffen werden soll. Die in den Altverträgen vereinbarten Verteilungsgrundsätze sind als angemessen zu betrachten.

III. Lebensversicherung – Frühstornofälle (Abs. 2)

Mit Urteil vom 12.10.2005[14] hat der BGH festgestellt, dass das für den Rückkaufwert geltende Recht v.a. hinsichtlich der Frühstornofälle den kündigenden VN unangemessen benachteiligt. Das BVerfG hat sich dem mit Beschluss vom 15.2.2006[15] angeschlossen.

Ursprünglich war im RegE vorgesehen, dass Abs. 2 dieser Rspr Rechnung trägt, indem die Neuregelung des Rückkaufswertes in § 169 VVG nF sowie die hieran anknüpfenden Vorschriften der §§ 165 und 166 VVG nF über die prämienfreie Versicherung auch auf Altverträge, die bei Inkrafttreten dieser Regelung bestehen, erstreckt werden. Eine Verweisung auf § 11c VAG sollte klarstellen, dass es für den Altbestand im Sinn dieser Vorschrift bei den von der Aufsichtsbehörde genehmigten Stornoklauseln bleibt.[16] Abs. 2 ist in der Beschlussempfehlung und dem Be-

---

7 Vgl *Neuhaus*, r+s 2007, 441, 443.
8 Vgl *Schimikowski/Höra*, S. 220.
9 S. *Neuhaus*, r+s 2007, 441, 443.
10 Schwintowski/Brömmelmeyer/*Ortmann*, § 153 VVG Rn 5; Looschelders/Pohlmann/*Brand*, Art. 4 EGVVG Rn 3.
11 Vgl hierzu ausf. Marlow/Spuhl/*Grote*, Rn 1026 ff.
12 Marlow/Spuhl/*Grote*, Rn 1030.
13 Marlow/Spuhl/*Grote*, Rn 1026 ff.
14 BGH 12.10.2005 – IV ZR 162/03, VersR 2005, 1565.
15 BVerfG 15.2.2006 – 1 BvR 1317/96, NJW 2006, 1783.
16 Begr. RegE, BT-Drucks. 16/3945, S. 119.

richt des Rechtsausschusses abgeändert worden.[17] Nunmehr soll nur § 169 VVG für Neuverträge gelten. Die Neuregelung greift in Kalkulationsvorhaben der Lebensversicherung ein.[18] Für Frühstornofälle bei Altverträgen bleibt es daher bei der Anwendung des § 176 VVG aF in einer Ausprägung durch die Rspr.[19] Das betrifft nicht nur den allgemeinen Übergangszeitraum bis zum 31.12.2008, sondern reicht bis zum Vertragsende.[20] Ein ab 2008 jahrzehntelanges Nebeneinander von laufenden Altverträgen, für die § 176 VVG aF bis zu ihrer Beendigung weiter gilt, und Neuverträgen, für die § 169 VVG gilt, ist damit möglich. § 176 VVG aF wird insoweit für die Praxis noch lange Bedeutung haben.[21] Wird ein Altvertrag gekündigt, ist somit weiterhin der Zeitwert nach § 176 Abs. 3 VVG nF und nicht das Deckungskapital auszuzahlen.

10 Das bisherige Recht gilt für Altverträge in Bezug auf Rückkaufswert und Stornokostenabzug bis zum Vertragsende weiter. Dies hat zur Folge, dass[22]

- auf vor der Deregulierung im Jahre 1994 abgeschlossene Verträge die noch aufsichtsamtlich genehmigen AVB Anwendung finden,[23]
- für zwischen 1994 und 2001 abgeschlossene Verträge aufgrund nicht mehr aufsichtsamtlich genehmigter AVB auf die Grundsätze des BGH im Urteil von 12.10.2005 abzustellen ist,[24]
- Gleiches für zwischen 2001 und 1.1.2008 abgeschlossene Verträge gilt.[25]

IV. Berufsunfähigkeitsversicherung (Abs. 3)

11 **1. Gesetzliche Regelung.** Die Regelung des Abs. 3 betrifft die erstmals in das VVG nF eingeführten Sonderbestimmungen zur Berufsunfähigkeitsversicherung. Die weit reichenden Änderungen im Allgemeinen Teil werden davon nicht berührt.[26] Da ausdrückliche gesetzliche Regelungen für Berufsunfähigkeitsversicherungsverträge bisher nicht bestanden, wurden sie zwar grds. der Lebensversicherung zugerechnet, in der Praxis jedoch im Einzelnen nur durch AVB geregelt.

12 **2. §§ 172, 174–177 VVG nF.** Auf Altverträge finden § 172 VVG nF sowie §§ 174–177 VVG nF keine Anwendung. In Bezug auf Klauseln, die eine Leistung des VR beschreiben bzw. das Nachprüfungsverfahren regeln, verbleibt es bei den Bestimmungen der AVB. Dies gilt über den 31.12.2008 hinaus bis zum Ablauf der Verträge. Denn Art. 1 Abs. 1, der festlegt, dass das VVG nF ab dem 1.1.2009 auch auf Altverträge Anwendung findet, wird durch die Sonderregelung in Abs. 3 verdrängt.[27]

---

17 Vgl BT-Drucks. 16/5862, S. 71, 100.
18 Vgl *Schimikowski/Höra*, S. 181.
19 S. *Marlow/Spuhl*, 2. Aufl., S. 141.
20 S. *Schimikowski/Höra*, S. 181.
21 So auch *Neuhaus*, r+s 2007, 441, 443.
22 S. auch Hinweise in *Schimikowski/Höra*, S. 181.
23 Vgl BGH 23.11.1994 – IV ZR 124/93, BGHZ 128, 54 = VersR 1995, 77 = r+s 1997, 169 = NJW 1995, 589; BVerfG 26.7.2005 – 1 BvR 782/94 und 1 BvR 957/96, VersR 2005, 1109 = NJW 2005, 2376.
24 Vgl BGH 9.5.2001 – IV ZR 138/99, VersR 2001, 839; BGH 9.5.2001 – IV ZR 121/00, VersR 2001, 841; BGH 12.10.2005 – IV ZR 162/03, VersR 2005, 1565.
25 Nach der Entscheidung des BGH 25.7.2012 – IV ZR 201/10, VersR 2012, 1149 hielten die Klauseln in den AVB zu Rückkaufswert und Stornokosten dem Transparenzgebot nicht stand und waren wegen Intransparenz nach § 307 Abs. 1 S. 2 BGB unwirksam. Die Grundsätze der Entscheidung vom 12.10.2005 (BGH 12.10.2005 – IV ZR 162/03, VersR 2005, 1565) können deshalb übertragen werden.
26 Vgl *Schimikowski/Höra*, S. 198.
27 S. *Schimikowski/Höra*, S. 198.

Dass § 176 VVG nF, der eine entsprechende Anwendung der §§ 150–170 VVG auf die Berufsunfähigkeit vorsieht, auf Altverträge keine Anwendung findet, ist bedeutungslos.[28] Rspr und Lit. haben von jeher das Recht der Lebensversicherung in dem aus § 176 VVG nF ersichtlichen Maß auf Berufsunfähigkeitsversicherungen angewendet. Für § 177 VVG nF verhält es sich ähnlich.[29] Die AVB von Erwerbsunfähigkeitsversicherungen, auf die sich das Regelungswerk in erster Linie bezieht,[30] sind in der Praxis an die MB-BUZ angepasst, wenn von der Beschreibung des Versicherungsfalles abgesehen wird.[31]

3. Anwendung des § 173 VVG nF. In seiner Beschlussempfehlung und seinem Bericht hat der Rechtsausschuss festgestellt,[32] dass § 173 VVG nF, wonach der VR nach einem Leistungsantrag bei Fälligkeit in Textform zu erklären hat, ob er seine Leitungspflicht anerkennt, einem dringenden Bedürfnis der Praxis entspricht. § 173 VVG nF, der im RegE noch ausgeschlossen war, ist deswegen auch auf Altverträge anwendbar. Im Unterschied zu den Regelungen zur Überschussbeteiligung in der Lebensversicherung hat der Gesetzgeber allerdings das sofortige Inkrafttreten des § 173 VVG nF am 1.1.2008 nicht angeordnet. Die Vorschrift gilt daher nach der Grundregel des Art. 1 Abs. 1 für Altverträge erst ab dem 1.1.2009.[33] Aufgrund des halbzwingenden Charakters der Norm sind Abweichungen in den AVB der Altverträge nur betroffen, wenn sie zum Nachteil des VN abweichen.[34] Bei den gängigen AVB der Berufsunfähigkeitsversicherung ist dies nicht der Fall.[35]

4. Befristetes Anerkenntnis nach § 173 Abs. 2 VVG nF. Dem VR steht nach Art. 1 Abs. 3 ein Bedingungsanpassungsrecht für Altverträge zu, soweit seine AVB von den Neuregelungen abweichen. Für die Berufsunfähigkeitsversicherung ist insoweit fraglich, ob die in § 173 Abs. 2 VVG nF vorgesehene Möglichkeit eines allgemeinen befristeten Anerkenntnisses in Altverträge des VN eingeführt werden kann. Nach dem Gesetzeswortlaut ist eine solche Änderung durchaus umfasst. Dem entspricht auch die Gesetzesbegründung,[36] nach der eine Bedingungsanpassung dann zulässig ist, „als sie auf Grund einer Änderung des bisherigen Rechts geboten ist".

Hiergegen werden in Bezug auf die möglichen vertraglichen Nachteile für den VN Bedenken erhoben.[37] Diese könnten sich auch in Hinblick auf die durch die Rspr entwickelten engeren Grenzen bei individualvertraglichen Vereinbarungen ergeben.[38] Es wird jedoch auch eingeräumt, dass VersVerträge, in denen zu weitgehende Befristungsmöglichkeiten vorgesehen sind, aufgrund deren Unwirksamkeit nach den §§ 305 ff BGB durch die gesetzliche Vorschrift des § 173 Abs. 2 VVG nF ergänzt werden könnten, was § 306 Abs. 2 BGB entspräche.[39] Insgesamt ist die Zulässigkeit einer zeitlichen Begrenzung des Anerkenntnisses im Interesse beider Parteien, weil dadurch in Zweifelsfällen bis zur abschließenden Klärung eine vorläufige Entscheidung ermöglicht wird, was auch den VN schützt.[40]

---

28 S. *Schimikowski/Höra*, S. 198.
29 Vgl *Schimikowski/Höra*, S. 198.
30 Vgl Begr. RegE, BT-Drucks. 16/3845, S. 107.
31 S. *Schimikowski/Höra*, S. 198.
32 Vgl BT-Drucks. 16/5862, S. 71, 100.
33 So auch Looschelders/Pohlmann/*Brand*, Art. 4 EGVVG Rn 8.
34 Vgl Marlow/Spuhl/*Marlow*, Rn 1223.
35 So *Schimikowski/Höra*, S. 198.
36 Begr. RegE, BT-Drucks. 16/3945, S. 107.
37 Vgl *Müller-Frank*, Aktuelle Rechtsprechung zur Berufsunfähigkeits-(Zusatz-)Versicherung, S. 189.
38 BGH 7.2.2007 – IV ZR 244/03, VersR 2007, 633 = r+s 2007, 204 = NJW-RR 2007, 753; BGH 28.2.2007 – IV ZR 46/06, VersR 2007, 777 = r+s 2007, 252 = NJW-RR 2007, 1034.
39 So *Müller-Frank*, Aktuelle Rechtsprechung zur Berufsunfähigkeits-(Zusatz-)Versicherung, S. 189.
40 Langheid/Wandt/*Looschelders*, Art. 4 EGVVG Rn 7.

17　5. **Sonderproblem: Überschussbeteiligung.**[41] Altverträge, die Berufsunfähigkeitsversicherungsverträge sind, sehen vielfach eine Überschussbeteiligung vor (s. § 9 Abs. 9 MB-BUZ). Wenn die Überschussbeteiligung nicht zur Minderung der Prämie oder Barauszahlung vorgesehen ist, werden die Überschüsse idR zur Erhöhung des Schlussüberschussanteils in der Lebensversicherung verwendet, bis ein Leistungsfall eingetreten ist. Ab Eintritt eines Leistungsfalles dienen die Überschüsse zur Erhöhung der versicherten Rente (sog. **Bonusrente**). Da unabhängig von der für Altverträge nicht geltenden Vorschrift des § 176 VVG nF auf Berufsunfähigkeitsversicherungen das Recht der Lebensversicherung Anwendung findet, wenn dem nicht Besonderheiten der Berufsunfähigkeitsversicherung entgegenstehen, ist davon auszugehen, dass die geänderten Vorschriften zur Berechnung der Überschussbeteiligung in der Lebensversicherung (unter Einbeziehung der Beteiligung an den Bewertungsreserven) auch für die Überschussbeteiligung in der Berufsunfähigkeitsversicherung maßgeblich sind; dies bereits ab dem 1.1.2008. „Besonderheiten der Berufsunfähigkeitsversicherung" scheinen dem nicht entgegenzustehen.[42]

Art. 5　Rechte der Gläubiger von Grundpfandrechten

(1) ¹Rechte, die Gläubigern von Grundpfandrechten gegenüber dem Versicherer nach den §§ 99 bis 107 c des Gesetzes über den Versicherungsvertrag in der bis zum 31. Dezember 2007 geltenden Fassung zustehen, bestimmen sich auch nach dem 31. Dezember 2008 nach diesen Vorschriften. ²Die Anmeldung eines Grundpfandrechts beim Versicherer kann nur bis zum 31. Dezember 2008 erklärt werden.

(2) ¹Hypotheken, Grundschulden, Rentenschulden und Reallasten,
1. die in der Zeit vom 1. Januar 1943 bis zum 30. Juni 1994 zu Lasten von Grundstücken begründet worden sind,
2. für die eine Gebäudeversicherung bei einer öffentlichen Anstalt unmittelbar kraft Gesetzes oder infolge eines gesetzlichen Zwanges bei einer solchen Anstalt genommen worden ist und
3. die nach der Verordnung zur Ergänzung und Änderung des Gesetzes über den Versicherungsvertrag in der im Bundesgesetzblatt Teil III, Gliederungsnummer 7632-1-1, veröffentlichten bereinigten Fassung als angemeldet im Sinn der §§ 99 bis 106 des Gesetzes über den Versicherungsvertrag gelten,

sind, wenn das Versicherungsverhältnis nach Überleitung in ein vertragliches Versicherungsverhältnis auf Grund des Gesetzes zur Überleitung landesrechtlicher Gebäudeversicherungsverhältnisse vom 22. Juli 1993 (BGBl. I S. 1282, 1286) fortbesteht, zur Erhaltung der durch die Fiktion begründeten Rechte bis spätestens 31. Dezember 2008 beim Versicherer anzumelden. ²Die durch die Verordnung zur Ergänzung und Änderung des Gesetzes über den Versicherungsvertrag begründete Fiktion erlischt mit Ablauf des 31. Dezember 2008.

I. Normzweck

1　Grundpfandgläubiger sind nach den Neuregelungen zur Gebäudefeuerversicherung im VVG nF in ihrer Rechtsstellung erheblich geschwächt. Art. 5 ordnet daher die alte Rechtslage für Altverträge an.

41　S. *Schimikowski/Höra*, S. 198 f.
42　S. *Schimikowski/Höra*, S. 198; Looschelders/Pohlmann/*Brand*, Art. 4 EGVVG Rn 6.

II. Abs. 1

1. Grundsätze. Der Schutz der Gläubiger von Grundpfandrechten bei der Gebäudefeuerversicherung nach den §§ 99–107c VVG aF soll künftig eingeschränkt werden, vgl §§ 142–149 VVG nF. Altverträge müssen daher nach VVG aF bewertet werden, damit die Gläubiger nicht rückwirkend schlechter gestellt werden. Gläubiger von Grundpfandrechten, die ihre Rechte gegenüber dem VR nach altem Recht angemeldet haben, haben mit dieser Anmeldung eine geschützte Rechtsposition erworben, die der Gesetzgeber zu achten hat.[1]

2. Abs. 1 S. 1. Für alle nach bisherigem Recht von diesen Gläubigern beim VR angemeldeten Hypotheken, Grundschulden und sonstigen Reallasten gelten weiterhin die Regelungen der §§ 99–107c VVG aF.

3. Abs. 1 S. 2. In S. 2 wird den Gläubigern darüber hinaus eine zusätzliche Übergangsfrist bis zum 31.12.2008 eingeräumt, innerhalb derer sie ihr Grundpfandrecht beim VR noch anmelden können. Hierdurch können sie noch eine geschützte Rechtsposition erlangen. Etwa haben sie die Möglichkeit, sich die Leistungspflicht des VR bei Leistungsfreiheit gegenüber dem VN zu erhalten. Eine solche Leistungspflicht besteht für den VR nach neuem Recht nicht mehr.[2]

III. Abs. 2

1. Übergangsregelung. Die zusätzliche Übergangsregelung für die vom Gesetz zur Überleitung landesrechtlicher Gebäudeversicherungsverhältnisse vom 22.7.1993[3] iVm der Verordnung zur Ergänzung und Änderung des Gesetzes über den Versicherungsvertrag vom 28.12.1942[4] erfassten Versicherungsverhältnisse bei einer öffentlichen Anstalt ist wegen der durchgeführten bzw vorgesehenen Aufhebung des Gesetzes und der Verordnung notwendig.

2. Abs. 2 S. 1. Die Verordnung sieht eine Fiktion der Anmeldung zu Gunsten der Gläubiger in der Zeit vom 1.1.1943 bis 30.6.1994 vor. So begründete Grundpfandrechte erlöschen. Nach S. 1 wird den Gläubigern von Grundpfandrechten die Möglichkeit eröffnet, ihre Grundpfandrechte noch bis zum 31.12.2008 nach Maßgabe der §§ 99–106 VVG aF anzumelden. Hierdurch bleibt ihre bisherige Rechtsposition, die auf der Anmeldefiktion beruht, erhalten. Mit der vorgesehenen Nachfrist zur Anmeldung bis zum 31.12.2008 werden sie den Gläubigern, die ihre Rechte nach geltendem Recht anzumelden haben, gleichgestellt.

3. Abs. 2 S. 2. Nach S. 2 soll das Erlöschen allerdings erst mit Ablauf des 31.12.2008 eintreten.

Art. 6 Versicherungsverhältnisse nach § 190 des Gesetzes über den Versicherungsvertrag

Das Versicherungsvertragsgesetz gilt nicht für die in § 190 des Gesetzes über den Versicherungsvertrag in der bis zum 31. Dezember 2007 geltenden Fassung bezeichneten Altverträge.

I. Normzweck

Die Sonderregelung des § 190 VVG aF für Versicherungsverhältnisse bei Innungsunterstützungskassen und Berufsgenossenschaften ist nicht in das VVG nF über-

---

1 Begr. RegE, BT-Drucks. 16/3945, S. 119.
2 Looschelders/Pohlmann/*Brand*, Art. 5 EGVVG Rn 2.
3 BGBl. I S. 1282, 1286.
4 RGBl. I S. 740.

nommen worden. Hinsichtlich der Altverträge soll es aber beim bisherigen Rechtszustand verbleiben.[1]

II. Anwendbarkeit des VVG nF nur auf Neuverträge

2 Gemäß § 190 S. 1 VVG aF finden die Vorschriften des VVG aF keine Anwendung auf Versicherungsverhältnisse, die bei den aufgrund der Gewerbeordnung von Innungen oder Innungsverbänden errichteten Unterstützungskassen begründet werden. Nach § 190 S. 2 VVG aF gilt dies auch für Versicherungsverhältnisse, die bei Berufsgenossenschaften gem. § 23 des Gesetzes betreffend die Abänderung der Unfallversicherungsgesetze vom 30.6.1900[2] begründet werden. Nach Art. 6 gilt für Altverträge dieser Art das VVG nF nicht. Im Umkehrschluss ergibt sich die Anwendung des VVG nF auf Neuverträge dieser Art.[3]

Art. 7 Krankenversicherung, Versicherungsverhältnisse nach § 193 Absatz 6 des Versicherungsvertragsgesetzes

[1]Versicherungsnehmer, für die am 1. August 2013 das Ruhen der Leistungen gemäß § 193 Absatz 6 des Versicherungsvertragsgesetzes festgestellt ist, gelten ab diesem Zeitpunkt als im Notlagentarif *gemäß § 12 h des Versicherungsaufsichtsgesetzes*[1] versichert. [2]Versicherungsnehmer gelten rückwirkend ab dem Zeitpunkt, zu dem die Leistungen aus dem Vertrag ruhend gestellt worden sind, als im Notlagentarif versichert, wenn die monatliche Prämie des Notlagentarifs niedriger ist als die in diesem Zeitpunkt geschuldete Prämie. [3]Dies gilt unter der Maßgabe, dass die zum Zeitpunkt des Ruhendstellens aus dem Vertrag erworbenen Rechte und Alterungsrückstellungen erhalten bleiben und in Anspruch genommene Ruhensleistungen im Verhältnis zum Versicherungsnehmer als solche des Notlagentarifs gelten. [4]Eine Anrechnung gebildeter Alterungsrückstellungen nach *§ 12 h Absatz 2 Satz 5 des Versicherungsaufsichtsgesetzes*[2] auf die zu zahlende Prämie findet rückwirkend nicht statt. [5]Der Versicherungsnehmer kann der rückwirkenden Versicherung nach Satz 2 widersprechen. [6]Die Versicherer haben auf die Versicherung im Notlagentarif innerhalb von drei Monaten nach dem 1. August 2013 hinzuweisen und hierbei den Versicherungsnehmer über sein Widerspruchsrecht nach Satz 5 unter Hinweis auf die mit der rückwirkenden Versicherung verbundenen Folgen zu informieren; der Widerspruch muss innerhalb von sechs Monaten nach Zugang des Hinweises beim Versicherer eingehen.

I. Normzweck

1 Die Regelung des Art. 7 wurde durch das Gesetz zur Beseitigung sozialer Überforderung bei Betragsschulden in der Krankenversicherung vom 15.7.2013[1] mit **Wir-**

---

1 Begr. RegE, BT-Drucks. 16/3945, S. 120.
2 RGBl. 1900, S. 335.
3 Ebenso Langheid/Wandt/*Looschelders*, Art. 6 EGVVG Rn 1; Looschelders/Pohlmann/ Brand, Art. 6 EGVVG Rn 1.
1 *Kursive Hervorhebung*: Fassung bis 31.12.2015. – **Fassung ab 1.1.2016**: „*§ 153 des Versicherungsaufsichtsgesetzes*". – Siehe Art. 2 Abs. 51 des Gesetzes zur Modernisierung der Finanzaufsicht über Versicherungen vom 1.4.2015 (BGBl. I S. 434, 560). Zum Inkrafttreten s. Art. 3 Abs. 1 S. 1.
2 *Kursive Hervorhebung*: Fassung bis 31.12.2015. – **Fassung ab 1.1.2016**: „*§ 153 Absatz 2 Satz 6 des Versicherungsaufsichtsgesetzes*". – Siehe Art. 2 Abs. 51 des Gesetzes zur Modernisierung der Finanzaufsicht über Versicherungen vom 1.4.2015 (BGBl. I S. 434, 560). Zum Inkrafttreten s. Art. 3 Abs. 1 S. 1.
1 BGBl. I S. 2423, 2426.

kung vom 1.8.2013 eingeführt. Sie soll sicherstellen, dass diejenigen VN und Versicherten, deren Verträge am Stichtag 1.8.2013 (Inkrafttreten der Neuregelungen zum Notlagentarif) bereits ruhend gestellt sind, mit diesem Zeitpunkt als im Notlagentarif versichert gelten.[2]

II. Regelungsinhalt

1. Satz 1. Nach S. 1 gelten VN, für die am Stichtag 1.8.2013 das Ruhen der Leistungen gem. § 193 Abs. 6 VVG festgestellt ist, ab diesem Zeitpunkt (**ex nunc**) als im Notlagentarif gem. § 12 h VAG versichert. Der Wortlaut der Vorschrift („Versicherungsnehmer, für die am 1. August 2013 das Ruhen der Leistungen [...] festgestellt *ist* [...]") setzt voraus, dass sich der KrankenVersVertrag zum Zeitpunkt des Inkrafttretens der Vorschrift im Stadium des Ruhens befunden hat. Dies ist dann nicht der Fall, wenn etwa der KrankenVersVertrag bereits zuvor durch Kündigung beendet worden war.[3] Das Gesetz kommt dann nicht zur Anwendung. Bestand indes der Vertrag und ruhte er zum 1.8.2013, erfolgte ab diesem Stichtag kraft Gesetzes[4] eine Umstellung in den Notlagentarif. 2

Soweit das KG in einer Entscheidung vom 7.11.2014[5] den Notlagentarif für einen Zeitraum vor dem 1.8.2013 rückwirkend angewendet hat, obgleich das Ruhen des KrankenVersVertrages gem. § 193 Abs. 6 S. 5 VVG durch Hilfebedürftigkeit des VN iSd SGB XII bereits weit vor dem 1.8.2013 wieder entfallen war, ist dem wohl nicht zu folgen. Zuzustimmen ist dem KG darin, dass Art. 7 zwei unterschiedliche Regelungsgegenstände zum Inhalt hat, indem **Satz 1** die Geltung des Notlagentarifs für die Zukunft regelt, die **Sätze 2–6** die Geltung in der Vergangenheit. Nicht zu teilen ist indes das Normverständnis, dass die für den einen Regelungskomplex getroffenen Bestimmungen des Art. 7 jeweils für den anderen keinerlei Relevanz entfalten. Vielmehr scheint Satz 1 die Grundvoraussetzung auch für die Folgeregelungen der Sätze 2–6 dahin zu treffen, dass die Versicherung im Notlagentarif (sei es erst für die Zukunft oder gar rückwirkend) nur dann entsteht, wenn am 1.8.2013 das Ruhen der Leistungen (noch) festgestellt war. Es hat dabei das Argument des KG Gewicht, dass die Notwendigkeit des Fortbestands des Ruhens der Leistungen am 1.8.2013 für eine rückwirkende Einführung des Notlagentarifs gerade den finanziell besonders schwachen VN dann nicht hilft, wenn – wie im dem dort zu entscheidenden Fall – das Ruhen es Vertrages vor Erreichen des Stichtags wegen Hilfebedürftigkeit iSd SGB XI gem. § 193 Abs. 6 S. 5 VVG entfallen war. Dieser Besonderheit der konkreten Konstellation lässt sich aber eher nicht mit einer – nach hiesigem Verständnis vom Wortlaut der Vorschrift nicht gedeckten – grundsätzlichen Erweiterung ihres Anwendungsbereichs Rechnung tragen. 3

Es stellt die rückwirkende Einführung eines Notlagentarifs eine **echte Rückwirkung** dar, die zum Wegfall oder zur Herabsetzung bereits voll entstandener Beitragsansprüche des VR führt. Eine echte Rückwirkung ist verfassungsrechtlich jedoch nur in engen Ausnahmen zulässig.[6] Jedenfalls in Ermangelung eines klaren gesetzgeberischen Willens zur weitergehenden echten Rückwirkung ist daher eine verfassungskonforme enge Auslegung der ausdrücklich angeordneten Rückwir- 4

---

2 Begr. RegE, BT-Drucks. 17/13079, S. 10 (zu Art. 5).
3 LG Dortmund 19.12.2013 – 2 O 315/13, r+s 2014, 85; LG Berlin 15.1.2015 – 23 S 2/14, r+s 2015, 202.
4 Einer Zustimmung von VN oder VR bedarf es nicht, vgl *Mandler*, VersR 2014, 167, 169; Prölss/Martin/*Armbrüster*, Art. 7 EGVVG Rn 1.
5 KG 7.11.2014 – 6 U 194/11, VersR 2015, 440.
6 BVerfG 17.12.2013 – 1 BvL 5/08, NVwZ 2014, 577.

kung geboten, die deren Ausdehnung auf zum 1.8.2013 nicht mehr ruhende Versicherungsverhältnisse nicht zulässt.[7]

2. Sätze 2–6. Wenn die Voraussetzungen der Sätze 2–6 erfüllt sind, gilt der Notlagentarif rückwirkend (**ex tunc**) ab Feststellung des Ruhens. Voraussetzung ist neben einem zeitlich ununterbrochenen Ruhen bis 1.8.2013[8] zusätzlich auch, dass die Prämie aus dem Notlagentarif **niedriger** ist als die normale Tarifprämie (S. 2). Es bleiben darüber hinaus die bislang im Ausgangstarif erworbenen Rechte und Altersrückstellungen erhalten; die während der Zeit der Ruhendstellung der Leistungen in Anspruch genommenen Leistungen werden als Leistungen des Notlagentarifs angesehen (S. 3). Eine rückwirkende Anrechnung der Alterungsrückstellung iSd § 12 h Abs. 2 S. 6 VAG findet nicht statt (S. 4).

Dem VN steht in Bezug auf die rückwirkende Geltung des Notlagentarifs ein **Widerspruchsrecht** zu (S. 5). Auf die Versicherung im Notlagentarif hat der VR den VN innerhalb von drei Monaten nach dem 1.8.2013 **hinzuweisen**, ebenso wie auf sein Widerspruchsrecht unter Hinweis auf die mit der rückwirkenden Versicherung verbundenen Folgen (S. 6). Der Widerspruch des VN muss innerhalb von sechs Monaten nach Zugang des Hinweises beim VR eingehen (S. 6 Hs 2).

Art. 8–15 (weggefallen)

---

[7] So für zum 1.8.2013 nicht mehr bestehende Versicherungsverhältnisse zutr. LG Berlin 15.1.2015 – 23 S 2/14, r+s 2015, 202.
[8] In diesem Sinne auch *Mandler*, VersR 2014, 167, 170.

Verordnung über Informationspflichten bei Versicherungsverträgen (VVG-Informationspflichtenverordnung – VVG-InfoV)*

Vom 18.12.2007 (BGBl. I S. 3004)

zuletzt geändert durch Art. 2 Abs. 50 des Gesetzes zur Modernisierung der Finanzaufsicht über Versicherungen vom 1.4.2015 (BGBl. I S. 434, 560)

§ 1 Informationspflichten bei allen Versicherungszweigen

(1) Der Versicherer hat dem Versicherungsnehmer gemäß § 7 Abs. 1 Satz 1 des Versicherungsvertragsgesetzes folgende Informationen zur Verfügung zu stellen:

1. die Identität des Versicherers und der etwaigen Niederlassung, über die der Vertrag abgeschlossen werden soll; anzugeben ist auch das Handelsregister, bei dem der Rechtsträger eingetragen ist, und die zugehörige Registernummer;

2. die Identität eines Vertreters des Versicherers in dem Mitgliedstaat der Europäischen Union, in dem der Versicherungsnehmer seinen Wohnsitz hat, wenn es einen solchen Vertreter gibt, oder die Identität einer anderen gewerblich tätigen Person als dem Anbieter, wenn der Versicherungsnehmer mit dieser geschäftlich zu tun hat, und die Eigenschaft, in der diese Person gegenüber dem Versicherungsnehmer tätig wird;

3. die ladungsfähige Anschrift des Versicherers und jede andere Anschrift, die für die Geschäftsbeziehung zwischen dem Versicherer, seinem Vertreter oder einer anderen gewerblich tätigen Person gemäß Nummer 2 und dem Versicherungsnehmer maßgeblich ist, bei juristischen Personen, Personenvereinigungen oder -gruppen auch den Namen eines Vertretungsberechtigten;

4. die Hauptgeschäftstätigkeit des Versicherers;

5. Angaben über das Bestehen eines Garantiefonds oder anderer Entschädigungsregelungen, die nicht unter die Richtlinie 94/19/EG des Europäischen Parlaments und des Rates vom 30. Mai 1994 über Einlagensicherungssysteme (ABl. EG Nr. L 135 S. 5) und die Richtlinie 97/9/EG des Europäischen Parlaments und des Rates vom 3. März 1997 über Systeme für die Entschädigung der Anleger (ABl. EG Nr. L 84 S. 22) fallen; Name und Anschrift des Garantiefonds sind anzugeben;

6. a) die für das Versicherungsverhältnis geltenden Allgemeinen Versicherungsbedingungen einschließlich der Tarifbestimmungen;

   b) die wesentlichen Merkmale der Versicherungsleistung, insbesondere Angaben über Art, Umfang und Fälligkeit der Leistung des Versicherers;

---

* Die Verordnung dient der Umsetzung der Richtlinie 92/49/EWG des Rates vom 18. Juni 1992 zur Koordinierung der Rechts- und Verwaltungsvorschriften für die Direktversicherung (mit Ausnahme der Lebensversicherung) sowie zur Änderung der Richtlinien 73/239/EWG (ABl. EG Nr. L 228 S. 1), der Richtlinie 2002/65/EG des Europäischen Parlaments und des Rates vom 23. September 2002 über den Fernabsatz von Finanzdienstleistungen an Verbraucher und zur Änderung der Richtlinie 90/619/EWG des Rates und der Richtlinien 97/7/EG und 98/27/EG (ABl. EG Nr. L 271 S. 16) sowie der Richtlinie 2002/83/EG des Europäischen Parlaments und des Rates vom 5. November 2002 über Lebensversicherungen (ABl. EG Nr. L 345 S. 1).

7. den Gesamtpreis der Versicherung einschließlich aller Steuern und sonstigen Preisbestandteile, wobei die Prämien einzeln auszuweisen sind, wenn das Versicherungsverhältnis mehrere selbständige Versicherungsverträge umfassen soll, oder, wenn ein genauer Preis nicht angegeben werden kann, Angaben zu den Grundlagen seiner Berechnung, die dem Versicherungsnehmer eine Überprüfung des Preises ermöglichen;
8. gegebenenfalls zusätzlich anfallende Kosten unter Angabe des insgesamt zu zahlenden Betrages sowie mögliche weitere Steuern, Gebühren oder Kosten, die nicht über den Versicherer abgeführt oder von ihm in Rechnung gestellt werden; anzugeben sind auch alle Kosten, die dem Versicherungsnehmer für die Benutzung von Fernkommunikationsmitteln entstehen, wenn solche zusätzlichen Kosten in Rechnung gestellt werden;
9. Einzelheiten hinsichtlich der Zahlung und der Erfüllung, insbesondere zur Zahlungsweise der Prämien;
10. die Befristung der Gültigkeitsdauer der zur Verfügung gestellten Informationen, beispielsweise die Gültigkeitsdauer befristeter Angebote, insbesondere hinsichtlich des Preises;
11. gegebenenfalls den Hinweis, dass sich die Finanzdienstleistung auf Finanzinstrumente bezieht, die wegen ihrer spezifischen Merkmale oder der durchzuführenden Vorgänge mit speziellen Risiken behaftet sind, oder deren Preis Schwankungen auf dem Finanzmarkt unterliegt, auf die der Versicherer keinen Einfluss hat, und dass in der Vergangenheit erwirtschaftete Beträge kein Indikator für künftige Erträge sind; die jeweiligen Umstände und Risiken sind zu bezeichnen;
12. Angaben darüber, wie der Vertrag zustande kommt, insbesondere über den Beginn der Versicherung und des Versicherungsschutzes sowie die Dauer der Frist, während der der Antragsteller an den Antrag gebunden sein soll;
13. das Bestehen oder Nichtbestehen eines Widerrufsrechts sowie die Bedingungen, Einzelheiten der Ausübung, insbesondere Namen und Anschrift derjenigen Person, gegenüber der der Widerruf zu erklären ist, und die Rechtsfolgen des Widerrufs einschließlich Informationen über den Betrag, den der Versicherungsnehmer im Falle des Widerrufs gegebenenfalls zu zahlen hat;
14. Angaben zur Laufzeit und gegebenenfalls zur Mindestlaufzeit des Vertrages;
15. Angaben zur Beendigung des Vertrages, insbesondere zu den vertraglichen Kündigungsbedingungen einschließlich etwaiger Vertragsstrafen;
16. die Mitgliedstaaten der Europäischen Union, deren Recht der Versicherer der Aufnahme von Beziehungen zum Versicherungsnehmer vor Abschluss des Versicherungsvertrages zugrunde legt;
17. das auf den Vertrag anwendbare Recht, eine Vertragsklausel über das auf den Vertrag anwendbare Recht oder über das zuständige Gericht;
18. die Sprachen, in welchen die Vertragsbedingungen und die in dieser Vorschrift genannten Vorabinformationen mitgeteilt werden, sowie die Sprachen, in welchen sich der Versicherer verpflichtet, mit Zustimmung des Versicherungsnehmers die Kommunikation während der Laufzeit dieses Vertrages zu führen;
19. einen möglichen Zugang des Versicherungsnehmers zu einem außergerichtlichen Beschwerde- und Rechtsbehelfsverfahren und gegebenenfalls die Voraussetzungen für diesen Zugang; dabei ist ausdrücklich darauf hinzuweisen,

dass die Möglichkeit für den Versicherungsnehmer, den Rechtsweg zu beschreiten, hiervon unberührt bleibt;
20. Name und Anschrift der zuständigen Aufsichtsbehörde sowie die Möglichkeit einer Beschwerde bei dieser Aufsichtsbehörde.

(2) Soweit die Mitteilung durch Übermittlung der Vertragsbestimmungen einschließlich der Allgemeinen Versicherungsbedingungen erfolgt, bedürfen die Informationen nach Absatz 1 Nr. 3, 13 und 15 einer hervorgehobenen und deutlich gestalteten Form.

I. Normzweck	1
II. Adressat der Informationen	2
III. Informationspflichten im Einzelnen (Abs. 1)	3
1. Identität des VR (Abs. 1 Nr. 1)	3
2. Identität des Vertreters (Abs. 1 Nr. 2)	5
a) Allgemeines	5
b) Vertreter	6
c) Andere gewerblich tätige Personen	7
3. Anschriften (Abs. 1 Nr. 3)	8
a) Ladungsfähige Anschrift, Vertretungsberechtigter	8
b) Jede andere Anschrift	9
c) Vertreter und andere Person	10
d) Vertretungsberechtigter	11
4. Hauptgeschäftstätigkeit (Abs. 1 Nr. 4)	12
5. Garantiefonds (Abs. 1 Nr. 5)	13
6. Allgemeine Versicherungsbedingungen/wesentliche Merkmale der Versicherungsleistung (Abs. 1 Nr. 6)	15
a) Allgemeine Versicherungsbedingungen und Tarifbestimmungen	15
b) Wesentliche Merkmale der Versicherungsleistung	16
7. Preis der Versicherung (Abs. 1 Nr. 7)	17
a) Gesamtpreis	17
b) Risikozuschläge	18
c) Mehrere selbständige Verträge	19
d) Berechnungsgrundlagen	20
8. Weitere Kosteninformation (Abs. 1 Nr. 8)	22
a) Zusätzlich anfallende Kosten	22
b) Mögliche weitere Steuern und Gebühren	24
c) Mögliche weitere Kosten	26
d) Einzelfragen	27
e) Telekommunikationskosten	28
9. Zahlung (Abs. 1 Nr. 9)	29
10. Gültigkeitsdauer (Abs. 1 Nr. 10)	30
11. Risikowarnung (Abs. 1 Nr. 11)	31
12. Zustandekommen des VersVertrages, Beginn der Versicherung; Bindefrist (Abs. 1 Nr. 12)	33
a) Zustandekommen des VersVertrages	33
b) Beginn der Versicherung	34
c) Antragsbindefrist	35
13. Widerrufsrecht (Abs. 1 Nr. 13)	36
a) Inhalt	36
b) Verhältnis zu § 8 Abs. 2 S. 1 Nr. 2 VVG	39
14. Laufzeit des VersVertrages (Abs. 1 Nr. 14)	40
15. Beendigung/Vertragsstrafe (Abs. 1 Nr. 15)	41
a) Beendigung und Kündigungsbedingungen	41
b) Vertragsstrafe	44
16. Vorvertragliches Statut (Abs. 1 Nr. 16)	45
17. Anwendbares Recht und Gerichtsstand (Abs. 1 Nr. 17)	46
a) Anwendbares Recht	46
b) Vertragsklausel über das anwendbare Recht	47
c) Vertragsklausel über das zuständige Gericht	48
18. Sprachen (Abs. 1 Nr. 18)	49
a) Sprachen der Vertragsbedingungen und Vorabinformationen	49
b) Kommunikation während der Laufzeit	50
19. Außergerichtliches Beschwerdeverfahren (Abs. 1 Nr. 19)	51
a) Ombudsmannverfahren	51
b) Sachverständigenverfahren nach AVB	53

20. Beschwerde bei der Aufsichtsbehörde (Abs. 1 Nr. 20) 54	1. Mitteilung durch AVB 55
IV. Hervorgehobene Form für bestimmte Informationen (Abs. 2) 55	2. Betroffene Informationen 57
	3. Hervorhebung und deutliche Gestaltung 58
	4. Verweisung 60

I. Normzweck

1 Die Vorschrift regelt die für alle Versicherungssparten geltenden Informationspflichten, die nach Maßgabe von § 7 Abs. 1 S. 1 VVG bei Vertragsabschluss zu erfüllen sind. Die Differenzierung der Informationspflichten nach den Vertriebswegen Fernabsatz (§ 48 b VVG aF) bzw Nicht-Fernabsatz (Anlage D Abschnitt I Nr. 1 zu § 10 a VAG aF) wurde aufgegeben. Abs. 1 führt die Anforderungen an beide Vertriebswege in einer einheitlichen Regelung zusammen. Manche Regelung, die typischerweise den Vertriebsweg Fernabsatz betrifft (zB Abs. 1 Nr. 16), passt nicht ohne Weiteres zum Nicht-Fernabsatz. Es ist dann eine dies berücksichtigende Auslegung geboten.

II. Adressat der Informationen

2 Nach dem Wortlaut sind die Informationspflichten von § 1 ausschließlich dem VN, nicht der versicherten Person gegenüber zu erfüllen.[1] Dies hat bspw Bedeutung für die Restschuldversicherung, wenn die Bank auf der Basis eines Gruppenversicherungsvertrages VN, der Darlehensnehmer versicherte Person ist.[2] Ähnliche Konstellationen ergeben sich häufig in der Krankenversicherung.[3] Aufsichtsrechtliche Vorgaben zur Überlassung von Vertragsinformationen bleiben hiervon freilich unberührt.[4] Daneben ist es eine Frage des Rechtsverhältnisses zwischen VN und VP, welche Informations-, Fürsorge- oder sonstige Pflichten den VN gegenüber der VP treffen.[5] Eine weitergehende Interpretation würde nicht in Einklang mit der Ermächtigungsgrundlage stehen. § 7 Abs. 1 S. 1 VVG stellt auf Informationspflichten gegenüber dem VN ab. Damit wäre es dem Verordnungsgeber verwehrt, Informationspflichten gegenüber einer versicherten Person zu normieren.

III. Informationspflichten im Einzelnen (Abs. 1)

3 1. **Identität des VR (Abs. 1 Nr. 1).** Unter Rückgriff auf Anlage D Abschnitt I Nr. 1 a) zu § 10 VAG aF lässt sich „Identität des VR" konkretisieren als die Angabe von **Name, Anschrift, Rechtsform und Sitz**.[6] § 80 AktG verlangt diese Angaben – ggf über die Verweisungen in §§ 34, 156 Abs. 2 VAG – auf dem Antrag. Sie sind nach § 7 Abs. 1 S. 1 VVG rechtzeitig vor Abgabe der Vertragserklärung des Interessenten zu überlassen. Ihre ausschließliche Platzierung im Antrag ist jedenfalls angreifbar. Gleiches gilt für die Angabe von Handelsregister und Registernummer.

4 **Niederlassung**, über die der Vertrag abgeschlossen werden soll, betrifft nur die in Deutschland ansässige Niederlassung eines ausländischen VR, nicht eine handels-

---

1 FAKomm-VersR/C. *Schneider/Reuter-Gehrken*, vor § 1 VVG-InfoV Rn 10; Prölss/Martin/*Rudy*, § 7 VVG Rn 5; s. hierzu auch LG Saarbrücken 14.5.2014 – 14 T/14, VersR 2014, 1097; für Verträge der betrieblichen Altersversorgung enthält § 10 a Abs. 2 VAG iVm Anlage D eine eigene aufsichtsrechtlich begründete Informationspflicht gegenüber den versicherten Personen.
2 Hierzu näher *Schneider*, VersR 2014, 1295, 1297.
3 Ebenso *Franz*, VersR 2008, 298, 300.
4 S. zB VerBAV 1990, 339 ff.
5 Ebenso Prölss/Martin/*Knappmann*, vor § 1 VVG-InfoV Rn 2; explizit für die Restschuldversicherung *Schneider*, VersR 2014, 1295, 1297.
6 S. VerBAV 1995, 283, 284; FAKomm-VersR/C. *Schneider/Reuter-Gehrken*, § 1 VVG-InfoV Rn 3.

rechtliche Niederlassung eines VR mit Sitz in Deutschland, die in irgendeiner Weise am Zustandekommen des Vertrages beteiligt ist.[7] Angaben zur Rechtsform sind aus der Natur der Sache obsolet, es muss aber die Tatsache angegeben werden, dass es sich um eine Niederlassung handelt. Die Informationen zur Niederlassung ersetzen nicht die zum VR, sondern sind zusätzlich zu erteilen („und"). An die Stelle des Handelsregisters tritt dabei das jeweilige ausländische Unternehmensregister.[8]

2. Identität des Vertreters (Abs. 1 Nr. 2). a) Allgemeines. Die Regelung setzt typischerweise eine grenzüberschreitende Fernabsatzsituation voraus, bei der der VN seinen Wohnsitz in Deutschland, der VR seinen Sitz in einem anderen Mitgliedstaat hat.[9] Dennoch gilt sie durch die einschränkungslose Aufnahme in die VVG-InfoV auch für Abschlüsse außerhalb des Fernabsatzes.[10] Trotz der Bezugnahme auf einen Wohnsitz gilt sie innerhalb des Anwendungsbereichs der Verordnung auch gegenüber einer juristischen Person als VN. Eine diesbezügliche Differenzierung ist in der Ermächtigungsgrundlage nicht angelegt und entspricht auch nicht dem Katalog des Abs. 1 im Übrigen. 5

b) Vertreter. In der 1. Alt. geht es um einen Vertreter des VR. Im Sinne einer einheitlichen Begrifflichkeit sollte hierfür auf die Legaldefinition des VersVertreters in § 59 Abs. 2 VVG zurückgegriffen werden. Darüber hinaus muss man nach Sinn und Zweck auch sonstige Repräsentanten darunter fassen, die den VR im (Wohn-)Sitzland des VN vertreten. 6

c) Andere gewerblich tätige Personen. Der Anwendungsbereich der 2. Alt. ist von dem beschriebenen Verständnis ausgehend (s. Rn 6) auf **Makler** beschränkt. Da der Makler vom VN beauftragt wird (vgl § 59 Abs. 3 VVG), ist es nicht praktikabel, dem VR dessen Nennung vor Abgabe der Vertragserklärung des Interessenten aufzuerlegen. Der VR wird idR erst danach davon Kenntnis nehmen können, dass der Interessent einen Makler eingeschaltet hat. Mit der ersten Alternative ist das Informationsbedürfnis des Interessenten vollständig abgedeckt, die zweite läuft demnach leer.[11] 7

3. Anschriften (Abs. 1 Nr. 3). a) Ladungsfähige Anschrift, Vertretungsberechtigter. Die ladungsfähige Anschrift des VR dient der prozessualen Durchsetzung von Rechten des VN.[12] Maßstab sind die Regelungen der ZPO für die wirksame Zustellung von Schriftstücken.[13] Nach der ZPO nicht zwingend, aber von Abs. 1 Nr. 3 aE gefordert wird zudem der Name eines Vertretungsberechtigten. Nach Sinn und Zweck ist dies der organschaftlich, nicht der rechtsgeschäftlich Vertretungsberechtigte. Er muss namentlich genannt werden. Eine Person genügt. Personenvereinigungen und -gruppen kommen wegen des für VR geltenden Rechtsformzwangs nach § 7 Abs. 1 VAG allenfalls bei öffentlichen Anstalten, die nicht gleichzeitig juristische Personen sind, und bei ausländischen VR (zB Lloyds) in Betracht. Dort sind dann die nach der jeweiligen inneren Organisation dem organschaftlichen Vertreter am ehesten entsprechenden Personen anzugeben.[14] 8

---

[7] S. VerBAV 1995, 283, 284; Langheid/Wandt/*Armbrüster*, § 1 VVG-InfoV Rn 3.
[8] FAKomm-VersR/C. *Schneider/Reuter-Gehrken*, § 1 VVG-InfoV Rn 3; insoweit präziser Art. 246 § 1 Abs. 1 Nr. 1 EGBGB; s. auch VerBAV 1995, 283, 284 für VR mit Sitz außerhalb des EWR.
[9] Langheid/Wandt/*Armbrüster*, § 1 VVG-InfoV Rn 7.
[10] Zweifelnd an der Richtlinienkonformität Langheid/Wandt/*Armbrüster*, § 1 VVG-InfoV Rn 9.
[11] S. hierzu auch Langheid/Wandt/*Armbrüster*, § 1 VVG-InfoV Rn 8.
[12] Langheid/Wandt/*Armbrüster*, § 1 VVG-InfoV Rn 10.
[13] Prölss/Martin/*Knappmann*, § 1 VVG-InfoV Rn 5; FAKomm-VersR/C. *Schneider/Reuter-Gehrken*, § 1 VVG-InfoV Rn 9.
[14] Langheid/Wandt/*Armbrüster*, § 1 VVG-InfoV Rn 11.

9 **b) Jede andere Anschrift.** Neben der ladungsfähigen Anschrift sind alle anderen Anschriften anzugeben, die für die Korrespondenz zwischen VR und VN maßgeblich sind. Zweck ist die Reibungslosigkeit des Geschäftsverkehrs.[15] Bei der Frage der Maßgeblichkeit ist auf die Perspektive des VN abzustellen. Es kommt insb. die Anschrift in Betracht, bei der der intendierte Vertrag verwaltet werden soll, wenn sie von der ladungsfähigen Anschrift abweicht.[16] Dabei ist auch darüber zu informieren, dass es die für die Verwaltung des Vertrages maßgebliche Anschrift ist. Versicherungsgruppen unterhalten meist durch Auslagerungen bedingt uU zahlreiche Anschriften, die mit dem Vertrag in Berührung kommen können, etwa eine ausgelagerte Inkassostelle, ein ausgelagertes Rechnungswesen, ausgelagerte Datenverarbeitung oder Poststelle. Solche Anschriften sind nicht anzugeben, soweit sie für die Geschäftsbeziehung gegenüber dem VN nach außen nicht maßgeblich sind.

10 **c) Vertreter und andere Person.** Die Information über die Anschrift des Vertreters ist bereits durch § 11 Abs. 1 Nr. 2 und Abs. 2 VersVermV sichergestellt. Die Anschrift der anderen gewerblich tätigen Person läuft aus denselben Gründen wie in Abs. 1 Nr. 2 leer (s. Rn 7).

11 **d) Vertretungsberechtigter.** Bei juristischen Personen etc. ist auch die Angabe eines Vertretungsberechtigten erforderlich. Hier ist nach Sinn und Zweck nicht der rechtsgeschäftlich, sondern der organschaftlich Vertretungsberechtigte gemeint.

12 **4. Hauptgeschäftstätigkeit (Abs. 1 Nr. 4).** Eine Hauptgeschäftstätigkeit kann nur angegeben werden, wenn auch Nebengeschäftstätigkeiten bestehen. Wegen des Verbots versicherungsfremder Geschäfte nach § 7 Abs. 2 S. 1 VAG kann es bei VR nur um die Angabe der Geschäftstätigkeit Versicherungsgeschäft gehen.[17] Ausreichend erscheint etwa „Geschäftstätigkeit des Unternehmens ist der Betrieb der Lebensversicherung". Nicht erforderlich ist es, die Einzelsparten anzugeben, die vorwiegend betrieben werden, also etwa Unfallversicherung, Hausratversicherung etc.[18] Die Wiedergabe des Unternehmenszwecks aus der Satzung sollte genügen, es sei denn, sie wäre so rechtstechnisch geprägt, dass sie für den durchschnittlichen VN nicht verständlich ist.

13 **5. Garantiefonds (Abs. 1 Nr. 5).** Es sind Angaben erforderlich über das Bestehen eines Garantiefonds oder einer anderen Entschädigungsregelung, die, nicht unter zwei in der Regelung genannte Richtlinien der EU fallen. Sie betreffen Kreditinstitute bzw Wertpapiereinrichtungen, nicht VR. Die Ausnahmeregelung in Abs. 1 Nr. 5 ist daher gegenstandslos.[19] Als Garantiefonds sind die auf der Grundlage von §§ 124 ff VAG bestehenden Sicherungssysteme anzugeben. Derzeit sind dies die **Protektor Lebensversicherung AG**, Wilhelmstr. 43/43 G, 10117 Berlin, für die Krankenversicherung die **Medicator AG**, Bayenthalgürtel 26, 50968 Köln. Für die Sachversicherung besteht derzeit keine entsprechende Einrichtung. Zum Teil wird über den Wortlaut hinaus eine Negativmitteilung für erforderlich gehalten.[20] Der Verkehrsopferhilfe e.V. (§ 12 PflVG) sowie der Deutsches Büro Grüne Karte e.V. gehören hierzu nicht.[21] Adressat der Informationen nach Abs. 1 Nr. 1 ist der VN. Es kann daher nur um Einrichtungen gehen, die Interessen des VN entschädigen.

---

15 FAKomm-VersR/C. *Schneider/Reuter-Gehrken*, § 1 VVG-InfoV Rn 10.
16 Langheid/Wandt/*Armbrüster*, § 1 VVG-InfoV Rn 11.
17 S. *Schneider*, VersR 2004, 696, 701.
18 Wie hier, aber Spartenangaben empfehlend, FAKomm-VersR/C. *Schneider/Reuter-Gehrken*, § 1 VVG-InfoV Rn 13; aA Looschelders/Pohlmann/*Pohlmann/Schäfers*, § 1 VVG-InfoV Rn 10.
19 Langheid/Wandt/*Armbrüster*, § 1 VVG-InfoV Rn 13.
20 FAKomm-VersR/C. *Schneider/Reuter-Gehrken*, § 1 VVG-InfoV Rn 14.
21 Schwintowski/Brömmelmeyer/*Gansel*, § 1 VVG-InfoV Rn 22; Langheid/Wandt/*Armbrüster*, § 1 VVG-InfoV Rn 13; Prölss/Martin/*Knappmann*, § 1 VVG-InfoV Rn 7.

Letztere beide schützen bzw entschädigen dagegen Interessen von Verkehrsopfern, also Geschädigten.[22]

Erforderlich sind die Information, dass der Garantiefonds besteht, und mindestens eine weitere Angabe, etwa der Sicherungsfall oder die gesicherten Ansprüche.[23]

6. Allgemeine Versicherungsbedingungen/wesentliche Merkmale der Versicherungsleistung (Abs. 1 Nr. 6). a) Allgemeine Versicherungsbedingungen und Tarifbestimmungen. Darunter sind die für den jeweiligen VersVertrag geltenden Allgemeinen Geschäftsbedingungen zu verstehen, unabhängig davon, ob sie in Allgemeine und Besondere Bedingungen gegliedert oder etwa als „Tarifbestimmungen" bezeichnet sind.[24]

b) Wesentliche Merkmale der Versicherungsleistung. Zweck der Regelung ist nach der Begründung die Aufklärung über die wesentlichen Merkmale der „Versicherung".[25] Hier ist (nur) die Versicherungsleistung gemeint. Das ergibt sich aus der konkretisierenden Beschreibung „Art, Umfang und Fälligkeit der Leistung".[26] Es soll also nicht der Inhalt des Produktinformationsblattes nach § 4 repetiert werden, sondern grds. die Beschreibung von Art, Umfang und Fälligkeit ausreichen. Sie ist in aller Regel bereits Inhalt der AVB. Abs. 2 lässt sich entnehmen, dass eine separate Beschreibung dieser Gegenstände außerhalb der AVB nicht gefordert ist.[27] Folgt man dem nicht, wird man nach dem Zweck der Regelung, Vergleichbarkeit zu erleichtern, Summenbegrenzungen, Selbstbehalte und Wartezeiten aufnehmen müssen.[28]

7. Preis der Versicherung (Abs. 1 Nr. 7). a) Gesamtpreis. Anzugeben ist der Gesamtpreis der Versicherung einschließlich aller Steuern und sonstiger Preisbestandteile. „Gesamtpreis" bedeutet die Prämie für einen bestimmten konkret genannten Zeitraum.[29] „Gesamt" bezieht sich auf die Einbeziehung von Versicherungsteuer und sonstigen Preisbestandteilen. Da bei VersVerträgen die Gegenleistung des VN mit Bruttoprämie pro Zahlungsabschnitt regelmäßig vollständig beschrieben ist, werden sonstige Preisbestandteile in der Praxis kaum eine Rolle spielen. Auch Ratenzuschläge zählen dazu nicht, wenn sie, wie üblich, im Beitrag pro Zahlungsabschnitt enthalten sind. Bei Verrechnung von Prämien mit Überschüssen ist die Prämie vor **Überschussverrechnung** der Gesamtpreis (inklusive eventueller Steuern und sonstiger Preisbestandteile).[30] Der zu zahlende Beitrag kann auf diesen Gesamtpreis zurückfallen. Er ist damit eine essentielle Information für den VN. Die Prämie nach Überschussverrechnung sollte ebenfalls angegeben werden. Der Begriff „Gesamtpreis" sowie die Gegenüberstellung mit § 2 Abs. 1 Nr. 1 und 2 erfordern keine Aufteilung in Prämienbestandteile.[31]

b) Risikozuschläge. Wirtschaftlich sind Zuschläge für das zu übernehmende Risiko Teil des Gesamtpreises. Allerdings können sie vor Abgabe der Vertragserklärung nicht angegeben werden, wenn die Risikoprüfung der Antragstellung folgt. Beim Invitatiomodell hingegen gibt der VR idR erst nach Risikoprüfung ein ver-

---

22 FAKomm-VersR/C. *Schneider/Reuter-Gehrken*, § 1 VVG-InfoV Rn 16.
23 AA Langheid/Wandt/*Armbrüster*, § 1 VVG-InfoV Rn 14.
24 Ebenso FAKomm-VersR/C. *Schneider/Reuter-Gehrken*, § 1 VVG-InfoV Rn 17.
25 Begr., abgedr. in VersR 2008, 186, 187.
26 Langheid/Wandt/*Armbrüster*, § 1 VVG-InfoV Rn 19.
27 AA Langheid/Wandt/*Armbrüster*, § 1 VVG-InfoV Rn 20.
28 S. Langheid/Wandt/*Armbrüster*, § 1 VVG-InfoV Rn 19; FAKomm-VersR/C. *Schneider/Reuter-Gehrken*, § 1 VVG-InfoV Rn 18.
29 Begr., abgedr. in VersR 2008, 186, 187.
30 Prölss/Martin/*Knappmann*, § 1 VVG-InfoV Rn 9; FAKomm-VersR/C. *Schneider/Reuter-Gehrken*, § 1 VVG-InfoV Rn 22.
31 S. auch Langheid/Wandt/*Armbrüster*, § 1 VVG-InfoV Rn 25.

bindliches Angebot ab. Der Risikozuschlag ist dann in den Gesamtpreis einzubeziehen.[32]

19 **c) Mehrere selbständige Verträge.** Bei **mehreren selbständigen Verträgen** sind die Prämien einzeln auszuweisen.[33] Preis einer Versicherung ist nach § 1 S. 2 VVG dabei die Prämie. Bei **verbundenen Verträgen** werden mehrere Risiken nach Art eines Baukastenprinzips zu einem Vertrag verbunden. Ergebnis ist *ein* Vertrag, selbst wenn einzelne Risiken isoliert gekündigt werden können. Es ist dann lediglich eine Prämie anzugeben.[34] Bei Haupt- und **Zusatzversicherung** sind die Prämien beider Teile – wie bereits unter der alten Rechtslage[35] – getrennt auszuweisen. Ob der Interessent nur Haupt- oder auch Zusatzversicherung wünscht, kann von dieser Information abhängen.[36]

20 **d) Berechnungsgrundlagen.** Kann ein genauer Preis nicht angegeben werden, sind eine sachgerechte Überprüfung ermöglichende Berechnungsgrundlagen anzugeben. Können **Risikozuschläge** nicht in den Gesamtpreis einbezogen werden (s. Rn 18), müssen deren Berechnungsgrundlagen nicht angegeben werden. Andernfalls müssten die gesamten Richtlinien zur Erhebung von Zuschlägen zur Verfügung gestellt werden. Die Idee der Transparenz wäre damit in ihr Gegenteil verkehrt.[37]

21 Ein Anwendungsbereich sind **fallende Risikolebensversicherungen** zur Absicherung eines Darlehens. Bei ihnen kann vereinbart werden, dass die Versicherungssumme sich jährlich in Abhängigkeit von der Darlehensrestschuld zu einem Stichtag verringert. Da die Darlehensrestschuld zum Stichtag von Unbekannten abhängen kann – etwa Zinsentwicklung bei variablem Zins, Ende der Zinsbindung, Sondertilgungen etc. –, ist sie bei Vertragsbeginn nicht immer bekannt. In diesen Fällen würde dann bspw die Nennung des Beitrags pro angefangener x Euro Restschuld zum jeweiligen Stichtag eine Überprüfung des Preises ermöglichen und daher ausreichen.[38]

22 **8. Weitere Kosteninformation (Abs. 1 Nr. 8). a) Zusätzlich anfallende Kosten.** Anknüpfend an Abs. 1 Nr. 7, wonach der Gesamtpreis für einen bestimmten Zeitabschnitt anzugeben ist, erfassen die zusätzlich anfallenden Kosten nur nicht regelmäßige – auch: einmalige – Kosten, ggf auch Fremdkosten des VersVertrages, die vom VR eingezogen und angegeben werden. Der Blick in die Parallelregelung des Art. 246 § 1 Abs. 1 Nr. 8 EGBGB bestätigt dies: Die Vorschrift spricht von „zusätzlich anfallenden Liefer- und Versandkosten". Beispiele könnten hier also Versandkosten für die Zusendung der Police oder Stückkosten für deren Ausfertigung sein. Der Anwendungsbereich der Vorschrift darf als überschaubar eingeschätzt werden. Kosten für Mahnung, Ersatzpolice und sonstige vom VN ausgelöste besondere Leistungen des VR fallen nicht darunter.[39] Anderenfalls wären § 2 Abs. 1 Nr. 2 und § 3 Abs. 1 Nr. 2 überflüssig (s. § 2 Rn 19 f).

---

32 Langheid/Wandt/*Armbrüster*, § 1 VVG-InfoV Rn 27; Prölss/Martin/*Knappmann*, § 1 VVG-InfoV Rn 9; aA FAKomm-VersR/C. *Schneider/Reuter-Gehrken*, § 1 VVG-InfoV Rn 20.
33 Langheid/Wandt/*Armbrüster*, § 1 VVG-InfoV Rn 23; FAKomm-VersR/C. *Schneider/Reuter-Gehrken*, § 1 VVG-InfoV Rn 22.
34 Ebenso Schwintowski/Brömmelmeyer/*Gansel*, § 1 VVG-InfoV Rn 25; Prölss/Martin/*Knappmann*, § 1 VVG-InfoV Rn 9; aA Langheid/Wandt/*Armbrüster*, § 1 VVG-InfoV Rn 23.
35 VerBAV 1995, 283, 284; Prölss/*Präve*, VAG, § 10 a Rn 14.
36 So auch *Leverenz*, Vertragsschluss nach der VVG-Reform, S. 32; Langheid/Wandt/*Armbrüster*, § 1 VVG-InfoV Rn 23.
37 Langheid/Wandt/*Armbrüster*, § 1 VVG-InfoV Rn 27.
38 S. auch Langheid/Wandt/*Armbrüster*, § 1 VVG-InfoV Rn 22.
39 Im Ergebnis ebenso Looschelders/Pohlmann/*Pohlmann/Schäfers*, § 1 VVG-InfoV Rn 21; Langheid/Wandt/*Armbrüster*, § 1 VVG-InfoV Rn 28; FAKomm-VersR/C. *Schneider/Reuter-Gehrken*, § 1 VVG-InfoV Rn 23.

Fallen zusätzliche Kosten nach Abs. 1 Nr. 8 tatsächlich an, ist der insgesamt zu zahlende Betrag anzugeben. „Insgesamt" bedeutet dabei die zusätzlich anfallenden Kosten, nicht Gesamtpreis von Abs. 1 Nr. 7 und zusätzlich anfallende Kosten. 23

b) **Mögliche weitere Steuern und Gebühren.** Zunächst ist hier eine syntaktische Analyse des Halbsatzes erforderlich. Er ist wie folgt zu lesen: „... sowie mögliche weitere Steuern und Gebühren, die nicht über den Versicherer abgeführt werden, oder mögliche weitere Kosten, die nicht über ihm in Rechnung gestellt werden." Mit „Steuern und Gebühren" korreliert üblicherweise das Verb „abführen", mit „Kosten" die Wendung „in Rechnung stellen". Die Verneinung vor „abgeführt" ist auch dem In-Rechnung-Stellen zuzuordnen. Anderenfalls wären weitere Kosten erfasst, die der VR in Rechnung stellt. Diese sind aber bereits Gegenstand der „gegebenenfalls zusätzlich anfallende(n) Kosten" derselben Regelung. 24

„Steuern und Gebühren, die nicht über den Versicherer abgeführt werden", beziehen sich nur auf die Prämie, nicht auf die Versicherungsleistung. Dies ergibt sich aus dem Kontext, in dem von Preis und Kosten die Rede ist. Ob und ggf welche Steuern auf die Leistung anfallen, hängt im Übrigen wesentlich von der individuellen steuerlichen Situation des in dem Stadium unbekannten Leistungsempfängers ab.[40] Bei auf den Beitrag entfallenden weiteren Steuern und Gebühren ist derzeit zumindest eine konkrete Bedeutung schwer vorstellbar. 25

c) **Mögliche weitere Kosten.** „Mögliche weitere Kosten" müssen solche sein, die nicht Teil der Prämie sind und vom VR nicht in Rechnung gestellt werden.[41] Es können nicht die einkalkulierten Kosten sein; diese fallen nämlich nicht nur möglicherweise an, und für Lebens- und Krankenversicherung sind sie nach § 2 Abs. 1 Nr. 1 bzw § 3 Abs. 1 Nr. 1 anzugeben. Auch hier drängt sich ein umfangreicher Anwendungsbereich nicht auf, zumal der VR von den Kosten auch Kenntnis haben muss.[42] Denkbar erscheinen solche Kosten etwa bei der Ummantelung eines Bankdepots mit einer Lebensversicherung nach § 54b VAG, bei der die Wertpapiere im Bankdepot verbleiben. Stellt die Bank dem Kunden weiterhin Depot- und Transaktionskosten in Rechnung, würde es sich um (mögliche) weitere Kosten handeln, die nicht vom VR in Rechnung gestellt werden. 26

d) **Einzelfragen. Ratenzuschläge** fallen nicht unter Abs. 1 Nr. 8, weil sie in den Gesamtpreis von Abs. 1 Nr. 7 einzubeziehen sind.[43] Gleiches gilt im Ergebnis für **Ausgabeaufschläge** und **Verwaltungsvergütungen** bei Fonds in einer fondsgebundenen Lebensversicherung. Allerdings wird sich hier eine Notwendigkeit zur Information aus § 2 Abs. 1 Nr. 7 ergeben. **Rückvergütungen aus Fonds** fallen ebenfalls nicht unter Abs. 1 Nr. 8; eine Informationspflicht hierüber besteht generell nicht (s. § 2 Rn 3). 27

e) **Telekommunikationskosten.** Es sind alle Kosten anzugeben, die dem VN für die Nutzung von Telekommunikationsmitteln entstehen, wenn solche Kosten zusätzlich in Rechnung gestellt werden. Nach der Begründung wurde „auf eine Beschränkung auf diejenigen Kosten, die über die üblichen Grundtarife hinausgehen, verzichtet".[44] Die Erwartung des Verordnungsgebers ist demnach, dass Grundtarif und darüber hinausgehende Kosten angegeben werden. Den Grundtarif bzw die Grundgebühr wird der VR regelmäßig nicht kennen. Daher kann es trotz anders lautender Begründung nur um darüber hinausgehende Kosten gehen.[45] Das legt außerdem auch der Wortlaut „zusätzlichen Kosten" nahe. Damit verbleibt es bei 28

---

40 Langheid/Wandt/*Armbrüster*, § 1 VVG-InfoV Rn 30.
41 Langheid/Wandt/*Armbrüster*, § 1 VVG-InfoV Rn 31.
42 Zweifelhaft daher das Beispiel Abschlusskosten, die nicht über den VR laufen, in Langheid/Wandt/*Armbrüster*, § 1 VVG-InfoV Rn 31.
43 S. BGH 6.2.2013 – IV ZR 230/12, VersR 2013, 341.
44 Begr., abgedr. in VersR 2008, 186, 187.
45 Schwintowski/Brömmelmeyer/*Gansel*, § 1 VVG-InfoV Rn 26.

Zusatzkosten, die gerade der Anruf beim VR über die Grundkosten hinaus auslöst, etwa für eine vom VR eingerichtete gebührenpflichtige Hotline.[46] Von wem die Kosten in Rechnung gestellt werden, spielt keine Rolle; entscheidend ist, dass der VR die Kosten auslöst und kennt.

29 9. **Zahlung (Abs. 1 Nr. 9).** Gemeint ist die **Zahlung der Prämie**, nicht der Versicherungsleistung.[47] Letztere ist bereits von Abs. 1 Nr. 6 Buchst. b) abgedeckt.[48] In der Vereinbarung der Fälligkeit und der Zahlungsweise, regelmäßig Lastschrifteinzug, liegt gleichzeitig auch die entsprechende Information.

30 10. **Gültigkeitsdauer (Abs. 1 Nr. 10).** Die Regelung ist angelegt auf die Situation des Fernabsatzes nur kürzere Zeiträume verfügbarer Güter und Dienstleistungen.[49] Ein VR wird etwa bei der Neuauflage von AVB oder von Werbebroschüren nicht absehen können, wann er AVB oder beworbenes Produkt ändern bzw einstellen wird. Die Angabe der Gültigkeitsdauer ist daher regelmäßig unmöglich. Eine sinnvolle Eingrenzung lässt sich dadurch erreichen, dass man die „zur Verfügung gestellten Informationen" entsprechend dem Kontext innerhalb von § 7 Abs. 1 S. 1 VVG auf einen konkreten intendierten Vertrag bezieht.[50] Dies kommt dem Zweck der Regelung am nächsten. Beim **Antragsmodell** ist die Frage der Gültigkeitsdauer des Angebots (= Antrags) nicht Gegenstand von Abs. 1 Nr. 10, sondern der Antragsbindefrist nach Abs. 1 Nr. 12. Beim **Invitatiomodell**[51] ist Abs. 1 Nr. 10 unmittelbar einschlägig und die Gültigkeitsdauer des Angebots anzugeben. Aus Gründen der Rechtssicherheit sollte auch klar beschrieben sein, welches Ereignis während der Gültigkeitsdauer den Vertrag zur Entstehung gelangen lässt. In der Regel wird dies der Zugang der Annahmeerklärung beim VR sein.

31 11. **Risikowarnung (Abs. 1 Nr. 11).** Sachlich geht es um den Hinweis, dass der VN Kapitalmarktrisiken trägt. Die Regelung wäre sachgerechter platziert in § 2 Abs. 1 Nr. 7 im Zusammenhang mit den Informationspflichten bei fondsgebundenen Lebensversicherungen. Dies ist die typische Situation der Lebensversicherungen nach § 54 b VAG.[52] Nicht erfasst hiervon ist das allgemeine Kapitalmarktrisiko, dem die Kapitalanlagen eines VR unterliegen und an denen der VN im konventionellen Teil der Lebensversicherung und der Unfallversicherung mit Prämienrückgewähr über die Überschussbeteiligung sowie in der Krankenversicherung in Bezug auf die Alterungsrückstellung und die Finanzierung von Beitragsanpassungen teilnimmt.[53] Diese allgemeinen Risiken werden durch die Worte „spezifische" und „spezielle" ausgeschlossen.[54]

32 Ihrer Natur nach handelt es sich um Beratungspflichten vor Eingehung entsprechender Geschäfte.[55] Die Aufzählung ist nicht abschließend im Sinne einer vollständigen Beratung. Hier gelten die Maßstäbe von § 6 Abs. 1 und 2 VVG.

---

46 Langheid/Wandt/*Armbrüster*, § 1 VVG-InfoV Rn 33; Prölss/Martin/*Knappmann*, § 1 VVG-InfoV Rn 12; FAKomm-VersR/C. *Schneider/Reuter-Gehrken*, § 1 VVG-InfoV Rn 23; wohl ebenso Looschelders/Pohlmann/*Pohlmann/Schäfers*, § 1 VVG-InfoV Rn 22.
47 Ebenso Looschelders/Pohlmann/*Pohlmann/Schäfers*, § 1 VVG-InfoV Rn 23.
48 Langheid/Wandt/*Armbrüster*, § 1 VVG-InfoV Rn 34.
49 FAKomm-VersR/C. *Schneider/Reuter-Gehrken*, § 1 VVG-InfoV Rn 26.
50 Die Regelung offenbar nur auf Produkt-, nicht auf Einzelvertragsebene beziehend Langheid/Wandt/*Armbrüster*, § 1 VVG-InfoV Rn 36.
51 Hierzu im Einzelnen *Leverenz*, Vertragsschluss nach der VVG-Reform, S. 127 ff; *Schimikowski*, VW 2007, 715 ff.
52 Looschelders/Pohlmann/*Pohlmann/Schäfers*, § 1 VVG-InfoV Rn 25.
53 Langheid/Wandt/*Armbrüster*, § 1 VVG-InfoV Rn 37; Prölss/Martin/*Knappmann*, § 1 VVG-InfoV Rn 15; ebenso wohl Looschelders/Pohlmann/*Pohlmann/Schäfers*, § 1 VVG-InfoV Rn 24.
54 FAKomm-VersR/C. *Schneider/Reuter-Gehrken*, § 1 VVG-InfoV Rn 29.
55 MüKo-BGB/*Wendehorst*, § 312 c Rn 52; aA Looschelders/Pohlmann/*Pohlmann/Schäfers*, § 1 VVG-InfoV Rn 26.

12. Zustandekommen des VersVertrages, Beginn der Versicherung; Bindefrist 33
(Abs. 1 Nr. 12). a) Zustandekommen des VersVertrages. Zunächst sind nach Abs. 1 Nr. 12 Angaben darüber zu machen, wie der Vertrag zustande kommt. Generell sollte die Information ausreichen, welche Handlung zum Abschluss des Vertrages führt.[56] Beim **Antragsmodell** als dem Interessenten dem grundsätzlichen Ablauf nach vertrautem Verfahren sollte die Information genügen, dass der Vertrag erst durch Annahme des Antrags durch den VR zustande kommt. Das **Invitatiomodell** muss, da es dem Interessenten weniger vertraut ist, detaillierter erläutert werden. Für Zwecke des Abs. 1 Nr. 12 reicht es aus, mit der Übersendung des Angebots des VR darauf hinzuweisen, dass die Unterlagen das Angebot des VR darstellen und der Vertrag erst durch die Annahme des Interessenten zustande kommt. Allerdings legen materiell- und haftungsrechtliche Überlegungen es nahe, dem Interessenten bereits bei der Abgabe der Aufforderung zum Unterbreiten eines Angebots den Gang bis zum Abschluss des Vertrages zu beschreiben.[57]

b) Beginn der Versicherung. Angaben zum Beginn der Versicherung und des Versicherungsschutzes werden sich idR dem Antrag bzw der Invitatio entnehmen lassen. Trotz des Erfordernisses einer gesonderten Belehrung nach § 37 Abs. 2 S. 2 VVG wird man bei Geltung des Einlösungsprinzips auch hier auf die Notwendigkeit der Zahlung der Erstprämie hinweisen müssen.[58] Andernfalls könnte ein unzutreffender Eindruck über den Beginn des Versicherungsschutzes entstehen. Ein expliziter Hinweis auf ein eventuelles Auseinanderfallen von Beginn des Vertrages und des Versicherungsschutzes ist für die Zwecke von Abs. 1 Nr. 12 nicht erforderlich. Aus haftungsrechtlichen Gründen kann ein solcher Hinweis aber geboten sein. 34

c) Antragsbindefrist. Die Angabe der Antragsbindefrist setzt voraus, dass eine solche besteht. Das Versicherungsvertragsrecht kennt eine gesetzliche Antragsbindefrist nicht. Eine vereinbarte Bindefrist wurde bereits unter Geltung von § 5a VVG aF als ausgeschlossen betrachtet.[59] Der Grund lag darin, dass der VN das Widerspruchsrecht auch schon vor Zugang des Versicherungsscheins ausüben konnte.[60] Daran hat sich mit dem neuen VVG nichts geändert. Beim **Antragsmodell** kann der Antragsteller sein Widerrufsrecht nach § 8 Abs. 1 VVG weiterhin schon vor Zugang des Versicherungsscheins auszuüben; beim **Invitatiomodell** stammt der Antrag vom VR, der mit dem Antragsteller in Abs. 1 Nr. 12 aber nicht gemeint ist. Insgesamt läuft die Anforderung der Angabe einer Antragsbindefrist damit leer. Die Gegenauffassung sieht in der Antragsbindefrist eine Konkretisierung von § 147 Abs. 2 BGB. Sie solle genannt werden, damit der Interessent nicht im Ungewissen über die regelmäßigen Umstände iSv § 147 Abs. 2 BGB bleibe.[61] Da ein Widerruf schon vor Annahme möglich ist, kann eine Bindung an den Antrag nicht bestehen. Trotzdem eine Frist zu nennen, während der er gebunden ist, ist sachlich falsch. Es erscheint nicht sachgerecht, eine Antragsbindefrist und gleichzeitig die Mitteilung zu verlangen, dass der Antragsteller seine Erklärung jederzeit widerru- 35

---

56 Langheid/Wandt/*Armbrüster*, § 1 VVG-InfoV Rn 40; Prölss/Martin/*Knappmann*, § 1 VVG-InfoV Rn 16.
57 So auch *Leverenz*, Vertragsschluss nach der VVG-Reform, S. 130; *Gaul*, VersR 2007, 21, 25; Langheid/Wandt/*Armbrüster*, § 1 VVG-InfoV Rn 42; etwas weitergehend wohl Bruck/Möller/*Herrmann*, § 7 VVG Rn 13.
58 Langheid/Wandt/*Armbrüster*, § 1 VVG-InfoV Rn 43.
59 VerBAV 1995, 283, 285.
60 BK/*Schwintowski*, § 5a VVG Rn 82; *Armbrüster*, r+s 2008, 493, 498.
61 So Looschelders/Pohlmann/*Pohlmann/Schäfers*, § 1 VVG-InfoV Rn 30; ähnl. Langheid/Wandt/*Armbrüster*, § 1 VVG-InfoV Rn 45 f; FAKomm-VersR/C. *Schneider/Reuter-Gehrken*, § 1 VVG-InfoV Rn 33.

fen könne.[62] Dies verwirrt den durchschnittlichen Interessenten mehr als es ihn informiert.

36 **13. Widerrufsrecht (Abs. 1 Nr. 13). a) Inhalt.** Es soll eine umfassende Information über Bestehen oder Nichtbestehen eines Widerrufsrechts gewährleistet werden. Die Fälle des Nichtbestehens sind im Katalog des § 8 Abs. 3 S. 1 VVG aufgeführt. Bei Großrisiken nach § 8 Abs. 3 S. 1 Nr. 4 VVG bedarf es der Belehrung über das Nichtbestehen wegen § 7 Abs. 5 VVG nicht, da u.a. § 7 Abs. 2 VVG und damit auch die gesamte VVG-InfoV hierauf nicht anwendbar sind. Die Einschränkung in § 7 Abs. 5 S. 2 VVG ist in diesem Zusammenhang unbeachtlich.

37 Zu den Einzelheiten der Ausübung gehört auch der Hinweis auf die Textform. Daher sind auch E-Mail-Anschrift und Telefax anzugeben.[63] Gleiches gilt für die Tatsache, dass der Widerruf keiner Begründung bedarf und die rechtzeitige Absendung zur Fristwahrung genügt (s. § 8 Abs. 1 S. 2 VVG).

38 Die Rechtsfolgen des Widerrufs ergeben sich abschließend aus § 9 VVG bzw § 152 Abs. 2 und 3 VVG. Ein vom VN zu zahlender Betrag ist darin nicht vorgesehen. Ein Abweichen hiervon zum Nachteil des VN wäre wegen § 18 VVG bzw § 171 S. 1 VVG nicht zulässig. Ein sinnvolles Verständnis kann nur in der Zusammenschau mit § 9 Abs. 1 S. 1 VVG und dem darin unter bestimmten Voraussetzungen vom VR zu erstattenden Betrag gefunden werden. Zu zahlender Betrag iSv Nr. 13 ist danach der Betrag, den der VR nicht zu erstatten hat.[64]

39 **b) Verhältnis zu § 8 Abs. 2 S. 1 Nr. 2 VVG.** Nach § 8 Abs. 2 S. 1 Nr. 2 VVG ist der VN über das Widerrufsrecht in deutlich gestalteter Form zu belehren, während nach Abs. 1 Nr. 12 darüber lediglich zu informieren ist. Die Information kann die erforderliche Belehrung nicht ersetzen, da es ihr regelmäßig an der deutlichen Gestaltung fehlen wird. Abs. 2, der ebenfalls eine deutlich gestaltete Form für das Widerrufsrecht verlangt, trägt nicht zur Klärung bei. Die Vorschrift knüpft an eine in den AVB enthaltene Belehrung an. § 8 Abs. 2 S. 1 Nr. 2 VVG gilt demgegenüber für jede Widerrufsbelehrung. Daher erfüllt eine den Anforderungen von § 8 Abs. 2 S. 1 Nr. 2 VVG entsprechenden Belehrung außerhalb der AVB zugleich die Informationspflicht nach Abs. 1 Nr. 13.[65] Das Erfordernis einer Information neben einer bereits deutlich gestalteten Belehrung nach § 8 Abs. 2 S. 1 Nr. 2 VVG erschiene als sinnlose Förmelei.[66] Zudem gibt Abs. 1 keine Reihenfolge der Informationen vor.

40 **14. Laufzeit des VersVertrages (Abs. 1 Nr. 14).** Bei befristeter Laufzeit mit automatischer Verlängerung gehört der Hinweis auf diese automatische Verlängerung zu den zur Laufzeit zu erteilenden Informationen.[67] Darüber hinaus ist eine eventuelle Mindestlaufzeit bzw fehlende Befristung zu nennen.[68]

41 **15. Beendigung/Vertragsstrafe (Abs. 1 Nr. 15). a) Beendigung und Kündigungsbedingungen.** Die Formulierung „Beendigung …, insbesondere … Kündigungsbedingungen" meint die Beendigungsmöglichkeiten des VN, nicht des VR. Die Begrün-

---

62 So wohl Langheid/Wandt/*Armbrüster*, § 1 VVG-InfoV Rn 45.
63 Ebenso Looschelders/Pohlmann/*Pohlmann/Schäfers*, § 1 VVG-InfoV Rn 33.
64 FAKomm-VersR/C. *Schneider/Reuter-Gehrken*, § 1 VVG-InfoV Rn 55; wohl auch Langheid/Wandt/*Armbrüster*, § 1 VVG-InfoV Rn 55 f.
65 Langheid/Wandt/*Armbrüster*, § 1 VVG-InfoV Rn 49.
66 Im Ergebnis ebenso Looschelders/Pohlmann/*Pohlmann/Schäfers*, § 1 VVG-InfoV Rn 35; Langheid/Wandt/*Armbrüster*, § 1 VVG-InfoV Rn 49.
67 Langheid/Wandt/*Armbrüster*, § 1 VVG-InfoV Rn 58.
68 FAKomm-VersR/C. *Schneider/Reuter-Gehrken*, § 1 VVG-InfoV Rn 38.

dung stellt insoweit auf die Beendigung durch den VN ab.[69] Kündigungsmöglichkeiten des VR sind von Abs. 1 Nr. 15 demnach nicht erfasst.[70]

Die **vertraglichen** Kündigungsbedingungen sind regelmäßig in den AVB enthalten. Mit deren Überlassung ist Abs. 1 Nr. 15 erfüllt. Bedeutung hat die Regelung daher durch die Verweisung darauf in Abs. 2. Daraus resultiert das Erfordernis einer hervorgehobenen und deutlich gestalteten Form in den AVB. 42

Über die vertraglichen Kündigungsbedingungen muss „insbesondere" informiert werden. Daher ist fraglich, ob auch zu **gesetzlichen** Kündigungsmöglichkeiten Angaben zu machen sind. Bedeutung hat dies für Fälle der außerordentlichen Kündigung und die gesetzlichen Kündigungsmöglichkeiten etwa nach § 40 Abs. 1 S. 1 oder § 92 Abs. 1 VVG. Der VN soll neben seinem vertraglichen Beendigungsrecht über die Dauer des Versicherungsschutzes informiert werden.[71] Damit wird der einseitigen Beendigung durch den VN also die Beendigung durch bloßen Ablauf gegenübergestellt. Die Information über gesetzliche Kündigungsrechte fällt demnach nicht unter Abs. 1 Nr. 15. Dies erscheint auch deshalb gerechtfertigt, weil der Gesetzgeber selbst je nach Wichtigkeit des Kündigungsrechts eine Information hierüber zum gegebenen Zeitpunkt explizit angeordnet hat (s. § 40 Abs. 1 S. 2 VVG).[72] Die Gegenauffassung bejaht eine Verpflichtung zur Information über gesetzliche Kündigungsrechte, wenn das VVG eine spezielle Informationspflicht nicht vorsieht.[73] Dies bläht die vorvertraglichen Informationen unnötig auf. Wenn der Gesetzgeber eine Information zum gegebenen Zeitpunkt nicht für notwendig hält, so ist dies angesichts der Systematik beredtes Schweigen. Er hält auch die Information außerhalb des gegebenen Zeitpunkts erst recht nicht für erforderlich. 43

b) Vertragsstrafe. Hier sind nur Vertragsstrafen im Zusammenhang mit der Beendigung anzugeben. Vertragsstrafen in der Kfz-Versicherung für den Fall falscher Angaben zu Merkmalen, die für die Beitragsberechnung maßgeblich sind, fallen daher nicht unter die Vorschrift. Aus Anlass der Beendigung sind Vertragsstrafen nur in Ausnahmefällen denkbar. Sie werden idR die gesetzlichen Kündigungsmöglichkeiten zum Nachteil des VN beschränken und wären dann nach § 18 VVG bzw § 171 VVG unwirksam.[74] 44

Der **Stornoabzug** in der Lebensversicherung ist nicht als Vertragsstrafe einzuordnen.[75] Der BGH hat diesbezüglich als AGB-rechtlichen Prüfungsmaßstab § 308 Nr. 7 und § 309 Nr. 5 Buchst. b) BGB angedeutet.[76] Die Vertragsstrafe ist im Recht der AGB hingegen in § 309 Nr. 6 BGB geregelt.

16. Vorvertragliches Statut (Abs. 1 Nr. 16). Die Regelung betrifft grenzüberschreitenden Verkehr innerhalb der EU. Ihr Anwendungsbereich erschließt sich nur schwer. Sie hat das vorvertragliche Statut im Blick, also die Situation bis zum Einsetzen des – zu vereinbarenden oder sich aus dem EGVVG bzw der Rom I-VO ergebenden – Vertragsstatuts. Das bis dahin anzuwendende Recht ergibt sich jeweils aus dem IPR des Staates, in dem die Frage zu beurteilen ist. Nach Art. 12 Abs. 1 Rom II-VO ist vorvertragliches Statut das Recht des in Aussicht genommenen Ver- 45

---

69 Begr., abgedr. in VersR 2008, 186, 187.
70 Langheid/Wandt/*Armbrüster*, § 1 VVG-InfoV Rn 59; aA Schwintowski/Brömmelmeyer/*Gansel*, § 1 VVG-InfoV Rn 33; Looschelders/Pohlmann/*Pohlmann/Schäfers*, § 1 VVG-InfoV Rn 39.
71 Begr., abgedr. in VersR 2008, 186, 187.
72 FAKomm-VersR/*C. Schneider/Reuter-Gehrken*, § 1 VVG-InfoV Rn 41.
73 Looschelders/Pohlmann/*Pohlmann/Schäfers*, § 1 VVG-InfoV Rn 39; Langheid/Wandt/*Armbrüster*, § 1 VVG-InfoV Rn 60.
74 Langheid/Wandt/*Armbrüster*, § 1 VVG-InfoV Rn 61.
75 Langheid/Wandt/*Armbrüster*, § 1 VVG-InfoV Rn 61; FAKomm-VersR/*C. Schneider/Reuter-Gehrken*, § 1 VVG-InfoV Rn 44.
76 BGH 25.7.2012 – IV ZR 201/10, VersR 2012, 1149; BGH 12.10.2005 – IV ZR 162/03, VersR 2007, 1565.

trages. In dem Stadium besteht für den VR nach Art. 14 Rom II-VO kein Spielraum, ein bestimmtes Recht zugrunde zu legen. Außerdem müsste, damit die Regelung überhaupt zur Anwendung kommen kann, schon die Anwendbarkeit des VVG respektive der VVG-InfoV für die vorvertraglichen Beziehungen feststehen. Es geht hier aber gerade um die Frage, welches Recht diese vorvertraglichen Beziehungen regiert. Zusätzliche Zweifel an der rechtstechnischen Durchdachtheit der Regelung ergeben sich aus der im Plural „Mitgliedstaaten" offenbar werdenden Vorstellung, dass der VR den vorvertraglichen Beziehungen gleichzeitig mehrere nationale Rechte soll zugrunde legen können. Im Ergebnis ist ein sinnvoller Anwendungsbereich kaum erkennbar.[77]

46 **17. Anwendbares Recht und Gerichtsstand (Abs. 1 Nr. 17). a) Anwendbares Recht.** Anzugeben ist das auf den Vertrag anwendbare Recht. Das ist das sich aus dem EGVVG bzw seit dem 17.12.2009 der Rom I-VO gesetzlich ergebende anwendbare Recht. Eventuell vertraglich vereinbartes anwendbares Recht fällt unter die in Abs. 1 Nr. 17 ebenfalls aufgeführte Vertragsklausel über das anwendbare Recht. Nach Art. 8 bzw 11 EGVVG bzw Art. 7 Rom I-VO wird die Regelaussage hier die Anwendung deutschen Rechts sein.

47 **b) Vertragsklausel über das anwendbare Recht.** Beruht das anwendbare Recht auf vertraglicher Vereinbarung, ist es allein dadurch bereits Teil der dem VN zu überlassenden Information. Ein gesonderter Hinweis außerhalb der AVB auf das anzuwendende Recht ist wegen Abs. 2 Hs 1 nicht erforderlich. Ist das vertraglich vereinbarte Recht mit dem sich aus dem EGVVG bzw der Rom I-VO ergebenden identisch, werden die natürlichen Erwartungen des VN regelmäßig erfüllt sein, so dass auch deshalb ein gesonderter Hinweis entbehrlich erscheint.

48 **c) Vertragsklausel über das zuständige Gericht.** Hier gilt dasselbe wie für die Vertragsklausel über das anwendbare Recht (s. Rn 47). Soweit von den ausschließlichen Gerichtsständen durch Vereinbarung überhaupt abgewichen werden kann und dies geschieht, liegt die Information in der entsprechenden Vereinbarung. Auch hier ist eine explizite zusätzliche Information angesichts von Abs. 2 Hs 1 nicht erforderlich.

49 **18. Sprachen (Abs. 1 Nr. 18). a) Sprachen der Vertragsbedingungen und Vorabinformationen.** Die Regelung entfaltet sinnvolle Wirkung nur, wenn die vorvertraglichen Informationen in mehr als einer Sprache abgefasst sind. Das dürfte derzeit, wenn überhaupt, nur für den Internetvertrieb der Fall sein.[78] Beim Vertrieb durch Vermittler und Makler werden Verhandlungs- und Vertragssprache idR identisch sein und nicht mehr als eine Sprache betreffen. Dann wird es dem Interessenten unschwer möglich sein, ohne ausdrücklichen Hinweis die Sprache der vorvertraglichen Informationen festzustellen.[79] Ein solcher Hinweis erscheint dann befremdend. Unabhängig davon wird man „dieser Vorschrift" nicht nur auf § 1, sondern auch auf §§ 2–4 beziehen müssen.

50 **b) Kommunikation während der Laufzeit.** Gemeint ist hier die **Vertragssprache**. Schon aus Gründen der Rechtssicherheit sollte sie im grenzüberschreitenden Verkehr vereinbart werden. Auch im nationalen Rahmen ist eine solche Vereinbarung zweckmäßig. Ein gesonderter Hinweis darauf ist wegen Abs. 2 Hs 1 nicht erforderlich.

51 **19. Außergerichtliches Beschwerdeverfahren (Abs. 1 Nr. 19). a) Ombudsmannverfahren.** Dem Zweck der Regelung entsprechend wird es sich bei den außergericht-

---

77 S. auch Prölss/Martin/*Knappmann*, § 1 VVG-InfoV Rn 19; Schwintowski/Brömmelmeyer/*Gansel*, § 1 VVG-InfoV Rn 34.
78 Schwintowski/Brömmelmeyer/*Gansel*, § 1 VVG-InfoV Rn 36.
79 S. FAKomm-VersR/C. *Schneider/Reuter-Gehrken*, § 1 VVG-InfoV Rn 49; für einschränkende Auslegung insoweit Looschelders/Pohlmann/*Pohlmann/Schäfers*, § 1 VVG-InfoV Rn 44.

lichen Beschwerde- und Rechtsbehelfsverfahren um formalisierte Verfahren unter Beteiligung von Personen außerhalb des VR handeln, die der VN in Gang setzen kann. Die voraussetzungslose Beschwerde beim Vorstand oder Aufsichtsrat fällt daher nicht darunter. Im Versicherungssektor dürfte sich der Hinweis auf die Verfahren vor dem Ombudsmann für Versicherungen beim **Versicherungsombudsmann e.V.** und dem **Ombudsmann Private Kranken- und Pflegeversicherung** beim Verband der privaten Krankenversicherung e.v. beschränken, vorausgesetzt, es besteht eine entsprechende Mitgliedschaft des Unternehmens. Besteht keine Mitgliedschaft, muss dies nicht mitgeteilt werden.

An die Informationen zu den Voraussetzungen für den Zugang sind keine allzu hohen Anforderungen zu stellen. Zum **Versicherungsombudsmann e.V.** reicht die Information aus, dass jeder Verbraucher den Ombudsmann anrufen kann. Die Möglichkeit des Ombudsmanns, auch Beschwerden von Gewerbetreibenden zu behandeln, deren Betrieb nach Art, Umfang und Ausstattung als Kleingewerbe anzusehen ist, muss nicht angegeben werden, da es bei dem Personenkreis im Ermessen des Ombudsmanns steht, sich mit der Beschwerde zu befassen.[80] Für den **Ombudsmann Private Kranken- und Pflegeversicherung** genügt die Information, dass bei einer Gruppenversicherung VN und versicherte Person Beschwerde einlegen können.[81] Die Beschreibung darüber hinausgehender Voraussetzungen für die Zulässigkeit einer Beschwerde schafft keinen Mehrwert für den VN. Für ihn ist notwendig, aber auch ausreichend, darüber informiert zu werden, dass ein entsprechendes Verfahren grds. besteht und dass er es in Gang setzen kann. Die konkrete Prüfung der Zuständigkeit und Statthaftigkeit obliegt ohnehin der jeweiligen Einrichtung.

52

b) Sachverständigenverfahren nach AVB. Sachverständigenverfahren nach § 84 VVG fallen nicht unter Abs. 1 Nr. 19. Ergebnis eines solchen Verfahrens ist ein den Rechtsweg grds. ausschließender Spruch des Sachverständigen. Abs. 1 Nr. 19 hingegen geht von Verfahren aus, die den Rechtsweg gerade nicht ausschließen, da über diesen Umstand explizit zu informieren ist.[82]

53

20. Beschwerde bei der Aufsichtsbehörde (Abs. 1 Nr. 20). Im rein nationalen Kontext ist hier die Beschwerdemöglichkeit bei der BaFin unter Angabe der Postanschrift zu nennen. Im grenzüberschreitenden Verkehr innerhalb von EU/EWR empfiehlt es sich, wegen der gemeinschaftlichen Aufsicht sowohl die Anschrift der Heimataufsicht als auch die des Tätigkeitsstaates anzugeben (s. § 110a Abs. 3 S. 1 VAG).[83]

54

IV. Hervorgehobene Form für bestimmte Informationen (Abs. 2)

1. Mitteilung durch AVB. Abs. 2 bezieht sich systematisch auf Abs. 1. Dies ist insofern von Bedeutung, als der mit „soweit" eingeleitete Halbsatz die Frage beantwortet, ob die Informationen, die üblicherweise unmittelbar Gegenstand der AVB sind (zB Abs. 1 Nr. 6 Buchst. b), Nr. 9, 15 und 17), dort ausreichend platziert sind oder ob Abs. 1 erfordert, dass sie auch noch außerhalb der AVB gegeben werden.

55

---

80 S. § 2 Abs. 1 S. 2 der Verfahrensordnung des Versicherungsombudsmanns (VomVO) unter www.versicherungsombudsmann.de.
81 S. § 3 Abs. 1 des Statuts für den Ombudsmann der privaten Krankenversicherung unter www.pkv-ombudsmann.de.
82 Langheid/Wandt/*Armbrüster*, § 1 VVG-InfoV Rn 71; Prölss/Martin/*Knappmann*, § 1 VVG-InfoV Rn 21.
83 AA BaFin: nur, wenn Beschwerde bei der Heimataufsicht nicht möglich; Looschelders/Pohlmann/*Pohlmann/Schäfers*, § 1 VVG-InfoV Rn 47; wohl ebenso Langheid/Wandt/*Armbrüster*, § 1 VVG-InfoV Rn 72; FAKomm-VersR/C. *Schneider/Reuter-Gehrken*, § 1 VVG-InfoV Rn 54.

Letzteres ist nicht der Fall, ansonsten bedürfte es des Abs. 2 nicht.[84] Dieser setzt gerade voraus, dass die „Mitteilung durch Übermittlung der Vertragsbestimmungen einschließlich der Allgemeinen Versicherungsbedingungen" erfolgen darf. Unberührt hiervon bleiben aus dem Recht der AGB ggf bestehende Anforderungen, bestimmte Inhalte deutlicher herauszustellen als im Fließtext der AVB.

56 Abs. 2 führt mit dem Topos „Vertragsbestimmungen einschließlich der Allgemeinen Versicherungsbedingungen" neben „Allgemeinen Versicherungsbedingungen einschließlich der Tarifbestimmungen" in Abs. 1 Nr. 6 Buchst. a) und „Vertragsbedingungen" in Abs. 1 Nr. 18 eine dritte Beschreibung ein. Es ist davon auszugehen, dass in allen drei Fällen jeweils derselbe Sachverhalt angesprochen wird, nämlich das, was üblicherweise als AVB beschrieben wird.

57 **2. Betroffene Informationen.** Eigenständige Bedeutung hat lediglich die Inbezugnahme der Beendigungsmöglichkeiten nach Abs. 1 Nr. 15. Sie sind regelmäßig in den AVB enthalten und daher deutlich zu gestalten. Die Anschrift (Abs. 1 Nr. 3) wird kaum in den AVB stehen. Die Wiedergabe des Widerrufsrechts (Abs. 1 Nr. 13) nur in den AVB wird den Anforderungen aus § 8 Abs. 2 S. 2 Nr. 2 VVG kaum genügen; nach deren Wortlaut und Systematik sind AVB und Widerrufsrecht zu trennen.[85]

58 **3. Hervorhebung und deutliche Gestaltung.** Soweit Abs. 2 greift, sind Informationen in einer „hervorgehobenen und deutlich gestalteten Form" zu erteilen. Die „deutlich gestaltete Form" hat ihre Parallele in § 355 Abs. 2 S. 1 BGB. Auf die hierzu vorliegenden Kommentierungen kann daher zurückgegriffen werden. Fettdruck innerhalb der im Übrigen nicht in Fettdruck abgefassten AVB sollte in Entsprechung zu § 355 Abs. 2 S. 1 BGB ausreichen.[86]

59 Unklar ist die weitergehende Anforderung der „hervorgehobenen" Form. Dem liegt offenbar die Vorstellung zugrunde, dass eine Information innerhalb von AVB trotz deutlicher Gestaltung nicht notwendigerweise hervorgehoben ist. Was aber im Text von AVB – formal – deutlich gestaltet ist, wird sich immer vom sonstigen Fließtext der AVB abheben und damit hervorgehoben sein. Daher werden beide Anforderungen regelmäßig zusammenfallen. Das darüber hinausgehende Postulat, gerade diese Passagen müssten „besonders einprägsam und verständlich" sein,[87] findet im ausschließlich auf die Form abstellenden Wortlaut keine Stütze. Es vermischt unzulässig und ohne Not die formale Vorgabe von Abs. 2 mit der inhaltlichen Transparenzkontrolle nach § 307 BGB. Daher eignet sich Abs. 2 auch nicht zur Begründung einer Dogmatik von einer „dreifachen Transparenzkontrolle".[88]

60 **4. Verweisung.** Ein bloßer hervorgehobener und deutlich gestalteter Verweis auf die entsprechenden Regelungen in den AVB, ohne die Regelungen selbst hervorzuheben, genügt nicht. Nach dem Wortlaut sind die relevanten Informationen selbst den besonderen formalen Anforderungen unterworfen.

---

[84] Ebenso Looschelders/Pohlmann/*Pohlmann/Schäfers*, § 1 VVG-InfoV Rn 48; Schwintowski/Brömmelmeyer/*Gansel*, § 1 VVG-InfoV Rn 39.
[85] Zur Gestaltung s. Looschelders/Pohlmann/*Heinig*, § 8 VVG-InfoV Rn 53.
[86] Zu § 355 BGB s. Palandt/*Grüneberg*, § 355 Rn 16 mwN; s. auch FAKomm-VersR/ C. *Schneider/Reuter-Gehrken*, § 1 VVG-InfoV Rn 56.
[87] Looschelders/Pohlmann/*Pohlmann/Schäfers*, § 1 VVG-InfoV Rn 48; ähnl. Schwintowski/ Brömmelmeyer/*Gansel*, § 1 VVG-InfoV Rn 36.
[88] So aber Looschelders/Pohlmann/*Pohlmann/Schäfers*, § 1 VVG-InfoV Rn 48; wie hier FAKomm-VersR/C. *Schneider/Reuter-Gehrken*, § 1 VVG-InfoV Rn 57.

§ 2 Informationspflichten bei der Lebensversicherung, der Berufsunfähigkeitsversicherung und der Unfallversicherung mit Prämienrückgewähr

(1) Bei der Lebensversicherung hat der Versicherer dem Versicherungsnehmer gemäß § 7 Abs. 1 Satz 1 des Versicherungsvertragsgesetzes zusätzlich zu den in § 1 Abs. 1 genannten Informationen die folgenden Informationen zur Verfügung zu stellen:

1. Angaben zur Höhe der in die Prämie einkalkulierten Kosten; dabei sind die einkalkulierten Abschlusskosten als einheitlicher Gesamtbetrag und die übrigen einkalkulierten Kosten als Anteil der Jahresprämie unter Angabe der jeweiligen Laufzeit auszuweisen; bei den übrigen einkalkulierten Kosten sind die einkalkulierten Verwaltungskosten zusätzlich gesondert als Anteil der Jahresprämie unter Angabe der jeweiligen Laufzeit auszuweisen;
2. Angaben zu möglichen sonstigen Kosten, insbesondere zu Kosten, die einmalig oder aus besonderem Anlass entstehen können;
3. Angaben über die für die Überschussermittlung und Überschussbeteiligung geltenden Berechnungsgrundsätze und Maßstäbe;
4. Angabe der in Betracht kommenden Rückkaufswerte;
5. Angaben über den Mindestversicherungsbetrag für eine Umwandlung in eine prämienfreie oder eine prämienreduzierte Versicherung und über die Leistungen aus einer prämienfreien oder prämienreduzierten Versicherung;
6. das Ausmaß, in dem die Leistungen nach den Nummern 4 und 5 garantiert sind;
7. bei fondsgebundenen Versicherungen Angaben über die der Versicherung zugrunde liegenden Fonds und die Art der darin enthaltenen Vermögenswerte;
8. allgemeine Angaben über die für diese Versicherungsart geltende Steuerregelung;
9. bei Lebensversicherungsverträgen, die Versicherungsschutz für ein Risiko bieten, bei dem der Eintritt der Verpflichtung des Versicherers gewiss ist, die Minderung der Wertentwicklung durch Kosten in Prozentpunkten (Effektivkosten) bis zum Beginn der Auszahlungsphase.

(2) ¹Die Angaben nach Absatz 1 Nr. 1, 2, 4 und 5 haben in Euro zu erfolgen. ²Bei Absatz 1 Nr. 6 gilt Satz 1 mit der Maßgabe, dass das Ausmaß der Garantie in Euro anzugeben ist.

(3) Die vom Versicherer zu übermittelnde Modellrechnung im Sinne von § 154 Abs. 1 des Versicherungsvertragsgesetzes ist mit folgenden Zinssätzen darzustellen:

1. dem Höchstrechnungszinssatz, multipliziert mit 1,67,
2. dem Zinssatz nach Nummer 1 zuzüglich eines Prozentpunktes und
3. dem Zinssatz nach Nummer 1 abzüglich eines Prozentpunktes.

(4) ¹Auf die Berufsunfähigkeitsversicherung sind die Absätze 1 und 2 entsprechend anzuwenden. ²Darüber hinaus ist darauf hinzuweisen, dass der in den Versicherungsbedingungen verwendete Begriff der Berufsunfähigkeit nicht mit dem Begriff der Berufsunfähigkeit oder der Erwerbsminderung im sozialrechtlichen Sinne oder dem Begriff der Berufsunfähigkeit im Sinne der Versicherungsbedingungen in der Krankentagegeldversicherung übereinstimmt.

(5) Auf die Unfallversicherung mit Prämienrückgewähr sind Absatz 1 Nr. 3 bis 8 und Absatz 2 entsprechend anzuwenden.

I. Normzweck....................	1	6. Mindestversicherungsbetrag (Abs. 1 Nr. 5)................	32
II. Zusätzliche Informationen bei der Lebensversicherung (Abs. 1)	5	a) Prämienfreistellung.......	32
1. Allgemeines.................	5	b) Prämienreduzierung......	34
2. Einkalkulierte Kosten (Abs. 1 Nr. 1)................	6	7. Ausmaß der Garantie (Abs. 1 Nr. 6)................	35
a) Einkalkulierte Abschlusskosten....................	6	8. Angaben über Fonds (Abs. 1 Nr. 7)................	37
b) Übrige einkalkulierte Kosten	12	9. Steuerregelung (Abs. 1 Nr. 8)	38
aa) Ermächtigungsgrundlage	12	10. Effektivkosten (Abs. 1 Nr. 9)	39
bb) Begriffsbildung..........	13	III. Angaben in Euro (Abs. 2)	41
cc) Art des Ausweises	15	IV. Normzinssätze (Abs. 3)...........	46
dd) Einzelfälle...............	17	1. Ermächtigungsgrundlage.....	46
3. Mögliche sonstige Kosten (Abs. 1 Nr. 2)................	19	2. Modellrechnung..............	47
4. Überschussermittlung und Überschussbeteiligung (Abs. 1 Nr. 3)................	21	3. Höchstrechnungszinssatz	48
		4. Ausländische Anbieter	49
a) Allgemeines..............	21	V. Berufsunfähigkeitsversicherung (Abs. 4)	50
b) Verursachungsorientierte Beteiligung an den Bewertungsreserven	24	1. Allgemeines..................	50
		2. Ermächtigungsgrundlage.....	51
c) Zuteilung der Bewertungsreserven	25	3. Überschussbeteiligung........	55
		4. Rückkaufswerte..............	56
5. Rückkaufswerte (Abs. 1 Nr. 4)................	26	5. Prämienfreie bzw prämienreduzierte Versicherung	57
a) Allgemeines..............	26	6. Ausmaß der Garantie.........	58
b) Fondsgebundene Versicherung	28	7. Fondsgebundene Versicherung..........................	59
c) Hybridprodukte	29	8. Steuerregelung................	60
d) EU/EWR-Anbieter........	30	9. Begriff der Berufsunfähigkeit	61
		VI. Unfallversicherung mit Prämienrückgewähr (Abs. 5).............	62

I. Normzweck

1 Mit der Vorschrift füllt der Verordnungsgeber im Wesentlichen die in § 7 Abs. 2 S. 1 Nr. 2 VVG erteilte spezielle Ermächtigung für die Lebensversicherung aus. Ein Hauptanliegen ist die Herstellung von Kostentransparenz als wesentlichem Teil eines effektiven Verbraucherschutzes.[1] Dahinter liegt die Absicht der Vergleichbarkeit der Produkte unterschiedlicher Anbieter.

2 Teilweise wird vertreten, dass bei **Risikolebensversicherungen** ausschließlich mit garantierten Leistungen keine Kosten ausgewiesen werden müssen.[2] Dem ist nicht zuzustimmen. Sind bei gleichem Beitrag die Leistungen gleich, die Kosten aber unterschiedlich, so stehen bei dem VR mit den höheren Kosten geringere Mitteln zur Finanzierung der Zusagen zur Verfügung. Für den Interessenten kann diese Information unter dem Gesichtspunkt der nachhaltigen Finanzierbarkeit der Zusagen von Interesse sein.[3] Bei kapitalbildenden Versicherungen gilt dies umso mehr.

3 Das Erkennen einer eventuellen „provisionsgesteuerten" Beratung ist nicht Zweck der Regelung; hierzu ist die Angabe der einkalkulierten Kosten ungeeignet.[4] Daher

---

1 S. BT-Drucks. 16/3495, S. 11.
2 *Brömmelmeyer*, VersR 2009, 584, 589; Prölss/Martin/*Knappmann*, § 2 VVG-InfoV Rn 4.
3 FAKomm-VersR/C. *Schneider/Reuter-Gehrken*, § 2 VVG-InfoV Rn 3.
4 S. hierzu eine offenbar gegenteilige mündliche Aussage eines Vertreters des BMJ in *Leverenz*, Vertragsschluss nach der VVG-Reform, S. 36.

geht auch der Verweis in der Begründung[5] auf eine Entscheidung des BGH[6] fehl; danach muss eine Bank, die im Rahmen einer Kapitalanlageberatung Fondsanteile empfiehlt, über Rückvergütungen aufklären, die sie daraus enthält.[7] Im Übrigen hat der BGH zwischenzeitlich klargestellt, dass seine Rspr zu Rückvergütungen nur für die Kapitalanlageberatung einer Bank gilt.[8]

Darüber hinaus setzt der Verordnungsgeber die im VVG offen gelassenen sog. **Normzinssätze** für die Modellrechnung nach § 154 Abs. 1 S. 1 VVG fest. Sie soll Lebensversicherungsverträge unterschiedlicher Anbieter vergleichbar machen und damit die Transparenz erhöhen.[9]

II. Zusätzliche Informationen bei der Lebensversicherung (Abs. 1)

1. Allgemeines. Die im Katalog von Abs. 1 aufgeführten Informationen treten neben die aus § 1 Abs. 1. Eine **Reihenfolge** gibt der Verordnungsgeber weder für die Informationen nach § 1 Abs. 1 einerseits und § 2 Abs. 1 andererseits noch innerhalb des Katalogs des § 2 Abs. 1 vor. Unter „**Lebensversicherung**" in Abs. 1 ist hier die nach §§ 150–171 VVG zu verstehen. Dies ergibt sich aus der Verweisung für die Berufsunfähigkeitsversicherung in § 2 Abs. 4.

2. Einkalkulierte Kosten (Abs. 1 Nr. 1). a) Einkalkulierte Abschlusskosten. Die Ermächtigungsgrundlage des § 7 Abs. 2 S. 1 Nr. 2 VVG bezieht sich auf die „Abschluss- und Vertriebskosten"; Letztere, nicht lediglich die „Abschlusskosten" – wie in der Verordnung der Fall –, ziehen sich als Begriffspaar durch VVG und AltZertG (vgl § 169 Abs. 3 S. 1 VVG, § 1 Abs. 1 S. 1 Nr. 8 und § 2 a Nr. 1 AltZertG). Eine Definition für Abschlusskosten einerseits und Vertriebskosten andererseits findet sich im gesetzlichen Umfeld des VVG nicht. Daher ist das Begriffspaar als einheitliche Beschreibung der im Zusammenhang mit dem Abschluss anfallenden Kosten zu verstehen. Die Begründung zum VVG bestätigt dies. Sie greift teilweise das Begriffspaar auf[10] und spricht teilweise auch im selben Kontext ohne erkennbaren inhaltlichen Unterschied gleichzeitig von „Abschluss- und Vertriebskosten" sowie von „Abschlusskosten".[11] Unter „**Abschlusskosten**" in Nr. 1 ist demnach das zu verstehen, was im Gesetz als „**Abschluss- und Vertriebskosten**" erscheint.[12]

Die **Provision** ist nicht auszuweisen,[13] sondern ausschließlich die einkalkulierten Abschlusskosten, und zwar als einheitlicher Gesamtbetrag. „Einheitlicher" kommt dabei keine eigenständige Bedeutung zu.[14] Ein Gesamtbetrag kann immer nur einheitlich sein. Die Nennung des Gesamtbetrages ist insoweit irreführend, als § 169 Abs. 3 S. 1 VVG vorschreibt, dass die Abschlusskosten für Zwecke der Berechnung des sog. Mindestrückkaufswertes gleichmäßig mindestens auf die ersten fünf Jahre zu verteilen sind. Diese Information darf daher an dieser Stelle auch gegeben wer-

---

5 Begr., abgedr. in VersR 2008, 186, 188.
6 BGH 16.12.2006 – XI ZR 56/05, NJW 2007, 1876.
7 BGH 16.12.2006 – XI ZR 56/05, NJW 2007, 1876.
8 BGH 29.11.2011 – XI ZR 220/10, NJW-RR 2012, 416.
9 BT-Drucks. 16/3945, S. 52.
10 BT-Drucks. 16/3945, S. 60 und 103.
11 BT-Drucks. 16/3945, S. 53 und 102 f.
12 Ebenso Looschelders/Pohlmann/*Pohlmann/Schäfers*, § 2 VVG-InfoV Rn 4; Langheid/Wandt/*Armbrüster*, § 2 VVG-InfoV Rn 3; zwischen Abschluss- und Vertriebskosten differenzierend, ohne allerdings beide sachlich voneinander abzugrenzen, Prölss/Martin/*Schneider*, vor §§ 150–171 VVG Rn 63.
13 AllgM, *Leverenz*, Vertragsschluss nach der VVG-Reform, S. 40 f; Schwintowski/Brömmelmeyer/*Gansel*, § 2 VVG-InfoV Rn 2; Langheid/Wandt/*Armbrüster*, § 2 VVG-InfoV Rn 5; s. hierzu auch BGH 1.8.2014 – XI ZR 247/12, NJW 2014, 3360.
14 Ebenso Looschelders/Pohlmann/*Pohlmann/Schäfers*, § 2 VVG-InfoV Rn 5.

den, um den unzutreffenden Eindruck zu vermeiden, es würde weiterhin in derselben Weise gezillmert wie vor Inkrafttreten des neuen VVG.[15]

8 Bei Tarifen mit über die gesamte Laufzeit gleichmäßig verteilten Abschlusskosten (sog. **ungezillmerte Tarife**) wäre die Angabe eines Gesamtbetrages irreführend. Nach der Begründung sind die Abschlusskosten „grundsätzlich" als einheitlicher Betrag anzugeben, weil es sich „in der Regel" um einen größeren, nicht über die gesamte Laufzeit einkalkulierten Betrag handele.[16] Der Wortlaut ist daher zu weit. Bei ungezillmerten Abschlusskosten ist er demnach teleologisch zu reduzieren. In Entsprechung zur Darstellung der übrigen einkalkulierten Kosten nach Abs. 1 Nr. 1 genügt die Darstellung als Anteil der Jahresprämie unter Angabe der Laufzeit.[17]

9 Abschlusskosten für **Prämienerhöhungen**, die bei Beginn des Vertrages bereits fest vereinbart werden (sog. **Dynamisierungen**), sind in den Gesamtbetrag einzubeziehen, da sie bei planmäßigem Verlauf sicher anfallen. Lediglich optional vereinbarte Prämienerhöhungen und **Zuzahlungen** müssen nicht einbezogen werden, weil ihr Entstehen und regelmäßig auch ihr Umfang ungewiss sind. Es müsste mit hypothetischen Annahmen gearbeitet werden. Der Verfälschungseffekt wäre für den VN höher als der Transparenzgewinn.[18] Bei Dynamisierungen mit Widerspruchsrecht wird eine konkrete Darstellung vor Eintritt der Erhöhung verlangt.[19] Dies begegnet dogmatischen Zweifeln. Der unterlassene Widerspruch ist nicht die Vertragserklärung. Mit der gesetzlichen Systematik stimmig ist vielmehr die Mitteilung der Kosten bei Vereinbarung der Dynamisierungsmöglichkeit, idR also vor Eingehung des Vertrages. Allenfalls kann ein Hinweis im Dynamikankündigungsschreiben darauf verlangt werden, dass Abschlusskosten in der vor Vertragsbeginn mitgeteilten Höhe anfallen.

10 Bei **Risikozuschlägen** ist zu differenzieren. Werden sie nach § 5 VVG mittels abweichenden Versicherungsscheins einbezogen, greift Abs. 1 Nr. 1 nicht. Nach § 7 Abs. 1 S. 1 VVG sind die Informationen aus der VVG-InfoV vor Abgabe der Vertragserklärung des Interessenten zu erteilen. Nach der dogmatischen Konstruktion von § 5 VVG ist die Vertragserklärung des Interessenten zum Zeitpunkt des Zugangs des abweichenden Versicherungsscheins bereits abgegeben. Wird der Risikozuschlag hingegen durch ein Modifikationsangebot des VR übermittelt, gibt dieser damit ein neues Angebot des VR ab. Dem folgt dann ggf erst die Vertragserklärung des Interessenten. Damit sind die Abschlusskosten auch für den Zuschlag im Modifikationsangebot auszuweisen.

11 Bei **Zusatzversicherungen** sind zwei Möglichkeiten denkbar, die Kosten darzustellen, nämlich für beide Teile getrennt oder zusammen. Eine **getrennte** Darstellung wird in jedem Fall immer dann geboten sein, wenn die Kosten eines Teiles wegen bei Vertragsschluss unbekannter Bezugsgrößen nicht in Euro ausgewiesen werden können, beim anderen Teil aber schon. Können die Kosten für beide Teile vor Vertragsschluss in Euro ausgewiesen werden, so wird eine **einheitliche** Darstellung zulässig sein. Hierfür spricht zum einen, dass Haupt- und Zusatzversicherung als ein Vertrag angesehen werden,[20] zum anderen, dass ein getrennter Ausweis zumindest

---

15 Auch die Angabe des jährlichen Betrages befürwortend Langheid/Wandt/*Armbrüster*, § 2 VVG-InfoV Rn 11.
16 Begr., abgedr. in VersR 2008, 186, 188.
17 So auch Marlow/Spuhl/*Grote*, Rn 1188 f; Looschelders/Pohlmann/*Pohlmann/Schäfers*, § 2 VVG-InfoV Rn 6; FAKomm-VersR/C. *Schneider/Reuter-Gehrken*, § 2 VVG-InfoV Rn 6; aA *Brömmelmeyer*, VersR 2009, 584, 589.
18 Langheid/Wandt/*Armbrüster*, § 2 VVG-InfoV Rn 12.
19 Langheid/Wandt/*Armbrüster*, § 2 VVG-InfoV Rn 12.
20 Prölss/Martin/*Armbrüster*, § 29 VVG Rn 2.

leicht an die Grenze der Transparenz stoßen wird.[21] Gegen einen transparenten Ausweis sind Einwände freilich nicht erkennbar.

b) Übrige einkalkulierte Kosten. aa) Ermächtigungsgrundlage. Die „übrigen einkalkulierten Kosten" haben im VVG keine Entsprechung. Die Begriffsbildung der Verordnung ist insoweit neu. Dies führte in der Vergangenheit zur Frage, ob dadurch die Ermächtigungsgrundlage überschritten ist.[22] Mit der Ergänzung von § 7 Abs. 2 Nr. 2 VVG um die Verwaltungskosten durch das Lebensversicherungsreformgesetz (LVRG) vom 1.8.2014[23] dürfte diese Diskussion obsolet sein.

bb) Begriffsbildung. Zunächst können die „übrigen einkalkulierten Kosten" nur negativ abgegrenzt werden. Nach Abs. 1 Nr. 1 Hs 1 sind die in die Prämie einkalkulierten Kosten anzugeben. Das legt nahe, dass damit sämtliche einkalkulierte Kosten gemeint sind. Dies sind nach der inneren Systematik von Abs. 1 Nr. 1 alle einkalkulierten Kosten mit Ausnahme der Abschlusskosten.

Üblicherweise werden in Lebensversicherungsverträge drei Kostenkomponenten einkalkuliert: **Abschluss- (und Vertriebs-)Kosten, Verwaltungskosten** und Kosten für das übernommene biometrische Risiko, sog. **Risikokosten.**[24] Letztere sind nach der Begründung nicht anzugeben.[25] Abschlusskosten haben eine explizite Regelung gefunden. Als positive Beschreibung der „übrigen einkalkulierten Kosten" bleiben daher die Verwaltungskosten.[26] Allerdings scheint der mit dem LVRG eingeführte **Hs 3** geeignet, diese Systematik in Frage zu stellen. Danach erscheinen die Verwaltungskosten als eine Position der „übrigen einkalkulierten Kosten". Offen bleibt, welche weitere Position der Gesetzgeber als Teil der „übrigen einkalkulierten Kosten" vor Augen hatte. Ausgehend davon, dass üblicherweise Abschluss-, Risiko- und Verwaltungskosten einkalkuliert werden, bleiben nur die Risikokosten. Allerdings gibt die Begründung zum LVRG keinerlei Hinweis darauf, dass die Risikokosten – abweichend von der Begründung zur VVG-InfoV[27] – nun doch anzugeben seien. Im Gegenteil, das Einfügen von Hs 3 wird damit begründet, dass die Verwaltungskosten bisher nicht einheitlich dargelegt worden seien und nunmehr eine ausdrückliche diesbezügliche Pflicht normiert werde.[28] Damit ging es dem Gesetzgeber offenbar um eine Klarstellung ausschließlich bzgl der **Verwaltungskosten**, nicht aber um eine Ausdehnung auf die Risikokosten.[29] Dies wird bestätigt durch das Einfügen der Verwaltungskosten in § 7 Abs. 2 Nr. 2 und 3 VVG ebenfalls mit dem LVRG.[30] Auch die dortige gleichlautende Begründung rekurriert nur auf Verwaltungskosten.[31] Möglicherweise geht der Gesetzgeber bei der VVG-InfoV davon aus, dass es neben den einkalkulierten Abschluss-, Risiko- und Verwaltungskosten noch weitere einkalkulierte Kostenpositionen geben kann. Ist dies nicht der Fall, dann läuft Hs 3 insoweit aber leer. Es wird dann auch nicht der ausdrücklichen

---

21 *Leverenz*, Vertragsschluss nach der VVG-Reform, S. 33 f; Langheid/Wandt/*Armbrüster*, § 2 VVG-InfoV Rn 11.
22 Zum Meinungsstand s. Vorauflage (2. Aufl. 2011), § 2 VVG-InfoV Rn 13.
23 BGBl. I S. 1330.
24 Zur Kalkulation in der Lebensversicherung s. Bruck/Möller/*Winter*, § 153 VVG Rn 29 f; die drei genannten Positionen korrelieren auch mit den in der MindZV geregelten Ertragsquellen.
25 Begr., abgedr. in VersR 2008, 186, 188; allgM, Looschelders/Pohlmann/*Pohlmann/Schäfers*, § 2 VVG-InfoV Rn 6; Prölss/Martin/*Knappmann*, § 2 VVG-InfoV Rn 4; *Brömmelmeyer*, VersR 2009, 584, 589.
26 Ebenso Looschelders/Pohlmann/*Pohlmann/Schäfers*, § 2 VVG-InfoV Rn 7; Prölss/Martin/ *Knappmann*, § 2 VVG-InfoV Rn 2; *Baroch Castellvi*, r+s 2009, 1, 3; *Schwintowski*, VuR 2008, 250, 252.
27 Begr., abgedr. in VersR 2008, 186, 188.
28 BT-Drucks. 18/1722, S. 31.
29 Ebenso *Schwintowski/Ortmann*, VersR 2014, 1401, 1402.
30 Durch Art. 2 Nr. 1 Buchst. b) des LVRG.
31 BT-Drucks. 18/1722, S. 25.

Aussage bedürfen, dass es neben den einkalkulierten Verwaltungskosten keine weiteren einkalkulierten Kosten gibt, die weder Abschluss- noch Risikokosten sind; es sind nämlich die **einkalkulierten** Kosten auszuweisen, nicht aber einkalkulierbare, tatsächlich aber nicht einkalkulierte.

14 Teilweise wird angenommen, dass Kosten, die auf die Kapitalanlage oder das Deckungskapital berechnet werden, nicht Gegenstand des Ausweises nach der VVG-InfoV seien. Begründet wird dies damit, dass sie nicht in Euro ausgewiesen werden könnten. Sie seien dennoch transparent auszuweisen.[32] Dieser Ansatz stellt die gesetzliche Systematik auf den Kopf. Zunächst ist auszulegen, was unter „Abschlusskosten" und „übrigen Kosten" zu verstehen ist. Ist dies geschehen, ergibt sich als Rechtsfolge der Ausweis in Euro. Ist der Ausweis in Euro nicht möglich, weil der Betrag bei Abschluss des Vertrages nicht bekannt ist, so ist die Rechtsfolge anzupassen, nicht die Voraussetzung einzuschränken. Andernfalls ließen sich die Vorgaben der VVG-InfoV aushöhlen. Würden sämtliche denkbare Kosten so kalkuliert, dass ihre konkrete Höhe bei Vertragsabschluss unbekannt ist, wären nach diesem Ansatz keinerlei Kosten auszuweisen bzw sie wären dann dennoch transparent auszuweisen.

15 cc) **Art des Ausweises.** Die **Verwaltungskosten** sind „als Anteil der Jahresprämie unter Angabe der jeweiligen Laufzeit auszuweisen" (**Abs. 1 Nr. 1 Hs 3**). Modellvorstellung des Verordnungsgebers ist also eine Aussage wie: „Die übrigen einkalkulierten Kosten betragen x Euro des Jahresbeitrages. Die intendierte Laufzeit des Vertrages beträgt y Jahre." Der Interessent soll danach offenbar in die Lage versetzt werden, sich durch Multiplikation beider Faktoren auf einfache Weise ein Bild von der Gesamtbelastung des Vertrages mit einkalkulierten Verwaltungskosten zu verschaffen.

16 Allerdings sind Verträge vorstellbar, bei denen die „übrigen einkalkulierten Kosten" nicht gleichmäßig, sondern etwa jährlich fallend oder steigend oder als Prozentsatz einer bei Abschluss des Vertrages noch nicht feststehenden Bezugsgröße einkalkuliert sind, etwa als Prozentsatz des Deckungskapitals mit zugeteilten Überschüssen oder einer fondsgebundenen Lebensversicherung. In solchen von der Modellvorstellung des Verordnungsgebers abweichenden Fällen – an deren Zulässigkeit wegen der Produktgestaltungsfreiheit keine Bedenken bestehen[33] – können die einkalkulierten übrigen Kosten nur in einer dem „Modellausweis" möglichst nahe kommenden Form dargestellt werden. Im ersten Fall könnte dies in Form einer Kostentabelle nach Jahren geschehen. Allerdings wird der Interessent dann mit einer weiteren Zahlenkolonne konfrontiert. Die vom Gesetzgeber angestrebte Transparenz stößt dann ggf an ihre Grenzen. Alternativ wäre etwa denkbar, exemplarische Jahresbeträge darzustellen und die Kalkulation im Übrigen zu beschreiben. Im Fall eines bei Vertragsschluss unbekannten Deckungskapitals als Bezugsgröße kann ein Euro-Betrag allenfalls für das erste Jahr angegeben werden, für die Folgejahre kann dann nur der Mechanismus der Kostenerhebung beschrieben werden.[34] Euro-Beträge anzugeben ist unmöglich. Unmögliches kann die Rechtsordnung nicht verlangen.[35] Allerdings wird dann auch hier die Entscheidung des BGH vom 28.5.2014 (s. näher Rn 42) zu beachten sein.

17 dd) **Einzelfälle.** Bei **Rentenversicherungen** mit Ansparphase ist nur die Dauer der Ansparphase bekannt. Für diese gelten zur Darstellung der Kosten die Aussagen von oben entsprechend (s. Rn 6 ff). In der Rentenphase fallen ebenfalls Verwaltungskosten an. Sie beziehen sich aber mangels Beitragszahlung nicht auf eine Jahresprämie. In der Regel ist Bezugsgröße hierfür das zum Zeitpunkt des Übergangs

---

32 *Schwintowski/Ortmann*, VersR 2009, 728, 729 f.
33 Offenbar zweifelnd *Schwintowski/Ortmann*, VersR 2009, 728, 730.
34 Prölss/Martin/*Knappmann*, § 2 VVG-InfoV Rn 2 a.
35 Ebenso Langheid/Wandt/*Armbrüster*, § 2 VVG-InfoV Rn 17.

in die Rentenphase vorhandene Deckungskapital. Es ist bei Vertragsabschluss naturgemäß nicht bekannt. Es sind dann Bezugsgröße und Höhe der einkalkulierten Kosten zu beschreiben. Die abweichende Auffassung in der Vorauflage[36] wird aufgegeben.

Bei **Einmalbeitragsversicherungen** gibt es keine Jahresprämie. Sie fügen sich daher auch nicht in die Modellvorstellung des Verordnungsgebers. Die Konsequenz, keine einkalkulierten übrigen Kosten auszuweisen, dürfte sich aber nicht mit der Intention des Verordnungsgebers decken, da dann – anders als bei der diskutierten Lösung für Rentenversicherungen (s. Rn 17) – keinerlei Aussage über diese Kosten getroffen würde. Man wird daher hier eine dem Modellausweis möglichst nahe kommende Lösung zu finden haben. Bei Einmalbeitragsversicherungen werden üblicherweise zu Beginn Stückkosten entnommen; während der Laufzeit wird an das Deckungskapital angeknüpft. Die Stückkosten dürften bei Vertragsabschluss bekannt sein, beim Deckungskapital kommt es darauf an, ob an das garantierte Kapital – dann ist eine Angabe in Euro möglich – oder an das jeweils vorhandene Kapital angeknüpft wird – dann ist nur eine Beschreibung des Mechanismus möglich. 18

3. Mögliche sonstige Kosten (Abs. 1 Nr. 2). Anzugeben sind auch die möglichen sonstigen Kosten, und zwar nach Abs. 2 S. 1 ebenfalls in Euro. Sie werden exemplarisch als solche beschrieben, die einmalig oder aus besonderem Anlass entstehen können. Die Begründung gibt als Beispiel Kosten für eine **Ersatzpolice** an.[37] Zusammen mit diesen beiden Indikationen können die möglichen sonstigen Kosten als Kosten definiert werden, die durch Handlungen oder Unterlassungen verursacht werden, die unmittelbar auf den VN zurückzuführen sind.[38] **Beispiele** wären etwa **Mahnkosten** nach § 38 Abs. 1 S. 1 VVG, Kosten für die Umwandlung nach § 167 S. 2 VVG, Kosten für die **Umschichtung** des Fondsdeckungskapitals oder für einen **Fondswechsel** in einer fondsgebundenen Lebensversicherung oder für die Teilung im Versorgungsausgleich nach § 13 VersAusglG. 19

Allerdings werden sich jedenfalls einzelne dieser Kosten im Laufe eines Jahrzehnte dauernden Vertrages ändern. Es können nur die aktuellen Kosten angegeben werden.[39] Nach welchen Maßstäben Änderungen erfolgen, ist eine vertragsrechtliche Frage und nicht Gegenstand der VVG-InfoV.[40] Soweit die Kosten an zum Zeitpunkt des Vertragsabschlusses unbekannte Größen anknüpfen, wie die Umwandlungskosten nach § 167 S. 2 VVG möglicherweise an das dann vorhandene Deckungskapital, kann eine Angabe in Euro nicht verlangt werden. Es muss die Beschreibung der Kostenerhebung ausreichen.[41] In diesem Zusammenhang wird vertreten, aus Gründen der Informationsüberlastung nicht alle möglichen sonstigen Kosten, sondern nur die typischerweise entstehenden anzugeben.[42] Die Frage dürfte letztlich deshalb nicht entscheidend sein, weil solche Kosten im Regelfall nur erhoben werden können, wenn sie vereinbart sind. Darin liegt dann gleichzeitig auch die Information darüber (s. auch § 1 Rn 55). 20

4. Überschussermittlung und Überschussbeteiligung (Abs. 1 Nr. 3). a) Allgemeines. Die Überschussbeteiligung besteht aus drei Teilen: dem laufenden Überschuss, dem 21

---

36 2. Aufl. 2011, § 2 VVG-InfoV Rn 18.
37 Begr., abgedr. in VersR 2008, 186, 188.
38 Ähnl. Looschelders/Pohlmann/*Pohlmann/Schäfers*, § 2 VVG-InfoV Rn 11; Prölss/Martin/ *Knappmann*, § 2 VVG-InfoV Rn 2; *Ortmann*, VuR 2008, 256, 259 f; FAKomm-VersR/ C. *Schneider/Reuter-Gehrken*, § 2 VVG-InfoV Rn 10.
39 Wie hier Langheid/Wandt/*Armbrüster*, § 2 VVG-InfoV Rn 25.
40 S. hierzu auch *Brömmelmeyer*, VersR 2009, 584, 590; Langheid/Wandt/*Armbrüster*, § 2 VVG-InfoV Rn 25; *Ortmann*, VuR 2008, 256, 259.
41 Langheid/Wandt/*Armbrüster*, § 2 VVG-InfoV Rn 20.
42 Langheid/Wandt/*Armbrüster*, § 2 VVG-InfoV Rn 21; Bruck/Möller/*Herrmann*, § 7 VVG Rn 32.

Schlussüberschuss sowie den Bewertungsreserven.[43] Nach § 153 Abs. 1 Hs 1 VVG besteht ein Anspruch auf Überschussbeteiligung. Nach dessen Hs 2 kann sie nur insgesamt ausgeschlossen werden, was eine ausdrückliche Vereinbarung voraussetzt. Sie ist in den AVB möglich.[44] Aus Gründen der Transparenz empfiehlt sich jedoch zusätzlich in jedem Fall ein Hinweis auf den Ausschluss im Rahmen von Abs. 1 Nr. 3.[45] Darüber hinausgehender Informationen bedarf es an dieser Stelle dann nicht mehr.[46]

22 Der Überschussbeteiligung liegt ein komplexes Gefüge von versicherungsmathematischen Berechnungen sowie bilanziellen, aufsichtsrechtlichen und vertragsrechtlichen Vorgaben zugrunde. Sie sind für den durchschnittlichen VN kaum lückenlos nachzuvollziehen.[47] Mangels konkretisierender Vorgaben steht die Informationspflicht nach Abs. 1 Nr. 3 daher im Spannungsfeld von für den VN nicht mehr verarbeitbaren Details einerseits und nichtssagenden allgemeinen Aussagen andererseits.[48] Die Regelung soll dem VN eine informierte Entscheidung ermöglichen. Informationen, die er nicht verarbeiten kann, dienen dem Zweck nicht. Daher erscheint es ausreichend, aber auch notwendig, hier Informationen zu geben, die er alleine oder ggf mithilfe eines Sachkundigen nachvollziehen kann.

23 Namentlich sind dies: Nennung der gesetzlichen Vorschriften, insb. § 81 c VAG, MindZV und HGB; die Tatsache, dass Grundlage der Rohüberschuss ist, diesbezüglich Bewertungsspielräume bestehen; Nennung der Überschussquellen; Möglichkeit ihrer Saldierung;[49] die Tatsache, dass Überschüsse schwanken und nicht garantiert werden können; Möglichkeit der ausnahmsweisen Verwendung der in der Rückstellung für Beitragsrückerstattung enthaltenen Überschüsse zur Abwendung eines Notstands (§ 56 b Abs. 1 S. 2 VAG); Nennung der Bezugsgrößen für unterschiedliche Überschussarten; Verursachungsorientiertheit als Maßstab der Zuweisung; Gewinnverband; Zeitpunkt(e) der Zuweisung; Direktgutschrift bzw Zuführung zur Rückstellung für Beitragsrückerstattung; ggf Schlussüberschüsse und ihre Widerrufbarkeit.[50] Zum Teil wird gefordert, dass auch darüber informiert werden müsse, ob Direktgutschrift bzw Zuführung zur Rückstellung für Beitragsrückerstattung erfolge.[51] Da dies von Jahr zu Jahr unterschiedlich sein kann (s. § 56 a Abs. 1 VAG), geht dies vor Vertragsschluss zu weit.

Im Hinblick auf das Verfahren ist darüber zu informieren, dass der Vorstand die Beteiligung auf Vorschlag des Verantwortlichen Aktuars mit Zustimmung des Aufsichtsrats festsetzt (s. § 11 a Abs. 3 Nr. 4, § 56 a Abs. 1 VAG).

24 **b) Verursachungsorientierte Beteiligung an den Bewertungsreserven.** Die zu **Bewertungsreserven** zu erteilenden Informationen haben sich an den gesetzlichen Vorgaben von § 153 VVG zu orientieren. Nach dessen Abs. 2 hat die Beteiligung an den Bewertungsreserven nach einem verursachungsorientierten Verfahren zu erfolgen; andere angemessene Verteilungsgrundsätze können vereinbart werden. Damit ergibt sich die Beteiligung grds. aus dem Gesetz. Die **Verursachungsorientiertheit** beruht nach der Begründung zum VVG auf einem tatsächlichen Verhalten,

---

43 Langheid/Wandt/*Armbrüster*, § 2 VVG-InfoV Rn 30.
44 BT-Drucks. 16/3945, S. 96.
45 Looschelders/Pohlmann/*Pohlmann/Schäfers*, § 2 VVG-InfoV Rn 18; weitergehend Schwintowski/Brömmelmeyer/*Gansel*, § 2 VVG-InfoV Rn 8.
46 Langheid/Wandt/*Armbrüster*, § 2 VVG-InfoV Rn 32; Schwintowski/Brömmelmeyer/*Gansel*, § 2 VVG-InfoV Rn 8.
47 Näher Langheid/Wandt/*Armbrüster*, § 2 VVG-InfoV Rn 31.
48 S. Langheid/Wandt/*Armbrüster*, § 2 VVG-InfoV Rn 31.
49 S. hierzu § 4 MindZV mit Begr. BT-Drucks. 18/1772, S. 28.
50 Wohl weniger weitgehend FAKomm-VersR/C. *Schneider/Reuter-Gehrken*, § 2 VVG-InfoV Rn 15 f.
51 Langheid/Wandt/*Armbrüster*, § 2 VVG-InfoV Rn 35; Schwintowski/Brömmelmeyer/*Gansel*, § 2 VVG-InfoV Rn 8.

nicht einer Vereinbarung, wenn es dort heißt, dass der VR den gesetzlichen Anforderungen gerecht wird, wenn er ein Verteilungssystem „entwickelt und widerspruchsfrei praktiziert", Vertragsgruppen bildet und im Umfang der Verursachung die Bewertungsreserven zuordnet.[52] Demnach muss als Information nach Abs. 1 Nr. 3 die Aussage genügen, dass der VN nach einem verursachungsorientierten Verfahren an den Bewertungsreserven beteiligt wird.[53] Davon abweichend wird unter Hinweis auf das Transparenzgebot von § 307 Abs. 1 S. 2 BGB und dessen Auslegung durch den BGH eine Erläuterung „im Prinzip, nicht aber im Einzelnen" gefordert.[54] Dabei bleibt offen, worin der Transparenzgewinn einer Darstellung des Verfahrens „im Prinzip" liegt. Allenfalls rechtfertigen ließe sich die Wiedergabe der Erläuterung der Verursachungsorientierung aus der Begründung zu § 153 VVG.[55] Angesichts ihrer Abstraktheit erscheint auch ihr Informationswert allerdings fraglich. Anders verhält es sich freilich, wenn andere angemessene Verteilungsgrundsätze vereinbart werden. Diese müssen dann in der Vereinbarung näher beschrieben werden; darin liegt dann gleichzeitig auch die Information nach Abs. 1 Nr. 3.

c) **Zuteilung der Bewertungsreserven.** § 153 Abs. 3 S. 2 VVG sieht vor, dass der 25 nach dem verursachungsorientierten Verfahren ermittelte Betrag der Bewertungsreserven dem Vertrag bei Beendigung zuzuteilen ist, wobei nach Hs 2 eine frühere Zuteilung vereinbart werden kann. Die Vereinbarung einer früheren Zuteilung wird dabei aus praktischen Gründen die Regel sein. In der entsprechenden Vereinbarung liegt dann die Information nach Abs. 1 Nr. 3. Die Auszahlung erst bei Beendigung bleibt von einer früheren Zuteilung unberührt.

5. Rückkaufswerte (Abs. 1 Nr. 4). a) Allgemeines. Der VR hat nach Abs. 1 Nr. 4 26 die „in Betracht kommenden" Rückkaufswerte anzugeben. Aus sich heraus ist die Formulierung kaum auslegbar.[56] Ein Maßstab für das In-Betracht-Kommen ist nicht erkennbar. In der Begründung[57] wird sie konkretisiert als repräsentative Auswahl für die Vertragslaufzeit, wobei jährliche Werte empfohlen werden; für die ersten Vertragsjahre gehen die Vorstellungen des Verordnungsgebers auch zu kürzeren Takten. Begründet wird dies mit den „größeren Schwankungen" in den ersten Vertragsjahren wegen der Verrechnung der Abschlusskosten. Gemeint sind hier wohl die aufgrund der Verrechnung niedrigen Rückkaufswerte in der Anfangsphase; die Verrechnung führt nicht zu schwankenden Rückkaufswerten.

Soweit jährliche Werte empfohlen werden, befindet sich die Verordnung in Ein- 27 klang mit § 169 Abs. 3 S. 2 VVG. Danach ist der Rückkaufswert anzugeben. In der Begründung wird dies konkretisiert als Angabe für jedes Jahr.[58] Diese Vorstellung des Gesetzgebers verbietet es dem Verordnungsgeber, kürzere als jährliche Takte verbindlich vorzugeben.[59] **Jährliche Takte** sind daher gesetzeskonform.[60] Zu kürzeren Takten besteht keine Notwendigkeit, auch nicht in den ersten Jahren. Die niedrigen Rückkaufswerte in den ersten Jahren werden für die Kaufentscheidung kaum maßgeblich sein. Sollte der VN aber in der frühen Phase des Vertrages den

---

52 BT-Drucks. 16/3945, S. 96.
53 *Engeländer*, VersR 2007, 155, 160.
54 *Brömmelmeyer*, VersR 2009, 584, 591.
55 BT-Drucks. 16/3945, S. 96; so Langheid/Wandt/*Armbrüster*, § 2 VVG-InfoV Rn 35.
56 Bruck/Möller/*Herrmann*, § 7 VVG Rn 25 versteht dies als Eingehen auf die konkreten Besonderheiten des Vertrages.
57 Begr., abgedr. in VersR 2008, 186, 188.
58 BT-Drucks. 16/3945, S. 103.
59 Prölss/Martin/*Knappmann*, § 2 VVG-InfoV Rn 8; Bruck/Möller/*Herrmann*, § 7 VVG Rn 25, der aber auch jährliche Informationen für zu weitgehend hält.
60 Langheid/Wandt/*Armbrüster*, § 2 VVG-InfoV Rn 41; Looschelders/Pohlmann/*Pohlmann*/*Schäfers*, § 2 VVG-InfoV Rn 25; Schwintowski/Brömmelmeyer/*Gansel*, § 2 VVG-InfoV Rn 9; FAKomm-VersR/C. *Schneider/Reuter-Gehrken*, § 2 VVG-InfoV Rn 18.

Entschluss zur unterjährigen Kündigung fassen, kann er vom VR den Rückkaufswert erfahren. Der VR wird als Nebenpflicht aus dem Vertrag zur Auskunft hierüber verpflichtet sein.[61]

28 **b) Fondsgebundene Versicherung.** Bei reinen fondsgebundenen (und anderen) Versicherungen nach § 54 b VAG trägt der VN vollständig das Kapitalanlagerisiko. Garantierte Rückkaufswerte gibt es nicht, können daher auch nicht angegeben werden. Dem trägt § 164 Abs. 4 S. 1 VVG Rechnung, indem er als Rückkaufswert den Zeitwert bestimmt. Hs 2 der Regelung verweist „im Übrigen" auf § 169 Abs. 3 VVG, der wiederum die Ermächtigung zur Regelung des Näheren auf die Verordnung überträgt. Allerdings dürfte diese Verweisung im Hinblick auf die Rückkaufswerte ins Leere laufen, da § 169 Abs. 3 S. 1 Hs 1 VVG an das mit den Rechnungsgrundlagen der Prämienkalkulation berechnete Deckungskapital als Rückkaufswert anknüpft und nicht an den Zeitwert. Für fondsgebundene Versicherungen gilt Abs. 1 Nr. 4 demnach nicht.[62] Stattdessen verlangt § 169 Abs. 4 S. 2 VVG, dass die Grundsätze der Berechnung des Zeitwertes angegeben werden.[63] Die Unterwerfung fondsgebundener Versicherungen unter Abs. 1 Nr. 4 wäre auch sachlich verfehlt. Mangels garantierter Rückkaufswerte könnten nur mit bestimmten Annahmen hochgerechnete Rückkaufswerte angegeben werden, von denen nur sicher ist, dass sie so nicht eintreten werden. Dies entspräche nicht dem Zweck der Information nach Abs. 1 Nr. 4.

Dem wird entgegengehalten, es gehe darum, den VN dahin zu sensibilisieren, dass er bei vorzeitiger Vertragsbeendigung möglicherweise finanzielle Einbußen erleide.[64] Dies verschleiert bei einer fondsgebundenen Lebensversicherung mehr als es erhellt. Der Rückkaufswert kann dort nach zwei Jahren Beitragszahlung erheblich höher sein als nach fünf Jahren. Eine Hochrechnung mit statischen Annahmen suggeriert einen kontinuierlichen Anstieg des Zeitwertes und verdeckt so die Tatsache von uU erheblichen Schwankungen aufgrund der Fondsentwicklung. Dies lässt sich adäquat nur verbal, nicht durch fiktive Zahlenkolonnen darstellen.

29 **c) Hybridprodukte.** Unter Hybridprodukten werden Verträge verstanden, die sowohl ein konventionelles als auch ein fondsgebundenes Deckungskapital enthalten. Abs. 1 Nr. 4 kann nach dem Gesagten (s. Rn 28) nur für das konventionelle Deckungskapital gelten.[65] Diese Unterscheidung ist in der Formulierung *„soweit nicht der Versicherer eine bestimmte Leistung garantiert"* in § 169 Abs. 4 S. 1 VVG angelegt.[66]

30 **d) EU/EWR-Anbieter.** Für Anbieter aus der EU und dem EWR, deren Verträge dem VVG unterliegen, wird der Inhalt der Angaben nach Abs. 1 Nr. 4 durch § 169 Abs. 3 und 4 VVG determiniert. Soweit Deckungskapital enthalten ist, bei dem der VN das Kapitalanlagerisiko trägt, wird man die Verträge § 169 Abs. 4 VVG zuordnen müssen, auch wenn die Bezugnahme auf § 54 b VAG nicht zutrifft, weil diese VR ihrer Heimataufsicht unterliegen. Es gelten dann die Aussagen zu fondsgebundenen Versicherungen (s. Rn 28) entsprechend. Soweit anderes Deckungskapital enthalten ist, ist der Rückkaufswert nach Maßgabe von § 169 Abs. 3 VVG zu bestimmen und nach Abs. 1 Nr. 4 darzustellen. Die konkrete Darstellung hängt von der Ausgestaltung des Produktes bzw der Bezugsgröße im Einzelfall ab. Die

---

61 Prölss/Martin/*Knappmann*, § 2 VVG-InfoV Rn 8; Looschelders/Pohlmann/*Pohlmann/ Schäfers*, § 2 VVG-InfoV Rn 25.
62 Looschelders/Pohlmann/*Pohlmann/Schäfers*, § 2 VVG-InfoV Rn 24.
63 Im Ergebnis ebenso Langheid/Wandt/*Armbrüster*, § 2 VVG-InfoV Rn 43.
64 Looschelders/Pohlmann/*Pohlmann/Schäfers*, § 2 VVG-InfoV Rn 24.
65 Langheid/Wandt/*Armbrüster*, § 2 VVG-InfoV Rn 43.
66 S. Looschelders/Pohlmann/*Krause*, § 169 VVG Rn 49.

Frage, inwieweit § 169 Abs. 3 VVG im Ergebnis zu garantierten Rückkaufswerten zwingt, muss aus dem VVG beantwortet werden.[67]

Bei den Informationen nach Abs. 1 Nr. 4 erwartet der Gesetzgeber, dass der Verordnungsgeber einen Hinweis auf den abweichenden Bezugswert vorschreibt.[68] Dies ist nicht geschehen. Dennoch dürfte es sich aus Gründen der Transparenz und der Haftung für den VR empfehlen, einen solchen Hinweis aufzunehmen.[69]

6. Mindestversicherungsbetrag (Abs. 1 Nr. 5). a) Prämienfreistellung. Nach Abs. 1 Nr. 5 sind Angaben über den für eine Prämienfreistellung erforderlichen Mindestbetrag und die prämienfreien Leistungen zu machen. Der prämienfreie Mindestbetrag bedarf nach § 165 Abs. 1 S. 1 VVG der vertraglichen Vereinbarung. Darin liegt dann gleichzeitig die Angabe dieses Betrages iSv Abs. 1 Nr. 5. Die Leistungen sind nach § 165 Abs. 2 VVG „im Vertrag für jedes Versicherungsjahr anzugeben". Insoweit läuft Abs. 1 Nr. 5 leer. Die eigentliche Bedeutung von Abs. 1 Nr. 5 kann demnach nur im Zeitpunkt liegen, zu dem die Informationen gegeben werden müssen, nicht in der Verpflichtung, sie überhaupt zu geben. Legt man die VVG-InfoV zugrunde, sind die Angaben „vor Abgabe der Vertragserklärung" nach § 7 Abs. 1 S. 1 VVG zu geben. Das Gesetz hingegen erfordert die Angabe „im Vertrag", dh auch mit Übersendung des Versicherungsscheins wäre die Information zulässig und ausreichend. Vorher besteht kein Vertrag. Diese Auslegung wird gestützt durch § 169 Abs. 3 S. 2 VVG.[70] Darin wird die Angabe der Rückkaufswerte „vor Abgabe der Vertragserklärung" verlangt. Diese unterschiedlichen Formulierungen legen unterschiedliche Ergebnisse nahe.[71]

Mit § 165 Abs. 2 VVG liegt damit auch eine gesetzliche Regelung zum Zeitpunkt der Überlassung der Informationen zur prämienfreien Versicherung vor. Der Verordnungsgeber ist daher nicht ermächtigt, hiervon abzuweichen. Es gilt der Vorrang des Gesetzes und damit ausschließlich der spätere Zeitpunkt des § 165 Abs. 2 VVG.[72]

b) Prämienreduzierung. Abs. 1 Nr. 5 verlangt Angaben zum Mindestversicherungsbetrag für eine prämienreduzierte Versicherung und die Leistungen aus einer prämienreduzierten Versicherung. Letztere können nicht angegeben werden, da sie von Zeitpunkt und Umfang der Prämienreduzierung abhängen. Mangels objektiver Vorgaben des Verordnungsgebers hierzu ist die Regelung nicht anwendbar.[73] Ähnliches gilt für die Angabe des Mindestbetrages für eine prämienreduzierte Versicherung. § 165 VVG sieht nur die Prämienfreistellung vor. Man könnte eine Prämienreduzierung allenfalls noch als Teilkündigung nach § 168 VVG auf der Beitragsseite interpretieren. Jedoch geht dies fehl, weil die Kündigung des § 168 VVG aus dem systematischen Zusammenhang mit § 169 VVG als zur Beendigung des Vertrages führende Erklärung mit der Folge der Fälligstellung des Rückkaufswertes zu verstehen ist. Das Instrument der Teilkündigung auf der Beitragsseite sieht

---

67 Hierzu Langheid/Wandt/*Mönnich*, § 169 VVG Rn 99 f.
68 BT-Drucks. 16/3945, S. 103.
69 Langheid/Wandt/*Armbrüster*, § 2 VVG-InfoV Rn 44.
70 U.a. unter Berufung darauf die Ermächtigungsgrundlage in Zweifel ziehend ebenso Looschelders/Pohlmann/*Pohlmann/Schäfers*, § 2 VVG-InfoV Rn 24.
71 AA insb. unter Hinweis auf Zweifeln an der Richtlinienkonformität Looschelders/Pohlmann/*Pohlmann/Schäfers*, § 2 VVG-InfoV Rn 25; Langheid/Wandt/*Armbrüster*, § 2 VVG-InfoV Rn 46.
72 Looschelders/Pohlmann/*Pohlmann/Schäfers*, § 2 VVG-InfoV Rn 28; offenbar auch Schwintowski/Brömmelmeyer/*Gansel*, § 2 VVG-InfoV Rn 10.
73 S. auch Präve, VersR 2008, 151, 154; ebenso Schwintowski/Brömmelmeyer/*Gansel*, § 2 VVG-InfoV Rn 10; Looschelders/Pohlmann/*Pohlmann/Schäfers*, § 2 VVG-InfoV Rn 30; krit. ebenfalls Brömmelmeyer, VersR 2009, 584, 592; Langheid/Wandt/*Armbrüster*, § 2 VVG-InfoV Rn 47.

das VVG nicht vor.[74] Es ist einem VR unbenommen, die Möglichkeit der Beitragsreduzierung im Vertrag zu vereinbaren und hierfür einen Mindestversicherungsbetrag vorzusehen. Dies wäre in den AVB zu regeln. Die Verordnung kann hierfür aber keine Verpflichtung etablieren. Insoweit fehlt auch diesem Teil der Regelung ein tauglicher Anwendungsbereich.[75]

35 **7. Ausmaß der Garantie (Abs. 1 Nr. 6).** Nach Abs. 1 Nr. 4 sind die Rückkaufswerte und nach Abs. 1 Nr. 5 die prämienfreien Leistungen anzugeben. Die Regelungen rekurrieren – ohne ausdrückliche Bezugnahme – auf § 165 VVG bzw § 169 VVG. Rückkaufswerte bzw prämienfreie Leistungen mit Überschüssen würden hier keine für eine Entscheidung relevante Informationsgrundlage darstellen. Insoweit sind die Anforderungen von Abs. 1 Nr. 6 der Regelung mit der Aussage in den vorvertraglichen Unterlagen erfüllt, dass es sich bei den Angaben in Abs. 1 Nr. 4 und Nr. 5 jeweils um garantierte Werte handelt.[76] Auf § 169 Abs. 6 VVG braucht nicht hingewiesen zu werden. Eine Information über diesen Ausnahmefall erscheint im Rahmen allgemeiner Informationen nicht erforderlich.[77]

36 Ein Anwendungsbereich könnte allenfalls in Gestaltungen von EU/EWR-ausländischen VR liegen, die nach § 169 Abs. 3 S. 3 VVG verfahren, wenn man davon ausgeht, dass die Regelung nicht zu garantierten Rückkaufswerten zwingt.[78]

37 **8. Angaben über Fonds (Abs. 1 Nr. 7).** Hier ist zu unterscheiden zwischen Informationen über die wählbaren und die konkret ausgewählten Fonds. Zu Ersteren muss es genügen, wenn die Anlageschwerpunkte der Fonds skizziert werden. Zu den ausgewählten muss eine kurze Beschreibung der in dem jeweiligen Fonds enthaltenen Vermögenswerte sowie der jeweiligen Risikoklasse gegeben werden. Zweck von Abs. 1 Nr. 7 ist es, dem Interessenten zu ermöglichen, Chancen und Risiken der Fonds zu beurteilen, damit er so eine bewusste Entscheidung treffen kann. Dies setzt nach dem Verkaufsprozess des VVG eine Information über die entscheidenden Fakten vor Abgabe der Vertragserklärung voraus. Daher wird man dem Interessenten zu diesem Zeitpunkt detailliertere Informationen zum ausgewählten Fonds, etwa den Verkaufsprospekt nach § 164 KAGB, zur Verfügung stellen, dies aber auch als ausreichend betrachten müssen.[79] Ob die Eingrenzung auf die letztlich gewählten Fonds sachgerecht zustande gekommen ist, ist eine Frage der vorausgegangenen Beratung, nicht der Information durch Übergabe von Prospekten aller wählbaren Fonds.

38 **9. Steuerregelung (Abs. 1 Nr. 8).** Hier sind Einkommen-, Erbschaft-, Versicherungs- sowie Abgeltungssteuer anzusprechen. Die Information hat allgemein zu sein, muss also keine konkreten Bezüge zu den individuellen Verhältnissen des Interessenten aufweisen.[80] Allerdings sind die Angaben auf die jeweilige Art der Versicherung zu beziehen; es ist zu differenzieren zwischen privaten und betrieblichen, konventionellen und fondsgebundenen Versicherungen, zwischen Kapital- und Rentenzahlungen, bei Letzteren zusätzlich nach **Altersvorsorgeverträgen** nach § 1 Abs. 1 AltZertG bzw **Basisrenten** nach § 2 AltZertG iVm § 10 Abs. 1 Nr. 2

---

74 So auch Looschelders/Pohlmann/*Pohlmann/Schäfers*, § 2 VVG-InfoV Rn 31.
75 So wohl auch Prölss/Martin/*Knappmann*, § 2 VVG-InfoV Rn 13, der zusätzlich die ausreichende Ermächtigung in Frage stellt. AA: Looschelders/Pohlmann/*Pohlmann/Schäfers*, § 2 VVG-InfoV Rn 31; FAKomm-VersR/*C. Schneider/Reuter-Gehrken*, § 2 VVG-InfoV Rn 24, die in dem Fall einen Hinweis darauf verlangen.
76 Looschelders/Pohlmann/*Pohlmann/Schäfers*, § 2 VVG-InfoV Rn 33; FAKomm-VersR/ *C. Schneider/Reuter-Gehrken*, § 2 VVG-InfoV Rn 22.
77 FAKomm-VersR/*C. Schneider/Reuter-Gehrken*, § 2 VVG-InfoV Rn 24; aA Prölss/Martin/ *Knappmann*, § 2 VVG-InfoV Rn 9 („sollte … hingewiesen werden").
78 Ebenso Looschelders/Pohlmann/*Pohlmann/Schäfers*, § 2 VVG-InfoV Rn 33.
79 Weitergehend Looschelders/Pohlmann/*Pohlmann/Schäfers*, § 2 VVG-InfoV Rn 36.
80 Langheid/Wandt/*Armbrüster*, § 2 VVG-InfoV Rn 50; FAKomm-VersR/*C. Schneider/ Reuter-Gehrken*, § 2 VVG-InfoV Rn 27.

Buchst. b) EStG und übrigen privaten Rentenversicherungen.[81] Angaben zu FATCA sind hier nicht erforderlich. FATCA dient der Sicherstellung der Besteuerung in den USA Steuerpflichtiger. Die nationalen Regelungen hierzu – insb. § 117c AO und FATCA-USA-UmsV vom 23.7.2014[82] – enthalten Regelungen zum Informationsaustausch zwischen den nationalen Steuerbehörden, nicht Regelungen zur Besteuerung selbst.

10. Effektivkosten (Abs. 1 Nr. 9). Der Ausweis der Effektivkosten nach Abs. 1 Nr. 9 wurde durch das LVRG mWz 1.1.2015 als Ersatz für den ursprünglich geplanten Ausweis der Provision[83] eingefügt. **Anwendungsbereich** sind Verträge, bei denen „der Eintritt der Verpflichtung des Versicherers gewiss ist". Damit wird § 169 Abs. 1 VVG aufgegriffen. Erfasst sind kapitalbildende Versicherungen, nicht hingegen reine Risikoversicherungen.[84] Fraglich ist die Anwendung auf Sterbegeld- oder sog. Whole-of-Life-Versicherungen. Für beide ist kennzeichnend, dass lebenslanger Todesfallschutz zugesagt wird. Bei Sterbegeldversicherungen wird zwar Kapital angespart und damit auch ein Rückkaufswert gebildet. Ihr Zweck ist aber nicht die Bildung von Kapital um seiner selbst willen, sondern zur Absicherung der Beerdigungskosten. Sie sind damit reinen Todesfallversicherungen näher als übliche Kapitalversicherungen. Bei ihnen bedarf es daher keines Effektivkostenausweises.[85] Steht hingegen die Bildung von Kapital zum Zwecke der steuerbegünstigten Übertragung auf Angehörige im Vordergrund, wie bei einer Whole-of-Life-Versicherung regelmäßig der Fall, ist sie in die Regelung einzubeziehen. Die Tatsache, dass es bei ihr keine „Auszahlungsphase", sondern nur eine einmalige Auszahlung bei Tod gibt, muss auf der Rechtsfolgenseite berücksichtigt werden. Es ist ein fiktiver Endzeitpunkt für das Ende der Ansparphase anzusetzen. Die Vollendung des 85. Lebensjahres bietet sich wegen § 1 Abs. 1 S. 1 Nr. 4 Buchst. b) AltZertG an. Anderes gilt hingegen für sofort beginnende Rentenversicherungen. Bei ihnen gibt es eine Auszahlungsphase, sie beginnt aber mit dem Abschluss des Vertrages bzw unmittelbar danach. Eine Ansparphase existiert dort also nicht.[86]

Als Rechtsfolge ist die **Minderung der Wertentwicklung durch Kosten** anzugeben. Eine Methode zur Berechnung wird nicht vorgegeben. Dies erstaunt, weil die Gesetzesbegründung auf eine vergleichbare Vorgabe für das Produktinformationsblatt nach § 7 AltZertG verweist.[87] Dort sind Angaben zum Preis-Leistungs-Verhältnis zu machen. Details werden einer nach § 6 AltZertG zu erlassenden Rechtsverordnung überlassen.[88] Für den Effektivostenausweis nach Abs. 1 Nr. 9 bedeutet dies, dass der VR frei ist, von mehreren rechtfertigbaren Berechnungsmethoden eine zu wählen.[89] Dies verfehlt zwar den Zweck der Vergleichbarkeit, ist aber in der Unvollständigkeit der Regelung angelegt. De lege ferenda wäre daher eine Nachjustierung angezeigt.

---

81 Ebenso Looschelders/Pohlmann/*Pohlmann/Schäfers*, § 2 VVG-InfoV Rn 39; FAKomm-VersR/C. *Schneider/Reuter-Gehrken*, § 2 VVG-InfoV Rn 29, 31.
82 BGBl. I S. 1222.
83 S. BT-Drucks. 18/1772, S. 25.
84 S. näher Langheid/Wandt/*Mönnich*, § 168 VVG Rn 5.
85 Ähnl. teleologisch reduzierend *Schwintowski/Ortmann*, VersR 2014, 1401, 1405.
86 IE ebenso unter Berufung auf Unmöglichkeit der Berechnung *Schwintowski/Ortmann*, VersR 2014, 1401, 1405.
87 BT-Drucks. 18/2016, S. 15.
88 S. hierzu auch *Schwintowski/Ortmann*, VersR 2014, 1401, 1405.
89 Unter dem 20.10.2014 hat der GDV eine unverbindliche Empfehlung zur Ermittlung der Effektivkosten veröffentlicht (GDV-RS Nr. 2134/2014); s. hierzu http://www.hba-consulting.de/pressemitteilungen/351-lvrg-gdv-veroeffentlicht-empfehlung-zur-angabe-der-effektivkosten.

III. Angaben in Euro (Abs. 2)

41 **Abs. 2 S. 1** ergänzt Abs. 1 insofern, als klargestellt wird, dass Zahlenangaben aus Abs. 1 **in Euro** zu erfolgen haben. Die Angabe kann nur dort verlangt werden, wo der jeweilige Betrag bei Abschluss des Vertrages bekannt ist. Dies ist insb. bei den Kostenangaben nach Abs. 1 Nr. 1 nicht notwendigerweise der Fall (s. Rn 16).[90]

42 Denkbar ist in diesen Fällen auch die Darstellung: „Pro 100 Euro Deckungskapital fallen jährlich x Euro Kosten an für …". Es wäre aber verfehlt, sie als einzig zulässige anzusehen. Ebenso muss in den Fällen die Darstellung als Prozentsatz ausreichend sein, also etwa: „Es fallen jährlich x % des Deckungskapitals als Kosten für … an." Sachlich sind beide Varianten gleichwertig. Die erste Variante enthält zwar einen Ausweis in Euro. Der läge aber auch dann vor, wenn etwa die Aussage getroffen würde: „Pro 67 Euro Deckungskapital fallen jährlich x Euro Kosten an für …". Dann würden die Kosten zwar auch in Euro ausgewiesen, formal wären die Anforderungen aus Abs. 2 erfüllt; es ist aber offensichtlich, dass die Relation Prozent für den VN leichter zu erfassen ist als die Relation Euro von einem von 100 Euro abweichenden Betrag.[91] Zu § 7 Abs. 5 S. 1 AltZertG idF v. 16.7.2009,[92] der für Altersvorsorgeverträge den Ausweis der Kosten in Euro vorgeschrieben hat, hat der BGH allerdings entschieden, dass die Verpflichtung zum Ausweis in Euro auch dann nicht entfalle, wenn er objektiv nicht möglich ist, weil die Kosten in Prozent einer bei Vertragsschluss der Höhe nach unbekannten Bezugsgröße ermittelt werden.[93] Unter Berufung auf die Begründung[94] sei nach dem BGH die Kostenberechnung durch „Rechenbeispiele" zu erläutern. Die Entscheidung hat Auswirkung auch auf den Ausweis der Kosten nach der VVG-InfoV. § 7 Abs. 5 S. 1 AltZertG sollte nämlich die Kostenangaben für Altersvorsorgeverträge an die von § 2 VVG-InfoV angleichen.[95] Aus der Entscheidung ergeben sich aber unmittelbar keine Hinweise darauf, Rechenbeispiele welcher Art der BGH erwartet. Durch die Inbezugnahme der Begründung von § 7 Abs. 5 S. 1 AltZertG, die als Beispiel „x Euro von einem Kapital von 100 Euro pro Fondswechsel" erwähnt, wird eine solche Angabe genügen müssen. Dies überzeugt nicht, weil offen bleibt, worin die Überlegenheit zur Angabe in Prozent liegt.

43 **Abs. 2 S. 2**, wonach das **Ausmaß der Garantie** bei **prämienfreien Leistungen** sowie bei **Rückkaufswerten** ebenfalls in Euro anzugeben ist, hat seine spezifische Bedeutung darin, dass gemäß Begründung die sog. **Nullwerte** als „0 (Null) Euro" anzugeben sind.[96] Diese Vorstellung der Begründung geht über den Wortlaut von Abs. 2 S. 2 hinaus. Dessen Anforderungen sind auch erfüllt, wenn lediglich angegeben wird „0 Euro", der Betrag also nicht zusätzlich ausgeschrieben wird. Hätte der Verordnungsgeber die Angabe des Betrages in Ziffern wie in Worten verbindlich vorschreiben wollen, hätte er dies in der Verordnung entsprechend regeln müssen. Es ist zudem sicher nicht gewollt, dass hohe Rückkaufswerte auch jeweils zusätzlich in Worten dargestellt werden. Hiervon bei „Nullwerten" abzuweichen, besteht keine zwingende Veranlassung. Zum Teil wird zur Vorbeugung von Miss-

---

[90] S. hierzu die Einschränkung in BT-Drucks. 16/8869, S. 35, im Zusammenhang mit der Anordnung der Kostenangaben in Euro bei Altersvorsorgeverträgen nach Erlass der VVG-InfoV („soweit dies zu dem Zeitpunkt, zu dem die Information erfolgt, möglich ist"); ähnl. Looschelders/Pohlmann/*Pohlmann/Schäfers*, § 2 VVG-InfoV Rn 40.
[91] Langheid/Wandt/*Armbrüster*, § 2 VVG-InfoV Rn 52.
[92] BGBl. I S. 1509.
[93] BGH 28.5.2014 – IV ZR 361/12, VersR 2014, 941.
[94] BT-Drucks. 16/9670, S. 10.
[95] BT-Drucks. 16/9670, S. 10.
[96] Begr., abgedr. in VersR 2008, 186, 189.

verständnissen angenommen, dass der Betrag „0" auch in Buchstaben auszuschreiben sei.[97] Dies ist mit dem Bild des mündigen Verbrauchers nicht vereinbar.

Bei reinen **fondsgebundenen Versicherungen** werden keine Rückkaufswerte und prämienfreien Leistungen garantiert. Dies kann dargestellt werden jeweils durch die Angabe „0 Euro" in einer alle Jahre aufführenden Tabelle. Es muss aber auch genügen, es an entsprechender Stelle mit der gebotenen Klarheit durch die Aussage darzustellen, dass über die gesamte Laufzeit hinweg keine garantierten prämienfreien Leistungen und Rückkaufswerte zur Verfügung stehen, der garantierte Eurobetrag also jeweils Null ist.[98]

Soweit in Lebensversicherungen Fondsanteile enthalten sind, rekurriert die Begründung[99] auf eine Entscheidung des BGH[100] zur Offenlegung eventueller **Rückvergütungen** der Fondsgesellschaft an die diese vermittelnde Bank. Es wird im Zusammenhang mit dem Ausweis der Kosten die Übertragung der darin aufgestellten Grundsätze auf das Versicherungsvertragsrecht postuliert. Diese Entscheidung ist zur Anlageberatung durch eine Bank ergangen. Mittlerweile hat der BGH klargestellt, dass die Rechtsprechung zur Aufklärung über Rückvergütungen nur für Kapitalanlageberatung durch eine Bank gilt.[101] Die Vermittlung von Lebensversicherungen wird nach einer jüngeren Entscheidung des BGH nicht als Anlageberatung qualifiziert.[102] Die VVG-InfoV wird insoweit auch für abschließend gehalten.[103]

44

45

IV. Normzinssätze (Abs. 3)

1. Ermächtigungsgrundlage. Abs. 3 legt die Zinssätze für die Modellrechnung nach § 154 Abs. 1 VVG fest. Die Ermächtigungsgrundlage hierfür ist fraglich. § 7 Abs. 2 S. 1 Nr. 2 VVG ermächtigt den Verordnungsgeber festzulegen, „welche ... Informationen ... über eine Modellrechnung mitzuteilen sind". Die Modellrechnung nach § 154 Abs. 1 VVG wird aber erst durch die sog. Normzinssätze zu einer Modellrechnung. Ohne die Zinssätze liegt keine Modellrechnung vor. Bei den Zinssätzen geht es mithin nicht um Informationen über eine Modellrechnung – diese sind im Übrigen in § 154 Abs. 2 VVG bereits angeordnet –, sondern um eine die Modellrechnung erst schaffende Festlegung.[104] Die Ermächtigung zur Festlegung der Zinssätze kann nur in der Auslegung von § 7 Abs. 2 S. 1 Nr. 2 VVG zusammen mit der Begründung zu § 154 Abs. 1 VVG gesehen werden. In der Begründung heißt es, dass die Zinssätze in der Verordnung geregelt werden.[105] Bemerkenswerterweise zieht der Verordnungsgeber zur Begründung seiner Ermächtigung ebenfalls die genannte Stelle in der Gesetzesbegründung heran.[106] Die Folgerung, dass es den Versicherungsunternehmen freistehe, welche Zinssätze sie verwenden,[107] ist daher konsequent.

46

---

97 Looschelders/Pohlmann/*Pohlmann*/*Schäfers*, § 2 VVG-InfoV Rn 42; FAKomm-VersR/ *C. Schneider*/*Reuter-Gehrken*, § 2 VVG-InfoV Rn 33.
98 Ebenso Looschelders/Pohlmann/*Pohlmann*/*Schäfers*, § 2 VVG-InfoV Rn 42; Langheid/ Wandt/*Armbrüster*, § 2 VVG-InfoV Rn 53.
99 Begr., abgedr. in VersR 2008, 186, 188.
100 BGH 16.12.2006 – XI ZR 56/05, VersR 2007, 953.
101 BGH 29.11.2011 – XI ZR 220/10, VersR 2012, 494; zum Ganzen auch *Witte*/*Weber*, VersR 2011, 1103.
102 BGH 1.7.2014 – XI ZR 247/12, NJW 2014, 3360; s. auch OLG Köln 31.1.2014 – 20 U 156/13, VersR 2014, 1238.
103 OLG Stuttgart 23.12.2010 – 7 U 187/10, r+s 2011, 218.
104 Ebenso Looschelders/Pohlmann/*Pohlmann*/*Schäfers*, § 2 VVG-InfoV Rn 42; aA Langheid/Wandt/*Armbrüster*, § 2 VVG-InfoV Rn 54.
105 BT-Drucks. 16/3945, S. 97.
106 Begr., abgedr. in VersR 2008, 186, 189.
107 So Looschelders/Pohlmann/*Pohlmann*/*Schäfers*, § 2 VVG-InfoV Rn 45.

47 **2. Modellrechnung.** Die Regelung gilt für die „zu übermittelnde" Modellrechnung. Dies erweitert aber nicht die Verpflichtung zur Erstellung einer Modellrechnung über § 154 Abs. 1 VVG hinaus. Hierfür fehlt die Ermächtigung.[108]

48 **3. Höchstrechnungszinssatz.** „Höchstrechnungszinssatz" meint den Höchstzinssatz für die Berechnung der Deckungsrückstellung nach § 2 Abs. 1 DeckRV.[109] Durch dessen Absenkung auf 1,25 % mit dem LVRG[110] ab dem 1.1.2015 unterschreitet der Zinssatz des Abs. 3 Nr. 3 den Höchstzinssatz. Der niedrigste Zinssatz des Abs. 3 Nr. 3 beträgt 1,0875 (1,25 % * 1,67 − 1). Bei dessen Zugrundelegung ergibt sich eine niedrigere voraussichtliche Ablaufleistung als die garantierte Leistung. Dies ist für den Interessenten irreführend. In den Fällen muss es daher zulässig sein, als niedrigsten Wert der Modellrechnung den garantierten Betrag anzugeben und dies zu erläutern.

49 **4. Ausländische Anbieter.** Der Höchstzinssatz ist dem deutschen Aufsichtsrecht entnommen, dem ausländische Anbieter, jedenfalls aus dem EU/EWR-Raum, nicht unterliegen. Dennoch gilt die Regelung auch für sie. Der Höchstzinssatz füllt hier lediglich eine vertragsrechtliche Regelung aus ohne weitergehende aufsichtsrechtliche Implikationen.[111]

V. Berufsunfähigkeitsversicherung (Abs. 4)

50 **1. Allgemeines.** Die Berufsunfähigkeitsversicherung ist nach der Systematik des VVG wegen der Überschriften „Lebensversicherung" vor § 150 VVG und „Berufsunfähigkeitsversicherung" vor § 172 VVG versicherungsvertragsrechtlich nicht (mehr) Lebensversicherung. Die entsprechende Geltung von Abs. 1 und 2 für die Berufsunfähigkeitsversicherung musste daher explizit angeordnet werden.

51 **2. Ermächtigungsgrundlage.** § 7 Abs. 2 S. 1 Nr. 2 VVG ermächtigt zur Festlegung bestimmter Informationen – nur – in der Lebensversicherung. Der Verordnungsgeber bezieht sich in der Begründung auch nicht auf diese Regelung, sondern deren Begründung.[112] Danach soll er die für die Lebensversicherung vorgeschriebenen Informationen auch für Verträge anordnen können, die lediglich Elemente der Lebensversicherung aufweisen, wie etwa die **Unfall- und Berufsunfähigkeitsversicherung mit Prämienrückgewähr**.[113] Mit speziellen Informationspflichten für alle Arten der Berufsunfähigkeitsversicherung überschreitet der Verordnungsgeber diese Grundlage. Auch § 7 Abs. 2 S. 1 Nr. 1 VVG ermächtigt nicht zu der in Abs. 4 S. 1 getroffenen Anordnung. Zum Ausweis der Kosten ist § 7 Abs. 2 S. 1 Nr. 2 VVG die speziellere Norm. So könnte auf § 7 Abs. 2 S. 1 Nr. 1 VVG zB kein Kostenausweis für Sachversicherungen gestützt werden. Zudem stünde dies auch in Widerspruch zur Begründung zu § 7 Abs. 2 VVG. Sie erstreckt die für die Lebensversicherung vorgesehenen Informationen ausdrücklich nur auf Unfall- und Berufsunfähigkeitsversicherung mit Prämienrückgewähr.[114] Auch die Generalverweisung in § 176 VVG auf die Regelungen der Lebensversicherung genügt als Ermächtigung zu Regelungen für alle Arten der Berufsunfähigkeitsversicherung nicht. Sie erstreckt sich nicht auf § 7 Abs. 2 Nr. 1 S. 2 VVG. Auch in der Begründung zu § 176 VVG wird

---

108 Ebenso Looschelders/Pohlmann/*Pohlmann*/*Schäfers*, § 2 VVG-InfoV Rn 43.
109 Langheid/Wandt/*Armbrüster*, § 2 VVG-InfoV Rn 55; Looschelders/Pohlmann/*Pohlmann*/*Schäfers*, § 2 VVG-InfoV Rn 47.
110 Art. 4 Nr. 1 des Lebensversicherungsreformgesetzes vom 1.8.2014 (BGBl. I S. 1330, 1332).
111 Langheid/Wandt/*Armbrüster*, § 2 VVG-InfoV Rn 55.
112 Begr., abgedr. in VersR 2008, 186, 189.
113 BT-Drucks. 16/3945, S. 60.
114 Begr., abgedr. in VersR 2008, 186, 189.

– anders als etwa zu § 154 VVG[115] – auf § 7 Abs. 2 VVG nicht Bezug genommen.[116]

Soweit Abs. 4 S. 1 also über die Berufsunfähigkeitsversicherung mit Prämienrückgewähr hinaus Anordnungen trifft, fehlt die Ermächtigung. Hiergegen werden teleologische Gesichtspunkte eingewendet. Dem VN solle eine informierte Entscheidung ermöglicht und es solle die Transparenz verbessert werden.[117] Dies verkennt den Unterschied zwischen kapitalbildenden und Risikoversicherungen. Motiv für die Anordnung des Kostenausweises ist vor allem die Verrechnung der Abschlusskosten mit den ersten Beiträgen mit der Folge sehr niedriger Rückkaufswerte in den ersten Vertragsjahren.[118] Bei reinen Risikoversicherungen erwartet der VN keinen Rückkaufswert. Nur so ist es zu erklären, dass der Gesetzgeber in der Begründung in diesem Zusammenhang ausdrücklich nur die Berufsunfähigkeitsversicherung mit Beitragsrückgewähr in den Blick nimmt.[119] Kein Gegenargument ist auch die Verrechnung von Überschüssen mit den Beiträgen. Die Überschüsse und damit das Verrechnungspotential werden umso höher sein, je höher die einkalkulierten Kosten sind. Die Orientierung an möglichst niedrigen einkalkulierten Kosten verstellt diesen Zusammenhang nicht nur, sondern führt in die Irre.

Zweifelhaft ist aber auch die Berechtigung des Verordnungsgebers, für die Berufsunfähigkeitsversicherung mit Prämienrückgewähr Anordnungen zu treffen. Wie gezeigt (s. Rn 51), reicht § 7 Abs. 2 S. 1 Nr. 2 VVG als Ermächtigungsgrundlage nicht aus. Insoweit kann die Verordnung sich nur auf die Begründung zu § 7 VVG stützen, wie es in der Begründung zur Verordnung auch geschehen ist.[120] Damit ist der Wortlaut enger als die Begründung. Die Grenzen der von Art. 80 Abs. 1 S. 2 GG verlangten Bestimmtheit einer Ermächtigungsgrundlage müssten hier ins kaum noch Vertretbare gedehnt werden.[121]

Der Befund der nicht ausreichenden Ermächtigung zu Anordnungen über die Berufsunfähigkeitsversicherung gilt demnach für alle Gegenstände, die § 7 Abs. 2 S. 1 Nr. 2 VVG explizit für die Lebensversicherung anspricht. Dies sind Abs. 1 Nr. 1 und 2 sowie Abs. 2, soweit sie in Bezug genommen werden.

3. Überschussbeteiligung. Die Angaben zur Überschussermittlung und -beteiligung bedürfen nach § 153 VVG einer detaillierteren vertraglichen Regelung. Mit diesen sind idR auch die Anforderungen von Abs. 4 S. 1 iVm Abs. 1 Nr. 3 erfüllt.

4. Rückkaufswerte. Bei den Rückkaufswerten besteht zunächst das materiellrechtliche Problem, dass die Begründung zur Generalverweisung in § 176 VVG die Rückkaufswertregelung des § 169 VVG von der Verweisung gerade ausnimmt.[122] Die Regelung zur Prämienfreistellung nach § 165 VVG ist hingegen nicht ausgenommen. Da sie auf § 169 VVG verweist, würde die Nichtanwendung von § 169 VVG bei der Berufsunfähigkeitsversicherung zu dem paradoxen Ergebnis führen, dass dann, wenn Deckungskapital vorhanden ist, eine Kündigung zu keinerlei Leistungspflichten führt, eine Prämienfreistellung hingegen schon; nämlich entweder zur Auszahlung des Rückkaufswertes, wenn die prämienfreie Mindestleistung nicht erreicht ist, oder zu einem prämienfreien Versicherungsschutz in entsprechender Höhe. Dieser Wertungswiderspruch ist nur auflösbar, indem § 169 VVG

---

115 BT-Drucks. 16/3945, S. 97.
116 BT-Drucks. 16/3945, S. 107.
117 Looschelders/Pohlmann/*Pohlmann/Schäfers*, § 2 VVG-InfoV Rn 50.
118 BT-Drucks. 16/3945, S. 51.
119 BT-Drucks. 16/3945, S. 60.
120 Begr., abgedr. in VersR 2008, 186, 189.
121 AA Langheid/Wandt/*Armbrüster*, § 2 VVG-InfoV Rn 59 unter Verweis auf ein Redaktionsversehen sowie historische und teleologische Gesichtspunkte.
122 BT-Drucks. 16/3945, S. 107.

auch auf die Berufsunfähigkeitsversicherung angewendet wird.[123] Damit ergibt sich die Ermächtigung zu einer Regelung in der Verordnung aus § 169 Abs. 3 S. 2 VVG. Zu weiteren Einzelheiten kann auf die Kommentierung zu Abs. 1 Nr. 4 verwiesen werden (s. Rn 26 ff).

57 **5. Prämienfreie bzw prämienreduzierte Versicherung.** Die Mindestversicherungsleistung ist nach § 176 VVG iVm § 165 Abs. 1 VVG zu vereinbaren. Damit werden dann idR auch die Anforderungen von Abs. 4 S. 1 iVm Abs. 1 Nr. 5 erfüllt. Zur Prämienfreistellung enthält § 165 Abs. 2 VVG mit der Verweisung auf § 169 Abs. 3 VVG eine Ermächtigung. Im Übrigen kann auf die Kommentierung zu Abs. 1 Nr. 5 verwiesen werden (s. Rn 32 ff).

58 **6. Ausmaß der Garantie.** Es kann auf Abs. 1 Nr. 6 verwiesen werden (s. Rn 35 f).

59 **7. Fondsgebundene Versicherung.** Eine Berufsunfähigkeitsversicherung auf reiner Fondsbasis ist wegen der damit verbundenen Unkalkulierbarkeit für den VN, der letztlich keinen verlässlichen Versicherungsschutz erhält, kaum vorstellbar. Relevant werden können Informationen zu Fonds aber, wenn Überschüsse in Fonds angelegt werden sollen.

60 **8. Steuerregelung.** Es kann auf Abs. 1 Nr. 8 verwiesen werden (s. Rn 38). Erbschaft- und Abgeltungssteuer werden aber kaum eine Rolle spielen.

61 **9. Begriff der Berufsunfähigkeit.** Mit dem in **Abs. 4 S. 2** angeordneten **Hinweis** verfolgt der Verordnungsgeber die Absicht, dass der VN auf mögliche Deckungslücken infolge der unterschiedlichen Begriffe von Berufsunfähigkeit hingewiesen wird. Der Hinweis allein erscheint dafür nicht ausreichend. Aus der bloßen Aussage, dass die Begriffe der Berufsunfähigkeit in den unterschiedlichen Gebieten divergieren, ergibt sich für den durchschnittlichen VN ein Schluss auf mögliche Deckungslücken kaum. Deshalb erscheint der weitere Hinweis, dass sich hieraus Deckungslücken ergeben können, zumindest zweckmäßig.[124]

VI. Unfallversicherung mit Prämienrückgewähr (Abs. 5)

62 Die Informationspflichten bei der **Unfallversicherung mit Prämienrückgewähr** bestanden nach Anlage D Abschnitt I Nr. 2 zu § 10 a VAG aF mit wenigen Modifikationen auch im früheren Recht. Es gelten die besonderen Informationspflichten für die Lebensversicherung mit Ausnahme des Kostenausweises. Ähnlich wie bei der Berufsunfähigkeitsversicherung (s. Rn 51 ff) ist allerdings das Bestehen einer wirksamen Ermächtigungsgrundlage zweifelhaft. Es gilt auch hier die Sperrwirkung von § 7 Abs. 2 S. 1 Nr. 2 VVG für andere Sparten als die Lebensversicherung (s. Rn 51). Die Begründung zum VVG vermag diese Sperrwirkung nicht zu beseitigen, ohne mit den Anforderungen an die Bestimmtheit aus Art. 80 Abs. 1 S. 2 GG in Konflikt zu geraten (vgl Rn 53).[125]

§ 3 Informationspflichten bei der Krankenversicherung

(1) Bei der substitutiven Krankenversicherung (*§ 12 Abs. 1 des Versicherungsaufsichtsgesetzes*[1]) hat der Versicherer dem Versicherungsnehmer gemäß § 7 Abs. 1

---

123 S. auch Langheid/Wandt/*Armbrüster*, § 2 VVG-InfoV Rn 60.
124 Wie hier Langheid/Wandt/*Armbrüster*, § 2 VVG-InfoV Rn 61; *Neuhaus*, r+s 2008, 449, 457; darüber hinausgehend Looschelders/Pohlmann/*Pohlmann/Schäfers*, § 2 VVG-InfoV Rn 57.
125 Ebenso zweifelnd Looschelders/Pohlmann/*Pohlmann/Schäfers*, § 2 VVG-InfoV Rn 60.
  1 *Kursive Hervorhebung:* Fassung bis 31.12.2015. – **Fassung ab 1.1.2016:** „§ 146 Absatz 1 des Versicherungsaufsichtsgesetzes". – Siehe Art. 2 Abs. 50 Nr. 1 des Gesetzes zur

Satz 1 des Versicherungsvertragsgesetzes zusätzlich zu den in § 1 Abs. 1 genannten Informationen folgende Informationen zur Verfügung zu stellen:
1. Angaben zur Höhe der in die Prämie einkalkulierten Kosten; dabei sind die einkalkulierten Abschlusskosten als einheitlicher Gesamtbetrag und die übrigen einkalkulierten Kosten als Anteil der Jahresprämie unter Angabe der jeweiligen Laufzeit auszuweisen; bei den übrigen einkalkulierten Kosten sind die einkalkulierten Verwaltungskosten zusätzlich gesondert als Anteil der Jahresprämie unter Angabe der jeweiligen Laufzeit auszuweisen;
2. Angaben zu möglichen sonstigen Kosten, insbesondere zu Kosten, die einmalig oder aus besonderem Anlass entstehen können;
3. Angaben über die Auswirkungen steigender Krankheitskosten auf die zukünftige Beitragsentwicklung;
4. Hinweise auf die Möglichkeiten zur Beitragsbegrenzung im Alter, insbesondere auf die Möglichkeiten eines Wechsels in den Standardtarif oder Basistarif oder in andere Tarife gemäß § 204 des Versicherungsvertragsgesetzes und der Vereinbarung von Leistungsausschlüssen, sowie auf die Möglichkeit einer Prämienminderung gemäß *§ 12 Abs. 1 c des Versicherungsaufsichtsgesetzes*[2];
5. einen Hinweis, dass ein Wechsel von der privaten in die gesetzliche Krankenversicherung in fortgeschrittenem Alter in der Regel ausgeschlossen ist;
6. einen Hinweis, dass ein Wechsel innerhalb der privaten Krankenversicherung in fortgeschrittenem Alter mit höheren Beiträgen verbunden sein kann und gegebenenfalls auf einen Wechsel in den Standardtarif oder Basistarif beschränkt ist;
7. eine Übersicht über die Beitragsentwicklung im Zeitraum der dem Angebot vorangehenden zehn Jahre; anzugeben ist, welcher monatliche Beitrag in den dem Angebot vorangehenden zehn Jahren jeweils zu entrichten gewesen wäre, wenn der Versicherungsvertrag zum damaligen Zeitpunkt von einer Person gleichen Geschlechts wie der Antragsteller mit Eintrittsalter von 35 Jahren abgeschlossen worden wäre; besteht der angebotene Tarif noch nicht seit zehn Jahren, so ist auf den Zeitpunkt der Einführung des Tarifs abzustellen, und es ist darauf hinzuweisen, dass die Aussagekraft der Übersicht wegen der kurzen Zeit, die seit der Einführung des Tarifs vergangen ist, begrenzt ist; ergänzend ist die Entwicklung eines vergleichbaren Tarifs, der bereits seit zehn Jahren besteht, darzustellen.

(2) Die Angaben zu Absatz 1 Nr. 1, 2 und 7 haben in Euro zu erfolgen.

I. Normzweck

Die Vorschrift enthält besondere Informationspflichten für die substitutive Krankenversicherung. Sie verfolgt zwei Anliegen. Es soll für den Interessenten erhöhte Transparenz im Sinne der Vergleichbarkeit unterschiedlicher Angebote geschaffen werden. Dem dient v.a. die Verpflichtung zum Kostenausweis und zur Darstellung der Beitragsentwicklung in der Vergangenheit. Zum andern soll bewusst gemacht werden, dass der Abschluss einer substitutiven Krankenversicherung eine „Lebensentscheidung" in dem Sinne darstellt, dass der Systemwechsel in die gesetzliche Krankenversicherung und mit fortschreitendem Alter auch der Wechsel innerhalb der privaten Krankenversicherung nicht mehr ohne Weiteres möglich ist.

1

Modernisierung der Finanzaufsicht über Versicherungen vom 1.4.2015 (BGBl. I S. 434, 560). Zum Inkrafttreten s. Art. 3 Abs. 1 S. 1.
2 *Kursive Hervorhebung:* Fassung bis 31.12.2015. – **Fassung ab 1.1.2016:** „*§ 152 Absatz 3 und 4 des Versicherungsaufsichtsgesetzes*". – Wie vor.

2   Keine Anwendung findet die Regelung bei **Vertragsänderungen** wie Tarifwechseln, Änderungen der Selbstbeteiligung oder der Tarifstufe. Der VN steht in diesen Fällen nicht mehr in der Entscheidungssituation zwischen gesetzlicher und privater Krankenversicherung und auch nicht in der Situation, zwischen verschiedenen privaten Krankenversicherern gleichberechtigt entscheiden zu können. Daher kann der Zweck der Regelung in diesen Fällen nicht (mehr) erfüllt werden.[1]

II. Zusätzliche Informationen (Abs. 1)

3   **1. Anwendungsbereich.** Die Vorschrift gilt für die sog. substitutive Krankenversicherung nach § 12 Abs. 1 VAG. Damit sind die nicht substitutiven Krankenversicherungen, v.a. Reisekrankenversicherung, Krankenzusatzversicherung und die freiwillige Pflegeversicherung, nicht betroffen. Gleiches gilt für die Pflegepflichtversicherung. Sie ist nicht substitutive Krankenversicherung (s. § 12 f VAG).

4   **2. Kostenausweis (Abs. 1 Nr. 1 und 2).** Bei der Krankenversicherung sind die Kosten nach denselben Maßstäben auszuweisen wie in der Lebensversicherung (s. § 2 Rn 6 ff). Werden die Abschlusskosten nicht gezillmert, sondern über die gesamte Laufzeit verteilt, ergibt sich über die dort (s. § 2 Rn 8) angeführten Argumente hinaus ein weiterer Grund, keinen einheitlichen Gesamtbetrag anzugeben. Der Gesamtbetrag hängt von der Laufzeit der Versicherung ab. Sie ist aber in der substitutiven Krankenversicherung naturgemäß unbekannt. In den Fällen sind in Anlehnung an den Ausweis der übrigen einkalkulierten Kosten die Abschlusskosten als Anteil der Jahresprämie oder auch der Monatsprämie[2] anzugeben.

5   **3. Beitragsentwicklung (Abs. 1 Nr. 3).** Die Regelung ist wortidentisch mit Anlage D Abschnitt I Nr. 3 a) zu § 10a VAG aF. Das BAV hat zur früheren Regelung eine Ergänzung der verbalen Erläuterungen durch eine tabellarische oder graphische Erläuterung als „wünschenswert" bezeichnet.[3] Dies ist nun in Abs. 1 Nr. 7 verbindlich vorgeschrieben.

6   **4. Beitragsbegrenzung (Abs. 1 Nr. 4).** Hier sind detaillierte Angaben nicht zwingend geboten, sondern es werden lediglich „Hinweise" verlangt. Der Zweck der Regelung ist erfüllt, wenn dem VN ein Anstoß gegeben wird, sich bei Bedarf der Tatsache bewusst zu werden, dass die in Nr. 4 angesprochenen Möglichkeiten bestehen und er sich hierzu beraten lassen kann.[4]

7   **5. Wechselmöglichkeit in die gesetzliche Krankenversicherung (Abs. 1 Nr. 5).** Hier ist auf die begrenzten Wechselmöglichkeiten in die gesetzliche Krankenversicherung im fortgeschrittenen Alter hinzuweisen. Details werden nicht verlangt. Sie wären angesichts der Halbwertszeiten der rechtlichen Rahmenbedingungen auf diesem Sektor ohnehin nur von begrenztem Wert.[5]

8   **6. Wechselmöglichkeiten innerhalb der privaten Krankenversicherung (Abs. 1 Nr. 6).** Hier ist auf die – möglichen – Nachteile bei einem Wechsel innerhalb der privaten Krankenversicherung im fortgeschrittenen Alter, insb. durch höhere Bei-

---

1   Langheid/Wandt/*Armbrüster*, § 3 VVG-InfoV Rn 1.
2   Langheid/Wandt/*Armbrüster*, § 3 VVG-InfoV Rn 3; Prölss/Martin/*Knappmann*, § 3 VVG-InfoV Rn 2; Römer/Langheid/*Langheid*, § 3 VVG-InfoV Rn 7; FAKomm-VersR/C. *Schneider/Reuter-Gehrken*, § 3 VVG-InfoV Rn 4.
3   VerBAV 1995, 283, 286.
4   Ebenso Looschelders/Pohlmann/*Pohlmann/Schäfers*, § 3 VVG-InfoV Rn 5; Langheid/Wandt/*Armbrüster*, § 3 VVG-InfoV Rn 6; Schwintowski/Brömmelmeyer/*Gansel*, § 3 VVG-InfoV Rn 5; weitergehend FAKomm-VersR/C. *Schneider/Reuter-Gehrken*, § 3 VVG-InfoV Rn 8.
5   Wie hier Langheid/Wandt/*Armbrüster*, § 3 VVG-InfoV Rn 7; ähnl. Looschelders/Pohlmann/*Pohlmann/Schäfers*, § 3 VVG-InfoV Rn 6 mwN; Schwintowski/Brömmelmeyer/*Gansel*, § 3 VVG-InfoV Rn 6.

träge oder Risikoausschlüsse, hinzuweisen. Auch hier werden Details über die Vorgaben der Verordnung hinaus nicht verlangt werden können.[6]

7. Beitragsentwicklung (Abs. 1 Nr. 7). Hier wird eine Darstellung der Beitragsentwicklung des konkreten Tarifs der letzten zehn Jahre für eine näher beschriebene Modellperson verlangt. Bei Tarifen, die weniger als zehn Jahre bestehen, ist der Zeitraum seit Einführung anzusetzen, verbunden mit dem Hinweis auf die begrenzte Aussagekraft.[7] Bei neu eingeführten Tarifen versagt dieses Modell. In beiden Fällen ist auf die Entwicklung eines vergleichbaren Tarifs zurückzugreifen. Dabei kann die Vergleichbarkeit tendenziell immer in Frage gestellt werden. Empfehlenswert ist daher eine Angabe der entscheidenden Parameter des als vergleichbar ausgewählten Tarifs. Bei Neugründung eines Krankenversicherers ist eine Darstellung aus der Vergangenheit nicht möglich und kann daher nicht bzw nur in dem Umfang, in dem das für den jungen VR möglich ist, verlangt werden. 9

Abzustellen ist nach dem Wortlaut jeweils ausschließlich auf den **Antragsteller**.[8] Wird ein Antrag nur für eine vom Antragsteller abweichende Person gestellt, wäre der Zweck der Regelung verfehlt, wenn die Beitragsentwicklung nicht für die zu versichernde Person dargestellt würde. Auf der Grundlage teleologischer Erwägungen ist dann die Beitragsentwicklung – ausschließlich – für diese abzubilden.[9] Seit dem **Verbot geschlechtsspezifischer Kalkulation**[10] im Anschluss an die Entscheidung „Test Achat" des EuGH[11] hat das Geschlecht als Anknüpfungspunkt seine Bedeutung verloren.[12] 10

Bezieht sich der Antrag auf eine **Kombination** mehrerer Tarife, ist dem Informationsbedürfnis ausreichend Rechnung getragen, wenn die Entwicklung des Gesamtbeitrages aufgezeigt wird. Die Darstellung der Entwicklung eines jeden einzelnen Tarifs würde eher zu den Antragsteller überfordernden und von der Kenntnisnahme abhaltenden Zahlenkolonnen führen und damit den Zweck der Regelung torpedieren. 11

III. Angaben in Euro (Abs. 2)

Bei den Angaben in Euro gelten die Überlegungen zur Lebensversicherung entsprechend (s. § 2 Rn 41 f). 12

§ 4 Produktinformationsblatt

(1) Ist der Versicherungsnehmer ein Verbraucher, so hat der Versicherer ihm ein Produktinformationsblatt zur Verfügung zu stellen, das diejenigen Informationen enthält, die für den Abschluss oder die Erfüllung des Versicherungsvertrages von besonderer Bedeutung sind.

(2) Informationen im Sinne des Absatzes 1 sind:

1. Angaben zur Art des angebotenen Versicherungsvertrages;
2. eine Beschreibung des durch den Vertrag versicherten Risikos und der ausgeschlossenen Risiken;

---

6 Langheid/Wandt/*Armbrüster*, § 3 VVG-InfoV Rn 8; FAKomm-VersR/C. *Schneider/Reuter-Gehrken*, § 3 VVG-InfoV Rn 10.
7 Begr., abgedr. in VersR 2008, 186, 189.
8 Prölss/Martin/*Knappmann*, § 3 VVG-InfoV Rn 3.
9 Ebenso Römer/Langheid/*Langheid*, § 3 VVG-InfoV Rn 8; Prölss/Martin/*Knappmann*, § 3 VVG-InfoV Rn 3.
10 Art. 8 Nr. 2 des SEPA-Begleitgesetzes vom 3.4.2013 (BGBl. I S. 610, 615).
11 EuGH 1.3.2011 – C-236/09, NJW 2011, 907.
12 S. hierzu *Armbrüster*, NJW 2014, 497, 501.

3. Angaben zur Höhe der Prämie in Euro, zur Fälligkeit und zum Zeitraum, für den die Prämie zu entrichten ist, sowie zu den Folgen unterbliebener oder verspäteter Zahlung;
4. Hinweise auf im Vertrag enthaltene Leistungsausschlüsse;
5. Hinweise auf bei Vertragsschluss zu beachtende Obliegenheiten und die Rechtsfolgen ihrer Nichtbeachtung;
6. Hinweise auf während der Laufzeit des Vertrages zu beachtende Obliegenheiten und die Rechtsfolgen ihrer Nichtbeachtung;
7. Hinweise auf bei Eintritt des Versicherungsfalles zu beachtende Obliegenheiten und die Rechtsfolgen ihrer Nichtbeachtung;
8. Angabe von Beginn und Ende des Versicherungsschutzes;
9. Hinweise zu den Möglichkeiten einer Beendigung des Vertrages.

(3) Bei der Lebensversicherung mit Überschussbeteiligung ist Absatz 2 Nr. 2 mit der Maßgabe anzuwenden, dass zusätzlich auf die vom Versicherer zu übermittelnde Modellrechnung gemäß § 154 Abs. 1 des Versicherungsvertragsgesetzes hinzuweisen ist.

(4) Bei der Lebensversicherung, der Berufsunfähigkeitsversicherung und der Krankenversicherung ist Absatz 2 Nr. 3 mit der Maßgabe anzuwenden, dass die Abschluss- und Vertriebskosten und die Verwaltungskosten (§ 2 Abs. 1 Nr. 1, § 3 Abs. 1 Nr. 1) sowie die sonstigen Kosten (§ 2 Abs. 1 Nr. 2, § 3 Abs. 1 Nr. 2) jeweils in Euro gesondert auszuweisen sind.

(5) ¹Das Produktinformationsblatt ist als solches zu bezeichnen und den anderen zu erteilenden Informationen voranzustellen. ²Die nach den Absätzen 1 und 2 mitzuteilenden Informationen müssen in übersichtlicher und verständlicher Form knapp dargestellt werden; der Versicherungsnehmer ist darauf hinzuweisen, dass die Informationen nicht abschließend sind. ³Die in Absatz 2 vorgegebene Reihenfolge ist einzuhalten. ⁴Soweit die Informationen den Inhalt der vertraglichen Vereinbarung betreffen, ist auf die jeweils maßgebliche Bestimmung des Vertrages oder der dem Vertrag zugrunde liegenden Allgemeinen Versicherungsbedingungen hinzuweisen.

I. Normzweck 1	6. Obliegenheiten bei Vertragsschluss (Abs. 2 Nr. 5) 19
II. Erfordernis eines Produktinformationsblattes (Abs. 1) 4	a) Obliegenheiten 19
1. Adressat 4	b) Rechtsfolgen 20
2. Informationen 5	7. Obliegenheiten während der Vertragslaufzeit (Abs. 2 Nr. 6) 21
III. Für alle Sparten zu erteilende Informationen (Abs. 2) 6	8. Obliegenheiten im Versicherungsfall (Abs. 2 Nr. 7) 22
1. „Angaben" und „Hinweise" 6	9. Beginn und Ende des Versicherungsschutzes (Abs. 2 Nr. 8) 23
2. Art des Vertrages (Abs. 2 Nr. 1) 7	10. Beendigung des Vertrages (Abs. 2 Nr. 9) 24
3. Risikobeschreibung (Abs. 2 Nr. 2) 8	a) Beendigungsmöglichkeiten 24
a) Versichertes Risiko 8	b) Modalitäten der Beendigung 26
b) Ausgeschlossene Risiken 10	IV. Modellrechnung (Abs. 3) 27
c) Ausschlüsse nach Risikoprüfung 13	V. Kosten in der Lebens- und Krankenversicherung (Abs. 4) 28
4. Prämie und Prämienzahlung (Abs. 2 Nr. 3) 14	1. Verweisung 28
a) Prämie 14	
b) Prämienzahlung 17	
5. Leistungsausschlüsse (Abs. 2 Nr. 4) 18	

2. Abschluss- und Vertriebskosten, Verwaltungskosten 29	1. Allgemeines.................. 31
3. Sonstige Kosten 30	2. Platzierung 32
VI. Formale Anforderungen an das Produktinformationsblatt (**Abs. 5**) 31	3. Form und Darstellung........ 33
	4. Verständlichkeit und Reihenfolge 36
	5. Verweisung 39

I. Normzweck

Das Produktinformationsblatt bezweckt, dem Interessenten den Charakter der Versicherung und wesentliche Inhalte in prägnanter, übersichtlicher Form vor Augen zu führen. Es ist sicherlich auch dem Befund geschuldet, dass der Interessent nach §§ 1 und 2 VVG-InfoV sowie weiteren Hinweispflichten nach dem VVG Informationen beträchtlichen Umfangs erhalten muss. Die Menge der mit dem Ziel der Erhöhung der Transparenz zu erteilenden Informationen birgt die Gefahr der Intransparenz und droht damit das Gegenteil des angestrebten Ziels zu bewirken. Die Einführung eines Produktinformationsblattes darf daher auch als Versuch der Korrektur dieser (Fehl-)Entwicklung interpretiert werden. 1

Die **Ermächtigung** für die verpflichtende Vorgabe eines Produktinformationsblattes lässt sich allenfalls auf § 7 Abs. 2 S. 1 Nr. 5 VVG stützen. Danach ist der Verordnungsgeber befugt und aufgerufen, die Art und Weise festzulegen, in der die Informationen zu erteilen sind. Ob dies als Ermächtigung bestimmt genug ist, um die Neuerung eines Produktinformationsblattes im Verordnungsweg zu regeln, lässt sich mit guten Gründen in Frage stellen.[1] Flankierend wird auch auf § 7 Abs. 2 S. 1 Nr. 1 VVG zurückgegriffen.[2] 2

Die besondere Anforderung, aber auch rechtliche Problematik des Produktinformationsblattes besteht darin, einerseits die zu erteilenden Informationen verständlich zu fassen, andererseits der Tatsache Rechnung zu tragen, dass auch das Produktinformationsblatt Gegenstand der vertraglichen Abmachungen und damit justitiabel ist (s. Rn 9). 3

II. Erfordernis eines Produktinformationsblattes (Abs. 1)

1. Adressat. Adressat des Produktinformationsblattes ist der VN, nicht die versicherte Person. Es ist nur dann vorgeschrieben, wenn der VN Verbraucher ist. Dabei ist der Verbraucherbegriff des § 13 BGB zugrunde zu legen.[3] 4

2. Informationen. Nach Abs. 1 hat das Produktinformationsblatt diejenigen Informationen zu enthalten, „die für den Abschluss oder die Erfüllung des Versicherungsvertrages von besonderer Bedeutung sind". Diese vage Beschreibung wird durch die nachfolgenden Absätze vollständig ausgefüllt. Ihr kommt daher keine eigenständige Bedeutung zu. Für die Inhalte sind ausschließlich die Vorgaben der nachfolgenden Absätze maßgeblich. 5

III. Für alle Sparten zu erteilende Informationen (Abs. 2)

1. „Angaben" und „Hinweise". Der Katalog des Abs. 2 unterscheidet zwischen „Angabe(n)" und „Hinweise". Dies ist so zu verstehen, dass bei den **Hinweisen** Verweisungen auf andere vertragliche Unterlagen möglich sind, bei den **Angaben** 6

---

[1] Zweifelnd auch *Leverenz*, Vertragsschluss nach der VVG-Reform, S. 48; aA Prölss/Martin/ *Knappmann*, § 4 VVG-InfoV Rn 2.
[2] Looschelders/Pohlmann/*Pohlmann/Schäfers*, § 4 VVG-InfoV Rn 3.
[3] Begr., abgedr. in VersR 2008, 186, 190.

hingegen nicht.⁴ Auch die Begründung legt dies nahe. Dort wird bei „Hinweise" regelmäßig auf Abs. 5 S. 4 verwiesen, bei „Angaben" nicht.⁵

7 **2. Art des Vertrages (Abs. 2 Nr. 1).** Anzugeben ist die „Art des angebotenen Versicherungsvertrages". Nach der Begründung ist die Charakterisierung des Vertrages an dieser Stelle auf einem hohen Abstraktionsniveau ausreichend, etwa Lebens-, Berufsunfähigkeits-, Kfz-, Unfall- oder Haftpflichtversicherung. Eine weitere Differenzierung ist nicht erforderlich.⁶

8 **3. Risikobeschreibung (Abs. 2 Nr. 2). a) Versichertes Risiko.** Abs. 2 Nr. 2 verlangt eine Beschreibung des versicherten Risikos. Nach der abstrakten Information zur Art des VersVertrages gem. Abs. 2 Nr. 1 ist hier eine Konkretisierung gefordert. Die Gesetzesbegründung erwartet an dieser Stelle eine positive, möglichst mit typischen Beispielen unterlegte Beschreibung des Versicherungsschutzes.⁷ Die Wiederholung der Beschreibung in den AVB hält die Begründung – dem Zweck des Produktinformationsblattes entsprechend zu Recht – nicht für genügend.⁸ Da es seinen Zweck nur erfüllen kann, wenn es maßvollen Umfangs ist,⁹ dürfen keine allzu hohen Anforderungen an Detailliertheit und Tiefe der Beschreibung gestellt werden.¹⁰

9 An dieser Stelle tritt das grundlegende praktische Problem des Produktinformationsblattes zutage. Es ist Teil der vertraglichen Unterlagen und damit justitiabel. Als für eine Vielzahl von Fällen gedachtes Dokument ist **Maßstab der Justitiabilität** das strenge Recht der Allgemeinen Geschäftsbedingungen. Dies wird teilweise mit dem Argument verneint, das Produktinformationsblatt gestalte nicht den Vertragsinhalt, sondern informiere darüber; dennoch wird die Anwendbarkeit einiger für AVB geltender Regelungen bejaht.¹¹ Die Begründung geht von Justitiabilität aus.¹² Beispielhafter Konfliktfall ist eine Situation, in der es um die Frage geht, ob das Produktinformationsblatt Erwartungen beim Antragsteller weckt, die durch die AVB enttäuscht werden. Dann geht es darum, was Maßstab für die Erwartung ist. Hier liegt mangels anderer Maßstäbe ein Rückgriff auf die Unklarheitenregel des § 305c Abs. 2 BGB nahe. Dabei spielt es keine Rolle, ob in direkter oder entsprechender Anwendung. In dieser Situation ist eine auch rechtsdogmatisch überzeugende Lösung zu finden. Aus dem Bedürfnis nach Vermeidung von Unsicherheiten resultieren das Bedürfnis der VR nach und die Notwendigkeit von größtmöglicher sprachlicher Präzision. Allerdings steht dies in zwangsläufigem Widerspruch zur **Aufgabe des Produktinformationsblattes**, dem Verbraucher eine **erste Orientierung in „seiner" Sprache** zu geben, also möglichst frei von rechts- und versicherungstechnisch geprägter Diktion. Dieser Zielkonflikt kann nur durch Augenmaß bei den anzulegenden Maßstäben für sprachliche Sauberkeit gelöst werden. Unberechtigt wäre dabei der Einwand, dass es gegen Art. 19 Abs. 4 GG verstößt, in der Weise vertragliche Dokumente minderer Justitiabilität zu schaffen. Argumentativer Anknüpfungspunkt ist hier vielmehr der anderenfalls nicht zu errei-

---

4 Ebenso *Franz*, VersR 2008, 298, 300.
5 Begr., abgedr. in VersR 2008, 186, 190.
6 Langheid/Wandt/*Armbrüster*, § 4 VVG-InfoV Rn 6; Bruck/Möller/*Herrmann*, § 7 VVG Rn 47; Prölss/Martin/*Knappmann*, § 4 VVG-InfoV Rn 3; Römer/Langheid/*Langheid*, § 4 VVG-InfoV Rn 9.
7 Begr., abgedr. in VersR 2008, 186, 190.
8 Begr., abgedr. in VersR 2008, 186, 190.
9 S. hierzu *Römer*, VersR 2007, 618, 619.
10 Looschelders/Pohlmann/*Pohlmann/Schäfers*, § 4 VVG-InfoV Rn 15 f.
11 Langheid/Wandt/*Armbrüster*, § 4 VVG-InfoV Rn 4; jede Unterwerfung unter das Recht der AGB verneinend, soweit es nicht Regelungen trifft, Looschelders/Pohlmann/*Pohlmann/Schäfers*, § 4 VVG-InfoV Rn 6.
12 Begr., abgedr. in VersR 2008, 186, 191 li. Sp. („… und einer unter Umständen auch gerichtlichen … Auslegung zugänglich").

chende Sinn und Zweck des Produktinformationsblattes[13] sowie der aufzunehmende Hinweis auf dessen zwangsläufige Unvollständigkeit.[14] Daher wird hier zu Recht für eine großzügige Handhabung plädiert.[15]

b) Ausgeschlossene Risiken. Hier liegen die eigentlichen praktischen Schwierigkeiten von Abs. 2 Nr. 2. Die Begründung wirkt auf den ersten Blick griffig. Sie fordert typische Risiken, deren Versicherung der VN möglicherweise erwartet, die aber nicht versichert sind.[16] Ist der Begriff „Risikoausschluss" als sog. sekundäre Risikoabgrenzung in der versicherungsvertraglichen Dogmatik einigermaßen abgegrenzt und handhabbar,[17] so bereitet er für die Zwecke des Produktinformationsblattes im Hinblick auf die in Abs. 2 Nr. 4 verlangten „Leistungsausschlüsse" erhebliche Abgrenzungsprobleme. Wegen der nach Abs. 5 S. 3 einzuhaltenden Reihenfolge der einzelnen Nummern des Abs. 2 ist diese Abgrenzung durchaus von erheblicher Bedeutung. Eine falsche Zuordnung eröffnet die Argumentationsmöglichkeit, dass der VN nicht ordnungsgemäß nach § 7 Abs. 2 VVG belehrt worden sei und damit die Widerrufsfrist nach § 8 Abs. 2 S. 1 Nr. 1 VVG noch nicht begonnen habe.[18]

Weder VVG noch Rspr und Lit. stellen eine schlüssige Dogmatik von **Risikoausschluss** einerseits und **Leistungsausschluss** andererseits zur Verfügung.[19] Die Begründung stellt in beiden Fällen auf den Erwartungshorizont des Interessenten ab; bei Abs. 2 Nr. 2 mit der Formulierung „entgegen bestehender Erwartungen", bei Abs. 2 Nr. 4 mit der Aussage, vielen VN sei nicht bewusst, dass der Vertrag keinen umfassenden Schutz biete.[20] Allein dies legt nahe, dass die Abgrenzung in vielen Fällen der Beliebigkeit unterliegt. So kann zB der Fahrraddiebstahl in der Hausratversicherung als ausgeschlossen bzw ein Leistungsausschluss für Fahrraddiebstahl als vereinbart betrachtet werden. Auch die üblichen Bedingungswerke beschreiben nicht versicherte Sachverhalte häufig als „**Ausschlüsse**", ohne weitere Festlegung, ob das Risiko oder die Leistung ausgeschlossen ist.

Wegen dieser **Austauschbarkeit von Risiko- und Leistungsausschluss** kann Maßstab nur sein, sich am Erwartungshorizont des VN zu orientieren und eine begründbare Zuordnung zu treffen. Letztlich hat der gemeinsame Zweck beider Regelungen im Vordergrund zu stehen, nämlich die eventuelle Vorstellung eines VN vom einschränkungslosen Schutz zu relativieren und den Anstoß zu ermöglichen, sich über die Einschränkungen des Schutzes anhand der ausführlichen Dokumente zu vergewissern.[21]

c) Ausschlüsse nach Risikoprüfung. Über Risiken, die erst als Ergebnis der Risikoprüfung ausgeschlossen werden, kann beim Antragsmodell vor Abgabe der Willenserklärung des Interessenten nicht informiert werden, weil der Ausschluss zu dem Zeitpunkt nicht bekannt ist. Beim Invitatiomodell sind sie Gegenstand des verbindlichen Angebots des VR und damit zum Zeitpunkt der Abgabe der Vertragserklärung des VN bekannt. Es entspräche aber nicht dem Zweck des Pro-

---

13 Zu diesem Zielkonflikt s. auch *Leverenz*, Vertragsschluss nach der VVG-Reform, S. 50.
14 Im Ergebnis ähnl. *Römer*, VersR 2007, 618, 619.
15 FAKomm-VersR/C. *Schneider/Reuter-Gehrken*, § 4 VVG-InfoV Rn 11.
16 Begr., abgedr. in VersR 2008, 186, 190.
17 Prölss/Martin/*Armbrüster*, § 1 VVG Rn 188 ff.
18 Langheid/Wandt/*Armbrüster*, § 3 VVG-InfoV Rn 9.
19 AA Looschelders/Pohlmann/*Pohlmann/Schäfers*, § 4 VVG-InfoV Rn 17, der die Abgrenzung zwischen primärer und sekundärer Risikobeschreibung widergespiegelt sieht.
20 Begr., abgedr. in VersR 2008, 186, 190.
21 Eine folgenlose Großzügigkeit bei der Zuordnung befürwortend Langheid/Wandt/*Armbrüster*, § 4 VVG-InfoV Rn 7; Looschelders/Pohlmann/*Pohlmann/Schäfers*, § 4 VVG-InfoV Rn 17.

duktinformationsblattes, individuelle Ausschlüsse dieser Art aufzunehmen.[22] Es dient einer ersten Orientierung und ist nicht als abschließende Information gedacht.

14 4. **Prämie und Prämienzahlung (Abs. 2 Nr. 3).** a) **Prämie.** Abs. 2 Nr. 3 verlangt Angaben zur Prämie. Deren Höhe ist in Euro anzugeben.[23] Keine besonderen Schwierigkeiten dürfte die Angabe der Fälligkeit aufweisen. Unter der Angabe des Zeitraums, für den die Prämie zu entrichten ist, ist die Dauer des Versicherungsschutzes für einen Zahlungsabschnitt, nicht die gesamte intendierte Laufzeit des Vertrages zu verstehen.[24] Dies ergibt sich aus der Begründung, die auf den Zeitraum des Versicherungsschutzes als Gegenleistung für die fällige Prämie abstellt.[25] Bei Versicherungen gegen Einmalbeitrag ist daher die Dauer des Versicherungsschutzes mit Beginn- und Enddatum oder mit dem Zeitraum ab dem Beginndatum anzugeben.

15 Ratenzuschläge sind an dieser Stelle nicht anzugeben. Nach dem Zweck des Produktinformationsblattes muss der VN lediglich erkennen, für welchen Zeitabschnitt er welche Prämie zu zahlen hat.[26]

16 Prämienzuschläge aufgrund der individuellen Risikosituation können im Produktinformationsblatt nicht angegeben werden. Sie sind erst nach der Risikoprüfung aufgrund des gestellten Versicherungsantrags bekannt. Zum Teil wird vertreten, dass auf die Möglichkeit einer Änderung hingewiesen werden müsse.[27] Dies bläht ohne Mehrwert unnötig auf. Der Schutz des VN über das Verfahren nach § 5 VVG reicht aus. Etwas anderes gilt allerdings für das Invitatiomodell. Dort muss das Angebot des VR auch Zuschläge enthalten. Sie müssen daher in das Produktinformationsblatt aufgenommen werden.[28]

17 b) **Prämienzahlung.** Es sind die Folgen **unterbliebener oder verspäteter Zahlung** differenzierend nach **Erst- und Folgeprämie** anzugeben. Nach dem Wortlaut werden „Angaben" verlangt, was nach der hier vertretenen Auffassung eine Verweisung auf die AVB grds. ausschließt (s. Rn 6). Allerdings ist in der Begründung von einem Hinweis auf die Folgen unterbliebener oder verspäteter Zahlung die Rede. Damit sollte es zulässig sein, hier auf die mögliche Leistungsfreiheit des VR hinzuweisen und im Übrigen auf die Regelung in den AVB zu verweisen.[29] Dies lässt sich zusätzlich mit Abs. 5 S. 4 begründen, der Verweisungen verlangt und damit auch zulässt, „soweit die Informationen den Inhalt der vertraglichen Vereinbarungen betreffen".

18 5. **Leistungsausschlüsse (Abs. 2 Nr. 4).** Bei den Leistungsausschlüssen besteht das praktische Problem der Abgrenzung zu den Risikoausschlüssen in Abs. 2 Nr. 2; auf die dortigen Ausführungen kann verwiesen werden (s. Rn 10 ff). Soweit danach eine Zuordnung zu den Leistungsausschlüssen vorgenommen wird, werden nach der Begründung sowohl allgemeine Informationen als auch Beispiele zur Veranschaulichung erwartet. Dabei ist Vollständigkeit weder hinsichtlich der Ausschlüs-

---

22 Langheid/Wandt/*Armbrüster*, § 4 VVG-InfoV Rn 8; FAKomm-VersR/C. *Schneider/Reuter-Gehrken*, § 4 VVG-InfoV Rn 12.
23 FAKomm-VersR/C. *Schneider/Reuter-Gehrken*, § 4 VVG-InfoV Rn 15.
24 Bruck/Möller/*Herrmann*, § 7 VVG Rn 49.
25 Begr., abgedr. in VersR 2008, 186, 190.
26 Langheid/Wandt/*Armbrüster*, § 4 VVG-InfoV Rn 21.
27 Looschelders/Pohlmann/*Schäfers*, § 4 VVG-InfoV Rn 18.
28 Ebenso Schwintowski/Brömmelmeyer/*Gansel*, § 4 VVG-InfoV Rn 8; Langheid/Wandt/*Armbrüster*, § 4 VVG-InfoV Rn 20; aA FAKomm-VersR/C. *Schneider/Reuter-Gehrken*, § 4 VVG-InfoV Rn 17.
29 Langheid/Wandt/*Armbrüster*, § 4 VVG-InfoV Rn 23; FAKomm-VersR/C. *Schneider/Reuter-Gehrken*, § 4 VVG-InfoV Rn 18.

se selbst – insoweit genügen typische spartenspezifische Ausschlüsse – noch ihrer Grenzen erforderlich.[30]

6. Obliegenheiten bei Vertragsschluss (Abs. 2 Nr. 5). a) Obliegenheiten. Hier wird nach der Begründung ein Hinweis „insbesondere" auf die Pflichten des VN nach § 19 VVG verlangt. Dabei kann es nur um dessen Abs. 1 und 2 gehen, da die nachfolgenden Absätze Rechte des VR enthalten. Das Wort „insbesondere" löst die Frage aus, auf welche weiteren Obliegenheiten hinzuweisen ist. Mit § 19 VVG dürften die anzusprechenden Obliegenheiten aber erschöpft sein.[31] Eine Verweisung ist hier nach der Begründung zulässig.[32]

b) Rechtsfolgen. Hier verlangt die Begründung, dass dem Interessenten die erheblichen Nachteile bei Verstößen gegen die Obliegenheiten verdeutlicht werden.[33] Dabei kann es sich im Rahmen des Produktinformationsblattes nicht um die Darstellung der komplexen Mechanismen von § 19 Abs. 4 ff VVG im Einzelnen handeln, zumal hierauf nach § 19 Abs. 5 VVG zum geeigneten Zeitpunkt gesondert hinzuweisen ist.[34] Es sollte dem Interessenten die Möglichkeit der Leistungsfreiheit Warnung und Anlass genug sein, sich bei Bedarf über die Einzelheiten anhand der übrigen Dokumente ggf detailliert zu informieren.

7. Obliegenheiten während der Vertragslaufzeit (Abs. 2 Nr. 6). Bei den Obliegenheiten während der Vertragslaufzeit kann auf die Ausführungen zu den Obliegenheiten bei Vertragsabschluss verwiesen werden (s. Rn 19 f), wobei die Begründung Obliegenheiten im Zusammenhang mit Gefahrerhöhungen ausdrücklich Abs. 2 Nr. 6 zuordnet.[35] Obliegenheiten bei Eintritt des Versicherungsfalles gehören systematisch auch zu denen während der Vertragslaufzeit. Ihnen ist aber nach Abs. 2 Nr. 7 ein eigener Abschnitt im Produktinformationsblatt zu widmen.

8. Obliegenheiten im Versicherungsfall (Abs. 2 Nr. 7). Laut Begründung geht es hier insb. um Hinweise auf Anzeigepflichten.[36] Sie werden als „unentbehrlich" qualifiziert. Konkretisierend werden Schadenabwendung und -minderung nach § 82 VVG, Anzeige- und Auskunftspflicht nach §§ 30 f VVG und die Anzeigeobliegenheit nach § 104 VVG angeführt.[37] Im Übrigen kann auch hier auf die Ausführungen zu Abs. 2 Nr. 5 verwiesen werden (s. Rn 19).

9. Beginn und Ende des Versicherungsschutzes (Abs. 2 Nr. 8). Primäres Anliegen von Nr. 8 ist es, dem Interessenten bewusst zu machen, dass – soweit dies der Fall ist – Vertragsdauer und (materieller) Versicherungsschutz auseinanderfallen. Nach dem Wortlaut braucht allerdings auf das Auseinanderfallen selbst nicht explizit hingewiesen zu werden. Es genügen die konkreten Daten von Beginn und Ende des Versicherungsschutzes.[38] Anstatt des Endes reicht auch die Dauer ab Beginn aus.[39] Eine Verweisung auf andere Dokumente genügt hier nicht. Die Begründung erwar-

---

30 Langheid/Wandt/*Armbrüster*, § 4 VVG-InfoV Rn 32; wohl ebenso Bruck/Möller/*Herrmann*, § 7 VVG Rn 50.
31 Weitergehend Langheid/Wandt/*Armbrüster*, § 4 VVG-InfoV Rn 37.
32 Begr., abgedr. in VersR 2008, 186, 190.
33 Begr., abgedr. in VersR 2008, 186, 190.
34 Looschelders/Pohlmann/*Pohlmann/Schäfers*, § 4 VVG-InfoV Rn 20; Schwintowski/Brömmelmeyer/*Gansel*, § 4 VVG-InfoV Rn 10; FAKomm-VersR/C. *Schneider/Reuter-Gehrken*, § 4 VVG-InfoV Rn 22.
35 Begr., abgedr. in VersR 2008, 186, 190.
36 Begr., abgedr. in VersR 2008, 186, 190.
37 Langheid/Wandt/*Armbrüster*, § 4 VVG-InfoV Rn 41.
38 Langheid/Wandt/*Armbrüster*, § 4 VVG-InfoV Rn 44; Looschelders/Pohlmann/*Pohlmann/Schäfers*, § 4 VVG-InfoV Rn 25; aA FAKomm-VersR/C. *Schneider/Reuter-Gehrken*, § 4 VVG-InfoV Rn 31.
39 Langheid/Wandt/*Armbrüster*, § 4 VVG-InfoV Rn 45.

tet Daten aber auch in allen anderen Fällen,[40] also auch wenn Vertragsdauer und Versicherungsschutz identisch sind bzw Rückwärtsversicherung vereinbart ist.

24 **10. Beendigung des Vertrages (Abs. 2 Nr. 9). a) Beendigungsmöglichkeiten.** Bei den Hinweisen zu Möglichkeiten der Beendigung des Vertrages geht es nach der Begründung um Möglichkeiten des VN;[41] Kündigungsmöglichkeiten des VR sind daher nicht Gegenstand des Produktinformationsblattes.[42] Im Vordergrund werden dabei die nicht an besondere Sachverhalte geknüpften Kündigungen nach § 11 Abs. 2 und 4, § 168 Abs. 1 bzw § 205 Abs. 1 und 2 VVG stehen.

25 Daneben enthält das VVG auch Kündigungsmöglichkeiten des VN bei Vorliegen besonderer Sachverhalte. Hier kann unterschieden werden zwischen Möglichkeiten, auf die der VR bei deren Vorliegen explizit hinzuweisen hat – etwa § 19 Abs. 4, § 25 Abs. 1, § 40 Abs. 1 S. 2 VVG –, und solchen, bei denen dies nicht der Fall ist – etwa § 92 Abs. 1, § 205 Abs. 2 und 4 VVG. Im ersteren Fall blähen entsprechende Hinweise das Produktinformationsblatt unnötig auf.[43] Für eine erste Orientierung erscheinen Hinweise darauf nicht notwendig, zumal in der gegebenen Situation hierüber gewissermaßen bedarfsgerecht informiert wird. Bei der zweiten Fallgruppe fehlt diese Begründung. Anderenfalls fiele es auch schwer, dem Plural „Möglichkeiten" im Verordnungstext gerecht zu werden. Sie sind daher anzugeben.

26 **b) Modalitäten der Beendigung.** Einzelheiten zu den Modalitäten der Kündigung sind nicht erforderlich.[44] Auf sie kann nach Abs. 5 S. 4 verwiesen werden. Kündigungsfristen, Beendigungszeitpunkte, eventuelle Formerfordernisse etc. sind demnach im Produktinformationsblatt nicht gefordert.

IV. Modellrechnung (Abs. 3)

27 Abs. 3 verlangt bei der Lebensversicherung mit Überschussbeteiligung einen Hinweis auf die „zu übermittelnde Modellrechnung" gem. § 154 Abs. 1 VVG. Im Hinblick auf diese missverständliche Formulierung gilt das zu § 2 Abs. 3 Gesagte entsprechend (s. § 2 Rn 47). Auf die Modellrechnung ist nur hinzuweisen, wenn sie nach § 154 Abs. 1 VVG tatsächlich zu übermitteln ist. Ist dies nicht der Fall, wird sie aber trotzdem übermittelt, ist darauf nicht hinzuweisen. Bei dem Hinweis geht es nach der Begründung darum, die Aufmerksamkeit auf das Vorliegen der Modellrechnung zu lenken.[45] Diese selbst ist danach konsequenterweise nicht aufzunehmen und darf auch nicht aufgenommen werden.[46] Durch die Inbezugnahme von Abs. 2 Nr. 2 wird der Standort für den Hinweis im Rahmen der nach Abs. 5 S. 3 einzuhaltenden Reihenfolge festgelegt.

V. Kosten in der Lebens- und Krankenversicherung (Abs. 4)

28 **1. Verweisung.** Nach Abs. 4 sind in der Lebens- und Krankenversicherung im Produktinformationsblatt die Kosten „auszuweisen". Durch diese Wortwahl und die Aussage in der Begründung, dass nämlich der VN „auch" an dieser Stelle die Kosten für den Abschluss der Versicherung solle erkennen können,[47] muss von der be-

---

40 Begr., abgedr. in VersR 2008, 186, 190.
41 Begr., abgedr. in VersR 2008, 186, 190.
42 Schwintowski/Brömmelmeyer/*Gansel*, § 4 VVG-InfoV Rn 14; FAKomm-VersR/C. *Schneider/Reuter-Gehrken*, § 4 VVG-InfoV Rn 35; aA Looschelders/Pohlmann/*Pohlmann/Schäfers*, § 4 VVG-InfoV Rn 26.
43 S. Langheid/Wandt/*Armbrüster*, § 4 VVG-InfoV Rn 46.
44 Langheid/Wandt/*Armbrüster*, § 4 VVG-InfoV Rn 47.
45 Begr., abgedr. in VersR 2008, 186, 190.
46 Langheid/Wandt/*Armbrüster*, § 4 VVG-InfoV Rn 16; Schwintowski/Brömmelmeyer/*Gansel*, § 4 VVG-InfoV Rn 15.
47 Begr., abgedr. in VersR 2008, 186, 191.

wussten Anordnung einer Doppelung dieser Informationen ausgegangen werden.[48] Ein Verweis auf die Informationen nach § 2 Abs. 1 Nr. 1 und 2 wird dem nicht gerecht.[49] Der Standort der Informationen wird im Rahmen der vorgegebenen Reihenfolge durch Abs. 2 Nr. 3 bestimmt. Zum Teil wird verlangt, dass hier auch die Effektivkosten von § 2 Abs. 1 Nr. 9 anzugeben seien; ihrer ausdrücklichen Erwähnung in § 4 habe es nicht bedurft, sie ergebe sich aus der Natur der Sache.[50] Dies trifft nicht zu. Die Systematik der VVG-InfoV ist insoweit eindeutig.

2. Abschluss- und Vertriebskosten, Verwaltungskosten. In der ursprünglichen Fassung der VVG-InfoV wurden hier lediglich die Abschluss- und Vertriebskosten in Bezug genommen. In der Vorauflage wurde daher die Auffassung vertreten, dass die Verwaltungskosten im Produktinformationsblatt nicht anzugeben seien.[51] Mit dem LVRG[52] hat der Gesetzgeber ab dem 7.8.2014 die Verwaltungskosten ausdrücklich aufgenommen. Die früher vertretene Auffassung wird daher aufgegeben. 29

3. Sonstige Kosten. Die Wiedergabe aller sonstigen Kosten (zum Begriff s. § 2 Rn 19) würde bedeuten, dass uU ein umfangreicher Katalog von Kosten enthalten wäre, die idR nicht von besonderem wirtschaftlichem Gewicht sind und zudem nicht zwangsläufig anfallen, sondern nur, wenn der VN hierzu Veranlassung gegeben hat. Das Produktinformationsblatt „lebt" aber von seiner – wie auch die Begründung mehrfach herausstellt – Knappheit und der Wesentlichkeit. Ein umfangreicher Katalog sonstiger Kosten gefährdet diesen Zweck. Daher sollte hier die exemplarische Erwähnung weniger solcher Kostenpositionen mit einem weiterführenden Hinweis ausreichen. Diese teleologische Überlegung wird durch Abs. 1 gestützt, wonach das Produktinformationsblatt die Informationen enthalten soll, die für den Abschluss oder die Erfüllung des Vertrages von besonderer Bedeutung sind. Diese besondere Bedeutung kann man bei den hier in Betracht kommenden Kosten ohne Weiteres verneinen.[53] 30

VI. Formale Anforderungen an das Produktinformationsblatt (Abs. 5)

1. Allgemeines. Der Verordnungsgeber hat neben inhaltlichen auch formale Vorgaben für das Produktinformationsblatt normiert und in Abs. 5 zusammengefasst. 31

2. Platzierung. Nach **Abs. 5 S. 1** ist das Produktinformationsblatt als solches zu bezeichnen. Damit ist die Überschrift vorgegeben. Weiter ist es danach den anderen zu erteilenden Informationen voranzustellen. Es muss sich also um die erste(n) Seite(n) der dem Interessenten zu übergebenden Dokumentation handeln. Dabei ist bei der Gestaltung gemäß der Begründung[54] darauf zu achten, dass es sich von den übrigen Informationen abhebt. Ein körperliches Verbinden von Produktinformationsblatt und übriger Dokumentation ist dadurch nicht ausgeschlossen; das Abheben kann auch durch die Gestaltung im Übrigen erreicht werden. 32

3. Form und Darstellung. Nach **Abs. 5 S. 2** ist einerseits eine übersichtliche und verständliche Form, andererseits eine knappe Darstellung gefordert. Die Übersichtlichkeit wird weitestgehend durch die nach **Abs. 5 S. 3** zwingende **Reihenfolge** erreicht. Darüber hinaus wird Übersichtlichkeit angesichts des Katalogs von neun Punkten **Überschriften** erfordern. Im Hinblick auf deren Formulierung enthält die Verordnung keine Vorgabe. Eine enge Anlehnung an die Formulierungen von Abs. 2 wird aber im Hinblick auf den „Wiedererkennungswert" zweckmäßig sein. 33

---

48 Langheid/Wandt/*Armbrüster*, § 4 VVG-InfoV Rn 25.
49 AA FAKomm-VersR/*C. Schneider/Reuter-Gehrken*, § 4 VVG-InfoV Rn 41.
50 *Schwintowski/Ortmann*, VersR 2014, 1401, 1406.
51 2. Aufl. 2011, § 4 VVG-InfoV Rn 33.
52 BGBl. I S. 1330.
53 *Brömmelmeyer*, VersR 2009, 584, 592; Langheid/Wandt/*Armbrüster*, § 4 VVG-InfoV Rn 35.
54 Begr., abgedr. in VersR 2008, 186, 191.

34 Das Gebot der Verständlichkeit wird es schwerlich zulassen, mehrere ähnliche Produkte in einem Produktinformationsblatt abzubilden und dies mit Formulierungen wie „Falls Sie eine fondsgebundene Versicherung beantragen wollen, gilt ..." o.Ä. kenntlich zu machen. Es wird dann dem Interessenten aufgebürdet, sich anhand der übrigen Unterlagen Klarheit darüber zu verschaffen, was auf ihn aus dem Produktinformationsblatt zutrifft. Ein solches Vorgehen wird nur bei leicht überschaubaren Abgrenzungen möglich sein. Dieses Problem rührt an die Frage, wie das Produktinformationsblatt im Fall von **Haupt- und Zusatzversicherung** zu gestalten ist. Es spricht nichts zwingend dagegen, für beide zusammen ein Produktinformationsblatt zu verwenden. Maßstab ist dabei Verständlichkeit und Transparenz in der Darstellung. Es muss ohne großen Aufwand aus sich heraus feststellbar sein, welche Aussage für welches Risiko gilt. Interessiert sich der Kunde hingegen nur für die Hauptversicherung, gefährden Aussagen zur Zusatzversicherung tendenziell die geforderte Verständlichkeit.

35 Ähnliche Fragen lösen sog. **Bündelprodukte** aus. Hierunter werden Verträge verstanden, bei denen ein Antragsformular, ein Versicherungsschein, aber verschiedene AVB zugrunde gelegt werden.[55] Auch hier ist die Zusammenfassung in einem oder die Aufspaltung in mehrere Produktinformationsblätter denkbar. Messlatte sind in jedem Fall Übersichtlichkeit und Verständlichkeit. Können nach Art von Bausteinen mehrere Risiken zu einem Vertrag zusammengestellt werden, so wird ein Produktinformationsblatt, das Aussagen zu zwar möglichen, vom Interessenten aber nicht gewählten Bausteinen enthält, an die Grenze der Verständlichkeit stoßen. Es muss jedenfalls ohne besondere Mühe erkennbar sein, welche Aussagen für den Interessenten gelten bzw nicht gelten.[56]

36 **4. Verständlichkeit und Reihenfolge.** Wegen des Gebots der **Verständlichkeit** erscheint das wörtliche Wiederholen von rechts- und versicherungstechnisch geprägten Regelungen aus den AVB problematisch. Hier wird eine **der Alltagssprache angenäherte Diktion** geboten sein. Auf die daraus resultierende Problematik ist hingewiesen (s. Rn 9). Das Gebot der knappen Darstellung intensiviert dies. Dessen Erfüllung wird zT an konkrete Seitenzahlen geknüpft.[57] In der Weise starre Vorgaben sieht die Verordnung nicht vor. Ein Verstoß gegen den Knappheitsgrundsatz muss primär inhaltlich, nicht formal begründet werden.

37 Von besonderer Bedeutung ist der Hinweis nach Abs. 5 S. 2 darauf, dass die Informationen nicht abschließend sind. Für den Standort gibt es keine Vorgabe. Allerdings wird es sich empfehlen, den Hinweis in einer Art Einleitung voranzustellen. Der nicht abschließende Charakter gilt nämlich vor allem schon für die neun Punkte des Abs. 2, die ihrerseits bereits eine Auswahl darstellen.

38 Aus der Verpflichtung zur Einhaltung der **Reihenfolge** ist zugleich der abschließende Charakter des Katalogs von Abs. 2 abzuleiten. Zusätzliche Informationen außerhalb dieses Katalogs stehen damit nicht in Einklang.[58]

39 **5. Verweisung.** Nach **Abs. 5 S. 4** ist jeweils auf die maßgebliche Bestimmung der AVB hinzuweisen, „soweit die Informationen den Inhalt der vertraglichen Vereinbarung betreffen". Der mit „soweit" eingeleitete Halbsatz stellt dabei keine echte Einschränkung dar. Nahezu sämtliche der in Abs. 1 Nr. 1–9 aufgeführten Gegenstände betreffen Inhalte der vertraglichen Vereinbarung. In Frage stellen lässt sich

---

[55] Zur Begriffsbildung s. Prölss/Martin/*Armbrüster*, § 1 VVG Rn 159.
[56] S. Langheid/Wandt/*Armbrüster*, § 4 VVG-InfoV Rn 51 f.
[57] Langheid/Wandt/*Armbrüster*, § 4 VVG-InfoV Rn 53 („sollte eine Länge von einer Seite nicht überschreiten") mwN; Looschelders/Pohlmann/*Pohlmann/Schäfers*, § 4 VVG-InfoV Rn 30 („zwei bis drei Seiten sollten nicht überschritten werden").
[58] Schwintowski/Brömmelmeyer/*Gansel*, § 4 VVG-InfoV Rn 4; Langheid/Wandt/*Armbrüster*, § 4 VVG-InfoV Rn 5; Bruck/Möller/*Herrmann*, § 7 VVG Rn 47; Prölss/Martin/*Schneider*, vor §§ 150–171 VVG Rn 69.

dies lediglich für die bei Vertragsschluss zu beachtenden Obliegenheiten und den – über die Verweisung – ebenfalls in Abs. 2 einbezogenen Ausweis der Kosten. Nach der Regelung sind Verweisungen auf die AVB also nicht nur zulässig, sondern geboten.[59] Für individuell zu vereinbarende Inhalte bedarf es daher keiner Verweisung. Allerdings sind Verweisungen alleine nicht ausreichend,[60] ebenso wenig wie eine Pauschalverweisung.[61] Vorausgesetzt wird vielmehr jeweils eine **konkrete Information, von der aus verwiesen wird**. Die Verweisung ergänzt dann die Information.[62]

Die Verweisung muss so konkret sein, dass der Interessent die Möglichkeit hat, ohne größeren Aufwand die maßgeblichen Passagen zu finden; es genügt aber auch ein Verweis auf die jeweilige Überschrift der Regelung ohne Nennung der Vorschrift, wenn den AVB ein Inhaltsverzeichnis vorangestellt ist.[63]

§ 5 Informationspflichten bei Telefongesprächen

(1) Nimmt der Versicherer mit dem Versicherungsnehmer telefonischen Kontakt auf, muss er seine Identität und den geschäftlichen Zweck des Kontakts bereits zu Beginn eines jeden Gesprächs ausdrücklich offenlegen.

(2) ¹Bei Telefongesprächen hat der Versicherer dem Versicherungsnehmer aus diesem Anlass nur die Informationen nach § 1 Abs. 1 Nr. 1 bis 3, 6 Buchstabe b, Nr. 7 bis 10 und 12 bis 14 mitzuteilen. ²Satz 1 gilt nur, wenn der Versicherer den Versicherungsnehmer darüber informiert hat, dass auf Wunsch weitere Informationen mitgeteilt werden können und welcher Art diese Informationen sind, und der Versicherungsnehmer ausdrücklich auf die Mitteilung der weiteren Informationen zu diesem Zeitpunkt verzichtet.

(3) Die in §§ 1 bis 4 vorgesehenen Informationspflichten bleiben unberührt.

I. Normzweck

Die Vorschrift trägt Besonderheiten Rechnung, wenn die auf den Abschluss eines Vertrages gerichtete Kommunikation telefonisch erfolgt und Informationen in Textform zu diesem Zeitpunkt nicht überlassen werden können. Der Interessent soll dann nicht schutzlos gestellt werden; es gelten reduzierte Informationspflichten. Die Vorschrift setzt damit zugleich Art. 3 Abs. 3 Richtlinie 2002/65/EG um.

II. Systematik

1. Äußere Systematik. a) Anwendungsbereich. § 5 regelt Informationspflichten des VR bei Telefongesprächen. Dabei enthält der Wortlaut keinerlei Einschränkung im Hinblick auf das Stadium, in dem das Gespräch geführt wird. Die VVG-InfoV kann nach der Ermächtigungsgrundlage nur Informationspflichten vor Abgabe der Vertragserklärung gem. § 7 Abs. 2 S. 1 VVG regeln. Damit gilt § 5 nicht für Gespräche zu einem bestehenden Vertrag, sondern nur für **Vertragsanbahnungen**.[1] Wendet sich ein Gespräch zu einem bestehenden Vertrag hin zu einem mögli-

---

59 Looschelders/Pohlmann/*Pohlmann/Schäfers*, § 4 VVG-InfoV Rn 33; Schwintowski/Brömmelmeyer/*Gansel*, § 4 VVG-InfoV Rn 22.
60 Schwintowski/Brömmelmeyer/*Gansel*, § 4 VVG-InfoV Rn 23.
61 Looschelders/Pohlmann/*Pohlmann/Schäfers*, § 4 VVG-InfoV Rn 33.
62 Looschelders/Pohlmann/*Pohlmann/Schäfers*, § 4 VVG-InfoV Rn 33.
63 Hierzu auch Langheid/Wandt/*Armbrüster*, § 4 VVG-InfoV Rn 59 f.
1 Ebenso Schwintowski/Brömmelmeyer/*Gansel*, § 5 VVG-InfoV Rn 5; Langheid/Wandt/*Armbrüster*, § 5 VVG-InfoV Rn 1; Prölss/Martin/*Knappmann*, § 5 VVG-InfoV Rn 2; Looschelders/Pohlmann/*Pohlmann/Schäfers*, § 5 VVG-InfoV Rn 2.

chen neuen Vertrag, gilt grds. § 5.² Im Einzelfall kann die Abgrenzung schwierig sein.

3 **b) Verhältnis zu § 11 VersVermV.** § 11 VersVermV trifft Aussagen zu Informationspflichten beim ersten Geschäftskontakt, unabhängig von der Art des Kontaktes. Es sind also auch etwa E-Mail, Brief und persönliches Gespräch unter Anwesenden erfasst. Nach der Regelung ist u.a. auch die Identität mitzuteilen. Unterschiedlich sind die verpflichteten Personenkreise. Bei § 11 VersVermV ist es der Gewerbetreibende, bei § 5 der VR. Demnach bestehen zwischen beiden Vorschriften Überschneidungen. Ist dies der Fall, so muss die unter einer Vorschrift erteilte Information auch als unter der anderen erteilt gelten. Im Übrigen stehen die Regelungen kumulativ nebeneinander.³

4 **2. Innere Systematik.** Abs. 1 setzt die **Kontaktaufnahme durch den VR** voraus; bei ihm liegt also die **Initiative**; ihm obliegen dann bestimmte Informationspflichten bei Beginn des Gesprächs. Abs. 2 erfasst jede Art von Kontakt, unabhängig von der Initiative; S. 2 verlangt die Offenlegung bestimmter Informationen im Laufe des Gesprächs, wenn es zu einem telefonischen Abschluss kommt; diese stehen nicht zu denen des Abs. 1 in Konkurrenz. Das bedeutet, dass immer dann, wenn der VR die Initiative ergreift, bei Beginn des Gesprächs die Informationen nach Abs. 1 und, wenn es zu einem telefonischen Abschluss kommt, während des Gesprächs die Informationen des Abs. 2 zu erteilen sind. **Abs. 3** ist schwer verständlich. Auch die Begründung erhellt den Sinn nicht zuverlässig. Anknüpfungspunkt ist wohl ein telefonischer Abschluss nach Abs. 2. Die Erteilung der Informationen nach Abs. 2 soll dann offenbar nicht die Informationen nach §§ 1–4 – zum, je nach Art des Zustandekommens, nach § 7 Abs. 1 S. 1 bzw S. 3 VVG richtigen Zeitpunkt – ersetzen.

III. Pflichten bei Kontaktaufnahme durch den VR (Abs. 1)

5 **1. Kontaktaufnahme.** Abs. 1 sieht bestimmte Offenlegungspflichten vor, wenn der VR mit dem VN telefonischen Kontakt aufnimmt. „Versicherer" ist dabei seinem Zweck nach umfassend zu verstehen. Es ist daher auf den Innendienst sowie den gesamten Außendienst zu erstrecken, der dem VR zugerechnet wird; Makler sind nicht erfasst.⁴ Voraussetzung ist, dass der VR mit dem Interessenten telefonischen Kontakt aufnimmt, die **Initiative** also von **VR** ausgeht. Hier kann es zu Abgrenzungsschwierigkeiten kommen, etwa, wenn der Interessent den Vermittler anruft, der seinerseits einen Rückruf verspricht. Ein zeitnaher Rückruf wird sich ohne Weiteres als Kontaktaufnahme durch den Interessenten darstellen. Je mehr der zeitliche Zusammenhang aufgelöst wird, umso mehr geht der Rückruf in eine Kontaktaufnahme durch den VR über.⁵ Teilweise werden die Offenlegungspflichten auch dann bejaht, wenn der Interessent sich auf eine Aufforderung des VR in Textform telefonisch an den VR wendet. Begründet wird dies mit der Formulierung „vom Versicherer veranlassten Telefongesprächen" in § 48a Abs. 3 VVG aF, der unverändert bleiben sollte.⁶ Dagegen spricht der Schutzzweck. Es stellt einen

---

2 Looschelders/Pohlmann/*Pohlmann/Schäfers*, § 5 VVG-InfoV Rn 2.
3 FAKomm-VersR/C. *Schneider/Reuter-Gehrken*, § 5 VVG-InfoV Rn 3; zum Verhältnis näher *Boslak*, VW 2008, 636, 641.
4 Looschelders/Pohlmann/*Pohlmann/Schäfers*, § 5 VVG-InfoV Rn 3; Schwintowski/Brömmelmeyer/*Gansel*, § 5 VVG-InfoV Rn 2.
5 Langheid/Wandt/*Armbrüster*, § 5 VVG-InfoV Rn 5; Prölss/Martin/*Knappmann*, § 5 VVG-InfoV Rn 2.
6 Looschelders/Pohlmann/*Pohlmann/Schäfers*, § 5 VVG-InfoV Rn 3.

prinzipiellen Unterschied dar, ob der VR beim VN anruft oder der VN aus einer selbstbestimmten Entscheidung heraus sich an den VR wendet.[7]

2. Offenlegungspflichten. Der VR muss seine **Identität**, also die Firma, offenlegen; es werden aber auch Name, Vorname und ggf Firma der Agentur bzw Firma des für den VR tätig werdenden Unternehmens dazugehören, das den Kontakt aufnimmt. Des Weiteren ist der **geschäftliche Zweck** der Kontaktaufnahme anzugeben. Dies wird regelmäßig die Beratung um einen abzuschließenden VersVertrag sein.

Die Angaben sind ausdrücklich offenzulegen. Hier wird man verlangen müssen, dass die Angaben in dem Sinne unüberhörbar sind, dass sie ohne große Bemühungen wahrgenommen werden können und nicht im Kontext von sonstigen Informationen und Aussagen untergehen.[8] Dies wird allein dadurch schon weitgehend sichergestellt sein, dass die Offenlegungspflichten **bei Beginn des Gesprächs** zu erfüllen sind. Das bedeutet, dass sie Teil der Eingangssätze sein müssen.[9]

IV. Informationen bei Telefongesprächen (Abs. 2)

1. Beschränkte Informationspflicht (Abs. 2 S. 1). a) Allgemeines. Abs. 2 S. 1 reduziert die Informationspflichten der VVG-InfoV im Übrigen „bei Telefongesprächen ... aus diesem Anlass". Beide Merkmale sind aus sich heraus kaum verständlich.

b) Telefongespräch. Nach dem Zweck der VVG-InfoV ist das Merkmal „bei Telefongesprächen" auf Gespräche einzuschränken, die den Abschluss eines VersVertrages zum Gegenstand haben (s. Rn 2).[10] Die Vorschrift gilt schon dann, wenn das Gespräch nicht in einen Vertragsschluss mündet. Die Begründung setzt einen Vertragsschluss nicht voraus, sondern bezieht Abs. 2 auf jede fernmündliche Kommunikation.[11] Dies entspricht auch der Begründung zu § 48 b Abs. 3 VVG aF, auf den die Begründung zur VVG-InfoV verweist. Dort ist explizit festgehalten, dass die eingeschränkten Informationspflichten rechtzeitig vor Bindung des Interessenten zu erfüllen sind. Eine Ausnahme wird lediglich für den Fall zugelassen, dass der Vertrag auf Verlangen des VN telefonisch geschlossen wird, wie jetzt in § 7 Abs. 1 S. 3 VVG geregelt.[12]

Fraglich ist, ob Abs. 2 S. 2 unabhängig davon gilt, von wem die **Initiative** zu dem Telefongespräch ausgeht. Betrachtet man § 7 Abs. 2 S. 1 Nr. 4 VVG als Ermächtigungsgrundlage, wäre nur der Fall der telefonischen Kontaktaufnahme durch den VR erfasst. Allerdings entspräche dies nach der Begründung nicht dem Zweck der Regelung. Das Informationsbedürfnis des Interessenten hängt nicht davon ab, wer die Initiative zu dem auf den Abschluss eines Vertrages gerichteten Gespräch ergreift. Auch Art. 3 Abs. 3 Richtlinie 2002/65/EG, dessen Umsetzung Abs. 2 dient, sieht keine diesbezügliche Differenzierung vor.[13] Ein Überschreiten der Ermächtigungsgrundlage liegt in diesem Verständnis nicht. § 7 Abs. 2 S. 1 Nr. 4 VVG ist als Ermächtigungsgrundlage mit Abs. 1 erschöpft. Es wird dort nur auf die Situation

---

7 AA Looschelders/Pohlmann/*Pohlmann/Schäfers*, § 5 VVG-InfoV Rn 3; Schwintowski/Brömmelmeyer/*Gansel*, § 5 VVG-InfoV Rn 2 a; Römer/Langheid/*Langheid*, § 6 VVG-InfoV Rn 5; FAKomm-VersR/C. *Schneider/Reuter-Gehrken*, § 5 VVG-InfoV Rn 6.
8 FAKomm-VersR/C. *Schneider/Reuter-Gehrken*, § 5 VVG-InfoV Rn 10.
9 S. auch MüKo-BGB/*Wendehorst*, § 312 c Rn 68; Langheid/Wandt/*Armbrüster*, § 5 VVG-InfoV Rn 7.
10 Langheid/Wandt/*Armbrüster*, § 5 VVG-InfoV Rn 8.
11 Begr., abgedr. in VersR 2008, 186, 191.
12 BT-Drucks. 15/2946, S. 30.
13 Zustimmend auch unter Verweis auf den von Abs. 1 abweichenden Wortlaut Looschelders/Pohlmann/*Pohlmann/Schäfers*, § 5 VVG-InfoV Rn 7.

der Kontaktaufnahme des VR mit dem Interessenten abgestellt. Für Abs. 2 stellt demgegenüber § 7 Abs. 2 S. 1 Nr. 1 VVG die zutreffende Ermächtigung dar.[14]

11 c) **Anlass.** Nach Abs. 2 S. 1 sind die reduzierten Informationen „aus diesem Anlass" mitzuteilen. Welcher Anlass gemeint ist, ist nicht klar. Das Demonstrativpronomen „dieser" weist grammatikalisch auf „Telefongesprächen" hin. Selbst ausgehend davon, dass es sich dabei um ein in Zusammenhang mit einem intendierten Vertragsschluss stehendes Telefongespräch handelt, erscheint der Wortlaut immer noch zu weit geraten. Ist Ergebnis des Telefongesprächs nämlich, dass der Interessent an einem Vertragsschluss letztlich doch nicht interessiert ist, bedarf es der Überlassung der geforderten Informationen ersichtlich nicht. Damit ist das Merkmal „aus diesem Anlass" einzugrenzen auf Gespräche, bei denen sich der Abschluss eines Vertrages vom Interessenten weiterhin zumindest möglicherweise als gewünscht erweist.

12 d) **Informationen.** Die nach Abs. 2 S. 1 mitzuteilenden Informationen leiten sich aus Art. 3 Abs. 3 Richtlinie 2002/65/EG ab. Die Praktikabilität der Regelung ist nicht zweifelsfrei. Greift man etwa lediglich die Information nach § 1 Abs. 1 Nr. 13 über das Widerrufsrecht, die Bedingungen, Einzelheiten der Ausübung, Namen und Anschrift des Erklärungsempfängers, Rechtsfolgen und ggf zu zahlenden Betrag heraus, lässt sich unschwer ahnen, dass die Grenzen der Aufnahmefähigkeit des Interessenten schnell erreicht sein werden.

13 **2. Weitere Informationen und Verzicht (Abs. 2 S. 2).** Abs. 2 S. 2 eröffnet die **reduzierten Informationspflichten** von Abs. 2 S. 1 erst unter weiteren Voraussetzungen. Der VR muss darüber informieren, dass auf Wunsch weitere Informationen mitgeteilt werden können, sowie deren Art skizzieren. Das bedeutet zusätzlich zu den reduzierten Informationen noch zumindest das exemplarische Skizzieren der weiteren Informationen nach §§ 1 und 4, ggf auch noch nach §§ 2 und 3, ohne dass allerdings konkrete Inhalte daraus wiedergegeben werden müssten.[15]

14 Weitere Voraussetzung ist ein ausdrücklicher **Verzicht** des Interessenten auf die Mitteilung weiterer Informationen zu diesem Zeitpunkt. Die Ausdrücklichkeit kann hier sinnvoll nur als Ausschluss des konkludenten Verzichts verstanden werden.[16] Es darf also nicht eine Äußerung des Kunden, die sich inhaltlich nicht unmittelbar zum Verzicht verhält, als Verzicht interpretiert werden. Allerdings wird der Interessent nicht von sich aus den Verzicht erklären müssen, sondern ein „Ja" auf eine entsprechende Frage des Vermittlers muss ausreichen. Das Merkmal „zu diesem Zeitpunkt" schließt aus, dass ein dauernder Verzicht auf die Überlassung der übrigen Informationen erklärt werden kann.[17] Es trägt der Verpflichtung zur unverzüglichen Nachholung der Informationen nach § 7 Abs. 1 S. 3 Hs 1 VVG Rechnung. Diese Verpflichtung könnte durch die Verordnung ohnehin nicht aufgehoben werden, so dass es dieses Merkmals in der Verordnung nicht zwingend bedarf.

V. Verhältnis zu §§ 1–4 (Abs. 3)

15 Abs. 3 ist mit seiner Aussage, dass die Informationspflichten der §§ 1–4 unberührt bleiben, seiner Natur nach eine Konkurrenznorm. Auch diese Regelung erschließt sich nur schwer. In der Begründung wird sie als Klarstellung dahin charakterisiert, dass der VR die Informationspflichten „grundsätzlich" vor Abgabe der Vertragserklärung zu erfüllen habe. Weiter weist die Begründung auf den Ausnahmetatbe-

---

14 AA Looschelders/Pohlmann/*Pohlmann*/*Schäfers*, § 5 VVG-InfoV Rn 9.
15 Ähnl. Looschelders/Pohlmann/*Pohlmann*/*Schäfers*, § 5 VVG-InfoV Rn 11.
16 Looschelders/Pohlmann/*Pohlmann*/*Schäfers*, § 5 VVG-InfoV Rn 12; Schwintowski/Brömmelmeyer/*Gansel*, § 5 VVG-InfoV Rn 7.
17 Langheid/Wandt/*Armbrüster*, § 5 VVG-InfoV Rn 10.

stand des Vertragsschlusses nach § 7 Abs. 1 S. 3 VVG hin mit der Bemerkung, der Erwähnung dieser Ausnahme bedürfe es in der Verordnung nicht.[18] Damit kommt der Regelung jedenfalls kein eigenständiger Gehalt zu.

§ 6 Informationspflichten während der Laufzeit des Vertrages

(1) Der Versicherer hat dem Versicherungsnehmer während der Laufzeit des Versicherungsvertrages folgende Informationen mitzuteilen:
1. jede Änderung der Identität oder der ladungsfähigen Anschrift des Versicherers und der etwaigen Niederlassung, über die der Vertrag abgeschlossen worden ist;
2. Änderungen bei den Angaben nach § 1 Abs. 1 Nr. 6 Buchstabe b, Nr. 7 bis 9 und 14 sowie nach § 2 Abs. 1 Nr. 3 bis 7, sofern sie sich aus Änderungen von Rechtsvorschriften ergeben;
3. soweit nach dem Vertrag eine Überschussbeteiligung vorgesehen ist, alljährlich eine Information über den Stand der Überschussbeteiligung sowie Informationen darüber, inwieweit diese Überschussbeteiligung garantiert ist; dies gilt nicht für die Krankenversicherung.

(2) ¹Bei der substitutiven Krankenversicherung nach *§ 12 Abs. 1 des Versicherungsaufsichtsgesetzes*[1] hat der Versicherer bei jeder Prämienerhöhung unter Beifügung des Textes der gesetzlichen Regelung auf die Möglichkeit des Tarifwechsels (Umstufung) gemäß § 204 des Versicherungsvertragsgesetzes hinzuweisen. ²Bei Versicherten, die das 60. Lebensjahr vollendet haben, ist dem Versicherungsnehmer auf Tarife, die einen gleichartigen Versicherungsschutz wie die bisher vereinbarten Tarife bieten und bei denen eine Umstufung zu einer Prämienreduzierung führen würde, hinzuweisen. ³Der Hinweis muss solche Tarife enthalten, die bei verständiger Würdigung der Interessen des Versicherungsnehmers für eine Umstufung besonders in Betracht kommen. ⁴Zu den in Satz 2 genannten Tarifen zählen jedenfalls diejenigen Tarife mit Ausnahme des Basistarifs, die jeweils im abgelaufenen Geschäftsjahr den höchsten Neuzugang, gemessen an der Zahl der versicherten Personen, zu verzeichnen hatten. ⁵Insgesamt dürfen nicht mehr als zehn Tarife genannt werden. ⁶Dabei ist jeweils anzugeben, welche Prämien für die versicherten Personen im Falle eines Wechsels in den jeweiligen Tarif zu zahlen wären. ⁷Darüber hinaus ist auf die Möglichkeit eines Wechsels in den Standardtarif oder Basistarif hinzuweisen. ⁸Dabei sind die Voraussetzungen des Wechsels in den Standardtarif oder Basistarif, die in diesem Falle zu entrichtende Prämie sowie die Möglichkeit einer Prämienminderung im Basistarif gemäß *§ 12 Abs. 1 c des Versicherungsaufsichtsgesetzes*[2] mitzuteilen. ⁹Auf Anfrage ist dem Versicherungsnehmer

---

18 Begr., abgedr. in VersR 2008, 186, 191.
1 *Kursive Hervorhebung:* Fassung bis 31.12.2015. – **Fassung ab 1.1.2016:** „*§ 146 Absatz 1 des Versicherungsaufsichtsgesetzes*". – Siehe Art. 2 Abs. 50 Nr. 2 Buchst. a) des Gesetzes zur Modernisierung der Finanzaufsicht über Versicherungen vom 1.4.2015 (BGBl. I S. 434, 560). Zum Inkrafttreten s. Art. 3 Abs. 1 S. 1.
2 *Kursive Hervorhebung:* Fassung bis 31.12.2015. – **Fassung ab 1.1.2016:** „*§ 152 Absatz 4 des Versicherungsaufsichtsgesetzes*". – Siehe Art. 2 Abs. 50 Nr. 2 Buchst. b) des Gesetzes zur Modernisierung der Finanzaufsicht über Versicherungen vom 1.4.2015 (BGBl. I S. 434, 560). Zum Inkrafttreten s. vorige Fn.

der Übertragungswert gemäß *§ 12 Abs. 1 Nr. 5 des Versicherungsaufsichtsgesetzes*[3] anzugeben; ab dem 1. Januar 2013 ist der Übertragungswert jährlich mitzuteilen.

I. Allgemeines

1 Ermächtigungsgrundlage für die laufenden Informationspflichten ist § 7 Abs. 3 VVG.[1]

II. Allgemeine Informationspflichten (Abs. 1)

2 1. **Änderung von Identität und Anschrift (Abs. 1 Nr. 1).** Die Regelung korreliert mit den vor Abschluss des Vertrages nach § 1 Abs. 1 Nr. 1–3 zu erteilenden Informationen. Fraglich ist hier der Zeitpunkt, zu dem die Informationen über die Änderung zu erteilen sind. Die Kommentierung des damaligen BAV zur Vorgängerregelung verlangte eine unverzügliche Information, spätestens zum Wirksamwerden der Änderung.[2] Für die Änderung der Anschrift wird dies möglich sein, weil sie idR mit entsprechendem Vorlauf verbunden ist. Bei der Änderung der Identität wird der VR die Eintragung in das entsprechende Register nicht nur abwarten dürfen, sondern müssen.[3] Die Eintragung ist, jedenfalls im Geltungsbereich des HGB nach dessen § 8 a Abs. 1, konstitutiv. Erst mit der Eintragung steht demgemäß eine entsprechende Änderung fest. Den Zeitpunkt kann der VR nur begrenzt steuern, insb. bei einer Umfirmierung, zumal sie als Satzungsänderung nach § 13 Abs. 1 iVm § 5 Abs. 3 Nr. 1 VAG zusätzlich der vorgängigen Genehmigung der BaFin bedarf. Würde der VR spätestens zum Wirksamwerden informieren müssen, wäre die Absendung der Information schon vor Eintragung der Änderung ins Handelsregister erforderlich. Käme es doch nicht zur Eintragung, etwa weil sich die Genehmigung einer Bestandsübertragung nach § 14 VAG verzögert, so würde die vorherige Information mehr Verwirrung stiften als Klarheit herbeiführen. Daher ist in dem Fall frühestens unverzüglich nach Wirksamwerden der Änderung zu unterrichten.[4]

3 2. **Sonstige Änderungen (Abs. 1 Nr. 2).** Sämtliche der in Abs. 1 Nr. 2 aufgeführten Änderungen, die eine Informationspflicht nach sich ziehen, setzen voraus, dass sie sich aus **Änderungen von Rechtsvorschriften** ergeben. Die praktische Bedeutung dürfte begrenzt bleiben, da die Regelung eine Änderung voraussetzt, die in laufende Verträge eingreift.[5] Dies dürfte nur selten vorkommen.[6] Regelfall des Anwendungsbereichs werden eher **Änderungen des VAG** sein.[7] Ein Beispiel könnte etwa die Ergänzung von § 56 a Abs. 3 VAG um Satz 3 zum 1.1.2008 sein.[8] Sachlich ist die Informationspflicht auf den Katalog der Gegenstände vorvertraglicher Informationen beschränkt, auf die Abs. 1 Nr. 2 verweist. Die Einführung eines sog. Sicherungsbedarfs in § 56 a VAG durch das LVRG[9] löst nicht zwingend eine Infor-

---

3 *Kursive Hervorhebung:* Fassung bis 31.12.2015. – **Fassung ab 1.1.2016:** „*§ 146 Absatz 1 Nummer 5 des Versicherungsaufsichtsgesetzes*". – Siehe Art. 2 Abs. 50 Nr. 2 Buchst. c) des Gesetzes zur Modernisierung der Finanzaufsicht über Versicherungen vom 1.4.2015 (BGBl. I S. 434, 560). Zum Inkrafttreten s. vorige Fn.
1 Looschelders/Pohlmann/*Pohlmann/Schäfers*, § 6 VVG-InfoV Rn 1.
2 VerBAV 1995, 283, 286.
3 FAKomm-VersR/C. *Schneider/Reuter-Gehrken*, § 6 VVG-InfoV Rn 3.
4 Looschelders/Pohlmann/*Pohlmann/Schäfers*, § 6 VVG-InfoV Rn 2.
5 FAKomm-VersR/C. *Schneider/Reuter-Gehrken*, § 6 VVG-InfoV Rn 3.
6 Looschelders/Pohlmann/*Pohlmann/Schäfers*, § 6 VVG-InfoV Rn 3; Schwintowski/Brömmelmeyer/*Gansel*, § 6 VVG-InfoV Rn 3.
7 Langheid/Wandt/*Armbrüster*, § 6 VVG-InfoV Rn 3; Looschelders/Pohlmann/*Pohlmann/Schäfers*, § 6 VVG-InfoV Rn 3.
8 BGBl. I 2007, S. 3250; seit 9.4.2014: § 56 b VAG, s. Art. 6 Nr. 6 des SEPA-Begleitgesetzes vom 3.4.2013 (BGBl. I S. 610, 614).
9 Art. 1 Nr. 3 des Lebensversicherungsreformgesetzes vom 1.8.2014 (BGBl. I S. 1330).

mationspflicht aus. Dadurch ändern sich nicht die Berechnungsgrundsätze und Maßstäbe für die Überschussermittlung im Vergleich zu erteilten Informationen. An den Bewertungsreserven ist weiterhin zu beteiligen. Es ändert sich uU der Umfang der Einbeziehung der Anlageklassen Festverzinsliche und Zinsabsicherungsgeschäfte in die Ermittlung der auszuschüttenden Bewertungsreserven. Anders stellt sich dies dar, wenn in den vorvertraglichen Informationen zu den Bewertungsreserven ausdrücklich im Zusammenhang mit der Beteiligung an den Bewertungsreserven – auch – die Anlageklasse Anleihen erwähnt worden ist.

Grundsätzlich erscheint die Information unverzüglich nach Verkündung des Änderungsgesetzes sachgerecht.[10] Allerdings werden Zweckmäßigkeit und Kosten mitberücksichtigt werden dürfen.[11] Ist etwa absehbar, dass innerhalb kurzer Zeit mehrmals zu informieren ist, so wird es nicht zu beanstanden sein, wenn der VR über alle Änderungen erst mit Inkrafttreten der spätesten informiert.[12]   4

In allen Fällen von Information aufgrund gesetzlicher Änderungen ist der Zeitpunkt des **Inkrafttretens** der Änderung mit anzugeben, da er für das Verständnis und die Bewertung durch den VN essentiell ist. Das damalige BAV ist für die Vorgängerregelung davon ausgegangen, dass die Information nach Abs. 1 Nr. 2 durch eine Gegenüberstellung von alter und neuer Regelung erfolgen sollte.[13] Hierfür findet sich im Text der Regelung keine Grundlage. Maßstab sollte allein die Transparenz sein.[14] Je nach Inhalt der Änderung kann sie auch – ggf sogar besser – gewahrt sein, wenn die alte Regelung verbal beschrieben und nur die neue im Wortlaut wiedergegeben wird.[15]   5

3. Information über die Überschussbeteiligung (Abs. 1 Nr. 3). a) Allgemeines. Abs. 1 Nr. 3 verlangt eine jährliche Information über den Stand der Überschussbeteiligung und den Umfang ihrer Garantie. Für die Lebensversicherung ergibt sich diese Verpflichtung unmittelbar aus § 155 Abs. 1 S. 1 VVG. Die Information hat **jährlich** zu erfolgen. Ein konkreter Zeitpunkt ist nicht vorgeschrieben. Bei Verrechnung der Überschüsse mit den Beiträgen wird man sie rechtzeitig vor dem Feststehen der Höhe des neuen Zahlbetrags erwarten müssen, damit der VN sich darauf einstellen kann. Bei Zuteilung der Überschüsse wird man dem VR größere Freiheit einräumen können, da sie nicht in der Weise Dispositionen des VN nach sich zieht wie ein Einfluss der Überschüsse auf die Höhe der Beitragszahlung. Eine zum Zuteilungszeitpunkt zeitnahe Information ist aber dennoch geboten.[16] In der Lebensversicherung ist eine Aussage über den Stand der Bewertungsreserven gem. § 153 Abs. 3 VVG ebenfalls erforderlich, da diese nach § 153 Abs. 1 VVG Teil der Überschussbeteiligung sind.[17] Unklar ist, ob auch über die konkrete Höhe zu informieren ist. Zwingend erscheint dies nicht. Die Information kann sich immer nur auf einen in der Vergangenheit liegenden Stichtag beziehen. Bei der Volatilität von Bewertungsreserven empfiehlt sich dann in jedem Fall auch ein Hinweis darauf, dass sich die Bewertungsreserven bei Auszahlung gänzlich anders darstellen können. Teilweise wird vertreten, über Schlussüberschussanteile sei nicht zu informieren, da sie bis zum vollständigen Entfallen gekürzt werden und dadurch falsche   6

---

10 So auch VerBAV 1995, 283.
11 FAKomm-VersR/*C. Schneider/Reuter-Gehrken*, § 6 VVG-InfoV Rn 5.
12 Ähnl. Langheid/Wandt/*Armbrüster*, § 6 VVG-InfoV Rn 5.
13 VerBAV 1995, 283, 287; ebenso Looschelders/Pohlmann/*Pohlmann/Schäfers*, § 6 VVG-InfoV Rn 5; Prölss/Martin/*Knappmann*, § 6 VVG-InfoV Rn 3.
14 Langheid/Wandt/*Armbrüster*, § 6 VVG-InfoV Rn 6.
15 S. hierzu auch FAKomm-VersR/*C. Schneider/Reuter-Gehrken*, § 6 VVG-InfoV Rn 6.
16 Looschelders/Pohlmann/*Pohlmann/Schäfers*, § 6 VVG-InfoV Rn 10.
17 S. zur jährlichen Information hierüber auch BT-Drucks. 16/3945, S. 96.

Erwartungen entstehen könnten.[18] Mit demselben Argument wäre erst recht über Bewertungsreserven nicht zu informieren. Auch die Schlussüberschüsse sind Teil der Überschussbeteiligung; daher ist darüber zu informieren. Es ist eine Frage der Transparenz, ob dem VN deren Entfallen ausreichend deutlich wird. Bleibt die laufende Überschussbeteiligung unverändert und geht man davon aus, dass über die Höhe der Bewertungsreserven nicht zu informieren ist, so wird man dennoch von einer Informationspflicht ausgehen müssen. Andernfalls bestünde die Gefahr, dass uU jahrelang nicht informiert wird.[19]

Mit dem LVRG[20] wurde eine ergänzende Information für die jährliche Mitteilung nach Nr. 3 vorgeschrieben. Nach § 11 Abs. 1 MindZV sind die Höhe der Erträge und die Beteiligung der VN hieran nach einer Anlage zu § 11 MindZV elektronisch zu veröffentlichen. Nach § 11 Abs. 2 MindZV sind die VN auf diese Veröffentlichung mit Fundstelle in der jährlichen Mitteilung hinzuweisen. § 12 S. 2 MindZV verlangt die erstmalige Anwendung für nach dem 31.12.2013 beginnende Geschäftsjahre. Endet das Geschäftsjahr eines VR also am 31.12., so ist erstmals für das Geschäftsjahr 2014 auf die Information hinzuweisen. Nach § 11 Abs. 1 MindZV muss die Information spätestens 9 Monate nach Schluss des Geschäftsjahres veröffentlicht sein. Schöpft ein VU mit Schluss des Geschäftsjahres am 31.12. die Frist also aus, so ist erstmals mit den nach dem 30.9.2015 versandten Informationen auf die elektronische Veröffentlichung hinzuweisen.

7 **b) Unfallversicherung mit Prämienrückgewähr.** Nach Wortlaut und Systematik gilt die jährliche Informationspflicht auch für die Unfallversicherung mit Prämienrückgewähr mit Überschussbeteiligung. Eingangsvoraussetzung für Abs. 1 Nr. 3 ist das Merkmal „soweit nach dem Vertrag eine Überschussbeteiligung vorgesehen ist". Weiter sieht Abs. 1 Nr. 3 Hs 2 eine Ausnahme nur für die Krankenversicherung vor, nicht für die Unfallversicherung mit Prämienrückgewähr. Mittelbar lässt sich dies auch der Begründung zu Abs. 1 Nr. 3 entnehmen. Dort wird erläutert, dass die Regelung inhaltlich Anlage D Abschnitt II Nr. 3 zu § 10 a VAG aF entspreche.[21] Dort ist die Unfallversicherung mit Prämienrückgewähr ausdrücklich mit einbezogen.

8 Zweifelhaft ist allerdings die **Ermächtigungsgrundlage**. In Betracht kommt nur § 7 Abs. 3 VVG. Dessen Hs 1 enthält die generelle Ermächtigung zur Anordnung von Informationspflichten während der Laufzeit; für sich genommen würde die Regelung wohl zur Anordnung von laufenden Informationen über die Überschussbeteiligung in der Unfallversicherung mit Prämienrückgewähr berechtigen. Allerdings greift Hs 2 mehrere konkrete Sachverhalte heraus, zu denen die Verordnung „insbesondere" Regelungen vorsehen darf. Einer der Tatbestände ist die Überschussbeteiligung, jedoch nur für die Lebensversicherung. Entscheidend ist demnach, ob die Einleitung der besonderen Sachverhalte mit „insbesondere" dazu führt, dass der Aufzählung auch im Hinblick auf die konkret angesprochenen Sachverhalte kein abschließender Charakter zukommt, oder ob die Nennung konkreter Sachverhalte insoweit Sperrwirkung entfaltet. Es liegt nahe, von einer Sperrwirkung auszugehen. Zum einen erscheint die Erwähnung der Überschussbeteiligung im Zusammenhang nur mit der Lebensversicherung als spezielle Regelung, die den diesbezüglichen Rückgriff auf die allgemeine Aussage von § 7 Abs. 3 Hs 1 VVG verwehrt. Zum andern wäre die Vereinbarkeit der Ermächtigung auch für die Unfallversicherung mit Prämienrückgewähr mit dem Bestimmtheitsgrundsatz des Art. 80

---

18 Langheid/Wandt/*Armbrüster*, § 6 VVG-InfoV Rn 12; Looschelders/Pohlmann/*Pohlmann/Schäfers*, § 6 VVG-InfoV Rn 9; Schwintowski/Brömmelmeyer/*Gansel*, § 6 VVG-InfoV Rn 5.
19 Ähnl. Looschelders/Pohlmann/*Pohlmann/Schäfers*, § 6 VVG-InfoV Rn 11.
20 BGBl. I S. 1330.
21 Begr., abgedr. in VersR 2008, 186, 191.

Abs. 1 S. 2 GG außerordentlich fraglich. Im Ergebnis gelten damit die Informationspflichten nach Abs. 1 Nr. 3 nicht für die Unfallversicherung mit Prämienrückgewähr.[22] Freilich sind die Unternehmen nicht gehindert, sich dennoch daran zu orientieren. Aus Gründen der Kundenbindung kann dies auch ratsam sein.

c) **Berufsunfähigkeitsversicherung mit Beitragsrückgewähr.** In der Berufsunfähigkeitsversicherung mit Beitragsrückgewähr ist nach § 176 VVG iVm § 155 Abs. 1 S. 1 VVG jährlich über die Überschussbeteiligung zu informieren. Daher ist unerheblich, ob die vorliegende Regelung für solche Verträge gilt.[23]   9

III. Informationspflichten in der Krankenversicherung (Abs. 2)

Abs. 2 normiert besondere laufende Informationspflichten für die substitutive Krankenversicherung. Auslösendes Moment ist dabei eine **Prämienerhöhung**. Bleibt die Prämie gleich oder sinkt sie sogar, so besteht die Informationspflicht nicht. Gegenstand ist ein Hinweis auf das **Umstufungsrecht** nach § 204 VVG (S. 1). Die Regelung des S. 2 sieht für Versicherte, die das 60. Lebensjahr vollendet haben, einen zusätzlichen Hinweis auf Tarife mit gleichartigem Versicherungsschutz wie der bisherige vor, wenn die Umstufung zu einer Reduzierung der Prämie führen würde. Gleichartigkeit ist dabei weit zu verstehen.[24] Es soll sichergestellt werden, dass dem Versicherten mehrere auf seine Situation passende Tarife angeboten werden.[25] Dabei sind nach S. 4 die neuzugangsstärksten Tarife anzugeben, wobei der Basistarif nicht einzubeziehen ist. Maßstab ist die Zahl der versicherten Personen. Nach S. 6 sind die konkreten Prämien anzugeben. S. 7 verlangt die weitergehende Information über die Voraussetzungen für den Wechsel in den Standard- oder Basistarif einschließlich deren Prämien. Für den Standardtarif gilt dies nur gegenüber Versicherten, für die er in Betracht kommt.[26] Seit dem 1.1.2013 ist nach S. 9 Hs 2 auch der Übertragungswert nach § 12 Abs. 1 Nr. 5 VAG jährlich mitzuteilen.   10

§ 7 Übergangsvorschrift; Inkrafttreten

(1) Der Versicherer kann die in dieser Verordnung bestimmten Informationspflichten bis zum 30. Juni 2008 auch dadurch erfüllen, dass er nach den Vorgaben des bis zum 31. Dezember 2007 geltenden Rechts informiert.

(2) § 2 Abs. 1 Nr. 1 und 2 und Abs. 2, § 3 Abs. 1 Nr. 1 und 2 und Abs. 2 sowie § 4 treten am 1. Juli 2008 in Kraft. Im Übrigen tritt diese Verordnung am 1. Januar 2008 in Kraft.

I. Normzweck

§ 7 regelt das Inkrafttreten der VVG-InfoV grds. zum 1.1.2008, macht aber für den Kostenausweis und das Produktinformationsblatt eine Ausnahme. Wegen der Veröffentlichung im Bundesgesetzblatt erst am 21.12.2007 wurde darüber hinaus einer Übergangsregelung geschaffen, um den Unternehmen angesichts dieser kurzen Frist ein VVG-konformes Verhalten zu ermöglichen.   1

---

22 AA Looschelders/Pohlmann/*Pohlmann*/*Schäfers*, § 6 VVG-InfoV Rn 8; Langheid/Wandt/*Armbrüster*, § 6 VVG-InfoV Rn 10; Schwintowski/Brömmelmeyer/*Gansel*, § 6 VVG-InfoV Rn 4; Römer/Langheid/*Langheid*, § 6 VVG-InfoV Rn 7.
23 S. Looschelders/Pohlmann/*Schäfers*, § 6 VVG-InfoV Rn 8.
24 Begr., abgedr. in VersR 2008, 186, 191; Langheid/Wandt/*Armbrüster*, § 6 VVG-InfoV Rn 19.
25 Begr., abgedr. in VersR 2008, 186, 191.
26 Langheid/Wandt/*Armbrüster*, § 6 VVG-InfoV Rn 19; näher § 19 MB/KK 2009.

II. Systematik

2 Abs. 1 enthält die Übergangsregelung. Danach konnten die Anforderungen der Verordnung bis zum 30.6.2008 auch mit den bis zum 31.12.2007 verbindlichen Informationen erfüllt werden. Abs. 2 S. 1 beschreibt Ausnahmen vom Grundsatz des Inkrafttretens am 1.1.2008.

III. Übergangsregelung (Abs. 1)

3 **1. Fiktion.** Als **Übergangsregelung** sieht die Verordnung eine Fiktion vor.[1] Mit Aushändigung der bis zum 31.12.2007 geltenden Informationen wurden die Anforderungen der VVG-InfoV erfüllt. Diese Fiktion galt bis zum 30.6.2008. Allerdings wird dies nicht überall ohne Friktionen der Fall gewesen sein können. So entspricht etwa die Information über das Widerspruchsrecht nach § 5a VVG aF nicht dem seit 1.1.2008 geltenden Widerrufsrecht. Der VN hätte dann zum einen die Voraussetzungen für die Ausübung des bisherigen Widerspruchsrechts erhalten, zum andern hätte der VR ihm aber nach § 8 Abs. 1 S. 1 Nr. 2 VVG auch die Belehrung über das neue Widerrufsrecht zur Verfügung stellen müssen.[2] Die Beschränkung auf die bis zum 31.12.2007 geltende Verbraucherinformation würde daher den Beginn der Frist für das Widerrufsrecht nach § 8 Abs. 2 S. 1 VVG nicht in Gang setzen können, da ihm widersprechende Aussagen vorlägen.

4 Der Zeitpunkt der Übergabe der Informationen wird durch die Fiktion in Abs. 1 nicht geändert. Eine Fortführung des Policenmodells war dadurch nicht ermöglicht.[3] Die Informationen waren auch während der Übergangsfrist vor Abgabe der Vertragserklärung zu übergeben. Den Zeitpunkt für diese gesetzliche Vorgabe konnte der Verordnungsgeber nicht hinausschieben. Hierfür hätte ihm die Ermächtigung gefehlt.

5 **2. Abgrenzungsfragen.** Die Übergangsfrist gilt für alle Verträge, bei denen die Vertragserklärung des Interessenten spätestens am 30.6.2008 abgegeben worden ist. Die Informationspflichten waren nach § 7 Abs. 1 VVG vor diesem Ereignis zu erfüllen. Für jede Vertragserklärung, die bis zum letzten Tag der Übergangsfrist abgegeben worden ist, hat die Übergangsregelung damit Gültigkeit.[4]

6 Hat der Interessent spätestens am 30.6.2008 die Vertragserklärung abgegeben, ist sie aber nur mit Prämienzuschlag oder sonstigen Abweichungen vom Antrag policiert worden, waren mit der Information über die Abweichung vom Antrag die Informationspflichten nach VVG-InfoV nicht notwendigerweise zu erfüllen. Wurde von § 5 VVG Gebrauch gemacht, blieb es bei der Abgabe der Vertragserklärung vor dem 1.7.2008. Bis dahin galt die Fiktion von Abs. 1.

IV. Inkrafttreten (Abs. 2)

7 Abs. 2 S. 2 legt das **Inkrafttreten** der Verordnung am 1.1.2008 fest. Abs. 2 S. 1 eröffnet für den Kostenausweis sowie das Produktinformationsblatt die Ausnahme, nämlich Inkrafttreten erst am 1.7.2008. Es stand den Unternehmen selbstverständlich frei, schon vor diesem Datum über die Kosten zu informieren und ein Produktinformationsblatt auszuhändigen. In diesen Fällen bestand aber keine Verpflichtung, die inhaltlichen Maßgaben von § 2 und § 4 einzuhalten.

---

1 FAKomm-VersR/C. *Schneider/Reuter-Gehrken*, § 7 VVG-InfoV Rn 1.
2 FAKomm-VersR/C. *Schneider/Reuter-Gehrken*, § 7 VVG-InfoV Rn 2.
3 Ebenso *Franz*, VersR 2008, 298, 301.
4 Langheid/Wandt/*Armbrüster*, § 7 VVG-InfoV Rn 4; Römer/Langheid/*Langheid*, § 7 VVG-InfoV Rn 3.

Gesetz über die Zertifizierung von Altersvorsorge- und Basisrentenverträgen (Altersvorsorgeverträge-Zertifizierungsgesetz – AltZertG)

Vom 26.6.2001 (BGBl. I S. 1310, 1322)

zuletzt geändert durch Art. 2 Abs. 8 des Gesetzes zur Modernisierung der Finanzaufsicht über Versicherungen vom 1.4.2015 (BGBl. I S. 434, 560)

– Auszug –

§ 2a Kostenstruktur

¹Ein Altersvorsorgevertrag oder ein Basisrentenvertrag darf ausschließlich die nachfolgend genannten Kostenarten vorsehen:

1. Abschluss- und Vertriebskosten sowie Verwaltungskosten nebeneinander in den folgenden Formen:
   a) als jährlich oder monatlich anfallende Kosten in Euro;
   b) als Prozentsatz des gebildeten Kapitals;
   c) als Prozentsatz der vereinbarten Bausparsumme oder des vereinbarten Darlehensbetrags;
   d) als Prozentsatz der eingezahlten oder vereinbarten Beiträge oder Tilgungsleistungen;
   e) als Prozentsatz des Stands des Wohnförderkontos;
   f) ab Beginn der Auszahlungsphase als Prozentsatz der gezahlten Leistung;
2. folgende anlassbezogene Kosten:
   a) für eine Vertragskündigung mit Vertragswechsel oder Auszahlung;
   b) für eine Verwendung des gebildeten Kapitals im Sinne des § 92a des Einkommensteuergesetzes;
   c) für Aufgaben im Zusammenhang mit dem Versorgungsausgleich des Vertragspartners.

²§ 125 des Investmentgesetzes ist für Altersvorsorgeverträge nicht anzuwenden.

I. Normzweck	1	a) Als jährlich oder monatlich anfallende Kosten in Euro (Buchst. a)	12
II. Regelungsgehalt	2	b) Als Prozentsatz des gebildeten Kapitals (Buchst. b)	13
III. Abschluss- und Vertriebskosten sowie Verwaltungskosten nebeneinander (Nr. 1)	6	c) Als Prozentsatz der vereinbarten Bausparsumme oder des vereinbarten Darlehensbetrags (Buchst. c)	15
1. Begriffsbildung	6		
a) Allgemeines	6		
b) Fondskosten als Verwaltungskosten	7		
2. Verteilung der Kosten	8	d) Als Prozentsatz der eingezahlten oder vereinbarten Beiträge oder Tilgungsleistungen (Buchst. d)	16
a) Abschluss- und Vertriebskosten	8		
b) Verwaltungskosten	10		
3. Nebeneinander der Kostenformen	11	e) Als Prozentsatz des Stands des Wohnförderkontos (Buchst. f)	21
4. Einzelheiten zu den Kostenformen	12		

f) Ab Beginn der Auszahlungsphase als Prozentsatz der gezahlten Leistung (Buchst. f) 22	b) Für eine Verwendung des gebildeten Kapitals iSd § 92 EStG (Buchst. b)..... 26
IV. Anlassbezogene Kosten (Nr. 2) ... 23	c) Für Aufgaben im Zusammenhang mit dem Versorgungsausgleich des Vertragspartners (Buchst. c).. 27
1. Allgemeines................... 23	
2. Einzelheiten zu den anlassbezogenen Kosten............... 25	
a) Für eine Vertragskündigung mit Vertragswechsel oder Auszahlung (Buchst. a) 25	V. Unanwendbarkeit von § 125 InvG (S. 2) 28
	VI. Übergangsregelung 29

I. Normzweck

1 Normzweck ist die **Regulierung der Kostenstruktur**, die bei zertifizierten Verträgen in Ansatz gebracht werden darf. Dadurch soll die Vergleichbarkeit der unterschiedlichen Produkte erleichtert und die Auswahl des günstigsten Anbieters ermöglicht werden.[1] Die Regelung erfasst **Altersvorsorge- und Basisrentenverträge**.

II. Regelungsgehalt

2 Die Regelung enthält zwei unterschiedliche Tatbestände. **S. 1 Nr. 1** macht Vorgaben für Abschluss- und Vertriebskosten sowie Verwaltungskosten, **S. 1 Nr. 2** für sog. anlassbezogene Kosten. Oberbegriff für beide ist nach der gesetzlichen Terminologie „Kostenart".

3 S. 1 Nr. 1 Buchst. f) trifft explizit eine Aussage zu Kosten ab Beginn der Auszahlungsphase. Der Umkehrschluss, dass die Buchst. a)–e) für die Auszahlungsphase nicht gelten, ist aber nicht zutreffend. Vielmehr ist die Regelung so zu lesen, dass Buchst. f) für die Ansparphase nicht gilt, die anderen Positionen aber sowohl für Anspar- als auch für Auszahlungsphase zulässig sind.[2] Begründen lässt sich dies damit, dass anderenfalls Buchst. f) das Wort „ausschließlich" enthalten müsste.

4 Des Weiteren soll die **Kostenstruktur**, nicht die Höhe der Kosten geregelt werden. Gerade bei Letzterer soll der Wettbewerb stattfinden. Daher ist lediglich die Kostenstruktur Gegenstand des Zertifizierungsverfahrens, nicht die Kostenhöhe.[3] Eine Änderung der Kostenstruktur bedarf einer neuen Zertifizierung.[4] Ändert sich nur die Kostenhöhe, bedarf es weder einer neuen Zertifizierung noch einer Änderungsanzeige. Dem AltZertG liegt die Vorstellung zugrunde, dass Kostenarten und -höhe der Vereinbarung mit dem Anleger bedürfen. Dies kommt deutlich in § 7 c S. 7 zum Ausdruck (s. § 7 c Rn 10). Beides ist im Produktinformationsblatt anzugeben (s. § 7 Abs. 1 S. 2 Nr. 9). Für Haupt- und Zusatzversicherungen können unterschiedliche Kostenstrukturen vereinbart werden.[5]

5 Andere als die in Nr. 1 und 2 aufgeführten Kostenarten sind nicht zulässig („ausschließlich", s. **S. 1 Einleitungssatz**).

III. Abschluss- und Vertriebskosten sowie Verwaltungskosten nebeneinander (Nr. 1)

6 **1. Begriffsbildung. a) Allgemeines.** Nr. 1 enthält für **Abschluss- und Vertriebskosten** (im Folgenden: „Abschlusskosten") sowie für **Verwaltungskosten** sechs Kos-

---

1 BT-Drucks. 17/10818, S. 23.
2 Ebenso BZSt Kommentierung (Stand 24.6.2013), § 2 a Rn 5.
3 BZSt Kommentierung (Stand 24.6.2013), § 2 a Rn 4.
4 BZSt Kommentierung (Stand 24.6.2013), § 2 a Rn 4.
5 BZSt Kommentierung (Stand 24.6.2013), § 2 a Rn 6.

tenformen. Weder Abschluss- und Vertriebskosten noch Verwaltungskosten sind gesetzlich **definiert**. Allerdings lässt sich hier auf die Ausfüllung der Begriffe „Abschlussaufwendungen" und „Verwaltungsaufwendungen" in § 43 Abs. 2 bzw 3 RechVersV zurückgreifen.[6]

b) Fondskosten als Verwaltungskosten. Das BZSt zählt auch die Fondskosten zu den Verwaltungskosten, die ein VR im Katalog von Nr. 1 unterzubringen habe.[7] Der Wortlaut des Gesetzes zwingt dazu nicht, er schweigt sich hierzu aus. Die Gesetzesbegründung nimmt insoweit beispielhaft „Ausgabeaufschläge und Transaktionskosten" in Bezug.[8] Damit dürfte sich die Position des BZSt jedenfalls begründen lassen.[9] Allerdings zwingt sie VR als Anbieter dazu, diese ihrem Einflussbereich und ihrer Kalkulation entzogenen Kosten in einen der Tatbestände von Buchst. a)–e) zu transformieren. Buchst. f) dürfte nicht in Frage kommen, da reine fondsgebundene Verrentungen nicht mit den Anforderungen an die Stetigkeit der Zahlungen aus § 1 Abs. 1 S. 1 Nr. 4 Buchst. a) bzw § 10 Abs. 1 Nr. 2 Buchst. b) EStG in Einklang zu bringen sein werden. Nach der Begründung hat der Gesetzgeber dabei die Vorstellung, dass der Anbieter die transformierten Fondskosten, deren Entwicklung er nicht kennt, in irgendeiner Weise schätzt. Dies könne sich zugunsten oder zulasten des Anlegers auswirken.[10] Das BZSt geht darüber hinaus und erwartet, dass ein Sicherheitspuffer einkalkuliert werde.[11] Vor dem Hintergrund des Gebots ausreichender Kalkulation nach § 11 Abs. 1 S. 1 VAG ist dies aufsichtsrechtlich zwingend. An Grenzen der Praktikabilität stößt es allerdings dann, wenn Fondsanbieter die Kosten über deren Transformation durch den VR in den Katalog von Buchst. a)–e) hinaus erhöhen. Hier bleibt dann nur der schwerfällige Weg über § 7c (s. § 7c Rn 5). Die Vergleichbarkeit der Kosten wird dadurch allerdings nicht ermöglicht. Hat ein VR nur einen geringen Puffer einkalkuliert, unterliegt er einem höheren Risiko der Anpassung über § 7c als ein VR mit einem höheren Puffer. Der Puffer wird aus den vorvertraglichen Informationen nicht erkennbar. Das Wechselrecht nach § 1 Abs. 1 S. 1 Nr. 10 Buchst. b) stellt kein ausreichendes Korrektiv dar, weil sich die Beitragsgarantie des neuen Anbieters nicht auf die bis zum Wechsel eingezahlten Beiträge, sondern nur auf das übertragene Kapital erstreckt und darüber hinaus erneut Abschlusskosten für den neuen Vertrag anfallen (können).[12] Möglicherweise haben sich auch andere Kalkulationsgrundlagen, wie insb. Rechnungszins und Sterbetafel, verschlechtert.

2. Verteilung der Kosten. a) Abschluss- und Vertriebskosten. Im Hinblick auf die Abschlusskosten bei **Altersvorsorgeverträgen** ist § 1 Abs. 1 S. 1 Nr. 8 weiterhin zu beachten. Sie sind danach **gleichmäßig über mindestens fünf Jahre** zu verteilen, soweit sie nicht als Prozentsatz von den Beiträgen und Zulagen abgezogen werden. Danach sind drei Varianten denkbar: zum einen ein absoluter Betrag, der gleichmäßig über mindestens fünf Jahre verteilt wird, zum anderen ein Prozentsatz von den Beiträgen und Zulagen und schließlich eine Kombination aus beidem.[13] Dies schränkt die Kostenformen von Buchst. a)–e) ein. In diese Vorgaben passen nur die

---

6 Unter „Verwaltungskosten" versteht das BZSt pauschal „alle Kosten, die nicht durch Abschluss und Vertrieb oder die Leistungserbringung entstehen", BZSt Kommentierung (Stand 24.6.2013), § 2a Rn 7. Für VR als Anbietergruppe dürfte die Heranziehung von § 43 Abs. 2 und 3 RechVersV spezieller sein. Kosten der Leistungserbringung sind in der Terminologie von VersVerträgen die sog. Risikokosten.
7 BZSt Kommentierung (Stand 24.6.2013), § 2a Rn 7.
8 BT-Drucks. 17/10818, S. 23.
9 S. hierzu auch *Franz*, DB 2013, 1988, 1990.
10 BT-Drucks. 17/10818, S. 23.
11 BZSt Kommentierung (Stand 24.6.2013), § 2a Rn 7.
12 Hierzu näher *Baroch Castellvi*, AltZertG, § 1 Rn 42 und 47.
13 Näher *Baroch Castellvi*, AltZertG, § 1 Rn 27f.

Buchst. a) und d). Dabei sind schwankende Verläufe bei den Abschlusskosten unzulässig. Sie verstoßen gegen das Merkmal „gleichmäßig".[14]

9 Bei **Basisrentenverträgen** existiert keine vergleichbare Restriktion im AltZertG. Hier ist aber § 165 Abs. 2 iVm § 169 Abs. 3 VVG zu beachten.

10 b) **Verwaltungskosten.** Zu den Verwaltungskosten enthält das AltZertG weder für Altersvorsorge- noch für Basisrentenverträge eine vergleichbare Vorgabe. Dort sind daher schwankende Verläufe grundsätzlich zulässig.[15] Allerdings werden hier bei Altersvorsorgeverträgen § 169 Abs. 3 S. 1 VVG mit der Vorgabe eines Mindestrückkaufswertes und das AltZertG mit dem Verbot der Zillmerung in § 1 Abs. 1 S. 1 Nr. 8 Grenzen setzen. Werden bei Beginn höhere Verwaltungskosten einkalkuliert als später, so kann sich dies als Umgehung dieses Zillmerverbots darstellen. Gleiches gilt für Basisrentenverträge nach § 165 Abs. 2 iVm § 169 Abs. 3 VVG.

11 3. **Nebeneinander der Kostenformen.** Die sechs Kostenformen dürfen „nebeneinander" vorgesehen werden. Das bedeutet, dass auf jede der beiden Kostenpositionen derselbe Buchstabe in unterschiedlicher Höhe angewendet werden darf. So dürfen etwa sowohl Abschluss- als auch Verwaltungskosten als monatlich anfallende Kosten in unterschiedlicher Höhe vorgesehen werden. Aus dem Plural „in den folgenden Formen" lässt sich ableiten, dass mehrere der Buchst. a)–f) auf jede der beiden Kostenpositionen angewendet werden dürfen. So können etwa Verwaltungskosten als Prozentsatz des gebildeten Kapitals und gleichzeitig als Prozentsatz der eingezahlten Beiträge vereinbart werden. Das Gesetz untersagt auch nicht, die Höhe der Kosten von bestimmten Parametern des Vertrages abhängig zu machen, etwa der Laufzeit bis zum Beginn der Auszahlungsphase oder der Art der Beitragszahlung. Voraussetzung ist, dass es sich um eine der Kostenformen aus dem Katalog der Nr. 1 handelt. Zulässig ist darüber hinaus auch die **Änderung** der Kostenform bei einer Änderung des Vertragsstatus, also etwa bei Beitragsfreistellung, Entnahme eines Darlehens, Übergang in die Auszahlungsphase.[16] Schließlich sind auch schwankende Verläufe nicht grds. ausgeschlossen;[17] Einschränkungen ergeben sich hier aber aus dem Verbot der Zillmerung (s. Rn 10).

12 4. **Einzelheiten zu den Kostenformen.** a) **Als jährlich oder monatlich anfallende Kosten in Euro (Buchst. a).** Buchst. a) sieht die Vereinbarung von absoluten Beträgen jährlich oder monatlich vor. Damit sind andere Takte, etwa halbjährlich oder vierteljährlich, ausgeschlossen.

13 b) **Als Prozentsatz des gebildeten Kapitals (Buchst. b).** Buchst. b) sieht die Vereinbarung eines Prozentsatzes des gebildeten Kapitals vor. Letzteres ist für Versicherungsverträge in § 1 Abs. 5 Buchst. a) definiert. Es enthält auch widerrufbare Schlussüberschüsse bzw unsichere Bewertungsreserven.[18] Sie als Bezugsgröße für Kosten heranzuziehen, würde sich als Auszehrung des Kapitals darstellen, weshalb der Gesetzgeber sie für in diesem Zusammenhang „ungeeignet" hält.[19] Daher hat er mit dem sog. Kroatien-Gesetz[20] in § 1 Abs. 5 S. 3 klargestellt, dass gebildetes Kapital für Zwecke von Buchst. b) nur unwiderruflich zugeteiltes Kapital ist.[21]

---

14 Anders offenbar BZSt Kommentierung (Stand 24.6.2013), § 2 a Rn 12; die Gleichmäßigkeit ist auch in den Abzug als Prozentsatz hineinzulesen, s. *Baroch Castellvi*, AltZertG, § 1 Rn 29.
15 BZSt Kommentierung (Stand 24.6.2013), § 2 a Rn 12.
16 BZSt Kommentierung (Stand 24.6.2013), § 2 a Rn 10.
17 BZSt Kommentierung (Stand 24.6.2013), § 2 a Rn 12.
18 Näher *Baroch Castellvi*, AltZertG, § 1 Rn 66 f.
19 BT-Drucks. 18/1529, S. 81.
20 Art. 15 Nr. 1 Buchst. b) des Gesetzes zur Anpassung des nationalen Steuerrechts an den Beitritt Kroatiens zur EU und zur Änderung weiterer steuerlicher Vorschriften vom 25.7.2014 (BGBl. I S. 1266, 1290).
21 Vor der Änderung bereits BZSt Kommentierung (Stand 24.6.2013), § 2 a Rn 13.

Fraglich ist, ob für unterschiedliche Arten von gebildetem Kapital unterschiedliche Prozentsätze angesetzt werden dürfen. Beispiel wären etwa sog. Hybridprodukte mit konventionellem und fondsgebundenem Kapital. Hier erscheint es zumindest zweckmäßig und angesichts der Tatsache, dass Fondskosten auch in die Verwaltungskosten einzukalkulieren sind, möglicherweise sogar notwendig, unterschiedliche Prozentsätze zuzulassen. Ähnliches gilt für fondsgebundenes Deckungskapital, das etwa aus passiv und aktiv gemanagten Fonds besteht. Es wäre nicht sachgerecht, für beide denselben Prozentsatz anzusetzen, da passiv gemanagte Fonds üblicherweise erheblich niedrigere Verwaltungskosten enthalten. Das BZSt lässt dabei maximal fünf solcher sog. Kostengruppen zu.[22]

c) Als Prozentsatz der vereinbarten Bausparsumme oder des vereinbarten Darlehensbetrags (Buchst. c). Die Regelung lässt für Bausparverträge einen Prozentsatz der Bausparsumme oder des vereinbarten Darlehensbetrags als Kostenform zu.

d) Als Prozentsatz der eingezahlten oder vereinbarten Beiträge oder Tilgungsleistungen (Buchst. d). Buchst. d) enthält vier Tatbestände, nämlich gezahlte Beiträge bzw Tilgungsleistungen sowie vereinbarte Beiträge bzw Tilgungsleistungen. Bei VersVerträgen steht das Anknüpfen an Beiträge im Vordergrund.

Bei den eingezahlten Beiträgen dürfen auch die Zulagen einbezogen werden.[23] Fraglich ist, ob sie einbezogen werden müssen. Dies erscheint nicht zwingend. Der Wortlaut ist diesbezüglich unergiebig. Der Zweck der Vergleichbarkeit von Angeboten steht dem auch nicht zwingend entgegen. Die Kombination unterschiedlicher Kostenformen führt zwar zu lediglich eingeschränkter Vergleichbarkeit. Sie ist systemimmanent. Das sollte es dann aber auch ermöglichen, Prozentsätze nur auf Beiträge zuzulassen.

Vereinbarte Beiträge des Buchst. d) können sowohl die vereinbarte Summe aller Beiträge als auch die für den jeweiligen Zahlungsabschnitt vereinbarten sein.[24] Beide sind in einem Vertrag als Kostenart zulässig, allerdings – wegen des Singulars – nur mit einem einheitlichen Prozentsatz. Für Abschluss- und Verwaltungskosten darf der Prozentsatz hingegen unterschiedlich sein („nebeneinander").

Bei den vereinbarten Beiträgen sollen nach dem BZSt auch die erwarteten Zulagen einbezogen werden.[25] Dies erscheint jedenfalls nicht zwingend. Schon vom Wortlaut der Regelung sind sie nicht erfasst, da sie nicht vereinbart werden. Überdies hängt deren Höhe von zu vielen ungewissen Faktoren ab, etwa Einkommen, Kinder, Beantragung etc. Werden die Kosten daher nur auf die Beiträge, nicht auf die Zulagen bezogen, sollte dies einer Zertifizierung nicht im Weg stehen. Unterschiedlich hohe Prozentsätze größer Null für Beiträge und Zulagen würden allerdings gegen den Grundsatz der Einheitlichkeit des Prozentsatzes verstoßen.

Ist bei einer Berufs- oder Erwerbsunfähigkeitsversicherung die Beitragsbefreiung der Hauptversicherung versichert, sollen diese Leistungen nach dem BZSt nicht als Beiträge iSv Buchst. d) zulässig sein.[26] Dies erscheint fraglich. Diese Zahlungen stellen sich als tatsächliche Beiträge in die Hauptversicherung dar und erhöhen deren Deckungskapital. Die Situation entspricht damit den vom Vertragspartner von in die Hauptversicherung gezahlten Beiträgen. Mit welchem Zahlungsstrom die Beiträge in die Hauptversicherung fließen, ist für die Kalkulation der Hauptversicherung indifferent.

---

22 BZSt Kommentierung (Stand 24.6.2013), § 2 a Rn 13.
23 BZSt Kommentierung (Stand 24.6.2013), § 2 a Rn 15; s. auch Schreiben des BMF vom 13.1.2014, GZ. IV C 3 S 2015/11/10002 : 018, DOK 2014/0007769 Rz 26.
24 BZSt Kommentierung (Stand 24.6.2013), § 2 a Rn 15.
25 BZSt Kommentierung (Stand 24.6.2013), § 2 a Rn 15.
26 BZSt Kommentierung (Stand 24.6.2013), § 2 a Rn 16.

21 **e) Als Prozentsatz des Stands des Wohnförderkontos (Buchst. f).** Ein Wohnförderkonto wird eingerichtet, wenn einem Altersvorsorgevertrag vor Beginn der Auszahlungsphase Geld zur Verwendung für eine selbst genutzte Wohnung nach den Maßgaben von § 92a EStG entnommen wird. Zu Zwecken der nachgelagerten Besteuerung während der Auszahlungsphase wird ein sog. Wohnförderkonto gebildet. Die einzelnen Bestandteile dieses fiktiven Kontos ergeben sich aus der Legaldefinition in § 92a Abs. 2 S. 1 Hs 1 EStG. Ein Prozentsatz der Summe dieser Bestandteile ist eine zulässige Kostenart. Ein Prozentsatz lediglich auf einzelne Positionen des Wohnförderkontos ist nach dem eindeutigen Wortlaut nicht zulässig.

22 **f) Ab Beginn der Auszahlungsphase als Prozentsatz der gezahlten Leistung (Buchst. f).** Buchst. f) gilt nur für die Auszahlungsphase. „Gezahlte Leistung" ist die Leistung mit Überschüssen und ggf Bewertungsreserven.[27] Obwohl der Begriff „Auszahlungsphase" üblicherweise für die Altersleistung verwendet wird – s. § 1 Abs. 1 S. 1 Nr. 2 –, sind hier auch Leistungen wegen Berufs- oder Erwerbsunfähigkeit sowie Hinterbliebenenleistungen darunter zu verstehen.[28] Will man Beitragsbefreiungsleistungen aus einer Berufs- oder Erwerbsunfähigkeitsversicherung unter Buchst. d) nicht zulassen (s. Rn 20), so muss jedenfalls Buchst. f) als Bezugsgröße zulässig sein.

IV. Anlassbezogene Kosten (Nr. 2)

23 **1. Allgemeines.** Nr. 2 regelt anlassbezogene Kosten, die in einem Altersvorsorge- oder Basisrentenvertrag vorgesehen werden dürfen. Der Katalog ist abschließend. Allerdings schließt er Kosten, deren Erstattung auf einen Schadensersatzanspruch des Anbieters gestützt wird, nicht aus. Das BZSt erwähnt hier beispielhaft Verzugszinsen.[29] Gleiches hat etwa auch für einen gescheiterten Lastschrifteinzug wegen mangelnder Deckung des Kontos zu gelten.

24 Differenziert zu betrachten sind **Stornoabzüge** nach § 169 Abs. 5 VVG. Das BZSt will sie für Beitragsfreistellungen sowie Kündigungen, die zu einer Beitragsfreistellung führen,[30] ausgeschlossen wissen.[31] In dieser Allgemeinheit trifft dies nicht zu. § 2a bezieht sich auf Kosten. Der Katalog von Nr. 2 enthält Kosten für besondere Geschäftsvorfälle, die der Vertragspartner auslöst. Der Natur nach sind dies Verwaltungskosten. Der Abzug nach § 169 Abs. 5 VVG beruht aber primär auf aktuariellen Erwägungen und nur insoweit auf Verwaltungskosten, als er auch auf Kosten für die Bearbeitung der Kündigung gestützt wird.[32] Die aktuariellen Begründungsansätze behalten auch vor dem Hintergrund von § 2a ihre Berechtigung. Sie sind daher nicht „anlassbezogene Kosten" iSv Nr. 2. Soweit der Abzug auf Kosten für die Bearbeitung einer Kündigung gestützt wird, ist er von Buchst. a) in der Alternative „Auszahlung" gedeckt. Nicht gedeckt sind lediglich Kosten für die Bearbeitung einer Beitragsfreistellung.

25 **2. Einzelheiten zu den anlassbezogenen Kosten. a) Für eine Vertragskündigung mit Vertragswechsel oder Auszahlung (Buchst. a).** Mit „Vertragskündigung mit Vertragswechsel" kann bei VersVerträgen sinnvoll nur der sog. Anbieterwechsel nach § 1 Abs. 1 S. 1 Nr. 10 Buchst. b) gemeint sein. Mit „Auszahlung" ist bei VersVerträgen die Kündigung zum Zwecke der Vertragsbeendigung und Auszahlung des

---

[27] BZSt Kommentierung (Stand 24.6.2013), § 2a Rn 17.
[28] BZSt Kommentierung (Stand 24.6.2013), § 2a Rn 17.
[29] BZSt Kommentierung (Stand 24.6.2013), § 2a Rn 8.
[30] Dies kann etwa bei Basisrentenverträgen der Fall sein, da bei ihnen die Kündigung nicht zur Auszahlung eines Rückkaufswertes führen darf; s. hierzu BGH 20.9.2011 – IV ZR 255/10, r+s 2012, 249.
[31] BZSt Kommentierung (Stand 24.6.2013), § 2a Rn 9.
[32] Langheid/Wandt/*Mönnich*, § 169 VVG Rn 119.

Rückkaufswertes nach § 169 VVG gemeint. Sie kommt nur bei Altersvorsorgeverträgen, nicht bei Basisrenten in Betracht (s. Rn 24).

b) Für eine Verwendung des gebildeten Kapitals iSd § 92 EStG (Buchst. b). 26
Buchst. b) ist auf Altersvorsorgeverträge beschränkt und bezieht sich auf die Entnahme eines sog. Altersvorsorge-Eigenheimbetrags zur wohnungswirtschaftlichen Verwendung gem. § 92 a EStG.

c) Für Aufgaben im Zusammenhang mit dem Versorgungsausgleich des Vertrags- 27
partners (Buchst. c). Buchst. c) stellt im Ergebnis klar, dass § 13 VersAusglG durch § 2 a nicht berührt wird. Daher handelt es sich in erster Linie um eine Konkurrenznorm.[33]

V. Unanwendbarkeit von § 125 InvG (S. 2)

S. 2 nimmt § 125 InvG in Bezug. Das InvG insgesamt ist aber durch das AFIM- 28
UmsG[34] außer Kraft gesetzt worden. Während der Gesetzgeber den ursprünglichen Verweis auf das InvG in § 7 Abs. 5 mit Art. 3 des Gesetzes zur Anpassung von Gesetzen auf dem Gebiet des Finanzmarktes[35] angepasst hat, hat er dies in S. 2 offenbar übersehen. Das darf als Beleg dafür gewertet werden, dass es dem Gesetzgeber selbst nicht immer leicht fällt, mit der Geschwindigkeit seiner Regulierung Schritt zu halten. Inhaltlich beabsichtigt der Gesetzgeber mit S. 2 – etwas verklausuliert – die Klarstellung, dass bei Altersvorsorgeverträgen § 1 Abs. 1 S. 1 Nr. 8 Vorrang hat.[36] § 125 InvG erfasst(e) nur Investmentfonds als Anbieter. Daraus kann aber nicht im Umkehrschluss gefolgert werden, dass § 1 Abs. 1 S. 1 Nr. 8 für Versicherungsunternehmen keine Geltung habe.

VI. Übergangsregelung

Die Kostenstruktur ist nach § 14 Abs. 6 S. 1 erstmals am 1.1.2014 anzuwenden. 29
Sie gilt damit für alle Zertifikate, die ab dem Tag erteilt werden.

§ 7 Informationspflichten im Produktinformationsblatt

(1) ¹Der Anbieter eines Altersvorsorge- oder Basisrentenvertrags hat den Vertragspartner rechtzeitig durch ein individuelles Produktinformationsblatt zu informieren, spätestens jedoch, bevor dieser seine Vertragserklärung abgibt. ²Das individuelle Produktinformationsblatt muss folgende Angaben enthalten:

1. die Produktbezeichnung;
2. die Benennung des Produkttyps und eine kurze Produktbeschreibung;
3. die Zertifizierungsnummer;
4. bei Altersvorsorgeverträgen die Empfehlung, vor Abschluss des Vertrags die Förderberechtigung zu prüfen;
5. den vollständigen Namen des Anbieters nach § 1 Absatz 2 oder § 2 Absatz 2;
6. die wesentlichen Bestandteile des Vertrags;
7. die auf Wahrscheinlichkeitsrechnungen beruhende Einordnung in Chancen-Risiko-Klassen;

---

33 Zur Höhe der Kosten s. BGH 27.6.2012 – XII ZB 275/11, NJW-RR 2012, 1218.
34 Art. 2 a des Gesetzes zur Umsetzung der Richtlinie 2011/61/EU über die Verwalter alternativer Investmentfonds (AIFM-Umsetzungsgesetz – AIFM-UmsG) vom 4.7.2013 (BGBl. I S. 1981, 2149).
35 Gesetz vom 15.7.2014 (BGBl. I S. 934, 947).
36 BT-Drucks. 17/10818, S. 23.

8. bei Altersvorsorgeverträgen in Form eines Darlehens und bei Altersvorsorgeverträgen im Sinne des § 1 Absatz 1 a Nummer 3 die Angabe des Nettodarlehensbetrags, der Gesamtkosten und des Gesamtdarlehensbetrags;
9. eine Aufstellung der Kosten nach § 2 a Nummer 1 Buchstabe a bis e sowie Nummer 2 Buchstabe a bis c, getrennt für jeden Gliederungspunkt, die Angabe zu § 2 a Satz 1 Nummer 1 Buchstabe f ist freiwillig;
10. Angaben zum Preis-Leistungs-Verhältnis;
11. bei Basisrentenverträgen nach § 10 Absatz 1 Nummer 2 Buchstabe b Doppelbuchstabe bb des Einkommensteuergesetzes die garantierte monatliche Leistung;
12. einen Hinweis auf die einschlägige Einrichtung der Insolvenzsicherung und den Umfang des insoweit gewährten Schutzes;
13. Informationen zum Anbieterwechsel und zur Kündigung des Vertrags;
14. Hinweise zu den Möglichkeiten und Folgen einer Beitragsfreistellung oder Tilgungsaussetzung und
15. den Stand des Produktinformationsblatts.

[3]Sieht der Vertrag eine ergänzende Absicherung der Berufsunfähigkeit, der verminderten Erwerbsfähigkeit oder Dienstunfähigkeit oder eine zusätzliche Absicherung von Hinterbliebenen vor, muss das individuelle Produktinformationsblatt zusätzlich folgende Angaben enthalten:

1. den Beginn, das Ende und den Umfang der ergänzenden Absicherung;
2. Hinweise zu den Folgen unterbliebener oder verspäteter Beitragzahlungen und
3. Angaben zu Leistungsausschlüssen und zu Obliegenheiten.

[4]Satz 2 Nummer 7 und 10 bis 13 gilt nicht für

1. Altersvorsorgeverträge in Form eines Darlehens oder für Altersvorsorgeverträge im Sinne des § 1 Absatz 1 a Nummer 3 und
2. die Darlehenskomponente eines Altersvorsorgevertrags nach § 1 Absatz 1 a Satz 1 Nummer 2.

[5]Satz 2 Nummer 7, 8, 10 und 13 gilt nicht für Basisrentenverträge nach § 10 Absatz 1 Nummer 2 Buchstabe b Doppelbuchstabe bb des Einkommensteuergesetzes. [6]Die nach diesem Absatz notwendigen Kostenangaben treten bei Versicherungsverträgen an die Stelle der Kostenangaben gemäß § 2 Absatz 1 Nummer 1 und 2 der VVG-Informationspflichtenverordnung. [7]Erfolgt der Vertragsabschluss nicht zeitnah zur Information durch das individuelle Produktinformationsblatt, muss der Anbieter den Vertragspartner nur auf dessen Antrag oder bei einer zwischenzeitlichen Änderung der im Produktinformationsblatt ausgewiesenen Kosten durch ein neues individuelles Produktinformationsblatt informieren.

(2) [1]Das individuelle Produktinformationsblatt ersetzt das Produktinformationsblatt nach § 4 der VVG-Informationspflichtenverordnung in der jeweils geltenden Fassung. [2]Eine Modellrechnung nach § 154 des Versicherungsvertragsgesetzes ist für zertifizierte Altersvorsorgeverträge und für zertifizierte Basisrentenverträge nicht durchzuführen. [3]Diese darf dem individuellen Produktinformationsblatt auch nicht zusätzlich beigefügt werden. [4]Der rechtzeitige Zugang des individuellen Produktinformationsblatts muss nachgewiesen werden können. [5]Das Produktinformationsblatt ist dem Vertragspartner kostenlos bereitzustellen.

(3) [1]Erfüllt der Anbieter seine Verpflichtungen nach Absatz 1 nicht, nicht richtig oder nicht vollständig, kann der Vertragspartner innerhalb von zwei Jahren nach der Abgabe der Vertragserklärung vom Vertrag zurücktreten. [2]Der Rücktritt ist in-

nerhalb von drei Monaten ab Erlangung der Kenntnis vom Rücktrittsgrund zu erklären. ³Der Anbieter hat dem Vertragspartner bei einem Rücktritt mindestens einen Geldbetrag in Höhe der auf den Vertrag eingezahlten Beiträge und Altersvorsorgezulagen zu zahlen. ⁴Auf die Beiträge und Altersvorsorgezulagen hat der Anbieter dem Vertragspartner Zinsen in Höhe des gesetzlichen Zinssatzes nach § 246 des Bürgerlichen Gesetzbuchs zu zahlen. ⁵Die Verzinsung beginnt an dem Tag, an dem die Beiträge oder die Zulagen dem Anbieter zufließen. ⁶§ 8 des Versicherungsvertragsgesetzes bleibt unberührt.

(4) ¹Der Anbieter hat für jeden auf der Basis eines zertifizierten Altersvorsorge- oder Basisrentenvertragsmusters vertriebenen Tarif vor dem erstmaligen Vertrieb eines darauf beruhenden Altersvorsorge- oder Basisrentenvertrags vier Muster-Produktinformationsblätter nach Satz 2 zu erstellen. ²Diese haben in Form und Inhalt dem individuellen Produktinformationsblatt nach Absatz 1 mit der Maßgabe zu entsprechen, dass den Informationen statt der individuellen Werte Musterdaten zugrunde zu legen sind. ³Die Muster-Produktinformationsblätter werden im Internet veröffentlicht. ⁴Die Einzelheiten der Veröffentlichung regelt ein Schreiben des Bundesministeriums der Finanzen, das im Bundessteuerblatt veröffentlicht wird.

(5) Die §§ 297 bis 299, 301 und 303 des Kapitalanlagegesetzbuches bleiben unberührt.

I. Normzweck 1	InfoV; Modellrechnung
II. Produktinformationsblatt	(S. 1–3) 9
(Abs. 1) 2	3. Rechtzeitiger Zugang (S. 4) .. 10
1. Zeitpunkt (S. 1) 2	4. Kostenlose Bereitstellung
2. Inhalt (S. 2) 3	(S. 6) 11
3. Inhalt bei zusätzlichen Absicherungen (S. 3) 4	IV. Sanktionen (Abs. 3) 12
4. Ausnahmen (S. 4 und 5) 5	1. Rücktrittsrecht des Vertragspartners und Frist (S. 1) 12
5. Verhältnis zum Kostenausweis nach der VVG-InfoV (S. 6) 6	2. Frist zur Erklärung des Rücktritts (S. 2) 13
6. Erfordernis eines neuen Produktinformationsblattes (S. 7) 7	3. Rechtsfolgen (S. 3–5) 15
	4. Verhältnis zum Widerrufsrecht (S. 6) 18
III. Ergänzende Regelungen (Abs. 2) 8	V. Veröffentlichung von Muster-Produktinformationsblättern mit
1. Allgemeines 8	Musterdaten (Abs. 4) 20
2. Verhältnis zum Produktinformationsblatt nach der VVG-	VI. Fondssparpläne (Abs. 5) 27
	VII. Übergangsregelung 28

I. Normzweck

Zweck der Vorschrift ist die Einführung eines eigenen Produktinformationsblattes für Altersvorsorge- und Basisrentenverträge. Die Motive hierfür sind zweierlei. Diese Verträge dürfen auch von anderen Anbietern als Versicherungsunternehmen – etwa auch Bausparkassen und Kreditinstitute – angeboten werden.[1] Das Produktinformationsblatt nach § 4 VVG-InfoV erfasst nicht Anbieter, die nicht Versicherungsunternehmen sind. Inhaltlich hält der Gesetzgeber für steuerlich geförderte Produkte über § 4 VVG-InfoV hinausgehende und weitergehend standardisierte Informationen für notwendig. Dies soll die Produkttransparenz erhöhen.[2]

---

1 S. Katalog von § 1 Abs. 2 AltZertG sowie § 2 Abs. 2 AltZertG.
2 BT-Drucks. 17/12219, S. 42; *Franz*, DB 2013, 1988, 1989.

II. Produktinformationsblatt (Abs. 1)

1. Zeitpunkt (S. 1). S. 1 schreibt das Produktinformationsblatt sowie den Zeitpunkt seiner Erteilung vor. Nach Hs 1 muss „**rechtzeitig**" informiert werden. Hs 2 bestimmt dann den spätesten Zeitpunkt, nämlich „jedoch, bevor dieser (sc.: der Vertragspartner) seine Vertragserklärung abgibt". Es kann offen bleiben, ob daraus gefolgert werden muss, dass der späteste Zeitpunkt nicht mehr „rechtzeitig" iSv Hs 1 ist („jedoch"). In jedem Fall entspricht er den gesetzlichen Anforderungen. Dennoch ist nach dem Wortlaut unklar, wann der späteste Zeitpunkt ist. „Bevor" beschreibt einen Zeitraum, keinen Zeitpunkt. Mit Abgabe der Vertragserklärung ist nach dem Wortlaut zu spät. Es bietet sich hier die Interpretation an „unmittelbar bevor".

2. Inhalt (S. 2). Der Katalog von S. 2 beschreibt den Inhalt des Produktinformationsblattes. Er geht an Detailliertheit weit über § 4 Abs. 2 VVG-InfoV hinaus. Der Gesetzgeber erhofft sich dadurch, dass die staatlich geförderten Produkte „als nicht mehr so komplex eingestuft werden".[3] Dabei beruft er sich auf ein eingeholtes Gutachten, das die Vergleichbarkeit der unterschiedlichen Produkte einer Anbietergruppe sowie die Produkte der unterschiedlichen Anbietergruppen anmahnt.[4] Allerdings setzt er hier Komplexität und Vergleichbarkeit in pauschaler Weise gleich. Auch vergleichbar gemachte Produkte können vom Verbraucher als komplex empfunden werden.[5] Bislang liegt lediglich ein Referentenentwurf des BMF vom 5.6.2014 vor.[6] Ein Zeitpunkt, zu dem die Verordnung veröffentlicht werden soll, war bei Redaktionsschluss nicht bekannt.

3. Inhalt bei zusätzlichen Absicherungen (S. 3). S. 3 erweitert den Katalog der Informationen für den Fall, dass der Vertrag in der Ansparphase auch näher genannte biometrische Absicherungen enthält.[7] Dabei greift der Katalog Punkte auf, die auch in § 4 Abs. 2 VVG-InfoV für das dortige Produktinformationsblatt vorgeschrieben sind (s. dort Nr. 2, 3, 6 und 8). Dabei ist für Altersvorsorgeverträge die Absicherung gegen verminderte Erwerbs- und Dienstunfähigkeit sowie von Hinterbliebenen nach § 1 Abs. 1 S. 1 Nr. 2 AltZertG, für Basisrenten die Absicherung gegen die genannten Risiken gem. § 10 Abs. 1 Nr. 2 Buchst. b) iVm § 2 Abs. 8 EStG möglich.

4. Ausnahmen (S. 4 und 5). S. 4 nimmt für Altersvorsorgeverträge, soweit sie eine Darlehenskomponente enthalten, auf diese nicht passende bzw nicht für erforderlich gehaltene[8] Bestandteile des Katalogs von S. 2 aus. Es handelt sich dabei um die Gestaltungen von § 1 Abs. 1 a S. 1.[9] Gleiches regelt S. 5 für Basisrentenverträge, soweit mit ihnen in der Ansparphase biometrische Risiken abgesichert werden.

---

3 BT-Drucks. 17/12219, S. 42.
4 BT-Drucks. 17/12219, S. 42.
5 Zu Zweifeln an der Verbesserung der Transparenz s. auch *Rudkowski*, VersR 2013, 1504; krit. auch *Franz*, DB 2013, 1988, 1990.
6 GZ IV C 3 – S 2030/11/10001 : 031 DOK 2014/05 14919; s. auch Stellungnahmen des Gesamtverbandes der Deutschen Versicherungswirtschaft (GDV), des Bundesverbandes Investment und Asset Management (BVI) und des Bundes der Versicherten (BdV) unter:
- http://www.gdv.de/wp-content/uploads/2014/08/GDV-Stellungnahme_Verordnung-zum-Produktinformationsblatt_AltvPIBV.pdf
- http://www.bvi.de/fileadmin/user_upload/Regulierung/Positionen/Altersvorsorge/2014-08-15_BVI-Stellungnahme_zur_AltVPIBV.pdf
- https://www.bundderversicherten.de/downloads/stellungnahmen/BdV-Stellungnahme_Verordnung_%C3%BCber_Produktinformationsbl%C3%A4tter_AltvPIBV.pdf.
7 Ohne diese Absicherung handelt es sich ihrer Natur nach in der Ansparphase um reine Kapitalisierungsgeschäfte. S. hierzu Prölss/*Präve*, VAG, § 1 Rn 18; Bruck/Möller/*Winter*, Einf. vor § 150 VVG Rn 249.
8 S. BT-Drucks. 18/1529, S. 81.
9 S. hierzu *Baroch Castellvi*, AltZertG, § 1 Rn 52.

5. Verhältnis zum Kostenausweis nach der VVG-InfoV (S. 6). S. 6 regelt das Konkurrenzverhältnis zu den Kostenangaben nach § 2 Abs. 1 Nr. 1 und 2 VVG-InfoV. Danach sind vor Abschluss eines Lebensversicherungsvertrages einkalkulierte und sonstige Kosten mitzuteilen. Der Effektivkostenausweis von § 2 Abs. 1 Nr. 9 VVG-InfoV wird durch das Produktinformationsblatt nicht ersetzt. Sachlich ließe er sich ohne Weiteres als durch S. 2 Nr. 10 abgedeckt betrachten. Davon geht auch der Gesetzgeber aus.[10] Es dürfte als Redaktionsversehen des Gesetzgebers zu bewerten sein, dass er mit der Einfügung von § 2 Abs. 1 Nr. 9 VVG-InfoV das Konkurrenzverhältnis zu S. 2 Nr. 10 nicht geregelt hat. De lege lata besteht aber kein Zweifel, dass für Altersvorsorge- und Basisrentenverträge beide Regelungen nebeneinander anzuwenden sind, solange der Gesetzgeber nicht Klarheit schafft. Darüber hinaus sind die Kosten über § 2 VVG-InfoV hinaus nach § 4 VVG-InfoV auch im Produktinformationsblatt anzugeben (s. § 4 VVG-InfoV Rn 28). Die Konkurrenz zum Kostenausweis im Produktinformationsblatt regelt S. 6 nicht. Sie wird aber durch Abs. 2 S. 1 aufgelöst. Daher ist eine Doppelung des Kostenausweises bei Altersvorsorge- und Basisrentenverträgen nicht erforderlich.[11]

6. Erfordernis eines neuen Produktinformationsblattes (S. 7). S. 7 geht von der Situation aus, dass ein Produktinformationsblatt ausgehändigt, der Vertrag aber nicht „zeitnah" danach abgeschlossen worden ist. Ein neues Produktinformationsblatt ist in diesen Fällen nur auszuhändigen, wenn der Kunde dies beantragt oder sich in der Zwischenzeit die Kosten geändert haben. Die Begründung[12] erhellt nicht, wann der Gesetzgeber von „zeitnah" ausgeht. Offen ist auch, ob der Gesetzgeber einen Antrag vor Augen hatte, der nicht angenommen worden ist und nun nochmals gestellt wird, oder ob er auch die Situation meint, in der der Kunde zwar ein Produktinformationsblatt erhalten, aber danach keinen Antrag gestellt hat. Vom Wortlaut ausgehend („Vertragsschluss") sind beide Fälle erfasst. In beiden Fällen kann sinnvollerweise aber nur ein Antrag gemeint sein, der sich mit dem Produktinformationsblatt deckt. Nur dann ist die in der Regelung vorgesehene „Weitergeltung" eines früher ausgehändigten Produktinformationsblattes sinnvoll. Bezieht sich der spätere Antrag etwa auf ein Produkt mit anderer Zertifizierungsnummer als das bereits ausgehändigte Produktinformationsblatt und sind die wesentlichen Bestandteile andere, dann verliert dieses seinen Zweck für den gestellten Antrag.

III. Ergänzende Regelungen (Abs. 2)

1. Allgemeines. Abs. 2 regelt zum einen Konkurrenzen für Altersvorsorge- und Basisrentenverträge, die gleichzeitig dem VVG unterliegen, also von Versicherern angeboten werden; zum anderen werden zwei darüber hinausgehende Aussagen allgemeiner Natur getroffen.

2. Verhältnis zum Produktinformationsblatt nach der VVG-InfoV; Modellrechnung (S. 1–3). Durch **S. 1** wird die Doppelung von individuellem Produktinformationsblatt nach Abs. 1 und dem nach § 4 VVG-InfoV vermieden. Letzteres wird verdrängt. **S. 2** erklärt die Modellrechnung nach § 154 VVG bei Altersvorsorge- und Basisrentenverträgen für obsolet; damit ist auch § 2 Abs. 3 VVG-InfoV für diese Verträge gegenstandslos. **S. 3** geht noch einen Schritt weiter und untersagt sogar deren freiwillige Beifügung. Nach dem Wortlaut darf die Modellrechnung lediglich dem Produktinformationsblatt nicht beigefügt werden. Man wird die Regelung ihrem Zweck nach aber so verstehen müssen, dass sie auch einer anderen vorvertraglichen Unterlage nicht beigefügt werden darf. Mit Abs. 2 verfolgt der Gesetzgeber nämlich bewusst eine Beschränkung der Informationen, um ihren Nut-

---

10 BT-Drucks. 18/2016, S. 15.
11 Weitergehend *Franz*, DB 2013, 1988, 1989 („dürfen nicht doppelt erteilt werden").
12 BT-Drucks. 18/1529, S. 81.

zen nicht zu gefährden. Ob dies allerdings durch das Verbot der Modellrechnung erreicht wird, darf angesichts der Vielzahl der Informationen von § 7 bezweifelt werden.

10 **3. Rechtzeitiger Zugang (S. 4).** S. 4 ist nur scheinbar klar. Zunächst gilt er – anders als die vorhergehenden Sätze – für sämtliche Anbieter von Altersvorsorge- und Basisrentenverträgen. Er ist insofern deklaratorisch, als er dem Anbieter die Verantwortung für den rechtzeitigen Zugang des Produktinformationsblattes auferlegt. Dies steckt sachlich bereits in Abs. 1 S. 1 mit der Formulierung, der Anbieter habe durch ein Produktinformationsblatt zu informieren. Die Regelung geht aber insofern darüber hinaus, als dem Anbieter aufgegeben wird, den rechtzeitigen Zugang nachweisen zu „können". Der Anbieter darf also die Möglichkeit des Nachweises des rechtzeitigen Zugangs nicht nur als Obliegenheit betrachten, sondern muss weitergehend dafür Vorsorge treffen, dass er dies auch tatsächlich kann. Fraglich ist, wie dies tatsächlich geschehen kann. Der Anbieter wird sich den Zugang in irgendeiner Weise mit Datum quittieren lassen müssen. Ein Verstoß hiergegen ist nicht explizit sanktioniert. Im Katalog von § 13 ist er nicht enthalten. Auch ein Rücktrittsrecht aus Abs. 3 kann darauf nicht gestützt werden, da Abs. 2 dort nicht in Bezug genommen ist. Sanktionsmöglichkeiten bestehen aber bei Versicherungsunternehmen über die allgemeine Missstandsaufsicht nach § 81 Abs. 2 VAG und über den Widerruf der Zertifizierung nach § 8 Abs. 1 S. 1 und 2. Allerdings wird insb. Letzteres unter dem Gesichtspunkt der Verhältnismäßigkeit allenfalls bei außerordentlich hartnäckigen Verstößen denkbar sein.

11 **4. Kostenlose Bereitstellung (S. 6).** S. 6 schreibt die kostenlose Bereitstellung des Produktinformationsblattes vor. Dies kann nur so verstanden werden, dass dafür kein gesondertes Entgelt erhoben werden kann. Dieselbe Rechtsfolge ließe sich bei formularmäßiger Vereinbarung aus dem Verbot von Bearbeitungsentgelten für Darlehen herleiten.[13] Die Regelung geht hingegen nicht so weit, dass es untersagt wäre, dies in die Verwaltungskosten einzukalkulieren. Im Gegenteil, dies nicht einzukalkulieren, würde bei VersVerträgen gegen das Gebot der ausreichenden Kalkulation nach § 11 Abs. 1 VAG verstoßen.[14]

IV. Sanktionen (Abs. 3)

12 **1. Rücktrittsrecht des Vertragspartners und Frist (S. 1).** Abs. 3 sanktioniert Verstöße gegen Abs. 1 auf der vertragsrechtlichen Ebene. Nach S. 1 kann der Vertragspartner zwei Jahre nach Abgabe seiner Vertragserklärung zurücktreten, wenn der Anbieter nicht, nicht richtig oder nicht vollständig informiert hat. Mit der **Frist von zwei Jahren** lehnt sich der Gesetzgeber bewusst an die gesetzliche Gewährleistungsfrist an.[15] Nicht vollständige Information wird immer auch nicht richtige Information sein, so dass der letzten Variante kaum ein eigenständiger Anwendungsbereich verbleiben wird. Hier wird eine aus dem Recht der Ordnungswidrigkeiten bekannte Diktion in das Zivilrecht transportiert (s. etwa § 13 Abs. 1; § 144 c Abs. 1 VAG; § 156 Abs. 1 Nr. 2, 3, 4 SGB IX). Auf lediglich redaktionelle Unrichtigkeiten wird man ein Rücktrittsrecht nicht stützen können. Gleiches wird man auch in Entsprechung zur Überlassung teilweise unwirksamer Bestimmungen[16] für gänzlich unerhebliche inhaltliche Unrichtigkeiten gelten lassen müssen. Das Verhältnis zum Widerrufsrecht nach § 8 VVG regelt S. 6 (s. Rn 18). Keine Aussage trifft der Gesetzgeber dazu, ob die Erklärung innerhalb der zwei Jahre zugehen muss oder die Absendung genügt. Daher ist Zugang innerhalb der Frist erforder-

---

13 BGH 13.5.2014 – XI ZR 405/12, NJW 2014, 2420.
14 S. Prölss/*Präve*, VAG, § 11 Rn 6; Fahr/Kaulbach/Bähr/Pohlmann/*Kaulbach*, VAG, § 11 Rn 6.
15 BT-Drucks. 17/12219, S. 40.
16 S. hierzu Langheid/Wandt/*Armbrüster*, § 8 VVG Rn 32 f.

lich. Soll Absendung innerhalb einer Frist genügen, regelt der Gesetzgeber dies nämlich explizit (s. etwa § 8 Abs. 1 S. 2 Hs 2, § 104 Abs. 3 S. 1 VVG; § 355 Abs. 1 S. 5 BGB).

2. Frist zur Erklärung des Rücktritts (S. 2). S. 2 regelt eine **Ausschlussfrist** für die Erklärung des Rücktritts, nämlich **drei Monate ab Kenntnis** vom Rücktrittsgrund. Die Regelung ähnelt dem Rücktrittsrecht des VR nach § 21 Abs. 1 S. 1 und 2 VVG. Im Hinblick auf Kenntnis sowie Darlegungs- und Beweislast wird man daher die dortigen Grundsätze übertragen können.[17]   13

Nicht ausdrücklich geregelt ist, ob Kenntnis kurz vor Ablauf der Zweijahresfrist von S. 1 dazu führt, dass der Rücktritt dann innerhalb der Zweijahresfrist ausgeübt werden muss oder der Rücktritt auch noch nach deren Ablauf aber vor Ablauf der Dreimonatsfrist von S. 2 ausgeübt werden kann. S. 1 bestimmt die Rücktrittsfrist absolut. S. 2 bestimmt sie relativ ab Kenntnis. Die Systematik schließt eine Verlängerung der absoluten Frist durch die relative aus. Dafür sprechen auch Überlegungen der Rechtssicherheit. Der Anbieter würde in den seltensten Fällen in der Lage sein, die Behauptung des nach zwei Jahren zurücktretenden Vertragspartners zu widerlegen, er habe von dem Rücktrittsgrund erst kurz vor Ablauf der Zweijahresfrist Kenntnis erlangt.   14

3. Rechtsfolgen (S. 3–5). S. 3–5 regeln die wesentlichen Rechtsfolgen und verdrängen demnach insoweit §§ 346 f BGB. Im Übrigen bleiben §§ 346 ff BGB anwendbar.[18]   15

Nach S. 3 sind „mindestens" Beiträge und – soweit angefallen – Zulagen zu zahlen. Die Bedeutung von „**mindestens**" ist unklar. Dem Gesetzgeber dürfte wohl der Vergleich zum Wert nach Kündigung vor Augen gestanden haben. Ist er höher als der nach S. 3–5 zu ermittelnde Wert, erscheint es sachgerecht, dass der höhere Wert zu zahlen ist. Alles, was darüber hinaus gezahlt würde, wären dann freiwillige Leistungen. Bei VersVerträgen dürften solche Zahlungen gegen den Gleichbehandlungsgrundsatz nach § 11 Abs. 2 VAG verstoßen. Zwar ist die Regelung nicht unmittelbar anwendbar, weil es nicht um das Verhältnis von Beitrag und Versicherungsleistung geht. Ihr liegt aber die Überlegung zugrunde, dass Quersubventionierungen und Sonderleistungen grds. verboten sind.[19] Über die gesetzliche Verpflichtung hinausgehende Zahlungen müssten aber von anderen Bestandsgruppen finanziert werden. Für die steuerliche Rückabwicklung trägt der Vertragspartner die Verantwortung. Anders als bei der schädlichen Verwendung iSv § 93 EStG ist der Anbieter nicht für die Rückerstattung der Zulagen an die zentrale Stelle nach § 94 EStG verantwortlich.   16

S. 4 verweist für die Höhe der Verzinsung auf den gesetzlichen Zinssatz nach § 246 BGB. S. 5 bestimmt als Beginn der Verzinsung den Zufluss des jeweiligen Betrags.   17

4. Verhältnis zum Widerrufsrecht (S. 6). S. 6 stellt klar, dass das Rücktrittsrecht das Widerrufsrecht nach § 8 VVG nicht verdrängt. Für Lebensversicherungsverträge ist dabei § 152 VVG mit zu berücksichtigen.   18

Systematisch bedeutet dies Folgendes: Anknüpfungspunkt für das Widerrufsrecht sind die Informationen, die nach § 7 VVG iVm der VVG-InfoV in der Form, wie sie durch Abs. 2 abgeändert wird, zu erteilen sind. Hat der VN zutreffende Informationen erhalten, kann er 30 Tage widerrufen. Dies ergibt sich aber nicht aus S. 6, sondern aus § 7e S. 2. Nach Ablauf der 30 Tage besteht die Möglichkeit des Rücktritts nach Abs. 3. Der Rücktritt kann aber nur auf einen Verstoß gegen Abs. 1 gestützt werden. Hat der VN nicht ausreichende Informationen iSv § 7 VVG iVm der VVG-InfoV erhalten, steht ihm nach § 8 Abs. 2 VVG ein sog. ewiges   19

---

17 S. hierzu Langheid/Wandt/*Muschner*, § 21 VVG Rn 23.
18 *Rudkowski*, VersR 2013, 1504, 1506.
19 Näher Prölss/*Präve*, VAG, § 11 Rn 15.

Widerrufsrecht zu, da nach der Vorschrift die Widerrufsfrist erst mit Überlassung ausreichender Informationen beginnt. Handelt es sich also um einen Gegenstand, über den nach VVG-InfoV und nach Abs. 1 informiert werden muss (zB Einrichtung der Insolvenzsicherung, s. § 1 Abs. 1 Nr. 5 VVG-InfoV und Abs. 1 S. 2 Nr. 12), dann steht dem VN zwei Jahre lang sowohl das Widerrufsrecht als auch der Rücktritt zur Verfügung. Entscheidet er sich durch die Erklärung selbst für eines der beiden Rechte, wird der VR davon ausgehen können, dass es sich um eine bewusste Entscheidung handelt. Beruft sich der VN allgemein auf sein Lösungsrecht, wird der VR ihn nach dem Recht mit den für ihn günstigeren Rechtsfolgen behandeln müssen.[20] Nach Ablauf der Zweijahresfrist von S. 1 kann kein Konkurrenzverhältnis mehr bestehen.

V. Veröffentlichung von Muster-Produktinformationsblättern mit Musterdaten (Abs. 4)

20 Abs. 4 gilt für Altersvorsorge- und Basisrentenverträge. Er schreibt die Veröffentlichung von sog. Muster-Produktinformationsblättern mit Musterdaten ohne Bezug zu einem konkreten Antrag vor. Zweck der Regelung ist es, schon im Vorfeld einer konkreten Beratung die Möglichkeit zu schaffen, unterschiedliche Produkte zu vergleichen.[21]

21 Nach S. 1 hat dies für jeden „Tarif" zu geschehen. „Tarif" ist in der Lebensversicherung – anders als etwa in der Kranken- und Unfallversicherung (s. § 204 bzw § 181 Abs. 2 VVG) – bisher kein gesetzlicher Terminus. Man wird darunter eine Gattung von gleichartigen Verträgen verstehen müssen, denen ein gleichartiges Rechenwerk zugrunde liegt.

22 Das Muster-Produktinformationsblatt ist **„vor dem erstmaligem Vertrieb"** zu veröffentlichen. Mangels näherer zeitlicher Eingrenzung reicht unmittelbar vorher aus. Näherer Eingrenzung bedarf auch das Merkmal des erstmaligen Vertriebs. Es sind unterschiedliche Anknüpfungspunkte denkbar, beginnend zB mit den Vertriebsschulungen der Mitarbeiter bis zur Unterzeichnung des ersten Antrags. Nach dem Zweck der Vorschrift ist erstmaliger Vertrieb dann anzunehmen sein, wenn die ersten vertrieblichen Aktivitäten außerhalb des Unternehmens einsetzen, nicht also schon mit der Schulung der eigenen Vertreter, wohl aber der Makler, bzw mit dem Auslegen von Werbematerial für das Produkt. Weiter sind für jeden Tarif **vier** solcher Informationsblätter zu erstellen.

23 S. 2 bestimmt, dass die Muster-Produktinformationsblätter in **Form** und **Inhalt** dem individuellen Produktinformationsblatt entsprechen, aber „**Musterdaten**" verwendet werden müssen.

24 S. 3 bestimmt das **Internet** als Medium der Veröffentlichung.

25 S. 4 enthält eine **Ermächtigungsgrundlage** bezogen auf „Einzelheiten der Veröffentlichung". Mit „Veröffentlichung" dürften hier nicht nur das reine Zugänglichmachen im Internet, sondern darüber hinausgehend auch die Vorgabe der zu verwendenden Musterdaten gemeint sein. Dies ist vor dem Hintergrund der Bestimmtheit einer Ermächtigungsgrundlage nicht frei von Bedenken, anders kann aber Abs. 4 sinnvoll nicht umgesetzt werden.

26 **Verstöße** gegen die Verpflichtung aus S. 1 stellen nach § 13 Abs. 1 Nr. 1 eine Ordnungswidrigkeit dar. Darüber hinaus gilt das zu Abs. 2 S. 4 Gesagte entsprechend (s. Rn 10). Rein dogmatisch ließen sich noch Schadensersatzansprüche konstruieren. Aber ein kausaler Zusammenhang zwischen einem Verstoß und einem konkreten Schaden erscheint kaum denkbar.

---

20 Wohl ebenso *Rudkowski*, VersR 2013, 1504, 1506.
21 BT-Drucks. 17/10818, S. 27.

VI. Fondssparpläne (Abs. 5)

Abs. 5 regelt bei Fondssparplänen die Konkurrenz zu den darin genannten Vorschriften. Er betrifft nicht VR. Für Fondssparpläne bleibt die Aushändigung der wesentlichen Anlegerinformation nach §§ 297 ff KAGB verpflichtend.

27

VII. Übergangsregelung

Die Regelung ist erstmals am ersten Tag des 18. Monats anzuwenden, der der Verkündung der Rechtsverordnung nach § 6 S. 1 folgt (§ 14 Abs. 6 S. 2). Eine Ausnahme gilt für die Information über die Kosten gem. § 7 Abs. 1 S. 1 Nr. 9. Sie gilt erst für Verträge, die ab dem Anwendungszeitpunkt von § 7 im Übrigen abgeschlossen werden (§ 14 Abs. 6 S. 3 iVm S. 2). Diese Differenzierung ist nicht klar. Zwei hintereinandergeschaltete Ereignisse führen zum Vertragsschluss, nämlich Antrag und Annahme. Antrag ist die Vertragserklärung iSv § 7 Abs. 1 S. 1. Annahme ist die Übersendung der Police. Mit deren Zugang kommt der Vertrag zustande. Es sind nun drei Möglichkeiten denkbar: Der Stichtag liegt (1.) vor, (2.) zwischen oder (3.) nach beiden Ereignissen.

28

Im ersten Fall sind sämtliche Informationspflichten von § 7 zu erfüllen; die nach Abs. 1 S. 1 Nr. 9 deshalb, weil der Vertrag nach dem Stichtag abgeschlossen wird, die übrigen Informationspflichten deshalb, weil – dies soll hier unterstellt werden – die Vertragserklärung nach dem Stichtag abgegeben wird. Nicht betrachtet werden soll hier der Sonderfall, dass die Informationen (mit Ausnahme der nach Abs. 1 S. 1 Nr. 9) vor dem Stichtag erteilt werden, die Vertragserklärung aber erst danach abgegeben wird.

29

Im zweiten Fall – Stichtag zwischen Vertragserklärung und Abschluss – ist die Informationspflicht nach Abs. 1 S. 1 Nr. 9 ebenfalls zu erfüllen; der Vertrag wird nach dem Stichtag abgeschlossen. Die übrigen Informationen sind nach dem Wortlaut von § 14 Abs. 6 S. 2 nicht zu erteilen; die Vertragserklärung ist nämlich vor dem Stichtag abgegeben. Das würde zu dem merkwürdigen Ergebnis führen, dass der Kunde die Information über die Kosten nach neuem Recht, die übrigen Informationen aber noch nach altem Recht, nämlich § 7 in der Fassung vom 8.12.2010,[22] erhielte. Es wird demnach nicht zu beanstanden sein, wenn die Informationen im Übrigen auch in dem Fall nach neuem Recht erteilt werden.

30

Im dritten Fall – Stichtag nach beiden Ereignissen – ist in vollem Umfang das alte Recht zugrunde zu legen.

31

§ 7a Jährliche Informationspflicht

(1) ¹Der Anbieter eines Altersvorsorge- oder Basisrentenvertrags ist verpflichtet, den Vertragspartner jährlich schriftlich über folgende Punkte zu informieren:
1. die Verwendung der eingezahlten Beiträge;
2. die Höhe des gebildeten Kapitals;
3. die im abgelaufenen Beitragsjahr angefallenen tatsächlichen Kosten;
4. die erwirtschafteten Erträge;
5. bis zum Beginn der Auszahlungsphase das nach Abzug der Kosten zu Beginn der Auszahlungsphase voraussichtlich zur Verfügung stehende Kapital; für die Berechnung sind die in der Vergangenheit tatsächlich gezahlten Beiträge und die in dem vor Vertragsabschluss zur Verfügung gestellten individuellen Pro-

---

22 BGBl. I 2010, S. 1768.

duktinformationsblatt genannten Wertentwicklungen nach § 7 Absatz 1 Satz 2 Nummer 10 zugrunde zu legen. ²Im Rahmen der jährlichen Informationspflicht muss der Anbieter eines Altersvorsorge- oder Basisrentenvertrags auch darüber schriftlich informieren, ob und wie ethische, soziale und ökologische Belange bei der Verwendung der eingezahlten Beiträge berücksichtigt werden.

(2) ¹Absatz 1 Nummer 2, 4 und 5 gilt nicht

1. für Basisrentenverträge nach § 10 Absatz 1 Nummer 2 Buchstabe b Doppelbuchstabe bb des Einkommensteuergesetzes,
2. für Altersvorsorgeverträge in Form eines Darlehens,
3. für Altersvorsorgeverträge im Sinne des § 1 Absatz 1 a Nummer 3 oder,
4. sofern bereits eine Zuteilung des Bausparvertrags erfolgt ist.

²Absatz 1 Satz 1 Nummer 5 gilt nicht für Verträge, die vor dem in § 14 Absatz 6 Satz 2 genannten Anwendungszeitpunkt abgeschlossen wurden.

I. Normzweck 1	e) Voraussichtlich zur Verfügung stehendes Kapital (Nr. 5) 10
II. Jährliche Information (Abs. 1) ... 2	
1. Reichweite und Form (Abs. 1 S. 1) 2	
2. Die zu erteilenden Informationen im Einzelnen (Abs. 1 S. 1) 3	3. Information über ethische, soziale und ökologische Belange (Abs. 1 S. 2) 13
a) Verwendung der eingezahlten Beiträge (Nr. 1) ... 3	III. Ausnahmen von der jährlichen Informationspflicht (Abs. 2) 14
b) Höhe des gebildeten Kapitals (Nr. 2) 4	1. Ausnahmen bei Vertragstypen (Abs. 2 S. 1) 14
c) Im abgelaufenen Beitragsjahr angefallene tatsächliche Kosten (Nr. 3) 5	2. Ausnahmen beim zeitlichen Anwendungsbereich (Abs. 2 S. 2) 19
d) Erwirtschaftete Erträge (Nr. 4) 9	IV. Übergangsregelung 20

I. Normzweck

1 Mit der Vorschrift bezweckt der Gesetzgeber eine laufende jährliche Information über den Stand des Vertrages, und zwar für Altersvorsorge- und Basisrentenverträge.

II. Jährliche Information (Abs. 1)

2 **1. Reichweite und Form (Abs. 1 S. 1).** Die Informationen nach S. 1 sind **schriftlich** zu erteilen; Textform genügt demnach nicht. Die Regelung gilt auch für ruhend gestellte Verträge.[1] Fraglich ist, ob sie auch in der Auszahlungsphase gilt. Dafür spricht der Umkehrschluss aus Nr. 5. Über den dort genannten Gegenstand ist nur bis zum Beginn der Auszahlungsphase zu informieren. Daraus könnte abgeleitet werden, dass über die anderen Punkte des Katalogs auch in der Auszahlungsphase zu informieren ist. Allerdings passen die dort genannten Positionen nicht, mit Ausnahme der erwirtschafteten Erträge der Nr. 4. Die Informationspflicht nach S. 1 gilt daher für Versicherungsverträge in der Auszahlungsphase nicht. Ein Informationsdefizit entsteht dadurch nicht.[2] Nach § 6 Abs. 1 Nr. 3 VVG-InfoV ist jährlich

---

[1] S. Prölss/*Präve*, VAG, § 10 a Rn 71.
[2] AA für die vergleichbare Regelung in § 1 Abs. 1 S. 1 Nr. 9 AltZertG idF vom 26.6.2001 (BGBl. I S. 1310, 1323) Prölss/*Präve*, VAG, § 10 a Rn 71.

über die Überschussbeteiligung zu informieren. § 6 VVG-InfoV wird durch § 7a nicht verdrängt.

2. Die zu erteilenden Informationen im Einzelnen (Abs. 1 S. 1). a) Verwendung der eingezahlten Beiträge (Nr. 1). Der Vertragspartner ist nach Nr. 1 über die Verwendung der eingezahlten Beiträge zu informieren. Für Altersvorsorgeverträge ist dies insoweit unklar, als Zulagen nicht zwingend als Beiträge verstanden werden müssen. Allerdings wird der Zweck der Regelung nur erreicht, wenn auch über die Zulagen informiert wird.[3] Gegenstand der Information ist deren Verwendung. Bei VersVerträgen wird man darunter die Zuführung entweder zum konventionellen Deckungskapital oder, soweit fondsgebunden investiert wird, zum Sondervermögen verstehen müssen. Dabei reicht nach dem Wortlaut eine aggregierte Darstellung für den Berichtszeitraum; eine Aufschlüsselung nach jedem Zufluss eines Beitrags oder einer Zulage erscheint nicht erforderlich. Man wird die Regelung nicht als Anspruch auf Rechnungslegung verstehen müssen.

b) Höhe des gebildeten Kapitals (Nr. 2). Das gebildete Kapital wird in § 1 Abs. 5 legal definiert, und zwar nach dem dortigen Wortlaut („im Sinne dieses Gesetzes") trotz der systematischen Stellung unter Altersvorsorgeverträgen auch für Basisrentenverträge. Für VersVerträge ist § 1 Abs. 5 Buchst. a) maßgebend.[4]

c) Im abgelaufenen Beitragsjahr angefallene tatsächliche Kosten (Nr. 3). Hier ist über die angefallenen Kosten des Beitragsjahres zu informieren. Der Begriff „Beitragsjahr" ist in § 88 EStG als Kalenderjahr definiert, in dem die Altersvorsorgebeiträge geleistet worden sind. Für Basisrentenverträge existiert keine Definition. Man wird aber auch hier vom Kalenderjahr ausgehen müssen.

Inhalt der Information sind die **angefallenen tatsächlichen Kosten**. Hierzu erläutert die Begründung, dass die „kalkulatorischen Kosten" nicht gemeint seien.[5] Dies trägt nicht zur Klärung bei. Tatsächliche Kosten sind gemeinhin die Kosten, die der Vertrag tatsächlich verursacht hat. Das wäre bei einem Vertragspartner, der mit dem Anbieter umfänglich korrespondiert, mehr als bei einem Vertragspartner, der bei iÜ gleichen Bedingungen keine Korrespondenz geführt hat. Diese Kosten können aber nicht gemeint sein. Von Interesse sind in diesem Zusammenhang die Kosten, die entweder von den Beiträgen bzw Zulagen oder vom angesammelten Kapital abgezogen worden sind. Bei VersVerträgen sind dies in aller Regel die einkalkulierten Kosten; hinzukommen können dann noch tatsächliche Kosten, etwa wegen eines gescheiterten Lastschrifteinzugs oder wegen Entnahmen durch die verwaltende Fondsgesellschaft.

Eine Aufschlüsselung der Kosten nach Abschluss-, Verwaltungs- und Risikokosten ist nicht erforderlich. Zum einen bezieht sich der Wortlaut pauschal auf Kosten. Zum anderen ergibt sich dies aus der Gesetzeshistorie. Vor Schaffung von § 7a war die jährliche Informationspflicht in § 7 Abs. 4 idF vom 29.7.2008[6] normiert. Dort waren noch einzelne Kostenpositionen aufgeführt.

Sind im Beitragsjahr Überschüsse mit Kosten verrechnet worden (etwa Verwaltungskostenüberschüsse mit einkalkulierten Verwaltungskosten), so dürfen diese **Überschüsse** dann mindernd angesetzt werden, wenn sie nicht mehr rückgängig gemacht werden können.[7] Kostenüberschüsse, die in der Schlussüberschussbeteiligung enthalten sind und noch gekürzt werden können, dürfen demnach nicht mindernd angesetzt werden.

---

3 Zu der vergleichbaren Frage bei den Altersvorsorgebeiträgen iSv § 1 Abs. 1 S. 1 Nr. 3 s. *Baroch Castellvi*, AltZertG, § 1 Rn 10.
4 Einzelheiten bei *Baroch Castellvi*, AltZertG, § 1 Rn 67 f.
5 BT-Drucks. 17/10818, S. 27.
6 BGBl. I 2008, S. 1509.
7 BT-Drucks. 17/10818, S. 27.

9   d) **Erwirtschaftete Erträge (Nr. 4).** Die Information über erwirtschaftete Erträge erfasst bei konventionellem Kapital die **Garantieverzinsung** und ggf **Überschüsse**.[8] Das bezieht sich auch auf Bewertungsreserven und Schlussüberschüsse. Dort ist aber auf deren Vorläufigkeit hinzuweisen. Soweit fondsgebundenes Deckungskapital enthalten ist, sind Kursgewinne bzw -verluste aufzuführen.

10 e) **Voraussichtlich zur Verfügung stehendes Kapital (Nr. 5).** Nach Nr. 5 ist über das zum Ende der Ansparphase voraussichtlich zur Verfügung stehende Kapital zu informieren (**Hs 1**). Hs 2 bestimmt die hierfür anzuwendenden Parameter. Es sind danach die gezahlten Beiträge „zugrunde zu legen". Der Wortlaut lässt dabei zwei Möglichkeiten zu, nämlich einmal, dass die eingezahlten Beiträge (bei Altersvorsorgeverträgen auch die Zulagen) abzüglich der angefallenen Kosten anzusetzen sind, zum anderen, dass das zu dem Zeitpunkt mit den gezahlten Beiträgen und ggf Zulagen erreichte gebildete Kapital Ausgangspunkt für die Hochrechnung ist. In beiden Fällen wären die eingezahlten Beiträge die Grundlage für die Berechnung. Aufgrund der Systematik liegt die erste Variante näher. Hätte der Gesetzgeber das gebildete Kapital als Ausgangspunkt gewollt, so hätte er sich auf Nr. 2 beziehen können. Dabei geht der Gesetzgeber offenbar von einem zum Zeitpunkt der Hochrechnung beitragsfrei gestellten Vertrag aus, da er ausschließlich auf die in der Vergangenheit gezahlten Beiträge abstellt. Dies kann insb. bei fondsgebundenen Versicherungen dazu führen, dass Ergebnis der Hochrechnung ein Wert ist, der unterhalb der bis dahin eingezahlten Beiträge liegt. Bei Altersvorsorgeverträgen führt das zu Verzerrungen, weil dort die eingezahlten Beiträge zum Beginn der Auszahlungsphase in jedem Fall zur Verfügung stehen müssen (s. § 1 Abs. 1 S. 1 Nr. 3). In einem solchen Fall muss es erlaubt sein, auf diesen Umstand hinzuweisen. Anderenfalls würde der Vertragspartner in die Irre geführt.

11 Der bloße Blick auf Hs 2 löst weiter die Frage aus, ob bei den zugrunde zu legende Beiträgen **Kosten abgezogen** werden müssen. Nach dem Wortlaut ist dies nicht der Fall. Allerdings ergibt sich aus Hs 1, dass Ergebnis der Berechnung das Kapital nach Abzug der Kosten sein muss. Damit sind die Kosten letztlich doch zu berücksichtigen.

12 Die Sätze, mit denen hochzurechnen ist, ergeben sich aus der Verweisung auf § 7 Abs. 1 S. 2 Nr. 10. Danach sind Angaben zum Preis-Leistungs-Verhältnis erforderlich. Es ergeben sich daraus aber nicht zwingend Wertentwicklungsreihen, die sich zur Übertragung auf Nr. 5 eignen würden. Hier bleibt die Konkretisierung durch die Rechtsverordnung nach § 6 abzuwarten.

13 **3. Information über ethische, soziale und ökologische Belange (Abs. 1 S. 2).** Hier ist eine Information über „ethische, soziale und ökologische Belange" bei der Anlage des Kapitals gefordert. Dies wird zu Recht als Programmsatz gewertet.[9] Darin liegt keine Verpflichtung, solche Belange zu berücksichtigen. Geschieht dies, entsteht dadurch aber kein Anspruch des Vertragspartners zu gleichbleibender Verwendung in der Zukunft. Es handelt sich um eine Information, nicht eine Vereinbarung. Der Anbieter kann seine Anlagestrategie also jederzeit ändern. Er muss hierüber dann nach S. 2 informieren.[10] Berücksichtigt ein Anbieter solche Belange nicht, genügt die Information, dass dies nicht der Fall ist.[11]

III. Ausnahmen von der jährlichen Informationspflicht (Abs. 2)

14 **1. Ausnahmen bei Vertragstypen (Abs. 2 S. 1).** Abs. 2 nimmt bestimmte Vertragstypen von den Informationspflichten nach Abs. 1 Nr. 2, 4 und 5 aus. Über die Ver-

---

8 Ebenso Prölss/*Präve*, VAG, § 10a Rn 72.
9 Prölss/*Präve*, VAG, § 10a Rn 75.
10 Näher *Baroch Castellvi*, AltZertG, § 7 Rn 17; Prölss/*Präve*, VAG, § 10a Rn 75.
11 Prölss/*Präve*, VAG, § 10a Rn 75.

wendung der Beiträge (Abs. 1 Nr. 1) sowie die Kosten (Abs. 1 Nr. 3) ist jedoch auch in den Fällen zu informieren.

Nr. 1 betrifft Basisrenten, mit denen ausschließlich Berufs- oder verminderte Erwerbsfähigkeit abgesichert wird. Werden diese Risiken im Rahmen von § 10 Abs. 1 Nr. 1 Buchst. b) bb) abgesichert, bestehen die Informationspflichten in vollem Umfang. 15

Nr. 2 betrifft Altersvorsorgeverträge in Form eines Darlehens. Damit sind Verträge nach § 1 Abs. 1 a Nr. 1 erfasst. Nicht erfasst sein dürften Verträge nach § 1 Abs. 1 a Nr. 2. Dort liegt nämlich eine Kombination von kapitalbildendem Vertrag mit den Merkmalen von § 1 Abs. 1 und Darlehen als Option vor. Wird das Darlehen nicht genommen, unterscheidet sich der Vertrag nicht von einem reinen Vertrag nach § 1 Abs. 1. 16

Nr. 3 betrifft Altersvorsorgeverträge, die eine Darlehenskomponente enthalten und einen einheitlichen Vertrag iSv § 1 Abs. 1 a Nr. 3 darstellen. 17

Nr. 4 schließlich erfasst Bausparverträge ab Zuteilung. Zuteilungsreife, ohne dass das Darlehen in Anspruch genommen wird, genügt demnach nicht. 18

2. Ausnahmen beim zeitlichen Anwendungsbereich (Abs. 2 S. 2). S. 2 regelt den zeitlichen Anwendungsbereich der Information über die voraussichtlich zur Verfügung stehende Kapital nach Abs. 1 S. 1 Nr. 5. Sachlich handelt es sich damit um eine Übergangsregelung, die systematisch in § 14 Abs. 6 zutreffend platziert wäre. Diese Information gilt nur für Verträge, die 18 Monate nach Verkündung der Verordnung nach § 6 S. 1 geschlossen werden. 19

IV. Übergangsregelung

§ 7a ist erstmals am ersten Tag des 18. Monats anzuwenden, der der Verkündung der Rechtsverordnung nach § 6 S. 1 folgt (§ 14 Abs. 6 S. 2). Da es sich hier um laufende Informationspflichten handelt, gilt die Regelung auch für Verträge, die bereits in der Vergangenheit abgeschlossen worden sind. Eine Ausnahme davon findet sich in Abs. 2 S. 2. Die Information nach Abs. 1 S. 1 Nr. 5 gilt nicht für Verträge, die vor diesem Zeitpunkt abgeschlossen worden sind. Da sie an das Produktinformationsblatt nach § 7 anknüpft, kann sie nur für Verträge operabel werden, die unter der Geltung von § 7 abgeschlossen werden. 20

§ 7b Information vor der Auszahlungsphase des Altersvorsorgevertrags

(1) ¹Sind aus einem Altersvorsorgevertrag Leistungen nach § 1 Absatz 1 Satz 1 Nummer 4 zu erbringen, hat ein Anbieter von Altersvorsorgeverträgen den Vertragspartner frühestens zwei Jahre vor Beginn der vertraglich vereinbarten Auszahlungsphase schriftlich über Folgendes zu informieren:

1. die Form und Höhe der vorgesehenen Auszahlungen einschließlich Aussagen zu einer Dynamisierung der monatlichen Leistungen sowie

2. die in der Auszahlungsphase anfallenden Kosten.

²Ist kein Beginn der Auszahlungsphase vereinbart, so gilt für Altersvorsorgeverträge, die nach dem 31. Dezember 2011 abgeschlossen wurden, die Vollendung des 62. Lebensjahres als Beginn der Auszahlungsphase, im Übrigen die Vollendung des 60. Lebensjahres. ³Der Vertragspartner ist dann vom Anbieter im Rahmen der Mitteilung nach Satz 1 darüber zu informieren, dass ein tatsächlicher Beginn der Auszahlungsphase nicht vereinbart wurde. ⁴Sofern ein Anbieter von Altersvorsorgeverträgen bereit ist, nach § 1 Absatz 1 Satz 1 Nummer 10 Buchstabe b übertragenes Altersvorsorgevermögen anzunehmen, muss er dem Anleger auf Verlangen die Information nach Satz 1 und gegebenenfalls Satz 3 zur Verfügung stellen, wenn

bis zum Beginn der Auszahlungsphase weniger als zwei Jahre verbleiben. ⁵Dieser Information sind der vom Anleger angegebene Übertragungswert und Übertragungszeitpunkt zugrunde zu legen.

(2) ¹Die Information durch den Anbieter muss spätestens drei Monate vor Beginn der vertraglich vereinbarten Auszahlungsphase erfolgen. ²Sofern ein Anbieter von Altersvorsorgeverträgen den Vertragspartner nicht spätestens neun Monate vor Beginn der vertraglich vereinbarten Auszahlungsphase gemäß Absatz 1 informiert, hat der Vertragspartner das Recht, den Altersvorsorgevertrag zum Beginn der Auszahlungsphase bis spätestens drei Monate vor dem Beginn zu kündigen, um das gebildete Kapital nach § 1 Absatz 1 Satz 1 Nummer 10 Buchstabe b übertragen zu lassen. ³Erfolgt sie später als sechs Monate vor Beginn der Auszahlungsphase, hat der Vertragspartner das Recht, den Altersvorsorgevertrag zum Beginn der Auszahlungsphase mit einer Frist von 14 Tagen zu kündigen, um das gebildete Kapital nach § 1 Absatz 1 Satz 1 Nummer 10 Buchstabe b übertragen zu lassen. ⁴Absatz 1 Satz 2 und 3 gilt entsprechend.

(3) ¹Erfüllt ein Anbieter seine Verpflichtungen nach Absatz 1 oder 2 nicht, nicht richtig, nicht vollständig, nicht in der vorgeschriebenen Weise oder nicht rechtzeitig, kann der Vertragspartner innerhalb eines Jahres nach Beginn der Auszahlungsphase vom Anbieter verlangen, unter Anrechnung der an ihn schon geleisteten Zahlungen so gestellt zu werden, wie er zu Beginn der Auszahlungsphase gestanden hat. ²Er kann die Übertragung des so errechneten Kapitals nach § 1 Absatz 1 Satz 1 Nummer 10 Buchstabe b verlangen. ³Der Anbieter des bisherigen Altersvorsorgevertrags darf dann vom Vertragspartner keine Kosten für die Übertragung des Kapitals verlangen. ⁴Das nach Satz 1 errechnete Kapital ist ab Beginn der Auszahlungsphase bis zu dessen Übertragung auf den anderen Altersvorsorgevertrag in Höhe des gesetzlichen Zinssatzes nach § 246 des Bürgerlichen Gesetzbuchs zu verzinsen.

I. Normzweck............................ 1	7. Angaben des Anlegers (Abs. 1 S. 5)........................... 13
II. Zu erteilende Information (Abs. 1) 2	III. Zeitpunkt der Informationserteilung und Kündigungsrecht des Anlegers (Abs. 2) 14
1. Anwendungsbereich (Abs. 1 S. 1).................... 2	IV. Sanktionen (Abs. 3)............... 18
2. Form und Höhe der vorgesehenen Auszahlungen (Abs. 1 Nr. 1) 3	1. Allgemeines................... 18
	2. Voraussetzungen (S. 1) 19
3. In der Auszahlungsphase anfallende Kosten (Abs. 1 Nr. 2) 7	3. Anbieterwechsel (S. 2)........ 21
	4. Keine Kosten für Übertragung (S. 3)..................... 22
4. Zeitpunkt der Information... 8	5. Verzinsung (S. 4) 23
5. Fiktion des Zahlungsbeginns (Abs. 1 S. 2 und 3)............. 9	V. Übergangsregelung............... 24
6. Informationsanspruch des Anlegers (Abs. 1 S. 4)........ 10	

I. Normzweck

1 Mit der Regelung soll sichergestellt werden, dass der Vertragspartner in engem zeitlichem Zusammenhang mit dem Beginn der Ansparphase Informationen über die Leistungen erhält, mit denen er in der Rentenphase rechnen kann. Ihm soll so die Möglichkeit gegeben werden, sich nach einem Anbieter umzusehen, der ihm höhere Leistungen in Aussicht stellt. Der Gesetzgeber nennt dabei vor allem die Fälle, in denen der Anbieter kein Versicherungsunternehmen ist. Da diese Anbieter sich in der Rentenphase eines VR bedienen müssen, erhält der Vertragspartner erst kurz vor der Ansparphase eine zuverlässigere Indikation über die zu erwartenden

Leistungen. Er soll so rechtzeitig die Möglichkeit erhalten, den Anbieter noch zu wechseln.[1] VR als Anbieter sind von der Vorschrift aber nicht ausgenommen. Auf diese Weise wird auch der Wettbewerb zwischen den Anbietern insgesamt gefördert. Verstöße sind mit einem abgestuften zivilrechtlichen Mechanismus sanktioniert. Auf diese Weise soll ihre Einhaltung sichergestellt werden. Zusätzlich ist ein Verstoß gegen Abs. 1 S. 1 ordnungswidrigkeitenrechtlich sanktioniert (s. § 13 S. 1 Nr. 4).

II. Zu erteilende Information (Abs. 1)

1. Anwendungsbereich (Abs. 1 S. 1). S. 1 setzt einen Altersvorsorgevertrag voraus, aus dem der Anbieter zu lebenslangen monatlichen Rentenzahlungen oder zur lebenslangen Verminderung des Nutzungsentgelts einer Genossenschaftswohnung verpflichtet ist, sei es frühestens grds. ab dem 62. Lebensjahr, sei es nach vorherigem Auszahlplan bzw befristeter Verminderung des Nutzungsentgelts spätestens ab dem 85. Lebensjahr nach Maßgabe von § 1 Abs. 1 S. 1 Nr. 4 Buchst. a) bzw b). VersVerträge kommen nur in Form der Rentenzahlungen in Betracht. Rechtsfolge ist dann die Verpflichtung zu den beiden Informationen des Abs. 1.

2. Form und Höhe der vorgesehenen Auszahlungen (Abs. 1 Nr. 1). Nach **Nr. 1** ist dies einmal Form und Höhe der vorgesehenen Auszahlungen. „**Form**" dürfte sich auf die Frage beziehen, ob von Beginn an eine lebenslange Rente oder erst ein Auszahlungsplan und ab dem 85. Lebensjahr eine lebenslange Rente vereinbart ist.

Bei der **Höhe** ist unklar, welches Kapital zugrunde zu legen ist. Es kann das zum Zeitpunkt der Information tatsächlich oder das nach planmäßiger Fortführung der Beitragszahlung und ggf Zuführung von Überschüssen voraussichtlich vorhandene sein. Ausgehend vom Zweck der Regelung sind beide Modelle zulässig. Entscheidend ist jeweils, dass der Vertragspartner den absoluten Betrag erfährt, der der Höhe der Auszahlung zugrunde gelegt worden ist. Mit dieser Information kann er Vergleichsangebote einholen. Bei beitragsfrei gestellten Verträgen dürfen künftige Beiträge nicht mehr zugrunde gelegt werden.

Unklar ist weiter, ob **Überschüsse** während der Auszahlungsphase zugrunde gelegt werden dürfen. Auch hier ergibt sich die Antwort aus dem Zweck der Regelung. Solche Überschüsse erschweren wegen ihres unsicheren Charakters die Vergleichbarkeit. Sie sollten daher nicht zugrunde gelegt werden. Es darf aber zusätzlich darüber informiert werden, dass Überschüsse die Leistungen erhöhen können. Ob konkrete Zahlenangaben auch noch zulässig sind, erscheint fraglich. Darunter wird die Klarheit der Information leiden.

Weiter sind Aussagen zu einer **Dynamisierung** der monatlichen Leistungen zu treffen. Dynamisierung meint dabei eine vereinbarte planmäßige Erhöhung, nicht die mögliche Erhöhung durch Überschüsse. Eine Aussage hierzu ist nach dem Wortlaut auch erforderlich, wenn keine Dynamisierung vereinbart ist. Bei einer vereinbarten Dynamisierung sind mindestens diese Tatsache wie auch Höhe und zeitlicher Turnus der Dynamisierung zu nennen.

3. In der Auszahlungsphase anfallende Kosten (Abs. 1 Nr. 2). Nach Nr. 2 sind die in der Auszahlungsphase anfallenden Kosten anzugeben. Hier erscheint es jedenfalls ausreichend, die Kosten gemäß der Kostenstruktur nach § 2a S. 1 Nr. 1 wiederzugeben. Aus der gesonderten Nr. 2 darf aber nicht geschlossen werden, dass unter Nr. 1 die Höhe der Leistungen vor diesen Kosten angegeben werden dürfte. Der Vertragspartner müsste dann erst die Kosten abziehen, um andere Angebote vergleichen zu können. Mit dieser Maßgabe erschiene die Information der Nr. 2 nutzlos. Erhält ein Vertragspartner bei hohen Kosten höhere Leistungen als bei einem Anbieter mit niedrigeren Kosten, wäre es unvernünftig, die Entscheidung

---

[1] BT-Drucks. 17/10818, S. 27.

von den Kosten abhängig zu machen. De lege ferenda könnte auf diese Angabe daher ohne Informationsverlust verzichtet werden. Als Grund für die Regelung führt der Gesetzgeber Fälle an, in denen die Kostenbelastung während der Rentenphase bei Vertragsschluss nicht bekannt ist.[2] Dies ist aber bei VersVerträgen nicht der Fall, sondern lediglich bei Verträgen anderer Anbietergruppen, die sich zur lebenslangen Verrentung eines VR bedienen müssen. Daher könnte bei VersVerträgen auf diese Information de lege ferenda in jedem Fall verzichtet werden.

8 **4. Zeitpunkt der Information.** Der Gesetzgeber schreibt in S. 1 lediglich einen frühesten Zeitpunkt für die Information vor. Dies ist nicht so zu verstehen, dass es untersagt wäre, diese Informationen vor dem Zeitpunkt zu erteilen. Der Zweck von „frühestens" erschließt sich erst aus der Systematik der abgestuften zivilrechtlichen Handlungsmöglichkeiten des Vertragspartners bei einem Verstoß gegen die Informationspflichten in § 7 b insgesamt (s. Rn 15 ff).

9 **5. Fiktion des Zahlungsbeginns (Abs. 1 S. 2 und 3).** Da ein Beginn der Auszahlungsphase nicht zwingend vereinbart werden muss, sondern dem Vertragspartner die Möglichkeit eingeräumt werden kann, ab dem 62. Lebensjahr den Beginn der Leistung selbst zu bestimmen, fingiert S. 2 Zahlungsbeginne für die Berechnung der Höhe der Leistungen nach S. 1 Nr. 1. Dabei korrelieren die beiden angegebenen Alter mit der Anhebung des Mindestalters zum 1.1.2012 (s. § 14 Abs. 2). Wird die Fiktion nach S. 2 zugrunde gelegt, so ist nach S. 3 darüber zu informieren, dass kein Beginn der Auszahlungsphase vereinbart ist. Gleichzeitig wird dann auch darüber zu informieren sein, welcher Beginn zugrunde gelegt ist.

10 **6. Informationsanspruch des Anlegers (Abs. 1 S. 4).** S. 4 gewährt dem Vertragspartner einen Anspruch auf Information, der geltend gemacht werden muss („auf Verlangen"). Verpflichteter ist „ein Anbieter". Dabei ist nach dem Wortlaut nicht klar, ob es der Anbieter ist, bei dem der Vertragspartner einen Vertrag unterhält, oder ob es (auch) ein anderer Anbieter eines Altersvorsorgevertrages ist. Voraussetzung ist in jedem Fall, dass der Anbieter bereit ist, Kapital im Wege eines sog. **Anbieterwechsels** nach § 1 Abs. 1 S. 1 Nr. 10 Buchst. b) zu übernehmen. Ein solcher Wechsel ist in zwei Varianten möglich, nämlich zu einem anderen Altersvorsorgevertrag desselben (sog. interner Anbieterwechsel) oder dem eines anderen Anbieters. Die Begründung gibt keinen Aufschluss, ob S. 4 nur den internen Anbieterwechsel im Blick hat. Seinem Zweck nach dürfte auch der externe Anbieterwechsel angesprochen sein. Es geht darum, dem Vertragspartner zu ermöglichen, auf dem Markt das für ihn beste Modell zu suchen. Würde sich die Regelung nur auf interne Anbieterwechsel beziehen, dann würde sie bei anderen Anbietern als Versicherern praktisch leer laufen. Die Bereitschaft eines Fondsanbieters, zum Beginn der Rentenphase noch Kapital zu übernehmen, dürfte gering sein, weil er die Rentenphase selbst nicht abbilden kann, sondern sich eines VR bedienen muss, da nur der das Langlebigkeitsrisiko übernehmen kann.[3]

11 Voraussetzung ist, dass der Beginn der Auszahlungsphase vereinbart ist. Auf die Fiktion von S. 2 ist nicht verwiesen. Damit wird in solchen Fällen Voraussetzung sein müssen, dass der Vertragspartner seinem Anbieter gegenüber den Zeitpunkt erklärt hat, zu dem er den Beginn der Auszahlung wünscht. Macht der Vertragspartner seinen Anspruch aus S. 4 geltend, so trägt er die **Darlegungslast** dafür, dass bis zum Beginn der Auszahlungsphase **weniger als zwei Jahre** verbleiben.

12 **Rechtsfolge** ist die Pflicht des Anbieters zur Information nach Satz 1 und „gegebenenfalls" Satz 3. Die Verweisung auf Satz 3 ist unverständlich. Danach hat der Anbieter darüber zu informieren, dass ein tatsächlicher Beginn der Auszahlungsphase nicht vereinbart ist. Macht der Vertragspartner den Anspruch gegenüber einem

---

2 BT-Drucks. 17/10818, S. 27.
3 S. BT-Drucks. 17/12219, S. 40; *Baroch Castellvi*, AltZertG, § 1 Rn 21.

Anbieter geltend, mit dem kein Altersvorsorgevertrag besteht, dann kann auch eine Vereinbarung über den Beginn der Auszahlungsphase weder bestehen noch fehlen. Macht er den Anspruch gegenüber seinem Anbieter geltend, dann besteht bezogen auf den – möglicherweise – intendierten Vertrag nach internem Anbieterwechsel ebenso wenig eine solche Vereinbarung. Für den bestehenden Vertrag muss eine solche Vereinbarung bereits existieren, anderenfalls fehlt es an der Voraussetzung von weniger als zwei Jahren vor Beginn der Auszahlungsphase. Sie erfordert, dass der Beginn der Auszahlungsphase feststeht.

7. Angaben des Anlegers (Abs. 1 S. 5). S. 5 bestimmt die zeitliche und betragsmäßige Grundlage der zu erteilenden Information aus S. 4. Sie richten sich nach den Angaben, die der Anleger macht. Bei einem auf einen externen Anbieterwechsel gerichteten Vertrag muss der Anbieter die Angaben des Anlegers nicht überprüfen. Bei einem intendierten internen Anbieterwechsel wird man vom Anbieter verlangen können, dass er auf offensichtliche Fehlvorstellungen zumindest im Hinblick auf den Übertragungswert hinweist, da er ihn kennen muss. Erteilt der Anbieter die Information, so wird man daraus keinen Kontrahierungszwang ableiten können. Der Anbieter erfüllt mit der Information seine gesetzliche Verpflichtung. Darin eine Willenserklärung des Anbieters zu sehen, den Vertrag mit dem Anleger in jedem Fall zu schließen, ginge zu weit. Anderenfalls liefe der Anspruch auf Information auf einen Kontrahierungszwang hinaus.

III. Zeitpunkt der Informationserteilung und Kündigungsrecht des Anlegers (Abs. 2)

S. 1 bestimmt den spätesten Zeitpunkt der Information nach Abs. 1 S. 1, nämlich **drei Monate vor Beginn der Auszahlungsphase.**

S. 2 räumt dem Anleger ein **Kündigungsrecht** zum Zwecke des Anbieterwechsels ein, wenn der Anbieter nicht spätestens neun Monate vor dem Beginn der Auszahlungsphase gem. Abs. 1 S. 1 informiert. Die Bedeutung der Regelung erschöpfte sich bei Einführung in der Modifizierung der Kündigungsfrist bei einem regulären Anbieterwechsel. Sie betrug nach § 1 Abs. 1 S. 1 Nr. 10 Buchst. b) in der Fassung vom 26.6.2001[4] drei Monate zum Quartalsende. Mit dem Gesetz zur Anpassung des nationalen Steuerrechts an den Beitritt Kroatiens zur EU und zur Änderung weiterer steuerlicher Vorschriften vom 25.7.2014[5] wurde ein generelles Kündigungsrecht zum Zwecke eines Anbieterwechsels zum Beginn der Auszahlungsphase eingeführt. Damit ist die frühere Verkürzung durch S. 2 obsolet geworden.

S. 3 hingegen verkürzt die **Kündigungsfrist auf 14 Tage,** wenn der Anbieter später als sechs Monate vor Beginn der Auszahlungsphase informiert.

S. 4 bestimmt, dass in allen Fällen die Fiktion von Abs. 1 S. 2 zugrunde zu legen und über die Tatsache zu informieren ist, dass ein Beginn der Auszahlungsphase nicht vereinbart ist, wenn dies zutrifft. Für die Frage der Einhaltung der Frist zur Information ist nach allgemeinen Regeln der Zugang beim Vertragspartner maßgeblich.

IV. Sanktionen (Abs. 3)

1. Allgemeines. Abs. 3 regelt die zivilrechtlichen Sanktionen bei Verstößen gegen die Verpflichtungen aus Abs. 1 und 2. Darüber hinaus kann ein Verstoß gegen Abs. 1 S. 1 auch ordnungswidrigkeitenrechtlich nach § 13 Abs. 1 Nr. 4 sanktioniert werden. Ihrer dogmatischen Natur nach wird man die Rechte aus Abs. 3 als gesetzlich geregelte Schadensersatzansprüche einordnen können. Weitergehende An-

---

4 BGBl. I 2001, S. 1323.
5 Durch Art. 15 Nr. 1 Buchst. a) Doppelbuchst. aa) des Gesetzes vom 25.7.2014 (BGBl. I S. 1266, 1290).

sprüche sind dadurch nicht ausgeschlossen, aber wohl nur in besonderen Fällen denkbar.

19 **2. Voraussetzungen (S. 1).** S. 1 setzt einen Verstoß gegen Abs. 1 oder 2 voraus. Die Verweisung ist ungenau. So ist sie für Abs. 1 auf S. 1–3 und für Abs. 2 auf S. 1 zu beschränken. Bei Abs. 1 kann der Anbieter eines intendierten externen Anbieterwechsels nicht zu den Rechtsfolgen von Abs. 3 verpflichtet sein. Sie beziehen sich auf den bestehenden Vertrag. Bei Abs. 2 enthalten die S. 2 und 3 bereits Sanktionen in Form von verkürzten Kündigungsrechten. Die Sanktionen sind abschließend. Kündigt der Anleger mit den dort normierten verkürzten Fristen, ist für die weiteren Sanktionen von Abs. 3 kein Raum. Kündigt er nicht, kann nicht die erweiterte Kündigungsmöglichkeit nach S. 1 bestehen, anderenfalls wären die verkürzten Kündigungsfristen sinnlos. Voraussetzung des S. 1 ist demnach ein Unterbleiben der Informationen nach Abs. 1 S. 1–3 bzw Abs. 2 S. 1 zu den dort vorgesehenen Zeitpunkten mit den vorgeschriebenen Inhalten.

20 Rechtsfolge ist ein Recht des Anlegers, so gestellt zu werden, wie er zu Beginn der Auszahlungsphase gestanden hat. Die bereits geleisteten Zahlungen können dabei abgezogen werden. Das bedeutet im Ergebnis ein **Kündigungsrecht**, das auch noch ein Jahr nach Beginn der Auszahlungsphase ausgeübt werden kann. Nach allgemeinen Grundsätzen ist dabei der Zugang des Verlangens innerhalb des Jahres maßgeblich.

21 **3. Anbieterwechsel (S. 2).** S. 2 konkretisiert das Verlangen hin zu einem Anbieterwechsel. Nach dem Gesetz „kann" der Anleger die Übertragung verlangen. Dies wird man nicht dahin verstehen können, dass er alternativ auch die Auszahlung des Kapitals verlangen kann. Das würde die steuerliche Förderung ins Leere laufen lassen. Vielmehr wird man „kann" hier als „muss" verstehen müssen.

22 **4. Keine Kosten für Übertragung (S. 3).** S. 3 verbietet es, für die Übertragung Kosten zu verlangen. Das Recht, hierfür grds. Kosten vereinbaren zu dürfen, ergibt sich aus § 2 a S. 1 Nr. 2 Buchst. a).

23 **5. Verzinsung (S. 4).** S. 4 regelt die Verzinsung des zu übertragenden Kapitals. Dabei sieht der eindeutige Wortlaut keine gestaffelte Verzinsung des Kapitals vor, das sich jeweils nach Abzug einer gezahlten Rente ergibt, sondern es ist das Kapital abzüglich gezahlter Renten ab dem Beginn der Auszahlungsphase zu verzinsen.

V. Übergangsregelung

24 Die Regelung ist erstmals am ersten Tag des 18. Monats anzuwenden, der der Verkündung der Rechtsverordnung nach § 6 S. 1 folgt (§ 14 Abs. 6 S. 2). Da es sich hier um laufende Informationspflichten handelt, gilt die Regelung auch für Verträge, die bereits in der Vergangenheit abgeschlossen worden sind. Dabei ergeben sich aus den unterschiedlichen Zeiträumen von § 7 b Abgrenzungsfragen. Die Zeiträume gehen von zwei Jahren (Abs. 1 S. 1) bis drei Monaten (Abs. 2 S. 1). Zwei Varianten sind zu unterscheiden, nämlich die zwei Jahre vor Beginn der Ansparphase beginnen nach oder sie beginnen vor erstmaliger Anwendung des Gesetzes. Im ersten Fall kommt § 7 b ohne Weiteres zur Anwendung. Im zweiten Fall müssten die Informationspflicht nach Abs. 2 S. 1 angewendet werden, die nach Abs. 1 S. 1 nicht, weil sie vor dem erstmaligen Anwendungszeitpunkt der Vorschrift liegt. Es erschiene vor dem Hintergrund des Zwecks der Regelung wenig befriedigend, in dem Fall ihre Anwendung insgesamt auszuschließen. Dies würde bedeuten, dass die Information nach Abs. 2 S. 1 im Ergebnis um weitere 21 Monate nach hinten verschoben würde. Sachgerecht erscheint es in diesen Fällen, zwar die Informationspflicht nach Abs. 1 S. 2 anzuwenden, aber die Rechtsfolgen der fehlenden Information nach Abs. 1 S. 1 noch nicht. Entsprechendes gilt dann für die Informationspflicht spätestens neun bzw sechs Monate vor Beginn der Ansparphase nach Abs. 2 S. 2 bzw Abs. 2 S. 3.

§ 7c Kostenänderung

¹Ein Anbieter hat dem Vertragspartner eine Änderung der Kosten anzuzeigen, die im individuellen Produktinformationsblatt nach § 7 Absatz 1 ausgewiesen sind. ²Bei einer Kostenänderung vor Beginn der Auszahlungsphase hat er dazu dem Vertragspartner ein angepasstes individuelles Produktinformationsblatt oder ein Blatt, das mindestens die Angaben nach § 7 Absatz 1 Satz 2 Nummer 1, 9, 10 und 13 enthält, mit einer Frist von mindestens vier Monaten zum Ende eines Kalendervierteljahres vor der Änderung der Kosten auszustellen. ³Der Berechnung des Preis-Leistungs-Verhältnisses sind die Wertentwicklungen zugrunde zu legen, die den Berechnungen im vor Vertragsabschluss zur Verfügung gestellten individuellen Produktinformationsblatt zugrunde gelegen haben. ⁴Bei Altersvorsorgeverträgen in Form eines Darlehens oder Altersvorsorgeverträgen im Sinne des § 1 Absatz 1a Nummer 3 treten an die Stelle der verkürzten Angaben nach Satz 2 zweite Alternative die Angaben nach § 7 Absatz 1 Satz 2 Nummer 1, 8 und 9. ⁵Bei Basisrentenverträgen nach § 10 Absatz 1 Nummer 2 Buchstabe b Doppelbuchstabe bb des Einkommensteuergesetzes treten an die Stelle der verkürzten Angaben nach Satz 2 zweite Alternative die Angaben nach § 7 Absatz 1 Satz 2 Nummer 1, 9 und 11. ⁶Ab dem Beginn der Auszahlungsphase sind die in der Auszahlungsphase anfallenden Kosten auf einem gesonderten Blatt auszuweisen. ⁷Kosten, die im individuellen Produktinformationsblatt oder dem Blatt nach Satz 2 zweite Alternative oder den Sätzen 4 bis 6 nicht ausgewiesen sind, muss der Vertragspartner nicht übernehmen.

I. Normzweck

Als Zweck der Regelung bezeichnet der Gesetzgeber, dass der Vertragspartner zu jedem Zeitpunkt über die Kostenbelastung seines Vertrages informiert sein soll. Bei einer Änderung soll ihm ausreichend Zeit bleiben, um ggf den Anbieter zu wechseln.[1] Damit beschreibt die Regelung nicht die materiellen Voraussetzungen für Änderungen der Kosten, sondern lediglich ein Verfahren der Information darüber. Ob Kosten geändert werden können, hängt vom jeweiligen (Sonder-)Vertragsrecht der Anbietergruppe ab.

II. Anwendungsbereich

Bei Versicherungsverträgen werden die Kosten einkalkuliert und dem VN bei Information nach der VVG-InfoV offengelegt (s. § 2 Abs. 1 Nr. 1 VVG-InfoV). Unterliegt der Vertrag den Informationspflichten nach §§ 7 ff, ergibt sich die Offenlegung der Kosten aus § 7 Abs. 1 S. 2 Nr. 9. Diese Kosten müssen nach § 11 Abs. 1 S. 1 VAG so ausreichend kalkuliert sein, dass das Unternehmen künftig allen seinen Verpflichtungen nachkommen kann. Demnach zwingt das Gesetz bei Lebensversicherungsverträgen dazu, vorsichtig zu kalkulieren und damit überhöhte Kosten anzusetzen. Das Korrektiv findet sich dann in der Beteiligung am Überschuss nach § 153 VVG.[2] Eine Änderung des so fixierten Preis-Leistungs-Verhältnisses ist bei VersVerträgen dann nur noch in Ausnahmefällen unter den engen Voraussetzungen von § 163 VVG möglich. Damit ist § 7c kein Instrument, um Fehler in der Kalkulation der Kosten des VR zu korrigieren. Denkbarer **Anwendungsbereich** von § 7c sind demnach Kosten, die der VR bei Beginn nicht in der Weise einkalkulieren kann, wie dies üblich ist. Derzeit sind dies die **Verwaltungskosten der Fondsanbieter bei fondsgebundenen VersVerträgen**, soweit sie von der Fondsgesellschaft unmittelbar dem Fondsvermögen entnommen werden. Erhöhen sich diese Kosten, hat der VR nur die Möglichkeit, nach den Maßgaben von § 7c diese Belastung an die Vertragspartner weiterzugeben.

---

1 BT-Drucks. 17/10818, S. 27 f.
2 Zu dem Mechanismus s. näher Prölss/*Präve*, VAG, § 11 Rn 6 f.

III. Systematik der Regelung

3 Die Systematik von § 7c ist wie folgt: S. 1 regelt den **Grundsatz**. Danach bedarf eine Änderung der im Produktinformationsblatt ausgewiesenen Kosten der Anzeige durch den Anbieter. S. 2–6 regeln **Einzelheiten des Verfahrens** zur Änderung vor Beginn der Auszahlungsphase. S. 6 regelt dasselbe für Änderung ab Beginn der Auszahlungsphase. S. 7 schließlich trifft die deklaratorische Aussage für beide Fälle, dass nicht ausgewiesene Kosten vom Vertragspartner nicht zu tragen sind.

IV. Regelung im Einzelnen

4 S. 1 knüpft an die Darstellung der Kosten im Produktinformationsblatt an und verlangt die Anzeige bei deren Änderung.

5 S. 2 regelt Einzelheiten des Verfahrens bei Änderungen vor Beginn der Auszahlungsphase. Dies deckt nach dem Wortlaut die gesamte Ansparphase ab. Dem Vertragspartner ist entweder ein neues vollständiges Produktinformationsblatt mit den geänderten Angaben oder ein Blatt mit näher bezeichneten Mindestangaben des Katalogs von § 7 Abs. 1 S. 1 „auszustellen", was nichts anderes bedeuten kann als „auszuhändigen". Die Frist hierfür beträgt mindestens vier Monate zum Quartalsende. Erst dann können die geänderten Kosten in Ansatz gebracht werden. Für VR bedeutet dies, dass sie die Fondsgesellschaft verpflichten sollten, Kostenänderungen erst mit diesem Vorlauf einzuführen. Anderenfalls muss der VR für den Zeitraum bis dahin die Kosten selbst tragen.

6 S. 3 stellt klar, dass die Wertentwicklungen des vor Vertragsschluss ausgehändigten Produktinformationsblattes auch für die der geänderten Kosten zugrunde zu legen sind.

7 S. 4 betrifft nicht VersVerträge.

8 S. 5 enthält eine angepasste Sonderregelung zum Umfang der Informationen für Basisrentenverträge, die Berufsunfähigkeit bzw verminderte Erwerbsfähigkeit absichern.

9 S. 6 regelt das Verfahren bei Kostenänderungen ab Beginn der Auszahlungsphase. Für VR dürfte diese Regelung ausgehend davon, dass sie nur auf die Änderung von Kosten der Fonds Anwendung findet, kaum relevant sein, es sei denn, auch die Auszahlungsphase würde fondsgebunden gestaltet.

10 S. 7 stellt klar, dass Kosten, über die nicht informiert worden ist, nicht in Ansatz gebracht werden dürfen. Dabei bezieht sich diese Regelung systematisch nur auf Kostenänderungen nach Vertragsschluss.[3] Sind Kosten vor Vertragsschluss nicht angegeben worden, dürfen sie aber bereits nach allgemeinen Regeln nicht in Ansatz gebracht werden.[4]

V. Übergangsregelung

11 Die Regelung gilt erst für Verträge, die ab erstmaligen Anwendungszeitpunkt der Rechtsverordnung nach § 6 S. 1 abgeschlossen werden (§ 14 Abs. 6 S. 3 iVm S. 2).

---

[3] BT-Drucks. 17/10818, S. 28; wohl weitergehend *Rudkowski*, VersR 2013, 1504, 1506.
[4] *Franz*, DB 2013, 1988, 1990.

Gesetz über die Pflichtversicherung für Kraftfahrzeughalter (Pflichtversicherungsgesetz)

In der Fassung der Bekanntmachung vom 5.4.1965 (BGBl. I S. 213)
(BGBl. III 925-1)
zuletzt geändert durch Art. 2 Abs. 48 des Gesetzes zur Modernisierung der Finanzaufsicht über Versicherungen vom 1.4.2015
(BGBl. I S. 434, 560)

Erster Abschnitt: Pflichtversicherung

§ 1 [Versicherungspflicht]

Der Halter eines Kraftfahrzeugs oder Anhängers mit regelmäßigem Standort im Inland ist verpflichtet, für sich, den Eigentümer und den Fahrer eine Haftpflichtversicherung zur Deckung der durch den Gebrauch des Fahrzeugs verursachten Personenschäden, Sachschäden und sonstigen Vermögensschäden nach den folgenden Vorschriften abzuschließen und aufrechtzuerhalten, wenn das Fahrzeug auf öffentlichen Wegen oder Plätzen (§ 1 des Straßenverkehrsgesetzes) verwendet wird.

I. Allgemeines und Geltungsbereich

1. Regelungsgehalt. Durch die Neufassung des VVG 2008 sind verschiedene Vorschriften, die früher im PflVG enthalten waren (insb. § 3 PflVG aF), in die §§ 113–124 VVG, die allgemein die Pflichtversicherung betreffen, übernommen worden. Das PflVG regelt seither nur noch Besonderheiten der Kfz-Haftpflichtversicherung. 1

2. Unfälle im Inland mit ausländischer Beteiligung. Bei Unfällen mit Auslandsbezug gelten abweichende Vorschriften. Hat ein Kfz seinen Standort im Ausland, wird die Versicherungspflicht durch das „Gesetz über die Haftpflichtversicherung für ausländische Kraftfahrzeuge und Kraftfahrzeuganhänger"[1] (**AuslPflVG**) geregelt. Das Gesetz ist zwischenzeitlich an die Neufassung des VVG 2008 angepasst.[2] Dies trifft insb. für die Regelung des Direktanspruchs zu. § 3 PflVG und die §§ 115, 116, 117 Abs. 1, die §§ 119, 120 und 124 Abs. 1 und 2 VVG finden Anwendung. 2

Bei einem Unfall eines im Ausland zugelassenen Fahrzeugs in Deutschland greift das **Grüne-Karte-System** ein. Dieses System soll dem Betroffenen das gleiche Mindestentschädigungsniveau sichern wie bei einem Unfall durch ein inländisches Kfz.[3] In Deutschland werden seit 1994 die Aufgaben von dem „**Deutsches Büro Grüne Karte e.V.**" wahrgenommen.[4] Der Geschädigte kann den Verein unmittelbar nach § 6 AuslPflVG in Anspruch nehmen.[5] Außerdem ist es möglich, die Klage gegen den ausländischen VR zu richten.[6] 3

3. Unfälle im Ausland. Bei Unfällen im Ausland ist Art. 40 Abs. 1 EGBGB anzuwenden. Ansprüche unterliegen dem Handlungsortrecht (S. 1) oder dem Recht des Erfolgsortes (S. 2). Diese Regelungen werden nach Art. 41 Abs. 2 EGBGB durch- 4

---

[1] Vom 24.7.1956 (BGBl. I S. 667).
[2] Art. 4 des Gesetzes zur Änderung versicherungsrechtlicher Vorschriften vom 24.4.2013 (BGBl. I S. 932, 934); dazu Feyock/Jacobsen/Lemor/*Feyock*, Vor § 113 VVG Rn 5.
[3] S. im Einzelnen Feyock/Jacobsen/Lemor/*Lemor*, 4. Teil A. AuslUnf Rn 10 ff.
[4] Anschrift: Wilhelmstraße 43/43 G, 10117 Berlin.
[5] Vgl BGH 1.7.2008 – VI ZR 188/07, VersR 2008, 1273.
[6] BGH 23.11.1971 – VI ZR 97/10, BGHZ 57, 265 = VersR 1972, 255 (sog. Direktionsklage).

brochen, wenn zu dem Recht eines Staates eine „wesentlich engere Verbindung" als zu dem Recht des Unfallortes besteht. Das ist zB der Fall bei vertraglichen Sonderrechtsbeziehungen.[7]

5 Eine Vereinfachung der Regulierung von Verkehrsunfällen auf dem Gebiet der EU und des EWR sowie der Schweiz hat die 4. KH-Richtlinie der EU aus dem Jahre 2000 gebracht. Diese wurde nach näherer Maßgabe durch die 5. KH-Richtlinie und die 6. KH-Richtlinie im Jahre 2009 nach näherer Maßgabe abgeändert.[8] § 12 a Abs. 1, 4 regelt Einzelheiten des Systems der Regulierung von Unfällen im Ausland. Die nach der 6. KH-Richtlinie vorgesehene nationale Entschädigungsstelle ist in Deutschland der rechtsfähige Verein „**Verkehrsopferhilfe e.V.**".[9] Der Geschädigte, der seinen Wohnsitz in Deutschland hat, kann sich bei einem Unfall, der sich im Geltungsbereich der 6. KH-Richtlinie ereignet hat, nach Maßgabe des § 12 a an den Verein Verkehrsopferhilfe wenden.[10] Nach Erhebung des Anspruchs ist das Büro zur Regulierung befugt und **aktiv- bzw passivlegitimiert**. Ein mit der Regulierung befasstes **Korrespondenzunternehmen** ist dagegen nicht passivlegitimiert.[11]

6 Im Bereich der EU kann ein Geschädigter eines Verkehrsunfalls an seinem Wohnsitz gegen den Kfz-Haftpflichtversicherer des Unfallgegners, der seinen Geschäftssitz oder eine mit der Regulierung befasste Niederlassung innerhalb der EU hat, klagen.[12]

II. Versicherungspflicht

7 Die Versicherungspflicht besteht für den **Halter** des Kfz. Für die Haltereigenschaft kommt es nicht auf das Eigentum am Fahrzeug an, obwohl das Eigentum ein starkes Indiz für den Schluss auf die Position des Halters darstellt. Maßgebend ist, wer das Fahrzeug für eigene Rechnung in Gebrauch hat und die Verfügungsgewalt besitzt.[13] Die Zuteilung des amtlichen Kennzeichens ist nicht entscheidend.

III. Kraftfahrzeug und Anhänger; Gebrauch

8 Die Vorschrift richtet sich an den Halter eines **Kfz**. Er muss für sich, den Eigentümer und den Fahrer eine Haftpflichtversicherung abschließen, die durch den **Gebrauch des Fahrzeugs** verursachte Personen-, Sach- und sonstige Vermögensschäden abdeckt. Der Begriff des Kfz bestimmt sich nach § 2 Nr. 1 FZV. Darunter fallen Landfahrzeuge, die durch Maschinenkraft bewegt und nicht dauerhaft spurgeführt werden. Das sind zB Pkw, Lkw, Sattelfahrzeuge, Zugmaschinen, Omnibusse, Gabelstapler, selbstfahrende Arbeitsmaschinen, Bagger, Krafträder, Mopeds und Fahrräder mit Hilfsmotor.

9 Auch bezüglich **Anhänger** besteht Versicherungspflicht. Es handelt sich nach § 2 Nr. 2 FZV um zum Anhängen an ein Kfz bestimmte und geeignete Fahrzeuge, gleichgültig, ob sie dem Zweck der Personen- oder Sachbeförderung dienen oder Arbeitsgeräte sind. Anhänger eines Pkw, Lkw, Omnibus, einer Zugmaschine oder

---

7 Vgl *Looschelders*, VersR 1999, 1321.
8 Vgl im Einzelnen Stiefel/Maier/*Riedmeyer*, AuslUnf Rn 3 ff.
9 Anschrift: Wilhelmstraße 43/43 G, 10117 Berlin.
10 Zum Verfahren s. Stiefel/Maier/*Riedmeyer*, AuslUnf Rn 34 ff.
11 OLG Hamm 21.9.1970 – 13 U 142/69, VersR 1972, 1040.
12 Vgl EuGH 13.12.2007 – C 463/06, VersR 2008, 111; BGH 6.5.2008 – VI 200/05, VersR 2008, 955.
13 Vgl BGH 23.5.1960 – II ZR 132/58, BGHZ 32, 331 = NJW 1960, 1572; BGH 3.12.1991 – VI ZR 378/90, BGHZ 116, 200 = VersR 1992, 437 (Mieter); BGH 22.3.1983 – VI ZR 108/81, NJW 1983, 1492 = VersR 1983, 656 (Leasingnehmer).

eines Kraftrades sind erfasst. Keine Anhänger sind abgeschleppte, betriebsunfähige Fahrzeuge, da es an einer erforderlichen Selbständigkeit fehlt.[14]

Unter **Gebrauch** fallen die mit der Nutzung verbundenen typischen Gefahren. Versichertes Wagnis ist die typische, vom Gebrauch des Kfz selbst und unmittelbar ausgehende Gefahr. Erfasst sind **Reparieren, Entladen** oder **Autowäsche**.[15] Der Gebrauch geht über den Betriebsbegriff des § 7 StVG hinaus. Die Versicherungspflicht betrifft nicht nur die Gefährdungshaftung, sondern sämtliche Gefahren, die von einem Fahrzeug ausgehen,[16] wobei Adäquanz erforderlich ist.[17]

IV. Mitversicherte

Mitversicherte Personen sind Halter, Eigentümer und Fahrer. Dieser Kreis wird in § 2 Abs. 2 KfzPflVV erweitert auf Beifahrer, Omnibusschaffner, Arbeitgeber und öffentliche Dienstherren.

§ 2 [Befreiung von der Versicherungspflicht]

(1) § 1 gilt nicht für
1. die Bundesrepublik Deutschland,
2. die Länder,
3. die Gemeinden mit mehr als einhunderttausend Einwohnern,
4. die Gemeindeverbände sowie Zweckverbände, denen ausschließlich Körperschaften des öffentlichen Rechts angehören,
5. juristische Personen, die von einem nach *§ 1 Abs. 3 Nr. 3 des Versicherungsaufsichtsgesetzes*[1] von der Versicherungsaufsicht freigestellten Haftpflichtschadenausgleich Deckung erhalten,
6. Halter von
   a) Kraftfahrzeugen, deren durch die Bauart bestimmte Höchstgeschwindigkeit sechs Kilometer je Stunde nicht übersteigt,
   b) selbstfahrenden Arbeitsmaschinen und Staplern im Sinne des § 3 Abs. 2 Satz 1 Nr. 1 Buchstabe a der Fahrzeug-Zulassungsverordnung, deren Höchstgeschwindigkeit 20 Kilometer je Stunde nicht übersteigt, wenn sie den Vorschriften über das Zulassungsverfahren nicht unterliegen,
   c) Anhängern, die den Vorschriften über das Zulassungsverfahren nicht unterliegen.

(2) [1]Die nach Absatz 1 Nrn. 1 bis 5 von der Versicherungspflicht befreiten Fahrzeughalter haben, sofern nicht auf Grund einer von ihnen abgeschlossenen und den Vorschriften dieses Gesetzes entsprechenden Versicherung Haftpflichtversiche-

---

14 Vgl Feyock/Jacobsen/Lemor/*Feyock*, § 1 PflVG Rn 6; zur Doppelversicherung eines versicherungspflichtigen Gespanns BGH 27.10.2010 – IV ZR 279/08, VersR 2011, 105; BGH 19.12.2012 – IV ZR 21/11, VersR 2013, 354; BGH 4.3.2014 – IV ZR 128/14, VersR 2015, 571 (zu A.2.3.2 AKB, Anhänger als gezogenes Fahrzeug); zum Betriebsschaden bei Kollision Sattelzug/Auflieger OLG Hamm 9.7.2014 – 20 U 13/13, r+s 2015, 131.
15 Vgl BGH 10.7.1980 – IVa ZR 17/80, VersR 1980, 1039.
16 BGH 10.7.1980 – IVa ZR 17/80, BGHZ 78, 52 = VersR 1980, 1039.
17 Vgl OLG Hamm 29.5.1987 – 20 W 73/86, r+s 1987, 213; OLG Hamm 13.12.1984 – 27 U 149/84.
1 *Kursive Hervorhebung:* Fassung bis 31.12.2015. – **Fassung ab 1.1.2016:** „*§ 3 Absatz 1 Nummer 4 des Versicherungsaufsichtsgesetzes*". – Siehe Art. 2 Abs. 48 Nr. 1 des Gesetzes zur Modernisierung der Finanzaufsicht über Versicherungen vom 1.4.2015 (BGBl. I S. 434, 560). Zum Inkrafttreten s. Art. 3 Abs. 1 S. 1.

rungsschutz gewährt wird, bei Schäden der in § 1 bezeichneten Art für den Fahrer und die übrigen Personen, die durch eine auf Grund dieses Gesetzes abgeschlossene Haftpflichtversicherung Deckung erhalten würden, in gleicher Weise und in gleichem Umfang einzutreten wie ein Versicherer bei Bestehen einer solchen Haftpflichtversicherung. ²Die Verpflichtung beschränkt sich auf den Betrag der festgesetzten Mindestversicherungssummen. ³Wird ein Personen- oder Sachschaden verursacht, haftet der Fahrzeughalter im Verhältnis zu einem Dritten auch, wenn der Fahrer den Eintritt der Tatsache, für die er dem Dritten verantwortlich ist, vorsätzlich und widerrechtlich herbeigeführt hat. ⁴§ 12 Abs. 1 Satz 2 bis 5 gilt entsprechend. ⁵Die Vorschriften der §§ 100 bis 124 des Versicherungsvertragsgesetzes sowie der §§ 3 und 3b sowie die Kraftfahrzeug-Pflichtversicherungsverordnung sind sinngemäß anzuwenden. ⁶Erfüllt der Fahrzeughalter Verpflichtungen nach Satz 1, so kann er in sinngemäßer Anwendung der §§ 116 und 124 des Versicherungsvertragsgesetzes Ersatz der aufgewendeten Beträge verlangen, wenn bei Bestehen einer Versicherung der Versicherer gegenüber dem Fahrer oder der sonstigen mitversicherten Person leistungsfrei gewesen wäre; im übrigen ist der Rückgriff des Halters gegenüber diesen Personen ausgeschlossen.

I. Befreiung von der Versicherungspflicht (Abs. 1)

1 Nach Abs. 1 werden bestimmte Halter von der Versicherungspflicht befreit, weil davon auszugehen ist, dass ihre Zahlungsfähigkeit im Hinblick auf den Schutzzweck des PflVG – Verkehrsopferschutz – ausreichend ist.

2 Sinkt bei Gemeinden nach **Nr. 3** die Einwohnerzahl unter die Grenze, werden sie versicherungspflichtig. **Nr. 5** nimmt Bezug auf § 1 Abs. 3 Nr. 3 VAG. Erfasst sind nach näherer Maßgabe nicht rechtsfähige Zusammenschlüsse von Gemeinden und Gemeindeverbänden, die von der Versicherungsaufsicht frei sind, soweit sie durch Umlegung Schäden ausgleichen. Ob eine solche Privilegierung noch gerechtfertigt ist, erscheint nach dem Sinn und Zweck des PflVG zweifelhaft.[1]

3 Nach **Nr. 6** sind die dort erwähnten Fahrzeuge von der Versicherungspflicht ausgeschlossen. Die durch die Bauart bestimmte Höchstgeschwindigkeit von 6 km/h darf nicht überschritten werden (Buchst. a); kann das Fahrzeug schneller fahren und wird nur gedrosselt, besteht Versicherungspflicht. Selbstfahrende Arbeitsmaschinen (§ 2 Nr. 17 FZV) und Stapler (§ 2 Nr. 18 FZV) iSv § 3 Abs. 2 S. 1 Nr. 1 Buchst. a FZV, deren Höchstgeschwindigkeit 20 km/h nicht überschreitet, sind ebenfalls befreit, wenn sie den Vorschriften über das Zulassungsverfahren nicht unterliegen (Buchst. b). Anhänger, die dem Zulassungsverfahren nicht unterliegen, sind in § 3 Abs. 2 Nr. 2 Buchst. a–i FZV aufgeführt (Buchst. c).

II. Quasiversicherer (Abs. 2 S. 1, 2 und 5)

4 **Abs. 2 S. 1** regelt, dass die von der Versicherungspflicht befreiten Halter den Geschädigten wie ein Kfz-Haftpflichtversicherer haften. Sie sind sog. **Quasiversicherer**, auch **Eigenversicherer** genannt. Mitversicherte sind die in § 2 Abs. 2 KfzPflVV genannten Personen.

5 Der Abschluss einer Kfz-Haftpflichtversicherung ist bei den befreiten Haltern nicht verboten. Eine Eigenhaftung nach Abs. 2 kann entfallen, wenn die abgeschlossene Kfz-Haftpflichtversicherung den Vorschriften des PflVG entspricht.[2] Dann besteht auch der Direktanspruch gegen den VR.[3]

---

1 Kritisch Feyock/Jacobsen/Lemor/*Feyock*, § 2 PflVG Rn 3f (zur entsprechenden Anwendung des PflVG auf die Schadensausgleiche als Versicherungseinrichtung).
2 Zutreffend Prölss/Martin/*Knappmann*, § 2 PflVG Rn 8.
3 BGH 17.2.1987 – VI 75/86, r+s 1987, 277; Langheid/Wandt/*Brand*, § 113 VVG Rn 8.

Der **Umfang** der Deckung nach **Abs. 2 S. 2** ist auf die Mindestversicherungssumme   6
beschränkt, soweit der Anspruch gegen die Körperschaft in ihrer Eigenschaft als
Quasiversicherer gerichtet ist. Unabhängig davon besteht die materielle Haftung
als Halter.

Die §§ 100–124 VVG und §§ 3, 3 b PflVG sind nach **Abs. 2 S. 5** sinngemäß anzu-   7
wenden. Damit wird klargestellt, dass auch der Direktanspruch des Geschädigten,
soweit er sich gegen Fahrer und Mitversicherte richtet, gegen die befreite Körperschaft gegeben ist. Nachdem der in früheren Gesetzesfassungen enthaltene Hinweis auf die „von der Aufsichtsbehörde genehmigten" AVB entfallen ist, erscheint
zweifelhaft, ob und welche Bestimmungen der AKB anzuwenden sind. Vorschriften, die zum Kernbereich der Haftpflichtversicherung gehören, dürften entsprechend anwendbar sein.[4] Dazu wird die Vertretungsvollmacht gerechnet.[5] Für die
unmittelbare Anwendung von Musterbedingungen des GDV[6] besteht allerdings
kein Raum. Eine entsprechende Anwendung der Vorschriften über Aufklärungsobliegenheiten in AKB (zB im Falle von Unfallflucht) kann nach dem Sinn und
Zweck des PflVG und der KfzPflVV zur Regelung der Lücke geboten sein. Im Übrigen gelten die Vorschriften, die zum Kernbereich der Haftpflichtversicherung gehören. Andernfalls müssten arbeitsrechtliche oder dienstrechtliche Vereinbarungen
getroffen werden, wobei der Rahmen der KfzPflVV zu beachten ist.[7]

III. Regress (Abs. 2 S. 6)

Gemäß Abs. 2 S. 6 finden die §§ 116 und 124 VVG sinngemäß Anwendung. Der   8
befreite Halter wird Gesamtschuldner und hat die Regressmöglichkeiten, die
einem haftungsbefreiten Kfz-Haftpflichtversicherer gegen den VN oder Mitversicherten zustünden. Hat ein Beamter als Fahrer eines Dienstwagens in Ausübung
seines Amtes einen Verkehrsunfall grob fahrlässig verursacht, so kann der Dienstherr gegen den Beamten nur insoweit Rückgriff nehmen, als die Schadensersatz-
leistungen die Mindestversicherungssummen überschreiten.[8] Bei vorsätzlicher Herbeiführung ist Regress unbeschränkt gegeben.

§ 3 [Leistungspflicht des Versicherers; Abweichungen vom VVG]

[1]Ist der Versicherer gegenüber dem Versicherungsnehmer nicht zur Leistung verpflichtet, weil das Fahrzeug den Bau- und Betriebsvorschriften der Straßenver-
kehrs-Zulassungs-Ordnung nicht entsprach oder von einem unberechtigten Fahrer
oder von einem Fahrer ohne die vorgeschriebene Fahrerlaubnis geführt wurde,
kann der Versicherer den Dritten abweichend von § 117 Abs. 3 Satz 2 des Versicherungsvertragsgesetzes nicht auf die Möglichkeit verweisen, Ersatz seines Schadens
von einem anderen Schadensversicherer oder von einem Sozialversicherungsträger
zu erlangen. [2]Soweit der Dritte jedoch von einem nach § 2 Abs. 1 Nr. 1 bis 5 von
der Versicherungspflicht befreiten Fahrzeughalter Ersatz seines Schadens erlangen
kann, entfällt die Leistungspflicht des Versicherers.

---

4 Feyock/Jacobsen/Lemor/*Feyock*, § 2 PflVG Rn 13; Prölss/Martin/*Knappmann*, § 2 PflVG
 Rn 5.
5 Feyock/Jacobsen/Lemor/*Feyock*, § 2 PflVG Rn 13.
6 Prölss/Martin/*Knappmann*, § 2 PflVG Rn 5.
7 Prölss/Martin/*Knappmann*, § 2 PflVG Rn 5.
8 BGH 26.9.1985 – II ZR 61/84, VersR 1986, 180.

I. Allgemeines

1 S. 1 entspricht der früheren Regelung des § 3 Nr. 6 S. 1 Hs 2 aF. Nachdem die speziellen Vorschriften für die Pflicht-Haftpflichtversicherung in die §§ 113–124 VVG aufgenommen wurden, verblieb die ergänzende Regelung zu § 117 VVG in § 3.

II. Ausnahmen vom Verweisungsprivileg (S. 1)

2 Soweit der VR nach § 117 Abs. 3 S. 2 VVG bei Leistungsfreiheit an andere Schaden- und Sozialversicherungsträger verweisen kann, darf er dies in den in S. 1 genannten Fällen nicht. Entsprach das Fahrzeug nicht den Bau- und Betriebsvorschriften der StVZO (§§ 30 ff StVZO), ist der VR wegen Gefahrerhöhung (§§ 23 ff VVG) von der Leistung ganz oder teilweise (§ 26 VVG) frei. Weiter entfällt das Verweisungsprivileg bei Obliegenheitsverletzungen nach D.1.2, D.1.3, D.3 AKB 2008 (§ 5 Abs. 1 Nr. 3 und 4 KfzPflVV), also **Schwarzfahrt** bzw **Fahren ohne vorgeschriebene Fahrerlaubnis**. Liegt eine weitere Obliegenheitsverletzung vor (zB Trunkenheit) oder besteht Leistungsfreiheit aus anderen Gründen (zB Prämienverzug), bleibt das Verweisungsprivileg erhalten.[1] Eine erweiternde Auslegung ist ausgeschlossen.[2]

III. Entfallende Leistungspflicht (S. 2)

3 Bestehen Ansprüche gegen einen von der Versicherungspflicht bereiten Halter (§ 2 Abs. 1 Nr. 1–5), entfällt die Leistungspflicht des VR. Das Verweisungsprivileg bleibt demnach bestehen. Die Regelung hat ihren Grund darin, dass der befreite Halter als Quasiversicherer zu behandeln ist. Nimmt der Geschädigte einen anderen Schadenversicherer oder einen Sozialversicherungsträger in Anspruch, geht auch der Direktanspruch gegen den Kfz-Haftpflichtversicherer im Rahmen des § 117 über.[3]

§ 3 a [Geltendmachung des Anspruchs nach § 3 Nr. 1]

(1) Macht der Dritte den Anspruch nach § 115 Abs. 1 des Versicherungsvertragsgesetzes geltend, gelten darüber hinaus die folgenden Vorschriften:

1. Der Versicherer oder der Schadenregulierungsbeauftragte haben dem Dritten unverzüglich, spätestens innerhalb von drei Monaten, ein mit Gründen versehenes Schadenersatzangebot vorzulegen, wenn die Eintrittspflicht unstreitig ist und der Schaden beziffert wurde, oder eine mit Gründen versehene Antwort auf die in dem Antrag enthaltenen Darlegungen zu erteilen, sofern die Eintrittspflicht bestritten wird oder nicht eindeutig feststeht oder der Schaden nicht vollständig beziffert worden ist. Die Frist beginnt mit Zugang des Antrags bei dem Versicherer oder dem Schadenregulierungsbeauftragten.

2. Wird das Angebot nicht binnen drei Monaten vorgelegt, ist der Anspruch des Dritten mit dem sich nach § 288 Abs. 1 Satz 2 des Bürgerlichen Gesetzbuchs ergebenden Zinssatz zu verzinsen. Weitergehende Ansprüche des Dritten bleiben unberührt.

---

[1] BGH 2.10.2002 – IV ZR 309/01, VersR 2002, 1501; OLG Hamm 15.4.1999 – 27 U 236/98, VersR 2000, 1139; OLG Stuttgart 15.11.2000 – 3 U 23/00, NJW-RR 2001, 965.
[2] Vgl Feyock/Jacobsen/Lemor/*Jacobsen*, § 3 PflVG Rn 5; Stiefel/Maier/*Jahnke*, § 3 PflVG Rn 19.
[3] Prölss/Martin/*Knappmann*, § 3 PflVG Rn 3.

(2) Soweit die Schadenregulierung über das deutsche Büro des Systems der Grünen Internationalen Versicherungskarte oder den Entschädigungsfonds nach § 12 erfolgt, ist Absatz 1 entsprechend anzuwenden.

I. Allgemeines

Die Vorschrift beruht auf den Vorgaben der 4. KH-Richtlinie. Danach soll der Verkehrsopferschutz bei Unfällen im Ausland verbessert werden. Der bezweckten Beschleunigung dient die Bearbeitungsfrist von drei Monaten nach Anmeldung (Abs. 1 Nr. 1). Es muss entweder ein begründetes Schadensersatzangebot vorgelegt werden oder eine begründete Antwort, welche Hinderungsgründe bestehen. Die Regelung betrifft nicht nur ausländische Anspruchsteller, sondern wirkt auch für Unfälle, die sich im Inland ereignen.[1]

II. Regulierungsangebot (Abs. 1 Nr. 1)

Die Vorschrift setzt voraus, dass die VR in den Mitgliedstaaten der EU einen **Schadensregulierungsbeauftragten** benannt haben. Einzelheiten regelt § 7b Abs. 3 VAG. Der Geschädigte hat gegenüber dem Schadensregulierungsbeauftragten **kein unmittelbares Klagerecht**.[2] Der Geschädigte kann allerdings einen Kfz-Haftpflichtversicherer des EU-Auslands vor dem für seinen Wohnsitz zuständigen Gericht unmittelbar verklagen.[3] Der Schadenregulierungsbeauftragte wird damit aber nicht zum Anspruchsgegner, der ausländische VR kann ihn aber mit der rechtlichen Abwicklung beauftragen. Er ist aber bevollmächtigt, die Zustellung gerichtlicher Schriftstücke betreffend die Regulierung des Unfallschadens rechtswirksam entgegenzunehmen.[4]

Die in **Abs. 1 Nr. 1** normierte Pflicht zur unverzüglichen Bearbeitung begründet eine **Obliegenheit** des VR oder des Schadensregulierungsbeauftragten, bei deren Verletzung die in Abs. 1 Nr. 2 genannten Nachteile drohen.[5] Nach Abs. 2 erfolgt entsprechende Anwendung für das Grüne-Karte-Büro und den Entschädigungsfonds nach § 12.

III. Verfahren

§ 3a greift ein, wenn ein Direktanspruch gegen einen Kfz-Haftpflichtversicherer nach § 115 Abs. 1 VVG besteht. Erfasst sind alle Ansprüche, auf die das deutsche Pflichtversicherungsrecht zur Anwendung kommt. Das betrifft nicht nur ausländische Anspruchsteller, sondern auch Unfälle im Inland.[6] Für allein gegen den Schädiger erhobene Ansprüche gilt die Regelung nicht.[7]

IV. Folgen (Abs. 1 Nr. 2)

Nach **Abs. 1 Nr. 2 S. 1** besteht **Verzinsungspflicht** nach dem Zinssatz gem. § 288 Abs. 1 S. 2 BGB, wenn das Angebot nicht binnen drei Monaten vorgelegt wird. Verschulden spielt keine Rolle. Die Zinspflicht ist nur gegeben bei einem unstreitigen Schadensersatzanspruch, wie sich aus der Bezugnahme auf das Angebot ergibt.

---

1 Prölss/Martin/*Knappmann*, § 3a PflVG Rn 4; Stiefel/Maier/*Jahnke*, § 3a PflVG Rn 9.
2 OLG Frankfurt 14.8.2009 – 19 W 47/09, NJW-RR 2010, 98.
3 Vgl EuGH 13.12.2007 – C 463/06, VersR 2008, 111; BGH 6.5.2008 – VI 200/05, VersR 2008, 955.
4 EuGH 10.10.2013 – C-306/12, r+s 2013, 620.
5 Vgl Begr. BT-Drucks. 14/8770, S. 10.
6 BT-Drucks. 14/8770, S. 11; BT-Drucks. 16/551, S. 13; Stiefel/Maier/*Jahnke*, § 3a PflVG Rn 9.
7 Prölss/Martin/*Knappmann*, § 3a PflVG Rn 4.

Werden Ansprüche erst nach Fristablauf erhoben, greift die Zinspflicht nach dieser Vorschrift nicht.[8]

6 Bei dem Grunde oder der Höhe nach streitiger Einstandspflicht muss der VR eine begründete Antwort vorlegen. Zinsen sind dann nur unter den Voraussetzungen des Verzugs zu zahlen. **Weitergehende Ansprüche** bleiben nach **Abs. 1 Nr. 2 S. 2** unberührt.

V. Entsprechende Anwendung (Abs. 2)

7 Abs. 2 ordnet die entsprechende Anwendung an, wenn die Schadenregulierung über das Grüne-Karte-Büro oder den Entschädigungsfonds nach § 12 erfolgt. Liegen bei einem im Ausland zugelassenen Fahrzeug bei einem Unfall in Deutschland die Voraussetzungen der Grünen Karte vor, kann der Anspruch gegen das **Deutsche Grüne-Karte-Büro** geltend gemacht werden (vgl § 1 Rn 3). Hierbei tritt das Büro zum Schutz der Unfallopfer als Regulierungsstelle auf, ohne dass ein Haftpflichtversicherungsverhältnis zum Büro des Unfalllandes begründet wird.[9] Es besteht insb. keine Pflicht des die Unfallregulierung übernehmenden Büros, die durch das Schadenereignis entstandenen Aufwendungen im Verhältnis zum deckungsverpflichteten Heimatversicherer zu tragen.

8 Die Regelung gilt auch entsprechend bei Schadenregulierung durch den Entschädigungsfonds nach § 12 PflVG. Dies ist in Deutschland der Verein für **Verkehrsopferhilfe** (vgl § 12 Rn 1). Handelt es sich um einen Schaden im Ausland, können nach § 12a Ansprüche in Deutschland geltend gemacht werden. Entschädigungsstelle ist auch hier gemäß § 13a die Verkehrsopferhilfe.

§ 3 b [Abschluss einer neue Kraftfahrzeug-Haftpflichtversicherung bei bestehendem Versicherungsverhältnis]

Schließt der Erwerber eines veräußerten Fahrzeugs eine neue Kraftfahrzeug-Haftpflichtversicherung, ohne das auf ihn übergegangene Versicherungsverhältnis zu kündigen, gilt dieses mit Beginn des neuen Versicherungsverhältnisses als gekündigt.

I. Veräußerung

1 Bei Veräußerung des versicherten Kfz geht die Kfz-Haftpflichtversicherung nach § 122 VVG, G.7.1 AKB 2008 bei Übergang des Eigentums auf den Erwerber über. Es besteht dann ein Recht zur Kündigung des Erwerbers nach § 96 Abs. 2 VVG, G.7.5, G.2.5, G.2.6 sowie G.3.7 (VR) AKB 2008. Die gesetzlich angeordnete Nachfolge knüpft an den Übergang des Eigentums und nicht an einen Wechsel in der Person des Halters an.[1]

II. Kündigungsfiktion

2 Nach § 3b gilt bei Veräußerung eines Fahrzeugs die frühere Pflichtversicherung mit Beginn des neuen Versicherungsverhältnisses als gekündigt, wenn der Erwerber eine neue Kfz-Haftpflichtversicherung abschließt, ohne die auf ihn übergegangene Haftpflichtversicherung zu kündigen. Die Regelung will Doppelversicherungen vermeiden.

---

8 Stiefel/Maier/*Jahnke*, § 3a PflVG Rn 29.
9 BGH 1.7.2008 – VI ZR 188/07, VersR 2008, 1273.
1 BGH 7.3.1984 – IVa ZR 18/82, VersR 1984, 455.

Der frühere VR ist nur dann nicht mehr einstandspflichtig, wenn der Zulassungsstelle eine Bestätigung nach § 23 FZV im Hinblick auf den neuen Vertrag vorgelegt ist (§ 117 Abs. 2 S. 4 VVG) oder der bisherige VR die Beendigung des Versicherungsverhältnisses der zuständigen Stelle angezeigt hat und die Frist von einem Monat abgelaufen ist (§ 117 Abs. 2 S. 1 VVG). Der eingeschränkte Haftungsumfang in den Fällen des § 117 Abs. 1 und 2 VVG bestimmt sich nach § 117 Abs. 3 und 4 VVG.

§ 4 [Allgemeine Versicherungsbedingungen; Mindestversicherungssumme]

(1) ¹Um einen dem Zweck dieses Gesetzes gerecht werdenden Schutz sicherzustellen, bestimmt das Bundesministerium der Justiz unter Beachtung gemeinschaftsrechtlicher Verpflichtungen sowie des Europäischen Übereinkommens vom 20. April 1959 über die obligatorische Haftpflichtversicherung für Kraftfahrzeuge (BGBl. 1965 II S. 281) im Einvernehmen mit dem Bundesministerium der Finanzen und dem Bundesministerium für Verkehr, Bau und Stadtentwicklung durch Rechtsverordnung ohne Zustimmung des Bundesrates den Umfang des notwendigen Versicherungsschutzes, den der Versicherungsvertrag zu gewähren hat. ²Das gilt auch für den Fall, daß durch Gesetz oder gemeinschaftsrechtliche Verpflichtung eine Versicherungspflicht zur Deckung der beim Transport gefährlicher Güter durch Kraftfahrzeuge verursachten Schäden begründet wird.

(2) ¹Die Mindesthöhen der Versicherungssummen ergeben sich aus der Anlage. ²Das Bundesministerium der Justiz wird ermächtigt, im Einvernehmen mit dem Bundesministerium für Verkehr, Bau und Stadtentwicklung und dem Bundesministerium für Wirtschaft und Technologie durch Rechtsverordnung ohne Zustimmung des Bundesrates die in der Anlage getroffenen Regelungen zu ändern, wenn dies erforderlich ist, um

1. bei einer Änderung der wirtschaftlichen Verhältnisse oder der verkehrstechnischen Umstände einen hinreichenden Schutz der Geschädigten sicherzustellen oder

2. die Mindesthöhen der Versicherungssummen an die nach Artikel 9 Absatz 2 der Richtlinie 2009/103/EG des Europäischen Parlaments und des Rates vom 16. September 2009 über die Kraftfahrzeug-Haftpflichtversicherung und die Kontrolle der entsprechenden Versicherungspflicht (ABl. L 263 vom 7.10.2009, S. 11) erhöhten Beträge anzupassen.

³Ergeben sich auf Grund der Platzzahl des Personenfahrzeugs, auf das sich die Versicherung bezieht, erhöhte Mindestversicherungssummen, so haftet der Versicherer in den Fällen des § 117 Abs. 1 und 2 des Versicherungsvertragsgesetzes für den einer einzelnen Person zugefügten Schaden nur im Rahmen der nicht erhöhten Mindestversicherungssummen.

Die Regelung ist die Grundlage der Ermächtigung, einen Mindestversicherungsschutz festzulegen. Die Mindestanforderungen sind in der KfzPflVV festgelegt.

Die AKB behandeln die vereinbarten Versicherungssummen in A.1.3. **Mindestversicherungssummen** haben Bedeutung in § 2 Abs. 2 S. 2 PflVG, § 5 Abs. 2 S. 2 PflVG und § 117 Abs. 3 VVG. Nach § 12 Abs. 4 haftet der Entschädigungsfonds wie ein im Innenverhältnis leistungsfreier VR, begrenzt auf die Mindestversicherungssumme. In einer Anlage zu § 4 werden die Mindestversicherungssummen festgelegt und können durch Verordnung angepasst werden.[1]

---

1 Vgl im Einzelnen Stiefel/Maier/*Jahnke*, § 4 PflVG Rn 13 ff.

§ 5 [Kontrahierungszwang]

(1) Die Versicherung kann nur bei einem im Inland zum Betrieb der Kraftfahrzeug-Haftpflichtversicherung befugten Versicherungsunternehmen genommen werden.

(2) [1]Die im Inland zum Betrieb der Kraftfahrzeug-Haftpflichtversicherung befugten Versicherungsunternehmen sind verpflichtet, den in § 1 genannten Personen nach den gesetzlichen Vorschriften Versicherung gegen Haftpflicht zu gewähren. [2]Diese Verpflichtung besteht auch, wenn das zu versichernde Risiko nach *§ 13a Abs. 2 Satz 2 Nr. 2 Halbsatz 2 des Versicherungsaufsichtsgesetzes*[1] im Inland belegen ist.

(3) [1]Der Antrag auf Abschluß eines Haftpflichtversicherungsvertrages für Zweiräder, Personen- und Kombinationskraftwagen bis zu 1 t Nutzlast gilt zu den für den Geschäftsbetrieb des Versicherungsunternehmens maßgebenden Grundsätzen und zum allgemeinen Unternehmenstarif als angenommen, wenn der Versicherer ihn nicht innerhalb einer Frist von zwei Wochen vom Eingang des Antrags an schriftlich ablehnt oder wegen einer nachweisbaren höheren Gefahr ein vom allgemeinen Unternehmenstarif abweichendes schriftliches Angebot unterbreitet. [2]Durch die Absendung der Ablehnungserklärung oder des Angebots wird die Frist gewahrt. [3]Satz 1 gilt nicht für die Versicherung von Taxen, Personenmietwagen und Selbstfahrervermietfahrzeugen.

(4) Der Antrag darf nur abgelehnt werden, wenn sachliche oder örtliche Beschränkungen im Geschäftsplan des Versicherungsunternehmens dem Abschluß des Vertrags entgegenstehen oder wenn der Antragsteller bereits bei dem Versicherungsunternehmen versichert war und das Versicherungsunternehmen

1. den Versicherungsvertrag wegen Drohung oder arglistiger Täuschung angefochten hat,
2. vom Versicherungsvertrag wegen Verletzung der vorvertraglichen Anzeigepflicht oder wegen Nichtzahlung der ersten Prämie zurückgetreten ist oder
3. den Versicherungsvertrag wegen Prämienverzugs oder nach Eintritt eines Versicherungsfalls gekündigt hat.

(5) [1]Das Versicherungsverhältnis endet spätestens,

1. wenn es am ersten Tag eines Monats begonnen hat, ein Jahr nach diesem Zeitpunkt,
2. wenn es zu einem anderen Zeitpunkt begonnen hat, an dem nach Ablauf eines Jahres folgenden Monatsersten.

[2]Es verlängert sich um jeweils ein Jahr, wenn es nicht spätestens einen Monat vor Ablauf schriftlich gekündigt wird. [3]Gleiches gilt, wenn die Vertragslaufzeit nur deshalb weniger als ein Jahr beträgt, weil als Beginn der nächsten Versicherungsperiode ein vor Ablauf eines Jahres nach Versicherungsbeginn liegender Zeitpunkt vereinbart worden ist. [4]Ist in anderen Fällen eine kürzere Vertragslaufzeit als ein Jahr vereinbart, so bedarf es zur Beendigung des Versicherungsverhältnisses keiner Kündigung.

(6) [1]Das Versicherungsunternehmen hat dem Versicherungsnehmer bei Beginn des Versicherungsschutzes eine Versicherungsbestätigung auszuhändigen. [2]Die Aushändigung kann von der Zahlung der ersten Prämie abhängig gemacht werden.

(7) [1]Das Versicherungsunternehmen hat dem Versicherungsnehmer bei Beendigung des Versicherungsverhältnisses eine Bescheinigung über dessen Dauer, die Anzahl

---

1 *Kursive Hervorhebung:* Fassung bis 31.12.2015. – **Fassung ab 1.1.2016:** „*§ 57 Absatz 3 Satz 2 Nummer 2 Halbsatz 2 des Versicherungsaufsichtsgesetzes*". – Siehe Art. 2 Abs. 48 Nr. 2 des Gesetzes zur Modernisierung der Finanzaufsicht über Versicherungen vom 1.4.2015 (BGBl. I S. 434, 560). Zum Inkrafttreten s. Art. 3 Abs. 1 S. 1.

und Daten während der Vertragslaufzeit gemeldeter Schäden, die zu einer Schadenzahlung oder noch wirksamen Schadenrückstellung geführt haben, auszustellen; ist die Rückstellung innerhalb einer Frist von drei Jahren nach ihrer Bildung aufgelöst worden, ohne daß daraus Leistungen erbracht wurden, so hat der Versicherer auch hierüber eine Bescheinigung zu erteilen. ²Während des Versicherungsverhältnisses hat das Versicherungsunternehmen dem Versicherungsnehmer jederzeit eine Bescheinigung nach Satz 1 innerhalb von 15 Tagen ab Zugang des entsprechenden Verlangens bei dem Versicherungsunternehmen zu erteilen.

(8) Ist die Versicherung mit einem Versicherungsunternehmen ohne Sitz im Inland im Dienstleistungsverkehr abgeschlossen, so haben der Versicherungsschein und die Versicherungsbestätigung auch Angaben über den Namen und die Anschrift des gemäß § 8 Abs. 2 Satz 1 bestellten Vertreters zu enthalten.

I. Versicherungspflicht (Abs. 1)

Abs. 1 regelt die Verpflichtung zum Abschluss des Vertrages mit einem inländischen Anbieter. Betroffen sind alle Kraftfahrzeughalter, § 1. Ausnahmen ergeben sich nach § 2.

II. Befugte Unternehmen

Die Vorschrift ist gegenüber § 113 Abs. 1 VVG spezieller. Befugte Unternehmen sind die Haftpflichtversicherer, die im Inland eine Erlaubnis nach § 5 Abs. 1 VAG haben. Für ausländische VR aus einem Mitgliedstaat der EU und im EWR-Bereich gilt § 110a VAG, für Drittstaaten § 105 Abs. 1 VAG. Verträge mit nicht befugten Unternehmen sind privatrechtlich wirksam. Auf sie sind VVG, PflVG und Kfz-PflVV anzuwenden.[1]

III. Kontrahierungszwang (Abs. 2); Annahmefiktion (Abs. 3); Ablehnung (Abs. 4)

Korrespondierend zur Verpflichtung des Halters nach § 1 regeln Abs. 2 bis 4 den **Kontrahierungszwang**. Diese Verpflichtung gilt nach dem eindeutigen Wortlaut nur für die Kfz-Haftpflichtversicherung und nur in dem Umfang, in welchem Versicherungspflicht besteht.[2] Kasko-, Unfall- und Rechtsschutzversicherungen sind nicht erfasst.[3]

Abs. 3 enthält eine **Annahmefiktion**. Diese ist nach näherer Maßgabe beschränkt auf bestimmte Fahrzeugarten. Damit sollen gewerbliche Risiken ausgeschlossen werden. Eine ausdehnende Anwendung auf vergleichbare Risiken kommt wegen des Ausnahmecharakters der Vorschrift nicht in Betracht.[4] Der Antrag **gilt** als **angenommen**, wenn der VR ihn nicht innerhalb von zwei Wochen nach Antragseingang schriftlich ablehnt oder ein abweichendes schriftliches Angebot unterbreitet. Für einen Antrag auf **vorläufige Deckung** gilt die Annahmefiktion nicht. Dies ergibt sich daraus, dass der VR erst bei Beginn des Versicherungsschutzes die Versicherungsbestätigung aushändigen muss.[5] Nach Abs. 6 kann der VR insoweit die erste Prämienzahlung abwarten. Daraus ist zu folgern, dass der Kontrahierungszwang sich nicht auf vorläufige Deckung bezieht.[6]

---

1 Prölss/Martin/*Knappmann*, § 5 PflVG Rn 1, auch zur Strafbarkeit; Stiefel/Maier/*Jahnke*, § 5 PflVG Rn 7.
2 BGH 19.7.1986 – IVa ZR 5/85, VersR 1986, 986.
3 Vgl OLG Karlsruhe 17.12.1975 – 13 U 168/75, VersR 1976, 385.
4 Prölss/Martin/*Knappmann*, § 5 PflVG Rn 3; Stiefel/Maier/*Jahnke*, § 5 PflVG Rn 32.
5 Zutreffend Stiefel/Maier/*Jahnke*, § 5 PflVG Rn 33.
6 Stiefel/Maier/*Jahnke*, § 5 PflVG Rn 34.

5 Die Annahmefiktion des Abs. 3 gilt nicht, wenn der VR ein abweichendes schriftliches **Gegenangebot** vorlegt. Voraussetzung dafür ist, dass eine „nachweisbar höhere Gefahr" anzunehmen ist. Hier wird man aussagekräftige Unterlagen für die Prämienkalkulation und die Tarifstruktur verlangen müssen. Der Anwendungsbereich der Regelung ist damit eingeschränkt. Nach § 19 AGG sind **tarifliche Benachteiligungen** aus Gründen der Rasse, Staatsangehörigkeit und ethnischer Herkunft verboten. Das Diskriminierungsverbot betrifft damit auch Ausländer und lässt keine Einschränkungen zu.[7]

6 Der VR darf den Antrag gem. **Abs. 4** nur **ablehnen**, wenn eine geschäftsplanmäßige Beschränkung (in örtlicher Hinsicht oder bezogen auf Personengruppen, zB Beamte, Pastoren, Landwirte) vorliegt oder eine Vorversicherung bei dem VR bestanden hat und einer der Beendigungsgründe der Nr. 1–3 gegeben war.

7 Der VR muss ausscheidenden VN eine **Versicherungsbescheinigung** nach **Abs. 7** ausstellen.

§ 6 [Strafvorschriften]

(1) Wer ein Fahrzeug auf öffentlichen Wegen oder Plätzen gebraucht oder den Gebrauch gestattet, obwohl für das Fahrzeug der nach § 1 erforderliche Haftpflichtversicherungsvertrag nicht oder nicht mehr besteht, wird mit Freiheitsstrafe bis zu einem Jahr oder mit Geldstrafe bestraft.

(2) Handelt der Täter fahrlässig, so ist die Strafe Freiheitsstrafe bis zu sechs Monaten oder Geldstrafe bis zu einhundertachtzig Tagessätzen.

(3) Ist die Tat vorsätzlich begangen worden, so kann das Fahrzeug eingezogen werden, wenn es dem Täter oder Teilnehmer zur Zeit der Entscheidung gehört.

§ 7 [Durchführungsvorschriften]

Das Bundesministerium für Verkehr, Bau und Stadtentwicklung wird ermächtigt, zur Durchführung des Ersten Abschnitts dieses Gesetzes im Einvernehmen mit dem Bundesministerium der Justiz und dem Bundesministerium für Wirtschaft und Arbeit durch Rechtsverordnung mit Zustimmung des Bundesrates Vorschriften zu erlassen über

1. die Form des Versicherungsnachweises;
2. die Prüfung der Versicherungsnachweise durch die Zulassungsstellen;
3. die Erstattung der Anzeige des Versicherungsunternehmens gegenüber der zuständigen Zulassungsbehörde zur Beendigung seiner Haftung nach § 117 Absatz 2 des Versicherungsvertragsgesetzes;
4. Maßnahmen der Verkehrsbehörden, durch welche der Gebrauch nicht oder nicht ausreichend versicherter Fahrzeuge im Straßenverkehr verhindert werden soll.

---

7 Vgl Feyock/Jacobsen/Lemor/*Feyock*, § 5 PflVG Rn 56.

Zweiter Abschnitt: Pflichten der Kraftfahrzeug-Haftpflichtversicherer, Auskunftsstelle und Statistik

§ 8 [Pflichten der Versicherungsunternehmen]

(1) ¹Versicherungsunternehmen, die zum Betrieb der Kraftfahrzeug-Haftpflichtversicherung für Kraftfahrzeuge und Anhänger mit regelmäßigem Standort im Inland befugt sind, sind verpflichtet, die satzungsmäßigen Leistungen und Beiträge an das mit der Durchführung des Abkommens über die internationale Versicherungskarte beauftragte deutsche Versicherungsbüro sowie an den nach § 13 dieses Gesetzes errichteten Entschädigungsfonds oder an eine andere mit der Erfüllung dieser Aufgaben betraute juristische Person und an die nach § 13 a errichtete oder anerkannte Entschädigungsstelle zu erbringen. ²Sie teilen hierzu dem deutschen Versicherungsbüro, dem Entschädigungsfonds und der Entschädigungsstelle bezüglich der von ihnen in der Bundesrepublik Deutschland nach diesem Gesetz getätigten Kraftfahrzeug-Haftpflichtversicherungen die gebuchten Prämienbeträge oder die Anzahl der versicherten Risiken mit.

(2) ¹Versicherungsunternehmen, die im Dienstleistungsverkehr die Kraftfahrzeug-Haftpflichtversicherung für Kraftfahrzeuge und Anhänger mit regelmäßigem Standort im Inland betreiben, sind verpflichtet, einen im Inland ansässigen oder niedergelassenen Vertreter zu bestellen, der den Anforderungen nach *§ 13 c des Versicherungsaufsichtsgesetzes*[1] zu genügen hat. ²Ansprüche aus Kraftfahrzeug-Haftpflichtfällen gegen das Versicherungsunternehmen können auch gegen den nach Satz 1 bestellten Vertreter gerichtlich und außergerichtlich mit Wirkung für und gegen das Versicherungsunternehmen geltend gemacht werden. ³Der nach Satz 1 bestellte Vertreter ist auch verpflichtet, Auskunft über das Bestehen oder die Gültigkeit von diesem Gesetz unterliegenden Haftpflichtversicherungsverträgen bei dem Versicherungsunternehmen zu erteilen.

§ 8 a [Auskunftsstelle]

(1) ¹Es wird eine Auskunftsstelle eingerichtet, die Geschädigten, deren Versicherern, dem deutschen Büro des Systems der Grünen Internationalen Versicherungskarte und dem Entschädigungsfonds nach § 12 unter den Voraussetzungen des Satzes 2 auf Anforderung folgende Angaben übermittelt, soweit dies zur Geltendmachung von Schadenersatzansprüchen im Zusammenhang mit der Teilnahme am Straßenverkehr erforderlich ist:
1. Namen und Anschrift des Versicherers des schädigenden Fahrzeugs sowie dessen in der Bundesrepublik Deutschland benannten Schadenregulierungsbeauftragten,
2. die Nummer der Versicherungspolice und das Datum der Beendigung des Versicherungsschutzes, sofern dieser abgelaufen ist,
3. bei Fahrzeugen, die nach Artikel 5 Absatz 1 der Richtlinie 2009/103/EG von der Versicherungspflicht befreit sind, den Namen der Stelle oder Einrichtung, die dem Geschädigten nach geltendem Recht ersatzpflichtig ist,

---

[1] *Kursive Hervorhebung:* Fassung bis 31.12.2015. – **Fassung ab 1.1.2016:** „*§ 59 des Versicherungsaufsichtsgesetzes*". – Siehe Art. 2 Abs. 48 Nr. 3 des Gesetzes zur Modernisierung der Finanzaufsicht über Versicherungen vom 1.4.2015 (BGBl. I S. 434, 560). Zum Inkrafttreten s. Art. 3 Abs. 1 S. 1.

4. Namen und Anschrift des eingetragenen Fahrzeughalters oder, soweit die Auskunftsstelle diese Informationen nach Absatz 2 erlangen kann, des Fahrzeugeigentümers oder des gewöhnlichen Fahrers; § 39 Abs. 1 des Straßenverkehrsgesetzes gilt entsprechend.

²Geschädigte sind berechtigt, sich an die Auskunftsstelle zu wenden, wenn sie ihren Wohnsitz in der Bundesrepublik Deutschland haben, wenn das Fahrzeug, das den Unfall verursacht haben soll, seinen gewöhnlichen Standort in der Bundesrepublik Deutschland hat oder wenn sich der Unfall in der Bundesrepublik Deutschland ereignet hat.

(2) ¹Die Auskunftsstelle ersucht die Zulassungsbehörden oder das Kraftfahrt-Bundesamt sowie die in den anderen Mitgliedstaaten der Europäischen Union und in den anderen Vertragsstaaten des Abkommens über den Europäischen Wirtschaftsraum nach Artikel 23 Absatz 1 der Richtlinie 2009/103/EG errichteten oder anerkannten Auskunftsstellen im Einzelfall um Übermittlung der Informationen nach Absatz 1 Satz 1. ²Sie übermittelt den in diesen Staaten nach Artikel 23 Absatz 1 der Richtlinie 2009/103/EG errichteten oder anerkannten Auskunftsstellen auf Ersuchen die Informationen nach Absatz 1 Satz 1, soweit dies zur Erteilung von Auskünften an Geschädigte erforderlich ist.

(3) ¹Die Aufgaben und Befugnisse der Auskunftsstelle nach den Absätzen 1 und 2 werden von der GDV Dienstleistungs-GmbH & Co. KG – „Zentralruf der Autoversicherer" – in Hamburg wahrgenommen, sobald und soweit diese schriftlich gegenüber dem Bundesministerium der Justiz ihre Bereitschaft dazu erklärt hat. ²Das Bundesministerium der Justiz gibt die Erklärung und den Zeitpunkt, ab dem die betroffenen Aufgaben von dem Zentralruf der Autoversicherer wahrgenommen werden, im Bundesanzeiger bekannt. ³Der Zentralruf der Autoversicherer untersteht, soweit er die übertragenen Aufgaben wahrnimmt, der Aufsicht des Bundesministeriums der Justiz. ⁴Das Bundesministerium der Justiz wird ermächtigt, durch Rechtsverordnung ohne Zustimmung des Bundesrates die Aufgaben und Befugnisse der Auskunftsstelle nach den Absätzen 1 und 2 der in § 13 genannten Anstalt zu übertragen, soweit die Wahrnehmung der Aufgaben durch den Zentralruf der Autoversicherer nicht gewährleistet ist oder dieser nicht mehr zur Wahrnehmung der Aufgaben bereit ist.

(4) Versicherungsunternehmen, denen im Inland die Erlaubnis zum Betrieb der Kraftfahrzeug-Haftpflichtversicherung für Kraftfahrzeuge und Anhänger erteilt ist, haben der Auskunftsstelle nach Absatz 3 sowie den in den anderen Mitgliedstaaten der Europäischen Union und den Vertragsstaaten des Abkommens über den Europäischen Wirtschaftsraum nach Artikel 23 Absatz 1 der Richtlinie 2009/103/EG errichteten oder anerkannten Auskunftsstellen die Namen und Anschriften der nach *§ 7b des Versicherungsaufsichtsgesetzes*[1] bestellten Schadenregulierungsbeauftragten sowie jede Änderung dieser Angaben mitzuteilen.

1 In Deutschland wird die Funktion der Auskunftsstelle von der **GDV-Dienstleistungs-GmbH & Co. KG – Zentralruf der Autoversicherer** – wahrgenommen.[1] Im Rahmen der Funktion der Auskunftsstelle unterliegt das Unternehmen der staatlichen Aufsicht.[2] Die Anwendung der 4. KH-Richtlinie ist auf Inlandsunfälle erweitert worden.

---

1 *Kursive Hervorhebung:* Fassung bis 31.12.2015. – **Fassung ab 1.1.2016:** „*§ 163 des Versicherungsaufsichtsgesetzes*". – Siehe Art. 2 Abs. 48 Nr. 4 des Gesetzes zur Modernisierung der Finanzaufsicht über Versicherungen vom 1.4.2015 (BGBl. I S. 434, 560). Zum Inkrafttreten s. Art. 3 Abs. 1 S. 1.
1 Adresse: Wilhelmstraße 43/43 G, 10117 Berlin.
2 Feyock/Jacobsen/Lemor/*Lemor*, § 8 a PflVG Rn 5.

Die in § 8 a genannten Informationen werden übermittelt.[3] Es sind dies Name und Anschrift des VR, evtl Schadensregulierungsbeauftragten, des Fahrzeughalters, ggf Eigentümers und Fahrers, Policennummer und ggf Ablaufdaten. Bei Auskunft über den Eigentümer und Fahrer nebst Anschrift wird man ein berechtigtes Interesse des Geschädigten verlangen müssen.[4]

§ 9 [Gemeinschaftsstatistik]

(1) ¹Es wird eine jährliche Gemeinschaftsstatistik über den Schadenverlauf in der Kraftfahrzeug-Haftpflichtversicherung geführt. ²Sie muß Angaben enthalten über die Art und Anzahl der versicherten Risiken, die Anzahl der gemeldeten Schäden, die Erstattungsleistungen und Rückstellungen (Schadenaufwand), die Schadenhäufigkeit, den Schadendurchschnitt und den Schadenbedarf.

(2) Sofern die Träger der Kraftfahrzeug-Haftpflichtversicherung und ihre Verbände keine den Anforderungen des Absatzes 1 genügende Gemeinschaftsstatistik zur Verfügung stellen, wird die Statistik von der Bundesanstalt für Finanzdienstleistungsaufsicht geführt.

(3) Die Ergebnisse der Statistik sind von der Bundesanstalt für Finanzdienstleistungsaufsicht jährlich zu veröffentlichen.

§ 10 [Übermittlung der Daten]

(1) Versicherungsunternehmen mit Sitz im Inland, die die Kraftfahrzeug-Haftpflichtversicherung nach diesem Gesetz betreiben, übermitteln der Aufsichtsbehörde die für die Führung der Statistik nach § 9 erforderlichen Daten.

(2) Soweit Versicherungsunternehmen mit Sitz im Inland außerhalb des Geltungsbereichs dieses Gesetzes in einem Mitgliedstaat der Europäischen Gemeinschaft oder in einem anderen Vertragsstaat des Abkommens über den Europäischen Wirtschaftsraum die Kraftfahrzeug-Haftpflichtversicherung betreiben, sind der Aufsichtsbehörde die in § 9 Abs. 1 Satz 2 genannten Angaben für jeden Mitgliedstaat gesondert mitzuteilen.

§ 11 [Ermächtigungsgrundlage]

Das Bundesministerium der Finanzen wird ermächtigt, im Einvernehmen mit dem Bundesministerium der Justiz und dem Bundesministerium für Wirtschaft und Technologie durch Rechtsverordnung Vorschriften zu erlassen über den Inhalt, die Form und die Gliederung der nach § 9 zu führenden Kraftfahrzeug-Haftpflichtversicherungsstatistik sowie über die Fristen, den Inhalt, die Form und die Stückzahl der von den Versicherungsunternehmen einzureichenden Mitteilungen.

---

3 Vgl Feyock/Jacobsen/Lemor/*Lemor*, § 8 a PflVG Rn 7.
4 Ebenso Feyock/Jacobsen/Lemor/*Lemor*, § 8 a PflVG Rn 8.

Dritter Abschnitt: Entschädigungsfonds für Schäden aus Kraftfahrzeugunfällen und Entschädigungsstelle für Auslandsunfälle

§ 12 [Entschädigungsfonds]

(1) ¹Wird durch den Gebrauch eines Kraftfahrzeugs oder eines Anhängers im Geltungsbereich dieses Gesetzes ein Personen- oder Sachschaden verursacht, so kann derjenige, dem wegen dieser Schäden Ersatzansprüche gegen den Halter, den Eigentümer oder den Fahrer des Fahrzeugs zustehen, diese Ersatzansprüche auch gegen den „Entschädigungsfonds für Schäden aus Kraftfahrzeugunfällen" (Entschädigungsfonds) geltend machen,

1. wenn das Fahrzeug, durch dessen Gebrauch der Schaden verursacht worden ist, nicht ermittelt werden kann,
2. wenn die auf Grund eines Gesetzes erforderliche Haftpflichtversicherung zugunsten des Halters, des Eigentümers und des Fahrers des Fahrzeugs nicht besteht,
2a. wenn der Halter des Fahrzeugs nach § 2 Abs. 1 Nr. 6 oder nach einer in Umsetzung des Artikels 5 Absatz 2 der Richtlinie 2009/103/EG erlassenen Bestimmung eines anderen Mitgliedstaats der Europäischen Union von der Versicherungspflicht befreit ist,
3. wenn für den Schaden, der durch den Gebrauch des ermittelten oder nicht ermittelten Fahrzeugs verursacht worden ist, eine Haftpflichtversicherung deswegen keine Deckung gewährt oder gewähren würde, weil der Ersatzpflichtige den Eintritt der Tatsache, für die er dem Ersatzberechtigten verantwortlich ist, vorsätzlich und widerrechtlich herbeigeführt hat,
4. wenn die Versicherungsaufsichtsbehörde den Antrag auf Eröffnung eines Insolvenzverfahrens über das Vermögen des leistungspflichtigen Versicherers stellt oder, sofern der Versicherer seinen Sitz in einem anderen Mitgliedstaat der Europäischen Union oder einem Vertragsstaat des Abkommens über den Europäischen Wirtschaftsraum hat, von der zuständigen Aufsichtsbehörde eine vergleichbare Maßnahme ergriffen wird.

²Das gilt nur, soweit der Ersatzberechtigte in den Fällen der Nummern 1 bis 3 glaubhaft macht, dass er weder von dem Halter, dem Eigentümer oder dem Fahrer des Fahrzeugs noch in allen Fällen nach Satz 1 von einem Schadensversicherer oder einem Verband von im Inland zum Geschäftsbetrieb befugten Haftpflichtversicherern Ersatz seines Schadens zu erlangen vermag. ³Die Leistungspflicht des Entschädigungsfonds entfällt, soweit der Ersatzberechtigte in der Lage ist, Ersatz seines Schadens nach den Vorschriften über die Amtspflichtverletzung zu erlangen, oder soweit der Schaden durch Leistungen eines Sozialversicherungsträgers, durch Fortzahlung von Dienst- oder Amtsbezügen, Vergütung oder Lohn oder durch Gewährung von Versorgungsbezügen ausgeglichen wird. ⁴Im Falle einer fahrlässigen Amtspflichtverletzung geht abweichend von § 839 Abs. 1 Satz 2 des Bürgerlichen Gesetzbuches die Ersatzpflicht auf Grund der Vorschriften über die Amtspflichtverletzung der Leistungspflicht des Entschädigungsfonds vor. ⁵Die Leistungspflicht des Entschädigungsfonds entfällt ferner bei Ansprüchen wegen der Beschädigung von Einrichtungen des Bahn-, Luft- und Straßenverkehrs sowie des Verkehrs auf Binnenwasserstraßen einschließlich der mit diesen Einrichtungen verbundenen Sachen, sowie wegen der Beschädigung von Einrichtungen der Energieversorgung oder der Telekommunikation.

(2) ¹In den Fällen des Absatzes 1 Nr. 1 können gegen den Entschädigungsfonds Ansprüche nach § 253 Abs. 2 des Bürgerlichen Gesetzbuches nur geltend gemacht werden, wenn und soweit die Leistung einer Entschädigung wegen der besonderen Schwere der Verletzung zur Vermeidung einer groben Unbilligkeit erforderlich ist. ²Für Sachschäden beschränkt sich in den Fällen des Absatzes 1 Satz 1 Nr. 1 die Leistungspflicht des Entschädigungsfonds auf den Betrag, der 500 Euro übersteigt. ³Ansprüche auf Ersatz von Sachschäden am Fahrzeug des Ersatzberechtigten können darüber hinaus in den Fällen des Absatzes 1 Satz 1 Nr. 1 nur geltend gemacht werden, wenn der Entschädigungsfonds auf Grund desselben Ereignisses zur Leistung einer Entschädigung wegen der Tötung einer Person oder der erheblichen Verletzung des Körpers oder der Gesundheit des Ersatzberechtigten oder eines Fahrzeuginsassen des Fahrzeugs verpflichtet ist.

(3) ¹Der Anspruch des Ersatzberechtigten gegen den Entschädigungsfonds verjährt in drei Jahren. ²Die Verjährung beginnt mit dem Zeitpunkt, in dem der Ersatzberechtigte von dem Schaden und von den Umständen Kenntnis erlangt, aus denen sich ergibt, daß er seinen Ersatzanspruch gegen den Entschädigungsfonds geltend machen kann. ³Ist der Anspruch des Ersatzberechtigten bei dem Entschädigungsfonds angemeldet worden, so ist die Verjährung bis zum Eingang der schriftlichen Entscheidung des Entschädigungsfonds und, wenn die Schiedsstelle (§ 14 Nr. 3) angerufen worden ist, des Einigungsvorschlags der Schiedsstelle gehemmt. ⁴Im Fall des Absatzes 1 Satz 1 Nr. 4 wird die gegenüber dem leistungspflichtigen Versicherer verstrichene Verjährungsfrist eingerechnet.

(4) ¹Im übrigen bestimmen sich Voraussetzungen und Umfang der Leistungspflicht des Entschädigungsfonds sowie die Pflichten des Ersatzberechtigten gegenüber dem Entschädigungsfonds nach den Vorschriften, die bei Bestehen einer auf Grund dieses Gesetzes abgeschlossenen Haftpflichtversicherung für das Verhältnis zwischen dem Versicherer und dem Dritten in dem Falle gelten, daß der Versicherer dem Versicherungsnehmer gegenüber von der Verpflichtung zur Leistung frei ist. ²In den Fällen des Absatzes 1 Satz 1 Nummer 4 bestimmt sich die Leistungspflicht des Entschädigungsfonds nach der vereinbarten Versicherungssumme; sie beträgt maximal das Dreifache der gesetzlichen Mindestversicherungssumme. ³In den Fällen des Absatzes 1 Nr. 2 und 3 haben der Halter, der Eigentümer und der Fahrer des Fahrzeugs gegenüber dem Entschädigungsfonds die einen Versicherungsnehmer nach Eintritt des Versicherungsfalles gegenüber dem Versicherer treffenden Verpflichtungen zu erfüllen.

(5) Der Entschädigungsfonds kann von den Personen, für deren Schadensersatzverpflichtungen er nach Absatz 1 einzutreten hat, wie ein Beauftragter Ersatz seiner Aufwendungen verlangen.

(6) ¹Der Ersatzanspruch des Ersatzberechtigten gegen den Halter, den Eigentümer und den Fahrer des Fahrzeugs sowie ein Ersatzanspruch, der dem Ersatzberechtigten oder dem Halter, dem Eigentümer oder dem Fahrer des Fahrzeugs gegen einen sonstigen Ersatzpflichtigen zusteht, gehen auf den Entschädigungsfonds über, soweit dieser dem Ersatzberechtigten den Schaden ersetzt. ²Der Übergang kann nicht zum Nachteil des Ersatzberechtigten geltend gemacht werden. ³Gibt der Ersatzberechtigte seinen Ersatzanspruch oder ein zur Sicherung des Anspruchs dienendes Recht auf, so entfällt die Leistungspflicht des Entschädigungsfonds insoweit, als er aus dem Anspruch oder dem Recht hätte Ersatz erlangen können. ⁴Soweit der Entschädigungsfonds Ersatzansprüche nach Absatz 1 Nr. 4 befriedigt, sind dessen Ersatzansprüche gegenüber dem Versicherungsnehmer und mitversicherten Personen auf je 2.500 Euro beschränkt. ⁵Die Beschränkung der Ersatzansprüche gilt in den Fällen des Absatzes 1 Satz 1 Nummer 4 auch für diejenigen Ansprüche gegen den Versicherungsnehmer und die mitversicherte Person, soweit eine Leistungspflicht des Entschädigungsfonds nach Absatz 1 Satz 2 und 3 entfällt. ⁶Machen mehrere Berechtigte Ersatzansprüche geltend, sind diese Ersatzansprüche gegenüber dem

Versicherungsnehmer auf insgesamt 2.500 Euro und gegenüber mitversicherten Personen ebenfalls auf insgesamt 2.500 Euro beschränkt; die Auszahlung erfolgt nach dem Verhältnis der Beträge.

(7) Im Fall des Absatzes 1 Satz 1 Nr. 4 sind der Versicherer und sein nach § 8 Abs. 2 Satz 1 bestellter Vertreter, der vorläufige Insolvenzverwalter ebenso wie der Insolvenzverwalter (§ 22 Abs. 1 Satz 1, § 56 der Insolvenzordnung), der von der Aufsichtsbehörde bestellte Sonderbeauftragte sowie alle Personen, die mit der Verwaltung der Kraftfahrzeug-Haftpflichtversicherungsverträge einschließlich der Regulierung der diesen Verträgen zuzurechnenden Schadensfälle betraut sind, verpflichtet, dem Entschädigungsfonds die für die Erfüllung seiner Aufgaben erforderlichen Auskünfte zu erteilen, die benötigten Unterlagen zu überlassen und ihn bei der Abwicklung zu unterstützen.

I. Anspruch gegen den Entschädigungsfonds (Abs. 1)

1 Kann der Direktanspruch gegen den Haftpflichtversicherer nach § 115 VVG nicht durchgesetzt werden, so eröffnet **Abs. 1 S. 1** die Möglichkeit, dass der Geschädigte den Anspruch gegen den „Entschädigungsfonds für Schäden aus Kraftfahrzeugunfällen" (**Entschädigungsfonds**) geltend machen kann. Zur Unfalldarstellung des Geschädigten gehört, dass der Unfall durch ein unbekannt gebliebenes Fahrzeug verursacht wurde. Beweiserleichterungen kommen nicht zugute. Es bedarf objektiver Anhaltspunkte, wie Lack-, Schleuder- oder anderer Spuren, die auf eine Fremdbeteiligung schließen lassen.[1]

Durch Verordnung wurde die Stellung des Entschädigungsfonds dem **Verein für Verkehrsopferhilfe** zugewiesen.[2] Wie sich aus **Abs. 1 S. 2** ergibt, ist der Anspruch gegenüber Ansprüchen gegen Halter, Eigentümer, Fahrer oder VR, also den unmittelbar Verpflichteten, subsidiär. Dass Direktansprüche nicht durchgreifen, ist vom Ersatzberechtigten glaubhaft zu machen. Entsprechendes gilt nach **Abs. 1 S. 3** bei der fehlenden Durchsetzbarkeit von Ansprüchen aus **Amtspflichtverletzung** oder gegen den Sozialversicherungsträger oder auf Lohn- und Gehaltsfortzahlung. Im Falle einer fahrlässigen Amtspflichtverletzung tritt gem. **Abs. 1 S. 4** das Beamtenprivileg zurück. Nicht leistungspflichtig ist der Entschädigungsfonds nach **Abs. 1 S. 5** auch bei Ansprüchen wegen der Beschädigung von Einrichtungen des Bahn-, Luft- und Straßenverkehrs sowie des Verkehrs auf Binnenwasserstraßen einschließlich der mit diesen Einrichtungen verbundenen Sachen, sowie wegen der Beschädigung von Einrichtungen der Energieversorgung und der Telekommunikation.

II. Beschränkung (Abs. 2)

2 Wenn das Schädigerfahrzeug nicht ermittelt werden kann, ist der Anspruch nach Abs. 2 beschränkt. Für die in Abs. 1 S. 1 Nr. 2–4 genannten Fälle gilt das nicht. **Immaterieller Schaden** (§ 253 Abs. 2 BGB) kann nur geltend gemacht werden, wenn und soweit die Leistung einer Entschädigung wegen der besonderen Schwere der Verletzung zur Vermeidung einer groben Unbilligkeit erforderlich ist (**Abs. 2 S. 1**). Es muss eine dauernde und erhebliche Beeinträchtigung der körperlichen Funktionen vorliegen.[3] Gemeint sind Querschnittslähmungen, Verlust von Sinnesorganen u. dgl.[4] Kleinere Verletzungen scheiden aus. Hinzu kommen muss, dass eine grobe Unbilligkeit vermieden wird. Hierbei sind die gesamten Umstände des Geschehens zu würdigen. Der Ausschluss des Schmerzensgeldanspruchs darf nicht

---

[1] OLG Stuttgart 14.2.2012 – 12 U 155/11, VersR 2013, 623.
[2] Adresse: Wilhelmstraße 43/43 G, 10117 Berlin; vgl Verordnung über den Entschädigungsfonds für Schäden aus Kraftfahrzeugunfällen vom 14.12.1965 (BGBl. I S. 2093).
[3] Vgl Feyock/Jacobsen/Lemor/*Elvers*, § 12 PflVG Rn 91; OLG Hamm 30.6.1986 – 6 U 109/86, VersR 1987, 456.
[4] Feyock/Jacobsen/Lemor/*Elvers*, § 12 PflVG Rn 91; *Eckardt*, VersR 1970, 1090.

in grober Weise dem Gerechtigkeitsempfinden widersprechen. Der Anlass der Fahrt kann zu berücksichtigen sein.

Der Anspruch ist im Übrigen begrenzt auf den Umfang, der erforderlich ist, um die Unbilligkeit zu beseitigen. Hierbei kommt der Ausgleichsfunktion entscheidendes Gewicht zu.[5] Stets ist eine Gesamtschau der Umstände vorzunehmen, so dass eine bestimmte Quote von einem nach einer Tabelle ermittelten Schmerzensgeldbetrag nicht der Regelung entspricht und nur ein grober Anhaltspunkt sein kann.[6]

Bei **Sachschäden**, einschließlich der Fahrzeugschäden, beschränkt sich in den Fällen des Abs. 1 S. 1 Nr. 1 die Leistungspflicht des Entschädigungsfonds auf den Betrag, der 500 € übersteigt (**Abs. 2 S. 2**). Der Selbstbehalt ist vom Anspruch abzuziehen.[7] Die Eintrittspflicht setzt weiter voraus, dass der Entschädigungsfonds zur Leistung einer Entschädigung wegen Tötung oder erheblicher Körperverletzung des Ersatzberechtigten oder Fahrzeuginsassen verpflichtet ist. In Abweichung von Abs. 2 S. 2 muss hier die Verletzung nur so schwer sein, dass unter gewöhnlichen Umständen nicht mit einem Betrug gerechnet werden kann.[8]

III. Verjährung (Abs. 3)

Die Verjährungsfrist für den Anspruch des Ersatzberechtigten gegen den Entschädigungsfonds beträgt drei Jahre. Beginn der Verjährung ist der Zeitpunkt, in dem der Ersatzberechtigte von dem Schaden und den Umständen Kenntnis erlangt, die die Inanspruchnahme des Entschädigungsfonds ermöglichen. Dem Berechtigten müssen also die tatsächlichen Voraussetzungen für die Inanspruchnahme des Entschädigungsfonds bekannt sein.

IV. Umfang (Abs. 4)

Gehaftet wird wie ein im Innenverhältnis leistungsfreier VR. Es gilt die Mindestversicherungssumme des § 117 Abs. 3 VVG. In den Fällen des Abs. 1 Nr. 2 und 3 gelten die genannten Verpflichtungen.

V. Rückgriff (Abs. 5, 6)

Ersatzansprüche gegen den Ersatzverpflichteten bestehen nach Auftragsrecht, § 670 BGB (**Abs. 5**). Der Anspruch richtet sich grundsätzlich gegen den Halter, Eigentümer und Fahrer.[9] Eine Anwendung von §§ 113 ff VVG hat der Gesetzgeber nicht angeordnet. Eine entsprechende Anwendung von § 123 VVG ist jedoch jedenfalls bei dem gutgläubigen Fahrer geboten, weil auch er in den Schutzzweck einzubeziehen ist.[10] Der Normzweck erschöpft sich nicht nur in dem Schutz des Geschädigten.

Abs. 6 regelt den Anspruchsübergang. Nach Abs. 6 S. 4 ist im Insolvenzfall eine auf 2.500 € beschränkte Regressmöglichkeit gegen den VN und mitversicherte Personen gegeben.

---

5 Zutreffend Feyock/Jacobsen/Lemor/*Elvers*, § 12 PflVG Rn 93.
6 Anders Prölss/Martin/*Knappmann*, § 12 PflVG Rn 4, der etwa die Hälfte des sonst berechtigten Schmerzensgelds annimmt.
7 Feyock/Jacobsen/Lemor/*Elvers*, § 12 PflVG Rn 97.
8 Vgl Begr. BT-Drucks. 16/5551, S. 31; Prölss/Martin/*Knappmann*, § 12 PflVG Rn 6.
9 Vgl im Hinblick auf den Fahrer OLG Braunschweig 9.4.2001 – 6 U 22/00, VersR 2003, 1567; Feyock/Jacobsen/Lemor/*Elvers*, § 12 PflVG Rn 109.
10 Schwintowski/Brömmelmeyer/*Huber*, § 123 VVG Rn 18; Prölss/Martin/*Knappmann*, § 12 PflVG Rn 10.

§ 12 a [Entschädigungsstelle, Voraussetzungen der Geltendmachung, Aufgaben, Tätigwerden]

(1) ¹Wird durch den Gebrauch eines Kraftfahrzeugs oder eines Anhängers im Ausland nach dem 31. Dezember 2002 ein Personen- oder Sachschaden verursacht, so kann derjenige, der seinen Wohnsitz in der Bundesrepublik Deutschland hat und dem wegen dieser Schäden Ersatzansprüche gegen den Haftpflichtversicherer des schädigenden Fahrzeugs zustehen, diese vorbehaltlich des Absatzes 4 gegen die „Entschädigungsstelle für Schäden aus Auslandsunfällen" (Entschädigungsstelle) geltend machen,

1. wenn das Versicherungsunternehmen oder sein Schadenregulierungsbeauftragter binnen drei Monaten nach der Geltendmachung des Entschädigungsanspruchs beim Versicherungsunternehmen des Fahrzeugs, durch dessen Nutzung der Unfall verursacht wurde, oder beim Schadenregulierungsbeauftragten keine mit Gründen versehene Antwort auf die im Schadenersatzantrag enthaltenen Darlegungen erteilt hat oder

2. wenn das Versicherungsunternehmen entgegen Artikel 21 Absatz 1 der Richtlinie 2009/103/EG in der Bundesrepublik Deutschland keinen Schadenregulierungsbeauftragten bestellt hat, es sei denn, dass der Geschädigte einen Antrag auf Erstattung direkt beim Versicherungsunternehmen eingereicht hat und von diesem innerhalb von drei Monaten eine mit Gründen versehene Antwort auf das Schadenersatzbegehren erteilt oder ein begründetes Angebot vorgelegt worden ist oder

3. wenn das Fahrzeug nicht oder das Versicherungsunternehmen nicht innerhalb von zwei Monaten nach dem Unfall ermittelt werden kann.

²Ein Antrag auf Erstattung ist nicht zulässig, wenn der Geschädigte unmittelbar gegen das Versicherungsunternehmen gerichtliche Schritte eingeleitet hat.

(2) Die Entschädigungsstelle unterrichtet unverzüglich

1. das Versicherungsunternehmen des Fahrzeugs, das den Unfall verursacht haben soll, oder dessen in der Bundesrepublik Deutschland bestellten Schadenregulierungsbeauftragten,

2. die Entschädigungsstelle in dem Mitgliedstaat der Europäischen Union oder dem Vertragsstaat des Abkommens über den Europäischen Wirtschaftsraum, in dem die Niederlassung des Versicherungsunternehmens ihren Sitz hat, die die Versicherungspolice ausgestellt hat,

3. die Person, die den Unfall verursacht haben soll, sofern sie bekannt ist,

4. das deutsche Büro des Systems der Grünen Internationalen Versicherungskarte und das Grüne-Karte-Büro des Landes, in dem sich der Unfall ereignet hat, wenn das schadenstiftende Fahrzeug seinen gewöhnlichen Aufenthaltsort nicht in diesem Land hat,

5. in den Fällen des Absatzes 1 Nr. 3 den Garantiefonds im Sinne von Artikel 10 Absatz 1 der Richtlinie 2009/103/EG des Staates, in dem das Fahrzeug seinen gewöhnlichen Standort hat, sofern das Versicherungsunternehmen nicht ermittelt werden kann, oder, wenn das Fahrzeug nicht ermittelt werden kann, den Garantiefonds des Staates, in dem sich der Unfall ereignet hat, darüber, dass ein Antrag auf Entschädigung bei ihr eingegangen ist und dass sie binnen zwei Monaten auf diesen Antrag eingehen wird.

(3) ¹Die Entschädigungsstelle wird binnen zwei Monaten nach Eingang eines Schadenersatzantrages des Geschädigten tätig, schließt den Vorgang jedoch ab, wenn das Versicherungsunternehmen oder dessen Schadenregulierungsbeauftragter in dieser Zeit eine mit Gründen versehene Antwort auf das Schadenersatzbegehren

erteilt oder ein begründetes Angebot vorlegt. ²Geschieht dies nicht, reguliert sie den geltend gemachten Anspruch unter Berücksichtigung des Sachverhalts nach Maßgabe des anzuwendenden Rechts. ³Sie kann sich hierzu anderer Personen oder Einrichtungen, insbesondere eines zur Übernahme der Regulierung bereiten Versicherungsunternehmens oder Schadenabwicklungsunternehmens, bedienen. ⁴Im Übrigen bestimmt sich das Verfahren nach dem Abkommen der Entschädigungsstellen nach Artikel 24 Absatz 3 der Richtlinie 2009/103/EG.

(4) Hat sich der Unfall in einem Staat ereignet, der nicht Mitgliedstaat der Europäischen Union oder Vertragsstaat des Abkommens über den Europäischen Wirtschaftsraum ist, so kann der Geschädigte unter den Voraussetzungen des Absatzes 1 einen Antrag auf Erstattung an die Entschädigungsstelle richten, wenn der Unfall durch die Nutzung eines Fahrzeugs verursacht wurde, das in einem Mitgliedstaat der Europäischen Union oder Vertragsstaat des Abkommens über den Europäischen Wirtschaftsraum versichert ist und dort seinen gewöhnlichen Standort hat und wenn das nationale Versicherungsbüro (Artikel 1 Nummer 3 der Richtlinie 2009/103/EG) des Staates, in dem sich der Unfall ereignet hat, dem System der Grünen Karte beigetreten ist.

Gegen die Entschädigungsstelle können nach näherer Maßgabe Ansprüche geltend gemacht werden, wenn durch den Gebrauch eines Kfz oder Anhängers im Ausland nach dem 31.12.2003 ein Personen- oder Sachschaden verursacht worden ist, wobei anspruchsberechtigt der Geschädigte mit Wohnsitz in Deutschland ist. Die Möglichkeit, unmittelbar gegen den VR zu klagen, besteht weiterhin. Gegen den ausländischen VR kann im Inland am Wohnsitz des Geschädigten Klage erhoben werden.[1] 1

§ 12 b [Forderungsübergang]

¹Soweit die Entschädigungsstelle nach § 12 a dem Ersatzberechtigten den Schaden ersetzt, geht der Anspruch des Ersatzberechtigten gegen den Halter, den Eigentümer, den Fahrer und einen sonstigen Ersatzpflichtigen auf die Entschädigungsstelle über. ²Der Übergang kann nicht zum Nachteil des Ersatzberechtigten geltend gemacht werden. ³Soweit eine Entschädigungsstelle im Sinne des Artikels 24 der Richtlinie 2009/103/EG einer anderen Entschädigungsstelle einen als Entschädigung gezahlten Betrag erstattet, gehen die auf die zuletzt genannte Entschädigungsstelle übergegangenen Ansprüche des Geschädigten gegen den Halter, den Eigentümer, den Fahrer und einen sonstigen Ersatzpflichtigen auf die zuerst genannte Entschädigungsstelle über.

§ 12 c [Erstattungspflicht des Entschädigungsfonds]

(1) Der Entschädigungsfonds nach § 12 ist verpflichtet, einem Entschädigungsfonds im Sinne des Artikels 10 Absatz 1 der Richtlinie 2009/103/EG eines anderen Mitgliedstaats der Europäischen Union den Betrag zu erstatten, den dieser als Entschädigung wegen eines Personen- oder Sachschadens zahlt, der auf dem Gebiet dieses Mitgliedstaats durch ein Fahrzeug verursacht wurde, dessen Halter nach § 2 Abs. 1 Nr. 6 von der Versicherungspflicht befreit ist.

---

1 Vgl EuGH 13.12.2007 – C 463/06, VersR 2008, 111; BGH 6.5.2008 – VI 200/05, VersR 2008, 955.

(2) Soweit der Entschädigungsfonds nach § 12 einen Betrag nach Absatz 1 erstattet, gehen die auf den Entschädigungsfonds des anderen Mitgliedstaats der Europäischen Union übergegangenen Ansprüche des Geschädigten gegen den Halter, den Eigentümer, den Fahrer und einen sonstigen Ersatzpflichtigen auf den Entschädigungsfonds nach § 12 über.

§ 13 [Errichtung des Entschädigungsfonds; Beginn der Leistungspflicht]

(1) [1]Zur Wahrnehmung der Aufgaben des Entschädigungsfonds wird eine rechtsfähige Anstalt des öffentlichen Rechts errichtet, die mit dem Inkrafttreten dieses Gesetzes als entstanden gilt. [2]Organe der Anstalt sind der Vorstand und der Verwaltungsrat. [3]Die Anstalt untersteht der Aufsicht des Bundesministeriums der Justiz. [4]Das Nähere über die Anstalt bestimmt die Satzung, die von der Bundesregierung durch Rechtsverordnung ohne Zustimmung des Bundesrates aufgestellt wird. [5]Die im Geltungsbereich dieses Gesetzes zum Betrieb der Kraftfahrzeug-Haftpflichtversicherung befugten Versicherungsunternehmen und die Haftpflichtschadenausgleiche im Sinne von *§ 1 Abs. 3 Nr. 3 des Versicherungsaufsichtsgesetzes*[1] sowie die nach § 2 Nrn. 1 bis 4 von der Versicherungspflicht befreiten Halter nichtversicherter Fahrzeuge sind verpflichtet, unter Berücksichtigung ihres Anteils am Gesamtbestand der Fahrzeuge und der Art dieser Fahrzeuge an die Anstalt Beiträge zur Deckung der Entschädigungsleistungen und der Verwaltungskosten zu leisten. [6]Das Nähere über die Beitragspflicht bestimmt das Bundesministerium der Justiz im Einvernehmen mit dem Bundesministerium für Verkehr, Bau und Stadtentwicklung, dem Bundesministerium für Wirtschaft und Technologie und dem Bundesministerium der Finanzen durch Rechtsverordnung mit Zustimmung des Bundesrates.

(2) [1]Das Bundesministerium der Justiz wird ermächtigt, im Einvernehmen mit dem Bundesministerium für Verkehr, Bau und Stadtentwicklung, dem Bundesministerium für Wirtschaft und Technologie und dem Bundesministerium der Finanzen durch Rechtsverordnung ohne Zustimmung des Bundesrates die Stellung des Entschädigungsfonds einer anderen bestehenden juristischen Person zuzuweisen, wenn diese bereit ist, die Aufgaben des Entschädigungsfonds zu übernehmen, und wenn sie hinreichende Gewähr für die Erfüllung der Ansprüche der Ersatzberechtigten bietet. [2]Durch die Rechtsverordnung kann sich das Bundesministerium der Justiz die Genehmigung der Satzung dieser juristischen Person vorbehalten und die Aufsicht über die juristische Person regeln.

(3) [1]Das Bundesministerium der Justiz wird ferner ermächtigt, im Einvernehmen mit den in Absatz 2 genannten Bundesministerien durch Rechtsverordnung ohne Zustimmung des Bundesrates zu bestimmen, von welchem Zeitpunkt ab die Anstalt (Absatz 1) oder die durch Rechtsverordnung (Absatz 2) bezeichnete juristische Person von Ersatzberechtigten in Anspruch genommen werden kann, und zu bestimmen, daß eine Leistungspflicht nur besteht, wenn das schädigende Ereignis nach einem in der Verordnung festzusetzenden Zeitpunkt eingetreten ist. [2]Die Anstalt kann jedoch spätestens zwei Jahre nach dem Inkrafttreten dieses Gesetzes wegen der Schäden, die sich nach diesem Zeitpunkt ereignen, in Anspruch genommen werden, sofern nicht bis zu diesem Zeitpunkt den Ersatzberechtigten durch Rechtsverordnung die Möglichkeit gegeben worden ist, eine andere juristische Person in Anspruch zu nehmen.

---

1 *Kursive Hervorhebung:* Fassung bis 31.12.2015. – Fassung ab 1.1.2016: „*§ 3 Absatz 1 Nummer 4 des Versicherungsaufsichtsgesetzes*". – Siehe Art. 2 Abs. 48 Nr. 5 des Gesetzes zur Modernisierung der Finanzaufsicht über Versicherungen vom 1.4.2015 (BGBl. I S. 434, 560). Zum Inkrafttreten s. Art. 3 Abs. 1 S. 1.

(4) Der Entschädigungsfonds ist von der Körperschaftsteuer, der Gewerbesteuer und der Vermögensteuer befreit.

(5) Die vom Entschädigungsfonds zur Befriedigung von Ansprüchen nach § 12 Abs. 1 Nr. 4 in einem Kalenderjahr zu erbringenden Aufwendungen sind auf 0,5 vom Hundert des Gesamtprämienaufkommens der Kraftfahrzeug-Haftpflichtversicherung des vorangegangenen Kalenderjahres begrenzt.

§ 13 a [Wahrnehmung der Aufgaben und Befugnisse der Entschädigungsstelle]

(1) [1]Die Aufgaben und Befugnisse der Entschädigungsstelle nach § 12 a werden von dem rechtsfähigen Verein „Verkehrsopferhilfe eingetragener Verein" in Hamburg (Verkehrsopferhilfe) wahrgenommen, sobald und soweit dieser schriftlich gegenüber dem Bundesministerium der Justiz seine Bereitschaft dazu erklärt hat. [2]Das Bundesministerium der Justiz gibt die Erklärung und den Zeitpunkt, ab dem die betroffenen Aufgaben von der Verkehrsopferhilfe wahrgenommen werden, im Bundesanzeiger bekannt. [3]Die Verkehrsopferhilfe untersteht, soweit sie die übertragenen Aufgaben wahrnimmt, der Aufsicht des Bundesministeriums der Justiz. [4]Das Bundesministerium der Justiz wird ermächtigt, durch Rechtsverordnung ohne Zustimmung des Bundesrates die Aufgaben und Befugnisse der Entschädigungsstelle nach § 12 a der in § 13 genannten Anstalt zu übertragen, soweit die Wahrnehmung der Aufgaben durch die Verkehrsopferhilfe nicht gewährleistet ist oder diese nicht mehr zur Wahrnehmung der Aufgaben bereit ist.

(2) Die Entschädigungsstelle ist von der Körperschaftsteuer, der Gewerbesteuer und der Vermögensteuer befreit.

§ 14 [Auslands- und Ausländerschäden; Schiedsstelle]

Das Bundesministerium der Justiz wird ermächtigt, im Einvernehmen mit dem Bundesministerium für Verkehr, Bau und Stadtentwicklung, dem Bundesministerium für Wirtschaft und Technologie und dem Bundesministerium der Finanzen durch Rechtsverordnung ohne Zustimmung des Bundesrates

1. zu bestimmen, daß der Entschädigungsfonds in den Fällen des § 12 Abs. 1 Nr. 1 auch für Schäden einzutreten hat, die einem Deutschen außerhalb des Geltungsbereichs dieses Gesetzes entstehen und nicht von einer Stelle in dem Staat ersetzt werden, in dem sich der Unfall zugetragen hat, wenn dies erforderlich ist, um eine Schlechterstellung des Deutschen gegenüber den Angehörigen dieses Staates auszugleichen;

2. zu bestimmen, daß der Entschädigungsfonds Leistungen an ausländische Staatsangehörige ohne festen Wohnsitz im Inland nur bei Vorliegen der Gegenseitigkeit erbringt, soweit nicht völkerrechtliche Verträge der Bundesrepublik Deutschland dem entgegenstehen;

3. zu bestimmen,
   a) daß beim Entschädigungsfonds eine Schiedsstelle gebildet wird, die in Streitfällen zwischen dem Ersatzberechtigten und dem Entschädigungsfonds auf eine gütliche Einigung hinzuwirken und den Beteiligten erforderlichenfalls einen begründeten Einigungsvorschlag zu machen hat,
   b) wie die Mitglieder der Schiedsstelle, die aus einem die Befähigung zum Richteramt besitzenden, sachkundigen und unabhängigen Vorsitzenden sowie einem von der Versicherungswirtschaft benannten und einem dem Be-

reich der Ersatzberechtigten zuzurechnenden Beisitzer besteht, zu bestellen sind und wie das Verfahren der Schiedsstelle einschließlich der Kosten zu regeln ist,

c) daß Ansprüche gegen den Entschädigungsfonds im Wege der Klage erst geltend gemacht werden können, nachdem ein Verfahren vor der Schiedsstelle vorausgegangen ist, sofern nicht seit der Anrufung der Schiedsstelle mehr als drei Monate verstrichen sind.

Vierter Abschnitt: Übergangs- und Schlußvorschriften

§ 15 [Tarifanpassung bei Rechtsübergang]

Wird zur Vermeidung einer Insolvenz ein Bestand an Kraftfahrzeug-Haftpflichtversicherungsverträgen mit Genehmigung der Aufsichtsbehörden auf einen anderen Versicherer übertragen, so kann der übernehmende Versicherer die Anwendung des für sein Unternehmen geltenden Tarifs (Prämie und Tarifbestimmungen) und seiner Versicherungsbedingungen vom Beginn der nächsten Versicherungsperiode an erklären, wenn er dem Versicherungsnehmer die Tarifänderung unter Kenntlichmachung der Unterschiede des alten und neuen Tarifs spätestens einen Monat vor Inkrafttreten der Änderung mitteilt und ihn schriftlich über sein Kündigungsrecht belehrt.

§ 16 [Ansprüche vor dem 1. Mai 2013]

§ 12 Absatz 4 Satz 2 und Absatz 6 Satz 5 und 6 gilt nicht für Ansprüche, die vor dem 1. Mai 2013 entstanden sind.

Anlage (zu § 4 Abs. 2)

Mindestversicherungssummen

1. Die Mindesthöhe der Versicherungssumme beträgt bei Kraftfahrzeugen einschließlich der Anhänger je Schadensfall
   a) für Personenschäden siebeneinhalb Millionen Euro,
   b) für Sachschäden 1.120.000 Euro,
   c) für die weder mittelbar noch unmittelbar mit einem Personen- oder Sachschaden zusammenhängenden Vermögensschäden (reine Vermögensschäden) 50.000 Euro.
2. Bei Kraftfahrzeugen, die der Beförderung von Personen dienen und mehr als neun Plätze (ohne den Fahrersitz) aufweisen, erhöhen sich diese Beträge für das Kraftfahrzeug unter Ausschluss der Anhänger
   a) für den 10. und jeden weiteren Platz um
      aa) 50.000 Euro für Personenschäden,
      bb) 500 Euro für reine Vermögensschäden,
   b) vom 81. Platz ab für jeden weiteren Platz um
      aa) 25.000 Euro für Personenschäden,
      bb) 250 Euro für reine Vermögensschäden.

Dies gilt nicht für Kraftomnibusse, die ausschließlich zu Lehr- und Prüfungszwecken verwendet werden.

3. Bei Anhängern entspricht die Mindesthöhe der Versicherungssumme für Schäden, die nicht mit dem Betrieb des Kraftfahrzeugs im Sinne des § 7 des Straßenverkehrsgesetzes im Zusammenhang stehen, und für die den Insassen des Anhängers zugefügten Schäden den in Nummer 1, bei Personenanhängern mit mehr als neun Plätzen den in Nummern 1 und 2 genannten Beträgen

4. Zu welcher dieser Gruppen das Fahrzeug gehört, richtet sich nach der Eintragung im Kraftfahrzeug- oder Anhängerbrief.

Verordnung über den Versicherungsschutz in der Kraftfahrzeug-Haftpflichtversicherung (Kraftfahrzeug-Pflichtversicherungsverordnung – KfzPflVV)

Vom 29.7.1994 (BGBl. I S. 1837) (BGBl. III 925-1-5)
zuletzt geändert durch Art. 5 der Verordnung zur Änderung der Fahrzeug-Zulassungsverordnung, anderer straßenverkehrsrechtlicher Vorschriften und der Kraftfahrzeug-Pflichtversicherungsverordnung vom 13.1.2012 (BGBl. I S. 103, 110)

§ 1 [Räumlicher Umfang des Versicherungsschutzes; Beginn und Ende]

(1) ¹Die Kraftfahrzeug-Haftpflichtversicherung hat Versicherungsschutz in Europa sowie in den außereuropäischen Gebieten, die zum Geltungsbereich des Vertrages über die Europäische Wirtschaftsgemeinschaft gehören, in der Höhe zu gewähren, die in dem jeweiligen Land gesetzlich vorgeschrieben ist, mindestens jedoch in der in Deutschland vorgeschriebenen Höhe. ²Wird eine Erweiterung des räumlichen Geltungsbereichs des Versicherungsschutzes vereinbart, gilt Satz 1 entsprechend.

(2) Beginn und Ende des Versicherungsschutzes bestimmen sich nach den §§ 187 und 188 des Bürgerlichen Gesetzbuchs.

I. Allgemeines

Die KfzPflVV beruht auf der Ermächtigung in § 4 Abs. 1 PflVG. Mit ihr soll im Interesse der Versicherten und der Verkehrsopfer ein Mindestversicherungsschutz erreicht werden. Maßgebenden Einfluss hat das europäische Gemeinschaftsrecht.[1] Die KfzPflVV konkretisiert den vom PflVG gesetzten Rahmen. Dem VR wird vorgegeben, wie er seine AKB zu gestalten hat. Die Verordnung gilt für alle Kfz, für die gem. § 1 PflVG und AuslPflVersG Haftpflichtversicherungen abgeschlossen werden.[2]

II. Geltung

In **räumlicher** Hinsicht ist Deckung zu gewähren in Europa und im EWG-Gebiet (A.1.4 AKB 2008). Somit gehören dazu Madeira und die Azoren als portugiesisches Gebiet, die Kanarischen Inseln sowie die Exklaven Ceuta und Metilla als spanisches Staatsgebiet und die französischen Überseegebiete Guadelupe, Martinique, Französisch-Guyana und Réunion.[3] Kein Versicherungsschutz besteht danach in den asiatischen Teilen der Türkei und der Russischen Föderation.

Der **sachliche** Umfang richtet sich nach den Anforderungen des jeweiligen Landes. Mindestens gilt der deutsche Schutz (A.1.4, A.1.3 AKB 2008).[4]

Beginn und Ende des Versicherungsschutzes bestimmen sich nach den §§ 187 und 188 BGB (**Abs. 2**). Der Versicherungsschutz beginnt also um 0 Uhr und endet um 24 Uhr. Dies entspricht der Regelung des § 10 VVG. Für die Zusage vorläufiger Deckung gilt § 9.

---

1 Stiefel/Maier/*Jahnke*, Vor § 1 KfzPflVV Rn 4.
2 Prölss/Martin/*Knappmann*, Vor § 1 KfzPflVV Rn 3.
3 Vgl Feyock/Jacobsen/Lemor/*Jacobsen*, § 1 KfzPflVV Rn 1.
4 Prölss/Martin/*Knappmann*, § 1 KfzPflVV Rn 3.

§ 2 [Sachlicher Umfang des Versicherungsschutzes]

(1) Die Versicherung hat die Befriedigung begründeter und die Abwehr unbegründeter Schadensersatzansprüche zu umfassen, die auf Grund gesetzlicher Haftpflichtbestimmungen privatrechtlichen Inhalts gegen den Versicherungsnehmer oder mitversicherte Personen erhoben werden, wenn durch den Gebrauch des versicherten Fahrzeugs

1. Personen verletzt oder getötet worden sind,
2. Sachen beschädigt oder zerstört worden oder abhanden gekommen sind oder
3. Vermögensschäden herbeigeführt worden sind, die weder mit einem Personen- noch mit einem Sachschaden mittelbar oder unmittelbar zusammenhängen.

(2) Mitversicherte Personen sind

1. der Halter,
2. der Eigentümer,
3. der Fahrer,
4. Beifahrer, das heißt Personen, die im Rahmen ihres Arbeitsverhältnisses zum Versicherungsnehmer oder Halter den berechtigten Fahrer zu seiner Ablösung oder zur Vornahme von Lade- und Hilfsarbeiten nicht nur gelegentlich begleiten,
5. Omnibusschaffner, soweit sie im Rahmen ihres Arbeitsverhältnisses zum Versicherungsnehmer oder Halter tätig werden,
6. Arbeitgeber oder öffentlicher Dienstherr des Versicherungsnehmers, wenn das versicherte Fahrzeug mit Zustimmung des Versicherungsnehmers für dienstliche Zwecke gebraucht wird.

(3) Mitversicherten Personen ist das Recht auf selbständige Geltendmachung ihrer Ansprüche einzuräumen.

I. Sachlicher Umfang (Abs. 1)

1 Es handelt sich um zwingende Vorgaben. In den AKB 2008 findet die Vorschrift ihren Niederschlag in A.1.1. Die Regelung des § 100 VVG wird konkretisiert. Abs. 1 erweitert den Deckungsbereich des § 1 PflVG auch auf nicht-öffentliche Wege und Plätze. **Selbstbehalte** sind nach Maßgabe des § 114 Abs. 2 S. 2 VVG zulässig, dürfen aber gegenüber Mitversicherten (§ 114 Abs. 2 S. 2 VVG) nicht eingewandt werden.[1]

II. Persönlicher Umfang (Abs. 2)

2 Der in § 1 PflVG genannte Personenkreis wird in Abs. 2 ausgedehnt auf den Beifahrer (Nr. 4), den Omnibusschaffner (Nr. 5) und den Arbeitgeber oder öffentlichen Dienstherrn des VN (Nr. 6). Darüber hinaus sind nach A.1.2 AKB 2008 mitversichert Halter, Eigentümer, Fahrer, Beifahrer und Omnibusschaffner eines mit dem Kfz verbundenen Anhängers.

III. Geltendmachung (Abs. 3)

3 Nach Abs. 3 ist den mitversicherten Personen die selbständige Geltendmachung einzuräumen. Davon macht A.1.2. S. 2 AKB 2008 Gebrauch.

---

[1] Feyock/Jacobsen/Lemor/*Jacobsen*, § 2 KfzPflVV Rn 2 a.

§ 3 [Schäden durch Anhänger, Auflieger oder geschleppte Fahrzeuge]

(1) ¹Die Versicherung eines Kraftfahrzeugs hat auch die Haftung für Schäden zu umfassen, die durch einen Anhänger oder Auflieger verursacht werden, der mit dem Kraftfahrzeug verbunden ist oder sich während des Gebrauchs von diesem löst und sich noch in Bewegung befindet. ²Das Gleiche gilt für die Haftung für Schäden, die verursacht werden durch geschleppte und abgeschleppte Fahrzeuge, für die kein Haftpflichtversicherungsschutz besteht.

(2) (aufgehoben)

I. Anhänger und Auflieger (Abs. 1 S. 1)

Die Regelung ist in A.1.1.5 AKB 2008 umgesetzt. Abs. 1 S. 1 dehnt den Versicherungsschutz auf Anhänger und Auflieger aus, soweit dieser mit dem Kfz verbunden ist oder sich noch in Bewegung befindet, nachdem er sich während des Gebrauchs gelöst hat. Der Begriff „**Anhänger**" – nach § 2 Nr. 2 FZV zum Anhängen an ein Kfz bestimmte und geeignete Fahrzeuge – umfasst nach der Bauart für diese Verwendung bestimmte Fahrzeuge unabhängig von Zulassungs- und Versicherungspflicht (§ 3 Abs. 1 FZV, § 33 StVZO).[1] Ob sie der Personen- oder Güterbeförderung dienen, ist nicht entscheidend. Auch **Wohnanhänger** fallen darunter. § 2 Nr. 19 FZV definiert **Sattelanhänger** als Anhänger, die mit einem Kfz so verbunden sind, das sie teilweise auf diesem aufliegen und ein wesentlicher Teil ihres Gewichts oder ihrer Ladung von diesem getragen wird. Die Erstreckung des Versicherungsschutzes durch das Zugfahrzeug gilt auch, wenn der VR keine Anhängerversicherung anbietet. Keine Deckungspflicht für den VR des Motorfahrzeugs besteht, wenn der Anhänger mit dem Motorwagen nicht verbunden ist und sich nicht (mehr) in Bewegung befindet. 1

Die Haftpflichtversicherungen der Zugmaschine und des Anhängers begründen eine **Doppelversicherung** (§ 78 VVG).[2] Der Innenausgleich erfolgt nicht nach § 17 Abs. 4 StVG, § 426 BGB.[3] Die Deckungsgleichheit erfasst das gesamte **Gespann**, das insoweit eine Betriebseinheit bildet.[4] Die Haftpflichtversicherer haben den Schaden demnach im Innenverhältnis je zur Hälfte zu tragen. Die Einstandspflicht des Anhänger-VR im Innenverhältnis kann nicht nur auf Fälle beschränkt werden, in denen sich bei einem Unfall lediglich Mängel des Anhängers ausgewirkt haben. Zum Haftungsverband des Anhängers zählt auch dessen Führer (§ 18 Abs. 1 StVG). Die Haftungseinheit zwischen Halter und Fahrer verbietet damit unterschiedliche Haftungsquoten. 2

II. Geschleppte und abgeschleppte Fahrzeuge (Abs. 1 S. 2)

Nach Abs. 1 S. 2 besteht Deckung in der Haftpflichtversicherung des Zugfahrzeugs für Schäden, die von einem geschleppten oder abgeschleppten Fahrzeug verursacht werden. Das gilt aber nur subsidiär, wenn für dieses kein Haftpflichtdeckungsschutz besteht. Die Bestimmung ist umgesetzt in A.1.1.5 Abs. 1 S. 2 AKB 2008. 3

---

1 Zu den Begriffen Stiefel/Maier/*Jahnke*, § 3 KfzPflVV Rn 6; Hentschel/König/*Dauer*, § 2 FZV Rn 4, 22.
2 BGH 27.10.2010 – IV ZR 279/08, r+s 2011, 60; OLG Celle 30.4.2013 – 14 U 191/12, r+s 2013, 594.
3 Vgl Stiefel/Maier/*Maier*, A.1.1 Rn 81.
4 BGH 27.10.2010 – IV ZR 279/08, r+s 2011, 60.

§ 4 [Ausschließbare Ersatzansprüche]

Von der Versicherung kann die Haftung nur ausgeschlossen werden
1. für Ersatzansprüche des Versicherungsnehmers, Halters oder Eigentümers gegen mitversicherte Personen wegen Sach- oder Vermögensschäden;
2. für Ersatzansprüche wegen Beschädigung, Zerstörung oder Abhandenkommens des versicherten Fahrzeugs mit Ausnahme der Beschädigung betriebsunfähiger Fahrzeuge beim nicht gewerbsmäßigen Abschleppen im Rahmen üblicher Hilfeleistung;
3. für Ersatzansprüche wegen Beschädigung, Zerstörung oder Abhandenkommens von mit dem versicherten Fahrzeug beförderten Sachen mit Ausnahme jener, die mit Willen des Halters beförderte Personen üblicherweise mit sich führen oder, sofern die Fahrt überwiegend der Personenbeförderung dient, als Gegenstände des persönlichen Bedarfs mit sich führen;
4. für Ersatzansprüche aus der Verwendung des Fahrzeugs bei behördlich genehmigten kraftfahrt-sportlichen Veranstaltungen, bei denen es auf die Erzielung einer Höchstgeschwindigkeit ankommt oder den dazugehörigen Übungsfahrten;
5. für Ersatzansprüche wegen Vermögensschäden durch die Nichteinhaltung von Liefer- und Beförderungsfristen;
6. für Ersatzansprüche wegen Schäden durch Kernenergie.

I. Allgemeines

1 Die Regelung setzt voraus, dass Ausschlüsse vereinbart werden müssen. Es werden die Ausschlüsse genannt, die erlaubt sind. Die Aufzählung ist **abschließend**. Weitere Ausschlussvereinbarungen sind unwirksam. Allerdings bleibt der gesetzliche Ausschluss nach § 103 VVG für vorsätzlich und widerrechtlich herbeigeführte Schadenfälle davon unberührt.[1]

II. Ausschlüsse im Einzelnen

2 Nr. 1 entspricht A.1.5.6 AKB 2008. Eigene Ersatzansprüche des VN, Halters oder Eigentümers wegen **Sach- oder Vermögensschäden gegen Mitversicherte** sind nicht gedeckt.[2] Deckungsschutz für Personenschäden (zB VN als Beifahrer) und für Ansprüche der Mitversicherten gegen VN, Halter oder Eigentümer besteht jedoch.

3 Nr. 2 entspricht A.1.5.3 und A.1.5.4 AKB 2008. Ansprüche wegen Beschädigung, Zerstörung oder Abhandenkommen des versicherten Fahrzeugs sind im Grundsatz nicht gedeckt. Insoweit kann eine Kaskoversicherung abgeschlossen werden. Eine Ausnahme vom Ausschluss besteht, wenn ein **betriebsunfähiges Fahrzeug beim nicht gewerbsmäßigen Abschleppen im Rahmen üblicher Hilfeleistung** beschädigt wird. Damit besteht beim gewerbsmäßigen Abschleppen keine Haftpflichtdeckung beim Beschädigen des abgeschleppten Fahrzeugs.

4 Nr. 3 entspricht A.1.5.5 AKB 2008. Die Bestimmung enthält eine Einschränkung des Ausschlusses für **beförderte Sachen**. Kein möglicher Ausschluss erfolgt bei Sachen, die **mit dem Willen** des Halters beförderte Personen üblicherweise mit sich führen. Gemeint sind Kleidung, Brille, Brieftasche, Geldbörse, Uhr. Bei einer Fahrt, die **überwiegend der Personenbeförderung** dient, ergibt sich kein möglicher

---

1 Feyock/Lemor/Jacobsen/*Jacobsen*, § 4 KfzPflVV Rn 2; Prölss/Martin/*Knappmann*, § 4 KfzPflVV Rn 2.
2 Vgl BGH 25.6.2008 – IV ZR 331/06, VersR 2008, 1202 (Ausschluss bei anderem Fahrzeug des VN).

Ausschluss bei mitgeführten Gegenständen des persönlichen Bedarfs, also etwa Reisegepäck und Reiseproviant.

Nr. 4 entspricht A.1.5.2 AKB 2008. Der Ausschluss betrifft die Teilnahme an behördlich genehmigten **kraftfahrt-sportlichen Veranstaltungen**, bei denen es auf die Erzielung einer Höchstgeschwindigkeit ankommt und die dazugehörigen Übungsfahrten. Gemeint sind entsprechende Rennen mit Kfz iSv § 29 Abs. 2 StVO.[3] Für diese besteht eine besondere Haftpflichtversicherung. Die Teilnahme an nicht behördlich genehmigten Rennen ist versichert; insoweit liegt aber eine Obliegenheitsverletzung vor (§ 5 Abs. 1 Nr. 2 KfzPflVV, D.2.2 AKB 2008).

Nr. 5 entspricht A.1.5.7 AKB 2008. Die Ausschlussmöglichkeit betrifft **Vermögensschäden**. Betroffen ist die gewerbliche Güterbeförderung. Dort bestehen anderweitige Versicherungen.

Nr. 6 entspricht A.1.5.9 AKB 2008. Die Haftung für **Nuklearschäden** ist im AtomG geregelt.

§ 5 [Obliegenheiten vor dem Versicherungsfall]

(1) Als Obliegenheiten vor Eintritt des Versicherungsfalls können nur vereinbart werden die Verpflichtung,

1. das Fahrzeug zu keinem anderen als dem im Versicherungsvertrag angegebenen Zweck zu verwenden;
2. das Fahrzeug nicht zu behördlich nicht genehmigten Fahrveranstaltungen zu verwenden, bei denen es auf die Erzielung einer Höchstgeschwindigkeit ankommt;
3. das Fahrzeug nicht unberechtigt zu gebrauchen oder wissentlich gebrauchen zu lassen;
4. das Fahrzeug nicht auf öffentlichen Wegen und Plätzen zu benutzen oder benutzen zu lassen, wenn der Fahrer nicht die vorgeschriebene Fahrerlaubnis hat;
5. das Fahrzeug nicht zu führen oder führen zu lassen, wenn der Fahrer infolge des Genusses alkoholischer Getränke oder anderer berauschender Mittel dazu nicht sicher in der Lage ist;
6. ein mit einem Wechselkennzeichen zugelassenes Fahrzeug nicht auf öffentlichen Wegen oder Plätzen zu benutzen oder benutzen zu lassen, wenn es das nach § 8 Absatz 1a der Fahrzeug-Zulassungsverordnung vorgeschriebene Wechselkennzeichen nicht vollständig trägt.

(2) [1]Gegenüber dem Versicherungsnehmer, dem Halter oder Eigentümer befreit eine Obliegenheitsverletzung nach Absatz 1 Nr. 3 bis 5 den Versicherer nur dann von der Leistungspflicht, wenn der Versicherungsnehmer, der Halter oder der Eigentümer die Obliegenheitsverletzung selbst begangen oder schuldhaft ermöglicht hat. [2]Eine Obliegenheitsverletzung nach Absatz 1 Nr. 5 befreit den Versicherer nicht von der Leistungspflicht, soweit der Versicherungsnehmer, Halter oder Eigentümer durch den Versicherungsfall als Fahrzeuginsasse, der das Fahrzeug nicht geführt hat, geschädigt wurde.

(3) [1]Bei Verletzung einer nach Absatz 1 vereinbarten Obliegenheit oder wegen Gefahrerhöhung ist die Leistungsfreiheit des Versicherers gegenüber dem Versicherungsnehmer und den mitversicherten Personen auf den Betrag von höchstens je 5.000 Euro beschränkt. [2]Satz 1 gilt nicht gegenüber einem Fahrer, der das Fahrzeug durch eine strafbare Handlung erlangt hat.

---

3 OLG Köln 21.11.2006 – 9 U 76/06, VersR 2007, 683.

I. Allgemeines

1 Die Bestimmung enthält eine **abschließende** Aufzählung der zulässigen Obliegenheitsvereinbarungen vor Eintritt des Versicherungsfalles. Die Umsetzung erfolgt in D.1 und D.2 AKB 2008.

II. Obliegenheitsvereinbarungen im Einzelnen

2 Nr. 1 entspricht D.1.1 AKB 2008. Es handelt sich um die **Verwendungsklausel**. Der Zweck muss im VersVertrag bestimmt sein.

3 Nr. 2 entspricht D.2.2 AKB 2008. Gemeint ist die sog. **Rennklausel**. Die Übungsfahrten für behördlich nicht genehmigte Fahrveranstaltungen werden im Gegensatz zu § 4 Nr. 4 nicht erwähnt. Daraus kann nicht geschlossen werden, dass für Übungsfahrten insoweit keine Obliegenheit vereinbart werden darf.[1] In § 4 Nr. 4 geht es um behördlich genehmigte **kraftfahrt-sportliche Veranstaltungen**, in Nr. 2 um behördlich nicht genehmigte Fahrveranstaltungen, so dass eine differenzierte Betrachtung gerechtfertigt ist. Es kann nicht angenommen werden, dass in Nr. 2 die Übungsfahrten angesichts der Gefährlichkeit von ungenehmigten Rennen voll in den Haftpflichtversicherungsschutz einbezogen sein sollen.[2] In der Praxis wird es zudem häufig schwierig sein, bei nicht genehmigten Rennen eine dazugehörige Übungsfahrt von der eigentlichen illegalen Veranstaltung abzugrenzen.[3] D.2.2 AKB 2008 mit seiner Erstreckung auf dazugehörige Übungsfahrten ist demnach wirksam.[4]

4 Nr. 3 entspricht D.1.2 AKB 2008. Die sog. **Schwarzfahrtklausel** betrifft den Fahrer, den VN und die weiteren Mitversicherten, die den unberechtigten Gebrauch nicht zulassen dürfen. Wissentliches Zulassen setzt Kenntnis vom Gebrauch und fehlende Berechtigung sowie der eigenen Möglichkeit der Einflussnahme voraus.[5]

5 Nr. 4 entspricht D.1.3 AKB 2008. Die sog. **Führerscheinklausel** betrifft die Benutzung des Fahrzeugs auf öffentlichen Wegen und Plätzen.

6 Nr. 5 entspricht D.2.1 AKB 2008.[6] Die sog. **Trunkenheits- oder Rauschmittelklausel** betrifft die Obliegenheit, das Fahrzeug nicht zu führen oder führen zu lassen, wenn der Fahrer infolge Alkoholgenusses oder Rauschmittelgenusses fahruntüchtig ist. Ein Ursachenzusammenhang zwischen Alkohol- oder Rauschmitteleinnahme und Fahruntüchtigkeit ist demnach erforderlich. Erfasst ist auch derjenige Mitversicherte, der eine solche Fahrt zulässt, obwohl er sie zumutbarerweise verhindern kann. Mit „anderen berauschenden Mitteln" sind v.a. **Drogen** gemeint. Abzustellen ist auf den Sprachgebrauch. Kaffee, Tee und Tabak gehören nicht dazu.[7]

6a Nr. 6 ist neu eingefügt[8] und entspricht D.1.4 AKB 2008.[9] Bei einem mit **Wechselkennzeichen** zugelassenen Fahrzeug soll die Benutzung auf öffentlichen Wegen und Plätzen verhindert werden, wenn es das Wechselkennzeichen nach § 8 Abs. 1a FZV bei zwei Fahrzeugen nicht vollständig trägt.[10]

---

1 So Prölss/Martin/*Knappmann*, § 5 KfzPflVV Rn 3.
2 Zutreffend Feyock/Jacobsen/Lemor/*Jacobsen*, § 5 KfzPflVV Rn 14.
3 Vgl Stiefel/Maier/*Jahnke*, § 5 KfzPflVV Rn 19.
4 Nunmehr auch D.1.1.4 AKB 2015 (Stand: 15.1.2015).
5 Prölss/Martin/*Knappmann*, § 5 KfzPflVV Rn 4.
6 Nunmehr D.1.2 AKB 2015 (Stand: 15.1.2015).
7 Prölss/Martin/*Knappmann*, § 5 KfzPflVV Rn 8.
8 Durch Art. 5 der Verordnung zur Änderung der Fahrzeug-Zulassungsverordnung, anderer straßenverkehrsrechtlicher Vorschriften und der Kraftfahrzeug-Pflichtversicherungsverordnung vom 13.1.2012 (BGBl. I S. 103, 110).
9 Nunmehr D.1.1.5 AKB 2015 (Stand: 15.1.2015).
10 Zu den Anforderungen *Hentschel/König/Dauer*, StVR, 43. Aufl. 2015, § 8 FZV Rn 22.

III. Leistungsfreiheit des VR (Abs. 2)

In den Fällen von **Abs. 1 Nr. 3–5** (Schwarzfahrt-, Führerschein- und Trunkenheits- bzw Rauschmittelklausel; Nr. 1 und 2 sind nicht erwähnt) ist der Deckungsschutz nur dann betroffen, wenn der **VN, der Halter oder Eigentümer** die Obliegenheitsverletzung selbst **begangen** oder zuvor **schuldhaft ermöglicht** hat (Abs. 2 S. 1). Beide Begriffe stehen nebeneinander. Letzteres – das „Ermöglichen" – ist wohl als zusätzliche Obliegenheit einzuordnen und nicht als sanktioniertes, zeitlich der Obliegenheitsverletzung vorgelagertes schuldhaftes Fehlverhalten.[11] Der VN ist verpflichtet, die Berechtigung zum Gebrauch und die Fahrerlaubnis des Fahrers zu prüfen und ihm nicht das Fahrzeug zu einer Trunkenheitsfahrt zu überlassen. Der VN, der Halter oder der Eigentümer muss mindestens fahrlässig vorab – wie sich aus dem Wortlaut schließen lässt – die Verletzung der mit dem Führen des Fahrzeugs zusammenhängenden und in Abs. 1 Nr. 3–5 aufgezählten Obliegenheiten möglich gemacht haben. In Abs. 1 Nr. 3 ist für das Gebrauchenlassen sogar noch „Wissentlichkeit" erforderlich. Diese vom VR zu beweisenden Umstände des Ermöglichens treten neben die Obliegenheitsverletzung. Das Sanktionensystem des § 28 Abs. 2 VVG mit seinen Beweislast- und Kausalitätsregelungen ist demnach unabhängig davon anzuwenden. Die AKB haben entsprechend § 28 VVG die Obliegenheitsverletzung in D.3 AKB 2008 geregelt.

Die Vorschrift erfasst nach dem klaren Wortlaut nur den VN, den Halter oder Eigentümer; andere Personen, zB Reparaturwerkstattinhaber, sind nicht gemeint.[12] Für **Abs. 1 Nr. 1 und 2** gilt die Regelung nicht.

Abs. 2 S. 2 betrifft die Trunkenheits- bzw Rauschmittelklausel in **Abs. 1 Nr. 5**. In diesem Fall befreit die Obliegenheitsverletzung den VR nicht von seiner Leistungspflicht, soweit der VN, Halter oder Eigentümer durch den Versicherungsfall als Fahrzeuginsasse, der das Fahrzeug nicht geführt hat, geschädigt wurde. Danach gilt dies nicht für den Versicherungsschutz des Fahrers. Im Übrigen ist die Regelung nach ihrem Wortlaut nicht auf Personenschäden beschränkt. D.3.1 Abs. 2 AKB 2008 erfasst jedoch nur den Personenschaden des Insassen, der das Fahrzeug nicht geführt hat.

IV. Umfang der Leistungsfreiheit (Abs. 3)

Die Beschränkung der Leistungsfreiheit setzt eine Vereinbarung einer Obliegenheit[13] bzw Gefahrerhöhung voraus. Bei Obliegenheitsverletzungen vor Eintritt des Versicherungsfalles oder wegen Gefahrerhöhung ist die Leistungsfreiheit des VR gegenüber dem VN und den mitversicherten Personen auf höchstens 5.000 € beschränkt. Dies gilt auch im Rahmen der Haftung nach § 117 Abs. 3 S. 1 und 2 VVG.[14] Die Regressbeschränkung lässt die Regelung des § 28 VVG (u.a. Quotierung) außer Betracht. Als Gesetzesnorm muss die Vorschrift gegenüber der Verordnung zusätzlich und vorrangig Anwendung finden, so dass zunächst die Quote zu bestimmen ist.[15] Die Regressbeschränkung folgt danach.

---

11 So Vorauflage (2. Aufl. 2011, aaO); *Knappmann*, VersR 1996, 401; anders jetzt Prölss/Martin/*Knappmann*, § 5 KfzPflVV Rn 12; Halm/Kreuter-Lange/Schwab/*Kreuter-Lange*, § 5 KfzPflVV Rn 6.
12 Stiefel/Maier/*Jahnke*, § 5 KfzPflVV Rn 36; Feyock/Jacobsen/Lemor/*Jacobsen*, § 5 KfzPflVV Rn 7.
13 Dazu OLG Celle 29.9.2011 – 8 U 58/11, VersR 2012, 753.
14 OLG Saarbrücken 4.4.2013 – 4 U 31/12, NJW-RR 2013, 934 = NZV 2013, 598 (Trunkenheitsfahrt).
15 Vgl Halm/Kreuter-Lange/Schwab/*Kreuter-Lange*, § 5 KfzPflVV Rn 21; Prölss/Martin/*Knappmann*, § 5 KfzPflVV Rn 15; Langheid/Wandt/*Wandt*, § 28 VVG Rn 255; Looschelders/Pohlmann/*Pohlmann*, § 28 VVG Rn 126; *Maier*, r+s 2007, 90.

11 Bei der Verletzung **mehrerer Obliegenheiten** verbleibt es bei der Regressgrenze von 5.000 €.[16] Treffen Obliegenheitsverletzungen, die **vor und nach Eintritt des Versicherungsfalles** zu erfüllen sind, zusammen, erhöht sich die Begrenzung auf 10.000 €.[17] Die Regelung in § 6 ist getrennt zu betrachten, weil sie unterschiedliche Sachverhalte erfasst. Das rechtfertigt die Zusammenrechnung.

§ 6 [Obliegenheiten nach dem Versicherungsfall]

(1) Wegen einer nach Eintritt des Versicherungsfalls vorsätzlich oder grob fahrlässig begangenen Obliegenheitsverletzung ist die Leistungsfreiheit des Versicherers dem Versicherungsnehmer gegenüber vorbehaltlich der Absätze 2 und 3 auf einen Betrag von höchstens 2.500 Euro beschränkt; die Beweislast für das Nichtvorliegen einer groben Fahrlässigkeit trägt der Versicherungsnehmer.

(2) Soweit eine grob fahrlässig begangene Obliegenheitsverletzung weder Einfluß auf die Feststellung des Versicherungsfalles noch auf die Feststellung oder den Umfang der dem Versicherer obliegenden Leistung gehabt hat, bleibt der Versicherer zur Leistung verpflichtet.

(3) Bei besonders schwerwiegender vorsätzlich begangener Verletzung der Aufklärungs- oder Schadensminderungspflichten ist die Leistungsfreiheit des Versicherers auf höchstens 5.000 Euro beschränkt.

I. Allgemeines

1 In dieser Bestimmung wird im Gegensatz zu § 5 die Zulässigkeit vereinbarter Obliegenheiten nicht in einem Katalog eingeschränkt. Es werden nur die **Rechtsfolgen von vorsätzlichen und grob fahrlässig begangenen Obliegenheitsverletzungen** erfasst. Die Vertragspartner können innerhalb der vom VVG gesteckten Grenzen die Obliegenheiten und deren Verletzungsfolgen frei vereinbaren. Das ist in E.1, E.2 und E.6 AKB 2008 geschehen.

II. Beschränkte Leistungsfreiheit

2 Bei Leistungsfreiheit wegen vorsätzlichen oder grob fahrlässigen Verstoßes (§ 28 Abs. 2 VVG) beträgt die Beschränkung regelmäßig 2.500 € (Abs. 1 Hs 1). Abs. 3 bestimmt, dass bei besonders schwerwiegender vorsätzlich begangener Verletzung der Aufklärungspflicht oder Schadensminderungspflicht die Grenze auf höchstens 5.000 € erweitert ist. Abs. 2 entspricht § 28 Abs. 3 S. 2 VVG. Für Leistungsfreiheit bei grob fahrlässigen Obliegenheitsverletzungen ist Kausalität erforderlich.

§ 7 [Absichtliche Obliegenheitsverletzung]

[1]Wird eine Obliegenheitsverletzung in der Absicht begangen, sich oder einem Dritten dadurch einen rechtswidrigen Vermögensvorteil zu verschaffen, ist die Leistungsfreiheit hinsichtlich des erlangten rechtswidrigen Vermögensvorteils unbeschränkt. [2]Gleiches gilt hinsichtlich des Mehrbetrages, wenn der Versicherungsnehmer vorsätzlich oder grob fahrlässig einen Anspruch ganz oder teilweise unberech-

---

16 Feyock/Jacobsen/Lemor/*Jacobsen*, § 5 KfzPflVV Rn 12; *Knappmann*, VersR 1996, 406.
17 BGH 14.9.2005 – IV ZR 216/04, VersR 2005, 1720; OLG Köln 29.2.2002 – 9 U 93/00, r+s 2003, 446; OLG Schleswig 30.10.2002 – 9 U 150/01, VersR 2003, 637; OLG Saarbrücken 9.7.2003 – 5 U 226/03-25, VersR 2004, 1131; OLG Bamberg 14.12.2000 – 1 U 79/00, r+s 2002, 2; OLG Hamm 2.8.1999 – 20 W 12/99, VersR 2000, 843; KG 7.5.2010 – 6 U 141/09, VersR 2011, 254.

tigt anerkennt oder befriedigt, eine Anzeigepflicht verletzt oder bei einem Rechtsstreit dem Versicherer nicht dessen Führung überläßt.

Die Regelung ergänzt § 6 und führt zu einer Erweiterung der Rechtsfolgen im Hinblick auf die genannten Sonderfälle. Sinn und Zweck ist eine Verschärfung der Bestimmung des § 6. 1

S. 1 verlangt betrügerische Absicht. Dem entspricht E.6.5 AKB 2008. Bei versuchtem Betrug findet § 7 keine Anwendung, weil ein erlangter Vermögensvorteil vorausgesetzt wird. 2

Im Hinblick auf das unberechtigte Anerkenntnis oder Befriedigen eines Anspruchs (S. 2) ist die Regelung nach § 105 VVG unwirksam. Die AKB haben das in E.6.6 AKB 2008 umgesetzt. Die Vorschrift hat nur Bedeutung für die Verletzung der Anzeigepflicht und für den Fall, dass der VN im Prozess dem VR nicht dessen Führung überlässt. 3

§ 8 [Rentenzahlungen]

(1) ¹Hat der Versicherungsnehmer an den Geschädigten Rentenzahlungen zu leisten und übersteigt der Kapitalwert der Rente die Versicherungssumme oder den nach Abzug etwaiger sonstiger Leistungen aus dem Versicherungsfall noch verbleibenden Restbetrag der Versicherungssumme, so muß die zu leistende Rente nur im Verhältnis der Versicherungssumme oder ihres Restbetrages zum Kapitalwert der Rente erstattet werden. ²Der Rentenwert ist auf Grund einer von der Versicherungsaufsichtsbehörde entwickelten oder anerkannten Sterbetafel und unter Zugrundelegung des Rechnungszinses, der die tatsächlichen Kapitalmarktzinsen in der Bundesrepublik Deutschland berücksichtigt, zu berechnen. ³Hierbei ist der arithmetische Mittelwert über die jeweils letzten zehn Jahre der Umlaufrenditen der öffentlichen Hand, wie sie von der Deutschen Bundesbank veröffentlicht werden, zugrunde zu legen. ⁴Nachträgliche Erhöhungen oder Ermäßigungen der Rente sind zum Zeitpunkt des ursprünglichen Rentenbeginns mit dem Barwert einer aufgeschobenen Rente nach der genannten Rechnungsgrundlage zu berechnen.

(2) Für die Berechnung von Waisenrenten kann das 18. Lebensjahr als frühestes Endalter vereinbart werden.

(3) Für die Berechnung von Geschädigtenrenten kann bei unselbständig Tätigen das vollendete 65. Lebensjahr als Endalter vereinbart werden, sofern nicht durch Urteil, Vergleich oder eine andere Festlegung etwas anderes bestimmt ist oder sich die der Festlegung zugrunde gelegten Umstände ändern.

(4) Bei der Berechnung des Betrages, mit dem sich der Versicherungsnehmer an laufenden Rentenzahlungen beteiligen muß, wenn der Kapitalwert der Rente die Versicherungssumme oder die nach Abzug sonstiger Leistungen verbleibende Restversicherungssumme übersteigt, können die sonstigen Leistungen mit ihrem vollen Betrag von der Versicherungssumme abgesetzt werden.

I. Allgemeines

Die Bestimmung regelt den Versicherungsschutz bei Rentenverpflichtungen. Es handelt sich nicht um Vorschriften, wie der VR die Rentenansprüche zu berechnen hat. A.1.3.3 AKB 2008 verweist auf die KfzPflVV und das VVG. Zu beachten sind die §§ 107, 109 und 118 VVG. 1

II. Einzelregelungen

2 Die Rechnungsgrundlagen zielen darauf ab, eine Überschreitung der Versicherungssumme zu begrenzen. Übersteigt der Kapitalwert der Rente die Versicherungssumme, ist der maßgebliche Rentenwert unter Zugrundelegung des Rechnungszinses, der die tatsächlichen Kapitalmarktzinsen in Deutschland berücksichtigt, zu berechnen (**Rentenbarwert, Abs. 1 S. 1**).[1] Maßgebend ist der nach näherer Maßgabe ermittelte Mittelwert der Umlaufrenditen der öffentlichen Hand.[2] Bei der **Sterbetafel (Abs. 1 S. 2)** wird allgemein auf anerkannte Tabellen Bezug genommen. Der **Zinsfuß** ist in **Abs. 1 S. 2 und 3** festgelegt.

3 **Abs. 2** betrifft das Endalter bei **Waisenrenten**. **Abs. 3** betrifft die Festlegung der Geschädigtenrente bei Unselbständigen. Für Selbständige gilt die Regelung nicht.

4 Nach **Abs. 4** können bei nicht ausreichender Versicherungssumme sonstige Ansprüche (zB Schmerzensgeld, Heilbehandlungskosten, Verdienstausfall) vorab beglichen werden. Die Regelung des § 109 VVG geht jedoch demgegenüber als höherrangiges Recht vor.[3] Bei mehreren Geschädigten muss anteilig gekürzt werden.

§ 9 [Vorläufiger Deckungsschutz]

[1]Sagt der Versicherer durch Aushändigung der zur behördlichen Zulassung notwendigen Versicherungsbestätigung vorläufigen Deckungsschutz zu, so ist vorläufiger Deckungsschutz vom Zeitpunkt der behördlichen Zulassung des Fahrzeuges oder bei einem zugelassenen Fahrzeug vom Zeitpunkt der Einreichung der Versicherungsbestätigung bei der Zulassungsstelle an bis zur Einlösung des Versicherungsscheins zu gewähren. [2]Sofern er den Versicherungsnehmer schriftlich darüber belehrt, kann sich der Versicherer vorbehalten, daß die vorläufige Deckung rückwirkend außer Kraft tritt, wenn bei einem unverändert angenommenen Versicherungsantrag der Versicherungsschein nicht binnen einer im Versicherungsvertrag bestimmten, mindestens zweiwöchigen Frist eingelöst wird und der Versicherungsnehmer die Verspätung zu vertreten hat.

I. Beginn

1 S. 1 behandelt den vorläufigen Deckungsschutz. Die Regelung ist in B.2 AKB 2008 umgesetzt. Bei einem noch nicht zugelassenen Fahrzeug hat der VR vorläufige Deckung ab dem Zeitpunkt der behördlichen Zulassung zu gewähren. Für ein zugelassenes Fahrzeug ist der maßgebende Zeitpunkt die Einreichung der Versicherungsbestätigung bei der Zulassungsstelle. Nach B.2.1 AKB 2008 besteht vorläufiger Versicherungsschutz nach näherer Maßgabe spätestens ab dem Tag der Zulassung. Das bedeutet Beginn des Zulassungstages. Bei zugelassenen Fahrzeugen beginnt der vorläufige Deckungsschutz ab dem vereinbarten Zeitpunkt.

II. Ende

2 S. 2 gibt die Möglichkeit der Vereinbarung eines rückwirkenden Wegfalls bei Nichteinlösung des Versicherungsscheins. Die Regelung ist in B.2.4 AKB 2008 umgesetzt. Zusätzlich bestehen die in B.2 AKB 2008 genannten Beendigungsgründe. Es gilt zudem § 52 VVG.

---

1 Vgl Stiefel/Maier/*Jahnke*, § 8 KfzPflVV Rn 12.
2 Zu den Tabellen Stiefel/Maier/*Jahnke*, § 8 KfzPflVV Rn 26.
3 Feyock/Jacobsen/Lemor/*Jacobsen*, § 8 KfzPflVV Rn 10; Stiefel/Maier/*Jahnke*, § 8 KfzPflVV Rn 37.

Bedenken an der Wirksamkeit einer solchen ausdrücklichen Vereinbarung bestehen nicht (s. § 52 Rn 7).[1] Die Rspr hat die Bestimmung nicht beanstandet.[2] Der Gesetzgeber hat die Regelung aufrechterhalten. Der **Vorbehalt** muss bei der Begründung des vorläufigen Versicherungsschutzes erklärt werden. Darüber ist im Einzelnen zu **belehren**.[3] Die Vorschrift enthält Mindestanforderungen, von denen nicht abgewichen werden darf: unveränderte Antragsannahme, Nichteinlösung des Versicherungsscheins innerhalb von zwei Wochen; Vertretenmüssen der Verspätung des VN.[4]

§ 10 [Anwendung von Änderungen]

Änderungen dieser Verordnung und Änderungen der Mindesthöhe der Versicherungssumme finden auf bestehende Versicherungsverhältnisse von dem Zeitpunkt an Anwendung, zu dem die Änderungen in Kraft treten.

Die Reglung ist zwingend. Sie hat unmittelbare Wirkung auf bestehende Verträge. Die Vorschrift differenziert nicht zwischen Muss-Vereinbarung und Kann-Vereinbarungen.[1]

§ 11 [Inkrafttreten]

Diese Verordnung tritt am Tage nach der Verkündung in Kraft.

---

1 Prölss/Martin/*Klimke*, § 52 VVG Rn 37; Langheid/Wandt/*Rixecker*, § 52 VVG Rn 32; FAKomm-VersR/*Halbach*, § 52 VVG Rn 23.
2 BGH 26.4.2006 – IV ZR 248/04, VersR 2006, 913.
3 Feyock/Jacobsen/Lemor/*Jacobsen*, § 9 KfzPflVV Rn 4.
4 Vgl *Schirmer*, DAR 2008, 184.
1 So aber Feyock/Jacobsen/Lemor/*Jacobsen*, § 10 KfzPflVV Rn 2 unter Hinweis auf die Systematik der Verordnung.

Allgemeine Bedingungen für die Kfz-Versicherung AKB 2008 – Stand: 17.2.2014

Musterbedingungen des GDV[1]

Vorbemerkung zu den AKB

Die der Kommentierung zugrunde gelegten **AKB 2008** beruhen auf den unverbindlichen Musterbedingungen des Gesamtverbandes der Deutschen Versicherungswirtschaft e.V. (GDV) in der Fassung der Bekanntgabe vom **17.2.2014**.[1] Mit **Stand 15.1.2015** wurden die **AKB 2015** verfasst; soweit die AKB 2015 Abweichungen enthalten, wird hierauf im Rahmen der Kommentierung hingewiesen. 1

Die AKB regeln **vier Sparten:** die Kfz-Haftpflichtversicherung, die Kaskoversicherung, die Kraftfahrunfallversicherung und den Autoschutzbrief. Es handelt sich um eigenständige VersVerträge. Die AKB 2015 ergänzen die Versicherungsarten um die Fahrerschutzversicherung für unfallbedingte Personenschäden (A.5.4 AKB 2015). 2

A.	Welche Leistungen umfasst Ihre Kfz-Versicherung?	1375
A.1	Kfz-Haftpflichtversicherung – für Schäden, die Sie mit Ihrem Fahrzeug Anderen zufügen	1375
A.1.1	Was ist versichert?	1375
A.1.2	Wer ist versichert?	1379
A.1.3	Bis zu welcher Höhe leisten wir (Versicherungssummen)?	1380
A.1.4	In welchen Ländern besteht Versicherungsschutz?	1380
A.1.5	Was ist nicht versichert?	1381
A.2	Kaskoversicherung – für Schäden an Ihrem Fahrzeug	1386
A.2.1	Was ist versichert?	1386
A.2.2	Welche Ereignisse sind in der Teilkasko versichert?	1388
A.2.3	Welche Ereignisse sind in der Vollkasko versichert?	1398
A.2.4	Wer ist versichert?	1400
A.2.5	In welchen Ländern besteht Versicherungsschutz?	1401
A.2.6	Was zahlen wir bei Totalschaden, Zerstörung oder Verlust?	1401
A.2.7	Was zahlen wir bei Beschädigung?	1404
A.2.8	Sachverständigenkosten	1405
A.2.9	Mehrwertsteuer	1405
A.2.10	Zusätzliche Regelungen bei Entwendung	1406
A.2.11	Bis zu welcher Höhe leisten wir (Höchstentschädigung)?	1406
A.2.12	Selbstbeteiligung	1406
A.2.13	Was wir nicht ersetzen und Rest- und Altteile	1406
A.2.14	Fälligkeit unserer Zahlung, Abtretung	1408
A.2.15	Können wir unsere Leistung zurückfordern, wenn Sie nicht selbst gefahren sind?	1409
A.2.16	Was ist nicht versichert?	1410

---

1 Verfasser: Arbeitsgruppe Bedingungen und betriebliche Grundsatzfragen der Kommission Kraftfahrt Betrieb (KKB). – Unverbindliche Musterbedingungen des Gesamtverbandes der Deutschen Versicherungswirtschaft e.V. (GDV) in der Fassung der Bekanntgabe vom 17.2.2014. Die Verwendung ist rein fakultativ.

1 Zum Abdruck und zur Kommentierung der **AKB 2008 – Stand: 17.3.2010** s. die Vorauflage (2. Aufl. 2011), S. 1247–1343.

A.2.17	Meinungsverschiedenheit über die Schadenhöhe (Sachverständigenverfahren)	1415
A.2.18	Fahrzeugteile und Fahrzeugzubehör	1416
A.3	Autoschutzbrief – Hilfe für unterwegs als Service oder Kostenerstattung	1416
A.3.1	Was ist versichert?	1416
A.3.2	Wer ist versichert?	1416
A.3.3	Versicherte Fahrzeuge	1416
A.3.4	In welchen Ländern besteht Versicherungsschutz?	1416
A.3.5	Hilfe bei Panne oder Unfall	1417
A.3.6	Zusätzliche Hilfe bei Panne, Unfall oder Diebstahl ab 50 km Entfernung	1417
A.3.7	Hilfe bei Krankheit, Verletzung oder Tod auf einer Reise	1418
A.3.8	Zusätzliche Leistungen bei einer Auslandsreise	1419
A.3.9	Was ist nicht versichert?	1420
A.3.10	Anrechnung ersparter Aufwendungen, Abtretung	1421
A.3.11	Verpflichtung Dritter	1421
A.4	Kfz-Unfallversicherung – wenn Insassen verletzt oder getötet werden	1421
A.4.1	Was ist versichert?	1421
A.4.2	Wer ist versichert?	1421
A.4.3	In welchen Ländern besteht Versicherungsschutz?	1422
A.4.4	Welche Leistungen umfasst die Kfz-Unfallversicherung?	1422
A.4.5	Leistung bei Invalidität	1423
A.4.6	Leistung bei Tod	1424
A.4.7	Krankenhaustagegeld, Genesungsgeld, Tagegeld	1424
A.4.8	Welche Auswirkungen haben vor dem Unfall bestehende Krankheiten oder Gebrechen?	1425
A.4.9	Fälligkeit unserer Zahlung, Abtretung	1425
A.4.10	Was ist nicht versichert?	1426
B.	**Beginn des Vertrags und vorläufiger Versicherungsschutz**	1427
B.1	Wann beginnt der Versicherungsschutz?	1427
B.2	Vorläufiger Versicherungsschutz	1428
C.	**Beitragszahlung**	1430
C.1	Zahlung des ersten oder einmaligen Beitrags	1430
C.2	Zahlung des Folgebeitrags	1431
C.3	Nicht rechtzeitige Zahlung bei Fahrzeugwechsel	1432
C.4	Zahlungsperiode	1432
C.5	Beitragspflicht bei Nachhaftung in der Kfz-Haftpflichtversicherung	1433
D.	**Welche Pflichten haben Sie beim Gebrauch des Fahrzeugs?**	1433
D.1	Bei allen Versicherungsarten	1433
D.2	Zusätzlich in der Kfz-Haftpflichtversicherung	1434
D.3	Welche Folgen hat eine Verletzung dieser Pflichten?	1434
E.	**Welche Pflichten haben Sie im Schadenfall?**	1437
E.1	Bei allen Versicherungsarten	1437
E.2	Zusätzlich in der Kfz-Haftpflichtversicherung	1437
E.3	Zusätzlich in der Kaskoversicherung	1438
E.4	Zusätzlich beim Autoschutzbrief	1438
E.5	Zusätzlich in der Kfz-Unfallversicherung	1438
E.6	Welche Folgen hat eine Verletzung dieser Pflichten?	1439
F.	**Rechte und Pflichten der mitversicherten Personen**	1446

G.	**Laufzeit und Kündigung des Vertrags, Veräußerung des Fahrzeugs, Wagniswegfall**	1447
G.1	Wie lange läuft der Versicherungsvertrag?	1447
G.2	Wann und aus welchem Anlass können Sie den Versicherungsvertrag kündigen?	1448
G.3	Wann und aus welchem Anlass können wir den Versicherungsvertrag kündigen?	1450
G.4	Kündigung einzelner Versicherungsarten	1451
G.5	Form und Zugang der Kündigung	1451
G.6	Beitragsabrechnung nach Kündigung	1451
G.7	Was ist bei Veräußerung des Fahrzeugs zu beachten?	1451
G.8	Wagniswegfall (z.B. durch Fahrzeugverschrottung)	1452
H.	**Außerbetriebsetzung, Saisonkennzeichen, Fahrten mit ungestempelten Kennzeichen**	1453
H.1	Was ist bei Außerbetriebsetzung zu beachten?	1453
H.2	Welche Besonderheiten gelten bei Saisonkennzeichen?	1454
H.3	Fahrten mit ungestempelten Kennzeichen	1454
I.	**Schadenfreiheitsrabatt-System**	1455
I.1	Einstufung in Schadenfreiheitsklassen (SF-Klassen)	1455
I.2	Ersteinstufung	1455
I.2.1	Ersteinstufung in SF-Klasse 0	1455
I.2.2	Sonderersteinstufung eines Pkw in SF-Klasse ½ oder SF-Klasse 2	1455
I.2.3	Anrechnung des Schadenverlaufs der Kfz-Haftpflichtversicherung in der Vollkaskoversicherung	1456
I.2.4	Führerscheinsonderregelung	1456
I.2.5	Gleichgestellte Fahrerlaubnisse	1457
I.3	Jährliche Neueinstufung	1457
I.3.1	Wirksamwerden der Neueinstufung	1457
I.3.2	Besserstufung bei schadenfreiem Verlauf	1457
I.3.3	Besserstufung bei Saisonkennzeichen	1457
I.3.4	Besserstufung bei Verträgen mit SF-Klassen [2], ½, S, 0 oder M	1457
I.3.5	Rückstufung bei schadenbelastetem Verlauf	1457
I.4	Was bedeutet schadenfreier oder schadenbelasteter Verlauf?	1458
I.4.1	Schadenfreier Verlauf	1458
I.4.2	Schadenbelasteter Verlauf	1458
I.5	Wie Sie eine Rückstufung in der Kfz-Haftpflichtversicherung vermeiden können	1458
I.6	Übernahme eines Schadenverlaufs	1459
I.6.1	In welchen Fällen wird ein Schadenverlauf übernommen?	1459
I.6.2	Welche Voraussetzungen gelten für die Übernahme?	1459
I.6.3	Wie wirkt sich eine Unterbrechung des Versicherungsschutzes auf den Schadenverlauf aus?	1460
I.6.4	Übernahme des Schadenverlaufs nach Betriebsübergang	1461
I.7	Einstufung nach Abgabe des Schadenverlaufs	1461
I.8	Auskünfte über den Schadenverlauf	1461
J.	**Beitragsänderung aufgrund tariflicher Maßnahmen**	1462
J.1	Typklasse	1462
J.2	Regionalklasse	1462
J.3	Tarifänderung	1463
J.4	Kündigungsrecht	1463
J.5	Gesetzliche Änderung des Leistungsumfangs in der Kfz-Haftpflichtversicherung	1463
J.6	Änderung des SF-Klassen-Systems	1463

[J.6	xx Änderung der Tarifstruktur]	1463
K.	**Beitragsänderung aufgrund eines bei Ihnen eingetretenen Umstands**	1464
K.1	Änderung des Schadenfreiheitsrabatts	1464
K.2	Änderung von Merkmalen zur Beitragsberechnung	1464
K.3	Änderung der Regionalklasse wegen Wohnsitzwechsels	1464
K.4	Ihre Mitteilungspflichten zu den Merkmalen zur Beitragsberechnung	1464
K.5	Änderung der Art und Verwendung des Fahrzeugs	1465
L.	**Meinungsverschiedenheiten und Gerichtsstände**	1465
L.1	Wenn Sie mit uns einmal nicht zufrieden sind	1465
L.2	Gerichtsstände	1466
M.	*– Abschnitt gestrichen –*	1466
N.	Bedingungsänderung	1466
Anhang 1:	Tabellen zum Schadenfreiheitsrabatt-System	1467
[Anhang 2:	Merkmale zur Beitragsberechnung]	1468
[Anhang 3:	Tabellen zu den Typklassen]	1469
[Anhang 4:	Tabellen zu den Regionalklassen]	1470
[Anhang 5:	Berufsgruppen (Tarifgruppen)]	1470
[Anhang 6:	Art und Verwendung von Fahrzeugen]	1472

Allgemeine Bedingungen für die Kfz-Versicherung (AKB 2008)

Die Kfz-Versicherung umfasst je nach dem Inhalt des Versicherungsvertrags folgende Versicherungsarten:
- Kfz-Haftpflichtversicherung (A.1)
- Kaskoversicherung (A.2)
- Autoschutzbrief (A.3)
- Kfz-Unfallversicherung (A.4)

Diese Versicherungen werden als jeweils rechtlich selbstständige Verträge abgeschlossen. Ihrem Versicherungsschein können Sie entnehmen, welche Versicherungen Sie für Ihr Fahrzeug abgeschlossen haben.

Es gilt deutsches Recht. Die Vertragssprache ist deutsch.

A. Welche Leistungen umfasst Ihre Kfz-Versicherung?

A.1 Kfz-Haftpflichtversicherung – für Schäden, die Sie mit Ihrem Fahrzeug Anderen zufügen

A.1.1 Was ist versichert?

Sie haben mit Ihrem Fahrzeug einen Anderen geschädigt

A.1.1.1 Wir stellen Sie von Schadensersatzansprüchen frei, wenn durch den Gebrauch des Fahrzeugs

a Personen verletzt oder getötet werden,

b Sachen beschädigt oder zerstört werden oder abhanden kommen,

c Vermögensschäden verursacht werden, die weder mit einem Personen- noch mit einem Sachschaden mittelbar oder unmittelbar zusammenhängen (reine Vermögensschäden),

und deswegen gegen Sie oder uns Schadensersatzansprüche aufgrund von Haftpflichtbestimmungen des Bürgerlichen Gesetzbuchs oder des Straßenverkehrsgesetzes oder aufgrund anderer gesetzlicher Haftpflichtbestimmungen des Privatrechts geltend gemacht werden. Zum Gebrauch des Fahrzeugs gehört neben dem Fahren z.B. das Ein- und Aussteigen sowie das Be- und Endladen.

Begründete und unbegründete Schadensersatzansprüche

A.1.1.2 Sind Schadensersatzansprüche begründet, leisten wir Schadensersatz in Geld.

A.1.1.3 Sind Schadensersatzansprüche unbegründet, wehren wir diese auf unsere Kosten ab. Dies gilt auch, soweit Schadensersatzansprüche der Höhe nach unbegründet sind.

Regulierungsvollmacht

A.1.1.4 Wir sind bevollmächtigt, gegen Sie geltend gemachte Schadensersatzansprüche in Ihrem Namen zu erfüllen oder abzuwehren und alle dafür zweckmäßig erscheinenden Erklärungen im Rahmen pflichtgemäßen Ermessens abzugeben.

Mitversicherung von Anhängern, Aufliegern und abgeschleppten Fahrzeugen

A.1.1.5 Ist mit dem versicherten Kraftfahrzeug ein Anhänger oder Auflieger verbunden, erstreckt sich der Versicherungsschutz auch hierauf. Der Versicherungsschutz umfasst auch Fahrzeuge, die mit dem versicherten Kraftfahrzeug abgeschleppt oder geschleppt werden, wenn für diese kein eigener Haftpflichtversicherungsschutz besteht.

Dies gilt auch, wenn sich der Anhänger oder Auflieger oder das abgeschleppte oder geschleppte Fahrzeug während des Gebrauchs von dem versicherten Kraftfahrzeug löst und sich noch in Bewegung befindet.

I. Allgemeines

Der sachliche Mindestinhalt ist durch die §§ 2–4 KfzPflVV vorgegeben. Der VR stellt den VN von Schadensersatzansprüchen frei, wenn durch den Gebrauch des versicherten Fahrzeugs ein Personen-, Sach- oder Vermögensschaden entsteht (§ 1 PflVG).

II. Gebrauch des Fahrzeugs (A.1.1.1)

2 **1. Begriff des Gebrauchs.** Der Schaden muss „durch den Gebrauch des Fahrzeugs" entstanden sein. Der Begriff entstammt § 1 PflVG und ist auch in § 2 Abs. 1 KfzPflVV enthalten. Er schließt den Betrieb des Fahrzeugs iSv § 7 StVG ein und geht noch darüber hinaus. Ein Fahrzeug ist in Betrieb, solange es sich im öffentlichen Verkehrsbereich bewegt oder dort in verkehrsbeeinflussender Weise ruht.[1] Voraussetzung ist ein adäquater Ursachenzusammenhang zwischen Schadeneintritt und Gebrauch. Das Fahrzeug muss im Zusammenhang mit dem Ereignis aktuell, unmittelbar, zeit- und ortsnah eingesetzt sein.[2] Die Klausel stellt nunmehr klar, dass zum Gebrauch des Fahrzeugs neben dem Fahren zB das Ein- und Aussteigen sowie das Be- und Entladen gehören. Grundsätzlich muss der Schaden auf eine Handlung des Fahrers zurückzuführen sein, die in den gesetzlichen oder durch Verkehrsauffassung bestimmten Aufgabenkreis eines Kraftfahrers fällt und mit einer bestimmten Fahrt zusammenhängt.[3]

3 **2. Einzelfälle.** Gebrauch ist zB anzunehmen in folgenden Fällen:
- **Be- und Entladen** des Fahrzeugs;[4]
- **Aus- und Einsteigen** von Personen;[5]
- **Autowaschen, Rangieren, Reparieren**;[6]
- **Einparken** in eine Parklücke;[7]
- Abpumpen von Heizöl aus einem Tankwagen;[8]
- Abschleppen eines betriebsunfähigen Kfz.[9]
- Beim wegrollenden **Einkaufswagen** wird man differenzieren müssen, ob der Beladevorgang des Fahrzeugs schon begonnen hat.[10] Es muss ein innerer Zusammenhang mit dem Fahrzeuggebrauch vorliegen.
- Die Selbstentzündung eines geparkten Kfz gehört zum Betrieb iSd § 7 StVG.[11]
- Zurückschieben des Fahrersitzes mit Beschädigung eines Laptops.[12]

Kein Gebrauch liegt vor beim Abstellen auf einem Privatgelände[13] oder bei gefährlichen Arbeiten am stillgelegten Fahrzeug.[14] Starthilfe bei fehlerhaftem Überbrückungskabel ist kein Gebrauch des Kfz des Pannenhelfers.[15]

4 **3. Abgrenzung zur allgemeinen Haftpflichtversicherung.** Die Abgrenzung zur allgemeinen Haftpflichtversicherung richtet sich nach der Risikobeschreibung in der Privathaftpflicht- und Betriebshaftpflichtversicherung. Darin enthalten ist die sog.

---

1 BGH 27.5.1975 – VI ZR 95/74, VersR 1975, 945.
2 BGH 25.10.1994 – VI ZR 107/94, VersR 1995, 90.
3 BGH 10.7.1980 – IVa ZR 17/80, VersR 1980, 1039.
4 BGH 19.9.1989 – VI ZR 301/88, VersR 1989, 1187; vgl zu Einzelfällen Stiefel/Maier/*Maier*, A.1 Rn 30 ff; Prölss/Martin/*Knappmann*, A.1.1 Rn 12 ff; Halm/Kreuter-Lange/Schwab/*Schwab*, AKB, A.1.1.1 Rn 72 ff.
5 BGH 10.7.1980 – IVa ZR 17/80, VersR 1980, 1039.
6 OLG Frankfurt 5.7.1995 – 19 U 63/93, VersR 1996, 1403.
7 OLG Hamm 12.2.1993 – 20 U 262/92, r+s 1993, 203.
8 OLG Köln 10.2.1993 – 11 U 172/92, VersR 1994, 108.
9 BGH 3.3.1971 – IV ZR 134/69, VersR 1971, 1940.
10 AG Frankfurt 5.9.2003 – 301 C 769/03, NJW-RR 2004, 116; anders LG Kassel 16.1.2003 – 1 S 402/03, zfs 2003, 301 (fehlende Sicherung des Einkaufswagens maßgebend).
11 BGH 21.1.2014 – VI ZR 253/13, r+s 2014, 194.
12 AG München 4.11.2010 – 222 C 16217/10, r+s 2012, 437.
13 OLG Koblenz 10.1.1984 – 10 U 905/83, VersR 1985, 232.
14 BGH 21.2.1990 – IV ZR 271/88, VersR 1990, 482.
15 AG Fürstenfeldbruck 17.3.2011 – 5 C 1778/10, r+s 2012, 237.

kleine bzw große Benzinklausel. Diese Bezeichnung betrifft Ausschlüsse in der allgemeinen Haftpflichtversicherung von Schäden, die durch den Gebrauch eines Kraftfahrzeugs verursacht worden sind.

In der üblichen Formulierung lautet die sog. **kleine Benzinklausel:** „Nicht versichert ist die Haftpflicht des Eigentümers, Besitzers, Halters und Führers eines Kfz, Luft- oder Wasserfahrzeugs wegen Schäden, die durch den Gebrauch des Fahrzeugs verursacht werden." Durch diese Klausel sollen Haftpflichtfälle vom Schutz in der Privathaftpflichtversicherung ausgenommen werden, die in einem inneren Zusammenhang mit dem Gebrauch des Kraftwagens stehen.[16] Der Ausschluss setzt voraus, dass sich eine Gefahr verwirklicht hat, die gerade dem Fahrzeuggebrauch eigen, diesem selbst und unmittelbar zuzurechnen ist. Die Klausel ist unabhängig von den AKB aus sich heraus auszulegen.[17] Die **Reparatur** eines Fahrzeugs ist regelmäßig der Kfz-Haftpflichtversicherung zuzuordnen.[18] Das Befüllen mit Betriebsmitteln ist nicht von der Privathaftpflichtversicherung erfasst.[19]

Die sog. **große Benzinklausel** der Betriebshaftpflichtversicherung hat folgenden Inhalt: „Nicht versichert ist die Haftpflicht wegen Schäden, die der Versicherungsnehmer, ein Mitversicherter oder eine von ihm bestellte oder beauftragte Person durch den Gebrauch eines Kfz oder Kfz-Anhängers verursachen." Eingeschränkt wird die Klausel sodann wie folgt: „Eine Tätigkeit der genannten Personen an einem Kfz, Kfz-Anhänger und Wasserfahrzeug ist kein Gebrauch, wenn keine dieser Personen Halter oder Besitzer des Fahrzeugs ist und wenn das Fahrzeug hierbei nicht in Betrieb genommen wird." Bei Reparaturen eines im Betrieb genutzten Pkw ist bei innerem Zusammenhang mit dem Betriebshaftpflichtrisiko die Deckung in diesem Bereich angenommen worden.[20] Bei Gabelstaplern kann für die Annahme des Ausschlusses maßgebend sein, ob sie im öffentlichen Verkehrsraum eingesetzt werden.[21]

III. Begründete und unbegründete Schadensersatzansprüche (A.1.1.2, A.1.1.3)

Wenn Schadensersatzansprüche begründet sind, leistet der VR Schadensersatz in Geld. Naturalersatz ist nicht vorgesehen. Bei unbegründeten Schadensersatzansprüchen wehrt der VR diese auf seine Kosten ab. Dies gilt auch in Bezug auf die Höhe einer unbegründeten Forderung. Die Abwehr unbegründeter Ansprüche umfasst nicht nur deren Ablehnung, sondern auch weitere Maßnahmen. Diese können Ortsbesichtigungen oder die Beauftragung von Gutachtern sein.

IV. Art der versicherten Schäden

Gedeckt sind Schadensersatzansprüche, wenn Personen verletzt oder getötet werden. Gesundheitsschäden aller Art sind damit einbezogen.[22] Die Deckung bezieht sich weiter auf Beschädigung, Zerstörung oder Abhandenkommen von Sachen. Einbezogen sind damit Sachen, die anlässlich eines Unfalls in Verlust geraten. Schließlich besteht Deckung, wenn Vermögensschäden verursacht werden, die weder mit einem Personen- noch mit einem Sachschaden mittelbar oder unmittelbar zusammenhängen. Umfasst sind Ansprüche gem. § 823 Abs. 2 BGB.

---

16 BGH 27.6.1984 – IVa ZR 7/83, VersR 1984, 854; zur Wirksamkeit OLG München 4.7.2013 – 29 U 430/13, r+s 2013, 492.
17 BGH 13.12.2006 – IV ZR 120/05, VersR 2007, 388; dazu *Felsch*, r+s 2008, 265.
18 BGH 26.10.1988 – IVa ZR 73/87, VersR 1988, 1283; BGH 10.7.1980 – IVa ZR 17/80, VersR 1980, 1039 (Radwechsel, Auswechseln defekter Glühbirne).
19 KG 2.11.2012 – 6 U 13/11, r+s 2012, 384.
20 BGH 7.10.1987 – IVa ZR 140/86, VersR 1987, 1181.
21 OLG Hamm 27.4.1983 – 20 U 373/82, VersR 1984, 125.
22 BGH 11.5.1971 – VI ZR 78/70, VersR 1971, 905.

V. Art der Schadensersatzansprüche

9 Die Schadensersatzansprüche müssen aufgrund von Haftpflichtbestimmungen des BGB oder des StVG oder aufgrund gesetzlicher Haftpflichtbestimmungen des Privatrechts geltend gemacht werden. Gemeint sind danach im Wesentlichen Ansprüche aus dem Gesichtspunkt der unerlaubten Handlung (§§ 823 ff BGB) und der Gefährdungshaftung (§§ 7 ff StVG). Hinzu kommen Aufwendungsersatzansprüche, Regress- oder Ausgleichsforderungen nach Zivilrecht, ferner Ansprüche aus Vertragsverletzung, nicht jedoch aus Erfüllung.[23] Keine Deckung besteht für Ansprüche, die sich nur auf öffentlich-rechtliche Normen stützen.

VI. Regulierungsvollmacht (A.1.1.4)

10 Die Regulierungsvollmacht des VR umfasst die Bevollmächtigung, Schadensersatzansprüche gegen den VN in seinem Namen zu erfüllen oder abzuwehren und alle dafür zweckmäßig erscheinenden Erklärungen im Rahmen pflichtgemäßen Ermessens abzugeben. Die Vollmacht ist zeitlich an die Verpflichtung zur Regulierung gebunden.[24] Zu beachten ist die Regelung in E.2.4.

11 Bei einer pflichtwidrigen Regulierung stehen dem VN ggf. Schadensersatzansprüche nach den §§ 280, 241 BGB gegen den VR zu. Der Schaden kann im **Rabattverlust** bestehen. Pflichtwidriges Regulieren kann anzunehmen sein bei Fragwürdigkeit der Schilderung des Anspruchstellers, Bestreiten der Schadensverursachung durch den VN, Möglichkeit einer anderweitigen Schadensverursachung, Fehlen von Zeugen und Schäden am Kfz des VN.[25]

VII. Mitversicherung von Anhängern, Aufliegern und abgeschleppten Fahrzeugen (A.1.1.5)

12 Die Deckungspflicht wird auf die Fälle, in denen mit dem versicherten Fahrzeug ein Anhänger oder Auflieger verbunden ist, erweitert. **Anhänger** in diesem Sinne ist für angehängte Fahrzeuge entsprechender Bauart umfassend zu verstehen. Auf die Zulassung oder die Zulassungspflicht kommt es nicht an.[26] **Auflieger** ist der Sonderfall des aufliegenden Anhängers. Weiter wird der Versicherungsschutz erstreckt auf Fahrzeuge, die mit dem versicherten Kraftwagen abgeschleppt oder geschleppt werden, wenn für diese kein eigener Haftpflichtversicherungsschutz besteht. Gleichgestellt ist der Fall, dass sich der Anhänger oder Auflieger oder das abgeschleppte oder geschleppte Fahrzeug während des Gebrauchs von dem versicherten Kraftfahrzeug löst und sich noch in Bewegung befindet. Daraus geht hervor, dass das Lösen durch äußeres Eingreifen nicht erfasst ist.

13 Bei der Doppelversicherung eines **Gespanns** aus einem Kfz und einem versicherungspflichtigen Anhänger haben idR nach einem durch das Gespann verursachten Schaden die beiden HaftpflichtVR den Schaden im Innenverhältnis je zur Hälfte zu tragen.[27]

---

23 BGH 28.11.1979 – IV ZR 68/78, VersR 1980, 177.
24 BGH 3.6.1987 – IVa ZR 292/85, VersR 1987, 924.
25 OLG Köln 19.3.1992 – 5 U 100/91, r+s 1992, 261; Einzelfälle bei Stiefel/Maier/*Maier*, A.1.4 Rn 75 f.
26 OLG Hamm 15.12.1987 – 20 W 55/87, VersR 1988, 1284.
27 BGH 27.10.2010 – IV ZR 279/08, VersR 2011, 105; OLG Celle 30.4.2013 – 14 U 191/12, r+s 2013, 594; OLG Celle 27.8.2013 – 14 U 37/13, NZV 2014, 82 (Vordermann 20 % Haftung); dazu *Lemcke*, r+s 2011, 56.

A.1.2 Wer ist versichert?

Der Schutz der Kfz-Haftpflichtversicherung gilt für Sie und für folgende Personen (mitversicherte Personen):

a den Halter des Fahrzeugs,
b den Eigentümer des Fahrzeugs,
c den Fahrer des Fahrzeugs,
d den Beifahrer, der im Rahmen seines Arbeitsverhältnisses mit Ihnen oder mit dem Halter den berechtigten Fahrer zu seiner Ablösung oder zur Vornahme von Lade- und Hilfsarbeiten nicht nur gelegentlich begleitet,
e Ihren Arbeitgeber oder öffentlichen Dienstherrn, wenn das Fahrzeug mit Ihrer Zustimmung für dienstliche Zwecke gebraucht wird,
f den Omnibusschaffner, der im Rahmen seines Arbeitsverhältnisses mit Ihnen oder mit dem Halter des versicherten Fahrzeugs tätig ist,
g den Halter, Eigentümer, Fahrer, Beifahrer und Omnibusschaffner eines nach A.1.1.5 mitversicherten Fahrzeugs.

Diese Personen können Ansprüche aus dem Versicherungsvertrag selbstständig gegen uns erheben.

I. Allgemeines

Der Kreis der mitversicherten Personen ist abschließend geregelt. Deckungsschutz in Form von Abwehr ist auch gegenüber einem vermeintlichen Halter zu gewähren.[1]

II. Mitversicherte

Neben dem VN sind verschiedene Personen mitversichert: Halter, Eigentümer und Fahrer müssen nach § 1 PflVG eine Kfz-Haftpflichtversicherung abschließen. **Halter** ist derjenige, der das Fahrzeug im Unfallzeitpunkt für eigene Rechnung im Gebrauch hat und die dazu erforderliche Verfügungsmacht besitzt.[2] Der Mieter wird neben dem Vermieter Mithalter des gemieteten Kfz, wenn es dem Einfluss des Vermieters entzogen ist.[3]

Weiter sind mitversichert der **Eigentümer**, der **Fahrer** und der **Beifahrer**, der im Rahmen des Arbeitsverhältnisses mit dem VN oder dem Halter den berechtigten Fahrer zu seiner Ablösung oder zur Vornahme von Lade- und Hilfsarbeiten nicht nur gelegentlich begleitet.

Fahrer kann auch der unberechtigte sein. Von Fahrereigenschaft ist auszugehen, wenn eine fahrertypische Handlung im Hinblick auf einen Gebrauch vorliegt.[4]

Der Versicherungsschutz erstreckt sich außerdem auf den Arbeitgeber des VN oder öffentlichen Dienstherrn, wenn das Fahrzeug mit der Zustimmung des VN für dienstliche Zwecke gebraucht wird. Der Dienstherr einer mitversicherten Person ist nicht mitversichert.[5] Schließlich sind erfasst der Omnibusschaffner, der im Rahmen des Arbeitsverhältnisses mit dem VN oder dem Halter tätig ist, sowie Halter,

---

1 OLG Schleswig 20.9.1995 – 9 U 35/95, VersR 1996, 1406.
2 BGH 3.12.1991 – VI ZR 378/90, VersR 1992, 437.
3 OLG Hamm 24.11.1989 – 20 W 71/88, VersR 1991, 220.
4 Vgl BGH 13.12.2006 – IV ZR 120/05, VersR 2007, 388; Stiefel/Maier/*Maier*, A.1.2 Rn 11.
5 OLG Köln 21.6.1994 – 20 U 26/94, VersR 1995, 526; zur erweiternden Auslegung OLG Köln 6.4.2000 – 7 U 15/99; VersR 2000, 1409.

Halbach

Eigentümer, Fahrer, Beifahrer und Omnibusschaffner eines nach A.1.1.5 mitversicherten Fahrzeugs.

5 Die einzelnen Gesellschafter einer OHG als VN sind mitversichert.[6]

A.1.3 Bis zu welcher Höhe leisten wir (Versicherungssummen)?

Höchstzahlung

A.1.3.1 Unsere Zahlungen für ein Schadenereignis sind jeweils beschränkt auf die Höhe der für Personen-, Sach- und Vermögensschäden vereinbarten Versicherungssummen. Mehrere zeitlich zusammenhängende Schäden, die dieselbe Ursache haben, gelten als ein einziges Schadenereignis. Die Höhe Ihrer Versicherungssummen können Sie dem Versicherungsschein entnehmen.

A.1.3.2 Bei Schäden von Insassen in einem mitversicherten Anhänger gelten xx < *die gesetzlichen Mindestversicherungssummen oder höhere individuell vereinbarte Versicherungssummen; ist keine Begrenzung gewünscht, entfällt Klausel A.1.3.2* >.

Übersteigen der Versicherungssummen

A.1.3.3 Übersteigen die Ansprüche die Versicherungssummen, richten sich unsere Zahlungen nach den Bestimmungen des Versicherungsvertragsgesetzes und der Kfz-Pflichtversicherungsverordnung. In diesem Fall müssen Sie für einen nicht oder nicht vollständig befriedigten Schadenersatzanspruch selbst einstehen.

I. Versicherungssumme (A.1.3.1)

1 Im VersVertrag wird die Höhe der Versicherungssumme unter Beachtung der Mindestversicherungssumme gem. § 4 Abs. 2 PflVG vereinbart. Die Zahlungen des VR sind beschränkt auf die Höhe der jeweils vereinbarten Versicherungssummen.

II. Übersteigen der Versicherungssummen (A.1.3.3)

2 Ein Übersteigen der Versicherungssumme ist anzunehmen, wenn ohne Berücksichtigung der Aufwendungen für die Kosten die Ansprüche des Geschädigten die Versicherungssumme übersteigen. In diesem Fall ist ein etwaiger Rentenanspruch nach § 107 VVG zu verteilen. Bei mehreren Geschädigten richtet sich die Verteilung nach § 109 VVG.[1] Im Übrigen ist die summenmäßig beschränkte Leistungsfähigkeit nach Maßgabe des § 5 Abs. 3 KfzPflVV (5.000 €), D.3.3, E.6.3–E.6.7 zu beachten.

A.1.4 In welchen Ländern besteht Versicherungsschutz?

Versicherungsschutz in Europa und in der EU

A.1.4.1 Sie haben in der Kfz-Haftpflichtversicherung Versicherungsschutz in den geographischen Grenzen Europas sowie den außereuropäischen Gebieten, die zum Geltungsbereich der Europäischen Union gehören. Ihr Versicherungsschutz richtet sich nach dem im Besuchsland gesetzlich vorgeschriebenen Versicherungsumfang, mindestens jedoch nach dem Umfang Ihres Versicherungsvertrags.

---

6 OLG Hamm 11.11.2011 – 20 U 3/11, VersR 2012, 1425.
1 BGH 25.5.1982 – VI ZR 203/80, VersR 1982, 791 (zum alten Recht).

Internationale Versicherungskarte (Grüne Karte)

A.1.4.2 Haben wir Ihnen eine internationale Versicherungskarte ausgehändigt, erstreckt sich Ihr Versicherungsschutz in der Kfz-Haftpflichtversicherung auch auf die dort genannten nichteuropäischen Länder, soweit Länderbezeichnungen nicht durchgestrichen sind. Hinsichtlich des Versicherungsumfangs gilt A.1.4.1 Satz 2.

I. Örtlicher Geltungsbereich (A.1.4.1)

Versicherungsschutz besteht in den geographischen Grenzen **Europas** sowie in den außereuropäischen Gebieten der Europäischen Union. Es gilt bei Auslandsfahrten die Deckungssumme des Besuchslandes, mindestens jedoch die vertraglich vereinbarte. Grundlage ist § 1 Abs. 1 KfzPflVV. Bei einer Fahrt In Belgien besteht unbegrenzte Deckung.[1] 1

II. Internationale Versicherungskarte (Grüne Karte) (A.1.4.2)

Stellt der VR eine internationale Versicherungskarte (Grüne Karte) aus, erstreckt 2
sich der Versicherungsschutz auch auf die dort genannten nichteuropäischen Länder, soweit Länderbezeichnungen nicht **durchgestrichen** sind.

Zu beachten sind allerdings Belehrungspflichten des VR. Teilt der VN dem VR im 3
Zusammenhang mit der Anforderung einer internationalen Versicherungskarte mit, dass sich der VN mit dem versicherten Fahrzeug in die **Türkei** begeben wird, muss er diesem Klarheit über die Besonderheiten des Versicherungsschutzes verschaffen, der sich für die Türkei in einen versicherten **europäischen** und einen nicht versicherten **asiatischen Teil** spaltet.[2] Zu prüfen ist, ob der VN im konkreten Fall belehrungsbedürftig ist. Mitverschulden kann zu berücksichtigen sein.[3]

A.1.5 Was ist nicht versichert?

Vorsatz

A.1.5.1 Kein Versicherungsschutz besteht für Schäden, die Sie vorsätzlich und widerrechtlich herbeiführen.

Genehmigte Rennen

A.1.5.2 Kein Versicherungsschutz besteht für Schäden, die bei Beteiligung an behördlich genehmigten kraftfahrt-sportlichen Veranstaltungen, bei denen es auf die Erzielung einer Höchstgeschwindigkeit ankommt, entstehen. Dies gilt auch für dazugehörige Übungsfahrten.

Hinweis: Die Teilnahme an behördlich nicht genehmigten Rennen stellt eine Pflichtverletzung nach D.2.2 dar.

Beschädigung des versicherten Fahrzeugs

A.1.5.3 Kein Versicherungsschutz besteht für die Beschädigung, die Zerstörung oder das Abhandenkommen des versicherten Fahrzeugs.

Beschädigung von Anhängern oder abgeschleppten Fahrzeugen

A.1.5.4 Kein Versicherungsschutz besteht für die Beschädigung, die Zerstörung oder das Abhandenkommen eines mit dem versicherten Fahrzeug ver-

---

1 Feyok/Jacobsen/Lemor/*Jacobsen*, A.1 AKB Rn 48.
2 BGH 13.4.2005 – IV ZR 86/04, VersR 2005, 824.
3 Prölss/Martin/*Knappmann*, A.1.4 Rn 4.

bundenen Anhängers oder Aufliegers oder eines mit dem versicherten Fahrzeug geschleppten oder abgeschleppten Fahrzeugs. Wenn mit dem versicherten Kraftfahrzeug ohne gewerbliche Absicht ein betriebsunfähiges Fahrzeug im Rahmen üblicher Hilfeleistung abgeschleppt wird, besteht für dabei am abgeschleppten Fahrzeug verursachte Schäden Versicherungsschutz.

Beschädigung von beförderten Sachen

A.1.5.5 Kein Versicherungsschutz besteht bei Schadenersatzansprüchen wegen Beschädigung, Zerstörung oder Abhandenkommens von Sachen, die mit dem versicherten Fahrzeug befördert werden.

Versicherungsschutz besteht jedoch für Sachen, die Insassen eines Kraftfahrzeugs üblicherweise mit sich führen (z.B. Kleidung, Brille, Brieftasche). Bei Fahrten, die überwiegend der Personenbeförderung dienen, besteht außerdem Versicherungsschutz für Sachen, die Insassen eines Kraftfahrzeugs zum Zwecke des persönlichen Gebrauchs üblicherweise mit sich führen (z.B. Reisegepäck, Reiseproviant). Kein Versicherungsschutz besteht für Sachen unberechtigter Insassen.

Ihr Schadenersatzanspruch gegen eine mitversicherte Person

A.1.5.6 Kein Versicherungsschutz besteht für Sach- oder Vermögensschäden, die eine mitversicherte Person Ihnen, dem Halter oder dem Eigentümer durch den Gebrauch des Fahrzeugs zufügt. Versicherungsschutz besteht jedoch für Personenschäden, wenn Sie z.B. als Beifahrer Ihres Fahrzeugs verletzt werden.

Nichteinhaltung von Liefer- und Beförderungsfristen

A.1.5.7 Kein Versicherungsschutz besteht für reine Vermögensschäden, die durch die Nichteinhaltung von Liefer- und Beförderungsfristen entstehen.

Vertragliche Ansprüche

A.1.5.8 Kein Versicherungsschutz besteht für Haftpflichtansprüche, soweit sie aufgrund Vertrags oder besonderer Zusage über den Umfang der gesetzlichen Haftpflicht hinausgehen.

Schäden durch Kernenergie

A.1.5.9 Kein Versicherungsschutz besteht für Schäden durch Kernenergie.

I. Ausschlüsse 1	VII. Schadensersatzanspruch gegen eine mitversicherte Person (A.1.5.6) 16
II. Vorsatz (A.1.5.1) 2	
III. Genehmigte Rennen (A.1.5.2).... 6	
IV. Beschädigung des versicherten Fahrzeugs (A.1.5.3)............. 9	VIII. Nichteinhaltung von Liefer- und Beförderungsfristen (A.1.5.7) 17
V. Beschädigung von Anhängern oder abgeschleppten Fahrzeugen (A.1.5.4)........................ 10	IX. Vertragliche Ansprüche (A.1.5.8) 18
	X. Schäden durch Kernenergie (A.1.5.9) 19
VI. Beschädigung von beförderten Sachen (A.1.5.5)................. 13	

I. Ausschlüsse

1 Die Klausel fasst die Ausschlüsse zusammen. Zulässig sind Risikoausschlüsse nur nach Maßgabe des § 4 KfzPflVV (s. dort). Dem entspricht die Bedingung. Hinzu kommt der Vorsatzausschluss nach § 103 VVG.

Haftpflichtansprüche eines Vermieters gegenüber dem Mieter aufgrund gewerblichen Kfz-Mietvertrages werden von der Regelung nicht erfasst. Ein in einem solchen Mietvertrag in den AVB vorgesehener undifferenzierter Haftungsvorbehalt für den Fall grober Fahrlässigkeit ist nach § 307 BGB unwirksam.[1] Der Mieter darf darauf vertrauen, dass die Reichweite des mietvertraglichen Schutzes im Wesentlichen dem Schutz einer Vollkaskoversicherung entspricht.

II. Vorsatz (A.1.5.1)

Führt der VN den Versicherungsfall vorsätzlich und widerrechtlich herbei, so besteht Leistungsfreiheit gem. § 103 VVG. Diese Regelung ist übernommen worden. Der Ausschluss wirkt auch gegenüber dem Geschädigten, der den VR nicht nach § 117 Abs. 1, 3 VVG und § 3 PflVG in Anspruch nehmen kann.[2] Der Geschädigte hat aber gem. § 12 Abs. 1 Nr. 3 PflVG einen Anspruch gegenüber dem Entschädigungsfonds für Schäden aus Kraftfahrzeugunfällen (§§ 12–14 PflVG), dessen Aufgabe die Verkehrsopferhilfe e.V. wahrnimmt.[3]

Es gilt der Vorsatzbegriff des Zivilrechts. Erforderlich sind Wissen und Wollen des schädigenden Erfolges. Dolus eventualis genügt.[4] Die Zurechnung erfolgt nur, wenn der VN die Schadensfolgen im Wesentlichen als möglich erkannt und gewollt oder billigend in Kauf genommen hat.[5]

Ferner muss der VN widerrechtlich handeln. Es darf kein Rechtfertigungsgrund (zB Notwehr) vorliegen.

Mitversicherte Personen haben bei vorsätzlichem Handeln des VN nach Maßgabe von § 123 VVG Versicherungsschutz. Vorsätzliches Handeln eines Mitversicherten ist anderen Mitversicherten und dem VN nicht zuzurechnen.[6]

III. Genehmigte Rennen (A.1.5.2)

Kein Versicherungsschutz besteht, wenn die Schäden bei der Beteiligung an behördlich genehmigten **kraftfahrt-sportlichen Veranstaltungen**, bei denen es auf die Erzielung einer Höchstgeschwindigkeit ankommt, entstehen. Gemeint sind Rennen mit Kraftfahrzeugen iSv § 29 StVO.[7] Grundlage ist § 4 Nr. 4 KfzPflVV (s. dort). Entscheidend ist, dass es auf die Erzielung von Höchstgeschwindigkeit ankommt. Die Erreichung einer möglichst hohen Geschwindigkeit muss den Charakter der Veranstaltung prägen und auch das Ziel sein. Die Teilnehmer müssen gegeneinander fahren oder gegen die Stoppuhr. Eine solche Veranstaltung wird idR auch Wettbewerbscharakter mit einer Platzierung der Teilnehmer haben. Das können auch Geschicklichkeits- oder andere Leistungsprüfungen sein, nicht jedoch bloße Touristenfahrten auf Rennstrecken.[8]

---

1 BGH 11.10.2011 – VI ZR 46/10, r+s 2012, 14 m. Anm. *Maier*; BGH 24.10.2012 – XII ZR 40/11, r+s 2013, 13 m. Anm. *Maier*; OLG Koblenz 9.9.2013 – 12 U 1198/12, r+s 2013, 545.
2 BGH 15.12.1970 – VI ZR 97/69, VersR 1971, 239; BGH 20.6.1990 – IV ZR 298/89, VersR 1990, 888 (zum alten Recht).
3 Verkehrsopferhilfe e.V., Entschädigungsstelle, Wilhelmstraße 43/43 G, 10117 Berlin – aufgrund Verordnung über den Entschädigungsfonds für Schäden aus Kfz-Unfällen vom 14.12.1965 (BGBl. I S. 2093).
4 BGH 13.4.2005 – IV ZR 62/06, VersR 2005, 1387; BGH 26.9.1990 – IV ZR 14/89, VersR 1991, 176; OLG Köln 16.3.1999 – 9 U 99/98, r+s 1999, 233; AG Bremen 13.6.2013 – 9 C 16/13, r+s 2014, 165.
5 Vgl BGH 17.6.1998 – IV ZR 163/97, VersR 1998, 1011.
6 OLG Nürnberg 7.6.2011 – 3 U 188/11, r+s 2012, 65.
7 Vgl BGH 1.4.2003 – VI ZR 321/02, NJW 2003, 2018; OLG Karlsruhe 6.9.2007 – 12 U 107/07, r+s 2008, 64; OLG Hamm 20.9.1989 – 20 U 194/88, r+s 1990, 43.
8 OLG Karlsruhe 6.9.2007 – 12 U 107/07, r+s 2008, 64.

Auch ein **Fahrsicherheitstraining** ist kein Rennen in diesem Sinne.[9] Ein Fahrsicherheitstraining setzt zumindest die Anwesenheit einer Person voraus, die das Fahrverhalten beobachtet und Hinweise gibt.

Dass eine Strecke außerhalb von organisierten Veranstaltungen für die Allgemeinheit zugänglich ist, nimmt ihr nicht die Eigenschaft als Motorsport-Rennstrecke. Gegen die Wirksamkeit der Klausel bestehen keine Bedenken.[10]

7 Entsprechendes gilt auch für dazugehörige **Übungsfahrten**. Unter einer „dazugehörigen Übungsfahrt" wird der durchschnittliche VN nur eine Fahrt verstehen, die sich unmittelbar auf eine konkrete Fahrveranstaltung bezieht, bei der es auf die Erzielung von Höchstgeschwindigkeit ankommt.[11]

8 Die Teilnahme an behördlich nicht genehmigten Rennen stellt eine Obliegenheitsverletzung nach D.2.2 dar. Darauf wird ausdrücklich hingewiesen.

8a **AKB 2015:** Im Interesse der Kundenfreundlichkeit wurde die unterschiedliche Regelung der genehmigten Rennen in verschiedenen Sparten der Kfz-Versicherung vereinheitlicht. Es wird nunmehr darauf hingewiesen, dass die Teilnahme an nicht genehmigten Rennen eine Pflichtverletzung nach D.1.1.4 AKB 2015 darstellt.

IV. Beschädigung des versicherten Fahrzeugs (A.1.5.3)

9 Die Beschädigung, die Zerstörung oder das Abhandenkommen des versicherten Fahrzeugs ist nicht gedeckt. Diese Bestimmung beruht auf § 4 Nr. 2 KfzPflVV und dient der Abgrenzung zwischen Kfz-Haftpflichtversicherung und Kaskoversicherung. Es besteht kein Versicherungsschutz, unabhängig davon, wer den Anspruch geltend macht und gegen wen er gerichtet ist.[12]

V. Beschädigung von Anhängern oder abgeschleppten Fahrzeugen (A.1.5.4)

10 Die Beschädigung, die Zerstörung oder das Abhandenkommen eines mit dem versicherten Fahrzeug verbundenen Anhängers oder Aufliegers oder eines mit dem versicherten Fahrzeug geschleppten oder abgeschleppten Fahrzeugs ist nicht versichert. Eine Ausnahme gilt, wenn **ohne gewerbliche Absicht** ein betriebsunfähiges Fahrzeug im Rahmen **üblicher Hilfeleistung** abgeschleppt wird. Dann besteht für dabei am abgeschleppten Fahrzeug verursachte Schäden Versicherungsschutz. In Betracht kommen Fahrten zur nächsten Werkstatt oder Tankstelle. Es ist im Einzelfall zur Beurteilung der Üblichkeit auf den räumlichen und zeitlichen Zusammenhang mit dem Liegenbleiben abzustellen.[13] Im Wesentlichen sind Maßnahmen erfasst, wenn ein gewerblicher Abschleppdienst nicht zur Verfügung steht und das Kfz vom Unfallort entfernt werden muss. Tageszeit, Örtlichkeit und persönliche Beziehungen können zu berücksichtigen sein.

11 **Gewerbliches Abschleppen** ist anzunehmen, wenn das Abschleppen im Rahmen einer auf Dauer angelegten und auf Erwerbszweck gerichteten Tätigkeit vorgenommen wird.[14]

12 Ob „übliche Hilfeleistung" vorliegt, hängt von der jeweiligen Notsituation ab und kann nicht allgemein beurteilt werden. Das Wegschaffen des betriebsunfähigen Fahrzeugs vom Unfallort oder Ort des Liegenbleibens muss dem Berechtigten jedenfalls ermöglichen, demnächst weiter über das Fahrzeug ordnungsgemäß zu ver-

---

9 OLG Köln 21.11.2006 – 9 U 76/06, VersR 2007, 683.
10 OLG Karlsruhe 15.4.2014 – 12 U 149/13, r+s 2014, 275.
11 OLG Köln 21.11.2006 – 9 U 76/06, VersR 2007, 683.
12 Vgl BGH 18.3.1986 – IV ZR 213/84, VersR 1986, 755.
13 Stiefel/Maier/*Maier*, A.1.5.4 Rn 31; weitergehend Prölss/Martin/*Knappmann*, A.1.5 Rn 8.
14 Vgl BGH 12.5.1960 – II ZR 124/58, VersR 1960, 627.

fügen.[15] Das **Abschleppen** zu einer nahe gelegenen Werkstatt, Tankstelle oder einem Abstellort ist versichert. Der **Pannenhelfer** ist geschützt. Erheblich darüber hinausgehende Abschleppfahrten liegen idR nicht mehr im Rahmen üblicher Hilfeleistung.

AKB 2015: Zum besseren Verständnis wurde die Regelung umformuliert. Inhaltlich ist keine Änderung erfolgt. 12a

VI. Beschädigung von beförderten Sachen (A.1.5.5)

Nicht versichert sind Beschädigung, Zerstörung oder Abhandenkommen von Sachen, die mit dem versicherten Fahrzeug befördert werden. Die Regelung hat ihre Grundlage in § 4 Nr. 3 KfzPflVV (s. dort). **Beförderung** ist zweckgerichtetes Handeln, das auf eine Ortsveränderung der Sache abzielt.[16] Der Ausschluss erstreckt sich auf vorbereitende und unmittelbar nachfolgende Handlungen des Transports, umfasst also auch das Be- und Endladen sowie Ein- und Aussteigen.[17] 13

Zu den von Insassen üblicherweise mit sich geführten Sachen, für die Versicherungsschutz besteht, gehören die beispielhaft genannten Sachen wie Kleidung, Brille und Brieftasche. Gemeint sind **persönliche Gegenstände**, also auch Geldbörse, Kreditkarten, angelegter Schmuck, Uhr, Handy, Smartphone, ggf Bargeld. Computer und **Laptop** gehören wegen der Größe und Handlichkeit eher nicht dazu.[18] 14

Bei einer Fahrt, die überwiegend der Personenbeförderung dient (§ 15 d StVO), besteht Deckungsschutz für Sachen zum persönlichen Gebrauch wie Reisegepäck und Reiseproviant. Es handelt sich um Gegenstände, die unter Berücksichtigung der persönlichen Verhältnisse üblicherweise mitgeführt werden. 15

VII. Schadensersatzanspruch gegen eine mitversicherte Person (A.1.5.6)

Ausgeschlossen vom Versicherungsschutz ist der Anspruch auf Ersatz von Sach- und Vermögensschäden, der darauf beruht, dass eine mitversicherte Person den VN, den Halter oder den Eigentümer durch den Gebrauch des Fahrzeugs geschädigt hat. Die Bestimmung geht auf § 4 Nr. 1 KfzPflVV zurück. Eigene Ansprüche wegen Sach- und Vermögensschäden sollen in der Haftpflichtversicherung ausgeschlossen sein. Körperschäden sind jedoch versichert, wenn der VN als Beifahrer durch einen vom Fahrer verschuldeten Unfall verletzt wird. Kein Anspruch besteht auch, wenn ein Mitversicherter einen Schaden an einem anderen Fahrzeug des VN verursacht hat.[19] 16

VIII. Nichteinhaltung von Liefer- und Beförderungsfristen (A.1.5.7)

Die Regelung geht auf § 4 Nr. 5 KfzPflVV (s. dort) zurück. Sie betrifft im Wesentlichen den Bereich des gewerblichen Güterverkehrs. Reine Vermögensschäden, die dadurch entstehen, dass der VN Liefer- und Beförderungsfristen nicht einhält, sind nicht versichert, ohne dass es auf den Grund der Fristversäumnis ankommt. 17

IX. Vertragliche Ansprüche (A.1.5.8)

Die Klausel stellt klar, dass Haftpflichtansprüche, die aufgrund einer vertraglichen Vereinbarung oder einer besonderen Zusage über den Umfang der gesetzlichen 18

---

15 Vgl Stiefel/Maier/*Maier*, A.1.5 Rn 27.
16 Vgl BGH 29.6.1994 – IV ZR 229/93, VersR 1994, 1058; Stiefel/Maier/*Maier*, A.1.5 Rn 34.
17 OLG Hamm 27.10.1995 – 20 U 75/95, VersR 1996, 967.
18 LG Erfurt 29.11.2012 – 1 S 101/12, r+s 2013, 424.
19 BGH 25.6.2008 – IV ZR 313/06, r+s 2008, 372 (zu § 11 Nr. 2 AKB aF).

Haftpflicht hinausgehen, nicht versichert sind. Der Ausschluss ist in § 4 KfzPflVV nicht enthalten.

Die Bestimmung betrifft nicht Beförderungsverträge. Diese sind nicht untersagt. Die gesetzlichen Verpflichtungen dürfen nicht ausgeweitet werden, zB im Hinblick auf Schadenspauschalen geringere Nachweisvoraussetzungen.[20]

X. Schäden durch Kernenergie (A.1.5.9)

19 Die Bestimmung beruht auf § 4 Nr. 6 KfzPflVV. Nuklearschäden sind nicht versichert. Die Haftung wird im Atomgesetz geregelt. Kein Deckungsschutz besteht bei Schäden durch radioaktive Strahlung oder Materie.

A.2 Kaskoversicherung – für Schäden an Ihrem Fahrzeug

A.2.1 Was ist versichert?

Ihr Fahrzeug

A.2.1.1 Versichert ist Ihr Fahrzeug gegen Beschädigung, Zerstörung, Totalschaden oder Verlust infolge eines Ereignisses nach A.2.2 (Teilkasko) oder A.2.3 (Vollkasko). Vom Versicherungsschutz umfasst sind auch dessen unter A.2.1.2 und A.2.1.3 als mitversichert aufgeführte Fahrzeugteile und als mitversichert aufgeführtes Fahrzeugzubehör, sofern sie straßenverkehrsrechtlich zulässig sind (mitversicherte Teile).

Beitragsfrei mitversicherte Teile

A.2.1.2 Soweit in A.2.1.3 nicht anders geregelt, sind folgende Fahrzeugteile und folgendes Fahrzeugzubehör des versicherten Fahrzeugs ohne Mehrbeitrag mitversichert:

a   fest im Fahrzeug eingebaute oder fest am Fahrzeug angebaute Fahrzeugteile,

b   fest im Fahrzeug eingebautes oder am Fahrzeug angebautes oder im Fahrzeug unter Verschluss verwahrtes Fahrzeugzubehör, das ausschließlich dem Gebrauch des Fahrzeugs dient (z.B. Schonbezüge, Pannenwerkzeug) und nach allgemeiner Verkehrsanschauung nicht als Luxus angesehen wird,

c   im Fahrzeug unter Verschluss verwahrte Fahrzeugteile, die zur Behebung von Betriebsstörungen des Fahrzeugs üblicherweise mitgeführt werden (z.B. Sicherungen und Glühlampen),

d   Schutzhelme (auch mit Wechselsprechanlage), solange sie bestimmungsgemäß gebraucht werden oder mit dem abgestellten Fahrzeug so fest verbunden sind, dass ein unbefugtes Entfernen ohne Beschädigung nicht möglich ist,

e   Planen, Gestelle für Planen (Spiegel),

f   folgende außerhalb des Fahrzeugs unter Verschluss gehaltene Teile:
    – ein zusätzlicher Satz Räder mit Winter- oder Sommerbereifung,
    – Dach-/Heckständer, Hardtop, Schneeketten und Kindersitze,
    – nach a bis f mitversicherte Fahrzeugteile und Fahrzeugzubehör während einer Reparatur.

---

20 Stiefel/Maier/*Maier*, A.1.5 Rn 57.

Abhängig vom Gesamtneuwert mitversicherte Teile

A.2.1.3 Die nachfolgend unter a bis e aufgeführten Teile sind ohne Beitragszuschlag mitversichert, wenn sie im Fahrzeug fest eingebaut oder am Fahrzeug fest angebaut sind:
- bei Pkw, Krafträdern, xx < *Alle gewünschten WKZ auffühlen* > bis zu einem Gesamtneuwert der Teile von xx EUR (brutto) und
- bei sonstigen Fahrzeugarten (z.B. Lkw, xx < *Als Beispiele gewünschte WKZ auffühlen* >) bis zu einem Gesamtneuwert der Teile von xx EUR (brutto)

a Radio- und sonstige Audiosysteme, Video-, technische Kommunikations- und Leitsysteme (z.B. fest eingebaute Navigationssysteme),

b zugelassene Veränderungen an Fahrwerk, Triebwerk, Auspuff, Innenraum oder Karosserie (Tuning), die der Steigerung der Motorleistung, des Motordrehmoments, der Veränderung des Fahrverhaltens dienen oder zu einer Wertsteigerung des Fahrzeugs führen,

c individuell für das Fahrzeug angefertigte Sonderlackierungen und -beschriftungen sowie besondere Oberflächenbehandlungen,

d Beiwagen und Verkleidungen bei Krafträdern, Leichtkrafträdern, Kleinkrafträdern, Trikes, Quads und Fahrzeugen mit Versicherungskennzeichen,

e Spezialaufbauten (z.B. Kran-, Tank-, Silo-, Kühl- und Thermoaufbauten) und Spezialeinrichtungen (z.B. für Werkstattwagen, Messfahrzeuge, Krankenwagen).

Ist der Gesamtneuwert der unter a bis e aufgeführten Teile höher als die genannte Wertgrenze, ist der übersteigende Wert nur mitversichert, wenn dies ausdrücklich vereinbart ist.

Bis zur genannten Wertgrenze verzichten wir auf eine Kürzung der Entschädigung wegen Unterversicherung.

Nicht versicherbare Gegenstände

A.2.1.4 Nicht versicherbar sind alle sonstigen Gegenstände, insbesondere solche, deren Nutzung nicht ausschließlich dem Gebrauch des Fahrzeugs dient (z.B. Handys und mobile Navigationsgeräte, auch bei Verbindung mit dem Fahrzeug durch eine Halterung, Reisegepäck, persönliche Gegenstände der Insassen).

I. Allgemeines

Die Kaskoversicherung ist eine Sachversicherung, die das Eigentümerinteresse an der Erhaltung des Fahrzeugs schützt. Sie gliedert sich in die Teilkaskoversicherung und in die Vollkaskoversicherung. Die Klausel stellt klar, welche Schäden versichert sind und welche nicht. Es kann auch eine Fremdversicherung vorliegen.[1]

AKB 2015: Der gesamte Kaskoteil wurde neu gegliedert. Die AKB 2015 kommen auf der obersten Kaskogliederungsebene mit nur noch 5 Regelungen (A.2.1 bis A.2.5) aus. Das Einfügen einer neuen versicherten Gefahr oder einer neuen Ersatzleistung kann nun erfolgen, ohne dass sich die nachfolgenden Gliederungsebenen verändern. Mitversicherte Teile werden in einem eigenen Gliederungspunkt geregelt. Die Regelung zur Anwendung aller Kasko-Regelungen auf die sog. mitversicherten Teile von A.2.18 AKB 2008 wurde als Grundregel nach vorne gezogen.

---

[1] OLG Karlsruhe 18.1.2013 – 12 U 117/12, r+s 2013, 121.

II. Versicherte Schäden

1. Fahrzeug (A.2.1.1). Versichert ist das Fahrzeug des VN gegen Beschädigung, Zerstörung, Totalschaden[2] oder Verlust infolge eines Ereignisses nach A.2.2 (Teilkasko) oder A.2.3 (Vollkasko).

Beschädigung ist die Gebrauchswertminderung oder Substanzschädigung.[3] Gemeint ist eine Veränderung des technischen Zustands abweichend vom normalen, wobei eine Substanzschädigung nicht erforderlich ist. Es kann auch das äußere Erscheinungsbild verändert sein.[4] Ergänzend kann auf den strafrechtlichen Begriff der Sachbeschädigung zurückgegriffen werden.

Zerstörung ist die vollständige technische Beschädigung ohne Wiederherstellungsmöglichkeit.[5] Unter **Verlust** ist das Abhandenkommen zu verstehen, wobei es auf die Ursache nicht ankommt.[6] Nach A.2.6.5 liegt ein **Totalschaden** vor, wenn die erforderlichen Kosten der Reparatur des Fahrzeugs dessen Wiederbeschaffungswert übersteigen.

2. Mitversicherte Teile (A.2.1.2 und A.2.1.3). Der Versicherungsschutz erstreckt sich auch auf als mitversichert aufgeführte Fahrzeugteile und als mitversichert aufgeführtes Fahrzeugzubehör, sofern sie straßenverkehrsrechtlich zulässig sind (sog. mitversicherte Teile). Es gilt die nach Gruppen zusammengefasste **Teileliste**.

AKB 2015: Die als mitversichert aufgeführten Fahrzeugteile und das als mitversichert aufgeführte Fahrzeugzubehör werden in eigenen Gliederungspunkten geregelt (A.2.1.2.1 AKB 2015 sowie A.2.1.2.2 AKB 2015).

III. Nicht versicherbare Gegenstände (A.2.1.4)

Sonstige Gegenstände, insb. solche, deren Nutzung nicht ausschließlich dem Gebrauch des Fahrzeugs dient, sind nicht versicherbar. Darunter fallen **Handys** (Mobiltelefone) und mobile **Navigationsgeräte**, auch wenn sie durch eine Halterung mit dem Fahrzeug verbunden sind, sowie Reisegepäck und persönliche Gegenstände der Insassen.

A.2.2 Welche Ereignisse sind in der Teilkasko versichert?

Versicherungsschutz besteht bei Beschädigung, Zerstörung, Totalschaden oder Verlust des Fahrzeugs einschließlich seiner mitversicherten Teile durch die nachfolgenden Ereignisse:

Brand und Explosion

A.2.2.1 Versichert sind Brand und Explosion. Als Brand gilt ein Feuer mit Flammenbildung, das ohne einen bestimmungsgemäßen Herd entstanden ist oder ihn verlassen hat und sich aus eigener Kraft auszubreiten vermag. Nicht als Brand gelten Schmor- und Sengschäden. Explosion ist eine auf dem Ausdehnungsbestreben von Gasen oder Dämpfen beruhende, plötzlich verlaufende Kraftäußerung.

Entwendung

A.2.2.2 Versichert ist die Entwendung, insbesondere durch Diebstahl und Raub.

---

2 Der Begriff „Totalschaden" ist im Rahmen einer redaktionellen Bereinigung in die Fassung der Musterbedingungen AKB 2008 – Stand: 17.3.2010 eingefügt worden.
3 Vgl BGH 27.6.1979 – IV ZR 147/77, VersR 1979, 853.
4 OLG Thüringen 27.4.2007 – 1 Ss 337/06, NJW 2008, 776 (Farbsprüher).
5 Vgl BGH 3.6.1970 – IV ZR 1046/68, VersR 1970, 758.
6 Vgl Stiefel/Maier/*Stadler*, A.2.2 Rn 5.

Unterschlagung ist nur versichert, wenn dem Täter das Fahrzeug nicht zum Gebrauch in seinem eigenen Interesse, zur Veräußerung oder unter Eigentumsvorbehalt überlassen wird.

Unbefugter Gebrauch ist nur versichert, wenn der Täter in keiner Weise berechtigt ist, das Fahrzeug zu gebrauchen. Nicht als unbefugter Gebrauch gilt insbesondere, wenn der Täter vom Verfügungsberechtigten mit der Betreuung des Fahrzeugs beauftragt wird (z.B. Reparateur, Hotelangestellter). Außerdem besteht kein Versicherungsschutz, wenn der Täter in einem Näheverhältnis zu dem Verfügungsberechtigten steht (z.B. dessen Arbeitnehmer, Familien- oder Haushaltsangehörige).

Sturm, Hagel, Blitzschlag, Überschwemmung

A.2.2.3 Versichert ist die unmittelbare Einwirkung von Sturm, Hagel, Blitzschlag oder Überschwemmung auf das Fahrzeug. Als Sturm gilt eine wetterbedingte Luftbewegung von mindestens Windstärke 8. Eingeschlossen sind Schäden, die dadurch verursacht werden, dass durch diese Naturgewalten Gegenstände auf oder gegen das Fahrzeug geworfen werden. Ausgeschlossen sind Schäden, die auf ein durch diese Naturgewalten veranlasstes Verhalten des Fahrers zurückzuführen sind.

Zusammenstoß mit Haarwild

A.2.2.4 Versichert ist der Zusammenstoß des in Fahrt befindlichen Fahrzeugs mit Haarwild im Sinne von § 2 Abs. 1 Nr. 1 des Bundesjagdgesetzes (z.B. Reh, Wildschwein).

Glasbruch

A.2.2.5 Versichert sind Bruchschäden an der Verglasung des Fahrzeugs. Folgeschäden sind nicht versichert.

Kurzschlussschäden an der Verkabelung

A.2.2.6 Versichert sind Schäden an der Verkabelung des Fahrzeugs durch Kurzschluss. Folgeschäden sind nicht versichert.

I. Allgemeines 1	3. Unterschlagung............... 21
II. Brand und Explosion (A.2.2.1) .. 2	a) Begriff..................... 21
1. Brand 3	b) Einschränkung des Versicherungsschutzes 22
2. Explosion.................... 6	
III. Entwendung (A.2.2.2)........... 7	4. Unbefugter Gebrauch 25
1. Allgemeines.................. 7	a) Begriff..................... 25
2. Diebstahl 8	b) Einschränkung des Versicherungsschutzes 26
a) Begriff..................... 8	
b) Beweis des Diebstahls 9	5. Beschädigungen 27
aa) Beweiserleichterungen für den VN 9	IV. Sturm, Hagel, Blitzschlag, Überschwemmung (A.2.2.3)............ 32
(1) Äußeres Bild 10	V. Zusammenstoß mit Haarwild (A.2.2.4) 34
(2) Beweis durch Zeugen.... 12	1. Haarwild 34
(3) Beweis durch eigene Angaben des VN 14	2. Andere Tiere................. 38
(4) Redlichkeit des VN...... 15	3. Rettungskostenersatz......... 39
bb) Beweiserleichterungen für den VR............... 16	VI. Glasbruch (A.2.2.5) 42
cc) Schlüsselverhältnisse..... 18	VII. Kurzschlussschäden an der Verkabelung (A.2.2.6) 43

I. Allgemeines

1 Die Neufassung der AKB weist Teilkasko und Vollkasko jeweils eigene Regelungen zu. Die versicherten Gefahren („**Ereignisse**") sind gegenüber den früheren Bedingungswerken nunmehr – teilweise unter Berücksichtigung von Rspr – näher beschrieben, was der Klarstellung dient. Deckungsschutz besteht bei Beschädigung, Zerstörung, Totalschaden oder Verlust des Fahrzeugs und seiner mitversicherten Teile.

1a **AKB 2015:** Die Regelung der **Entwendung** wurde zur besseren Verständlichkeit umformuliert (A.2.2.1.2 AKB 2015). Die **Glasbruchklausel** (A.2.2.1.5 AKB 2015; s. Rn 42 a) wurde neu gefasst, indem näher definiert wurde, was unter den Begriff „Verglasung" zu verstehen ist. Zusätzlich wurde negativ abgegrenzt, was nicht zum Glasbruch iSd Teilkaskoglasbruchklausel gehört.

II. Brand und Explosion (A.2.2.1)

2 Brand und Explosion sind versichert. Die Gefahren sind näher definiert.

3 **1. Brand.** Als Brand gilt ein Feuer mit Flammenbildung, das ohne einen bestimmungsgemäßen Herd entstanden ist oder ihn verlassen hat und sich aus eigener Kraft auszubreiten vermag. **Nicht** als Brand gelten **Schmor- und Sengschäden**. Kein Brand ist dementsprechend anzunehmen bei Zerstörung des Katalysators, Heißlaufen eines Radlagers oder Kabelbrand ohne Flammenbildung.[1]

4 Versichert sind Schäden, bei denen das Fahrzeug selbst vom Feuer erfasst wird, aber auch solche durch Einwirkung des Feuers von außen. Gedeckt sind auch Schäden durch wegen Brandeinwirkung herabfallende oder umstürzende Gegenstände.[2] Schmor- und Sengschäden sind ausgenommen. Darunter fallen zB Kabelverschmorung und Brandlöcher durch Zigaretten auf dem Polster. Schäden an der Verkabelung durch Kurzschluss sind jedoch nach A.2.2.6 gedeckt. Die Ursache des Brandes ist unerheblich.

5 Die Versicherungsfälle **Brand** und **Entwendung** stehen unabhängig nebeneinander. Kann der Diebstahl nicht bewiesen werden, so kann Versicherungsschutz für einen nachfolgenden Brand bestehen.[3] Steht fest, dass das Kfz durch einen Brand zerstört wurde, und ist zugleich streitig, ob ein Diebstahl vorausgegangen ist, kann sich der VN auf die Entschädigungspflicht hinsichtlich des Brandschadens berufen. Der VR, der sich darauf beruft, der Diebstahl sei vorgetäuscht, wird im Hinblick auf den Brand nur leistungsfrei, wenn er den nach § 81 VVG gebotenen Nachweis führen kann. Beweiserleichterungen kommen dem VR dabei nicht zugute.[4] Der VR bleibt für eine Herbeiführung beweispflichtig.

5a Gerät ein Kfz nach einem Unfall in Brand, sind in der Teilkaskoversicherung die Unfallschäden vor dem Brand nicht zu ersetzen.[5]

6 **2. Explosion.** Explosion ist eine auf dem Ausdehnungsbestreben von Gasen oder Dämpfen beruhende, plötzlich verlaufende Kraftäußerung. Eine **Implosion** ist wegen der anders gerichteten Kraft nicht erfasst.[6]

---

1 Stiefel/Maier/*Maier*, A.2.2 Rn 9, 10.
2 Vgl OLG Düsseldorf 6.8.1991 – 4 U 251/90, VersR 1992, 567.
3 BGH 31.10.1984 – IVa ZR 33/83, VersR 1985, 78; BGH 11.2.2009 – IV ZR 156/08, VersR 2009, 540; Prölss/Martin/*Knappmann*, A.2.2 Rn 4; Stiefel/Maier/*Maier*, A.2.2 Rn 130.
4 BGH 11.2.2009 – IV ZR 156/08, VersR 2009, 540.
5 OLG Celle 16.3.2006 – 8 U 155/05, r+s 2007, 53.
6 Vgl OLG Hamm 25.11.1994 – 20 U 120/94, r+s 1995, 50.

III. Entwendung (A.2.2.2)

1. Allgemeines. Der Begriff der Entwendung umfasst die objektiv widerrechtliche Sachentziehung, die zur wirtschaftlichen Entreicherung des Eigentümers führt. Die weiteren aufgezählten Tatbestände sind – wie sich aus der Systematik ergibt – Unterfälle der Entwendung; sie sind rein strafrechtlich zu verstehen. Betrug, der durch eine Vermögensverfügung gekennzeichnet ist, ist kein Unterfall der Entwendung (s. Rn 24).[7]

2. Diebstahl. a) Begriff. Der Diebstahlsbegriff entspricht § 242 StGB. Es muss eine Wegnahme vorliegen. Diese setzt den Bruch des fremden und die Begründung neuen Gewahrsams für den Dieb oder einen Dritten voraus. Versichert ist auch der Diebstahlsversuch. Bruch fremden Mitgewahrsams ist erfasst.[8]

b) Beweis des Diebstahls. aa) Beweiserleichterungen für den VN. Bei einem Fahrzeugdiebstahl befindet sich der VN regelmäßig in Beweisnot. Er kann nur in seltenen Fällen, etwa wenn der Dieb auf frischer Tat erfasst wurde, nachweisen, dass ihm das Fahrzeug gegen seinen Willen rechtswidrig abhanden gekommen ist. Stehen keine Zeugen zur Verfügung und wird der Täter nicht ermittelt, gerät der VN in Beweisschwierigkeiten. Um dem VN in dieser Situation zu helfen, gewährt die Rspr ihm gewisse Beweiserleichterungen.

(1) Äußeres Bild. In einer wertenden Betrachtung des Inhalts des VersVertrages (materiell-rechtliche Risikozuweisung) hat die höchstrichterliche Rspr Beweiserleichterungsgrundsätze aufgestellt. Der VN genügt seiner Beweislast dadurch, dass er das **äußere Bild** einer bedingungsgemäßen Entwendung des Fahrzeugs darlegt und beweist. Dazu muss er einen Sachverhalt vortragen und beweisen, der mit **hinreichender Wahrscheinlichkeit** den Schluss auf eine Fahrzeugentwendung zulässt.[9] Es wird nicht der Vollbeweis verlangt; es genügt der Nachweis, dass der VN den Wagen zu einer bestimmten Zeit an einem bestimmten Ort abgestellt und **später nicht mehr dort aufgefunden** hat.[10] Diesen Mindestsachverhalt muss der VN allerdings voll beweisen. Das wird idR durch Zeugen geschehen, die das Abstellen und das spätere Nichtwiederauffinden beobachtet haben.

Zum äußeren Bild eines Fahrzeugdiebstahls gehört nicht, dass der VN sämtliche **Originalschlüssel** vorlegen oder das Fehlen eines Schlüssels plausibel erklären kann.[11] Ungereimtheiten und Widersprüche im Vortrag des VN, Abweichungen in den Eintragungen der Schadenanzeige, vorgerichtliche Äußerungen und Prozessvortrag können den Nachweis des äußeren Bildes entfallen lassen. Der Beweis von Rahmentatsachen, wie Anzeige des Diebstahls bei der Polizei oder Erzählungen gegenüber Zeugen, reicht nicht aus.[12] Es kommt nicht darauf an, wann und wo der Wagen zu einem früheren Zeitpunkt abgestellt war und dort gesehen worden ist.[13]

(2) Beweis durch Zeugen. Der Vollbeweis des äußeren Bildes der Entwendung kann geführt werden, indem der VN **Zeugen** benennt, die das Abstellen und Nichtwiederauffinden des Kraftwagens gesehen haben.[14] Gibt es für diese Umstände verschiedene Zeugen, so kann mit ihnen der erforderliche Nachweis nur geführt

---

7 OLG Hamm 2.3.1984 – 20 U 239/83, VersR 1985, 490; OLG Köln 22.7.2008 – 9 U 188/07, r+s 2008, 373 (erschlichene Probefahrt); Stiefel/Maier/*Stadler*, A.2.2.2 Rn 28; anders Prölss/Martin/*Knappmann*, A.2.2 Rn 12.
8 OLG Naumburg 11.7.2013 – 4 U 5/13, r+s 2013, 595.
9 Vgl BGH 5.10.1983 – IVa ZR 19/82, VersR 1984, 29.
10 BGH 17.5.1995 – IV ZR 279/94, VersR 1995, 909; Stiefel/Maier/*Maier*, A.2.2 Rn 87 ff.
11 BGH 17.5.1995 – IV ZR 279/94, VersR 1995, 909.
12 BGH 30.1.2002 – IV ZR 263/00, VersR 2002, 431; BGH 21.2.1996 – IV ZR 351/94 und IV 3512/94, VersR 1996, 703.
13 OLG Köln 10.5.2005 – 9 U 159/04, r+s 2005, 499.
14 Vgl BGH 17.3.1993 – IV ZR 11/92, VersR 1993, 571; KG 14.9.2010 – 6 U 42/09, r+s 2012, 168.

werden, wenn ihre Angaben zuverlässig ergeben, dass sich ihre Beobachtungen auf ein und dieselbe Örtlichkeit beziehen.[15] Kann der VN nur für das Abstellen einen Zeugen benennen und nicht für das Nichtwiederauffinden, so kommt es für den Umstand darauf an, ob der VN glaubwürdig ist.[16]

13 Ein unredlicher VN kann mit einem glaubwürdigen Zeugen den erforderlichen Nachweis führen.[17] Auch einem unglaubwürdigen VN kann ein Fahrzeug gestohlen werden; auf die vertragliche Risikoverteilung ist dies ohne Einfluss.

14 **(3) Beweis durch eigene Angaben des VN.** Stehen dem VN für das äußere Bild keine Zeugen zur Verfügung, kommt der Nachweis durch **eigene Angaben** in Betracht. Dies kann durch Anhörung nach § 141 ZPO oder durch Parteivernehmung nach § 448 ZPO geschehen.[18] Im letzteren Fall müssen allerdings ausreichende Anhaltspunkte für einen Anfangsbeweis vorliegen. Das Gericht ist nach § 286 ZPO frei, einem glaubwürdigen und redlichen VN nach persönlicher Anhörung schlichtweg zu glauben. Die Anhörung des VN ist subsidiär. Steht ihm ein Zeuge zur Verfügung, will er ihn aber nicht benennen, so scheidet die Anhörung aus.[19]

In erster Linie können Angaben zum Kerngeschehen Bedeutung erlangen, wobei sonstige Angaben zum Randgeschehen zu berücksichtigen sind.[20]

15 **(4) Redlichkeit des VN.** Die **persönliche Glaubwürdigkeit** des VN hat für den Nachweis des äußeren Bildes und für die vom VR zu beweisenden Umstände Bedeutung, die mit erheblicher Wahrscheinlichkeit darauf schließen lassen, ob der Diebstahl vorgetäuscht ist. Insoweit gelten dieselben Maßstäbe.[21] Stehen Tatsachen fest, die den VN als unglaubwürdig erscheinen und Zweifel an der Richtigkeit seiner Sachverhaltsschilderung aufkommen lassen, so scheidet eine Anhörung aus.[22] Diese Umstände müssen unstreitig oder bewiesen sein; bloße Verdachtsmomente reichen nicht.[23] Welche Tatsachen ausreichen, ist eine Frage des Einzelfalles. Im Rahmen einer Gesamtwürdigung kann auf den aktuellen Fall und frühere Vorfälle eines Fehlverhaltens zurückgegriffen werden.[24] Insoweit können zu berücksichtigen sein unrichtige Angaben zu den Umständen der Entwendung,[25] zum Kaufpreis,[26] zu Vorschäden,[27] zum Kilometerstand[28] und zu den Schlüsselverhältnissen.[29] Von Bedeutung können auch einschlägige strafbare Handlungen in der Vergangenheit sein.[30]

---

15 Vgl BGH 27.5.1998 – IV ZR 81/97, VersR 1998, 1012.
16 BGH 30.1.2002 – IV ZR 263/00, VersR 2002, 431.
17 BGH 22.9.1999 – IV ZR 172/98, VersR 1999, 1535; BGH 11.2.1998 – IV ZR 306/96, VersR 1998, 488.
18 BGH 25.3.1992 – IV ZR 54/91, VersR 1992, 867; BGH 24.4.1991 – IV ZR 172/90, VersR 1991, 917; KG 10.9.2010 – 6 U 18/10, r+s 2013, 168.
19 BGH 26.3.1997 – IV ZR 91/96, VersR 1997, 733.
20 OLG Naumburg 7.3.2013 – 4 U 51/12, r+s 2014, 118.
21 BGH 11.2.1998 – IV ZR 306/96, VersR 1998, 488.
22 Vgl BGH 26.3.1997 – IV ZR 91/96, VersR 1997, 733; BGH 21.2.1996 – IV ZR 300/94, VersR 1996, 575; vgl Stiefel/Maier/*Maier*, A.2.2 Rn 97.
23 BGH 11.12.1996 – IV ZR 268/95, r+s 1997, 100.
24 Vgl OLG Köln 11.1.2000 – 9 U 154/98, r+s 2000, 320.
25 Vgl OLG Hamm 7.4.2000 – 20 U 237/99, r+s 2000, 446; OLG Köln 16.7.2013 – 9 U 30/13, r+s 2013, 488.
26 OLG Naumburg 7.3.2013 – 4 U 51/12, VersR 2014, 118; OLG Karlsruhe 19.8.1993 – 12 U 49/93, VersR 1995, 40.
27 OLG Hamm 24.4.1998 – 20 U 2/98, r+s 1998, 364; vgl zur Arglist OLG Köln 27.4.2010 – 9 U 128/08, VK 10, 96.
28 OLG Köln 10.2.1998 – 9 U 174/97, r+s 1998, 320; KG 13.2.2009 – 6 U 203/08, r+s 2010, 60.
29 OLG Hamm 2.1.2002 – 20 U 142/00, r+s 2001, 273.
30 Vgl OLG Köln 4.9.2001 – 9 U 190/00, r+s 2001, 496; OLG Köln 3.5.2001 – 6 U 209/00, VersR 2002, 478; OLG Hamm 22.9.1993 – 20 U 302/92, VersR 1994, 854.

bb) Beweiserleichterungen für den VR. Hat der VN das äußere Bild der Fahrzeugentwendung nachgewiesen, kann der VR Tatsachen beweisen, die mit **erheblicher Wahrscheinlichkeit die Vortäuschung** des Versicherungsfalles nahelegen.[31] Diese Beweiserleichterung für den VR vollzieht sich gleichsam auf einer zweiten Ebene. Ein Vollbeweis der Vortäuschung ist nicht erforderlich. Es reicht aus, dass der VR konkrete Umstände vorträgt und ggf voll beweist, aus denen sich der Schluss ziehen lässt, dass der VN den Diebstahl mit erheblicher Wahrscheinlichkeit nur vorgetäuscht hat.[32] Der Grad der Wahrscheinlichkeit muss größer sein als die hinreichende Wahrscheinlichkeit der ersten Stufe.[33] Es ist eine wertende Betrachtung angebracht, die sich einer genauen prozentualen Zuordnung entzieht.

Für die Prüfung der Indizien sind dieselben Grundsätze maßgebend wie bei der persönlichen Glaubwürdigkeit.[34] Bei einem Zusammentreffen mehrerer Umstände muss eine **Gesamtschau** stattfinden, ob sich eine erhebliche Wahrscheinlichkeit für eine Vortäuschung ergibt. Maßgebende Umstände für eine Gesamtbetrachtung können sein:

- Unzutreffende Angaben des VN oder seines Repräsentanten zum Abstellort;
- unzutreffende Angaben über Kaufpreis und Kaufvertrag;[35]
- fachgerechter und sorgfältiger Ausbau von Teilen;[36]
- Fahrzeug wird unfallbeschädigt mit abgezogenem Schlüssel aufgefunden und war mit Originalschlüssel gefahren worden;[37]
- Ungereimtheiten und Widersprüche bei der Schadenabwicklung;[38]
- Äußerungen zum Verschwindenlassen;[39]
- frühere Verkehrsunfälle;[40]
- angespannte finanzielle Verhältnisse des VN.

cc) Schlüsselverhältnisse. Macht der VR geltend, dass die Fahrzeugentwendung vorgetäuscht ist, so erlangen die **Schlüsselverhältnisse und Kopierspuren** Bedeutung. Täuscht der VN eine Entwendung vor, so wird er dem Abnehmer einen passenden Schlüssel weitergeben. Der VR verlangt aus diesem Grund regelmäßig die Vorlage der vorhandenen Schlüssel und Auskunft über nachgemachte Schlüssel. In vielen Fällen lässt der VR die vorgelegten Schlüssel auf Duplizierspuren untersuchen. Ein Sachverständiger kann feststellen, ob Kopien gefertigt worden sind und ob **Abtastspuren** von **Gebrauchsspuren** überlagert sind. In einzelnen Fällen kann sogar in gewissem Umfang auf die Anzahl der Schließungen geschlossen werden. Eine solche Aussage ist jedoch wegen der technischen Grenzen vorsichtig zu beurteilen.

Allein aus dem Fehlen eines Schlüssels ohne nachvollziehbare Erklärung oder die angebliche Unkenntnis darüber, ob ein Nachschlüssel gefertigt wurde, kann noch nicht mit erheblicher Wahrscheinlichkeit auf einen vorgetäuschten Diebstahl ge-

---

31 BGH 5.10.1983 – IVa ZR 19/82, VersR 1984, 29; OLG Koblenz 27.12.2012 – 10 u 503/12, r+s 2013, 543.
32 Vgl BGH 12.4.1989 – IVa ZR 83/88, VersR 1989, 578; BGH 8.11.1995 – IV ZR 221/94, VersR 1996, 187.
33 BGH 23.10.1996 – IV ZR 159/95, r+s 1997, 6.
34 BGH 11.2.1998 – IV ZR 306/96, VersR 1998, 488.
35 OLG Hamm 11.1.2012 – 20 U 64/11, r+s 2012, 288 (nicht ausreichend für Vortäuschung).
36 OLG Hamm 8.2.2012 – 20 U 172/11, r+s 2012, 381 (Vordersitze und Navi).
37 OLG Köln 20.11.2001 – 9 U 39/00, r+s 2002, 104.
38 BGH 17.3.1993 – IV ZR 11/92, VersR 1993, 571.
39 OLG Hamm 30.10.2000 – 6 U 198/99, r+s 2002, 55.
40 OLG Düsseldorf 23.10.2001 – 4 U 41/01, r+s 2002, 102.

schlossen werden. Diese Umstände spielen nicht bei der Prüfung des äußeren Bildes eine Rolle, sondern gehören zu der Prüfung der erheblichen Wahrscheinlichkeit der Vortäuschung.[41] Aus dem Umstand allein, dass von einem Originalschlüssel irgendwann einmal und unbekannt von wem eine Kopie gefertigt wurde, kann nicht geschlossen werden, dass die Entwendung mit erheblicher Wahrscheinlichkeit vorgetäuscht wurde. Es müssen weitere Indiztatsachen hinzutreten.[42]

20 Wenn ein Fahrzeug ohne Spuren an den verschiedenen Schlössern aufgefunden wurde und es nahe liegt, dass ein passender Schlüssel verwendet wurde, reicht dies allein für die Annahme einer Vortäuschung nicht aus. Es ist ohne weiteres möglich, dass ein Schlüssel unbemerkt – etwa bei einem Werkstattaufenthalt – kopiert wird.[43] Kann der Abstellort einem unbekannten Duplizierer nicht bekannt sein, so kann dies für Vortäuschung sprechen.[44]

21 **3. Unterschlagung. a) Begriff.** Der Begriff der Unterschlagung entspricht § 246 StGB. Es muss eine rechtswidrige Zueignung des Fahrzeugs oder seiner Teile vorliegen.

22 **b) Einschränkung des Versicherungsschutzes.** Klargestellt wird, dass Unterschlagung nur versichert ist, wenn dem Täter das Fahrzeug nicht zum Gebrauch in seinem **eigenen Interesse**, zur Veräußerung oder unter Eigentumsvorbehalt überlassen wird. Damit besteht kein Deckungsschutz, wenn der Mieter oder der Vorbehaltskäufer das Fahrzeug nicht zurückgibt. Vom Versicherungsschutz nicht erfasst sollen also die Fälle sein, in denen der VN den Wagen freiwillig einem anderen in dessen eigenem Interesse überlässt. Die Überlassung an einen nicht selbständigen Mitarbeiter oder eine Werkstatt ist gedeckt.[45]

23 Steht fest, dass dem VN das Kfz entwendet wurde, bleibt aber ungeklärt, ob Diebstahl oder Unterschlagung vorliegt, bleibt der VR beweisfällig, wenn nicht geklärt werden kann, ob eine Unterschlagung vom Mieter oder von einem Dritten ausgeübt wurde.[46]

24 **Betrug** wird vom Begriff der Entwendung nicht erfasst. Eine Abgrenzung zum Diebstahl ist erforderlich. Ist nur eine Gewahrsamslockerung eingetreten, liegt Diebstahl vor. Möglicherweise kommt eine dem Betrug folgende Unterschlagung in Betracht.[47]

25 **4. Unbefugter Gebrauch. a) Begriff.** Gemeint ist die strafbare Gebrauchsanmaßung iSv § 248b StGB. Die Neufassung der AKB regelt, dass unbefugter Gebrauch nur versichert ist, wenn der Täter in keiner Weise berechtigt ist, das Fahrzeug zu gebrauchen.

26 **b) Einschränkung des Versicherungsschutzes.** Auch hier wird der Deckungsschutz eingeschränkt und beispielhaft ein bestimmter Täterkreis benannt, dessen Handeln nicht als unbefugter Gebrauch gilt: zB Reparateur, Hotelangestellter (**AKB 2015:** „Werkstatt- oder Hotelmitarbeiter", A.2.2.1.2.c. Außerdem besteht kein Versicherungsschutz, wenn der Täter in einem Näheverhältnis zu dem Verfügungsberechtigten steht: zB dessen Arbeitnehmer, Familien- oder Haushaltsangehörige.

---

41 BGH 17.5.1995 – IV ZR 279/94, VersR 1995, 909.
42 BGH 3.7.1991 – IV ZR 220/90, VersR 1991, 1047.
43 OLG Köln 18.7.2000 – 9 U 36/98, VersR 2002, 225.
44 BGH 13.12.1995 – IV ZR 54/95, VersR 1996, 319.
45 Vgl OLG Hamm 31.8.1994 – 20 U 40/94, VersR 1995, 1477; bei erschlichener Probefahrt: OLG Köln 22.7.2008 – 9 U 188/07, r+s 2008, 373.
46 OLG Hamm 25.2.2000 – 20 U 151/99, VersR 2001, 92.
47 OLG Hamm 25.2.2000 – 20 U 151/99, VersR 2001, 92; OLG Hamm 2.3.1984 – 20 U 239/83, VersR 1985, 490; OLG Köln 22.7.2008 – 9 U 188/07, r+s 2008, 373 (erschlichene Probefahrt); Stiefel/Maier/*Stadler*, A.2.2.2 Rn 28; anders Prölss/Martin/*Knappmann*, A.2.2 Rn 12; zu den Entwendungstatbeständen *Seemayer*, r+s 2010, 6.

5. **Beschädigungen.** Wenn bei dem Versuch, das Fahrzeug oder mitversicherte Teile zu stehlen, das Fahrzeug beschädigt wird, ist zu prüfen, ob eine Ersatzpflicht in der Teilkaskoversicherung besteht. In Betracht kommt auch eine Entschädigungspflicht nach A.2.3.3 in der Vollkaskoversicherung wegen mut- oder böswilliger Handlung einer betriebsfremden Person. Der Entwendungsschaden ist in der Teilkaskoversicherung nur zu ersetzen, wenn er durch die Verwirklichung der Tat entstanden ist oder damit in adäquatem Zusammenhang steht.[48]

Zweifelhaft ist, ob ein adäquater Kausalzusammenhang zwischen Entwendungshandlung und Schaden auch dann zu bejahen ist, wenn der Täter die Beschädigungen am Fahrzeug aus **Verärgerung** und **Wut** über eine fehlgeschlagene Tat oder zu geringe Tatbeute verursacht hat. Ob diese Handlungen nach dem Bedingungswerk in Teilkasko gedeckt sind, beurteilt sich danach, ob der um Verständnis bemühte VN die unterschiedlichen Tatentschlüsse und Zurechnungen erkennt. Der durchschnittliche VN kann aus der Formulierung in A.2.2.2 („Versichert ist die Entwendung, insbesondere durch Diebstahl ...") unter Berücksichtigung auch von A.2.3.3 („Versichert sind mut- oder böswillige Handlungen von Personen ...") entnehmen, dass Schäden, die nach einem missglückten Entwendungsversuch aus Mutwillen verursacht worden sind, nicht der Entwendungshandlung selbst zuzurechnen sind. Solche Beschädigungen beruhen nicht auf der Entwendung, sondern auf einem davon unabhängigen Entschluss. Zudem verwirklicht sich bei der mutwilligen Beschädigung nach einem erfolglosen Diebstahlversuch auch nicht das der Entwendungshandlung typisches Risiko. Demnach sind in der Teilkaskoversicherung solche Schäden nicht ersatzpflichtig, die nach einem missglückten Diebstahlsversuch mutwillig – etwa aus Enttäuschung oder Verärgerung – verursacht worden sind.[49]

Wird das Fahrzeug bei der **Benutzung** durch den Dieb in einen **Unfall** verwickelt und dadurch beschädigt, besteht entsprechend der Verwirklichung des typischen Risikos Entschädigungspflicht.[50] Gleiches gilt, wenn Beschädigungen bei der **Spurenbeseitigung** durch den Täter entstehen, weil die Schäden durch den Diebstahl erst ermöglicht werden.

Keine Entschädigungspflicht besteht, wenn das Fahrzeug aufgebrochen wird, um **Gepäck** oder sonstige beförderte Sachen zu entwenden.[51] Der durchschnittliche VN wird erkennen, dass in der Teilkaskoversicherung sich der Begriff der Entwendung auf das Kfz und die versicherten Teile bezieht.[52]

Werden **Antennen, Außenspiegel** oder **Scheibenwischer** abgebrochen, geht es dem Täter um eine Zerstörung, so dass keine Teilkasko-Deckung besteht. Entsprechendes gilt für das Aufschlitzen der äußeren Hülle eines **Cabrio-Verdecks**, wenn kein Zusammenhang mit einem Diebstahlsversuch besteht.[53]

IV. Sturm, Hagel, Blitzschlag, Überschwemmung (A.2.2.3)

Die Aufzählung der Naturgewalten ist abschließend. **Erdbeben, Erdrutsch, Steinschlag und Lawinen** sind nicht versichert. **Sturm** ist definiert als wetterbedingte Luftbewegung von mindestens Windstärke 8. Eingeschlossen sind Schäden, die ihre Ursache darin haben, dass durch die genannten Naturgewalten Gegenstände auf oder gegen das Fahrzeug geworfen werden. Die Einwirkung muss **unmittelbar** erfolgen.[54] Ausgeschlossen sind Schäden, die auf ein durch diese Naturgewalten

---

[48] BGH 17.5.2006 – IV ZR 212/05, VersR 2006, 968 (zu § 12 (1) I b AKB aF).
[49] BGH 24.11.2010 – IV ZR 248/08, VersR 2011, 107.
[50] BGH 17.5.2006 – IV ZR 212/05, VersR 2006, 968; BGH 27.11.1974 – IV ZR 117/73, VersR 1975, 225.
[51] Stiefel/Maier/*Stadler*, A.2.2 Rn 74.
[52] Im Ergebnis OLG Köln 25.10.1994 – 9 U 188/94, VersR 1995, 1350.
[53] AG Mainz 5.9.2007 – 81 C 347/07, r+s 2009, 10.
[54] BGH 19.10.1983 – IVa 51/82, VersR 1984, 28.

veranlasstes Verhalten des Fahrers zurückzuführen sind. **Hagel** ist Niederschlag in Form von Eisstücken. Unter **Blitzschlag** ist die Einwirkung eines Blitzes zu verstehen, der durch Funkenentladung in der Atmosphäre hervorgerufen wird. **Überschwemmung** ist nicht nur anzunehmen, wenn ein Fluss oder Bach über die Ufer tritt, sondern auch bei Überflutung der Fahrbahn durch Sturzregen oder Wasserrohrbruch.[55]

33 Der sog. **Wasserschlag** des Motors ist nur gedeckt, wenn er unmittelbar durch die Überschwemmung entsteht, also idR nicht bei Einfahren in eine überflutete Straße.[56]

V. Zusammenstoß mit Haarwild (A.2.2.4)

34 **1. Haarwild.** Die Regelung stellt klar, dass für den Zusammenstoß mit Haarwild iSv § 2 Abs. 1 Nr. 1 BJagdG Versicherungsschutz besteht, wenn das Fahrzeug sich in Fahrt befindet. Die häufigsten Fälle des Wildschadens sind Zusammenstöße mit **Hasen, Rehen, Hirschen, Wildschweinen, Füchsen und Mardern**.[57]

35 Für den Nachweis sind die Beweiserleichterungen wie in Diebstahlsfällen nicht anwendbar. Der VN kann zwar den Nachweis für die Ursächlichkeit nach den Grundsätzen des Anscheinsbeweises erbringen. Das gilt aber nur bei einem Zusammenprall mit einem größeren Wildtier, Hirsch, Reh oder Wildschwein. Bei einem Zusammenprall mit einem kleineren Wild kann idR nicht von einem typischen Geschehensablauf ausgegangen werden.[58] Zusammenstoß ist nur anzunehmen, wenn es zu einer Berührung mit dem Tier gekommen ist und diese Berührung den Schaden verursacht hat.[59]

36 Handelt es sich um einen Zusammenstoß eines verhältnismäßig schweren Fahrzeugs mit einem relativ kleinen Tier, zB Hasen, fehlt es an einem typischen Geschehensablauf, der auf Ursächlichkeit von Anstoß und Schaden durch Abkommen von der Fahrbahn schließen lässt.[60]

37 Ein Kraftfahrer, der einem die Fahrbahn überquerenden Fuchs ausweicht, handelt nicht grds. grob fahrlässig.[61]

38 **2. Andere Tiere.** In verschiedenen neueren Fassungen der AKB einzelner VR ist auch der Zusammenstoß mit **Pferden, Rindern, Schafen und Ziegen** versichert. Zusätzlich sind neuerdings auch durch **Marderbiss** verursachte Schäden an **Kabeln, Schläuchen und Leitungen** von als Pkw (außer Taxen, Mietwagen und Selbstfahrer-Pkw) zugelassenen Fahrzeugen versichert. **Folgeschäden**, insb. weitere Schäden am Fahrzeug selbst, sind aber dann nicht gedeckt. Bei der Versicherung von **Marderbissschäden** sind idR nur die unmittelbar vom Marder angebissenen **Kabel, Schläuche und Leitungen** mitversichert. Schäden an der Elektronik durch angebissene Kabel sind nicht erfasst.[62]

39 **3. Rettungskostenersatz.** Nimmt der VN ein **Ausweichmanöver** zur Vermeidung eines unmittelbar bevorstehenden Zusammenstoßes vor, ohne dass es zu einem

---

55 BGH 26.4.2006 – IV ZR 154/05, VersR 2006, 966.
56 OLG Oldenburg 16.2.1994 – 2 U 229/93, r+s 1994, 246.
57 Vgl BGH 25.6.2003 – IV ZR 276/02, r+s 2003, 406 (Fuchs); BGH 18.12.1992 – IV ZR 204/90, VersR 1992, 349 (Hase); OLG Köln 14.3.2000 – 9 U 125/99, r+s 2000, 190 (Hase); OLG Köln 13.10.1998 – 9 U 13/98, r+s 2000, 96 (Fuchs); OLG Düsseldorf 18.12.2001 – 4 U 106/01, r+s 2002, 230 (Reh); OLG Hamm 20.2.2008 – 20 U 134/07, r+s 2010, 12 (Reh, Anspruch wegen Unfall).
58 BGH 18.12.1991 – IV ZR 204/90, VersR 1992, 349; zum erforderlichen Vollbeweis OLG Hamm 20.2.2008 – 20 U 134/07, VersR 2008, 1059.
59 OLG Saarbrücken 26.1.2011 – 5 U 356/10, r+s 2011, 380.
60 OLG Köln 14.3.2000 – 9 U 125/99, r+s 2000, 190.
61 BGH 11.7.2007 – XII ZR 197/05, VersR 2007, 1531.
62 Stiefel/Maier/*Stadler*, A.2.2 Rn 193 ff.

Zusammenprall mit dem Wild kommt, kann ein Anspruch auf Erstattung von **Rettungskosten** nach § 83 Abs. 1 S. 1 VVG begründet sein.[63] Die **Vorerstreckungstheorie**[64] hat in die Reglung des § 90 VVG Eingang gefunden (s. § 90 VVG Rn 1 ff).

Voraussetzung für einen Aufwendungsersatzanspruch ist, dass der VN das Ausweichmanöver **den Umständen nach für geboten** halten durfte. Hat ein Dritter die Rettungshandlung auf Kosten des VN vorgenommen, ist auf dessen Person abzustellen, auch wenn er nicht als Repräsentant anzusehen ist. Es kommt nicht darauf an, ob der VN oder ein berechtigter Fahrer die Rettungstätigkeit ausgeübt hat.[65] Ein Ausweichen ist nur dann zur Rettung geboten, wenn die damit verbundenen Aufwendungen in einem vernünftigen Verhältnis zum erstrebten Erfolg stehen, nicht aber, wenn sie unverhältnismäßig hohe Kosten verursachen. Es muss eine Abwägung zwischen dem durch den bevorstehenden Zusammenstoß drohenden Schaden und dem möglichen Personen- und Sachschaden durch das Ausweichmanöver stattfinden. Ein entscheidender Gesichtspunkt ist hierbei die **Größe des Tieres**. Bei kleinerem Haarwild (Hase Fuchs, Marder) erscheint es unverhältnismäßig, das hohe Risiko eines ungleich größeren Schadens durch ein plötzliches Fahrmanöver in Kauf zu nehmen.[66] Bei größeren Tieren (Hirsch, Reh, Wildschwein) müssen Größe und Gewicht des Fahrzeugs (Pkw, Lkw, Motorrad), seine Geschwindigkeit und ggf die örtlichen Verhältnisse mitberücksichtigt werden.[67] Es wird überwiegend angenommen, dass dem VN bei einem Irrtum über die Gebotenheit nur grobe Fahrlässigkeit schadet.[68]

Beweiserleichterungen für den VN sind nicht gerechtfertigt.[69]

VI. Glasbruch (A.2.2.5)

Versichert sind Bruchschäden an der Verglasung des Fahrzeugs. Folgeschäden sind nicht erfasst. Hierbei sind unter **Verglasung** diejenigen Teile zu verstehen, deren Funktion durch die Lichtdurchlässigkeit des Glases oder eine Spiegelwirkung bestimmt wird.[70] Das sind Fenster und Gläser der Scheinwerfer und Rückleuchten, nicht aber Glühbirnen oder Leuchtmittel. Der Wert der **Autobahn-Vignette** ist nicht gedeckt, weil die Vignette – trotz geklebter Verbindung – nicht Teil der Glasscheibe ist.[71] Anders ist es bei Heizfäden oder Antennen im Glas.

AKB 2015: Die Glasbruchklausel wurde neu gefasst (A.2.2.1.5 AKB 2015). Als **Verglasung** gelten Glas- und Kunststoffscheiben (zB Front-, Heck-, Dach-, Seiten- und Trennscheiben), Spiegelglas und Abdeckungen von Leuchten. **Nicht** zur Verglasung gehören Glas- und Kunststoffteile von Mess-, Assistenz-, Kamera- und In-

---

63 OLG Saarbrücken 26.1.2011 – 5 U 356/10, r+s 2011, 380.
64 Vgl BGH 20.2.1991 – IV ZR 202/90, VersR 1991, 459; vgl Begr. RegE, BT-Drucks. 16/3945, S. 82.
65 BGH 25.6.2003 – IV ZR 276/02, VersR 2003, 1250.
66 BGH 18.12.1996 – IV ZR 321/95, VersR 1997, 351; OLG Köln 16.6.1998 – 9 U 204/97, r+s 1998, 365; BGH 13.7.1994 – IV ZR 250/93, VersR 1994, 1181 (Reflex reicht nicht).
67 Vgl BGH 25.6.2003 – IV ZR 276/02, VersR 2003, 1250; OLG Hamm 3.5.2001 – 6 U 209/00, r+s 2001, 495 (Motorrad); AG Bad Segeberg 30.10.2014 – 17 C 65/14, r+s 2015, 10 (Rehe).
68 Vgl BGH 18.12.1996 – IV ZR 321/95, VersR 1997, 351; s. § 90 VVG, dazu Langheid/Wandt/*Staudinger*, § 90 VVG Rn 14; Stiefel/Maier/*Maier*, § 83 VVG Rn 19; Marlow/Spuhl/*Schirmer*, Rn 798; *Rixecker*, zfs 2007, 255; Prölss/Martin/*Knappmann*, A.2.2 Rn 49.
69 OLG Düsseldorf 2.5.2000 – 4 U 99/99, VersR 2001, 322.
70 Vgl AG Stuttgart 10.12.1987 – 15 C 9783/87, VersR 1988, 1019.
71 Stiefel/Maier/*Stadler*, A.2.2 Rn 187; aA Prölss/Martin/*Knappmann*, A.2.2 Rn 53.

formationssystemen, Solarmodulen, Displays, Monitoren sowie Leuchtmittel. Nicht versichert sind Folgeschäden.

VII. Kurzschlussschäden an der Verkabelung (A.2.2.6)

43 Versichert ist der **Kurzschlussschaden** an der Verkabelung. Kommt es zu einem Schmorschaden an den Kabeln durch Kurzschluss, so ist der Schaden an der Verkabelung gedeckt. Die Neufassung stellt klar, dass Folgeschäden nicht versichert sind.

A.2.3 Welche Ereignisse sind in der Vollkasko versichert?

Versicherungsschutz besteht bei Beschädigung, Zerstörung, Totalschaden oder Verlust des Fahrzeugs einschließlich seiner mitversicherten Teile durch die nachfolgenden Ereignisse:

Ereignisse der Teilkasko

A.2.3.1 Versichert sind die Schadenereignisse der Teilkasko nach A.2.2.

Unfall

A.2.3.2 Versichert sind Unfälle des Fahrzeugs. Als Unfall gilt ein unmittelbar von außen plötzlich mit mechanischer Gewalt auf das Fahrzeug einwirkendes Ereignis.

Nicht als Unfallschäden gelten insbesondere Schäden aufgrund eines Brems- oder Betriebsvorgangs oder reine Bruchschäden. Dazu zählen z.B. Schäden am Fahrzeug durch rutschende Ladung oder durch Abnutzung, Verwindungsschäden, Schäden aufgrund Bedienungsfehler oder Überbeanspruchung des Fahrzeugs und Schäden zwischen ziehendem und gezogenem Fahrzeug ohne Einwirkung von außen.

Mut- oder böswillige Handlungen

A.2.3.3 Versichert sind mut- oder böswillige Handlungen von Personen, die in keiner Weise berechtigt sind, das Fahrzeug zu gebrauchen. Als berechtigt sind insbesondere Personen anzusehen, die vom Verfügungsberechtigten mit der Betreuung des Fahrzeugs beauftragt wurden (z.B. Reparateur, Hotelangestellter) oder in einem Näheverhältnis zu dem Verfügungsberechtigten stehen (z.B. dessen Arbeitnehmer, Familien- oder Haushaltsangehörige).

I. Ereignisse der Teilkasko (A.2.3.1)

1 Die Klausel macht deutlich, dass die Vollkaskoversicherung Schadensereignisse der Teilkaskoversicherung nach A.2.2 beinhaltet.

II. Unfall (A.2.3.2)

2 **1. Unfallbegriff.** Der Unfall wird definiert als ein unmittelbar von außen plötzlich mit mechanischer Gewalt auf das Fahrzeug einwirkendes Ereignis. Für den **Nachweis** kommen dem VN keine Beweiserleichterungen zugute; er muss den Unfall voll beweisen.[1] Vorausgesetzt ist, dass das versicherte Kfz einer Einwirkung mechanischer Gewalt von außen ausgesetzt war.[2] Beschädigung durch ein eigenes Fahrzeugteil ist daher kein Unfall.

---

1 OLG Köln 3.3.1998 – 9 U 199/95, r+s 1998, 406.
2 BGH 15.5.2013 – IV ZR 62/12, r+s 2013, 326.

Ergibt sich aus dem **Schadensbild** und ggf der Örtlichkeit eindeutig, dass ein Unfallereignis vorliegt, wird idR der Nachweis als geführt anzusehen sein.[3] Anders ist es, wenn der VN einen Sachverhalt vorträgt, wonach sich der Unfall nicht in der behaupteten Weise und an der angegebenen Unfallstelle ereignet haben kann.[4] **Unfreiwilligkeit** gehört nicht zum Unfallbegriff.[5]

AKB 2015: Die AKB 2015 grenzen in A.2.2.2 nunmehr den Begriff der Unfallschäden beispielhaft negativ ab („Keine Unfallschäden sind deshalb insbesondere ...").

2. Brems- oder Betriebsvorgänge und reine Bruchschäden. Brems- und Bruchschäden sind häufig nicht durch einen Unfall bedingt. Die Neufassung zählt beispielhaft die nicht als Unfallschäden geltenden Schäden auf, die aufgrund eines Brems- oder Betriebsvorgangs entstanden oder reine Bruchschäden sind: Schäden am Fahrzeug durch rutschende Ladung oder durch Abnutzung, Verwindungsschäden, Schäden aufgrund Bedienungsfehler oder Überbeanspruchung des Fahrzeugs und Schäden zwischen ziehenden und gezogenem Fahrzeug ohne Einwirkung von außen.

Bruchschäden entstehen häufig durch Materialfehler, Verschleiß oder Überbeanspruchung. Wenn der nachfolgende Unfall auf einen Dauerbruch zurückzuführen ist, wird man Deckung annehmen müssen.[6] Schäden, die durch Bremsen unmittelbar am Fahrzeug entstehen, sind **Bremsschäden**. Dazu gehören Schäden durch verrutschende Ladung.[7] Stürzt ein Fahrzeug durch Bremsen und anschließendes Schleudern um, so besteht Deckung.[8]

Die AKB 2008 sprechen von Schäden aufgrund eines **Betriebsvorgangs** (früher: **Betriebsschäden**). Beispielhaft erwähnt sind die Schäden durch **Bedienungsfehler** oder **Überbeanspruchung**. Allgemein kann gesagt werden, dass es sich um Schäden handelt, die eine Auswirkung des normalen Betriebsrisikos sind. Häufig wird es um Schäden an Nutzfahrzeugen gehen, wobei zum **Unfallschaden** abzugrenzen ist. Hierbei ist auf die Verständnismöglichkeiten eines durchschnittlichen VN ohne Versicherungsrechts-Spezialkenntnisse abzustellen.[9] Bedenken an der Wirksamkeit der Klausel bestehen nicht.[10]

AKB 2015: Die AKB 2015 stellen nunmehr ausdrücklich klar (A.2.2.2), dass keine Unfallschäden insbesondere sind: Schäden am Fahrzeug, die ihre alleinige Ursache in einem Bremsvorgang haben, zB Schäden an der Bremsanlage oder an den Reifen; Schäden am Fahrzeug, die ausschließlich aufgrund eines Betriebsvorgangs eintreten, zB durch falsches Bedienen, falsches Betanken, oder eine verrutschte Ladung. Dazu gehören auch Schäden an der Ladeoberfläche eines Lkw durch Beladen mit Kies. Auch Verwindungsschäden sind ausgeschlossen.

Stürzt ein Lkw beim Abkippen von Bauschutt auf einem Auffüllplatz um und entsteht ein Schaden am Fahrzeug beim Aufprall auf den Boden, so wird man einen Unfallschaden annehmen müssen.[11] Wenn ein Lkw, der einen Container mit Eisen-

---

3 OLG Köln 15.6.2004 – 9 U 164/03, r+s 2004, 321; OLG Köln 10.7.2001 – 9 U 87/00, r+s 2002, 321.
4 Vgl OLG Hamm 21.1.2005 – 20 U 228/03, r+s 2005, 194; OLG Karlsruhe 16.3.2006 – 12 U 292/05, VersR 2006, 919.
5 Vgl BGH 5.2.1981 – IVa ZR 58/80, VersR 1981, 450; OLG Köln 15.6.2004 – 9 U 164/03, r+s 2004, 321; OLG Köln 10.7.2001 – 9 U 87/00, r+s 2002, 321; OLG Saarbrücken 6.10.2004 – 5 U 161/04, r+s 2005, 12; Prölss/Martin/*Knappmann*, A.2.2 Rn 7.
6 Vgl BGH 2.7.1969 – IV ZR 625/68, VersR 1969, 940.
7 OLG Hamm 28.10.1988 – 20 U 369/87, VersR 1989, 907.
8 OLG Hamm 26.11.1975 – 20 W 15/75, VersR 1976, 626.
9 BGH 25.6.2003 – IV ZR 322/02, VersR 2003, 1031.
10 LG Karlsruhe 20.8.2013 – 9 O 95/12, r+s 2013, 490; Stiefel/Maier/*Stadler*, A.2.3 Rn 28 ff; anders LG Stuttgart 17.2.2012 – 22 O 503/11, r+s 2013, 425 m. Anm. *Maier*.
11 Vgl BGH 5.11.1997 – IV ZR 1/97, VersR 1998, 179.

teilen aufgeladen hat, auf dem Gelände einer Mülldeponie auf sandigem Boden umkippt, ist der Verwindungsschaden, wie die Neufassung nunmehr klarstellt, nicht versichert; der durch den Aufprall entstandene Schaden ist jedoch Unfallschaden.[12] Wird durch **falsche Kraftstoffwahl** ein Motorschaden hervorgerufen, handelt es sich um einen Betriebsvorgang.[13] Dies kann bei der Diskussion über die Beimischung von Bio-Kraftstoffen Bedeutung erlangen.

6 **Gespannschäden**, also Schäden zwischen ziehendem und gezogenem Fahrzeug ohne Einwirkung von außen sind nicht versichert.[14]

AKB 2015: Die AKB 2015 schließen ausdrücklich von der Deckung aus „Schäden zwischen ziehendem und gezogenem Fahrzeug oder Anhänger ohne Einwirkung von außen, zB Rangierschäden am Zugfahrzeug durch den Anhänger" (s. Negativaufzählung in A.2.2.2.2 AKB 2015).

III. Mut- oder böswillige Handlungen (A.2.3.3)

7 Die **Vandalismusschäden** sind in der Weise geregelt, dass für **mut- und böswillige Handlungen** von Personen, die in keiner Weise berechtigt sind, das Fahrzeug zu gebrauchen, Versicherungsschutz besteht. Der früher verwendete Begriff der **betriebsfremden Personen** ist nicht mehr enthalten. Berechtigt sind vom Verfügungsberechtigten mit der Betreuung des Fahrzeugs beauftragten Personen sowie Personen, die in einem Näheverhältnis zu dem Verfügungsberechtigten stehen. Beispielhaft werden bezeichnet: Reparateur, Hotelangestellter (**ARB 2015:** „Werkstatt- oder Hotelmitarbeiter", A.2.2.2.3 ARB 2015) einerseits sowie Arbeitnehmer, Familien- und Haushaltsangehörige andererseits.

8 Dem VR kommen keine Beweiserleichterungen zugute, wenn er eine Vortäuschung des Vandalismus behauptet. Der VR muss voll beweisen, dass der Täter nicht betriebsfremd war.[15] Die Voraussetzungen der mut- oder böswilligen Handlungen muss der VN beweisen. Führt der Täter gezielt und nicht wahllos durch Anbringen von Löchern in der Karosserie einen Schaden herbei, um eine möglichst hohe Erstattung nach Gutachten zu erreichen, ist der Versicherungsfall nicht bewiesen.[16]

A.2.4 Wer ist versichert?

> Der Schutz der Kaskoversicherung gilt für Sie und, wenn der Vertrag auch im Interesse einer weiteren Person abgeschlossen ist, z.B. des Leasinggebers als Eigentümer des Fahrzeugs, auch für diese Person.

1 Die Regelung stellt klar, dass die Kaskoversicherung für den VN gilt und auch Versicherung für fremde Rechnung sein kann, wenn der Vertrag im fremden Interesse abgeschlossen ist, also für den Leasinggeber als Eigentümer des Fahrzeugs.[1] Es geht um das Sacherhaltungsinteresse des Eigentümers. Das kann auch ein eingetragener Verein sein.[2]

---

12 OLG Köln 25.2.2003 – 9 U 118/02, r+s 2003, 356.
13 BGH 25.6.2003 – IV ZR 322/02, VersR 2003, 1031; OLG Düsseldorf 18.10.2008 – 4 U 12/08, r+s 2009, 273; Prölss/Martin/*Knappmann*, A.2.3 Rn 14.
14 Anders noch BGH 6.3.1996 – IV ZR 275/95, r+s 1996, 169; zur Doppelversicherung eines Gespanns BGH 27.10.2010 – IV ZR 279/08, VersR 2011, 105.
15 BGH 25.6.1997 – IV ZR 245/96, VersR 1997, 1095; OLG Oldenburg 10.11.1999 – 2 U 200/99, VersR 2000, 1535 (Speerwurfschäden an Wohnwagen); OLG Köln 28.4.1998 – 9 U 197/97, r+s 1998, 232.
16 OLG Köln 13.12.2011 – 9 U 83/11, r+s 2012, 109.
1 Vgl BGH 27.10.1993 – IV ZR 33/93, VersR 1994, 85; BGH 5.3.2008 – IV ZR 89/07, VersR 2008, 634 (Personengesellschaft).
2 OLG Hamm 9.11.2011 – 20 U 191/11, r+s 2013, 294.

A.2.5 In welchen Ländern besteht Versicherungsschutz?

Sie haben in Kasko Versicherungsschutz in den geographischen Grenzen Europas sowie den außereuropäischen Gebieten, die zum Geltungsbereich der Europäischen Union gehören.

Der Kaskoversicherungsschutz erstreckt sich auf die geographischen Grenzen Europas und die europäischen Gebiete, die zum Geltungsbereich der EU gehören (s. A.1.4 zur Kfz-Haftpflichtversicherung). 1

A.2.6 Was zahlen wir bei Totalschaden, Zerstörung oder Verlust?

Wiederbeschaffungswert abzüglich Restwert

A.2.6.1 Bei Totalschaden, Zerstörung oder Verlust des Fahrzeugs zahlen wir den Wiederbeschaffungswert unter Abzug eines vorhandenen Restwerts des Fahrzeugs. Lassen Sie Ihr Fahrzeug trotz Totalschadens oder Zerstörung reparieren, gilt A.2.7.1.

< *Achtung! Es folgen zwei Varianten der Neupreisentschädigung* >

Neupreisentschädigung bei Totalschaden, Zerstörung oder Verlust

A.2.6.2 Bei Pkw (ausgenommen Mietwagen, Taxen und Selbstfahrervermiet-Pkw) zahlen wir den Neupreis des Fahrzeugs gemäß A.2.11, wenn innerhalb von xx Monaten nach dessen Erstzulassung ein Totalschaden, eine Zerstörung oder ein Verlust eintritt. Voraussetzung ist, dass sich das Fahrzeug bei Eintritt des Schadenereignisses im Eigentum dessen befindet, der es als Neufahrzeug vom Kfz-Händler oder Kfz-Hersteller erworben hat. Ein vorhandener Restwert des Fahrzeugs wird abgezogen.

[xx Neupreisentschädigung

A.2.6.2 Bei Pkw (ausgenommen Mietwagen, Taxen und Selbstfahrervermiet-Pkw) zahlen wir den Neupreis des Fahrzeugs gemäß A.2.11, wenn innerhalb von xx Monaten nach dessen Erstzulassung eine Zerstörung oder ein Verlust eintritt. Wir erstatten den Neupreis auch, wenn bei einer Beschädigung innerhalb von xx Monaten nach der Erstzulassung die erforderlichen Kosten der Reparatur mindestens xx % des Neupreises betragen. Voraussetzung ist, dass sich das Fahrzeug bei Eintritt des Schadenereignisses im Eigentum dessen befindet, der es als Neufahrzeug vom Kfz-Händler oder Kfz-Hersteller erworben hat. Ein vorhandener Restwert des Fahrzeugs wird abgezogen.]

A.2.6.3 Wir zahlen die über den Wiederbeschaffungswert hinausgehende Neupreisentschädigung nur in der Höhe, in der gesichert ist, dass die Entschädigung innerhalb von zwei Jahren nach ihrer Feststellung für die Reparatur des Fahrzeugs oder den Erwerb eines anderen Fahrzeugs verwendet wird.

Abzug bei fehlender Wegfahrsperre im Falle eines Diebstahls

A.2.6.4 Bei Totalschaden, Zerstörung oder Verlust eines Pkw, xx < *gewünschte WKZ aufführen* > infolge Diebstahls vermindert sich die Entschädigung um xx %. Dies gilt nicht, wenn das Fahrzeug zum Zeitpunkt des Diebstahls durch eine selbstschärfende elektronische Wegfahrsperre gesichert war.

Die Regelung über die Selbstbeteiligung nach A.2.12 bleibt hiervon unberührt.

Was versteht man unter Totalschaden, Wiederbeschaffungswert und Restwert?

A.2.6.5 Ein Totalschaden liegt vor, wenn die erforderlichen Kosten der Reparatur des Fahrzeugs dessen Wiederbeschaffungswert übersteigen.

A.2.6.6 Wiederbeschaffungswert ist der Preis, den Sie für den Kauf eines gleichwertigen gebrauchten Fahrzeugs am Tag des Schadenereignisses bezahlen müssen.

A.2.6.7 Restwert ist der Veräußerungswert des Fahrzeugs im beschädigten oder zerstörten Zustand.

I. Wiederbeschaffungswert abzüglich Restwert (A.2.6.1)

1 Die Bestimmung ordnet die Regelung der Ersatzleistung bei Totalschaden, Zerstörung oder Verlust und – hiervon getrennt – Beschädigung (A.2.7), was der Übersichtlichkeit dient.

2 Bei **Totalschaden, Zerstörung oder Verlust** umfasst die Entschädigung den Wiederbeschaffungswert unter Abzug eines vorhandenen Restwertes des Fahrzeugs. Erfolgt trotz Totalschadens oder Zerstörung gleichwohl eine Reparatur, richtet sich die Entschädigung nach A.2.7.1.

3 Die wichtigen Begriffe sind definiert. **Totalschaden** liegt vor, wenn die erforderlichen Kosten der Reparatur des Fahrzeugs dessen Wiederbeschaffungswert übersteigen (A.2.6.5). **Wiederbeschaffungswert** ist der Preis, den der VN für den Kauf eines gleichwertigen gebrauchten Fahrzeugs am Tag des Schadenereignisses bezahlen muss (A.2.6.6). **Restwert** ist der Veräußerungswert des Fahrzeugs im beschädigten oder zerstörten Zustand (A.2.6.7). Gemeint ist der Betrag, der dem VN bei der Veräußerung des Kfz am Ende verbleibt. Unterliegt er beim Verkauf der Umsatzsteuerpflicht, stellt der ihm nach Abführung der **Umsatzsteuer** verbleibende Nettokaufpreis den anzurechnenden Restwert dar. Andernfalls ist anzurechnen der Betrag, den der VN tatsächlich erlösen kann.[1]

4 Beim Wiederbeschaffungswert ist auf die individuellen Verhältnisse abzustellen.[2] Bei **Oldtimern** kommt es auf den Preis im speziellen Markt der Liebhaberfahrzeuge an.[3]

II. Neupreisentschädigung (A.2.6.2)

5 Die Neupreisentschädigung ist wieder eingeführt worden. Sie gilt bei Pkw außer Mietwagen, Taxen und Selbstfahrervermiet-Pkw. Es gibt sie in zwei verschiedenen Varianten: Wenn innerhalb einer bestimmten festzulegenden Anzahl von Monaten nach der Erstzulassung eine Zerstörung oder ein Verlust eintritt, wird gem. A.2.11 der Neupreis entschädigt. Hierbei ist allerdings Voraussetzung, dass sich zum Zeitpunkt des Versicherungsfalles das Fahrzeug im Eigentum dessen befindet, der es als Neufahrzeug vom Kfz-Händler oder Kfz-Hersteller erworben hat. Ein vorhandener Restwert des Fahrzeugs wird abgezogen. Die andere Fassung gewährt eine Neupreisentschädigung auch, wenn bei einem Schaden innerhalb der zu bestimmenden Frist die erforderlichen Reparaturkosten mindestens einen festzulegenden Prozentsatz des Neupreises betragen.

---

1 BGH 10.9.2014 – IV ZR 379/13, r+s 2014, 546.
2 Vgl OLG Düsseldorf 21.5.1996 – 4 U 60/95, VersR 1996, 1136.
3 BGH 23.2.1994 – IV ZR 28/93, r+s 1994, 204.

III. Wiederherstellungsklausel (A.2.6.3)

Zugleich enthält die Neufassung eine **Wiederherstellungsklausel**. Sie dient der Minderung des subjektiven Risikos. Die Neupreisentschädigung, die über den Wiederbeschaffungswert hinausgeht (Neuwertspitze), wird nur gezahlt, wenn gesichert ist, dass die Entschädigung innerhalb von zwei Jahren nach ihrer Feststellung für die Reparatur des Fahrzeugs oder den Erwerb eines anderen Fahrzeugs verwendet wird. In der Regel wird ein entsprechender Reparatur- oder Kaufvertrag vorliegen müssen.

Der Anspruch auf Neuwertentschädigung setzt die Prognose voraus, dass die bestimmungsgemäße Verwendung der Entschädigung zum Erwerb eines neuen Kfz sichergestellt ist.[4] Das ist bei Kauf und Bezahlung eines Neufahrzeugs der Fall.[5] Die entsprechenden Geldmittel müssen zur Verfügung stehen.[6] In der Regel wird es ausreichen, wenn ein bindender Kaufvertrag über ein Neufahrzeug vorgelegt werden kann, weil damit der ernsthafte Erwerbswille dokumentiert ist. Anders ist es bei begründetem Verdacht eines zum Schein abgeschlossenen Kaufvertrages.[7]

IV. Elektronische Wegfahrsperre (A.2.6.4)

Bei Fehlen einer **selbstschärfenden elektronischen Wegfahrsperre** wird bei einem Diebstahlschaden ein prozentualer Abzug bei der Entschädigung vorgenommen, idR 10 %. Elektronische Wegfahrsperren greifen in das Elektromotormanagement des Kfz ein und verhindern ein Starten durch sog. **Kurzschließen**.[8] Bei Abziehen des Zündschlüssels wird die Wegfahrsperre automatisch geschärft (selbstschärfend). Beim Start mit dem Zündschlüssel entfällt die Sperre.

V. GAP-Deckung

Bei Totalschaden oder Totalentwendung kommt es bei Leasingfahrzeugen meistens zu einer Abrechnung des Vertrages entsprechend den Leasingbedingungen. In diesem Fall kann es zu einer Deckungslücke (engl. *gap*) zwischen Kaskoentschädigung und Abrechnungsbetrag aus der Leasingabrechnung kommen. Diese Lücke kann durch eine besonders vereinbarte **GAP-Deckung** geschlossen werden, die viele VR als Zusatzleistung für Leasingnehmer anbieten. Ersetzt wird danach die Differenz zwischen Wiederbeschaffungswert und dem Leasingabrechnungsbetrag nach näherer Maßgabe (ggf Abzinsung).

Das aus der **Differenzkasko-Klausel** folgende erweiterte Leistungsversprechen setzt voraus, dass der Leasing- und Versicherungsnehmer vom Leasinggeber auf den Ablösewert des Fahrzeugs in Anspruch genommen wird.[9] Bei der GAP-Deckung im Sinne der Bestimmung liegt eine Zerstörung auch dann vor, wenn die Reparaturkosten den um den Restwert geminderten Wiederbeschaffungswert übersteigen und keine Reparatur erfolgt.[10]

---

4 BGH 28.5.1986 – IVa ZR 197/84, VersR 1986, 756.
5 OLG Köln 27.6.1991 – 5 U 191/90, VersR 1992, 90.
6 Vgl OLG Hamm 8.2.1995 – 20 U 244/94, VersR 1996, 183.
7 OLG Hamm 25.11.2005 – 20 U 158/05, VersR 2006, 355 (zu § 13 Abs. 2 AKB aF [1994]); OLG Hamm 15.6.1984 – 20 U 382/83, VersR 1984, 1140.
8 Stiefel/Maier/*Meinecke*, A.2.4 Rn 34.
9 BGH 8.10.2014 – IV ZR 16/13, r+s 2014, 596.
10 OLG Celle 7.8.2014 – 8 U 94/14, r+s 2014, 598 zur Auslegung dieser Klausel.

A.2.7 Was zahlen wir bei Beschädigung?

Reparatur

A.2.7.1 Wird das Fahrzeug beschädigt, zahlen wir die für die Reparatur erforderlichen Kosten bis zu folgenden Obergrenzen:

a Wird das Fahrzeug vollständig und fachgerecht repariert, zahlen wir die hierfür erforderlichen Kosten bis zur Höhe des Wiederbeschaffungswerts nach A.2.6.6, wenn Sie uns dies durch eine Rechnung nachweisen. Fehlt dieser Nachweis, zahlen wir entsprechend A.2.7.1.b.

b Wird das Fahrzeug nicht, nicht vollständig oder nicht fachgerecht repariert, zahlen wir die erforderlichen Kosten einer vollständigen Reparatur bis zur Höhe des um den Restwert verminderten Wiederbeschaffungswerts (siehe A.2.6.6 und A.2.6.7).

< xx Folgender Hinweis passt nur zur zweiten Variante von A.2.6.2 (Neupreisentschädigung mit Prozent-Beschränkung): >

[xx Hinweis: Beachten Sie auch die Regelung zur Neupreisentschädigung in A.2.6.2]

Abschleppen

A.2.7.2 Bei Beschädigung des Fahrzeugs ersetzen wir die Kosten für das Abschleppen vom Schadenort bis zur nächstgelegenen für die Reparatur geeigneten Werkstatt, wenn nicht ein Dritter Ihnen gegenüber verpflichtet ist, die Kosten zu übernehmen. Das gilt nur, soweit einschließlich unserer Leistungen wegen der Beschädigung des Fahrzeugs nach A.2.7.1 die Obergrenze nach A.2.7.1.a oder A.2.7.1.b nicht überschritten wird.

Abzug neu für alt

A.2.7.3 Werden bei der Reparatur alte Teile gegen Neuteile ausgetauscht oder das Fahrzeug ganz oder teilweise neu lackiert, ziehen wir von den Kosten der Ersatzteile und der Lackierung einen dem Alter und der Abnutzung der alten Teile entsprechenden Betrag ab (neu für alt). Bei Pkw, Krafträdern und Omnibussen ist der Abzug neu für alt auf die Bereifung, Batterie und Lackierung beschränkt, wenn das Schadenereignis in den ersten xx Jahren nach der Erstzulassung eintritt. Bei den übrigen Fahrzeugarten gilt dies in den ersten xx Jahren.

I. Reparatur (A.2.7.1)

1 Die Klausel regelt die Obergrenzen. Es ist zwischen vollständiger und fachgerechter sowie nicht vollständiger und nicht fachgerechter Reparatur zu unterscheiden. Im ersteren Fall werden die erforderlichen Kosten bis zum Wiederbeschaffungswert erstattet, aber nur, wenn sie durch eine Rechnung nachgewiesen sind. Anderenfalls werden die erforderlichen Kosten einer vollständigen Reparatur bis zur Höhe des um den Restwert verminderten Wiederbeschaffungswertes erstattet. **Fehlt eine Rechnung**, gilt die Regelung zu b). Die Voraussetzung einer **vollständigen Reparatur** ist erfüllt, wenn alle Arbeiten durchgeführt sind, die technisch zur Schadensbeseitigung erforderlich sind, das Kfz fahrtüchtig und unfallsicher ist.[1]

Weiterhin möglich ist eine **fiktive Abrechnung**.[2] Sofern keine Totalschadenabrechnung erfolgt, kommt die Regelung zu b) zur Anwendung. Gegen die Wirksamkeit

---

1 OLG Karlsruhe 21.10.2010 – 9 U 41/10, r+s 2011, 282.
2 Prölss/Martin/*Knappmann*, A.2.6 Rn 19.

der Klausel bestehen keine Bedenken.[3] Dies gilt auch für die neuerdings vereinbarten Tarife mit **Werkstattbindung**. Hierbei besteht die Verpflichtung des VN, eine vom VR ausgesuchte Werkstatt aufzusuchen. Auch eine **Fachwerkstattklausel** dürfte idR unbedenklich sein. Bei Aufsuchen einer anderen Werkstatt kann das einen erhöhten Selbstbehalt oder eine Reparaturkostenbeteiligung zur Folge haben. Werkstatttarife können das Recht zur fachgerechten Reparatur nicht einschränken.[4]

II. Abschleppen (A.2.7.2)

Die Abschleppkosten werden für das **Abschleppen** vom Schadensort bis zur nächstgelegenen zuverlässigen Werkstatt erstattet, wenn nicht ein Dritter zur Zahlung verpflichtet ist. Es erfolgt eine Anrechnung bis zur Obergrenze nach A.2.7.1.a oder A.2.7.1.b.

III. Abzug neu für alt (A.2.7.3)

Bei Austausch von alten Teilen gegen Neuteile oder bei Ganz- oder Teillackierung wird von den Kosten der Ersatzteile und der Lackierung ein dem Alter und der Abnutzung der alten Teile entsprechender Betrag abgezogen (**neu für alt**).

Der Abzug beschränkt sich bei Pkw; Krafträdern und Omnibussen auf die Bereifung, Batterie und Lackierung, wenn das Schadenereignis nach einer festzulegenden Anzahl von Jahren nach der Erstzulassung eintritt. Bei den übrigen Fahrzeugarten gilt dies in den ersten der Zahl nach zu bestimmenden Jahren.

A.2.8 Sachverständigenkosten

> Die Kosten eines Sachverständigen erstatten wir nur, wenn wir dessen Beauftragung veranlasst oder ihr zugestimmt haben.

Der VR erstattet die **Sachverständigenkosten** nur, wenn er die Beauftragung veranlasst oder ihr zugestimmt hat. Wenn eine solche Regelung nicht vereinbart wird, gehören die Sachverständigenkosten zu den notwendigen Kosten der Wiederherstellung.[1]

A.2.9 Mehrwertsteuer

> Mehrwertsteuer erstatten wir nur, wenn und soweit diese für Sie bei der von Ihnen gewählten Schadenbeseitigung tatsächlich angefallen ist. Die Mehrwertsteuer erstatten wir nicht, soweit Vorsteuerabzugsberechtigung besteht.

Mehrwertsteuer erstattet der VR nur, wenn und soweit diese für den VN bei der von ihm **gewählten Schadenbeseitigung tatsächlich** angefallen ist. Die Mehrwertsteuer wird nicht erstattet, soweit der VN vorsteuerabzugsberechtigt ist. Bedenken gegen das Transparenzgebot bestehen nicht, wenn der VN erkennen kann, dass eine Mehrwertsteuererstattung auf fiktiver Abrechnungsbasis ausgeschlossen ist.[1]

---

3 Vgl OLG Düsseldorf 29.4.2008 – 4 U 145/07, r+s 2009, 322 (zu § 13 AKB aF); OLG Frankfurt 12.11.1998 – 15 U 269/97, VersR 2000, 1010; OLG Hamm 12.11.1998 – 20 U 1/99, VersR 2000, 629.
4 Stiefel/Maier/*Meinecke*, A.2.7 Rn 12.
1 Vgl BGH 5.11.1997 – IV ZR 1/97, VersR 1998, 179.
1 Vgl BGH 4.11.2009 – IV ZR 35/09, r+s 2010, 12 (zu § 13 Abs. 6 AKB aF [2005]); OLG Saarbrücken 28.1.2009 – 5 U 278/08, r+s 2009, 185; OLG Köln 8.11.2005 – 9 U 44/05,

A.2.10 Zusätzliche Regelungen bei Entwendung

Wiederauffinden des Fahrzeugs

A.2.10.1 Wird das Fahrzeug innerhalb eines Monats nach Eingang der schriftlichen Schadenanzeige wieder aufgefunden und können Sie innerhalb dieses Zeitraums mit objektiv zumutbaren Anstrengungen das Fahrzeug wieder in Besitz nehmen, sind Sie zur Rücknahme des Fahrzeugs verpflichtet.

A.2.10.2 Wird das Fahrzeug in einer Entfernung von mehr als 50 km (Luftlinie) von seinem regelmäßigen Standort aufgefunden, zahlen wir für dessen Abholung die Kosten in Höhe einer Bahnfahrkarte 2. Klasse für Hin- und Rückfahrt bis zu einer Höchstentfernung von 1.500 km (Bahnkilometer) vom regelmäßigen Standort des Fahrzeugs zu dem Fundort.

Eigentumsübergang nach Entwendung

A.2.10.3 Sind Sie nicht nach A.2.10.1 zur Rücknahme des Fahrzeugs verpflichtet, werden wir dessen Eigentümer.

A.2.10.4 Haben wir die Versicherungsleistung wegen einer Pflichtverletzung (z.B. nach D.1, E.1 oder E.3 oder wegen grober Fahrlässigkeit nach A.2.16.1 Satz 2) gekürzt und wird das Fahrzeug wieder aufgefunden, gilt Folgendes: Ihnen steht ein Anteil am erzielbaren Veräußerungserlös nach Abzug der erforderlichen Kosten zu, die im Zusammenhang mit der Rückholung und Verwertung entstanden sind. Der Anteil entspricht der Quote, um die wir Ihre Entschädigung gekürzt haben.

A.2.11 Bis zu welcher Höhe leisten wir (Höchstentschädigung)?

Unsere Höchstentschädigung ist beschränkt auf den Neupreis des Fahrzeugs. Neupreis ist der Betrag, der für den Kauf eines neuen Fahrzeugs in der Ausstattung des versicherten Fahrzeugs oder – wenn der Typ des versicherten Fahrzeugs nicht mehr hergestellt wird – eines vergleichbaren Nachfolgemodells am Tag des Schadenereignisses aufgewendet werden muss. Maßgeblich für den Kaufpreis ist die unverbindliche Empfehlung des Herstellers abzüglich orts- und marktenüblicher Nachlässe.

A.2.12 Selbstbeteiligung

Ist eine Selbstbeteiligung vereinbart, wird diese bei jedem Schadenereignis von der Entschädigung abgezogen. Ihrem Versicherungsschein können Sie entnehmen, ob und in welcher Höhe Sie eine Selbstbeteiligung vereinbart haben.

A.2.13 Was wir nicht ersetzen und Rest- und Altteile

Was wir nicht ersetzen

A.2.13.1 Wir zahlen nicht für Veränderungen, Verbesserungen und Verschleißreparaturen. Ebenfalls nicht ersetzt werden Folgeschäden wie Verlust von Treibstoff und Betriebsmittel (z.B. Öl, Kühlflüssigkeit), Wertmin-

---

r+s 2006, 102; OLG Celle 28.3.2008 – 8 W 19/08, r+s 2008, 326; Stiefel/Maier/*Meinecke*, A.2.9 Rn 2 f; anders, wenn nicht klar ist, dass bei einer Ersatzbeschaffung die Erstattung der dafür gezahlten Mehrwertsteuer ausgeschlossen sein soll, BGH 24.5.2006 – IV 263/03, VersR 2006, 1066.

derung, Zulassungskosten, Überführungskosten, Verwaltungskosten, Nutzungsausfall oder Kosten eines Mietfahrzeugs.

Rest- und Altteile

A.2.13.2 Rest- und Altteile sowie das unreparierte Fahrzeug verbleiben bei Ihnen und werden zum Veräußerungswert auf die Entschädigung angerechnet.

I. Zusätzliche Regelungen bei Entwendung (A.2.10)

1. Wiederauffinden des Fahrzeugs (A.2.10.1 und A.2.10.2). Wird das entwendete Fahrzeug innerhalb eines Monats nach Eingang der schriftlichen Schadenanzeige wieder aufgefunden und ist der VN in der Lage, innerhalb diese Zeitraums mit objektiv zumutbaren Anstrengungen das Fahrzeug wieder in Besitz zu nehmen, so ist er zur Rücknahme verpflichtet. Die in früheren Fassungen verwendete Formulierung „wieder zur Stelle gebracht" ist durch „wieder aufgefunden" ersetzt worden. Wie bisher, muss es dem VN möglich sein, unter objektiv zumutbaren Anstrengungen die Verfügungsgewalt über das Fahrzeug innerhalb der Frist zu erlangen.[1] Dies ist nicht der Fall, solange das Kfz von der Polizei ohne Herausgabebereitschaft beschlagnahmt ist. 1

Erforderlich ist, dass eine **schriftliche Schadenanzeige** innerhalb der **Monatsfrist** eingegangen ist. Man wird hier für den Fristbeginn mehr als eine bloße Mitteilung verlangen müssen. Durch die Schadenanzeige muss der VR in die Lage versetzt werden, gezielt nach dem Verbleib des Fahrzeugs zu forschen. Diesen Anforderungen muss die Anzeige inhaltlich genügen.[2] 2

Die Klausel regelt auch die **Rückholkosten**, wenn das Fahrzeug innerhalb von mehr als 50 km Luftlinie von seinem regelmäßigen Standort aufgefunden wird. In diesem Fall werden die Kosten einer Bahnfahrkarte der 2. Klasse für Hin- und Rückfahrt bis zu einer Entfernung von 1.500 km (Bahnkilometer) gezahlt. 3

2. Eigentumsübergang nach Entwendung (A.2.10.3). Besteht keine Rücknahmepflicht nach A.2.10.1, wird der VR Eigentümer des Fahrzeugs. Es handelt sich um eine vorweggenommene dingliche Einigung, die durch das Nichtauffinden innerhalb der Frist aufschiebend bedingt ist, sowie um eine Abtretung des Herausgabeanspruchs gegen den Entwender.[3] 4

Neu aufgenommen in die AKB-Fassungen ab Stand 17.3.2010 wurde die Regelung A.2.10.4: Im Falle der **Quotierung** steht dem VN ein Anteil am erzielbaren Veräußerungserlös nach Abzug der erforderlichen Rückholkosten zu, der der Kürzungsquote entspricht.[4] 5

II. Höchstentschädigung (A.2.11)

Die **Höchstentschädigung** ist auf den **Neupreis** des Wagens beschränkt. Dieser ist der Betrag, der für den Kauf eines Neufahrzeugs in der Ausstattung des versicherten Fahrzeugs oder eines vergleichbaren Nachfolgemodells am Tage des Schadenereignisses aufgewendet werden muss. Hierbei ist die unverbindliche Preisempfehlung des Herstellers abzüglich der orts- und marktüblichen Nachlässe zugrunde zu legen. Dies wird häufig ein Sachverständiger feststellen müssen. 6

---

1 OLG Köln 5.12.2000 – 9 U 56/00, VersR 2001, 976; OLG Köln 22.5.1986 – 5 U 224/84, VersR 1987, 1106; OLG Hamm 10.7.1991 – 20 U 71/91, VersR 1992, 566.
2 OLG Köln 5.12.2000 – 9 U 56/00, VersR 2001, 976; OLG Köln 22.5.1986 – 5 U 224/84, VersR 1987, 1106.
3 Vgl Stiefel/Maier/*Meinecke*, A.2.10 Rn 7.
4 Stiefel/Maier/*Meinecke*, A.2.10 Rn 8–11.

III. Selbstbeteiligung (A.2.12)

7 Die **Selbstbeteiligung** gilt für jedes Schadenereignis besonders. Wenn eine Vereinbarung darüber vorliegt, wird der Schaden abzüglich der Selbstbeteiligung erstattet.

8 Einzelne VR verwenden besondere Regelungen zB für Schäden an **Windschutzscheiben** durch **Steinschlag**. Ist eine Reparatur ohne Austausch der Scheibe nach modernen Reparaturmethoden möglich, so entfällt ein Abzug.

IV. Nicht ersatzfähige Kosten; Rest- und Altteile (A.2.13)

9 Die Regelung führt nicht ersatzfähige Schäden auf (A.2.13.1). Insbesondere **Verschleißreparaturen** werden nicht ersetzt. Dies gilt auch für **Folgeschäden**. Beispielhaft werden genannt Verlust von Treibstoff und Betriebsmittel (Öl, Kühlflüssigkeit), Wertminderung, Zulassungskosten, Überführungskosten, Verwaltungskosten, Nutzungsausfall oder Kosten eines Mietfahrzeugs. Vermögensschäden werden nicht entschädigt.[5]

10 Außerdem wird klargestellt, dass **Rest- und Altteile** sowie das unreparierte Fahrzeug beim VN verbleiben und zum Veräußerungswert auf die Entschädigung angerechnet werden (A.2.13.2).

11 Bei **Kfz-Leasing** wird bei der Berechnung des Wiederbeschaffungswertes auf den Leasinggeber abgestellt. Der Neupreis ist danach zu berechnen, was der Leasinggeber für ein neues Fahrzeug in der versicherten Ausführung zu entrichten hat.[6] Zur GAP-Deckung s. A.2.6 Rn 9 f.

A.2.14 Fälligkeit unserer Zahlung, Abtretung

A.2.14.1 Sobald wir unsere Zahlungspflicht und die Höhe der Entschädigung festgestellt haben, zahlen wir diese spätestens innerhalb von zwei Wochen.

A.2.14.2 Haben wir unsere Zahlungspflicht festgestellt, lässt sich jedoch die Höhe der Entschädigung nicht innerhalb eines Monats nach Schadenanzeige feststellen, können Sie einen angemessenen Vorschuss auf die Entschädigung verlangen.

A.2.14.3 Ist das Fahrzeug entwendet worden, ist zunächst abzuwarten, ob es wieder aufgefunden wird. Aus diesem Grunde zahlen wir die Entschädigung frühestens nach Ablauf eines Monats nach Eingang der schriftlichen Schadenanzeige.

A.2.14.4 Ihren Anspruch auf die Entschädigung können Sie vor der endgültigen Feststellung ohne unsere ausdrückliche Genehmigung weder abtreten noch verpfänden.

I. Fälligkeit der Zahlung

1 Der VR verpflichtet sich zur Zahlung innerhalb von zwei Wochen, sobald die Zahlungspflicht dem Grunde und der Höhe nach festgestellt ist. Lässt sich bei gegebener Zahlungspflicht die Höhe der Entschädigung nicht binnen eines Monats nach der Schadenanzeige feststellen, besteht ein Anspruch auf Zahlung eines angemessenen **Vorschusses**. Zu den **AKB 2015** s. Rn 4.

---

5 Insb. kein Nutzungsausfall, OLG Hamm 15.12.2010 – 20 U 108/10, zfs 2011, 214.
6 BGH 6.7.1988 – IVa ZR 241/87, VersR 1988, 255.

Bei Diebstahl ist zunächst abzuwarten, ob das Fahrzeug wieder aufgefunden wird. Die Entschädigung wird frühestens einen Monat nach Eingang der schriftlichen Schadenanzeige fällig. Diese Frist ist wichtig im Hinblick auf den Eigentumsübergang nach A.2.10.3.

II. Abtretungsverbot

Der VN darf den Anspruch auf Entschädigung vor der endgültigen Feststellung ohne ausdrückliche Genehmigung des VR nicht abtreten oder verpfänden. Diese Regelung ist nicht zu beanstanden.[1] Damit soll erreicht werden, dass der VR bei der Abwicklung sich nur mit dem Vertragspartner auseinandersetzen muss und nicht mit Dritten.[2] Gleichzeitig soll verhindert werden, dass der VN im Rechtsstreit des Zessionars als Zeuge zum Versicherungsfall aussagt. Ist das Rechtsgeschäft, das die Forderung begründet hat, für beide Teile ein Handelsgeschäft iSv § 343 HGB, so ist die Abtretung gem. § 354 a HGB wirksam.[3]

AKB 2015: Die Regelungen zur Fälligkeit und Abtretung sind nunmehr in A.2.7 AKB 2015 übernommen.

A.2.15 Können wir unsere Leistung zurückfordern, wenn Sie nicht selbst gefahren sind?

Fährt eine andere Person berechtigterweise das Fahrzeug und kommt es zu einem Schadenereignis, fordern wir von dieser Person unsere Leistungen nicht zurück. Dies gilt nicht, wenn der Fahrer das Schadenereignis grob fahrlässig oder vorsätzlich herbeigeführt hat. Lebt der Fahrer bei Eintritt des Schadens mit Ihnen in häuslicher Gemeinschaft, fordern wir unsere Ersatzleistung selbst bei grob fahrlässiger Herbeiführung des Schadens nicht zurück, sondern nur bei vorsätzlicher Verursachung.

Die Sätze 1 bis 3 gelten entsprechend, wenn eine in der Kfz-Haftpflichtversicherung gemäß A.1.2 mitversicherte Person, der Mieter oder der Entleiher einen Schaden herbeiführt.

I. Regress gegen den Fahrer

Nach § 86 VVG geht ein Schadensersatzanspruch des VN gegen einen Dritten auf den VR über, soweit der VR den Schaden ersetzt. Der Fahrer ist in der Kaskoversicherung nicht mitversichert. Er gilt als Dritter. Bei dem **berechtigten Fahrer** kann der VR nur Rückgriff nehmen, wenn er grob fahrlässig oder vorsätzlich gehandelt hat (A.2.16). Es handelt sich um eine vertragliche Beschränkung.[1] Bei angestellten Fahrern sind die arbeitsrechtlichen Besonderheiten der Haftung zu beachten.[2]

Lebt der Fahrer bei Eintritt des Schadens mit dem VN in häuslicher Gemeinschaft, findet ein Regress nur bei vorsätzlicher Verursachung statt. Die Regelung des Familienprivilegs entspricht § 86 Abs. 3 VVG.[3]

---

1 Zur allgemeinen Wirksamkeit BGH 26.3.1997 – IV ZR 137/96, r+s 1997, 325.
2 Vgl BGH 13.7.1993 – IVa ZR 226/81, VersR 1993, 945.
3 OLG Köln 20.11.2001 – 9 U 39/00, r+s 2002, 104.
1 Vgl Stiefel/Maier/*Maier*, A.2.15 Rn 7.
2 Prölss/Martin/*Knappmann*, A.2.15 Rn 3; Stiefel/Maier/*Maier*, A.2.15 Rn 8.
3 § 67 Abs. 2 VVG aF setzte eine Familienangehörigkeit voraus. Nach BGH 22.4.2009 – IV ZR 160/07, r+s 2009, 230 ist die Vorschrift analog auch auf Partner einer nichtehelichen Lebensgemeinschaft anwendbar.

II. Privilegierung von Mitversicherten, Mieter und Entleiher

3 Dies gilt entsprechend, wenn eine in der Kfz-Haftpflichtversicherung mitversicherte Person iSv A.1.2, der Mieter oder der Entleiher den Schaden herbeiführt. Der Kreis der privilegierten Personen wird erweitert.

III. Kongruenzprinzip und Quotenvorrecht

4 Nach § 86 Abs. 1 S. 1 VVG geht der Anspruch nur in dem Umfang auf den VR über, soweit dieser dem VN den Schaden ersetzt. Es gehen nur kongruente, also zur Schadensart zugehörige, Ansprüche über. Abzustellen ist darauf, ob der Schaden seiner Natur nach zum unmittelbaren Sachschaden gehört. Sachfolgeschäden, die nicht Gegenstand der Kaskoversicherung sind, werden nicht erfasst. Der Übergang bezieht sich auf Reparaturkosten, Abschleppkosten, Sachverständigenkosten und Wertminderung, nicht aber auf Sachfolgeschäden wie Unkostenpauschale, Nutzungsausfall, Verschrottungsaufwendungen und Mietwagenkosten.[4]

5 Nach der sog. Differenztheorie bleibt der VN in Höhe der Differenz zwischen Gesamtschaden und Versicherungsleistung Gläubiger der Ersatzforderung gegen den Unfallgegner und kann sich in diesem Umfang vor dem VR befriedigen. Das Quotenvorrecht kommt aber nur bei kongruenten Schäden in Betracht.[5] Das erfordert eine Aufteilung in unmittelbare Sachschäden, auf die die Differenztheorie anwendbar ist, und Sachfolgeschäden.

A.2.16 Was ist nicht versichert?

Vorsatz und grobe Fahrlässigkeit

A.2.16.1 Kein Versicherungsschutz besteht für Schäden, die Sie vorsätzlich herbeiführen. Bei grob fahrlässiger Herbeiführung des Schadens sind wir berechtigt, unsere Leistung in einem der Schwere Ihres Verschuldens entsprechenden Verhältnis zu kürzen.

Rennen

A.2.16.2 Kein Versicherungsschutz besteht für Schäden, die bei Beteiligung an Fahrtveranstaltungen entstehen, bei denen es auf Erzielung einer Höchstgeschwindigkeit ankommt. Dies gilt auch für dazugehörige Übungsfahrten.

Reifenschäden

A.2.16.3 Kein Versicherungsschutz besteht für beschädigte oder zerstörte Reifen. Versicherungsschutz besteht jedoch, wenn die Reifen aufgrund eines Ereignisses beschädigt oder zerstört werden, das gleichzeitig andere unter den Schutz der Kaskoversicherung fallende Schäden bei dem versicherten Fahrzeug verursacht hat.

Erdbeben, Kriegsereignisse, innere Unruhen, Maßnahmen der Staatsgewalt

A.2.16.4 Kein Versicherungsschutz besteht für Schäden, die durch Erdbeben, Kriegsereignisse, innere Unruhen oder Maßnahmen der Staatsgewalt unmittelbar oder mittelbar verursacht werden.

---

4 Vgl BGH 8.12.1981 – VI ZR 153/80, VersR 1982, 283; BGH 12.1.1982 – VI ZR 265/80, VersR 1982, 383; BGH 29.1.1985 – VI ZR 59/84, VersR 1985, 441.
5 BGH 8.12.1981 – VI ZR 153/80, VersR 1982, 283.

Schäden durch Kernenergie

A.2.16.5 Kein Versicherungsschutz besteht für Schäden durch Kernenergie.

I. Vorsatz und grobe Fahrlässigkeit (A.2.16.1) 1	5. Fallgruppen 14
1. Allgemeines 1	a) Allgemeines 14
2. Alles-oder-Nichts-Prinzip und Quotelungsprinzip 2	b) Ausgewählte Einzelfälle und Kürzungsquoten 15
3. Bedingungswerke mit Verzicht auf den Einwand 4	II. Rennen (A.2.16.2) 22
	III. Reifenschäden (A.2.16.3) 23
4. Flexible Bestimmung der Quote – das flexible Quotenmodell 6	IV. Erdbeben, Kriegsereignisse, innere Unruhen, Maßnahmen der Staatsgewalt (A.2.16.4); Schäden durch Kernenergie (A.2.16.5) 24

I. Vorsatz und grobe Fahrlässigkeit (A.2.16.1)

1. Allgemeines. Bei **Vorsatz** ist das Wissen und Wollen des rechtswidrigen Erfolges erforderlich.[1] **Grobe Fahrlässigkeit** setzt in objektiver Hinsicht voraus, dass der Handelnde die im Verkehr erforderliche Sorgfalt in ungewöhnlich hohem Maße verletzt und unbeachtet lässt, was im gegebenen Fall jedem hätte einleuchten müssen. Zusätzlich ist in subjektiver Hinsicht ein unentschuldbares Fehlverhalten erforderlich, das ein gewöhnliches Maß erheblich übersteigt.[2] Der Begriff „**Augenblicksversagen**" ist lediglich eine Beschreibung, dass für kurze Zeit die im Verkehr erforderliche Sorgfalt außer Acht gelassen wurde.[3]

AKB 2015: Die entsprechende Regelung findet sich in A.2.9 AKB 2015.

2. Alles-oder-Nichts-Prinzip und Quotelungsprinzip. Die Bestimmung ist an § 81 VVG angepasst. Bei vorsätzlicher Herbeiführung des Versicherungsfalles verbleibt es bei der bisherigen Regelung. Das früher geltende „**Alles-oder-Nichts-Prinzip**" bei grob fahrlässiger Herbeiführung wird durch das „**Quotelungsprinzip**" ersetzt, um im Einzelfall Entscheidungen zu ermöglichen, die den jeweiligen Schutzinteressen des VN Rechnung tragen.[4] Der Umfang der Leistungspflicht bestimmt sich im Grundsatz nach dem **Grad des Verschuldens**. Für das Ausmaß der Leistungsfreiheit ist entscheidend, ob die grobe Fahrlässigkeit im konkreten Fall nahe beim bedingten Vorsatz oder eher im Grenzbereich zur einfachen Fahrlässigkeit liegt. Hinsichtlich der **Beweislastverteilung** verbleibt es dabei, dass der VR die grobe Fahrlässigkeit nachzuweisen hat.

Abweichende Vereinbarungen sind unter Beachtung von § 307 Abs. 1 und 2 BGB möglich. Zu denken ist an eine **pauschalierte Quotenregelung**, um Auseinandersetzungen über eine sachgerechte Quote zu vermeiden.[5] Diese pauschalierte Quote müsste sich allerdings an konkreten zu beschreibenden Fallgruppen orientieren.

3. Bedingungswerke mit Verzicht auf den Einwand. Es sind vielfach Bedingungen einzelner VR auf dem Markt, in denen auf den Einwand der grob fahrlässigen Herbeiführung des Versicherungsfalles **verzichtet** wird. Zumeist werden allerdings von dem Verzicht Entwendungs- und Trunkenheitsfälle ausgenommen.

Der Verzicht hat idR folgenden **Wortlaut**:[6] „Bei grob fahrlässiger Herbeiführung des Schadens verzichten wir Ihnen gegenüber in der Voll- und Teilkaskoversiche-

---

1 Zum manipulierten Verkehrsunfall OLG Köln 2.3.2010 – 9 U 122/09, r+s 2010, 192.
2 Grundlegend zur groben Fahrlässigkeit im Straßenverkehr (Rotlichtverstoß) BGH 29.1.2003 – IV ZR 173/01, VersR 2003, 364 = r+s 2003, 144.
3 BGH 10.5.2011 – VI 196/10, r+s 2011, 290.
4 Vgl Begr. RegE, BT-Drucks. 16/3945, S. 69 und 80.
5 Vgl Begr. RegE, BT-Drucks. 16/3945, S. 80.
6 Vgl *Maier/Stadler*, Rn 120; Stiefel/Maier/*Halbach*, A.2.16 Rn 5.

rung auf den Einwand der groben Fahrlässigkeit nach § 81 VVG. Der Verzicht gilt nicht bei der Entwendung des Fahrzeugs und bei Herbeiführung des Versicherungsfalls infolge des Genusses alkoholischer Getränke oder anderer berauschender Mittel. In diesem Fall sind wir berechtigt, unsere Leistung in einem der Schwere des Verschuldens entsprechenden Verhältnis zu kürzen." Gegen die Wirksamkeit eines solchen Verzichts bestehen keine Bedenken.

6 **4. Flexible Bestimmung der Quote – das flexible Quotenmodell.** Die Bestimmung der Quote und die hierbei zu berücksichtigenden Kriterien sind von der Regelung nicht vorgegeben. Die Rspr hat diese Aufgabe zu übernehmen. Es sind verschiedene Vorschläge zur Quotenbildung gemacht worden: Mittelwert-, Halbteilungsgrundsatz-Modelle, Fallgruppenmodelle, flexible Modelle (s. ausf. § 81 VVG Rn 100 ff).

7 Vorschläge, grds. von einer Quote von 50 % auszugehen, eignen sich – wenn überhaupt – eher für die **quotale Leistungskürzung** iRv § 26 Abs. 1, § 82 Abs. 3 S. 2 und § 28 Abs. 2 S. 2 VVG (s. § 28 VVG Rn 164 ff.[7] Ausgangspunkt ist dort regelmäßig ein mittlerer Bereich der groben Fahrlässigkeit. Dieses starre Modell wird bei der Quotenbestimmung im Rahmen des § 81 Abs. 2 VVG, A.1.16.1 S. 2 AKB 2008/A.2.9 AKB 2015 häufig an seine Grenzen stoßen. Hier ist einem **flexiblen Quotenmodell**[8] der Vorzug zu geben. Es muss eine wertende Betrachtung der einzelnen Umstände erfolgen, die die Einordnung bestimmen. Dies ermöglicht eine gerechte Abstufung im Einzelfall und trägt auch der Beweislastverteilung zu Lasten des VR eher Rechnung. Überwiegend wird befürwortet, wenn der Sachverhalt dies erfordert, in mehreren Schritten vorzugehen. Der Stufe einer groben Einordnung soll eine Feinjustierung folgen.

8 **Pauschalierte Quoten und Musterquoten** sind nach dem Willen des Reformgesetzgebers möglich. Einschränkungen ergeben sich aus § 307 Abs. 1 und 2 BGB.

9 Die Kürzung sollte entsprechend den Bedürfnissen der Praxis in **Prozentschritten** erfolgen, die 10 % nicht unterschreiten, also jeweils 10 %, 20 % oder 25 %. Der Kürzungsrahmen reicht von 0 % bis 100 %.

10 Für den Fall, dass gleichzeitig eine Verletzung einer Obliegenheit gem. § 28 VVG vorliegt, kommt nach der Gesetzesbegründung eine **mehrfache Quotierung** in Betracht. Wie zu verfahren ist, hat der Gesetzgeber nicht vorgegeben. Auch in den AKB findet sich keine Regelung. Auch insoweit erscheint eine Gesamtbetrachtung angebracht.[9]

11 Als **zulässige Kriterien** für die Bestimmung der Quote kommen zB in Betracht: das **Maß der Pflichtverletzung** in objektiver und subjektiver Hinsicht, zeitliche **Dauer** im Einzelfall, Umfang des Schadens, Häufung von Pflichtverletzungen, das Maß der Verursachung, subjektive Elemente und Beweggründe, Mitverschulden des VR und – eingeschränkt – versicherungsvertragliche Gesichtspunkte.

12 Kurzfristige Pflichtverletzungen (zB Rotlichtverstoß, Vorfahrtverletzung) können im Einzelfall milder betrachtet werden. Der beschreibende Begriff des Augenblicksversagens ist eher unklar.

---

7 Vgl *Felsch*, r+s 2007, 485; *Knappmann*, r+s 2002, 485; *Weidner/Schuster*, r+s 2007, 363; *Meixner/Steinbeck*, § 1 Rn 216; abl. *Marlow/Spuhl*, Rn 327 ff; *Günther/Spielmann*, r+s 2008, 177; *Maier/Stadler*, AKB 2008 und VVG-Reform, Rn 125 ff.
8 Vgl OLG Düsseldorf 23.12.2010 – 4 U 101/10, VersR 2011, 1388; OLG Hamm 25.8.2010 – 20 U 74/10, r+s 2010, 506; im Einzelnen Stiefel/Maier/*Halbach*, A.2.16 Rn 6 ff, § 81 VVG Rn 19 ff.
9 Vgl Langheid/Wandt/*Looschelders*, § 81 VVG Rn 130; Stiefel/Maier/*Halbach*, § 81 VVG Rn 28.

Eine „**Kürzung auf 0**" ist im Rahmen einer Gesamtbetrachtung möglich.[10] Bei Häufung mehrerer Gesichtspunkte kann eine **Zusammenrechnung** erfolgen.[11] 13

5. Fallgruppen. a) **Allgemeines.** Stets sind die Umstände im Einzelfall abzuwägen. Gleichwohl wird die Praxis bestimmte Fallgruppen herausarbeiten (vgl dazu ausf. § 81 VVG Rn 42 ff).[12] 14

b) **Ausgewählte Einzelfälle und Kürzungsquoten.** Bei **Trunkenheitsfahrten** ist zu differenzieren: Liegt absolute Fahruntüchtigkeit (ab 1,1 ‰) vor, ist von einer Leistungskürzung von 100 % bei Abwägung der Umstände des Einzelfalles auszugehen.[13] Bei relativer Fahruntüchtigkeit wird man einen Kürzungsbereich von 50 % bis 80 % annehmen, wenn keine besonderen Umstände eine andere Betrachtung gebieten.[14] 15

Bei Einnicken am Steuer infolge **Übermüdung** kommt es darauf an, ob sich der Fahrer über deutliche Anzeichen einer drohenden Fahruntüchtigkeit hinwegsetzt. Entsprechendes gilt bei dem sog. **Sekundenschlaf.** Hier dürfte die Kürzungsquote im mittleren Bereich liegen, wenn Übermüdungsanzeichen vorgelegen haben. 16

Bei **Rotlichtverstößen** wird man das Verhalten idR als grob fahrlässig ansehen.[15] Aus dem objektiven Pflichtverstoß kann aber nicht automatisch auf grobe Fahrlässigkeit geschlossen werden. Vom äußeren Geschehensablauf und vom Ausmaß des objektiven Pflichtenverstoßes kann allerdings auf innere Vorgänge und deren gesteigerte Vorwerfbarkeit zu schließen sein.[16] Entsprechendes gilt bei Überfahren eines **Stoppschildes**.[17] Die Kürzungsquote dürfte eher im mittleren Bereich liegen. Eine geringere Kürzung kann erfolgen bei unklarer Verkehrssituation, verwirrender Ampelpositionierung, unerwartete Sonnenblendung, Ablenkung durch Kinder auf dem Rücksitz. 17

Bei **überhöhter Geschwindigkeit** wird auf das Maß der Geschwindigkeitsüberschreitung abzustellen sein. Bei erheblicher Überschreitung wird man eine Kürzung bis 80 % in Betracht ziehen. 18

Bei falschem und gefährlichem **Überholen** dürfte die Kürzungsquote im mittleren Bereich liegen. Entsprechendes gilt bei Nichtbeachten der **Durchfahrthöhe**.[18] 19

Bei **Ablenkung** durch Rauchen am Steuer, Telefonieren, Bedienen von Radio und Navigationsgeräten, Suchen nach Gegenständen muss das Maß der Ablenkung und die Gefährlichkeit bewertet werden. Bei grober Fahrlässigkeit dürfte die Kürzung eher im unteren bis mittleren Bereich liegen. 20

Bei der **Ermöglichung der Fahrzeugentwendung** ist die mangelnde Sicherung des Fahrzeugs, der Papiere oder der Kfz-Schlüssel zu bewerten. Zu dem objektiv und 21

---

10 BGH 11.2.2012 – IV ZR 251/10, VersR 2012, 341.
11 OLG Hamm 25.8.2010 – 20 U 74/10, r+s 2010, 506; LG Münster 20.3.2009 – 15 O 141/09, r+s 2009, 501; Stiefel/Maier/*Halbach*, § 81 VVG Rn 27.
12 Umfassende Rspr-Übersicht bei Stiefel/Maier/*Halbach*, A.2.16 Rn 14 ff; Prölss/Martin/*Knappmann*, A.2.16 Rn 16 ff; Römer/Langheid/*Langheid*, § 81 VVG Rn 113 ff; Halm/Kreuter-Lange/Schwab/*Stomper*, AKB, A.2.16 AKB 2008 Rn 1151 ff; *Maier*, r+s 2010, 497; Looschelders/Pohlmann/*Schmidt-Kessel*, § 81 VVG Rn 81 ff; zum Goslarer Orientierungsrahmen *Nehm*, zfs 2010, 12 und *Nugel*, MDR 2010, 597.
13 BGH 11.2.2012 – IV ZR 251/10, VersR 2012, 341; OLG Hamm 25.8.2010 – 20 U 74/10, r+s 2010, 506.
14 OLG Karlsruhe 15.4.2014 – 9 U 135/13, r+s 2015, 12 (Kürzung auf 25 % bei 1,09 ‰); OLG Hamm 25.8.2010 – 20 U 74/10, r+s 2010, 506.
15 Grundlegend BGH 29.1.2003 – IV ZR 173/01, VersR 2003, 364 = r+s 2003, 144.
16 BGH 29.1.2003 – IV ZR 173/01, VersR 2003, 364 = r+s 2003, 144.
17 OLG Köln 3.9.2009 – 9 U 63/09, r+s 2010, 14.
18 Vgl OLG Oldenburg 27.1.2006 – 3 U 107/05, VersR 2006, 920; LG Hagen 1.8.2012 – 7 S 31/12, r+s 2012, 538.

subjektiv grob fahrlässigen Verhalten[19] muss aber stets geprüft werden, ob das Verhalten für den Verlust des Wagens **ursächlich** war. Bei fehlender Fahrzeugsicherung kann eine Kürzung bis 50 % gerechtfertigt sein. Kriterium für eine höhere Kürzung ist zB, wenn das Kfz leicht zuzuordnen und besonders hochwertig ist. Entsprechendes kann gelten, wenn der Fahrzeugschlüssel im Zündschloss stecken gelassen wird. Wird ein Schlüssel kurzfristig vergessen, kann eine geringere Kürzung gerechtfertigt sein.

II. Rennen (A.2.16.2)

22 Bei Beteiligung an Fahrveranstaltungen, bei denen es auf Erzielung einer Höchstgeschwindigkeit ankommt, und bei dazugehörigen Übungsfahrten besteht kein Versicherungsschutz (vgl A.1.5.2; A.2.9.2 AKB 2015).

III. Reifenschäden (A.2.16.3)

23 Schäden an der Bereifung sind nicht versichert. Eine Ausnahme besteht jedoch, wenn die Reifen aufgrund eines Ereignisses beschädigt oder zerstört werden, das gleichzeitig andere unter den Schutz der Kaskoversicherung fallende Schäden bei dem versicherten Fahrzeug verursacht hat. Keine Gleichzeitigkeit liegt vor, wenn durch den Reifenschaden erst das Fahrzeug beschädigt wird. Dann ist der übrige Schaden gedeckt, wenn er auf einem Unfall beruht.

IV. Erdbeben, Kriegsereignisse, innere Unruhen, Maßnahmen der Staatsgewalt (A.2.16.4); Schäden durch Kernenergie (A.2.16.5)

24 Kein Versicherungsschutz besteht bei diesen Gefahren.[20] Ein **Kriegsereignis** liegt vor, wenn das für den Schaden ursächliche Ereignis so, wie es sich zugetragen hat, ohne den Krieg nicht eingetreten wäre. Es muss sich um eine besondere Gefahrenlage der kriegerischen Auseinandersetzung handeln. Bei **Terroranschlägen** von Privatpersonen oder Organisationen handelt es sich nur dann um Kriegsereignisse, wenn sie mit einem als Krieg bezeichneten Gewaltzustand in unmittelbarem Zusammenhang stehen.[21] Anschläge von Fanatikern und Sympathisanten dürften wegen des Fehlens eines unmittelbaren Zusammenhangs mit Krieg nicht unter den Ausschluss fallen.

25 **Innere Unruhen** sind gegeben, wenn eine zusammengerottete, größere Menschenmenge mit vereinten Kräften gegen Personen oder Sachen Gewalt ausübt. Der Begriff der inneren Unruhen ist weiter als der Begriff des Aufruhrs, der nicht mehr übernommen worden ist. Die Unruhe braucht sich nicht gegen den Staat zu richten.

26 **Maßnahmen der Staatsgewalt** sind Verfügungen von hoher Hand mit Ausnahmecharakter gegenüber der üblichen staatlichen Ordnung. Auf die Rechtmäßigkeit kommt es nicht an.[22]

---

19 Vgl zur subjektiven Seite bei Zurücklassen des Fahrzeugschlüssels OLG Celle 18.6.2009 – 8 U 188/08, r+s 2010, 149; zur Gefahrerhöhung bei Fahrzeugschein im Kfz OLG Celle 21.12.2010 – 8 U 87/10, r+s 2011, 107; verneinend OLG Oldenburg 7.7.2010 – 5 U 153/09, r+s 2010, 367; OLG Hamm 3.7.2013 – 20 U 226/12, r+s 2013, 373 zur Gefahrerhöhung bei Schlüsselverlust; OLG Karlsruhe 31.7.2014 – 12 U 44/14, r+s 2015, 226.
20 Vgl Stiefel/Maier/*Halbach*, A.2.16 Rn 64 ff.
21 Vgl *Ehlers*, r+s 2002, 133.
22 OLG Köln 10.1.1985 – 5 U 88/84, zfs 1985, 115.

A.2.17 Meinungsverschiedenheit über die Schadenhöhe (Sachverständigenverfahren)

A.2.17.1 Bei Meinungsverschiedenheit über die Höhe des Schadens einschließlich der Feststellung des Wiederbeschaffungswerts oder über den Umfang der erforderlichen Reparaturarbeiten entscheidet ein Sachverständigenausschuss.

A.2.17.2 Für den Ausschuss benennen Sie und wir je einen Kraftfahrzeugsachverständigen. Wenn Sie oder wir innerhalb von zwei Wochen nach Aufforderung keinen Sachverständigen benennen, wird dieser von dem jeweils Anderen bestimmt.

A.2.17.3 Soweit sich der Ausschuss nicht einigt, entscheidet ein weiterer Kraftfahrzeugsachverständiger als Obmann, der vor Beginn des Verfahrens von dem Ausschuss gewählt werden soll. Einigt sich der Ausschuss nicht über die Person des Obmanns, wird er über das zuständige Amtsgericht benannt. Die Entscheidung des Obmanns muss zwischen den jeweils von den beiden Sachverständigen geschätzten Beträgen liegen.

A.2.17.4 Die Kosten des Sachverständigenverfahrens sind im Verhältnis des Obsiegens zum Unterliegen von uns bzw. von Ihnen zu tragen.

I. Sachverständigenverfahren

Das Sachverständigenverfahren, welches auf § 84 VVG beruht, ist nur bei Meinungsverschiedenheiten über die Höhe des Schadens vorgesehen, nicht über die Eintrittspflicht dem Grunde nach. Es ist ein Schiedsgutachterverfahren, kein Schiedsgerichtsverfahren. Dem Sachverständigenausschuss dürfen nur Kraftfahrzeugsachverständige angehören. Bei einem Streit nur zur Höhe kann der VR sich auch im Prozess noch auf das Sachverständigenverfahren berufen.[1] Erhebt der VN Leistungsklage, ist kein Raum mehr für ein Sachverständigenverfahren.[2]

Welche Anforderungen an die Person des Sachverständigen zu stellen sind, richtet sich nach den zugrunde liegenden AKB. Ein Mitarbeiter einer Partei (Leiter der Sachverständigenabteilung) ist nicht Sachverständiger im Sinne der Regelung.[3]

II. Obmann

Soweit sich der Ausschuss nicht einigt, entscheidet ein weiterer Kraftfahrzeugsachverständiger als Obmann. Dieser soll vor Beginn des Verfahrens von dem Ausschuss gewählt werden. Kommt keine Einigung über die Person zustande, entscheidet das zuständige Amtsgericht. Die Entscheidung des Obmanns muss zwischen den jeweils von den beiden Sachverständigen geschätzten Beträgen liegen.

III. Kostenregelung

Die Kosten des Sachverständigenverfahrens werden im Verhältnis des Obsiegens und Unterliegens geteilt.

---

1 OLG Frankfurt 2.2.1990 – 2 U 199/89, VersR 1990, 1384.
2 Vgl OLG Hamm 26.4.1989 – 20 U 252/88, VersR 1990, 82.
3 BGH 10.12.2014 – IV ZR 281/14, r+s 2014, 129.

A.2.18 Fahrzeugteile und Fahrzeugzubehör

Bei Beschädigung, Zerstörung, Totalschaden oder Verlust von mitversicherten Teilen gelten A.2.6 bis A.2.17 entsprechend.

1 Die vorgenannten Vorschriften A.2.6 bis A.2.17 gelten bei Beschädigung, Zerstörung, Totalschaden oder Verlust von mitversicherten Teilen entsprechend.

A.3 Autoschutzbrief – Hilfe für unterwegs als Service oder Kostenerstattung

1 Die AKB 2008 führten eine geänderte Gliederung ein, die zur Übersichtlichkeit beiträgt. Außerdem werden die einzelnen Begriffe verbindlich definiert. Leistungen werden als Service erbracht oder in Form der bedingungsgemäßen Erstattung der aufgewendeten Kosten.
2 **Panne** ist definiert in A.3.5.4. Das Fahrzeug muss nicht mehr fahrbereit sein. Bei Ausfall von Benzin, Motoröl oder Wasser besteht kein Anspruch.[1]

A.3.1 Was ist versichert?

Wir erbringen nach Eintritt der in A.3.5 bis A.3.8 genannten Schadenereignisse die dazu im Einzelnen aufgeführten Leistungen als Service oder erstatten die von Ihnen aufgewendeten Kosten im Rahmen dieser Bedingungen.

A.3.2 Wer ist versichert?

Versicherungsschutz besteht für Sie, den berechtigten Fahrer und die berechtigten Insassen, soweit nachfolgend nichts anderes geregelt ist.

A.3.3 Versicherte Fahrzeuge

Versichert ist das im Versicherungsschein bezeichnete Fahrzeug sowie ein mitgeführter Wohnwagen-, Gepäck- oder Bootsanhänger.

1 Nach **A.3.2** bezieht sich der Versicherungsschutz auf den VN, den berechtigten Fahrer und die berechtigten Insassen nach näherer Maßgabe der Bedingungen.
2 Nach **A.3.3** besteht Deckungsschutz nur für das im Versicherungsschein bezeichnet Fahrzeug sowie für einen mitgeführten Wohnwagen-, Gepäck- oder Bootsanhänger. Damit ist nunmehr klargestellt, dass andere Fahrzeuge des VN nicht in den Versicherungsschutz einbezogen sind.

A.3.4 In welchen Ländern besteht Versicherungsschutz?

Sie haben mit dem Schutzbrief Versicherungsschutz in den geographischen Grenzen Europas sowie den außereuropäischen Gebieten, die zum Geltungsbereich der Europäischen Union gehören, soweit nachfolgend nicht etwas anderes geregelt ist.

---

1 Prölss/Martin/*Knappmann*, A.3 Rn 3.

A.3.5 Hilfe bei Panne oder Unfall

Kann das Fahrzeug nach einer Panne oder einem Unfall die Fahrt aus eigener Kraft nicht fortsetzen, erbringen wir folgende Leistungen:

Wiederherstellung der Fahrbereitschaft

A.3.5.1 Wir sorgen für die Wiederherstellung der Fahrbereitschaft an der Schadenstelle durch ein Pannenhilfsfahrzeug und übernehmen die hierdurch entstehenden Kosten. Der Höchstbetrag für diese Leistung beläuft sich einschließlich der vom Pannenhilfsfahrzeug mitgeführten und verwendeten Kleinteile auf xx Euro.

Abschleppen des Fahrzeugs

A.3.5.2 Kann das Fahrzeug an der Schadenstelle nicht wieder fahrbereit gemacht werden, sorgen wir für das Abschleppen des Fahrzeugs einschließlich Gepäck und nicht gewerblich beförderter Ladung und übernehmen die hierdurch entstehenden Kosten. Der Höchstbetrag für diese Leistung beläuft sich auf xx Euro; hierauf werden durch den Einsatz eines Pannenhilfsfahrzeugs entstandene Kosten angerechnet.

Bergen des Fahrzeugs

A.3.5.3 Ist das Fahrzeug von der Straße abgekommen, sorgen wir für die Bergung des Fahrzeugs einschließlich Gepäck und nicht gewerblich beförderter Ladung und übernehmen die hierdurch entstehenden Kosten.

Was versteht man unter Panne oder Unfall?

A.3.5.4 Unter Panne ist jeder Betriebs-, Bruch- oder Bremsschaden zu verstehen. Unfall ist ein unmittelbar von außen plötzlich mit mechanischer Gewalt auf das Fahrzeug einwirkendes Ereignis.

A.3.6 Zusätzliche Hilfe bei Panne, Unfall oder Diebstahl ab 50 km Entfernung

Bei Panne, Unfall oder Diebstahl des Fahrzeugs an einem Ort, der mindestens 50 km Luftlinie von Ihrem ständigen Wohnsitz in Deutschland entfernt ist, erbringen wir die nachfolgenden Leistungen, wenn das Fahrzeug weder am Schadentag noch am darauf folgenden Tag wieder fahrbereit gemacht werden kann oder es gestohlen worden ist:

Weiter- oder Rückfahrt

A.3.6.1 Folgende Fahrtkosten werden erstattet:

a Eine Rückfahrt vom Schadenort zu Ihrem ständigen Wohnsitz in Deutschland oder

b eine Weiterfahrt vom Schadenort zum Zielort, jedoch höchstens innerhalb des Geltungsbereichs nach A.3.4 und

c eine Rückfahrt vom Zielort zu Ihrem ständigen Wohnsitz in Deutschland,

d eine Fahrt einer Person von Ihrem ständigen Wohnsitz oder vom Zielort zum Schadenort, wenn das Fahrzeug dort fahrbereit gemacht worden ist.

Die Kostenerstattung erfolgt bei einer einfachen Entfernung unter 1.200 Bahnkilometern bis zur Höhe der Bahnkosten 2. Klasse, bei größerer Entfernung bis zur Höhe der Bahnkosten 1. Klasse oder der

Liegewagenkosten jeweils einschließlich Zuschlägen sowie für nachgewiesene Taxifahrten bis zu xx Euro.

Übernachtung

A.3.6.2 Wir helfen Ihnen auf Wunsch bei der Beschaffung einer Übernachtungsmöglichkeit und übernehmen die Kosten für höchstens drei Übernachtungen. Wenn Sie die Leistung Weiter- oder Rückfahrt nach A.3.6.1 in Anspruch nehmen, zahlen wir nur eine Übernachtung. Sobald das Fahrzeug Ihnen wieder fahrbereit zur Verfügung steht, besteht kein Anspruch auf weitere Übernachtungskosten. Wir übernehmen die Kosten bis höchstens xx Euro je Übernachtung und Person.

Mietwagen

A.3.6.3 Wir helfen Ihnen, ein gleichwertiges Fahrzeug anzumieten. Wir übernehmen anstelle der Leistung Weiter- oder Rückfahrt nach A.3.6.1 oder Übernachtung nach A.3.6.2 die Kosten des Mietwagens, bis Ihnen das Fahrzeug wieder fahrbereit zur Verfügung steht, jedoch höchstens für sieben Tage und höchstens xx Euro je Tag.

Fahrzeugunterstellung

A.3.6.4 Muss das Fahrzeug nach einer Panne oder einem Unfall bis zur Wiederherstellung der Fahrbereitschaft oder bis zur Durchführung des Transports in einer Werkstatt untergestellt werden, sind wir Ihnen hierbei behilflich und übernehmen die hierdurch entstehenden Kosten, jedoch höchstens für zwei Wochen.

A.3.7 Hilfe bei Krankheit, Verletzung oder Tod auf einer Reise

Erkranken Sie oder eine mitversicherte Person unvorhersehbar oder stirbt der Fahrer auf einer Reise mit dem versicherten Fahrzeug an einem Ort, der mindestens 50 km Luftlinie von Ihrem ständigen Wohnsitz in Deutschland entfernt ist, erbringen wir die nachfolgend genannten Leistungen. Als unvorhersehbar gilt eine Erkrankung, wenn diese nicht bereits innerhalb der letzten sechs Wochen vor Beginn der Reise (erstmalig oder zum wiederholten Male) aufgetreten ist.

Krankenrücktransport

A.3.7.1 Müssen Sie oder eine mitversicherte Person infolge Erkrankung an Ihren ständigen Wohnsitz zurücktransportiert werden, sorgen wir für die Durchführung des Rücktransports und übernehmen dessen Kosten. Art und Zeitpunkt des Rücktransports müssen medizinisch notwendig sein. Unsere Leistung erstreckt sich auch auf die Begleitung des Erkrankten durch einen Arzt oder Sanitäter, wenn diese behördlich vorgeschrieben ist. Außerdem übernehmen wir die bis zum Rücktransport entstehenden, durch die Erkrankung bedingten Übernachtungskosten, jedoch höchstens für drei Übernachtungen bis zu je xx Euro pro Person.

Rückholung von Kindern

A.3.7.2 Können mitreisende Kinder unter 16 Jahren infolge einer Erkrankung oder des Todes des Fahrers weder von Ihnen noch von einem anderen berechtigten Insassen betreut werden, sorgen wir für deren Abholung und Rückfahrt mit einer Begleitperson zu ihrem Wohnsitz und übernehmen die hierdurch entstehenden Kosten. Wir erstatten dabei die

Bahnkosten 2. Klasse einschließlich Zuschlägen sowie die Kosten für nachgewiesene Taxifahrten bis zu xx Euro.

Fahrzeugabholung

A.3.7.3 Kann das versicherte Fahrzeug infolge einer länger als drei Tage andauernden Erkrankung oder infolge des Todes des Fahrers weder von diesem noch von einem Insassen zurückgefahren werden, sorgen wir für die Verbringung des Fahrzeugs zu Ihrem ständigen Wohnsitz und übernehmen die hierdurch entstehenden Kosten. Veranlassen Sie die Verbringung selbst, erhalten Sie als Kostenersatz bis xx Euro je Kilometer zwischen Ihrem Wohnsitz und dem Schadenort. Außerdem erstatten wir in jedem Fall die bis zur Abholung der berechtigten Insassen entstehenden und durch den Fahrerausfall bedingten Übernachtungskosten, jedoch höchstens für drei Übernachtungen bis zu je xx Euro pro Person.

Was versteht man unter einer Reise?

A.3.7.4 Reise ist jede Abwesenheit von Ihrem ständigen Wohnsitz bis zu einer Höchstdauer von fortlaufend sechs Wochen. Als Ihr ständiger Wohnsitz gilt der Ort in Deutschland, an dem Sie behördlich gemeldet sind und sich überwiegend aufhalten.

A.3.8 Zusätzliche Leistungen bei einer Auslandsreise

Ereignet sich der Schaden an einem Ort im Ausland (Geltungsbereich nach A.3.4 ohne Deutschland), der mindestens 50 km Luftlinie von Ihrem ständigen Wohnsitz in Deutschland entfernt ist, erbringen wir zusätzlich folgende Leistungen:

A.3.8.1 Bei Panne und Unfall:

Ersatzteilversand

a Können Ersatzteile zur Wiederherstellung der Fahrbereitschaft des Fahrzeugs an einem ausländischen Schadenort oder in dessen Nähe nicht beschafft werden, sorgen wir dafür, dass Sie diese auf schnellstmöglichem Wege erhalten, und übernehmen alle entstehenden Versandkosten.

Fahrzeugtransport

b Wir sorgen für den Transport des Fahrzeugs zu einer Werkstatt und übernehmen die hierdurch entstehenden Kosten bis zur Höhe der Rücktransportkosten an Ihren Wohnsitz, wenn
 – das Fahrzeug an einem ausländischen Schadenort oder in dessen Nähe nicht innerhalb von drei Werktagen fahrbereit gemacht werden kann und
 – die voraussichtlichen Reparaturkosten nicht höher sind als der Kaufpreis für ein gleichwertiges gebrauchtes Fahrzeug.

Mietwagen

c Wir helfen Ihnen, ein gleichwertiges Fahrzeug anzumieten. Mieten Sie ein Fahrzeug nach A.3.6.3 an, übernehmen wird die Kosten hierfür, bis Ihr Fahrzeug wieder fahrbereit zur Verfügung steht, unabhängig von der Dauer bis zu einem Betrag von xx Euro.

Fahrzeugverzollung und -verschrottung

    d   Muss das Fahrzeug nach einem Unfall im Ausland verzollt werden, helfen wir bei der Verzollung und übernehmen die hierbei anfallenden Verfahrensgebühren mit Ausnahme des Zollbetrags und sonstiger Steuern. Lassen Sie Ihr Fahrzeug verschrotten, um die Verzollung zu vermeiden, übernehmen wir die Verschrottungskosten.

A.3.8.2   Bei Fahrzeugdiebstahl:

Fahrzeugunterstellung

    a   Wird das gestohlene Fahrzeug nach dem Diebstahl im Ausland wieder aufgefunden und muss es bis zur Durchführung des Rücktransports oder der Verzollung bzw. Verschrottung untergestellt werden, übernehmen wir die hierdurch entstehenden Kosten, jedoch höchstens für zwei Wochen.

Mietwagen

    b   Wir helfen Ihnen, ein gleichwertiges Fahrzeug anzumieten. Mieten Sie ein Fahrzeug nach A.3.6.3 an, übernehmen wir die Kosten hierfür, bis Ihr Fahrzeug wieder fahrbereit zur Verfügung steht, unabhängig von der Dauer bis zu einem Betrag von xx Euro.

Fahrzeugverzollung und -verschrottung

    c   Muss das Fahrzeug nach dem Diebstahl im Ausland verzollt werden, helfen wir bei der Verzollung und übernehmen die hierbei anfallenden Verfahrensgebühren mit Ausnahme des Zollbetrags und sonstiger Steuern. Lassen Sie Ihr Fahrzeug verschrotten, um die Verzollung zu vermeiden, übernehmen wir die Verschrottungskosten.

A.3.8.3   Im Todesfall:

Im Fall Ihres Todes auf einer Reise mit dem versicherten Fahrzeug im Ausland sorgen wir nach Abstimmung mit den Angehörigen für die Bestattung im Ausland oder für die Überführung nach Deutschland und übernehmen die Kosten. Diese Leistung gilt nicht bei Tod einer mitversicherten Person.

A.3.9   Was ist nicht versichert?

Vorsatz und grobe Fahrlässigkeit

A.3.9.1   Kein Versicherungsschutz besteht für Schäden, die Sie vorsätzlich herbeiführen. Bei grob fahrlässiger Herbeiführung des Schadens sind wir berechtigt, unsere Leistung in einem der Schwere Ihres Verschuldens entsprechenden Verhältnis zu kürzen.

Rennen

A.3.9.2   Kein Versicherungsschutz besteht für Schäden, die bei Beteiligung an Fahrtveranstaltungen entstehen, bei denen es auf Erzielung einer Höchstgeschwindigkeit ankommt. Dies gilt auch für dazugehörige Übungsfahrten.

Erdbeben, Kriegsereignisse, innere Unruhen und Staatsgewalt

A.3.9.3 Kein Versicherungsschutz besteht für Schäden, die durch Erdbeben, Kriegsereignisse, innere Unruhen oder Maßnahmen der Staatsgewalt unmittelbar oder mittelbar verursacht werden.

Schäden durch Kernenergie

A.3.9.4 Kein Versicherungsschutz besteht für Schäden durch Kernenergie.

A.3.10 Anrechnung ersparter Aufwendungen, Abtretung

A.3.10.1 Haben Sie aufgrund unserer Leistungen Kosten erspart, die Sie ohne das Schadenereignis hätten aufwenden müssen, können wir diese von unserer Zahlung abziehen.

A.3.10.2 Ihren Anspruch auf Leistung können Sie vor der endgültigen Feststellung ohne unsere ausdrückliche Genehmigung weder abtreten noch verpfänden.

A.3.11 Verpflichtung Dritter

A.3.11.1 Soweit im Schadenfall ein Dritter Ihnen gegenüber aufgrund eines Vertrags oder einer Mitgliedschaft in einem Verband oder Verein zur Leistung oder zur Hilfe verpflichtet ist, gehen diese Ansprüche unseren Leistungsverpflichtungen vor.

A.3.11.2 Wenden Sie sich nach einem Schadenereignis allerdings zuerst an uns, sind wir Ihnen gegenüber abweichend von A.3.11.1 zur Leistung verpflichtet.

A.4 Kfz-Unfallversicherung – wenn Insassen verletzt oder getötet werden

A.4.1 Was ist versichert?

A.4.1.1 Stößt Ihnen oder einer anderen in der Kfz-Unfallversicherung versicherten Person ein Unfall zu, der in unmittelbarem Zusammenhang mit dem Gebrauch Ihres Fahrzeugs oder eines damit verbundenen Anhängers steht (z.B. Fahren, Ein- und Aussteigen, Be- und Entladen), erbringen wir unter den nachstehend genannten Voraussetzungen die vereinbarten Versicherungsleistungen.

A.4.1.2 Ein Unfall liegt vor, wenn die versicherte Person durch ein plötzlich von außen auf ihren Körper wirkendes Ereignis (Unfallereignis) unfreiwillig eine Gesundheitsschädigung erleidet.

A.4.1.3 Als Unfall gilt auch, wenn durch eine erhöhte Kraftanstrengung an den Gliedmaßen oder der Wirbelsäule ein Gelenk verrenkt wird oder Muskeln, Sehnen, Bänder oder Kapseln gezerrt oder zerrissen werden.

A.4.2 Wer ist versichert?

A.4.2.1 Pauschalsystem

Mit der Kfz-Unfallversicherung nach dem Pauschalsystem sind die jeweiligen berechtigten Insassen des Fahrzeugs versichert. Ausgenommen sind bei Ihnen angestellte Berufsfahrer und Beifahrer, wenn sie als solche das Fahrzeug gebrauchen.

Bei zwei und mehr berechtigten Insassen erhöht sich die Versicherungssumme um xx Prozent und teilt sich durch die Gesamtzahl der Insassen, unabhängig davon, ob diese zu Schaden kommen.

A.4.2.2 Kfz-Unfall-Plus-Versicherung

Mit der Kfz-Unfall-Plus-Versicherung sind die jeweiligen berechtigten Insassen des Fahrzeugs mit der für Invalidität und Tod vereinbarten Versicherungssumme versichert. Wird der jeweilige Fahrer verletzt und verbleibt eine unfallbedingte Invalidität von xx Prozent, erhöht sich die für Invalidität vereinbarte Versicherungssumme für ihn um xx Prozent.

A.4.2.3 Platzsystem

Mit der Kfz-Unfallversicherung nach dem Platzsystem sind die im Versicherungsschein bezeichneten Plätze oder eine bestimmte Anzahl von berechtigten Insassen des Fahrzeugs versichert. Ausgenommen sind bei Ihnen angestellte Berufsfahrer und Beifahrer, wenn sie als solche das Fahrzeug gebrauchen. Befinden sich in dem Fahrzeug mehr berechtigte Insassen als Plätze oder Personen im Versicherungsschein angegeben, verringert sich die Versicherungssumme für den einzelnen Insassen entsprechend.

A.4.2.4 Was versteht man unter berechtigten Insassen?

Berechtigte Insassen sind Personen (Fahrer und alle weiteren Insassen), die sich mit Wissen und Willen des Verfügungsberechtigten in oder auf dem versicherten Fahrzeug befinden oder in unmittelbarem Zusammenhang mit ihrer Beförderung beim Gebrauch des Fahrzeugs tätig werden.

A.4.2.5 Berufsfahrerversicherung

Mit der Berufsfahrerversicherung sind versichert

a die Berufsfahrer und Beifahrer des im Versicherungsschein bezeichneten Fahrzeugs,

b die im Versicherungsschein namentlich bezeichneten Berufsfahrer und Beifahrer unabhängig von einem bestimmten Fahrzeug oder

c alle bei Ihnen angestellten Berufsfahrer und Beifahrer unabhängig von einem bestimmten Fahrzeug.

A.4.2.6 Namentliche Versicherung

Mit der namentlichen Versicherung ist die im Versicherungsschein bezeichnete Person unabhängig von einem bestimmten Fahrzeug versichert. Diese Person kann ihre Ansprüche selbstständig gegen uns geltend machen.

A.4.3 In welchen Ländern besteht Versicherungsschutz?

Sie haben in der Kfz-Unfallversicherung Versicherungsschutz in den geographischen Grenzen Europas sowie den außereuropäischen Gebieten, die zum Geltungsbereich der Europäischen Union gehören.

A.4.4 Welche Leistungen umfasst die Kfz-Unfallversicherung?

Ihrem Versicherungsschein können Sie entnehmen, welche der nachstehenden Leistungen mit welchen Versicherungssummen vereinbart sind.

A.4.5 Leistung bei Invalidität

Voraussetzungen

A.4.5.1 Invalidität liegt vor, wenn
- die versicherte Person durch den Unfall auf Dauer in ihrer körperlichen oder geistigen Leistungsfähigkeit beeinträchtigt ist,
- die Invalidität innerhalb eines Jahres nach dem Unfall eingetreten ist und
- die Invalidität innerhalb von 15 Monaten nach dem Unfall ärztlich festgestellt und von Ihnen bei uns geltend gemacht worden ist.

Kein Anspruch auf Invaliditätsleistung besteht, wenn die versicherte Person unfallbedingt innerhalb eines Jahres nach dem Unfall stirbt.

Art der Leistung

A.4.5.2 Die Invaliditätsleistung zahlen wir als Kapitalbetrag.

Berechnung der Leistung

A.4.5.3 Grundlage für die Berechnung der Leistung sind die Versicherungssumme und der Grad der unfallbedingten Invalidität.

    a Bei Verlust oder völliger Funktionsunfähigkeit eines der nachstehend genannten Körperteile und Sinnesorgane gelten ausschließlich die folgenden Invaliditätsgrade:

Arm	70 %
Arm bis oberhalb des Ellenbogengelenks	65 %
Arm unterhalb des Ellenbogengelenks	60 %
Hand	55 %
Daumen	20 %
Zeigefinger	10 %
anderer Finger	5 %
Bein über der Mitte des Oberschenkels	70 %
Bein bis zur Mitte des Oberschenkels	60 %
Bein bis unterhalb des Knies	50 %
Bein bis zur Mitte des Unterschenkels	45 %
Fuß	40 %
große Zehe	5 %
andere Zehe	2 %
Auge	50 %
Gehör auf einem Ohr	30 %
Geruchssinn	10 %
Geschmackssinn	5 %

Bei Teilverlust oder teilweiser Funktionsbeeinträchtigung gilt der entsprechende Teil des jeweiligen Prozentsatzes.

    b Für andere Körperteile und Sinnesorgane bemisst sich der Invaliditätsgrad danach, inwieweit die normale körperliche oder geistige Leistungsfähigkeit insgesamt beeinträchtigt ist. Dabei sind ausschließlich medizinische Gesichtspunkte zu berücksichtigen.

    c Waren betroffene Körperteile oder Sinnesorgane oder deren Funktionen bereits vor dem Unfall dauernd beeinträchtigt, wird der Invaliditätsgrad um die Vorinvalidität gemindert. Diese ist nach a und b zu bemessen.

d Sind mehrere Körperteile oder Sinnesorgane durch den Unfall beeinträchtigt, werden die nach a bis c ermittelten Invaliditätsgrade zusammengerechnet. Mehr als 100 % werden jedoch nicht berücksichtigt.

e Stirbt die versicherte Person aus unfallfremder Ursache innerhalb eines Jahres nach dem Unfall oder, gleichgültig aus welcher Ursache, später als ein Jahr nach dem Unfall, und war ein Anspruch auf Invaliditätsleistung entstanden, leisten wir nach dem Invaliditätsgrad, mit dem auf Grund der ärztlichen Befunde zu rechnen gewesen wäre.

A.4.6 Leistung bei Tod
Voraussetzung

A.4.6.1 Voraussetzung für die Todesfallleistung ist, dass die versicherte Person infolge des Unfalls innerhalb eines Jahres gestorben ist.

Höhe der Leistung

A.4.6.2 Wir zahlen die für den Todesfall versicherte Summe.

A.4.7 Krankenhaustagegeld, Genesungsgeld, Tagegeld
Krankenhaustagegeld

A.4.7.1 Voraussetzung für die Zahlung des Krankenhaustagegelds ist, dass sich die versicherte Person wegen des Unfalls in medizinisch notwendiger vollstationärer Heilbehandlung befindet.

Rehabilitationsmaßnahmen (mit Ausnahme von Anschlussheilbehandlungen) sowie Aufenthalte in Sanatorien und Erholungsheimen gelten nicht als medizinisch notwendige Heilbehandlung.

A.4.7.2 Wir zahlen das Krankenhaustagegeld in Höhe der versicherten Summe für jeden Kalendertag der vollstationären Behandlung, längstens jedoch für xx Jahre ab dem Tag des Unfalls an gerechnet.

Genesungsgeld

A.4.7.3 Voraussetzung für die Zahlung des Genesungsgelds ist, dass die versicherte Person aus der vollstationären Behandlung entlassen worden ist und Anspruch auf Krankenhaustagegeld nach A.4.7.1 hatte.

A.4.7.4 Wir zahlen das Genesungsgeld in Höhe der vereinbarten Versicherungssumme für dieselbe Anzahl von Kalendertagen, für die wir Krankenhaustagegeld gezahlt haben, längstens jedoch für xx Tage.

Tagegeld

A.4.7.5 Voraussetzung für die Zahlung des Tagegelds ist, dass die versicherte Person unfallbedingt in der Arbeitsfähigkeit beeinträchtigt und in ärztlicher Behandlung ist.

A.4.7.6 Das Tagegeld berechnen wir nach der versicherten Summe. Es wird nach dem festgestellten Grad der Beeinträchtigung der Berufstätigkeit oder Beschäftigung abgestuft.

A.4.7.7 Das Tagegeld zahlen wir für die Dauer der ärztlichen Behandlung, längstens jedoch für ein Jahr ab dem Tag des Unfalls.

A.4.8 Welche Auswirkungen haben vor dem Unfall bestehende Krankheiten oder Gebrechen?

A.4.8.1 Wir leisten nur für Unfallfolgen. Haben Krankheiten oder Gebrechen bei der durch ein Unfallereignis verursachten Gesundheitsschädigung oder deren Folgen mitgewirkt, mindert sich entsprechend dem Anteil der Krankheit oder des Gebrechens
- im Falle einer Invalidität der Prozentsatz des Invaliditätsgrads,
- im Todesfall sowie in allen anderen Fällen die Leistung.

A.4.8.2 Beträgt der Mitwirkungsanteil weniger als 25 %, unterbleibt die Minderung.

A.4.9 Fälligkeit unserer Zahlung, Abtretung

Prüfung Ihres Anspruchs

A.4.9.1 Wir sind verpflichtet, innerhalb eines Monats – beim Invaliditätsanspruch innerhalb von drei Monaten – zu erklären, ob und in welcher Höhe wir einen Anspruch anerkennen. Die Fristen beginnen mit dem Zugang folgender Unterlagen:
- Nachweis des Unfallhergangs und der Unfallfolgen,
- beim Invaliditätsanspruch zusätzlich der Nachweis über den Abschluss des Heilverfahrens, soweit er für die Bemessung der Invalidität notwendig ist.

A.4.9.2 Die ärztlichen Gebühren, die Ihnen zur Begründung des Leistungsanspruchs entstehen, übernehmen wir
- bei Invalidität bis zu xx ‰ der versicherten Summe,
- bei Tagegeld bis zu einem Tagegeldsatz,
- bei Krankenhaustagegeld mit Genesungsgeld bis zu einem Krankenhaustagegeldsatz.

Fälligkeit der Leistung

A.4.9.3 Erkennen wir den Anspruch an oder haben wir uns mit Ihnen über Grund und Höhe geeinigt, zahlen wir innerhalb von zwei Wochen.

Vorschüsse

A.4.9.4 Steht die Leistungspflicht zunächst nur dem Grunde nach fest, zahlen wir auf Ihren Wunsch angemessene Vorschüsse.

A.4.9.5 Vor Abschluss des Heilverfahrens kann eine Invaliditätsleistung innerhalb eines Jahres nach dem Unfall nur bis zur Höhe einer vereinbarten Todesfallsumme beansprucht werden.

Neubemessung des Grades der Invalidität

A.4.9.6 Sie und wir sind berechtigt, den Grad der Invalidität jährlich, längstens bis zu drei Jahren nach dem Unfall, erneut ärztlich bemessen zu lassen. Bei Kindern bis zur Vollendung des xx. Lebensjahres verlängert sich diese Frist von drei auf xx Jahre. Dieses Recht muss
- von uns zusammen mit unserer Erklärung über die Anerkennung unserer Leistungspflicht nach A.4.9.1,
- von Ihnen vor Ablauf der Frist

ausgeübt werden.

Leistung für eine mitversicherte Person

A.4.9.7 Sie können die Auszahlung der auf eine mitversicherte Person entfallenden Versicherungssumme an sich nur mit deren Zustimmung verlangen.

Abtretung

A.4.9.8 Ihren Anspruch auf die Leistung können Sie vor der endgültigen Feststellung ohne unsere ausdrückliche Genehmigung weder abtreten noch verpfänden.

1 Bei der **Kfz-Unfallversicherung** ist das versicherte Risiko der **Unfall**, der in unmittelbarem Zusammenhang mit dem Gebrauch des Fahrzeugs oder damit verbundene Anhänger steht. Beispielhaft sind genannt Fahren, Ein- und Aussteigen sowie Be- und Entladen. Insoweit wird auf A.1.1 Rn 2 f verwiesen.

A.4.10 Was ist nicht versichert?

Straftat

A.4.10.1 Kein Versicherungsschutz besteht bei Unfällen, die der versicherten Person dadurch zustoßen, dass sie vorsätzlich eine Straftat begeht oder versucht.

Geistes- oder Bewusstseinsstörungen/Trunkenheit

A.4.10.2 Kein Versicherungsschutz besteht bei Unfällen der versicherten Person durch Geistes- oder Bewusstseinsstörungen, auch soweit diese auf Trunkenheit beruhen, sowie durch Schlaganfälle, epileptische Anfälle oder andere Krampfanfälle, die den ganzen Körper der versicherten Person ergreifen.

Versicherungsschutz besteht jedoch, wenn diese Störungen oder Anfälle durch ein Unfallereignis verursacht sind, das unter diesen Vertrag oder unter eine für das Vorfahrzeug bei uns abgeschlossene Kfz-Unfallversicherung fällt.

Rennen

A.4.10.3 Kein Versicherungsschutz besteht bei Unfällen, die sich bei Beteiligung an Fahrtveranstaltungen ereignen, bei denen es auf Erzielung einer Höchstgeschwindigkeit ankommt. Dies gilt auch für dazugehörige Übungsfahrten.

Erdbeben, Kriegsereignisse, innere Unruhen, Maßnahmen der Staatsgewalt

A.4.10.4 Kein Versicherungsschutz besteht bei Unfällen, die durch Erdbeben, Kriegsereignisse, innere Unruhen oder Maßnahmen der Staatsgewalt unmittelbar oder mittelbar verursacht werden.

Kernenergie

A.4.10.5 Kein Versicherungsschutz besteht bei Schäden durch Kernenergie.

Bandscheiben, innere Blutungen

A.4.10.6 Kein Versicherungsschutz besteht bei Schäden an Bandscheiben sowie bei Blutungen aus inneren Organen und Gehirnblutungen. Versicherungsschutz besteht jedoch, wenn überwiegende Ursache ein unter diesen Vertrag fallendes Unfallereignis nach A.4.1.2 ist.

Infektionen

A.4.10.7 Kein Versicherungsschutz besteht bei Infektionen. Bei Wundstarrkrampf und Tollwut besteht jedoch Versicherungsschutz, wenn die Krankheitserreger durch ein versichertes Unfallereignis sofort oder später in den Körper gelangen. Bei anderen Infektionen besteht Versicherungsschutz, wenn die Krankheitserreger durch ein versichertes Unfallereignis, das nicht nur geringfügige Haut- oder Schleimhautverletzungen verursacht, sofort oder später in den Körper gelangen. Bei Infektionen, die durch Heilmaßnahmen verursacht sind, besteht Versicherungsschutz, wenn die Heilmaßnahmen durch ein unter diesen Vertrag fallendes Unfallereignis veranlasst waren.

Psychische Reaktionen

A.4.10.8 Kein Versicherungsschutz besteht bei krankhaften Störungen infolge psychischer Reaktionen, auch wenn diese durch einen Unfall verursacht wurden.

Bauch- und Unterleibsbrüche

A.4.10.9 Kein Versicherungsschutz besteht bei Bauch- oder Unterleibsbrüchen. Versicherungsschutz besteht jedoch, wenn sie durch eine unter diesen Vertrag fallende gewaltsame, von außen kommende Einwirkung entstanden sind.

AKB 2015: Die **Fahrerschutzversicherung** als Kfz-Unfallversicherung, deren Leistungen sich nach dem tatsächlich entstandenen Personenschaden richten, ist nunmehr in A.5 AKB 2015 („Fahrerschutzversicherung – wenn der Fahrer verletzt oder getötet wird") aufgenommen.

B. Beginn des Vertrags und vorläufiger Versicherungsschutz

Der Versicherungsvertrag kommt dadurch zustande, dass wir Ihren Antrag annehmen. Regelmäßig geschieht dies durch Zugang des Versicherungsscheins.

In den AKB sind außer dem allgemeinen Grundsatz einzelne Vorschriften über das Zustandekommen des VersVertrages nicht enthalten.

B.1 Wann beginnt der Versicherungsschutz?

Der Versicherungsschutz beginnt erst, wenn Sie den in Ihrem Versicherungsschein genannten fälligen Beitrag gezahlt haben, jedoch nicht vor dem vereinbarten Zeitpunkt. Zahlen Sie den ersten oder einmaligen Beitrag nicht rechtzeitig, richten sich die Folgen nach C.1.2 und C.1.3.

Der Versicherungsschutz beginnt erst, wenn der VN den im Versicherungsschein genannten fälligen Beitrag gezahlt hat. Gleichzeitig wird auf die Folgen der nicht rechtzeitigen Zahlung hingewiesen (C.1.2 und C.1.3).

B.2 Vorläufiger Versicherungsschutz

Bevor der Beitrag gezahlt ist, haben Sie nach folgenden Bestimmungen vorläufigen Versicherungsschutz:

Kfz-Haftpflichtversicherung und Autoschutzbrief

B.2.1 Händigen wir Ihnen die Versicherungsbestätigung aus oder nennen wir Ihnen bei elektronischer Versicherungsbestätigung die Versicherungsbestätigungs-Nummer, haben Sie in der Kfz-Haftpflichtversicherung und beim Autoschutzbrief vorläufigen Versicherungsschutz zu dem vereinbarten Zeitpunkt, spätestens ab dem Tag, an dem das Fahrzeug unter Verwendung der Versicherungsbestätigung zugelassen wird. Ist das Fahrzeug bereits auf Sie zugelassen, beginnt der vorläufige Versicherungsschutz ab dem vereinbarten Zeitpunkt.

Kasko- und Kfz-Unfallversicherung

B.2.2 In der Kasko- und der Kfz-Unfallversicherung haben Sie vorläufigen Versicherungsschutz nur, wenn wir dies ausdrücklich zugesagt haben. Der Versicherungsschutz beginnt zum vereinbarten Zeitpunkt.

Übergang des vorläufigen in den endgültigen Versicherungsschutz

B.2.3 Sobald Sie den ersten oder einmaligen Beitrag nach C.1.1 gezahlt haben, geht der vorläufige in den endgültigen Versicherungsschutz über.

Rückwirkender Wegfall des vorläufigen Versicherungsschutzes

B.2.4 Der vorläufige Versicherungsschutz entfällt rückwirkend, wenn wir Ihren Antrag unverändert angenommen haben und Sie den im Versicherungsschein genannten ersten oder einmaligen Beitrag nicht unverzüglich (d.h. spätestens innerhalb von 14 Tagen) nach Ablauf von zwei Wochen nach Zugang des Versicherungsscheins bezahlt haben. Sie haben dann von Anfang an keinen Versicherungsschutz; dies gilt nur, wenn Sie die nicht rechtzeitige Zahlung zu vertreten haben.

Kündigung des vorläufigen Versicherungsschutzes

B.2.5 Sie und wir sind berechtigt, den vorläufigen Versicherungsschutz jederzeit zu kündigen. Unsere Kündigung wird erst nach Ablauf von zwei Wochen ab Zugang der Kündigung bei Ihnen wirksam.

Beendigung des vorläufigen Versicherungsschutzes durch Widerruf

B.2.6 Widerrufen Sie den Versicherungsvertrag nach § 8 Versicherungsvertragsgesetz, endet der vorläufige Versicherungsschutz mit dem Zugang Ihrer Widerrufserklärung bei uns.

Beitrag für vorläufigen Versicherungsschutz

B.2.7 Für den Zeitraum des vorläufigen Versicherungsschutzes haben wir Anspruch auf einen der Laufzeit entsprechenden Teil des Beitrags.

I. Vorläufige Deckung

1 **1. Allgemeines.** Die Regelung macht deutlich, unter welchen Voraussetzungen vorläufiger Versicherungsschutz besteht. Grundsätzlich gelten die §§ 49–52 VVG. Bei der vorläufigen Deckungszusage handelt es sich um einen rechtlich selbständigen VersVertrag.[1] Hierdurch soll das Risiko im Zeitraum bis zum endgültigen Versi-

---

1 BGH 25.1.1995 – IV ZR 328/92, VersR 1995, 409.

cherungsschutz abgedeckt werden. Der VN wird idR einen Antrag auf vorläufigen Deckungsschutz und auf Abschluss eines Hauptvertrages stellen.

2. Kfz-Haftpflichtversicherung und Autoschutzbrief (B.2.1). Es wird nach den einzelnen Versicherungsarten ausdrücklich differenziert. Nur in der Kfz-Haftpflichtversicherung und beim Autoschutzbrief gilt: Händigt der VR die **Versicherungsbestätigung** nach § 23 FZV (Deckungskarte; früher Doppelkarte) aus oder nennt er die Versicherungsbestätigungs-Nummer, besteht vorläufiger Deckungsschutz zu dem vereinbarten Zeitpunkt, spätestens ab dem Tag der entsprechenden Zulassung.

3. Kasko- und Kfz-Unfallversicherung (B.2.2). In der Kasko- und der Kfz-Unfallversicherung besteht vorläufiger Versicherungsschutz nur, wenn der VR dies ausdrücklich zugesagt hat. Der Versicherungsschutz beginnt mit dem vereinbarten Zeitpunkt.[2]

4. Beratungspflichten. Hinsichtlich der Beratungspflichten beim vorläufigen Versicherungsschutz gilt § 6 VVG. Bei der vorläufigen Deckung dürfen jedoch die Angaben über den erteilten Rat und die Gründe nach § 6 Abs. 2 S. 2 VVG mündlich übermittelt werden. Die Rspr nimmt eine Pflicht des VR zur Gewährung vorläufigen Deckungsschutzes in der **Kaskoversicherung** an, wenn die Aushändigung der Versicherungsbestätigung ohne den ausdrücklichen Hinweis darauf erfolgt, dem VN werde vorläufige Deckung nur in der Kfz-Haftpflichtversicherung gewährt.[3] Die Antragstellung kann auch mündlich oder telefonisch erfolgen.

II. Ende der vorläufigen Deckung (B.2.3–B.2.6)

1. Übergang des vorläufigen in den endgültigen Versicherungsschutz (B.2.3). Da der Zweck des vorläufigen Versicherungsschutzes darin besteht, eine zeitweilige Lücke im Versicherungsschutz zu schließen, wird klargestellt, dass der vorläufige Versicherungsschutz in den endgültigen **übergeht**, sobald der VN den ersten oder einmaligen Beitrag nach C.1.1 gezahlt hat (B.2.3). Hierbei ist die Regelung des § 52 Abs. 1 VVG zu beachten.

Nach § 52 Abs. 2 VVG endet die vorläufige Deckung auch, wenn der VN den Hauptvertrag oder den weiteren Vertrag über vorläufige Deckung mit einem **anderen VR** schließt.[4]

2. Rückwirkender Wegfall des vorläufigen Versicherungsschutzes (B.2.4). Nach § 52 Abs. 1 S. 2 VVG endet der Vertrag über die vorläufige Deckung bei Nichtzahlung oder verspäteter Zahlung der Prämie spätestens zu dem Zeitpunkt, zu dem der VN mit der Prämienzahlung in Verzug ist, vorausgesetzt, dass der VR den VN durch gesonderte Mitteilung in Textform oder durch einen auffälligen Hinweis im Versicherungsschein auf diese Rechtsfolge aufmerksam gemacht hat.[5]

B.2.4 bestimmt, dass der vorläufige Versicherungsschutz rückwirkend entfällt, wenn der VR den Antrag unverändert angenommen hat und der VN den im Versicherungsschein genannten ersten oder einmaligen Beitrag nicht unverzüglich (dh spätestens innerhalb von 14 Tagen) nach Ablauf von zwei Wochen nach Zugang des Versicherungsscheins bezahlt hat. In diesem Fall fällt der vorhandene Deckungsschutz wieder weg, allerdings nur unter der Voraussetzung, dass der VN die nicht rechtzeitige Zahlung zu vertreten hat. Grundlage ist § 9 S. 2 KfzPflVV, der die schriftliche Belehrung zur Voraussetzung des Wegfalls macht. Der VR muss

---

2 Römer/Langheid/*Rixecker*, § 49 VVG Rn 5; FAKomm-VersR/*Halbach*, § 49 VVG Rn 10.
3 BGH 14.7.1999 – IV ZR 112/98, VersR 1999, 1274; OLG Saarbrücken 20.4.2006 – 5 U 575/05, r+s 2006, 274; Prölss/Martin/*Knappmann*, B. Rn 6; FAKomm-VersR/*Halbach*, § 49 VVG Rn 20.
4 Vgl BGH 25.1.1995 – IV ZR 328/93, VersR 1995, 409.
5 FAKomm-VersR/*Halbach*, § 52 VVG Rn 10 ff.

den Zugang des Versicherungsscheins und das Zugangsdatum nachweisen. Beweiserleichterungen kommen ihm nicht zugute.[6]

9 **3. Kündigung (B.2.5); Widerruf (B.2.6).** Die Vertragspartner haben ein Recht zur **Kündigung** des vorläufigen Deckungsschutzes (§ 52 Abs. 4 VVG, B.2.5). Die Kündigung des VR wird erst nach zwei Wochen ab Zugang der Kündigung beim VN wirksam.

10 Der **Widerruf** nach § 8 VVG bewirkt auch die Beendigung der vorläufigen Deckung (§ 52 Abs. 3 VVG, B.2.6).

III. Beitrag für vorläufige Deckung (B.2.7)

11 Der VR kann für den Zeitraum der vorläufigen Deckung einen der Laufzeit entsprechenden Teil der Prämie verlangen. Die Regelung des § 50 VVG wurde übernommen.

C. Beitragszahlung

C.1 Zahlung des ersten oder einmaligen Beitrags

Rechtzeitige Zahlung

C.1.1 Der im Versicherungsschein genannte erste oder einmalige Beitrag wird zwei Wochen nach Zugang des Versicherungsscheins fällig. Sie haben diesen Beitrag dann unverzüglich (d.h. spätestens innerhalb von 14 Tagen) zu zahlen.

Nicht rechtzeitige Zahlung

C.1.2 Zahlen Sie den ersten oder einmaligen Beitrag nicht rechtzeitig, haben Sie von Anfang an keinen Versicherungsschutz, es sei denn, Sie haben die Nichtzahlung oder verspätete Zahlung nicht zu vertreten. Haben Sie die nicht rechtzeitige Zahlung jedoch zu vertreten, beginnt der Versicherungsschutz erst ab der Zahlung.

C.1.3 Außerdem können wir vom Vertrag zurücktreten, solange der Beitrag nicht gezahlt ist. Der Rücktritt ist ausgeschlossen, wenn Sie die Nichtzahlung nicht zu vertreten haben. Nach dem Rücktritt können wir von Ihnen eine Geschäftsgebühr verlangen. Diese beträgt xx % des Jahresbeitrags für jeden angefangenen Monat ab dem beantragten Beginn des Versicherungsschutzes bis zu unserem Rücktritt, jedoch höchstens xx % des Jahresbeitrags.

I. Fälligkeit der ersten oder einmaligen Prämie, Zahlungsfrist (C.1.1)

1 Die Zahlung der ersten oder einmaligen Prämie und die Folgen der nicht rechtzeitigen Zahlung sind in C.1 geregelt. Die Fälligkeitsregelung des § 33 Abs. 1 VVG wird konkretisiert. Nach § 33 Abs. 1 VVG ist die Erstprämie oder die einmalige Prämie unverzüglich nach Ablauf von zwei Wochen nach Zugang des Versicherungsscheins zu zahlen. Die AKB haben die Zahlungsfrist genauer bestimmt. Fälligkeit tritt zwei Wochen nach Zugang des Versicherungsscheins ein. Der VN hat dann noch 14 Tage Zeit, um zu zahlen.

---

6 BGH 13.12.1995 – IV ZR 30/95, VersR 1996, 445.

II. Zahlungsverzug bei Erstprämie (C.1.2, C.1.3)

Die AKB konkretisieren die Regelung des § 37 VVG. Versicherungsschutz entfällt, es sei denn, der VN hat die Nichtzahlung oder die verspätete Zahlung nicht zu vertreten (§ 37 Abs. 2 S. 1 VVG). Die Verspätung hat der VN nicht zu vertreten, wenn er wegen unklarer Berechnung der Prämie nicht erkennt, was er zahlen muss.[1] Der VR muss zwischen den Prämien (zB Kasko- und Kfz-Haftpflicht) trennen, damit der VN den genauen Betrag ersehen kann. 2

Außerdem ist ein **Rücktrittsrecht** vorgesehen, solange der Beitrag nicht gezahlt ist. Der VR kann eine Geschäftsgebühr verlangen. Diese knüpft nach näherer Maßgabe an den Jahresbeitrag an (vgl § 39 VVG). Dies dürfte im Massengeschäft zulässig sein. Insoweit ist aber eine Begrenzung im Hinblick auf die Angemessenheit vorzunehmen.[2] 3

III. Belehrung

Leistungsfreiheit tritt nur ein, wenn der VR den VN durch gesonderte Mitteilung in Textform oder durch einen auffälligen Hinweis im Versicherungsschein auf die Rechtsfolge der Nichtzahlung aufmerksam gemacht hat. 4

C.2 Zahlung des Folgebeitrags

Rechtzeitige Zahlung

C.2.1 Ein Folgebeitrag ist zu dem im Versicherungsschein oder in der Beitragsrechnung angegebenen Zeitpunkt fällig und zu zahlen.

Nicht rechtzeitige Zahlung

C.2.2 Zahlen Sie einen Folgebeitrag nicht rechtzeitig, fordern wir Sie auf, den rückständigen Beitrag zuzüglich des Verzugsschadens (Kosten und Zinsen) innerhalb von zwei Wochen ab Zugang unserer Aufforderung zu zahlen.

C.2.3 Tritt ein Schadenereignis nach Ablauf der zweiwöchigen Zahlungsfrist ein und sind zu diesem Zeitpunkt diese Beträge noch nicht bezahlt, haben Sie keinen Versicherungsschutz. Wir bleiben jedoch zur Leistung verpflichtet, wenn Sie die verspätete Zahlung nicht zu vertreten haben.

C.2.4 Sind Sie mit der Zahlung dieser Beträge nach Ablauf der zweiwöchigen Zahlungsfrist noch in Verzug, können wir den Vertrag mit sofortiger Wirkung kündigen. Unsere Kündigung wird unwirksam, wenn Sie diese Beträge innerhalb eines Monats ab Zugang der Kündigung zahlen. Haben wir die Kündigung zusammen mit der Mahnung ausgesprochen, wird die Kündigung unwirksam, wenn Sie innerhalb eines Monats nach Ablauf der in der Mahnung genannten Zahlungsfrist zahlen.

Für Schadenereignisse, die in der Zeit nach Ablauf der zweiwöchigen Zahlungsfrist bis zu Ihrer Zahlung eintreten, haben Sie keinen Versicherungsschutz. Versicherungsschutz besteht erst wieder für Schadenereignisse nach Ihrer Zahlung.

---

[1] Vgl BGH 21.12.1977 – IV ZR 21/77, VersR 1978, 241; BGH 7.10.1992 – IV ZR 247/91, r+s 1992, 398.
[2] Stiefel/Maier/*Stadler*, C.1.3 Rn 43 (40 %); krit. *Markopoulos*, r+s 2013, 110 f.

I. Qualifizierte Mahnung

1 C.2 regelt die Zahlung der **Folgeprämie**. Die AKB konkretisieren die Regelung des § 38 VVG über den Zahlungsverzug bei Folgeprämie. Die Anforderungen an eine qualifizierte Mahnung (C.2.2) ergeben sich aus § 38 Abs. 1 S. 2 VVG.

2 Die Bestimmung der Zahlungsfrist ist nur wirksam, wenn sie die rückständigen Beträge der Prämie, Zinsen und Kosten, ggf getrennt nach Verträgen, im Einzelnen beziffert und die Rechtsfolgen angibt, die mit dem Fristablauf verbunden sind. Die Beweislast hat der VR.[1]

3 Der Umfang des Rückstandes muss genau beziffert werden. Dem VN muss klar sein, welcher genaue Betrag wofür gefordert wird.[2] Die Prämien für rechtlich selbständige Verträge, Kfz-Haftpflicht-, -Kasko und -Unfallversicherung, müssen getrennt und exakt ausgewiesen werden, damit dem VN die Möglichkeit der Aufrechterhaltung des Deckungsschutzes bezogen auf die Versicherungssparte möglich ist.

II. Kündigung

4 Für die Kündigung und den erforderlichen Hinweis gilt § 38 Abs. 3 VVG. Besonders hingewiesen wird auf die in der Praxis häufige Variante, dass Kündigung und Mahnung zusammen ausgesprochen werden. Die Kündigung wird dann unwirksam, wenn innerhalb eines Monats nach Ablauf der genannten Zahlungsfrist gezahlt wird.

C.3 Nicht rechtzeitige Zahlung bei Fahrzeugwechsel

Versichern Sie anstelle Ihres bisher bei uns versicherten Fahrzeugs ein anderes Fahrzeug bei uns (Fahrzeugwechsel), wenden wir für den neuen Vertrag bei nicht rechtzeitiger Zahlung des ersten oder einmaligen Beitrags die für Sie günstigeren Regelungen zum Folgebeitrag nach C.2.2 bis C.2.4 an. Außerdem berufen wir uns nicht auf den rückwirkenden Wegfall des vorläufigen Versicherungsschutzes nach B.2.4. Dafür müssen folgende Voraussetzungen gegeben sein:

– Zwischen dem Ende der Versicherung des bisherigen Fahrzeugs und dem Beginn der Versicherung des anderen Fahrzeugs sind nicht mehr als sechs Monate vergangen,

– Fahrzeugart und Verwendungszweck der Fahrzeuge sind gleich.

Kündigen wir das Versicherungsverhältnis wegen Nichtzahlung, können wir von Ihnen eine Geschäftsgebühr entsprechend C.1.3 verlangen.

1 C.3 regelt die nicht rechtzeitige Zahlung bei **Fahrzeugwechsel** besonders, andernfalls würde C.1 eingreifen. Die Regelung C.3 erklärt bei nicht rechtzeitiger Zahlung bei Fahrzeugwechsel die Bestimmungen in C.2.2 bis C.2.4 für anwendbar und schließt teilweise B.2.4 (rückwirkender Wegfall des vorläufigen Versicherungsschutzes) aus.

C.4 Zahlungsperiode

Beiträge für Ihre Versicherung müssen Sie entsprechend der vereinbarten Zahlungsperiode bezahlen. Die Zahlungsperiode ist die Versicherungspe-

---

1 Vgl OLG Köln 7.5.2004 – 9 U 75/03, r+s 2004, 316.
2 Vgl BGH 6.10.1999 – IV ZR 118/98, r+s 2000, 52.

riode nach § 12 Versicherungsvertragsgesetz. Welche Zahlungsperiode Sie mit uns vereinbart haben, können Sie ihrem Versicherungsschein entnehmen.

Die Laufzeit des Vertrags, die sich von der Zahlungsperiode unterscheiden kann, ist in Abschnitt G geregelt.

Die Zahlungsperiode gibt an, in welchen zeitlichen Intervallen die Versicherungsbeiträge fällig werden. Die Versicherungsperiode nach § 12 VVG wird mit der Zahlungsperiode gleichgesetzt. 1

C.5 Beitragspflicht bei Nachhaftung in der Kfz-Haftpflichtversicherung

Bleiben wir in der Kfz-Haftpflichtversicherung aufgrund § 117 Abs. 2 Versicherungsvertragsgesetz gegenüber einem Dritten trotz Beendigung des Versicherungsvertrages zur Leistung verpflichtet, haben wir Anspruch auf den Beitrag für die Zeit dieser Verpflichtung. Unsere Rechte nach § 116 Abs. 1 Versicherungsvertragsgesetz bleiben unberührt.

D. Welche Pflichten haben Sie beim Gebrauch des Fahrzeugs?

D.1 Bei allen Versicherungsarten

Vereinbarter Verwendungszweck

D.1.1 Das Fahrzeug darf nur zu dem im Versicherungsvertrag angegebenen Zweck verwendet werden.

< xx *Alternativformulierung für die Versicherer, die den Anhang verwenden:* >

[xx siehe Tabelle zur Begriffsbestimmung für Art und Verwendung des Fahrzeugs]

Berechtigter Fahrer

D.1.2 Das Fahrzeug darf nur von einem berechtigten Fahrer gebraucht werden. Berechtigter Fahrer ist, wer das Fahrzeug mit Wissen und Willen des Verfügungsberechtigten gebraucht. Außerdem dürfen Sie, der Halter oder der Eigentümer des Fahrzeugs es nicht wissentlich ermöglichen, dass das Fahrzeug von einem unberechtigten Fahrer gebraucht wird.

Fahren mit Fahrerlaubnis

D.1.3 Der Fahrer des Fahrzeugs darf das Fahrzeug auf öffentlichen Wegen oder Plätzen nur mit der erforderlichen Fahrerlaubnis benutzen. Außerdem dürfen Sie, der Halter oder der Eigentümer das Fahrzeug nicht von einem Fahrer benutzen lassen, der nicht die erforderliche Fahrerlaubnis hat.

Fahrzeuge mit Wechselkennzeichen

D.1.4 Der Fahrer darf ein mit einem Wechselkennzeichen zugelassenes Fahrzeug auf öffentlichen Wegen oder Plätzen nur benutzen, wenn es das nach § 8 Absatz 1a Fahrzeug-Zulassungsverordnung vorgeschriebene Wechselkennzeichen vollständig trägt. Außerdem dürfen Sie, der Halter oder der Eigentümer das Fahrzeug nur von einem Fahrer benutzen lassen, wenn es das nach § 8 Absatz 1 a der Fahrzeug-Zulassungsverordnung vorgeschriebene Wechselkennzeichen vollständig trägt.

D.2 Zusätzlich in der Kfz-Haftpflichtversicherung

Alkohol und andere berauschende Mittel

D.2.1 Das Fahrzeug darf nicht gefahren werden, wenn der Fahrer durch alkoholische Getränke oder andere berauschende Mittel nicht in der Lage ist, das Fahrzeug sicher zu führen. Außerdem dürfen Sie, der Halter oder der Eigentümer des Fahrzeugs dieses nicht von einem Fahrer fahren lassen, der durch alkoholische Getränke oder andere berauschende Mittel nicht in der Lage ist, das Fahrzeug sicher zu führen.

Hinweis: Auch in der Kasko-, Autoschutzbrief- und Kfz-Unfallversicherung besteht für solche Fahrten nach A.2.16.1, A.3.9.1, A.4.10.2 kein oder eingeschränkter Versicherungsschutz.

Nicht genehmigte Rennen

D.2.2 Das Fahrzeug darf nicht zu Fahrtveranstaltungen und den dazugehörigen Übungsfahrten verwendet werden, bei denen es auf die Erzielung einer Höchstgeschwindigkeit ankommt und die behördlich nicht genehmigt sind.

Hinweis: Behördlich genehmigte kraftfahrt-sportliche Veranstaltungen sind vom Versicherungsschutz gemäß A.1.5.2 ausgeschlossen. Auch in der Kasko-, Autoschutzbrief- und Kfz-Unfallversicherung besteht für Fahrten, bei denen es auf die Erzielung einer Höchstgeschwindigkeit ankommt, nach A.2.16.2, A.3.9.2, A.4.10.3 kein Versicherungsschutz.

D.3 Welche Folgen hat eine Verletzung dieser Pflichten?

Leistungsfreiheit bzw. Leistungskürzung

D.3.1 Verletzen Sie vorsätzlich eine Ihrer in D.1 und D.2 geregelten Pflichten, haben Sie keinen Versicherungsschutz. Verletzen Sie Ihre Pflichten grob fahrlässig, sind wir berechtigt, unsere Leistung in einem der Schwere Ihres Verschuldens entsprechenden Verhältnis zu kürzen. Weisen Sie nach, dass Sie die Pflicht nicht grob fahrlässig verletzt haben, bleibt der Versicherungsschutz bestehen.

Bei einer Verletzung der Pflicht in der Kfz-Versicherung aus D.2.1 Satz 2 sind wir Ihnen, dem Halter oder Eigentümer gegenüber nicht von der Leistungspflicht befreit, soweit Sie, der Halter oder Eigentümer als Fahrzeuginsasse, der das Fahrzeug nicht geführt hat, einen Personenschaden erlitten haben.

D.3.2 Abweichend von D.3.1 sind wir zur Leistung verpflichtet, soweit die Pflichtverletzung weder für den Eintritt des Versicherungsfalls noch für den Umfang unserer Leistungspflicht ursächlich ist. Dies gilt nicht, wenn Sie die Pflicht arglistig verletzen.

Beschränkung der Leistungsfreiheit in der Kfz-Haftpflichtversicherung

D.3.3 In der Kfz-Haftpflichtversicherung ist die sich aus D.3.1 ergebende Leistungsfreiheit bzw. Leistungskürzung Ihnen und den mitversicherten Personen gegenüber auf den Betrag von höchstens je xx Euro beschränkt.[1] Außerdem gelten anstelle der vereinbarten Versicherungssummen die in Deutschland geltenden Mindestversicherungssummen.

Satz 1 und 2 gelten entsprechend, wenn wir wegen einer von Ihnen vorgenommenen Gefahrerhöhung (§§ 23, 26 Versicherungsvertragsgesetz) vollständig oder teilweise leistungsfrei sind.

D.3.4 Gegenüber einem Fahrer, der das Fahrzeug durch eine vorsätzlich begangene Straftat erlangt, sind wir vollständig von der Verpflichtung zur Leistung frei.

I. Die Systematik der Obliegenheitsverletzungen

Die Aufteilung erfolgt unter D. in „Pflichten beim Gebrauch des Fahrzeugs" und unter E. in „Pflichten im Schadenfall". Gemeint sind die Obliegenheiten vor und nach Eintritt des Versicherungsfalles. Grundlage in der Kfz-Haftpflichtversicherung ist § 5 KfzPflVV. 1

AKB 2015: In der Fassung AKB 2015 wird strukturell zwischen Pflichten bei Gebrauch des Fahrzeugs (D.1) und Rechtsfolgen bei Verletzung der Pflichten (D.2) unterschieden. 1a

II. Obliegenheiten beim Gebrauch des Fahrzeugs

Die Obliegenheiten sind gegliedert in solche bei allen Versicherungsarten (D.1) und zusätzlich in der Kfz-Haftpflichtversicherung (D.2). 2

1. Verwendungsklausel (D.1.1). Das Fahrzeug darf nur zu dem im VersVertrag angegebenen Zweck verwendet werden. Der VR kann auf den Anhang 6 (Art und Verwendung von Fahrzeugen) Bezug nehmen. Es handelt sich um spezielle Ausgestaltungen der Gefahrerhöhungen (s. dazu §§ 19 ff VVG), so dass deren Vorschriften nicht anwendbar sind.[1] 3

Ein Verstoß gegen die Verwendungsklausel wird angenommen bei: 4

- Verwendung eines Personenwagens als Mietwagen;[2]
- Verwendung eines Personenwagens als Selbstfahrermietfahrzeug;[3]
- Einsatz eines Werkverkehrfahrzeugs im Güternahverkehr;[4]
- Verwendung eines Fahrzeugs mit **rotem Kennzeichen** nach § 28 Abs. 1 StVZO für Ausflüge und nicht für Probe- und Prüfungsfahrten.[5]

2. Schwarzfahrtklausel (D.1.2). Nur der **berechtigte Fahrer** darf das Fahrzeug gebrauchen. In diesem Sinne ist berechtigt, wer das Fahrzeug mit Wissen und Wollen des Verfügungsberechtigten gebraucht. Außerdem dürfen VN, Halter oder Eigentümer das Fahrzeug es nicht wissentlich ermöglichen, dass der Wagen von einem unberechtigten Fahrer benutzt wird. Eine **Schwarzfahrt** kann vorliegen, wenn der an sich berechtigte Fahrer eine Einkaufsfahrt unternimmt.[6] 5

3. Führerscheinklausel (D.1.3). Auf öffentlichen Wegen oder Plätzen darf der Fahrer das Fahrzeug nur mit der erforderlichen Fahrerlaubnis benutzen. Der VN, Hal- 6

---

1 Gem. § 5 Abs. 3 KfzPflVV darf die Leistungsfreiheit höchstens auf 5.000 Euro beschränkt werden.
1 BGH 22.1.1997 – IV ZR 320/95, r+s 1997, 184.
2 OLG Hamm 11.9.1997 – 6 U 72/97, VersR 1998, 1498.
3 OLG Koblenz 4.12.1998 – 10 U 5/98, r+s 1999, 271.
4 BGH 1.3.1972 – IV ZR 107/70, VersR 1972, 530.
5 OLG Köln 28.3.2000 – 9 U 77/99, r+s 2000, 189.
6 OLG Karlsruhe 29.12.1981 – 12 U 173/80, VersR 1983, 236.

ter oder Eigentümer des Wagens darf das Fahrzeug nicht von einem Fahrer ohne erforderliche Fahrerlaubnis benutzen lassen. Ein Verstoß gegen die Führerscheinklausel liegt vor, wenn die Fahrerlaubnis nach § 111a StPO entzogen[7] oder beschlagnahmt ist,[8] nicht bei Fahrverbot.[9] Es handelt sich um eine Spezialregelung, die die §§ 23 ff VVG ausschließt.[10]

6a **4. Fahrzeuge mit Wechselkennzeichen (D.1.4).** Nach § 8 Abs. 1a FZV kann für zwei Fahrzeuge des gleichen Halters ein Wechselkennzeichen zugeteilt werden. Die Kfz dürfen nach S. 4 der Vorschrift nur dann am öffentlichen Verkehr teilnehmen, wenn an ihnen auch der auswechselbare Kennzeichenteil angebracht ist. Das Wechselkennzeichen besteht aus einem gemeinsam auswechselbaren Kennzeichenteil und zwei unterschiedlichen fahrzeugbezogenen Teilen, die jeweils zugeordnet sind. Beide Fahrzeuge dürfen nicht gleichzeitig benutzt werden. Die Bestimmung des § 5 Abs. 1 Nr. 6 KfzPflVV wird als vertragliche Obliegenheit übernommen.

7 **5. Zusätzlich in der Kfz-Haftpflichtversicherung: Trunkenheitsklausel (D.2.1).** Die **Trunkenheitsklausel** verbietet es zu fahren, wenn der Fahrer durch alkoholische Getränke oder andere berauschende Mittel nicht in der Lage ist, das Fahrzeug sicher zu führen. VN, Halter und Eigentümer dürfen den Fahrer auch nicht in diesem Zustand fahren lassen. Ob Fahruntüchtigkeit vorliegt, beurteilt sich nach der genossenen Menge Alkohols. Bei einer BAK von über 1,1 ‰ ist absolute Fahruntüchtigkeit gegeben.[11] Bei relativer Fahruntüchtigkeit im Bereich zwischen 0,3 bis 1,1 ‰ müssen weitere Unstände hinzutreten, die den Schluss auf alkoholbedingte Fahruntüchtigkeit zulassen.[12] In Betracht kommen Ausfallerscheinungen oder grobe Fahrfehler, die typischerweise auf Alkoholgenuss hindeuten.

8 **6. Zusätzlich in der Kfz-Haftpflichtversicherung: Nicht genehmigte Rennen (D.2.2).** Das Fahrzeug darf nicht zu nicht genehmigten Rennen und dazugehörigen Übungsfahrten verwendet werden. Im Übrigen gelten für den Ausschluss vom Versicherungsschutz bei Rennen A.1.5.2 sowie in der Kasko-, Autoschutzbrief- und Kfz-Unfallversicherung A.2.16.2, A.3.9.2 und A.4.10.3 (s. dort).

II. Folgen der Obliegenheitsverletzung (D.3)

9 Entsprechend § 28 VVG sind die Folgen der Obliegenheitsverletzung in D.3 und in E.6 geregelt. Es ergeben sich unterschiedliche Folgen, wenn es sich um einen Versicherungsfall in der Kaskoversicherung oder in der Kfz-Haftpflichtversicherung handelt.

10 **1. Leistungsfreiheit bzw Leistungskürzung (D.3.1 und D.3.2).** Bei vorsätzlichem Pflichtverstoß iSv D.1 und D.2 entfällt der Versicherungsschutz. Bei grob fahrlässiger Pflichtverletzung kommt es zur quotalen Leistungskürzung (s. näher § 28 VVG Rn 164 ff).[13] Über das methodische Vorgehen bei der Quotenbestimmung zeichnet sich bisher kein einheitliches Bild ab. Eine flexible Handhabung dürfte praxisgerecht sein und dem Willen des Gesetzgebers entsprechen. Einem flexiblen Quotenmodell ist auch hier der Vorzug zu geben (s. A.2.16).

11 Ist der **VN selbst geschädigt**, wenn er als Fahrzeuginsasse, der das Fahrzeug nicht geführt hat, einen **Personenschaden** erlitten hat, befreit dies den VR im Falle D.2.1

---

7 BGH 28.10.1981 – IV ZR 202/80, VersR 1982, 84.
8 BGH 11.2.1987 – IVa ZR 144/85, VersR 1987, 897.
9 BGH 11.2.1987 – IVa ZR 144/85, VersR 1987, 897.
10 BGH 22.1.1997 – IV ZR 203/95, VersR 1997, 181.
11 BGH 9.10.1991 – IV ZR 202/80, VersR 1991, 1367.
12 OLG Hamm 2.8.1999 – 20 W 12/99, r+s 1999, 493.
13 BGH 11.2.2012 – IV ZR 251/10, VersR 2012, 341 zur Kürzung auf Null; im Einzelnen *Felsch*, r+s 2007, 485; *Marlow/Spuhl*, Rn 327 ff; *Meixner/Steinbeck*, Rn 334 ff; *Günther/Spielmann*, r+s 2008, 133 und 177.

S. 2 nicht von seiner Leistungspflicht (D.3.1 Abs. 2). Dies gilt auch in Bezug auf den Halter oder Eigentümer. Diese Regelung beruht auf § 5 Abs. 2 S. 2 KfzPflVV.

2. Beschränkung der Leistungsfreiheit in der Kfz-Haftpflichtversicherung (D.3.3, D.3.4). Die Leistungsfreiheit ist in der Kfz-Haftpflichtversicherung entsprechend § 5 Abs. 3 KfzPflVV summenmäßig auf 5.000 € begrenzt. Außerdem finden die in Deutschland geltenden Mindestversicherungssummen Anwendung (§ 17 Abs. 3 VVG). Hat der Fahrer das Fahrzeug durch eine vorsätzlich begangene Straftat erlangt, gilt vollständige Leistungsfreiheit (D.3.4).

E. Welche Pflichten haben Sie im Schadenfall?

E.1 Bei allen Versicherungsarten

Anzeigepflicht

E.1.1 Sie sind verpflichtet, uns jedes Schadenereignis, das zu einer Leistung durch uns führen kann, innerhalb einer Woche anzuzeigen.

E.1.2 Ermittelt die Polizei, die Staatsanwaltschaft oder eine andere Behörde im Zusammenhang mit dem Schadenereignis, sind Sie verpflichtet, uns dies und den Fortgang des Verfahrens (z.B. Strafbefehl, Bußgeldbescheid) unverzüglich anzuzeigen, auch wenn Sie uns das Schadenereignis bereits gemeldet haben.

Aufklärungspflicht

E.1.3 Sie sind verpflichtet, alles zu tun, was der Aufklärung des Schadenereignisses dienen kann. Dies bedeutet insbesondere, dass Sie unsere Fragen zu den Umständen des Schadenereignisses wahrheitsgemäß und vollständig beantworten müssen und den Unfallort nicht verlassen dürfen, ohne die erforderlichen Feststellungen zu ermöglichen.

Sie haben unsere für die Aufklärung des Schadenereignisses erforderlichen Weisungen zu befolgen.

Schadenminderungspflicht

E.1.4 Sie sind verpflichtet, bei Eintritt des Schadenereignisses nach Möglichkeit für die Abwendung und Minderung des Schadens zu sorgen.

Sie haben hierbei unsere Weisungen, soweit für Sie zumutbar, zu befolgen.

E.2 Zusätzlich in der Kfz-Haftpflichtversicherung

Bei außergerichtlich geltend gemachten Ansprüchen

E.2.1 Werden gegen Sie Ansprüche geltend gemacht, sind Sie verpflichtet, uns dies innerhalb einer Woche nach der Erhebung des Anspruchs anzuzeigen.

Anzeige von Kleinschäden

E.2.2 Wenn Sie einen Sachschaden, der voraussichtlich nicht mehr als xx Euro beträgt, selbst regulieren oder regulieren wollen, müssen Sie uns den Schadenfall erst anzeigen, wenn Ihnen die Selbstregulierung nicht gelingt.

Bei gerichtlich geltend gemachten Ansprüchen

E.2.3 Wird ein Anspruch gegen Sie gerichtlich geltend gemacht (z.B. Klage, Mahnbescheid), haben Sie uns dies unverzüglich anzuzeigen.

E.2.4 Sie haben uns die Führung des Rechtsstreits zu überlassen. Wir sind berechtigt, auch in Ihrem Namen einen Rechtsanwalt zu beauftragen, dem Sie Vollmacht sowie alle erforderlichen Auskünfte erteilen und angeforderte Unterlagen zur Verfügung stellen müssen.

Bei drohendem Fristablauf

E.2.5 Wenn Ihnen bis spätestens zwei Tage vor Fristablauf keine Weisung von uns vorliegt, müssen Sie gegen einen Mahnbescheid oder einen Bescheid einer Behörde fristgerecht den erforderlichen Rechtsbehelf einlegen.

E.3 Zusätzlich in der Kaskoversicherung

Anzeige des Versicherungsfalls bei Entwendung des Fahrzeugs

E.3.1 Bei Entwendung des Fahrzeugs oder mitversicherter Teile sind Sie abweichend von E.1.1 verpflichtet, uns dies unverzüglich in Schriftform anzuzeigen. Ihre Schadenanzeige muss von Ihnen unterschrieben sein.

Einholen unserer Weisung

E.3.2 Vor Beginn der Verwertung oder der Reparatur des Fahrzeugs haben Sie unsere Weisungen einzuholen, soweit die Umstände dies gestatten, und diese zu befolgen, soweit Ihnen dies zumutbar ist. Dies gilt auch für mitversicherte Teile.

Anzeige bei der Polizei

E.3.3 Übersteigt ein Entwendungs-, Brand- oder Wildschaden den Betrag von xx Euro, sind Sie verpflichtet, das Schadenereignis der Polizei unverzüglich anzuzeigen.

E.4 Zusätzlich beim Autoschutzbrief

Einholen unserer Weisung

E.4.1 Vor Inanspruchnahme einer unserer Leistungen haben Sie unsere Weisungen einzuholen, soweit die Umstände dies gestatten, und zu befolgen, soweit Ihnen dies zumutbar ist.

Untersuchung, Belege, ärztliche Schweigepflicht

E.4.2 Sie haben uns jede zumutbare Untersuchung über die Ursache und Höhe des Schadens und über den Umfang unserer Leistungspflicht zu gestatten, Originalbelege zum Nachweis der Schadenhöhe vorzulegen und die behandelnden Ärzte im Rahmen von § 213 Versicherungsvertragsgesetz von der Schweigepflicht zu entbinden.

E.5 Zusätzlich in der Kfz-Unfallversicherung

Anzeige des Todesfalls innerhalb 48 Stunden

E.5.1 Hat der Unfall den Tod einer versicherten Person zur Folge, müssen die aus dem Versicherungsvertrag Begünstigten uns dies innerhalb von 48 Stunden melden, auch wenn der Unfall schon angezeigt ist. Uns ist das Recht zu verschaffen, eine Obduktion durch einen von uns beauftragten Arzt vornehmen zu lassen.

Ärztliche Untersuchung, Gutachten, Entbindung von der Schweigepflicht

E.5.2 Nach einem Unfall sind Sie verpflichtet,
- a unverzüglich einen Arzt hinzuzuziehen,
- b den ärztlichen Anordnungen nachzukommen,
- c die Unfallfolgen möglichst zu mindern,
- d darauf hinzuwirken, dass von uns angeforderte Berichte und Gutachten alsbald erstellt werden,
- e sich von einem von uns beauftragten Arzt untersuchen zu lassen, wobei wir die notwendigen Kosten, einschließlich eines Ihnen entstehenden Verdienstausfalls, tragen,
- f Ärzte, die Sie – auch aus anderen Anlässen – behandelt oder untersucht haben, andere Versicherer, Versicherungsträger und Behörden von der Schweigepflicht im Rahmen von § 213 Versicherungsvertragsgesetz zu entbinden und zu ermächtigen, uns alle erforderlichen Auskünfte zu erteilen.

Frist zur Feststellung und Geltendmachung der Invalidität

E.5.3 Beachten Sie auch die 15-Monatsfrist für die Feststellung und Geltendmachung der Invalidität nach A.4.5.1.

E.6 Welche Folgen hat eine Verletzung dieser Pflichten?
Leistungsfreiheit bzw. Leistungskürzung

E.6.1 Verletzen Sie vorsätzlich eine Ihrer in E.1 bis E.5 geregelten Pflichten, haben Sie keinen Versicherungsschutz. Verletzen Sie Ihre Pflichten grob fahrlässig, sind wir berechtigt, unsere Leistung in einem der Schwere Ihres Verschuldens entsprechenden Verhältnis zu kürzen. Weisen Sie nach, dass Sie die Pflicht nicht grob fahrlässig verletzt haben, bleibt der Versicherungsschutz bestehen.

E.6.2 Abweichend von E.6.1 sind wir zur Leistung verpflichtet, soweit Sie nachweisen, dass die Pflichtverletzung weder für die Feststellung des Versicherungsfalls noch für die Feststellung oder den Umfang unserer Leistungspflicht ursächlich war. Dies gilt nicht, wenn Sie die Pflicht arglistig verletzen.

Beschränkung der Leistungsfreiheit in der Kfz-Haftpflichtversicherung

E.6.3 In der Kfz-Haftpflichtversicherung ist die sich aus E.6.1 ergebende Leistungsfreiheit bzw. Leistungskürzung Ihnen und den mitversicherten Personen gegenüber auf den Betrag von höchstens je xx Euro[1] beschränkt.

E.6.4 Haben Sie die Aufklärungs- oder Schadenminderungspflicht nach E.1.3 und E.1.4 vorsätzlich und in besonders schwerwiegender Weise verletzt (insbesondere bei unerlaubtem Entfernen vom Unfallort, unterlassener Hilfeleistung, bewusst wahrheitswidrigen Angaben uns gegenüber), erweitert sich die Leistungsfreiheit auf einen Betrag von höchstens je ... Euro.[2]

---

1 Gem. § 6 Abs. 1 KfzPflVV darf die Leistungsfreiheit höchstens auf 2.500 Euro beschränkt werden.
2 Gem. § 6 Abs. 3 KfzPflVV darf die Leistungsfreiheit höchstens auf 5.000 Euro beschränkt werden.

Vollständige Leistungsfreiheit in der Kfz-Haftpflichtversicherung

E.6.5 Verletzen Sie Ihre Pflichten in der Absicht, sich oder einem anderen dadurch einen rechtswidrigen Vermögensvorteil zu verschaffen, sind wir von unserer Leistungspflicht hinsichtlich des erlangten Vermögensvorteils vollständig frei.

Besonderheiten in der Kfz-Haftpflichtversicherung bei Rechtsstreitigkeiten

E.6.6 Verletzen Sie vorsätzlich Ihre Anzeigepflicht nach E.2.1 oder E.2.3 oder Ihre Pflicht nach E.2.4 und führt dies zu einer rechtskräftigen Entscheidung, die über den Umfang der nach Sach- und Rechtslage geschuldeten Entschädigung erheblich hinausgeht, sind wir außerdem von unserer Leistungspflicht hinsichtlich des von uns zu zahlenden Mehrbetrags vollständig frei. Bei grob fahrlässiger Verletzung dieser Pflichten sind wir berechtigt, unsere Leistung hinsichtlich dieses Mehrbetrags in einem der Schwere Ihres Verschuldens entsprechenden Verhältnis zu kürzen.

Mindestversicherungssummen

E.6.7 Verletzen Sie in der Kfz-Haftpflichtversicherung Ihre Pflichten nach E.1 und E.2, gelten anstelle der vereinbarten Versicherungssummen die in Deutschland geltenden Mindestversicherungssummen.

I. Allgemeines 1	IV. Folgen der Obliegenheitsverletzung (E.6) 25
II. Anzeigeobliegenheit 2	1. Leistungsfreiheit bzw Leistungskürzung (E.6.1, E.6.2) .. 26
1. Bei allen Versicherungsarten (E.1) 2	a) Vorsatz, grobe Fahrlässigkeit 26
2. Zusätzlich in der Kfz-Haftpflichtversicherung (E.2) 5	b) Kausalitätsfragen 27
3. Zusätzlich in der Kaskoversicherung (E.3) 9	c) Belehrung 28
4. Zusätzlich beim Autoschutzbrief (E.4) 11	2. Beschränkung der Leistungsfreiheit in der Kfz-Haftpflichtversicherung (E.6.3, E.6.4) 29
5. Zusätzlich in der Kfz-Unfallversicherung (E.5) 12	3. Vollständige Leistungsfreiheit in der Kfz-Haftpflichtversicherung (E.6.5) 30
III. Aufklärungsobliegenheit (E.1.3) 13	4. Zusammentreffen mehrerer Obliegenheitsverletzungen ... 31
1. Allgemeines 13	5. Besonderheiten bei Rechtsstreitigkeiten (E.6.6) 32
2. Unfallflucht 14	6. Mindestversicherungssummen (E.6.7) 33
3. Falsche und unterlassene Angaben 17	V. Ansprüche des geschädigten Dritten 34
a) Allgemeines 17	
b) Aufklärungsbedürfnis 18	
c) Nachfrageobliegenheit des VR 19	
d) Berichtigung falscher Angaben 20	
e) Einzelfälle 21	

I. Allgemeines

1 Die Obliegenheiten nach Eintritt des Versicherungsfalles – in E.1.1 näher bezeichnet als jedes Schadenereignis, das zu einer Leistung durch den VR führen kann – werden zunächst für alle Versicherungsarten beschrieben. Anschließend werden die zusätzlichen Obliegenheiten in der Kfz-Haftpflichtversicherung bestimmt.

II. Anzeigeobliegenheit

1. Bei allen Versicherungsarten (E.1). Der Versicherungsfall ist grds. innerhalb einer Woche anzuzeigen (**E.1.1**). Die Anzeige muss hinsichtlich Ort, Zeit und Hergang so konkret sein, dass der VR ermitteln und nachforschen kann. Die Anzeige des Kaskoschadens ersetzt nicht die des Kfz-Haftpflichtschadens und umgekehrt.[1] Jedoch kann die Kenntnis der verschiedenen Abteilungen innerhalb des VR jeweils zuzurechnen sein. Eine verspätete Anzeige stellt auch dann eine Obliegenheitsverletzung dar, wenn die Inanspruchnahme ursprünglich nicht beabsichtigt war.[2]

Hat der VR in anderer Weise vom Eintritt des Versicherungsfalles rechtzeitig Kenntnis erlangt, ist eine Anzeige nicht erforderlich, was sich aus den §§ 30 Abs. 2, 104 Abs. 3 S. 2 VVG ergibt.

Im Übrigen muss der VN polizeiliche, staatsanwaltschaftliche und behördliche Ermittlungen und den Fortgang des Verfahren, zB Strafbefehl oder Bußgeldbescheid, unverzüglich anzeigen (**E.1.2**).

2. Zusätzlich in der Kfz-Haftpflichtversicherung (E.2). In der Kfz-Haftpflichtversicherung sind zusätzliche Fristen zu beachten. Werden gegen den VN Ansprüche **außergerichtlich** geltend gemacht, muss er dies ebenfalls anzeigen (E.2.1).

Eine **gerichtliche Geltendmachung** (Klage, Mahnbescheid) muss der VN unverzüglich, also ohne schuldhaftes Zögern (§ 121 Abs. 1 S. 1 BGB), dem VR anzeigen (E.2.3). Die Führung des Rechtsstreits hat der VN dem VR zu überlassen. Der VR ist auch berechtigt, im Namen des VN einen **Rechtsanwalt** zu beauftragen, dem der VN Vollmacht und Auskunft erteilen sowie angeforderte Unterlagen zur Verfügung stellen muss (E.2.4).

Wenn dem VN bis spätestens zwei Tage vor Fristablauf keine Weisung vorliegt, muss er die erforderlichen Rechtsbehelfe einlegen (E.2.5).

Bei **Kleinschäden** (idR Sachschäden bis 500 €) muss der VN den Schadenfall erst anzeigen, wenn die Selbstregulierung nicht gelingt. Das gilt aber nur bei außergerichtlich geltend gemachten Ansprüchen (E.2.2).

3. Zusätzlich in der Kaskoversicherung (E.3). Werden das Fahrzeug oder mitversicherte Teile entwendet, muss der VN dies unverzüglich in Schriftform anzeigen und die Schadenanzeige selbst unterschreiben (E.3.1).[3] Vor Beginn der Verwertung oder Reparatur des Fahrzeugs hat der VN die Weisungen des VR einzuholen. Dies gilt, soweit die Umstände dies gestatten und die Befolgung zumutbar ist (E.3.2).

Wenn der **Entwendungs-, Brand-** oder **Wildschaden** den Betrag von zumeist vereinbarten 500 € übersteigt, ist der VN verpflichtet, das Schadenereignis der **Polizei** unverzüglich anzuzeigen (E.3.3).

4. Zusätzlich beim Autoschutzbrief (E.4). Vor Leistungsinanspruchnahme muss der VN die Weisungen des VR einholen und diese befolgen (E.4.1). Ferner hat er Untersuchungen zu gestatten, Originalbelege vorzulegen und die behandelnden Ärzte im Rahmen von § 213 VVG von der Schweigepflicht zu entbinden (E.4.2).

5. Zusätzlich in der Kfz-Unfallversicherung (E.5). Einen unfallbedingten Todesfall einer versicherten Person muss der aus dem VersVertrag Begünstigte dem VR binnen 48 Stunden melden und dem VR das Recht verschaffen, eine Obduktion durch einen beauftragten Arzt vornehmen zu lassen (E.5.1). Nach einem Unfall hat der VR nach näherer Maßgabe der Bestimmung E.5.2 eine ärztliche Untersuchung zu veranlassen. Schließlich muss die 15-Monats-Frist im Hinblick auf Feststellung und Geltendmachung von Invalidität beachtet werden (E.5.3).

---

1 Vgl OLG Celle 24.5.1967 – 1 U 12/67, VersR 1997, 994.
2 OLG Karlsruhe 18.2.2010 – 12 U 175/09, VersR 2010, 1307.
3 Vgl OLG Hamm 24.11.2004 – 20 U 157/04, r+s 2005, 102.

III. Aufklärungsobliegenheit (E.1.3)

13 **1. Allgemeines.** Der VN ist verpflichtet, alles zu tun, was der Aufklärung des Schadenereignisses dienen kann. Die weit gefasste Beschreibung der Aufklärungsobliegenheit in E.1.3 gilt für alle Versicherungsarten des Bedingungswerks. Aufklärungsobliegenheiten dienen dem Zweck, den VR in die Lage zu versetzen, sachgemäße Entschlüsse zu fassen. Der VN muss sämtliche Umstände des Versicherungsfalles, insb. eines Unfallereignisses, angeben. Der Umfang der Obliegenheit wird bestimmt von den Fragen in den Formularen des VR (Schadenanzeige, Fragebogen, Zusatzfragebogen). Die Pflicht erschöpft sich nicht in dem Erteilen von Informationen, sondern erstreckt sich auch auf das Verhalten am Unfallort. Aus diesem Grund wird der Inhalt der Obliegenheit klarer als in früheren Fassungen bezeichnet. Der VN muss nicht nur die Fragen zu den Umständen des Schadenereignisses wahrheitsgemäß und vollständig beantworten, sondern wird darauf hingewiesen, dass er den **Unfallort nicht verlassen** darf, **ohne die erforderlichen Feststellungen zu ermöglichen:**

13a **AKB 2015:** Die Aufklärungspflicht wird neu formuliert und strukturiert. So heißt es in **E.1.1.3 AKB 2015:**

"Sie müssen alles tun, was zur Aufklärung des Versicherungsfalls und des Umfangs unserer Leistungspflicht erforderlich ist. Sie müssen dabei insbesondere folgende Pflichten beachten:

Sie dürfen den Unfallort nicht verlassen, ohne die gesetzlich erforderlichen Feststellungen zu ermöglichen und die dabei gesetzlich erforderliche Wartezeit zu beachten (Unfallflucht).

Sie müssen unsere Fragen zu den Umständen des Schadenereignisses, zum Umfang des Schadens und zu unserer Leistungspflicht wahrheitsgemäß und vollständig beantworten. Wir können verlangen, dass Sie uns in Schriftform antworten.

Sie müssen uns angeforderte Nachweise vorlegen, soweit es Ihnen billigerweise zugemutet werden kann, diese zu beschaffen.

Sie müssen unsere für die Aufklärung des Schadens erforderlichen Weisungen befolgen, soweit dies für Sie zumutbar ist.

Sie müssen uns Untersuchungen zu den Umständen des Schadenereignisses und zu unserer Leistungspflicht ermöglichen, soweit es Ihnen zumutbar ist."

14 **2. Unfallflucht.** Die Pflicht des VN, den Unfallort nicht zu verlassen, ohne die erforderlichen Feststellungen zu ermöglichen, ist erstmals in die AKB 2008 aufgenommen. Damit wird aber inhaltlich keine vom Strafrecht abweichende Obliegenheit begründet.[4] Der durchschnittliche VN wird erkennen, dass mit der Formulierung die Unfallflucht iSd § 142 StGB gemeint ist.[5]

Das bloße Verlassen der Unfallstelle stellt nur, aber auch stets eine Verletzung der Aufklärungsobliegenheit in der Kaskoversicherung und in der Kfz-Haftpflichtversicherung dar, wenn man dadurch der objektive und subjektive Tatbestand des § 142 StGB, der **Unfallflucht**, erfüllt wird.[6] Dass er mit der Verletzung der **jedem Kraftfahrer bekannten und elementaren Pflicht** den Leistungsanspruch gegen den VR gefährden kann, drängt sich dem VN schon deshalb auf, weil er weiß, dass sein VR bei einem Schadenfall stets ein Interesse an der vollständigen Aufklärung des Hergangs hat, das er mit dem Verlassen der Unfallstelle nachhaltig beeinträchtigt. Der VN wird zwischen Unfallflucht und Verletzung der Aufklärungsobliegenheit

---

4 Stiefel/Maier/*Maier*, E.1 Rn 124; anders LG Saarbrücken 1.10.2010 – 13 S 75/10, zfs 2010, 630; Prölss/Martin/*Knappmann*, E.1 Rn 21; *Rixecker*, zfs 2012, 697.
5 Klarstellend ist in E.1.1.3 AKB 2015 auf den Begriff „Unfallflucht" Bezug genommen.
6 BGH 1.12.1999 – IV ZR 71/99, VersR 2000, 222.

nicht trennen. Aus diesem Grund entfällt bei Unfallflucht die Aufklärungsobliegenheit auch dann nicht, wenn die Haftungslage eindeutig ist.[7]

Anders als in den Fällen des § 142 Abs. 1 StGB wird das Aufklärungsinteresse des VR durch einen Verstoß gegen § 142 Abs. 2 StGB nicht in jedem Falle beeinträchtigt. Kommt der VN, der sich nach einem Verkehrsunfall erlaubt vom Unfallort entfernt hat, seiner Pflicht zur unverzüglichen Ermöglichung nachträglicher Feststellungen nicht rechtzeitig nach, informiert er jedoch stattdessen seinen VR zu einem Zeitpunkt, zu dem er durch Mitteilung an den Geschädigten eine Strafbarkeit noch hätte abwehren können, so begründet allein die unterlassene Erfüllung der Pflicht nach § 142 Abs. 2 StGB keine Verletzung der Aufklärungsobliegenheit.[8]

15 Bei einem **Bagatellschaden** (Schaden etwa unter 50 €) wird idR die Wartepflicht entfallen,[9] insb. wenn nicht mit Ansprüchen Dritter zu rechnen ist.[10] Entsprechendes kann bei geringem Fremdschaden und nach angemessener Wartezeit gelten, wenn der VN nur den VR verständigt.[11]

16 Bei reinem **Eigenschaden** ohne Fremdbeteiligung wird man eine Aufklärungspflichtverletzung verneinen.

17 **3. Falsche und unterlassene Angaben. a) Allgemeines.** Verletzungen der Aufklärungsobliegenheiten werden in der Praxis häufig durch **unzutreffende oder unterlassene Angaben** in der Schadenanzeige oder in einem Fragebogen des VR begangen. Vielfach müssen Fragen durch Ankreuzen beantwortet werden. Auch kann eine Beschreibung des Unfallhergangs vorzunehmen sein. Die **Kenntnis** des VN von der aufklärungsbedürftigen Tatsache gehört zum objektiven Tatbestand der **Aufklärungsobliegenheit** und ist vom VR zu beweisen.[12]

18 b) **Aufklärungsbedürfnis.** Verschweigt der VN bei der Schadenanzeige einen Umstand, den der VR bereits kennt, fehlt es an einem entsprechenden **Aufklärungsbedürfnis** des VR. Unzulängliche Angaben des VN verletzen dann keine schutzwürdigen Interessen des VR und können deshalb die Sanktion der Leistungsfreiheit nicht rechtfertigen.[13] Hat der VR einen **Vorschaden** im Rahmen eines laufenden VersVertrages selbst reguliert, so kennt er diesen Schaden in zurechenbarer Weise. Die Kenntnis ist bei dem Schadensachbearbeiter angefallen und der VR muss durch innerbetriebliche Organisation dieses Wissen anderen Sachbearbeitern zugänglich machen.[14] Erkenntnismöglichkeiten des VR durch eine Dateiabfrage, zB in der **Uniwagnis-Datei**,[15] lassen die Aufklärungsobliegenheit des VN unberührt.[16]

19 c) **Nachfrageobliegenheit des VR.** Der VN muss grds. sämtliche Fragen beantworten. Nachlässigkeit, unklare Fragestellung oder bewusstes Offenlassen führt häufig zu Nichtbeantwortung. Unterlässt der VN die Beantwortung, obwohl er ohne weiteres zur Antwort in der Lage wäre, verletzt er die Aufklärungspflicht.[17] Den VR trifft eine Nachfrageobliegenheit. Auf Anfragen des VR muss der VN reagieren.[18]

---

7 BGH 1.12.1999 – IV ZR 71/99, VersR 2000, 222, die Parallele zwischen Aufklärungsobliegenheit und Unfallflucht betonend.
8 BGH 21.11.2012 – IV ZR 97/11, VersR 2013, 175.
9 OLG Düsseldorf 30.6.1992 – 4 U 205/91, VersR 1993, 1141.
10 OLG Köln 24.11.1998 – 9 U 97/98, VersR 1999, 963.
11 OLG Karlsruhe 7.2.2002 – 12 U 223/01, VersR 2002, 1021.
12 BGH 13.12.2006 – IV ZR 252/05, VersR 2007, 389.
13 BGH 11.7.2007 – IV ZR 332/05, VersR 2007, 2700; BGH 26.1.2005 – IV ZR 239/03, VersR 2005, 493.
14 BGH 11.7.2007 – IV ZR 332/05, VersR 2007, 2700.
15 Kritisch zur Uniwagnis-Datensammlung *Riemer*, ZRP 2009, 11.
16 BGH 17.1.2007 – IV ZR 106/06, VersR 2007, 481.
17 OLG Hamm 3.11.1989 – 20 U 56/89, r+s 1996, 344.
18 Vgl OLG Köln 2.12.1997 – 9 U 189/96, r+s 1998, 102.

20 **d) Berichtigung falscher Angaben.** Berichtigt der VN aus eigenem Antrieb vollständig und unmissverständlich unzutreffende Angaben und hält nichts zurück, kann dies die Obliegenheitsverletzung entfallen lassen.[19]

21 **e) Einzelfälle.** Häufig entsteht Streit über falsche Angaben des VN zu Unfallursache, -hergang und Beteiligung am Unfallgeschehen, aber auch über wertbildende Faktoren des Fahrzeugs. Bei Fragen nach dem **Kaufpreis** ist der gezahlte Anschaffungspreis anzugeben[20] und nicht der Listenpreis.[21] Das gilt auch für die **Mehrwertsteuerpflicht**.[22] Der Erwerbspreis kann alle finanziellen Aufwendungen umfassen.[23]

22 Wird nach der **Laufleistung** gefragt, sind die tatsächlich gefahrenen Kilometer anzugeben.[24] Das ist auch bei der Frage nach dem **Kilometerstand** anzunehmen,[25] wenn klar ist, dass die Gesamtkilometerleistung gemeint ist.[26] Abweichungen von der wirklichen Laufleistung müssen erheblich sein. Das ist idR der Fall, wenn die Abweichung größer als 10 % ist.[27] Ein entsprechender Toleranzbereich gilt bei **circa-Angaben**.[28] Die Angabe „über 100.000 km" kann noch eine tatsächliche Laufleistung von bis zu 130.000 km abdecken.[29]

23 Die Anzahl der **Vorbesitzer** ist stets genau zu bezeichnen,[30] auch die erhaltenen, vorhandenen und duplizierten Fahrzeugschlüssel.[31]

24 Bei **Vorschäden** sind je nach Frage reparierte und unreparierte anzugeben.[32]

IV. Folgen der Obliegenheitsverletzung (E.6)

25 Die Folgen der Obliegenheitsverletzung im Versicherungsfall sind wie in D.3 geregelt. Zwischen Kaskoversicherung und Kfz-Haftpflichtversicherung ist zu unterscheiden. Die Regelungen beruhen auf § 28 VVG.

26 **1. Leistungsfreiheit bzw Leistungskürzung (E.6.1, E.6.2). a) Vorsatz, grobe Fahrlässigkeit.** Bei vorsätzlicher Pflichtverletzung kann vollständige Leistungsfreiheit eintreten. Bei grob fahrlässiger Pflichtverletzung ist in einem der Schwere des Verschuldens entsprechenden Verhältnis zu quoteln (s. D. Rn 10). Auch hier wird man die Bestimmung der Quote flexibel handhaben müssen.

---

19 BGH 5.12.2001 – IV ZR 225/00, VersR 2002, 173.
20 OLG Saarbrücken 1.2.2006 – 5 U 306/05, r+s 2006, 236; zum Toleranzbereich bei circa-Angaben OLG Köln 18.11.1997 – 9 U 33/97, r+s 1998, 319; LG Nürnberg-Fürth 4.8.2010 – 8 O 744/10, r+s 2010, 412; KG 17.10.2012 – 6 U 82/12, r+s 2015, 64.
21 OLG Köln 18.3.1993 – 5 U 178/92, r+s 1993, 241.
22 OLG Hamm 18.11.1998 – 20 U 95/98, r+s 1999, 144.
23 KG 8.6.2010 – 6 U 64/09, r+s 2011, 13.
24 OLG Köln 19.10.1999 – 9 U 37/99, r+s 2000, 145; OLG Köln 8.4.2008 – 9 U 157/07, r+s 2008, 235; OLG Saarbrücken 9.1.2008 – 5 U 281/07, r+s 2008, 238; KG 3.7.2013 – 6 U 33/12, r+s 2015, 64; KG 20.9.2013 – 6 U 194/12, r+s 2015, 65; KG 10.12.2013 – 6 U 155/13, r+s 2015, 66.
25 OLG Saarbrücken 20.4.2005 – 5 U 506/04, r+s 2005, 322; Stiefel/Maier/*Maier*, E.1 Rn 103.
26 BGH 5.12.2001 – IV ZR 225/00, VersR 2002, 173; OLG Hamm 1.12.1999 – 20 U 58/99, r+s 2000, 402.
27 Vgl Stiefel/Maier/*Maier*, E.1 Rn 98 ff mit Rspr-Übersicht.
28 OLG Frankfurt 14.11.2008 – 3 U 92/08-, VersR 2009, 672.
29 OLG Köln 10.2.1998 – 9 U 174/97, r+s 1998, 320.
30 OLG Hamm 11.5.1983 – 20 U 327/82, VersR 1984, 229; LG Wiesbaden 14.10.1993 – 2 O 246/93, SP 1994, 290.
31 OLG Düsseldorf 17.11.1998 – 4 U 231/97, r+s 1999, 142.
32 OLG Hamm 26.6.1997 – 6 U 17/97, r+s 1998, 364; OLG Köln 9.3.1999 – 9 U 130/98, VersR 2000, 224 (Angaben ins Blaue hinein); OLG Köln 21.9.1989 – 5 U 25/89, r+s 1991, 10; LG Nürnberg-Fürth 4.8.2010 – 8 O 744/10, r+s 2010, 412.

b) **Kausalitätsfragen.** Nach E.6.2 und § 28 Abs. 3 VVG bleibt der VR auch bei vorsätzlicher Pflichtverletzung zur Leistung verpflichtet, soweit die Obliegenheitsverletzung weder für den Eintritt noch für die Feststellung des Versicherungsfalles ursächlich war.[33] Bei **arglistigem Verhalten** ist allerdings Ursächlichkeit entbehrlich.

c) **Belehrung.** Nach § 28 Abs. 4 VVG hat die Leistungsfreiheit des VR nach Abs. 2 bei Verletzung einer nach Eintritt des Versicherungsfalles bestehenden **Auskunfts- und Aufklärungsobliegenheit** zur Voraussetzung, dass der VR durch den VN durch **gesonderte Mitteilung in Textform** auf diese Rechtsfolge hingewiesen hat. Es gilt § 126 b BGB.

Es genügt, wenn der VR die Belehrung des VN in einen Schadenmeldefragebogen oder in ein sonstiges Schreiben aufnimmt, in welchem dem VN Fragen zur Aufklärung des Versicherungsfalles gestellt werden.[34] Ein Extrablatt ist nicht erforderlich. Wenn ein Extrablatt beigefügt wird, muss es den VR als **Hinweisenden erkennen** lassen. Man wird verlangen müssen, dass dem VN die Rechtsfolge klar und deutlich vor Augen geführt wird.[35] Die Mitteilung darf nicht unklar oder unvollständig sein.[36] Eine Vorab-Belehrung im Versicherungsschein oder in den AVB genügt nicht. Die Mitteilung muss auf den konkreten Versicherungsfall bezogen sein. Die Belehrung etwa in dem Schadenanzeigeformular oder Fragebogen muss drucktechnisch hervorgehoben werden. Sie muss sich derart abheben, dass sie nicht zu übersehen ist.[37] Sie sollte am Anfang des Textes oder unmittelbar deutlich hervorgehoben vor der Unterschriftszeile stehen. Fettdruck ist nicht erforderlich, aber empfehlenswert. Es gibt nur eine anlassbezogene, lediglich von den allgemeinen Vertragsunterlagen, dem Versicherungsschein und den AVB und dem Produktinformationsblatt getrennte Form des Hinweises.

Möglicher Text einer Belehrung durch gesonderte Mitteilung:

▶ „Vorsätzlich (alternativ: bewusst) falsche oder unvollständige Angaben können zur vollständigen Leistungsfreiheit des Versicherers führen; grob fahrlässig falsche oder unvollständige Angaben können zu einer der Schwere des Verschuldens des Versicherungsnehmers entsprechenden Kürzung der Leistung des Versicherers führen, es sei denn, dass die Angaben weder für die Feststellung des Versicherungsfalles noch für die Feststellung oder den Umfang der Leistungspflicht des Versicherers ursächlich sind. Letztere Ausnahme gilt nicht, wenn der Versicherungsnehmer die falschen oder unvollständigen Angaben arglistig gemacht hat." ◀

2. **Beschränkung der Leistungsfreiheit in der Kfz-Haftpflichtversicherung (E.6.3, E.6.4).** Bei Obliegenheitsverletzungen nach dem Versicherungsfall ist in der Kfz-Haftpflichtversicherung die Leistungsfreiheit auf grds. 2.500 € gegenüber dem VN und den Mitversicherten entsprechend § 6 Abs. 1 KfzPflVV beschränkt. Ausnahmsweise erweitert sich die Leistungsfreiheit auf 5.000 € entsprechend § 6 Abs. 3 KfzPflVV, wenn die Aufklärungs- oder Schadensminderungspflicht vorsätzlich und besonders schwerwiegend verletzt ist. Beispielhaft werden genannt: uner-

---

33 Vgl. zur fehlenden Kausalität bei Verschweigen eines Vorunfalls *Knappmann*, r+s 2010, 462; KG 9.11.2010 – 6 U 103/10 bei Angabe zu geringer Laufleistung.
34 BGH 9.1.2013 – IV ZR 197/11, r+s 2013, 114.
35 BGH 21.1.1998 – IV ZR 10/97, VersR 1998, 447; OLG Hamm 37.5.1998 – 20 U 247/97, VersR 1998, 1225; OLG Köln 29.8.2000 – 9 U 186/98, r+s 2001, 141; OLG Köln 11.5.1999 – 9 U 14/98, r+s 1999, 362.
36 OLG Köln 29.8.2000 – 9 U 186/98, r+s 2001, 141; OLG Köln 11.5.1999 – 9 U 14/98, r+s 1999, 362.
37 BGH 9.1.2013 – IV ZR 197/11, r+s 2013, 114; OLG Hamm 23.1.1997 – 6 U 117/96, r+s 1997, 146 (zum alten Recht).

laubtes Entfernen vom Unfallort, unterlassene Hilfeleistung, bewusst wahrheitswidrige Angaben gegenüber dem VR.

30 **3. Vollständige Leistungsfreiheit in der Kfz-Haftpflichtversicherung (E.6.5).** Erfolgt die Pflichtverletzung in Bereicherungsabsicht, ist der VR hinsichtlich des erlangten Vermögensvorteils vollständig leistungsfrei.

31 **4. Zusammentreffen mehrerer Obliegenheitsverletzungen.** Verletzt der VN eine Obliegenheit bei Gebrauch (zB Trunkenheitsfahrt) und eine weitere im Schadenfall (zB Unfallflucht), können die Beiträge, bis zu denen der VR leistungsfrei ist, zusammengerechnet werden. Dies ergibt sich aus den für den durchschnittlichen VN erkennbaren unterschiedlichen Zielrichtungen der Klauseln.[38] Betreffen die Obliegenheitsverletzungen jeweils nur den Bereich vor oder nach Eintritt des Versicherungsfalles, findet eine Zusammenrechnung nicht statt.[39]

32 **5. Besonderheiten bei Rechtsstreitigkeiten (E.6.6).** Führt die Obliegenheitsverletzung (E.2.1, E.2.3 oder E.2.4) zu einer rechtskräftigen Entscheidung, die über den nach der Sach- und Rechtslage geschuldeten Entschädigungsbetrag erheblich hinausgeht, besteht Leistungsfreiheit hinsichtlich des Mehrbetrages. Bei grober Fahrlässigkeit ist eine quotale Leistungskürzung vereinbart.

33 **6. Mindestversicherungssummen (E.6.7).** Bei der Kfz-Haftpflichtversicherung gelten bei Pflichtverletzungen nach E.1 und E.2 die deutschen Mindestversicherungssummen anstelle der im VersVertrag vereinbarten.

V. Ansprüche des geschädigten Dritten

34 Der VR ist in der Kfz-Haftpflichtversicherung gegenüber dem Geschädigten leistungspflichtig, auch wenn Leistungsfreiheit gegenüber dem VN besteht (§§ 115, 117 VVG). Der VR ist in den Fällen des § 117 Abs. 1 und 2 VVG nur im Rahmen der vorgeschriebenen Mindestversicherungssumme und der von ihm übernommenen Gefahr zur Leistung verpflichtet. Er ist grds. leistungsfrei, soweit der Dritte Ersatz seines Schadens von einem anderen Sachversicherer oder von einem Sozialversicherungsträger erlangen kann (§ 117 Abs. 3 VVG). Ist der VR gegen über dem VN nicht zur Leistung verpflichtet, weil das Fahrzeug den Bau- und Betriebsvorschriften der StVZO nicht entsprach oder von einem unberechtigten Fahrer oder von einem Fahrer ohne die vorgeschriebene Fahrerlaubnis geführt wurde, kann der VR den Dritten davon abweichend nicht auf die anderweitiger Ersatzmöglichkeit verweisen (§ 3 PflVG). Es besteht die Regressmöglichkeit des VR nach § 116 Abs. 1 S. 2 VVG im Rahmen der summenmäßigen Beschränkung.

F. Rechte und Pflichten der mitversicherten Personen

Pflichten mitversicherter Personen

F.1 Für mitversicherte Personen finden die Regelungen zu Ihren Pflichten sinngemäße Anwendung.

Ausübung der Rechte

F.2 Die Ausübung der Rechte der mitversicherten Personen aus dem Versicherungsvertrag steht nur Ihnen als Versicherungsnehmer zu, soweit nichts anderes geregelt ist. Andere Regelungen sind:

---

38 BGH 1.12.2004 – IV ZR 291/03, r+s 2006, 144; OLG Köln 27.8.2003 – 9 U 23/03, r+s 2003, 446.
39 OLG Hamm 15.4.1999 – 27 U 236/98, VersR 2000, 1139.

- Geltendmachen von Ansprüchen in der Kfz-Haftpflichtversicherung nach A.1.2,
- Geltendmachen von Ansprüchen durch namentlich Versicherte in der Kfz-Unfallversicherung nach A.4.2.6.

Auswirkungen einer Pflichtverletzung auf mitversicherte Personen

F.3 Sind wir Ihnen gegenüber von der Verpflichtung zur Leistung frei, so gilt dies auch gegenüber allen mitversicherten Personen.

Eine Ausnahme hiervon gilt in der Kfz-Haftpflichtversicherung: Mitversicherten Personen gegenüber können wir uns auf die Leistungsfreiheit nur berufen, wenn die der Leistungsfreiheit zugrunde liegenden Umstände in der Person des Mitversicherten vorliegen oder wenn diese Umstände der mitversicherten Person bekannt oder infolge grober Fahrlässigkeit nicht bekannt waren. Sind wir zur Leistung verpflichtet, gelten anstelle der vereinbarten Versicherungssummen die in Deutschland geltenden gesetzlichen Mindestversicherungssummen. Entsprechendes gilt, wenn wir trotz Beendigung des Versicherungsverhältnisses noch gegenüber dem geschädigten Dritten Leistungen erbringen. Der Rückgriff gegen Sie bleibt auch in diesen Ausnahmefällen bestehen.

I. Pflichten mitversicherter Personen (F.1)

Die Rechtsverhältnisse der Mitversicherten sind besonders geregelt. Die Obliegenheiten vor und nach dem Versicherungsfall müssen auch von den mitversicherten Personen beachtet werden. 1

II. Auswirkungen einer Pflichtverletzung auf mitversicherte Personen, Regress (F.3)

Ist der VR gegenüber dem VN leistungsfrei, gilt dies auch gegenüber Mitversicherten, in der Kfz-Haftpflichtversicherung aber nur, wenn die der Leistungsfreiheit zugrunde liegenden Umstände in der Person des Mitversicherten vorliegen oder wenn diese Umstände der mitversicherten Person bekannt oder infolge grober Fahrlässigkeit unbekannt waren. Rückgriff ist möglich (F.3) nach Maßgabe des § 123 VVG.[1] 2

III. Ausübung der Rechte der mitversicherten Personen (F.2)

Es wird klargestellt, dass im Grundsatz nur der VN die Rechte aus dem VersVertrag geltend machen kann. Ausnahmen gelten für die Mitversicherten in der Kfz-Haftpflichtversicherung (A.1.2) und die namentlich Versicherten in der Kfz-Unfallversicherung. 3

G. Laufzeit und Kündigung des Vertrags, Veräußerung des Fahrzeugs, Wagniswegfall

G.1 Wie lange läuft der Versicherungsvertrag?

Vertragsdauer

G.1.1 Die Laufzeit Ihres Vertrags ergibt sich aus Ihrem Versicherungsschein.

---

[1] Vgl OLG Köln 27.8.2003 – 9 U 23/03, r+s 2003, 446.

Automatische Verlängerung

G.1.2 Ist der Vertrag mit einer Laufzeit von einem Jahr abgeschlossen, verlängert er sich zum Ablauf um jeweils ein weiteres Jahr, wenn nicht Sie oder wir den Vertrag kündigen. Dies gilt auch, wenn für die erste Laufzeit nach Abschluss des Vertrags deshalb weniger als ein Jahr vereinbart ist, um die folgenden Versicherungsjahre zu einem bestimmten Kalendertag, z.B. dem 1. Januar eines jeden Jahres, beginnen zu lassen.

Versicherungskennzeichen

G.1.3 Der Versicherungsvertrag für ein Fahrzeug, das ein Versicherungskennzeichen führen muss (z.B. Mofa), endet mit dem Ablauf des Verkehrsjahres, ohne dass es einer Kündigung bedarf. Das Verkehrsjahr läuft vom 1. März bis Ende Februar des Folgejahres.

Verträge mit einer Laufzeit unter einem Jahr

G.1.4 Ist die Laufzeit ausdrücklich mit weniger als einem Jahr vereinbart, endet der Vertrag zu dem vereinbarten Zeitpunkt, ohne dass es einer Kündigung bedarf.

G.2 Wann und aus welchem Anlass können Sie den Versicherungsvertrag kündigen?

Kündigung zum Ablauf des Versicherungsjahres

G.2.1 Sie können den Vertrag zum Ablauf des Versicherungsjahres kündigen. Die Kündigung ist nur wirksam, wenn sie uns spätestens einen Monat vor Ablauf zugeht.

Kündigung des vorläufigen Versicherungsschutzes

G.2.2 Sie sind berechtigt, einen vorläufigen Versicherungsschutz zu kündigen. Die Kündigung wird sofort mit ihrem Zugang bei uns wirksam.

Kündigung nach einem Schadenereignis

G.2.3 Nach dem Eintritt eines Schadenereignisses können Sie den Vertrag kündigen. Die Kündigung muss uns innerhalb eines Monats nach Beendigung der Verhandlungen über die Entschädigung zugehen oder innerhalb eines Monats zugehen, nachdem wir in der Kfz-Haftpflichtversicherung unsere Leistungspflicht anerkannt oder zu Unrecht abgelehnt haben. Das Gleiche gilt, wenn wir Ihnen in der Kfz-Haftpflichtversicherung die Weisung erteilen, es über den Anspruch des Dritten zu einem Rechtsstreit kommen zu lassen. Außerdem können Sie in der Kfz-Haftpflichtversicherung den Vertrag bis zum Ablauf eines Monats seit der Rechtskraft des im Rechtsstreit mit dem Dritten ergangenen Urteils kündigen.

G.2.4 Sie können bestimmen, ob die Kündigung sofort oder zu einem späteren Zeitpunkt, spätestens jedoch zum Ablauf des Vertrags, wirksam werden soll.

Kündigung bei Veräußerung oder Zwangsversteigerung des Fahrzeugs

G.2.5 Veräußern Sie das Fahrzeug oder wird es zwangsversteigert, geht der Vertrag nach G.7.1 oder G.7.6 auf den Erwerber über. Der Erwerber ist berechtigt, den Vertrag innerhalb eines Monats nach dem Erwerb, bei fehlender Kenntnis vom Bestehen der Versicherung innerhalb eines Monats ab Kenntnis, zu kündigen. Der Erwerber kann bestimmen, ob der

Vertrag mit sofortiger Wirkung oder spätestens zum Ablauf des Vertrags endet.

G.2.6 Schließt der Erwerber für das Fahrzeug eine neue Versicherung ab und legt er bei der Zulassungsbehörde eine Versicherungsbestätigung vor, gilt dies automatisch als Kündigung des übergegangenen Vertrages. Die Kündigung wird zum Beginn der neuen Versicherung wirksam.

Kündigung bei Beitragserhöhung

G.2.7 Erhöhen wir aufgrund unseres Beitragsanpassungsrechts nach J.1 bis J.3 den Beitrag, können Sie den Vertrag innerhalb eines Monats nach Zugang unserer Mitteilung der Beitragserhöhung kündigen. Die Kündigung ist sofort wirksam, frühestens jedoch zu dem Zeitpunkt, zu dem die Beitragserhöhung wirksam geworden wäre. Wir teilen ihnen die Beitragserhöhung spätestens einen Monat vor dem Wirksamwerden mit und weisen Sie auf Ihr Kündigungsrecht hin. Zusätzlich machen wir bei einer Beitragserhöhung nach J.3 den Unterschied zwischen bisherigem und neuem Beitrag kenntlich.

Kündigung bei geänderter Verwendung des Fahrzeugs

G.2.8 Ändert sich die Art und Verwendung des Fahrzeugs nach K.5 und erhöht sich der Beitrag dadurch um mehr als 10 %, können Sie den Vertrag innerhalb eines Monats nach Zugang unserer Mitteilung ohne Einhaltung einer Frist kündigen.

< Achtung! Es folgen zwei Varianten. Variante 1 für Versicherer, die nur das SF-System nach J.6 ändern wollen. Variante 2 für Versicherer, die auch die Tarifstruktur nach J.6 ändern wollen.

Kündigung bei Veränderung des Schadenfreiheitsrabatt-Systems

G.2.9 Ändern wir das Schadenfreiheitsrabatt-System nach J.6, können Sie den Vertrag innerhalb eines Monats nach Zugang unserer Mitteilung der Änderung kündigen. Die Kündigung ist sofort wirksam, frühestens jedoch zum Zeitpunkt des Wirksamwerdens der Änderung. Wir teilen Ihnen die Änderung spätestens einen Monat vor Wirksamwerden mit und weisen Sie auf Ihr Kündigungsrecht hin.

[xx Kündigung bei Veränderung der Tarifstruktur

G.2.9 Ändern wir unsere Tarifstruktur nach J.6, können Sie den Vertrag innerhalb eines Monats nach Zugang unserer Mitteilung der Änderung kündigen. Die Kündigung ist sofort wirksam, frühestens jedoch zum Zeitpunkt des Wirksamwerdens der Änderung. Wir teilen Ihnen die Änderung spätestens einen Monat vor Wirksamwerden mit und weisen Sie auf Ihr Kündigungsrecht hin.]

[xx Kündigung bei Bedingungsänderung

< Achtung! Nur, wenn Bedingungsänderung gem. N vereinbart >

G.2.10 Machen wir von unserem Recht zur Bedingungsanpassung nach N Gebrauch, können Sie den Vertrag innerhalb von sechs Wochen nach Zugang unserer Mitteilung kündigen. Die Kündigung ist sofort wirksam, frühestens jedoch zum Zeitpunkt des Wirksamwerdens der Bedingungsänderung. Wir teilen Ihnen die Änderung spätestens sechs Wochen vor dem Wirksamwerden mit und weisen Sie auf Ihr Kündigungsrecht hin.]

G.3 Wann und aus welchem Anlass können wir den Versicherungsvertrag kündigen?

Kündigung zum Ablauf

G.3.1 Wir können den Vertrag zum Ablauf des Versicherungsjahres kündigen. Die Kündigung ist nur wirksam, wenn sie Ihnen spätestens einen Monat vor Ablauf zugeht.

Kündigung des vorläufigen Versicherungsschutzes

G.3.2 Wir sind berechtigt, einen vorläufigen Versicherungsschutz zu kündigen. Die Kündigung wird nach Ablauf von zwei Wochen nach ihrem Zugang bei Ihnen wirksam.

Kündigung nach einem Schadenereignis

G.3.3 Nach dem Eintritt eines Schadenereignisses können wir den Vertrag kündigen. Die Kündigung muss Ihnen innerhalb eines Monats nach Beendigung der Verhandlungen über die Entschädigung oder innerhalb eines Monats zugehen, nachdem wir in der Kfz-Haftpflichtversicherung unsere Leistungspflicht anerkannt oder zu Unrecht abgelehnt haben. Das Gleiche gilt, wenn wir Ihnen in der Kfz-Haftpflichtversicherung die Weisung erteilen, es über den Anspruch des Dritten zu einem Rechtsstreit kommen zu lassen. Außerdem können wir in der Kfz-Haftpflichtversicherung den Vertrag bis zum Ablauf eines Monats seit der Rechtskraft des im Rechtsstreit mit dem Dritten ergangenen Urteils kündigen.

Unsere Kündigung wird einen Monat nach ihrem Zugang bei Ihnen wirksam.

Kündigung bei Nichtzahlung des Folgebeitrags

G.3.4 Haben Sie einen ausstehenden Folgebeitrag zuzüglich Kosten und Zinsen trotz unserer Zahlungsaufforderung nach C.2.2 nicht innerhalb der zweiwöchigen Frist gezahlt, können wir den Vertrag mit sofortiger Wirkung kündigen. Unsere Kündigung wird unwirksam, wenn Sie diese Beträge innerhalb eines Monats ab Zugang der Kündigung zahlen (siehe auch C.2.4).

Kündigung bei Verletzung Ihrer Pflichten bei Gebrauch des Fahrzeugs

G.3.5 Haben Sie eine Ihrer Pflichten bei Gebrauch des Fahrzeugs nach D verletzt, können wir innerhalb eines Monats, nachdem wir von der Verletzung Kenntnis erlangt haben, den Vertrag mit sofortiger Wirkung kündigen. Dies gilt nicht, wenn Sie nachweisen, dass Sie die Pflicht weder vorsätzlich noch grob fahrlässig verletzt haben.

Kündigung bei geänderter Verwendung des Fahrzeugs

G.3.6 Ändert sich die Art und Verwendung des Fahrzeugs nach K.5, können wir den Vertrag mit sofortiger Wirkung kündigen. Können Sie nachweisen, dass die Änderung weder auf Vorsatz noch auf grober Fahrlässigkeit beruht, wird die Kündigung nach Ablauf von einem Monat nach ihrem Zugang bei Ihnen wirksam.

Kündigung bei Veräußerung oder Zwangsversteigerung des Fahrzeugs

G.3.7 Bei Veräußerung oder Zwangsversteigerung des Fahrzeugs nach G.7 können wir dem Erwerber gegenüber kündigen. Wir haben die Kündigung innerhalb eines Monats ab dem Zeitpunkt auszusprechen, zu dem wir von der Veräußerung oder Zwangsversteigerung Kenntnis erlangt haben. Unsere Kündigung wird einen Monat nach ihrem Zugang beim Erwerber wirksam.

G.4 Kündigung einzelner Versicherungsarten

G.4.1 Die Kfz-Haftpflicht-, Kasko-, Autoschutzbrief- und Kfz-Unfallversicherung sind jeweils rechtlich selbstständige Verträge. Die Kündigung eines dieser Verträge berührt das Fortbestehen anderer nicht.

G.4.2 Sie und wir sind berechtigt, bei Vorliegen eines Kündigungsanlasses zu einem dieser Verträge die gesamte Kfz-Versicherung für das Fahrzeug zu kündigen.

G.4.3 Kündigen wir von mehreren für das Fahrzeug abgeschlossenen Verträgen nur einen und teilen Sie uns innerhalb von zwei Wochen nach Zugang unserer Kündigung mit, dass Sie mit einer Fortsetzung der anderen ungekündigten Verträge nicht einverstanden sind, gilt die gesamte Kfz-Versicherung für das Fahrzeug als gekündigt. Dies gilt entsprechend für uns, wenn Sie von mehreren nur einen Vertrag kündigen.

G.4.4 Kündigen Sie oder wir nur den Autoschutzbrief, gelten G.4.2 und G.4.3 nicht.

G.4.5 G.4.1 und G.4.2 finden entsprechende Anwendung, wenn in einem Vertrag mehrere Fahrzeuge versichert sind.

G.5 Form und Zugang der Kündigung

Jede Kündigung muss in Textform erfolgen und ist nur wirksam, wenn sie innerhalb der jeweiligen Frist zugeht.

G.6 Beitragsabrechnung nach Kündigung

Bei einer Kündigung vor Ablauf des Versicherungsjahres steht uns der auf die Zeit des Versicherungsschutzes entfallende Beitrag anteilig zu.

G.7 Was ist bei Veräußerung des Fahrzeugs zu beachten?

Übergang der Versicherung auf den Erwerber

G.7.1 Veräußern Sie Ihr Fahrzeug, geht die Versicherung auf den Erwerber über. Dies gilt nicht für die Kfz-Unfallversicherung.

G.7.2 Wir sind berechtigt und verpflichtet, den Beitrag entsprechend den Angaben des Erwerbers, wie wir sie bei einem Neuabschluss des Vertrags verlangen würden, anzupassen. Das gilt auch für die SF-Klasse des Erwerbers, die entsprechend seines bisherigen Schadenverlaufs ermittelt wird. Der neue Beitrag gilt ab dem Tag, der auf den Übergang der Versicherung folgt.

G.7.3 Den Beitrag für die laufende Zahlungsperiode können wir entweder von Ihnen oder vom Erwerber verlangen.

Anzeige der Veräußerung

G.7.4 Sie und der Erwerber sind verpflichtet, uns die Veräußerung des Fahrzeugs unverzüglich anzuzeigen. Unterbleibt die Anzeige, droht unter den Voraussetzungen des § 97 Versicherungsvertragsgesetz der Verlust des Versicherungsschutzes.

Kündigung des Vertrags

G.7.5 Im Falle der Veräußerung können der Erwerber nach G.2.5 und G.2.6 oder wir nach G.3.7 den Vertrag kündigen. Dann können wir den Beitrag nur von Ihnen verlangen.

Zwangsversteigerung

G.7.6 Die Regelungen G.7.1 bis G.7.5 sind entsprechend anzuwenden, wenn Ihr Fahrzeug zwangsversteigert wird.

G.8 Wagniswegfall (z.B. durch Fahrzeugverschrottung)

Fällt das versicherte Wagnis endgültig weg, steht uns der Beitrag bis zu dem Zeitpunkt zu, zu dem wir vom Wagniswegfall Kenntnis erlangen.

I. Laufzeit des VersVertrages (G.1)

1 Maßgebend für die Laufzeit ist der Versicherungsschein. Im Übrigen tritt unter den in G.1.2 genannten Voraussetzungen eine **automatische Verlängerung** ein. Bei Versicherungskennzeichen endet der Vertrag mit Ablauf des Verkehrsjahres. Sind ausdrücklich Laufzeiten unter einem Jahr vereinbart, endet der Vertrag ohne Kündigung zum vereinbarten Zeitpunkt.

II. Kündigung

2 Ein gesonderter Abschnitt beschäftigt sich mit der Kündigung.

3 1. Kündigung des VN (G.2). Die Kündigungsgründe sind im Einzelnen aufgeführt. Bei der Kündigung zum Ablauf des Versicherungsjahres ist die Kündigungsfrist von einem Monat zu beachten. Die Kündigung eines Vertrages über vorläufigen Versicherungsschutz ist sofort mit Zugang beim VR wirksam.

4 2. Kündigung des VR (G.3). Auch insoweit sind die Kündigungsgründe aufgezählt (G.3.1 bis G.3.7). Wichtig sind die Möglichkeiten der Kündigung bei Nichtzahlung des Folgebeitrages (G.3.4) und der Verletzung der Pflichten bei Gebrauch des Fahrzeugs nach Abschnitt D (G.3.5).

5 3. Kündigung einzelner Versicherungsarten (G.4). Grundsätzlich berührt die Kündigung eines der selbständigen Verträge das Fortbestehen anderer nicht. Ein Kündigungsanlass zu einem Vertrag gibt die Berechtigung der Kündigung der gesamten Kfz-Versicherung.

6 4. Form und Zugang der Kündigung (G.5). Es wird klargestellt, dass die Kündigung in Textform zu erfolgen hat und innerhalb der jeweiligen Frist zugehen muss.

7 5. Beitragsabrechnung nach Kündigung (G.6). Der Versicherungsbeitrag steht bei Kündigung vor Ablauf des Versicherungsjahres anteilig dem VR zu.

8 6. Veräußerung des Fahrzeugs und Folgen (G.7). Die Regelungen beruhen auf den §§ 95–99 VVG. Veräußert der VN sein Fahrzeug, geht die Versicherung auf den Erwerber über (§ 95 Abs. 1 VVG). Das gilt nicht für die Kfz-Unfallversicherung (G.7.1).

9 Der VN und der Erwerber sind verpflichtet, dem VR die Veräußerung des Fahrzeugs unverzüglich anzuzeigen. Unterbleibt die **Veräußerungsanzeige**, droht der Verlust des Versicherungsschutzes nach § 97 VVG (G.7.4). Ist die Anzeige unterblieben, ist der VR nicht zur Leistung verpflichtet, wenn der Versicherungsfall später als einen Monat nach dem Zeitpunkt eintritt, zu dem die Anzeige dem VR hätte zugehen müssen und der VR den Vertrag mit dem Erwerber nicht geschlossen hätte. Allerdings bleibt der VR nach § 97 Abs. 2 VVG zur Leistung verpflichtet, wenn ihm die Veräußerung zu dem Zeitpunkt bekannt war, zu dem ihm die Anzei-

ge hätte zugehen müssen, oder wenn zur Zeit des Eintritts des Versicherungsfalles die Frist für die Kündigung des VR abgelaufen war und er nicht gekündigt hat.

7. Wagniswegfall (G.8). Bei endgültigem Wegfall des versicherten Wagnisses, zB Verschrottung des Fahrzeugs, steht dem VR der Beitrag bis zu dem Zeitpunkt zu, zu dem er vom Wagniswegfall Kenntnis erlangt.

10

H. Außerbetriebsetzung, Saisonkennzeichen, Fahrten mit ungestempelten Kennzeichen

H.1 Was ist bei Außerbetriebsetzung zu beachten?

Ruheversicherung

H.1.1 Wird das versicherte Fahrzeug außer Betrieb gesetzt und soll es zu einem späteren Zeitpunkt wieder zugelassen werden, wird dadurch der Vertrag nicht beendet.

H.1.2 Der Vertrag geht in eine beitragsfreie Ruheversicherung über, wenn die Zulassungsbehörde uns die Außerbetriebsetzung mitteilt, es sei denn, die Außerbetriebsetzung beträgt weniger als zwei Wochen oder Sie verlangen die uneingeschränkte Fortführung des bisherigen Versicherungsschutzes.

H.1.3 Die Regelungen nach H.1.1 und H.1.2 gelten nicht für Fahrzeuge mit Versicherungskennzeichen (z.B. Mofas), Wohnwagenanhänger sowie bei Verträgen mit ausdrücklich kürzerer Vertragsdauer als ein Jahr.

Umfang der Ruheversicherung

H.1.4 Mit der beitragsfreien Ruheversicherung gewähren wir Ihnen während der Dauer der Außerbetriebsetzung eingeschränkten Versicherungsschutz.

Der Ruheversicherungsschutz umfasst
– die Kfz-Haftpflichtversicherung,
– die Teilkaskoversicherung, wenn für das Fahrzeug im Zeitpunkt der Außerbetriebsetzung eine Voll- oder eine Teilkaskoversicherung bestand.

Ihre Pflichten bei der Ruheversicherung

H.1.5 Während der Dauer der Ruheversicherung sind Sie verpflichtet, das Fahrzeug in einem Einstellraum (z.B. einer Einzel- oder Sammelgarage) oder auf einem umfriedeten Abstellplatz (z.B. einem geschlossenen Hofraum) nicht nur vorübergehend abzustellen und das Fahrzeug außerhalb dieser Räumlichkeiten nicht zu gebrauchen. Verletzen Sie diese Pflicht, sind wir unter den Voraussetzungen nach D.3 leistungsfrei.

Wiederanmeldung

H.1.6 Wird das Fahrzeug wieder zum Verkehr zugelassen (Ende der Außerbetriebsetzung), lebt der ursprüngliche Versicherungsschutz wieder auf. Das Ende der Außerbetriebsetzung haben Sie uns unverzüglich anzuzeigen.

Ende des Vertrags und der Ruheversicherung

H.1.7 Der Vertrag und damit auch die Ruheversicherung enden xx Monate nach der Außerbetriebsetzung, ohne dass es einer Kündigung bedarf.

H.1.8 Melden Sie das Fahrzeug während des Bestehens der Ruheversicherung mit einer Versicherungsbestätigung eines anderen Versicherers wieder an, haben wir das Recht, den Vertrag fortzusetzen und den anderen Versicherer zur Aufhebung des Vertrags aufzufordern.

H.2 Welche Besonderheiten gelten bei Saisonkennzeichen?

H.2.1 Für Fahrzeuge, die mit einem Saisonkennzeichen zugelassen sind, gewähren wir den vereinbarten Versicherungsschutz während des auf dem amtlichen Kennzeichen dokumentierten Zeitraums (Saison).

H.2.2 Außerhalb der Saison haben Sie Ruheversicherungsschutz nach H.1.4 und H.1.5.

H.2.3 Für Fahrten außerhalb der Saison haben Sie innerhalb des für den Halter zuständigen Zulassungsbezirks und eines angrenzenden Bezirks in der Kfz-Haftpflichtversicherung Versicherungsschutz, wenn diese Fahrten im Zusammenhang mit dem Zulassungsverfahren oder wegen der Hauptuntersuchung, Sicherheitsprüfung oder Abgasuntersuchung durchgeführt werden.

H.3 Fahrten mit ungestempelten Kennzeichen

Versicherungsschutz in der Kfz-Haftpflichtversicherung und beim Autoschutzbrief

H.3.1 In der Kfz-Haftpflichtversicherung und beim Autoschutzbrief besteht Versicherungsschutz auch für Zulassungsfahrten mit ungestempelten Kennzeichen. Dies gilt nicht für Fahrten, für die ein rotes Kennzeichen oder ein Kurzzeitkennzeichen geführt werden muss.

Was sind Zulassungsfahrten?

H.3.2 Zulassungsfahrten sind Fahrten, die im Zusammenhang mit dem Zulassungsverfahren innerhalb des für den Halter zuständigen Zulassungsbezirks und eines angrenzenden Zulassungsbezirks ausgeführt werden. Das sind Rückfahrten von der Zulassungsbehörde nach Entfernung der Stempelplakette. Außerdem sind Fahrten zur Durchführung der Hauptuntersuchung, Sicherheitsprüfung oder Abgasuntersuchung oder Zulassung versichert, wenn die Zulassungsbehörde vorab ein ungestempeltes Kennzeichen zugeteilt hat.

I. Ruheversicherung (H.1)

1 Bei Außerbetriebsetzung geht der Vertrag in eine beitragsfreie Ruheversicherung über, deren Einzelheiten geregelt werden.

2 Während der Dauer der Ruheversicherung muss der VN das Fahrzeug in einem **Einstellraum** oder einem **umfriedeten Abstellplatz** nicht nur vorübergehend abstellen und darf das Fahrzeug außerhalb dieser Räumlichkeiten nicht gebrauchen.[1] Anderenfalls besteht nach D.3 Leistungsfreiheit. Umfriedeter Abstellplatz ist ein geschlossener Hofraum oder umzäunter Platz, nicht aber ein von der öffentlichen

---

1 OLG Karlsruhe 1.3.2012 – 12 U 196/11, r+s 2012, 237.

Straße frei zugängliches Gelände.[2] Ein **Carport** mit massiven Ketten kann ausreichend sein.[3]

II. Saisonkennzeichen (H.2)

Bei Fahrzeugen mit Saisonkennzeichen besteht Deckung während des dokumentierten Zeitraums. Außerhalb der Saison besteht Ruheversicherungsschutz bzw bei Zulassungsfahrten in der Kfz-Haftpflichtversicherung nach näherer Maßgabe.

3

III. Ungestempelte Kennzeichen (H.3)

In der Kfz-Haftpflichtversicherung und beim Autoschutzbrief besteht Deckungsschutz auch bei in H.3.2 definierten Zulassungsfahrten mit ungestempelten Kennzeichen, nicht jedoch für Fahrten, für die ein rotes Kennzeichen oder ein Kurzzeitkennzeichen geführt werden muss.

4

I. Schadenfreiheitsrabatt-System

I.1 Einstufung in Schadenfreiheitsklassen (SF-Klassen)

In der Kfz-Haftpflicht- und der Vollkaskoversicherung richtet sich die Einstufung Ihres Vertrags in eine SF-Klasse und der sich daraus ergebende Beitragssatz nach Ihrem Schadenverlauf. Siehe dazu die Tabellen in Anhang 1.

Dies gilt nicht für Fahrzeuge mit Versicherungskennzeichen, ... < xx *alle gewünschten WKZ und Kennzeichenarten aufführen* >

I.2 Ersteinstufung

I.2.1 Ersteinstufung in SF-Klasse 0

Beginnt Ihr Vertrag ohne Übernahme eines Schadenverlaufs nach I.6, wird er in die SF-Klasse 0 eingestuft.

I.2.2 Sonderersteinstufung eines Pkw in SF-Klasse ½ oder SF-Klasse 2

I.2.2.1 Sonderersteinstufung in SF-Klasse ½

Beginnt Ihr Vertrag für einen Pkw ohne Übernahme eines Schadenverlaufs nach I.6., wird er in die SF-Klasse ½ eingestuft, wenn

a auf Sie bereits ein Pkw zugelassen ist, der zu diesem Zeitpunkt in der Kfz-Haftpflichtversicherung mindestens in die SF-Klasse ½ eingestuft ist, oder

b auf Ihren Ehepartner, Ihren eingetragenen Lebenspartner oder Ihren mit Ihnen in häuslicher Gemeinschaft lebenden Lebenspartner bereits ein Pkw zugelassen ist, der zu diesem Zeitpunkt in der Kfz-Haftpflichtversicherung mindestens in die SF-Klasse ½ eingestuft ist, und Sie seit mindestens einem Jahr eine gültige Fahrerlaubnis zum Führen von Pkw oder Krafträdern besitzen, die von einem Mitglied-

---

2 Vgl OLG Köln 13.12.2002 – 9 U 131/02, r+s 2003, 232; OLG Schleswig 5.7.2009 – 16 U 143/08, r+s 2010, 109 (Abgrenzung durch Mauern, Zäune, Hecken, Gräben); OLG Karlsruhe 1.3.2012 – 12 U 196/11, NZV 2013, 136 (niedrige Einfriedungen, unverschlossene Türen).
3 OLG Köln 14.6.2005 – 9 U 174/04, r+s 2005, 458.

staat des Europäischen Wirtschaftsraums (EWR) erteilt wurde oder diesen nach I.2.5 gleichgestellt ist, oder

c Sie nachweisen, dass Sie aufgrund einer gültigen Fahrerlaubnis, die von einem Mitgliedstaat des Europäischen Wirtschaftsraums (EWR) erteilt wurde oder diesen nach I.2.5 gleichgestellt ist, seit mindestens drei Jahren zum Führen von Pkw oder von Krafträdern, die ein amtliches Kennzeichen führen müssen, berechtigt sind.

Die Sondereinstufung in die SF-Klasse ½ gilt nicht für Pkw, die ein Ausfuhrkennzeichen, ein Kurzzeitkennzeichen oder ein rotes Kennzeichen führen.

I.2.2.2 Sondererstseinstufung in SF-Klasse 2

Beginnt Ihr Vertrag für einen Pkw ohne Übernahme eines Schadenverlaufs nach I.6, wird er in die SF-Klasse 2 eingestuft, wenn

– auf Sie, Ihren Ehepartner, Ihren eingetragenen Lebenspartner oder Ihren mit Ihnen in häuslicher Gemeinschaft lebenden Lebenspartner bereits ein Pkw zugelassen und bei uns versichert ist, der zu diesem Zeitpunkt in der Kfz-Haftpflichtversicherung mindestens in die SF-Klasse 2 eingestuft ist, und

– Sie seit mindestens einem Jahr eine gültige Fahrerlaubnis zum Führen von Pkw oder von Krafträdern besitzen, die von einem Mitgliedstaat des Europäischen Wirtschaftsraums (EWR) erteilt wurde, und

– Sie und der jeweilige Fahrer mindestens das xx. Lebensjahr vollendet haben.

Die Sondereinstufung in die SF-Klasse 2 gilt nicht für Pkw, die ein Ausfuhrkennzeichen, ein Kurzzeitkennzeichen oder ein rotes Kennzeichen führen.

I.2.3 Anrechnung des Schadenverlaufs der Kfz-Haftpflichtversicherung in der Vollkaskoversicherung

Ist das versicherte Fahrzeug ein Pkw, ein Kraftrad oder ein Campingfahrzeug und schließen Sie neben der Kfz-Haftpflichtversicherung eine Vollkaskoversicherung mit einer Laufzeit von einem Jahr ab (siehe G.1.2), können Sie verlangen, dass die Einstufung nach dem Schadenverlauf der Kfz-Haftpflichtversicherung erfolgt. Dies gilt nicht, wenn für das versicherte Fahrzeug oder für ein Vorfahrzeug im Sinne von I.6.1.1 innerhalb der letzten 12 Monate vor Abschluss der Vollkaskoversicherung bereits eine Vollkaskoversicherung bestanden hat; in diesem Fall übernehmen wir den Schadenverlauf der Vollkaskoversicherung nach I.6.

I.2.4 Führerscheinsonderregelung

Hat Ihr Vertrag für einen Pkw oder ein Kraftrad in der Klasse SF 0 begonnen, stufen wir ihn auf Ihren Antrag besser ein, sobald Sie drei Jahre im Besitz einer Fahrerlaubnis für Pkw oder Krafträder sind und folgende Voraussetzungen gegeben sind:

– Der Vertrag ist schadenfrei verlaufen und
– Ihre Fahrerlaubnis ist von einem Mitgliedstaat des Europäischen Wirtschaftsraums (EWR) ausgestellt worden oder diesen nach I.2.5. gleichgestellt.

I.2.5 Gleichgestellte Fahrerlaubnisse

Fahrerlaubnisse aus Staaten außerhalb des Europäischen Wirtschaftsraums (EWR) sind im Rahmen der SF-Ersteinstufung Fahrerlaubnissen aus einem Mitgliedstaat des EWR gleichgestellt, wenn diese nach den Vorschriften der Fahrerlaubnisverordnung ohne weitere theoretische oder praktische Fahrprüfung umgeschrieben werden können oder nach Erfüllung der Auflagen umgeschrieben sind.

I.3 Jährliche Neueinstufung

Wir stufen Ihren Vertrag zum 1. Januar eines jeden Jahres nach seinem Schadenverlauf im vergangenen Kalenderjahr neu ein.

I.3.1 Wirksamwerden der Neueinstufung

Die Neueinstufung gilt ab der ersten Beitragsfälligkeit im neuen Kalenderjahr.

I.3.2 Besserstufung bei schadenfreiem Verlauf

Ist Ihr Vertrag während eines Kalenderjahres schadenfrei verlaufen und hat der Versicherungsschutz während dieser Zeit ununterbrochen bestanden, wird Ihr Vertrag in die nächst bessere SF-Klasse nach der jeweiligen Tabelle im Anhang 1 eingestuft.

I.3.3 Besserstufung bei Saisonkennzeichen

Ist das versicherte Fahrzeug mit einem Saisonkennzeichen zugelassen (siehe H.2), nehmen wir bei schadenfreiem Verlauf des Vertrags eine Besserstufung nach I.3.2 nur vor, wenn die Saison mindestens sechs Monate beträgt.

I.3.4 Besserstufung bei Verträgen mit SF-Klassen [2], ½, S, 0 oder M

Hat der Versicherungsschutz während des gesamten Kalenderjahres ununterbrochen bestanden, stufen wir Ihren Vertrag aus der SF-Klasse ½, S, 0 oder M bei schadenfreiem Verlauf in die SF-Klasse 1 ein.

Hat Ihr Vertrag in der Zeit vom 2. Januar bis 1. Juli eines Kalenderjahres mit einer Einstufung in SF-Klasse [2], ½ oder 0 begonnen und bestand bis zum 31. Dezember mindestens sechs Monate Versicherungsschutz, wird er bei schadenfreiem Verlauf zum 1. Januar des folgenden Kalenderjahres wie folgt eingestuft:

[xx von SF-Klasse 2   nach   SF-Klasse xx]

von SF-Klasse ½   nach   SF-Klasse xx,

von SF-Klasse 0   nach   SF-Klasse xx.

I.3.5 Rückstufung bei schadenbelastetem Verlauf

Ist Ihr Vertrag während eines Kalenderjahres schadenbelastet verlaufen, wird er nach der jeweiligen Tabelle in Anhang 1 zurückgestuft. Maßgeblich ist der Tag der Schadenmeldung bei uns.

I.4 Was bedeutet schadenfreier oder schadenbelasteter Verlauf?

I.4.1 Schadenfreier Verlauf

I.4.1.1 Ein schadenfreier Verlauf des Vertrags liegt vor, wenn der Versicherungsschutz von Anfang bis Ende eines Kalenderjahres ununterbrochen bestanden hat und uns in dieser Zeit kein Schadenereignis gemeldet worden ist, für das wir Entschädigungen leisten oder Rückstellungen bilden mussten. Dazu zählen nicht Kosten für Gutachter, Rechtsberatung und Prozesse.

I.4.1.2 Trotz Meldung eines Schadenereignisses gilt der Vertrag jeweils als schadenfrei, wenn

  a wir nur aufgrund von Abkommen der Versicherungsunternehmen untereinander oder mit Sozialversicherungsträgern oder wegen der Ausgleichspflicht aufgrund einer Mehrfachversicherung Entschädigungen leisten oder Rückstellungen bilden oder

  b wir Rückstellungen für das Schadenereignis in den drei auf die Schadenmeldung folgenden Kalenderjahren auflösen, ohne eine Entschädigung geleistet zu haben, oder

  c der Schädiger oder dessen Haftpflichtversicherung uns unsere Entschädigung in vollem Umfang erstattet oder

  d wir in der Vollkaskoversicherung für ein Schadenereignis, das unter die Teilkaskoversicherung fällt, Entschädigungen leisten oder Rückstellungen bilden oder

  e Sie Ihre Vollkaskoversicherung nur deswegen in Anspruch nehmen, weil eine Person mit einer gesetzlich vorgeschriebenen Haftpflichtversicherung für das Schadenereignis zwar in vollem Umfang haftet, Sie aber gegenüber dem Haftpflichtversicherer keinen Anspruch haben, weil dieser den Versicherungsschutz ganz oder teilweise versagt hat.

I.4.2 Schadenbelasteter Verlauf

I.4.2.1 Ein schadenbelasteter Verlauf des Vertrags liegt vor, wenn Sie uns während eines Kalenderjahres ein oder mehrere Schadenereignisse melden, für die wir Entschädigungen leisten oder Rückstellungen bilden müssen. Hiervon ausgenommen sind die Fälle nach I.4.1.2.

I.4.2.2 Gilt der Vertrag trotz einer Schadenmeldung zunächst als schadenfrei, leisten wir jedoch in einem folgenden Kalenderjahr Entschädigungen oder bilden Rückstellungen für diesen Schaden, stufen wir Ihren Vertrag zum 1. Januar des dann folgenden Kalenderjahres zurück.

I.5 Wie Sie eine Rückstufung in der Kfz-Haftpflichtversicherung vermeiden können

Sie können eine Rückstufung in der Kfz-Haftpflichtversicherung vermeiden, wenn Sie uns unsere Entschädigung freiwillig, also ohne vertragliche oder gesetzliche Verpflichtung erstatten. Um Ihnen hierzu Gelegenheit zu geben, unterrichten wir Sie nach Abschluss der Schadenregulierung über die Höhe unserer Entschädigung, wenn diese nicht mehr als 500 € beträgt. Erstatten Sie uns die Entschädigung innerhalb von sechs Monaten nach unserer Mitteilung, wird Ihr Kfz-Haftpflichtversicherungsvertrag als schadenfrei behandelt.

Haben wir Sie über den Abschluss der Schadenregulierung und über die Höhe des Erstattungsbetrags unterrichtet und müssen wir danach im Zuge einer Wiederaufnahme der Schadenregulierung eine weitere Entschädigung leisten, führt dies nicht zu einer Erhöhung des Erstattungsbetrags.

I.6 Übernahme eines Schadenverlaufs

I.6.1 In welchen Fällen wird ein Schadenverlauf übernommen?

Der Schadenverlauf eines anderen Vertrags – auch wenn dieser bei einem anderen Versicherer bestanden hat – wird auf den Vertrag des versicherten Fahrzeugs unter den Voraussetzungen nach I.6.2 und I.6.3 in folgenden Fällen übernommen:

Fahrzeugwechsel

I.6.1.1 Sie haben das versicherte Fahrzeug anstelle eines anderen Fahrzeugs angeschafft.

Rabatt-Tausch

I.6.1.2 a) Sie besitzen neben dem versicherten Fahrzeug noch ein anderes Fahrzeug und veräußern dieses oder setzen es ohne Ruheversicherung außer Betrieb und beantragen die Übernahme des Schadenverlaufs.

I.6.1.2 b) Sie versichern ein weiteres Fahrzeug, das überwiegend von demselben Personenkreis benutzt werden soll wie das bereits versicherte, und beantragen, dass der Schadenverlauf von dem bisherigen auf das weitere Fahrzeug übertragen wird.

Schadenverlauf einer anderen Person

I.6.1.3 Das Fahrzeug einer anderen Person wurde überwiegend von Ihnen gefahren und Sie beantragen die Übernahme des Schadenverlaufs.

Versichererwechsel

I.6.1.4 Sie sind mit Ihrem Fahrzeug von einem anderen Versicherer zu uns gewechselt.

I.6.2 Welche Voraussetzungen gelten für die Übernahme?

Für die Übernahme eines Schadenverlaufs gelten folgende Voraussetzungen:

Fahrzeuggruppe

I.6.2.1 Die Fahrzeuge, zwischen denen der Schadenverlauf übertragen wird, gehören derselben Fahrzeuggruppe an, oder das Fahrzeug, von dem der Schadenverlauf übernommen wird, gehört einer höheren Fahrzeuggruppe an als das Fahrzeug, auf das übertragen wird.

    a Untere Fahrzeuggruppe:

       Pkw, Leichtkrafträder, Krafträder, Campingfahrzeuge, Lieferwagen, Gabelstapler, Kranken- und Leichenwagen.

    b Mittlere Fahrzeuggruppe:

       Taxen, Mietwagen, Lkw und Zugmaschinen im Werkverkehr.

    c Obere Fahrzeuggruppe:

       Lkw und Zugmaschinen im gewerblichen Güterverkehr, Kraftomnibusse sowie Abschleppwagen.

Eine Übertragung ist zudem möglich
- von einem Lieferwagen auf einen Lkw oder eine Zugmaschine im Werkverkehr bis xx kW,
- von einem Pkw mit 7 bis 9 Plätzen einschließlich Mietwagen und Taxen auf einen Kraftomnibus mit nicht mehr als xx Plätzen (ohne Fahrersitz).

Gemeinsame Übernahme des Schadenverlaufs in der Kfz-Haftpflicht- und der Vollkaskoversicherung

I.6.2.2 Wir übernehmen die Schadenverläufe in der Kfz-Haftpflicht- und in der Vollkaskoversicherung nur zusammen.

Zusätzliche Regelung für die Übernahme des Schadenverlaufs von einer anderen Person nach I.6.1.3

I.6.2.3 Wir übernehmen den Schadenverlauf von einer anderen Person nur für den Zeitraum, in dem das Fahrzeug der anderen Person überwiegend von Ihnen gefahren wurde, und unter folgenden Voraussetzungen:

a Es handelt sich bei der anderen Person um Ihren Ehepartner, Ihren eingetragenen Lebenspartner, Ihren mit Ihnen in häuslicher Gemeinschaft lebenden Lebenspartner, ein Elternteil, Ihr Kind oder Ihren Arbeitgeber;

b Sie machen den Zeitraum, in dem das Fahrzeug der anderen Person überwiegend von Ihnen gefahren wurde, glaubhaft; hierzu gehört insbesondere
- eine schriftliche Erklärung von Ihnen und der anderen Person; ist die andere Person verstorben, ist die Erklärung durch Sie ausreichend;
- die Vorlage einer Kopie Ihres Führerscheins zum Nachweis dafür, dass Sie für den entsprechenden Zeitraum im Besitz einer gültigen Fahrerlaubnis waren;

c die andere Person ist mit der Übertragung ihres Schadenverlaufs an Sie einverstanden und gibt damit ihren Schadenfreiheitsrabatt in vollem Umfang auf;

d die Nutzung des Fahrzeugs der anderen Person durch Sie liegt bei der Übernahme nicht mehr als xx Monate zurück.

I.6.3 Wie wirkt sich eine Unterbrechung des Versicherungsschutzes auf den Schadenverlauf aus?

Im Jahr der Übernahme

I.6.3.1 Nach einer Unterbrechung des Versicherungsschutzes (Außerbetriebsetzung, Saisonkennzeichen außerhalb der Saison, Vertragsbeendigung, Veräußerung, Wagniswegfall) gilt:

a Beträgt die Unterbrechung höchstens sechs Monate, übernehmen wir den Schadenverlauf, als wäre der Versicherungsschutz nicht unterbrochen worden.

b Beträgt die Unterbrechung mehr als sechs und höchstens zwölf Monate, übernehmen wir den Schadenverlauf, wie er vor der Unterbrechung bestand.

c Beträgt die Unterbrechung mehr als zwölf Monate, ziehen wir beim Schadenverlauf für jedes weitere angefangene Kalenderjahr seit der Unterbrechung ein schadenfreies Jahr ab.

d Beträgt die Unterbrechung mehr als sieben Jahre, übernehmen wir den schadenfreien Verlauf nicht.

Sofern neben einer Rückstufung aufgrund einer Unterbrechung von mehr als einem Jahr gleichzeitig eine Rückstufung aufgrund einer Schadenmeldung zu erfolgen hat, ist zunächst die Rückstufung aufgrund des Schadens, danach die Rückstufung aufgrund der Unterbrechung vorzunehmen.

Im Folgejahr nach der Übernahme

I.6.3.2 In dem auf die Übernahme folgenden Kalenderjahr richtet sich die Einstufung des Vertrags nach dessen Schadenverlauf und danach, wie lange der Versicherungsschutz in dem Kalenderjahr der Übernahme bestand:

a Bestand der Versicherungsschutz im Kalenderjahr der Übernahme mindestens sechs Monate, wird der Vertrag entsprechend seines Verlaufs so eingestuft, als hätte er ein volles Kalenderjahr bestanden.

b Bestand der Versicherungsschutz im Kalenderjahr der Übernahme weniger als sechs Monate, unterbleibt eine Besserstufung trotz schadenfreien Verlaufs.

I.6.4 Übernahme des Schadenverlaufs nach Betriebsübergang

Haben Sie einen Betrieb und dessen zugehörige Fahrzeuge übernommen, übernehmen wir den Schadenverlauf dieser Fahrzeuge unter folgenden Voraussetzungen:

– Der bisherige Betriebsinhaber ist mit der Übernahme des Schadenverlaufs durch Sie einverstanden und gibt damit den Schadenfreiheitsrabatt in vollem Umfang auf,

– Sie machen glaubhaft, dass sich durch die Übernahme des Betriebs die bisherige Risikosituation nicht verändert hat.

I.7 Einstufung nach Abgabe des Schadenverlaufs

I.7.1 Die Schadenverläufe in der Kfz-Haftpflicht- und der Vollkaskoversicherung können nur zusammen abgegeben werden.

I.7.2 Nach einer Abgabe des Schadenverlaufs Ihres Vertrags stufen wir diesen in die SF-Klasse ein, die Sie bei Ersteinstufung Ihres Vertrages nach I.2 bekommen hätten. Befand sich Ihr Vertrag in der SF-Klasse M oder S, bleibt diese Einstufung bestehen.

I.7.3 Wir sind berechtigt, den Mehrbeitrag aufgrund der Umstellung Ihres Vertrags nachzuerheben.

I.8 Auskünfte über den Schadenverlauf

I.8.1 Wir sind berechtigt, uns bei Übernahme eines Schadenverlaufs folgende Auskünfte vom Vorversicherer geben zu lassen:

– Art und Verwendung des Fahrzeugs,

– Beginn und Ende des Vertrags für das Fahrzeug,

– Schadenverlauf des Fahrzeugs in der Kfz-Haftpflicht- und der Vollkaskoversicherung,

- Unterbrechungen des Versicherungsschutzes des Fahrzeugs, die sich noch nicht auf dessen letzte Neueinstufung ausgewirkt haben,
- ob für ein Schadenereignis Rückstellungen innerhalb von drei Jahren nach deren Bildung aufgelöst worden sind, ohne dass Zahlungen geleistet worden sind, und
- ob Ihnen oder einem anderen Versicherer bereits entsprechende Auskünfte erteilt worden sind.

I.8.2 Versichern Sie nach Beendigung Ihres Vertrags in der Kfz-Haftpflicht- und der Vollkaskoversicherung Ihr Fahrzeug bei einem anderen Versicherer, sind wir berechtigt und verpflichtet, diesem auf Anfrage Auskünfte zu Ihrem Vertrag und dem versicherten Fahrzeug nach I.8.1 zu geben.

Unsere Auskunft bezieht sich nur auf den tatsächlichen Schadenverlauf. Sondereinstufungen – mit Ausnahme der Regelung nach I.2.2.1 – werden nicht berücksichtigt.

I.8.3 Ist Ihr Vertrag bei Beendigung nach der maßgeblichen Tabelle zum Schadenfreiheitsrabatt-System in Anhang 1 in die SF-Klasse M, 0 oder S eingestuft oder wäre er bei Fortbestehen dort einzustufen, sind wir berechtigt, dies der zuständigen Gemeinschaftseinrichtung der Versicherer mitzuteilen. Dies ist derzeit die GDV Dienstleistungs-GmbH & Co. KG, Glockengießerwall 1, 20095 Hamburg. Ihre SF-Klasse wird dort für andere Versicherer nach I.8.4 abrufbar sein.

I.8.4 Geben Sie in Ihrem Antrag keine Vorversicherung an, sind wir berechtigt, bei der zuständigen Gemeinschaftseinrichtung der Versicherer nachzufragen, ob Ihr Vertrag bei einem Vorversicherer in die SF-Klassen M, 0 oder S einzustufen war.

J. Beitragsänderung aufgrund tariflicher Maßnahmen

J.1 Typklasse

Richtet sich der Versicherungsbeitrag nach dem Typ Ihres Fahrzeugs, können Sie Ihrem Versicherungsschein entnehmen, welcher Typklasse Ihr Fahrzeug zu Beginn des Vertrags zugeordnet worden ist.

Ein unabhängiger Treuhänder ermittelt jährlich, ob und in welchem Umfang sich der Schadenbedarf Ihres Fahrzeugtyps im Verhältnis zu dem aller Fahrzeugtypen erhöht oder verringert hat. Ändert sich der Schadenbedarf Ihres Fahrzeugtyps im Verhältnis zu dem aller Fahrzeugtypen, kann dies zu einer Zuordnung in eine andere Typklasse führen. Die damit verbundene Beitragsänderung wird mit Beginn des nächsten Versicherungsjahres wirksam.

[xx Die Klassengrenzen können Sie der Tabelle im Anhang 3 entnehmen.]

J.2 Regionalklasse

Richtet sich der Versicherungsbeitrag nach dem Wohnsitz des Halters, wird Ihr Fahrzeug einer Regionalklasse zugeordnet. Maßgeblich ist der Wohnsitz, den uns die Zulassungsbehörde zu Ihrem Fahrzeug mitteilt. Ihrem Versicherungsschein können Sie entnehmen, welcher Regionalklasse Ihr Fahrzeug zu Beginn des Vertrags zugeordnet worden ist.

Ein unabhängiger Treuhänder ermittelt jährlich, ob und in welchem Umfang sich der Schadenbedarf der Region, in welcher der Wohnsitz des Halters liegt, im Verhältnis zu allen Regionen erhöht oder verringert hat. Ändert sich der Schadenbedarf Ihrer Region im Verhältnis zu dem aller Regionen, kann dies zu einer Zuordnung in eine andere Regionalklasse führen. Die damit verbundene Beitragsänderung wird mit Beginn des nächsten Versicherungsjahres wirksam.

[xx Die Klassengrenzen können Sie der Tabelle im Anhang 4 entnehmen.]

J.3 Tarifänderung

< *xx Redaktioneller Hinweis: Ein Mustertext wie zu § 9 a AKB a.F. wird nicht bekannt gemacht.* >

J.4 Kündigungsrecht

Führt eine Änderung nach J.1 bis J.3 in der Kfz-Haftpflichtversicherung zu einer Beitragserhöhung, so haben Sie nach G.2.7 ein Kündigungsrecht. Werden mehrere Änderungen gleichzeitig wirksam, so besteht Ihr Kündigungsrecht nur, wenn die Änderungen in Summe zu einer Beitragserhöhung führen.

Dies gilt für die Kaskoversicherung entsprechend.

J.5 Gesetzliche Änderung des Leistungsumfangs in der Kfz-Haftpflichtversicherung

In der Kfz-Haftpflichtversicherung sind wir berechtigt, den Beitrag zu erhöhen, sobald wir aufgrund eines Gesetzes, einer Verordnung oder einer EU-Richtlinie dazu verpflichtet werden, den Leistungsumfang oder die Versicherungssummen zu erhöhen.

< *xx Achtung! Es folgen zwei Varianten. Variante 1 für Versicherer, die nur das SF-System nach Anlage 1 verwenden wollen. Variante 2 für Versicherer, die auch die Tarifmerkmale nach Anhang 2 verwenden wollen.* >

J.6 Änderung des SF-Klassen-Systems

Wir sind berechtigt, die Bestimmungen für die SF-Klassen nach Abschnitt I und Anhang 1 zu ändern, wenn ein unabhängiger Treuhänder bestätigt, dass die geänderten Bestimmungen den anerkannten Grundsätzen der Versicherungsmathematik und Versicherungstechnik entsprechen. Die geänderten Bestimmungen werden mit Beginn des nächsten Versicherungsjahres wirksam.

In diesem Fall haben Sie nach G.2.9 ein Kündigungsrecht.

[J.6 xx Änderung der Tarifstruktur]

Wir sind berechtigt, die Bestimmungen für SF-Klassen, Regionalklassen, Typklassen, Abstellort, jährliche Fahrleistung, xx < *ggf zu ergänzen* > zu ändern, wenn ein unabhängiger Treuhänder bestätigt, dass die geänderten Bestimmungen den anerkannten Grundsätzen der Versicherungsmathematik und Versicherungstechnik entsprechen. Die geänderten Bestimmungen werden mit Beginn des nächsten Versicherungsjahres wirksam.

In diesem Fall haben Sie nach G.2.9 ein Kündigungsrecht.

K. Beitragsänderung aufgrund eines bei Ihnen eingetretenen Umstands

K.1 **Änderung des Schadenfreiheitsrabatts**

Ihr Beitrag kann sich aufgrund der Regelungen zum Schadenfreiheitsrabatt-System nach Abschnitt I ändern.

K.2 **Änderung von Merkmalen zur Beitragsberechnung**

Welche Änderungen werden berücksichtigt?

K.2.1 Ändert sich während der Laufzeit des Vertrags ein im Versicherungsschein unter der Überschrift xx aufgeführtes Merkmal zur Beitragsberechnung, berechnen wir den Beitrag neu. Dies kann zu einer Beitragssenkung oder zu einer Beitragserhöhung führen.

< *xx Alternativformulierung für Versicherer, die die Anhänge 2 und 5 verwenden:*

K.2.1 Ändert sich während der Laufzeit des Vertrags ein Merkmal zur Beitragsberechnung gemäß Anhang 2 „Merkmale zur Beitragsberechnung" und Anhang 5 „Berufsgruppen (Tarifgruppen)", berechnen wir den Beitrag neu. Dies kann zu einer Beitragssenkung oder zu einer Beitragserhöhung führen. >

Auswirkung auf den Beitrag

K.2.2 Der neue Beitrag gilt ab dem Tag der Änderung.

K.2.3 Ändert sich die im Versicherungsschein aufgeführte Jahresfahrleistung, gilt abweichend von K.2.2 der neue Beitrag rückwirkend ab Beginn des laufenden Versicherungsjahres.

K.3 **Änderung der Regionalklasse wegen Wohnsitzwechsels**

Wechselt der Halter seinen Wohnsitz und wird dadurch Ihr Fahrzeug einer anderen Regionalklasse zugeordnet, richtet sich der Beitrag ab der Ummeldung bei der Zulassungsbehörde nach der neuen Regionalklasse.

K.4 **Ihre Mitteilungspflichten zu den Merkmalen zur Beitragsberechnung**

Anzeige von Änderungen

K.4.1 Die Änderung eines im Versicherungsschein unter der Überschrift < xx *konkrete Bezeichnung eintragen* > aufgeführten Merkmals zur Beitragsberechnung müssen Sie uns unverzüglich anzeigen.

Überprüfung der Merkmale zur Beitragsberechnung

K.4.2 Wir sind berechtigt zu überprüfen, ob die bei Ihrem Vertrag berücksichtigten Merkmale zur Beitragsberechnung zutreffen. Auf Anforderung haben Sie uns entsprechende Bestätigungen oder Nachweise vorzulegen.

Folgen von unzutreffenden Angaben

K.4.3 Haben Sie unzutreffende Angaben zu Merkmalen zur Beitragsberechnung gemacht oder Änderungen nicht angezeigt und ist deshalb ein zu niedriger Beitrag berechnet worden, gilt rückwirkend ab Beginn des laufenden Versicherungsjahres der Beitrag, der den tatsächlichen Merkmalen zur Beitragsberechnung entspricht.

K.4.4 Haben Sie vorsätzlich unzutreffende Angaben gemacht oder Änderungen vorsätzlich nicht angezeigt und ist deshalb ein zu niedriger Beitrag berechnet worden, ist zusätzlich zur Beitragserhöhung eine Vertragsstrafe in Höhe von xx zu zahlen.

Folgen von Nichtangaben

K.4.5 Kommen Sie unserer Aufforderung schuldhaft nicht nach, Bestätigungen oder Nachweise vorzulegen, sind wir berechtigt, den Beitrag rückwirkend ab Beginn des laufenden Versicherungsjahres nach den für Sie ungünstigsten Annahmen zu berechnen, wenn
– wir Sie in Textform auf den dann zu zahlenden Beitrag und die dabei zugrunde gelegten Annahmen hingewiesen haben
– und Sie auch innerhalb einer von uns gesetzten Antwortfrist von mindestens X [nicht weniger als 4] Wochen die zur Überprüfung der Beitragsrechnung angeforderten Bestätigungen oder Nachweise nicht nachreichen.

K.5 Änderung der Art und Verwendung des Fahrzeugs

Ändert sich die im Versicherungsschein ausgewiesene Art und Verwendung des Fahrzeugs < xx *bei Verwendung des Anhangs: „gemäß der Tabelle in Anhang 6"* >, müssen Sie uns dies anzeigen. Bei der Zuordnung nach der Verwendung des Fahrzeugs gelten ziehendes Fahrzeug und Anhänger als Einheit, wobei das höhere Wagnis maßgeblich ist.

Wir können in diesem Fall den Versicherungsvertrag nach G.3.6 kündigen oder den Beitrag ab der Änderung anpassen.

Erhöhen wir den Beitrag um mehr als 10 %, haben Sie ein Kündigungsrecht nach G.2.8.

L. Meinungsverschiedenheiten und Gerichtsstände

L.1 Wenn Sie mit uns einmal nicht zufrieden sind

Versicherungsombudsmann

L.1.1 Wenn Sie als Verbraucher mit unserer Entscheidung nicht zufrieden sind oder eine Verhandlung mit uns einmal nicht zu dem von Ihnen gewünschten Ergebnis geführt hat, können Sie sich an den Ombudsmann für Versicherungen wenden (Ombudsmann e.V., Postfach 080632, 10006 Berlin; E-Mail: beschwerde@versicherungsombudsmann.de; Tel.: 0180 4224424, Fax 0180 4224425 (jeweils 0,20 EUR je Anruf aus dem Festnetz; Anrufe aus Mobilfunknetzen max. 0,42 EUR pro Minute bei Abrechnung im 60 Sekunden-Takt). Der Ombudsmann für Versicherungen ist eine unabhängige und für Verbraucher kostenfrei arbeitende Schlichtungsstelle. Voraussetzung für das Schlichtungsverfahren vor dem Ombudsmann ist aber, dass Sie uns zunächst die Möglichkeit gegeben haben, unsere Entscheidung zu überprüfen.

Versicherungsaufsicht

L.1.2 Sind Sie mit unserer Betreuung nicht zufrieden oder treten Meinungsverschiedenheiten bei der Vertragsabwicklung auf, können Sie sich auch an die für uns zuständige Aufsicht wenden. Als Versicherungsunternehmen unterliegen wir der Aufsicht der Bundesanstalt für Finanzdienstleistungsaufsicht (BAFin), Sektor Versicherungsaufsicht, Graurheindorfer Straße

108, 53117 Bonn; E-Mail: poststelle@bafin.de; Tel.: 0228 4108-0; Fax 0228 4108-1550. Bitte beachten Sie, dass die BAFin keine Schiedsstelle ist und einzelne Streitfälle nicht verbindlich entscheiden kann.

Rechtsweg

L.1.3 Außerdem haben Sie die Möglichkeit, den Rechtsweg zu beschreiten.

Hinweis: Beachten Sie bei Meinungsverschiedenheiten über die Höhe des Schadens in der Kaskoversicherung das Sachverständigenverfahren nach A.2.17.

L.2 Gerichtsstände

Wenn Sie uns verklagen

L.2.1 Ansprüche aus Ihrem Versicherungsvertrag können Sie insbesondere bei folgenden Gerichten geltend machen:
- dem Gericht, das für Ihren Wohnsitz örtlich zuständig ist,
- dem Gericht, das für unseren Geschäftssitz oder für die Sie betreuende Niederlassung örtlich zuständig ist.

Wenn wir Sie verklagen

L.2.2 Wir können Ansprüche aus dem Versicherungsvertrag insbesondere bei folgenden Gerichten geltend machen:
- dem Gericht, das für Ihren Wohnsitz örtlich zuständig ist,
- dem Gericht des Ortes, an dem sich der Sitz oder die Niederlassung Ihres Betriebs befindet, wenn Sie den Versicherungsvertrag für Ihren Geschäfts- oder Gewerbebetrieb abgeschlossen haben.

Sie haben Ihren Wohnsitz oder Geschäftssitz ins Ausland verlegt

L.2.3 Für den Fall, dass Sie Ihren Wohnsitz, Geschäftssitz oder gewöhnlichen Aufenthalt außerhalb Deutschlands verlegt haben oder Ihr Wohnsitz, Geschäftssitz oder gewöhnlicher Aufenthalt im Zeitpunkt der Klageerhebung nicht bekannt ist, gilt abweichend der Regelungen nach L.2.2 das Gericht als vereinbart, das für unseren Geschäftssitz zuständig ist.

M. – Abschnitt gestrichen –

N. Bedingungsänderung

< xx *Redaktioneller Hinweis: Ein Mustertext wird nicht bekannt gemacht.*>

Anhang 1: Tabellen zum Schadenfreiheitsrabatt-System
1 Pkw
1.1 Einstufung von Pkw in Schadenfreiheitsklassen (SF-Klassen) und Beitragssätze

Dauer des schadenfreien ununterbrochenen Verlaufs	SF-Klasse	Beitragssatz in %	
		Kfz-Haftpflicht	Vollkasko
25 und mehr	SF 25	xx	xx
24 Kalenderjahre	SF 24	xx	xx
...	...	...	...
1 Kalenderjahr	SF 1	xx	xx
–	SF ½	xx	xx
–	S	xx	xx
–	0	xx	xx
–	M	xx	xx

1.2 Rückstufung im Schadenfall bei Pkw
1.2.1 Kfz-Haftpflichtversicherung

Aus SF Klasse Nach Klasse	1 Schaden	2 Schäden	3 Schäden	4 und mehr Schäden
25	xx	xx	xx	xx
24	...			
23				

1.2.2 Vollkaskoversicherung

Aus SF Klasse Nach Klasse	1 Schaden	2 Schäden	3 Schäden	4 und mehr Schäden
25	xx	xx	xx	xx
24	...			
23				

2 Krafträder
2.1 Einstufung von Krafträdern in Schadenfreiheitsklassen (SF-Klassen) und Beitragssätze
... < xx Tabelle >
2.2 Rückstufung im Schadenfall bei Krafträdern
2.2.1 Kfz-Haftpflichtversicherung
... < xx Tabelle >
2.2.2 Vollkaskoversicherung
... < xx Tabelle >

3 Leichtkrafträder
3.1 Einstufung von Leichtkrafträdern in Schadenfreiheitsklassen (SF-Klassen) und Beitragssätze
... < xx Tabelle >
3.2 Rückstufung im Schadenfall bei Leichtkrafträdern
3.2.1 Kfz-Haftpflichtversicherung
... < xx Tabelle >
3.2.2 Vollkaskoversicherung
... < xx Tabelle >

4 Taxen und Mietwagen
4.1 Einstufung von Taxen und Mietwagen in Schadenfreiheitsklassen (SF-Klassen) und Beitragssätze
... < xx Tabelle >
4.2 Rückstufung im Schadenfall bei Taxen und Mietwagen
4.2.1 Kfz-Haftpflichtversicherung
... < xx Tabelle >
4.2.2 Vollkaskoversicherung
... < xx Tabelle >

5 Campingfahrzeuge (Wohnmobile)
5.1 Einstufung von Campingfahrzeugen (Wohnmobilen) in Schadenfreiheitsklassen (SF-Klassen) und Beitragssätze
... < xx Tabelle >
5.2 Rückstufung im Schadenfall bei Campingfahrzeugen (Wohnmobilen)
5.2.1 Kfz-Haftpflichtversicherung
... < xx Tabelle >
5.2.2 Vollkaskoversicherung
... < xx Tabelle >

6 Lieferwagen, Lkw, Zugmaschinen (ausgenommen landwirtschaftliche), Krankenwagen, Leichenwagen, Busse (nur Kfz-Haftpflicht), Abschleppwagen (nur Kfz-Haftpflicht) und Stapler (nur Kfz-Haftpflicht)
6.1 Einstufung von Lieferwagen, Lkw, Zugmaschinen (ausgenommen landwirtschaftliche), Krankenwagen, Leichenwagen, Busse (nur Kfz-Haftpflicht), Abschleppwagen (nur Kfz-Haftpflicht) und Stapler (nur Kfz-Haftpflicht) in Schadenfreiheitsklassen (SF-Klassen) und Beitragssätze
... < xx Tabelle >
6.2 Rückstufung im Schadenfall bei Lieferwagen, Lkw, Zugmaschinen (ausgenommen landwirtschaftliche), Krankenwagen, Leichenwagen, Busse, Abschleppwagen und Stapler
6.2.1 Kfz-Haftpflichtversicherung
... < xx Tabelle >
6.2.2 Vollkaskoversicherung (nur Lieferwagen, Lkw, Zugmaschinen, Krankenwagen, Leichenwagen)
... < xx Tabelle >

[Anhang 2: Merkmale zur Beitragsberechnung]

1 Individuelle Merkmale zur Beitragsberechnung bei Pkw
1.1 Abstellort
Regelmäßiger nächtlicher Abstellort:
– abschließbare Einzelgarage
– abschließbare Doppelgarage

- Mehrfachtiefgarage
- gesichertes Grundstück
- Carport

1.2 Jährliche Fahrleistung
Fahrleistungsklassen:

1.2.1 Kfz-Haftpflichtversicherung:
Fahrleistungsklasse von XX km bis XX km

1.2.2 Vollkaskoversicherung:
Fahrleistungsklasse von XX km bis XX km

1.2.3 Teilkaskoversicherung:
Fahrleistungsklasse von XX km bis XX km
Unabhängig von der Fahrleistung gilt bei Verträgen für Pkw, die mit einem Saison-, Oldtimer-, Ausfuhr, Kurzzeit- oder roten Kennzeichen zugelassen sind, die Fahrleistungsklasse xx als vereinbart.

1.3 Weitere Merkmale zur Beitragsberechnung
- Selbstgenutztes Wohneigentum
- Fahrerkreis
- Fahreralter
- Fahrzeugalter beim Erwerb durch Sie
- ... xx

2 Merkmale zur Beitragsberechnung bei Krafträdern
- Motorleistung
- ... xx

3 Merkmale zur Beitragsberechnung bei Lkw, Zugmaschinen, Bussen, Anhängern
Bei der Beitragsberechnung werden die nachfolgenden Merkmale berücksichtigt:
- Aufbau
- Motorleistung
- Anzahl der Plätze
- zulässiges Gesamtgewicht

[Anhang 3: Tabellen zu den Typklassen]

Für Pkw, Taxen, Mietwagen und Selbstfahrervermiet-Pkw gelten folgende Typklassen:

1 Kfz-Haftpflichtversicherung:
Typklasse   Schadenbedarfs-Indexwerte
                                    von   bis unter

2 Vollkaskoversicherung:
Typklasse   Schadenbedarfs-Indexwerte
                                    von   bis unter

3 Teilkaskoversicherung:
Typklasse   Schadenbedarfs-Indexwerte
                                    von   bis unter

[Anhang 4: Tabellen zu den Regionalklassen]

Es gelten folgende Regionalklassen:

1 Für Pkw
1.1 In der Kfz-Haftpflichtversicherung:
Regionalklasse Schadenbedarfs-Indexwerte
von bis unter
1.2 In der Vollkaskoversicherung:
Regionalklasse Schadenbedarfs-Indexwerte
von bis unter
1.3 In der Teilkaskoversicherung:
Regionalklasse Schadenbedarfs-Indexwerte
von bis unter

2 Für Krafträder
2.1 In der Kfz-Haftpflichtversicherung:
Regionalklasse Schadenbedarfs-Indexwerte
von bis unter
2.2 In der Teilkaskoversicherung:
Regionalklasse Schadenbedarfs-Indexwerte
von bis unter

3 Für Lieferwagen
3.1 In der Kfz-Haftpflichtversicherung:
Regionalklasse Schadenbedarfs-Indexwerte
von bis unter
3.2 In der Vollkaskoversicherung:
Regionalklasse Schadenbedarfs-Indexwerte Regionen
von bis unter
3.3 In der Teilkaskoversicherung:
Regionalklasse Schadenbedarfs-Indexwerte Regionen
von bis unter

4 Für landwirtschaftliche Zugmaschinen
4.1 In der Kfz-Haftpflichtversicherung:
Regionalklasse Schadenbedarfs-Indexwerte Regionen
von bis unter
4.2 In der Teilkaskoversicherung:
Regionalklasse Schadenbedarfs-Indexwerte Regionen
von bis unter

[Anhang 5: Berufsgruppen (Tarifgruppen)]

1 **Berufsgruppe A**

Die Beiträge der Berufsgruppe A gelten in der Kfz-Haftpflichtversicherung bei Pkw für

a Landwirte und Gartenbaubetriebe

landwirtschaftliche Unternehmer im Sinne des § 123 Abs. 1 Nr. 1 Sozialgesetzbuch VII, die Mitglieder einer landwirtschaftlichen Berufsgenossenschaft oder der Gartenbauberufsgenossenschaft sind, deren Betrieb eine Mindestgröße von 1/2 ha – bei einem Gartenbaubetrieb jedoch eine Mindestgröße von 2 ha – hat, und die diesen Betrieb selbst bewirtschaften;

b Ehemalige Landwirte
ehemalige landwirtschaftliche Unternehmer, wenn sie die Voraussetzungen nach 1.a unmittelbar vor Übergabe des Betriebes erfüllt haben und nicht anderweitig berufstätig sind;

c Witwen und Witwer
nicht berufstätige Witwen/Witwer von Personen, die bei ihrem Tod die Voraussetzungen nach 1.a oder 1.b erfüllt haben.

2 **Berufsgruppe B**

Die Beiträge der Berufsgruppe B gelten in der Kfz-Haftpflicht-, Vollkasko- und in der Teilkaskoversicherung beschränkt auf Pkw, Campingfahrzeuge, Krafträder und Leichtkrafträder – für Versicherungsverträge von Kraftfahrzeugen, die zugelassen sind auf

a Gebietskörperschaften, Körperschaften, Anstalten und Stiftungen des öffentlichen Rechts;

b juristische Personen des Privatrechts, wenn sie im Hauptzweck Aufgaben wahrnehmen, die sonst der öffentlichen Hand obliegen würden, und wenn

– an ihrem Grundkapital juristische Personen des öffentlichen Rechts mit mindestens 50 % beteiligt sind oder

– sie Zuwendungen aus öffentlichen Haushalten zu mehr als der Hälfte ihrer Haushaltsmittel erhalten (§ 23 Bundeshaushaltsordnung oder die entsprechenden haushaltsrechtlichen Vorschriften der Länder);

c mildtätige und kirchliche Einrichtungen (§§ 53, 54 Abgabenordnung);

d als gemeinnützig anerkannte Einrichtungen (§ 52 Abgabenordnung), die im Hauptzweck der Gesundheitspflege und Fürsorge oder der Jugend- und Altenpflege dienen oder die im Hauptzweck durch Förderung der Wissenschaft, Kunst, Religion, der Erziehung, oder der Volks- und Berufsbildung dem Allgemeinwohl auf materiellem, geistigem oder sittlichem Gebiet nutzen;

e Selbsthilfeeinrichtungen der Angehörigen des öffentlichen Dienstes;

f Beamte, Richter, Angestellte und Arbeiter der unter 2.a bis 2.e genannten juristischen Personen und Einrichtungen, sofern ihre nicht selbstständige und der Lohnsteuer unterliegende Tätigkeit für diese mindestens 50 % der normalen Arbeitszeit beansprucht und sofern sie von ihnen besoldet oder entlohnt werden, sowie die bei diesen juristischen Personen und Einrichtungen in einem anerkannten Ausbildungsverhältnis stehenden Personen, ferner Berufssoldaten und Soldaten auf Zeit der Bundeswehr (nicht Wehr- bzw. Zivildienstpflichtige und freiwillige Helfer);

g Beamte, Angestellte und Arbeiter überstaatlicher oder zwischenstaatlicher Einrichtungen; für sie gilt das gleiche wie für die nach 2.f genannten Beamten, Angestellten und Arbeiter;

h Pensionäre, Rentner und beurlaubte Angehörige des öffentlichen Dienstes, wenn sie die Voraussetzungen von 2.f oder 2.g unmittelbar vor ihrem Eintritt in den Ruhestand bzw. vor ihrer Beurlaubung erfüllt haben und nicht anderweitig berufstätig sind, sowie nicht berufstätige versorgungsberechtigte Witwen/Witwer von Beamten, Richtern, Angestellten, Arbeitern, Berufssoldaten und Soldaten auf Zeit der Bundeswehr, Pensionären und Rentnern, die jeweils bei ihrem Tode die Voraussetzungen von 2.f, 2.g oder 2.h erfüllt haben;

i Familienangehörige von Beamten, Richtern, Angestellten, Arbeitern, Berufssoldaten und Soldaten auf Zeit der Bundeswehr, Pensionären und Rentnern, die die Voraussetzungen von 2.f, 2.g oder 2.h erfüllen. Voraussetzung ist, dass die Familienangehörigen nicht erwerbstätig sind und mit den vorher genannten Personen in häuslicher Gemeinschaft leben und von ihnen unterhalten werden.

3 Berufsgruppe D

Die Beiträge der Berufsgruppe D gelten in der Kfz-Haftpflicht- und der Kaskoversicherung – in der Teilkaskoversicherung beschränkt auf Pkw, Campingfahrzeuge, Krafträder und Leichtkrafträder – für Verträge von Kraftfahrzeugen, die zugelassen sind auf privatisierte, ehemals öffentlich-rechtliche Banken und Sparkassen, andere privatisierte, ehemals öffentlich-rechtliche Einrichtungen (z.B. Telekom, Deutsche Bahn, Deutsche Post, Postbank, Lufthansa) und deren Tochterunternehmen, sonstige Finanzdienstleistungs-, Wohnungsbau- oder Energieversorgungsunternehmen, Krankenhäuser, Kliniken, Sanatorien, Pflegeheime, kirchliche Einrichtungen, sonstige mildtätige oder gemeinnützige Einrichtungen und deren Beschäftigte, wenn sie nicht bereits die Voraussetzungen der Berufsgruppe B erfüllen.

[Anhang 6: Art und Verwendung von Fahrzeugen]

1 Fahrzeuge mit Versicherungskennzeichen

Fahrzeuge, die ein Versicherungskennzeichen führen müssen, sind:

1.1 Fahrräder mit Hilfsmotor mit einem Hubraum von nicht mehr als 50 ccm und einer Höchstgeschwindigkeit
- bis 45 km/h
- bis 50 km/h, sofern sie bis zum 31. Dezember 2001 erstmals in Verkehr gekommen sind
- bis 60 km/h, sofern sie bis zum 29. Februar 1992 erstmals in Verkehr gekommen sind

1.2 Kleinkrafträder (zwei-, dreirädrig) mit einem Hubraum von nicht mehr als 50 ccm und einer Höchstgeschwindigkeit
- bis 45 km/h
- bis 50 km/h, sofern sie bis zum 31. Dezember 2001 erstmals in Verkehr gekommen sind
- bis 60 km/h, sofern sie bis zum 29. Februar 1992 erstmals in Verkehr gekommen sind

1.3 vierrädrige Leichtkraftfahrzeuge mit einem Hubraum von nicht mehr als 50 ccm und einer Höchstgeschwindigkeit bis 45 km/h

1.4 motorisierte Krankenfahrstühle

2 Leichtkrafträder

Leichtkrafträder sind Krafträder und Kraftroller mit einem Hubraum von mehr als 50 ccm und nicht mehr als 125 ccm und
- einer Nennleistung von nicht mehr als 11 kW und einer Höchstgeschwindigkeit von nicht mehr als 80 km/h oder
- einer Nennleistung von nicht mehr als 11 kW und einer Höchstgeschwindigkeit von mehr als 80 km/h.

3 < – entfällt – >

4 Krafträder

Krafträder sind alle Krafträder und Kraftroller, die ein amtliches Kennzeichen führen müssen, mit Ausnahme von Leichtkrafträdern.

5 Pkw

Pkw sind als Personenkraftwagen zugelassene Kraftfahrzeuge, mit Ausnahme von Mietwagen, Taxen und Selbstfahrervermietfahrzeugen.

6 Mietwagen

Mietwagen sind Pkw, mit denen ein genehmigungspflichtiger Gelegenheitsverkehr gewerbsmäßig betrieben wird (unter Ausschluss der Taxen, Kraftomnibusse, Güterfahrzeuge und Selbstfahrervermietfahrzeuge).

7 Taxen

Taxen sind Pkw, die der Unternehmer an behördlich zugelassenen Stellen bereithält und mit denen er – auch am Betriebssitz oder während der Fahrt entgegengenommene – Beförderungsaufträge zu einem vom Fahrgast bestimmten Ziel ausführt.

8 Selbstfahrvermietfahrzeuge

Selbstfahrvermietfahrzeuge sind Kraftfahrzeuge und Anhänger, die gewerbsmäßig ohne Gestellung eines Fahrers vermietet werden.

9 Leasingfahrzeuge

Leasingfahrzeuge sind Kraftfahrzeuge und Anhänger, die gewerbsmäßig ohne Gestellung eines Fahrers vermietet werden und auf den Mieter zugelassen sind oder bei Zulassung auf den Vermieter dem Mieter durch Vertrag mindestens sechs Monate überlassen werden.

10 Kraftomnibusse

Kraftomnibusse sind Kraftfahrzeuge und Anhänger, die nach ihrer Bauart und Ausstattung zur Beförderung von mehr als neun Personen (einschließlich Führer) geeignet und bestimmt sind.

10.1 Linienverkehr ist eine zwischen bestimmten Ausgangs- und Endpunkten eingerichtete regelmäßige Verkehrsverbindung, auf der Fahrgäste an bestimmten Haltestellen ein- und aussteigen können, sowie Verkehr, der unter Ausschluss anderer Fahrgäste der regelmäßigen Beförderung von Personen zum Besuch von Märkten und Theatern dient.

10.2 Gelegenheitsverkehr sind Ausflugsfahrten und Ferienziel-Reisen sowie Verkehr mit Mietomnibussen.

10.3 Nicht unter 10.1 oder 10.2 fallen sonstige Busse, insbesondere Hotelomnibusse, Werkomnibusse, Schul-, Lehr- und Krankenomnibusse.

11 Campingfahrzeuge

Campingfahrzeuge sind Wohnmobile, die als sonstige Kraftfahrzeuge zugelassen sind.

12 Werkverkehr

Werkverkehr ist die Güterbeförderung mit Kraftfahrzeugen, Anhängern und Aufliegern nur für eigene Zwecke durch eigenes – im Krankheitsfall bis zu vier Wochen auch durch fremdes – Personal eines Unternehmens.

13 Gewerblicher Güterverkehr

Gewerblicher Güterverkehr ist die geschäftsmäßige, entgeltliche Beförderung von Gütern mit Kraftfahrzeugen, Anhängern und Aufliegern für andere.

14 Umzugsverkehr

Umzugsverkehr ist die ausschließliche Beförderung von Umzugsgut.

15 Wechselaufbauten

Wechselaufbauten sind Aufbauten von Kraftfahrzeugen, Anhängern und Aufliegern, die zur Güterbeförderung bestimmt sind und mittels mechanischer Vorrichtungen an diesen Fahrzeugen ausgewechselt werden können.

16 Landwirtschaftliche Zugmaschinen

Landwirtschaftliche Zugmaschinen oder Anhänger sind Zugmaschinen und Raupenschlepper oder Anhänger, die wegen ihrer Verwendung in der Land- und Forstwirtschaft von der Kraftfahrzeugsteuer freigestellt sind und ein amtliches grünes Kennzeichen führen.

17 Melkwagen und Milchsammel-Tankwagen

Melkwagen und Milchsammel-Tankwagen sind Fahrzeuge mit Vorrichtungen zur mechanischen Milchentnahme, die dem Transport der Milch von Weiden und Gehöften zu den Molkereien der Einzugsgebiete dienen.

18 Sonstige landwirtschaftliche Sonderfahrzeuge

Sonstige landwirtschaftliche Sonderfahrzeuge sind Fahrzeuge, die als Sonderfahrzeuge für die Land- und Forstwirtschaft zugelassen werden und ein amtliches grünes Kennzeichen führen.

19 Milchtankwagen

Milchtankwagen sind Fahrzeuge, die dem Transport der Milch zwischen Molkereien oder von Molkereien zum Verteiler oder Verbraucher dienen. Sie gelten nicht als landwirtschaftliche Sonderfahrzeuge, sondern als Güterfahrzeuge.

20 Selbstfahrende Arbeitsmaschinen

Selbstfahrende Arbeitsmaschinen sind Fahrzeuge, die nach ihrer Bauart und ihren besonderen mit dem Fahrzeug fest verbundenen Einrichtungen zur Leistung von Arbeit – nicht zur Beförderung von Personen oder Gütern – bestimmt und geeignet sind und die zu einer vom Bundesminister für Verkehr bestimmten Art solcher Fahrzeuge gehören (z.B. Selbstlader, Bagger, Greifer, Kran-Lkw sowie Räum- und Bergungsfahrzeuge, auch wenn sie zu Abschleppzwecken mitverwendet werden).

21 Lieferwagen

Lieferwagen sind als Lastkraftwagen zugelassene Kraftfahrzeuge mit einer zulässigen Gesamtmasse (bzw. Gesamtgewicht) bis zu 3,5 t.

22 Lkw

Lkw sind Lastkraftwagen mit einer zulässigen Gesamtmasse (bzw. Gesamtgewicht) von mehr als 3,5 t.

23 Zugmaschinen

Zugmaschinen sind Kraftfahrzeuge, die ausschließlich oder überwiegend zum Ziehen von Anhängern oder Aufliegern gebaut sind, mit Ausnahme von landwirtschaftlichen Zugmaschinen.

Sonderbedingungen zur Kfz-Haftpflicht- und Kaskoversicherung für Kfz-Handel und -Handwerk (KfzSBHH)

Musterbedingungen des GDV[1]

Stand: 30.3.2010

A.	**Welche Risiken und Leistungen umfasst Ihre Kfz-Versicherung für Kraftfahrzeug-Handel und -Handwerk?**	1477
A.1	Welche Betriebsarten sind versichert?	1477
A.2	Wo besteht Versicherungsschutz?	1479
A.3	Welche Fahrzeuge sind versichert?	1479
A.4	Welchen Leistungsumfang enthält Ihr Versicherungsschutz?	1482
A.5	Was ist nicht versichert?	1483
B.	**Ihre Pflichten**	1484
B.1	Bei allen Versicherungsarten	1484
B.2	In der Kfz-Haftpflichtversicherung	1485
C.	**Wann beginnt der Versicherungsschutz, wann endet er?**	1485
C.1	Beginn bei eigenen, nicht zulassungspflichtigen Fahrzeugen	1485
C.2	Ende des Versicherungsschutzes	1485
D.	**Was Sie uns zur Beitragsberechnung während der Vertragslaufzeit melden müssen**	1486
D.1	Beitrags-Abrechnungsverfahren	1486
D.2	Welche Folgen hat eine Verletzung der Anzeigepflicht	1486
D.3	Sonstige Mitteilungspflichten	1486

Präambel

Soweit diese Sonderbedingungen keine abweichenden Regelungen enthalten, gelten die Allgemeinen Bedingungen für die Kfz-Versicherung [AKB 2008].

Die Sonderbedingungen zur Kfz-Versicherung für Kraftfahrzeug-Handel und -Handwerk umfassen je nach Inhalt des Versicherungsvertrages die folgenden Versicherungsarten:

- Kfz-Haftpflichtversicherung (A.4.1),
- Kaskoversicherung als Teil- oder Vollkaskoversicherung (A.4.2)

Diese Versicherungsarten werden jeweils als rechtlich selbständige Verträge abgeschlossen. Der von Ihnen gewählte Leistungsumfang gilt – soweit nicht anders vereinbart – einheitlich für alle nach A.3 versicherten Risiken. Dabei sind jeweils alle Fahrzeuge der versicherten Risikoarten A.3.1 bis A.3.7 Gegenstand des Versicherungsvertrags.

---

[1] Verfasser: Arbeitsgruppe Kfz-Handel und -Handwerk der Kommissionen Kraftfahrt Betrieb (KKB) und Haftpflicht (KHB). – Unverbindliche Musterbedingungen des Gesamtverbandes der Deutschen Versicherungswirtschaft e.V. (GDV), Wilhelmstr. 43/43 G, 10117 Berlin, in der Fassung der Bekanntgabe vom 30.3.2010. Die Verwendung ist rein fakultativ. Sie haben die Möglichkeit, abweichende Klauseln zu verwenden.

A. Welche Risiken und Leistungen umfasst Ihre Kfz-Versicherung für Kraftfahrzeug-Handel und -Handwerk?

Wir gewähren Kfz-Haftpflicht- und Kaskoversicherungsschutz für die unter A.3 beschriebenen Fahrzeuge eines nach A.1 und A.2 näher bestimmten Betriebes, soweit dies vertraglich vereinbart ist.

A.1 Welche Betriebsarten sind versichert?

Sie können Ihrem Versicherungsschein entnehmen, für welche Betriebsarten Versicherungsschutz besteht.

A.1.1 Kfz-Handwerksbetriebe

A.1.1.1 Kfz-Handwerksbetriebe sind Unternehmen, in denen Reparatur-, Instandsetzungs- und Wartungsarbeiten an fremden Fahrzeugen und deren Teilen gegen Entgelt ausgeführt werden.

[Variante: Als Kfz-Handwerksbetriebe gelten auch ... (vom Versicherer ggf. zu ergänzen)]

A.1.1.2 Versicherungsschutz für eigene Fahrzeuge besteht nur für Werkstatt- und Unfallersatzfahrzeuge, soweit diese nach A.3.2.1 in den Versicherungsschutz einbezogen sind.

A.1.1.3 Versicherungsschutz für fremde Fahrzeuge nach A.3 besteht, solange sich diese Risiken aufgrund des Zwecks Ihres Kfz-Handwerksbetriebes in Ihrer Obhut oder in der Obhut einer von Ihnen beauftragten oder bei Ihnen angestellten Person befinden. Nicht versichert ist die Haftpflicht des beauftragten Unternehmers bzw. dessen Personal.

Die Obhut beginnt mit Übernahme des Fahrzeugs und endet mit der Rückgabe an den Kunden.

Obhut besteht auch außerhalb der Betriebsstätte im Zusammenhang mit einem Reparatur-, Instandsetzungs- oder Wartungsauftrag

– bei Arbeiten auf fremden Grundstücken, sofern diese nicht ausschließlich auf fremden Grundstücken erfolgen,

– im Rahmen des Hol- und Bringservice durch eigene Mitarbeiter.

A.1.2 Kfz-Handelsbetriebe

A.1.2.1 Kfz-Handelsbetriebe sind Betriebe, die für eigene oder fremde Rechnung neue oder gebrauchte Fahrzeuge gewerbsmäßig an- und verkaufen.

[Variante: Als Kfz-Handelsbetrieb gilt auch ... (vom jeweiligen Versicherer zu ergänzen)].

A.1.2.2 Versicherungsschutz für eigene Fahrzeuge nach A.3 besteht für Versicherungsfälle, die sich aus einem Gebrauch des versicherten Risikos ergeben, der im Zusammenhang mit dem Zweck Ihres Kfz-Handelsbetriebes steht.

A.1.2.3 Versicherungsschutz für fremde Fahrzeuge nach A.3 besteht, solange sich diese Risiken im Zusammenhang mit dem Zweck Ihres Kfz-Handelsbetriebes in Ihrer Obhut oder in der Obhut eines von Ihnen beauftragten Betriebsangehörigen befinden.

Die Obhut beginnt mit Übernahme des Fahrzeugs und endet mit der Übergabe an den Kunden.

A.1.3 Kfz-Handels- und Handwerksbetrieb (gemischter Betrieb)

Kfz-Handels- und Handwerksbetriebe sind Betriebe, die für eigene oder fremde Rechnung neue oder gebrauchte Fahrzeuge gewerbsmäßig an- und verkaufen (A.1.2) sowie Reparatur-, Instandsetzungs- und Wartungsarbeiten an fremden Fahrzeugen und deren Teilen gegen Entgelt ausführen (A.1.1).

A.1.4 [Variante: Weitere Betriebsarten vom jeweiligen Versicherer zu ergänzen]

I. Allgemeines

1 Kfz-Haftpflicht- und Kaskoversicherungsschutz wird für die Betriebe in A.1 und A.2 gewährt für die unter A.3 beschriebenen Fahrzeuge.

II. Kfz-Handwerksbetriebe (A.1.1)

2 1. Definition (A.1.1.1). Die Definition trifft insb. auf Reparaturwerkstätten zu, in denen Instandsetzungs- und Servicearbeiten und Inspektionen durchgeführt werden.

3 2. Eigene Fahrzeuge (A.1.1.2); fremde Fahrzeuge (A.1.1.3). Bei eigenen Fahrzeugen besteht Versicherungsschutz nur für Werkstatt- und Unfallersatzfahrzeuge, wenn sie nach A.3.2.1 einbezogen sind.

4 Fremde Fahrzeuge sind versichert, solange sie sich in der betrieblichen Obhut des VN oder eines Angestellten befinden. „Obhut" bedeutet, dass sich das Kfz im räumlichen Verantwortungsbereich des VN befindet, also insb. nach Übergabe auf dem Betriebsgelände verbleibt.[1] Es muss eine betriebliche Veranlassung bestehen. Mit der Rückgabe an den Kunden endet die Obhut. Liegt ein betrieblicher Zweck nicht mehr vor, sondern nur eine Verwahrung, besteht kein Deckungsschutz.[2]

III. Kfz-Handelsbetriebe (A.1.2)

5 Kennzeichnend ist, dass Neufahrzeuge oder Gebrauchtwagen für eigene oder fremde Rechnung verkauft werden. Reparaturen scheiden damit aus. Versicherungsschutz besteht für eigene Kfz nach A.3 für Schadenfälle, die sich aus dem Gebrauch des Risikos ergeben, der im Zusammenhang mit dem Betriebszweck steht. Deckung für fremde Kfz erfordert Obhut (s. dazu Rn 4).

IV. Gemischte Betriebe (A.1.3)

6 Bei gemischten Betrieben sind Kfz-Werkstatt und Kfz-Handel kombiniert. Weitere Betriebsarten können vereinbart werden (zB Prüfstellen oder Waschanlagen). Die Kfz müssen mit dem jeweiligen Betriebszweck verbunden sein.[3]

---

[1] Stiefel/Maier/*Schurer*, Sonderbereiche Rn 40.
[2] OLG Celle 19.3.2009 – 8 U 228/08, r+s 2009, 270 – auch zur „garagenmäßigen Unterstellung" im Sinne früherer Bedingungen.
[3] Prölss/Martin/*Knappmann*, Kfz-Handel A.1 Rn 7.

A.2 Wo besteht Versicherungsschutz?

Für die versicherten Risiken besteht Versicherungsschutz im Rahmen der Kfz-Versicherung für Kraftfahrzeug-Handel und -Handwerk nur für die im Versicherungsschein bezeichnete Betriebsstätte, soweit sich aus der versicherten Betriebsart oder den versicherten Risiken keine abweichende Regelung ergibt.

Für weitere Betriebsstätten werden separate Verträge zur Kfz-Versicherung für Kraftfahrzeug-Handel und -Handwerk benötigt.

Für den Versicherungsschutz maßgebend ist die Betriebsstätte, die im Versicherungsschein bezeichnet ist. Bei mehreren räumlich getrennten Betriebsstätten (Filialen) ist für jede ein Versicherungsvertrag erforderlich.

A.3 Welche Fahrzeuge sind versichert?

Sie können Ihrem Versicherungsschein entnehmen, für welche der folgenden eigenen oder fremden Fahrzeuge Versicherungsschutz besteht.

Als eigene Fahrzeuge gelten auch Fahrzeuge, die einem anderen zur Sicherung übereignet, aber in Ihrem Besitz belassen sind. Fahrzeuge, die Sie unter Eigentumsvorbehalt verkauft und übergeben haben, gelten vom Zeitpunkt der Übergabe an nicht als eigene Fahrzeuge.

Versichert sind ausschließlich Fahrzeuge, die in direktem Zusammenhang mit der von Ihnen versicherten Betriebsart stehen (A.1).

A.3.1 Alle versicherungspflichtigen, nicht zugelassenen Fahrzeuge, wenn sie auf Ihre Veranlassung mit einem Ihnen von der Zulassungsbehörde zugeteilten

a amtlich abgestempelten roten Kennzeichen

b roten Versicherungskennzeichen oder

c Kurzzeitkennzeichen

deutlich sichtbar versehen sind.

Diese Fahrzeuge dürfen nach §§ 16 und 28 Fahrzeug-Zulassungsverordnung (FZV) mit diesen Kennzeichen nur zu Probe-, Prüfungs- oder Überführungsfahrten im Rahmen Ihrer versicherten Betriebsart eingesetzt werden.

- Probefahrten sind Fahrten zur Feststellung und zum Nachweis der Gebrauchsfähigkeit des Fahrzeugs (§ 2 Nr. 23 FZV).

- Prüfungsfahrten sind Fahrten zur Durchführung der Prüfung des Fahrzeugs von einem amtlich anerkannten Sachverständigen oder Prüfer für den Kraftfahrzeugverkehr oder Prüfingenieur einer amtlich anerkannten Überwachungsorganisation einschließlich der Fahrt des Fahrzeugs zum Prüfungsort und zurück (§ 2 Nr. 24 FZV).

- Überführungsfahrten sind ausschließlich Fahrten zur Überführung des Fahrzeugs an einen anderen Ort (§ 2 Nr. 25 FZV).

Hinweis: Wenn Sie hiergegen verstoßen, gefährden Sie Ihren Versicherungsschutz (siehe dazu B.1.3).

A.3.2 Alle eigenen und fremden zulassungspflichtigen und zugelassenen Kraftfahrzeuge, Anhänger und selbstfahrenden Arbeitsmaschinen

A.3.2.1 Eigene, soweit im Versicherungsschein aufgeführt

- Vorführfahrzeuge.

  Dies sind auf Sie oder Ihren Betrieb zugelassene Fahrzeuge [Variante: der von Ihnen vertretenen Marken/Hersteller], die Sie Kaufinteressenten kurzfristig (maximal [...] Tage) zu Probefahrten oder im Rahmen des Werkstatt- bzw. Unfallersatzgeschäfts überlassen.

- Nur im Rahmen des Werkstatt- bzw. Unfallersatzgeschäfts sind versichert

    - Fahrzeuge zur entgeltlichen Personen- oder Güterbeförderung
    - Selbstfahrer-Mietfahrzeuge im Sinne von § 13 Abs. 2 Satz 2 FZV

A.3.2.2 Bei Handelsbetrieben im Rahmen einer Tageszulassung bis zur Abmeldung, maximal für [...] Tage.

Tageszulassungen erstrecken sich nur auf Neufahrzeuge, die auf Sie zugelassen sind, sich in Ihrem unmittelbaren Besitz befinden und nicht auf öffentlichen Wegen und Plätzen verwendet werden (siehe auch B.1.2).

A.3.2.3 Eigene, die noch auf einen anderen zugelassen sind, die Sie aber in unmittelbarem Besitz haben, bis zum Zeitpunkt der Umschreibung, Abmeldung oder Vornahme des Händlereintrags, höchstens für die Dauer von [...] Tagen, seit das Fahrzeug in Ihren unmittelbaren Besitz gelangt ist.

A.3.2.4 Eigene, die bereits auf einen Käufer zugelassen sind, die Sie aber noch in unmittelbarem Besitz haben, höchstens für die Dauer von [...] Tagen nach Zulassung auf den Käufer.

A.3.3 Alle eigenen und fremden zulassungspflichtigen und nicht zugelassenen Kraftfahrzeuge, Anhänger und selbstfahrenden Arbeitsmaschinen

A.3.4 Alle eigenen und fremden nicht zulassungspflichtigen und nicht versicherungspflichtigen Kraftfahrzeuge, Anhänger und selbstfahrenden Arbeitsmaschinen

Soweit Versicherungsschutz über eine Betriebshaftpflichtversicherung besteht, geht diese vor. Sind die Versicherungssummen der Betriebshaftpflichtversicherung teilweise oder ganz verbraucht, so besteht im Anschluss Versicherungsschutz im Rahmen der Versicherungssummen dieser Kfz-Versicherung.

A.3.5 Alle eigenen und fremden nicht zulassungspflichtigen Arbeits- und Anbaugeräte und nicht selbstfahrenden Arbeitsmaschinen mit einem Neuwert über [...] EUR

Arbeits- und Anbaugeräte sowie nicht selbstfahrende Arbeitsmaschinen gelten sind im Sinne dieser Versicherung Fahrzeugen gleichgestellt.

Soweit Versicherungsschutz über eine Betriebshaftpflichtversicherung besteht, geht diese vor. Sind die Versicherungssummen der Betriebshaftpflichtversicherung teilweise oder ganz verbraucht, so besteht im Anschluss Versicherungsschutz im Rahmen der Versicherungssummen dieser Kfz-Versicherung.

A.3.6 Alle selbst abgeschleppten oder auf der Ladefläche von Güterfahrzeugen und Eisenbahnwagen überführten eigenen oder fremden Fahrzeuge

Hinweis: Die gewerbliche Beförderung von Fahrzeugen im Sinne des Güterkraftverkehrgesetzes ist nicht versichert (B.1.1).

A.3.7 Nicht zulassungspflichtige, aber versicherungspflichtige Fahrzeuge

I. Versicherungspflichtige, nicht zugelassene Kfz (A.3.1)

1. **Deutlich sichtbares Versehen mit Kennzeichen.** Die Fahrzeuge müssen mit einem Kennzeichen nach A.3.1 a–c an deutlich sichtbarer Stelle versehen sein. Erforderlich ist ein sichtbares Anbringen des **roten Kennzeichens** am Fahrzeug.[1] Das wird idR nur durch eine feste Verbindung gewährleistet sein. Ein Anschrauben ist nicht erforderlich, eine magnetische Befestigung reicht aus,[2] auch ein von außen sichtbares Auslegen im Innenraum. Eine andere Art der Zuordnung kommt eher nicht in Betracht. Es muss die einmalige Benutzung des roten Kennzeichens sichergestellt sein.

Das Kennzeichen darf nicht entfernt werden, sonst erlischt der Versicherungsschutz. Allerdings kann es treuwidrig sein, wenn sich der VR auf mangelnde Kennzeichnung beruft, wenn feststeht, dass sich das Kennzeichen aus einer Halterung gelöst hat oder gestohlen wurde.[3]

2. **Prüfungs-, Probe- oder Überführungsfahrten.** Nur zu diesen Zwecken darf das Kfz eingesetzt werden. Eine **Probefahrt** ist anzunehmen, wenn sie unternommen wird mit dem Ziele, die Leistung und Gebrauchsfähigkeit festzustellen. Das kann von Kaufinteressenten, Herstellern, Händlern oder Werkstattinhabern geschehen.[4] Eine Ausflugsfahrt zum Wochenendvergnügen scheidet damit aus.[5] Ein Verstoß gegen die Verwendungsklausel ist Obliegenheitsverletzung.

II. Eigene zugelassene Kfz (A.3.2.1, A.3.2.2)

Bei diesen Fahrzeugen, für die Versicherungsschutz besteht, wird es sich insb. um **Vorführfahrzeuge** handeln, die den Kaufinteressenten für kurze Zeit zu Probefahrten oder im Rahmen des Werkstatt- bzw Unfallersatzgeschäfts überlassen sind. A.3.2.2 erfasst die **Tageszulassungen**, die Rabatte ermöglichen sollen.

III. Eigene und fremde Kfz (A.3.3, A.3.4, A.3.5, A.3.7)

Durch diese Regelungen sollen restliche Fälle erfasst werden, u.a. solche, die in der Betriebshaftpflichtversicherung nicht gedeckt sind.

---

1 BGH 29.5.1974 – IV ZR 56/73, VersR 1974, 793; OLG Koblenz 11.7.2011 – 10 U 1258/10, r+s 2011, 464.
2 Stiefel/Maier/*Schurer*, Sonderbereiche Rn 16.
3 BGH 29.5.1974 – IV ZR 56/73, VersR 1974, 793.
4 OLG Köln 2.2.2010 – 9 U 133/09, VersR 2010, 1309.
5 OLG Köln 28.3.2000 – 9 U 113/99, r+s 2000, 189 (Spritztour); OLG Köln 2.2.2010 – 9 U 133/09, VersR 2010, 1309 (Diskothekenbesuch).

IV. Abgeschleppte Kfz (A.3.6)

6 Gemeint sind die im Rahmen des Betriebs selbst transportierten oder auf der Ladefläche von Güterfahrzeugen und Eisenbahnwagen überführten eigenen oder fremden Fahrzeuge. Das ist bei eigenen Transporten für den Kfz-Handel und bei Abschleppen in die Werkstatt der Fall.

A.4 Welchen Leistungsumfang enthält Ihr Versicherungsschutz?

Sie können Ihrem Versicherungsschein entnehmen, welche Versicherungsart (Kfz-Haftpflicht-, Kaskoversicherung), welche Versicherungssummen und ggf. welche Selbstbeteiligungen vereinbart sind.

Es gelten die [AKB 2008]. Darüber hinaus gilt folgender Leistungsumfang:

A.4.1 In der Kfz-Haftpflichtversicherung

A.4.1.1 In der Kfz-Haftpflichtversicherung kann der Dritte, soweit es sich aus den Vorschriften über die Pflichtversicherung nicht ohnehin ergibt, seinen Anspruch auf Ersatz des Schadens auch gegen uns geltend machen. § 3 Pflichtversicherungsgesetz (PflVersG) ist sinngemäß anzuwenden. Voraussetzung ist, dass der Dritte seinen Ersatzanspruch in Höhe der zu leistenden Entschädigung an uns abtritt.

A.4.1.2 In Abänderung von [A.1.5.6 AKB 2008] (Ausschluss in der Kfz-Haftpflichtversicherung bei Schäden durch eine mitversicherte Person) bezieht sich die Haftpflichtversicherung für fremde Fahrzeuge auch auf Ansprüche des Eigentümers oder Halters gegen den jeweiligen Fahrer.

A.4.2 In der Kaskoversicherung

A.4.2.1 Die von Ihnen gewählte Selbstbeteiligung gilt je Schadenereignis und je Fahrzeug.

[Variante: Werden durch ein Schadenereignis mehrere Fahrzeuge beschädigt (Kumulschaden), ist die Selbstbeteiligung auf … begrenzt.]

A.4.2.2 Bei fremden Fahrzeugen besteht zusätzlich Versicherungsschutz für Sie und Ihre Betriebsangehörigen für Ansprüche wegen Kosten eines Ersatz- bzw. Mietfahrzeugs, wegen Nutzungs- oder Verdienstausfalls sowie weiterer Sach- und Sachfolgeschäden (Hotelübernachtung u.ä.). Das gilt auch dann, wenn für den Schaden am Fahrzeug selbst wegen grober Fahrlässigkeit gemäß § 81 Gesetz über den Versicherungsvertrag (VVG) nur eingeschränkter oder kein Versicherungsschutz besteht.

A.4.2.3 Die Entschädigungsleistung bemisst sich nach dem Händlereinkaufspreis (ohne Mehrwertsteuer) und wird für das einzelne Risiko nach A.3 auf […] EUR begrenzt.

A.4.2.4 Für alle Risiken nach A.3 beschränkt sich die Leistung für das einzelne Schadenereignis auf den Betrag von […] EUR.

I. Kfz-Haftpflichtversicherung (A.4.1)

1 Der Leistungsumfang ergibt sich zunächst aus dem Versicherungsschein, im Übrigen gelten die AKB in der entsprechenden Fassung. Die Haftpflichtversicherung ist

eine **Pflichtversicherung**, soweit sie nach § 1 PflVG für Kfz vorgeschrieben ist.[1] In diesem Fall gelten die §§ 113 ff VVG. Im Übrigen ist im jeweiligen Einzelfall zu prüfen, ob eine Pflichtversicherung vorliegt. Händlereigene Fahrzeuge sind regelmäßig nicht zugelassen und sind damit nicht pflichtversichert. Eine Nachhaftung der Händlerversicherung scheidet aus, wenn keine Versicherungspflicht bestand, also das Kfz für den öffentlichen Straßenverkehr nicht zugelassen war und an diesem auch nicht teilgenommen hat.[2] Bei fremden Fahrzeugen in der Obhut des Händlers ist die Händlerversicherung Pflichtversicherung. Der Eigentümer, der das Kfz zur Werkstatt bringt, bleibt alleiniger Halter.[3] Der Inhaber der Werkstatt wird nicht Mithalter. Fährt dieser mit dem fremden Fahrzeug, besteht Deckung durch die Versicherung des Eigentümers. Pflichtversicherung liegt vor, wenn der Händler bzw Werkstattinhaber ein fremdes nicht zugelassenes Kfz im öffentlichen Verkehr mit rotem Kennzeichen (§ 16 FZV) benutzt.[4]

II. Kaskoversicherung (A.4.2)

Sie ist nicht notwendiger Bestandteil, aber sinnvoll. Ihr Umfang wird von den AKB bestimmt.[5] Bei fremden Fahrzeugen besteht zusätzlich Versicherungsschutz nach A.4.2.2 für die genannten Folgeschäden. Schäden durch fehlerhafte Arbeiten an Kundenfahrzeugen, die nicht abgedeckt sind, können durch eine Zusatzhaftpflichtversicherung (BBZHKfz) versichert werden.[6]

A.5 Was ist nicht versichert?

A.5.1 Bei allen Versicherungsarten

A.5.1.1 Alle fremden Fahrzeuge, die bei Ihnen garagenmäßig untergestellt werden.

Garagenmäßige Unterstellung liegt vor, wenn die Obhut im Sinne von A.1.1.2 oder A.1.2.3 zur Erreichung des Zweckes Ihres Kfz-Handel- und Handwerksbetriebes nicht mehr oder noch nicht erforderlich ist. Das ist insbesondere der Fall, wenn der Kunde sein Fahrzeug aus eigenem Interesse früher zu Ihnen bringt oder länger bei Ihnen belässt. Die Unterstellung eines Fahrzeugs unmittelbar vor oder nach zügig durchzuführenden Reparatur- oder Wartungsarbeiten bis zu einer Dauer von [Anzahl vom Versicherer zu ergänzen] Tagen beeinträchtigt den Versicherungsschutz nicht.

A.5.1.2 Fahrten mit Fahrzeugen ohne amtliches Kennzeichen

Kein Versicherungsschutz besteht, wenn eigene und fremde Fahrzeuge, die nach § 3 FZV zulassungs- oder versicherungspflichtig, aber nicht zum Verkehr zugelassen sind, auf öffentlichen Wegen oder Plätzen verwendet werden, ohne dass sie mit einem von der Zulassungsbehörde an Sie ausgegebenen roten Kennzeichen, roten Versicherungskennzeichen oder Kurzzeitkennzeichen versehen sind.

---

1 Langheid/Wandt/*Höher*, Kraftfahrtversicherung Rn 431; Stiefel/Maier/*Schurer*, Sonderbereiche Rn 44 ff.
2 OLG Hamm 11.11.1998 – 32 U 175/98, zfs 1999, 318.
3 Stiefel/Maier/*Schurer*, Sonderbereiche Rn 46.
4 Im Einzelnen Langheid/Wandt/*Höher*, Kraftfahrtversicherung Rn 431.
5 Langheid/Wandt/*Höher*, Kraftfahrtversicherung Rn 436 f.
6 Dazu Stiefel/Maier/*Schurer*, Sonderbereiche Rn 64 f.

Dieser Ausschluss gilt nicht gegenüber Ihnen, dem Halter oder dem Eigentümer, wenn ein unberechtigter Fahrer das Fahrzeug gebraucht.

A.5.1.3 Ihre finanzierten und geleasten Fahrzeuge, die im Eigentum eines Dritten stehen und von diesem versichert sind, es sei denn, Versicherungsschutz ist im Versicherungsschein ausdrücklich vereinbart.

A.5.2 Zusätzlich in der Kaskoversicherung

Nicht versichert ist die entgeltliche Personen- oder Güterbeförderung und die gewerbsmäßige Fahrzeugvermietung, die Sie vornehmen, soweit es sich nicht um Werkstatt- oder Unfallersatzgeschäft handelt (A.3.2.1).

1 A.5.1 enthält **Risikoausschlüsse**.
2 **Garagenmäßige Unterstellung** (A.5.1.1) liegt vor, wenn die Obhut iSv A.1.1.2 oder A.1.2.3 zur Zweckerreichung im Betrieb nicht oder nicht mehr erforderlich ist. Erfasst ist auch der Fall, dass ein Kfz ursprünglich zu einem anderen Zweck in die Werkstatt verbracht wurde, dann aber nur eine Verwahrung ohne Reparaturauftrag stattfand.[1]
3 **Kfz ohne amtliches Kennzeichen** (A.5.1.2). Nicht versichert sind Fahrten nicht zugelassener Kfz im öffentlichen Verkehrsraum ohne Kennzeichen nach A.3.1. In Wahrheit handelt es sich um eine Obliegenheit als Sonderfall der Verwendungsklausel. Gegen die Wirksamkeit bestehen Bedenken, weil sie § 28 VVG widerspricht und die Folgen für den durchschnittlichen VN nicht klar sind.[2] Entsprechendes dürfte für B.2.2 gelten.
4 **Entgeltliche Güterbeförderung** (A.5.2). Wenn Güter entgeltlich befördert werden, besteht keine Deckung in der Kaskoversicherung. Der **Hol- und Bring-Service** von Reparaturwerkstätten ist damit nicht erfasst. Ausgeschlossen ist auch die gewerbliche Fahrzeugvermietung, soweit es sich nicht um ein Werkstatt- oder Unfallersatzgeschäft handelt.

B. Ihre Pflichten

B.1 Bei allen Versicherungsarten

B.1.1 Es gelten die Pflichten nach D.1 der [AKB 2008] zum vereinbarten Verwendungszweck einzelner Fahrzeuge, zur Nutzung nur durch berechtigte Fahrer und zur Fahrerlaubnis.

B.1.2 Im Rahmen des vereinbarten Verwendungszwecks gelten für alle Versicherungsarten insbesondere nachfolgend aufgeführte Pflichten:

B.1.2.1 Die unter A.3 aufgeführten Fahrzeuge sind nicht versichert, wenn sie in einer Weise verwendet werden, die nicht dem Zweck der im Versicherungsschein genannten Betriebsart entspricht.

Dies gilt auch dann, wenn die Fahrzeuge mit einem von der Zulassungsbehörde an Sie ausgegebenen roten Kennzeichen, Versicherungskennzeichen oder Kurzzeitkennzeichen versehen sind.

B.1.2.2 Fahrzeuge, die mit einer Tageszulassung zugelassen sind, dürfen Sie nicht auf öffentlichen Wegen oder Plätzen verwenden.

---

1 OLG Celle 19.3.2009 – 8 U 228/08, r+s 2009, 270.
2 Prölss/Martin/*Knappmann*, Kfz-Handel A.5 Rn 2.

B.1.2.3 Für Fahrzeuge, die Sie mit einem Ihnen zugeteilten roten Kennzeichen, roten Versicherungskennzeichen oder Kurzzeitkennzeichen versehen und zu einem Zweck verwenden, der keiner Prüfungs-, Probe- oder Überführungsfahrt (vgl. A.1.3) entspricht, haben Sie keinen Versicherungsschutz. Außerdem dürfen Sie es nicht wissentlich ermöglichen, dass das Kennzeichen zweckwidrig verwendet wird.

B.2 In der Kfz-Haftpflichtversicherung

B.2.1 Es gelten die Pflichten des Abschnitts D.2.1 und D.2.2 [AKB 2008] über das Fahren unter dem Einfluss von Alkohol oder anderer berauschender Mittel sowie über die Verwendung auf nicht genehmigten Rennen.

B.2.2 Zusätzlich gilt:

Werden Fahrzeuge zur entgeltlichen Personen- oder Güterbeförderung verwendet oder gewerbsmäßig vermietet, besteht kein Versicherungsschutz

---

Obliegenheiten (B). Die Obliegenheiten vor dem Versicherungsfall werden in B.1 geregelt; es gilt D.1 AKB 2008. B1.2 normiert im Rahmen des vereinbarten Verwendungszwecks speziell die dort aufgeführten Obliegenheiten. B. 2 regelt die Pflichten in der Kfz-Haftpflichtversicherung. Für die Obliegenheiten **nach** dem Versicherungsfall gilt E.1.3 AKB 2008.

Für die **Rechtsfolgen der Obliegenheitsverletzungen** gelten D.3 AKB 2008 und E.6 AKB 2008.

C. Wann beginnt der Versicherungsschutz, wann endet er?

C.1 Beginn bei eigenen, nicht zulassungspflichtigen Fahrzeugen

Abweichend von den Regelungen der [AKB 2008] über den Beginn des Versicherungsschutzes beginnt für die in A.3.4. und A.3.5 genannten Fahrzeuge dieser mit deren Anmeldung zu diesem Versicherungsvertrag, jedoch nicht vor dem beantragten Zeitpunkt.

C.2 Ende des Versicherungsschutzes

Der Versicherungsschutz aus diesem Vertrag endet bei den in A.3.2.1 genannten eigenen zugelassenen Fahrzeugen mit deren endgültiger Abmeldung bei der Zulassungsbehörde oder – abweichend von [G.7 der AKB 2008] – bei Veräußerung (auch ohne vorherige Abmeldung bei der Zulassungsbehörde) mit dem Eigentumsübergang auf den Erwerber. A.3.2.4 bleibt unberührt.

Sie müssen uns jede Veräußerung unverzüglich unter Angabe des amtlichen Kennzeichens des veräußerten Fahrzeugs melden.

Hinweis: Wir unterrichten daraufhin die Zulassungsbehörde vom Ausscheiden des Fahrzeugs aus diesem Vertrag (= Erlöschen des Versicherungsschutzes). Auf diesen Sachverhalt sollten Sie den Erwerber hinweisen.

Bei nicht zugelassenen Fahrzeugen endet – abweichend von [G.7 der AKB 2008] – der Versicherungsschutz bei Veräußerung mit dem Eigentumsübergang auf den Erwerber.

D. Was Sie uns zur Beitragsberechnung während der Vertragslaufzeit melden müssen

D.1 Beitrags-Abrechnungsverfahren

D.1.1 Wir berechnen den Beitrag nach dem Stichtagsverfahren; Die zur Beitragsberechnung erforderlichen Angaben machen Sie im Antrag und in der Folgezeit in einem Meldebogen.

D.1.2 Den Meldebogen reichen Sie uns innerhalb von [...] Tagen nach dem vereinbarten Meldetermin ein. Wir können bei der Ausfüllung des Meldebogens durch einen Beauftragten mitwirken.

D.1.3 Auf Verlangen weisen Sie, insbesondere im Schadenfall, die Angaben im Meldebogen durch Vorlage der Geschäftsbücher oder sonstiger Belege nach.

D.2 Welche Folgen hat eine Verletzung der Anzeigepflicht

D.2.1 Unterlassen Sie schuldhaft die Anzeige nach D.1 oder übermitteln Sie uns die Angaben nach D.1 nicht fristgerecht, berechnen wir Ihnen das [...]-fache des zuletzt berechneten Beitrags.

[Variante: Werden die Angaben nachträglich, aber innerhalb zweier Monate nach Empfang der Zahlungsaufforderung gemacht, so ist der Beitrag nach dem Meldebogen abzurechnen.]

D.2.2 In der Kfz-Haftpflichtversicherung

Vertragsstrafe in Höhe des [...]-fachen der Beitragsdifferenz zwischen dem gezahlten Haben Sie vorsätzlich unzutreffende Angaben gemacht oder Änderungen vorsätzlich nicht angezeigt und ist deshalb ein zu niedriger Beitrag berechnet worden, berechnen wir Ihnen eine Beitrag und dem Beitrag bei ordnungsgemäßer Anzeige.

D.2.3 In der Kasko-Versicherung

Haben Sie schuldhaft unzutreffende Angaben gemacht oder Anzeigen unterlassen, sind wir berechtigt, nur den Teil der Leistung zu erbringen, der dem Verhältnis zwischen dem gezahlten Beitrag und dem Beitrag entspricht, der bei ordnungsgemäßer Anzeige hätte gezahlt werden müssen.

D.3 Sonstige Mitteilungspflichten

Das Hinzukommen neuer Betriebe/Betriebsteile, müssen Sie uns unverzüglich, spätestens aber binnen eines Monats, anzeigen.

---

1 D betrifft die **Meldepflichten**. Die Vertragsstrafe in D.2.1 und D.2.2 ist auf Angemessenheit zu prüfen. In der Kaskoversicherung wird auf den Proportionalitätsgrundsatz (§ 75 VVG entsprechend) Bezug genommen.

Allgemeine Bedingungen für die Feuerversicherung (AFB 2010)

Musterbedingungen des GDV[1]

Version: 1.4.2014

Musterversion: echte unterjährige Zahlungsweise

Vorbemerkung zu den AFB 2010

Auf der Grundlage der zum 1.1.2008 in Kraft getretenen Neufassung des VVG hat der Gesamtverband der Deutschen Versicherungswirtschaft e.V. (GDV) als unverbindliche Musterbedingungen die Allgemeinen Bedingungen für die Feuerversicherung (**AFB 2008**) erstellt und bekannt gegeben. Die AFB 2008[1] unterscheiden sich, was den Versicherungsumfang betrifft, nur in Einzelpunkten von den älteren Bedingungswerken AFB 30 und AFB 87. Sie enthalten allerdings Klarstellungen und Ergänzungen unter Berücksichtigung höchstrichterlicher Rechtsprechung. Inzwischen hat der GDV die **AFB 2010** in der **Version 1.4.2014** bekannt gegeben. Die Neufassung enthält sowohl inhaltliche Änderungen als auch klarstellende Anpassungen bei Definitionen und der Gliederung einzelner Paragraphen. 1

Die hier abgedruckte Fassung der AFB entspricht den **AFB 2010**, **Version 1.4.2014**. 2

Abschnitt A	....	1488
§ 1	Versicherte Gefahren und Schäden	1488
§ 2	Ausschlüsse Krieg, Innere Unruhen und Kernenergie	1494
§ 3	Versicherte Sachen	1495
§ 4	Daten und Programme	1499
§ 5	Aufräumungs- und Abbruchkosten, Bewegungs- und Schutzkosten, Wiederherstellungskosten von Geschäftsunterlagen, Feuerlöschkosten, Mehrkosten durch behördliche Wiederherstellungsbeschränkungen, Mehrkosten durch Preissteigerungen	1500
§ 6	Versicherungsort	1503
§ 7	Versicherungswert; Versicherungssumme	1505
§ 8	Umfang der Entschädigung	1509
§ 9	Zahlung und Verzinsung der Entschädigung	1515
§ 10	Sachverständigenverfahren	1518
§ 11	Vertraglich vereinbarte Sicherheitsvorschriften	1520
§ 12	Besondere gefahrerhöhende Umstände	1521
§ 13	Wiederherbeigeschaffte Sachen	1521
§ 14	Veräußerung der versicherten Sachen	1523
Abschnitt B	....	1524
§ 1	Anzeigepflicht des Versicherungsnehmers oder seines Vertreters bis zum Vertragsschluss	1524

---

1 Unverbindliche Bekanntgabe des Gesamtverbandes der Deutschen Versicherungswirtschaft e.V. (GDV) zur fakultativen Verwendung. Abweichende Vereinbarungen sind möglich. GDV 0100.
1 Zum Abdruck und zur Kommentierung der **AFB 2008**, Version 1.1.2008, s. die Vorauflage (2. Aufl. 2011), S. 1353–1409.

§ 2	Beginn des Versicherungsschutzes; Dauer und Ende des Vertrages ...	1527
§ 3	Prämien, Versicherungsperiode	1528
§ 4	Fälligkeit der Erst- oder Einmalprämie; Folgen verspäteter Zahlung oder Nichtzahlung	1528
§ 5	Folgeprämie	1529
§ 6	Lastschriftverfahren	1530
§ 7	Prämie bei vorzeitiger Vertragsbeendigung	1530
§ 8	Obliegenheiten des Versicherungsnehmers	1531
§ 9	Gefahrerhöhung	1535
§ 10	Überversicherung	1537
§ 11	Mehrere Versicherer	1538
§ 12	Versicherung für fremde Rechnung	1539
§ 13	Aufwendungsersatz	1540
§ 14	Übergang von Ersatzansprüchen	1541
§ 15	Kündigung nach dem Versicherungsfall	1541
§ 16	Keine Leistungspflicht aus besonderen Gründen	1542
§ 17	Anzeigen; Willenserklärungen; Anschriftenänderungen	1544
§ 18	Vollmacht des Versicherungsvertreters	1544
§ 19	Repräsentanten	1545
§ 20	Verjährung	1545
§ 21	Zuständiges Gericht	1545
§ 22	Anzuwendendes Recht	1546
§ 23	Sanktionsklausel	1546

Abschnitt A

§ 1 Versicherte Gefahren und Schäden

1. Versicherte Gefahren und Schäden – Brand, Blitzschlag, Explosion, Luftfahrzeuge

Der Versicherer leistet Entschädigung für versicherte Sachen, die durch

a) Brand,
b) Blitzschlag,
c) Explosion,
d) Anprall oder Absturz eines Luftfahrzeuges, seiner Teile oder seiner Ladung

zerstört oder beschädigt werden oder abhanden kommen.

2. Brand

Brand ist ein Feuer, das ohne einen bestimmungsgemäßen Herd entstanden ist oder ihn verlassen hat und das sich aus eigener Kraft auszubreiten vermag.

3. Blitzschlag

Blitzschlag ist der unmittelbare Übergang eines Blitzes auf Sachen.

Überspannungs-, Überstrom- oder Kurzschlussschäden an elektrischen Einrichtungen und Geräten sind nur versichert, wenn an Sachen auf dem Grundstück, auf dem der Versicherungsort liegt, durch Blitzschlag Schäden anderer Art entstanden sind. Spuren eines Blitzschlags an diesem Grundstück, an dort befindlichen Antennen oder anderen Sachen als elektrischen Einrichtungen und Geräten stehen Schäden anderer Art gleich.

4. **Explosion**

    Explosion ist eine auf dem Ausdehnungsbestreben von Gasen oder Dämpfen beruhende, plötzlich verlaufende Kraftäußerung.

    Eine Explosion eines Behälters (Kessel, Rohrleitung usw.) liegt nur vor, wenn seine Wandung in einem solchen Umfang zerrissen wird, dass ein plötzlicher Ausgleich des Druckunterschieds innerhalb und außerhalb des Behälters stattfindet. Wird im Innern eines Behälters eine Explosion durch chemische Umsetzung hervorgerufen, so ist ein Zerreißen seiner Wandung nicht erforderlich.

    Schäden durch Unterdruck sind nicht versichert.

5. **Nicht versicherte Schäden**

    Nicht versichert sind
    a) ohne Rücksicht auf mitwirkende Ursachen Schäden durch Erdbeben;
    b) Sengschäden, außer wenn diese dadurch verursacht wurden, dass sich eine versicherte Gefahr gemäß Nr. 1 verwirklicht hat;
    c) Schäden, die an Verbrennungskraftmaschinen durch die im Verbrennungsraum auftretenden Explosionen, sowie Schäden, die an Schaltorganen von elektrischen Schaltern durch den in ihnen auftretenden Gasdruck entstehen;
    d) Brandschäden, die an versicherten Sachen dadurch entstehen, dass sie einem Nutzfeuer oder der Wärme zur Bearbeitung oder zu sonstigen Zwecken ausgesetzt werden; dies gilt auch für Sachen, in denen oder durch die Nutzfeuer oder Wärme erzeugt, vermittelt oder weitergeleitet wird.

    Die Ausschlüsse gemäß Nr. 5 c) und Nr. 5 d) gelten nicht für Schäden, die dadurch verursacht wurden, dass sich an anderen Sachen eine versicherte Gefahr gemäß Nr. 1 verwirklicht hat.

I. Versicherungsumfang.............	1	V. Anprall oder Absturz eines Luftfahrzeugs, seiner Teile oder seiner Ladung...........................	
II. Brand (Nr. 2)	3		
III. Blitzschlag (Nr. 3)	7		13
IV. Explosion (Nr. 4)	11	VI. Risikoausschlüsse (Nr. 5).........	14

I. Versicherungsumfang

§ 1 enthält eigenständige vertragsrechtliche **Definitionen** der in der Feuerversicherung **versicherten Gefahren** Brand, Blitzschlag und Explosion sowie Anprall oder Absturz eines Luftfahrzeugs, darüber hinaus eine Auflistung der nicht versicherten Schäden (Ausschlüsse). Entschädigung aus einer Feuerversicherung wird geleistet für die gemäß dem VersVertrag versicherten Sachen, sofern diese im Sinne eines adäquaten Ursachenzusammenhangs „durch" eine der versicherten Gefahren zerstört worden, beschädigt worden oder abhanden gekommen sind. Versichert sind im Rahmen eines adäquaten Ursachenzusammenhangs auch Folgeschäden (zB Schäden durch herabstürzende Gebäudeteile, durch Diebstahl oder Zerstörung geretteter Sachen und durch Löschen oder Niederreißen).

1

2 **Versicherte Schäden** in der Feuerversicherung sind die **Zerstörung**, die **Beschädigung** oder das **Abhandenkommen** versicherter Sachen durch die im Einzelnen genannten Gefahren. Eine Beschädigung liegt nicht nur bei einer Substanzbeeinträchtigung vor, sondern auch bei einer Gebrauchsbeeinträchtigung durch physikalische oder chemische Einwirkungen auf die versicherte Sache, zB durch Behaftung der Oberfläche mit Brandgeruch[1] oder mit infolge des Brandes freigesetztem Gift.[2] Abhandenkommen liegt bei Wegnahmehandlungen in zeitlichem Zusammenhang mit dem Eintritt des Versicherungsfalls vor, wobei nach allgemeiner Auffassung auch Folgeschäden versichert sind, zB Schäden durch Diebstahl oder Zerstörung geretteter Sachen[3] oder bei Schäden durch Löschen, Niederreißen oder Ausräumen (Adhäsionsgefahren).[4]

II. Brand (Nr. 2)

3 Das für die versicherte Gefahr „**Brand**" vorausgesetzte **Feuer** ist zu verstehen als ein Verbrennungsvorgang (Oxydationsvorgang) mit Lichterscheinung, worunter sowohl Flammen als auch Glut und Funken (beim Schwel- oder Glimmbrand) fallen.[5] Das Feuer muss entweder a) ohne bestimmungsgemäßen Herd entstanden sein oder aber b) einen zunächst entstandenen bestimmungsgemäßen Herd verlassen haben. **Bestimmungsgemäßer Herd** ist jede Ausgangsstelle eines Feuers, die dazu bestimmt ist, Feuer zu erzeugen oder aufzunehmen.[6] Als Brandherd sind neben geschlossenen Feuerstätten (alle Arten von Öfen und Herden) auch die Kerzenflamme, die Streichholzflamme und die Gas- und Schweißflamme anzusehen. Kein bestimmungsgemäßer Brandherd ist demgegenüber in Brand geratener Ruß außerhalb des Feuerungsraums.[7]

4 Nicht als Feuer anzusehen ist, da es an einer Lichterscheinung fehlt, die chemische Veränderung von Sachen durch **Wärme**.[8] Ebenfalls kein Feuer stellen die Vorgänge der Verkohlung, Erhitzung durch Elektrizität und durch Gärung (Fermentationsschäden) dar.[9] Entsteht demgegenüber im Laufe eines Gärungsprozesses ein Feuer, so liegt ein Brand vor (zB Heustockbrand, Brand von Dunghaufen).[10]

5 Sofern das Feuer einen bestimmungsgemäßen Herd hat, liegt ein Brand im Sinne der Bedingungen erst vor, wenn das Feuer diesen Herd verlassen, also eine vorgegebene Begrenzung überschritten hat (Abgrenzung des Nutzfeuers vom Schadenfeuer).[11] Ein **Verlassen des bestimmungsgemäßen Herdes** ist zB gegeben bei aus einem Kamin oder einem umschlossenen Heizkessel herausschlagenden Flam-

---

1 Vgl BK/*Dörner/Staudinger*, § 81 Rn 2; OLG Hamm 3.5.1989 – 20 U 297/88, r+s 1989, 334; *Wälder*, r+s 1989, 335.
2 Vgl *Martin*, B III Rn 10.
3 OLG Celle 26.6.1991 – 8 U 154/90, VersR 1992, 608; Prölss/Martin/*Kollhosser*, 27. Aufl. 2004, § 83 Rn 6.
4 Vgl BK/*Dörner/Staudinger*, § 83 Rn 7; Prölss/Martin/*Kollhosser*, 27. Aufl. 2004, § 83 Rn 5.
5 BK/*Dörner/Staudinger*, § 82 Rn 5; Bruck/Möller/*K. Johannsen*, Vor § 142 VVG Rn 10 f.
6 Bruck/Möller/*K. Johannsen*, Vor § 142 VVG Rn 13; Prölss/Martin/*Armbrüster*, § 1 AFB 2010 Rn 3.
7 BGH 7.2.1983 – II ZR 20/82, VersR 1983, 479; Bruck/Möller/*K. Johannsen*, Vor § 142 VVG Rn 15.
8 *Martin*, C I Rn 21.
9 Vgl Prölss/Martin/*Kollhosser*, 27. Aufl. 2004, § 82 Rn 7; Fermentationsschäden an Ernteerzeugnissen können durch Klausel 3105 eingeschlossen werden.
10 OLG Oldenburg 2.6.1999 – 2 U 53/99, VersR 2000, 968; OLG Oldenburg 25.6.1997 – 2 U 109/97, VersR 1998, 490.
11 Prölss/Martin/*Armbrüster*, § 1 AFB 2010 Rn 3.

men.[12] Die bloße Beschädigung der Feuerstätte durch herausschlagende Flammen stellt keinen Brand dar.[13]

Weitere Voraussetzung für die versicherte Gefahr „Brand" ist, dass das Feuer sich **aus eigener Kraft auszubreiten** vermag.[14] Feuerschäden, die nicht auf einer Ausbreitung des Feuers aus eigener Kraft beruhen, sind keine Brandschäden. Hierunter fallen zB Glimm-, Seng- oder Rußschäden. Bei einer Zersetzung der Ummantelung eines PVC-Kabels durch Kurzschluss fehlt es an der Ausbreitungsfähigkeit.[15]

III. Blitzschlag (Nr. 3)

Während die AFB 30 und auch § 82 VVG aF eine Definition des **Blitzschlags** nicht enthielten, wird Blitzschlag seit den AFB 87 (dort § 1 Nr. 3) in Übereinstimmung mit den VGB 88 **definiert** als **unmittelbarer Übergang eines Blitzes auf Sachen** (**Nr. 3 S. 1**). Die VGB 2000 sprechen, ohne dass für den durchschnittlichen VN ein inhaltlicher Unterschied zu erkennen ist, von einem unmittelbaren Auftreffen eines Blitzes auf Sachen. Insbesondere durch die Ausschlussklausel in § 1 Nr. 5 e) AFB 87 (kein Versicherungsschutz für Blitzschäden an elektrischen Einrichtungen, es sei denn, dass der Blitz unmittelbar auf diese Sachen übergegangen ist) ergaben sich zahlreiche Streitfragen und Auslegungsprobleme.[16] Mit den AFB 2008/2010 (gleichlautend die VGB 2008/2010) wird der Versuch einer klareren Regelung unternommen. Hiermit ist eine Einschränkung des Versicherungsschutzes verbunden, die durch Beweiserleichterungen kompensiert wird.

Überspannungs-, Überstrom- oder **Kurzschlussschäden** an elektrischen Einrichtungen und Geräten, um die in der Praxis regelmäßig gestritten wird, sind nur versichert, wenn an Sachen auf dem Grundstück, auf dem der Versicherungsort liegt, durch Blitzschlag **Schäden anderer Art** entstanden sind (**Nr. 3 S. 2**). Werden solche Schäden an Sachen auf dem Versicherungsgrundstück (zB am Mauerwerk, an Schornsteinen, Antennenanlagen, Dacheindeckungen, Bäumen und am Erdreich) vom VN nachgewiesen, so ist zugleich der Nachweis geführt, dass die an elektrischen Einrichtungen und Geräten entstandenen Überspannungs-, Überstrom- oder Kurzschlussschäden auf einem Blitzschlag beruhen und damit versichert sind. Ein Blitzeinschlag auf dem Versicherungsgrundstück ist nicht erforderlich. Es reicht aus, dass an Sachen auf dem Versicherungsgrundstück Schäden durch Blitzschlag entstanden sind, was auch bei einem Blitzeinschlag in der Umgebung der Fall sein kann.[17]

Was die Schäden an Sachen auf dem Versicherungsgrundstück betrifft, so enthält **Nr. 3 S. 3** eine **Beweiserleichterung** dahin, dass bereits **Blitzschlagspuren** (also blitztypische Schadenbilder, zB Schwärzung von Mauerwerk) ausreichen, wenn sie sich an anderen Sachen als den bezeichneten Einrichtungen befinden. Nach den AFB 2010 reichen auch bei Antennenanlagen, die sich auf dem Versicherungsgrundstück befinden, Blitzschlagspuren aus, um Überspannungs-, Überstrom- oder Kurzschlussschäden an elektrischen Einrichtungen und Geräten in den Versicherungsschutz einzubeziehen. Nach den AFB 2008 ist bei Antennenanlagen der Nachweis von Schäden erforderlich. Gegenüber den AFB 2008 ist in den AFB

---

12 OLG Hamm 6.5.1992 – 20 U 328/01, VersR 1993, 220; OLG Hamm 24.10.1990 – 20 U 35/90, VersR 1991, 923.
13 OLG Hamm 24.10.1990 – 20 U 35/90, VersR 1991, 923.
14 Vgl hierzu *Martin*, C I Rn 47 ff; OLG Hamm 24.10.1990 – 20 U 35/90, VersR 1991, 923.
15 OLG Hamm 16.3.1984 – 20 U 216/83, VersR 1984, 749; Bruck/Möller/*K. Johannsen*, Vor § 142 VVG Rn 14.
16 Vgl hierzu Beckmann/Matusche-Beckmann/*Philipp*, § 31 Rn 10 ff; Bruck/Möller/ *K. Johannsen*, Vor § 142 VVG Rn 21 ff.
17 So auch Prölss/Martin/*Armbrüster*, § 1 AFB 2010 Rn 4.

2010 überdies entfallen, dass es sich um Spuren eines „direkten" Blitzschlags handeln muss. Auch bei Blitzschlagspuren ist somit ein Blitzeinschlag auf dem Versicherungsgrundstück nicht erforderlich. Ausreichend sind Blitzschlagspuren an Sachen auf dem Versicherungsgrundstück.

10 Durch **Klausel 3114** können Überspannungs-, Überstrom- und Kurzschlussschäden an versicherten elektrischen Einrichtungen und Geräten ohne die einschränkenden Voraussetzungen der Nr. 3 eingeschlossen werden. Bedeutung hat dies insb. für Schäden infolge eines **Blitzeinschlags in Freileitungen**, ohne dass dieser zu Schäden anderer Art an Sachen auf dem Versicherungsgrundstück geführt hat.

IV. Explosion (Nr. 4)

11 In Nr. 4 wird die versicherte Gefahr **Explosion** definiert. Vom Versicherungsschutz umfasst ist sowohl die Gas- und Dampfexplosion als auch die sog. Behälterexplosion, die ein Zerreißen der Wandung mit einem plötzlichen Druckausgleich voraussetzt. Wird im Inneren eines Behälters eine Explosion durch chemische Umsetzung hervorgerufen, so ist ein dadurch an dem Behälter entstandener Schaden auch dann zu ersetzen, wenn die Wandung nicht zerrissen wird. Ereignisse, die nicht auf dem Ausdehnungsstreben von Gasen bzw Dämpfen beruhen, stellen keine Explosionen dar. Dies gilt zB für das Bersten von Flaschen, sonstigen Gefäßen sowie Rohren durch erhitzte oder gefrierende Flüssigkeiten.[18] Unter den Explosionsbegriff fallen auch Schäden durch Schusswaffengebrauch[19] sowie Verpuffungen.[20] Gezündete Feuerwerkskörper können jedenfalls dann, wenn sie mit einem „Knallsatz" ausgestattet sind, den Explosionsbegriff erfüllen.[21]

12 Eine Explosion auf dem Versicherungsgrundstück oder eine Explosion von Sachen des VN wird nicht vorausgesetzt. Entscheidend ist, ob durch eine Explosion Schäden an versicherten Sachen auf dem Versicherungsgrundstück entstehen, was auch bei entfernten Explosionen der Fall sein kann (zB durch Druckwellen).[22]

V. Anprall oder Absturz eines Luftfahrzeugs, seiner Teile oder seiner Ladung

13 Der Anprall oder Absturz eines Luftfahrzeugs, seiner Teile oder seiner Ladung ist in den AFB 2008/2010 nicht eigenständig definiert.[23] Der Begriff des **Luftfahrzeugs** kann § 1 Abs. 2 LuftVG entnommen werden. Danach gelten auch Raumfahrzeuge, Raketen und ähnliche Flugkörper als Luftfahrzeuge, solange sie sich im Luftraum befinden. Das Erfordernis eines „bemannten" Flugkörpers (so noch § 1 Nr. 1 d AFB 87) ist in den AFB 2008/2010 aufgegeben worden.

VI. Risikoausschlüsse (Nr. 5)

14 Nr. 5 a) enthält einen Risikoausschluss für **Schäden durch Erdbeben**. Dieser Risikoausschluss gilt – anderes als diejenigen der Nr. 5 b) bis 5 d) – ohne Rücksicht auf mitwirkende Ursachen, so dass der Ausschluss auch dann eingreift, wenn andere (versicherte) Ursachen, zB Brand oder Explosion, bei der Entstehung des Schadens mitgewirkt haben. Eine Definition des Begriffs „Erdbeben" enthalten die AFB

---

18 *Martin*, C III Rn 9; anders bei Zerspringen von Flaschen aufgrund von Gärung Bruck/Möller/K. *Johannsen*, Vor § 142 VVG Rn 31.
19 Prölss/Martin/*Knappmann*, § 5 VHB 2000 Rn 15; *Martin*, C III Rn 7.
20 Beckmann/Matusche-Beckmann/*Philipp*, § 31 Rn 17; differenzierend Bruck/Möller/K. *Johannsen*, Vor § 142 VVG Rn 30.
21 Vgl *Wälder*, r+s 2007, 425 in Anm. zu LG Saarbrücken 30.9.2004 – 2 S 354/03, r+s 2007, 424.
22 Bruck/Möller/K. *Johannsen*, Vor § 142 VVG Rn 33.
23 Zu Einzelheiten vgl *Wälder*, r+s 2006, 139 ff; Bruck/Möller/K. *Johannsen*, Vor § 142 VVG Rn 36 ff.

2008/2010 nicht. Unter Erdbeben versteht man Erschütterungen infolge geophysikalischer Vorgänge im Erdinneren, wobei eine Mindeststärke des Bebens nicht verlangt wird.[24]

Sengschäden sind gem. **Nr. 5 b)** nur dann versichert, wenn sie Folge eines versicherten Sachschadens gem. Nr. 1 (Brand, Blitzschlag, Explosion, Anprall oder Absturz eines Luftfahrzeugs) sind. Andere Sengschäden, zB durch zu heiße Bügeleisen, sind ausgeschlossen, was jedoch nur deklaratorische Bedeutung hat, da es mangels Lichterscheinung schon an einem Brand fehlt (s. Rn 3).[25] 15

Der Ausschluss betreffend Schäden an **Verbrennungskraftmaschinen und Schaltorganen** gem. **Nr. 5 c)** ist konstitutiv und dient der Eingrenzung des Explosionsbegriffs. Ansonsten kennen die Bedingungen im Bereich der Explosionen keinen Betriebsschadenausschluss.[26] Der Ausschluss bezieht sich nur auf die Schäden an den Maschinen und Schaltorganen selbst, nicht auch auf Schäden an anderen versicherten Sachen als Folge solcher Explosionen. 16

Ausgeschlossen sind gem. **Nr. 5 d)** auch sog. **Betriebs- und Nutzwärmeschäden.**[27] Voraussetzung ist, dass versicherte Sachen einem **Nutzfeuer** oder der **Wärme** zur Bearbeitung oder zu sonstigen Zwecken „**ausgesetzt**" sind. Der Begriff „Nutzfeuer" bezeichnet im Gegensatz zum „Schadenfeuer" solche Feuer, die in einem bestimmungsgemäßen Herd entstanden und dort auch verblieben sind. Der Begriff „Wärme" setzt eine bestimmungsgemäße Temperatur von etwa 50 °C voraus.[28] Der Begriff „Aussetzen" ist nicht auf zielgerichtete Tätigkeiten des VN oder seiner Repräsentanten beschränkt, sondern erfasst auch ein Aussetzen durch andere Personen innerhalb einer ihnen zugewiesenen Einflusssphäre (zB Angestellte).[29] 17

Das „**Aussetzen**" muss entweder zur Bearbeitung der versicherten Sachen oder „zu sonstigen Zwecken" erfolgt sein. Für „sonstige Zwecke" reicht es aus, wenn die Sache aus irgendeinem sinnvollen Grund der Wärme ausgesetzt war, so dass ihre Erwärmung dadurch zwangsläufig eingetreten ist.[30] Unter den Ausschluss fallen demgemäß auch Kaminschäden infolge Ausbrennens von Ruß im Kamin.[31] Nr. 5 d) Hs 2 stellt klar, dass auch Sachen, in denen oder durch die Nutzfeuer oder Wärme erzeugt, vermittelt oder weitergeleitet wird, als ausgesetzt gelten. Dies betrifft alle wärmeerzeugenden Anlagen.[32] 18

Der Ausschluss von Betriebs- und Nutzwärmeschäden gilt nicht für **Folgeschäden** von Betriebsschäden an anderen Sachen oder Sachteilen, da der Betriebsschadenausschluss nicht den Brandbegriff einengt, sondern nur bestimmte Sachen oder Sachteile von der Entschädigungspflicht ausnimmt.[33] Auch gilt der Ausschluss dann nicht, wenn der Betriebsschaden Folge eines vorausgegangenen anderen Brandes, eines Blitzschlags oder einer Explosion ist (vgl **Nr. 5 S. 2**).[34] 19

Durch einzelvertraglich zu vereinbarende **Klauseln** kann der Versicherungsschutz für den Bereich der Betriebs- und Nutzwärmeschäden erweitert werden (zB Klau- 20

---

24 Vgl Prölss/Martin/*Armbrüster*, § 1 AFB 2010 Rn 5.
25 Vgl *Martin*, C I Rn 23 ff; Bruck/Möller/*K. Johannsen*, A § 1 AFB 2008/2010 Rn 14.
26 Beckmann/Matusche-Beckmann/*Philipp*, § 31 Rn 20.
27 Vgl hierzu Prölss/Martin/*Armbrüster*, § 1 AFB 2010 Rn 7 ff; *Martin*, F II Rn 5 ff.
28 OLG Köln 7.1.1988 – 5 U 122/87, VersR 1988, 1037 = r+s 1988, 272; LG Augsburg 22.5.1987 – 7 S 5341/86, VersR 1988, 345; *Martin*, F II Rn 21 f; Prölss/Martin/*Armbrüster*, § 1 AFB 2010 Rn 12.
29 Vgl Prölss/Martin/*Armbrüster*, § 1 AFB 2010 Rn 8.
30 Prölss/Martin/*Armbrüster*, § 1 AFB 2010 Rn 10.
31 OLG Köln 7.1.1988 – 5 U 122/87, VersR 1988, 1037 = r+s 1988, 272, 273 m. Anm. *Wälder*.
32 BGH 9.12.1987 – IVa ZR 151/86, VersR 1988, 282, 283.
33 *Martin*, F II Rn 19, 29.
34 Vgl hierzu Prölss/Martin/*Armbrüster*, § 1 AFB 2010 Rn 14; Prölss/Martin/*Kollhosser*, 27. Aufl. 2004, § 1 AFB 30 Rn 10.

sel 3101 für Räucher-, Trocken- und sonstige Erhitzungsanlagen; Klausel 3107 betr. das Ausbrechen glühendflüssiger Schmelzmassen).[35]

§ 2 Ausschlüsse Krieg, Innere Unruhen und Kernenergie

1. Ausschluss Krieg

Die Versicherung erstreckt sich ohne Rücksicht auf mitwirkende Ursachen nicht auf Schäden durch Krieg, kriegsähnliche Ereignisse, Bürgerkrieg, Revolution, Rebellion oder Aufstand.

2. Ausschluss Innere Unruhen

Die Versicherung erstreckt sich ohne Rücksicht auf mitwirkende Ursachen nicht auf Schäden durch Innere Unruhen.

3. Ausschluss Kernenergie

Die Versicherung erstreckt sich ohne Rücksicht auf mitwirkende Ursachen nicht auf Schäden durch Kernenergie, nukleare Strahlung oder radioaktive Substanzen.

1 § 2 enthält objektive **Risikoausschlüsse** für Schäden, die durch Kriegsereignisse jeder Art, innere Unruhen oder Kernenergie entstehen. Für alle Ausschlüsse gilt, dass es unerheblich ist, ob andere (versicherte) Ursachen, zB Brand oder Explosionen, bei der Entstehung des Schadens mitgewirkt haben.

2 Für das Vorliegen eines **Kriegszustands** kommt es, wie sich schon aus dem Ausschluss für „kriegsähnliche Ereignisse" ergibt, nicht darauf an, ob ein Krieg förmlich erklärt worden ist.[1] Erfasst werden alle mit Waffengewalt geführten Auseinandersetzungen zwischen zwei oder mehreren Staaten, also auch bewaffnete Grenzkonflikte. Der Ausschluss bezieht sich auch auf Schäden außerhalb des Operationsgebietes.[2] Umstritten ist, ob Schäden nach Kriegsende vom Ausschlusstatbestand erfasst werden. Die Auffassung, dass **Spätschäden** durch unentdeckt gebliebene Sprengladungen aus früheren Kriegen als adäquate Kriegsfolgen stets ausgeschlossen bleiben,[3] ist mit dem Verständnis der Kriegsausschlussklausel nicht zu vereinbaren. Nach Sinn und Zweck der Kriegsausschlussklausel kommt es in zeitlicher Hinsicht auf das Bestehen einer typischen kriegsbedingt erhöhten Risikolage an.[4] Jedenfalls mehrere Jahrzehnte nach Ende des Zweiten Weltkriegs kann von einer solchen erhöhten Risikolage nicht mehr gesprochen werden, so dass der Ausschlusstatbestand bei Spätschäden zB durch Explosion einer Bombe aus dem Zweiten Weltkrieg nicht anwendbar ist.[5] Von der Ausschlussklausel für Kriegsschäden nicht erfasst werden Schäden durch **Terrorismus**.[6]

---

35 Vgl zu Klausel 3107 Prölss/Martin/*Armbrüster*, § 1 AFB 2010 Rn 16; Bruck/Möller/ K. *Johannsen*, A § 1 AFB 2008/2010 Rn 2.
1 Prölss/Martin/*Armbrüster*, § 2 AFB 2010 Rn 3; BK/*Dörner/Staudinger*, § 84 Rn 9.
2 Vgl Prölss/Martin/*Armbrüster*, § 2 AFB 2010 Rn 5.
3 So Prölss/Martin/*Armbrüster*, § 2 AFB 2010 Rn 5.
4 So zutr. *Fricke*, VersR 1991, 1098, 1101.
5 So zutr. BK/*Dörner/Staudinger*, § 84 Rn 4; Thume/de la Motte/*Ehlers*, Transportversicherungsrecht, 2. Aufl., Teil 5 Rn 116; *Fricke*, VersR 1991, 1098, 1101; *Ehlers*, r+s 2002, 133, 135.
6 Vgl Prölss/Martin/*Armbrüster*, § 2 AFB 2010 Rn 6; *Dahlke*, VersR 2003, 25; *Fricke*, VersR 2002, 6, 9 ff; *Ehlers*, r+s 2002, 133.

Der Ausschlusstatbestand für „innere Unruhen" ist dann erfüllt, wenn zahlenmäßig nicht unerhebliche Teile der Bevölkerung in einer die öffentliche Ruhe und Ordnung störenden Weise in Bewegung geraten und Gewalttätigkeiten gegen Personen oder Sachen verüben.[7] Ausschreitungen einzelner Demonstranten und **Sabotageakte** erfüllen den Ausschlusstatbestand nicht.[8] Der Begriff „innere Unruhen" schließt Landfriedensbruch, Aufruhr, Tumult und Plünderung ein. Maßgebend ist das Gesamtbild der Ereignisse.[9] Bei Schäden in räumlicher und zeitlicher Entfernung von den inneren Unruhen muss ein Ursachenzusammenhang exakt bewiesen werden.[10]

3

Der Ausschluss von Schäden durch **Kernenergie, nukleare Strahlung** oder **radioaktive Substanzen** gilt sowohl für Oberflächenverseuchung als auch für etwaige sonstige Sachschäden durch Einwirkung von Kernenergie als adäquate Ursache.[11] Der Ausschluss ist dadurch gerechtfertigt, dass die Haftungsvorschriften des Atomgesetzes eine verschuldensunabhängige Haftung vorsehen, die sicherstellt, dass Schäden durch Kernenergie ersetzt werden.

4

§ 3 Versicherte Sachen

1. Versicherte Sachen

Versichert sind die im Versicherungsvertrag bezeichneten
a) Gebäude und sonstigen Grundstücksbestandteile;
b) beweglichen Sachen.

Soweit nicht etwas anderes vereinbart ist, gelten in das Gebäude eingefügte Sachen, die ein Mieter auf seine Kosten angeschafft oder übernommen hat und für die er die Gefahr trägt, als bewegliche Sachen.

Daten und Programme sind keine Sachen.

2. Gebäude

Gebäude sind mit ihren Bestandteilen, aber ohne Zubehör versichert, soweit nicht etwas anderes vereinbart ist.

3. Bewegliche Sachen

Bewegliche Sachen sind nur versichert, soweit der Versicherungsnehmer
a) Eigentümer ist;
b) sie unter Eigentumsvorbehalt erworben oder mit Kaufoption geleast hat, die zum Schadenzeitpunkt noch nicht abgelaufen oder bereits ausgeübt war;
c) sie sicherungshalber übereignet hat.

4. Fremdes Eigentum

Über Nr. 3 b) und Nr. 3 c) hinaus ist fremdes Eigentum nur versichert, soweit es seiner Art nach zu den versicherten Sachen gehört und dem Versicherungs-

---

7 Prölss/Martin/*Armbrüster*, § 2 AFB 2010 Rn 8; *Martin*, F I Rn 7; BGH 13.11.1974 – IV ZR 178/73, VersR 1975, 126, 175.
8 BGH 13.11.1974 – IV ZR 178/73, VersR 1975, 126, 175.
9 Vgl OLG Frankfurt 27.5.1993 – 3 U 3/92, r+s 1993, 467.
10 Prölss/Martin/*Armbrüster*, § 2 AFB 2010 Rn 10.
11 Vgl *Martin*, F I Rn 2.

nehmer zur Bearbeitung, Benutzung, Verwahrung oder zum Verkauf in Obhut gegeben wurde und soweit nicht der Versicherungsnehmer nachweislich, insbesondere mit dem Eigentümer, vereinbart hat, dass die fremden Sachen durch den Versicherungsnehmer nicht versichert zu werden brauchen.

5. Versicherte Interessen

Die Versicherung gemäß Nr. 3 b), Nr. 3 c) und Nr. 4 gilt für Rechnung des Eigentümers und des Versicherungsnehmers.

In den Fällen der Nr. 4 ist jedoch für die Höhe des Versicherungswertes nur das Interesse des Eigentümers maßgebend.

6. Nicht versicherte Sachen

Nicht versichert sind, soweit nicht etwas anderes vereinbart ist:
a) Bargeld und Wertsachen; Wertsachen sind Urkunden (z.B. Sparbücher und sonstige Wertpapiere), Briefmarken, Münzen und Medaillen, Schmucksachen, Perlen und Edelsteine, auf Geldkarten geladene Beträge, unbearbeitete Edelmetalle sowie Sachen aus Edelmetallen, soweit sie nicht dem Raumschmuck dienen oder Teile von Werkzeugen sind;
b) Geschäftsunterlagen;
c) Baubuden, Zelte, Traglufthallen;
d) Zulassungspflichtige Kraftfahrzeuge, Kraftfahrzeuganhänger und Zugmaschinen;
e) Hausrat aller Art;
f) Grund und Boden, Wald oder Gewässer;
g) Automaten mit Geldeinwurf (einschließlich Geldwechsler) samt Inhalt sowie Geldautomaten;
h) Anschauungsmodelle, Prototypen und Ausstellungsstücke, ferner typengebundene, für die laufende Produktion nicht mehr benötigte Fertigungsvorrichtungen.

I. Versicherungsumfang (Nr. 1)

1 Versicherte Sachen in der Feuerversicherung sind gem. **Nr. 1 S. 1** die im VersVertrag bezeichneten Gebäude und sonstigen Grundstücksbestandteile (Buchst. a) sowie bewegliche Sachen (Buchst. b). Entscheidend ist mithin der Vertragsinhalt in Form der Antrags- und Vertragsdeklaration. Im Bereich der industriellen und gewerblichen Feuerversicherung werden die versicherten Sachen im Versicherungsschein üblicherweise in verschiedene Gruppen (sog. **Positionen**) unterteilt.[1] Für Gebäude ist **keine dingliche Surrogation** vorgesehen. Wird mithin das im VersVertrag (Antrag und Versicherungsschein) bezeichnete Gebäude abgerissen und an dessen Stelle ein anderes Gebäude errichtet, welches über die ursprüngliche Nutzung hinausgehende Gebäudeteile enthält, sind Letztere nicht vom Versicherungsschutz erfasst.[2]

1a In das Gebäude **eingefügte Sachen**, die der VN als Mieter auf seine Kosten angeschafft oder übernommen hat und für die er die Gefahr trägt, gelten gemäß der Definition in **Nr. 1 S. 2** unabhängig von ihrer sachenrechtlichen Einordnung als bewegliche Sachen (Beispiele: sanitäre Anlagen, Installationen).

---

[1] Vgl hierzu Bruck/Möller/*K. Johannsen*, A § 3 AFB 2008/2010 Rn 1.
[2] OLG Düsseldorf 7.6.2005 – 4 U 135/04, r+s 2005, 465; Prölss/Martin/*Armbrüster*, § 3 AFB 2010 Rn 3.

II. Gebäude (Nr. 2)

Nr. 2 enthält – anders als § 5 Nr. 2 a) VGB 2008 – keine Definition des Gebäudebegriffs, sondern bestimmt nur den **Versicherungsumfang bei Gebäuden**. Danach sind, soweit nicht etwas anderes vereinbart ist, Gebäude mit ihren Bestandteilen, aber ohne Zubehör versichert. Auf die Eigentumslage kommt es nicht an, so dass auch Fremdeigentum versichert werden kann.[3] Neben dem Eigentümer können demgemäß auch andere Personen, zB Mieter, Pächter, Käufer und sonstige Dritte, denen eine eigene Gefahrverwaltung übertragen worden ist, ein berechtigtes Interesse an der Sachversicherung haben.[4]

Der **Gebäudebegriff** in der Feuerversicherung ist weit auszulegen und umfasst sämtliche Bauwerke einschließlich aller Bestandteile. Die Qualifizierung als Gebäude ist – insoweit abweichend vom Begriff des „Wohngebäudes" in der Wohngebäudeversicherung – nicht davon abhängig, ob das Bauwerk für den Eintritt von Menschen geschaffen, räumlich umfriedet und dadurch gegen äußere Einflüsse geschützt ist.[5] Es fallen demgemäß auch Brücken,[6] Tiefgaragen[7] und Parkhäuser[8] unter den Gebäudebegriff der Gebäudefeuerversicherung, wobei entscheidend ist, dass diese Gebäude im VersVertrag bezeichnet sind. Rohbauten stellen ohne weiteres Gebäude iSv Nr. 2 dar.[9]

Bestandteile des Gebäudes iSv §§ 93, 94 BGB (hierzu gehören auch Scheinbestandteile gem. § 95 BGB[10]) sind ebenso versichert wie sonstige Grundstücksbestandteile. Zu den Gebäudebestandteilen gehören alle in ein Gebäude eingefügten Sachen, die durch ihre feste Verbindung mit dem Gebäude ihre Selbständigkeit verloren haben. Hierzu gehören auch Nebengebäude, insb. **Garagen** oder **Carports**, wenn diese mit dem Wohnhaus fest verbunden sind und mit diesem eine Einheit bilden.[11] Bei sonstigen Anbauten an das Gebäude (Schuppen, Remisen, Freisitze) kommt es darauf an, ob eine feste Verbindung zum Gebäude besteht. Als **Grundstücksbestandteile** gelten die mit dem Grund und Boden des Versicherungsgrundstücks fest verbundenen Sachen (Einfriedungen, Befestigungen, Grünanlagen, Werkstraßen).[12]

Gebäudezubehör gehört, sofern sich nicht aus den Positionen-Erläuterungen im Versicherungsschein etwas anderes ergibt, nicht zu den versicherten Sachen, kann jedoch als Betriebseinrichtung im Rahmen einer Inhaltsversicherung versichert sein.[13]

III. Bewegliche Sachen (Nr. 3)

Bewegliche Sachen sind in der Feuerversicherung regelmäßig als Sachinbegriffe unter den Positionen „technische und kaufmännische Betriebseinrichtung" sowie „Vorräte und Waren" versichert. Eine Abgrenzung zu den nicht versicherten Sachen enthält Nr. 6 a) bis h). Entscheidend ist insoweit die Antrags- und Vertragsdeklaration. Insoweit können die Parteien ausdrücklich auch einen beweglichen Ge-

---

3 BGH 18.1.2012 – IV ZR 140/09, r+s 2012, 122, 123.
4 BGH 18.1.2012 – IV ZR 140/09, r+s 2012, 122, 123.
5 Römer/Langheid/*Langheid*, § 88 Rn 1; van Bühren/*Tietgens/Höra*, § 5 Rn 117.
6 Römer/Langheid/*Langheid*, § 88 Rn 1; van Bühren/*Tietgens/Höra*, § 5 Rn 118.
7 BGH 22.5.1981 – V ZR 102/80, NJW 1982, 756; BK/*Dörner/Staudinger*, § 88 Rn 3; Römer/Langheid/*Langheid*, § 88 Rn 1.
8 BGH 18.1.2012 – IV ZR 140/09, r+s 2012, 122; *Martin*, D III 6.
9 Römer/Langheid/*Langheid*, § 88 Rn 1; van Bühren/*Tietgens/Höra*, § 5 Rn 118.
10 BGH 18.3.1992 – IV ZR 87/91, VersR 1992, 606 (zu § 2 VGB 62); Prölss/Martin/*Armbrüster*, § 3 AFB 2010 Rn 4.
11 Vgl OLG Köln 21.5.1996 – 9 U 255/905, VersR 1997, 694 = r+s 1996, 414.
12 Vgl Beckmann/Matusche-Beckmann/*Philipp*, § 31 Rn 29.
13 Vgl Prölss/Martin/*Armbrüster*, § 3 AFB 2010 Rn 4.

genstand (ortsfester Verkaufsanhänger) als „Gebäude" vereinbaren und hierfür eine Gebäudeversicherung abschließen.[14]

7 Für den Versicherungsschutz beweglicher Sachen ist erforderlich, dass der Versicherungsnehmer entweder a) **Eigentümer** der Sachen ist oder b) sie unter **Eigentumsvorbehalt** erworben oder mit noch nicht abgelaufener oder bereits ausgeübter Kaufoption geleast hat oder c) sie **sicherungshalber übereignet** hat. Darüber hinaus erstreckt sich der Versicherungsschutz gem. Nr. 4 auf fremde bewegliche Sachen, die dem VN zur Bearbeitung, Benutzung oder Verwahrung oder zum Verkauf in **Obhut** gegeben wurden.

8 Für **Eigentumsvorbehaltsware**, Leasinggegenstände und sicherungshalber übereignete bewegliche Sachen sowie für die Fälle der Nr. 4 gilt neben dem Interesse des Eigentümers auch das Interesse des VN als gedeckt (vgl Nr. 5).[15] Hat der Käufer der Ware bei vereinbartem Eigentumsvorbehalt noch keinen Teil des Kaufpreises gezahlt, steht die Entschädigung materiell-rechtlich dem Verkäufer, also dem Eigentümer zu.[16]

9 Im Fall der **Sicherungsübereignung** gilt grds. § 95 VVG, der jedoch bei der (zeitlich begrenzten) Sicherungsübereignung regelmäßig unanwendbar ist, da nach den vertraglichen Bestimmungen des Sicherungsübereignungsvertrages die Gefahr beim Sicherungsgeber verbleibt und deshalb die Versicherungsbedingungen – wie vorliegend Nr. 3 c) – idR vorsehen, dass der sicherungshalber veräußerte Gegenstand aufgrund einer Fremdeigentumsklausel versichert bleibt, womit sowohl das Sacherhaltungsinteresse des VN als auch dasjenige des Sicherungsnehmers versichert ist.[17]

IV. Fremdes Eigentum; Obhutsklausel (Nr. 4)

10 Durch die **Obhutsklausel** in **Nr. 4** werden im Grundsatz nahezu alle denkbaren Übergabemöglichkeiten beweglicher Sachen an den VN abgedeckt. Eine Einschränkung gilt für den Fall, dass der VN mit seinem Vertragspartner, insb. dem Eigentümer, vereinbart hat, dass der VN für einen Versicherungsschutz nicht zu sorgen hat. An einem Obhutsverhältnis, für das der VN darlegungs- und **beweispflichtig** ist, fehlt es, wenn im Rahmen eines Werk- oder Werklieferungsvertrages die zu liefernde Sache sich schon vor ihrer formellen Abnahme am Versicherungsort des VN (Bestellers) befindet.[18] Eine Aufbewahrung aus **Gefälligkeit** genügt nicht,[19] da das Merkmal „zur Verwahrung in Obhut gegeben" nur bei Begründung einer Obhutspflicht vorliegt, welche bei einem bloßen Gefälligkeitsvertrag oder einem Gefälligkeitsverhältnis nicht gegeben ist.[20]

V. Versicherte Interessen (Nr. 5)

11 Nr. 5 S. 1 stellt klar, dass bei Eigentumsvorbehalt, Sicherungsübereignung und versichertem Fremdeigentum aufgrund eines zur Bearbeitung, Benutzung, Verwah-

---

14 Vgl BGH 18.1.2012 – IV ZR 140/09, r+s 2012, 122, 123; OLG Düsseldorf 5.2.2002 – 4 U 83/01, VersR 2002, 1279 = r+s 2002, 246; Prölss/Martin/*Armbrüster*, § 3 AFB 2010 Rn 5.
15 Vgl hierzu *Martin*, J III Rn 6–10; Beckmann/Matusche-Beckmann/*Philipp*, § 31 Rn 31; Prölss/Martin/*Armbrüster*, § 3 AFB 2010 Rn 6.
16 BGH 28.10.1953 – II ZR 240/52, BGHZ 10, 376; Prölss/Martin/*Armbrüster*, § 3 AFB 2010 Rn 6.
17 Vgl *Martin*, H III Rn 60; Langheid/Wandt/*Reusch*, § 95 Rn 176 ff, 179 f.
18 OLG Frankfurt/M 19.3.1997 – 7 U 16/96, r+s 1998, 338.
19 So Beckmann/Matusche-Beckmann/*Philipp*, § 31 Rn 39; Prölss/Martin/*Armbrüster*, § 3 AFB 2010 Rn 14.
20 Vgl Palandt/*Sprau*, § 688 BGB Rn 2 und 3.

rung oder Verkauf begründeten Obhutsverhältnisses sowohl die Interessen des Eigentümers als auch die des VN versichert sind.

Gemäß Nr. 5 S. 2 ist bei Eingreifen der Obhutsklausel nach Nr. 4 der Versicherungswert und damit auch die Höhe der Entschädigung auf das Interesse des Eigentümers begrenzt. Das zu einer Bearbeitung iSv Nr. 4 erforderliche Material ist, auch wenn es nicht dem VN gehört, mitversichert.[21]   12

VI. Nicht versicherte Sachen (Nr. 6)

Nr. 6 enthält eine Aufzählung nicht versicherter Sachen, soweit diese im VersVertrag nicht ausdrücklich als versichert bezeichnet sind. Hierunter fallen insb. **Bargeld** und **Wertsachen** (vgl hierzu auch § 6 Nr. 3), bestimmte, mit dem Grundstück nicht fest verbundene Sachen (Baubuden, Zelte, Traglufthallen) sowie Geldautomaten.   13

§ 4 Daten und Programme

1. Schaden am Datenträger

Entschädigung für Daten und Programme gemäß Nr. 2, Nr. 3 und Nr. 4 wird nur geleistet, wenn der Verlust, die Veränderung oder die Nichtverfügbarkeit der Daten und Programme durch einen dem Grunde nach versicherten Schaden an dem Datenträger (Datenspeicher für maschinenlesbare Informationen), auf dem die Daten und Programme gespeichert waren, verursacht wurde.

2. Daten und Programme, die für die Grundfunktion einer versicherten Sache notwendig sind

Der Versicherer ersetzt die für die Grundfunktion einer versicherten Sache notwendigen Daten und Programme im Rahmen der Position, der die Sache zuzuordnen ist, für deren Grundfunktion die Daten und Programme erforderlich sind.

Für die Grundfunktion einer versicherten Sache notwendige Daten und Programme sind System-Programmdaten aus Betriebssystemen oder damit gleichzusetzende Daten.

3. Daten und Programme als Handelsware

Der Versicherer ersetzt die auf einem versicherten und zum Verkauf bestimmten Datenträger gespeicherten Daten und Programme im Rahmen der Position, der der zum Verkauf bestimmte Datenträger zuzuordnen ist.

4. Sonstige Daten und Programme

Der Versicherer ersetzt sonstige Daten und Programme im Rahmen der Position Geschäftsunterlagen.

Sonstige Daten und Programme sind serienmäßig hergestellte Programme, individuelle Programme und individuelle Daten, sofern diese Daten und Programme weder für die Grundfunktion einer versicherten Sache notwendig noch auf einem zum Verkauf bestimmten Datenträger gespeichert sind.

---

[21] OLG Hamm 18.1.1995 – 20 U 176/94, VersR 1996, 93; Prölss/Martin/*Armbrüster*, § 3 AFB 2010 Rn 15.

5. **Ausschlüsse**

   a) Nicht versichert sind Daten und Programme, zu deren Nutzung der Versicherungsnehmer nicht berechtigt ist, die nicht betriebsfertig oder nicht lauffähig sind oder die sich nur im Arbeitsspeicher der Zentraleinheit befinden.

   b) Der Versicherer leistet ohne Rücksicht auf mitwirkende Umstände keine Entschädigung für Kosten, die zusätzlich entstehen, weil die versicherten Daten oder Programme durch Kopierschutz-, Zugriffsschutz- oder vergleichbare Vorkehrungen (z.B. Kopierschutzstecker oder Verschlüsselungsmaßnahmen) gesichert sind (z.B. Kosten für neuerlichen Lizenzerwerb).

1 § 4 enthält besondere Bestimmungen zur Versicherung von Daten und Programmen. Diese sind gemäß der Definition in § 3 Nr. 1 S. 3 keine Sachen. Voraussetzung für eine Entschädigung ist, dass der Verlust, die Veränderung oder die Nichtverfügbarkeit der Daten und Programme auf einem Schaden an dem Datenträger beruht, auf dem die Daten und Programme gespeichert waren, und der Schaden dem Grunde nach versichert ist (Nr. 1).

§ 5 Aufräumungs- und Abbruchkosten, Bewegungs- und Schutzkosten, Wiederherstellungskosten von Geschäftsunterlagen, Feuerlöschkosten, Mehrkosten durch behördliche Wiederherstellungsbeschränkungen, Mehrkosten durch Preissteigerungen

1. **Versicherte Kosten**

   Der Versicherer ersetzt bis zu der hierfür vereinbarten Versicherungssumme die infolge eines Versicherungsfalles tatsächlich entstandenen Aufwendungen für notwendige

   a) Aufräumungs- und Abbruchkosten;
   b) Bewegungs- und Schutzkosten;
   c) Wiederherstellungskosten von Geschäftsunterlagen;
   d) Feuerlöschkosten;
   e) Mehrkosten durch behördliche Wiederherstellungsbeschränkungen;
   f) Mehrkosten durch Preissteigerungen.

   Die vereinbarte Versicherungssumme gemäß Satz 1 wird nicht für die Feststellung einer Unterversicherung herangezogen. Sofern eine Unterversicherung für eine vom Schaden betroffene Position besteht, für welche die Mehrkosten gemäß e) und f) versichert sind, werden diese Mehrkosten nur im Verhältnis der Versicherungssumme der vom Schaden betroffenen Position zum Versicherungswert der vom Schaden betroffenen Position ersetzt.

2. **Aufräumungs- und Abbruchkosten**

   Aufräumungs- und Abbruchkosten sind Aufwendungen für das Aufräumen der Schadenstätte einschließlich des Abbruchs stehen gebliebener Teile, für das Abfahren von Schutt und sonstigen Resten zum nächsten Ablagerungsplatz und für das Ablagern oder Vernichten.

3. **Bewegungs- und Schutzkosten**

   Bewegungs- und Schutzkosten sind Aufwendungen, die dadurch entstehen, dass zum Zweck der Wiederherstellung oder Wiederbeschaffung von versicherten Sachen andere Sachen bewegt, verändert oder geschützt werden müssen.

   Bewegungs- und Schutzkosten sind insbesondere Aufwendungen für De- oder Remontage von Maschinen, für Durchbruch, Abriss oder Wiederaufbau von Gebäudeteilen oder für das Erweitern von Öffnungen.

4. **Wiederherstellungskosten von Geschäftsunterlagen**

   Wiederherstellungskosten von Geschäftsunterlagen sind Aufwendungen, die innerhalb von zwei Jahren nach Eintritt des Versicherungsfalles für die Wiederherstellung oder Wiederbeschaffung von Geschäftsunterlagen, serienmäßig hergestellten Programmen, individuellen Daten und individuellen Programmen anfallen.

5. **Feuerlöschkosten**

   Feuerlöschkosten sind Aufwendungen, die der Versicherungsnehmer zur Brandbekämpfung für geboten halten durfte, einschließlich der Kosten für Leistungen der Feuerwehr oder anderer im öffentlichen Interesse zur Hilfeleistung verpflichteter Institutionen, soweit diese nicht nach den Bestimmungen über die Aufwendungen zur Abwendung und Minderung des Schadens zu ersetzen sind.

   Nicht versichert sind jedoch Aufwendungen für Leistungen der Feuerwehr oder anderer Institutionen, wenn diese Leistungen im öffentlichen Interesse kostenfrei zu erbringen sind.

   Freiwillige Zuwendungen des Versicherungsnehmers an Personen, die sich bei der Brandbekämpfung eingesetzt haben, sind nur zu ersetzen, wenn der Versicherer vorher zugestimmt hatte.

6. **Mehrkosten durch behördliche Wiederherstellungsbeschränkungen**

   a) Mehrkosten durch behördliche Wiederherstellungsbeschränkungen sind Aufwendungen, die dadurch entstehen, dass die versicherte und vom Schaden betroffene Sache aufgrund öffentlich-rechtlicher Vorschriften nicht in derselben Art und Güte wiederhergestellt oder wiederbeschafft werden darf.

   b) Soweit behördliche Anordnungen vor Eintritt des Versicherungsfalles erteilt wurden, sind die dadurch entstehenden Mehrkosten nicht versichert.

   War aufgrund öffentlich-rechtlicher Vorschriften die Nutzung der Sachen zum Zeitpunkt des Versicherungsfalles ganz oder teilweise untersagt, sind die dadurch entstehenden Mehrkosten nicht versichert.

   c) Wenn die Wiederherstellung der versicherten und vom Schaden betroffenen Sache aufgrund behördlicher Wiederherstellungsbeschränkungen nur an anderer Stelle erfolgen darf, werden die Mehrkosten nur in dem Umfang ersetzt, in dem sie auch bei Wiederherstellung an bisheriger Stelle entstanden wären.

   d) Mehrkosten infolge Preissteigerungen, die dadurch entstehen, dass sich die Wiederherstellung durch behördliche Wiederherstellungsbeschränkungen verzögert, werden gemäß Nr. 7 ersetzt.

e) Ist der Zeitwert Versicherungswert, so werden auch die Mehrkosten nur im Verhältnis des Zeitwertes zum Neuwert ersetzt.

7. Mehrkosten durch Preissteigerungen

a) Mehrkosten durch Preissteigerungen sind Aufwendungen für Preissteigerungen versicherter und vom Schaden betroffener Sachen zwischen dem Eintritt des Versicherungsfalles und der Wiederherstellung oder Wiederbeschaffung.

b) Wenn der Versicherungsnehmer die Wiederherstellung oder Wiederbeschaffung nicht unverzüglich veranlasst, werden die Mehrkosten nur in dem Umfang ersetzt, in dem sie auch bei unverzüglicher Wiederherstellung oder Wiederbeschaffung entstanden wären.

c) Mehrkosten infolge von außergewöhnlichen Ereignissen, behördlichen Wiederherstellungs- oder Betriebsbeschränkungen oder Kapitalmangel sind nicht versichert.

Sofern behördliche Wiederherstellungsbeschränkungen die Wiederherstellung oder Wiederbeschaffung der versicherten und vom Schaden betroffenen Sachen verzögern, werden die dadurch entstandenen Preissteigerungen jedoch ersetzt.

d) Ist der Zeitwert Versicherungswert, so werden auch die Mehrkosten nur im Verhältnis des Zeitwerts zum Neuwert ersetzt.

I. Kostenersatz

1 Neben der Entschädigung der durch den Versicherungsfall zerstörten, beschädigten oder abhanden gekommenen Sachen (**Sachschäden**) besteht Anspruch auf Ersatz bestimmter Aufwendungen, die infolge eines Versicherungsfalls notwendig werden (**Kostenersatz**).

II. Versicherte Kosten

2 In Nr. 1 sind diejenigen Kosten aufgeführt, die im Rahmen des VersVertrages mit gesondert hierfür zu vereinbarender Versicherungssumme versichert sind (**versicherte Kosten**). Nr. 1 S. 2 regelt die Auswirkungen einer **Unterversicherung** für vom Schaden betroffene Positionen auf Mehrkosten durch behördliche Wiederherstellungsbeschränkungen und Mehrkosten durch Preissteigerungen.

3 Nr. 2–5 enthalten **Definitionen** zu den versicherbaren Kosten, zu denen **Aufräumungs- und Abbruchkosten** (Nr. 2),[1] **Bewegungs- und Schutzkosten** (Nr. 3),[2] **Wiederherstellungskosten** von Geschäftsunterlagen (Nr. 4) und **Feuerlöschkosten** (Nr. 5)[3] gehören. Erforderlich ist stets, dass die Aufwendungen infolge eines Versicherungsfalls entstanden und notwendig geworden sind.

3a Zu den versicherbaren Kosten gehören nach den AFB 2010 nun auch „**Mehrkosten durch behördliche Wiederherstellungsbeschränkungen**" (Nr. 6) und „**Mehrkosten durch Preissteigerungen**" (Nr. 7). Diese Mehrkosten waren früher durch Vereinbarung der Klauseln SK 1301 („Preisdifferenz-Versicherung") und SK 1306 („Mehrkosten durch behördliche Wiederherstellungsbeschränkungen") gesondert versicherbar.

---

[1] Vgl im Einzelnen Prölss/Martin/*Kollhosser*, 27. Aufl. 2004, § 55 Rn 57; *Martin*, W V Rn 1 ff; Bruck/Möller/*K. Johannsen*, A § 5 AFB 2008/2010 Rn 3 ff.
[2] Vgl Prölss/Martin/*Kollhosser*, 27. Aufl. 2004, § 55 Rn 58; *Martin*, W IV Rn 1 ff; Bruck/Möller/*K. Johannsen*, A § 5 AFB 2008/2010 Rn 8 ff.
[3] Vgl im Einzelnen *Martin*, W III Rn 1 ff; Bruck/Möller/*K. Johannsen*, A § 5 AFB 2008/2010 Rn 13 ff; *Günther/Borbe*, VersR 2012, 1197.

Aufräumungskosten (Nr. 2) können, wie aus der Verwendung des Begriffs „Schadenstätte" im Gegensatz zum Begriff des Versicherungsorts folgt, auch Bereiche außerhalb des Versicherungsgrundstücks betreffen, zB für die Beseitigung von auf ein Nachbargrundstück gestürzten Resten eines brennenden Hauses.[4]

Soweit es sich bei Aufwendungen, die infolge eines Versicherungsfalls entstehen, um **typische Nebenkosten von Reparaturarbeiten** handelt, was sowohl bei Aufräumungs- und Abbruchkosten als auch bei Bewegungs- und Schutzkosten der Fall sein kann, besteht Versicherungsschutz auch im Rahmen von § 8 Nr. 1 b) AFB 2008/§ 8 Nr. 1 a) bb) AFB 2010, so dass es insoweit (bei ausreichender Versicherungssumme und ohne Unterversicherung) nicht darauf ankommt, ob die Versicherung derartiger Kosten gesondert vereinbart worden ist.

Übernimmt der VN anstelle eines Fremdunternehmens Tätigkeiten, für die nach den Versicherungsbedingungen eine Kostenerstattung vorgesehen ist (zB Aufräumungskosten), so steht ihm eine Entschädigung zu. Eine Beschränkung auf Tätigkeiten, die in den Bereich des Berufs oder des Gewerbes des VN fallen, ist nicht gerechtfertigt.[5]

Der Anspruch auf Ersatz von Aufwendungen für Aufräumungs-, Abbruch- oder Schadenminderungskosten setzt, soweit die Bedingungen keine abweichende Regelung enthalten (so zB die AFB 87 und auch noch die AFB 2008), nicht voraus, dass der VN diese Aufwendungen seinerseits bereits erbracht oder zumindest entsprechende Zahlungsverpflichtungen begründet hat.[6] In Nr. 1 S. 1 AFB 2010 ist nunmehr für die gesamte Kostenversicherung klargestellt, dass bis zu der hierfür vereinbarten Versicherungssumme nur die **tatsächlich entstandenen Aufwendungen** ersetzt werden. Da der VN idR nicht in der Lage ist, die zB aufgrund eines Brandes eingetretenen Schäden aus Eigenmitteln zu beheben und er gerade deshalb eine Feuerversicherung abschließt,[7] dürfte die Beschränkung des Kostenersatzes auf „tatsächlich entstandene Aufwendungen" – was eine Vorleistungspflicht des VN begründet – gegen das Benachteiligungsverbot des § 307 BGB verstoßen. Die Regelung steht auch im Widerspruch zu A § 9 Nr. 1 a) S. 2 AFB 2010, wonach der VN Abschlagszahlungen verlangen kann. Zulässig dürfte es sein, den Kostenersatz – wie die Entschädigung des Neuwertanteils gem. A § 8 Nr. 2 AFB 2010 – davon abhängig zu machen, dass die Verwendung der Ersatzleistung für den jeweiligen Zweck sichergestellt ist.

Zu den Feuerlöschkosten gem. Nr. 5 stellen die AFB 2010 klar, dass Aufwendungen für Leistungen der Feuerwehr oder anderer Institutionen nicht versichert sind, wenn diese Leistungen im öffentlichen Interesse kostenfrei zu erbringen sind.

§ 6 Versicherungsort

1. Örtlicher Geltungsbereich

a) Versicherungsschutz besteht nur innerhalb des Versicherungsortes.
   Diese Beschränkung gilt nicht für Sachen, die infolge eines eingetretenen oder unmittelbar bevorstehenden Versicherungsfalles aus dem Versicherungsort entfernt und in zeitlichem und örtlichem Zusammenhang mit

---

[4] Vgl *Martin*, W V Rn 12.
[5] Vgl *Martin*, W I Rn 18.
[6] BGH 19.6.2013 – IV ZR 228/12, VersR 2013, 1039 = r+s 2013, 385; vgl hierzu *Felsch*, r+s 2014, 313, 320; aA *Martin*, W I Rn 25 f; Prölss/Martin/*Armbrüster*, § 5 AFB 2010 Rn 1.
[7] BGH 19.6.2013 – IV ZR 228/12, VersR 2013, 1039.

diesem Vorgang beschädigt oder zerstört werden oder abhanden kommen.
  b) Versicherungsort sind die im Versicherungsvertrag bezeichneten Gebäude oder Räume von Gebäuden oder die als Versicherungsort bezeichneten Grundstücke.

2. Gebrauchsgegenstände von Betriebsangehörigen

Soweit Gebrauchsgegenstände von Betriebsangehörigen versichert sind, besteht in den Wohnräumen der Betriebsangehörigen kein Versicherungsschutz.

3. Bargeld und Wertsachen

Soweit Bargeld und Wertsachen versichert sind, besteht Versicherungsschutz nur in verschlossenen Räumen oder Behältnissen der im Versicherungsvertrag bezeichneten Art.

Sofern zusätzlich vereinbart, sind diese während der Geschäftszeit oder sonstiger vereinbarter Zeiträume auch ohne Verschluss bis zu der vereinbarten Entschädigungsgrenze versichert.

I. Örtlicher Geltungsbereich (Nr. 1)

1 Der Kreis der versicherten Sachen wird in räumlicher Hinsicht durch die Vorschriften über den Versicherungsort beschränkt. **Nr. 1 a) S. 1** bestimmt, dass **Versicherungsschutz nur innerhalb des Versicherungsorts** besteht. Eine Ausnahme gilt für Sachen, die infolge eines eingetretenen oder unmittelbar bevorstehenden Versicherungsfalls aus dem Versicherungsort entfernt und in zeitlichem und örtlichem Zusammenhang mit diesem Vorgang beschädigt oder zerstört werden oder abhanden kommen (**Nr. 1 a) S. 2**). Die versicherte Gefahr (Brand, Blitzschlag, Explosion usw.) kann außerhalb des Versicherungsorts entstanden sein. Erforderlich ist lediglich der Eintritt des Sachschadens innerhalb des Versicherungsorts.[1]

2 Bei Betriebserweiterungen oder Betriebsverlegungen ist eine Vertragsänderung erforderlich, soweit nicht Freizügigkeit vereinbart ist.[2] Im Einzelfall kann eine Aufklärungspflicht des VR bestehen, aus der bei Verletzung eine Vertrauens- oder Schadenersatzhaftung folgt.[3]

3 Maßgeblich für die Bestimmung des Versicherungsorts sind die tatsächlichen Verhältnisse bei Abschluss oder einer entsprechenden Änderung des VersVertrages.[4] Aus Antworten auf Antragsfragen im Zusammenhang mit gefahrerheblichen Umständen kann eine Einschränkung des Versicherungsorts nicht abgeleitet werden.[5]

II. Gebrauchsgegenstände von Betriebsangehörigen (Nr. 2)

4 Nr. 2 bestimmt, dass **Gebrauchsgegenstände von Betriebsangehörigen in deren Wohnräumen nicht versichert** sind. Befinden sich betriebliche Gegenstände in den

---

1 Prölss/Martin/*Armbrüster*, § 6 AFB 2010 Rn 2; *Martin*, G II Rn 1.
2 Vgl *Martin*, G III Rn 28; Prölss/Martin/*Armbrüster*, § 6 AFB 2010 Rn 3; BGH 5.11.1986 – IVa ZR 32/85, VersR 1987, 147; OLG Hamm 22.9.1993 – 20 U 59/93, r+s 1994, 65; vgl auch die Rechtsprechungsübersicht r+s 1994, 67.
3 BGH 5.11.1986 – IVa ZR 32/85, VersR 1987, 147; OLG Hamm 3.5.1998 – 20 U 233/97, r+s 1999, 75; OLG Köln 13.1.1998 – 9 U 199/96, r+s 1998, 339, 340; *Martin*, G III Rn 29.
4 OLG Oldenburg 12.6.1974 – 2 U 7/74, VersR 1976, 1029; OLG Oldenburg 27.9.1989 – 2 U 131/89, zfs 1989, 427.
5 Vgl OLG Hamm 31.5.1989 – 20 U 289/88, VersR 1990, 302; *Martin*, G III Rn 16, 19.

Privaträumen des VN und befinden sich diese Privaträume im „Versicherungsgebäude" oder auf dem „Versicherungsgrundstück", so kommt es entscheidend auf die einzelvertragliche Umschreibung des Versicherungsorts an.[6] Außerhalb des vereinbarten Versicherungsorts befindliche Gegenstände können im Rahmen einer Außenversicherung versichert werden.[7]

III. Bargeld und Wertsachen (Nr. 3)

Nr. 3 enthält besondere Sicherheitsanforderungen und Entschädigungsgrenzen für Bargeld und Wertsachen, soweit diese versichert sind. Es handelt sich insoweit um einen Risikoausschluss und nicht um eine (verhüllte) Obliegenheit.[8]

§ 7 Versicherungswert; Versicherungssumme

1. Versicherungswert von Gebäuden

a) Der Versicherungswert von Gebäuden ist

    aa) der Neuwert. Neuwert ist der Betrag, der aufzuwenden ist, um Sachen gleicher Art und Güte in neuwertigem Zustand herzustellen. Maßgebend ist der ortsübliche Neubauwert einschließlich Architektengebühren sowie sonstige Konstruktions- und Planungskosten.

        Bestandteil des Neuwertes sind insoweit auch Aufwendungen, die dadurch entstehen, dass die Wiederherstellung der Sachen in derselben Art und Güte infolge Technologiefortschritts entweder nicht möglich ist oder nur mit unwirtschaftlichem Aufwand möglich wäre. Die Ersatzgüter müssen hierbei den vorhandenen Sachen möglichst nahe kommen.

        Nicht Bestandteil des Neuwertes sind Mehrkosten durch behördliche Wiederherstellungsbeschränkungen, die dadurch entstehen, dass Sachen aufgrund öffentlich-rechtlicher Vorschriften nicht in derselben Art und Güte wiederhergestellt werden dürfen, es sei denn, dass diese Mehrkosten als Technologiefortschritt gemäß Absatz 2 zu berücksichtigen sind. Versicherungsschutz für Mehrkosten durch behördliche Wiederherstellungsbeschränkungen besteht gemäß den Vereinbarungen zu den versicherten Kosten.

        Mehrkosten durch Preissteigerungen zwischen dem Eintritt des Versicherungsfalles und der Wiederherstellung sind ebenfalls nicht Bestandteil des Neuwertes. Versicherungsschutz für diese Mehrkosten besteht gemäß den Vereinbarungen zu den versicherten Kosten;

    bb) der Zeitwert, falls Versicherung nur zum Zeitwert vereinbart ist oder falls der Zeitwert im Fall der Versicherung zum Neuwert weniger als _ Prozent des Neuwertes beträgt (Zeitwertvorbehalt).

        Der Zeitwert ergibt sich aus dem Neuwert des Gebäudes durch einen Abzug entsprechend seinem insbesondere durch den Abnutzungsgrad bestimmten Zustand;

---

6 Vgl BGH 11.1.1989 – IVa ZR 245/87, r+s 1989, 123 = VersR 1989, 395.
7 Vgl hierzu Prölss/Martin/*Armbrüster*, § 6 AFB 2010 Rn 4 ff.
8 Vgl BGH 16.3.1983 – IVa ZR 111/81, VersR 1983, 573 = r+s 1983, 102 (zu § 2 Nr. 8 Abs. 2 VHB 74); Prölss/Martin/*Armbrüster*, § 6 AFB 2010 Rn 9.

cc) der gemeine Wert, falls Versicherung nur zum gemeinen Wert vereinbart ist oder falls das Gebäude zum Abbruch bestimmt oder sonst dauernd entwertet ist; eine dauernde Entwertung liegt insbesondere vor, wenn das Gebäude für seinen Zweck allgemein oder im Betrieb des Versicherungsnehmers nicht mehr zu verwenden ist;

gemeiner Wert ist der für den Versicherungsnehmer erzielbare Verkaufspreis für das Gebäude oder für das Altmaterial.

b) Der Versicherungswert von Grundstücksbestandteilen, die nicht Gebäude sind, ist, soweit nicht etwas anderes vereinbart wurde, entweder der Zeitwert gemäß Nr. 1 a) bb) oder unter den dort genannten Voraussetzungen der gemeine Wert gemäß Nr. 1 a) cc).

2. Versicherungswert von beweglichen Sachen

a) Der Versicherungswert der technischen und kaufmännischen Betriebseinrichtung ist

aa) der Neuwert. Neuwert ist der Betrag, der aufzuwenden ist, um Sachen gleicher Art und Güte in neuwertigem Zustand wieder zu beschaffen oder sie neu herzustellen; maßgebend ist der niedrigere Betrag.

Bestandteil des Neuwertes sind insoweit auch Aufwendungen, die dadurch entstehen, dass die Wiederherstellung oder Wiederbeschaffung der Sachen in derselben Art und Güte infolge Technologiefortschritts entweder nicht möglich ist oder nur mit unwirtschaftlichem Aufwand möglich wäre. Die Ersatzgüter müssen hierbei den vorhandenen Sachen möglichst nahe kommen.

Nicht Bestandteil des Neuwertes sind Mehrkosten durch behördliche Wiederherstellungsbeschränkungen, die dadurch entstehen, dass Sachen aufgrund öffentlich-rechtlicher Vorschriften nicht in derselben Art und Güte wiederhergestellt oder wiederbeschafft werden dürfen, es sei denn, dass diese Mehrkosten als Technologiefortschritt gemäß Absatz 2 zu berücksichtigen sind. Versicherungsschutz für Mehrkosten durch behördliche Wiederherstellungsbeschränkungen besteht gemäß den Vereinbarungen zu den versicherten Kosten.

Mehrkosten durch Preissteigerungen zwischen dem Eintritt des Versicherungsfalles und der Wiederherstellung oder Wiederbeschaffung sind ebenfalls nicht Bestandteil des Neuwertes. Versicherungsschutz für diese Mehrkosten besteht gemäß den Vereinbarungen zu den versicherten Kosten;

bb) der Zeitwert, falls Versicherung nur zum Zeitwert vereinbart ist oder falls der Zeitwert im Fall der Versicherung zum Neuwert weniger als _ Prozent des Neuwertes beträgt (Zeitwertvorbehalt).

Der Zeitwert ergibt sich aus dem Neuwert der beweglichen Sachen durch einen Abzug entsprechend ihrem insbesondere durch den Abnutzungsgrad bestimmten Zustand;

cc) der gemeine Wert, soweit die Sache für ihren Zweck allgemein oder im Betrieb des Versicherungsnehmers nicht mehr zu verwenden ist;

gemeiner Wert ist der erzielbare Verkaufspreis für die Sache oder für das Altmaterial.

b) Der Versicherungswert von Vorräten ist der Betrag, der aufzuwenden ist, um Sachen gleicher Art und Güte wiederzubeschaffen oder sie neu herzustellen; maßgebend ist der niedrigere Betrag.

Mehrkosten durch Preissteigerung zwischen dem Eintritt des Versicherungsfalles und der Wiederherstellung oder Wiederbeschaffung der Vorräte sind nicht zu berücksichtigen. Versicherungsschutz für diese Mehrkosten besteht gemäß den Vereinbarungen zu den versicherten Kosten.

Der Versicherungswert ist begrenzt durch den erzielbaren Verkaufspreis, bei nicht fertig hergestellten eigenen Erzeugnissen durch den erzielbaren Verkaufspreis der fertigen Erzeugnisse.

c) Der Versicherungswert von Anschauungsmodellen, Prototypen und Ausstellungsstücken, ferner von typengebundenen, für die laufende Produktion nicht mehr benötigten Fertigungsvorrichtungen, ohne Kaufoption geleasten Sachen oder geleasten Sachen, bei denen die Kaufoption bei Schadeneintritt abgelaufen war, sowie für alle sonstigen in a) und b) nicht genannten beweglichen Sachen ist entweder der Zeitwert gemäß a) bb) oder unter den dort genannten Voraussetzungen der gemeine Wert gemäß a) cc).

d) Der Versicherungswert von Wertpapieren ist
   aa) bei Wertpapieren mit amtlichem Kurs der mittlere Einheitskurs am Tag der jeweils letzten Notierung aller amtlichen Börsen der Bundesrepublik Deutschland;
   bb) bei Sparbüchern der Betrag des Guthabens;
   cc) bei sonstigen Wertpapieren der Marktpreis.

3. Umsatzsteuer

Ist der Versicherungsnehmer zum Vorsteuerabzug nicht berechtigt, so ist die Umsatzsteuer einzubeziehen.

4. Versicherungssumme

a) Die Versicherungssumme ist der zwischen Versicherer und Versicherungsnehmer im Einzelnen vereinbarte Betrag, der dem Versicherungswert gemäß Nr. 1 bis Nr. 3 entsprechen soll.

b) Ist Versicherung zum Neuwert, Zeitwert oder gemeinen Wert vereinbart worden, soll der Versicherungsnehmer die Versicherungssumme für die versicherte Sache für die Dauer des Versicherungsverhältnisses dem jeweils gültigen Versicherungswert anpassen.

c) Entspricht zum Zeitpunkt des Versicherungsfalles die Versicherungssumme nicht dem Versicherungswert, kann die Regelung über die Unterversicherung zur Anwendung kommen.

I. Allgemeines

§ 7 enthält Bestimmungen zum **Versicherungswert** (Nr. 1 und 2) und zur **Versicherungssumme** (Nr. 4). Nr. 1 bestimmt den Versicherungswert von Gebäuden und Grundstücksbestandteilen, Nr. 2 den Versicherungswert von beweglichen Sachen, und zwar von technischer und kaufmännischer Betriebseinrichtung (Buchst. a), von Vorräten (Buchst. b), von Anschauungsmodellen, Prototypen und Ausstellungsstücken und nicht mehr benötigten Fertigungsvorrichtungen (Buchst. c) sowie von Wertpapieren (Buchst. d). In Nr. 4 a) wird durch die Bezugnahme auf Nr. 3 klargestellt, dass für die Bemessung der Versicherungssumme auch die Umsatzsteuer berücksichtigt werden soll.

II. Versicherungswert von Gebäuden (Nr. 1)

2 Für **Gebäude** (Nr. 1) gilt grds. der vertraglich vereinbarte Versicherungswert, wobei üblicherweise eine **Neuwertversicherung** (**Nr. 1 a**) **aa**) vereinbart wird. Hierdurch wird der VN in die Lage versetzt, bei Eintritt des Versicherungsfalls ohne erhebliche Eigenaufwendungen ein neues Gebäude an die Stelle des brandgeschädigten zu setzen, auch wenn dessen Zeitwert vor dem Brand unter dem Neuwert lag.[1]

3 **Neuwert** ist der Betrag, der aufzuwenden ist, um Sachen gleicher Art und Güte in neuwertigem Zustand herzustellen. Für Gebäude ist maßgeblich der ortsübliche Neubauwert einschließlich Architektengebühren sowie sonstiger Konstruktions- und Planungskosten. **Ortsüblicher Neubauwert** ist der Preis, zu dem am Schadenort unter Berücksichtigung der Preisentwicklung während der unvermeidbaren Zeitdauer des Wiederaufbaus ein Gebäude gleicher Art, Güte und Zweckbestimmung herzustellen ist.[2]

4 Die AFB 2010 stellen in Nr. 1 a) aa) – (und in Nr. 2 a) aa) für die technische und kaufmännische Betriebseinrichtung als bewegliche Sache) – darüber hinaus klar, dass auch solche Aufwendungen Bestandteil des Neuwertes sind, die dadurch entstehen, dass die Wiederherstellung der Sache in derselben Art und Güte infolge **Technologiefortschritts** entweder nicht möglich ist oder nur mit unwirtschaftlichem Aufwand möglich wäre. „Mehrkosten durch Technologiefortschritt" waren bisher durch Vereinbarung der Klausel SK 1304 gesondert versicherbar.

5 Die AFB 2010 stellen in Nr. 1 a) aa) – (und in Nr. 2 a) aa) für die technische und kaufmännische Betriebseinrichtung sowie in Nr. 2 b für Vorräte) – weiter klar, dass **Mehrkosten durch behördliche Wiederherstellungsbeschränkungen** – soweit sie nicht als Technologiefortschritt zu berücksichtigen sind – und **Mehrkosten durch Preissteigerungen** nicht Bestandteil des Neuwertes sind. Versicherungsschutz für Mehrkosten durch behördliche Wiederherstellungsbeschränkungen und für Mehrkosten durch Preissteigerungen besteht gemäß den Vereinbarungen zu den versicherten Kosten (s. § 5 Nr. 1 e) und f).

6 Die Neuwertversicherung ist verbunden mit der Wiederherstellungsklausel in § 8 Nr. 2 und begrenzt durch die Entwertungsklausel in Nr. 1 a) cc).

7 Alternativ zur Neuwertversicherung können als Versicherungswert von Gebäuden – was in der Praxis allerdings die Ausnahme ist – auch der **Zeitwert** (**Nr. 1 a) bb**) oder der **gemeine Wert** (**Nr. 1 a) cc**) vereinbart werden.[3] Im Rahmen der Neuwertversicherung ist der **gemeine Wert** immer dann maßgeblich, wenn das Gebäude zum Abbruch bestimmt oder sonst dauernd entwertet ist (Nr. 1 a) cc). Der Entschluss, das Gebäude abzureißen, muss endgültig und unwiderruflich nach außen in Erscheinung getreten sein.[4]

8 Im Rahmen der Neuwertentschädigung sind **Eigenleistungen des VN**, die nach ihrer Qualität den Arbeiten eines Fachbetriebs entsprechen, in Höhe der objektiv gerechtfertigten Lohnkosten zu berücksichtigen.[5]

---

[1] So BGH 17.12.1997 – IV ZR 136/96, VersR 1998, 305, 307.
[2] BGH 30.4.2008 – IV ZR 241/04, VersR 2008, 816, 817 = r+s 2008, 292 ff m. Anm. *Wälder*, r+s 2008, 294; vgl Prölss/Martin/*Kollhosser*, 27. Aufl. 2004, § 88 Rn 3; *Martin*, Q IV Rn 11, Q IV Rn 102 ff.
[3] Vgl zu den Einzelheiten Bruck/Möller/K. *Johannsen*, A § 7 AFB 2008/2010 Rn 7 ff, 13 ff.
[4] BGH 21.4.1993 – IV ZR 34/92, VersR 1993, 828, 829; BGH 6.6.1984 – IVa ZR 149/82, VersR 1984, 843; Prölss/Martin/*Kollhosser*, 27. Aufl. 2004, § 6 VGB 62 Rn 2; Beckmann/Matusche-Beckmann/*Philipp*, § 31 Rn 101.
[5] OLG Hamm 16.4.1999 – 20 U 222/98, VersR 2000, 845; Prölss/Martin/*Armbrüster*, § 7 AFB 2010 Rn 2.

III. Versicherungswert von beweglichen Sachen (Nr. 2)

Für die technische und kaufmännische Betriebseinrichtung (Nr. 2 a) ist, soweit der Neuwert versichert ist, auf die Wiederherstellungs- oder Wiederbeschaffungskosten für Sachen gleicher Art und Güte in neuwertigem Zustand abzustellen. Maßgebend ist insoweit der niedrigere Wert. Ist eine Wiederbeschaffung von Sachen gleicher Art und Güte aus tatsächlichen, rechtlichen oder wirtschaftlichen Gründen nicht möglich, so ist die nächst bessere und realisierbare Art und Güte zugrunde zu legen.[6]

Für **Vorräte** (**Nr. 2 b**) – hierunter fallen unfertige und fertige Erzeugnisse, Handelsware, Rohstoffe, Betriebsstoffe, Verpackungsgut, Naturerzeugnisse – sind alternativ die Kosten der Wiederbeschaffung von Sachen gleicher Art und Güte oder die Kosten der Neuherstellung zu erstatten. Dies bedeutet, dass für Handelswaren ein Gewinnanteil des VN nicht entschädigt wird.[7] Begrenzt ist der Versicherungswert durch den erzielbaren Verkaufspreis, so dass ein im Rahmen einer Eigenherstellung entstehender Verlust nicht zu entschädigen ist.[8] Sind Teile einer zerlegten Halle, also eines Gebäudes, unter der Bezeichnung „Fenster, Glas, Türen, Bedachungen etc." als Vorräte versichert, so hat die Entschädigungsberechnung nicht nach den Wertvorschriften für Gebäude, sondern nach den Bestimmungen für Vorräte (Nr. 2 b) zu erfolgen.[9]

§ 8 Umfang der Entschädigung

1. Entschädigungsberechnung

a) Der Versicherer ersetzt

aa) bei zerstörten oder infolge eines Versicherungsfalles abhanden gekommenen Sachen den Versicherungswert unmittelbar vor Eintritt des Versicherungsfalles;

bb) bei beschädigten Sachen die notwendigen Reparaturkosten zur Zeit des Eintritts des Versicherungsfalles zuzüglich einer durch den Versicherungsfall entstandenen und durch die Reparatur nicht auszugleichenden Wertminderung, höchstens jedoch den Versicherungswert unmittelbar vor Eintritt des Versicherungsfalles. Die Reparaturkosten werden gekürzt, soweit durch die Reparatur der Versicherungswert der Sache gegenüber dem Versicherungswert unmittelbar vor Eintritt des Versicherungsfalles erhöht wird.

b) Öffentlich-rechtliche Vorschriften, nach denen die noch vorhandene und technisch brauchbare Sachsubstanz der versicherten und vom Schaden betroffenen Sache für die Wiederherstellung nicht wieder verwendet werden darf, werden bei der Entschädigungsberechnung gemäß a) berücksichtigt, soweit

aa) es sich nicht um behördliche Anordnungen handelt, die vor Eintritt des Versicherungsfalles erteilt wurden oder

---

[6] BGH 30.4.2008 – IV ZR 241/04, VersR 2008, 816, 817; vgl Prölss/Martin/*Armbrüster*, § 7 AFB 2010 Rn 2.
[7] Vgl Prölss/Martin/*Armbrüster*, § 7 AFB 2010 Rn 3 mit Hinweis auf die Möglichkeit des Abschlusses einer Versicherung zum Verkaufswert.
[8] Vgl Beckmann/Matusche-Beckmann/*Philipp*, § 31 Rn 109.
[9] OLG Köln 26.4.2005 – 9 U 91/01, r+s 2005, 251, 252.

bb) nicht aufgrund öffentlich-rechtlicher Vorschriften die Nutzung der Sachen zum Zeitpunkt des Versicherungsfalles ganz oder teilweise untersagt war.

Mehrkosten durch behördliche Wiederherstellungsbeschränkungen, die dadurch entstehen, dass die versicherte und vom Schaden betroffene Sache aufgrund öffentlich-rechtlicher Vorschriften nicht in derselben Art und Güte wiederhergestellt oder wiederbeschafft werden darf, werden im Rahmen der Entschädigungsberechnung gemäß a) nicht ersetzt, es sei denn, dass diese Mehrkosten als Technologiefortschritt im Versicherungswert zu berücksichtigen sind.

c) Der erzielbare Verkaufspreis von Resten wird bei der Entschädigungsberechnung gemäß a) und b) angerechnet.

d) Versicherungsschutz für Aufräumungs- und Abbruchkosten, Bewegungs- und Schutzkosten, Wiederherstellungskosten von Geschäftsunterlagen, Feuerlöschkosten, Mehrkosten durch behördliche Wiederherstellungsbeschränkungen und Mehrkosten durch Preissteigerungen besteht gemäß den Vereinbarungen zu den versicherten Kosten.

e) Für Ertragsausfallschäden leistet der Versicherer Entschädigung nur, soweit dies besonders vereinbart ist.

2. Neuwertanteil

Ist die Entschädigung zum Neuwert vereinbart, erwirbt der Versicherungsnehmer auf den Teil der Entschädigung, der den Zeitwertschaden übersteigt (Neuwertanteil), einen Anspruch nur, soweit und sobald er innerhalb von drei Jahren nach Eintritt des Versicherungsfalles sichergestellt hat, dass er die Entschädigung verwenden wird, um

a) Gebäude in gleicher Art und Zweckbestimmung an der bisherigen Stelle wiederherzustellen. Ist die Wiederherstellung an der bisherigen Stelle rechtlich nicht möglich oder wirtschaftlich nicht zu vertreten, so genügt es, wenn das Gebäude an anderer Stelle innerhalb der Bundesrepublik Deutschland wiederhergestellt wird; auch in diesem Fall bleibt es bei dem Entschädigungsbetrag, der bei einer Wiederherstellung an der bisherigen Stelle entstanden wäre;

b) bewegliche Sachen, die zerstört wurden oder abhanden gekommen sind, in gleicher Art und Güte und in neuwertigem Zustand wiederzubeschaffen. Nach vorheriger Zustimmung des Versicherers genügt Wiederbeschaffung gebrauchter Sachen; anstelle von Maschinen können Maschinen beliebiger Art beschafft werden, wenn deren Betriebszweck derselbe ist;

c) bewegliche Sachen, die beschädigt worden sind, wiederherzustellen.

3. Zeitwertschaden

a) Der Zeitwertschaden wird bei zerstörten oder abhandengekommenen Sachen gemäß den Bestimmungen über den Versicherungswert festgestellt. Bei beschädigten Sachen werden die Kosten einer Reparatur um den Betrag gekürzt, um den durch die Reparatur der Zeitwert der Sache gegenüber dem Zeitwert unmittelbar vor Eintritt des Versicherungsfalles erhöht würde.

b) Sofern Anschauungsmodelle, Prototypen und Ausstellungsstücke, ferner typengebundene, für die laufende Produktion nicht mehr benötigte Fertigungsvorrichtungen versichert sind, erwirbt der Versicherungsnehmer auf den Teil der Entschädigung für diese Sachen, der den gemeinen Wert übersteigt, einen Anspruch nur, soweit für die Verwendung der Entschädigung die Voraussetzungen gemäß Nr. 2 b) oder Nr. 2 c) erfüllt sind und die Wiederherstellung notwendig ist.

4. **Unterversicherung**

   a) Ist die Versicherungssumme niedriger als der Versicherungswert unmittelbar vor Eintritt des Versicherungsfalles, so besteht Unterversicherung.

   Im Fall der Unterversicherung wird die Entschädigung nach Nr. 1 in dem Verhältnis von Versicherungssumme zum Versicherungswert nach folgender Berechnungsformel gekürzt:
   Entschädigung = Schadenbetrag multipliziert mit der Versicherungssumme dividiert durch den Versicherungswert.

   Ist die Entschädigung für einen Teil der in einer Position versicherten Sachen auf bestimmte Beträge begrenzt, so werden bei Ermittlung des Versicherungswertes der davon betroffenen Sachen höchstens diese Beträge berücksichtigt. Ergibt sich aus dem so ermittelten Versicherungswert eine Unterversicherung, so wird die Entschädigung nach Nr. 1 entsprechend gekürzt.

   b) Ob Unterversicherung vorliegt, ist für jede vereinbarte Position gesondert festzustellen.

   c) Die Bestimmungen über den Selbstbehalt nach Nr. 6 und Entschädigungsgrenzen nach Nr. 7 sind im Anschluss an a) und b) anzuwenden.

5. **Versicherung auf Erstes Risiko**

   Ist für einzelne Positionen die Versicherung auf Erstes Risiko vereinbart, wird eine Unterversicherung bei diesen Positionen nicht berücksichtigt.

6. **Selbstbeteiligung**

   Die Entschädigung wird je Versicherungsfall um den vereinbarten Selbstbehalt gekürzt.

   Die Bestimmungen über die Entschädigungsgrenzen nach Nr. 7 sind im Anschluss an diese Kürzung anzuwenden.

7. **Entschädigungsgrenzen**

   Der Versicherer leistet Entschädigung je Versicherungsfall höchstens
   a) bis zu der je Position vereinbarten Versicherungssumme;
   b) bis zu den zusätzlich vereinbarten Entschädigungsgrenzen;
   c) bis zu der vereinbarten Jahreshöchstentschädigung; Schäden, die im laufenden Versicherungsjahr beginnen, fallen insgesamt unter die Jahreshöchstentschädigung.

   Maßgebend ist der niedrigere Betrag.

8. **Umsatzsteuer**

   Die Umsatzsteuer wird nicht ersetzt, wenn der Versicherungsnehmer vorsteuerabzugsberechtigt ist.

Das Gleiche gilt, wenn der Versicherungsnehmer die Umsatzsteuer anlässlich der Wiederherstellung oder Wiederbeschaffung tatsächlich nicht gezahlt hat.

I. Entschädigungsberechnung; Totalschäden, Teilschäden (Nr. 1)

1 Für die Entschädigungsberechnung ist grds. zu differenzieren zwischen **Totalschäden** (vollständige Zerstörung, Abhandenkommen, Nr. 1 a) aa) und **Teilschäden** (Beschädigung, Nr. 1 a) bb). Bei Teilschäden ist neben den notwendigen Reparaturkosten zur Zeit des Eintritts des Versicherungsfalls auch eine nach der Reparatur etwa entstehende Wertminderung auszugleichen, allerdings höchstens bis zur Grenze des unmittelbar vor Eintritt des Versicherungsfalls festzustellenden Versicherungswerts. Auf der anderen Seite ist bei Werterhöhungen, zB infolge einer technisch neuartigen und damit höherwertigen Wiederherstellung, eine Kürzung der Reparaturkosten vorzunehmen. Auch insoweit bildet der Versicherungswert vor Eintritt des Versicherungsfalls die Obergrenze.[1]

2 Abzuziehen sind sowohl beim Totalschaden als auch beim Teilschaden die **Restwerte (Nr. 1 c)**. Hiermit gemeint ist bei Teilschäden der Wert derjenigen Reste, die bei der Reparatur durch den Austausch von Altteilen gegen Neuteile anfallen.[2] Wert der Reste bei Totalschäden und Teilschäden ist der vom VN erzielbare Verkaufspreis (Verkaufswert der Reste).[3]

3 Zu **behördlichen Wiederherstellungs- oder Verwendungsbeschränkungen** enthalten die ARB 2010 mit **Nr. 1 b** eine umfassende Neuregelung. Sie werden – anders als nach dem AFB 2008 – in den gesondert aufgeführten Fällen bei der Entschädigungsberechnung berücksichtigt.

4 **Nr. 1 e)** stellt klar, dass für Betriebsunterbrechungsschäden (**Ertragsausfälle**) Entschädigung nur geleistet wird, soweit dies besonders vereinbart wird.[4] Dies gilt im Hinblick auf die gesetzlichen Regelungen in §§ 82, 83 und 85 VVG nicht für Schadenminderungs- und Schadenermittlungskosten.

II. Neuwertanteil (Nr. 2)

5 Bei der Neuwertversicherung besteht im Falle eines Totalschadens zunächst nur ein Anspruch auf Entschädigung in Höhe des Zeitwerts. Den Anspruch auf Zahlung des Teils der Entschädigung, der den Zeitwertschaden übersteigt (**Neuwertanteil**), erwirbt der VN nur, soweit und sobald er innerhalb eines Zeitraums von drei Jahren nach Eintritt des Versicherungsfalls sicherstellt, dass er die Entschädigung verwenden wird, um versicherte Sachen in gleicher Art und Zweckbestimmung an der bisherigen Stelle wiederherzustellen oder wiederzubeschaffen. Die Vorschrift bezieht sich bei Gebäuden sowohl auf den Fall des Totalschadens als auch auf den Fall des Teilschadens/Reparaturschadens.[5] Zweck der **strengen Wiederherstellungsklausel** ist es, betrügerische Eigenbrandstiftungen zu verhindern, durch die

---

1 BGH 24.1.2007 – IV ZR 84/05, VersR 2007, 489, 490 m. Anm. *Dallmayr*.
2 *Martin*, R III Rn 2.
3 *Martin*, R II Rn 24; Bruck/Möller/*K. Johannsen*, A § 8 AFB 2008/2010 Rn 11.
4 Zur Abgrenzung von Sachschäden und Betriebsunterbrechungsschäden vgl OLG Köln 31.10.2005 – 9 W 25/05, r+s 2005, 508.
5 BGH 24.1.2007 – IV ZR 84/05, VersR 2007, 489, 490 m. Anm. *Dallmayr*; Prölss/Martin/ *Armbrüster*, § 8 AFB 2010 Rn 2; Bruck/Möller/*K. Johannsen*, A § 8 AFB 2008/2010 Rn 7 f; *Schirmer/Clauß*, r+s 2003, 1, 2 f; aA OLG Düsseldorf 5.2.2002 – 4 U 83/01, VersR 2002, 1279 = r+s 2002, 246; Prölss/Martin/*Kollhosser*, 27. Aufl. 2004, § 11 AFB 87 Rn 2.

sich ein VN für ein wertlos gewordenes Gebäude dessen vollen Neuwert zu freier Verfügung beschaffen könnte.[6]

Ob bei **Gebäuden** eine **Wiederherstellung in gleicher Art und Zweckbestimmung** vorliegt, richtet sich nach den Umständen des Einzelfalls. Nicht erforderlich ist, dass das wiederhergestellte bzw neu erstellte Gebäude mit dem zerstörten Objekt völlig identisch ist.[7] Unschädlich sind insb. Anpassungen an den technischen Fortschritt, moderne Baumethoden und geänderte Bedürfnisse der Betriebsführung. Diese Anpassungen sollen durch den Zweck der Wiederherstellungsklausel nicht verhindert werden.[8] Dem Zweck der Wiederherstellungsklausel ist hinreichend Rechnung getragen, wenn das neu errichtete Gebäude **etwa die gleiche Gesamtgröße** hat und **etwa gleichartigen Zwecken** dient wie das alte.[9] Unschädlich ist es mithin, wenn ein früher eingeschossiges Gebäude nach Zerstörung oder Beschädigung zweigeschossig wiederhergestellt wird.[10] Ebenso unschädlich ist der Wiederaufbau in mehreren Flachbauten anstelle eines (früher) mehrstöckigen Gebäudes.[11] Wird demgegenüber das Gebäude in seiner Gesamtheit nicht unwesentlich vergrößert, liegt eine Wiederherstellung in gleicher Art und Zweckbestimmung nicht vor.[12] Ein **Ersatzobjekt** an anderer Stelle erfüllt die Voraussetzungen der Wiederherstellungsklausel nur, wenn eine Wiederherstellung an der bisherigen Stelle rechtlich nicht möglich oder wirtschaftlich nicht zu vertreten ist (Nr. 2 a S. 1). 6

Sind im VersVertrag Mehrkosten infolge behördlicher Wiederherstellungsbeschränkungen durch Vereinbarung entsprechender Klauseln mitversichert und muss der VN das wiederherzustellende Gebäude aufgrund behördlicher Vorgaben wesentlich größer errichten, so hat der VR die Mehrkosten zu tragen.[13] 7

Die strenge Wiederherstellungsklausel des § 8 Nr. 2 verlangt, dass die Verwendung der Entschädigung zur Wiederherstellung oder Wiederbeschaffung sichergestellt ist. Die **Sicherstellung** erfordert eine Prognose, dass bei vorausschauend-wertender Betrachtung eine bestimmungsgemäße Verwendung hinreichend sicher angenommen werden kann.[14] Dies ist bspw anzunehmen nach verbindlichem Abschluss eines Bauvertrages oder eines Fertighauskaufvertrages mit einem leistungsfähigen Unternehmen, wenn die Möglichkeit der Rückgängigmachung des Vertrages nur 8

---

6 BGH 24.1.2007 – IV ZR 84/05, VersR 2007, 489, 491; BGH 20.7.2011 – IV ZR 148/10, VersR 2011, 1180, 1181 = r+s 2011, 433, 434; Prölss/Martin/*Armbrüster*, § 8 AFB 2010 Rn 2.
7 OLG Köln 7.2.2012 – 9 U 61/11, VersR 2012, 1514, 1516.
8 BGH 21.2.1990 – IV ZR 298/88, VersR 1990, 488, 489; BGH 20.7.2011 – IV ZR 148/10, VersR 2011, 1180, 1181; OLG Köln 27.11.2007 – 9 U 196/06, VersR 2008, 962, 963; OLG Köln 10.1.2006 – 9 U 92/05, VersR 2006, 1357.
9 BGH 21.12.1990 – IV ZR 298/88, VersR 1990, 488; OLG Köln 27.11.2007 – 9 U 196/06, VersR 2008, 962 = r+s 2008, 111; OLG Köln 10.1.2006 – 9 U 92/05, VersR 2006, 1357; OLG Frankfurt/M 8.7.2004 – 3 U 130/03, r+s 2006, 112.
10 BGH 21.2.1990 – IV ZR 298/88, VersR 1990, 488; OLG Frankfurt/M 8.7.2004 – 3 U 130/03, r+s 2006, 112.
11 OLG Schleswig 30.9.1987 – 9 U 205/86, zfs 1989, 177 = NJW-RR 1989, 280.
12 OLG Köln 27.11.2007 – 9 U 196/06, r+s 2008, 111; OLG Köln 10.1.2006 – 9 U 92/05, VersR 2006, 1357 (bebaute Fläche des alten Gebäudes nur 1/3 der Fläche des neuen Gebäudes, zusätzlich weiteres Gebäude mit zusätzlichen Nutzungsmöglichkeiten); OLG Frankfurt/M 8.7.2004 – 3 U 130/03, r+s 2006, 112 (Neubau übersteigt die frühere Nutzfläche um 55 % und den umbauten Raum um 60 %); OLG Köln 21.11.2000 – 9 U 180/98, r+s 2001, 156 ff; vgl auch *Wälder*, r+s 2007, 8, 10, der das kritische Maß „wesentlicher" Abweichungen mit 30 % annimmt; krit. hierzu Bruck/Möller/*K. Johannsen*, A § 8 AFB 2008/2010 Rn 32.
13 So zutr. *Wälder*, r+s 2008, 155, 156; Prölss/Martin/*Armbrüster*, § 8 AFB 2010 Rn 3; aA LG Stuttgart 17.7.2007 – 16 O 579/06, r+s 2008, 154, 155.
14 BGH 18.2.2004 – IV ZR 94/03, VersR 2004, 512, 513; BGH 20.7.2011 – IV ZR 148/10, VersR 2011, 1180 = r+s 2011, 433.

eine fernliegende ist, oder wenn von der Durchführung des Vertrages nicht ohne erhebliche wirtschaftliche Einbußen Abstand genommen werden kann.[15] Allein die Erteilung einer Baugenehmigung ist keine hinreichende Bedingung für die Verwendungssicherung.[16] Erst recht nicht ausreichend ist die bloße Bauplanung.
Ein Anspruch auf die Neuwertspanne besteht auch dann, wenn – zB aufgrund von **Eigenleistungen** – die tatsächlichen Aufwendungen für die Herstellung des versicherten Gebäudes günstiger als der Neuwert waren.[17]

9 Hat der VR seine Leistungsverpflichtung zu Unrecht abgelehnt oder dem VN durch sonstiges Verhalten von der Einhaltung der **Wiederherstellungsfrist von drei Jahren** abgehalten, so kann er sich nach Treu und Glauben nicht auf Leistungsfreiheit berufen.[18] In diesem Fall ist dem VN eine angemessene **Nachfrist** zur Sicherstellung der Wiederbeschaffung zuzubilligen.[19] Zu einer Verlängerung der Drei-Jahres-Frist ist der VR auch bei beabsichtigter Veräußerung des Grundstücks nicht verpflichtet.[20]

10 **Bewegliche Sachen** sind grds. in gleicher Art und Güte und in neuwertigem Zustand wiederzubeschaffen. Nr. 2 b) S. 2 Hs 2 sieht für **Maschinen** eine Ausnahme dahin vor, dass Maschinen beliebiger Art beschafft werden können, wenn deren Betriebszweck derselbe ist. Diese Regelung kann sich, da sie ansonsten kein Zugeständnis für den VN bedeuten würde, nicht auf den technischen Betriebszweck der Maschine beziehen, sondern setzt lediglich voraus, dass sich auch die ersatzweise angeschaffte Maschine im versicherten Betrieb des VN verwenden lässt.[21] Eine Wiederbeschaffung gebrauchter Sachen setzt eine vorherige Zustimmung des VR voraus.

III. Zeitwertschaden (Nr. 3)

11 Für die Bestimmung des **Zeitwertschadens** bei zerstörten oder abhanden gekommenen Sachen (Totalschaden) verweist Nr. 3 a) S. 1 auf die Bestimmungen in § 7 (insb. § 7 Nr. 1 a bb und § 7 Nr. 2 a bb). Im Falle eines Teilschadens/Reparaturschadens findet eine Kürzung der Reparaturkosten um den Betrag statt, um den durch die Reparatur der Zeitwert der Sache gegenüber dem Zeitwert unmittelbar vor Eintritt des Versicherungsfalls erhöht würde (Nr. 3 a) S. 2). Hieraus („würde") ergibt sich, dass bei Ersatz des Zeitwertschadens für beschädigte Sachen die Durchführung einer Reparatur nicht erforderlich ist.[22] In Nr. 1 a) bb) wird klarge-

---

15 BGH 18.2.2004 – IV ZR 94/03, VersR 2004, 512, 513; BGH 20.7.2011 – IV ZR 148/10, VersR 2011, 1180 = r+s 2011, 433; OLG Köln 27.11.2007 – 9 U 196/06, r+s 2008, 111, 112; OLG Hamm 6.5.1983 – 20 U 364/82, VersR 1984, 175; *Martin*, R IV 35.
16 Prölss/Martin/*Armbrüster*, § 8 AFB 2010 Rn 4; OLG Köln 27.11.2007 – 9 U 196/06, r+s 2008, 111, 112; LG Köln 2.2.2005 – 20 O 298/04, VersR 2005, 1077; *Martin*, R IV Rn 35.
17 BGH 20.7.2011 – IV ZR 148/10, VersR 2011, 1180 = r+s 2011, 433 (zu § 15 Nr. 4 S. 1 VGB 88).
18 BGH 6.12.1978 – IV ZR 129/77, VersR 1979, 173 = r+s 1979, 87; OLG Hamm 10.3.1993 – 20 U 269/92, VersR 1993, 1352; OLG Bremen 26.3.2002 – 3 U 62/01, VersR 2002, 1372, 1373.
19 OLG Bremen 26.3.2002 – 3 U 62/01, VersR 2002, 1372, 1373 (Nachfrist von 18 Monaten); OLG Celle 2.6.1989 – 8 U 34/88, r+s 1990, 93, 94 f; OLG Hamm 16.12.1988 – 20 U 123/88, VersR 1989, 1082, 1083.
20 OLG Frankfurt/M 19.3.2007 – 3 U 241/06, zfs 2007, 518; Prölss/Martin/*Armbrüster*, § 8 AFB 2010 Rn 5.
21 *Martin*, R IV Rn 78; OLG Köln 8.6.1989 – 5 U 210/88, r+s 1989, 405, 406.
22 *Martin*, R III Rn 7 ff; Bruck/Möller/*K. Johannsen*, A § 8 AFB 2008/2010 Rn 7.

stellt, dass der Zeitwert vor Eintritt des Versicherungsfalls die Obergrenze der Ersatzpflicht des VR bleibt.[23]

IV. Unterversicherung (Nr. 4 und 5); Umsatzsteuer (Nr. 8)

Zur Unterversicherung (Nr. 4 und 5) wird auf die Ausführungen zu § 75 VVG verwiesen. 12

Die Umsatzsteuer ist sowohl bei Totalschäden als auch bei Teilschäden Bestandteil 13
des ersatzpflichtigen Schadens. Nr. 8 bestimmt, dass die Umsatzsteuer neben den Fällen, in denen eine Vorsteuerabzugsberechtigung besteht, auch dann nicht ersetzt wird, wenn der VN die Mehrwertsteuer tatsächlich nicht gezahlt hat. Gegen die Wirksamkeit dieser Bestimmung bestehen Bedenken wegen Verstoßes gegen das Transparenzgebot.[24]

§ 9 Zahlung und Verzinsung der Entschädigung

1. Fälligkeit der Entschädigung

a) Die Entschädigung wird fällig, wenn die Feststellungen des Versicherers zum Grunde und zur Höhe des Anspruchs abgeschlossen sind.

Der Versicherungsnehmer kann einen Monat nach Meldung des Schadens den Betrag als Abschlagszahlung beanspruchen, der nach Lage der Sache mindestens zu zahlen ist.

b) Der über den Zeitwertschaden hinausgehende Teil der Entschädigung wird fällig, nachdem der Versicherungsnehmer gegenüber dem Versicherer den Nachweis geführt hat, dass er die Wiederherstellung oder Wiederbeschaffung sichergestellt hat.

c) Der über den gemeinen Wert hinausgehende Teil der Entschädigung für Anschauungsmodelle, Prototypen, Ausstellungsstücke sowie typengebundene, für die laufende Produktion nicht mehr benötigte Fertigungsvorrichtungen wird fällig, nachdem der Versicherungsnehmer gegenüber dem Versicherer den Nachweis geführt hat, dass er die Wiederherstellung oder Wiederbeschaffung sichergestellt hat.

2. Rückzahlung des Neuwert- oder Zeitwertanteils

Der Versicherungsnehmer ist zur Rückzahlung der vom Versicherer nach Nr. 1 b) oder Nr. 1 c) geleisteten Entschädigung einschließlich etwaiger nach Nr. 3 b) gezahlter Zinsen verpflichtet, wenn die Sache infolge eines Verschuldens des Versicherungsnehmers nicht innerhalb einer angemessenen Frist wiederhergestellt oder wiederbeschafft worden ist.

3. Verzinsung

Für die Verzinsung gilt, soweit nicht aus einem anderen Rechtsgrund eine weitergehende Zinspflicht besteht:

a) die Entschädigung ist, soweit sie nicht innerhalb eines Monats nach Meldung des Schadens geleistet wird, seit Anzeige des Schadens zu verzinsen;

---

23 Vgl hierzu BGH 24.1.2007 – IV ZR 84/05, VersR 2007, 489, 491; *Schirmer/Clauß*, r+s 2003, 1, 2 f; Prölss/Martin/*Kollhosser*, 27. Aufl. 2004, § 97 Rn 13; Prölss/Martin/*Armbrüster*, § 93 Rn 25.
24 Vgl BGH 24.5.2006 – IV ZR 263/03, VersR 2006, 1066 ff (zu § 13 AKB).

b) der über den Zeitwertschaden nach Nr. 1 b) oder den gemeinen Wert nach Nr. 1 c) hinausgehende Teil der Entschädigung ist ab dem Zeitpunkt zu verzinsen, in dem der Versicherungsnehmer die Sicherstellung der Wiederherstellung oder Wiederbeschaffung versicherter Sachen gegenüber dem Versicherer nachgewiesen hat;
c) der Zinssatz beträgt vier Prozent pro Jahr;
d) die Zinsen werden zusammen mit der Entschädigung fällig.

4. Hemmung

Bei der Berechnung der Fristen gemäß Nr. 1, Nr. 3 a) und Nr. 3 b) ist der Zeitraum nicht zu berücksichtigen, in dem infolge Verschuldens des Versicherungsnehmers die Entschädigung nicht ermittelt oder nicht gezahlt werden kann.

5. Aufschiebung der Zahlung

Der Versicherer kann die Zahlung aufschieben, solange
a) Zweifel an der Empfangsberechtigung des Versicherungsnehmers bestehen;
b) ein behördliches oder strafgerichtliches Verfahren gegen den Versicherungsnehmer oder seinen Repräsentanten aus Anlass dieses Versicherungsfalles noch läuft;
c) eine Mitwirkung des Realgläubigers gemäß den gesetzlichen Bestimmungen über die Sicherung von Realgläubigern nicht erfolgte.

I. Fälligkeit der Entschädigung (Nr. 1)

1 Die Vorschrift regelt in Anknüpfung an § 14 VVG, wann der VR die Entschädigung zu zahlen hat, ab wann und in welcher Höhe eine Verzinsung zu erfolgen hat und unter welchen Voraussetzungen Abschlagszahlungen verlangt werden können.

2 Grundsätzlich wird die Entschädigung fällig, wenn die **Feststellungen des VR zum Grunde und zur Höhe des Anspruchs abgeschlossen** sind. Zu Einzelheiten wird verwiesen auf die Kommentierung zu § 14 VVG. Werden die Feststellungen im Sachverständigenverfahren getroffen, so tritt Fälligkeit mit Abschluss des Sachverständigenverfahrens ein. Zur Fälligkeit der Neuwertentschädigung müssen die Voraussetzungen des § 8 Nr. 2 (Sicherstellung der Wiederherstellung oder Wiederbeschaffung) erfüllt sein.

3 **Abschlagszahlungen** können bereits einen Monat nach Meldung des Schadens beansprucht werden, wobei Voraussetzung ist, dass ein Leistungsverweigerungsrecht gem. Nr. 5 nicht vorliegt. Die Höhe der Abschlagszahlungen kann vom VR nicht nach freiem Ermessen bestimmt werden. Auch kommt es nicht auf „Angemessenheit" an. Zu zahlen ist vielmehr der Betrag, der dem VN mit Sicherheit endgültig zusteht.[1] Steht nicht fest, dass der VR dem Grunde nach eintrittspflichtig ist, sind auch Abschlagszahlungen nicht zu leisten.[2]

---

[1] BGH 2.10.1985 – IVa ZR 18/84, VersR 1986, 77, 79; Prölss/Martin/*Armbrüster*, § 9 AFB 2010 Rn 4.
[2] OLG Oldenburg 15.10.1997 – 2 U 171/97, VersR 1998, 1502, 1503; OLG Hamm 23.6.1993 – 20 U 91/93, VersR 1994, 717, 718; Prölss/Martin/*Armbrüster*, § 9 AFB 2010 Rn 3 u. 9; Bruck/Möller/*K. Johannsen*, A § 9 AFB 2008/2010 Rn 8.

II. Rückzahlung des Neuwert- oder Zeitwertanteils (Nr. 2)

Die Regelung entspricht § 93 S. 2 VVG. Auf die dortige Kommentierung wird verwiesen (s. § 93 VVG Rn 17).

III. Verzinsung (Nr. 3); Hemmung (Nr. 4)

Die Entschädigung ist seit Eingang der Schadenanzeige zu verzinsen, soweit sie nicht innerhalb eines Monats nach Meldung des Schadens geleistet wird (Nr. 3 a). Dies gilt auch für nach Nr. 1 a) geschuldete Abschlagszahlungen.[3] Die **Verzinsungspflicht** besteht unabhängig vom Eintritt der Fälligkeit der Versicherungsleistung. Sinn und Zweck der Zinsregelung ist es, dem VN einen Zinsausgleich für die uU langwierigen Schadensermittlungen und die damit hinausgeschobene Fälligkeit der Versicherungsleistung zu gewähren (s. § 91 VVG Rn 4).[4] Fällig werden die Zinsen allerdings erst dann, wenn auch die Entschädigung fällig ist (Nr. 3 d). Gesondert geregelt ist die Verzinsung für die Neuwertspitze. Gemäß Nr. 3 b) ist maßgeblich der Zeitpunkt des Nachweises der Voraussetzungen gem. § 8 Nr. 2. Für die Regelung in Nr. 3 c) (Zinssatz: 4 % p.a.) ist zu beachten, dass aus anderen Rechtsgründen (zB Verzug) eine weitergehende Zinspflicht bestehen kann. Dies wird im Einleitungssatz von Nr. 3 ausdrücklich klargestellt.

Der **Fristenlauf** für die Entschädigung und die Zinsen ist gem. Nr. 4 für den Zeitraum **gehemmt**, in dem infolge Verschuldens des VN die Entschädigung nicht ermittelt oder nicht gezahlt werden kann.[5]

IV. Aufschiebung der Zahlung (Nr. 5)

Gemäß Nr. 5 kann der VR unter bestimmten Voraussetzungen die Zahlung aufschieben. Das **Leistungsverweigerungsrecht** besteht sowohl für die Gesamtleistung gem. Nr. 1 a) S. 1 als auch für Abschlagszahlungen.[6] Das Leistungsverweigerungsrecht wegen **unklarer Empfangsberechtigung (Nr. 5 a)** kann zB dann bestehen, wenn die Wirksamkeit der Zustimmung der Realgläubiger nach § 94 Abs. 4 VVG zweifelhaft ist. In diesen Fällen kann das Leistungsverweigerungsrecht allerdings nur gegenüber dem VN oder dem Versicherten, nicht gegenüber den Realgläubigern geltend gemacht werden.[7]

Bei einem **behördlichen oder strafgerichtlichen Verfahren** entfällt gem. **Nr. 5 b** das Auszahlungshindernis nicht erst dann, wenn die Ermittlungen formell rechtskräftig eingestellt sind, sondern bereits bei einer vorläufigen Einstellung.[8] Voraussetzung für den Aufschub der Zahlung ist in jedem Fall, dass es sich um ein Verfahren handelt, dessen Ergebnis in irgendeiner Weise Einfluss auf die Zahlungspflicht des VR haben könnte.[9] Ob das Verfahren aktenmäßig noch gegen Unbekannt geführt

---

3 Vgl Römer/Langheid/*Langheid*, § 91 Rn 9; Prölss/Martin/*Armbrüster*, § 91 Rn 4.
4 Vgl Prölss/Martin/*Armbrüster*, § 91 Rn 1; Römer/Langheid/*Langheid*, § 91 Rn 1; BK/ Dörner/Staudinger, § 94 Rn 1; Bruck/Möller/*K. Johannsen*, A § 9 AFB 2008/2010 Rn 12.
5 Vgl hierzu Prölss/Martin/*Kollhosser*, 27. Aufl. 2004, § 17 AFB 30 Rn 10–12; Bruck/ Möller/*K. Johannsen*, A § 9 AFB 2008/2010 Rn 17.
6 OLG Oldenburg 15.10.1997 – 2 U 171/97, VersR 1998, 1502; OLG Hamm 23.6.1993 – 20 U 91/93, VersR 1994, 717, 718; Prölss/Martin/*Armbrüster*, § 9 AFB 2010 Rn 3 u. 9.
7 Prölss/Martin/*Armbrüster*, § 9 AFB 2010 Rn 5 u. 12; BGH 9.1.1991 – IV ZR 97/89, r+s 1991, 100 = VersR 1991, 331.
8 BGH 21.10.1998 – IV ZR 228/97, r+s 1999, 32 = VersR 1999, 227; Prölss/Martin/*Knappmann*, § 29 VHB 2000 Rn 6; Bruck/Möller/*K. Johannsen*, A § 9 AFB 2008/2010 Rn 22 f.
9 BGH 9.1.1991 – IV ZR 97/89, r+s 1991, 100 = VersR 1991, 331; OLG Köln 17.4.2007 – 9 U 210/06, r+s 2007, 458 m. Anm. *Günther*; Prölss/Martin/*Armbrüster*, § 9 AFB 2010 Rn 9.

wird, ist unerheblich.¹⁰ Das Leistungsverweigerungsrecht besteht auch nach Abschluss der Ermittlungen noch so lange fort, bis der Versicherer angemessene Zeit hatte, Einsicht in die Ermittlungsakten zu nehmen und daraus Schlussfolgerungen zu ziehen.¹¹ In Einzelfällen kann die Berufung des VR auf ein noch laufendes Ermittlungsverfahren rechtsmissbräuchlich sein, was insb. dann gilt, wenn weitere Erkenntnisse aus dem laufenden Verfahren für den VR keine Relevanz mehr haben können.¹² Gleiches gilt, wenn der VR keine ausreichenden Bemühungen unternimmt, seine Ermittlungen abzuschließen (zB durch nachdrückliches Bemühen um Akteneinsicht).¹³

9 Ein Leistungsverweigerungsrecht und damit ein Fälligkeitshindernis bestehen dann nicht (mehr), wenn der VR die Entschädigung **endgültig abgelehnt** hat.¹⁴

§ 10 Sachverständigenverfahren

1. Feststellung der Schadenhöhe

Der Versicherungsnehmer kann nach Eintritt des Versicherungsfalles verlangen, dass die Höhe des Schadens in einem Sachverständigenverfahren festgestellt wird.

Ein solches Sachverständigenverfahren können Versicherer und Versicherungsnehmer auch gemeinsam vereinbaren.

2. Weitere Feststellungen

Das Sachverständigenverfahren kann durch Vereinbarung auf weitere Feststellungen zum Versicherungsfall ausgedehnt werden.

3. Verfahren vor Feststellung

Für das Sachverständigenverfahren gilt:
a) Jede Partei hat in Textform einen Sachverständigen zu benennen. Eine Partei, die ihren Sachverständigen benannt hat, kann die andere unter Angabe des von ihr genannten Sachverständigen in Textform auffordern, den zweiten Sachverständigen zu benennen.

Wird der zweite Sachverständige nicht innerhalb von zwei Wochen nach Zugang der Aufforderung benannt, so kann ihn die auffordernde Partei durch das für den Schadenort zuständige Amtsgericht ernennen lassen. In der Aufforderung durch den Versicherer ist der Versicherungsnehmer auf diese Folge hinzuweisen.

---

10 OLG Oldenburg 15.10.1997 – 2 U 171/97, r+s 1998, 427 = VersR 1998, 1502; Prölss/Martin/*Armbrüster*, § 9 AFB 2010 Rn 9.
11 BGH 17.2.1993 – IV ZR 32/92, r+s 1993, 188; OLG Hamm 6.12.1985 – 20 U 188/85, VersR 1987, 602; LG Bonn 26.9.1989 – 13 O 239/89, VersR 1990, 303; Prölss/Martin/*Armbrüster*, § 9 AFB 2010 Rn 11.
12 Vgl hierzu BGH 9.1.1991 – IV ZR 97/89, r+s 1991, 100 = VersR 1991, 331; OLG Köln 17.4.2007 – 9 U 210/06, r+s 2007, 458 m. Anm. *Günther*; Prölss/Martin/*Armbrüster*, § 9 AFB 2010 Rn 11.
13 OLG Hamm 6.12.1985 – 20 U 188/85, VersR 1987, 602.
14 BGH 6.12.2006 – IV ZR 34/05, VersR 2007, 537, 539 = r+s 2007, 103, 106; BGH 27.2.2002 – IV ZR 238/00, VersR 2002, 472; OLG Hamm 19.1.1994 – 20 U 141/93, VersR 1994, 1419; *Martin*, Y I Rn 23; Prölss/Martin/*Kollhosser*, 27. Aufl. 2004, § 19 VGB 62 Rn 1.

b) Der Versicherer darf als Sachverständigen keine Person benennen, die Mitbewerber des Versicherungsnehmers ist oder mit ihm in dauernder Geschäftsverbindung steht; ferner keine Person, die bei Mitbewerbern oder Geschäftspartnern angestellt ist oder mit ihnen in einem ähnlichen Verhältnis steht.

c) Beide Sachverständige benennen in Textform vor Beginn ihrer Feststellungen einen dritten Sachverständigen als Obmann. Die Regelung unter b) gilt entsprechend für die Benennung eines Obmannes durch die Sachverständigen. Einigen sich die Sachverständigen nicht, so wird der Obmann auf Antrag einer Partei durch das für den Schadenort zuständige Amtsgericht ernannt.

4. Feststellung

Die Feststellungen der Sachverständigen müssen enthalten:

a) ein Verzeichnis der abhanden gekommenen, zerstörten und beschädigten versicherten Sachen sowie deren nach dem Versicherungsvertrag in Frage kommenden Versicherungswerte zum Zeitpunkt des Versicherungsfalles;
b) die Wiederherstellungs- und Wiederbeschaffungskosten;
c) die Restwerte der vom Schaden betroffenen Sachen;
d) die nach dem Versicherungsvertrag versicherten Kosten.

5. Verfahren nach Feststellung

Der Sachverständige übermittelt seine Feststellungen beiden Parteien gleichzeitig. Weichen die Feststellungen der Sachverständigen voneinander ab, so übergibt der Versicherer sie unverzüglich dem Obmann. Dieser entscheidet über die streitig gebliebenen Punkte innerhalb der durch die Feststellungen der Sachverständigen gezogenen Grenzen und übermittelt seine Entscheidung beiden Parteien gleichzeitig.

Die Feststellungen der Sachverständigen oder des Obmannes sind für die Vertragsparteien verbindlich, wenn nicht nachgewiesen wird, dass sie offenbar von der wirklichen Sachlage erheblich abweichen. Aufgrund dieser verbindlichen Feststellungen berechnet der Versicherer die Entschädigung.

Im Falle unverbindlicher Feststellungen erfolgen diese durch gerichtliche Entscheidung. Dies gilt auch, wenn die Sachverständigen die Feststellung nicht treffen können oder wollen oder sie verzögern.

6. Kosten

Sofern nicht etwas anderes vereinbart ist, trägt jede Partei die Kosten ihres Sachverständigen. Die Kosten des Obmannes tragen beide Parteien je zur Hälfte.

7. Obliegenheiten

Durch das Sachverständigenverfahren werden die Obliegenheiten des Versicherungsnehmers nicht berührt.

Zu den Einzelheiten kann auf die Kommentierung zu § 84 VVG verwiesen werden. Die im Sachverständigenverfahren festzustellende „Höhe des Schadens" umfasst alle versicherten Schadenspositionen, also auch versicherte Kosten gem. § 5 und

Rettungskosten gem. §§ 82, 83 VVG.[1] Weitere Feststellungen, zB zu den tatsächlichen Voraussetzungen des Anspruchsgrundes und zur Höhe der Entschädigung, bedürfen gem. Nr. 2 einer Vereinbarung.[2] Ein einseitiges Verlangen des VN nach Durchführung des Sachverständigenverfahrens kann sich demnach stets nur auf die „Höhe des Schadens" beziehen. Der VN kann Klage auf Feststellung der Leistungspflicht entsprechend dem Ergebnis eines Sachverständigenverfahrens erheben und braucht sich nicht auf eine Leistungsklage verweisen zu lassen.[3]

§ 11 Vertraglich vereinbarte Sicherheitsvorschriften

1. Sicherheitsvorschriften

Vor Eintritt des Versicherungsfalles hat der Versicherungsnehmer:
a) die versicherten Räume genügend häufig zu kontrollieren; dies gilt auch während einer vorübergehenden Betriebsstilllegung (z.B. Betriebsferien);
b) mindestens wöchentlich Duplikate von Daten und Programmen zu erstellen, sofern nicht in der Branche des Versicherungsnehmers kürzere Fristen zur Datensicherung üblich sind. Diese sind so aufzubewahren, dass sie im Versicherungsfall voraussichtlich nicht gleichzeitig mit den Originalen zerstört oder beschädigt werden oder abhanden kommen können;
c) über Wertpapiere und sonstige Urkunden, über Sammlungen und über sonstige Sachen, für die dies besonders vereinbart ist, Verzeichnisse zu führen und diese so aufzubewahren, dass sie im Versicherungsfall voraussichtlich nicht gleichzeitig mit den versicherten Sachen zerstört oder beschädigt werden oder abhanden kommen können.

Dies gilt nicht für Wertpapiere und sonstige Urkunden sowie für Sammlungen, wenn der Wert dieser Sachen insgesamt _ EUR nicht übersteigt.

Dies gilt ferner nicht für Briefmarken.

2. Folgen der Obliegenheitsverletzung

Verletzt der Versicherungsnehmer eine der in Nr. 1 genannten Obliegenheiten, ist der Versicherer unter den in Abschnitt B § 8 beschriebenen Voraussetzungen zur Kündigung berechtigt oder auch ganz oder teilweise leistungsfrei.

I. Sicherheitsvorschriften (Nr. 1)

1 Sicherheitsvorschriften haben den Zweck, die Gefahr für den Eintritt eines Versicherungsfalls zu vermindern, Gefahrerhöhungen zu vermeiden und bereits eingetretene Gefahrerhöhungen zu beseitigen. Nr. 1 a) Hs 1, der eine **allgemeine Kontrollverpflichtung** für die **versicherten Räume** enthält, dürfte wegen des jegliche Konkretisierung vermissenden Inhalts gegen § 307 BGB verstoßen, da für den VN

---

1 Vgl Prölss/Martin/*Kollhosser*, 27. Aufl. 2004, § 15 AFB 30 Rn 2; Prölss/Martin/*Armbrüster*, § 10 AFB 2010 Rn 2.
2 Für die Mehrzahl der früher verwendeten Bedingungswerke (§ 22 Nr. 1 VGB 88, § 29 VGB 2000, § 15 AFB 87) ist dies nach BGH 5.7.2006 – IV ZR 105/05, r+s 2006, 405, 406 anders zu beurteilen.
3 BGH 16.4.1986 – IVa ZR 210/84, VersR 1986, 675; BGH 17.12.1997 – IV ZR 136/96, VersR 1998, 305; OLG Hamm 24.9.1986 – 20 U 62/86, VersR 1988, 173; Prölss/Martin/ *Armbrüster*, § 10 AFB 2010 Rn 4.

– anders als zB bei § 16 Nr. 1 VGB 2008 – nicht erkennbar ist, auf welche Anlagen oder Einrichtungen sich die Kontrolle beziehen soll.

In ähnlicher Weise unklar ist Nr. 1 a) Hs 2, der eine Kontrolle der versicherten Räume während einer **vorübergehenden Betriebsstilllegung** (zB Betriebsferien) fordert. Auch insoweit fehlt es an der erforderlichen Konkretisierung, auf welche Anlagen oder Einrichtungen sich die Kontrolle beziehen soll.

II. Folgen der Obliegenheitsverletzung (Nr. 2)

Zu den Rechtsfolgen einer Verletzung von Sicherheitsvorschriften kann auf die allgemeinen Bestimmungen verwiesen werden. Zum Kündigungsrecht s. daher § 28 VVG Rn 134 ff, zur Leistungsfreiheit des VR s. § 28 VVG Rn 154 ff.

§ 12 Besondere gefahrerhöhende Umstände

Eine anzeigepflichtige Gefahrerhöhung gemäß Abschnitt B § 9 Nr. 1 a) kann insbesondere dann vorliegen, wenn
a) sich ein Umstand ändert, nach dem der Versicherer vor Vertragsschluss gefragt hat;
b) von der dokumentierten Betriebsbeschreibung abgewichen wird, Neu- oder Erweiterungsbauten durchgeführt werden oder ein Gebäude oder der überwiegende Teil des Gebäudes nicht genutzt wird.

Die Vorschrift enthält einen Beispielkatalog, wann eine anzeigepflichtige Gefahrerhöhung in der Feuerversicherung anzunehmen ist. Gemäß **lit. a)** kann eine Gefahrerhöhung dann vorliegen, wenn sich ein **Umstand ändert**, nach dem im Antrag gefragt worden ist. Dies setzt allerdings voraus, dass es sich um einen gefahrerheblichen Umstand iSv § 19 VVG handelt. Die Änderung eines nicht gefahrerheblichen Umstands, nach dem der VR im Versicherungsantrag gefragt hat, kann deshalb nicht zu einer Gefahrerhöhung führen.

Lit. b) erfasst neben den Abweichungen von der dokumentierten Betriebsbeschreibung und der Errichtung von Neu- oder Erweiterungsbauten den Tatbestand des **Leerstehenlassens** eines Gebäudes. Ob das Leerstehenlassen eine Gefahrerhöhung darstellt oder nicht, hängt von den Umständen und der Zeitdauer ab. Eine Gefahrerhöhung dürfte immer dann vorliegen, wenn der Leerstand des Gebäudes oder eines überwiegenden Teiles des Gebäudes mit einer **Verwahrlosung** einhergeht. Es kann insoweit auf die Kommentierung zu der entsprechenden Vorschrift in Abschnitt A § 17 Nr. 1 b) VGB 2010 verwiesen werden (vgl hierzu Abschnitt A § 17 VGB 2010 Rn 2).

§ 13 Wiederherbeigeschaffte Sachen

1. Anzeigepflicht

Wird der Verbleib abhanden gekommener Sachen ermittelt, hat der Versicherungsnehmer oder der Versicherer dies nach Kenntniserlangung unverzüglich dem Vertragspartner in Textform anzuzeigen.

2. Wiedererhalt vor Zahlung der Entschädigung

Hat der Versicherungsnehmer den Besitz einer abhanden gekommenen Sache zurückerlangt, bevor die volle Entschädigung für diese Sache gezahlt worden ist, so behält er den Anspruch auf die Entschädigung, falls er die Sache innerhalb von zwei Wochen dem Versicherer zur Verfügung stellt.

Andernfalls ist eine für diese Sache gewährte Entschädigung zurückzugeben.

3. **Wiedererhalt nach Zahlung der Entschädigung**

   a) Hat der Versicherungsnehmer den Besitz einer abhanden gekommenen Sache zurückerlangt, nachdem für diese Sache eine Entschädigung in voller Höhe ihres Versicherungswertes gezahlt worden ist, so hat der Versicherungsnehmer die Entschädigung zurückzuzahlen oder die Sache dem Versicherer zur Verfügung zu stellen. Der Versicherungsnehmer hat dieses Wahlrecht innerhalb von zwei Wochen nach Empfang einer schriftlichen Aufforderung des Versicherers auszuüben; nach fruchtlosem Ablauf dieser Frist geht das Wahlrecht auf den Versicherer über.

   b) Hat der Versicherungsnehmer den Besitz einer abhanden gekommenen Sache zurückerlangt, nachdem für diese Sache eine Entschädigung gezahlt worden ist, die bedingungsgemäß geringer als der Versicherungswert ist, so kann der Versicherungsnehmer die Sache behalten und muss sodann die Entschädigung zurückzahlen.

   Erklärt er sich hierzu innerhalb von zwei Wochen nach Empfang einer schriftlichen Aufforderung des Versicherers nicht bereit, so hat der Versicherungsnehmer die Sache im Einvernehmen mit dem Versicherer öffentlich meistbietend verkaufen zu lassen.

   Von dem Erlös abzüglich der Verkaufskosten erhält der Versicherer den Anteil, welcher der von ihm geleisteten bedingungsgemäßen Entschädigung entspricht.

4. **Beschädigte Sachen**

   Sind wiederbeschaffte Sachen beschädigt worden, so kann der Versicherungsnehmer die bedingungsgemäße Entschädigung in Höhe der Reparaturkosten auch dann verlangen oder behalten, wenn die Sachen in den Fällen von Nr. 2 oder Nr. 3 bei ihm verbleiben.

5. **Gleichstellung**

   Dem Besitz einer zurückerlangten Sache steht es gleich, wenn der Versicherungsnehmer die Möglichkeit hat, sich den Besitz wieder zu verschaffen.

6. **Übertragung der Rechte**

   Hat der Versicherungsnehmer dem Versicherer zurückerlangte Sachen zur Verfügung zu stellen, so hat er dem Versicherer den Besitz, das Eigentum und alle sonstigen Rechte zu übertragen, die ihm mit Bezug auf diese Sachen zustehen.

7. **Rückabwicklung bei kraftlos erklärten Wertpapieren**

   Ist ein Wertpapier in einem Aufgebotsverfahren für kraftlos erklärt worden, so hat der Versicherungsnehmer die gleichen Rechte und Pflichten, wie wenn er das Wertpapier zurückerlangt hätte. Jedoch kann der Versicherungsnehmer die Entschädigung behalten, soweit ihm durch Verzögerung fälliger Leistungen aus den Wertpapieren ein Zinsverlust entstanden ist.

Die Vorschrift regelt in sehr eingehender Weise die Rechtslage bei Wiederauffinden 1
und Wiederherbeischaffung abhanden gekommener Sachen. Nach **Nr. 1** besteht
eine Obliegenheit zur unverzüglichen schriftlichen Anzeige, wenn der Verbleib abhanden gekommener Sachen ermittelt ist. Die **Anzeigepflicht** stellt einen Spezialfall
der Aufklärungsobliegenheit in Abschnitt B § 8 Nr. 2 a) hh) dar, so dass auch die
Sanktionsvorschrift von Abschnitt B § 8 Nr. 3 eingreift.[1] Bei Verletzung der Obliegenheit wird häufig der Verdacht naheliegen, der VN habe die Wiedererlangung
der Sache verschwiegen, um zusätzlich die Zahlung der Entschädigung zu erreichen oder die Entschädigung zu behalten.[2]

In **Nr. 2 und 3** wird geregelt, welche Rechtsfolgen es hat, wenn der VN den Besitz 2
einer abhanden gekommenen Sache zurückerlangt, bevor die bedingungsgemäße
Entschädigung oder Teile davon gezahlt worden sind, und wie zu verfahren ist,
wenn eine Entschädigung in voller Höhe des Versicherungswerts bereits erfolgt ist.
Dem VN stehen insoweit **Wahlrechte** zu.[3]

Im Hinblick auf die bei Wiedererlangung des Besitzes laufenden **Fristen** gem. Nr. 2 3
und 3 ist die Vorschrift eng auszulegen.[4] Von Bedeutung ist, dass die Zwei-Wochen-Frist nach Nr. 2, wenn also die Entschädigung noch nicht oder nicht in
voller Höhe gezahlt worden ist, mit Besitzerlangung beginnt, während nach Nr. 3,
also dann, wenn die Entschädigung schon in voller Höhe geleistet worden ist, die
Frist erst ab Empfang einer schriftlichen Aufforderung des VR läuft.

§ 14 Veräußerung der versicherten Sachen

1. Rechtsverhältnisse nach Eigentumsübergang

a) Wird die versicherte Sache vom Versicherungsnehmer veräußert, so tritt zum Zeitpunkt des Eigentumsübergangs (bei Immobilien das Datum des Grundbucheintrages) an dessen Stelle der Erwerber in die während der Dauer seines Eigentums aus dem Versicherungsverhältnis sich ergebenden Rechte und Pflichten des Versicherungsnehmers ein.

b) Der Veräußerer und der Erwerber haften für die Prämie, die auf die zur Zeit des Eintrittes des Erwerbers laufende Versicherungsperiode entfällt, als Gesamtschuldner.

c) Der Versicherer muss den Eintritt des Erwerbers erst gegen sich gelten lassen, wenn er hiervon Kenntnis erlangt.

2. Kündigungsrechte

a) Der Versicherer ist berechtigt, dem Erwerber das Versicherungsverhältnis unter Einhaltung einer Frist von einem Monat zu kündigen. Dieses Kündigungsrecht erlischt, wenn es nicht innerhalb eines Monats ab der Kenntnis des Versicherers von der Veräußerung ausgeübt wird.

b) Der Erwerber ist berechtigt, das Versicherungsverhältnis mit sofortiger Wirkung oder zu jedem späteren Zeitpunkt bis zum Ablauf des Versicherungsjahres in Schriftform[*] zu kündigen.

---

1 Vgl hierzu *Martin*, Z III Rn 4.
2 Vgl *Martin*, Z II Rn 13 ff, Z III Rn 4.
3 Vgl zu den Einzelheiten *Martin*, Z II Rn 1 ff.
4 Vgl hierzu *Martin*, Z III Rn 6.
* Hier auch Textform zulässig.

Das Kündigungsrecht erlischt, wenn es nicht innerhalb eines Monats nach dem Erwerb, bei fehlender Kenntnis des Erwerbers vom Bestehen der Versicherung innerhalb eines Monats ab Erlangung der Kenntnis, ausgeübt wird.

c) Im Falle der Kündigung nach a) und b) haftet der Veräußerer allein für die Zahlung der Prämie.

3. Anzeigepflichten

a) Die Veräußerung ist dem Versicherer vom Veräußerer oder Erwerber unverzüglich in Textform anzuzeigen.

b) Ist die Anzeige unterblieben, so ist der Versicherer nicht zur Leistung verpflichtet, wenn der Versicherungsfall später als einen Monat nach dem Zeitpunkt eintritt, zu dem die Anzeige hätte zugehen müssen, und der Versicherer nachweist, dass er den mit dem Veräußerer bestehenden Vertrag mit dem Erwerber nicht geschlossen hätte.

c) Abweichend von b) ist der Versicherer zur Leistung verpflichtet, wenn ihm die Veräußerung zu dem Zeitpunkt bekannt war, zu dem ihm die Anzeige hätte zugehen müssen, oder wenn zur Zeit des Eintrittes des Versicherungsfalles die Frist für die Kündigung des Versicherers abgelaufen war und er nicht gekündigt hat.

---

1 Vgl. hierzu die Kommentierung zu §§ 95 ff VVG.

Abschnitt B

§ 1 Anzeigepflicht des Versicherungsnehmers oder seines Vertreters bis zum Vertragsschluss

1. Wahrheitsgemäße und vollständige Anzeigepflicht von Gefahrumständen

Der Versicherungsnehmer hat bis zur Abgabe seiner Vertragserklärung dem Versicherer alle ihm bekannten Gefahrumstände anzuzeigen, nach denen der Versicherer in Textform gefragt hat und die für dessen Entschluss erheblich sind, den Vertrag mit dem vereinbarten Inhalt zu schließen.

Der Versicherungsnehmer ist auch insoweit zur Anzeige verpflichtet, als nach seiner Vertragserklärung, aber vor Vertragsannahme der Versicherer in Textform Fragen im Sinne des Satzes 1 stellt.

2. Rechtsfolgen der Verletzung der Anzeigepflicht

a) Vertragsänderung

Hat der Versicherungsnehmer die Anzeigepflicht nicht vorsätzlich verletzt und hätte der Versicherer bei Kenntnis der nicht angezeigten Gefahrumstände den Vertrag auch zu anderen Bedingungen geschlossen, so werden die anderen Bedingungen auf Verlangen des Versicherers rückwirkend Vertragsbestandteil. Bei einer vom Versicherungsnehmer unverschuldeten Pflichtverletzung werden die anderen Bedingungen ab der laufenden Versicherungsperiode Vertragsbestandteil.

Erhöht sich durch eine Vertragsänderung die Prämie um mehr als 10 Prozent oder schließt der Versicherer die Gefahrabsicherung für den nicht angezeigten Umstand aus, so kann der Versicherungsnehmer den Vertrag innerhalb eines Monats nach Zugang der Mitteilung des Versicherers ohne Einhaltung einer Frist kündigen. In dieser Mitteilung der Vertragsänderung hat der Versicherer den Versicherungsnehmer auf dessen Kündigungsrecht hinzuweisen.

b) Rücktritt und Leistungsfreiheit

Verletzt der Versicherungsnehmer seine Anzeigepflicht nach Nr. 1, kann der Versicherer vom Vertrag zurücktreten, es sei denn, der Versicherungsnehmer hat die Anzeigepflicht weder vorsätzlich noch grob fahrlässig verletzt.

Bei grober Fahrlässigkeit des Versicherungsnehmers ist das Rücktrittsrecht des Versicherers ausgeschlossen, wenn der Versicherungsnehmer nachweist, dass der Versicherer den Vertrag bei Kenntnis der nicht angezeigten Umstände zu gleichen oder anderen Bedingungen abgeschlossen hätte.

Tritt der Versicherer nach Eintritt des Versicherungsfalles zurück, so ist er nicht zur Leistung verpflichtet, es sei denn, der Versicherungsnehmer weist nach, dass die Verletzung der Anzeigepflicht sich auf einen Umstand bezieht, der weder für den Eintritt oder die Feststellung des Versicherungsfalles noch für die Feststellung oder den Umfang der Leistungspflicht des Versicherers ursächlich ist. Hat der Versicherungsnehmer die Anzeigepflicht arglistig verletzt, ist der Versicherer nicht zur Leistung verpflichtet.

c) Kündigung

Verletzt der Versicherungsnehmer seine Anzeigepflicht nach Nr. 1 leicht fahrlässig oder schuldlos, kann der Versicherer den Vertrag unter Einhaltung einer Frist von einem Monat kündigen, es sei denn, der Versicherer hätte den Vertrag bei Kenntnis der nicht angezeigten Umständen zu gleichen oder anderen Bedingungen abgeschlossen.

d) Ausschluss von Rechten des Versicherers

Die Rechte des Versicherers zur Vertragsänderung (a), zum Rücktritt (b) und zur Kündigung (c) sind jeweils ausgeschlossen, wenn der Versicherer den nicht angezeigten Gefahrenumstand oder die unrichtige Anzeige kannte.

e) Anfechtung

Das Recht des Versicherers, den Vertrag wegen arglistiger Täuschung anzufechten, bleibt unberührt.

3. Frist für die Ausübung der Rechte des Versicherers

Die Rechte zur Vertragsänderung (Nr. 2 a), zum Rücktritt (Nr. 2 b) oder zur Kündigung (Nr. 2 c) muss der Versicherer innerhalb eines Monats schriftlich geltend machen und dabei die Umstände angeben, auf die er seine Erklärung stützt; zur Begründung kann er nachträglich weitere Umstände innerhalb eines Monats nach deren Kenntniserlangung angeben.

Die Monatsfrist beginnt mit dem Zeitpunkt, zu dem der Versicherer von der Verletzung der Anzeigepflicht und der Umstände Kenntnis erlangt, die das von ihm jeweils geltend gemachte Recht begründen.

4. Rechtsfolgenhinweis

Die Rechte zur Vertragsänderung (Nr. 2 a), zum Rücktritt (Nr. 2 b) und zur Kündigung (Nr. 2 c) stehen dem Versicherer nur zu, wenn er den Versicherungsnehmer durch gesonderte Mitteilung in Textform auf die Folgen der Verletzung der Anzeigepflicht hingewiesen hat.

5. Vertreter des Versicherungsnehmers

Wird der Vertrag von einem Vertreter des Versicherungsnehmers geschlossen, so sind bei der Anwendung von Nr. 1 und Nr. 2 sowohl die Kenntnis und die Arglist des Vertreters als auch die Kenntnis und die Arglist des Versicherungsnehmers zu berücksichtigen.

Der Versicherungsnehmer kann sich darauf, dass die Anzeigepflicht nicht vorsätzlich oder grob fahrlässig verletzt worden ist, nur berufen, wenn weder dem Vertreter noch dem Versicherungsnehmer Vorsatz oder grobe Fahrlässigkeit zur Last fällt.

6. Erlöschen der Rechte des Versicherers

Die Rechte des Versicherers zur Vertragsänderung (Nr. 2 a), zum Rücktritt (Nr. 2 b) und zur Kündigung (Nr. 2 c) erlöschen mit Ablauf von fünf Jahren nach Vertragsschluss; dies gilt nicht für Versicherungsfälle, die vor Ablauf dieser Frist eingetreten sind.

Die Frist beläuft sich auf zehn Jahre, wenn der Versicherungsnehmer oder sein Vertreter die Anzeigepflicht vorsätzlich oder arglistig verletzt hat.

1 Abschnitt B § 1 stellt eine in die Bedingungen übernommene Darstellung der gesetzlichen Regelungen zur vorvertraglichen Anzeigepflicht gem. §§ 19–22 VVG dar. Die Rechtsfolgensystematik wird gegenüber der klaren Fassung des § 19 Abs. 2–4 VVG eher unübersichtlich dargestellt. Es gilt folgende Entsprechung:

AFB 2010 – Abschnitt B	*VVG*
§ 1 Nr. 1	§ 19 Abs. 1
§ 1 Nr. 2 a Abs. 1	§ 19 Abs. 4
§ 1 Nr. 2 a Abs. 2	§ 19 Abs. 6
§ 1 Nr. 2 b Abs. 1	§ 19 Abs. 2 iVm Abs. 3 S. 1
§ 1 Nr. 2 b Abs. 2	§ 19 Abs. 4 S. 1
§ 1 Nr. 2 b Abs. 3	§ 19 Abs. 2 iVm § 21 Abs. 2
§ 1 Nr. 2 c	§ 19 Abs. 3 und 4
§ 1 Nr. 2 d	§ 19 Abs. 5 S. 2
§ 1 Nr. 2 e	§ 22
§ 1 Nr. 3	§ 21 Abs. 1
§ 1 Nr. 4	§ 19 Abs. 5 S. 1
§ 1 Nr. 5	§ 20 Nr. 6
§ 1 Nr. 6	§ 21 Abs. 3

§ 2 Beginn des Versicherungsschutzes; Dauer und Ende des Vertrages

1. Beginn des Versicherungsschutzes

Der Versicherungsschutz beginnt vorbehaltlich der Regelungen über die Folgen verspäteter Zahlung oder Nichtzahlung der Erst- oder Einmalprämie zu dem im Versicherungsschein angegebenen Zeitpunkt.

2. Dauer

Der Vertrag ist für den im Versicherungsschein angegebenen Zeitraum abgeschlossen.

3. Stillschweigende Verlängerung

Bei einer Vertragsdauer von mindestens einem Jahr verlängert sich der Vertrag um jeweils ein Jahr, wenn nicht einer der Vertragsparteien spätestens drei Monate vor dem Ablauf des jeweiligen Versicherungsjahres eine Kündigung zugegangen ist.

4. Kündigung bei mehrjährigen Verträgen

Der Vertrag kann bei einer Vertragslaufzeit von mehr als drei Jahren zum Ablauf des dritten oder jedes darauf folgenden Jahres unter Einhaltung einer Frist von drei Monaten vom Versicherungsnehmer gekündigt werden.

Die Kündigung muss dem Versicherer spätestens drei Monate vor dem Ablauf des jeweiligen Versicherungsjahres zugehen.

5. Vertragsdauer von weniger als einem Jahr

Bei einer Vertragsdauer von weniger als einem Jahr endet der Vertrag, ohne dass es einer Kündigung bedarf, zum vorgesehenen Zeitpunkt.

6. Wegfall des versicherten Interesses

Fällt das versicherte Interesse nach dem Beginn der Versicherung weg, endet der Vertrag zu dem Zeitpunkt, zu dem der Versicherer vom Wegfall des Risikos Kenntnis erlangt.

Die Dauer des VersVertrages richtet sich grds. nach der individuellen Vereinbarung der Vertragsparteien (**Nr. 2**). Für den VN besteht ein zwingendes **Sonderkündigungsrecht** zum Ende des dritten und jedes folgenden Versicherungsjahres (**Nr. 4 Abs. 1 = § 11 Abs. 4 VVG**). **Nr. 3** enthält eine Klausel zur stillschweigenden Verlängerung der Vertragsdauer um ein Jahr und entspricht insoweit § 11 Abs. 1 VVG. Das Sonderkündigungsrecht der Nr. 4 Abs. 1 steht nur dem VN, nicht aber dem VR zu. 1

Beispiel: Bei einer Vertragslaufzeit von fünf Jahren kann der VN zum Ablauf des dritten oder des vierten Jahres unter Einhaltung der Frist der Nr. 4 Abs. 1 kündigen. Der VR ist an die Vertragslaufzeit von fünf Jahren gebunden. Er hat gem. Nr. 3 die Möglichkeit, zum Ablauf des fünften Jahres zu kündigen, um eine Verlängerung auszuschließen. 2

§ 3 Prämien, Versicherungsperiode

Je nach Vereinbarung werden die Prämien entweder durch laufende Zahlungen monatlich, vierteljährlich, halbjährlich, jährlich oder als Einmalprämie im Voraus gezahlt.

Entsprechend der Vereinbarung über laufende Zahlungen umfasst die Versicherungsperiode einen Monat, ein Vierteljahr, ein halbes Jahr oder ein Jahr. Bei einer Einmalprämie ist die Versicherungsperiode die vereinbarte Vertragsdauer, jedoch höchstens ein Jahr.

§ 4 Fälligkeit der Erst- oder Einmalprämie; Folgen verspäteter Zahlung oder Nichtzahlung

1. Fälligkeit der Erst- oder Einmalprämie

Die erste oder einmalige Prämie ist – unabhängig von dem Bestehen eines Widerrufrechts – unverzüglich nach dem Zeitpunkt des vereinbarten und im Versicherungsschein angegebenen Versicherungsbeginns zu zahlen.

Liegt der vereinbarte Zeitpunkt des Versicherungsbeginns vor Vertragsschluss, ist die erste oder einmalige Prämie unverzüglich nach Vertragsschluss zu zahlen.

Zahlt der Versicherungsnehmer nicht unverzüglich nach dem in Satz 1 oder 2 bestimmten Zeitpunkt, beginnt der Versicherungsschutz erst, nachdem die Zahlung bewirkt ist.

Weicht der Versicherungsschein vom Antrag des Versicherungsnehmers oder getroffenen Vereinbarungen ab, ist die erste oder einmalige Prämie frühestens einen Monat nach Zugang des Versicherungsscheins zu zahlen.

2. Rücktrittsrecht des Versicherers bei Zahlungsverzug

Wird die erste oder einmalige Prämie nicht zu dem nach Nr. 1 maßgebenden Fälligkeitszeitpunkt gezahlt, so kann der Versicherer vom Vertrag zurücktreten, solange die Zahlung nicht bewirkt ist.

Der Rücktritt ist ausgeschlossen, wenn der Versicherungsnehmer die Nichtzahlung nicht zu vertreten hat.

3. Leistungsfreiheit des Versicherers

Wenn der Versicherungsnehmer die erste oder einmalige Prämie nicht zu dem nach Nr. 1 maßgebenden Fälligkeitszeitpunkt zahlt, so ist der Versicherer für einen vor Zahlung der Prämie eingetretenen Versicherungsfall nicht zur Leistung verpflichtet, wenn er den Versicherungsnehmer durch gesonderte Mitteilung in Textform oder durch einen auffälligen Hinweis im Versicherungsschein auf diese Rechtsfolge der Nichtzahlung der Prämie aufmerksam gemacht hat.

Die Leistungsfreiheit tritt jedoch nicht ein, wenn der Versicherungsnehmer die Nichtzahlung nicht zu vertreten hat.

1 Die gesetzliche Regelung zur Fälligkeit der Prämie in § 33 VVG verschiebt die Fälligkeit der Erstprämie wegen des bestehenden Widerrufsrechts gem. § 8 VVG. Die Prämie ist fällig unverzüglich nach Ablauf von zwei Wochen nach Zugang des Ver-

sicherungsscheins. Abweichend von der gem. § 42 VVG dispositiven Regelung des § 33 Abs. 1 VVG bestimmt **Nr. 1 Abs. 1**, dass die erste oder einmalige Prämie – unabhängig von dem Bestehen eines Widerrufsrechts – unverzüglich nach dem Zeitpunkt des vereinbarten und im Versicherungsschein angegebenen Versicherungsbeginns zu zahlen ist. Im Falle der Rückwärtsversicherung ist die Prämie unverzüglich nach Vertragsschluss zu zahlen (**Nr. 1 Abs. 2**). **Nr. 1 Abs. 4** berücksichtigt die Regelung des § 5 Abs. 1 VVG. Nr. 2 entspricht § 37 Abs. 1 VVG. Nr. 3 entspricht § 37 Abs. 2 VVG.

§ 5 Folgeprämie

1. Fälligkeit

a) Eine Folgeprämie wird zu Beginn der vereinbarten Versicherungsperiode fällig.

b) Die Zahlung gilt als rechtzeitig, wenn sie innerhalb des im Versicherungsschein oder in der Prämienrechnung angegebenen Zeitraums bewirkt ist.

2. Schadenersatz bei Verzug

Ist der Versicherungsnehmer mit der Zahlung einer Folgeprämie in Verzug, ist der Versicherer berechtigt, Ersatz des ihm durch den Verzug entstandenen Schadens zu verlangen.

3. Leistungsfreiheit und Kündigungsrecht nach Mahnung

a) Der Versicherer kann den Versicherungsnehmer bei nicht rechtzeitiger Zahlung einer Folgeprämie auf dessen Kosten in Textform zur Zahlung auffordern und eine Zahlungsfrist von mindestens zwei Wochen ab Zugang der Zahlungsaufforderung bestimmen (Mahnung).

Die Mahnung ist nur wirksam, wenn der Versicherer je Vertrag die rückständigen Beträge der Prämie, Zinsen und Kosten im Einzelnen beziffert und außerdem auf die Rechtsfolgen – Leistungsfreiheit und Kündigungsrecht – aufgrund der nicht fristgerechten Zahlung hinweist.

b) Tritt nach Ablauf der in der Mahnung gesetzten Zahlungsfrist ein Versicherungsfall ein und ist der Versicherungsnehmer bei Eintritt des Versicherungsfalles mit der Zahlung der Prämie oder der Zinsen oder Kosten in Verzug, so ist der Versicherer von der Verpflichtung zur Leistung frei.

c) Der Versicherer kann nach Ablauf der in der Mahnung gesetzten Zahlungsfrist den Vertrag ohne Einhaltung einer Kündigungsfrist mit sofortiger Wirkung kündigen, sofern der Versicherungsnehmer mit der Zahlung der geschuldeten Beträge in Verzug ist.

Die Kündigung kann mit der Bestimmung der Zahlungsfrist so verbunden werden, dass sie mit Fristablauf wirksam wird, wenn der Versicherungsnehmer zu diesem Zeitpunkt mit der Zahlung in Verzug ist. Hierauf ist der Versicherungsnehmer bei der Kündigung ausdrücklich hinzuweisen.

4. Zahlung der Prämie nach Kündigung

Die Kündigung wird unwirksam, wenn der Versicherungsnehmer innerhalb eines Monats nach der Kündigung oder, wenn sie mit der Fristbestimmung verbunden worden ist, innerhalb eines Monats nach Fristablauf die Zahlung leistet.

Die Regelung über die Leistungsfreiheit des Versicherers (Nr. 3 b) bleibt unberührt.

1 Die Schadenersatzregelung der Nr. 2 bezieht sich im Wesentlichen auf Verzugszinsen und Kosten. Andere Verzugsschäden sind bei dem VR kaum denkbar. Zinsen und Kosten sind in der Mahnung gem. Nr. 3 a) zu beziffern. Nr. 3 entspricht § 37 Abs. 1 VVG. Nr. 4 entspricht § 27 Abs. 2 VVG.

§ 6 Lastschriftverfahren

1. Pflichten des Versicherungsnehmers

Ist zur Einziehung der Prämie das Lastschriftverfahren vereinbart worden, hat der Versicherungsnehmer zum Zeitpunkt der Fälligkeit der Prämie für eine ausreichende Deckung des Kontos zu sorgen.

2. Änderung des Zahlungsweges

Hat es der Versicherungsnehmer zu vertreten, dass eine oder mehrere Prämien, trotz wiederholtem Einziehungsversuch, nicht eingezogen werden können, ist der Versicherer berechtigt, das SEPA-Lastschriftmandat in Textform zu kündigen.

Der Versicherer hat in der Kündigung darauf hinzuweisen, dass der Versicherungsnehmer verpflichtet ist, die ausstehende Prämie und zukünftige Prämien selbst zu übermitteln.

Durch die Banken erhobene Bearbeitungsgebühren für fehlgeschlagenen Lastschrifteinzug können dem Versicherungsnehmer in Rechnung gestellt werden.

§ 7 Prämie bei vorzeitiger Vertragsbeendigung

1. Allgemeiner Grundsatz

a) Im Falle der vorzeitigen Vertragsbeendigung steht dem Versicherer nur derjenige Teil der Prämie zu, der dem Zeitraum entspricht, in dem der Versicherungsschutz bestanden hat.

b) Fällt das versicherte Interesse nach dem Beginn der Versicherung weg, steht dem Versicherer die Prämie zu, die er hätte beanspruchen können, wenn die Versicherung nur bis zu dem Zeitpunkt beantragt worden wäre, zu dem der Versicherer vom Wegfall des Interesses Kenntnis erlangt hat.

2. Prämie oder Geschäftsgebühr bei Widerruf, Rücktritt, Anfechtung und fehlendem versicherten Interesse

a) Übt der Versicherungsnehmer sein Recht aus, seine Vertragserklärung innerhalb von 14 Tagen zu widerrufen, hat der Versicherer nur den auf die Zeit nach Zugang des Widerrufs entfallenden Teil der Prämien zu erstatten. Voraussetzung ist, dass der Versicherer in der Belehrung über das Widerrufsrecht, über die Rechtsfolgen des Widerrufs und den zu zahlenden Betrag hingewiesen und der Versicherungsnehmer zugestimmt hat, dass der Versicherungsschutz vor Ende der Widerrufsfrist beginnt.

Ist die Belehrung nach Satz 2 unterblieben, hat der Versicherer zusätzlich die für das erste Versicherungsjahr gezahlte Prämie zu erstatten; dies gilt nicht, wenn der Versicherungsnehmer Leistungen aus dem Versicherungsvertrag in Anspruch genommen hat.

b) Wird das Versicherungsverhältnis durch Rücktritt des Versicherers beendet, weil der Versicherungsnehmer Gefahrumstände, nach denen der Versicherer vor Vertragsannahme in Textform gefragt hat, nicht angezeigt hat, so steht dem Versicherer die Prämie bis zum Wirksamwerden der Rücktrittserklärung zu.

Wird das Versicherungsverhältnis durch Rücktritt des Versicherers beendet, weil die einmalige oder die erste Prämie nicht rechtzeitig gezahlt worden ist, so steht dem Versicherer eine angemessene Geschäftsgebühr zu.

c) Wird das Versicherungsverhältnis durch Anfechtung des Versicherers wegen arglistiger Täuschung beendet, so steht dem Versicherer die Prämie bis zum Wirksamwerden der Anfechtungserklärung zu.

d) Der Versicherungsnehmer ist nicht zur Zahlung der Prämie verpflichtet, wenn das versicherte Interesse bei Beginn der Versicherung nicht besteht, oder wenn das Interesse bei einer Versicherung, die für ein künftiges Unternehmen oder für ein anderes künftiges Interesse genommen ist, nicht entsteht. Der Versicherer kann jedoch eine angemessene Geschäftsgebühr verlangen.

Hat der Versicherungsnehmer ein nicht bestehendes Interesse in der Absicht versichert, sich dadurch einen rechtswidrigen Vermögensvorteil zu verschaffen, ist der Vertrag nichtig. Dem Versicherer steht in diesem Fall die Prämie bis zu dem Zeitpunkt zu, zu dem er von den die Nichtigkeit begründenden Umständen Kenntnis erlangt.

AFB 2010 – Abschnitt B	VVG
§ 7 Nr. 1 a	§ 39 Abs. 1 S. 1
§ 7 Nr. 1 b	§ 80 Abs. 2
§ 7 Nr. 2 a	§ 9
§ 7 Nr. 2 b Abs. 1	§ 39 Abs. 1 S. 2
§ 7 Nr. 2 b Abs. 2	§ 39 Abs. 1 S. 3
§ 7 Nr. 2 c	§ 39 Abs. 1 S. 2
§ 7 Nr. 2 d Abs. 1	§ 80 Abs. 1
§ 7 Nr. 2 d Abs. 2	§ 80 Abs. 3

§ 8 Obliegenheiten des Versicherungsnehmers

1. Obliegenheiten vor Eintritt des Versicherungsfalles

a) Vertraglich vereinbarte Obliegenheiten, die der Versicherungsnehmer vor Eintritt des Versicherungsfalles zu erfüllen hat, sind:

aa) die Einhaltung aller gesetzlichen, behördlichen sowie vertraglich vereinbarten Sicherheitsvorschriften;

bb) die Einhaltung aller sonstigen vertraglich vereinbarten Obliegenheiten.

b) Verletzt der Versicherungsnehmer vorsätzlich oder grob fahrlässig eine Obliegenheit, die er vor Eintritt des Versicherungsfalles gegenüber dem Versicherer zu erfüllen hat, so kann der Versicherer innerhalb eines Monats, nachdem er von der Verletzung Kenntnis erlangt hat, den Vertrag fristlos kündigen.

Das Kündigungsrecht des Versicherers ist ausgeschlossen, wenn der Versicherungsnehmer beweist, dass er die Obliegenheit weder vorsätzlich noch grob fahrlässig verletzt hat.

2. **Obliegenheiten bei und nach Eintritt des Versicherungsfalles**

a) Der Versicherungsnehmer hat bei und nach Eintritt des Versicherungsfalles

aa) nach Möglichkeit für die Abwendung und Minderung des Schadens zu sorgen;

bb) dem Versicherer den Schadeneintritt, nachdem er von ihm Kenntnis erlangt hat, unverzüglich – gegebenenfalls auch mündlich oder telefonisch – anzuzeigen;

cc) Weisungen des Versicherers zur Schadenabwendung/-minderung – gegebenenfalls auch mündlich oder telefonisch – einzuholen, wenn die Umstände dies gestatten;

dd) Weisungen des Versicherers zur Schadenabwendung/-minderung, soweit für ihn zumutbar, zu befolgen. Erteilen mehrere an dem Versicherungsvertrag beteiligte Versicherer unterschiedliche Weisungen, hat der Versicherungsnehmer nach pflichtgemäßem Ermessen zu handeln;

ee) Schäden durch strafbare Handlungen gegen das Eigentum unverzüglich der Polizei anzuzeigen;

ff) dem Versicherer und der Polizei unverzüglich ein Verzeichnis der abhanden gekommenen Sachen einzureichen;

gg) das Schadenbild so lange unverändert zu lassen, bis die Schadenstelle oder die beschädigten Sachen durch den Versicherer freigegeben worden sind. Sind Veränderungen unumgänglich, sind das Schadenbild nachvollziehbar zu dokumentieren (z.B. durch Fotos) und die beschädigten Sachen bis zu einer Besichtigung durch den Versicherer aufzubewahren;

hh) soweit möglich dem Versicherer unverzüglich jede Auskunft – auf Verlangen in Schriftform – zu erteilen, die zur Feststellung des Versicherungsfalles oder des Umfanges der Leistungspflicht des Versicherers erforderlich ist, sowie jede Untersuchung über Ursache und Höhe des Schadens und über den Umfang der Entschädigungspflicht zu gestatten;

ii) vom Versicherer angeforderte Belege beizubringen, deren Beschaffung ihm billigerweise zugemutet werden kann;

jj) für zerstörte oder abhanden gekommene Wertpapiere oder sonstige aufgebotsfähige Urkunden unverzüglich das Aufgebotsverfahren einzuleiten und etwaige sonstige Rechte zu wahren, insbesondere abhanden gekommene Sparbücher und andere sperrfähige Urkunden unverzüglich sperren zu lassen.

b) Steht das Recht auf die vertragliche Leistung des Versicherers einem Dritten zu, so hat dieser die Obliegenheiten gemäß Nr. 2 a) ebenfalls zu erfüllen – soweit ihm dies nach den tatsächlichen und rechtlichen Umständen möglich ist.

3. **Leistungsfreiheit bei Obliegenheitsverletzung**
   a) Verletzt der Versicherungsnehmer eine Obliegenheit nach Nr. 1 oder Nr. 2 vorsätzlich, so ist der Versicherer von der Verpflichtung zur Leistung frei.

   Bei grob fahrlässiger Verletzung der Obliegenheit ist der Versicherer berechtigt, seine Leistung in dem Verhältnis zu kürzen, das der Schwere des Verschuldens des Versicherungsnehmers entspricht.

   Das Nichtvorliegen einer groben Fahrlässigkeit hat der Versicherungsnehmer zu beweisen.

   b) Außer im Falle einer arglistigen Obliegenheitsverletzung ist der Versicherer jedoch zur Leistung verpflichtet, soweit der Versicherungsnehmer nachweist, dass die Verletzung der Obliegenheit weder für den Eintritt oder die Feststellung des Versicherungsfalles noch für die Feststellung oder den Umfang der Leistungspflicht des Versicherers ursächlich ist.

   c) Verletzt der Versicherungsnehmer eine nach Eintritt des Versicherungsfalles bestehende Auskunfts- oder Aufklärungsobliegenheit, ist der Versicherer nur dann vollständig oder teilweise leistungsfrei, wenn er den Versicherungsnehmer durch gesonderte Mitteilung in Textform auf diese Rechtsfolge hingewiesen hat.

I. Obliegenheiten vor Eintritt des Versicherungsfalles (Nr. 1)

Die Regelung in Nr. 1 betrifft die vom VN einzuhaltenden Obliegenheiten vor Eintritt des Versicherungsfalles. Besonders nennt **Nr. 1 a) aa)** die Einhaltung aller gesetzlichen, behördlichen oder vertraglich vereinbarten **Sicherheitsvorschriften**. Diese sind vornehmlich im Bereich des Feuerrisikos von Bedeutung. Als gesetzliche Sicherheitsvorschriften kommen die Landesbauordnungen und die dazu erlassenen Ausführungsbestimmungen, die Brandschutzgesetze sowie die in verschiedenen Ländern bestehenden Feuerungsverordnungen in Betracht.[1] Als Beispiel für behördliche Sicherheitsvorschriften sind polizeiliche Vorschriften für Gaststätteninhaber anzuführen sowie die Unfallverhütungsvorschriften der Berufsgenossenschaften, die sich allerdings nur an deren Mitglieder wenden.[2] Auch Auflagen in Baugenehmigungen sind behördliche Sicherheitsvorschriften.[3]

Zu den Rechtsfolgen der Verletzung einer Obliegenheit, die vor Eintritt des Versicherungsfalles zu erfüllen ist, wird auf die Kommentierung zu § 28 Abs. 1 VVG verwiesen (s. § 28 VVG Rn 134 ff).

II. Obliegenheiten bei und nach Eintritt des Versicherungsfalles (Nr. 2)

Die vom VN **bei und nach** Eintritt des Versicherungsfalles zu beachtenden Obliegenheiten sind in Nr. 2 a) im Einzelnen aufgeführt.

---

1 Vgl BGH 13.11.1996 – IV ZR 226/95, VersR 1997, 485; LG Flensburg 17.4.2003 – 3 O 87/02, VersR 2004, 1555; Bruck/Möller/K. *Johannsen*, B § 8 AFB 2008/2010 Rn 3.
2 OLG Düsseldorf 22.4.1986 – 4 U 155/86, r+s 1988, 83; OLG Celle 2.12.1987 – 8 U 135/86, VersR 1988, 617; zu vertraglichen Sicherheitsvorschriften vgl OLG Köln 4.6.2003 – 9 U 155/02, r+s 2004, 286; OLG Oldenburg 25.6.1997 – 2 U 109/97, VersR 1998, 490.
3 BGH 17.4.2002 – IV ZR 91/01, VersR 2002, 829, 830.

4 Zu **Nr. 2 a) aa)** kann auf die Kommentierung zu § 82 VVG verwiesen werden (s. § 82 VVG Rn 3 ff).

5 Die **Schadenanzeige** gegenüber dem VR gem. **Nr. 2 a) bb)** hat unverzüglich (vgl § 121 Abs. 1 S. 1 BGB) zu erfolgen. Für den Beginn der Frist kommt es stets auf die Kenntnisnahme des VN oder seines Repräsentanten an. Erforderlich ist insoweit das positive Wissen über die die Obliegenheit auslösenden Umstände, was vom VR zu beweisen ist. Ein Kennenmüssen reicht nicht aus.[4] Eine schriftliche Schadenanzeige ist nicht vorgeschrieben. Auch an den Inhalt der Anzeige werden keine besonderen Anforderungen gestellt. Insbesondere sind nähere Angaben zur tatsächlichen oder vermuteten Schadenshöhe nicht erforderlich. Der Einwand, die Schadenanzeige habe nicht unverzüglich erfolgen können, da noch Ermittlungen zum Umfang des Schadens hätten angestellt werden müssen, greift grds. nicht durch.[5]

6 Die Obliegenheiten gem. **Nr. 2 a) cc) und dd)** entsprechen der Bestimmung des § 82 Abs. 2 VVG (s. § 82 VVG Rn 18 ff). Die Obliegenheiten gem. **Nr. 2 a) ee) und ff)** sind ebenfalls unverzüglich zu erfüllen. Zur Einreichung der Liste abhanden gekommener Sachen dürfte dem VN idR mindestens eine Frist von einer Woche zuzubilligen sein. Zu Einzelheiten vgl die Kommentierung zu den VHB (s. Abschnitt B § 8 Rn 10 ff VHB 2010).

7 Die Obliegenheit gem. **Nr. 2 a) gg)**, das **Schadenbild** so lange **unverändert zu lassen**, bis die Schadenstelle oder die beschädigten Sachen durch den VR freigegeben worden sind, beinhaltet die Befugnis des VR zur Einsichtnahme von Augenschein.[6] Bei unumgänglichen Veränderungen ist das Schadenbild zu dokumentieren, die beschädigten Sachen sind bis zu einer Besichtigung durch den VR aufzubewahren.[7]

8 Von besonderer Bedeutung ist die **Auskunftsobliegenheit** gem. **Nr. 2 a) hh)**. Unter den Begriff der **Auskunft** fallen alle Angaben des VN auf sachdienliche Fragen des VR, insb. auch zum Schadenhergang, zu den Vermögensverhältnissen des VN und zu Erwerbsumständen. Der VN darf abwarten, bis der VR an ihn herantritt und die Informationen anfordert, die er aus seiner Sicht zur Feststellung des Versicherungsfalles und des Umfangs der Leistungspflicht benötigt.[8] Nicht alle falschen und erst recht nicht alle unvollständigen Angaben des VN in der Schadenanzeige oder in Regulierungsverhandlungen stellen eine Auskunft iSv Nr. 2 a) hh) dar. Falsche Angaben in der Schadenanzeige oder in den Regulierungsverhandlungen, die begrifflich nicht als Auskunft angesehen werden können, da es an einer entsprechenden Frage fehlt, können jedoch als arglistige Täuschung zu werten sein. Falsche Angaben gegenüber der Polizei oder gegenüber einem im Sachverständigenverfahren tätigen Sachverständigen stellen keine Verletzung der dem VR gegenüber bestehenden Aufklärungsobliegenheit dar.

9 Die Obliegenheit zur **Beibringung von Belegen** gem. **Nr. 2 a) ii)** bezieht sich insb. auf abhanden gekommene oder zerstörte Sachen und ergibt sich schon aus der Nachweispflicht des VN zur Schadenhöhe. Aber auch andere Belege hat der VN beizubringen, wenn dies für die Ermittlung von Ursache und Höhe des Schadens von Bedeutung ist.[9] Eine Obliegenheit, Belege aufzubewahren, kann aus der nach dem Versicherungsfall zu erfüllenden Obliegenheit, die erforderlichen Belege bei-

---

[4] BGH 30.4.2008 – IV ZR 227/06, r+s 2008, 335.
[5] Vgl *Martin*, X II Rn 34; KG 8.4.2003 – 6 U 89/02, r+s 2003, 417, 419.
[6] Vgl OLG Karlsruhe 5.6.1997 – 12 U 308/96, r+s 1997, 381; LG Köln 7.4.2005 – 24 S 28/04, VersR 2006, 260.
[7] Vgl AG Dortmund 28.1.1991 – 113 C 14 899/90 P, r+s 1991, 387.
[8] BGH 21.4.1993 – IV ZR 34/92, VersR 1993, 828; BGH 7.7.2004 – IV ZR 265/03, VersR 2004, 1117; BGH 16.11.2005 – IV ZR 307/04, VersR 2006, 258.
[9] Vgl OLG Köln 30.6.1988 – 5 U 296/87, r+s 1988, 337 f.

zubringen, nicht abgeleitet werden.[10] In der Praxis führt die Angabe des VN, Belege seien vernichtet oder sonstwie abhanden gekommen, regelmäßig zu erhöhten Beweisanforderungen, wenn es sich um Belege handelt, die üblicherweise aufbewahrt werden. Gegebenenfalls müssen Ersatzbelege beschafft werden.

In **zeitlicher Hinsicht** endet die Aufklärungsobliegenheit nach der Rspr des BGH[11] mit der endgültigen Ablehnung der Leistungspflicht durch den VR. Gibt der VR allerdings unmissverständlich zu erkennen, dass er erneut in die Prüfung seiner Leistungspflicht eintreten will und für ihn ein weiteres Aufklärungsbedürfnis besteht, lebt die Aufklärungsobliegenheit wieder auf.[12] Im Rahmen des Deckungsprozesses gelten die allgemeinen zivilprozessualen Grundsätze der Darlegungs- und Beweislast. Eine Aufklärungsobliegenheit des VN im Deckungsprozess ist hiermit nicht zu vereinbaren.[13]

III. Folgen der Obliegenheitsverletzung (Nr. 3)

Zu den Rechtsfolgen einer Obliegenheitsverletzung nach Nr. 1 oder Nr. 2 wird auf die Kommentierung zu § 28 VVG verwiesen:

- Nr. 3 a) entspricht § 28 Abs. 2 VVG (Leistungsfreiheit des VR; s. § 28 VVG Rn 154 ff),
- Nr. 3 b) entspricht § 28 Abs. 3 VVG (Kausalität; s. § 28 VVG Rn 56 ff) und
- Nr. 3 c) entspricht § 28 Abs. 4 VVG (Belehrungserfordernis; s. § 28 VVG Rn 222 ff).

§ 9 Gefahrerhöhung

1. Begriff der Gefahrerhöhung

a) Eine Gefahrerhöhung liegt vor, wenn nach Abgabe der Vertragserklärung des Versicherungsnehmers die tatsächlich vorhandenen Umstände so verändert werden, dass der Eintritt des Versicherungsfalles oder eine Vergrößerung des Schadens oder die ungerechtfertigte Inanspruchnahme des Versicherers wahrscheinlicher wird.

b) Eine Gefahrerhöhung kann insbesondere – aber nicht nur – vorliegen, wenn sich ein gefahrerheblicher Umstand ändert, nach dem der Versicherer vor Vertragsschluss gefragt hat.

c) Eine Gefahrerhöhung nach a) liegt nicht vor, wenn sich die Gefahr nur unerheblich erhöht hat oder nach den Umständen als mitversichert gelten soll.

2. Pflichten des Versicherungsnehmers

a) Nach Abgabe seiner Vertragserklärung darf der Versicherungsnehmer ohne vorherige Zustimmung des Versicherers keine Gefahrerhöhung vornehmen oder deren Vornahme durch einen Dritten gestatten.

---

10 Vgl *Martin*, X II Rn 118.
11 BGH 13.3.2013 – IV ZR 110/11, VersR 2013, 609; BGH 7.6.1989 – IVa ZR 101/88, VersR 1989, 842 = r+s 1989, 296; Prölss/Martin/*Prölss*, § 28 Rn 42 ff.
12 BGH 13.3.2013 – IV ZR 110/11, VersR 2013, 609; Römer/Langheid/*Rixecker*, § 31 Rn 20 mwN; *Martin*, X II Rn 100 ff, der noch weitergehend eine zeitliche Grenze der Aufklärungsobliegenheit grds. ablehnt.
13 Anders *Martin*, X II Rn 95 ff.

b) Erkennt der Versicherungsnehmer nachträglich, dass er ohne vorherige Zustimmung des Versicherers eine Gefahrerhöhung vorgenommen oder gestattet hat, so muss er diese dem Versicherer unverzüglich anzeigen.

c) Eine Gefahrerhöhung, die nach Abgabe seiner Vertragserklärung unabhängig von seinem Willen eintritt, muss der Versicherungsnehmer dem Versicherer unverzüglich anzeigen, nachdem er von ihr Kenntnis erlangt hat.

3. **Kündigung oder Vertragsänderung durch den Versicherer**

    a) Kündigungsrecht

    Verletzt der Versicherungsnehmer seine Verpflichtung nach Nr. 2 a), kann der Versicherer den Vertrag fristlos kündigen, wenn der Versicherungsnehmer seine Verpflichtung vorsätzlich oder grob fahrlässig verletzt hat. Das Nichtvorliegen von Vorsatz oder grober Fahrlässigkeit hat der Versicherungsnehmer zu beweisen.

    Beruht die Verletzung auf einfacher Fahrlässigkeit, kann der Versicherer unter Einhaltung einer Frist von einem Monat kündigen.

    Wird dem Versicherer eine Gefahrerhöhung in den Fällen nach Nr. 2 b) und Nr. 2 c) bekannt, kann er den Vertrag unter Einhaltung einer Frist von einem Monat kündigen.

    b) Vertragsänderung

    Statt der Kündigung kann der Versicherer ab dem Zeitpunkt der Gefahrerhöhung eine seinen Geschäftsgrundsätzen entsprechende erhöhte Prämie verlangen oder die Absicherung der erhöhten Gefahr ausschließen.

    Erhöht sich die Prämie als Folge der Gefahrerhöhung um mehr als 10 Prozent oder schließt der Versicherer die Absicherung der erhöhten Gefahr aus, so kann der Versicherungsnehmer den Vertrag innerhalb eines Monats nach Zugang der Mitteilung des Versicherers ohne Einhaltung einer Frist kündigen. In der Mitteilung hat der Versicherer den Versicherungsnehmer auf dieses Kündigungsrecht hinzuweisen.

4. **Erlöschen der Rechte des Versicherers**

    Die Rechte des Versicherers zur Kündigung oder Vertragsänderung nach Nr. 3 erlöschen, wenn diese nicht innerhalb eines Monats ab Kenntnis des Versicherers von der Gefahrerhöhung ausgeübt werden oder wenn der Zustand wiederhergestellt ist, der vor der Gefahrerhöhung bestanden hat.

5. **Leistungsfreiheit wegen Gefahrerhöhung**

    a) Tritt nach einer Gefahrerhöhung der Versicherungsfall ein, so ist der Versicherer nicht zur Leistung verpflichtet, wenn der Versicherungsnehmer seine Pflichten nach Nr. 2 a) vorsätzlich verletzt hat. Verletzt der Versicherungsnehmer diese Pflichten grob fahrlässig, so ist der Versicherer berechtigt, seine Leistung in dem Verhältnis zu kürzen, das der Schwere des Verschuldens des Versicherungsnehmers entspricht. Das Nichtvorliegen einer groben Fahrlässigkeit hat der Versicherungsnehmer zu beweisen.

    b) Nach einer Gefahrerhöhung nach Nr. 2 b) und Nr. 2 c) ist der Versicherer für einen Versicherungsfall, der später als einen Monat nach dem Zeitpunkt eintritt, zu dem die Anzeige dem Versicherer hätte zugegangen sein müssen, leistungsfrei, wenn der Versicherungsnehmer seine Anzeigepflicht vorsätzlich verletzt hat. Hat der Versicherungsnehmer seine

Pflicht grob fahrlässig verletzt, so gilt a) Satz 2 und 3 entsprechend. Die Leistungspflicht des Versicherers bleibt bestehen, wenn ihm die Gefahrerhöhung zu dem Zeitpunkt, zu dem ihm die Anzeige hätte zugegangen sein müssen, bekannt war.

c) Die Leistungspflicht des Versicherers bleibt bestehen,
   aa) soweit der Versicherungsnehmer nachweist, dass die Gefahrerhöhung nicht ursächlich für den Eintritt des Versicherungsfalles oder den Umfang der Leistungspflicht war oder
   bb) wenn zur Zeit des Eintrittes des Versicherungsfalles die Frist für die Kündigung des Versicherers abgelaufen und eine Kündigung nicht erfolgt war oder
   cc) wenn der Versicherer statt der Kündigung ab dem Zeitpunkt der Gefahrerhöhung eine seinen Geschäftsgrundsätzen entsprechende erhöhte Prämie verlangt.

Zum Begriff der Gefahrerhöhung wird auf die Kommentierung zu § 23 VVG verwiesen (s. § 23 VVG Rn 13 ff). Im Übrigen gilt: 1

AFB 2010 – Abschnitt B	VVG
§ 9 Nr. 1 c	§ 27
§ 9 Nr. 2 a	§ 23 Abs. 1
§ 9 Nr. 2 b	§ 23 Abs. 2
§ 9 Nr. 2 c	§ 23 Abs. 3
§ 9 Nr. 3 a	§ 24 Abs. 1 und 2
§ 9 Nr. 3 b	§ 25
§ 9 Nr. 4	§ 24 Abs. 3
§ 9 Nr. 5 a	§ 26 Abs. 1
§ 9 Nr. 5 b	§ 26 Abs. 2
§ 9 Nr. 5 c	§ 26 Abs. 3

§ 10 Überversicherung

Übersteigt die Versicherungssumme den Wert des versicherten Interesses erheblich, so kann sowohl der Versicherer als auch der Versicherungsnehmer verlangen, dass zur Beseitigung der Überversicherung die Versicherungssumme mit sofortiger Wirkung herabgesetzt wird. Ab Zugang des Herabsetzungsverlangens, ist für die Höhe der Prämie der Betrag maßgebend, den der Versicherer berechnet haben würde, wenn der Vertrag von vornherein mit dem neuen Inhalt geschlossen worden wäre.

Hat der Versicherungsnehmer die Überversicherung in der Absicht geschlossen, sich dadurch einen rechtswidrigen Vermögensvorteil zu verschaffen, ist der Vertrag nichtig. Dem Versicherer steht die Prämie bis zu dem Zeitpunkt zu, zu dem er von den die Nichtigkeit begründenden Umständen Kenntnis erlangt.

Die Regelung entspricht § 74 VVG. Es wird auf die dortige Kommentierung verwiesen. 1

§ 11 Mehrere Versicherer

1. **Anzeigepflicht**

    Wer bei mehreren Versicherern ein Interesse gegen dieselbe Gefahr versichert, ist verpflichtet, dem Versicherer die andere Versicherung unverzüglich mitzuteilen. In der Mitteilung sind der andere Versicherer und die Versicherungssumme anzugeben.

2. **Rechtsfolgen der Verletzung der Anzeigepflicht**

    Verletzt der Versicherungsnehmer die Anzeigepflicht (siehe Nr. 1) vorsätzlich oder grob fahrlässig, ist der Versicherer unter den in Abschnitt B § 8 beschriebenen Voraussetzungen zur Kündigung berechtigt oder auch ganz oder teilweise leistungsfrei.

    Leistungsfreiheit tritt nicht ein, wenn der Versicherer vor Eintritt des Versicherungsfalles Kenntnis von der anderen Versicherung erlangt hat.

3. **Haftung und Entschädigung bei Mehrfachversicherung**

    a) Ist bei mehreren Versicherern ein Interesse gegen dieselbe Gefahr versichert und übersteigen die Versicherungssummen zusammen den Versicherungswert oder übersteigt aus anderen Gründen die Summe der Entschädigungen, die von jedem Versicherer ohne Bestehen der anderen Versicherung zu zahlen wären, den Gesamtschaden, liegt eine Mehrfachversicherung vor.

    b) Die Versicherer sind in der Weise als Gesamtschuldner verpflichtet, dass jeder für den Betrag aufzukommen hat, dessen Zahlung ihm nach seinem Vertrage obliegt; der Versicherungsnehmer kann aber im Ganzen nicht mehr als den Betrag des ihm entstandenen Schadens verlangen. Satz 1 gilt entsprechend, wenn die Verträge bei demselben Versicherer bestehen.

    Erlangt der Versicherungsnehmer oder der Versicherte aus anderen Versicherungsverträgen Entschädigung für denselben Schaden, so ermäßigt sich der Anspruch aus dem vorliegenden Vertrag in der Weise, dass die Entschädigung aus allen Verträgen insgesamt nicht höher ist, als wenn der Gesamtbetrag der Versicherungssummen, aus denen die Prämien errechnet wurde, nur in diesem Vertrag in Deckung gegeben worden wäre.

    Bei Vereinbarung von Entschädigungsgrenzen ermäßigt sich der Anspruch in der Weise, dass aus allen Verträgen insgesamt keine höhere Entschädigung zu leisten ist, als wenn der Gesamtbetrag der Versicherungssummen in diesem Vertrag in Deckung gegeben worden wäre.

    c) Hat der Versicherungsnehmer eine Mehrfachversicherung in der Absicht geschlossen, sich dadurch einen rechtswidrigen Vermögensvorteil zu verschaffen, ist jeder in dieser Absicht geschlossene Vertrag nichtig.

    Dem Versicherer steht die Prämie bis zu dem Zeitpunkt zu, zu dem er von den die Nichtigkeit begründenden Umständen Kenntnis erlangt.

4. **Beseitigung der Mehrfachversicherung**

    a) Hat der Versicherungsnehmer den Vertrag, durch den die Mehrfachversicherung entstanden ist, ohne Kenntnis von dem Entstehen der Mehrfachversicherung geschlossen, kann er verlangen, dass der später geschlossene Vertrag aufgehoben oder die Versicherungssumme unter verhältnismäßiger Minderung der Prämie auf den Teilbetrag herabgesetzt wird, der durch die frühere Versicherung nicht gedeckt ist.

Die Aufhebung des Vertrages oder die Herabsetzung der Versicherungssumme und Anpassung der Prämie werden zu dem Zeitpunkt wirksam, zu dem die Erklärung dem Versicherer zugeht.

b) Die Regelungen nach a) sind auch anzuwenden, wenn die Mehrfachversicherung dadurch entstanden ist, dass nach Abschluss der mehreren Versicherungsverträge der Versicherungswert gesunken ist.

Sind in diesem Fall die mehreren Versicherungsverträge gleichzeitig oder im Einvernehmen der Versicherer geschlossen worden, kann der Versicherungsnehmer nur die verhältnismäßige Herabsetzung der Versicherungssummen und der Prämien verlangen.

Nr. 1 entspricht § 77 Abs. 1 VVG. Die Verletzung der Anzeigepflicht ist nach § 77 VVG sanktionslos. Dies wird durch Nr. 2 abgeändert, indem auf die Vorschriften von Abschnitt B § 8, welcher der Regelung des § 28 VVG entspricht, verwiesen wird. Nr. 3 entspricht § 78 VVG. Nr. 4 entspricht § 79 VVG.

§ 12 Versicherung für fremde Rechnung

1. Rechte aus dem Vertrag

Der Versicherungsnehmer kann den Versicherungsvertrag im eigenen Namen für das Interesse eines Dritten (Versicherten) schließen. Die Ausübung der Rechte aus diesem Vertrag steht nur dem Versicherungsnehmer und nicht auch dem Versicherten zu. Das gilt auch, wenn der Versicherte den Versicherungsschein besitzt.

2. Zahlung der Entschädigung

Der Versicherer kann vor Zahlung der Entschädigung an den Versicherungsnehmer den Nachweis verlangen, dass der Versicherte seine Zustimmung dazu erteilt hat. Der Versicherte kann die Zahlung der Entschädigung nur mit Zustimmung des Versicherungsnehmers verlangen.

3. Kenntnis und Verhalten

a) Soweit die Kenntnis und das Verhalten des Versicherungsnehmers von rechtlicher Bedeutung sind, sind bei der Versicherung für fremde Rechnung auch die Kenntnis und das Verhalten des Versicherten zu berücksichtigen.

Soweit der Vertrag Interessen des Versicherungsnehmers und des Versicherten umfasst, muss sich der Versicherungsnehmer für sein Interesse das Verhalten und die Kenntnis des Versicherten nur zurechnen lassen, wenn der Versicherte Repräsentant des Versicherungsnehmers ist.

b) Auf die Kenntnis des Versicherten kommt es nicht an, wenn der Vertrag ohne sein Wissen abgeschlossen worden ist oder ihm eine rechtzeitige Benachrichtigung des Versicherungsnehmers nicht möglich oder nicht zumutbar war.

c) Auf die Kenntnis des Versicherten kommt es dagegen an, wenn der Versicherungsnehmer den Vertrag ohne Auftrag des Versicherten geschlossen und den Versicherer nicht darüber informiert hat.

1 Zu Nr. 1 und 2 wird auf die Kommentierung zu §§ 43–45 VVG verwiesen. Nr. 3 a) entspricht § 47 Abs. 1 VVG. Nr. 3 b) und Nr. 3 c) entsprechen § 47 Abs. 2 S. 1 und 2 VVG.

§ 13 Aufwendungsersatz

1. Aufwendungen zur Abwendung und Minderung des Schadens

a) Versichert sind Aufwendungen, auch erfolglose, die der Versicherungsnehmer bei Eintritt des Versicherungsfalles den Umständen nach zur Abwendung und Minderung des Schadens für geboten halten durfte oder die er auf Weisung des Versicherers macht.

b) Macht der Versicherungsnehmer Aufwendungen, um einen unmittelbar bevorstehenden Versicherungsfall abzuwenden oder in seinen Auswirkungen zu mindern, geltend, so leistet der Versicherer Aufwendungsersatz nur, wenn diese Aufwendungen bei einer nachträglichen objektiven Betrachtung der Umstände verhältnismäßig und erfolgreich waren oder die Aufwendungen auf Weisung des Versicherers erfolgten.

c) Ist der Versicherer berechtigt, seine Leistung zu kürzen, kann er auch den Aufwendungsersatz nach a) und b) entsprechend kürzen; dies gilt jedoch nicht, soweit Aufwendungen auf Weisung des Versicherers entstanden sind.

d) Der Ersatz dieser Aufwendungen und die sonstige Entschädigung betragen zusammen höchstens die Versicherungssumme je vereinbarter Position; dies gilt jedoch nicht, soweit Aufwendungen auf Weisung des Versicherers entstanden sind.

e) Der Versicherer hat den für die Aufwendungen gemäß a) erforderlichen Betrag auf Verlangen des Versicherungsnehmers vorzuschießen.

f) Nicht versichert sind Aufwendungen für Leistungen der Feuerwehr oder anderer Institutionen, wenn diese Leistungen im öffentlichen Interesse kostenfrei zu erbringen sind.

2. Kosten der Ermittlung und Feststellung des Schadens

a) Der Versicherer ersetzt bis zur vereinbarten Höhe die Kosten für die Ermittlung und Feststellung eines von ihm zu ersetzenden Schadens, sofern diese den Umständen nach geboten waren.

Zieht der Versicherungsnehmer einen Sachverständigen oder Beistand hinzu, so werden diese Kosten nur ersetzt, soweit er zur Zuziehung vertraglich verpflichtet ist oder vom Versicherer aufgefordert wurde.

b) Ist der Versicherer berechtigt, seine Leistung zu kürzen, kann er auch den Kostenersatz nach a) entsprechend kürzen.

1 Nr. 1 a) entspricht der Regelung des § 83 Abs. 1 und 3 VVG. Nr. 2 betrifft den sog. erweiterten Aufwendungsersatz bei Abwehr eines unmittelbar bevorstehenden Versicherungsfalles. Die gesetzliche Regelung des § 90 VVG ist insoweit abgewandelt worden. Erforderlich ist, dass die Aufwendungen bei einer nachträglichen objektiven Betrachtung der Umstände verhältnismäßig und erfolgreich waren oder aber auf einer Weisung des VR beruhen.[1] Im Übrigen gilt:

---

1 Hierin dürfte ein Verstoß gegen § 307 Abs. 2 Nr. 1 BGB liegen, vgl Bruck/Möller/ *K. Johannsen*, B § 13 AFB 2008/2010 Rn 2.

AFB 2010 – Abschnitt B	VVG
§ 13 Nr. 1 c	§ 83 Abs. 2
§ 13 Nr. 1 d	§ 83 Abs. 3
§ 13 Nr. 1 e	§ 83 Abs. 3 S. 2
§ 13 Nr. 2 a Abs. 1	§ 85 Abs. 1 S. 1
§ 13 Nr. 2 a Abs. 2	§ 85 Abs. 2
§ 13 Nr. 2 b	§ 85 Abs. 3

§ 14 Übergang von Ersatzansprüchen

1. Übergang von Ersatzansprüchen

Steht dem Versicherungsnehmer ein Ersatzanspruch gegen einen Dritten zu, geht dieser Anspruch auf den Versicherer über, soweit der Versicherer den Schaden ersetzt.

Der Übergang kann nicht zum Nachteil des Versicherungsnehmers geltend gemacht werden.

Richtet sich der Ersatzanspruch des Versicherungsnehmers gegen eine Person, mit der er bei Eintritt des Schadens in häuslicher Gemeinschaft lebt, kann der Übergang nicht geltend gemacht werden, es sei denn, diese Person hat den Schaden vorsätzlich verursacht.

2. Obliegenheiten zur Sicherung von Ersatzansprüchen

Der Versicherungsnehmer hat seinen Ersatzanspruch oder ein zur Sicherung dieses Anspruchs dienendes Recht unter Beachtung der geltenden Form- und Fristvorschriften zu wahren, und nach Übergang des Ersatzanspruchs auf den Versicherer bei dessen Durchsetzung durch den Versicherer soweit erforderlich mitzuwirken.

Verletzt der Versicherungsnehmer diese Obliegenheit vorsätzlich, ist der Versicherer zur Leistung insoweit nicht verpflichtet, als er infolge dessen keinen Ersatz von dem Dritten erlangen kann. Im Fall einer grob fahrlässigen Verletzung der Obliegenheit ist der Versicherer berechtigt, seine Leistung in einem der Schwere des Verschuldens des Versicherungsnehmers entsprechenden Verhältnis zu kürzen; die Beweislast für das Nichtvorliegen einer groben Fahrlässigkeit trägt der Versicherungsnehmer.

Nr. 1 entspricht § 86 Abs. 1 und 3 VVG. Nr. 2 entspricht § 86 Abs. 2 VVG. 1

§ 15 Kündigung nach dem Versicherungsfall

1. Kündigungsrecht

Nach dem Eintritt eines Versicherungsfalles kann jede der Vertragsparteien den Versicherungsvertrag kündigen. Die Kündigung ist in Schriftform[*] zu erklären. Die Kündigung ist nur bis zum Ablauf eines Monats seit dem Abschluss der Verhandlungen über die Entschädigung zulässig.

---

[*] Hier auch Textform zulässig.

2. Kündigung durch Versicherungsnehmer

Der Versicherungsnehmer ist berechtigt, das Versicherungsverhältnis mit sofortiger Wirkung oder zu jedem späteren Zeitpunkt bis zum Ablauf des Versicherungsjahres in Schriftform** zu kündigen.

3. Kündigung durch Versicherer

Eine Kündigung des Versicherers wird einen Monat nach ihrem Zugang beim Versicherungsnehmer wirksam.

1 Die Regelung entspricht § 92 VVG. Anders als die AFB 2008 bestimmt **Nr. 1 S. 3** nunmehr, dass die Kündigung nur bis zum Ablauf eines Monats seit dem Abschluss der Verhandlungen über die Entschädigung zulässig ist. Nr. 2 wurde sprachlich neu gefasst.

§ 16 Keine Leistungspflicht aus besonderen Gründen

1. Vorsätzliche oder grob fahrlässige Herbeiführung des Versicherungsfalles

a) Führt der Versicherungsnehmer den Versicherungsfall vorsätzlich herbei, so ist der Versicherer von der Entschädigungspflicht frei.

Ist die Herbeiführung des Schadens durch rechtskräftiges Strafurteil wegen Vorsatzes in der Person des Versicherungsnehmers festgestellt, so gilt die vorsätzliche Herbeiführung des Schadens als bewiesen.

b) Führt der Versicherungsnehmer den Schaden grob fahrlässig herbei, so ist der Versicherer berechtigt, seine Leistung in einem der Schwere des Verschuldens des Versicherungsnehmers entsprechenden Verhältnis zu kürzen.

2. Arglistige Täuschung nach Eintritt des Versicherungsfalles

Der Versicherer ist von der Entschädigungspflicht frei, wenn der Versicherungsnehmer den Versicherer arglistig über Tatsachen, die für den Grund oder die Höhe der Entschädigung von Bedeutung sind, täuscht oder zu täuschen versucht.

Ist die Täuschung oder der Täuschungsversuch durch rechtskräftiges Strafurteil gegen den Versicherungsnehmer wegen Betruges oder Betrugsversuches festgestellt, so gelten die Voraussetzungen des Satzes 1 als bewiesen.

I. Vorsätzliche und grob fahrlässige Herbeiführung des Versicherungsfalles (Nr. 1)

1 Schäden, die der VN oder einer seiner Repräsentanten vorsätzlich herbeiführt, sind grds. vom Versicherungsschutz ausgeschlossen. Bei grob fahrlässiger Herbeiführung ist der VR gem. § 81 Abs. 2 VVG berechtigt, seine Leistungen in einem der Schwere des Verschuldens des VN entsprechenden Verhältnis zu kürzen. Für das Ausmaß der Leistungsfreiheit des VR kommt es darauf an, ob die grobe Fahrlässigkeit im konkreten Fall „nahe beim bedingten Vorsatz" oder aber „eher im

---

** Hier auch Textform zulässig.

Grenzbereich zur einfachen Fahrlässigkeit" liegt. Vgl hierzu ausf. § 81 VVG Rn 95 ff.

Zur Frage der **grob fahrlässigen Herbeiführung** des Versicherungsfalles gibt es eine umfangreiche Kasuistik. Im Rahmen des Feuer- und Explosionsrisikos sind vornehmlich die Fälle des **nachlässigen Umgangs mit leicht brennbaren Gegenständen** von Bedeutung. Die unsachgemäße Lagerung brennbarer Gegenstände,[1] die unsachgemäße Entsorgung brennbarer Abfälle,[2] die unsachgemäße Durchführung feuergefährlicher Arbeiten,[3] das Unbeaufsichtigtlassen offener Kamine[4] sowie der unsorgfältige Umgang mit heißem Fett[5] werden regelmäßig als grob fahrlässig anzusehen sein. Häufig wird allerdings in subjektiver Hinsicht wegen eines sog. Augenblicksversagens eine grobe Fahrlässigkeit verneint.[6]

II. Darlegungs- und Beweislast

Die objektiven und subjektiven Voraussetzungen der Leistungsfreiheit wegen vorsätzlicher oder grob fahrlässiger Herbeiführung des Versicherungsfalles sind vom VR darzulegen und zu beweisen[7] Die in Nr. 1 a) Abs. 2 enthaltene unwiderlegliche Beweisvermutung bei rechtskräftigen Strafurteilen dürfte mit § 309 Nr. 12 BGB nicht vereinbar sein. Zutreffend weist *Kollhosser*[8] darauf hin, dass derartige Beweisvermutungen zum Nachteil des VN von der zwingenden Norm des § 286 Abs. 1 ZPO abweichen, die eine Tatsachenfeststellung durch freie Überzeugungsbildung des jeweils entscheidenden Gerichts gebietet. Insbesondere darin, dass dem VN die Möglichkeit des Gegenbeweises abgeschnitten wird, liegt ein Verstoß gegen § 309 Nr. 12 BGB.[9] Hierbei ist auch zu berücksichtigen, dass umgekehrt ein Freispruch in einem strafgerichtlichen Verfahren oder eine Einstellung dem VR keineswegs die Möglichkeit nehmen, im Deckungsprozess den Nachweis einer vorsätzlichen Tatbegehung zu führen.

III. Arglistige Täuschung nach Eintritt des Versicherungsfalles (Nr. 2)

Leistungsfreiheit des VR besteht bei **arglistiger Täuschung** (oder dem entsprechenden Versuch) über Tatsachen, die für den Grund oder die Höhe der Entschädigung von Bedeutung sind. Der Tatbestand der arglistigen Täuschung wird im Regelfall

---

1 OLG Hamm 27.3.1985 – 20 U 298/84, VersR 1986, 561; LG Hamburg 8.10.1979 – 13 O 362/79, VersR 1980, 226.
2 Vgl LG Berlin 22.4.1993 – 7 O 449/92, r+s 1995, 189; OLG Celle 10.6.1994 – 8 W 127/94, r+s 1995, 190.
3 OLG Köln 11.4.2000 – 9 U 145/99, r+s 2000, 296; OLG München 10.7.1991 – 3 U 2047/91, r+s 1992, 207; OLG Köln 21.9.1989 – 5 U 2/89, r+s 1989, 366; OLG Oldenburg 16.12.1998 – 2 U 221/98, r+s 1999, 162; OLG Düsseldorf 16.11.1993 – 4 U 212/92, r+s 1995, 425.
4 OLG Koblenz 6.12.2002 – 10 U 193/01, VersR 2003, 1124 = r+s 2003, 112.
5 OLG Köln 17.10.1985 – 5 U 91/85, NJW-RR 1987, 90; OLG Köln 7.2.1991 – 5 U 78/90, r+s 1991, 245; OLG Köln 8.5.2001 – 9 U 147/00, VersR 2002, 311; OLG Düsseldorf 9.8.1995 – 4 U 172/94, r+s 1995, 424; OLG Zweibrücken 28.4.1999 – 1 U 30/98, r+s 2000, 469; LG Köln 27.10.2005 – 24 O 544/04, VersR 2006, 695.
6 Vgl BGH 5.4.1989 – IVa ZR 39/88, VersR 1989, 840; OLG Köln 2.3.1990 – 20 U 195/89, r+s 1990, 186; OLG Frankfurt 10.12.1987 – 16 U 241/86, r+s 1988, 143; OLG Köln 7.2.1991 – 5 U 78/90, r+s 1991, 244.
7 StRspr des BGH, vgl etwa BGH 15.1.1996 – II ZR 242/94, NJW-RR 1996, 664; BGH 19.12.1984 – IVa ZR 159/82, VersR 1985, 330, 331; BK/*Beckmann*, § 61 Rn 99 ff.
8 Prölss/Martin/*Kollhosser*, 27. Aufl., § 14 AFB 87 Rn 3; Prölss/Martin/*Kollhosser*, 27. Aufl., § 9 VHB 84 Rn 1.
9 Bruck/Möller/*K. Johannsen*, B § 16 AFB 2008/2010 Rn 7; hierzu tendiert auch OLG Hamm 15.7.2002 – 2 O 113/01, r+s 2002, 423, 425; aA OLG Düsseldorf 28.1.2014 – I-4 U 182/09, VersR 2014, 1121; OLG Bamberg 8.8.2002 – 1 U 134/01, VersR 2003, 59; Prölss/Martin/*Armbrüster*, Einl. Rn 196 und § 81 VVG Rn 96.

stets auch einen Verstoß gegen die Aufklärungsobliegenheit gem. § 8 Nr. 2 a) hh) darstellen. Zu den Einzelheiten der Leistungsfreiheit wegen arglistiger Täuschung kann auf die Ausführungen zur Hausratversicherung verwiesen werden (s. Abschnitt B § 16 VHB 2010 Rn 7 ff). Besonderheiten bestehen bei der Feuerversicherung insoweit nicht.

§ 17 Anzeigen; Willenserklärungen; Anschriftenänderungen

1. Form

Soweit gesetzlich keine Schriftform verlangt ist und soweit in diesem Vertrag nicht etwas anderes bestimmt ist, sind die für den Versicherer bestimmten Erklärungen und Anzeigen, die das Versicherungsverhältnis betreffen und die unmittelbar gegenüber dem Versicherer erfolgen, in Textform abzugeben.

Erklärungen und Anzeigen sollen an die Hauptverwaltung des Versicherers oder an die im Versicherungsschein oder in dessen Nachträgen als zuständig bezeichnete Stelle gerichtet werden. Die gesetzlichen Regelungen über den Zugang von Erklärungen und Anzeigen bleiben unberührt.

2. Nichtanzeige einer Anschriften- bzw. Namensänderung

Hat der Versicherungsnehmer eine Änderung seiner Anschrift dem Versicherer nicht mitgeteilt, genügt für eine Willenserklärung, die dem Versicherungsnehmer gegenüber abzugeben ist, die Absendung eines eingeschriebenen Briefes an die letzte dem Versicherer bekannte Anschrift. Entsprechendes gilt bei einer dem Versicherer nicht angezeigten Namensänderung. Die Erklärung gilt drei Tage nach der Absendung des Briefes als zugegangen.

3. Nichtanzeige der Verlegung der gewerblichen Niederlassung

Hat der Versicherungsnehmer die Versicherung unter der Anschrift seines Gewerbebetriebs abgeschlossen, finden bei einer Verlegung der gewerblichen Niederlassung die Bestimmungen nach Nr. 2 entsprechend Anwendung.

1 Die Vorschrift entspricht § 13 VVG.

§ 18 Vollmacht des Versicherungsvertreters

1. Erklärungen des Versicherungsnehmers

Der Versicherungsvertreter gilt als bevollmächtigt, vom Versicherungsnehmer abgegebene Erklärungen entgegenzunehmen betreffend
a) den Abschluss bzw. den Widerruf eines Versicherungsvertrages;
b) ein bestehendes Versicherungsverhältnis einschließlich dessen Beendigung;
c) Anzeige- und Informationspflichten vor Abschluss des Vertrages und während des Versicherungsverhältnisses.

2. Erklärungen des Versicherers

Der Versicherungsvertreter gilt als bevollmächtigt, vom Versicherer ausgefertigte Versicherungsscheine oder deren Nachträge dem Versicherungsnehmer zu übermitteln.

3. Zahlungen an den Versicherungsvertreter

Der Versicherungsvertreter gilt als bevollmächtigt, Zahlungen, die der Versicherungsnehmer im Zusammenhang mit der Vermittlung oder dem Abschluss eines Versicherungsvertrags an ihn leistet, anzunehmen. Eine Beschränkung dieser Vollmacht muss der Versicherungsnehmer nur gegen sich gelten lassen, wenn er die Beschränkung bei der Vornahme der Zahlung kannte oder in Folge grober Fahrlässigkeit nicht kannte.

Nr. 1 entspricht § 69 Abs. 1 Nr. 1 und 2 VVG. Nr. 2 entspricht § 69 Abs. 1 Nr. 3 VVG. Nr. 3 entspricht § 69 Abs. 2 VVG. Besonders hinzuweisen ist auf die gesetzliche Beweislastregel des § 69 Abs. 3 VVG. 1

§ 19 Repräsentanten

Der Versicherungsnehmer muss sich die Kenntnis und das Verhalten seiner Repräsentanten zurechnen lassen.

Zur Repräsentantenhaftung wird auf die Kommentierung in § 28 VVG Rn 113 ff verwiesen. 1

§ 20 Verjährung

Die Ansprüche aus dem Versicherungsvertrag verjähren in drei Jahren.

Die Verjährung beginnt mit dem Schluss des Jahres, in dem der Anspruch entstanden ist und der Gläubiger von den Anspruch begründenden Umständen und der Person des Schuldners Kenntnis erlangt oder ohne grobe Fahrlässigkeit erlangen müsste.

Ist ein Anspruch aus dem Versicherungsvertrag bei dem Versicherer angemeldet worden, zählt bei der Fristberechnung der Zeitraum zwischen Anmeldung und Zugang der in Textform mitgeteilten Entscheidung des Versicherers beim Anspruchsteller nicht mit.

Die Vorschrift entspricht den Verjährungsregeln der §§ 195 ff BGB. 1

§ 21 Zuständiges Gericht

1. Klagen gegen den Versicherer oder Versicherungsvermittler

Für Klagen aus dem Versicherungsvertrag oder der Versicherungsvermittlung ist neben den Gerichtsständen der Zivilprozessordnung auch das Gericht örtlich zuständig, in dessen Bezirk der Versicherungsnehmer zur Zeit der

Klageerhebung seinen Wohnsitz, in Ermangelung eines solchen seinen gewöhnlichen Aufenthalt hat.

Soweit es sich bei dem Vertrag um eine betriebliche Versicherung handelt, kann der Versicherungsnehmer seine Ansprüche auch bei dem für den Sitz oder die Niederlassung des Gewerbebetriebes zuständigen Gericht geltend machen.

2. Klagen gegen Versicherungsnehmer

Für Klagen aus dem Versicherungsvertrag oder der Versicherungsvermittlung gegen den Versicherungsnehmer ist ausschließlich das Gericht örtlich zuständig, in dessen Bezirk der Versicherungsnehmer zur Zeit der Klageerhebung seinen Wohnsitz, in Ermangelung eines solchen seinen gewöhnlichen Aufenthalt hat.

Soweit es sich bei dem Vertrag um eine betriebliche Versicherung handelt, kann der Versicherer seine Ansprüche auch bei dem für den Sitz oder die Niederlassung des Gewerbebetriebes zuständigen Gericht geltend machen.

1 Nr. 1 entspricht § 215 Abs. 1 S. 1 VVG. Nr. 2 entspricht § 215 Abs. 1 S. 2 VVG.

§ 22 Anzuwendendes Recht

Für diesen Vertrag gilt deutsches Recht.

§ 23 Sanktionsklausel

Es besteht – unbeschadet der übrigen Vertragsbestimmungen – Versicherungsschutz nur, soweit und solange dem keine auf die Vertragsparteien direkt anwendbaren Wirtschafts-, Handels- oder Finanzsanktionen bzw. Embargos der Europäischen Union oder der Bundesrepublik Deutschland entgegenstehen.

Dies gilt auch für Wirtschafts-, Handels- oder Finanzsanktionen bzw. Embargos, die durch die Vereinigten Staaten von Amerika in Hinblick auf den Iran erlassen werden, soweit dem nicht europäische oder deutsche Rechtsvorschriften entgegenstehen.

Allgemeine Wohngebäude Versicherungsbedingungen (VGB 2010 – Wert 1914)

Musterbedingungen des GDV[1]

Version: 1.1.2013

Vorbemerkung zu den VGB 2010

Die **Wohngebäudeversicherung** gehört zum Bereich der Sachversicherung und bietet dem Eigentümer eines Gebäudes in einem rechtlich einheitlichen Vertrag Versicherungsschutz gegen unterschiedliche Gefahren, eingeteilt in die **Gefahrengruppen** Brand/Blitzschlag/Überspannung durch Blitz/Explosion/Implosion/Anprall oder Anstoß eines Luftfahrzeugs, Leitungswasser und Naturgefahren. Der **Anwendungsbereich** der Wohngebäudeversicherung ist nicht auf die Versicherung reiner Wohngebäude beschränkt, sondern umfasst auch gemischt genutzte Gebäude, die sowohl Wohnzwecken als auch anderen Zwecken dienen. Die Wohngebäudeversicherung ist **abzugrenzen** von der Versicherung von **Geschäftsgebäuden, Industriegebäuden und landwirtschaftlichen Gebäuden**, für die gesonderte Versicherungsbedingungen entwickelt worden sind, die sich auf einzelne Gefahren und Gefahrengruppen beziehen (Feuerversicherung, Leitungswasserversicherung, Sturmversicherung, Glasversicherung). Im Hinblick auf die versicherten Sachen ist die Gebäudeversicherung **abzugrenzen** zur Inhalts- oder Mobiliarversicherung, insb. der **Hausratversicherung**, die Versicherungsschutz für den Hausrat als Inbegriff beweglicher Sachen des privaten Lebensbereichs gewährt. 1

Die VersVerträge über eine Wohngebäudeversicherung enthalten im Regelfall keine individuell ausgehandelten Vertragsgrundlagen. Maßgeblich sind die im Antragsformular und im Versicherungsschein näher bezeichneten Allgemeinen Versicherungsbedingungen (AVB). Auf der Grundlage der zum 1.1.2008 in Kraft getretenen Neufassung des VVG hat der Gesamtverband der Deutschen Versicherungswirtschaft e.V. (GDV) als unverbindliche Musterbedingungen die „Allgemeinen Wohngebäude Versicherungsbedingungen (VGB 2008)" erstellt und bekannt gegeben, wobei zwei Versionen, zum einen die „**VGB 2008 – Wert 1914**" und zum anderen die „**VGB 2008 – Wohnflächenmodell**" zur Auswahl gestellt wurden. Letztere unterscheiden sich von den VGB 2008 – Wert 1914 lediglich dadurch, dass für die Berechnung des Versicherungswertes und der Versicherungssumme die Wohnfläche anstelle des Gebäudewertes maßgeblich ist. 2

Inzwischen hat der GDV die „**VGB 2010**" zunächst in der **Version 1.1.2011** und anschließend in der **Version 1.1.2013** bekannt gegeben. Diese enthalten gegenüber den VGB 2008 eine Reihe von Ergänzungen und Änderungen. Die wesentliche Änderung besteht darin, dass als versicherte Gefahren in § 4 VGB 2010 „weitere Elementargefahren" in das Bedingungswerk aufgenommen worden sind. Die VGB 2010 enthalten insoweit unter der Überschrift „Naturgefahren" die Definitionen für die weiteren Elementargefahren Überschwemmung, Rückstau, Erdbeben, Erdsenkung, Erdrutsch, Schneedruck, Lawinen und Vulkanausbruch. 3

Zu beachten ist, dass es sich bei den VGB 2008 und den VGB 2010 um **unverbindliche Musterbedingungen zur fakultativen Verwendung** handelt. Bei der Rechtsan- 4

---

[1] Unverbindliche Bekanntgabe des Gesamtverbandes der Deutschen Versicherungswirtschaft e.V. (GDV) zur fakultativen Verwendung. Abweichende Vereinbarungen sind möglich.

wendung ist immer auf den konkreten Wortlaut der vom jeweiligen VR verwendeten Bedingungen abzustellen.

5 Nachfolgend werden die Allgemeinen Wohngebäude Versicherungsbedingungen „**VGB 2010 – Wert 1914**", Version 1.1.2013, kommentiert. Soweit erforderlich, wird auch auf Besonderheiten früherer Bedingungen (**VGB 62**, **VGB 88**, **VGB 2000** und **VGB 2008**) eingegangen.[1]

6 Die VGB 2008 und VGB 2010 gliedern sich in die Abschnitte A und B. **Abschnitt A** enthält Regelungen, die sich speziell auf die Wohngebäudeversicherung beziehen. In **Abschnitt B** sind vornehmlich die Regelungen aufgenommen worden, die für alle Schadenversicherungen gelten. Überwiegend sind insoweit die Vorschriften des VVG inhalts- und/oder wortgleich übernommen worden.

Abschnitt A		1549
§ 1	Versicherte Gefahren und Schäden (Versicherungsfall), generelle Ausschlüsse	1549
§ 2	Brand, Blitzschlag, Überspannung durch Blitz, Explosion, Implosion, Luftfahrzeuge	1550
§ 3	Leitungswasser	1554
§ 4	Naturgefahren	1560
§ 5	Versicherte und nicht versicherte Sachen, Versicherungsort	1566
§ 6	Wohnungs- und Teileigentum	1570
§ 7	Versicherte Kosten	1571
§ 8	Mehrkosten	1572
§ 9	Mietausfall, Mietwert	1573
§ 10	Versicherungswert, Versicherungssumme	1575
§ 11	Ermittlung der Versicherungssumme in der gleitenden Neuwertversicherung, Unterversicherung	1578
§ 12	Prämie in der Gleitenden Neuwertversicherung und deren Anpassung	1581
§ 13	Entschädigungsberechnung	1582
§ 14	Zahlung und Verzinsung der Entschädigung	1586
§ 15	Sachverständigenverfahren	1588
§ 16	Vertraglich vereinbarte, besondere Obliegenheiten des Versicherungsnehmers vor dem Versicherungsfall, Sicherheitsvorschriften	1590
§ 17	Besondere gefahrerhöhende Umstände	1592
§ 18	Veräußerung der versicherten Sachen	1594
Abschnitt B		1595
§ 1	Anzeigepflicht des Versicherungsnehmers oder seines Vertreters bis zum Vertragsschluss	1595
§ 2	Beginn des Versicherungsschutzes, Dauer und Ende des Vertrages	1597
§ 3	Prämien, Versicherungsperiode	1598
§ 4	Fälligkeit der Erst- oder Einmalprämie, Folgen verspäteter Zahlung oder Nichtzahlung	1598
§ 5	Folgeprämie	1599
§ 6	Lastschriftverfahren	1600
§ 7	Prämie bei vorzeitiger Vertragsbeendigung	1601
§ 8	Obliegenheiten des Versicherungsnehmers	1602
§ 9	Gefahrerhöhung	1606

---

1 Zum Abdruck und zur Kommentierung der **VGB 2008 – Wert 1914, Version: 1.1.2008**, s. die Vorauflage (2. Aufl. 2011), S. 1411–1475. Auf wesentliche Änderungen durch die **VGB 2010 – Wert 1914, Version: 1.1.2011** wird dort eingegangen.

§ 10	Überversicherung	1608
§ 11	Mehrere Versicherer	1608
§ 12	Versicherung für fremde Rechnung	1610
§ 13	Aufwendungsersatz	1611
§ 14	Übergang von Ersatzansprüchen	1612
§ 15	Kündigung nach dem Versicherungsfall	1612
§ 16	Keine Leistungspflicht aus besonderen Gründen	1613
§ 17	Anzeigen, Willenserklärungen, Anschriftenänderungen	1615
§ 18	Vollmacht des Versicherungsvertreters	1616
§ 19	Repräsentanten	1617
§ 20	Verjährung	1617
§ 21	Zuständiges Gericht	1617
§ 22	Anzuwendendes Recht	1618
§ 23	Sanktionsklausel	1618

Abschnitt A

§ 1 Versicherte Gefahren und Schäden (Versicherungsfall), generelle Ausschlüsse

1. Versicherungsfall

Der Versicherer leistet Entschädigung für versicherte Sachen, die durch

a) Brand, Blitzschlag, Überspannung durch Blitz, Explosion, Implosion, Anprall oder Absturz eines Luftfahrzeuges, seiner Teile oder seiner Ladung,

b) Leitungswasser,

c) Naturgefahren

   aa) Sturm, Hagel,

   bb) Weitere Elementargefahren

zerstört oder beschädigt werden oder abhanden kommen.

Jede der Gefahrengruppen nach a), b) und c) aa) kann auch einzeln versichert werden.

Die Gefahrengruppe nach c) bb) kann ausschließlich in Verbindung mit einer oder mehreren unter a) bis c) aa) genannten Gefahren versichert werden.

2. Ausschlüsse Krieg, Innere Unruhen und Kernenergie

a) Ausschluss Krieg

Die Versicherung erstreckt sich ohne Rücksicht auf mitwirkende Ursachen nicht auf Schäden durch Krieg, kriegsähnliche Ereignisse, Bürgerkrieg, Revolution, Rebellion oder Aufstand.

b) Ausschluss Innere Unruhen

Die Versicherung erstreckt sich ohne Rücksicht auf mitwirkende Ursachen nicht auf Schäden durch innere Unruhen.

c) Ausschluss Kernenergie

Die Versicherung erstreckt sich ohne Rücksicht auf mitwirkende Ursachen nicht auf Schäden durch Kernenergie, nukleare Strahlung oder radioaktive Substanzen.

1 Die Wohngebäudeversicherung bietet Versicherungsschutz gegen bestimmte katalogmäßig aufgeführte Risiken, stellt also keine Allgefahrenversicherung dar. Die **versicherten Gefahren** werden in unterschiedlichen **Gefahrengruppen** zusammengefasst. Einzelheiten zu den jeweiligen Gefahren ergeben sich aus den nachfolgenden §§ 2–4. Der Einschluss sog. **Elementargefahren**, die nach früheren Bedingungen in der Wohngebäudeversicherung ausgeschlossen waren, konnte durch Vereinbarung von Deckungserweiterungen erfolgen (vgl hierzu Besondere Bedingungen für die Versicherung weiterer Elementarschäden – BWE 2008). Im Rahmen der VGB 2010 sind diese Zusatzbedingungen in die Grunddeckung aufgenommen worden (§ 4 Nr. 1 b).

2 **Versicherte Schäden** in der Wohngebäudeversicherung sind die Zerstörung, die Beschädigung oder das Abhandenkommen versicherter Sachen durch die im Einzelnen genannten Gefahren. Versichert sind auch **Folgeschäden** (zB Schäden durch Diebstahl oder Zerstörung geretteter Sachen, Schäden durch Löschen oder Niederreißen, Kontamination durch Schadenfeststellungs- und Schadenbehebungsmaßnahmen).[1]

3 Nr. 2 enthält objektive **Risikoausschlüsse** für Schäden, die durch Kriegsereignisse jeder Art, Innere Unruhen oder Kernenergie entstehen.[2] Sabotage- und Terrorakte werden von dem Begriff „Innere Unruhen" nicht erfasst.[3]

§ 2 Brand, Blitzschlag, Überspannung durch Blitz, Explosion, Implosion, Luftfahrzeuge

1. Versicherte Gefahren und Schäden

Der Versicherer leistet Entschädigung für versicherte Sachen, die durch

a) Brand,
b) Blitzschlag,
c) Überspannung durch Blitz,
d) Explosion, Implosion,
e) Anprall oder Absturz eines Luftfahrzeuges, seiner Teile oder seiner Ladung

zerstört oder beschädigt werden oder abhanden kommen.

2. Brand

Brand ist ein Feuer, das ohne einen bestimmungsgemäßen Herd entstanden ist oder ihn verlassen hat und das sich aus eigener Kraft auszubreiten vermag.

---

[1] Vgl OLG Köln 12.10.2010 – 9 U 64/10, VersR 2011, 1439, 1440 f.
[2] Zur Begrifflichkeit, zu Spätschäden durch Bomben aus dem 2. Weltkrieg und zum Ausschluss von Schäden infolge Innerer Unruhen vgl die Kommentierung zu A § 2 AFB 2010 Rn 1–4 sowie *Martin*, Sachversicherungsrecht, 3. Aufl. 1992, F I Rn 1–15; Prölss/Martin/*Armbrüster*, § 2 AFB 2010 Rn 8 ff; BK/*Dörner/Staudinger*, § 84 Rn 7 ff; *Ehlers*, r+s 2002, 133; BGH 13.11.1974 – IV ZR 178/73, VersR 1975, 126; OLG Frankfurt/M 27.5.1993 – 3 U 3/92, r+s 1993, 467.
[3] Vgl *Dahlke*, VersR 2003, 25, 31.

3. Blitzschlag

Blitzschlag ist der unmittelbare Übergang eines Blitzes auf Sachen. Überspannungs-, Überstrom- oder Kurzschlussschäden an elektrischen Einrichtungen und Geräten sind nur versichert, wenn an Sachen auf dem Grundstück, auf dem der Versicherungsort liegt, durch Blitzschlag Schäden anderer Art entstanden sind. Spuren eines Blitzschlags an diesem Grundstück, an dort befindlichen Antennen oder anderen Sachen als elektrischen Einrichtungen und Geräten stehen Schäden anderer Art gleich.

4. Überspannung durch Blitz

Überspannung durch Blitz ist ein Schaden, der durch Überspannung, Überstrom und Kurzschluss infolge eines Blitzes oder durch sonstige atmosphärisch bedingte Elektrizität an versicherten elektrischen Einrichtungen und Geräten entsteht.

5. Explosion, Implosion

a) Explosion ist eine auf dem Ausdehnungsbestreben von Gasen oder Dämpfen beruhende, plötzlich verlaufende Kraftäußerung.
Eine Explosion eines Behälters (Kessel, Rohrleitung usw.) liegt nur vor, wenn seine Wandung in einem solchen Umfang zerrissen wird, dass ein plötzlicher Ausgleich des Druckunterschieds innerhalb und außerhalb des Behälters stattfindet. Wird im Innern eines Behälters eine Explosion durch chemische Umsetzung hervorgerufen, so ist ein Zerreißen seiner Wandung nicht erforderlich.

b) Implosion ist ein plötzlicher, unvorhersehbarer Zusammenfall eines Hohlkörpers durch äußeren Überdruck infolge eines inneren Unterdruckes.

6. Nicht versicherte Schäden

Nicht versichert sind
a) ohne Rücksicht auf mitwirkende Ursachen Schäden durch Erdbeben;
b) Sengschäden;
c) Schäden, die an Verbrennungskraftmaschinen durch die im Verbrennungsraum auftretenden Explosionen, sowie Schäden, die an Schaltorganen von elektrischen Schaltern durch den in ihnen auftretenden Gasdruck entstehen;
d) Brandschäden, die an versicherten Sachen dadurch entstehen, dass sie einem Nutzfeuer oder der Wärme zur Bearbeitung oder zu sonstigen Zwecken ausgesetzt werden; dies gilt auch für Sachen, in denen oder durch die Nutzfeuer oder Wärme erzeugt, vermittelt oder weitergeleitet wird.

Die Ausschlüsse gemäß b) bis d) gelten nicht für Schäden, die dadurch verursacht wurden, dass sich an anderen Sachen eine versicherte Gefahr gemäß Nr. 1 verwirklicht hat.

7. Selbstbehalt

Bei Überspannungsschäden durch Blitz nach Nr. 4 wird im Versicherungsfall der im Versicherungsvertrag vereinbarte Selbstbehalt abgezogen.

I. Brand (Nr. 2)

1 Zum **Brandbegriff** nach Nr. 2 kann verwiesen werden auf die Ausführungen zur Feuerversicherung (vgl Abschnitt A § 1 AFB 2010 Rn 3 ff) und zur Hausratversicherung (Abschnitt A § 2 VHB 2010 Rn 1 ff).

II. Blitzschlag (Nr. 3)

2 Die Definition eines **Blitzschlags** hat sich in der Vergangenheit in den verschiedenen Bedingungswerken wiederholt gewandelt. Während die VGB 2000 den Blitzschlag als das unmittelbare Auftreffen eines Blitzes auf Sachen definieren, ist die in den VGB 2008/2010 enthaltene Definition („unmittelbarer Übergang eines Blitzes auf Sachen") identisch mit den VGB 88. Materielle Bedeutung hat die unterschiedliche Formulierung nicht, jedenfalls ist eine solche für einen durchschnittlichen VN nicht zu erkennen.

3 Das „unmittelbare Auftreffen" eines Blitzes hat nach **früheren Bedingungen** Bedeutung für den Einschluss von Kurzschluss- und Überspannungsschäden an elektrischen Einrichtungen, da verlangt wurde, dass der Blitz unmittelbar auf versicherte Sachen aufgetroffen ist. **Kurzschluss- und Überspannungsschäden** waren in der Vergangenheit ein häufiger Streitpunkt in der Regulierungspraxis und Gegenstand zahlreicher Gerichtsentscheidungen.[1] Zweifelhaft war insb., welche Anforderungen an den Beweis der Unmittelbarkeit des Blitzeinschlags zu stellen sind.[2]

4 Mit den VGB 2008/2010 wird der Versuch einer klareren Regelung unternommen. Hiermit ist eine Einschränkung des Versicherungsschutzes verbunden, die durch Beweiserleichterungen kompensiert wird. **Überspannungs-, Überstrom- oder Kurzschlussschäden an elektrischen Einrichtungen und Geräten** – um die in der Praxis regelmäßig gestritten wird –, sind nur versichert, wenn an Sachen auf dem Grundstück, auf dem der Versicherungsort liegt, durch Blitzschlag Schäden anderer Art entstanden sind. Werden solche Schäden an Sachen auf dem Versicherungsgrundstück (zB an Schornsteinen, Antennenanlagen, Dacheindeckung, Bäumen, Erdreich) vom VN nachgewiesen, so ist zugleich der Nachweis geführt, dass die Überspannungs-, Überstrom- oder Kurzschlussschäden auf einem Blitzschlag beruhen und damit versichert sind.

5 Was die Schäden an Sachen auf dem Versicherungsgrundstück betrifft, so enthält § 2 Nr. 3 S. 3 VGB 2008 eine **Beweiserleichterung** dahin, dass „**Spuren eines direkten Blitzschlags**" (also blitztypische Schadenbilder) Schäden anderer Art gleichstehen. Ein Blitzeinschlag auf dem Versicherungsgrundstück ist nach Nr. 3 nicht erforderlich. Es reicht aus, dass an Sachen auf dem Versicherungsgrundstück – dies gilt allerdings nicht für elektrische Einrichtungen und Geräte sowie für Antennen – Schäden durch Blitzschlag entstanden sind, was durchaus auch bei einem Blitzeinschlag in der Umgebung der Fall sein kann.[3]

6 Die VGB 2010 enthalten im Vergleich zu den VGB 2008 eine Änderung von **Nr. 3 S. 3**. Danach stehen Spuren eines Blitzschlags auf dem Versicherungsgrundstück, an dort befindlichen Antennen oder anderen Sachen als elektrischen Einrichtungen und Geräten Schäden anderer Art gleich. Nach den VGB 2010 reichen mithin auch bei Antennenanlagen, die sich auf dem Versicherungsgrundstück befinden, **Blitzschlagspuren** aus, um Überspannungs-, Überstrom- oder Kurzschlussschäden an elektrischen Einrichtungen und Geräten in den Versicherungsschutz einzubeziehen. Nach den VGB 2008 ist bei **Antennenanlagen** der Nachweis von Schäden erforderlich. Entfallen ist in den VGB 2010 überdies, dass es sich um Spuren eines „direkten" Blitzschlags handeln muss (s. Rn 5). Auch bei Blitzschlagspuren ist so-

---

[1] Vgl Prölss/Martin/*Knappmann*, § 4 VHB 2000 Rn 14; *Wälder*, r+s 1998, 205 ff.
[2] Vgl OLG Hamburg 27.9.1995 – 4 U 183/94, r+s 1998, 204.
[3] Hierzu Prölss/Martin/*Armbrüster*, § 1 AFB 2010 Rn 4.

mit ein Blitzeinschlag auf dem Versicherungsgrundstück nicht erforderlich. Ausreichend sind Blitzschlagspuren an Sachen auf dem Versicherungsgrundstück.

Durch **Klausel PK 7160** können Überspannungs-, Überstrom- und Kurzschlussschäden an versicherten elektrischen Einrichtungen und Geräten ohne die einschränkenden Voraussetzungen der Nr. 3 in den Versicherungsschutz eingeschlossen werden. Bedeutung hat dies insb. für Schäden infolge eines **Blitzeinschlags in Freileitungen,** ohne dass dies zu Schäden anderer Art an Sachen auf dem Versicherungsgrundstück geführt hat.

7

III. Überspannung durch Blitz (Nr. 4)

Die VGB 2010 haben in Nr. 1 c) die „Überspannung durch Blitz" in den Katalog der versicherten Gefahren aufgenommen. „Überspannung durch Blitz" wird in Nr. 4 definiert als ein Schaden, der durch Überspannung, Überstrom und Kurzschluss infolge eines Blitzes oder durch sonstige atmosphärisch bedingte Elektrizität an versicherten elektrischen Einrichtungen und Geräten entsteht.

8

IV. Explosion, Implosion (Nr. 5)

In Nr. 5 werden die versicherten Gefahren Explosion und Implosion definiert. Als **Explosion** vom Versicherungsschutz umfasst wird sowohl die Gas- und Dampfexplosion als auch die sog. Behälterexplosion, die allerdings ein Zerreißen der Wandung mit einem plötzlichen Druckausgleich voraussetzt. Wird im Inneren eines Behälters eine Explosion durch chemische Umsetzung hervorgerufen, so ist ein dadurch an dem Behälter entstandener Schaden auch dann zu ersetzen, wenn die Wandung nicht zerrissen wird. Ereignisse, die nicht auf dem Ausdehnungsbestreben von Gasen bzw Dämpfen beruhen, stellen keine Explosionen dar. Dies gilt zB für das Bersten von Flaschen, sonstigen Gefäßen sowie Rohren durch erhitzte oder gefrierende Flüssigkeiten.[4] Unter den Explosionsbegriff fallen auch Schäden durch Schusswaffengebrauch[5] sowie Verpuffungen.[6] Gezündete Feuerwerkskörper können jedenfalls dann, wenn sie mit einem „Knallsatz" ausgestattet sind, den Explosionsbegriff erfüllen.[7]

9

Nicht erforderlich ist, dass sich die Explosion auf dem Versicherungsgrundstück ereignet. Deckungsschutz besteht deshalb auch für Schäden, die auf weit entfernte Explosionen zurückzuführen sind.[8] Explosionen aller Art sind, soweit sie die adäquate Folge eines versicherten Brandes darstellen, auch als Brandfolge versichert.[9]

10

Schäden durch Unterdruck (Implosion), die nach den bisherigen AVB vom Versicherungsschutz zum Teil ausdrücklich ausgeschlossen waren oder aber nach allgemeinem Verständnis nicht dem in den AVB definierten Begriff der Explosion unterfielen,[10] sind nunmehr in den Versicherungsschutz eingeschlossen.

11

---

4 *Martin*, C III Rn 9; anders bei Zerspringen von Flaschen aufgrund von Gärung Bruck/Möller/*K. Johannsen*, Vor § 142 VVG Rn 31.
5 Prölss/Martin/*Knappmann*, A § 2 AHB 2010 Rn 14; *Martin*, C III Rn 7.
6 Beckmann/Matusche-Beckmann/*Philipp*, § 31 Rn 17; differenzierend Bruck/Möller/*K. Johannsen*, Vor § 142 VVG Rn 30.
7 Vgl *Wälder*, r+s 2007, 425 in Anm. zu LG Saarbrücken 30.9.2004 – 2 S 354/03, r+s 2007, 424.
8 Bruck/Möller/*K. Johannsen*, Vor § 142 VVG Rn 33.
9 BK/*Dörner/Staudinger*, § 82 Rn 10.
10 Vgl BK/*Dörner/Staudinger*, § 82 Rn 10; Bruck/Möller/*K. Johannsen*, Vor § 142 VVG Rn 27 und A § 1 VGB 2008/2010 Rn 1.

V. Anprall oder Absturz eines Luftfahrzeugs, seiner Teile oder seiner Ladung (Nr. 1 e)

12 Der Anprall oder Absturz eines Luftfahrzeugs, seiner Teile oder seiner Ladung ist in den VGB 2010 nicht eigenständig definiert.[11] Der Begriff des **Luftfahrzeugs** kann § 1 Abs. 2 LuftVG entnommen werden. Danach gelten auch Raumfahrzeuge, Raketen und ähnliche Flugkörper als Luftfahrzeuge, solange sie sich im Luftraum befinden.

VI. Risikoausschlüsse (Nr. 6)

13 Nr. 6 a) enthält einen **Risikoausschluss für Schäden durch Erdbeben.** Dieser Risikoausschluss gilt, anders als diejenigen der Nr. 6 b)–d), ohne Rücksicht auf mitwirkende Ursachen, so dass der Ausschluss auch dann eingreift, wenn andere (versicherte) Ursachen, zB Brand oder Explosionen, bei der Entstehung des Schadens mitgewirkt haben. Eine Definition des Begriffs „Erdbeben" enthalten erstmals die VGB 2010 in § 4 Nr. 3 c). Unter Erdbeben versteht man Erschütterungen des Erdbodens infolge geophysikalischer Vorgänge im Erdinneren, wobei eine Mindeststärke des Bebens nicht verlangt wird.[12]

14 **Sengschäden** sind gem. **Nr. 6 b)**, wie sich aus Nr. 6 S. 2 ergibt, nur dann versichert, wenn sie Folge eines versicherten Sachschadens gem. Nr. 1 (Brand; Blitzschlag; Überspannung durch Blitz; Explosion, Implosion; Anprall oder Absturz eines Luftfahrzeugs, seiner Teile oder seiner Ladung) sind. Andere Sengschäden, zB durch zu heiße Bügeleisen, sind ausgeschlossen, was jedoch nur deklaratorische Bedeutung hat, da es mangels Lichterscheinung schon an einem Brand fehlt.[13]

15 **Schäden an Verbrennungskraftmaschinen und Schaltorganen** sind in der Feuerversicherung bereits seit längerem ausgeschlossen (vgl § 1 Nr. 5 c) AFB 87 und Abschnitt A § 2 Nr. 5 c) AFB 2008/2010). Nunmehr enthalten auch die VGB in **Nr. 6 c)** einen ausdrücklichen Ausschluss, der Zweifel daran beseitigt, ob insoweit der Explosionsbegriff erfüllt ist.

16 Ausgeschlossen sind gem. **Nr. 6 d)** auch sog. **Betriebs- und Nutzwärmeschäden** (vgl dazu Abschnitt A § 3 AFB 2010 Rn 17–20).[14] Der Ausschluss von Betriebs- und Nutzwärmeschäden gilt nicht für sog. Folgeschäden von Betriebsschäden an anderen Sachen oder Sachteilen, da der Betriebsschadenausschluss nicht den Brandbegriff einengt, sondern nur bestimmte Sachen oder Sachteile von der Entschädigungspflicht ausnimmt.[15]

§ 3 Leitungswasser

1. Bruchschäden innerhalb von Gebäuden

Der Versicherer leistet Entschädigung für innerhalb von Gebäuden eintretende

a) frostbedingte und sonstige Bruchschäden an Rohren:

   aa) der Wasserversorgung (Zu- oder Ableitungen) oder den damit verbundenen Schläuchen;

---

11 Zu Einzelheiten vgl *Wälder*, r+s 2006, 139 ff; Bruck/Möller/*K. Johannsen*, Vor § 142 VVG Rn 36 ff.
12 Vgl Prölss/Martin/*Armbrüster*, § 1 AFB 2010 Rn 5.
13 Vgl *Martin*, C I Rn 23 ff; Bruck/Möller/*K. Johannsen*, A § 1 AFB 2008/2010 Rn 14.
14 Vgl hierzu auch Prölss/Martin/*Armbrüster*, § 1 AFB 2010 Rn 7 ff; *Martin*, F II Rn 5 ff.
15 *Martin*, F II Rn 19, 29.

bb) der Warmwasser- oder Dampfheizung sowie Klima-, Wärmepumpen- oder Solarheizungsanlagen;
cc) von Wasserlösch- oder Berieselungsanlagen;

sofern diese Rohre nicht Bestandteil von Heizkesseln, Boilern oder vergleichbaren Anlagen sind;

b) frostbedingte Bruchschäden an nachfolgend genannten Installationen:
aa) Badeeinrichtungen, Waschbecken, Spülklosetts, Armaturen (z.B. Wasser- und Absperrhähne, Ventile, Geruchsverschlüsse, Wassermesser) sowie deren Anschlussschläuche;
bb) Heizkörper, Heizkessel, Boiler oder vergleichbare Teile von Warmwasserheizungs-, Dampfheizungs-, Klima-, Wärmepumpen- oder Solarheizungsanlagen.

Als innerhalb des Gebäudes gilt der gesamte Baukörper, einschließlich der Bodenplatte.

Rohre von Solarheizungsanlagen auf dem Dach gelten als Rohre innerhalb des Gebäudes.

Soweit nicht etwas anderes vereinbart ist, sind Rohre und Installationen unterhalb der Bodenplatte (tragend oder nicht tragend) nicht versichert.

2. Bruchschäden außerhalb von Gebäuden

Der Versicherer leistet Entschädigung für außerhalb von Gebäuden eintretende frostbedingte und sonstige Bruchschäden an den Zuleitungsrohren der Wasserversorgung oder an den Rohren der Warmwasserheizungs-, Dampfheizungs-, Klima-, Wärmepumpen- oder Solarheizungsanlagen, soweit

a) diese Rohre der Versorgung versicherter Gebäude oder Anlagen dienen und
b) die Rohre sich auf dem Versicherungsgrundstück befinden und
c) der Versicherungsnehmer die Gefahr trägt.

3. Nässeschäden

Der Versicherer leistet Entschädigung für versicherte Sachen, die durch bestimmungswidrig austretendes Leitungswasser zerstört oder beschädigt werden oder abhanden kommen.

Das Leitungswasser muss aus Rohren der Wasserversorgung (Zu- und Ableitungen) oder damit verbundenen Schläuchen, den mit diesem Rohrsystem verbundenen sonstigen Einrichtungen oder deren wasserführenden Teilen, aus Einrichtungen der Warmwasser- oder Dampfheizung, aus Klima-, Wärmepumpen- oder Solarheizungsanlagen, aus Wasserlösch- und Berieselungsanlagen sowie aus Wasserbetten und Aquarien ausgetreten sein.

Sole, Öle, Kühl- und Kältemittel aus Klima-, Wärmepumpen- oder Solarheizungsanlagen sowie Wasserdampf stehen Leitungswasser gleich.

4. Nicht versicherte Schäden

a) Nicht versichert sind ohne Rücksicht auf mitwirkende Ursachen Schäden durch
aa) Regenwasser aus Fallrohren;
bb) Plansch- oder Reinigungswasser;

cc) Schwamm;
dd) Grundwasser, stehendes oder fließendes Gewässer, Überschwemmung oder Witterungsniederschläge oder einen durch diese Ursachen hervorgerufenen Rückstau;
ee) Erdbeben, Schneedruck, Lawinen, Vulkanausbruch;
ff) Erdsenkung oder Erdrutsch, es sei denn, dass Leitungswasser nach Nr. 3 die Erdsenkung oder den Erdrutsch verursacht hat;
gg) Brand, Blitzschlag, Überspannung durch Blitz, Explosion, Implosion, Anprall oder Absturz eines Luftfahrzeuges, seiner Teile oder seiner Ladung;
hh) Öffnen der Sprinkler oder Bedienen der Berieselungsdüsen wegen eines Brandes, durch Druckproben oder durch Umbauten oder Reparaturarbeiten an dem versicherten Gebäude oder an der Wasserlösch- oder Berieselungsanlage;
ii) Sturm, Hagel;
jj) Leitungswasser aus Eimern, Gieskannen oder sonstigen mobilen Behältnissen.
b) Der Versicherer leistet keine Entschädigung für Schäden an Gebäuden oder an Gebäudeteilen, die nicht bezugsfertig sind, und an den in diesen Gebäuden oder Gebäudeteilen befindlichen Sachen.

5. Besondere Vereinbarung

Der Selbstbehalt je Versicherungsfall beträgt _ Euro.

I. Versicherungsumfang

1 Im Rahmen der versicherten Gefahr „Leitungswasser" wird Entschädigung gewährt für Bruchschäden innerhalb von Gebäuden (Nr. 1), Bruchschäden außerhalb von Gebäuden (Nr. 2) und für Nässeschäden als den eigentlichen Leitungswasserschäden (Nr. 3). Nr. 4 enthält einen abschließenden Katalog von Risikoausschlüssen. Der Versicherung von **Rohrbruch- und Frostschäden** liegt ein differenziertes Deckungskonzept zugrunde. Der Haftungsumfang richtet sich zunächst danach, ob die Schäden innerhalb oder außerhalb von Gebäuden entstanden sind.

II. Bruchschäden innerhalb von Gebäuden (Nr. 1)

2 Bei Schäden **innerhalb** von Gebäuden (Nr. 1) wird danach abgegrenzt, ob es sich um **Schäden an bestimmten Rohren** gem. Nr. 1 a) (Zu- oder Ableitungen der Wasserversorgung nebst den damit verbundenen Schläuchen; Rohre der Warmwasser- oder Dampfheizung sowie Klima-, Wärmepumpen- oder Solarheizungsanlagen; Rohre von Wasserlösch- oder Berieselungsanlagen) oder um **Schäden an sonstigen Einrichtungen** gem. Nr. 1 b) handelt. Während bei Rohren sowohl Frostschäden als auch sonstige Bruchschäden versichert sind, besteht bei den sonstigen Installationen, zB bei einem Heizkessel, nur eine Versicherung gegen Frostschäden.[1]

3 Als **innerhalb des Gebäudes** gilt gemäß eigenständiger Definition der gesamte Baukörper einschließlich der Bodenplatte; hierzu gehören auch Rohre innerhalb der Fundamente.[2] Rohre und Installationen unterhalb der Bodenplatte sind ausdrücklich nicht versichert. **Rohrbruch** ist jede nachteilige Veränderung des Rohrmateri-

---

[1] OLG Saarbrücken 19.12.2012 – 5 U 144/12-21, VersR 2014, 239; OLG Frankfurt/M 15.7.2009 – 3 U 251/08, VersR 2010, 69.
[2] Beckmann/Matusche-Beckmann/*Rüffer*, § 32 Rn 308; Prölss/Martin/*Armbrüster*, § 3 VGB 2010 Rn 3.

als, die dazu führt, dass die darin befindlichen Flüssigkeiten bestimmungswidrig austreten können.[3] Ein Bruch liegt vor, wenn das Material des Rohres einschließlich Dichtungen, Verschraubungen und anderen dazugehörigen Teilen ein Loch oder einen Riss bekommt.[4] Bloße Undichtigkeiten, zB Axialverschiebungen von Rohren ohne Substanzverletzungen, stellen keinen Rohrbruch dar.[5] Auf die Ursache des Bruchs kommt es nur bei den unter Nr. 1 b) genannten sonstigen Installationen an, bei denen der Versicherungsschutz auf Frostschäden beschränkt ist. Die Rohrbruchversicherung als solche umfasst auch mechanische Zerstörungen oder Korrosion (s. näher Rn 4) und beinhaltet insoweit eine **Allgefahrendeckung**.[6]

Häufig dürfte der Schadenseintritt auf eine **Korrosion** der Rohrleitung zurückzuführen sein. Auch hierfür besteht Deckungsschutz, wobei die Entschädigung auf den Austausch des schadhaften Rohrstücks beschränkt ist. Nicht verlangt werden kann der Austausch des gesamten durch Korrosion bedrohten oder beschädigten Rohrleitungssystems. Derartige Kosten hat der VN im Rahmen der ihm obliegenden Instandhaltungsverpflichtung zu tragen.[7] Bei korrosionsbedingtem Rohrbruch kommt eine Verletzung der Sicherheitsvorschrift des § 16 Nr. 1 a) in Betracht, wobei nur Vorsatz oder grobe Fahrlässigkeit schadet.

Zu den **Zu- und Ableitungsrohren der Wasserversorgung** nach Nr. 1 a) aa) gehören auch Zu- und Ableitungsrohre eines mit dem häuslichen Rohrsystem verbundenen Schwimmbads.[8] Kein Rohrbruch ist der Bruch eines Regelventils.[9] Derartige Schäden sind als Schäden an Teilen der Heizungsanlage gem. Nr. 1 b) nur versichert, wenn sie durch Frost entstanden sind.[10]

Bruchschäden an Rohren, die innerhalb eines Heizkessels oder eines Boilers verlaufen, sind gemäß der Klarstellung in Nr. 1 a) Hs 2 nicht versichert.[11] Schäden, die durch das infolge des Rohrbruchs ausgetretene Leitungswasser im Inneren der Anlage entstehen, sind in jeden Fall zu ersetzen.[12]

III. Bruchschäden außerhalb von Gebäuden (Nr. 2)

Außerhalb versicherter Gebäude ist der Deckungsumfang für Schäden durch Rohrbruch und Frost erheblich eingeschränkt. Er erstreckt sich gem. Nr. 2 nur auf Zuleitungsrohre der Wasserversorgung und auf Rohre der genannten Heizungsanlagen, wobei zusätzlich gefordert wird, dass die Rohre der Versorgung versicherter Gebäude oder Anlagen dienen und sich auf dem Versicherungsgrundstück befinden. Überdies muss der VN hierfür die Gefahr tragen. Alle anderen Schäden sind, soweit nicht ein einzelvertraglicher Einschluss erfolgt ist, nicht versichert.[13] Befindet sich die Bruchstelle auf dem Versicherungsgrundstück, so sind auch Schadenbeseitigungsarbeiten außerhalb des Versicherungsgrundstücks zu entschädigen.[14]

---

3 *Dietz/Fischer/Gierschek*, Wohngebäudeversicherung, 3. Aufl. 2015, A § 3 VGB 2010 Rn 28; OLG Bamberg 17.1.2006 – 1 U 241/05, r+s 2006, 285.
4 *Martin*, E I Rn 81; OLG Düsseldorf 14.5.2002 – 4 U 210/01, VersR 2004, 193.
5 OLG Koblenz 9.7.2009 – 10 U 1522/08, VersR 2010, 1034.
6 Bruck/Möller/*K. Johannsen*, A § 3 VGB 2008/2010 Rn 5.
7 Prölss/Martin/*Armbrüster*, § 3 VGB 2010 Rn 1; OLG Karlsruhe 1.2.1996 – 12 U 224/95, VersR 1997, 612; OLG Hamm 20.12.1991 – 20 U 23/90, VersR 1993, 97; *Martin*, W II Rn 52.
8 OLG Düsseldorf 29.10.1996 – 4 U 208/95, VersR 1997, 1484 = r+s 1998, 249.
9 OLG Schleswig 9.4.1992 – 16 U 62/91, VersR 1993, 1395 f; LG Stuttgart 20.5.1992 – 13 S 9/92, VersR 1993, 474.
10 OLG Celle 11.7.1990 – 8 U 168/89, r+s 1994, 107.
11 *Dietz/Fischer/Gierschek*, A § 3 VGB 2010 Rn 54.
12 BGH 16.6.1993 – IV ZR 226/92, VersR 1993, 1102 = r+s 1993, 349.
13 Vgl zu den Einzelheiten *Dietz*, Wohngebäudeversicherung, 2. Aufl., S. 195 f; OLG Karlsruhe 7.8.2003 – 12 U 60/03, r+s 2003, 370 = VersR 2004, 105.
14 OLG Karlsruhe 7.5.1998 – 12 U 271/98, r+s 1999, 422, 423; *Martin*, E I Rn 116.

IV. Nässeschäden (Nr. 3)

7 Die Wohngebäudeversicherung bietet gem. Nr. 3 Schutz bei Zerstörung, Beschädigung oder Abhandenkommen versicherter Sachen durch **Leitungswasser**.[15] Voraussetzung ist stets, dass das Leitungswasser **bestimmungswidrig** ausgetreten ist. Maßgeblich hierfür ist die subjektive und wirtschaftliche Bestimmung des Wassers durch den VN oder durch einen berechtigten Besitzer.[16] Stets bestimmungswidrig ist der zu Schäden des versicherten Gebäudes führende Wasseraustritt auf benachbarten fremden Grundstücken oder in benachbarten fremden Räumen. Insoweit ist es unerheblich, ob der Wasseraustritt zB in der darüberliegenden Wohnung eines Dritten vorsätzlich oder fahrlässig erfolgt.[17]

8 Für die Herkunft des bestimmungswidrig austretenden Leitungswassers kommen folgende Quellen in Betracht: Zu- oder Ableitungsrohre der Wasserversorgung und die damit verbundenen Schläuche. **Rohre der Wasserversorgung** sind dem Wasserdurchfluss dienende Behältnisse aus beliebigem Material, welche nach dem maßgeblichen Sprachgebrauch des täglichen Lebens fest sowie fest verarbeitet sein müssen.[18] Hierzu gehören nicht Regenabflussrohre, soweit sie nicht auch häusliche Abwässer aufnehmen,[19] da diese nicht der „Wasserversorgung" dienen.[20]

9 **Mit dem Rohrsystem verbundene Einrichtungen** sind alle Behältnisse, die bestimmungsgemäß Wasser durchlassen oder aufnehmen und dauernd durch eine Zuleitung oder durch eine Ableitung oder durch beides mit dem Rohrsystem verbunden sind.[21] Hierzu gehören Einrichtungen zum Zwecke des Wasserdurchlaufs (Hähne, Ventile, Filter), Einrichtungen zum Gebrauch stehenden Wassers (Waschbecken, Badewannen, Schwimmbecken), Einrichtungen zum Gebrauch stehenden oder durchlaufenden Wassers (Waschmaschinen, Toiletteninstallationen) und Einrichtungen zur Bearbeitung von Wasser. Um eine mit dem Rohrsystem verbundene Einrichtung handelt es sich auch bei Duschbecken oder Duschkabinen, so dass auch Schäden, die dadurch entstehen, dass Wasser durch eine undichte Silikonfugenabdichtung eindringt, unter den Versicherungsschutz fallen.[22]

10 Auch die Beschädigung eines Heizkessels oder anderer wasserführender Einrichtungen, die durch das Platzen eines darin befindlichen Wasserrohres verursacht worden ist, fällt unter das in der Leitungswasserversicherung versicherte Risiko.[23] Schließlich kommen als Quellen eines versicherten Leitungswasseraustritts Einrichtungen der Warmwasser- oder Dampfheizung, Klima-, Wärmepumpen- und Solar-

---

15 Zum Versicherungsfall in zeitlicher Hinsicht bei versicherungsvertragsübergreifenden Leitungswasserschäden vgl *Felsch*, r+s 2014, 313, 323 mit Ausführungen zu OLG Celle 10.5.2012 – 8 U 213/11, r+s 2012, 493.
16 *Martin*, E I Rn 55; Prölss/Martin/*Knappmann*, A § 4 VHB 2010 Rn 6.
17 *Martin*, E I Rn 55, 57.
18 Vgl *Martin*, E I Rn 25; LG Stuttgart 20.5.1992 – 13 S 9/92, VersR 1993, 474; vgl hierzu auch OLG Koblenz 28.1.2011 – 10 U 238/10, VersR 2011, 1260 = r+s 2011, 434 zu anders ausgestalteten Bedingungen, bei denen der Zusatz „Wasserversorgung" fehlt.
19 Vgl hierzu OLG Hamm 28.8.2013 – 20 U 2/13, r+s 2014, 357 (Zusammenfassung von Niederschlagswasser und Abwässern).
20 *Martin*, E I Rn 29; Prölss/Martin/*Knappmann*, A § 4 VHB 2010 Rn 4; OLG Frankfurt/M 14.10.1999 – 3 U 215/98, r+s 2000, 334 = VersR 2000, 723; vgl auch OLG Dresden 13.12.2007 – 4 U 1012/07, VersR 2008, 1210.
21 So die Definition bei *Martin*, E I Rn 35.
22 Vgl *Martin*, E I Rn 36; OLG Frankfurt/M 22.12.2009 – 7 U 196/07, r+s 2010, 288 = VersR 2010, 1641; AG Düsseldorf 27.9.2001 – 42 C 9839/01, VersR 2002, 481; aA bei Haarrissen in der Duschwanne: LG München I 30.4.2009 – 26 O 19450/08, VersR 2010, 1180, 1181.
23 BGH 16.6.1993 – IV ZR 226/92, VersR 1993, 1102; OLG Oldenburg 19.8.1992 – 2 U 79/92, VersR 1993, 473 f; *Wälder*, r+s 1989, 159.

heizungsanlagen, Sprinkler- und Berieselungsanlagen sowie Wasserbetten und Aquarien in Betracht.

V. Risikoausschlüsse (Nr. 4)

1. **Nicht versicherte Schäden (Nr. 4 a). Nr. 4 a) aa) und bb):** Ausgeschlossen sind 11 gem. Nr. 4 a) ohne Rücksicht auf mitwirkende Ursachen Schäden durch **Regenwasser aus Fallrohren**[24] und durch **Plansch- oder Reinigungswasser.** Es kommt insoweit nicht auf die Bestimmung des Wassers, sondern darauf an, dass die Schäden durch Gebrauch von Wasser zum Planschen und Reinigen entstanden sind.[25] Nicht unter den Ausschluss fallen Schäden durch Wasseraustritt aus einer **undichten Badewanne** oder einer **undichten Wasch- oder Geschirrspülmaschine.**[26]

Nr. 4 a) cc): Ausgeschlossen sind Gebäudeschäden durch **Schwamm,**[27] wobei der 12 Ausschluss nach der Rspr des BGH für alle Arten von Hausfäulepilzen, also nicht nur für den „echten Hausschwamm", gilt.[28] Der Ausschluss greift auch ein, wenn der Schwammbefall durch einen bedingungsgemäßen Leitungswasserschaden verursacht ist.[29] Bei einem Wasserschaden in einer durch Schwamm vorgeschädigten Wand ist nur der Reparaturanteil, der auf den Leitungswasseraustritt entfällt, zu entschädigen.[30]

Nr. 4 a) dd): Der Ausschluss für **Grundwasser, stehendes oder fließendes Gewässer,** 13 **Überschwemmung oder Witterungsniederschläge** oder einen durch diese Ursachen hervorgerufenen **Rückstau** hat konstitutive Bedeutung nur für den Ausschluss des Rückstaus, der insb. nach starken Niederschlägen auftreten kann, wenn die Kanalisation nicht mehr in der Lage ist, das Niederschlagswasser vollständig aufzunehmen. Unerheblich ist insoweit, ob das Eindringen des rückgestauten Wassers in das Gebäude auf dem Versagen eines Rückstauventils oder einer Pumpe beruht.[31] Versicherungsschutz besteht allerdings dann, wenn die genannten Ursachen zu einem Rohrbruch führen und in dessen Folge Leitungswasser austritt.[32] Führt demgegenüber die Verstopfung eines Abwasserrohrs zum Rückstau von Niederschlagswasser, greift der Ausschluss ein.[33] Gleiches gilt, wenn der Rückstau von Niederschlagswasser zum Austritt von Leitungswasser aus Rohrleitungen im Gebäude führt.[34]

Nr. 4 a) ee) und ff): Ausgeschlossen sind Schäden durch **Erdbeben, Schneedruck,** 14 **Lawinen und Vulkanausbruch** sowie Schäden durch **Erdsenkung oder Erdrutsch,** es sei denn, dass Leitungswasser die Erdsenkung oder den Erdrutsch verursacht

---

24 Vgl hierzu OLG Hamm 28.8.2013 – 20 U 2/13, r+s 2014, 357.
25 *Martin,* F IV Rn 38; Prölss/Martin/*Knappmann,* A § 4 VHB 2010 Rn 10.
26 *Martin,* F IV Rn 40; Bruck/Möller/*K. Johannsen,* A § 3 VGB 2008/2010 Rn 15.
27 Vgl hierzu *Martin,* F IV Rn 44 ff.
28 BGH 27.6.2012 – IV ZR 212/10, VersR 2012, 1253; LG Detmold 5.12.1991 – 3 a O 344/90, r+s 1992, 173; aA Prölss/Martin/*Armbrüster,* § 3 VGB 2010 Rn 9; Prölss/Martin/*Knappmann,* A § 4 VHB 2010 Rn 11; OLG Koblenz 3.1.2006 – 10 U 145/03, r+s 2007, 326; LG Köln 22.10.2008 – 20 O 355/07, r+s 2010, 68.
29 BGH 27.6.2012 – IV ZR 212/10, VersR 2012, 1253, 1254; LG Detmold 5.12.1991 – 3 a O 344/90, r+s 1992, 173; anders möglicherweise für die VGB 62 Veith/Gräfe/*Hoenicke,* § 2 Rn 217 Fn 421; Prölss/Martin/*Kollhosser,* 27. Aufl. 2004, § 4 VGB 62 Rn 4; KG 27.3.1992 – 6 U 2873/91, r+s 1992, 311 ff.
30 Zur Problematik der Mehrzweckkosten bei Schwamm vgl *Martin,* F IV Rn 44.
31 Vgl Prölss/Martin/*Kollhosser,* 27. Aufl. 2004, § 4 VGB 62 Rn 4; *Martin,* F IV Rn 35; OLG Stuttgart 4.3.2004 – 7 U 183/03, r+s 2004, 196; OLG Düsseldorf 25.4.1989 – 4 U 126/88, VersR 1989, 800 f; OLG Köln 9.7.1996 – 9 U 5/96, r+s 1996, 452; OLG Saarbrücken 23.10.1996 – 5 U 406/96, r+s 1997, 32 = VersR 1997, 1000.
32 Vgl hierzu *Martin,* F IV Rn 35.
33 OLG Saarbrücken 23.10.1996 – 5 U 406/96, r+s 1997, 32 = VersR 1997, 1000; Prölss/Martin/*Knappmann,* A § 4 VHB 2010 Rn 12.
34 LG Koblenz 9.2.2001 – 16 O 248/98, r+s 2003, 243 f.

hat (**Unterspülung**).[35] Unter Erdrutsch versteht man gemäß der Definition in Abschnitt A § 4 Nr. 3 e) ein naturbedingtes Abrutschen oder Abstürzen von Erd- oder Gesteinsmassen. Beruht der Erdrutsch oder die Erdsenkung auf Eingriffen von Menschenhand (Sprengung, Baumaßnahmen, Bauarbeiten), so greift der Ausschluss nicht ein.[36]

15 Nr. 4 a) gg): Leitungswasserschäden, die durch Brand, Blitzschlag, Überspannung durch Blitz, Explosion, Implosion, Anprall oder Absturz eines Luftfahrzeugs, seiner Teile oder seiner Ladung verursacht worden sind, sind über die **Feuerversicherung** abgedeckt.

16 Nr. 4 a) hh): Der Ausschluss für **Sprinkler- oder Berieselungsanlagen** beschränkt sich auf die Fälle des nicht bestimmungswidrigen und daher unversicherten Wasseraustritts.[37] Bei bestimmungswidrigem Austritt greift der Ausschluss nicht ein.[38]

17 Nr. 4 a) jj): Der Ausschluss für Schäden durch Leitungswasser aus **Eimern, Gießkannen oder sonstigen mobilen Behältnissen** hat klarstellende Funktion. Das erste Verbringen des Leitungswassers in die Behältnisse ist stets bestimmungsgemäß erfolgt. Auf einen nachfolgenden bestimmungswidrigen Austritt (Umkippen, Verschütten) kommt es nicht an.

18 2. Rohbauten (Nr. 4 b). Kein Versicherungsschutz besteht gem. Nr. 4 b), solange das versicherte **Gebäude noch nicht bezugsfertig** ist (Rohbauten).[39] Motiv für den Ausschluss ist, dass nicht bezugsfertige Gebäude in der Leitungswasserversicherung ein unverhältnismäßig hohes Risiko darstellen.[40] Ein Wohngebäude ist dann bezugsfertig, wenn es bestimmungsgemäß von Menschen bezogen und auf Dauer bewohnt werden kann.[41] Das Ausstehen gewisser Restarbeiten, zB Maler- und Tapezierarbeiten, ist unerheblich.[42] Ebenso wenig entfällt die Bezugsfertigkeit bei Renovierung oder Umbau eines Gebäudes.[43] Nicht gleichzusetzen ist die fehlende Bezugsfertigkeit mit dem **Leerstand eines Gebäudes**. Der hierin liegenden besonderen Gefährdung wird durch die Sicherheitsvorschriften des § 16 Rechnung getragen.

§ 4 Naturgefahren

1. Versicherte Gefahren und Schäden

Der Versicherer leistet Entschädigung für versicherte Sachen, die durch
a) Sturm, Hagel;
b) Weitere Elementargefahren
   aa) Überschwemmung,

---

35 Vgl zu den Einzelheiten *Martin*, F IV Rn 29; OLG Düsseldorf 4.12.1983 – 4 U 247/82, VersR 1985, 1035.
36 AA *Dietz/Fischer/Gierschek*, A § 4 VGB 2010 Rn 92.
37 Vgl *Martin*, F IV Rn 42.
38 Einschränkend Bruck/Möller/*K. Johannsen*, A § 3 VGB 2008/2010 Rn 21, die teilweise eine Unwirksamkeit nach § 307 Abs. 1 S. 2 BGB annimmt.
39 Vgl hierzu *Wälder*, r+s 2012, 5 ff; Bruck/Möller/*K. Johannsen*, A § 3 VGB 2008/2010 Rn 24, die zutreffend darauf hinweist, dass der Ausschluss nur für Neubauten bis zum Eintritt der Bezugsfertigkeit gilt.
40 Vgl *Martin*, F IV Rn 8; *Dietz*, Wohngebäudeversicherung, 2. Aufl., S. 175.
41 BGH 11.9.2013 – IV ZR 259/12, VersR 2013, 1395; vgl hierzu auch *Felsch*, r+s 2014, 313, 318.
42 OLG Hamm 1.7.1988 – 20 U 210/87, VersR 1989, 365 f; *Martin*, F IV Rn 9.
43 BGH 11.9.2013 – IV ZR 259/12, VersR 2013, 1395; *Martin*, F IV Rn 18; OLG Karlsruhe 18.12.2003 – 12 U 97/03, VersR 2004, 374; OLG Hamm 1.7.1988 – 20 U 207/87, VersR 1989, 365.

bb) Rückstau,
cc) Erdbeben,
dd) Erdsenkung,
ee) Erdrutsch,
ff) Schneedruck,
gg) Lawinen,
hh) Vulkanausbruch

zerstört oder beschädigt werden oder abhanden kommen.

2. Sturm, Hagel

a) Sturm ist eine wetterbedingte Luftbewegung von mindestens Windstärke 8 nach Beaufort (Windgeschwindigkeit mindestens 62 km/Stunde).
Ist die Windstärke für den Schadenort nicht feststellbar, so wird Windstärke 8 unterstellt, wenn der Versicherungsnehmer nachweist, dass

  aa) die Luftbewegung in der Umgebung des Versicherungsgrundstücks Schäden an Gebäuden in einwandfreiem Zustand oder an ebenso widerstandsfähigen anderen Sachen angerichtet hat, oder dass

  bb) der Schaden wegen des einwandfreien Zustandes des versicherten Gebäudes oder des Gebäudes, in dem sich die versicherten Sachen befunden haben, oder mit diesem Gebäude baulich verbundenen Gebäuden, nur durch Sturm entstanden sein kann.

b) Hagel ist ein fester Witterungsniederschlag in Form von Eiskörnern.

c) Der Versicherer leistet Entschädigung für versicherte Sachen, die zerstört oder beschädigt werden oder abhanden kommen

  aa) durch die unmittelbare Einwirkung des Sturmes oder Hagels auf versicherte Sachen oder auf Gebäude, in denen sich versicherte Sachen befinden;

  bb) dadurch, dass ein Sturm oder Hagel Gebäudeteile, Bäume oder andere Gegenstände auf versicherte Sachen oder auf Gebäude, in denen sich versicherte Sachen befinden, wirft;

  cc) als Folge eines Schadens nach aa) oder bb) an versicherten Sachen;

  dd) durch die unmittelbare Einwirkung des Sturmes oder Hagels auf Gebäude, die mit dem versicherten Gebäude oder Gebäuden, in denen sich versicherte Sachen befinden, baulich verbunden sind;

  ee) dadurch, dass ein Sturm oder Hagel Gebäudeteile, Bäume oder andere Gegenstände auf Gebäude wirft, die mit dem versicherten Gebäuden oder Gebäuden, in denen sich versicherte Sachen befinden, baulich verbunden sind.

3. Weitere Elementargefahren

a) Überschwemmung
Überschwemmung ist die Überflutung des Grund und Bodens des Versicherungsgrundstücks mit erheblichen Mengen von Oberflächenwasser durch

  aa) Ausuferung von oberirdischen (stehenden oder fließenden) Gewässern;

  bb) Witterungsniederschläge;

Rüffer

cc) Austritt von Grundwasser an die Erdoberfläche infolge von aa) oder bb).
b) Rückstau
Rückstau liegt vor, wenn Wasser durch Ausuferung von oberirdischen (stehenden oder fließenden) Gewässern oder durch Witterungsniederschläge bestimmungswidrig aus den gebäudeeigenen Ableitungsrohren oder damit verbundenen Einrichtungen in das Gebäude eindringt.
c) Erdbeben
Erdbeben ist eine naturbedingte Erschütterung des Erdbodens, die durch geophysikalische Vorgänge im Erdinneren ausgelöst wird.
Erdbeben wird unterstellt, wenn der Versicherungsnehmer nachweist, dass
aa) die naturbedingte Erschütterung des Erdbodens in der Umgebung des Versicherungsortes Schäden an Gebäuden im einwandfreien Zustand oder an ebenso widerstandsfähigen anderen Sachen angerichtet hat, oder
bb) der Schaden wegen des einwandfreien Zustandes der versicherten Sachen nur durch ein Erdbeben entstanden sein kann.
d) Erdsenkung
Erdsenkung ist eine naturbedingte Absenkung des Erdbodens über naturbedingten Hohlräumen.
e) Erdrutsch
Erdrutsch ist ein naturbedingtes Abrutschen oder Abstürzen von Erd- oder Gesteinsmassen.
f) Schneedruck
Schneedruck ist die Wirkung des Gewichts von Schnee- oder Eismassen.
g) Lawinen
Lawinen sind an Berghängen niedergehende Schnee- oder Eismassen.
h) Vulkanausbruch
Vulkanausbruch ist eine plötzliche Druckentladung beim Aufreißen der Erdkruste, verbunden mit Lavaergüssen, Asche-Eruptionen oder dem Austritt von sonstigen Materialien und Gasen.

4. Nicht versicherte Schäden

a) Nicht versichert sind ohne Rücksicht auf mitwirkende Ursachen Schäden durch
aa) Sturmflut;
bb) Eindringen von Regen, Hagel, Schnee oder Schmutz durch nicht ordnungsgemäß geschlossene Fenster, Außentüren oder andere Öffnungen, es sei denn, dass diese Öffnungen durch eine der versicherten Naturgefahren (siehe Nr. 1 a) entstanden sind und einen Gebäudeschaden darstellen;
cc) Grundwasser, soweit nicht an die Erdoberfläche gedrungen (siehe Nr. 3 a) cc);
dd) Brand, Blitzschlag, Überspannung durch Blitz, Explosion, Anprall oder Absturz eines Luftfahrzeuges, seiner Teile oder seiner Ladung; dies gilt nicht, soweit diese Gefahren durch ein versichertes Erdbeben ausgelöst wurden;
ee) Trockenheit oder Austrocknung.

b) Der Versicherer leistet keine Entschädigung für Schäden an
   aa) Gebäuden oder an Gebäudeteilen, die nicht bezugsfertig sind, und an den in diesen Gebäuden oder Gebäudeteilen befindlichen Sachen;
   bb) Laden- und Schaufensterscheiben.

5. Selbstbehalt

Im Versicherungsfall wird der im Versicherungsvertrag vereinbarte Selbstbehalt abgezogen.

I. Versicherte Gefahren und Schäden (Nr. 1)

Die Wohngebäudeversicherung bietet Schutz gegen Schäden versicherter Sachen durch **Sturm und/oder Hagel** (Nr. 1 a) sowie gegen **weitere**, in Nr. 1 b) aufgeführte **Elementargefahren**. Insoweit handelt es sich um die Übernahme der bisher als Zusatzbedingungen angebotenen „Besonderen Bedingungen weiterer Elementarschäden in der Wohngebäudeversicherung" in die Grunddeckung.

II. Sturm, Hagel (Nr. 2)

1. Definitionen (Nr. 2 a und b). Wann ein **Sturm** vorliegt, ist in **Nr. 2 a)** S. 1 eigenständig definiert. Maßgebend ist die Beaufort-Skala. Da eine wetterbedingte Luftbewegung vorausgesetzt wird, sind Luftbewegungen durch Explosionen, Brand, Zugwirkungen in Gebäuden sowie durch bewegte Massen, zB Flugzeuge, Hubschrauber, Eisenbahnen und Autos, nicht versichert.[1] Die Regelung in Nr. 2 a) S. 1 stellt eine echte Leistungsbegrenzung dar, so dass der VN **beweisen** muss, dass der Sturm mindestens Windstärke 8 erreicht hat.[2] Lässt sich zB lediglich Windstärke 7 +/- 1 feststellen, so besteht kein Versicherungsschutz.[3]

Die Regelung in **Nr. 2 a)** S. 2 sieht **Beweiserleichterungen** für den VN vor. Bei einem einwandfreien Zustand des versicherten Gebäudes oder des Gebäudes, in dem sich die versicherten Sachen befunden haben, lässt **Nr. 2 a)** S. 2 bb) den Rückschluss zu, dass der Schaden nur durch Sturm entstanden sein kann. Hierzu ist ggf eine sachverständige Begutachtung erforderlich. Kann demgegenüber ein einwandfreier Gebäudezustand nicht festgestellt werden, so kann der VN zur Beweisführung gem. **Nr. 2 a)** S. 2 aa) auf Schäden zurückgreifen, die in der Umgebung des Versicherungsorts an Gebäuden in einwandfreiem Zustand oder an ebenso widerstandsfähigen anderen Sachen entstanden sind. In Betracht kommen insoweit umgestürzte Baukräne, umgerissene Verkehrsschilder, abgerissene Äste oder entwurzelte Bäume.[4]

Der Nachweis eines Sturms von Windstärke 8 kann durch Aufzeichnungen nahe gelegener Messstationen geführt werden, wobei in Zweifelsfällen eine sachverständige Begutachtung zu erfolgen hat.[5] Nicht verlangt werden kann der Nachweis, dass exakt im Schadenszeitpunkt Windstärke 8 geherrscht hat. Es reicht aus, dass die geforderte Windstärke zeitnah erreicht worden ist. Dass der Schaden mögli-

---

1 Vgl *Martin*, E II Rn 17; OLG Oldenburg 5.7.2000 – 2 U 108/00, VersR 2001, 1233; OLG Köln 14.7.1988 – 5 U 33/88, r+s 1988, 304.
2 *Martin*, E II Rn 38 f; OLG Hamm 23.8.2000 – 20 U 22/00, r+s 2001, 334, 335.
3 LG Berlin 1.2.1990 – 7 S 59/89, r+s 1990, 171; Prölss/Martin/*Knappmann*, A § 5 VHB 2010 Rn 2.
4 Zu den Beweisanforderungen OLG Naumburg 25.7.2013 – 4 U 79/12, r+s 2014, 22.
5 Vgl zur Übertragbarkeit von Messdaten sehr anschaulich OLG Stuttgart 16.8.2001 – 7 U 37/01, r+s 2002, 72 f; OLG Hamm 23.8.2000 – 5 U 33/88, r+s 2001, 334, 335.

cherweise während einer Anlauf- oder Zwischenphase mit geringerer Windstärke entstanden ist, ist unerheblich.[6]

5 **Hagel** wird in Nr. 2 b) eigenständig als fester Witterungsniederschlag in Form von Eiskörnern definiert.

6 **2. Entschädigungsfähige Kausalverläufe (Nr. 2 c).** Als Besonderheit des Versicherungsschutzes gegen Sturm- und Hagelschäden ist zu beachten, dass nicht alle adäquaten Folgen eines Sturms oder Hagels in Form von Sachschäden versichert sind, sondern nur die in den Bedingungen **abschließend aufgezählten Kausalverläufe (Nr. 2 c)**. Ausgeschlossen sind insb. Folgeschäden durch sturmbedingtes menschliches Verhalten.[7]

7 Versichert sind nur Schäden durch **unmittelbare Einwirkung des Sturms oder Hagels** auf versicherte Sachen oder auf Gebäude, in denen sich versicherte Sachen befinden (**Nr. 2 c aa**). Gleichgestellt sind Schäden durch die unmittelbare Einwirkung des Sturms oder Hagels auf Gebäude, die mit dem versicherten Gebäude oder Gebäuden, in denen sich versicherte Sachen befinden, **baulich verbunden** sind (**Nr. 2 c dd**).

8 **Unmittelbarkeit** liegt dann vor, wenn der Sturm/Hagel die zeitlich letzte Ursache des Sachschadens oder Abhandenkommens ist, wobei eine Mitursächlichkeit ausreicht.[8] Zwischen das Kausalereignis und den Erfolg darf keine weitere Ursache treten.[9] Eine unmittelbare Einwirkung liegt zB dann vor, wenn versicherte Sachen durch den Druck oder den Sog aufprallender Luft beschädigt, zerstört oder unauffindbar weggeweht werden. Deckung besteht auch, wenn der Sturm Sachen umwirft oder hinunterwirft und diese durch den Aufprall beschädigt oder versicherte Sachen (Türen, Fenster) an andere Gegenstände geschlagen und dadurch beschädigt werden.[10]

9 **Keine unmittelbare Einwirkung** des Sturms ist zB in den Fällen gegeben, in denen durch den Sturm Wasser auf eine Dachfläche aufgeschoben oder aufgestaut wird und es in der Folge zu einem Einsturz des Daches kommt.[11] Ebenso liegt keine unmittelbare Einwirkung vor, wenn eine Flachdachentwässerung durch Hagel verstopft wird, sich anschließend auf dem Flachdach eine größere Menge stehenden Wassers ansammelt und das Wasser in der Folgezeit in angrenzende Wände und Decken eindringt.[12] Wird durch den Sturm oder Hagel zunächst (nur) das Nachbargebäude beschädigt, so besteht Versicherungsschutz dann, wenn das Nachbargebäude mit dem versicherten Gebäude oder Gebäuden, in denen sich versicherte Sachen befinden, baulich verbunden ist.[13]

---

6 OLG Köln 14.12.1999 – 9 U 110/99, r+s 2000, 382; *Martin*, E II Rn 24 f; Prölss/Martin/ *Knappmann*, A § 5 VHB 2010 Rn 6.
7 Vgl Prölss/Martin/*Knappmann*, A § 5 VHB 2010 Rn 4; *Martin*, E II Rn 13 ff.
8 *Martin*, E II Rn 29; Prölss/Martin/*Armbrüster*, § 4 VGB 2010 Rn 1; OLG Düsseldorf 4.5.1984 – 4 U 191/83, VersR 1984, 1035; OLG Köln 27.6.1995 – 9 U 374/94, r+s 1995, 390; OLG Köln 29.10.2002 – 9 U 49/02, r+s 2003, 65, 66; OLG Saarbrücken 12.4.2006 – 5 U 496/05-53, VersR 2006, 1635 = r+s 2007, 62; OLG Koblenz 15.5.2009 – 10 U 1018/08, r+s 2009, 334, 335 = VersR 2009, 1619; vgl zur Unmittelbarkeit auch die zutr. Anm. von *Wälder*, r+s 2010, 156 zur Entscheidung LG Schwerin v. 18.6.2009 – 6 S 32/09, r+s 2010, 156; OLG Saarbrücken 10.2.2010 – 5 U 278/09-70, VersR 2010, 624, OLG Dresden 11.3.2010 – 4 U 846/09, VersR 2010, 1212, 1213.
9 BGH 19.10.1983 – IVa ZR 51/82, r+s 1984, 5 = VersR 1984, 28; vgl hierzu *Wälder*, r+s 2003, 66.
10 Vgl im Einzelnen *Martin*, E II Rn 30; Prölss/Martin/*Knappmann*, A § 5 VHB 2010 Rn 5.
11 OLG Oldenburg 5.7.2000 – 2 U 108/00, VersR 2001, 1233 = r+s 2001, 337.
12 OLG Köln 29.10.2002 – 9 U 49/02, r+s 2003, 65, 66; OLG Celle 24.6.1993 – 8 U 113/92, r+s 1993, 384.
13 Zur früheren Rechtslage Vers-Omb-Mann 9.1.2003 – 2937/01-R, r+s 2004, 199.

Eine besondere Problematik stellt sich bei **Hagelschäden**. Wird durch den Hagel unmittelbar die Substanz des Gebäudes beschädigt, was auch durch den Druck ruhender Hagelmassen geschehen kann,[14] so ist eine unmittelbare Einwirkung zu bejahen. Hieran fehlt es, wenn erst der Druck des zu Wasser gewordenen Hagels, zB in einem mit einem Fenster versehenen Lichtschacht, zu einer Beschädigung führt.[15] Dies ist – unabhängig davon, ob man wegen der Änderung des Aggregatzustandes des Hagels die Unmittelbarkeit verneint – schon deshalb zutreffend, weil die Zerstörung des Fensters durch den Druck des in einem Lichtschacht aufgestauten Regenwassers ebenfalls nicht versichert ist.

10

Gemäß **Nr. 2 c) bb)** sind solche Schäden versichert, die dadurch entstehen, dass der Sturm oder Hagel **Gebäudeteile, Bäume oder andere Gegenstände auf versicherte Sachen oder auf Gebäude, in denen sich versicherte Sachen befinden, wirft**. Gleiches gilt, wenn es sich um Gebäude handelt, die mit dem versicherten Gebäude oder Gebäuden, in denen sich versicherte Sachen befinden, **baulich verbunden** sind (**Nr. 2 c ee**). Versichert ist insoweit derjenige Sachschaden, den die geworfenen Gebäudeteile oder sonstige Gegenstände durch ihren Aufprall auf versicherte Sachen oder durch ihre physikalische oder chemische Beschaffenheit verursachen.[16] Zu den auf versicherte Sachen geworfenen Gegenständen gehören auch Regentropfen, Schneeflocken, Hagelkörner und Sand.[17] Folglich kann dann auch die Ansammlung derartiger Gegenstände und der hierdurch bewirkte Gewichtsdruck zu einem versicherten Schaden führen,[18] wobei allerdings für Schneelasten ein Ausschluss besteht. Werden sturmbedingt Regentropfen gegen versicherte Gegenstände geworfen und führt ihre Ansammlung und der hierdurch bewirkte Gewichtsdruck zu einem Schaden, so besteht, falls nicht der Ausschlusstatbestand der Nr. 4 a) bb) eingreift, Versicherungsschutz.[19]

11

Versichert sind schließlich gem. **Nr. 2 c) cc) Folgeschäden** eines versicherten Sturm- oder Hagelschadens nach Nr. 2 c) aa) und Nr. 2 c) bb). Folgeschäden sind vornehmlich dann gegeben, wenn der Sturm Öffnungen geschaffen hat, durch die Regen eindringt und zu Durchnässungsschäden führt.[20] Ein Folgeschaden liegt auch dann vor, wenn aus einem vom Sturm abgebrochenen Regenrohr Wasser auf einen Balkon und von dort in das Gebäude eindringt oder wenn ein Regenrohr durch Gegenstände verstopft wird, die der Sturm auf das Gebäude und in dieses Regenfallrohr wirft.[21]

12

III. Weitere Elementargefahren (Nr. 3)

In Nr. 3 sind die in Nr. 1 b) genannten weiteren Elementargefahren (Überschwemmung, Rückstau, Erdbeben, Erdsenkung, Erdrutsch, Schneedruck, Lawinen, Vulkanausbruch) jeweils eigenständig definiert.

13

---

14 Vgl hierzu *Wälder*, r+s 2003, 66, 67; *ders.*, r+s 2007, 291.
15 OLG Köln 27.6.1995 – 9 U 374/94, r+s 1995, 390 im Anschluss an LG Köln 10.10.1994 – 24 O 56/94, r+s 1995, 350; vgl hierzu *Wälder*, r+s 2003, 66, 67; OLG Köln 29.10.2002 – 9 U 49/02, r+s 2003, 65; LG Bielefeld 31.3.2004 – 21 S 8/04, VersR 2005, 115 = r+s 2006, 246; aA LG Saarbrücken 7.7.2000 – 13A S 50/99, VersR 2002, 972.
16 Vgl *Martin*, E II Rn 33; *Wussow*, VersR 2000, 679, 681 f.
17 Vgl *Martin*, E II Rn 37; *Wussow*, VersR 2000, 679, 681; OLG Köln 4.8.1998 – 9 U 20/98, r+s 1998, 426, 427.
18 Vgl *Martin*, E II Rn 34, 35; LG Bielefeld 31.3.2004 – 21 S 8/04, VersR 2005, 115.
19 Vgl *Martin*, E II Rn 35, F V Rn 18; OLG Karlsruhe 6.10.1994 – 12 U 101/94, r+s 1995, 149.
20 Prölss/Martin/*Knappmann*, A § 5 VHB 2010 Rn 7; *Martin*, E II Rn 45; OLG Saarbrücken 10.2.2010 – 5 U 278/09-70, VersR 2010, 624.
21 Vgl *Martin*, E II Rn 41, 44; Prölss/Martin/*Knappmann*, A § 5 VHB 2010 Rn 7.

IV. Risikoausschlüsse (Nr. 4)

14 Nicht gedeckt sind ohne Rücksicht auf mitwirkende Ursachen Schäden durch Sturmflut, Grundwasser, soweit nicht an die Erdoberfläche gedrungen, Trockenheit oder Austrocknung sowie durch Gefahren, die im Rahmen der Feuerversicherung versichert sind.

15 Von erheblicher praktischer Bedeutung ist der Ausschluss gem. Nr. 4 a) bb) für Schäden durch **Eindringen von Regen, Hagel, Schnee oder Schmutz durch nicht ordnungsgemäß geschlossene Fenster, Außentüren oder andere Öffnungen**.[22] Dieser Ausschluss gilt dann nicht, wenn die Öffnungen durch Sturm oder Hagel entstanden sind, wobei dies zB auch auf einem früheren Sturm oder Hagel beruhen kann,[23] und die Öffnungen zugleich einen Gebäudeschaden darstellen. An einem Gebäudeschaden fehlt es, wenn Fenster oder Türen aufgedrückt werden, ohne dass dies zu einer Substanzbeschädigung führt.[24]

16 Praktisch bedeutsam ist auch der Ausschluss bei **nicht bezugsfertigen Gebäuden** oder Gebäudeteilen (**Nr. 4 b aa**) (s. auch Abschnitt A § 3 Rn 18).[25] Der Ausschluss ist eng auszulegen. Eine Bezugsfertigkeit ist dann gegeben, wenn Außenwände, Dach, Fenster und Türen restlos geschlossen sind („abgedichtete Außenhaut"), das Gebäude also so weit fertiggestellt ist, dass es bestimmungsgemäß von Menschen bezogen und auf Dauer bewohnt werden kann.[26] Eine Versehung mit Einrichtungsgegenständen ist nicht erforderlich.[27]

17 Ein weiterer Sachausschluss gilt für **Laden- und Schaufensterscheiben** (**Nr. 4 b bb**).

§ 5 Versicherte und nicht versicherte Sachen, Versicherungsort

1. Beschreibung des Versicherungsumfangs

Versichert sind die in dem Versicherungsschein bezeichneten Gebäude mit ihren Gebäudebestandteilen und Gebäudezubehör einschließlich unmittelbar an das Gebäude anschließender Terrassen auf dem im Versicherungsschein bezeichneten Versicherungsgrundstück.

Weitere Grundstücksbestandteile sind nur versichert, soweit diese ausdrücklich in den Versicherungsumfang einbezogen sind.

2. Definitionen

a) Gebäude im Sinne dieser Regelungen sind mit dem Erdboden verbundene Bauwerke, die der überwiegenden Nutzung zu Wohnzwecken bestimmt sind und gegen äußere Einflüsse schützen können.

---

22 Hierzu gehören auch Undichtigkeiten des Außenmauerwerks, vgl OLG Frankfurt/M 30.1.2003 – 3 U 251/01, r+s 2004, 417, 418; *Martin*, F V Rn 20; zur Auslegung des Begriffs „Öffnungen" BGH 18.3.1992 – IV ZR 87/91, VersR 1992, 606, 607 f.
23 So zutr. *Martin*, F V Rn 21.
24 Prölss/Martin/*Knappmann*, A § 5 VHB 2010 Rn 7; *Martin*, F V Rn 22; *Wussow*, VersR 2000, 679, 682; instruktiv OLG Saarbrücken 4.6.2013 – 5 W 43/13, VersR 2014, 330 sowie OLG Karlsruhe 6.10.1994 – 12 U 101/94, r+s 1995, 149.
25 Zum Motiv des Ausschlusses vgl *Martin*, F V Rn 4; zu Einzelheiten vgl *Wälder*, r+s 2012, 5 ff.
26 BGH 11.9.2013 – IV ZR 259/12, VersR 2013, 1395.
27 OLG Rostock 30.10.2007 – 6 U 121/07, VersR 2008, 531, 532; Prölss/Martin/*Kollhosser*, 27. Aufl. 2004, § 4 VGB 62 Rn 4.

b) Gebäudebestandteile sind in ein Gebäude eingefügte Sachen, die durch ihre feste Verbindung mit dem Gebäude ihre Selbständigkeit verloren haben. Dazu gehören auch Einbaumöbel bzw. Einbauküchen, die individuell für das Gebäude raumspezifisch geplant und gefertigt sind.

c) Gebäudezubehör sind bewegliche Sachen, die sich im Gebäude befinden oder außen am Gebäude angebracht sind und der Instandhaltung bzw. überwiegenden Zweckbestimmung des versicherten Gebäudes dienen. Als Gebäudezubehör gelten ferner Müllboxen sowie Klingel- und Briefkastenanlagen auf dem Versicherungsgrundstück.

d) Als Grundstücksbestandteile gelten die mit dem Grund und Boden des Versicherungsgrundstücks fest verbundenen Sachen.

e) Versicherungsgrundstück ist das Flurstück/sind die Flurstücke, auf dem das versicherte Gebäude steht (Versicherungsort). Teilen sich mehrere Gebäude ein Flurstück, so gilt als Versicherungsort derjenige Teil des Flurstücks, der durch Einfriedung oder anderweitige Abgrenzung dem/den im Versicherungsschein bezeichneten Gebäude(n) ausschließlich zugehörig ist.

3. Ausschlüsse

a) Nicht versichert sind Photovoltaikanlagen sowie deren zugehörige Installationen (z.B. Solarmodule, Montagerahmen, Befestigungselemente, Mess-, Steuer- und Regeltechnik, Wechselrichter und Verkabelung).

b) Nicht versichert sind in das Gebäude nachträglich eingefügte – nicht aber ausgetauschte – Sachen, die ein Mieter oder Wohnungseigentümer auf seine Kosten beschafft oder übernommen hat und daher hierfür die Gefahr trägt. Eine anderweitige Vereinbarung über die Gefahrtragung ist vom Versicherungsnehmer nachzuweisen.

c) Elektronisch gespeicherte Daten und Programme sind keine Sachen. Kosten für die Wiederherstellung von elektronisch gespeicherten Daten und Programmen sind nur versichert, soweit dies gesondert im Versicherungsvertrag vereinbart ist.

4. Gesondert versicherbar

a) Abweichend von Nr. 3 b) gelten in das Gebäude nachträglich eingefügte – nicht aber ausgetauschte – Sachen als versichert, die ein Mieter oder Wohnungseigentümer auf seine Kosten beschafft oder übernommen hat und daher hierfür die Gefahr trägt.

b) Als Grundstücksbestandteile gelten mitversichert, soweit sie sich auf dem im Versicherungsschein bezeichneten Grundstück befinden:
   aa) Carports bis _ qm Grundfläche;
   bb) Gewächs- und Gartenhäuser bis _ qm Grundfläche;
   cc) Grundstückseinfriedungen (auch Hecken);
   dd) Hof- und Gehwegbefestigungen;
   ee) Hundehütten bis _ qm Grundfläche;
   ff) Masten- und Freileitungen;
   gg) Wege- und Gartenbeleuchtungen.

I. Versicherungsumfang (Nr. 1)

Versicherte Sachen in der Wohngebäudeversicherung sind die **im Versicherungsschein bezeichneten Gebäude**, wozu auch deren Bestandteile und das Gebäudezu- 1 behör gehören. Ausdrücklich eingeschlossen sind die unmittelbar an das Gebäude anschließenden Terrassen auf dem im Versicherungsschein bezeichneten Versicherungsgrundstück (**Nr. 1 Abs. 1**). Weitere Grundstücksbestandteile sind nur versichert, soweit sie ausdrücklich in den Versicherungsumfang einbezogen sind (**Nr. 1 Abs. 2**).[1]

2 Maßgeblich für den Versicherungsschutz ist mithin die konkrete Bezeichnung und Beschreibung im Versicherungsschein. Nur die darin aufgeführten Gebäude sind versichert. Im Rahmen der häufig erforderlich werdenden Auslegung ist stets zu berücksichtigen, dass die Wohngebäudeversicherung von der Inventarversicherung/Hausratversicherung abzugrenzen ist. Gegenstand der Wohngebäudeversicherung ist grds. das Wohngebäude mit allen wesentlichen und unwesentlichen Bestandteilen, während umgekehrt – von einigen gesondert geregelten Ausnahmen abgesehen – Gebäudebestandteile vom Deckungsumfang der Hausratversicherung ausgeschlossen sind.[2]

II. Definitionen (Nr. 2)

3 Die VGB 2008 und VGB 2010 enthalten eigenständige Definitionen für Gebäude, Gebäudebestandteile, Gebäudezubehör, Grundstücksbestandteile und das Versicherungsgrundstück.

4 Zum versicherten **Gebäude** (**Nr. 2 a**) gehören auch Nebengebäude, insb. **Garagen** oder **Carports**, wenn diese mit dem Wohnhaus fest verbunden sind und mit diesem eine Einheit bilden.[3] Bei sonstigen **Anbauten** an das Gebäude (Schuppen, Remisen, Freisitze) kommt es darauf an, ob eine feste Verbindung zum Wohngebäude besteht, was dann zu verneinen ist, wenn eine Verbindung lediglich durch Isolierpappe besteht und der Anbau mit gleicher Konstruktion und mit gleichen Bestandteilen auch an anderer Stelle stehen könnte.[4] Erst recht besteht kein Versicherungsschutz, wenn es sich um freistehende Nebengebäude handelt und diese im Versicherungsschein nicht erwähnt sind.[5] Ebenfalls kein Versicherungsschutz besteht für eine im Versicherungsschein nicht genannte Einfriedungsmauer.[6]

5 Als mitversicherte **Gebäudebestandteile** (**Nr. 2 b**) sind anzusehen: Heizungsanlagen einschließlich des Heizkessels und des Ölbrenners,[7] Wärmepumpenanlagen,[8] Anlagen der Warmwasserversorgung,[9] sanitäre Installationen, hauseigene Schwimmbäder und deren Bestandteile sowie Saunen,[10] Dachgärten und Dachterrassenbepflanzungen einschließlich Erdfüllung und Pflanzen,[11] Balkone nebst Balkongeländer und Balkonverkleidungen, Einbruchmeldeanlagen,[12] Markisen sowie Rundfunk- und Fernsehantennenanlagen.

---

1 Krit. zu dieser Regelung Bruck/Möller/*K. Johannsen*, A § 5 VGB 2008/2010 Rn 11.
2 Vgl zu den Einzelheiten der Abgrenzung *Martin*, H II Rn 17 ff.
3 Vgl OLG Köln 21.5.1996 – 9 U 255/95, VersR 1997, 694 = r+s 1996, 414; vgl auch OLG Karlsruhe 30.6.2009 – 12 U 6/09, VersR 2010, 1641.
4 Vgl LG Oldenburg 7.9.1991 – 13 O 189/93, r+s 1994, 468; LG Bückeburg 21.12.1993 – 2 O 230/93, r+s 1995, 71.
5 Prölss/Martin/*Kollhosser*, 27. Aufl. 2004, § 2 VGB 62 Rn 1; OLG Celle 2.3.1995 – 8 U 23/94, VersR 1996, 748.
6 Vgl OLG Koblenz 23.9.2011 – 10 U 148/11, r+s 2012, 77 = VersR 2012, 565.
7 BGH 16.6.1993 – IV ZR 226/92, VersR 1993, 1102.
8 Vgl BGH 15.11.1989 – IVa ZR 212/88, VersR 1990, 200; anders OLG Oldenburg 8.8.1990 – 2 U 57/88, VersR 1990, 1348 für eine 15 m vom Gebäude entfernte Wärmepumpenanlage.
9 Vgl *Dietz/Fischer/Gierschek*, A § 5 VGB 2010 Rn 13.
10 *Martin*, H II Rn 68; OLG Düsseldorf 29.10.1996 – 4 U 208/95, r+s 1998, 249.
11 Vgl *Martin*, H II Rn 9, 68; *Dietz/Fischer/Gierschek*, A § 5 VGB 2010 Rn 13.
12 OLG Hamm 4.12.1987 – 20 U 70/87, r+s 1988, 173; *Dietz/Fischer/Gierschek*, A § 5 VGB 2010 Rn 13; *Martin*, H II Rn 72 f; aA *Spiegl*, r+s 1988, 233.

Einbaumöbel, insb. **Einbauküchen**, sind regelmäßig keine Gebäudebestandteile, 6
sondern Hausrat, was insb. dann gilt, wenn die Einbauküchen serienmäßig hergestellt werden und ohne großen Aufwand und Beeinträchtigung ihrer Brauchbarkeit wieder demontiert werden können.[13] Einbaumöbel bzw Einbauküchen, die individuell für das Gebäude raumspezifisch geplant und gefertigt sind, gehören gemäß ausdrücklicher Definition in **Nr. 2 b**) zu den Gebäudebestandteilen.
Bei **Fußboden-, Wand- und Deckenbelägen,** insb. Tapeten, Holz- und Kunststoff- 7
verkleidungen, Kacheln, Fliesen und **Teppichböden**, ist regelmäßig von Gebäudebestandteilen auszugehen, so dass Deckungsschutz in der Wohngebäudeversicherung und nicht in der Hausratversicherung besteht.[14] Bei Teppichböden gilt dies jedenfalls dann, wenn sie auf den Raum zugeschnitten und fest verklebt sind. Als Hausrat können Teppichböden lediglich dann angesehen werden, wenn sie auf bewohnbarem Untergrund liegen und ein Ablösen ohne Schäden am Untergrund jederzeit möglich ist.[15] **Elektrische Anlagen** der Licht- und Stromversorgung stellen wesentliche Bestandteile dar, nicht hingegen Lampen und Beleuchtungskörper.[16]

Die Einbeziehung von **Gebäudezubehör** (**Nr. 2 c**) verlangt, dass die beweglichen Sa- 8
chen der Instandhaltung bzw der überwiegenden Zweckbestimmung des versicherten Gebäudes dienen und sich im Gebäude befinden oder außen am Gebäude angebracht sind. In diesem Sinne sind als Zubehör anzusehen Heizmaterialien (Heizölvorrat, Kohle), künftig in das Gebäude einzufügende Sachen, Maschinen in Gemeinschaftswaschanlagen, Feuermelder sowie Wasser-, Gas-, Elektrizitäts- und Wärmezähler.[17]

Ausdrücklich eingeschlossen sind Müllboxen sowie **Klingel- und Briefkastenanla-** 9
gen auf dem Versicherungsgrundstück. Kein Zubehör stellt die Telefonanlage eines Privathauses dar.[18]

III. Ausschlüsse (Nr. 3)

Photovoltaikanlagen nebst den dazugehörigen Installationen sind vom Versiche- 10
rungsschutz ausdrücklich ausgeschlossen (**Nr. 3 a**), können jedoch gesondert versichert werden.

Nicht versichert sind in das Gebäude **nachträglich eingefügte Sachen,** die ein Mie- 11
ter oder Wohnungseigentümer auf seine Kosten beschafft oder übernommen hat und für die er die Gefahr trägt (**Nr. 3 b**).[19] Grund hierfür ist, dass diese Sachen ausdrücklich in den Versicherungsschutz der Hausratversicherung einbezogen sind.[20] Auch insoweit kann gem. Nr. 4 a) ein gesonderter Einschluss erfolgen, was insb. für **Einbauküchen** in Mietwohnungen von Bedeutung sein kann.[21]

Nicht versichert sind elektronisch gespeicherte **Daten und Programme**. Kosten für 12
die Wiederherstellung von elektronisch gespeicherten Daten und Programmen sind

---

13 Prölss/Martin/*Armbrüster*, § 5 VGB 2010 Rn 4; *Martin*, H II Rn 61 ff; OLG Saarbrücken 19.10.2011 – 5 U 71/11-14, VersR 2012, 1029, 1030; OLG Köln 30.7.1992 – 5 U 36/92, VersR 1992, 1468; OLG Saarbrücken 1.12.1995 – 5 U 321/94-22, r+s 1996, 414 f = VersR 1996, 97; OLG Köln 22.6.1999 – 9 U 179/98, r+s 1999, 383.
14 Vgl *Martin*, H II Rn 69 ff; *Dietz/Fischer/Gierschek*, A § 5 VGB 2010 Rn 13.
15 So OLG Köln 1.4.2003 – 9 U 175/01, VersR 2004, 105; *Martin*, H II Rn 71; vgl auch OLG München 12.7.1996 – 21 U 3748/95, VersR 1997, 999.
16 *Martin*, H II Rn 65; *Dietz*, Wohngebäudeversicherung, 2. Aufl., S. 84.
17 Vgl *Martin*, H II Rn 25.
18 AG Menden 10.10.2002 – 4 C 208/02, VersR 2003, 241.
19 Krit. zur Gestaltung der Bedingungen Bruck/Möller/*K. Johannsen*, A § 5 VGB 2008/2010 Rn 15.
20 Vgl *Martin*, H I Rn 9, H II Rn 21, 45; *Dietz*, Wohngebäudeversicherung, 2. Aufl., S. 76 ff.
21 Vgl *Martin*, H II Rn 33, 38.

nur versichert, soweit dies gesondert im Versicherungsvertrag vereinbart ist (**Nr. 3 c**).

§ 6 Wohnungs- und Teileigentum

1. Ist bei Verträgen mit einer Gemeinschaft von Wohnungseigentümern der Versicherer wegen des Verhaltens einzelner Wohnungseigentümer ganz oder teilweise leistungsfrei, so kann er sich hierauf gegenüber den übrigen Wohnungseigentümern wegen deren Sondereigentums sowie deren Miteigentumsanteile nicht berufen.

2. Die übrigen Wohnungseigentümer können verlangen, dass der Versicherer sie auch insoweit entschädigt, als er gegenüber einzelnen Miteigentümern leistungsfrei ist, sofern diese zusätzliche Entschädigung zur Wiederherstellung des gemeinschaftlichen Eigentums verwendet wird.

   Der Wohnungseigentümer, in dessen Person der Verwirkungsgrund vorliegt, ist verpflichtet, dem Versicherer diese Mehraufwendungen zu erstatten.

3. Für die Gebäudeversicherung bei Teileigentum gelten Nr. 1 und Nr. 2 entsprechend.

1 Die Vorschrift betrifft zum einen die Frage, inwieweit bei **Verträgen mit einer Gemeinschaft von Wohnungseigentümern**[1] das Verhalten eines einzelnen Wohnungseigentümers, welches zur völligen oder teilweisen Leistungsfreiheit des VR führt, allen VN schadet. Zum anderen regelt die Vorschrift den Umfang des Regresses gegen den schuldhaft handelnden Wohnungseigentümer.

2 Grundsätzlich gilt, dass ein schuldhaftes Verhalten einzelner Wohnungseigentümer und eine hieraus folgende Leistungsfreiheit des VR den Versicherungsanspruch der übrigen Miteigentümer wegen deren Sondereigentums sowie deren Miteigentumsanteile nicht berührt (**Nr. 1**).[2] Hinsichtlich des gemeinschaftlichen Eigentums ist unabhängig von der Leistungsfreiheit gegenüber dem schuldhaft handelnden Miteigentümer vollständige Entschädigung zu leisten, sofern die zusätzliche Entschädigung zur Wiederherstellung des gemeinschaftlichen Eigentums verwendet wird (**Nr. 2**).

3 Der VR kann **Regress** bei dem Wohnungseigentümer nehmen, in dessen Person der Verwirkungsgrund vorliegt. Dies betrifft nach den VGB 2008 und den VGB 2010, Version 1.1.2011, sowohl die Aufwendungen zur Wiederherstellung des gemeinschaftlichen Eigentums als auch die Aufwendungen bzgl des Sondereigentums. Die VGB 2010, Version 1.1.2013, sehen demgegenüber einen Regress im Hinblick auf das Sondereigentum nicht vor. Die Beschränkung des Regressanspruchs entspricht der Rechtslage, wie sie bei Geltung der Klausel 841 zu den VGB 62 und gem. § 25 Nr. 3 VGB 88 anzunehmen war.[3]

---

1 Zur Vertragsgestaltung und zu den versicherten Interessen Beckmann/Matusche-Beckmann/*Armbrüster*, § 6 Rn 16; Bruck/Möller/*K. Johannsen*, A § 6 VGB 2008/2010 Rn 3.
2 Dies hat Bedeutung insb. für einen Leistungsausschluss durch das Verhalten von Repräsentanten.
3 Vgl Prölss/Martin/*Kollhosser*, 27. Aufl. 2004, § 25 VGB 88 Rn 2; *Martin*, O II Rn 3, 4; *Schirmer*, r+s 1999, 335.

§ 7 Versicherte Kosten

1. Versicherte Kosten

Versichert sind die infolge eines Versicherungsfalles notwendigen und tatsächlich angefallenen
a) Aufräumungs- und Abbruchkosten
für das Aufräumen und den Abbruch versicherter Sachen sowie für das Wegräumen und den Abtransport von Schutt und sonstigen Resten dieser Sachen zum nächsten Ablagerungsplatz und für das Ablagern und Vernichten;
b) Bewegungs- und Schutzkosten
die dadurch entstehen, dass zum Zweck der Wiederherstellung oder Wiederbeschaffung versicherter Sachen andere Sachen bewegt, verändert oder geschützt werden müssen.

Die Entschädigung für versicherte Kosten gemäß a) und b) ist auf den vereinbarten Betrag begrenzt.

2. Gesondert versicherbar

(es folgen ggf. Klauseln, siehe Anhang)

Neben der Entschädigung der durch den Versicherungsfall zerstörten, beschädigten oder abhanden gekommenen Sachen (Sachschäden) besteht Anspruch auf Ersatz bestimmter **Kosten, die infolge eines Versicherungsfalles entstanden** sind. Versichert sind **Aufräumungs- und Abbruchkosten (Nr. 1 a)**[1] sowie **Bewegungs- und Schutzkosten (Nr. 1 b)**.[2] Nicht hierunter fallen Kosten des Abtransports und der Einlagerung anderer Sachen.[3] Der Anspruch auf Kostenersatz setzt, soweit die (früheren) Bedingungen nur von notwendigen „Kosten" oder „Aufwendungen" sprechen, nicht voraus, dass der VN in Vorlage tritt.[4] Versicherte Kosten können objektiv im Rahmen eines Sachverständigenverfahrens verbindlich festgestellt werden. Die Fälligkeit richtet sich sodann nach § 14. Auch in diesen Fällen kann nicht verlangt werden, dass der VN in Vorleistung tritt (vgl auch § 84 VVG Rn 24).[5] 1

Gegenüber den VGB 2008 stellen die **VGB 2010** in Nr. 1 S. 1 (Einleitungssatz) klar, dass die versicherten Kosten nicht nur notwendig, sondern auch **tatsächlich angefallen** sein müssen. Die Bestimmung dürfte mit § 307 BGB nicht vereinbar sein (vgl hierzu A § 5 AFB 2010 Rn 7). 2

---

1 Vgl hierzu *Martin*, W V; Bruck/Möller/*K. Johannsen*, A § 8 VGB 2008/2010 Rn 2 f.
2 Vgl Prölss/Martin/*Knappmann*, A § 8 VHB 2010 Rn 7; *Martin*, W IV.
3 LG Aachen 2.3.2005 – 9 O 596/04, r+s 2006, 195; OLG Köln 1.8.2005 – 9 W 20/05, r+s 2006, 195.
4 BGH 19.6.2013 – IV ZR 228/12, VersR 2013, 1039 = r+s 2013, 385; vgl hierzu *Felsch*, r+s 2014, 313, 320; aA *Martin*, W I Rn 25 f; OLG Celle 29.1.2009 – 8 U 187/08, r+s 2009, 193, 194 m. Anm. *Günther*, r+s 2009, 196.
5 Vgl OLG Hamm 17.9.1997 – 20 U 31/97, VersR 1998, 1152, 1153; OLG Celle 24.9.2009 – 8 U 99/09, r+s 2010, 114; Prölss/Martin/*Kollhosser*, 27. Aufl. 2004, § 2 VGB 88 Rn 1.

§ 8 Mehrkosten

1. **Versicherte Mehrkosten**

   Der Versicherer ersetzt bis zu dem hierfür vereinbarten Betrag die infolge eines Versicherungsfalles tatsächlich entstandenen Aufwendungen für notwendige Mehrkosten durch
   a) behördliche Wiederherstellungsbeschränkungen;
   b) Preissteigerungen nach Eintritt des Versicherungsfalles.

2. **Mehrkosten durch behördliche Wiederherstellungsbeschränkungen**

   a) Mehrkosten durch behördliche Wiederherstellungsbeschränkungen sind Aufwendungen, die dadurch entstehen, dass die versicherte und vom Schaden betroffene Sache aufgrund öffentlich-rechtlicher Vorschriften nicht in derselben Art und Güte wiederhergestellt oder wiederbeschafft werden darf.
   b) Soweit behördliche Anordnungen vor Eintritt des Versicherungsfalles erteilt wurden, sind die dadurch entstehenden Mehrkosten nicht versichert.
   War aufgrund öffentlich-rechtlicher Vorschriften die Nutzung der Sachen zum Zeitpunkt des Versicherungsfalles ganz oder teilweise untersagt, sind die dadurch entstehenden Mehrkosten nicht versichert.
   c) Wenn die Wiederherstellung der versicherten und vom Schaden betroffenen Sache aufgrund behördlicher Wiederherstellungsbeschränkungen nur an anderer Stelle erfolgen darf, werden die Mehrkosten nur in dem Umfang ersetzt, in dem sie auch bei Wiederherstellung an bisheriger Stelle entstanden wären.
   d) Mehrkosten infolge Preissteigerungen, die dadurch entstehen, dass sich die Wiederherstellung durch behördliche Wiederherstellungsbeschränkungen verzögert, werden gemäß Nr. 3 ersetzt.
   e) Ist der Zeitwert Versicherungswert, so werden auch die Mehrkosten nur im Verhältnis des Zeitwertes zum Neuwert ersetzt.

3. **Mehrkosten durch Preissteigerungen nach Eintritt des Versicherungsfalles**

   a) Mehrkosten durch Preissteigerungen sind Aufwendungen für Preissteigerungen versicherter und vom Schaden betroffener Sachen zwischen dem Eintritt des Versicherungsfalles und der Wiederherstellung oder Wiederbeschaffung.
   b) Wenn der Versicherungsnehmer die Wiederherstellung oder Wiederbeschaffung nicht unverzüglich veranlasst, werden die Mehrkosten nur in dem Umfang ersetzt, in dem sie auch bei unverzüglicher Wiederherstellung oder Wiederbeschaffung entstanden wären.
   c) Mehrkosten infolge von außergewöhnlichen Ereignissen, behördlichen Wiederherstellungs- oder Betriebsbeschränkungen oder Kapitalmangel sind nicht versichert.
   Sofern behördliche Wiederherstellungsbeschränkungen die Wiederherstellung oder Wiederbeschaffung der versicherten und vom Schaden betroffenen Sachen verzögern, werden die dadurch entstandenen Preissteigerungen jedoch ersetzt.
   d) Ist der Zeitwert Versicherungswert, so werden auch die Mehrkosten nur im Verhältnis des Zeitwerts zum Neuwert ersetzt.

In einer gesonderten Vorschrift ist jetzt mit den VGB 2010, Version 1.1.2013, der Ersatz sog. **Mehrkosten infolge behördlicher Wiederherstellungsbeschränkungen** (**Nr. 1 a**) und infolge Preissteigerungen nach Eintritt des Versicherungsfalles (**Nr. 1 b**) geregelt (früher: § 15 VGB 88 und § 25 bzw § 26 VGB 2000). Im Gegensatz zu früheren Bedingungen wird nicht mehr auf die Erteilung behördlicher Auflagen, sondern allein auf die Veränderung öffentlich-rechtlicher Vorschriften (Gesetze und Verordnungen) abgestellt, wobei Mehrkosten aufgrund behördlicher Anordnungen *vor* Eintritt des Versicherungsfalles nicht versichert sind (**Nr. 2 b S. 1**).[1]   1

Bestehen Wiederherstellungsbeschränkungen dergestalt, dass die Wiederherstellung nur an anderer Stelle erfolgen darf, so werden hierdurch entstehende Mehrkosten nur in dem Umfang ersetzt, in dem sie auch bei Wiederherstellung an bisheriger Stelle entstanden wären (**Nr. 2 c**). Bei Teilschäden werden nur solche Mehrkosten erfasst, die sich auf die tatsächlich vom Schaden betroffenen Gebäudeteile beziehen.[2]   2

Mehrkosten durch Preissteigerungen sind gem. **Nr. 3 a**) für die Zeit zwischen dem Eintritt des Versicherungsfalles und der Wiederherstellung oder Wiederbeschaffung versichert. **Nr. 3 b**) stellt klar, dass Mehrkosten, die auf einer verzögerten Wiederherstellung durch den VN beruhen, nicht erstattungsfähig sind. Beruht die verzögerte Wiederherstellung oder Wiederbeschaffung darauf, dass der VR seiner Vorschusspflicht gem. Abschnitt A § 14 Nr. 1 a) nicht nachgekommen ist, so kann die Vorschrift keine Anwendung finden.   3

Nr. 3 c) stellt deklaratorisch – da ohnehin nicht versichert –, fest, dass Mehrkosten aufgrund von **Betriebsbeschränkungen** oder **Kapitalmangel** nicht versichert sind. Was darüber hinaus unter „außergewöhnlichen Ereignissen" zu verstehen ist, bleibt unklar. Haben behördliche Wiederherstellungsbeschränkungen zu einer Verzögerung der Wiederherstellung oder Wiederbeschaffung versicherter Sachen geführt, so werden dadurch entstandene Preissteigerungen ersetzt.   4

§ 9 Mietausfall, Mietwert

1. Mietausfall, Mietwert

Der Versicherer ersetzt

a) den Mietausfall einschließlich fortlaufender Mietnebenkosten, wenn Mieter von Wohnräumen infolge eines Versicherungsfalles zu Recht die Zahlung der Miete ganz oder teilweise eingestellt haben;

b) den ortsüblichen Mietwert von Wohnräumen einschließlich fortlaufender Nebenkosten im Sinne des Mietrechts, die der Versicherungsnehmer selbst bewohnt und die infolge eines Versicherungsfalles unbenutzbar geworden sind, falls dem Versicherungsnehmer die Beschränkung auf einen benutzbar gebliebenen Teil der Wohnung nicht zugemutet werden kann;

c) auch einen durch behördliche Wiederherstellungsbeschränkungen verursachten zusätzlichen Mietausfall bzw. Mietwert.

---

1 Vgl zu den früheren Regelungen Prölss/Martin/*Armbrüster*, § 8 VGB 2010 Rn 1 und 2; *Martin*, Q IV 50 ff.
2 Vgl hierzu OLG Köln 7.3.1995 – 9 U 290/94, VersR 1996, 581 f; OLG Köln 22.10.2010 – 9 U 104/10, VersR 2011, 879; OLG Köln 28.2.2012 – 9 U 104/10, r+s 2012, 178.

2. Haftzeit

a) Mietausfall oder Mietwert werden bis zu dem Zeitpunkt ersetzt, in dem die Räume wieder benutzbar sind, höchstens jedoch für _ Monate seit dem Eintritt des Versicherungsfalles.

b) Mietausfall oder Mietwert werden nur insoweit ersetzt, wie der Versicherungsnehmer die mögliche Wiederbenutzung nicht schuldhaft verzögert.

3. Gewerblich genutzte Räume

Für gewerblich genutzte Räume kann die Versicherung des Mietausfalles oder des ortsüblichen Mietwertes vereinbart werden.

4. Gesondert versicherbar

a) Haftzeit bei Auszug des Mieters infolge des Schadens

Endet das Mietverhältnis infolge des Schadens und sind die Räume trotz Anwendung der im Verkehr erforderlichen Sorgfalt zum Zeitpunkt der Wiederherstellung nicht zu vermieten, wird der Mietverlust bis zur Neuvermietung über diesen Zeitpunkt hinaus für die Dauer von _ Monaten ersetzt, höchstens jedoch bis zum Ablauf der Haftzeit.

b) Haftzeit bei Nachweis der unterbliebenen Vermietung infolge des Schadens

War das Gebäude zur Zeit des Eintritts des Versicherungsfalles nicht vermietet und weist der Versicherungsnehmer die Vermietung zu einem in der Haftzeit liegenden Termin nach, wird der ab diesem Zeitpunkt entstandene Mietausfall bis zum Ablauf der Haftzeit gezahlt.

I. Mietausfall, Mietwert (Nr. 1)

1 Die Regelungen zum Ersatz eines Mietausfalles unterscheiden zwischen fremdvermieteten und eigengenutzten Räumlichkeiten. Bei **fremdvermieteten Wohnräumen** (**Nr. 1 a**) kann ein Mietausfallschaden dann entstehen, wenn der Mieter infolge eines Versicherungsfalles zu Recht die Zahlung der Miete ganz oder teilweise eingestellt hat. Versichert ist nur der tatsächliche Ausfall. Die theoretische Möglichkeit zur Mietminderung reicht nicht aus. Der Ersatz des Mietausfallschadens umfasst auch die fortlaufenden Mietnebenkosten.

2 Werden Räumlichkeiten in einem versicherten Gebäude **vom VN selbst bewohnt** und sind diese infolge eines Versicherungsfalles unbenutzbar geworden, so ersetzt der VR den ortsüblichen Mietwert (**Nr. 1 b**). Voraussetzung ist jedoch, dass dem VN die Beschränkung auf einen etwa benutzbar gebliebenen Teil der Wohnung nicht zugemutet werden kann. Ob dem VN tatsächlich Kosten für die Anmietung gleichwertigen Ersatzwohnraums entstehen, ist unerheblich, so dass die Mietwertentschädigung auch dann zu leisten ist, wenn der VN bei Freunden oder Verwandten wohnt.[1] Auch fortlaufende Nebenkosten werden ersetzt.[2] Die Regelungen über den Ersatz des ortsüblichen Mietwerts sind auch anzuwenden bei unentgeltlicher Überlassung der Wohnräume an Dritte (zB Verwandte oder Hauspersonal).[3]

---

[1] *Martin*, W VIII Rn 14.
[2] Vgl zu früheren Regelungen *Dietz*, Wohngebäudeversicherung, 2. Aufl., S. 109 f.
[3] *Dietz*, Wohngebäudeversicherung, 2. Aufl., S. 110; aA OLG Bremen 3.7.2012 – 3 W 14/12, VersR 2012, 1561; differenzierend Bruck/Möller/K. *Johannsen*, A § 9 VGB 2008/2010 Rn 5.

Grundsätzlich kann bei **leerstehenden Gebäuden** ein Ersatz von Mietausfall nicht verlangt werden.[4] Etwas anderes gilt bei einem durch Einhaltung öffentlich-rechtlicher Vorschriften (zB behördliche **Wiederherstellungsbeschränkungen**) verursachten zusätzlichen Mietausfall (**Nr. 1 c**).

II. Gewerblich genutzte Räume (Nr. 3)

Die Vorschrift sieht den Ersatz eines Mietverlustes grds. nur für Wohnräume vor.[5] Gemäß Nr. 3 kann die Versicherung des Mietausfalles oder des Mietwertes für gewerblich genutzte Räume gesondert vereinbart werden. Hieraus wird teilweise gefolgert, dass bei **gemischt genutzten Gebäuden** kein Anspruch auf Ersatz des Mietverlustes für gewerblich genutzte Räume besteht. Werden allerdings für ein ausschließlich gewerblich genutztes Gebäude die Bedingungen der Wohngebäudeversicherung vereinbart, so kann hierin konkludent eine Abänderung der Regelung der VGB dahin liegen, dass auch der Mietausfall der gewerblich genutzten Räume zu entschädigen ist.[6] Für gemischt genutzte Gebäude kann jedenfalls dann nichts anderes gelten, wenn das Objekt insgesamt zu einem einheitlichen Mietzins vermietet worden ist und wenn der privat genutzte Teil des Objektes überwiegt.[7] Zumindest dürfte in diesen Fällen eine Hinweispflicht des VR darauf bestehen, dass für die gewerblichen Räume eine gesonderte Mietausfallversicherung abzuschließen ist.

III. Haftzeit (Nr. 2)

Die Haftzeit für die Mietausfall- oder Mietwertentschädigung ist individuell zu vereinbaren. Wird die Möglichkeit der Wiederbenutzung der Wohnung **schuldhaft verzögert**, so besteht für den Zeitraum der Verzögerung keine Ersatzpflicht.[8] Eine völlige Leistungsfreiheit ist nur bei einem vorsätzlichen Verhalten anzunehmen. Anwendbar ist § 28 VVG, da § 9 Nr. 2 b zum Nachteil des VN von der gesetzlichen Regelung abweicht.[9] Eine schuldhafte Verzögerung kann auf einer verspäteten Schadenanzeige beruhen.[10] Keine schuldhafte Verzögerung liegt dann vor, wenn der VN wegen fehlender finanzieller Möglichkeiten mit dem Wiederaufbau erst nach Auszahlung der Entschädigung beginnt.[11] Ein über die Haftzeit hinausgehender Anspruch auf Ersatz des Mietausfalls kann aus Verzugsgesichtspunkten begründet sein.[12]

§ 10 Versicherungswert, Versicherungssumme

1. Vereinbarte Versicherungswerte

Als Versicherungswert kann der Gleitende Neuwert, der Neuwert, der Zeitwert oder der Gemeine Wert vereinbart werden. Im Versicherungsfall kann

---

4 Vgl OLG Schleswig 6.7.2006 – 16 U 67/05, r+s 2007, 327.
5 Vgl zu früheren Regelungen OLG Hamm 30.10.1992 – 20 U 111/92, r+s 1993, 107 f; OLG Celle 10.10.1986 – 8 U 216/85, VersR 1987, 373 = r+s 1993, 265; Prölss/Martin/*Kollhosser*, 27. Aufl. 2004, § 1 VGB 62 Rn 5.
6 *Martin*, W VIII Rn 3; Prölss/Martin/*Kollhosser*, 27. Aufl. 2004, § 1 VGB 62 Rn 5.
7 Vgl OLG Köln 7.12.1989 – 5 U 154/88, VersR 1991, 70; Prölss/Martin/*Armbrüster*, § 9 VGB 2010 Rn 3; aA OLG Celle 10.10.1986 – 8 U 216/85, r+s 1993, 264 f.
8 OLG Köln 7.12.1989 – 5 U 154/88, VersR 1991, 70; Bruck/Möller/K. *Johannsen*, A § 9 VGB 2008/2010 Rn 7; aA *Martin*, W VIII Rn 5 ff.
9 So zutr. Bruck/Möller/K. *Johannsen*, A § 9 VGB 2008/2010 Rn 7.
10 OLG Köln 7.12.1989 – 5 U 154/88, VersR 1991, 70.
11 OLG Hamm 15.7.1987 – 20 U 36/87, VersR 1988, 795; *Martin*, W VIII Rn 6; Prölss/Martin/*Kollhosser*, 27. Aufl. 2004, § 1 VGB 62 Rn 6.
12 Vgl OLG Koblenz 30.10.2009 – 10 U 1407/08, VersR 2010, 811.

der Gemeine Wert Anwendung finden, wenn die versicherte Sache dauerhaft entwertet ist (siehe d). Der Versicherungswert bildet die Grundlage der Entschädigungsberechnung.

a) Gleitender Neuwert

aa) Der Gleitende Neuwert ist der Betrag, der aufzuwenden ist, um Sachen gleicher Art und Güte in neuwertigem Zustand herzustellen, ausgedrückt in Preisen des Jahres 1914. Maßgebend ist der ortsübliche Neubauwert einschließlich Architektengebühren sowie sonstige Konstruktions- und Planungskosten.

Bestandteil des Gleitenden Neuwertes sind insoweit auch Aufwendungen, die dadurch entstehen, dass die Wiederherstellung der Sachen in derselben Art und Güte infolge Technologiefortschritts entweder nicht möglich ist oder nur mit unwirtschaftlichem Aufwand möglich wäre. Die Ersatzgüter müssen hierbei den vorhandenen Sachen möglichst nahe kommen.

bb) Nicht Bestandteil des Gleitenden Neuwertes sind Mehrkosten durch behördliche Wiederherstellungsbeschränkungen, die dadurch entstehen, dass Sachen aufgrund öffentlich-rechtlicher Vorschriften nicht in derselben Art und Güte wiederhergestellt werden dürfen, es sei denn, dass diese Mehrkosten als Technologiefortschritt gemäß aa) zu berücksichtigen sind. Versicherungsschutz für diese Mehrkosten besteht gemäß den Vereinbarungen zu den versicherten Mehrkosten.

Mehrkosten durch Preissteigerungen zwischen dem Eintritt des Versicherungsfalles und der Wiederherstellung sind ebenfalls nicht Bestandteil des Neuwertes. Versicherungsschutz für diese Mehrkosten besteht gemäß den Vereinbarungen zu den versicherten Mehrkosten.

cc) Der Versicherer passt den Versicherungsschutz nach a) aa) an die Baukostenentwicklung an (siehe Abschnitt A § 12 Nr. 2). Es besteht insoweit Versicherungsschutz auf der Grundlage des ortsüblichen Neubauwertes zum Zeitpunkt des Versicherungsfalles.

dd) Wenn sich durch bauliche Maßnahmen innerhalb des laufenden Versicherungsjahres der Wert des Gebäudes erhöht, besteht bis zum Schluss dieses Jahres auch insoweit Versicherungsschutz.

b) Neuwert

aa) Der Neuwert ist der Betrag, der aufzuwenden ist, um Sachen gleicher Art und Güte in neuwertigem Zustand herzustellen. Maßgebend ist der ortsübliche Neubauwert einschließlich Architektengebühren sowie sonstige Konstruktions- und Planungskosten.

Bestandteil des Neuwertes sind insoweit auch Aufwendungen, die dadurch entstehen, dass die Wiederherstellung der Sachen in derselben Art und Güte infolge Technologiefortschritts entweder nicht möglich ist oder nur mit unwirtschaftlichem Aufwand möglich wäre. Die Ersatzgüter müssen hierbei den vorhandenen Sachen möglichst nahe kommen.

bb) Nicht Bestandteil des Neuwertes sind Mehrkosten durch behördliche Wiederherstellungsbeschränkungen, die dadurch entstehen, dass Sachen aufgrund öffentlich-rechtlicher Vorschriften nicht in derselben Art und Güte wiederhergestellt werden dürfen, es sei denn, dass diese Mehrkosten als Technologiefortschritt gemäß aa) zu berücksichtigen sind. Versicherungsschutz für diese Mehrkosten besteht gemäß den Vereinbarungen zu den versicherten Mehrkosten.

Mehrkosten durch Preissteigerungen zwischen dem Eintritt des Versicherungsfalles und der Wiederherstellung sind ebenfalls nicht Bestandteil des Neuwertes. Versicherungsschutz für diese Mehrkosten besteht gemäß den Vereinbarungen zu den versicherten Mehrkosten.

c) Zeitwert

Der Zeitwert ergibt sich aus dem Neuwert des Gebäudes (siehe b) abzüglich der Wertminderung insbesondere durch Alter und Abnutzungsgrad.

d) Gemeiner Wert

Der Gemeine Wert ist der erzielbare Verkaufspreis für das Gebäude oder für das Altmaterial.

Ist Versicherung zum Gleitenden Neuwert, Neuwert oder Zeitwert vereinbart und ist das Gebäude zum Abbruch bestimmt oder sonst dauernd entwertet, so ist Versicherungswert lediglich der gemeine Wert. Eine dauernde Entwertung liegt insbesondere vor, wenn das Gebäude für seinen Zweck nicht mehr zu verwenden ist.

Der Versicherungswert von Gebäudezubehör und Grundstücksbestandteilen, die nicht Gebäude sind, entspricht dem für das Gebäude vereinbarten Versicherungswert.

2. Versicherungssumme

a) Die Versicherungssumme ist der zwischen Versicherer und Versicherungsnehmer im Einzelnen vereinbarte Betrag, der dem Versicherungswert entsprechen soll.

b) Wenn bauliche Änderungen vorgenommen werden, soll der Versicherungsnehmer die Versicherungssumme an den veränderten Versicherungswert anpassen.

c) Ist Neuwert, Zeitwert oder gemeiner Wert vereinbart worden, soll der Versicherungsnehmer die Versicherungssumme für die versicherte Sache für die Dauer des Versicherungsverhältnisses dem jeweils gültigen Versicherungswert anpassen.

d) Entspricht zum Zeitpunkt des Versicherungsfalles die Versicherungssumme nicht dem Versicherungswert, kann die Regelung über die Unterversicherung zur Anwendung kommen (siehe Abschnitt A § 13 Nr. 9).

I. Vereinbarte Versicherungswerte (Nr. 1)

Die Vorschrift enthält **Definitionen** der in Betracht kommenden Versicherungswerte. Hierbei ist die **Neuwertversicherung** der Regelfall im Rahmen der Gebäudeversicherung. Alternativ können als Versicherungswert auch der Zeitwert oder der Gemeine Wert vereinbart werden. Auch im Rahmen der Neuwertversicherung kann ausnahmsweise der Gemeine Wert maßgeblich sein, wenn das Gebäude zum Abbruch bestimmt oder sonst dauernd entwertet ist (Nr. 1 d Abs. 2).

Grundlage des **Gleitenden Neuwertes**, durch den eine Unterversicherung aufgrund von Steigerungen des Gegenwartswertes vermieden werden soll, ist der sog. **Versicherungswert 1914**. Dieser Neubauwert – ausgedrückt in den Preisen des Jahres 1914 – bemisst sich nach Größe, Ausstattung sowie Ausbau des Gebäudes. Hierzu gehören auch Architektengebühren sowie sonstige Konstruktions- oder Planungskosten.[1] Der ortsübliche Neubauwert ist der Geldbetrag, der aufzuwenden ist, um das versicherte Gebäude auf dem Versicherungsgrundstück zu errichten, wobei maßgebend die Baupreise an dem Ort sind, an dem das versicherte Gebäude steht.[2] Um daraus den „Versicherungswert 1914" errechnen zu können, wird der Gegenwartswert unter Heranziehung der Indexzahlen für die Gesamtbaupreise auf das Jahr 1914 heruntergerechnet.[3]

3 Nr. 1 a) aa) und Nr. 1 b) aa) stellen klar, dass Aufwendungen, die dadurch entstehen, dass die Wiederherstellung der Sache in derselben Art und Güte infolge **Technologiefortschritts** entweder nicht möglich ist oder nur mit unwirtschaftlichem Aufwand möglich wäre, Bestandteil des Neuwertes sind.

4 Nr. 1 a) bb) und Nr. 1 b) bb) stellen weiter klar, dass **Mehrkosten durch behördliche Wiederherstellungsbeschränkungen** – soweit sie nicht als Technologiefortschritt zu berücksichtigen sind – und **Mehrkosten durch Preissteigerungen** nicht Bestandteil des Neuwertes sind. Versicherungsschutz für Mehrkosten durch behördliche Wiederherstellungsbeschränkungen und für Mehrkosten durch Preissteigerungen besteht gemäß den Vereinbarungen zu den versicherten Kosten (§ 7).

5 Ist das Gebäude **zum Abbruch bestimmt** oder sonst **dauernd entwertet**, so ist der Versicherungswert auch bei einer Versicherung zum Gleitenden Neuwert, Neuwert oder Zeitwert stets der Gemeine Wert. Der Entschluss, das Gebäude abzureißen, muss endgültig und unwiderruflich nach außen in Erscheinung getreten sein.[4]

II. Versicherungssumme (Nr. 2)

6 Die Versicherungssumme hat Bedeutung im Wesentlichen nur für die Berechnung der Prämie und – soweit ein Unterversicherungsverzicht nicht vereinbart ist – für die Feststellung und Berechnung einer etwaigen Unterversicherung.

§ 11 Ermittlung der Versicherungssumme in der gleitenden Neuwertversicherung, Unterversicherung

1. Ermittlung der Versicherungssumme in der gleitenden Neuwertversicherung

Die Versicherungssumme ist nach dem ortsüblichen Neubauwert (siehe Abschnitt A § 10 Nr. 1 a) zu ermitteln, der in den Preisen des Jahres 1914 ausgedrückt wird (Versicherungssumme „Wert 1914").

Die Versicherungssumme gilt als richtig ermittelt, wenn

a) sie aufgrund einer vom Versicherer anerkannten Schätzung eines Bausachverständigen festgesetzt wird;
b) der Versicherungsnehmer im Antrag den Neubauwert in Preisen eines anderen Jahres zutreffend angibt und der Versicherer diesen Betrag umrechnet;
c) der Versicherungsnehmer Antragsfragen nach Größe, Ausbau und Ausstattung des Gebäudes zutreffend beantwortet und der Versicherer hiernach die Versicherungssumme „Wert 1914" berechnet.

---

[1] Vgl im Einzelnen *Dietz*, Wohngebäudeversicherung, 2. Aufl., S. 325 f.
[2] *Dietz/Fischer/Gierschek*, A § 10 VGB 2010 Rn 7.
[3] Vgl Prölss/Martin/*Armbrüster*, § 1 SGlN Rn 3, 8 ff; *Martin*, S IV Rn 1.
[4] Vgl Prölss/Martin/*Kollhosser*, 27. Aufl. 2004, § 6 VGB 62 Rn 2.

2. Unterversicherungsverzicht

a) Wird die nach Nr. 1 ermittelte Versicherungssumme „Wert 1914" vereinbart, nimmt der Versicherer bei der Entschädigung (einschließlich Kosten und Mietausfall) keinen Abzug wegen Unterversicherung vor (Unterversicherungsverzicht).

b) Ergibt sich im Versicherungsfall, dass die Beschreibung des Gebäudes und seiner Ausstattung gemäß Nr. 1 c) von den tatsächlichen Verhältnissen bei Vertragsabschluss abweicht und ist dadurch die Versicherungssumme „Wert 1914" zu niedrig bemessen, so kann der Versicherer nach den Regelungen über die Anzeigepflichtverletzungen vom Vertrag zurücktreten, kündigen oder eine Vertragsanpassung vornehmen; ferner kann er bezüglich der Differenz zwischen vereinbarter Versicherungssumme und tatsächlichem Versicherungswert nach den Regeln der Unterversicherung leistungsfrei sein.

c) Der Unterversicherungsverzicht gilt ferner nicht, wenn der der Versicherungssummenermittlung zugrunde liegende Bauzustand nach Vertragsabschluss durch wertsteigernde bauliche Maßnahmen verändert wurde und die Veränderung dem Versicherer nicht unverzüglich angezeigt wurde. Dies gilt nicht, soweit der ortsübliche Neubauwert innerhalb des zum Zeitpunkt des Versicherungsfalles laufenden Versicherungsjahres durch bauliche Maßnahmen erhöht wurde.

I. Ermittlung der Versicherungssumme in der Gleitenden Neuwertversicherung (Nr. 1)

Die bei der Ermittlung des Versicherungswertes 1914 und dessen Ableitung aus den ortsüblichen Neubauwerten bestehenden Schwierigkeiten begründen das Risiko, dass bereits der Versicherungswert 1914 und damit der Ausgangspunkt der dem VersVertrag zugrunde zu legenden Versicherungssumme unzutreffend ist. Dies kann dazu führen, dass der Zweck der Gleitenden Neuwertversicherung, eine Unterversicherung zu vermeiden, verfehlt wird. Wenngleich die zutreffende Ermittlung der Versicherungssumme in der Wohngebäudeversicherung grds. Sache des VN ist,[1] ist in der Rspr seit längerem anerkannt, dass den VR bei der Ermittlung des Versicherungswertes und der Versicherungssumme in der Wohngebäudeversicherung **erhöhte Beratungs- und Aufklärungspflichten** treffen (vgl die zwischenzeitlich gesetzlich kodifizierte Beratungspflicht gem. §§ 6, 61 VVG). Dies gilt vor allem im Hinblick auf die richtige Bemessung des Versicherungswertes 1914 und der Versicherungssumme 1914.[2] Gesteigerte Hinweis- und Beratungspflichten treffen den VR bspw, wenn er Versicherungsbedingungen verwendet, nach denen die Bestimmung des richtigen Versicherungswertes, ohne dass dies offen zu Tage läge, so schwierig ist, dass sie selbst ein Fachmann nur mit Mühe treffen kann, und er die Bestimmung des Wertes dem VN überlässt. Der VR muss in geeigneter Form sowohl auf die Schwierigkeiten der richtigen Festsetzung des Versicherungswertes als auch auf die Gefahren einer falschen Festsetzung aufmerksam machen. Zu einer ordnungsgemäßen Belehrung gehört auch der Hinweis, dass ein im Bauwesen nicht sachverständiger VN mit der Bestimmung des richtigen Versicherungswertes 1914 in aller Regel überfordert sein wird und dass es sich deshalb empfehlen kann, einen Sachverständigen hinzuzuziehen. Seiner Hinweispflicht kann der VR

---

1 Prölss/Martin/*Armbrüster*, § 75 VVG Rn 24 ff; Römer/Langheid/*Römer*, § 50 Rn 5; BK/*Schauer*, § 50 Rn 10.
2 Grundlegend BGH 7.12.1988 – IVa ZR 193/87, VersR 1989, 472 = r+s 1989, 58; BGH 3.2.2011 – IV ZR 171/09, r+s 2011, 250; vgl auch OLG Düsseldorf 11.5.2010 – 24 U 46/10, r+s 2011, 158 m. Anm. *Wälder*, r+s 2011, 161.

auch dadurch genügen, dass er dem VN eine eigene fachkundige Beratung anbietet.[3]

2 Verletzt der VR **schuldhaft** seine **Aufklärungspflicht** gegenüber dem VN, so ist er dem VN nach den Regeln über das Verschulden bei Vertragsschluss zum Schadensersatz verpflichtet. Er hat den VN im Schadensfall so zu stellen, wie er bei ordnungsgemäßer Beratung stünde. Bis zum Beweis des Gegenteils, der vom VR zu führen ist, muss davon ausgegangen werden, dass der VN das Gebäude zum „richtigen" Versicherungswert versichert hätte, wenn ihm die Notwendigkeit dafür vom VR verdeutlicht worden wäre.[4]

3 Eine allgemeine Beratungspflicht des VR oder gar eine Verantwortung des VR für die richtige Festlegung der Versicherungssumme kann aus der Entscheidung des BGH nicht abgeleitet werden. Beratungspflichten des VR mit der Folge einer Schadensersatzhaftung bei Verletzung dieser Pflichten sind auch in der Wohngebäudeversicherung nur dann begründet, wenn sich der VN entweder erkennbar verschätzt hat,[5] wenn der VR dem VN gerade zur Ermittlung des Versicherungswertes einen sachkundigen Mitarbeiter zur Verfügung gestellt hat oder wenn die Bestimmung des Versicherungswertes selbst für einen Fachmann äußerst schwierig ist, was grds. für die Ermittlung des Versicherungswertes 1914 der Gleitenden Neuwertversicherung anzunehmen ist.[6]

4 Unter Berücksichtigung der Grundsätze der Rspr bestimmt **Nr. 1 S. 2**, dass die Versicherungssumme 1914 **als richtig ermittelt gilt**, wenn sie aufgrund einer vom VR anerkannten Schätzung eines Bausachverständigen festgesetzt wird[7] (**Nr. 1 S. 2 a**) oder aber der VN im Antrag den Neubauwert in Preisen eines anderen Jahres zutreffend angibt und der VR diesen Betrag umrechnet[8] (**Nr. 1 S. 2 b**). Auch bei dieser Berechnungsmethode bleibt es jedoch bei der Verantwortung des VN für die zutreffende Ermittlung des Neubauwertes eines beliebigen Jahres, so dass die Gefahr einer Unterversicherung bestehen bleibt, zumal der private VN idR damit überfordert ist, den Neubauwert eines Gebäudes richtig zu ermitteln. Abgenommen wird dem VN nur das Risiko der Umrechnung bzw Indexierung. Große praktische Bedeutung hat deshalb die in **Nr. 1 S. 2 c)** angesprochene Methode der Bestimmung der Versicherungssumme 1914 nach Maßgabe des sog. **Summenermittlungsbogens**. Danach gilt die Versicherungssumme 1914 als richtig ermittelt, wenn der VN Antragsfragen nach Größe, Ausbau und Ausstattung des Gebäudes zutref-

---

3 So BGH 7.12.1988 – IVa ZR 193/87, r+s 1989, 58, 59 = VersR 1989, 472, 473.
4 OLG Saarbrücken 5.12.2001 – 5 U 903/00-83, VersR 2003, 196 = r+s 2002, 294.
5 Vgl OLG Hamm 4.5.1984 – 20 U 355/83, VersR 1984, 880.
6 Vgl hierzu Prölss/Martin/*Armbrüster*, § 75 VVG Rn 27; Römer/Langheid/*Römer*, § 50 Rn 5, 6; BK/*Schauer*, § 50 Rn 10 ff; *Schirmer*, r+s 1999, 177, 183, 184; *Armbrüster*, VersR 1997, 931 ff; *Römer*, VersR 1998, 1313, 1320; *Martin*, S IV Rn 9 ff, 58; *Dietz*, Wohngebäudeversicherung, 2. Aufl., S. 343 ff; Rechtsprechungsübersicht von *Wälder*, r+s 1993, 425 f. Vgl aus der Rspr: BGH 3.2.2011 – IV ZR 171/09, r+s 2011, 250; OLG Celle 20.11.2003 – 8 U 6/03, r+s 2004, 20; OLG Saarbrücken 5.12.2001 – 5 U 903/00-83, VersR 2003, 196; OLG Hamm 14.6.1991 – 20 U 344/91, r+s 1991, 312 f = VersR 1992, 49, 50; OLG Oldenburg 19.8.1992 – 2 U 87/92, r+s 1993, 310; OLG Karlsruhe 5.11.1992 – 12 U 112/91, r+s 1994, 264, 266; OLG Köln 30.9.1992 – 24 O 21/92, r+s 1994, 187; OLG Hamm 14.7.1995 – 20 U 31/95, r+s 1995, 389, 390; OLG Celle 3.3.1994 – 8 U 58/93, VersR 1995, 333 = r+s 1994, 225 m. Anm. *Schmidt*; OLG Köln 12.11.1996 – 9 U 17/96, r+s 1997, 30; OLG Saarbrücken 4.2.1998 – 5 U 490/97-49, r+s 1998, 384; OLG Frankfurt/M 21.11.2001 – 7 U 35/01, VersR 2002, 1022 = r+s 2002, 467; LG Düsseldorf 1.9.2005 – 11 O 99/05, VersR 2006, 502; OLG Saarbrücken 18.1.2006 – 5 U 197/05-16, VersR 2006, 923 = r+s 2006, 197, 329; OLG Düsseldorf 13.12.2005 – 4 U 205/04, r+s 2006, 331.
7 Vgl hierzu *Martin*, S IV Rn 21 ff; *Dietz/Fischer/Gierschek*, A § 11 VGB 2010 Rn 5 ff.
8 Vgl hierzu *Martin*, S IV Rn 25 ff; *Dietz/Fischer/Gierschek*, A § 11 VGB 2010 Rn 8 ff.

fend beantwortet und der VR hiernach die Versicherungssumme „Wert 1914" berechnet.[9]

II. Unterversicherungsverzicht (Nr. 2)

Ist die im VersVertrag vereinbarte Versicherungssumme nach einer der in Nr. 1 genannten Methoden ermittelt worden, so führt dies grds. zu einem Unterversicherungsverzicht (**Nr. 2 a**). Ergibt sich allerdings im Versicherungsfall, dass die Beschreibung des Gebäudes und seiner Ausstattung von den tatsächlichen Verhältnissen bei Vertragsschluss abweicht und ist dadurch die Versicherungssumme 1914 zu niedrig bemessen, so kann der VR nach den Regelungen über die Anzeigepflichtverletzungen vom Vertrag zurücktreten, kündigen oder eine Vertragsanpassung vornehmen; ferner kann er sich bzgl der Differenz zwischen vereinbarter Versicherungssumme und tatsächlichem Versicherungswert auf Unterversicherung berufen (**Nr. 2 b**).

Zu einem **Wegfall** des Unterversicherungsverzichts kann es gem. Nr. 2 c) S. 1 auch dann kommen, wenn sich der Bauzustand nachträglich durch wertsteigernde bauliche Maßnahmen verändert hat und die Veränderung dem VR nicht unverzüglich angezeigt wurde.[10]

§ 12 Prämie in der Gleitenden Neuwertversicherung und deren Anpassung

1. Berechnung der Prämie

Grundlagen der Berechnung der Prämie sind die Versicherungssumme „Wert 1914", der vereinbarte Prämiensatz sowie der Anpassungsfaktor (siehe Nr. 2 a).

Die jeweils zu zahlende Jahresprämie wird berechnet durch Multiplikation der vereinbarten Grundprämie 1914 (Versicherungssumme „Wert 1914" multipliziert mit dem Prämiensatz) mit dem jeweils gültigen Anpassungsfaktor.

2. Anpassung der Prämie

a) Die Prämie verändert sich entsprechend der Anpassung des Versicherungsschutzes (siehe Abschnitt A § 10 Nr. 1 a) gemäß der Erhöhung oder Verminderung des Anpassungsfaktors.

b) Der Anpassungsfaktor erhöht oder vermindert sich jeweils zum 1. Januar eines jeden Jahres für das in diesem Jahr beginnende Versicherungsjahr entsprechend dem Prozentsatz, um den sich der jeweils für den Monat Mai des Vorjahres veröffentlichte Baupreisindex für Wohngebäude und der für den Monat April des Vorjahres veröffentlichte Tariflohnindex für das Baugewerbe verändert haben. Beide Indizes gibt das Statistische Bundesamt bekannt. Bei dieser Anpassung wird die Änderung des Baupreisindexes zu 80 Prozent und die des Tariflohnindexes zu 20 Prozent berücksichtigt, und zwar der jeweilige Index auf zwei Stellen nach dem Komma gerundet.

---

9 Vgl hierzu *Martin*, S IV Rn 32 ff; *Dietz/Fischer/Gierschek*, A § 11 VGB 2010 Rn 11 ff.
10 Vgl hierzu *Martin*, S IV Rn 44 ff; *Dietz/Fischer/Gierschek*, A § 11 VGB 2010 Rn 26 ff; OLG Saarbrücken 7.7.1999 – 5 U 139/99, VersR 2000, 358, 359.

Der Anpassungsfaktor wird auf zwei Stellen nach dem Komma errechnet und gerundet.

Soweit bei Rundungen die dritte Zahl nach dem Komma eine Fünf oder eine höhere Zahl ist, wird aufgerundet, sonst abgerundet.

c) Der Versicherungsnehmer kann einer Erhöhung der Prämie innerhalb eines Monats, nachdem ihm die Mitteilung über die Erhöhung des Anpassungsfaktors zugegangen ist, durch Erklärung in Textform widersprechen. Zur Wahrung der Frist genügt die rechtzeitige Absendung. Damit wird die Erhöhung nicht wirksam. Die Versicherung bleibt dann als Neuwertversicherung (siehe Abschnitt A § 10 Nr. 1 b) in Kraft, und zwar zur bisherigen Prämie und mit einer Versicherungssumme, die sich aus der Versicherungssumme „Wert 1914" multipliziert mit 1/100 des Baupreisindexes für Wohngebäude ergibt, der im Mai des Vorjahres galt.

In diesem Fall gilt ein vereinbarter Unterversicherungsverzicht nicht mehr.

Das Recht des Versicherungsnehmers auf Herabsetzung der Versicherungssumme wegen erheblicher Überversicherung bleibt unberührt.

§ 13 Entschädigungsberechnung

1. Gleitende Neuwert- und Neuwertversicherung

a) Der Versicherer ersetzt

aa) bei zerstörten Gebäuden die ortsüblichen Wiederherstellungskosten des Gebäudes (einschließlich der Architektengebühren sowie sonstiger Konstruktions- und Planungskosten) unmittelbar vor Eintritt des Versicherungsfalles,

bb) bei beschädigten Gebäuden oder sonstigen beschädigten Sachen die notwendigen Reparaturkosten unmittelbar vor Eintritt des Versicherungsfalles zuzüglich einer durch die Reparatur nicht ausgeglichenen Wertminderung, höchstens jedoch der Versicherungswert unmittelbar vor Eintritt des Versicherungsfalles,

cc) bei zerstörten oder abhanden gekommenen sonstigen Sachen den Wiederbeschaffungspreis von Sachen gleicher Art und Güte im neuwertigen Zustand unmittelbar vor Eintritt des Versicherungsfalles.

b) Öffentlich-rechtliche Vorschriften, nach denen die noch vorhandene und technisch brauchbare Sachsubstanz der versicherten und vom Schaden betroffenen Sache für die Wiederherstellung nicht wieder verwendet werden darf, werden bei der Entschädigungsberechnung gemäß a) berücksichtigt, soweit

aa) es sich nicht um behördliche Anordnungen handelt, die vor Eintritt des Versicherungsfalles erteilt wurden oder

bb) nicht aufgrund öffentlich-rechtlicher Vorschriften die Nutzung der Sachen zum Zeitpunkt des Versicherungsfalles ganz oder teilweise untersagt war.

Mehrkosten durch behördliche Wiederherstellungsbeschränkungen, die dadurch entstehen, dass die versicherte und vom Schaden betroffene Sache aufgrund öffentlich-rechtlicher Vorschriften nicht in derselben Art und Güte wiederhergestellt oder wiederbeschafft werden darf, werden im

Rahmen der Entschädigungsberechnung gemäß a) nicht ersetzt, es sei denn, dass diese Mehrkosten als Technologiefortschritt im Versicherungswert zu berücksichtigen sind. Versicherungsschutz für diese Mehrkosten besteht gemäß den Vereinbarungen zu den versicherten Mehrkosten.

c) Der erzielbare Verkaufspreis von Resten wird bei der Entschädigungsberechnung gemäß a) angerechnet.

2. Zeitwert

Der Versicherer ersetzt

a) bei zerstörten Gebäuden den Neuwert unmittelbar vor Eintritt des Versicherungsfalles abzüglich der Wertminderung insbesondere durch Alter und Abnutzungsgrad;

b) bei beschädigten Gebäuden oder sonstigen beschädigten Sachen die notwendigen Reparaturkosten unmittelbar vor Eintritt des Versicherungsfalles zuzüglich einer durch die Reparatur nicht ausgeglichenen Wertminderung, höchstens jedoch der Zeitwert unmittelbar vor Eintritt des Versicherungsfalles;

c) bei zerstörten oder abhanden gekommenen sonstigen Sachen den Wiederbeschaffungspreis von Sachen gleicher Art und Güte im neuwertigen Zustand zum Zeitpunkt des Vertragsschlusses unter Berücksichtigung eines Abzuges entsprechend dem insbesondere durch das Alter und den Abnutzungsgrad bestimmten Zustand;

d) Der erzielbare Verkaufspreis von Resten wird bei der Entschädigungsberechnung gemäß a) bis c) angerechnet.

3. Gemeiner Wert

Soweit ein Gebäude zum Abbruch bestimmt oder sonst dauerhaft entwertet ist, werden versicherte Sachen nur unter Zugrundelegung des erzielbaren Verkaufspreises ohne Grundstücksanteile (gemeiner Wert) entschädigt.

4. Kosten

Berechnungsgrundlage für die Entschädigung versicherter Kosten (siehe Abschnitt A §§ 7 und 8) ist der Nachweis tatsächlich angefallener Kosten unter Berücksichtigung der jeweils vereinbarten Entschädigungsgrenzen.

5. Mietausfall, Mietwert

Der Versicherer ersetzt den versicherten Mietausfall bzw. Mietwert bis zum Ende der vereinbarten Haftzeit.

6. Mehrwertsteuer

a) Die Mehrwertsteuer wird nicht ersetzt, wenn der Versicherungsnehmer vorsteuerabzugsberechtigt ist; das Gleiche gilt, wenn der Versicherungsnehmer Mehrwertsteuer tatsächlich nicht gezahlt hat.

b) Für die Berechnung der Entschädigung versicherter Kosten (siehe Abschnitt A §§ 7 und 8) und versicherten Mietausfalls bzw. Mietwerts (siehe Abschnitt A § 9) gilt a) entsprechend.

7. **Neuwertanteil**

   In der Gleitenden Neuwertversicherung und der Neuwertversicherung erwirbt der Versicherungsnehmer den Anspruch auf Zahlung des Teils der Entschädigung, der den Zeitwertschaden übersteigt (Neuwertanteil), nur, soweit und sobald er innerhalb von drei Jahren nach Eintritt des Versicherungsfalles sicherstellt, dass er die Entschädigung verwenden wird, um versicherte Sachen in gleicher Art und Zweckbestimmung an der bisherigen Stelle wiederherzustellen oder wiederzubeschaffen. Ist dies an der bisherigen Stelle rechtlich nicht möglich oder wirtschaftlich nicht zu vertreten, so genügt es, wenn die Gebäude an anderer Stelle innerhalb der Bundesrepublik Deutschland wiederhergestellt werden.

   Der Zeitwertschaden errechnet sich aus der Entschädigung nach Nr. 1 a), Nr. 1 b) und Nr. 1 c) unter Berücksichtigung eines Abzuges entsprechend dem insbesondere durch das Alter und den Abnutzungsgrad bestimmten Zustand.

   Der Versicherungsnehmer ist zur Rückzahlung des vom Versicherer entschädigten Neuwertanteils verpflichtet, wenn die Sache infolge eines Verschuldens des Versicherungsnehmers nicht innerhalb einer angemessenen Frist wiederhergestellt oder wiederbeschafft worden ist.

8. **Gesamtentschädigung, Kosten auf Weisung des Versicherers**

   In der Neu- und Zeitwertversicherung ist die Gesamtentschädigung für versicherte Sachen (siehe Abschnitt A § 5), versicherte Kosten (siehe Abschnitt A §§ 7 und 8) und versicherten Mietausfalls bzw. Mietwerts (siehe Abschnitt A § 9) je Versicherungsfall auf die Versicherungssumme begrenzt. Schadenabwendungs- und Schadenminderungskosten, die auf Weisung des Versicherers entstanden sind, werden unbegrenzt ersetzt.

9. **Feststellung und Berechnung einer Unterversicherung**

   Ist die Versicherungssumme im Zeitpunkt des Versicherungsfalles in der Gleitenden Neuwertversicherung (siehe Abschnitt A § 10 Nr. 1 a) ohne Vereinbarung eines Unterversicherungsverzichts, in der Neu- und Zeitwertversicherung sowie in der Versicherung zum gemeinen Wert (siehe Abschnitt A § 10 Nr. 1 b) – Nr. 1 c) niedriger als der Versicherungswert der versicherten Sachen (Unterversicherung), wird die Entschädigung gemäß Nr. 1 bis Nr. 3 in dem Verhältnis von Versicherungssumme zum Versicherungswert nach folgender Berechnungsformel gekürzt: Entschädigung = Schadenbetrag multipliziert mit der Versicherungssumme dividiert durch den Versicherungswert. Entsprechendes gilt für die Berechnung versicherter Kosten (siehe Abschnitt A §§ 7 und 8) und versicherten Mietausfalles bzw. Mietwerts (siehe Abschnitt A § 9).

I. Entschädigungsberechnung in der Gleitenden Neuwertversicherung bzw Neuwertversicherung (Nr. 1)

1 Die Höhe der zu leistenden Entschädigung entspricht in der Gleitenden Neuwertversicherung bzw der Neuwertversicherung bei zerstörten Gebäuden den ortsüblichen Wiederherstellungskosten, bei beschädigten Gebäuden oder sonstigen beschädigten Sachen den notwendigen Reparaturkosten unmittelbar vor Eintritt des Versicherungsfalles zuzüglich Wertminderungen, höchstens jedoch dem Versicherungswert bei Eintritt des Versicherungsfalles.

2 Ob ein zu einer Neuwertentschädigung führender Totalschaden oder aber lediglich ein Teilschaden (Reparaturschaden) vorliegt, ist im Einzelfall schwierig **abzugren-**

zen. Von einem **Totalschaden** ist dann auszugehen, wenn die an der Sache entstandenen Beschädigungen technisch nicht mehr zu beseitigen sind (fehlende Reparaturfähigkeit) oder aber eine Reparatur wirtschaftlich nicht sinnvoll ist (fehlende Reparaturwürdigkeit).[1]

Kosten für die Feststellung der Reparaturwürdigkeit und Kosten für erfolglose Reparaturversuche sind als Bestandteil der notwendigen Reparaturkosten zu erstatten.[2] Bei zerstörten oder abhanden gekommenen sonstigen Sachen ist maßgeblich der Wiederbeschaffungspreis von Sachen gleicher Art und Güte im neuwertigen Zustand. Für die Zeitwertversicherung gilt Entsprechendes, wobei jeweils die Wertminderung durch Alter und Abnutzung zu berücksichtigen ist.

Der Ersatz von Reparaturkosten umfasst auch hierbei anfallende Nebenkosten (sog. **Regiekosten**).[3] Ebenfalls zu entschädigen sind **Eigenleistungen** des VN, soweit diese qualitativ denen eines Fachbetriebs entsprechen.[4]

Eine besondere Problematik ergibt sich gerade in der Wohngebäudeversicherung für sog. **Schönheitsschäden**. Wird durch eine Beschädigung die technische Funktion nicht beeinträchtigt – typische Beispiele hierfür sind Wasserflecken auf Tapeten, Anstrichen und Bodenbelägen, Verrußungen an Fassaden, Risse im Mauerwerk oder im Verputz, Sprünge in Wand- oder Bodenfliesen, Randabschläge an Dachziegeln und andere Oberflächenbeschädigungen wie Kratzer, Schrammen oder Dellen[5] – und ist eine Reparatur nicht möglich oder steht diese gänzlich außer Verhältnis zum Umfang des Schadens, so kommt es darauf an, ob dem VN die weitere Nutzung der in ihrem Aussehen beeinträchtigten Sache zuzumuten ist. In diesen Fällen kann nur ein Ausgleich der Wertminderung verlangt werden.[6]

Abzuziehen sind sowohl beim Totalschaden als auch beim Teilschaden die **Restwerte**. Hiermit gemeint ist bei Teilschäden der Wert derjenigen Reste, die bei der Reparatur durch den Austausch von Altteilen gegen Neuteile anfallen.[7] Wert der Reste bei Totalschäden ist der durch den VN erzielbare Verkaufspreis der Reste.[8]

II. Entschädigungsberechnung bei Gemeinem Wert (Nr. 3)

Sowohl für die Neuwertversicherung als auch für die Zeitwertversicherung gilt, dass nur der Gemeine Wert (Verkaufspreis der versicherten Sachen ohne Grundstücksanteil) entschädigt wird, soweit ein Gebäude zum Abbruch bestimmt oder sonst dauerhaft entwertet ist.[9]

---

1 Vgl *Dietz/Fischer/Gierschek*, A § 13 VGB 2010 Rn 11 ff; *Martin*, R I Rn 8 ff.
2 Vgl im Einzelnen *Martin*, R I Rn 35 ff.
3 OLG Köln 12.12.1995 – 9 U 48/95, VersR 1996, 1534 = r+s 1997, 253 m. Anm. der Schriftleitung; *Martin*, R III Rn 39, 43.
4 OLG Hamm 16.4.1999 – 20 U 222/98, r+s 1999, 515, 516; zur Berücksichtigungsfähigkeit von Eigenleistungen *Martin*, Q I Rn 9 ff; *Dietz/Fischer/Gierschek*, A § 13 VGB 2010 Rn 36.
5 So die Aufzählung bei *Dietz/Fischer/Gierschek*, A § 13 VGB 2010 Rn 45.
6 OLG Düsseldorf 3.8.1993 – 4 U 243/92, VersR 1994, 670 betreffend die vom VN verlangte völlige Neuverfliesung eines Badezimmers; OLG Köln 25.1.2005 – 9 U 85/04, r+s 2005, 422 betreffend die Erneuerung eines Fußbodenbelags; OLG Saarbrücken 12.4.2006 – 5 U 496/05-53, VersR 2006, 1635, 1637 betreffend die Erneuerung schadhaften Verputzes; OLG Düsseldorf 4.4.2006 – 4 U 111/05, VersR 2007, 943 = r+s 2007, 200 zur Kostenabwägung bei Verfliesung eines Badezimmers; AG Amberg 29.6.2000 – 4 C 1426/99, VersR 2002, 1506; AG München 15.10.1999 – 121 C 27858/98, VersR 2000, 581 m. Anm. *Mittendorf*; vgl zum Schönheitsschaden auch Prölss/Martin/*Armbrüster*, § 13 VGB 2010 Rn 3; *Martin*, R I Rn 24, B III Rn 19 ff.
7 *Martin*, R III Rn 2.
8 *Martin*, R II Rn 24, 26.
9 Prölss/Martin/*Kollhosser*, 27. Aufl. 2004, § 6 VGB 62 Rn 2.

III. Mehrwertsteuer (Nr. 6)

8 Die Mehrwertsteuer ist sowohl bei Totalschäden als auch bei Teilschäden Bestandteil des ersatzpflichtigen Schadens. Nr. 6 bestimmt, dass die Mehrwertsteuer neben den Fällen, in denen Vorsteuerabzugsberechtigung besteht, dann nicht ersetzt wird, wenn der VN Mehrwertsteuer tatsächlich nicht gezahlt hat. Gegen die Wirksamkeit dieser Bestimmung bestehen wegen Verstoßes gegen das Transparenzgebot Bedenken.[10]

IV. Neuwertanteil; Wiederherstellung und Wiederbeschaffung (Nr. 7)

9 In den Fällen eines **Totalschadens** besteht zunächst nur ein Anspruch auf Entschädigung in Höhe des Zeitwertes. Den Anspruch auf Zahlung des Teils der Entschädigung, der den Zeitwertschaden übersteigt (**Neuwertanteil**), erwirbt der VN nur, soweit und sobald er innerhalb eines Zeitraums von drei Jahren nach Eintritt des Versicherungsfalles sicherstellt, dass er die Entschädigung verwenden wird, um versicherte Sachen in gleicher Art und Zweckbestimmung an der bisherigen Stelle **wiederherzustellen** oder **wiederzubeschaffen**. Ist dies an der bisherigen Stelle rechtlich nicht möglich oder wirtschaftlich nicht zu vertreten, so genügt die Wiederherstellung an anderer Stelle innerhalb der Bundesrepublik Deutschland (**Abs. 1**). Die Wiederherstellungsklausel entspricht ihrem Wortlaut und Inhalt nach den Vorschriften in der Feuerversicherung. Verwiesen wird auch auf die Kommentierung zu Abschnitt A § 8 AFB 2010 (dort Rn 5 ff) und zu § 93 VVG.

§ 14 Zahlung und Verzinsung der Entschädigung

1. Fälligkeit der Entschädigung

a) Die Entschädigung wird fällig, wenn die Feststellungen des Versicherers zum Grunde und zur Höhe des Anspruchs abgeschlossen sind.

Der Versicherungsnehmer kann einen Monat nach Meldung des Schadens den Betrag als Abschlagszahlung beanspruchen, der nach Lage der Sache mindestens zu zahlen ist.

b) Der über den Zeitwertschaden hinausgehende Teil der Entschädigung wird fällig, nachdem der Versicherungsnehmer gegenüber dem Versicherer den Nachweis geführt hat, dass er die Wiederherstellung oder Wiederbeschaffung sichergestellt hat.

2. Rückzahlung des Neuwertanteils

Der Versicherungsnehmer ist zur Rückzahlung der vom Versicherer nach Nr. 1 b) geleisteten Entschädigung einschließlich etwaiger nach Nr. 3 b) gezahlter Zinsen verpflichtet, wenn die Sache infolge eines Verschuldens des Versicherungsnehmers nicht innerhalb einer angemessenen Frist wiederhergestellt oder wiederbeschafft worden ist.

3. Verzinsung

Für die Verzinsung gilt, soweit nicht aus einem anderen Rechtsgrund eine weitergehende Zinspflicht besteht:

a) Die Entschädigung ist – soweit sie nicht innerhalb eines Monats nach Meldung des Schadens geleistet wird – seit Anzeige des Schadens zu verzinsen.

---

[10] Vgl BGH 24.5.2006 – IV ZR 263/03, VersR 2006, 1066 ff.

b) Der über den Zeitwertschaden hinausgehende Teil der Entschädigung ist ab dem Zeitpunkt zu verzinsen, in dem der Versicherungsnehmer die Sicherstellung der Wiederherstellung oder Wiederbeschaffung versicherter Sachen gegenüber dem Versicherer nachgewiesen hat.

c) Der Zinssatz liegt _ Prozentpunkt(e) unter dem jeweiligen Basiszinssatz des Bürgerlichen Gesetzbuches (§ 247 BGB), mindestens jedoch bei _ Prozent und höchstens bei _ Prozent Zinsen pro Jahr.

d) Die Zinsen werden zusammen mit der Entschädigung fällig.

4. Hemmung

Bei der Berechnung der Fristen gemäß Nr. 1, Nr. 3 a) und Nr. 3 b) ist der Zeitraum nicht zu berücksichtigen, in dem infolge Verschuldens des Versicherungsnehmers die Entschädigung nicht ermittelt oder nicht gezahlt werden kann.

5. Aufschiebung der Zahlung

Der Versicherer kann die Zahlung aufschieben, solange

a) Zweifel an der Empfangsberechtigung des Versicherungsnehmers bestehen;

b) ein behördliches oder strafgerichtliches Verfahren gegen den Versicherungsnehmer oder seinen Repräsentanten aus Anlass dieses Versicherungsfalles noch läuft;

c) eine Mitwirkung des Realgläubigers gemäß den gesetzlichen Bestimmungen über die Sicherung von Realgläubigern nicht erfolgte.

I. Fälligkeit der Entschädigung (Nr. 1)

Die Vorschrift regelt, wann der VR die Entschädigung zu zahlen hat, ab wann und in welcher Höhe eine Verzinsung zu erfolgen hat und unter welchen Voraussetzungen Abschlagszahlungen verlangt werden können. Grundsätzlich wird die Entschädigung fällig, wenn die Feststellungen des VR zum Grunde und zur Höhe des Anspruchs abgeschlossen sind. Werden die Feststellungen im Sachverständigenverfahren getroffen, so tritt Fälligkeit mit Abschluss des Sachverständigenverfahrens ein.

II. Rückzahlung des Neuwertanteils (Nr. 2)

Die Regelung entspricht § 93 S. 2 VVG. Auf die dortige Kommentierung wird verwiesen (s. § 93 VVG Rn 17).

III. Verzinsung (Nr. 3); Hemmung (Nr. 4)

Die Entschädigung ist seit Anzeige des Schadens zu verzinsen, soweit sie nicht innerhalb eines Monats nach Meldung des Schadens geleistet wird (Nr. 3 a). Die **Verzinsungspflicht** besteht unabhängig vom Eintritt der Fälligkeit der Versicherungsleistung. Sinn und Zweck der Zinsregelung ist es, dem VN einen Zinsausgleich für die uU langwierigen Schadensermittlungen und die damit hinausgeschobene Fälligkeit der Versicherungsleistung zu gewähren.[1] Nr. 3 d) bestimmt, dass die Zinsen erst fällig werden, wenn die Entschädigung fällig ist. Gesondert geregelt ist die Verzinsung für die Neuwertspitze. Gemäß Nr. 3 b) ist maßgeblich der Zeitpunkt des Nachweises der Voraussetzungen des § 13 Nr. 7.

---

[1] Vgl Prölss/Martin/*Armbrüster*, § 91 VVG Rn 1; BK/*Dörner/Staudinger*, § 94 Rn 1.

4 Der Fristenlauf für die Entschädigung (Nr. 1) und die Zinsen (Nr. 3a und Nr. 3b) ist gem. Nr. 4 für den Zeitraum **gehemmt**, in dem infolge Verschuldens des VN die Entschädigung nicht ermittelt oder nicht gezahlt werden kann.

IV. Aufschiebung der Zahlung (Nr. 5)

5 Gemäß Nr. 5 kann der VR unter bestimmten Voraussetzungen die **Zahlung aufschieben**. Bei einem Ermittlungsverfahren gem. Nr. 5 b) entfällt das Auszahlungshindernis nicht erst dann, wenn die Ermittlungen formell rechtskräftig eingestellt sind, sondern bereits bei einer vorläufigen Einstellung.[2] Voraussetzung für den Aufschub der Zahlung ist in jedem Fall, dass es sich um ein Verfahren handelt, dessen Ergebnis in irgendeiner Weise Einfluss auf die Zahlungspflicht des VR haben könnte.[3] Ob das Verfahren aktenmäßig noch gegen Unbekannt geführt wird, ist unerheblich.[4] Ein Fälligkeitshindernis besteht allerdings dann nicht (mehr), wenn der VR die Entschädigung endgültig abgelehnt hat.[5]

§ 15 Sachverständigenverfahren

1. Feststellung der Schadenhöhe

Der Versicherungsnehmer kann nach Eintritt des Versicherungsfalles verlangen, dass die Höhe des Schadens in einem Sachverständigenverfahren festgestellt wird.

Ein solches Sachverständigenverfahren können Versicherer und Versicherungsnehmer auch gemeinsam vereinbaren.

2. Weitere Feststellungen

Das Sachverständigenverfahren kann durch Vereinbarung auf weitere Feststellungen zum Versicherungsfall ausgedehnt werden.

3. Verfahren vor Feststellung

Für das Sachverständigenverfahren gilt:
a) Jede Partei hat in Textform einen Sachverständigen zu benennen. Eine Partei, die ihren Sachverständigen benannt hat, kann die andere unter Angabe des von ihr genannten Sachverständigen in Textform auffordern, den zweiten Sachverständigen zu benennen. Wird der zweite Sachverständige nicht innerhalb von zwei Wochen nach Zugang der Aufforderung benannt, so kann ihn die auffordernde Partei durch das für den Schadenort zuständige Amtsgericht ernennen lassen. In der Aufforderung durch den Versicherer ist der Versicherungsnehmer auf diese Folge hinzuweisen.

---

2 BGH 21.10.1998 – IV ZR 228/97, r+s 1999, 32 = VersR 1999, 227; Prölss/Martin/*Knappmann*, A § 14 VHB 2010 Rn 5.
3 BGH 9.1.1991 – IV ZR 97/89, r+s 1991, 100 = VersR 1991, 331; OLG Köln 17.4.2007 – 9 U 210/06, r+s 2007, 458 m. Anm. *Günther*.
4 OLG Oldenburg 15.10.1997 – 2 U 171/97, r+s 1998, 427 = VersR 1998, 1502.
5 BGH 6.12.2006 – IV ZR 34/05, VersR 2007, 537, 539 = r+s 2007, 103, 106; BGH 27.2.2002 – IV ZR 238/00, VersR 2002, 472; OLG Hamm 19.1.1994 – 20 U 141/93, VersR 1994, 1419; *Martin*, Y I Rn 23; Prölss/Martin/*Kollhosser*, 27. Aufl. 2004, § 19 VGB 62 Rn 1.

b) Der Versicherer darf als Sachverständigen keine Person benennen, die Mitbewerber des Versicherungsnehmers ist oder mit ihm in dauernder Geschäftsverbindung steht; ferner keine Person, die bei Mitbewerbern oder Geschäftspartnern angestellt ist oder mit ihnen in einem ähnlichen Verhältnis steht.

c) Beide Sachverständige benennen in Textform vor Beginn ihrer Feststellungen einen dritten Sachverständigen als Obmann. Die Regelung unter b) gilt entsprechend für die Benennung eines Obmannes durch die Sachverständigen. Einigen sich die Sachverständigen nicht, so wird der Obmann auf Antrag einer Partei durch das für den Schadenort zuständige Amtsgericht ernannt.

4. **Feststellung**

Die Feststellungen der Sachverständigen müssen enthalten:

a) ein Verzeichnis der abhanden gekommenen, zerstörten und beschädigten versicherten Sachen sowie deren nach dem Versicherungsvertrag in Frage kommenden Versicherungswerte zum Zeitpunkt des Versicherungsfalles;

b) die Wiederherstellungs- und Wiederbeschaffungskosten;

c) die Restwerte der vom Schaden betroffenen Sachen;

d) die nach dem Versicherungsvertrag versicherten Kosten und den versicherten Mietausfall bzw. Mietwert;

e) den Versicherungswert der nicht vom Schaden betroffenen versicherten Sachen zum Zeitpunkt des Versicherungsfalles, wenn kein Unterversicherungsverzicht gegeben ist.

5. **Verfahren nach Feststellung**

Der Sachverständige übermittelt seine Feststellungen beiden Parteien gleichzeitig. Weichen die Feststellungen der Sachverständigen voneinander ab, so übergibt der Versicherer sie unverzüglich dem Obmann. Dieser entscheidet über die streitig gebliebenen Punkte innerhalb der durch die Feststellungen der Sachverständigen gezogenen Grenzen und übermittelt seine Entscheidung beiden Parteien gleichzeitig.

Die Feststellungen der Sachverständigen oder des Obmannes sind für die Vertragsparteien verbindlich, wenn nicht nachgewiesen wird, dass sie offenbar von der wirklichen Sachlage erheblich abweichen. Aufgrund dieser verbindlichen Feststellungen berechnet der Versicherer die Entschädigung.

Im Falle unverbindlicher Feststellungen erfolgen diese durch gerichtliche Entscheidung. Dies gilt auch, wenn die Sachverständigen die Feststellung nicht treffen können oder wollen oder sie verzögern.

6. **Kosten**

Sofern nicht etwas anderes vereinbart ist, trägt jede Partei die Kosten ihres Sachverständigen. Die Kosten des Obmannes tragen beide Parteien je zur Hälfte.

7. **Obliegenheiten**

Durch das Sachverständigenverfahren werden die Obliegenheiten des Versicherungsnehmers nicht berührt.

1 Zu den Einzelheiten kann auf die Kommentierung zu § 84 VVG verwiesen werden. Die im Sachverständigenverfahren festzustellende „Höhe des Schadens" umfasst alle versicherten Schadenspositionen, also auch versicherte Kosten gem. §§ 7 und 8, den Mietausfall gem. § 9 und Rettungskosten gem. §§ 82, 83 VVG.[1]

2 Ein einseitiges Verlangen des VN nach Durchführung des Sachverständigenverfahrens kann sich stets nur auf die „Höhe des Schadens" beziehen. Weitere Feststellungen, zB zu den tatsächlichen Voraussetzungen des Anspruchsgrundes, bedürfen gem. Nr. 2 einer Vereinbarung.[2]

3 Der VN kann Klage auf Feststellung der Leistungspflicht entsprechend dem Ergebnis eines Sachverständigenverfahrens erheben und braucht sich nicht auf eine Leistungsklage verweisen zu lassen.[3]

§ 16 Vertraglich vereinbarte, besondere Obliegenheiten des Versicherungsnehmers vor dem Versicherungsfall, Sicherheitsvorschriften

1. Sicherheitsvorschriften

Als vertraglich vereinbarte, besondere Obliegenheiten hat der Versicherungsnehmer

a) die versicherten Sachen, insbesondere wasserführende Anlagen und Einrichtungen, Dächer und außen angebrachte Sachen stets in ordnungsgemäßem Zustand zu erhalten und Mängel oder Schäden unverzüglich beseitigen zu lassen;

b) nicht genutzte Gebäude oder Gebäudeteile zu jeder Jahreszeit genügend häufig zu kontrollieren und dort alle wasserführenden Anlagen und Einrichtungen abzusperren, zu entleeren und entleert zu halten;

c) in der kalten Jahreszeit alle Gebäude und Gebäudeteile zu beheizen und dies genügend häufig zu kontrollieren oder dort alle wasserführenden Anlagen und Einrichtungen abzusperren, zu entleeren und entleert zu halten;

d) zur Vermeidung von Überschwemmungs- bzw. Rückstauschäden

    aa) bei rückstaugefährdeten Räumen Rückstausicherungen funktionsbereit zu halten und

    bb) Abflussleitungen auf dem Versicherungsgrundstück freizuhalten.

2. Folgen der Obliegenheitsverletzung

Verletzt der Versicherungsnehmer eine der in Nr. 1 genannten Obliegenheiten, ist der Versicherer unter den in Abschnitt B § 8 Nr. 1 b) und Nr. 3 beschriebenen Voraussetzungen zur Kündigung berechtigt oder auch ganz oder teilweise leistungsfrei.

---

[1] Vgl Prölss/Martin/*Armbrüster*, § 10 AFB 2010 Rn 2.
[2] Für die Mehrzahl der bisher verwendeten Bedingungswerke (§ 22 Nr. 1 VGB 88, § 29 VGB 2000, § 15 AFB 87) ist dies nach BGH 5.7.2006 – IV ZR 105/05, r+s 2006, 405, 406 anders zu beurteilen.
[3] BGH 16.4.1986 – IVa ZR 210/84, VersR 1986, 675; BGH 17.12.1997 – IV ZR 136/96, VersR 1998, 305; OLG Hamm 24.9.1986 – 20 U 62/86, VersR 1988, 173.

I. Sicherheitsvorschriften (Nr. 1)

Sicherheitsvorschriften haben den Zweck, die Gefahr für den Eintritt eines Versicherungsfalles zu vermindern, Gefahrerhöhungen zu vermeiden und bereits eingetretene Gefahrerhöhungen zu beseitigen. **Nr. 1 a)** enthält eine allgemeine **Instandhaltungsverpflichtung** des VN, insb. für wasserführende Anlagen und Einrichtungen, Dächer und außen angebrachte Sachen, und eine Verpflichtung zur unverzüglichen Schadensbeseitigung. Durch die Instandhaltungspflicht sollen alters- und abnutzungsbedingte Verschleißschäden, die in aller Regel nicht plötzlich und unvorhersehbar, sondern allmählich und vorhersehbar eintreten, vom Versicherungsschutz ausgeschlossen werden.[1] Wegen der mangelnden Konkretisierung der Verhaltenspflichten des VN bestehen durchgreifende Bedenken gegen die Wirksamkeit von Nr. 1 a) als sanktionsbewehrter Sicherheitsvorschrift.[2] 1

Die Sicherheitsvorschrift der **Nr. 1 b)** bezieht sich auf **nicht genutzte Gebäude oder Gebäudeteile**. Diese sind zu jeder Jahreszeit genügend häufig zu kontrollieren. Überdies sind in nicht genutzten Gebäuden alle wasserführenden Anlagen und Einrichtungen abzusperren, zu entleeren und entleert zu halten.[3] Die Vorschrift kommt nicht bereits dann zur Anwendung, wenn ein versichertes Gebäude nicht ständig genutzt wird, sondern erst dann, wenn es nicht (mehr) genutzt wird.[4] Schon die Einlagerung von Sachen mit zumindest geringem Wert stellt eine Form der Nutzung dar.[5] 2

Die Sicherheitsvorschrift der **Nr. 1 c)** gilt im Gegensatz zu Nr. 1 b) nur für die kalte Jahreszeit, dann allerdings für alle Gebäude und Gebäudeteile unabhängig von der Art ihrer Nutzung, wobei für ungenutzte Gebäude bei Einhaltung der Sicherheitsvorschrift der Nr. 1 c) eine weitergehende Frostvorsorge nicht erforderlich ist.[6] Die Obliegenheit der Nr. 1 c) ist insoweit vorrangig.[7] Der VN kann zwischen den Alternativen Beheizen und Kontrolle oder Absperren bzw Entleeren frei wählen, wobei die Kontrolle, ob das Haus beheizt ist, allerdings genügend häufig erfolgen muss.[8] Entgegen der bis dahin hM hat sich die **Kontrolldichte** nach Auffassung des BGH[9] nicht danach auszurichten, dass die Mindestfrist von einem Heizungsausfall bis zur möglichen Schadensentstehung leicht unterschritten wird, was zu einer Kontrolle der Heizung mehrmals pro Woche führen würde. Entscheidend ist vielmehr, in welchen Intervallen die jeweils eingesetzte Heizungsanlage nach der Verkehrsanschauung und Lebenserfahrung mit Blick auf ihre Bauart, ihr Alter, ihre 3

---

1 Vgl *Martin*, M I Rn 60 ff, 92 ff; OLG Saarbrücken 12.4.2006 – 5 U 496/05-53, VersR 2006, 1635 = r+s 2007, 62.
2 So zutr. Bruck/Möller/*K. Johannsen*, A § 16 VGB 2008/2010 Rn 1.
3 Vgl *Dietz/Fischer/Gierschek*, A § 16 VGB 2010 Rn 17 ff; OLG Köln 18.3.2003 – 9 U 69/02, VersR 2003, 1034; OLG Hamburg 8.4.2004 – 9 U 10/04, VersR 2005, 221; OLG Koblenz 1.6.2006 – 10 U 1585/05, VersR 2008, 115; KG 23.2.2007 – 6 W 12/07, VersR 2008, 251; OLG Hamm 23.9.1998 – 20 U 25/98, r+s 1999, 115 = VersR 1999, 1145.
4 BGH 25.6.2008 – IV ZR 233/06, VersR 2008, 1207, 1209; Prölss/Martin/*Armbrüster*, § 16 VGB 2010 Rn 4; *Martin*, M I Rn 88, 89.
5 Prölss/Martin/*Armbrüster*, § 16 VGB 2010 Rn 4; Bruck/Möller/*K. Johannsen*, A § 16 VGB 2008/2010 Rn 2; *Martin*, M I Rn 88, 89.
6 Vgl *Dietz/Fischer/Gierschek*, A § 16 VGB 2010 Rn 37.
7 OLG Köln 18.3.2003 – 9 U 69/02, VersR 2003, 1034; OLG Koblenz 1.6.2006 – 10 U 1585/05, VersR 2008, 115.
8 Zu den Zeitintervallen OLG Stuttgart 4.3.2004 – 7 U 166/03, r+s 2004, 151; OLG Bremen 4.3.2003 – 3 U 55/02, VersR 2003, 1569, 1570; OLG Köln 26.7.2005 – 9 U 100/04, VersR 2006, 502; OLG Karlsruhe 19.10.2006 – 12 U 137/06, r+s 2006, 504, 505 = VersR 2007, 644; OLG Frankfurt/M 27.1.2005 – 14 U 104/04, r+s 2006, 23, 24; LG Lüneburg 9.1.2007 – 6 U 13/02, r+s 2007, 329.
9 BGH 25.6.2008 – IV ZR 233/06, VersR 2008, 1207 ff = r+s 2008, 377 ff; vgl hierzu Anm. *Weidner*, r+s 2008, 425 f.

Funktionsweise, regelmäßige Wartung, Zuverlässigkeit, Störanfälligkeit u.ä. kontrolliert werden muss.[10]

4 Im Hinblick auf die Einbeziehung der Gefahren „Überschwemmung" und „Rückstau" in § 4 VGB 2010 trifft den VN gem. **Nr. 1 d)** die Obliegenheit, bei rückstaugefährdeten Räumen Rückstausicherungen funktionsbereit zu halten (Nr. 1 d) aa) und Abflussleitungen auf dem Versicherungsgrundstück freizuhalten (Nr. 1 d) bb). Die Obliegenheiten sind im Gegensatz zu Nr. 1 a) hinreichend konkret beschrieben.

II. Folgen der Obliegenheitsverletzung (Nr. 2)

5 Zu den Rechtsfolgen einer Verletzung von Sicherheitsvorschriften wird auf die allgemeinen Bestimmungen verwiesen (zum Kündigungsrecht s. § 28 VVG Rn 134 ff; zur Leistungsfreiheit des VR s. § 28 VVG Rn 154 ff). Grobe Fahrlässigkeit wird idR immer dann anzunehmen sein, wenn die VN trotz mehrerer Schadensfälle keine Sanierungsmaßnahmen durchführt,[11] in einem auf längere Zeit unbewohnten Haus Wasserleitungen nicht entleert, Wasserleitungen zu Wasch- und Spülmaschinen nicht abstellt oder während der Frostperiode eine Beheizung des Hauses unterlässt.[12]

§ 17 Besondere gefahrerhöhende Umstände

1. Anzeigepflichtige Gefahrerhöhung

Eine anzeigepflichtige Gefahrerhöhung gemäß Abschnitt B § 9 kann insbesondere dann vorliegen, wenn

a) sich ein Umstand ändert, nach dem der Versicherer vor Vertragsschluss gefragt hat;

b) ein Gebäude oder der überwiegende Teil eines Gebäudes nicht genutzt wird;

c) an einem Gebäude Baumaßnahmen durchgeführt werden, in deren Verlauf das Dach ganz oder teilweise entfernt wird oder die das Gebäude überwiegend unbenutzbar machen;

d) in dem versicherten Gebäude ein Gewerbebetrieb aufgenommen oder verändert wird;

e) das Gebäude nach Vertragsschluss unter Denkmalschutz gestellt wird.

2. Folgen einer Gefahrerhöhung

Zu den Folgen einer Gefahrerhöhung siehe Abschnitt B § 9 Nr. 3 bis Nr. 5.

1 Nr. 1 enthält einen Beispielkatalog der Fälle, in denen eine **anzeigepflichtige Gefahrerhöhung** in der Wohngebäudeversicherung anzunehmen ist. Gemäß **Nr. 1 a)** kann eine Gefahrerhöhung dann vorliegen, wenn sich ein Umstand ändert, nach

---

10 So BGH 25.6.2008 – IV ZR 233/06, VersR 2008, 1207, 1208 = r+s 2008, 377, 379; vgl hierzu eingehend *Felsch*, r+s 2010, 265 ff.
11 Vgl OLG Rostock 23.7.2003 – 5 O 199/06, VersR 2004, 61.
12 Vgl OLG Hamm 30.1.1998 – 20 U 199/97, r+s 1998, 474; OLG Saarbrücken 20.4.1988 – 5 U 97/87, VersR 1989, 397; OLG Köln 15.9.1988 – 5 U 279/87, r+s 1989, 94 = VersR 1988, 1257; LG Köln 11.5.1988 – 24 O 462/87, VersR 1988, 1258; LG Düsseldorf 29.10.1998 – 11 O 191/98, r+s 2000, 29; LG Kassel 21.10.1998 – 4 O 1888/97, r+s 2000, 30 m. Anm. der Schriftleitung; LG München I 24.11.1998 – 23 O 12510/98, r+s 1999, 425.

dem im Antrag gefragt worden ist. Dies setzt allerdings voraus, dass es sich um einen gefahrerheblichen Umstand iSv § 19 VVG handelt. Die Änderung eines nicht gefahrerheblichen Umstands, nach dem der VR im Versicherungsantrag gefragt hat, kann deshalb nicht zu einer Gefahrerhöhung führen.

Nr. 1 b) erfasst den Tatbestand des **Leerstehenlassens** eines Wohngebäudes oder gemischt genutzten Gebäudes.[1] Ob das Leerstehenlassen eine Gefahrerhöhung darstellt oder nicht, hängt von den Umständen und der Zeitdauer ab. Eine Gefahrerhöhung dürfte immer dann vorliegen, wenn der Leerstand des Gebäudes oder eines überwiegenden Teiles des Gebäudes mit einer **Verwahrlosung** einhergeht.[2] Für sich allein betrachtet kann das Leerstehen eines Wohngebäudes grds. noch nicht als eine Gefahrerhöhung erachtet werden. Es kommt insoweit darauf an, ob Umstände gegeben sind, die der Gefahrerhöhung entgegenwirken.[3] Dies ist zB dann anzunehmen, wenn das Wohngebäude im geschlossenen Ortsgebiet oder in einer Wohngegend mit bewohnten Nachbarhäusern liegt und ein Zustand der Verwahrlosung noch nicht eingetreten ist[4] oder aber eine hinreichende Beaufsichtigung erfolgt.[5] Bei der Abwägung ist auch zu berücksichtigen, dass durch den Leerstand eines Wohngebäudes die von den bisherigen Bewohnern ausgehenden Gefahren und Gefährdungen entfallen.[6] Die Vorschriften über die Gefahrerhöhung können neben den Vorschriften über die Verletzung von Sicherheitsvorschriften zur Anwendung kommen. Dies gilt insb. für die Fälle frostbedingter Rohrleitungsschäden in der Leitungswasserversicherung.[7]

Eine Gefahrerhöhung kann nach **Nr. 1 c)** vorliegen, wenn an einem Gebäude **Baumaßnahmen** durchgeführt werden, in deren Verlauf das Dach ganz oder teilweise entfernt wird oder die das Gebäude überwiegend unbenutzbar machen. Die Vorschrift beruht auf einer Entscheidung des BGH,[8] nach der das Abdecken eines Teils des Flachdaches eines Gebäudes während einer Reparatur keine genehmigungspflichtige Gefahrerhöhung darstellt. Ob bei Reparaturarbeiten, die dazu führen, dass das Gebäude überwiegend unbenutzbar wird, eine Gefahrerhöhung anzunehmen ist, hängt auch von der Zeitdauer des Zustands ab.[9]

Eine Gefahrerhöhung durch **Aufnahme oder Veränderung eines Gewerbebetriebs** gem. **Nr. 1 d)** kann zB dann vorliegen, wenn in einem als Hotel versicherten Gebäude ein bordellartiger Betrieb aufgenommen wird.[10]

---

1 Zur Abgrenzung des Tatbestands, dass eine Wohnung „nicht ständig bewohnt" wird, vgl *Dietz/Fischer/Gierschek*, A § 17 VGB 2010 Rn 9.
2 Vgl OLG Karlsruhe 7.11.1996 – 12 U 166/96, r+s 1997, 207; OLG Rostock 16.7.2007 – 6 U 171/06, VersR 2008, 72, 73; LG Düsseldorf 25.10.1994 – 11 O 154/93, r+s 1996, 32; LG Bielefeld 17.3.1995 – 4 O 24/95, r+s 1995, 368 f; *Wussow*, VersR 2001, 678, 681.
3 Vgl BGH 13.1.1982 – IVa ZR 197/80, r+s 1982, 129 = VersR 1982, 466; BGH 19.10.1994 – IV ZR 159/93, r+s 1995, 24, 25; BGH 5.5.2004 – IV ZR 183/03, r+s 2005, 328, 330; OLG Köln 15.11.1984 – 5 U 72/84, r+s 1986, 12; OLG Köln 15.9.1988 – 5 U 28/88, r+s 1989, 195 m. Anm. *Wälder*; OLG Hamm 11.11.1998 – 20 U 10/98, r+s 1999, 288, 289; OLG Hamm 17.9.1997 – 20 U 31/97, r+s 1998, 71, 72.
4 OLG Köln 28.3.2000 – 9 U 78/88, r+s 2000, 207; OLG Köln 19.8.1997 – 9 U 30/97, r+s 1997, 424; OLG Köln 15.9.1988 – 5 U 28/88, r+s 1989, 195 f; LG Köln 30.9.1992 – 24 O 21/92, r+s 1994, 187.
5 ÖOGH 22.2.1995 – 70 b 41/94, VersR 1996, 527; OLG Hamm 25.8.1989 – 20 U 69/89, r+s 1990, 22 f; vgl auch *Dietz/Fischer/Gierschek*, A § 17 VGB 2010 Rn 17, 19.
6 OLG Köln 15.11.1984 – 5 U 72/84, r+s 1986, 12; OLG Hamm 11.11.1998 – 20 U 10/98, r+s 1999, 288, 289.
7 Vgl OLG Hamm 21.4.1989 – 20 U 294/88, VersR 1990, 86 m. Anm. der Schriftleitung.
8 BGH 18.3.1992 – IV ZR 87/91, VersR 1992, 606 ff.
9 Vgl *Dietz*, Wohngebäudeversicherung, 2. Aufl., S. 293, 299.
10 OLG Düsseldorf 14.3.1995 – 4 U 38/94, r+s 1996, 147.

5 Ab den VGB 2008 ist in **Nr. 1 e)** die Begründung von **Denkmalschutz** in den Katalog möglicher Gefahrerhöhungen nach Vertragsabschluss aufgenommen worden. Grund ist hierfür die Wahrscheinlichkeit einer Vergrößerung des Schadens iSv Abschnitt B § 9 Nr. 1 a) wegen der besonders zu beachtenden Bestimmungen bei einem etwaigen Wiederaufbau.

§ 18 Veräußerung der versicherten Sachen

1. Rechtsverhältnisse nach Eigentumsübergang

a) Wird die versicherte Sache vom Versicherungsnehmer veräußert, so tritt zum Zeitpunkt des Eigentumsübergangs (bei Immobilien das Datum des Grundbucheintrages) an dessen Stelle der Erwerber in die während der Dauer seines Eigentums aus dem Versicherungsverhältnis sich ergebenden Rechte und Pflichten des Versicherungsnehmers ein.

b) Der Veräußerer und der Erwerber haften für die Prämie, die auf das zur Zeit des Eintrittes des Erwerbers laufende Versicherungsjahr entfällt, als Gesamtschuldner.

c) Der Versicherer muss den Eintritt des Erwerbers erst gegen sich gelten lassen, wenn er hiervon Kenntnis erlangt.

2. Kündigungsrechte

a) Der Versicherer ist berechtigt, dem Erwerber das Versicherungsverhältnis unter Einhaltung einer Frist von einem Monat zu kündigen. Dieses Kündigungsrecht erlischt, wenn es nicht innerhalb eines Monats ab der Kenntnis des Versicherers von der Veräußerung ausgeübt wird.

Der Erwerber ist berechtigt, das Versicherungsverhältnis mit sofortiger Wirkung oder zu jedem späteren Zeitpunkt zum Ablauf des Versicherungsjahres in Schriftform zu kündigen. Das Kündigungsrecht erlischt, wenn es nicht innerhalb eines Monats nach dem Erwerb, bei fehlender Kenntnis des Erwerbers vom Bestehen der Versicherung innerhalb eines Monats ab Erlangung der Kenntnis, ausgeübt wird.

b) Im Falle der Kündigung nach a) und b) haftet der Veräußerer allein für die Zahlung der Prämie.

3. Anzeigepflichten

a) Die Veräußerung ist dem Versicherer vom Veräußerer oder Erwerber unverzüglich in Textform anzuzeigen.

b) Ist die Anzeige unterblieben, so ist der Versicherer nicht zur Leistung verpflichtet, wenn der Versicherungsfall später als einen Monat nach dem Zeitpunkt eintritt, zu dem die Anzeige hätte zugehen müssen, und der Versicherer nachweist, dass er den mit dem Veräußerer bestehenden Vertrag mit dem Erwerber nicht geschlossen hätte.

c) Abweichend von b) ist der Versicherer zur Leistung verpflichtet, wenn ihm die Veräußerung zu dem Zeitpunkt bekannt war, zu dem ihm die Anzeige hätte zugehen müssen, oder wenn zur Zeit des Eintrittes des Versicherungsfalles die Frist für die Kündigung des Versicherers abgelaufen war und er nicht gekündigt hat.

1 Die Vorschrift entspricht den §§ 95–97 VVG. Auf die dortige Kommentierung wird verwiesen.

Abschnitt B

§ 1 Anzeigepflicht des Versicherungsnehmers oder seines Vertreters bis zum Vertragsschluss

1. **Wahrheitsgemäße und vollständige Anzeigepflicht von Gefahrumständen**

    Der Versicherungsnehmer hat bis zur Abgabe seiner Vertragserklärung dem Versicherer alle ihm bekannten Gefahrumstände anzuzeigen, nach denen der Versicherer in Textform gefragt hat und die für dessen Entschluss erheblich sind, den Vertrag mit dem vereinbarten Inhalt zu schließen.

    Der Versicherungsnehmer ist auch insoweit zur Anzeige verpflichtet, als nach seiner Vertragserklärung, aber vor Vertragsannahme der Versicherer in Textform Fragen im Sinne des Satzes 1 stellt.

2. **Rechtsfolgen der Verletzung der Anzeigepflicht**

    a) Vertragsänderung

    Hat der Versicherungsnehmer die Anzeigepflicht nicht vorsätzlich verletzt und hätte der Versicherer bei Kenntnis der nicht angezeigten Gefahrumstände den Vertrag auch zu anderen Bedingungen geschlossen, so werden die anderen Bedingungen auf Verlangen des Versicherers rückwirkend Vertragsbestandteil. Bei einer vom Versicherungsnehmer unverschuldeten Pflichtverletzung werden die anderen Bedingungen ab der laufenden Versicherungsperiode Vertragsbestandteil.

    Erhöht sich durch eine Vertragsänderung die Prämie um mehr als 10 Prozent oder schließt der Versicherer die Gefahrabsicherung für den nicht angezeigten Umstand aus, so kann der Versicherungsnehmer den Vertrag innerhalb eines Monats nach Zugang der Mitteilung des Versicherers ohne Einhaltung einer Frist kündigen. In dieser Mitteilung der Vertragsänderung hat der Versicherer den Versicherungsnehmer auf dessen Kündigungsrecht hinzuweisen.

    b) Rücktritt und Leistungsfreiheit

    Verletzt der Versicherungsnehmer seine Anzeigepflicht nach Nr. 1, kann der Versicherer vom Vertrag zurücktreten, es sei denn, der Versicherungsnehmer hat die Anzeigepflicht weder vorsätzlich noch grob fahrlässig verletzt.

    Bei grober Fahrlässigkeit des Versicherungsnehmers ist das Rücktrittsrecht des Versicherers ausgeschlossen, wenn der Versicherungsnehmer nachweist, dass der Versicherer den Vertrag bei Kenntnis der nicht angezeigten Umstände zu gleichen oder anderen Bedingungen abgeschlossen hätte.

    Tritt der Versicherer nach Eintritt des Versicherungsfalles zurück, so ist er nicht zur Leistung verpflichtet, es sei denn, der Versicherungsnehmer weist nach, dass die Verletzung der Anzeigepflicht sich auf einen Umstand bezieht, der weder für den Eintritt oder die Feststellung des Versicherungsfalles noch für die Feststellung oder den Umfang der Leistungspflicht des Versicherers ursächlich ist. Hat der Versicherungsnehmer die Anzeigepflicht arglistig verletzt, ist der Versicherer nicht zur Leistung verpflichtet.

c) Kündigung

Verletzt der Versicherungsnehmer seine Anzeigepflicht nach Nr. 1 leicht fahrlässig oder schuldlos, kann der Versicherer den Vertrag unter Einhaltung einer Frist von einem Monat kündigen, es sei denn, der Versicherer hätte den Vertrag bei Kenntnis der nicht angezeigten Umständen zu gleichen oder anderen Bedingungen abgeschlossen.

d) Ausschluss von Rechten des Versicherers

Die Rechte des Versicherers zur Vertragsänderung (a), zum Rücktritt (b) und zur Kündigung (c) sind jeweils ausgeschlossen, wenn der Versicherer den nicht angezeigten Gefahrenumstand oder die unrichtige Anzeige kannte.

e) Anfechtung

Das Recht des Versicherers, den Vertrag wegen arglistiger Täuschung anzufechten, bleibt unberührt.

3. Frist für die Ausübung der Rechte des Versicherers

Die Rechte zur Vertragsänderung (Nr. 2 a), zum Rücktritt (Nr. 2 b) oder zur Kündigung (Nr. 2 c) muss der Versicherer innerhalb eines Monats schriftlich geltend machen und dabei die Umstände angeben, auf die er seine Erklärung stützt; zur Begründung kann er nachträglich weitere Umstände innerhalb eines Monats nach deren Kenntniserlangung angeben. Die Monatsfrist beginnt mit dem Zeitpunkt, zu dem der Versicherer von der Verletzung der Anzeigepflicht und der Umstände Kenntnis erlangt, die das von ihm jeweils geltend gemachte Recht begründen.

4. Rechtsfolgenhinweis

Die Rechte zur Vertragsänderung (Nr. 2 a), zum Rücktritt (Nr. 2 b) und zur Kündigung (Nr. 2 c) stehen dem Versicherer nur zu, wenn er den Versicherungsnehmer durch gesonderte Mitteilung in Textform auf die Folgen der Verletzung der Anzeigepflicht hingewiesen hat.

5. Vertreter des Versicherungsnehmers

Wird der Vertrag von einem Vertreter des Versicherungsnehmers geschlossen, so sind bei der Anwendung von Nr. 1 und Nr. 2 sowohl die Kenntnis und die Arglist des Vertreters als auch die Kenntnis und die Arglist des Versicherungsnehmers zu berücksichtigen. Der Versicherungsnehmer kann sich darauf, dass die Anzeigepflicht nicht vorsätzlich oder grob fahrlässig verletzt worden ist, nur berufen, wenn weder dem Vertreter noch dem Versicherungsnehmer Vorsatz oder grobe Fahrlässigkeit zur Last fällt.

6. Erlöschen der Rechte des Versicherers

Die Rechte des Versicherers zur Vertragsänderung (Nr. 2 a), zum Rücktritt (Nr. 2 b) und zur Kündigung (Nr. 2 c) erlöschen mit Ablauf von fünf Jahren nach Vertragsschluss; dies gilt nicht für Versicherungsfälle, die vor Ablauf dieser Frist eingetreten sind. Die Frist beläuft sich auf zehn Jahre, wenn der Versicherungsnehmer oder sein Vertreter die Anzeigepflicht vorsätzlich oder arglistig verletzt hat.

---

1 Abschnitt B § 1 stellt eine in die Bedingungen übernommene Darstellung der gesetzlichen Regelungen zur vorvertraglichen Anzeigepflicht gem. §§ 19–22 VVG

dar. Die Rechtsfolgensystematik wird gegenüber der klaren Fassung des § 19 Abs. 2–4 VVG eher unübersichtlich dargestellt. Es gilt folgende Entsprechung:

VGB 2010 – Abschnitt B	VVG
§ 1 Nr. 1	§ 19 Abs. 1
§ 1 Nr. 2 a) Abs. 1	§ 19 Abs. 4
§ 1 Nr. 2 a) Abs. 2	§ 19 Abs. 6
§ 1 Nr. 2 b) Abs. 1	§ 19 Abs. 2 iVm Abs. 3 S. 1
§ 1 Nr. 2 b) Abs. 2	§ 19 Abs. 4 S. 1
§ 1 Nr. 2 b) Abs. 3	§ 19 Abs. 2 iVm § 21 Abs. 2
§ 1 Nr. 2 c)	§ 19 Abs. 3 und 4
§ 1 Nr. 2 d)	§ 19 Abs. 5 S. 2
§ 1 Nr. 2 e)	§ 22
§ 1 Nr. 3	§ 21 Abs. 1
§ 1 Nr. 4	§ 19 Abs. 5 S. 1
§ 1 Nr. 5	§ 20 Nr. 6
§ 1 Nr. 6	§ 21 Abs. 3

§ 2 Beginn des Versicherungsschutzes, Dauer und Ende des Vertrages

1. Beginn des Versicherungsschutzes

Der Versicherungsschutz beginnt vorbehaltlich der Regelungen über die Folgen verspäteter Zahlung oder Nichtzahlung der Erst- oder Einmalprämie zu dem im Versicherungsschein angegebenen Zeitpunkt.

2. Dauer

Der Vertrag ist für den im Versicherungsschein angegebenen Zeitraum abgeschlossen.

3. Stillschweigende Verlängerung

Bei einer Vertragsdauer von mindestens einem Jahr verlängert sich der Vertrag um jeweils ein Jahr, wenn nicht einer der Vertragsparteien spätestens drei Monate vor dem Ablauf der jeweiligen Vertragslaufzeit eine Kündigung zugegangen ist.

4. Kündigung bei mehrjährigen Verträgen

Der Vertrag kann bei einer Vertragslaufzeit von mehr als drei Jahren zum Ablauf des dritten oder jedes darauf folgenden Jahres unter Einhaltung einer Frist von drei Monaten vom Versicherungsnehmer gekündigt werden.

Die Kündigung muss dem Versicherer spätestens drei Monate vor dem Ablauf des jeweiligen Versicherungsjahres zugehen.

5. Vertragsdauer von weniger als einem Jahr

Bei einer Vertragsdauer von weniger als einem Jahr endet der Vertrag, ohne dass es einer Kündigung bedarf, zum vorgesehenen Zeitpunkt.

6. Nachweis bei angemeldetem Grundpfandrecht durch Realgläubiger

Hat ein Realgläubiger sein Grundpfandrecht angemeldet, ist eine Kündigung des Versicherungsverhältnisses durch den Versicherungsnehmer im Hinblick auf die Gefahrengruppe Brand, Blitzschlag, Überspannung durch Blitz, Explosion, Implosion, Absturz oder Anprall eines Luftfahrzeuges nur wirksam, wenn der Versicherungsnehmer mindestens einen Monat vor Ablauf des Versicherungsvertrags nachgewiesen hat, dass zu dem Zeitpunkt, zu dem die Kündigung spätestens zulässig war, das Grundstück nicht mit dem Grundpfandrecht belastet war oder dass der Realgläubiger der Kündigung zugestimmt hat. Diese gilt nicht für eine Kündigung nach Veräußerung oder im Versicherungsfall.

7. Wegfall des versicherten Interesses

Fällt das versicherte Interesse nach dem Beginn der Versicherung weg, endet der Vertrag zu dem Zeitpunkt, zu dem der Versicherer vom Wegfall des Risikos Kenntnis erlangt.

1 Die Dauer des VersVertrages richtet sich grds. nach der individuellen Vereinbarung der Vertragsparteien (vgl **Nr. 1**). Für den VN besteht ein zwingendes **Sonderkündigungsrecht** zum Ende des dritten oder jedes darauf folgenden Versicherungsjahres (**Nr. 4** = § 11 Abs. 4 VVG). **Nr. 3** enthält eine Klausel zur (stillschweigenden) Verlängerung der Vertragsdauer um ein Jahr und entspricht insoweit § 11 Abs. 1 VVG. Das Sonderkündigungsrecht gem. Nr. 4 steht nur dem VN, nicht aber dem VR zu.

2 **Beispiel:** Bei einer Vertragslaufzeit von fünf Jahren kann der VN zum Ablauf des dritten oder des vierten Jahres unter Einhaltung der Frist der Nr. 4 kündigen. Der VR ist an die Vertragslaufzeit von fünf Jahren gebunden. Er hat gem. Nr. 3 die Möglichkeit, zum Ablauf des fünften Jahres zu kündigen, um eine Verlängerung auszuschließen.

§ 3 Prämien, Versicherungsperiode

Je nach Vereinbarung werden die Prämien entweder durch laufende Zahlungen monatlich, vierteljährlich, halbjährlich, jährlich oder als Einmalprämie im Voraus gezahlt.

Entsprechend der Vereinbarung über laufende Zahlungen umfasst die Versicherungsperiode einen Monat, ein Vierteljahr, ein halbes Jahr oder ein Jahr. Bei einer Einmalprämie ist die Versicherungsperiode die vereinbarte Vertragsdauer, jedoch höchstens ein Jahr.

§ 4 Fälligkeit der Erst- oder Einmalprämie, Folgen verspäteter Zahlung oder Nichtzahlung

1. Fälligkeit der Erst- oder Einmalprämie

Die erste oder einmalige Prämie ist – unabhängig von dem Bestehen eines Widerrufrechts – unverzüglich nach dem Zeitpunkt des vereinbarten und im Versicherungsschein angegebenen Versicherungsbeginns zu zahlen.

Liegt der vereinbarte Zeitpunkt des Versicherungsbeginns vor Vertragsschluss, ist die erste oder einmalige Prämie unverzüglich nach Vertragsschluss zu zahlen.

Zahlt der Versicherungsnehmer nicht unverzüglich nach dem in Satz 1 oder 2 bestimmten Zeitpunkt, beginnt der Versicherungsschutz erst, nachdem die Zahlung bewirkt ist.

Weicht der Versicherungsschein vom Antrag des Versicherungsnehmers oder getroffenen Vereinbarungen ab, ist die erste oder einmalige Prämie frühestens einen Monat nach Zugang des Versicherungsscheins zu zahlen.

2. Rücktrittsrecht des Versicherers bei Zahlungsverzug

Wird die erste oder einmalige Prämie nicht zu dem nach Nr. 1 maßgebenden Fälligkeitszeitpunkt gezahlt, so kann der Versicherer vom Vertrag zurücktreten, solange die Zahlung nicht bewirkt ist.

Der Rücktritt ist ausgeschlossen, wenn der Versicherungsnehmer die Nichtzahlung nicht zu vertreten hat.

3. Leistungsfreiheit des Versicherers

Wenn der Versicherungsnehmer die erste oder einmalige Prämie nicht zu dem nach Nr. 1 maßgebenden Fälligkeitszeitpunkt zahlt, so ist der Versicherer für einen vor Zahlung der Prämie eingetretenen Versicherungsfall nicht zur Leistung verpflichtet, wenn er den Versicherungsnehmer durch gesonderte Mitteilung in Textform oder durch einen auffälligen Hinweis im Versicherungsschein auf diese Rechtsfolge der Nichtzahlung der Prämie aufmerksam gemacht hat.

Die Leistungsfreiheit tritt jedoch nicht ein, wenn der Versicherungsnehmer die Nichtzahlung nicht zu vertreten hat.

Die gesetzliche Regelung zur Fälligkeit der Prämie in § 33 VVG verschiebt die **Fälligkeit der Erstprämie** wegen des bestehenden Widerrufsrechts nach § 8 VVG. Die Prämie ist fällig unverzüglich nach Ablauf von 14 Tagen nach Zugang des Versicherungsscheins (§ 33 Abs. 1 VVG). Von der gem. § 42 VVG dispositiven Regelung des § 33 Abs. 1 VVG abweichend bestimmt **Nr. 1 Abs. 1**, dass die erste oder einmalige Prämie – unabhängig von dem Bestehen eines Widerrufsrechts – unverzüglich nach dem Zeitpunkt des vereinbarten und im Versicherungsschein angegebenen Versicherungsbeginns zu zahlen ist. Im Falle der Rückwärtsversicherung ist die Prämie unverzüglich nach Vertragsschluss zu zahlen (**Nr. 1 Abs. 2**). **Nr. 1 Abs. 4** berücksichtigt die Regelung des § 5 Abs. 1 VVG. **Nr. 2** entspricht § 37 Abs. 1 VVG. **Nr. 3** entspricht § 37 Abs. 2 VVG.

§ 5 Folgeprämie

1. Fälligkeit

a) Eine Folgeprämie wird zu Beginn der vereinbarten Versicherungsperiode fällig.

b) Die Zahlung gilt als rechtzeitig, wenn sie innerhalb des im Versicherungsschein oder in der Prämienrechnung angegebenen Zeitraums bewirkt ist.

2. Schadenersatz bei Verzug

Ist der Versicherungsnehmer mit der Zahlung einer Folgeprämie in Verzug, ist der Versicherer berechtigt, Ersatz des ihm durch den Verzug entstandenen Schadens zu verlangen.

3. Leistungsfreiheit und Kündigungsrecht nach Mahnung

a) Der Versicherer kann den Versicherungsnehmer bei nicht rechtzeitiger Zahlung einer Folgeprämie auf dessen Kosten in Textform zur Zahlung auffordern und eine Zahlungsfrist von mindestens zwei Wochen ab Zugang der Zahlungsaufforderung bestimmen (Mahnung).

Die Mahnung ist nur wirksam, wenn der Versicherer je Vertrag die rückständigen Beträge der Prämie, Zinsen und Kosten im Einzelnen beziffert und außerdem auf die Rechtsfolgen – Leistungsfreiheit und Kündigungsrecht – aufgrund der nicht fristgerechten Zahlung hinweist.

b) Tritt nach Ablauf der in der Mahnung gesetzten Zahlungsfrist ein Versicherungsfall ein und ist der Versicherungsnehmer bei Eintritt des Versicherungsfalles mit der Zahlung der Prämie oder der Zinsen oder Kosten in Verzug, so ist der Versicherer von der Verpflichtung zur Leistung frei.

c) Der Versicherer kann nach Ablauf der in der Mahnung gesetzten Zahlungsfrist den Vertrag ohne Einhaltung einer Kündigungsfrist mit sofortiger Wirkung kündigen, sofern der Versicherungsnehmer mit der Zahlung der geschuldeten Beträge in Verzug ist.

Die Kündigung kann mit der Bestimmung der Zahlungsfrist so verbunden werden, dass sie mit Fristablauf wirksam wird, wenn der Versicherungsnehmer zu diesem Zeitpunkt mit der Zahlung in Verzug ist. Hierauf ist der Versicherungsnehmer bei der Kündigung ausdrücklich hinzuweisen.

4. Zahlung der Prämie nach Kündigung

Die Kündigung wird unwirksam, wenn der Versicherungsnehmer innerhalb eines Monats nach der Kündigung oder, wenn sie mit der Fristbestimmung verbunden worden ist, innerhalb eines Monats nach Fristablauf die Zahlung leistet.

Die Regelung über die Leistungsfreiheit des Versicherers (Nr. 3 b) bleibt unberührt.

1 Die Schadensersatzregelung gem. Nr. 2 bezieht sich im Wesentlichen auf Verzugszinsen und Kosten; andere Verzugsschäden sind beim VR kaum denkbar. Zinsen und Kosten sind in der Mahnung gem. Nr. 3 a) zu beziffern. Nr. 3 entspricht § 37 Abs. 1 VVG. Nr. 4 entspricht § 38 Abs. 3 S. 3 VVG.

§ 6 Lastschriftverfahren

1. Pflichten des Versicherungsnehmers

Ist zur Einziehung der Prämie das Lastschriftverfahren vereinbart worden, hat der Versicherungsnehmer zum Zeitpunkt der Fälligkeit der Prämie für eine ausreichende Deckung des Kontos zu sorgen.

2. Änderung des Zahlungsweges

Hat es der Versicherungsnehmer zu vertreten, dass eine oder mehrere Prämien, trotz wiederholtem Einziehungsversuch, nicht eingezogen werden können, ist der Versicherer berechtigt, die Lastschriftvereinbarung in Textform zu kündigen.

Der Versicherer hat in der Kündigung darauf hinzuweisen, dass der Versicherungsnehmer verpflichtet ist, die ausstehende Prämie und zukünftige Prämien selbst zu übermitteln.

Durch die Banken erhobene Bearbeitungsgebühren für fehlgeschlagenen Lastschrifteinzug können dem Versicherungsnehmer in Rechnung gestellt werden.

§ 7 Prämie bei vorzeitiger Vertragsbeendigung

1. Allgemeiner Grundsatz

a) Im Falle der vorzeitigen Vertragsbeendigung steht dem Versicherer nur derjenige Teil der Prämie zu, der dem Zeitraum entspricht, in dem der Versicherungsschutz bestanden hat.

b) Fällt das versicherte Interesse nach dem Beginn der Versicherung weg, steht dem Versicherer die Prämie zu, die er hätte beanspruchen können, wenn die Versicherung nur bis zu dem Zeitpunkt beantragt worden wäre, zu dem der Versicherer vom Wegfall des Interesses Kenntnis erlangt hat.

2. Prämie oder Geschäftsgebühr bei Widerruf, Rücktritt, Anfechtung und fehlendem versicherten Interesse

a) Übt der Versicherungsnehmer sein Recht aus, seine Vertragserklärung innerhalb von 14 Tagen zu widerrufen, hat der Versicherer nur den auf die Zeit nach Zugang des Widerrufs entfallenden Teil der Prämien zu erstatten. Voraussetzung ist, dass der Versicherer in der Belehrung über das Widerrufsrecht, über die Rechtsfolgen des Widerrufs und den zu zahlenden Betrag hingewiesen und der Versicherungsnehmer zugestimmt hat, dass der Versicherungsschutz vor Ende der Widerrufsfrist beginnt.

Ist die Belehrung nach Satz 2 unterblieben, hat der Versicherer zusätzlich die für das erste Versicherungsjahr gezahlte Prämie zu erstatten; dies gilt nicht, wenn der Versicherungsnehmer Leistungen aus dem Versicherungsvertrag in Anspruch genommen hat.

b) Wird das Versicherungsverhältnis durch Rücktritt des Versicherers beendet, weil der Versicherungsnehmer Gefahrumstände, nach denen der Versicherer vor Vertragsannahme in Textform gefragt hat, nicht angezeigt hat, so steht dem Versicherer die Prämie bis zum Wirksamwerden der Rücktrittserklärung zu.

Wird das Versicherungsverhältnis durch Rücktritt des Versicherers beendet, weil die einmalige oder die erste Prämie nicht rechtzeitig gezahlt worden ist, so steht dem Versicherer eine angemessene Geschäftsgebühr zu.

c) Wird das Versicherungsverhältnis durch Anfechtung des Versicherers wegen arglistiger Täuschung beendet, so steht dem Versicherer die Prämie bis zum Wirksamwerden der Anfechtungserklärung zu.

d) Der Versicherungsnehmer ist nicht zur Zahlung der Prämie verpflichtet, wenn das versicherte Interesse bei Beginn der Versicherung nicht besteht, oder wenn das Interesse bei einer Versicherung, die für ein künftiges Unternehmen oder für ein anderes künftiges Interesse genommen ist, nicht entsteht. Der Versicherer kann jedoch eine angemessene Geschäftsgebühr verlangen.

Hat der Versicherungsnehmer ein nicht bestehendes Interesse in der Absicht versichert, sich dadurch einen rechtswidrigen Vermögensvorteil zu verschaffen, ist der Vertrag nichtig. Dem Versicherer steht in diesem Fall die Prämie bis zu dem Zeitpunkt zu, zu dem er von den die Nichtigkeit begründenden Umständen Kenntnis erlangt.

VGB 2010 – Abschnitt B	*VVG*
§ 7 Nr. 1 a)	*§ 39 Abs. 1 S. 1*
§ 7 Nr. 1 b)	*§ 80 Abs. 2*
§ 7 Nr. 2 a)	*§ 9*
§ 7 Nr. 2 b) Abs. 1	*§ 39 Abs. 1 S. 2*
§ 7 Nr. 2 b) Abs. 2	*§ 39 Abs. 1 S. 3*
§ 7 Nr. 2 c)	*§ 39 Abs. 1 S. 2*
§ 7 Nr. 2 d) Abs. 1	*§ 80 Abs. 1*
§ 7 Nr. 2 d) Abs. 2	*§ 80 Abs. 3*

§ 8 Obliegenheiten des Versicherungsnehmers

1. Obliegenheiten vor Eintritt des Versicherungsfalles

a) Vertraglich vereinbarte Obliegenheiten, die der Versicherungsnehmer vor Eintritt des Versicherungsfalles zu erfüllen hat, sind:
   aa) die Einhaltung aller gesetzlichen, behördlichen sowie vertraglich vereinbarten Sicherheitsvorschriften;
   bb) die Einhaltung aller sonstigen vertraglich vereinbarten Obliegenheiten.

b) Verletzt der Versicherungsnehmer vorsätzlich oder grob fahrlässig eine Obliegenheit, die er vor Eintritt des Versicherungsfalles gegenüber dem Versicherer zu erfüllen hat, so kann der Versicherer innerhalb eines Monats, nachdem er von der Verletzung Kenntnis erlangt hat, den Vertrag fristlos kündigen.

Das Kündigungsrecht des Versicherers ist ausgeschlossen, wenn der Versicherungsnehmer beweist, dass er die Obliegenheit weder vorsätzlich noch grobfahrlässig verletzt hat.

2. Obliegenheiten bei und nach Eintritt des Versicherungsfalles

a) Der Versicherungsnehmer hat bei und nach Eintritt des Versicherungsfalles
   aa) nach Möglichkeit für die Abwendung und Minderung des Schadens zu sorgen;

bb) dem Versicherer den Schadeneintritt, nachdem er von ihm Kenntnis erlangt hat, unverzüglich – ggf. auch mündlich oder telefonisch – anzuzeigen;
cc) Weisungen des Versicherers zur Schadenabwendung/-minderung – ggf. auch mündlich oder telefonisch – einzuholen, wenn die Umstände dies gestatten;
dd) Weisungen des Versicherers zur Schadenabwendung/-minderung, soweit für ihn zumutbar, zu befolgen. Erteilen mehrere an dem Versicherungsvertrag beteiligte Versicherer unterschiedliche Weisungen, hat der Versicherungsnehmer nach pflichtgemäßem Ermessen zu handeln;
ee) Schäden durch strafbare Handlungen gegen das Eigentum unverzüglich der Polizei anzuzeigen;
ff) dem Versicherer und der Polizei unverzüglich ein Verzeichnis der abhanden gekommenen Sachen einzureichen;
gg) das Schadenbild so lange unverändert zu lassen, bis die Schadenstelle oder die beschädigten Sachen durch den Versicherer freigegeben worden sind. Sind Veränderungen unumgänglich, sind das Schadenbild nachvollziehbar zu dokumentieren (z.B. durch Fotos) und die beschädigten Sachen bis zu einer Besichtigung durch den Versicherer aufzubewahren;
hh) soweit möglich dem Versicherer unverzüglich jede Auskunft – auf Verlangen in Schriftform – zu erteilen, die zur Feststellung des Versicherungsfalles oder des Umfanges der Leistungspflicht des Versicherers erforderlich ist, sowie jede Untersuchung über Ursache und Höhe des Schadens und über den Umfang der Entschädigungspflicht zu gestatten;
ii) vom Versicherer angeforderte Belege beizubringen, deren Beschaffung ihm billigerweise zugemutet werden kann.
b) Steht das Recht auf die vertragliche Leistung des Versicherers einem Dritten zu, so hat dieser die Obliegenheiten gemäß Nr. 2 a) ebenfalls zu erfüllen – soweit ihm dies nach den tatsächlichen und rechtlichen Umständen möglich ist.

3. Leistungsfreiheit bei Obliegenheitsverletzung

a) Verletzt der Versicherungsnehmer eine Obliegenheit nach Nr. 1 oder Nr. 2 vorsätzlich, so ist der Versicherer von der Verpflichtung zur Leistung frei. Bei grob fahrlässiger Verletzung der Obliegenheit ist der Versicherer berechtigt, seine Leistung in dem Verhältnis zu kürzen, das der Schwere des Verschuldens des Versicherungsnehmers entspricht. Das Nichtvorliegen einer groben Fahrlässigkeit hat der Versicherungsnehmer zu beweisen.
b) Außer im Falle einer arglistigen Obliegenheitsverletzung ist der Versicherer jedoch zur Leistung verpflichtet, soweit der Versicherungsnehmer nachweist, dass die Verletzung der Obliegenheit weder für den Eintritt oder die Feststellung des Versicherungsfalles noch für die Feststellung oder den Umfang der Leistungspflicht des Versicherers ursächlich ist.
c) Verletzt der Versicherungsnehmer eine nach Eintritt des Versicherungsfalles bestehende Auskunfts- oder Aufklärungsobliegenheit, ist der Versicherer nur dann vollständig oder teilweise leistungsfrei, wenn er den Ver-

sicherungsnehmer durch gesonderte Mitteilung in Textform auf diese Rechtsfolge hingewiesen hat.

I. Obliegenheiten vor Eintritt des Versicherungsfalles (Nr. 1)

1 Die Regelung der Nr. 1 betrifft die vom VN einzuhaltenden Obliegenheiten vor Eintritt des Versicherungsfalles. Nr. 1 a) aa) verlangt die Einhaltung aller gesetzlichen, behördlichen oder vertraglich vereinbarten **Sicherheitsvorschriften**. Gesetzliche und behördliche Sicherheitsvorschriften sind vornehmlich im Bereich des Feuerrisikos von Bedeutung. Insoweit kommen die Landesbauordnungen und die dazu erlassenen Ausführungsbestimmungen, die Brandschutzgesetze sowie die in verschiedenen Ländern bestehenden Feuerungsverordnungen in Betracht.[1] Als Beispiel für behördliche Sicherheitsvorschriften sind anzuführen die Unfallverhütungsvorschriften der Berufsgenossenschaften, die sich allerdings nur an deren Mitglieder wenden und demgemäß nur bei gemischt genutzten Grundstücken von Bedeutung sind.[2] Vereinbarte Sicherheitsvorschriften sind vornehmlich in der industriellen, gewerblichen und landwirtschaftlichen Feuerversicherung von Bedeutung. Im Übrigen gelten die Sicherheitsvorschriften von Abschnitt A § 16 Nr. 1.

2 Zu den Rechtsfolgen der Verletzung einer Obliegenheit, die vor Eintritt des Versicherungsfalles zu erfüllen ist, wird auf die Kommentierung zu § 28 Abs. 1 VVG verwiesen (s. § 28 VVG Rn 134 ff).

II. Obliegenheiten bei und nach Eintritt des Versicherungsfalles (Nr. 2)

3 Die vom VN bei und nach Eintritt des Versicherungsfalles zu beachtenden Obliegenheiten sind in Nr. 2 a) im Einzelnen aufgeführt. Zu **Nr. 2 a) aa)** kann auf die Kommentierung zu § 82 VVG verwiesen werden (s. § 82 VVG Rn 3 ff). Zu den Rettungsmaßnahmen in der Wohngebäudeversicherung gehören zB die provisorische Abdeckung eines durch Sturm beschädigten Daches sowie Trocknungsmaßnahmen.[3]

4 Die **Schadenanzeige** gegenüber dem VR gem. **Nr. 2 a) bb)** hat unverzüglich (vgl § 121 Abs. 1 S. 1 BGB) zu erfolgen. Für den Beginn der Frist kommt es stets auf die Kenntnisnahme des VN oder seines Repräsentanten an. Erforderlich ist insoweit das positive Wissen über die die Obliegenheit auslösenden Umstände, was vom VR zu beweisen ist. Ein Kennenmüssen reicht nicht aus.[4] Eine schriftliche Schadenanzeige ist nicht vorgeschrieben. Auch an den Inhalt der Anzeige werden keine besonderen Anforderungen gestellt. Insbesondere sind nähere Angaben zur tatsächlichen oder vermuteten Schadenshöhe nicht erforderlich. Der Einwand, die Schadenanzeige habe nicht unverzüglich erfolgen können, da noch Ermittlungen zum Umfang des Schadens hätten angestellt werden müssen, greift grds. nicht durch.[5]

5 Die Obliegenheiten gem. **Nr. 2 a) cc) und dd)** entsprechen der Bestimmung des § 82 Abs. 2 VVG (s. § 82 VVG Rn 18 ff). Die Obliegenheiten gem. **Nr. 2 a) ee) und ff)** sind ebenfalls unverzüglich zu erfüllen. Zur Einreichung der Liste abhanden gekommener Sachen (zB durch Brand, Sturm, Leitungswasser oder durch nach Eintritt des Versicherungsfalles begangenen Diebstahls) dürfte dem VN idR min-

---

1 Vgl BGH 13.11.1996 – IV ZR 226/95, VersR 1997, 485; LG Flensburg 17.4.2003 – 3 O 87/02, VersR 2004, 1555.
2 OLG Düsseldorf 22.4.1986 – 4 U 155/86, r+s 1988, 83; OLG Celle 2.12.1987 – 8 U 135/86, VersR 1988, 617.
3 Vgl OLG Düsseldorf 29.2.2000 – 4 U 77/99, r+s 2001, 379 = NVersZ 2001, 422; OLG Hamm 23.6.1995 – 20 U 13/95, r+s 1996, 149.
4 BGH 30.4.2008 – IV ZR 227/06, r+s 2008, 335 (Durchfeuchtungsschaden).
5 Vgl *Martin*, X II Rn 34; KG 8.4.2003 – 6 U 89/02, r+s 2003, 417, 419.

destens eine Frist von einer Woche zuzubilligen sein. Zu Einzelheiten vgl die Kommentierung zu den VHB (s. Abschnitt B § 8 Rn 10 f VHB 2010).[6]

Die Obliegenheit gem. **Nr. 2 a) gg)**, das **Schadenbild** so lange **unverändert zu lassen**, bis die Schadenstelle oder die beschädigten Sachen durch den VR freigegeben worden sind, ist vom VN spontan zu erfüllen, so dass es einer Belehrung nach § 28 Abs. 4 VVG nicht bedarf.[7] Aus der Obliegenheit folgt die Befugnis des VR zur Einsichtnahme von Augenschein.[8] Bei unumgänglichen Veränderungen ist das Schadenbild zu dokumentieren, die beschädigten Sachen sind bis zu einer Besichtigung durch den VR aufzubewahren.[9] Stimmt der VR einer Reparatur zu, so liegt hierin gleichzeitig eine Zustimmung zur Veränderung der Schadenstelle; einer Aufbewahrung von beschädigten oder ausgetauschten Teilen bedarf es sodann nicht.[10] 6

Von besonderer Bedeutung ist die **Auskunftsobliegenheit gem. Nr. 2 a) hh)**. Unter den Begriff der **Auskunft** fallen alle Angaben des VN auf sachdienliche Fragen des VR, insb. auch zum Schadenhergang, zu den Vermögensverhältnissen des VN und zu Erwerbsumständen. Dies gilt auch dann, wenn die Auskunft den Interessen des VN widerstreitet und sich hieraus eine Leistungsfreiheit des VR ergeben kann.[11] Der VN darf abwarten, bis der VR an ihn herantritt und die Informationen anfordert, die er aus seiner Sicht zur Feststellung des Versicherungsfalles und des Umfangs der Leistungspflicht benötigt.[12] Nicht alle falschen und erst recht nicht alle unvollständigen Angaben des VN in der Schadenanzeige oder in Regulierungsverhandlungen stellen eine Auskunft iSv Nr. 2 a) hh) dar. Falsche Angaben in der Schadenanzeige oder in den Regulierungsverhandlungen, die begrifflich nicht als Auskunft angesehen werden können, da es an einer entsprechenden Frage fehlt, können jedoch als arglistige Täuschung zu werten sein. Falsche Angaben gegenüber der Polizei oder gegenüber einem im Sachverständigenverfahren tätigen Sachverständigen stellen keine Verletzung der dem VR gegenüber bestehenden Aufklärungsobliegenheit dar. 7

Die Obliegenheit zur **Beibringung von Belegen** gem. Nr. 2 a) ii) bezieht sich insb. auf abhanden gekommene oder zerstörte Sachen und ergibt sich schon aus der Nachweispflicht des VN zur Schadenhöhe. Aber auch andere Belege hat der VN beizubringen, wenn dies für die Ermittlung von Ursache und Höhe des Schadens von Bedeutung ist.[13] Eine Obliegenheit, Belege aufzubewahren, kann aus der nach dem Versicherungsfall zu erfüllenden Obliegenheit, die erforderlichen Belege beizubringen, nicht abgeleitet werden.[14] In der Praxis führt die Angabe des VN, Belege seien vernichtet oder sonst wie abhanden gekommen, regelmäßig zu erhöhten Beweisanforderungen, wenn es sich um Belege handelt, die üblicherweise aufbewahrt werden. Gegebenenfalls müssen Belege beschafft werden. 8

---

6 Zur Stehlgutliste für die Polizei vgl BGH 17.9.2008 – IV ZR 317/05, VersR 2008, 1491; *Felsch*, r+s 2010, 265, 267 ff.
7 OLG Saarbrücken 19.9.2012 – 5 U 68/12-9, VersR 2013, 180 f = r+s 2012, 543.
8 Vgl OLG Karlsruhe 5.6.1997 – 12 U 308/96, r+s 1997, 381; LG Köln 7.4.2005 – 24 S 28/04, VersR 2006, 260.
9 Vgl AG Dortmund 28.1.1991 – 113 C 14 899/90 P, r+s 1991, 387.
10 OLG Hamm 13.8.2008 – 20 U 25/08, VersR 2009, 395 = r+s 2009, 465; vgl auch OLG Saarbrücken 19.9.2012 – 5 U 68/12-9, VersR 2013, 180 = r+s 2012, 543 zur Aufforderung, die Schadenstelle „möglichst" bis zu einer Besichtigung unverändert zu lassen.
11 BGH 16.11.2005 – IV ZR 307/04, VersR 2006, 258, 259; OLG Bremen 10.10.2011 – 3 U 13/11, VersR 2012, 1389, 1390.
12 BGH 21.4.1993 – IV ZR 34/92, VersR 1993, 828; BGH 7.7.2004 – IV ZR 265/03, VersR 2004, 1117; BGH 16.11.2005 – IV ZR 307/04, VersR 2006, 258.
13 Vgl OLG Köln 30.6.1988 – 5 U 296/87, r+s 1988, 337 f.
14 Vgl *Martin*, X II Rn 118.

9 In zeitlicher Hinsicht endet die Aufklärungsobliegenheit nach der Rspr des BGH[15] mit der endgültigen Ablehnung der Leistungspflicht durch den VR. Gibt der VR allerdings unmissverständlich zu erkennen, dass er erneut in die Prüfung seiner Leistungspflicht eintreten will und für ihn ein weiteres Aufklärungsbedürfnis besteht, lebt die Aufklärungsobliegenheit wieder auf.[16] Im Rahmen des Deckungsprozesses gelten die allgemeinen zivilprozessualen Grundsätze der Darlegungs- und **Beweislast.** Eine Aufklärungsobliegenheit des VN im Deckungsprozess ist hiermit nicht zu vereinbaren.[17]

III. Folgen der Obliegenheitsverletzung (Nr. 3)

10 Zu den Rechtsfolgen einer Obliegenheitsverletzung nach Nr. 1 oder Nr. 2 wird auf die Kommentierung zu § 28 VVG verwiesen:

- Nr. 3 a) entspricht § 28 Abs. 2 VVG (Leistungsfreiheit des VR; s. § 28 VVG Rn 154 ff),
- Nr. 3 b) entspricht § 28 Abs. 3 VVG (Kausalität; s. § 28 VVG Rn 56 ff) und
- Nr. 3 c) entspricht § 28 Abs. 4 VVG (Belehrungserfordernis; s. § 28 VVG Rn 222 ff).

§ 9 Gefahrerhöhung

1. Begriff der Gefahrerhöhung

a) Eine Gefahrerhöhung liegt vor, wenn nach Abgabe der Vertragserklärung des Versicherungsnehmers die tatsächlich vorhandenen Umstände so verändert werden, dass der Eintritt des Versicherungsfalles oder eine Vergrößerung des Schadens oder die ungerechtfertigte Inanspruchnahme des Versicherers wahrscheinlicher wird.

b) Eine Gefahrerhöhung kann insbesondere – aber nicht nur – vorliegen, wenn sich ein gefahrerheblicher Umstand ändert, nach dem der Versicherer vor Vertragsschluss gefragt hat.

c) Eine Gefahrerhöhung nach a) liegt nicht vor, wenn sich die Gefahr nur unerheblich erhöht hat oder nach den Umständen als mitversichert gelten soll.

2. Pflichten des Versicherungsnehmers

a) Nach Abgabe seiner Vertragserklärung darf der Versicherungsnehmer ohne vorherige Zustimmung des Versicherers keine Gefahrerhöhung vornehmen oder deren Vornahme durch einen Dritten gestatten.

b) Erkennt der Versicherungsnehmer nachträglich, dass er ohne vorherige Zustimmung des Versicherers eine Gefahrerhöhung vorgenommen oder gestattet hat, so muss er diese dem Versicherer unverzüglich anzeigen.

---

15 BGH 13.3.2013 – IV ZR 110/11, VersR 2013, 609; BGH 7.6.1989 – IVa ZR 101/88, VersR 1989, 842 = r+s 1989, 296; Prölss/Martin/*Armbrüster*, § 28 VVG Rn 77 ff; Römer/Langheid/*Rixecker*, § 31 Rn 20.
16 BGH 13.3.2003 – IV ZR 110/11, VersR 2013, 609; Römer/Langheid/*Rixecker*, § 31 Rn 20 mwN; *Martin*, X II Rn 100 ff, der noch weitergehend eine zeitliche Grenze der Aufklärungsobliegenheit grds. ablehnt.
17 Anders *Martin*, X II Rn 95 ff.

c) Eine Gefahrerhöhung, die nach Abgabe seiner Vertragserklärung unabhängig von seinem Willen eintritt, muss der Versicherungsnehmer dem Versicherer unverzüglich anzeigen, nachdem er von ihr Kenntnis erlangt hat.

3. Kündigung oder Vertragsanpassung durch den Versicherer

a) Kündigungsrecht

Verletzt der Versicherungsnehmer seine Verpflichtung nach Nr. 2 a), kann der Versicherer den Vertrag fristlos kündigen, wenn der Versicherungsnehmer seine Verpflichtung vorsätzlich oder grob fahrlässig verletzt hat. Das Nichtvorliegen von Vorsatz oder grober Fahrlässigkeit hat der Versicherungsnehmer zu beweisen.

Beruht die Verletzung auf einfacher Fahrlässigkeit, kann der Versicherer unter Einhaltung einer Frist von einem Monat kündigen.

Wird dem Versicherer eine Gefahrerhöhung in den Fällen nach Nr. 2 b) und Nr. 2 c) bekannt, kann er den Vertrag unter Einhaltung einer Frist von einem Monat kündigen.

b) Vertragsänderung

Statt der Kündigung kann der Versicherer ab dem Zeitpunkt der Gefahrerhöhung eine seinen Geschäftsgrundsätzen entsprechende erhöhte Prämie verlangen oder die Absicherung der erhöhten Gefahr ausschließen.

Erhöht sich die Prämie als Folge der Gefahrerhöhung um mehr als 10 Prozent oder schließt der Versicherer die Absicherung der erhöhten Gefahr aus, so kann der Versicherungsnehmer den Vertrag innerhalb eines Monats nach Zugang der Mitteilung des Versicherers ohne Einhaltung einer Frist kündigen. In der Mitteilung hat der Versicherer den Versicherungsnehmer auf dieses Kündigungsrecht hinzuweisen.

4. Erlöschen der Rechte des Versicherers

Die Rechte des Versicherers zur Kündigung oder Vertragsanpassung nach Nr. 3 erlöschen, wenn diese nicht innerhalb eines Monats ab Kenntnis des Versicherers von der Gefahrerhöhung ausgeübt werden oder wenn der Zustand wiederhergestellt ist, der vor der Gefahrerhöhung bestanden hat.

5. Leistungsfreiheit wegen Gefahrerhöhung

a) Tritt nach einer Gefahrerhöhung der Versicherungsfall ein, so ist der Versicherer nicht zur Leistung verpflichtet, wenn der Versicherungsnehmer seine Pflichten nach Nr. 2 a) vorsätzlich verletzt hat. Verletzt der Versicherungsnehmer diese Pflichten grob fahrlässig, so ist der Versicherer berechtigt, seine Leistung in dem Verhältnis zu kürzen, das der Schwere des Verschuldens des Versicherungsnehmers entspricht. Das Nichtvorliegen einer groben Fahrlässigkeit hat der Versicherungsnehmer zu beweisen.

b) Nach einer Gefahrerhöhung nach Nr. 2 b) und Nr. 2 c) ist der Versicherer für einen Versicherungsfall, der später als einen Monat nach dem Zeitpunkt eintritt, zu dem die Anzeige dem Versicherer hätte zugegangen sein müssen, leistungsfrei, wenn der Versicherungsnehmer seine Anzeigepflicht vorsätzlich verletzt hat. Hat der Versicherungsnehmer seine Pflicht grob fahrlässig verletzt, so gilt a) Satz 2 und 3 entsprechend. Die Leistungspflicht des Versicherers bleibt bestehen, wenn ihm die Gefahrerhöhung zu dem Zeitpunkt, zu dem ihm die Anzeige hätte zugegangen sein müssen, bekannt war.

c) Die Leistungspflicht des Versicherers bleibt bestehen,
   aa) soweit der Versicherungsnehmer nachweist, dass die Gefahrerhöhung nicht ursächlich für den Eintritt des Versicherungsfalles oder den Umfang der Leistungspflicht war oder
   bb) wenn zur Zeit des Eintrittes des Versicherungsfalles die Frist für die Kündigung des Versicherers abgelaufen und eine Kündigung nicht erfolgt war oder
   cc) wenn der Versicherer statt der Kündigung ab dem Zeitpunkt der Gefahrerhöhung eine seinen Geschäftsgrundsätzen entsprechende erhöhte Prämie verlangt.

1 Zum Begriff der Gefahrerhöhung wird auf die Kommentierung zu § 23 VVG verwiesen (s. § 23 VVG Rn 13 ff). Im Übrigen gilt:

VGB 2010 – Abschnitt B	*VVG*
§ 9 Nr. 1 c)	*§ 27*
§ 9 Nr. 2 a)	*§ 23 Abs. 1*
§ 9 Nr. 2 b)	*§ 23 Abs. 2*
§ 9 Nr. 2 c)	*§ 23 Abs. 3*
§ 9 Nr. 3 a)	*§ 24 Abs. 1 und 2*
§ 9 Nr. 3 b)	*§ 25*
§ 9 Nr. 4	*§ 24 Abs. 3*
§ 9 Nr. 5 a)	*§ 26 Abs. 1*
§ 9 Nr. 5 b)	*§ 26 Abs. 2*
§ 9 Nr. 5 c)	*§ 26 Abs. 3*

§ 10 Überversicherung

1. Übersteigt die Versicherungssumme den Wert des versicherten Interesses erheblich, so kann sowohl der Versicherer als auch der Versicherungsnehmer verlangen, dass zur Beseitigung der Überversicherung die Versicherungssumme mit sofortiger Wirkung herabgesetzt wird. Ab Zugang des Herabsetzungsverlangens ist für die Höhe der Prämie der Betrag maßgebend, den der Versicherer berechnet haben würde, wenn der Vertrag von vornherein mit dem neuen Inhalt geschlossen worden wäre.

2. Hat der Versicherungsnehmer die Überversicherung in der Absicht geschlossen, sich dadurch einen rechtswidrigen Vermögensvorteil zu verschaffen, ist der Vertrag nichtig. Dem Versicherer steht die Prämie bis zu dem Zeitpunkt zu, zu dem er von den die Nichtigkeit begründenden Umständen Kenntnis erlangt.

1 Die Regelung entspricht § 74 VVG. Es wird auf die dortige Kommentierung verwiesen.

§ 11 Mehrere Versicherer

1. Anzeigepflicht

Wer bei mehreren Versicherern ein Interesse gegen dieselbe Gefahr versichert, ist verpflichtet, dem Versicherer die andere Versicherung unverzüglich mitzuteilen. In der Mitteilung sind der andere Versicherer und die Versicherungssumme anzugeben.

2. **Rechtsfolgen der Verletzung der Anzeigepflicht**

   Verletzt der Versicherungsnehmer die Anzeigepflicht (siehe Nr. 1) vorsätzlich oder grob fahrlässig, ist der Versicherer unter den in Abschnitt B § 8 beschriebenen Voraussetzungen zur Kündigung berechtigt oder auch ganz oder teilweise leistungsfrei. Leistungsfreiheit tritt nicht ein, wenn der Versicherer vor Eintritt des Versicherungsfalles Kenntnis von der anderen Versicherung erlangt hat.

3. **Haftung und Entschädigung bei Mehrfachversicherung**

   a) Ist bei mehreren Versicherern ein Interesse gegen dieselbe Gefahr versichert und übersteigen die Versicherungssummen zusammen den Versicherungswert oder übersteigt aus anderen Gründen die Summe der Entschädigungen, die von jedem Versicherer ohne Bestehen der anderen Versicherung zu zahlen wären, den Gesamtschaden, liegt eine Mehrfachversicherung vor.

   b) Die Versicherer sind in der Weise als Gesamtschuldner verpflichtet, dass jeder für den Betrag aufzukommen hat, dessen Zahlung ihm nach seinem Vertrage obliegt; der Versicherungsnehmer kann aber im Ganzen nicht mehr als den Betrag des ihm entstandenen Schadens verlangen. Satz 1 gilt entsprechend, wenn die Verträge bei demselben Versicherer bestehen.

   Erlangt der Versicherungsnehmer oder der Versicherte aus anderen Versicherungsverträgen Entschädigung für denselben Schaden, so ermäßigt sich der Anspruch aus dem vorliegenden Vertrag in der Weise, dass die Entschädigung aus allen Verträgen insgesamt nicht höher ist, als wenn der Gesamtbetrag der Versicherungssummen, aus denen die Prämien errechnet wurde, nur in diesem Vertrag in Deckung gegeben worden wäre. Bei Vereinbarung von Entschädigungsgrenzen ermäßigt sich der Anspruch in der Weise, dass aus allen Verträgen insgesamt keine höhere Entschädigung zu leisten ist, als wenn der Gesamtbetrag der Versicherungssummen in diesem Vertrag in Deckung gegeben worden wäre.

   c) Hat der Versicherungsnehmer eine Mehrfachversicherung in der Absicht geschlossen, sich dadurch einen rechtswidrigen Vermögensvorteil zu verschaffen, ist jeder in dieser Absicht geschlossene Vertrag nichtig.

   Dem Versicherer steht die Prämie bis zu dem Zeitpunkt zu, zu dem er von den die Nichtigkeit begründenden Umständen Kenntnis erlangt.

4. **Beseitigung der Mehrfachversicherung**

   a) Hat der Versicherungsnehmer den Vertrag, durch den die Mehrfachversicherung entstanden ist, ohne Kenntnis von dem Entstehen der Mehrfachversicherung geschlossen, kann er verlangen, dass der später geschlossene Vertrag aufgehoben oder die Versicherungssumme unter verhältnismäßiger Minderung der Prämie auf den Teilbetrag herabgesetzt wird, der durch die frühere Versicherung nicht gedeckt ist.

   Die Aufhebung des Vertrages oder die Herabsetzung der Versicherungssumme und Anpassung der Prämie werden zu dem Zeitpunkt wirksam, zu dem die Erklärung dem Versicherer zugeht.

   b) Die Regelungen nach a) sind auch anzuwenden, wenn die Mehrfachversicherung dadurch entstanden ist, dass nach Abschluss der mehreren Versicherungsverträge der Versicherungswert gesunken ist. Sind in diesem Fall die mehreren Versicherungsverträge gleichzeitig oder im Einvernehmen der Versicherer geschlossen worden, kann der Versicherungsnehmer nur die verhältnismäßige Herabsetzung der Versicherungssummen und der Prämien verlangen.

1 Nr. 1 entspricht § 77 Abs. 1 VVG. Die Verletzung der Anzeigepflicht ist nach § 77 VVG sanktionslos. Dies wird durch Nr. 2 abgeändert, indem auf die Vorschriften von Abschnitt B § 8, welcher der Regelung des § 28 VVG entspricht, verwiesen wird.[1] Nr. 3 entspricht § 78 VVG. Nr. 4 entspricht § 79 VVG. Auf die jeweilige Kommentierung wird verwiesen.

§ 12 Versicherung für fremde Rechnung

1. Rechte aus dem Vertrag

Der Versicherungsnehmer kann den Versicherungsvertrag im eigenen Namen für das Interesse eines Dritten (Versicherten) schließen. Die Ausübung der Rechte aus diesem Vertrag steht nur dem Versicherungsnehmer und nicht auch dem Versicherten zu. Das gilt auch, wenn der Versicherte den Versicherungsschein besitzt.

2. Zahlung der Entschädigung

Der Versicherer kann vor Zahlung der Entschädigung an den Versicherungsnehmer den Nachweis verlangen, dass der Versicherte seine Zustimmung dazu erteilt hat. Der Versicherte kann die Zahlung der Entschädigung nur mit Zustimmung des Versicherungsnehmers verlangen.

3. Kenntnis und Verhalten

a) Soweit die Kenntnis und das Verhalten des Versicherungsnehmers von rechtlicher Bedeutung sind, sind bei der Versicherung für fremde Rechnung auch die Kenntnis und das Verhalten des Versicherten zu berücksichtigen. Soweit der Vertrag Interessen des Versicherungsnehmers und des Versicherten umfasst, muss sich der Versicherungsnehmer für sein Interesse das Verhalten und die Kenntnis des Versicherten nur zurechnen lassen, wenn der Versicherte Repräsentant des Versicherungsnehmers ist.

b) Auf die Kenntnis des Versicherten kommt es nicht an, wenn der Vertrag ohne sein Wissen abgeschlossen worden ist oder ihm eine rechtzeitige Benachrichtigung des Versicherungsnehmers nicht möglich oder nicht zumutbar war.

c) Auf die Kenntnis des Versicherten kommt es dagegen an, wenn der Versicherungsnehmer den Vertrag ohne Auftrag des Versicherten geschlossen und den Versicherer nicht darüber informiert hat.

1 Zu Nr. 1 und 2 wird auf die Kommentierung zu §§ 43–45 VVG verwiesen. Nr. 3 a) entspricht § 47 Abs. 1 VVG. Nr. 3 b) und Nr. 3 c) entsprechen § 47 Abs. 2 S. 1 und 2 VVG.

---

1 Vgl auch Prölss/Martin/*Armbrüster*, § 77 VVG Rn 12 ff.

§ 13 Aufwendungsersatz

1. Aufwendungen zur Abwendung und Minderung des Schadens

a) Versichert sind Aufwendungen, auch erfolglose, die der Versicherungsnehmer bei Eintritt des Versicherungsfalles den Umständen nach zur Abwendung und Minderung des Schadens für geboten halten durfte oder die er auf Weisung des Versicherers macht.

b) Macht der Versicherungsnehmer Aufwendungen, um einen unmittelbar bevorstehenden Versicherungsfall abzuwenden oder in seinen Auswirkungen zu mindern, geltend, so leistet der Versicherer Aufwendungsersatz nur, wenn diese Aufwendungen bei einer nachträglichen objektiven Betrachtung der Umstände verhältnismäßig und erfolgreich waren oder die Aufwendungen auf Weisung des Versicherers erfolgten.

c) Ist der Versicherer berechtigt, seine Leistung zu kürzen, kann er auch den Aufwendungsersatz nach a) und b) entsprechend kürzen; dies gilt jedoch nicht, soweit Aufwendungen auf Weisung des Versicherers entstanden sind.

d) Der Ersatz dieser Aufwendungen und die Entschädigung für versicherte Sachen betragen zusammen höchstens die Versicherungssumme je vereinbarter Position; dies gilt jedoch nicht, soweit Aufwendungen auf Weisung des Versicherers entstanden sind.

e) Der Versicherer hat den für die Aufwendungen gemäß a) erforderlichen Betrag auf Verlangen des Versicherungsnehmers vorzuschießen.

f) Nicht versichert sind Aufwendungen für Leistungen der Feuerwehr oder anderer Institutionen, die im öffentlichen Interesse zur Hilfeleistung verpflichtet sind, wenn diese Leistungen im öffentlichen Interesse kostenfrei zu erbringen sind.

2. Kosten der Ermittlung und Feststellung des Schadens

a) Der Versicherer ersetzt bis zur vereinbarten Höhe die Kosten für die Ermittlung und Feststellung eines von ihm zu ersetzenden Schadens, sofern diese den Umständen nach geboten waren.

Zieht der Versicherungsnehmer einen Sachverständigen oder Beistand hinzu, so werden diese Kosten nur ersetzt, soweit er zur Zuziehung vertraglich verpflichtet ist oder vom Versicherer aufgefordert wurde.

b) Ist der Versicherer berechtigt, seine Leistung zu kürzen, kann er auch den Kostenersatz nach a) entsprechend kürzen.

Nr. 1 a) entspricht der Regelung des § 83 Abs. 1 und 3 VVG. Nr. 2 betrifft den sog. erweiterten Aufwendungsersatz bei Abwehr eines unmittelbar bevorstehenden Versicherungsfalles. Die gesetzliche Regelung des § 90 VVG ist insoweit abgewandelt worden. Erforderlich ist, dass die Aufwendungen bei einer nachträglichen objektiven Betrachtung der Umstände verhältnismäßig und erfolgreich waren oder aber auf einer Weisung des VR beruhen. Im Übrigen gilt:

VGB 2010 – Abschnitt B	VVG
§ 13 Nr. 1 c)	§ 83 Abs. 2
§ 13 Nr. 1 d)	§ 83 Abs. 3
§ 13 Nr. 1 e)	§ 83 Abs. 3 S. 2
§ 13 Nr. 2 a) Abs. 1	§ 85 Abs. 1 S. 1
§ 13 Nr. 2 a) Abs. 2	§ 85 Abs. 2
§ 13 Nr. 2 b)	§ 85 Abs. 3

§ 14 Übergang von Ersatzansprüchen

1. Übergang von Ersatzansprüchen

Steht dem Versicherungsnehmer ein Ersatzanspruch gegen einen Dritten zu, geht dieser Anspruch auf den Versicherer über, soweit der Versicherer den Schaden ersetzt. Der Übergang kann nicht zum Nachteil des Versicherungsnehmers geltend gemacht werden. Richtet sich der Ersatzanspruch des Versicherungsnehmers gegen eine Person, mit der er bei Eintritt des Schadens in häuslicher Gemeinschaft lebt, kann der Übergang nicht geltend gemacht werden, es sei denn, diese Person hat den Schaden vorsätzlich verursacht.

2. Obliegenheiten zur Sicherung von Ersatzansprüchen

Der Versicherungsnehmer hat seinen Ersatzanspruch oder ein zur Sicherung dieses Anspruchs dienendes Recht unter Beachtung der geltenden Form- und Fristvorschriften zu wahren und nach Übergang des Ersatzanspruchs auf den Versicherer bei dessen Durchsetzung durch den Versicherer, soweit erforderlich, mitzuwirken.

Verletzt der Versicherungsnehmer diese Obliegenheit vorsätzlich, ist der Versicherer zur Leistung insoweit nicht verpflichtet, als er infolge dessen keinen Ersatz von dem Dritten erlangen kann. Im Fall einer grob fahrlässigen Verletzung der Obliegenheit ist der Versicherer berechtigt, seine Leistung in einem der Schwere des Verschuldens des Versicherungsnehmers entsprechenden Verhältnis zu kürzen; die Beweislast für das Nichtvorliegen einer groben Fahrlässigkeit trägt der Versicherungsnehmer.

1 Nr. 1 entspricht § 86 Abs. 1 und 3 VVG. Nr. 2 entspricht § 86 Abs. 2 VVG.

§ 15 Kündigung nach dem Versicherungsfall

1. Kündigungsrecht

Nach dem Eintritt eines Versicherungsfalles kann jede der Vertragsparteien den Versicherungsvertrag kündigen. Die Kündigung ist in Schriftform[*] zu erklären. Die Kündigung ist nur bis zum Ablauf eines Monats seit dem Abschluss der Verhandlungen über die Entschädigung zulässig.

2. Kündigung durch Versicherungsnehmer

Der Versicherungsnehmer ist berechtigt, das Versicherungsverhältnis mit sofortiger Wirkung oder zu jedem späteren Zeitpunkt bis zum Ablauf des Versicherungsjahres in Schriftform[**] zu kündigen.

3. Kündigung durch Versicherer

Eine Kündigung des Versicherers wird einen Monat nach ihrem Zugang beim Versicherungsnehmer wirksam.

1 Die Regelung entspricht im Wesentlichen § 92 VVG.

---

[*] Hier auch Textform zulässig.
[**] Hier auch Textform zulässig.

§ 16 Keine Leistungspflicht aus besonderen Gründen

1. Vorsätzliche oder grob fahrlässige Herbeiführung des Versicherungsfalles

a) Führt der Versicherungsnehmer den Versicherungsfall vorsätzlich herbei, so ist der Versicherer von der Entschädigungspflicht frei.

Ist die Herbeiführung des Schadens durch rechtskräftiges Strafurteil wegen Vorsatzes in der Person des Versicherungsnehmers festgestellt, so gilt die vorsätzliche Herbeiführung des Schadens als bewiesen.

b) Führt der Versicherungsnehmer den Schaden grob fahrlässig herbei, so ist der Versicherer berechtigt, seine Leistung in einem der Schwere des Verschuldens des Versicherungsnehmers entsprechenden Verhältnis zu kürzen.

2. Arglistige Täuschung nach Eintritt des Versicherungsfalles

Der Versicherer ist von der Entschädigungspflicht frei, wenn der Versicherungsnehmer den Versicherer arglistig über Tatsachen, die für den Grund oder die Höhe der Entschädigung von Bedeutung sind, täuscht oder zu täuschen versucht.

Ist die Täuschung oder der Täuschungsversuch durch rechtskräftiges Strafurteil gegen den Versicherungsnehmer wegen Betruges oder Betrugsversuches festgestellt, so gelten die Voraussetzungen des Satzes 1 als bewiesen.

I. Vorsätzliche und grob fahrlässige Herbeiführung des Versicherungsfalles (Nr. 1)

1. Vorsatz bzw grobe Fahrlässigkeit. Schäden, die der VN oder einer seiner Repräsentanten vorsätzlich herbeiführt, sind grds. vom Versicherungsschutz ausgeschlossen. Bei grob fahrlässiger Herbeiführung ist der VR gem. § 81 Abs. 2 VVG berechtigt, seine Leistungen in einem der Schwere des Verschuldens des VN entsprechenden Verhältnis zu kürzen. Für das Ausmaß der Leistungsfreiheit des VR kommt es darauf an, ob die grobe Fahrlässigkeit im konkreten Fall „nahe beim bedingten Vorsatz" oder aber „eher im Grenzbereich zur einfachen Fahrlässigkeit" liegt. Vgl hierzu ausf. § 81 VVG Rn 95 ff.

Zur Frage der **grob fahrlässigen Herbeiführung des Versicherungsfalles** gibt es eine umfangreiche Kasuistik. Im Rahmen der Wohngebäudeversicherung kommt grobe Fahrlässigkeit insb. bei Herbeiführung von Feuer- und Leitungswasserschäden in Betracht. Im Rahmen des **Feuer- und Explosionsrisikos** sind vornehmlich die Fälle des **nachlässigen Umgangs mit brennenden Kerzen**, mit anderen **leicht brennbaren Gegenständen** und das **Rauchen im Bett** von Bedeutung. Insoweit kommt es stets auf die Umstände des Einzelfalles an. So ist das Brennenlassen von Kerzen dann nicht als grob fahrlässig anzusehen, wenn die Räumlichkeiten nur für kurze Zeit verlassen werden oder das Brennenlassen auf eine besondere Ablenkung zurückzuführen ist.[1] Als grob fahrlässig ist demgegenüber das Brennenlassen von Kerzen bei längerer Abwesenheit angesehen worden, wobei hinsichtlich des Zeitraums die

---

1 Vgl BGH 4.12.1985 – IVa 130/84, NJW 1986, 705 = VersR 1986, 254; OLG Düsseldorf 21.9.1999 – 4 U 182/98, r+s 2000, 160; OLG Hamm 3.5.1989 – 20 U 297/88, r+s 1989, 334; OLG Düsseldorf 3.3.1998 – 4 U 49/97, r+s 1998, 424; OLG Oldenburg 29.9.1999 – 2 U 161/99, VersR 2000, 1494; OLG Saarbrücken 29.1.1992 – 5 U 47/91, VersR 1992, 741; vgl die umfangreiche Rechtsprechungsübersicht in r+s 2000, 509 ff.

Grenzen fließend sind.[2] Beim Rauchen im Bett ist grobe Fahrlässigkeit anzunehmen, wenn gleichzeitig Alkoholeinfluss oder Übermüdung gegeben ist.[3]

3 Auch die **unsachgemäße Lagerung brennbarer Gegenstände**,[4] die unsachgemäße Entsorgung brennbarer Abfälle,[5] die unsachgemäße Durchführung feuergefährlicher Arbeiten,[6] das Unbeaufsichtigtlassen offener Kamine[7] sowie der unsorgfältige Umgang mit heißem Fett[8] werden regelmäßig als grob fahrlässig anzusehen sein. Häufig wird allerdings in subjektiver Hinsicht wegen eines sog. Augenblicksversagens eine grobe Fahrlässigkeit verneint.[9]

4 Im Rahmen des **Leitungswasserrisikos** stellt sich das Problem der groben Fahrlässigkeit insb. bei während längerer Abwesenheit unter Druck stehenden und/oder unfachmännisch reparierten **Waschmaschinen oder Geschirrspülern**. Grobe Fahrlässigkeit dürfte allenfalls dann anzunehmen sein, wenn es gewohnheitsmäßig oder während einer Urlaubsreise unterlassen wird, die Zulaufleitung abzusperren.[10] Ähnliches gilt bei altersschwachen, vorschriftswidrig reparierten oder mit Vorschäden behafteten Wasch- oder Spülmaschinen.[11] Während eines Spülvorgangs kann eine ununterbrochene Kontrolle nicht verlangt werden.[12] Ebenso wenig ist es grob fahrlässig, wenn die Wohnung während eines Wasch- oder Spülvorgangs für wenige Stunden verlassen wird.[13]

---

2 Vgl OLG Hamburg 5.5.1993 – 5 U 231/92, r+s 1994, 184 (grobe Fahrlässigkeit schon bei Verlassen der Wohnung für etwa 15 Minuten); OLG Nürnberg 25.10.2001 – 8 U 1429/01, r+s 2001, 512; OLG Oldenburg 17.1.2001 – 2 U 300/00, r+s 2002, 74; LG Koblenz 29.10.1993 – 2 O 209/93, r+s 1994, 185; LG Baden-Baden 21.3.1986, r+s 1986, 289; LG Köln 21.6.2001 – 24 O 290/00, r+s 2002, 383.
3 Vgl OLG Oldenburg 10.10.1990 – 2 U 117/90, r+s 1992, 208; OLG Köln 16.9.1993 – 5 U 40/93, r+s 1994, 24; OLG Köln 22.8.2000 – 9 U 117/99, r+s 2000, 427 = VersR 2001, 365; vgl auch OLG Hamm 20.6.1989 – 20 W 31/89, r+s 1989, 333; OLG Hamm 27.10.1995 – 20 U 156/95, r+s 1996, 112.
4 OLG Hamm 27.3.1985 – 20 U 298/84, VersR 1986, 561; LG Hamburg 8.10.1979 – 13 O 362/79, VersR 1980, 226.
5 Vgl LG Berlin 22.4.1993 – 7 O 449/92, r+s 1995, 189; OLG Celle 10.6.1994 – 8 W 127/94, r+s 1995, 190.
6 OLG Köln 11.4.2000 – 9 U 145/99, r+s 2000, 296; OLG München 10.7.1991 – 3 U 2047/91, r+s 1992, 207; OLG Köln 21.9.1989 – 5 U 2/89, r+s 1989, 366; OLG Oldenburg 16.12.1998 – 2 U 221/98, r+s 1999, 162; OLG Düsseldorf 16.11.1993 – 4 U 212/92, r+s 1995, 425; OLG Schleswig 9.10.2008 – 16 U 39/08, VersR 2009, 633.
7 OLG Koblenz 6.12.2002 – 10 U 193/01, VersR 2003, 1124 = r+s 2003, 112.
8 OLG Hamm 17.10.1985 – 5 U 91/85, NJW-RR 1987, 90; OLG Köln 7.2.1991 – 5 U 78/90, r+s 1991, 245; OLG Köln 8.5.2001 – 9 U 147/00, VersR 2002, 311; OLG Düsseldorf 9.8.1995 – 4 U 172/94, r+s 1995, 424; OLG Zweibrücken 28.4.1999 – 1 U 30/98, r+s 2000, 469; LG Köln 27.10.2005 – 24 O 544/04, VersR 2006, 695.
9 Vgl BGH 10.5.2011 – VI ZR 196/10, VersR 2011, 916, 917; BGH 5.4.1989 – IVa ZR 39/88, VersR 1989, 840; OLG Köln 2.3.1990 – 20 U 195/89, r+s 1990, 186; OLG Frankfurt 10.12.1987 – 16 U 241/86, r+s 1988, 143; OLG Köln 7.2.1991 – 5 U 78/90, r+s 1991, 244.
10 OLG Oldenburg 18.10.1995 – 2 U 135/95, r+s 1996, 236; OLG Oldenburg 5.5.2004 – 3 U 6/04, VersR 2005, 976; vgl auch Prölss/Martin/*Knappmann*, B § 16 VHB 2010 Rn 7; *Martin*, O I Rn 141 ff.
11 *Martin*, O I Rn 143; LG Hamburg 27.3.1985 – 2 O 97/84, VersR 1986, 564.
12 OLG München 13.1.2005 – 19 U 3792/04, r+s 2005, 107, 109; AG Köln 23.5.2006 – 144 C 41/06, VersR 2007, 242.
13 OLG Koblenz 20.4.2001 – 10 U 1124/99, VersR 2002, 231 = r+s 2001, 471; LG Münster 15.7.1988 – 10 O 245/88, r+s 1989, 367; LG Gießen 10.7.1996 – 1 S 143/96, r+s 1996, 456; AG Köln 23.5.2006 – 144 C 41/06, r+s 2006, 289; *Martin*, O I Rn 145; aA OLG Karlsruhe 4.12.1986 – 12 U 173/86, VersR 1988, 1285; LG Passau 20.2.2006 – 1 O 1164/05, VersR 2007, 242.

Grobe Fahrlässigkeit bei **Rohrbruch und Frostschäden** ist dann anzunehmen, wenn bei nicht in Betrieb befindlichen oder defekten Heizungsanlagen ein Absperren oder Entleeren der Wasserleitungsanlagen unterbleibt.[14]

2. Darlegungs- und Beweislast. Die objektiven und subjektiven Voraussetzungen der Leistungsfreiheit wegen vorsätzlicher oder grob fahrlässiger Herbeiführung des Versicherungsfalles sind vom VR darzulegen und zu beweisen.[15] Die in Nr. 1 a) Abs. 2 enthaltene unwiderlegliche Beweisvermutung bei rechtskräftigen Strafurteilen dürfte mit § 309 Nr. 12 BGB nicht vereinbar sein. Zutreffend weist *Kollhosser*[16] darauf hin, dass derartige Beweisvermutungen zum Nachteil des VN von der zwingenden Norm des § 286 Abs. 1 ZPO abweichen, die eine Tatsachenfeststellung durch freie Überzeugungsbildung des jeweils entscheidenden Gerichts gebietet. Insbesondere darin, dass dem VN die Möglichkeit des Gegenbeweises abgeschnitten wird, liegt ein Verstoß gegen § 309 Nr. 12 BGB.[17] Hierbei ist auch zu berücksichtigen, dass umgekehrt ein Freispruch in einem strafgerichtlichen Verfahren oder eine Einstellung dem VR keineswegs die Möglichkeit nehmen, im Deckungsprozess den Nachweis einer vorsätzlichen Tatbegehung zu führen.

III. Arglistige Täuschung nach Eintritt des Versicherungsfalles (Nr. 2)

Leistungsfreiheit des VR besteht bei **arglistiger Täuschung** (oder dem entsprechenden Versuch) über Tatsachen, die für den Grund oder die Höhe der Entschädigung von Bedeutung sind. Der Tatbestand der arglistigen Täuschung wird im Regelfall stets auch einen Verstoß gegen die Aufklärungsobliegenheit gem. § 8 Nr. 2 a) hh) darstellen. Zu den Einzelheiten der Leistungsfreiheit wegen arglistiger Täuschung kann auf die Ausführungen zur Hausratversicherung verwiesen werden (s. Abschnitt B § 16 Rn 7 f VHB 2010). Besonderheiten bestehen bei der Wohngebäudeversicherung insoweit nicht.

§ 17 Anzeigen, Willenserklärungen, Anschriftenänderungen

1. Form

> Soweit gesetzlich keine Schriftform verlangt ist und soweit in diesem Vertrag nicht etwas anderes bestimmt ist, sind die für den Versicherer bestimmten Erklärungen und Anzeigen, die das Versicherungsverhältnis betreffen und die unmittelbar gegenüber dem Versicherer erfolgen, in Textform abzugeben.

> Erklärungen und Anzeigen sollen an die Hauptverwaltung des Versicherers oder an die im Versicherungsschein oder in dessen Nachträgen als zuständig

---

14 OLG Hamm 27.4.2012 – 20 U 144/11, r+s 2012, 391; OLG Saarbrücken 15.12.2010 – 5 U 147/10-29, r+s 2012, 392; OLG Hamm 18.11.1988 – 20 U 35/88, VersR 1989, 1083; OLG Saarbrücken 20.4.1988 – 5 U 97/87, VersR 1989, 397; KG 26.3.1996 – 6 U 4965/94, r+s 1996, 277; LG Köln 11.5.1988 – 24 O 462/87, r+s 1988, 377.
15 StRspr des BGH, vgl etwa BGH 15.1.1996 – II ZR 242/94, NJW-RR 1996, 664; BGH 19.12.1984 – IVa ZR 159/82, VersR 1985, 330, 331; BK/*Beckmann*, § 61 Rn 99 ff.
16 Prölss/Martin/*Kollhosser*, 27. Aufl. 2004, § 14 AFB 87 Rn 3; vgl auch Prölss/Martin/ *Knappmann*, B § 16 VHB 2010 Rn 12; ausf. Beckmann/Matusche-Beckmann/*v. Rintelen*, § 23 Rn 140 ff; Beckmann/Matusche-Beckmann/*Rüffer*, § 32 Rn 345.
17 Hierzu tendiert auch OLG Hamm 15.7.2002 – 2 O 113/01, r+s 2002, 423, 425; aA OLG Düsseldorf 28.1.2014 – I-4 U 182/09, VersR 2014, 1121, 1123; OLG Bamberg 8.8.2002 – 1 U 134/00, VersR 2003, 59 = r+s 2005, 201; Prölss/Martin/*Armbrüster*, Einl. Rn 196.

bezeichnete Stelle* gerichtet werden. Die gesetzlichen Regelungen über den Zugang von Erklärungen und Anzeigen bleiben unberührt.

2. Nichtanzeige einer Anschriften- bzw. Namensänderung

Hat der Versicherungsnehmer eine Änderung seiner Anschrift dem Versicherer nicht mitgeteilt, genügt für eine Willenserklärung, die dem Versicherungsnehmer gegenüber abzugeben ist, die Absendung eines eingeschriebenen Briefes an die letzte dem Versicherer bekannte Anschrift. Entsprechendes gilt bei einer dem Versicherer nicht angezeigten Namensänderung. Die Erklärung gilt drei Tage nach der Absendung des Briefes als zugegangen.

3. Nichtanzeige der Verlegung der gewerblichen Niederlassung

Hat der Versicherungsnehmer die Versicherung unter der Anschrift seines Gewerbebetriebs abgeschlossen, finden bei einer Verlegung der gewerblichen Niederlassung die Bestimmungen nach Nr. 2 entsprechend Anwendung.

1 Die Vorschrift entspricht § 13 VVG.

§ 18 Vollmacht des Versicherungsvertreters

1. Erklärungen des Versicherungsnehmers

Der Versicherungsvertreter gilt als bevollmächtigt, vom Versicherungsnehmer abgegebene Erklärungen entgegenzunehmen betreffend
a) den Abschluss bzw. den Widerruf eines Versicherungsvertrages;
b) ein bestehendes Versicherungsverhältnis einschließlich dessen Beendigung;
c) Anzeige- und Informationspflichten vor Abschluss des Vertrages und während des Versicherungsverhältnisses.

2. Erklärungen des Versicherers

Der Versicherungsvertreter gilt als bevollmächtigt, vom Versicherer ausgefertigte Versicherungsscheine oder deren Nachträge dem Versicherungsnehmer zu übermitteln.

3. Zahlungen an den Versicherungsvertreter

Der Versicherungsvertreter gilt als bevollmächtigt, Zahlungen, die der Versicherungsnehmer im Zusammenhang mit der Vermittlung oder dem Abschluss eines Versicherungsvertrags an ihn leistet, anzunehmen. Eine Beschränkung dieser Vollmacht muss der Versicherungsnehmer nur gegen sich gelten lassen, wenn er die Beschränkung bei der Vornahme der Zahlung kannte oder in Folge grober Fahrlässigkeit nicht kannte.

1 Nr. 1 entspricht § 69 Abs. 1 Nr. 1 und 2 VVG. Nr. 2 entspricht § 69 Abs. 1 Nr. 3 VVG. Nr. 3 entspricht § 69 Abs. 2 VVG. Besonders hinzuweisen ist auf die gesetzliche Beweislastregel des § 69 Abs. 3 VVG.

---

* Oder entsprechende unternehmensindividuelle Bezeichnung.

§ 19 Repräsentanten

Der Versicherungsnehmer muss sich die Kenntnis und das Verhalten seiner Repräsentanten zurechnen lassen.

Zur Repräsentantenhaftung wird auf die Kommentierung in § 28 VVG Rn 113 ff verwiesen. 1

§ 20 Verjährung

Die Ansprüche aus dem Versicherungsvertrag verjähren in drei Jahren.

Die Verjährung beginnt mit dem Schluss des Jahres, in dem der Anspruch entstanden ist und der Gläubiger von den anspruchsbegründenden Umständen und der Person des Schuldners Kenntnis erlangt oder ohne grobe Fahrlässigkeit erlangen müsste.

Ist ein Anspruch aus dem Versicherungsvertrag bei dem Versicherer angemeldet worden, zählt bei der Fristberechnung der Zeitraum zwischen Anmeldung und Zugang der in Textform mitgeteilten Entscheidung des Versicherers beim Anspruchsteller nicht mit.

Die Vorschrift entspricht den Verjährungsregeln der §§ 195 ff BGB. 1

§ 21 Zuständiges Gericht

1. Klagen gegen den Versicherer oder Versicherungsvermittler

Für Klagen aus dem Versicherungsvertrag oder der Versicherungsvermittlung ist neben den Gerichtsständen der Zivilprozessordnung auch das Gericht örtlich zuständig, in dessen Bezirk der Versicherungsnehmer zur Zeit der Klageerhebung seinen Wohnsitz, in Ermangelung eines solchen seinen gewöhnlichen Aufenthalt hat.

Soweit es sich bei dem Vertrag um eine betriebliche Versicherung handelt, kann der Versicherungsnehmer seine Ansprüche auch bei dem für den Sitz oder die Niederlassung des Gewerbebetriebes zuständigen Gericht geltend machen.

2. Klagen gegen Versicherungsnehmer

Für Klagen aus dem Versicherungsvertrag oder der Versicherungsvermittlung gegen den Versicherungsnehmer ist ausschließlich das Gericht örtlich zuständig, in dessen Bezirk der Versicherungsnehmer zur Zeit der Klageerhebung seinen Wohnsitz, in Ermangelung eines solchen seinen gewöhnlichen Aufenthalt hat.

Soweit es sich bei dem Vertrag um eine betriebliche Versicherung handelt, kann der Versicherer seine Ansprüche auch bei dem für den Sitz oder die Niederlassung des Gewerbebetriebes zuständigen Gericht geltend machen.

Nr. 1 entspricht § 215 Abs. 1 S. 1 VVG. Nr. 2 entspricht § 215 Abs. 1 S. 2 VVG. 1

§ 22 Anzuwendendes Recht

Für diesen Vertrag gilt deutsches Recht.

§ 23 Sanktionsklausel

Es besteht – unbeschadet der übrigen Vertragsbestimmungen – Versicherungsschutz nur, soweit und solange dem keine auf die Vertragsparteien direkt anwendbaren Wirtschafts-, Handels- oder Finanzsanktionen bzw. Embargos der Europäischen Union oder der Bundesrepublik Deutschland entgegenstehen.

Dies gilt auch für Wirtschafts-, Handels oder Finanzsanktionen bzw. Embargos, die durch die Vereinigten Staaten von Amerika in Hinblick auf den Iran erlassen werden, soweit dem nicht europäische oder deutsche Rechtsvorschriften entgegenstehen.

Allgemeine Hausrat Versicherungsbedingungen (VHB 2010 – Quadratmetermodell)

Unverbindliche Musterkomposition des GDV[1]

Version 1.1.2013

Vorbemerkung zu den VHB 2010

Die Hausratversicherung dient dem Schutz des Hausrats und gehört zu den in der Praxis weit verbreiteten Versicherungen. Bereits die VHB 2008 (Stand: 1.1.2008) wichen von den Vorgängerregelungen (VHB 2000, VHB 92, VHB 84) im systematischen Aufbau ab und waren an die Neufassung des VVG 2008 angepasst. Derzeit sind die **VHB 2010, Version 1.1.2013**, veröffentlicht.[1]

Bei dem **Quadratmetermodell** errechnet sich die Versicherungssumme aus der Wohnfläche der versicherten Wohnung, multipliziert mit einem vereinbarten Betrag pro Quadratmeter Wohnfläche. Dies geschieht, um einen Unterversicherungsverzicht vereinbaren zu können.

Alternativ kommt das **Versicherungssummenmodell**[2] in Betracht, bei dem die Versicherungssumme dem Versicherungswert entsprechend festgelegt wird. Ein Unterversicherungsverzicht gilt nur bei ausdrücklicher Zusatzvereinbarung.

Abschnitt A	....	1620
§ 1	Versicherte Gefahren und Schäden (Versicherungsfall), generelle Ausschlüsse	1620
§ 2	Brand, Blitzschlag, Explosion, Implosion, Luftfahrzeuge	1621
§ 3	Einbruchdiebstahl	1624
§ 4	Leitungswasser	1629
§ 5	Naturgefahren	1632
§ 6	Versicherte und nicht versicherte Sachen, Versicherungsort	1637
§ 7	Außenversicherung	1642
§ 8	Versicherte Kosten	1644
§ 9	Versicherungswert, Versicherungssumme	1647
§ 10	Anpassung der Prämie	1650
§ 11	Wohnungswechsel	1651
§ 12	Entschädigungsberechnung, Unterversicherung	1654
§ 13	Entschädigungsgrenzen für Wertsachen, Wertschutzschränke	1656
§ 14	Zahlung und Verzinsung der Entschädigung	1658
§ 15	Sachverständigenverfahren	1659
§ 16	Vertraglich vereinbarte, besondere Obliegenheit des Versicherungsnehmers vor dem Versicherungsfall, Sicherheitsvorschrift	1661
§ 17	Besondere gefahrerhöhende Umstände	1662
§ 18	Wiederherbeigeschaffte Sachen	1663

---

1 Unverbindliche Musterkomposition des Gesamtverbandes der Deutschen Versicherungswirtschaft e.V. (GDV) zur fakultativen Verwendung.
1 Zum Abdruck und zur Kommentierung der **VHB 2010 – Quadratmetermodell – Version: 1.1.2011** s. die Vorauflage (2. Aufl. 2011), S. 1477–1541.
2 Allgemeine Hausrat Versicherungsbedingungen (**VHB 2010 – Versicherungssummenmodell**). **Version: 1.1.2013**. Unverbindliche Musterkomposition des Gesamtverbandes der Deutschen Versicherungswirtschaft e.V. (GDV) zur fakultativen Verwendung.

Abschnitt B 1665
§ 1 Anzeigepflicht des Versicherungsnehmers oder seines Vertreters 1665
§ 2 Beginn des Versicherungsschutzes, Dauer und Ende des Vertrages ... 1667
§ 3 Prämien, Versicherungsperiode 1668
§ 4 Fälligkeit der Erst- oder Einmalprämie, Folgen verspäteter Zahlung oder Nichtzahlung 1669
§ 5 Folgeprämie 1670
§ 6 Lastschriftverfahren 1671
§ 7 Prämie bei vorzeitiger Vertragsbeendigung 1671
§ 8 Obliegenheiten des Versicherungsnehmers 1672
§ 9 Gefahrerhöhung 1677
§ 10 Überversicherung 1679
§ 11 Mehrere Versicherer 1680
§ 12 Versicherung für fremde Rechnung 1681
§ 13 Aufwendungsersatz 1682
§ 14 Übergang von Ersatzansprüchen 1682
§ 15 Kündigung nach dem Versicherungsfall 1683
§ 16 Keine Leistungspflicht aus besonderen Gründen 1684
§ 17 Anzeigen, Willenserklärungen, Anschriftenänderungen 1686
§ 18 Vollmacht des Versicherungsvertreters 1687
§ 19 Repräsentanten 1687
§ 20 Verjährung 1687
§ 21 Zuständiges Gericht 1688
§ 22 Anzuwendendes Recht 1688
§ 23 Sanktionsklausel 1688

Abschnitt A

§ 1 Versicherte Gefahren und Schäden (Versicherungsfall), generelle Ausschlüsse

1. Versicherungsfall

Der Versicherer leistet Entschädigung für versicherte Sachen, die durch
a) Brand, Blitzschlag, Explosion, Implosion, Anprall oder Absturz eines Luftfahrzeuges, seiner Teile oder seiner Ladung;
b) Einbruchdiebstahl, Vandalismus nach einem Einbruch sowie Raub oder den Versuch einer solchen Tat;
c) Leitungswasser;
d) Naturgefahren
   aa) Sturm, Hagel,
   bb) weitere Elementargefahren, soweit gesondert vereinbart,
zerstört oder beschädigt werden oder abhanden kommen.

2. Ausschlüsse Krieg, Innere Unruhen und Kernenergie

a) Ausschluss Krieg
   Die Versicherung erstreckt sich ohne Rücksicht auf mitwirkende Ursachen nicht auf Schäden durch Krieg, kriegsähnliche Ereignisse, Bürgerkrieg, Revolution, Rebellion oder Aufstand.

- b) Ausschluss Innere Unruhen
  Die Versicherung erstreckt sich ohne Rücksicht auf mitwirkende Ursachen nicht auf Schäden durch innere Unruhen.
- c) Ausschluss Kernenergie
  Die Versicherung erstreckt sich ohne Rücksicht auf mitwirkende Ursachen nicht auf Schäden durch Kernenergie, nukleare Strahlung oder radioaktive Substanzen.

I. Versicherungsfall (Nr. 1)

Nr. 1 beschreibt allgemein den Versicherungsfall. Die versicherten Gefahren werden katalogartig – vor die Klammer gezogen – dargestellt. Im Einzelnen werden die versicherten Gefahren in den folgenden §§ 2–5 behandelt. Gegenüber den VHB 2000 (§ 3) werden bei Luftfahrzeugen nunmehr **Anprall** oder **Absturz** genannt. Gegenüber den VHB 2008 weichen die VHB 2010 dadurch ab, dass Buchst. d) um die Regelung von bb) ergänzt wurde, wonach „weitere Elementargefahren, soweit gesondert vereinbart" als versicherte Gefahr benannt werden.

II. Ausschlüsse (Nr. 2)

Als generelle Ausschlüsse werden Krieg, Innere Unruhen und Kernenergie erfasst. Erdbeben (vgl § 3 Nr. 2 VHB 2000) wird an dieser Stelle nicht erwähnt und bleibt einer gesonderten Regelung vorbehalten (§ 2 Nr. 6 a).

§ 2 Brand, Blitzschlag, Explosion, Implosion, Luftfahrzeuge

1. Versicherte Gefahren und Schäden

Der Versicherer leistet Entschädigung für versicherte Sachen, die durch
- a) Brand,
- b) Blitzschlag,
- c) Explosion, Implosion
- d) Anprall oder Absturz eines Luftfahrzeuges, seiner Teile oder seiner Ladung

zerstört oder beschädigt werden oder abhanden kommen.

2. Brand

Brand ist ein Feuer, das ohne einen bestimmungsgemäßen Herd entstanden ist oder ihn verlassen hat und das sich aus eigener Kraft auszubreiten vermag.

3. Blitzschlag

Blitzschlag ist der unmittelbare Übergang eines Blitzes auf Sachen.

Überspannungs-, Überstrom- oder Kurzschlussschäden an elektrischen Einrichtungen und Geräten sind nur versichert, wenn an Sachen auf dem Grundstück, auf dem der Versicherungsort liegt, durch Blitzschlag Schäden anderer Art entstanden sind. Spuren eines Blitzschlags an diesem Grundstück, an dort befindlichen Antennen oder anderen Sachen als elektrischen Einrichtungen und Geräten stehen Schäden anderer Art gleich.

4. Explosion

Explosion ist eine auf dem Ausdehnungsbestreben von Gasen oder Dämpfen beruhende, plötzlich verlaufende Kraftäußerung.

Eine Explosion eines Behälters (Kessel, Rohrleitung usw.) liegt nur vor, wenn seine Wandung in einem solchen Umfang zerrissen wird, dass ein plötzlicher Ausgleich des Druckunterschieds innerhalb und außerhalb des Behälters stattfindet. Wird im Innern eines Behälters eine Explosion durch chemische Umsetzung hervorgerufen, so ist ein Zerreißen seiner Wandung nicht erforderlich.

5. Implosion

Implosion ist ein plötzlicher, unvorhersehbarer Zusammenfall eines Hohlkörpers durch äußeren Überdruck infolge eines inneren Unterdruckes.

6. Nicht versicherte Schäden

Nicht versichert sind
a) ohne Rücksicht auf mitwirkende Ursachen Schäden durch Erdbeben;
b) Sengschäden;
c) Schäden, die an Verbrennungskraftmaschinen durch die im Verbrennungsraum auftretenden Explosionen, sowie Schäden, die an Schaltorganen von elektrischen Schaltern durch den in ihnen auftretenden Gasdruck entstehen.

Die Ausschlüsse gemäß Nr. 6 b) bis Nr. 6 c) gelten nicht für Schäden, die dadurch verursacht wurden, dass sich an anderen Sachen eine versicherte Gefahr gemäß Nr. 1 verwirklicht hat.

I. Brand (Nr. 2)

1 Der Begriff „Brand" wird definiert. **Feuer** ist hierbei die Veränderung von Sachen durch Verbrennung als chemischer Vorgang.[1] Gemeint ist ein Verbrennungsvorgang mit **Lichterscheinung**. Darunter fallen Flammen und Funken. Ein Glühen oder Glimmen genügt wie bei einem Schwel- oder Glimmbrand.[2] Erfasst sind flammenlose Verbrennungen an Festkörpern.

2 **Kein Feuer** ist anzunehmen, wenn eine Sache durch **Wärme** chemisch verändert wird, aber keine Lichterscheinung vorliegt.[3] Das Gleiche gilt bei Verkohlung. Auch Erhitzung durch **Elektrizität**, insb. Kurzschluss und Überspannung, ist kein Feuer. Gärungsschäden (Fermentationsschäden) beruhen nicht auf einem Feuer.[4]

3 Ohne einen **bestimmungsgemäßen Herd** muss das Feuer entstanden sein oder ihn verlassen haben. Unter Herd versteht man jede erste und spätere Ausgangsstelle des Feuers, die nach ihrer Anlage und Beschaffenheit dem Zweck dient, das Feuer zu ernähren, zu erzeugen oder einzuhalten. In Brand geratener Ruß außerhalb des Feuerungsraums ist kein Herd.[5] Flammen aus einem umschlossenen Heizkessel haben den Herd verlassen.[6] Feuer durch Hitzeentwicklung im Topf auf dem Küchenherd ist kein Brand, wenn keine brennbaren Gegenstände erreicht werden kön-

---

1 Vgl *Martin*, C I Rn 4, 8.
2 Prölss/Martin/*Knappmann*, A § 2 VHB Rn 3; *Martin*, C I Rn 7.
3 *Martin*, C I Rn 21.
4 *Martin*, C I Rn 26.
5 BGH 7.2.1983 – II ZR 20/82, VersR 1983, 479.
6 OLG Hamm 6.5.1992 – 20 U 328/91, VersR 1993, 220.

nen.[7] Zum Herd zählen offene Feuerstätten (Streichholz, Kerzenflamme, Zigarettenglut, glühende Heizschlangen in Toaster und Heizlüfter) und geschlossene (Kamin, Ofen).[8]

Das Feuer muss sich aus **eigener Kraft** ausbreiten. Wenn sich durch Kurzschluss eine Ummantelung eines PVC-Kabels zersetzt, fehlt es an der Ausbreitungsfähigkeit.[9]

II. Blitzschlag (Nr. 3)

Der Blitzschlag ist selbständige Schadensursache und wird definiert als der unmittelbare Übergang eines Blitzes auf Sachen. **Blitz** ist hierbei die Entladung des in einer Wolke vorhandenen elektrischen Feldes.[10] Zu einem versicherten Schaden kann es durch einen vom Blitz ausgelösten Brand kommen oder durch eine Entladung mit Starkstrom.

Der Blitz muss unmittelbar übergegangen sein (Wolke–Erde).[11] Bloße Entladungen ohne Einschlag sind damit nicht erfasst.

III. Überspannungs-, Überstrom- und Kurzschlussschäden (Nr. 3)

Überspannungs-, Überstrom- und Kurzschlussschäden an **elektrischen Einrichtungen und Geräten** sind nur dann versichert, wenn durch Blitzschlag Schäden anderer Art an Sachen auf dem maßgebenden **Grundstück** entstanden sind. Hierbei werden Spuren eines direkten Blitzschlags an anderen Sachen als an elektrischen Einrichtungen und Geräten oder Antennen Schäden anderer Art gleichgestellt.

Mit dieser Regelung wird Wirksamkeitsbedenken gegenüber früheren Fassungen im Hinblick auf § 307 BGB Rechnung getragen. Vielfach bleiben damit Überspannungsschäden ausgeschlossen. Die einschränkende Bestimmung ist aber nicht als intransparent anzusehen.[12] Durch Vereinbarung der Klausel **PK 7111** kann Versicherungsschutz herbeigeführt werden.

Ein Überspannungsschaden liegt nicht vor, wenn ein **FI-Schutzschalter** überspannungsbedingt die Stromzufuhr unterbrochen hat mit der Folge, dass Gebläse und Kühlung in einem Raum ausfielen.[13] Folgeschäden an Lüftung, Kühlung und Heizung sind damit nicht versichert.

IV. Explosion (Nr. 4)

Die **Explosion** ist definiert. Es muss eine plötzliche Kraftäußerung vorliegen, die durch das Ausdehnungsbestreben von Gasen oder Dämpfen verursacht ist. Darunter fallen auch Schäden durch den Gebrauch von **Schusswaffen** einschließlich Luftdruckgewehren.[14] Eine Verpuffung kann Explosion sein.

Die Explosion eines **Behälters** – Kessel und Rohrleitung sind Beispiele – ist nur versichert, wenn seine Wandung so zerrissen wird, dass ein plötzlicher Ausgleich des Druckunterschieds innerhalb und außerhalb des Behälters stattfindet. Damit wird auf einen Druckbehälter abgestellt.[15] Der Druckunterschied muss auf dem Vor-

---

7 OLG Hamm 15.10.2014 – 20 W 28/14, r+s 2015, 136.
8 Prölss/Martin/*Knappmann*, A § 2 VHB Rn 3.
9 OLG Hamm 16.3.1984 – 20 U 216/83, VersR 1984, 749.
10 *Martin*, C II Rn 1.
11 Vgl *Wälder*, r+s 1998, 205; Prölss/Martin/*Knappmann*, A § 2 VHB Rn 8.
12 Beckmann/Matusche-Beckmann/*Rüffer*, § 32 Rn 50; Prölss/Martin/*Knappmann*, A § 2 VHB Rn 9; unbeanstandet durch BGH 20.4.2010 – IV ZR 250/08, r+s 2010, 376; anders Bruck/Möller/*Jula*, § 2 VHB 2010 Rn 9.
13 BGH 20.4.2010 – IV ZR 250/08, r+s 2010, 376.
14 *Martin*, C III Rn 7; Prölss/Martin/*Knappmann*, A § 2 VHB Rn 14.
15 *Martin*, C III Rn 16 ff.

handensein von Gasen beruhen. Schäden durch den Druck von erhitzten Flüssigkeiten sind nicht erfasst.[16] Bei einer Explosion im Inneren des Behälters infolge chemischer Umsetzung bedarf es eines Zerreißens der Wandung nicht.[17]

V. Implosion (Nr. 5)

10 Implosion liegt vor bei einem plötzlichen, unvorhersehbaren Zusammenfall eines Hohlkörpers durch äußeren Überdruck infolge eines inneren Unterdrucks.

VI. Nicht versicherte Schäden (Nr. 6)

11 Nr. 5 stellt klar, dass Schäden durch **Erdbeben** (Buchst. a), Sengschäden (Buchst. b) sowie Schäden durch **Explosionen im Verbrennungsraum** von Verbrennungskraftmaschinen, also u.a. Verbrennungsmotoren, und bestimmte Schaltorganschäden (vgl Buchst. c) nicht versichert sind. Diese Ausschlüsse gelten außer bei Erdbeben nicht bei Schäden als Folge von nach Nr. 1 gedeckten Schäden.

12 Der Ausschluss von **Sengschäden** ist deklaratorisch, da es an einer für ein Feuer notwendigen Lichterscheinung fehlt.[18]

§ 3 Einbruchdiebstahl

1. Versicherte Gefahren und Schäden

Der Versicherer leistet Entschädigung für versicherte Sachen, die durch
a) Einbruchdiebstahl,
b) Vandalismus nach einem Einbruch,
c) Raub,

oder durch den Versuch einer solchen Tat abhanden kommen, zerstört oder beschädigt werden.

2. Einbruchdiebstahl

Einbruchdiebstahl liegt vor, wenn der Dieb
a) in einen Raum eines Gebäudes einbricht, einsteigt oder mittels eines Schlüssels, dessen Anfertigung für das Schloss nicht von einer dazu berechtigten Person veranlasst oder gebilligt worden ist (falscher Schlüssel) oder mittels anderer Werkzeuge eindringt; der Gebrauch eines falschen Schlüssels ist nicht schon dann bewiesen, wenn feststeht, dass versicherte Sachen abhanden gekommen sind;
b) in einem Raum eines Gebäudes ein Behältnis aufbricht oder falsche Schlüssel (siehe a) oder andere Werkzeuge benutzt, um es zu öffnen; der Gebrauch eines falschen Schlüssels ist nicht schon dann bewiesen, wenn feststeht, dass versicherte Sachen abhanden gekommen sind;
c) aus einem verschlossenen Raum eines Gebäudes Sachen entwendet, nachdem er sich in das Gebäude eingeschlichen oder dort verborgen gehalten hatte;

---

16 Vgl OLG Oldenburg 24.6.1981 – 2 U 221/80, VersR 1982, 82.
17 Vgl die Kritik bei *Martin*, C III Rn 21.
18 *Martin*, C I Rn 25; Prölss/Martin/*Knappmann*, A § 2 VHB Rn 4, 18.

d) in einem Raum eines Gebäudes bei einem Diebstahl auf frischer Tat angetroffen wird und eines der Mittel gemäß Nr. 4 a) aa) oder Nr. 4 a) bb) anwendet, um sich den Besitz des gestohlenen Gutes zu erhalten;
e) mittels richtiger Schlüssel, die er innerhalb oder außerhalb des Versicherungsortes durch Einbruchdiebstahl oder durch Raub gemäß Nr. 4 an sich gebracht hatte, in einen Raum eines Gebäudes eindringt oder dort ein Behältnis öffnet;
f) in einen Raum eines Gebäudes mittels richtigem Schlüssel eindringt, den er – innerhalb oder außerhalb des Versicherungsortes – durch Diebstahl an sich gebracht hatte, vorausgesetzt, dass weder der Versicherungsnehmer noch der Gewahrsamsinhaber den Diebstahl des Schlüssels durch fahrlässiges Verhalten ermöglicht hatte.

3. Vandalismus nach einem Einbruch

Vandalismus nach einem Einbruch liegt vor, wenn der Täter auf eine der in Nr. 2 a), Nr. 2 e) oder Nr. 2 f) bezeichneten Arten in den Versicherungsort eindringt und versicherte Sachen vorsätzlich zerstört oder beschädigt.

4. Raub

a) Raub liegt vor, wenn
   aa) gegen den Versicherungsnehmer Gewalt angewendet wird, um dessen Widerstand gegen die Wegnahme versicherter Sachen auszuschalten. Gewalt liegt nicht vor, wenn versicherte Sachen ohne Überwindung eines bewussten Widerstandes entwendet werden (einfacher Diebstahl/Trickdiebstahl);
   bb) der Versicherungsnehmer versicherte Sachen herausgibt oder sich wegnehmen lässt, weil eine Gewalttat mit Gefahr für Leib oder Leben angedroht wird, die innerhalb des Versicherungsortes – bei mehreren Versicherungsorten innerhalb desjenigen Versicherungsortes, an dem auch die Drohung ausgesprochen wird – verübt werden soll;
   cc) dem Versicherungsnehmer versicherte Sachen weggenommen werden, weil sein körperlicher Zustand unmittelbar vor der Wegnahme infolge eines Unfalls oder infolge einer nicht verschuldeten sonstigen Ursache wie beispielsweise Ohnmacht oder Herzinfarkt beeinträchtigt und dadurch seine Widerstandskraft ausgeschaltet ist.
b) Dem Versicherungsnehmer stehen Personen gleich, die mit seiner Zustimmung in der Wohnung anwesend sind.
c) Nicht versichert sind Sachen, die an den Ort der Herausgabe oder Wegnahme erst auf Verlangen des Täters herangeschafft werden, es sei denn, das Heranschaffen erfolgt nur innerhalb des Versicherungsortes, an dem die Tathandlungen nach a) verübt wurden.

5. Nicht versicherte Schäden

Die Versicherung erstreckt sich ohne Rücksicht auf mitwirkende Ursachen nicht auf Schäden, die verursacht werden durch weitere Elementargefahren (Überschwemmung, Erdbeben, Erdsenkung, Erdrutsch, Schneedruck, Lawinen, Vulkanausbruch).

I. Einbruchdiebstahl (Nr. 2)

1 **1. Begriff und Inhalt.** Der Begriff des **Einbruchdiebstahls** wird definiert.[1] Gegenüber den früheren Fassungen (VHB 84, VHB 92, VHB 2000) liegt eine geringfügige Veränderung in Aufbau und Inhalt der Bedingungen vor.

2 **Einbruch** erfordert Gewalt gegen Gebäudebestandteile, die den Diebstahl ermöglichen soll.[2] Eintritt ist nicht immer erforderlich. Gewaltanwendung von außen, um Gegenstände zu entwenden, reicht aus. **Einsteigen** verlangt das Betreten eines Gebäudes durch ein Fenster oder über einen Balkon. Der Dieb muss sich auf ungewöhnliche, nach den üblichen Gegebenheiten nicht vorgesehene Weise Zugang verschafft haben. Es müssen gewisse, aber keine ganz besondere Hindernisse überwunden werden.[3]

3 **Gebäude** ist ein Bauwerk, einschließlich aller Bestandteile, wenn es den Eintritt von Menschen gestattet, räumlich umfriedet ist und dadurch gegen äußere Einflüsse in gewissem Grade Schutz bietet.[4] Demnach zählen auch **Tiefgaragen** dazu,[5] ebenso **Parkhäuser**,[6] ohne Rücksicht auf Zugangsmöglichkeiten von außen und Personenkontrolle. Wohn- und Bauwagen sind als bewegliche Sachen keine Gebäude.[7]

4 **Raum eines Gebäudes** ist jeder abgegrenzte und verschließbare Teil eines Gebäudes, der in verschlossenem Zustand Unbefugte abhält oder sie zwingt, eines der Mittel des erschwerten Diebstahls anzuwenden, um Zutritt zu erlangen.[8] Ein nach allen Seiten offener **Carport** ist kein Raum eines Gebäudes.[9]

Ein verschlossenes **Behältnis** kann auch vorliegen, wenn der Schlüssel in einem Hohlraum zwischen Decke und Holzdecke versteckt war.[10]

5 **2. Nachweis.** Für den Nachweis gilt, dass es zum Minimum an Tatsachen, die bei einem Einbruchdiebstahl das **äußere Bild** ausmachen, gehört, dass die als gestohlen bezeichneten Sachen vor dem behaupteten Diebstahl am angegebenen Ort vorhanden und danach nicht mehr aufzufinden waren; zudem gehört dazu, dass **Einbruchspuren** vorhanden sind, wenn nicht ein Nachschlüsseldiebstahl in Betracht kommt. Für diese Tatsachen, die erst zusammen das äußere Bild ausmachen, muss der VN den Vollbeweis führen.[11]

6 Die vom VN darzulegenden Spuren müssen ein **stimmiges Bild** ergeben, also **plausibel** sein. Das vom VN zu beweisende äußere Bild setzt aber nicht voraus, dass die vorgefundenen Spuren stimmig in dem Sinne sind, dass sie zweifelsfrei auf einen Einbruchdiebstahl schließen lassen. Insbesondere müssen **nicht sämtliche, typi-**

---

1 Vgl im Einzelnen zu früheren Bedingungswerken *Martin*, D III Rn 1 ff.
2 Prölss/Martin/*Knappmann*, A § 3 VHB Rn 4.
3 OLG Frankfurt 17.3.2006 – 7 U 154/05, r+s 2007, 249; zur Loggia vgl BGH 20.12.2006 – IV ZR 233/05, VersR 2007, 241.
4 Vgl OLG Frankfurt 10.2.2010 – 7 U 42/09, r+s 2010, 469; *Martin*, D III Rn 4; Prölss/Martin/*Knappmann*, A § 3 VHB Rn 3.
5 Vgl BGH 22.5.1981 – V ZR 102/80, NJW 1982, 756.
6 Vgl OLG Hamm 12.7.1991 – 20 U 109/91, VersR 1992, 353; OLG Saarbrücken 25.5.1994 – 5 U 1053/93-70, VersR 1996, 580; *Martin*, D III Rn 6.
7 Prölss/Martin/*Knappmann*, A § 3 VHB Rn 3; Wohncontainer können Gebäude sein, so auch Bruck/Möller/*Jula*, § 3 VHB 2010 Rn 8.
8 OLG Köln 1.6.1999 – 9 U 141/98, r+s 1999, 380.
9 OLG Köln 13.1.2005 – 9 U 200/04, r+s 2006, 245.
10 OLG Koblenz 29.11.2012 – 10 U 868/12, r+s 2013, 499.
11 BGH 18.10.2006 – IV ZR 130/05, VersR 2007, 102; BGH 20.12.2006 – IV ZR 233/05, VersR 2007, 241; BGH 14.6.1995 – IV ZR 116/94, VersR 1995, 956; BGH 5.11.1986 – IVa ZR 57/86, VersR 1987, 146; BGH 18.10.1989 – IVa ZR 341/88, VersR 1990, 45; OLG Naumburg 24.1.2013 – 4 U 99/11, r+s 2014, 20 (zum Vorhandensein der als gestohlen gemeldeten Sachen); Prölss/Martin/*Knappmann*, A § 3 VHB Rn 24.

scherweise auftretenden **Spuren** vorhanden sein.[12] Allein die theoretische, praktische aber nicht wahrscheinliche Möglichkeit spurenlosen Eindringens reicht nicht. Hat das sichernde **Vorhängeschloss** so viel Spiel, dass der Riegel ohne Kraftanstrengung zurückgezogen werden konnte, ist Nachweis nicht geführt.[13]

Über die Mindesttatsachen hinausgehende Einzelheiten der **Tatausführung** einschließlich Abtransport des Diebesgutes gehören nicht zum äußeren Bild. Die Frage, wie es dem Täter gelingen konnte, einen Tatort mit umfangreicher Beute trotz hohen Entdeckungsrisikos unbemerkt und spurenlos zu verlassen, betrifft nicht die maßgeblichen Mindestumstände.[14] Das Gleiche gilt für die Tatsache, wie der Täter auf die im ersten Stock gelegene Loggia gelangt ist.[15] 7

Das äußere Bild ist gegeben bei **Durchwühlen** einer ordnungsgemäß verschlossenen Wohnung, beim Herausreißen verschraubter Möbeltresore, bei Hebelspuren an Balkontür und Fehlen zahlreicher, zuvor in der Wohnung vorhandener Sachen.[16] 8

Bei Entwendung eines **Tresors** erbringt der Beweis für das äußere Bild einer Entwendung nicht zugleich das äußere Bild einer Entwendung der sich darin befindlichen Gegenstände, denn die Entwendung des Tresors lässt nicht mit hinreichender Wahrscheinlichkeit den Schluss zu, dass sich darin Gegenstände befunden haben.[17] 9

Ein **Nachschlüsseldiebstahl** kann auch in erleichterter Form bewiesen werden. Der VN genügt seiner Beweislast, wenn er konkrete Umstände beweist, die nach der Lebenserfahrung mit hinreichender Wahrscheinlichkeit darauf schließen lassen, dass ein Nachschlüssel benutzt wurde.[18] Da allgemein die hinreichende Wahrscheinlichkeit ausreicht, genügt es, dass die Verwendung richtiger Schlüssel unwahrscheinlich oder von mehreren möglichen Begehungsweisen die versicherte wahrscheinlicher ist.[19] 10

Von einem **falschen Schlüssel** im Sinne der Bedingungen ist nur auszugehen, wenn seine Anfertigung nicht von einer dazu berechtigten Person veranlasst ist. Wenn ein Schlüssel einmal ein richtiger ist, wird er nicht dadurch falsch, dass seine Verwendung nunmehr, etwa infolge Mieter- oder Eigentümerwechsels, nicht mehr berechtigt ist.[20] Es muss dargelegt und bewiesen werden, dass auch in der Zeit vor dem Einzug des VN kein weiterer Schlüssel gefertigt oder bei der Tat ein solcher nicht verwendet worden sein kann.[21] Bestehen Anhaltspunkte dafür, dass noch weitere richtige Schlüssel bei der Hausverwaltung oder dem Hausmeister existie- 11

---

12 BGH 8.4.2015 – IV ZR 171/13, VK 2015, 94 (Hebelspuren und verstreute Uhren); strenger OLG Schleswig 4.3.2010 – 16 U 44/09, r+s 2011, 25; OLG Köln 5.7.2005 – 9 U 164/04, VersR 2006, 832 (Fehlen von Schließzylinder); OLG Köln 26.5.1998 – 9 U 32/97, r+s 198, 382 (keine Einbruchspuren am Fenster, unerklärliche Stanzmarkierungen); Veith/Gräfe/*Drenk*, § 3 Rn 59 ff.
13 OLG Koblenz 21.1.2014 – 10 U 1193/12, r+s 2014, 460; AG Berlin-Pankow/Weißensee 23.9.2013 – 4 C 21/13, r+s 2013, 556 (geöffnetes Zahlenschloss im Fahrradkeller).
14 BGH 14.6.1995 – IV ZR 116/94, VersR 1995, 956.
15 BGH 20.12.2006 – IV ZR 233/05, VersR 2007, 241.
16 Vgl BGH 20.12.2006 – IV ZR 233/05, VersR 2007, 241.
17 BGH 18.10.2006 – IV ZR 130/05, VersR 2007, 102.
18 BGH 9.1.1991 – IV ZR 15/90, VersR 1991, 543; OLG Köln 31.5.2005 – 9 U 109/04, r+s 2005, 335.
19 BGH 7.2.1990 – IV ZR 151/89, r+s 1990, 129; BGH 16.10.1974 – IV ZR 154/73, VersR 1974, 166; OLG Hamm 28.4.1999 – 20 U 236/98, VersR 2000, 357; KG 2.10.2009 – 6 U 213/08, VersR 2010, 1077; OLG Köln 1.2.2011 – 9 U 125/10, zfs 2011, 220; Prölss/Martin/*Knappmann*, A § 3 VHB Rn 25.
20 OLG Köln 31.5.2005 – 9 U 109/04, r+s 2005, 335; KG 2.10.2009 – 6 U 213/08, VersR 2010, 1077; LG Dortmund 31.1.2011 – 2 S 63/10, r+s 2013, 79 (Auswechseln des Schlosses bei betrieblich bekannter Zahlenkombination als „geistiger" Schlüssel); *Rixecker*, zfs 2006, 463; *Wälder*, r+s 2006, 183.
21 OLG Köln 1.2.2011 – 9 U 125/10, zfs 2011, 220.

ren, sollte der VN überlegen, bei Einzug das Schloss auszutauschen. Das Ausspähen der Codierung eines Zugangsschlosses ohne Manipulation am Zahlenschloss ist nicht versichert.[22]

12 Beim Eindringen mit einem richtigen Schlüssel gelten Nr. 2 a) und Nr. 2 f). Eine solche Schlüsselklausel ist wirksam, da sie von Anfang an eine Beschränkung des Versicherungsschutzes über eine reine Einbruchdiebstahlversicherung hinaus beinhaltet.[23] Es handelt sich nicht um eine verhüllte Obliegenheit, sondern um eine besondere primäre **Risikobeschreibung** für ein atypisches Risiko.

II. Vandalismus nach einem Einbruch (Nr. 3)

13 Erforderlich ist, das der Täter in einer der in Nr. 2 a), Nr. 2 e) oder Nr. 2 f) genannten Art in den Versicherungsort eindringt und dort versicherte Sachen zerstört oder beschädigt. Insoweit kommen dem VN ebenfalls Beweiserleichterungen zugute. Er muss nur das äußere Bild des Einbruchs nachweisen.[24]

III. Raub (Nr. 4)

14 Raub wird in Nr. 4 definiert. Er ist vom einfachen Diebstahl und Trickdiebstahl abzugrenzen.[25] Ob versicherungsrechtlich nach dem Maß der Gewalt zu differenzieren ist, erscheint zweifelhaft.[26] Das kann zu Abgrenzungsschwierigkeiten führen, insb. beim mehr oder weniger bewussten Festhalten von Gegenständen. Nach Nr. 4 a) aa) S. 2 soll das plötzliche Wegreißen (zB Umhängetasche) keine Gewalt sein. Man wird auf den Einzelfall abstellen müssen.

15 Sachen, die auf Verlangen des Täters an den Ort der Herausgabe oder Wegnahme erst herangeschafft werden, sind nicht versichert, wobei die Ausnahme gilt, wenn das Heranschaffen nur innerhalb des Versicherungsortes erfolgt, an dem die Tathandlungen nach Nr. 4 a) verübt wurden (Nr. 4 c).

IV. Nicht versicherte Schäden (Nr. 5)

16 Ausdrücklich sind vom Versicherungsschutz ausgenommen Schäden durch Elementargefahren, also Überschwemmung, Erdbeben, Erdsenkung, Erdrutsch, Schneedruck, Lawinen oder Vulkanausbruch.

V. Fahrraddiebstahl

17 Einfacher Diebstahl von Fahrrädern kann gesondert versichert werden. Siehe hierzu Klausel **PK 7110 (10)**.[27] Eine Regelung über Versicherungsschutz während eines bestimmten Tageszeitraums (6 Uhr bis 22 Uhr) oder aus einem bestimmten Raum enthält eine Risikobegrenzung.[28]

---

22 LG Frankfurt 22.11.2013 – 2-08 O 154/13, VersR 2014, 1079.
23 OLG Köln 21.8.2012 – 9 U 42/12, VersR 2013, 715 (zu § 5 Nr. 1 c) und d) VHB 2005); OLG Braunschweig 13.2.2013 – 3 U 46/12, r+s 2013, 498 (zu § 3 Nr. 2 d) VHB 2008).
24 BGH 14.4.1999 – IV ZR 181/98, VersR 1999, 1014; LG Hannover 28.1.2010 – 8 O 68/09, r+s 2010, 202; öOGH 28.10.2009 – 7 Ob 210/09, r+s 2010, 119.
25 Vgl Prölss/Martin/*Knappmann*, A § 3 VHB Rn 13.
26 Vgl OLG Köln 13.3.2007 – 9 U 26/05, r+s 2007, 157; dazu *Günther*, r+s 2007, 265.
27 Abgedruckt nach Abschnitt B.
28 Dazu BGH 18.6.2008 – IV ZR 87/07, VersR 2008, 1107 (zu VHB 92, Klausel 7110), Abgrenzung: Erfordernis der Schlosssicherung ist verhüllte Obliegenheit.

§ 4 Leitungswasser

1. Bruchschäden

Soweit Rohre bzw. Installationen gemäß a) und b) zum versicherten Hausrat gehören (siehe Abschnitt A § 6), leistet der Versicherer Entschädigung für innerhalb von Gebäuden eintretende

a) frostbedingte und sonstige Bruchschäden an Rohren
   - aa) der Wasserversorgung (Zu- oder Ableitungen) oder den damit verbundenen Schläuchen;
   - bb) der Warmwasser- oder Dampfheizung sowie Klima-, Wärmepumpen- oder Solarheizungsanlagen;
   - cc) von Wasserlösch- oder Berieselungsanlagen,

   sofern diese Rohre nicht Bestandteil von Heizkesseln, Boilern oder vergleichbaren Anlagen sind.

b) frostbedingte Bruchschäden an nachfolgend genannten Installationen:
   - aa) Badeeinrichtungen, Waschbecken, Spülklosetts, Armaturen (z.B. Wasser- und Absperrhähne, Ventile, Geruchsverschlüsse, Wassermesser) sowie deren Anschlussschläuche;
   - bb) Heizkörper, Heizkessel, Boiler oder vergleichbare Teile von Warmwasserheizungs-, Dampfheizungs-, Klima-, Wärmepumpen- oder Solarheizungsanlagen.

Als innerhalb des Gebäudes gilt der gesamte Baukörper, einschließlich der Bodenplatte.

Rohre von Solarheizungsanlagen auf dem Dach gelten als Rohre innerhalb des Gebäudes.

Soweit nicht etwas anderes vereinbart ist, sind Rohre und Installationen unterhalb der Bodenplatte (tragend oder nicht tragend) nicht versichert.

2. Nässeschäden

Der Versicherer leistet Entschädigung für versicherte Sachen, die durch bestimmungswidrig austretendes Leitungswasser zerstört oder beschädigt werden oder abhanden kommen.

Das Leitungswasser muss aus Rohren der Wasserversorgung (Zu- und Ableitungen) oder damit verbundenen Schläuchen, den mit diesem Rohrsystem verbundenen sonstigen Einrichtungen oder deren wasserführenden Teilen, aus Einrichtungen der Warmwasser- oder Dampfheizung, aus Klima-, Wärmepumpen- oder Solarheizungsanlagen, aus Wasserlösch- und Berieselungsanlagen sowie aus Wasserbetten und Aquarien ausgetreten sein.

Sole, Öle, Kühl- und Kältemittel aus Klima-, Wärmepumpen- oder Solarheizungsanlagen sowie Wasserdampf stehen Leitungswasser gleich.

3. Nicht versicherte Schäden

a) Nicht versichert sind ohne Rücksicht auf mitwirkende Ursachen Schäden durch
   - aa) Plansch- oder Reinigungswasser;
   - bb) Schwamm;

cc) Grundwasser, stehendes oder fließendes Gewässer, Überschwemmung oder Witterungsniederschläge oder einen durch diese Ursachen hervorgerufenen Rückstau;
dd) Erdbeben, Schneedruck, Lawinen, Vulkanausbruch;
ee) Erdsenkung oder Erdrutsch, es sei denn, dass Leitungswasser nach Nr. 2 die Erdsenkung oder den Erdrutsch verursacht hat;
ff) Öffnen der Sprinkler oder Bedienen der Berieselungsdüsen wegen eines Brandes, durch Druckproben oder durch Umbauten oder Reparaturarbeiten an dem versicherten Gebäude oder an der Wasserlösch- oder Berieselungsanlage;
gg) Leitungswasser aus Eimern, Gießkannen oder sonstigen mobilen Behältnissen.

b) Der Versicherer leistet keine Entschädigung für Schäden
aa) an Gebäuden oder an Gebäudeteilen, die nicht bezugsfertig sind, und an den in diesen Gebäuden oder Gebäudeteilen befindlichen Sachen;
bb) am Inhalt eines Aquariums, die als Folge dadurch entstehen, dass Wasser aus dem Aquarium ausgetreten ist.

4. Besondere Vereinbarung

Der Selbstbehalt je Versicherungsfall beträgt _ Euro.

I. Bruchschäden (Nr. 1)

1 Gegenüber § 7 VHB 2000 und früheren Bedingungswerken ist die Vorschrift erheblich geändert und umstrukturiert. Die Bruchschäden werden aufgeteilt in a) frostbedingte und sonstige Bruchschäden an Rohren sowie in b) frostbedingte Bruchschäden an näher bezeichneten Installationen (aa und bb).

2 Soweit Rohre und Installationen zum versicherten Hausrat gehören (siehe Abschnitt A § 6), leistet der VR für die Bruchschäden Entschädigung.

3 Frostbedingte und andere Bruchschäden werden erfasst an Rohren der **Wasserversorgung** (Zu- und Ableitungen)[1] oder damit verbundenen Schläuchen. Darunter fallen nicht reine Regenabflussrohre.[2] Kein Rohrbruch ist das Auseinanderfallen oder das Verrutschen eines intakten Rohrsystems.[3]

4 Rohre der Warmwasser- oder Dampfheizung sowie Klima-, Wärmepumpen- oder Solarheizungsanlagen sind versichert, zusätzlich Rohre von Wasserlösch- und Berieselungsanlagen. Diese Rohre dürfen allerdings nicht Bestandteil von Heizkesseln, Boilern oder vergleichbaren Anlagen sein.

5 Bei den **Installationen** sind nur **frostbedingte** Bruchschäden erfasst. Ausdrücklich erwähnt sind Badeeinrichtungen, Waschbecken, Spülklosetts und Armaturen nebst Schläuchen.

6 **Heizkörper, Heizkessel, Boiler** und vergleichbare Heizungsteile sind versichert.

7 Der gesamte Baukörper einschließlich Bodenplatte sowie Solarheizungsrohre auf dem Dach gelten als Rohre innerhalb des Gebäudes.

---

1 Vgl OLG Karlsruhe 1.7.2004 – 12 U 88/04, VersR 2004, 1310 (nicht nur öffentliche Wasserversorgung); zum Wasser aus Duschwannen und Duschkabinen OLG Frankfurt 22.12.2009 – 7 U 196/07, r+s 2010, 288; allgemein *Martin*, E I Rn 3 ff.
2 Prölss/Martin/*Knappmann*, A § 4 VHB Rn 1.
3 AG Erfurt 3.7.2013 – 5 C 1432/12, r+s 2014, 24 (zu VGB 88); zum Bruch eines Regenfallrohres an der Bodenplatte LG Bonn 9.10.2014 – 6 S 39/14, r+s 2015, 137 (zu VGB 88).

Vom Versicherungsschutz ausgenommen sind Rohre und Installationen unterhalb der Bodenplatte (tragend oder nicht tragend).

II. Nässeschäden (Nr. 2)

Die Neufassung definiert nunmehr **Nässeschäden**. Der VR leistet Entschädigung für versicherte Sachen, die durch **bestimmungswidrig austretendes** Leitungswasser zerstört oder beschädigt werden. Bei der Beurteilung kommt es nicht auf die Bestimmung der technischen Einrichtung an, sondern auf die subjektive und wirtschaftliche Bestimmung aus der Sicht des VN oder des Berechtigten.[4] Ein vom VN veranlasstes bewusstes **Austretenlassen** von Leitungswasser ist danach nicht gedeckt. Anders ist es, wenn ein **Schlauch einer Waschmaschine** versehentlich abrutscht.[5] Gleiches gilt bei falsch positioniertem schwenkbarem Auslauf über einem Becken oder nicht vollständig geschlossenem Kran.

Wie auch in den vorgehenden Bedingungswerken muss das Leitungswasser aus Rohren der Wasserversorgung (Zu- und Ableitungen) nebst verbundenen Schläuchen, den mit dem Rohrsystem verbundenen sonstigen Einrichtungen oder deren wasserführenden Teilen, aus Einrichtungen der Warmwasser- oder Dampfheizung,[6] aus Klima-Wärmepumpen oder Solarheizungsanlagen, aus Wasserlösch- und Berieselungsanlagen sowie aus Wasserbetten und Aquarien ausgetreten sein. **Ausgetreten** ist Wasser, wenn es an hierfür nicht bestimmten Stellen außerhalb der Rohre und Einrichtungen gelangt.

Dem Leitungswasser stehen Sole, Öle und bestimmte Flüssigkeiten gleich.

III. Nicht versicherte Schäden (Nr. 3)

Ohne Rücksicht auf mitwirkende Ursachen sind verschiedene Schäden nicht versichert. Gegenüber den Vorgängerregelungen § 7 Nr. 4 VHB 2000 und § 9 Nr. 4 VHB 84/92 sind einige Änderungen erfolgt. Die VHB 2010 sehen in Abweichung zu den VHB 2008 die Versicherung weiterer Naturgefahren vor, soweit dies gesondert vereinbart ist (§ 1 Nr. 1 d) bb) iVm § 5).

Durch **Plansch- oder Reinigungswasser** verursachte Schäden sind Schäden durch Gebrauch von Wasser zum Planschen und Reinigen.[7]

Schwammbefall ist nicht versichert. Bei einem Nässeschaden in einer durch Schwamm vorgeschädigten Wand ist nur der Reparaturanteil, der auf den Leitungswasseraustritt entfällt, zu entschädigen.[8]

In der Praxis wichtig ist der Ausschluss von Schäden durch **Grundwasser**, stehendes oder fließendes **Gewässer, Überschwemmung**[9] oder **Witterungsniederschläge** oder durch einen durch diese Ursachen hervorgerufenen Rückstau. Ohne Rücksicht auf mitwirkende Ursachen sind diese Schäden nicht gedeckt.[10]

Rückstau als Schadensursache ist nicht versichert. Wenn bei starken Niederschlägen sich im zurückgestauten Wasser auch Leitungswasser befindet, ändert das

---

4 Vgl BGH 3.11.2004 – VII ZR 28/04, r+s 2005, 64; Prölss/Martin/*Knappmann*, A § 4 VHB Rn 6; *Martin*, E I Rn 54.
5 LG Osnabrück 20.4.2012 – 9 O 762/10, VersR 2013, 23 (ohne Aquastopp).
6 Vgl *Martin*, E I Rn 50. Zu Folgeschäden, Staub, Schimmel und Bakterien OLG Köln 12.10.2010 – 9 U 64/10, r+s 2011, 210.
7 *Martin*, F IV Rn 37.
8 Vgl zur Problematik der Mehrzweckkosten bei Schwamm *Martin*, F IV Rn 44; LG Köln 22.10.2008 – 20 O 355/07, r+s 2010, 68 (zur Wirksamkeit von § 9 Nr. 4 Abs. 1 e) VGB 88).
9 BGH 20.4.2005 – IV ZR 252/03, VersR 2005, 828 (zur Wohngebäudeversicherung).
10 Vgl *Martin*, F IV Rn 34; OLG Hamm 28.8.2013 – 20 U 2/13, r+s 2014, 356 (zu § 6 Nr. 3 d) VGB 2000).

nichts. Für den Ausschluss genügt die Beteiligung der genannten Ursachen. Nur wenn der Rückstau ausschließlich auf anderen Ursachen beruht (Beispiel: Verstopfung), ist der Schaden gedeckt.[11]

17 Schäden durch **Erdsenkung** oder **Erdrutsch** sind nicht versichert, es sei denn, Leitungswasser hat die Schäden verursacht.[12]

18 Bei Öffnen der **Sprinkler** oder Bedienen der **Berieselungsdüsen** aus den aufgezählten Ursachen ist der Schaden nicht versichert. Dieser Ausschluss beruht auf der Unüberschaubarkeit der Schäden durch diese Anlagen. Insoweit bestehen allerdings Bedenken an der Wirksamkeit des Ausschlusses (§ 307 BGB) im Hinblick auf die Ursache Brand, da der Versicherungsschutz für Brandfolgen überraschend eingeschränkt wird.[13]

§ 5 Naturgefahren

1. Versicherte Gefahren und Schäden

Der Versicherer leistet Entschädigung für versicherte Sachen, die durch
a) Sturm, Hagel,
b) Weitere Elementargefahren
   aa) Überschwemmung,
   bb) Rückstau,
   cc) Erdbeben,
   dd) Erdsenkung,
   ee) Erdrutsch,
   ff) Schneedruck,
   gg) Lawinen,
   hh) Vulkanausbruch

zerstört oder beschädigt werden oder abhanden kommen.

2. Sturm, Hagel

a) Sturm ist eine wetterbedingte Luftbewegung von mindestens Windstärke 8 nach Beaufort (Windgeschwindigkeit mindestens 62 km/Stunde).
Ist die Windstärke für den Schadenort nicht feststellbar, so wird Windstärke 8 unterstellt, wenn der Versicherungsnehmer nachweist, dass
   aa) die Luftbewegung in der Umgebung des Versicherungsgrundstücks Schäden an Gebäuden in einwandfreiem Zustand oder an ebenso widerstandsfähigen anderen Sachen angerichtet hat, oder dass
   bb) der Schaden wegen des einwandfreien Zustandes des versicherten Gebäudes oder des Gebäudes, in dem sich die versicherten Sachen befunden haben, oder mit diesem Gebäude baulich verbundenen Gebäuden nur durch Sturm entstanden sein kann.
b) Hagel ist ein fester Witterungsniederschlag in Form von Eiskörnern.

---

11 Vgl OLG Köln 28.3.2006 – 9 U 94/05, r+s 2006, 376; *Martin*, F IV Rn 36.
12 Vgl OLG Köln 25.1.2005 – 9 U 85/04, r+s 2005, 422; zum Erdrutsch beim Abgleiten von Boden am Hang OLG Koblenz 3.2.2014 – 10 U 1268/13, r+s 2014, 459 (zu VGB 96).
13 Zutreffend Prölss/Martin/*Knappmann*, A § 4 VHB Rn 16.

c) Der Versicherer leistet Entschädigung für versicherte Sachen, die zerstört oder beschädigt werden oder abhanden kommen
   aa) durch die unmittelbare Einwirkung des Sturmes oder Hagels auf versicherte Sachen oder auf Gebäude, in denen sich versicherte Sachen befinden;
   bb) dadurch, dass ein Sturm oder Hagel Gebäudeteile, Bäume oder andere Gegenstände auf versicherte Sachen oder auf Gebäude, in denen sich versicherte Sachen befinden, wirft;
   cc) als Folge eines Schadens nach aa) oder bb) an versicherten Sachen;
   dd) durch die unmittelbare Einwirkung des Sturmes oder Hagels auf Gebäude, die mit dem versicherten Gebäude oder Gebäuden, in denen sich versicherte Sachen befinden, baulich verbunden sind;
   ee) dadurch, dass ein Sturm oder Hagel Gebäudeteile, Bäume oder andere Gegenstände auf Gebäude wirft, die mit dem versicherten Gebäude oder Gebäuden, in denen sich versicherte Sachen befinden, baulich verbunden sind.

3. Weitere Elementargefahren

a) Überschwemmung

Überschwemmung ist die Überflutung des Grund und Bodens des Versicherungsgrundstücks mit erheblichen Mengen von Oberflächenwasser durch
   aa) Ausuferung von oberirdischen (stehenden oder fließenden) Gewässern;
   bb) Witterungsniederschläge;
   cc) Austritt von Grundwasser an die Erdoberfläche infolge von aa) oder bb).

b) Rückstau

Rückstau liegt vor, wenn Wasser durch Ausuferung von oberirdischen (stehenden oder fließenden) Gewässern oder durch Witterungsniederschläge bestimmungswidrig aus den gebäudeeigenen Ableitungsrohren oder damit verbundenen Einrichtungen in das Gebäude eindringt.

c) Erdbeben

Erdbeben ist eine naturbedingte Erschütterung des Erdbodens, die durch geophysikalische Vorgänge im Erdinneren ausgelöst wird.

Erdbeben wird unterstellt, wenn der Versicherungsnehmer nachweist, dass
   aa) die naturbedingte Erschütterung des Erdbodens in der Umgebung des Versicherungsortes Schäden an Gebäuden im einwandfreien Zustand oder an ebenso widerstandsfähigen anderen Sachen angerichtet hat, oder
   bb) der Schaden wegen des einwandfreien Zustandes der versicherten Sachen nur durch ein Erdbeben entstanden sein kann.

d) Erdsenkung

Erdsenkung ist eine naturbedingte Absenkung des Erdbodens über naturbedingten Hohlräumen.

e) Erdrutsch

Erdrutsch ist ein naturbedingtes Abrutschen oder Abstürzen von Erd- oder Gesteinsmassen.

f) Schneedruck
Schneedruck ist die Wirkung des Gewichts von Schnee- oder Eismassen.
g) Lawinen
Lawinen sind an Berghängen niedergehende Schnee- oder Eismassen einschließlich der bei ihrem Abgang verursachten Druckwelle.
h) Vulkanausbruch
Vulkanausbruch ist eine plötzliche Druckentladung beim Aufreißen der Erdkruste, verbunden mit Lavaergüssen, Asche-Eruptionen oder dem Austritt von sonstigen Materialien und Gasen.

4. **Nicht versicherte Schäden**
   a) Nicht versichert sind ohne Rücksicht auf mitwirkende Ursachen Schäden durch
   aa) Sturmflut;
   bb) Eindringen von Regen, Hagel, Schnee oder Schmutz durch nicht ordnungsgemäß geschlossene Fenster, Außentüren oder andere Öffnungen, es sei denn, dass diese Öffnungen durch eine der versicherten Naturgefahren (siehe Nr. 1 a) entstanden sind und einen Gebäudeschaden darstellen;
   cc) Grundwasser, soweit nicht an die Erdoberfläche gedrungen (siehe Nr. 3 a) cc);
   dd) Brand, Blitzschlag, Explosion, Anprall oder Absturz eines Luftfahrzeuges, seiner Teile oder seiner Ladung; dies gilt nicht für Erdbeben;
   ee) Trockenheit oder Austrocknung.
   b) Der Versicherer leistet keine Entschädigung für Schäden an
   aa) Gebäuden oder an Gebäudeteilen, die nicht bezugsfertig sind, und an den in diesen Gebäuden oder Gebäudeteilen befindlichen Sachen;
   bb) Sachen, die sich außerhalb von Gebäuden befinden. Nach Nr. 1 versichert sind jedoch auf dem gesamten Grundstück, auf dem sich die versicherte Wohnung befindet, Antennenanlagen und Markisen, wenn sie ausschließlich vom Versicherungsnehmer genutzt werden.

5. **Selbstbehalt**

   Im Versicherungsfall wird der im Versicherungsvertrag vereinbarte Selbstbehalt abgezogen.

I. Allgemeines	1	IV. Weitere Elementargefahren (Nr. 3)	8
II. Versicherte Gefahren und Schäden (Nr. 1)	2	V. Nicht versicherte Schäden (Nr. 4)	18
III. Sturm, Hagel (Nr. 2)	3		

I. Allgemeines

1 Der Aufbau der Vorschrift wurde gegenüber § 8 VHB 92/2000 verändert. Versicherte Gefahren und Schäden sind vorangestellt. Dann folgen Definitionen und Beweisregeln sowie Ausschlüsse. § 5 wurde gegenüber den VHB 2008 nochmals im Hinblick auf Naturgefahren geändert.

II. Versicherte Gefahren und Schäden (Nr. 1)

Die versicherten **Naturgefahren** sind aufgeführt. Der Begriff betrifft Sturm, Hagel und weitere Elementargefahren. 2

III. Sturm, Hagel (Nr. 2)

Sturm ist definiert als wetterbedingte Luftbewegung von mindestens Windstärke 8 nach Beaufort, was einer Windgeschwindigkeit von mindestens 62 km/Stunde entspricht (**Nr. 2 a**). Grundsätzlich muss der VN den Sturm beweisen. Der Nachweis kann durch ein meteorologisches Gutachten erbracht werden. Für den Fall, dass Werte einer Messstation nicht vorhanden sind, kann der VN sich auf die in Nr. 2 a) Abs. 2 enthaltene **Beweisregel** stützen. Danach wird **Windstärke 8** unterstellt, wenn der VN beweist, dass die Luftbewegung in der Umgebung des Versicherungsgrundstücks Schäden an Gebäuden in einwandfreiem Zustand oder an ebenso widerstandsfähigen anderen Sachen angerichtet hat (Nr. 2 a) aa) – in Betracht kommen zB entwurzelte Bäume, umgestürzte Baukräne oder umgerissene schwere Zäune oder Schilder – oder dass der Schaden wegen des einwandfreien Zustandes des versicherten Gebäudes oder des Gebäudes, in dem sich die versicherten Sachen befunden haben, oder mit diesem Gebäude baulich verbundenen Gebäuden nur durch Sturm entstanden sein kann (Nr. 2 a) bb). Auch diese erleichterte Beweisführung wird häufig nur durch ein Gutachten möglich sein.[1] Hilfreich sind Aufzeichnungen von **Messstationen** in der Nähe, zB an einem Flughafen. Die maßgebende Windstärke muss zeitnah vorhanden gewesen sein.[2] 3

Hagel ist definiert als fester Witterungsniederschlag in Form von Eiskörnern (**Nr. 2 b**). Auch insoweit kann zum Nachweis ein Sachverständigengutachten in Betracht kommen, wenn keine Zeugen zur Verfügung stehen. 4

In **Nr. 2 c)** sind die einzelnen gedeckten Ursachen definiert. In der Praxis wichtig ist häufig die Feststellung der **unmittelbaren Einwirkung** (Nr. 2 c) aa) und Nr. 2 c) dd). Sturm und Hagel müssen die zeitlich letzte Ursache sein.[3] 5

Geworfene Gegenstände durch Sturm und Hagel (Nr. 2 c) bb) und Nr. 2 c) ee) müssen den Schaden verursacht haben. Das kann auch bei Schäden durch aufgedrückte Türen und Fenster der Fall sein.[4] 6

Folgeschäden (Nr. 2 c) cc) können Durchnässungsschäden sein durch Eindringen von Niederschlagswasser in Öffnungen, die der Sturm oder Hagel geschaffen hat.[5] Beispiel: Wasser dringt aus einem infolge Sturm oder Hagel gebrochenen Regenfallrohr in die Wohnung. 7

IV. Weitere Elementargefahren (Nr. 3)

Gegenüber den VHB 2008 sind in den VHB 2010 nunmehr die weiteren Elementargefahren definiert. 8

Überschwemmung (Nr. 3 a)[6] stellt sich in drei verschiedenen Ursachen dar: 9

---

1 Vgl zu Beweisfragen OLG Naumburg 25.7.2013 – 4 U 79/12, r+s 2014, 22; OLG Köln 4.8.1998 – 9 U 20/98, r+s 1998, 427.
2 OLG Köln 4.8.1998 – 9 U 20/98, VersR 1999, 1364; zur Campingversicherung OLG Hamm 20.11.2013 – 20 U 26/13, r+s 2014, 224.
3 Vgl *Martin*, E II Rn 29 ff; *Wälder*, r+s 2010, 156.
4 *Martin*, E II Rn 30.
5 *Martin*, E II Rn 43 ff; zu Folgeschäden bei undichtem Heizungsrohr OLG Köln 12.10.2010 – 9 U 64/10, r+s 2011, 210.
6 BGH 20.4.2005 – IV ZR 252/03, VersR 2005, 828 (zu VGB).

- Ausuferung von oberirdischen (stehenden oder fließenden) Gewässern (Nr. 3 a) aa),
- Witterungsniederschläge (Nr. 3 a) bb) und
- Austritt von Grundwasser an die Erdoberfläche als Folge von Ausuferung oder Witterungsniederschlägen (Nr. 3 a) cc).

10 Bei Starkregen auf Berghang liegt Überschwemmung auch dann vor, wenn er weder vollständig versickert noch sonst geordnet auf natürlichem Weg abfließen kann, sondern sturzbachartig den Hang hinunterfließt.[7] Keine Überschwemmung ist gegeben, wenn Wasser über Gully oder Kelleraußentür in den Keller dringt.[8] Es muss eine erhebliche Menge von Oberflächenwasser zur Überflutung führen.[9]

11 Bei **Rückstau (Nr. 3 b)** muss Wasser durch Ausuferung von oberirdischen (stehenden oder fließenden) Gewässern oder durch Witterungsniederschläge bestimmungswidrig aus den gebäudeeigenen Ableitungsrohren oder damit verbundenen Einrichtungen in das Gebäude eingedrungen sein.[10] Das nicht mehr abfließende Niederschlagswasser muss in das Rohrsystem gelangt sein.[11]

12 **Erdbeben (Nr. 3 c)** erfordert eine naturbedingte Erschütterung des Erdbodens, die durch geophysikalische Vorgänge im Erdinneren ausgelöst wird, also plötzlichen Spannungsausgleich in der Erdkruste.[12] Erschütterungen durch technische Vorgänge sind damit nicht erfasst.

13 **Erdsenkung (Nr. 3 d)** erfordert eine natürliche Absenkung des Erdbodens über natürlichen Hohlräumen. Unterspülungen durch Leitungswasser fallen nicht darunter.[13]

14 Bei natürlichem Abrutschen oder Abstürzen von Erd- oder Gesteinsmassen handelt es sich um einen **Erdrutsch (Nr. 3 e)**.[14] Das kann bei einem sog. **Murenabgang** der Falls ein. Ein Erdrutsch kann auch bei langsamem Abgleiten des Bodens und nachfolgender Rissbildung vorliegen.[15]

15 Bei **Schneedruck (Nr. 3 f)** wirkt das Gewicht von Schnee- und Eismassen auf die versicherte Sache ein. Der auf dem Dach lastende Schnee muss am Einsturz mitgewirkt haben.[16]

16 Beim Abgang von **Lawinen (Nr. 3 g)** sind nicht nur die Ursachen von rutschenden Schnee- und Eismassen erfasst, sondern auch die durch den Abgang verursachte Druckwelle.

17 Der Begriff des **Vulkanausbruchs (Nr. 3 h)** entspricht der naturwissenschaftlichen Betrachtungsweise. Es muss Gas oder Material austreten.

V. Nicht versicherte Schäden (Nr. 4)

18 **Sturmflutschäden** sind nicht versichert (Nr. 4 a) aa).

---

[7] BGH 24.4.2006 – IV ZR 154/05, VersR 2006, 966 (zu AKB).
[8] LG Kempten 11.7.2007 – 5 S 704/07, r+s 2009, 71.
[9] Vgl AG Kiel 7.6.2007 – 118 C 20/07, r+s 2009, 22.
[10] Vgl OLG Köln 19.12.2006 – 9 U 215/05, r+s 2007, 285; *Martin*, F IV Rn 34 ff; nicht bei baulichen Mängeln als Rückstauursache LG Wiesbaden 8.4.2009 – 1 O 305/07, r+s 2009, 417.
[11] OLG Hamburg 14.4.2015 – 9 U 201/13, VersR 2014, 1454 (zu § 3 b BWE 08).
[12] Vgl A.2.16 AKB 2008; Stiefel/Maier/*Halbach*, A.2.16 AKB Rn 63.
[13] *Martin*, F IV Rn 30; OLG Düsseldorf 12.7.1983 – 4 U 247/82, VersR 1985, 1035; zum Erdfall OLG Jena 11.3.2009 – 4 U 107/07, r+s 2010, 67.
[14] Dazu *Martin*, F IV Rn 29.
[15] OLG Koblenz 3.2.2014 – 10 U 1268/13, VersR 2015, 67; zum Erdfall OLG Koblenz 3.3.2011 – 10 U 1319/10, VersR 2012, 59.
[16] Vgl OLG Frankfurt 19.5.2010 – 7 U 110/09, r+s 2010, 290.

Schäden durch **Eindringen** von Regen, Hagel, Schnee oder Schmutz durch nicht ordnungsgemäß geschlossene Fenster, Außentüren oder andere **Öffnungen** sind ebenfalls nicht gedeckt (Nr. 4 a) bb).[17] Eine Ausnahme liegt vor, wenn diese Öffnungen durch Sturm oder Hagel entstanden sind und einen Gebäudeschaden darstellen (Nr. 4 a) bb) aE).[18]

Weiter sind als nicht versichert aufgenommen:

- Schäden durch **Grundwasser**, soweit nicht an die Erdoberfläche gedrungen (siehe Nr. 3 a) cc) (**Nr. 4 a) cc**);
- Schäden durch Brand, Blitzschlag, Explosion, Anprall oder Absturz eines **Luftfahrzeuges**, einschließlich seiner Teile oder seiner Ladung; Ausnahme: Erdbeben als Ursache (**Nr. 4 a) dd**).
- Ferner sind nicht gedeckt Schäden durch **Trockenheit** oder **Austrocknung** (**Nr. 4 a) ee**).

Bei **nicht bezugsfertigen** Gebäuden oder Gebäudeteilen entfällt eine Entschädigungsleistung betreffend an den in diesen Gebäuden oder Gebäudeteilen befindlichen Sachen (Nr. 4 b) aa). Nicht bezugsfertig ist das Gebäude, wenn die Außenwand, das Dach oder die Tür- und Fensteröffnungen („Außenhaut") nicht restlos geschlossen sind oder solange noch ein Baugerüst steht.[19]

Bei Sachen außerhalb von Gebäuden sind nach Nr. 1 nur versichert nach näherer Maßgabe **Antennenanlagen** und **Markisen**, wenn sie ausschließlich vom VN genutzt werden (Nr. 4 b) bb).

§ 6 Versicherte und nicht versicherte Sachen, Versicherungsort

1. Beschreibung des Versicherungsumfangs

Versichert ist der gesamte Hausrat in der im Versicherungsschein bezeichneten Wohnung (Versicherungsort).

Hausrat, der infolge eines eingetretenen oder unmittelbar bevorstehenden Versicherungsfalles aus dem Versicherungsort entfernt und in zeitlichem und örtlichem Zusammenhang mit diesem Vorgang zerstört oder beschädigt wird oder abhanden kommt, ist versichert.

Hausrat außerhalb der im Versicherungsschein bezeichneten Wohnung ist nur im Rahmen der Außenversicherung (siehe Abschnitt A § 7) oder soweit dies gesondert im Versicherungsvertrag vereinbart ist, versichert.

2. Definitionen

a) Zum Hausrat gehören alle Sachen, die dem Haushalt des Versicherungsnehmers zur privaten Nutzung (Gebrauch bzw. Verbrauch) dienen.

b) Wertsachen und Bargeld gehören ebenfalls zum Hausrat. Hierfür gelten besondere Voraussetzungen und Entschädigungsgrenzen (siehe Abschnitt A § 13).

---

[17] Vgl dazu BGH 18.3.1992 – IV ZR 87/91, VersR 1992, 606; OLG Hamm 7.5.1986 – 20 U 340/85, VersR 1987, 1081.
[18] Vgl *Martin*, F V Rn 18 ff.
[19] OLG Rostock 30.10.2007 – 6 U 121/07, VersR 2008, 531; *Martin*, F V Rn 4.

c) Ferner gehören zum Hausrat

- aa) alle in das Gebäude eingefügten Sachen (z.B. Einbaumöbel und Einbauküchen), die der Versicherungsnehmer als Mieter oder Wohnungseigentümer auf seine Kosten beschafft oder übernommen hat und daher hierfür die Gefahr trägt. Eine anderweitige Vereinbarung über die Gefahrtragung ist vom Versicherungsnehmer nachzuweisen;
- bb) Anbaumöbel und Anbauküchen, die serienmäßig produziert und nicht individuell für das Gebäude gefertigt, sondern lediglich mit einem geringen Einbauaufwand an die Gebäudeverhältnisse angepasst worden sind;
- cc) privat genutzte Antennenanlagen und Markisen, die ausschließlich der versicherten Wohnung gemäß Nr. 1 dienen und sich auf dem Grundstück befinden, auf dem die versicherte Wohnung liegt;
- dd) im Haushalt des Versicherungsnehmers befindliches fremdes Eigentum, soweit es sich nicht um das Eigentum von Mietern bzw. Untermietern des Versicherungsnehmers handelt (siehe Nr. 4 e);
- ee) selbstfahrende Krankenfahrstühle, Rasenmäher, Go-Karts, Modell- und Spielfahrzeuge, soweit diese nicht versicherungspflichtig sind;
- ff) Kanus, Ruder-, Falt- und Schlauchboote einschließlich ihrer Motoren sowie Surfgeräte;
- gg) Fall- und Gleitschirme sowie nicht motorisierte Flugdrachen;
- hh) Arbeitsgeräte und Einrichtungsgegenstände, die ausschließlich dem Beruf oder dem Gewerbe des Versicherungsnehmers oder einer mit ihm in häuslicher Gemeinschaft lebenden Person dienen; Handelswaren und Musterkollektionen sind hiervon ausgeschlossen;
- ii) Haustiere, d.h. Tiere, die regelmäßig artgerecht in Wohnungen (nach Nr. 3 a) gehalten werden (z.B. Fische, Katzen, Vögel).

3. Versicherungsort

Versicherungsort ist die im Versicherungsschein bezeichnete Wohnung. Zur Wohnung gehören

a) diejenigen Räume, die zu Wohnzwecken dienen und eine selbständige Lebensführung ermöglichen. Dies sind die ausschließlich vom Versicherungsnehmer oder einer mit ihm in häuslicher Gemeinschaft lebenden Person privat genutzten Flächen eines Gebäudes. Räume, die ausschließlich beruflich oder gewerblich genutzt werden, gehören nicht zur Wohnung, es sei denn, sie sind ausschließlich über die Wohnung zu betreten (sog. Arbeitszimmer in der Wohnung);

b) Loggien, Balkone, an das Gebäude unmittelbar anschließende Terrassen sowie ausschließlich vom Versicherungsnehmer oder einer mit ihm in häuslicher Gemeinschaft lebenden Person zu privaten Zwecken genutzte Räume in Nebengebäuden – einschließlich Garagen – des Grundstücks, auf dem sich die versicherte Wohnung befindet;

c) gemeinschaftlich genutzte, verschließbare Räume, in dem Hausrat bestimmungsgemäß vorgehalten wird (z.B. ausgewiesene Stellflächen in Fluren, Fahrradkeller, Waschkeller) des Grundstücks, auf dem sich die versicherte Wohnung befindet;

d) darüber hinaus privat genutzte Garagen, soweit sich diese in der Nähe des Versicherungsortes befinden.

4. Nicht versicherte Sachen; Daten und Programme

Nicht zum Hausrat gehören

a) Gebäudebestandteile, es sei denn, sie sind in Nr. 2 c) aa) genannt;
b) vom Gebäudeeigentümer eingebrachte Sachen, für die dieser Gefahr trägt.

Sofern die ursprünglich vom Gebäudeeigentümer eingebrachten oder in dessen Eigentum übergegangenen Sachen durch den Mieter ersetzt werden – auch höher- oder geringerwertigere –, sind diese Sachen im Rahmen dieses Vertrages nicht versichert. Das Gleiche gilt für vom Wohnungseigentümer ersetzte Sachen;

c) Kraftfahrzeuge aller Art und Anhänger, unabhängig von deren Versicherungspflicht, sowie Teile und Zubehör von Kraftfahrzeugen und Anhängern, soweit nicht unter Nr. 2 c) ee) genannt;
d) Luft- und Wasserfahrzeuge, unabhängig von deren Versicherungspflicht, einschließlich nicht eingebauter Teile, soweit nicht unter Nr. 2 c) ee) bis Nr. 2 gg) genannt;
e) Hausrat von Mietern und Untermietern in der Wohnung des Versicherungsnehmers, es sei denn, dieser wurde ihnen vom Versicherungsnehmer überlassen;
f) Sachen im Privatbesitz, die durch einen gesonderten Versicherungsvertrag versichert sind (z.B. für Schmucksachen und Pelze, Kunstgegenstände, Musikinstrumente bzw. Jagd- und Sportwaffen).

Elektronisch gespeicherte Daten und Programme sind keine Sachen. Kosten für die technische Wiederherstellung von elektronisch gespeicherten, ausschließlich für die private Nutzung bestimmter Daten und Programme sind nur versichert, soweit dies gesondert im Versicherungsvertrag vereinbart ist.

5. Gesondert vereinbar

Der Selbstbehalt je Versicherungsfall beträgt _ Euro der Schadensumme, mindestens jedoch _ Euro, höchstens jedoch _ Euro.

I. Versicherungsumfang (Nr. 1) 1	IV. Nicht versicherte Sachen; Daten und Programme (Nr. 4) 17
II. Definitionen zum Hausrat (Nr. 2) 2	1. Kein Hausrat 17
1. Hausrat (Nr. 2 a) und b) 2	2. Daten und Programme 24
2. Einzelheiten (Nr. 2 c) 3	
III. Versicherungsort (Nr. 3) 13	

I. Versicherungsumfang (Nr. 1)

Die Neufassung stellt eine Beschreibung des Versicherungsumfangs voran. Versichert ist danach der gesamte Hausrat in der im Versicherungsschein bezeichneten Wohnung, dem Versicherungsort. Außerdem wird klargestellt, dass Hausrat auch versichert ist, der infolge eines eingetretenen oder unmittelbar bevorstehenden Versicherungsfalles aus dem Versicherungsort entfernt und in zeitlichem und örtlichem Zusammenhang mit diesem Vorgang zerstört oder beschädigt wird oder abhanden kommt. Damit wird die Neuregelung des § 90 VVG berücksichtigt. Schließlich werden die Grenzen der Außenversicherung (Abschnitt A § 7) abgesteckt.

II. Definitionen zum Hausrat (Nr. 2)

2 **1. Hausrat (Nr. 2 a) und b).** Der Hausratbegriff (vgl § 1 Nr. 1 VHB 84/92/2000) wird trotz geänderter Beschreibung beibehalten. Der frühere Begriff „zur Einrichtung dienen" wurde nicht übernommen. Versichert ist der Hausrat als **Sachinbegriff**. Dazu gehören alle Sachen, die dem Haushalt des VN zur privaten Nutzung (Gebrauch bzw Verbrauch) dienen. **Wertsachen** und **Bargeld** gehören ebenfalls zum Hausrat, jedoch gelten insoweit besondere Regelungen (siehe Abschnitt A § 13).

3 **2. Einzelheiten (Nr. 2 c).** Die zum Hausrat zählenden Sachen sind im Einzelnen definiert.[1] In das Gebäude **eingefügte Sachen**, zB **Einbaumöbel** und **Einbauküchen**,[2] sind erfasst, wenn sie der VN als Mieter oder Wohnungseigentümer auf seine Kosten beschafft oder übernommen hat und daher hierfür die Gefahr trägt (Nr. 2 c) aa).

4 Diese Hausratgegenstände sind von den **Gebäudebestandteilen** iSd Wohngebäudeversicherung abzugrenzen. Überschneidungen und Abgrenzungsschwierigkeiten können bestehen, wenn solche Teile individuell gefertigt werden und mit den Wänden des Gebäudes derart substanzmäßig verbunden sind, dass bei einer natürlichen Betrachtung von einer Einheit zwischen Wand und Möbelteil auszugehen ist. Nr. 4 a) stellt klar, dass Gebäudebestandteile nicht zum Hausrat gehören, es sei denn, sie sind in Nr. 2 c) aa) genannt. Zu den eingefügten Sachen können wegen der weiten sprachlichen Fassung Verputz, Anstriche, Holzvertäfelungen, Bodenbeläge und Tapeten gehören. Im Grundsatz gehören typische Einrichtungsschäden zur Hausratversicherung, während Substanzschäden von der Gebäudeversicherung erfasst sein sollen.

5 **Eingebaute Möbelwände** und auch **Raumteiler** sind trotz der gewissen Festigkeit der Verbindung wie die ausdrücklich genannten **Einbauküchen** dem Hausrat zuzuordnen.[3]

6 Entsprechendes gilt nach Nr. 2 c) bb) für **Anbaumöbel** und **Anbauküchen**, die serienmäßig produziert und nicht individuell für das Gebäude gefertigt, sondern lediglich mit einem geringen Einbauaufwand an die Gebäudeverhältnisse angepasst worden sind. Diese Teile können leicht abgebaut und anderweitig verwendet werden.

7 Zum Hausrat zählen nach Nr. 2 c) cc) weiter **privat** genutzte **Antennenanlagen** und **Markisen**, die ausschließlich der versicherten Wohnung gemäß Nr. 1 dienen und sich auf dem Versicherungsgrundstück befinden. Die Sachen müssen nur der maßgeblichen Wohnung dienen. Andere Antennenanlagen und beruflich oder gewerblich genutzte sind danach nicht versichert. Sendeanlagen sind nicht versichert.

8 Zum Hausrat gehören nach Nr. 2 c) dd) auch **fremde Sachen** im Haushalt des VN, soweit es sich nicht um Eigentum von Mietern oder Untermietern des VN handelt.

9 Nach Nr. 2 c) ee) sind auch selbstfahrende **Krankenfahrstühle, Rasenmäher, Go-Karts, Modell-** und **Spielfahrzeuge**, soweit sie nicht versicherungspflichtig sind, vom Hausrat erfasst. Es kommt nicht darauf an, ob die Sachen außerhalb der Wohnung benutzt werden.

10 Entsprechendes gilt nach Nr. 2 c) ff) für **Boote** und **Surfgeräte**. Kanus, Ruder-, Falt- und Schlauchboote einschließlich ihrer Motoren sowie Surfgeräte unterliegen dem

---

1 Vgl zum Hausrat im Einzelnen *Martin*, H IV Rn 1 ff.
2 Vgl OLG Celle 20.5.2009 – 8 U 6/09, VersR 2010, 526; OLG Saarbrücken 1.2.1995 – 5 U 321/94, VersR 1996, 97; OLG Köln 30.7.1992 – 5 U 36/92, VersR 1992, 1468.
3 OLG Köln 22.6.1999 – 9 U 179/98, VersR 2001, 54; OLG Saarbrücken 1.2.1995 – 5 U 321/94-22, VersR 1996, 97; KG 1.9.1998 – 6 U 9340/97, KGR Berlin 1999, 8; OLG Celle 20.5.2009 – 8 U 6/09, VersR 2010, 526; vgl zur Problematik des Einbaus *Martin*, H II Rn 62–64.

Hausratbegriff. Die Verwendung außerhalb der Wohnung ist nicht entscheidend. Das trifft nach Nr. 2 c) gg) auch für **Fall- und Gleitschirme** sowie Flugdrachen ohne Motor zu.

Die Hausratversicherung schließt nach Nr. 2 c) hh) **Arbeitsgeräte** und **berufliche Einrichtungsgegenstände** ein, also Sachen, die normalerweise nicht zum Hausrat gehören. **Handelswaren** und **Musterkollektionen** bleiben ausgeschlossen.[4] 11

Haustiere zählen nach Nr. 2 c) ii) zum Hausrat. Sie müssen regelmäßig artgerecht in Wohnungen (nach Nr. 3 a; s. Rn 13) gehalten werden. Als Beispiele werden Fische, Katzen und Vögel genannt. Hunde wird man unter den genannten Voraussetzungen ebenfalls einbeziehen müssen. 12

III. Versicherungsort (Nr. 3)

Hausrat genießt Versicherungsschutz grds. in der im Versicherungsschein bezeichneten **Wohnung**, dem Versicherungsort. Gegenüber der Vorgängerregelung in § 10 Nr. 2 VHB 84/92, § 9 Nr. 2 VHB 2000 ist die Beschreibung in den VHB 2010 erweitert. Zunächst gehören zur Wohnung diejenigen Räume, die zu **Wohnzwecken** dienen und eine **selbständige Lebensführung** ermöglichen (Nr. 3 a). Es muss sich um privat genutzte Flächen eines Gebäudes handeln, die ausschließlich vom VN oder einer mit ihm in häuslicher Gemeinschaft lebenden Person genutzt werden. Werden Räume ausschließlich **beruflich** oder **gewerblich** genutzt, gehören sie nicht zur Wohnung,[5] es sei denn, sie sind ausschließlich über die Wohnung zu betreten (sog. **Arbeitszimmer** in der Wohnung). Der Nutzungszweck ist nach Ausstattung und Funktion zu beurteilen. Publikumsverkehr spricht für nicht private Nutzung. Büroräume, Praxisräume, Wartezimmer und Werkstatt sind nicht der Wohnung zugehörig.[6] Im Zweifel wird man bei **Mischnutzung** nach der Formulierung in Nr. 3 a) „ausschließlich beruflich oder gewerblich genutzt" Versicherungsschutz annehmen müssen. 13

Der Begriff der Wohnung wird in Nr. 3 b) ausgeweitet auf **Loggien, Balkone**, an das Gebäude unmittelbar anschließende **Terrassen** und zu privaten Zwecken genutzte Räume des VN oder Hausgenossen in Nebengebäuden des Versicherungsgrundstücks, einschließlich **Garagen**. 14

Ausnahmsweise zählen auch **gemeinschaftlich genutzte**, verschließbare Räume zur versicherten Wohnung, wenn dort Hausrat bestimmungsgemäß vorgehalten wird. Das betrifft zB ausgewiesene Stellflächen in Fluren, Kinderwagenabstellflächen, **Fahrradkeller** und **Waschkeller** auf dem Versicherungsgrundstück (Nr. 3 c). 15

Privat genutzte **Garagen** werden nach Nr. 3 d) der Wohnung zugerechnet, soweit sich diese zumindest in der Nähe des Versicherungsortes befinden. Für die Bestimmung „**in der Nähe**" sind Verkehrsanschauung und örtliche Gegebenheiten maßgebend.[7] Wenn die Beschaffung der Garage schwierig ist (Innenstadt), wird man den Bereich ausweiten müssen. Dass die Garage ausschließlich vom VN genutzt wird, ist nach der jetzigen Fassung nicht erforderlich, so dass auch privat genutzte Flächen in Sammelgaragen einbezogen sind. 16

IV. Nicht versicherte Sachen; Daten und Programme (Nr. 4)

1. Kein Hausrat. Gebäudebestandteile sind generell kein Hausrat. Aus diesem Grund wurde die Ausnahme der Nr. 2 c) aa) in Nr. 4 a) ausdrücklich aufgeführt. Schon nach dem Sprachgebrauch sind (wesentliche oder unwesentliche) Gebäude- 17

---

4 KG 16.12.2011 – 6 W 46/11, r+s 2013, 136 (Handelsware ist kein Arbeitsgerät iSd § 1 Nr. 2 e) VHB 92).
5 OLG Saarbrücken 17.3.1993 – 5 U 38/92, VersR 1993, 1477.
6 Vgl Prölss/Martin/*Knappmann*, § 6 VHB Rn 33.
7 Vgl BGH 26.3.2003 – IVB ZR 270/07, VersR 2003, 641.

bestandteile nicht dem Hausrat zuzurechnen. Für sie gilt die Gebäudeversicherung. Die §§ 93 ff BGB sind anzuwenden.[8]

18 Wegen der weiten Fassung in Nr. 2 c) aa), die alle in das Gebäude **eingefügten Sachen** betrifft (Gegenausnahme), die der VN als Mieter oder Wohnungseigentümer auf seine Kosten beschafft oder übernommen hat (Gefahrtragung), werden viele sachenrechtlich den Gebäudebestandteilen zuzurechnenden Sachen – aus der Sicht des verständigen VN – zum versicherten Hausrat gehören (Nr. 4 b). Das können Wand-, Decken- und Bodenbelege sein sowie Anstriche und Tapeten. Dagegen sind idR **sanitäre Installationen** (zB Duschen, Badewannen, Waschbecken, WC-Becken), Heizungsteile, Rohre, Brenner, Kessel Gebäudebestandteile. Die Klausel **PK 7212** ermöglicht die Einbeziehung von Sachen ohne Rücksicht auf die sachenrechtliche Einordnung.

19 Nicht zum Hausrat gehören vom **Gebäudeeigentümer** eingebrachte Sachen, für die dieser die Gefahr trägt. Dies gilt auch für ersetzte Sachen.

20 Dem Ausschluss unterliegen nach Nr. 4 c) auch **Kraftfahrzeuge** aller Art. Das gilt nunmehr auch für **Teile und Zubehör** von Kraftfahrzeugen und Anhängern, soweit nicht Nr. 2 c) eingreift. Abgestellte Felgen und Reifen sowie Autoradios und Navigationsgeräte sind damit kein Hausrat.

21 **Luft- und Wasserfahrzeuge**, einschließlich nicht eingebauter Teile, soweit nicht von Nr. 2 c) erfasst, sind nach Nr. 4 d) nicht versichert. Teile und Zubehör sind vom Ausschluss nicht betroffen, anders als bei Kraftfahrzeugen.

22 **Mieter- und Untermieterhausrat** in der Wohnung des VN gehören nach Nr. 4 e) nicht zum versicherten Hausrat, es sei denn, diese Sachen wurden ihnen vom VN überlassen.

23 **Sachen im Privatbesitz**, die durch einen **gesonderten VersVertrag versichert** sind (zB Schmucksachen und Pelze, Kunstgegenstände, Musikinstrumente, Jagd- und Sportwaffen), zählen nach Nr. 4 f) nicht zum Hausrat. Die Sachen müssen anderweitig versichert sein. Es reicht nicht, dass die Möglichkeit der Versicherung besteht.

24 **2. Daten und Programme. Elektronisch** gespeicherte Daten und Programme gelten nicht als Sachen. Die Kosten der technischen Wiederherstellung dieser Programme, die ausschließlich für die private Nutzung bestimmt sind, sind nur versichert, wenn dies gesondert vereinbart wird. Die oft nicht unerheblichen Kosten der Rekonstruktion von EDV-Daten und -Programmen sollen nur gegen **gesonderte Vereinbarung** gedeckt sein.

§ 7 Außenversicherung

1. Begriff und Geltungsdauer der Außenversicherung

Versicherte Sachen, die Eigentum des Versicherungsnehmers oder einer mit ihm in häuslicher Gemeinschaft lebenden Person sind oder die deren Gebrauch dienen, sind weltweit auch versichert, solange sie sich vorübergehend außerhalb des Versicherungsortes befinden. Zeiträume von mehr als drei Monaten gelten nicht als vorübergehend.

2. Unselbständiger Hausstand während Wehr- und Zivildienst oder Ausbildung

Hält sich der Versicherungsnehmer oder eine mit ihm in häuslicher Gemeinschaft lebende Person zur Ausbildung, zur Ableistung eines freiwilligen

---

[8] OLG Hamm 16.6.1982 – 20 U 3/82, VersR 1983, 285 (auf Üblichkeit abstellend).

Wehrdienstes, eines internationalen oder nationalen Jugendfreiwilligendienstes (Freiwilliges Soziales oder Ökologisches Jahr) oder des Bundesfreiwilligendienstes außerhalb der Wohnung auf, so gilt dies so lange als vorübergehend nach Nr. 1, bis ein eigener Hausstand begründet wird.

3. **Einbruchdiebstahl**

   Für Schäden durch Einbruchdiebstahl müssen die in Abschnitt A § 3 Nr. 2 genannten Voraussetzungen erfüllt sein.

4. **Raub**

   Bei Androhung einer Gewalttat mit Gefahr für Leib oder Leben besteht Außenversicherungsschutz nur in den Fällen, in denen der Versicherungsnehmer versicherte Sachen herausgibt oder sich wegnehmen lässt, weil eine Gewalttat an Ort und Stelle verübt werden soll. Dies gilt auch, wenn der Raub an Personen begangen wird, die mit dem Versicherungsnehmer in häuslicher Gemeinschaft leben. Der Außenversicherungsschutz erstreckt sich ohne Rücksicht auf mitwirkende Ursachen nicht auf Sachen, die erst auf Verlangen des Täters an den Ort der Wegnahme oder Herausgabe gebracht werden.

5. **Naturgefahren**

   Für Naturgefahren besteht Außenversicherungsschutz nur innerhalb von Gebäuden.

6. **Entschädigungsgrenzen**

   a) Die Entschädigung im Rahmen der Außenversicherung ist insgesamt auf _ Prozent der Versicherungssumme, höchstens auf den vereinbarten Betrag, begrenzt.

   b) Für Wertsachen (auch Bargeld) gelten zusätzlich Entschädigungsgrenzen (siehe Abschnitt A § 13 Nr. 2).

I. Begriffsbestimmung und Dauer (Nr. 1)

Die **Außenversicherung** stellt eine Erweiterung des Versicherungsschutzes über den Versicherungsort hinaus dar. Die Regelungen des Versicherungsfalles und der Bestimmung des versicherten Hausrats bleiben im Grundsatz unberührt. Versicherte Sachen des VN oder seines Hausgenossen oder die deren Gebrauch dienen, sind weltweit auch versichert, wenn sie sich **vorübergehend** außerhalb des Versicherungsortes befinden. Zeiträume von mehr als **drei Monaten** gelten nicht als vorübergehend.

Mit „vorübergehend" ist ein Zustand gemeint, der sich räumlich und zeitlich nach dem Willen des Berechtigten dahin entwickeln soll, dass die Sache an den Versicherungsort gelangt.[1] Sie muss sich noch nicht unbedingt bereits dort befunden haben, es muss eine überwiegende Wahrscheinlichkeit der Rückkehr bestehen.[2] Die zeitliche Grenze ist die Drei-Monats-Frist. Ist eine längere Abwesenheit vom Versicherungsort von Anfang an beabsichtigt, besteht kein Deckungsschutz. Was endgültig aus dem Versicherungsort entfernt werden soll, ist nicht versichert, wenn der Versicherungsort verlassen wird. Will der VN seine bisherige Wohnung aufge-

---

[1] Vgl Prölss/Martin/*Knappmann*, A § 7 VHB Rn 8; Beckmann/Matusche-Beckmann/*Rüffer*, § 32 Rn 149.
[2] Vgl BGH 11.6.1986 – IVa ZR 82/85, VersR 1986, 778.

ben, ist aber die neue Wohnung nicht bezogen, kann insb. bei Gegenständen des täglichen Bedarfs, die in die neue Wohnung gebracht werden sollen, das Merkmal „vorübergehend" erfüllt sein.[3]

II. Vorübergehender unselbständiger Hausstand (Nr. 2)

3 Der Zustand der vorübergehenden Abwesenheit wird fingiert, wenn der VN oder eine mit ihm in häuslicher Gemeinschaft lebende Person sich zur Ausbildung, zur Ableistung eines freiwilligen Wehrdienstes, eines internationalen oder nationalen Jugendfreiwilligendienstes (Freiwilliges Soziales oder Ökologisches Jahr) oder des Bundesfreiwilligendienstes außerhalb der Wohnung aufhält. Der Schutz endet, sobald ein eigener Hausstand begründet wird. Davon ist auszugehen, wenn eine endgültige Abwesenheit beabsichtigt ist.

III. Einschränkungen des Außenversicherungsschutzes (Nr. 3–5)

4 Bei **Einbruchdiebstahl** (Nr. 3) müssen die in Abschnitt A § 3 Nr. 2 genannten Voraussetzungen erfüllt sein (s. Abschnitt A § 3 Rn 1 ff).[4]

5 **Raub** (Nr. 4) ist in Abschnitt A § 3 Nr. 4 definiert. Bei Androhung einer Gewalttat mit Gefahr für Leib oder Leben besteht Außenversicherungsschutz, und zwar, wenn der VN versicherte Sachen herausgibt oder sich wegnehmen lässt, weil die Gewalttat **an Ort und Stelle** verübt werden soll. Dies gilt auch, wenn der Raub an Personen begangen wird, die mit dem VN in häuslicher Gemeinschaft leben. Andere Raubopfer, wie Mieter oder Entleiher, sind nicht geschützt.[5] Sachen, die erst auf Verlangen des Täters an den Ort der Wegnahme oder Herausgabe gebracht werden, unterliegen nicht dem Außenversicherungsschutz.

6 Für Schäden durch **Naturgefahren** (Nr. 5) besteht Außenversicherungsschutz nur innerhalb von Gebäuden. Der Deckungsschutz ist gebäudegebunden.

IV. Entschädigungsgrenzen (Nr. 6)

7 Für die Außenversicherung kann eine Entschädigungsgrenze vereinbart werden. Für Wertsachen gelten zusätzliche Grenzen (siehe Abschnitt A § 13 Nr. 2).

§ 8 Versicherte Kosten

1. Versicherte Kosten

Versichert sind die infolge eines Versicherungsfalles notwendigen und tatsächlich angefallenen

a) Aufräumungskosten
für das Aufräumen versicherter Sachen sowie für das Wegräumen und den Abtransport von zerstörten und beschädigten versicherten Sachen zum nächsten Ablagerungsplatz und für das Ablagern und Vernichten.

b) Bewegungs- und Schutzkosten
die dadurch entstehen, dass zum Zweck der Wiederherstellung oder Wiederbeschaffung versicherter Sachen andere Sachen bewegt, verändert oder geschützt werden müssen.

---

[3] OLG Hamm 7.9.2007 – 20 U 54/07, VersR 2008, 678.
[4] OLG Stuttgart 16.5.2013 – 7 U 83/13, r+s 2013, 389 zur Gebäudebezogenheit (VHB 84).
[5] OLG Hamm 1.3.2006 – 20 U 177/05, VersR 2006, 833; Prölss/Martin/*Knappmann*, A § 7 VHB Rn 1.

c) Hotelkosten

für Hotel- oder ähnliche Unterbringung ohne Nebenkosten (z.B. Frühstück, Telefon), wenn die ansonsten ständig bewohnte Wohnung unbewohnbar wurde und dem Versicherungsnehmer auch die Beschränkung auf einen bewohnbaren Teil nicht zumutbar ist. Die Kosten werden bis zu dem Zeitpunkt ersetzt, in dem die Wohnung wieder bewohnbar ist, längstens für die Dauer von _ Tagen. Die Entschädigung ist pro Tag auf _ Promille der Versicherungssumme begrenzt, soweit nicht etwas anderes vereinbart ist.

d) Transport- und Lagerkosten

für Transport und Lagerung des versicherten Hausrats, wenn die Wohnung unbenutzbar wurde und dem Versicherungsnehmer auch die Lagerung in einem benutzbaren Teil nicht zumutbar ist. Die Kosten für die Lagerung werden bis zu dem Zeitpunkt ersetzt, in dem die Wohnung wieder benutzbar oder eine Lagerung in einem benutzbaren Teil der Wohnung wieder zumutbar ist, längstens für die Dauer von _ Tagen.

e) Schlossänderungskosten

für Schlossänderungen der Wohnung, wenn Schlüssel für Türen der Wohnung oder für dort befindliche Wertschutzschränke durch einen Versicherungsfall abhanden gekommen sind.

f) Bewachungskosten

für die Bewachung versicherter Sachen, wenn die Wohnung unbewohnbar wurde und Schließvorrichtungen und sonstige Sicherungen keinen ausreichenden Schutz bieten. Die Kosten werden bis zu dem Zeitpunkt ersetzt, in dem die Schließvorrichtungen oder sonstige Sicherungen wieder voll gebrauchsfähig sind, längstens für die Dauer von _ Stunden.

g) Reparaturkosten für Gebäudeschäden

die im Bereich der Wohnung durch Einbruchdiebstahl, Raub oder den Versuch einer solchen Tat oder innerhalb der Wohnung durch Vandalismus nach einem Einbruch oder einem Raub entstanden sind.

h) Reparaturkosten für Nässeschäden

an Bodenbelägen, Innenanstrichen oder Tapeten in gemieteten bzw. in Sondereigentum befindlichen Wohnungen.

i) Kosten für provisorische Maßnahmen

Kosten für provisorische Maßnahmen zum Schutz versicherter Sachen.

2. Gesondert versicherbar

(Platzhalter für weitere Kostentatbestände)

I. Aufräumungskosten (Nr. 1a)

Die infolge eines Versicherungsfalles **notwendigen und tatsächlich angefallenen** Kosten sind nach näherer Maßgabe versichert.[1] Aufräumkosten sind auf versicherte Sachen beschränkt und nicht auf den Versicherungsort bezogen. Hierzu gehören die Kosten für das Aufräumen, Wegräumen und den Abtransport der geschädigten Gegenstände. Das umfasst insb. Kosten des Reinigens, Ordnens, Einräumens und

1

---

[1] Im Bereich von § 3 Nr. 1 und 3a AFB 87 setzt der Anspruch auf Ersatz von Aufwendungen für Aufräumkosten nicht voraus, dass der VN diese Aufwendungen seinerseits bereits erbracht oder Zahlungsverpflichtungen begründet hat, vgl BGH 19.6.2013 – IV ZR 228/12, VersR 2013, 1039.

der Entsorgung.[2] Das kann u.a. auch bei Entfernen von **Rußbeaufschlagung** nach Brand (zB durch Absaugen oder Putzen) oder von kontaminierten Sachen der Fall sein. Gebäudereparatur zählt nicht dazu.

II. Bewegungs- und Schutzkosten (Nr. 1 b)

2 Müssen zum Zweck der Wiederherstellung oder Wiederbeschaffung versicherter Sachen andere Sachen bewegt, verändert oder geschützt werden, so sind die Kosten versichert.[3]

III. Hotelkosten (Nr. 1 c)

3 Wird die ansonsten ständig bewohnte Wohnung unbewohnbar und ist dem VN eine Beschränkung auf einen bewohnbaren Teil nicht zumutbar, werden die **Hotel- oder ähnliche Unterbringungskosten** ohne Nebenkosten vom VR übernommen. Die Dauer ist beschränkt auf den Zeitpunkt der hergestellten Bewohnbarkeit. Es kann eine Höchstdauer und eine Höchstentschädigung pro Tag vereinbart werden.

4 Ersetzt werden die infolge eines Versicherungsfalles notwendigen und **tatsächlich angefallenen** Hotelkosten (vgl auch Abschnitt A § 7 VGB 2010 Rn 1).[4]

IV. Transport- und Lagerkosten (Nr. 1 d)

5 Bei Unbenutzbarkeit der Wohnung und Unzumutbarkeit der Lagerung von Hausrat in einem benutzbaren Teil werden die Kosten der Lagerung zeitlich begrenzt ersetzt.

V. Schlossänderungskosten (Nr. 1 e)

6 Versichert sind Kosten für Schlossänderungen der Wohnung, wenn Schlüssel für Türen der Wohnung oder Wertschutzschränke abhanden gekommen sind. Dies muss durch den Versicherungsfall (Abschnitt A § 1 Nr. 1) geschehen sein. Es muss sich um Schlösser der Wohnung handeln. Die Regelung ist nach der sprachlichen Fassung nicht auf die Außentüren beschränkt. Keine Entschädigung wird für Schlossänderungen an Türen außerhalb der Wohnung gewährt.[5]

VI. Bewachungskosten (Nr. 1 f)

7 Müssen die versicherten Sachen bewacht werden, wenn die Wohnung unbewohnbar wurde und sonstige Sicherungen nicht ausreichen, werden Bewachungskosten ersetzt. Zeitliche Grenze ist die Wiederherstellung der Gebrauchsfähigkeit der Schließvorrichtungen oder eine vereinbarte Frist.

VII. Reparaturkosten für Gebäude- bzw Nässeschäden (Nr. 1 g) und h)

8 Für **Gebäudeschädenreparaturkosten**, die **im Bereich** der Wohnung durch Einbruchdiebstahl, Raub oder den Versuch einer solchen Tat oder **innerhalb** der Wohnung durch Vandalismus nach einem Einbruch oder einem Raub entstanden sind, besteht Deckung (Nr. 1 g).

---

2 Vgl *Martin*, W V Rn 1 ff.
3 Zu Überschneidungen *Martin*, W IV Rn 16.
4 Das ist jetzt klargestellt. Die Vorgängerregelung wurde nach hM dahin gehend ausgelegt, dass eine Abrechnung auf fiktiver Basis nicht vorgesehen sei, vgl OLG Celle 20.5.2009 – 8 U 6/09, VersR 2010, 526 unter Hinweis auf den Charakter der reinen Schadensversicherung; LG Trier 31.1.2003 – 32 C 489/02, NJW-RR 2003, 889; Prölss/Martin/*Knappmann*, A § 8 VHB Rn 9; krit. zur früheren Bestimmung *Martin*, W I Rn 25, W VII Rn 15.
5 Prölss/Martin/*Knappmann*, A § 8 VHB Rn 14.

Der Wortlaut stellt in Nr. 1 g) darauf ab, dass die Reparaturkosten tatsächlich entstanden sein müssen. Diese Kosten können demnach **nicht fiktiv** nach Gutachten abgerechnet werden. Sie werden nur ersetzt, wenn sie von dem VN tatsächlich aufgewendet sind.[6] Auch ein Vorschussanspruch ist ausgeschlossen. Für eine ausdehnende Auslegung besteht kein Grund. Zweifel sind ausgeräumt durch den Obersatz in Nr. 1, wonach die Kosten „notwendig und tatsächlich angefallen" sein müssen.

Reparaturkosten für **Nässeschäden** an Bodenbelägen (nicht Fußboden selbst), Innenanstrichen oder Tapeten in gemieteten bzw in Sondereigentum befindlichen Wohnungen (Nr. 1 h) für das Risiko Leitungswasser sind zu ersetzen. Insoweit soll der Mieter geschützt werden.

VIII. Provisorische Maßnahmen (Nr. 1 i)

Kosten für vorläufige Maßnahmen zum Schutz versicherter Sachen sind gedeckt.

IX. Gesonderte Versicherbarkeit (Nr. 2)

Nicht genannte Kosten sind nur versichert, wenn dies ausdrücklich im VersVertrag vereinbart wurde.

§ 9 Versicherungswert, Versicherungssumme

1. Versicherungswert

Der Versicherungswert bildet die Grundlage der Entschädigungsberechnung.

a) Versicherungswert ist der Wiederbeschaffungswert von Sachen gleicher Art und Güte in neuwertigem Zustand (Neuwert).

b) Für Kunstgegenstände (siehe Abschnitt A § 13 Nr. 1 a) dd) und Antiquitäten (siehe Abschnitt A § 13 Nr. 1 a) ee) ist der Versicherungswert der Wiederbeschaffungspreis von Sachen gleicher Art und Güte.

c) Sind Sachen für ihren Zweck in dem versicherten Haushalt nicht mehr zu verwenden, so ist der Versicherungswert der für den Versicherungsnehmer erzielbare Verkaufspreis (gemeiner Wert).

d) Soweit die Entschädigung für Wertsachen auf bestimmte Beträge begrenzt (Entschädigungsgrenzen siehe Abschnitt A § 13 Nr. 2) ist, werden bei der Ermittlung des Versicherungswertes höchstens diese Beträge berücksichtigt.

2. Versicherungssumme

a) Die Versicherungssumme errechnet sich aus dem bei Vertragsabschluss vereinbarten Betrag pro Quadratmeter Wohnfläche multipliziert mit der im Versicherungsschein genannten Wohnfläche der versicherten Wohnung (siehe Abschnitt A § 6 Nr. 3). Die Versicherungssumme wird gemäß Nr. 4 angepasst.

b) Die Versicherungssumme soll dem Versicherungswert entsprechen.

c) Die Versicherungssumme erhöht sich um einen Vorsorgebetrag von _ Prozent.

---

6 OLG Celle 29.1.2009 – 8 U 187/08, VersR 2009, 631; *Martin*, W I Rn 25.

3. Unterversicherungsverzicht

a) Voraussetzungen

Der Versicherer nimmt bei der Entschädigung keinen Abzug wegen Unterversicherung vor (Unterversicherungsverzicht), wenn

aa) bei Eintritt des Versicherungsfalles die Wohnfläche der im Versicherungsschein genannten Wohnfläche entspricht und

bb) die vereinbarte Versicherungssumme den vom Versicherer für die Vereinbarung eines Unterversicherungsverzichtes vorgegebenen Betrag pro Quadratmeter Wohnfläche, multipliziert mit der im Versicherungsschein genannten Wohnfläche, nicht unterschreitet und

cc) nicht ein weiterer Hausratversicherungsvertrag für denselben Versicherungsort ohne Unterversicherungsverzicht besteht.

b) Wohnungswechsel

Wechselt der Versicherungsnehmer die Wohnung, geht ein bisher vereinbarter Unterversicherungsverzicht auf die neue Wohnung über, wenn die Voraussetzungen nach aa) bis cc) für die neue Wohnung vorliegen. Bei einer Vergrößerung der Wohnfläche der neuen Wohnung gilt der Unterversicherungsverzicht bis zur Anpassung des Vertrages an die tatsächlichen Quadratmeter der versicherten Wohnung, längstens jedoch bis zu zwei Monaten nach Umzugsbeginn.

c) Widerspruch gegen Anpassung der Versicherungssumme

Ein vereinbarter Unterversicherungsverzicht entfällt, wenn der Versicherungsnehmer der Anpassung der Versicherungssumme widerspricht und der für den Unterversicherungsverzicht vom Versicherer zum Zeitpunkt des Widerspruchs vorgegebene Betrag pro Quadratmeter Wohnfläche unterschritten wird. Dies hat der Versicherer dem Versicherungsnehmer in Textform mitzuteilen.

d) Kündigung

Versicherungsnehmer und Versicherer können unter Einhaltung einer Frist von drei Monaten zum Ende des laufenden Versicherungsjahres durch schriftliche Erklärung verlangen, dass diese Bestimmungen mit Beginn des nächsten Versicherungsjahres entfallen.

Macht der Versicherer von diesem Recht Gebrauch, so kann der Versicherungsnehmer den Vertrag innerhalb eines Monats nach Zugang der Erklärung des Versicherers zum Ende des laufenden Versicherungsjahres kündigen.

4. Anpassung von Versicherungssumme und Prämie

a) Der Betrag pro Quadratmeter Wohnfläche (siehe Nr. 2) erhöht oder vermindert sich mit Beginn eines jeden Versicherungsjahres entsprechend dem Prozentsatz, um den sich der Preisindex für „Verbrauchs- und Gebrauchsgüter ohne Nahrungsmittel und ohne die normalerweise nicht in der Wohnung gelagerten Güter" – aus dem Verbraucherpreisindex für Deutschland (VPI) – im vergangenen Kalenderjahr gegenüber dem davorliegenden Kalenderjahr verändert hat. Maßgebend ist der vom Statistischen Bundesamt jeweils für den Monat September veröffentlichte Index.

Der Veränderungsprozentsatz wird nur bis zur ersten Stelle nach dem Komma berücksichtigt.

Der neue Betrag pro Quadratmeter wird auf den nächsten vollen Euro aufgerundet und dem Versicherungsnehmer mit der neuen Versicherungssumme bekanntgegeben.
b) Die Prämie wird aus der neuen Versicherungssumme berechnet.
c) Innerhalb eines Monats nach Zugang der Mitteilung über die neue Versicherungssumme kann der Versicherungsnehmer der Anpassung durch Erklärung in Textform widersprechen. Zur Wahrung der Frist genügt die rechtzeitige Absendung. Damit wird die Anpassung nicht wirksam.

Bei Unterschreiten des vom Versicherer vorgegebenen Betrages pro Quadratmeter entfällt gleichzeitig der Unterversicherungsverzicht.

I. Versicherungswert (Nr. 1)

Die Regelungen über Versicherungswert und Versicherungssumme findet sich in § 9, während die Berechung der Entschädigung in § 12 geregelt ist. Im Versicherungssummenmodell (s. Vorbem. zu den VHB 2010 Rn 3) hat § 9 eine abweichende Fassung. Dort wird die Versicherungssumme entsprechend dem Versicherungswert festgelegt. 1

Der **Versicherungswert** als Grundlage für die Berechnung der Entschädigung ist der **Wiederbeschaffungswert** von Sachen gleicher Art und Güte im **neuwertigen Zustand** (Neuwert). Es handelt sich bei beiden Modellen um eine Neuwertversicherung. Der Einkaufspreis des VN zum Zeitpunkt des Versicherungsfalles ist maßgebend. 2

Für **Kunstgegenstände und Antiquitäten** ist der Versicherungswert der Wiederbeschaffungspreis gleicher Art und Güte.[1] Abzustellen ist auf den Zeitpunkt des Versicherungsfalles.[2] 3

Wenn Sachen für ihren Zweck in dem versicherten Haushalt nicht mehr zu verwenden sind, so ist der Versicherungswert der für den VN erzielbare **Verkaufspreis** (gemeiner Wert). Entscheidend ist für die Frage der Nichtverwendbarkeit der objektive Zustand unter Berücksichtigung der Lebensumstände des VN.[3] Darauf, ob die Sachen nicht mehr zum Gebrauch bestimmt sind (§ 4 Nr. 1 VHB 74), kommt es nicht an. 4

Entschädigungsgrenzen für Wertsachen müssen berücksichtigt werden. 5

II. Versicherungssumme (Nr. 2)

Beim **Quadratmetermodell** errechnet sich die **Versicherungssumme** aus dem vereinbarten Betrag pro Quadratmeter Wohnfläche, multipliziert mit der im Versicherungsschein genannten Wohnfläche der versicherten Wohnung. Dies geschieht, damit ein Unterversicherungsverzicht vereinbart werden kann. Die Versicherungssumme soll dem Versicherungswert entsprechen. Sie kann sich um einen vereinbarten **Vorsorgebetrag** erhöhen. 6

III. Unterversicherungsverzicht (Nr. 3)

Der VR erklärt einen **Unterversicherungsverzicht**, wenn die Wohnfläche der im Versicherungsschein genannten entspricht. Weiter darf die Versicherungssumme den vom VR vorgegebenen Betrag pro Quadratmeter Wohnfläche, multipliziert 7

---

1 Vgl *Martin*, Q IV Rn 1 ff.
2 OLG Köln 14.5.2002 – 9 U 133/00, r+s 2002, 338.
3 OLG Düsseldorf 9.2.1999 – 4 U 67/98, VersR 2000, 52.

mit der Wohnfläche laut Versicherungsschein, nicht unterschreiten.[4] Schließlich darf kein weiterer Hausratversicherungsvertrag für denselben Versicherungsort ohne Unterversicherungsverzicht bestehen (Nr. 3 a).

8 Die Regelung der Nr. 3 b) will eine Unterversicherung bei einem **Wohnungswechsel** verhindern, wenn die neue Wohnung größer ist. Grundsätzlich geht unter den genannten Voraussetzungen der Unterversicherungsverzicht auf die neue Wohnung über. Bei Vergrößerung der Wohnfläche gilt der Unterversicherungsverzicht bis zur Vertragsanpassung, längstens jedoch bis zu zwei Monaten nach Umzugsbeginn.

9 **Widerspricht** der VN der Anpassung der Versicherungssumme und wird der für den Unterversicherungsverzicht vorgegebene Betrag pro Quadratmeter Wohnfläche zu diesem Zeitpunkt unterschritten, so entfällt der Unterversicherungsverzicht. Dies muss der VR dem VN in Textform mitteilen (Nr. 3 c).

10 Unter Einhaltung einer Frist von drei Monaten zum Ende des laufenden Versicherungsjahres können VN und VR durch schriftliche Erklärung verlangen, dass diese Bestimmungen mit Beginn des nächsten Versicherungsjahres entfallen. Macht der VR davon Gebrauch, kann der VN den Vertrag innerhalb eines Monats nach Zugang der Erklärung des VR zum Ende des laufenden Versicherungsjahres **kündigen** (Nr. 3 d).

IV. Anpassung der Versicherungssumme und Prämie (Nr. 4)

11 Der maßgebliche Betrag pro Quadratmeter Wohnfläche (s. Nr. 2) erhöht oder vermindert sich nach einem **Preisindex**. Der vom Statistischen Bundesamt jeweils für September veröffentliche Index ist entscheidend. Der neue Betrag pro Quadratmeter wird dem VN mit der neuen Versicherungssumme bekanntgegeben (Nr. 4 a). Die Prämie wird nach der neuen Versicherungssumme berechnet (Nr. 4 b).

12 Dem VN steht ein **Widerspruchsrecht** zu (Nr. 4 c). Er kann durch Erklärung in Textform der Anpassung innerhalb eines Monats nach Mitteilungszugang widersprechen, so dass die Anpassung nicht wirksam wird. Die rechtzeitige Absendung genügt. Bei Unterschreiten des vom VR vorgegebenen Betrages pro Quadratmeter entfällt der Unterversicherungsverzicht.

§ 10 Anpassung der Prämie

1. Grundsatz

Die Prämie, auch soweit sie für erweiterten Versicherungsschutz vereinbart ist, kann zu Beginn eines jeden Versicherungsjahres nach Maßgabe der nachfolgenden Regelungen zur Anpassung des Beitragssatzes steigen oder sinken.

2. Prämienanpassungsklausel

[PAK ist unternehmensindividuell einzufügen.]

1 Die Regelung sieht die Möglichkeit einer Prämienanpassungsklausel vor, wie sie in § 14 VHB 2000 vorliegt. Die Versicherungsunternehmen können die Prämienanpassungsklausel individuell ausgestalten. Überwiegend wird auf die Schadensentwicklung der Hausratversicherung abgestellt. § 40 VVG ist anzuwenden. Bei Beur-

---

[4] Bei Schwierigkeiten hat der VR zu beraten, vgl Langheid/Wandt/*Halbach*, § 74 VVG Rn 22; zur Unterversicherung bei der Gebäudeversicherung zum Wert 1914 OLG Köln 17.3.2015 – 9 U 75/14, VK 2015, 85.

teilung der Klausel ist im Hinblick auf die Höhe die Regelung des § 307 BGB zu beachten.[1] Eine entsprechende Anpassung ist unbedenklich.

§ 11 Wohnungswechsel

1. Umzug in eine neue Wohnung

Wechselt der Versicherungsnehmer die Wohnung, geht der Versicherungsschutz auf die neue Wohnung über. Während des Wohnungswechsels besteht in beiden Wohnungen Versicherungsschutz. Der Versicherungsschutz in der bisherigen Wohnung erlischt spätestens zwei Monate nach Umzugsbeginn. Der Umzug beginnt mit dem Zeitpunkt, in dem erstmals versicherte Sachen dauerhaft in die neue Wohnung gebracht werden.

2. Mehrere Wohnungen

Behält der Versicherungsnehmer zusätzlich die bisherige Wohnung, geht der Versicherungsschutz nicht über, wenn er die alte Wohnung weiterhin bewohnt (Doppelwohnsitz); für eine Übergangszeit von zwei Monaten besteht Versicherungsschutz in beiden Wohnungen.

3. Umzug ins Ausland

Liegt die neue Wohnung nicht innerhalb der Bundesrepublik Deutschland, so geht der Versicherungsschutz nicht auf die neue Wohnung über. Der Versicherungsschutz in der bisherigen Wohnung erlischt spätestens zwei Monate nach Umzugsbeginn.

4. Anzeige der neuen Wohnung

a) Der Bezug einer neuen Wohnung ist spätestens bei Beginn des Einzuges dem Versicherer mit Angabe der neuen Wohnfläche in Quadratmetern anzuzeigen.

b) Waren für die bisherige Wohnung besondere Sicherungen vereinbart, so ist dem Versicherer in Textform mitzuteilen, ob entsprechende Sicherungen in der neuen Wohnung vorhanden sind (siehe Modul Gefahrerhöhung).

c) Verändert sich nach dem Wohnungswechsel die Wohnfläche oder der Wert des Hausrates und wird der Versicherungsschutz nicht entsprechend angepasst, kann dies zu Unterversicherung führen.

5. Festlegung der neuen Prämie, Kündigungsrecht

a) Mit Umzugsbeginn gelten die am Ort der neuen Wohnung gültigen Tarifbestimmungen des Versicherers.

b) Bei einer Erhöhung der Prämie aufgrund veränderter Prämiensätze oder bei Erhöhung eines Selbstbehaltes kann der Versicherungsnehmer den Vertrag kündigen. Die Kündigung hat spätestens einen Monat nach Zugang der Mitteilung über die Erhöhung zu erfolgen. Sie wird einen Monat nach Zugang wirksam. Die Kündigung ist in Textform zu erklären.

---

1 Vgl Prölss/Martin/*Knappmann*, A § 11 VHB Rn 1.

c) Der Versicherer kann bei Kündigung durch den Versicherungsnehmer die Prämie nur in der bisherigen Höhe zeitanteilig bis zur Wirksamkeit der Kündigung beanspruchen.

6. Aufgabe einer gemeinsamen Ehewohnung

a) Zieht bei einer Trennung von Ehegatten der Versicherungsnehmer aus der Ehewohnung aus und bleibt der Ehegatte in der bisherigen Ehewohnung zurück, so gelten als Versicherungsort (siehe Abschnitt A § 6 Nr. 3) die neue Wohnung des Versicherungsnehmers und die bisherige Ehewohnung. Dies gilt bis zu einer Änderung des Versicherungsvertrages, längstens bis zum Ablauf von drei Monaten nach der nächsten, auf den Auszug des Versicherungsnehmers folgenden Prämienfälligkeit. Danach besteht Versicherungsschutz nur noch in der neuen Wohnung des Versicherungsnehmers.

b) Sind beide Ehegatten Versicherungsnehmer und zieht bei einer Trennung von Ehegatten einer der Ehegatten aus der Ehewohnung aus, so sind Versicherungsort (siehe Modul Versicherungsort) die bisherige Ehewohnung und die neue Wohnung des ausziehenden Ehegatten. Dies gilt bis zu einer Änderung des Versicherungsvertrages, längstens bis zum Ablauf von drei Monaten nach der nächsten, auf den Auszug des Ehegatten folgenden Prämienfälligkeit. Danach erlischt der Versicherungsschutz für die neue Wohnung.

c) Ziehen beide Ehegatten in neue Wohnungen, so gilt b) entsprechend. Nach Ablauf der Frist von drei Monaten nach der nächsten, auf den Auszug der Ehegatten folgenden Prämienfälligkeit erlischt der Versicherungsschutz für beide neuen Wohnungen.

7. Lebensgemeinschaften, Lebenspartnerschaften

Nr. 6 gilt entsprechend für eheähnliche Lebensgemeinschaften und Lebenspartnerschaften, sofern beide Partner am Versicherungsort gemeldet sind.

I. Umzug (Nr. 1)

1 Ein Wohnungswechsel liegt vor, wenn der VN unter Aufgabe der bisherigen Wohnung seinen **Lebensmittelpunkt** an einen anderen Ort verlegt.[1] Wo der Hausrat bleibt, ist nicht maßgebend. In diesem Fall geht der Versicherungsschutz auf die neue Wohnung über. Erforderlich ist, dass die Verlagerung bewusst und gewollt erfolgt. Es muss nach außen deutlich gemacht werden, dass der VN seinen Wohnsitz auf unabsehbare Zeit verlegen möchte.[2]

Während des Umzugs besteht Versicherungsschutz in beiden Wohnungen. Der Umzug beginnt mit dem Zeitpunkt, in dem erstmals versicherte Sachen dauerhaft in die neue Wohnung gebracht werden. Der Versicherungsschutz in der bisherigen Wohnung erlischt spätestens zwei Monate nach Umzugsbeginn. Während der Transportzeit besteht Außenversicherungsschutz für vorübergehend außerhalb der alten Wohnung befindliche Sachen[3] des täglichen Bedarfs.

---

1 OLG Köln 30.8.1990 – 5 U 1/90, VersR 1990, 1394; OLG Köln 4.4.2000 – 9 U 133/99, VersR 2001, 580; OLG Koblenz 7.5.1999 – 10 U 425/98, VersR 2000, 381; Prölss/Martin/*Knappmann*, A § 11 VHB Rn 1; Beckmann/Matusche-Beckmann/*Rüffer*, § 32 Rn 132 f.
2 OLG Koblenz 27.1.2005 – 10 U 1252/03, VersR 2005, 1283 (zu krankheitsbedingter Wohnungsänderung).
3 OLG Hamm 7.9.2007 – 20 U 54/07, VersR 2008, 678.

II. Mehrere Wohnungen, Doppelwohnsitz (Nr. 2)

Bewohnt der VN die alte Wohnung weiterhin und behält sie zusätzlich, geht der 2
Versicherungsschutz nicht über. Für **zwei Monate** Übergangszeit besteht Deckungsschutz in beiden Wohnungen. Nach der Regelung ist ein Doppelwohnsitz anzunehmen, wenn der VN die bisherige Wohnung weiter und eine neue bewohnt. Ob damit gleichrangige Wohnsitze gemeint sind, wird nicht erläutert.[4] Es muss sich nur um einen **Zusatzwohnsitz** handeln.

III. Auslandswohnsitz (Nr. 3)

Zieht der VN in eine Wohnung außerhalb der Bundesrepublik Deutschland, geht 3
der Versicherungsschutz nicht auf die neue Wohnung über. In der bisherigen Wohnung erlischt der Deckungsschutz spätestens zwei Monate nach Umzugsbeginn.

IV. Anzeigepflicht (Nr. 4)

Der VN hat bei Wohnungswechsel Anzeigepflichten, bei vereinbarten besonderen 4
Sicherungen in Textform. Die Verletzung der Anzeigeobliegenheit ist sanktionslos, wenn keine Gefahrerhöhung vorliegt.[5] Verändert sich nach dem Umzug die Wohnfläche oder der Wert des Hausrats, kann dies mangels Anpassung zur Unterversicherung führen. Der VR kann den Unterversicherungsverzicht kündigen.

V. Neue Prämie und Kündigungsrecht (Nr. 5)

Die für die neue Wohnung gültigen **Tarifbestimmungen** gelten ab Umzugsbeginn. 5
Bei einer dadurch veranlassten Prämienerhöhung oder Erhöhung des Selbstbehalts kann der VN in Textform unter Einhaltung einer Frist von einem Monat ab Mitteilung kündigen. Die **Kündigung** wird dann einen Monat nach Zugang wirksam. Der **Prämienanspruch** besteht nur zeitanteilig.

VI. Trennung von Ehegatten und Partnern (Nr. 6 und 7)

Im Hinblick auf den Verbleib des Versicherungsschutzes bei **Trennung** von **Ehegatten** ist zu differenzieren: 6

Zieht der VN aus der Ehewohnung aus und bleibt der Ehegatte zurück, so gelten 7
als Versicherungsort die neue Wohnung des VN und die bisherige Ehewohnung (Nr. 6 a). Diese Regelung ist aber beschränkt bis zur Änderung des VersVertrages, längstens bis zum Ablauf von drei Monaten nach der nächsten Prämienfälligkeit. Danach besteht Deckung nur noch in der neuen Wohnung des VN.

Sind beide Ehegatten VN und zieht ein Ehegatte aus der Ehewohnung aus, so sind 8
bisherige Ehewohnung und neue Wohnung des ausziehenden Ehegatten Versicherungsort (Nr. 6 b). Auch diese Regelung gilt bis zur Änderung des VersVertrages, längstens bis zum Ablauf von drei Monaten nach Prämienfälligkeit. Danach erlischt aber der Deckungsschutz für die neue Wohnung.

Dasselbe gilt, wenn beide Ehegatten in neue Wohnungen ziehen (Nr. 6 c). Nach 9
Fristablauf erlischt der Versicherungsschutz für beide neuen Wohnungen.

Die Regelung der Nr. 6 gilt entsprechend für eheähnliche Lebensgemeinschaften 10
und Lebenspartnerschaften, wenn beide Partner am Versicherungsort gemeldet sind (Nr. 7).

---

4 Vgl Beckmann/Matusche-Beckmann/*Rüffer*, § 32 Rn 134.
5 Vgl OLG Köln 4.4.2000 – 9 U 133/99, VersR 2001, 580; Prölss/Martin/*Knappmann*, A § 11 VHB Rn 10.

§ 12 Entschädigungsberechnung, Unterversicherung

1. Ersetzt werden im Versicherungsfall bei

a) zerstörten oder abhanden gekommenen Sachen der Versicherungswert (siehe Abschnitt A § 9 Nr. 1) bei Eintritt des Versicherungsfalles (siehe Abschnitt A § 1);

b) beschädigten Sachen die notwendigen Reparaturkosten bei Eintritt des Versicherungsfalles zuzüglich einer durch die Reparatur nicht auszugleichenden Wertminderung, höchstens jedoch der Versicherungswert (siehe Abschnitt A § 9 Nr. 1) bei Eintritt des Versicherungsfalles (siehe Abschnitt A § 1).

Wird durch den Schaden die Gebrauchsfähigkeit einer Sache nicht beeinträchtigt und ist dem Versicherungsnehmer die Nutzung ohne Reparatur zumutbar (sogenannter Schönheitsschaden), so ist die Beeinträchtigung durch Zahlung des Betrages auszugleichen, der dem Minderwert entspricht.

2. Restwerte

Restwerte werden in den Fällen von Nr. 1 angerechnet.

3. Mehrwertsteuer

Die Mehrwertsteuer wird nicht ersetzt, wenn der Versicherungsnehmer vorsteuerabzugsberechtigt ist; das Gleiche gilt, wenn der Versicherungsnehmer Mehrwertsteuer tatsächlich nicht gezahlt hat.

4. Gesamtentschädigung, Kosten aufgrund Weisung

Die Entschädigung für versicherte Sachen einschließlich versicherter Kosten ist je Versicherungsfall (siehe Abschnitt A § 1 Nr. 1) auf die vereinbarte Versicherungssumme (siehe Abschnitt A § 9 Nr. 2 a) und Nr. 2 b) einschließlich Vorsorgebetrag (siehe Abschnitt A § 9 Nr. 2 c) begrenzt.

Schadenabwendungs- und Schadenminderungskosten (siehe Abschnitt B § 13), die auf Weisung des Versicherers entstanden sind, werden unbegrenzt ersetzt.

Wird die vereinbarte Versicherungssumme einschließlich Vorsorgebetrag für die Entschädigung versicherter Sachen bereits vollständig ausgeschöpft, so werden versicherte Kosten (siehe Abschnitt A § 8) darüber hinaus bis zu _ Prozent der Versicherungssumme (siehe Abschnitt A § 9 Nr. 2 a) und b) ersetzt.

5. Feststellung und Berechnung einer Unterversicherung

Ist die Versicherungssumme im Zeitpunkt des Versicherungsfalls (siehe Abschnitt A § 1 Nr. 1) niedriger als der Versicherungswert (siehe Abschnitt A § 9 Nr. 1) der versicherten Sachen (Unterversicherung) und ist kein Unterversicherungsverzicht vereinbart bzw. dieser nachträglich entfallen, wird die Entschädigung gemäß Nr. 1 in dem Verhältnis von Versicherungssumme zum Versicherungswert nach folgender Berechnungsformel gekürzt: Entschädigung = Schadenbetrag multipliziert mit der Versicherungssumme dividiert durch den Versicherungswert.

6. Versicherte Kosten

Berechnungsgrundlage für die Entschädigung versicherter Kosten (siehe Abschnitt A § 8) ist der Nachweis tatsächlich angefallener Kosten unter Berücksichtigung der jeweils vereinbarten Entschädigungsgrenzen.

Für die Entschädigungsberechnung der versicherten Kosten (siehe Abschnitt A § 8) sowie der Schadenabwendungs-, Schadenminderungs- und Schadenermittlungskosten (siehe Abschnitt B § 13) gilt Nr. 5 entsprechend.

I. Entschädigungsumfang (Nr. 1)

Während in Abschnitt A § 9 Versicherungswert und Versicherungssumme geregelt sind, behandelt § 12 die Berechnung der Entschädigung.[1] Zwischen zerstörten oder abhanden gekommenen Sachen einerseits und beschädigten Sachen andererseits ist zu unterscheiden. Bei **zerstörten oder abhanden gekommenen Sachen** (Totalschäden) wird der Versicherungswert zum Zeitpunkt des Eintritts des Versicherungsfalles ersetzt. Das ist idR der **Wiederbeschaffungswert** (Neuwert) nach § 9 Nr. 1 a). Für Kunstgegenstände ist der Wiederbeschaffungspreis maßgebend[2] und nicht mehr im Haushalt des VN zu verwendende Sachen der gemeine Wert (s. § 9 Nr. 1). 1

Bei **beschädigten Sachen**[3] werden im Versicherungsfall die **notwendigen Reparaturkosten** ersetzt zum Zeitpunkt des Eintritts des Versicherungsfalles zuzüglich einer durch Reparatur nicht auszugleichenden **Wertminderung**, höchstens jedoch der Versicherungswert zum maßgebenden Zeitpunkt. Der Wertminderungsausgleich kann sowohl bei unvollständiger Reparatur als auch bei nicht erfolgter Reparatur in Betracht kommen.[4] 2

Werden bei Eindringen durch ein Badezimmerfenster einzelne Fliesen beschädigt, ist die Versicherungsleistung auf den Teilschaden zu begrenzen. Abzustellen ist auf den vernünftigen VN.[5]

Ein **Schönheitsschaden** liegt vor, wenn von vornherein eine Beeinträchtigung für den VN hinnehmbar ist.[6] Wenn die Gebrauchsfähigkeit der Sache nicht beeinträchtigt und die weitere Nutzung zumutbar ist, beschränkt sich die Entschädigung auf den dem Minderwert entsprechenden Betrag. Abzustellen ist auf die persönliche Situation und die Gesamtumstände der Sachen. Zu prüfen wird häufig sein, welches Maß an Gleichheit des Zustandes vor und nach dem Schaden herzustellen ist. Beispiel: zumutbare Abweichung von Muster, Farbe und Abnutzungsgrad bei Fliesen, Belägen und ähnlichen Sachen. Auch bei Schäden an schwer einsehbaren Stellen kann dieser Gesichtspunkt eingreifen. 3

II. Restwerte (Nr. 2)

Restwerte werden in sämtlichen Fällen von Nr. 1, also bei zerstörten und beschädigten Sachen, angerechnet. 4

---

1 Ausführlich *Martin*, R I Rn 1 ff.
2 Zur Bewertung von Bildern unter Berücksichtigung des Kunstmarktes OLG Köln 14.5.2002 – 9 U 133/00, r+s 2002, 338.
3 *Martin*, R III 1 Rn ff verwendet den Begriff „Teilschaden".
4 Prölss/Martin/*Knappmann*, A § 12 VHB Rn 2; *Martin*, Q I Rn 32 ff.
5 OLG Saarbrücken 7.7.2010 – 5 U 613/09, VersR 2011, 489.
6 *Martin*, B III Rn 21.

III. Mehrwertsteuer (Nr. 3)

5 Bei Vorsteuerabzugsberechtigung des VN wird die Mehrwertsteuer nicht ersetzt. Das gilt auch, wenn der VN Mehrwertsteuer tatsächlich nicht gezahlt hat. Ob diese allgemeine und undifferenzierte Regelung nach dem Verständnis des durchschnittlichen VN dem **Transparenzgebot** genügt, ist zweifelhaft.[7]

IV. Gesamtentschädigung (Nr. 4)

6 Die Gesamtentschädigung für versicherte Sachen und versicherte Kosten ist begrenzt auf die vereinbarte Versicherungssumme einschließlich Vorsorgebetrag. Wenn Schadensabwendungs- und Schadensminderungskosten auf Weisung des VR entstanden sind, werden sie unbegrenzt ersetzt. Ist die Versicherungssumme ausgeschöpft, so können versicherte Kosten darüber hinaus prozentual ersetzt werden.

V. Unterversicherungsberechnung (Nr. 5)

7 Liegt kein Unterversicherungsverzicht vor und ist die Versicherungssumme im Zeitpunkt des Versicherungsfalles niedriger als der Versicherungswert, wird die Entschädigung im Verhältnis von Versicherungssumme zum Versicherungswert nach folgender Formel gekürzt: Entschädigung = Schadenbetrag, multipliziert mit der Versicherungssumme, dividiert durch den Versicherungswert.

VI. Versicherte Kosten (Nr. 6)

8 Der Nachweis der tatsächlich angefallenen Kosten bei Beachtung der Entschädigungsgrenzen ist Berechnungsgrundlage für die Entschädigung der versicherten Kosten.

§ 13 Entschädigungsgrenzen für Wertsachen, Wertschutzschränke

1. Definitionen

a) Versicherte Wertsachen (siehe Abschnitt A § 6 Nr. 2 b) sind

    aa) Bargeld und auf Geldkarten geladene Beträge (z.B. Chipkarte);

    bb) Urkunden einschließlich Sparbücher und sonstige Wertpapiere;

    cc) Schmucksachen, Edelsteine, Perlen, Briefmarken, Münzen und Medaillen sowie alle Sachen aus Gold und Platin;

    dd) Pelze, handgeknüpfte Teppiche und Gobelins sowie Kunstgegenstände (z.B. Gemälde, Collagen, Zeichnungen, Graphiken und Plastiken) sowie nicht in cc) genannte Sachen aus Silber;

    ee) Antiquitäten (Sachen, die über 100 Jahre alt sind), jedoch mit Ausnahme von Möbelstücken.

b) Wertschutzschränke im Sinne von Nr. 2 b) sind Sicherheitsbehältnisse, die

    aa) durch die VdS Schadenverhütung GmbH oder durch eine gleichermaßen qualifizierte Prüfstelle anerkannt sind und

    bb) als freistehende Wertschutzschränke ein Mindestgewicht von 200 kg aufweisen oder bei geringerem Gewicht nach den Vorschriften des Herstellers fachmännisch verankert oder in der Wand oder im Fußboden bündig eingelassen sind (Einmauerschrank).

---

7 Vgl BGH 24.5.2006 – IV 263/03, VersR 2006, 1066 (zu § 13 AKB aF).

2. Entschädigungsgrenzen

a) Die Entschädigung für Wertsachen unterliegt einer besonderen Entschädigungsgrenze. Sie beträgt je Versicherungsfall _ Prozent der Versicherungssumme, sofern nicht etwas anderes vereinbart ist.

b) Für Wertsachen, die sich zum Zeitpunkt des Versicherungsfalles außerhalb eines anerkannten und verschlossenen Wertschutzschrankes (siehe Nr. 1 b) befunden haben, ist die Entschädigung je Versicherungsfall begrenzt auf

aa) _ Prozent der Versicherungssumme für Bargeld und auf Geldkarten geladene Beträge mit Ausnahme von Münzen, deren Versicherungswert den Nennbetrag übersteigt, höchstens auf den vereinbarten Betrag;

bb) _ Prozent der Versicherungssumme insgesamt für Urkunden einschließlich Sparbücher und sonstige Wertpapiere, höchstens auf den vereinbarten Betrag;

cc) _ Prozent der Versicherungssumme insgesamt für Schmucksachen, Edelsteine, Perlen, Briefmarken, Münzen und Medaillen sowie alle Sachen aus Gold und Platin, höchstens auf den vereinbarten Betrag.

I. Begriff der Wertsachen (Nr. 1 a)

In Nr. 1 a) werden die Wertsachen definiert. Der Katalog ist einschränkend auszulegen.[1] Abzustellen ist darauf, was der durchschnittliche verständige VN bei Kenntnisnahme der gesamten Klausel als zu den Wertsachen gehörig ansieht. Im Einzelfall kann es jedoch zu Abgrenzungsschwierigkeiten kommen. Modeschmuck wird man nicht zu den Schmucksachen zählen.[2]

Eine wertvolle Uhr kann eine Sache aus Gold sein (Nr. 1 a) cc).[3] Eine wertvolle Herrenarmbanduhr ist keine Schmucksache, wenn die Funktion der Zeitmessung im Vordergrund steht.[4] Ein wertvolles Silberbesteck wird unter die in Nr. 1 a) dd) bezeichneten Sachen aus Silber fallen.[5] Der Begriff „**Pelze**" erfasst Pelzmäntel, die überwiegend aus Fellen bestehen.[6]

Bei den **Kunstgegenständen** sind beispielhaft genannt Gemälde, Collagen, Zeichnungen, Graphiken und Plastiken. Daraus ist zu entnehmen, dass Kunstgewerbegegenstände idR nicht darunter fallen. Maschinelle Reproduktionen, Duplikate oder Fälschungen gehören nicht zu den Kunstgegenständen.[7] Jedenfalls muss ein gewisser künstlerischer Eigenwert vorhanden sein.

Antiquitäten sind definiert als Sachen, die über 100 Jahre alt sind, jedoch mit Ausnahme von Möbelstücken (Nr. 1 a) ee). Auch eine wertvolle Geige kann eine Antiquität sein.[8]

---

1 Prölss/Martin/*Knappmann*, A § 13 VHB Rn 1.
2 *Martin*, U IV Rn 5 ff; aA Bruck/Möller/*Jula*, § 13 VHB 2010 Rn 6.
3 OLG Köln 13.6.2005 – 9 U 36/05, r+s 2006, 244.
4 OLG Koblenz 10.11.2011 – 10 U 771/11, r+s 2012, 246.
5 KG 4.8.2006 – 6 U 79/06, zfs 2006, 640.
6 Hochwertige Lammfelle; unbeachtlich, ob nur Pelzbesatz, AG Köln 12.11.1998 – 117 C 224/98, VersR 1999, 1364; auf wesentliche Werterhöhung abstellend *Martin*, U III Rn 51.
7 *Martin*, Q IV Rn 30.
8 OLG Düsseldorf 6.12.1994 – 4 U 26/94, VersR 1996, 579.

II. Qualifizierte Behältnisse (Nr. 1 b)

5 **Wertschutzschränke** sind näher bezeichnete Sicherheitsbehältnisse. Sie müssen anerkannt sein und als freistehende Wertschutzschränke ein Mindestgewicht von 200 kg aufweisen oder nach Herstellervorschrift fachmännisch verankert oder als **Einmauerschrank** fachmännisch eingebaut sein. Im Einzelfall kann eine Beratungspflicht des VR begründet sein.[9]

Ein verschlossener **Panzer-Geldschrank** liegt nicht vor, wenn das Schloss der Einwurfschublade regelmäßig nicht betätigt wird und durch die Öffnung Geld entnommen werden kann.[10] Ein Tresor der Sicherheitsstufe B nach VDMA-Blatt 24992 erfüllt nicht allein dadurch die Anforderungen an einen zertifizierten Wertschutzschrank. Maßgebend ist die Zertifizierung.[11]

III. Entschädigungsgrenzen (Nr. 2)

6 Nr. 2 bestimmt die Entschädigungsgrenzen. Diese sind nach vorgegebenen Prozentsätzen gestaffelt. Gegen die Wirksamkeit der Klausel bestehen keine Bedenken, da sie einen angemessenen Interessenausgleich darstellt.[12] Ein durchschnittlicher VN wird – unter Berücksichtigung der Prämienhöhe – davon ausgehen, dass Wertgrenzen bestehen und keine unbegrenzte Entschädigung erfolgt.

§ 14 Zahlung und Verzinsung der Entschädigung

1. Fälligkeit der Entschädigung

Die Entschädigung wird fällig, wenn die Feststellungen des Versicherers zum Grunde und zur Höhe des Anspruchs abgeschlossen sind.

Der Versicherungsnehmer kann einen Monat nach Meldung des Schadens den Betrag als Abschlagszahlung beanspruchen, der nach Lage der Sache mindestens zu zahlen ist.

2. Verzinsung

Für die Verzinsung gilt, soweit nicht aus einem anderen Rechtsgrund eine weitergehende Zinspflicht besteht:

a) Die Entschädigung ist – soweit sie nicht innerhalb eines Monats nach Meldung des Schadens geleistet wird – seit Anzeige des Schadens zu verzinsen.

b) Der Zinssatz liegt _ Prozentpunkt(e) unter dem jeweiligen Basiszinssatz des Bürgerlichen Gesetzbuches (§ 247 BGB), mindestens jedoch bei _ Prozent und höchstens bei _ Prozent Zinsen pro Jahr.

c) Die Zinsen werden zusammen mit der Entschädigung fällig.

---

9 OLG Köln 18.1.1990 – 5 U 106/89, VersR 1990, 1146.
10 OLG Karlsruhe 17.6.2014 – 12 U 151/13, r+s 2014, 505 – Gastro-Police. Es kann eine geringere Entschädigung geschuldet sein bei Aufbewahrung in einem Behältnis, das erhöhte Sicherheit gewährt.
11 LG Flensburg 20.1.2014 – 4 O 71/13, VersR 2014, 948.
12 Vgl OLG Hamm 3.5.2013 – 20 U 247/12, r+s 2013, 439; OLG Saarbrücken 7.7.2010 – 5 U 613/09, VersR 2011, 489; OLG Celle 23.9.2010 – 8 U 47/10, VersR 2011, 211; OLG Hamm 4.1.2012 – 20 U 124/11, r+s 2012, 245.

3. Hemmung

Bei der Berechnung der Fristen gemäß Nr. 1, Nr. 2 a) ist der Zeitraum nicht zu berücksichtigen, in dem infolge Verschuldens des Versicherungsnehmers die Entschädigung nicht ermittelt oder nicht gezahlt werden kann.

4. Aufschiebung der Zahlung

Der Versicherer kann die Zahlung aufschieben, solange

a) Zweifel an der Empfangsberechtigung des Versicherungsnehmers bestehen;

b) ein behördliches oder strafgerichtliches Verfahren gegen den Versicherungsnehmer oder seinen Repräsentanten aus Anlass dieses Versicherungsfalles noch läuft.

Nr. 1 regelt die Fälligkeit der Entschädigung in Anlehnung an § 14 VVG. 1

In Nr. 2 wird eine Bestimmung der Verzinsung getroffen. Diese orientiert sich an 2 § 91 VVG. Zinsen werden zusammen mit der Entschädigung fällig.

Die Hemmungsregelung in Nr. 3 berücksichtigt § 14 Abs. 2 S. 2 VVG. 3

Der VR kann die Zahlung aufschieben, solange an der Empfangsberechtigung des 4 VN Zweifel bestehen oder ein behördliches oder strafgerichtliches Verfahren gegen den VN oder seinen Repräsentanten noch läuft (Nr. 4).

§ 15 Sachverständigenverfahren

1. Feststellung der Schadenhöhe

Der Versicherungsnehmer kann nach Eintritt des Versicherungsfalles verlangen, dass die Höhe des Schadens in einem Sachverständigenverfahren festgestellt wird. Ein solches Sachverständigenverfahren können Versicherer und Versicherungsnehmer auch gemeinsam vereinbaren.

2. Weitere Feststellungen

Das Sachverständigenverfahren kann durch Vereinbarung auf weitere Feststellungen zum Versicherungsfall ausgedehnt werden.

3. Verfahren vor Feststellung

Für das Sachverständigenverfahren gilt:

a) Jede Partei hat in Textform einen Sachverständigen zu benennen. Eine Partei, die ihren Sachverständigen benannt hat, kann die andere unter Angabe des von ihr genannten Sachverständigen in Textform auffordern, den zweiten Sachverständigen zu benennen. Wird der zweite Sachverständige nicht innerhalb von zwei Wochen nach Zugang der Aufforderung benannt, so kann ihn die auffordernde Partei durch das für den Schadenort zuständige Amtsgericht ernennen lassen. In der Aufforderung durch den Versicherer ist der Versicherungsnehmer auf diese Folge hinzuweisen.

b) Der Versicherer darf als Sachverständigen keine Person benennen, die Mitbewerber des Versicherungsnehmers ist oder mit ihm in dauernder Geschäftsverbindung steht; ferner keine Person, die bei Mitbewerbern

oder Geschäftspartnern angestellt ist oder mit ihnen in einem ähnlichen Verhältnis steht.
c) Beide Sachverständige benennen in Textform vor Beginn ihrer Feststellungen einen dritten Sachverständigen als Obmann. Die Regelung unter b) gilt entsprechend für die Benennung eines Obmannes durch die Sachverständigen. Einigen sich die Sachverständigen nicht, so wird der Obmann auf Antrag einer Partei durch das für den Schadenort zuständige Amtsgericht ernannt.

4. Feststellung

Die Feststellungen der Sachverständigen müssen enthalten:
a) ein Verzeichnis der abhanden gekommenen, zerstörten und beschädigten versicherten Sachen sowie deren nach dem Versicherungsvertrag in Frage kommenden Versicherungswerte zum Zeitpunkt des Versicherungsfalles;
b) die Wiederherstellungs- und Wiederbeschaffungskosten;
c) die Restwerte der vom Schaden betroffenen Sachen;
d) die nach dem Versicherungsvertrag versicherten Kosten;
e) den Versicherungswert der nicht vom Schaden betroffenen versicherten Sachen zum Zeitpunkt des Versicherungsfalles, wenn kein Unterversicherungsverzicht gegeben ist.

5. Verfahren nach Feststellung

Der Sachverständige übermittelt seine Feststellungen beiden Parteien gleichzeitig. Weichen die Feststellungen der Sachverständigen voneinander ab, so übergibt der Versicherer sie unverzüglich dem Obmann. Dieser entscheidet über die streitig gebliebenen Punkte innerhalb der durch die Feststellungen der Sachverständigen gezogenen Grenzen und übermittelt seine Entscheidung beiden Parteien gleichzeitig.

Die Feststellungen der Sachverständigen oder des Obmannes sind für die Vertragsparteien verbindlich, wenn nicht nachgewiesen wird, dass sie offenbar von der wirklichen Sachlage erheblich abweichen. Aufgrund dieser verbindlichen Feststellungen berechnet der Versicherer die Entschädigung.

Im Falle unverbindlicher Feststellungen erfolgen diese durch gerichtliche Entscheidung. Dies gilt auch, wenn die Sachverständigen die Feststellung nicht treffen können oder wollen oder sie verzögern.

6. Kosten

Sofern nicht etwas anderes vereinbart ist, trägt jede Partei die Kosten ihres Sachverständigen. Die Kosten des Obmannes tragen beide Parteien je zur Hälfte.

7. Obliegenheiten

Durch das Sachverständigenverfahren werden die Obliegenheiten des Versicherungsnehmers nicht berührt.

I. Sachverständigenverfahren (Nr. 1 und 2)

Die Regelung orientiert sich an § 84 VVG.[1] Höhe des Schadens meint alle versicherten Positionen einschließlich der versicherten Kosten.[2] Sowohl der VN als auch VR und VN gemeinsam können ein solches Verfahren vereinbaren (Nr. 1). Durch Vereinbarung kann das Verfahren auch auf sonstige Tatsachen (weitere Feststellungen) ausgedehnt werden (Nr. 2).

II. Verfahrensvorschriften (Nr. 3)

Die in Nr. 3 geregelten Verfahrensvorschriften zur Benennung sind einzuhalten. Jede Partei hat in Textform einen Sachverständigen zu benennen. Sodann folgt das Verfahren mit den entsprechenden Fristen.

III. Feststellung (Nr. 4); Verfahren nach Feststellung (Nr. 5)

Nr. 4 schreibt vor, welchen Mindestinhalt die Feststellungen haben müssen. Zweckmäßigerweise werden die Gutachter nach dieser Liste vorgehen. Das Verfahren nach Feststellung richtet sich nach Nr. 5 bzw § 84 Abs. 1 VVG.

IV. Kosten (Nr. 6); Obliegenheiten (Nr. 7)

Nach Nr. 6 trägt jede Partei die **Kosten** ihres Gutachters. Eine abweichende Vereinbarung ist möglich. Die Kosten des Obmanns tragen beide Parteien je zur Hälfte.

Die Obliegenheiten des VN werden durch das Sachverständigenverfahren nicht betroffen (Nr. 7).

§ 16 Vertraglich vereinbarte, besondere Obliegenheit des Versicherungsnehmers vor dem Versicherungsfall, Sicherheitsvorschrift

1. Sicherheitsvorschrift

Als vertraglich vereinbarte, besondere Obliegenheit hat der Versicherungsnehmer in der kalten Jahreszeit die Wohnung (siehe Abschnitt A § 6 Nr. 3) zu beheizen und dies genügend häufig zu kontrollieren oder alle wasserführenden Anlagen und Einrichtungen abzusperren, zu entleeren und entleert zu halten.

2. Folgen der Obliegenheitsverletzung

Verletzt der Versicherungsnehmer die in Nr. 1 genannte Obliegenheit, ist der Versicherer unter den in Abschnitt B § 8 Nr. 1 b) und Nr. 3 beschriebenen Voraussetzungen zur Kündigung berechtigt oder auch ganz oder teilweise leistungsfrei.

I. Sicherheitsvorschriften (Nr. 1)

In der kalten Jahreszeit hat der VN die Wohnung zu beheizen und dies genügend häufig zu kontrollieren oder alle wasserführenden Anlagen und Einrichtungen abzusperren, zu entleeren und entleert zu halten (vgl auch § 11 Nr. 1 d) VGB 88). Diese Vorschrift hat unterschiedliche Auslegung erfahren im Hinblick auf die er-

---

[1] Siehe dort; Langheid/Wandt/*Halbach*, § 84 VVG Rn 4.
[2] Langheid/Wandt/*Halbach*, § 84 VVG Rn 4 f.

forderliche Kontrolldichte.[1] Die bisherige Rspr konzentrierte sich auf die Frage, **wie häufig kontrolliert** werden muss. Diese Sichtweise ging davon aus, die Obliegenheit fordere von dem VN, den Frostschaden zu verhindern. Eine starre Kontrollfrist kann indes der Bestimmung nicht entnommen werden. Der durchschnittliche VN muss diese Obliegenheit nicht dahin verstehen, dass den Maßstab für das Kontrollintervall die Überlegung bildet, wie rasch bei ausgefallener Heizung ein Frostschaden eintreten kann. Vielmehr soll mit der kontinuierlichen Beheizung ein ausreichender Beitrag zur Verringerung des versicherten Risikos geleistet werden. Die Regelung dient der ausgewogenen Risikoverteilung.[2] Der VN muss lediglich genügend häufig kontrollieren, ob die Wohnung beheizt ist. Das jeweils erforderliche **Kontrollintervall** hat der Tatrichter im Einzelfall zu bestimmen, und zwar nach Verkehrsanschauung und Lebenserfahrung mit Blick auf Bauart, Alter, Wartung, Zuverlässigkeit und Störanfälligkeit.[3] Es ist danach maßgebend, wann eine regelmäßig gewartete, funktionstüchtige, problemlose Heizung im Normalfall zu überprüfen ist.

2 Die in § 25 Nr. 1 a) VHB 2000 vereinbarte Bestimmung, dass der VN alle gesetzlichen, behördlichen oder vereinbarten Sicherheitsvorschriften zu beachten hat, ist in VHB 2010 nicht übernommen.

3 Sicherheitsvorschriften enthält die Klausel **PK 7610 (10)**. Danach sind für die Zeit, in der sich niemand in der Wohnung aufhält, nach näherer Maßgabe **Schließvorrichtungen** und vereinbarte **Sicherungen** zu betätigen und **Einbruchmeldeanlagen** einzuschalten. Ausgenommen ist ein kurzes Verlassen der Wohnung. Im Übrigen sind alle Vorrichtungen in gebrauchsfähigem Zustand zu erhalten. In diesen Fällen der Vereinbarung von Sicherungen ist häufig Anlass zur Prüfung, ob es sich um bloße **Risikobeschreibungen** oder eine Obliegenheit handelt[4] und ob die Klausel für den durchschnittlichen VN hinreichend transparent ist.

II. Folgen der Obliegenheitsverletzung (Nr. 2)

4 Die Folgen der Obliegenheitsverletzung nach Nr. 1 richten sich nach Abschnitt B § 8 Nr. 1 b) und Nr. 3 sowie nach § 28 VVG (s. dort).

§ 17 Besondere gefahrerhöhende Umstände

1. Anzeigepflichtige Gefahrerhöhung

Eine anzeigepflichtige Gefahrerhöhung gemäß Abschnitt B § 9 kann insbesondere dann vorliegen, wenn

a) sich ein Umstand ändert, nach dem der Versicherer vor Vertragsschluss gefragt hat;

b) sich anlässlich eines Wohnungswechsels (siehe Abschnitt A § 11) ein Umstand ändert, nach dem im Antrag gefragt worden ist;

---

1 OLG Köln 26.7.2005 – 9 U 100/04, r+s 2006, 114; OLG Frankfurt 22.3.2000 – 7 U 37/99, NVersZ 2000, 427; OLG Celle 15.4.1983 – 8 U 189/82, VersR 1984, 437; OLG Bremen 4.3.2003 – 3 U 55/02, VersR 2003, 1569; anders OLG Schleswig 18.12.1997 – 16 U 51/96, NVersZ 1999, 279; krit. Prölss/Martin/*Knappmann*, A § 16 VHB Rn 1.
2 BGH 25.6.2008 – IV ZR 233/06, r+s 2008, 378 (zu § 11 Nr. 1 d) VGB 88); vgl *Felsch*, r+s 2010, 265.
3 BGH 25.6.2008 – IV ZR 233/06, r+s 2008, 378.
4 Vgl zur Rollladensicherung OLG Hamm 10.6.2009 – 20 U 173/08, VersR 2010, 208; zum zweitourigen Zylinderschloss OLG Köln 4.8.1998 – 9 U 73/96, r+s 2000, 162; BGH 30.4.2008 – IV ZR 53/05, VersR 2008, 961 (zur Bezeichnung „Einfamilienhaus").

c) die ansonsten ständig bewohnte Wohnung länger als 60 Tage oder über eine für den Einzelfall vereinbarte längere Frist hinaus unbewohnt bleibt und auch nicht beaufsichtigt oder in geeigneter Weise gesichert wird. Beaufsichtigt ist eine Wohnung z.B. dann, wenn sich während der Nacht eine dazu berechtigte volljährige Person darin aufhält;
d) vereinbarte Sicherungen beseitigt, vermindert oder in nicht gebrauchsfähigem Zustand sind. Das gilt auch bei einem Wohnungswechsel (siehe Abschnitt A § 11).

2. Folgen einer Gefahrerhöhung

Zu den Folgen einer Gefahrerhöhung siehe Abschnitt B § 9 Nr. 3 bis Nr. 5.

Die Regelung der Gefahrerhöhung richtet sich nach Abschnitt B § 9 Nr. 3–5 bzw den §§ 23 ff VVG (s. dort). 1

§ 18 Wiederherbeigeschaffte Sachen

1. Anzeigepflicht

Wird der Verbleib abhanden gekommener Sachen ermittelt, hat der Versicherungsnehmer oder der Versicherer dies nach Kenntniserlangung unverzüglich dem Vertragspartner in Textform anzuzeigen.

2. Wiedererhalt vor Zahlung der Entschädigung

Hat der Versicherungsnehmer den Besitz einer abhanden gekommenen Sache zurückerlangt, bevor die volle Entschädigung für diese Sache gezahlt worden ist, so behält er den Anspruch auf die Entschädigung, falls er die Sache innerhalb von zwei Wochen dem Versicherer zur Verfügung stellt. Andernfalls ist eine für diese Sache gewährte Entschädigung zurückzugeben.

3. Wiedererhalt nach Zahlung der Entschädigung

a) Hat der Versicherungsnehmer den Besitz einer abhanden gekommenen Sache zurückerlangt, nachdem für diese Sache eine Entschädigung in voller Höhe ihres Versicherungswertes gezahlt worden ist, so hat der Versicherungsnehmer die Entschädigung zurückzuzahlen oder die Sache dem Versicherer zur Verfügung zu stellen. Der Versicherungsnehmer hat dieses Wahlrecht innerhalb von zwei Wochen nach Empfang einer schriftlichen Aufforderung des Versicherers auszuüben; nach fruchtlosem Ablauf dieser Frist geht das Wahlrecht auf den Versicherer über.

b) Hat der Versicherungsnehmer den Besitz einer abhanden gekommenen Sache zurückerlangt, nachdem für diese Sache eine Entschädigung gezahlt worden ist, die bedingungsgemäß geringer als der Versicherungswert ist, so kann der Versicherungsnehmer die Sache behalten und muss sodann die Entschädigung zurückzahlen. Erklärt er sich hierzu innerhalb von zwei Wochen nach Empfang einer schriftlichen Aufforderung des Versicherers nicht bereit, so hat der Versicherungsnehmer die Sache im Einvernehmen mit dem Versicherer öffentlich meistbietend verkaufen zu lassen. Von dem Erlös abzüglich der Verkaufskosten erhält der Versicherer den Anteil, welcher der von ihm geleisteten bedingungsgemäßen Entschädigung entspricht.

4. Beschädigte Sachen

Sind wiederbeschaffte Sachen beschädigt worden, so kann der Versicherungsnehmer die bedingungsgemäße Entschädigung in Höhe der Reparaturkosten auch dann verlangen oder behalten, wenn die Sachen in den Fällen von Nr. 2 oder Nr. 3 bei ihm verbleiben.

5. Gleichstellung

Dem Besitz einer zurückerlangten Sache steht es gleich, wenn der Versicherungsnehmer die Möglichkeit hat, sich den Besitz wieder zu verschaffen.

6. Übertragung der Rechte

Hat der Versicherungsnehmer dem Versicherer zurückerlangte Sachen zur Verfügung zu stellen, so hat er dem Versicherer den Besitz, das Eigentum und alle sonstigen Rechte zu übertragen, die ihm mit Bezug auf diese Sachen zustehen.

7. Rückabwicklung bei kraftlos erklärten Wertpapieren

Ist ein Wertpapier in einem Aufgebotsverfahren für kraftlos erklärt worden, so hat der Versicherungsnehmer die gleichen Rechte und Pflichten, wie wenn er das Wertpapier zurückerlangt hätte. Jedoch kann der Versicherungsnehmer die Entschädigung behalten, soweit ihm durch Verzögerung fälliger Leistungen aus den Wertpapieren ein Zinsverlust entstanden ist.

I. Anzeigepflicht (Nr. 1)

1 Der VN oder der VR muss dem Vertragspartner in Textform anzeigen, wenn der Verbleib abhanden gekommener Sachen ermittelt wird. Es entfällt nicht der Versicherungsfall, sondern ggf der Schaden.[1]

II. Folgen der Wiederherbeischaffung (Nr. 2–7)

2 Bei Wiedererhalt **vor** Zahlung der Entschädigung behält der VN den Anspruch, falls er die Sache binnen zwei Wochen dem VR zur Verfügung stellt (Nr. 2).

Nr. 3 regelt die Folgen des Wiedererhalts **nach** Zahlung der Entschädigung. Der VN hat ein **Wahlrecht**, ob er die Entschädigung oder die Sache behalten will. Das Wahlrecht ist **zwei Wochen** nach einer mit Belehrung verbundenen Aufforderung auszuüben. Nach Fristablauf geht die Berechtigung auf den VR über.

3 Bei **beschädigten** Sachen kann der VN die bedingungsgemäße Entschädigung in Höhe der Reparaturkosten auch dann verlangen oder behalten, wenn die Sachen in den Fällen von Nr. 2 oder Nr. 3 bei ihm verbleiben (Nr. 4).

4 Besitz einer zurückerlangten Sache und die Möglichkeit der Wiederverschaffung stehen gleich (Nr. 5). Wenn der VN dem VR die Sache zur Verfügung zu stellen hat, so muss er dem VR die ihm an der Sache zustehenden Rechte, insb. Eigentum, übertragen (Nr. 6). Erklärt sich der VR nicht, verbleiben Sache und Entschädigung beim VN.

5 Die Rückabwicklung bei kraftlos erklärten **Wertpapieren** regelt Nr. 7.

---

[1] Prölss/Martin/*Knappmann*, A § 18 VHB Rn 1.

Abschnitt B

Die Regelungen in Abschnitt B §§ 2, 3, 4, 5 und 7 sind gegenüber der Fassung der VHB 2008 geändert worden; es wird insoweit auf die Erläuterungen in der Erstauflage (1. Aufl. 2009, S. 1334 ff) verwiesen.

§ 1 Anzeigepflicht des Versicherungsnehmers oder seines Vertreters

1. Wahrheitsgemäße und vollständige Anzeigepflicht von Gefahrumständen

Der Versicherungsnehmer hat bis zur Abgabe seiner Vertragserklärung dem Versicherer alle ihm bekannten Gefahrumstände anzuzeigen, nach denen der Versicherer in Textform gefragt hat und die für dessen Entschluss erheblich sind, den Vertrag mit dem vereinbarten Inhalt zu schließen.

Der Versicherungsnehmer ist auch insoweit zur Anzeige verpflichtet, als nach seiner Vertragserklärung, aber vor Vertragsannahme der Versicherer in Textform Fragen im Sinne des Satzes 1 stellt.

2. Rechtsfolgen der Verletzung der Anzeigepflicht

a) Vertragsänderung

Hat der Versicherungsnehmer die Anzeigepflicht nicht vorsätzlich verletzt und hätte der Versicherer bei Kenntnis der nicht angezeigten Gefahrumstände den Vertrag auch zu anderen Bedingungen geschlossen, so werden die anderen Bedingungen auf Verlangen des Versicherers rückwirkend Vertragsbestandteil. Bei einer vom Versicherungsnehmer unverschuldeten Pflichtverletzung werden die anderen Bedingungen ab der laufenden Versicherungsperiode Vertragsbestandteil.

Erhöht sich durch eine Vertragsänderung die Prämie um mehr als 10 Prozent oder schließt der Versicherer die Gefahrabsicherung für den nicht angezeigten Umstand aus, so kann der Versicherungsnehmer den Vertrag innerhalb eines Monats nach Zugang der Mitteilung des Versicherers ohne Einhaltung einer Frist kündigen. In dieser Mitteilung der Vertragsänderung hat der Versicherer den Versicherungsnehmer auf dessen Kündigungsrecht hinzuweisen.

b) Rücktritt und Leistungsfreiheit

Verletzt der Versicherungsnehmer seine Anzeigepflicht nach Nr. 1, kann der Versicherer vom Vertrag zurücktreten, es sei denn, der Versicherungsnehmer hat die Anzeigepflicht weder vorsätzlich noch grob fahrlässig verletzt.

Bei grober Fahrlässigkeit des Versicherungsnehmers ist das Rücktrittsrecht des Versicherers ausgeschlossen, wenn der Versicherungsnehmer nachweist, dass der Versicherer den Vertrag bei Kenntnis der nicht angezeigten Umstände zu gleichen oder anderen Bedingungen abgeschlossen hätte.

Tritt der Versicherer nach Eintritt des Versicherungsfalles zurück, so ist er nicht zur Leistung verpflichtet, es sei denn, der Versicherungsnehmer weist nach, dass die Verletzung der Anzeigepflicht sich auf einen Umstand bezieht, der weder für den Eintritt oder die Feststellung des Versicherungsfalles noch für die Feststellung oder den Umfang der Leistungspflicht des Versicherers ursächlich ist. Hat der Versicherungsnehmer die Anzeigepflicht arglistig verletzt, ist der Versicherer nicht zur Leistung verpflichtet.

c) Kündigung

Verletzt der Versicherungsnehmer seine Anzeigepflicht nach Nr. 1 leicht fahrlässig oder schuldlos, kann der Versicherer den Vertrag unter Einhaltung einer Frist von einem Monat kündigen, es sei denn, der Versicherer hätte den Vertrag bei Kenntnis der nicht angezeigten Umständen zu gleichen oder anderen Bedingungen abgeschlossen.

d) Ausschluss von Rechten des Versicherers

Die Rechte des Versicherers zur Vertragsänderung (a), zum Rücktritt (b) und zur Kündigung (c) sind jeweils ausgeschlossen, wenn der Versicherer den nicht angezeigten Gefahrenumstand oder die unrichtige Anzeige kannte.

e) Anfechtung

Das Recht des Versicherers, den Vertrag wegen arglistiger Täuschung anzufechten, bleibt unberührt.

3. Frist für die Ausübung der Rechte des Versicherers

Die Rechte zur Vertragsänderung (Nr. 2 a), zum Rücktritt (Nr. 2 b) oder zur Kündigung (Nr. 2 c) muss der Versicherer innerhalb eines Monats schriftlich geltend machen und dabei die Umstände angeben, auf die er seine Erklärung stützt; zur Begründung kann er nachträglich weitere Umstände innerhalb eines Monats nach deren Kenntniserlangung angeben. Die Monatsfrist beginnt mit dem Zeitpunkt, zu dem der Versicherer von der Verletzung der Anzeigepflicht und der Umstände Kenntnis erlangt, die das von ihm jeweils geltend gemachte Recht begründen.

4. Rechtsfolgenhinweis

Die Rechte zur Vertragsänderung (Nr. 2 a), zum Rücktritt (Nr. 2 b) und zur Kündigung (Nr. 2 c) stehen dem Versicherer nur zu, wenn er den Versicherungsnehmer durch gesonderte Mitteilung in Textform auf die Folgen der Verletzung der Anzeigepflicht hingewiesen hat.

5. Vertreter des Versicherungsnehmers

Wird der Vertrag von einem Vertreter des Versicherungsnehmers geschlossen, so sind bei der Anwendung von Nr. 1 und Nr. 2 sowohl die Kenntnis und die Arglist des Vertreters als auch die Kenntnis und die Arglist des Versicherungsnehmers zu berücksichtigen. Der Versicherungsnehmer kann sich darauf, dass die Anzeigepflicht nicht vorsätzlich oder grob fahrlässig verletzt worden ist, nur berufen, wenn weder dem Vertreter noch dem Versicherungsnehmer Vorsatz oder grobe Fahrlässigkeit zur Last fällt.

6. Erlöschen der Rechte des Versicherers

Die Rechte des Versicherers zur Vertragsänderung (Nr. 2 a), zum Rücktritt (Nr. 2 b) und zur Kündigung (Nr. 2 c) erlöschen mit Ablauf von fünf Jahren nach Vertragsschluss; dies gilt nicht für Versicherungsfälle, die vor Ablauf dieser Frist eingetreten sind. Die Frist beläuft sich auf zehn Jahre, wenn der Versicherungsnehmer oder sein Vertreter die Anzeigepflicht vorsätzlich oder arglistig verletzt hat.

Die Regelung in Abschnitt B § 1 orientiert sich an den §§ 19 ff VVG (s. dort). 1

§ 2 Beginn des Versicherungsschutzes, Dauer und Ende des Vertrages

1. Beginn des Versicherungsschutzes

Der Versicherungsschutz beginnt vorbehaltlich der Regelungen über die Folgen verspäteter Zahlung oder Nichtzahlung der Erst- oder Einmalprämie zu dem im Versicherungsschein angegebenen Zeitpunkt.

2. Dauer

Der Vertrag ist für den im Versicherungsschein angegebenen Zeitraum abgeschlossen.

3. Stillschweigende Verlängerung

Bei einer Vertragsdauer von mindestens einem Jahr verlängert sich der Vertrag um jeweils ein Jahr, wenn nicht einer der Vertragsparteien spätestens drei Monate vor dem Ablauf der jeweiligen Vertragslaufzeit eine Kündigung zugegangen ist.

4. Kündigung bei mehrjährigen Verträgen

Der Vertrag kann bei einer Vertragslaufzeit von mehr als drei Jahren zum Ablauf des dritten oder jedes darauf folgenden Jahres unter Einhaltung einer Frist von drei Monaten vom Versicherungsnehmer gekündigt werden.

Die Kündigung muss dem Versicherer spätestens drei Monate vor dem Ablauf des jeweiligen Versicherungsjahres zugehen.

5. Vertragsdauer von weniger als einem Jahr

Bei einer Vertragsdauer von weniger als einem Jahr endet der Vertrag, ohne dass es einer Kündigung bedarf, zum vorgesehenen Zeitpunkt.

6. Wegfall des versicherten Interesses

Fällt das versicherte Interesse nach dem Beginn der Versicherung weg, endet der Vertrag zu dem Zeitpunkt, zu dem der Versicherer vom Wegfall des Risikos Kenntnis erlangt.

a) Als Wegfall des versicherten Interesses gilt die vollständige und dauerhafte Auflösung des versicherten Hausrates
   aa) nach Aufnahme des Versicherungsnehmers in eine stationäre Pflegeeinrichtung;
   bb) nach Aufgabe einer Zweit- oder Ferienwohnung.

   Wohnungswechsel gilt nicht als Wegfall des versicherten Interesses.

b) Das Versicherungsverhältnis endet bei Tod des Versicherungsnehmers zum Zeitpunkt der Kenntniserlangung des Versicherers über die vollständige und dauerhafte Haushaltsauflösung, spätestens jedoch zwei Monate nach dem Tod des Versicherungsnehmers, wenn nicht bis zu diesem Zeitpunkt ein Erbe die Wohnung in derselben Weise nutzt wie der verstorbene Versicherungsnehmer.

I. Beginn des Versicherungsschutzes (Nr. 1)

1   Nr. 1 stellt klar, dass der Versicherungsschutz mit dem im Versicherungsschein angegebenen Zeitpunkt beginnt, vorbehaltlich der Regelungen über die Folgen verspäteter Zahlung oder Nichtzahlung der Erst- oder Einmalprämie.

II. Vertragsdauer (Nr. 2–5)

2   Maßgebend ist der im Versicherungsschein angegebene Zeitraum (**Nr. 2**). Bei einer Vertragdauer von mindestens einem Jahr verlängert sich nach **Nr. 3** der Vertrag um jeweils ein Jahr, wenn nicht einer der Vertragsparteien spätestens drei Monate vor dem Ablauf der jeweiligen Vertragslaufzeit eine Kündigung zugegangen ist (vgl § 11 Abs. 1 VVG). Bei einer Vertragsdauer von weniger als einem Jahr endet der Vertag zum vorgesehenen Zeitpunkt ohne Kündigung (**Nr. 5**).

3   Die Regelung der **Nr. 4** entspricht § 11 Abs. 4 VVG. Der VN kann einen VersVertrag, der für die Dauer von mehr als drei Jahren geschlossen worden ist, zum Ablauf des dritten oder jedes darauf folgenden Jahres unter Einhaltung der Drei-Monats-Frist kündigen.

III. Interessenwegfall (Nr. 6)

4   Nr. 6 regelt den Fall des Wegfalls des versicherten Interesses (vgl § 80 Abs. 2 VVG). In diesem Fall endet der Vertrag zu dem Zeitpunkt, zu dem der VR vom Wegfall des Risikos Kenntnis erlangt.

5   Nr. 6 a) definiert den **Interessenwegfall** bei vollständiger und dauerhafter Auflösung des versicherten Hausrats unter bestimmten Umständen.

6   Bei **Tod des VN** endet das Versicherungsverhältnis zum Zeitpunkt der Kenntniserlangung des VR über die vollständige und dauerhafte **Haushaltsauflösung**. Spätestens endet das Versicherungsverhältnis zwei Monate nach dem Tod des VN, es sei denn, bis zu diesem Zeitpunkt nutzt ein **Erbe** die Wohnung in derselben Weise (Nr. 6 b).

§ 3 Prämien, Versicherungsperiode

> Je nach Vereinbarung werden die Prämien entweder durch laufende Zahlungen monatlich, vierteljährlich, halbjährlich, jährlich oder als Einmalprämie im Voraus gezahlt.
>
> Entsprechend der Vereinbarung über laufende Zahlungen umfasst die Versicherungsperiode einen Monat, ein Vierteljahr, ein halbes Jahr oder ein Jahr. Bei einer Einmalprämie ist die Versicherungsperiode die vereinbarte Vertragsdauer, jedoch höchstens ein Jahr.

1   Abs. 1 regelt die Art und Fälligkeit der Prämie in Abhängigkeit von der Vereinbarung. Es gilt § 33 VVG.

2   § 12 VVG gibt die Möglichkeit der Regelung der Versicherungsperiode (s. dort). Die Bestimmung ist nicht zum Nachteil des VN abdingbar. Dies betrifft insb. die Jahresfrist.

§ 4 Fälligkeit der Erst- oder Einmalprämie, Folgen verspäteter Zahlung oder Nichtzahlung

1. Fälligkeit der Erst- oder Einmalprämie

Die erste oder einmalige Prämie ist – unabhängig von dem Bestehen eines Widerrufrechts – unverzüglich nach dem Zeitpunkt des vereinbarten und im Versicherungsschein angegebenen Versicherungsbeginns zu zahlen.

Liegt der vereinbarte Zeitpunkt des Versicherungsbeginns vor Vertragsschluss, ist die erste oder einmalige Prämie unverzüglich nach Vertragsschluss zu zahlen.

Zahlt der Versicherungsnehmer nicht unverzüglich nach dem in Satz 1 oder 2 bestimmten Zeitpunkt, beginnt der Versicherungsschutz erst, nachdem die Zahlung bewirkt ist.

Weicht der Versicherungsschein vom Antrag des Versicherungsnehmers oder getroffenen Vereinbarungen ab, ist die erste oder einmalige Prämie frühestens einen Monat nach Zugang des Versicherungsscheins zu zahlen.

2. Rücktrittsrecht des Versicherers bei Zahlungsverzug

Wird die erste oder einmalige Prämie nicht zu dem nach Nr. 1 maßgebenden Fälligkeitszeitpunkt gezahlt, so kann der Versicherer vom Vertrag zurücktreten, solange die Zahlung nicht bewirkt ist.

Der Rücktritt ist ausgeschlossen, wenn der Versicherungsnehmer die Nichtzahlung nicht zu vertreten hat.

3. Leistungsfreiheit des Versicherers

Wenn der Versicherungsnehmer die erste oder einmalige Prämie nicht zu dem nach Nr. 1 maßgebenden Fälligkeitszeitpunkt zahlt, so ist der Versicherer für einen vor Zahlung der Prämie eingetretenen Versicherungsfall nicht zur Leistung verpflichtet, wenn er den Versicherungsnehmer durch gesonderte Mitteilung in Textform oder durch einen auffälligen Hinweis im Versicherungsschein auf diese Rechtsfolge der Nichtzahlung der Prämie aufmerksam gemacht hat.

Die Leistungsfreiheit tritt jedoch nicht ein, wenn der Versicherungsnehmer die Nichtzahlung nicht zu vertreten hat.

I. Fälligkeit der Prämie (Nr. 1)

1 Nr. 1 regelt die Fälligkeit der Erst- oder Einmalprämie in Abweichung zu § 33 VVG (s. dort). Gegen die Zulässigkeit dürften keine Bedenken bestehen.

II. Rechtsfolgen bei Zahlungsverzug (Nr. 2 und 3)

2 Die Rechtsfolgen bei Zahlungsverzug werden entsprechend § 37 VVG geregelt (s. dort). Es besteht ein Rücktrittsrecht des VR und Leistungsfreiheit. Stets ist Verschulden des VN erforderlich.

§ 5 Folgeprämie

1. Fälligkeit

a) Eine Folgeprämie wird zu Beginn der vereinbarten Versicherungsperiode fällig.

b) Die Zahlung gilt als rechtzeitig, wenn sie innerhalb des im Versicherungsschein oder in der Prämienrechnung angegebenen Zeitraums bewirkt ist.

2. Schadenersatz bei Verzug

Ist der Versicherungsnehmer mit der Zahlung einer Folgeprämie in Verzug, ist der Versicherer berechtigt, Ersatz des ihm durch den Verzug entstandenen Schadens zu verlangen.

3. Leistungsfreiheit und Kündigungsrecht nach Mahnung

a) Der Versicherer kann den Versicherungsnehmer bei nicht rechtzeitiger Zahlung einer Folgeprämie auf dessen Kosten in Textform zur Zahlung auffordern und eine Zahlungsfrist von mindestens zwei Wochen ab Zugang der Zahlungsaufforderung bestimmen (Mahnung).

Die Mahnung ist nur wirksam, wenn der Versicherer je Vertrag die rückständigen Beträge der Prämie, Zinsen und Kosten im Einzelnen beziffert und außerdem auf die Rechtsfolgen – Leistungsfreiheit und Kündigungsrecht – aufgrund der nicht fristgerechten Zahlung hinweist.

b) Tritt nach Ablauf der in der Mahnung gesetzten Zahlungsfrist ein Versicherungsfall ein und ist der Versicherungsnehmer bei Eintritt des Versicherungsfalles mit der Zahlung der Prämie oder der Zinsen oder Kosten in Verzug, so ist der Versicherer von der Verpflichtung zur Leistung frei.

c) Der Versicherer kann nach Ablauf der in der Mahnung gesetzten Zahlungsfrist den Vertrag ohne Einhaltung einer Kündigungsfrist mit sofortiger Wirkung kündigen, sofern der Versicherungsnehmer mit der Zahlung der geschuldeten Beträge in Verzug ist.

Die Kündigung kann mit der Bestimmung der Zahlungsfrist so verbunden werden, dass sie mit Fristablauf wirksam wird, wenn der Versicherungsnehmer zu diesem Zeitpunkt mit der Zahlung in Verzug ist. Hierauf ist der Versicherungsnehmer bei der Kündigung ausdrücklich hinzuweisen.

4. Zahlung der Prämie nach Kündigung

Die Kündigung wird unwirksam, wenn der Versicherungsnehmer innerhalb eines Monats nach der Kündigung oder, wenn sie mit der Fristbestimmung verbunden worden ist, innerhalb eines Monats nach Fristablauf die Zahlung leistet.

Die Regelung über die Leistungsfreiheit des Versicherers (Nr. 3 b) bleibt unberührt.

I. Fälligkeit der Folgeprämie (Nr. 1)

1 Die Fälligkeit richtet sich nach der vertraglichen Vereinbarung. Die Zahlung muss innerhalb des im Versicherungsschein oder in der Prämienrechnung angegebenen Zeitraums erfolgen.

II. Folgen nicht rechtzeitiger Zahlung (Nr. 2–4)

Nr. 3 entspricht § 38 Abs. 1, 2 und 3 S. 1 und 2 VVG. Die Regelung der Nr. 4 entspricht § 38 Abs. 2 Abs. 3 S. 3 VVG. 2

§ 6 Lastschriftverfahren

1. Pflichten des Versicherungsnehmers

Ist zur Einziehung der Prämie das Lastschriftverfahren vereinbart worden, hat der Versicherungsnehmer zum Zeitpunkt der Fälligkeit der Prämie für eine ausreichende Deckung des Kontos zu sorgen.

2. Änderung des Zahlungsweges

Hat es der Versicherungsnehmer zu vertreten, dass eine oder mehrere Prämien, trotz wiederholtem Einziehungsversuch, nicht eingezogen werden können, ist der Versicherer berechtigt, die Lastschriftvereinbarung in Textform zu kündigen.

Der Versicherer hat in der Kündigung darauf hinzuweisen, dass der Versicherungsnehmer verpflichtet ist, die ausstehende Prämie und zukünftige Prämien selbst zu übermitteln.

Durch die Banken erhobene Bearbeitungsgebühren für fehlgeschlagenen Lastschrifteinzug können dem Versicherungsnehmer in Rechnung gestellt werden.

§ 7 Prämie bei vorzeitiger Vertragsbeendigung

1. Allgemeiner Grundsatz

a) Im Falle der vorzeitigen Vertragsbeendigung steht dem Versicherer nur derjenige Teil der Prämie zu, der dem Zeitraum entspricht, in dem der Versicherungsschutz bestanden hat.

b) Fällt das versicherte Interesse nach dem Beginn der Versicherung weg, steht dem Versicherer die Prämie zu, die er hätte beanspruchen können, wenn die Versicherung nur bis zu dem Zeitpunkt beantragt worden wäre, zu dem der Versicherer vom Wegfall des Interesses Kenntnis erlangt hat.

2. Prämie oder Geschäftsgebühr bei Widerruf, Rücktritt, Anfechtung und fehlendem versicherten Interesse

a) Übt der Versicherungsnehmer sein Recht aus, seine Vertragserklärung innerhalb von 14 Tagen zu widerrufen, hat der Versicherer nur den auf die Zeit nach Zugang des Widerrufs entfallenden Teil der Prämien zu erstatten. Voraussetzung ist, dass der Versicherer in der Belehrung über das Widerrufsrecht, über die Rechtsfolgen des Widerrufs und den zu zahlenden Betrag hingewiesen und der Versicherungsnehmer zugestimmt hat, dass der Versicherungsschutz vor Ende der Widerrufsfrist beginnt.

Ist die Belehrung nach Satz 2 unterblieben, hat der Versicherer zusätzlich die für das erste Versicherungsjahr gezahlte Prämie zu erstatten; dies gilt nicht, wenn der Versicherungsnehmer Leistungen aus dem Versicherungsvertrag in Anspruch genommen hat.

b) Wird das Versicherungsverhältnis durch Rücktritt des Versicherers beendet, weil der Versicherungsnehmer Gefahrumstände, nach denen der Versicherer vor Vertragsannahme in Textform gefragt hat, nicht angezeigt hat, so steht dem Versicherer die Prämie bis zum Wirksamwerden der Rücktrittserklärung zu.

Wird das Versicherungsverhältnis durch Rücktritt des Versicherers beendet, weil die einmalige oder die erste Prämie nicht rechtzeitig gezahlt worden ist, so steht dem Versicherer eine angemessene Geschäftsgebühr zu.

c) Wird das Versicherungsverhältnis durch Anfechtung des Versicherers wegen arglistiger Täuschung beendet, so steht dem Versicherer die Prämie bis zum Wirksamwerden der Anfechtungserklärung zu.

d) Der Versicherungsnehmer ist nicht zur Zahlung der Prämie verpflichtet, wenn das versicherte Interesse bei Beginn der Versicherung nicht besteht oder wenn das Interesse bei einer Versicherung, die für ein künftiges Unternehmen oder für ein anderes künftiges Interesse genommen ist, nicht entsteht. Der Versicherer kann jedoch eine angemessene Geschäftsgebühr verlangen.

Hat der Versicherungsnehmer ein nicht bestehendes Interesse in der Absicht versichert, sich dadurch einen rechtswidrigen Vermögensvorteil zu verschaffen, ist der Vertrag nichtig. Dem Versicherer steht in diesem Fall die Prämie bis zu dem Zeitpunkt zu, zu dem er von den die Nichtigkeit begründenden Umständen Kenntnis erlangt.

1 Nr. 1 entspricht der Regelung des § 39 VVG. Nr. 2 entspricht der Regelung des § 80 VVG.

§ 8 Obliegenheiten des Versicherungsnehmers

1. Obliegenheiten vor Eintritt des Versicherungsfalles

a) Vertraglich vereinbarte Obliegenheiten, die der Versicherungsnehmer vor Eintritt des Versicherungsfalles zu erfüllen hat, sind:

aa) die Einhaltung aller gesetzlichen, behördlichen sowie vertraglich vereinbarten Sicherheitsvorschriften;

(hier Verweis auf besondere Obliegenheiten im Abschnitt A Leistungsversprechen einsetzen, besondere Obliegenheiten dort ausführen)

bb) die Einhaltung aller sonstigen vertraglich vereinbarten Obliegenheiten.

(hier Verweis auf besondere Obliegenheiten im Abschnitt A Leistungsversprechen einsetzen, besondere Obliegenheiten dort ausführen)

b) Verletzt der Versicherungsnehmer vorsätzlich oder grob fahrlässig eine Obliegenheit, die er vor Eintritt des Versicherungsfalles gegenüber dem Versicherer zu erfüllen hat, so kann der Versicherer innerhalb eines Monats, nachdem er von der Verletzung Kenntnis erlangt hat, den Vertrag fristlos kündigen.

Das Kündigungsrecht des Versicherers ist ausgeschlossen, wenn der Versicherungsnehmer beweist, dass er die Obliegenheit weder vorsätzlich noch grobfahrlässig verletzt hat.

2. **Obliegenheiten bei und nach Eintritt des Versicherungsfalls**

   a) Der Versicherungsnehmer hat bei und nach Eintritt des Versicherungsfalls

   aa) nach Möglichkeit für die Abwendung und Minderung des Schadens zu sorgen;

   bb) dem Versicherer den Schadeneintritt, nachdem er von ihm Kenntnis erlangt hat, unverzüglich – ggf. auch mündlich oder telefonisch – anzuzeigen;

   cc) Weisungen des Versicherers zur Schadenabwendung/-minderung – ggf. auch mündlich oder telefonisch – einzuholen, wenn die Umstände dies gestatten;

   dd) Weisungen des Versicherers zur Schadenabwendung/-minderung, soweit für ihn zumutbar, zu befolgen. Erteilen mehrere an dem Versicherungsvertrag beteiligte Versicherer unterschiedliche Weisungen, hat der Versicherungsnehmer nach pflichtgemäßem Ermessen zu handeln;

   ee) Schäden durch strafbare Handlungen gegen das Eigentum unverzüglich der Polizei anzuzeigen;

   ff) dem Versicherer und der Polizei unverzüglich ein Verzeichnis der abhanden gekommenen Sachen einzureichen;

   gg) das Schadenbild so lange unverändert zu lassen, bis die Schadenstelle oder die beschädigten Sachen durch den Versicherer freigegeben worden sind. Sind Veränderungen unumgänglich, sind das Schadenbild nachvollziehbar zu dokumentieren (z.B. durch Fotos) und die beschädigten Sachen bis zu einer Besichtigung durch den Versicherer aufzubewahren;

   hh) soweit möglich dem Versicherer unverzüglich jede Auskunft – auf Verlangen in Schriftform – zu erteilen, die zur Feststellung des Versicherungsfalles oder des Umfanges der Leistungspflicht des Versicherers erforderlich ist, sowie jede Untersuchung über Ursache und Höhe des Schadens und über den Umfang der Entschädigungspflicht zu gestatten;

   ii) vom Versicherer angeforderte Belege beizubringen, deren Beschaffung ihm billigerweise zugemutet werden kann;

   jj) für zerstörte oder abhanden gekommene Wertpapiere oder sonstige aufgebotsfähige Urkunden unverzüglich das Aufgebotsverfahren einzuleiten und etwaige sonstige Rechte zu wahren, insbesondere abhanden gekommene Sparbücher und andere sperrfähige Urkunden unverzüglich sperren zu lassen.

   b) Steht das Recht auf die vertragliche Leistung des Versicherers einem Dritten zu, so hat dieser die Obliegenheiten gemäß Nr. 2 a) ebenfalls zu erfüllen – soweit ihm dies nach den tatsächlichen und rechtlichen Umständen möglich ist.

3. Leistungsfreiheit bei Obliegenheitsverletzung

a) Verletzt der Versicherungsnehmer eine Obliegenheit nach Nr. 1 oder Nr. 2 vorsätzlich, so ist der Versicherer von der Verpflichtung zur Leistung frei. Bei grob fahrlässiger Verletzung der Obliegenheit ist der Versicherer berechtigt, seine Leistung in dem Verhältnis zu kürzen, das der Schwere des Verschuldens des Versicherungsnehmers entspricht. Das Nichtvorliegen einer groben Fahrlässigkeit hat der Versicherungsnehmer zu beweisen.

b) Außer im Falle einer arglistigen Obliegenheitsverletzung ist der Versicherer jedoch zur Leistung verpflichtet, soweit der Versicherungsnehmer nachweist, dass die Verletzung der Obliegenheit weder für den Eintritt oder die Feststellung des Versicherungsfalles noch für die Feststellung oder den Umfang der Leistungspflicht des Versicherers ursächlich ist.

c) Verletzt der Versicherungsnehmer eine nach Eintritt des Versicherungsfalles bestehende Auskunfts- oder Aufklärungsobliegenheit, ist der Versicherer nur dann vollständig oder teilweise leistungsfrei, wenn er den Versicherungsnehmer durch gesonderte Mitteilung in Textform auf diese Rechtsfolge hingewiesen hat.

I. Obliegenheiten vor Eintritt des Versicherungsfalles (Nr. 1)........ 1	4. Weisungen (Nr. 2 a) cc) und dd).......... 9
II. Obliegenheiten bei und nach Eintritt des Versicherungsfalles (Nr. 2)........................... 4	5. Stehlgutliste (Nr. 2 a) ff) 10
1. Allgemeines................. 4	6. Aufklärung (Nr. 2 a) gg)–ii) .. 16
2. Schadensminderung (Nr. 2 a) aa)................. 5	7. Wertpapiere (Nr. 2 a) jj) 19
3. Anzeigeobliegenheit (Nr. 2 a) bb) und ee).......... 6	III. Leistungsfreiheit bei Obliegenheitsverletzung (Nr. 3)............ 20

I. Obliegenheiten vor Eintritt des Versicherungsfalles (Nr. 1)

1 Nr. 1 a) regelt die Obliegenheiten vor Eintritt des Versicherungsfalles. Als vertraglich vereinbarte Obliegenheiten werden genannt: die Einhaltung der **Sicherheitsvorschriften**, mögen sie gesetzlich, behördlich oder vertraglich begründet sein (aa), sowie die Einhaltung aller sonstigen vertraglich vereinbarten Obliegenheiten (bb). Für den Bereich der Hausratversicherung sind sie weniger bedeutsam bis auf die in Abschnitt A § 16 Nr. 1 genannte Sicherheitsvorschrift über die Heizung in der kalten Jahreszeit (s. Abschnitt A § 16 Rn 1).

2 Nr. 1 a) aa) meint die Vorschriften, die dem VN ein bestimmtes Verhalten auferlegen.[1] Allgemeine Vorschriften, Empfehlungen, Ratschläge und Gebrauchsanweisungen fallen nicht darunter. Vorschriften zum Feuerschutz werden regelmäßig Sicherheitsvorschriften sein.[2] Die Klausel **PK 7610 (10)** verlangt nach näherer Maßgabe, dass für die Zeit, in der sich niemand in der Wohnung aufhält, alle Schließvorrichtungen und vereinbarten Sicherungen zu betätigen sind und die vereinbarte Einbruchmeldeanlage einzuschalten ist.

3 Nr. 1 b) regelt das **Kündigungsrecht** des VR in Anlehnung an § 28 Abs. 1 VVG.

---

1 BGH 9.5.1990 – IV ZR 51/89, VersR 1990, 887.
2 Vgl *Martin*, M I Rn 94 ff; Prölss/Martin/*Knappmann*, B § 8 VHB Rn 2.

II. Obliegenheiten bei und nach Eintritt des Versicherungsfalles (Nr. 2)

1. Allgemeines. In der Praxis der Hausratversicherungen sind die Obliegenheiten 4
bei und nach Eintritt des Versicherungsfalles von besonderer Bedeutung. Sie sollen
den Schaden und die Vertragsgefahr mindern.[3] Wegen der Einzelheiten wird auf
die Kommentierung zu § 28 VVG verwiesen (s. § 28 VVG Rn 2 ff).

2. Schadensminderung (Nr. 2 a) aa). Der VN muss, soweit möglich, für die Ab- 5
wendung und Minderung des Schadens Sorge tragen. Wenn er erkennt, dass er
eine Vergrößerung des Schadens verhindern kann, hat er einzugreifen. Er darf
nicht die Augen verschließen, wenn er eine Schadensentwicklung aufhalten kann.
Die Regelung in Nr. 2 a) aa) ist wegen ihrer allgemeinen Fassung wenig aussagekräftig.

3. Anzeigeobliegenheit (Nr. 2 a) bb) und ee). Nach Nr. 2 a) bb) besteht eine Anzei- 6
geobliegenheit des VN. Er hat dem VR den Schadeneintritt, nachdem er von ihm
Kenntnis erlangt hat, **unverzüglich** (also ohne schuldhaftes Zögern, § 121 Abs. 1
S. 1 BGB) – ggf auch mündlich oder telefonisch – **anzuzeigen**. Es handelt sich um
eine spontan zu erfüllende Obliegenheit. Dem VR soll die Möglichkeit gegeben
werden, kurzfristig den Schaden selbst zu untersuchen und ggf Ermittlungen anzustellen, um eigene Feststellungen zur Regulierungspflicht zu treffen.

Die Bemessung der Anzeigefrist hängt von den Umständen ab, insb. von den **zeitli-** 7
chen Möglichkeiten zur Erfüllung der Obliegenheit. In der Regel muss eine Frist
von wenigen Tagen eingehalten werden (vgl auch § 30 VVG Rn 5).[4] Abzustellen ist
wohl auf die Absendung der Anzeige.[5]

Schäden durch strafbare Handlungen gegen das Eigentum sind unverzüglich der 8
Polizei anzuzeigen (Nr. 2 a) ee).

4. Weisungen (Nr. 2 a) cc) und dd). Der VN muss Weisungen des VR einholen, um 9
ggf den Schaden abzuwenden oder mindern zu können (Nr. 2 a) cc). Er hat auch
Weisungen des VR, soweit zumutbar, zu befolgen (Nr. 2 a) dd).

5. Stehlgutliste (Nr. 2 a) ff). Dem **VR** und der **Polizei** ist **unverzüglich** ein Verzeich- 10
nis der abhanden gekommenen Sachen einzureichen, die sog. **Stehlgutliste**. Eine
mündliche Erklärung reicht nicht. Zur Frage der Rechtzeitigkeit gibt es eine umfangreiche Kasuistik. Der Einzelfall ist maßgebend. Abzustellen ist grds. darauf,
wie viel Zeit der VN benötigt, die Liste anzufertigen.[6] Schadensumfang und
Schwierigkeiten bei seiner Ermittlung sind zu berücksichtigen. Ist im Bedingungswerk keine unverzügliche Einreichung gefordert, kann es ausreichen, wenn überhaupt eine Stehlgutliste eingereicht wird.[7]

Die Stehlgutliste muss wegen ihres Zwecks, die Fahndung zu erleichtern, möglichst 11
detailliert sein. Es soll auch verhindert werden, dass der Schaden nachträglich aufgebauscht wird. Der VN soll sich frühzeitig festlegen, um die Hemmschwelle für

---

3 *Martin*, X II.
4 OLG Köln 14.6.2005 – 9 U 175/04, r+s 2005, 334; OLG Koblenz 10.3.2000 – 10 U 1234/99, r+s 2000, 337.
5 OLG Köln 16.8.1994 – 9 U 128/94, VersR 1995, 567; Prölss/Martin/*Armbrüster*, § 30 VVG Rn 8.
6 Vgl OLG Hamm 7.12.2005 – 20 U 91/05, zfs 2006, 331 (4 Wochen); OLG Köln 12.11.2002 – 9 U 33/02, r+s 2003, 201 (6 Wochen); OLG Köln 19.9.2002 – 9 U 41/00, NVersZ 2001, 29 (80 Tage); OLG Köln 19.10.1999 – 9 U 46/99, r+s 2000, 248 (3,5 Wochen); Prölss/Martin/*Knappmann*, B § 8 VHB Rn 11; Beckmann/Matusche-Beckmann/ *Rüffer*, § 32 Rn 184 ff; Veith/Gräfe/*Drenk*, § 3 Rn 178 ff; *Günther/Spielmann*, r+s 2008, 177, 182.
7 OLG Schleswig 4.3.2010 – 16 U 44/09, r+s 2011, 25.

vorgetäuschte Schäden zu erhöhen.[8] Die Anforderungen dürfen jedoch nicht überspannt werden. Bei besonders wertvollen Sachen wird man eine genaue Beschreibung verlangen müssen. Bei Massenware wird eine detaillierte Aufstellung nicht erforderlich sein. Eine Pflicht zur Aufbewahrung von Belegen und Fotos dürfte nicht bestehen. Ein Nachreichen von Unterlagen und eine Konkretisierung sind im Grundsatz möglich.

12 Es kann jedoch im konkreten Einzelfall eine **Hinweispflicht des VR** über die Obliegenheit bestehen, weil die Kenntnis des VN insoweit nicht ohne Weiteres erwartet werden kann. Die Belehrungspflicht des VR ist **anlassbezogen**.[9] Diese Pflicht kann zB durch einen Hinweis in dem Anschreiben mit Übersendung eines Formulars, nähere Angaben zum Versicherungsfall, zur Anzeige bei der Polizei und zur Liste über die in Verlust geratenen Sachen zu machen, erfüllt werden. Damit wird für den VN erkennbar konkretisiert, was der VR von ihm für die Prüfung des angezeigten Versicherungsfalls erwartet. Eine schriftliche Belehrung des VN auf einem Schadenmeldeformular oder in einem individuellen Schreiben des VR erfüllt das Erfordernis einer gesonderten Mitteilung in Textform iSd § 28 Abs. 4 VVG.[10] Die Belehrung auf einem beigefügten „Extrablatt" ist nicht erforderlich.

13 Verlangt der VR Auskunft über die maßgebliche Polizeidienststelle, ggf. die Tagebuchnummer sowie Vorlage eines Verzeichnisses der abhanden gekommenen Sachen, ohne auf die Vorlage einer Stehlgutliste bei der Polizei hinzuweisen, ist dies geeignet, den VN irrezuführen. Der VN kann annehmen, dass weiteres Handeln nicht erforderlich ist. Der VR ist dann nach Treu und Glauben verpflichtet, den VN auf typische, den Versicherungsschutz gefährdende Versäumnisse hinzuweisen. Unterlässt der VR den – wegen möglicher Fahndungserfolge auch im eigenen Interesse – gebotenen Hinweis, handelt er rechtsmissbräuchlich, wenn er sich auf Leistungsfreiheit beruft.[11] Stets ist aber nach den **konkreten Fallumständen** abzuwägen, ob der VN schutzwürdig ist, insb., ob der VN durch ein Verhalten des VR irritiert worden ist. Solange der VR beim VN keinen Irrtum über die Bedingungslage erweckt oder sich anderweitig widersprüchlich verhält, hat sich der VN im Schadenfalle grds. anhand des Bedingungswerks darüber zu informieren, was er unternehmen muss, um Versicherungsschutz zu erlangen.[12] Die Annahme einer generellen Hinweispflicht des VR ist zu weitgehend.

14 Kann der VR wegen Zeitablaufs nicht belehren, entsteht aus den tatsächlichen Umständen heraus eine Hinweispflicht nicht.[13] Dies gilt für alle Fälle der tatsächlichen Unmöglichkeit.

15 Im Hinblick auf das Erfordernis der Belehrung nach § 28 Abs. 4 VVG ist zu **unterscheiden** zwischen **Vorlage der Stehlgutliste** gegenüber dem **VR** und der **Polizei**. Es wird die Meinung vertreten, bei der Obliegenheit, der Polizei ein Verzeichnis der gestohlenen Sachen einzureichen, handele es sich nicht um eine Auskunft- und Aufklärungsobliegenheit iSv § 28 Abs. 4 VVG, sondern um eine nicht belehrungspflichtige Schadensminderungsobliegenheit. Die Verletzung der Obliegenheit zur Vorlage der Stehlgutliste bei dem VR, die nicht notwendigerweise „**spontan**" erfüllt werden müsse, sei als Aufklärungsobliegenheit davon zu trennen. Ihre Verlet-

---

8 Vgl OLG Köln 28.3.2000 – 9 U 112/99, r+s 2000, 339; OLG Nürnberg 9.12.2009 – 8 U 1635/09, r+s 2010, 117; OLG Karlsruhe 20.9.2011 – 12 U 89/11, VersR 2011, 1560; *Günther*, VersR 2011, 1562.
9 BGH 9.1.2013 – IV ZR 197/11, VersR 2013, 297.
10 BGH 9.1.2013 – IV ZR 197/11, VersR 2013, 297.
11 BGH 17.9.2008 – IV ZR 317/05, VersR 2008, 1491; *Knappmann*, r+s 2002, 485; Prölss/Martin/*Knappmann*, B § 8 VHB Rn 15; Beckmann/Matusche-Beckmann/*Rüffer*, § 32 Rn 186.
12 BGH 13.1.2010 – IV ZR 28/09, VersR 2010, 903; OLG Düsseldorf 15.8.2008 – 4 U 114/08, VersR 2009, 354.
13 Langheid/Wandt/*Wandt*, § 28 VVG Rn 322; *Knappmann*, r+s 2011, 517.

zung schade nur bei Belehrung.[14] Über spontan zu erfüllende Obliegenheiten sei nicht zu belehren.[15] Bedenken bestehen insoweit, weil der Begriff „spontan" in diesem Zusammenhang zu unbestimmt und weder im Gesetz noch im Bedingungswerk erwähnt ist. Abzustellen ist eher auf die Erfordernisse und die Bewertung des Einzelfalles.

6. **Aufklärung (Nr. 2 a) gg)–ii).** Nach Nr. 2 a) gg) muss das Schadenbild so lange unverändert gelassen werden, bis die Schadenstelle oder die beschädigten Sachen durch den VR freigegeben worden sind. Bei unumgänglichen Veränderungen muss der VN diese dokumentieren, zB durch Fotos oder ein Besichtigungsprotokoll. Darauf muss der VR hinweisen, wenn er noch eine Begutachtung für erforderlich hält.[16]

Außerdem hat der VN nach Nr. 2 a) hh) unverzüglich Auskunft zu erteilen sowie jede Untersuchung zur Ursache und Höhe des Schadens zu gestatten.

Nach Nr. 2 a) ii) sind angeforderte Belege beizubringen, soweit deren Beschaffung ihm zumutbar ist. Originalbelege müssen nicht eingereicht werden. Der VN kann auch Ablichtungen von Urkunden vorlegen.[17] Eine Aufbewahrungspflicht von Belegen besteht idR nicht.

7. **Wertpapiere (Nr. 2 a) jj).** Nach Nr. 2 a) jj) ist für zerstörte oder abhanden gekommene Wertpapiere oder aufgebotsfähige Urkunden das Aufgebotsverfahren einzuleiten. Auch sonst müssen die Rechte gewahrte werden. Sparbücher, EC-Karten und Kreditkarte sind unverzüglich sperren zu lassen.

III. Leistungsfreiheit bei Obliegenheitsverletzung (Nr. 3)

Zu den Rechtsfolgen wird auf die Kommentierung zu § 28 VVG verwiesen (s. § 28 VVG Rn 154 ff).

Belehrungspflicht: Bei Übersendung des Schadenanzeigeformulars kann der VR nach Treu und Glauben verpflichtet sein, den VN auf die Obliegenheit zur Einreichung einer **Stehlgutliste** bei der Polizei hinzuweisen und darüber zu **belehren**, dass er bei Verletzung dieser Obliegenheit den Versicherungsschutz verlieren kann.[18]

§ 9 Gefahrerhöhung

1. Begriff der Gefahrerhöhung

a) Eine Gefahrerhöhung liegt vor, wenn nach Abgabe der Vertragserklärung des Versicherungsnehmers die tatsächlich vorhandenen Umstände so verändert werden, dass der Eintritt des Versicherungsfalls oder eine Vergrößerung des Schadens oder die ungerechtfertigte Inanspruchnahme des Versicherers wahrscheinlicher wird.

b) Eine Gefahrerhöhung kann insbesondere – aber nicht nur – vorliegen, wenn sich ein gefahrerheblicher Umstand ändert, nach dem der Versicherer vor Vertragsschluss gefragt hat.

---

14 OLG Köln 15.10.2013 – 9 U 69/13, r+s 2013, 604; Römer/Langheid/*Rixecker*, § 28 VVG Rn 110; krit. *Felsch*, r+s 2014, 555 sowie oben § 28 VVG Rn 219; Prölss/Martin/ *Knappmann*, B § 8 VHB Rn 15.
15 OLG Saarbrücken 19.9.2012 – 5 U 68/12, r+s 2012, 543; FAKomm-VersR/*Nugel*, § 28 VVG Rn 171.
16 OLG Saarbrücken 19.9.2012 – 5 U 68/12, r+s 2012, 543.
17 OLG Hamm 7.12.2005 – 20 U 91/05, zfs 2006, 331.
18 BGH 17.9.2008 – IV ZR 317/05, VersR 2008, 1491.

(hier Verweis auf besondere gefahrerhöhende Umstände im Abschnitt A Leistungsversprechen einsetzen, gefahrerhöhende Umstände dort ausführen)

c) Eine Gefahrerhöhung nach a) liegt nicht vor, wenn sich die Gefahr nur unerheblich erhöht hat oder nach den Umständen als mitversichert gelten soll.

2. Pflichten des Versicherungsnehmers

a) Nach Abgabe seiner Vertragserklärung darf der Versicherungsnehmer ohne vorherige Zustimmung des Versicherers keine Gefahrerhöhung vornehmen oder deren Vornahme durch einen Dritten gestatten.

b) Erkennt der Versicherungsnehmer nachträglich, dass er ohne vorherige Zustimmung des Versicherers eine Gefahrerhöhung vorgenommen oder gestattet hat, so muss er diese dem Versicherer unverzüglich anzeigen.

c) Eine Gefahrerhöhung, die nach Abgabe seiner Vertragserklärung unabhängig von seinem Willen eintritt, muss der Versicherungsnehmer dem Versicherer unverzüglich anzeigen, nachdem er von ihr Kenntnis erlangt hat.

3. Kündigung oder Vertragsänderung durch den Versicherer

a) Kündigungsrecht

Verletzt der Versicherungsnehmer seine Verpflichtung nach Nr. 2 a), kann der Versicherer den Vertrag fristlos kündigen, wenn der Versicherungsnehmer seine Verpflichtung vorsätzlich oder grob fahrlässig verletzt hat. Das Nichtvorliegen von Vorsatz oder grober Fahrlässigkeit hat der Versicherungsnehmer zu beweisen.

Beruht die Verletzung auf einfacher Fahrlässigkeit, kann der Versicherer unter Einhaltung einer Frist von einem Monat kündigen.

Wird dem Versicherer eine Gefahrerhöhung in den Fällen nach Nr. 2 b) und Nr. 2 c) bekannt, kann er den Vertrag unter Einhaltung einer Frist von einem Monat kündigen.

b) Vertragsänderung

Statt der Kündigung kann der Versicherer ab dem Zeitpunkt der Gefahrerhöhung eine seinen Geschäftsgrundsätzen entsprechende erhöhte Prämie verlangen oder die Absicherung der erhöhten Gefahr ausschließen.

Erhöht sich die Prämie als Folge der Gefahrerhöhung um mehr als 10 Prozent oder schließt der Versicherer die Absicherung der erhöhten Gefahr aus, so kann der Versicherungsnehmer den Vertrag innerhalb eines Monats nach Zugang der Mitteilung des Versicherers ohne Einhaltung einer Frist kündigen. In der Mitteilung hat der Versicherer den Versicherungsnehmer auf dieses Kündigungsrecht hinzuweisen.

4. Erlöschen der Rechte des Versicherers

Die Rechte des Versicherers zur Kündigung oder Vertragsanpassung nach Nr. 3 erlöschen, wenn diese nicht innerhalb eines Monats ab Kenntnis des Versicherers von der Gefahrerhöhung ausgeübt werden oder wenn der Zustand wiederhergestellt ist, der vor der Gefahrerhöhung bestanden hat.

5. Leistungsfreiheit wegen Gefahrerhöhung

a) Tritt nach einer Gefahrerhöhung der Versicherungsfall ein, so ist der Versicherer nicht zur Leistung verpflichtet, wenn der Versicherungsnehmer seine Pflichten nach Nr. 2 a) vorsätzlich verletzt hat. Verletzt der Versicherungsnehmer diese Pflichten grob fahrlässig, so ist der Versicherer berechtigt, seine Leistung in dem Verhältnis zu kürzen, das der Schwere des Verschuldens des Versicherungsnehmers entspricht. Das Nichtvorliegen einer groben Fahrlässigkeit hat der Versicherungsnehmer zu beweisen.

b) Nach einer Gefahrerhöhung nach Nr. 2 b) und Nr. 2 c) ist der Versicherer für einen Versicherungsfall, der später als einen Monat nach dem Zeitpunkt eintritt, zu dem die Anzeige dem Versicherer hätte zugegangen sein müssen, leistungsfrei, wenn der Versicherungsnehmer seine Anzeigepflicht vorsätzlich verletzt hat. Hat der Versicherungsnehmer seine Pflicht grob fahrlässig verletzt, so gilt a) Satz 2 und 3 entsprechend. Die Leistungspflicht des Versicherers bleibt bestehen, wenn ihm die Gefahrerhöhung zu dem Zeitpunkt, zu dem ihm die Anzeige hätte zugegangen sein müssen, bekannt war.

c) Die Leistungspflicht des Versicherers bleibt bestehen,

aa) soweit der Versicherungsnehmer nachweist, dass die Gefahrerhöhung nicht ursächlich für den Eintritt des Versicherungsfalles oder den Umfang der Leistungspflicht war oder

bb) wenn zur Zeit des Eintrittes des Versicherungsfalles die Frist für die Kündigung des Versicherers abgelaufen und eine Kündigung nicht erfolgt war oder

cc) wenn der Versicherer statt der Kündigung ab dem Zeitpunkt der Gefahrerhöhung eine seinen Geschäftsgrundsätzen entsprechende erhöhte Prämie verlangt.

Zur **Gefahrerhöhung** wird auf die Kommentierung zu den §§ 23 ff VVG verwiesen. 1

§ 10 Überversicherung

1. Übersteigt die Versicherungssumme den Wert des versicherten Interesses erheblich, so kann sowohl der Versicherer als auch der Versicherungsnehmer verlangen, dass zur Beseitigung der Überversicherung die Versicherungssumme mit sofortiger Wirkung herabgesetzt wird. Ab Zugang des Herabsetzungsverlangens ist für die Höhe der Prämie der Betrag maßgebend, den der Versicherer berechnet haben würde, wenn der Vertrag von vornherein mit dem neuen Inhalt geschlossen worden wäre.

2. Hat der Versicherungsnehmer die Überversicherung in der Absicht geschlossen, sich dadurch einen rechtswidrigen Vermögensvorteil zu verschaffen, ist der Vertrag nichtig. Dem Versicherer steht die Prämie bis zu dem Zeitpunkt zu, zu dem er von den die Nichtigkeit begründenden Umständen Kenntnis erlangt.

Zur **Überversicherung** wird auf die Kommentierung zu § 74 VVG verwiesen. 1

§ 11 Mehrere Versicherer

1. Anzeigepflicht

Wer bei mehreren Versicherern ein Interesse gegen dieselbe Gefahr versichert, ist verpflichtet, dem Versicherer die andere Versicherung unverzüglich mitzuteilen. In der Mitteilung sind der andere Versicherer und der Versicherungsumfang anzugeben.

2. Rechtsfolgen der Verletzung der Anzeigepflicht

Verletzt der Versicherungsnehmer die Anzeigepflicht (siehe Nr. 1) vorsätzlich oder grob fahrlässig, ist der Versicherer unter den in Abschnitt B § 8 beschriebenen Voraussetzungen zur Kündigung berechtigt oder auch ganz oder teilweise leistungsfrei. Leistungsfreiheit tritt nicht ein, wenn der Versicherer vor Eintritt des Versicherungsfalles Kenntnis von der anderen Versicherung erlangt hat.

3. Haftung und Entschädigung bei Mehrfachversicherung

a) Ist bei mehreren Versicherern ein Interesse gegen dieselbe Gefahr versichert und übersteigen die Versicherungssummen zusammen den Versicherungswert oder übersteigt aus anderen Gründen die Summe der Entschädigungen, die von jedem Versicherer ohne Bestehen der anderen Versicherung zu zahlen wären, den Gesamtschaden, liegt eine Mehrfachversicherung vor.

b) Die Versicherer sind in der Weise als Gesamtschuldner verpflichtet, dass jeder für den Betrag aufzukommen hat, dessen Zahlung ihm nach seinem Vertrage obliegt; der Versicherungsnehmer kann aber im Ganzen nicht mehr als den Betrag des ihm entstandenen Schadens verlangen. Satz 1 gilt entsprechend, wenn die Verträge bei demselben Versicherer bestehen.

Erlangt der Versicherungsnehmer oder der Versicherte aus anderen Versicherungsverträgen Entschädigung für denselben Schaden, so ermäßigt sich der Anspruch aus dem vorliegenden Vertrag in der Weise, dass die Entschädigung aus allen Verträgen insgesamt nicht höher ist, als wenn der Gesamtbetrag der Versicherungssummen, aus denen die Prämien errechnet wurde, nur in diesem Vertrag in Deckung gegeben worden wäre. Bei Vereinbarung von Entschädigungsgrenzen ermäßigt sich der Anspruch in der Weise, dass aus allen Verträgen insgesamt keine höhere Entschädigung zu leisten ist, als wenn der Gesamtbetrag der Versicherungssummen in diesem Vertrag in Deckung gegeben worden wäre.

c) Hat der Versicherungsnehmer eine Mehrfachversicherung in der Absicht geschlossen, sich dadurch einen rechtswidrigen Vermögensvorteil zu verschaffen, ist jeder in dieser Absicht geschlossene Vertrag nichtig.

Dem Versicherer steht die Prämie bis zu dem Zeitpunkt zu, zu dem er von den die Nichtigkeit begründenden Umständen Kenntnis erlangt.

4. Beseitigung der Mehrfachversicherung

a) Hat der Versicherungsnehmer den Vertrag, durch den die Mehrfachversicherung entstanden ist, ohne Kenntnis von dem Entstehen der Mehrfachversicherung geschlossen, kann er verlangen, dass der später geschlossene Vertrag aufgehoben oder die Versicherungssumme unter verhältnismäßiger Minderung der Prämie auf den Teilbetrag herabgesetzt wird, der durch die frühere Versicherung nicht gedeckt ist.

Die Aufhebung des Vertrages oder die Herabsetzung der Versicherungssumme und Anpassung der Prämie werden zu dem Zeitpunkt wirksam, zu dem die Erklärung dem Versicherer zugeht.

b) Die Regelungen nach a) sind auch anzuwenden, wenn die Mehrfachversicherung dadurch entstanden ist, dass nach Abschluss der mehreren Versicherungsverträge der Versicherungswert gesunken ist. Sind in diesem Fall die mehreren Versicherungsverträge gleichzeitig oder im Einvernehmen der Versicherer geschlossen worden, kann der Versicherungsnehmer nur die verhältnismäßige Herabsetzung der Versicherungssummen und der Prämien verlangen.

Insoweit wird auf die Kommentierung zu § 77 VVG verwiesen. Die Regelung der Nr. 2 verweist auf die Rechtsfolgen des § 8 (Obliegenheitsverletzung durch VN).

§ 12 Versicherung für fremde Rechnung

1. Rechte aus dem Vertrag

Der Versicherungsnehmer kann den Versicherungsvertrag im eigenen Namen für das Interesse eines Dritten (Versicherten) schließen. Die Ausübung der Rechte aus diesem Vertrag steht nur dem Versicherungsnehmer und nicht auch dem Versicherten zu. Das gilt auch, wenn der Versicherte den Versicherungsschein besitzt.

2. Zahlung der Entschädigung

Der Versicherer kann vor Zahlung der Entschädigung an den Versicherungsnehmer den Nachweis verlangen, dass der Versicherte seine Zustimmung dazu erteilt hat. Der Versicherte kann die Zahlung der Entschädigung nur mit Zustimmung des Versicherungsnehmers verlangen.

3. Kenntnis und Verhalten

a) Soweit die Kenntnis und das Verhalten des Versicherungsnehmers von rechtlicher Bedeutung sind, sind bei der Versicherung für fremde Rechnung auch die Kenntnis und das Verhalten des Versicherten zu berücksichtigen. Soweit der Vertrag Interessen des Versicherungsnehmers und des Versicherten umfasst, muss sich der Versicherungsnehmer für sein Interesse das Verhalten und die Kenntnis des Versicherten nur zurechnen lassen, wenn der Versicherte Repräsentant des Versicherungsnehmers ist.

b) Auf die Kenntnis des Versicherten kommt es nicht an, wenn der Vertrag ohne sein Wissen abgeschlossen worden ist oder ihm eine rechtzeitige Benachrichtigung des Versicherungsnehmers nicht möglich oder nicht zumutbar war.

c) Auf die Kenntnis des Versicherten kommt es dagegen an, wenn der Versicherungsnehmer den Vertrag ohne Auftrag des Versicherten geschlossen und den Versicherer nicht darüber informiert hat.

§ 12 greift die Regelungen der §§ 43 ff VVG zur Versicherung für fremde Rechnung auf. Auf die Kommentierung zu den §§ 43 ff VVG wird verwiesen.

§ 13 Aufwendungsersatz

1. Aufwendungen zur Abwendung und Minderung des Schadens

a) Versichert sind Aufwendungen, auch erfolglose, die der Versicherungsnehmer bei Eintritt des Versicherungsfalles den Umständen nach zur Abwendung und Minderung des Schadens für geboten halten durfte oder die er auf Weisung des Versicherers macht.

b) Macht der Versicherungsnehmer Aufwendungen, um einen unmittelbar bevorstehenden Versicherungsfall abzuwenden oder in seinen Auswirkungen zu mindern, geltend, so leistet der Versicherer Aufwendungsersatz nur, wenn diese Aufwendungen bei einer nachträglichen objektiven Betrachtung der Umstände verhältnismäßig und erfolgreich waren oder die Aufwendungen auf Weisung des Versicherers erfolgten.

c) Ist der Versicherer berechtigt, seine Leistung zu kürzen, kann er auch den Aufwendungsersatz nach a) und b) entsprechend kürzen, dies gilt jedoch nicht, soweit Aufwendungen auf Weisung des Versicherers entstanden sind.

d) Der Ersatz dieser Aufwendungen und die Entschädigung für versicherte Sachen betragen zusammen höchstens die Versicherungssumme je vereinbarter Position; dies gilt jedoch nicht, soweit Aufwendungen auf Weisung des Versicherers entstanden sind.

e) Der Versicherer hat den für die Aufwendungen gemäß a) erforderlichen Betrag auf Verlangen des Versicherungsnehmers vorzuschießen.

f) Nicht versichert sind Aufwendungen für Leistungen der Feuerwehr oder anderer Institutionen, die im öffentlichen Interesse zur Hilfeleistung verpflichtet sind, wenn diese Leistungen im öffentlichen Interesse kostenfrei zu erbringen sind.

2. Kosten der Ermittlung und Feststellung des Schadens

a) Der Versicherer ersetzt bis zur vereinbarten Höhe die Kosten für die Ermittlung und Feststellung eines von ihm zu ersetzenden Schadens, sofern diese den Umständen nach geboten waren.

Zieht der Versicherungsnehmer einen Sachverständigen oder Beistand hinzu, so werden diese Kosten nur ersetzt, soweit er zur Zuziehung vertraglich verpflichtet ist oder vom Versicherer aufgefordert wurde.

b) Ist der Versicherer berechtigt, seine Leistung zu kürzen, kann er auch den Kostenersatz nach a) entsprechend kürzen.

1 Die Regelung der Nr. 1 beinhaltet den **Aufwendungsersatz**; insoweit kann auf die Kommentierung zu §§ 83 und 90 VVG verwiesen werden. Nr. 2 a) regelt die **Schadensermittlungskosten**; es wird insoweit auf die Kommentierung zu § 85 VVG verwiesen. § 90 VVG ist in Nr. 1 b) eingeschränkt.

§ 14 Übergang von Ersatzansprüchen

1. Übergang von Ersatzansprüchen

Steht dem Versicherungsnehmer ein Ersatzanspruch gegen einen Dritten zu, geht dieser Anspruch auf den Versicherer über, soweit der Versicherer den Schaden ersetzt. Der Übergang kann nicht zum Nachteil des Versicherungsnehmers geltend gemacht werden. Richtet sich der Ersatzanspruch des Versicherungsnehmers gegen eine Person, mit der er bei Eintritt des Schadens in häuslicher Gemeinschaft lebt, kann der Übergang nicht geltend gemacht werden, es sei denn, diese Person hat den Schaden vorsätzlich verursacht.

2. Obliegenheiten zur Sicherung von Ersatzansprüchen

Der Versicherungsnehmer hat seinen Ersatzanspruch oder ein zur Sicherung dieses Anspruchs dienendes Recht unter Beachtung der geltenden Form- und Fristvorschriften zu wahren, und nach Übergang des Ersatzanspruchs auf den Versicherer bei dessen Durchsetzung durch den Versicherer, soweit erforderlich, mitzuwirken.

Verletzt der Versicherungsnehmer diese Obliegenheit vorsätzlich, ist der Versicherer zur Leistung insoweit nicht verpflichtet, als er infolge dessen keinen Ersatz von dem Dritten erlangen kann. Im Fall einer grob fahrlässigen Verletzung der Obliegenheit ist der Versicherer berechtigt, seine Leistung in einem der Schwere des Verschuldens des Versicherungsnehmers entsprechenden Verhältnis zu kürzen; die Beweislast für das Nichtvorliegen einer groben Fahrlässigkeit trägt der Versicherungsnehmer.

§ 14 greift die Regelung des § 86 VVG zum Übergang von Ersatzansprüchen auf. Insoweit wird auf die dortige Kommentierung verwiesen. 1

§ 15 Kündigung nach dem Versicherungsfall

1. Kündigungsrecht

Nach dem Eintritt eines Versicherungsfalles kann jede der Vertragsparteien den Versicherungsvertrag kündigen. Die Kündigung ist in Schriftform[*] zu erklären. Die Kündigung ist nur bis zum Ablauf eines Monats seit dem Abschluss der Verhandlungen über die Entschädigung zulässig.

2. Kündigung durch Versicherungsnehmer

Der Versicherungsnehmer ist berechtigt, das Versicherungsverhältnis mit sofortiger Wirkung oder zu jedem späteren Zeitpunkt bis zum Ablauf des Versicherungsjahres in Schriftform[**] zu kündigen.

3. Kündigung durch Versicherer

Eine Kündigung des Versicherers wird einen Monat nach ihrem Zugang beim Versicherungsnehmer wirksam.

Die Regelung entspricht § 92 VVG. Es wird auf die dortige Kommentierung verwiesen. 1

---

[*] Hier auch Textform zulässig.
[**] Hier auch Textform zulässig.

§ 16 Keine Leistungspflicht aus besonderen Gründen

1. Vorsätzliche oder grob fahrlässige Herbeiführung des Versicherungsfalles

a) Führt der Versicherungsnehmer den Versicherungsfall vorsätzlich herbei, so ist der Versicherer von der Entschädigungspflicht frei.

Ist die Herbeiführung des Schadens durch rechtskräftiges Strafurteil wegen Vorsatzes in der Person des Versicherungsnehmers festgestellt, so gilt die vorsätzliche Herbeiführung des Schadens als bewiesen.

b) Führt der Versicherungsnehmer den Schaden grob fahrlässig herbei, so ist der Versicherer berechtigt, seine Leistung in einem der Schwere des Verschuldens des Versicherungsnehmers entsprechenden Verhältnis zu kürzen.

2. Arglistige Täuschung nach Eintritt des Versicherungsfalles

Der Versicherer ist von der Entschädigungspflicht frei, wenn der Versicherungsnehmer den Versicherer arglistig über Tatsachen, die für den Grund oder die Höhe der Entschädigung von Bedeutung sind, täuscht oder zu täuschen versucht.

Ist die Täuschung oder der Täuschungsversuch durch rechtskräftiges Strafurteil gegen den Versicherungsnehmer wegen Betruges oder Betrugsversuches festgestellt, so gelten die Voraussetzungen des Satzes 1 als bewiesen.

I. Vorsätzliche oder grob fahrlässige Herbeiführung des Versicherungsfalles (Nr. 1)

1 1. **Vorsätzliche Herbeiführung (Nr. 1 a).** Die Regelung der Nr. 1 a) ist an § 81 VVG angepasst. Bei vorsätzlicher Herbeiführung des Versicherungsfalles verbleibt es bei der früheren Rechtsfolge der Leistungsfreiheit.[1] Nr. 1 a) enthält eine **Beweisregel:** Ist die Herbeiführung des Schadens durch rechtskräftiges Strafurteil wegen Vorsatzes in der Person des VN festgestellt, gilt die vorsätzliche Herbeiführung als bewiesen.

2 2. **Grob fahrlässige Herbeiführung des Versicherungsfalles (Nr. 1 b). a) Quotelungsprinzip.** Insoweit ist das früher geltende „Alles-oder-Nichts-Prinzip" bei grob fahrlässiger Herbeiführung des Versicherungsfalles durch das „**Quotelungsprinzip**" ersetzt. Damit sollen im Einzelfall Entscheidungen ermöglicht werden, die den jeweiligen Schutzinteressen des VN Rechnung tragen.[2] Im Grundsatz bestimmt sich der Umfang der Leistungspflicht nach dem Grad des Verschuldens. Entscheidend ist, ob die grobe Fahrlässigkeit im konkreten Fall nahe beim bedingten Vorsatz oder eher im Grenzbereich zur einfachen Fahrlässigkeit liegt. Der VR hat – wie früher – die grobe Fahrlässigkeit nachzuweisen. Von der Möglichkeit einer pauschalierten Quotenregelung haben die VHB keinen Gebrauch gemacht.

3 Die Bestimmung der Quote und die konkret zu berücksichtigen Kriterien sind von der Regelung nicht vorgegeben. Ein starres Modell mit vorgegebenen festen Quoten (zB 50 %) ist für den Bereich des § 81 Abs. 2 VVG eher ungeeignet. Es würde auch die Beweislast außer Acht lassen. Demgegenüber ist einem **flexiblen Quotenmodell** der Vorzug zu geben.[3]

---

1 Vgl zur Eigenbrandstiftung *Günther*, r+s 2006, 1 ff.
2 Vgl Begr. RegE, BT-Drucks. 16/3945, S. 69, 80.
3 Siehe A.2.16 AKB 2008.

Eine **Kürzung auf „0"** ist im Rahmen einer Gesamtbetrachtung ausnahmsweise möglich.[4] Wenn erschwerende Umstände gehäuft zu berücksichtigen sind, muss auch eine vollständige Leistungskürzung möglich sein. Wortlaut des § 81 VG und gesetzgeberisches Ziel stehen dem nicht entgegen. Ansonsten wird man **flexibel** die Kürzung mit Augenmaß in bestimmten Prozentschritten (zB 10 bis 20 %) vornehmen müssen.

Als zulässige Kriterien für die Quotenbestimmung kommen zB in Betracht: das Maß der Pflichtverletzung in subjektiver und objektiver Hinsicht, im Einzelfall die zeitliche Dauer, der Umfang des Schadens, die Häufung von Pflichtverletzungen, das Maß der Verursachung, subjektive Elemente und Beweggründe, Mitverschulden des VR und versicherungsvertragliche Gesichtspunkte.[5]

b) Einzelfälle. Zur Frage der groben Fahrlässigkeit bei der Herbeiführung des Versicherungsfalles gibt es eine Fülle von Rechtsprechung (vgl § 81 VVG Rn 126 ff).[6]

In der Hausratversicherung kommen insb. Fälle einer grob fahrlässigen Verursachung eines **Brandes** durch leichtfertigen Umgang mit Feuer in Betracht. Das kann sein durch Rauchen im Bett,[7] Zurücklassen von brennenden Kerzen[8] oder durch unbeaufsichtigtes Anlassen von Küchengeräten (zB einer Friteuse).[9]

Weitere Fälle sind das **Offenlassen eines Fensters** in Kippstellung.[10] Dies ist allerdings nicht grds. grob fahrlässig. Maßgebend sind die örtliche Situation und die zeitliche Dauer. Hier kommt zudem der Kausalität besondere Bedeutung zu.

Eine typische Gruppe ist auch das unbeaufsichtigte **Laufenlassen von Wasch- und Spülmaschinen**, insb. ohne Aquastopp, das zu einem Leitungswasserschaden führen kann.[11]

II. Arglistige Täuschung nach Eintritt des Versicherungsfalles (Nr. 2)

Nr. 2 behandelt die arglistige Täuschung nach Eintritt des Versicherungsfalles. Leistungsfreiheit tritt ein, wenn der VN den VR arglistig über Tatsachen, die für den Grund oder die Höhe der Entschädigung von Bedeutung sind, täuscht oder zu täuschen versucht. Liegt ein rechtskräftiges Strafurteil gegen den VN vor, in dem Betrug oder Betrugsversuch festgestellt wurde, so gelten die Voraussetzungen als bewiesen.

Eine **arglistige Täuschung** ist gegeben, wenn der VN Belege fälscht oder zB bezüglich des Ausstellungsdatums verfälscht und sie dem VR vorlegt. Auch unrichtige Angaben über die Originalität von Rechnungen und Einkaufsbelegen oder die Vorlage von unvollständigen oder irreführenden Belegen kann eine arglistige Täu-

---

4 BGH 22.6.2011 – IV ZR 225/10, r+s 2011, 376; OLG Hamm 27.4.2012 – 20 U 144/11, r+s 2012, 391; OLG Dresden 15.9.2010 – 7 U 466/10, VersR 2011, 205.
5 Im Einzelnen § 81 VVG; siehe auch A.2.16 AKB 2008.
6 Vgl § 81 VVG; zu Einzelfällen *Günther/Spielmann*, r+s 2008, 177 ff; Prölss/Martin/ *Knappmann*, B § 16 VHB Rn 3 ff.
7 OLG Köln 22.8.2000 – 9 U 117/99, r+s 2000, 427; OLG Bremen 1.2.2012 – 3 U 53/11, r+s 2012, 548.
8 OLG Köln 27.9.1994 – 9 U 150/94, r+s 1994, 428; OLG Hamburg 5.5.1993 – 5 U 231/92, r+s 1994, 184; OLG Düsseldorf 21.9.1999 – 4 U 182/98, r+s 2000, 160; KG 8.12.2006 – 6 U 199/06, VersR 2007, 1124.
9 BGH 10.5.2011 – VI ZR 196/10, VersR 2011, 916 (heißes Fett); OLG Köln 2.3.1990 – 20 U 195/89, r+s 1990, 186.
10 OLG Saarbrücken 4.6.2003 – 5 U 670/02-74, VersR 2004, 1265 (Übersicht); Prölss/ Martin/*Knappmann*, B § 16 VHB Rn 5; Römer/Langheid/*Langheid*, § 81 VVG Rn 77.
11 OLG Oldenburg 5.5.2004 – 3 U 6/04, zfs 2004, 373; OLG Düsseldorf 16.8.1988 – 4 U 232/87, VersR 1989, 697; LG Osnabrück 20.4.2012 – 9 O 762/10, VersR 2013, 233; Prölss/Martin/*Knappmann*, B § 16 Rn 7; zum Regress des Gebäudeversicherers gegen die Haftpflichtversicherung des Mieters: BGH 13.9.2006 – IV ZR 273/05, VersR 2006, 1536 und BGH 18.6.2008 – IV ZR 108/06, VersR 2008, 1108.

schung darstellen oder falsche Angaben gegenüber einem Gutachter.[12] Zu prüfen ist, ob der VN anlässlich der Regulierungsverhandlungen bei dem VR einen falschen Eindruck hervorrufen will.

9 Ausreichend ist die Absicht, Beweisschwierigkeiten zu vermeiden oder die Regulierung zu beschleunigen oder ganz allgemein auf die Entscheidung des VR Einfluss nehmen zu wollen.[13] Auf eine Bereicherungsabsicht kommt es nicht an.[14]

10 Gibt der VN objektiv falsche Erklärungen „**ins Blaue hinein**" ab in dem Bestreben, auf die Regulierung Einfluss zu nehmen, so kann von arglistiger Täuschung regelmäßig ausgegangen werden.[15]

11 Im Arglistfall ist eine Belehrung nicht erforderlich (vgl auch § 28 VVG Rn 219).[16] Dies folgt aus dem Gewicht der Obliegenheitsverletzung.

§ 17 Anzeigen, Willenserklärungen, Anschriftenänderungen

1. Form

Soweit gesetzlich keine Schriftform verlangt ist und soweit in diesem Vertrag nicht etwas anderes bestimmt ist, sind die für den Versicherer bestimmten Erklärungen und Anzeigen, die das Versicherungsverhältnis betreffen und die unmittelbar gegenüber dem Versicherer erfolgen, in Textform abzugeben.

Erklärungen und Anzeigen sollen an die Hauptverwaltung des Versicherers oder an die im Versicherungsschein oder in dessen Nachträgen als zuständig bezeichnete Stelle gerichtet werden. Die gesetzlichen Regelungen über den Zugang von Erklärungen und Anzeigen bleiben unberührt.

2. Nichtanzeige einer Anschriften- bzw. Namensänderung

Hat der Versicherungsnehmer eine Änderung seiner Anschrift dem Versicherer nicht mitgeteilt, genügt für eine Willenserklärung, die dem Versicherungsnehmer gegenüber abzugeben ist, die Absendung eines eingeschriebenen Briefes an die letzte dem Versicherer bekannte Anschrift. Entsprechendes gilt bei einer dem Versicherer nicht angezeigten Namensänderung. Die Erklärung gilt drei Tage nach der Absendung des Briefes als zugegangen.

3. Nichtanzeige der Verlegung der gewerblichen Niederlassung

Hat der Versicherungsnehmer die Versicherung unter der Anschrift seines Gewerbebetriebs abgeschlossen, finden bei einer Verlegung der gewerblichen Niederlassung die Bestimmungen nach Nr. 2 entsprechend Anwendung.

---

[12] Vgl OLG Köln 17.11.2009 – 9 U 53/09, r+s 2010, 23; OLG Köln 4.4.2006 – 9 U 102/05, r+s 2006, 421; OLG Köln 25.6.2002 – 9 U 126/01, VersR 2003, 101; OLG Köln 24.10.2000 – 9 U 82/00, VersR 2001, 893; Prölss/Martin/*Knappmann*, B § 16 VHB Rn 14.
[13] OLG Köln 7.2.2012 – 9 U 61/11, VersR 2012, 1541 (AFB); OLG Köln 17.11.2009 – 9 U 53/09, r+s 2010, 23; Prölss/Martin/*Knappmann*, B § 16 VHB Rn 14.
[14] OLG Köln 25.6.2002 – 9 U 126/01, VersR 2003, 101.
[15] OLG Köln 17.11.2009 – 9 U 53/09, r+s 2010, 23.
[16] BGH 12.3.2014 – IV ZR 306/13, VersR 2014, 565 (zu § 19 Abs. 5 VVG); OLG Köln 7.2.2012 – 9 U 61/11, VersR 2012, 1514; OLG Köln 3.5.2013 – 20 U 224/12, VersR 2013, 1428; Langheid/Wandt/*Wandt*, § 28 VVG Rn 50; anders Prölss/Martin/*Knappmann*, B § 16 VHB Rn 19.

§ 17 greift in Nr. 2 und 3 die Regelung des § 13 VVG zur **Änderung von Anschrift und Name** auf. Es wird insoweit auf die dortige Kommentierung verwiesen. 1

§ 18 Vollmacht des Versicherungsvertreters

1. Erklärungen des Versicherungsnehmers

Der Versicherungsvertreter gilt als bevollmächtigt, vom Versicherungsnehmer abgegebene Erklärungen entgegenzunehmen betreffend

a) den Abschluss bzw. den Widerruf eines Versicherungsvertrages;
b) ein bestehendes Versicherungsverhältnis einschließlich dessen Beendigung;
c) Anzeige- und Informationspflichten vor Abschluss des Vertrages und während des Versicherungsverhältnisses.

2. Erklärungen des Versicherers

Der Versicherungsvertreter gilt als bevollmächtigt, vom Versicherer ausgefertigte Versicherungsscheine oder deren Nachträge dem Versicherungsnehmer zu übermitteln.

3. Zahlungen an den Versicherungsvertreter

Der Versicherungsvertreter gilt als bevollmächtigt, Zahlungen, die der Versicherungsnehmer im Zusammenhang mit der Vermittlung oder dem Abschluss eines Versicherungsvertrags an ihn leistet, anzunehmen. Eine Beschränkung dieser Vollmacht muss der Versicherungsnehmer nur gegen sich gelten lassen, wenn er die Beschränkung bei der Vornahme der Zahlung kannte oder in Folge grober Fahrlässigkeit nicht kannte.

§ 18 greift die Regelung des § 69 VVG zur **gesetzlichen Vollmacht** auf. Es wird insoweit auf die dortige Kommentierung verwiesen. 1

§ 19 Repräsentanten

Der Versicherungsnehmer muss sich die Kenntnis und das Verhalten seiner Repräsentanten zurechnen lassen.

Zur Repräsentantenhaftung wird auf die ausführliche Kommentierung in § 28 VVG Rn 113 ff Bezug genommen. 1

§ 20 Verjährung

Die Ansprüche aus dem Versicherungsvertrag verjähren in drei Jahren.

Die Verjährung beginnt mit dem Schluss des Jahres, in dem der Anspruch entstanden ist und der Gläubiger von den Anspruch begründenden Umständen und der Person des Schuldners Kenntnis erlangt oder ohne grobe Fahrlässigkeit erlangen müsste.

Ist ein Anspruch aus dem Versicherungsvertrag bei dem Versicherer angemeldet worden, zählt bei der Fristberechnung der Zeitraum zwischen Anmeldung und Zugang der in Textform mitgeteilten Entscheidung des Versicherers beim Anspruchsteller nicht mit.

1 Der Bestimmung des § 20 wurde die Verjährungsregelung aus den §§ 195 ff BGB zugrunde gelegt.

§ 21 Zuständiges Gericht

1. Klagen gegen den Versicherer oder Versicherungsvermittler

Für Klagen aus dem Versicherungsvertrag oder der Versicherungsvermittlung ist neben den Gerichtsständen der Zivilprozessordnung auch das Gericht örtlich zuständig, in dessen Bezirk der Versicherungsnehmer zur Zeit der Klageerhebung seinen Wohnsitz, in Ermangelung eines solchen seinen gewöhnlichen Aufenthalt hat.

Soweit es sich bei dem Vertrag um eine betriebliche Versicherung handelt, kann der Versicherungsnehmer seine Ansprüche auch bei dem für den Sitz oder die Niederlassung des Gewerbebetriebes zuständigen Gericht geltend machen.

2. Klagen gegen Versicherungsnehmer

Für Klagen aus dem Versicherungsvertrag oder der Versicherungsvermittlung gegen den Versicherungsnehmer ist ausschließlich das Gericht örtlich zuständig, in dessen Bezirk der Versicherungsnehmer zur Zeit der Klageerhebung seinen Wohnsitz, in Ermangelung eines solchen seinen gewöhnlichen Aufenthalt hat.

Soweit es sich bei dem Vertrag um eine betriebliche Versicherung handelt, kann der Versicherer seine Ansprüche auch bei dem für den Sitz oder die Niederlassung des Gewerbebetriebes zuständigen Gericht geltend machen.

1 Der Regelung des § 21 ist § 215 VVG zugrunde gelegt. Insoweit wird auf die dortige Kommentierung verwiesen.

§ 22 Anzuwendendes Recht

Für diesen Vertrag gilt deutsches Recht.

§ 23 Sanktionsklausel

Es besteht – unbeschadet der übrigen Vertragsbestimmungen – Versicherungsschutz nur, soweit und solange dem keine auf die Vertragsparteien direkt anwendbaren Wirtschafts-, Handels- oder Finanzsanktionen bzw. Embargos der Europäischen Union oder der Bundesrepublik Deutschland entgegenstehen.

Dies gilt auch für Wirtschafts-, Handels oder Finanzsanktionen bzw. Embargos, die durch die Vereinigten Staaten von Amerika in Hinblick auf den Iran erlassen werden, soweit dem nicht europäische oder deutsche Rechtsvorschriften entgegenstehen.

Klauseln zu den
Allgemeinen Hausrat Versicherungsbedingungen
(PK VHB 2010 – Quadratmetermodell)

Unverbindliche Bekanntgabe des GDV[1]

Version 1.1.2013

Übersicht

71xx	**Versicherte Gefahren und Schäden**
PK 7110 (10)	Fahrraddiebstahl
PK 7111 (10)	Überspannung
PK 7112 (10)	Datenrettungskosten in der Privatversicherung
PK 7113 (10)	Schäden durch radioaktive Isotope
72xx	**Versicherte Sachen**
PK 7210 (10)	Gegenstände von besonderem Wert
PK 7211 (10)	Arbeitsgeräte
PK 7212 (10)	In das Gebäude eingefügte Sachen
PK 7213 (10)	Hausrat außerhalb der ständigen Wohnung
PK 7214 (10)	Eingelagerte Hausratgegenstände
PK 7215 (10)	Schäden durch Naturgefahren an Hausrat im Freien
73xx	**Versicherte Kosten**
PK 7310 (10)	Mehrkosten für energetische Modernisierung von Haushaltsgeräten
PK 7311 (10)	Hotelkosten bei nicht ständig bewohnter Wohnung
74xx	**Versicherungsort**
PK 7410	Wohnsitz im Ausland
76xx	**Vorvertragliche Anzeige, Gefahrerhöhung, Obliegenheiten**
PK 7610 (10)	Sicherheitsvorschriften
77xx	**Entschädigung (Versicherungssumme, Unterversicherung, Selbstbehalte, Entschädigungsgrenzen)**
PK 7710 (10)	Selbstbehalt bei ungekürzter Hausrat-Versicherungssumme
PK 7711 (10)	Sachen mit gesondert vereinbarter Versicherungssumme
PK 7713 (10)	Erhöhte Entschädigungsgrenzen für die Außenversicherung
PK 7762 (10)	Wartezeit für weitere Elementargefahren
PK 7763 (10)	Selbstbehalt für Gebäude in besonders überschwemmungsgefährdeter Lage
78xx	**Verhaltens- und Wissenszurechnung, Vertretung**
PK 7810 (10)	Führung
PK 7811 (10)	Prozessführung
PK 7812 (10)	Makler

---

[1] Unverbindliche Bekanntgabe des Gesamtverbandes der Deutschen Versicherungswirtschaft e.V. (GDV) zur fakultativen Verwendung. Abweichende Vereinbarungen sind möglich. Version: 1.1.2013. GDV 0621.

PK 7110 (10) Fahrraddiebstahl

Leistungsversprechen und Definitionen

1. Ergänzend zu den Regelungen des Abschnitt A § 3 Nr. 2 VHB 2010 erstreckt sich der Versicherungsschutz für Fahrräder unter den nachfolgenden Voraussetzungen auch auf Schäden durch Diebstahl.

   Die Regelungen für die Außenversicherung (siehe Abschnitt A § 7 VHB 2010) gelten entsprechend.

2. Obliegenheiten des Versicherungsnehmers

   a) Der Versicherungsnehmer hat das Fahrrad durch ein eigenständiges Fahrradschloss gegen Diebstahl zu sichern, wenn er es nicht zur Fortbewegung einsetzt. Sicherungseinrichtungen, die dauerhaft mit dem Fahrrad verbunden sind (z.B. sog. „Rahmenschlösser"), gelten nicht als eigenständige Schlösser;

   b) Ist das Fahrrad nicht in Gebrauch und besteht für den Versicherungsnehmer die Möglichkeit, bei Nichtgebrauch einen gemeinschaftlichen Fahrradabstellraum zum Unterstellen des Fahrrades zu nutzen, dann ist der Versicherungsnehmer verpflichtet, dieser Einstellmöglichkeit nachzukommen und das Fahrrad dort gemäß a) gegen Diebstahl zu sichern.

3. Besondere Obliegenheiten im Schadenfall

   a) Der Versicherungsnehmer hat den Kaufbeleg, sowie sonstige Unterlagen über den Hersteller, die Marke und die Rahmennummer der versicherten Fahrräder zu beschaffen und aufzubewahren, soweit ihm dies billigerweise zugemutet werden kann.

   Verletzt der Versicherungsnehmer diese Bestimmung, so kann er Entschädigung nur verlangen, wenn er die Merkmale anderweitig nachweisen kann;

   b) Der Versicherungsnehmer hat den Diebstahl unverzüglich der Polizei anzuzeigen und dem Versicherer einen Nachweis dafür zu erbringen, dass das Fahrrad nicht innerhalb von drei Wochen seit Anzeige des Diebstahls wieder herbeigeschafft wurde.

4. Obliegenheitsverletzung durch den Versicherungsnehmer

   Verletzt der Versicherungsnehmer eine der Obliegenheiten nach Nr. 2 und Nr. 3 b), so ist der Versicherer nach Maßgabe der in Abschnitt B § 8 Nr. 1 b) und Nr. 3 VHB 2010 beschriebenen Voraussetzungen zur Kündigung berechtigt oder auch ganz oder teilweise leistungsfrei.

5. Entschädigungshöhe, Entschädigungsgrenzen, Selbstbehalt

   a) Die Entschädigung ist je Versicherungsfall auf __ Prozent der Versicherungssumme (siehe Abschnitt A § 9 VHB 2010) für den Hausrat begrenzt. Eine andere Entschädigungsgrenze kann vereinbart werden;

   b) Der Selbstbehalt je Versicherungsfall beträgt __ Prozent der in a) vereinbarten Entschädigungsgrenze, mindestens jedoch __ Euro.

PK 7111 (10) Überspannung

1. Versicherte Gefahr

   In Ergänzung zum Versicherungsschutz für Blitzschlagschäden leistet der Versicherer Entschädigung auch für Schäden, die an versicherten elektrischen Einrichtungen und Geräten durch Überspannung, Überstrom und Kurzschluss infolge eines Blitzes oder durch sonstige atmosphärisch bedingte Elektrizität entstehen.

2. Besondere Entschädigungsgrenze und Selbstbehalt
   a) Die Entschädigung ist je Versicherungsfall auf __ begrenzt;
   b) Der Selbstbehalt je Versicherungsfall beträgt __.

PK 7112 (10) Datenrettungskosten in der Privatversicherung

1. Datenrettungskosten

   Versichert sind die infolge eines Versicherungsfalles am Versicherungsort tatsächlich entstandenen, notwendigen Kosten für die technische Wiederherstellung – und nicht der Wiederbeschaffung – von elektronisch gespeicherten, ausschließlich für die private Nutzung bestimmten Daten (maschinenlesbare Informationen) und Programme.

   Voraussetzung ist, dass die Daten und Programme durch eine ersatzpflichtige Substanzbeschädigung an dem Datenträger, auf dem sie gespeichert waren, verloren gegangen, beschädigt oder nicht mehr verfügbar sind.

   Ersetzt werden auch die Kosten einer versuchten technischen Wiederherstellung.

2. Ausschlüsse
   a) Nicht ersetzt werden derartige Wiederherstellungskosten für
      aa) Daten und Programme, zu deren Nutzung der Versicherungsnehmer nicht berechtigt ist (z.B. so genannte Raubkopien);
      bb) Programme und Daten, die der Versicherungsnehmer auf einem Rücksicherungs- oder Installationsmedium vorhält.
   b) Der Versicherer leistet keine Entschädigung für die Kosten eines neuerlichen Lizenzerwerbs.

3. Entschädigungsgrenzen
   a) Der Versicherer ersetzt die Datenrettungskosten bis zu einem Betrag von __ Euro;
   b) Der als entschädigungspflichtig errechnete Betrag wird je Versicherungsfall um den vereinbarten Selbstbehalt gekürzt.

PK 7113 (10) Schäden durch radioaktive Isotope

Eingeschlossen sind Schäden an versicherten Sachen, die als Folge eines unter die Versicherung fallenden Schadenereignisses durch auf dem Grundstück, auf dem der Versicherungsort liegt, betriebsbedingt vorhandene oder verwendete radioaktive Isotope entstehen, insbesondere Schäden durch Kontamination und Aktivierung. Dies gilt nicht für radioaktive Isotope von Kernreaktoren.

PK 7210 (10) Gegenstände von besonderem Wert

Abweichend von Abschnitt A § 6 Nr. 2 b) VHB 2010 sind die im Versicherungsvertrag bezeichneten Gegenstände von besonderem Wert nicht mitversichert.

PK 7211 (10) Arbeitsgeräte

Abweichend von Abschnitt A § 6 Nr. 2 c) hh) VHB 2010 sind Arbeitsgeräte und Einrichtungsgegenstände, die ausschließlich dem Beruf oder dem Gewerbe des Versicherungsnehmers oder einer mit ihm in häuslicher Gemeinschaft lebenden Person dienen, nicht mitversichert.

PK VHB 2010 (QM)

PK 7212 (10) In das Gebäude eingefügte Sachen

1. Die im Versicherungsvertrag besonders bezeichneten Sachen, z.B. Einbaumöbel/-küchen, Bodenbeläge, Innenanstriche und Tapeten, sind auch versichert, soweit sie Gebäudebestandteile sein könnten.
2. Soweit gemäß Nr. 1 sanitäre Anlagen und leitungswasserführende Installationen versichert sind, erstreckt sich die Versicherung auch auf Frostschäden an diesen Sachen sowie auf Frost- und sonstige Bruchschäden an deren Zuleitungsrohren.

PK 7213 (10) Hausrat außerhalb der ständigen Wohnung

Abweichend von Abschnitt A § 6 VHB 2010 sind nicht versichert:
1. in Wochenend-, Ferien-, Land-, Jagd-, Garten- und Weinberghäusern sowie in sonstigen nicht ständig bewohnten Gebäuden:
Bargeld und auf Geldkarten geladene Beträge, Urkunden einschließlich Sparbücher und sonstige Wertpapiere, Schmucksachen, Edelsteine, Perlen, Briefmarken, Münzen und Medaillen sowie alle Sachen aus Silber, Gold oder Platin, Pelze, handgeknüpfte Teppiche und Gobelins, Kunstgegenstände (z.B. Gemälde, Collagen, Zeichnungen, Graphiken und Plastiken), Schusswaffen, Foto- und optische Apparate sowie sonstige Sachen, die über 100 Jahre alt sind (Antiquitäten), jedoch mit Ausnahme von Möbelstücken.
2. in Zweitwohnungen in ständig bewohnten Gebäuden:
Bargeld und auf Geldkarten geladene Beträge, Urkunden einschließlich Sparbücher und sonstige Wertpapiere, Schmucksachen, Edelsteine, Perlen, Briefmarken, Münzen und Medaillen sowie alle Sachen aus Gold oder Platin, Pelze, handgeknüpfte Teppiche und Gobelins sowie Kunstgegenstände (z.B. Gemälde, Collagen, Zeichnungen, Graphiken und Plastiken).

PK 7214 (10) Eingelagerte Hausratgegenstände

Von eingelagerten Hausratgegenständen sind nicht versichert:
Bargeld und auf Geldkarten geladene Beträge, Urkunden einschließlich Sparbücher und sonstige Wertpapiere, Schmucksachen, Edelsteine, Perlen, Briefmarken, Münzen und Medaillen sowie alle Sachen aus Silber, Gold oder Platin, Pelze, handgeknüpfte Teppiche und Gobelins, Kunstgegenstände (z.B. Gemälde, Collagen, Zeichnungen, Graphiken und Plastiken), Schusswaffen, Foto- und optische Apparate sowie sonstige Sachen, die über 100 Jahre alt sind (Antiquitäten), jedoch mit Ausnahme von Möbelstücken.

PK 7215 (10) Schäden durch Naturgefahren an Hausrat im Freien

Abweichend von Abschnitt A § 5 Nr. 4 b) bb) VHB 2010 wird für versicherte Sachen außerhalb von Gebäuden, aber innerhalb des Versicherungsortes gemäß Abschnitt A § 6 Nr. 3 VHB 2010 Entschädigung geleistet.

PK 7310 (10) Mehrkosten für energetische Modernisierung von Haushaltsgeräten

In Erweiterung zu Abschnitt A § 8 VHB 2010 ersetzt der Versicherer Mehrkosten für nach einem ersatzpflichtigem Versicherungsfall neu zu beschaffende wasser- bzw. energiesparende Waschmaschinen, Kühlschränke, Trockner, Geschirrspüler und Gefrierschränke der zu diesem Zeitpunkt verfügbaren höchsten Effizienzklasse.
Die Entschädigung ist auf den vereinbarten Betrag begrenzt.

PK 7410 (10) Wohnsitz im Ausland

1. Abweichend von Abschnitt A § 11 Nr. 2 VHB 2010 besteht Versicherungsschutz bei Wohnungswechsel auch in der neuen Wohnung, wenn diese innerhalb des vereinbarten ausländischen Staates liegt.
2. Die Versicherungssumme wird in Euro vereinbart. Die Leistungen der Vertragsparteien sind ebenfalls in Euro zu erbringen.
3. Abweichend von Abschnitt A § 15 Nr. 3 a) und Nr. 3 c) VHB 2010 gilt als zuständiges Amtsgericht für die Ernennung des zweiten Sachverständigen oder des Obmannes das Amtsgericht des letzten inländischen Wohnsitzes des Versicherungsnehmers.

PK 7610 (10) Sicherheitsvorschriften

1. Für die Zeit, in der sich niemand in der Wohnung aufhält, sind alle Schließvorrichtungen und vereinbarten Sicherungen zu betätigen und die vereinbarten Einbruchmeldeanlagen einzuschalten. Dies gilt nicht, wenn die Wohnung nur für sehr kurze Zeit verlassen wird (z.B. Gang zum Briefkasten oder Mülleimer).
2. Alle Schließvorrichtungen, vereinbarten Sicherungen und vereinbarten Einbruchmeldeanlagen sind in gebrauchsfähigem Zustand zu erhalten; Störungen, Mängel und Schäden sind unverzüglich zu beseitigen.
3. Verletzt der Versicherungsnehmer oder sein Repräsentant eine dieser Obliegenheiten, so ist der Versicherer nach Maßgabe der in Abschnitt B § 8 Nr. 1 b) und Nr. 3 VHB 2010 beschriebenen Voraussetzungen zur Kündigung berechtigt oder auch ganz oder teilweise leistungsfrei.

PK 7710 (10) Selbstbehalt bei ungekürzter Hausrat-Versicherungssumme

Der bedingungsgemäß als entschädigungspflichtig errechnete Betrag wird je Versicherungsfall um den vereinbarten Selbstbehalt gekürzt. Dies gilt nicht für Schadenabwendungs- oder Schadenminderungskosten (siehe Abschnitt B § 13 VHB 2010), die auf Weisung des Versicherers angefallen sind.

PK 7711 (10) Sachen mit gesondert vereinbarter Versicherungssumme

1. Sachen mit gesondert vereinbarter Versicherungssumme sind als besondere Gruppen (Positionen) versichert. Sie gelten abweichend von Abschnitt A § 6 Nr. 1 und Nr. 2 VHB 2010 nicht als Teil des Hausrats.
2. Abschnitt A § 12 Nr. 4 VHB 2010 ist auf die Versicherungssummen gemäß Nr. 1 anzuwenden. Ein vereinbarter Unterversicherungsverzicht gilt für diese Gruppen (Positionen) nicht, soweit nicht etwas anderes vereinbart wurde.
3. Die Versicherungssummen gemäß Nr. 1 verändern sich entsprechend Abschnitt A § 9 Nr. 4 VHB 2010. Liegt die Versicherungssumme danach über der ursprünglich vereinbarten Versicherungssumme, so wird der Mehrbetrag zwischen alter und neuer Versicherungssumme für die Berechnung der Entschädigung verdoppelt.
4. Der Beitragssatz verändert sich gemäß Abschnitt A § 10 VHB 2010.
5. Außenversicherungsschutz gemäß Abschnitt A § 7 VHB 2010 besteht nicht.

PK 7713 Erhöhte Entschädigungsgrenzen für die Außenversicherung

1. Abweichend von Abschnitt A § 7 Nr. 6 a) VHB 2010 ist die Entschädigungsgrenze auf __ Prozent, höchstens __ Euro, erhöht.
2. Die Entschädigungsgrenzen gemäß Abschnitt A § 13 Nr. 2 VHB 2010 gelten unverändert.

PK 7762 (10) Wartezeit für Weitere Elementargefahren

In Abweichung von Abschnitt B § 2 Abs. 1 beginnt der Versicherungsschutz für die Naturgefahren Überschwemmung, Rückstau, Erdbeben, Erdsenkung, Erdrutsch, Schneedruck, Lawinen, Vulkanausbruch mit dem Ablauf von __ Wochen ab Versicherungsbeginn (Wartezeit).

PK 7763 (10) Selbstbehalt für Hausrat in besonders überschwemmungsgefährdeter Lage

In Ergänzung zu Abschnitt A § 5 Nr. 5 VHB 2010 wird für versicherte Überschwemmungsschäden am Hausrat innerhalb des Versicherungsortes (siehe Abschnitt A § 6 Nr. 3) unmittelbar durch Ausuferung von oberirdischen Gewässern bis einschließlich eines Betrages von __ Euro keine Entschädigung geleistet. Die diesen Betrag übersteigenden Schäden werden unter Berücksichtigung eines vereinbarten Selbstbehaltes in voller Höhe entschädigt.

PK 7810 (10) Führung

Der führende Versicherer ist bevollmächtigt, Anzeigen und Willenserklärungen des Versicherungsnehmers für alle beteiligten Versicherer entgegenzunehmen.

PK 7811 (10) Prozessführung

Soweit die vertraglichen Grundlagen für die beteiligten Versicherer die gleichen sind, ist Folgendes vereinbart:
1. Der Versicherungsnehmer wird bei Streitfällen aus diesem Vertrag seine Ansprüche nur gegen den führenden Versicherer und nur wegen dessen Anteil gerichtlich geltend machen.
2. Die beteiligten Versicherer erkennen die gegen den führenden Versicherer rechtskräftig gewordene Entscheidung sowie die von diesem mit dem Versicherungsnehmer nach Rechtshängigkeit geschlossenen Vergleiche als auch für sich verbindlich an.
3. Falls der Anteil des führenden Versicherers den für die Zulässigkeit der Berufung notwendigen Wert des Beschwerdegegenstandes oder im Falle der Revision den Wert der mit der Revision geltend zu machenden Beschwer nicht erreicht, ist der Versicherungsnehmer berechtigt und auf Verlangen des führenden oder eines mitbeteiligten Versicherers verpflichtet, die Klage auf einen zweiten, erforderlichenfalls auf weitere Versicherer auszudehnen, bis diese Summe erreicht ist. Wird diesem Verlangen nicht entsprochen, so gilt Nr. 2 nicht.

PK 7812 (10) Makler

Der den Versicherungsvertrag betreuende Makler ist bevollmächtigt, Anzeigen und Willenserklärungen des Versicherungsnehmers entgegenzunehmen. Er ist durch den Maklervertrag verpflichtet, diese unverzüglich an den Versicherer weiterzuleiten.

Allgemeine Versicherungsbedingungen für die Haftpflichtversicherung (AHB)

(inkl. Alternativen für die echte unterjährige Beitragszahlung)

Musterbedingungen des GDV[1]

Stand: Februar 2014

Vorbemerkung zu den AHB

Die Allgemeinen Bedingungen für die Haftpflichtversicherung (AHB) existieren seit über 100 Jahren,[1] sie bilden die Grundlage für die meisten Haftpflichtversicherungsverträge. Die VR verwenden im Massengeschäft – bei Verträgen für private wie berufliche und gewerbliche Risiken – idR die vom GDV empfohlenen Musterbedingungen. Lediglich einige Berufshaftpflichtversicherungen (Vermögensschadendeckungen) basieren nicht auf den AHB. Auch manche Industriepolicen – insb. von Maklern entwickelte Wordings – sind sog. durchgeschriebene Bedingungen, die Allgemeine und Besondere Bedingungen vereinen. Ansonsten basieren Haftpflichtversicherungsverträge meist auf den AHB sowie den Besonderen Bedingungen und Risikobeschreibungen (BBR). Die BBR sind auf das jeweils zu versichernde Risiko zugeschnitten. Es existieren BBR zur Privathaftpflichtversicherung, zur Betriebs-, Produkt- und Umwelthaftpflichtversicherung usw. – Eine **Deckungsprüfung** erfordert immer, **AHB und BBR** zu sichten: Teils sind in den AHB bestimmte Ausschlüsse vorgesehen, die in den BBR (ganz oder teilweise) wieder eingeschlossen werden (Deckungserweiterungen); teils enthalten die BBR Ausschlüsse, die über die AHB hinausgehen. 1

Die AHB sind im Jahr 1940 wesentlich überarbeitet[2] und auch später immer wieder an veränderte Anforderungen angepasst worden.[3] Eine bedeutsame Überarbeitung aus jüngerer Zeit war durch das Schuldrechtsmodernisierungsgesetz im Jahr 2002 veranlasst.[4] Die Bedingungsverfasser haben auch immer wieder auf neue gerichtliche Entscheidungen oder Trends in der Rspr reagiert.[5] Die im Juni 2004 veröffentlichte Fassung der AHB beruht auf einer grundlegenden Überarbeitung mit umfangreichen Änderungen in Formulierung, Aufbau und Inhalt.[6] Der GDV verfolgt mit den neuen Musterbedingungen v.a. das Ziel, die **Transparenz** der AHB zu verbessern.[7] 2

---

1 Musterbedingungen des GDV. Unverbindliche Bekanntgabe des Gesamtverbandes der Deutschen Versicherungswirtschaft e.V. (GDV). Zur fakultativen Verwendung. Abweichende Vereinbarungen sind möglich.
1 Zur geschichtlichen Entwicklung Späte/Schimikowski/*v. Rintelen*, Einl Rn 34 ff.
2 Vgl *Littbarski*, AHB, Vorbem. Rn 36 mwN.
3 Vgl die Hinweise bei MAH VersR/*Kummer*, § 12 Rn 15.
4 In diesem Zusammenhang wurde zB der Erfüllungsschadenausschluss verändert und die Formulierung an die durch das Schuldrechtsmodernisierungsgesetz erfolgte Neuerung der Gesetzeslage orientiert.
5 Die Fassung des § 4 I Nr. 6 b AHB 2000 war eine Reaktion auf die Rspr des BGH zum Nutzungsausfallschaden, BGH 21.9.1983 – IVa ZR 165/81, VersR 1984, 252 und BGH 8.12.1998 – VI ZR 66/98, r+s 1999, 152; die Fassung des § 4 I Nr. 6 b AHB 2002 ist eine Reaktion auf das Pflanzkübel-Urteil, BGH 3.5.2000 – IV ZR 172/99, r+s 2000, 449.
6 Die AHB 2004 wurden vom GDV als Anlage 1 zum RS 1006/2004 mit Schreiben vom 17.6.2004 – H 25/04 M – veröffentlicht.
7 Vgl Rundschreiben H 25/04 M vom 17.6.2004, S. 2.

3 Die Reform des VVG brachte es mit sich, dass die Bedingungen an das neue Recht anzupassen waren. Das ist mit den **AHB 2007** vollzogen. Nachdem die VR bei der Umsetzung der AHB 2004 eher zögerlich agierten, erzwingt das neue Versicherungsvertragsrecht nunmehr, die angepassten AHB im **Neugeschäft** zu verwenden. Für die Schadensbearbeitung werden die älteren Fassungen der AHB noch lange Zeit ihre Bedeutung behalten. Deshalb ist die bisher zu den älteren AHB ergangene Rspr in der nachfolgenden Kommentierung der Bedingungsfassung berücksichtigt.

4 Im **Oktober 2010** hat der GDV eine geänderte Fassung der AHB herausgegeben, in der alternative Regelungen vorgesehen sind für den Fall, dass **echte unterjährige Beitragszahlung** vereinbart ist. Für den Fall vereinbarter echter unterjähriger Beitragszahlung enthält die neu angefügte Ziff. 33 AHB 2010 eine Begriffsbestimmung des Versicherungsjahres. Nachfolgend werden die **AHB** mit **Stand Februar 2014** zugrunde gelegt.[8]

5 Seit 2014 empfiehlt der GDV auch **neu strukturierte Bedingungen** – zB für die private Haftpflichtversicherung (August 2014) die **AVB PHV** –, denen die AHB nicht mehr als gesondertes (Grund-)Bedingungswerk zugrunde liegen. Die Regelungen der AHB werden, soweit dies nötig ist, in die einheitlichen („durchgeschriebenen") Bedingungen zur PHV, zur Tierhalterhaftpflichtversicherung, zur BHV usw eingearbeitet. Damit entfällt das bei AHB-basierten Deckungen übliche Nebeneinander von Ausschlüssen in den AHB und Wiedereinschlüssen in den BBR (vgl Rn 1). Erläuterungen zu den AVB PHV finden sich im Anschluss an die Kommentierung der AHB.

Umfang des Versicherungsschutzes	1699
1 Gegenstand der Versicherung, Versicherungsfall	1699
2 Vermögensschäden, Abhandenkommen von Sachen	1716
3 Versichertes Risiko	1720
4 Vorsorgeversicherung	1723
5 Leistungen der Versicherung	1726
6 Begrenzung der Leistungen	1729
7 Ausschlüsse	1733
Beginn des Versicherungsschutzes/Beitragszahlung	1761
8 Beginn des Versicherungsschutzes	1761
9 Zahlung und Folgen verspäteter Zahlung/erster oder einmaliger Beitrag	1762
10 Zahlung und Folgen verspäteter Zahlung/Folgebeitrag	1763
11 Rechtzeitigkeit der Zahlung bei SEPA-Lastschriftmandat	1764
12 Teilzahlung und Folgen bei verspäteter Zahlung	1765
13 Beitragsregulierung	1765
14 Beitrag bei vorzeitiger Vertragsbeendigung	1767
15 Beitragsangleichung	1767
Dauer und Ende des Vertrages/Kündigung	1769
16 Dauer und Ende des Vertrages	1769
17 Wegfall des versicherten Risikos	1769
18 Kündigung nach Beitragsangleichung	1770
19 Kündigung nach Versicherungsfall	1770
20 Kündigung nach Veräußerung versicherter Unternehmen	1772

---

8 Zum Abdruck und zur Kommentierung der **AHB, Stand: Januar 2008**, s. die Vorauflage (2. Aufl. 2011), S. 1549–1631. Soweit die AHB mit Stand **Oktober 2010** Abweichungen enthalten, wird dort jeweils darauf hingewiesen.

21	Kündigung nach Risikoerhöhung aufgrund Änderung oder Erlass von Rechtsvorschriften	1773
22	Mehrfachversicherung	1774

Obliegenheiten des Versicherungsnehmers ... 1775
23 Vorvertragliche Anzeigepflichten des Versicherungsnehmers ... 1775
24 Obliegenheiten vor Eintritt des Versicherungsfalles ... 1777
25 Obliegenheiten nach Eintritt des Versicherungsfalles ... 1778
26 Rechtsfolgen bei Verletzung von Obliegenheiten ... 1781

Weitere Bestimmungen ... 1785
27 Mitversicherte Person ... 1785
28 Abtretungsverbot ... 1786
29 Anzeigen, Willenserklärungen, Anschriftenänderung ... 1787
30 Verjährung ... 1788
31 Zuständiges Gericht ... 1789
32 Anzuwendendes Recht ... 1789
33 Begriffsbestimmung ... 1790

Umfang des Versicherungsschutzes

1 Gegenstand der Versicherung, Versicherungsfall

1.1 Versicherungsschutz besteht im Rahmen des versicherten Risikos für den Fall, dass der Versicherungsnehmer wegen eines während der Wirksamkeit der Versicherung eingetretenen Schadenereignisses (Versicherungsfall), das einen Personen-, Sach- oder sich daraus ergebenden Vermögensschaden zur Folge hatte, aufgrund

gesetzlicher Haftpflichtbestimmungen

privatrechtlichen Inhalts

von einem Dritten auf Schadensersatz in Anspruch genommen wird.

Schadenereignis ist das Ereignis, als dessen Folge die Schädigung des Dritten unmittelbar entstanden ist. Auf den Zeitpunkt der Schadenverursachung, die zum Schadenereignis geführt hat, kommt es nicht an.

1.2 Kein Versicherungsschutz besteht für Ansprüche, auch wenn es sich um gesetzliche Ansprüche handelt,

(1) auf Erfüllung von Verträgen, Nacherfüllung, aus Selbstvornahme, Rücktritt, Minderung, auf Schadensersatz statt der Leistung;

(2) wegen Schäden, die verursacht werden, um die Nacherfüllung durchführen zu können;

(3) wegen des Ausfalls der Nutzung des Vertragsgegenstandes oder wegen des Ausbleibens des mit der Vertragsleistung geschuldeten Erfolges;

(4) auf Ersatz vergeblicher Aufwendungen im Vertrauen auf ordnungsgemäße Vertragserfüllung;

(5) auf Ersatz von Vermögensschäden wegen Verzögerung der Leistung;

(6) wegen anderer an die Stelle der Erfüllung tretender Ersatzleistungen.

1.3 Es besteht – unbeschadet der übrigen Vertragsbestimmungen – Versicherungsschutz nur, soweit und solange dem keine auf die Vertragsparteien direkt anwendbaren Wirtschafts-, Handels- oder Finanzsanktionen bzw. Embargos der Europäischen Union oder der Bundesrepublik Deutschland entgegenstehen.

Dies gilt auch für Wirtschafts-, Handels- oder Finanzsanktionen bzw. Embargos, die durch die Vereinigten Staaten von Amerika in Hinblick auf den Iran erlassen werden, soweit dem nicht europäische oder deutsche Rechtsvorschriften entgegenstehen.

I. Allgemeines 1
II. Gesetzliche Haftpflichtbestimmungen privatrechtlichen Inhalts (Ziff. 1.1) 4
   1. Keine Deckung für öffentlich-rechtliche Ansprüche 4
   2. Ansprüche auf Schadensersatz 5
   3. Zulässige Begrenzung der Deckung..................... 11
III. Schadenereignis (Ziff. 1.1 S. 2) ... 12
   1. Die Entwicklung der Rspr ... 13
   2. Begriffliche Klärung in den neuen AHB 20
IV. Personen- und Sachschäden (Ziff. 1.1 S. 1)..................... 26
   1. Personenschaden 27
   2. Sachschaden................... 29
      a) Begriff..................... 29
      b) Abhandenkommen 32
      c) Mangelhafte Herstellung einer Sache................ 33
      d) Eigentumsverhältnisse.... 34
V. Erfüllungsschäden (Ziff. 1.2)..... 35
   1. Allgemeines................... 35
   2. Rechtscharakter der Regelung..................... 36
   3. Transparenz der Regelung ... 38
   4. Ausschlusstatbestände (Ziff. 1.2) 39
      a) Mangelbeseitigung 39
      b) Mangelbeseitigungsnebenkosten 40
      c) Nutzungsentgang......... 42
      d) Vergebliche Aufwendungen....................... 43
      e) Verzugsschäden........... 44
      f) Sonstige Erfüllungssurrogate.................. 45
   5. Äquivalenz- und Integritätsinteresse 46
      a) Allgemeines............... 46
      b) Auslegung des § 4 I Nr. 6 letzter Absatz AHB aF.... 47
      c) Weitere Beispiele aus der Rspr....................... 50
         aa) Dachreparatur-Fall 50
         bb) Nasszellen-Fall........... 51
         cc) Kegelbahn-Fall........... 52
         dd) Dachstuhl-Fall........... 53
         ee) Planungsfehler-Fall 54
         ff) Fortbestehender Werklohnanspruch 55
         gg) Kellerbau-Fall............ 56
         hh) Rhizome-Fall 57
         ii) Montageanleitungs-Fall 58
         jj) Motorteile-Fall 59
   6. Sanktionsklausel (Ziff. 1.3) .. 60

I. Allgemeines

1 Ziff. 1 stellt die bedeutsamste Regelung des gesamten Bedingungswerkes dar. Als primäre Risikobeschreibung umreißt sie den Gegenstand des Versicherungsschutzes. Die im Rahmen des Haftpflichtversicherungsvertrages gewährte Deckung wird gleichzeitig begrenzt und modifiziert. Die Begriffe, die in Ziff. 1 verwendet werden und dazu dienen, den Umfang des Versicherungsschutzes zu bestimmen, sind einer Inhaltskontrolle nach § 307 BGB zugänglich. Davon ausgenommen ist der Begriff des Schadenereignisses.[1]

---

1 BGH 26.3.2014 – IV ZR 422/12, r+s 2014, 228.

Ziff. 1.1 beschränkt die Deckung auf 2

- Schadensersatzansprüche Dritter aufgrund gesetzlicher Haftpflichtansprüche privatrechtlichen Inhalts (s. Rn 4 ff),
- Schadenereignisse, die während der Vertragslaufzeit eingetreten sind (s. Rn 12 ff), sowie
- Ansprüche wegen Personen- und Sachschäden (s. Rn 26 ff).

In **Ziff. 1.2** ist der sog. Erfüllungsschadenausschluss enthalten (s. Rn 35 ff). 3

II. Gesetzliche Haftpflichtbestimmungen privatrechtlichen Inhalts (Ziff. 1.1)

1. Keine Deckung für öffentlich-rechtliche Ansprüche. Die Deckung aus der Haft- 4
pflichtversicherung besteht nur dann, wenn der VN „von einem Dritten" aufgrund „gesetzlicher Haftpflichtbestimmungen privatrechtlichen Inhalts" auf Schadensersatz in Anspruch genommen wird. Der durchschnittliche, aufmerksam die AVB durchsehende und sie würdigende VN, dessen Verständnis bei der Auslegung von AVB grds. zugrunde zu legen ist,[2] kann aus dem Wortlaut Folgendes entnehmen: **Öffentlich-rechtliche Ansprüche** (zB Nachforderungen wegen zu wenig bezahlter Steuern, Verwarnungsgelder wegen Verletzung von Straßenverkehrsregeln, Auferlegung kommunaler Abgaben und Gebühren, Kosten einer Ersatzvornahme) sind nicht gedeckt. Der VN erfasst, dass es sich bei solchen Forderungen nicht um Schadensersatzansprüche handelt. Besteht neben dem (geltend gemachten) **Anspruch aus öffentlichem Recht** auch ein **konkurrierender privatrechtlicher Anspruch**, ist Versicherungsschutz zu bejahen.[3] – In der D&O-Versicherung beschränken die VR die Deckung meist nicht auf Haftpflichtansprüche privatrechtlichen Inhalts, so dass zB auch Ansprüche aus § 69 AO gedeckt sind. In der Umweltschadenversicherung sind ausschließlich öffentlich-rechtliche Ansprüche aufgrund des USchadG versichert.

2. Ansprüche auf Schadensersatz. Der VN entnimmt dem Text, dass er für **zivil-** 5
rechtliche Ansprüche, die auf **Schadensersatz** gerichtet sind, grds. Deckung genießt. Da „Schadensersatz" kein feststehender Rechtsbegriff ist, darf er diesen Terminus so verstehen, wie er in der Alltagssprache verwendet wird: Wenn jemand für einen Schaden, den ein anderer erlitten hat, verantwortlich gemacht wird und er für die finanziellen Folgen der Schädigung einstehen soll, wird er „aufgrund gesetzlicher Haftpflicht privatrechtlichen Inhalts auf Schadensersatz in Anspruch genommen". Woraus sich der Anspruch ergibt und ob es sich bei den in Betracht kommenden Normen um Ansprüche auf Schadensersatz im juristischen Sinne handelt, ist unerheblich.[4] Damit genießt der VN Versicherungsschutz – soweit nicht ausdrücklich abbedungen – v.a. für die **deliktische Haftung** (§§ 823 ff BGB) und für die Inanspruchnahme aus **Gefährdungshaftungsnormen** (zB § 1 ProdHaftG, § 1 UmweltHG, § 89 WHG, §§ 1, 2 HaftpflG). Ansprüche aus Geschäftsführung ohne Auftrag gem. § 683 BGB können ebenfalls zu den gesetzlichen Haftpflichtbestimmungen gezählt werden, wenn etwa deliktische Ansprüche wegen Deliktsunfähigkeit ausscheiden.[5]

Auch **vertragliche Haftung** auf Schadensersatz – aus § 280 BGB – ist grds. ge- 6
deckt.[6] Aus dem Wortlaut der Ziff. 1.1 erschließt sich dem VN nicht, dass Scha-

---
2 BGH 20.6.1990 – IV ZR 172/89, r+s 1990, 289 mwN.
3 BGH 20.12.2006 – IV ZR 325/05, r+s 2007, 94; dazu *Felsch*, r+s 2008, 165, 273 f; Prölss/Martin/*Lücke*, Ziff. 1 AHB Rn 17, 20.
4 BGH 11.6.1999 – V ZR 377/98, r+s 1999, 407.
5 So LG Köln 24.4.2003 – 24 O 431/02, r+s 2004, 183 (zur Kraftfahrt-Haftpflichtversicherung).
6 Anders *Graf von Westfalen*, NVersZ 2002, 241; wie hier Späte/Schimikowski/*v. Rintelen*, Ziff. 1 AHB Rn 265 ff; Prölss/Martin/*Lücke*, Ziff. 1 AHB Rn 8 mwN.

densersatzansprüche, die an die Stelle der vertraglichen Erfüllungsleistung treten, nicht gedeckt sein sollen; dies vermag er erst aus Ziff. 1.2 zu entnehmen (s. Rn 35). Gesetzliche Haftpflichtbestimmungen sind alle Rechtsnormen, die unabhängig vom Willen der Beteiligten an die Verwirklichung eines Ereignisses Rechtsfolgen knüpfen.[7] Das ist (auch) bei vertraglichen und vertragsähnlichen Ansprüchen der Fall, die das Integritätsinteresse betreffen (s. dazu Rn 46). Dass Ansprüche auf Erfüllung von Verträgen (**Nacherfüllung**, §§ 439, 635 BGB) und nicht auf Schadensersatz gerichtete **Gewährleistungsansprüche** (§§ 437 Nr. 2, 634 Nr. 3 BGB) nicht gedeckt sind, ersieht der VN aus dem Wortlaut der Ziff. 1.1 S. 1, da es sich nicht um Schadensersatzansprüche handelt.

7 In den Kreis der (gedeckten) Haftpflichtnormen hat die Rspr auch den **zivilrechtlichen Aufopferungsanspruch** aus § 906 Abs. 2 S. BGB analog[8] sowie den Anspruch auf **Schadenbeseitigung** aus § 1004 BGB[9] einbezogen, soweit der VN daraus faktisch auf Schadensersatz herangezogen wird. Das ist auch zutreffend, denn der (juristisch nicht geschulte) VN vermag nicht zwischen Schadensersatzansprüchen „im eigentlichen Sinne" sowie Aufopferungs- und Beseitigungsansprüchen – sofern Letztere den VN verpflichten, Ausgleich für verursachte Schäden zu leisten – zu unterscheiden. Das gilt auch dann, wenn etwa Aufwendungsersatzansprüche eines Geschädigten auf § 683 BGB oder § 812 BGB gestützt werden.

8 Zu beachten bleibt, dass die **bloße Störungsbeseitigung** nicht Gegenstand der Haftpflichtversicherung ist, sondern nur Ansprüche Dritter auf Ausgleich von Schäden. **Beispiel:** Der Eigentümer eines Baumes hat zu verhindern, dass Wurzeln auf das Nachbargrundstück hinüberwachsen. Verletzt er diese Pflicht, ist er Störer iSd § 1004 BGB. Der durch die Baumwurzeln gestörte Grundstückseigentümer kann die Beseitigung der Störung selbst vornehmen (§ 910 Abs. 1 S. 1 BGB) und die dadurch entstehenden Kosten nach Bereicherungsgrundsätzen (§ 812 Abs. 1 S. 1 BGB) erstattet verlangen.[10] Insoweit ist der Haftpflichtversicherer des „Störers" nicht eintrittspflichtig, da es lediglich um Störungsbeseitigung geht. Hat das Wurzelwerk jedoch den Boden des Nachbargrundstücks verlegte Abwasserrohre zerstört, geht es um Beseitigung eingetretener Schäden – der VN wird faktisch auf Schadensersatz in Anspruch genommen, auch wenn der Anspruch aus § 1004 BGB hergeleitet wird. In letzterem Fall ist der VR eintrittspflichtig.

9 Gedeckt sind auch Ansprüche aus § 14 Nr. 4 Hs 2 WEG,[11] aus § 179 BGB (Architekt war als vollmachtloser Vertreter des Bauherrn aufgetreten[12]) und aus § 426 BGB.[13]

10 **Dritter** ist, wer gegen den VN einen Anspruch aufgrund gesetzlicher Haftpflichttatbestände erhebt. Damit sind **Eigenschäden** von der Deckung ausgenommen (Eigenschäden werden etwa im Rahmen der Forderungsausfallversicherung eingeschlossen). Sofern die Anspruchsteller **mitversicherte Personen** sind, ist Ziff. 7.4 zu beachten. Ist der Schaden an einer Sache entstanden, an der Miteigentum des VN besteht, besitzt der VN keine Deckung in Höhe des Miteigentumsanteils.

11 **3. Zulässige Begrenzung der Deckung.** § 100 VVG enthält keine ausdrückliche Begrenzung der Deckung auf Ansprüche aus **privatrechtlichen** Haftpflichtnormen. Die in Ziff. 1.1 vorgenommene Eingrenzung des Versicherungsschutzes ist für den VN nicht überraschend iSv § 305 c Abs. 1 BGB, denn Haftpflichtrecht ist nun ein-

---

7 StRspr, vgl BGH 11.12.2002 – IV ZR 226/01, VersR 2003, 236.
8 BGH 11.6.1999 – V ZR 377/98, r+s 1999, 407.
9 BGH 8.12.1999 – IV ZR 40/99, r+s 2000, 100.
10 Vgl BGH 28.11.2003 – V ZR 99/03, NJW 2004, 603.
11 BGH 11.12.2002 – IV ZR 226/01, VersR 2003, 236.
12 BGH 20.11.1970 – IV ZR 1188/68, VersR 1971, 144.
13 BGH 17.5.1956 – II ZR 96/55, VersR 1956, 364; BGH 21.5.2003 – IV ZR 209/02, r+s 2003, 360.

mal Teil des Privatrechts. Sie entwertet den Versicherungsschutz auch nicht iSd § 307 Abs. 2 Nr. 2 BGB: Die Begrenzung des Versicherungsschutzes führt nicht zu einer Sinnentleerung des Vertrages; der mit der Haftpflichtversicherung angestrebte vertragliche Erfolg wird nicht ganz oder zum überwiegenden Teil in Frage gestellt,[14] das Leistungsversprechen des VR verliert nicht jeden sachlichen Gehalt.[15] Es handelt sich um eine zulässige Einschränkung von § 100 VVG.[16] In einzelnen BBR macht es Sinn, auch Ansprüche einzubeziehen, deren Grundlage außerhalb des Privatrechts zu finden ist. Das ist in der D&O-Versicherung vielfach ausdrücklich verwirklicht,[17] in der Umweltschadensversicherung ebenfalls.

III. Schadenereignis (Ziff. 1.1 S. 2)

Versicherungsfall iSd AHB ist das Schadenereignis. Die Auslegung dieses Terminus war lange Zeit umstritten, die Rspr urteilte uneinheitlich. Die hM vertritt die sog. **Folgeereignistheorie**.[18]   12

1. Die Entwicklung der Rspr. In den bis zu Beginn der 80er Jahre verwendeten AHB war als Versicherungsfall das **Ereignis** bestimmt, das Haftpflichtansprüche zur Folge haben könnte. Der BGH definierte dies im Jahr 1957 als den äußeren Vorgang, welcher den Schaden unmittelbar herbeiführt.[19] Dieser Ansatz wird meist als **Folgeereignistheorie** bezeichnet.[20] Ende der 70er Jahre stellte der BGH dann – unter Abkehr von seiner bisherigen Rspr – auf das **Ursachenereignis** ab.[21] Daraufhin wurde in § 1 Nr. 1 AHB aF und § 5 Nr. 1 AHB aF der Begriff „Ereignis" durch „Schadenereignis" ersetzt. Damit war bezweckt, zur Folgeereignistheorie iSd **Mähbinder-Entscheidung** des BGH von 1957 zurückzukehren.[22]   13

Manche Stimmen in der Lit. sehen dieses Ziel als verwirklicht an;[23] es ist freilich zu bezweifeln, ob allein aus dem Wort „Schadenereignis" für den durchschnittlichen VN erkennbar ist, dass damit der Vorgang gemeint ist, der den Schaden unmittelbar auslöst.[24]   14

Für die **Folgeereignistheorie** hat sich das **OLG Oldenburg** im **Weinkorken-Fall** ausgesprochen:[25] Der VN hatte Korkenrohlinge aus Portugal bezogen, die (zunächst unerkannt) fehlerhaft waren. Nach Weiterverarbeitung lieferte er im Februar 1994 42.000 Korken an Weingut R. Die Korken wurden ab Mitte 1994 zum Verschließen der Weinflaschen verwendet. Im August 1994 musste Weingut R wegen mangelhafter Korken und zahlreicher Beanstandungen Weine aus dem Verkehr ziehen und verlangte 175.000 DM Schadensersatz. Bis Ende Februar bestand für den VN eine Produkthaftpflichtversicherung bei VR X. Das Gericht führte aus, Schadener-   15

---

14 Vgl dazu Beckmann/Matusche-Beckmann/*Beckmann*, § 10 Rn 277 mwN.
15 Vgl dazu BGH 9.6.2004 – IV ZR 228/03, r+s 2004, 371, 372.
16 Späte/Schimikowski/*v. Rintelen*, Ziff. 1 AHB Rn 125.
17 Vgl *Plück/Lattwein*, Haftungsrisiken für Manager, 2. Aufl. 2004, S. 193; Bruck/Möller/ *Baumann*, Ziff. 1 AVB-AVG 2011/2013 Rn 36, 42 mwN.
18 Zu den Auffassungen in der Lit. und zur Entwicklung der Rspr *Rolfes*, VersR 2006, 1162, 1163 ff mwN.
19 BGH 9.7.1957 – VI ZR 304/56, NJW 1957, 1476 (Mähbinder-Entscheidung).
20 Dazu etwa *Littbarski*, AHB, § 1 Rn 12, der „Folgeereignis" allerdings mit dem „Eintritt des realen Verletzungszustands" gleichsetzt, was problematisch ist, vgl OLG Karlsruhe 1.7.2004 – 12 U 117/04, r+s 2004, 413, 414. Vgl auch *Marx*, Rettungsobliegenheit und Rettungskostenersatz im Versicherungsvertragsrecht, 2008, S. 189 ff.
21 BGH 4.12.1980 – IVa 32/80, VersR 1981, 173 (Herbizid-Entscheidung).
22 Vgl Späte/Schimikowski/*v. Rintelen*, Ziff. 1 AHB Rn 45.
23 So etwa *Littbarski*, AHB, § 1 Rn 14.
24 So Prölss/Martin/*Lücke*, § 100 VVG Rn 30, Ziff. 1 AHB Rn 1; *Schimikowski*, Versicherungsvertragsrecht, 5. Aufl. 2014, Rn 25. OLG Hamm 23.11.1984 – 20 U 187/84, VersR 1985, 463 nimmt Unklarheit an. Für Intransparenz *Kretschmer*, VersR 2004, 1376 ff.
25 OLG Oldenburg 27.11.1996 – 2 U 202/96, r+s 1997, 57.

eignis iSv § 1 AHB sei nicht die Lieferung eines fehlerhaften Erzeugnisses (Kausalereignis), sondern erst der äußere Vorgang, der die Schädigung des Dritten unmittelbar herbeiführt (Folgeereignis).

16 Ebenso bejahte das **OLG Karlsruhe** im Ergebnis die Auslegung des Schadenereignisbegriffs iSd **Folgeereignistheorie**.[26] Das Gericht bringt in einem obiter dictum zum Ausdruck, dass es im Hinblick auf die Privat-Haftpflichtversicherung skeptisch sei, ob Schadenereignis iSd Folgeereignistheorie auszulegen ist; hinsichtlich der Produkthaftpflichtversicherung bejaht das Gericht die Folgeereignistheorie, weil bei der Auslegung des Begriffs „Schadenereignis" die Serienschadenklausel zu beachten sei.

17 Der **Theorie vom realen Verletzungszustand** folgt das **OLG Köln**: Das (Schaden-)Ereignis liege vor, wenn sich die in der Haftpflichtversicherung versicherte Gefahr verwirklicht, eine Schädigung eines Dritten also jedenfalls begonnen hat.[27]

18 Dagegen sah das **OLG Celle** als Schadenereignis iSd **Gewässerschadenhaftpflichtversicherung** das **Kausalereignis** an.[28] Das **OLG Frankfurt** folgt (auch) bei der Gewässerschadenhaftpflichtversicherung der **Folgeereignistheorie**: Ein Schadenereignis iSd § 5 Nr. 1 AHB (aF) sei weder mit einer Schadenursache noch mit einem (drohenden) Gefahrenzustand gleichzusetzen. In der Gewässerschadenhaftpflichtversicherung sei darauf abzustellen, ob infolge eines augenfälligen Vorgangs eine Situation unmittelbar bevorsteht, in der eine Beeinträchtigung des Grundwassers im Bereich nutzungsberechtigter Nachbarn sicher voraussehbar ist.[29]

19 Ganz überwiegend vertritt die Rspr auch zur älteren Fassung der AHB, wonach als Versicherungsfall das „Schadenereignis, das Haftpflichtansprüche zur Folge haben könnte", umschrieben war (§§ 1, 5 Nr. 1 AHB aF), die Folgeereignistheorie.[30]

20 **2. Begriffliche Klärung in den neuen AHB.** Die **Neufassung** der AHB (Ziff. 1.1 S. 2) bringt nun klar zum Ausdruck, dass nicht auf das Ursachenereignis abzustellen ist, sondern auf das „Ereignis, als dessen Folge die Schädigung des Dritten unmittelbar entstanden ist". Die Absicht der Bedingungsverfasser ist es, das bereits Mitte der 80er Jahre angestrebte Ziel zu verwirklichen, den AHB als Deckungsauslöser das **Folgeereignis** iSd **Mähbinder-Entscheidung** des BGH aus dem Jahr 1957[31] zugrunde zu legen.[32] Schadenereignis ist die **letzte Tatsache**, die den Schaden ausgelöst hat.[33] In vielen Fällen schafft die aktuelle Fassung der AHB Klarheit:[34]

21 Für die **Produkthaftpflichtversicherung** gilt: Stellt der VN ein fehlerhaftes Produkt her, ist dies noch nicht als Schadenereignis iSd AHB anzusehen,[35] ebenso wenig dessen Auslieferung an Groß- bzw Einzelhändler oder an den Besteller, denn solange das Produkt nicht zum Einsatz kommt, steht ein Drittschaden noch nicht ein-

---

26 OLG Karlsruhe 17.7.2003 – 12 U 228/02, r+s 2004, 104.
27 OLG Köln 28.9.1999 – 9 U 31/99, r+s 1999, 499.
28 OLG Celle 21.3.1996 – 8 U 235/94, r+s 1996, 173.
29 OLG Frankfurt 8.12.2004 – 7 U 57/04, r+s 2006, 190.
30 Vgl aus jüngerer Zeit OLG Karlsruhe 17.6.2014 – 12 U 36/14, r+s 2014, 410; s. auch *Schmalzl/Krause-Allenstein*, Berufshaftpflichtversicherung des Architekten und Bauunternehmers, Rn 9 Fn 25 mwN.
31 Vgl BGH 9.7.1957 – VI ZR 304/56, NJW 1957, 1476.
32 Vgl die Erläuterungen in der Synopse, GDV-Rundschreiben H 25/04 M, Anlage 2 zum RS 1006/2004. Zweifel im Hinblick auf die Transparenz bei Prölss/Martin/*Lücke*, § 100 VVG Rn 31.
33 BGH 26.3.2014 – IV ZR 422/12, r+s 2014, 228; krit. zu dieser Entscheidung *Koch*, VersR 2014, 1277 ff.
34 Vgl auch Bruck/Möller/*Koch*, Ziff. 1 AHB 2012 Rn 5.
35 Unrichtig *Meixner/Steinbeck* (1. Aufl.), § 3 Rn 6; Prölss/Martin/*Lücke*, § 100 VVG Rn 26.

mal unmittelbar bevor.[36] Auch die vollzogene Veräußerung des Produkts ist kein Schadenereignis iSd Definition. Frühestens die Inbetriebnahme der fehlerhaft konstruierten Maschine, der Einbau der vom VN falsch konstruierten oder hergestellten Anlage in vorhandene Anlagen des Bestellers/Käufers oder ähnliche Vorgänge führen dazu, dass nun die Realisierung des Schadens sich konkret abzeichnet, dass ein Vorgang gegeben ist, der die Schädigung des Dritten unmittelbar herbeiführt.[37]

Prüft man den Sachverhalt der **Herbizid-Entscheidung** des BGH,[38] ergibt sich folgendes Bild: Das Ausbringen des Herbizids als Ursachenereignis scheidet als Anknüpfungspunkt aus, das Einsickern ins Schotterbett des Bahndamms muss (auch) noch keine Drittschäden auslösen. Sind die schädlichen Stoffe ins Erdreich und/oder ins Grundwasser eingedrungen und beginnt der Prozess des Aufnehmens durch das Wurzelwerk der Bäume links und rechts des Bahndamms, liegt ein Schadenereignis iSd AHB vor, denn nun kann es unmittelbar zu Schäden an den Bäumen kommen. Den Zeitpunkt dieses Ereignisses zu beweisen, wird dem VN freilich nicht leicht fallen; die **Beweisschwierigkeiten** sind dem Schadenereignisprinzip immanent und auch durch die Neuformulierung nicht beseitigt. In der Praxis ist der Problematik durch Einführung des Feststellungsprinzips in der Umwelthaftpflichtversicherung (Ziff. 4 UHV) begegnet worden.

Öffnet der VN in **Selbstmordabsicht** den **Gashahn**, liegt darin das Ursachenereignis. Das Anfüllen des Raumes mit Gas erhöht die Gefahr einer Explosion und damit eines Drittschadens, löst ihn aber nicht zwingend aus. Erst der zündende Funke, der das Gas zur Explosion bringt – etwa das Eintreten des Rauchers mit der glimmenden Zigarette – führt letztlich zur Explosion und damit zu Drittschäden (etwa an der gemieteten Wohnung).[39]

Die in **Ziff. 1.1 S. 2 und 3** getroffene Regelung beseitigt die Auslegungs- und Anwendungsschwierigkeiten der vor 2004 gebräuchlichen Fassung der AHB weitgehend.[40] Der VN kann dem Wortlaut entnehmen, dass der Versicherungsfall gegeben ist, wenn ein Ereignis eintritt, als dessen Folge die Schädigung eines Dritten **unmittelbar** folgt, also im Falle einer Ursachenkette das letzte Ereignis vor dem Schadeneintritt. Auf den Zeitpunkt, in dem der Schaden eintritt, kommt es nicht an. Insgesamt ist die Transparenz, was den Deckungsauslöser angeht, durch die seit den AHB 2004 verwendete Formulierung deutlich verbessert. – In Einzelfällen wird (auch künftig) darüber gestritten werden, ob „Unmittelbarkeit" gegeben ist oder nicht.[41] Auch der Zeitpunkt des Eintritts der „**letzten Tatsache**" (s. Rn 20) wird zuweilen nicht klar bestimmbar sein. Die zeitliche Zuordnung ist bei plötzlich und unfallartig eintretenden Ereignissen meist unproblematisch, bei Langzeitschadenereignissen hat das Folgeereignisprinzip Schwächen.[42] – Zu anderen Versicherungsfall-Begriffen s. § 100 VVG Rn 10 ff.

Insbesondere in der Betriebs- und Produkthaftpflichtversicherung ist zu beachten, dass es nach der Vertragsbeendigung zum Eintritt von Schadenereignissen kommen kann, wenn etwa ein Produkt während der Vertragslaufzeit auf den Markt

---

36 Anders OLG Stuttgart 28.4.2005 – 7 U 209/04, VersR 2006, 65 (Inverkehrbringen eines – fehlerhaften – Produkts als Schadenereignis).
37 So mit jedenfalls im Ergebnis überzeugender Begründung bereits zur bisherigen Fassung der AHB OLG Karlsruhe 17.7.2003 – 12 U 228/03, r+s 2004, 104; OLG Karlsruhe 1.7.2004 – 12 U 117/04, r+s 2004, 413.
38 Vgl BGH 4.12.1980 – IVa 32/80, VersR 1981, 173 (Herbizid-Entscheidung).
39 Vgl den Beispielfall OLG Hamm 23.11.1984 – 20 U 187/84, VersR 1985, 463.
40 Zweifelnd *Rolfes*, VersR 2006, 1162, 1165 ff; nach Prölss/Martin/*Lücke*, Ziff. 1 AHB Rn 2, 42 bleibt fraglich, was unter „Ereignis" zu verstehen sein soll, so dass Intransparenz (§ 307 Abs. 1 S. 2 BGB) oder Unklarheit (§ 305 c Abs. 2 BGB) vorliege. Dagegen BGH 26.3.2014 – IV ZR 422/12, r+s 2014, 228.
41 Krit. zum Kriterium der Unmittelbarkeit *Littbarski*, PHi 2005, 97, 102.
42 Dazu Späte/Schimikowski/*v. Rintelen*, Ziff. 1 AHB Rn 120, 126.

gebracht worden ist, das erst später zu einem Personenschaden führt. Hier ist der VN nur geschützt, wenn eine **Nachhaftungsregelung** getroffen worden ist; für den VR bzw den Vermittler besteht insoweit eine Beratungspflicht (§ 6 Abs. 5 VVG; vgl auch § 100 VVG Rn 12).

IV. Personen- und Sachschäden (Ziff. 1.1 S. 1)

26 Nach den AHB besteht Versicherungsschutz im Falle der Inanspruchnahme wegen Personen- und Sachschäden sowie sich daraus ergebenden – sog. unechten – Vermögensschäden.

27 **1. Personenschaden.** Der Begriff des Personenschadens wird in den AHB nicht näher umschrieben. Nach allgemeinem Sprachverständnis sind darunter Körperverletzungen und Gesundheitsschädigungen sowie der Tod eines Menschen zu verstehen.[43] Auch die Schädigung eines ungeborenen Kindes fällt darunter. Die Gesundheitsbeschädigung kann in einer physischen oder psychischen Beeinträchtigung bestehen. Unter die Deckung fallen alle **unechten Vermögensschäden**, die aus Personenschäden resultieren (Erwerbsausfall, Heilkosten usw). Gegenstände, die mit dem Körper fest verbunden sind – zB Herzschrittmacher –, teilen das rechtliche Schicksal des Körpers. Werden sie beschädigt, können daraus freilich (auch) Personenschäden entstehen. Sind solche Gegenstände vom Körper getrennt – zB abgelegte Prothese, aus dem Mund entferntes Gebiss –, sind sie als Sachen zu behandeln.[44]

28 Umstritten war bislang die Zuordnung von Verletzungen des **allgemeinen Persönlichkeitsrechts**. *Johannsen* bejahte hier einen Personenschaden iSd AHB.[45] Dabei wird in der haftpflichtversicherungsrechtlichen Lit. nicht angesprochen, ob der Ersatzanspruch wegen Verletzung des allgemeinen Persönlichkeitsrechts überhaupt als Schadensersatzanspruch zu qualifizieren ist.[46] Diese Streitfragen können künftig beiseite bleiben, denn die aktuellen AHB sehen für Verletzungen des allgemeinen Persönlichkeitsrechts einen expliziten Ausschluss vor (Ziff. 7.16). Damit besteht nicht nur in Deutschland, sondern ggf auch im Ausland, wo Verletzungen des Persönlichkeitsrechts zuweilen dem Personenschaden zugeordnet werden, kein Versicherungsschutz, soweit hierfür kein ausdrücklicher Einschluss vereinbart wurde.

29 **2. Sachschaden. a) Begriff.** Auch der Begriff des Sachschadens wird in den AHB nicht definiert. Es handelt sich dabei um einen **auslegungsbedürftigen** Begriff. Die älteren Fassungen der AHB enthalten beim Terminus „Sachschaden" den Zusatz „Zerstörung oder Beschädigung von Sachen". Dieser Hinweis ist jedoch seit langem durch die Rspr überholt, die einen Sachschaden auch dann annimmt, wenn die **Sachsubstanz** nicht verletzt, die **Nutzungsmöglichkeiten** aber beschränkt worden sind.[47]

30 Der Begriff des Sachschadens erfordert nach ganz hM in Lit. und Rspr, dass eine Sache vernichtet (zerstört) oder beschädigt ist. Eine **Beschädigung** soll vorliegen, wenn auf die Substanz der Sache eingewirkt und dadurch ihr früherer Zustand beeinträchtigt und ihre Gebrauchsfähigkeit aufgehoben oder geändert wird, ohne dass die Sachsubstanz verletzt sein muss.[48] Diese Auslegung entspricht auch dem

---

43 Vgl Prölss/Martin/*Lücke*, Ziff. 1 AHB Rn 30.
44 Näher dazu Späte/Schimikowski/*v. Rintelen*, Ziff. 1 AHB Rn 144.
45 So Bruck/Möller/*Johannsen*, VVG, 4. Bd., 8. Aufl. 1970, § 1 AHB Anm. G 71; vgl auch Bruck/Möller/*Koch*, Ziff. 1 AHB 2012 Rn 11; aA die hM, vgl *Littbarski*, AHB, § 1 Rn 18; Späte/Schimikowski/*v. Rintelen*, Ziff. 1 AHB Rn 137, jew. mwN.
46 Vgl dazu BeckOK-BGB/*Spindler*, § 253 Rn 24.
47 StRspr, BGH 21.9.1983 – IVa ZR 154/81, VersR 1983, 1169; OLG Hamm 11.11.1992 – 20 U 133/92, VersR 1993, 823, jew. mwN.
48 Vgl auch *Wandt*, in: FS Schirmer, 2005, S. 619, 620 mwN.

allgemeinen Sprachgebrauch und dem Verständnis des durchschnittlichen VN. Wenn zB eine Erdbeerplantage wegen einer Einwirkung auf die Erdbeerpflanzen keinen Ertrag mehr bringt,[49] wird der durchschnittliche VN sagen, dass die Erdbeerplantage oder die Pflanzen Schaden genommen haben, wenn auch die Pflanzen als solche weder zerstört noch beschädigt sind, aber ihre Brauchbarkeit zur Erfüllung des ihr eigentümlichen Zwecks (hier: Hervorbringen von Erdbeerfrüchten) beeinträchtigt ist. Gleiches gilt für die Judikatur, die sich mit der Abgrenzung von Sach- und echten Vermögensschäden und mit der Einordnung von Ansprüchen wegen Abhandenkommens von Sachen befasst (vgl Ziff. 2 Rn 10 ff).[50]

Einen Sachschaden bereits dann anzunehmen, wenn eine Sache lediglich in ihrer **Gebrauchsfähigkeit gemindert** ist, setzt voraus, dass auf die Sache eingewirkt worden ist.[51] Ohne eine solche Einwirkung ist nach dem allgemeinen Sprachgerbrauch kein Sachschaden gegeben. 31

Beispiele: 1. Sind Feldfrüchte durch Schadstoffe, die sich darauf niedergeschlagen haben, kontaminiert worden, liegt ein Sachschaden an den Feldfrüchten vor; sie sind in ihrer Substanz möglicherweise nicht beeinträchtigt, (aber) sie sind nicht mehr verkehrsfähig.

2. Wird nach dem Austritt gefährlicher Stoffe aus einer Anlage (nur) vermutet, dass die Feldfrüchte kontaminiert worden sein könnten, und führen die in der Öffentlichkeit verbreiteten Befürchtungen dazu, dass vom Kauf der Feldfrüchte abgesehen wird, kann nicht angenommen werden, dass hier ein Sachschaden vorliege. Vielmehr handelt es sich bei dem Ertragsausfall, den der Landwirt erleidet, um „reine" Vermögensschäden.

b) Abhandenkommen. Ziff. 2.2 kann entnommen werden, dass Schäden durch **Abhandenkommen von Sachen** als **eigene Schadenkategorie** und nicht als Unterfall des reinen Vermögensschadens zu betrachten sind. Das ändert aber nichts daran, dass Deckung besteht, wenn mit dem Abhandenkommen einer Sache **gleichzeitig** ein **Sachschaden** iSd Ziff. 1.1 S. 1 vorliegt.[52] 32

c) Mangelhafte Herstellung einer Sache. Die mangelhafte Herstellung einer Sache vermag keinen Sachschaden zu begründen, weil keine zuvor unbeschädigte Sache beeinträchtigt wurde. Vielmehr handelt es sich um einen reinen Vermögensschaden.[53] Handelt es sich um einen **Weiterfresser-Schaden**, ist dagegen ein Sachschaden anzunehmen. Haftungsrechtlich liegt in diesem Fall eine Eigentumsverletzung vor; es geht damit um den Schutz des Integritätsinteresses. Reine Vermögensschäden sind schwerer fassbar und einschätzbar als Personen- und Sachschäden; deshalb sind sie grds. vom Versicherungsschutz ausgenommen. Risiken, die aus einer Verletzung des Eigentums herrühren – was auch bei Weiterfresser-Schäden der Fall ist –, sind demgegenüber besser abgrenzbar und einschätzbar. Im Ergebnis spricht das für einen „Gleichlauf" von Eigentumsverletzung im deliktsrechtlichen und Sachschäden im deckungsrechtlichen Sinne.[54] 33

---

49 Vgl den Fall OLG Hamm 11.11.1992 – 20 U 133/92, VersR 1993, 823.
50 Dazu *Schimikowski*, r+s 2004, 397 ff mwN. – Ist Wasser aus häuslichen Leitungen ausgetreten und versickert, liegt, weil es sich um „gefasstes" Wasser handelt, ein Sachschaden vor, mag das Wasser auch „abhanden gekommen" sein. Damit besteht in diesem Fall für den WEG-Verwalter im Rahmen seiner Vermögensschaden-Haftpflichtversicherung keine Deckung, KG 29.10.2010 – 6 U 204/09, NJW-RR 2011, 468.
51 Auf eine körperliche Einwirkung verzichten wollen Prölss/Martin/*Lücke*, Ziff. 1 AHB Rn 22 und Bruck/Möller/*Koch*, Ziff. 1 AHB 2012 Rn 20.
52 Beispielfall: OLG München 27.11.1979 – 5 U 2653/79, VersR 1980, 1138, 1139; vgl auch *Littbarski*, AHB, § 1 Rn 106.
53 BGH 29.9.2002 – IV ZR 162/02, r+s 2004, 499.
54 So BK/*Baumann*, § 149 VVG Rn 34; *Wandt*, in: FS Schirmer, 2005, S. 629; Bruck/Möller/*Koch*, Ziff. 1 AHB 2012 Rn 20.

34 **d) Eigentumsverhältnisse.** Nach hM ist unerheblich, wer Eigentümer der geschädigten Sache ist. Ein Sach-(folge-)Schaden liegt demnach auch dann vor, wenn der VN seine eigene Sache beschädigt und für die Folgen dieses Ereignisses verantwortlich gemacht wird.[55] Es genügt die Zerstörung, Beschädigung oder Unbrauchbarmachung **irgendeiner** Sache.[56]

V. Erfüllungsschäden (Ziff. 1.2)

35 **1. Allgemeines.** Der früher in § 4 I Nr. 6 letzter Absatz AHB aF geregelte **Erfüllungsschadenausschluss** ist in den AHB 2002 überarbeitet und an die durch das Schuldrechtsmodernisierungsgesetz veranlassten neuen Regelungen des BGB angepasst worden. Die Neuformulierung der AHB 2002 hat gleichzeitig für mehr Klarheit gesorgt – etwa im Hinblick auf sog. Mangelbeseitigungsnebenkosten und Nutzungsausfallschäden.[57] Die aktuellen AHB übernehmen die Regelung des § 4 I Nr. 6 letzter Absatz AHB 2002 inhaltlich, platzieren sie allerdings zum Gegenstand der Haftpflichtversicherung (Ziff. 1.2).

36 **2. Rechtscharakter der Regelung.** Der Regelung wird vielfach nur klarstellender Charakter zugemessen,[58] was in Bezug auf Ansprüche auf **Vertragserfüllung** sowie in Bezug auf **Gewährleistungsrechte** wie Rückgewähr bei Rücktritt vom Vertrag oder wie den Anspruch auf **Minderung** zutreffend ist, weil es sich nicht um Schadensersatzansprüche handelt. Das ergibt sich aus Ziff. 1.1, wonach nur **Schadensersatzansprüche** gedeckt sind.[59] Der Erfüllungsschadenausschluss gem. Ziff. 1.2 ist insoweit **deklaratorisch**. Fordert der Vertragspartner den VN auf, seine vertraglich geschuldete Leistung zu erbringen, verlangt er keinen Schadensersatz.[60] Sofern der VN seine vertragliche Leistungspflicht nicht oder mangelhaft erfüllt hat, stellt dies im Übrigen auch keinen Sachschaden – etwa an der gelieferten Sache – und auch kein Schadenereignis iSd Ziff. 1.1 S. 2 dar.[61] Das ist in Rspr und Schrifttum unstreitig.

37 Soweit Ziff. 1.2 auch vertragliche **Schadensersatzansprüche** ausschließt, die auf Erstattung von Nutzungsausfall oder – allgemein – auf eine **an die Stelle der Erfüllungsleistung tretende Ersatzleistung** gerichtet sind, besitzt die Regelung **konstitutiven** Charakter.[62] Gleiches gilt für die Regelung über Mangelbeseitigungsnebenkosten (Ziff. 1.2 (2)).[63] Das folgt schon daraus, dass es sich hierbei um Ansprüche handelt, die auf Schadensersatz gerichtet sind. Aus dem Wortlaut der Ziff. 1.1 ent-

---

55 So etwa OLG Frankfurt 5.11.1981 – 3 U 36/81, VersR 1982, 790; OLG Düsseldorf 24.1.1997 – 4 U 16/96, VersR 1997, 1262; BK/*Baumann*, § 149 VVG Rn 36; Späte/Schimikowski/*v. Rintelen*, Ziff. 1 AHB Rn 179 f.
56 In vielen – aber längst nicht in allen denkbaren – Fallgestaltungen besteht uU wegen des Erfüllungs- oder Herstellungsschadenausschlusses gleichwohl keine Deckung; vgl *Schmalzl/Krause-Allenstein*, Berufshaftpflichtversicherung des Architekten und Bauunternehmers, Rn 25.
57 Ebenso *Littbarski*, PHi 2006, 97, 104.
58 Vgl statt vieler *Littbarski*, AHB, § 1 Rn 37; Beckmann/Matusche-Beckmann/*R. Johannsen*, § 24 Rn 23, jew. mwN.
59 Statt vieler Späte/Schimikowski/*v. Rintelen*, Ziff. 1 AHB Rn 440; *Littbarski*, AHB, § 1 Rn 37; *Dengler*, Haftpflichtversicherung im privaten und gewerblichen Bereich, S. 105 f.
60 BGH 9.1.1964 – II ZR 86/61, NJW 1964, 1025 f.
61 BGH 29.9.2004 – IV ZR 162/02, r+s 2004, 499.
62 So – zum Erfüllungsschadenausschluss der „alten" AHB – dezidiert BK/*Baumann*, § 149 VVG Rn 57 mwN; vgl auch Beckmann/Matusche-Beckmann/*v. Rintelen*, § 26 Rn 31; *Nickel*, VersR 2010, 1133, 1136 f; Langheid/Wandt/*Littbarski*, § 100 Rn 28; eingehend Späte/Schimikowski/*v. Rintelen*, Ziff. 1 AHB Rn 440 ff. Anders etwa *Littbarski*, AHB, § 1 Rn 37; Langheid/Wandt/*Büsken*, AllgHaftpflV Rn 60. „Vornehmlich deklaratorischen Charakter" bescheinigt der Regelung in Ziff. 1.2 AHB Beckmann/Matusche-Beckmann/*Schneider*, § 24 Rn 26.
63 Bruck/Möller/*Koch*, Ziff. 1 AHB 2012 Rn 77.

nimmt der VN, dass gesetzliche Schadensersatzansprüche gedeckt sind; er vermag der Formulierung nicht zu entnehmen, dass bestimmte – das Vertragserfüllungsinteresse betreffende – Schadensersatzansprüche nicht gedeckt sein sollen. Dies bringt erst Ziff. 1.2 zum Ausdruck; insoweit handelt es sich um einen Ausschlusstatbestand.[64] Im Einzelfall kann dieser Feststellung erhebliche Bedeutung zukommen, denn bei der Auslegung von Risikoausschlüssen ist der Grundsatz enger Interpretation[65] zu beachten. Gerade wenn – wie in Ziff. 1.1 und 1.2 – primäre Risikobeschreibung und Risikoausschlüsse miteinander verknüpft werden, ist in besonderem Maße darauf zu achten, dass der durchschnittliche VN nicht damit zu rechnen braucht, dass sein Versicherungsschutz Lücken hat, ohne dass ihm diese hinreichend verdeutlicht werden.[66]

3. Transparenz der Regelung. Die Rspr hat den Erfüllungsschadenausschluss idF des § 4 I Nr. 6 letzter Absatz AHB aF bislang AGB-rechtlich nicht beanstandet. Gleichwohl lassen sowohl der Standort – die Regelung war in § 4 I Nr. 6 AHB aF geradezu versteckt – als auch die Formulierung indes erhebliche Zweifel aufkommen, ob die **Transparenzanforderungen** (§ 307 Abs. 1 S. 2 BGB) erfüllt werden. Das gilt insb. im Hinblick auf die in der vor 2002 gebräuchliche Formulierung, wonach Ansprüche wegen einer „an die Stelle der Erfüllungsleistung tretenden Ersatzleistung" nicht gedeckt sind. Diese Bestimmung ist dem VN nicht verständlich[67] und darüber hinaus auch so unbestimmt, dass er die von der Klausel erfassten Fälle nicht einmal grob abschätzen kann. So kann er insb. nicht ersehen, ob er im Falle der Geltendmachung von Nutzungsausfallschäden Deckung besitzt oder nicht.[68] Die **Extension** des Erfüllungsschadenausschlusses in den vor 2002 gebräuchlichen Fassung der AHB ist unklar[69] und die **Vertragsabwicklungstransparenz**[70] nicht gewährleistet, so dass sie als **unwirksam** anzusehen ist.[71] Ziff. 1.2 verbessert die Transparenz deutlich: Die Klausel ist nicht mehr an schwer auffindbarer Stelle im Gesamttext untergebracht, einzelne Ansprüche, für die kein Versicherungsschutz bestehen soll, sind genau bezeichnet (wie bereits in § 4 I Nr. 6 letzter Absatz AHB 2002).[72]

4. Ausschlusstatbestände (Ziff. 1.2). a) Mangelbeseitigung. Ausgeschlossen sind zunächst alle Ansprüche auf „Erfüllung von Verträgen, Nacherfüllung, aus Selbstvornahme, Rücktritt, Minderung, auf Schadensersatz statt der Leistung", Ziff. 1.2 (1). Ansprüche, die mit dem Ausgleich oder der Beseitigung des **Mangelschadens** zusammenhängen, fallen aus der Deckung heraus. Dies umfasst Ansprüche aus §§ 437 Nr. 1, 439 BGB auf Nachlieferung oder Mangelbeseitigung sowie Ansprüche auf Neuherstellung eines Werkes oder Mangelbeseitigung (§§ 634 Nr. 1, 635 BGB), Aufwendungsersatzansprüche wegen Selbstvornahme der Mangelbeseitigung (§ 637 BGB) sowie Ansprüche auf Rücktritt und Minderung (§§ 440, 441 BGB; §§ 636, 638 BGB). Diese Ansprüche sind nicht auf Schadensersatz gerichtet und deshalb von vornherein nicht Vertragsgegenstand. Ausgeschlossen sind auch

---

64 Späte/Schimikowski/*v. Rintelen*, Ziff. 1 AHB Rn 453; aA Bruck/Möller/*Koch*, Ziff. 1 AHB 2012 Rn 68 mwN.
65 BGH 23.11.1994 – IV ZR 48/94, r+s 1995, 45.
66 BGH 3.11.2004 – IV ZR 250/04, r+s 2005, 57.
67 Vgl auch Beckmann/Matusche-Beckmann/*v. Rintelen*, § 26 Rn 39.
68 Zu den Unsicherheiten beim Umgang mit dem Erfüllungsschadenausschluss vgl Späte/Schimikowski/*v. Rintelen*, Ziff. 1 AHB Rn 477 ff; zur Streitfrage um den Nutzungsausfall vgl *Littbarski*, AHB, § 4 Rn 306 ff.
69 OLG Nürnberg 20.12.2001 – 8 U 2497/01, r+s 2002, 499 m. Anm. *Schimikowski*.
70 BeckOK-BGB/*Schmidt*, § 307 Rn 41.
71 Vgl auch OLG Köln 17.7.2001 – 9 U 3/01, VersR 2002, 182.
72 Bedenken für den Fall, dass Ziff. 1.2 AHB 2012 als sekundäre Risikobeschreibung aufzufassen wäre, bei Bruck/Möller/*Koch*, Ziff. 1 AHB 2012 Rn 78 ff wegen des Standorts der Regelung.

Ansprüche auf Schadensersatz statt der Leistung (§ 437 Nr. 3 BGB iVm § 280 Abs. 3 BGB; § 636 BGB). Der Ausschluss greift jedoch dann nicht, wenn der Schadenersatz statt der Leistung ausnahmsweise das Integritätsinteresse (zum Begriff s. Rn 46 ff) betrifft.[73]

40 **b) Mangelbeseitigungsnebenkosten.** Vom Versicherungsschutz nicht umfasst sind ferner sog. Mangelbeseitigungsnebenkosten. Dabei handelt es sich nach **Ziff. 1.2 (2)** um Ansprüche wegen Schäden, die verursacht werden, um die Nacherfüllung durchzuführen.[74] Dazu zählen v.a. **Such- und Freilegungskosten**. All dies sind Aufwendungen, die zur Nacherfüllung gehören. Zum Nacherfüllungsanspruch aus § 439 BGB zählen auch **Aus- und Einbaukosten**, wenn ein Verbrauchsgüterkauf vorliegt.[75]

Beispiel: Ein VN, der eine Betriebshaftpflichtversicherung mit einem Einschluss für Bearbeitungsschäden (s. Ziff. 7 Rn 45) unterhält und als Werkunternehmer die Unterkonstruktion für einen Fußboden herstellt, die sich, nachdem die Fußbodenbeläge aufgebracht wurden, als fehlerhaft herausstellen, hat nach Ziff. 1.2 keine Deckung, wenn zur Mangelbeseitigung nunmehr der verlegte Fußboden abgerissen und, wenn die Unterkonstruktion nachgebessert ist, neu verlegt wird.[76] Die entstandenen Kosten sind **Mangelbeseitigungsbegleitkosten**, die dem Erfüllungsschadenausschluss unterfallen.

41 Abweichend von Ziff. 1.2 (2) kann Versicherungsschutz durch **Deckungserweiterungen** geschaffen werden. So kann Deckung bestehen, wenn – wie üblich – im Rahmen einer Betriebshaftpflichtversicherung für Bauhandwerker eine **Mangelbeseitigungsnebenkostenklausel** vereinbart ist. Das gilt aber nur, soweit ein (Sach-)Folgeschaden eingetreten ist.[77] Die Rspr misst der Regelung eine konstitutive Bedeutung bei.[78] Hat der VN etwa eine Kellerabdichtung mangelhaft ausgeführt und ist es dadurch zu Folgeschäden gekommen, sind alle Kosten zur Beseitigung der Folgeschäden gedeckt. Das können zB Trocknungs- und Gutachterkosten sein sowie Kosten für Abriss und Wiederherstellung von Außenanlagen.[79] Auch entgangene Nutzungen (zB Mietausfall) sind gedeckt, weil dem Wortlaut nach keine Einschränkungen vorgesehen sind.[80] Für Mangelbeseitigungsnebenkosten steht die volle Sachschadendeckungssumme zur Verfügung. In obigem Beispielfall (fehlerhafte Herstellung der Unterkonstruktion für Fußbodenbelag, s. Rn 40) hilft die Mangelbeseitigungsnebenkostenklausel nicht weiter, da kein Folgeschaden eingetreten ist. In neueren Bedingungen zur BHV für Bauhandwerker sind auch **Nachbesserungsbegleitschäden** gedeckt, und zwar unabhängig vom Eintritt eines Folgeschadens. In der Regel werden jedoch Nutzungsausfallschäden ausgeschlossen und es wird ein Sublimit vereinbart. Mit beiden Klauseln werden **Erfüllungsinteressen** versichert.[81] – In der Praxis sind solche Regelungen verbreitet, die Musterbedingungen des GDV sehen sie nicht vor.

42 **c) Nutzungsentgang.** Nach **Ziff. 1.2 (3)** sind auch Ansprüche wegen **Nutzungsausfallschäden** ausgeschlossen. Diese ausdrückliche Regelung findet sich erst seit dem Jahr 2002 in AHB-Musterbedingungen. Ob entgehende Nutzungen auch nach frü-

---

73 Späte/Schimikowski/*v. Rintelen*, Ziff. 1 AHB Rn 500.
74 Eingehend dazu Späte/Schimikowski/*v. Rintelen*, Ziff. 1 AHB Rn 514.
75 BGH 21.12.2011 – VIII ZR 70/08, VersR 2012, 623.
76 Vgl OLG Koblenz 21.12.1998 – 10 W 841/98, r+s 2000, 147.
77 Vgl dazu *Schimikowski*, r+s 2012, 105 ff.
78 BGH 20.11.1990 – IV ZR 229/89, r+s 1991, 83; BGH 6.6.2010 – IV ZR 92/09, r+s 2011, 284.
79 KG 13.11.2011 – 7 O 446/10.
80 Vgl Beckmann/Matusche-Beckmann/*v. Rintelen*, § 26 Rn 118; Späte/Schimikowski/*v. Rintelen*, Ziff. 1 AHB Rn 527 ff; *Schimikowski*, r+s 2012, 105, 107.
81 Späte/Schimikowski/*v. Rintelen*, Ziff. 1 AHB Rn 404, 420, 521 ff.

heren Fassungen der AHB dem Ausschluss unterfielen, ist umstritten.[82] Der BGH hat Mitte der 80er Jahre Ansprüche wegen Nutzungsentgangs als ausgeschlossen betrachtet.[83] Ob diese Entscheidung auch heute noch so getroffen würde, erscheint zweifelhaft: Dass auf Ersatz des Nutzungsausfalls gerichtete Ansprüche ausgeschlossen sein sollen, erschließt sich aus den vor 2002 verwendeten Bedingungswerken auch dem um Verständnis bemühten VN nicht.[84] Zu § 4 I Nr. 6 b AHB aF (Tätigkeitsschadenausschluss) hat der BGH geurteilt, Nutzungsausfall sei vom Ausschluss nicht umfasst, weil sich dies aus dem Wortlaut nicht ergebe.[85] Es liegt nahe, diesen Ansatz auf den Umgang mit dem Erfüllungsschadenausschluss der vor 2002 gebräuchlichen AHB zu übertragen.[86] Die Neufassung der AHB klärt die Streitfrage. Geht es um Schäden, die sich aus der eingeschränkten oder fehlenden Möglichkeit der Nutzung des Vertragsgegenstandes ergeben, besteht keine Deckung. Hat die fehlerhafte Vertragsleistung weitere Schäden an Rechtsgütern eines Dritten verursacht, ist Versicherungsschutz auch für Ansprüche wegen Nutzungsentgangs gegeben.[87]

d) Vergebliche Aufwendungen. Die Regelung der **Ziff. 1.2 (4)** nimmt vergebliche Aufwendungen von der Deckung aus, die der Dritte im Vertrauen auf die ordnungsgemäße Vertragserfüllung tätigt.[88] 43

Beispiel: Dem Bauherrn entstehen Kosten wegen Absage eines Umzugstermins, weil der VN als Bauunternehmer den Fertigstellungstermin für ein Gebäude nicht einhält.[89]

e) Verzugsschäden. Ansprüche wegen Verzugsschäden sind nach **Ziff. 1.2 (5)** ausgeschlossen. Diese Feststellung erscheint notwendig, um mit der gebotenen Klarheit deutlich zu machen, dass nicht nur Ansprüche wegen solcher Kosten ausgeschlossen sind, die aufgewendet werden, um eine mangelhafte Erfüllungsleistung in Ordnung zu bringen. Der Ausschluss bezieht sich nur auf Vermögensschäden. Personen- und Sachschäden durch verzögerte Vertragserfüllung sind gedeckt.[90] 44

f) Sonstige Erfüllungssurrogate. Nach **Ziff. 1.2 (6)** sind Ansprüche „wegen anderer an die Stelle der Erfüllung tretender Ersatzleistungen" von der Deckung ausgeschlossen. Diese Formulierung ist älteren Fassungen der AHB entnommen. Die Transparenz der Klausel erscheint fraglich (§ 307 Abs. 1 S. 2 BGB; s. Rn 38). Es ist nicht eindeutig, ob sie lediglich klarstellende Bedeutung hat in dem Sinne, dass jedwede Ansprüche ausgeschlossen sind, die das Erfüllungsinteresse betreffen,[91] oder 45

---

82 Dagegen *Littbarski*, AHB, § 4 Rn 309 ff mwN.
83 BGH 25.9.1985 – IVa ZR 183/83, VersR 1985, 1153.
84 Anders Prölss/Martin/*Lücke*, Ziff. 1 AHB Rn 55.
85 BGH 21.9.1983 – IVa ZR 165/81, VersR 1984, 252; BGH 8.12.1998 – IV ZR 66/98, r+s 1999, 152.
86 Dagegen OLG Saarbrücken 8.9.2004 – 5 U 21/04, VersR 2005, 394, 397; dafür *Littbarski*, PHi 2005, 97, 105; *Schimikowski*, r+s 2005, 445 ff.
87 OLG München 16.4.2010 – 25 U 3436/09; dazu *Krause-Allenstein*, IBR 2010, 537; *Schmalzl/Krause-Allenstein*, Berufshaftpflichtversicherung des Architekten und Bauunternehmers, Rn 44; Beckmann/Matusche-Beckmann/*v. Rintelen*, § 26 Rn 50, 50a, 50b; Prölss/Martin/*Lücke*, Ziff. 1 AHB Rn 55; Bruck/Möller/*Koch*, Ziff. 1 AHB 2012 Rn 82 mwN.
88 Bedenken im Hinblick auf die Transparenz der Regelung bei Prölss/Martin/*Lücke*, Ziff. 1 AHB Rn 56, weil sie nicht im Ausschlusskatalog (Ziff. 7 AHB) enthalten ist.
89 Anschauliches Beispiel bei *Schmalzl/Krause-Allenstein*, Berufshaftpflichtversicherung des Architekten und Bauunternehmers, Rn 45. Vgl auch Bruck/Möller/*Koch*, Ziff. 1 AHB 2012 Rn 83.
90 Prölss/Martin/*Lücke*, Ziff. 1 AHB Rn 57; Bruck/Möller/*Koch*, Ziff. 1 AHB 2012 Rn 85; Späte/Schimikowski/*v. Rintelen*, Ziff. 1 AHB Rn 506.
91 So Prölss/Martin/*Lücke*, Ziff. 1 AHB Rn 58.

ob sie darüber hinausgeht.[92] Die Rspr nimmt eine an die Stelle der Erfüllungsleistung tretende Ersatzleistung an, wenn der Vertragspartner sein **unmittelbares Interesse am eigentlichen Leistungsgegenstand** geltend macht (s. Rn 47).

46 5. **Äquivalenz- und Integritätsinteresse. a) Allgemeines.** Ziff. 1.2 ist – bis auf die Regelung über das Erfüllungssurrogat in Ziff. 1.2 (6) (s. Rn 45) – transparent. Sie führt dem VN vor Augen, dass Ansprüche nicht gedeckt sind, die auf die Beseitigung oder den Ausgleich des Mangelschadens selbst gerichtet sind. Sie benennt ausdrücklich weitere Ansprüche, die darüber hinausgehen. **Mangelfolgeschäden** sind dagegen gedeckt. Problematisch ist die Abgrenzung im Einzelfall. Es ist – nach hM – zwischen Störungen des **Äquivalenz-** und des **Integritätsinteresses** zu unterscheiden.[93] Dabei kann auf die Rspr zu § 4 I Nr. 6 letzter Absatz AHB aF zurückgegriffen werden.

47 b) **Auslegung des § 4 I Nr. 6 letzter Absatz AHB aF.** Eine **an die Stelle der Erfüllungsleistung tretende Ersatzleistung** wird von der Rspr dann angenommen, wenn der Schadensersatz das **unmittelbare Interesse des Gläubigers am eigentlichen Leistungsgegenstand** befriedigen soll. Den Gegensatz dazu bilden Schäden, die über das Erfüllungsinteresse hinausgehen, etwa weil sie wegen mangelhafter Leistung an anderen Rechtsgütern des Gläubigers entstanden sind. Der Erfüllungsklausel liegt der auch dem durchschnittlichen VN erkennbare Zweck zugrunde, dass die Erfüllungserwartung des Vertragspartners des VN nicht Gegenstand des Versicherungsschutzes sein soll. Es soll verhindert werden, dass der VN sich seine Leistung durch den VR bezahlen lässt.[94] Diese den Ausschlusstatbestand in seinem Anwendungsbereich eingrenzende Auslegung entspricht dem von der Rspr geforderten Erfordernis enger Interpretation. Die Ausschlussklausel greift danach nur insoweit, als es sich um **Kosten** handelt, die **sonst vom VN zur Erbringung seiner ordnungsgemäßen Leistung aufzuwenden** wären.

48 Der Erfüllungsschadenausschluss (§ 4 I Nr. 6 letzter Absatz AHB aF) erfasst solche Schäden nicht, die ihren Grund zwar in der vertraglich übernommenen Leistungsverpflichtung haben, aber erst durch ein hinzutretendes **außervertragliches Ereignis** eine über das Erfüllungsinteresse hinausgehende Entwicklung genommen haben.[95] Dies hat der BGH bereits im Jahr 1975 zum Ausdruck gebracht.[96] Der Sachverhalt, der dieser Entscheidung zugrunde lag, war folgender: Der VN war seiner Vertragspflicht, das Dach eines Wohnhausneubaus einzudecken, nicht (rechtzeitig) nachgekommen. Durch einen in der Zwischenzeit niedergehenden Gewitterregen wurden Gebäudeteile geschädigt. Der BGH führt hierzu aus, dass die Gebäudeschäden, wegen derer Schadensersatzansprüche erhoben wurden, zwar mit der verspäteten Vertragserfüllung in einem ursächlichen Zusammenhang stehen, jedoch erst durch das Hinzutreten eines außervertraglichen Ereignisses, nämlich des Gewitterregens, entstanden. Damit gehe der Schaden über die Beeinträchtigung des unmittelbaren Interesses des Geschädigten am eigentlichen Leistungsgegenstand hinaus, so dass es sich mithin nicht um einen Anspruch auf eine an die Stelle der Erfüllungsleistung getretene Ersatzleistung handele.

49 Von der Haftpflichtversicherung ausgeschlossene Erfüllungsansprüche sind nach der Rspr **Ansprüche wegen Verletzung von Hauptleistungspflichten** aus Verträ-

---

92 So wohl Bruck/Möller/*Koch*, Ziff. 1 AHB 2012 Rn 86, 104, der die Transparenz bejaht, da die Frage, was unter einem Erfüllungssurrogat zu verstehen ist, durch die Rspr ausreichend geklärt sei.
93 Grundlegend dazu bereits *Schlegelmilch*, Haftpflichtversicherung und unternehmerisches Risiko, Diss. München 1964, S. 42 ff mwN.
94 OLG Hamm 29.9.1993 – 20 U 96/93, r+s 1994, 129, 130.
95 OLG Köln 12.4.1994 – 9 U 21/94, r+s 1994, 332.
96 BGH 9.4.1975 – IV ZR 4/74, NJW 1975, 1278.

gen,⁹⁷ uU können auch Ansprüche aus Nebenpflichten betroffen sein. Leistungsbezogene (Neben-)Pflichten können ebenso wie Schutzpflichten je nach Lage des Einzelfalles das Leistungs- oder das Integritätsinteresse betreffen.⁹⁸ Maßgebend ist also in jedem Fall, ob die jeweilige Pflicht **Hauptzweck des Vertrages** ist, also ihr Erfolg geschuldet wird.⁹⁹ Der BGH stellt in der bereits angeführten (Leit-)Entscheidung aus dem Jahr 1975¹⁰⁰ klar, dass mit einem Anspruch auf Ersatz eines durch Verzögerung eines Werkes entstandenen Schadens nicht immer nur das unmittelbare Erfüllungsinteresse verfolgt werde. Der BGH spricht sich in dieser Entscheidung gegen eine Ausweitung des Begriffs des Erfüllungsinteresses und der an die Stelle der Erfüllung tretenden Ersatzleistung aus. Die Position des BGH ist dahingehend zu verstehen, dass ein VN, der unpünktlich oder schlecht leistet, mit erheblichen Schadensersatzansprüchen zu rechnen hat, insb. wegen entgangener Gebrauchsvorteile, und dass er hierfür keinen Versicherungsschutz besitzt. Als entscheidend stellt der BGH heraus, dass es für die Frage der „Grenze des Erfüllungsinteresses" darauf ankommt, wie weit die vertraglich übernommene Pflicht reicht. Der Erfüllungsschadenausschluss greift ein, soweit es um das „In-Ordnung-Bringen" mangelhafter vertraglicher Leistungserfüllung geht. Hat der VN einen mangelhaften Industrieofen geliefert, der umgebaut werden muss, ist ausschließlich das Äquivalenzinteresse betroffen, so dass der Erfüllungsschadenausschluss greift.¹⁰¹ Liegen Baumängel vor, die eine Nutzung des Bauwerkes unmöglich machen, ist ausschließlich die vertraglich geschuldete Leistung betroffen und der Versicherungsschutz für den Bauunternehmer deswegen zu versagen.¹⁰² Bei diesen relativ einfach gelagerten Sachverhalten geht es ersichtlich um das „In-Ordnung-Bringen" dessen, was Hauptzweck des Vertrages war. Die von der Rspr zu § 4 I Nr. 6 letzter Absatz AHB aF herausgearbeiteten Grundsätze sind auch für die Auslegung der Ziff. 1.2 von Bedeutung. Bei der Deckungsprüfung ist – wie gezeigt – von entscheidender Bedeutung, worin der vertragliche Hauptzweck liegt.¹⁰³ Es kommt entscheidend auf den im Einzelfall zu bestimmenden Vertragsgegenstand an.¹⁰⁴ Dabei sind die Grundsätze enger Auslegung des Ausschlusstatbestands zu beachten.

c) Weitere Beispiele aus der Rspr. aa) Dachreparatur-Fall. Der VN einer Haus- und Grundbesitzerhaftpflichtversicherung hat, wenn es aufgrund von Undichtigkeiten im Dachbereich dazu kommt, dass die Wohnung vorübergehend nicht nutzbar ist, keinen Versicherungsschutz, wenn die Mieter deswegen Schadensersatzansprüche stellen, weil hier das Vertragserfüllungsinteresse betroffen ist.¹⁰⁵

bb) Nasszellen-Fall. Der VN führte in einem Neubau die Isolierung von Nasszellen durch. Firma K brachte danach die Fliesen an. Der VN arbeitete mangelhaft: Die Isolierung endete an der Oberkante des Fußbodens und wurde nicht, wie es nach den Regeln der Technik notwendig gewesen wäre, an der Wand ein Stück hochgezogen. Zur Beseitigung der Mängel mussten die Fliesen wieder abgeschlagen und neu verlegt werden. – Es besteht keine Deckung, da es sich um reine Mangelbeseitigung handelt. – Außerdem war Feuchtigkeit in den Flur geraten; die Beseitigung der dort eingetretenen Schäden ist gedeckt, da sie einen Mangelfolgeschaden darstellen. – Diese Ergebnisse sind dem VN aus dem Wortlaut der Ausschlussklausel ohne weiteres nachvollziehbar.¹⁰⁶ Im Rahmen der Mangelbeseiti-

---

97 OLG Köln 29.7.2003 – 9 U 165/02.
98 Vgl BeckOK-BGB/*Sutschet*, § 241 Rn 42.
99 Beckmann/Matusche-Beckmann/*v. Rintelen*, § 26 Rn 47.
100 BGH 9.4.1975 – IV ZR 4/74, NJW 1975, 1278.
101 BGH 29.9.2004 – IV ZR 162/02, r+s 2004, 499.
102 OLG Stuttgart 30.11.2000 – 7 U 130/00, VersR 2001, 187.
103 Prölss/Martin/*Lücke*, Ziff. 1 AHB Rn 48 (abstellend auf den erteilten Auftrag).
104 öOGH Wien 17.4.2013 – 7 Ob 46/13 k, r+s 2014, 232.
105 So OLG Düsseldorf 24.1.1997 – 4 U 16/96, r+s 1997, 361.
106 OLG Hamm 15.11.1991 – 20 U 160/91, VersR 1992, 730 f.

gungsnebenkostenklausel (s. Rn 41) wären die Kosten für das Abschlagen der Fliesen und das Neuverlegen gedeckt, da Folgeschäden (Feuchtigkeit im Flur) eingetreten waren.

52 **cc) Kegelbahn-Fall.** Der VN unterhielt eine Bauhandwerkerversicherung, speziell für das Risiko der Montage und Reparatur von Kegelbahnen. Die BBR Bauhandwerker des VR decken die gesetzliche Haftpflicht aus Schäden, die durch eine gewerbliche oder berufliche Tätigkeit des VN an oder mit fremden Sachen entstanden sind. Der VN schliff als Subunternehmer der Firma S die Bahnen eines Kegelzentrums ab. Firma S brachte neue Beläge auf. Diese wurden schadhaft, weil der VN die Bahnen unzureichend abgeschliffen hatte. Der VN beauftragte S, die Beläge erneut abzuschleifen und neu aufzubringen. Die ihm hierfür entstandenen Kosten verlangte der VN vom VR ersetzt. – Sowohl aus § 4 I Nr. 6 letzter Absatz AHB aF als auch aus Ziff. 1.2 (1), (2) kann der VN entnehmen, dass keine Deckung besteht, da es sich ausschließlich um Mangelbeseitigung handelt.[107] Über die Mangelbeseitigungsnebenkostenklausel (s. Rn 41) bestünde keine Deckung mangels Folgeschaden. Ein Einschluss für Nachbesserungsbegleitschäden, wie er heute vereinbart werden kann, sorgte – im Rahmen des Sublimits – für Versicherungsschutz.

53 **dd) Dachstuhl-Fall.** Firma H führte eine Betriebshaftpflichtversicherung (Handwerkerpolice) auf Basis der AHB mit einem Einschluss für Bearbeitungsschäden iHv 30.000 €. Sie erhielt von A den Auftrag, an einem Gebäude den Dachstuhl herzustellen (Zimmererarbeiten). Nachdem dieses Gewerk erstellt und von A abgenommen war, wurde Firma H von A mit drei weiteren Gewerken – Aufdachisolierung, Dachklempnerarbeiten, Dacheindeckung – an diesem Gebäude beauftragt. Bei der Durchführung dieses Auftrags kam es bei der Verlegung einer Dachschweißbahn mittels eines Brenners zu einem Brandschaden, bei dem der bereits hergestellte Dachstuhl völlig zerstört wurde. A verlangt deswegen von Firma H Schadensersatz. – Hier besteht Versicherungsschutz im Rahmen des Einschlusses für Bearbeitungsschäden. Der Schaden am Dachstuhl stellt sich als Mangelfolgeschaden dar, weil er erst bei der Durchführung von Dachklempnerarbeiten verursacht wurde. Hier ist nicht das Äquivalenzinteresse, sondern das Integritätsinteresse betroffen.[108] Das OLG Dresden nimmt dies auch dann an, wenn nur ein einheitlicher Werkvertrag vorliegt und nach Abnahme eines Gewerks dieses bei der Ausführung eines folgenden Gewerks beschädigt wird; die Anwendung von Ziff. 1.2 und Ziff. 7.8 lehnt das Gericht in diesem Fall ab.[109]

54 **ee) Planungsfehler-Fall.** Nachdem ein Bauwerksschaden aufgetreten war, waren Umplanungen notwendig, für deren Kosten der Bauherr den Architekten in Anspruch nahm. – Hier sind die Bauwerksschäden grds. gedeckt, denn es handelt sich hierbei um klassische Folgeschäden einer fehlerhaften Architektenplanung. Die Kosten für die Umplanung dagegen betreffen das unmittelbare Interesse am Leistungsgegenstand und unterfallen daher nicht dem Versicherungsschutz.[110] Die Verpflichtung zur Nacherfüllung ist zugleich Erfüllung des Architektenvertrages und nicht Gegenstand der Haftpflichtversicherung.[111]

55 **ff) Fortbestehender Werklohnanspruch.** Wenn der VN (ein Gewürzhandelshaus) ein Produkt (Geflügelfond) von einem Auftragnehmer herstellen lässt und dieses Produkt fehlerhaft ist, weil vom VN gelieferte Grundstoffe mangelhaft waren, be-

---

107 OLG Karlsruhe 17.12.1992 – 12 U 210/92, r+s 1993, 331.
108 OLG Koblenz 29.10.1999 – 10 U 1052/98, r+s 2000, 279.
109 OLG Dresden 23.10.2013 – 7 U 548/13, r+s 2014, 280.
110 BGH 19.11.2008 – IV ZR 277/05, r+s 2009, 60. Vgl dazu *Krause-Allenstein*, r+s 2006, 372 gegen KG 9.11.2005 – 6 U 330/03, r+s 2006, 280.
111 OLG Hamm 7.2.2007 – 20 U 118/06, r+s 2007, 152, 153.

steht für den fortbestehenden Zahlungsanspruch des Auftragnehmers aus § 326 Abs. 2 S. 1 BGB keine Deckung.[112]

gg) Kellerbau-Fall. Der VN hatte den Auftrag, einen Keller komplett zu errichten. Nach der Bauabnahme drang wegen mangelhafter Verfugung Wasser in den Keller. Dieser musste einschließlich Estrich saniert und trockengelegt werden. Hier liegt kein Mangelfolgeschaden, sondern eine an die Stelle der Erfüllungsleistung tretende Ersatzleistung (§ 635 BGB) vor. Die Ersatzleistung dient der Befriedigung des unmittelbaren Interesses des Auftraggebers am vertraglichen Leistungsgegenstand, der Herstellung eines mangelfreien Kellers. Die Fugenverdichtung ist kein von der Kellerherstellung zu trennendes Gewerk. – Hier kann auch § 4 II Nr. 5 AHB aF (Herstellungsschadenausschluss, Ziff. 7.8 AHB 2008) anwendbar sein.[113] Anders liegt es, wenn der VN zB nur den Auftrag erhält, die äußere Abdichtung eines Kellers auszuführen und infolge mangelhafter Arbeiten Wasser ins Innere des Kellers dringt und dort Schäden verursacht (vgl auch Rn 41).[114] 56

hh) Rhizome-Fall. Kein Versicherungsschutz soll bestehen, wenn ein landwirtschaftlicher Lohnunternehmer beim Bearbeiten von Spargelfeldern durch zu tiefes Fräsen die Rhizome der Spargelpflanzen beschädigt.[115] Die Entscheidung ist nicht haltbar. Der Auftrag lautete, das Erdreich zu fräsen. Dass der VN die Rhizome beschädigte, betrifft das Integritäts- und nicht das Äquivalenzinteresse. 57

ii) Montageanleitungs-Fall. Ist eine zum bestimmungsgemäßen Gebrauch der Kaufsache erforderliche Montage- bzw Einbauanleitung fehlerhaft und wird deshalb die vom VN gelieferte Sache beschädigt, stellt der Anspruch auf Ersatz der Kosten für den Einbau einer neuen, unbeschädigten Sache ein Erfüllungssurrogat dar.[116] 58

jj) Motorteile-Fall. Ist der Austausch von Einzelteilen eines Motors vertraglich vereinbart und werden bei Durchführung dieser Arbeiten andere Motorteile beschädigt, so stellt eine dadurch verursachte Unsanierbarkeit des gesamten Motors einen gedeckten Mangelfolgeschaden dar.[117] 59

6. Sanktionsklausel (Ziff. 1.3). Hintergrund der Sanktionen- oder **Embargoklausel** ist, dass eine Haftpflichtversicherung, der eine Embargo-Verordnung entgegensteht, gegen ein gesetzliches Verbot verstieße (§ 134 BGB), was die Nichtigkeit des gesamten Vertrages zur Folge hätte. Ziff. 1.3 stellt klar, dass nur der Versicherungsschutz betroffen ist.[118] Die Regelung wird in der Lit. ganz überwiegend als intransparent angesehen.[119] 60

---

112 LG Köln 12.3.2008 – 20 O 214/07, VersR 2008, 1488 m. Anm. *Ollik*.
113 OLG Karlsruhe 15.1.2009 – 12 U 197/08, VersR 2009, 1218.
114 Vgl KG 13.11.2011 – 7 O 446/10.
115 OLG Koblenz 16.5.2008 – 10 U 446/07, r+s 2009, 236; krit. *Schimikowski*, jurisPR-VersR 7/2009.
116 OLG Frankfurt 23.4.2010 – 7 U 271/08, r+s 2010, 325.
117 ÖOGH Wien 17.4.2013 – 7 Ob 46/13 k, r+s 2014, 232.
118 FAKomm-VersR/*Halm/Fritz*, Ziff. 2 AHB Rn 25; Späte/Schimikowski/*v. Rintelen*, Ziff. 1 AHB Rn 572 f.
119 Bruck/Möller/*Koch*, Ziff. 1 AHB 2012 Rn 105 ff; *Wandt*, VersR 2013, 257, 264; Späte/Schimikowski/*v. Rintelen*, Ziff. 1 AHB Rn 576, 581; vgl auch *Andreae*, VP 2012, 101, 103.

2 Vermögensschäden, Abhandenkommen von Sachen

Dieser Versicherungsschutz kann durch besondere Vereinbarung erweitert werden auf die gesetzliche Haftpflicht privatrechtlichen Inhalts des Versicherungsnehmers wegen

2.1 Vermögensschäden, die weder durch Personen- noch durch Sachschäden entstanden sind;

2.2 Schäden durch Abhandenkommen von Sachen; hierauf finden dann die Bestimmungen über Sachschäden Anwendung.

I. Allgemeines

1 Gemäß Ziff. 1.1 sind ausschließlich Ansprüche wegen Personen- und Sachschäden gedeckt. Im Falle von Schäden anderer Art ist eine ausdrückliche Vereinbarung notwendig, um Versicherungsschutz zu begründen. Reine Vermögensschäden sind deshalb vom Versicherungsschutz grds. ausgenommen, weil Ansprüche wegen solcher Schäden nach Grund und Umfang oft schwer einschätzbar sind.[1] Bei Ansprüchen wegen Abhandenkommens von Sachen liegt es auf der Hand, dass ein hohes „moralisches Risiko" besteht und deshalb Versicherungsschutz nur im Ausnahmefall aufgrund besonderer Vereinbarung geboten werden kann.

II. Reine Vermögensschäden (Ziff. 2.1)

2 Ziff. 2.1 betrifft sog. reine Vermögensschäden. Während **unechte** Vermögensschäden, die aus einem Personen- oder Sachschaden resultieren, automatisch gem. Ziff. 1.1 mitversichert sind, müssen Ansprüche wegen **reiner** Vermögensschäden in den Versicherungsschutz einbezogen werden. Die Formulierung ist – für den um Verständnis bemühten VN – klar.[2] Dass hier v.a. im gewerblichen Bereich eine **Bedarfsermittlungspflicht** – im Hinblick auf die Notwendigkeit, auch reine Vermögensschäden zu versichern – seitens des VR (§ 6 Abs. 1 VVG) bzw des VersVermittlers (§ 61 VVG) besteht, liegt auf der Hand.

3 Besondere Bedeutung besitzt ein Einschluss reiner Vermögensschäden für alle in beratenden Berufen tätige Personen wie VersVermittler, Rechtsanwälte, Notare, Wirtschafts- und Steuerberater. Haftpflichtversicherungen für diese Personengruppen sind idR in erster Linie als **Vermögensschadenhaftpflichtversicherungen** konzipiert; eine Deckung für Sachschäden ist dort lediglich insoweit erforderlich, als es zB um die Beschädigung von Akten geht.

4 In der privaten Haftpflichtversicherung ist es üblich, reine Vermögensschäden ausdrücklich einzubeziehen. Die praktische Bedeutung dieses Einschlusses ist gering (vgl die Kommentierung zu A1-6.15 AVB PHV).

5 In den **Umwelthaftpflichtversicherungsbedingungen** werden bestimmte Vermögensschäden enumerativ aufgeführt: Ansprüche wegen Verletzung von Aneignungsrechten, des Rechts an eingerichteten und ausgeübten Gewerbebetrieb sowie von Wassergewinnungs- und -benutzungsrechten sind versichert.

6 Die sog. **erweiterte Produkthaftpflichtversicherung** erstreckt sich auf bestimmte reine Vermögensschäden wie Aus- und Einbaukosten, Verbindungs-, Vermischungs- und Weiterverarbeitungsschäden. Hier ist besonders die **Abgrenzung** zum Begriff des Sachschadens bedeutsam (s. Ziff. 1 Rn 29 ff).

7 Ausschließliche Vermögensschadendeckungen sind insb. Berufshaftpflichtversicherungen für beratende Berufe und die D&O-Versicherung. Diese Deckungen werden in Deutschland auf Basis des Verstoßprinzips (s. § 100 VVG Rn 11) bzw – bei

---

1 Vgl *Littbarski*, AHB, § 1 Rn 89 mwN.
2 Anders wohl Prölss/Martin/*Lücke*, Ziff. 1 AHB Rn 2.

der D&O-Versicherung – auf Basis des Anspruchserhebungsprinzips (s. § 100 VVG Rn 14) geführt.

III. Abhandenkommen von Sachen (Ziff. 2.2)

1. Begriff. Der Begriff „Abhandenkommen" iSd AHB bzw der entsprechenden Einschlussregelungen wird von Lit. und Rspr meist so ausgelegt wie auch sonst im bürgerlichen Recht. Der Begriff findet sich in § 935 BGB, und die gefestigte Auffassung in Rspr und Lit., die sich zur Auslegung dieser Norm gebildet hat, wird auch für die Haftpflichtversicherung herangezogen.[3] Eine Sache ist **abhanden gekommen**, wenn der Besitzer den unmittelbaren Besitz an der Sache ohne seinen Willen verloren hat – diese Auslegung des § 935 BGB ist unumstritten.[4] Sie ist bei Ziff. 2.2 heranzuziehen, wenn „Abhandenkommen" ein **fest umrissener Rechtsbegriff** ist.[5] Ob das der Fall ist, erscheint fraglich. Der BGH hat dem Wort „Schadensersatz" die Qualität eines feststehenden Rechtsbegriffs versagt und den Begriff so ausgelegt, wie der durchschnittliche VN ihn in der Alltagssprache verwendet und verstehen darf.[6] Auch „Abhandenkommen" ist ein Wort, das in der Alltagssprache verwendet wird. Die Frage kann aber letztlich auf sich beruhen: Auch wenn man nicht von einem feststehenden Rechtsbegriff ausgeht, sondern den **allgemeinen Sprachgebrauch** zugrunde legt, bedeutet „abhanden kommen" nichts anderes als **verloren gehen** – eine Sache, die man zuvor besaß, ist (plötzlich) nicht mehr da.[7]

Das bedeutet im Ergebnis: Abhandenkommen ist gegeben mit **unfreiwilligem Verlust des unmittelbaren Besitzes**. In der Rechtssprache wird freilich das Verlorengehen von Sachen als Unterfall des Abhandenkommens behandelt, denn § 935 BGB spricht davon, dass eine Sache gestohlen wird, verloren geht oder „sonst abhanden" kommt. Auch das deckt sich aber mit dem allgemeinen Sprachgebrauch bzw den Verständnismöglichkeiten des durchschnittlichen VN im Hinblick auf Ziff. 2.2: Ist der VN unmittelbarer Besitzer der Sache und wird sie ihm gestohlen, wird er (auch) sagen, sie sei ihm abhanden gekommen. Das gilt auch, wenn der VN die Sache jemandem zur Aufbewahrung gegeben, er also den unmittelbaren Besitz einem anderen übertragen hat und sie nun dem anderen gestohlen wird. Hat der VN eine Sache im Besitz und verliert er sie, wird er ebenfalls sagen, sie sei ihm abhanden gekommen. Überlässt dagegen der VN einem anderen den unmittelbaren Besitz der Sache und veräußert dieser die Sache an einen Dritten (der bei gutem Glauben gem. § 932 BGB Eigentum erwirbt), so wird der VN dies nicht als Abhandenkommen ansehen, denn der unmittelbare Besitzer hat die Sache (freiwillig) weggegeben. Auch im allgemeinen Sprachgebrauch werden mit dem Begriff „Abhandenkommen" zwei Momente verbunden: der **Verlust des unmittelbaren Besitzes** einerseits und die **Unfreiwilligkeit des Besitzverlusts** andererseits.

2. Rechtliche Qualifizierung. Abhandenkommen von Sachen ist nicht als Unterfall des reinen Vermögensschadens zu qualifizieren,[8] sondern ist eine **rechtlich selbständige Kategorie**. Das folgt schon daraus, dass in Ziff. 2 reine Vermögensschäden und Ansprüche wegen Abhandenkommens von Sachen in zwei getrennten Un-

---

3 Späte/Schimikowski/*v. Rintelen*, Ziff. 1 AHB Rn 39 mwN.
4 Statt vieler BeckOK-BGB/*Kindl*, § 935 Rn 1, 3; *Kuwert*, Allgemeine Haftpflichtversicherung, 4. Aufl. 1992, Rn 1059 mwN.
5 Vgl etwa BGH 29.4.1998 – IV ZR 21/97, r+s 1999, 111.
6 BGH 11.6.1999 – V ZR 377/98, r+s 1999, 407; BGH 8.12.1999 – IV ZR 40/99, r+s 2000, 100.
7 So die Begriffserläuterung in *Duden*, Das große Wörterbuch der deutschen Sprache, 1976 (Begriffe „abhanden kommen" und „verloren gehen").
8 So aber *Dengler*, Haftpflichtversicherung im privaten und gewerblichen Bereich, S. 150.

tergliederungsziffern aufgeführt werden. Es handelt sich deckungsrechtlich um eine **Sonderposition,**[9] um eine **Schadenart eigener Art.**[10]

11 3. **Abgrenzung zu Personen- und Sachschäden.** Im Einzelnen stellen sich vielfach Abgrenzungsprobleme:

12 a) **Abhandenkommen von Sachen als Folge eines Personen- oder Sachschadens.** Hierzu wird die Auffassung vertreten, es bestehe kein Versicherungsschutz.[11] Das ist im Ergebnis fragwürdig. Der VN wird in solchen Fallkonstellationen nämlich gar nicht wegen Abhandenkommens, sondern wegen eines Personen- und/oder Sachschadens und den sich daraus ergebenden Folgeschäden in Anspruch genommen. Deswegen ist Deckung anzunehmen, wenn zB der VN einen Unfall mit seinem Fahrrad verursacht und dem bewusstlosen Unfallopfer die Brieftasche gestohlen wird.[12]

13 b) **Abhandenkommen und gleichzeitige/nachfolgende Zerstörung einer Sache.** Kommt eine Sache abhanden und wird sie **gleichzeitig oder danach zerstört oder beschädigt**, ist Versicherungsschutz zu bejahen,[13] denn der VN wird nicht wegen Abhandenkommens, sondern wegen des Sachschadens in Anspruch genommen.[14]

Beispiele: Der VN holt irrtümlich das falsche Vieh von der Weide ab und schlachtet es.[15] Oder: Das Kind des VN stiehlt eine Sache und zerstört sie dann. Hat der VN seine Aufsichtspflicht als Vater verletzt und wird er wegen der zerstörten Sache (gem. § 832 BGB) auf Schadensersatz in Anspruch genommen, hat er Versicherungsschutz gem. Ziff. 1.1. Das der Zerstörung vorangehende Abhandenkommen der Sache hindert nicht, die Deckung zu bejahen, weil – wegen des nahen Zusammenhangs zwischen Abhandenkommen und Vernichtung der Sache – ein Sachschaden gegeben ist.[16]

14 c) **Entwendung der Sache.** Wird dagegen eine Sache „nur" **gestohlen**, besteht kein Versicherungsschutz, wenn der VN den Diebstahl fahrlässig ermöglicht hat, denn Ansprüche wegen bloßen Besitzverlusts sind gem. Ziff. 2.2 eindeutig ausgeschlossen. Ein Sachschaden iSd Ziff. 1.1 kann nicht angenommen werden. Zwar hat eine Sache im Fall des Diebstahls für den Eigentümer ihre Gebrauchsfähigkeit eingebüßt, doch das genügt nicht, um einen Sachschaden zu bejahen, denn es fehlt einer **Einwirkung** auf die Sache, die einen vorher einmal vorhandenen **Zustand** der Sache beeinträchtigt hat.[17] Das Abhandenkommen einer Sache selbst stellt keinen Sachschaden dar;[18] ohne Vereinbarung eines entsprechenden Einflusses besteht keine Deckung aus der Haftpflichtversicherung (vgl aber Rn 16, 17).

15 d) **Schlüsselverlust.** Wird dem VN ein Schlüssel gestohlen, der ihm von seinem Vermieter überlassen worden ist, und wird der VN hierfür haftungsrechtlich zur Verantwortung gezogen, geht es in der Praxis oft um die Kosten für die Auswechs-

---

9 *Kuwert/Erdbrügger*, Privathaftpflichtversicherung, Rn 5050.
10 *Littbarski*, AHB, § 1 Rn 101; *Späte/Schimikowski/v. Rintelen*, Ziff. 2 AHB Rn 34; dagegen *Langheid/Wandt/Büsken*, AllgHaftpflV Rn 43; *Geyer*, VersR 1965, 646, 647 f, der den Versicherungsschutz immer dann versagen will, wenn das Abhandenkommen haftungsbegründende Tatsache ist.
11 *Späte/Schimikowski/v. Rintelen*, Ziff. 2 AHB Rn 53 mwN.
12 So auch *Littbarski*, AHB, § 1 Rn 113; *Prölss/Martin/Lücke*, Ziff. 2 AHB Rn 8; *Bruck/Möller/Koch*, Ziff. 2 AHB 2012 Rn 24.
13 Vgl *Prölss/Martin/Lücke*, Ziff. 1 AHB Rn 24, Ziff. 2 AHB Rn 5.
14 Dazu *Kuwert/Erdbrügger*, Privathaftpflichtversicherung, Rn 5051 f; *Littbarski*, AHB, § 1 Rn 112 mwN.
15 BGH 21.5.1959 – II ZR 144/57, VersR 1959, 499; krit. dazu *Geyer*, VersR 1965, 646, 648.
16 OLG München 27.11.1979 – 5 U 2653/79, VersR 1980; vgl auch LG Berlin 29.10.2002 – 7 S 24/02, VersR 2003, 762.
17 Vgl *Littbarski*, AHB, § 1 Rn 24 m. zahlr. Nachw.
18 *Littbarski*, AHB, § 1 Rn 100.

lung von Schließzylindern, zuweilen ganzer Hausschließanlagen. Zwar ist hier die Gebrauchstauglichkeit der Hausschließanlage gemindert oder aufgehoben, wenn nun der Dieb oder Finder des Schlüssels ungehindert Zutritt haben kann; es fehlt jedoch an jeglicher körperlicher Einwirkung auf die Hausschließanlage.[19] Deshalb liegt kein Sachschaden iSd Ziff. 1.1 vor.[20] Versicherungsschutz für die Kosten des Austauschs der Hausschließanlage und anderer Folgeschäden besteht nur, wenn ein entsprechender Einschluss vereinbart ist.[21]

e) **Wirtschaftliche Entwertung.** Wird die Sache durch Abhandenkommen wirtschaftlich entwertet, kann dies die Annahme eines Sachschadens rechtfertigen. Wenn der VN einem Mitreisenden eine Videokamera versehentlich aus der Hand schlägt, so dass diese im Meer versinkt, ist nicht der Ausschluss über das Abhandenkommen von Sachen anzuwenden, sondern ein Sachschaden iSd Ziff. 1.1 anzunehmen.[22] Zwar kann die abhanden gekommene Sache theoretisch noch wiedererlangt werden, hier allerdings nur mit einem Aufwand, der wirtschaftlich völlig unverhältnismäßig wäre.[23] Das führt letztlich zur Annahme eines Sachschadens; der Verlust etwa eines kleinen Schmuckstücks im Meer oder im Tiefschnee kommt seiner Vernichtung gleich.[24]   16

Dieser „wirtschaftlichen Betrachtungsweise"[25] wird entgegengehalten, dem Wortlaut der AHB sei zu entnehmen, dass das Abhandenkommen von Sachen als Sondertatbestand zu behandeln ist, der immer dann anzunehmen sei, wenn der Besitzer der Sache wiedererlangen kann.[26] Erachtet man diese Auslegung (ebenfalls) für vertretbar, liegt eine Unklarheit iSd § 305 c Abs. 2 BGB vor, so dass der Auffassung der Vorzug zu geben ist, welche im Fall wirtschaftlicher Entwertung einen Sachschaden iSd Ziff. 1.1 annimmt. Die Rspr hat in folgenden Fällen einen Sachschaden angenommen und damit Deckung bejaht: Der VN stößt versehentlich die Uhr eines Bekannten ins Hafenbecken von Martinique;[27] der VN reißt einem Freund beim Zusammenprall auf der Skipiste die Uhr vom Handgelenk, die anschließend im Tiefschnee nicht wiederaufzufinden ist;[28] der VN spült versehentlich die Zahnprothese eines anderen mit der Toilettenspülung weg.[29] Die Möglichkeit, dass in derartigen Fällen kollusives Zusammenwirken zwischen dem Geschädigten und dem VN vorliegt, kann das Auslegungsergebnis nicht beeinflussen.[30]   17

4. Einschlussregelungen. Regelungen über den **Einschluss von Ansprüchen wegen Abhandenkommens von Sachen** (der Betriebsangehörigen und Besucher) werden insb. in der Betriebshaftpflichtversicherung getroffen. Gleichzeitig werden oftmals Haftpflichtansprüche aus Abhandenkommen von Geld, Wertpapieren, Sparbüchern, Urkunden und Schmucksachen ausdrücklich vom Versicherungsschutz aus-   18

---

19 Vgl auch *Kuwert/Erdbrügger*, Privathaftpflichtversicherung, Rn 5053.
20 So auch AG Hamburg 13.5.1993 – 22 a C 402/93, r+s 1994, 250. Anders Bruck/Möller/*Koch*, Ziff. 1 AHB 2012 Rn 31, der einen Sachschaden am verloren gegangenen Schlüssel annimmt.
21 Dazu *Dengler*, Haftpflichtversicherung im privaten und gewerblichen Bereich, S. 507 f; Späte/Schimikowski/*Schimikowski*, BB PHV Rn 182; zu einzelnen Fallgestaltungen des Verlusts von Schlüsseln und deren deckungsrechtlicher Beurteilung s. *Knaths*, VersR 1983, 1015 ff.
22 Vgl bereits Bruck/Möller/*Johannsen*, VVG, 4. Bd., 8. Aufl. 1970, § 1 AHB Anm. G 79.
23 Eingehend dazu *Littbarski*, AHB, § 1 Rn 104 ff.
24 OLG München 27.11.1979 – 5 U 2653/79, VersR 1980, 1138, 1139.
25 *Littbarski*, AHB, § 1 Rn 106; Bruck/Möller/*Koch*, Ziff. 2 AHB 2012 Rn 21 f.
26 Vgl *Kuwert/Erdbrügger*, Privathaftpflichtversicherung, Rn 5051.
27 OLG Karlsruhe 19.10.1995 – 12 U 91/95, r+s 1996, 302.
28 OLG München 27.11.1979 – 5 U 2653/79, VersR 1980, 1138, 1139; OLG Hamm 29.4.1996 – 6 U 187/95, r+s 1997, 55; OLG Hamm 10.11.1997 – 6 U 1/97, VersR 1998, 1274.
29 LG Paderborn 7.3.1991 – 1 S 381/90, zfs 1991, 425.
30 *Littbarski*, AHB, § 1 Rn 107.

genommen. Mit dem Einschluss wird Deckung geboten, wenn eine **gesetzliche Haftpflicht** des VN wegen der abhanden gekommenen Sache in Betracht kommt. Eine Entschädigungsleistung erbringt der VR in diesem Fall nur dann, wenn der VN das Abhandenkommen (zB den Diebstahl) von Sachen der Mitarbeiter oder Besucher schuldhaft – vorsätzlich oder fahrlässig – ermöglicht hat.[31]

19 In der Praxis existieren auch Regelungen, mit denen die Deckung ausdrücklich vom Bestehen einer gesetzlichen Haftpflicht (des VN) abgekoppelt wird. *Littbarski* bezeichnet sie als widersprüchlich und im Ergebnis unakzeptabel. Voraussetzung für die Gewährung von Haftpflichtversicherungsschutz müsse stets das Vorliegen eines deckungsfähigen Haftpflichttatbestands sein. Das sei nicht gegeben, wenn entgegen dem Sinn und Zweck der Betriebshaftpflichtversicherung Versicherungsschutz nur aus Gründen des Betriebsfriedens bzw von Geschäftsinteressen gewährt wird.[32] Auch *Späte*[33] und *Dengler*[34] betonen, eine solche Regelung stehe – mangels Verantwortlichkeit des VN – in krassem Widerspruch zum Sinn und Zweck einer Betriebshaftpflichtversicherung. Im Rahmen privatautonomer Vertragsgestaltung sind solche „Sachversicherungslösungen" freilich zulässig.[35]

3 Versichertes Risiko

3.1 Der Versicherungsschutz umfasst die gesetzliche Haftpflicht

(1) aus den im Versicherungsschein und seinen Nachträgen angegebenen Risiken des Versicherungsnehmers,

(2) aus Erhöhungen oder Erweiterungen der im Versicherungsschein und seinen Nachträgen angegebenen Risiken. Dies gilt nicht für Risiken aus dem Halten oder Gebrauch von versicherungspflichtigen Kraft-, Luft- oder Wasserfahrzeugen sowie für sonstige Risiken, die der Versicherungs- oder Deckungsvorsorgepflicht unterliegen,

(3) aus Risiken, die für den Versicherungsnehmer nach Abschluss der Versicherung neu entstehen (Vorsorgeversicherung) und die in Ziff. 4 näher geregelt sind.

3.2 Der Versicherungsschutz erstreckt sich auch auf Erhöhungen des versicherten Risikos durch Änderung bestehender oder Erlass neuer Rechtsvorschriften. Der Versicherer kann den Vertrag jedoch unter den Voraussetzungen von Ziff. 21 kündigen.

I. Grundsatz der Spezialität des versicherten Risikos

1 Während Ziff. 1.1 jegliche gesetzliche Haftpflichtansprüche, die den VN bei welcher Tätigkeit und in welcher Eigenschaft auch immer treffen können, in den Versicherungsschutz einbeziehst, beschränkt **Ziff. 3.1 (1)** die Deckung auf diejenigen Risiken, die im Versicherungsschein oder seinen Nachträgen angegeben sind. Der VN genießt als Privatperson für Haftpflichtansprüche, die aus den Gefahren des täglichen Lebens resultieren, Versicherungsschutz. Führt er eine Haftpflichtversicherung für seinen Dachdeckereibetrieb, bezieht sich der Versicherungsschutz auf Haftpflichtansprüche wegen Schäden, für die er in seiner Eigenschaft als Betriebs-

---

31 Versichert wird die „gesetzliche Haftpflicht" des VN, vgl Bruck/Möller/*Koch*, Ziff. 2 AHB 2012 Rn 26.
32 *Littbarski*, AHB, § 1 Rn 97.
33 *Späte* (1. Aufl.), § 1 AHB Rn 121.
34 *Dengler*, Haftpflichtversicherung im privaten und gewerblichen Bereich, S. 150.
35 Späte/Schimikowski/*v. Rintelen*, Ziff. 2 AHB Rn 42.

inhaber in Anspruch genommen wird. Dabei besteht Deckung für Tätigkeiten, die für einen Dachdeckerbetrieb typisch sind.

Der Schutz aus der BHV erstreckt sich auch auf sog. **branchenübliche Nebentätigkeiten**. Die gelegentliche Vermietung eines Gerüsts durch einen Dachdeckerbetrieb kann auch ohne ausdrückliche Erwähnung branchenüblicher Nebentätigkeiten als mitversichert angesehen werden.[1] Hat eine Möbelschreinerei den Auftrag, eine Teeküche einzubauen, sind Ansprüche wegen fehlerhaften Anschlusses eines Wasserhahns gedeckt, weil sich ein branchenübliches Nebenrisiko verwirklicht hat.[2] Hat ein Zimmerer ein beschädigtes Brett an einem Dach auszutauschen und bringt er eine Bitumenbahn durch Verschweißen auf, dürfte es sich um ein mitversichertes branchenübliches Nebenrisiko handeln.[3] Tätigkeiten, die technisch oder fachlich mit dem Leistungsangebot zusammenhängen oder dieses wirtschaftlich ergänzen (vgl § 5 HandwO), sind als mitversichert anzusehen.[4] – Handelt es sich um eine Tätigkeit, die nicht als ausdrücklich oder stillschweigend mitversichert anzusehen ist, besteht Schutz allenfalls im Rahmen der **Vorsorgeversicherung** (Ziff. 3.1 (3), Ziff. 4). 2

II. Risikoerhöhung, Risikoerweiterung

Nach **Ziff. 3.1 (2)** erstreckt sich der Versicherungsschutz auf die gesetzliche Haftpflicht aus Erhöhungen oder Erweiterungen des versicherten Risikos. Verändert sich das versicherte Risiko in quantitativer oder qualitativer Hinsicht, besteht automatisch Deckung, wenn sich das gesteigerte Risiko realisiert. 3

Beispiele: Der Bauunternehmer stellt zusätzliche Mitarbeiter ein oder schafft sich einen weiteren Kran an (Erweiterung des versicherten Risikos). Der Bauunternehmer schafft erstmals einen Kran an (Erhöhung des versicherten Risikos).[5]

Nicht automatisch mitversichert sind Risiken aus dem Halten oder Gebrauch von versicherungspflichtigen Kraft-, Luft- oder Wasserfahrzeugen sowie sonstige Risiken, die der Versicherungs- oder Deckungsvorsorgepflicht unterliegen (Ziff. 3.1 (2) S. 2). Gemäß Ziff. 13.1 trifft den VN bei einer Risikoerhöhung oder -erweiterung eine Anzeigepflicht, bei deren Verletzung eine Vertragsstrafe droht. 4

Ziff. 3.2 S. 2 iVm Ziff. 21 bestimmt, dass der VR bei Erhöhungen der übernommenen Gefahr, die durch Änderung bestehender oder Erlass neuer Rechtsnormen eintreten, berechtigt ist, das Versicherungsverhältnis unter Einhaltung einer Kündigungsfrist von einem Monat zu **kündigen**. 5

Risikoerhöhungen/-erweiterungen sind **Erscheinungsformen der Gefahrerhöhung**. **Risikoerhöhung** ist die qualitative, **Risikoerweiterung** die quantitative Veränderung des versicherten Risikos. Die Vorschriften der §§ 23 ff VVG werden in den AHB – zugunsten des VN – abbedungen. Die in Ziff. 3.1 (2) und in Ziff. 3.2 getroffenen Regelungen weichen zugunsten des VN von den Gefahrerhöhungsbestimmungen der §§ 23 ff VVG ab. Die Rechtsfolgen von Risikoerweiterungen und -erhöhungen – insb. die Auswirkungen auf die Prämie – sind in Ziff. 13 geregelt. 6

Ob eine Risikoerhöhung/-erweiterung oder ein **neues Risiko** vorliegt, ist im Einzelfall zu entscheiden und durch **Auslegung** zu ermitteln. Besteht eine Familien-PHV und bringt die Ehefrau des VN ein Kind zur Welt, liegt weder eine Risikoerhöhung noch ein neues Risiko vor, da die Aufsichtspflicht über Kinder – ohne zahlenmäßige Beschränkung – in den üblichen PHV-Bedingungen ein versichertes Risiko ist, 7

---

1 BGH 9.10.1974 – IV ZR 118/73, VersR 1975, 77.
2 OLG Karlsruhe 15.7.2010 – 12 U 6/10, r+s 2010, 416.
3 Anders LG Wiesbaden 6.9.2013 – 1 O 209/12, r+s 2014, 66.
4 Näher Späte/Schimikowski/*v. Rintelen*, Ziff. 3 AHB Rn 15.
5 Krit. zu den Begriffen „Erhöhung" und „Erweiterung" *Schmalzl/Krause-Allenstein*, Berufshaftpflichtversicherung des Architekten und Bauunternehmers, Rn 59.

Kinder werden automatisch zu mitversicherten Personen. Beginnt der VN, eine gefährliche Sportart zu betreiben, zB Schießsport, kann dies allenfalls dann eine Risikoerhöhung sein, wenn der VR vor Vertragsabschluss danach gefragt hat, ob der VN diese Sportart betreibt.[6] Ein neues Risiko ist die Ausübung von Schießsport nicht, weil hierfür weder in den AHB noch in den üblichen PHV-Bedingungen ein Ausschluss zu finden ist. Trennt der VN in seinem Haus zwei Zimmer, Bad und Küche durch Einbau einer Trockenbauwand von den anderen Räumen ab und vermietet er die so geschaffene neue Wohnung, so handelt es sich nicht um eine Risikoerhöhung, sondern um ein neues Risiko, wenn nach den Bedingungen der PHV nur das Vermieten einzelner Räume, nicht aber das Vermieten von Wohnungen zum versicherten Risiko zählt.

III. Neue Risiken

8 Nach **Ziff. 3.1 (3)** erstreckt sich der Versicherungsschutz auch auf neue Risiken, die nach Vertragsbeginn hinzukommen (**Vorsorgeversicherung**). Das ist der Fall, wenn das nach Vertragsabschluss hinzugekommene Risiko in keinem inneren Zusammenhang mit dem ursprünglich versicherten Risiko steht.[7]

Beispiele für neue Risiken: 1. Der VN schafft sich einen Hund an; das Hundehalterhaftpflichtrisiko ist nach den BBR PHV ausgeschlossen, so dass die Anschaffung eines Hundes ein neues Risiko bedeutet (s. aber auch Ziff. 4 Rn 12).

2. Der VN installiert in seinem Eigenheim einen Heizöltank; nach den BBR PHV ist das sog. Gewässerschaden-Anlagenrisiko ausgeschlossen, so dass insoweit ein neues Risiko vorliegt. Grundsätzlich greift also die Vorsorgeversicherung ein. In den BBR PHV ist aber zuweilen vorgesehen, dass die Vorsorgeversicherung im Hinblick auf das Gewässerschaden-Anlagenrisiko ausgeschlossen ist.

3. Der VN beginnt damit, ein – nach den BBR BHV nicht versichertes – Amt/Ehrenamt oder eine verantwortliche Tätigkeit in einer Vereinigung auszuüben.

9 Umstritten ist, ob die Vorsorgeversicherung auch für einen VN greift, der eine PHV führt und bei dem nun betriebliche oder berufliche Risiken neu entstehen. Dies wird von der hM verneint, in der Lit. zT bejaht, soweit nicht explizite Ausschlusstatbestände gelten, die in den Bedingungen zur Vorsorgeversicherung aufgeführt sind. Der letzteren Ansicht ist zuzustimmen. Dem Wortlaut der Ziff. 3.1 (3) und Ziff. 4 sind über Ziff. 4.3 hinaus weitere Eingrenzungen nicht zu entnehmen. Alle neuen Haftpflichtrisiken – soweit sie nicht unter Ziff. 4.3 fallen – sind von der Vorsorgeversicherung umfasst.[8]

10 Versicherungsschutz besteht aber nur **im Rahmen des bestehenden VersVertrages**. Nimmt der VN etwa erstmals eine gewerbliche Tätigkeit als Bauhandwerker auf, hat er über die Vorsorgeversicherung grds. Deckung, wenn er wegen Personen- oder Sachschäden in Anspruch genommen wird, wegen Ziff. 7.7 aber nicht für Schäden an bearbeiteten Sachen. Es sind auch die Ausschlusstatbestände Ziff. 4.3 zu beachten. Nimmt der VN eine versicherungspflichtige Tätigkeit auf, greift die Vorsorgeversicherung nicht (vgl Ziff. 4.3 (3)). – In A1-9.3 (5) AVB PHV ist ausdrücklich bestimmt, dass die Vorsorgeversicherung für neue Risiken aus betrieblicher, beruflicher, dienstlicher und amtlicher Tätigkeit nicht greift.

11 Im Rahmen einer **Betriebshaftpflichtversicherung** sind neue – bislang nicht versicherte – betriebliche Tätigkeiten von der Vorsorgeversicherung umfasst. Beispiel:

---

6 Vgl Späte/Schimikowski/*v. Rintelen*, Ziff. 3 AHB Rn 48.
7 Prölss/Martin/*Lücke*, Ziff. 4 AHB Rn 3 mwN.
8 So Späte/Schimikowski/*v. Rintelen*, Ziff. 4 AHB Rn 15 ff mwN auch zur Gegenmeinung. Anders noch Vorauflage (2. Aufl. 2011, Ziff. 3 AHB Rn 7); aA auch Bruck/Möller/*Koch*, Ziff. 4 AHB 2012 Rn 20; Prölss/Martin/*Lücke*, Ziff. 4 AHB Rn 7; FAKomm-VersR/*Halm/Fritz*, § 4 AHB Rn 3.

Der versicherte Elektroinstallateur führt (dauerhaft, vgl dazu Ziff. 4 Rn 13) auch Sanitärinstallation durch.

4 Vorsorgeversicherung

4.1 Risiken, die nach Abschluss des Versicherungsvertrages neu entstehen, sind im Rahmen des bestehenden Vertrages sofort versichert.

(1) Der Versicherungsnehmer ist verpflichtet, nach Aufforderung des Versicherers jedes neue Risiko innerhalb eines Monats anzuzeigen. Die Aufforderung kann auch mit der Beitragsrechnung erfolgen. Unterlässt der Versicherungsnehmer die rechtzeitige Anzeige, entfällt der Versicherungsschutz für das neue Risiko rückwirkend ab dessen Entstehung.

Tritt der Versicherungsfall ein, bevor das neue Risiko angezeigt wurde, so hat der Versicherungsnehmer zu beweisen, dass das neue Risiko erst nach Abschluss der Versicherung und zu einem Zeitpunkt hinzugekommen ist, zu dem die Anzeigefrist noch nicht verstrichen war.

(2) Der Versicherer ist berechtigt, für das neue Risiko einen angemessenen Beitrag zu verlangen. Kommt eine Einigung über die Höhe des Beitrags innerhalb einer Frist von einem Monat nach Eingang der Anzeige nicht zustande, entfällt der Versicherungsschutz für das neue Risiko rückwirkend ab dessen Entstehung.

4.2 Der Versicherungsschutz für neue Risiken ist von ihrer Entstehung bis zur Einigung im Sinne von Ziff. 4.1 (2) auf den Betrag von EUR ... für Personenschäden und EUR ... für Sachschäden und – soweit vereinbart – EUR ... für Vermögensschäden begrenzt, sofern nicht im Versicherungsschein geringere Versicherungssummen festgesetzt sind.

4.3 Die Regelung der Vorsorgeversicherung gilt nicht für Risiken

(1) aus dem Eigentum, Besitz, Halten oder Führen eines Kraft-, Luft- oder Wasserfahrzeugs, soweit diese Fahrzeuge der Zulassungs-, Führerschein- oder Versicherungspflicht unterliegen;

(2) aus dem Eigentum, Besitz, Betrieb oder Führen von Bahnen;

(3) die der Versicherungs- oder Deckungsvorsorgepflicht unterliegen;

(4) die kürzer als ein Jahr bestehen werden und deshalb im Rahmen von kurzfristigen Versicherungsverträgen zu versichern sind.

I. Regelungsinhalt

Der Versicherungsschutz erstreckt sich auf die gesetzliche Haftpflicht aus Risiken, die für den VN nach Abschluss der Versicherung neu entstehen (s. dazu Ziff. 3 Rn 8 ff). Entscheidend ist, ob ein **neues, bislang nicht versichertes Risiko** hinzukommt. Die Vorsorgeversicherung dient nicht dazu, Lücken im Versicherungsschutz zu füllen. Wenn Kinder in der Privathaftpflichtversicherung – wie üblich – bis zum Ende der Berufsausbildung mitversichert sind (vgl A1-2.1.2 AVB PHV), endet mit dem Abschluss der Berufsausbildung schlicht ihre befristete Mitversicherung; der Abschluss der Berufsausbildung stellt nicht etwa ein neues Risiko dar, welches nach Abschluss der Versicherung entsteht.[1] Gleiches gilt hinsichtlich des Endes der Mitversicherung eines Ehepartners nach der Scheidung. Sind Auslands-

---

1 OLG Hamm 12.7.2006 – 20 U 114/06, r+s 2006, 417.

schäden in der Haftpflichtversicherung ausgeschlossen, kann diese örtliche Begrenzung ebenfalls nicht durch die Vorsorgeversicherung überwunden werden.[2]

2 Der Versicherungsschutz **beginnt** nach **Ziff. 4.1** sofort mit dem Eintritt eines neuen Risikos, ohne dass es einer besonderen Anzeige bedarf. Die Vorsorgedeckung besteht für das neue Risiko zu den Bedingungen des laufenden Vertrages, es gelten also insb. auch die hierin enthaltenen Ausschlussregelungen. Der VN ist verpflichtet, auf Aufforderung des VR binnen eines Monats nach Empfang dieser Aufforderung jedes neu eingetretene Risiko **anzuzeigen**. Der Wortlaut gibt nicht her, dass der VR den VN über die Rechtsfolgen einer unterbliebenen Anzeige zu belehren habe.[3] Unterlässt der VN die rechtzeitige Anzeige oder kommt innerhalb der Frist von einem Monat nach Eingang der Anzeige bei dem VR eine Vereinbarung über die Prämie für das neue Risiko nicht zustande, so entfällt der Versicherungsschutz für das neu hinzugekommene Risiko rückwirkend ab dessen Entstehung (Ziff. 4.1 (1) S. 3, (2) S. 2).

3 Der VR darf für das neue Risiko einen „**angemessenen**" Beitrag fordern (Ziff. 4.1 (2) S. 1). Dies wird idR der Tarifbeitrag sein;[4] falls es einen solchen nicht gibt, der marktübliche Prämiensatz.[5] Verlangt der VR eine unangemessen hohe Prämie, kann sich der VR nicht auf den Ablauf der Monatsfrist berufen.[6] Das gilt auch dann, wenn der VR über die Vorsorgeversicherung ein Risiko decken muss, das er sonst gar nicht zeichnen würde.[7]

4 Das **Angebot** muss der VR dem VN so **zeitig** unterbreiten, dass dieser es noch vor Fristablauf wirksam annehmen kann; idR wird dem VN ein Zeitraum von einer Woche zur Verfügung stehen müssen.[8] Gibt der VR es erst später ab, ist von einer stillschweigend vereinbarten Fristverlängerung auszugehen.[9] Gibt der VR kein Angebot ab, führt er pflichtwidrig den Eintritt der auflösenden Bedingung herbei. Diese gilt als gem. § 162 Abs. 2 BGB nicht eingetreten, so dass der VN weiterhin Deckungsschutz im Rahmen der Vorsorgeversicherung genießt. Es gilt die hierfür vereinbarte Versicherungssumme.[10]

5 In **Ziff. 4.2** ist vorgesehen, dass für die Vorsorgeversicherung nur eine begrenzte **Deckungssumme** zur Verfügung steht. Einzelne VR stellen etwa in der PHV und auch in der BHV die volle Deckungssumme bereit. In Ziff. 4.2 ist ausdrücklich vorgesehen, dass nicht lediglich für Personen- und Sachschäden, sondern auch für Vermögensschäden eine Begrenzung der Deckungssumme vorgesehen werden kann.

II. Ausnahmetatbestände (Ziff. 4.3)

6 Bestimmte Gefahren sind von der Vorsorgeversicherung ausgeschlossen. In älteren Fassungen der AHB (zB in § 2 Nr. 3 AHB 2002) waren seltenere Risiken, wie zB

---

2 Zum Ganzen Späte/Schimikowski/*v. Rintelen*, Ziff. 4 AHB Rn 3.
3 Für eine Hinweispflicht aus § 6 Abs. 4 VVG Bruck/Möller/*Koch*, Ziff. 4 AHB 2012 Rn 35 mwN. Dem ist nicht beizupflichten, weil § 6 VVG die personen- und produktbezogene Beratung meint und nicht auf Obliegenheiten, Rechtspflichten, Bedingungen, die der VN zu erfüllen hat, zugeschnitten ist.
4 Vgl – statt vieler – Langheid/Wandt/*Büsken*, AllgHaftpflV Rn 95.
5 Langheid/Wandt/*Büsken*, AllgHaftpflV Rn 95.
6 Dazu Bruck/Möller/*Koch*, Ziff. 4 AHB 2012 Rn 47 ff; FAKomm-VersR/*Halm/Fritz*, § 4 AHB Rn 6.
7 Späte/Schimikowski/*v. Rintelen*, § 4 AHB Rn 61 f; aA – insb. unter dem Gesichtspunkt der Adäquanz von Risiko und Prämie – Langheid/Wandt/*Büsken*, AllgHaftpflV Rn 95.
8 Bruck/Möller/*Koch*, Ziff. 4 AHB 2012 Rn 43.
9 Späte/Schimikowski/*v. Rintelen*, Ziff. 4 AHB Rn 57.
10 Späte/Schimikowski/*v. Rintelen*, Ziff. 4 AHB Rn 58; nach aA stehen die Deckungssummen des Hauptvertrages zur Verfügung, vgl Bruck/Möller/*Koch*, Ziff. 4 AHB 2012 Rn 41 mwN.

das Betreiben von Zirkussen und Tribünen, ausgenommen. Die neueren Fassungen der AHB enthalten „modernere" Ausschlüsse.

1. Fahrzeuge (Ziff. 4.3 (1)). Nach Ziff. 4.3 (1) gilt die Vorsorgeversicherung nicht für Risiken aus dem Eigentum, Besitz, Halten oder Führen eines Kraft-, Luft- oder Wasserfahrzeugs, soweit diese Fahrzeuge einer Zulassungs-, Führerschein- oder Versicherungspflicht unterliegen. – Schäden durch den Gebrauch von Kraft-, Luft- und Wasserfahrzeugen sind in den BBR regelmäßig im Rahmen sog. **Benzinklauseln** ausgeschlossen (zur Auslegung der Benzinklauseln s. A1-7 Rn 7 ff AVB PHV).[11]

2. Bahnen (Ziff. 4.3 (2)). Die Regelung bestimmt, dass die Vorsorgeversicherung nicht für Risiken eingreift, die aus dem Eigentum, Besitz, Betrieb oder Führen von Bahnen resultieren.

3. Risiken mit Versicherungs- oder Deckungsvorsorgepflicht (Ziff. 4.3 (3)). Ausgeschlossen von der Vorsorgeversicherung sind nach Ziff. 4.3 (3) außerdem Risiken, die der Versicherungs- oder Deckungsvorsorgepflicht unterliegen.

Für die Anschaffung versicherungspflichtiger Fahrzeuge hat dieser Ausschlusstatbestand keine eigenständige Bedeutung, weil insoweit bereits Ziff. 4.3 (1) eingreift.

Praktisch von Belang ist der Ausschluss für Personen, die etwa eine versicherungspflichtige berufliche Tätigkeit aufnehmen.

Beispiel: Ein Rechtsanwalt, der für diese Tätigkeit eine Vermögensschadenhaftpflichtversicherung führt, erwirbt die Zulassung als VersMakler. Die Vorsorgeversicherung greift hier nicht ein. Praktische Relevanz wird auch dieser Fall kaum erlangen, weil die Zulassung zum Beruf des VersMaklers den Nachweis einer Vermögensschadenhaftpflichtversicherung für VersVermittler erfordert.

Bei der **Hundehalterhaftpflicht** kann Ziff. 4.3 (3) uU häufiger zu Problemen führen: Die Haftpflicht als Hundehalter ist in den BBR PHV regelmäßig ausgeschlossen; sie stellt (aber) ein privates Risiko des Alltagslebens dar. Der VN genießt daher grds. Schutz aus der Vorsorgeversicherung, sobald er sich einen Hund anschafft. Das gilt nach Ziff. 4.3 (3) nicht, wenn für den Hundehalter nach dem einschlägigen Landesrecht eine Versicherungspflicht gilt. In einigen Bundesländern ist dies generell der Fall, in anderen Bundesländern beschränkt auf bestimmte Hunderassen. Fraglich ist, ob der Wortlaut des Ausschlusses dem VN dies ausreichend deutlich vor Augen führt. – Eine **Deckungsvorsorgepflicht** besteht zB für einen pharmazeutischen Unternehmer nach § 94 AMG.

4. Kurzfristige Risiken (Ziff. 4.3 (4)). Nach Ziff. 4.3 (4) gilt die Regelung über die Vorsorgeversicherung schließlich nicht für Risiken, die kürzer als ein Jahr bestehen werden und deshalb im Rahmen von kurzfristigen VersVerträgen zu versichern sind. Ein solcher Ausschluss existierte in älteren Fassungen der AHB nicht. Hier war umstritten, ob die Vorsorgeversicherung nur dann eingreift, wenn das hinzukommende Risiko länger andauernd ist. Dagegen spricht sich mit Recht das OLG Hamm aus: Dass die Vorsorgeversicherung nicht eingreift, wenn es sich um ein nur vorübergehendes Risiko handelt, folgt nicht aus dem Bedingungswortlaut (der älteren AHB).[12] In Ziff. 4.3 (4) wird die Vorsorgeversicherung nun explizit auf solche Risiken begrenzt, die **länger andauernd existieren** (länger als ein Jahr). Das kann zB in der Bauherrenhaftpflicht Probleme bereiten: Die üblichen BBR PHV begrenzen die Mitversicherung der Bauherrenhaftpflicht auf eine bestimmte Bausumme. Soweit diese überschritten wird, verweisen die BBR idR auf die Vorsorgeversicherung. Nun bestünde für ein Bauvorhaben, das die entsprechende Bausumme überschreitet, aber innerhalb von zehn Monaten fertig gestellt ist, kein Schutz

---

11 Zur Auslegung der Benzinklauseln s. ferner BGH 13.12.2006 – IV ZR 120/05, r+s 2007, 102; Späte/Schimikowski/*Schimikowski*, BB PHV Rn 121 ff.
12 OLG Hamm 15.3.2000 – 20 U 164/99, r+s 2000, 408.

aus der Vorsorgeversicherung. Werden die einschlägigen BBR nicht geändert, erscheint die Regelung AGB-rechtlich angreifbar (§ 307 Abs. 1 S. 2, Abs. 2 Nr. 2 BGB).[13]

III. Vorsorgeversicherungsschutz für Mitversicherte

14 Soweit ein neues Risiko allein in der Person eines **Mitversicherten** entsteht, wurde zu § 2 AHB aF die Auffassung vertreten, „vernünftigerweise" sei – im Wege der Vertragsauslegung – davon auszugehen, dass die Vorsorgeversicherung eingreift.[14] Nach **Ziff. 27.1 S. 2** ist ausdrücklich bestimmt, dass für neue Risiken, die allein in der Person von Mitversicherten entstehen, kein Versicherungsschutz über die Vorsorgeversicherung besteht (problematisch, s. Ziff. 27 Rn 2).

5 Leistungen der Versicherung

5.1 Der Versicherungsschutz umfasst die Prüfung der Haftpflichtfrage, die Abwehr unberechtigter Schadensersatzansprüche und die Freistellung des Versicherungsnehmers von berechtigten Schadensersatzverpflichtungen.

Berechtigt sind Schadensersatzverpflichtungen dann, wenn der Versicherungsnehmer aufgrund Gesetzes, rechtskräftigen Urteils, Anerkenntnisses oder Vergleiches zur Entschädigung verpflichtet ist und der Versicherer hierdurch gebunden ist. Anerkenntnisse und Vergleiche, die vom Versicherungsnehmer ohne Zustimmung des Versicherers abgegeben oder geschlossen worden sind, binden den Versicherer nur, soweit der Anspruch auch ohne Anerkenntnis oder Vergleich bestanden hätte.

Ist die Schadensersatzverpflichtung des Versicherungsnehmers mit bindender Wirkung für den Versicherer festgestellt, hat der Versicherer den Versicherungsnehmer binnen zwei Wochen vom Anspruch des Dritten freizustellen.

5.2 Der Versicherer ist bevollmächtigt, alle ihm zur Abwicklung des Schadens oder Abwehr der Schadensersatzansprüche zweckmäßig erscheinenden Erklärungen im Namen des Versicherungsnehmers abzugeben.

Kommt es in einem Versicherungsfall zu einem Rechtsstreit über Schadensersatzansprüche gegen den Versicherungsnehmer, ist der Versicherer zur Prozessführung bevollmächtigt. Er führt den Rechtsstreit im Namen des Versicherungsnehmers auf seine Kosten.

5.3 Wird in einem Strafverfahren wegen eines Schadensereignisses, das einen unter den Versicherungsschutz fallenden Haftpflichtanspruch zur Folge haben kann, die Bestellung eines Verteidigers für den Versicherungsnehmer von dem Versicherer gewünscht oder genehmigt, so trägt der Versicherer die gebührenordnungsmäßigen oder die mit ihm besonders vereinbarten höheren Kosten des Verteidigers.

5.4 Erlangt der Versicherungsnehmer oder ein Mitversicherter das Recht, die Aufhebung oder Minderung einer zu zahlenden Rente zu fordern, so ist der Versicherer zur Ausübung dieses Rechts bevollmächtigt.

---

13 Langheid/Wandt/*Büsken*, AllgHaftpflV Rn 111 spricht sich für eine Anpassung der BB PHV aus.
14 So Prölss/Martin/*Voit/Knappmann*, 27. Aufl. 2004, § 2 AHB Rn 10.

I. Abwehrdeckung und Freistellungsanspruch (Ziff. 5.1)

Ziff. 5.1 S. 1 entspricht § 100 VVG und beschreibt das gesetzliche Leitbild der Haftpflichtversicherung: die Verpflichtung des VR, dem VN bei unberechtigten Ansprüchen Abwehrdeckung zu gewähren und ihn von berechtigten Ansprüchen freizustellen (s. dazu § 100 VVG Rn 2 ff). Zur Bindungswirkung des Haftpflichtprozesses für den Deckungsprozess s. Vor §§ 100–124 VVG Rn 9 ff. Ob der VR von berechtigten Ansprüchen freistellt oder Abwehrdeckung gewährt, ist nach dem Wortlaut der Regelung nicht in das „pflichtgemäße Ermessen" des VR gestellt.[1] Allerdings verschafft die Schadensregulierungsvollmacht (Ziff. 5.2) dem VR auch die Möglichkeit, Schadensersatzansprüche zu befriedigen, die zB in der Höhe zweifelhaft sind, wenn dies aus wirtschaftlichen Gründen günstiger erscheint, als den Haftpflichtprozess zu führen. Dabei hat der VR freilich immer die Interessen des VN in den Blick zu nehmen (vgl Rn 7). 1

Will der VR die Abwehr unberechtigter Ansprüche dem VN übertragen, sind eine vertragliche Abrede und eine Belehrung des VN erforderlich. Unterbleibt die Belehrung, kann sich der VR insb. nicht auf eine fehlerhafte Prozessführung durch den VN berufen.[2] 2

Ziff. 5.1 S. 2 macht deutlich, was unter „**berechtigten Ansprüchen**" zu verstehen ist: Der VN muss durch Gesetz, **rechtskräftiges Urteil**, **Anerkenntnis** oder **Vergleich** zur Entschädigung verpflichtet und der VR hierdurch gebunden sein. An ein Anerkenntnis oder einen Vergleich von Seiten des VN, welcher nicht der Rechtslage entspricht, ist der VR nicht gebunden (vgl auch Rn 4). Hat der VR die Deckung verweigert, ist in der Schadensersatzzahlung des VN ein Anerkenntnis der Hauptforderung im Umfang der Inanspruchnahme zu sehen, an das der VR auch ohne seine Zustimmung gebunden ist, soweit der Anspruch auch ohne Anerkenntnis bestanden hätte.[3] Hat der VR seine gem. Ziff. 5.1 bestehenden Verpflichtungen nicht erfüllt, sind auch nicht der Sach- und Rechtslage entsprechende Anerkenntnisse und Vergleiche für den VR bindend, solange der VN nicht leichtfertig oder gar arglistig gehandelt hat.[4] Ob ein **Schiedsspruch**, der in einem schiedsrichterlichen Verfahren ergangen ist, einem rechtskräftigen Urteil (iSd Ziff. 5.1 S. 2) gleichzustellen ist, ist umstritten; dafür spricht § 1055 ZPO.[5] 3

Ziff. 5.1 S. 3 bringt eine Selbstverständlichkeit zum Ausdruck, dass nämlich ein vom VN ohne Zustimmung des VR abgegebenes Anerkenntnis oder abgeschlossener Vergleich den VR nur binden kann, wenn der Anspruch auch ohne das Anerkenntnis oder den Vergleich bestanden hätte. Die Regelung ist dennoch wichtig, um dem VN nach dem **Wegfall des Anerkenntnis- und Befriedigungsverbots** (vgl § 105 VVG) vor Augen zu führen, dass der VR nur dann durch ein vom VN nach einem Schadenfall abgegebenes Anerkenntnis oder eine Befriedigung des Anspruchstellers gebunden sein kann, wenn eine gesetzliche Haftpflicht des VN tatsächlich vorliegt. Andernfalls besteht für den VR keine Freistellungsverpflichtung. 4

Ziff. 5.1 S. 4 enthält die übliche **Fälligkeitsregelung** für den Freistellungsanspruch (vgl auch § 106 VVG). Die Entschädigung ist binnen zwei Wochen zu leisten, sobald die Verpflichtung des VR zur Zahlung feststeht. 5

---

1 Insoweit zutr. Prölss/Martin/*Lücke*, Ziff. 5 AHB Rn 2. AA die hM, Nachw. bei Späte/Schimikowski/*Harsdorf-Gebhardt*, Ziff. 5 AHB Rn 5.
2 BGH 7.2.2007 – IV ZR 149/03, r+s 2007, 191; BGH 14.2.2007 – IV ZR 54/04, r+s 2007, 239; vgl auch LG Dortmund 12.7.2007 – 2 O 80/07, r+s 2007, 415.
3 LG Dortmund 1.8.2013 – 2 S 5/13, r+s 2013, 548.
4 So Prölss/Martin/*Lücke*, Ziff. 5 AHB Rn 7.
5 *Koch*, SchiedsVZ 2007, 281, 285 mwN.

II. Schadensregulierungsmacht des VR (Ziff. 5.2)

6 Ziff. 5.2 gibt dem VR das Recht, zur Schadensabwicklung oder zur Anspruchsabwehr Erklärungen im Namen des VN abzugeben (S. 1). Das umfasst zB auch die Vergabe von Gutachten. Im Falle eines Rechtsstreits über den Haftpflichtanspruch räumt S. 2 dem VR das **Prozessführungsrecht** ein. Der VR führt – auf seine Kosten – den Rechtsstreit im Namen des VN. Der VR bestellt den Rechtsanwalt, der VN hat diesem Vollmacht zu erteilen (vgl Ziff. 25 Rn 10). Der Anwalt unterliegt den Weisungen des VR. Bestellt der VN daneben einen weiteren Anwalt, hat der VR die Kosten insoweit nicht zu tragen. Es besteht eine „prozessuale Vorherrschaft" des VR.[6]

7 Die mit Ziff. 5.2 dem VR eingeräumte umfassende **Schadenbearbeitungsvollmacht**[7] bedeutet nicht, dass der VR etwa Interessen des VN bei der Regulierung missachten dürfte, vielmehr drohen ihm ggf Schadensersatzansprüche.[8] Erhöht sich der Schadenersatzanspruch des Geschädigten aufgrund des Verhaltens des VR, kommt es zu einem erhöhten Schmerzensgeld wegen entgegen Treu und Glauben verzögerter Regulierung,[9] geht dies zu Lasten des VR.[10] Das muss auch (und gerade) dann gelten, wenn die Deckungssumme erschöpft ist.[11] Im Übrigen hat der VR eine uneingeschränkte Verhandlungsvollmacht. Erkennt er einen Haftpflichtanspruch des Geschädigten an, wirkt dies nach hM zu Lasten des VN – und zwar auch insoweit der VR wegen eines Selbstbehalts oder Überschreitens der Deckungssumme selbst nicht reguliert.[12] Will der VR von seiner Regulierungsvollmacht nur eingeschränkt Gebrauch machen, muss er dies dem Geschädigten gegenüber ausdrücklich klarstellen.[13] Gibt der VR gegenüber dem Geschädigten eine Regulierungszusage ab, erkennt er gegenüber dem VN die Deckungspflicht an (bindendes deklaratorisches Anerkenntnis).[14]

8 Die Regulierungsvollmacht hat der Versicherer auch dann, wenn der Vertrag beendet ist und danach Schadensersatzansprüche wegen eines während der Vertragslaufzeit eingetretenen Verstoßes oder Schadensereignisses erhoben werden.

9 Eine **Schiedsgerichtsvereinbarung** beeinträchtigt die Regulierungsvollmacht des VR, insb. das Prozessführungsrecht nach Ziff. 5.2. In der Betriebshaftpflichtversicherung sind Schiedsgerichtsklauseln üblich (s. Ziff. 25 Rn 13).

III. Strafverteidigerkosten (Ziff. 5.3)

10 Nach Ziff. 5.3 übernimmt der VR, wenn er dies wünscht, auch die Strafverteidigerkosten. Das entspricht § 101 Abs. 1 S. 2 VVG. Wünscht der VR die Bestellung eines Strafverteidigers oder genehmigt er die bereits erfolgte Bestellung durch den VN, übernimmt er dessen Gebühren, nicht aber weitere Verfahrenskosten. Weder kann der VN verlangen, dass der VN die Kosten übernimmt bzw die Bestellung ei-

---

6 Krit. dazu *Koch/Hirse*, VersR 2001, 405 ff.
7 Zum Umfang der Regulierungsvollmacht Bruck/Möller/*Koch*, Ziff. 5 AHB 2012 Rn 10 mwN.
8 Dazu *Schmalzl/Krause-Allenstein*, Berufshaftpflichtversicherung des Architekten und Bauunternehmers, Rn 93 f mit Fallbeispiel; *Kramer*, r+s 2008, 1, 5; *Armbrüster*, r+s 2010, 441, 443; *Baumann*, VersR 2010, 980, 986.
9 OLG Nürnberg 22.12.2006 – 5 U 1921/06, VersR 2007, 1137.
10 *Littbarski*, AHB, § 3 Rn 70.
11 Bruck/Möller/*Koch*, Ziff. 5 AHB 2012 Rn 11 mwN.
12 Die Beweislast dafür, dass das Anerkenntnis der Sach- und Rechtslage entspricht, soll der VR tragen, so Prölss/Martin/*Lücke*, Ziff. 5 AHB Rn 18 mit Hinweis darauf, dass sich ansonsten die Frage der Wirksamkeit der Vollmachtsklausel stelle; im Erg. zust. Bruck/Möller/*Koch*, Ziff. 5 AHB 2012 Rn 12.
13 BGH 11.10.2006 – IV ZR 329/05, r+s 2007, 16; dazu *Felsch*, r+s 2008, 265, 279 f.
14 BGH 19.11.2008 – IV ZR 293/05, r+s 2009, 504.

nes Strafverteidigers genehmigt, noch kann der VR verlangen, dass der VN einen Verteidiger bestellt.[15]

IV. Schadensersatzrente (Ziff. 5.4)

Ziff. 5.4 räumt dem VR die Möglichkeit ein, eine zu entrichtende Schadensersatzrente zu ändern, wenn sich die bei ihrer Festsetzung maßgebenden Verhältnisse wesentlich geändert haben, wenn etwa die Gesundheit eines zuvor erwerbsunfähigen Geschädigten wiederhergestellt ist. Erfährt der VN, dass solche Umstände vorliegen, soll er aufgrund seiner Schadensminderungspflicht (Ziff. 25.2) gehalten sein, den VR unverzüglich zu unterrichten.[16] Das ist fraglich, ist doch der VN lediglich zur Abwendung und Minderung des Schadens verpflichtet, nicht aber dazu, die Leistungspflicht des VR gering zu halten.[17]

6 Begrenzung der Leistungen

6.1 Die Entschädigungsleistung des Versicherers ist bei jedem Versicherungsfall auf die vereinbarten Versicherungssummen begrenzt. Dies gilt auch dann, wenn sich der Versicherungsschutz auf mehrere entschädigungspflichtige Personen erstreckt.

6.2 Sofern nicht etwas anderes vereinbart wurde, sind die Entschädigungsleistungen des Versicherers für alle Versicherungsfälle eines Versicherungsjahres auf das ...-fache der vereinbarten Versicherungssummen begrenzt.

6.3 Mehrere während der Wirksamkeit der Versicherung eintretende Versicherungsfälle gelten als ein Versicherungsfall, der im Zeitpunkt des ersten dieser Versicherungsfälle eingetreten ist, wenn diese

– auf derselben Ursache,
– auf gleichen Ursachen mit innerem, insbesondere sachlichem und zeitlichem Zusammenhang oder
– auf der Lieferung von Waren mit gleichen Mängeln

beruhen.

6.4 Falls besonders vereinbart, beteiligt sich der Versicherungsnehmer bei jedem Versicherungsfall mit einem im Versicherungsschein festgelegten Betrag an der Schadensersatzleistung (Selbstbehalt). Soweit nicht etwas anderes vereinbart wurde, ist der Versicherer auch in diesen Fällen zur Abwehr unberechtigter Schadensersatzansprüche verpflichtet.

6.5 Die Aufwendungen des Versicherers für Kosten werden nicht auf die Versicherungssummen angerechnet.

6.6 Übersteigen die begründeten Haftpflichtansprüche aus einem Versicherungsfall die Versicherungssumme, trägt der Versicherer die Prozesskosten im Verhältnis der Versicherungssumme zur Gesamthöhe dieser Ansprüche.

6.7 Hat der Versicherungsnehmer an den Geschädigten Rentenzahlungen zu leisten und übersteigt der Kapitalwert der Rente die Versicherungssumme oder den nach Abzug etwaiger sonstiger Leistungen aus dem Versicherungsfall noch verbleibenden Restbetrag der Versicherungssumme, so

---

15 Späte/Schimikowski/*Harsdorf-Gebhardt*, Ziff. 5 AHB Rn 54 mwN.
16 Prölss/Martin/*Lücke*, Ziff. 5 AHB Rn 38.
17 Langheid/Wandt/*Looschelders*, § 82 VVG Rn 25.

wird die zu leistende Rente nur im Verhältnis der Versicherungssumme bzw. ihres Restbetrages zum Kapitalwert der Rente vom Versicherer erstattet.

Für die Berechnung des Rentenwertes gilt die entsprechende Vorschrift der Verordnung über den Versicherungsschutz in der Kraftfahrzeug-Haftpflichtversicherung in der jeweils gültigen Fassung zum Zeitpunkt des Versicherungsfalles.

Bei der Berechnung des Betrages, mit dem sich der Versicherungsnehmer an laufenden Rentenzahlungen beteiligen muss, wenn der Kapitalwert der Rente die Versicherungssumme oder die nach Abzug sonstiger Leistungen verbleibende Restversicherungssumme übersteigt, werden die sonstigen Leistungen mit ihrem vollen Betrag von der Versicherungssumme abgesetzt.

6.8 Falls die von dem Versicherer verlangte Erledigung eines Haftpflichtanspruchs durch Anerkenntnis, Befriedigung oder Vergleich am Verhalten des Versicherungsnehmers scheitert, hat der Versicherer für den von der Weigerung an entstehenden Mehraufwand an Entschädigungsleistung, Zinsen und Kosten nicht aufzukommen.

I. Deckungssumme (Ziff. 6.1 und 6.2)

1 Nach **Ziff. 6.1** ist die **Versicherungssumme** (in der Haftpflichtversicherung ist der Begriff „Deckungssumme" verbreitet) grds. die Grenze für die Einstandspflicht des Haftpflichtversicherers (vgl aber Ziff. 6.5). In Bezug auf die Höhe der Versicherungssumme trifft den VR bzw den VersVermittler eine Beratungspflicht (§§ 6, 61 VVG). Das gilt zumindest dann, wenn der VN erkennbar unrichtige Vorstellungen hat, darüber hinaus wird der VR bzw der VersVermittler durch Fragen klären müssen, ob der VN seinen wirklichen Bedarf kennt oder ob er etwa sein Haftungsrisiko falsch einschätzt. **Ziff. 6.2** sieht vor, dass die Versicherungssumme **maximiert** werden kann; je nach der vertraglichen Vereinbarung steht sie dann für alle Schadenereignisse eines Versicherungsjahres zB nur einmal oder zweimal zur Verfügung. Falls eine Maximierung vertraglich vorgesehen ist, muss das dem VN insb. bei beruflichen und gewerblichen Risiken ausreichend verdeutlicht werden, um einen Überrumpelungseffekt iSd § 305c Abs. 1 BGB zu vermeiden.[1]

II. Serienschadenklausel (Ziff. 6.3)

2 Ziff. 6.3 regelt die Serienschadenklausel: Mehrere zeitlich zusammenhängende Versicherungsfälle (Schadenereignisse) aus derselben Ursache, aus gleichen Ursachen oder mehrere Schäden aus Lieferungen der gleichen mangelhaften Waren gelten als ein Versicherungsfall. Im Wege der Fiktion werden mehrere Schadenereignisse zu einem Serienschadenereignis zusammengefasst.[2] Es steht hierfür dann lediglich die (maximierte) Versicherungssumme zur Verfügung.

3 Zur Anwendung der Serienschadenklausel des § 3 II Nr. 2 Abs. 1 S. 3 AHB aF hat der BGH verlangt, dass **Ursachenidentität** („dieselbe Ursache") vorliegen müsse, gleiche oder gleichartige Ursachen genügen nicht.[3] Ziff. 6.3 **1. Spiegelstrich** stellt wie die alte Fassung der AHB auf „**dieselbe Ursache**" ab. Ziff. 6.3 **2. Spiegelstrich** lässt demgegenüber auch „**gleiche Ursachen**" ausreichen, um einen Serienschaden

---

[1] Ähnl. Prölss/Martin/*Lücke*, Ziff. 6 AHB Rn 8.
[2] Grundlegend *Fenyfes*, Die rechtliche Behandlung von Serienschäden in der Haftpflichtversicherung, 1988, S. 6.
[3] BGH 27.11.2002 – IV ZR 159/01, r+s 2003, 106; BGH 17.9.2003 – IV ZR 19/03, r+s 2003, 500.

anzunehmen. Voraussetzung ist dabei, dass die Ursachen auf einem inneren, insb. sachlichen und zeitlichen Zusammenhang beruhen. Die Formulierung ist an der Serienschadenklausel des Produkthaftpflicht-Modells orientiert. AGB-rechtlich ist die im 2. Spiegelstrich der Klausel vorgesehene Regelung nicht unproblematisch. Aus § 100 VVG kann entnommen werden, dass der VR grds. die Versicherungssumme für jeden einzelnen Versicherungsfall voll zur Verfügung stellen muss.[4] Davon können Ausnahmen zugelassen werden, wenn die Interessen des VN an einem möglichst ungeschmälerten Versicherungsschutz und das Interesse des VR, das Kumulrisiko zu begrenzen, angemessen berücksichtigt sind. Das erscheint hier gegeben, weil die gleichen Ursachen einen inneren, insb. sachlichen und zeitlichen Zusammenhang aufweisen müssen. Eine Gefährdung des Vertragszwecks (§ 307 Abs. 2 Nr. 2 BGB) ist damit ausgeschlossen. Allerdings ist fraglich, ob die Regelung transparent ist (§ 307 Abs. 1 S. 2 BGB). Es ist eine Vielzahl von Fallgestaltungen denkbar, bei denen unklar bleibt, ob von „gleichen Ursachen" gesprochen werden kann. Das Adjektiv „gleich" kann „in jeder Hinsicht übereinstimmend" bedeuten, aber auch „in der Art übereinstimmend". Nach der zweiten Begriffsbedeutung genügt also Vergleichbarkeit. Dem VN wird damit nicht genug deutlich, in welchem Umfang sein Versicherungsschutz begrenzt sein kann.[5]

Die **Warenklausel** (Ziff. 6.3 3. Spiegelstrich) stellt auf „gleiche Mängel" ab. Dazu wird in der Lit. die Auffassung vertreten, Gleichartigkeit genüge nicht.[6] Woraus sich das ergeben soll, ist nicht ersichtlich. Das Wort „gleich" kann – wie ausgeführt (s. Rn 3) – auch iSv „vergleichbar" oder „im Typ übereinstimmend" verstanden werden. Damit ist auch hier die Transparenz der Regelung fraglich. 4

Ist ein Selbstbehalt vereinbart, darf dieser bei einer Schadenereignisserie nur einmal abgezogen werden. Dagegen hat der VN bei jedem einzelnen Schadenereignis seine Obliegenheiten zu erfüllen, weil die Serienschadenklausel nur bezweckt, die Deckungspflicht des VR zu begrenzen. 5

Zum **Kündigungsrecht** des VR bei Serienschäden s. Ziff. 19 Rn 2. 6

III. Selbstbehalt (Ziff. 6.4)

Ein Selbstbehalt kann nach **Ziff. 6.4 S. 1** vereinbart werden. Bereits die in § 3 Abs. 3 Nr. 2 S. 4 AHB aF gebräuchliche Formulierung bringt zum Ausdruck, dass die Selbstbehaltregelung nur bei **begründeten** Ansprüchen zum Zuge kommt („… Betrag an einer Schadensersatzleistung …"), die Abwehrdeckung bleibt unberührt. **Ziff. 6.4 S. 2** weist ausdrücklich darauf hin, dass der VR – soweit nichts anderes vereinbart ist – „auch in diesen Fällen zur Abwehr unberechtigter Schadensersatzansprüche verpflichtet" ist. In den Bedingungen einzelner VR finden sich davon abweichende Bestimmungen, nach denen dann, wenn eine Schadensersatzforderung unterhalb der Selbstbehaltgrenze liegt, auch kein Anspruch auf Abwehrdeckung besteht. An der Zulässigkeit solcher Bestimmungen besteht kein Zweifel, solange sie transparent sind. Der Selbstbehalt ist im Regelfall von der Haftpflichtforderung abzuziehen.[7] Ist dagegen bei bestimmten Deckungserweiterungen – etwa in der PHV oder BHV – eine besondere Deckungssumme (*sublimit*) vereinbart, ist der Selbstbehalt von dieser Summe in Abzug zu bringen, wenn er speziell für diese Deckungserweiterung vorbehalten ist.[8] 7

---

4 Prölss/Martin/*Lücke*, Ziff. 6 AHB Rn 15.
5 Bedenken im Hinblick auf die Transparenz äußert auch Bruck/Möller/*Koch*, Ziff. 6 AHB 2012 Rn 20.
6 So Prölss/Martin/*Lücke*, Ziff. 6 AHB Rn 14.
7 Späte/Schimikowski/*Harsdorf-Gebhardt*, Ziff. 6 AHB Rn 36 mwN. – Vgl nunmehr A1-5.4 S. 2 AVB PHV.
8 OLG Köln 10.6.2008 – 9 U 144/07, VersR 2009, 391.

IV. Keine Anrechnung von Abwehrkosten (Ziff. 6.5)

8 Entsprechend § 101 S. 1 VVG werden Abwehrkosten nicht auf die Versicherungssumme angerechnet, **Ziff. 6.5**. Das betrifft außergerichtliche wie gerichtliche Kosten.[9] Anders als in § 101 S. 2 VVG sind Zinsen in den AHB nicht erwähnt. Daraus ist indes nichts herzuleiten, insb. keine Abbedingung des § 101 S. 2 VVG.[10] Deckungssummen begrenzen nur die Hauptforderung aus dem Haftpflichtversicherungsvertrag.[11] Regelungen in AVB, die von diesem Grundsatz abweichen, sind wegen § 307 Abs. 2 Nr. 1 BGB rechtlich fragwürdig (s. § 101 VVG Rn 4 sowie Ziff. 25 Rn 10).[12]

9 Sofern die begründeten Haftpflichtansprüche die Versicherungssumme übersteigen, hat der VR nach **Ziff. 6.6** die Prozesskosten lediglich im Verhältnis der Versicherungssumme zur Gesamthöhe der Ansprüche zu tragen. Bei der Berechnung wird ein Selbstbehalt nicht berücksichtigt, da Ziff. 6.6 ausschließlich auf die Versicherungssumme abstellt.[13] Damit wird von dem in Ziff. 6.5 formulierten Grundsatz eine Ausnahme statuiert. Ziff. 6.6 bringt klar zum Ausdruck, dass nur bei begründeten Ansprüchen eine Kostenquotelung erfolgt. Bezüglich der Abwehrdeckung besteht volle Leistungspflicht.

V. Rentenzahlungen (Ziff. 6.7)

10 Ziff. 6.7 regelt zwei Fallgestaltungen:
- An den Geschädigten sind Rentenzahlungen zu leisten, und der Kapitalwert der Rente übersteigt die Versicherungssumme.
- Der Kapitalwert der Rente übersteigt nach Abzug sonstiger Leistungen aus dem Versicherungsfall die Versicherungssumme.

11 Liegt eine dieser Konstellationen vor, erstattet der VR die Rente nur im Verhältnis der Versicherungssumme bzw ihres Restwertes zum Kapitalwert. Das entspricht § 107 Abs. 1 VVG. Der VN hat sich also an laufenden Rentenzahlungen entsprechend zu beteiligen. Bei der Berechnung des Kapitalwertes erfolgt eine Orientierung an den Vorgaben der KfzPflVV. Das schafft eine verlässliche Berechnungsgrundlage.[14]

VI. Widerstandsklausel (Ziff. 6.8)

12 Ziff. 6.8 bestimmt, dass dann, wenn der VN eine vom VR geplante Erledigung des Haftpflichtanspruchs durch Vergleich, Anerkenntnis oder Befriedigung verhindert, der VR etwaige dadurch entstehende Mehrkosten nicht zu tragen hat. Die sog. Widerstandsklausel wirkt auf den ersten Blick widersprüchlich, ist aber gleichwohl interessengerecht: Der VR hat eine umfassende Vollmacht, die ihn berechtigt, einen Haftpflichtschadenfall auch ohne Zustimmung des VN zu regulieren (vgl Ziff. 5.2 und Ziff. 25.5). Ziff. 6.8 räumt dem VR gleichsam die Befugnis ein, davon wegen des Verhaltens des VN keinen Gebrauch zu machen und daraus uU resultierende nachteilige finanzielle Folgen auf den VN abzuwälzen. Die Regelung beinhaltet faktisch eine Pflicht des VN, (überflüssige) Kosten zu vermeiden; es kommt ihr deshalb der Charakter einer **vertraglichen Obliegenheit** zu.[15] Im Falle

---

9 Prölss/Martin/*Lücke*, Ziff. 6 AHB Rn 4.
10 Späte/Schimikowski/*Harsdorf-Gebhardt*, § 6 AHB Rn 38 mwN.
11 Prölss/Martin/*Lücke*, Ziff. 6 AHB Rn 3.
12 Zu dieser umstrittenen Thematik vgl noch *Werber*, VersR 2014, 1159 ff; Lösungswege diskutiert *Lange*, VersR 2014, 1413.
13 OLG Köln 10.6.2008 – 9 U 144/07, VersR 2009, 391.
14 Krit. dazu – unter Transparenzaspekten – *Littbarski*, PHi 2006, 82, 84.
15 So Prölss/Martin/*Lücke*, Ziff. 6 AHB Rn 23; *Schmalzl/Krause-Allenstein*, Berufshaftpflichtversicherung des Architekten und Bauunternehmers, Rn 112.

einer Zuwiderhandlung ist daher nach hM § 28 VVG anzuwenden.[16] Ein grob fahrlässiges oder vorsätzliches Verhalten des VN wird nur dann in Betracht kommen, wenn der VR über die Folgen belehrt hat, weil der VN die Rechtslage oft nicht kennen oder verkennen wird. Im Übrigen ist fragwürdig, ob die nicht nach dem Verschuldensgrad differenzierende Sanktionsbestimmung rechtlich haltbar ist.[17]

7 Ausschlüsse

Falls im Versicherungsschein oder seinen Nachträgen nicht ausdrücklich etwas anderes bestimmt ist, sind von der Versicherung ausgeschlossen:

7.1 Versicherungsansprüche aller Personen, die den Schaden vorsätzlich herbeigeführt haben.

7.2 Versicherungsansprüche aller Personen, die den Schaden dadurch verursacht haben, dass sie in Kenntnis von deren Mangelhaftigkeit oder Schädlichkeit
   – Erzeugnisse in den Verkehr gebracht oder
   – Arbeiten oder sonstige Leistungen erbracht haben.

7.3 Haftpflichtansprüche, soweit sie auf Grund Vertrags oder Zusagen über den Umfang der gesetzlichen Haftpflicht des Versicherungsnehmers hinausgehen.

7.4 Haftpflichtansprüche
   (1) des Versicherungsnehmers selbst oder der in Ziff. 7.5 benannten Personen gegen die Mitversicherten,
   (2) zwischen mehreren Versicherungsnehmern desselben Versicherungsvertrages,
   (3) zwischen mehreren Mitversicherten desselben Versicherungsvertrages.

7.5 Haftpflichtansprüche gegen den Versicherungsnehmer
   (1) aus Schadenfällen seiner Angehörigen, die mit ihm in häuslicher Gemeinschaft leben oder die zu den im Versicherungsvertrag mitversicherten Personen gehören;
   Als Angehörige gelten Ehegatten, Lebenspartner im Sinne des Lebenspartnerschaftsgesetzes oder vergleichbarer Partnerschaften nach dem Recht anderer Staaten, Eltern und Kinder, Adoptiveltern und -kinder, Schwiegereltern und -kinder, Stiefeltern und -kinder, Großeltern und Enkel, Geschwister sowie Pflegeeltern und -kinder (Personen, die durch ein familienähnliches, auf längere Dauer angelegtes Verhältnis wie Eltern und Kinder miteinander verbunden sind).
   (2) von seinen gesetzlichen Vertretern oder Betreuern, wenn der Versicherungsnehmer eine geschäftsunfähige, beschränkt geschäftsfähige oder betreute Person ist;
   (3) von seinen gesetzlichen Vertretern, wenn der Versicherungsnehmer eine juristische Person des privaten oder öffentlichen Rechts oder ein nicht rechtsfähiger Verein ist;

---

16 Späte/Schimikowski/*Harsdorf-Gebhardt*, Ziff. 6 AHB Rn 65 mwN.
17 Für Unwirksamkeit Bruck/Möller/*Koch*, Ziff. 6 AHB 2012 Rn 43.

(4) von seinen unbeschränkt persönlich haftenden Gesellschaftern, wenn der Versicherungsnehmer eine Offene Handelsgesellschaft, Kommanditgesellschaft oder Gesellschaft bürgerlichen Rechts ist;

(5) von seinen Partnern, wenn der Versicherungsnehmer eine eingetragene Partnerschaftsgesellschaft ist;

(6) von seinen Liquidatoren, Zwangs- und Insolvenzverwaltern;

<u>zu Ziff. 7.4 und Ziff. 7.5:</u>

Die Ausschlüsse unter Ziff. 7.4 und Ziff. 7.5 (2) bis (6) erstrecken sich auch auf Haftpflichtansprüche von Angehörigen der dort genannten Personen, die mit diesen in häuslicher Gemeinschaft leben.

7.6 Haftpflichtansprüche wegen Schäden an fremden Sachen und allen sich daraus ergebenden Vermögensschäden, wenn der Versicherungsnehmer diese Sachen gemietet, geleast, gepachtet, geliehen, durch verbotene Eigenmacht erlangt hat oder sie Gegenstand eines besonderen Verwahrungsvertrages sind.

7.7 Haftpflichtansprüche wegen Schäden an fremden Sachen und allen sich daraus ergebenden Vermögensschäden, wenn

(1) die Schäden durch eine gewerbliche oder berufliche Tätigkeit des Versicherungsnehmers an diesen Sachen (Bearbeitung, Reparatur, Beförderung, Prüfung und dgl.) entstanden sind; bei unbeweglichen Sachen gilt dieser Ausschluss nur insoweit, als diese Sachen oder Teile von ihnen unmittelbar von der Tätigkeit betroffen waren;

(2) die Schäden dadurch entstanden sind, dass der Versicherungsnehmer diese Sachen zur Durchführung seiner gewerblichen oder beruflichen Tätigkeiten (als Werkzeug, Hilfsmittel, Materialablagefläche und dgl.) benutzt hat; bei unbeweglichen Sachen gilt dieser Ausschluss nur insoweit, als diese Sachen oder Teile von ihnen unmittelbar von der Benutzung betroffen waren;

(3) die Schäden durch eine gewerbliche oder berufliche Tätigkeit des Versicherungsnehmers entstanden sind und sich diese Sachen oder – sofern es sich um unbewegliche Sachen handelt – deren Teile im unmittelbaren Einwirkungsbereich der Tätigkeit befunden haben; dieser Ausschluss gilt nicht, wenn der Versicherungsnehmer beweist, dass er zum Zeitpunkt der Tätigkeit offensichtlich notwendige Schutzvorkehrungen zur Vermeidung von Schäden getroffen hatte.

<u>zu Ziff. 7.6 und Ziff. 7.7:</u>

Sind die Voraussetzungen der Ausschlüsse in Ziff. 7.6 und Ziff. 7.7 in der Person von Angestellten, Arbeitern, Bediensteten, Bevollmächtigten oder Beauftragten des Versicherungsnehmers gegeben, so entfällt gleichfalls der Versicherungsschutz, und zwar sowohl für den Versicherungsnehmer als auch für die durch den Versicherungsvertrag etwa mitversicherten Personen.

7.8 Haftpflichtansprüche wegen Schäden an vom Versicherungsnehmer hergestellten oder gelieferten Sachen, Arbeiten oder sonstigen Leistungen infolge einer in der Herstellung, Lieferung oder Leistung liegenden Ursache und alle sich daraus ergebenden Vermögensschäden. Dies gilt auch dann, wenn die Schadenursache in einem mangelhaften Einzelteil der Sache oder in einer mangelhaften Teilleistung liegt und zur Beschädigung oder Vernichtung der Sache oder Leistung führt.

Dieser Ausschluss findet auch dann Anwendung, wenn Dritte im Auftrag oder für Rechnung des Versicherungsnehmers die Herstellung oder Lieferung der Sachen oder die Arbeiten oder sonstigen Leistungen übernommen haben.

7.9 Haftpflichtansprüche aus im Ausland vorkommenden Schadenereignissen; Ansprüche aus § 110 Sozialgesetzbuch VII sind jedoch mitversichert.

7.10 (a) Ansprüche, die gegen den Versicherungsnehmer wegen Umweltschäden gemäß Umweltschadensgesetz oder anderen auf der EU-Umwelthaftungsrichtlinie (2004/35/EG) basierenden nationalen Umsetzungsgesetzen geltend gemacht werden. Dies gilt auch dann, wenn der Versicherungsnehmer von einem Dritten aufgrund gesetzlicher Haftpflichtbestimmungen privatrechtlichen Inhalts auf Erstattung der durch solche Umweltschäden entstandenen Kosten in Anspruch genommen wird.

Der Versicherungsschutz bleibt aber für solche Ansprüche erhalten, die auch ohne Bestehen des Umweltschadensgesetzes oder anderer auf der EU-Umwelthaftungsrichtlinie (2004/35/EG) basierender nationaler Umsetzungsgesetze bereits aufgrund gesetzlicher Haftpflichtbestimmungen privatrechtlichen Inhalts gegen den Versicherungsnehmer geltend gemacht werden könnten.

Dieser Ausschluss gilt nicht im Rahmen der Versicherung privater Haftpflichtrisiken.

7.10 (b) Haftpflichtansprüche wegen Schäden durch Umwelteinwirkung.

Dieser Ausschluss gilt nicht

(1) im Rahmen der Versicherung privater Haftpflichtrisiken oder

(2) für Schäden, die durch vom Versicherungsnehmer hergestellte oder gelieferte Erzeugnisse (auch Abfälle), durch Arbeiten oder sonstige Leistungen nach Ausführung der Leistung oder nach Abschluss der Arbeiten entstehen (Produkthaftpflicht).

Kein Versicherungsschutz besteht jedoch für Schäden durch Umwelteinwirkung, die aus der Planung, Herstellung, Lieferung, Montage, Demontage, Instandhaltung oder Wartung von

– Anlagen, die bestimmt sind, gewässerschädliche Stoffe herzustellen, zu verarbeiten, zu lagern, abzulagern, zu befördern oder wegzuleiten (WHG-Anlagen);

– Anlagen gem. Anhang 1 oder 2 zum Umwelthaftungsgesetz (UmweltHG-Anlagen);

– Anlagen, die nach dem Umweltschutz dienenden Bestimmungen einer Genehmigungs- oder Anzeigepflicht unterliegen;

– Abwasseranlagen

oder Teilen resultieren, die ersichtlich für solche Anlagen bestimmt sind.

7.11 Haftpflichtansprüche wegen Schäden, die auf Asbest, asbesthaltige Substanzen oder Erzeugnisse zurückzuführen sind.

7.12 Haftpflichtansprüche wegen Schäden, die in unmittelbarem oder mittelbarem Zusammenhang stehen mit energiereichen ionisierenden Strahlen (z.B. Strahlen von radioaktiven Stoffen oder Röntgenstrahlen).

7.13 Haftpflichtansprüche wegen Schäden, die zurückzuführen sind auf
(1) gentechnische Arbeiten,
(2) gentechnisch veränderte Organismen (GVO),
(3) Erzeugnisse, die
– Bestandteile aus GVO enthalten,
– aus oder mit Hilfe von GVO hergestellt wurden.

7.14 Haftpflichtansprüche aus Sachschäden, welche entstehen durch
(1) Abwässer, soweit es sich nicht um häusliche Abwässer handelt,
(2) Senkungen von Grundstücken oder Erdrutschungen,
(3) Überschwemmungen stehender oder fließender Gewässer.

7.15 Haftpflichtansprüche wegen Schäden aus dem Austausch, der Übermittlung und der Bereitstellung elektronischer Daten, soweit es sich handelt um Schäden aus
(1) Löschung, Unterdrückung, Unbrauchbarmachung oder Veränderung von Daten,
(2) Nichterfassen oder fehlerhaftem Speichern von Daten,
(3) Störung des Zugangs zum elektronischen Datenaustausch,
(4) Übermittlung vertraulicher Daten oder Informationen.

7.16 Haftpflichtansprüche wegen Schäden aus Persönlichkeits- oder Namensrechtsverletzungen.

7.17 Haftpflichtansprüche wegen Schäden aus Anfeindung, Schikane, Belästigung, Ungleichbehandlung oder sonstigen Diskriminierungen.

7.18 Haftpflichtansprüche wegen Personenschäden, die aus der Übertragung einer Krankheit des Versicherungsnehmers resultieren. Das Gleiche gilt für Sachschäden, die durch Krankheit der dem Versicherungsnehmer gehörenden, von ihm gehaltenen oder veräußerten Tiere entstanden sind. In beiden Fällen besteht Versicherungsschutz, wenn der Versicherungsnehmer beweist, dass er weder vorsätzlich noch grob fahrlässig gehandelt hat.

I. Unterschiede in den AHB älterer und neuerer Fassung............. 1	2. Ansprüche bestimmter Personengruppen (Ziff. 7.5) 24
II. Vorsatzausschluss................. 6	a) Angehörige, die mit dem VN in häuslicher Gemeinschaft leben, Ziff. 7.5 (1) 1. Alt........ 25
1. Vorsätzliche Schadensherbeiführung (Ziff. 7.1)........... 6	
a) Auslegung................ 6	
b) Beispiele aus der Rspr 7	b) Angehörige, die zu den im Vertrag mitversicherten Personen gehören, Ziff. 7.5 (1) 2. Alt........ 26
c) Widerrechtlichkeit........ 10	
2. Kenntnis von Mangelhaftigkeit oder Schädlichkeit (Ziff. 7.2).................... 11	
3. Zurechnung fremden Verschuldens 14	c) Gesetzliche Vertreter oder Betreuer des VN, wenn Letzterer eine geschäftsunfähige, beschränkt geschäftsfähige oder betreute Person ist, Ziff. 7.5 (2) 27
III. Über die gesetzliche Haftpflicht hinausgehende vertragliche Ansprüche (Ziff. 7.3).......... 15	
IV. Ansprüche bestimmter Personen 19	
1. Ansprüche gegen mitversicherte Personen (Ziff. 7.4) ... 20	

d) Gesetzliche Vertreter des VN, wenn dieser eine juristische Person des privaten oder öffentlichen Rechts oder eines nichtrechtsfähigen Vereins ist, Ziff. 7.5 (3) 28
e) Unbeschränkt persönlich haftende Gesellschafter, wenn VN eine OHG, KG oder GbR ist, Ziff. 7.5 (4) 29
f) Partner, wenn der VN eine eingetragene Partnerschaftsgesellschaft ist, Ziff. 7.5 (5) 30
g) Liquidatoren, Zwangs- und Insolvenzverwalter des VN, Ziff. 7.5 (6)...... 31
h) Ansprüche von Angehörigen der in Ziff. 7.4 und Ziff. 7.5 (2)–(6) genannten Personen, die mit diesen in häuslicher Gemeinschaft leben............... 32
3. Notwendige teleologische Reduktion der Ziff. 7.4 und Ziff. 7.5............................ 33
V. Miete, Leihe, Pacht usw (Ziff. 7.6) 34
 1. Allgemeines................... 34
 2. Schäden an gemieteten Sachen 35
 3. Schäden an geliehenen Sachen 38
 4. Schäden an vom VN verwahrten Sachen 39
 5. Schäden an geleasten Sachen 41
 6. Verbotene Eigenmacht 42
VI. Tätigkeitsschäden (Ziff. 7.7) 43
 1. Ziff. 7.7 (1).................... 43
 2. Ziff. 7.7 (2).................... 47
 3. Ziff. 7.7 (3).................... 48
 4. Hilfspersonenklausel 50
VII. Herstellungsschäden (Ziff. 7.8)... 51
VIII. Auslandsschäden (Ziff. 7.9) 54
 1. Reichweite des Ausschlusstatbestands 54
  a) Schadenereignisse im Ausland.................... 54
  b) Einschlüsse in BBR 55
 2. Arbeitsunfälle 57
IX. Umweltschäden, Umwelthaftpflicht (Ziff. 7.10) 58
 1. Ansprüche nach USchadG (Ziff. 7.10 (a))................ 58
 2. Zivilrechtliche Haftung für Schäden durch Umwelteinwirkungen (Ziff. 7.10 (b)).... 60
  a) Nullstellung des Umwelthaftpflichtrisikos 60
  b) Schäden durch Umwelteinwirkungen............. 61
  c) Private Haftpflichtrisiken 63
  d) Umweltproduktrisiko 64
  e) Landwirtschaft 65
X. Asbestausschluss (Ziff. 7.11)..... 66
XI. Strahlenausschluss (Ziff. 7.12) ... 67
XII. Gentechnikausschluss (Ziff. 7.13)........................ 68
XIII. Abwasser, Grundstückssenkungen, Erdrutschungen, Überschwemmungen (Ziff. 7.14) 70
 1. Abwasser 71
  a) Begriff..................... 71
  b) Begrenzung des Anwendungsbereichs............. 72
 2. Grundstückssenkungen, Erdrutschungen 73
 3. Überschwemmungen 77
XIV. IT-Ausschluss (Ziff. 7.15) 78
 1. Umfang des Ausschlusstatbestands 78
 2. Ausschlusstatbestände........ 79
  a) Ansprüche wegen Schäden durch Löschung, Unbrauchbarmachung oder Veränderung von Daten, Ziff. 7.15 (1)...... 79
  b) Ansprüche wegen Schäden durch Nichterfassen oder fehlerhaftes Speichern von Daten, Ziff. 7.15 (2)............... 81
  c) Ansprüche wegen Schäden durch Störung des Zugangs zum elektronischen Datenaustausch, Ziff. 7.15 (3)............... 82
  d) Ansprüche wegen Schäden aus der Übermittlung vertraulicher Daten oder Informationen, Ziff. 7.15 (4)............... 83
XV. Persönlichkeits- und Namensrechtsverletzungen (Ziff. 7.16) ... 84
XVI. Diskriminierung (Ziff. 7.17)...... 85
XVII. Übertragung von Krankheiten (Ziff. 7.18)........................ 87

I. Unterschiede in den AHB älterer und neuerer Fassung

1 Die aktuellen AHB enthalten einige in älteren Fassungen der AHB noch gebräuchliche Ausschlüsse nicht mehr; dies sind:
- die sog. **Gehaltsklausel** (§ 4 I Nr. 2 AHB 2002),
- die **Sportklausel** (§ 4 I Nr. 4 AHB 2002) und
- der Ausschluss von Ansprüchen aus Sachschäden infolge allmählicher Einwirkung („**Allmählichkeitsschaden-Ausschluss**") und infolge von Schwammbildung und Rammarbeiten sowie aus Flurschäden durch Weidevieh sowie aus Wildschäden (§ 4 I Nr. 5 AHB 2002).

2 Inhalt und Reichweite der **Gehaltsklausel** waren unklar, eine praktische Bedeutung besaß sie nicht. Ihre Streichung war längst überfällig.

Die **Sportklausel** schloss u.a. Ansprüche wegen Schäden beim Training für ein Radrennen aus. Fraglich ist, wann ein Radrennen anzunehmen ist und wann deckungsschädliches „Training" vorliegt. In den BBR PHV einzelner VR findet sich die Sportklausel wieder (s. dazu A1-6.7 AVB PHV Rn 3). Soweit ein Ausschluss für bestimmte Sportarten nicht vorgesehen ist, bleibt die Teilnahme am Amateursport grds. eine versicherte Tätigkeit; das gilt auch für Beteiligung an Box- und Ringkämpfen sowie an Radrennen. Professionell betriebener Sport wird als berufliche Tätigkeit durch die BBR PHV ausgeschlossen. Die Probleme bei Sportverletzungen liegen meist im Haftungsrecht (s. auch Vor §§ 100–124 VVG Rn 16).[1]

3 Die Regelung über sog. **Allmählichkeitsschäden** ist (ebenfalls) zu Recht für intransparent und damit unwirksam erachtet worden.[2] Sofern in einem Schadenfall dem Vertrag des VN noch die vor 2002 empfohlenen AHB zugrunde liegen, wird sich der VR wegen Intransparenz der Regelung nicht auf den Allmählichkeitsschaden-Ausschluss berufen (können). In manchen älteren BBR ist eine ausdrückliche Deckungserweiterung für Allmählichkeitsschäden vorgesehen. Das ist bei Verträgen, denen die aktuellen AHB zugrunde liegen, entbehrlich. In manchen gewerblichen oder industriellen Verträgen wird Versicherungsschutz nur für plötzlich und unfallartig eingetretene Schäden gewährt; in der Versicherungspraxis wird hier zuweilen ungenau von „**Störfalldeckung**" gesprochen.

4 Einige Ausschlusstatbestände sind neu hinzugekommen: Für Ansprüche wegen Diskriminierung, Persönlichkeitsrechts- und Namensrechtsverletzungen, wegen Asbest, IT und Gentechnik besteht keine Deckung. In der Industrieversicherung sind zahlreiche weitere Ausschlüsse für bestimmte Stoffe und für bestimmte Risiken – sog. **emerging risks** (dazu wird etwa die Nanotechnologie gezählt) – verbreitet.

5 Fortgefallen ist die überholte – noch in § 4 I und II AHB 2002 anzutreffende – Unterscheidung zwischen abdingbaren und unabdingbaren Ausschlüssen. Die Unterscheidung erwies sich deshalb als hinfällig, weil die Versicherungspraxis vielfach Deckungseinschlüsse für (angeblich) unabdingbare Ausschlusstatbestände seit Jahren anbietet, etwa für Ansprüche mitversicherter Unternehmen untereinander in Konzernpolicen (s. Rn 21) sowie für Schäden an hergestellten Sachen im Rahmen von Planungshaftpflichtversicherungen.

II. Vorsatzausschluss

6 **1. Vorsätzliche Schadensherbeiführung (Ziff. 7.1). a) Auslegung.** Ziff. 7.1 schließt Versicherungsansprüche aller Personen aus, die den **Schaden vorsätzlich herbeigeführt** haben. Der Vorsatz muss sich auf die Schadenfolgen beziehen, insoweit muss

---

1 Vgl dazu *Götz*, Die deliktische Haftung für Sportverletzungen im Wettkampfsport, 2009.
2 OLG Nürnberg 20.12.2001 – 8 U 2497/01, r+s 2002, 499.

also zumindest bedingter Vorsatz gegeben sein.³ Nicht erforderlich ist, dass der VN die Folgen seines Tuns in allen Einzelheiten voraussieht; auch muss die Größenordnung des Schadens vom Vorsatz nicht umfasst sein, der VN muss den Schaden nicht „auf Heller und Pfennig" vorausgesehen und gewollt bzw billigend in Kauf genommen haben. Vielmehr genügt es, wenn der VN die Handlungsfolgen **in groben Umrissen voraussehen** kann.

Weicht das tatsächliche Geschehen vom erwarteten oder vorhersehbaren Ablauf wesentlich ab, kann keine vorsätzliche Herbeiführung des Schadens durch den VN angenommen werden.⁴ Bei Schädigung im Rahmen betrieblicher Tätigkeiten ist nach der Lebenserfahrung anzunehmen, dass der Handelnde darauf vertraut, „es werde schon gut gehen" und damit lediglich grob fahrlässig vorgeht.⁵ Handelt es sich um voneinander trennbare Schäden, besteht Versicherungsschutz für einen nicht vom Vorsatz umfassten Erfolg. Beispiel: Der VN tritt (vorsätzlich) eine Tür ein und verletzt dadurch eine Person, die hinter der Tür steht.⁶ In Bezug auf die Beschädigung der Tür greift der Ausschluss, in Bezug auf den Personenschaden nur dann, wenn der VN diesen nachweislich bedingt vorsätzlich in Kauf genommen hat.⁷

Die **Beweislast** für das Vorliegen von Vorsatz liegt beim VR. – Zum Vorsatzausschluss vgl im Übrigen auch § 103 VVG Rn 3 ff.

b) **Beispiele aus der Rspr.** Aus der umfangreichen Rspr folgende Auswahl:

Vorsatz wurde **nicht festgestellt:**

- Der VN feuerte eine Silvesterrakete waagerecht auf Personen ab, einige von ihnen erlitten Brandverletzungen. – Das Gericht sieht es nicht als erwiesen an, dass der VN die Verletzungen in Kauf genommen hat, sondern nimmt einen groben Scherz an, aufgrund dessen die Schäden fahrlässig verursacht wurden.⁸

- Der (betrunkene) VN entzündete ein Feuerzeug in der Nähe der benzindurchtränkten Hose eines Zechkumpanen, dann veranlasste er, nachdem dieser Brandverletzungen erlitten hatte, sofortige Rettungsmaßnahmen. – Unter anderem sprechen die Alkoholisierung und die Einleitung von Rettungsmaßnahmen gegen die Annahme von Vorsatz.⁹

- Der VN versetzte einem anderen einem Fußtritt im Gerangel mit der Folge eines Wadenbeinbruchs und eines Bänderabrisses. – Das Gericht hat keinen Vorsatz für die eingetretenen Folgen festgestellt.¹⁰

- Der VN schlug in einem Festzelt einem anderen einen Bierkrug auf den Kopf. Durch umherfliegende Splitter wurden weitere Personen geschädigt. Der VN trug vor, überhaupt nicht daran gedacht zu haben, umherstehende Personen zu

---

3 Vgl nur OLG Hamm 3.2.1993 – 20 U 124/92, r+s 1993, 209.
4 OLG Düsseldorf 12.12.2000 – 4 U 46/00, r+s 2001, 500; OLG Schleswig 22.11.2007 – 16 U 9/07, r+s 2008, 67; Späte/Schimikowski/*Harsdorf-Gebhardt*, Ziff. 7 AHB Rn 3 ff mwN.
5 OLG Frankfurt 24.5.2007 – 3 U 144/06, r+s 2008, 66.
6 Vgl zum Sachverhalt OLG Jena 25.1.2006 – 4 U 639/05, r+s 2006, 300; das Gericht prüfte Vorsatz nicht, sondern versagte die Deckung, weil es sich um eine nach den BBR PHV ausgeschlossene „ungewöhnliche und gefährliche Beschäftigung" gehandelt habe.
7 Vgl dazu *Lücke*, VK 2007, 149; *Weitzel*, VersR 2008, 954.
8 OLG Karlsruhe 21.8.1997 – 12 U 109/97, r+s 1998, 189.
9 BGH 17.6.1998 – IV ZR 163/97, r+s 1998, 367. Solange noch ein Erkennen möglicher Schadenfolgen und ein Handlungswille gegeben sind, ist vorsätzliches Handeln auch bei eingeschränkter Schuldfähigkeit möglich. Hoher Alkoholkonsum kann freilich im Einzelfall gegen die Annahme von Vorsatz sprechen, vgl BGH 29.10.2008 – IV ZR 272/06; dazu *Felsch*, r+s 2010, 265, 272.
10 OLG Köln 23.1.2001 – 9 U 8/00, r+s 2001, 190.

verletzen. Das konnte der VR nicht widerlegen, so dass der Vorsatzausschluss nicht anwendbar war.[11]

- Hat der VN nach einer „Kopfnuss", die ihm der später Geschädigte versetzte, reflexartig die Hand, in der sich ein bis dahin unversehrtes Bierglas befand, erhoben und damit zugeschlagen, kann es am Vorsatz im Hinblick auf den Verletzungserfolg (u.a. Beschädigungen des Auges durch Glassplitter) fehlen.[12]

9 **Vorsatz** wurde **bejaht**:

- Ein 12-Jähriger stieg in eine Realschule ein durch Einschlagen eines Fensters, verstopfte Waschbecken und drehte Wasserhähne auf, es kam zu Überschwemmungen, die beträchtliche Schäden verursachten. – Für die Feststellung des Vorsatzes ist nicht erforderlich, dass der Täter den Erfolg in allen Einzelheiten voraussieht.[13]
- Der VN entzündete in einer Remise Heu auf einem Wagen, um einen Feuerwehreinsatz zu provozieren. – Der Vorsatz umfasst hier nicht nur die Zerstörung des Heus, vielmehr nimmt der VN auch das Entzünden der Remise billigend in Kauf.[14]
- Der VN führte gegen sein Opfer einen Faustschlag mit großer Intensität und reagierte nicht betroffen, als er seinen Gegner regungslos am Boden liegen sah, sondern begab sich zurück in die Gaststätte, vor der die Auseinandersetzung stattfand. Das Opfer erlitt eine Schädelverletzung, weil es aufgrund des Faustschlags hintenüber fiel und mit dem Hinterkopf auf einer Bordsteinkante aufschlug. – Insbesondere das Verhalten des VN nach dem Sturz des Opfers, der eine sichtbare Kopfverletzung zur Folge hatte, ist ein Indiz für vorsätzliche Schädigung.[15]
- Ein 17-jähriger, der Erfahrung in Judo mit Krafttraining besaß, führte einen Faustschlag gegen den Kopf eines Jugendlichen. Hier wurde vom OLG Koblenz Vorsatz im Hinblick auf die Folge – Schädel-Hirn-Trauma – angenommen, obgleich dieses Folge eines anschließenden Sturzes mit dem Kopf auf den Asphaltboden war.[16]
- Zu weiteren Rspr-Nachweisen s. § 103 VVG Rn 3 ff.

10 **c) Widerrechtlichkeit.** Die Widerrechtlichkeit ist in Ziff. 7.1 nicht angesprochen (anders in § 103 VVG; s. § 103 VVG Rn 7 f), dennoch ist eine vorsätzliche Herbeiführung nur dann anzunehmen, wenn der VN widerrechtlich handelte.[17] Liegt ein Rechtfertigungsgrund vor, scheidet Vorsatz aus. Beim Vorsatzausschluss muss der VR auch die Rechtswidrigkeit beweisen.[18] Der VR trägt die Darlegungs- und Beweislast für die Voraussetzungen des Ausschlusstatbestands. Zum Vorsatz gehört das Wissen und Wollen des rechtswidrigen Erfolgs „im Bewusstsein der Rechts-

---

11 OLG Karlsruhe 19.2.2009 – 12 U 249/08, r+s 2009, 370; dazu *Schimikowski*, jurisPR-VersR 8/2009.
12 LG Dortmund 24.11.2010 – 2 O 451/08, r+s 2012, 114.
13 LG Düsseldorf 19.10.1999 – 11 O 246/99, r+s 2000, 233; OLG Düsseldorf 12.12.2000 – 4 U 46/00, r+s 2001, 500.
14 OLG Hamm 6.2.2002 – 20 U 151/01, r+s 2002, 323.
15 OLG Hamm 26.11.2003 – 20 U 143/03, r+s 2004, 145.
16 OLG Koblenz 24.6.2013 – 10 U 235/13, VersR 2014, 1450.
17 Bruck/Möller/*Koch*, Ziff. 7 AHB 2012 Rn 40; Späte/Schimikowski/*Harsdorf-Gebhardt*, Ziff. 7 AHB Rn 14.
18 LG Dortmund 24.11.2010 – 2 O 451/08, r+s 2012, 114; OLG Hamm 18.1.2006 – 20 U 159/05, r+s 2006, 493. Anders Römer/Langheid/*Langheid*, § 103 VVG Rn 14.

widrigkeit".[19] Ziff. 7.1 ist insb. dann nicht anwendbar, wenn auf Seiten des VN **Notwehr** oder **Putativnotwehr** vorliegt.[20]

2. Kenntnis von Mangelhaftigkeit oder Schädlichkeit (Ziff. 7.2). Nach Ziff. 7.2 muss der VN nur Kenntnis von der Mangelhaftigkeit oder Schädlichkeit seiner Erzeugnisse, Arbeiten oder sonstigen Leistungen haben, bereits dann besteht im Schadenfall keine Deckung. Der Vorsatz muss sich in diesem Fall also nicht auf die Schadenfolgen erstrecken.[21] Die Verschärfung des Vorsatzausschlusses ist zulässig, § 103 VVG ist abdingbar (vgl § 112 VVG). Die Regelung verstößt nicht gegen ein gesetzliches Leitprinzip und gefährdet auch nicht den Vertragszweck (§ 307 Abs. 1 S. 2, Abs. 2 Nr. 1 und 2 BGB).[22] Sie ist auch bei Pflichtversicherungen gem. § 114 VVG statthaft, weil sie nicht dazu führt, dass der Zweck der (Pflicht-)Versicherung verfehlt würde.

11

Fraglich ist, ob der Begriff „**Arbeiten und sonstige Leistungen**" unklar ist.[23] Aus der Sicht des durchschnittlichen VN erscheint es indes klar, dass der Terminus „Arbeiten" nicht nur das Endprodukt meint (Beispiel: Verlegen guten Parketts), sondern dass der Ausschluss auch dann eingreift, wenn der Parkettverleger zB weiß, dass er bei der Durchführung der Arbeiten Elektrokabel beschädigt hat.[24] „Sonstige Leistungen" können zB geistige Leistungen sein.[25] Das Vermieten von Sachen ist keine „sonstige Leistung", da der Begriff im Kontext mit „Arbeiten" verwendet wird, was dafür spricht, dass es sich um Dienstleistungen handeln muss.[26]

12

Ziff. 7.2 ist im Rahmen der PHV nicht anzuwenden. Der Grundsatz enger Auslegung von Ausschlusstatbeständen zwingt dazu, den Ausschluss nur dann anzuwenden, wenn im Rahmen beruflicher, gewerblicher oder betrieblicher Tätigkeiten Erzeugnisse in den Verkehr gebracht, Arbeiten oder sonstige Leistungen erbracht werden. Veräußert zB der VN als Privatmann seinen Pkw unter Verschleierung von Mängeln an einen Dritten, der wegen dieser Mängel Schäden erleidet, so ist Ziff. 7.2 nicht anzuwenden (möglicherweise aber Ziff. 7.1). Der Begriff „Inverkehrbringen" setzt bei der gebotenen engen Auslegung eine gewerbliche oder berufliche Tätigkeit voraus.[27] Auch die Begriffe „Arbeiten und sonstige Leistungen" sind auf berufliche, gewerbliche und betriebliche Risiken bezogen.[28]

13

3. Zurechnung fremden Verschuldens. Ziff. 7.1 und Ziff. 7.2 führen für den VN nur dann zum Verlust des Leistungsanspruchs, wenn er selbst oder sein **Repräsentant** vorsätzlich gehandelt hat.[29] Als Repräsentant ist nur anzusehen, wer anstelle

14

---

19 Vgl HK-BGB/*Schulze*, § 276 Rn 6.
20 OLG Karlsruhe 16.6.1994 – 12 U 10/94, r+s 1995, 9; OLG Frankfurt/M 29.10.1997 – 7 U 105/96, VersR 1998, 575.
21 OLG Karlsruhe 20.3.2003 – 12 U 214/02, r+s 2003, 281; OLG Karlsruhe 24.3.2005 – 12 U 432/04, r+s 2006, 17.
22 Im Ergebnis ebenso Looschelders/Pohlmann/*Schulze Schwienhorst*, § 103 VVG Rn 12.
23 Unklarheit angenommen von OLG Koblenz 13.1.2006 – 10 U 246/05, VersR 2007, 787.
24 AA Prölss/Martin/*Lücke*, Ziff. 7 AHB Rn 17.
25 *Schmalzl/Krause-Allenstein*, Berufshaftpflichtversicherung des Architekten und Bauunternehmers, Rn 137.
26 OLG München 7.10.2011 – 25 U 4990/10, r+s 2012, 484.
27 So Späte/Schimikowski/*Harsdorf-Gebhardt*, Ziff. 7 AHB Rn 34. Anders Bruck/Möller/ *Koch*, Ziff. 7 AHB 2012 Rn 61 für den Fall, dass der VN eine neue Sache hergestellt und veräußert bzw verschenkt hat. Das widerspricht dem allgemeinen Sprachverständnis: Ein VN, der weiß, dass ihm eine Bastelarbeit, die er seiner Tante als Weihnachtsgeschenk präsentiert, nicht gut gelungen ist, bringt sie nicht in den Verkehr, sondern er verschenkt sie.
28 Späte/Schimikowski/*Harsdorf-Gebhardt*, Ziff. 7 AHB Rn 36; aA Langheid/Wandt/*Büsken*, AllgHaftpflV Rn 154.
29 OLG Koblenz 13.1.2006 – 10 U 246/05, VersR 2007, 787.

des VN die Risiko- oder Vertragsverwaltung innehat.[30] In der Haftpflichtversicherung kommen Konstellationen, in denen die Voraussetzungen einer Repräsentantenstellung als erfüllt angesehen werden können, eher selten vor.

Beispiel: Ist VN eine Baugesellschaft, so ist bei einem größeren Bauvorhaben weder der Baustellenleiter noch der Schachtmeister Repräsentant des VN. Beide haben zwar eine gegenüber anderen Bauarbeitern herausgehobene Stellung, sie unterliegen jedoch den Weisungen des allein verantwortlichen Bauleiters.[31] Vgl auch Ziff. 27 Rn 5 und § 103 VVG Rn 9.

III. Über die gesetzliche Haftpflicht hinausgehende vertragliche Ansprüche (Ziff. 7.3)

15 Die in Ziff. 7.3 enthaltene Regelung ist deklaratorischer Natur: Bereits nach Ziff. 1.1 bezieht sich der Versicherungsschutz ausschließlich auf gesetzliche Haftpflichtansprüche. Deckung aus der Haftpflichtversicherung besteht grds. nur für gegen den VN (oder versicherte Personen) gerichtete Ansprüche, die gleichsam unabhängig von seinem Willen begründet sind, deren Art und Umfang seinem Einfluss entzogen sind. Ansprüche, die aufgrund vertraglicher Vereinbarungen oder besonderer Zusagen über die gesetzliche Haftpflicht hinausgehen, beruhen auf einer Willensentschließung des VN und nicht auf gesetzlichen Vorgaben. In Ziff. 4.1 ProdHM wird die verschuldensunabhängige Haftung für das Fehlen zugesicherter Eigenschaften wieder eingeschlossen. Damit berücksichtigt die Versicherungspraxis die besondere faktische Situation, in der sich Vertragspartner, insb. Zuliefererbetriebe, oft befinden; sie müssen, um konkurrenzfähig zu sein, eine verschuldensunabhängige Einstandspflicht zusagen. Nicht versichert bleiben **Vertragsstrafen** und Ansprüche wegen **Garantieversprechen**.

16 Vom Ausschlusstatbestand der Ziff. 7.3 sind auch sog. **Konzeptverantwortungsvereinbarungen** zwischen Kfz-Herstellern und Zulieferern (pauschalierte Regulierung, Quotenbildung usw) umfasst. Auch Ziff. 4.1 ProdHM schafft dafür keine Deckung.[32]

17 Ansprüche wegen Verletzung mietvertraglich übernommener **Verkehrssicherungspflichten** erfasst Ziff. 7.3 nicht; der VN tritt (lediglich) kraft Mietvertrages in eine gesetzliche Haftpflicht ein.[33] In vielen Bedingungen zur PHV erklären die VR derartige Ansprüche ausdrücklich für versichert; solche Bestimmungen sind deklaratorisch. – Übernimmt hingegen der VN, der Räumlichkeiten etwa für eine Feier anmietet, vertraglich die Haftung für jegliche Beschädigung gemieteter Sachen –, unabhängig von seinem Verschulden –, geht diese Vereinbarung über die gesetzliche Haftpflicht hinaus, so dass keine Deckung besteht. Gleiches gilt, wenn der Vermieter für das Vorhandensein einer zugesicherten Eigenschaft einer Mietsache eine verschuldensunabhängige Einstandspflicht übernimmt.[34]

18 Eine **Verlängerung der Verjährungsfrist** durch den VN berührt Grund und Umfang der gesetzlichen Haftung nicht und unterfällt deshalb nicht Ziff. 7.3,[35] ebenso wenig der Verzicht auf die Einrede der Verjährung.[36]

---

30 BGH 21.4.1993 – IV ZR 34/92, r+s 1993, 201; Späte/Schimikowski/*Harsdorf-Gebbardt*, Ziff. 7 AHB Rn 20 mwN.
31 OLG Celle 18.3.1999 – 8 U 48/98, VersR 2001, 453.
32 Dazu *Lenz*, PHi 2008, 164 ff; *Nickel/Nickel-Fiedler*, r+s 2011, 459, 462.
33 Späte/Schimikowski/*Harsdorf-Gebbardt*, Ziff. 7 AHB Rn 52.
34 Vgl Bruck/Möller/*Koch*, Ziff. 7 AHB 2012 Rn 72.
35 Str, anders zB Späte/Schimikowski/*Harsdorf-Gebbardt*, Ziff. 7 AHB Rn 49; *Schmalzl/Krause-Allenstein*, Berufshaftpflichtversicherung des Architekten und Bauunternehmers, Rn 143; wie hier Prölss/Martin/*Lücke*, Ziff. 7 AHB Rn 24.
36 OLG Düsseldorf 3.3.1998 – 4 U 36/97, r+s 1999, 18.

IV. Ansprüche bestimmter Personen

Die in Ziff. 7. 4 und Ziff. 7.5 enthaltenen Bestimmungen bezwecken – auch für den durchschnittlichen VN ersichtlich –, Versicherungsmissbrauch zu verhindern.[37]

1. Ansprüche gegen mitversicherte Personen (Ziff. 7.4). Ziff. 7.4 betrifft Ansprüche des VN gegen mitversicherte Personen, gegen die in Ziff. 7.5 genannten Personen (etwa gesetzliche Vertreter), zwischen mehreren VN desselben VersVertrages und zwischen mehreren Mitversicherten desselben VersVertrages.

In Industrieversicherungsverträgen – sog. **Konzernpolicen** – ist es durchaus üblich, Ansprüche mitversicherter (Tochter-)Unternehmen untereinander **einzuschließen**; das erfolgt auch dann, wenn die Tochterunternehmen in der Police den Status von VN eingeräumt erhalten. Das Kollusionsrisiko ist hier als eher gering einzuschätzen. Die vertragliche Formulierung kann wie folgt aussehen:

▶ „Mitversichert sind – abweichend von Ziff. 7.4 AHB – gesetzliche Haftpflichtansprüche wegen Personen-, Sach- und Vermögensschäden der durch diesen Versicherungsvertrag versicherten rechtlich selbständigen Unternehmen untereinander." ◀

Die Deckungserweiterung erstreckt sich idR jedoch nicht auf Mietsachschäden. Zuweilen wird der Versicherungsschutz noch weiter eingegrenzt. Dazu folgendes Formulierungsbeispiel:

▶ „Sofern Versicherungsschutz für die Kostenschäden der erweiterten Produkthaftpflichtversicherung besteht, wird Versicherungsschutz ... bezogen auf Kostenschäden[38] nicht geboten, wenn die haftungsbegründenden Lieferbeziehungen der versicherten Firmen als Teil einer aufsteigenden Wertschöpfungskette zu qualifizieren sind." ◀

Mit dieser Formulierung ist der zugesagte Versicherungsschutz weitgehend entwertet, so dass an eine Gefährdung des Vertragszwecks (§ 307 Abs. 2 Nr. 2 BGB) zu denken ist (soweit es sich nicht um Regelungen in Maklerwordings handelt).

2. Ansprüche bestimmter Personengruppen (Ziff. 7.5). Ziff. 7.5 nimmt Ansprüche folgender Personenkreise vom Versicherungsschutz aus, die **gegen den VN** gerichtet sind:

a) Angehörige, die mit dem VN in häuslicher Gemeinschaft leben, Ziff. 7.5 (1) 1. Alt. Welche Personen als **Angehörige** anzusehen sind, ist abschließend umschrieben. Von praktisch erheblicher Bedeutung ist, dass Lebenspartner, die nicht dem Lebenspartnerschaftsgesetz (oder ähnlichen ausländischen Regelungen) unterfallen, nicht als Angehörige gelten. **Häusliche Gemeinschaft** besteht, wenn ein Zusammenleben im Rahmen eines gemeinsamen Haushalts mit gemeinschaftlicher Wirtschaftsführung gegeben ist.[39] Eheleute, die noch „unter einem Dach" wohnen, im Übrigen aber getrennt leben, bilden keine häusliche Gemeinschaft (mehr). Lebt ein Auszubildender oder Studierender auswärts, wird die Ansicht vertreten, er gehöre (wieder) zur häuslichen Gemeinschaft, wenn er am Wochenende oder in den Semesterferien zu den Eltern nach Hause zurückkehrt.[40] Das ist zweifelhaft; Risikoausschlüsse sind grds. eng auszulegen. In der beschriebenen Fallkonstellation wird es meist so sein, dass der Auszubildende oder Studierende seinen Lebensmit-

---

37 Vgl Bruck/Möller/*Koch*, Ziff. 7 AHB 2012 Rn 86.
38 Gemeint sind Kosten, die über die entsprechenden Bausteine der Produkthaftpflichtversicherung einbezogen werden, zB Vernichtungskosten bei Vermischungs- und Verarbeitungsschäden, Aus- und Einbaukosten usw (vgl Ziff. 4.2 ff ProdHM).
39 Ganz hM, vgl *Littbarski*, AHB, § 4 Rn 414 mwN.
40 Späte/Schimikowski/*Harsdorf-Gebhardt*, Ziff. 7 AHB Rn 95 mwN; Prölss/Martin/*Lücke*, Ziff. 7 AHB Rn 35 nimmt sogar ununterbrochenes Fortbestehen der häuslichen Gemeinschaft an.

telpunkt an seinen Ausbildungs- oder Studienort verlagert hat. Eine gemeinsame Wirtschaftsführung[41] ist idR nicht gegeben. Besucht er für eine begrenzte Zeit seine Eltern, dürfte er eher einem „Logierbesucher" gleichzustellen sein, für den die hM das Bestehen häuslicher Gemeinschaft – auch bei regelmäßiger Wiederholung des Besuchs – einhellig verneint.[42] – Vgl im Übrigen auch § 86 VVG Rn 51 f.

26 b) **Angehörige, die zu den im Vertrag mitversicherten Personen gehören, Ziff. 7.5 (1) 2. Alt.** In diesem Fall ist häusliche Gemeinschaft für das Eingreifen des Ausschlusstatbestands irrelevant. Ist also ein Auszubildender oder Studierender, der nicht mehr mit dem VN in häuslicher Gemeinschaft lebt, noch mitversicherte Person, besteht kein Versicherungsschutz, wenn er Schadensersatzansprüche gegen den VN erhebt. Wichtig ist, dass der Ausschlusstatbestand nur Ansprüche mitversicherter Angehöriger betrifft. Der Angehörigenbegriff ist abschließend beschrieben; Ansprüche eines Partners einer nichtehelichen Lebensgemeinschaft (soweit es sich nicht um eine eingetragene Lebenspartnerschaft handelt) sind vom Ausschluss nicht umfasst, obgleich der Partner durchaus mitversicherte Person im Rahmen einer bestehenden PHV sein kann.

27 c) **Gesetzliche Vertreter oder Betreuer des VN, wenn Letzterer eine geschäftsunfähige, beschränkt geschäftsfähige oder betreute Person ist, Ziff. 7.5 (2).** Soweit der gesetzliche Vertreter Angehöriger ist, greift meist bereits Ziff. 7.5 (1) ein, so dass Ziff. 7.5 (2) v.a. auf Vormundschaft iSd § 1773 BGB, Pflegschaft iSd § 1909 BGB und Betreuung iSd § 1896 BGB Anwendung findet. Der Betreuer hat die Stellung eines gesetzlichen Vertreters (vgl § 1902 BGB). Wie beim Vertreter geschäftsunfähiger oder beschränkt geschäftsfähiger Personen besteht hier ein Missbrauchsrisiko.

28 d) **Gesetzliche Vertreter des VN, wenn dieser eine juristische Person des privaten oder öffentlichen Rechts oder eines nichtrechtsfähigen Vereins ist, Ziff. 7.5 (3).** Die besondere Bedeutung des Ausschlusses besteht darin, dass (auch) bei Ansprüchen von Vorständen nichtrechtsfähiger Vereine gegen den Verein als VN keine Deckung besteht. Es erfolgt insoweit eine Gleichstellung mit juristischen Personen. Gesetzliche Vertreter juristischer Personen privaten Rechts sind Vorstände (vgl § 26 BGB, § 78 AktG, § 24 GenG), Geschäftsführer (§ 35 GmbH) und persönlich haftende Gesellschafter der KGaA (§ 278 AktG). Bei juristischen Personen des öffentlichen Rechts – etwa Gebietskörperschaften, rechtsfähigen Anstalten, Stiftungen usw – ergeben sich die Funktionen und Bezeichnungen der Vertreter aus den entsprechenden Organisationsnormen.

29 e) **Unbeschränkt persönlich haftende Gesellschafter, wenn VN eine OHG, KG oder GbR ist, Ziff. 7.5 (4).** Die aktuellen AHB nennen die BGB-Gesellschaft ausdrücklich; bei älteren Fassungen der AHB war deren Einbeziehung umstritten.[43]

30 f) **Partner, wenn der VN eine eingetragene Partnerschaftsgesellschaft ist, Ziff. 7.5 (5).** Für diese Gesellschaftsform, die für den Zusammenschluss von Freiberuflern Anwendung findet, gilt die gleiche Überlegung, die auch für die vorgenannten Ausschlusstatbestände tragend ist: Die Partner nehmen faktisch oder wirtschaftlich eine Stellung ein, die derjenigen eines VN zumindest nahe kommt.

31 g) **Liquidatoren, Zwangs- und Insolvenzverwalter des VN, Ziff. 7.5 (6).** Erkennbarer Zweck der Regelung ist, dass Liquidatoren aufgrund ihrer Funktion gegenüber Gläubigern eines Vereins oder einer Gesellschaft keinen Vorteil haben sollen. – Zwangs- und Insolvenzverwalter waren in älteren Fassungen der AHB nicht erwähnt, so dass deren Ansprüche dem Ausschluss nicht unterfielen.[44]

---

41 In Rspr und Lit. zu § 67 VVG aF wird dies als entscheidendes Kriterium angesehen, vgl BGH 15.1.1980 – VI ZR 270/78, VersR 1980, 644; BK/*Baumann*, § 67 Rn 156.
42 *Littbarski*, AHB, § 4 Rn 416 mwN.
43 Dazu *Littbarski*, AHB, § 4 Rn 433.
44 *Littbarski*, AHB, § 4 Rn 442.

h) **Ansprüche von Angehörigen der in Ziff. 7.4 und Ziff. 7.5 (2)–(6) genannten Personen, die mit diesen in häuslicher Gemeinschaft leben.** Derartige Ansprüche sind ebenfalls ausgeschlossen. Dies ergibt sich aus der Regelung, die im Anschluss an Ziff. 7.5 (6) unter der Überschrift „zu Ziff. 7.4 und 7.5" eingefügt ist. Sie entspricht der in älteren AHB unter § 4 II Nr. 2 Abs. 3 getroffenen Bestimmung. 32

3. Notwendige teleologische Reduktion der Ziff. 7.4 und Ziff. 7.5. Bei Personenschäden kann – wenn bestimmte Konstellationen gegeben sind – eine teleologische Reduktion der Ziff. 7.4 und Ziff. 7.5 angezeigt sein. So kann etwa ein Elternteil bei einem Verkehrsunfall dem verletzten eigenen Kind gegenüber uU wegen Aufsichtspflichtverletzung neben dem Kfz-Halter gesamtschuldnerisch haften, wenn das Kind unbeaufsichtigt über die Straße gerannt und verunglückt ist. Wenn der KH-VR nun den Personenschaden reguliert, geht der Anspruch aus §§ 840 Abs. 1, 426 BGB nach § 86 Abs. 1 VVG auf den KH-VR über.[45] Geht nun der KH-VR gegen den Elternteil im Regresswege vor, könnte Ziff. 7.5 der Deckung entgegenstehen. Nach ganz hM gilt Ziff. 7.5 auch für Ansprüche, welche Dritte im Regresswege gegen den VN geltend machen, weil sie aus Gründen des Schadensfalles des Angehörigen zu Leistungen verpflichtet worden sind.[46] 33

In Konstellationen der geschilderten Art ist eine **teleologische Reduktion** geboten.[47] Ziff. 7.4 und Ziff. 7.5 haben den Zweck, Missbrauchsgefahren zu begegnen (vgl Rn 19). Ein Kollusionsrisiko besteht aber gar nicht, wenn der VN vom VR eines neben ihm haftenden (Mit-)Schädigers in Anspruch genommen wird. Ziff. 7.4 und Ziff. 7.5 sind hier nicht anzuwenden.[48] Dem VN ist Deckung zu gewähren, wenn er in derartigen Fällen Regressansprüchen ausgesetzt ist, die von der Höhe her existenzbedrohend sein können. Einige VR gewähren in den PHV-Bedingungen ausdrücklich Versicherungsschutz für Ansprüche, die aus übergegangenem Recht geltend gemacht werden, soweit es um Haftpflichtansprüche versicherter Personen untereinander wegen Personenschäden geht.

V. Miete, Leihe, Pacht usw (Ziff. 7.6)

1. Allgemeines. Die Ausschlussklausel Ziff. 7.6 verwendet feststehende Rechtsbegriffe, ihre Anwendbarkeit setzt – mit Ausnahme der verbotenen Eigenmacht – **vertragliche Rechtsverhältnisse** voraus. Eine ausdehnende Interpretation, die dazu führt, den Ausschlusstatbestand auch auf nur **gefälligkeitshalber** überlassene Sachen anzuwenden, kommt wegen des Grundsatzes enger Auslegung von AVB nicht in Betracht, erst recht nicht eine analoge Anwendung.[49] 34

Es geht um Ansprüche wegen Schäden an **fremden** Sachen. Eine Sache ist für den VN eine fremde, soweit sie nicht in seinem Eigentum steht.[50] Besteht an einer Sache Miteigentum des VN, hat er im Hinblick auf den Miteigentumsanteil ohnehin keine Deckung, weil es sich um einen Eigenschaden handelt.

2. Schäden an gemieteten Sachen. Für eine Anwendung der Ziff. 7.6 muss der VR Anhaltspunkte für die spezifischen Merkmale eines Mietvertrages darlegen. Dazu gehören im Hinblick auf die Gebrauchsüberlassung Angaben im Sinne eines eigenständigen Besitz- und Gebrauchsrechts, im Hinblick auf den Mietzins konkrete Angaben zu einem bestimmten, vertraglich vereinbarten und gerade auf die Nutzungsüberlassung bezogenen Entgelt. Sachverhaltsgestaltungen, die denen der Mie- 35

---

45 Vgl OLG Karlsruhe 3.5.2012 – 1 U 186/11, r+s 2012, 616.
46 Späte/Schimikowski/*Harsdorf-Gebhardt*, Ziff. 7.5 AHB Rn 86 mwN.
47 Prölss/Martin/*Lücke*, Ziff. 7 AHB Rn 28, 34.
48 Vgl auch *Lemcke*, r+s 2009, 252; *ders.*, r+s 2012, 618, 619.
49 So iE auch Späte/Schimikowski/*Harsdorf-Gebhardt*, Ziff. 7 AHB Rn 157.
50 Es kommt hier allein auf eine formal-juristische Sichtweise an; gegen eine wirtschaftliche Betrachtung Bruck/Möller/*Koch*, Ziff. 7 AHB 2012 Rn 124 f mwN.

te nur ähnlich sind, fallen nicht unter den Ausschluss.[51] Die bloße Überlassung des Besitzes reicht nicht aus, um den Ausschluss anwenden zu können.[52] Schäden an Sachen, die etwa zur **Erprobung** dem VN überlassen worden sind, unterfallen nicht dem Mietsachschadenausschluss, wenn nach der Erprobung feststeht, dass kein Mietvertrag zustande kommen soll und der VN die Sache nicht für seine Zwecke verwendet.[53]

Eine einseitige **Gebrauchsanmaßung** ohne Zustimmung des Eigentümers oder eine Fortsetzung des Gebrauchs nach dem Verlust des Besitzrechts begründet kein (stillschweigendes) Mietverhältnis.[54] **Mitbesitz** – etwa im Rahmen einer Lebens- oder Wohngemeinschaft – darf nicht mit Miete gleichgesetzt werden.[55]

36 Der Ausschluss für Ansprüche wegen Schäden an gemieteten Sachen wird in den BBR PHV im Hinblick auf Schäden an gemieteten Wohnräumen abbedungen, zT darüber hinaus auch für Schäden an beweglichen gemieteten Sachen. In den BBR BHV werden teilweise ebenfalls Schäden an gemieteten beweglichen Sachen einbezogen (zB an Arbeitsmaschinen). Wenn – was in der Praxis vorkommt – der Tätigkeitsschadenausschluss (Ziff. 7.7) nicht ebenfalls abbedungen wird, macht die Abbedingung der Ziff. 7.6 keinen Sinn, weil dann bei Schäden an den Sachen keine Deckung bestünde, soweit diese zur Durchführung der Tätigkeit verwendet werden (Ziff. 7.7 (2)). Hier ist dann eine Gefährdung des Vertragszwecks (§ 307 Abs. 2 Nr. 2 BGB) anzunehmen.

37 Die Abbedingung des Mietsachschadenausschlusses ist nur dann anzunehmen, wenn dies ausdrücklich geschieht. Es genügt nicht, dass in den BBR BHV die gesetzliche Haftpflicht des VN als Mieter von Betriebsgrundstücken allgemein mitversichert ist.[56]

38 **3. Schäden an geliehenen Sachen.** Bei unentgeltlich überlassenen Sachen ist die Abgrenzung zwischen einer Leihe im Rechtssinne (§ 538 BGB) und einem Gefälligkeitsverhältnis oft schwierig. Entscheidend für die Annahme eines Leihvertrages ist, ob ein Rechtsbindungswille und (damit) ein einklagbarer Anspruch auf Gebrauchsüberlassung vorhanden ist; die Beantwortung dieser Frage erfordert insb. eine Berücksichtigung der Interessenlage der Partner und des Wertes der Sache usw.[57] **Gefälligkeitsverhältnisse** sind von einem Vertragsverhältnis wie Leihe abzugrenzen; Ziff. 7.6 ist auf sie nicht anzuwenden. Verursacht der VN an aus Gefälligkeit überlassenen Sachen Schäden, ist der VR leistungspflichtig. Bei Gebrauchsüberlassung unter Verwandten und Freunden wird meist nur Gefälligkeit vorliegen, bei einem hohen Wert der Sache meist ein Leihvertrag;[58] dies können allerdings nur Anhaltspunkte sein, entscheidend sind immer die Umstände des Einzelfalls. – Die bloße Gestattung der Nutzung von Sachen, wie dies wechselseitig unter Mitgliedern einer Wohngemeinschaft üblich ist, begründet kein Leihverhältnis.

39 **4. Schäden an vom VN verwahrten Sachen.** Der Ausschluss der Ziff. 7.6 greift nur ein, wenn die Verwahrung im Vordergrund steht und nicht nur eine vertragliche Nebenpflicht darstellt; nur dann liegt ein Verwahrungsvertrag (§ 688 BGB) vor.[59]

---

51 OLG Koblenz 8.7.1994 – 10 U 126/94, r+s 1994, 410.
52 Vgl auch Prölss/Martin/*Lücke*, Ziff. 7 AHB Rn 39.
53 So OLG Jena 2.7.1997 – 4 U 469/96, VersR 1998, 576 zu Ansprüchen wegen Schäden an einer Baumaschine, die dem VN zur technischen Erprobung überlassen war.
54 OLG Düsseldorf 11.4.2000 – 4 U 67/99, r+s 2001, 16.
55 Falsch: LG Wuppertal 8.9.1989 – 10 S 312/89, r+s 1990, 299.
56 BGH 7.2.2007 – IV ZR 5/06, r+s 2004, 371.
57 Vgl OLG München 3.12.1991 – 18 U 4746/91, VersR 1993, 303; OLG Frankfurt 16.4.2008 – 15 U 154/07, r+s 2010, 510.
58 Beckmann/Matusche-Beckmann/*Schneider*, § 24 Rn 71.
59 Näher dazu Späte/Schimikowski/*Harsdorf-Gebhardt*, Ziff 7 AHB Rn 129 ff.

Beispiel: Die Pflicht, das Mischpult nach Beendigung einer Veranstaltung sorgfältig zu verwahren, begründet keinen besonderen Verwahrungsvertrag, sondern stellt eine Nebenpflicht aus dem Dienstvertrag dar.[60]

Auch bei der Aufbewahrung fremder Sachen in der Wohnung des VN kann zu prüfen sein, ob ein Verwahrungsvertrag geschlossen oder eine – aus Freundschaft – erwiesene Gefälligkeit vorliegt. Nach Auffassung des OLG Brandenburg[61] liegt – auch wenn der VN einem anderen gestattet, Sachen von größerem Wert in seinen Räumlichkeiten unterzubringen – kein Verwahrungsvertrag vor, wenn es sich dabei um eine rein im gesellschaftlichen Verkehr wurzelnde Gefälligkeit handelt. 40

5. Schäden an geleasten Sachen. In älteren Fassungen der AHB ist Leasing nicht ausdrücklich aufgeführt. Dass geleaste Gegenstände Gegenstand eines besonderen Verwahrungsvertrages sind,[62] ist zu bezweifeln, weil hier die Verwahrung als Pflicht nicht im Vordergrund des Vertrages steht. Die ausdrückliche Erwähnung des Leasings in der aktuellen Fassung der AHB macht Sinn. 41

6. Verbotene Eigenmacht. Der Begriff der verbotenen Eigenmacht ist ebenfalls der Rechtssprache entnommen, er besitzt fest umrissene Konturen (§ 858 BGB). Die Voraussetzungen verbotener Eigenmacht liegen nur dann vor, wenn ein Unbefugter ohne Willen des Berechtigten den Besitz ergreift. Es genügt also nicht, wenn der VN die – später beschädigte – Sache nach Beendigung des Besitzrechts nicht zurückgibt.[63] 42

VI. Tätigkeitsschäden (Ziff. 7.7)

1. Ziff. 7.7 (1). Ziff. 7.7 (1) Hs 1 nimmt alle Ansprüche wegen Schäden von der Deckung aus, die vom VN im Rahmen seiner beruflichen oder gewerblichen Tätigkeit an fremden Sachen verursacht worden sind. Der Begriff „Tätigkeit" setzt eine bewusste und gewollte Einwirkung auf die Sache voraus.[64] Dem VN muss bewusst gewesen sein, dass es sich um eine **fremde** Sache handelte; zum Begriff „fremd" s. Rn 34. Eine **berufliche Tätigkeit** liegt vor, wenn sie auf Dauer angelegt ist und dem Erwerb des Lebensunterhalts dient (im Gegensatz zur Hobby- und Freizeitbeschäftigung).[65] **Nachbarschaftshilfe** fällt damit, solange sie unentgeltlich oder nur gegen geringes Entgelt (Aufwandsentschädigung) erfolgt, nicht unter den Ausschluss. „Schwarzarbeit" hat der VR zu beweisen. Der Begriff „**Gewerbe**" besitzt einen fest umrissenen Inhalt, er umfasst selbständige Tätigkeiten, land- und forstwirtschaftliche sowie freiberufliche Tätigkeiten ausgenommen. 43

Ausschlussobjekt sind solche Sachen, die Gegenstand des Auftrags sind, den der VN von seinem Vertragspartner erhalten hat.[66] 44

Bei **beweglichen Sachen** ist die gesamte Sache Tätigkeitsobjekt. Bei großen (zusammengesetzten) Sachen (Krananlagen, Schiffe, Flugzeuge usw) sind Arbeiten an Teilen dieser Sachen nicht als Tätigkeiten an der ganzen Sache anzusehen. Arbeitet der VN zB an den Toilettenanlagen eines Schiffes, ist – obgleich es sich um eine

---

60 Vgl OLG Hamm 8.6.1994 – 20 U 56/94, r+s 1994, 409. Vgl auch FAKomm-VersR/*Halm/Fritz*, Ziff. 7 AHB Rn 16.
61 Vgl OLG Brandenburg 11.6.2008 – 4 U 139/07, r+s 2008, 328 m. krit. Anm. *Schimikowski*, jurisPR-VersR 7/2008 Anm. 1.
62 So noch Prölss/Martin/*Voit/Knappmann*, 27. Aufl. 2004, § 4 AHB Rn 39, anders jetzt Prölss/Martin/*Lücke*, Ziff. 7 AHB Rn 41.
63 OLG Düsseldorf 11.4.2000 – 4 U 67/99, r+s 2001, 16.
64 Prölss/Martin/*Lücke*, Ziff. 7 AHB Rn 50 mwN.
65 BGH 19.12.1990 – IV ZR 212/89, r+s 1991, 120; BGH 10.3.2004 – IV ZR 169/03, 188, 189 (beide Entscheidungen ergingen zur PHV).
66 BGH 15.9.2010 – IV ZR 113/08, r+s 2010, 510; aA Langheid/Wandt/*Büsken*, AllgHaftpflV Rn 200.

bewegliche Sache handelt – nicht das ganze Schiff Tätigkeitsobjekt.[67] Von diesen Ausnahmefällen abgesehen ist auch bei zusammengesetzten beweglichen Sachen die gesamte Sache Ausschlussobjekt. Das gilt nur dann nicht, wenn ein Teil der beweglichen Sache ausgebaut und gesondert bearbeitet wird. **Beispiel:** Aus dem Motor eines Pkw wird der Zylinderkopf ausgebaut und getrennt bearbeitet; nach Wiedereinbau verursacht der Zylinderkopf Schäden am Motorblock: Ausschlussobjekt ist nur der Zylinderkopf.[68]

Bei **unbeweglichen Sachen** ergreift der Ausschluss nur diejenigen Teile der Sache, die unmittelbar Gegenstand der Tätigkeit gewesen sind, **Ziff. 7.7 (1) Hs 2**. Welche Sachen das sind, ist oft anhand des Auftrags, den der VN erhalten hat, zu ermitteln: Schäden, die ein Fensterreiniger mit dem hierbei eingesetzten Hubsteiger an der Fassade des Hauses anrichtet, sind nicht von Ziff. 7.7 (1) erfasst (s. aber Rn 47). Auftragsgegenstand war die Fensterreinigung, Tätigkeitsobjekt sind also die Fensterscheiben und -rahmen, allenfalls noch die Laibungen, nicht aber die Fassade, gegen welche der Hubsteiger schlug.[69] Hat der VN Mängel an einem von ihm eingedeckten Dach auszubessern, ist das gesamte Dach Tätigkeitsobjekt; gerät bei Nachbesserungsarbeiten an Antenneneingängen das Dach in Brand, sind Schadensersatzansprüche des Auftraggebers vom Versicherungsschutz des VN nach Ziff. 7.7 (1) ausgeschlossen.[70] Greift der Brand auch auf andere Teile des Gebäudes über, ist der Ausschluss nicht anwendbar, es steht die gesamte Sachsdeckungssumme zur Verfügung. Zu weit geht es, bei Schweißarbeiten an der Dachfolie nur diese als Ausschlussobjekt anzusehen.[71] Die Folie gehört zur Dachhaut; bei vernünftiger Betrachtungsweise arbeitete der VN hier „am Dach", so dass auch dieses unmittelbarer Gegenstand der Tätigkeit ist. Problematisch ist es, ob dann, wenn der VN fremde Spargelfelder fräsen soll, er die Fräse (aber) zu tief einstellt und dadurch Rhizome beschädigt, diese Ausschlussobjekt sind.[72] Unmittelbar war die Tätigkeit des VN auf die Rhizome nicht gerichtet; allerdings haben sie im **Wirkbereich** der Tätigkeit gelegen, so dass der Ausschluss (Ziff. 7.7 (3)) eingreift.

45 Tätigkeitsschäden können in der **Betriebshaftpflichtversicherung eingeschlossen** werden, idR wird eine begrenzte Deckungssumme vereinbart. Die Rspr sieht darin keine unangemessene Benachteiligung iSd § 307 BGB (§ 9 AGBG aF). Für eine ausreichende Deckungssumme sei der VN verantwortlich.[73] In der Tat ist eine AGB-rechtliche Beanstandung wohl abzulehnen, mag auch eine Betriebshaftpflichtversicherung mit einer geringen Deckungssumme für Tätigkeitsschäden den Versicherungsschutz teilweise entwerten – eine Gefährdung des Vertragszwecks liegt darin nicht. Im Übrigen bieten manche VR heute auch bereits recht hohe Deckungssummen an. – Zu beachten ist, dass trotz eines vereinbarten Tätigkeitsschadeneinschlusses im Rahmen der Betriebshaftpflichtversicherung im Schadenfall keine Deckung besteht, sofern es sich um Kosten handelt, die zur Nachbesserung aufgewendet werden (und nicht um Mangelfolgeschäden), weil dann der **Erfüllungsschadenausschluss** (Ziff. 1.2) anwendbar ist (s. dazu Ziff. 1 Rn 35 ff).[74] Die meisten VR weisen in ihren BBR BHV in Zusammenhang mit der Regelung des Tätigkeitsschadeneinschlusses darauf hin, dass der Erfüllungsschadenausschluss

---

[67] Dazu auch *Zavelberg*, r+s 1979, 71. Diese wirtschaftliche Betrachtungsweise wird von der hM nicht geteilt, vgl Bruck/Möller/*Koch*, Ziff. 7 AHB 2012 Rn 205 ff mwN.
[68] OLG Köln 28.10.1982 – 5 U 10/82, VersR 1984, 26.
[69] OLG Hamm 28.2.1996 – 20 U 260/95, r+s 1997, 191.
[70] OLG Hamm 20.11.1996 – 20 U 256/93, r+s 1997, 151.
[71] So aber OLG Frankfurt 11.1.2006 – 7 U 169/04, r+s 2007, 55.
[72] OLG Koblenz 16.5.2008 – 10 U 446/07, r+s 2009, 236 wendet den Tätigkeitsschaden- und den Erfüllungsschadenausschluss an (zu Letzterem s. oben Ziff. 1 Rn 57).
[73] OLG Koblenz 23.1.1998 – 10 U 1184/97, r+s 1998, 190.
[74] OLG Koblenz 21.12.1998 – 10 W 841/98, r+s 2000, 147.

unberührt bleibt. Das ist notwendig, um ein Überrumpelungsmoment iSd § 305 c Abs. 1 BGB zu vermeiden.

Der Tätigkeitsschadenausschluss umfasst nicht nur alle Schäden an fremden Sachen, sondern **alle sich daraus ergebenden Vermögensschäden**. Dieser Nachsatz war in älteren Fassungen der AHB nicht enthalten. Zu dieser (älteren) Fassung der AHB hatte der BGH entschieden, dass ein **Nutzungsausfallschaden**, der durch Tätigkeiten an fremden Sachen verursacht wurde, gedeckt sei.[75] Das ist auf teils heftige Kritik gestoßen.[76] Der BGH bestätigte seine Rspr zu Recht: Dem Wortlaut des § 4 I Nr. 6 b AHB aF war nicht zu entnehmen, dass über den Sachschaden hinaus auch ein Nutzungsausfallschaden ausgeschlossen sein soll.[77] Daraufhin hat der GDV die Musterbedingungen im Jahr 2000 durch den Zusatz „und alle sich daraus ergebenden Vermögensschäden" ergänzt. Nunmehr ist klar, dass der Ausschluss nicht nur Ansprüche umfasst, die eine Beseitigung und den Ausgleich des unmittelbaren Sachschadens betreffen, sondern auch alle Vermögensfolgeschäden.[78] Das hat weitreichende Bedeutung, denn damit ist insb. der sich aus der Beschädigung einer Sache (etwa einer Maschine) ergebende **Betriebsunterbrechungsschaden** nicht gedeckt, der finanziell viel bedeutender sein kann als zB die Reparaturkosten. Bei der Schadensregulierung ist darauf zu achten, welche Fassung der AHB dem Vertrag zugrunde liegt. 46

Aus der Formulierung „und alle sich daraus ergebenden Vermögensschäden" entnimmt der VN nicht, dass (auch) **Personenschäden** ausgeschlossen seien. Daher besteht Deckung, wenn sich etwa eine Person an der beschädigten oder mangelhaft reparierten Sache verletzt.[79]

2. Ziff. 7.7 (2). Die Regelung enthält eine Erweiterung des Ausschlusstatbestands auf Schäden an Sachen, die der VN zwar nicht bearbeitet, aber **zur Durchführung seiner Tätigkeit benutzt** hat. Diese Regelung ist eine Reaktion der VR auf den „**Pflanzkübel-Fall**": Der BGH hatte entschieden, dass der Tätigkeitsschadenausschluss (§ 4 I Nr. 6 b AHB aF) nur dann eingreift, wenn das beschädigte Gebäude bzw der Gebäudebestandteil Auftragsgegenstand gewesen ist. Eine Benutzung im Rahmen der Auftragsarbeiten, zB als Materialablagefläche, genügt danach nicht.[80] Daraufhin hatte der GDV im Jahr 2002 die Muster-AHB um die jetzt in Ziff. 7.7 (2) zu findende Formulierung ergänzt. Auch diese Regelung hat weitreichende Folgen. Um an das oben (s. Rn 44) angesprochene Beispiel anzuknüpfen: Schlägt der Hubsteiger – etwa aufgrund eines Bedienungsfehlers – gegen die Hausfassade, besteht Deckung, denn die Fassade ist nicht Objekt der Tätigkeit des VN. Benutzt dagegen der VN (oder ein Mitarbeiter) die Fassade, um den Hubsteiger anzulehnen oder abzustützen, ist ein dabei an der Fassade verursachter Schaden nach Ziff. 7.7 (2) nicht gedeckt. – Der Ausschluss Ziff. 7.7 (2) kann vom Wortlaut her so verstanden werden, dass Schäden an fremden Sachen, die der VN bei beruflichen oder gewerblichen Tätigkeiten *gleich welcher Art* verursacht, ausgeschlossen sind. Das würde der gebotenen *engen* Auslegung unter Berücksichtigung systematischer Aspekte nicht gerecht: Ziff. 7.7 (2) ist eingebettet in den Tätigkeitsschadenausschluss (7.7 (1) und 7.7 (2)) und deshalb nur anzuwenden, wenn der VN fremde Sachen benutzt, um den Auftrag – die Tätigkeit iSd Ziff. 7.7 (1) – durchzufüh- 47

---

75 BGH 21.9.1983 – IVa ZR 165/81, VersR 1984, 252.
76 Vgl nur *Späte* (1. Aufl.), § 4 AHB Rn 161.
77 BGH 8.12.1998 – VI ZR 66/98, r+s 1999, 152.
78 Späte/Schimikowski/*Harsdorf-Gebbhardt*, Ziff. 7 AHB Rn 267.
79 So Prölss/Martin/*Lücke*, Ziff. 7 AHB Rn 84.
80 BGH 3.5.2000 – IV ZR 172/99, r+s 2000, 449.

ren.[81] Es muss also ein **unmittelbarer Zusammenhang** des Benutzungsschadens mit der Erfüllung des Auftrags bestehen.[82]

48 **3. Ziff. 7.7 (3).** Nach Ziff. 7.7 (3) sind auch Schäden an **Sachen** oder – bei unbeweglichen Sachen – an **Teilen von Sachen**, die sich **im unmittelbaren Einwirkungsbereich der Tätigkeit** befunden haben, vom Versicherungsschutz ausgenommen. Im Wege einer Öffnungsklausel soll Deckung indes wiederhergestellt werden, wenn der VN beweist, dass er im Zeitpunkt der schadenursächlichen Tätigkeit offensichtlich notwendige Schutzvorkehrungen zur Vermeidung von Schäden getroffen hatte. Sogenannte **Wirkungsbereichschäden** ordnete die ältere Rspr dem Ausschluss zu, wenn es sich bei der Tätigkeit an einer Sache nicht vermeiden lässt, dass auch auf eine andere eingewirkt wird.[83]

49 Ob diese Judikatur vor den heutigen Grundsätzen, die für die Auslegung von AVB gelten, Bestand hätte, erscheint fraglich. Wohl deshalb ist eine ausdrückliche Regelung in den neueren AHB getroffen worden. Unternehmerische Schlamperei vom Versicherungsschutz ausnehmen zu wollen, ist eine nachvollziehbare (kaufmännische) Entscheidung. Gleichzeitig ist nicht zu verhehlen, dass der Versicherungsschutz insb. für Unternehmen des Baunebengewerbes nicht unbeträchtlich weiter zurückgeschnitten wird. Die Öffnungsklausel sorgt für die Ausgewogenheit der Regelung. Aus der Formulierung „offensichtlich notwendige Schutzvorkehrungen" wird der VN entnehmen, dass nur grobe Fahrlässigkeit schadet.[84]

Es mögen für die Anwendung einige Fallgestaltungen verbleiben, in denen der VN verkennt, dass andere Sachen betroffen sein können.[85] Vgl auch den Rhizome-Fall (s. Ziff. 1 Rn 57). Bei **verborgenen Sachen** ist die Wirkungsbereichsklausel allerdings nur dann anzuwenden, wenn der VN (oder die mitversicherte Person) sich der Existenz dieser Sache bewusst war.[86]

50 **4. Hilfspersonenklausel.** Der Versicherungsschutz entfällt nicht nur dann, wenn der VN gehandelt hat, sondern auch dann, wenn Angestellte, Arbeiter, Bedienstete, Bevollmächtigte und Beauftragte des VN an fremden Sachen tätig waren. Das gilt für den Ausschluss Ziff. 7.7, aber auch – dort von geringerer Bedeutung – für Ziff. 7.6. Die Regelung ist rechtlich in Ordnung. Ziff. 7.6 und Ziff. 7.7 enthalten objektive Risikoausschlüsse; es geht also nicht um Verhaltenszurechnung. Es liegt also keinesfalls eine (verbotene) Repräsentantenklausel vor. Die Hilfspersonenklausel soll für Subunternehmer des VN nicht gelten.[87]

VII. Herstellungsschäden (Ziff. 7.8)

51 Der Ausschluss Ziff. 7.8 S. 1 überschneidet sich weitgehend mit dem Erfüllungsschadenausschluss (Ziff. 1.2). Eigenständige Bedeutung besitzt er bei deliktischer Haftung des VN für Schäden an hergestellten Sachen, insb. bei der Haftung für sog. **weiterfressende Mängel** aus § 823 Abs. 1 BGB.[88] Der Ausschluss entspricht im Wesentlichen dem § 4 II Nr. 5 AHB aF, so dass die (wenige) dazu ergangene Rspr[89]

---

81 Vgl *Nickel*, VersR 2010, 1133, 1142; ebenso Langheid/Wandt/*Büsken*, AllgHaftpflV Rn 202.
82 So Bruck/Möller/*Koch*, Ziff. 7 AHB 2012 Rn 223 ff.
83 Vgl etwa OLG Bremen 19.5.1983 – 2 U 122/82, VersR 1984, 127.
84 Beckmann/Matusche-Beckmann/*v. Rintelen*, § 26 Rn 86; Bruck/Möller/*Koch*, Ziff. 7 AHB 2012 Rn 230.
85 Vgl LG Berlin 10.8.1993 – 7 O 555/92, r+s 1994, 51 m. Anm. *Schimikowski*.
86 Späte/Schimikowski/*Harsdorf-Gebhardt*, Ziff. 7 AHB Rn 253 ff.
87 So OLG Karlsruhe 18.1.1990 – 12 U 252/89, VersR 1990, 845; Späte/Schimikowski/ *Harsdorf-Gebhardt*, Ziff. 7 AHB Rn 274 mwN.
88 Dazu BGH 11.2.2004 – VIII ZR 386/02, NJW 2004, 1032; *Gsell*, NJW 2004, 1913 ff.
89 Vgl etwa OLG Frankfurt 7.1.1988 – 16 U 134/86, VersR 1989, 801.

und die Lit.⁹⁰ herangezogen werden können, soweit sie den heute anerkannten Grundsätzen für die Auslegung von AVB (bereits) Rechnung tragen.

Außer den Schäden an den vom VN hergestellten Sachen sind auch alle sich daraus ergebenden **Vermögensschäden** ausgeschlossen. Das korrespondiert mit der in Ziff. 7.7 getroffenen Regelung (s. Rn 46). Hat der VN eine fehlerhafte Sache hergestellt, besteht demnach keine Deckung für Ansprüche des Bestellers, auch wenn sich Ansprüche aus Deliktsrecht herleiten lassen und wenn darüber hinaus Betriebsunterbrechungsschäden reklamiert werden. Dem Wortlaut ist klar zu entnehmen, dass alle – mittelbare und unmittelbare – Vermögensfolgeschäden erfasst sind.⁹¹ 52

Zur früheren Fassung der Klausel ist einhellig die Auffassung vertreten worden, dass nur Schäden an den **vom VN selbst** hergestellten oder gelieferten Sachen, Arbeiten oder sonstigen Leistungen ausgeschlossen sind.⁹² Nach der aktuellen Fassung des Ausschlusses sind nunmehr auch alle Vermögensfolgeschäden ausgeschlossen. Dies wird von der hM in der Lit. dahin gehend verstanden, dass nur Vermögensschäden ausgeschlossen sind, die durch **vom VN selbst** hergestellte/gelieferte Sachen, Arbeiten oder Leistungen verursacht werden.⁹³ Ziff. 7.8 S. 2 ist nur dann anzuwenden, wenn die mangelhafte Teilleistung oder das mangelhafte Einzelteil Teil einer **vom VN selbst** gelieferten Gesamtsache ist.⁹⁴ Wird ein Zuliefererteil in eine andere Sache eingebaut und dadurch die Gesamtsache beschädigt, hat der Zulieferer Deckung für diesen Schaden, nicht aber für den Schaden am Zuliefererteil.⁹⁵ Das ist aus dem Wortlaut der Regelung nicht unmittelbar zu entnehmen, führt aber zu einem auf der Grundlage des Gebots restriktiver Auslegung von Ausschlusstatbeständen tragbaren Ergebnis.

Beispiel: Ein Zulieferer hat ein fehlerhaftes Steuerelement gefertigt, das von einem Hersteller in eine Anlage eingebaut worden ist. Erleidet die Anlage bei deren Besteller nun einen Schaden, der auf das Steuerelement zurückzuführen ist, und resultiert daraus auch ein Betriebsunterbrechungsschaden, haftet der Zulieferer dem Betreiber der Anlage aus § 823 Abs. 1 BGB. Für den Zulieferer sind Ansprüche wegen Schäden am Steuerelement nach Ziff. 7.8 ausgeschlossen, nicht aber Ansprüche wegen der Schäden an der Anlage sowie daraus sich ergebende Folgeschäden.⁹⁶

Hat der VN eine Sache geliefert und sind **Nachbesserungsarbeiten** notwendig, ist Ziff. 7.8 nicht anwendbar, wenn bei der Durchführung dieser Arbeiten andere Teile der Sache beschädigt werden. Das gilt insb. dann, wenn Tätigkeitsschäden – wie üblich – im Rahmen der BHV und auch der Produkthaftpflichtversicherung in die Deckung einbezogen sind.⁹⁷ Das Einbeziehen von Arbeiten und Leistungen in Ziff. 1.2 ProdHM soll gerade Herstellern und Lieferanten Deckung bieten. 53

Der Herstellungsschadenausschluss greift auch dann, wenn die Sachen, Arbeiten, Leistungen **von Dritten** – im Auftrag des VN – hergestellt bzw. durchgeführt wurden (**Ziff. 7.8 S. 3**).

---

90 *Zavelberg*, VersR 1989, 671 ff; *Honsell*, VersR 1985, 3 ff; *Fenyves*, VersR 1991, 1 ff.
91 Langheid/Wandt/*Büsken*, AllgHaftpflV Rn 217.
92 BGH 21.2.1957 – II ZR 4/56, BGHZ 23, 349; OLG Köln 10.6.2008 – 9 U 144/07, VersR 2009, 391.
93 So etwa Prölss/Martin/*Lücke*, Ziff. 7 AHB Rn 90.
94 So Beckmann/Matusche-Beckmann/*v. Rintelen*, § 26 Rn 94 d.
95 Bruck/Möller/*Koch*, Ziff. 7 AHB 2012 Rn 246; Späte/Schimikowski/*Harsdorf-Gebhardt*, Ziff. 7 AHB Rn 293, 305; Langheid/Wandt/*Büsken*, AllgHaftpflV Rn 218.
96 Anders die Vorauflage (2. Aufl. 2011, Ziff. 7 AHB Rn 52).
97 Im Ergebnis ebenso Späte/Schimikowski/*Harsdorf-Gebhardt*, Ziff. 7 AHB Rn 315.

VIII. Auslandsschäden (Ziff. 7.9)

54 **1. Reichweite des Ausschlusstatbestands. a) Schadenereignisse im Ausland.** Nach Ziff. 7.9 Hs 1 sind Haftpflichtansprüche aus im Ausland eintretenden Schadenereignissen ausgeschlossen. Es kommt also nicht darauf an, wo der Schaden verursacht wurde, sondern wo das den Schaden dann unmittelbar auslösende Ereignis (Ziff. 1.1) stattfand. „**Ausland**" ist ein Rechtsbegriff mit fest umrissenem – staatsrechtlichem – Inhalt.[98] Schadenereignisse auf unter deutscher Flagge fahrenden Schiffen, die auf Hoher See unterwegs sind, sind keine Auslandsschäden, ebenso wenig Schadenereignisse in Flugzeugen, die in Deutschland registriert sind, solange sie sich nicht in der „Luftsäule" eines fremden Staates befinden.[99]

55 **b) Einschlüsse in BBR.** In den BBR PHV ist idR abweichend von Ziff. 7.9 geregelt, dass Schäden bei **vorübergehendem** Auslandsaufenthalt eingeschlossen sind (oft auf maximal ein Jahr begrenzt; die Regelungen sind höchst unterschiedlich); vgl dazu auch A1-6.14 AVB PHV Rn 4 ff. Dem VN ist das oft nicht bewusst, so dass es zu „bösen Überraschungen" kommen kann, wenn der Wohnsitz dauerhaft ins Ausland verlegt wird. Das OLG Karlsruhe nahm hier – trotz Kenntnis vom Umzug – keine Beratungspflicht des VR an.[100] Zumindest nach neuem Recht ist das unhaltbar: Es ist ein Anlass gegeben, den VN zu beraten (§ 6 Abs. 1 VVG).

56 In gewerblichen/industriellen Haftpflichtversicherungen wird oft **weltweite Deckung** gewährt, zuweilen unter Ausschluss von USA und Kanada, zuweilen (nur) unter Ausschluss von *punitive/exemplary damages*. Kosten (Rechtsverteidigung, Sachverständige) werden oft auf die Versicherungssumme angerechnet (was nicht unproblematisch ist, s. Ziff. 6 Rn 8).

57 **2. Arbeitsunfälle.** Ansprüche aus § 110 SGB VII (Personenschäden aufgrund von Arbeitsunfällen) sind mitversichert, **Ziff. 7.9 Hs 2**. Zu beachten sind aber die in den BBR üblichen **Arbeitsunfallklauseln**, nach denen Ansprüche wegen Personenschäden aus Arbeitsunfällen und Berufskrankheiten im Betrieb des VN ausgeschlossen sind, soweit die Ansprüche gegen die (mitversicherten) „übrigen Betriebsangehörigen" gerichtet sind. Damit soll verhindert werden, dass Sozialversicherungsträger ihre Leistungspflicht auf den Haftpflichtversicherer abwälzen, indem sie gem. § 110 SGB VII Regress nehmen. Der Sozialversicherungsträger würde bei bestehendem Versicherungsschutz von seiner Ermessensentscheidung, auf den Regressanspruch zu verzichten, regelmäßig keinen Gebrauch machen.[101] Die Arbeitsunfallklausel der BBR ist nur dann anzuwenden, wenn es sich um Ansprüche handelt, die gegen mitversicherte Personen gerichtet ist, nicht aber dann, wenn sie sich gegen den VN selbst richten, der einen Arbeitsunfall fahrlässig herbeigeführt hat.[102]

IX. Umweltschäden, Umwelthaftpflicht (Ziff. 7.10)

58 **1. Ansprüche nach USchadG (Ziff. 7.10 (a)).** Ansprüche aufgrund des Umweltschadensgesetzes (USchadG) und anderer Normen, mit denen die EU-Umwelthaftungsrichtlinie (2004/35/EG) national umgesetzt wird, sind nach **Ziff. 7.10 (a) Abs. 1 S. 1** ausgeschlossen. Die Regelung erscheint deklaratorisch, denn die im Zuge der Umsetzung der EU-Umwelthaftungsrichtlinie eingeführte Haftung betrifft nicht Personen-, Sach- oder Vermögensschäden, sondern insb. Biodiversitätsschäden, also Schadensarten, für die nach den AHB ohnehin keine Deckung besteht.

---

98 Dazu (krit.) Bruck/Möller/*Koch*, Ziff. 7 AHB 2012 Rn 263 mwN.
99 FAKomm-VersR/*Halm/Fritz*, Ziff. 7 AHB Rn 30.
100 OLG Karlsruhe 17.6.1999 – 12 U 304/98, r+s 2000, 13.
101 Einzelheiten bei *Schmalzl/Krause-Allenstein*, Berufshaftpflichtversicherung des Architekten und Bauunternehmers, Rn 617, 720.
102 OLG Frankfurt 24.5.2007 – 3 U 144/06, r+s 2008, 66.

Außerdem sieht das USchadG **öffentlich-rechtliche** Vermeidungs- und Sanierungspflichten bei Umweltschäden vor, die nach Ziff. 1.1 nicht vom Versicherungsschutz umfasst sind (s. Ziff. 1 Rn 4, 11). Gemäß **Abs. 1 S. 2** greift der Ausschluss selbst dann, wenn der VN von einem Dritten wegen „solcher" Schäden aufgrund privatrechtlicher Haftungsgrundlagen in Anspruch genommen wird. Das betrifft Fallgestaltungen, in denen der Dritte behördlich in Anspruch genommen wurde und nun Regress beim VN nimmt, der den Umweltschaden (mit-)verursacht hat. Die in Ziff. 10 (a) Abs. 1 S. 1 und 2 angesprochenen Konstellationen werden somit der **Umweltschadenversicherung** (USV) zugeordnet.[103]

Der Ausschluss gilt nach **Ziff. 7.10 (a) Abs. 2** nicht, wenn konkurrierende Ansprüche nach zivilrechtlichen Haftungsgrundlagen gegeben sind; das ist richtig (s. Ziff. 1 Rn 4). Schließlich greift der Ausschlusstatbestand im Rahmen privater Haftpflichtrisiken nicht ein, **Ziff. 7.10 (a) Abs. 3**. Das erscheint einerseits unproblematisch, weil nach dem USchadG bzw der EU-Umwelthaftungsrichtlinie eine Inanspruchnahme für Schäden im Rahmen privater Tätigkeiten nicht vorgesehen ist; nur berufliche Tätigkeiten lösen die Haftung aus. Andererseits könnte die Formulierung auf Seiten des VN zu der Vermutung Anlass geben, er genieße im Falle einer behördlichen Inanspruchnahme wegen Umweltschäden Abwehrdeckung. Diese besteht freilich nicht, da Ziff. 1.1 S. 1 AHB dagegensteht.[104]

2. Zivilrechtliche Haftung für Schäden durch Umwelteinwirkungen (Ziff. 7.10 (b)). a) Nullstellung des Umwelthaftpflichtrisikos. Nach Ziff. 7.10 (b) sind **Schäden durch Umwelteinwirkungen und alle sich daraus ergebenden Schäden** vom Versicherungsschutz ausgenommen. Man spricht hier von der „**Nullstellung des Umwelthaftpflichtrisikos**" in der Allgemeinen Haftpflichtversicherung; das gilt für alle Verträge, die auf den AHB basieren, bis auf die PHV (zu weiteren Ausnahmen s. Rn 64). Grundsätzlich hat der VN also sein Umwelthaftpflichtrisiko durch einen gesonderten Vertrag – eine Umwelthaftpflichtversicherung (UHV) – abzusichern. Das macht Sinn, denn Umweltschäden sind echte Katastrophenrisiken, für die eine gesonderte Deckungssumme zur Verfügung stehen sollte (von „kleineren" Risiken, wie etwa Einzelhandelsgeschäften, abgesehen).

b) Schäden durch Umwelteinwirkungen. Die Auslegung dieses Terminus ist nicht unwichtig, weil es finanziell von Bedeutung sein kann, ob ein Schaden etwa aus der BHV oder aus der UHV zu regulieren ist: In der BHV ist der vereinbarte Selbstbehalt meist recht niedrig bemessen, während in der UHV oft mit hohen Selbstbehalten gearbeitet wird. Nach hM entsteht ein **Schaden durch eine Umwelteinwirkung**, wenn sich Stoffe, Erschütterungen, Geräusche, Druck, Strahlen, Gase, Dämpfe, Wärme oder sonstige Erscheinungen in Boden, Luft oder Wasser ausgebreitet haben.[105] Diese Auslegung ist an § 3 Abs. 1 UmweltHG orientiert. Dieser Ansatz geht von der Annahme aus, dass der Begriff „Schaden durch Umwelteinwirkungen" ein **fest umrissener Rechtsbegriff** ist. Das erscheint **zweifelhaft**. Der Terminus wird zwar im UmweltHG und im BImSchG verwendet, das allein macht ihn aber (noch) nicht zu einem Begriff, mit dem die Rechtssprache einen fest um-

---

103 Zur USV vgl *Schröder*, EU-Umwelthaftungsrichtlinie, Umweltschadensgesetz und Umweltschadensversicherung, 2008 (Schriftenreihe des Instituts für Versicherungswesen der FH Köln, Bd. 25); *Wagner*, VersR 2008, 565 ff; *Klinkhammer*, VP 2007, 181 ff; *ders.*, VP 2010, 66 ff; *Schimikowski*, VP 2009, 193 ff; *Grunden/Kerst*, ZfV 2012, 250; *Helberg/Orth/Sons/Winter*, Umweltschadensgesetz und Umweltschadensversicherung, 2008; Späte/Schimikowski/*Schneider*, USV.
104 Bruck/Möller/*Koch*, Ziff. 7 AHB 2012 Rn 310; aA Langheid/Wandt/*Büsken*, AllgHaftpflV Rn 224.
105 Vgl *Vogel/Stockmeier*, Umwelthaftpflichtversicherung, 2. Aufl. 2009, 2 B Rn 20; Beckmann/Matusche-Beckmann/*Matusche-Beckmann*, § 27 Rn 16, 29 ff; MAH VersR/*Fränzer*, § 16 Rn 28 f; *Schwab*, in: Hdb FA VersR, Kap. 30 Rn 91; Bruck/Möller/*Koch*, Ziff. 7 AHB 2012 Rn 317 ff.

rissenen Inhalt verbindet. Vielmehr kommt es bei der Auslegung – auch hier – auf die Verständnismöglichkeiten des durchschnittlichen VN an. Danach werden die Voraussetzungen des Ausschlusstatbestands als erfüllt anzusehen sein, wenn entweder die Umwelt geschädigt ist oder ein Umweltmedium – Boden, Luft oder Wasser – an der Schadensentstehung mitgewirkt hat. Stets zu beachten ist auch der Grundsatz enger Auslegung von Ausschlüssen. Die Rspr hat noch nicht für eine Klärung der Rechtslage sorgen können – ganz einfach deshalb, weil die Gerichte bislang nur selten mit der Auslegung des § 4 I Nr. 8 AHB aF (Ziff. 7.10) befasst wurden. Werden Stoffe etwa durch Luftbewegungen Hunderte von Metern verteilt, kann ein Schaden durch Umwelteinwirkungen angenommen werden, weil ein Umweltmedium (mit-)ursächlich für die Schadenentstehung war.[106] Verteilt sich dagegen Ruß nach einem Schwelbrand innerhalb eines geschlossenen Raums, hat kein Umweltmedium Einfluss auf Schadenentstehung oder -umfang genommen; eine andere Auffassung ist mit dem Grundsatz enger Auslegung nicht vereinbar.[107]

62 Schäden durch **elektromagnetische Felder**, durch **explosionsbedingt weggeschleuderte Teile** sowie infolge **übergreifender Feuerschäden** sind ebenfalls nicht durch Umweltmedien verursacht, so dass der Ausschluss grds. nicht einschlägig ist. Gleichwohl werden sie oft vertraglich als Schäden durch Umwelteinwirkungen definiert und somit der Umwelthaftpflichtversicherung zugeordnet oder – etwa in Bezug auf elektromagnetische Felder – gänzlich vom Versicherungsschutz ausgeschlossen. Das ist im Rahmen der Vertragsfreiheit nicht zu beanstanden.[108] **Erdrutschungen** sind keine Umwelteinwirkungen, es fehlt hier an der Ausbreitung in Boden, Luft oder Wasser.[109]

63 c) **Private Haftpflichtrisiken.** Der Umwelthaftpflichtausschluss gilt nicht im Rahmen privater Haftpflichtrisiken, **Ziff. 7.10 (b) (1)**. Er ist für berufliche, gewerbliche und industrielle Risiken konzipiert. Der private VN genießt für sein – nicht bedeutendes – Umwelthaftpflichtrisiko Deckung im Rahmen seiner PHV, etwa für das Risiko des Betreibens eines Flüssiggastanks. In der PHV ist das sog. **Gewässerschadenrestrisiko** mitversichert, meist sind hier auch Gebinde zur Lagerung gewässerschädlicher Flüssigkeiten (Farbeimer, Reinigungsmittel usw) bis zu einer gewissen Größe mitversichert. Im Übrigen ist für Tankanlagen das sog. **Gewässerschadenanlagenrisiko** gesondert zu versichern. Es handelt sich hierbei um ein in der PHV ausgeschlossenes Risiko; schafft sich der VN einen Heizöltank an, greifen die Regelungen über die Vorsorgeversicherung (Ziff. 4), sofern dies nicht – wie es vielfach der Fall ist – ausdrücklich ausgeschlossen wird (vgl A1-6.4 AVB PHV Rn 3, A2-1 AVB PHV).

64 d) **Umweltproduktrisiko.** Nach **Ziff. 7.10 (b) (2)** gilt der Ausschluss nicht für das sog. **einfache Umweltprodukthaftpflichtrisiko**. In Betracht kommen etwa Gesundheitsschäden durch Baustoffe, Farben, Lacke oder Handys; diese sind vom Ausschluss nicht umfasst. Risiken dieser Art sollen also in der BHV-Deckung verbleiben. Das gilt nicht für die Herstellung oder Lieferung umweltrelevanter Anlagen(-teile), das sog. **qualifizierte Umweltprodukthaftpflichtrisiko**.[110] Hier greift der Ausschluss. Bei Anlagenteilen kommt es darauf an, ob die Teile ersichtlich für die im Ausschlusstatbestand abschließend aufgeführten Anlagen bestimmt sind. Es ist darauf abzustellen, ob ein durchschnittlich sorgfältiger und gewissenhafter VN er-

---

106 OLG Köln 25.4.1995 – 9 U 332/94, r+s 1995, 248.
107 Unrichtig: OLG München 27.5.1998 – 15 U 5947/97, r+s 1999, 146. Wie hier *Schmalzl/Krause-Allenstein*, Berufshaftpflichtversicherung des Architekten und Bauunternehmers, Rn 234; Prölss/Martin/*Lücke*, Ziff. 7 AHB Rn 104; aA Bruck/Möller/*Koch*, Ziff. 7 AHB 2012 Rn 320.
108 Zu mannigfaltigen weiteren Streitfragen *Vogel/Stockmeier*, Umwelthaftpflichtversicherung, 2. Aufl. 2009, UHV 2 B Rn 143 ff; MAH VersR/*Fränzer*, § 16 Rn 29 ff.
109 OLG Köln 24.6.2008 – 9 U 112/07, r+s 2009, 149.
110 Vgl *Vogel/Stockmeier*, Umwelthaftpflichtversicherung, 2. Aufl. 2009, 2 B Rn 142.

kennen kann, dass die Teile für Anlagen bestimmt sind.[111] – Einige VR übernehmen die in den Musterbedingungen vorgesehene Differenzierung zwischen einfachem und qualifiziertem Umweltproduktrisiko nicht und ordnen diese Risiken komplett der Produkthaftpflichtversicherung zu.

e) **Landwirtschaft.** In jeder **landwirtschaftlichen BHV** ist eine Umwelt-Basisdeckung enthalten. Oft sind Anlagenrisiken vorhanden, die eine landwirtschaftliche UHV notwendig machen. In der landwirtschaftlichen Umwelthaftpflichtversicherung werden **Verwendungsrisiken** ausgeschlossen. Danach bezieht sich der Versicherungsschutz nicht auf die Verwendung von Klärschlamm, Jauche, Gülle, Stalldung, Pflanzenschutzmittel, Düngemittel. Es kann aufgrund der Ziff. 7.10 (b) und des Ausschlusses von Verwendungsrisiken aus der landwirtschaftlichen UHV zu Deckungslücken kommen, wenn zB bei der Ausbringung von Herbiziden an Pflanzen auf Nachbargrundstücken Schäden verursacht werden. Weder aus der BHV noch aus der UHV besteht Deckung. Auch aus der KH-Versicherung ist uU keine Deckung gegeben, wenn zwar ein Traktor als Zugmaschine eingesetzt war, der Schaden aber seine Ursache in der landwirtschaftlichen Betriebstätigkeit hatte (zB fehlerhaftes Spritzgerät).[112] Es liegt hier kein Schaden durch Gebrauch eines Kfz vor,[113] so dass der KH-VR die Deckung verweigern könnte. In der Praxis regulieren die KH-VR freilich häufig derartige Fälle.

65

X. Asbestausschluss (Ziff. 7.11)

Ziff. 7.11 nimmt alle Haftpflichtansprüche wegen Schäden durch Asbest, asbesthaltige Substanzen und Erzeugnisse vom Versicherungsschutz aus. Auf den ersten Blick mutet die Nullstellung des Asbestrisikos überzogen an, denn zumindest in Deutschland sind (Haftpflicht-)Schadenfälle aufgrund von Asbest eine Seltenheit. Die Einführung des Ausschlusses ist nur vor dem Hintergrund der Erfahrungen in den USA verständlich.[114] Insbesondere für Architekten und Bauunternehmen, die mit Bausanierung, Abrissvorhaben usw zu tun haben, kann Ziff. 7.11 Deckungslücken aufreißen. In der Praxis sind die Möglichkeiten, Wiedereinschlüsse im Rahmen der BHV zu vereinbaren, begrenzt, zumindest werden idR nur niedrige Deckungssummen zur Verfügung gestellt.[115]

66

XI. Strahlenausschluss (Ziff. 7.12)

Der Ausschlusstatbestand Ziff. 7.12 ist – was die Formulierung anlangt – gegenüber § 7 I Nr. 7 AHB aF deutlich verbessert und inhaltlich auf energiereiche ionisierende Strahlen begrenzt. Die älteren AHB-Fassungen enthalten einen Ausschluss für Tätigkeiten mit Laser- und Maserstrahlen. Dieser Passus ist gestrichen. Beispielhaft werden für energiereiche ionisierende Strahlen als Klammerzusatz Strahlen von radioaktiven Stoffen und Röntgenstrahlen genannt. Das Strahlenrisiko kann in der Berufshaftpflichtversicherung für Ärzte und Zahnärzte sowie in der BHV eingeschlossen werden. Bei Anlagen oder Tätigkeiten, die dem AtG oder der StrahlenschutzVO unterliegen, besteht Deckungsvorsorgepflicht; hier erfolgt die Versicherung im Rahmen besonderer Verträge.

67

---

111 Zum Ersichtlichkeitserfordernis vgl Späte/Schimikowski/*Schimikowski*, ProdHM Rn 118.
112 Vgl BGH 27.10.1993 – IV ZR 243/92, r+s 1994, 2; Beckmann/Matusche-Beckmann/*Matusche-Beckmann*, § 27 Rn 17.
113 Zum Gebrauchsbegriff (in der PHV) BGH 13.12.2006 – IV ZR 120/05, r+s 2007, 102.
114 Vgl im Einzelnen GDV-Rundschreiben H 29/03 M (1306/2003) vom 24.7.2003.
115 Vgl auch *Schmalzl/Krause-Allenstein*, Berufshaftpflichtversicherung des Architekten und Bauunternehmers, Rn 235 f.

XII. Gentechnikausschluss (Ziff. 7.13)

68 Der in Ziff. 7.13 vorgesehene Ausschluss betrifft Ansprüche wegen Schäden, die auf gentechnische Arbeiten oder gentechnisch veränderte Organismen zurückzuführen sind. Von dem Ausschluss können die Landwirtschaft (Ausbringungsrisiko),[116] aber auch weite Bereiche der produzierenden Wirtschaft und auch des Einzelhandels betroffen sein. Die haftungsrechtliche Brisanz ist insb. bei der landwirtschaftlichen Nutzung der sog. **grünen Gentechnik** nicht zu unterschätzen.[117] Gentechnik ist ein *emerging risk* und schwer abschätzbar. Deshalb entschied sich die Versicherungswirtschaft für eine „Nullstellung".

69 Der Ausschlusstatbestand erfasst durch Gentechnik verursachte Personenschäden (zB mögliche Allergien, Resistenz gegenüber Antibiotika), Ertragsausfälle bei Anwendung der **grünen Gentechnik** in der Landwirtschaft sowie denkbare Schäden im Rahmen der sog. **roten Gentechnik (Arzneimittel)**. Die Nullstellung bezieht sowohl Forschung und Entwicklung mit gentechnisch veränderten Organismen ein wie auch den gesamten Bereich kommerzieller Nutzung der Gentechnik. Dies kommt in der Spezifizierung der Risiken in Ziff. 7.13 (1)–(3) zum Ausdruck. Der Umfang des Ausschlusses ist weit reichend.[118] Ein Überrumpelungseffekt iSd § 305 c Abs. 1 BGB ist indes nicht erkennbar.[119] Das Gebot enger Auslegung von Ausschlusstatbeständen zwingt dazu, nur spezifisch mit der Gentechnik verbundene Risiken als ausgeschlossen anzusehen.[120]

XIII. Abwasser, Grundstückssenkungen, Erdrutschungen, Überschwemmungen (Ziff. 7.14)

70 Die in **Ziff. 7.14** angeführten Tatbestände sind aus § 4 I Nr. 5 AHB aF „ausgegliedert". Anders als § 4 I Nr. 5 AHB aF enthält Ziff. 7.14 keinen Ausschluss für Allmählichkeitsschäden (vgl auch Rn 3), ebenso wenig für Schäden durch Schwamm, Rammarbeiten, Weidevieh und Wild. Der Ausschluss erstreckt sich ausschließlich auf Sachschäden. Nach hM sind auch aus Sachschäden resultierende Folgeschäden ausgeschlossen.[121]

71 **1. Abwasser. a) Begriff.** Zur Auslegung des Begriffs „**Abwasser**" in Ziff. 7.14 (1) kann auf die bisher ergangene Rspr zurückgegriffen werden. Danach muss es sich um Wasser handeln, das durch Beeinflussung in seiner Brauchbarkeit gemindert ist und daher aus dem versicherten Grundstück oder Betrieb abgeleitet wird.[122] Diese Begriffsbestimmung entspricht dem allgemeinen Sprachgebrauch und deshalb auch den Verständnismöglichkeiten des VN. Der Begriff ist – als Ausschlusstatbestand – eng auszulegen, so dass eine Anwendung auf Regenwasser,[123] Gülle, Chemikalien und Ähnliches nicht in Betracht kommt. Mischen sich allerdings zB Chemikalien mit Abwasser, greift der Ausschluss ein.[124] Nach hM greift der Ausschluss auch dann ein, wenn der Schaden selbst dann eingetreten wäre, falls es sich um gewöhnliches Wasser gehandelt hätte.[125] Ob das haltbar ist, erscheint fraglich. Das Postulat enger Auslegung von Ausschlusstatbeständen spricht eher dafür, nur spezifische

---

116 Zur Nachbarhaftung *Wagner*, VersR 2007, 1017.
117 Dazu *Dolde*, PHi 2005, 179 ff.
118 AGB-rechtliche Bedenken bei *Bechert*, VW 2006, 1175.
119 Bruck/Möller/*Koch*, Ziff. 7 AHB 2012 Rn 348.
120 Beckmann/Matusche-Beckmann/*Schneider*, § 24 Rn 86; Langheid/Wandt/*Büsken*, AllgHaftpflV Rn 231.
121 Späte/Schimikowski/*Harsdorf-Gebhardt*, Ziff. 7 AHB Rn 361 mwN.
122 BGH 13.12.1972 – IV ZR 154/71, VersR 1973, 170.
123 OLG Karlsruhe 30.12.1983 – 12 U 5/81, VersR 1985, 978.
124 OLG Frankfurt 5.11.1986 – 13 U 184/85, zfs 1987, 58.
125 Späte/Schimikowski/*Harsdorf-Gebhardt*, Ziff. 7 AHB Rn 383.

Abwasserrisiken (zB Krankheitskeime, Fäulnisstoffe, Verunreinigung durch Chemikalien usw) als ausgeschlossen zu betrachten.[126]

b) Begrenzung des Anwendungsbereichs. Der Abwasserausschluss gilt nach Ziff. 7.14 (1) nur noch für betriebliche Risiken. Für **häusliche Abwässer** findet er keine Anwendung, so dass – wenn die aktuellen AHB dem Vertrag zugrunde liegen – der in den BBR PHV übliche Einschluss des Abwasserrisikos entbehrlich ist. In der Betriebshaftpflichtversicherung ist idR ein Einschluss für Schäden durch Abwasser vorgesehen. Schäden durch Abwässer sind oft (auch) Schäden durch Umwelteinwirkungen, so dass für den betrieblichen Bereich eine Deckung im Rahmen der UHV (dort Deckungsbaustein 2.4) angezeigt ist.

Nicht erforderlich ist es, dass der VN **selbst veranlasst** hat, dass das Abwasser abgeleitet wird. Der Ausschluss greift auch dann ein, wenn ein Dritter die Ableitung veranlasst oder durchführt und der VN haftpflichtig gemacht wird (zB als Bauhandwerker wegen ungenügender Abdichtung).[127] In der BHV für Bauhandwerker ist es üblich, dass der Ausschluss komplett abbedungen wird. Ist dies nicht erfolgt, liegt die Annahme eines Beratungsfehlers und damit einer Schadensersatzpflicht nach §§ 6 Abs. 5, 63 VVG nahe.

2. Grundstückssenkungen, Erdrutschungen. Ziff. 7.14 (2) nimmt Ansprüche wegen Sachschäden aufgrund von Grundstückssenkungen und Erdrutschungen von der Deckung aus. Nach OLG Koblenz erfasst der Ausschluss auch Rettungskosten zur Abwendung von (Schäden durch) Erdrutschungen.[128] Es ist vertretbar anzunehmen, dass der VN bei verständiger Würdigung dem Ausschlusstatbestand entnehmen kann, dass, wenn Ansprüche wegen Sachschäden nicht gedeckt sind, auch Kosten, die zur Schadenbegrenzung aufgewendet werden, nicht erstattet werden.

Eine **Erdrutschung** liegt vor, wenn das Erdreich nicht in sich zusammensinkt, sondern ein Teil der Erdoberfläche sich aus seinem natürlichen Zusammenhang mit seiner Umgebung löst und in Bewegung übergeht.[129] Eine **Grundstückssenkung** ist demgegenüber gegeben, wenn das Volumen von Bodenschichten sich verringert, wenn Erdreich eines Grundstücks Festigkeit und Tragfähigkeit verliert und deshalb zusammensinkt.[130]

Der Ausschluss Ziff. 7.14 (2) kann auch in der PHV Anwendung finden. In der **Bauherren-Haftpflichtversicherung** sind Ansprüche wegen Schäden durch Grundstückssenkungen und Erdrutschungen regelmäßig eingeschlossen. In der BHV – etwa für Bauunternehmen – können Einschlüsse vereinbart werden.

Zu beachten ist, dass trotz eines in der BHV erfolgten Einschlusses von Schäden durch Erdrutschungen (im Rahmen von Tiefbauarbeiten) kein Versicherungsschutz besteht, wenn es sich um Schäden handelt, die eine Haftpflicht wegen Bergschäden nach § 114 BBergG auslösen, da solche **Bergbauschäden** idR ausgeschlossen blei-

---

126 Dies wird nicht für Ziff. 7.14, wohl aber etwa für Ziff. 7.15 in der Lit. gefordert, vgl Prölss/Martin/*Lücke*, Ziff. 7 AHB Rn 141; Beckmann/Matusche-Beckmann/*Schneider*, § 24 Rn 93.
127 BGH 26.3.2014 – IV ZR 422/12, r+s 2014, 228.
128 OLG Koblenz 1.6.2001 – 10 U 1393/99, r+s 2001, 453. Das OLG führt (weiter) aus: „Veranlasst ein Regulierungsbeauftragter des VR trotz des Ausschlusses solche Kosten, liegt darin keine Deckungszusage, aber eine dem VR zuzurechnende (Neben-)Pflichtverletzung (früher: pVV). Schadensersatz kann der VN aber nur dann verlangen, wenn die Rettungskosten nicht zur Schadenbegrenzung erforderlich waren."
129 So OLG Koblenz 2.1.2004 – 10 W 587/03, r+s 2004, 191; OLG Köln 24.6.2008 – 9 U 112/07, r+s 2009, 149, 152; Späte/Schimikowski/*Harsdorf-Gebhardt*, Ziff. 7 AHB Rn 396 mwN.
130 OLG Düsseldorf 12.7.1966 – 4 U 168/65, VersR 1968, 161; Bruck/Möller/*Koch*, Ziff. 7 AHB 2012 Rn 371.

ben.[131] Betroffen sind Unternehmen, die zB Ton- oder Kiesabbau betreiben oder Bohrungen für Geothermienutzung ausführen.

77 **3. Überschwemmungen.** Nach **Ziff. 7.14 (3)** sind Ansprüche wegen Sachschäden durch **Überschwemmungen** stehender oder fließender Gewässer ausgeschlossen. Die Regelung ist – eng – dahin auszulegen, dass Wasser über die Ufer eines Gewässerbettes getreten sein muss. Sie ist nicht anzuwenden, wenn etwa Wasser aus geborstenen Rohrleitungen austritt oder Regenwasser sich in einer Unterführung sammelt.[132] **Stehende oder fließende Gewässer** sind nach allgemeinem Sprachgebrauch Seen und Flüsse, das Meer, Kanäle, Stauseen, Bäche, größere Teiche, Wassergräben. Auch Klärteiche und gar eine Badeanstalt als Gewässer anzusehen,[133] verbietet sich angesichts des Grundsatzes enger Auslegung von Ausschlusstatbeständen. Nach allgemeinem Sprachverständnis ist lediglich oberirdisches Wasser in „Gewässern" gesammelt; Grundwasserverschiebungen unterfallen demnach dem Ausschlusstatbestand nicht.[134] Überschwemmungsschäden bergen ein erhebliches Gefährdungspotenzial; in den üblichen Bedingungen zur Betriebs- und Umwelthaftpflichtversicherung sind keine Einschlüsse vorgesehen; individuelle Regelungen sind – abhängig von der Risikobeurteilung – möglich.

XIV. IT-Ausschluss (Ziff. 7.15)

78 **1. Umfang des Ausschlusstatbestands.** Obgleich der Wortlaut der Ziff. 7.15 dies nicht hergibt, wird oft von der „**Internetklausel**" und von einer „**Nullstellung des Internetrisikos**" in den AHB gesprochen.[135] Das ist nicht zutreffend: Vielmehr werden Ansprüche wegen Schäden durch Austausch, Übermittlung und Bereitstellung elektronischer Daten ausgeschlossen. Damit umfasst der Ausschluss Beeinträchtigungen der Integrität und Verfügbarkeit von Daten im Rahmen jeglichen Datenaustauschs, gleichgültig, ob dies per E-Mail, mit Datenträger oder über Internet geschieht. Im Ergebnis werden alle **IT-Risiken** von der Deckung ausgenommen. Nach dem insoweit klaren Wortlaut ist nicht nur elektronischer Datenaustausch ausgeschlossen, sondern auch die Übermittlung auf andere Art, etwa auf einer CD oder einem USB-Stick.[136] Der Ausschluss ist weit reichend. Es sind nicht nur Ansprüche wegen Schäden an Daten, sondern auch sich daraus ergebende Personen-, Sach- und Vermögensschäden erfasst. In den BBR PHV ist es üblich, einen teilweisen Wiedereinschluss des IT-Risikos zu gewähren. Für berufliche und gewerbliche Risiken wird eine Sonderdeckung für Nutzer der Internettechnologie angeboten.[137]

79 **2. Ausschlusstatbestände. a) Ansprüche wegen Schäden durch Löschung, Unbrauchbarmachung oder Veränderung von Daten, Ziff. 7.15 (1).** Die Begriffe sind § 303a StGB entnommen. Ob es sich damit um feststehende Rechtsbegriffe handelt, kann offen bleiben, weil die im Strafrecht übliche Auslegung der Termini dem entspricht, was der durchschnittliche VN darunter verstehen würde:

- Unter **Löschen** von Daten wird verstanden, dass eine Speicherung unwiederbringlich unkenntlich gemacht bzw aufgehoben wird.

- Als **Unterdrücken** von Daten bezeichnet man das – dauerhafte oder zeitweilige – Entziehen von Daten ohne deren physische Beeinträchtigung.

---

131 OLG Köln 24.6.2008 – 9 U 112/07, r+s 2009, 149, 150.
132 Vgl Prölss/Martin/*Lücke*, Ziff. 7 AHB Rn 125 mwN.
133 Dafür *Vogel/Stockmeier*, Umwelthaftpflichtversicherung, 2. Aufl. 2009, 2 C Rn 178.
134 Ebenso Beckmann/Matusche-Beckmann/*Schneider*, § 24 Rn 92.
135 Vgl etwa *Schmalzl/Krause-Allenstein*, Berufshaftpflichtversicherung des Architekten und Bauunternehmers, Rn 252.
136 *Stockmeier*, Die Haftpflichtversicherung des Internet-Nutzers, 2005, S. 23.
137 GDV-Rundschreiben 1007/2004 (H 26/04). Vgl *Meinecke*, Die Betriebshaftpflichtversicherung von Dienstleistungsunternehmen im Internet, 2004.

- **Unbrauchbarmachen** ist gegeben, wenn Daten nicht mehr bestimmungsgemäß verwendet werden können.
- **Verändern** von Daten liegt vor, wenn diese inhaltlich umgestaltet werden.[138]

Der Ausschluss erfasst alle Ansprüche wegen Datenschäden, unabhängig davon, ob sie als Sach- oder (echte) Vermögensschäden zu bewerten sind. Gleichgültig ist auch, auf welche Weise – etwa durch Viren oder Würmer – die Daten gelöscht, unbrauchbar gemacht oder verändert worden sind. 80

b) Ansprüche wegen Schäden durch Nichterfassen oder fehlerhaftes Speichern von Daten, Ziff. 7.15 (2). Der Regelung unterfällt zB folgender Sachverhalt: Eine per E-Mail erfolgte Gebrauchsanweisung wird fehlerhaft gespeichert und es kommt deshalb zu einer Fehlbedienung und dadurch zu Schäden an einer Anlage.[139] Beruht die fehlerhafte Speicherung auf einem IT-spezifischen Risiko, greift der Ausschluss ein. Für die Annahme, der elektronische Datenaustausch müsse adäquat kausal für den eingetretenen Schaden sein,[140] besteht kein Anlass. Nach dem eindeutigen Wortlaut erstreckt sich der Ausschlusstatbestand auch auf Austausch, Übermittlung und Bereitstellung elektronischer Daten auf andere Weise. 81

c) Ansprüche wegen Schäden durch Störung des Zugangs zum elektronischen Datenaustausch, Ziff. 7.15 (3). Der Ausschlusstatbestand betrifft gegen den VN gerichtete Ansprüche wegen nicht verfügbarer Daten. Die Nichtverfügbarkeit muss darauf beruhen, dass der geschädigte Dritte auf den elektronischen Datenaustausch nicht zugreifen kann. Nach dem Willen der Bedingungsverfasser sollen damit nur solche Schäden ausgeschlossen werden, die Internet-typisch sind; Störungen des bestimmungsgemäßen Gebrauchs (Störung des Internetzugangs) etwa durch gelieferte Hardware sollen nicht darunter fallen.[141] Der Wille der Bedingungsverfasser ist für die Auslegung ohne Belang, auch wenn dies dem VN günstig ist.[142] Aus dem Wortlaut geht nicht ohne weiteres hervor, dass (nur) Internet-typische Risiken ausgeschlossen sein sollen. Vielmehr kann der VN erkennen, dass es um IT-typische Risiken geht.[143] Ist die Störung indes durch Hardware verursacht, beruhen etwaige Schäden nicht auf dem Austausch, der Übermittlung oder Bereitstellung elektronischer Daten.[144] Gegenstand des Ausschlusses ist die Störung des Zugangs zum Datenaustausch. Beruht dies darauf, dass Daten gelöscht, unterdrückt, unbrauchbar gemacht oder verändert wurden, greift bereits Ziff. 7.15 (1) ein. Ziff. 7.15 (3) betrifft also v.a. Zugangsstörungen, die nicht auf einer Datenveränderung beruhen. 82

d) Ansprüche wegen Schäden aus der Übermittlung vertraulicher Daten oder Informationen, Ziff. 7.15 (4). Hier geht es um das (versehentliche) Bereitstellen vertraulicher Daten/Informationen. **Beispiel:** Der an einem Ausschreibungsverfahren beteiligte Bieter erfährt über E-Mail versehentlich von dem Angebot eines anderen Bieters und erhält, da er sein Angebot daran ausrichtet, den Zuschlag. Etwaige Ansprüche des nicht berücksichtigten Bieters sind ausgeschlossen.[145] Auch dieser Ausschluss kann weit reichende Folgen haben. Dass nur **technisch bedingte** Schä- 83

---

138 Zum Ganzen *Koch*, r+s 2005, 181, 182 f mwN.
139 *Stockmeier*, Die Haftpflichtversicherung des Internet-Nutzers, 2005, S. 27; *Koch*, r+s 2005, 181, 183.
140 So *Stockmeier*, Die Haftpflichtversicherung des Internet-Nutzers, 2005, S. 27.
141 Rundschreiben GDV H 26/04 M vom 17.6.2004, Anlage 2 S. 2; vgl auch *Schmalzl/Krause-Allenstein*, Berufshaftpflichtversicherung des Architekten und Bauunternehmers, Rn 255.
142 BGH 17.5.2000 – IV ZR 113/99, VersR 2000, 1090 m. Anm. *Lorenz*.
143 Ebenso Prölss/Martin/*Lücke*, Ziff. 7.15 AHB Rn 141.
144 *Stockmeier*, Die Haftpflichtversicherung des Internet-Nutzers, 2005, S. 30.
145 *Schmalzl/Krause-Allenstein*, Berufshaftpflichtversicherung des Architekten und Bauunternehmers, Rn 256.

den ausgenommen sein sollen – so wohl der Wille der Bedingungsverfasser[146] –, ist dem Wortlaut nicht zu entnehmen. Datenübermittlung durch Angriffe von außen (Hackerangriffe, „Phishing") erfüllen den Ausschlusstatbestand nicht.[147]

XV. Persönlichkeits- und Namensrechtsverletzungen (Ziff. 7.16)

84 Nach Ziff. 7.16 sind Haftpflichtansprüche wegen Schäden durch Persönlichkeits- und Namensrechtsverletzungen vom Versicherungsschutz nicht umfasst. Bei diesen Schäden dürfte es sich idR um reine Vermögensschäden handeln, die nach Ziff. 1.1 ohnehin nicht versichert sind. Das ist aber in Deutschland nicht ganz unumstritten,[148] und in anderen Rechtsordnungen – etwa in UK – gelten Verletzungen des Persönlichkeitsrechts als gedeckte „*personal injury*". Die deutschen VR sehen hier ein herausgehobenes Risiko, das einer gesonderten Deckung bedarf. Die Nullstellung dieses Haftungsrisikos in den AHB zwingt insb. Medienunternehmen dazu, Spezialpolicen abzuschließen oder explizite Einschlüsse zu vereinbaren. Im Rahmen der PHV sind solche Deckungserweiterungen nicht üblich. Das kann für den privaten VN zu Deckungslücken führen: Bezichtigt etwa der VN den Lehrer seines Kindes, Angehöriger einer bestimmten religiösen Sekte zu sein und die Kinder in diesem Sinne zu beeinflussen, so besteht kein Versicherungsschutz aus der PHV, wenn nun Schadensersatzansprüche erhoben werden, nachdem der Lehrer vom Dienst suspendiert wurde, der vom VN erhobene Verdacht sich aber nicht bewahrheitete. – Ziff. 7.16 hat enge Berührung mit dem nachfolgenden Ausschluss Ziff. 7.17, teils liegen Überschneidungen vor.

XVI. Diskriminierung (Ziff. 7.17)

85 Haftpflichtansprüche wegen **Anfeindung, Schikane, Belästigung, Ungleichbehandlung oder sonstiger Diskriminierung** schließt Ziff. 7.17 vom Versicherungsschutz aus. Der Anwendungsbereich der Regelung überlappt sich teils mit dem der Ziff. 7.16. Insbesondere verletzen Benachteiligungen, die unter das AGG fallen, gleichzeitig auch das Persönlichkeitsrecht.[149] Verursacht eine Diskriminierung Personenschäden (zB in Form einer psychischen Erkrankung) und wird der VN deswegen in Anspruch genommen, greift der Ausschluss Ziff. 7.17 ein.[150]

86 Die Diskriminierungsklausel ist nicht auf die Arbeitswelt beschränkt, sie hat aber in erster Linie für gewerbliche und berufliche Haftpflichtversicherungsverträge Bedeutung. Im Vordergrund steht die mögliche Inanspruchnahme des VN als Arbeitgeber. Nach ihrem Wortlaut greift der Ausschlusstatbestand aber auch dann ein, wenn etwa der VN oder seine Mitarbeiter einzelne Arbeitnehmer eines anderen Unternehmens durch Schikane oder Anfeindung so attackieren, dass sie psychisch erkranken und wegen des Arbeitsausfalls Schadensersatzansprüche gestellt werden.[151] Die VR bieten gegen Antidiskriminierungsrisiken im Rahmen von Sonderprodukten Deckungsschutz. Das gilt für Benachteiligungen in Beschäftigungsver-

---

146 Vgl die Erläuterungen des GDV zu den Zusatzbedingungen zur Betriebshaftpflichtversicherung für die Nutzer der Internet-Technologie, S. 2 – Anlage 2 zum RS 1007/2004 (H 26/04 M).
147 Späte/Schimikowski/*Harsdorf-Gebhardt*, Ziff. 7 AHB Rn 432.
148 Für die Annahme eines gedeckten Personenschadens Bruck/Möller/*Johannsen*, VVG, 4. Bd., 8. Aufl. 1970, § 1 AHB Anm. G 71; anders die heute hM, vgl Langheid/Wandt/ *Büsken*, AllgHaftpflV Rn 242; Beckmann/Matusche-Beckmann/*Schneider*, § 24 Rn 94.
149 Vgl *Koch*, VersR 2007, 288, 295.
150 Prölss/Martin/*Lücke*, Ziff. 7 AHB Rn 147.
151 Vgl das Beispiel bei *Schmalzl/Krause-Allenstein*, Berufshaftpflichtversicherung des Architekten und Bauunternehmers, Rn 260.

hältnissen, dagegen ist für Benachteiligungen im allgemeinen Zivilrechtsverkehr am Markt kaum Versicherungsschutz zu erhalten.[152]

XVII. Übertragung von Krankheiten (Ziff. 7.18)

Nach S. 1 sind Ansprüche wegen **Personenschäden aus der Übertragung einer Krankheit des VN** ausgeschlossen. Diese Bestimmung hat eine besondere Bedeutung für den Fall einer Übertragung des HIV-Virus. Hier genügt es für die Bejahung der objektiven Seite des Ausschlusstatbestands, wenn der VN eine andere Person mit dem die Immunschwäche AIDS auslösenden Virus infiziert, selbst wenn die Krankheit als solche noch nicht ausgebrochen ist, weil bereits dem Umstand, dass der Dritte (nunmehr) Träger des Virus ist, Krankheitswert zukommt.[153] 87

Ansprüche wegen **Sachschäden durch Krankheit von Tieren** schließt S. 2 von der Deckung aus. In Zeiten von Tierseuchen besitzt der Ausschluss für Tierzüchter und -händler Bedeutung. Der Ausschluss ist unanwendbar, wenn eine Krankheit von einem Tier auf einen Menschen übertragen wird. Es sind ausschließlich Sachschäden umfasst. Dieser kann darin bestehen, dass ein Tier des VN Tiere eines anderen mit einer Krankheit infiziert. Es kommt aber auch in Betracht, dass ein Tier des VN krankheitsbedingt (andere) Sachen beschädigt oder zerstört. 88

Der Ausschluss greift nach S. 3 nicht, wenn der VN weder grob fahrlässig noch vorsätzlich gehandelt hat. Die Beweislast ist insoweit dem VN zugewiesen. Das ist AGB-rechtlich unbedenklich: Die Sätze 1 und 2 formulieren objektive Risikoausschlüsse, Satz 3 bringt in einer Art Öffnungsklausel einen Wiedereinschluss, für dessen Voraussetzungen der VN beweispflichtig ist.[154] 89

Beginn des Versicherungsschutzes/Beitragszahlung

8 Beginn des Versicherungsschutzes

Der Versicherungsschutz beginnt zu dem im Versicherungsschein angegebenen Zeitpunkt, wenn der Versicherungsnehmer den ersten oder einmaligen Beitrag rechtzeitig im Sinne von Ziff. 9.1 zahlt. Der in Rechnung gestellte Beitrag enthält die Versicherungsteuer, die der Versicherungsnehmer in der jeweils vom Gesetz bestimmten Höhe zu entrichten hat.

Alternative für die echte unterjährige Beitragszahlung:
8 Beginn des Versicherungsschutzes, Beitrag und Versicherungsteuer

8.1 Der Versicherungsschutz beginnt zu dem im Versicherungsschein angegebenen Zeitpunkt, wenn der Versicherungsnehmer den ersten oder einmaligen Beitrag rechtzeitig im Sinne von Ziff. 9.1 zahlt.

---

152 Im Einzelnen dazu *Koch*, VersR 2007, 288, 296 ff.
153 So auch Späte/Schimikowski/*Harsdorf-Gebhardt*, Ziff. 7 AHB Rn 431; aA Bruck/Möller/*Koch*, Ziff. 7 AHB 2012 Rn 434. Vgl auch Prölss/Martin/*Lücke*, Ziff. 7 AHB Rn 152 mit dem Hinweis, es habe sich insoweit noch kein allgemeiner Sprachgebrauch gebildet.
154 Anders *Johannsen*, r+s 2000, 133, 136; Prölss/Martin/*Voit*/*Knappmann*, 27. Aufl. 2004, § 4 AHB Rn 97. Im Ergebnis wie hier OLG Oldenburg 8.3.2000 – 2 U 2/00, VersR 2001, 91; Prölss/Martin/*Lücke*, Ziff. 7 AHB Rn 155.

8.2 Die Beiträge können je nach Vereinbarung in einem einzigen Betrag (Einmalbeitrag), durch Monats-, Vierteljahres-, Halbjahres- oder Jahresbeiträge (laufende Beiträge) entrichtet werden. Die Versicherungsperiode umfasst bei unterjähriger Beitragszahlung entsprechend der Zahlungsweise einen Monat, ein Vierteljahr bzw. ein halbes Jahr.

8.3 Der in Rechnung gestellte Beitrag enthält die Versicherungsteuer, die der Versicherungsnehmer in der jeweils vom Gesetz bestimmten Höhe zu entrichten hat.

1 Die Bedingungen enthalten eine sog. **erweiterte Einlösungsklausel**. Danach beginnt der materielle Versicherungsschutz zu dem im Versicherungsschein angegebenen Zeitpunkt, wenn die erste oder einmalige Prämie rechtzeitig gezahlt wird, **Ziff. 8 S. 1**. Zur Rechtzeitigkeit der Prämienzahlung s. § 33 VVG Rn 10. Nach hM kommt es auf die Leistungshandlung und nicht auf die Bewirkung der Prämienzahlung an.[1] Der im Versicherungsschein (oder etwa in einem Nachtrag, einem Verlängerungsschein o.Ä.)[2] angegebene Zeitpunkt beschreibt den technischen und den materiellen Versicherungsbeginn. Die erweiterte Einlösungsklausel kann – bei rechtzeitiger Zahlung – auch zu einer **Rückwärtsversicherung** iSd § 2 VVG führen. Für die Rechtzeitigkeit der Zahlung ist der VN beweispflichtig. **Ziff. 8 S. 2** stellt klar, dass die **Versicherungsteuer** vom VN geschuldet ist.

2 Der materielle Versicherungsschutz kann auch auf Basis einer **vorläufigen Deckung** bestehen. Für den Beginn des Versicherungsschutzes kann hier von der Zahlung einer Prämie abhängig gemacht werden. Allerdings muss der VN darauf besonders hingewiesen werden (§ 51 Abs. 1 VVG). In der Regel hängt der Versicherungsschutz aus der vorläufigen Deckung nicht davon ab, ob eine Prämiezahlung erfolgt ist (s. § 51 VVG Rn 1 f).

3 Seit 2010 enthält Ziff. 8 eine alternative Bestimmung für die echte unterjährige Beitragszahlung.

9 Zahlung und Folgen verspäteter Zahlung/erster oder einmaliger Beitrag

9.1 Der erste oder einmalige Beitrag wird unverzüglich nach Ablauf von zwei Wochen nach Zugang des Versicherungsscheins fällig.

Ist die Zahlung des Jahresbeitrags in Raten vereinbart, gilt als erster Beitrag nur die erste Rate des ersten Jahresbeitrags.

Alternative für die echte unterjährige Beitragszahlung:

9.1 Der erste oder einmalige Beitrag wird unverzüglich nach Ablauf von zwei Wochen nach Zugang des Versicherungsscheins fällig.

9.2 Zahlt der Versicherungsnehmer den ersten oder einmaligen Beitrag nicht rechtzeitig, sondern zu einem späteren Zeitpunkt, beginnt der Versicherungsschutz erst ab diesem Zeitpunkt. Das gilt nicht, wenn der Versicherungsnehmer nachweist, dass er die Nichtzahlung nicht zu vertreten hat. Für Versicherungsfälle, die bis zur Zahlung des Beitrags eintreten, ist der Versicherer nur dann nicht zur Leistung verpflichtet, wenn er den Versi-

---

[1] AA – mit Verweis auf die EU-Zahlungsverzugsrichtlinie – Späte/Schimikowski/*Harsdorf-Gebhardt*, Ziff. 8 AHB Rn 9 mwN.
[2] Dazu *Littbarski*, AHB, § 3 Rn 10.

cherungsnehmer durch gesonderte Mitteilung in Textform oder durch einen auffälligen Hinweis im Versicherungsschein auf diese Rechtsfolge der Nichtzahlung des Beitrags aufmerksam gemacht hat.

9.3 Zahlt der Versicherungsnehmer den ersten oder einmaligen Beitrag nicht rechtzeitig, kann der Versicherer vom Vertrag zurücktreten, solange der Beitrag nicht gezahlt ist. Der Versicherer kann nicht zurücktreten, wenn der Versicherungsnehmer nachweist, dass er die Nichtzahlung nicht zu vertreten hat.

Die hier getroffenen Bestimmungen entsprechen den Regelungen im VVG, so dass auf die Kommentierung der §§ 33 ff VVG verwiesen werden kann. 1

10 Zahlung und Folgen verspäteter Zahlung/Folgebeitrag

10.1 Die Folgebeiträge sind, soweit nicht etwas anderes bestimmt ist, am Monatsersten des vereinbarten Beitragszeitraums fällig.

Die Zahlung gilt als rechtzeitig, wenn sie zu dem im Versicherungsschein oder in der Beitragsrechnung angegebenen Zeitpunkt erfolgt.

10.2 Wird ein Folgebeitrag nicht rechtzeitig gezahlt, gerät der Versicherungsnehmer ohne Mahnung in Verzug, es sei denn, dass er die verspätete Zahlung nicht zu vertreten hat.

Der Versicherer ist berechtigt, Ersatz des ihm durch den Verzug entstandenen Schadens zu verlangen.

Wird ein Folgebeitrag nicht rechtzeitig gezahlt, kann der Versicherer dem Versicherungsnehmer auf dessen Kosten in Textform eine Zahlungsfrist bestimmen, die mindestens zwei Wochen betragen muss. Die Bestimmung ist nur wirksam, wenn sie die rückständigen Beträge des Beitrags, Zinsen und Kosten im Einzelnen beziffert und die Rechtsfolgen angibt, die nach den Ziff. 10.3 und 10.4 mit dem Fristablauf verbunden sind.

10.3 Ist der Versicherungsnehmer nach Ablauf dieser Zahlungsfrist noch mit der Zahlung in Verzug, besteht ab diesem Zeitpunkt bis zur Zahlung kein Versicherungsschutz, wenn er mit der Zahlungsaufforderung nach Ziff. 10.2 Abs. 3 darauf hingewiesen wurde.

10.4 Ist der Versicherungsnehmer nach Ablauf dieser Zahlungsfrist noch mit der Zahlung in Verzug, kann der Versicherer den Vertrag ohne Einhaltung einer Frist kündigen, wenn er den Versicherungsnehmer mit der Zahlungsaufforderung nach Ziff. 10.2 Abs. 3 darauf hingewiesen hat.

Hat der Versicherer gekündigt, und zahlt der Versicherungsnehmer danach innerhalb eines Monats den angemahnten Betrag, besteht der Vertrag fort. Für Versicherungsfälle, die zwischen dem Zugang der Kündigung und der Zahlung eingetreten sind, besteht jedoch kein Versicherungsschutz. Die Leistungsfreiheit des Versicherers nach Ziff. 10.3 bleibt unberührt.

Ziff. 10.1 regelt die Fälligkeit der Folgeprämie. Ziff. 10.2 S. 1 ist nach § 286 Abs. 2 Nr. 1 BGB statthaft. Ziff. 10.2 S. 2, Ziff. 10.3 und Ziff. 10.4 entsprechen den in § 38 VVG getroffenen Bestimmungen. 1

11 Rechtzeitigkeit der Zahlung bei SEPA-Lastschriftmandat

Ist die Einziehung des Beitrags von einem Konto vereinbart, gilt die Zahlung als rechtzeitig, wenn der Beitrag zum Fälligkeitstag eingezogen werden kann und der Versicherungsnehmer einer berechtigten Einziehung nicht widerspricht.

Konnte der fällige Beitrag ohne Verschulden des Versicherungsnehmers vom Versicherer nicht eingezogen werden, ist die Zahlung auch dann noch rechtzeitig, wenn sie unverzüglich nach einer in Textform abgegebenen Zahlungsaufforderung des Versicherers erfolgt.

Kann der fällige Beitrag nicht eingezogen werden, weil der Versicherungsnehmer das SEPA-Lastschriftmandat widerrufen hat, oder hat der Versicherungsnehmer aus anderen Gründen zu vertreten, dass der Beitrag nicht eingezogen werden kann, ist der Versicherer berechtigt, künftig Zahlung außerhalb des Lastschriftverfahrens zu verlangen. Der Versicherungsnehmer ist zur Übermittlung des Beitrags erst verpflichtet, wenn er vom Versicherer hierzu in Textform aufgefordert worden ist.

1 Die Regelung fingiert zunächst die Rechtzeitigkeit der Zahlung, wenn Lastschriftverfahren vereinbart ist, die Prämie zum Fälligkeitstag eingezogen werden kann und der VN der Einziehung nicht widerspricht, **Ziff. 11 Abs. 1**.[1] Das entspricht allgemeinen Grundsätzen: Ist Lastschriftverfahren vereinbart, wandelt sich die Prämienzahlung von einer Schick- in eine Holschuld. Der VN leistet das seinerseits Erforderliche, wenn er das Konto zum Fälligkeitszeitpunkt gedeckt hält.[2]

2 Konnte die Prämie ohne Verschulden des VN nicht eingezogen werden, bestimmt **Ziff. 11 Abs. 2**, dass der VR den VN in Textform zur Zahlung auffordert; der VN hat dann unverzüglich zu zahlen, um das Rechtzeitigkeitserfordernis zu erfüllen. Der unbestimmte Begriff „unverzüglich" bereitet (auch hier) Schwierigkeiten. Die Länge der Frist ist bekanntlich vom Einzelfall abhängig.[3] Zu § 33 VVG lässt sich die Auffassung vertreten, dass „unverzüglich" einen Zeitraum von drei Tagen beschreibt, weil der VN durch Zugang der Police und der Prämienrechnung zwei Wochen zuvor zur Zahlung aufgefordert wurde (vgl § 33 VVG Rn 7).[4] Bei der in Ziff. 11 Abs. 2 geregelten Konstellation gibt es keine „Vorwarnzeit" für den VN. Er erfährt idR erst durch die Aufforderung des VR, dass – aus vom VN nicht zu vertretenden Gründen – die Abbuchung nicht erfolgen konnte. Das muss er zunächst einmal zur Kenntnis nehmen und ggf durch Nachfrage klären dürfen. Daher erscheint ein Zeitraum von maximal 14 Tagen angemessen, um die Zahlung noch als rechtzeitig ansehen zu können.

3 **Ziff. 11 Abs. 3** gibt dem VR das Recht, das Lastschriftverfahren zu beenden, wenn die Einziehung aufgrund eines Verhaltens des VN gescheitert ist. Die aktuellen AHB enthalten nicht (mehr) die in § 3 II Nr. 4 Abs. 3 AHB aF vorgesehene Regelung, dass erst bei „wiederholtem" Scheitern der Einziehung vom VR Zahlung außerhalb des Lastschriftverfahrens verlangt werden kann. Das erscheint nicht unangemessen: Das Lastschriftverfahren beschert v.a. dem VN erhebliche Vorteile; setzt er Ursachen für Störungen im Verfahrensablauf, hat er mit Konsequenzen zu rechnen.

---

1 Die von *Littbarski*, AHB, § 3 Rn 59 angesprochenen sprachlichen Ungenauigkeiten sind in der Neufassung der AHB nicht beseitigt worden. Allerdings dürfte der VN bei Lektüre des Textes an das übliche Lastschriftverfahren denken, so dass Bedenken gegen die Regelung nicht angezeigt erscheinen.
2 Vgl OLG Köln 9.5.2000 – 9 U 127/99, NVersZ 2001, 12.
3 Jauernig/*Jauernig*, BGB, § 121 Rn 3.
4 Vgl auch Prölss/Martin/*Knappmann*, § 33 Rn 6 mwN.

12 Teilzahlung und Folgen bei verspäteter Zahlung

Ist die Zahlung des Jahresbeitrags in Raten vereinbart, sind die noch ausstehenden Raten sofort fällig, wenn der Versicherungsnehmer mit der Zahlung einer Rate im Verzug ist.

Ferner kann der Versicherer für die Zukunft jährliche Beitragszahlung verlangen.

Alternative für die echte unterjährige Beitragszahlung:
12 Teilzahlung und Folgen bei verspäteter Zahlung
Gestrichen

Die in S. 1 getroffene Bestimmung entspricht dem, was in AVB der Sachversicherung bereits seit Jahren üblich ist (vgl § 8 Nr. 2 S. 2 AFB 87, § 7 Nr. 2 S. 2 AERB 81, § 8 Nr. 2 S. 2 AERB 87). Diese sog. **Verfallsklausel** führt dazu, dass bei Verzug mit einer Rate die noch zu zahlenden Raten der Jahresprämie sofort fällig werden. 1

Die Regelung in S. 2 räumt dem VR die Möglichkeit ein, die Ratenzahlungsabrede zu beenden, wenn der VN mit der Ratenzahlung in Verzug gerät, und für die Zukunft jährliche Zahlung der Prämie zu verlangen. Die Verzugsvoraussetzungen hat der VR im Streitfall darzulegen und zu beweisen. Die Regelung ist rigoros und kann für den VN zu einer erheblichen Verschärfung seiner Zahlungsverpflichtung führen. Da hiermit eine Gefährdung des Versicherungsschutzes einhergeht, erscheint es angesichts der gesetzlichen Leitentscheidung in §§ 37, 38 VVG gerechtfertigt, eine Belehrung zu fordern.[1] 2

13 Beitragsregulierung

13.1 Der Versicherungsnehmer hat nach Aufforderung mitzuteilen, ob und welche Änderungen des versicherten Risikos gegenüber den früheren Angaben eingetreten sind. Diese Aufforderung kann auch durch einen Hinweis auf der Beitragsrechnung erfolgen. Die Angaben sind innerhalb eines Monats nach Zugang der Aufforderung zu machen und auf Wunsch des Versicherers nachzuweisen. Bei unrichtigen Angaben zum Nachteil des Versicherers kann dieser vom Versicherungsnehmer eine Vertragsstrafe in dreifacher Höhe des festgestellten Beitragsunterschiedes verlangen. Dies gilt nicht, wenn der Versicherungsnehmer beweist, dass ihn an der Unrichtigkeit der Angaben kein Verschulden trifft.

13.2 Aufgrund der Änderungsmitteilung des Versicherungsnehmers oder sonstiger Feststellungen wird der Beitrag ab dem Zeitpunkt der Veränderung berichtigt (Beitragsregulierung), beim Wegfall versicherter Risiken jedoch erst ab dem Zeitpunkt des Eingangs der Mitteilung beim Versicherer. Der vertraglich vereinbarte Mindestbeitrag darf dadurch nicht unterschritten werden. Alle entsprechend Ziff. 15.1 nach dem Versicherungsabschluss eingetretenen Erhöhungen und Ermäßigungen des Mindestbeitrags werden berücksichtigt.

13.3 Unterlässt der Versicherungsnehmer die rechtzeitige Mitteilung, kann der Versicherer für den Zeitraum, für den die Angaben zu machen waren, eine Nachzahlung in Höhe des für diesen Zeitraum bereits in Rechnung gestellten Beitrages verlangen. Werden die Angaben nachträglich gemacht,

---

1 So Prölss/Martin/*Lücke*, Ziff. 12 AHB Rn 2.

findet eine Beitragsregulierung statt. Ein vom Versicherungsnehmer zuviel gezahlter Beitrag wird nur zurückerstattet, wenn die Angaben innerhalb von zwei Monaten nach Zugang der Mitteilung des erhöhten Beitrages erfolgten.

13.4 Die vorstehenden Bestimmungen finden auch Anwendung auf Versicherungen mit Beitragsvorauszahlung für mehrere Jahre.

1 Nach **Ziff. 13.1** hat der VN Veränderungen der versicherten Gefahr (vgl Ziff. 3.2) dem VR anzuzeigen. Die Frist von einem Monat beginnt zu laufen, sobald dem VN die entsprechende Aufforderung des VR zugegangen ist. Unrichtige Angaben führen nicht zur Leistungsfreiheit des VR, sondern berechtigen diesen nur, eine **Vertragsstrafe** in Höhe des dreifachen Prämienunterschieds zu verlangen, **Ziff. 13.1 S. 4**. Das gilt nicht, wenn die Anzeige auf Seiten des VN ohne Verschulden unterblieben ist; mangelndes Verschulden hat der VN zu beweisen (**Ziff. 13.1 S. 5**). Die Regelung stellt eine dem VN günstige Abweichung von den §§ 23 ff VVG dar und ist rechtlich nicht zu beanstanden.[1] Die Höhe der Vertragsstrafe – Beitragsunterschied in dreifacher Höhe – dürfte noch angemessen sein.[2] Problematisch ist, ob die Sanktion auch bei einfacher Fahrlässigkeit greifen darf.[3] Zu einer Kündigung des Vertrages wegen unrichtiger Angaben ist der VR nicht berechtigt. Dies folgt zum einen aus dem abschließenden Charakter der in Ziff. 13.1 getroffenen Regelung. Zum anderen ergibt sich aus Ziff. 21, der dem VR ein Kündigungsrecht bei Risikoerhöhung durch Änderung bestehender oder Erlass neuer Rechtsvorschriften einräumt, im Umkehrschluss, dass eben nur in diesem besonderen Fall dem VR das Recht der Vertragsbeendigung zustehen soll.

2 Die **Anzeigepflicht** ist nicht als vertragliche Obliegenheit ausgestaltet, sondern als **echte Vertragspflicht**. Sie wird nach dem Wortlaut der **Ziff. 13.1 S. 1** erst durch eine entsprechende **Aufforderung** seitens des VR ausgelöst, deren Zugang der VR zu beweisen hat. In der Praxis erfolgt die Aufforderung vielfach in Form eines **Fragebogens**, der mit der Prämienrechnung für das Folgejahr dem VN übersandt wird.[4] Zu beachten ist, dass nicht jede Gefahrerhöhung dem VR das Recht gibt, die Prämie anzupassen, sondern nur eine solche Erhöhung oder Erweiterung des versicherten Risikos, die für die Prämienbemessung Bedeutung hat. Bei einer Verletzung der Anzeigepflicht durch den VN kommt ein Schadensersatzanspruch des VR aus § 280 BGB nicht in Betracht, weil Ziff. 13.1 S. 4 eine abschließende Vertragsstrafenregelung enthält.[5]

3 **Ziff. 13.2** räumt dem VR das Recht zur Prämienanpassung aufgrund der Mitteilungen des VN ein. Ein Kündigungsrecht bei einer Prämienerhöhung von mehr als 10 % ist nicht vorgesehen.

4 Unterlässt der VN die Anzeige gem. Ziff. 13.1, kann der VR nach **Ziff. 13.3 S. 1** die **Nachzahlung** eines Betrages in Höhe des für diesen Zeitraum bereits in Rechnung gestellten Betrages verlangen. Dieses Recht tritt an die Stelle der Beitragsregulierung. Der Wortlaut der Ziff. 13.3 lässt nicht hinreichend erkennen, dass bei Erhebung einer Nachzahlung zusätzlich noch die Beitragsregulierung stattfindet. Es handelt sich (auch) hierbei um eine Vertragsstrafenregelung. Die Beitragsregu-

---

[1] Vgl auch Prölss/Martin/*Lücke*, Ziff. 13 AHB Rn 3.
[2] Eine Vertragsstrafe in Höhe des fünffachen Beitragsunterschieds hat der BGH (30.5.2012 – IV ZR 84/11, r+s 2012, 435) in der Architektenhaftpflichtversicherung für unangemessen gem. § 307 Abs. 1 S. 1 BGB befunden.
[3] Dazu *Schimikowski*, r+s 2012, 437. Bedenken auch bei Bruck/Möller/*Koch*, Ziff. 13 AHB 2012 Rn 13 ff.
[4] Zum Ganzen *Littbarski*, AHB, § 8 Rn 25 ff mwN.
[5] Prölss/Martin/*Lücke*, Ziff. 13 AHB Rn 2; Bruck/Möller/*Koch*, Ziff. 13 AHB 2012 Rn 11; anders noch die Vorauflage (2. Aufl. 2011, aaO).

lierung findet statt (und die Vertragsstrafe entfällt), wenn der VN nachträglich Mitteilung macht; vom VN zuviel gezahlte Prämien werden zurückerstattet, wenn die Angaben innerhalb von zwei Monaten erfolgen, nachdem dem VN die erhöhte Prämienforderung zugegangen ist (**Ziff. 13.3 S. 2 und 3**).

14 Beitrag bei vorzeitiger Vertragsbeendigung

Bei vorzeitiger Beendigung des Vertrages hat der Versicherer, soweit durch Gesetz nicht etwas anderes bestimmt ist, nur Anspruch auf den Teil des Beitrages, der dem Zeitraum entspricht, in dem Versicherungsschutz bestanden hat.

Die Bedingungen sehen nunmehr bei einer vorzeitigen Beendigung des Vertrages eine **pro-rata-temporis-Abrechnung** vor, die das VVG seit dem 1.1.2008 als Grundsatz durchzieht. Ziff. 14 nimmt inhaltlich § 39 Abs. 1 S. 1 VVG auf. Die Einschränkung „soweit das Gesetz nichts anderes bestimmt" verweist auf die in § 39 Abs. 1 S. 2, 3, Abs. 2 VVG geregelten Fälle der Vertragsbeendigung durch Rücktritt vom Vertrag wegen Verletzung der vorvertraglichen Anzeigepflicht, Anfechtung wegen arglistiger Täuschung, Rücktritt nach § 37 Abs. 1 VVG und Beendigung des Vertrages durch Insolvenz des Haftpflichtversicherers.

1

15 Beitragsangleichung

15.1 Die Versicherungsbeiträge unterliegen der Beitragsangleichung. Soweit die Beiträge nach Lohn-, Bau- oder Umsatzsumme berechnet werden, findet keine Beitragsangleichung statt. Mindestbeiträge unterliegen unabhängig von der Art der Beitragsberechnung der Beitragsangleichung.

15.2 Ein unabhängiger Treuhänder ermittelt jährlich mit Wirkung für die ab dem 1. Juli fälligen Beiträge, um welchen Prozentsatz sich im vergangenen Kalenderjahr der Durchschnitt der Schadenzahlungen aller zum Betrieb der Allgemeinen Haftpflichtversicherung zugelassenen Versicherer gegenüber dem vorvergangenen Jahr erhöht oder vermindert hat. Den ermittelten Prozentsatz rundet er auf die nächst niedrigere, durch fünf teilbare ganze Zahl ab.

Als Schadenzahlungen gelten dabei auch die speziell durch den einzelnen Schadenfall veranlassten Ausgaben für die Ermittlung von Grund und Höhe der Versicherungsleistungen.

Durchschnitt der Schadenzahlungen eines Kalenderjahres ist die Summe der in diesem Jahr geleisteten Schadenzahlungen geteilt durch die Anzahl der im gleichen Zeitraum neu angemeldeten Schadenfälle.

15.3 Im Falle einer Erhöhung ist der Versicherer berechtigt, im Falle einer Verminderung verpflichtet, den Folgejahresbeitrag um den sich aus Ziff. 15.2 ergebenden Prozentsatz zu verändern (Beitragsangleichung). Der veränderte Folgejahresbeitrag wird dem Versicherungsnehmer mit der nächsten Beitragsrechnung bekannt gegeben.

Hat sich der Durchschnitt der Schadenzahlungen des Versicherers in jedem der letzten fünf Kalenderjahre um einen geringeren Prozentsatz als denjenigen erhöht, den der Treuhänder jeweils für diese Jahre nach Ziff. 15.2 ermittelt hat, so darf der Versicherer den Folgejahresbeitrag nur um den Prozentsatz erhöhen, um den sich der Durchschnitt seiner Schadenzahlungen nach seinen unternehmenseigenen Zahlen im letzten Kalenderjahr erhöht hat; diese Erhöhung darf diejenige nicht überschreiten, die sich nach dem vorstehenden Absatz ergeben würde.

15.4 Liegt die Veränderung nach Ziff. 15.2 oder 15.3 unter 5 Prozent, entfällt eine Beitragsangleichung. Diese Veränderung ist jedoch in den folgenden Jahren zu berücksichtigen.

Alternative für die echte unterjährige Beitragszahlung:

15 Beitragsangleichung

15.1 Die Versicherungsbeiträge unterliegen der Beitragsangleichung. Soweit die Beiträge nach Lohn-, Bau- oder Umsatzsumme berechnet werden, findet keine Beitragsangleichung statt. Mindestbeiträge unterliegen unabhängig von der Art der Beitragsberechnung der Beitragsangleichung. Sie wird jeweils ab Beginn desjenigen Versicherungsjahres wirksam, das ab dem 1. Juli beginnt.

15.2 Ein unabhängiger Treuhänder ermittelt jährlich mit Wirkung für die Beiträge der ab dem 1. Juli beginnenden Versicherungsjahre, um welchen Prozentsatz sich im vergangenen Kalenderjahr der Durchschnitt der Schadenzahlungen aller zum Betrieb der Allgemeinen Haftpflichtversicherung zugelassenen Versicherer gegenüber dem vorvergangenen Jahr erhöht oder vermindert hat. Den ermittelten Prozentsatz rundet er auf die nächst niedrigere, durch fünf teilbare ganze Zahl ab. Als Schadenzahlungen gelten dabei auch die speziell durch den einzelnen Schadenfall veranlassten Ausgaben für die Ermittlung von Grund und Höhe der Versicherungsleistungen.

Durchschnitt der Schadenzahlungen eines Kalenderjahres ist die Summe der in diesem Jahr geleisteten Schadenzahlungen geteilt durch die Anzahl der im gleichen Zeitraum neu angemeldeten Schadenfälle.

15.3 Im Falle einer Erhöhung ist der Versicherer berechtigt, im Falle einer Verminderung verpflichtet, die Folgebeiträge um den sich aus Ziff. 15.2 ergebenden Prozentsatz zu verändern (Beitragsangleichung). Der veränderte Folgebeitrag wird dem Versicherungsnehmer mit der Beitragsrechnung bekannt gegeben.

Hat sich der Durchschnitt der Schadenzahlungen des Versicherers in jedem der letzten fünf Kalenderjahre um einen geringeren Prozentsatz als denjenigen erhöht, den der Treuhänder jeweils für diese Jahre nach Ziff. 15.2 ermittelt hat, so darf der Versicherer die Folgebeiträge nur um den Prozentsatz erhöhen, um den sich der Durchschnitt seiner Schadenzahlungen nach seinen unternehmenseigenen Zahlen im letzten Kalenderjahr erhöht hat; diese Erhöhung darf diejenige nicht überschreiten, die sich nach dem vorstehenden Absatz ergeben würde.

15.4 Liegt die Veränderung nach Ziff. 15.2 oder 15.3 unter 5 Prozent, entfällt eine Beitragsangleichung. Diese Veränderung ist jedoch in den folgenden Jahren zu berücksichtigen.

Die Regelung enthält eine **Prämienanpassungsklausel**. Ziff. 15.1 zielt u.a. darauf, auch Fälle zu erfassen, in denen die erste Versicherungsperiode kürzer als ein Jahr ist.[1] Die Regelung ist AGB-rechtlich unbedenklich.[2]

Bei echter unterjähriger Beitragszahlung ist eine alternative Regelung vorgesehen. Hier wird auf das ab dem 1. Juli beginnende Versicherungsjahr abgestellt.[3]

Dauer und Ende des Vertrages/Kündigung

16 Dauer und Ende des Vertrages

16.1 Der Vertrag ist für die im Versicherungsschein angegebene Zeit abgeschlossen.

16.2 Bei einer Vertragsdauer von mindestens einem Jahr verlängert sich der Vertrag um jeweils ein Jahr, wenn nicht dem Vertragspartner spätestens drei Monate vor dem Ablauf der jeweiligen Vertragsdauer eine Kündigung zugegangen ist.

16.3 Bei einer Vertragsdauer von weniger als einem Jahr endet der Vertrag, ohne dass es einer Kündigung bedarf, zum vorgesehenen Zeitpunkt.

16.4 Bei einer Vertragsdauer von mehr als drei Jahren kann der Versicherungsnehmer den Vertrag zum Ablauf des dritten Jahres oder jedes darauf folgenden Jahres kündigen; die Kündigung muss dem Versicherer spätestens drei Monate vor dem Ablauf des jeweiligen Jahres zugegangen sein.

Die Dauer des VersVertrages unterliegt der Parteivereinbarung (**Ziff. 16.1**). Ist eine Laufzeit vorgesehen, beginnt der Vertrag nach § 10 VVG mit dem Beginn des Tages, an dem der Vertrag geschlossen wird („**Mitternachtsregel**"), er endet mit dem Ablauf des letzten Tages. Die AHB enthalten die übliche Verlängerungsklausel bei Verträgen, die mit einer Laufzeit von mindestens einem Jahr abgeschlossen sind (**Ziff. 16.2**). Unterjährige Verträge enden durch Zeitablauf (**Ziff. 16.3**), einer Kündigung bedarf es hier nicht. **Ziff. 16.4** entspricht dem Grundsatz einer maximal dreijährigen Vertragsbindung, der dem VVG zu entnehmen ist (vgl § 11 Abs. 4 VVG).

17 Wegfall des versicherten Risikos

Wenn versicherte Risiken vollständig und dauerhaft wegfallen, so erlischt die Versicherung bezüglich dieser Risiken. Dem Versicherer steht der Beitrag zu, den er hätte erheben können, wenn die Versicherung dieser Risiken nur bis zu dem Zeitpunkt beantragt worden wäre, zu dem er vom Wegfall Kenntnis erlangt.

Mit dem Wegfall des versicherten Risikos erlischt der VersVertrag (S. 1). Verstirbt der VN, endet damit grds. die PHV.[1] In den BBR PHV ist regelmäßig eine **Fortsetzungsklausel** für mitversicherte Personen vorgesehen, nach welcher der Vertrag

---

1 *Littbarski*, PHi 2006, 82, 88.
2 Prölss/Martin/*Lücke*, Ziff. 15 AHB Rn 2 mwN.
3 Vgl auch Prölss/Martin/*Lücke*, Ziff. 15 AHB Rn 3.

1 Ebenso FAKomm-VersR/*Halm/Fritz*, Ziff. 17 AHB Rn 2; Späte/Schimikowski/*Harsdorf-Gebhardt*, Ziff. 17 AHB Rn 10; aA Bruck/Möller/*Koch*, Ziff. 17 AHB 2012 Rn 5.

fortgesetzt wird und nach Ablauf eines Jahres der überlebende Ehegatte – falls keine Kündigung erfolgt – als VN fungiert.

2 Die Einstellung eines Betriebs führt zum Erlöschen der Betriebshaftpflichtversicherung.[2] Weil Schadenereignisse auch noch danach eintreten können (zB Mängel an Bauten, die während der Vertragslaufzeit vom VN erstellt wurden; Schäden durch Produkte, die während der Vertragslaufzeit vom VN in den Verkehr gebracht wurden), ist eine **Nachhaftungsvereinbarung** vielfach erforderlich. Es besteht Anlass für den VR, den VN hierüber zu beraten (§ 6 VVG).[3]

3 Die in S. 2 getroffene Regelung erscheint auf den ersten Blick nicht unproblematisch, kann sie doch bewirken, dass der VR Prämien für Zeiträume erhält, in denen er kein Risiko mehr trägt. Sie ist rechtlich allerdings nicht zu beanstanden, denn sie entspricht § 80 Abs. 2 VVG.[4]

18 Kündigung nach Beitragsangleichung

Erhöht sich der Beitrag aufgrund der Beitragsangleichung gemäß Ziff. 15.3, ohne dass sich der Umfang des Versicherungsschutzes ändert, kann der Versicherungsnehmer den Versicherungsvertrag innerhalb eines Monats nach Zugang der Mitteilung des Versicherers mit sofortiger Wirkung, frühestens jedoch zu dem Zeitpunkt kündigen, in dem die Beitragserhöhung wirksam werden sollte.

Der Versicherer hat den Versicherungsnehmer in der Mitteilung auf das Kündigungsrecht hinzuweisen. Die Mitteilung muss dem Versicherungsnehmer spätestens einen Monat vor dem Wirksamwerden der Beitragserhöhung zugehen.

Eine Erhöhung der Versicherungsteuer begründet kein Kündigungsrecht.

1 Das Kündigungsrecht des VN nach Beitragsangleichung entspricht dem, was gesetzlich vorgesehen ist (§ 40 VVG).

19 Kündigung nach Versicherungsfall

19.1 Das Versicherungsverhältnis kann gekündigt werden, wenn
- vom Versicherer eine Schadensersatzzahlung geleistet wurde oder
- dem Versicherungsnehmer eine Klage über einen unter den Versicherungsschutz fallenden Haftpflichtanspruch gerichtlich zugestellt wird.

Die Kündigung muss dem Vertragspartner in Schriftform spätestens einen Monat nach der Schadensersatzzahlung oder der Zustellung der Klage zugegangen sein.

19.2 Kündigt der Versicherungsnehmer, wird seine Kündigung sofort nach ihrem Zugang beim Versicherer wirksam. Der Versicherungsnehmer kann jedoch bestimmen, dass die Kündigung zu einem späteren Zeitpunkt, spätestens jedoch zum Ende der laufenden Versicherungsperiode, wirksam wird.

---

2 Anders Prölss/Martin/*Lücke*, Ziff. 17 AHB Rn 4; Bruck/Möller/*Koch*, Ziff. 17 AHB 2012 Rn 4 f.
3 Vgl bereits die geschäftsplanmäßige Erklärung der VR, VerBAV 1982, 66.
4 Für Unwirksamkeit nach §§ 39, 42 VVG dagegen Prölss/Martin/*Lücke*, Ziff. 17 AHB Rn 6.

Eine Kündigung des Versicherers wird einen Monat nach ihrem Zugang beim Versicherungsnehmer wirksam.

Alternative für die echte unterjährige Beitragszahlung:

19.2 Kündigt der Versicherungsnehmer, wird seine Kündigung sofort nach ihrem Zugang beim Versicherer wirksam. Der Versicherungsnehmer kann jedoch bestimmen, dass die Kündigung zu jedem späteren Zeitpunkt, spätestens jedoch zum Ablauf des jeweiligen Versicherungsjahres, wirksam wird.

Eine Kündigung des Versicherers wird einen Monat nach ihrem Zugang beim Versicherungsnehmer wirksam.

Ziff. 19.1 S. 1 sieht ein Kündigungsrecht – für den VN und den VR – in zwei Fällen vor: 1

Schadensersatzzahlung wurde durch den VR **geleistet:** Nach dem eindeutigen Wortlaut genügt nur die tatsächliche Zahlung, nicht aber ein Anerkenntnis des VR, erst recht nicht die bloße Prüfung der Haftpflichtlage. Dagegen wird der durchschnittliche VN als Schadensersatzzahlungen auch solche ansehen, die der VR aufgrund eines Abfindungsvergleichs, aus Gründen der Kulanz, als Teilzahlung oder im Wege der Aufrechnung erbringt.[1] Nach dem Wortlaut der Ziff. 19.1 steht dem VR das Kündigungsrecht auch dann zu, wenn es sich um den ersten Schaden einer Serie handelt. Die **Serienschadenklausel** (Ziff. 6.3) fingiert lediglich, dass mehrere Versicherungsfälle als ein Versicherungsfall gelten. Rechtlich handelt es sich um selbständige Schadenereignisse.[2] 2

Zustellung einer Klage über den Haftpflichtanspruch: Dem VN muss die Klage über einen unter den Versicherungsschutz fallenden Haftpflichtanspruch gerichtlich zugestellt sein. Aus dem Wortlaut ist zu entnehmen, dass ein Kündigungsrecht nur dann besteht, wenn es sich um einen Haftpflichtanspruch handelt, der unter den Versicherungsschutz fällt. Fraglich ist, ob neben der Erhebung der Klage auch die **Zustellung eines Mahnbescheids** oder die **Anrufung eines Schiedsgerichts** genügt, das Kündigungsrecht auszulösen.[3] Der Wortlaut der Ziff. 19.1 spricht dagegen. Da es sich um ein Kündigungsrecht handelt, das regelmäßig der VR für sich in Anspruch nehmen wird, erscheint im Übrigen eine enge Auslegung angebracht, die ihm im Ergebnis das Recht nur dann zugesteht, wenn es tatsächlich zur Klageerhebung gekommen ist.[4] Aus dem gleichen Grunde berechtigt die Zustellung einer **unbegründeten Klage** nicht zur Kündigung.[5] 3

Anders als in § 9 II Nr. 2 AHB aF ist ein Kündigungsrecht nicht mehr vorgesehen, wenn der VR die Leistung der fälligen Entschädigung verweigert. 4

---

1 Teils anders *Littbarski*, AHB, § 19 Rn 18 ff mwN; dabei wird nicht berücksichtigt, dass der Terminus „Schadensersatzzahlung" kein feststehender Rechtsbegriff ist, sondern so auszulegen ist, wie ihn der VN bei verständiger Würdigung verstehen darf.

2 Prölss/Martin/*Lücke*, Ziff. 19 AHB Rn 5, sehen die Kündigung bei einem sich abzeichnenden Serienschaden als rechtsmissbräuchlich an; aA Bruck/Möller/*Koch*, Ziff. 19 AHB 2012 Rn 8. Nach *Schmalzl/Krause-Allenstein*, Berufshaftpflichtversicherung des Architekten und Bauunternehmers, Rn 308, soll dem VR das Kündigungsrecht nicht versagt werden, allerdings könne die Ablehnung der Regulierung des gesamten (Serien-)Schadens rechtsmissbräuchlich sein, wenn ersichtlich ist, dass der VR sich treuwidrig seiner Leistungspflicht entziehen will, indem er sich aus einem drohenden Serienschaden „herauskündigt".

3 Dafür etwa *Littbarski*, § 9 AHB Rn 21 (zur früheren Fassung der AHB).

4 Im Ergebnis ebenso *Schmalzl/Krause-Allenstein*, Berufshaftpflichtversicherung des Architekten und Bauunternehmers, Rn 306; Späte/Schimikowski/*Harsdorf-Gebhardt*, Ziff. 19 AHB Rn 15; aA FAKomm-VersR/*Halm/Fritz*, Ziff. 19 AHB Rn 7.

5 Im Ergebnis ebenso Prölss/Martin/*Lücke*, Ziff. 19 AHB Rn 3.

5   Ziff. 19.1 weicht von § 111 VVG ab; diese Regelung ist abdingbar (§ 112 VVG). AGB-rechtliche Bedenken gegen die in Ziff. 19.1 vorgesehenen Begrenzungen des Kündigungsrechts im Versicherungsfall können sich insoweit ergeben, als dem VN kein Kündigungsrecht bei unrichtiger Deckungsablehnung zustehen soll. Das erscheint unausgewogen iS einer einseitigen Durchsetzung der Interessen des VR (§ 307 Abs. 1 S. 1 BGB).[6]

6   Ziff. 19.1 S. 2 legt fest, dass die Kündigung der Schriftform bedarf und spätestens einen Monat nach erfolgter Schadensersatzzahlung bzw. Klagezustellung dem Vertragspartner zugegangen sein muss.

7   Die Kündigung des VN wird sofort wirksam, wenn der VN nichts anderes bestimmt; die Kündigung des VR wird einen Monat nach ihrem Zugang beim VN wirksam (**Ziff. 19.2**). Es ist eine alternative Regelung vorgesehen, falls echte unterjährige Beitragszahlung vereinbart wurde. Hier wird – wie üblich – nicht auf die Versicherungsperiode, sondern auf das Versicherungsjahr abgestellt.

20   Kündigung nach Veräußerung versicherter Unternehmen

20.1   Wird ein Unternehmen, für das eine Haftpflichtversicherung besteht, an einen Dritten veräußert, tritt dieser an Stelle des Versicherungsnehmers in die während der Dauer seines Eigentums sich aus dem Versicherungsverhältnis ergebenden Rechte und Pflichten ein.

Dies gilt auch, wenn ein Unternehmen aufgrund eines Nießbrauchs, eines Pachtvertrages oder eines ähnlichen Verhältnisses von einem Dritten übernommen wird.

20.2   Das Versicherungsverhältnis kann in diesem Falle
   – durch den Versicherer dem Dritten gegenüber mit einer Frist von einem Monat,
   – durch den Dritten dem Versicherer gegenüber mit sofortiger Wirkung oder auf den Schluss der laufenden Versicherungsperiode

in Schriftform gekündigt werden.

Alternative für die echte unterjährige Beitragszahlung:

20.2   Das Versicherungsverhältnis kann in diesem Falle
   – durch den Versicherer dem Dritten gegenüber mit einer Frist von einem Monat,
   – durch den Dritten dem Versicherer gegenüber mit sofortiger Wirkung oder zu jedem späteren Zeitpunkt, spätestens jedoch zum Ablauf des jeweiligen Versicherungsjahres

in Schriftform gekündigt werden.

20.3   Das Kündigungsrecht erlischt, wenn
   – der Versicherer es nicht innerhalb eines Monats von dem Zeitpunkt an ausübt, in welchem er vom Übergang auf den Dritten Kenntnis erlangt;
   – der Dritte es nicht innerhalb eines Monats nach dem Übergang ausübt, wobei das Kündigungsrecht bis zum Ablauf eines Monats von

---

6 Prölss/Martin/*Lücke*, Ziff. 19 AHB Rn 7; Späte/Schimikowski/*Harsdorf-Gebhardt*, Ziff. 19 AHB Rn 3.

dem Zeitpunkt an bestehen bleibt, in dem der Dritte von der Versicherung Kenntnis erlangt.

20.4 Erfolgt der Übergang auf den Dritten während einer laufenden Versicherungsperiode und wird das Versicherungsverhältnis nicht gekündigt, haften der bisherige Versicherungsnehmer und der Dritte für den Versicherungsbeitrag dieser Periode als Gesamtschuldner.

20.5 Der Übergang eines Unternehmens ist dem Versicherer durch den bisherigen Versicherungsnehmer oder den Dritten unverzüglich anzuzeigen.

Bei einer schuldhaften Verletzung der Anzeigepflicht besteht kein Versicherungsschutz, wenn der Versicherungsfall später als einen Monat nach dem Zeitpunkt eintritt, in dem die Anzeige dem Versicherer hätte zugehen müssen, und der Versicherer den mit dem Veräußerer bestehenden Vertrag mit dem Erwerber nicht geschlossen hätte.

Der Versicherungsschutz lebt wieder auf und besteht für alle Versicherungsfälle, die frühestens einen Monat nach dem Zeitpunkt eintreten, in dem der Versicherer von der Veräußerung Kenntnis erlangt. Dies gilt nur, wenn der Versicherer in diesem Monat von seinem Kündigungsrecht keinen Gebrauch gemacht hat.

Der Versicherungsschutz fällt trotz Verletzung der Anzeigepflicht nicht weg, wenn dem Versicherer die Veräußerung in dem Zeitpunkt bekannt war, in dem ihm die Anzeige hätte zugehen müssen.

1 Die in Ziff. 20 getroffenen Bestimmungen zum Vertragsübergang und zu den Kündigungsrechten der Vertragspartner entsprechen im Wesentlichen den gesetzlichen Vorgaben in § 102 VVG iVm §§ 95, 96, 97 VVG. Wichtig ist, dass die in § 97 Abs. 1 S. 2 VVG eingeführte zusätzliche Voraussetzung für die Leistungsfreiheit des VR in die AHB-Regelung übernommen wurde. Danach führt eine schuldhafte Verletzung der Veräußerungsanzeige nur dann zum Verlust des Versicherungsschutzes, wenn der VR den Vertrag mit dem Erwerber nicht geschlossen hätte (Ziff. 20.5 Abs. 2).

2 Für die echte unterjährige Beitragszahlung ist eine alternative Regelung vorgesehen.

21 Kündigung nach Risikoerhöhung aufgrund Änderung oder Erlass von Rechtsvorschriften

Bei Erhöhungen des versicherten Risikos durch Änderung bestehender oder Erlass neuer Rechtsvorschriften ist der Versicherer berechtigt, das Versicherungsverhältnis unter Einhaltung einer Frist von einem Monat zu kündigen. Das Kündigungsrecht erlischt, wenn es nicht innerhalb eines Monats von dem Zeitpunkt an ausgeübt wird, in welchem der Versicherer von der Erhöhung Kenntnis erlangt hat.

1 Erhöht sich das versicherte Risiko durch Verschärfung bestehender oder Erlass neuer Rechtsvorschriften, steht dem VR ein **Kündigungsrecht** zu. Die Regelung berücksichtigt das „politische Risiko", das darin besteht, dass der Umfang der Eintrittspflicht des VR durch einen Eingriff des Gesetzgebers erweitert wird. Dies kann zB der Fall sein, wenn eine Gefährdungshaftung in Bereichen eingeführt wird, in denen zuvor nur eine verschuldensabhängige Haftung des VN begründet war. Es handelt sich in solchen Fallgestaltungen um eine objektive Gefahrerhöhung iSd § 23 Abs. 3 VVG; Ziff. 21 stellt demgegenüber eine Sonderregelung dar. Diese weicht zugunsten des VN von der gesetzlichen Bestimmung ab: Dem VR wird lediglich ein Kündigungsrecht eingeräumt, das Recht zur Prämienerhöhung hat der VR dagegen nicht; außerdem besteht für den VN keine Anzeigepflicht und für den VR kein Recht, die Leistung wegen (nicht angezeigter) Gefahrerhöhung zu verweigern.[1] In der Praxis machen VR von dem Kündigungsrecht nach Ziff. 21 (§ 1 Nr. 2 b S. 2–4 AHB aF) selten Gebrauch.

2 Anders als in älteren AHB wird in Ziff. 21 von **Rechtsvorschriften** anstelle von **Rechtsnormen** gesprochen. Ob mit der Änderung der Wortwahl seitens der VR etwas bezweckt ist, kann dahinstehen, da sich jedenfalls aus dem Wortlaut keine Zielsetzung ersehen lässt. Die Regelung ist – als Bestimmung, die dem VR ein Sonderkündigungsrecht einräumt – eng auszulegen: Es fallen darunter nur formelle und materielle Gesetze, also Bundes- und Landesgesetze sowie Rechtsverordnungen.

22 Mehrfachversicherung

22.1 Eine Mehrfachversicherung liegt vor, wenn das Risiko in mehreren Versicherungsverträgen versichert ist.

22.2 Wenn die Mehrfachversicherung zustande gekommen ist, ohne dass der Versicherungsnehmer dies wusste, kann er die Aufhebung des später geschlossenen Vertrages verlangen.

22.3 Das Recht auf Aufhebung erlischt, wenn der Versicherungsnehmer es nicht innerhalb eines Monats geltend macht, nachdem er von der Mehrfachversicherung Kenntnis erlangt hat. Die Aufhebung wird zu dem Zeitpunkt wirksam, zu dem die Erklärung, mit der sie verlangt wird, dem Versicherer zugeht.

1 Die in Ziff. 22 enthaltene Regelung weicht von der gesetzlichen Bestimmung (§ 79 Abs. 1 VVG) insoweit ab, als dem VN nur das Recht zugestanden wird, Vertragsaufhebung zu verlangen. Eine Herabsetzung der Prämie kann der VN dagegen nicht verlangen. Das entspricht den Besonderheiten der Haftpflichtversicherung. Liegt eine Mehrfachversicherung vor, ändert das an der Verpflichtung des einzelnen Haftpflichtversicherers, dem VN vollen Deckungsschutz zu gewähren, nichts.[1] Entgegen der Regelung in § 79 VVG sieht Ziff. 22.3 eine zeitliche Befristung für die Geltendmachung des Aufhebungsrechts vor. § 87 VVG lässt die Abänderung zu.[2]

---

1 Insoweit erscheint die Regelung ausgewogen; dagegen halten Prölss/Martin/*Voit/Knappmann*, 27. Aufl. 2004, § 1 AHB Rn 24, eine Äquivalenzstörung für möglich und bejahen ein Überraschungsmoment iSd § 305 c Abs. 1 BGB; anders Prölss/Martin/*Lücke*, Ziff. 3 AHB Rn 12.
1 OLG Karlsruhe 7.12.2006 – 12 U 133/06, VersR 2007, 788.
2 Bedenken bei Prölss/Martin/*Lücke*, Ziff. 22 AHB Rn 2.

Obliegenheiten des Versicherungsnehmers

23 Vorvertragliche Anzeigepflichten des Versicherungsnehmers

23.1 Vollständigkeit und Richtigkeit von Angaben über gefahrerhebliche Umstände

Der Versicherungsnehmer hat bis zur Abgabe seiner Vertragserklärung dem Versicherer alle ihm bekannten Gefahrumstände anzuzeigen, nach denen der Versicherer in Textform gefragt hat und die für den Entschluss des Versicherers erheblich sind, den Vertrag mit dem vereinbarten Inhalt zu schließen. Der Versicherungsnehmer ist auch insoweit zur Anzeige verpflichtet, als nach seiner Vertragserklärung, aber vor Vertragsannahme der Versicherer in Textform Fragen im Sinne des Satzes 1 stellt.

Gefahrerheblich sind die Umstände, die geeignet sind, auf den Entschluss des Versicherers Einfluss auszuüben, den Vertrag überhaupt oder mit dem vereinbarten Inhalt abzuschließen.

Wird der Vertrag von einem Vertreter des Versicherungsnehmers geschlossen und kennt dieser den gefahrerheblichen Umstand, muss sich der Versicherungsnehmer so behandeln lassen, als habe er selbst davon Kenntnis gehabt oder dies arglistig verschwiegen.

23.2 Rücktritt

(1) Unvollständige und unrichtige Angaben zu den gefahrerheblichen Umständen berechtigen den Versicherer, vom Versicherungsvertrag zurückzutreten.

(2) Der Versicherer hat kein Rücktrittsrecht, wenn der Versicherungsnehmer nachweist, dass er oder sein Vertreter die unrichtigen oder unvollständigen Angaben weder vorsätzlich noch grob fahrlässig gemacht hat.

Das Rücktrittsrecht des Versicherers wegen grob fahrlässiger Verletzung der Anzeigepflicht besteht nicht, wenn der Versicherungsnehmer nachweist, dass der Versicherer den Vertrag auch bei Kenntnis der nicht angezeigten Umstände, wenn auch zu anderen Bedingungen, geschlossen hätte.

(3) Im Fall des Rücktritts besteht kein Versicherungsschutz.

Tritt der Versicherer nach Eintritt des Versicherungsfalls zurück, darf er den Versicherungsschutz nicht versagen, wenn der Versicherungsnehmer nachweist, dass der unvollständig oder unrichtig angezeigte Umstand weder für den Eintritt des Versicherungsfalls noch für die Feststellung oder den Umfang der Leistung ursächlich war. Auch in diesem Fall besteht aber kein Versicherungsschutz, wenn der Versicherungsnehmer die Anzeigepflicht arglistig verletzt hat.

Dem Versicherer steht der Teil des Beitrages zu, der der bis zum Wirksamwerden der Rücktrittserklärung abgelaufenen Vertragszeit entspricht.

23.3 Beitragsänderung oder Kündigungsrecht

Ist das Rücktrittsrecht des Versicherers ausgeschlossen, weil die Verletzung einer Anzeigepflicht weder auf Vorsatz noch auf grober Fahrlässigkeit beruhte, kann der Versicherer den Vertrag unter Einhaltung einer Frist von einem Monat in Schriftform kündigen.

Das Kündigungsrecht ist ausgeschlossen, wenn der Versicherungsnehmer nachweist, dass der Versicherer den Vertrag auch bei Kenntnis der nicht angezeigten Umstände, wenn auch zu anderen Bedingungen, geschlossen hätte.

Kann der Versicherer nicht zurücktreten oder kündigen, weil er den Vertrag auch bei Kenntnis der nicht angezeigten Umstände, aber zu anderen Bedingungen, geschlossen hätte, werden die anderen Bedingungen auf Verlangen des Versicherers rückwirkend Vertragsbestandteil. Hat der Versicherungsnehmer die Pflichtverletzung nicht zu vertreten, werden die anderen Bedingungen ab der laufenden Versicherungsperiode Vertragsbestandteil.

Erhöht sich durch die Vertragsanpassung der Beitrag um mehr als 10 % oder schließt der Versicherer die Gefahrabsicherung für den nicht angezeigten Umstand aus, kann der Versicherungsnehmer den Vertrag innerhalb eines Monats nach Zugang der Mitteilung des Versicherers fristlos kündigen.

Der Versicherer muss die ihm nach Ziff. 23.2 und 3 zustehenden Rechte innerhalb eines Monats schriftlich geltend machen. Die Frist beginnt mit dem Zeitpunkt, zu dem er von der Verletzung der Anzeigepflicht, die das von ihm geltend gemachte Recht begründet, Kenntnis erlangt. Er hat die Umstände anzugeben, auf die er seine Erklärung stützt; er darf nachträglich weitere Umstände zur Begründung seiner Erklärung abgeben, wenn für diese die Monatsfrist nicht verstrichen ist.

Dem Versicherer stehen die Rechte nach den Ziff. 23.2 und 23.3 nur zu, wenn er den Versicherungsnehmer durch gesonderte Mitteilung in Textform auf die Folgen einer Anzeigepflichtverletzung hingewiesen hat.

Der Versicherer kann sich auf die in den Ziff. 23.2 und 23.3 genannten Rechte nicht berufen, wenn er den nicht angezeigten Gefahrumstand oder die Unrichtigkeit der Anzeige kannte.

23.4 Anfechtung

Das Recht des Versicherers, den Vertrag wegen arglistiger Täuschung anzufechten, bleibt unberührt. Im Fall der Anfechtung steht dem Versicherer der Teil des Beitrages zu, der der bis zum Wirksamwerden der Anfechtungserklärung abgelaufenen Vertragszeit entspricht.

1 Die AHB enthalten – wie auch in früheren Fassungen – Bestimmungen zur vorvertraglichen Anzeigepflicht des VN. Das erscheint im Grunde überflüssig, weil es sich hierbei um eine gesetzliche Obliegenheit handelt. Ziff. 23 entspricht inhaltlich den §§ 19 ff VVG. In einem Punkt sind die Regelungen nicht unproblematisch: Nach § 19 Abs. 4 VVG steht dem VR unter bestimmten Voraussetzungen das Recht der Vertragsanpassung zu. Damit erhält er die Befugnis, im Falle eines fahrlässig oder schuldlos nicht oder unrichtig angegebenen gefahrerheblichen Umstands einen Risikoausschluss in den Vertrag aufzunehmen oder einen Prämienzuschlag zu erheben. In der Überschrift zu Ziff. 23.3 ist dagegen nur von „Beitragsänderung" die Rede. Das könnte zu der Annahme veranlassen, der VR wollte – unter bestimmten Voraussetzungen – nur das Recht in Anspruch nehmen, eine höhere Prämie zu verlangen. In Ziff. 23.3 Abs. 3 wird freilich von „anderen Bedingungen" gesprochen, die Vertragsbestandteil werden. In Ziff. 23.3 Abs. 4 ist eben-

falls von „Vertragsanpassung" die Rede, inhaltlich geht es auch dort um den Fall einer Prämienerhöhung, die der VR vorgenommen hat, und auch um den Fall des (rückwirkend oder für die Zukunft) in den Vertrag platzierten Risikoausschlusses. Es ist also keine Abweichung von § 19 Abs. 4 VVG beabsichtigt; die Überschrift zu Ziff. 23.3 sollte verbessert werden.

Die Anwendung der Regeln über die vorvertragliche Anzeigepflicht wirft in der Haftpflichtversicherung – abgesehen von der D&O-Versicherung[1] – keine spezifischen Probleme auf. 2

24 Obliegenheiten vor Eintritt des Versicherungsfalles

Besonders gefahrdrohende Umstände hat der Versicherungsnehmer auf Verlangen des Versicherers innerhalb angemessener Frist zu beseitigen. Dies gilt nicht, soweit die Beseitigung unter Abwägung der beiderseitigen Interessen unzumutbar ist. Ein Umstand, der zu einem Schaden geführt hat, gilt ohne weiteres als besonders gefahrdrohend.

Vertragliche Obliegenheiten **vor** dem Eintritt des Versicherungsfalles spielen – anders als etwa in der KH-Versicherung oder in der Sachversicherung – eine eher untergeordnete Rolle. Die AHB sehen allerdings vor, dass der VR dem VN auferlegen kann, besonders gefahrdrohende Umstände zu beseitigen (**Ziff. 24 S. 1**). Diese Regelung fand sich in früheren Fassungen der AHB in der Rubrik der Ausschlüsse (§ 4 II Nr. 3 AHB aF). Sie war dort falsch platziert, es handelte sich um eine sog. verhüllte Obliegenheit. Der in den aktuellen AHB gewählte Standort ist korrekt. Die als **„Maulkorbparagraph"** unter Praktikern bekannte Bestimmung gibt dem Tierhalterhaftpflichtversicherer die Möglichkeit, dem VN als Tierhalter aufzuerlegen, den Hund nur noch mit Maulkorb auszuführen, insb. wenn das Tier schon einmal einen Passanten gebissen hatte. Die Bedeutung der Ziff. 24 geht aber weit darüber hinaus: So kann der VR in der gewerblichen und industriellen Haftpflichtversicherung darauf hinwirken, dass der VN technische Standards, besondere sicherheitstechnische Anforderungen usw einhält. Das gilt v.a. dann, wenn der VR nach einem Schadenfall feststellt, dass Mängel im Bereich der Schadenverhütung schadenursächlich gewesen sind. Solche Umstände gelten als besonders gefahrdrohend (**Ziff. 24 S. 3**). Ansonsten kommt es darauf an, ob es sich im Einzelfall um einen Umstand handelt, der mit großer Wahrscheinlichkeit zu einem Schadenfall führen wird.[1] Die Worte „Umstand" und „Beseitigung" sprechen dafür, dass Ziff. 24 nur auf den **Zustand von Sachen** und nicht auf menschliches Verhalten bezogen ist.[2] Dagegen will *Koch*[3] die Regelung auch auf das Benutzen einer gefährlichen Sache anwenden. Das ist mit dem Wortlaut nicht vereinbar. Eine gefährliche Nutzung einer Sache wird nicht beseitigt, sondern untersagt.[4] 1

Nach **Ziff. 24 S. 2** steht dem VR das Recht nach Satz 1 dann nicht zu, wenn die Beseitigung **„unter Abwägung der beiderseitigen Interessen unzumutbar"** ist. Unzumutbar ist es für den VN zB, wenn von ihm verlangt wird, einen Umstand zu beseitigen, den der VR vor Vertragsabschluss kannte.[5] Die Kosten der Beseitigung 2

---

1 Dazu *Langheid*, VP 2007, 161 ff; *Winterling/Harzenetter*, VW 2007, 1792 ff. Hier spielt vor allem die Frage der Wissenszurechnung versicherter Personen eine Rolle; zu vertraglichen Gestaltungsmöglichkeiten *Gädtke*, r+s 2013, 313 ff.
1 FAKomm-VersR/*Halm/Fritz*, Ziff. 24 AHB Rn 4.
2 Späte/Schimikowski/*Harsdorf-Gebhardt*, Ziff. 24 AHB Rn 4.
3 Bruck/Möller/*Koch*, Ziff. 24 AHB 2012 Rn 4.
4 Vgl auch das Beispiel bei Prölss/Martin/*Lücke*, Ziff. 24 AHB Rn 2.
5 *Littbarski*, AHB, § 4 Rn 435; FAKomm-VersR/*Halm/Fritz*, Ziff. 24 AHB Rn 5.

hat der VN selbst zu tragen. Ersatz nach § 83 VVG kann er nicht verlangen, weil die Kosten nicht bei, sondern vor dem Eintritt eines Versicherungsfalles anfallen. Stehen die Kosten in einem Missverhältnis zur Wahrscheinlichkeit des Schadeneintritts und/oder zur Schadenshöhe, ist Unzumutbarkeit anzunehmen.[6]

25 Obliegenheiten nach Eintritt des Versicherungsfalles

25.1 Jeder Versicherungsfall ist, auch wenn noch keine Schadensersatzansprüche erhoben worden sind, dem Versicherer innerhalb einer Woche anzuzeigen. Das Gleiche gilt, wenn gegen den Versicherungsnehmer Haftpflichtansprüche geltend gemacht werden.

25.2 Der Versicherungsnehmer muss nach Möglichkeit für die Abwendung und Minderung des Schadens sorgen. Weisungen des Versicherers sind dabei zu befolgen, soweit es für den Versicherungsnehmer zumutbar ist. Er hat dem Versicherer ausführliche und wahrheitsgemäße Schadenberichte zu erstatten und ihn bei der Schadenermittlung und -regulierung zu unterstützen. Alle Umstände, die nach Ansicht des Versicherers für die Bearbeitung des Schadens wichtig sind, müssen mitgeteilt sowie alle dafür angeforderten Schriftstücke übersandt werden.

25.3 Wird gegen den Versicherungsnehmer ein staatsanwaltschaftliches, behördliches oder gerichtliches Verfahren eingeleitet, ein Mahnbescheid erlassen oder ihm gerichtlich der Streit verkündet, hat er dies unverzüglich anzuzeigen.

25.4 Gegen einen Mahnbescheid oder eine Verfügung von Verwaltungsbehörden auf Schadensersatz muss der Versicherungsnehmer fristgemäß Widerspruch oder die sonst erforderlichen Rechtsbehelfe einlegen. Einer Weisung des Versicherers bedarf es nicht.

25.5 Wird gegen den Versicherungsnehmer ein Haftpflichtanspruch gerichtlich geltend gemacht, hat er die Führung des Verfahrens dem Versicherer zu überlassen. Der Versicherer beauftragt im Namen des Versicherungsnehmers einen Rechtsanwalt. Der Versicherungsnehmer muss dem Rechtsanwalt Vollmacht sowie alle erforderlichen Auskünfte erteilen und die angeforderten Unterlagen zur Verfügung stellen.

I. Allgemeines

1 In Ziff. 25 sind vertragliche Obliegenheiten geregelt, die **nach** dem Eintritt des Versicherungsfalles zu erfüllen sind. Die Pflichten treffen den VN; Kenntnis und Verhalten mitversicherter Personen können für diese nach § 47 Abs. 1 VVG leistungsschädlich sein (s. Ziff. 27 Rn 5).

II. Anzeige des Versicherungsfalles (Ziff. 25.1)

2 Nach Ziff. 25.1 hat der VN den Versicherungsfall innerhalb einer Woche anzuzeigen (**Schadenanzeigepflicht**). Die Regelung knüpft an die Bestimmung des Versicherungsfalles in Ziff. 1.1 an. Die Anzeigepflicht wird also mit dem Eintritt des Schadenereignisses ausgelöst. Das wird nicht jedem VN ohne Weiteres klar sein. Die aktuelle Fassung der AHB führt dem VN jedoch klar vor Augen, dass es nicht darauf ankommt, ob bereits Schadensersatzansprüche erhoben wurden oder nicht. Im Wortlaut der Ziff. 25.1 ist nicht ausdrücklich erwähnt, dass die Anzeigepflicht

---

6 Bruck/Möller/*Koch*, Ziff. 24 AHB 2012 Rn 11 mwN.

erst dann ausgelöst wird, wenn der VN Kenntnis vom Versicherungsfall erlangt.[1] Dem VN erschließt sich aus dem Wortlaut gleichwohl, dass er einen Versicherungsfall anzuzeigen hat, sobald er von ihm weiß.[2]
Die Anzeige hat **innerhalb einer Woche** zu erfolgen; in früheren Fassungen ist von „unverzüglich" die Rede.
Der VN ist auch anzeigepflichtig, wenn gegen ihn ein Schadensersatzanspruch erhoben wird; das ist in den aktuellen AHB in Ziff. 25.1 S. 2 geregelt, in älteren Fassungen in Ziff. 25.3.

Der VR muss den objektiven Tatbestand der Anzeigepflichtverletzung **beweisen,** 3 also auch die Kenntnis des VN vom Eintritt des Versicherungsfalles.[3] Die Anzeigepflicht wird ausgelöst, sobald der VN weiß, dass Rechtsgüter eines anderen real betroffen sind und daraus ein Schaden entstehen kann.[4] Es genügt die Kenntnis von der Möglichkeit einer Mitverursachung.

III. Schadenabwendungs- und -minderungspflicht (Ziff. 25.2 S. 1 und 2)

Ziff. 25.2 S. 1 beinhaltet die Pflicht zur Schadenabwendung und -minderung. Das 4 in § 82 VVG aufgenommene Zumutbarkeitserfordernis im Hinblick auf die Pflicht, **Weisungen des VR** zu befolgen, ist in Ziff. 25.2 S. 2 aufgenommen. Der VN ist – anders als in § 82 Abs. 2 S. 1 VVG vorgesehen –, nicht verpflichtet, Weisungen einzuholen. Unterlässt es der VR, sachlich zwingend notwendige Weisungen zu erteilen, oder gibt er falsche Weisungen, kann er sich gegenüber dem VN uU schadensersatzpflichtig machen.[5] Dass dem VN ein Schaden durch unterbliebene oder unrichtige Weisungen des VR entsteht, wird freilich selten gegeben sein.[6]

In der Vergangenheit war heftig umstritten, ob den VN in der Haftpflichtversicherung eine „vorerstreckte" Rettungspflicht trifft und ob er den Ersatz von Kosten zur Abwendung eines unmittelbar bevorstehenden Versicherungsfalles verlangen kann.[7] Der Gesetzgeber des VVG 2008 lehnt – für alle Sparten – eine Pflicht zur Abwendung eines Versicherungsfalles – also eine **Vorerstreckung der Rettungspflicht** – ab (s. Vor §§ 100–124 VVG Rn 5 sowie § 82 VVG Rn 4 f). Die in Ziff. 25.2 S. 1 formulierte Pflicht bezieht sich auf den Schaden, sie stellt keine Obliegenheit dar, den VR nicht mit Kosten zu belasten. Trifft der VN eine **Schiedsabrede**, die uU höhere Kosten verursacht als ein Verfahren vor staatlichen Gerichten, verletzt er damit jedenfalls nicht seine Schadenabwendungs- und -minderungspflicht.[8]

IV. Auskunftspflicht (Ziff. 25.2 S. 3 und 4)

Die Auskunftspflicht ist in Ziff. 25.2 S. 3 und 4 festgelegt. Besonderheiten gegen- 5 über der gesetzlichen Regelung (§ 31 VVG) sind nicht gegeben. Insbesondere bei Fällen mit erheblichen Verletzungsfolgen ist zu bedenken, dass die Einzelheiten vor

---

1 Das begründet nach Prölss/Martin/*Lücke*, Ziff. 25 AHB Rn 4 AGB-rechtliche Bedenken.
2 Skeptisch im Hinblick auf § 307 BGB Prölss/Martin/*Lücke*, Ziff. 25 AHB Rn 4.
3 BGH 3.11.1966 – II ZR 52/64, VersR 1967, 56; BGH 27.11.2002 – IV ZR 159/01, VersR 2003, 187.
4 Späte/Schimikowski/*Harsdorf-Gebhardt*, Ziff. 25 AHB Rn 4 mwN.
5 So Späte/Schimikowski/*Harsdorf-Gebhardt*, Ziff. 25 AHB Rn 20.
6 Vgl auch Prölss/Martin/*Lücke*, Ziff. 25 AHB Rn 12.
7 Dagegen: LG Oldenburg 5.11.1997 – 4 S 540/97, VersR 1998, 965; LG Köln 8.2.1999 – 24 O 166/98, r+s 1999, 193; AG Itzehoe 12.3.2004 – 53 C 1208/03, r+s 2004, 190; *Littbarski*, AHB, § 5 Rn 49, 54 mwN. Dafür: BK/*Beckmann*, § 62 Rn 41; *Knappmann*, VersR 1989, 113; *ders.*, VersR 2002, 129, 131; *Schmalzl/Krause-Allenstein*, Berufshaftpflichtversicherung des Architekten und Bauunternehmers, Rn 378 ff; *Schimikowski*, VersR 1999, 1193, 1194; *ders.*, r+s 2003, 133 ff, jew. mwN.
8 *Koch*, SchiedsVZ 2007, 281, 288.

dem Unfallereignis häufig weniger Aufmerksamkeit erfahren und die Erinnerung daran nach einem plötzlichen, unerwarteten Ereignis rasch verblasst. Die Möglichkeit, dass auf diese Weise bei einer Sachverhaltsschilderung ein Irrtum unterläuft, ist bei der Prüfung der Frage, ob eine Auskunftpflichtverletzung vorliegt, zu berücksichtigen.[9] – Unterlässt es der VN, dem VR seine geänderte Anschrift mitzuteilen und vereitelt er dadurch den Zugang eines Auskunftsersuchens, verletzt er damit seine Aufklärungsobliegenheit.[10] – Entfernen vom Tatort stellt – anders als in der Kraftfahrtversicherung – in der Allgemeinen Haftpflichtversicherung keine Aufklärungspflichtverletzung dar. Aus der Formulierung des § 5 Nr. 3 AHB aF (Ziff. 25.2 AHB nF) kann der VN nicht entnehmen, am Unfallort bleiben und Ladungen der Polizei folgen zu müssen.[11]

V. Besondere Anzeigepflichten (Ziff. 25.3)

6   Besondere Anzeigepflichten treffen den VN, wenn ein staatsanwaltliches, behördliches oder gerichtliches Verfahren eingeleitet wird, wenn ein Mahnbescheid erlassen oder ihm gerichtlich der Streit verkündet wird (Ziff. 25.3). Die entsprechenden Anzeigen haben **unverzüglich** zu erfolgen. Die Regelung entspricht inhaltlich im Wesentlichen § 104 Abs. 1 S. 2 und Abs. 2 VVG.

7   Anders als in der gesetzlichen Regelung (§ 104 Abs. 2 S. 1 VVG) ist in den AHB nicht erwähnt, dass der VN auch anzuzeigen hat, wenn **Prozesskostenhilfe** beantragt worden ist; es ist daher nicht davon auszugehen, dass insoweit eine vertragliche Anzeigepflicht begründet ist, denn der VN wird in diesem Fall nicht davon ausgehen müssen, ein Anspruch sei gegen ihn „erhoben" worden.

8   Die AHB sprechen ferner von einem „**staatsanwaltlichen, behördlichen oder gerichtlichen Verfahren**", das eine Anzeigepflicht auslösen soll. In § 104 Abs. 2 S. 2 VVG ist dagegen von einem „Ermittlungsverfahren", das wegen eines den Anspruch begründenden Schadenereignisses eingeleitet wird, die Rede. Die AHB-Regelung ist für den VN klarer; eine inhaltliche Erweiterung der Anzeigepflicht ist damit nicht verbunden, so dass auch kein Verstoß gegen die nach § 112 VVG halbzwingende Bestimmung des § 104 VVG gegeben ist.[12] Ziff. 25.3 spricht Verfahren gegen Mitversicherte nicht an, sondern ausschließlich Verfahren gegen den VN.

VI. Widerspruchsobliegenheit (Ziff. 25.4)

9   Gegen einen **Mahnbescheid** oder gegen eine **behördliche Verfügung auf Schadensersatz** hat der VN nach Ziff. 25.4 fristgerecht Widerspruch oder einen anderen Rechtsbehelf einzulegen; einer Weisung des VR soll es nicht bedürfen. Diese Pflichten gelten bis zur Anzeige des Versicherungsfalles, danach gehen sie auf den VR über.[13]

VII. Prozessüberlassungspflicht (Ziff. 25.5)

10 Ziff. 25.5 bestimmt die sog. Prozessüberlassungspflicht: Sobald ein Haftpflichtanspruch gegen den VN gerichtlich geltend gemacht wird, hat der VN dem VR die Führung des Verfahrens zu überlassen, dem vom VR benannten Rechtsanwalt

---

9 OLG Stuttgart 2.8.2005 – 10 U 88/05, NJW-RR 2005, 1480.
10 OLG Karlsruhe 6.4.2006 – 12 U 266/05, VersR 2006, 1206.
11 OLG Karlsruhe 19.2.2009 – 12 U 249/08, r+s 2009, 370.
12 Zweifelnd Prölss/Martin/*Lücke*, Ziff. 25 AHB Rn 25; hier wird freilich verkannt, dass auch Behörden „Ermittlungsverfahren" einleiten können, wenn es etwa um Umweltschmutzungen geht. Vgl auch Bruck/Möller/*Koch*, Ziff. 25 AHB 2012 Rn 9.
13 Prölss/Martin/*Lücke*, Ziff. 25 AHB Rn 29; FAKomm-VersR/*Halm/Fritz*, Ziff. 25 AHB Rn 31.

Vollmacht zu erteilen, ihm alle Unterlagen zu übermitteln und die erforderlichen Auskünfte zu erteilen. Die Beauftragung des Rechtsanwalts erfolgt durch den VR, aber im Namen des VN; der Rechtsanwalt kann vom VR Weisungen erhalten. Die Obliegenheit des VN nach Ziff. 25.5 korrespondiert mit der in Ziff. 5.2 festgelegten Rechtsstellung des VR in Bezug auf die Erfüllung seiner Leistungspflichten. Die (außergerichtliche und gerichtliche) Regulierungsvollmacht des VR ist umfassend ausgestaltet. Der VR ist alleiniger Herr des Verfahrens, er entscheidet insb. über die Frage der Anspruchsabwehr. Das bestärkt die Einschätzung, dass Abwehrkosten jedenfalls nicht kraft AVB-Regelung auf die Deckungssumme angerechnet werden dürfen (vgl dazu § 101 VVG Rn 4).

Ob die Prozessüberlassungspflicht AGB-rechtlich haltbar ist, wird bezweifelt.[14] 11
Wenn der VR indes zur Abwehr unberechtigter Ansprüche verpflichtet ist, erscheint es nicht unangemessen, ihm die Regulierungsmacht zuzuweisen.

Weigert sich der VN, dem vom VR benannten Rechtsanwalt Vollmacht zu erteilen, 12
etwa weil er seinen „Hausanwalt" für besser geeignet hält, verletzt er seine Obliegenheit nach Ziff. 25.5 S. 3 (zur Problematik auf der Rechtsfolgenseite s. Ziff. 26 Rn 4). Überlässt dagegen der VN gem. § 5 Nr. 4 AHB aF (Ziff. 25.4 AHB nF) dem Haftpflichtversicherer die Prozessführung und beauftragt dieser seinen „Hausanwalt", der weder am Sitz des Gerichts noch am Wohn- oder Geschäftsort des VN ansässig ist, so sind die dadurch entstehenden höheren Reisekosten nicht erstattungsfähig.[15]

Wird eine **Schiedsgerichtsvereinbarung** getroffen, bevor ein Versicherungsfall ein- 13
getreten ist, liegt kein Verstoß gegen die Prozessüberlassungspflicht vor. Nach dem Eintritt des Versicherungsfalles bedarf sie der Zustimmung des VR, andernfalls verletzt der VN das Prozessführungsrecht des VR;[16] die Rechtsfolgen ergeben sich aus § 28 VVG bzw Ziff. 26 AHB. In der Praxis werden Schiedsgerichtsklauseln verwendet, die besagen, dass der Versicherungsschutz durch die Vereinbarung eines Schiedsgerichtsverfahrens nicht beeinträchtigt ist, wenn das Schiedsgericht bestimmten Mindestanforderungen entspricht. Dass die als Deckungserweiterung konzipierte Regelung Einschränkungen bzw Voraussetzungen enthält, lässt sie noch nicht überraschend iSd § 305c Abs. 1 BGB oder intransparent iSd § 307 Abs. 1 S. 2 BGB erscheinen. Soweit der VersVertrag auch Auslandsdeckung bietet, könnte eine Gefährdung des Vertragszwecks (§ 307 Abs. 2 Nr. 2 BGB) anzunehmen sein, wenn die Anforderungen im Ausland nicht zu erfüllen sind.[17]

26 Rechtsfolgen bei Verletzung von Obliegenheiten

26.1 Verletzt der Versicherungsnehmer eine Obliegenheit aus diesem Vertrag, die er vor Eintritt des Versicherungsfalles zu erfüllen hat, kann der Versicherer den Vertrag innerhalb eines Monats ab Kenntnis von der Obliegenheitsverletzung fristlos kündigen. Der Versicherer hat kein Kündigungsrecht, wenn der Versicherungsnehmer nachweist, dass die Obliegenheitsverletzung weder auf Vorsatz noch auf grober Fahrlässigkeit beruhte.

---

14 *Koch/Hirse*, VersR 2001, 405 ff; Bedenken bei Bruck/Möller/*Koch*, Ziff. 25 AHB 2012 Rn 69.
15 OLG Oldenburg 31.7.2007 – 5 W 113/07, MDR 2008, 50.
16 *Littbarski*, AHB, § 5 Rn 83; Bruck/Möller/*Koch*, Ziff. 25 AHB 2012 Rn 62; *Koch*, SchiedsVZ 2007, 281, 288 f; aA Schimikowski/*Harsdorf-Gebhardt*, Ziff. 25 AHB Rn 68, die Ziff. 25.5 nicht für anwendbar erachtet, weil es an einer gerichtlichen Geltendmachung fehle.
17 *Koch*, SchiedsVZ 2007, 281, 290 erachtet die vom GDV empfohlene Muster-Schiedsgerichtsklausel hingegen generell für unwirksam.

26.2 Wird eine Obliegenheit aus diesem Vertrag vorsätzlich verletzt, verliert der Versicherungsnehmer seinen Versicherungsschutz. Bei grob fahrlässiger Verletzung einer Obliegenheit ist der Versicherer berechtigt, seine Leistung in einem der Schwere des Verschuldens des Versicherungsnehmers entsprechenden Verhältnis zu kürzen.

Der vollständige oder teilweise Wegfall des Versicherungsschutzes hat bei Verletzung einer nach Eintritt des Versicherungsfalls bestehenden Auskunfts- oder Aufklärungsobliegenheit zur Voraussetzung, dass der Versicherer den Versicherungsnehmer durch gesonderte Mitteilung in Textform auf diese Rechtsfolge hingewiesen hat.

Weist der Versicherungsnehmer nach, dass er die Obliegenheit nicht grob fahrlässig verletzt hat, bleibt der Versicherungsschutz bestehen.

Der Versicherungsschutz bleibt auch bestehen, wenn der Versicherungsnehmer nachweist, dass die Verletzung der Obliegenheit weder für den Eintritt oder die Feststellung des Versicherungsfalls noch für die Feststellung oder den Umfang der dem Versicherer obliegenden Leistung ursächlich war. Das gilt nicht, wenn der Versicherungsnehmer die Obliegenheit arglistig verletzt hat.

Die vorstehenden Bestimmungen gelten unabhängig davon, ob der Versicherer ein ihm nach Ziff. 26.1 zustehendes Kündigungsrecht ausübt.

I. Allgemeines

1 Die Regelung ist überschrieben mit „Rechtsfolgen bei Verletzung von Obliegenheiten". Das ist nicht ganz korrekt, denn sie bezieht sich ausschließlich auf **vertragliche** Obliegenheiten, die in Ziff. 24 und Ziff. 25 aufgeführt sind. Inhaltlich übernehmen die AHB die Regelung des § 28 VVG. Für die Haftpflichtversicherung ergeben sich einige Besonderheiten:

II. Kausalitätserfordernis bei vorsätzlicher Obliegenheitsverletzung (Ziff. 26.2 Abs. 4)

2 **1. Praktische Auswirkungen.** Bei der **Schadensregulierung** kann das **Kausalitätserfordernis** (Ziff. 26.2 Abs. 4) besondere Bedeutung erlangen: In der Praxis der Haftpflichtversicherung kommt es – womöglich häufiger als in anderen Sparten – vor, dass der VN dem VR vorsätzlich falsche oder unvollständige Angaben zum Schadenhergang macht, ohne dass arglistige Täuschung im Spiel ist. Ein VN kann etwa aus Zeitmangel, aus der Überzeugung „das geht den VR nichts an" oder aus schlichtem Unwillen gegenüber dem VR bewusst unrichtige Angaben machen oder zumindest in Kauf nehmen, dass die Angaben nicht (ganz) korrekt sind. Solange der VR von anderer Seite – etwa vom Geschädigten, durch Zeugenaussagen usw – den Sachverhalt gleichwohl richtig ermittelt, hat die vorsätzliche Verletzung der **Auskunftsobliegenheit** durch den VN keine Auswirkung auf die Feststellung des Versicherungsfalles bzw auf die Feststellung des Umfangs der Leistungspflicht durch den VR bzw auf den Umfang der Leistungspflicht des VR gehabt.[1] Die Feststellungen des VR sind **im Ergebnis** nicht beeinflusst worden, so dass der VR sich wegen fehlender Kausalität nicht auf Leistungsfreiheit berufen kann. Dass dem VR die Feststellungen zum Schadenhergang und -umfang, zur Verantwortlichkeit des

---

[1] Das gilt insb., wenn das Schadenereignis unstreitig und – etwa in staatsanwaltlichen Ermittlungsakten – hinreichend dokumentiert ist, vgl OLG Frankfurt 24.5.2007 – 3 U 144/06, r+s 2008, 66; vgl auch Späte/Schimikowski/*Harsdorf-Gebhardt*, Ziff. 26 AHB Rn 24 mwN.

VN usw erschwert worden sind, begründet nicht die Leistungsfreiheit des VR. Sind dem VR Mehraufwendungen wegen des Verhaltens des VN entstanden, können diese wegen Verletzung einer vertraglichen Pflicht zu einem Schadensersatzanspruch des VR nach § 280 BGB führen.[2] Eine Leistungsfreiheit des VR in Höhe der vom VN verursachten Mehrkosten anzunehmen, ist mit dem Wortlaut des § 28 Abs. 3 S. 1 VVG nicht vereinbar.[3]

Das Ausgeführte gilt freilich nur, soweit der VR trotz mangelnder Mitwirkung seitens des VN den Sachverhalt komplett und zutreffend im Rahmen seiner Erhebungen feststellt. Kann dagegen der VR zB im Rahmen seiner Erhebungen über die haftungsrechtliche Verantwortlichkeit des VN deshalb nicht entscheiden, weil der VN (Konstruktions-)Unterlagen für das angeblich schadenstiftende Produkt nicht herausgibt, ist die Verweigerungshaltung des VN „kausal": Der VR kann weder feststellen, ob ein Schadenereignis eingetreten ist, noch kann er den etwaigen Umfang seiner Leistungspflicht ermessen. In einer solchen Fallgestaltung verweigert der VR seine Eintrittspflicht zu Recht. 3

Verweigert der VN die **Vollmachterteilung** gegenüber dem vom VR benannten Rechtsanwalt (s. Ziff. 25 Rn 12), liegt zumindest dann, wenn ihn der VR auf seine Pflicht hingewiesen hat, auf Seiten des VN Vorsatz in Bezug auf die Obliegenheitsverletzung vor. Der VN verliert daher nach Ziff. 26.2 Abs. 1 S. 1 grds. den Versicherungsschutz. Allerdings steht dem VN der Kausalitätsgegenbeweis nach Ziff. 26.2 Abs. 4 S. 1 offen. Lehnt der VR aufgrund des Verhaltens des VN die Deckung ab und beauftragt der VN einen anderen Rechtsanwalt mit der Führung des Haftpflichtprozesses, könnte der VN vom VR die Kosten des Haftpflichtprozesses und ggf die Regulierung der gegen ihn erhobenen Schadensersatzansprüche verlangen, wenn ihm der Nachweis gelingt, dass die Beauftragung des anderen Rechtsanwalts weder für die Feststellung des Versicherungsfalles noch für die Feststellung des Umfangs der Leistungspflicht noch für den Umfang der Leistungspflicht des VR ursächlich war. Hat der VN bereits Zahlungen geleistet, könnte er diese nach § 812 Abs. 1 BGB verlangen. 4

2. Kausalitätsgegenbeweis. Der Kausalitätsgegenbeweis ist vom VN zu führen. Dabei darf nicht verlangt werden, dass der VN die **Folgenlosigkeit** der Obliegenheitsverletzung (iSd früheren Relevanz-Rechtsprechung) darzulegen und ggf zu beweisen hat. Nach der **Relevanz-Rechtsprechung** kam es bei der Beurteilung, ob eine vorsätzliche Obliegenheitsverletzung folgenlos geblieben ist oder nicht, darauf an, ob im Ergebnis eine nachteilige Auswirkung für den VR vorlag. Ein **nachteiliges Auswirken** wurde nach stRspr angenommen, wenn der VR zuviel gezahlt hat, wenn er mit zusätzlichen Kosten belastet wurde oder wenn er mit für ihn nachteiligen Konsequenzen – zumindest vorübergehend – daran gehindert war, sachgemäße Entschlüsse zu fassen oder den Sachverhalt aufzuklären.[4] Der Wortlaut des § 28 Abs. 3 S. 1 VVG bzw der Ziff. 26.2 Abs. 4 S. 1 ist enger: Es genügt allein, wenn die Obliegenheitsverletzung für die Feststellung des Versicherungsfalles, die Feststellung des Umfangs der Leistungspflicht oder für den Umfang der Leistungspflicht „ursächlich" ist. Danach genügt es also nicht, wenn etwa falsche, unterlassene 5

---

[2] AA Prölss/Martin/*Lücke*, Ziff. 27 AHB Rn 10. Wer die Sanktionen des § 28 Abs. 2–4 VVG als abschließendes und keine Ausnahmen zulassendes System ansieht (vgl Looschelders/Pohlmann/*Pohlmann*, § 28 VVG Rn 14), muss Schadensersatzansprüche wie im oben angesprochenen Fall ablehnen. Zur Gegenmeinung *Schimikowski*, VersR 2009, 1304, 1307. Vgl auch Bruck/Möller/*Brömmelmeyer*, § 30 VVG Rn 48, der einen Schadensersatzanspruch nur bei Vorsatz bejaht.
[3] Anders wohl Schwintowski/Brömmelmeyer/*Schwintowski*, § 28 VVG Rn 81, der auf Rspr zum alten Recht verweist. In der Tat war ein Abzug von Kosten für Mehraufwendungen, die der VN durch ungenügende Angaben verursachte, nach § 6 Abs. 3 S. 2 VVG aF möglich.
[4] BGH 24.6.1981 – IVa ZR 133/80, VersR 1982, 182.

oder unvollständige Angaben des VN beim VR zusätzliche Kosten verursacht haben. Vielmehr muss die Feststellung inhaltlich beeinflusst sein (vgl § 28 VVG Rn 64); dass dies nicht der Fall ist, hat der VN darzulegen und ggf zu beweisen (**Negativbeweis**). Der VN muss nachweisen, dass dem VR kein Nachteil durch die Obliegenheitsverletzung entstanden ist bzw dass der Nachteil auch bei Beachtung der Obliegenheit eingetreten wäre. – Geht es um die Verletzung von Obliegenheiten, die **vor** Eintritt des Versicherungsfalles zu erfüllen sind, muss der VN ausräumen, dass sein Verhalten – die Nichtbeachtung der Obliegenheit – den Versicherungsfall (mit-)herbeigeführt hat bzw den Schaden vergrößert hat.[5]

6   3. **Arglistige Täuschung.** Will der VR trotz fehlender Kausalität die Leistung verweigern, muss er Umstände darlegen und beweisen, die auf **Arglist** schließen lassen (vgl § 28 Abs. 3 S. 2 VVG). Arglistige Täuschung ist anzunehmen, wenn der VN dem VR falsche Tatsachen vorspiegelt oder wahre Tatsachen verschweigt, um damit beim VR einen Irrtum zu erregen oder aufrecht zu erhalten. Der VN muss bewusst und willentlich auf die Entscheidung des VR einwirken.[6] Wenn sich der VN durch seine falschen Erklärungen – erkennbar – eine Leistung erschleichen will, auf die er keinen Anspruch hat, wenn er in betrügerischer Absicht handelt, liegt arglistige Täuschung vor. Allerdings ist nach gefestigter Rspr eine **Bereicherungsabsicht** nicht erforderlich: Eine arglistige Täuschung begeht der Haftpflichtversicherungsnehmer bereits dann, wenn er vorsätzlich falsche Angaben macht, um dadurch auf die Feststellung des Schadens oder auf die Entschließung des VR Einfluss zu nehmen. Auch einen berechtigten Anspruch darf der VN nicht mit Täuschung durchzusetzen versuchen.[7] Das ist gerade für die Schadensregulierung in der Haftpflichtversicherung von Bedeutung, weil in vielen Fällen keine Bereicherungsabsicht des VN ersichtlich ist.

III. Leistungskürzungsrecht bei grob fahrlässiger Obliegenheitsverletzung (Ziff. 26.2 Abs. 1 S. 2)

7   Die Quotelungsregelung bei grob fahrlässiger Obliegenheitsverletzung (Ziff. 26.2 Abs. 1 S. 2) kann v.a. bei Verletzungen der Obliegenheit zur rechtzeitigen Anzeige des Versicherungsfalles zur Anwendung kommen. Ein VN wird die Schadenanzeigepflicht idR nicht vorsätzlich oder gar arglistig verletzen, sondern aus Unkenntnis.[8] Entscheidend sind freilich jeweils die Umstände des Einzelfalles: Hat der VN einen Schadenfall zwar grob fahrlässig verspätet gemeldet, sind der Schadenhergang und -umfang aber umfassend dokumentiert (zB Fotos, Gutachten), fehlt es bereits an der Kausalität, so dass der VR eintrittspflichtig bleibt (Ziff. 26.2 Abs. 4 S. 1). Unterblieb dagegen eine Dokumentation des Schadenhergangs, ist eine verspätete Schadenmeldung ursächlich iSd Ziff. 26.2 Abs. 4 S. 1. Hier kommt eine Leistungskürzung in Betracht; fraglich kann in solchen Fällen aber sein, ob der VN den Eintritt des Versicherungsfalles beweisen kann.

8   Ob der Vorwurf grober Fahrlässigkeit erhoben werden kann, ist eine Frage des Einzelfalles. Eine **leicht fahrlässige Anzeigepflichtverletzung** kann bei einer nur kurzfristigen Fristüberschreitung anzunehmen sein. Hat der VN den Versicherungsfall seinem VersMakler gemeldet und durfte er davon ausgehen, dass dieser die Meldung an den VR leitet, kommt allenfalls leicht fahrlässiges Verhalten in Be-

---

5   Zum Ganzen *Schimikowski*, VersR 2009, 1304 ff.
6   Vgl BGH 28.2.2007 – IV ZR 331/05, VersR 2007, 785, 786 mwN.
7   StRspr, vgl BGH 18.11.1986 – IVa ZR 99/85, VersR 1987, 149; OLG Köln 23.5.2000 – 9 U 161/98, r+s 2002, 122; OLG Koblenz 20.5.2005 – 10 U 692/04, r+s 2006, 74; *Weidner*, jurisPR-VersR 4/2007 Anm. 2 (zu OLG Hamm 14.2.2007 – 20 U 172/06, NJW-RR 2007, 1255).
8   OLG Hamm 19.2.1997 – 20 U 150/96, r+s 1997, 391; OLG Köln 27.6.2006 – 9 U 210/05, r+s 2006, 370.

tracht.⁹ **Grob fahrlässige Anzeigepflichtverletzung** ist angenommen worden bei Einleitung eines Beweissicherungsverfahrens ohne Information des Haftpflichtversicherers.¹⁰ Nimmt der VN an, es bestünden gegen ihn keine Haftpflichtansprüche, soll keine grobe Fahrlässigkeit anzunehmen sein, wenn der VN die Anzeige des Versicherungsfalles (zunächst) unterlässt.¹¹ Zumindest soweit Ziff. 25.1 dem Vertrag zugrunde liegt, erscheint diese Auffassung nicht (mehr) haltbar, weil dort klar zum Ausdruck gebracht ist, dass die Anzeigepflicht unabhängig von der Anspruchserhebung ist. Sind Ansprüche erhoben, hält der VN sie aber für unbegründet, wird grobe Fahrlässigkeit zu verneinen sein, wenn die Schadenanzeige unterbleibt, weil der VN gar nicht weiß, dass der VR auch Abwehrdeckung gewährt.¹² Es kommt (auch hier) auf die Umstände des Einzelfalls an. Unterlässt der VN die Anzeige des Versicherungsfalles, weil er die Ansprüche für unberechtigt erachtet, und erhebt der Geschädigte nun Klage, kann es – falls der VN nun dem VR Meldung macht – an der Kausalität fehlen, wenn auch der VR Abwehrdeckung geboten hätte. Ergibt sich allerdings, dass der VR den VN von den Ansprüchen freigestellt hätte, ist Kausalität im Hinblick auf den Umfang der Leistungspflicht gegeben. In Bezug auf die Prozesskosten kann der VR eine Kürzung vornehmen. Zwar ist der Rechtsschutzanspruch nicht teilbar, der VR muss in vollem Umfang Abwehrdeckung gewähren, kann aber – soweit er gegenüber dem VN leistungsfrei ist – regressieren.¹³

Weitere Bestimmungen

27 Mitversicherte Person

27.1 Erstreckt sich die Versicherung auch auf Haftpflichtansprüche gegen andere Personen als den Versicherungsnehmer selbst, sind alle für ihn geltenden Bestimmungen auf die Mitversicherten entsprechend anzuwenden. Die Bestimmungen über die Vorsorgeversicherung (Ziff. 4) gelten nicht, wenn das neue Risiko nur in der Person eines Mitversicherten entsteht.

27.2 Die Ausübung der Rechte aus dem Versicherungsvertrag steht ausschließlich dem Versicherungsnehmer zu. Er ist neben den Mitversicherten für die Erfüllung der Obliegenheiten verantwortlich.

I. Geltung der AHB-Regelungen für Mitversicherte (Ziff. 27.1)

Haftpflichtversicherung ist – von PHV mit Single-Tarif abgesehen – in aller Regel Versicherung eigenen Interesses des VN und (Mit-)Versicherung fremder Interessen, sie ist insoweit auch Versicherung für fremde Rechnung iSd § 43 VVG. Die AHB bestimmen zunächst in **Ziff. 27.1 S. 1**, dass die für den VN geltenden Bestimmungen auch auf Mitversicherte Anwendung finden. 1

Eine wichtige Ausnahme von dieser Grundregel findet sich in **Ziff. 27.1 S. 2**: Entsteht ein **neues**, bislang nicht versichertes Risiko allein in der Person eines Mitversicherten, gelten die Bestimmungen über die **Vorsorgeversicherung** nicht. Das bedeutet: Schafft sich die mitversicherte 17-jährige Tochter des VN einen Hund oder ein Pferd an, besteht kein Schutz aus der Vorsorgeversicherung. Gleiches gilt, wenn etwa der mitversicherte Lebens- oder Ehepartner einen Heizöltank in sein ihm gehörendes Haus installieren lässt. Die Regelung kann beträchtliche De- 2

---

9   LG Köln 18.9.2007 – 24 O 18/07, r+s 2008, 288.
10 LG Bonn 15.8.1997 – 10 O 100/97, r+s 1998, 276.
11 So OLG Hamm 11.3.1981 – 20 U 272/80, VersR 1981, 821.
12 Anders Prölss/Martin/*Armbrüster*, § 30 VVG Rn 16 mwN.
13 Prölss/Martin/*Lücke*, § 104 VVG Rn 24.

ckungslücken aufreißen. Sie ist in Ziff. 27.1 S. 2 geradezu versteckt. Einen Überrumpelungseffekt iSd § 305 c Abs. 1 BGB dürfte sie nur dann nicht entfalten, wenn der VR an geeigneter Stelle darauf hinweist.

II. Geltendmachung der Rechte (Ziff. 27.2 S. 1)

3 Nach **Ziff. 27.2 S. 1** ist allein der VN befugt, Rechte aus dem Vertrag geltend zu machen. Das gilt abweichend von § 44 Abs. 2 VVG auch dann, wenn der Mitversicherte im Besitz des Versicherungsscheins ist. Diese Bestimmung ist seit langem üblich; bei der uU großen Zahl (wechselnder) mitversicherter Personen ist unverkennbar, dass für den Haftpflichtversicherer ein berechtigtes praktisches Bedürfnis für eine Regelung dieses Inhalts besteht. Sie ist auch rechtlich unangreifbar, denn § 44 VVG ist abdingbar.

4 In Einzelfällen können auch mitversicherte Personen Rechte aus der Haftpflichtversicherung aktiv geltend machen, wenn etwa der VN die **Geltendmachung aus unbilligen Gründen verweigert**.[1] Eine **Aktivlegitimation des Mitversicherten** ist auch dann gegeben, wenn der VR auf die Rechtsstellung nach Ziff. 27.2 S. 1 **verzichtet**. Eine solche Verzichtserklärung kann stillschweigend dadurch erfolgen, dass die aktive Geltendmachung von Rechten durch einen Mitversicherten vom VR nicht gerügt wird.[2]

III. Verantwortlichkeit für Obliegenheiten (Ziff. 27.2 S. 2)

5 Für die Erfüllung von Obliegenheiten ist der Mitversicherte neben dem VN verantwortlich, Ziff. 27.2 S. 2. Diese Aussage ist an § 47 Abs. 1 VVG orientiert. Verletzt ein Mitversicherter eine Obliegenheit, kann er uU (teilweise) den Leistungsanspruch verlieren oder es können andere Sanktionen ausgelöst werden. Über die möglichen Folgen einer Obliegenheitsverletzung ist der Mitversicherte zu belehren. Dem VN wird eine Obliegenheitsverletzung des Mitversicherten nur dann zugerechnet, wenn dieser **Repräsentant, Wissenserklärungs-** oder **Wissensvertreter** ist.[3] – Verletzt dagegen der VN eine Obliegenheit, kann dies dazu führen, dass der VR (auch) gegenüber einer mitversicherten Person ganz oder teilweise leistungsfrei wird.[4]

6 Die Regelung der Ziff. 27.2 S. 2 begründet – ebenso wenig wie § 47 Abs. 1 VVG bzw § 79 Abs. 1 VVG aF – eine eigene vorvertragliche Anzeigepflicht für (mit-)versicherte Personen, allerdings kann die Kenntnis Versicherter über gefahrerhebliche Umstände dem VN zuzurechnen sein.[5]

28 Abtretungsverbot

Der Freistellungsanspruch darf vor seiner endgültigen Feststellung ohne Zustimmung des Versicherers weder abgetreten noch verpfändet werden. Eine Abtretung an den geschädigten Dritten ist zulässig.

1 Die AHB enthalten das Verbot, den Freistellungsanspruch an andere Personen als den Geschädigten abzutreten. Das ist mit § 108 Abs. 2 VVG vereinbar. Ein generelles Abtretungsverbot enthalten die AHB nicht mehr. Der VN kann seinen Freistellungsanspruch an den Geschädigten abtreten; diese Möglichkeit zu eröffnen,

---

1 Vgl Prölss/Martin/*Klimke*, § 44 VVG Rn 11 mwN.
2 OLG Stuttgart 2.8.2005 – 10 U 88/05, NJW-RR 2005, 1480.
3 Vgl etwa OLG Koblenz 13.1.2006 – 10 U 246/05, VersR 2007, 787.
4 Str, vgl dazu *Littbarski*, AHB, § 7 Rn 23 ff mwN.
5 Näher dazu *Lange*, VersR 2006, 605, 606.

bezweckt § 108 Abs. 2 VVG. Klagt der Geschädigte aus abgetretenem Recht, riskiert er, dass die Klage aus deckungsrechtlichen Gründen abgewiesen wird und die haftungsrechtlichen Fragen ungeklärt bleiben.[1] Soweit die Deckung unproblematisch ist, wird im Prozess, den der aus abgetretenem Recht vorgehende Dritte gegen den VR führt, auch die behauptete Haftpflicht des VN zu prüfen sein (vgl auch § 108 VVG Rn 9). Insoweit wird das Trennungsprinzip durchbrochen.[2] Der Freistellungsanspruch des VN gegenüber dem VR wandelt sich, wenn er an den Anspruchsteller abgetreten wurde, in einen Zahlungsanspruch.[3] Auch wenn die Haftpflichtforderung streitig ist, kann der Anspruchsteller direkt gegen den VR klagen.[4] Dem kann § 106 VVG nicht entgegengehalten werden, weil diese Regelung zur Fälligkeit des aus abgetretenem Recht geltend gemachten Anspruchs nichts aussagt. Die Fälligkeit richtet sich vielmehr nach der allgemeinen Regel des § 14 VVG. Lehnt der VR die Deckung ab – das ist auch gegeben, wenn der VR Klagabweisung beantragt –, tritt in jedem Fall Fälligkeit ein.[5]

29 Anzeigen, Willenserklärungen, Anschriftenänderung

29.1 Alle für den Versicherer bestimmten Anzeigen und Erklärungen sollen an die Hauptverwaltung des Versicherers oder an die im Versicherungsschein oder in dessen Nachträgen als zuständig bezeichnete Geschäftsstelle gerichtet werden.

29.2 Hat der Versicherungsnehmer eine Änderung seiner Anschrift dem Versicherer nicht mitgeteilt, genügt für eine Willenserklärung, die dem Versicherungsnehmer gegenüber abzugeben ist, die Absendung eines eingeschriebenen Briefes an die letzte dem Versicherer bekannte Anschrift. Die Erklärung gilt drei Tage nach der Absendung des Briefes als zugegangen. Dies gilt entsprechend für den Fall einer Namensänderung des Versicherungsnehmers.

29.3 Hat der Versicherungsnehmer die Versicherung für seinen Gewerbebetrieb abgeschlossen, finden bei einer Verlegung der gewerblichen Niederlassung die Bestimmungen der Ziff. 29.2 entsprechende Anwendung.

Nach Ziff. 29.1 sollen alle Anzeigen und Willenserklärungen des VN an die Hauptverwaltung des VR oder an die im Versicherungsschein genannte Geschäftsstelle gerichtet werden. Die Bestimmung ist mit §§ 69, 70 VVG nicht vereinbar. Nach der gesetzlichen Regelung ist der VersVertreter Auge und Ohr des VR für alle vor und während der Vertragslaufzeit abgegebenen Wissens- und Willenserklärungen des VN. Die **Auge-und-Ohr-Stellung des VersVertreters** ist nicht abdingbar (§ 72 VVG). Das Wort „sollen" bedeutet aus der Sicht des durchschnittlichen VN, dass eine Pflicht zur Befolgung besteht; deshalb ist die Regelung nach § 307 Abs. 2 Nr. 1 BGB unwirksam, denn die gesetzlich festgelegte Stellung des VersVertreters und seiner Befugnisse gehört zu den Grundgedanken der versicherungsvertragsrechtlichen Regelungen. Das galt nach gefestigter Rspr bzgl vorvertraglicher Erklä-

1

---

1 *Lücke*, VK 2007, 164.
2 So *Langheid*, VersR 2007, 865 f; *Grote/Schneider*, BB 2007, 2689, 2698; *Spuhl*, VK 2009, 91; anders *Lange*, r+s 2007, 401, 404; *ders.*, VersR 2008, 713 ff; *Schramm*, PHi 2008, 24, 25; *Bank*, VW 2008, 730, 733.
3 *Koch*, r+s 2009, 133 ff; *v. Rintelen*, r+s 2010, 133, 135. Anders *Schramm/Wolf*, r+s 2009, 358, 361, jew. mwN.
4 Prölss/Martin/*Lücke*, Ziff. 29 AHB Rn 5.
5 *v. Rintelen*, r+s 2010, 133, 138.

rungen des VN.[1] Im neuen VVG ist die Beschränkung der Empfangsvollmacht des VersVertreters auch für Erklärungen während der Vertragslaufzeit ausgeschlossen (vgl § 72 VVG). Das unterstreicht: Das VVG sieht den VersVertreter vor Vertragsabschluss und während der Laufzeit des Vertrages als Auge und Ohr des VR an. Alle Versuche, daran etwas zu ändern, scheitern an § 307 Abs. 2 Nr. 1 BGB. Die Regelung für Ziff. 29.1 ist als Soll-Bestimmung konzipiert, der VN wird dies als Muss-Bestimmung (miss-)verstehen. Deshalb ist die Bestimmung – wie dargelegt – AGB-rechtlich zu beanstanden. Außerdem ist sie irreführend iSd UWG, weil sie den VN in den Glauben versetzen könnte, eine mündliche Erklärung gegenüber seinem VersVertreter sei nicht ausreichend.[2]

2 Ziff. 29.2 und Ziff. 29.3 entsprechen inhaltlich § 13 VVG. Unterlässt es der VN, dem VR eine **Änderung seiner Anschrift bzw seines Namens** mitzuteilen, wird der Zugang von Willenserklärungen des VR fingiert. Ob es sich dabei um eine Obliegenheit des VN handelt, Änderungen mitzuteilen, ist unerheblich. Zumindest sind die Folgen unterbliebener Mitteilung abschließend geregelt.[3] Nimmt man eine gesetzliche Obliegenheit an, gilt § 28 VVG nicht; das Maß des Verschuldens ist unerheblich, die Fiktionsfolge hat allein eine objektive Anknüpfung (vgl § 13 VVG Rn 8). Die Zugangsfiktion greift nur dann ein, wenn der VR einen eingeschriebenen Brief verwendet.

30 Verjährung

30.1 Die Ansprüche aus dem Versicherungsvertrag verjähren in drei Jahren. Die Fristberechnung richtet sich nach den allgemeinen Vorschriften des Bürgerlichen Gesetzbuches.

30.2 Ist ein Anspruch aus dem Versicherungsvertrag bei dem Versicherer angemeldet worden, ist die Verjährung von der Anmeldung bis zu dem Zeitpunkt gehemmt, zu dem die Entscheidung des Versicherers dem Anspruchsteller in Textform zugeht.

1 Die **Verjährungsfrist** für Ansprüche aus dem VersVertrag beträgt drei Jahre (**Ziff. 30.1 S. 1**). Das entspricht der Regelung des allgemeinen Rechts (§ 195 BGB). Ansprüche aus dem VersVertrag sind in erster Linie Abwehr- und Freistellungsansprüche des VN. Darüber hinaus sind Ansprüche auf Ersatz von Rettungskosten (§ 83 VVG) und von Schadenermittlungskosten (§ 85 VVG) erfasst. Auch Schadensersatzansprüche wegen Beratungsfehlern nach § 6 VVG, § 63 VVG oder § 280 BGB unterfallen der Regelung.[1]

2 Für den Beginn der Verjährungsfrist ist § 199 BGB einschlägig. Die Frist beginnt am Schluss des Jahres, in dem der Anspruch entstanden ist und der VN die Umstände, die den Anspruch begründen, kennt oder grob fahrlässig nicht kennt. Kenntnis der Umstände genügt; dies setzt keine zutreffende rechtliche Würdigung voraus.[2]

---

1 Vgl BGH 9.1.1991 – IV ZR 97/89, r+s 1991, 101 mwN.
2 Nach Prölss/Martin/*Lücke*, Ziff. 29 AHB Rn 1 ist die Regelung so zu verstehen, dass auch Erklärungen gegenüber anderen Stellen ausreichen, nur bei dieser Auslegung sei sie wirksam, aber auch bedeutungslos.
3 Verreitelt der VN den Zugang eines Auskunftsverlangens, liegt darin freilich (auch) eine Verletzung der Aufklärungsobliegenheit, OLG Karlsruhe 6.4.2006 – 12 U 266/05, VersR 2006, 1206.
1 Vgl BGH 16.12.2009 – IV ZR 195/08, r+s 2010, 139.
2 BGH 19.3.2008 – III ZR 220/07, VersR 2008, 1121.

Die Regelung der **Ziff. 30.2** über die **Hemmung** der Verjährung entspricht § 15 VVG. Eine Klagfristsetzung (§ 12 Abs. 3 VVG aF) ist nicht mehr vorgesehen. Die Anmeldung iSd Ziff. 30.2 kann auch durch Mitversicherte oder durch den Geschädigten erfolgen, so dass Hemmung eintritt.[3]

3

31 Zuständiges Gericht

31.1 Für Klagen aus dem Versicherungsvertrag gegen den Versicherer bestimmt sich die gerichtliche Zuständigkeit nach dem Sitz des Versicherers oder seiner für den Versicherungsvertrag zuständigen Niederlassung. Ist der Versicherungsnehmer eine natürliche Person, ist auch das Gericht örtlich zuständig, in dessen Bezirk der Versicherungsnehmer zur Zeit der Klageerhebung seinen Wohnsitz oder, in Ermangelung eines solchen, seinen gewöhnlichen Aufenthalt hat.

31.2 Ist der Versicherungsnehmer eine natürliche Person, müssen Klagen aus dem Versicherungsvertrag gegen ihn bei dem Gericht erhoben werden, das für seinen Wohnsitz oder, in Ermangelung eines solchen, den Ort seines gewöhnlichen Aufenthalts zuständig ist. Ist der Versicherungsnehmer eine juristische Person, bestimmt sich das zuständige Gericht auch nach dem Sitz oder der Niederlassung des Versicherungsnehmers. Das Gleiche gilt, wenn der Versicherungsnehmer eine Offene Handelsgesellschaft, Kommanditgesellschaft, Gesellschaft bürgerlichen Rechts oder eine eingetragene Partnergesellschaft ist.

31.3 Sind der Wohnsitz oder gewöhnliche Aufenthalt im Zeitpunkt der Klageerhebung nicht bekannt, bestimmt sich die gerichtliche Zuständigkeit für Klagen aus dem Versicherungsvertrag gegen den Versicherungsnehmer nach dem Sitz des Versicherers oder seiner für den Versicherungsvertrag zuständigen Niederlassung.

Die Gerichtsstandsregelung entspricht den gesetzlichen Vorgaben, insb. § 215 VVG.

1

32 Anzuwendendes Recht

Für diesen Vertrag gilt deutsches Recht.

Der Hinweis, dass für den Vertrag deutsches Recht gilt, ist erst 1999 in die AHB aufgenommen worden. Zum einen bringt er eine Selbstverständlichkeit zum Ausdruck: Gerade im Obliegenheitenrecht ist der Zusammenhang mit dem deutschen Versicherungsvertragsrecht unverkennbar; bei den Risikoausschlüssen ist erkennbar, dass die Deckung auf das deutsche (Haftungs-)Recht zugeschnitten ist (vgl etwa die in Ziff. 1.2 angeführten ausgeschlossenen Ansprüche). Zum anderen handelt es sich um ein Informationserfordernis, dessen Erfüllung zwingend vorgeschrieben ist (vgl Anlage Teil D zum VAG Abschnitt I Nr. 1 b sowie § 1 Abs. 1 Nr. 17 VVG-InfoV).

1

---

[3] Zum rechtlichen Interesse des Geschädigten vgl BGH 15.11.2000 – IV ZR 223/99, VersR 2001, 90.

Alternative für die echte unterjährige Beitragszahlung:
33 Begriffsbestimmung

Versicherungsjahr:

Das Versicherungsjahr erstreckt sich über einen Zeitraum von zwölf Monaten. Besteht die vereinbarte Vertragsdauer jedoch nicht aus ganzen Jahren, wird das erste Versicherungsjahr entsprechend verkürzt. Die folgenden Versicherungsjahre bis zum vereinbarten Vertragsablauf sind jeweils ganze Jahre.

Allgemeine Versicherungsbedingungen für die Privathaftpflichtversicherung (AVB PHV)

Musterbedingungen des GDV[1]

Stand: 25.8.2014

Vorbemerkung zu den AVB PHV

Die Privathaftpflichtversicherung (PHV) basiert traditionell auf den Allgemeinen Versicherungsbedingungen für die Haftpflichtversicherung (AHB) und den Besonderen Bedingungen für die Privathaftpflichtversicherung (BB PHV). Mit dem Ziel, die Transparenz zu verbessern, hat der GDV die gängigen Bedingungswerke überarbeitet. Seit Dezember 2013 – jetzt in der **Fassung vom 25.8.2014** – stehen Musterbedingungen für die PHV zur Verfügung, denen die AHB nicht mehr als Grundbedingungswerk zugrunde liegen. Es handelt sich um die Allgemeinen Versicherungsbedingungen für die Privathaftpflichtversicherung (AVB PHV), die ein „durchgeschriebenes" Bedingungswerk darstellen, in das einzelne, die PHV betreffende Regelungen der AHB ebenso eingearbeitet sind wie in den BB PHV zu findende Regelungen. Inhaltlich sollten Änderungen möglichst vermieden werden.[1]

Teil A der AVB PHV enthält Regelungen zum Inhalt des Versicherungsschutzes, Teil B Regelungen über allgemeine Rechte und Pflichten der Vertragsparteien. Die in Teil B getroffenen Bestimmungen entsprechen inhaltlich denjenigen, die in den AHB etwa zum Beginn des Versicherungsschutzes, zur Beitragszahlung, zu Dauer und Ende des Vertrages sowie zur Kündigung und zu den Obliegenheiten des VN getroffen werden. Auf eine Kommentierung des Teils B kann deshalb verzichtet werden. Im Folgenden erfolgt also nur eine Kommentierung der Bestimmungen des Teils A der AVB PHV, und zwar der Abschnitte A1–A3. Die nach Abschnitt A3 folgenden „Gemeinsamen Bestimmungen zu Teil A" stimmen inhaltlich mit AHB-Regelungen überein bzw betreffen – soweit es um Schiedsgerichtsvereinbarungen geht – nicht die PHV. Auch diese Regelungen bedürfen also einer Erläuterung nicht.

Die Regelungen der AVB PHV sind mit den für die PHV relevanten Bestimmungen der AHB und mit den BB PHV weitestgehend identisch. Es können daher die zu den AHB und den BB PHV ergangene Rspr und auch die Lit. für die Erläuterung der AVB PHV herangezogen werden. Gleichzeitig kann die nachfolgende Kommentierung der AVB PHV auch als Erläuterungswerk für die BB PHV dienen.

Teil A	1792
Abschnitt A1 Privathaftpflichtrisiko	1792
A1-1 Versicherte Eigenschaften, Tätigkeiten (versichertes Risiko)	1792
A1-2 Regelungen zu mitversicherten Personen und zum Verhältnis zwischen den Versicherten (Versicherungsnehmer und mitversicherten Personen)	1794
A1-3 Versicherungsschutz, Versicherungsfall	1797
A1-4 Leistungen der Versicherung und Vollmacht des Versicherers	1798

---

1 Unverbindliche Bekanntgabe des Gesamtverbandes der Deutschen Versicherungswirtschaft e.V. (GDV) zur fakultativen Verwendung. Abweichende Vereinbarungen sind möglich.
1 Zu Einzelheiten *Graß/Tenschert*, VW 2014, 30 ff.

A1-5	Begrenzung der Leistungen (Versicherungssumme, Jahreshöchstersatzleistung, Serienschaden, Selbstbeteiligung)	1799
A1-6	Besondere Regelungen für einzelne private Risiken (Versicherungsschutz, Risikobegrenzungen und besondere Ausschlüsse)	1800
A1-7	Allgemeine Ausschlüsse	1828
A1-8	Veränderungen des versicherten Risikos (Erhöhungen und Erweiterungen)	1836
A1-9	Neu hinzukommende Risiken (Vorsorgeversicherung)	1836
A1-10	Fortsetzung der Privathaftpflichtversicherung nach dem Tod des Versicherungsnehmers	1838

Abschnitt A2 Besondere Umweltrisiken ... 1838

A2-1	Gewässerschäden	1838
A2-2	Sanierung von Umweltschäden gemäß Umweltschadensgesetz (USchadG)	1841

Abschnitt A3 Forderungsausfallrisiko ... 1844

A3-1	Gegenstand der Forderungsausfalldeckung	1844
A3-2	Leistungsvoraussetzungen	1845
A3-3	Umfang der Forderungsausfalldeckung	1846
A3-4	Räumlicher Geltungsbereich	1846
A3-5	Besondere Ausschlüsse für das Forderungsausfallrisiko	1847

Gemeinsame Bestimmungen zu Teil A ... 1847

Teil B Allgemeiner Teil ... 1847

Teil A

Abschnitt A1 Privathaftpflichtrisiko

A1-1 Versicherte Eigenschaften, Tätigkeiten (versichertes Risiko)

Versichert ist im Umfang der nachfolgenden Bestimmungen die gesetzliche Haftpflicht des Versicherungsnehmers aus den Gefahren des täglichen Lebens als

Privatperson und

nicht aus den Gefahren eines Betriebes, Berufes, Dienstes oder Amtes.

I. Allgemeines

1 A1-1 beschreibt als **primäre Risikobeschreibung** den **Gegenstand der PHV**. Demgegenüber enthält Ziff. 1 BB PHV eine primäre Risikobeschreibung – gesetzliche Haftpflicht des VN als Privatperson aus den Gefahren des täglichen Lebens und nicht eines Berufes oder Betriebes – sowie Ausschlusstatbestände – Dienst, Amt (auch Ehrenamt), verantwortliche Tätigkeit in Vereinigungen aller Art –. Nach der Rspr zu den BB PHV treffen alle Risiken, die nicht ausdrücklich ausgenommen sind, den VN als Privatperson als Gefahren des täglichen Lebens.[1] Diese Rspr hat auch für A1-1 AVB PHV Bestand: Alle Risiken, die nicht beruflicher, betrieblicher,

---

1 BGH 25.6.1997 – IV ZR 269/96, r+s 1997, 451.

dienstlicher oder amtlicher Natur sind, sind grds. vom Versicherungsschutz umfasst (soweit nicht andere Risikobegrenzungen oder -ausschlüsse eingreifen).

Geändert gegenüber den BB PHV ist in den AVB PHV die **Beweislast**: Da A1-1 als primäre Risikobeschreibung formuliert ist, hat der VN darzulegen und ggf zu beweisen, dass sich **keine Gefahr eines Berufes, Betriebes, Dienstes oder Amtes** verwirklicht hat.

Das **Ehrenamt** ist in A1-1 nicht erwähnt; dass und in welchem Umfang Deckung besteht, ist in A1-6.2 geregelt. Die Ausschlusstatbestände für **ungewöhnliche und gefährliche Beschäftigung** sowie für **verantwortliche Betätigung in Vereinigungen** sind in A1-7.15 und A1-7.16 zu finden.

II. Nicht versicherte Risiken

1. Gefahren eines Betriebes. Hier wird die Trennlinie zur Betriebshaftpflichtversicherung (BHV) gezogen: Es besteht kein Versicherungsschutz aus der PHV für die Gefahren eines *eigenen* Betriebes.[2] Wird der VN als Mitarbeiter eines Betriebes in Anspruch genommen, handelt es sich um ein berufliches Risiko.[3] Dies wird von älterer Rspr[4] und auch von neuerer Lit. nicht immer ausreichend berücksichtigt.[5]

Hilft der VN in einer von seinem Bruder für den Betrieb eines Exportgeschäfts angemieteten Halle beim Zerlegen eines Autowracks und verursacht er dabei einen Brandschaden, liegt keine betriebliche Tätigkeit vor, so dass Deckung aus der PHV besteht, solange keine berufliche Tätigkeit (dauerhafte Tätigkeit gegen Entgelt, s. Rn 6) vorliegt.[6]

2. Gefahren eines Berufes. Eine **berufliche Tätigkeit** liegt (nur) dann vor, wenn sie auf Dauer angelegt ist und zum Lebensunterhalt beiträgt.[7] Gelegentliche Nebentätigkeiten sind von der PHV damit umfasst, auch wenn der VN berufliche Kenntnisse einsetzt.[8] Dass es sich im konkreten Fall nicht um Schwarzarbeit handelt, muss nach A1-1 der VN darlegen und ggf beweisen (vgl Rn 2). Das ist auch nach der neueren Fassung der BB PHV so. In älteren Fassungen der BB PHV und in zahlreichen Bedingungswerken verschiedener VR ist berufliche Tätigkeit als Ausschlusstatbestand formuliert, so dass der VR den häufig nur schwer zu erbringenden Nachweis der Schwarzarbeit führen muss.[9]

Es ist eine planmäßige, auf gewisse Dauer angelegte und idR gegen Entgelt geleistete Tätigkeit erforderlich. Ein Rentner, der als Hausmeister tätig ist und dafür 100 € im Monat erhält, hat keinen Versicherungsschutz im Rahmen seiner PHV, wenn er einen Brandschaden verursacht.[10] Es kann auch als ausreichend angesehen werden, wenn der Hausmeister einen geldwerten Vorteil erhielte, indem er keine oder nur eine geringe Miete zu zahlen hätte.[11] Ob es als berufliche Tätigkeit anzusehen ist, wenn der VN aus Gründen der Kundenpflege im Betrieb seines Sohnes

---

2 BGH 19.12.1990 – IV ZR 212/89, r+s 1991, 120.
3 FAKomm-VersR/*Meckling-Geis*, BBR PHV Rn 6; Prölss/Martin/*Lücke*, Ziff. 1 BB PHV Rn 5.
4 Vgl dazu Späte/Schimikowski/*Späte*, BB PHV Rn 7.
5 Das gilt etwa für die Ausführungen von *Wendt*, in: Hdb FA VersR, Kap. 24 Rn 5.
6 OLG Düsseldorf 14.1.2003 – 4 U 51/02, r+s 2003, 452.
7 BGH 10.3.2004 – IV ZR 169/03, r+s 2004, 188 mwN.
8 Vgl Prölss/Martin/*Lücke*, Ziff. 1 BB PHV Rn 6 mwN.
9 Dazu Späte/Schimikowski/*Schimikowski*, BB PHV Rn 17.
10 OLG Hamm 3.8.2011 – 20 W 18/11, r+s 2012, 70.
11 So Veith/Gräfe/*Betz*, § 12 Rn 335.

aus Gefälligkeit und unentgeltlich für einen potentiellen Kunden eine Reparatur ausführt,[12] erscheint fraglich.[13]

8 3. **Gefahren eines Dienstes oder Amtes.** Der Begriff „Dienst" umfasst diejenigen Tätigkeiten, die mit einer beruflichen Tätigkeit vergleichbar sind, von der Bezeichnung „Beruf" aber nach allgemeinem Sprachgebrauch ebenso wenig umfasst werden wie die weiter aufgezählte Tätigkeit als Inhaber eines Amtes.[14] Eine größere praktische Bedeutung hat der Ausschluss dienstlicher Tätigkeiten nicht. Als Beispiel werden in der Lit. „freiwillige Jugenddienste im In- und Ausland" angeführt.[15] Der Begriff „Dienst" wird in unmittelbarem Zusammenhang mit „Amt" gebraucht, wird also vom VN dahin verstanden werden, dass nur herausgehobene Tätigkeiten und nicht etwa Dienstleistungen aller Art ausgeschlossen sein sollen. Insbesondere sind unterstützende Tätigkeiten im gesellschaftlich-kulturellen Bereich kein „Dienst" iSv A1-1.[16]

9 Ein „Amt" erhält eine Person nach allgemeinem Sprachgebrauch vom Staat oder von einer anderen juristischen Person übertragen.[17] Der Ausschluss greift nur dann, wenn sich tatsächlich die spezifischen Gefahren des Amtes verwirklicht haben.[18] Zu ehrenamtlicher Tätigkeit s. A1-6.2 Rn 1 ff.

A1-2 Regelungen zu mitversicherten Personen und zum Verhältnis zwischen den Versicherten (Versicherungsnehmer und mitversicherten Personen)

A1-2.1 Versichert ist die gesetzliche Haftpflicht

A1-2.1.1 des Ehegatten und des eingetragenen Lebenspartners des Versicherungsnehmers,

A1-2.1.2 ihrer unverheirateten und nicht in einer eingetragenen Lebenspartnerschaft lebenden Kinder (auch Stief-, Adoptiv- und Pflegekinder), bei volljährigen Kindern jedoch nur, solange sie sich noch in einer Schul- oder sich unmittelbar anschließenden Berufsausbildung befinden (berufliche Erstausbildung – Lehre und/oder Studium, auch Bachelor- und unmittelbar angeschlossener Masterstudiengang –, nicht Referendarzeit, Fortbildungsmaßnahmen und dgl.). Bei Ableistung des Grundwehrdienstes, des freiwilligen Wehrdienstes, des Bundesfreiwilligendienstes oder des freiwilligen sozialen Jahres vor, während oder im Anschluss an die Berufsausbildung bleibt der Versicherungsschutz bestehen,

A1-2.1.3 der in häuslicher Gemeinschaft lebenden unverheirateten und nicht in einer eingetragenen Lebenspartnerschaft lebenden Kinder (auch Stief-, Adoptiv- und Pflegekinder) mit geistiger Behinderung,

---

12 So OLG Köln 20.4.1999 – 20.4.1999, r+s 1999, 366.
13 Allerdings erhielt der VN ein monatliches Entgelt. Wenn berufliche Tätigkeit angenommen wird, muss der VN in den Genuss des Haftungsprivilegs für Arbeitnehmer kommen, so dass er nicht – wie hier geschehen – für einen verursachten Brandschaden in voller Höhe in Regress genommen werden könnte.
14 BGH 11.12.1980 – IVa ZR 29/80, VersR 1981, 271.
15 FAKomm-VersR/*Meckling-Geis*, BBR PHV Rn 9; *Wendt*, in: Hdb FA VersR, Kap. 24 Rn 7.
16 LG Wiesbaden BeckRS 2012, 19492.
17 Späte/Schimikowski/*Schimikowski*, BB PHV Rn 20 mwN.
18 Prölss/Martin/*Lücke*, Ziff. 1 BB PHV Rn 13.

Falls folgendes zusätzliche Risiko versichert werden soll, kann durch besondere Vereinbarung der Versicherungsschutz im Versicherungsschein oder in seinen Nachträgen wie folgt erweitert werden:

A1-2.1.4 des in häuslicher Gemeinschaft mit dem Versicherungsnehmer lebenden Partners einer nichtehelichen Lebensgemeinschaft und dessen Kinder, diese entsprechend A1-2.1.2 und A1-2.1.3:
- Der Versicherungsnehmer und der mitversicherte Partner müssen unverheiratet sein.
- Der mitversicherte Partner muss im Versicherungsschein oder seinen Nachträgen namentlich benannt werden.
- Haftpflichtansprüche des Partners und dessen Kinder gegen den Versicherungsnehmer sind ausgeschlossen.
- Die Mitversicherung für den Partner und dessen Kinder, die nicht auch die Kinder des Versicherungsnehmers sind, endet mit der Aufhebung der häuslichen Gemeinschaft zwischen dem Versicherungsnehmer und dem Partner.
- Im Falle des Todes des Versicherungsnehmers gilt für den überlebenden Partner und dessen Kinder A1-4.4 sinngemäß.

A1-2.1.5 der im Haushalt des Versicherungsnehmers beschäftigten Personen gegenüber Dritten aus dieser Tätigkeit. Das Gleiche gilt für Personen, die aus Arbeitsvertrag oder gefälligkeitshalber Wohnung, Haus und Garten betreuen oder den Streudienst versehen.

Ausgeschlossen sind Ansprüche aus Personenschäden, bei denen es sich um Arbeitsunfälle und Berufskrankheiten im Betrieb des Versicherungsnehmers gemäß dem Sozialgesetzbuch VII handelt

A1-2.2 Alle für den Versicherungsnehmer geltenden Vertragsbestimmungen sind auf die mitversicherten Personen entsprechend anzuwenden. Dies gilt nicht für die Bestimmungen über die Vorsorgeversicherung (A1-9), wenn das neue Risiko nur für eine mitversicherte Person entsteht.

A1-2.3 Unabhängig davon, ob die Voraussetzungen für Risikobegrenzungen oder Ausschlüsse in der Person des Versicherungsnehmers oder einer mitversicherten Person vorliegen, entfällt der Versicherungsschutz sowohl für den Versicherungsnehmer als auch für die mitversicherten Personen.

A1-2.4 Die Rechte aus diesem Versicherungsvertrag darf nur der Versicherungsnehmer ausüben. Für die Erfüllung der Obliegenheiten sind sowohl der Versicherungsnehmer als auch die mitversicherten Personen verantwortlich.

I. Versicherte Personen (A1-2.1)

1. **Partner und Kinder (A1-2.1.1 bis A1-2.1.4).** Die Regelung beinhaltet zunächst, dass **Ehegatten** und **eingetragene Lebenspartner** des VN mitversicherte Personen sind (A1-2.1.1). Lebt der VN in einer **nichtehelichen Lebensgemeinschaft**, ist sein Partner nur dann mitversichert, wenn dies ausdrücklich vereinbart ist und wenn – und solange – häusliche Gemeinschaft besteht (A1-2.1.4).

Kinder sind grds. mitversichert, solange sie unverheiratet sind bzw nicht in einer eingetragenen Lebensgemeinschaft leben.

Volljährige (ledige) Kinder sind mitversichert, solange sie sich noch in einer **Schul-** oder unmittelbar anschließenden **Berufsausbildung** befinden (A1-2.1.2). Es wird auf die berufliche Erstausbildung abgestellt. Diese wird im Bedingungstext großzügig definiert und kann bis zum Abschluss eines Masterstudiums reichen. Die hier gewählte Formulierung wird der VN so verstehen, dass während der Zeit eines Studiums stets Deckung besteht, auch wenn eine Ausbildung schon abgeschlossen ist.[1] Auch ist dem Text nicht zu entnehmen, dass Mitversicherung nur bei konsekutiven Studiengängen – Ausbildung zum Bankkaufmann und Studium der BWL – besteht, sondern auch dann, wenn eine Neuausrichtung erfolgt, also zB nach einer kaufmännischen Ausbildung ein Mathematikstudium aufgenommen wird. Das gilt nach dem Bedingungswortlaut auch für ein Masterstudium, das nicht konsekutiv auf einem Bachelorstudium aufbaut. Eine „zielgerichtet durchgeführte Erstausbildung"[2] liegt auch dann noch vor, wenn der Sohn des VN nach Abschluss der Lehre erkennt, dass dieser Beruf nicht zu ihm passt, er dann das Abitur nachholt und nun ein Studium aufnimmt. Erforderlich ist lediglich, dass sich Lehre und/oder Studium unmittelbar an die Schulausbildung und das Masterstudium unmittelbar an den Bachelorabschluss anschließen. Angemessene Unterbrechungszeiten – etwa bedingt durch späteren Beginn von Ausbildung oder Studium – hindern die Mitversicherung nicht. Wartezeiten von mehr als einem Jahr werden nur dann unschädlich sein, wenn es dafür einen triftigen Grund gibt.[3] Auch wenn Ausbildungsgänge abgebrochen und andere begonnen werden, kann noch von „unmittelbar anschließend" gesprochen werden, wenn – was idR der Fall sein wird – das Ziel einer abgeschlossenen Erstausbildung verfolgt wird.[4]

4 Kinder mit geistiger Behinderung sind auch als Volljährige mitversichert, solange sie ledig sind (A1-2.1.3).

5 **2. Im Haushalt beschäftigte Personen (A1-2.1.5).** Die im Haushalt beschäftigten Personen gehören zum Kreis der Mitversicherten (A1-2.1.5 S. 1). Das bedeutet, dass diese Personen Versicherungsschutz genießen, wenn sie Dritte bei Ausübung ihrer Tätigkeiten schädigen und deshalb persönlich in die Haftung genommen werden. Erfasst sind zB Putzhilfen, Personen, die Kinder betreuen, usw. Als „Beschäftigte" können sie nur dann gelten, wenn sie aufgrund Arbeitsvertrages tätig sind.[5] **Au-pairs** sind auch als im Haushalt Beschäftigte anzusehen; manche VR stellen dies ausdrücklich heraus.

6 A1-2.1.5 S. 2 stellt klar, dass auch andere Personen, die aus Arbeitsvertrag oder gefälligkeitshalber Garten, Wohnung oder Haus betreuen oder Streudienst versehen, mitversichert sind. Das persönliche Haftpflichtrisiko des Verwandten – des Neffen, des Großvaters usw – oder des Bekannten, der im Haus/im Garten usw hilft, ist also in der PHV abgedeckt.[6] Der Bedingungstext verlangt nicht, dass die Tätigkeit dauerhaft und/oder entgeltlich sein muss.[7] Auch ein Nachbar, der während der Urlaubsabwesenheit des VN sich um das Haus kümmert und einen Drittschaden verursacht, genießt Deckung. Soweit er eine eigene PHV hat, besteht Doppelversicherung.[8]

7 Ansprüche wegen Personenschäden aus **Arbeitsunfällen** und **Berufskrankheiten** sind ausgeschlossen („Arbeitsunfallklausel").[9] Zur Arbeitsunfallklausel s. Ziff. 7 AHB Rn 57.

---

1 Anders noch OLG Köln 20.4.2010 – 9 U 163/09, VersR 2010, 1588.
2 Darauf stellt Prölss/Martin/*Lücke*, Ziff. 2 BB PHV Rn 5 ab.
3 OLG Düsseldorf 12.4.1994 – 4 U 75/93, r+s 1994, 291; aA OLG Karlsruhe 6.2.1992 – 12 U 166/91, r+s 1992, 297.
4 So auch FAKomm-VersR/*Meckling-Geis*, BBR PHV Rn 65 mwN.
5 Veith/Gräfe/*Betz*, § 12 Rn 202; vgl auch Späte/Schimikowski/*Schimikowski*, BB PHV Rn 113.
6 Vgl Prölss/Martin/*Lücke*, Ziff. 2 BB PHV Rn 10.
7 Zutr. FAKomm-VersR/*Meckling-Geis*, BBR PHV Rn 68.
8 Veith/Gräfe/*Betz*, § 12 Rn 203.
9 Zur haftungsrechtlichen Situation s. Späte/Schimikowski/*Schimikowski*, BB PHV Rn 116 f.

II. Geltung der Vertragsbestimmungen für Mitversicherte (A1-2.2)

Die Regelung entspricht inhaltlich Ziff. 27 AHB, so dass auf die dortigen Ausführungen verwiesen werden kann. Der Mitversicherte wird durch A1-2.2 S. 2 frühzeitig darüber informiert, dass die Vorsorgeversicherung nicht greift, wenn ein neues Risiko ausschließlich für ihn entsteht.

III. Verlust des Versicherungsschutzes (A1-2.3)

Die hier getroffene Regelung ist rechtlich nicht zu beanstanden, soweit es um objektive Risikobegrenzungen und -ausschlüsse geht. Soweit subjektive Risikoausschlüsse betroffen sind – zB Vorsatzausschluss, Ausschluss für ungewöhnliche und gefährliche Beschäftigung –, ist die Bestimmung zu beanstanden. Subjektive Risikobegrenzungen und -ausschlüsse führen für den VN nur dann zum Verlust des Versicherungsschutzes, wenn der VN selbst oder sein Repräsentant die Voraussetzungen des Tatbestands erfüllt (vgl Ziff. 7 AHB Rn 14). Dass die Bedingungsverfasser dies nicht übersehen haben, ist zB aus A1-7.1 S. 2 und A1-7.15 S. 2 ersichtlich. Es besteht aber die Gefahr der Irreführung. Der VN, dessen Sohn etwa vorsätzlich einen Schaden verursacht hat, könnte aus A1-2.3 (vorschnell) entnehmen, dass er, wenn er als Aufsichtspflichtiger in Anspruch genommen werden sollte, keine Deckung hat. Dass A1-2.3 bei A1-7.1 sowie A1-7.15 keine Anwendung findet, sollte (deshalb) schon hier zum Ausdruck gebracht werden.

IV. Ausübung der Rechte und Verantwortlichkeit für Obliegenheiten (A1-2.4)

Die Bestimmung entspricht inhaltlich Ziff. 27.2 AHB (s. daher Ziff. 27 AHB Rn 3 ff).

A1-3 Versicherungsschutz, Versicherungsfall

A1-3.1 Versicherungsschutz besteht für den Fall, dass der Versicherungsnehmer wegen eines während der Wirksamkeit der Versicherung eingetretenen Schadenereignisses (Versicherungsfall), das einen Personen-, Sach- oder sich daraus ergebenden Vermögensschaden zur Folge hatte, aufgrund

gesetzlicher

Haftpflichtbestimmungen

privatrechtlichen Inhalts

von einem Dritten auf Schadensersatz in Anspruch genommen wird.

Schadenereignis ist das Ereignis, als dessen Folge die Schädigung des Dritten unmittelbar entstanden ist. Auf den Zeitpunkt der Schadenverursachung, die zum Schadenereignis geführt hat, kommt es nicht an.

A1-3.2 Kein Versicherungsschutz besteht für Ansprüche, auch wenn es sich um gesetzliche Ansprüche handelt,
(1) auf Erfüllung von Verträgen, Nacherfüllung, aus Selbstvornahme, Rücktritt, Minderung, auf Schadensersatz statt der Leistung;
(2) wegen Schäden, die verursacht werden, um die Nacherfüllung durchführen zu können;
(3) wegen des Ausfalls der Nutzung des Vertragsgegenstandes oder wegen des Ausbleibens des mit der Vertragsleistung geschuldeten Erfolges;

(4) auf Ersatz vergeblicher Aufwendungen im Vertrauen auf ordnungsgemäße Vertragserfüllung;
(5) auf Ersatz von Vermögensschäden wegen Verzögerung der Leistung;
(6) wegen anderer an die Stelle der Erfüllung tretender Ersatzleistungen.

A1-3.3 Kein Versicherungsschutz besteht für Ansprüche, soweit sie aufgrund einer vertraglichen Vereinbarung oder Zusage über den Umfang der gesetzlichen Haftpflicht des Versicherungsnehmers hinausgehen.

1 A1-3.1 und A1-3.2 entsprechen wörtlich Ziff. 1.1 und 1.2 AHB, so dass auf deren Kommentierung verwiesen wird.

2 In **A1-3.3** wird Ziff. 7.3 AHB wörtlich übernommen. Es ist zu begrüßen, dass diese Bestimmung nicht (mehr) dem Ausschlusskanon, sondern A1-3 zugeordnet wird, wo es um den Gegenstand der Haftpflichtversicherung geht. Ziff. 7.3 AHB ist rein deklaratorischer Natur (vgl Ziff. 7 AHB Rn 15), da Gegenstand der Haftpflichtversicherung nur Ansprüche sind, die auf *gesetzlicher* Haftpflicht beruhen, nicht aber solche, die darüber hinausgehen.

A1-4 Leistungen der Versicherung und Vollmacht des Versicherers

A1-4.1 Der Versicherungsschutz umfasst
– die Prüfung der Haftpflichtfrage,
– die Abwehr unberechtigter Schadensersatzansprüche und
– die Freistellung des Versicherungsnehmers von berechtigten Schadensersatzverpflichtungen.

Berechtigt sind Schadensersatzverpflichtungen dann, wenn der Versicherungsnehmer aufgrund Gesetzes, rechtskräftigen Urteils, Anerkenntnisses oder Vergleichs zur Entschädigung verpflichtet ist und der Versicherer hierdurch gebunden ist. Anerkenntnisse und Vergleiche, die vom Versicherungsnehmer ohne Zustimmung des Versicherers abgegeben oder geschlossen worden sind, binden den Versicherer nur, soweit der Anspruch auch ohne Anerkenntnis oder Vergleich bestanden hätte.

Ist die Schadensersatzverpflichtung des Versicherungsnehmers mit bindender Wirkung für den Versicherer festgestellt, hat der Versicherer den Versicherungsnehmer binnen zwei Wochen vom Anspruch des Dritten freizustellen.

A1-4.2 Der Versicherer ist bevollmächtigt, alle ihm zur Abwicklung des Schadens oder Abwehr der Schadensersatzansprüche zweckmäßig erscheinenden Erklärungen im Namen des Versicherungsnehmers abzugeben.

Kommt es in einem Versicherungsfall zu einem Rechtsstreit über Schadensersatzansprüche gegen den Versicherungsnehmer, ist der Versicherer bevollmächtigt, den Prozess zu führen. Der Versicherer führt dann den Rechtsstreit auf seine Kosten im Namen des Versicherungsnehmers.

A1-4.3 Wird in einem Strafverfahren wegen eines Schadensereignisses, das einen unter den Versicherungsschutz fallenden Haftpflichtanspruch zur Folge haben kann, die Bestellung eines Verteidigers für den Versicherungsnehmer von dem Versicherer gewünscht oder genehmigt, so trägt der Versicherer die gebührenordnungsmäßigen oder die mit ihm besonders vereinbarten höheren Kosten des Verteidigers.

A1-4.4 Erlangt der Versicherungsnehmer oder eine mitversicherte Person das Recht, die Aufhebung oder Minderung einer zu zahlenden Rente zu fordern, so ist der Versicherer bevollmächtigt, dieses Recht auszuüben.

Die hier getroffenen Regelungen übernehmen Ziff. 5 AHB. Auf die dortige Kommentierung kann daher verwiesen werden. 1

A1-5 Begrenzung der Leistungen (Versicherungssumme, Jahreshöchstersatzleistung, Serienschaden, Selbstbeteiligung)

A1-5.1 Die Entschädigungsleistung des Versicherers ist bei jedem Versicherungsfall auf die vereinbarten Versicherungssummen begrenzt. Dies gilt auch dann, wenn sich der Versicherungsschutz auf mehrere entschädigungspflichtige Personen erstreckt.

Variante für getrennte Versicherungssummen:

Die Versicherungssummen betragen für Personenschäden EUR ... und für Sachschäden EUR ...

Variante für pauschale Versicherungssummen:

Die Versicherungssumme beträgt für Personen- und Sachschäden EUR ...

A1-5.2 Sofern nicht etwas anderes vereinbart wurde, gilt:

Die Entschädigungsleistungen des Versicherers sind für alle Versicherungsfälle eines Versicherungsjahres auf das ...-fache der vereinbarten Versicherungssumme begrenzt.

A1-5.3 Mehrere während der Wirksamkeit der Versicherung eintretende Versicherungsfälle gelten als ein Versicherungsfall (Serienschaden), der im Zeitpunkt des ersten dieser Versicherungsfälle eingetreten ist, wenn diese
- auf derselben Ursache,
- auf gleichen Ursachen mit innerem, insbesondere sachlichem und zeitlichem, Zusammenhang

oder

- auf der Lieferung von Waren mit gleichen Mängeln

beruhen.

A1-5.4 Falls vereinbart, beteiligt sich der Versicherungsnehmer bei jedem Versicherungsfall an der Entschädigungsleistung des Versicherers mit einem im Versicherungsschein und seinen Nachträgen festgelegten Betrag (Selbstbeteiligung). Auch wenn die begründeten Haftpflichtansprüche aus einem Versicherungsfall die Versicherungssumme übersteigen, wird die Selbstbeteiligung vom Betrag der begründeten Haftpflichtansprüche abgezogen. A1-5.1 Satz 1 bleibt unberührt.

Soweit nicht etwas anderes vereinbart wurde, bleibt der Versicherer auch bei Schäden, deren Höhe die Selbstbeteiligung nicht übersteigt, zur Abwehr unberechtigter Schadensersatzansprüche verpflichtet.

A1-5.5 Die Aufwendungen des Versicherers für Kosten werden nicht auf die Versicherungssummen angerechnet.

A1-5.6 Übersteigen die begründeten Haftpflichtansprüche aus einem Versicherungsfall die Versicherungssumme, trägt der Versicherer die Prozesskosten im Verhältnis der Versicherungssumme zur Gesamthöhe dieser Ansprüche.

A1-5.7 Hat der Versicherungsnehmer an den Geschädigten Rentenzahlungen zu leisten und übersteigt der Kapitalwert der Rente die Versicherungssumme oder den nach Abzug etwaiger sonstiger Leistungen aus dem Versicherungsfall noch verbleibenden Restbetrag der Versicherungssumme, so wird die zu leistende Rente nur im Verhältnis der Versicherungssumme bzw. ihres Restbetrages zum Kapitalwert der Rente vom Versicherer erstattet.

Für die Berechnung des Rentenwertes gilt die entsprechende Vorschrift der Verordnung über den Versicherungsschutz in der Kraftfahrzeug-Haftpflichtversicherung in der jeweils gültigen Fassung zum Zeitpunkt des Versicherungsfalls.

Bei der Berechnung des Betrages, mit dem sich der Versicherungsnehmer an laufenden Rentenzahlungen beteiligen muss, wenn der Kapitalwert der Rente die Versicherungssumme oder die nach Abzug sonstiger Leistungen verbleibende Restversicherungssumme übersteigt, werden die sonstigen Leistungen mit ihrem vollen Betrag von der Versicherungssumme abgesetzt.

A1-5.8 Falls die von dem Versicherer verlangte Erledigung eines Haftpflichtanspruchs durch Anerkenntnis, Befriedigung oder Vergleich am Verhalten des Versicherungsnehmers scheitert, hat der Versicherer für den von der Weigerung an entstehenden Mehraufwand an Entschädigungsleistung, Zinsen und Kosten nicht aufzukommen.

1 Diese Bestimmungen entsprechen Ziff. 6 AHB. Ergänzend wird in A1-5.4 S. 2 geregelt, dass auch dann, wenn die begründeten Haftpflichtansprüche aus einem Versicherungsfall die Versicherungssumme übersteigen, der Selbstbehalt von der begründeten Haftpflichtforderung angezogen wird. Das entspricht der bisherigen hM (vgl Ziff. 6 AHB Rn 7).

A1-6 Besondere Regelungen für einzelne private Risiken (Versicherungsschutz, Risikobegrenzungen und besondere Ausschlüsse)

A1-6 regelt den Versicherungsschutz für einzelne private Risiken, deren Risikobegrenzungen und die für diese Risiken geltenden besonderen Ausschlüsse.

Soweit A1-6 keine abweichenden Regelungen enthält, finden auch auf die in A1-6 geregelten Risiken alle anderen Vertragsbestimmungen Anwendung (z.B. A1-4 – Leistungen der Versicherung oder A1-7 – Allgemeine Ausschlüsse).

Unter A1-6 finden sich Regelungen, die bei den meisten PHV-Bedingungswerken, welche auf den AHB basieren, am Anfang stehen. Sie enthalten Beispiele für Gefahren des täglichen Lebens,[1] umschreiben versicherte Eigenschaften und Tätigkeiten. Sie sind teils deklaratorisch und dienen insoweit (nur) der Veranschaulichung.[2] Darüber hinaus enthalten einzelne Bestimmungen auch Risikobegrenzungen und -ausschlüsse. Das wird dem VN deutlicher als bei der traditionellen Vertragsgestaltung – nämlich bereits in der Überschrift – vor Augen geführt. Die Problematik möglicher Intransparenz von „in positive Risikobeschreibungen gekleideten Ausschlüssen"[3] wird hier vermieden.

Dem VN wird in A1-6 **Abs. 2** deutlich vor Augen geführt, dass der Versicherungsschutz (auch) an allgemeinen Regelungen und an Ausschlusstatbeständen (A1-7) scheitern kann. Dass unter A1-7 zT Komplettausschlüsse folgen, nachdem unter A1-6 Versicherungsschutz bestätigt wird, erschwert freilich das Verständnis (s. dazu auch A1-7 Rn 2).

Unter A1-6 ist eine Vielzahl unterschiedlicher Regelungen zusammengefasst. Der Bedingungstext enthält allein 17 – größtenteils wiederum jeweils umfangreiche – Bestimmungen. Um die Arbeit mit der Kommentierung zu erleichtern und die Übersichtlichkeit zu erhöhen, werden die einzelnen Untergliederungspunkte A1-6.1 bis A1-6.17 jeweils gesondert abgedruckt und kommentiert.

A1-6.1 Familie und Haushalt

Versichert ist die gesetzliche Haftpflicht des Versicherungsnehmers

(1) als Familien- und Haushaltsvorstand (z.B. aus der Aufsichtspflicht über Minderjährige);

(2) als Dienstherr der in seinem Haushalt tätigen Personen.

Handlungen im familiären Bereich und im Haushalt sind privater Natur. A1-6.1 bringt also eine Selbstverständlichkeit zum Ausdruck. Das gilt auch für die beispielhaft angeführte Aufsichtspflicht über Kinder. Hierbei kann es sich um **eigene Kinder** handeln, bei denen der VN kraft Gesetzes aufsichtspflichtig ist (§ 832 Abs. 1 BGB). Es kann sich auch um **fremde Kinder** handeln, wenn er kraft Vertrages (§ 832 Abs. 2 BGB) aufsichtspflichtig ist oder er wegen faktischer Übernahme der Aufsicht haftet.[1]

Soweit fremde Kinder dauerhaft und gegen Entgelt betreut werden, handelt es sich um eine berufliche Tätigkeit, für die gem. A1-1 kein Versicherungsschutz besteht. Die GDV-Musterbedingungen sehen keine Einschlussmöglichkeit vor; am Markt sind sog. **Tageselternklauseln** verbreitet.

Bei Ansprüchen wegen Schäden von Mitversicherten und Angehörigen sind die Ausschlusstatbestände A1-7.3 und A1-7.4 zu beachten.[2] Vgl dazu Ziff. 7 AHB Rn 19 ff.

---

1 Vgl Prölss/Martin/*Lücke*, Ziff. 1 AHB Rn 23.
2 FAKomm-VersR/*Meckling-Geis*, BBR PHV Rn 15.
3 So Prölss/Martin/*Lücke*, Ziff. 1 BB PHV Rn 23.
1 Zur Haftung als Garant aus faktischer Übernahme der Aufsicht vgl OLG Brandenburg 3.9.2014 – 11 U 28/14, r+s 2014, 599.
2 FAKomm-VersR/*Meckling-Geis*, BBR PHV Rn 16.

A1-6.2 Ehrenamtliche Tätigkeit, Freiwilligentätigkeit

Versichert ist die gesetzliche Haftpflicht des Versicherungsnehmers aus den Gefahren einer nicht verantwortlichen ehrenamtlichen Tätigkeit oder Freiwilligenarbeit aufgrund eines sozialen unentgeltlichen Engagements.

I. Abgrenzung

1 Ansprüche wegen Schäden aus **ehrenamtlicher Tätigkeit** sind nach den auf den AHB basierenden Musterbedingungen des GDV (Stand: April 2011) ausgeschlossen. Damit kann aber nicht jede unterstützende Tätigkeit im gesellschaftlich-kulturellen Bereich gemeint sein (Messdiener, Helfer beim Sportvereinsfest usw); s. dazu auch A1-1 Rn 8. Bei enger Auslegung und Berücksichtigung des systematischen Zusammenhangs mit den Ausschlusstatbeständen „Dienst" und „Amt" setzt „Ehrenamt" im Sinne der Bedingungen eine **verantwortliche Funktionsträgerschaft** voraus.[1] Daran knüpft A1-6.2 an.

2 Versichert ist danach zunächst die **nicht verantwortliche** ehrenamtliche Tätigkeit. Die Formulierung erscheint wenig geglückt. Immerhin kann der VN dies dahin verstehen, dass er keine Deckung besitzt, wenn er in leitender Funktion in einem Verein oder einer anderen Organisation ehrenamtlich tätig ist, sondern nur dann, wenn es sich um eine unterstützende Tätigkeit handelt. Das wird ihm auch aus dem zweiten Teil des Satzes deutlich, in dem es heißt, dass Freiwilligenarbeit „aufgrund eines sozialen unentgeltlichen Engagements" versichert ist. Der VN wird das dahin gehend verstehen, dass Hilfeleistungen außerhalb organisatorisch fester Strukturen gemeint sind, etwa Essensausgabe an Bedürftige, Besuche bei alten Menschen, Spaziergänge mit Behinderten usw. Im allgemeinen Sprachgebrauch wird zwischen ehrenamtlicher Tätigkeit und Freiwilligenarbeit nicht unterschieden.

II. Bedeutung von Aufwandsentschädigungen

3 Dem Bedingungstext wird der VN entnehmen, dass **Freiwilligenarbeit unentgeltlich** sein muss. Dieses Erfordernis erstreckt sich jedenfalls sprachlich nicht eindeutig auch auf die ehrenamtliche Tätigkeit.

4 Bei ehrenamtlichen Tätigkeiten können **Aufwandsentschädigungen** gezahlt werden. Diese sind nach § 3 Nr. 26 EStG bis zu einem Betrag iHv 2.400 € jährlich steuerfrei für bestimmte ehrenamtliche Tätigkeiten bei gemeinnützigen Einrichtungen/Vereinen oder Körperschaften des öffentlichen Rechts. In der Regel wird hier Haftpflichtversicherungsschutz über eine Vereinshaftpflichtversicherung o.Ä. bestehen. Im Rahmen der PHV wird es sich meist um (ausgeschlossene) amtliche Tätigkeiten iSv A1-1 handeln oder um (ebenfalls ausgeschlossene) verantwortliche ehrenamtliche Tätigkeiten iSv A1-6.2 als **Übungsleiter, Betreuer** etc. Vielfach wird es sich hierbei auch um nicht versicherte berufliche Tätigkeiten iSv A1-1 handeln, auch wenn sie nebenberuflich wahrgenommen werden. Eine regelmäßige Entschädigung iHv 100–200 € im Monat kann bereits als ausreichend betrachtet werden (vgl A1-1 Rn 7). Aufwandsentschädigungen können für andere Ehrenämter bis 720 € jährlich steuerfrei sein (§ 3 Nr. 26 a EStG).

5 Soweit Aufwandsentschädigungen gezahlt werden, wird es sich meist um herausgehobene, **leitende Tätigkeiten** – zB als Vereinsvorstände, Vereinskassierer, Ordner, Platzwarte – handeln, die vom Versicherungsschutz der PHV ausgenommen sind. Entscheidend sind stets die Umstände des Einzelfalls.

---

[1] So FAKomm-VersR/*Meckling-Geis*, BBR PHV Rn 11; vgl auch Veith/Gräfe/*Betz*, § 12 Rn 342 f; Späte/Schimikowski/*Schimikowski*, BB PHV Rn 21.

Soweit es um Aufwandsentschädigungen nach § 1835a BGB für **ehrenamtliche** 6
Pfleger, Betreuer, Vormünder geht, die bis zu 2.400 € steuerfrei sind (§ 3 Nr. 26 b
EStG), liegen verantwortliche Tätigkeiten und nicht nur Hilfstätigkeiten im gesellschaftlich-kulturellen Bereich vor, so dass keine Deckung aus der PHV besteht.
Hier wird es sich vielfach auch um berufliche Tätigkeit iSv A1-1 handeln, weil sie
regelmäßig und gegen Entgelt ausgeübt wird. Dass es sich idR um nebenberufliche
Tätigkeiten handelt, ist unerheblich.

III. Ursächlichkeit

In Schadenfällen muss die ehrenamtliche Tätigkeit **kausal** gewesen sein, dh, der 7
verantwortliche Funktionsträger muss in dieser Eigenschaft tätig geworden sein
und einen Schadenfall verursacht haben.[2] Ein Vereinsvorsitzender, der Leiter einer
freiwilligen Feuerwehr, der zB bei einem privaten Fest hilft, hat Schutz aus seiner
PHV, soweit er nicht als leitender Funktionsträger tätig wurde.

A1-6.3 Haus- und Grundbesitz

A1-6.3.1 Versichert ist die gesetzliche Haftpflicht des Versicherungsnehmers als Inhaber

(1) einer oder mehrerer im Inland gelegener Wohnungen (bei Wohnungseigentum als Sondereigentümer), einschließlich Ferienwohnung,

Bei Sondereigentümern sind versichert Haftpflichtansprüche der Gemeinschaft der Wohnungseigentümer wegen Beschädigung des Gemeinschaftseigentums. Die Leistungspflicht erstreckt sich jedoch nicht auf den Miteigentumsanteil an dem gemeinschaftlichen Eigentum.

(2) eines im Inland gelegenen Einfamilienhauses,

(3) eines im Inland gelegenen Wochenend-/Ferienhauses,

sofern sie vom Versicherungsnehmer ausschließlich zu Wohnzwecken verwendet werden, einschließlich der zugehörigen Garagen und Gärten sowie eines Schrebergartens.

A1-6.3.2 Der Versicherungsschutz erstreckt sich für die in A1-6.3.1 genannten Risiken auch auf die gesetzliche Haftpflicht

(1) aus der Verletzung von Pflichten, die dem Versicherungsnehmer in den oben genannten Eigenschaften obliegen (z.B. bauliche Instandhaltung, Beleuchtung, Reinigung, Streuen und Schneeräumen auf Gehwegen). Das gilt auch für die durch Vertrag vom Versicherungsnehmer ausschließlich als Mieter, Pächter oder Entleiher übernommene gesetzliche Haftpflicht für Verkehrssicherungspflichten des Vertragspartners (Vermieter, Verleiher, Verpächter) in dieser Eigenschaft;

(2) aus der Vermietung von nicht mehr als ... einzeln vermieteten Wohnräumen; nicht jedoch von Wohnungen, Räumen zu gewerblichen Zwecken und Garagen.

Wenn die Anzahl der vermieteten Wohnräume überschritten wird, entfällt dieser Versicherungsschutz. Es gelten dann die Bestimmungen über die Vorsorgeversicherung (A1-9);

---

[2] LG Wiesbaden BeckRS 2012, 19492.

(3) als Bauherr oder Unternehmer von Bauarbeiten (Neubauten, Umbauten, Reparaturen, Abbruch-, Grabearbeiten) bis zu einer Bausumme von EUR ... je Bauvorhaben

Wenn der Betrag überschritten wird, entfällt dieser Versicherungsschutz. Es gelten dann die Bestimmungen über die Vorsorgeversicherung (A1-9);

(4) als früherer Besitzer aus § 836 Abs. 2 BGB, wenn die Versicherung bis zum Besitzwechsel bestand;

(5) der Insolvenzverwalter und Zwangsverwalter in dieser Eigenschaft.

I. Haus- und Wohnungsinhaberrisiko (A1-6.3.1)

1 Nach A1-6.3.1 hat der VN Deckung, wenn er als Inhaber einer oder mehrerer im Inland gelegener Wohnungen, eines im Inland gelegenen Einfamilienhauses, eines im Inland gelegenen Wochenend-/Ferienhauses auf Schadenersatz in Anspruch genommen wird. Voraussetzung ist die Nutzung zu Wohnzwecken. Die Haftpflicht aus dem Haus/der Wohnung usw, zugehöriger Garagen und Gärten ist ebenso mitversichert wie die Inhaberschaft eines Schrebergartens.

2 Als **Inhaber** hat der BGH in einer Entscheidung zu § 22 Abs. 2 WHG aF denjenigen angesehen, der die Anlage in Gebrauch hat und die Verfügungsgewalt besitzt, die ein solcher Gebrauch voraussetzt.[1] Diese Begriffsbestimmung kann nicht ohne Weiteres für das Wohnungs- und Hausinhaberrisiko übernommen werden, weil nicht von einem feststehenden Rechtsbegriff gesprochen werden kann. Vielmehr ist A1-6.3.1 aus sich heraus auszulegen. Dem Wortlaut entnimmt der VN, dass Versicherungsschutz derjenige hat, der die Wohnung (das Haus, den Garten usw) innehat. Das wird er mit dem Besitz der Wohnung (des Hauses usw) in Verbindung bringen, er wird auch erkennen, dass Besitzer sowohl der Eigentümer als auch der Mieter oder Pächter sein kann. Gleichzeitig wird er mit dem Begriff der Inhaberschaft auch das Bestimmungsrecht verbinden, so dass er erkennt, dass Inhaber auch ein Eigentümer sein kann, der seine Wohnung vermietet hat. Der um Verständnis bemühte VN entnimmt dem Bedingungstext also zunächst, dass sowohl das Risiko eines Eigentümers als auch dasjenige eines Mieters mitversichert ist. Aus A1-6.3.2 (2) und (3) kann er ersehen, dass das Vermieter- und das Bauherrenrisiko nur begrenzt gedeckt ist.

3 Der VN hat nach A1-6.3.1 (1) Deckung als Inhaber auch dann, wenn es sich um **mehrere Wohnungen** handelt. Das gilt nicht, wenn er Wohnungen vermietet (s. A1-6.3.2 (1)), wohl aber, wenn er die Wohnungen zB einem seiner Kinder oder seiner getrennt lebenden Ehefrau zur Nutzung überlässt.[2] Bei **Einfamilien-, Wochenend-/Ferienhäusern** besteht Deckung nur für ein Haus (A1-6.3.1 (2), (3)). Kommt ein weiteres Haus hinzu, kann Deckung im Rahmen der Vorsorgeversicherung (A1-9) gegeben sein.

4 Die Wohnung bzw das Haus muss in **Inland** belegen sein. Im Ausland ist nur das Mieterrisiko gedeckt (A1-6.14).

5 Versichert ist lediglich die **Nutzung zu Wohnzwecken**. Das schließt nicht aus, dass die Räumlichkeiten zT freiberuflich oder gewerblich genutzt werden (zB schriftstellender Professor, Musiklehrer gibt Unterricht), solange es sich um Tätigkeiten handelt, die üblicherweise in der Wohnung ausgeübt werden und die den Wohn-

---

1 BGH 8.1.1981 – III ZR 157/79, VersR 1981, 458.
2 OLG Düsseldorf 28.10.1997 – 4 U 101/96, r+s 1998, 145.

charakter nicht beeinträchtigen.[3] Darüber hinaus besteht kein Versicherungsschutz bei betrieblicher oder beruflicher Nutzung der Wohnung oder des Hauses (etwa als Architekturbüro).[4] Wegen A1-9.3 (5) ist auch keine Deckung im Rahmen der Vorsorgeversicherung gegeben.

Bei **Sondereigentum** erstreckt sich der Versicherungsschutz nicht auf den Miteigentumsanteil des VN am Gemeinschaftseigentum (A1-6.3.1 (1)), weil insoweit ein Eigenschaden vorliegt. 6

II. Besondere Risiken (A1-6.3.2)

1. Verletzung von Verkehrssicherungspflichten. Nach A1-6.3.2 (1) S. 1 besteht für Haus- und Wohnungsinhaber auch Deckung, wenn sie wegen Pflichtverletzungen – betreffend die bauliche Instandhaltung, Beleuchtung, Reinigung usw – in Anspruch genommen werden. Das ist rein deklaratorisch. Dies gilt auch für die in A1-6.3.2 (1) S. 2 getroffene Bestimmung, dass Versicherungsschutz auch für den Fall besteht, dass der VN etwa als Mieter oder Pächter vertragliche Verkehrssicherungspflichten übernommen hat. Immerhin wird klargestellt, dass kein Konflikt mit A1-3.3 besteht; vgl dazu auch Ziff. 7 AHB Rn 17. 7

2. Vermietung. Das Risiko eines Vermieters ist nur in engen Grenzen gedeckt. Gemäß A1-6.3.2 (2) erstreckt sich die Deckung nur auf die Vermietung von einzelnen Wohnräumen, deren Zahl vertraglich festgelegt werden kann. Das Vermieten von Wohnungen, Räumen, die zu gewerblichen Zwecken genutzt werden, und Garagen ist nicht vom Versicherungsschutz umfasst (A1-6.3.2 (2) S. 1). Der Ausschluss betreffend die Vermietung von Wohnungen und Garagen erfasst nicht nur gewerblich, sondern auch privat genutzte Wohnungen und Garagen. Der Wortlaut ist insoweit eindeutig.[5] 8

Wird die Zahl der vermieteten Wohnräume überschritten, besteht Deckung (nur) im Rahmen der Vorsorgeversicherung (A1-9; s. A1-6.3.2 (2) S. 2, 3). Trennt der VN in seinem Einfamilienhaus Räume ab, die er dann als Wohnung (und nicht als einzelne Räume) vermietet, handelt es sich um ein grds. nicht versichertes, neu hinzukommendes Risiko, das unter die Bestimmungen über die Vorsorgeversicherung fällt. 9

3. Bauherrenhaftpflicht. Nach A1-6.3.2 (3) ist das Bauherrenrisiko bis zu einer bestimmten, vertraglich festzulegenden Bausumme eingeschlossen. Bei der **Berechnung der Bausumme** sind neben Materialkosten auch Arbeitskosten anzusetzen, und zwar auch **Eigenleistungen**.[6] Ob dies der VN erfasst, der möglicherweise über mehrere Jahre hinweg Sanierungsmaßnahmen in seinem Eigenheim ausführt, erscheint äußerst fraglich. Es erscheint bedenkenswert, ob nicht insoweit der Bedingungstext (A1-6.3.2 (3)) dem VN die Brisanz aufzeigen müsste oder ob nicht in Zusammenhang mit der Frage des VR, ob neue Risiken hinzugekommen sind, eine Belehrungspflicht des VR zu fordern ist.[7] 10

Wird die **Bausumme überschritten**, kann Versicherungsschutz im Rahmen der Vorsorgeversicherung (A1-9) bestehen (A1-6.3.2 (3) S. 2, 3). Es kann hier zu einem Konflikt mit A1-9.3 (4) kommen, wenn die Baumaßnahme weniger als ein Jahr in Anspruch nimmt (s. dazu Ziff. 4 AHB Rn 13). 11

---

3 So Prölss/Martin/*Lücke*, Ziff. 1 BB PHV Rn 27; vgl auch Späte/Schimikowski/*Schimikowski*, BB PHV Rn 46; *Wendt*, in: Hdb FA VersR, Kap. 24 Rn 15; krit. Bruck/Möller/*Koch*, Ziff. 3 AHB 2012 Rn 73.
4 Vgl auch Veith/Gräfe/*Betz*, § 12 Rn 359.
5 OLG Frankfurt 10.2.1012 – 7 U 184/11, r+s 2013, 171.
6 OLG Bamberg 20.2.2013 – 1 U 146/12, VersR 2013, 898; OLG Düsseldorf 17.6.2008 – 4 U 121/07, zfs 2009, 456; zust. Prölss/Martin/*Lücke*, Ziff. 1 BB PHV Rn 34; FAKomm-VersR/*Meckling-Geis*, BBR PHV Rn 22.
7 Insoweit abl. BGH 11.2.2009 – IV ZR 142/08, zfs 2009, 458.

12 Die Nutzung erneuerbarer Energien – Sonnenenergie, Geothermie – ist grds. ein privates Risiko, so dass auch Risiken, die aus der Errichtung solcher Anlagen entstehen, im Rahmen von A1-6.3.2 (3) gedeckt sind. Soweit Stromeinspeisung betrieblichen oder beruflichen Charakter hat, kann der Versicherungsschutz gem. A1-1 ausgeschlossen sein, auch die Vorsorgeversicherung greift dann nicht (A1-9.3 (5)).[8] Hält sich die Stromeinspeisung im Rahmen dessen, was bei einem privat genutzten Einfamilienhaus üblich ist, wird der VN hierin kein berufliches Risiko erkennen.

13 **4. Haftung als früherer Besitzer (§ 836 Abs. 2 BGB).** Der frühere Besitzer eines Gebäudes haftet aus vermutetem Verschulden nach § 836 Abs. 2 BGB für Schäden durch Einsturz oder Ablösung von Gebäudeteilen, die innerhalb eines Jahres nach Besitzende eintreten. Hierfür schafft A1-6.3.2 (4) Deckung für den Fall, dass die PHV (nur) bis zum Besitzwechsel bestand.

14 **5. Insolvenz-/Zwangsverwalter.** Der Insolvenzverwalter und der Zwangsverwalter erhalten im Rahmen der PHV Deckung für ihr persönliches Haftpflichtrisiko, A1-6.3.2 (5). Der Haftpflichtversicherungsschutz der PHV erstreckt sich insoweit – ausnahmsweise – auch auf berufliche Risiken.[9]

A1-6.4 Allgemeines Umweltrisiko

Versichert ist die gesetzliche Haftpflicht privatrechtlichen Inhalts des Versicherungsnehmers wegen Schäden durch Umwelteinwirkung.

Schäden durch Umwelteinwirkung liegen vor, wenn sie durch Stoffe, Erschütterungen, Geräusche, Druck, Strahlen, Gase, Dämpfe, Wärme oder sonstige Erscheinungen verursacht werden, die sich in Boden, Luft oder Wasser ausgebreitet haben.

Vom Versicherungsschutz ausgeschlossen sind Ansprüche aus Gewässerschäden.

Zu Gewässerschäden und Schäden nach dem Umweltschadensgesetz siehe Abschnitt A2 (besondere Umweltrisiken).

1 Der Versicherungsschutz der PHV erstreckt sich auf die gesetzliche Haftpflicht privatrechtlichen Inhalts wegen Schäden durch Umwelteinwirkungen (A1-6.4 S. 1).

2 In A1-6.4 S. 2 wird die Definition des Terminus „Schäden durch Umwelteinwirkungen" aus § 3 UmweltHG wörtlich übernommen. Es kommt danach auf die Ausbreitung von Stoffen usw in einem Umweltmedium an. Es muss also nicht zu einer Schädigung der Umwelt gekommen sein, es genügt der „Transport" durch Boden, Luft oder Wasser. Das kann dem Wortlaut der Bestimmung entnommen werden.[1] Sickern Herbizide, die der VN ausbringt, durch den Boden zum Nachbargrundstück hinüber und verursachen sie dort Schäden an Pflanzen, liegt ein Schaden durch Umwelteinwirkung vor, ebenso, wenn die Herbizide versprüht werden und durch Luftbewegungen auf das Nachbargrundstück gelangen.

3 Ansprüche aus Gewässerschäden – etwa aufgrund von § 89 Abs. 1 oder 2 WHG – sind ausdrücklich vom Versicherungsschutz ausgenommen (A1-6.4 S. 3). Diese

---

8 Vgl auch FAKomm-VersR/*Meckling-Geis*, BBR PHV Rn 23, die (allerdings) auf „gewerblichen Charakter" abstellt.
9 Bruck/Möller/*Koch*, Ziff. 3 AHB 2012 Rn 83.
1 Zu Streitfragen in Zusammenhang mit der Auslegung des Terminus s. Ziff. 7 AHB Rn 61. Zu beachten ist, dass es sich bei Ziff. 7.10 b AHB um einen eng auszulegenden Ausschlusstatbestand handelt, während es sich bei A1-6.4 S. 1, 2 um eine primäre Risikobeschreibung handelt, für die das Gebot enger Auslegung nicht gilt.

klare Regelung führt dem VN vor Augen, dass das Risiko aus dem Betreiben eines Heizöltanks, aber auch aus der Vorratshaltung von Kraftstoffen und Öl in Kanistern, eines besonderen Einschlusses bedarf. Dass Kraftstoffe und Öl besondere Gefahren für Gewässer, vor allem für Grundwasser bergen, ist allgemein bekannt. Auf Schäden nach dem USchadG wird in A1-6.4 S. 4 nur hingewiesen. Eines Ausschlusstatbestands bedarf es hier nicht, weil es sich um öffentlich-rechtliche und nicht um privatrechtliche Ansprüche bzw Pflichten handelt, die nach A1-3.1 ohnehin nicht gedeckt sind.

4

A1-6.5 Abwässer

Versichert ist die gesetzliche Haftpflicht des Versicherungsnehmers wegen Schäden durch Abwässer. Bei Sachschäden gilt dies ausschließlich für Schäden durch häusliche Abwässer.

Versichert sind zunächst alle Schäden, die durch Abwasser verursacht sind und wegen derer der VN verantwortlich gemacht wird (A1-6.5 S. 1). Sachschäden sind nur dann gedeckt, wenn es sich um häusliche Abwässer handelt (A1-6.5 S. 2). Abwasser ist durch Beeinflussung in seiner Brauchbarkeit gemindertes Wasser (s. Ziff. 7 AHB Rn 71mwN). Soweit es sich nicht um häusliches, sondern um betriebliches Abwasser handelt, besteht keine Deckung nach A1-1.

1

A1-6.6 Schäden an gemieteten Sachen (Mietsachschäden)

Mietsachschäden sind Schäden an fremden, vom Versicherungsnehmer oder von seinen Bevollmächtigten oder Beauftragten gemieteten Sachen und alle sich daraus ergebenden Vermögensschäden.

A1-6.6.1 Versichert ist die gesetzliche Haftpflicht des Versicherungsnehmers wegen Mietsachschäden ausschließlich an Wohnräumen und sonstigen zu privaten Zwecken gemieteten Räumen in Gebäuden.

Variante für getrennte Versicherungssummen:

Die Versicherungssumme für Mietsachschäden an Räumen beträgt je Versicherungsfall EUR ... Die Höchstersatzleistung für alle Versicherungsfälle eines Versicherungsjahres beträgt EUR ...

Es erfolgt eine Anrechnung auf die Sachschaden-Versicherungssumme je Versicherungsfall sowie auf die Jahreshöchstersatzleistung.

Variante für pauschale Versicherungssummen:

Die Versicherungssumme für Mietsachschäden an Räumen beträgt je Versicherungsfall EUR ... Die Höchstersatzleistung für alle Versicherungsfälle eines Versicherungsjahres beträgt EUR ...

Es erfolgt eine Anrechnung auf die Pauschal-Versicherungssumme je Versicherungsfall sowie auf die Jahreshöchstersatzleistung.

A1-6.6.2 Vom Versicherungsschutz ausgeschlossen sind Haftpflichtansprüche wegen
– Abnutzung, Verschleiß und übermäßiger Beanspruchung,
– Schäden an Heizungs-, Maschinen-, Kessel- und Warmwasserbereitungsanlagen sowie an Elektro- und Gasgeräten und allen sich daraus ergebenden Vermögensschäden,

- Glasschäden, soweit sich der Versicherungsnehmer hiergegen besonders versichern kann,
- Schäden infolge von Schimmelbildung.

I. Wohnräume/sonstige Räume zu privaten Zwecken (A1-6.6.1)

1 Nach A1-6.6.1 hat der VN Deckung für Mietsachschäden, allerdings nur, soweit es um **Wohnräume** und sonstige zu privaten Zwecken gemietete **Räume in Gebäuden** geht. Wohnräume können nach allgemeinem Sprachgebrauch Zimmer, Wohnungen, Einfamilien- und Ferienhäuser sein. Ob dazu auch Eisenbahnwaggons, Räume in Schiffen und Wohnwagen zu zählen sind,[1] erscheint fraglich. Der 2. Halbsatz spricht dafür, dass auch als Wohnräume nur solche Räume anzusehen sind, die **Teil eines Gebäudes** sind. Die hM nimmt indes an, Wohnräume müssten – anders als die sonstigen Räume – nicht in Gebäuden liegen.[2] „**Sonstige Räume in Gebäuden**" können **Kellerräume**, Waschküchen, **Garagen** sein.[3] Umfasst sind auch Räume, die etwa einer Hausgemeinschaft zur Nutzung zur Verfügung stehen. Ein **Gebäude** ist nach allgemeinem Sprachgebrauch mit dem Boden verankert und auf eine gewisse Dauer errichtet. Zelte, Container, Bauwagen etc. gehören nicht dazu.[4]

2 Versicherungsschutz besteht allein für Schäden an unbeweglichen Sachen, also auch für fest mit dem Raum verbundene Sachen wie Badewannen usw. Bei **Einbauküchen** ist dies auch anzunehmen, wenn sie fest eingebaut und in die Wohnung eingepasst sind.

3 Handelt es sich bloß um **Mobiliar**, besteht keine Deckung im Rahmen der GDV-Musterbedingungen.[5] Die Bedingungen einzelner VR enthalten weitergehende Deckungen, die auch bewegliche Sachen einschließen.

4 Die (Wohn-)Räume müssen **zu privaten Zwecken** angemietet sein. Das ist eine Selbstverständlichkeit, weil berufliche und betriebliche Risiken nicht unter die Deckung fallen (A1-1). Sofern eine **Mischnutzung** gegeben ist (Schriftsteller, Musiklehrer arbeitet in der Wohnung), ist entscheidend, ob die Nutzung als privater Wohnraum überwiegt oder der freiberufliche/geschäftliche Zweck;[6] vgl auch A1-6.3 Rn 5.

5 Die (Wohn-)Räume müssen **gemietet** sein, der VN muss sie also aufgrund eines Mietvertrages nutzen. Ist das Mietverhältnis etwa durch Kündigung beendet, besteht keine Deckung (mehr).[7]

II. Ausschlusstatbestände (A1-6.6.2)

6 **1. Abnutzung, Verschleiß und übermäßige Beanspruchung.** Nach A1-6.6.2 1. Spiegelstrich sind zunächst Haftpflichtansprüche wegen Abnutzung, Verschleiß und übermäßiger Beanspruchung ausgeschlossen. Für Abnutzung und Verschleiß kann der VN als Mieter nicht haftpflichtig gemacht werden. Wird er dennoch vom Vermieter auf Schadenersatz in Anspruch genommen, handelt es sich um unbe-

---

1 Dafür: Prölss/Martin/*Lücke*, Ziff. 5 BB PHV Rn 5; Bruck/Möller/*Koch*, Ziff. 7 AHB 2012 Rn 177.
2 Vgl FAKomm-VersR/*Meckling-Geis*, BBR PHV Rn 116.
3 Bruck/Möller/*Koch*, Ziff. 7 AHB 2012 Rn 176.
4 FAKomm-VersR/*Meckling-Geis*, BBR PHV Rn 117.
5 Vgl dazu auch Bruck/Möller/*Koch*, Ziff. 7 AHB 2012 Rn 180; Prölss/Martin/*Lücke*, Ziff. 5 BB PHV Rn 6.
6 Bruck/Möller/*Koch*, Ziff. 7 AHB 2012 Rn 178.
7 Dazu FAKomm-VersR/*Meckling-Geis*, BBR PHV Rn 118.

rechtigte Ansprüche. Dem Wortlaut des Bedingungstextes zufolge besitzt der VN in diesem Fall keine Abwehrdeckung.[8]

Eine **übermäßige Beanspruchung** liegt vor, wenn kein vertragsgemäßer Gebrauch (§ 538 BGB) vorliegt, sondern der VN die Mietsache über das übliche Maß hinaus in Anspruch genommen hat.[9] Das kann mit dem Halten von drei Katzen in einer Wohnung anzunehmen sein, wenn die Katzen tagsüber lange Zeit unbeaufsichtigt sind und auf den Fußboden urinieren.[10] Dagegen soll keine übermäßige Beanspruchung, sondern eine von vornherein falsche Benutzung der Mietsache anzunehmen sein, wenn der VN mit einem Rollschreibtischstuhl auf dem Echtholzparkett im Wohnzimmer hin- und herfährt.[11] Entscheidend ist, ob es sich zwar um grds. vertragsgemäßen, in der Intensität jedoch gesteigerten Gebrauch handelt.[12] Schädigungen durch ungeeignete Farben, Reinigungsmittel usw unterfallen dem Ausschluss also nicht.[13]   7

2. Schäden an Heizungs-, Maschinen-, Kessel- und Warmwasserbereitungsanlagen sowie an Elektro- und Gasgeräten. Ausgeschlossen sind ferner Ansprüche wegen Schäden an Heizungs-, Maschinen-, Kessel- und Warmwasserbereitungsanlagen sowie an Elektro- und Gasgeräten. Weil es sich hierbei meist um Geräte/Anlagen handelt, die mit der Mietsache fest verbunden sind, bestünde grds. Deckung, wenn der VN von seinem Vermieter in Anspruch genommen wird. Der vorliegende rigorose Ausschluss soll (wohl) dem moralischen Risiko begegnen, das darin besteht, dass der Vermieter den Mieter wegen (angeblicher) Fehlbedienung auf Schadenersatz in Anspruch nehmen könnte, obgleich es sich um gewöhnliche, dem Vermieter zur Last fallende Wartungs- oder Reparaturarbeiten handelt.   8

3. Glasschäden. Ausgeschlossen sind auch Glasschäden, soweit der VN sich hiergegen besonders versichern kann. Ein solcher Versicherungsschutz ist am Markt idR nur für Glasbruch erhältlich, so dass Deckung besteht, wenn der VN etwa wegen verkratzter Fenster- oder Türscheiben in Anspruch genommen wird.[14] Mietet der VN ein Hotelzimmer oder eine Ferienwohnung an, vermag er hierfür keine Glasbruchversicherung abzuschließen, so dass der Ausschlusstatbestand – oder: die qualifizierte Subsidiaritätsklausel[15] – nicht greift.[16]   9

4. Schäden infolge von Schimmelbildung. Schließlich besteht auch kein Versicherungsschutz für Ansprüche wegen Schäden infolge von Schimmelbildung. Diese erfolgt durch Schimmelpilze, die sowohl in der Raumluft als auch in der Haus-/Wohnungssubstanz vorkommen können. Ausschlaggebend kann unzureichendes Lüften seitens der Mieter sein. Schimmelpilze können aber auch auf bauliche Mängel zurückzuführen sein, die in den Verantwortungsbereich des Vermieters fallen. Der seit zehn Jahren in den Musterbedingungen anzutreffende Ausschlusstatbe-   10

---

8 Bruck/Möller/*Koch*, Ziff. 7 AHB 2012 Rn 181; Späte/Schimikowski/*Schimikowski*, BB PHV Rn 168; so auch FAKomm-VersR/*Meckling-Geis*, BBR PHV Rn 120 („fehlende Rechtsschutzfunktion").
9 Bruck/Möller/*Koch*, Ziff. 7 AHB 2012 Rn 183 verlangt darüber hinaus einen längeren Zeitraum der Beanspruchung, so dass zB Schäden durch Abreißen von Teppichfliesen dem Ausschluss nicht unterfielen. Eine solche Einschränkung ergibt sich aus dem Wortlaut jedoch nicht und sie erscheint auch sachlich nicht geboten. Auf einen längeren Zeitraum stellt auch Veith/Gräfe/*Betz*, § 12 Rn 447 ab.
10 OLG Saarbrücken 9.9.2013 – 5 W 72/13, r+s 2013, 546.
11 So LG Dortmund 1.3.2010 – 2 T 5/10.
12 Bruck/Möller/*Koch*, Ziff. 7 AHB 2012 Rn 182; Späte/Schimikowski/*Schimikowski*, BB PHV Rn 170, jew. mwN.
13 Prölss/Martin/*Lücke*, Ziff. 5 BB PHV Rn 8.
14 Veith/Gräfe/*Betz*, § 12 Rn 449.
15 So Bruck/Möller/*Koch*, Ziff. 7 AHB 2012 Rn 185.
16 FAKomm-VersR/*Meckling-Geis*, BBR PHV Rn 121; Prölss/Martin/*Lücke*, Ziff. 5 BBR PHV Rn 7.

stand führt dazu, dass der VN für Auseinandersetzungen mit seinem Vermieter, der Schadenersatz wegen Schimmelbildung infolge unzureichenden Lüftens verlangt, keine (Abwehr-)Deckung hat.

A1-6.7 Sportausübung

Versichert ist die gesetzliche Haftpflicht des Versicherungsnehmers aus der Ausübung von Sport.

Vom Versicherungsschutz ausgeschlossen sind Haftpflichtansprüche aus
(1) einer jagdlichen Betätigung,
(2) der Teilnahme an Pferde-, Rad- oder Kraftfahrzeug-Rennen sowie der Vorbereitung hierzu (Training).

1 Dass Haftpflichtansprüche Dritter, die aus der Sportausübung resultieren, vom Versicherungsschutz umfasst sind, solange es sich nicht um Berufsausübung (A1-1) handelt, ist selbstverständlich. Die insoweit deklaratorische Regelung enthält zwei Ausschlusstatbestände:

2 Zum einen ist die **jagdliche Betätigung** ausgenommen (A1-6.7 S. 2 (1)). Dem Wortlaut wird der VN entnehmen, dass der Ausnahmetatbestand nur dann erfüllt ist, wenn er aktiv – und nicht etwa nur als Zuschauer – an einer Jagd teilgenommen hat.

3 Ausgeschlossen ist ferner die Teilnahme an **Pferde-, Rad- oder Kraftfahrzeug-Rennen** sowie der **Vorbereitung** hierzu (**Training**). Ein Rennen ist dann anzunehmen, wenn es darum geht, im Rahmen einer organisierten Wettkampfveranstaltung möglichst schnell zu fahren bzw zu reiten. Auch hier ist – bei der gebotenen engen Auslegung – nur die aktive Teilnahme ausgeschlossen.[1] Unter Vorbereitung oder Training ist nicht jegliche Ertüchtigung oder Verbesserung von Fahrtechniken usw zu verstehen. Vielmehr muss es sich um eine organisierte Übungsfahrt handeln, die in Zusammenhang mit einem bestimmten Rennen durchgeführt wird.[2] Eine solche eingrenzende Sicht wird dem Charakter der Regelung als Ausschlusstatbestand gerecht.[3]

A1-6.8 Waffen und Munition

Versichert ist die gesetzliche Haftpflicht des Versicherungsnehmers aus dem erlaubten privaten Besitz und aus dem Gebrauch von Hieb-, Stoß- und Schusswaffen sowie Munition und Geschossen.

Vom Versicherungsschutz ausgeschlossen ist der Gebrauch zu Jagdzwecken oder zu strafbaren Handlungen.

I. Das Waffenbesitz- und -gebrauchsrisiko

1 Deckung besteht nach A1-6.8 S. 1, wenn der VN wegen Schäden aus dem erlaubten privaten Besitz und aus dem Gebrauch von Hieb-, Stoß- und Schusswaffen sowie Munition und Geschossen auf Schadenersatz in Anspruch genommen wird.

---

1 FAKomm-VersR/*Meckling-Geis*, BBR PHV Rn 37.
2 OLG Köln 21.11.2006 – 9 U 76/06, r+s 2007, 12 (zur Kfz-Kaskoversicherung); Prölss/Martin/*Lücke*, Ziff. 1 BB PHV Rn 39.
3 Vgl auch *Wendt*, in: Hdb FA VersR, Kap. 24 Rn 21; Späte/Schimikowski/*Schimikowski*, BB PHV Rn 55 mwN auch zur haftungsrechtlichen Problematik; zu Letzterer auch FAKomm-VersR/*Meckling-Geis*, BBR PHV Rn 39.

Das Erfordernis des **Erlaubtseins** bezieht sich nur auf das Besitzrisiko. Das ergibt sich zumindest aus der Unklarheitenregelung des § 305c Abs. 2 BGB. Es besteht daher – soweit nicht andere Ausschlüsse eingreifen – Deckung (auch) für unerlaubten Gebrauch.[1] Ob der Besitz erlaubt ist, richtet sich nach den Vorschriften des WaffG.[2] Das **Besitzrisiko** verwirklicht sich dann, wenn ein Unbefugter sich in den Besitz der Waffe bringt, jemanden schädigt und der VN zB wegen unzureichender Sicherung der Waffe (zB nach § 823 Abs. 1, 2 oder § 832 BGB) verantwortlich gemacht wird.[3] Hat der VN eine Waffe unerlaubt in seinem Besitz und verschafft sich sein minderjähriger Sohn ohne seine Kenntnis die Waffe, besteht keine Deckung, wenn der VN nun wegen ungenügender Sicherung auf Schadenersatz in Anspruch genommen wird, falls der Sohn jemanden mit der Waffe verletzt hat. Der Sohn, der die Waffe benutzt („gebraucht") hat, besitzt Deckung, soweit nicht Ausschlusstatbestände eingreifen. 2

Der Begriff der **Waffe** ist ein festumrissener Rechtsbegriff; es ist insoweit von den im WaffG verwendeten Begriffen und Definitionen auszugehen.[4] Ein „Starenschreck" fällt damit nicht unter die Waffenklausel und damit auch nicht unter die dort vorgesehenen, den Versicherungsschutz einschränkenden Regelungen.[5] 3

Versicherungsschutz besteht ausschließlich für den **privaten** Besitz und Gebrauch. Das folgt bereits aus A1-1. Für Ansprüche wegen Schäden aus dem Besitz oder Gebrauch der Dienstwaffe eines Polizisten oder eines im Bewachungsgewerbe tätigen VN besteht also keine Deckung. 4

II. Ausschlusstatbestände

Für das **Gebrauchsrisiko** sind zwei **Ausnahmetatbestände** vorgesehen (A1-6.8 S. 2):[6] 5

Ausgeschlossen ist zum einen der **Gebrauch zu Jagdzwecken**. Der VN benötigt hierfür eine Jagdhaftpflichtversicherung. Der Wortlaut des Ausschlusses ist eindeutig, er bezieht sich ausschließlich auf den Gebrauch. Die Aufbewahrung von Jagdwaffen, das Besitzrisiko, ist damit (auch) im Rahmen der PHV gedeckt, so dass es zu einer Mehrfachversicherung iSd § 78 VVG kommen kann, wenn eine Jagdhaftpflichtversicherung besteht.[7] 6

Ausgeschlossen ist ferner der **Gebrauch zu strafbaren Handlungen**. Dem Wortlaut ist zu entnehmen, dass die Waffe gebraucht werden muss, um damit eine strafbare Handlung zu begehen. Fahrlässige Verletzungen Dritter sind gedeckt, auch wenn sie strafbare Handlungen (etwa nach §§ 223, 224, 226 StGB) darstellen.[8] 7

---

1 So iE auch OLG Frankfurt 6.3.2003 – 3 U 84/02; LG Bremen 25.7.1997 – 2 O 260/96, zfs 1997, 143; OLG Koblenz 6.2.1987 – 10 U 585/86, zfs 1987, 375; die Gerichte gehen von einem eindeutigen Auslegungsergebnis aus, ohne § 305c Abs. 2 BGB (§ 5 AGBG aF) heranzuziehen.
2 FAKomm-VersR/*Meckling-Geis*, BBR PHV Rn 44.
3 Im Falle länger andauernder unzureichend sicherer Verwahrung kommt eine Anwendung der §§ 23 ff VVG nicht in Betracht (aA Prölss/Martin/*Lücke*, Ziff. 1 BB PHV Rn 46), weil die §§ 23 ff VVG durch A1-8 AVB PHV (bzw Ziff. 3.2 AHB) abbedungen sind; vgl Späte/Schimikowski/*Schimikowski*, BB PHV Rn 68.
4 Näher dazu FAKomm-VersR/*Meckling-Geis*, BBR PHV Rn 41 ff; *Wendt*, in: Hdb FA VersR, Kap. 24 Rn 23.
5 BGH 3.11.2004 – IV ZR 250/03, r+s 2005, 57.
6 Dass die Ausschlüsse auf das Gebrauchsrisiko beschränkt sind, kommt (jetzt) im Wortlaut klar zum Ausdruck; vgl auch *Wendt*, in: Hdb FA VersR, Kap. 24 Rn 62.
7 FAKomm-VersR/*Meckling-Geis*, BBR PHV Rn 46.
8 OLG Frankfurt 6.3.2003 – 3 U 84/02; Prölss/Martin/*Lücke*, Ziff. 1 BB PHV Rn 49.

8   In Ausnahmefällen – bei längerer Dauer – kann das Gebrauchen einer Waffe uU als eine ungewöhnliche und gefährliche Beschäftigung (A1-7.15) anzusehen sein. Das einmalige Ausprobieren eines Gewehres fällt darunter nicht.[9]

A1-6.9 Tiere

A1-6.9.1 Versichert ist die gesetzliche Haftpflicht des Versicherungsnehmers als Halter oder Hüter von zahmen Haustieren, gezähmten Kleintieren und Bienen.

Vom Versicherungsschutz ausgeschlossen ist die gesetzliche Haftpflicht als Halter oder Hüter von
- Hunden, Rindern, Pferden, sonstigen Reit- und Zugtieren,
- wilden Tieren sowie von
- Tieren, die zu gewerblichen oder landwirtschaftlichen Zwecken gehalten werden.

A1-6.9.2 Versichert ist die gesetzliche Haftpflicht des Versicherungsnehmers
- als nicht gewerbsmäßiger Hüter fremder Hunde oder Pferde,
- als Reiter bei der Benutzung fremder Pferde,
- als Fahrer bei der Benutzung fremder Fuhrwerke zu privaten Zwecken,

soweit Versicherungsschutz nicht über eine Tierhalter-Haftpflichtversicherung besteht.

Vom Versicherungsschutz ausgeschlossen sind Haftpflichtansprüche der Tierhalter oder -eigentümer sowie Fuhrwerkseigentümer wegen Sach- und Vermögensschäden.

I. Tierhalter- und Tierhüterrisiko

1   Nach A1-6.9.1 S. 1 ist zunächst klargestellt, dass das **Tierhalter- und Tierhüterrisiko** grds. unter den Versicherungsschutz fällt, soweit es um **zahme Haustiere, gezähmte Kleintiere** und **Bienen** geht.

2   Als **Haustiere** sieht der durchschnittliche VN diejenigen Tiere an, die zT seit Jahrhunderten gemeinschaftlich mit den Menschen leben. Dazu gehören Hunde, Katzen, Pferde, Kühe, Schweine, Ziegen, Geflügel (die genannten Tiere können jedoch uU den Ausschlusstatbeständen A1-6.9.1 S. 2 Spiegelstrich 1. und 2. unterfallen).

3   **Gezähmte Kleintiere** sind nach allgemeinem Sprachgebrauch solche Tiere, die in freier Natur leben, vom Menschen (aber) in Käfigen, Gehegen, Terrarien usw gehalten werden, wie etwa Vögel und Hamster.[1] Als gezähmt kann ein Tier nur dann gelten, wenn es Zutrauen zu Menschen zu fassen vermag. Dies dürfte bei Reptilien nicht gegeben sein, so dass für denjenigen, der zB Schlangen hält, keine Deckung im Rahmen der PHV besteht. Affen dagegen können wohl gezähmt werden, zumindest kleine Arten können gezähmte Kleintiere sein.[2]

4   Die Deckung nach A1-6.9 S. 1 erstreckt sich – ebenso wie die Ausschlüsse in A1-6.9 S. 2 – nicht lediglich auf die Tierhalterhaftpflicht aus § 833 BGB und die Tierhüterhaftpflicht aus § 834 BGB. Auch wenn sich die gesetzliche Haftpflicht zB

---

9 Falsch entschieden von OLG Frankfurt 18.7.2008 – 3 U 84/02; dazu *Schimikowski*, jurisPR-VersR 11/2008 Anm. 5.
1 Vgl statt vieler Bruck/Möller/*Koch*, Ziff. 3 AHB 2012 Rn 115 ff.
2 AA *Wendt*, in: in: Hdb FA VersR, Kap. 24 Rn 25.

aus einer Verkehrssicherungspflichtverletzung gem. § 823 Abs. 1 BGB oder aus einer Verletzung der Aufsichtspflicht gem. § 832 BGB ergibt, besteht Deckung.

II. Ausschlusstatbestände

1. **Hunde, Rinder, Pferde, sonstige Reit- und Zugtiere.** Von besonderer praktischer Bedeutung ist der Ausschluss des Haltens und Hütens (zu Letzterem aber A1-6.9.2) von Hunden und Pferden. Der Wortlaut des Ausschlusstatbestands und auch das Gebot enger Auslegung geben keinen Anhaltspunkt dafür, dass nur im Falle der Halterhaftung aus § 833 BGB der Ausschluss anwendbar sein soll.[3] Der juristisch nicht geschulte VN vermag dem Wortlaut nicht zu entnehmen, dass der Ausschluss nur dann anwendbar sein soll, wenn der VN aufgrund einer spezifischen Bestimmung des (deutschen) Haftungsrechts in Anspruch genommen wird. Er wird den Text freilich so verstehen, dass der Ausschluss (nur) dann eingreift, wenn er als Halter – gleichgültig aus welcher Norm – in Anspruch genommen wird, wenn ihm also vorgehalten wird, dass sich ein **halterspezifisches Risiko** verwirklicht habe. Das ist zu bejahen, wenn der Pferdehalter eine Box, in der sich das Pferd befindet, nicht richtig verschließt. Anders ist zu entscheiden, wenn der VN lediglich als Aufsichtspflichtiger (für das Versäumnis eines Kindes) verantwortlich gemacht wird.[4]

5

Tierhalter ist, wer die Bestimmungsmacht über das Tier trägt, aus eigenem Interesse für die Kosten des Tieres aufkommt und das wirtschaftliche Risiko seines Verlustes trägt.[5]

6

Tierhüter kann der VN (oder die versicherte Person) kraft Vertrages – dann Haftung aus § 834 BGB – oder durch tatsächliche Übernahme der Aufsicht – dann Haftung aus § 823 Abs. 1 BGB – werden.[6]

7

2. **Wilde Tiere.** Als „wild" sind solche Tiere anzusehen, die nach allgemeinem Sprachgebrauch nicht zu den domestizierten Haustieren gehören, sondern grds. in der freien Natur leben. Auch wenn zB Rotwild oder Wildschweine zusammengetrieben und in einem Gehege gehalten werden, ändert das nichts an ihrem Status als Wildtiere. Nichts anderes gilt für das Halten einer Raubkatze in der Wohnung. Versicherungsschutz im Rahmen der PHV besteht hier nicht.

8

3. **Zu gewerblichen oder landwirtschaftlichen Zwecken gehaltene Tiere.** Auch soweit es sich um Haustiere handelt, besteht bei gewerblich oder landwirtschaftlich genutzten Tieren keine Deckung im Rahmen der PHV. Dies folgt (auch) bereits aus A1-1.

9

III. Besondere Einschlüsse

In A1-6.9.2 S. 1 sind bestimmte **Tierhüterrisiken** abweichend von A1-6.9.1 wieder eingeschlossen, nämlich das nicht gewerbsmäßige Hüten fremder Hunde und Pferde, das Reiten fremder Pferde und das Fahren fremder Fuhrwerke.

10

Deckung besteht allerdings nur, soweit Deckung nicht über eine Tierhalterhaftpflichtversicherung besteht. Aus dem Wort „soweit" wird der VN schließen, dass er (auch) dann im Rahmen seiner PHV Deckung hat, wenn er aus der Tierhalterhaftpflichtversicherung des Halters, in der der VN als Tierhüter mitversicherte Per-

11

---

3 So aber Prölss/Martin/*Lücke*, Ziff. 1 BB PHV Rn 61; ebenso OLG Hamm 23.2.2005 – 20 U 109/04, r+s 2005, 196, aufgehoben durch BGH 25.4.2007 – IV ZR 85/05, r+s 2007, 319; dazu *Schimikowski*, jurisPR-VersR 3/2007 Anm. 1.
4 Prölss/Martin/*Lücke*, Ziff. 1 BB PHV Rn 57.
5 BGH 19.1.1988 – IV ZR 188/87, r+s 1988, 166; OLG Schleswig 8.7.2004 – 7 U 146/03, MDR 2005, 148.
6 Dazu Bruck/Möller/*Koch*, Ziff. 3 AHB 2012 Rn 111 ff mwN.

son ist, keine Deckung genießt. Es handelt sich hier um eine eingeschränkte Subsidiaritätsklausel.[7]

12 Ausgeschlossen sind gem. A1-6.9.2 S. 2 Ansprüche der Tierhalter und -eigentümer sowie der Fuhrwerkseigentümer wegen Sach- und Vermögensschäden; für Personenschäden besteht Deckung. Es geht hier vor allem um Schäden, die das Tier selbst erleidet. Gestattet es der VN zB einem Bekannten, dessen Pferd vorübergehend bei ihm einzustellen und kommt es aufgrund einer Unachtsamkeit des VN zu Schaden, besteht eine unangenehme Deckungslücke.

A1-6.10 Nicht versicherungspflichtige Kraftfahrzeuge, Kraftfahrzeug-Anhänger

A1-6.10.1 Versichert ist – abweichend von A1-7.14 – die gesetzliche Haftpflicht des Versicherungsnehmers wegen Schäden, die verursacht werden durch den Gebrauch ausschließlich von folgenden nicht versicherungspflichtigen Kraftfahrzeugen und Kraftfahrzeug-Anhängern:

(1) nur auf nicht öffentlichen Wegen und Plätzen verkehrenden Kraftfahrzeuge ohne Rücksicht auf eine bauartbedingte Höchstgeschwindigkeit;

(2) Kraftfahrzeuge mit nicht mehr als 6 km/h bauartbedingter Höchstgeschwindigkeit;

(3) Stapler mit nicht mehr als 20 km/h bauartbedingter Höchstgeschwindigkeit;

(4) selbstfahrende Arbeitsmaschinen mit nicht mehr als 20 km/h bauartbedingter Höchstgeschwindigkeit;

(5) Kraftfahrzeug-Anhänger, die nicht zulassungspflichtig sind oder nur auf nicht öffentlichen Wegen und Plätzen verkehren.

A1-6.10.2 Für die vorgenannten Fahrzeuge gilt:

Diese Fahrzeuge dürfen nur von einem berechtigten Fahrer gebraucht werden. Berechtigter Fahrer ist, wer das Fahrzeug mit Wissen und Willen des Verfügungsberechtigten gebrauchen darf. Der Versicherungsnehmer ist verpflichtet, dafür zu sorgen, dass die Fahrzeuge nicht von unberechtigten Fahrern gebraucht werden.

Der Fahrer des Fahrzeugs darf das Fahrzeug auf öffentlichen Wegen oder Plätzen nur mit der erforderlichen Fahrerlaubnis benutzen. Der Versicherungsnehmer ist verpflichtet, dafür zu sorgen, dass das Fahrzeug nur von einem Fahrer benutzt wird, der die erforderliche Fahrerlaubnis hat.

Wenn der Versicherungsnehmer eine dieser Obliegenheiten verletzt, gilt B3-3.3 (Rechtsfolgen bei Verletzung von Obliegenheiten).

I. Versicherte Kfz-Risiken (A1-6.10.1)

1 Nach A1-6.10.1 sind – abweichend von einem erst nachfolgend geregelten Ausschlusstatbestand (A1-7.14) – bestimmte Risiken aus dem Gebrauch von Kfz und Kfz-Anhängern vom Versicherungsschutz umfasst. Die Systematik ist dem VN nur schwer nachvollziehbar (vgl auch A1-7 Rn 2, 6). Zum Begriff des Gebrauchs s. A1-7 Rn 7.

---

7 So Bruck/Möller/*Koch*, Ziff. 3 AHB 2012 Rn 118.

Der **Begriff des Kraftfahrzeugs** hat einen fest umrissenen rechtlichen Gehalt: Kraftfahrzeuge sind alle Landfahrzeuge, die durch Maschinenkraft bewegt werden, ohne an Bahngeleise gebunden zu sein (§ 1 Abs. 2 StVG).

A1-6.10.1 (1): Versicherungsschutz besteht zunächst für sämtliche **Kfz, die nicht auf öffentlichen Wegen und Plätzen verkehren.** Im Straßenverkehrsrecht werden Flächen als öffentlicher Verkehrsraum angesehen, wenn sie entweder ausdrücklich oder mit stillschweigender Duldung des Verfügungsberechtigten für jedermann oder aber für eine allgemein bestimmte größere Personengruppe zur Benutzung zugelassen sind und auch so benutzt werden.[1] Fahrzeuge, die nicht im öffentlichen Verkehrsraum benutzt werden, unterliegen nicht der Versicherungspflicht nach § 1 PflVG, ihr Gebrauch ist deshalb im Rahmen der PHV gedeckt.[2] Die Verwendung des Terminus „öffentliche Wege und Plätze", der für die gesetzliche Versicherungspflicht entscheidend ist, in den PHV-Bedingungen spricht dafür, dass es sich hier um einen festumrissenen Rechtsbegriff handelt, so dass die zu § 1 PflVG ergangene Rspr herangezogen werden kann.

Ein **nichtöffentlicher Verkehrsraum** liegt vor, wenn die Verkehrsfläche nicht der Allgemeinheit zur Verfügung steht, sondern nur für solche Benutzer zugelassen ist, die untereinander durch persönliche oder sachliche Beziehungen verbunden sind. Nichtöffentlich sind solche Straßen (und Flächen), die ihre Eigenschaft als öffentlicher Verkehrsraum verloren haben, zB weil sie rechtmäßig durch Absperrschranken oder ähnliche Mittel für den gesamten Verkehr gesperrt werden.[3]

Versicherungsschutz besteht also, wenn der VN mit einem Go-Cart auf einer vom öffentlichen Verkehrsraum getrennten Bahn fährt. Deckung besteht auch, wenn der VN ein (Alt-)Fahrzeug auf einem ihm gehörenden Feld oder auf einer Wiese abgestellt hat und ab und an damit fährt, ebenso, wenn er es in einem Schuppen untergestellt hat.

Haus- und Hofzufahrten sind dagegen als öffentliche Verkehrsflächen anzusehen, soweit sie nicht mit Absperrungen versehen sind.

Pedelecs sind hier nicht erwähnt. Sie werden, wenn sie nicht schneller als 25 km/h fahren können und max. 250 W Leistung haben, nicht als Kfz eingestuft.[4]

A1-6.10.1 (2), (3), (4): Eingeschlossen sind ausdrücklich Ansprüche wegen Schäden aus dem Gebrauch von **Kfz, die von der Versicherungspflicht nach § 2 Abs. 1 Nr. 8 PflVG ausgenommen** sind. Das kann zB für selbstfahrende Arbeitsmaschinen wie Aufsitzrasenmäher oder motorgetriebene Schneeräumgeräte gelten. Auch für den Gebrauch eines Minibaggers, der ebenfalls eine selbstfahrende Arbeitsmaschine ist, besteht Deckung, wenn die bauartbedingte Höchstgeschwindigkeit nicht mehr als 20 km/h beträgt.[5]

A1-6.10.1 (5): Schließlich besteht Deckung für Schäden durch Gebrauch nicht zulassungspflichtiger **Anhänger** (§ 3 Abs. 2 Nr. 2 a)–i) FZV) oder von solchen Anhängern, die nicht auf öffentlichen Wegen und Plätzen verkehren (vgl Rn 3 f).

Der um Verständnis bemühte VN kann aus dem Bedingungswortlaut ersehen, dass er für Ansprüche wegen Schäden durch Gebrauch nicht versicherungspflichtiger Kfz Versicherungsschutz aus seiner PHV hat.

II. Obliegenheiten des VN (A1-6.10.2)

Nach A1-6.10.2 S. 1, 2 darf ein Fahrzeug, für dessen Gebrauch nach A1-6.10.1 Deckung im Rahmen der PHV besteht, nur von einem **berechtigten Fahrer** ge-

---

1 StRspr, vgl nur BGH 5.10.2011 – 4 StR 401/11, NZV 2012, 394.
2 FAKomm-VersR/*Meckling-Geis*, BBR PHV Rn 98.
3 Feyock/Jacobsen/Lemor/*Feyock*, § 1 PflVG Rn 11.
4 Vgl näher *Stockmeier*, VersR 2013, 823, 827.
5 Nicht beachtet von OLG Stuttgart 8.5.2008 – 13 U 223/07, r+s 2008, 304.

braucht werden. Ferner darf der Fahrer das Fahrzeug auf öffentlichen Wegen und Plätzen nur dann benutzen, wenn er die erforderliche **Fahrerlaubnis** besitzt (A1-6.10.2 S. 4). Die von den Bedingungsverfassern gewählten Formulierungen sprechen nicht dafür, hier objektive Risikoausschlüsse anzunehmen. Dann müsste die Formulierung lauten „Kein Versicherungsschutz besteht, wenn ...". So handelt es sich hingegen lediglich um Forderungen mit Appellfunktion.

12 Den VN trifft die **Obliegenheit**, dafür zu sorgen, dass nur **berechtigte Fahrer** die Fahrzeuge gebrauchen (A1-6.10.2 S. 3) und dass diese über die erforderliche **Fahrerlaubnis** verfügen (A1-6.10.2 S. 5). Damit sind zwei vertragliche Obliegenheiten festgelegt, deren Rechtsfolgen unter B3-3.3 geregelt sind (A1-6.10.2 S. 6); die dort getroffenen Regelungen entsprechen inhaltlich § 28 Abs. 2–4 VVG. Ein expliziter Verweis auf eine Sanktionsbestimmung, wie hier in A1-6.10.2 S. 6 vorgesehen, fehlt in den auf den AHB basierenden Musterbedingungen BB PHV (Ziff. 3.2 (1)).

13 Abweichend von den vorliegenden Musterbedingungen des GDV ist in den Bedingungen einzelner VR die Nutzung durch einen unberechtigten Fahrer klar als Risikoausschluss ausgestaltet, der (aber) nur auf den unberechtigten Fahrer Anwendung findet, für diesen also den Versicherungsschutz entfallen lässt. Dem VN gegenüber kann der Versicherungsschutz nur ganz oder teilweise versagt werden, wenn eine grob fahrlässige oder vorsätzliche Obliegenheitsverletzung vorliegt und Kausalität besteht.

A1-6.11 Gebrauch von Luftfahrzeugen

A1-6.11.1 Versichert ist die gesetzliche Haftpflicht des Versicherungsnehmers wegen Schäden, die durch den Gebrauch ausschließlich von solchen Luftfahrzeugen verursacht werden, die nicht der Versicherungspflicht unterliegen.

A1-6.11.2 Versichert ist darüber hinaus die gesetzliche Haftpflicht des Versicherungsnehmers wegen Schäden, die durch den Gebrauch versicherungspflichtiger Luftfahrzeuge verursacht werden, soweit der Versicherungsnehmer nicht als deren Eigentümer, Besitzer, Halter oder Führer in Anspruch genommen wird.

1 Versicherungsschutz besteht zunächst für den **Gebrauch nicht versicherungspflichtiger Luftfahrzeuge** (A1-6.11.1). Der Begriff des Luftfahrzeugs ist ein Rechtsbegriff, geregelt in § 1 Abs. 2 LuftVG. Seit das früher für Modellflugzeuge mit weniger als 5 kg Gewicht geltende Privileg des § 102 Abs. 3 LuftVZO aF im Jahr 2005 entfallen ist, sind alle Luftfahrzeuge, die nicht nur Spielzeugcharakter haben, versicherungspflichtig und unterfallen dem Einschluss A1-6.11 nicht.

2 Auch ohne dass ein ausdrücklicher Ausschluss bestimmt ist, wird der VN aus der vorliegenden Regelung die Schlussfolgerung ziehen, dass er für Schäden aus dem Gebrauch eines versicherungspflichtigen Luftfahrzeugs keine Deckung aus der PHV hat, sondern eine Luftfahrthaftpflichtversicherung abschließen muss. Wann das der Fall ist, kann er freilich aus dem Bedingungstext nicht klar entnehmen. Im Hinblick auf **Modellflugzeuge** bieten – abweichend von den Musterbedingungen – einzelne VR ausdrücklich Versicherungsschutz für Flugmodelle bis 5 kg.

3 **Skylaternen** sind keine Luftfahrzeuge, so dass für durch sie verursachte Schäden Deckung im Rahmen der PHV besteht, soweit nicht ausdrücklich ein Ausschluss festgelegt ist.[1]

---

1 FAKomm-VersR/*Meckling-Geis*, BBR PHV Rn 101.

Unbemannte Flugobjekte – wie Drohnen, Quadrokopter – gelten nicht als Flugzeuge, solange sie aus Gründen des Sports oder der Freizeitbeschäftigung betrieben werden (§ 1 Abs. 2 S. 3 LuftVG).

Schäden durch den Gebrauch versicherungspflichtiger Luftfahrzeuge sind (nur dann) versichert, wenn der VN nicht in seiner Eigenschaft als Eigentümer, Besitzer, Halter oder Führer in Anspruch genommen wird. Deckung besteht also, wenn der VN etwa als Beifahrer/Passagier auf Schadenersatz in Anspruch genommen wird.[2]

A1-6.12 Gebrauch von Wasserfahrzeugen

A1-6.12.1 Versichert ist die gesetzliche Haftpflicht des Versicherungsnehmers wegen Schäden, die verursacht werden durch den Gebrauch ausschließlich von folgenden Wasserfahrzeugen:

(1) eigene und fremde Wassersportfahrzeuge ohne Segel, Motoren (auch ohne Hilfs- oder Außenbordmotoren) oder Treibsätze;

(2) fremde Segelboote ohne Motor (auch ohne Hilfs- oder Außenbordmotoren) oder Treibsätze;

(3) fremde Windsurfbretter;

(4) fremde Wassersportfahrzeuge mit Motoren, soweit
 – diese nur gelegentlich gebraucht werden und
 – für das Führen keine behördliche Erlaubnis erforderlich ist.

A1-6.12.2 Versichert ist darüber hinaus die gesetzliche Haftpflicht des Versicherungsnehmers wegen Schäden, die durch den Gebrauch von Wasserfahrzeugen verursacht werden, soweit der Versicherungsnehmer nicht als deren Eigentümer, Besitzer, Halter oder Führer in Anspruch genommen wird.

Eine Legaldefinition des Begriffs „**Wasserfahrzeug**" gibt es nicht. Nach dem allgemeinen Sprachgebrauch fallen darunter alle Fahrzeuge, mit denen – motor- und nicht-motorgetrieben – auf dem Wasser Personen und Sachen befördert werden. Unter A1-6.12.1 findet der VN eine Liste von Wassersportfahrzeugen, die er als abschließend erkennen wird und aus der er entnehmen kann, dass er für andere als die dort aufgeführten Wasserfahrzeuge – etwa eigene Segelboote und eigene Windsurfbretter – keinen Schutz im Rahmen der PHV hat.

Für den Gebrauch **fremder** motorgetriebener, ohne Fahrerlaubnis zu führender Wassersportfahrzeuge besteht Deckung nach A1-6.12.1 (4), wenn eine **gelegentliche Nutzung** vorliegt. Da es sich um eine Deckungseinschränkung handelt, ist ein enges Verständnis angezeigt. Das Wort „gelegentlich" darf der VN dahin gehend verstehen, dass es sich um eine vorübergehende, nicht auf längere Dauer angelegte Nutzung handeln muss, die allerdings wiederholt erfolgen kann. Wer in den Sommerferien wiederholt ein Boot mit Außenbordmotor anmietet, handelt „gelegentlich". Das gilt auch, wenn er das Boot für zwei oder drei Wochen mietet. Erst dann, wenn die Anmietung auf längere oder gar unbestimmte Dauer erfolgt, so dass das Boot dem VN ständig zur Verfügung steht, greift die Risikobegrenzung. Nach dem Wortlaut kommt es nicht darauf an, dass die Motorkraft schadenursächlich war, sondern nur auf die Tatsache, ob es sich um ein Wassersportfahrzeug mit Motor handelte, das nicht nur gelegentlich genutzt wurde.[1]

---

2 Späte/Schimikowski/*Schimikowski*, AVB PHV Rn 17.
1 Vgl auch FAKomm-VersR/*Meckling-Geis*, BBR PHV Rn 102.

3 Die Deckung im Rahmen von A1-6.12.1 ist in Bezug auf **eigene Boote** faktisch auf den Gebrauch von Ruder- und Paddelbooten begrenzt. Das ist auch in den Musterbedingungen des GDV, die auf den AHB beruhen, nicht anders. In den Bedingungen einzelner VR ist zumindest die Benutzung **eigener Windsurfbretter** mitversichert, zuweilen ist (aber) die Nutzung motorbetriebener Wasserfahrzeuge komplett ausgeschlossen. Die Bedingungen müssen im Schadenfall stets sehr genau analysiert werden.

4 Nach A1-6.12.2 besteht auch bei Nutzung nicht in A1-6.12.1 genannter Wasserfahrzeuge Deckung, wenn der VN nicht als Eigentümer, Besitzer, Halter oder Führer in Anspruch genommen wird (vgl auch A1-6.11 Rn 5).

A1-6.13 Gebrauch von Modellfahrzeugen

Versichert ist die gesetzliche Haftpflicht des Versicherungsnehmers wegen Schäden, die verursacht werden durch den Gebrauch von ferngelenkten Land- und Wasser-Modellfahrzeugen.

1 Ansprüche wegen Schäden, die aus dem Gebrauch von ferngelenkten Land- und Wasser-Modellfahrzeugen resultieren, sind ohne Einschränkungen gedeckt. Diese Regelung entspricht Ziff. 3.2 (4) BB PHV. Die deckungsrechtliche Situation ist für den VN insoweit eindeutig. Luftfahrzeuge sind hier nicht genannt, so dass für den VN eine unklare Rechtslage verbleibt (vgl A1-6.11 Rn 1 f).

A1-6.14 Schäden im Ausland

Versichert ist die gesetzliche Haftpflicht des Versicherungsnehmers wegen im Ausland eintretender Versicherungsfälle ausschließlich, wenn diese
– auf eine versicherte Handlung im Inland bzw. auf ein im Inland bestehendes versichertes Risiko zurückzuführen sind oder
– bei einem vorübergehenden Auslandsaufenthalt bis zu ... Jahr/en eingetreten sind. Versichert ist hierbei auch die gesetzliche Haftpflicht aus der vorübergehenden Benutzung oder Anmietung (nicht dem Eigentum) von im Ausland gelegenen Wohnungen und Häusern gemäß A1-6.3.1(1) bis (3).

Die Leistungen des Versicherers erfolgen in Euro. Soweit der Zahlungsort außerhalb der Staaten, die der Europäischen Währungsunion angehören, liegt, gelten die Verpflichtungen des Versicherers mit dem Zeitpunkt als erfüllt, in dem der Euro-Betrag bei einem in der Europäischen Währungsunion gelegenen Geldinstitut angewiesen ist.

I. Ursachenereignis im Inland, Schadenereignis im Ausland

1 Der VN genießt zunächst Versicherungsschutz, wenn ein Versicherungsfall – also ein Schadenereignis (A1-3.1) – im Ausland eintritt, der auf eine versicherte Handlung im Inland oder auf ein im Inland bestehendes versichertes Risiko zurückzuführen ist (A1-6.14 **Abs. 1 1. Spiegelstrich**). Diese Regelung ist erstmals 2001 in die Musterbedingungen (Ziff. 5.1 BB PHV) eingeführt worden. Sie gilt nicht für grenzüberschreitende Auswirkungen eines Schadenereignisses,[1] dieses muss nach dem Bedingungswortlaut vielmehr im Ausland eingetreten sein. Geregelt wird hier

---

1 Zumindest missverständlich FAKomm-VersR/*Meckling-Geis*, BBR PHV Rn 113.

der Fall, dass das Ursachenereignis im Inland liegt, und das Ereignis, das den Schaden unmittelbar auslöst (A1-3.1 S. 2), im Ausland eintritt.

Die praktische Bedeutung dieser für den VN nicht einfach zu begreifenden Regelung dürfte begrenzt sein. Vorstellbar ist, dass zB ein französischer Austauschschüler von seinen Gasteltern in Deutschland versehentlich verdorbenes Essen erhält oder ihm ein Krankheitskeim übertragen wird, wodurch es nach der Rückkehr in Frankreich zu einer Infektion und nachfolgend zu gesundheitlichen Beeinträchtigungen kommt. Hier erfolgt die schadenursächliche Handlung im Inland, das Schadenereignis tritt im Ausland ein.

Denkbar ist zB auch, dass ein Behältnis, in dem der VN Herbizide lagert und für das er Deckung nach A2-1.1 besitzt, eine Leckage erhält und die Schadstoffe im grenznahen Gebiet über den Boden oder mit dem Wasser eines Bachlaufs auf das Grundstück des niederländischen Nachbarn gelangen. Hier realisiert sich ein im Inland belegenes Risiko und führt im Ausland zu einem Schadenereignis.

II. Ursachen- und Schadenereignis im Ausland

Versicherungsfälle bei vorübergehendem Auslandsaufenthalt sind versichert, das gilt auch für die Haftpflicht aus dem Nutzen bzw Anmieten von Wohnungen und Häusern im Ausland (vgl A1-6.14 **Abs. 1 2. Spiegelstrich**). Während nach den BB PHV in Ziff. 5.1 der Versicherungsschutz auf ein Jahr begrenzt war, ist in den AVB PHV lediglich vorgesehen, dass vertraglich festgelegt wird, was als vorübergehend gelten soll. Der VN kann dem Wortlaut der in A1-6.14 Abs. 1 S. 2 getroffenen Regelung entnehmen, dass keine Deckung besteht, wenn er im Ausland Eigentum an einer Wohnung oder einem Haus erwirbt und er in seiner Eigenschaft als Immobilieneigentümer auf Schadenersatz in Anspruch genommen wird.

Einen **vorübergehenden** Auslandsaufenthalt wird der VN dann annehmen, wenn von vornherein die Absicht der Rückkehr ins Inland besteht.[2] Das ist unproblematisch bei Urlaubsreisen, Studienaufenthalten und beruflichen Entsendungen, bei denen der Auslandsaufenthalt zeitlich klar begrenzt ist.[3]

Problematisch ist es für den VN, wenn nach seinem Vertrag zB Deckung für „vorübergehenden Auslandsaufenthalt bis zu drei Jahren" vereinbart ist und er nun von seinem Arbeitgeber ins Ausland versetzt wird mit der Absicht, dass nach drei Jahren das Beschäftigungsverhältnis wieder im Inland fortgeführt werden soll, aber die Option einer Verlängerung der Tätigkeit im Ausland besteht. Hier wird der VN davon ausgehen dürfen, dass er bis zum Ablauf von drei Jahren Versicherungsschutz besitzt. Wird der VN für fünf Jahre ins Ausland versetzt, kann der Bedingungstext, nach dem ein vorübergehender Zeitraum nicht mehr als drei Jahre beträgt, so verstanden werden, dass von vornherein kein Versicherungsschutz im Ausland besteht. Die Rechtslage ist nicht eindeutig, so dass auf jeden Fall Anlass zur Beratung besteht (§ 6 Abs. 4 VVG).[4]

III. Währungsklausel

A1-6.14 **Abs. 2** regelt, dass die Leistungspflicht in **Euro** erfüllt werde (S. 1) und bei Zahlungen aus Ländern außerhalb der Europäischen Währungsunion die Verpflichtungen des VR als erfüllt gelten, wenn das Geld bei einem in der Europäischen Währungsunion gelegenen Kreditinstitut angewiesen ist (S. 2). Damit sollen Übermittlungsrisiken auf den VN abgewälzt werden.[5]

---

2 Vgl auch Bruck/Möller/*Koch*, Ziff. 7 AHB 2012 Rn 304 mwN.
3 Vgl FAKomm-VersR/*Meckling-Geis*, BBR PHV Rn 113.
4 Späte/Schimikowski/*Schimikowski*, BB PHV Rn 160.
5 FAKomm-VersR/*Meckling-Geis*, BBR PHV Rn 114; AGB-rechtliche Bedenken dagegen bei Prölss/Martin/*Lücke*, Ziff. 5 BB PHV Rn 2.

A1-6.15 Vermögensschäden

A1-6.15.1 Versichert ist die gesetzliche Haftpflicht des Versicherungsnehmers wegen Vermögensschäden, die weder durch Personen- noch durch Sachschäden entstanden sind.

A1-6.15.2 Vom Versicherungsschutz ausgeschlossen sind Ansprüche wegen Vermögensschäden

(1) durch vom Versicherungsnehmer (oder in seinem Auftrag oder für seine Rechnung von Dritten) hergestellte oder gelieferte Sachen, erbrachte Arbeiten oder sonstige Leistungen;

(2) aus planender, beratender, bau- oder montageleitender, prüfender oder gutachterlicher Tätigkeit;

(3) aus Ratschlägen, Empfehlungen oder Weisungen an wirtschaftlich verbundene Unternehmen;

(4) aus Vermittlungsgeschäften aller Art;

(5) aus Auskunftserteilung, Übersetzung sowie Reiseveranstaltung;

(6) aus Anlage-, Kredit-, Versicherungs-, Grundstücks-, Leasing- oder ähnlichen wirtschaftlichen Geschäften, aus Zahlungsvorgängen aller Art, aus Kassenführung sowie aus Untreue oder Unterschlagung;

(7) aus Rationalisierung und Automatisierung;

(8) aus der Verletzung von gewerblichen Schutzrechten und Urheberrechten sowie des Kartell- oder Wettbewerbsrechts;

(9) aus der Nichteinhaltung von Fristen, Terminen, Vor- und Kostenanschlägen;

(10) aus Pflichtverletzungen, die mit der Tätigkeit als ehemalige oder gegenwärtige Mitglieder von Vorstand, Geschäftsführung, Aufsichtsrat, Beirat oder anderer vergleichbarer Leitungs- oder Aufsichtsgremien/Organe im Zusammenhang stehen;

(11) aus bewusstem Abweichen von gesetzlichen oder behördlichen Vorschriften, von Anweisungen oder Bedingungen des Auftraggebers oder aus sonstiger bewusster Pflichtverletzung;

(12) aus dem Abhandenkommen von Sachen, auch z.B. von Geld, Wertpapieren und Wertsachen;

(13) aus Schäden durch ständige Emissionen (z.B. Geräusche, Gerüche, Erschütterungen).

A1-6.15.3 Die Versicherungssumme für Vermögensschäden beträgt je Versicherungsfall EUR ... Die Höchstersatzleistung für alle Versicherungsfälle eines Versicherungsjahres beträgt EUR ...

Falls vereinbart: Selbstbeteiligung des Versicherungsnehmers: ...

I. Reine Vermögensschäden (A1-6.15.1)

1 Der Versicherungsschutz ist grds. auf Personen- und Sachschäden sowie darauf sich ergebende (unechte) Vermögensschäden begrenzt (A1-3.1 S. 1). A1-6.15.1 erweitert die Deckung auf reine (echte) Vermögensschäden, also für solche Schäden, denen kein Personen- oder Sachschaden vorausgeht. A1-6.15.2 enthält allerdings einen derart weitreichenden Katalog von Risikoausschlüssen, dass kaum Fälle übrig bleiben, in denen Deckung wegen reiner Vermögensschäden besteht.

II. Ausschlusstatbestände (A1-6.15.2)

Die Ausschlusstatbestände A1-6.15.2 (1)–(4) spielen für den privaten VN keine Rolle.

Nach A1-6.15.2 (5) hat er keine Deckung, falls er wegen unzutreffender **Auskünfte** oder **Übersetzungen** in Anspruch genommen wird. **Reiseveranstaltung** wird im privaten Bereich nicht vorkommen, allenfalls die private Organisation von Reisen Verwandter oder Bekannter. Das aber kann nicht als ausgeschlossene Reiseveranstaltung gelten.

Bestimmte **wirtschaftliche Geschäfte** nimmt A1-6.15.2 (6) vom Versicherungsschutz aus. Das kann zB praktisch bedeutsam werden, wenn der VN Geld an Bekannte (Verwandte usw) verliehen oder von Bekannten (Verwandten usw) entliehen hat. Kommt es hier zu Ansprüchen wegen Vermögensschäden, besteht keine Deckung. Der Ausschluss erfasst auch private Geld- und Kreditgeschäfte; Gewinnerzielungsabsicht muss nicht gegeben sein, der Bedingungstext enthält eine solche Voraussetzung jedenfalls nicht.[1]

Ansprüche wegen **Rationalisierung** und **Automatisierung** (A1-6.15.2 (7)) treffen den privaten VN nicht.

Ansprüche wegen **Verletzung von gewerblichen Schutzrechten und Urheberrechten** (A1-6.15.2 (8)) dagegen können auch im privaten Bereich vorkommen, wenn der VN oder seine Kinder als mitversicherte Personen zB geschützte Bilder, Musikdateien usw verwenden. Im Falle einer Inanspruchnahme besteht kein Versicherungsschutz.

A1-6.15.2 (9)–(11) besitzen für den privaten Bereich keine Bedeutung.

Für den privaten Bereich hat sehr wohl aber A1-6.15.2 (12) Bedeutung, wonach Ansprüche wegen **Abhandenkommens von Sachen** nicht gedeckt sind. Die praktische Bedeutung dieser Regelung ist nicht zu unterschätzen. So besteht insb. dann keine Deckung, wenn der VN in Anspruch genommen wird, weil ihm fremde Sachen (Mobiltelefon, Notebook, Fotoapparat usw), die ihm zB gefälligkeitshalber überlassen wurden, gestohlen worden sind oder er sie verloren hat. Zu beachten ist, dass hier im Einzelfall trotz Abhandenkommens ein Sachschaden vorliegen kann (v.a. in Fällen wirtschaftlicher Entwertung), so dass Deckung zu bejahen ist (s. dazu Ziff. 1 AHB Rn 32; Ziff. 2 AHB Rn 16).

Ausgeschlossen sind schließlich Ansprüche wegen Vermögensschäden durch **ständige Emissionen** (A1-6.15.2 (13)). Diese werden vom VN als Privatperson selten verursacht bzw von ihm zu verantworten sein. Denkbar ist zB, dass sich auf dem Grundstück des VN ein Biotop befindet und sich dort Frösche ansiedeln, deren Quaken die Nachbarn stört, die nach § 906 Abs. 2 S. 2 BGB Ausgleichsansprüche stellen. Der VR hätte hier keine Deckung zu gewähren, wenn die Geräuschbelästigung ständig und nicht etwa zu Paarungszeiten auftritt.

Die praktische Bedeutung der Bestimmungen über reine Vermögensschäden in der PHV ist insgesamt eher gering. Fälle, in denen Deckung besteht, sind selten.[2]

III. Leistungseinschränkungen (A1-6.15.3)

A1-6.15.3 sieht vor, dass ein Sublimit, eine Maximierung und eine Selbstbeteiligung vereinbart werden können.

---

1 Vgl OLG Hamm 13.7.2012 – 20 U 9/12, r+s 2013, 19.
2 Dazu Prölss/Martin/*Lücke*, Ziff. 6 BB PHV Rn 2; *Wendt*, in: Hdb FA VersR, Kap. 24 Rn 39; FAKomm-VersR/*Meckling-Geis*, BBR PHV Rn 125; Späte/Schimikowski/*Schimikowski*, BB PHV Rn 184.

A1-6.16 Übertragung elektronischer Daten

A1-6.16.1 Versichert ist die gesetzliche Haftpflicht des Versicherungsnehmers wegen Schäden aus dem Austausch, der Übermittlung und der Bereitstellung elektronischer Daten, z.B. im Internet, per E-Mail oder mittels Datenträger.

Dies gilt ausschließlich für Schäden aus

(1) der Löschung, Unterdrückung, Unbrauchbarmachung oder Veränderung von Daten (Datenveränderung) bei Dritten durch Computer-Viren und/oder andere Schadprogramme;

(2) der Datenveränderung aus sonstigen Gründen sowie der Nichterfassung und fehlerhaften Speicherung von Daten bei Dritten und zwar wegen

– sich daraus ergebender Personen- und Sachschäden, nicht jedoch weiterer Datenveränderungen sowie

– der Kosten zur Wiederherstellung der veränderten Daten bzw. Erfassung/korrekter Speicherung nicht oder fehlerhaft erfasster Daten;

(3) der Störung des Zugangs Dritter zum elektronischen Datenaustausch.

<u>Für (1) bis (3) gilt:</u>

Der Versicherungsnehmer ist verpflichtet dafür zu sorgen, dass seine auszutauschenden, zu übermittelnden, bereitgestellten Daten durch Sicherheitsmaßnahmen und/oder -techniken (z.B. Virenscanner, Firewall) gesichert oder geprüft werden bzw. worden sind, die dem Stand der Technik entsprechen. Diese Maßnahmen können auch durch Dritte erfolgen.

Verletzt der Versicherungsnehmer diese Obliegenheit, so gilt B3-3.3 (Rechtsfolgen bei Verletzung von Obliegenheiten).

A1-6.16.2 Kein Versicherungsschutz besteht für Ansprüche aus nachfolgend genannten Tätigkeiten und Leistungen:

(1) Software-Erstellung, -Handel, -Implementierung, -Pflege;

(2) IT-Beratung, -Analyse, -Organisation, -Einweisung, -Schulung;

(3) Netzwerkplanung, -installation, -integration, -betrieb, -wartung, -pflege;

(4) Bereithaltung fremder Inhalte, z.B. Access-, Host-, Full-Service-Providing;

(5) Betrieb von Datenbanken.

A1-6.16.3 Mehrere während der Wirksamkeit der Versicherung eintretende Versicherungsfälle gelten als ein Versicherungsfall, der im Zeitpunkt des ersten dieser Versicherungsfälle eingetreten ist, wenn diese

– auf derselben Ursache,

– auf gleichen Ursachen mit innerem, insbesondere sachlichem und zeitlichem Zusammenhang oder

– auf dem Austausch, der Übermittlung und Bereitstellung elektronischer Daten mit gleichen Mängeln

beruhen.

A1-5.3 findet insoweit keine Anwendung.

A1-6.16.4 Für Versicherungsfälle im Ausland besteht – insoweit abweichend von A1-6.14 – Versicherungsschutz ausschließlich, soweit die versicherten Haftpflichtansprüche in europäischen Staaten und nach dem Recht europäischer Staaten geltend gemacht werden.

A1-6.16.5 Vom Versicherungsschutz ausgeschlossen sind
(1) Ansprüche wegen Schäden, die dadurch entstehen, dass der Versicherungsnehmer bewusst
  – unbefugt in fremde Datenverarbeitungssysteme/Datennetze eingreift (z.B. Hacker-Attacken, Denial of Service Attacks),
  – Software einsetzt, die geeignet ist, die Datenordnung zu zerstören oder zu verändern (z.B. Software-Viren, Trojanische Pferde);
(2) Ansprüche, die in engem Zusammenhang stehen mit
  – massenhaft versandten, vom Empfänger ungewollten elektronisch übertragenen Informationen (z.B. Spamming),
  – Dateien (z.B. Cookies), mit denen widerrechtlich bestimmte Informationen über Internet-Nutzer gesammelt werden sollen;
(3) Versicherungsansprüche aller Personen, die den Schaden durch bewusstes Abweichen von gesetzlichen oder behördlichen Vorschriften (z.B. Teilnahme an rechtswidrigen Online-Tauschbörsen) oder durch sonstige bewusste Pflichtverletzungen herbeigeführt haben.
A1-2.3 findet keine Anwendung.

A1-6.16.6 Versicherungssummen und Selbstbeteiligung

Variante für getrennte Versicherungssummen:

Die Versicherungssumme für Schäden im Zusammenhang mit der Übertragung elektronischer Daten beträgt je Versicherungsfall EUR ... Die Höchstersatzleistung für alle Versicherungsfälle eines Versicherungsjahres beträgt EUR ...

Abhängig von der Schadenart erfolgt eine Anrechnung auf die jeweilige Personen-, Sach- oder Vermögensschaden-Versicherungssumme je Versicherungsfall sowie auf die Jahreshöchstersatzleistung.

Variante für pauschale Versicherungssummen:

Die Versicherungssumme für Schäden im Zusammenhang mit der Übertragung elektronischer Daten beträgt je Versicherungsfall EUR ... Die Höchstersatzleistung für alle Versicherungsfälle eines Versicherungsjahres beträgt EUR ...

Es erfolgt eine Anrechnung auf die Pauschal-Versicherungssumme je Versicherungsfall sowie auf die Jahreshöchstersatzleistung.

Falls vereinbart: Selbstbeteiligung des Versicherungsnehmers ...

I. Umfang des Versicherungsschutzes und Obliegenheiten

Versicherungsschutz wird nach A1-6.16.1 Abs. 1, Abs. 2 (1)–(3) geboten für Ansprüche wegen Schäden, die aus (1) der Löschung, Unterdrückung, Unbrauchbarmachung und Veränderung von Daten durch Viren und sonstige Schadprogramme, aus (2) der Datenveränderung aus sonstigen Gründen sowie Nichterfassung oder fehlerhaftem Speichern von Daten sowie aus (3) der Störung des Zugangs Dritter zum elektronischen Datenaustausch resultieren.[1] Schäden durch **Hardware** sind also von vornherein ausgenommen.[2]

2 Die Deckung umfasst auch reine Vermögensschäden, ausgenommen Datenveränderung aus sonstigen Gründen sowie Nichterfassung und fehlerhafte Speicherung von Daten; hier sind nur Personen- und Sachschäden umfasst (A1-6.16.1 Abs. 2 (2) 1. Spiegelstrich).

3 Der Versicherungsschutz wird entscheidend dadurch gemindert, dass den VN die Obliegenheit trifft, dafür zu sorgen, dass seine Daten durch dem **Stand der Technik entsprechende Sicherheitsmaßnahmen und/oder -techniken** gesichert oder geprüft werden bzw wurden. Erfüllt der VN die hier erhobenen Anforderungen, wird er kaum jemals schadenersatzpflichtig sein. Stellt sich aber heraus, dass zB der von ihm verwendete Virenschutz veraltet war, besitzt er keine Deckung. Es wird dem VN auch schwerfallen zu beurteilen, welche Firewall, welcher Virenscanner dem Stand der Technik entspricht.[3] Die AGB-rechtliche Haltbarkeit dieser Obliegenheitenregelung erscheint im Hinblick auf § 307 Abs. 2 Nr. 2 BGB zweifelhaft.

4 Die **Sicherungsobliegenheit** als eine „Konkretisierung der gesetzlichen Pflicht des VN gem. §§ 82, 28 VVG" zu bezeichnen,[4] ist verfehlt. § 28 regelt keine gesetzliche Pflicht und die Schadenabwendungs- und -minderungspflicht gem. § 82 Abs. 1 VVG wird erst bei Eintritt des Versicherungsfalles ausgelöst und begründet keine Pflicht zur Abwendung eines Versicherungsfalles (s. § 82 VVG Rn 4 ff). Der PHV liegt das Schadenereignisprinzip zugrunde, so dass die Obliegenheit aus § 82 Abs. 1 VVG erst dann ausgelöst wird, wenn das Ereignis eingetreten ist, das den Schaden unmittelbar zur Folge hat. Die Sicherungsobliegenheit nach A1-6.16.1 Abs. 3 ist daher keine Ausprägung der Schadenabwendungs- und -minderungspflicht.

II. Leistungsbegrenzungen

5 A1-6.16.2: Die in A1-6.16.2 enthaltenen Risikoausschlüsse sind für die PHV irrelevant. Bei enger Auslegung unterfällt zB private Softwarepflege oder IT-Beratung nicht den Ausschlusstatbeständen. Der VN entnimmt Worten wie „Handel", „Schulung", „Access-, Host-Full-Service-Providing", dass es sich um berufliche oder gewerbliche Tätigkeiten handelt, die hier erwähnt werden.[5]

6 A1-6.16.3: Die **Serienschadenklausel** ist sehr weitgehend und begegnet AGB-rechtlichen Bedenken, weil der Versicherungsschutz insb. bei der versehentlichen Übermittlung elektronischer Daten mit gleichen Mängeln gefährdet erscheint.[6]

7 A1-6.16.4: Deckung für **Versicherungsfälle im Ausland** besteht nur, soweit die Ansprüche „in europäischen Staaten nach dem Recht europäischer Staaten geltend

---

1 Die Datenbeeinträchtigungen sind in Anlehnung an § 303 a StGB formuliert und finden sich (auch) in Ziff. 7.15 AHB; s. dazu Ziff. 7 AHB Rn 79 ff sowie Bruck/Möller/*Koch*, Ziff. 7 AHB 2012 Rn 386 ff.
2 FAKomm-VersR/*Meckling-Geis*, BBR PHV Rn 103.
3 Dazu Späte/Schimikowski/*Schimikowski*, BB PHV Rn 151 ff; keine Bedenken im Hinblick auf den betrieblichen Bereich hat Bruck/Möller/*Koch*, Ziff. 7 AHB 2012 Rn 421, weil dort ein regelmäßig aktualisiertes Sicherheitskonzept geboten werde. Bei privater Internetnutzung wird man dies nicht annehmen können.
4 So FAKomm-VersR/*Meckling-Geis*, BBR PHV Rn 108.
5 Ähnl. wohl Prölss/Martin/*Lücke*, Ziff. 4 BB PHV Rn 9, der von „gewerblichen und quasigewerblichen" Tätigkeiten spricht, ebenso FAKomm-VersR/*Meckling-Geis*, BBR PHV Rn 111.
6 Vgl auch Prölss/Martin/*Lücke*, Ziff. 4 BB PHV Rn 7; Späte/Schimikowski/*Schimikowski*, BB PHV Rn 154. Für eine einschränkende Auslegung Bruck/Möller/*Koch*, Ziff. 7 AHB 2012 Rn 411.

gemacht werden". Die Regelung begegnet erheblichen rechtlichen Bedenken. Zum einen ist die Bezugnahme auf Europa unklar, zum anderen sind Internetrisiken weltweite Risiken und eine Begrenzung der Deckung auf Europa im Hinblick auf § 307 Abs. 2 Nr. 2 BGB zweifelhaft.[7]

A1-6.16.5: Vom Versicherungsschutz sind Ansprüche wegen Schäden, die durch bewusstes, unbefugtes Eingreifen des VN in fremde Datenverarbeitungssysteme/ Datennetze und durch bewussten Einsatz von Software, die geeignet ist, die Datenordnung zu zerstören oder zu verändern, verursacht werden, ausgeschlossen (A1-6.16.5 (1)). Das ist rechtlich nicht zu beanstanden. Der Versicherungsschutz wird idR schon deshalb entfallen, weil der Vorsatzausschluss einschlägig ist (A1-7.1).

Problematisch sind die in A1-6.16.5 (2) 1. und 2. Spiegelstrich vorgesehenen objektiven Risikoausschlüsse für Ansprüche in „engem Zusammenhang" mit **massenhaft versandten Informationen** und mit Dateien, mit denen widerrechtlich bestimmte Informationen über Internet-Nutzer gesammelt werden sollen, zB **Cookies**. Auf ein Verschulden des VN kommt es insoweit nicht an, so dass er auch dann keinen Versicherungsschutz hat, wenn er zB leicht fahrlässig oder gar schuldlos Spammings (weiter-)versendet. Hier ist zu fragen, ob der Versicherungsschutz nicht entwertet wird (§ 307 Abs. 2 Nr. 2 BGB).[8]

Schließlich ist in A1.6.15.5 (3) ein **Pflichtwidrigkeitsausschluss** vorgesehen. Weiß der VN, dass er an einer rechtswidrigen Online-Tauschbörse teilnimmt, kann ihm zu Recht die Deckung versagt werden. Zum Pflichtwidrigkeitsausschluss vgl § 103 VVG Rn 12.

A1-6.17 Ansprüche aus Benachteiligungen

Falls folgendes zusätzliche Risiko versichert werden soll, kann durch besondere Vereinbarung der Versicherungsschutz im Versicherungsschein oder in seinen Nachträgen wie folgt erweitert werden:

A1-6.17.1 Versichert ist – insoweit abweichend von A1-7.10 – die gesetzliche Haftpflicht des Versicherungsnehmers als Dienstherr der in seinem Privathaushalt oder sonstigen privaten Lebensbereich beschäftigten Personen wegen Personen-, Sach- oder Vermögensschäden (einschließlich immaterieller Schäden) aus Benachteiligungen. Gründe für eine Benachteiligung sind

- die Rasse,
- die ethnische Herkunft,
- das Geschlecht,
- die Religion,
- die Weltanschauung,
- eine Behinderung,
- das Alter,
- oder die sexuelle Identität.

Dies gilt ausschließlich für Ansprüche nach deutschem Recht, insbesondere dem Allgemeinen Gleichbehandlungsgesetz (AGG). Soweit diese Ansprüche gerichtlich verfolgt werden, besteht Versicherungs-

---

[7] AA Bruck/Möller/*Koch*, Ziff. 7 AHB 2012 Rn 413. Zum Ganzen Späte/Schimikowski/ *Schimikowski*, BB PHV Rn 155 mwN.
[8] Krit. zum Begriff der „Informationen" Bruck/Möller/*Koch*, Ziff. 7 AHB 2012 Rn 415.

schutz ausschließlich, wenn sie vor deutschen Gerichten geltend gemacht werden.

Beschäftigte Personen sind auch die Bewerberinnen und Bewerber für ein Beschäftigungsverhältnis sowie die Personen, deren Beschäftigungsverhältnis beendet ist.

A1-6.17.2 Versicherungsfall

Versicherungsfall ist – abweichend von A1-3.1 – die erstmalige Geltendmachung eines Haftpflichtanspruchs gegen den Versicherungsnehmer während der Dauer des Versicherungsvertrags. Im Sinne dieses Vertrags ist ein Haftpflichtanspruch geltend gemacht, wenn gegen den Versicherungsnehmer ein Anspruch schriftlich erhoben wird oder ein Dritter dem Versicherungsnehmer schriftlich mitteilt, einen Anspruch gegen den Versicherungsnehmer zu haben.

A1-6.17.3 Zeitliche Abgrenzung des Versicherungsschutzes

(1) Erfasste Benachteiligungen und Anspruchserhebung

Die Anspruchserhebung sowie die zugrundeliegende Benachteiligung müssen während der Wirksamkeit der Versicherung erfolgt sein. Wird eine Benachteiligung durch fahrlässige Unterlassung verursacht, gilt sie im Zweifelsfall als an dem Tag begangen, an welchem die versäumte Handlung spätestens hätte vorgenommen werden müssen, um den Eintritt des Schadens abzuwenden.

(2) Rückwärtsversicherung für vorvertragliche Benachteiligungen

Zusätzlich besteht auch Versicherungsschutz für Benachteiligungen, die innerhalb eines Zeitraums von … Jahren vor Vertragsbeginn begangen wurden. Dies gilt jedoch nicht für solche Benachteiligungen, die der Versicherungsnehmer bei Abschluss dieses Versicherungsvertrags kannte.

(3) Nachmeldefrist für Anspruchserhebung nach Vertragsbeendigung

Der Versicherungsschutz umfasst auch solche Anspruchserhebungen, die auf Benachteiligungen beruhen, die bis zur Beendigung des Versicherungsvertrags begangen und innerhalb eines Zeitraumes von … Jahren nach Beendigung des Versicherungsvertrags erhoben und dem Versicherer gemeldet worden sind.

(4) Vorsorgliche Meldung von möglichen Inanspruchnahmen

Der Versicherungsnehmer hat die Möglichkeit, dem Versicherer während der Laufzeit des Vertrags konkrete Umstände zu melden, die seine Inanspruchnahme hinreichend wahrscheinlich erscheinen lassen.

Im Fall einer tatsächlich späteren Inanspruchnahme, die aufgrund eines gemeldeten Umstandes spätestens innerhalb einer Frist von … Jahren erfolgen muss, gilt die Inanspruchnahme als zu dem Zeitpunkt der Meldung der Umstände erfolgt.

A1-6.17.4 Versicherungssummen und Selbstbeteiligung

Variante für getrennte Versicherungssummen:

Die Versicherungssumme für Schäden aus Benachteiligung beträgt je Versicherungsfall EUR … Die Höchstersatzleistung für alle Versicherungsfälle eines Versicherungsjahres beträgt EUR …

Abhängig von der Schadenart erfolgt eine Anrechnung auf die jeweilige Personen-, Sach- oder Vermögensschaden-Versicherungssumme je Versicherungsfall sowie auf die Jahreshöchstersatzleistung

Variante für pauschale Versicherungssummen:

Die Versicherungssumme für Schäden aus Benachteiligung beträgt je Versicherungsfall EUR ... Die Höchstersatzleistung für alle Versicherungsfälle eines Versicherungsjahres beträgt EUR ...

Es erfolgt eine Anrechnung auf die Pauschal-Versicherungssumme je Versicherungsfall sowie auf die Jahreshöchstersatzleistung.

Falls vereinbart: Selbstbeteiligung des Versicherungsnehmers EUR ...

A1-6.17.5 Vom Versicherungsschutz ausgeschlossen sind

(1) Versicherungsansprüche aller Personen, soweit sie den Schaden durch wissentliches Abweichen von Gesetz, Vorschrift, Beschluss, Vollmacht oder Weisung oder durch sonstige wissentliche Pflichtverletzung herbeigeführt haben.

A1-2.3 findet keine Anwendung;

(2) Ansprüche auf Entschädigung und/oder Schadensersatz mit Strafcharakter; hierunter fallen auch Strafen, Buß- und Ordnungs- oder Zwangsgelder, die gegen den Versicherungsnehmer oder die mitversicherten Personen verhängt worden sind;

(3) Ansprüche wegen

– Gehalt,
– rückwirkenden Lohnzahlungen, Pensionen, Renten, Ruhegeldern, betrieblicher Altersversorgung,
– Abfindungszahlungen im Zusammenhang mit der Beendigung von Arbeitsverhältnissen und Sozialplänen sowie
– Ansprüche aus Personenschäden, bei denen es sich um Arbeitsunfälle und Berufskrankheiten im Betrieb des Versicherungsnehmers gemäß dem Sozialgesetzbuch VII handelt.

Gemäß A1-6.17.1 S. 1 genießt der VN als **Dienstherr** Deckung, wenn in seinem Privathaushalt oder sonstigen privaten Lebensbereich beschäftigte Personen Ansprüche stellen wegen Benachteiligungen. Der VN kann dem Bedingungstext entnehmen, dass er Deckung im Rahmen der PHV nur in seiner Eigenschaft als Dienstherr hat und dass demnach Ansprüche wegen Benachteiligungen außerhalb von Beschäftigungsverhältnissen in der PHV nicht gedeckt sind.[1]

Die Gründe für Benachteiligungen sind abschließend aufgezählt (A1-6.17.1 S. 2).

Versicherungsschutz wird nur für Ansprüche nach deutschem Recht und für vor deutschen Gerichten geltend gemachte Ansprüche gewährt (A1-6.17.1 S. 3, 4).

Als Beschäftigte gelten auch **Bewerberinnen und Bewerber** für ein Beschäftigungsverhältnis sowie Personen, deren **Beschäftigungsverhältnis beendet** ist. Damit wird § 6 Abs. 1 S. 2 AGG wörtlich übernommen.

Versicherungsfall ist die **Anspruchserhebung** (A1-6.17.2). Anders als sonst in der PHV üblich, gilt hier also das Claims-made-Prinzip. Anspruchserhebung und Benachteiligung müssen grds. während der Vertragslaufzeit erfolgt sein (A1-6.17.3 (1)), allerdings kann eine **Rückwärtsversicherung** für bei Vertragsabschluss nicht bekannte Benachteiligungen vereinbart werden (A1-6.17.3 (2)). Eine solche Rück-

---

1 Vgl auch Prölss/Martin/*Lücke*, Ziff. 10 BB PHV Rn 1.

wärtsversicherung ist in den BB PHV noch nicht als Möglichkeit enthalten.[2] Vorgesehen ist ferner, dass eine **Nachmeldefrist** vereinbart werden (A1-6.17.3 (4)) und der VN **Umstandsmeldungen** abgeben kann (A1-6-17.3 (5)).

6 A1-6.17.5 (1) enthält einen **Pflichtwidrigkeitsausschluss**. Weiß der VN, dass er einen Bewerber oder eine Bewerberin für eine Beschäftigung in seinem Haushalt zB wegen seiner/ihrer Religionszugehörigkeit benachteiligt, hat er keine Deckung. Die in A1-6.17.5 (2), (3) vorgesehenen Ausschlüsse treffen den privaten VN nur in geringen Umfang, nämlich soweit es um Gehaltszahlungen und Arbeitsunfälle mit Personenschäden geht.

A1-7 Allgemeine Ausschlüsse

Falls im Versicherungsschein oder seinen Nachträgen nicht ausdrücklich etwas anderes bestimmt ist, sind vom Versicherungsschutz ausgeschlossen:

A1-7.1 Vorsätzlich herbeigeführte Schäden

Ausgeschlossen sind Versicherungsansprüche aller Personen, die den Schaden vorsätzlich herbeigeführt haben.

A1-2.3 findet keine Anwendung.

A1-7.2 Kenntnis der Mangelhaftigkeit oder Schädlichkeit von Erzeugnissen, Arbeiten und sonstigen Leistungen

Ausgeschlossen sind Versicherungsansprüche aller Personen, die den Schaden dadurch verursacht haben, dass sie in Kenntnis von deren Mangelhaftigkeit oder Schädlichkeit
- Erzeugnisse in den Verkehr gebracht oder
- Arbeiten oder sonstige Leistungen

erbracht haben.

A1-2.3 findet keine Anwendung.

A1-7.3 Ansprüche der Versicherten untereinander

Ausgeschlossen sind Ansprüche
(1) des Versicherungsnehmers selbst oder der in A1-7.4 benannten Personen gegen die mitversicherten Personen,
(2) zwischen mehreren Versicherungsnehmern desselben Versicherungsvertrags,
(3) zwischen mehreren mitversicherten Personen desselben Versicherungsvertrags.

Diese Ausschlüsse erstrecken sich auch auf Ansprüche von Angehörigen der vorgenannten Personen, die mit diesen in häuslicher Gemeinschaft leben.

---

2 Vgl Späte/Schimikowski/*Schimikowski*, BB PHV Rn 194.

A1-7.4 Schadenfälle von Angehörigen des Versicherungsnehmers und von wirtschaftlich verbundenen Personen

Ausgeschlossen sind Ansprüche gegen den Versicherungsnehmer

(1) aus Schadenfällen seiner Angehörigen, die mit ihm in häuslicher Gemeinschaft leben oder die zu den im Versicherungsvertrag mitversicherten Personen gehören;

Als Angehörige gelten

– Ehegatten, Lebenspartner im Sinne des Lebenspartnerschaftsgesetzes oder vergleichbare Partnerschaften nach dem Recht anderer Staaten,
– Eltern und Kinder,
– Adoptiveltern und -kinder,
– Schwiegereltern und -kinder,
– Stiefeltern und -kinder,
– Großeltern und Enkel,
– Geschwister sowie
– Pflegeeltern und -kinder (Personen, die durch ein familienähnliches, auf längere Dauer angelegtes Verhältnis wie Eltern und Kinder miteinander verbunden sind).

(2) von seinen gesetzlichen Vertretern oder Betreuern, wenn der Versicherungsnehmer eine geschäftsunfähige, beschränkt geschäftsfähige oder betreute Person ist;

(3) von seinen gesetzlichen Vertretern, wenn der Versicherungsnehmer eine juristische Person des privaten oder öffentlichen Rechts oder ein nicht rechtsfähiger Verein ist;

(4) von seinen unbeschränkt persönlich haftenden Gesellschaftern, wenn der Versicherungsnehmer eine Offene Handelsgesellschaft, Kommanditgesellschaft oder Gesellschaft bürgerlichen Rechts ist;

(5) von seinen Partnern, wenn der Versicherungsnehmer eine eingetragene Partnerschaftsgesellschaft ist;

(6) von seinen Liquidatoren, Zwangs- und Insolvenzverwaltern.

Die Ausschlüsse unter (2) bis (6) gelten auch für Ansprüche von Angehörigen der dort genannten Personen, die mit diesen in häuslicher Gemeinschaft leben.

A1-7.5 Leasing, Pacht, Leihe, verbotene Eigenmacht, besonderer Verwahrungsvertrag

Ausgeschlossen sind Ansprüche wegen Schäden an fremden Sachen und allen sich daraus ergebenden Vermögensschäden, wenn der Versicherungsnehmer oder ein Bevollmächtigter oder Beauftragter des Versicherungsnehmers diese Sachen geleast, gepachtet, geliehen, durch verbotene Eigenmacht erlangt hat oder sie Gegenstand eines besonderen Verwahrungsvertrags sind.

A1-7.6 Schäden an hergestellten oder gelieferten Sachen, Arbeiten und sonstigen Leistungen

Ausgeschlossen sind Ansprüche wegen Schäden an vom Versicherungsnehmer hergestellten oder gelieferten Sachen, Arbeiten oder sonstigen Leistungen infolge einer in der Herstellung, Lieferung oder Leistung liegenden Ursache und alle sich daraus ergebenden Vermögensschäden. Dies gilt auch dann, wenn die Schadenursache in einem mangelhaften Einzelteil der Sache oder in einer mangelhaften Teilleistung liegt und zur Beschädigung oder Vernichtung der Sache oder Leistung führt.

Dieser Ausschluss findet auch dann Anwendung, wenn Dritte im Auftrag oder für Rechnung des Versicherungsnehmers die Herstellung oder Lieferung der Sachen oder die Arbeiten oder sonstigen Leistungen übernommen haben.

A1-7.7 Asbest

Ausgeschlossen sind Ansprüche wegen Schäden, die auf Asbest, asbesthaltige Substanzen oder Erzeugnisse zurückzuführen sind.

A1-7.8 Gentechnik

Ausgeschlossen sind Ansprüche wegen Schäden, die zurückzuführen sind auf

(1) gentechnische Arbeiten,
(2) gentechnisch veränderte Organismen (GVO),
(3) Erzeugnisse, die
– Bestandteile aus GVO enthalten,
– aus GVO oder mit Hilfe von GVO hergestellt wurden.

A1-7.9 Persönlichkeits- und Namensrechtsverletzungen

Ausgeschlossen sind Ansprüche wegen Schäden aus Persönlichkeits- oder Namensrechtsverletzungen.

A1-7.10 Anfeindung, Schikane, Belästigung und sonstige Diskriminierung

Ausgeschlossen sind Ansprüche wegen Schäden aus Anfeindung, Schikane, Belästigung, Ungleichbehandlung oder sonstigen Diskriminierungen.

A1-7.11 Übertragung von Krankheiten

Ausgeschlossen sind Ansprüche wegen

(1) Personenschäden, die aus der Übertragung einer Krankheit des Versicherungsnehmers resultieren,
(2) Sachschäden, die durch Krankheit der dem Versicherungsnehmer gehörenden, von ihm gehaltenen oder veräußerten Tiere entstanden sind.

In beiden Fällen besteht Versicherungsschutz, wenn der Versicherungsnehmer beweist, dass er weder vorsätzlich noch grob fahrlässig gehandelt hat.

A1-7.12 Senkungen, Erdrutschungen, Überschwemmungen

Ausgeschlossen sind Ansprüche wegen Sachschäden und alle sich daraus ergebenden Vermögensschäden, welche entstehen durch

(1) Senkungen von Grundstücken oder Erdrutschungen,
(2) Überschwemmungen stehender oder fließender Gewässer.

A1-7.13 Strahlen

Ausgeschlossen sind Ansprüche wegen Schäden, die in unmittelbarem oder mittelbarem Zusammenhang mit energiereichen ionisierenden Strahlen stehen (z.B. Strahlen von radioaktiven Stoffen oder Röntgenstrahlen).

A1-7.14 Kraftfahrzeuge, Kraftfahrzeug-Anhänger

Ausgeschlossen sind Ansprüche wegen Schäden, die der Eigentümer, Besitzer, Halter oder Führer eines Kraftfahrzeugs oder Kraftfahrzeug-Anhängers durch den Gebrauch des Fahrzeugs verursacht.

A1-7.15 Ungewöhnliche und gefährliche Beschäftigung

Ausgeschlossen sind Versicherungsansprüche aller Personen wegen Schäden durch eine ungewöhnliche und gefährliche Beschäftigung.

A1-2.3 findet keine Anwendung.

A1-7.16 Verantwortliche Betätigung in Vereinigungen aller Art

Ausgeschlossen sind Ansprüche wegen Schäden aus einer verantwortlichen Betätigung in Vereinigungen aller Art.

I. Ausschlusstatbestände A1-7.1 bis A1-7.13 1	4. Zweck der Benzinklausel..... 19
II. Kraftfahrzeuge, Kraftfahrzeug-Anhänger (A1-7.14) 6	III. Ungewöhnliche und gefährliche Beschäftigung (A1-7.15) 21
1. Inhalt des Ausschlusstatbestands...................... 6	IV. Verantwortliche Betätigung in Vereinigungen aller Art (A1-7.16)........................ 24
2. Gebrauch des Kfz 7	
3. Eigentümer, Besitzer, Halter, Führer 15	

I. Ausschlusstatbestände A1-7.1 bis A1-7.13

Die in A1-7.1 bis A1-7.13 geregelten Risikoausschlüsse decken sich inhaltlich mit Ziff. 7.1, 7.2, 7.4, 7.5, 7.6, 7.8, 7.1, 7.12, 7.13, 7.14 (2), (3), 7.16, 7.17, 7.18 AHB. Es kann insoweit auf die entsprechenden Erläuterungen zu den AHB verwiesen werden. Eine Neuerung gegenüber Ziff. 7.14 AHB findet sich in A1-7.12 AVB PHV insoweit, als dort ausdrücklich auch alle sich aus Grundstückssenkungen, Erdrutschungen und Überschwemmungen ergebenden Vermögensschäden ausgeschlossen sind.[1] 1

Die Systematik ist für den VN nur mit Mühe zu durchschauen. So findet er einen Komplettausschluss für Ansprüche bestimmter **Obhutsschäden**, nämlich für Schäden an geleasten, gepachteten, geliehenen, durch verbotene Eigenmacht oder aufgrund besonderen Verwahrungsvertrages erlangten Sachen in **A1-7.5**. Er kann erkennen, dass hierfür keine Deckung geboten wird, wohl aber für Obhutsschäden an gemieteten Sachen, solange diese unbeweglich sind (Zimmer, Wohnungen Häuser etc.). Insoweit ist ihm unter **A1-6.6** ein – begrenzter – Versicherungsschutz für Mietsachschäden zugesagt worden. Er vermag daraus zu ersehen, dass er für Schäden an gemieteten beweglichen Sachen keinen Versicherungsschutz hat, auch ohne dass ein ausdrücklicher Ausschluss bestimmt ist. Ganz einfach ist es für den VN (immer noch) nicht, den Umfang des Deckungsschutzes zu erkennen. 2

---

1 Vgl *Wendt*, in: Hdb FA VersR, Kap. 24 Rn 66 a.

3 Überrascht wird der VN womöglich zunächst von **A1-7.10** sein, wo ein Komplettausschluss für Ansprüche wegen **Diskriminierung** ausgesprochen wird. Blättert er zurück zu A1-6.17, findet der VN immerhin den Hinweis, dass dort Deckung „abweichend von A1-7.10" geboten wird, so dass ihm die Systematik nachvollziehbar werden dürfte.[2]

4 Insgesamt stellt die von den Bedingungsverfassern gewählte Systematik erhebliche Anforderungen an den VN. Die bisher geübte Praxis, einen Komplettausschluss (in den AHB) zu formulieren und einen (teilweisen) Wiedereinschluss (in den BB PHV) zu bringen, ist kritisiert worden, und das „Hin- und Her" zwischen AHB und BBR zu beseitigen, war Kernstück der Reform der Haftpflichtversicherungsbedingungen (s. AHB Vor Rn 1, 5). Nunmehr den Versicherungsschutz zunächst positiv zu umschreiben und dann Ausschlusstatbestände nachzuschieben, macht die Sache nicht sehr viel besser; ein Vorteil besteht lediglich darin, dass der VN nicht zwei Bedingungswerke zur Hand nehmen muss. Wenn der um Verständnis ringende VN versucht, das Zusammenspiel von zugesagtem Versicherungsschutz nach A1-6 und Ausschlüssen nach A1-7 zu ergründen, muss er sich nach wie vor viel Mühe geben.

5 Es fragt sich auch, ob alle Ausschlüsse für eine PHV zwingend notwendig sind. Dies gilt etwa für den Herstellungsschaden-, Asbest-, Strahlen-und Gentechnikausschluss.

II. Kraftfahrzeuge, Kraftfahrzeug-Anhänger (A1-7.14)

6 **1. Inhalt des Ausschlusstatbestands.** Es findet sich hier die **Benzinklausel**, mit der alle Ansprüche wegen Schäden ausgeschlossen werden, die der Eigentümer, Halter, Besitzer oder Führer eines Kfz oder eines Kfz-Anhängers durch den Gebrauch des Fahrzeugs verursacht. Der VN, dem unter A1-6.10.1 eröffnet wird, dass für nicht versicherungspflichtige Kraftfahrzeuge Deckung im Rahmen der PHV erhält, wird in A1-7.14 mit einem Komplettausschluss für Kfz-Risiken konfrontiert. Blättert er nun zurück, findet er in A1-6.10.1 S. 1 den Hinweis, dass die dortige Regelung „abweichend von A1.7.14" Deckung gewährt. Mit etwas Mühe erkennt der VN, dass er für Schäden durch Gebrauch nicht versicherungspflichtiger Kfz und Kfz-Anhänger stets im Rahmen der PHV Versicherungsschutz hat, für Schäden durch versicherungspflichtige Kfz und Kfz-Anhänger gem. A1-7.14 aber nicht, wenn er in seiner Eigenschaft als Eigentümer, Besitzer, Halter oder Führer in Anspruch genommen wird und der Schaden durch Gebrauch des Kfz verursacht wurde.

7 **2. Gebrauch des Kfz.** Die Benzinklausel ist eng und aus sich selbst heraus auszulegen; eine Auslegung unter Rückgriff auf andere Bedingungswerke – hier insb. auf die AKB – ist nicht statthaft. Es ist vom Wortlaut des Ausschlusses in A1-7.14 AVB PHV (oder Ziff. 3 BB PHV) auszugehen. Die Klausel ist als Ausschlusstatbestand eng auszulegen unter Berücksichtigung der Verständnismöglichkeiten des durchschnittlichen VN. „Gebrauch des Kfz" wird der VN dann annehmen, wenn sich ein Risiko verwirklicht, das dem Fahrzeuggebrauch eigen, diesem selbst und unmittelbar zuzurechnen ist.[3] Der VN wird, ausgehend vom Wortlaut des Ausschlusses, danach differenzieren, ob das **Schwergewicht der Schadenverursachung** vom Kfz ausgeht oder ob es seinen Ursprung überwiegend in einer sonstigen (privaten) Tätigkeit oder Eigenschaft hat.

---

[2] Vgl auch *Wendt*, in: Hdb FA VersR, Kap. 24 Rn 65.

[3] BGH 13.12.2006 – IV ZR 120/05, r+s 2007, 102. In der Lit. wird auch heute noch vertreten, der Begriff „Gebrauch des Kfz" sei – meist unter Verweis auf zu den AKB ergangene Rspr – weit auszulegen, vgl *Wendt*, in: Hdb FA VersR, Kap. 24 Rn 47; FAKomm-VersR/ *Meckling-Geis*, BBR PHV Rn 95. Diese Auffassung ist nicht haltbar.

Beispiele: 1. Vergisst der VN, das geöffnete Tor eines Wildgeheges zu schließen, nachdem er mit seinem Pkw aus dem Gehege herausgefahren ist, und kommt es durch aus dem Gehege entwichenes Damwild zu Schäden, hat sich nicht das typische Gebrauchsrisiko eines Kfz verwirklicht.[4] **2.** Verletzt ein Hund ein Pferd durch Bisse, nachdem er den elektrischen Fensterheber eines Kfz heruntergedrückt und aus dem Fenster gesprungen war, verwirklicht sich eine typische Tiergefahr und kein vom Kfz ausgehendes Risiko.[5] **3.** Wird bei einem Radwechsel der Tragarm einer Hebebühne durch einen Bedienungsfehler beschädigt, hat sich kein primär vom Kfz ausgehendes Risiko verwirklicht.[6]

Beschädigt der VN das hinter seinem Wagen geparkte Fahrzeug, indem er es abwechselnd an den Kotflügeln anhebt und mit dem Gesäß wegzuschieben versucht, **gebraucht** der VN nicht sein Kfz, sondern er setzt seinen Körper ein.[7] Schiebt der VN eine Schubkarre oder einen Anhänger zu dem Zweck weg, um einen Parkplatz für das Kfz freizumachen, liegt das Schwergewicht der Schadenverursachung im Wegschieben und nicht darin, dass dies geschah, um das Fahrzeug parken zu können.[8] Die hM nimmt dagegen in Fällen der **Beseitigung von Hindernissen** (immer noch) an, dass keine Deckung in der PHV bestehe, weil dies zu den typischen Tätigkeiten eines Kfz-Führers gehöre.[9] Das mag sein. Der VN, der den Text des Ausschlusstatbestands liest, wird freilich nicht sagen, dass er sein Kfz, sondern seine Hände zum Wegschieben gebraucht habe.

Be- und Entladeschäden werden von einer (weit) verbreiteten Auffassung in Lit. und Rspr als „Gebrauch des Kfz" und in der PHV als nicht versichert angesehen.[10] Das ist vielfach zu pauschal. Rollt der **Einkaufswagen** weg und beschädigt er ein anderes Kfz, verwirklicht sich das Risiko unachtsamen Umgangs des VN mit dem Einkaufswagen und nicht das Risiko seines Kfz, das be- oder entladen werden soll.[11] Dass in den neueren AKB Be- und Entladen als Gebrauch des Kfz und in der KH-Versicherung als ausdrücklich gedeckt bezeichnet wird, darf für die Auslegung des Ausschlusstatbestands in der PHV nicht berücksichtigt werden, weil die Regelung aus sich heraus auszulegen ist.

Wird ein Kfz **repariert** oder gewartet und kommt es dabei zu Drittschäden, ist Gebrauch des Kfz und damit Deckung im Rahmen der Kraftfahrt-Haftpflichtversicherung und nicht der PHV gegeben, wenn sich dabei die besonderen Gefahren des Kfz auswirken.[12]

Kommt es durch **Starten eines Motors** zu einem Fremdschaden, weil das Fahrzeug einen Ruck vorwärts macht, verwirklicht sich ein dem Fahrzeug eigenes Risiko; es ist jedoch weiter zu prüfen, ob der VN zu dem von der Ausschlussklausel erfassten Personenkreis gehört.[13]

Führt der VN **Schweißarbeiten** an einem Kfz durch und kommt es aufgrund einer undichten Benzinleitung zu einer Explosion, verwirklicht sich eine Gefahr, die vom

---

4 LG Kaiserslautern 14.10.2008 – 1 S 16/08, NJW-RR 2009, 249.
5 BGH 25.6.2008 – IV ZR 7/07, BeckRS 2008, 13180; dazu *Felsch*, r+s 2010, 265, 276.
6 LG Karlsruhe 23.5.2014 – 9 S 460/13, r+s 2014, 553.
7 Anders OLG Hamm 12.2.1992 – 20 U 262/92, r+s 1993, 203 f (zu § 10 AKB aF).
8 Anders AG Köln 3.2.1986 – 285 C 98/85, r+s 1986, 227.
9 So Veith/Gräfe/*Betz*, § 12 Rn 414 mwN.
10 Vgl Veith/Gräfe/*Betz*, § 12 Rn 411 ff mwN, der (immerhin) die Benzinklausel nur dann anwenden will, wenn das Wegrollen eines Einkaufswagens durch den Beladevorgang beeinflusst worden ist.
11 Ebenso Prölss/Martin/*Lücke*, Ziff. 3 BB PHV Rn 11.
12 Vgl Prölss/Martin/*Lücke*, Ziff. 3 BB PHV Rn 14 mwN. In der älteren Rspr wird bei Reparaturarbeiten Gebrauch des Kfz vielfach bejaht, vgl nur LG Kiel 28.1.1985 – 2 O 210/85, VersR 1986, 538.
13 Vgl OLG Saarbrücken 8.2.2012 – 5 U 370/11, r+s 2012, 591.

Kfz ausgeht. Auch hier ist allerdings zu prüfen, ob der VN zu dem in A1-7.14 (Ziff. 3.1 BB PHV) benannten Personenkreis gehört.

14 Umstritten ist die Deckung von Ansprüchen wegen Schäden aus dem **Betanken des Fahrzeugs**. Nach der hier vertretenen Position – enge Auslegung (s. Rn 7) – wird meist Deckung aus der PHV zu bejahen sein: Füllt der VN den falschen Kraftstoff in den Tank eines fremden Fahrzeugs, verwirklicht sich keine Gefahr, die vom Kfz ausgeht, vielmehr steht die Nachlässigkeit des VN bei der Auswahl des Treibstoffs im Vordergrund.[14]

15 3. **Eigentümer, Besitzer, Halter, Führer.** Der VN muss in seiner Eigenschaft als **Eigentümer, Besitzer, Halter** oder **Führer** eines Kfz in Anspruch genommen werden. Wer als **Beifahrer** die Tür des Kfz öffnet und dadurch einen Fahrradfahrer zu Fall bringt, gebraucht zwar das Kfz, genießt aber gleichwohl Versicherungsschutz aus der PHV.[15]

16 Wer – ohne Eigentümer, Halter oder Besitzer des Fahrzeugs zu sein – einen **Motor startet**, um eine technische Prüfung vorzunehmen, Radio zu hören oder den Klang der Maschine, mag das Fahrzeug gebrauchen; wenn es sich nun fortbewegt, weil zB ein Gang eingelegt war, ist er aber nicht als Führer anzusehen.[16]

17 Bei Drittschäden durch **Wartungs-** und **Reparaturarbeiten** an einem fremden Fahrzeug kann der VN als **Besitzer** anzusehen sein, gleichwohl kann ihm der Schutz aus der PHV nicht versagt werden, weil für den in der KH-Versicherung nicht mitversicherten Besitzer ansonsten eine ungewollte Deckungslücke entstünde.[17]

18 Wird der VN nicht in seiner Eigenschaft als Kfz-Halter oder -Eigentümer in Anspruch genommen, sondern wegen **Aufsichtspflichtverletzung**, ist Deckung aus der PHV zu bejahen.[18]

19 4. **Zweck der Benzinklausel.** Die Benzinklausel soll nach hM Deckungsüberschneidungen mit der **Kraftfahrt-Haftpflichtversicherung** vermeiden und keine ungewollten Deckungslücken schaffen.[19] Der um Verständnis bemühte VN, der A1-7.14 liest und auch A1-6.10 mit in den Blick nimmt, kann erkennen, dass Schäden durch Gebrauch von Kfz, für die eine Kraftfahrt-Haftpflichtversicherung abzuschließen ist, vom Versicherungsschutz der PHV ausgenommen sein sollen, dass für andere Fahrzeuge jedoch Schutz im Rahmen der PHV bestehen soll, solange nicht andere Deckungseinschränkungen greifen (vgl auch Rn 6).

20 Nicht alle denkbaren Deckungslücken sind mit der PHV zuschließen. Fährt der VN mit einem fremden Kfz und beschädigt er dieses, besteht nach Ziff. 3.1 BB PHV keine Deckung im Rahmen der PHV und wegen A.1.5.3 AKB auch nicht im Rahmen der Kraftfahrt-Haftpflichtversicherung.[20] Hier liegt keine ungewollte Deckungslücke vor, weil in der Kraftfahrt-Haftpflichtversicherung ein Risikoausschluss eingreift. Das gilt auch, wenn der an sich zuständige Kraftfahrt-Haftpflichtversicherer wegen Verzugs mit der Prämienzahlung oder einer Obliegenheitsverletzung leistungsfrei ist.[21]

---

14 Anders KG 2.12.2011 – 6 U 13/11, r+s 2012, 384, dazu krit. *Maier*, jurisPR-VersR 8/2012 Anm. 4.
15 Zahlr. Beispielsfälle bei Veith/Gräfe/*Betz*, § 12 Rn 420 ff.
16 OLG Saarbrücken 8.2.2012 – 5 U 370/11, r+s 2012, 591; LG Dortmund 18.3.2010 – 2 S 51/09, r+s 2010, 466, dazu krit. *Schimikowski*, jurisPR-VersR 11/2010 Anm. 2.
17 FAKomm-VersR/*Meckling-Geis*, BBR PHV Rn 94.
18 Nicht beachtet von OLG Brandenburg 3.9.2014 – 11 U 28/14, r+s 2014, 599 m. Anm. *Schimikowski*.
19 Vgl nur FAKomm-VersR/*Meckling-Geis*, BBR PHV Rn 92 mwN.
20 OLG Karlsruhe 6.6.1991 – 12 U 31/91, r+s 1992, 227.
21 Vgl Prölss/Martin/*Lücke*, Ziff. 3 BB PHV Rn 5 mwN.

III. Ungewöhnliche und gefährliche Beschäftigung (A1-7.15)

Dieser Ausschlusstatbestand, der in den BB PHV üblicherweise im ersten Satz des Bedingungstextes zu finden ist, hat die Gerichte bereits sehr häufig beschäftigt. Die ältere Rspr ist uneinheitlich und heute größtenteils überholt.[22] Nach gefestigter Rspr setzt der Ausschluss ein Verhalten voraus, das auf **längere Dauer angelegt** ist und so einen von den normalen Gefahren des täglichen Lebens abgrenzbaren Bereich besonderer Gefahrenlagen bildet, die mit einer gewissen Regelmäßigkeit wiederholt eintreten.[23]

Allein das Fällen dreier großer Bäume innerhalb eines Tages ist keine solche Beschäftigung,[24] ebenso wenig ein Sprung in Selbstmordabsicht,[25] das Umrennen eines Polizisten[26] oder ein (einmaliges) Zuschlagen mit einem Schlagstock.[27] Einmalige, insb. spontane Handlungen unterfallen dem Ausschluss nicht.[28] Kriminelle Handlungen können den Ausschlusstatbestand erfüllen, wenn sie als „Beschäftigungen" anzusehen sind.[29] Bei Stalking ist der Ausschluss zu Recht angewendet worden,[30] bei sexuellen Praktiken, die zu Körperverletzungen führen,[31] ist zu prüfen, ob von einer „allgemeinen Betätigung" gesprochen werden kann. Diese Prüfung ist in allen Fällen anzustellen, auch in solchen, in denen der VN sittlich verwerflich handelt oder eine Straftat begeht.[32]

In den AVB einiger VR wird nicht mehr der Begriff „Beschäftigung" verwendet, sondern ungewöhnliches und gefährliches „**Tun**" vom Versicherungsschutz ausgeschlossen. Dies wird der VN aber auch nicht im Sinne einer einzelnen (uU spontanen) Handlung verstehen, sondern erkennen, dass ein Gefahrenbereich gemeint ist, also eine allgemeine, in gewissen Zeitabständen wiederholte oder wiederkehrende Betätigung vorausgesetzt wird.[33]

IV. Verantwortliche Betätigung in Vereinigungen aller Art (A1-7.16)

Dieser Ausschlusstatbestand findet sich in den BB PHV im ersten Satz des Bedingungstextes als Abgrenzung zu den Gefahren des täglichen Lebens, die den VN als Privatperson treffen. Er steht dort im Kontext mit ausgeschlossenen Tätigkeiten, die der VN im Rahmen eines Dienstes oder Amtes verrichtet.

Der Ausschluss für „verantwortliche Tätigkeiten in Vereinigungen aller Art" wird in der Kommentarliteratur zu den BB PHV als Auffangtatbestand angesehen.[34] Die in den AVB PHV gewählte Fassung lässt dies dem VN zumindest nicht ohne Weiteres deutlich werden. Wenn allerdings der um Verständnis bemühte VN den ge-

---

22 Nachweise bei Späte/Schimikowski/*Schimikowski*, BB PHV Rn 29. Die meisten von *Wendt*, in: Hdb FA VersR, Kap. 24 Rn 11 aufgelisteten Beispiele für ungewöhnliche und gefährliche Beschäftigung sind unzutreffend.
23 BGH 10.3.2004 – IV ZR 169/03, r+s 2004, 188.
24 BGH 9.11.2011 – IV ZR 115/10, r+s 2012, 21.
25 BGH 25.6.1997 – IV ZR 269/96, r+s 1997, 451.
26 OLG Hamm 25.8.2004 – 20 U 123/04, r+s 2005, 16.
27 OLG Koblenz 20.6.2014 – 10 U 927/13.
28 Nicht beachtet von OLG Frankfurt 18.7.2008 – 7 U 56/07, dazu *Schimikowski*, jurisPR-VersR 11/2008 Anm. 5. Vgl FAKomm-VersR/*Meckling-Geis*, BBR PHV Rn 13; Bruck/Möller/*Koch*, Ziff. 3 AHB 2012 Rn 45 f. Zur Kasuistik Späte/Schimikowski/*Schimikowski*, BB PHV Rn 27 ff.
29 Zu weitgehend Bruck/Möller/*Koch*, Ziff. 3 AHB 2012 Rn 47 f.
30 OLG Oldenburg 4.11.2011 – 5 W 58/11, r+s 2012, 171.
31 Dazu OLG Hamm 27.4.2011 – 20 U 10/11, r+s 2011, 469.
32 Vgl *Schimikowski*, r+s 2012, 172 mwN; aA Veith/Gräfe/*Betz*, § 12 Rn 354, dessen Position weder mit dem Bedingungswortlaut noch mit der BGH-Rspr in Einklang zu bringen ist.
33 So OLG Koblenz 20.6.2014 – 10 U 927/13.
34 FAKomm-VersR/*Meckling-Geis*, BBR PHV Rn 12.

samten Bedingungstext sichtet, vermag er zu erkennen, dass dienstliche und amtliche Tätigkeiten nicht versichert sind (A1-1; s. dazu A1-1 Rn 8), dass ehrenamtliche Arbeit nur unter den Versicherungsschutz fällt, wenn sie nicht in verantwortlicher Funktion ausgeübt wird (A1-6.2 Rn 1 f), und dass alle verantwortlichen Tätigkeiten in Vereinigungen ausgeschlossen sind, gleichgültig, ob sie ehren- oder hauptamtlich, entgeltlich oder unentgeltlich wahrgenommen werden.

26 Als „verantwortlich" wird der VN eine Tätigkeit ansehen, mit der Leitungs- und Führungsaufgaben übernommen werden.[35] Kein Versicherungsschutz besteht demnach, wenn der VN als Vereinsvorstand[36] oder als Kursleiter[37] Aufgaben wahrnimmt.

A1-8 Veränderungen des versicherten Risikos (Erhöhungen und Erweiterungen)

Versichert ist auch die gesetzliche Haftpflicht des Versicherungsnehmers

A1-8.1 aus Erhöhungen oder Erweiterungen des versicherten Risikos.

Dies gilt nicht
- für Risiken aus dem Halten oder Gebrauch von versicherungspflichtigen Kraft-, Luft- oder Wasserfahrzeugen sowie
- für sonstige Risiken, die der Versicherungs- oder Deckungsvorsorgepflicht unterliegen.

A1-8.2 aus Erhöhungen des versicherten Risikos durch Änderung bestehender oder Erlass neuer Rechtsvorschriften. In diesen Fällen ist der Versicherer berechtigt, das Versicherungsverhältnis unter Einhaltung einer Frist von einem Monat zu kündigen. Das Kündigungsrecht erlischt, wenn es nicht innerhalb eines Monats von dem Zeitpunkt an ausgeübt wird, in welchem der Versicherer von der Erhöhung Kenntnis erlangt hat.

1 Die hier getroffenen Regelungen entsprechen inhaltlich im Wesentlichen denjenigen der AHB (Ziff. 3.1 (2), (3), 3.2 und 4), so dass auf die dortige Kommentierung verwiesen wird.

A1-9 Neu hinzukommende Risiken (Vorsorgeversicherung)

A1-9.1 Im Umfang des bestehenden Vertrags ist die gesetzliche Haftpflicht des Versicherungsnehmers aus Risiken, die nach Abschluss des Versicherungsvertrags neu entstehen, sofort versichert.

Der Versicherungsnehmer ist verpflichtet, nach Aufforderung des Versicherers jedes neue Risiko innerhalb eines Monats anzuzeigen. Die Aufforderung kann auch mit der Beitragsrechnung erfolgen. Unterlässt der Versicherungsnehmer die rechtzeitige Anzeige, entfällt der Versicherungsschutz für das neue Risiko rückwirkend ab dessen Entstehung.

Tritt der Versicherungsfall ein, bevor das neue Risiko angezeigt wurde, so hat der Versicherungsnehmer zu beweisen, dass das neue Risiko erst

---

35 Vgl Veith/Gräfe/*Betz*, § 12 Rn 346; *Wendt*, in: Hdb FA VersR, Kap. 24 Rn 9.
36 BGH 6.2.1991 – IV ZR 49/90, r+s 1991, 299.
37 OLG München 27.4.1999 – 5 U 6071/98, NVersZ 2001, 288.

nach Abschluss der Versicherung und zu einem Zeitpunkt hinzugekommen ist, zu dem die Anzeigefrist noch nicht verstrichen war.

Der Versicherer ist berechtigt, für das neue Risiko einen angemessenen Beitrag zu verlangen. Kommt eine Einigung über die Höhe des Beitrags innerhalb einer Frist von einem Monat nach Eingang der Anzeige nicht zustande, entfällt der Versicherungsschutz für das neue Risiko rückwirkend ab dessen Entstehung.

A1-9.2 *Variante für getrennte Versicherungssummen:*

Der Versicherungsschutz für neue Risiken ist von ihrer Entstehung bis zur Einigung im Sinne von A1-9.1 Absatz 4 auf den Betrag von EUR ... für Personenschäden und EUR ... für Sachschäden und – soweit vereinbart – EUR ... für Vermögensschäden begrenzt.

Variante für pauschale Versicherungssummen:

Der Versicherungsschutz für neue Risiken ist von ihrer Entstehung bis zur Einigung im Sinne von A1-9.1 Absatz 4 auf den Betrag von EUR ... für Personen- und Sachschäden und – soweit vereinbart – EUR ... für Vermögensschäden begrenzt.

A1-9.3 Die Regelung der Vorsorgeversicherung gilt nicht für

(1) Risiken aus dem Eigentum, Besitz, Halten oder Führen eines Kraft-, Luft- oder Wasserfahrzeugs, soweit diese Fahrzeuge der Zulassungs-, Führerschein- oder Versicherungspflicht unterliegen;

(2) Risiken aus dem Eigentum, Besitz, Betrieb oder Führen von Bahnen;

(3) Risiken, die der Versicherungs- oder Deckungsvorsorgepflicht unterliegen;

(4) Risiken, die kürzer als ein Jahr bestehen werden und deshalb im Rahmen von kurzfristigen Versicherungsverträgen zu versichern sind;

(5) Risiken aus betrieblicher, beruflicher, dienstlicher und amtlicher Tätigkeit.

Für die **Vorsorgeversicherung** ergibt sich eine Neuerung aus A1-9.3 (5): Hier wird 1 nun die Streitfrage (vgl dazu Ziff. 3 AHB Rn 9) entschieden, ob die Vorsorgeversicherung aus der PHV etwa auch dann greift, wenn der VN eine berufliche Tätigkeit aufnimmt. Die Bedingungen stellen (nunmehr) klar, dass die Vorsorgeversicherung nicht für Risiken aus betrieblicher, beruflicher, dienstlicher und amtlicher Tätigkeit gilt. Das ist sachlich gerechtfertigt und beseitigt Unsicherheiten.[1]

---

1 In der Kommentarliteratur zu den AHB ist die Rechtsunsicherheit spürbar, vgl etwa FAKomm-VersR/*Halm/Fitz*, Ziff. 4 AHB Rn 3 („... die Grenze dürfte dort zu ziehen sein, wo der durchschnittliche VN nicht erwarten kann, hinsichtlich des neuen Risikos versichert zu sein ..."). Zu der Neuregelung in den AVB PHV *Wendt*, in: Hdb FA VersR, Kap. 24 Rn 68.

A1-10 Fortsetzung der Privathaftpflichtversicherung nach dem Tod des Versicherungsnehmers

Nach dem Tod des Versicherungsnehmers besteht der bedingungsgemäße Versicherungsschutz bis zum nächsten Beitragsfälligkeitstermin fort. Das gilt
- für den mitversicherten Ehegatten und eingetragenen Lebenspartner des Versicherungsnehmers und/oder
- unverheiratete und nicht in einer eingetragenen Lebenspartnerschaft lebende Kinder des Versicherungsnehmers.

Wird die nächste Beitragsrechnung durch den überlebenden Ehegatten oder eingetragenen Lebenspartner beglichen, so wird dieser Versicherungsnehmer.

1 Es gilt die übliche **Fortsetzungsklausel**, dh, die PHV bleibt nach dem Tod des VN für den überlebenden Ehegatten/eingetragenen Lebenspartner sowie für nicht verheiratete/nicht in einer eingetragenen Lebenspartnerschaft lebende Kinder bis zur nächsten Beitragsfälligkeit bestehen. Zahlt der überlebende Ehegatte/eingetragene Lebenspartner die nächste Folgeprämie, wird er/sie VN.[1] Mit dieser Regelung wird festgelegt, dass der Vertrag nicht etwa nach § 80 VVG mit dem Tod des VN erlischt,[2] sie dient dem Schutz mitversicherter überlebender Angehöriger.

Abschnitt A2 Besondere Umweltrisiken

Der Versicherungsschutz für Gewässerschäden – abweichend von A1-6.4 – und für Schäden nach dem Umweltschadensgesetz (USchadG) besteht im Umfang von Abschnitt A1 und den folgenden Bedingungen.

Zur gesetzlichen Haftpflicht privatrechtlichen Inhalts des Versicherungsnehmers wegen Schäden durch Umwelteinwirkungen (Allgemeines Umweltrisiko) siehe A1-6.4.

A2-1 Gewässerschäden

A2-1.1 Umfang des Versicherungsschutzes

Versichert ist die gesetzliche Haftpflicht des Versicherungsnehmers für unmittelbare oder mittelbare Folgen einer nachteiligen Veränderung der Wasserbeschaffenheit eines Gewässers einschließlich des Grundwassers (Gewässerschäden). Hierbei werden Vermögensschäden wie Sachschäden behandelt.

Sofern diese Gewässerschäden aus der Lagerung von gewässerschädlichen Stoffen aus Anlagen, deren Betreiber der Versicherungsnehmer ist, resultieren, besteht Versicherungsschutz ausschließlich für Anlagen bis ... l/kg Inhalt (Kleingebinde) soweit das Gesamtfassungsvermögen der vorhandenen Behälter ... l/kg nicht übersteigt.

---

1 Zu Einzelfragen s. Späte/Schimikowski/*Schimikowski*, BB PHV Rn 177 ff.
2 FAKomm-VersR/*Meckling-Geis*, BBR PHV Rn 123.

Wenn mit den Anlagen die o.g. Beschränkungen überschritten werden, entfällt dieser Versicherungsschutz. Es gelten dann die Bestimmungen über die Vorsorgeversicherung (A1-9).

A2-1.2 Rettungskosten

Der Versicherer übernimmt

- Aufwendungen, auch erfolglose, die der Versicherungsnehmer im Versicherungsfall zur Abwendung oder Minderung des Schadens für geboten halten durfte (Rettungskosten), sowie
- außergerichtliche Gutachterkosten.

Dies gilt nur insoweit, als diese Rettungs- und Gutachterkosten zusammen mit der Entschädigungsleistung die Versicherungssumme für Sachschäden nicht übersteigen.

Auf Weisung des Versicherers aufgewendete Rettungs- und außergerichtliche Gutachterkosten werden auch insoweit von ihm übernommen, als sie zusammen mit der Entschädigung die Versicherungssumme für Sachschäden übersteigen. Eine Billigung des Versicherers von Maßnahmen des Versicherungsnehmers oder Dritter zur Abwendung oder Minderung des Schadens gilt nicht als Weisung des Versicherers.

A2-1.3 Ausschlüsse

(1) Ausgeschlossen sind Versicherungsansprüche aller Personen, die den Schaden durch vorsätzliches Abweichen von dem Gewässerschutz dienenden Gesetzen, Verordnungen, an den Versicherungsnehmer gerichteten behördlichen Anordnungen oder Verfügungen herbeigeführt haben.
A1-2.3 findet keine Anwendung.

Ausgeschlossen sind Ansprüche wegen Schäden, die nachweislich

- auf Kriegsereignissen, anderen feindseligen Handlungen, Aufruhr, inneren Unruhen, Generalstreik, illegalem Streik oder
- unmittelbar auf hoheitlichen Verfügungen oder Maßnahmen

beruhen.

Das Gleiche gilt für Schäden durch höhere Gewalt, soweit sich elementare Naturkräfte ausgewirkt haben.

I. Umfang des Versicherungsschutzes (A2-1.1)

1 Der VN hat Versicherungsschutz für das in A1-6.4 so bezeichnete „allgemeine Umweltrisiko". Danach sind Schäden durch Umwelteinwirkungen vom Versicherungsschutz umfasst, die sich im Boden oder in der Luft ausgebreitet haben, nicht aber Gewässerschäden. Für diese wird Deckung im Rahmen der in A2-1 getroffenen Regelung geschaffen.

2 Der Umfang des Versicherungsschutzes wird in A2-1.1 S. 1 mit einer an § 89 WHG orientierten Formulierung beschrieben. Vermögensschäden werden wie Sachschäden behandelt (A2-1.1 S. 2). Schäden infolge von Veränderungen der Gewässerbeschaffenheit sind häufig (reine) Vermögensschäden (zB Kosten für Sicherungs- oder Dekontaminationsmaßnahmen). Eine Gewässerverunreinigung stellt keinen Sachschaden dar, soweit es sich um „wild" abfließendes Wasser, Meerwasser oder Grundwasser handelt („nicht gefasstes Wasser). Es fehlt hier an der Kör-

perlichkeit iSd § 90 BGB, weil das Erfordernis der Abgegrenztheit nicht erfüllt ist.[1] Entstehen durch Gewässerveränderungen reine Vermögensschäden, steht hierfür die Sachschadendeckungssumme zur Verfügung.

3 Versicherungsschutz besteht gem. A2-2.1 S. 3 für **Anlagen** bis zu einem bestimmten, vertraglich festzulegenden Fassungsvermögen. Auch für das Gesamtfassungsvermögen der Anlagen (Behälter) ist vertraglich eine Höchstgrenze festzulegen. Die Deckung umfasst mithin eine **Restrisikodeckung**, dh Versicherungsschutz für Risiken, die unabhängig vom Betreiben von Anlagen sind.[2] Darüber hinaus ist die gesetzliche Haftpflicht aus dem Betreiben von Kleingebinden versichert.

4 Der VN kann daraus – und insb. aus der vertraglich vereinbarten Höchstlagermenge – erkennen, dass er für den Betrieb eines **Heizöltanks** (idR) gesonderten Versicherungsschutz vereinbaren muss. Der Versicherungsschutz wird auf Basis eines besonderen Bedingungswerks geführt. Der GDV empfiehlt die „Allgemeinen Versicherungsbedingungen für die Allgemeinen Versicherungsbedingungen für die Gewässerschadenhaftpflichtversicherung (AVB GewässerschadenHV)".[3]

5 Werden die Kapazitätsgrenzen, die für Kleingebinde vereinbart wurden, überschritten, entfällt gem. A2-2.1 S. 4 der Versicherungsschutz und es gelten die Regelungen zur **Vorsorgeversicherung**.[4] Das kann vom VN dahin gehend verstanden werden, dass er über die Vorsorgeversicherung Versicherungsschutz genießt, wenn er in seiner PHV zB Deckung aus dem Betreiben von Anlagen mit einem Gesamtfassungsvermögen bis zu 500 Liter hat und er nun ein Haus erwirbt, in dem sich eine Ölheizung mit einer **Tankanlage** mit einer Kapazität von 4.500 Litern befindet.[5] Die Rechtslage ist nicht eindeutig, ist doch in A2-1.1 S. 3 von „Anlagen" die Rede, worunter ein **Heizöltank** zu subsumieren ist, aber auch von „Kleingebinden" und „Behältern", worunter nach allgemeinem Sprachgebrauch ein Heizöltank nicht fallen dürfte. Auslegungszweifel gehen zu Lasten des Verwenders (§ 305 c Abs. 2 BGB), so dass der VN sich in dem beschriebenen Fall auf die Vorsorgeversicherung berufen kann.

6 Versicherungsschutz genießt der **Betreiber**. Dieser Terminus ist § 89 Abs. 2 WHG entlehnt. Um einen feststehenden Rechtsbegriff handelt es sich nicht, so dass die Verständnismöglichkeiten des durchschnittlichen VN für die Auslegung maßgebend sind. Dem Wortlaut wird der VN entnehmen, dass derjenige ein Anlage betreibt, der die Verfügungsgewalt hat, die Kosten bestreitet und den Nutzen zieht. Die Anforderungen an den Begriff des Betreibers entsprechen damit denjenigen, die in Lit. und Rspr an den in anderen Bedingungswerken verwendeten Begriff des Inhabers gestellt worden sind.[6]

II. Rettungskosten (A2-1.2)

7 Der VR übernimmt neben außergerichtlichen Gutachterkosten auch Aufwendungen des VN zur Abwehr und Minderung des Schadens. Das gilt auch für erfolglose Aufwendungen. Voraussetzung ist, dass der VN die Aufwendungen für erforderlich halten durfte (s. dazu § 83 VVG Rn 12 ff).

8 Die Aufwendungen müssen „im Versicherungsfall" getätigt worden sein. Der VN kann aus A1-3.1 ersehen, dass Versicherungsfall das (letzte) Ereignis ist, das den Personen-, Sach- oder Vermögensschaden ausgelöst hat (s. Ziff. 1 AHB Rn 20). Er

---

1 BeckOK-BGB/*Fritzsche*, § 90 Rn 7.
2 Vgl FAKomm-VersR/*Meckling-Geis*, BBR PHV Rn 71.
3 Zu den auf Basis der AHB geführten Bedingungen vgl FAKomm-VersR/*Meckling-Geis*, BBR PHV Rn 80 ff.
4 Ältere Bedingungswerke enthalten diese Regelung nicht, s. FAKomm-VersR/*Meckling-Geis*, BBR PHV Rn 79.
5 Vgl Späte/Schimikowski/*Schimikowski*, AVB PHV Rn 29.
6 Dazu Prölss/Martin/*Lücke*, PH Gewässer Rn 9.

kann daraus auch erfassen, dass Aufwendungen vor Eintritt des Versicherungsfalls nicht erfasst sind. Dem Wortlaut jedenfalls ist nicht zu entnehmen, dass der VR sog. vorgezogene Rettungskosten zu ersetzen hat.[7] Das entspricht im Ergebnis auch der Gesetzeslage (§§ 82, 83 VVG; s. dazu § 82 VVG Rn 4 ff).[8]

Soweit sie auf **Weisung** des VR erfolgten, werden die Aufwendungen auch dann erstattet, wenn sie zusammen mit der Entschädigungsleistung die Sachschadendeckungssumme übersteigen (A2-1.2 S. 3). Das ist auch in § 83 Abs. 4 VVG so bestimmt. Eine Billigung von Maßnahmen soll noch nicht als Weisung anzusehen sein (A2-1.2 S. 4). Eine Weisung darf der VN annehmen, wenn ihn der VR (oder ein vom VR beauftragter Sachverständiger) zu einem bestimmten Verhalten auffordert (s. § 82 VVG Rn 18). Sind keine Weisungen erteilt, greift die „Privilegierung" nicht, dh, die Versicherungssumme beschränkt die Entschädigungspflicht des VR.[9]   9

III. Ausschlüsse (A2-1.3)

Die Regelung enthält zunächst einen Ausschluss, der einer **Pflichtwidrigkeitsklausel**(s. § 103 VVG Rn 12) ähnelt, sich davon aber doch wesentlich unterscheidet: Der Versicherungsschutz kann bei vorsätzlichem Abweichen von gesetzlichen Bestimmungen, behördlichen Anordnungen und Verfügungen versagt werden. Während Pflichtwidrigkeitsklauseln idR ein bewusst oder wissentlich pflichtwidriges Handeln – und damit direkten Vorsatz – verlangen, lässt A2-1.3 S. 1 auch den Eventualvorsatz (also billigendes Inkaufnehmen) ausreichen. Jedenfalls ist dem Wortlaut keine Einschränkung iS einer Begrenzung auf direkten Vorsatz zu entnehmen.[10]   10

Vorgesehen ist ferner eine **Kriegsklausel**; der Ausschlusstatbestand erfasst auch illegalen Streik.[11]   11

A2-2 Sanierung von Umweltschäden gemäß Umweltschadensgesetz (USchadG)

Ein Umweltschaden im Sinne des Umweltschadensgesetzes (USchadG) ist eine

(1) Schädigung von geschützten Arten und natürlichen Lebensräumen,
(2) Schädigung der Gewässer einschließlich Grundwasser,
(3) Schädigung des Bodens.

A2-2.1 Versichert sind – abweichend von A1-3.1 – den Versicherungsnehmer betreffende öffentlich-rechtliche Pflichten oder Ansprüche zur Sanierung von Umweltschäden gemäß USchadG, soweit während der Wirksamkeit des Versicherungsvertrags

– die schadenverursachenden Emissionen plötzlich, unfallartig und bestimmungswidrig in die Umwelt gelangt sind oder

– die sonstige Schadenverursachung plötzlich, unfallartig und bestimmungswidrig erfolgt ist.

---

7 Prölss/Martin/*Lücke*, PH Gewässer Rn 14.
8 Zur Problematik der Vorerstreckung s. auch FAKomm-VersR/*Meckling-Geis*, BBR PHV Rn 73 f.
9 Bedenken bei Prölss/Martin/*Lücke*, PH Gewässer Rn 17.
10 Ebenso Prölss/Martin/*Lücke*, PH Gewässer Rn 20; FAKomm-VersR/*Meckling-Geis*, BBR PHV Rn 77.
11 Anders die auf den AHB basierenden Musterbedingungen, s. Prölss/Martin/*Lücke*, PH Gewässer Rn 24.

Auch ohne Vorliegen einer solchen Schadenverursachung besteht Versicherungsschutz für Umweltschäden durch Lagerung, Verwendung oder anderen Umgang von oder mit Erzeugnissen Dritter ausschließlich dann, wenn der Umweltschaden auf einen Konstruktions-, Produktions- oder Instruktionsfehler dieser Erzeugnisse zurückzuführen ist. Jedoch besteht kein Versicherungsschutz, wenn der Fehler im Zeitpunkt des Inverkehrbringens der Erzeugnisse nach dem Stand von Wissenschaft und Technik nicht hätte erkannt werden können (Entwicklungsrisiko).

Versichert sind darüber hinaus den Versicherungsnehmer betreffende Pflichten oder Ansprüche wegen Umweltschäden an eigenen, gemieteten, geleasten, gepachteten oder geliehenen Grundstücken, soweit diese Grundstücke vom Versicherungsschutz dieses Vertrags erfasst sind.

A2-2.2 Ausland

Versichert sind im Umfang von A1-6.14 die im Geltungsbereich der EU-Umwelthaftungsrichtlinie (2004/35/EG) eintretenden Versicherungsfälle.

Versichert sind insoweit auch die den Versicherungsnehmer betreffende Pflichten oder Ansprüche gemäß nationalen Umsetzungsgesetzen anderer EU-Mitgliedstaaten, sofern diese Pflichten oder Ansprüche den Umfang der o. g. EU-Richtlinie nicht überschreiten.

A2-2.3 Ausschlüsse

(1) Ausgeschlossen sind Versicherungsansprüche aller Personen, die den Schaden dadurch verursacht haben, dass sie bewusst von Gesetzen, Verordnungen oder an den Versicherungsnehmer gerichteten behördlichen Anordnungen oder Verfügungen, die dem Umweltschutz dienen, abweichen.

A1-2.3 findet keine Anwendung.

(2) Ausgeschlossen sind Pflichten oder Ansprüche wegen Schäden

(a) die durch unvermeidbare, notwendige oder in Kauf genommene Einwirkungen auf die Umwelt entstehen.

(b) für die der Versicherungsnehmer aus einem anderen Versicherungsvertrag (z.B. Gewässerschadenhaftpflichtversicherung) Versicherungsschutz hat oder hätte erlangen können.

A2-2.4 *Die Versicherungssumme beträgt je Versicherungsfall EUR ... und die Höchstersatzleistung für alle Versicherungsfälle eines Versicherungsjahres beträgt EUR ...*

I. Umfang des Versicherungsschutzes (A2-2.1)

1 Sanierungspflichten nach dem USchadG sind öffentlich-rechtliche Pflichten, so dass im Fall einer Inanspruchnahme des VN nach A1-3.1 kein Versicherungsschutz besteht. Außerdem macht A1-6.4 S. 4 dem VN deutlich, dass Schäden nach dem USchadG nicht zum mitversicherten allgemeinen Umweltrisiko zählen. A2-2.1 erweitert insoweit die Deckung.

2 Versicherungsschutz besteht indes nur, wenn die Emissionen oder die „**sonstige Schadenverursachung plötzlich, unfallartig und bestimmungswidrig**" erfolgte (**A2-2.1 S. 1**). Der sonst in der Umweltschadensversicherung übliche Begriff der **Betriebsstörung**(vgl A2-2.3.1 AVB BHV, Ziff. 3.1 USV Grunddeckung) ist hier abgewandelt. Damit ist der Versicherungsschutz enger als in der betrieblichen USV: Kommt es (nur) darauf an, ob die Betriebsstörung plötzlich und unfallartig entstanden ist (Beispiel: plötzlich eintretende Undichtigkeit einer Verbindung), besteht

Deckung, wenn nunmehr die Emissionen über längere Zeit andauern. Die für die PHV getroffene Begrenzung des Versicherungsschutzes soll zB dann greifen, wenn der VN oder die Haushaltshilfe wiederholt einen Eimer mit Reinigungsmitteln über einer geschützten Pflanze auskippt.[1] Dem wird man zustimmen können: Das Auskippen nimmt nur kurze Zeit in Anspruch, die Emission erfolgt also (jeweils) durchaus plötzlich. Fraglich ist, was der VN unter „unfallartig" verstehen darf. Als Unfall wird er ein Ereignis begreifen, das nicht gewollt, sondern geradezu schicksalhaft eingetreten ist. Daran fehlt es hier. Der VN erfasst auch, dass das Reinigungsmittel nicht bestimmungswidrig ausgetreten ist. Das wird der VN nur dann annehmen können, wenn es eine Leckage gab oder der Eimer umstürzte.

A2-2.1 S. 2, 3 betrifft Umweltschäden, die durch Produkte verursacht werden. Sie entspricht A2-2.3.2 AVB BHV. Für die PHV erscheint die Regelung bedeutungslos. 3

Pflichten und Ansprüche wegen Umweltschäden an vom VN eigenen, gemieteten, gepachteten (usw) Grundstücken sind nach **A2-2.1 S. 4** eingeschlossen. Privatpersonen werden freilich nur selten nach dem USchadG sanierungspflichtig sein, weil das Gesetz an eine berufliche Tätigkeit anknüpft.[2] 4

II. Ausland (A.2-2.2)

Der Versicherungsschutz erstreckt sich nur auf Versicherungsfälle, die im Geltungsbereich der EU-Umwelthaftungsrichtlinie eintreten. Dabei besteht Deckung für Pflichten und Ansprüche nach den jeweiligen nationalen Gesetzen der EU-Mitgliedstaaten, allerdings nur, soweit diese nicht über die EU-Haftungsrichtlinie hinausgehen. Wird also der VN wegen eines grenzüberschreitenden Umweltschadens von der zuständigen Behörde eines anderen EU-Mitgliedstaates in Anspruch genommen und werden ihm Sanierungspflichten auferlegt, die über die in der EU-Umwelthaftungsrichtlinie hinausgehen, besteht kein Versicherungsschutz, also auch keine Abwehrdeckung. 5

III. Ausschlüsse (A2-2.3)

Hier ist in A2-2.3 (1)ein **Pflichtwidrigkeitsausschluss** vorgesehen; anders als bei A2-1.3 ist bewusstes Abweichen von gesetzlichen Bestimmungen (usw) gefordert, es muss also direkter Vorsatz gegeben sein (vgl § 103 VVG Rn 12). 6

A2-2.3 (2) (a) enthält einen **Normalbetriebsausschluss** ohne Öffnungsklausel.[3] Dieser ist der betrieblichen USV entnommen (vgl A2-2.10.8 AVB BHV). Die Bedingungsverfasser haben für die PHV das in der betrieblichen USV verwendete Wörtchen „betriebsbedingt" weggelassen. Das führt dazu, dass der VN keine Deckung hat (auch keine Abwehrdeckung), wenn er zB eine Geräuschentwicklung, die von seinem Grundstück ausgeht, nicht vermeiden kann und er (deswegen) in Anspruch genommen wird. Das erscheint überzogen und unangemessen.[4] 7

Schließlich ist eine **Subsidiaritätsklausel** vorgesehen (A2-2.3 (2) (b)). Besteht etwa für eine Grundwassersanierung im Rahmen einer Gewässerschadenhaftpflichtversicherung Deckung, geht diese vor. Gleiches gilt, wenn der VN wegen Bodenbelastungen in Anspruch genommen wird, für die er über die Eigenschadendeckung im Rahmen der Gewässerschaden-Anlagenrisiko-Deckung Versicherungsschutz hat.[5] 8

---

1 Vgl das von FAKomm-VersR/*Meckling-Geis*, BBR PHV Rn 129 gebildete Beispiel.
2 Beispiele bei FAKomm-VersR/*Meckling-Geis*, BBR PHV Rn 128.
3 Dazu Langheid/Wandt/*Schimikowski*, UHV/USV Rn 139.
4 Krit. auch Prölss/Martin/*Lücke*, Ziff. 7 BB PHV Rn 9.
5 Zur Eigenschadendeckung s. FAKomm-VersR/*Meckling-Geis*, BBR PHV Rn 89.

Abschnitt A3 Forderungsausfallrisiko

Falls folgendes zusätzliche Risiko versichert werden soll, kann durch besondere Vereinbarung der Versicherungsschutz im Versicherungsschein oder in seinen Nachträgen wie folgt erweitert werden:

A3-1 Gegenstand der Forderungsausfalldeckung

A3-1.1 Versicherungsschutz besteht für den Fall, dass der Versicherungsnehmer oder eine gemäß A1-2 mitversicherte Person während der Wirksamkeit der Versicherung von einem Dritten geschädigt wird (Versicherungsfall) unter folgenden Voraussetzungen:
– Der wegen dieses Schadenereignisses in Anspruch genommene Dritte kann seiner Schadensersatzverpflichtung ganz oder teilweise nicht nachkommen, weil die Zahlungs- oder Leistungsunfähigkeit des schadensersatzpflichtigen Dritten festgestellt worden ist und
– die Durchsetzung der Forderung gegen den Dritten ist gescheitert.

Ein Schadenereignis ist ein Ereignis, das einen Personen-, Sach- oder daraus resultierenden Vermögensschaden zur Folge hat und für den der Dritte aufgrund gesetzlicher Haftpflichtbestimmungen privatrechtlichen Inhalts zum Schadensersatz verpflichtet ist (schädigender Dritter).

A3-1.2 Der Versicherer ist in dem Umfang leistungspflichtig, in dem der schadensersatzpflichtige Dritte Versicherungsschutz im Rahmen und Umfang der in Abschnitt A1 geregelten Privat-Haftpflichtversicherung des Versicherungsnehmers hätte. Daher finden im Rahmen der Forderungsausfalldeckung für die Person des Schädigers auch die Risikobeschreibungen und Ausschlüsse Anwendung, die für den Versicherungsnehmer gelten. So besteht insbesondere kein Versicherungsschutz, wenn der Schädiger den Schaden im Rahmen seiner beruflichen oder gewerblichen Tätigkeit verursacht hat oder wenn der Schädiger den Versicherungsfall vorsätzlich herbeigeführt hat.

Falls folgendes zusätzliche Risiko versichert werden soll, kann durch besondere Vereinbarung der Versicherungsschutz im Versicherungsschein oder in seinen Nachträgen wie folgt erweitert werden:

Mitversichert sind – abweichend von A1-6.9 – gesetzliche Haftpflichtansprüche gegen Dritte aus der Eigenschaft des Schädigers als privater Halter eines Hundes oder Pferdes.

1 Im Rahmen der Forderungsausfallversicherung besteht Deckung für Schäden, die der VN oder eine mitversicherte Person selbst erleiden. Deckungsvoraussetzung ist, dass der Schädiger die Schadenersatzzahlung ganz oder teilweise nicht erbringen kann und die Durchsetzung der Forderungen gegen ihn gescheitert ist (vgl A3-1.1).

2 Die Deckung ist auf Personen-, Sach- und daraus folgende (unechte) Vermögensschäden begrenzt. Kein Versicherungsschutz besteht also für reine Vermögensschäden, obgleich für diese im Rahmen der PHV nach A1-6.15 Deckung besteht. Der VN kann das bei sorgfältiger Lektüre den Bedingungen (hier: A3-1.1 S. 3) entnehmen.[1]

---

1 BGH 13.2.2013 – IV ZR 260/12, r+s 2013, 282.

Der Umfang des Versicherungsschutzes entspricht dem der PHV im Rahmen der in A1 getroffenen Bestimmungen. Dort festgelegte Risikobeschreibungen und -ausschlüsse finden auch auf die Forderungsausfallversicherung Anwendung (A3-1.2 S. 1, 2). Sind – wie üblich – Geld-, Kredit- und Anlagegeschäfte im Rahmen der PHV nicht gedeckt, gilt das auch für die Forderungsausfallversicherung.[2] 3

Nach den Musterbedingungen explizit nicht versichert sind Ansprüche wegen Schäden, die der Schädiger im Rahmen beruflicher oder gewerblicher Tätigkeit verursacht hat oder wenn er den Schaden vorsätzlich verursacht hat (A3-1.2 S. 3).[3] Zumindest im Hinblick auf Vorsatz gehen viele am Markt angebotenen PHV-Deckungen weiter. Als fakultativ einschließbar sehen die Musterbedingungen die Haftpflicht des Schädigers als Hunde- oder Pferdehalter vor (A3-1.2 S. 4). 4

A3-2 Leistungsvoraussetzungen

Der Versicherer ist gegenüber dem Versicherungsnehmer oder einer gemäß A1-2 mitversicherten Person leistungspflichtig, wenn

A3-2.1 die Forderung durch ein rechtskräftiges Urteil oder einen vollstreckbaren Vergleich vor einem ordentlichen Gericht in der Bundesrepublik Deutschland oder einem anderen Mitgliedsstaat der Europäischen Union, der Schweiz, Norwegens, Island und Liechtenstein festgestellt worden ist. Anerkenntnis-, Versäumnisurteile und gerichtliche Vergleiche sowie vergleichbare Titel der vorgenannten Länder binden den Versicherer nur, soweit der Anspruch auch ohne einen dieser Titel bestanden hätte

A3-2.2 der schädigende Dritte zahlungs- oder leistungsunfähig ist. Dies ist der Fall, wenn der Versicherungsnehmer oder eine mitversicherte Person nachweist, dass
- eine Zwangsvollstreckung nicht zur vollen Befriedigung geführt hat,
- eine Zwangsvollstreckung aussichtslos erscheint, da der schadensersatzpflichtige Dritte in den letzten drei Jahren die eidesstattliche Versicherung über seine Vermögensverhältnisse abgegeben hat oder
- ein gegen den schadensersatzpflichtigen Dritten durchgeführtes Insolvenzverfahren nicht zur vollen Befriedigung geführt hat oder ein solches Verfahren mangels Masse abgelehnt wurde,

und

A3-2.3 an den Versicherer die Ansprüche gegen den schadensersatzpflichtigen Dritten in Höhe der Versicherungsleistung abgetreten werden und die vollstreckbare Ausfertigung des Urteils oder Vergleichs ausgehändigt wird. Der Versicherungsnehmer hat an der Umschreibung des Titels auf den Versicherer mitzuwirken.

Die Schadenersatzforderung muss durch rechtskräftiges Urteil oder vollstreckbaren Vergleich festgestellt worden und die Zahlungs- oder Leistungsunfähigkeit des Schädigers muss nachgewiesen sein (vgl näher A3-2.1, 2.2). Ferner müssen die Ansprüche, die dem VN (der mitversicherten Person) gegen den Schädiger zustehen, in Höhe der Versicherungsleistung an den VR abgetreten werden; der Titel muss 1

---

2 Vgl OLG Hamm 13.7.2012 – 20 U 9/12, r+s 2013, 19; OLG Stuttgart 19.7.2012 – 7 U 50/12, r+s 2013, 21.
3 Vgl zur Problematik des Vorsatzausschlusses Prölss/Martin/*Lücke*, Ziff. 8 BB PHV Rn 4 mwN.

auf den VR umgeschrieben werden (A3-2.3). Dies ist keine Obliegenheit, sondern eine Leistungsvoraussetzung.[4]

A3-3 Umfang der Forderungsausfalldeckung

A3-3.1 Versicherungsschutz besteht bis zur Höhe der titulierten Forderung.

A3-3.2 Die Entschädigungsleistung des Versicherers ist bei jedem Versicherungsfall auf die im Versicherungsschein und seinen Nachträgen vereinbarten Versicherungssummen begrenzt. Dies gilt auch dann, wenn sich der Versicherungsschutz auf mehrere entschädigungspflichtige Personen erstreckt.

A3-3.3 *Die Versicherungssumme und die Jahreshöchstersatzleistung betragen im Rahmen der im Versicherungsschein und seinen Nachträgen vereinbarten Versicherungssumme EUR ...*

A3-3.4 *Für Schäden bis zur Höhe von EUR ... besteht kein Versicherungsschutz.*

A3-3.5 Dem schadensersatzpflichtigen Dritten stehen keine Rechte aus diesem Vertrag zu.

1 Die Entschädigungsleistung des VR kann mit einem Sublimit und mit einer Untergrenze versehen werden (s. näher A3-3.1 bis 3.5).

A3-4 Räumlicher Geltungsbereich

Versicherungsschutz besteht – abweichend von A1-6.14 – für Schadenereignisse, die in einem Mitgliedsstaat der Europäischen Union, der Schweiz, Norwegens, Island oder Liechtenstein eintreten.

1 Der Versicherungsschutz ist auf Schadenereignisse in den Mitgliedstaaten der EU und darüber hinaus in der Schweiz, Norwegen, Island und Liechtenstein begrenzt. Der VN, der für (vorübergehenden) Auslandsaufenthalt im Rahmen der PHV weltweit Deckung genießt, wird überrascht sein, dass er im Falle einer Schädigung, die er während eines Urlaubs in der Türkei erlitten hat, keine Deckung aus der Forderungsausfallversicherung hat. Der sorgfältig die Bedingungen studierende VN kann die Deckungseinschränkung dem Text jedoch eindeutig entnehmen, so dass eine Überrumpelung iSd § 305 c Abs. 1 BGB nicht anzunehmen ist.

2 Nicht vorgesehen ist, dass der Schädiger in einem der aufgezählten Länder einen festen Wohnsitz haben muss. Einen Ausschluss für Schädigungen durch Obdachlose, der in den Bedingungen einzelner VR vorgesehen ist, enthalten die AVB PHV nicht.[1]

---

4 Prölss/Martin/*Lücke*, Ziff. 8 BB PHV Rn 7.
1 FAKomm-VersR/*Meckling-Geis*, BBR PHV Rn 135.

A3-5 Besondere Ausschlüsse für das Forderungsausfallrisiko

A3-5.1 Vom Versicherungsschutz ausgeschlossen sind Ansprüche wegen Schäden an
- (1) Kraftfahrzeugen, Kraftfahrzeug-Anhängern, Luft- und Wasserfahrzeugen;
- (2) Immobilien;
- (3) Tieren;
- (4) Sachen, die ganz oder teilweise einem Betrieb, Gewerbe, Beruf, Dienst oder Amt des Versicherungsnehmers oder einer mitversicherten Person zuzurechnen sind.

A3-5.2 Der Versicherer leistet keine Entschädigung für
- (1) Verzugszinsen, Vertragsstrafen, Kosten der Rechtsverfolgung;
- (2) Forderungen aufgrund eines gesetzlichen oder vertraglichen Forderungsübergangs;
- (3) Ansprüche, soweit sie darauf beruhen, dass berechtigte Einwendungen oder begründete Rechtsmittel nicht oder nicht rechtzeitig vorgebracht oder eingelegt wurden;
- (4) Ansprüche aus Schäden, zu deren Ersatz
  - ein anderer Versicherer Leistungen zu erbringen hat (z.B. der Schadensversicherer des Versicherungsnehmers) oder
  - ein Sozialversicherungsträger oder Sozialleistungsträger Leistungen zu erbringen hat, auch nicht, soweit es sich um Rückgriffs-, Beteiligungsansprüche oder ähnliche von Dritten handelt.

Wichtige Deckungsbegrenzungen finden sich bereits in A3-1.1 – mit dem faktischen Ausschluss von reinen Vermögensschäden – und in A3-4 – mit der eng begrenzten Auslandsdeckung. 1

In A3-5.1 werden Schäden an bestimmten Sachen (zB Kfz, Immobilien) ausgenommen. Der Immobilien-Ausschluss ist wegen der Problematik sog. „Mietnomaden" aufgenommen worden.[1] 2

A3-5.2 enthält u.a. einen Ausschlusstatbestand für Verzugsschäden und Rechtsverfolgungskosten. Das ist uU nicht unbedeutend, weil solche Kosten bedeutend sein können. *Lücke* sieht den zugesagten Versicherungsschutz als „erheblich entwertet" an;[2] ausgehöhlt oder wertlos iSd § 307 Abs. 2 Nr. 2 BGB wird die Forderungsausfalldeckung dadurch aber nicht. 3

Gemeinsame Bestimmungen zu Teil A

(vom Abdruck wurde abgesehen)

Teil B
Allgemeiner Teil

(vom Abdruck wurde abgesehen)

---

[1] FAKomm-VersR/*Meckling-Geis*, BBR PHV Rn 136.
[2] Prölss/Martin/*Lücke*, Ziff. 8 BB PHV Rn 10.

Allgemeine Bedingungen für die Rechtsschutzversicherung (ARB 2010)

Musterbedingungen des GDV[1]

Stand: September 2010

1.	Inhalt der Versicherung	1850
§ 1	Aufgaben der Rechtsschutzversicherung	1850
§ 2	Leistungsarten	1850
§ 3	Ausgeschlossene Rechtsangelegenheiten	1857
§ 3 a	*Bei Anwendung des Schiedsgutachter-Verfahrens:* Ablehnung des Rechtsschutzes wegen mangelnder Erfolgsaussichten oder wegen Mutwilligkeit – Schiedsgutachterverfahren	1866
§ 3 a	*Bei Anwendung des Stichentscheid-Verfahrens:* Ablehnung des Rechtsschutzes wegen mangelnder Erfolgsaussichten oder wegen Mutwilligkeit – Stichentscheid	1867
§ 4	Voraussetzung für den Anspruch auf Rechtsschutz	1870
§ 4 a	Versichererwechsel	1877
§ 5	Leistungsumfang	1878
§ 6	Örtlicher Geltungsbereich	1890
2.	Versicherungsverhältnis	1891
§ 7	Beginn des Versicherungsschutzes	1891
§ 8	Dauer und Ende des Vertrages	1892
§ 8 a	Versicherungsjahr	1892
§ 9	Beitrag	1892
§ 10	Beitragsanpassung	1894
§ 11	Änderung der für die Beitragsbemessung wesentlichen Umstände	1895
§ 12	Wegfall des versicherten Interesses	1897
§ 13	Kündigung nach Versicherungsfall	1898
§ 14	Gesetzliche Verjährung	1899
§ 15	Rechtsstellung mitversicherter Personen	1900
§ 16	Anzeigen, Willenserklärungen, Anschriftenänderung	1901
3.	Rechtsschutzfall	1901
§ 17	Verhalten nach Eintritt des Rechtsschutzfalls	1901
§ 18	*(entfällt)*	1912
§ 19	*(entfällt)*	1912
§ 20	Zuständiges Gericht. Anzuwendendes Recht	1912
4.	Formen des Versicherungsschutzes	1913
§ 21	Verkehrs-Rechtsschutz	1913
§ 22	Fahrer-Rechtsschutz	1916
§ 23	Privat-Rechtsschutz für Selbständige	1918
§ 24	Berufs-Rechtsschutz für Selbständige, Rechtsschutz für Firmen und Vereine	1920
§ 25	Privat- und Berufs-Rechtsschutz für Nichtselbständige	1921
§ 26	Privat-, Berufs- und Verkehrs-Rechtsschutz für Nichtselbständige	1923
§ 27	Landwirtschafts- und Verkehrs-Rechtsschutz	1925
§ 28	Privat-, Berufs- und Verkehrs-Rechtsschutz für Selbständige	1927

[1] Unverbindliche Bekanntgabe des Gesamtverbandes der Deutschen Versicherungswirtschaft e.V. (GDV) zur fakultativen Verwendung. Abweichende Vereinbarungen sind möglich.

§ 29	Rechtsschutz für Eigentümer und Mieter von Wohnungen und Grundstücken	1929
Anhang		
§ 5 a	Einbeziehung des außergerichtlichen Mediationsverfahrens	1930
§ 9 a	Beitragsfreiheit bei Arbeitslosigkeit	1931

1. Inhalt der Versicherung

§ 1 Aufgaben der Rechtsschutzversicherung

Der Versicherer erbringt die für die Wahrnehmung der rechtlichen Interessen des Versicherungsnehmers oder des Versicherten erforderlichen Leistungen im vereinbarten Umfang (Rechtsschutz).

1 § 1 definiert – in Anlehnung an § 125 VVG – den vom VR zu erbringenden **Rechtsschutz** als die für die Wahrnehmung der rechtlichen Interessen des VN oder des Versicherten erforderlichen und vertraglich vereinbarten Leistungen. Der Versicherungsschutz bezieht sich lediglich auf die Wahrnehmung **rechtlicher Interessen**, die aber mit sonstigen, insb. wirtschaftlichen Interessen verbunden sein können.[1] Rechtliche Interessen sind jedenfalls betroffen, wenn Ansprüche verfolgt oder abgewehrt werden sollen oder eine Änderung der Rechtslage angestrebt wird.[2] Der VR hat lediglich dem **VN** und dem **Versicherten** Versicherungsschutz zu gewähren, nicht einem unversicherten Dritten, an den der VN Rechte bzw Ansprüche abgetreten hat.[3] Der VR trägt nur die für die Interessenwahrnehmung **objektiv notwendigen Kosten**, nicht also Kosten, die sinnlos, unverhältnismäßig oder vermeidbar sind (s. auch § 17 Rn 9 ff).

2 Die Versicherungsleistung „Rechtsschutz" beschränkt sich nicht auf die bloße Kostentragung (vgl auch § 125 VVG Rn 2). Den VR treffen auch **Fürsorgepflichten** zu Gunsten des VN, insb. die Pflicht, die Wahrnehmung der Interessen des VN zu begleiten und zu fördern (s. § 5 Abs. 5, § 17 Abs. 3 S. 2, Abs. 4, Abs. 2 S. 1). Hierzu gehört auch die **Abwehr unberechtigter Kostenansprüche**.[4] Der VR darf also bei seiner Ansicht nach unberechtigten Kostenansprüchen nicht einfach nur die Freistellung ablehnen.[5] Werden unberechtigte Kostenansprüche gerichtlich gegen den VN geltend gemacht, muss der VR den VN durch Kostenübernahme unterstützen.[6]

§ 2 Leistungsarten

Der Umfang des Versicherungsschutzes kann in den Formen des § 21 bis § 29 vereinbart werden. Je nach Vereinbarung umfasst der Versicherungsschutz

---

1 Vgl BGH 22.5.1991 – IV ZR 183/90, VersR 1991, 919.
2 *Bauer*, NJW 2011, 1415 f mwN.
3 OLG Köln 7.11.2008 – 20 U 106/08, VersR 2009, 825.
4 BGH 19.4.2002 – V ZR 3/01, NJW 2002, 2382; BGH 19.1.1983 – IVa ZR 116/81, NJW 1983, 1729; *Wendt*, r+s 2014, 328, 329.
5 *Wendt*, r+s 2014, 328, 329; aA OLG Frankfurt 4.9.2013 – 7 U 165/11, r+s 2014, 126.
6 *Cornelius-Winkler*, r+s 2011, 141, 144; *Wendt*, r+s 2012, 209, 212 f; *ders.*, r+s 2014, 328, 329.

a) Schadenersatz-Rechtsschutz
für die Geltendmachung von Schadenersatzansprüchen, soweit diese nicht auch auf einer Vertragsverletzung oder einer Verletzung eines dinglichen Rechtes an Grundstücken, Gebäuden oder Gebäudeteilen beruhen;

b) Arbeits-Rechtsschutz
für die Wahrnehmung rechtlicher Interessen aus Arbeitsverhältnissen sowie aus öffentlich-rechtlichen Dienstverhältnissen hinsichtlich dienst- und versorgungsrechtlicher Ansprüche;

c) Wohnungs- und Grundstücks-Rechtsschutz
für die Wahrnehmung rechtlicher Interessen aus Miet- und Pachtverhältnissen, sonstigen Nutzungsverhältnissen und dinglichen Rechten, die Grundstücke, Gebäude oder Gebäudeteile zum Gegenstand haben;

d) Rechtsschutz im Vertrags- und Sachenrecht
für die Wahrnehmung rechtlicher Interessen aus privatrechtlichen Schuldverhältnissen und dinglichen Rechten, soweit der Versicherungsschutz nicht in den Leistungsarten a), b) oder c) enthalten ist;

e) Steuer-Rechtsschutz vor Gerichten
für die Wahrnehmung rechtlicher Interessen in steuer- und abgaberechtlichen Angelegenheiten vor deutschen Finanz- und Verwaltungsgerichten;

f) Sozialgerichts-Rechtsschutz
für die Wahrnehmung rechtlicher Interessen vor deutschen Sozialgerichten;

g) Verwaltungs-Rechtsschutz in Verkehrssachen
für die Wahrnehmung rechtlicher Interessen in verkehrsrechtlichen Angelegenheiten vor Verwaltungsbehörden und vor Verwaltungsgerichten;

h) Disziplinar- und Standes-Rechtsschutz
für die Verteidigung in Disziplinar- und Standesrechtsverfahren;

i) Straf-Rechtsschutz
für die Verteidigung wegen des Vorwurfes
   aa) eines verkehrsrechtlichen Vergehens. Wird rechtskräftig festgestellt, dass der Versicherungsnehmer das Vergehen vorsätzlich begangen hat, ist er verpflichtet, dem Versicherer die Kosten zu erstatten, die dieser für die Verteidigung wegen des Vorwurfes eines vorsätzlichen Verhaltens getragen hat;
   bb) eines sonstigen Vergehens, dessen vorsätzliche wie auch fahrlässige Begehung strafbar ist, solange dem Versicherungsnehmer ein fahrlässiges Verhalten vorgeworfen wird. Wird dem Versicherungsnehmer dagegen vorgeworfen, ein solches Vergehen vorsätzlich begangen zu haben, besteht rückwirkend Versicherungsschutz, wenn nicht rechtskräftig festgestellt wird, dass er vorsätzlich gehandelt hat. Es besteht also bei dem Vorwurf eines Verbrechens kein Versicherungsschutz; ebenso wenig bei dem Vorwurf eines Vergehens, das nur vorsätzlich begangen werden kann (z.B. Beleidigung, Diebstahl, Betrug). Dabei kommt es weder auf die Berechtigung des Vorwurfes noch auf den Ausgang des Strafverfahrens an.

j) Ordnungswidrigkeiten-Rechtsschutz
für die Verteidigung wegen des Vorwurfes einer Ordnungswidrigkeit;

k) Beratungs-Rechtsschutz im Familien-, Lebenspartnerschafts- und Erbrecht
Je nach Vereinbarung umfasst der Versicherungsschutz Beratungs-Rechtsschutz im Familien-, Lebenspartnerschafts- und Erbrecht für Rat oder Auskunft eines

in Deutschland zugelassenen Rechtsanwaltes in Familien-, Lebenspartnerschafts- und erbrechtlichen Angelegenheiten, wenn diese nicht mit einer anderen gebührenpflichtigen Tätigkeit des Rechtsanwaltes zusammenhängen.

I. Allgemeines 1	7. Verwaltungs-Rechtsschutz in Verkehrssachen (lit. g)........ 15
II. Einzelne Leistungsarten 2	8. Disziplinar- und Standes-Rechtsschutz (lit. h) 16
1. Schadenersatz-Rechtsschutz (lit. a)......................... 2	9. Straf-Rechtsschutz (lit. i)..... 17
2. Arbeits-Rechtsschutz (lit. b).. 6	10. Ordnungswidrigkeiten-Rechtsschutz (lit. j)........... 20
3. Wohnungs- und Grundstücks-Rechtsschutz (lit. c)... 9	11. Beratungs-Rechtsschutz im Familien-, Lebenspartnerschafts- und Erbrecht (lit. k) 21
4. Rechtsschutz im Vertrags- und Sachenrecht (lit. d) 11	
5. Steuer-Rechtsschutz (lit. e) ... 13	
6. Sozialgerichts-Rechtsschutz (lit. f)......................... 14	

I. Allgemeines

1 In § 2 werden die in den §§ 21 ff jeweils nur abstrakt benannten Leistungsarten im Einzelnen definiert. § 2 legt damit als **primäre Risikoabgrenzung** fest, auf welchem Rechtsgebiet für welche Art der Interessenwahrnehmung Versicherungs- bzw Rechtsschutz besteht, soweit die jeweilige Leistungsart versichert ist. Wegen des Charakters als primäre Risikoabgrenzung muss der **VN beweisen**, dass die Interessenwahrnehmung unter eine versicherte Leistungsart fällt.

II. Einzelne Leistungsarten

2 **1. Schadenersatz-Rechtsschutz (lit. a).** Unter den Schadenersatz-Rechtsschutz nach lit. a fällt ausschließlich die Geltendmachung – nicht Abwehr (s. auch § 3 Abs. 2 lit. a) – **deliktischer Schadensersatzansprüche, insb. aus §§ 823 ff BGB**, nicht solcher wegen Vertragsverletzung und Verletzung eines dinglichen Rechts an Grundstücken, Gebäuden oder Gebäudeteilen. Die Geltendmachung – und Abwehr (vgl § 3 Abs. 2 lit. a) – **vertraglicher Schadensersatzansprüche**, zB aus § 280 BGB, unterfallen dem Vertrags-Rechtsschutz nach lit. d oder, soweit es sich um einen Arbeitsvertrag handelt, dem Arbeits-Rechtsschutz nach lit. b oder, wenn es um einen Nutzungsvertrag an einer Immobilie geht, dem Wohnungs- und Grundstücks-Rechtsschutz nach lit. c, ohne also, wenn der VersVertrag nur Schadensersatz-Rechtsschutz nach lit. a vorsieht (zB nach § 24), nicht versichert.

3 Umstritten ist, wie **Schadensersatzansprüche aus vertragsähnlichen Schuldverhältnissen**, insb. aus c.i.c. (§§ 241 Abs. 2, 311 Abs. 2, 280 Abs. 1 BGB) oder den §§ 122, 179, 678 BGB, in lit. a einzuordnen sind. Zum Teil[1] werden solche Ansprüche vertraglichen Schadensersatzansprüchen mit der Folge gleichgestellt, dass diese im Rahmen des Schadensersatz-Rechtsschutzes ebenfalls nicht versichert sind. Richtig ist aber mit der wohl hM[2] anzunehmen, dass vertragsähnliche Ansprüche in Ermangelung eines Vertrages gerade nicht auf einer „Vertragsverletzung" beruhen, so dass ihre Geltendmachung unter den Versicherungsschutz nach lit. a fällt. Einen Ausschluss vertragsähnlicher Ansprüche hätte der VR klar zum Ausdruck bringen können bzw müssen (§ 305 c Abs. 2 BGB).

4 Sobald ein deliktischer Schadensersatzanspruch mit einem vertraglichen Schadensersatzanspruch **konkurriert**, fällt auch der deliktische Anspruch aus dem Versicherungsschutz nach lit. a heraus. Lit. a macht mit seiner Formulierung „soweit diese

---

1 Prölss/Martin/*Armbrüster*, § 2 ARB 2010 Rn 7.
2 Harbauer/*Stahl*, § 2 ARB 2000 Rn 49; Beckmann/Matusche-Beckmann/*Obarowski*, § 37 Rn 76; van Bühren/Plote/*Hillmer-Möbius*, ARB, § 2 Rn 6.

nicht *auch* auf einer Vertragsverletzung ... beruhen" deutlich, dass Schadensersatzansprüche auch dann aus dem Schadenersatz-Rechtsschutz eliminiert werden sollen, wenn sie sowohl eine deliktische als auch vertragliche Grundlage haben.[3]

Die Geltendmachung von Schadensersatzansprüchen wegen Verletzung **dinglicher Rechte** unterfällt dem Grundstücks-Rechtsschutz nach lit. c. Unter dinglichen Rechten versteht man die absoluten Rechte iSd § 823 Abs. 1 BGB, insb. Eigentum, Erbbaurecht, Dienstbarkeit, Hypothek und Grundschuld, mit Ausnahme des Besitzes, da der durchschnittliche VN das Besitzrecht auch bei verständiger Würdigung nicht als „dingliches Recht" begreift.[4]

2. Arbeits-Rechtsschutz (lit. b). Der Arbeits-Rechtsschutz nach lit. b betrifft die Interessenwahrnehmung aus Arbeits- und öffentlich-rechtlichen Dienstverhältnissen. Erfasst werden **alle Streitigkeiten**, die in dem **individuellen Arbeitsverhältnis** ihre **rechtliche Grundlage** haben, unabhängig von der Rechtsnatur der Ansprüche, auch die Abwehr von Schadensersatzansprüchen (vgl § 3 Abs. 2 lit. a). Unter lit. b fallen trotz des Wortlautes Interessenwahrnehmung „aus" Arbeitsverhältnissen bzw öffentlich-rechtlichen Dienstverhältnissen auch Streitigkeiten darüber, ob ein Arbeits- bzw öffentlich-rechtliches Dienstverhältnis überhaupt besteht; nicht erfasst werden Klagen auf Übernahme in den öffentlichen Dienst.[5] **Ausgeschlossen** sind zudem Streitigkeiten im Zusammenhang mit Streik, Aussperrung (§ 3 Abs. 1 lit. a) und dem kollektiven Arbeitsrecht (§ 3 Abs. 2 lit. b).

Unter **Arbeitsverhältnis** versteht man sowohl das durch einen Arbeitsvertrag begründete Rechtsverhältnis als auch das sog. **faktische Arbeitsverhältnis**,[6] nicht dagegen das freie Dienstverhältnis.[7] Die Interessenwahrnehmung aus Anstellungsverhältnissen gesetzlicher Vertreter juristischer Personen sind vom Rechtsschutz ohnehin ausgeschlossen (§ 3 Abs. 2 lit. c).

Mit **öffentlich-rechtlichen Dienstverhältnissen** sind insb. die der Beamten, Soldaten und Richter gemeint. Erfasst sind neben freiwillig eingegangenen auch Pflicht-Dienstverhältnisse wie die der Wehrpflichtigen oder Zivildienstleistenden.[8] Die Bezugnahme auf dienst- und versorgungsrechtliche Ansprüche bedeutet nur, dass die Ansprüche aus dem öffentlich-rechtlichen Dienstverhältnis den gegenseitigen schuldrechtlichen Ansprüchen aus einem Arbeitsverhältnis vergleichbar sein müssen.[9]

3. Wohnungs- und Grundstücks-Rechtsschutz (lit. c). Der Wohnungs- und Grundstücks-Rechtsschutz nach lit. c bietet umfassenden Rechtsschutz für die Verfolgung und Abwehr von Ansprüchen aus Nutzungsverhältnissen und dinglichen Rechten an Immobilien. Erfasst werden alle Arten von **Nutzungsverhältnissen** sowohl dinglicher als auch schuldrechtlicher Natur, neben den ausdrücklich genannten Miet- und Pachtverhältnissen also etwa auch Leihverhältnisse, Wohnrechtsverhältnisse sowie rein faktische Nutzungsverhältnisse, denen weder ein dingliches Recht noch ein wirksamer Vertrag (mehr) zugrunde liegt. Teilweise wird vertreten, dass **kurzfristige** Nutzungsverhältnisse (zB Hotelzimmer, Ferienwohnung) nicht unter lit. c fallen.[10] Dem ist zu widersprechen. Der durchschnittliche VN kann dem Wortlaut

---

3 Harbauer/*Stahl*, § 2 ARB 2000 Rn 50; Prölss/Martin/*Armbrüster*, § 2 ARB 2010 Rn 8; van Bühren/Plote/*Hillmer-Möbius*, ARB, § 2 Rn 5.
4 Prölss/Martin/*Armbrüster*, § 2 ARB 2010 Rn 9.
5 Prölss/Martin/*Armbrüster*, § 2 ARB 2010 Rn 17.
6 Harbauer/*Stahl*, § 2 ARB 2000 Rn 78; zum faktischen Arbeitsverhältnis näher Palandt/*Weidenkaff*, Vor § 611 BGB Rn 29.
7 Harbauer/*Stahl*, Vor § 2 ARB 2000 Rn 84; zum freien Dienstverhältnis näher Palandt/*Weidenkaff*, Vor § 611 BGB Rn 16 ff.
8 Harbauer/*Stahl*, § 2 ARB 2000 Rn 90.
9 Harbauer/*Stahl*, § 2 ARB 2000 Rn 93.
10 So etwa von van Bühren/Plote/*Hillmer-Möbius*, ARB, § 2 Rn 27; Prölss/Martin/*Armbrüster*, § 2 ARB 2010 Rn 23.

von lit. c keine Beschränkung auf **lang- oder längerfristige** Nutzungsverhältnisse entnehmen, zumal auch die ausdrücklich genannten Mietverhältnisse nur von kurzer Dauer sein können. Im Übrigen sind keine geeigneten Kriterien ersichtlich, nach denen ein lang- oder längerfristiges Nutzungsverhältnis von anderen abgegrenzt werden könnte. **Dingliche Rechte** iSv lit. c sind alle absoluten, dh gegenüber jedermann wirkenden Rechte an Immobilien, allen voran das Eigentum, aber auch beschränkt dingliche Rechte wie Erbbaurechte, Dienstbarkeiten, Wohnrechte, Grundpfandrechte sowie das Anwartschaftsrecht, nicht aber der Besitz (s. Rn 5).

10 Vom Deckungsschutz nach lit. c umfasst sind – unabhängig von ihrer Rechtsnatur – alle **Ansprüche**, die in dem Nutzungsverhältnis oder dem dinglichen Recht ihre **rechtliche Grundlage** haben. Bei vertraglichen Nutzungsverhältnissen ist insb. sowohl die Geltendmachung als auch die Abwehr (vgl § 3 Abs. 2 lit. a) von Schadensersatzansprüchen versichert. Die Interessenwahrnehmung aus dinglichen Rechten erfasst neben sachenrechtlichen Ansprüchen (zB aus §§ 906–923, 985 ff, 1004, 894 BGB) auch die Verfolgung – nicht Abwehr (§ 3 Abs. 2 lit. a) – von Schadensersatzansprüchen, zB nach § 823 Abs. 1 BGB.[11] Auch die Interessenwahrnehmung gegenüber grundstücksbezogenen behördlichen oder sonstigen öffentlich-rechtlichen Akten wird von lit. c gedeckt.[12] Auch wenn lit. c von der Interessenwahrnehmung „aus" Nutzungsverhältnissen bzw dinglichen Rechten spricht, sind Streitigkeiten ebenso darüber versichert, ob ein Nutzungsverhältnis oder dingliches Recht überhaupt besteht.[13] Nicht unter den Versicherungsschutz fallen dagegen Ansprüche auf Begründung eines dinglichen Rechts, zB auf (Rück-)Übertragung des Eigentums.[14] Bedeutsam können beim Wohnungs- und Grundstücks-Rechtsschutz die **Risikoausschlüsse** des § 3 Abs. 1 lit. c (Bergbauschäden), § 3 Abs. 1 lit. d (Baurisiko), § 3 Abs. 2 lit. i (Bewertungsfragen) und § 3 Abs. 3 lit. d (Enteignung usw) werden.

11 **4. Rechtsschutz im Vertrags- und Sachenrecht (lit. d).** Lit. d gewährt – als eine Art Auffangtatbestand[15] – Rechtsschutz für die Wahrnehmung rechtlicher Interessen aus privatrechtlichen, also nicht öffentlich-rechtlichen Schuldverhältnissen, und dinglichen Rechten, soweit nicht Versicherungsschutz bereits nach lit. a, b oder c besteht. Insoweit ist der Rechtsschutz nach lit. d **subsidiär**.

12 Unter **privatrechtliche Schuldverhältnisse** fallen – anders als die Überschrift zu lit. d vermuten lassen könnte – nicht nur vertragliche, sondern auch gesetzliche Schuldverhältnisse, wie zB aus §§ 677 ff BGB oder §§ 812 ff BGB,[16] nicht aber körperschaftliche Rechtsverhältnisse, wie zB bei einem Verein oder einer Genossenschaft,[17] auch nicht familiäre Rechtsverhältnisse.[18] Auch wenn von der Interessenwahrnehmung „aus" Schuldverhältnissen und dinglichen Rechten die Rede ist, besteht Versicherungsschutz ebenso für Streitigkeiten, in denen es um das Zustandekommen oder die Wirksamkeit eines Schuldverhältnisses oder dinglichen Rechts geht.[19] Aufgrund der Subsidiarität gegenüber dem Rechtsschutz nach lit. a, b und c fällt unter den Vertragsrechtsschutz nach lit. d insb. die nach lit. a ausgeschlossene (s. Rn 2) **Geltendmachung von Ansprüchen aus Vertragsverletzung,** soweit sich diese nicht auf einen Arbeitsvertrag oder Nutzungsvertrag an Immobilien beziehen (dann Rechtsschutz nach lit. b bzw lit. c). Die Interessenwahrnehmung

---

11 BGH 5.2.1992 – IV ZR 94/91, VersR 1992, 487.
12 Harbauer/*Stahl*, § 2 ARB 2000 Rn 118.
13 Vgl Harbauer/*Stahl*, § 2 ARB 2000 Rn 103, 113.
14 Harbauer/*Stahl*, § 2 ARB 2000 Rn 113.
15 Harbauer/*Stahl*, § 2 ARB 2000 Rn 155.
16 Harbauer/*Stahl*, § 2 ARB 2000 Rn 171.
17 Harbauer/*Stahl*, § 2 ARB 2000 Rn 168.
18 OLG Köln 17.12.2001 – 9 W 21/01, r+s 2002, 116, 117.
19 Vgl Prölss/Martin/*Armbrüster*, § 2 ARB 2010 Rn 38.

aus **dinglichen Rechten** beschränkt sich wegen der Subsidiarität zu lit. c auf dingliche Rechte an beweglichen Sachen.

5. Steuer-Rechtsschutz (lit. e). Der Steuer-Rechtsschutz nach lit. e ist von vornherein beschränkt auf die Interessenwahrnehmung in steuer- und abgaberechtlichen Angelegenheiten vor deutschen Finanz- und Verwaltungsgerichten. Lit. e vermittelt also einen reinen **Gerichts-Rechtsschutz**. Für das Vorverfahren (Widerspruch bzw Einspruch) und einem gerichtlichen Verfahren vorausgehende Beratungen besteht also kein Versicherungsschutz. **Abgaberechtliche Angelegenheiten** sind insb. solche, die sich um öffentlich-rechtliche Gebühren und Beiträge für die Benutzung von öffentlichen Versorgungseinrichtungen für Gas, Wasser, Strom, Müllabfuhr und Rundfunkgebühren drehen. Besondere **Risikoausschlüsse** bestehen sachlich nach § 3 Abs. 2 lit. i (Bewertungsfragen) und zeitlich nach § 4 Abs. 4. Im Rahmen dieser Leistungsart hat der VR auch die Vergütung eines Steuerberaters zu übernehmen (§ 5 Abs. 6 lit. b).

6. Sozialgerichts-Rechtsschutz (lit. f). Auch lit. f bietet einen reinen **Gerichts-Rechtsschutz**, der bei Vorverfahren (Widerspruch) und vorgerichtlichen Beratungen noch nicht einschlägig ist. Erfasst werden demnach alle, aber auch nur die nach § 51 SGG den **Sozialgerichten** zugewiesenen Rechtsstreitigkeiten, nicht aber andere Streitigkeiten, die zwar ebenfalls dem Sozialrecht zuzuordnen, für die aber andere Gerichte zuständig sind (zB Sozialhilfe, Kindergeld, Wohngeld, BAföG, Kriegsopferfürsorge). Unerheblich ist, ob die Rechtsstreitigkeit schon vor oder erst nach Abschluss des VersVertrages den Sozialgerichten zugewiesen wurde.[20] Für **Ansprüche aus der privaten Pflegeversicherung**, die ebenfalls vor den Sozialgerichten geltend zu machen sind,[21] besteht ausnahmsweise auch Rechtsschutz für die außergerichtliche Interessenwahrnehmung, und zwar nach lit. d, da der privaten Pflegeversicherung ein schuldrechtlicher Vertrag zugrunde liegt.[22]

7. Verwaltungs-Rechtsschutz in Verkehrssachen (lit. g). Der Rechtsschutz im Verwaltungsrecht ist beschränkt. Lit. g bietet Rechtsschutz in verkehrsrechtlichen Angelegenheiten vor Verwaltungsbehörden und Verwaltungsgerichten. Erfasst wird damit die Interessenwahrnehmung in **allen Verwaltungs-, also Ausgangs- und Widerspruchs- sowie Gerichtsverfahren**. Verkehrsrechtliche Angelegenheiten sind von verkehrswirtschaftlichen oder sozialpolitischen Verwaltungsanordnungen abzugrenzen; um eine „**verkehrsrechtliche Angelegenheit**" handelt es sich immer dann, wenn die streitige Verwaltungsmaßnahme primär der Sicherheit und Ordnung des Verkehrs dienen soll.[23] Unter den Rechtsschutz nach lit. g fallen zB Verfahren zur Erlangung oder Entziehung einer Fahrerlaubnis, wegen des Abschleppens eines den Verkehr behindernden Fahrzeugs (s. aber § 3 Abs. 3 lit. e), wegen Führung eines Fahrtenbuches oder wegen Teilnahme am Verkehrsunterricht.

8. Disziplinar- und Standes-Rechtsschutz (lit. h). Nach lit. h besteht Rechtsschutz für die Verteidigung in Disziplinar- und Standesrechtsverfahren, unabhängig von der Verfahrensart, also sowohl in Verwaltungs- als auch Gerichtsverfahren. Von Disziplinarverfahren können Beamte, Richter und Soldaten, von Standesrechtsverfahren zB Rechtsanwälte, Ärzte, Steuerberater, Apotheker, Patentanwälte oder Steuerbevollmächtigte betroffen sein.

9. Straf-Rechtsschutz (lit. i). Grundvoraussetzung des Straf-Rechtsschutzes nach lit. i ist, dass sich der Versicherte gegen den Vorwurf eines Vergehens verteidigen muss. Dies setzt voraus, dass **gegen den Versicherten** bereits ein **Verfahren** eingeleitet wurde, in dem gegen ihn der Vorwurf einer Verletzung strafrechtlicher Vor-

---

20 BGH 24.6.2009 – IV ZR 110/07, VersR 2009, 1617.
21 BSG 8.8.1996 – 3 BS 1/96, MDR 1997, 73.
22 Beckmann/Matusche-Beckmann/*Obarowski*, § 37 Rn 90.
23 Harbauer/*Stahl*, § 2 ARB 2000 Rn 226; Beckmann/Matusche-Beckmann/*Obarowski*, § 37 Rn 95.

schriften erhoben wird. Vorbeugende Verteidigungsmaßnahmen vor Erhebung eines konkreten Schuldvorwurfes gegenüber dem Versicherten (zB bei Ermittlungen gegen „unbekannt") sowie die Interessenwahrnehmung von Zeugen fallen daher nicht unter den Versicherungsschutz.[24] Auch die passive Nebenklage und die Privatklage sind aus diesem Grund nicht versichert.[25] Im Übrigen ist zu unterscheiden zwischen verkehrsrechtlichen Vergehen einerseits (lit. aa) und sonstigen Vergehen andererseits (lit. bb). Um die vorsätzliche und rechtswidrige Herbeiführung des Versicherungsfalles vom Versicherungsschutz auszunehmen, macht lit. i den Rechtsschutz von der Art des Vorwurfs bzw dem Ausgang des Verfahrens abhängig.

18 **Verkehrsrechtliche Vergehen** iSv lit. aa sind alle Straftatbestände, die der Sicherheit und Ordnung des Verkehrs zu dienen bestimmt sind,[26] insb. §§ 142, 315 c, 316 StGB, §§ 21, 22 StVG. Bei verkehrsrechtlichen Vergehen genießt der VN auch gegenüber dem Vorwurf vorsätzlicher Begehungsweise zunächst Versicherungsschutz. Wird rechtskräftig festgestellt, dass der VN das verkehrsrechtliche Vergehen vorsätzlich begangen hat, muss der VN etwaige Versicherungsleistungen allerdings an den VR zurückerstatten (lit. aa S. 2). Ob die rechtskräftige Verurteilung fehlerhaft ist, spielt dabei keine Rolle.[27] Ausnahmsweise kann auch der Vorwurf eines nicht verkehrsrechtlichen Vergehens unter den Rechtsschutz nach lit. aa fallen, wenn dieses Vergehen in Tateinheit mit oder einem unmittelbaren inneren Zusammenhang zu einem Verkehrsdelikt steht (zB Nötigung durch dichtes Auffahren oder Ausbremsen).[28]

19 Anders ist der Deckungsschutz für **sonstige, nicht verkehrsrechtliche Vergehen** ausgestaltet. Vergehen, die nur vorsätzlich begangen werden können (zB §§ 185, 242, 246, 263 StGB), sowie Verbrechen sind unabhängig vom Verfahrensausgang, also auch wenn es zu einer Einstellung oder einem Freispruch kommt, vom Rechtsschutz ausgenommen. Die hM[29] zählt auch die **gefährliche Körperverletzung nach § 224 StGB** zu den nur vorsätzlich begehbaren Vergehen, da sich diese gegenüber der auch fahrlässig begehbaren (einfachen) Körperverletzung gem. § 223 StGB als eigenständiges Delikt mit zusätzlichen Tatbestandsmerkmalen und gesteigertem Unrechtsgehalt darstellt. Versichert sind nur vorsätzlich *und* fahrlässig begehbare Vergehen. Wird gegen den VN wegen des Vorwurfs einer fahrlässigen Begehungsweise eines solchen Vergehens ermittelt, besteht uneingeschränkt Versicherungsschutz, es sei denn, er wird wegen Vorsatzes rechtskräftig verurteilt. Wird ihm jedoch vorgeworfen, ein solches Vergehen vorsätzlich begangen zu haben, besteht nur bzw erst – dann allerdings rückwirkend – Rechtsschutz, wenn es nicht zu einer rechtskräftigen Verurteilung wegen Vorsatzes kommt, wenn das Verfahren also eingestellt, der VN freigesprochen oder nur wegen Fahrlässigkeit verurteilt wird. Insoweit besteht mithin – anders als bei lit. aa – jedenfalls keine Vorschusspflicht des VR.

20 **10. Ordnungswidrigkeiten-Rechtsschutz (lit. j).** Der Rechtsschutz für die Verteidigung wegen des Vorwurfs einer Ordnungswidrigkeit gilt uneingeschränkt für alle Ordnungswidrigkeiten, v.a. im Verkehrsbereich, aber auch im privaten oder gewerblichen Bereich, selbst dann, wenn die Ordnungswidrigkeit vorsätzlich began-

---

24 Beckmann/Matusche-Beckmann/*Obarowski*, § 37 Rn 100.
25 Beckmann/Matusche-Beckmann/*Obarowski*, § 37 Rn 102.
26 Vgl Prölss/Martin/*Armbrüster*, § 2 ARB 2010 Rn 49.
27 AG Dülmen 24.4.2002 – 3 C 573/01, r+s 2002, 379.
28 Vgl LG Karlsruhe 27.8.1992 – 5 S 212/92, VersR 1993, 1145; AG Köln 2.2.1990 – 111 C 554/89, zfs 1990, 161; aA Prölss/Martin/*Armbrüster*, § 2 ARB 2010 Rn 49 (innerer Zusammenhang nicht ausreichend).
29 Prölss/Martin/*Armbrüster*, § 2 ARB 2010 Rn 52; Harbauer/*Stahl*, § 2 ARB 2000 Rn 271; Beckmann/Matusche-Beckmann/*Obarowski*, § 37 Rn 112 mwN aus der Rspr.

gen worden sein soll. Einen wichtigen **Risikoausschluss** für den Ordnungswidrigkeiten-Rechtsschutz enthält § 3 Abs. 3 lit. e für Halt- oder Parkverstöße.

11. Beratungs-Rechtsschutz im Familien-, Lebenspartnerschafts- und Erbrecht (lit. k). Nach lit. k besteht im Bereich des Familien-, Lebenspartnerschafts- und Erbrechts lediglich Rechtsschutz für eine Beratung durch einen Rechtsanwalt sowie einen Notar (§ 5 Abs. 6 lit. a). Darüber hinaus greift der Risikoausschluss des § 3 Abs. 2 lit. g. Der Rechtsschutzfall ist für den Beratungs-Rechtsschutz nach lit. k in § 4 Abs. 1 lit. b besonders definiert. Die **Beratung** darf, um vom Rechtsschutz erfasst zu sein, nicht mit einer anderen gebührenpflichtigen Tätigkeit des Rechtsanwalts zusammenhängen. Dies ist dann der Fall, wenn dem Rechtsanwalt nur eine Beratungsgebühr zusteht. Kein Rechtsschutz besteht also dann, wenn die Tätigkeit des Rechtsanwalts von der Beratung in eine Vertretung des VN übergeht, da dann zusätzlich eine Geschäfts- oder Verfahrensgebühr entsteht.

21

Das Rechtsgebiet des **Familienrechts** ist mit dem 4. Buch des BGB (§§ 1297–1921 BGB) sowie den familienrechtlichen Sondergesetzen umrissen. Erfasst werden alle, aber auch nur die Ansprüche, die in diesen Vorschriften ihre Grundlage haben, seien diese gesetzlicher oder vertraglicher Natur (zB Scheidungsfolgevereinbarungen, Unterhaltsregelungen). Das **Erbrecht** umfasst die Gesamtheit aller privatrechtlichen Vorschriften, die nach dem Tod des Menschen die Weitergabe seines Vermögens sowie das Verhältnis der Rechtsnachfolger zueinander regeln; diese Regelungen finden sich vornehmlich in 5. Buch des BGB (§§ 1921–2385 BGB), aber auch in anderen Büchern des BGB (zB § 1371 BGB) oder außerhalb des BGB § 10 LPartG).[30] Auch insoweit sind durchaus vertragliche Ansprüche denkbar (zB bei Verträgen über Erbauseinandersetzung, Erbschaftskauf). Das **Lebenspartnerschaftsrecht** ist im LPartG verkörpert.

22

§ 3 Ausgeschlossene Rechtsangelegenheiten

Rechtsschutz besteht nicht für Wahrnehmung rechtlicher Interessen

(1) in ursächlichem Zusammenhang mit

a) Krieg, feindseligen Handlungen, Aufruhr, inneren Unruhen, Streik, Aussperrung oder Erdbeben;

b) Nuklear- und genetischen Schäden, soweit diese nicht auf eine medizinische Behandlung zurückzuführen sind;

c) Bergbauschäden an Grundstücken und Gebäuden;

d) aa) dem Erwerb oder der Veräußerung eines zu Bauzwecken bestimmten Grundstückes oder vom Versicherungsnehmer oder mitversicherten Personen nicht selbst zu Wohnzwecken genutzten Gebäudes oder Gebäudeteiles,

    bb) der Planung oder Errichtung eines Gebäudes oder Gebäudeteiles, das sich im Eigentum oder Besitz des Versicherungsnehmers befindet oder das dieser zu erwerben oder in Besitz zu nehmen beabsichtigt,

    cc) der genehmigungs- und/oder anzeigepflichtigen baulichen Veränderung eines Grundstückes, Gebäudes oder Gebäudeteiles, das sich im Eigentum oder Besitz des Versicherungsnehmers befindet oder das dieser zu erwerben oder in Besitz zu nehmen beabsichtigt,

    dd) der Finanzierung eines der unter aa) bis cc) genannten Vorhaben.

---

30 OLG Karlsruhe 20.9.2007 – 12 U 27/07, VersR 2008, 346.

(2) Rechtsschutz besteht nicht für die Wahrnehmung rechtlicher Interessen
a) zur Abwehr von Schadenersatzansprüchen, es sei denn, dass diese auf einer Vertragsverletzung beruhen;
b) aus kollektivem Arbeits- oder Dienstrecht;
c) aus dem Recht der Handelsgesellschaften oder aus Anstellungsverhältnissen gesetzlicher Vertreter juristischer Personen;
d) in ursächlichem Zusammenhang mit Patent-, Urheber-, Marken-, Geschmacksmuster-, Gebrauchsmusterrechten oder sonstigen Rechten aus geistigem Eigentum;
e) aus dem Kartell- oder sonstigem Wettbewerbsrecht;
f) in ursächlichem Zusammenhang mit Spiel- oder Wettverträgen, Gewinnzusagen, Termin- oder vergleichbaren Spekulationsgeschäften sowie dem Ankauf, der Veräußerung, der Verwaltung von Wertpapieren (z.B. Aktien, Rentenwerte, Fondsanteile), Wertrechten, die Wertpapieren gleichstehen, Beteiligungen (z.B. an Kapitalanlagemodellen, stille Gesellschaften, Genossenschaften) und deren Finanzierung;
g) aus dem Bereich des Familien-, Lebenspartnerschafts- und Erbrechts, soweit nicht Beratungs-Rechtsschutz gem. § 2 k) besteht;
h) aus dem Rechtsschutzversicherungsvertrag gegen den Versicherer oder das für diesen tätige Schadenabwicklungsunternehmen;
i) wegen der steuerlichen Bewertung von Grundstücken, Gebäuden oder Gebäudeteilen, sowie wegen Erschließungs- und sonstiger Anliegerabgaben, es sei denn, dass es sich um laufend erhobene Gebühren für die Grundstücksversorgung handelt;

(3)
a) in Verfahren vor Verfassungsgerichten;
b) in Verfahren vor internationalen oder supranationalen Gerichtshöfen, soweit es sich nicht um die Wahrnehmung rechtlicher Interessen von Bediensteten internationaler oder supranationaler Organisationen aus Arbeitsverhältnissen oder öffentlich-rechtlichen Dienstverhältnissen handelt;
c) in ursächlichem Zusammenhang mit einem Insolvenzverfahren, das über das Vermögen des Versicherungsnehmers eröffnet wurde oder eröffnet werden soll;
d) in Enteignungs-, Planfeststellungs-, Flurbereinigungs- sowie im Baugesetzbuch geregelten Angelegenheiten;
e) in Ordnungswidrigkeiten- und Verwaltungsverfahren wegen eines Halt- oder Parkverstoßes;

(4)
a) mehrerer Versicherungsnehmer desselben Rechtsschutzversicherungsvertrages untereinander, mitversicherter Personen untereinander und mitversicherter Personen gegen den Versicherungsnehmer;
b) sonstiger Lebenspartner (nicht eheliche und nicht eingetragene Lebenspartner gleich welchen Geschlechts) untereinander in ursächlichem Zusammenhang mit der Partnerschaft, auch nach deren Beendigung;
c) aus Ansprüchen oder Verbindlichkeiten, die nach Eintritt des Rechtsschutzfalles auf den Versicherungsnehmer übertragen worden oder übergegangen sind;
d) aus vom Versicherungsnehmer in eigenem Namen geltend gemachten Ansprüchen anderer Personen oder aus einer Haftung für Verbindlichkeiten anderer Personen;

(5) soweit in den Fällen des § 2 a) bis h) ein ursächlicher Zusammenhang mit einer vom Versicherungsnehmer vorsätzlich begangenen Straftat besteht. Stellt sich ein solcher Zusammenhang im Nachhinein heraus, ist der Versicherungsnehmer zur Rückzahlung der Leistungen verpflichtet, die der Versicherer für ihn erbracht hat.

I. Allgemeines 1	8. Eigene Rechtsschutzversicherung (Abs. 2 lit. h) 17
II. Einzelne Risikoausschlüsse 4	9. Grundstücksbewertungen und Anliegerabgaben (Abs. 2 lit. i) 18
1. Krieg, innere Unruhen, Streik etc. (Abs. 1 lit. a) 4	
2. Bergbauschäden (Abs. 1 lit. c) 5	10. Ausschluss bestimmter Verfahren (Abs. 3) 19
3. Baurisiko (Abs. 1 lit. d) 6	
4. Abwehr von Schadensersatzansprüchen (Abs. 2 lit. a) 11	11. Auseinandersetzungen zwischen Vertragsbeteiligten bzw Lebenspartnern sowie mit Drittbeteiligung (Abs. 4) 23
5. Recht der Handelsgesellschaften (Abs. 2 lit. c) 12	
6. Geistiges Eigentum (Abs. 2 lit. d) 15	12. Ausschluss für vorsätzliche Straftaten (Abs. 5) 28
7. Spekulationsgeschäfte (Abs. 2 lit. f) 16	

I. Allgemeines

1 § 3 enthält **Risikoausschlüsse**, also sekundäre Risikoabgrenzungen für alle Leistungsarten. Die Regelung unterscheidet zwischen

- dem Ausschluss von Kumulrisiken, also Risiken, die zu einer unkalkulierbaren Vielzahl von Streitigkeiten führen oder immense Kosten verursachen können (Abs. 1),
- dem Ausschluss von bestimmten Rechtsangelegenheiten (Abs. 2),
- dem Ausschluss von bestimmten Verfahren (Abs. 3),
- dem Ausschluss von Auseinandersetzungen zwischen Vertragsbeteiligten bzw Lebenspartnern sowie mit Drittbeteiligung (Abs. 4) und
- dem Ausschluss bei Vorsatztaten (Abs. 5).

2 Die **Beweislast** für das Vorliegen eines Risikoausschlusses liegt jeweils bei dem VR.

3 Vielfach ist die Interessenwahrnehmung oder eine bestimmte Art der Interessenwahrnehmung ausgeschlossen, die **in ursächlichem Zusammenhang** mit einem ausgeschlossenen Umstand steht. Hierfür genügt nicht, dass der genannte Umstand conditio sine qua non der in Frage stehenden Streitigkeit ist. Es muss vielmehr ein adäquater Zusammenhang, nämlich ein sachlicher Zusammenhang zwischen dem Eintritt des Rechtsschutzfalles und den Besonderheiten des ausgeschlossenen Umstandes, bestehen.[1] Mit der in Frage stehenden Streitigkeit muss sich also das mit dem ausgeschlossenen Umstand typischerweise verbundene erhöhte Risiko des Eintretens eines Rechtsschutzfalles verwirklicht haben.

II. Einzelne Risikoausschlüsse

4 **1. Krieg, innere Unruhen, Streik etc. (Abs. 1 lit. a).** Ausgeschlossen ist die Interessenwahrnehmung, die in ursächlichem Zusammenhang (s. dazu Rn 3) mit Krieg, inneren Unruhen und Streik etc. steht. **Krieg** ist jede mit Waffengewalt ausgetragene Auseinandersetzung zwischen Staaten, Völkern oder innerstaatlichen Gruppen. Schwierig zu beantworten ist, unter welchen Voraussetzungen **Terrorakte**, etwa die

---

[1] Prölss/Martin/*Armbrüster*, § 3 ARB 2010 Rn 5.

vom 11. September 2001, unter das Kriegsrisiko fallen.[2] Von **inneren Unruhen** spricht man, wenn sich Menschen zu dem Zweck zusammenrotten, mit vereinten Kräften Gewalttätigkeiten gegen Personen oder Sachen zu begehen.[3] Hierzu zählen auch **gewalttätige Demonstrationen**,[4] es sei denn, dass es sich um Ausschreitungen nur einzelner Teilnehmer einer an sich erlaubten Demonstration handelt.[5] Mit **Streik** ist sowohl der gewerkschaftlich organisierte als auch der auf einen Betrieb beschränkte Streik gemeint.[6]

5 **2. Bergbauschäden (Abs. 1 lit. c).** Unter Bergbauschäden im Sinne der Klausel sind nur **unmittelbare Sachschäden** zu verstehen, die sich in bleibender Weise am Eigentum oder an sonstigen dinglichen Rechten manifestiert haben, nicht aber bloß mittelbare Beeinträchtigungen durch vom Bergbau ausgehende Emissionen wie zB Erschütterungen.[7] Nicht erfasst von dem Ausschluss wird auch die Wahrnehmung berechtigter Interessen aus kaufvertraglichen Gewährleistungsrechten, selbst wenn der Grundstücksmangel bergbaubedingt sein soll.[8]

6 **3. Baurisiko (Abs. 1 lit. d).** Der Baurisikoausschluss des Abs. 1 lit. d bietet Rspr und Lit. „ein schier unerschöpfliches Thema".[9] Hintergrund des Ausschlusses nach Abs. 1 lit. d ist, dass rechtliche Auseinandersetzungen im Zusammenhang mit Baumaßnahmen häufig auftreten, die damit verbundenen Kosten kaum kalkulierbar sind und einen relativ kleinen Teil der VN betreffen.[10] Im Interesse niedriger Beiträge wird daher das Baurisiko traditionell vom Versicherungsschutz in der Rechtsschutzversicherung ausgenommen. Abs. 1 lit. d knüpft dabei nicht an bestimmte Rechtsgebiete oder Rechtsbeziehungen, sondern ganz allgemein an den Lebenssachverhalt „Bauen" an. Der Ausschluss gilt aber nicht für die Geltendmachung von Schadensersatzansprüchen gegen einen Rechtsanwalt, der im Rahmen einer unter den Risikoausschluss fallenden Angelegenheit anwaltliche Pflichten verletzt haben soll.[11]

7 Ausgeschlossen ist nach lit. aa bereits die Interessenwahrnehmung in ursächlichem Zusammenhang (s. dazu Rn 3) mit dem **Erwerb oder der Veräußerung eines zu Bauzwecken bestimmten Grundstücks.** Zu Bauzwecken ist ein Grundstück jedenfalls bestimmt, wenn eine verfestigte, konkrete Bauabsicht des Erwerbers besteht.[12] Ob die Ausweisung des Grundstücks als Bauland im Bebauungsplan genügt, ist umstritten.[13] Seit den ARB 2008 ist der Risikoausschluss wesentlich erweitert worden. Er bezieht sich nunmehr auch auf den **Erwerb oder die Veräußerung eines vom VN oder von mitversicherten Personen nicht selbst zu Wohnzwecken genutzten Gebäudes oder Gebäudeteils.** Damit fällt auch der Erwerb oder die Veräußerung einer Immobilie nur noch dann unter Rechtsschutz, wenn die Immobilie vom VN oder von mitversicherten Personen selbst bewohnt, also nicht etwa gewerblich oder zur Vermietung genutzt wird bzw wurde. Mangels ausdrücklicher Einschränkung gilt dies nicht nur für den Ersterwerb einer gerade fertig gestellten Immobilie, sondern auch den Erwerb einer gebrauchten Immobilie, obwohl insoweit das Baurisiko nicht mehr tangiert ist.

---

2 Zum Diskussionsstand vgl *Fricke*, VersR 2002, 6 ff.
3 Harbauer/*Maier*, § 3 ARB 2000 Rn 21.
4 AG Köln 17.12.1993 – 133 C 542/93, JurBüro 1994, 694.
5 BGH 13.11.1974 – IV ZR 178/73, VersR 1975, 126, 420.
6 AG Nürnberg 21.11.1986 – 12 C 7075/86, zfs 1988, 213.
7 BGH 25.5.2011 – IV ZR 17/10, VersR 2011, 1179.
8 OLG Saarbrücken 8.9.2004 – 5 U 140/04, VersR 2005, 1234.
9 *Berger*, VersR 2000, 1321 ff; vgl auch *Maier*, VersR 1997, 394 ff, jew. mwN.
10 BGH 29.9.2004 – IV ZR 170/03, VersR 2004, 1596.
11 Vgl BGH 28.5.2008 – IV ZR 282/07, VersR 2008, 1105 (zu § 4 Abs. 1 lit. k ARB 75).
12 BGH 10.11.1993 – IV ZR 87/93, VersR 1994, 44.
13 Dafür: van Bühren/Plote/*Plote*, ARB, § 3 Rn 29; *Sperling*, VersR 1996, 133, 137; dagegen: Harbauer/*Maier*, § 3 ARB 2000 Rn 39.

Vom Rechtsschutz ausgeschlossen ist auch die Wahrnehmung von Interessen, die in ursächlichem Zusammenhang (s. dazu Rn 3) mit der **Planung oder Errichtung eines Gebäudes oder Gebäudeteils** stehen, das sich im Eigentum oder Besitz des VN befindet oder das dieser zu erwerben oder in Besitz zu nehmen beabsichtigt (lit. bb). Damit fallen sämtliche Streitigkeiten im Zusammenhang mit **Architekten-, Statiker-, Bau-, Bauhandwerkerverträgen** sowie gegen **Bauträger** aus dem Rechtsschutz heraus. Ebenfalls ausgeschlossen sind Streitigkeiten aus dem Kauf und Einbau von wesentlichen Bestandteilen des Gebäudes (zB Einbaumöbel, Einbauküchen)[14] sowie aus dem Kauf von Baumaterial.[15]

Nach lit. cc ist auch die Interessenwahrnehmung in ursächlichem Zusammenhang (s. dazu Rn 3) mit **genehmigungs- oder anzeigepflichtigen baulichen Veränderungen** vom Rechtsschutz ausgenommen. Dieser Risikoausschluss erstreckt sich auf Auseinandersetzungen um solche Arbeiten, die für eine genehmigungs- oder anzeigepflichtige Baumaßnahme notwendig sind.[16]

Lit. dd schließt auch das **Baufinanzierungsrisiko** vom Rechtsschutz aus, selbst dann, wenn das spezifische Baurisiko im konkreten Streit nicht berührt wird.[17] Damit ist eine **Auseinandersetzung mit dem Kreditgeber** im Rahmen eines Finanzierungsgeschäfts wegen Verletzung vor- oder nebenvertraglicher Pflichten vom Rechtsschutz ausgenommen.[18] Dabei kommt es nicht darauf an, ob die Immobilie zum Zeitpunkt des Darlehensvertrages bereits fertiggestellt war.[19] Dementsprechend können auch Streitigkeiten im Zusammenhang mit **Beteiligungen an geschlossenen Immobilienfonds** unter den Baurisikoausschluss fallen, wobei es auf die Struktur der Beteiligung im Einzelfall ankommt.[20] Der Risikoausschluss greift in diesem Zusammenhang ein, wenn der VN im Grundbuch als Eigentümer eingetragen werden soll.[21] Ist dagegen vorgesehen, dass ausschließlich die Gesellschaft Eigentümerin der Immobilie wird, ist der Risikoausschluss, der schon nach seinem Wortlaut Eigentum oder Besitz des VN an der (zu finanzierenden) Immobilie voraussetzt, nicht einschlägig.[22] Unerheblich für den Risikoausschluss ist, ob die Baufinanzierung mit **Fremd- oder Eigenkapital** erfolgen soll, denn auch der Einsatz von Eigenkapital kann – zB bei fehlerhafter Beratung – zu Finanzierungsproblemen führen.[23] Nicht unter den Ausschluss fällt dagegen die Deckungsklage gegen den Feuer- oder Gebäudeversicherer auf Auszahlung der Neuwertspitze.[24]

4. Abwehr von Schadensersatzansprüchen (Abs. 2 lit. a). Die Abwehr von – nicht auf einer Vertragsverletzung beruhenden – Schadensersatzansprüchen fällt typischerweise in den Deckungsbereich der Haftpflichtversicherung (vgl. Ziff. 1.1 AHB) und wird demnach von Abs. 2 lit. a aus dem Rechtsschutz herausgenommen. Für die Abwehr von Schadensersatzansprüchen, die auf einer **Vertragsverletzung** beruhen, besteht dagegen unter den Voraussetzungen des § 2 lit. b, c oder d Rechtsschutz.

---

14 Vgl LG Bielefeld 7.10.1981 – 1 S 305/81, VersR 1982, 434.
15 Prölss/Martin/*Armbrüster*, § 3 ARB 2010 Rn 15 mwN.
16 Harbauer/*Maier*, § 3 ARB 2000 Rn 68; zust. van Bühren/Plote/*Plote*, ARB, § 3 Rn 37.
17 BGH 29.9.2004 – IV ZR 189/03, VersR 2004, 1596.
18 Vgl auch OLG Karlsruhe 3.7.2003 – 12 U 53/03, VersR 2004, 59.
19 BGH 29.9.2004 – IV ZR 170/03, VersR 2004, 1596.
20 BGH 17.10.2007 – IV ZR 37/07, VersR 2008, 113; näher hierzu Prölss/Martin/*Armbrüster*, § 3 ARB 2010 Rn 26 mwN.
21 BGH 17.10.2007 – IV ZR 37/07, VersR 2008, 113; OLG Düsseldorf 28.3.2006 – 4 U 97/05, VersR 2007, 832.
22 *Wendt*, r+s 2008, 221, 229.
23 *Bauer*, NJW 2008, 1496, 1498; aA OLG Celle 7.12.2006 – 8 U 149/06, VersR 2007, 789.
24 BGH 28.9.2005 – IV ZR 106/04, VersR 2005, 1684.

12 **5. Recht der Handelsgesellschaften (Abs. 2 lit. c).** Hintergrund des Ausschlusses von Rechtsstreitigkeiten im Bereich des Handels- und Gesellschaftsrechts ist, dass solche Streitigkeiten häufig mit hohen Kosten verbunden sind und relativ wenige VN treffen. Zu den **Handelsgesellschaften** gehören die OHG, KG, AG, KGaG, GmbH sowie die GmbH & Co. KG, nicht jedoch die stille Gesellschaft oder die GbR. Ausgeschlossen sind **alle Ansprüche**, die ihren **rechtlichen Grund im Gesellschaftsvertrag** oder einer Norm aus dem **Gesellschaftsrecht** finden. Dabei müssen spezifisch gesellschaftsrechtliche Fragen und nicht etwa nur Fragen des allgemeinen Vertragsrechts, zB die Wirksamkeit eines Vertrages, im Vordergrund stehen.[25] Gegebenenfalls werden auch deliktische Ansprüche (§§ 823 Abs. 2, 826 BGB) in Verbindung mit gesellschaftsrechtlichen Vorschriften vom Ausschluss erfasst.[26]

13 **Schadensersatzansprüche aus Prospekthaftung** fallen nicht unter den Ausschluss, da diese das vom Recht der Handelsgesellschaften zu unterscheidende Kapitalmarktrecht bzw weil der haftungsbegründende Vorgang in Form des Erlasses und der Herausgabe eines unrichtigen Prospekts vor dem Zeitpunkt des Erwerbs liegt, den Geschädigten nicht als Aktionär, sondern als Teilnehmer am Wertpapiermarkt betreffen.[27] Ob andere Aktionärsklagen, die den VN in seiner Eigenschaft als Aktionär berühren, ebenfalls nicht unter den Risikoausschluss fallen, bleibt damit offen.[28]

14 Ausgeschlossen ist auch die Interessenwahrnehmung aus **Anstellungsverhältnissen gesetzlicher Vertreter juristischer Personen**, auch sofern diese öffentlich-rechtlicher Art sind.[29] Unerheblich ist, ob der gesetzliche Vertreter nur mit einem anderen Vertreter Gesamtvertretungsmacht hat und ob die juristische Person selbst Partei des Anstellungsvertrages ist.[30]

15 **6. Geistiges Eigentum (Abs. 2 lit. d).** Nach Abs. 2 lit. d ausgeschlossen sind alle Streitigkeiten um Rechte aus geistigem Eigentum. Die ausdrücklich genannten Rechte stellen keine abschließende, sondern eine nur beispielhafte Aufzählung dar („oder sonstigen Rechten"). Der Ausschluss ist weit reichend („Bereich"/„ursächlichem Zusammenhang", s. dazu Rn 3). Nicht vom Rechtsschutz umfasst sind damit auch Streitigkeiten aus schuldrechtlichen Nutzungs- und Verwertungsverträgen über geistige Leistungen, zB **Lizenzverträgen**. Ausgeschlossen sind auch Auskunfts-, Unterlassungs- und Schadensersatzansprüche aufgrund von **Domain-Streitigkeiten**.[31] Bei **Arbeitnehmererfindungen** ist wegen der Abgrenzung zu arbeitsrechtlichen Streitigkeiten zu unterscheiden. Insofern ist der Ausschluss nur anzuwenden, wenn sich die Streitigkeit auf eine patent- oder gebrauchsmusterfähige Erfindung bezieht; bei technischen Verbesserungsvorschlägen, die weder patent- noch gebrauchsmusterfähig sind, greift der Ausschluss dagegen nicht ein.[32]

16 **7. Spekulationsgeschäfte (Abs. 2 lit. f).** Unter **Spielverträge** fallen insb. die Teilnahme an Lotto- oder Totoveranstaltungen und Klassenlotterien, auch Streitigkeiten innerhalb einer BGB-Wettgemeinschaft.[33] Mit **Termingeschäften** sind die in §§ 37 e–37 g WpHG genannten Finanztermingeschäfte, Warenterminoptionsge-

---

25 Vgl OLG Hamm 20.10.2000 – 20 U 247/99, VersR 2001, 712.
26 Vgl LG Köln 27.11.1985 – 24 O 130/85, zfs 1986, 78.
27 BGH 21.5.2003 – IV ZR 327/02, VersR 2003, 1122; BGH 3.5.2006 – IV ZR 252/04, VersR 2006, 1119.
28 Beckmann/Matusche-Beckmann/*Obarowski*, § 37 Rn 301.
29 Harbauer/*Maier*, § 3 ARB 2000 Rn 100.
30 BGH 10.12.1997 – IV ZR 238/97, NJW 1998, 1154.
31 Beckmann/Matusche-Beckmann/*Obarowski*, § 37 Rn 319 f.
32 Harbauer/*Maier*, § 3 ARB 2000 Rn 112, 114; grds. gegen die Anwendung des Ausschlusses auf Arbeitnehmererfindungen dagegen Prölss/Martin/*Armbrüster*, § 3 ARB 2010 Rn 40.
33 Vgl van Bühren/Plote/*Plote*, ARB, § 3 Rn 83.

schäfte[34] und Warentermingeschäfte,[35] gemeint. Unter „**vergleichbare Spekulationsgeschäfte**" wird man sonstige Lieferungsverträge auf Terminbasis ohne wirtschaftlich gerechtfertigten Sicherungszweck zu subsumieren haben, die lediglich zum Zweck der Spekulation geschlossen wurden, um allein aus den Schwankungen der Börsenkurse oder Marktpreise ohne Güterumsatz Gewinn zu erzielen.[36] Hierunter fallen zB Leergeschäfte oder Zinsdifferenzgeschäfte.[37] Der Risikoausschluss ist mit den ARB 2008 erheblich erweitert worden, nämlich auf den **Ankauf, die Veräußerung und die Verwaltung von Wertpapieren**, wobei **Aktien, Rentenwerte und Fondsanteile** ausdrücklich genannt werden. Der Ausschluss gilt auch für **Wertrechte**, also Forderungen, die – wie zB öffentliche Anleihen oder Bundeswertpapiere – nicht in einer Wertpapierurkunde verbrieft, sondern in einem Schuldbuch eingetragen sind, sowie für **Beteiligungen** zB an **Kapitalanlagemodellen, stillen Gesellschaften und Genossenschaften** und deren **Finanzierung**. Damit werden kapitalanlagerechtliche Streitigkeiten nunmehr weitestgehend vom Rechtsschutz ausgenommen. Ausgeschlossen sind nicht nur vertragliche, sondern auch vertragsähnliche Ansprüche, insb. aus c.i.c.,[38] aber auch konkurrierende Ansprüche aus unerlaubter Handlung,[39] da auch diese „in ursächlichem Zusammenhang" (s. dazu Rn 3) mit den genannten Streitigkeiten stehen.

8. Eigene Rechtsschutzversicherung (Abs. 2 lit. h). Damit der VR nicht die Interessenwahrnehmung gegen sich selbst finanzieren und besorgen muss, schließt Abs. 2 lit. h diese bzw. die Interessenwahrnehmung gegenüber dem von ihm eingeschalteten Schadensabwicklungsunternehmen (vgl § 126 VVG) aus. Ausgeschlossen ist nur die Interessenwahrnehmung aus dem RechtsschutzVersVertrag, nicht aus anderen VersVerträgen, die versichert ist, soweit ein Vertrags-Rechtsschutz nach § 2 lit. d besteht.

9. Grundstücksbewertungen und Anliegerabgaben (Abs. 2 lit. i). Abs. 2 lit. i schränkt den nach § 2 lit. e zu gewährenden Steuer-Rechtsschutz ein, indem er Streitigkeiten um die steuerliche Bewertung von Grundstücken, Gebäuden und Gebäudeteilen ausnimmt. Darüber hinaus wird die Wahrnehmung rechtlicher Interessen wegen Erschließungs- oder sonstiger Anliegerabgaben ausgeschlossen, soweit es sich nicht um laufend erhobene Gebühren für die Grundstücksversorgung, insb. also Wasser-, Strom-, Kanal- und Müllentsorgungsgebühren, handelt.

10. Ausschluss bestimmter Verfahren (Abs. 3). Vom Rechtsschutz ausgeschlossen sind **Verfahren vor Verfassungsgerichten**, also insb. Verfassungsbeschwerden (Abs. 3 lit. a), sowie vor **internationalen und supranationalen Gerichten** mit Ausnahme der Interessenwahrnehmung von Bediensteten internationaler oder supranationaler Organisationen aus Arbeitsverhältnissen oder öffentlich-rechtlichen Dienstverhältnissen (Abs. 3 lit. b). Von dem Ausschluss nicht erfasst werden Vorlageverfahren, etwa nach Art. 100 GG oder Art. 267 Abs. 2 AEUV (ex-Art. 177 Abs. 2 EWG-Vertrag), wenn für das Ausgangsverfahren Deckung besteht.[40]

Der in Abs. 3 lit. c genannte Risikoausschluss für **Insolvenzverfahren** greift nur ein, wenn der VN selbst Gemeinschuldner ist. Der gegen den Schuldner des VN gestellte Insolvenzantrag kann daher – zB als Vollstreckungsmaßnahme – versichert sein.

---

34 So schon BGH 17.10.1984 – IVa ZR 78/83, VersR 1985, 32; OLG Köln 29.11.1994 – 9 U 202/94, VersR 1995, 656.
35 So schon OLG Düsseldorf 3.3.1998 – 4 U 41/97, r+s 1998, 379; LG München 28.3.2002 – 4 O 18 021/01, zfs 1986, 274.
36 Harbauer/*Maier*, ARB, § 3 ARB 2000 Rn 132.
37 *Wendt*, r+s 2012, 209, 217 f.
38 BGH 17.10.1984 – IVa ZR 78/83, VersR 1985, 32.
39 Harbauer/*Maier*, § 3 ARB 2000 Rn 136; anders noch BGH VersR 1985, 32 zu § 4 Abs. 1 lit. g ARB 75.
40 Harbauer/*Maier*, § 3 ARB 2000 Rn 148; Prölss/Martin/*Armbrüster*, § 3 ARB 2010 Rn 64.

Der Ausschluss greift erst, wenn das Insolvenzverfahren **eröffnet oder beantragt** ist; tritt der Rechtsschutzfall davor ein, ist der Ausschluss nicht einschlägig.[41] Aus dem Wortlaut des Abs. 3 lit. c, wonach sich der auch auf ein Insolvenzverfahren erstreckt, das „eröffnet werden soll", folgt nichts anderes.[42] Durch diese Formulierung muss aber das außergerichtliche Schuldenbereinigungsverfahren nach § 305 InsO als ausgeschlossen gelten.[43]

21 **Enteignungsangelegenheiten** iSv Abs. 3 lit. d sind sowohl die förmliche Enteignung als auch Ansprüche aus enteignendem und enteignungsgleichem Eingriff.[44] Zu den „im BauGB geregelten Angelegenheiten" gehören Maßnahmen der Bauleitplanung sowie Umlegungs-Angelegenheiten,[45] evtl auch die Anfechtung einer Nachbarbaugenehmigung, wenn die Streitigkeit durch Fragen der bauplanungsrechtlichen Zulässigkeit nach §§ 29–44 BauGB geprägt wird, zB bei Bauvorhaben wie Windkraftanlagen oder Mobilfunkmasten.[46]

22 Der Ausschluss von **Ordnungswidrigkeiten- und Verwaltungsverfahren wegen eines Halt- oder Parkverstoßes** erfasst insb. die Verfahren nach § 25 a StVG, §§ 12 und 13 StVO, nicht aber die Fälle nach §§ 15 und 17 StVO, die primär keine Halt- oder Parkverstöße betreffen.[47]

23 **11. Auseinandersetzungen zwischen Vertragsbeteiligten bzw Lebenspartnern sowie mit Drittbeteiligung (Abs. 4).** Um Interessenkollisionen zu vermeiden, ist die Interessenwahrnehmung zwischen VN desselben Vertrages, zwischen mitversicherten Personen sowie die Wahrnehmung von Interessen mitversicherter Personen gegen den VN ausgeschlossen (Abs. 4 lit. a). Letzteres gilt auch dann, wenn der VN mit der Interessenwahrnehmung einverstanden ist.[48] Die Wahrnehmung von Interessen des VN gegen mitversicherte Personen ist demnach nicht ausgeschlossen.[49] Unter den Ausschluss fällt auch schon der bloße **Beratungs-Rechtsschutz**, da ein potenzieller Interessenkonflikt nicht erst mit der Vertretung nach außen, sondern schon bei der Beratung entstehen kann.[50]

24 **Streitigkeiten nichtehelicher bzw nicht eingetragener Lebenspartner untereinander** sind nach Abs. 4 lit. b nur insoweit vom Rechtsschutz ausgeschlossen, als sie in ursächlichem Zusammenhang mit der nichtehelichen bzw nicht eingetragenen Lebensgemeinschaft stehen (s. Rn 3). Hieran fehlt es etwa dann, wenn Gegenstand des Streits eine zwischen nichtehelichen bzw nicht eingetragenen Lebenspartnern bestehende Rechtsbeziehung ist, die auch zwischen Nicht-Lebenspartnern bestehen kann (zB Arbeitsverhältnis).[51] Die Formulierung „gleich welchen Geschlechts" stellt klar, dass der Ausschluss auch für gleichgeschlechtliche Lebenspartnerschaften gilt.

25 Abs. 4 lit. c mit seinem Ausschluss von **Ansprüchen, die nach Eintritt des Rechtsschutzfalles auf den VN übertragen worden oder übergegangen sind,** soll verhindern, dass der VR Rechtsschutz für Ansprüche gewähren muss, die bereits in einer anderen Person entstanden sind. Von dem Ausschluss werden sowohl die Abtre-

---

41 OLG Karlsruhe 7.3.2002 – 12 U 290/01, VersR 2002, 1143.
42 OLG Karlsruhe 7.3.2002 – 12 U 290/01, VersR 2002, 1143.
43 Beckmann/Matusche-Beckmann/*Obarowski*, § 37 Rn 352.
44 OLG Celle 15.12.1994 – 8 U 35/94, VersR 1995, 1305; Harbauer/*Maier*, § 3 ARB 2000 Rn 166.
45 OLG Karlsruhe 6.8.1998 – 12 U 289/97, VersR 1999, 613.
46 Beckmann/Matusche-Beckmann/*Obarowski*, § 37 Rn 347 mwN.
47 Harbauer/*Maier*, § 3 ARB 2000 Rn 172.
48 Harbauer/*Maier*, § 3 ARB 2000 Rn 175; Prölss/Martin/*Armbrüster*, § 3 ARB 2010 Rn 76.
49 Harbauer/*Maier*, § 3 ARB 2000 Rn 175; Prölss/Martin/*Armbrüster*, § 3 ARB 2010 Rn 80.
50 Beckmann/Matusche-Beckmann/*Obarowski*, § 37 Rn 354 mwN.
51 Prölss/Martin/*Armbrüster*, § 3 ARB 2010 Rn 85.

tung als auch der gesetzliche Forderungsübergang (zB nach §§ 426 Abs. 2, 774 Abs. 1 S. 1 BGB) erfasst („oder übergegangen").[52] Ist der VN als Zessionar der eigentlich wirtschaftliche Betroffene, wie zB als Subunternehmer hinsichtlich des Werklohnanspruchs oder als Arbeitgeber im Entgeltfortzahlungsfall, besteht uU Anlass, von dem Ausschluss eine Ausnahme zu machen.[53] Ein weiteres Beispiel hierfür ist, wenn der Leasinggeber den Ersatzanspruch wegen Beschädigung des Fahrzeugs an den VN als Leasingnehmer erst nach dem Unfall – nicht schon im Voraus im Leasingvertrag – abtritt.[54]

Abs. 4 lit. d Alt. 1 soll verhindern, dass ein **nicht rechtsschutzversicherter Rechtsinhaber** in den Genuss der Versicherungsleistung kommt, indem der VN dessen Anspruch geltend macht.[55] Unter Berücksichtigung dieses Zwecks ist die Bestimmung **einschränkend auszulegen**. Nicht erfasst ist der Fall einer Fremdversicherung, bei der es von vornherein Sache des VN ist, die Rechte des Mitversicherten geltend zu machen.[56] Unter den Ausschluss fällt auch nicht die Geltendmachung eines fremden Anspruchs nach dessen Pfändung und Überweisung, da dann der rechtsschutzversicherte Pfändungspfandgläubiger im eigenen Interesse handelt.[57] Schließlich greift der Leistungsausschluss nach Abs. 4 lit. d Alt. 1 auch dann nicht ein, wenn der VN originär eigene Ansprüche verfolgen will, die er lediglich zur Sicherheit an einen Dritten übertragen hat.[58] 26

Unter Abs. 4 lit. d Alt. 2 fallen in erster Linie **Bürgschafts- und Schuldübernahmeverträge**, soweit es um die Schuldnerrolle des Bürgen oder Schuldübernehmers geht. Ausgeschlossen ist also lediglich die Wahrnehmung rechtlicher Interessen des Bürgen sowie des Schuldübernehmers gegenüber dem Gläubiger, nicht die Wahrnehmung von Interessen des Gläubigers sowie des Haupt- bzw Altschuldners. 27

12. Ausschluss für vorsätzliche Straftaten (Abs. 5). Nach Abs. 5 führt eine vorsätzliche Herbeiführung des Versicherungsfalles – in Abweichung zu § 81 Abs. 1 VVG – nur dann zum Verlust des Versicherungsschutzes, wenn das Verhalten des VN eine **vorsätzliche Straftat** darstellt. Verschärfend wirkt sich gegenüber § 81 Abs. 1 VVG aber aus, dass die Begehung einer vorsätzlichen Straftat den Verlust des Versicherungsschutzes auch dann nachzieht, wenn die Straftat nicht den Versicherungsfall bildet, sondern diesem vorausgeht,[59] zB beim Regress des Kaskoversicherers nach vorsätzlicher Trunkenheitsfahrt oder Unfallflucht[60] oder bei Pflichtverletzung eines Steuerberaters im Zusammenhang mit der Beratung wegen Steuerhinterziehung und Untreue.[61] Beide Abweichungen von § 81 Abs. 1 VVG sind unbedenklich.[62] 28

Straftat ist ein Verbrechen oder Vergehen iSv § 12 StGB, nicht eine Ordnungswidrigkeit iSv § 1 OWiG.[63] **Vorsätzlich begangen** hat der VN die Straftat, wenn er ihre gesetzlichen Tatbestandsmerkmale mit Wissen und Wollen verwirklicht hat oder deren Verwirklichung zumindest billigend in Kauf genommen hat (bedingter Vor- 29

---

52 Prölss/Martin/*Armbrüster*, § 3 ARB 2010 Rn 88; Beckmann/Matusche-Beckmann/*Obarowski*, § 37 Rn 359.
53 Harbauer/*Maier*, § 3 ARB 2000 Rn 182; Beckmann/Matusche-Beckmann/*Obarowski*, § 37 Rn 360.
54 Beckmann/Matusche-Beckmann/*Obarowski*, § 37 Rn 361; vgl auch LG Aachen 24.5.2002 – 5 S 33/02, r+s 2002, 464.
55 BGH 29.4.1998 – IV ZR 21/97, VersR 1998, 887.
56 BGH 29.4.1998 – IV ZR 21/97, VersR 1998, 887.
57 BGH 29.10.2008 – IV ZR 128/07, VersR 2009, 216.
58 BGH 2.4.2014 – IV ZR 124/13, VersR 2014, 699.
59 Prölss/Martin/*Armbrüster*, § 3 ARB 2010 Rn 107.
60 Beckmann/Matusche-Beckmann/*Obarowski*, § 37 Rn 368.
61 OLG München 18.8.2008 – 25 U 3371/08, r+s 2009, 66.
62 Prölss/Martin/*Armbrüster*, § 3 ARB 2010 Rn 106 f.
63 Harbauer/*Maier*, § 3 ARB 2000 Rn 215.

satz). Keine Voraussetzung für den Ausschluss ist, dass ein Strafverfahren gegen den VN durchgeführt wurde.[64] § 2 lit. k bleibt von dem Ausschluss unberührt, so dass **Beratungs-Rechtsschutz im Familien- und Erbrecht** auch dann zu gewähren ist, wenn die Änderung der Rechtslage, die die Beratung erforderlich macht, auf einer vorsätzlichen Straftat des VN beruht.[65] Für den Straf- und Ordnungswidrigkeiten-Rechtsschutz enthält § 2 lit. i eine vergleichbare Sonderregelung.

30 Die **Beweislast** für das Vorliegen einer vorsätzlichen Straftat liegt beim VR.[66]

31 Fraglich ist, ob die rechtskräftige Feststellung einer vorsätzlichen Straftat im Haftpflichtprozess – ähnlich wie bei der Haftpflichtversicherung – **Bindungswirkung** für den Deckungsprozess zwischen VR und VN entfaltet. Der BGH[67] verneint dies, ist hierfür aber kritisiert worden.[68] Bisweilen haben sich auch Gerichte über die Rspr des BGH hinweggesetzt.[69]

Bei Anwendung des Schiedsgutachter-Verfahrens

§ 3 a Ablehnung des Rechtsschutzes wegen mangelnder Erfolgsaussichten oder wegen Mutwilligkeit – Schiedsgutachterverfahren

(1) Der Versicherer kann den Rechtsschutz ablehnen, wenn seiner Auffassung nach
a) in einem der Fälle des § 2 a) bis g) die Wahrnehmung der rechtlichen Interessen keine hinreichende Aussicht auf Erfolg hat

oder

b) die Wahrnehmung der rechtlichen Interessen mutwillig ist. Mutwilligkeit liegt dann vor, wenn der durch die Wahrnehmung der rechtlichen Interessen voraussichtlich entstehende Kostenaufwand unter Berücksichtigung der berechtigten Belange der Versichertengemeinschaft in einem groben Missverhältnis zum angestrebten Erfolg steht.

Die Ablehnung ist dem Versicherungsnehmer in diesen Fällen unverzüglich unter Angabe der Gründe schriftlich mitzuteilen.

(2) Mit der Mitteilung über die Rechtsschutzablehnung ist der Versicherungsnehmer darauf hinzuweisen, dass er, soweit er der Auffassung des Versicherers nicht zustimmt und seinen Anspruch auf Rechtsschutz aufrechterhält, innerhalb eines Monates die Einleitung eines Schiedsgutachterverfahrens vom Versicherer verlangen kann. Mit diesem Hinweis ist der Versicherungsnehmer aufzufordern, alle nach seiner Auffassung für die Durchführung des Schiedsgutachterverfahrens wesentlichen Mitteilungen und Unterlagen innerhalb der Monatsfrist dem Versicherer zuzusenden. Außerdem ist er über die Kostenfolgen des Schiedsgutachterverfahrens gemäß Absatz 5 und über die voraussichtliche Höhe dieser Kosten zu unterrichten.

(3) Verlangt der Versicherungsnehmer die Durchführung eines Schiedsgutachterverfahrens, hat der Versicherer dieses Verfahren innerhalb eines Monates einzuleiten und den Versicherungsnehmer hierüber zu unterrichten. Sind zur Wahrnehmung der rechtlichen Interessen des Versicherungsnehmers Fristen zu wahren und entstehen hierdurch Kosten, ist der Versicherer verpflichtet, diese Kosten in dem zur Fristwahrung notwendigen Umfang bis zum Abschluss des Schiedsgutachterverfah-

---

64 Harbauer/*Maier*, § 3 ARB 2000 Rn 216; Beckmann/Matusche-Beckmann/*Obarowski*, § 37 Rn 368.
65 Prölss/Martin/*Armbrüster*, § 3 ARB 2010 Rn 116.
66 Prölss/Martin/*Armbrüster*, § 3 ARB 2010 Rn 114.
67 BGH 18.3.1992 – IV ZR 51/91, BGHZ 117, 345 = VersR 1992, 568.
68 *Römer*, r+s 2000, 177, 179; Beckmann/Matusche-Beckmann/*Obarowski*, § 37 Rn 377.
69 Vgl LG Köln 20.12.2001 – 24 O 276/01, r+s 2002, 244.

rens unabhängig von dessen Ausgang zu tragen. Leitet der Versicherer das Schiedsgutachterverfahren nicht fristgemäß ein, gilt seine Leistungspflicht in dem Umfang, in dem der Versicherungsnehmer den Rechtsschutzanspruch geltend gemacht hat, als festgestellt.

(4) Schiedsgutachter ist ein seit mindestens fünf Jahren zur Rechtsanwaltschaft zugelassener Rechtsanwalt, der von dem Präsidenten der für den Wohnsitz des Versicherungsnehmers zuständigen Rechtsanwaltskammer benannt wird. Dem Schiedsgutachter sind vom Versicherer alle ihm vorliegenden Mitteilungen und Unterlagen, die für die Durchführung des Schiedsgutachterverfahrens wesentlich sind, zur Verfügung zu stellen. Er entscheidet im schriftlichen Verfahren; seine Entscheidung ist für den Versicherer bindend.

(5) Die Kosten des Schiedsgutachterverfahrens trägt der Versicherer, wenn der Schiedsgutachter feststellt, dass die Leistungsverweigerung des Versicherers ganz oder teilweise unberechtigt war. War die Leistungsverweigerung nach dem Schiedsspruch berechtigt, trägt der Versicherungsnehmer seine Kosten und die des Schiedsgutachters. Die dem Versicherer durch das Schiedsgutachterverfahren entstehenden Kosten trägt dieser in jedem Falle selbst.

Bei Anwendung des Stichentscheid-Verfahrens

§ 3 a Ablehnung des Rechtsschutzes wegen mangelnder Erfolgsaussichten oder wegen Mutwilligkeit – Stichentscheid

(1) Der Versicherer kann den Rechtsschutz ablehnen, wenn seiner Auffassung nach
a) in einem der Fälle des § 2 a) bis g) die Wahrnehmung der rechtlichen Interessen keine hinreichende Aussicht auf Erfolg hat

oder

b) die Wahrnehmung der rechtlichen Interessen mutwillig ist. Mutwilligkeit liegt dann vor, wenn der durch die Wahrnehmung der rechtlichen Interessen voraussichtlich entstehende Kostenaufwand unter Berücksichtigung der berechtigten Belange der Versichertengemeinschaft in einem groben Missverhältnis zum angestrebten Erfolg steht.

Die Ablehnung ist dem Versicherungsnehmer in diesen Fällen unverzüglich unter Angabe der Gründe schriftlich mitzuteilen.

(2) Hat der Versicherer seine Leistungspflicht gemäß Absatz 1 verneint und stimmt der Versicherungsnehmer der Auffassung des Versicherers nicht zu, kann er den für ihn tätigen oder noch zu beauftragenden Rechtsanwalt auf Kosten des Versicherers veranlassen, diesem gegenüber eine begründete Stellungnahme abzugeben, ob die Wahrnehmung rechtlicher Interessen in einem angemessenen Verhältnis zum angestrebten Erfolg steht und hinreichende Aussicht auf Erfolg verspricht. Die Entscheidung ist für beide Teile bindend, es sei denn, dass sie offenbar von der wirklichen Sach- und Rechtslage erheblich abweicht.

(3) Der Versicherer kann dem Versicherungsnehmer eine Frist von mindestens einem Monat setzen, binnen der der Versicherungsnehmer den Rechtsanwalt vollständig und wahrheitsgemäß über die Sachlage zu unterrichten und die Beweismittel anzugeben hat, damit dieser die Stellungnahme gemäß Absatz 2 abgeben kann. Kommt der Versicherungsnehmer dieser Verpflichtung nicht innerhalb der vom Versicherer gesetzten Frist nach, entfällt der Versicherungsschutz. Der Versicherer ist verpflichtet, den Versicherungsnehmer ausdrücklich auf die mit dem Fristablauf verbundene Rechtsfolge hinzuweisen.

I. Allgemeines

1 Die ARB 2010 sehen in § 3a (§ 18 A/B ARB 2008) für den Fall, dass der VR den Rechtsschutz mangels hinreichender Erfolgsaussicht oder wegen Mutwilligkeit der Interessenwahrnehmung ablehnt, entweder ein **Schiedsgutachter-Verfahren** oder ein **Stichentscheid-Verfahren** vor. Beide Verfahren entsprechen dem in § 128 VVG bei umstrittener Erfolgsaussicht oder Mutwilligkeit der Interessenwahrnehmung vorgeschriebenen Gutachter- oder vergleichbaren Verfahren (s. § 128 VVG Rn 2). Überwiegend wird heute wieder das schon in § 17 Abs. 2 ARB 75 geregelte Stichentscheid-Verfahren verwendet, obwohl das Schiedsgutachter-Verfahren höhere Objektivität der Entscheidung gewährleistet. Während nach dem Stichentscheid-Verfahren der für den VN tätige Rechtsanwalt entscheidet, ob die Interessenwahrnehmung in einem angemessenen Verhältnis zum angestrebten Erfolg steht und hinreichende Aussicht auf Erfolg verspricht, wird dies nach dem Schiedsgutachter-Verfahren in die Hände eines neutralen Schiedsgutachters gelegt. Dafür ist das Schiedsgutachten für den VR in jedem Fall bindend, während dieser an einen offenbar unrichtigen Stichentscheid nicht gebunden ist. Die praktische Bedeutung beider Verfahren ist relativ gering.

II. Schiedsgutachter-Verfahren

2 1. **Voraussetzungen (Abs. 1).** Voraussetzung für die Durchführung eines Schiedsgutachter-Verfahrens ist die Ablehnung des Rechtsschutzes entweder mangels hinreichender Erfolgsaussicht (Abs. 1 lit. a) oder wegen Mutwilligkeit der Interessenwahrnehmung (Abs. 1 lit. b).

3 Abs. 1 lit. b definiert **Mutwilligkeit** als „grobes Missverhältnis zwischen Kosten und angestrebtem Erfolg". Zur Auslegung ist ein Rückgriff auf § 114 ZPO gestattet, wo ebenfalls der Begriff der Mutwilligkeit verwendet und im Sinne eines groben Missverhältnisses zwischen Kostenaufwand und angestrebtem Erfolg interpretiert wird.[1] Bei der Abwägung sind „**berechtigte Belange der Versichertengemeinschaft**" zu berücksichtigen. Solche Belange sind insb. berührt bei einer Häufung gleichartiger Fälle.[2] Mutwilligkeit liegt nicht ohne Weiteres bei Vermögenslosigkeit des Schuldners vor, wenn aus dem Titel 30 Jahre lang vollstreckt werden kann.[3]

4 Auch die Auslegung des Merkmals „**hinreichende Aussicht auf Erfolg**" orientiert sich an § 114 Abs. 1 S. 1 ZPO.[4] Der Standpunkt des VN muss mit Rücksicht auf die Einwände der Gegenseite zumindest vertretbar sein.[5] Ein dem VN obliegender Beweis muss zumindest möglich sein; der VR darf die Beweiswürdigung aber nicht vorwegnehmen.[6] Ist eine streitentscheidende Rechtsfrage in der Rspr noch nicht geklärt, kann die Erfolgsaussicht nicht verneint werden.[7] Für die Erfolgsaussicht einer Rechtsverfolgung genügt, dass mit ihr eine belastende Regelung beseitigt werden kann, wodurch eine – wenn auch nur geringe – Chance auf Erreichen des Endziels wieder eröffnet wird;[8] dies gilt etwa für den Rechtsschutz bei Kapazitäts-

---

1 BGH 16.9.1987 – IVa ZR 76/86, VersR 1987, 1186; OLG Köln 19.11.1994 – 9 U 202/94, r+s 1995, 103; OLG Nürnberg 17.2.1994 – 7 WF 358/94, NJW-RR 1995, 388; *Bauer*, VersR 1988, 174, 176; Beckmann/Matusche-Beckmann/*Obarowski*, § 37 Rn 539.
2 Vgl Prölss/Martin/*Armbrüster*, § 3a ARB 2010 Rn 12.
3 BGH 19.2.2003 – IV ZR 318/02, VersR 2003, 454; aA Beckmann/Matusche-Beckmann/ *Obarowski*, § 37 Rn 543, wenn die Vermögenslosigkeit feststeht oder der Schuldner unbekannten Aufenthalts ist.
4 BGH 16.9.1987 – IVa ZR 76/86, VersR 1987, 1186; BGH 19.2.2003 – IV ZR 318/02, VersR 2003, 454, 455.
5 BGH 16.9.1987 – IVa ZR 76/86, VersR 1987, 1186.
6 BGH 20.4.1994 – IV ZR 209/92, VersR 1994, 1061.
7 BGH 20.4.1994 – IV ZR 209/92, VersR 1994, 1061.
8 *Wendt*, r+s 2010, 221, 233.

klageverfahren auf Hochschulzulassung.[9] Die Prüfung der hinreichenden Erfolgsaussicht ist auf die Leistungsarten der § 2 lit. a–g beschränkt.

Bei **Zweifeln** an der hinreichenden Erfolgsaussicht oder der Mutwilligkeit ist zu Gunsten des VN zu entscheiden.

Die Ablehnung des Rechtsschutzes wegen groben Missverhältnisses zwischen Kosten und angestrebtem Erfolg oder mangels hinreichender Erfolgsaussicht der Interessenwahrnehmung ist dem VN unverzüglich schriftlich unter Angabe der Gründe mitzuteilen (Abs. 1 aE). „Unverzüglich" heißt ohne schuldhaftes Zögern (§ 121 BGB). Dem VR kann eine Bearbeitungszeit von zwei bis drei Wochen eingeräumt werden.[10] Teilt der VR dem VN die Ablehnung nicht unverzüglich mit, kann er sich nicht mehr auf fehlende Erfolgsaussicht oder Mutwilligkeit berufen.[11]

2. Hinweispflicht (Abs. 2). Nach Abs. 2 hat der VR den VN entsprechend § 128 S. 2 VVG auf die Möglichkeit der Einleitung eines Schiedsgutachter-Verfahrens binnen eines Monats hinzuweisen. Versäumt der VR diesen Hinweis, gilt der Rechtsschutzanspruch als anerkannt (§ 128 S. 3 VVG). Gleichzeitig hat der VR den VN aufzufordern, wesentliche Mitteilungen und Unterlagen ebenfalls binnen Monatsfrist zu übersenden. Umstritten sind die Rechtsfolgen, wenn der VN die Monatsfrist versäumt. Teilweise wird diese Frist als Ausschlussfrist begriffen, deren Versäumnis unabhängig von einem Verschulden des VN zum Verlust des Rechts auf Durchführung eines Schiedsgutachter-Verfahrens führt.[12] Da aber § 128 VVG keine Monatsfrist vorsieht und in der Annahme einer Ausschlussfrist daher eine dem VN nachteilige und nach § 129 VVG unwirksame Abweichung von § 128 VVG liegen würde, kann sich der VR auf einen Fristablauf richtigerweise nicht berufen.[13]

3. Verfahren (Abs. 3, 4). Wenn der VN die Durchführung des Schiedsgutachtens verlangt, hat der VR das Verfahren innerhalb eines Monats einzuleiten und den VN hierüber zu **unterrichten** (Abs. 3 S. 2). Versäumt der VR die fristgerechte Einleitung des Verfahrens, gilt der Rechtsschutzanspruch im geltend gemachten Umfang als anerkannt (Abs. 3 S. 3). Bis zum Abschluss des Verfahrens und unabhängig von dessen Ausgang hat der VR jedenfalls die Kosten fristwahrender Maßnahmen, zB eines fristgebundenen Rechtsmittels, zu tragen (Abs. 3 S. 2). Der Schiedsgutachter, der ein seit mindestens fünf Jahren zur Rechtsanwaltschaft zugelassener und vom Präsidenten der für den Wohnsitz des VN zuständigen Rechtsanwaltskammer benannter Rechtsanwalt sein muss (Abs. 4 S. 1), entscheidet in **schriftlichen Verfahren** (Abs. 4 S. 3 Hs 1). Der VR hat ihm alle für die Durchführung des Schiedsgutachter-Verfahrens wesentlichen Mitteilungen und Unterlagen zur Verfügung zu stellen (Abs. 4 S. 2). Das Schiedsgutachten ist nur für den VR, nicht den VN bindend (Abs. 4 S. 3 Hs 2). Die Bindung des VR gilt auch dann, wenn das Gutachten von der wirklichen Sachlage erheblich abweicht.[14] Da der VN an das Schiedsgutachten nicht gebunden ist, kann dieser nach einem für ihn negativen Gutachten gegen den VR klagen. Umstritten ist, ob der VN auch vor bzw. ohne Durchführung eines Schiedsgutachter-Verfahrens Deckungsklage gegen den VR erheben kann. Die Frage ist zu bejahen, da § 3 a dem VN nur die Möglichkeit ein-

---

[9] Hierzu OLG Celle 19.4.2007 – 8 U 179/06, VersR 2007, 1218; OLG Frankfurt 25.2.2009 – 7 U 249/08, VersR 2010, 381.
[10] OLG Frankfurt 9.7.1997 – 7 U 210/96, VersR 1998, 357; OLG Köln 7.11.1991 – 5 U 50/91, r+s 1991, 419.
[11] BGH 19.3.2003 – IV ZR 139/01, VersR 2003, 638; BGH 21.5.2003 – IV ZR 327/02, VersR 2003, 1122, 1124.
[12] So von Prölss/Martin/*Armbrüster*, § 3 a ARB 2010 Rn 22.
[13] van Bühren/Plote/*van Bühren*, ARB, § 3 a (Schieds) Rn 32.
[14] Prölss/Martin/*Armbrüster*, § 3 a ARB 2010 Rn 30.

räumt, ihn jedoch nicht verpflichtet, ein Schiedsgutachter-Verfahren durchzuführen.[15]

9 **4. Kosten (Abs. 5).** Die Kosten des Schiedsgutachter-Verfahrens trägt der VR in vollem Umfang, wenn der Schiedsgutachter feststellt, dass die Ablehnung des Rechtsschutzes zu Unrecht erfolgt ist (S. 1). Bestätigt dagegen der Schiedsgutachter die Rechtsschutzversagung, werden die Kosten geteilt; dem VN fallen seine Kosten und die des Schiedsgutachters zur Last, der VR trägt seine Kosten selbst (S. 2, 3).

III. Stichentscheid-Verfahren

10 **1. Voraussetzungen (Abs. 1).** Für das Stichentscheid-Verfahren gelten dieselben Voraussetzungen wie für das Schiedsgutachter-Verfahren; auf die Ausführungen in Rn 2 ff wird verwiesen.

11 **2. Hinweispflicht.** Auch wenn § 3a ARB eine Pflicht des VR, den VN auf die Möglichkeit eines Stichentscheid-Verfahrens hinzuweisen, nicht enthält, so folgt doch diese **Hinweispflicht** des VR aus § 128 S. 2 VVG. Sie gilt auch dann, wenn der VN oder dessen Rechtsanwalt die Möglichkeit des Stichentscheides kennt.[16] Verletzt der VR seine Hinweispflicht, gilt der Rechtsschutzfall als anerkannt (§ 128 S. 3 VVG).

12 **3. Verfahren (Abs. 2, 3).** Liegen die Voraussetzungen für das Stichentscheid-Verfahren vor, kann der VN den bereits für ihn tätigen oder einen noch zu beauftragenden Rechtsanwalt veranlassen, eine Stellungnahme darüber abzugeben, dass die Interessenwahrnehmung hinreichende Aussicht auf Erfolg bietet und nicht mutwillig erscheint (Abs. 2 S. 1). Die Stellungnahme des Rechtsanwalts muss nicht als **Stichentscheid** bezeichnet sein.[17] Erforderlich ist allerdings, dass die Rechtslage für beide Seiten gewürdigt, die Beweislage und die Argumente des VR berücksichtigt werden.[18] Der Stichentscheid ist grds. sowohl für den VR als auch den VN bindend, es sei denn, dass die Entscheidung offenbar von der wirklichen Sach- und Rechtslage erheblich abweicht (Abs. 2 S. 3). Letzteres liegt dann vor, wenn sich die Unrichtigkeit einem Sachkundigen mit aller Deutlichkeit aufdrängt.[19] Dies kann bei einer schwierigen, höchstrichterlich noch nicht geklärten Rechtsfrage nicht angenommen werden.[20] Insoweit ist der VR **beweispflichtig.**[21] Der VR kann, um eine endgültige Klärung über die Rechtsschutzfrage herbeizuführen, dem VN eine Frist von mindestens einem Monat zur umfassenden Information des Rechtsanwalts, zu der auch die Angabe von Beweismitteln gehört, setzen (Abs. 3 S. 1). Versäumt der VN diese Frist, entfällt der Rechtsschutz endgültig (Abs. 3 S. 2), wenn der VR den VN ausdrücklich auf diese Rechtsfolge hingewiesen hat (Abs. 3 S. 3).

§ 4 Voraussetzung für den Anspruch auf Rechtsschutz

(1) Anspruch auf Rechtsschutz besteht nach Eintritt eines Rechtsschutzfalles
a) im Schadenersatz-Rechtsschutz gemäß § 2 a) von dem ersten Ereignis an, durch das der Schaden verursacht wurde oder verursacht worden sein soll;

---

[15] Beckmann/Matusche-Beckmann/*Obarowski*, § 37 Rn 548.
[16] BGH 2.4.2014 – IV ZR 124/13, VersR 2014, 699 mwN; ebenso Römer/Langheid/ *Rixecker*, § 128 Rn 5; aA Prölss/Martin/*Armbrüster*, § 128 VVG Rn 5 mwN.
[17] OLG Hamm 3.11.2004 – 20 U 93/04, r+s 2005, 157.
[18] BGH 20.4.1994 – IV ZR 209/92, VersR 1994, 1061.
[19] OLG Karlsruhe 20.1.1994 – 12 U 295/93, VersR 1994, 1418; OLG Karlsruhe 18.1.1996 – 12 U 140/95, r+s 1996, 271; OLG Düsseldorf 13.9.2005 – I-4 U 164/04, VersR 2006, 649.
[20] BGH 20.4.1994 – IV ZR 209/92, VersR 1994, 1061.
[21] BGH 17.1.1990 – IV ZR 214/88, VersR 1990, 414.

b) im Beratungs-Rechtsschutz für Familien-, Lebenspartnerschafts- und Erbrecht gemäß § 2 k) von dem Ereignis an, das die Änderung der Rechtslage des Versicherungsnehmers oder einer mitversicherten Person zur Folge hat;

c) in allen anderen Fällen von dem Zeitpunkt an, in dem der Versicherungsnehmer oder ein anderer einen Verstoß gegen Rechtspflichten oder Rechtsvorschriften begangen hat oder begangen haben soll.

Die Voraussetzungen nach a) bis c) müssen nach Beginn des Versicherungsschutzes gemäß § 7 und vor dessen Beendigung eingetreten sein. Für die Leistungsarten nach § 2 b) bis g) besteht Versicherungsschutz jedoch erst nach Ablauf von drei Monaten nach Versicherungsbeginn (Wartezeit), soweit es sich nicht um die Wahrnehmung rechtlicher Interessen aufgrund eines Kauf- oder Leasingvertrages über ein fabrikneues Kraftfahrzeug handelt.

(2) Erstreckt sich der Rechtsschutzfall über einen Zeitraum, ist dessen Beginn maßgeblich. Sind für die Wahrnehmung rechtlicher Interessen mehrere Rechtsschutzfälle ursächlich, ist der erste entscheidend, wobei jedoch jeder Rechtsschutzfall außer Betracht bleibt, der länger als ein Jahr vor Beginn des Versicherungsschutzes für den betroffenen Gegenstand der Versicherung eingetreten oder, soweit sich der Rechtsschutzfall über einen Zeitraum erstreckt, beendet ist.

(3) Es besteht kein Rechtsschutz, wenn

a) eine Willenserklärung oder Rechtshandlung, die vor Beginn des Versicherungsschutzes vorgenommen wurde, den Verstoß nach Absatz 1 c) ausgelöst hat;

b) der Anspruch auf Rechtsschutz erstmals später als drei Jahre nach Beendigung des Versicherungsschutzes für den betroffenen Gegenstand der Versicherung geltend gemacht wird.

(4) Im Steuer-Rechtsschutz vor Gerichten (§ 2 e) besteht kein Rechtsschutz, wenn die tatsächlichen oder behaupteten Voraussetzungen für die der Angelegenheit zugrunde liegende Steuer- oder Abgabefestsetzung vor dem im Versicherungsschein bezeichneten Versicherungsbeginn eingetreten sind oder eingetreten sein sollen.

I. Allgemeines	1	III. Versicherter Zeitraum, Wartezeit (Abs. 1 S. 2, 3)	12
II. Rechtsschutzfälle (Abs. 1 S. 1)	2	IV. Gedehnter Rechtsschutzfall/ mehrere Rechtsschutzfälle	
1. Schadenersatz-Rechtsschutz (Abs. 1 S. 1 lit. a)	2	(Abs. 2)	14
2. Beratungs-Rechtsschutz (Abs. 1 S. 1 lit. b)	5	V. Zeitliche Risikoausschlüsse (Abs. 3, 4)	18
3. Andere Rechtsschutzfälle (Abs. 1 S. 1 lit. c)	6		

I. Allgemeines

In § 4 wird der Versicherungsfall im Bereich der Rechtsschutzversicherung, der „**Rechtsschutzfall**", an den in erster Linie die Leistungspflicht des VR, aber auch Obliegenheiten des VN anknüpfen, **definiert**. Die Definition des Rechtsschutzfalles dient nicht zuletzt dem Zweck, dessen **Eintrittszeitpunkt** zu fixieren. Die Regelung differenziert zwischen drei verschiedene Varianten des Versicherungsfalles in Abhängigkeit von der Leistungsart nach § 2 (Abs. 1 S. 1), sieht für einige Leistungsarten eine Wartezeit (Abs. 1 S. 3), besondere Regelungen für gedehnte und mehrere Versicherungsfälle (Abs. 2) sowie besondere zeitliche Risikoausschlüsse (Abs. 3, 4) vor. Im Falle einer **Anspruchskonkurrenz** ist der Eintrittszeitpunkt für jeden in Betracht kommenden Anspruch isoliert zu prüfen.[1]

---

[1] OLG Stuttgart 14.2.2008 – 7 U 200/07, VersR 2008, 1062.

II. Rechtsschutzfälle (Abs. 1 S. 1)

1. Schadenersatz-Rechtsschutz (Abs. 1 S. 1 lit. a). Im Schadenersatz-Rechtsschutz nach § 2 lit. a besteht Rechtsschutz von dem ersten den Schaden (angeblich) verursachenden Ereignis, dem sog. **Kausalereignis**, an. In der Regel, zB bei einem Verkehrsunfall, fällt dieser Zeitpunkt mit dem Zeitpunkt des Schadenseintritts zusammen. Für Fälle, in denen Schadensursache und Schadenseintritt zeitlich auseinanderfallen, wie zB im Bereich der Produkt- oder Umwelthaftung, wird durch Abs. 1 S. 1 lit. a nunmehr klargestellt, dass es nicht erst auf den Zeitpunkt ankommt, in dem das Rechtsgut beeinträchtigt wird („Folgeereignis"). Damit werden zwar Zweckabschlüsse vermieden.[2] Der für den Rechtsschutzfall maßgebliche Zeitpunkt wird aber gerade bei einer Ursachenverkettung weit in die Vergangenheit zurückverschoben, mit der Gefahr, dass die eigentliche Schadensursache aus der Versicherungszeit „herausfällt". Nach der Rspr des BGH[3] ist Abs. 1 S. 1 lit. a daher bei einer an den Verständnismöglichkeiten des durchschnittlichen VN orientierten Betrachtungsweise **einschränkend** dahin **auszulegen**, dass nur solche Ursachen gemeint sind, die der Schadensersatzpflichtige, gegen den der VN Ansprüche erhebt, zurechenbar selbst gesetzt hat und die einen Schadenseintritt hinreichend wahrscheinlich machen; nicht beachtlich sind danach Umstände, für die Dritte oder gar der VN verantwortlich sind.[4] Das den Eintritt des Rechtsschutzfalles bestimmende schädigende Verhalten muss zudem **gegenüber dem VN** begangen sein; frühester Zeitpunkt für den Eintritt des Rechtsschutzfalles ist also das dem Anspruchsgegner vorgeworfene Verhalten dem VN gegenüber, auf das dieser sein Ersatzverlangen stützt.[5]

Beruht die Haftung auf einem **rechts- oder vertragswidrigen Verhalten**, so besteht das Kausalereignis in dem ersten (angeblichen) Verstoß gegen gesetzliche oder vertragliche Pflichten des Schadensersatzpflichtigen gegenüber dem Verletzten.[6] Bei der **Gefährdungshaftung**, zB der Halter- oder Anlagenhaftung, ist der Beginn der akuten Gefahrverwirklichung, also der Zeitpunkt entscheidend, in dem sich die konkrete Schädigung nicht mehr durch Beherrschung der Gefahrenquelle vermeiden lässt, zB der Zusammenstoß mit einem Kfz, der Flugzeugabsturz oder das Inverkehrbringen eines fehlerhaften Produkts.[7]

Nicht erforderlich ist, dass der Schaden durch das Kausalereignis tatsächlich verursacht wurde; es genügt die **Behauptung einer Verursachung** („... verursacht worden sein soll").[8]

2. Beratungs-Rechtsschutz (Abs. 1 S. 1 lit. b). Im Beratungs-Rechtsschutz für Familien-, Lebenspartnerschafts- und Erbrecht nach § 2 lit. k ist für den Rechtsschutzfall ein Ereignis erforderlich, das eine Änderung der Rechtslage zur Folge hat. Eine Änderung der Rechtslage liegt dann vor, wenn Rechte oder Pflichten in zeitlichem oder adäquat ursächlichem Zusammenhang mit einem tatsächlichen Ereignis – nicht Gesetzesänderung[9] – neu begründet, belastet, übertragen, inhaltlich

---

2 Harbauer/*Maier*, § 4 ARB 2000 Rn 3.
3 BGH 25.9.2002 – IV ZR 248/01, VersR 2002, 1503; BGH 19.3.2003 – IV ZR 139/01, VersR 2003, 638.
4 Im Ergebnis ebenso OLG Nürnberg 20.9.2001 – 8 U 1024/01, VersR 2002, 605.
5 BGH 30.4.2014 – IV ZR 47/13, VersR 2014, 742; BGH 19.3.2003 – IV ZR 139/01, VersR 2003, 638.
6 Vgl Prölss/Martin/*Armbrüster*, § 4 ARB 2010 Rn 8.
7 Prölss/Martin/*Armbrüster*, § 4 ARB 2010 Rn 12; ähnl. Harbauer/*Maier*, § 4 ARB 2000 Rn 20.
8 Prölss/Martin/*Armbrüster*, § 4 ARB 2010 Rn 15.
9 Harbauer/*Maier*, § 4 ARB 2000 Rn 25; Beckmann/Matusche-Beckmann/*Obarowski*, § 37 Rn 401.

geändert oder aufgehoben werden.[10] Nach dem Wortlaut muss das Ereignis tatsächlich zu einer Änderung der Rechtslage geführt haben. Jedoch wird man genügen lassen müssen, wenn die rechtliche Tragweite eines Ereignisses auch für einen Rechtskundigen nicht ohne Weiteres zu durchschauen und insofern objektiv zweifelhaft ist.[11] **Typische Ereignisse** im Familienrecht stellen zB die Trennung von Eheleuten bzgl Unterhalts-, Sorgerecht und Hausrat oder die Geburt eines Kindes bzgl Unterhaltsrecht, im Erbrecht der Tod des Erblassers bzgl des Erb- oder Pflichtteilsrechts dar. Damit wird eine **vorsorgliche Beratung** wegen einer erst bevorstehenden Rechtsänderung, zB wegen einer erst beabsichtigten Trennung vom Ehegatten, wegen einer Scheidung vor Ablauf der Trennungszeit, wegen des Zugewinnausgleichs vor Beendigung des gesetzlichen Güterstandes, aber auch etwa zur Errichtung eines Ehevertrages oder Testaments aus dem Rechtsschutz ausgeklammert.

3. Andere Rechtsschutzfälle (Abs. 1 S. 1 lit. c). In den von Abs. 1 S. 1 lit. a und b nicht erfassten Fällen gilt der Rechtsschutzfall in dem **Zeitpunkt** als eingetreten, in dem der VN oder ein anderer einen **Verstoß gegen Rechtspflichten oder -vorschriften** begangen hat oder begangen haben soll. Der Verstoß muss also nicht **tatsächlich** vorliegen; es genügt, wenn ein solcher **behauptet** wird. In letzterem Fall kommt es auf den Zeitpunkt an, in dem der Rechtsverstoß, der dem VN vorgeworfen wird oder den dieser einem anderen vorwirft, begangen wurde. Unter **Verstoß** versteht man die objektive Zuwiderhandlung gegen Rechtspflichten oder -vorschriften; unerheblich ist, wann die Beteiligten von dem Verstoß Kenntnis erlangen oder aufgrund des Verstoßes Ansprüche geltend gemacht werden.[12] Kein Verstoß gegen Rechtspflichten liegt vor, wenn jemand von einem gesetzlichen oder vertraglichen Recht Gebrauch macht, dessen Ausübung seinerseits weder einen Verstoß darstellt noch einen solchen voraussetzt.[13]

Zum **verstoßabhängigen** Rechtsschutzfall hat der BGH[14] folgende **Grundsätze** nach dem sog. **Drei-Säulen-Modell**[15] aufgestellt: Erforderlich ist, dass das Vorbringen des VN (erstens) einen objektiven Tatsachenkern – im Gegensatz zu einem bloßen Werturteil – enthält, mit dem der VN (zweitens) den Vorwurf eines Rechtsverstoßes verbindet und worauf er (drittens) seine Interessenverfolgung stützt. Der vom VN vorgetragene **Tatsachenkern** muss die Beurteilung erlauben, ob der beschriebene Vorgang den zwischen den Parteien ausgebrochenen Konflikt jedenfalls mitausgelöst hat, also geeignet war, den Keim für eine (zukünftige) rechtliche Auseinandersetzung zu legen. Auf die Schlüssigkeit, Substanziiertheit und Entscheidungserheblichkeit der Behauptungen des VN kommt es nicht an. Unbeachtet bleiben solche **Vorwürfe**, die zwar erhoben werden, jedoch nur als Beiwerk („Kolorit") dienen, ebenso wie diejenigen Vorwürfe, die der VN möglicherweise ausspricht, aber nicht zur Grundlage seiner Interessenverfolgung macht, für die er Rechtsschutz begehrt. Der **Zeitpunkt** der von dem VN nach diesen Grundsätzen behaupteten Pflichtverletzung ist objektiv zu bestimmen; auf die subjektive Erkennbarkeit oder sogar den Vorhalt der Pflichtverletzung kommt es nicht an.[16]

---

10 AG Augsburg 20.5.1986 – 4 C 1248/86, zfs 1986, 302; AG Bretten 22.12.1995 – C 534/95, r+s 1997, 118; Beckmann/Matusche-Beckmann/*Obarowski*, § 37 Rn 400.
11 LG Hannover 12.8.1993 – 3 S 138/93, zfs 1994, 144; Harbauer/*Maier*, § 4 ARB 2000 Rn 32; noch weiter Prölss/Martin/*Armbrüster*, § 4 ARB 2010 Rn 24, der es genügen lassen will, dass „die Lage, in der sich Rechtsverhältnisse des VN befunden haben, sich verändert hat".
12 Beckmann/Matusche-Beckmann/*Obarowski*, § 37 Rn 414.
13 AG Frankfurt 23.11.1992 – 31 C 2631/92-44, r+s 1993, 383; Beckmann/Matusche-Beckmann/*Obarowski*, § 37 Rn 419.
14 BGH 19.11.2008 – IV ZR 305/07, VersR 2009, 109, 110 mwN.
15 *Wendt*, r+s 2010, 221, 224.
16 *Wendt*, r+s 2008, 221, 222.

8 Die Festlegung eines verstoßabhängigen Rechtsschutzfalles richtet sich **allein nach der vom Anspruchsteller behaupteten Pflichtverletzung.** Soweit der VN eigene Ansprüche verfolgt, bestimmt sich der Eintritt des Rechtsschutzfalles also allein nach der Pflichtverletzung des Anspruchsgegners, auf die der VN seinen Anspruch stützt, nicht nach etwaigen eigenen Pflichtverletzungen des VN, mit denen sich der Anspruchsgegner verteidigt.[17] Der Rechtsschutzfall kann dann frühestens mit dem pflichtwidrigen Verhalten des Anspruchsgegners, aus dem der VN seinen Anspruch herleitet, eintreten.

9 Bei **vertraglichen Beziehungen**, insb. bei Dauerschuldverhältnissen, liegt im reinen Vertragsschluss, soweit dieser als solcher unstreitig ist und nur über die sich daraus ergebenden Rechte und Pflichten gestritten wird, idR noch kein Verstoß. Wird über die Auslegung eines Vertrages gestritten, so wird der Verstoß erst durch die Geltendmachung von Rechten aufgrund der von einer Vertragspartei zugrunde gelegten Auslegung begründet; anders kann es dagegen liegen, wenn bereits die Entstehung des Schuldverhältnisses mit einem Verstoß behaftet ist, etwa wenn es um die Frage geht, ob ein Vertrag wegen Verstoßes gegen §§ 134, 138 BGB nichtig ist, ob ein Scheingeschäft nach § 117 BGB, ein Willensmangel nach §§ 119, 123 BGB oder ein Verstoß gegen Formvorschriften vorliegt.[18]

10 Kontrovers diskutiert wurde in der Vergangenheit die Bestimmung des Verstoß-Zeitpunkts besonders im **Arbeitsrecht**, vor allem in Fällen **außergerichtlicher Aufhebungsverträge nach Androhung einer Kündigung.** Selbst die Rspr war in dieser Frage uneinheitlich.[19] Teilweise wurden differenzierende Lösungen angeboten, die zwischen Androhung und Ausspruch der Kündigung, zwischen verhaltens- und betriebsbedingten Kündigungen oder danach unterschieden haben, ob die Rechtsposition des VN bereits beeinträchtigt ist oder dies noch bevorsteht.[20] Diesen Differenzierungen hat der BGH[21] eine Absage erteilt. Entscheidend sind – entsprechend der in Rn 6 ff dargestellten Grundsätze – allein die Behauptungen des VN, mit denen er seinem Vertragspartner einen Pflichtenverstoß anlastet.[22] Nach diesen Grundsätzen löst bereits die Androhung einer Kündigung gegenüber dem VN einen Rechtsschutzfall aus, wenn der VN darauf den Vorwurf gründet, der Arbeitgeber habe seine Fürsorgepflicht verletzt und damit eine Vertragsverletzung begangen.[23] In anderen Fällen tritt der Rechtsschutzfall erst mit dem Ausspruch der Kündigung durch den Arbeitgeber ein.

11 Besondere praktische Relevanz kommt der Bestimmung des Verstoß-Zeitpunkts auch bei **versicherungsrechtlichen Streitigkeiten** zu, insb. wenn – wie v.a. im Bereich der Personenversicherung nicht selten – ein VR Versicherungsleistungen wegen **Verletzung der vorvertraglichen Anzeigepflicht** oder **arglistiger Täuschung** durch den VN ablehnt und die Leistungsablehnung innerhalb, die behauptete Anzeigepflichtverletzung oder arglistige Täuschung aber noch vor (rechtsschutz-)versicherter Zeit erfolgt ist. Da es für die Bestimmung des Verstoß-Zeitpunkts allein auf die vom VN behauptete Pflichtverletzung ankommt (s. Rn 8), tritt der Rechtsschutzfall erst mit der Leistungsablehnung durch den VR, nicht bereits durch die dem VN vorgeworfene Anzeigepflichtverletzung oder arglistige Täuschung ein.[24]

---

17 BGH 24.4.2013 – IV ZR 23/12, VersR 2013, 899; aA OLG Koblenz 9.3.2012 – 10 U 863/11, VersR 2013, 99; anders auch noch BGH 14.3.1984 – IVa ZR 24/82, VersR 1984, 530; näher hierzu *Cornelius-Winkler*, NJW 2013, 3060, 3065 f.
18 OLG Celle 10.7.2008 – 8 U 30/08, VersR 2008, 1645.
19 Vgl die Nachw. bei Beckmann/Matusche-Beckmann/*Obarowski*, 2. Aufl. 2009, § 37 Rn 350.
20 Umfangreiche Nachw. bei BGH 19.11.2008 – IV ZR 305/07, VersR 2009, 109, 110.
21 BGH 19.11.2008 – IV ZR 305/07, VersR 2009, 109, 110.
22 BGH 19.11.2008 – IV ZR 305/07, VersR 2009, 109, 110.
23 BGH 19.11.2008 – IV ZR 305/07, VersR 2009, 109, 111.
24 *Wendt*, r+s 2014, 328, 334; aA OLG Koblenz 9.3.2012 – 10 U 863/11, VersR 2013, 99.

Entsprechendes gilt, wenn ein VR sich weigert, ein **Widerspruchsrecht** des VN gem. § 5 a VVG aF (s. hierzu § 152 VVG Rn 35 ff) anzuerkennen, wenn der Abschluss des VersVertrages vor (rechtsschutz-)versicherter Zeit erfolgt ist; auch dann führt erst die Weigerung des VR zum Eintritt des Rechtsschutzfalls.[25]

III. Versicherter Zeitraum, Wartezeit (Abs. 1 S. 2, 3)

Um in zeitlicher Hinsicht unter den Versicherungsschutz zu fallen, muss der Rechtsschutzfall jedenfalls **nach Beginn des Versicherungsschutzes** gem. § 7 und vor dessen Beendigung eingetreten sein. Diese Selbstverständlichkeit wird durch Abs. 1 S. 2 klargestellt. 12

Für die Leistungsarten nach § 2 lit. b–g gilt zusätzlich eine **Wartezeit** von drei Monaten (Abs. 1 S. 3). Versicherungsschutz besteht insoweit also nur für diejenigen Rechtsschutzfälle, die erst nach Ablauf von drei Monaten seit Beginn des Versicherungsschutzes eingetreten sind. Durch diesen zeitlich begrenzten Risikoausschluss[26] soll Zweckabschlüssen bei sich anbahnenden Streitigkeiten vorgebeugt werden. Die Wartezeit gilt nach Abs. 1 S. 3 Hs 2 nicht für die Wahrnehmung rechtlicher Interessen aufgrund eines Kauf- oder Leasingvertrages über ein fabrikneues Kfz, da eine rechtliche Auseinandersetzung aus solchen Verträgen eher unwahrscheinlich ist. Im Zusammenhang mit der Wartezeit gilt es, die einschlägigen Versicherungsbedingungen sorgfältig zu prüfen, da die VR teilweise von den ARB abweichen und von der Wartefrist weitere Fälle bzw Leistungsarten ausnehmen.[27] 13

IV. Gedehnter Rechtsschutzfall/mehrere Rechtsschutzfälle (Abs. 2)

Lässt sich der Rechtsschutzfall nicht auf ein punktuelles Ereignis fixieren, weil der Verstoß in einem andauernden Vorgang oder Zustand besteht, so spricht man von einem „**gedehnten Rechtsschutzfall**". Als Beispiel für einen „**Dauerverstoß**" seien eine Wasserverunreinigung oder die Vermietung einer mängelbehafteten Wohnung genannt.[28] Kein Dauerverstoß wird durch die Verletzung der Anzeigepflicht oder arglistige Täuschung bei Abschluss eines VersVertrages begründet (s. hierzu Rn 11, 16).[29] Nach Abs. 2 S. 1 ist bei einem gedehnten Rechtsschutzfall dessen Beginn, also der Beginn des andauernden Vorganges oder Zustandes, maßgeblich. Liegt dieser vor Beginn des Versicherungsschutzes (§ 7), ist der Rechtsschutzfall nicht gedeckt. 14

Vom gedehnten Rechtsschutzfall ist die **Mehrheit von Rechtsschutzfällen** zu unterscheiden. Sind mehrere Rechtsschutzfälle für die Interessenwahrnehmung ursächlich, ist der erste Rechtsschutzfall grds. entscheidend (**Abs. 2 S. 2**), mit der Folge, dass keine Versicherungsdeckung besteht, wenn dieser erste Rechtsschutzfall vor Beginn des Versicherungsschutzes (§ 7) eingetreten ist. Dies setzt indes voraus, dass dieser erste Verstoß adäquat kausal für die Entstehung der Rechtsstreitigkeit geworden ist, was aufgrund wertender Betrachtung zu verneinen ist, wenn frühere Verstöße nicht bereits als Konflikt auslösend[30] oder schon als erledigt bzw „verziehen"[31] anzusehen sind. Abs. 2 S. 2 macht von diesem Grundsatz eine Ausnahme für den Fall, dass dieser erste Rechtsschutzfall länger als ein Jahr vor dem Beginn des Versicherungsschutzes eingetreten oder – wenn es sich um einen gedehnten 15

---

25 BGH 24.4.2013 – IV ZR 23/12, VersR 2013, 899.
26 Beckmann/Matusche-Beckmann/*Obarowski*, § 37 Rn 455.
27 Beckmann/Matusche-Beckmann/*Obarowski*, § 37 Rn 455.
28 Vgl Harbauer/*Maier*, § 4 ARB 2000 Rn 105.
29 OLG Karlsruhe 30.12.2011 – 12 U 122/11, VersR 2012, 987; LG Berlin 18.10.2011 – 7 O 356/11, r+s 2012, 174, jew. m. Anm. *Münkel*, jurisPR-VersR 7/2012 Anm. 2.
30 BGH 14.3.1984 – IVa ZR 24/82, VersR 1984, 530, 532; BGH 20.3.1985 – IVa ZR 186/83, VersR 1985, 540, 541.
31 Beckmann/Matusche-Beckmann/*Obarowski*, § 37 Rn 428.

Rechtsschutzfall gehandelt hat – beendet ist. Dann soll der erste Rechtsschutzfall außer Betracht bleiben, was bedeutet, dass es auf den zweiten bzw weiteren Rechtsschutzfall ankommt, der, um den Anspruch auf Rechtsschutz zu rechtfertigen, wiederum nach Beginn des Versicherungsschutzes eingetreten sein muss.

16 Abs. 2 S. 2 wird auch in **versicherungsrechtlichen Streitigkeiten** angewandt, nämlich in den in Rn 11 bereits genannten Fällen, dass ein VR Versicherungsleistungen wegen **Verletzung der vorvertraglichen Anzeigepflicht** oder **arglistiger Täuschung** durch den VN ablehnt, wenn die Leistungsablehnung innerhalb, die Anzeigepflichtverletzung oder arglistige Täuschung aber noch vor (rechtsschutz-)versicherter Zeit erfolgt ist. Nach neuerer instanzgerichtlicher Rspr[32] findet Abs. 2 S. 2 in diesem Fall Anwendung mit der Begründung, die Verletzung der Anzeigepflicht bzw arglistige Täuschung durch den VN und die darauf gestützte Leistungsablehnung durch den VR stellten zwei Rechtsschutzfälle iSv Abs. 1 S. 1 lit. c dar, so dass der VN Anspruch auf Rechtsschutz habe, wenn die Leistungsablehnung nach und die Anzeigepflichtverletzung oder arglistige Täuschung länger als ein Jahr vor Beginn des Versicherungsschutzes erfolgt seien. Dass der VN so die Möglichkeit habe, sich gezielt Deckungsschutz für „vorprogrammierte" Rechtsstreitigkeiten zu verschaffen, werde durch die Fassung von Abs. 2 S. 2 hingenommen.[33] Richtigerweise bedarf es in diesen Fällen aber gar keines Rückgriffs auf Abs. 2 S. 2, da es für die Bestimmung des Verstoß-Zeitpunkts ohnehin nur auf die vom VN behauptete Pflichtverletzung, also die Leistungsablehnung durch den VR, und nicht auf die dem VN vorgeworfene Anzeigepflichtverletzung oder arglistige Täuschung ankommt (s. Rn 8, 11).[34]

17 Die **Jahresfrist** gilt ausschließlich für die Mehrheit von Verstößen, also weder für einen **Dauerverstoß** noch für einen **Einzelverstoß**.[35] Die **Abgrenzung** zwischen einer Mehrheit von Verstößen und einem Dauerverstoß kann im Einzelfall schwierig sein. Insbesondere können mehrere Verstöße einem Dauerverstoß gleichstehen, wenn sie sich als Teil eines einheitlichen Vorgangs oder eines einheitlichen Geschehensablaufs darstellen, was nach der Verkehrsauffassung bei natürlicher Betrachtungsweise zu entscheiden ist.[36]

V. Zeitliche Risikoausschlüsse (Abs. 3, 4)

18 Hat eine **Willenserklärung oder Rechtshandlung**, die **vor Beginn des Versicherungsschutzes** vorgenommen wurde, den Verstoß nach Abs. 1 S. 1 lit. c ausgelöst, dann besteht kein Rechtsschutz (Abs. 3 lit. a). Nicht ausreichend ist, dass die Willenserklärung oder Rechtshandlung conditio sine qua non für den Verstoß ist; die Willenserklärung oder Rechtshandlung muss „**streitauslösend**" sein, dh sie muss „den Keim eines nachfolgenden Rechtsverstoßes" bereits in sich tragen.[37] Das ist immer dann der Fall, wenn durch die Willenserklärung oder Rechtshandlung der

---

32 OLG Karlsruhe 30.12.2011 – 12 U 122/11, VersR 2012, 987; LG Berlin 18.10.2011 – 7 O 356/11, r+s 2012, 174, jew. m. Anm. *Münkel*, jurisPR-VersR 7/2012 Anm. 2; OLG Hamm 9.6.2010 – 20 W 17/10; LG Dortmund 14.3.2012 – 2 O 383/11, NJW-RR 2012, 1426; so auch Harbauer/*Maier*, § 4 ARB 2000 Rn 79; *Maier*, r+s 2012, 177, 178.
33 OLG Karlsruhe 30.12.2011 – 12 U 122/11, VersR 2012, 987; LG Berlin 18.10.2011 – 7 O 356/11, r+s 2012, 174, jew. m. Anm. *Münkel*, jurisPR-VersR 7/2012 Anm. 2; vgl auch BGH 14.3.1984 – IVa ZR 24/82, VersR 1984, 530 (zu § 14 Abs. 3 ARB 75); anders noch OLG Celle 10.7.2008 – 8 U 30/08, VersR 2008, 1645; OLG Saarbrücken 12.1.2000 – 5 U 481/99, VersR 2000, 1536; LG Berlin 9.1.1990 – 7 O 339/89, zfs 1990, 92.
34 *Wendt*, r+s 2014, 328, 334.
35 OLG Celle 10.7.2008 – 8 U 30/08, VersR 2008, 1645.
36 Vgl BGH 9.11.2005 – IV ZR 146/04, VersR 2006, 108; OLG Hamm 27.10.2010 – 20 U 71/10, VersR 2011, 258 (ärztliche Aufklärungspflichtverletzung); Harbauer/*Maier*, § 4 ARB 2000 Rn 104; Prölss/Martin/*Armbrüster*, § 4 ARB 2010 Rn 59.
37 OLG Hamm 20.10.2000 – 20 U 247/99, VersR 2001, 712.

Rechtsstreit quasi „vorprogrammiert" ist.[38] Soweit der VN eigene Ansprüche verfolgt, können – entsprechend der Grundsätze zur Bestimmung des verstoßabhängigen Rechtsschutzfalles (s. Rn 6 ff) – den Rechtsschutz ausschließen aber nur solche Willenserklärungen, die der VN seinem Anspruchsgegner zur Begründung seines Anspruchs anlastet oder die nach seinem eigenen Vorbringen den Verstoß des Gegners ausgelöst haben.[39] Die Bestimmung findet keine Anwendung, wenn in der Willenserklärung oder Rechtshandlung selbst bereits ein den Rechtsschutzfall begründender Verstoß liegt; dann liegt ggf eine Mehrheit von Rechtsschutzfällen vor, die nach Abs. 2 S. 2 (s. Rn 15) zu behandeln ist.[40]

Kein Rechtsschutz besteht mehr, wenn der VN den entsprechenden Anspruch erstmals **später als drei Jahre nach Beendigung des Versicherungsschutzes** geltend macht (Abs. 3 lit. b). Von einer **Geltendmachung** in diesem Sinne kann nur dann gesprochen werden, wenn der VN deutlich macht, dass er Rechtsschutz begehrt;[41] der bloße Hinweis auf einen Versicherungsfall genügt idR nicht. Die Rspr[42] lässt eine **Entschuldigung** des VN zu, insb. wenn dieser erst nach Ablauf der Frist Kenntnis von dem Rechtsschutzfall erlangt und die Geltendmachung unverzüglich, also ohne schuldhaftes Zögern (§ 121 BGB), nachholt. 19

Abs. 4 enthält einen speziellen zeitlichen Risikoausschluss für den **Steuer-Rechtsschutz vor Gerichten** nach § 2 lit. e. Danach besteht kein Rechtsschutz, wenn die Voraussetzungen für die Steuer- oder Abgabefestsetzung schon vor Versicherungsbeginn eingetreten sind bzw sein sollen. 20

§ 4 a Versichererwechsel

(1) Sofern im Versicherungsschein nichts anderes vereinbart ist, besteht in Abweichung von § 4 Abs. 3 und Abs. 4 Anspruch auf Rechtsschutz, wenn

a) eine Willenserklärung oder Rechtshandlung, die vor Beginn des Versicherungsschutzes vorgenommen wurde, in die Vertragslaufzeit eines Vorversicherers fällt und der Verstoß gem. § 4 Abs. 1 c) erst während der Vertragslaufzeit des Versicherungsvertrages eintritt; allerdings nur dann, wenn bezüglich des betroffenen Risikos lückenloser Versicherungsschutz besteht;

b) der Versicherungsfall in die Vertragslaufzeit eines Vorversicherers fällt und der Anspruch auf Rechtsschutz später als drei Jahre nach Ende der Vertragslaufzeit eines Vorversicherers gegenüber dem Versicherer geltend gemacht wird; allerdings nur dann, wenn der Versicherungsnehmer die Meldung beim Vorversicherer nicht vorsätzlich oder grob fahrlässig versäumt hat und bezüglich des betroffenen Risikos lückenloser Versicherungsschutz besteht;

c) im Steuer-Rechtsschutz vor Gerichten (§ 2 e) die tatsächlichen oder behaupteten Voraussetzungen für die der Angelegenheit zu Grunde liegende Steuer- oder Abgabefestsetzung während der Laufzeit eines Vorversicherers eingetreten sind oder eingetreten sein sollen und der Verstoß gem. § 4 Abs. 1 c) erst während

---

[38] OLG Düsseldorf 18.1.1994 – 4 U 235/92, VersR 1994, 1337; OLG Saarbrücken 12.1.2000 – 5 U 481/99-34, VersR 2000, 1536; OLG Celle 10.7.2008 – 8 U 30/08, VersR 2008, 1645.
[39] *Wendt*, r+s 2014, 328, 334 f.
[40] OLG Karlsruhe 30.12.2011 – 12 U 122/11, VersR 2012, 987 m. Anm. *Münkel*, jurisPR-VersR 7/2012 Anm. 2; OLG Saarbrücken 12.1.2000 – 5 U 481/99, VersR 2000, 1536; Prölss/Martin/*Armbrüster*, § 4 ARB 2010 Rn 129; Harbauer/*Maier*, § 4 ARB 2000 Rn 136; aA OLG Celle 10.7.2008 – 8 U 30/08, VersR 2008, 1645.
[41] Vgl *Wendt*, r+s 2008, 221, 225.
[42] BGH 15.4.1992 – IV ZR 198/91, VersR 1992, 819; OLG Bamberg 16.5.2002 – 1 U 184/01, r+s 2003, 109; OLG Karlsruhe 15.1.2013 – 12 U 157/12, NJW-RR 2013, 1120.

der Vertragslaufzeit des Versicherungsvertrages eintritt; allerdings nur dann, wenn bezüglich des betroffenen Risikos lückenloser Versicherungsschutz besteht.

(2) Rechtsschutz wird in dem Umfang gewährt, der zum Zeitpunkt des Eintritts des Rechtsschutzfalles bestanden hat, höchstens jedoch im Umfang des Vertrages des Versicherers.

I. Allgemeines

1 Der Wechsel des Rechtsschutzversicherers kann wegen der zeitlichen Risikoausschlüsse nach § 4 Abs. 3, 4 auch bei nahtloser Weiterversicherung zu Deckungslücken führen, nämlich wenn die streitauslösende Willenserklärung oder Rechtshandlung noch während der Laufzeit des früheren Vertrages erfolgte (vgl § 4 Rn 18), der verstoßabhängige Rechtsschutzfall aber erst nach dem Versichererwechsel eintritt, der in die Vertragslaufzeit des Vorversicherers fallende Rechtsschutzfall erst später als drei Jahre nach Beendigung des Vertrages geltend gemacht wird (vgl § 4 Rn 19) oder – im Steuer-Rechtsschutz – die Voraussetzungen für die Steuer- oder Abgabenfestsetzung während der Laufzeit der Vorversicherung eingetreten sind, der Verstoß aber erst nach Beginn des neuen Vertrages erfolgt. Für diese Fälle sieht § 4a in Abweichung zu § 4 Abs. 3, 4 Rechtsschutz vor. – § 4a tritt an die Stelle der früheren Verbandsempfehlung zum Versichererwechsel,[1] die aber lediglich eine unverbindliche Kulanzregelung darstellte.[2] Im Gegensatz dazu vermittelt § 4a dem VN seither einen Deckungsanspruch, der sich allein gegen den neuen VR richtet.

II. Voraussetzungen (Abs. 1)

2 Voraussetzung ist in allen Fällen ein **nahtloser Übergang des Versicherungsschutzes** vom Vorversicherer auf den Nachversicherer. Dies ist nicht der Fall, wenn zwischen den einzelnen Versicherungszeiträumen eine Lücke liegt. Voraussetzung ist weiter, dass der **Vorversicherer leistungsfrei** ist. Hieran fehlt es insb. dann, wenn der Vorversicherer zum Rechtsschutz verpflichtet, weil die Nachmeldefrist von drei Jahren nach § 4 Abs. 3 lit. b noch nicht abgelaufen ist. Schließlich muss das betroffene Risiko sowohl beim Vorversicherer als auch beim Nachversicherer zum **Deckungsumfang** gehören. Lit. b setzt zusätzlich voraus, dass der VN nicht vorsätzlich oder grob fahrlässig versäumt hat, den Rechtsschutzfall beim Vorversicherer zu melden.

III. Leistungsumfang (Abs. 2)

3 Rechtsschutz wird in dem Umfange gewährt, der zum **Zeitpunkt des Rechtsschutzfalles** bestanden hat (S. 1). Dieser Zeitpunkt ist also maßgeblich für die vereinbarte Deckungssumme, einen etwaigen Risikoausschluss sowie einen etwaigen Prämienverzug. Dabei stellt aber der Versicherungsumfang des neuen Vertrages die **Obergrenze** dar (S. 2).

§ 5 Leistungsumfang

(1) **Der Versicherer erbringt und vermittelt Dienstleistungen zur Wahrnehmung rechtlicher Interessen und trägt**

---

[1] Vgl dazu Harbauer/*Stahl*, § 4a ARB 2000 Rn 1.
[2] OLG Karlsruhe 7.3.2002 – 12 U 290/01, zfs 2003, 204.

a) bei Eintritt des Rechtsschutzfalles im Inland die Vergütung eines für den Versicherungsnehmer tätigen Rechtsanwaltes bis zur Höhe der gesetzlichen Vergütung eines am Ort des zuständigen Gerichtes ansässigen Rechtsanwaltes. Der Versicherer trägt in Fällen, in denen das Rechtsanwaltsvergütungsgesetz für die Erteilung eines mündlichen oder schriftlichen Rates oder einer Auskunft (Beratung), die nicht mit einer anderen gebührenpflichtigen Tätigkeit zusammenhängt und für die Ausarbeitung eines Gutachtens keine der Höhe nach bestimmte Gebühr festsetzt, je Rechtsschutzfall eine Vergütung bis zu … Euro.

Wohnt der Versicherungsnehmer mehr als 100 km Luftlinie vom zuständigen Gericht entfernt und erfolgt eine gerichtliche Wahrnehmung seiner Interessen, trägt der Versicherer bei den Leistungsarten gemäß § 2 a) bis g) die Kosten in der I. Instanz für einen im Landgerichtsbezirk des Versicherungsnehmers ansässigen Rechtsanwalt bis zur Höhe der gesetzlichen Vergütung eines Rechtsanwaltes, der lediglich den Verkehr mit dem Prozessbevollmächtigten führt;

b) bei Eintritt eines Rechtsschutzfalles im Ausland die Vergütung eines für den Versicherungsnehmer tätigen am Ort des zuständigen Gerichts ansässigen ausländischen oder im Inland zugelassenen Rechtsanwaltes. Im letzteren Fall trägt der Versicherer die Vergütung bis zur Höhe der gesetzlichen Vergütung, die entstanden wäre, wenn das Gericht, an dessen der Rechtsanwalt ansässig ist, zuständig wäre. § 5 Abs. 1 a) Satz 2 gilt entsprechend.

Wohnt der Versicherungsnehmer mehr als 100 km Luftlinie vom zuständigen Gericht entfernt und ist ein ausländischer Rechtsanwalt für den Versicherungsnehmer tätig, trägt der Versicherer die Kosten in der I. Instanz für einen im Landgerichtsbezirk des Versicherungsnehmers ansässigen Rechtsanwalt bis zur Höhe der gesetzlichen Vergütung eines Rechtsanwaltes, der lediglich den Verkehr mit dem ausländischen Rechtsanwalt führt.

Ist der Rechtsschutzfall durch einen Kraftfahrtunfall im europäischen Ausland eingetreten und eine zunächst betriebene Regulierung mit dem Schadenregulierungsbeauftragten bzw. der Entschädigungsstelle im Inland erfolglos geblieben, so dass eine Rechtsverfolgung im Ausland notwendig wird, trägt der Versicherer zusätzlich die Kosten eines inländischen Rechtsanwaltes bei der Regulierung mit dem Schadenregulierungsbeauftragten bzw. der Entschädigungsstelle im Inland für dessen gesamte Tätigkeit im Rahmen der gesetzlichen Gebühren bis zur Höhe von … Euro;

c) die Gerichtskosten einschließlich der Entschädigung für Zeugen und Sachverständige, die vom Gericht herangezogen werden, sowie die Kosten des Gerichtsvollziehers;

d) die Gebühren eines Schieds- oder Schlichtungsverfahrens bis zur Höhe der Gebühren, die im Falle der Anrufung eines zuständigen staatlichen Gerichtes erster Instanz entstehen;

e) die Kosten in Verfahren vor Verwaltungsbehörden einschließlich der Entschädigung für Zeugen und Sachverständige, die von der Verwaltungsbehörde herangezogen werden, sowie die Kosten der Vollstreckung im Verwaltungswege;

f) die übliche Vergütung
   aa) eines öffentlich bestellten technischen Sachverständigen oder einer rechtsfähigen technischen Sachverständigenorganisation in Fällen der
   – Verteidigung in verkehrsrechtlichen Straf- und Ordnungswidrigkeitenverfahren;
   – Wahrnehmung der rechtlichen Interessen aus Kauf- und Reparaturverträgen von Motorfahrzeugen zu Lande sowie Anhängern;

bb) eines im Ausland ansässigen Sachverständigen in Fällen der Geltendmachung von Ersatzansprüchen wegen der im Ausland eingetretenen Beschädigung eines Motorfahrzeuges zu Lande sowie Anhängers;

g) die Kosten der Reisen des Versicherungsnehmers zu einem ausländischen Gericht, wenn sein Erscheinen als Beschuldigter oder Partei vorgeschrieben und zur Vermeidung von Rechtsnachteilen erforderlich ist. Die Kosten werden bis zur Höhe der für Geschäftsreisen von deutschen Rechtsanwälten geltenden Sätze übernommen;

h) die dem Gegner durch die Wahrnehmung seiner rechtlichen Interessen entstandenen Kosten, soweit der Versicherungsnehmer zu deren Erstattung verpflichtet ist.

(2)

a) Der Versicherungsnehmer kann die Übernahme der vom Versicherer zu tragenden Kosten verlangen, sobald er nachweist, dass er zu deren Zahlung verpflichtet ist oder diese Verpflichtung bereits erfüllt hat.

b) Vom Versicherungsnehmer in fremder Währung aufgewandte Kosten werden diesem in Euro zum Wechselkurs des Tages erstattet, an dem diese Kosten vom Versicherungsnehmer gezahlt wurden.

(3) Der Versicherer trägt nicht

a) Kosten, die der Versicherungsnehmer ohne Rechtspflicht übernommen hat;

b) Kosten, die bei einer einverständlichen Erledigung entstanden sind, soweit sie nicht dem Verhältnis des vom Versicherungsnehmer angestrebten Ergebnisses zum erzielten Ergebnis entsprechen, es sei denn, dass eine hiervon abweichende Kostenverteilung gesetzlich vorgeschrieben ist;

c) die im Versicherungsschein vereinbarte Selbstbeteiligung je Leistungsart nach § 2;

d) Kosten, die aufgrund der vierten oder jeder weiteren Zwangsvollstreckungsmaßnahme je Vollstreckungstitel entstehen;

e) Kosten aufgrund von Zwangsvollstreckungsmaßnahmen, die später als fünf Jahre nach Rechtskraft des Vollstreckungstitels eingeleitet werden;

f) Kosten für Strafvollstreckungsverfahren jeder Art nach Rechtskraft einer Geldstrafe oder -buße unter 250 Euro;

g) Kosten, zu deren Übernahme ein anderer verpflichtet wäre, wenn der Rechtsschutzversicherungsvertrag nicht bestünde;

h) Kosten im Rahmen einer einverständlichen Regelung für Forderungen, die selbst nicht streitig waren, oder Kosten, die auf den nicht versicherten Teil von Schadensfällen entfallen.

(4) Der Versicherer zahlt in jedem Rechtsschutzfall höchstens die vereinbarte Versicherungssumme. Zahlungen für den Versicherungsnehmer und mitversicherte Personen aufgrund desselben Rechtsschutzfalles werden hierbei zusammengerechnet. Dies gilt auch für Zahlungen aufgrund mehrerer Rechtsschutzfälle, die zeitlich und ursächlich zusammenhängen.

(5) Der Versicherer sorgt für

a) die Übersetzung der für die Wahrnehmung der rechtlichen Interessen des Versicherungsnehmers im Ausland notwendigen schriftlichen Unterlagen und trägt die dabei anfallenden Kosten;

b) die Zahlung eines zinslosen Darlehens bis zu der vereinbarten Höhe für eine Kaution, die gestellt werden muss, um den Versicherungsnehmer einstweilen von Strafverfolgungsmaßnahmen zu verschonen.

(6) Alle Bestimmungen, die den Rechtsanwalt betreffen, gelten entsprechend
a) in Angelegenheiten der freiwilligen Gerichtsbarkeit und im Beratungs-Rechtsschutz im Familien-, Lebenspartnerschafts- und Erbrecht (§ 2 k) für Notare;
b) im Steuer-Rechtsschutz vor Gerichten (§ 2 e) für Angehörige der steuerberatenden Berufe;
c) bei Wahrnehmung rechtlicher Interessen im Ausland für dort ansässige rechts- und sachkundige Bevollmächtigte.

I. Allgemeines 1	1. Freiwillig übernommene Kosten (lit. a) 26
II. Versicherte Kosten (Abs. 1) 4	2. Vergleichsklausel (lit. b, h) ... 27
1. Eigener Anwalt (lit. a, b) 4	3. Selbstbeteiligung (lit. c) 34
2. Gerichtskosten (lit. c) 13	4. Vollstreckungsmaßnahmen (lit. d, e, f) 36
3. Schieds- und Schlichtungsverfahren (lit. d) 15	5. Kostentragungspflicht Dritter (lit. g) 41
4. Verwaltungsverfahren (lit. e) 17	6. Deckungssumme (Abs. 4) 42
5. Sachverständigenkosten (lit. f) 19	7. Fürsorgepflichten (Abs. 5) 44
6. Reisekosten des VN (lit. g) ... 21	8. Andere Berufsgruppen (Abs. 6) 45
7. Gegnerische Kosten (lit. h) ... 22	
III. Fälligkeit (Abs. 2) 24	
IV. Leistungsbeschränkungen (Abs. 3) 25	

I. Allgemeines

§ 5 regelt, welche Kosten der VR im Rechtsschutzfall zu tragen bzw zu erstatten hat. In **Abs. 1** werden die versicherten Leistungen abschließend aufgezählt. Es handelt sich insoweit um eine **primäre Risikobegrenzung**. Abs. 3 statuiert von diesen Leistungen wiederum Ausnahmen im Wege einer **sekundären Risikobegrenzung**. Bei Letzteren handelt es sich streng genommen nicht um Risikoausschlüsse, da sie den Versicherungsfall unberührt lassen und nur bestimmte Kostenteile von dem Versicherungsschutz ausnehmen. 1

Die Unterscheidung zwischen primärer und sekundärer Risikobegrenzung in Abs. 1 und Abs. 3 hat Einfluss auf die **Beweislast**. Während der VN die Voraussetzungen der primären Risikobegrenzung in Abs. 1 beweisen muss, trägt der VR die Beweislast für die Ausschlusstatbestände in Abs. 3.[1] 2

Der Anspruch des VN ist zunächst nur auf **Schuldbefreiung** gegenüber dem Kostengläubiger gerichtet. Er wird **fällig** bei Inanspruchnahme des VN, also bei Mitteilung der Kostenrechnung an diesen.[2] Erst wenn der VN den Kostengläubiger befriedigt hat, steht ihm gegen den VR ein **Zahlungsanspruch** zu.[3] Der VR trägt nur die tatsächlich entstandenen Kosten, nicht die bei Erteilung der Deckungszusage voraussichtlich entstehenden Kosten.[4] Wird ein Rechtsstreit teils über versicherte, teils über unversicherte Ansprüche geführt, hat der VR nur die Quote der Prozesskosten zu erstatten, die dem Anteil am Gesamtstreitwert entspricht, für den er eintrittspflichtig ist.[5] Gegenüber **unberechtigten Kostenansprüchen** muss der VR dem VN Rechtsschutz durch Anspruchsabwehr gewähren (s. § 1 Rn 2). 3

---

1 Harbauer/*Bauer*, § 5 ARB 2000 Rn 188.
2 Harbauer/*Bauer*, § 5 ARB 2000 Rn 16; *Wendt*, r+s 2014, 328, 329.
3 BGH 14.4.1999 – IV ZR 197/98, VersR 1999, 706; BGH 14.3.1984 – IVa ZR 24/82, VersR 1984, 530; OLG Köln 19.8.1997 – 9 U 123/96, r+s 1997, 507; OLG Hamm 16.10.1985 – 20 W 28/85, VersR 1987, 92.
4 *Wendt*, r+s 2008, 221, 233.
5 BGH 4.5.2005 – IV ZR 135/04, VersR 2005, 936.

II. Versicherte Kosten (Abs. 1)

4   1. **Eigener Anwalt (lit. a, b).** Der VR hat die Kosten eines für den VN tätigen **Rechtsanwalts**, nicht sonstiger Rechtsberater (zB Rentenberater, Hochschullehrer, Prozessagenten, Patentanwälte, Steuerberater, Verbandsvertreter) zu übernehmen.[6] Der Begriff des Rechtsanwalts entspricht dem der BRAO. Ausnahmen gelten für den Notar im Beratungs-Rechtsschutz gem. § 2 lit. k, für den Steuerberater im Steuer-Rechtsschutz gem. § 2 lit. e sowie für ausländische rechts- und sachkundige Bevollmächtigte (Abs. 6).

5   Die Rechtsanwaltskosten des VN werden bis zur Höhe der **gesetzlichen Vergütung** des Rechtsanwalts übernommen. Zu ersetzen ist auch die gesonderte Gebühr für eine vergleichsweise Regelung (**Einigungsgebühr**), soweit die gesetzlichen Voraussetzungen hierfür vorliegen; dies gilt sogar, soweit in den Vergleich nicht strittige Ansprüche eingegangen sind, wenn der VR auch für sie Rechtsschutz zu gewähren hat und sie rechtlich mit dem Gegenstand des Ausgangsrechtsstreits zusammenhängen.[7] Verspricht der VN dem Anwalt ein **höheres als das gesetzliche Honorar**, so muss er den die gesetzlichen Gebühren übersteigenden Teil selbst tragen. Soweit für die reine **Beratung** eine Gebühr gesetzlich nicht festgesetzt ist, wird die vom VR zu tragende Vergütung in Abs. 1 lit. a S. 2 auf einen bestimmten Betrag limitiert, was belegt, dass auch die reine Beratung ohne Vertretung grds. gedeckt ist.[8]

6   Dem VN bleibt es unbenommen, **mehrere Anwälte** zu beauftragen; jedoch beschränkt sich sein Deckungsanspruch auf die bei Beauftragung eines einzigen Anwalts anfallenden Gebühren.[9] Dem VN steht dann ein Wahlrecht zu, von welchen Vergütungsansprüchen er freigestellt werden will.[10] Eine Ausnahme gilt für Mehrkosten, die durch einen **objektiv notwendigen Anwaltswechsel** entstanden sind. In einem solchen Fall ist es dem VR nach § 242 BGB verwehrt, sich darauf zu berufen, dass er nur die Kosten eines einzigen Anwalts zu tragen habe.[11] Objektiv notwendig ist ein Anwaltswechsel dann, wenn er iSv § 91 Abs. 2 S. 3 ZPO „eintreten musste",[12] wenn also weder den VN noch den ersten Anwalt ein Verschulden trifft, zB wenn der zunächst beauftragte Anwalt stirbt oder die Berufsausübung aufgibt, nicht jedoch bei vorzeitiger Kündigung des Anwaltsvertrages.[13]

7   Versichert sind grds. nur die Gebühren eines **am Ort des zuständigen Gerichts ansässigen Anwalts**. Mehrkosten, die dadurch entstehen, dass der VN einen Rechtsanwalt beauftragt, dessen Kanzleisitz sich nicht am Ort des zuständigen Gerichts befindet, also insb. Fahrtkosten und Abwesenheitsgelder, sind grds. nicht gedeckt. Dies gilt für die Leistungsarten nach § 2 lit. a bis g – ausgenommen also Straf- und Ordnungswidrigkeiten-Rechtsschutz nach § 2 lit. i und j – nicht, soweit der VN mehr als 100 km „Luftlinie" vom zuständigen Gericht entfernt wohnt und für die gerichtliche Wahrnehmung seiner Interessen einen **Verkehrs- oder Korrespondenzanwalt** einschaltet. In diesem Fall übernimmt der VR aber zusätzlich nur die in erster Instanz anfallenden Kosten bis zur Höhe einer Verkehrsanwalts- oder Korrespondenzgebühr, nicht sonstige Gebühren wie eine Einigungsgebühr, selbst wenn

---

6   Vgl Harbauer/*Bauer*, § 5 ARB 2000 Rn 11 ff.
7   BGH 14.9.2005 – IV ZR 145/04, VersR 2005, 1725; LG Freiburg 4.10.2007 – 3 S 75/07, NJW-RR 2008, 416.
8   Im Ergebnis ebenso Harbauer/*Bauer*, § 1 ARB 2000 Rn 8; *Bauer*, NJW 2011, 1415; aA Prölss/Martin/*Armbrüster*, § 1 ARB 2010 Rn 6, 25.
9   van Bühren/Plote/*van Bühren*, ARB, § 5 Rn 10 ff.
10 Harbauer/*Bauer*, § 5 ARB 2000 Rn 27; van Bühren/Plote/*van Bühren*, ARB, § 5 Rn 22.
11 Harbauer/*Bauer*, § 5 ARB 2000 Rn 30; van Bühren/Plote/*van Bühren*, ARB, § 5 Rn 16.
12 Vgl hierzu nur Zöller/*Herget*, ZPO, § 91 Rn 13 (Stichwort „Anwaltswechsel") mwN.
13 OLG Köln 23.2.1989 – 5 U 163/88, r+s 1989, 120; AG Düsseldorf 30.3.2001 – 20 C 18268/00, VersR 2001, 1375.

diese auch bei dem Korrespondenzanwalt anfällt.[14] Dies gilt – wie der BGH[15] festgestellt hat – auch für die Korrespondenz mit dem Revisionsanwalt.

Auch die Gebühren eines in einem Zivilrechtsstreit **sich selbst vertretenden Rechtsanwalts** sind nach der Rspr des BGH[16] gedeckt, da bei der Auslegung des Abs. 1 lit. a die prozessrechtlichen Vorschriften der §§ 78 Abs. 4, 91 Abs. 2 S. 3 ZPO, die eine Selbstvertretung des Anwalts zulassen und die dabei entstehenden Kosten auch für erstattungsfähig erklären, nicht unberücksichtigt bleiben dürfen. Da keine entsprechenden Vorschriften für das Straf- und Ordnungswidrigkeitenverfahren existieren, hat der VR Gebühren aus einer **Selbstverteidigung** des Rechtsanwalts dagegen nicht zu erstatten.[17] 8

Zum Deckungsumfang gehört auch die von dem Rechtsanwalt in Rechnung gestellte **Umsatzsteuer**, es sei denn, der VN ist vorsteuerabzugsberechtigt.[18] 9

Von einem **Rechtsschutzfall im Ausland** nach Abs. 1 lit. b ist dann auszugehen, wenn Ansprüche an einem Gericht außerhalb Deutschlands geltend gemacht werden müssten.[19] Maßgeblich ist also auch für die **außergerichtliche Interessenwahrnehmung** der Gerichtsstand. Kein Auslandsschaden liegt also vor, wenn Ansprüche trotz Auslandsbeteiligung in Deutschland gerichtlich verfolgt werden können, wie dies nach aktueller Rspr des EuGH[20] und des BGH[21] etwa bei unmittelbaren Ansprüchen des Geschädigten eines Verkehrsunfalls gegen einen VR aus einem Mitgliedstaat der EU der Fall ist. 10

Bei einem Rechtsschutzfall im Ausland hat der VN das **Wahlrecht zwischen einem ausländischen oder inländischen Rechtsanwalt**, wobei dem ausländischen Rechtsanwalt jeder im Ausland ansässige rechts- und sachkundige Bevollmächtigte gleichsteht (Abs. 6 lit. c). Wird ein **inländischer Rechtsanwalt** beauftragt, etwa weil absehbar ist, dass es nicht zu einem Prozess vor dem ausländischen Gericht kommen wird, trägt der VR die gesetzliche Vergütung, die dieser erhalten hätte, wenn das Gericht im Inland zuständig gewesen wäre, an dessen Ort er ansässig ist. Beauftragt der VN einen am Ort des zuständigen Gerichts **ausländischen Rechtsanwalt**, so trägt der VR dessen Gebühren sowie – wenn der VN mehr als 100 km Luftlinie vom zuständigen ausländischen Gericht entfernt wohnt – zusätzlich die in erster Instanz anfallende Korrespondenzgebühr eines inländischen Rechtsanwalts (vgl Rn 7), wobei beim Auslandsschaden die Leistungsart keine Rolle spielt, so dass die Korrespondenzgebühr vom VR ggf auch beim Straf- und Ordnungswidrigkeiten-Rechtsschutz nach § 2 lit. i und j zu übernehmen ist. Die Vergütung des ausländischen Rechtsanwalts bemisst sich im Zweifel nach dem Recht des jeweiligen Staates. Sieht dieses – wie die meisten europäischen Staaten – kein spezielles Rechtsanwaltsvergütungsrecht vor, hat der VR nach dem Rechtsgedanken von § 612 Abs. 2 BGB die in dem betreffenden Staat übliche Vergütung zu übernehmen.[22] 11

Abs. 1 lit. b S. 4 trifft eine Sonderregelung für den **Rechtsschutzfall durch einen Kraftfahrtunfall im europäischen Ausland**. Danach soll der Rechtsschutz durch eine erfolglose Inanspruchnahme inländischer Regulierungs- bzw Entschädigungsstellen nicht verbraucht sein. Auch die sich anschließende Rechtsverfolgung im 12

---

14 LG Hanau 10.8.1982 – 2 S 133/82, zfs 1986, 146; LG Stuttgart 5.6.1986 – 16 S 437/85, zfs 1986, 271.
15 BGH 24.1.2007 – IV ZR 249/05, VersR 2007, 488.
16 BGH 10.11.2010 – IV ZR 188/08, VersR 2011, 67 mwN auch zur Gegenauffassung.
17 Vgl BGH 10.11.2010 – IV ZR 188/08, VersR 2011, 67 mwN.
18 Harbauer/*Bauer*, § 5 ARB 2000 Rn 42; van Bühren/Plote/*van Bühren*, ARB, § 5 Rn 38.
19 van Bühren/Plote/*van Bühren*, ARB, § 5 Rn 47, 49.
20 EuGH 13.12.2007 – Rs. C-463/06, VersR 2008, 111.
21 BGH 6.5.2008 – VI ZR 200/05, VersR 2008, 955.
22 Harbauer/*Bauer*, § 5 ARB 2000 Rn 55; van Bühren/Plote/*van Bühren*, ARB, § 5 Rn 56.

Ausland ist vom Rechtsschutz gedeckt, allerdings limitiert auf die Kosten für die Gesamttätigkeit eines inländischen Rechtsanwalts für die Regulierung im Inland sowie einen bestimmten Höchstbetrag.

13 **2. Gerichtskosten (lit. c).** Der VR trägt nach Abs. 1 lit. c die Gerichtskosten, also Gebühren, die für die Inanspruchnahme eines staatlichen Gerichts anfallen. Hierzu zählen neben den **Gebühren** nach dem GKG **Auslagen** des Gerichts, insb. für Zeugen und Sachverständige, deren Entschädigung in Abs. 1 lit. c ausdrücklich genannt wird. Als Auslagen des Gerichts kommen darüber hinaus Kosten für Dolmetscher und Übersetzer in Betracht.[23] Voraussetzung ist, dass die Zeugen, Sachverständigen, Dolmetscher oder Übersetzer vom Gericht herangezogen werden. **Aufwendungen des VN**, insb. für Privatgutachten, fallen nicht unter Abs. 1 lit. c, sondern unter Abs. 1 lit. f, der deren Erstattungsfähigkeit eng begrenzt (s. Rn 19 f). **Zwangs- und Ordnungsgelder, Geldstrafen** oder **Geldbußen** stellen keine erstattungsfähigen Gerichtskosten dar.[24]

14 Unter **Kosten des Gerichtsvollziehers** fallen ebenso Gebühren und Auslagen. Hierzu gehören auch die Gebühren für eine **Zwangsräumung** durch den VN. Beauftragt der Gerichtsvollzieher den VN, die Zwangsräumung selbst und auf eigene Kosten durchzuführen, so muss der VR diese Kosten ebenfalls erstatten.[25] Wird umgekehrt der VN zwangsgeräumt, fällt dies nicht unter den Versicherungsschutz.[26]

15 **3. Schieds- und Schlichtungsverfahren (lit. d).** Nach Abs. 1 lit. d muss der VR auch die Gebühren eines Schieds- oder Schlichtungsverfahrens übernehmen, allerdings nur bis zur **Höhe** der Gebühren, die im Falle einer Anrufung eines zuständigen staatlichen Gerichts erster Instanz entstehen würden. Die Kostenübernahme ist nicht auf Verfahren vor Schiedsgerichten im Rechtssinne beschränkt, sondern erstreckt sich auf alle Verfahren vor **Einigungs- oder Schlichtungsstellen**, auch solche, die nicht an Stelle eines staatlichen Gerichts entscheiden, wie zB Schlichtungsstellen der Handwerkskammern oder Gutachterkommissionen der Ärztekammern.[27] Auch die **obligatorische außergerichtliche Streitschlichtung** nach § 15 a EGZPO wird hiervon erfasst. Schließlich fallen auch die Kosten eines **Mediationsverfahrens** unter Abs. 1 lit. d, vorausgesetzt, dass der Rechtsschutz nicht auf eine bestimmte Art der Interessenwahrnehmung beschränkt ist, wie zB im Hauptanwendungsgebiet der Mediation, dem Familien- und Erbrecht, auf bloßen Beratungs-Rechtsschutz (§ 2 lit. k).[28]

16 Kein Schlichtungsverfahren iSv Abs. 2 lit. d stellen **Sachverständigenverfahren** dar, da diese nicht unmittelbar der Streitschlichtung, sondern der Tatsachenfeststellung dienen.[29] Im Falle der nach Versicherungsbedingungen (zB A.2.17 AKB 2008) vorgesehenen Sachverständigenverfahren ist der Rechtsschutzversicherer zudem deshalb nicht zur Kostenübernahme verpflichtet, da in dem Verweis des VR auf das Sachverständigenverfahren kein Verstoß gegen Rechtspflichten liegt und es deshalb bereits an einem Rechtsschutzfall fehlt (vgl § 4 Rn 6).[30]

---

23 Harbauer/*Bauer*, § 5 ARB 2000 Rn 117.
24 van Bühren/Plote/*van Bühren*, ARB, § 5 Rn 62.
25 AG Memmingen 2.2.1995 – 12 C 1975/93, VersR 1996, 54; Prölss/Martin/*Armbrüster*, § 5 ARB 2010 Rn 30; Harbauer/*Bauer*, § 5 ARB 2000 Rn 118; van Bühren/Plote/*van Bühren*, ARB, § 5 Rn 68 f.
26 Beckmann/Matusche-Beckmann/*Obarowski*, § 37 Rn 236.
27 van Bühren/Plote/*van Bühren*, ARB, § 5 Rn 73; Beckmann/Matusche-Beckmann/*Obarowski*, § 37 Rn 239.
28 Vgl van Bühren/Plote/*van Bühren*, ARB, § 5 Rn 74.
29 AG Leipzig 8.9.2000 – 07 C 6174/00, r+s 2002, 70, 71; Harbauer/*Bauer*, § 5 ARB 2000 Rn 124; van Bühren/Plote/*van Bühren*, ARB, § 5 Rn 75 f.
30 van Bühren/Plote/*van Bühren*, ARB, § 5 Rn 79; Beckmann/Matusche-Beckmann/*Obarowski*, § 37 Rn 242.

4. Verwaltungsverfahren (lit. e). Nach Abs. 1 lit. e trägt der VR auch die Kosten in 17
Verfahren vor **Verwaltungsbehörden**. Hierzu gehört, worauf die Bestimmung ausdrücklich hinweist, auch die Entschädigung von Zeugen und Sachverständigen, sofern diese von der Verwaltungsbehörde herangezogen wurden (vgl Rn 13). Die Kosten einer medizinisch-psychologischen Untersuchung (MPU) sind daher nicht erstattungsfähig, da der VN ein solches Gutachten beizubringen hat, so dass der insoweit tätige Sachverständige nicht auf Veranlassung der Verwaltungsbehörde tätig wird.[31] Voraussetzung für die Erstattungsfähigkeit ist natürlich, dass für die Interessenwahrnehmung vor Verwaltungsbehörden Versicherungsschutz besteht, was allenfalls in Verkehrssachen (§ 2 lit. g), dort aber nicht für die Interessenwahrnehmung wegen Halt- und Parkverstößen (§ 3 Abs. 3 lit. e), der Fall ist.

Unter die ebenfalls erstattungsfähigen **Verwaltungsvollstreckungskosten** fallen 18
insb. die Kosten für Anträge auf Vollstreckungsabwehr.[32]

5. Sachverständigenkosten (lit. f). Nach Abs. 1 lit. c sind die Kosten für Sachver- 19
ständige nur erstattungsfähig, wenn die Sachverständigen vom Gericht herangezogen wurden. Abs. 1 lit. f erklärt in Erweiterung des Rechtsschutzes in drei Fällen auch die Kosten eines **vom VN beauftragten Sachverständigen** und damit eines **Privatgutachtens** für erstattungsfähig:

- bei der Verteidigung in verkehrsrechtlichen Straf- und Ordnungswidrigkeitenverfahren (lit. aa, 1. Alt.),
- bei der Wahrnehmung der rechtlichen Interessen aus Kauf- und Reparaturverträgen über Motorfahrzeuge zu Lande und Anhänger (lit. aa, 2. Alt.) sowie
- bei der Geltendmachung von Ersatzansprüchen wegen der im Ausland eingetretenen Beschädigung eines Motorfahrzeugs (lit. bb), wobei sich das Gutachten sowohl auf die Schadenshöhe als auch die Haftungsfrage beziehen darf.[33]

Voraussetzung einer Übernahme der Kosten eines inländischen Sachverständigen 20
ist, dass dieser öffentlich bestellt ist oder eine rechtsfähige technische Sachverständigenorganisation beauftragt wird. Der ausländische Sachverständige wird eine der öffentlichen Bestellung zumindest gleichwertige Stellung haben müssen.[34] Nicht ausreichend ist, wenn der Sachverständige lediglich die Voraussetzungen einer öffentlichen Bestellung erfüllt[35] oder einem Fachverband angehört.[36] Erstattungsfähig ist die übliche Vergütung mangels Gebührenordnung nach § 632 Abs. 2 BGB.[37]

6. Reisekosten des VN (lit. g). Reisekosten des VN sind allenfalls erstattungsfähig, 21
wenn es sich um Kosten handelt, die für die Wahrnehmung von Terminen vor **ausländischen Gerichten** anfallen. Nicht erforderlich ist, dass das persönliche Erscheinen des VN vom Gericht angeordnet wurde. Es genügt, wenn das persönliche Erscheinen „vorgeschrieben", also zur Vermeidung von Rechtsnachteilen erforderlich ist.[38] Zu übernehmen hat der VR ggf Kosten bis zur Höhe der für Geschäftsreisen von deutschen Rechtsanwälten geltenden Sätze, zu denen neben Fahrt- und Übernachtungskosten auch Tage- und Abwesenheitsgelder gehören.

---

31 AG Aichach 28.1.1985 – C 864/84, r+s 1985, 98; van Bühren/Plote/*van Bühren*, ARB, § 5 Rn 87.
32 Harbauer/*Bauer*, § 5 ARB 2000 Rn 132; van Bühren/Plote/*van Bühren*, ARB, § 5 Rn 82 f, 88.
33 Harbauer/*Bauer*, § 5 ARB 2000 Rn 141; *Buschbell*, DAR 2003, 55, 57; van Bühren/Plote/*van Bühren*, ARB, § 5 Rn 99.
34 van Bühren/Plote/*van Bühren*, ARB, § 5 Rn 94.
35 AG Itzehoe 20.9.1989 – 27 C 291/89, zfs 1989, 380.
36 AG Köln 11.10.1991 – 266 C 528/90, zfs 1991, 414; Harbauer/*Bauer*, § 5 ARB 2000 Rn 136.
37 van Bühren/Plote/*van Bühren*, ARB, § 5 Rn 94.
38 Prölss/Martin/*Armbrüster*, § 5 ARB 2010 Rn 15.

22 **7. Gegnerische Kosten (lit. h).** Kosten des Gegners hat der VR nur insoweit zu übernehmen, wie der VN zu deren Erstattung verpflichtet ist. Die Verpflichtung muss sich aber aus **gerichtlichen oder behördlichen Kostenentscheidungen** ergeben; **materiell-rechtliche Gründe** für eine Kostenerstattungspflicht (zB Verzug, pVV, unerlaubte Handlung) genügen grds. nicht.[39] Auch ohne gerichtliche Kostenentscheidung erstattungsfähig sind **ausnahmsweise** Kosten, die der VN nach den prozessualen Bestimmungen bei einer gerichtlichen Entscheidung ohnehin hätte tragen müssen.[40] Dies gilt insb. bei der Erstattung von Kosten eines selbständigen Beweisverfahrens[41] sowie bei der Einstellung eines Strafverfahrens nach § 153a StPO.[42] Nicht erstattungsfähig sind Vollstreckungskosten.[43]

23 Die **Höhe** der vom VR zu übernehmenden Kosten ergibt sich idR aus dem **gerichtlichen Kostenfestsetzungsbeschluss**. Dieser entfaltet gegenüber dem VR **Bindungswirkung**.[44] Ist der Kostenfestsetzungsbeschluss insoweit unrichtig, als er eine überhöhte Kostenerstattung vorsieht, muss der beauftragte Rechtsanwalt dagegen vorgehen; versäumt er dies, liegt hierin uU eine Obliegenheitsverletzung mit der Folge, dass die Versicherungsleistung entsprechend zu kürzen ist (s. § 17 Rn 17).[45]

III. Fälligkeit (Abs. 2)

24 Der Anspruch des VN auf Kostentragung wird fällig, sobald dieser nachweist, dass er zur Zahlung verpflichtet ist oder diese Verpflichtung bereits erfüllt hat. Dem VN steht zunächst ein **Befreiungsanspruch** zu, sobald der Kostengläubiger den VN in Anspruch nimmt. Hieraus folgt, dass der VN nicht in Vorleistung zu treten hat.[46] Der Befreiungsanspruch ist einem Zahlungsanspruch nicht gleichartig, so dass einer Zahlung des VR an den VN, ohne dass dieser zuvor den Rechtsanwalt befriedigt hat, keine Erfüllungswirkung zukommt.[47] Wenn der VN die Kosten bereits gezahlt hat, wandelt sich der Befreiungsanspruch in einen **Zahlungsanspruch** um.[48]

IV. Leistungsbeschränkungen (Abs. 3)

25 Abs. 3 zählt enumerativ diejenigen Kosten auf, die der VR trotz grundsätzlicher Deckungspflicht nicht tragen muss. Insoweit handelt es sich um **sekundäre Risikobegrenzungen**, für deren Vorliegen der VR die **Beweislast** trägt (vgl auch Rn 2).[49]

26 **1. Freiwillig übernommene Kosten (lit. a).** Nach Abs. 3 lit. a muss der VR nicht Kosten tragen, die der VN ohne Rechtspflicht übernommen hat.

27 **2. Vergleichsklausel (lit. b, h).** Abs. 3 lit. b enthält eine praktisch sehr bedeutsame Kostenübernahmebeschränkung. Sie betrifft Fälle einer **einverständlichen Erledigung**, also **Vergleiche**. Von der Kostentragungspflicht des VR ausgenommen sind

---

[39] BGH 20.2.1985 – IVa ZR 137/83, VersR 1985, 538; Harbauer/*Bauer*, § 5 ARB 2000 Rn 150.
[40] BGH 20.2.1985 – IVa ZR 137/83, VersR 1985, 538; Harbauer/*Bauer*, § 5 ARB 2000 Rn 151.
[41] AG Hannover 8.11.1991 – 538 C 11790/91, VersR 1992, 1128.
[42] BGH 20.2.1985 – IVa ZR 137/83, VersR 1985, 538.
[43] LG Köln 11.3.1987 – 24 O 498/85, r+s 1987, 199; van Bühren/Plote/*van Bühren*, ARB, § 5 Rn 112.
[44] Harbauer/*Bauer*, § 5 ARB 2000 Rn 147; van Bühren/Plote/*van Bühren*, ARB, § 5 Rn 107.
[45] Harbauer/*Bauer*, § 5 ARB 2000 Rn 147; van Bühren/Plote/*van Bühren*, ARB, § 5 Rn 111.
[46] BGH 14.4.1999 – IV ZR 197/98, VersR 1999, 706; OLG Köln 19.8.1997 – 9 U 123/96, zfs 1998, 68.
[47] Vgl BGH 16.7.2014 – IV ZR 88/13, VersR 2014, 1118; aA noch LG Stuttgart 9.3.1995 – 6 S 378/94, VersR 1996, 449; Harbauer/*Bauer*, § 5 ARB 2000 Rn 169.
[48] OLG Köln 19.8.1997 – 9 U 123/96, zfs 1998, 68.
[49] Harbauer/*Bauer*, § 5 ARB 2000 Rn 188.

die in diesem Zusammenhang entstandenen Kosten, „soweit sie nicht dem Verhältnis des vom VN angestrebten Ergebnisses zum erzielten Ergebnis entsprechen". Etwas anderes gilt nur dann, wenn eine hiervon abweichende Kostenverteilung gesetzlich vorgeschrieben ist. **Zweck** dieser Risikobegrenzung ist es zu vermeiden, dass der VN – etwa um Vorteile in der Hauptsache zu erlangen – unnötige Zugeständnisse in der Kostenfrage zu Lasten des VR macht.[50] Abs. 3 lit. b hält einer Inhaltskontrolle nach § 307 BGB stand, verstößt insb. nicht gegen das Transparenzgebot.[51] Obwohl sich die Klausel dem Wortlaut nach lediglich auf Kosten bezieht, die „bei einer einverständlichen Erledigung entstanden" sind, erfasst sie auch alle schon vorher entstandenen Kosten.[52]

Maßgeblich ist das **Verhältnis des erstrebten Ergebnisses zum erzielten Ergebnis**, nicht – wie noch in § 2 Abs. 3 lit. a ARB 75 – das Verhältnis des Obsiegens zum Unterliegen. Damit soll mehr auf das wirtschaftliche Ergebnis für den VN abgestellt werden.[53] Eine **wirtschaftliche Betrachtungsweise** ist insb. bei der Rückabwicklung von Verträgen geboten, mit der Folge, dass die Zahlung einer „Abstandssumme", etwa in Form des sog. kleinen Schadensersatzes bei eingeklagtem „großen Schadensersatz", ein vollständiges Unterliegen darstellen kann.[54] Umgekehrt steht es einem vollen Obsiegen des VN gleich, wenn er in einem Prozess wegen eines mangelhaften Fahrzeugs einen Vergleich schließt, wonach ihm ein gleichwertiges Ersatzfahrzeug zu liefern[55] oder den Kaufpreis auf den Erwerb eines teureren Fahrzeugs anzurechnen.[56] Ob die Einräumung einer Räumungsfrist für den Räumungsgläubiger ein teilweises Unterliegen darstellt, ist eine Frage des Einzelfalls.[57] Bestehen **erhebliche Schwierigkeiten bei der Ermittlung des Erfolgsverhältnisses**, ist der VR jedenfalls nach Treu und Glauben gehalten, eine der gesetzlichen Ersatzregelung des § 98 ZPO entsprechende Kostenaufhebung zu akzeptieren, sofern sie nach den Ergebnissen in der Hauptsache vertretbar erscheint.[58]

Abs. 3 lit. h ist in die ARB 2008 neu eingefügt worden und stellt ausdrücklich klar, dass keine Kostendeckung besteht, soweit **nicht streitige Forderungen in den Vergleich** einbezogen werden und soweit **Streitgegenstände nicht versichert** sind.

Enthält der Vergleich keine Kostenregelung, sondern bleibt diese einem **Beschluss nach § 91a ZPO** vorbehalten, ist der VR nach der Rspr[59] an diese Entscheidung gebunden. In der Lit.[60] wird dies zwar zT anders gesehen. Entscheidend ist aber, ob die in einem Beschluss nach § 91a ZPO geregelten Kosten „bei" dem Vergleich

---

50 Vgl BGH 16.6.1977 – IV ZR 97/76, VersR 1977, 809 (zu § 2 Abs. 3 lit. a ARB 75); Prölss/Martin/*Armbrüster*, § 5 ARB 2010 Rn 49.
51 LG Kiel 25.7.2008 – 11 O 1/07, VersR 2009, 1399; LG Hamburg 10.12.2008 – 302 O 50/08, VersR 2009, 1529; AG Coburg 2.7.2010 – 12 C 1698/09, zfs 2010, 640; aA LG Hagen 23.3.2007 – 1 S 136/06, r+s 2008, 190; *van Bühren*, r+s 2008, 191; van Bühren/Plote/*van Bühren*, ARB, § 5 Rn 167.
52 Vgl BGH 25.1.2006 – IV ZR 207/04, VersR 2006, 404 (zu § 2 Abs. 3 lit. a ARB 75); *Wendt*, r+s 2012, 209, 219; aA OLG Hamm 8.12.2004 – 20 U 151/04, VersR 2005, 1142 (nur Einigungsgebühr).
53 LG Berlin 23.10.2001 – 7 S 22/01, r+s 2002, 332.
54 LG Berlin 23.10.2001 – 7 S 22/01, r+s 2002, 332; LG Mönchengladbach 31.3.2000 – 1 O 325/99, VersR 2001, 1280.
55 LG Köln 31.5.2006 – 20 S 36/05, VersR 2007, 240.
56 LG Bochum 5.9.2000 – 9 S 121/00, r+s 2001, 154.
57 Dagegen etwa AG Andernach 24.10.2000 – 6 C 762/00, r+s 2001, 251; dafür zB LG Karlsruhe 24.1.1997 – 9 S 375/96, VersR 1997, 962.
58 BGH 16.6.1977 – IV ZR 97/76, VersR 1977, 809; BGH 25.5.2011 – IV ZR 59/09, VersR 2011, 1005.
59 OLG Hamm 8.12.2004 – 20 U 151/04, VersR 2005, 1142; OLG Karlsruhe 16.6.1983 – 12 U 126/82, VersR 1984, 839; LG Köln 24.4.2006 – 20 S 19/06, r+s 2006, 453; ebenso Harbauer/*Bauer*, § 5 ARB 2000 Rn 200.
60 Beckmann/Matusche-Beckmann/*Obarowski*, § 37 Rn 205.

entstanden sind. Dies ist zu verneinen, da sich der Inhalt des Vergleichs auf die Kostenentscheidung nach § 91 a ZPO nicht auswirkt.

31 Die Vergleichsklausel gilt auch bei **außergerichtlichen Vergleichen**,[61] und zwar auch dann, wenn der Vergleich keine ausdrückliche Kostenregelung enthält, eine Kostenregelung aber konkludent getroffen wurde.[62] Für das Eingreifen der Vergleichsklausel ist allerdings ein – ausdrückliches oder konkludentes – **Kostenzugeständnis** erforderlich, welches dann vorliegt, wenn die Kostenlast zum Nachteil des VN von der angesichts der Erfolgsquote objektiv gebotenen Kostenverteilung abweicht.[63]

32 In der instanzgerichtlichen Rspr war heftig umstritten, ob die Anwendung von Abs. 3 lit. b auf außergerichtliche Vergleiche voraussetzt, dass ein **materiellrechtlicher Kostenerstattungsanspruch** des VN gegen den Gegner besteht.[64] Für den Fall der **Kostenaufhebung** hat der BGH die Frage nun bejaht.[65] Nur dann, wenn dem VN gegenüber dem Gegner Kostenerstattungsansprüche, insb. aus Verzug oder unter dem Gesichtspunkt des Schadensersatzes, zustehen, die er mit der Vereinbarung einer Kostenaufhebung aufgibt, kann mit der außergerichtlichen Einigung ein für die Anwendung der Vergleichsklausel notwendiges Kostenzugeständnis verbunden sein. Wenn bei der außergerichtlichen Einigung gar keine Kostenregelung getroffen wurde, kann idR nichts anderes gelten, da bei Fehlen einer Kostenregelung meistens eine stillschweigende Einigung darüber vorliegt, dass jede Partei ihre eigenen Kosten selbst trägt.[66] Nimmt man dagegen an, dass gar keine Kostenregelung getroffen wurde, auch nicht über eine Abgeltungsregelung, kann kein Kostenzugeständnis des VN vorliegen, so dass auch dann die Vergleichsklausel nicht zur Anwendung kommen kann.[67] Die Entscheidung des BGH hat auch Auswirkungen auf die Fälle, in denen der vom VN in Anspruch genommene Anspruchsgegner **schlicht nachgibt** oder **zahlt**. Selbst wenn man annimmt, dass auch dies eine einverständliche Erledigung im Sinne der Vergleichsklausel darstellt,[68] liegt jedenfalls kein Kostenzugeständnis des VN vor; in diesen Fällen kann sich der VR also nicht auf Leistungsfreiheit berufen, da der VN voll obsiegt habe.[69]

33 Da der VR für die sekundäre Risikobegrenzung **beweispflichtig** ist (s. Rn 2), muss dieser beweisen, dass der VN „zu viel" Kosten übernommen hat.[70]

---

61 BGH 25.1.2006 – IV ZR 207/04, VersR 2006, 404, 405; OLG Hamm 2.6.1999 – 20 U 233/98, VersR 1999, 1276; LG Bielefeld 28.8.1991 – 1 S 88/91, zfs 1991, 415; Prölss/Martin/*Armbrüster*, § 5 ARB 2010 Rn 57; Harbauer/*Bauer*, § 5 ARB 2000 Rn 198.
62 BGH 25.1.2006 – IV ZR 207/04, VersR 2006, 404, 405 f (zu § 2 Abs. 3 lit. a ARB 75); krit. hierzu van Bühren/Plote/*van Bühren*, ARB, § 5 Rn 167; aA LG Bremen 14.6.2007 – 6 S 19/07, NJW-RR 2007, 1404.
63 BGH 25.5.2011 – IV ZR 59/09, VersR 2011, 1005.
64 **Dafür:** zB LG Hannover 23.4.1986 – 11 S 432/85, VersR 1987, 759; AG Düsseldorf 23.10.1989 – 47 C 548/88, r+s 1990, 91; AG Brühl 10.1.2002 – 3 C 442/00, zfs 2002, 250; LG Bremen 14.6.2007 – 6 S 19/07, NJW-RR 2007, 1404; LG Freiburg 1.4.2010 – 3 S 318/09, NJW-RR 2010, 1545. **Dagegen:** zB LG Freiburg 19.7.1990 – 3 S 34/90, VersR 1991, 688; LG Bielefeld 28.8.1991 – 1 S 88/91, zfs 1991, 415; AG Köln 28.4.1989 – 132 C 3297/88, zfs 1990, 90.
65 BGH 19.12.2012 – IV ZR 213/11, VersR 2013, 232 m. Anm. *Münkel*, jurisPR-VersR 4/2013 Anm. 2.
66 Prölss/Martin/*Armbrüster*, § 5 ARB 2010 Rn 50; Harbauer/*Bauer*, 7. Aufl., § 2 ARB 75 Rn 168 a; *Münkel*, jurisPR-VersR 4/2013 Anm. 2.
67 Vgl OLG Saarbrücken 29.1.2014 – 5 U 37/13, zfs 2014, 158; *Münkel*, jurisPR-VersR 4/2013 Anm. 2.
68 So etwa LG München I 2.10.2008 – 31 S 9253/07, VersR 2009, 254; Prölss/Martin/*Armbrüster*, § 5 ARB 2010 Rn 58.
69 *Münkel*, jurisPR-VersR 4/2013 Anm. 2; in diesem Sinne auch *Wendt*, r+s 2012, 209, 219.
70 BGH 25.5.2011 – IV ZR 59/09, VersR 2011, 1005; van Bühren/Plote/*van Bühren*, ARB, § 5 Rn 155.

3. **Selbstbeteiligung (lit. c).** Durch Abs. 3 lit. c wird klargestellt, dass die Selbstbe- 34
teiligung je Leistungsart, wenn also bei einem Versicherungsfall **mehrere Leistungsarten** in Anspruch genommen werden, durchaus mehrfach in Abzug zu bringen ist.
Werden innerhalb derselben Leistungsart dagegen die **Interessen des VN und mitversicherter Personen** wahrgenommen, kann die Selbstbeteiligung nur einmal abgezogen werden.[71]

Dem VN steht im Zusammenhang mit der Selbstbeteiligung ein **Quotenvorrecht** 35
zu. Sofern der VR dem VN Kosten erstattet hat und der dem VN zustehende Kostenerstattungsanspruch gegen den Gegner auf den VR übergegangen ist (§ 86
Abs. 1 VVG), ist von den Kostenerstattungsbeträgen der Gegenseite daher zunächst die Selbstbeteiligung des VN zu zahlen.[72]

4. **Vollstreckungsmaßnahmen (lit. d, e, f).** Die Rechtsschutzversicherung deckt 36
selbstverständlich auch die Kosten für Maßnahmen der Zwangsvollstreckung als
letzte Stufe der Interessenwahrnehmung. Um die Kosten insoweit zu begrenzen,
schließt Abs. 3 lit. d die Kostendeckung ab der vierten Zwangsvollstreckungsmaßnahme je Vollstreckungstitel und Abs. 3 lit. e nach Ablauf einer Frist von fünf Jahren seit Rechtskraft des Vollstreckungstitels aus.

Richtet sich die Zwangsvollstreckung gegen **Gesamtschuldner**, zählt jede Zwangs- 37
vollstreckungsmaßnahme auch gegen nur einen Schuldner.[73]

Unter **Zwangsvollstreckungsmaßnahmen** iSv Abs. 3 lit. d, e fallen sämtliche voll- 38
streckungsrechtlichen **Rechtsbehelfe** sowie **Klagen**, und zwar sowohl solche, die
auf Abwehr der Vollstreckung gerichtet sind wie Vollstreckungsgegenklagen[74] und
Drittwiderspruchsklagen,[75] als auch solche des Vollstreckungsgläubigers gegen
einen Drittschuldner[76] oder nach dem Anfechtungsgesetz.[77] Der Begriff „Vollstreckungsmaßnahme" ist weiter als die in § 2 Abs. 3 lit. b ARB 75 noch verwandte
Formulierung „Anträge auf Vollstreckung oder Vollstreckungsabwehr", unter die
der BGH die Einziehungsklage gegen den Drittschuldner nicht subsumiert hat.[78]
Die **Kosten** der Zwangsvollstreckung umfassen Rechtsanwalts-, Gerichts-, Gerichtsvollzieher- oder Verwaltungsvollstreckungskosten wie auch die Kosten eines
Vollstreckungsvergleichs.[79]

Die Fünf-Jahres-Frist nach Abs. 3 lit. e gilt nicht für die einseitige Unterwerfung 39
unter die sofortige Zwangsvollstreckung gem. § 794 Abs. 1 Nr. 5 ZPO.[80]

Durch Abs. 3 lit. f werden **Strafvollstreckungsmaßnahmen**, also zB Anträge auf 40
Strafaussetzung bzw -aufschub oder Gnadengesuche, wegen einer Geldstrafe oder
-buße unter 250 € vom Deckungsschutz ausgenommen.

5. **Kostentragungspflicht Dritter (lit. g).** Abs. 3 lit. g schließt die Deckung in Fällen 41
aus, in denen die Haftung eines Dritten eigentlich hinter die des VR zurücktreten

---

71 Harbauer/*Bauer*, § 5 ARB 2000 Rn 206.
72 OLG Köln 25.3.1994 – 19 U 136/93, NJW-RR 1994, 955; Harbauer/*Bauer*, § 17 ARB 2000 Rn 171.
73 AG Dortmund 13.11.1981 – 111 C 475/81, zfs 1982, 49; Harbauer/*Bauer*, § 5 ARB 2000 Rn 211.
74 BGH 22.5.1991 – IV ZR 183/90, VersR 1991, 919.
75 AG Würzburg 23.10.1997 – 15 C 1458/97, VersR 1999, 189; Prölss/Martin/*Armbrüster*, § 5 ARB 2010 Rn 67.
76 *Maier*, r+s 2007, 313; *Bauer*, NJW 2009, 1564, 1566; Prölss/Martin/*Armbrüster*, § 5 ARB 2010 Rn 68.
77 LG Kleve 20.6.1986 – 4 O 107/86, zfs 1987, 16; Bühren/Plote/*van Bühren*, ARB, § 5 Rn 175.
78 BGH 29.10.2008 – IV ZR 128/07, VersR 2009, 216.
79 BGH 22.5.1991 – IV ZR 183/90, VersR 1991, 919.
80 BGH 17.1.2007 – IV ZR 124/06, VersR 2007, 535; OLG Karlsruhe 25.4.2005 – 12 U 278/05, r+s 2006, 450.

müsste, wie insb. nach § 839 Abs. 1 S. 2 BGB und § 117 Abs. 3 S. 2 VVG.[81] Dadurch wird die Subsidiarität der Dritthaftung wieder ausgeschaltet.[82]

42   **6. Deckungssumme (Abs. 4).** Abs. 4 begrenzt die Deckungspflicht des VR in einem Rechtsschutzfall auf die vereinbarte Versicherungssumme, wobei Leistungen an den VN und mitversicherte Personen zusammengerechnet werden. Entsprechendes gilt für mehrere Versicherungsfälle, die zeitlich und ursächlich zusammenhängen. Ein derartiger Zusammenhang besteht dann, wenn die Versicherungsfälle gemeinsame Ursachen haben und deshalb einem einheitlichen Lebensvorgang angehören,[83] zB[84] eine Hepatitisinfektion nach einem Unfall,[85] die Fortsetzung einer ärztlichen Fehlbehandlung durch einen weiteren Arzt[86] oder ein Streit mit Leasinggeber und Verkäufer wegen Fahrzeugmängeln.[87]

43   Der VR ist verpflichtet, den VN auf einen drohenden Verbrauch der Versicherungssumme **hinzuweisen**,[88] nach teilweiser Ansicht aber nur dann, wenn der VR Grund zu der Annahme hat, der VN würde die Möglichkeit einer Überschreitung der Deckungssumme nicht erkennen.[89]

44   **7. Fürsorgepflichten (Abs. 5).** Nach Abs. 5 hat der VR Sorge zu leisten für die Übersetzung schriftlicher Unterlagen bei der Interessenwahrnehmung im Ausland einschließlich der Übernahme der dafür erforderlichen Kosten sowie durch Gewährung eines zinslosen Darlehens für eine Strafkaution, wobei Letzteres nicht auf Auslandsfälle beschränkt ist.

45   **8. Andere Berufsgruppen (Abs. 6).** Abs. 6 erstreckt den Rechtsschutz ausnahmsweise auch auf die Tätigkeit eines Notars (lit. a) in Angelegenheiten der freiwilligen Gerichtsbarkeit und im Beratungs-Rechtsschutz im Familien-, Lebenspartnerschafts- und Erbrecht (§ 2 lit. k), auf Angehörige der steuerberatenden Berufe (lit. b) im Steuer-Rechtsschutz vor Gerichten (§ 2 lit. e) und bei der Interessenwahrnehmung im Ausland auf dort ansässige rechts- und sachkundige Bevollmächtigte (lit. c). Ob eine Person in diesem Sinne rechtskundig ist, richtet sich nach dem betreffenden ausländischen Recht.[90]

§ 6 Örtlicher Geltungsbereich

(1) Rechtsschutz besteht, soweit die Wahrnehmung rechtlicher Interessen in Europa, den Anliegerstaaten des Mittelmeeres, auf den Kanarischen Inseln oder auf Madeira erfolgt und ein Gericht oder eine Behörde in diesem Bereich gesetzlich zuständig ist oder zuständig wäre, wenn ein gerichtliches oder behördliches Verfahren eingeleitet werden würde.

(2) Für die Wahrnehmung rechtlicher Interessen außerhalb des Geltungsbereiches nach Absatz 1 trägt der Versicherer bei Rechtsschutzfällen, die dort während eines längstens sechs Wochen dauernden, *nicht beruflich bedingten* Aufenthaltes eintreten, die Kosten nach § 5 Abs. 1 bis zu einem Höchstbetrag von … Euro. Insoweit besteht kein Rechtsschutz für die Interessenwahrnehmung im Zusammenhang mit

---

81 Vgl Harbauer/*Bauer*, § 5 ARB 2000 Rn 260.
82 Prölss/Martin/*Armbrüster*, § 5 ARB 2010 Rn 73.
83 BGH 8.11.1989 – IVa ZR 193/88, VersR 1990, 301.
84 Weitere Beispiele bei Beckmann/Matusche-Beckmann/*Obarowski*, § 37 Rn 276 Fn 426.
85 OLG Karlsruhe 21.8.1997 – 12 U 145/97, r+s 1998, 199.
86 OLG Hamm 22.11.2006 – 20 W 15/06, VersR 2007, 1511.
87 OLG Köln 16.1.1996 – 9 U 44/95, r+s 1996, 105.
88 Harbauer/*Bauer*, § 5 ARB 2000 Rn 269.
89 OLG Köln 16.1.1996 – 9 U 44/95, r+s 1996, 105; OLG Köln 17.1.1991 – 5 U 77/90, VersR 1991, 1126; Beckmann/Matusche-Beckmann/*Obarowski*, § 37 Rn 274.
90 Prölss/Martin/*Armbrüster*, § 5 ARB 2010 Rn 86.

dem Erwerb oder der Veräußerung von dinglichen Rechten oder Teilzeitnutzungsrechten (Timesharing) an Grundstücken, Gebäuden oder Gebäudeteilen.

I. Allgemeines

§ 6 schränkt den Rechtsschutz geografisch ein, da eine uneingeschränkte weltweite Deckung unübersehbare und unverhältnismäßige Kostenrisiken einschließen und den Versicherungsschutz daher erheblich verteuern würde. 1

Die Vorschrift gilt nicht, soweit der Rechtsschutz für bestimmte Leistungsarten bereits geografisch beschränkt ist, wie der Steuer-Rechtsschutz (§ 2 lit. e) und der Sozialgerichts-Rechtsschutz (§ 2 lit. f) auf die Interessenwahrnehmung vor deutschen Gerichten oder der Beratungs-Rechtsschutz im Familien-, Lebenspartnerschafts- und Erbrecht (§ 2 lit. k) auf die Interessenwahrnehmung durch einen in Deutschland zugelassenen Rechtsanwalt. 2

II. Deckungsumfang

Abs. 1 stellt die Interessenwahrnehmung in Europa, den Anliegerstaaten des Mittelmeeres, den Kanarischen Inseln und Madeira unter Versicherungsschutz, wenn dort ein **Gericht** oder eine **Behörde** im Falle eines gerichtlichen oder behördlichen Verfahrens gesetzlich **zuständig** wäre. Unter dieser Voraussetzung besteht also auch Deckungsschutz für Versicherungsfälle, die außerhalb Europas bzw den genannten Staaten eintreten. Abs. 1 stellt eine primäre Risikobegrenzung dar, so dass der VN **beweispflichtig** dafür ist, dass für die Interessenwahrnehmung ein Gericht oder eine Behörde in einem der in Abs. 1 genannten Länder zuständig wäre.[1] 3

Abs. 2 enthält eine **weltweite Deckung** für zeitlich begrenzte, nämlich maximal sechs Wochen dauernde, zudem nicht beruflich bedingte Auslandsaufenthalte. Der Rechtsschutz wird insoweit auch nur bis zu einem bestimmten Höchstbetrag gewährt. Ausgenommen wird die Interessenwahrnehmung im Zusammenhang mit dem Erwerb oder der Veräußerung von dinglichen Rechten oder Teilnutzungsrechten (Timesharing) an Immobilien. 4

2. Versicherungsverhältnis

§ 7 Beginn des Versicherungsschutzes

Der Versicherungsschutz beginnt zu dem im Versicherungsschein angegebenen Zeitpunkt, wenn der Versicherungsnehmer den ersten oder einmaligen Beitrag unverzüglich nach Fälligkeit im Sinne von § 9 B Absatz 1 Satz 1 zahlt. Eine vereinbarte Wartezeit bleibt unberührt.

§ 7 macht den Beginn des Versicherungsschutzes von der Zahlung der Erstprämie abhängig. § 7 stellt damit eine sog. erweiterte Einlösungsklausel (vgl § 37 VVG Rn 15) dar. Bei rechtzeitiger Zahlung beginnt die Versicherung zu dem im Versicherungsschein angegebenen Zeitpunkt, bei verspäteter Zahlung erst mit dem Tag der Zahlung (§ 9 B Abs. 2). 1

---

1 Harbauer/*Bauer*, § 6 ARB 2000 Rn 3.

§ 8 Dauer und Ende des Vertrages

(1) Vertragsdauer
Der Vertrag ist für die im Versicherungsschein angegebene Zeit abgeschlossen.

(2) Stillschweigende Verlängerung
Bei einer Vertragsdauer von mindestens einem Jahr verlängert sich der Vertrag um jeweils ein Jahr, wenn nicht dem Vertragspartner spätestens drei Monate vor dem Ablauf des jeweiligen Versicherungsjahres eine Kündigung zugegangen ist.

(3) Vertragsbeendigung
Bei einer Vertragsdauer von weniger als einem Jahr endet der Vertrag, ohne dass es einer Kündigung bedarf, zum vorgesehenen Zeitpunkt.

Bei einer Vertragsdauer von mehr als drei Jahren kann der Versicherungsnehmer den Vertrag schon zum Ablauf des dritten Jahres oder jedes darauf folgenden Jahres kündigen; die Kündigung muss dem Versicherer spätestens drei Monate vor dem Ablauf des jeweiligen Jahres zugegangen sein.

1 § 8 regelt Dauer, stillschweigende Verlängerung und Beendigung des Rechtsschutzversicherungsvertrages unter Beachtung von § 11 VVG; auf die dortige Kommentierung wird daher verwiesen.

2 Sind in einer Police mehrere rechtlich selbständige VersVerträge zusammengefasst, sind diese auch getrennt voneinander kündbar.[1]

§ 8 a Versicherungsjahr

Das Versicherungsjahr erstreckt sich über einen Zeitraum von zwölf Monaten. Besteht die vereinbarte Vertragsdauer jedoch nicht aus ganzen Jahren, wird das erste Versicherungsjahr entsprechend verkürzt. Die folgenden Versicherungsjahre bis zum vereinbarten Vertragsablauf sind jeweils ganze Jahre.

1 § 8 a, der mit den ARB 2010 neu eingefügt wurde, definiert das **Versicherungsjahr** mit einem Zeitraum von zwölf Monaten und stellt für den Fall, dass eine unterjährige Vertragsdauer vereinbart wird, klar, dass das erste Versicherungsjahr zu dem vereinbarten Zeitpunkt, also schon vor Ablauf von zwölf Monaten, endet, dass sich die folgenden Versicherungsjahre aber jeweils über ein ganzes Jahr, also zwölf Monate, erstrecken.

§ 9 Beitrag

A. Beitrag und Versicherungsteuer

(1) Beitragszahlung
Die Beiträge können je nach Vereinbarung durch Monats-, Vierteljahres-, Halbjahres- oder Jahresbeiträge entrichtet werden. Die Versicherungsperiode umfasst bei Monatsbeiträgen einen Monat, bei Vierteljahresbeiträgen ein Vierteljahr, bei Halbjahresbeiträgen ein Halbjahr und bei Jahresbeiträgen ein Jahr.

(2) Versicherungsteuer
Der in Rechnung gestellte Beitrag enthält die Versicherungsteuer, die der Versicherungsnehmer in der jeweils vom Gesetz bestimmten Höhe zu entrichten hat.

---

1 Harbauer/*Bauer*, § 8 ARB 2000 Rn 12; Prölss/Martin/*Armbrüster*, § 8 ARB 2010 Rn 4.

B. Zahlung und Folgen verspäteter Zahlung/erster Beitrag

(1) Fälligkeit der Zahlung

Der erste Beitrag wird unverzüglich nach Ablauf von zwei Wochen nach Zugang des Versicherungsscheins fällig.

(2) Späterer Beginn des Versicherungsschutzes

Zahlt der Versicherungsnehmer den ersten Beitrag nicht rechtzeitig, sondern zu einem späteren Zeitpunkt, beginnt der Versicherungsschutz erst ab diesem Zeitpunkt, sofern der Versicherungsnehmer durch gesonderte Mitteilung in Textform oder durch einen auffälligen Hinweis im Versicherungsschein auf diese Rechtsfolge aufmerksam gemacht wurde. Das gilt nicht, wenn der Versicherungsnehmer nachweist, dass er die Nichtzahlung nicht zu vertreten hat.

(3) Rücktritt

Zahlt der Versicherungsnehmer den ersten Beitrag nicht rechtzeitig, kann der Versicherer vom Vertrag zurücktreten, solange der Beitrag nicht gezahlt ist. Der Versicherer kann nicht zurücktreten, wenn der Versicherungsnehmer nachweist, dass er die Nichtzahlung nicht zu vertreten hat.

C. Zahlung und Folgen verspäteter Zahlung/Folgebeitrag

(1) Die Folgebeiträge werden zu dem jeweils vereinbarten Zeitpunkt fällig.

(2) Verzug

Wird ein Folgebeitrag nicht rechtzeitig gezahlt, gerät der Versicherungsnehmer ohne Mahnung in Verzug, es sei denn, dass er die verspätete Zahlung nicht zu vertreten hat. Der Versicherer ist berechtigt, Ersatz des ihm durch den Verzug entstandenen Schadens zu verlangen.

(3) Zahlungsaufforderung

Wird ein Folgebeitrag nicht rechtzeitig gezahlt, kann der Versicherer dem Versicherungsnehmer auf dessen Kosten in Textform eine Zahlungsfrist bestimmen, die mindestens zwei Wochen betragen muss. Die Bestimmung ist nur wirksam, wenn sie die rückständigen Beträge des Beitrags, Zinsen und Kosten im Einzelnen beziffert und die Rechtsfolgen angibt, die nach Absätzen 4 und 5 mit dem Fristablauf verbunden sind.

(4) Kein Versicherungsschutz

Ist der Versicherungsnehmer nach Ablauf dieser Zahlungsfrist noch mit der Zahlung in Verzug, besteht ab diesem Zeitpunkt bis zur Zahlung kein Versicherungsschutz, wenn er mit der Zahlungsaufforderung nach Absatz 3 darauf hingewiesen wurde.

(5) Kündigung

Ist der Versicherungsnehmer nach Ablauf dieser Zahlungsfrist noch mit der Zahlung in Verzug, kann der Versicherer den Vertrag ohne Einhaltung einer Frist kündigen, wenn er den Versicherungsnehmer mit der Zahlungsaufforderung nach Absatz 3 darauf hingewiesen hat.

Hat der Versicherer gekündigt und zahlt der Versicherungsnehmer danach innerhalb eines Monats den angemahnten Betrag, besteht der Vertrag fort. Für Versicherungsfälle, die zwischen dem in Abs. 4 genannten Zeitpunkt (Ablauf der Zahlungsfrist) und der Zahlung eingetreten sind, besteht jedoch kein Versicherungsschutz.

D. Rechtzeitigkeit der Zahlung bei Lastschriftermächtigung

(1) Rechtzeitige Zahlung

Ist die Einziehung des Beitrags von einem Konto vereinbart, gilt die Zahlung als rechtzeitig, wenn der Beitrag zu dem Fälligkeitstag eingezogen werden kann und der Versicherungsnehmer einer berechtigten Einziehung nicht widerspricht.

Konnte der fällige Beitrag ohne Verschulden des Versicherungsnehmers vom Versicherer nicht eingezogen werden, ist die Zahlung auch dann noch rechtzeitig, wenn sie unverzüglich nach einer in Textform abgegebenen Zahlungsaufforderung des Versicherers erfolgt.

(2) Beendigung des Lastschriftverfahrens

Kann der fällige Beitrag nicht eingezogen werden, weil der Versicherungsnehmer die Einzugsermächtigung widerrufen hat, oder hat der Versicherungsnehmer aus anderen Gründen zu vertreten, dass der Beitrag nicht eingezogen werden kann, ist der Versicherer berechtigt, künftig Zahlung außerhalb des Lastschriftverfahrens zu verlangen. Der Versicherungsnehmer ist zur Übermittlung des Beitrages erst verpflichtet, wenn er vom Versicherer hierzu in Textform aufgefordert worden ist.

E. Beitrag bei vorzeitiger Vertragsbeendigung

Bei vorzeitiger Beendigung des Vertrages hat der Versicherer, soweit nicht etwas anderes bestimmt ist, nur Anspruch auf den Teil des Beitrages, der dem Zeitraum entspricht, in dem Versicherungsschutz bestanden hat.

1 Lit. A definiert die **Versicherungsperiode** und stellt klar, dass der Beitrag die **Versicherungsteuer** enthält. Lit. B knüpft an die Regelungen in §§ 33 Abs. 1, 37 VVG zur **Fälligkeit der Erstprämie** und zum **Erstprämienverzug** an. Lit. C setzt die Regelung des § 38 VVG zum **Verzug mit einer Folgeprämie** um. Auf die einschlägigen Kommentierungen zu §§ 33, 37 und 38 VVG wird jeweils verwiesen.

2 Lit. D trifft besondere Regelungen zur Prämienzahlung im **Lastschriftverfahren**.

3 Nach lit. E hat der VR – in Übereinstimmung mit § 39 Abs. 1 S. 1 VVG – bei **vorzeitiger Vertragsbeendigung** nur Anspruch auf den Teil der Prämie, der dem Zeitraum entspricht, in dem Versicherungsschutz bestanden hat.

§ 10 Beitragsanpassung

(1) Ein unabhängiger Treuhänder ermittelt bis zum 1. Juli eines jeden Jahres, um welchen Vomhundertsatz sich für die Rechtsschutzversicherung das Produkt von Schadenhäufigkeit und Durchschnitt der Schadenzahlungen einer genügend großen Zahl der die Rechtsschutzversicherung betreibenden Versicherer im vergangenen Kalenderjahr erhöht oder vermindert hat. Als Schadenhäufigkeit eines Kalenderjahres gilt die Anzahl der in diesem Jahr gemeldeten Rechtsschutzfälle, geteilt durch die Anzahl der im Jahresmittel versicherten Risiken. Als Durchschnitt der Schadenzahlungen eines Kalenderjahres gilt die Summe der Zahlungen, die für alle in diesem Jahr erledigten Rechtsschutzfälle insgesamt geleistet wurden, geteilt durch die Anzahl dieser Rechtsschutzfälle. Veränderungen der Schadenhäufigkeit und des Durchschnitts der Schadenzahlungen, die aus Leistungsverbesserungen herrühren, werden bei den Feststellungen des Treuhänders nur bei denjenigen Verträgen berücksichtigt, in denen sie in beiden Vergleichsjahren bereits enthalten sind.

(2) Die Ermittlung des Treuhänders erfolgt für Versicherungsverträge

gemäß den §§ 21 und 22,
gemäß den §§ 23, 24, 25 und 29,
gemäß den §§ 26 und 27,
gemäß § 28

nebst den zusätzlich vereinbarten Klauseln gesondert, und zwar jeweils unterschieden nach Verträgen mit und ohne Selbstbeteiligung.

(3) Ergeben die Ermittlungen des Treuhänders einen Vomhundertsatz unter 5, unterbleibt eine Beitragsänderung. Der Vomhundertsatz ist jedoch in den folgenden Jahren mit zu berücksichtigen. Ergeben die Ermittlungen des Treuhänders einen höheren Vomhundertsatz, ist dieser, wenn er nicht durch 2,5 teilbar ist, auf die nächst niedrige durch 2,5 teilbare Zahl abzurunden.

Im Falle einer Erhöhung ist der Versicherer berechtigt, im Falle einer Verminderung verpflichtet, den Folgejahresbeitrag um den abgerundeten Vomhundertsatz zu verändern. Der erhöhte Beitrag darf den zum Zeitpunkt der Erhöhung geltenden Tarifbeitrag nicht übersteigen.

(4) Hat sich der entsprechend Absatz 1 nach den unternehmenseigenen Zahlen des Versicherers zu ermittelnde Vomhundertsatz in den letzten drei Jahren, in denen eine Beitragsanpassung möglich war, geringer erhöht, als er vom Treuhänder für diese Jahre festgestellt wurde, so darf der Versicherer den Folgejahresbeitrag in der jeweiligen Anpassungsgruppe gemäß Absatz 2 nur um den im letzten Kalenderjahr nach seinen Zahlen ermittelten Vomhundertsatz erhöhen. Diese Erhöhung darf diejenige nicht übersteigen, die sich nach Absatz 3 ergibt.

(5) Die Beitragsanpassung gilt für alle Folgejahresbeiträge, die ab 1. Oktober des Jahres, in dem die Ermittlungen des Treuhänders erfolgten, fällig werden. Sie unterbleibt, wenn seit dem im Versicherungsschein bezeichneten Versicherungsbeginn für den Gegenstand der Versicherung noch nicht ein Jahr abgelaufen ist.

(6) Erhöht sich der Beitrag, ohne dass sich der Umfang des Versicherungsschutzes ändert, kann der Versicherungsnehmer den Versicherungsvertrag innerhalb eines Monats nach Zugang der Mitteilung des Versicherers mit sofortiger Wirkung, frühestens jedoch zu dem Zeitpunkt kündigen, in dem die Beitragserhöhung wirksam werden sollte. Der Versicherer hat den Versicherungsnehmer in der Mitteilung auf das Kündigungsrecht hinzuweisen. Die Mitteilung muss dem Versicherungsnehmer spätestens einen Monat vor dem Wirksamwerden der Beitragserhöhung zugehen. Eine Erhöhung der Versicherungsteuer begründet kein Kündigungsrecht.

Abs. 1–5 regeln das Verfahren zur **Beitragsänderung** – Erhöhung, aber auch Reduzierung – durch einen Treuhänder. Nach Abs. 6 steht dem VN in Umsetzung von § 40 VVG ein **außerordentliches Kündigungsrecht** für den Fall zu, dass sich der Beitrag – nicht die Versicherungsteuer – **erhöht**, ohne dass sich der Versicherungsumfang ändert. 1

§ 11 Änderung der für die Beitragsbemessung wesentlichen Umstände

(1) Tritt nach Vertragsabschluss ein Umstand ein, der nach dem Tarif des Versicherers einen höheren als den vereinbarten Beitrag rechtfertigt, kann der Versicherer vom Eintritt dieses Umstandes an für die hierdurch entstandene höhere Gefahr den höheren Beitrag verlangen. Wird die höhere Gefahr nach dem Tarif des Versicherers auch gegen einen höheren Beitrag nicht übernommen, kann der Versicherer die Absicherung der höheren Gefahr ausschließen. Erhöht sich der Beitrag wegen der Gefahrerhöhung um mehr als 10 Prozent oder schließt der Versicherer die Absicherung der höheren Gefahr aus, kann der Versicherungsnehmer den Vertrag innerhalb eines Monats nach Zugang der Mitteilung des Versicherers ohne Einhaltung einer Frist kündigen. In der Mitteilung hat der Versicherer den Versicherungsnehmer auf dieses Kündigungsrecht hinzuweisen. Der Versicherer kann seine Rechte nur innerhalb eines Monats nach Kenntnis ausüben.

(2) Tritt nach Vertragsabschluss ein Umstand ein, der nach dem Tarif des Versicherers einen geringeren als den vereinbarten Beitrag rechtfertigt, kann der Versiche-

rer vom Eintritt dieses Umstandes an nur noch den geringeren Beitrag verlangen. Zeigt der Versicherungsnehmer diesen Umstand dem Versicherer später als zwei Monate nach dessen Eintritt an, wird der Beitrag erst von Eingang der Anzeige an herabgesetzt.

(3) Der Versicherungsnehmer hat dem Versicherer innerhalb eines Monates nach Zugang einer Aufforderung die zur Beitragsberechnung erforderlichen Angaben zu machen. Verletzt der Versicherungsnehmer diese Pflicht, kann der Versicherer den Vertrag unter Einhaltung einer Frist von einem Monat kündigen, wenn die Pflichtverletzung des Versicherungsnehmers vorsätzlich oder grob fahrlässig war. Das Nichtvorliegen der groben Fahrlässigkeit hat der Versicherungsnehmer zu beweisen. Macht der Versicherungsnehmer bis zum Fristablauf diese Angaben vorsätzlich unrichtig oder unterlässt er die erforderlichen Angaben vorsätzlich und tritt der Versicherungsfall später als einen Monat nach dem Zeitpunkt ein, in dem die Angaben dem Versicherer hätten zugehen müssen, so hat der Versicherungsnehmer keinen Versicherungsschutz, es sei denn dem Versicherer war der Eintritt des Umstandes zu diesem Zeitpunkt bekannt. Beruht das Unterlassen der erforderlichen Angaben oder die unrichtige Angabe auf grober Fahrlässigkeit, kann der Versicherer den Umfang des Versicherungsschutzes in einem der Schwere des Verschuldens des Versicherungsnehmers entsprechenden Verhältnis kürzen. Das Nichtvorliegen einer groben Fahrlässigkeit hat der Versicherungsnehmer zu beweisen. Der Versicherungsnehmer hat gleichwohl Versicherungsschutz, wenn zum Zeitpunkt des Versicherungsfalls die Frist für die Kündigung des Versicherers abgelaufen war und er nicht gekündigt hat. Gleiches gilt, wenn der Versicherungsnehmer nachweist, dass die Gefahr weder für den Eintritt des Versicherungsfalls noch den Umfang der Leistung des Versicherers ursächlich war.

(4) Die vorstehenden Regelungen finden keine Anwendung, wenn sich die Gefahr nur unerheblich erhöht hat oder nach den Umständen als vereinbart anzusehen ist, dass die Gefahrerhöhung mitversichert sein soll.

I. Allgemeines

1 § 11 ermöglicht die **Anpassung des Beitrages** an eine Änderung der Risikosituation, und zwar in Form einer **Gefahrerhöhung** (Abs. 1), aber auch **Gefahrminderung** (Abs. 2). Dadurch werden die gesetzlichen Vorschriften über die Gefahrerhöhung (§§ 23 ff VVG) umgesetzt. Im Falle einer Risikoerhöhung kann der VR ab dem Zeitpunkt der Risikoerhöhung den nach seinem Tarif vorgesehenen höheren Beitrag, im Falle einer Risikominderung nur noch den tariflich vorgesehenen minderen Beitrag verlangen. Eine Risikoerhöhung, die unerheblich ist oder nach den Umständen als vereinbart anzusehen ist, bleibt – entsprechend § 27 VVG – folgenlos (**Abs. 4**). Sehen die Tarifbestimmungen eine Versicherung des erhöhten Risikos gar nicht vor, kann der VR eine **Versicherung** dieses Risikos **ausschließen**. Für die **Rechte des VR** gilt seit den ARB 2010 und entsprechend §§ 25 Abs. 1 S. 2, 24 Abs. 3 VVG eine **Monatsfrist** ab Kenntnis. Für den Fall, dass der VR die Versicherung des erhöhten Risikos ausschließt oder sich der Beitrag wegen der Gefahrerhöhung um mehr als 10% erhöht, steht dem **VN** ein **Kündigungsrecht** zu, für dessen Ausübung ebenfalls eine **Monatsfrist** gilt; diese Frist beginnt mit dem Zugang der Mitteilung des VR, in der der VR den VN auf das Kündigungsrecht hinzuweisen hat (vgl § 25 Abs. 2 VVG). Zeigt der VN den eine Beitragsminderung rechtfertigenden Umstand dem VR später als zwei Monate nach dessen Eintritt an, gilt die **Beitragsreduzierung** erst vom Eingang der Anzeige beim VR an.

2 **Beispiele** für Risikoerhöhungen bzw -minderungen sind Erwerb oder Veräußerung von Fahrzeugen beim Verkehrs-Rechtsschutz, Änderung der Mitarbeiterzahl beim

Firmen-Rechtsschutz oder Vergrößerung bzw Verkleinerung des landwirtschaftlichen Grundbesitzes beim Landwirtschafts- und Verkehrs-Rechtsschutz.[1]

II. Meldepflichten (Abs. 3)

Um eine Prämienanpassung vornehmen zu können, müssen die veränderten Umstände dem VR bekannt sein. Abs. 3 erlegt dem VN daher **Meldepflichten** auf und regelt in Anlehnung an §§ 24, 26, 27 VVG die Rechtsfolgen ihrer Verletzung. Bei der Meldepflicht handelt es sich nicht um eine Obliegenheit, sondern um eine echte Rechtspflicht.[2] Zur Erfüllung der Meldepflichten wird dem VN eine Frist von einem Monat ab Zugang einer Aufforderung gesetzt.

Bei vorsätzlicher und grob fahrlässiger Verletzung dieser Pflicht steht dem VR ein **Kündigungsrecht** zu. Die vorsätzliche Verletzung der Meldepflicht führt zur **Leistungsfreiheit** des VR, wenn der Versicherungsfall später als einen Monat nach dem Zeitpunkt eintritt, in dem die Angaben dem VR hätten zugehen müssen, sofern dem VR der Eintritt des Umstandes zu diesem Zeitpunkt nicht bekannt war. Bei grob fahrlässiger Verletzung der Meldepflicht wird die **Versicherungsleistung** in einem der Schwere der Schuld entsprechenden Verhältnis **gekürzt**. Das Nichtvorliegen von grober Fahrlässigkeit hat der VN zu **beweisen**. Keine Leistungsfreiheit des VR tritt ein, wenn die Frist für die Kündigung des VR abgelaufen ist, ohne dass der VR gekündigt hat, und wenn der VN nachweist, dass die Gefahr weder für den Eintritt des Versicherungsfalles noch für den Umfang der Leistung des VR ursächlich war.

§ 12 Wegfall des versicherten Interesses

(1) Der Vertrag endet, soweit nicht etwas anderes bestimmt ist, zu dem Zeitpunkt, zu dem der Versicherer davon Kenntnis erhält, dass das versicherte Interesse nach dem Beginn der Versicherung weggefallen ist. In diesem Fall steht ihm der Beitrag zu, den er hätte erheben können, wenn die Versicherung nur bis zum Zeitpunkt der Kenntniserlangung beantragt worden wäre.

(2) Im Falle des Todes des Versicherungsnehmers besteht der Versicherungsschutz bis zum Ende der laufenden Beitragsperiode fort, soweit der Beitrag am Todestag gezahlt war und nicht aus sonstigen Gründen ein Wegfall des Gegenstandes der Versicherung vorliegt. Wird der nach dem Todestag nächste fällige Beitrag bezahlt, bleibt der Versicherungsschutz in dem am Todestag bestehenden Umfang aufrechterhalten. Derjenige, der den Beitrag gezahlt hat oder für den gezahlt wurde, wird anstelle des Verstorbenen Versicherungsnehmer. Er kann innerhalb eines Jahres nach dem Todestag die Aufhebung des Versicherungsvertrages mit Wirkung ab Todestag verlangen.

(3) Wechselt der Versicherungsnehmer die im Versicherungsschein bezeichnete, selbst genutzte Wohnung oder das selbst genutzte Einfamilienhaus, geht der Versicherungsschutz auf das neue Objekt über. Versichert sind Rechtsschutzfälle, die im Zusammenhang mit der Eigennutzung stehen, auch soweit sie erst nach dem Auszug aus dem bisherigen Objekt eintreten. Das Gleiche gilt für Rechtsschutzfälle, die sich auf das neue Objekt beziehen und vor dessen geplantem oder tatsächlichem Bezug eintreten.

(4) Wechselt der Versicherungsnehmer ein Objekt, das er für seine gewerbliche, freiberufliche oder sonstige selbständige Tätigkeit selbst nutzt, findet Absatz 3 ent-

---

1 Harbauer/*Maier*, § 11 ARB 2000 Rn 4; Beckmann/Matusche-Beckmann/*Obarowski*, § 37 Rn 572; van Bühren/Plote/*Plote*, ARB, § 11 Rn 3, 5.
2 Prölss/Martin/*Armbrüster*, § 11 ARB 2010 Rn 6.

sprechende Anwendung, wenn das neue Objekt nach dem Tarif des Versicherers weder nach Größe, noch nach Miet- oder Pachthöhe einen höheren als den vereinbarten Beitrag rechtfertigt.

I. Allgemeines

1 Während § 11 den Fall der Risikoänderung regelt, betrifft § 12 den auch in § 80 Abs. 2 VVG geregelten Fall des Wagniswegfalls. Von einem **Wagniswegfall** spricht man dann, wenn der VN die Eigenschaft verliert, an die der Versicherungsschutz anknüpft, zB wenn der Grundstückseigentümer oder -vermieter das Grundstück veräußert. In diesem Fall endet das Versicherungsverhältnis in dem Zeitpunkt, in dem der VR von dem Wagniswegfall Kenntnis erlangt (**Abs. 1**).

II. Tod des VN (Abs. 2)

2 Bei Tod des VN besteht die Rechtsschutzversicherung bis zum Ende der laufenden Beitragsperiode fort, wenn der Beitrag zum Zeitpunkt des Todes bezahlt ist. Wird auch noch der nächste Beitrag gezahlt, bleibt der VersVertrag bestehen, wobei derjenige, der gezahlt hat, VN wird und innerhalb eines Jahres nach dem Todestag die Aufhebung des VersVertrages mit Wirkung ab Todestag verlangen kann (Abs. 2).

III. Objektwechsel (Abs. 3, 4)

3 Im Falle eines Objektwechsels im Wohnungs- und Grundstücks-Rechtsschutz geht der Versicherungsschutz auf das neue Objekt über, und zwar sowohl bei selbst genutzten Wohnungen und Einfamilienhäusern (Abs. 3) als auch bei gewerblich genutzten Objekten (Abs. 4). Für Rechtsschutzfälle, die im Zusammenhang mit dem alten Objekt nach dem Auszug eintreten, zB Auseinandersetzungen über Nebenkostenabrechnungen,[1] bleibt der Versicherungsschutz gleichwohl erhalten. Gleiches gilt für Rechtsschutzfälle, die sich auf das neue Objekt beziehen und vor dessen Bezug eingetreten sind, zB wegen eines Mangels.

§ 13 Kündigung nach Versicherungsfall

(1) Lehnt der Versicherer den Rechtsschutz ab, obwohl er zur Leistung verpflichtet ist, kann der Versicherungsnehmer den Vertrag vorzeitig kündigen.

(2) Bejaht der Versicherer seine Leistungspflicht für mindestens zwei innerhalb von zwölf Monaten eingetretene Rechtsschutzfälle, sind der Versicherungsnehmer und der Versicherer nach Anerkennung der Leistungspflicht für den zweiten oder jeden weiteren Rechtsschutzfall berechtigt, den Vertrag vorzeitig zu kündigen.

(3) Die Kündigung muss dem Vertragspartner spätestens einen Monat nach Zugang der Ablehnung des Rechtsschutzes gemäß Absatz 1 oder Anerkennung der Leistungspflicht gemäß Absatz 2 in Schriftform zugegangen sein.

Kündigt der Versicherungsnehmer, wird seine Kündigung sofort nach ihrem Zugang beim Versicherer wirksam. Der Versicherungsnehmer kann jedoch bestimmen, dass die Kündigung zu einem späteren Zeitpunkt, spätestens jedoch zum Ende des laufenden Versicherungsjahres, wirksam wird.

Eine Kündigung des Versicherers wird einen Monat nach ihrem Zugang beim Versicherungsnehmer wirksam.

---

1 van Bühren/Plote/*Plote*, ARB, § 12 Rn 9.

I. Allgemeines

§ 13 sieht unter bestimmten Voraussetzungen das Recht zur außerordentlichen Kündigung nach Eintritt des Rechtsschutzfalles, und zwar sowohl für den VR als auch den VN, vor.

II. Rechtsschutzablehnung (Abs. 1)

Lehnt der VR zu Unrecht den Rechtsschutz ab, steht dem VN ein außerordentliches Kündigungsrecht zu (Abs. 1). Ist die Berechtigung der Deckungsablehnung streitig, bleibt die Wirksamkeit der Kündigung so lange in der Schwebe, bis über die Berechtigung der Deckungsablehnung rechtskräftig oder durch Schiedsgutachten oder Stichentscheid nach § 3 a entschieden ist.[1]

III. Rechtsschutzgewährung (Abs. 2)

Hat der VR für mindestens zwei Rechtsschutzfälle innerhalb von zwölf Monaten seine Leistungspflicht bejaht, sind beide Vertragspartner berechtigt, den Vertrag vorzeitig zu kündigen (Abs. 2). Das Recht zur außerordentlichen Kündigung besteht also nicht – wie grds. in der Sachversicherung (§ 92 Abs. 1 VVG) – bereits nach dem ersten Versicherungsfall. Maßgeblich ist der Zeitpunkt des Eintritts des Rechtsschutzfalles (§ 4 Abs. 1, 2), nicht etwa der Zeitpunkt der Anzeige durch den VN.[2] Der Bejahung der Leistungspflicht, die auch konkludent durch Versicherungsleistungen erfolgen kann, steht die rechtskräftige Verurteilung zum Rechtsschutz gleich.[3]

IV. Kündigungsfrist (Abs. 3)

Sowohl für die Kündigung durch den VR als auch die durch den VN gilt eine Kündigungsfrist von einem Monat (Abs. 3 S. 1). Die Kündigung muss dem Vertragspartner also jeweils innerhalb eines Monats ab Zugang der Leistungsablehnung bzw der Anerkennung der Leistungspflicht – in **Schriftform** – zugegangen sein. Der VN kann bestimmen, ob seine Kündigung sofort oder zu einem späteren Zeitpunkt, spätestens zum Ende des laufenden Versicherungsjahres, wirksam werden soll (Abs. 3 S. 2, 3). Dem VR steht ein solches Bestimmungsrecht nicht zu; seine Kündigung wird stets mit dem Ablauf eines Monats nach Zugang wirksam (Abs. 3 S. 4).

§ 14 Gesetzliche Verjährung

(1) Die Ansprüche aus dem Versicherungsvertrag verjähren in drei Jahren. Die Fristberechnung richtet sich nach den allgemeinen Vorschriften des Bürgerlichen Gesetzbuches.

(2) Ist ein Anspruch aus dem Versicherungsvertrag bei dem Versicherer angemeldet worden, ist die Verjährung von der Anmeldung bis zu dem Zeitpunkt gehemmt, zu dem die Entscheidung des Versicherers dem Versicherten in Textform zugeht.

§ 14 enthält keine von den gesetzlichen Bestimmungen abweichenden Regelungen. Die Verjährung von Ansprüchen aus dem VersVertrag richtet sich bei Geltung des neuen VVG nach § 195 BGB. Die Verjährungsfrist beträgt danach drei Jahre. Dem

---

1 van Bühren/Plote/*Plote*, ARB, § 13 Rn 3.
2 van Bühren/Plote/*Plote*, ARB, § 13 Rn 6.
3 van Bühren/Plote/*Plote*, ARB, § 13 Rn 7.

entspricht Abs. 1 S. 1. Die Regelung des Abs. 1 S. 2 verweist auch für die Fristberechnung auf die Vorschriften des BGB. Abs. 2 entspricht § 15 VVG.

§ 15 Rechtsstellung mitversicherter Personen

(1) Versicherungsschutz besteht für den Versicherungsnehmer und im jeweils bestimmten Umfang für die in § 21 bis § 28 oder im Versicherungsschein genannten sonstigen Personen. Außerdem besteht Versicherungsschutz für Ansprüche, die natürlichen Personen aufgrund Verletzung oder Tötung des Versicherungsnehmers oder einer mitversicherten Person kraft Gesetzes zustehen.

(2) Für mitversicherte Personen gelten die den Versicherungsnehmer betreffenden Bestimmungen sinngemäß. Der Versicherungsnehmer kann jedoch widersprechen, wenn eine andere mitversicherte Person als sein ehelicher/eingetragener Lebenspartner Rechtsschutz verlangt.

I. Mitversicherte Personen (Abs. 1)

1 Der Versicherungsschutz ist nicht auf die Person des VN beschränkt, sondern erstreckt sich auf die in den §§ 21–28 oder im **Versicherungsschein genannten** sonstigen **Personen** in dem dort jeweils beschriebenen Umfang (**Abs. 1 S. 1**). Als Beispiele seien der berechtigte Fahrer, der Insasse, das Kind oder der Ehegatte des VN genannt. Im Übrigen wird auf die Kommentierung zu den §§ 21–28 verwiesen.

2 **Abs. 1 S. 2** dehnt den Versicherungsschutz noch weiter auf Personen aus, denen aufgrund Tötung oder Verletzung des VN oder mitversicherter Personen Ansprüche zustehen. Ansprüche derart **mittelbar Geschädigter** folgen insb. aus den §§ 844, 845 BGB sowie aus entsprechenden Vorschriften in Sondergesetzen.[1] Hiervon zu unterscheiden ist der Fall, dass der Anspruch auf Rechtsschutz zu Lebzeiten des VN entstanden und im Wege der Erbfolge auf den bzw die Erben übergegangen ist.[2]

II. Anzuwendende Vorschriften (Abs. 2)

3 Nach **Abs. 2 S. 1** sind die für den VN geltenden Bestimmungen auf mitversicherte Personen sinngemäß anzuwenden. Diese haben also wie der VN **Anspruch auf Rechtsschutz**. Dem kann der **VN** jedoch **widersprechen**, es sei denn, der eheliche oder eingetragene Lebenspartner verlangt Rechtsschutz (**Abs. 2 S. 2**). Den Widerspruch muss der VN schriftlich gegenüber dem VR erklären.[3] Allerdings kann der Widerspruch des VN rechtsmissbräuchlich oder treuwidrig sein, was der Mitversicherte gegen den VN notfalls im Klageweg klären lassen muss.[4] Solange ein Widerspruch des VN nicht erfolgt, sind sowohl der Mitversicherte als auch der VN zur Geltendmachung des Rechtsschutzes berechtigt, die Verfügungsbefugnis des VN ist nicht ausgeschlossen.[5] Umgekehrt gelten für mitversicherte Personen aber auch die gleichen **Obliegenheiten** und die gleichen Rechtsfolgen im Falle ihrer Verletzung; hingegen sind mitversicherte Personen nicht zur Prämienzahlung verpflichtet.[6]

---

1 Vgl hierzu *Münkel*, in: Geigel, Der Haftpflichtprozess, 8. Kap. Rn 1 ff.
2 Harbauer/*Cornelius-Winkler*, § 15 ARB 2000 Rn 13.
3 van Bühren/Plote/*Plote*, ARB, § 15 Rn 9.
4 Vgl LG Köln 12.6.1997 – 6 S 320/96, r+s 1997, 423; LAG Frankfurt 7.1.1987 – 2 Sa 934/86, zfs 1987, 213.
5 BGH 16.7.2014 – IV ZR 88/13, VersR 2014, 1118.
6 van Bühren/Plote/*Plote*, ARB, § 15 Rn 7 f.

§ 16 Anzeigen, Willenserklärungen, Anschriftenänderung

(1) Alle für den Versicherer bestimmten Anzeigen und Erklärungen sollen an die Hauptverwaltung des Versicherers oder an die im Versicherungsschein oder in dessen Nachträgen als zuständig bezeichnete Geschäftsstelle gerichtet werden.

(2) Hat der Versicherungsnehmer eine Änderung seiner Anschrift dem Versicherer nicht mitgeteilt, genügt für eine Willenserklärung, die dem Versicherungsnehmer gegenüber abzugeben ist, die Absendung eines eingeschriebenen Briefes an die letzte dem Versicherer bekannte Anschrift. Die Erklärung gilt drei Tage nach der Absendung des Briefes als zugegangen. Dies gilt entsprechend für den Fall einer Namensänderung des Versicherungsnehmers.

(3) Hat der Versicherungsnehmer die Versicherung für seinen Gewerbebetrieb abgeschlossen, finden bei einer Verlegung der gewerblichen Niederlassung die Bestimmungen des Absatzes 2 entsprechende Anwendung.

Abs. 1 verzichtet im Gegensatz zu seinen Vorgängerregelungen auf ein ausdrückliches Schriftformerfordernis. Soweit die **Anzeigen** oder **Erklärungen** an die Hauptverwaltung des VR oder eine im Versicherungsschein oder seinen Nachträgen genannte Geschäftsstelle zu richten sind, handelt es sich bloß um eine „Soll-Vorschrift". Anzeigen und Erklärungen sind also grds. auch dann wirksam, wenn sie (fern-)mündlich erstattet und nicht an die Hauptverwaltung oder eine Geschäftsstelle, sondern etwa an den – nach § 69 Abs. 1 Nr. 1, 2 VVG empfangsbevollmächtigten – VersVertreter gerichtet werden. Für vertragsgestaltende Willenserklärungen, insb. die Kündigung, ist gesondert Schriftform vorgeschrieben (zB § 13 Abs. 3). Die Regelung des **Abs. 2** entspricht § 13 Abs. 1 VVG, die Vorschrift des **Abs. 3** entspricht § 13 Abs. 2 VVG. 1

3. Rechtsschutzfall

§ 17 Verhalten nach Eintritt des Rechtsschutzfalls

(1) Wird die Wahrnehmung rechtlicher Interessen für den Versicherungsnehmer nach Eintritt eines Rechtsschutzfalles erforderlich, hat er

a) dem Versicherer den Rechtsschutzfall unverzüglich – ggf. auch mündlich oder telefonisch – anzuzeigen;
b) den Versicherer vollständig und wahrheitsgemäß über sämtliche Umstände des Rechtsschutzfalles zu unterrichten sowie Beweismittel anzugeben und Unterlagen auf Verlangen zur Verfügung zu stellen;
c) soweit seine Interessen nicht unbillig beeinträchtigt werden,
   aa) Kosten auslösende Maßnahmen mit dem Versicherer abzustimmen, insbesondere vor der Erhebung und Abwehr von Klagen sowie vor der Einlegung von Rechtsmitteln die Zustimmung des Versicherers einzuholen;
   bb) für die Minderung des Schadens im Sinne des § 82 VVG zu sorgen. Dies bedeutet, dass die Rechtsverfolgungskosten so gering wie möglich gehalten werden sollen. Von mehreren möglichen Vorgehensweisen hat der Versicherungsnehmer die kostengünstigste zu wählen, indem er z.B. (Aufzählung nicht abschließend):
   – nicht zwei oder mehr Prozesse führt, wenn das Ziel kostengünstiger mit einem Prozess erreicht werden kann (z.B. Bündelung von Ansprüchen oder Inanspruchnahme von Gesamtschuldnern als Streitgenossen, Erweiterung einer Klage statt gesonderter Klageerhebung),

- auf (zusätzliche) Klageanträge verzichtet, die in der aktuellen Situation nicht oder noch nicht notwendig sind,
- vor Klageerhebung die Rechtskraft eines anderen gerichtlichen Verfahrens abwartet, das tatsächliche oder rechtliche Bedeutung für den beabsichtigten Rechtsstreit haben kann,
- vorab nur einen angemessenen Teil der Ansprüche einklagt und die etwa nötige gerichtliche Geltendmachung der restlichen Ansprüche bis zur Rechtskraft der Entscheidung über die Teilansprüche zurückstellt,
- in allen Angelegenheiten, in denen nur eine kurze Frist zur Erhebung von Klagen oder zur Einlegung von Rechtsbehelfen zur Verfügung steht, dem Rechtsanwalt einen unbedingten Prozessauftrag zu erteilen, der auch vorgerichtliche Tätigkeiten mit umfasst.

Der Versicherungsnehmer hat zur Minderung des Schadens Weisungen des Versicherers einzuholen und zu befolgen. Er hat den Rechtsanwalt entsprechend der Weisung zu beauftragen.

(2) Der Versicherer bestätigt den Umfang des für den Rechtsschutzfall bestehenden Versicherungsschutzes. Ergreift der Versicherungsnehmer Maßnahmen zur Wahrnehmung seiner rechtlichen Interessen, bevor der Versicherer den Umfang des Rechtsschutzes bestätigt und entstehen durch solche Maßnahmen Kosten, trägt der Versicherer nur die Kosten, die er bei einer Rechtsschutzbestätigung vor Einleitung dieser Maßnahmen zu tragen hätte.

(3) Der Versicherungsnehmer kann den zu beauftragenden Rechtsanwalt aus dem Kreis der Rechtsanwälte auswählen, deren Vergütung der Versicherer nach § 5 Absatz 1 a) und b) trägt. Der Versicherer wählt den Rechtsanwalt aus,

a) wenn der Versicherungsnehmer dies verlangt;
b) wenn der Versicherungsnehmer keinen Rechtsanwalt benennt und dem Versicherer die alsbaldige Beauftragung eines Rechtsanwaltes notwendig erscheint.

(4) Wenn der Versicherungsnehmer den Rechtsanwalt nicht bereits selbst beauftragt hat, wird dieser vom Versicherer im Namen des Versicherungsnehmers beauftragt. Für die Tätigkeit des Rechtsanwaltes ist der Versicherer nicht verantwortlich.

(5) Der Versicherungsnehmer hat

a) den mit der Wahrnehmung seiner Interessen beauftragten Rechtsanwalt vollständig und wahrheitsgemäß zu unterrichten, ihm die Beweismittel anzugeben, die möglichen Auskünfte zu erteilen und die notwendigen Unterlagen zu beschaffen;
b) dem Versicherer auf Verlangen Auskunft über den Stand der Angelegenheit zu geben.

(6) Wird eine der in den Absätzen 1 oder 5 genannten Obliegenheiten vorsätzlich verletzt, verliert der Versicherungsnehmer seinen Versicherungsschutz. Bei grob fahrlässiger Verletzung einer Obliegenheit ist der Versicherer berechtigt, seine Leistung in einem der Schwere des Verschuldens des Versicherungsnehmers entsprechenden Verhältnis zu kürzen. Der vollständige oder teilweise Wegfall des Versicherungsschutzes hat bei der Verletzung einer nach Eintritt des Versicherungsfalls bestehenden Auskunfts- oder Aufklärungsobliegenheit zur Voraussetzung, dass der Versicherer den Versicherungsnehmer durch gesonderte Mitteilung in Textform auf diese Rechtsfolge hingewiesen hat. Weist der Versicherungsnehmer nach, dass er die Obliegenheit nicht grob fahrlässig verletzt hat, bleibt der Versicherungsschutz bestehen.

Der Versicherungsschutz bleibt auch bestehen, wenn der Versicherungsnehmer nachweist, dass die Verletzung der Obliegenheit weder für den Eintritt oder die Feststellung des Versicherungsfalls noch für die Feststellung oder den Umfang der dem Versicherer obliegenden Leistung ursächlich war. Das gilt nicht, wenn der Versicherungsnehmer die Obliegenheit arglistig verletzt hat.

(7) Der Versicherungsnehmer muss sich bei der Erfüllung seiner Obliegenheiten die Kenntnis und das Verhalten des von ihm beauftragten Rechtsanwalts zurechnen lassen, sofern dieser die Abwicklung des Rechtsschutzfalles gegenüber dem Versicherer übernimmt.

(8) Ansprüche auf Rechtsschutzleistungen können nur mit schriftlichem Einverständnis des Versicherers abgetreten werden.

(9) Ansprüche des Versicherungsnehmers gegen andere auf Erstattung von Kosten, die der Versicherer getragen hat, gehen mit ihrer Entstehung auf diesen über. Die für die Geltendmachung der Ansprüche notwendigen Unterlagen hat der Versicherungsnehmer dem Versicherer auszuhändigen und bei dessen Maßnahmen gegen die anderen auf Verlangen mitzuwirken. Dem Versicherungsnehmer bereits erstattete Kosten sind an den Versicherer zurückzuzahlen. Verletzt der Versicherungsnehmer diese Obliegenheit vorsätzlich, ist der Versicherer zur Leistung insoweit nicht verpflichtet, als er infolgedessen keinen Ersatz von dem Dritten erlangen kann. Im Fall einer grob fahrlässigen Verletzung der Obliegenheit ist der Versicherer berechtigt, seine Leistung in einem der Schwere des Verschuldens des Versicherungsnehmers entsprechenden Verhältnis zu kürzen; die Beweislast für das Nichtvorliegen einer groben Fahrlässigkeit trägt der Versicherungsnehmer.

I. Allgemeines	1	4. Warteobliegenheit	14
II. Anzeige- und Informationsobliegenheiten (Abs. 1 lit. a, b, Abs. 5 lit. a, b)	2	5. Teilklageobliegenheit	15
		6. Unbedingter Prozessauftrag	16
III. Abstimmungsobliegenheit (Abs. 1 lit. c lit. aa)	6	7. Sonstige Fälle	17
		8. Weisungen des VR	18
IV. Schadensminderungsobliegenheit (Abs. 1 lit. c lit. bb)	9	V. Rechtsfolgen von Obliegenheitsverletzungen (Abs. 6, 7)	19
1. Allgemeines	9	VI. Auswahl und Beauftragung des Rechtsanwalts (Abs. 3, 4)	20
2. Bündelung von Ansprüchen und Verfahren	12	VII. Deckungszusage (Abs. 2)	24
3. Verzicht auf Klageanträge	13	VIII. Abtretungsverbot (Abs. 8)	26
		IX. Anspruchsübergang (Abs. 9)	27

I. Allgemeines

§ 17 regelt die Obliegenheiten des VN nach Eintritt des Rechtsschutzfalles (Abs. 1, 5), die Folgen von Obliegenheitsverletzungen (Abs. 6, 7), die Deckungszusage des VR (Abs. 2) sowie die Auswahl des Rechtsanwalts (Abs. 3, 4). 1

II. Anzeige- und Informationsobliegenheiten (Abs. 1 lit. a, b, Abs. 5 lit. a, b)

Abs. 1 lit. a sieht eine Obliegenheit zur **Anzeige des Rechtsschutzfalles** vor. Die Anzeige muss danach unverzüglich, also ohne schuldhaftes Zögern (vgl § 121 BGB), kann aber auch mündlich oder telefonisch erfolgen. 2

Der VN hat den VR über sämtliche **Umstände des Rechtsschutzfalles zu informieren sowie Beweismittel** zu benennen (**Abs. 1 lit. b**). Hierzu gehören auch dem VN ungünstige Umstände und Beweismittel. Diese Obliegenheit trifft den VN, ohne dass eine gesonderte Aufforderung des VR erforderlich wäre. Voraussetzung ist jedoch, dass der VN den Rechtsschutzfall auch geltend gemacht hat. Die Obliegenheit besteht also nicht schon dann, wenn sich kostenauslösende Maßnahmen kon- 3 kret abzeichnen und der VN den VR in Anspruch nehmen will,[1] sondern erst, wenn der VN das Verlangen nach Rechtsschutz, wenn auch nicht unbedingt ausdrücklich, so doch deutlich kundtut.[2] Demgegenüber muss der VN dem VR Unterlagen erst nach entsprechendem Verlangen des VR zur Verfügung stellen (Abs. 1 lit. b). Der **Umfang** der Informationsobliegenheit wird durch die Darlegungs- und Substantiierungslast in dem vom VN zu führenden Prozess begrenzt; sind an die Substantiierungslast des VN im Prozess, wie zB im Arzthaftungsprozess, reduzierte Anforderungen zu stellen, so muss dies für die Informationsobliegenheit entsprechend gelten.[3] Der VN ist nicht etwa gehalten, Rechtsausführungen zu machen, Rechtsprechungsnachweise beizubringen, Tatsachen mitzuteilen, deren Erarbeitung fachmedizinische Kenntnisse voraussetzt, oder eine Begutachtung zu veranlassen.[4]

4 Nach **Abs. 5 lit. a** hat der VN auch den mit der Wahrnehmung seiner Interessen beauftragten **Rechtsanwalt** vollständig und wahrheitsgemäß zu **unterrichten**, gegenüber diesem **Beweismittel** zu benennen, **Auskünfte** zu erteilen und für diesen **Unterlagen** zu beschaffen. Damit soll gewährleistet werden, dass der Rechtsanwalt über sämtliche, zur sachgerechten Interessenwahrnehmung notwendigen Informationen verfügt.

5 Nach **Abs. 5 lit. b** obliegt es dem VN, dem VR auf Verlangen **Auskunft über Verlauf und Stand der Angelegenheit** zu geben. Hierdurch soll der VR in die Lage versetzt werden, stets sachgerechte Entscheidungen zur Behandlung des Rechtsschutzfalles zu treffen. Die Obliegenheit trifft den VN. Dieser kann jedoch seinen Anwalt anweisen, entsprechende Auskünfte zu erteilen. Nur ausnahmsweise ist der Anwalt selbst verpflichtet, dem VR Auskünfte zu erteilen, zB über die Verwendung eines Vorschusses, den der VR unmittelbar an den Anwalt gezahlt hat,[5] oder wenn ein Kostenerstattungsanspruch des VN gegen den Anwalt auf den VR übergegangen ist.[6]

III. Abstimmungsobliegenheit (Abs. 1 lit. c lit. aa)

6 Nach **Abs. 1 lit. c lit. aa** obliegt es dem VN, vor der **Erhebung einer Klage** oder der **Einlegung eines Rechtsmittels** die **Zustimmung des VR** einzuholen. Hintergrund ist, dass durch solche Maßnahmen nicht unerhebliche Kosten ausgelöst werden. Als Klageerhebung gelten auch der Antrag auf Erlass eines Mahnbescheides, die Klageerhöhung oder -erweiterung sowie die Erhebung einer Widerklage durch den VN.[7] Rechtsmittel sind alle Rechtsbehelfe mit Devolutiveffekt, die also mit einer Abwälzung an eine höhere Instanz verbunden sind. Hierzu zählen insb. Berufung, Revision und Beschwerde. Sonstige Rechtsbehelfe – zB Widersprüche, Einsprüche, Gegenvorstellungen – fallen ebenso wenig unter Abs. 1 lit. c lit. aa wie Anträge auf Durchführung eines selbständigen Beweisverfahrens, die Streitverkündung oder Aufnahme eines Prozesses als Beklagter. Bei Verfahren des einstweiligen Rechtsschutzes ist die Geltung der Abstimmungsobliegenheit zumindest fraglich.[8]

7 Die Abstimmungsobliegenheit steht – wie die Schadensminderungsobliegenheit (s. hierzu Rn 9 ff) – unter dem Vorbehalt, dass die **Interessen des VN nicht unbillig beeinträchtigt** werden. Eine unbillige Interessenbeeinträchtigung kommt in Fällen

---

1 So aber Harbauer/*Bauer*, § 17 ARB 2000 Rn 4.
2 Vgl OLG Frankfurt 18.11.2009 – 7 U 52/09, VersR 2010, 1310.
3 OLG Celle 18.1.2007 – 8 U 198/06, VersR 2007, 1122.
4 AG Königstein 27.2.2013 – 21 C 1307/11, VersR 2014, 190.
5 OLG Düsseldorf 15.1.1980 – 4 U 48/79, VersR 1980, 231.
6 OLG Frankfurt 29.11.1989 – 7 U 225/88, r+s 1990, 341; AG München 4.7.1990 – 182 C 13920/90, r+s 1991, 274.
7 Harbauer/*Bauer*, § 17 ARB 2000 Rn 44.
8 Vgl Wendt, r+s 2010, 221, 232; dagegen Harbauer/*Bauer*, § 17 ARB 2000 Rn 44.

erheblicher Eilbedürftigkeit, zB durch unmittelbar bevorstehenden Eintritt der Verjährung oder eines Fristablaufs, in Betracht. Maßgeblich ist, ob die Zustimmung des VR auch mit modernen Kommunikationsmitteln nicht mehr rechtzeitig eingeholt werden kann.

Verweigert der VR zu Unrecht seine **Zustimmung**, so begeht der VN, wenn er gleichwohl Klage erhebt oder ein Rechtsmittel einlegt, keine Obliegenheitsverletzung.[9]   8

IV. Schadensminderungsobliegenheit (Abs. 1 lit. c lit. bb)

1. Allgemeines. Abs. 1 lit. c lit. bb konkretisiert die Schadensminderungsobliegenheit des VN nach § 82 Abs. 1 VVG. Danach hat der VN die **Rechtsverfolgungskosten** so gering wie möglich zu halten, insb. von mehreren möglichen Vorgehensweisen die kostengünstigste zu wählen. Es folgt eine beispielhafte und nach dem Bedingungstext nicht abschließende Aufzählung von Anwendungsfällen. Diese detaillierte Regelung der Schadensminderungsobliegenheit stellt – neben der Verschiebung der Regelungen zum Schiedsgutachter- bzw Stichentscheid-Verfahren von § 18 (ARB 2008) in § 3a (ARB 2010) – die wesentliche Änderung der ARB 2010 zu den ARB 2008 dar, wo in § 17 Abs. 5 lit. c lit. cc in Übereinstimmung mit vorhergehenden Fassungen der ARB generalklauselartig bestimmt war, dass der VN alles zu vermeiden hat, was eine unnötige Erhöhung der Kosten oder eine Erschwerung ihrer Erstattung durch die Gegenseite verursachen könnte.[10]   9

Anlass zur **Neuregelung** gab ein Revisionsverfahren vor dem BGH (IV ZR 352/07). Dort erteilte der Senat mit der Terminsladung zunächst den Hinweis, dass die Schadensminderungsobliegenheit entsprechend § 17 Abs. 5 lit. c lit. cc ARB 2008 „möglicherweise wegen Verstoßes gegen das Transparenzgebot und Leitbild der §§ 6, 62 VVG aF nach § 307 BGB unwirksam" sei.[11] In der mündlichen Verhandlung muss der BGH dann deutlich gemacht haben, dass er die Klausel tatsächlich für völlig intransparent und daher unwirksam halte; daraufhin erkannte der beklagte Rechtsschutzversicherer die Klageforderung an, so dass der BGH keine begründete Entscheidung mehr erlassen musste.[12] Der BGH schien damit eine Schadensminderungsobliegenheit entsprechend § 17 **Abs. 5 lit. c lit. cc ARB 2008** generell und unabhängig von der konkreten Schadensminderungsmaßnahme für **intransparent** und **unwirksam** zu erachten.[13] Dem ist die obergerichtliche Rspr in einer ganzen Reihe von Unterlassungsklageverfahren gegen die betreffende Klausel gefolgt.[14] Das bedeutet, dass sich der VR auf eine entsprechend § 17 Abs. 5 lit. c lit. cc ARB 2008 formulierte Schadensminderungsobliegenheit nicht berufen kann und hierzu ergangene Rspr nicht mehr gilt. Für die Intransparenz spricht, dass der durchschnittliche VN regelmäßig nicht in der Lage ist zu beurteilen, welche Kosten erforderlich oder vermeidbar sind, und der VN daher gar nicht weiß, was er tun muss, um die Obliegenheit zu erfüllen.[15] Eine solche Intransparenz widerspricht auch dem gesetzlichen Leitbild einer Obliegenheit (s. § 28 VVG Rn 12), das voraussetzt, dass das auferlegte Tun und Unterlassen ausdrücklich ver-   10

---

9 Harbauer/*Bauer*, § 17 ARB 2000 Rn 43.
10 S. hierzu die Vorauflage (1. Aufl. 2009) § 17 ARB 2008 Rn 13 ff.
11 *Kallenbach*, AnwBl 2009, 784 Fn 3.
12 *Kallenbach*, AnwBl 2009, 784; *Cornelius-Winkler*, r+s 2010, 89.
13 *Cornelius-Winkler*, r+s 2010, 89, 90 f.
14 OLG Köln 17.4.2012 – 9 U 207/11, VersR 2012, 1385; OLG Frankfurt 1.3.2012 – 3 U 136/11, zfs 2012, 398; OLG Karlsruhe 15.11.2011 – 12 U 104/11 m. Anm. *Münkel*, jurisPR-VersR 4/2012 Anm. 1; OLG Celle 29.9.2011 – 8 U 144/11, r+s 2011, 515; OLG München 22.9.2011 – 29 U 1360/11, VersR 2012, 313; aA *Will*, VersR 2012, 942.
15 OLG Köln 17.4.2012 – 9 U 207/11, VersR 2012, 1385; *Wendt*, MDR 2010, 1169, 1170; *Cornelius-Winkler*, r+s 2010, 89, 90; *Bauer*, NJW 2011, 646.

einbart und klar und eindeutig aus der Regelung erkennbar ist.[16] Mit Abs. 1 lit. c lit. bb hat der GDV den Versuch unternommen, die Schadensminderungsobliegenheit in den ARB transparent zu formulieren. Ob die Neuregelung – auch in den ausdrücklich aufgezählten Fällen – einer Transparenzkontrolle durch die Rspr standhält, wird sich noch erweisen müssen. Aufgrund der detaillierten Regelung rückt nun mehr als vorher die inhaltliche Angemessenheit der Regelung in den Blickpunkt; insoweit dürfte es aber aufgrund des Vorbehalts der unbilligen Interessenbeeinträchtigung (s. Rn 11) idR nicht zu einer unangemessenen Benachteiligung des VN kommen.[17]

Zu berücksichtigen ist, dass der VN nach § 82 Abs. 1 VVG zur Schadensminderung auch unabhängig von der Wirksamkeit einer entsprechenden Bestimmung in den ARB verpflichtet ist. Aus dieser gesetzlichen Obliegenheit lassen sich aber nicht dieselben Verhaltensgebote herleiten, wie dies die frühere Rspr aus der – nun als unwirksam geltenden – Klausel entsprechend § 17 Abs. 5 lit. c lit. cc ARB 2008 getan hat. Im Rahmen der Obliegenheit nach § 82 Abs. 1 VVG ist als Sorgfaltsmaßstab das pflichtgemäße Ermessen eines ordentlichen VN zugrunde zu legen.[18] Insoweit dürfen mithin keine Kenntnisse des Kostenrechts erwartet werden.[19] Das bedeutet allerdings nicht, dass der VN für eine von vornherein unnötige Interessenwahrnehmung Kostendeckung genießt. Der VR hat schließlich nur die für die Wahrnehmung der rechtlichen Interessen des Versicherungsnehmers oder des Versicherten erforderlichen Kosten zu tragen (vgl § 1). In extremen Fällen kann eine Interessenwahrnehmung, die vermeidbare Kosten verursacht, auch **mutwillig** gem. § 3a Abs. 1 lit. b sein oder einen **Schadensersatzanspruch** des VN **gegen** seinen **Rechtsanwalt** rechtfertigen, der nach Abs. 9 auf den VR übergeht.[20]

11 Die Schadensminderungsobliegenheit steht unter dem generellen Vorbehalt, dass die **Interessen des VN nicht unbillig beeinträchtigt** werden dürfen. Es muss also in jedem Einzelfall stets geprüft werden, ob die Erfüllung der Obliegenheit nach Abs. 1 lit. c lit. bb bzw die dort angeordnete Vorgehensweise die Interessen des VN nicht unbillig beeinträchtigt. Eine unbillige Beeinträchtigung der Interessen des VN kann insb. darin liegen, dass die Erfüllung der Obliegenheit bzw die Einhaltung der in Abs. 1 lit. c lit. bb angeordneten Vorgehensweise mit Rechtsnachteilen für den VN verbunden ist, wie etwa die Gefahr von Anspruchsverlusten infolge Verjährung oder Fristablaufs oder das Risiko des Wegfalls von Vollstreckungsmöglichkeiten.

12 **2. Bündelung von Ansprüchen und Verfahren.** Die Schadensminderungsobliegenheit gebietet dem VN, seine Ansprüche möglichst mit einer Klage bzw in einem Verfahren zu verfolgen und **nicht mehrere Verfahren** anhängig zu machen, zB bei einer Mehrheit von Schuldnern,[21] einer Mehrheit von Ansprüchen[22] oder einer Mehrheit anspruchsberechtigter versicherter Personen.[23] Der VN muss dabei die Möglichkeit einer Gerichtsstandsbestimmung gem. § 36 Abs. 1 Nr. 3 ZPO in An-

---

16 OLG Köln 17.4.2012 – 9 U 207/11, VersR 2012, 1385; OLG Karlsruhe 15.11.2011 – 12 U 104/11 m. Anm. *Münkel*, jurisPR-VersR 4/2012 Anm. 1; *Bauer*, NJW 2011, 646, 647; *Wendt*, r+s 2012, 209, 212.
17 Vgl *Münkel*, jurisPR-VersR 1/2011 Anm. 3.
18 BGH 12.7.1972 – IV ZR 23/71, NJW 1972, 1809, 1810.
19 OLG München 22.9.2011 – 29 U 1360/11, VersR 2012, 313.
20 Vgl *Bauer*, NJW 2011, 646, 648.
21 LG Hamburg 11.10.1989 – 79 O 282/89, r+s 1990, 165; Harbauer/*Bauer*, § 17 ARB 2000 Rn 71.
22 OLG Frankfurt 2.10.1991 – 7 W 26/91, JurBüro 1992, 164; LG Oldenburg 20.11.1992 – 2 S 754/92, r+s 1993, 146; AG Frankfurt 13.10.1999 – 31 C 1691/99-10, r+s 2000, 205.
23 OLG Hamm 2.4.2001 – 20 W 6/01, VersR 2002, 353.

spruch nehmen.[24] Eine unbillige Beeinträchtigung der Interessen des VN (s. Rn 11) kommt in diesen Fällen idR nicht in Betracht. Der VN kann allerdings nicht auf eine **Sammelklage** im Verbund mit weiteren von demselben Rechtsanwalt vertretenen VN verwiesen werden.[25]

3. Verzicht auf Klageanträge. Der VN soll auf (zusätzliche) Klageanträge verzichten, die in der aktuellen Situation nicht oder noch nicht notwendig sind. Aus diesem Grund ist die Erhebung einer **negativen Feststellungsklage** mit der Schadensminderungsobliegenheit idR nicht vereinbar, es sei denn, ein Untätigbleiben ist dem VN unzumutbar,[26] etwa weil sich seine Beweissituation zu verschlechtern droht oder er in geschäftlichen Dispositionen beeinträchtigt wird. Hierbei handelt es sich aber um Ausnahmefälle.[27]

4. Warteobliegenheit. Der VN hat darüber hinaus die **Rechtskraft eines anderen gerichtlichen Verfahrens abzuwarten**, wenn dieses tatsächliche oder rechtliche Bedeutung für den beabsichtigten Rechtsstreit haben kann. Die Warteobliegenheit wird insb. bei Massenschäden, zB aufgrund eines Kapitalanlagebetrugs, relevant.[28] In solchen Fällen wird dem VN etwa abverlangt, den Ausgang eines „Musterprozesses" abzuwarten. Wegen des Vorbehalts unbilliger Interessenbeeinträchtigung (s. Rn 11) gilt die Warteobliegenheit nicht, wenn der VN die Verjährung seines Anspruchs oder den Wegfall von Vollstreckungsmöglichkeiten aufgrund Insolvenz des Anspruchsgegners befürchten muss.[29] Die Wirksamkeit der Regelung zur Warteobliegenheit ist nicht zweifelsfrei. Sie könnte gegen das Transparenzgebot und das Leitbild der §§ 28, 82 VVG verstoßen, da sie dem VN nicht deutlich aufzeigt, was er zu tun hat, um die Obliegenheit zu erfüllen.[30]

5. Teilklageobliegenheit. Zu den zentralen Problemen der Schadensminderungsobliegenheit gehört seit jeher die Frage, ob diese die Erhebung einer **Teilklage** gebietet. Die Rspr[31] hält eine Teilklage nur in Ausnahmefällen für geboten. Demgegenüber gibt es Tendenzen in der Lit.,[32] die Teilklage zum Regelfall zu deklarieren und dem VN die Darlegungslast für die Unzumutbarkeit einer Teilklage aufzubürden. Dem ist auch nach ausdrücklicher Anordnung einer Teilklageobliegenheit in Abs. 1 lit. c lit. bb zu widersprechen. Eine Teilklage beeinträchtigt regelmäßig die Interessen des VN in unbilliger Weise (vgl Rn 11). In der Regel ist nur die gerichtliche Geltendmachung des Anspruchs insgesamt geeignet, die rechtlichen Interessen des VN zu befriedigen. Bei einer Teilklage droht nicht nur die Verjährung gerichtlich nicht geltend gemachter Ansprüche. Eine Teilklage widerspricht auch dem Interesse des VN an umfassender Klärung und Titulierung seiner Ansprüche. Die unbillige Beeinträchtigung von Interessen des VN durch die Obliegenheit einer Teilklage kann sich auch aus Besonderheiten desjenigen Rechtsverhältnisses ergeben, aus dem der VN rechtliche Interessen wahrnehmen will. So kann etwa dem VN, der Leistungen aus einer **Berufsunfähigkeitsversicherung** geltend machen will, nicht

---

24 OLG Celle 18.1.2007 – 8 U 198/06, VersR 2007, 1122.
25 Vgl LG Münster 19.3.2009 – 15 O 281/08, VersR 2010, 106.
26 LG Essen 12.1.2009 – 2 O 422/08, VersR 2009, 979; Beckmann/Matusche-Beckmann/ *Obarowski*, § 37 Rn 509.
27 AA *Rixecker*, zfs 2009, 400, 402, der die negative Feststellungs(wider)klage grds. als gedeckt ansieht.
28 van Bühren/Plote/*Hillmer-Möbius*, ARB, § 17 Rn 18.
29 Vgl Harbauer/*Bauer*, § 17 ARB 2000 Rn 54; van Bühren/Plote/*Hillmer-Möbius*, ARB, § 17 Rn 18.
30 In diesem Sinne etwa *Bauer*, NJW 2011, 646, 649.
31 Vgl OLG Koblenz 10.12.2009 – 10 U 475/09, VersR 2010, 902; OLG Karlsruhe 4.7.2002 – 12 U 69/02, VersR 2003, 58; OLG Hamm 12.3.1999 – 20 U 217/98, VersR 1999, 964.
32 *Looschelders*, VersR 2000, 23, 27; Beckmann/Matusche-Beckmann/*Obarowski*, § 37 Rn 505.

zugemutet werden, sich auf eine Teilklage gerichtet auf rückständige Versicherungsleistungen zu beschränken, weil der VN im Falle des Obsiegens dann uU nicht in den Genuss der Regeln über das Nachprüfungsverfahren (vgl § 174 VVG Rn 1 ff) käme.[33] Eine Teilklageobliegenheit ist daher nur **ausnahmsweise** dann anzuerkennen, wenn sich ausschließen lässt, dass dem VN bei der gerichtlichen Geltendmachung eines Teils seiner Ansprüche keine Rechtsnachteile drohen.[34]

16 **6. Unbedingter Prozessauftrag.** Besondere praktische Bedeutung kommt der Schadensminderungsobliegenheit bei **arbeitsrechtlichen Streitigkeiten**, insb. bei der Erhebung von **Kündigungsschutzklagen** zu. Dort können nicht nur Anträge auf Weiterbeschäftigung, Feststellung des Fortbestehens des Arbeitsverhältnisses und Lohnfortzahlung im Hinblick auf die Schadensminderungsobliegenheit bedenklich sein.[35] Die Kündigungsschutzklage stellt auch den Hauptanwendungsfall der Obliegenheit zur Erteilung eines unbedingten Prozessauftrags dar. Voraussetzung der Obliegenheit ist, dass zur Erhebung von Klagen oder zur Einlegung von Rechtsbehelfen nur eine kurze Frist zur Verfügung steht. Dies ist bei einer Kündigungsschutzklage, die innerhalb von drei Wochen nach Zugang der Kündigung erhoben werden muss (§ 4 S. 1 KSchG), der Fall. Mit der Obliegenheit soll verhindert werden, dass der VN den Anwalt vor Erhebung einer Kündigungsschutzklage zunächst mit der außergerichtlichen Interessenwahrnehmung und erst nach deren Erfolglosigkeit mit der Erhebung der Kündigungsschutzklage beauftragt. In diesem Fall können zusätzliche Anwaltsgebühren anfallen, da die Geschäftsgebühr auf die Verfahrensgebühr nur teilweise angerechnet wird (Nr. 3100 VV RVG, Vorbem. 3 Abs. 4 VV RVG), während der sofortige Klageauftrag auch außergerichtliche Verhandlungen umfasst (§ 19 Abs. 1 S. 2 Nr. 2 RVG). Ob der VN, der den Anwalt zunächst nur mit der außergerichtlichen Interessenwahrnehmung beauftragt hat, die Schadensminderungsobliegenheit verletzt hat, war auf Grundlage von § 17 Abs. 5 lit. c lit. cc ARB 2008 (s. dazu Rn 9 f) – auch in der Rspr[36] – umstritten.[37] Nachdem Abs. 1 lit. c lit. bb unter den genannten Voraussetzungen nun ausdrücklich gebietet, einen unbedingten Prozessauftrag zu erteilen, der auch die vorgerichtliche Tätigkeit mitumfasst, und da eine unbillige Beeinträchtigung der Interessen des VN (vgl Rn 11) in diesem Zusammenhang regelmäßig nicht zu besorgen ist, stellt ein Verstoß des VN idR eine Obliegenheitsverletzung dar. Ob den VN dabei der Vorwurf zumindest grober Fahrlässigkeit trifft, dürfte allerdings zumeist fraglich sein.

17 **7. Sonstige Fälle.** Die Aufzählung von kostengünstigsten Vorgehensweisen ist nach dem ausdrücklichen Wortlaut von Abs. 1 lit. c lit. bb nur beispielhaft und nicht abschließend. Aufgrund seiner Schadensminderungsobliegenheit ist der VN etwa auch gehalten, gegen eine **evident unrichtige Kostengrund-, Kostenfestsetzungs- oder Streitwertfestsetzungsentscheidung** vorzugehen. Hiergegen verstößt der VN jedenfalls, wenn er einer entsprechenden Aufforderung des VR nicht nachkommt.[38] Ein Verstoß gegen die Schadensminderungsobliegenheit kann auch in

---

33 OLG München 21.4.2010 – 25 U 5645/09, VersR 2010, 1362; *Münkel*, jurisPR-VersR 1/2011 Anm. 3; iE ebenso OLG Koblenz 10.12.2009 – 10 U 475/09, VersR 2010, 902.
34 In diesem Sinne auch Harbauer/*Bauer*, § 17 ARB 2000 Rn 60 f.
35 Vgl dazu ausf. *Mack*, JurBüro 2007, 400; Beckmann/Matusche-Beckmann/*Obarowski*, § 37 Rn 513 ff.
36 Eine Obliegenheitsverletzung bejahend zB LG München I 10.6.2008 – 30 S 17964/07, zfs 2008, 524; LG Hamburg 19.10.2007 – 302 S 19/07, JurBüro 2008, 488; verneinend etwa LG Stuttgart 22.8.2007 – 5 S 64/07, VersR 2008, 1205; LG Köln 30.1.2008 – 20 S 11/07, JurBüro 2008, 199.
37 Vgl hierzu ausf. Harbauer/*Bauer*, § 17 ARB 2000 Rn 69 f.
38 LG Stuttgart 22.5.1997 – 6 S 498/96, zfs 2000, 221.

einem aus Mutwillen oder unter Verletzung der Wahrheitspflicht gestellten **Beweisantrag** liegen.[39]

8. Weisungen des VR. Zur Schadensminderung hat der VN Weisungen des VR einzuholen und zu befolgen sowie den Anwalt entsprechend der Weisung zu beauftragen. 18

V. Rechtsfolgen von Obliegenheitsverletzungen (Abs. 6, 7)

Abs. 6 bestimmt die Voraussetzungen, unter denen eine Verletzung der in Abs. 1 und 5 statuierten Obliegenheiten, also der Informations-, Abstimmungs- oder Schadensminderungsobliegenheit, zur gänzlichen oder teilweisen **Leistungsfreiheit** führt. **Abs. 6** orientiert sich dabei an den gesetzlichen Vorgaben in § 28 VVG, auf dessen Kommentierung verwiesen wird. Nach einem Hinweis, den der BGH in einem Revisionsverfahren zur Schadensminderungsobliegenheit entsprechend § 17 Abs. 5 lit. c lit. cc ARB 2008 erteilt hat (s. Rn 10), dürfte ein **Anwaltsverschulden** dem VN „unter keinem Gesichtspunkt zuzurechnen" sein.[40] Eine Zurechnung über § 278 BGB scheidet im Rahmen von Obliegenheiten generell aus (s. § 28 VVG Rn 109). Der Rechtsanwalt ist auch nicht **Repräsentant** des VN, da sich die Tätigkeit des Rechtsanwalts auf die Interessenwahrnehmung im Einzelfall beschränkt und nicht die Risiko- oder Vertragsverwaltung umfasst (s. § 28 VVG Rn 133).[41] Anders lautende frühere Rspr[42] beruhte wohl noch auf einem anderen Repräsentantenbegriff. Demgegenüber kann der Rechtsanwalt durchaus **Wissenserklärungsvertreter** des VN sein, wenn er vom VN ausdrücklich oder stillschweigend mit der Übermittlung von Kenntnissen oder der Abgabe von Wissenserklärungen betraut ist (vgl § 28 VVG Rn 126 ff).[43] Da der Rechtsanwalt auch damit betraut wird, für den VN Tatsachen zur Kenntnis zu nehmen, die für den VersVertrag rechtserheblich sind, kommt der Rechtsanwalt auch als **Wissensvertreter** in Betracht (vgl § 28 VVG Rn 120).[44] Insoweit sind dem VN freilich nur entsprechendes Wissen und die Abgabe von Erklärungen zurechenbar, was allenfalls bei den Anzeige- oder Informationsobliegenheiten gem. Abs. 1 lit. a, b, Abs. 5 lit. a, b, nicht aber bei den Abstimmungs- und Schadensminderungsobliegenheiten gem. Abs. 1 lit. c lit. aa, lit. c lit. bb eine Rolle spielen kann; die Stellung des Rechtsanwalts als Wissensvertreter oder Wissenserklärungsvertreter rechtfertigt keine generelle Verschuldenszurechnung.[45] Zurechenbar ist auch nur das Wissen von Tatsachen, nicht das Wissen von rechtlichen Verhältnissen, etwa von Einzelheiten des Kosten- oder Prozessrechts. Soweit **Abs. 7**, der in Reaktion auf den Hin- 19

---

39 Harbauer/*Bauer*, § 17 ARB 2000 Rn 71.
40 *Kallenbach*, AnwBl 2009, 784 Fn 3.
41 Ebenso *Wendt*, r+s 2010, 221, 230; *ders.*, r+s 2012, 209, 212; *ders.*, r+s 2014, 328, 329 f; *Bauer*, NJW 2011, 646, 647; Römer/Langheid/*Rixecker*, § 125 VVG Rn 17; so auch schon Harbauer/*Bauer*, § 15 ARB 75 Rn 31, § 17 ARB 2000 Rn 123; Römer/Langheid/*Römer*, 2. Aufl. 2003, § 6 VVG Rn 155; *Römer*, NZV 1993, 249, 254; *Tietgens*, r+s 2005, 489, 492; aA *Will*, VersR 2012, 942, 947 f; van Bühren/Plote/*van Bühren*, Einl Rn 29; *van Bühren*, VersR 2014, 148, 150; Prölss/Martin/*Armbrüster*, § 17 ARB 2010 Rn 45.
42 Etwa OLG Köln 23.6.1983 – 5 U 9/83, zfs 1984, 48; OLG München 30.3.1984 – 8 U 3763/83, zfs 1986, 212; OLG Hamm 9.11.1990 – 20 U 215/89, VersR 1991, 806; OLG Nürnberg 5.3.1992 – 8 U 2784/91, VersR 1992, 1511.
43 *Bauer*, NJW 2011, 646, 647, 649; ebenso schon Römer/Langheid/*Römer*, 2. Aufl. 2003, § 6 VVG Rn 165; vgl auch OLG Hamm 31.5.1996 – 20 U 281/95, r+s 1996, 296; OLG Köln 26.11.1979 – 5 U 33/79, VersR 1981, 669 (jew. zur Kfz-Kaskoversicherung); aA *Wendt*, r+s 2010, 221, 230; Römer/Langheid/*Rixecker*, § 125 VVG Rn 17.
44 Ebenso van Bühren/Plote/*van Bühren*, Einl Rn 29; aA *Wendt*, r+s 2010, 221, 230; *Bauer*, NJW 2011, 646, 647; Römer/Langheid/*Rixecker*, § 125 VVG Rn 17.
45 AA OLG Köln 23.9.2003 – 9 U 174/02, VersR 2004, 639; aA offenbar auch Harbauer/*Bauer*, § 15 ARB 75 Rn 31, § 17 ARB 2000 Rn 123; *Bauer*, NJW 2011, 646, 647.

weis des BGH mit den ARB 2010 neu eingefügt wurde, über diese Grundsätze hinaus eine **generelle Wissens- und Verhaltenszurechnung** anordnet, kann dies aufgrund Verstoßes gegen wesentliche Grundgedanken der gesetzlichen Regelung gem. § 307 Abs. 2 Nr. 1 BGB nicht wirksam sein.[46] Sieht eine Klausel in Versicherungsbedingungen die Zurechnung eines Verhaltens von Personen vor, die keine Repräsentanten sind, so ist die Klausel mit wesentlichen Grundgedanken der gesetzlichen Regelung nicht vereinbar, da hierzu auch Rechtssätze gehören, die – wie die Repräsentantenhaftung – von Rspr und Rechtslehre durch Auslegung, Analogie und Rechtsfortbildung aus einzelnen gesetzlichen Bestimmungen hergeleitet werden.[47] Für eine Klausel, die eine Zurechnung über die Grundsätze der Wissensvertretung und Wissenserklärungsvertretung hinaus anordnet, kann nichts anderes gelten.

VI. Auswahl und Beauftragung des Rechtsanwalts (Abs. 3, 4)

20 Nach **Abs. 3 S. 1** hat der VN das Recht, den Anwalt, den er mit der Interessenwahrnehmung beauftragen will, aus dem Kreis der Rechtsanwälte, deren Vergütung der VR nach § 5 Abs. 1 lit. a, b trägt, frei auszuwählen. Dieser Grundsatz entspricht § 127 Abs. 1 VVG und liegt auch § 3 Abs. 3 BRAO zugrunde. Zur Freiheit der Anwaltswahl, insb. bei **Anwaltsempfehlungen**, s. § 127 VVG Rn 2 ff.

21 Nach **Abs. 3 S. 2** kann ausnahmsweise der **VR** den **Rechtsanwalt auswählen**, entweder wenn der VN dies verlangt (lit. a) oder wenn der VN keinen Rechtsanwalt benennt und dem VR die alsbaldige Beauftragung eines Rechtsanwalts notwendig erscheint (lit. b). Letzteres ist zB bei drohendem Fristablauf anzunehmen. Versäumt der VR in einem solchen Fall die Beauftragung eines Rechtsanwalts, kann er sich wegen Verletzung seiner Fürsorgepflicht schadensersatzpflichtig machen.[48] Wählt der VR den Rechtsanwalt berechtigterweise aus, ist der VN hieran gebunden, muss die Kosten eines von ihm selbst beauftragten Rechtsanwalts also selbst tragen.[49]

22 Beauftragt der VR den Rechtsanwalt, so geschieht dies im Namen des VN (**Abs. 4 S. 1**). Der **Anwaltsvertrag** kommt also auch dann mit dem VN zustande. Der VR wird nicht Vertragspartei, so dass sich der Gebührenanspruch auch nicht unmittelbar gegen ihn richten kann. Durch eine **Deckungszusage** übernimmt der VR lediglich im Wege der Erfüllungsübernahme gem. § 329 BGB die Freistellung des VN.[50]

23 Gemäß **Abs. 4 S. 2** ist der VR für die Tätigkeit des Rechtsanwalts nicht verantwortlich. Der VR kann sich aber haftbar machen, wenn dem VN durch ein Auswahlverschulden (zB Wahl eines insolventen Rechtsanwalts) ein Schaden entsteht.[51]

VII. Deckungszusage (Abs. 2)

24 Nach **Abs. 2 S. 1** ist der VR dazu verpflichtet, den Umfang des für den Rechtsschutzfall bestehenden Versicherungsschutzes zu bestätigen. In einer solchen Deckungszusage liegt ein **deklaratorisches Schuldanerkenntnis** des VR, so dass dieser mit allen Einwänden aufgrund von Umständen ausgeschlossen ist, die ihm bei wahrheitsgemäßer und vollständiger Information bekannt sind und die er auf-

---

46 Ebenso *Cornelius-Winkler*, r+s 2011, 141 f; *Wendt*, r+s 2012, 209, 213.
47 Vgl BGH 21.4.1993 – IV ZR 33/92, VersR 1993, 830 (zu § 9 Nr. 1 lit. a VHB 84); OLG München 8.8.2008 – 25 U 5188/07, VersR 2009, 59; OLG München 23.2.2010 – 25 U 5119/09, r+s 2010, 196; Beckmann/Matusche-Beckmann/*v. Rintelen*, § 26 Rn 296; *Münkel*, jurisPR-VersR 4/2010 Anm. 1 (jew. zu § 12 Abs. 3 AVB-A).
48 van Bühren/Plote/*Hillmer-Möbius*, ARB, § 17 Rn 44.
49 Vgl van Bühren/Plote/*Hillmer-Möbius*, ARB, § 17 Rn 44.
50 OLG Köln 31.10.2000 – 9 U 141/99, r+s 2001, 248.
51 van Bühren/Plote/*Hillmer-Möbius*, ARB, § 17 Rn 46.

grund der ihm erteilten Informationen bei üblicher Sorgfalt hätte erkennen oder erfragen können.[52] Der VN darf aufgrund einer Deckungszusage darauf vertrauen, dass der VR die zugesagte Deckung auch gewährt. Dieses Vertrauen bezieht sich aber nur auf **eine Instanz**, da die Einlegung von Rechtsmitteln mit dem VR abzustimmen ist (Abs. 1 lit. c lit. aa). In der Regel wird daher auch die Deckungszusage nur für eine Instanz erteilt. Mit einer Deckungszusage gegenüber einem **Mitversicherten** legt der VR sich auch auf diesen als verfügungsberechtigte Person fest; der VR darf sich dann nicht mehr auf eine alleinige Verfügungsbefugnis des VN nach Widerspruch gem. § 15 Abs. 2 S. 2 (s. § 15 Rn 3) berufen.[53] Bei Ablehnung des Versicherungsschutzes ist der VR dagegen nicht gehindert, weitere **Ablehnungsgründe nachzuschieben**.[54]

Abs. 2 S. 2 hat nur deklaratorische Bedeutung, da die Deckungsverpflichtung des VR ohne Erteilung einer Deckungszusage nicht weiter gehen kann als mit Deckungszusage.[55]

VIII. Abtretungsverbot (Abs. 8)

Eine Abtretung von Ansprüchen auf Rechtsschutzleistungen ist nur wirksam, wenn der VR schriftlich zugestimmt hat. Hierin liegt keine unangemessene Benachteiligung des VN; die Klausel ist wirksam.[56] Solange dem VN nur ein Anspruch auf **Schuldbefreiung** zusteht, also solange er den Kostengläubiger, zB den Rechtsanwalt, nicht befriedigt hat (s. § 5 Rn 3), kann der Anspruch auch nur an den Kostengläubiger selbst, nicht an einen Dritten, wie zB eine anwaltliche Verrechnungsstelle, abgetreten werden (§ 399 Alt. 1 BGB).[57]

IX. Anspruchsübergang (Abs. 9)

S. 1 übernimmt den in § 86 VVG geregelten Übergang von Ersatzansprüchen für die Rechtsschutzversicherung. Von dem Übergang wird auch der Anspruch des VN gegen seinen Rechtsanwalt auf Rückzahlung von Honorar oder eines entsprechenden Vorschusses erfasst, so dass der Rechtsanwalt gegenüber dem VR zur Rückzahlung verpflichtet ist.[58] S. 2 flankiert dies mit einer Obliegenheit des VN, den VR bei der Durchsetzung der übergegangenen Ansprüche zu unterstützen. S. 3 stellt klar, dass der VN Kosten, die ihm erstattet wurden, an den VR herauszugeben hat. Werden Kosten an den Rechtsanwalt des VN erstattet, ist auch der Rechtsanwalt zur Auszahlung an den VR verpflichtet; dies folgt aus den Regeln der Geschäftsführung ohne Auftrag (§§ 677, 681 S. 2, 667 BGB), da die Geltendmachung und Entgegennahme der Zahlung für den Rechtsanwalt ein objektiv fremdes Geschäft iSd § 677 BGB darstellt.[59]

---

52 ZB BGH 16.7.2014 – IV ZR 88/13, VersR 2014, 1118; OLG Braunschweig 4.3.2013 – 3 U 89/12, r+s 2013, 435; OLG Koblenz 16.2.2011 – 1 U 358/10, VersR 2011, 791; KG 12.7.1996 – 6 U 1977/95, VersR 1997, 1352; Prölss/Martin/*Armbrüster*, § 17 ARB 2010 Rn 10; Harbauer/*Bauer*, § 17 ARB 2000 Rn 17; van Bühren/Plote/*Hillmer-Möbius*, ARB, § 17 Rn 30; Beckmann/Matusche-Beckmann/*Obarowski*, § 37 Rn 524.
53 BGH 16.7.2014 – IV ZR 88/13, VersR 2014, 1118.
54 *Schirmer*, r+s 1999, 45, 48; vgl auch BGH 22.5.1970 – IV ZR 1084/68, VersR 1970, 826 (zur Kraftfahrtversicherung); anders wohl OLG Köln 18.4.2008 – 9 U 122/07, VersR 2008, 1391.
55 In diesem Sinne auch van Bühren/Plote/*Hillmer-Möbius*, ARB, § 17 Rn 33; aA Prölss/Martin/*Armbrüster*, § 17 ARB 2010 Rn 16; *Bauer*, NJW 1995, 1390, 1393; *Sperling*, VersR 1996, 133, 143, die Abs. 2 S. 2 jeweils für einen Risikoausschluss halten.
56 BGH 12.10.2011 – IV ZR 163/10, VersR 2012, 230.
57 BGH 12.10.2011 – IV ZR 163/10, VersR 2012, 230.
58 OLG Düsseldorf 11.2.2008 – 24 U 104/07, VersR 2008, 1347.
59 OLG Saarbrücken 6.6.2007 – 5 U 482/06, VersR 2007, 1554.

§ 18 (entfällt)

§ 19 (entfällt)

§ 20 Zuständiges Gericht. Anzuwendendes Recht

(1) Klagen gegen den Versicherer
Für Klagen aus dem Versicherungsvertrag gegen den Versicherer bestimmt sich die gerichtliche Zuständigkeit nach dem Sitz des Versicherers oder seiner für den Versicherungsvertrag zuständigen Niederlassung. Ist der Versicherungsnehmer eine natürliche Person, ist auch das Gericht örtlich zuständig, in dessen Bezirk der Versicherungsnehmer zur Zeit der Klageerhebung seinen Wohnsitz oder, in Ermangelung eines solchen, seinen gewöhnlichen Aufenthalt hat.

(2) Klagen gegen den Versicherungsnehmer
Ist der Versicherungsnehmer eine natürliche Person, müssen Klagen aus dem Versicherungsvertrag gegen ihn bei dem Gericht erhoben werden, das für seinen Wohnsitz oder, in Ermangelung eines solchen, den Ort seines gewöhnlichen Aufenthalts zuständig ist. Ist der Versicherungsnehmer eine juristische Person, bestimmt sich das zuständige Gericht auch nach dem Sitz oder der Niederlassung des Versicherungsnehmers. Das gleiche gilt, wenn der Versicherungsnehmer eine Offene Handelsgesellschaft, Kommanditgesellschaft, Gesellschaft bürgerlichen Rechts oder eine eingetragene Partnerschaftsgesellschaft ist.

(3) Unbekannter Wohnsitz des Versicherungsnehmers
Ist der Wohnsitz oder gewöhnliche Aufenthalt des Versicherungsnehmers im Zeitpunkt der Klageerhebung nicht bekannt, bestimmt sich die gerichtliche Zuständigkeit für Klagen aus dem Versicherungsvertrag gegen den Versicherungsnehmer nach dem Sitz des Versicherers oder seiner für den Versicherungsvertrag zuständigen Niederlassung.

(4) Für diesen Vertrag gilt deutsches Recht.

1 Nach § 10 Abs. 1 Nr. 6 VAG müssen Versicherungsbedingungen vollständige Angaben zu inländischen Gerichtsständen enthalten. Die Abs. 1 und 2 orientieren sich an § 215 Abs. 1 VVG. Die Regelung in **Abs. 1** beruht auf der Annahme, dass § 215 Abs. 1 VVG auf Klagen juristischer Personen keine Anwendung findet, insoweit also nur die allgemeinen Gerichtsstände nach § 17 ZPO (Sitz) oder § 21 ZPO (Niederlassung) in Betracht kommen. Dies ist jedoch umstritten (s. § 215 VVG Rn 9 f mwN) und nach zutreffender Ansicht[1] abzulehnen, so dass eine juristische Person als VN vor dem Gericht, in dessen Bezirk sie ihren Sitz hat, den VR verklagen kann. **Abs. 2** trägt § 215 Abs. 1 S. 2 VVG Rechnung. **Abs. 3** macht für den Fall des unbekannten Wohnsitzes des VN von der in § 215 Abs. 3 VVG vorgesehenen Möglichkeit Gebrauch, einen von § 215 Abs. 1 VVG abweichenden **Gerichtsstand** zu bestimmen. In diesem Fall soll der VR an dem Gericht klagen können, in dessen Bezirk sein Sitz oder der Sitz der für den VersVertrag zuständigen Niederlassung liegt. **Abs. 4** stellt schließlich klar, dass auf den VersVertrag **deutsches Recht** anzuwenden ist.

---

1 Langheid/Wandt/*Looschelders*, § 215 VVG Rn 14; Bruck/Möller/*Brand*, § 215 VVG Rn 10 ff; Römer/Langheid/*Rixecker*, § 215 VVG Rn 2.

4. Formen des Versicherungsschutzes

§ 21 Verkehrs-Rechtsschutz

(1) Versicherungsschutz besteht für den Versicherungsnehmer in seiner Eigenschaft als Eigentümer oder Halter jedes bei Vertragsabschluss oder während der Vertragsdauer auf ihn zugelassenen oder auf seinen Namen mit einem Versicherungskennzeichen versehenen oder als Mieter jedes von ihm als Selbstfahrer-Vermietfahrzeug zum vorübergehenden Gebrauch gemieteten Motorfahrzeuges zu Lande sowie Anhängers. Der Versicherungsschutz erstreckt sich auf alle Personen in ihrer Eigenschaft als berechtigte Fahrer oder berechtigte Insassen dieser Motorfahrzeuge.

(2) Der Versicherungsschutz kann auf gleichartige Motorfahrzeuge gemäß Absatz 1 beschränkt werden. Als gleichartig gelten jeweils Krafträder, Personenkraft- und Kombiwagen, Lastkraft- und sonstige Nutzfahrzeuge, Omnibusse sowie Anhänger.

(3) Abweichend von Absatz 1 kann vereinbart werden, dass der Versicherungsschutz für ein oder mehrere im Versicherungsschein bezeichnete Motorfahrzeuge zu Lande, zu Wasser oder in der Luft sowie Anhänger (Fahrzeug) besteht, auch wenn diese nicht auf den Versicherungsnehmer zugelassen oder nicht auf seinen Namen mit einem Versicherungskennzeichen versehen sind.

(4) Der Versicherungsschutz umfasst:

- Schadenersatz-Rechtsschutz (§ 2 a),
- Rechtsschutz im Vertrags- u. Sachenrecht (§ 2 d),
- Steuer-Rechtsschutz vor Gerichten (§ 2 e),
- Verwaltungs-Rechtsschutz in Verkehrssachen (§ 2 g),
- Straf-Rechtsschutz (§ 2 i),
- Ordnungswidrigkeiten-Rechtsschutz (§ 2 j).

(5) Der Rechtsschutz im Vertrags- und Sachenrecht kann ausgeschlossen werden.

(6) Der Rechtsschutz im Vertrags- und Sachenrecht besteht in den Fällen der Absätze 1 und 2 auch für Verträge, mit denen der Erwerb von Motorfahrzeugen zu Lande sowie Anhängern zum nicht nur vorübergehenden Eigengebrauch bezweckt wird, auch wenn diese Fahrzeuge nicht auf den Versicherungsnehmer zugelassen oder nicht auf seinen Namen mit einem Versicherungskennzeichen versehen werden.

(7) Versicherungsschutz besteht mit Ausnahme des Rechtsschutzes im Vertrags- und Sachenrecht für den Versicherungsnehmer auch bei der Teilnahme am öffentlichen Verkehr in seiner Eigenschaft als

a) Fahrer jedes Fahrzeuges, das weder ihm gehört noch auf ihn zugelassen oder auf seinen Namen mit einem Versicherungskennzeichen versehen ist,
b) Fahrgast,
c) Fußgänger und
d) Radfahrer.

(8) Der Fahrer muss bei Eintritt des Rechtsschutzfalls die vorgeschriebene Fahrerlaubnis haben, zum Führen des Fahrzeugs berechtigt sein und das Fahrzeug muss zugelassen oder mit einem Versicherungskennzeichen versehen sein. Bei Verstoß gegen diese Obliegenheit besteht Rechtsschutz nur für diejenigen versicherten Personen, die von diesem Verstoß ohne Verschulden oder leicht fahrlässig keine Kenntnis hatten. Bei grob fahrlässiger Unkenntnis des Verstoßes gegen diese Obliegenheit ist der Versicherer berechtigt, seine Leistung in einem der Schwere des

Verschuldens der versicherten Person entsprechenden Verhältnis zu kürzen. Weist die versicherte Person nach, dass ihre Unkenntnis nicht grob fahrlässig war, bleibt der Versicherungsschutz bestehen.

Der Versicherungsschutz bleibt auch bestehen, wenn die versicherte Person oder der Fahrer nachweist, dass die Verletzung der Obliegenheit weder für den Eintritt oder die Feststellung des Versicherungsfalls noch für die Feststellung oder den Umfang der dem Versicherer obliegenden Leistung ursächlich war.

(9) Ist in den Fällen der Absätze 1 und 2 seit mindestens sechs Monaten kein Fahrzeug mehr auf den Versicherungsnehmer zugelassen und nicht mehr auf seinen Namen mit einem Versicherungskennzeichen versehen, kann der Versicherungsnehmer unbeschadet seines Rechtes auf Herabsetzung des Beitrages gemäß § 11 Absatz 2 die Aufhebung des Versicherungsvertrages mit sofortiger Wirkung verlangen.

(10) Wird ein nach Absatz 3 versichertes Fahrzeug veräußert oder fällt es auf sonstige Weise weg, besteht Versicherungsschutz für das Fahrzeug, das an die Stelle des bisher versicherten Fahrzeuges tritt (Folgefahrzeug). Der Rechtsschutz im Vertrags- und Sachenrecht erstreckt sich in diesen Fällen auf den Vertrag, der dem tatsächlichen oder beabsichtigten Erwerb des Folgefahrzeuges zugrunde liegt.

Die Veräußerung oder der sonstige Wegfall des Fahrzeuges ist dem Versicherer innerhalb von zwei Monaten anzuzeigen und das Folgefahrzeug zu bezeichnen. Bei Verstoß gegen diese Obliegenheiten besteht Rechtsschutz nur, wenn der Versicherungsnehmer die Anzeige- und Bezeichnungspflicht ohne Verschulden oder leicht fahrlässig versäumt hat. Bei grob fahrlässigem Verstoß gegen diese Obliegenheiten ist der Versicherer berechtigt, seine Leistung in einem der Schwere des Verschuldens des Versicherungsnehmers entsprechenden Verhältnis zu kürzen. Weist der Versicherungsnehmer nach, dass der Obliegenheitsverstoß nicht grob fahrlässig war, bleibt der Versicherungsschutz bestehen. Der Versicherungsschutz bleibt auch bestehen, wenn der Versicherungsnehmer nachweist, dass die Verletzung der Obliegenheit weder für den Eintritt oder die Feststellung des Versicherungsfalls noch für die Feststellung oder den Umfang der dem Versicherer obliegenden Leistung ursächlich war.

Wird das Folgefahrzeug bereits vor Veräußerung des versicherten Fahrzeuges erworben, bleibt dieses bis zu seiner Veräußerung, längstens jedoch bis zu einem Monat nach dem Erwerb des Folgefahrzeuges ohne zusätzlichen Beitrag mitversichert. Bei Erwerb eines Fahrzeuges innerhalb eines Monates vor oder innerhalb eines Monates nach der Veräußerung des versicherten Fahrzeuges wird vermutet, dass es sich um ein Folgefahrzeug handelt.

I. Allgemeines

1 Die §§ 21–29 bilden aus den Leistungsarten des § 2 Rechtsschutzpakete für bestimmte Lebensbereiche, nämlich den Verkehrsbereich (§§ 21, 22), den Privatbereich einschließlich der unselbständigen Berufstätigkeit (§§ 23, 25, 26), die selbständige Tätigkeit (§§ 24, 28) sowie den Grundstücks- und Mietbereich (§ 29).

2 § 21 unterscheidet zwischen dem personenbezogenen Verkehrs-Rechtsschutz (Abs. 1, 2) und dem fahrzeugbezogenen Verkehrs-Rechtsschutz (Abs. 3).

II. Personenbezogener Verkehrs-Rechtsschutz (Abs. 1, 2)

3 Beim personenbezogenen Verkehrs-Rechtsschutz besteht Rechtsschutz für alle auf den VN als Eigentümer oder Halter bei Vertragsschluss oder während der Vertragsdauer zugelassenen Motorfahrzeuge, vom VN zum vorübergehenden Gebrauch angemietete Selbstfahrer-Vermietfahrzeuge sowie Anhänger (**Abs. 1 S. 1**). Zulassungspflichtigen Motorfahrzeugen stehen dabei zulassungsfreie Motorfahrzeuge mit Versicherungskennzeichen gleich. Vom Versicherungsschutz umfasst sind

aber nur Landfahrzeuge, nicht Wasser- und Luftfahrzeuge. Der Begriff „**Motorfahrzeuge**" schließt alle Fahrzeuge vom Versicherungsschutz aus, die mit Menschen-, Tier- oder Naturkraft bewegt werden. Ob der VN **Eigentümer** oder **Halter** ist, richtet sich nach den allgemeinen Regeln des BGB bzw StVG.[1] Der Rechtsschutz ist nicht auf die Person des VN beschränkt. Er erstreckt sich auf alle **berechtigten Fahrer** und **berechtige Insassen** der in Satz 1 genannten Kraftfahrzeuge (**Abs. 1 S. 2**). Fahrer in diesem Sinne ist derjenige, der das Fahrzeug in eigener Verantwortung willentlich in Betrieb setzt, lenkt, anhält und nach dem Anhalten für das Abstellen des Fahrzeugs zu sorgen hat.[2] Berechtigt ist der Fahrer dann, wenn er das Fahrzeug mit dem ausdrücklichen oder stillschweigenden Einverständnis des Verfügungsberechtigten lenkt und die Überlassung des Fahrzeugs auch nicht durch arglistige Täuschung, Gewalt, Drohung oder durch Verschweigen eines gegen ihn verhängten Fahrverbots bewirkt hat.[3] Zur Auslegung des Begriffs des berechtigten Insassen kann auf die Definition in Ziff. A.4.2.4 AKB 2008 zurückgegriffen werden.[4] Der Versicherungsschutz kann für den Fall eines Fahrzeugwechsels auf gleichartige Fahrzeuge gem. Abs. 1 beschränkt werden (**Abs. 2**).

III. Fahrzeugbezogener Verkehrs-Rechtsschutz (Abs. 3)

Alternativ zum Rechtsschutz nach Abs. 1 kann sich der Versicherungsschutz auf bestimmte Motorfahrzeuge beziehen, die nicht auf den VN zugelassen bzw nicht auf seinen Namen mit einem Versicherungskennzeichen versehen sein müssen. Hierbei kann es sich nicht nur um Land-, sondern – entgegen Abs. 1 – auch um Wasser- oder Luftfahrzeuge handeln. Die Motorfahrzeuge müssen **im Versicherungsschein bezeichnet** sein.

4

IV. Erweiterung des Verkehrs-Rechtsschutzes (Abs. 7)

In Abs. 7 wird der Rechtsschutz des VN erheblich erweitert. Danach ist dieser auch in seiner Eigenschaft als **Fahrer** jedes, also auch eines ihm nicht gehörenden oder auf ihn nicht zugelassenen Fahrzeugs, als **Fahrgast**, **Fußgänger** und **Radfahrer** versichert.

5

V. Leistungsarten (Abs. 4, 5, 6)

Abs. 4 zählt enumerativ und abschließend die versicherten Leistungsarten auf. Besonderheiten gelten für den Rechtsschutz im Vertrags- und Sachenrecht nach § 2 lit. d. Dieser kann ausgeschlossen werden (**Abs. 5**). Ist dies nicht der Fall, so bezieht sich der Rechtsschutz im Vertrags- und Sachenrecht auf die nicht nur vorübergehenden Erwerb auch solcher Motorfahrzeuge zu Lande, die nicht auf den VN zugelassen bzw nicht auf dessen Namen mit einem Versicherungskennzeichen versehen werden (**Abs. 6**).

6

VI. Obliegenheiten (Abs. 8)

In Abs. 8 werden dem VN drei Obliegenheiten auferlegt. Er muss die vorgeschriebene Fahrerlaubnis haben, zum Führen des Fahrzeugs berechtigt sein und dieses muss zugelassen oder mit einem Versicherungskennzeichen versehen sein. Hierbei handelt es sich jeweils um eine Obliegenheit vor Eintritt des Versicherungsfalles. Die Fahrerlaubnis bestimmt sich nach der FeV, die Zulassung nach der FZV. Zur Berechtigung zum Führen des Fahrzeugs vgl Rn 3.

7

---

1 Vgl van Bühren/Plote/*Hillmer-Möbius*, ARB, § 21 Rn 6 ff.
2 Harbauer/*Stahl*, § 21 ARB 2000 Rn 33.
3 Harbauer/*Stahl*, § 21 ARB 2000 Rn 42.
4 van Bühren/Plote/*Hillmer-Möbius*, ARB, § 21 Rn 15.

8 Die Rechtsfolgen einer Obliegenheitsverletzung werden in Abs. 8 in Anlehnung an § 28 VVG geregelt, auf dessen Kommentierung verwiesen wird.

VII. Wagniswegfall (Abs. 9)

9 Ist der VN seit mindestens sechs Monaten nicht mehr Eigentümer oder Halter eines Kraftfahrzeugs, kann er die **Aufhebung des VersVertrages** mit sofortiger Wirkung verlangen (Abs. 9). Das Recht des VN, infolge der **Beschränkung des Versicherungsschutzes** auf den Fahrer- und Fußgänger-Rechtsschutz nach § 11 Abs. 2 eine entsprechende Reduzierung des Beitrags zu verlangen, bleibt hiervon unberührt.

VIII. Folgefahrzeug (Abs. 10)

10 Der Versicherungsschutz erstreckt sich auf ein **Folgefahrzeug**, also ein Fahrzeug, das an die Stelle des bislang versicherten Fahrzeugs tritt (S. 1), wobei insoweit auch Rechtsschutz im Vertrags- und Sachenrecht für Auseinandersetzungen aus dem tatsächlichen oder gescheiterten („beabsichtigten") Erwerb besteht (S. 2). Bei Erwerb eines Fahrzeugs innerhalb eines Monats nach Veräußerung des versicherten Fahrzeugs wird vermutet, dass es sich um ein Folgefahrzeug handelt (S. 9).

11 Abs. 10 erlegt dem VN aber die **Obliegenheit** auf, den Wegfall des versicherten Fahrzeugs innerhalb von zwei Monaten **anzuzeigen** und das **Folgefahrzeug** zu **bezeichnen** (S. 3). Die Rechtsfolgen einer Verletzung dieser Obliegenheit werden entsprechend § 28 VVG geregelt (S. 4–7); insoweit wird auf die Kommentierung zu § 28 VVG verwiesen. Ein etwaiger teilweiser oder vollständiger Verlust des Versicherungsschutzes wegen Obliegenheitsverletzung beschränkt sich aber auf den durch Abs. 10 gewähren Rechtsschutz im Vertrags- und Sachenrecht; im Übrigen bleibt der Versicherungsschutz jedenfalls im vollem Umfange erhalten.[5]

12 Wird das Folgefahrzeug bereits vor Veräußerung des versicherten Fahrzeugs erworben, bleibt der Versicherungsschutz für das versicherte Fahrzeug bis längstens einen Monat nach Erwerb des Folgefahrzeugs erhalten (S. 8).

§ 22 Fahrer-Rechtsschutz

(1) Versicherungsschutz besteht für die im Versicherungsschein genannte Person bei der Teilnahme am öffentlichen Verkehr in ihrer Eigenschaft als Fahrer jedes Motorfahrzeuges zu Lande, zu Wasser oder in der Luft sowie Anhängers (Fahrzeug), das weder ihr gehört noch auf sie zugelassen oder auf ihren Namen mit einem Versicherungskennzeichen versehen ist. Der Versicherungsschutz besteht auch bei der Teilnahme am öffentlichen Verkehr als Fahrgast, Fußgänger und Radfahrer.

(2) Unternehmen können den Versicherungsschutz nach Absatz 1 für alle Kraftfahrer in Ausübung ihrer beruflichen Tätigkeit für das Unternehmen vereinbaren. Diese Vereinbarung können auch Betriebe des Kraftfahrzeughandels und -handwerks, Fahrschulen und Tankstellen für alle Betriebsangehörigen treffen.

(3) Der Versicherungsschutz umfasst:

- Schadenersatz-Rechtsschutz (§ 2 a),
- Steuer-Rechtsschutz vor Gerichten (§ 2 e),
- Verwaltungs-Rechtsschutz in Verkehrssachen (§ 2 g),
- Straf-Rechtsschutz (§ 2 i),
- Ordnungswidrigkeiten-Rechtsschutz (§ 2 j).

---

5 Prölss/Martin/*Armbrüster*, § 21 ARB 2010 Rn 34.

(4) Wird in den Fällen des Absatzes 1 ein Motorfahrzeug zu Lande auf die im Versicherungsschein genannte Person zugelassen oder auf ihren Namen mit einem Versicherungskennzeichen versehen, wandelt sich der Versicherungsschutz in einen solchen nach § 21 Absätze 3, 4, 7, 8 und 10 um. Die Wahrnehmung rechtlicher Interessen im Zusammenhang mit dem Erwerb dieses Motorfahrzeuges zu Lande ist eingeschlossen.

(5) Der Fahrer muss bei Eintritt des Rechtsschutzfalls die vorgeschriebene Fahrerlaubnis haben, zum Führen des Fahrzeugs berechtigt sein und das Fahrzeug muss zugelassen oder mit einem Versicherungskennzeichen versehen sein. Bei Verstoß gegen diese Obliegenheit besteht Rechtsschutz nur, wenn der Fahrer von diesem Verstoß ohne Verschulden oder leicht fahrlässig keine Kenntnis hatte. Bei grob fahrlässiger Unkenntnis des Verstoßes gegen diese Obliegenheit ist der Versicherer berechtigt, seine Leistung in einem der Schwere des Verschuldens des Fahrers entsprechenden Verhältnis zu kürzen. Weist der Fahrer nach, dass seine Unkenntnis nicht grob fahrlässig war, bleibt der Versicherungsschutz bestehen.

Der Versicherungsschutz bleibt auch bestehen, wenn der Fahrer nachweist, dass die Verletzung der Obliegenheit weder für den Eintritt oder die Feststellung des Versicherungsfalls noch für die Feststellung oder den Umfang der dem Versicherer obliegenden Leistung ursächlich war.

(6) Hat in den Fällen des Absatzes 1 die im Versicherungsschein genannte Person länger als sechs Monate keine Fahrerlaubnis mehr, endet der Versicherungsvertrag. Zeigt der Versicherungsnehmer das Fehlen der Fahrerlaubnis spätestens innerhalb von zwei Monaten nach Ablauf der Sechsmonatsfrist an, endet der Versicherungsvertrag mit Ablauf der Sechsmonatsfrist. Geht die Anzeige später beim Versicherer ein, endet der Versicherungsvertrag mit Eingang der Anzeige.

I. Deckungsumfang (Abs. 1, 2)

Der Fahrer-Rechtsschutz nach § 22 richtet sich an Personen, die kein eigenes Fahrzeug versichern wollen, sondern als **Fahrer fremder Fahrzeuge** Rechtsschutz benötigen. Gemäß § 21 Abs. 7 ist der Fahrer-Rechtsschutz Bestandteil des Verkehrs-Rechtsschutzes. Mit § 22 ist es möglich, den Verkehrs-Rechtsschutz auf den Fahrer-Rechtsschutz zu beschränken.

Versichert ist die **im Versicherungsschein genannte Person** beim Führen jedes Motorfahrzeugs sowie in der Eigenschaft als Fahrgast, Fußgänger und Radfahrer im öffentlichen Verkehr (Abs. 1). Die versicherte Person muss nicht mit dem VN identisch sein.[1]

Nach Abs. 2 können **Unternehmen** den Rechtsschutz nach Abs. 1 für alle Kraftfahrer in Ausübung ihrer beruflichen Tätigkeit für das Unternehmen, Betriebe des Kraftfahrzeughandels und -handwerks, Fahrschulen und Tankstellen sogar für alle Betriebsangehörigen vereinbaren. Insoweit handelt es sich um eine Fremdversicherung.

II. Versicherte Leistungsarten (Abs. 3)

Der Umfang des Versicherungsschutzes entspricht dem Verkehrs-Rechtsschutz nach § 21 Abs. 3 (s. § 21 Rn 6) mit Ausnahme des Rechtsschutzes im Vertrags- und Sachenrecht (Abs. 3).

---

1 Harbauer/*Stahl*, § 22 ARB 2000 Rn 1.

III. Vertragsumwandlung/Vertragsablauf (Abs. 4, 6)

5 Wird auf die versicherte Person ein Motorfahrzeug zugelassen, so **wandelt** sich der Fahrer-Rechtsschutz in den fahrzeugbezogenen Verkehrs-Rechtsschutz nach § 21 Abs. 3 **um** (Abs. 4).

6 Hat die versicherte Person länger als sechs Monate keine Fahrerlaubnis mehr, **endet der VersVertrag**, und zwar mit Ablauf dieser sechs Monate, wenn dies dem VR innerhalb von zwei weiteren Monaten angezeigt wird, wenn die Anzeige später erfolgt, mit deren Eingang beim VR (Abs. 6).

IV. Obliegenheiten (Abs. 5)

7 Abs. 5 erlegt dem Fahrer § 21 Abs. 8 entsprechende Obliegenheiten auf; auf die Kommentierung zu § 21 Abs. 8 wird verwiesen (s. § 21 Rn 7 f).

§ 23 Privat-Rechtsschutz für Selbständige

(1) Versicherungsschutz besteht für den Versicherungsnehmer und seinen ehelichen/eingetragenen oder im Versicherungsschein genannten sonstigen Lebenspartner i.S.d. § 3 Abs. 4 b), wenn einer oder beide eine gewerbliche, freiberufliche oder sonstige selbständige Tätigkeit ausüben,

a) für den privaten Bereich,

b) für den beruflichen Bereich in Ausübung einer nichtselbständigen Tätigkeit.

(2) Mitversichert sind die minderjährigen und die unverheirateten, nicht in einer eingetragenen oder sonstigen Lebenspartnerschaft i.S.d. § 3 Abs. 4 b) lebenden volljährigen Kinder bis zur Vollendung des 25. Lebensjahres, letztere jedoch längstens bis zu dem Zeitpunkt, in dem sie erstmalig eine auf Dauer angelegte berufliche Tätigkeit ausüben und hierfür ein leistungsbezogenes Entgelt erhalten.

(3) Der Versicherungsschutz umfasst:

– Schadenersatz-Rechtsschutz	(§ 2 a),
– Arbeits-Rechtsschutz	(§ 2 b),
– Rechtsschutz im Vertrags- und Sachenrecht	(§ 2 d),
– Steuer-Rechtsschutz vor Gerichten	(§ 2 e),
– Sozialgerichts-Rechtsschutz	(§ 2 f),
– Disziplinar- und Standes-Rechtsschutz	(§ 2 h),
– Straf-Rechtsschutz	(§ 2 i),
– Ordnungswidrigkeiten-Rechtsschutz	(§ 2 j),
– Beratungs-Rechtsschutz im Familien-, Lebenspartnerschafts- und Erbrecht	(§ 2 k).

(4) Der Versicherungsschutz umfasst nicht die Wahrnehmung rechtlicher Interessen als Eigentümer, Halter, Erwerber, Mieter, Leasingnehmer und Fahrer eines Motorfahrzeuges zu Lande, zu Wasser oder in der Luft sowie Anhängers.

(5) Sind der Versicherungsnehmer und/oder der mitversicherte Lebenspartner nicht mehr gewerblich, freiberuflich oder sonstig selbständig tätig oder wird von diesen keine der vorgenannten Tätigkeiten mit einem Gesamtumsatz von mehr als 6.000 Euro – bezogen auf das letzte Kalenderjahr – ausgeübt, wandelt sich der Versicherungsschutz ab Eintritt dieser Umstände in einen solchen nach § 25 um.

I. Deckungsumfang (Abs. 1, 2)

§ 23 ist für **gewerblich, freiberuflich** oder sonstige **selbständig Tätige** bestimmt und sieht Rechtsschutz für den **privaten Bereich** und den Bereich einer etwaigen **nichtselbständigen Berufstätigkeit** vor. Nicht versichert sind also Auseinandersetzungen im Rahmen der selbständigen Berufstätigkeit des VN und mitversicherter Personen.

Die Abgrenzung zwischen privatem Bereich und dem Bereich beruflicher Selbständigkeit kann im Einzelfall schwierig sein. Die Rspr lässt es für die Zuordnung zum Bereich selbständiger Tätigkeit genügen, wenn die Streitigkeit mit der selbständigen Tätigkeit in einem **inneren, sachlichen Zusammenhang von nicht nur untergeordneter Bedeutung** steht.[1] Eine **selbständige Tätigkeit vorbereitende Handlungen**, zB der Erwerb eines Betriebsgrundstücks, sind nur dann nicht gedeckt, wenn diese sich bereits in äußerlich erkennbaren Maßnahmen verfestigt haben und ein erkennbarer sachlicher, räumlicher und zeitlicher Zusammenhang zu dem den Streit auslösenden Umstand besteht; eine rein subjektiv gebliebene Planung des VN bleibt demgegenüber außer Betracht.[2] Die **Verwaltung eigenen Vermögens** gehört, auch wenn das Vermögen beträchtlich ist, grds. zum privaten Bereich, wobei auch die Aufnahme von Fremdmitteln zur ordnungsgemäßen Vermögensverwaltung gehören kann.[3] Als selbständige Tätigkeit muss die private Vermögensverwaltung aber dann betrachtet werden, wenn sie einen so außergewöhnlichen Umfang annimmt, dass sie neben einer sonstigen beruflichen Tätigkeit praktisch nicht mehr ausgeübt werden kann oder die Vermögensverwaltung auf Erzielung von das sonstige Einkommen praktisch ersetzenden Einkünften ausgelegt ist.[4] Dabei ist nicht auf das Wertvolumen des einzelnen Geschäfts, sondern auf das Volumen der gesamten geschäftlichen Tätigkeit abzustellen.[5] Die **Beteiligung an einer Kapitalgesellschaft** wird dann als selbständige Tätigkeit qualifiziert, wenn der Versicherte beherrschenden Einfluss auf die Gesellschaft ausübt.[6] Die **Verwaltung von Betriebsvermögen** stellt dagegen stets eine selbständige Berufstätigkeit dar.

Problematisch kann auch die Einordnung von Streitigkeiten im Zusammenhang mit **Vorsorgeversicherungen** sein. Teilweise[7] wird angenommen, dass die Auseinandersetzung um Vorsorgeversicherungen von Selbständigen immer der selbständigen Berufstätigkeit zuzuordnen und daher nicht versichert sei. Teilweise[8] wird danach unterschieden, ob die Ursache der Auseinandersetzung, also etwa ein Unfall oder eine Erkrankung, aus dem Bereich der selbständigen Berufstätigkeit stammt. Wieder andere[9] machen den Rechtsschutz vom Zeitpunkt der Geltendmachung abhängig, so dass Rechtsschutz nur besteht, wenn der VN zu diesem Zeitpunkt nicht mehr selbständig tätig ist. Alle diese Ansätze können nicht überzeugen. Maßgeblich muss vielmehr der Zweck einer solchen Versicherung sein. Richtigerweise sind daher Streitigkeiten im Zusammenhang mit einer **Berufsunfähigkeitsversiche-**

---

1 BGH 28.6.1978 – IV ZR 1/77, VersR 1978, 816.
2 Vgl OLG Celle 22.11.2007 – 8 U 110/07, VersR 2008, 636 mwN.
3 BGH 23.9.1992 – IV ZR 196/91, NJW 1992, 3242.
4 OLG Celle 22.11.2007 – 8 U 110/07, VersR 2008, 636.
5 *Wendt*, r+s 2008, 221, 230; in diesem Sinne wohl auch BGH 3.5.2006 – IV ZR 252/04, VersR 2006, 1119.
6 BGH 28.6.1978 – IV ZR 1/77, VersR 1978, 816.
7 *Mathy*, VersR 2005, 872, 883; van Bühren/Plote/*Hillmer-Möbius*, ARB, § 23 Rn 15.
8 OLG München 30.1.1991 – 15 U 4082/90, r+s 1992, 203 (Unfallversicherung); LG Stuttgart 15.8.1989 – 24 O 151/89, VersR 1990, 418 (Berufsunfähigkeitsversicherung).
9 OLG Köln 25.5.1992 – 5 U 186/91, VersR 1992, 1220; OLG Karlsruhe 2.12.1992 – 13 U 83/92, VersR 1993, 827; LG Köln 13.5.1992 – 24 S 58/91, zfs 1993, 245.

rung stets dem privaten Bereich zuzuordnen,[10] da diese Versicherung der privaten Daseinsvorsorge des VN und der Absicherung eines allgemeinen Lebensrisikos dient.[11] Außerdem wird eine Berufsunfähigkeitsversicherung gerade als Ausgleich für den im Falle der Berufsunfähigkeit eintretenden Einkommensverlust abgeschlossen.[12] Die Zuordnung zum privaten Bereich folgt im Zweifel aus § 305 c Abs. 2 BGB, wonach Unklarheiten von Versicherungsbedingungen zu Lasten des VR gehen.[13] Entsprechendes muss auch für Streitigkeiten im Zusammenhang mit **Krankentagegeld- und privaten Unfallversicherungen** gelten, da diese Versicherungen dem gleichen Zweck dienen. Demnach umfasst der Rechtsschutz für den privaten Bereich Ansprüche aus einer privaten Unfallversicherung auch dann, wenn sich der Unfall während einer gewerblichen Tätigkeit ereignet hat.[14]

4 Bei der **Geltendmachung von Schadensersatzansprüchen** ist maßgeblich, ob der VN zum Zeitpunkt des schädigenden Ereignisses in seinem beruflichen oder privaten Bereich betroffen war.[15]

5 **Mitversichert** ist der eheliche, eingetragene oder im Versicherungsschein bezeichnete sonstige Lebenspartner (Abs. 1). Mitversichert sind außerdem die minderjährigen Kinder des VN und seines Ehe- oder Lebenspartners. Volljährige Kinder sind mitversichert, solange sie unverheiratet sind bzw nicht in einer eingetragenen oder sonstigen Lebenspartnerschaft iSv § 3 Abs. 4 lit. b leben und nicht das 25. Lebensjahr vollendet haben oder bereits vorher eine auf Dauer angelegte und leistungsbezogen vergütete Berufstätigkeit aufnehmen.

II. Versicherte Leistungsarten; Ausschlüsse (Abs. 3, 4)

6 Versichert sind die in Abs. 3 genannten Leistungsarten, wobei zu beachten ist, dass nur der private Bereich und nicht der Bereich selbständiger Berufstätigkeit versichert ist (Abs. 1). Durch Abs. 4 wird die Interessenwahrnehmung im Bereich des motorisierten Verkehrs vom Deckungsschutz ausdrücklich ausgenommen.

III. Vertragsumwandlung (Abs. 5)

7 Üben weder der VN noch dessen Lebenspartner eine selbständige Berufstätigkeit mehr aus oder ist der Umsatz im vorherigen Kalenderjahr unter 6.000 € gesunken, wandelt sich der VersVertrag automatisch in einen Vertrag nach § 25 um.

§ 24 Berufs-Rechtsschutz für Selbständige, Rechtsschutz für Firmen und Vereine

(1) Versicherungsschutz besteht

a) für die im Versicherungsschein bezeichnete gewerbliche, freiberufliche oder sonstige selbständige Tätigkeit des Versicherungsnehmers. Mitversichert sind die vom Versicherungsnehmer beschäftigten Personen in Ausübung ihrer beruflichen Tätigkeit für den Versicherungsnehmer;

---

10 OLG Stuttgart 15.2.1996 – 7 U 200/95, VersR 1997, 569; OLG Karlsruhe 2.12.1992 – 13 U 83/92, VersR 1993, 827; OLG Köln 25.5.1992 – 5 U 186/91, VersR 1992, 1220; LG München I 3.12.2004 – 23 O 300/04, VersR 2005, 1073.
11 LG München I 3.12.2004 – 23 O 300/04, VersR 2005, 1073.
12 OLG Stuttgart 15.2.1996 – 7 U 200/95, VersR 1997, 569.
13 *Pauls*, VersR 2009, 464, 468.
14 OLG Hamm 15.6.2007 – 20 U 50/07, VersR 2008, 251.
15 van Bühren/Plote/*Hillmer-Möbius*, ARB, § 23 Rn 17.

b) für Vereine sowie deren gesetzliche Vertreter, Angestellte und Mitglieder, soweit diese im Rahmen der Aufgaben tätig sind, die ihnen gemäß der Satzung obliegen.

(2) Der Versicherungsschutz umfasst:

- Schadenersatz-Rechtsschutz (§ 2 a),
- Arbeits-Rechtsschutz (§ 2 b),
- Sozialgerichts-Rechtsschutz (§ 2 f),
- Disziplinar- und Standes-Rechtsschutz (§ 2 h),
- Straf-Rechtsschutz (§ 2 i),
- Ordnungswidrigkeiten-Rechtsschutz (§ 2 j).

(3) Der Versicherungsschutz umfasst nicht die Wahrnehmung rechtlicher Interessen als Eigentümer, Halter, Erwerber, Mieter, Leasingnehmer und Fahrer eines Motorfahrzeuges zu Lande, zu Wasser oder in der Luft sowie Anhängers.

(4) Endet der Versicherungsvertrag durch Berufsaufgabe oder Tod des Versicherungsnehmers, wird ihm bzw seinen Erben Versicherungsschutz auch für Rechtsschutzfälle gewährt, die innerhalb eines Jahres nach der Beendigung des Versicherungsvertrags eintreten und im Zusammenhang mit der im Versicherungsschein genannten Eigenschaft des Versicherungsnehmers stehen.

I. Deckungsumfang (Abs. 1)

§ 24 deckt das berufliche Rechtsschutzrisiko von selbständig Berufstätigen und Vereinen ab. Versichert sind Gewerbetreibende, Freiberufler und sonst selbständig Tätige jeweils für die im Versicherungsschein bezeichnete Tätigkeit. **Mitversichert** sind die vom VN beschäftigten Personen – selbständige Subunternehmer fallen nicht hierunter[1] –, soweit sie ihre berufliche Tätigkeit für den VN ausüben, sowie im Falle von Vereinen deren gesetzliche Vertreter, Angestellte und Mitglieder, soweit diese satzungsgemäße Aufgaben erfüllen. Dass die Tätigkeit solcher Personen dem Vereinszweck dient, reicht für den Versicherungsschutz nicht aus.[2]

II. Versicherte Leistungsarten; Ausschlüsse (Abs. 2, 3)

Versichert sind die in Abs. 2 genannten Leistungsarten. Durch Abs. 3 wird die Interessenwahrnehmung im Bereich des motorisierten Verkehrs vom Deckungsschutz ausdrücklich ausgenommen.

III. Nachhaftung (Abs. 4)

Nach Abs. 4 sind auch noch Rechtsschutzfälle nach Beendigung des VersVertrages durch **Tod oder Berufsaufgabe des VN** gedeckt, wenn diese innerhalb eines Jahres eintreten. Im Falle der Vertragsbeendigung durch Tod des VN wird der Rechtsschutz dessen Erben gewährt. Durch diese Regelung wird die Nachmeldefrist des § 4 Abs. 3 lit. b entsprechend verlängert.[3]

§ 25 Privat- und Berufs-Rechtsschutz für Nichtselbständige

(1) Versicherungsschutz besteht für den privaten und beruflichen Bereich des Versicherungsnehmers und seines ehelichen/eingetragenen oder im Versicherungsschein

---

[1] Harbauer/*Stahl*, § 24 ARB 2000 Rn 16; van Bühren/Plote/*Hillmer-Möbius*, ARB, § 24 Rn 13; aA Prölss/Martin/*Armbrüster*, § 24 ARB 2010 Rn 12.

[2] van Bühren/Plote/*Hillmer-Möbius*, ARB, § 24 Rn 14.

[3] Harbauer/*Stahl*, § 24 ARB 2000 Rn 55.

genannten sonstigen Lebenspartner i.S.d. § 3 Abs. 4 b), wenn diese keine gewerbliche, freiberufliche oder sonstige selbständige Tätigkeit mit einem Gesamtumsatz von mehr als 6.000 Euro – bezogen auf das letzte Kalenderjahr – ausüben. Kein Versicherungsschutz besteht unabhängig von der Umsatzhöhe für die Wahrnehmung rechtlicher Interessen im Zusammenhang mit einer der vorgenannten selbständigen Tätigkeiten.

(2) Mitversichert sind die minderjährigen und die unverheirateten, nicht in einer eingetragenen oder sonstigen Lebenspartnerschaft i.S.d. § 3 Abs. 4 b) lebenden volljährigen Kinder bis zur Vollendung des 25. Lebensjahres, letztere jedoch längstens bis zu dem Zeitpunkt, in dem sie erstmalig eine auf Dauer angelegte berufliche Tätigkeit ausüben und hierfür ein leistungsbezogenes Entgelt erhalten.

(3) Der Versicherungsschutz umfasst:

- Schadenersatz-Rechtsschutz (§ 2 a),
- Arbeits-Rechtsschutz (§ 2 b),
- Rechtsschutz im Vertrags- und Sachenrecht (§ 2 d),
- Steuer-Rechtsschutz vor Gerichten (§ 2 e),
- Sozialgerichts-Rechtsschutz (§ 2 f),
- Disziplinar- und Standes-Rechtsschutz (§ 2 h),
- Straf-Rechtsschutz (§ 2 i),
- Ordnungswidrigkeiten-Rechtsschutz (§ 2 j),
- Beratungs-Rechtsschutz im Familien-, Lebenspartnerschafts- und Erbrecht (§ 2 k).

(4) Der Versicherungsschutz umfasst nicht die Wahrnehmung rechtlicher Interessen als Eigentümer, Halter, Erwerber, Mieter, Leasingnehmer und Fahrer eines Motorfahrzeuges zu Lande, zu Wasser oder in der Luft sowie Anhängers.

(5) Haben der Versicherungsnehmer und/oder der mitversicherte Lebenspartner eine gewerbliche, freiberufliche oder sonstige selbständige Tätigkeit mit einem Gesamtumsatz von mehr als 6.000 Euro im letzten Kalenderjahr aufgenommen oder übersteigt deren aus einer solchen Tätigkeit im letzten Kalenderjahr erzielter Gesamtumsatz den Betrag von 6.000 Euro, wandelt sich der Versicherungsschutz ab Eintritt dieser Umstände in einen solchen nach § 23 um.

I. Deckungsumfang (Abs. 1, 2)

1 § 25 ist für **abhängig Beschäftigte** bestimmt, die keine gewerbliche, freiberufliche oder sonstige selbständige Tätigkeit mit einem jährlichen Gesamtumsatz von mehr als 6.000 € ausüben (**Abs. 1 S. 1**). Für diese besteht Versicherungsschutz für den **privaten Bereich** und den der **abhängigen Beschäftigung**. Für die Interessenwahrnehmung im Zusammenhang mit einer gewerblichen, freiberuflichen oder sonstigen selbständigen Tätigkeit (vgl § 23 Rn 2 ff) besteht unabhängig von der Umsatzhöhe jedenfalls kein Versicherungsschutz (**Abs. 1 S. 2**). Für den Deckungsschutz muss daher der Bereich geringfügiger selbständiger Tätigkeit vom privaten Bereich abgegrenzt werden. Dies kann im Einzelfall schwierig sein. Die Rspr[1] ist in diesem Bereich uneinheitlich. Maßgeblich ist, ob die Tätigkeit dauerhaft und mit Gewinnerzielungsabsicht ausgeübt wird, denn nur dann kann eine Tätigkeit als gewerbsmäßig angesehen werden. Gegebenenfalls handelt es sich um eine selbständige Tätigkeit. Anderenfalls muss die Tätigkeit als Hobby oder Liebhaberei qualifiziert und daher dem privaten Bereich zugeordnet werden.[2]

---

1 Vgl die Nachw. bei van Bühren/Plote/*Hillmer-Möbius*, ARB, § 25 Rn 7 f.
2 van Bühren/Plote/*Hillmer-Möbius*, ARB, § 25 Rn 5 f.

Mitversichert ist der eheliche, eingetragene oder im Versicherungsschein bezeichnete sonstige Lebenspartner (**Abs. 1**). Mitversichert sind außerdem die minderjährigen Kinder des VN und seines Ehe- oder Lebenspartners, nicht die Enkel, selbst wenn sie die Kinder mitversicherter Personen sind.[3] Volljährige Kinder sind mitversichert, solange sie unverheiratet sind bzw nicht in einer eingetragenen oder sonstigen Lebenspartnerschaft iSv § 3 Abs. 4 lit. b leben und nicht das 25. Lebensjahr vollendet oder bereits vorher eine auf Dauer angelegte und leistungsbezogen vergütete Berufstätigkeit aufgenommen haben (**Abs. 2**).

II. Versicherte Leistungsarten; Ausschlüsse (Abs. 3, 4)

Versichert sind die in Abs. 3 genannten Leistungsarten. Durch Abs. 4 wird die Interessenwahrnehmung im Bereich des motorisierten Verkehrs vom Deckungsschutz ausdrücklich ausgenommen.

III. Vertragsumwandlung (Abs. 5)

Nimmt der VN oder sein mitversicherter Lebenspartner eine selbständige Tätigkeit mit einem jährlichen Gesamtumsatz von mehr als 6.000 € auf oder erhöht sich der jährliche Gesamtumsatz einer solchen Tätigkeit auf über 6.000 €, wandelt sich der VersVertrag in einen solchen nach § 23 um.

§ 26 Privat-, Berufs- und Verkehrs-Rechtsschutz für Nichtselbständige

(1) Versicherungsschutz besteht für den privaten und beruflichen Bereich des Versicherungsnehmers und seines ehelichen/eingetragenen oder im Versicherungsschein genannten sonstigen Lebenspartner i.S.d. § 3 Abs. 4 b), wenn diese keine gewerbliche, freiberufliche oder sonstige selbständige Tätigkeit mit einem Gesamtumsatz von mehr als 6.000 Euro – bezogen auf das letzte Kalenderjahr – ausüben. Kein Versicherungsschutz besteht unabhängig von der Umsatzhöhe für die Wahrnehmung rechtlicher Interessen im Zusammenhang mit einer der vorgenannten selbständigen Tätigkeiten.

(2) Mitversichert sind
a) die minderjährigen Kinder,
b) die unverheirateten, nicht in einer eingetragenen oder sonstigen Lebenspartnerschaft i.S.d. § 3 Abs. 4 b) lebenden volljährigen Kinder bis zur Vollendung des 25. Lebensjahres, letztere jedoch längstens bis zu dem Zeitpunkt, in dem sie erstmalig eine auf Dauer angelegte berufliche Tätigkeit ausüben und hierfür ein leistungsbezogenes Entgelt erhalten. Soweit sich nicht aus der nachfolgenden Bestimmung etwas anderes ergibt, besteht jedoch kein Rechtsschutz für die Wahrnehmung rechtlicher Interessen als Eigentümer, Halter, Erwerber, Mieter, Leasingnehmer und Fahrer von Motorfahrzeugen zu Lande, zu Wasser oder in der Luft sowie Anhängern (Fahrzeug).
c) alle Personen in ihrer Eigenschaft als berechtigte Fahrer und berechtigte Insassen jedes bei Vertragsabschluss oder während der Vertragsdauer auf den Versicherungsnehmer, seinen mitversicherten Lebenspartner oder die minderjährigen Kinder zugelassenen oder auf ihren Namen mit einem Versicherungskennzeichen versehenen oder von diesem Personenkreis als Selbstfahrer-Vermietfahrzeug zum vorübergehenden Gebrauch gemieteten Motorfahrzeuges zu Lande sowie Anhängers.

---

[3] KG Berlin 9.12.2008 – 6 U 175/08, VersR 2009, 541 (zu § 26 Abs. 2).

(3) Der Versicherungsschutz umfasst:

– Schadenersatz-Rechtsschutz	(§ 2 a),
– Arbeits-Rechtsschutz	(§ 2 b),
– Rechtsschutz im Vertrags- und Sachenrecht	(§ 2 d),
– Steuer-Rechtsschutz vor Gerichten	(§ 2 e),
– Sozialgerichts-Rechtsschutz	(§ 2 f),
– Verwaltungs-Rechtsschutz in Verkehrssachen	(§ 2 g),
– Disziplinar- und Standes-Rechtsschutz	(§ 2 h),
– Straf-Rechtsschutz	(§ 2 i),
– Ordnungswidrigkeiten-Rechtsschutz	(§ 2 j),
– Beratungs-Rechtsschutz im Familien-, Lebenspartnerschafts- und Erbrecht	(§ 2 k).

(4) Es besteht kein Rechtsschutz für die Wahrnehmung rechtlicher Interessen als Eigentümer, Halter, Erwerber, Mieter und Leasingnehmer eines Motorfahrzeuges zu Wasser oder in der Luft.

(5) Der Fahrer muss bei Eintritt des Rechtsschutzfalls die vorgeschriebene Fahrerlaubnis haben, zum Führen des Fahrzeugs berechtigt sein und das Fahrzeug muss zugelassen oder mit einem Versicherungskennzeichen versehen sein. Bei Verstoß gegen diese Obliegenheit besteht Rechtsschutz nur, wenn der Fahrer von diesem Verstoß ohne Verschulden oder leicht fahrlässig keine Kenntnis hatte. Bei grob fahrlässiger Unkenntnis des Verstoßes gegen diese Obliegenheit ist der Versicherer berechtigt, seine Leistung in einem der Schwere des Verschuldens des Fahrers entsprechenden Verhältnis zu kürzen. Weist der Fahrer nach, dass seine Unkenntnis nicht grob fahrlässig war, bleibt der Versicherungsschutz bestehen.

Der Versicherungsschutz bleibt auch bestehen, wenn der Fahrer nachweist, dass die Verletzung der Obliegenheit weder für den Eintritt oder die Feststellung des Versicherungsfalls noch für die Feststellung oder den Umfang der dem Versicherer obliegenden Leistung ursächlich war.

(6) Haben der Versicherungsnehmer und/oder der mitversicherte Lebenspartner eine gewerbliche, freiberufliche oder sonstige selbständige Tätigkeit mit einem Gesamtumsatz von mehr als 6.000 Euro im letzten Kalenderjahr aufgenommen oder übersteigt deren aus einer der vorgenannten selbständigen Tätigkeit im letzten Kalenderjahr erzielter Gesamtumsatz den Betrag von 6.000 Euro, wandelt sich der Versicherungsschutz ab dem Eintritt dieser Umstände in einen solchen nach § 21 Absätze 1 und 4 bis 9 – für die auf den Versicherungsnehmer zugelassenen oder auf seinen Namen mit einem Versicherungskennzeichen versehenen Fahrzeuge – und § 23 um. Der Versicherungsnehmer kann jedoch innerhalb von sechs Monaten nach der Umwandlung die Beendigung des Versicherungsschutzes nach § 21 verlangen. Verlangt er diese später als zwei Monate nach Eintritt der für die Umwandlung des Versicherungsschutzes ursächlichen Tatsachen, endet der Versicherungsschutz nach § 21 erst mit Eingang der entsprechenden Erklärung des Versicherungsnehmers.

(7) Ist seit mindestens sechs Monaten kein Motorfahrzeug zu Lande und kein Anhänger mehr auf den Versicherungsnehmer, seinen mitversicherten Lebenspartner oder die minderjährigen Kinder zugelassen oder auf deren Namen mit einem Versicherungskennzeichen versehen, kann der Versicherungsnehmer verlangen, dass der Versicherungsschutz in einen solchen nach § 25 umgewandelt wird. Eine solche Umwandlung tritt automatisch ein, wenn die gleichen Voraussetzungen vorliegen und der Versicherungsnehmer, dessen mitversicherter Lebenspartner und die minderjährigen Kinder zusätzlich keine Fahrerlaubnis mehr haben. Werden die für die Umwandlung des Versicherungsschutzes ursächlichen Tatsachen dem Versicherer

später als zwei Monate nach ihrem Eintritt angezeigt, erfolgt die Umwandlung des Versicherungsschutzes erst ab Eingang der Anzeige.

Der Versicherungsschutz nach § 26 bietet eine Kombination aus dem Privat- und Berufsrechtsschutz für Nichtselbständige nach § 25 und dem Verkehrs-Rechtsschutz nach § 21. Zum Deckungsumfang wird daher auf die Erläuterungen zu § 25 und § 21 verwiesen. Im Rahmen des **Verkehrs-Rechtsschutzes** besteht aber die Besonderheit, dass volljährige Kinder des VN weder als Halter noch als Fahrer eines nicht auf den VN oder einen Mitversicherten zugelassenen Fahrzeugs versichert sind (Abs. 2 lit. b S. 2). 1

Nimmt der VN oder sein mitversicherter Lebenspartner eine selbständige Tätigkeit mit einem jährlichen Gesamtumsatz von mehr als 6.000 € auf oder erhöht sich der jährliche Gesamtumsatz einer solchen Tätigkeit auf über 6.000 €, **wandelt** sich der VersVertrag in einen solchen nach § 23 und § 21 **um**. Der VN kann innerhalb von sechs Monaten die Aufhebung des Vertrages verlangen. Ist der VN seit mindestens sechs Monaten nicht mehr Eigentümer oder Halter eines Kraftfahrzeugs, kann er die Umwandlung des VersVertrages in einen Vertrag nach § 25 verlangen. 2

§ 27 Landwirtschafts- und Verkehrs-Rechtsschutz

(1) Versicherungsschutz besteht für den beruflichen Bereich des Versicherungsnehmers als Inhaber des im Versicherungsschein bezeichneten land- oder forstwirtschaftlichen Betriebes sowie für den privaten Bereich und die Ausübung nichtselbständiger Tätigkeiten.

(2) Mitversichert sind
a) der eheliche/eingetragene oder der im Versicherungsschein genannte sonstige Lebenspartner des Versicherungsnehmers i.S.d. § 3 Abs. 4 b),
b) die minderjährigen Kinder,
c) die unverheirateten, nicht in einer eingetragenen oder sonstigen Lebenspartnerschaft i.S.d. § 3 Abs. 4 b) lebenden volljährigen Kinder bis zur Vollendung des 25. Lebensjahres, letztere jedoch längstens bis zu dem Zeitpunkt, in dem sie erstmalig eine auf Dauer angelegte berufliche Tätigkeit ausüben und hierfür ein leistungsbezogenes Entgelt erhalten. Soweit sich nicht aus der nachfolgenden Bestimmung etwas anderes ergibt, besteht jedoch kein Rechtsschutz für die Wahrnehmung rechtlicher Interessen als Eigentümer, Halter, Erwerber, Mieter, Leasingnehmer und Fahrer von Motorfahrzeugen zu Lande, zu Wasser oder in der Luft sowie Anhängern (Fahrzeug).
d) alle Personen in ihrer Eigenschaft als berechtigte Fahrer und berechtigte Insassen jedes bei Vertragsabschluss oder während der Vertragsdauer auf den Versicherungsnehmer, seinen mitversicherten Lebenspartner oder die minderjährigen Kinder zugelassenen oder auf ihren Namen mit einem Versicherungskennzeichen versehenen oder von diesem Personenkreis als Selbstfahrer-Vermietfahrzeug zum vorübergehenden Gebrauch gemieteten Motorfahrzeuges zu Lande sowie Anhängers.
e) die im Versicherungsschein genannten, im Betrieb des Versicherungsnehmers tätigen und dort wohnhaften Mitinhaber sowie deren eheliche/eingetragene oder im Versicherungsschein genannte sonstige Lebenspartner i.S.d. § 3 Abs. 4 b).

f) die im Versicherungsschein genannten, im Betrieb des Versicherungsnehmers wohnhaften Altenteiler sowie deren eheliche/eingetragene oder im Versicherungsschein genannte sonstige Lebenspartner i.S.d. § 3 Abs. 4b).
g) die im land- oder forstwirtschaftlichen Betrieb beschäftigten Personen in Ausübung ihrer Tätigkeit für den Betrieb.

(3) Der Versicherungsschutz umfasst:

- Schadenersatz-Rechtsschutz (§ 2a),
- Arbeits-Rechtsschutz (§ 2b),
- Wohnungs- und Grundstücks-Rechtsschutz (§ 2c),
  für land- oder forstwirtschaftlich genutzte
  Grundstücke, Gebäude oder Gebäudeteile
- Rechtsschutz im Vertrags- und Sachenrecht (§ 2d),
- Steuer-Rechtsschutz vor Gerichten (§ 2e),
- Sozialgerichts-Rechtsschutz (§ 2f),
- Verwaltungs-Rechtsschutz in Verkehrssachen (§ 2g),
- Disziplinar- und Standes-Rechtsschutz (§ 2h),
- Straf-Rechtsschutz (§ 2i),
- Ordnungswidrigkeiten-Rechtsschutz (§ 2j),
- Beratungs-Rechtsschutz im Familien-, Lebenspartnerschafts- und Erbrecht (§ 2k).

(4) Soweit es sich nicht um Personenkraft- oder Kombiwagen, Krafträder oder land- oder forstwirtschaftlich genutzte Fahrzeuge handelt, besteht kein Rechtsschutz für die Wahrnehmung rechtlicher Interessen als Eigentümer, Halter, Erwerber, Mieter und Leasingnehmer von Fahrzeugen.

(5) Der Fahrer muss bei Eintritt des Rechtsschutzfalls die vorgeschriebene Fahrerlaubnis haben, zum Führen des Fahrzeugs berechtigt sein und das Fahrzeug muss zugelassen oder mit einem Versicherungskennzeichen versehen sein. Bei Verstoß gegen diese Obliegenheit besteht Rechtsschutz nur, wenn der Fahrer von diesem Verstoß ohne Verschulden oder leicht fahrlässig keine Kenntnis hatte. Bei grob fahrlässiger Unkenntnis des Verstoßes gegen diese Obliegenheit ist der Versicherer berechtigt, seine Leistung in einem der Schwere des Verschuldens des Fahrers entsprechenden Verhältnis zu kürzen. Weist der Fahrer nach, dass seine Unkenntnis nicht grob fahrlässig war, bleibt der Versicherungsschutz bestehen.

Der Versicherungsschutz bleibt auch bestehen, wenn der Fahrer nachweist, dass die Verletzung der Obliegenheit weder für den Eintritt oder die Feststellung des Versicherungsfalls noch für die Feststellung oder den Umfang der dem Versicherer obliegenden Leistung ursächlich war.

I. Deckungsumfang (Abs. 1, 2, 4)

1 § 27 bietet für **Inhaber von land- und forstwirtschaftlichen Betrieben** eine Kombination aus dem Privat-Rechtsschutz für Selbständige nach § 23, dem Berufs-Rechtsschutz für Selbständige nach § 24 und dem Verkehrs-Rechtsschutz nach § 21. Insoweit wird zunächst auf die entsprechenden Erläuterungen verwiesen. **Landwirtschaft** umfasst Ackerbau und Viehzucht, Garten- und Weinbau sowie Imkerei und Binnenfischerei.[1] Unter **Forstwirtschaft** fallen alle Tätigkeiten zur Gewinnung von Walderzeugnissen, insb. Holz.[2]

2 **Mitversichert** sind der eheliche oder im Versicherungsschein genannte Lebenspartner und minderjährige Kinder. Volljährige Kinder sind grds. mitversichert, solange

---

[1] Harbauer/*Stahl*, § 27 ARB 2000 Rn 3.
[2] van Bühren/Plote/*Hillmer-Möbius*, ARB, § 27 Rn 6.

sie unverheiratet sind bzw nicht in einer eingetragenen oder sonstigen Lebenspartnerschaft iSv § 3 Abs. 4 lit. b leben und nicht das 25. Lebensjahr vollendet oder bereits vorher eine auf Dauer angelegte und leistungsbezogen vergütete Berufstätigkeit aufgenommen haben. Keinen Versicherungsschutz genießen volljährige Kinder aber für die Interessenwahrnehmung als Eigentümer, Halter, Erwerber, Mieter, Leasingnehmer oder Fahrer von zulassungspflichtigen Kraftfahrzeugen. Mitversichert sind darüber hinaus berechtigte Fahrer und berechtigte Insassen eines auf den VN, dessen mitversicherten Lebenspartner oder dessen minderjähriges Kind zugelassenen Kraftfahrzeugs. Die Versicherung bezieht sich zudem auf Mitinhaber des Betriebes und Altenteiler, deren eheliche oder im Versicherungsschein genannte Lebenspartner sowie dessen minderjährigen Kinder sowie alle im versicherten Betrieb beschäftigten Personen in Ausübung ihrer betrieblichen Tätigkeit.

Die Interessenwahrnehmung als Eigentümer, Halter, Erwerber, Mieter oder Leasingnehmer von Motorfahrzeugen ist auf Pkw, Kombiwagen, Krafträder und land- oder forstwirtschaftlich genutzte Fahrzeuge beschränkt.

II. Versicherte Leistungsarten (Abs. 3)

Versichert sind die in Abs. 3 genannten Leistungsarten. Hierbei handelt es sich um alle versicherbaren Leistungsarten mit einer Einschränkung: Der Wohnungs- und Grundstücks-Rechtsschutz nach § 2 lit. c ist auf die land- und forstwirtschaftlich genutzten Grundstücke beschränkt.

§ 28 Privat-, Berufs- und Verkehrs-Rechtsschutz für Selbständige

(1) Versicherungsschutz besteht
a) für die im Versicherungsschein bezeichnete gewerbliche, freiberufliche oder sonstige selbständige Tätigkeit des Versicherungsnehmers.
b) für den Versicherungsnehmer oder eine im Versicherungsschein genannte Person auch im privaten Bereich und für die Ausübung nichtselbständiger Tätigkeiten.

(2) Mitversichert sind
a) der eheliche/eingetragene oder der im Versicherungsschein genannte sonstige Lebenspartner des Versicherungsnehmers i.S.d. § 3 Abs. 4 b),
b) die minderjährigen Kinder,
c) die unverheirateten, nicht in einer eingetragenen oder sonstigen Lebenspartnerschaft i.S.d. § 3 Abs. 4 b) lebenden volljährigen Kinder bis zur Vollendung des 25. Lebensjahres, letztere jedoch längstens bis zu dem Zeitpunkt, in dem sie erstmalig eine auf Dauer angelegte berufliche Tätigkeit ausüben und hierfür ein leistungsbezogenes Entgelt halten. Soweit sich nicht aus der nachfolgenden Bestimmung etwas anderes ergibt, besteht jedoch kein Rechtsschutz für die Wahrnehmung rechtlicher Interessen als Eigentümer, Halter, Erwerber, Mieter, Leasingnehmer und Fahrer von Motorfahrzeugen zu Lande, zu Wasser oder in der Luft sowie Anhängern (Fahrzeug).
d) alle Personen in ihrer Eigenschaft als berechtigte Fahrer und berechtigte Insassen jedes bei Vertragsabschluss oder während der Vertragsdauer auf den Versicherungsnehmer, die in Absatz 1 genannte Person, deren mitversicherte Lebenspartner oder deren minderjährige Kinder zugelassenen oder auf ihren Namen mit einem Versicherungskennzeichen versehenen oder von diesem Perso-

nenkreis als Selbstfahrer- Vermietfahrzeug zum vorübergehenden Gebrauch gemieteten Motorfahrzeuges zu Lande sowie Anhängers,
e) die vom Versicherungsnehmer beschäftigten Personen in Ausübung ihrer beruflichen Tätigkeit für den Versicherungsnehmer.

(3) Der Versicherungsschutz umfasst:

- Schadenersatz-Rechtsschutz (§ 2 a),
- Arbeits-Rechtsschutz (§ 2 b),
- Wohnungs- und Grundstücks-Rechtsschutz (§ 2 c),
  für den im Versicherungsschein bezeichnete selbst genutzte Grundstücke, Gebäude oder Gebäudeteile,
- Rechtsschutz im Vertrags- und Sachenrecht (§ 2 d),
  für den privaten Bereich, die Ausübung nichtselbständiger Tätigkeiten und im Zusammenhang mit der Eigenschaft als Eigentümer, Halter, Erwerber, Mieter und Leasingnehmer von Motorfahrzeugen zu Lande sowie Anhängern,
- Steuer-Rechtsschutz vor Gerichten (§ 2 e),
  für den privaten Bereich, die Ausübung nichtselbständiger Tätigkeiten und im Zusammenhang mit der Eigenschaft als Eigentümer, Halter, Erwerber, Mieter und Leasingnehmer von Motorfahrzeugen zu Lande sowie Anhängern,
- Sozialgerichts-Rechtsschutz (§ 2 f),
- Verwaltungs-Rechtsschutz in Verkehrssachen (§ 2 g),
- Disziplinar- und Standes-Rechtsschutz (§ 2 h),
- Straf-Rechtsschutz (§ 2 i),
- Ordnungswidrigkeiten-Rechtsschutz (§ 2 j),
- Beratungs-Rechtsschutz im Familien-, Lebenspartnerschafts- und Erbrecht (§ 2 k).

(4) Der Wohnungs- und Grundstücks-Rechtsschutz kann ausgeschlossen werden.

(5) Es besteht kein Rechtsschutz für die Wahrnehmung rechtlicher Interessen als Eigentümer, Halter, Erwerber, Mieter und Leasingnehmer eines Motorfahrzeuges zu Wasser oder in der Luft.

(6) Der Fahrer muss bei Eintritt des Rechtsschutzfalls die vorgeschriebene Fahrerlaubnis haben, zum Führen des Fahrzeugs berechtigt sein und das Fahrzeug muss zugelassen oder mit einem Versicherungskennzeichen versehen sein. Bei Verstoß gegen diese Obliegenheit besteht Rechtsschutz nur, wenn der Fahrer von diesem Verstoß ohne Verschulden oder leicht fahrlässig keine Kenntnis hatte. Bei grob fahrlässiger Unkenntnis des Verstoßes gegen diese Obliegenheit ist der Versicherer berechtigt, seine Leistung in einem der Schwere des Verschuldens des Fahrers entsprechenden Verhältnis zu kürzen. Weist der Fahrer nach, dass seine Unkenntnis nicht grob fahrlässig war, bleibt der Versicherungsschutz bestehen.

Der Versicherungsschutz bleibt auch bestehen, wenn der Fahrer nachweist, dass die Verletzung der Obliegenheit weder für den Eintritt oder die Feststellung des Versicherungsfalls noch für die Feststellung oder den Umfang der dem Versicherer obliegenden Leistung ursächlich war.

(7) Endet der Versicherungsvertrag durch Berufsaufgabe oder Tod des Versicherungsnehmers, wird ihm bzw. seinen Erben Versicherungsschutz auch für Rechtsschutzfälle gewährt, die innerhalb eines Jahres nach der Beendigung des Versicherungsvertrags eintreten und im Zusammenhang mit der im Versicherungsschein genannten Eigenschaft des Versicherungsnehmers stehen.

I. Deckungsumfang (Abs. 1, 2)

§ 28 stellt eine Kombination aus dem Privat-Rechtsschutz für Selbständige nach § 23, Berufs-Rechtsschutz für Selbständige nach § 24 und Verkehrs-Rechtsschutz nach § 21 dar. § 28 ist in erster Linie für **kleinere Betriebe** gedacht.[1] Der Versicherungsschutz bezieht sich auf die im Versicherungsschein bezeichnete gewerbliche, freiberufliche oder sonstige selbständige Tätigkeit sowie den privaten Bereich des VN oder einer im Versicherungsschein genannten Person. Der versicherte Personenkreis deckt sich mit dem des § 26.

II. Versicherte Leistungsarten (Abs. 3, 4, 5)

Der Versicherungsschutz umfasst alle nach § 2 versicherbaren Leistungsarten (Abs. 3). Der Wohnungs- und Grundstücks-Rechtsschutz kann ausgeschlossen werden (Abs. 4). Kein Versicherungsschutz besteht für die Interessenwahrnehmung als Eigentümer, Halter, Erwerber, Mieter oder Leasingnehmer von Motorfahrzeugen zu Wasser oder in der Luft (Abs. 5).

III. Obliegenheiten (Abs. 6)

Abs. 6 entspricht § 21 Abs. 8 (s. § 21 Rn 7 f).

IV. Nachhaftung (Abs. 7)

Abs. 7 entspricht § 24 Abs. 4 (s. § 24 Rn 3).

§ 29 Rechtsschutz für Eigentümer und Mieter von Wohnungen und Grundstücken

(1) Versicherungsschutz besteht für den Versicherungsnehmer in seiner im Versicherungsschein bezeichneten Eigenschaft als

a) Eigentümer,
b) Vermieter,
c) Verpächter,
d) Mieter,
e) Pächter,
f) Nutzungsberechtigter

von Grundstücken, Gebäuden oder Gebäudeteilen, die im Versicherungsschein bezeichnet sind. Einer Wohneinheit zuzurechnende Garagen oder Kraftfahrzeug-Abstellplätze sind eingeschlossen.

(2) Der Versicherungsschutz umfasst:

- Wohnungs- und Grundstücks-Rechtsschutz (§ 2 c),
- Steuer-Rechtsschutz vor Gerichten (§ 2 e).

I. Deckungsumfang (Abs. 1)

§ 29 bietet dem VN speziellen Rechtsschutz im Zusammenhang mit **Wohnungen und Grundstücken**. Versicherungsschutz besteht für die Interessenwahrnehmung des VN in seiner im Versicherungsschein bezeichneten Eigenschaft als Eigentümer, Vermieter, Verpächter, Mieter, Pächter oder Nutzungsberechtigter für ein bestimm-

---

1 Harbauer/*Stahl*, § 28 ARB 2000 Rn 1.

tes, im Versicherungsschein ebenfalls bezeichnetes Grundstück, Gebäude oder ein Gebäudeteil. Der Rechtsschutz ist auf die im Versicherungsschein bezeichnete Eigenschaft des VN und das dort bezeichnete Objekt beschränkt. Der Rechtsschutz ist also **streng eigenschafts- und objektbezogen.** Bei einem Objektwechsel geht der Rechtsschutz unter den Voraussetzungen des § 12 Abs. 3 auf das neue Objekt über (s. § 12 Rn 3). Dies gilt aber nur für einen Objektwechsel, nicht für den Fall, dass der VN neben dem versicherten Objekt ein weiteres hinzuerwirbt; Letzteres ist nicht mitversichert.

2 Ist der VN in seiner Eigenschaft als **Eigentümer** versichert, besteht Rechtsschutz für Auseinandersetzungen um alle Ansprüche, die auf dem Eigentum beruhen. Hierzu gehört nicht die Interessenwahrnehmung des VN als Vermieter. Für diese besteht nur Rechtsschutz, wenn die spezielle Eigenschaft „Vermieter" mitversichert wurde. Ist die Eigenschaft „**Mieter**", „**Pächter**", „**Vermieter**" oder „**Verpächter**" versichert, besteht Rechtsschutz für alle Auseinandersetzungen aufgrund miet- bzw pachtvertraglicher Vorschriften (§§ 535 ff, 581 Abs. 2 BGB). **Nutzungsberechtigt** ist der VN, wenn er Berechtigter einer Dienstbarkeit iSd §§ 1018–1093 BGB ist.[1]

II. Versicherte Leistungsarten (Abs. 2)

3 Versichert ist neben dem Wohnungs- und Grundstücks-Rechtsschutz nach § 2 lit. c auch der Steuer-Rechtsschutz vor Gerichten nach § 2 lit. e.

Anhang

Einbeziehung des außergerichtlichen Mediationsverfahrens

§ 5 a Einbeziehung des außergerichtlichen Mediationsverfahrens

(1) Mediation ist ein Verfahren zur freiwilligen, außergerichtlichen Streitbeilegung, bei dem die Parteien mit Hilfe der Moderation eines neutralen Dritten, des Mediators, eine eigenverantwortliche Problemlösung erarbeiten.

Der Versicherer vermittelt dem Versicherungsnehmer einen Mediator zur Durchführung des Mediationsverfahrens in Deutschland und trägt dessen Kosten im Rahmen von Abs. 3.

(2) Der Rechtsschutz für Mediation erstreckt sich auf ...

(Aufzählung der unter die Mediation fallenden Leistungsarten)

(3) Der Versicherer trägt den auf den Versicherungsnehmer entfallenden Anteil an den Kosten des vom Versicherer vermittelten Mediators bis zu ... € je Mediation. Sind am Mediationsverfahren auch nicht versicherte Personen beteiligt, übernimmt der Versicherer die Kosten anteilig im Verhältnis versicherter zu nicht versicherten Personen.

(4) Für die Tätigkeit des Mediators ist der Versicherer nicht verantwortlich. Soweit vorstehend nicht ausdrücklich etwas anderes vereinbart ist, gelten die Bestimmungen der §§ 1, 3, 4, 7 bis 14, 16, 17 und 20 ARB 2009 entsprechend.

---

1 van Bühren/Plote/*Plote*, ARB, § 29 Rn 9.

Notwendige Ergänzung zu § 5 I d) bei Verwendung des § 5 a:

§ 5 Abs. 1 d):
„die Gebühren eines Schieds- oder Schlichtungsverfahrens bis zur Höhe der Gebühren, die im Falle der Anrufung eines zuständigen Gerichts erster Instanz entstehen;"
Ergänzung:
„die Kosten für Mediationsverfahren richten sich hingegen ausschließlich nach der Klausel ..."

Beitragsfreiheit bei Arbeitslosigkeit

Der GDV lässt die Frage nach der Einführung der Beitragsbefreiung bei Arbeitslosigkeit des Versicherungsnehmers bewusst offen.

§ 9 a ARB soll daher nur denjenigen Unternehmen als unverbindlicher Formulierungsvorschlag dienen, die die Beitragsbefreiung einführen.

§ 9 a Beitragsfreiheit bei Arbeitslosigkeit

(1) Sofern besonders vereinbart, entfällt im Rahmen der folgenden Bestimmungen die Verpflichtung zur Zahlung des weiteren Versicherungsbeitrags, wenn und solange der Versicherungsnehmer arbeitslos gemeldet (§ 117 Sozialgesetzbuch III) oder berufs- oder erwerbsunfähig (§§ 43, 44 Sozialgesetzbuch VI) ist, höchstens jedoch für ... Jahre. Verstirbt der Versicherungsnehmer, gilt die Beitragsfreistellung entsprechend für die Person, die den Versicherungsvertrag vereinbarungsgemäß mit dem Versicherer fortführt. Tritt während einer Beitragsfreistellung ein weiterer der in Satz 1 und 2 genannten Fälle ein, wird der bereits verstrichene Zeitraum der Beitragsfreistellung auf die Höchstdauer von ... Jahren angerechnet.

(2) Eine Beitragsfreistellung nach Ziffer 1 erfolgt nicht,

a) wenn ein anderer, ausgenommen auf Grund einer gesetzlichen Unterhaltspflicht, verpflichtet ist, den Versicherungsbeitrag zu zahlen oder es wäre, wenn diese Zusatzvereinbarung nicht bestünde;

b) wenn eine der Voraussetzungen nach Ziffer 1

  aa) vor Versicherungsbeginn eingetreten ist oder

  bb) innerhalb von 6 Monaten nach Versicherungsbeginn eintritt, ausgenommen durch einen innerhalb dieses Zeitraums eingetretenen Unfall,

  cc) in ursächlichem Zusammenhang mit militärischen Konflikten, inneren Unruhen, Streiks oder Nuklearschäden (ausgenommen durch eine medizinische Behandlung) steht oder

  dd) in ursächlichem Zusammenhang mit einer vorsätzlichen Straftat des Versicherungsnehmer steht, oder von ihm vorsätzlich verursacht wurde.

(3) Der Anspruch auf Beitragsfreistellung ist unverzüglich geltend zu machen. Dem Versicherer ist Auskunft über alle zu ihrer Feststellung erforderlichen Umstände zu erteilen und das Vorliegen ihrer Voraussetzung gemäß Absatz 1 durch Vorlage einer amtlichen Bescheinigung nachzuweisen.

(4) Der Versicherungsnehmer hat auf Anforderung, höchstens jedoch alle 3 Monate, Auskunft über das weitere Vorliegen der Voraussetzung für die Beitragsfreistellung zu geben und geeignete Nachweise vorzulegen. Kommt er dieser Verpflichtung nicht unverzüglich nach, endet die Beitragsfreistellung. Sie tritt jedoch mit sofortiger Wirkung wieder in Kraft, wenn die Auskünfte und Nachweise nachgereicht werden. Die Sätze 1 bis 3 gelten nicht im Todesfall oder solange eine andere

Voraussetzung für die Beitragsfreistellung auf Grund eines bereits erbrachten Nachweises erkennbar noch vorliegt.

(5) Diese Zusatzvereinbarung kann beiderseits mit einer Frist von 3 Monaten zum Ablauf jedes Versicherungsjahres gekündigt werden. Sie endet, ohne dass es einer Kündigung bedarf, mit Vollendung des 60. Lebensjahres des Versicherungsnehmers oder mit seinem Tode, wenn die in Absatz 1 Satz 2 genannte Person das 60. Lebensjahr zum Todeszeitpunkt beendet hat.

(6) Der Anspruch auf Beitragsfreistellung verjährt in 3 Jahren. Die Verjährung beginnt am Schluss des Kalenderjahrs, in dem die Nachweise und Auskünfte nach Ziffer Absatz 3 hätten erteilt werden können. Der Zeitraum vom Geltendmachen des Anspruchs bis zur Entscheidung des Versicherers über die Beitragsfreistellung wird in die Verjährungsfrist nicht eingerechnet.

(7) Soweit Mitversicherte dem Versicherungsnehmer gleichgestellt sind, gilt dies nicht für diese Zusatzvereinbarung.

Allgemeine Bedingungen für die Rechtsschutzversicherung (ARB 2012)

Musterbedingungen des GDV[1]

Stand: Oktober 2014

Vorbemerkung zu den ARB 2012

Im Oktober 2012 hat der GDV als „ARB 2012" neue Allgemeine Bedingungen für die Rechtsschutzversicherung veröffentlicht. Hierzu wurden die Bedingungen umfangreich überarbeitet vor allem mit dem Ziel, durch strukturelle und sprachliche Änderungen die Transparenz zu erhöhen.[1]

In ihrem **Aufbau** weichen die ARB 2012 grundlegend von den vorangegangenen Bedingungswerken, zuletzt den ARB 2010, ab. Vor allem werden in den Musterbedingungen der ARB 2012 die einzelnen Klauseln bestimmten Buchstabenschlüsseln zugeordnet, die nach dem Inhaltsverzeichnis erklärt sind und die deutlich machen, für welche Vertragsform die jeweilige Bestimmung gelten soll, zB „P" für Privat-Rechtsschutz oder „Vk" für Verkehrs-Rechtsschutz. Klauseln bzw Abschnitte, die für alle Vertragsarten gelten, haben die Zuordnung „A" („Allgemein"). Hintergrund der **Buchstabenschlüssel** ist die Möglichkeit, die Bedingungen nach dem Bausteinprinzip je nach Vertragsart individuell zusammenzustellen, so dass in den Bedingungen des einzelnen Vertrages nur die jeweils geltenden Bestimmungen ohne Buchstabenschlüssel erscheinen. Hat der VN also etwa nur „Privat-Rechtsschutz" abgeschlossen, enthalten die Bedingungen seines Vertrages nur die Klauseln mit den Buchstabenschlüsseln „P" und „A". Daneben wurden die Bedingungen nach Themenbereichen mit zT gravierenden Änderungen im Aufbau neu strukturiert und – dem allgemeinen Trend bei Versicherungsbedingungen folgend – Paragrafen durch eine nummerische Ordnung ersetzt.

Sprachlich unterscheiden sich die ARB 2012 von den vorangegangenen Bedingungen zur Rechtsschutzversicherung vor allem dadurch, dass sie den VN persönlich ansprechen und Überschriften teilweise durch Fragen ersetzt wurden.

Inhaltlich ergeben sich zu den vorangegangenen Bedingungswerken einige wenige, aber durchaus erhebliche Änderungen, auf die bei den einzelnen Bestimmungen eingegangen werden soll.[2]

1.	Aufgaben der Rechtsschutzversicherung	1935
2.	Welchen Rechtsschutz haben Sie?	1935
2.1	Wer/was ist versichert?	1935
2.2	In welchen Rechtsbereichen sind Sie versichert (Leistungsarten)?	1942
2.3	Leistungsumfang	1946
2.4	Voraussetzungen für den Anspruch auf Versicherungsschutz	1951
3.	Was ist nicht versichert?	1952
3.1	Zeitliche Ausschlüsse	1952

---

1 Unverbindliche Bekanntgabe des Gesamtverbandes der Deutschen Versicherungswirtschaft e.V. (GDV). Zur fakultativen Verwendung. Abweichende Vereinbarungen sind möglich.
1 van Bühren/Plote/*Hillmer-Möbius*, ARB 2012 Rn 1.
2 Einen Überblick bieten *Maier*, r+s 2013, 105; *Bauer*, VersR 2013, 661; van Bühren/Plote/*Hillmer-Möbius*, ARB 2012 Rn 10 ff; Prölss/Martin/*Armbrüster*, ARB 2012 Rn 3.

3.2	Inhaltliche Ausschlüsse	1953
3.3	Einschränkung unserer Leistungspflicht	1957
3.4	Ablehnung des Versicherungsschutzes wegen mangelnder Erfolgsaussichten oder wegen Mutwilligkeit/Schiedsgutachter	1959
3.4	Ablehnung des Versicherungsschutzes wegen mangelnder Erfolgsaussichten oder wegen Mutwilligkeit/Stichentscheidverfahren	1960
4.	**Was müssen Sie beachten?**	**1961**
4.1	Verhalten im Versicherungsfall/Erfüllung von Obliegenheiten	1961
4.2	Weitere besondere Verhaltensregeln/Obliegenheiten	1965
4.3	Besonderheiten im Fahrzeug-Rechtsschutz bei Fahrzeugwechsel oder Verkauf	1965
5.	**In welchen Ländern sind Sie versichert?**	**1966**
5.1	Hier haben Sie Versicherungsschutz	1966
5.2	Hier haben Sie Versicherungsschutz mit Einschränkungen	1967
6.	**Wann beginnt und endet Ihre Rechtsschutzversicherung?**	**1967**
6.1	Beginn des Versicherungsschutzes	1967
6.2	Dauer und Ende des Vertrages	1967
7.	**Wann und wie müssen Sie Ihren Beitrag zahlen?**	**1969**
7.1	Beitragszahlung	1969
7.2	Versicherungsjahr	1970
7.3	Versicherungssteuer	1970
7.4	Zahlung und Folgen verspäteter Zahlung/Erster Beitrag	1970
7.5	Zahlung und Folgen verspäteter Zahlung/Folgebeitrag	1970
7.6	Rechtzeitige Zahlung bei Sepa-Lastschriftmandat	1971
7.7	Beitrag bei vorzeitiger Vertragsbeendigung	1972
7.8	Beitragsanpassung	1972
7.9	Änderung wesentlicher Umstände der Beitragsfestsetzung	1974
8.	**Wann verjähren Ansprüche aus dem Versicherungsvertrag?**	**1976**
8.1	Gesetzliche Verjährung	1976
8.2	Die Verjährung wird ausgesetzt	1976
9.	**Welches Recht ist anzuwenden und wo ist der Gerichtsstand?**	**1977**
9.1	Anzuwendendes Recht	1977
9.2	Klagen gegen das Versicherungsunternehmen	1977
9.3	Klagen gegen den Versicherungsnehmer	1977

Anhang: Beitragsfreiheit bei Arbeitslosigkeit (Zahlungspause) 1977

Stichwortverzeichnis 1979

Die unverbindlichen Muster-ARB 2012 sind nach dem Bausteinprinzip aufgebaut. Die Klauseln sind den einzelnen Vertragsarten (Privat, Unternehmen, Verein, Landwirte, Beruf, Verkehr, Fahrzeug und Wohnen) durch den nachfolgenden Buchstabenschlüssel zugeordnet. Klauseln bzw. Abschnitte, die für alle Vertragsarten einschlägig sind, haben die Zuordnung A:

Allgemein	**A**		Beruf	**B**
Privat	**P**		Verkehr	**Vk**
Unternehmen	**U**		Fahrzeug	**F**
Verein	**Ver**		Wohnen	**W**
Landwirte	**L**			

1. Aufgaben der Rechtsschutzversicherung A

Sie möchten Ihre rechtlichen Interessen wahrnehmen. Wir erbringen die dafür erforderlichen Leistungen. Der Umfang unserer Leistungen ist im Versicherungsantrag, im Versicherungsschein und in diesen Versicherungsbedingungen beschrieben.

Ziff. 1 beschreibt wie § 1 ARB 2010 die **Aufgaben der Rechtsschutzversicherung** (vgl § 1 ARB 2010 Rn 1 f). 1

2. Welchen Rechtsschutz haben Sie? A

Sie haben folgenden Bereich *(Vertragsform)* versichert: A

- Privat-Rechtsschutz, **P**
- Rechtsschutz für Selbstständige oder Firmen, **U**
- Rechtsschutz für Vereine, **Ver**
- Rechtsschutz für Landwirte, **L**
- Berufs-Rechtsschutz, **B**
- Verkehrs-Rechtsschutz, **Vk**
- Fahrzeug-Rechtsschutz, **F**
- Wohnungs- und Grundstücks-Rechtsschutz. **W**

Ziff. 2 zählt die verschiedenen **Vertragsformen** auf, die auch miteinander kombiniert werden können. Zu unterscheiden sind Privat-Rechtsschutz („P"), Rechtsschutz für Selbständige und Firmen („U"), Rechtsschutz für Vereine („Ver"), Rechtsschutz für Landwirte („L"), Berufs-Rechtsschutz („B"), Verkehrs-Rechtsschutz („Vk"), Fahrzeug-Rechtsschutz („F") sowie Wohnungs- und Grundstücks-Rechtsschutz („W"). Mit den Vertragsformen „Privat-Rechtsschutz" und „Berufs-Rechtsschutz" ist es erstmals möglich, den privaten Bereich und den beruflichen Bereich jeweils separat abzusichern. 1

2.1 Wer/was ist versichert? A

Aus rechtlichen Gründen weisen wir Sie auf Folgendes hin:

Versicherungsschutz haben Sie nur, soweit dem nicht die folgenden, auf die Vertragsparteien direkt anwendbaren Maßnahmen, entgegenstehen:

- Wirtschaftssanktionen,
- Handelssanktionen,
- Finanzsanktionen oder
- Embargos der Europäischen Union oder der Bundesrepublik Deutschland.

Die übrigen Bestimmungen unseres Vertrages sind davon nicht betroffen.

Dies gilt auch für Wirtschafts-, Handels- oder Finanzsanktionen bzw. Embargos, die durch die Vereinigten Staaten von Amerika in Hinblick auf den Iran erlassen werden. Dem dürfen allerdings nicht europäische oder deutsche Rechtsvorschriften entgegenstehen.

1 In **Ziff. 2.1** wird dem Abschnitt die sogenannte **Sanktionsklausel**[1] vorangestellt. Danach wird Versicherungsschutz nur gewährt, soweit dem nicht Wirtschaftssanktionen, Handelssanktionen, Finanzsanktionen oder Embargos der EU oder BRD, die auf die Vertragsparteien direkt anwendbar sind, entgegenstehen. Gleiches gilt für Sanktionen oder Embargos, die durch die USA im Hinblick auf den Iran erlassen werden.

2 Strittig ist, ob es sich hierbei um eine Definition des Versicherungsgegenstandes,[2] also eine primäre Risikoabgrenzung, oder um einen Risikoausschluss,[3] also eine sekundäre Risikoabgrenzung, handelt. Hiernach bestimmt sich die Beweislast (vgl § 2 ARB 2010 Rn 1, § 3 ARB 2010 Rn 2). Die Platzierung unter Ziff. 2.1 und den versicherten Lebensbereichen vorangestellt, kann für die Einordnung nicht maßgeblich sein. In der Sache handelt es sich wohl eher um einen Risikoausschluss.

2.1.1 Versicherte Lebensbereiche   A

Im Privat-Rechtsschutz: P

Sie haben Versicherungsschutz für Ihren <u>privaten</u> Bereich. Sie haben hier <u>keinen</u> Versicherungsschutz, wenn Sie rechtliche Interessen im Zusammenhang mit einer der folgenden Tätigkeiten wahrnehmen:
– eine gewerbliche Tätigkeit,
– eine freiberufliche Tätigkeit,
– eine sonstige selbstständige Tätigkeit.

Wann liegt eine sonstige selbstständige Tätigkeit vor?

Wenn Einkünfte im steuerrechtlichen Sinne erzielt werden oder werden sollen, die keine Einkünfte aus nichtselbstständiger Tätigkeit *(zum Beispiel Löhne oder Gehälter)* oder Einkünfte aus Rente sind.

Folgende Bereiche sind mit einem extra Baustein zu versichern und nicht im Privat-Rechtsschutz enthalten:
– Rechtsschutz für Selbstständige oder Firmen,
– Rechtsschutz für Vereine,
– Berufs-Rechtsschutz,
– Verkehrs-Rechtsschutz und Fahrzeug-Rechtsschutz,
– Wohnungs- und Grundstücks-Rechtsschutz.

Im Rechtsschutz für Selbstständige oder Firmen: U

Sie haben Versicherungsschutz für Ihre im Versicherungsschein bezeichnete gewerbliche, freiberufliche oder sonstige selbstständige Tätigkeit.

Im Rechtsschutz für Vereine: Ver

Sie haben Versicherungsschutz für den im Versicherungsschein bezeichneten Verein.

---

1 van Bühren/Plote/*Hillmer-Möbius*, ARB 2012 Rn 13.
2 So van Bühren/Plote/*Hillmer-Möbius*, ARB 2012 Rn 14.
3 So *Bauer*, VersR 2013, 661, 663.

Im Rechtsschutz für Landwirte: **L**

Sie haben Versicherungsschutz
- als Inhaber für Ihren im Versicherungsschein bezeichneten land- oder forstwirtschaftlichen Betrieb,
- für den privaten Bereich und
- für die Ausübung nichtselbstständiger Tätigkeiten.

Versicherungsschutz besteht für Sie als
- Eigentümer,
- Halter,
- Erwerber,
- Leasingnehmer/Mieter,
- Fahrer

von Motorfahrzeugen sowie Anhängern.

Versichert sind folgende Fahrzeuge:
- Pkw oder Kombiwagen,
- Krafträder oder
- land- bzw. forstwirtschaftlich genutzte Fahrzeuge.

Für andere Fahrzeuge besteht kein Versicherungsschutz *(zum Beispiel nicht land- oder forstwirtschaftlich genutzte Lkws).*

Als Fahrer und Mitfahrer sind Sie unabhängig von der Fahrzeugart versichert *(zum Beispiel: Sie kaufen sich ein privates Motorboot; der Kauf ist nicht versichert, wohl aber das Führen des Bootes).*

Im Berufs-Rechtsschutz: **B**

Sie haben Versicherungsschutz für Ihre berufliche, nichtselbstständige Tätigkeit *(zum Beispiel als Arbeitnehmer, Beamter, Richter).*

Sie haben keinen Versicherungsschutz, wenn Sie rechtliche Interessen wahrnehmen als: **P U Ver B**
- Eigentümer,
- Halter,
- Erwerber,
- Leasingnehmer/Mieter,
- Fahrer

von Motorfahrzeugen sowie Anhängern.

Der Verkehrs-Rechtsschutz und der Fahrzeug-Rechtsschutz sind mit einem extra Baustein zu versichern.

Im Verkehrs-Rechtsschutz: **Vk**

Sie haben Versicherungsschutz, wenn Sie rechtliche Interessen wahrnehmen als
- Eigentümer,
- Halter,
- Erwerber,

- Leasingnehmer/Mieter,
- Fahrer

von Kraftfahrzeugen sowie Anhängern.

Die Kraftfahrzeuge oder Anhänger müssen entweder:
- bei Vertragsabschluss oder während der Vertragsdauer auf Sie zugelassen sein oder
- auf Ihren Namen mit einem Versicherungskennzeichen *(sogenanntes Nummernschild)* versehen sein oder
- zum vorübergehenden Gebrauch von Ihnen gemietet sein.

Sie sind ferner als Fahrer und Mitfahrer fremder oder eigener Kraftfahrzeuge, Motorfahrzeuge zu Wasser oder in der Luft versichert.

Versicherungsschutz haben Sie auch, wenn Sie am öffentlichen Straßenverkehr teilnehmen, und zwar
- als Fahrgast,
- als Fußgänger oder
- als Radfahrer.

Im Fahrzeug-Rechtsschutz: F

Sie haben Versicherungsschutz für die im Versicherungsschein genannten Kraftfahrzeuge, Motorfahrzeuge zu Wasser oder in der Luft sowie für Anhänger.

Dabei kommt es nicht darauf an, ob
- das Fahrzeug auf Ihren Namen zugelassen ist oder
- das Fahrzeug mit einem Versicherungskennzeichen *(sogenanntes Nummernschild)* auf Ihren Namen versehen ist.

Im Wohnungs- und Grundstücks-Rechtsschutz: W

Sie haben Versicherungsschutz, wenn Sie Grundstücke, Gebäude oder Gebäudeteile in folgenden Eigenschaften nutzen: als
- Eigentümer,
- Vermieter,
- Verpächter,
- Mieter,
- Pächter,
- sonstiger Nutzungsberechtigter.

Die Eigenschaften und das Grundstück, Gebäude oder Gebäudeteil müssen im Versicherungsschein angegeben sein. Einer Wohneinheit zuzurechnende Garagen oder Kraftfahrzeug-Abstellplätze sind eingeschlossen.

Wenn Sie das im Versicherungsschein bezeichnete, selbst genutzte Wohnobjekt wechseln, geht der Versicherungsschutz

auf das neue Wohnobjekt über und umfasst auch Versicherungsfälle,
- die erst <u>nach</u> dem Auszug aus dem bisherigen Wohnobjekt eintreten oder
- die sich auf das neue Wohnobjekt beziehen und <u>vor</u> dessen geplantem oder tatsächlichem Bezug eintreten.

Wenn Sie ein Objekt wechseln, das Sie für Ihre gewerbliche, freiberufliche oder sonstige selbstständige Tätigkeit selbst nutzen, dann gilt dies nur unter folgender Voraussetzung:

Das neue Objekt darf nach unserem Tarif weder nach Größe noch nach Miet- oder Pachthöhe einen höheren als den vereinbarten Beitrag ausmachen.

In Ziff. 2.1.1 werden die einzelnen **Vertragsformen** ähnlich den §§ 21–29 ARB 2010 über „versicherte Lebensbereiche" **definiert** (vgl §§ 21 ff ARB 2010). 1

Privat-Rechtsschutz: Im Unterschied zu den ARB 2010, wo der Rechtsschutz im privaten Bereich jeweils nur Teil von Rechtsschutzpaketen war (§ 23 Abs. 1, § 25 Abs. 1, § 26 Abs. 1, § 28 Abs. 1 ARB 2010), wird der Privat-Rechtsschutz in einem eigenen Baustein zusammengefasst. Der Privat-Rechtsschutz umfasst nicht die Interessenwahrnehmung im Zusammenhang mit einer gewerblichen, freiberuflichen oder sonstigen selbständigen Tätigkeit, wobei dies – anders als nach § 25 Abs. 1 S. 1, § 26 Abs. 1 S. 1 ARB 2010 – unabhängig von der Höhe des jährlichen Gesamtumsatzes gilt. Für eine **sonstige selbständige Tätigkeit** genügt, dass Einkünfte in steuerrechtlichem Sinne erzielt werden oder werden sollen, die keine Einkünfte aus nichtselbständiger Tätigkeit (zB Löhne oder Gehälter) oder Einkünfte aus Rente sind. Mit der Anknüpfung an das Steuerrecht (§§ 18, 19 EStG) wird für die Abgrenzung zwischen versichertem privaten Bereich und nicht versicherter selbständiger Tätigkeit ein neues Kriterium eingeführt, das zwar die Abgrenzung erleichtert, den Rechtsschutz im privaten Bereich aber deutlich einschränkt. Insbesondere dürften nun anders als im Rahmen der ARB 2010 (vgl § 23 ARB 2010 Rn 2) Streitigkeiten im Zusammenhang mit der **Verwaltung privaten Vermögens** vom Versicherungsschutz weitgehend ausgeschlossen sein.[1] Die anderen Vertragsformen sind ebenfalls nicht Gegenstand des Privat-Rechtsschutzes, sondern müssen über weitere Bausteine versichert werden, etwa Verkehrs-Rechtsschutz oder Berufs-Rechtsschutz, so dass auch **arbeitsrechtliche Streitigkeiten** vom Privat-Rechtsschutz nicht umfasst sind. 2

Rechtsschutz für Selbständige oder Firmen: Der Rechtsschutz für Selbständige oder Firmen bezieht sich nur auf die im Versicherungsschein bezeichnete gewerbliche, freiberufliche oder sonstige selbständige Tätigkeit. 3

Rechtsschutz für Vereine: Der Rechtsschutz für Vereine beschränkt den Versicherungsschutz auf den im Versicherungsschein genannten Verein. 4

Rechtsschutz für Landwirte: Der Rechtsschutz für Landwirte entspricht dem Rechtsschutz nach § 27 Abs. 1, 4 ARB 2010. 5

Berufs-Rechtsschutz: Im Berufs-Rechtsschutz ist der Versicherungsschutz auf die berufliche *nicht*selbständige Tätigkeit beschränkt. 6

Verkehrs-Rechtsschutz: Der Verkehrs-Rechtsschutz ist weitgehend identisch mit dem Rechtsschutz nach § 21 Abs. 1, 7 ARB 2010, wobei sich jedoch für § 21 Abs. 2 ARB 2010 keine Entsprechung findet. Der **Fahrer-Rechtsschutz** nach § 22 ARB 2010 ist nun Bestandteil des Verkehrs-Rechtsschutzes. 7

---

1 *Maier,* r+s 2013, 105, 106 f; *Bauer,* VersR 2013, 661, 662.

8 **Fahrzeug-Rechtsschutz:** Im Fahrzeug-Rechtsschutz wird – entsprechend § 21 Abs. 3 ARB 2010 – Rechtsschutz für im Versicherungsschein genannte Kraftfahrzeuge, Motorfahrzeuge zu Wasser oder in der Luft sowie für Anhänger gewährt, unabhängig davon, ob das Fahrzeug auf den Namen des VN zugelassen oder mit einem Versicherungskennzeichen auf den Namen des VN versehen ist.

9 **Wohnungs- und Grundstücks-Rechtsschutz:** Der Wohnungs- und Grundstücks-Rechtsschutz entspricht dem Rechtsschutz nach §§ 29, 12 Abs. 3, 4 ARB 2010.

2.1.2 Mitversicherung

P U Ver
L B Vk F

Mitversichert sind:

- die von Ihnen beschäftigten Mitarbeiter, soweit sie für Sie beruflich im versicherten Betrieb tätig sind,   U L

- die gesetzlichen Vertreter, Angestellten und Mitglieder des Vereins im Rahmen der Aufgaben, die sie nach der Satzung zu erfüllen haben,   Ver

- Ihr ehelicher/eingetragener Lebenspartner,   P L B

- im Versicherungsschein genannte sonstige Lebenspartner,

- Ihre minderjährigen Kinder,

- Ihre unverheirateten volljährigen Kinder bis zur Vollendung des 25. Lebensjahrs.

  Die Kinder dürfen allerdings nicht in einer eigenen eingetragenen oder sonstigen Lebenspartnerschaft leben.

Ausnahme: Volljährige Kinder sind <u>nicht</u> mitversichert, wenn sie rechtliche Interessen wahrnehmen als   L

- Eigentümer,
- Halter,
- Erwerber,
- Leasingnehmer/Mieter,
- Fahrer

von Kraftfahrzeugen, Motorfahrzeugen zu Wasser oder in der Luft sowie Anhänger.

Die Mitversicherung von volljährigen Kindern endet in jedem Fall zu dem Zeitpunkt, zu dem sie erstmalig eine auf Dauer angelegte, berufliche Tätigkeit ausüben und hierfür ein Einkommen erhalten.   P L B

- alle Personen in ihrer Eigenschaft als berechtigte Fahrer und berechtigte Mitfahrer eines Kraftfahrzeugs sowie eines Anhängers.   L

  Voraussetzung ist:
  das Kraftfahrzeug oder der Anhänger ist im Zeitpunkt des Versicherungsfalls
  - auf Sie, Ihren mitversicherten Lebenspartner oder Ihre minderjährigen Kinder zugelassen oder

- auf Ihren Namen mit einem Versicherungskennzeichen *(sogenanntes Nummernschild)* versehen oder
- von Ihnen, Ihrem mitversicherten Lebenspartner oder Ihren minderjährigen Kindern zum vorübergehenden Gebrauch angemietet.

– im Versicherungsschein genannte Mitinhaber sowie deren eheliche/eingetragene oder im Versicherungsschein genannte sonstige Lebenspartner, sofern diese L
- in Ihrem Betrieb tätig und
- in Ihrem Betrieb wohnhaft sind.

– im Versicherungsschein genannte Altenteiler sowie deren eheliche/eingetragene oder im Versicherungsschein genannte sonstige Lebenspartner, sofern diese in Ihrem Betrieb wohnhaft sind. L

Im Verkehrs-Rechtsschutz:	**Vk**
Im Fahrzeug-Rechtsschutz:	**F**
Versichert sind alle Personen *(mitversicherte Personen)* in ihrer Eigenschaft als berechtigte Fahrer oder berechtigte Mitfahrer des Kraftfahrzeugs. *(Berechtigt ist jede Person, die das Kraftfahrzeug mit Ihrem Einverständnis führt oder nutzt.)*	Vk F
Alle Bestimmungen aus diesem Rechtsschutzvertrag gelten auch für diese mitversicherten Personen.	P U Ver L B Vk F
Wenn eine mitversicherte Person Versicherungsschutz verlangt, können Sie dem widersprechen. *(Warum können Sie widersprechen, wenn eine mitversicherte Person Versicherungsschutz verlangt? Sie sind unser Versicherungsnehmer und können zum Beispiel bestimmen, ob wir Kosten für mitversicherte Personen bezahlen sollen.)*	
Ausnahme: Bei Ihrem ehelichen/eingetragenen Lebenspartnerkönnen Sie nicht widersprechen.	P U Ver L B Vk F
Versicherungsschutz besteht außerdem für Ansprüche, die natürlichen Personen kraft Gesetzes dann zustehen, wenn Sie oder eine mitversicherte Person verletzt oder getötet wurden.	P L Vk F

(Beispiel: Wenn Sie bei einem Verkehrsunfall schwer verletzt werden, haben Ihre nächsten Angehörigen Versicherungsschutz und können damit Unterhaltsansprüche gegen den Unfallgegner geltend machen. Eine „natürliche Person" ist ein Mensch, im Gegensatz zur „juristischen Person"; das ist zum Beispiel eine GmbH, eine AG oder ein Verein.)

In Ziff. 2.1.2 werden die in den einzelnen Vertragsformen **mitversicherten Personen** bestimmt und deren **Rechtsstellung** entsprechend § 15 ARB 2010 geregelt. 1

2.2 In welchen Rechtsbereichen sind Sie versichert (Leistungsarten)? A

Je nach Vereinbarung umfasst der Versicherungsschutz folgende Leistungsarten:

2.2.1 Schadenersatz-Rechtsschutz

P U Ver
L Vk F

für die Durchsetzung Ihrer Schadenersatzansprüche.

Solche Schadenersatzansprüche dürfen allerdings nicht auch auf einer Vertragsverletzung oder einer Verletzung eines dinglichen Rechts an Grundstücken, Gebäuden oder Gebäudeteilen beruhen *(dingliche Rechte sind Rechte, die gegenüber jedermann wirken und von jedem respektiert werden müssen, zum Beispiel Eigentum.)*.

(Das bedeutet zum Beispiel, dass wir Schadenersatzansprüche wegen der Beschädigung eines Fernsehers gegen den Schädiger abdecken, nicht aber Ansprüche bei einer mangelhaften Fernseherreparatur. Diese können über den Vertrags-Rechtsschutz versichert werden; siehe 2.2.4)

P U Ver
L

(Das bedeutet zum Beispiel, dass wir Schadenersatzansprüche wegen eines Autounfalls gegen den Unfallgegner abdecken, nicht aber Ansprüche bei einer mangelhaften Handwerkerleistung – wie aus einer Autoreparatur. Diese können über den Vertrags-Rechtsschutz nach 2.2.4 versichert werden.)

Vk F

2.2.2 Arbeits-Rechtsschutz

U Ver L
B

um Ihre rechtlichen Interessen wahrzunehmen aus
- Arbeitsverhältnissen,
- öffentlich-rechtlichen Dienstverhältnissen hinsichtlich dienstrechtlicher und versorgungsrechtlicher Ansprüche.

2.2.3 Wohnungs- und Grundstücks-Rechtsschutz

L W

für land- und forstwirtschaftlich genutzte Grundstücke, Gebäude oder Gebäudeteile.

L

Um Ihre rechtlichen Interessen wahrzunehmen aus

L W

- Miet- und Pachtverhältnissen *(zum Beispiel Streitigkeiten wegen Mieterhöhung)*,
- sonstigen Nutzungsverhältnissen *(zum Beispiel Streitigkeit um ein Wohnrecht)*,
- dinglichen Rechten, die Grundstücke, Gebäude oder Gebäudeteile betreffen *(zum Beispiel Streitigkeit um den Verlauf der Grundstücksgrenze)*.

2.2.4 Rechtsschutz im Vertrags- und Sachenrecht P L Vk F

um Ihre rechtlichen Interessen wahrzunehmen aus privatrechtlichen Schuldverhältnissen und dinglichen Rechten. *(„Ein Schuldverhältnis" besteht zum Beispiel zwischen Käufer und Verkäufer. Ein Streit über ein dingliches Recht kann beispielsweise zwischen dem Eigentümer und dem Besitzer auf Herausgabe einer Sache bestehen.)*

Dieser Versicherungsschutz gilt nicht, soweit es sich um eine Angelegenheit aus folgenden Bereichen handelt:

- Schadenersatz-Rechtsschutz *(siehe 2.2.1)*,
- Arbeits-Rechtsschutz *(zum Beispiel Streit aus oder um Ihr Arbeitsverhältnis)* oder
- Wohnungs- oder Grundstücks-Rechtsschutz *(zum Beispiel Streit aus Ihrem Mietverhältnis oder wenn Sie als Eigentümer oder Besitzer eines Grundstücks oder Gebäudes betroffen sind)*   L Vk F

Es besteht auch Versicherungsschutz für Verträge, mit denen Sie Kraftfahrzeuge und Anhänger zur Eigennutzung erwerben wollen, auch wenn diese später nicht auf Sie zugelassen werden.   Vk F

Ausnahme: Sie haben keinen Versicherungsschutz im Vertrags- und Sachenrecht, wenn Sie Teilnehmer im öffentlichen Straßenverkehr sind *(Beispiel: Streit um eine Taxirechnung)*.

2.2.5 Steuer-Rechtsschutz vor Gerichten P L Vk F
W

um Ihre rechtlichen Interessen im Zusammenhang mit Steuern und Abgaben vor deutschen Finanz- und Verwaltungsgerichten wahrzunehmen, aber erst ab dem gerichtlichen Verfahren.

Dieser Versicherungsschutz gilt für folgende Lebensbereiche *(2.1.1)*   U

- Privat-Rechtsschutz,
- Verkehrs-Rechtsschutz und
- Berufs-Rechtsschutz

(Das bedeutet, es besteht beim Steuer-Rechtsschutz vor Gerichten kein Versicherungsschutz im Bereich Rechtsschutz für Selbstständige oder Firmen).

2.2.6 Sozialgerichts-Rechtsschutz P U Ver
L

um Ihre rechtlichen Interessen vor deutschen Sozialgerichten wahrzunehmen, aber erst ab dem gerichtlichen Verfahren.

2.2.7 Verwaltungs-Rechtsschutz in Verkehrssachen L Vk F

um Ihre rechtlichen Interessen in verkehrsrechtlichen Angelegenheiten vor Verwaltungsbehörden und Verwaltungsgerichten wahrzunehmen.

2.2.8 Disziplinar- und Standes-Rechtsschutz U Ver L
B

für die Verteidigung in Disziplinar- und Standesrechtsverfahren *(Disziplinarrecht: es geht um Dienstvergehen von zum Beispiel Beamten oder Soldaten; Standesrecht: berufsrechtliche Belange von freien Berufen, zum Beispiel von Ärzten oder Rechtsanwälten).*

2.2.9 Straf-Rechtsschutz P U Ver
L Vk F

für die Verteidigung, wenn Ihnen ein strafrechtliches Vergehen vorgeworfen wird. *(Vergehen sind Straftaten, die im Mindestmaß mit einer Freiheitsstrafe von unter einem Jahr oder Geldstrafe bedroht sind.)* P U Ver
L

Sie haben Versicherungsschutz unter folgenden Voraussetzungen:

- das Vergehen ist vorsätzlich <u>und</u> fahrlässig nach dem Gesetz strafbar
- und Ihnen wird ein fahrlässiges Verhalten vorgeworfen.

Wird Ihnen jedoch ein vorsätzliches Verhalten vorgeworfen, erhalten Sie zunächst keinen Versicherungsschutz. Wenn Sie nicht wegen vorsätzlichen Verhaltens verurteilt werden, erhalten Sie rückwirkend Versicherungsschutz. Ändert sich der Vorwurf während des Verfahrens auf fahrlässiges Verhalten, besteht ab diesem Zeitpunkt Versicherungsschutz.

In folgenden Fällen haben Sie also keinen Versicherungsschutz: P U Ver
L

- Ihnen wird ein <u>Verbrechen</u> vorgeworfen *(Straftat, die im Mindestmaß mit einer Freiheitsstrafe von einem Jahr bedroht ist).*
- Ihnen wird ein <u>Vergehen</u> vorgeworfen, das nur vorsätzlich begangen werden kann *(zum Beispiel Beleidigung, Diebstahl, Betrug).*

Dabei ist es egal, ob der Vorwurf berechtigt ist oder wie das Strafverfahren ausgeht.

für die Verteidigung, wenn Ihnen ein verkehrsrechtliches Vergehen vorgeworfen wird *(das ist eine Straftat, die die Verletzung der Sicherheit und Ordnung im Straßenverkehr unter Strafe stellt und im Mindestmaß mit einer Freiheitsstrafe von unter einem Jahr oder Geldstrafe bedroht ist.).* L Vk F

Ausnahme: Ein Gericht stellt rechtskräftig fest, dass Sie das Vergehen <u>vorsätzlich</u> begangen haben. In diesem Fall sind Sie verpflichtet, uns die entstandenen Kosten zu erstatten.

Sie haben keinen Versicherungsschutz, wenn Ihnen ein Verbrechen vorgeworfen wird *(Ein Verbrechen ist eine Straftat, die im Mindestmaß mit einer Freiheitsstrafe von einem Jahr bedroht ist).*

2.2.10 Ordnungswidrigkeiten-Rechtsschutz P U Ver
L Vk F

für Ihre Verteidigung, wenn Ihnen eine Ordnungswidrigkeit vorgeworfen wird. *(Beispiel: Sie verstoßen gegen die Gurtpflicht oder verursachen unzulässigen Lärm)*

2.2.11 Beratungs-Rechtsschutz im Familien-, Lebenspartner- P L
schafts- und Erbrecht

für einen Rat oder eine Auskunft eines in Deutschland zugelassenen Rechtsanwalts in Familien-, Lebenspartnerschafts- und erbrechtlichen Angelegenheiten. Wird der Rechtsanwalt darüber hinaus tätig, erstatten wir insgesamt keine Kosten.

2.2.12 Opfer-Rechtsschutz P U Ver
L

als Nebenkläger für eine erhobene öffentliche Klage vor einem deutschen Strafgericht. Voraussetzung ist, dass Sie oder eine mitversicherte Person als Opfer einer Gewaltstraftat verletzt wurden.

Eine Gewaltstraftat liegt vor bei Verletzung der sexuellen Selbstbestimmung, schwerer Verletzung der körperlichen Unversehrtheit und der persönlichen Freiheit sowie bei Mord und Totschlag.

Sie haben Versicherungsschutz für die Beistandsleistung eines Rechtsanwalts im:
– Ermittlungsverfahren,
– Nebenklageverfahren,
– für den Antrag nach § 1 Gewaltschutzgesetz,
– für den so genannten Täter-Opfer-Ausgleich nach § 46 a Ziffer 1 Strafgesetzbuch in nicht vermögensrechtlichen Angelegenheiten.

Sie haben zusätzlich Versicherungsschutz für die außergerichtliche Durchsetzung von Ansprüchen nach dem Sozialgesetzbuch und dem Opferentschädigungsgesetz.

Aber nur unter folgenden Voraussetzungen:
– Sie sind nebenklageberechtigt und
– Sie wurden durch eine der oben genannten Straftaten verletzt und
– es sind dadurch dauerhafte Körperschäden eingetreten.

Ausnahme: Wenn Sie die kostenlose Beiordnung eines Rechtsanwalts als Beistand gemäß §§ 397a Abs. 1, 406g Abs. 3 Strafprozessordnung in Anspruch nehmen können, besteht kein Versicherungsschutz.

1 Ziff. 2.2 regelt – in weitgehender Übereinstimmung mit § 2 S. 2 lit. a bis h ARB 2010 – die versicherten Leistungsarten (vgl § 2 ARB 2010 Rn 1 ff).

2 Der Rechtsschutz im Vertrags- und Sachenrecht nach Ziff. 2.2.4 entspricht §§ 2 lit. d, 21 Abs. 6 ARB 2010 (vgl § 2 ARB 2010 Rn 11 f, § 21 ARB 2010 Rn 6).

3 Der Straf-Rechtsschutz nach Ziff. 2.2.9 stimmt mit § 2 lit. i ARB 2010 überein (vgl § 2 ARB 2010 Rn 17 ff).

4 Der Beratungs-Rechtsschutz im Familien- und Erbrecht nach Ziff. 2.2.11 ist mit § 2 lit. k ARB 2010 identisch (vgl § 2 ARB 2010 Rn 21 f), wobei ausdrücklich klargestellt wird, dass bei einer über einen Rat oder eine Auskunft hinausgehenden Tätigkeit des Rechtsanwalts gar keine Kosten, also auch nicht die für den Rat oder die Auskunft, erstattet werden.

5 Neu aufgenommen wurde der Opfer-Rechtsschutz (Ziff. 2.2.12), der für Opfer von bestimmten Gewaltstraftaten Rechtsschutz insb. für eine Nebenklage, einen Antrag nach § 1 des Gewaltschutzgesetzes, einen Täter-Opfer-Ausgleich nach § 46a Nr. 1 StGB und die außergerichtliche Durchsetzung von Ansprüchen nach dem Sozialgesetzbuch und dem Opferentschädigungsgesetz gewährt.

2.3 Leistungsumfang A

Wir erbringen und vermitteln Dienstleistungen, damit Sie Ihre Interessen im nachfolgend erläuterten Umfang wahrnehmen können.

Wir zahlen in jedem Versicherungsfall höchstens die in unserem Vertrag vereinbarte Versicherungssumme.

Zahlungen für Sie selbst und für mitversicherte Personen in demselben Versicherungsfall rechnen wir zusammen. Dies gilt auch für Zahlungen aufgrund mehrerer Versicherungsfälle, die zeitlich und ursächlich zusammenhängen.

2.3.1 Leistungsumfang im Inland A

Wir übernehmen folgende Kosten:

2.3.1.1 Um Ihnen eine einvernehmliche Konfliktbeilegung zu ermöglichen, tragen wir die Kosten bis zu xxx € je Mediation für einen von uns vorgeschlagenen Mediator.

Ausnahme: Sie und die andere Partei haben sich bereits auf einen anderen Mediator geeinigt. Dann tragen wir dessen Kosten bis zu xxx € je Mediation.

Die Mediation kann in Anwesenheit der Beteiligten, telefonisch oder auch online erfolgen.

Die Kosten für den Mediator übernehmen wir in folgenden Leistungsarten:
- ...
- ...

Nehmen an der Mediation nicht versicherte Personen teil, übernehmen wir anteilig die Kosten, die auf Sie und mitversicherte Personen entfallen *(Beispiel: Sie und Ihr Ehepartner haben einen Konflikt mit einem Dritten. Die Kosten des Mediators werden hälftig zwischen den Parteien geteilt. Die Kosten, die auf Sie und Ihren Ehepartner entfallen, tragen wir. Der Dritte muss seinen Kostenanteil, also 50 %, selbst bezahlen).*

Für die Tätigkeit des Mediators sind wir nicht verantwortlich.

2.3.1.2 Die Vergütung eines Rechtsanwalts, der Ihre Interessen vertritt *(Wenn Sie mehr als einen Rechtsanwalt beauftragen, tragen wir die dadurch entstehenden Mehrkosten nicht. Auch Mehrkosten aufgrund eines Anwaltswechsels tragen wir nicht).*

Wir erstatten maximal die gesetzliche Vergütung eines Rechtsanwalts, der am Ort des zuständigen Gerichts ansässig ist oder wäre. Die gesetzliche Vergütung richtet sich nach dem Rechtsanwaltsvergütungsgesetz.

P U Ver
L B Vk F

Wohnen Sie mehr als 100 km Luftlinie vom zuständigen Gericht entfernt?

A

Dann übernehmen wir bei Ihrer gerichtlichen Streitigkeit weitere anwaltliche Kosten, und zwar bis zur Höhe der gesetzlichen Vergütung eines anderen Rechtsanwalts, der nur den Schriftverkehr mit dem Anwalt am Ort des zuständigen Gerichts führt *(sogenannter Verkehrsanwalt).*

Dies gilt nur für die erste Instanz.

Ausnahme: Im Straf-, Ordnungswidrigkeiten- und Disziplinar- und Standes-Rechtsschutz tragen wir diese weiteren Kosten nicht.

Wenn sich die Tätigkeit des Anwalts auf die folgenden Leistungen beschränkt, dann tragen wir je Versicherungsfall Kosten von höchstens xxx Euro:
- Ihr Anwalt erteilt Ihnen einen mündlichen oder schriftlichen Rat,
- er gibt Ihnen eine Auskunft oder
- er erarbeitet für Sie ein Gutachten.

2.3.1.3 Wir übernehmen Ihre Kosten für einen öffentlich bestellten, technischen Sachverständigen oder eine rechtsfähige, technische Sachverständigenorganisation *(Beispiel: TÜV oder Dekra)*: L Vk F
- In Fällen der Verteidigung in einem verkehrsrechtlichen Straf- und Ordnungswidrigkeitenverfahren.
- Wenn Sie Ihre rechtlichen Interessen aus Kauf- und Reparaturverträgen von Kraftfahrzeugen und Anhängern wahrnehmen.

2.3.1.4 Alle Bestimmungen, die den Rechtsanwalt betreffen, gelten auch P L Vk F W
- im Steuer-Rechtsschutz vor Gerichten *(siehe 2.2.5)* für Angehörige der steuerberatenden Berufe *(Beispiel: Steuerberater)*,
- in Angelegenheiten der freiwilligen Gerichtsbarkeit sowie im Beratungs-Rechtsschutz im Familien-, Lebenspartnerschafts- und Erbrecht *(siehe 2.2.11)* für Notare.

2.3.2 Leistungsumfang im Ausland A

2.3.2.1 Bei einem Versicherungsfall im Ausland tragen wir die Kosten für einen Rechtsanwalt, der für Sie am zuständigen Gericht im Ausland tätig wird. Dies kann sein entweder:
- ein am Ort des zuständigen Gerichts ansässiger, <u>ausländischer</u> Rechtsanwalt oder
- ein Rechtsanwalt in Deutschland.

Den Rechtsanwalt in Deutschland vergüten wir so, als wäre der Rechtsstreit am Ort seines Anwaltsbüros in Deutschland.

Diese Vergütung ist begrenzt auf die gesetzliche Vergütung.

Ist ein ausländischer Rechtsanwalt für Sie tätig und wohnen Sie mehr als 100 km Luftlinie vom zuständigen Gericht *(im Ausland)* entfernt?

Dann übernehmen wir zusätzlich die Kosten eines Rechtsanwalts an Ihrem Wohnort. Diesen Rechtsanwalt bezahlen wir dann bis zur Höhe der gesetzlichen Vergütung eines Rechtsanwalts, der den Schriftverkehr mit dem Anwalt am Ort des zuständigen Gerichts führt *(sogenannter Verkehrsanwalt)*.

Dies gilt nur für die erste Instanz.

Wenn sich die Tätigkeit des Anwalts auf die folgenden Leistungen beschränkt, dann tragen wir je Versicherungsfall Kosten von höchstens xxx Euro: A
- Ihr Anwalt erteilt Ihnen einen mündlichen oder schriftlichen Rat,
- er gibt Ihnen eine Auskunft,
- er erarbeitet für Sie ein Gutachten.

Haben Sie einen Versicherungsfall, der aufgrund eines Verkehrsunfalls im europäischen Ausland eingetreten ist, und haben Sie daraus Ansprüche?   L Vk F

Dann muss zunächst eine Regulierung mit dem Schadenregulierungsbeauftragten bzw. mit der Entschädigungsstelle im Inland erfolgen. Erst wenn diese Regulierung erfolglos geblieben ist, tragen wir auch Kosten für eine Rechtsverfolgung im Ausland.

Die zusätzlichen Kosten der Regulierung im Inland übernehmen wir im Rahmen der gesetzlichen Gebühren, und zwar bis zur Höhe von xxx Euro.

2.3.2.2 Wir tragen die übliche Vergütung eines im Ausland ansässigen Sachverständigen. Dies tun wir, wenn Sie Ersatzansprüche wegen der im Ausland eingetretenen Beschädigung eines Kraftfahrzeugs oder eines Anhängers geltend machen wollen.   L Vk F

2.3.2.3 Wir tragen Ihre Kosten für eine Reise zu einem ausländischen Gericht, wenn: A
- Sie dort als Beschuldigter oder Prozesspartei erscheinen müssen und
- Sie Rechtsnachteile nur durch Ihr persönliches Erscheinen vermeiden können.

Wir übernehmen die tatsächlich entstehenden Kosten bis zur Höhe der für Geschäftsreisen von deutschen Rechtsanwälten geltenden Sätze.

2.3.2.4 Wir sorgen für die Übersetzung der Unterlagen, wenn dies notwendig ist, um Ihre rechtlichen Interessen im Ausland wahrzunehmen. Wir übernehmen dabei auch die Kosten, die für die Übersetzung anfallen.   A

2.3.2.5 Alle Bestimmungen, die den Rechtsanwalt betreffen, gelten auch für dort ansässige rechts- und sachkundige Bevollmächtigte.   A

2.3.2.6 Wenn Sie diese Kosten in fremder Währung bezahlt haben, erstatten wir Ihnen diese in Euro. Als Abrechnungsgrundlage benutzen wir den Wechselkurs des Tages, an dem Sie die Kosten vorgestreckt haben.   A

2.3.3 Darüber hinaus leisten wir im In- und Ausland Folgendes: A

2.3.3.1 Wir tragen
- die Gerichtskosten, einschließlich der Entschädigung für Zeugen und Sachverständige, die vom Gericht herangezogen werden,
- die Kosten des Gerichtsvollziehers
- die Verfahrenskosten vor Verwaltungsbehörden, die Ihnen von der Behörde in Rechnung gestellt werden.

2.3.3.2 Wir übernehmen die Gebühren eines Schieds- oder Schlichtungsverfahrens. Und zwar bis zur Höhe der Gebühren, die im Falle der Anrufung eines zuständigen staatlichen Gerichts erster Instanz entstünden. A

Versicherungsschutz für Mediation besteht nur nach 2.3.1.1 und beschränkt auf das Inland.

2.3.3.3 Wir übernehmen die Anwalts- und Gerichtskosten Ihres Prozessgegners, wenn Sie zur Erstattung dieser Verfahrenskosten aufgrund gerichtlicher Festsetzung verpflichtet sind.

2.3.3.4 Wir erstatten die von uns zu tragenden Kosten, wenn Sie nachweisen, dass Sie
- zu deren Zahlung verpflichtet sind oder
- diese Kosten bereits gezahlt haben.

2.3.3.5 Um Sie vorübergehend von Strafverfolgungsmaßnahmen zu verschonen, zahlen wir für Sie – wenn nötig – eine Kaution. Dies geschieht in Form eines zinslosen Darlehens bis zu der in unserem Vertrag vereinbarten Höhe. P L Vk F

1 Die Regelungen zum **Leistungsumfang** unter **Ziff. 2.3** entsprechen zum größten Teil den Bestimmungen in § 5 ARB 2010 (vgl § 5 ARB 2010 Rn 1 ff).

2 Im Unterschied zu § 5 ARB 2010 ist die Übernahme von **weiteren anwaltlichen Kosten** bis zur Höhe einer Verkehrsanwaltsgebühr für den Fall, dass der VN mehr als 100 km Luftlinie vom zuständigen Gericht entfernt wohnt (s. § 5 Rn 7 ARB 2010), nicht mehr davon abhängig, dass der Rechtsanwalt im Landgerichtsbezirk des VN ansässig ist. Es werden also auch für „**Vertrauensanwälte**" außerhalb des Landgerichtsbezirks des VN Kosten bis zur Höhe einer Verkehrsanwaltsgebühr übernommen.[1]

3 Während die Deckung für Kosten eines **Mediationsverfahrens** in den ARB 2010 lediglich im Anhang vorgesehen war, ist diese Deckung nun fester Bestandteil des Leistungsumfangs. Die Deckung gilt bis zur Höhe eines vom VR bestimmten Betrages und für vom VR bestimmte Leistungsarten (**Ziff. 2.3.1.1**) und auch nur beschränkt auf das Inland (**Ziff. 2.3.3.2**). Der Mediator wird vom VR vermittelt und muss kein Rechtsanwalt sein. Über die Durchführung eines solchen Verfahrens kann der VN frei entscheiden; die Durchführung ist nicht obligatorisch bzw Voraussetzung für weitere Leistungen.

4 Die in § 5 Abs. 1 lit. e ARB 2010 genannten **Verwaltungsvollstreckungskosten** (s. § 5 ARB 2010 Rn 18) sind im Leistungsumfang nun nicht mehr enthalten.

5 **Ziff. 2.3.3.3** stellt klar, dass **gegnerische Kosten** nur gedeckt sind, wenn der VN zur Erstattung von Verfahrenskosten aufgrund gerichtlicher Festsetzung verpflichtet ist (vgl § 5 ARB 2010 Rn 22).

---

1 *Bauer*, VersR 2013, 661, 662.

2.4 Voraussetzungen für den Anspruch auf Versicherungsschutz A

Sie haben Anspruch auf Versicherungsschutz, wenn ein Versicherungsfall eingetreten ist. A

Diesen Anspruch haben Sie aber nur, wenn der Versicherungsfall nach Beginn des Versicherungsschutzes und vor dessen Ende eingetreten ist.

Ausnahme: Endet Ihr Versicherungsvertrag durch Berufsaufgabe oder Tod, besteht für Sie oder Ihre Erben Versicherungsschutz auch für Versicherungsfälle, die U
- innerhalb eines Jahres nach der Beendigung des Versicherungsvertrags eintreten und
- im Zusammenhang mit Ihrer im Versicherungsschein genannten Tätigkeit stehen.

Der Versicherungsfall ist: A

2.4.1 Im Beratungs-Rechtsschutz für Familien-, Lebenspartnerschafts- und Erbrecht *(siehe 2.2.11)* das Ereignis, das zur Änderung Ihrer Rechtslage oder der Rechtslage einer mitversicherten Person geführt hat. P L

2.4.2 Im Schadenersatz-Rechtsschutz das erste Ereignis, bei dem der Schaden eingetreten ist oder eingetreten sein soll. P U Ver / L Vk F

2.4.3 Soweit keine andere Regelung besteht, der Zeitpunkt, zu dem Sie oder ein anderer *(zum Beispiel der Gegner oder ein Dritter)* gegen Rechtspflichten oder Rechtsvorschriften verstoßen hat oder verstoßen haben soll. A

2.4.4 Wenn sich Ihr Versicherungsfall über einen Zeitraum erstreckt, ist dessen Beginn maßgeblich. A

2.4.5 Sind mehrere Versicherungsfälle für Ihren Anspruch auf Versicherungsschutz ursächlich, ist der erste entscheidend. Wenn dieser erste Versicherungsfall innerhalb der Vertragslaufzeit eintritt, erhalten Sie Versicherungsschutz. Wenn dieser erste Versicherungsfall vor Vertragsbeginn eingetreten ist, haben Sie keinen Anspruch auf Versicherungsschutz. A

Der **Versicherungsfall (Rechtsschutzfall)** wird in **Ziff. 2.4** definiert. 1

Ziff. 2.4.1 definiert den **Beratungs-Rechtsschutz** wie § 4 Abs. 1 S. 1 lit. b ARB 2010 (vgl § 4 ARB 2010 Rn 5). 2

Beim **Schadenersatz-Rechtsschutz** nach **Ziff. 2.4.2** ist nicht mehr maßgeblich das erste Ereignis, „durch das der Schaden verursacht wurde oder verursacht worden sein soll" (§ 4 Abs. 1 S. 1 lit. a ARB 2010), sondern das erste Ereignis, „bei dem der Schaden eingetreten ist oder eingetreten sein soll". Im Gegensatz zu § 4 Abs. 1 S. 1 lit. a ARB 2010 (s. § 4 ARB 2010 Rn 2) wird also nicht mehr auf das Kausalereignis, sondern auf das **Folgeereignis** abgestellt.[1] Damit soll verhindert werden, 3

---

[1] van Bühren/Plote/*Hillmer-Möbius*, ARB 2012 Rn 45; aA *Bauer*, VersR 2013, 661, 663 („unterscheiden sich inhaltlich nicht").

dass der für den Rechtsschutzfall maßgebliche Zeitpunkt etwa bei einer Ursachenverkettung weit in die Vergangenheit zurückverschoben wird.

4 Die Definition des **verstoßabhängigen Rechtsschutzfalls** in **Ziff. 2.4.3** stimmt mit § 4 Abs. 1 S. 1 lit. c ARB 2010 überein, so dass insoweit die Rspr des BGH (s. § 4 ARB 2010 Rn 7 ff), insb. das „Drei-Säulen-Modell" (s. § 4 ARB 2010 Rn 7), weiter Anwendung findet.

5 In Übereinstimmung mit § 4 Abs. 2 S. 1 ARB 2010 (s. § 4 ARB 2010 Rn 14) bleibt auch beim **gedehnten Rechtsschutzfall** dessen Beginn maßgeblich (Ziff. 2.4.4).

6 Bei einer **Mehrheit von Rechtsschutzfällen** sieht **Ziff. 2.4.5** im Unterschied zu § 4 Abs. 2 S. 2 ARB 2010 (s. § 4 ARB 2010 Rn 15 ff) von dem Grundsatz, dass der erste Versicherungsfall entscheidend ist, jedoch keine Ausnahme mehr vor, wenn dieser erste Versicherungsfall länger als ein Jahr vor Beginn des Versicherungsschutzes eingetreten oder – wenn es sich um einen gedehnten Rechtsschutzfall handelt – beendet ist. In diesem **Wegfall der Jahresfrist** liegt eine gravierende Änderung bzw Einschränkung des Versicherungsschutzes, die die Frage nach einer unangemessenen Benachteiligung des VN aufwirft.[2]

7 In Ziff. 2.4 ist zudem eine **Nachfolgeklausel** enthalten, die den Versicherungsschutz für den Fall, dass der Versicherungsvertrag durch Berufsaufgabe oder Tod des VN endet, unter bestimmten Voraussetzungen verlängert.

3. Was ist nicht versichert? A

3.1 Zeitliche Ausschlüsse A

In folgenden Fällen haben Sie keinen Versicherungsschutz:

3.1.1 Der Versicherungsfall ist innerhalb von drei Monaten nach Versicherungsbeginn eingetreten *(Das ist die sogenannte Wartezeit. Während der Wartezeit besteht kein Versicherungsschutz).*

Ausnahme: Auch in den ersten drei Monaten haben Sie Versicherungsschutz	A
– im Schadenersatz-Rechtsschutz *(2.2.1)*,	P U Ver L Vk F
– im Disziplinar- und Standes-Rechtsschutz *(2.2.8)*,	U Ver L B
– im Straf-Rechtsschutz *(2.2.9)*,	P U Ver L Vk F
– im Ordnungswidrigkeiten-Rechtsschutz *(2.2.10)*,	P U Ver L Vk F
– bei Streitigkeiten aus Kauf- und Leasingverträgen über ein fabrikneues Kraftfahrzeug,	L Vk F
– im Beratungs-Rechtsschutz im Familien- und Erbrecht *(2.2.11)*,	P L
– im Opfer-Rechtsschutz *(2.2.12)*.	P U Ver L

---

2 *Maier*, r+s 2013, 105, 108.

3.1.2	Eine Willenserklärung oder Rechtshandlung, die Sie vor Beginn des Versicherungsschutzes vorgenommen haben, löst den Versicherungsfall aus. *(„Willenserklärung" oder „Rechtshandlung": das sind zum Beispiel ein Antrag auf Fahrerlaubnis oder eine Mahnung.)*	A
3.1.3	Sie melden uns einen Versicherungsfall, sind aber zu diesem Zeitpunkt länger als drei Jahre für den betroffenen Bereich nicht mehr bei uns versichert.	A
3.1.4	Im Steuer-Rechtsschutz vor Gerichten (siehe 2.2.5) liegen die tatsächlichen oder behaupteten Voraussetzungen für die Festsetzung Ihrer Abgaben *(zum Beispiel: Steuern, Gebühren)* vor Vertragsbeginn.	P L Vk F W

In Ziff. 3.1 sind zeitliche Risikoausschlüsse geregelt. Ziff. 3.1.1 sieht eine **Wartezeit** 1 von drei Monaten für bestimmte Leistungsarten, nicht jedoch etwa für Schadenersatz-Rechtsschutz, Straf-Rechtsschutz und Ordnungswidrigkeiten-Rechtsschutz vor. Die Bestimmungen in Ziff. 3.1.2, 3.1.3 und 3.1.4 entsprechen § 4 Abs. 3, 4 ARB 2010, wobei der Risikoausschluss nach Ziff. 3.1.2 (**Verstoß auslösende Willenserklärung oder Rechtshandlung** vor Beginn des Versicherungsschutzes) nicht wie § 4 Abs. 3 lit. a ARB 2010 auf den verstoßabhängigen Rechtsschutzfall gem. Ziff. 2.4.3 beschränkt ist (vgl § 4 ARB 2010 Rn 18 ff).

3.2 Inhaltliche Ausschlüsse A

In folgenden Fällen haben Sie <u>keinen</u> Versicherungsschutz:

3.2.1	Jede Interessenwahrnehmung in ursächlichem Zusammenhang mit	A
	– Krieg, feindseligen Handlungen, Aufruhr, inneren Unruhen, Streik, Aussperrung oder Erdbeben,	A
	– Nuklearschäden und genetischen Schäden. Dieser Ausschluss gilt nicht für Schäden aus einer medizinischen Behandlung,	A
	– Bergbauschäden und Beeinträchtigungen aufgrund von bergbaubedingten Immissionen *(das sind Einwirkungen, wie zum Beispiel Erschütterungen)* an Grundstücken, Gebäuden oder Gebäudeteilen.	L W
3.2.2	Jede Interessenwahrnehmung in ursächlichem Zusammenhang mit	P L W
	– dem Kauf oder Verkauf eines Grundstücks, das bebaut werden soll.	
	– der Planung oder Errichtung eines Gebäudes oder Gebäudeteils, das sich in Ihrem Eigentum oder Besitz befindet oder das Sie erwerben oder in Besitz nehmen möchten.	
	– der genehmigungs-/anzeigepflichtigen baulichen Veränderung eines Grundstücks, Gebäudes oder Gebäudeteils. Dieses Grundstück, Gebäude oder Gebäudeteil befindet sich in Ihrem Eigentum oder	

Besitz oder Sie möchten es erwerben oder in Besitz nehmen.

Auch bei der Finanzierung eines der unter 3.2.2 genannten Vorhaben haben Sie keinen Versicherungsschutz.

3.2.3 Sie wollen Schadenersatzansprüche abwehren. *(Beispiel: Sie haben einen Verkehrsunfall und der Gegner will Schadenersatz von Ihnen. Dies ist nicht durch die Rechtsschutzversicherung, sondern im Rahmen der Haftpflichtversicherung versichert.)* — A

Ausnahme: der Schadenersatzanspruch beruht auf einer Vertragsverletzung. *(Beispiel: Der Vermieter des Mietfahrzeugs verlangt Schadenersatz wegen verspäteter Rückgabe. Dies ist aufgrund des Mietvertrags über den Vertrags-Rechtsschutz versichert.)*

3.2.4 Streitigkeiten aus kollektivem Arbeits- oder Dienstrecht *(zum Beispiel das Mitbestimmungsrecht in Unternehmen und Betrieben).* — U L B

3.2.5 Streitigkeiten aus dem Recht der Handelsgesellschaften oder aus Anstellungsverhältnissen gesetzlicher Vertreter juristischer Personen *(zum Beispiel: Geschäftsführer einer GmbH oder Vorstände einer Aktiengesellschaft).* — P U Ver L B

3.2.6 Streitigkeiten in ursächlichem Zusammenhang mit Patent-, Urheber-, Marken-, Geschmacksmuster-/Gebrauchsmusterrechten oder sonstigen Rechten aus geistigem Eigentum. — P U Ver L B

3.2.7 Streitigkeiten aus dem Kartell- oder sonstigem Wettbewerbsrecht. — P U Ver L B

3.2.8 Streitigkeiten in ursächlichem Zusammenhang mit dem Erwerb, der Veräußerung, der Verwaltung und der Finanzierung von Kapitalanlagen. — P U Ver L B

Ausgenommen hiervon sind:
- Güter zum eigenen Ge- oder Verbrauch,
- Gebäude oder Gebäudeteile, soweit diese zu eigenen Wohnzwecken genutzt werden oder genutzt werden sollen,
- sowie … *(Aufzählung von bestimmten Kapitalanlagen möglich)*

3.2.9 Streitigkeiten in ursächlichem Zusammenhang mit — P U Ver L B
- der Vergabe von Darlehen,
- Spiel- oder Wettverträgen,
- Gewinnzusagen

3.2.10 Streitigkeiten aus dem Bereich des Familien-, Lebenspartnerschafts- und Erbrechts. — P L

Ausnahme: Sie haben Beratungs-Rechtsschutz *(siehe 2.2.11)* vereinbart.

3.2.11	Sie wollen gegen uns oder unser Schadenabwicklungsunternehmen vorgehen.	A
3.2.12	Streitigkeiten wegen	L W

– der steuerlichen Bewertung von Grundstücken, Gebäuden oder Gebäudeteilen,
– Erschließungs- und sonstiger Anliegerabgaben.

Ausnahme: Es handelt sich um laufend erhobene Gebühren für die Grundstücksversorgung.

3.2.13	Sie nehmen Ihre rechtlichen Interessen wahr	A

– vor Verfassungsgerichten oder
– vor internationalen oder supranationalen Gerichtshöfen *(zum Beispiel dem Europäischen Gerichtshof)*.

Ausnahme: Sie nehmen Ihre rechtlichen Interessen wahr, als Bediensteter internationaler oder supranationaler Organisationen aus Arbeitsverhältnissen oder öffentlich-rechtlichen Dienstverhältnissen.   L B

3.2.14	Jede Interessenwahrnehmung in ursächlichem Zusammenhang mit einem Insolvenzverfahren, das über Ihr Vermögen eröffnet wurde oder eröffnet werden soll *(zum Beispiel: Zwangsversteigerung des Fahrzeugs infolge Ihres Insolvenzantrags)*.	A
3.2.15	Streitigkeiten	L W

– in Enteignungs-, Planfeststellungs-, Flurbereinigungs-Angelegenheiten,
– in Angelegenheiten, die im Baugesetzbuch geregelt sind.

3.2.16	Gegen Sie wird ein Ordnungswidrigkeiten- bzw. Verwaltungsverfahren wegen eines Halt- oder Parkverstoßes geführt.	L Vk F
3.2.17	Es bestehen Streitigkeiten	A

– zwischen Ihnen und weiteren Versicherungsnehmern desselben Versicherungsvertrags,
– von Mitversicherten gegen Sie,
– von Mitversicherten untereinander.

3.2.18	Streitigkeiten sonstiger Lebenspartner *(nicht eheliche und nicht eingetragene Lebenspartner gleich welchen Geschlechts)* untereinander, wenn diese Streitigkeiten in ursächlichem Zusammenhang mit der Partnerschaft stehen. Dies gilt auch, wenn die Partnerschaft beendet ist.	P L Vk F W
3.2.19	Ansprüche oder Verbindlichkeiten werden auf Sie übertragen oder sind auf Sie übergegangen, nachdem ein Versicherungsfall bereits eingetreten ist. *(Beispiel: Ihr Arbeitskollege hat einen Verkehrsunfall und über-*	A

	trägt seine Schadenersatzansprüche auf Sie. Diese wollen Sie gegenüber dem Unfallgegner geltend machen. Dies ist nicht versichert.)	
3.2.20	Sie wollen die Ansprüche eines anderen geltend machen *(Beispiel: Sie lassen sich die Schadenersatzansprüche eines Freundes gegen einen Dritten abtreten, um diese geltend zu machen. Dies ist nicht versichert.)*	**A**
	oder	
	Sie sollen für Verbindlichkeiten eines anderen einstehen.	
	(Beispiel: Ihr Arbeitskollege kauft ein Fahrzeug. Sie bürgen für den Darlehensvertrag mit dem Autoverkäufer. Streitigkeiten aus dem Bürgschaftsvertrag sind nicht versichert.)	
3.2.21	Sie haben in den Leistungsarten nach 2.2.1 bis 2.2.8 den Versicherungsfall <u>vorsätzlich und rechtswidrig</u> herbeigeführt.	**A**
	Wird dies erst später bekannt, sind Sie verpflichtet, die von uns erbrachten Leistungen zurückzuzahlen.	
3.2.22	Jegliche Interessenwahrnehmung in ursächlichem Zusammenhang mit einer geplanten oder ausgeübten gewerblichen, freiberuflichen oder sonstigen selbstständigen Tätigkeit.	**P L B Vk** **F W**
	Ausnahme: Der Versicherungsschein umfasst ausdrücklich Streitigkeiten im Zusammenhang mit dieser Tätigkeit.	
3.2.23	Sie wollen Interessen wahrnehmen im Zusammenhang mit dem Erwerb oder der Veräußerung von Teilnutzungsrechten *(Timesharing)* an:	**P L**
	– Grundstücken,	
	– Gebäuden,	
	– Gebäudeteilen.	

1 Bei den **inhaltlichen Risikoausschlüssen** nach Ziff. 3.2 ergeben sich im Vergleich zu § 3 ARB 2010 teilweise erhebliche Änderungen.
2 Ziff. 3.2.1 erstreckt den Risikoausschluss für **Bergbauschäden** nun ausdrücklich auf Beeinträchtigungen durch bergbaubedingte Immissionen (vgl § 3 ARB 2010 Rn 5).
3 Die **Baurisikoklausel** nach Ziff. 3.2.2 ist jedoch mit § 3 Abs. 1 lit. d ARB 2010 weitgehend identisch geblieben (vgl § 3 ARB 2010 Rn 6 ff).
4 Die Regelung zum Erwerb von Grundstücken oder Gebäuden, die nicht selbst zu Wohnzwecken genutzt werden sollen, ist allerdings nicht mehr im Baurisikoausschluss enthalten, sondern geht im neuen **Kapitalanlageausschluss** gem. Ziff. 3.2.8 auf. Dieser ersetzt den Ausschluss für Spekulationsgeschäfte gem. § 3 Abs. 2 lit. f ARB 2010 (vgl § 3 ARB 2010 Rn 16) und schließt Streitigkeiten im Zusammenhang mit allen Arten von Kapitalanlagen und somit das gesamte Kapitalanlagerisiko vom Rechtsschutz grds. aus. Dies soll dem Umstand Rechnung tragen, dass eine positive Aufzählung einzelner nicht vom Rechtsschutz umfasster, weil etwa

besonders risikoreicher Kapitalanlagen gerade im Hinblick auf die Vielzahl von Anlageformen und die ständige Änderung des Kapitalmarktes kaum möglich und der Ausschluss entsprechender Anlageformen wegen des hohen Schadenpotentials und der Betroffenheit nur weniger Versicherter unverzichtbar ist.[1] Ausgenommen, also versichert, sind Streitigkeiten in ursächlichem Zusammenhang mit Gütern zum eigenen Ge- und Verbrauch, Gebäuden oder Gebäudeteilen, soweit diese zu eigenen Wohnzwecken genutzt werden (sollen), und etwaige ausdrücklich aufgezählte Kapitalanlagen.

Neu ist der Risikoausschluss für Streitigkeiten in ursächlichem Zusammenhang 5
mit der **Vergabe von Darlehen** (**Ziff. 3.2.9**). Gemeint sind damit nur Fälle, in denen der VN oder eine mitversicherte Person als Darlehensgeber tätig waren.[2] Streitigkeiten, die den VN oder eine mitversicherte Person als Darlehensnehmer betreffen, insb. mit einer Bank, sind also – soweit sie nicht unter den Baurisikoausschluss gem. Ziff. 3.2.2 fallen (vgl § 3 ARB 2010 Rn 10) – gedeckt.[3]

In den Leistungsarten nach Ziff. 2.2.1 bis 2.2.8 besteht nach **Ziff. 3.2.21** kein 6
Rechtsschutz, wenn der VN den **Versicherungsfall vorsätzlich** und **rechtswidrig herbeigeführt** hat. Dieser Risikoausschluss, der inhaltlich wieder § 4 Abs. 2 lit. a ARB 75 entspricht, ersetzt § 3 Abs. 5 S. 1 ARB 2010, der an einen ursächlichen Zusammenhang mit einer vom VN vorsätzlich begangenen Straftat angeknüpft hat (vgl § 3 ARB 2010 Rn 28 ff). Da für den Risikoausschluss nun keine Straftat mehr vorliegen muss, ist der Anwendungsbereich des Ausschlusses vergrößert, der Umfang des Rechtsschutzes also beschränkt worden.

Der Ausschluss nach **Ziff. 3.2.22** für eine Interessenwahrnehmung im Zusammen- 7
hang mit einer **selbständigen Tätigkeit** ergibt sich bereits aus Ziff. 2.1.1 und dient insoweit nur der Klarstellung.[4] Der Ausschluss nach Ziff. 3.2.22 bezieht sich aber ausdrücklich auch auf eine nur geplante selbständige Tätigkeit.

Ziff. 3.2.23 mit seinem Ausschluss für Streitigkeiten im Zusammenhang mit dem 8
Erwerb oder der Veräußerung von Teilnutzungsrechten (**Timesharing**) ersetzt § 6 Abs. 2 S. 2 ARB 2010. Letzterer schloss entsprechende Streitigkeiten aber nur außerhalb des Geltungsbereichs nach § 6 Abs. 1 ARB 2010 aus. Nunmehr sind derartige Streitigkeiten generell, also auch innerhalb des örtlichen Geltungsbereichs nach Ziff. 5, ausgeschlossen.

3.3	**Einschränkung unserer Leistungspflicht**	**A**
	Wir können folgende Kosten nicht erstatten:	A
3.3.1	Kosten, die Sie übernommen haben, ohne rechtlich dazu verpflichtet zu sein.	A
3.3.2	Kosten, die bei einer gütlichen Einigung entstanden sind und die nicht dem Verhältnis des von Ihnen angestrebten Ergebnisses zum erzielten Ergebnis entsprechen. *(Beispiel: Sie verlangen Schadenersatz in Höhe von € 10.000. In einem Vergleich mit dem Gegner erlangen Sie einen Betrag von € 8.000 = 80 % des angestrebten Ergebnisses. In diesem Fall übernehmen wir 20 % der entstandenen Kosten – nämlich für den Teil, den Sie*	A

---

1 van Bühren/Plote/*Hillmer-Möbius*, ARB 2012 Rn 51.
2 van Bühren/Plote/*Hillmer-Möbius*, ARB 2012 Rn 53; Beckmann/Matusche-Beckmann/*Obarowski*, § 37 Rn 335.
3 AA wohl *Bauer*, VersR 2013, 661, 663.
4 van Bühren/Plote/*Hillmer-Möbius*, ARB 2012 Rn 55.

nicht durchsetzen konnten.) Dies bezieht sich auf die gesamten Kosten der Streitigkeit.

Ausnahme: Es ist gesetzlich eine andere Kostenregelung vorgeschrieben.

3.3.3 Sie einigen sich auch über unstrittige oder nicht versicherte Ansprüche. In diesem Fall zahlen wir die darauf entfallenden Kosten nicht. A

3.3.4 Von den von uns zu tragenden Kosten ziehen wir die vereinbarte Selbstbeteiligung je Versicherungsfall ab. A

Ausnahme: Hängen mehrere Versicherungsfälle zeitlich und ursächlich zusammen, ziehen wir zu Ihren Gunsten die Selbstbeteiligung nur einmal ab.

3.3.5 Kosten von Zwangsvollstreckungsmaßnahmen *(zum Beispiel: Kosten eines Gerichtsvollziehers),* A
– die aufgrund der vierten oder jeder weiteren Zwangsvollstreckungsmaßnahme je Vollstreckungstitel entstehen,
– die später als fünf Jahre nach Rechtskraft des Vollstreckungstitels eingeleitet werden *("Vollstreckungstitel" sind zum Beispiel ein Vollstreckungsbescheid und ein Urteil).*

3.3.6 Kosten für Strafvollstreckungsverfahren jeder Art, bei denen vom Gericht eine Geldstrafe oder Geldbuße unter xxx Euro verhängt wurde. P L Vk F

3.3.7 Kosten, zu deren Übernahme ein anderer verpflichtet wäre, wenn der Rechtsschutzversicherungsvertrag nicht bestünde. A

1 Ziff. 3.3 sieht **sonstige Beschränkungen der Leistungspflicht** vor.

2 **Ziff. 3.3.1** stellt klar, dass solche Kosten, die der Versicherte übernommen hat, ohne dazu verpflichtet zu sein, nicht versichert sind.

3 Die **Vergleichsklausel** nach **Ziff. 3.3.2** entspricht weitgehend § 5 Abs. 3 lit. b ARB 2010 (vgl § 5 ARB 2010 Rn 27 ff). Ausdrücklich klargestellt wird, dass sich die Bestimmung auf die gesamten Kosten der Streitigkeit und nicht etwa nur auf die Einigungsgebühr bezieht (vgl § 5 ARB 2010 Rn 27). Außerdem wird die Wirkung der Klausel anhand eines Beispiels erläutert. Wenn jedoch dieses Beispiel die nach der Rspr des BGH zu § 5 Abs. 3 lit. b ARB 2010 gebotene Auslegung, wonach die Anwendung der Klausel bei außergerichtlichen Vergleichen von einem Kostenzugeständnis seitens des VN bzw von einem materiellrechtlichen Kostenerstattungsanspruch des VN abhängig ist (s. § 5 ARB 2010 Rn 31 f), nicht mehr zulässt, steht eine unangemessene Benachteiligung des VN im Raum.[1]

4 **Ziff. 3.3.4** regelt die **Selbstbeteiligung** des Versicherten, die grds. nur einmal je Versicherungsfall und nicht, wie noch nach § 5 Abs. 3 lit. c ARB 2010 (vgl § 5 ARB 2010 Rn 34), je Leistungsart anfällt. Selbst wenn mehrere Versicherungsfälle zeitlich und ursächlich zusammenhängen, wird die Selbstbeteiligung nur einmal abgezogen.

---

1 Vgl *Maier*, r+s 2013, 105, 109.

3.4 Ablehnung des Versicherungsschutzes wegen mangelnder Erfolgsaussichten oder wegen Mutwilligkeit/Schiedsgutachter

3.4.1 Wir können den Versicherungsschutz ablehnen, wenn unserer Auffassung nach

3.4.1.1 die Wahrnehmung Ihrer rechtlichen Interessen nach 2.2.1 bis 2.2.7 keine hinreichende Aussicht auf Erfolg hat oder

3.4.1.2 Sie Ihre rechtlichen Interessen mutwillig wahrnehmen wollen. Mutwilligkeit liegt dann vor, wenn die voraussichtlich entstehenden Kosten in einem groben Missverhältnis zum angestrebten Erfolg stehen. In diesem Fall können wir nicht zahlen, weil die berechtigten Interessen der Versichertengemeinschaft beeinträchtigt würden.

Die Ablehnung müssen wir Ihnen in diesen beiden Fällen unverzüglich schriftlich mitteilen, und zwar mit Begründung. (*„Unverzüglich" heißt nicht unbedingt „sofort", sondern „ohne schuldhaftes Zögern bzw. so schnell wie eben möglich".*)

3.4.2 Wenn wir den Versicherungsschutz ablehnen, können Sie von uns die Einleitung eines Schiedsgutachterverfahrens verlangen, und zwar innerhalb eines Monats. Wir sind verpflichtet, Sie auf diese Möglichkeit und die voraussichtlichen Kosten hinzuweisen. Mit diesem Hinweis müssen wir Sie auffordern, uns alle nach unserer Auffassung für die Durchführung des Schiedsgutachterverfahrens wesentlichen Mitteilungen und Unterlagen zuzusenden. Dies innerhalb eines weiteren Monats.

3.4.3 Wenn Sie die Durchführung eines Schiedsgutachterverfahrens verlangen, haben wir dieses Verfahren innerhalb eines Monats einzuleiten und Sie hierüber zu unterrichten. Wenn zur Durchsetzung Ihrer rechtlichen Interessen Fristen einzuhalten sind, müssen wir die zur Fristwahrung notwendigen Kosten tragen und dies bis zum Abschluss des Schiedsgutachterverfahrens. (*Beispiele für das Einhalten von Fristen: Berufungsfrist droht abzulaufen, Verjährung droht einzutreten.*) Dies ist unabhängig davon, wie das Schiedsgutachterverfahren ausgeht.

Wenn wir das Schiedsgutachterverfahren nicht innerhalb eines Monats einleiten, besteht für Sie Versicherungsschutz in beantragtem Umfang.

3.4.4 Der Schiedsgutachter ist ein seit mindestens fünf Jahren zugelassener Rechtsanwalt. Er wird vom Präsidenten der für Ihren Wohnsitz zuständigen Rechtsanwaltskammer benannt. Dem Schiedsgutachter müssen wir alle uns vorliegenden Mitteilungen und Unterlagen zur Verfügung stellen, die für die Durchführung des Schiedsgutachterverfahrens wesentlich sind. Der Schiedsgutachter entscheidet schriftlich, ob Versicherungsschutz besteht.

Diese Entscheidung ist für den Rechtsschutzversicherer verbindlich.

3.4.5 Wenn der Schiedsgutachter feststellt, dass unsere Leistungsverweigerung ganz oder teilweise <u>unberechtigt</u> war, tragen <u>wir</u> die Kosten des Schiedsgutachterverfahrens.

Wenn die Leistungsverweigerung nach dem Schiedsspruch berechtigt war, tragen Sie die Kosten des Verfahrens und die des Schiedsgutachters. Die Kosten, die uns durch das Schiedsgutachterverfahren entstanden sind, tragen wir selbst.

3.4 Ablehnung des Versicherungsschutzes wegen mangelnder Erfolgsaussichten oder wegen Mutwilligkeit/ Stichentscheidverfahren

3.4.1 Wir können den Versicherungsschutz ablehnen, wenn unserer Auffassung nach

3.4.1.1 die Wahrnehmung Ihrer rechtlichen Interessen nach 2.2.1 bis 2.2.7 keine hinreichende Aussicht auf Erfolg hat oder

3.4.1.2 Sie Ihre rechtlichen Interessen mutwillig wahrnehmen wollen. Mutwilligkeit liegt dann vor, wenn die voraussichtlich entstehenden Kosten in einem groben Missverhältnis zum angestrebten Erfolg stehen. In diesem Fall können wir nicht zahlen, weil die berechtigten Interessen der Versichertengemeinschaft beeinträchtigt würden.

Die Ablehnung müssen wir Ihnen in diesen Fällen unverzüglich schriftlich mitteilen, und zwar mit Begründung. *("Unverzüglich" heißt nicht unbedingt „sofort", sondern „ohne schuldhaftes Zögern bzw. so schnell wie eben möglich".)*

3.4.2 Was geschieht, wenn wir eine Leistungspflicht nach 3.4.1 ablehnen und Sie damit nicht einverstanden sind?

In diesem Fall können Sie den für Sie tätigen oder noch zu beauftragenden Rechtsanwalt veranlassen, eine begründete Stellungnahme abzugeben, und zwar zu folgenden Fragen:
– Besteht eine hinreichende Aussicht auf Erfolg und
– steht die Durchsetzung Ihrer rechtlichen Interessen in einem angemessenen Verhältnis zum angestrebten Erfolg?

Die Kosten für diese Stellungnahme übernehmen wir.

Die Entscheidung des Rechtsanwalts ist für Sie und uns bindend, es sei denn, dass diese Entscheidung offenbar von der tatsächlichen Sach- oder Rechtslage erheblich abweicht.

3.4.3 Für die Stellungnahme können wir Ihnen eine Frist von mindestens einem Monat setzen. Damit der Rechtsanwalt die Stellungnahme abgeben kann, müssen Sie ihn vollständig und wahrheitsgemäß über die Sachlage unterrichten. Außerdem müssen Sie die Beweismittel angeben. Wenn Sie diesen Verpflichtungen nicht nachkommen, entfällt Ihr Versicherungsschutz.

Wir sind verpflichtet, Sie auf diese mit dem Fristablauf verbundenen Rechtsfolgen *(Verlust des Versicherungsschutzes)* hinzuweisen.

4. Was müssen Sie beachten? A

4.1 Verhalten im Versicherungsfall/Erfüllung von Obliegenheiten A

Obliegenheiten bezeichnen sämtliche Verhaltensregeln, die Sie und die versicherten Personen beachten müssen, um den Anspruch auf Versicherungsschutz zu erhalten.

4.1.1 Was müssen Sie tun, wenn ein Versicherungsfall eintritt und Sie Versicherungsschutz brauchen?

4.1.1.1 Sie müssen uns den Versicherungsfall <u>unverzüglich</u> mitteilen, gegebenenfalls auch telefonisch. *("Unverzüglich" heißt nicht unbedingt „sofort", sondern „ohne schuldhaftes Zögern bzw. so schnell wie eben möglich".)*

4.1.1.2 Sie müssen uns
- <u>vollständig und wahrheitsgemäß</u> über <u>sämtliche</u> Umstände des Versicherungsfalls unterrichten und
- alle Beweismittel angeben und
- uns Unterlagen auf Verlangen zur Verfügung stellen.

4.1.1.3 Kosten verursachende Maßnahmen müssen Sie nach Möglichkeit mit uns abstimmen, soweit dies für Sie zumutbar ist. *(Beispiele für kostenverursachende Maßnahmen: die Beauftragung eines Rechtsanwalts, Erhebung einer Klage oder Einlegung eines Rechtsmittels)*

4.1.1.4 Bei Eintritt des Versicherungsfalls müssen Sie – soweit möglich – dafür sorgen, dass Schaden vermieden bzw. verringert wird *(entsprechend § 82 Versicherungsvertragsgesetz. § 82 bestimmt zum Beispiel in Absatz 1: „Der Versicherungsnehmer hat bei Eintritt des Versicherungsfalles nach Möglichkeit für die Abwendung und Minderung des Schadens zu sorgen").*

Das heißt, Sie müssen die Kosten für die Rechtsverfolgung *(zum Beispiel: Rechtsanwalts-, Gerichtskosten, Kosten der Gegenseite)* so gering wie möglich halten. Hierzu sollten Sie uns oder Ihren Rechtsanwalt fragen.

Sie müssen Weisungen von uns <u>befolgen</u>, soweit das für Sie zumutbar ist. Außerdem müssen Sie Weisungen von uns <u>einholen</u>, wenn die Umstände dies gestatten.

4.1.2 Wir bestätigen Ihnen den Umfang des Versicherungsschutzes, der für den konkreten Versicherungsfall besteht.

Ergreifen Sie jedoch Maßnahmen zur Durchsetzung Ihrer rechtlichen Interessen,
- <u>bevor</u> wir den Umfang des Versicherungsschutzes bestätigt haben und
- entstehen durch solche Maßnahmen Kosten?

Dann tragen wir nur <u>die Kosten</u>, die wir bei einer Bestätigung des Versicherungsschutzes <u>vor</u> Einleitung dieser Maßnahmen zu tragen gehabt hätten.

4.1.3 Den Rechtsanwalt können <u>Sie</u> auswählen.

<u>Wir</u> wählen den Rechtsanwalt aus,
- wenn Sie das verlangen oder
- wenn Sie keinen Rechtsanwalt benennen und uns die umgehende Beauftragung eines Rechtsanwalts notwendig erscheint.

Wenn <u>wir</u> den Rechtsanwalt auswählen, beauftragen wir ihn in Ihrem Namen. Für die Tätigkeit des Rechtsanwalts sind wir nicht verantwortlich.

4.1.4 Sie müssen nach der Beauftragung des Rechtsanwalts Folgendes tun: Ihren Rechtsanwalt
- vollständig und wahrheitsgemäß unterrichten,
- die Beweismittel angeben,
- die möglichen Auskünfte erteilen,
- die notwendigen Unterlagen beschaffen und

uns auf Verlangen Auskunft über den Stand Ihrer Angelegenheit geben.

4.1.5 Wenn Sie eine der in 4.1.1 und 4.1.4 genannten Obliegenheiten <u>vorsätzlich</u> verletzen, verlieren Sie Ihren Versicherungsschutz.

Bei grob fahrlässiger Verletzung einer Obliegenheit sind wir berechtigt, unsere Leistung zu kürzen, und zwar in einem der Schwere Ihres Verschuldens entsprechenden Verhältnis. *(Beispiel für „grob fahrlässiges Verhalten": Jemand verletzt die erforderliche Sorgfalt in ungewöhnlich hohem Maße.)*

Wenn Sie eine Auskunfts- oder Aufklärungsobliegenheit <u>nach</u> Eintritt des Versicherungsfalls verletzen, kann auch dies zum vollständigen oder teilweisen Wegfall des Versicherungsschutzes führen. Dies setzt jedoch voraus, dass wir Sie vorher durch gesonderte Mitteilung in Textform *(zum Beispiel: Brief oder E-Mail)* über diese Pflichten informiert haben.

Der Versicherungsschutz bleibt bestehen, wenn Sie nachweisen, dass Sie die Obliegenheiten nicht grob fahrlässig verletzt haben.

Der Versicherungsschutz bleibt auch in folgendem Fall bestehen:

Sie weisen nach, dass die Obliegenheitsverletzung nicht die Ursache war
- für den Eintritt des Versicherungsfalls,
- für die Feststellung des Versicherungsfalls oder
- für die Feststellung oder den Umfang unserer Leistung *(zum Beispiel: Sie haben die Einlegung des Rechtsmittels mit uns nicht abgestimmt. Bei nachträglicher Prüfung hätten wir jedoch auch bei rechtzeitiger Abstimmung die Kostenübernahme bestätigt.)*

Der Versicherungsschutz bleibt <u>nicht</u> bestehen, wenn Sie Ihre Obliegenheit <u>arglistig</u> verletzt haben.

4.1.6 Sie müssen sich bei der Erfüllung der Obliegenheiten die Kenntnis und das Verhalten des von Ihnen beauftragten Rechtsanwalts zurechnen lassen. *(Beispiel: Ihr Anwalt unterrichtet uns nicht recht-*

zeitig. Dann behandeln wir Sie so, als hätten Sie selbst uns nicht rechtzeitig informiert.)

Dies gilt, wenn Ihr Rechtsanwalt die Abwicklung des Versicherungsfalls uns gegenüber übernimmt.

4.1.7 Ihre Ansprüche auf Versicherungsleistungen können Sie nur mit unserem schriftlichen Einverständnis abtreten. *("Abtreten" heißt: Sie übertragen Ihre Ansprüche auf Versicherungsleistung, die Sie uns gegenüber haben, auf Ihren Rechtsanwalt oder eine andere Person.)*

4.1.8 Wenn ein anderer *(zum Beispiel: Ihr Prozessgegner)* Ihnen Kosten der Rechtsverfolgung erstatten muss, dann geht dieser Anspruch auf uns über. Aber nur dann, wenn wir die Kosten bereits beglichen haben.

Sie müssen uns die Unterlagen aushändigen, die wir brauchen, um diesen Anspruch durchzusetzen. Bei der Durchsetzung des Anspruchs müssen Sie auch mitwirken, wenn wir das verlangen.

Wenn Sie diese Pflicht vorsätzlich verletzen und wir deshalb diese Kosten von den anderen nicht erstattet bekommen, dann müssen wir über die geleisteten Kosten hinaus keine weiteren Kosten mehr erstatten. Wenn Sie grob fahrlässig gehandelt haben, sind wir berechtigt, die Kosten in einem der Schwere Ihres Verschuldens entsprechenden Verhältnis zu kürzen. Sie müssen beweisen, dass Sie nicht grob fahrlässig gehandelt haben. *(Beispiel für "grob fahrlässiges Verhalten": Jemand verletzt die im Verkehr erforderliche Sorgfalt in ungewöhnlich hohem Maße).*

4.1.9 Hat Ihnen ein anderer *(zum Beispiel: Ihr Prozessgegner)* Kosten der Rechtsverfolgung erstattet und wurden diese zuvor von uns gezahlt? Dann müssen Sie uns diese Kosten zurückzahlen.

1 In Ziff. 4.1.1 werden die **Obliegenheiten** des VN nach Eintritt des Versicherungsfalls geregelt.

2 Die Obliegenheit zur unverzüglichen Anzeige des Versicherungsfalls nach Ziff. 4.1.1.1 ist nicht neu,[1] da sie auch schon in § 17 Abs. 1 lit. a ARB 2010 vorgesehen war (vgl § 17 ARB 2010 Rn 2).

3 Die **Informationsobliegenheit** nach Ziff. 4.1.1.2 entspricht § 17 Abs. 1 lit. b ARB 2010 (vgl § 17 ARB 2010 Rn 3).

4 Neu ist aber die **Abstimmungsobliegenheit** nach Ziff. 4.1.1.3. Anders als nach § 17 Abs. 5 lit. c lit. aa ARB 2010 (vgl § 17 ARB 2010 Rn 6 ff) muss der VN nicht mehr nur für die Erhebung von Klagen und Einlegung von Rechtsmitteln die Zustimmung des VR einholen, sondern nunmehr alle Kosten verursachenden Maßnahmen – hierzu zählt nach den aufgeführten Beispielen auch die Beauftragung eines Rechtsanwalts – mit dem VR „abstimmen". Abgemildert wird das Verhaltensgebot dadurch, dass die Abstimmung nur „nach Möglichkeit" und nur soweit zumutbar zu erfolgen hat. Hierdurch sollen wohl Fälle, in denen Kosten verursachende Maßnahmen etwa aus Termin- oder Fristgründen schnell erfolgen müssen, ausgenommen werden. Die Obliegenheit, bereits die Beauftragung eines Rechtsanwalts mit dem VR abzustimmen, soll dem VR die Möglichkeit geben, etwa durch Anwaltsempfehlungen (s. hierzu § 127 VVG Rn 2 ff) auf die Auswahl des Rechtsanwalts Einfluss zu nehmen oder die Beauftragung eines Rechtsanwalts über das

---

1 So aber *Maier*, r+s 2013, 105, 109; *van Bühren*, BRAK-Mitt. 2013, 255, 256.

Angebot anderer Dienstleistungen wie telefonische Rechtsberatungen oder Mediationen zu verhindern (vgl § 125 VVG Rn 2). Die Formulierung „**abstimmen**" lässt den VN allerdings im Unklaren darüber, welchen Einfluss der VR auf die Kosten verursachenden Maßnahmen nehmen, etwa ob der VR das Vorgehen *be*stimmen oder seine Zustimmung zu einer vom VN vorgeschlagenen Maßnahme verweigern kann. Darüber hinaus kann der durchschnittliche VN auch nicht beurteilen, welche Maßnahmen Kosten verursachen.[2] Diese Intransparenz stellt die Wirksamkeit der Bestimmung bereits in Frage. Legt man den Begriff „abstimmen" so aus, dass der VR über die Beauftragung eines Rechtsanwalts *mit*bestimmen kann, ist die Klausel auch mit dem in Ziff. 4.1.3 gewährten und § 127 VVG entsprechenden Recht auf freie Anwaltswahl nicht vereinbar.[3]

5 Die **Informationsobliegenheit** nach Ziff. 4.1.4 entspricht § 17 Abs. 5 lit. a, b ARB 2010 (vgl § 17 ARB 2010 Rn 4 f).

6 Neu gefasst wurde die **Obliegenheit zur Schadens- bzw Kostenminderung** in Ziff. 4.1.1.4. Nach der Aufzählung von Regelbeispielen in § 17 Abs. 1 lit. c lit. bb ARB 2010 (s. § 17 ARB 2010 Rn 9 ff) ist man in den ARB 2012 wieder zu einer generellen Regelung zurückgekehrt, die sich eng an § 82 VVG orientiert. Gegenüber dieser allgemeinen Regelung bestehen dieselben Bedenken in Bezug auf die Transparenz, wie sie der BGH gegenüber § 17 Abs. 5 lit. c lit. cc ARB 2008 geäußert hat (vgl § 17 ARB 2010 Rn 10).[4]

7 Die **Rechtsfolgen von Obliegenheitsverletzungen** sind in Ziff. 4.1.5 wie in § 17 Abs. 6 ARB 2010 (vgl § 17 ARB 2010 Rn 19) und unter Beachtung der Vorgaben nach § 28 VVG geregelt.

8 Gegen Ziff. 4.1.6, der eine generelle **Zurechnung** von **Wissen** und **Verhalten** des vom VN beauftragten **Rechtsanwalts** zu Lasten des VN vorsieht, gelten dieselben Bedenken wie gegen § 17 Abs. 7 ARB 2010 (vgl § 17 ARB 2010 Rn 19).[5]

9 Ziff. 4.1.2 regelt die **Deckungszusage** entsprechend § 17 Abs. 2 ARB 2010 (vgl § 17 ARB 2010 Rn 24).

10 Ziff. 4.1.3 gewährleistet das **Recht der freien Anwaltswahl** wie § 17 Abs. 3, 4 ARB 2010 (vgl § 17 ARB 2010 Rn 20 ff). Auf den Zusatz in § 17 Abs. 3 ARB 2010, wonach sich die Freiheit der Anwaltswahl nur auf den Kreis derjenigen Rechtsanwälte bezieht, deren Vergütung der VR trägt, wurde verzichtet, da dieser lediglich einen Zusammenhang mit dem Leistungsumfang herstellt, jedoch keine Beschränkung der Anwaltswahl bedeutet.[6] Zum Recht auf freie Anwaltswahl s. auch § 127 VVG Rn 1 ff.

11 Das **Abtretungsverbot** nach Ziff. 4.1.7 entspricht § 17 Abs. 8 ARB 2010 (vgl § 17 ARB 2010 Rn 26).

12 Der **Anspruchsübergang** ist in Ziff. 4.1.8 wie in § 17 Abs. 9 S. 1, 2 ARB 2010 geregelt (vgl § 17 ARB 2010 Rn 27).

13 Die Regelung zur **Kostenerstattung** nach Ziff. 4.1.9 entspricht § 17 Abs. 9 S. 3 ARB 2010 (vgl § 17 ARB 2010 Rn 27), wurde aber von der Regelung zum Anspruchsübergang (Ziff. 4.1.8) aus systematischen Gründen getrennt.[7]

---

[2] *Bauer*, VersR 2013, 661, 665.
[3] Vgl *Maier*, r+s 2013, 105, 109; *Bauer*, VersR 2013, 661, 665; vgl auch *van Bühren*, BRAK-Mitt. 2013, 255 („Frontalangriff gegen die freie Anwaltswahl").
[4] AA *Bauer*, VersR 2013, 661, 665.
[5] Vgl *Maier*, r+s 2013, 105, 110; *Bauer*, VersR 2013, 661, 664 f.
[6] van Bühren/Plote/*Hillmer-Möbius*, ARB 2012 Rn 61.
[7] van Bühren/Plote/*Hillmer-Möbius*, ARB 2012 Rn 62.

4.2 Weitere besondere Verhaltensregeln/Obliegenheiten   L   Vk   F

im Verkehrs-Rechtsschutz   Vk

im Fahrzeug-Rechtsschutz   F

Wenn wir einen Versicherungsfall für Sie übernehmen sollen, müssen folgende Bedingungen erfüllt sein: L   Vk   F

- Der Fahrer muss bei Eintritt des Versicherungsfalls die vorgeschriebene Fahrerlaubnis haben.
- Der Fahrer muss berechtigt sein, das Fahrzeug zu führen.
- Das Fahrzeug muss zugelassen sein oder ein Versicherungskennzeichen *(sogenanntes Nummernschild)* haben.

Was geschieht, wenn gegen diese Bedingungen verstoßen wird?

Dann besteht Versicherungsschutz nur für diejenigen versicherten Personen, die von diesem Verstoß nichts wussten. Das heißt, die Personen haben <u>ohne Verschulden</u> oder höchstens <u>leicht fahrlässig</u> gehandelt. Wenn der Verstoß <u>grob fahrlässig</u> war, sind wir berechtigt, unsere Leistung zu kürzen, und zwar entsprechend der Schwere des Verschuldens. *(Beispiel für „grob fahrlässiges Verhalten": Jemand verletzt die allgemein übliche Sorgfalt in ungewöhnlich hohem Maße.)*

Wenn die versicherte Person nachweist, dass ihre Unkenntnis nicht grob fahrlässig war, bleibt der Versicherungsschutz bestehen.

Der Versicherungsschutz bleibt auch in folgenden Fällen bestehen:

Die versicherte Person oder der Fahrer weist nach, dass der Verstoß nicht ursächlich war für

- den Eintritt des Versicherungsfalls,
- die Feststellung des Versicherungsfalls oder
- den Umfang der von uns zu erbringenden Leistung.

4.3 Besonderheiten im Fahrzeug-Rechtsschutz bei Fahrzeugwechsel oder Verkauf   F

Sie haben Versicherungsschutz auch für ein Folgefahrzeug. Wir gehen davon aus, dass Sie ein Folgefahrzeug haben, wenn Sie innerhalb eines Monats vor oder nach dem Verkauf Ihres bei uns versicherten Fahrzeugs ein neues Fahrzeug erwerben. Ihr altes Fahrzeug versichern wir maximal einen Monat ohne zusätzlichen Beitrag mit.

Versicherungsschutz besteht auch für die Durchsetzung Ihrer Interessen im Zusammenhang mit dem beabsichtigten Fahrzeugkauf. *(Beispiel: Sie machen eine Anzahlung für ein Kfz, der Verkäufer weigert sich aber, dieses auszuliefern.)*

Sie müssen uns den Verkauf oder Verlust Ihres Fahrzeugs innerhalb von zwei Monaten melden. Außerdem müssen Sie uns über Ihr Folgefahrzeug informieren.

Bei Verstoß gegen diese Obliegenheiten haben Sie Versicherungsschutz nur dann, wenn Sie die Meldung ohne Verschulden oder leicht fahrlässig versäumt haben. Wenn Sie grob fahrlässig gehandelt haben, sind wir berechtigt, unsere Leistungen zu kürzen, und zwar je nach Schwere des Verschuldens. Wenn Sie nachweisen, dass Sie nicht grob fahrlässig gehandelt haben, bleibt Ihr Versicherungsschutz bestehen. *(Beispiel für „grob fahrlässiges Verhalten": Jemand verletzt die im Verkehr erforderliche Sorgfalt in ungewöhnlich hohem Maße.)*

Der Versicherungsschutz bleibt auch in folgendem Fall bestehen:

Sie weisen nach, dass der Verstoß gegen die genannten Obliegenheiten nicht die Ursache war

– für den Eintritt des Versicherungsfalls oder
– für die Feststellung des Versicherungsfalls oder
– für den Umfang unserer Leistung.

Unter zwei Bedingungen können Sie Ihren Versicherungsvertrag mit uns <u>sofort</u> kündigen:

– Es ist seit mindestens sechs Monaten kein Fahrzeug *(im Sinne 2.1)* auf Ihren Namen zugelassen.
– Es ist auch kein Fahrzeug mit einem Versicherungskennzeichen *(sogenanntes Nummernschild)* auf Ihren Namen versehen. Unabhängig davon haben Sie das Recht, von uns eine Herabsetzung Ihres Versicherungsbeitrags nach 7.9.2 zu verlangen.

1 Ziff. 4.2 und Ziff. 4.3 regeln die vor dem Versicherungsfall zu erfüllenden Obliegenheiten im verkehrsbezogenen Rechtsschutz entsprechend den §§ 21 Abs. 8, 22 Abs. 5, 26 Abs. 5, 27 Abs. 5 und 28 Abs. 6 ARB 2010 (vgl § 21 ARB 2010 Rn 7) und § 21 Abs. 10 ARB 2010 (vgl § 21 ARB 2010 Rn 11).

5. In welchen Ländern sind Sie versichert? A

5.1 Hier haben Sie Versicherungsschutz

Sie haben Versicherungsschutz, wenn ein Gericht oder eine Behörde in folgenden Gebieten gesetzlich zuständig ist oder wäre und Sie Ihre Rechtsinteressen dort verfolgen:

– in Europa,
– in den Anliegerstaaten des Mittelmeers,
– auf den Kanarischen Inseln,
– auf Madeira.

Ausnahme: Haben Sie Steuer-, Sozialgerichts- oder Opfer-Rechtsschutz *(siehe 2.2.5, 2.2.6, 2.2.12)* versichert, gilt dieser nur vor deutschen Gerichten.

5.2 Hier haben Sie Versicherungsschutz mit Einschränkungen

Für die Wahrnehmung Ihrer rechtlichen Interessen außerhalb des Geltungsbereichs nach 5.1 tragen wir die Kosten bis zu einem Höchstbetrag von xxx Euro.

Dies tun wir unter folgenden Voraussetzungen:
- Ihr Versicherungsfall muss dort während eines höchstens sechswöchigen Aufenthalts eingetreten sein,
- dieser Aufenthalt darf nicht beruflich bedingt sein,
- der Versicherungsschutz darf nicht auf deutsche Gerichte beschränkt sein *(siehe Ausnahme zu 5.1)*,
- Sie nehmen nicht Interessen im Zusammenhang mit dem Erwerb oder der Veräußerungen von dinglichen Rechten wahr.

In Ziff. 5 wird der örtliche Geltungsbereich des Rechtsschutzes geregelt, in weitgehender Übereinstimmung mit § 6 ARB 2010 (vgl § 6 Rn 1 ff). 1

6. Wann beginnt und endet Ihre Rechtsschutzversicherung? A

6.1 Beginn des Versicherungsschutzes

Der Versicherungsschutz beginnt zu dem im Versicherungsschein angegebenen Zeitpunkt. Voraussetzung für den Versicherungsschutz ist, dass Sie den ersten oder den einmaligen Beitrag unverzüglich nach Ablauf von 14 Tagen nach Zugang des Versicherungsscheins zahlen *(siehe 7.4.1)*.

Eine vereinbarte Wartezeit bleibt unberührt *(das heißt: sie gilt in jedem Fall)*.

6.2 Dauer und Ende des Vertrages

6.2.1 Vertragsdauer

Der Vertrag ist für die im Versicherungsschein angegebene Zeit abgeschlossen.

6.2.2 Stillschweigende Verlängerung

Bei einer Vertragsdauer von mindestens einem Jahr verlängert sich der Vertrag um jeweils ein weiteres Jahr, wenn der Vertrag nicht gekündigt wird. Kündigen können sowohl Sie als auch wir. Die Kündigung muss Ihnen oder uns spätestens drei Monate vor dem Ablauf der Vertragszeit zugehen.

6.2.3 Vertragsbeendigung

Bei einer Vertragsdauer von weniger als einem Jahr endet der Vertrag zum vorgesehenen Zeitpunkt, ohne dass es einer Kündigung bedarf.

Bei einer Vertragsdauer von mehr als drei Jahren können Sie den Vertrag schon zum Ablauf des dritten Jahres oder jedes darauf folgenden Jahres kündigen. Ihre Kündigung muss uns spätestens drei Monate vor Ablauf des jeweiligen Jahres zugehen.

6.2.4

Ist der Versicherungsschutz nicht mehr nötig, weil sich die äußeren Umstände geändert haben? *(Beispiel: Sie teilen uns mit, dass*

Sie kein Auto mehr haben.) Dann gilt Folgendes *(sofern nichts anderes vereinbart ist)*:

6.2.4.1 Der Vertrag endet, sobald wir erfahren haben, dass sich die äußeren Umstände geändert haben.

Beiträge stehen uns nur anteilig bis zu diesem Zeitpunkt zu.

6.2.4.2 Der Versicherungsschutz besteht über Ihren Tod hinaus bis zum Ende der Versicherungsperiode. Dies gilt, wenn der Beitrag am Todestag gezahlt war und die Versicherung nicht aus sonstigen Gründen beendet ist. Wenn der nächste fällige Beitrag bezahlt wird, bleibt der Versicherungsschutz bestehen.

Derjenige, der den Beitrag gezahlt hat oder für den gezahlt wurde, wird anstelle des Verstorbenen Versicherungsnehmer. Er kann innerhalb eines Jahres nach dem Todestag verlangen, dass der Versicherungsvertrag vom Todestag an beendet wird.

6.2.5 Kündigung nach Versicherungsfall

6.2.5.1 Wenn wir Ihren Versicherungsschutz ablehnen, obwohl wir zur Leistung verpflichtet sind, können Sie den Vertrag vorzeitig kündigen. Die Kündigung muss uns innerhalb eines Monats zugehen, nachdem Sie unsere Ablehnung erhalten haben.

6.2.5.2 Sind mindestens zwei Versicherungsfälle innerhalb von zwölf Monaten eingetreten und besteht für diese Versicherungsschutz? In diesem Fall können sowohl Sie als auch wir den Vertrag vorzeitig kündigen.

Wann müssen <u>Sie</u> oder wir kündigen? Die Kündigung muss uns beziehungsweise Ihnen innerhalb eines Monats zugehen, nachdem wir unsere Leistungspflicht für den zweiten Versicherungsfall bestätigt haben. Die Kündigung muss schriftlich erfolgen.

Wenn Sie kündigen, wird Ihre Kündigung wirksam, sobald sie uns zugeht. Sie können jedoch bestimmen, dass die Kündigung zu einem späteren Zeitpunkt wirksam wird; spätestens jedoch am Ende des Versicherungsjahrs.

<u>Unsere</u> Kündigung wird einen Monat, nachdem Sie sie erhalten haben, wirksam.

6.2.6 Versichererwechsel

Damit Sie bei einem Versichererwechsel möglichst keine Nachteile haben, haben Sie uns gegenüber Anspruch auf Versicherungsschutz in folgenden Fällen *(dies gilt abweichend von den Regelungen unter 3.1.2 bis 3.1.4)*:

– Der Versicherungsfall ist in unserer Vertragslaufzeit eingetreten. Der Versicherungsschutz gilt auch dann, wenn die Willenserklärung oder Rechtshandlung, die den Versicherungsfall ausgelöst hat, in die Vertragslaufzeit des Vorversicherers fällt.

– Der Versicherungsfall liegt zwar in der Vertragslaufzeit des Vorversicherers, der Anspruch wird aber erstmals später als drei Jahre nach Beendigung der Vorversicherung geltend gemacht. Die Meldung beim Vorversicherer darf jedoch nicht vorsätzlich oder grob fahrlässig versäumt worden sein. *(Bei-*

spiel für „grob fahrlässiges Verhalten": Jemand verletzt die im Verkehr erforderliche Sorgfalt in ungewöhnlich hohem Maße.)

- Der Versicherungsfall im Steuer-Rechtsschutz vor Gerichten *(Beispiel: Steuerbescheid)* fällt in unsere Vertragslaufzeit, die Grundlagen für Ihre Steuer- oder Abgabenfestsetzung sind aber in der Vertragslaufzeit des Vorversicherers eingetreten *(Beispiel: Sie erhalten in unserer Vertragslaufzeit einen Steuerbescheid, der ein Steuerjahr in der Vertragszeit des Vorversicherers betrifft.)*

Voraussetzung für Versicherungsschutz ist in allen eben genannten Fällen, dass

- Sie bei Ihrer vorherigen Versicherung gegen dieses Risiko versichert waren und
- der Wechsel zu uns lückenlos erfolgt ist.

In diesen Fällen haben Sie Versicherungsschutz in genau dem Umfang, den Sie bei Ihrem Vorversicherer versichert hatten; höchstens jedoch im Umfang des von Ihnen mit uns geschlossenen Vertrages.

Ziff. 6 sieht Bestimmungen für den **Beginn**, die **Dauer** und die **Beendigung** des **Rechtsschutzversicherungsvertrages** sowie zum **Versichererwechsel** vor. Die Regelungen sind weitgehend mit den §§ 4a, 7, 8, 12 und 13 ARB 2010 identisch. Auf die dortige Kommentierung wird verwiesen. Im Folgenden werden die einzelnen Bestimmungen den entsprechenden Bestimmungen in den ARB 2010 gegenübergestellt.

ARB 2012	ARB 2010
Ziff. 6.1	§ 7
Ziff. 6.2.1	§ 8 Abs. 1
Ziff. 6.2.2	§ 8 Abs. 2
Ziff. 6.2.3	§ 8 Abs. 3
Ziff. 6.2.4.1	§ 12 Abs. 1
Ziff. 6.2.4.2	§ 12 Abs. 2
Ziff. 6.2.5.1	§ 13 Abs. 1
Ziff. 6.2.5.2	§ 13 Abs. 2, 3
Ziff. 6.2.6	§ 4a

7. Wann und wie müssen Sie Ihren Beitrag zahlen?

7.1 Beitragszahlung

Die Beiträge können Sie je nach Vereinbarung monatlich, vierteljährlich, halbjährlich oder jährlich bezahlen. Die Versicherungsperiode umfasst dementsprechend

- bei Monatsbeiträgen einen Monat,
- bei Vierteljahresbeiträgen ein Vierteljahr,
- bei Halbjahresbeiträgen ein Halbjahr und
- bei Jahresbeiträgen ein Jahr.

7.2 Versicherungsjahr

Das Versicherungsjahr dauert grundsätzlich zwölf Monate. Besteht die vereinbarte Vertragsdauer jedoch nicht aus ganzen Jahren, wird das erste Versicherungsjahr entsprechend verkürzt. Die folgenden Versicherungsjahre bis zum vereinbarten Vertragsablauf sind jeweils ganze Jahre. *(Beispiel: Bei einer Vertragsdauer von 15 Monaten beträgt das erste Versicherungsjahr 3 Monate, das folgende Versicherungsjahr 12 Monate.)*

7.3 Versicherungssteuer

Der Versicherungsbeitrag enthält die Versicherungssteuer, die Sie in der jeweils vom Gesetz bestimmten Höhe zu entrichten haben.

7.4 Zahlung und Folgen verspäteter Zahlung/Erster Beitrag

7.4.1 Fälligkeit der Zahlung

Wenn Sie den Versicherungsschein von uns erhalten, müssen Sie den ersten Beitrag unverzüglich nach Ablauf von 14 Tagen bezahlen. *(„Unverzüglich" heißt nicht unbedingt „sofort", sondern „ohne schuldhaftes Zögern bzw. so schnell wie eben möglich".)*

7.4.2 Späterer Beginn des Versicherungsschutzes

Wenn Sie den ersten Beitrag zu einem späteren Zeitpunkt bezahlen, beginnt der Versicherungsschutz erst ab diesem späteren Zeitpunkt. Auf diese Folge einer verspäteten Zahlung müssen wir Sie allerdings aufmerksam gemacht haben, und zwar in Textform *(Beispiel: Brief oder E-Mail)* oder durch einen auffallenden Hinweis im Versicherungsschein.

Wenn Sie uns nachweisen, dass Sie die verspätete Zahlung nicht verschuldet haben, beginnt der Versicherungsschutz zum vereinbarten Zeitpunkt.

7.4.3 Rücktritt

Wenn Sie den ersten Beitrag nicht rechtzeitig bezahlen, können wir vom Vertrag zurücktreten, solange der Beitrag nicht bezahlt ist. Wir können nicht zurücktreten, wenn Sie nachweisen, dass Sie die verspätete Zahlung nicht verschuldet haben.

7.5 Zahlung und Folgen verspäteter Zahlung/Folgebeitrag

7.5.1
Die Folgebeiträge werden zu dem jeweils vereinbarten Zeitpunkt fällig.

7.5.2 Verzug

Wenn Sie einen Folgebeitrag nicht rechtzeitig bezahlen, geraten Sie in Verzug, auch ohne dass Sie eine Mahnung von uns erhalten haben. Wir sind dann berechtigt, Ersatz für den Schaden zu verlangen, der uns durch den Verzug entstanden ist *(siehe 7.5.3)*.

Sie geraten nicht in Verzug, wenn Sie die verspätete Zahlung nicht verschuldet haben.

7.5.3 Zahlungsaufforderung

Wenn Sie einen Folgebeitrag nicht rechtzeitig bezahlen, können wir Ihnen eine Zahlungsfrist einräumen. Das geschieht in Textform *(Beispiel: Brief oder E-Mail)* und auf Ihre Kosten. Diese Zahlungsfrist muss mindestens zwei Wochen betragen.

Unsere Zahlungsaufforderung ist nur wirksam, wenn sie folgende Informationen enthält:
– Die ausstehenden Beträge, die Zinsen und die Kosten müssen im Einzelnen beziffert sein und
– die Rechtsfolgen müssen angegeben sein, die nach 7.5.4 mit der Fristüberschreitung verbunden sind

7.5.4 Welche rechtlichen Folgen hat die Fristüberschreitung?

– Verlust des Versicherungsschutzes
Wenn Sie nach Ablauf der Zahlungsfrist immer noch nicht bezahlt haben, haben Sie ab diesem Zeitpunkt bis zur Zahlung keinen Versicherungsschutz. Allerdings müssen wir Sie bei unserer Zahlungsaufforderung nach 7.5.3 auf den Verlust des Versicherungsschutzes hingewiesen haben.

– Kündigung des Versicherungsvertrags
Wenn Sie nach Ablauf der Zahlungsfrist immer noch nicht bezahlt haben, können wir den Vertrag kündigen, ohne eine Frist einzuhalten. Allerdings müssen wir Sie bei unserer Zahlungsaufforderung nach 7.5.3 auf die fristlose Kündigungsmöglichkeit hingewiesen haben.

Wenn wir Ihren Vertrag gekündigt haben und Sie danach innerhalb eines Monats den angemahnten Betrag bezahlen, besteht der Vertrag fort. Dann aber haben Sie für Versicherungsfälle, die zwischen dem Ablauf der Zahlungsfrist und Ihrer Zahlung eingetreten sind, keinen Versicherungsschutz.

7.6 Rechtzeitige Zahlung bei Sepa-Lastschriftmandat

7.6.1 Wenn wir die Einziehung des Beitrags von einem Konto vereinbart haben, gilt die Zahlung als rechtzeitig, wenn
– der Beitrag zu dem Fälligkeitstag eingezogen werden kann und
– Sie der Einziehung nicht widersprechen.

Was geschieht, wenn der fällige Beitrag ohne Ihr Verschulden nicht eingezogen werden kann? In diesem Fall ist die Zahlung auch dann noch rechtzeitig, wenn Sie nach einer Aufforderung in Textform *(Beispiel: Brief oder E-Mail)* unverzüglich zahlen. *(„Unverzüglich" heißt nicht unbedingt „sofort", sondern „ohne schuldhaftes Zögern bzw. so schnell wie eben möglich".)*

7.6.2 Beendigung des Lastschriftverfahrens

Wenn Sie dafür verantwortlich sind, dass der fällige Beitrag nicht eingezogen werden kann, sind wir berechtigt, künftig eine andere Zahlungsweise zu verlangen. Sie müssen allerdings erst dann zahlen, wenn wir Sie hierzu in Textform *(Beispiel: Brief oder E-Mail)* aufgefordert haben.

7.7 Beitrag bei <u>vorzeitiger</u> Vertragsbeendigung

In diesem Fall haben wir nur Anspruch auf den Teil des Beitrags, der dem Zeitraum des Versicherungsschutzes entspricht. Das gilt, soweit nicht etwas anderes bestimmt ist.

7.8 Beitragsanpassung

7.8.1 Warum nehmen wir eine Beitragsanpassung vor?

Die Beiträge sind Ihre Gegenleistung für unser Leistungsversprechen. Wir benötigen die Beiträge, damit wir unsere Leistungsverpflichtungen in allen versicherten Schadensfällen erfüllen können. Wir prüfen deshalb jährlich, ob der Beitrag wegen einer Veränderung des Schadensbedarfs anzupassen ist.

Die Ermittlung des Veränderungswerts *(siehe 7.8.2)* kann dazu führen, dass der Beitrag erhöht oder gesenkt wird oder in der bisherigen Höhe bestehen bleibt.

7.8.2 Ermittlung des Veränderungswerts als Grundlage der Beitragsanpassung

Der ermittelte Veränderungswert ist maßgeblich für die Frage, ob der Beitrag in der bisherigen Höhe bestehen bleibt.

7.8.2.1 Statistische Ermittlung durch einen unabhängigen Treuhänder

Ein unabhängiger Treuhänder ermittelt bis zum 1. Juli eines jeden Jahres einen Veränderungswert für die Beitragsanpassung. Der Treuhänder legt bei seiner Ermittlung die Daten einer möglichst großen Zahl von Unternehmen, die die Rechtsschutzversicherung anbieten, zugrunde, so dass der von ihm ermittelte Wert den gesamten Markt der Rechtsschutzversicherung bestmöglich widerspiegelt.

Der Ermittlung des Veränderungswerts liegt folgende Fragestellung *(Berechnungsmethode)* zugrunde:

Um wie viel Prozent hat sich im letzten Kalenderjahr der Bedarf für Zahlungen *(das heißt: das Produkt von Schadenhäufigkeit und Durchschnitt der Schadenzahlungen)* gegenüber dem vorletzten Kalenderjahr *(Bezugsjahre)* erhöht oder vermindert?

(Als Schadenhäufigkeit eines Kalenderjahres gilt die Anzahl der in diesem Jahr gemeldeten Versicherungsfälle, geteilt durch die Anzahl der im Jahresmittel versicherten Risiken. Mit anderen Worten: die Schadenhäufigkeit gibt an, für wie viel Prozent der versicherten Verträge ein Schaden gemeldet worden ist. Um den Durchschnitt der Schadenzahlungen eines Kalenderjahres zu berechnen, werden alle in diesem Jahr erledigten Versicherungsfälle betrachtet. Die Summe der insgesamt geleisteten Zahlungen für diese Versicherungsfälle wird durch deren Anzahl geteilt.)

Veränderungen, die aus Leistungsverbesserungen *(zum Beispiel: Einschluss einer neuen Leistungsart)* herrühren, berücksichtigt der Treuhänder nur, wenn die Leistungsverbesserungen in beiden Vergleichsjahren zum Leistungsinhalt gehörten.

Der Treuhänder ermittelt den Veränderungswert getrennt für folgende Vertragsgruppen:
- Verkehrs-, Fahrzeug- und Fahrer-Rechtsschutz,
- Privat- und Berufs-Rechtsschutz, Rechtsschutz für Selbstständige oder Firmen, Vereins-, sowie Wohnungs- und Grundstücks-Rechtsschutz,
- Privat-, Berufs- und Verkehrs-Rechtsschutz sowie Rechtsschutz für Landwirte,
- Rechtsschutz für Selbstständige oder Firmen mit Privat-, Berufs-, Verkehrs- sowie Wohnungs- und Grundstücks-Rechtsschutz.

Innerhalb jeder Vertragsgruppe wird der Veränderungswert getrennt für Verträge mit und ohne Selbstbeteiligung ermittelt. Die so ermittelten Veränderungswerte gelten jeweils einheitlich für alle in der Gruppe zusammengefassten Verträge mit bzw. ohne Selbstbeteiligung.

Der Treuhänder rundet einen nicht durch 2,5 teilbaren Veränderungswert auf die nächst geringere positive durch 2,5 teilbare Zahl ab *(Beispielsweise wird 8,4 % auf 7,5 % abgerundet.)* bzw. auf die nächst größere negative durch 2,5 teilbare Zahl auf *(Beispielsweise wird - 8,4 % auf - 7,5 % aufgerundet.)*. Veränderungswerte im Bereich von - 5 % bis + 5 % werden nicht gerundet.

7.8.2.2 Ermittlung aufgrund unternehmenseigener Zahlen

Auf der Grundlage unserer unternehmenseigenen Zahlen ermitteln wir bis zum 1. Juli eines jeden Jahres den für unser Unternehmen individuellen Veränderungswert. Dabei wenden wir die für die Ermittlung durch den unabhängigen Treuhänder geltenden Regeln *(siehe 7.8.2.1)* entsprechend an.

7.8.3 Welches ist der für die Anpassung des Beitrags maßgebliche Veränderungswert?

Grundsatz: Für die Beitragsanpassung *(Erhöhung oder Senkung)* ist grundsätzlich der Veränderungswert maßgeblich, den der unabhängige Treuhänder ermittelt hat *(siehe 7.8.2.1)*.

Ausnahme: Wir vergleichen unseren unternehmensindividuellen Veränderungswert mit dem vom Treuhänder nach 7.8.2.1 ermittelten Wert. Unser unternehmensindividueller Wert ist dann für die Beitragsanpassung maßgeblich, wenn dieser Vergleich ergibt,
- dass unser Wert unter dem vom Treuhänder ermittelten Wert liegt und
- dies auch in den zwei letzten Kalenderjahren der Fall ist, in denen eine Beitragsanpassung zulässig war.

Die zu betrachtenden Kalenderjahre müssen nicht notwendig unmittelbar aufeinander folgen.

7.8.4 Unterbleiben einer Beitragsanpassung

Eine Beitragsanpassung unterbleibt, wenn der vom unabhängigen Treuhänder ermittelte Veränderungswert *(siehe 7.8.2.1)* geringer + 5 % und größer - 5 % ist. Dieser Veränderungswert wird bei der Ermittlung der Voraussetzungen für die nächste Beitragsanpassung mit berücksichtigt. *(Dies geschieht, indem das Bezugsjahr solange beibehalten wird, bis die 5 %-Grenze erreicht wird. Es wird immer der Bedarf für Zahlungen aus dem jeweiligen Vorjahr mit dem Bedarf für Zahlungen aus dem „festgehaltenen" Bezugsjahr verglichen.)*

Unabhängig von der Höhe des Veränderungswerts unterbleibt eine Beitragsanpassung bei Verträgen, bei denen seit dem Versicherungsbeginn noch nicht 12 Monate abgelaufen sind.

7.8.5 Erhöhung oder Senkung des Beitrags

Wenn der maßgebliche Veränderungswert + 5 % oder mehr beträgt, sind wir berechtigt, den Beitrag entsprechend zu erhöhen. Der angepasste Beitrag darf nicht höher sein als der für Neuverträge geltende Tarifbeitrag.

Wenn der maßgebliche Veränderungswert - 5 % oder weniger beträgt, sind wir verpflichtet, den Beitrag entsprechend zu senken.

7.8.6 Wann wird die Beitragsanpassung wirksam?

Die Beitragsanpassung wird zu Beginn des zweiten Monats wirksam, der auf unsere Mitteilung über die Beitragsanpassung folgt. Sie gilt für alle Beiträge, die nach unserer Mitteilung ab einschließlich 1. Oktober fällig werden.

In der Mitteilung weisen wir Sie auf Ihr außerordentliches Kündigungsrecht hin *(siehe 7.8.7)*.

7.8.7 Ihr außerordentliches Kündigungsrecht

Wenn sich der Beitrag erhöht, können Sie den Versicherungsvertrag mit sofortiger Wirkung kündigen. Sie können frühestens jedoch zu dem Zeitpunkt kündigen, an dem die Beitragserhöhung wirksam wird *(siehe 7.8.5)*. Ihre Kündigung muss uns innerhalb eines Monats zugehen, nachdem Ihnen unsere Mitteilung über die Beitragsanpassung zugegangen ist.

Wenn sich der Beitrag ausschließlich wegen einer Erhöhung der Versicherungssteuer erhöht, steht Ihnen das Recht zur außerordentlichen Kündigung nicht zu.

7.9 Änderung wesentlicher Umstände der Beitragsfestsetzung

7.9.1 Wenn nach Vertragsabschluss ein Umstand eintritt, der einen höheren als den vereinbarten Versicherungsbeitrag rechtfertigt, können wir von da ab diesen höheren Beitrag verlangen. Denn damit sichern wir eine höhere Gefahr ab *(Beispiel: Sie haben ein Auto bei uns versichert und schaffen sich jetzt zusätzlich ein Motorrad an.)*.

Wenn wir diese höhere Gefahr auch gegen einen höheren Beitrag nicht versichern können, müssen wir die Absicherung gegen diese Gefahr ausschließen.

In folgenden Fällen können Sie den Versicherungsvertrag kündigen:
- Ihr Beitrag erhöht sich um mehr als 10 Prozent oder
- wir lehnen die Absicherung der höheren Gefahr ab.

In diesen Fällen können Sie den Vertrag innerhalb eines Monats, nachdem Ihnen unsere Mitteilung zugegangen ist, ohne eine Frist kündigen. In unserer Mitteilung müssen wir Sie auf Ihr Kündigungsrecht hinweisen.

Nachdem wir von der Erhöhung der Gefahr Kenntnis erhalten haben, müssen wir unser Recht auf Beitragsänderung innerhalb eines Monats ausüben.

7.9.2 Wenn nach Vertragsabschluss ein Umstand eintritt, der einen niedrigeren als den vereinbarten Versicherungsbeitrag rechtfertigt, können wir von da ab nur noch diesen niedrigeren Beitrag verlangen. Sie müssen uns diesen Umstand innerhalb von zwei Monaten anzeigen. Wenn Sie uns nach Ablauf von zwei Monaten informieren, wird Ihr Versicherungsbeitrag erst zu dem Zeitpunkt herabgesetzt, zu dem Sie uns informiert haben.

7.9.3 Wenn wir Sie auffordern, uns die zur Beitragsberechnung erforderlichen Angaben zu machen, müssen Sie uns diese innerhalb eines Monats zuschicken. Wenn Sie dieser Verpflichtung nicht nachkommen, können wir den Versicherungsvertrag mit einer Frist von einem Monat kündigen. Es sei denn, Sie weisen uns nach, dass Sie nicht vorsätzlich oder grob fahrlässig gehandelt haben. *(Beispiel für „grob fahrlässiges Verhalten": Jemand verletzt die im Verkehr erforderliche Sorgfalt in ungewöhnlich hohem Maße.)*

In folgenden Fällen haben Sie <u>keinen</u> Versicherungsschutz:
- Sie machen innerhalb der Frist vorsätzlich falsche Angaben.
- Sie unterlassen vorsätzlich erforderliche Angaben.
- Der Versicherungsfall tritt später als einen Monat nach dem Zeitpunkt ein, zu dem Sie uns über die Gefahrerhöhung hätten informieren müssen. Ihr Versicherungsschutz entfällt <u>nicht</u>, wenn uns die zur Beitragsberechnung erforderlichen Angaben bereits bekannt waren.

Wenn Sie grob fahrlässig Angaben verschwiegen oder unrichtige Angaben gemacht haben, können wir den Umfang unserer Leistungen kürzen, und zwar in einem der Schwere Ihres Verschuldens entsprechendem Verhältnis.

Sie müssen nachweisen, dass Sie nicht grob fahrlässig gehandelt haben. *(Beispiel für „grob fahrlässiges Verhalten": Jemand verletzt die im Verkehr erforderliche Sorgfalt in ungewöhnlich hohem Maße.)*

Ausnahme: In folgenden Fällen haben Sie trotzdem Versicherungsschutz:
- Sie weisen uns nach, dass die Veränderung weder den Eintritt des Versicherungsfalls beeinflusst noch den Umfang unserer Leistung erhöht hat.
- Die Frist für unsere Kündigung ist abgelaufen und wir haben nicht gekündigt.

Die soeben beschriebenen Regelungen werden nicht angewandt, wenn
- die Veränderung so unerheblich ist, dass diese nicht zu einer Erhöhung der Beiträge führen würde oder
- ersichtlich ist, dass diese Veränderung mitversichert sein soll.

1 In Ziff. 7 finden sich Regelungen zur **Beitragszahlung**, zum **Beitragsverzug**, zur **Beitragsanpassung**, zur **Beitragsbemessung**, zum **Versicherungsjahr** und zur **Versicherungssteuer**. Diese treten an die Stelle der §§ 8a, 9, 10 und 11 ARB 2010, auf deren Kommentierung verwiesen wird. Im Folgenden werden die einzelnen Bestimmungen den entsprechenden Bestimmungen in den ARB 2010 gegenübergestellt.

2
ARB 2012	*ARB 2010*
Ziff. 7.1	*§ 9 Lit. A Abs. 1*
Ziff. 7.2	*§ 8 a*
Ziff. 7.3	*§ 9 Lit. A Abs. 2*
Ziff. 7.4.1	*§ 9 Lit. B Abs. 1*
Ziff. 7.4.2	*§ 9 Lit. B Abs. 2*
Ziff. 7.4.3	*§ 9 Lit. B Abs. 2*
Ziff. 7.5.1	*§ 9 Lit. C Abs. 1*
Ziff. 7.5.2	*§ 9 Lit. C Abs. 2*
Ziff. 7.5.3	*§ 9 Lit. C Abs. 3*
Ziff. 7.5.4	*§ 9 Lit. C Abs. 3, 4, 5*
Ziff. 7.6.1	*§ 9 Lit. D Abs. 1*
Ziff. 7.6.2	*§ 9 Lit. D Abs. 2*
Ziff. 7.7	*§ 9 Lit. E*
Ziff. 7.8.2.1	*§ 10 Abs. 1, 2*
Ziff. 7.8.3	*§ 10 Abs. 4*
Ziff. 7.8.4	*§ 10 Abs. 3 S. 1, 2*
Ziff. 7.8.5	*§ 10 Abs. 3 S. 3, 4*
Ziff. 7.8.6	*§ 10 Abs. 5*
Ziff. 7.8.7	*§ 10 Abs. 6*
Ziff. 7.9.1	*§ 11 Abs. 1*
Ziff. 7.9.2	*§ 11 Abs. 2*
Ziff. 7.9.3	*§ 11 Abs. 3, 4*

8. Wann verjähren Ansprüche aus dem Versicherungsvertrag? A

8.1 Gesetzliche Verjährung

Die Ansprüche aus dem Versicherungsvertrag verjähren in drei Jahren. Die Fristberechnung richtet sich nach den allgemeinen Vorschriften des Bürgerlichen Gesetzbuchs.

8.2 Die Verjährung wird ausgesetzt

Wenn Sie einen Anspruch aus Ihrem Versicherungsvertrag bei uns angemeldet haben, ist die Verjährung ausgesetzt. Die Aussetzung wirkt von der Anmeldung bis zu dem Zeitpunkt, zu dem Ihnen unsere Entscheidung in Textform zugeht *(Das heißt: bei der Berechnung der Verjährungsfrist berücksichtigen wir zu Ihren Gunsten den Zeitraum von der Meldung bis zum Eintreffen unserer Entscheidung bei Ihnen nicht).*

In Ziff. 8 wird die **Verjährung** entsprechend § 14 ARB 2010 geregelt (vgl § 14 ARB 1
2010 Rn 1).

9. Welches Recht ist anzuwenden und wo ist der Gerichtsstand? A

9.1 Anzuwendendes Recht
Für diesen Versicherungsvertrag gilt deutsches Recht.

9.2 Klagen gegen das Versicherungsunternehmen
Wenn Sie uns verklagen wollen, können Sie die Klage an folgenden Orten einreichen:
- Am Sitz des Versicherungsunternehmens oder am Sitz der für Ihren Vertrag zuständigen Niederlassung,
- oder, wenn Sie eine natürliche Person sind, auch am Gericht Ihres Wohnsitzes. *(Eine „natürliche Person" ist ein Mensch, im Gegensatz zur „juristischen Person"; das ist zum Beispiel eine GmbH, eine AG oder ein Verein).* Haben Sie keinen Wohnsitz, können Sie die Klage am Gericht Ihres gewöhnlichen Aufenthalts einreichen.

9.3 Klagen gegen den Versicherungsnehmer
Wenn wir Sie verklagen müssen, können wir die Klage an folgenden Orten einreichen:
- Wenn Sie eine natürliche Person sind, am Gericht Ihres Wohnsitzes. (Eine „natürliche Person" ist ein Mensch, im Gegensatz zur „juristischen Person"; das ist zum Beispiel eine GmbH, eine AG oder ein Verein). Haben Sie keinen Wohnsitz, können wir die Klage am Gericht Ihres gewöhnlichen Aufenthalts einreichen.
- Wenn Ihr Wohnsitz oder Ihr gewöhnlicher Aufenthalt zum Zeitpunkt der Klageerhebung nicht bekannt ist, am Sitz unseres Versicherungsunternehmens oder am Sitz der für Ihren Vertrag zuständigen Niederlassung.
- Wenn Sie eine juristische Person sind oder eine Offene Handelsgesellschaft, Kommanditgesellschaft, Gesellschaft bürgerlichen Rechts oder eine eingetragene Partnerschaftsgesellschaft, ist das Gericht an Ihrem Sitz oder Ihrer Niederlassung zuständig.

In Ziff. 9 finden sich wie in § 20 ARB 2010 Regelungen zum **Gerichtsstand** (vgl 1
§ 20 ARB 2010 Rn 1) sowie die Bestimmung, dass für den Versicherungsvertrag
deutsches Recht gilt.

Anhang: Beitragsfreiheit bei Arbeitslosigkeit *(Zahlungspause)* A

1. Wir bieten Ihnen die Möglichkeit, Ihren Versicherungsschutz aufrechtzuerhalten, ohne dass Sie Ihren Versicherungsbeitrag zahlen müssen.

Die Voraussetzungen hierfür sind:
- Die Regelung muss zwischen uns vereinbart sein.
- Sie sind arbeitslos gemeldet *(§ 137 Sozialgesetzbuch III)* bzw. berufs- oder erwerbsunfähig *(§ 43 Sozialgesetzbuch VI)*.

Die Regelung gilt höchstens für xxx Jahre. Dies gilt auch dann, wenn während der Zahlungspause mehrere dieser Voraussetzungen gegeben sind *(Beispiel: erst Arbeitslosigkeit, dann Erwerbsunfähigkeit)*.

Nach Ihrem Tod gilt die Zahlungspause für die Person, die den Versicherungsvertrag mit uns fortführt.

2. Eine Zahlungspause nach 1. tritt nicht ein,

2.1 wenn eine andere Person verpflichtet ist oder verpflichtet wäre, den Beitrag zu zahlen – davon ausgenommen ist eine gesetzliche Unterhaltspflicht – oder

2.2 wenn Sie bereits vor Versicherungsbeginn arbeitslos bzw. berufs- oder erwerbsunfähig geworden sind oder

2.3 wenn die Arbeitslosigkeit oder die Berufs- bzw. Erwerbsunfähigkeit innerhalb von 6 Monaten nach Versicherungsbeginn eintritt. Dies gilt nicht, wenn die Berufs- bzw. Erwerbsunfähigkeit <u>Folge eines Unfalls</u> innerhalb dieses Zeitraums ist oder

2.4 wenn die Arbeitslosigkeit oder Berufs- bzw. Erwerbsunfähigkeit verursacht ist durch
- militärische Konflikte,
- innere Unruhen,
- Streiks oder
- Nuklearschäden – ausgenommen durch eine medizinische Behandlung

oder

2.5 wenn die Arbeitslosigkeit oder Berufs- bzw. Erwerbsunfähigkeit von Ihnen vorsätzlich verursacht wurde oder im ursächlichen Zusammenhang mit einer von Ihnen begangenen vorsätzlichen Straftat steht.

3. Den Anspruch auf Zahlungspause müssen Sie unverzüglich geltend machen. *(„Unverzüglich" heißt nicht unbedingt „sofort", sondern „ohne schuldhaftes Zögern bzw. so schnell wie eben möglich".)*

Sie müssen
- uns Auskunft über alle Umstände Ihres Anspruchs erteilen und
- uns nachweisen, dass die Voraussetzung für eine Zahlungspause nach 1. gegeben ist. Zum Nachweis müssen Sie eine amtliche Bescheinigung vorlegen.

4. Wir können Sie höchstens alle drei Monate auffordern, aktuelle Nachweise dafür vorzulegen, ob Sie noch die Voraussetzung für eine Zahlungspause erfüllen.

Wenn Sie dieser Aufforderung nicht unverzüglich nachkommen, beenden wir die Zahlungspause. *("Unverzüglich" heißt nicht unbedingt "sofort", sondern "ohne schuldhaftes Zögern bzw. so schnell wie eben möglich".)* Diese Zahlungspause tritt jedoch mit sofortiger Wirkung wieder in Kraft, wenn die Auskünfte und Nachweise nachgereicht werden.

Die Punkte 1. bis 3. gelten nicht im Todesfall oder solange ein anderer bereits erbrachter Nachweis für die Zahlungspause noch vorliegt.

5. Diese Zusatzvereinbarung können wir oder Sie kündigen, und zwar drei Monate vor dem Ende jedes Versicherungsjahrs.

   Die Zusatzvereinbarung endet automatisch, wenn
   - Sie das 60. Lebensjahr erreichen,
   - Sie sterben oder
   - die Person, die nach Ihrem Tod Ihren Versicherungsvertrag mit uns fortführt, zum Zeitpunkt Ihres Todes das 60. Lebensjahr beendet hat.

   Für Mitversicherte aus Ihrem Versicherungsvertrag gilt diese Zusatzvereinbarung nicht.

Stichwortverzeichnis

(vom Abdruck wurde abgesehen)

Allgemeine Bedingungen für die Berufsunfähigkeits-Zusatzversicherung (BB-BUZ)

Musterbedingungen des GDV[1]

Stand: 1.10.2013

§ 1	Welche Leistungen erbringen wir?	1981
§ 2	Was ist Berufsunfähigkeit im Sinne dieser Bedingungen?	1987
§ 3	In welchen Fällen ist der Versicherungsschutz ausgeschlossen?	1993
§ 4	Was ist zu beachten, wenn eine Leistung verlangt wird?	2001
§ 5	Wann geben wir eine Erklärung über unsere Leistungspflicht ab?	2007
§ 6	Was gilt nach Anerkennung der Berufsunfähigkeit?	2008
§ 7	Was gilt bei einer Verletzung der Mitwirkungspflichten im Rahmen der Nachprüfung?	2011
§ 8	Welche Besonderheiten gelten für die Überschussbeteiligung?	2014
§ 9	Wie ist das Verhältnis zur Hauptversicherung?	2015

§ 1 Welche Leistungen erbringen wir?

Unsere Leistung bei Berufsunfähigkeit

(1) Wird die versicherte Person *(das ist die Person, auf deren Berufsfähigkeit die Versicherung abgeschlossen ist)* während der Versicherungsdauer dieser Zusatzversicherung berufsunfähig (siehe § 2 Absatz 1 oder 2), erbringen wir folgende Leistungen:

a) Wir befreien Sie von der Beitragszahlungspflicht für die Hauptversicherung und die eingeschlossenen Zusatzversicherungen, längstens für die vereinbarte Leistungsdauer

b) Wir zahlen die Berufsunfähigkeitsrente, wenn diese mitversichert ist, längstens für die vereinbarte Leistungsdauer.

Die Versicherungsdauer ist der Zeitraum, innerhalb dessen Versicherungsschutz besteht. Mit Leistungsdauer wird der Zeitraum bezeichnet, bis zu dessen Ablauf eine während der Versicherungsdauer an erkannte Leistung längstens erbracht wird.

Unsere Leistung bei Berufsunfähigkeit infolge Pflegebedürftigkeit

(2) Wird die versicherte Person während der Versicherungsdauer dieser Zusatzversicherung berufsunfähig infolge Pflegebedürftigkeit (siehe § 2 Absätze 4 bis 8), ohne dass Berufsunfähigkeit im Sinne von § 2 Absatz 1 oder 2 vorliegt, erbringen wir folgende Versicherungsleistungen:

---

[1] Unverbindliche Bekanntgabe des Gesamtverbandes der Deutschen Versicherungswirtschaft e.V. (GDV) zur fakultativen Verwendung. Abweichende Vereinbarungen sind möglich. – Dieser Fassung ergänzend wurden zugrunde gelegt hinsichtlich des Umfangs der Einschränkung die Vereinbarung der 50 %-Klausel und in zeitlicher Komponente die Dauerhaftigkeit bzw die Fortdauer über sechs Monate hinaus. Insbesondere in diesen Merkmalen können die konkreten Bedingungen der Unternehmen abweichen. Die insoweit ergänzten Werte sind im Bedingungstext durch eckige Klammern gekennzeichnet. – Zu **BB-BUZ, Stand: 23.8.2010**, s. den Abdruck und die Kommentierung in der Vorauflage (2. Aufl. 2011), S. 1711–1742.

a) Wir befreien Sie von der Beitragszahlungspflicht für die Hauptversicherung und die eingeschlossenen Zusatzversicherungen, längstens für die vereinbarte Leistungsdauer;
b) Wir zahlen eine Berufsunfähigkeitsrente, wenn diese mitversichert ist, längstens für die vereinbarte Leistungsdauer.
 – in Höhe von ... [100] % der vereinbarten Berufsunfähigkeitsrente bei Pflegestufe III
 – in Höhe von ... [70] % der vereinbarten Berufsunfähigkeitsrente bei Pflegestufe II
 – in Höhe von ... [40] % der vereinbarten Berufsunfähigkeitsrente bei Pflegestufe I.

Weitere Regelungen zu unseren Leistungen

(3) Der Anspruch auf Beitragsbefreiung und Rente entsteht mit Ablauf des Monats, in dem die Berufsunfähigkeit eingetreten ist. Sie müssen uns die Berufsunfähigkeit in Textform *(z.B. Papierform oder E-Mail)* mitteilen. Wird uns die Berufsunfähigkeit später als ... [3] Monate nach ihrem Eintritt mitgeteilt, entsteht der Anspruch auf die Leistung erst mit Beginn des Monates der Mitteilung. Diese Einschränkung gilt nicht, wenn die verspätete Mitteilung nicht verschuldet worden ist. Der Anspruch auf eine Erhöhung der Berufsunfähigkeitsrente wegen einer höheren Pflegestufe entsteht ebenfalls frühestens mit Beginn des Monats, in dem uns die Erhöhung der Pflegestufe mitgeteilt wird.

(4) Der Anspruch auf Beitragsbefreiung und Rente endet,
– wenn Berufsunfähigkeit im Sinne dieser Bedingungen nicht mehr vorliegt,
– wenn die versicherte Person stirbt oder
– bei Ablauf der Versicherungsdauer oder bei Ablauf der vertraglichen Leistungsdauer.

(5) Bis zur Entscheidung über die Leistungspflicht müssen Sie die Beiträge in voller Höhe weiter entrichten; wir werden diese jedoch bei Anerkennung der Leistungspflicht zurückzahlen.

(6) Der Versicherungsschutz besteht weltweit.

(7) Renten zahlen wir monatlich im Voraus.

(8) Wir beteiligen Sie an den Überschüssen und an den Bewertungsreserven (siehe § 8).

I. Allgemeines

1 Gegenüber der in der Vorauflage des Kommentars zugrunde gelegten Fassung der Allgemeinen Bedingungen für die Berufsunfähigkeits-Zusatzversicherung, Stand: 23.8.2010,[1] ergeben sich zT gravierende Änderungen in Abs. 1 sowie Abs. 3 S. 2, 4.

§ 1 regelt in Abs. 3 und 4 die nach § 172 Abs. 1 VVG ausdrücklich den Bedingungen vorbehaltenen Fragen des **Entstehens** und der **Beendigung** des Anspruchs sowie in Abs. 1, 5, 6 und 8 den **Umfang** der Leistungen. Aufgrund der Erweiterung der Berufsunfähigkeitsversicherung auf Fälle der Pflegebedürftigkeit (s. Rn 11, § 2 Rn 10 ff) werden Entstehen und Umfang der Leistungen insoweit in Abs. 2 geregelt.

---

1 S. Vorauflage (2. Aufl. 2011), S. 1711 ff (BB-BUZ).

II. Dauer der Gefahrtragung (Abs. 1)

Berufsunfähigkeit muss **während der Dauer** des Vertrages eingetreten sein. Dies ist eine Leistungsvoraussetzung und daher vom **VN** zu **beweisen** (s. § 172 VVG Rn 59). Beginn der Gefahrtragung ist dabei grds. nach den in § 9 Abs. 10 als ergänzend anzuwendenden Bedingungen der Hauptversicherung[2] der Vertragsschluss. In älteren Bedingungswerken war *zusätzlich* die Zahlung des Einlösebeitrags erforderlich (zB §§ 3, 7 Abs. 2 ALB 86). Auf die Unklarheiten zum Vertragsschluss aufgrund des – hier 30-tägigen – Widerrufsrechts (§§ 8, 9, 152 Abs. 1 VVG) kommt es regelmäßig nicht an, weil VN und VR einen **materiellen Versicherungsbeginn im Vertrag** regeln,[3] was ohnehin vorrangig ist. Insoweit ist auch in der BUZ eine Rückwärtsversicherung möglich.[4] Diese kann aber nur bis zur Antragstellung zurückwirken (str).[5] Für zuvor eingetretene Versicherungsfälle besteht kein Versicherungsschutz, auch wenn der VN subjektiv die Voraussetzungen einer Berufsunfähigkeit nicht erkennt.[6]

Ist der Versicherungsfall bereits zuvor eingetreten, wobei es auf die Ausübbarkeit von Verweisungstätigkeiten nicht ankommt,[7] fehlt es an der Leistungsvoraussetzung (sog. **mitgebrachte BU**, vgl § 172 VVG Rn 57). Selbst wenn man aber – bei Vereinbarung abstrakter Verweisung (vgl § 172 VVG Rn 62, 78 f) – die Nichtverweisbarkeit als Voraussetzung annähme, ist zu beachten, dass der VN die Ausübbarkeit der Verweisungstätigkeit beweisen müsste. Vom VR dürfte auch nicht ein Aufzeigen von Verweisungstätigkeiten (s. § 172 VVG Rn 79) verlangt werden können. Da Berufsunfähigkeit objektiv gegeben sein muss (s. § 172 VVG Rn 42, 50), kommt es nicht darauf an, ob der VN meint, die Beschwerden ertragen zu müssen, oder ob er trotzdem weiterarbeitete.[8] Die mitgebrachte BU ist auch unabhängig von den Fragen der Risikoprüfung und/oder Anzeigepflichtverletzung zu bestimmen (§ 172 VVG Rn 58).[9]

Die Gefahrtragung **endet** mit dem **vertraglich** festgelegten Zeitpunkt (Abs. 4), auch wenn vor dem Vertragsende aus gesundheitlichen Gründen Berufsunfähigkeit ein-

---

2 Meist Allgemeine Bedingungen für die kapitalbildende Lebensversicherung, Stand 6.8.2014 (unverbindliche Empfehlung des GDV).
3 BGH 29.5.1991 – IV ZR 157/90, VersR 1991, 986; OLG Frankfurt 16.9.1992 – 7 U 17/91, VersR 1993, 1134.
4 BGH 21.3.1990 – IV ZR 39/89, BGHZ 111, 44 = VersR 1990, 729; näher § 2 VVG Rn 19.
5 BGH 29.5.1991 – IV ZR 157/90, VersR 1991, 986; OLG Nürnberg 28.6.2011 – 8 U 2330/10, VersR 2012, 50, 51; *Benkel/Hirschberg*, 2. Aufl., § 1 BUZ Rn 6 aE; aA Rüffer/Halbach/Schimikowski*Brömmelmeyer* § 2 VVG Rn 19; OLG Karlsruhe 7.4.2005 – 12 U 375/04, VersR 2006, 350; Prölss/Martin/*Lücke*, § 172 VVG Rn 23 = § 1 BU Rn 2 = § 4 BU Rn 4; *Neuhaus*, BUV, Kap. D Rn 20, der zu Recht zwischen BUZ und selbständiger BU unterscheidet.
6 BGH 29.5.1991 – IV ZR 157/90, VersR 1991, 986; BGH 19.2.1992 – IV ZR 106/91, VersR 1992, 484; BGH 21.6.2000 – IV ZR 157/99, VersR 2000, 1133; aA wohl OLG Karlsruhe 7.4.2005 – 12 U 375/04, VersR 2006, 350; zur Kenntnis des Versicherungsfalls allg.: BGH 5.11.2014 – IV ZR 8/13, VersR 2015, 89, 90 Tz 16 = NJW 2015, 481; Rüffer/Halbach/Schimikowski*Brömmelmeyer* § 2 VVG Rn 34.
7 BGH 27.1.1993 – IV ZR 309/91, VersR 1993, 469; BGH 7.7.1999 – IV ZR 32/98, VersR 1999, 1266 (unter 1 b); aA (Verweisung zu berücksichtigen): Prölss/Martin/*Lücke*, § 172 VVG Rn 29 = § 1 BU Rn 20; Beckmann/Matusche-Beckmann/*Rixecker*, § 46 Rn 97.
8 OLG Saarbrücken 9.1.2008 – 5 U 2/07, zfs 2009, 38; Beckmann/Matusche-Beckmann/*Rixecker*, § 46 Rn 98; aA Prölss/Martin/*Lücke*, § 172 VVG Rn 31 = § 1 BU Rn 22 f.
9 OLG Nürnberg 28.6.2011 – 8 U 2330/10, VersR 2015, 50; so jetzt auch *Neuhaus*, BUV, Kap. G Rn 194; aA Prölss/Martin/*Lücke*, § 172 VVG Rn 30 = § 1 BU Rn 21; krit. *Marlow*, Anm. zu LG Braunschweig, r+s 2015, 86, 98.

getreten ist.[10] Die Mitversicherung einer Berufsunfähigkeitsrente kann auch durch Zeitablauf automatisch wegfallen[11] oder durch die zulässige Kündigung des Hauptvertrages[12] oder einer Beitragsfreistellung, mit der gem. § 9 Abs. 1 auch die Zusatzversicherung (sofern die Mindestrente nicht erreicht wird, § 9 Abs. 4) frühzeitig endet.

5 Von der Gefahrtragung immer zu **unterscheiden** ist deshalb die **Leistungsdauer** (Abs. 4), was die Bedingungen nun ausdrücklich in Abs. 1 S. 2 darstellen.[13] Diese kann, muss aber nicht identisch[14] zur Gefahrtragungsdauer vereinbart sein. Auch wenn der Geschäftsplan[15] die Leistungsdauer auf das max. 65. Lebensjahr beschränkt, neuere Geschäftspläne auf das 67. Lebensjahr, sollen dadurch abweichende Vertragsregelungen nicht tangiert werden.[16] Nur wenn somit *vor* Verzugsbeginn gem. § 38 VVG bereits Berufsunfähigkeit eingetreten ist, ist über den Kündigungszeitpunkt hinaus bis zum vereinbarten Zeitpunkt (vorbehaltlich der Nachprüfung) zu leisten.[17]

6 Auch die Kündigung bzw das Vertragsende des Hauptvertrages ändern an einer fortbestehenden Leistungspflicht dann nichts, wenn Berufsunfähigkeit *vor* der Kündigung eintrat, sofern die Leistungsdauer der BU länger vereinbart wurde.[18] Wird abweichend vom Wortlaut des Abs. 4 („Leistungsdauer") auf den „*Ablauf der Beitragsdauer der Hauptversicherung*" abgestellt, soll Vorstehendes gleichfalls gelten.[19] Umgekehrt besteht für Versicherungsfälle *nach* Kündigung oder Verzugsbeginn keine Leistungspflicht des VR. Über die Beendigung der Leistungspflicht ist eine zulässige außervertragliche Vereinbarung (zu dieser generell s. § 173 VVG Rn 11) angenommen worden.[20]

III. Umfang der Leistungen (Abs. 1, 2, 8)

7 In den Bedingungen bis 2010 war der leistungsauslösende Einschränkungsgrad in § 1 Abs. 1 BUZ enthalten. Er ist jetzt in die Definition der BU gem. § 2 Abs. 1

---

10 OLG Karlsruhe 4.4.2002 – 19 U 28/01, r+s 2003, 210 = VersR 2002, 1013 (LS).
11 BGH 28.3.2001 – IV ZR 180/00, VersR 2001, 752; OLG Stuttgart 13.1.2013 – 7 U 118/12; OLG Brandenburg 19.11.2014 – 11 U 136/13.
12 BGH 18.11.2009 – IV ZR 39/08, VersR 2010, 237 (Tz 32) = NJW 2010, 374 = zfs 2010, 162; das Kündigungsrecht des VN besteht auch bei unwiderruflichem Bezugsrecht der versicherten Person: BGH 2.12.2009 – IV ZR 65/09, VersR 2010, 517, 519.
13 BGH 23.5.2012 – IV ZR 224/10 (Tz 11 f), VersR 2012, 1190 – in Revision zu OLG Hamm 3.9.2010 – 20 U 11/10, juris; *Lehmann*, Die Rechtsprechung des IV. Zivilsenats des BGH zur Arbeitsunfähigkeits-, Berufsunfähigkeits- und Unfallversicherung, r+s 2014, 429, 431: Widerspruch § 1 Nr. 4 BB-BUZ 1975 zu § 9 Nr. 8 BB-BUZ 1975; das OLG Hamm 11.1.2013 – 20 U 11/10, r+s 2014, 619 hat die Klage endgültig abgewiesen.
14 OLG Köln 22.2.2013 – 20 U 171/12; BGH 23.5.2012 – IV ZR 224/10, VersR 2010, 1110, Folgeentscheidung: OLG Hamm 11.1.2013 – 20 U 11/10, r+s 2014, 619; OLG Karlsruhe 20.11.2008 – 12 U 234/07, VersR 2009, 1104.
15 VA 1990, 341; *Herde*, VerBAV 1990, 453.
16 OLG Karlsruhe 20.11.2008 – 12 U 234/07, VersR 2009, 1104, 1105.
17 OLG Köln 25.3.1996 – 5 U 148/95, VersR 1998, 222; OLG Karlsruhe 16.2.2006 – 12 U 261/05, VersR 2006, 1348 (unter II A 4); OLG Saarbrücken 3.5.2006 – 5 U 578/00-48, VersR 2007, 780 (unter II A 3 b) = r+s 2009, 203; *Terno*, BGH-Rspr zur BU, r+s 2008, 361, 367; vgl auch BGH 16.6.2010 – IV ZR 226/07 (Tz 19), BGHZ 186, 171 = VersR 2010, 1025, 1026 = NJW 2011, 216.
18 OLG Karlsruhe 16.2.2006 – 12 U 261/05, VersR 2006, 1348 (unter II B 2); OLG Karlsruhe 20.3.2007 – 12 U 11/07, VersR 2007, 1359; *Terno*, r+s 2008, 361, 367; OLG Köln 22.7.2011 – 20 U 127/10, r+s 2012, 451.
19 So die Musterbedingungen 1964: VerBAV 1964, 34; OLG Hamm 7.7.2004 – 20 U 132/03, VersR 2004, 1587 = r+s 2006, 80.
20 Prölss/Martin/*Lücke*, § 1 BU Rn 35; LG Saarbrücken 23.6.1999 – 12 O 374/98, NVersZ 2000, 271, 272.

und 2 BUZ integriert, auf die § 1 Abs. 1 BUZ nunmehr verweist. Danach ist der Umfang der Leistungen grds. von einem bestimmten **Einschränkungsgrad** abhängig („zu mindestens ... % berufsunfähig"). Meistens ist ein Einschränkungsgrad von mindestens 50 % vereinbart. Abweichungen sind möglich, zB durch eine sog. Staffelregel, wonach ab 25 % anteilige Leistungen, ab 75 % volle Leistungen erbracht werden.[21] Im Weiteren wird von der 50 %-Klausel ausgegangen.

Besteht mithin eine mindestens 50 %ige Einschränkung (neben den weiteren Voraussetzungen), so ist **volle Beitragsbefreiung** sowohl hinsichtlich des Beitragsanteils der BUZ als auch anderer Zusatzversicherungen und der Hauptversicherung zu gewähren (Abs. 1 a). Diese ist gleichfalls voll zu gewähren, wenn Berufsunfähigkeit infolge Pflegebedürftigkeit ab Pflegestufe I (§ 2 Abs. 7, 8) gegeben ist (§ 1 Abs. 2 a) BUZ). Die Rentenleistung bedarf der ausdrücklichen Vereinbarung im Vertrag (Abs. 1 b, Abs. 2 b) und ist bei der 50 %-Klausel bei Erreichen des Einschränkungsgrades voll, ansonsten nicht zu gewähren. 8

Erhöht wird die Leistung, wie sie im Versicherungsschein ausgewiesen ist, durch **Überschussbeteiligungen** (Abs. 8 iVm § 8), die prozessual gesondert geltend gemacht werden können.[22] Regelmäßig leistet aber der VR automatisch die Überschussanteile, weil anders Leistungen schon technisch bedingt nicht ausgekehrt werden können. 9

Häufig wird in den Verträgen eine **Dynamik** vereinbart. Dann sind zur Bestimmung der Höhe versicherter Leistungen ergänzend die Bedingungen zur Dynamik heranzuziehen, nach denen es regelmäßig auf die Werte ankommt, wie sie zum Eintritt des Versicherungsfalles[23] oder der Leistungspflicht[24] gegeben waren, da nachträgliche Erhöhungen rechtswirksam ausgeschlossen sind; es fehlen schon Hinweise, warum ein VN auch nach Eintritt des Versicherungsfalles erhöhende Leistungen erhalten solle.[25] Fallen (vorgesehener) Dynamik-Beginn und Eintritt des Versicherungsfalles bzw Beginn der Leistungspflicht auf einen Tag, so ist das Entfallen der Dynamik gem. §§ 192, 187 BGB vorrangig.[26] 10

Bei Berufsunfähigkeit infolge **Pflegebedürftigkeit** wird die Rentenleistung nur in der Pflegestufe III meist zu 100 %, sonst anteilig erbracht (Abs. 2 b). Auf die Pflegebedürftigkeit kommt es aber nur dann an, wenn nicht bereits „normale" Berufsunfähigkeit gegeben ist, wie Abs. 2 S. 1 Hs 2 deutlich macht. Die Pflegebedürftigkeit ist damit nur ein Unterfall der Berufsunfähigkeit.[27] 11

IV. Entstehen und Ende des Anspruchs (Abs. 3, 4, 5)

Da Abs. 5 eine Rückzahlung der Beiträge bei Anerkenntnis (§ 173 VVG, § 5) normiert, wird deutlich, dass der Anspruch mit Eintritt der Berufsunfähigkeit grds. **rückwirkend** und zwar nicht taggenau, sondern zum Ablauf des Monats, in dem Berufsunfähigkeit eingetreten ist, entsteht (§ 1 Abs. 3 S. 1). In Bedingungswerken finden sich abweichend auch Regelungen zu taggenauen Leistungen. Die Beiträge 12

---

21 Dazu OLG Koblenz 13.1.2012 – 10 U 169/11, VersR 2013, 304 = r+s 2013, 399.
22 BGH 23.5.2007 – IV ZR 3/06, VersR 2007, 1290.
23 OLG Koblenz 16.4.1999 – 10 U 791/98, VersR 1999, 876.
24 OLG Saarbrücken 25.11.2009 – 5 U 116/09-30, VersR 2010, 519.
25 OLG Koblenz 16.4.1999 – 10 U 791/98, VersR 1999, 876; OLG Saarbrücken 4.4.2001 – 5 U 670/00-57, VersR 2001, 1405, bestätigt von BGH 3.7.2002 – IV ZR 145/01, VersR 2002, 1089; OLG Saarbrücken 25.11.2009 – 5 U 116/09-30, VersR 2010, 519; OLG Köln 5.12.2014 – 20 U 123/14.
26 Insoweit nicht gesehen von OLG Saarbrücken 25.11.2009 – 5 U 116/09-30, VersR 2010, 519.
27 Prölss/Martin/*Lücke*, § 1 BU Rn 26.

sind bis zum Anerkenntnis weiter zu leisten (Abs. 5), so dass die Rückzahlung zinslos erfolgt; für § 812 BGB ist kein Raum.[28]

13 Ohne Information über einen möglichen Versicherungsfall kann der VR diesen nicht feststellen, wobei zur Mitteilung ausreicht, dass nach den Vorstellungen des Anzeigenden[29] Berufsunfähigkeit eingetreten sein kann.[30] Während § 30 Abs. 1 VVG eine unverzügliche Meldung erfordert, genügt nach Abs. 3 S. 3 die **Meldung innerhalb von drei Monaten** ab dem Zeitpunkt, in dem Berufsunfähigkeit wahrscheinlich ist.

14 Erfolgt die Mitteilung später als drei Monate nach Eintritt der Berufsunfähigkeit, so normiert Abs. 3 S. 3 zugleich eine gem. § 307 BGB wirksame **Ausschlussfrist** als Leistungsbegrenzung.[31] Es handelt sich **nicht** um eine **Obliegenheit** wie die Anzeige gem. § 30 VVG (s. § 30 VVG Rn 2), so dass ein Kausalitätsgegenbeweis nach § 28 Abs. 3 VVG nicht möglich ist. Der mit der Ausschlussfrist verbundene (teilweise) Anspruchsverlust für die Zeit vor dem Beginn des Monats der Mitteilung tritt nur dann nicht ein, wenn der VN schuldlos handelte, wobei einfache Fahrlässigkeit schadet.[32] **Schuldlosigkeit** kann etwa dann vorliegen, wenn der VN die Prognose der Dauerhaftigkeit vor Ablauf der Fiktion des § 2 Abs. 3 nicht erkannte.[33] Schuldhaft ist es jedoch, wenn der VN einen Rentenbescheid der Deutsche Rentenversicherung abwarten will[34] oder den Ausgang eines sozialgerichtlichen Verfahrens[35] oder er Leistungen bei der gesetzlichen Rentenversicherung anmeldet, nicht aber beim BU-VR.[36]

15 In vielen Bedingungswerken ist die Regelung des Abs. 3 S. 3 nicht enthalten. Dann ist einzig die Begrenzung von Ansprüchen durch etwaige **Verjährung** gegeben, die das Stammrecht erfasst, nicht lediglich einzelne Teilansprüche (s. § 173 VVG Rn 11).[37]

16 Die Mitteilung muss in **Textform** erfolgen, so dass Fax oder E-Mail genügt (**Abs. 3 S. 2**). Dabei ist gem. § 69 Abs. 1 Nr. 2 VVG der Versicherungsagent zum Empfang bevollmächtigt, so dass für Neuverträge eine Vollmachtsbeschränkung nicht möglich ist, § 72 VVG.[38] Die Schuldlosigkeit und Zugang der Mitteilung an den VR[39] muss der **VN** darlegen und **beweisen**.

---

28 OLG Koblenz 16.11.2007 – 10 U 100/07, VersR 2008, 1381 = OLGR 2008, 626; OLG Köln 23.1.2015 – 20 U 171/14 (Prämienpflicht auch im Rechtsstreit um BU-Leistungen).
29 Was jeder sein kann; Prölss/Martin/*Lücke*, § 1 BU Rn 31.
30 OLG Saarbrücken 3.5.2006 – 5 U 578/00-48, VersR 2007, 780.
31 BGH 16.6.2010 – IV ZR 226/07, VersR 2010, 1025, 1026 (Tz 15) = NJW 2011, 216; BGH 2.11.1994 – IV ZR 324/93, VersR 1995, 82; BGH 7.7.1999 – IV ZR 32/98, VersR 1999, 1266.
32 OLG Brandenburg 4.4.2013 – 11 U 94/12; OLG Hamm 5.5.2000 – 20 U 246/99, r+s 2001, 521 = NVersZ 2000, 567; zu AU-Versicherung: OLG Celle 31.5.2007 – 8 U 271/06, VersR 2007, 1641 (krankheitsbedingt entschuldigt nicht).
33 OLG Hamm 5.5.2000 – 20 U 246/99, r+s 2001, 521 = NVersZ 2000, 567.
34 OLG Karlsruhe 20.10.2009 – 12 U 79/09, VersR 2010, 751; OLG Hamm 28.9.1994 – 20 U 105/94, VersR 1995, 1038.
35 OLG Saarbrücken 26.1.2011 – 5 U 136/10, VersR 2011, 1381 = r+s 2013, 87.
36 OLG Brandenburg 4.4.2013 – 11 U 94/12, juris.
37 OLG Stuttgart 3.4.2014 – 7 U 228/13, VersR 2014, 1115 = zfs 2014, 511; OLG Hamm 26.11.2014 – 20 W 35/14, BeckRS 2015, 04940; OLG Koblenz 17.12.2010 – 10 U 1417/09, VersR 2011, 1294 = r+s 2011, 523; Prölss/Martin/*Armbrüster*, § 15 VVG Rn 3; *Neuhaus*, BUV, Kap. E Rn 212 (anders noch *Voit/Neuhaus*, BUV, 2. Aufl. 2008); wegen abweichenden Sachverhalts anders: OLG Saarbrücken 3.5.2006 – 5 U 578/00-48, VersR 2007, 780 (unter II A 6).
38 Anders noch zu Altverträgen gem. § 9 Abs. 9 BB-BUZ iVm § 12 Abs. 1 ALB 1986: BGH 10.2.1999 – IV ZR 324/97, VersR 1999, 565.
39 Die Übersendung an eine Schwestergesellschaft genügt grds. nicht; vgl OLG Saarbrücken 3.5.2006 – 5 U 578/00-48, VersR 2007, 780 (unter II A 4 aE) = r+s 2009, 203.

Mit dem Tod oder dem vertraglich vereinbarten Endzeitpunkt der Leistungsdauer 17
(s. Rn 5) **endet** (nach älteren AVB „erlischt") der Anspruch (**Abs. 4**).[40] Allein ein
Absinken der Berufsunfähigkeit unter den leistungsauslösenden Berufsunfähigkeitsgrad führt entgegen dem Wortlaut des Abs. 4 nicht zum Wegfall des Anspruchs, weshalb auch unter dem Gesichtspunkt des § 174 VVG, § 6 BUZ Wirksamkeitsbedenken geäußert werden.[41] Hinzu kommen muss nämlich grds. gem.
§ 174 VVG, § 6 BUZ die Einstellungsmitteilung im Nachprüfungsverfahren als
konstitutives Element. Deshalb ist im **Prozess** die Geltendmachung „längstens bis
… [Ablauf Leistungsdauer]" erforderlich.[42]

§ 2 Was ist Berufsunfähigkeit im Sinne dieser Bedingungen?

Berufsunfähigkeit

(1) Berufsunfähigkeit liegt vor, wenn die versicherte Person *(das ist die Person, auf deren Berufsfähigkeit die Versicherung abgeschlossen ist)* infolge Krankheit, Körperverletzung oder mehr als altersentsprechenden Kräfteverfalls, die ärztlich nachzuweisen sind, voraussichtlich auf Dauer [alternativ: mindestens … Monate/Jahre] ihren zuletzt ausgeübten Beruf, so wie er ohne gesundheitliche Beeinträchtigung ausgestaltet war, nicht mehr zu mindestens … [50] % ausüben kann und auch keine andere Tätigkeit ausübt, die ihrer bisherigen Lebensstellung entspricht.

(2) Ist die versicherte Person … [6] Monate ununterbrochen in Folge Krankheit, Körperverletzung oder mehr als altersentsprechenden Kräfteverfalls, die ärztlich nachzuweisen sind, zu mindestens … [50] % außerstande gewesen, ihren zuletzt ausgeübten Beruf, so wie er ohne gesundheitliche Beeinträchtigung ausgestaltet war, auszuüben und hat sie in dieser Zeit auch keine andere Tätigkeit ausgeübt, die ihrer bisherigen Lebensstellung entspricht, gilt die Fortdauer dieses Zustandes als Berufsunfähigkeit.

1. Bemerkung:

Für den Fall, dass bei entsprechender Tarifierung eine abstrakte Verweisung erfolgt, lauten die Absätze 1 und 2 wie folgt:

(1) Berufsunfähigkeit liegt vor, wenn die versicherte Person *(das ist die Person, auf deren Berufsfähigkeit die Versicherung abgeschlossen ist)* infolge Krankheit, Körperverletzung oder mehr als altersentsprechenden Kräfteverfalls, die ärztlich nachzuweisen sind, voraussichtlich auf Dauer [alternativ: mindestens … Monate/Jahre] ihren zuletzt ausgeübten Beruf, so wie er ohne gesundheitliche Beeinträchtigung ausgestaltet war, nicht mehr zu mindestens … [50] % ausüben kann und außerstande ist, eine andere Tätigkeit auszuüben, zu der sie aufgrund ihrer Ausbildung und Fähigkeiten in der Lage ist und die ihrer bisherigen Lebensstellung entspricht.

(2) Ist die versicherte Person … [6] Monate ununterbrochen infolge Krankheit, Körperverletzung oder mehr als altersentsprechenden Kräfteverfalls, die ärztlich nachzuweisen sind, zu mindestens … [50] % außerstande gewesen, ihren zuletzt ausgeübten Beruf, so wie er ohne gesundheitliche Beeinträchtigung aus-

---

[40] OLG Karlsruhe 4.4.2002 – 19 U 28/01, r+s 2003, 210 = VersR 2002, 1013 (LS).
[41] BGH 16.6.2010 – IV ZR 226/07 (Tz 19), BGHZ 186, 171 = VersR 2010, 1025, 1026 = NJW 2011, 216; *Lehmann*, Die Rechtsprechung des IV. Zivilsenats des BGH zur Arbeitsunfähigkeits-, Berufsunfähigkeits- und Unfallversicherung, r+s 2014, 429, 431: Widerspruch § 1 Nr. 4 BB-BUZ 1975 zu § 9 Nr. 8 BB-BUZ 1975; OLG Saarbrücken, 14.11.2012 – 5 U 343/10-55, VersR 2013, 1030, 1034 (unter 2 c): kein Automatismus.
[42] *Ahlburg*, in: Hdb FA VersR, 5. Aufl. 2015, Kap. 20 Rn 177; Prölss/Martin/*Lücke*, § 173 VVG Rn 30 = § 12 BU Rn 20.

gestaltet war, oder eine andere Tätigkeit auszuüben, zu der sie aufgrund ihrer Ausbildung und Fähigkeiten in der Lage ist und die ihrer bisherigen Lebensstellung entspricht, gilt die Fortdauer dieses Zustands als Berufsunfähigkeit.

2. Bemerkung:
Wenn abweichend von Absatz 2 rückwirkend von einem früheren Zeitpunkt an geleistet werden soll, sind die Bedingungen entsprechend zu ändern bzw. zu ergänzen.

(3) Scheidet die versicherte Person aus dem Berufsleben aus und werden später Leistungen wegen Berufsunfähigkeit beantragt, kommt es bei der Anwendung der Absätze 1 und 2 darauf an, dass die versicherte Person außerstande ist, eine Tätigkeit auszuüben, zu der sie aufgrund ihrer Ausbildung und Fähigkeiten in der Lage ist und die ihrer bisherigen Lebensstellung entspricht.

Berufsunfähigkeit infolge Pflegebedürftigkeit

(4) Berufsunfähigkeit infolge Pflegebedürftigkeit liegt vor, wenn die versicherte Person infolge Krankheit, Körperverletzung oder mehr als altersentsprechenden Kräfteverfalls, die ärztlich nachzuweisen sind, voraussichtlich auf Dauer für die in Absatz 6 genannten gewöhnlichen und regelmäßig wiederkehrenden Verrichtungen im Ablauf des täglichen Lebens täglich der Hilfe einer anderen Person bedarf.

(5) Ist die versicherte Person … [6] Monate ununterbrochen pflegebedürftig mindestens im Rahmen der Pflegestufe I (siehe Absätze 6 bis 8) gewesen, gilt die Fortdauer dieses Zustandes als Berufsunfähigkeit infolge Pflegebedürftigkeit. Die Pflegebedürftigkeit ist ärztlich nachzuweisen.

(6) Bewertungsmaßstab für die Einstufung des Pflegefalls ist die Art und der Umfang der erforderlichen täglichen Hilfe durch eine andere Person. Bei der Bewertung wird die nachstehende Punktetabelle zugrunde gelegt:

Die versicherte Person benötigt Hilfe beim

– Fortbewegen im Zimmer   1 Punkt

Hilfebedarf liegt vor, wenn die versicherte Person – auch bei Inanspruchnahme einer Gehhilfe oder eines Rollstuhls – die Unterstützung einer anderen Person für die Fortbewegung benötigt.

– Aufstehen und Zubettgehen   1 Punkt

Hilfebedarf liegt vor, wenn die versicherte Person nur mit Hilfe einer anderen Person das Bett verlassen oder in das Bett gelangen kann.

– An- und Auskleiden   1 Punkt

Hilfebedarf liegt vor, wenn die versicherte Person – auch bei Benutzung krankengerechter Kleidung – sich nicht ohne Hilfe einer anderen Person an- oder auskleiden kann.

– Einnehmen von Mahlzeiten und Getränken   1 Punkt

Hilfebedarf liegt vor, wenn die versicherte Person – auch bei Benutzung krankengerechter Essbestecke und Trinkgefäße – nicht ohne Hilfe einer anderen Person essen oder trinken kann.

– Waschen, Kämmen oder Rasieren   1 Punkt

Hilfebedarf liegt vor, wenn die versicherte Person von einer anderen Person gewaschen, gekämmt oder rasiert werden muss, da sie selbst nicht mehr fähig ist, die dafür erforderlichen Körperbewegungen auszuführen.

– Verrichten der Notdurft   1 Punkt

Hilfebedarf liegt vor, wenn die versicherte Person die Unterstützung einer anderen Person benötigt, weil sie
– sich nach dem Stuhlgang nicht allein säubern kann,
– ihre Notdurft nur unter Zuhilfenahme einer Bettschüssel verrichten kann oder weil
– der Darm bzw. die Blase nur mit fremder Hilfe entleert werden kann.

Besteht allein eine Inkontinenz des Darms bzw. der Blase, die durch die Verwendung von Windeln oder speziellen Einlagen ausgeglichen werden kann, liegt hinsichtlich der Verrichtung der Notdurft keine Pflegebedürftigkeit vor.

(7) Der Pflegefall wird nach der Anzahl der Punkte eingestuft. Wir leisten

– aus der Pflegestufe I: – bei ... [3] Punkten
– aus der Pflegestufe II: – bei ... [4] Punkten

Unabhängig von der Bewertung aufgrund der Punktetabelle liegt die Pflegestufe II vor, wenn die versicherte Person wegen einer seelischen Erkrankung oder geistigen Behinderung sich oder andere gefährdet und deshalb täglicher Beaufsichtigung bedarf;

– aus der Pflegestufe III: – bei ... [6] Punkten

Unabhängig von der Bewertung aufgrund der Punktetabelle liegt die Pflegestufe III vor, wenn die versicherte Person dauernd bettlägerig ist und nicht ohne Hilfe einer anderen Person aufstehen kann oder wenn die versicherte Person der Bewahrung bedarf.

Bewahrung liegt vor, wenn die versicherte Person wegen einer seelischen Erkrankung oder geistigen Behinderung sich oder andere in hohem Maße gefährdet und deshalb nicht ohne ständige Beaufsichtigung bei Tag und Nacht versorgt werden kann.

(8) Vorübergehende akute Erkrankungen führen zu keiner höheren Einstufung. Vorübergehende Besserungen bleiben ebenfalls unberücksichtigt. Eine Erkrankung oder Besserung gilt dann nicht als vorübergehend, wenn sie nach ... Monaten noch anhält.

I. Allgemeines

§ 2 wurde gegenüber den Musterbedingungen bis 08/2010 (s. dazu Vorauflage [2. Aufl. 2011], S. 1715 ff) neu geordnet: Abs. 1 und Abs. 2 wurden zusammengefasst, und die Regelung zur abstrakten Verweisung wurde nunmehr zur Ausnahme (vgl Bemerkung 1). Im Rahmen der zeitlichen Fiktion der Pflegebedürftigkeit wurde in Abs. 5 (früher: Abs. 7) auf das bisherige Merkmal „und deswegen täglich gepflegt worden", verzichtet, welches bereits Gegenstand der Punktetabelle gem. Abs. 6 ist, an der sich nichts änderte.

Die **Abs. 1 und 2** sind die **zentralen Normen** der BB-BUZ. Hier wird die Berufsunfähigkeit entsprechend § 172 Abs. 2 und 3 VVG definiert. Der bisherige Abs. 3 – die zeitliche BU-Fiktion – ist jetzt Abs. 2!

1

Abs. 3 bestimmt die im Gesetz nicht geregelten Anknüpfungspunkte für den Fall, dass der VN aus dem Berufsleben ausgeschieden ist. Ergänzend werden die Voraussetzungen des Unterfalls „Pflegebedürftigkeit" in **Abs. 4–8** normiert.

II. Definition der Berufsunfähigkeit (Abs. 1)

2 Definiert wird der Begriff der Berufsunfähigkeit. Die Tatbestandsmerkmale, die sämtlichst vom VN zu beweisen sind, sind bereits zu § 172 VVG dargestellt (s. § 172 VVG Rn 21 ff). Das Merkmal „ärztlich nachgewiesen" ergänzt die Darlegungs- und Beweislast der medizinischen Voraussetzungen[1] (s. näher § 172 VVG Rn 42 ff, 48), so dass allein Äußerungen von Psychologen, Physiotherapeuten u.Ä. nicht ausreichen. In Wechselwirkung zu § 4 Abs. 1 Buchst. c wird deutlich, dass GdB, MdE, BK-Bescheide oder AU-Bescheinigungen nicht genügen (s. § 172 VVG Rn 17 f),[2] sondern Funktionseinschränkungen ärztlich objektiviert werden müssen (s. § 172 VVG Rn 50). Der für die Berufsunfähigkeit erforderliche Umfang der Einschränkung war bis zu den Bedingungen 2010 in § 1 Abs. 1 normiert (s. § 1 Rn 7).

3 Dargestellt ist zunächst die konkrete Verweisung, die gem. § 172 Abs. 3 VVG zulässig ist. In der 1. Bemerkung zu Abs. 1 und 2 wird die Definition abstrakter Verweisung beschrieben (zur Unterscheidung s. § 172 VVG Rn 62). Zu den Verweisungskriterien s. § 172 VVG Rn 63 ff. Im Markt werden hier unterschiedliche Regelungen genutzt, hinsichtlich derer immer zu berücksichtigen ist, dass der Gesetzgeber trotz des Leitbildcharakters des § 172 VVG die Produktvielfalt wünschte, so dass auch das Abstellen auf feste Prozentzahlen der Einkommensminderung zulässig ist.[3] Soweit in AVB auf einen „Rahmen der Rechtsprechung" verwiesen wird, wird eine Unklarheit dieser Regelung moniert.[4] Zulässig ist er aber, wenn im Rahmen der Verweisung *nur* auf die **Einkommensminderung** abgestellt wird, da ein erheblicher Eingriff in die Interessen des VN nicht gegeben ist[5] (vgl zu Einzelheiten § 172 VVG Rn 11, 68–71).

III. Fiktion der Dauerhaftigkeit (Abs. 2)

4 Abs. 1 erfordert die **Prognose der Dauerhaftigkeit** (s. § 172 VVG Rn 54 f). Maßgeblich ist der Zeitpunkt der Prognose, dass eine Besserung bis zur Wiederherstellung der halben Arbeitskraft (bei 50%-Klausel) in überschaubarem Zeitraum[6] nicht mehr erwartet werden kann, was aus **ex-ante-Sicht** zu ermitteln ist[7] (vgl § 172 VVG Rn 55). Diese Prognose kann häufig von Ärzten nicht, jedenfalls nicht

---

1 *Neuhaus*, BUV, Kap. G Rn 87 f; OLG Hamm 19.12.1994 – 20 U 151/94, OLGR 1995, 92, 93: „Voraussetzung für das Zusprechen der begehrten Leistungen".
2 Näher *Mertens*, Arbeitsunfähigkeit und Berufsunfähigkeit – Bedeutung im Privat- und Sozialversicherungsrecht, MedSach 2014, 14, 15 f; zur AU: OLG Saarbrücken 19.5.2010 – 5 U 91/08-10, VersR 2011, 249, 250 (unter II 2).
3 BGH 8.2.2012 – IV ZR 287/10, VersR 2012, 427.
4 *Neuhaus*, BUV, Kap. H Rn 61 unter Bezug auf OLG Karlsruhe 30.12.2011 – 12 U 140/11, VersR 2012, 841, 843 (unter 4.) = r+s 2014, 140, 142 = zfs 2012, 159.
5 KG 12.7.2011 – 6 U 172/10, VersR 2012, 349 = zfs 2012, 101; LG Berlin 30.5.2013 – 7 O 281/11; Kritisch zur Voraussetzung der Abgabe des Kundenbestandes eines Versicherungsvermittlers: OLG Saarbrücken 3.12.2014 – 5 U 17/14, juris.
6 Dessen Dauer unklar ist: 3 Jahre: Prölss/Martin/*Lücke*, § 2 BU Rn 12 mwN; individuelle Umstände: BGH 30.6.2010 – IV ZR 163/09, VersR 2010, 1171, 1173 (Tz 30) im Bereich § 15 b MBKT.
7 BGH 20.6.2012 – IV ZR 241/11 (Tz 13), VersR 2012, 981 = r+s 2012, 499 = zfs 2012, 578 m. Anm. *Rogler*, jurisPR-VersR 8/2012 Anm. 1; BGH 11.10.2006 – IV ZR 66/05, VersR 2007, 383 (unter II 1).

zeitnah, abgegeben werden, weil noch Heilungschancen bestehen.[8] Deshalb **gilt** nach Abs. 2 bereits der über (meist) sechs Monate hinausgehende Zustand des ansonsten bedingungsgemäßen Außerstandeseins als Berufsunfähigkeit. Durch Abs. 2 wird somit *nur* die Prognose unwiderleglich fingiert,[9] der Grad der Einschränkung wird von der Vermutung nicht erfasst.[10] Eine positive oder zeitlich begrenzte Zukunftsprognose steht dabei der Fiktionswirkung nicht entgegen,[11] es sei denn, zur Zeit des Ablaufs der Sechs-Monats-Frist stünde eindeutig fest, dass der Zustand nicht andauert.[12] Statt der Prognose muss der VN mithin in zeitlicher Hinsicht beweisen, dass

- der Zustand gem. Abs. 1 in vereinbartem Ausmaß ... (meist sechs) Monate lang **ununterbrochen**[13] andauerte
- der Zustand mindestens einen Tag länger als sechs Monate fortdauerte.[14]

Dabei genügt auf der einen Seite die **Krankschreibung** wegen „Arbeitsunfähigkeit" nicht.[15] Auf der anderen Seite ist es unerheblich, ob die ansonsten bedingungsgemäß gegebenen Voraussetzungen auf einem **einheitlichen Krankheitsbild** oder auf unterschiedlichen, aber in gleicher Weise einschränkenden gesundheitlichen Gründen beruhen.[16]

Die Leistungsgewährung beginnt erst ab dem siebten Monat, weil erst die Fortdauer der Prognose gleichgestellt wird;[17] rückwirkend ist für die ersten sechs Monate nicht zu leisten.[18] Dabei sind die Leistungen nur für volle Monate zu erbringen, da § 1 Abs. 3 S. 1 auf den Ablauf des Monats des Berufsunfähigkeitseintritts abstellt.[19]

Beispiel: Beginn der Berufsunfähigkeit gem. § 2 Abs. 2:

15.4.	Beginn des 50 %igen Außerstandeseins
15.10.	Ende des Sechs-Monats-Zeitraums
16.10.	Fortdauer (= BU-Beginn)
1.11.	Beginn der Leistungspflicht

Statt der Fortdauer sehen neuere Bedingungen vor, dass der erste Tag der (meist) Sechs-Monats-Frist bereits als Eintritt der Berufsunfähigkeit gilt. Auch hier ist die Fiktion der Prognose unwiderleglich. Sie muss aber nicht zwingend „nur" zu

---

8 Instruktiv: OLG Saarbrücken 26.1.2005 – 5 U 356/04-42, VersR 2005, 966 = OLGR 2005, 432 = r+s 2006, 424 (Maisonneuve-Fraktur).
9 BGH 14.6.1989 – IVa ZR 74/88, VersR 1989, 903; BGH 28.2.2007 – IV ZR 46/06, VersR 2007, 777 (unter II 3 b); BGH 20.6.2007 – IV ZR 3/05, VersR 2007, 1398 (unter 1 d).
10 BGH 14.6.1989 – IVa ZR 74/88, VersR 1989, 903; OLG Saarbrücken 19.5.2010 – 5 U 91/08-10, VersR 2011, 249, 250 (unter II 2).
11 BGH 28.2.2007 – IV ZR 46/06, VersR 2007, 777 (unter II 3 b).
12 OLG Karlsruhe 6.10.1994 – 12 U 189/93, VersR 1995, 1177 (LS) = r+s 1995, 434.
13 Daran fehlt es bei eintägiger Unterbrechung: OLG Karlsruhe 15.12.1988 – 12 U 57/88, r+s 1990, 138 (LS).
14 BGH 15.1.1992 – IV ZR 268/90, VersR 1992, 1118 m. Anm. *Müller-Frank*; OLG Köln 27.6.1985 – 5 U 239/84, r+s 1996, 190.
15 BGH 12.6.1996 – IV ZR 116/95, VersR 1996, 959 (unter III 2); OLG Düsseldorf 22.5.2007 – I 4 U 39/04; BGH 3.5.2000 – IV ZR 110/99, VersR 2000, 841 (keine Bindung an AU-Atteste); OLG Saarbrücken 19.5.2010 – 5 U 91/08-10, VersR 2011, 249, 250 (unter II 2); KG 2.12.2014 – 6 U 18/13, juris Tz 14; aA ohne Begründung: LG Dortmund 6.2.2014 – 2 O 249/13, r+s 2015, 146 = zfs 2015, 343.
16 OLG Karlsruhe 6.10.1994 – 12 U 189/93, VersR 1995, 1177 (LS) = r+s 1995, 434.
17 BGH 21.3.1990 – IV ZR 39/89, VersR 1990, 729; OLG Hamm 25.1.1995 – 20 U 252/94, VersR 1995, 1039.
18 OLG Stuttgart 12.11.1992 – 7 U 189/92, VersR 1992, 874.
19 OLG Düsseldorf 8.12.1998 – 4 U 176/97, r+s 1999, 431 = NVersZ 2000, 169.

Gunsten des VN sein,[20] was gerade bei gleichzeitigem Bestehen einer Krankentagegeldversicherung deutlich wird: Der Rentenbezug kann das (zumeist höhere) Krankentagegeld ausschließen (s. § 15 MB/KT Rn 3, 8).[21] Zudem ist bei der Auslegung weder die historische Entwicklung von AVB zu berücksichtigen,[22] noch gilt bei eindeutigem Wortlaut eine „Rosinentheorie".[23] Ist die Vermutung unwiderleglich, so ist sie es für beide Seiten, zumal es bei der Frage der Berufsunfähigkeit nicht auf die Kenntnis des VN ankommt.[24]

IV. Ausscheiden aus dem Berufsleben (Abs. 3)

9 Auf den zuletzt ausgeübten Beruf kann nicht abgestellt werden, wenn der Versicherte bei Eintritt des Versicherungsfalles keinen Beruf mehr ausübt. Da dann ein Anknüpfungspunkt für die gesundheitliche Einschränkung fehlt, bestimmt Abs. 3 als Bezugspunkt die (abstrakten) Berufe, die der VN mit seinen Kenntnissen und Fähigkeiten bei Gesundheit noch hätte wahrnehmen können. Ein **Ausscheiden aus dem Berufsleben** liegt aber nur dann vor, wenn der VN sein Berufsleben bewusst und gewollt vor dem Versicherungsfall beendete, und nicht, weil eine typischerweise ungewollte **Arbeitslosigkeit** eingetreten ist.[25] Nicht erfasst werden soll auch **Erziehungsurlaub** etc.[26] Wird in derartigen Zeiten eine Tätigkeit ausgeübt, ist diese maßgeblich, denn es ist eine bewusste Entscheidung, Elternzeit mit bis zu 30 Wochenstunden beruflicher Tätigkeit (§ 1 Abs. 6 BEEG) in Anspruch zu nehmen. Ein Ausscheiden liegt dann aber vor, wenn aufgrund Zeitablaufs an die für den letzten Beruf notwendige Ausbildung und an die darin gewonnenen Erfahrungen nicht mehr angeknüpft werden kann.[27] Ebenfalls nicht erfasst wird die ausschließlich krankheitsbedingte Berufsaufgabe.[28]

V. Berufsunfähigkeit im Unterfall der Pflegebedürftigkeit (Abs. 4–8)

10 Die BB-BUZ erweitern die Berufsunfähigkeit um Fälle der Pflegebedürftigkeit, die eigenständig definiert wird, so dass ein Rückgriff auf das SGB XI ausscheidet.[29] Grundvoraussetzung ist, dass keine Berufsunfähigkeit nach Abs. 1 und 2 im vereinbarten Umfang gegeben ist (s. § 1 Rn 2). Auch für die Pflegebedürftigkeit wird die Fiktion analog des Abs. 2 übernommen, so dass als Berufsunfähigkeit die Fortdauer einer x-monatigen ununterbrochenen Pflegebedürftigkeit der Pflegestufe I (definiert in Abs. 6–8) gilt (**Abs. 5**).

11 Die Qualifikation der Pflegekraft ist unerheblich. Ausreichend ist, dass die in **Abs. 6** beschriebenen Hilfen gewährt werden müssen. Anders als in den fakultati-

---

20 So ausdr. Begr. RegE, BT-Drucks. 16/3945, S. 105 (zu § 172 Abs. 2 VVG, 3. Abs.).
21 BGH 5.2.1997 – IV ZR 67/96, VersR 1997, 481; OLG Hamm 18.1.2002 – 20 U 108/01, VersR 2002, 1138.
22 BGH 17.5.2000 – IV ZR 113/99, VersR 2000, 1090; BGH 19.6.2013 – IV ZR 28/12, VersR 2013, 1039 = r+s 2013, 385 = NJW-RR 2013, 1252.
23 AA wohl Prölss/Martin/*Lücke*, § 2 BU Rn 98, der die Probleme über die unabhängig zu beurteilende Frage der Anzeigepflichtverletzung lösen will.
24 AA OLG Celle 4.5.2005 – 8 U 181/04, VersR 2006, 1201, wobei nur der dortige Bedingungswortlaut die Entscheidung trägt.
25 BGH 13.5.1987 – IVa ZR 8/86, VersR 1987, 753 (unter I 2) mit Hinweis auf VerBAV 1975, 96; OLG Hamm 18.6.2008 – 20 U 187/07 (unter 2 b), VersR 2008, 818, 820 = r+s 2009, 202 = NJW-RR 2009, 1115.
26 BGH 30.11.2011 – IV ZR 143/10 (Tz 32 f), VersR 2012, 213, 215 = r+s 2012, 142 = NJW 2012, 612 = zfs 2012, 221.
27 LG Saarbrücken 25.5.2005 – 12 O 439/03, zfs 2007, 101 m. Anm. *Rixecker*; *Neuhaus*, BUV, Kap. F Rn 93; zweifelnd Prölss/Martin/*Lücke*, § 2 BU Rn 103.
28 OLG Karlsruhe 15.1.1992 – 13 U 275/90, VersR 1993, 873; OLG Düsseldorf 22.12.1999 – 4 U 203/98, VersR 2000, 1400.
29 Prölss/Martin/*Lücke*, § 2 BU Rn 24.

ven Bedingungen bis 08/2010 (s. Vorauflage) wird nun ein „erheblicher Umfang"[30] nicht benannt, so dass die einmalige tägliche Hilfe in den in Abs. 6 genannten Einzelverrichtungen ausreicht.

Die Fälle des **Hilfsbedarfs** sind in **Abs. 6** abschließend aufgeführt. Rechtsprechung dazu ist nicht ersichtlich, so dass die praktische Bedeutung der Pflegebedürftigkeit insoweit gering erscheint. 12

§ 3 In welchen Fällen ist der Versicherungsschutz ausgeschlossen?

Grundsätzlich besteht unsere Leistungspflicht unabhängig davon, auf welcher Ursache die Berufsunfähigkeit beruht. Es besteht kein Versicherungsschutz, wenn die Berufsunfähigkeit verursacht ist:

a) durch vorsätzliche Ausführung oder den Versuch einer Straftat durch die versicherte Person *(das ist die Person, auf deren Berufsfähigkeit die Versicherung abgeschlossen ist)*;

b) durch innere Unruhen, sofern die versicherte Person auf Seiten der Unruhestifter teilgenommen hat;

c) durch folgende von der versicherten Person vorgenommene Handlungen
 – absichtliche Herbeiführung von Krankheit,
 – absichtliche Herbeiführung von mehr als altersentsprechenden Kräfteverfalls,
 – absichtliche Selbstverletzung oder
 – versuchte Selbsttötung

Wir werden jedoch leisten, wenn uns nachgewiesen wird, dass die versicherte Person diese Handlungen in einem die freie Willensbestimmung ausschließenden Zustand krankhafter Störung der Geistestätigkeit begangen hat.

d) durch eine widerrechtliche Handlung, mit der Sie als Versicherungsnehmer vorsätzlich die Berufsunfähigkeit der versicherten Person herbeigeführt haben;

e) durch Strahlen infolge Kernenergie, die das Leben oder die Gesundheit zahlreicher Menschen derart gefährden, dass zur Abwehr der Gefährdung eine Katastrophenschutzbehörde oder vergleichbare Behörde tätig wurde;

f) unmittelbar oder mittelbar durch Kriegsereignisse. Unsere Leistungen sind nicht ausgeschlossen, wenn die versicherte Person in unmittelbarem oder mittelbarem Zusammenhang mit kriegerischen Ereignissen berufsunfähig wird, denen sie während eines Aufenthalts außerhalb der Bundesrepublik Deutschland ausgesetzt und an denen sie nicht aktiv beteiligt war.

g) unmittelbar oder mittelbar durch den vorsätzlichen Einsatz von atomaren, biologischen oder chemischen Waffen oder den vorsätzlichen Einsatz oder die vorsätzliche Freisetzung von radioaktiven, biologischen oder chemischen Stoffen, sofern der Einsatz oder das Freisetzen darauf gerichtet sind, das Leben oder die Gesundheit einer Vielzahl von Personen zu gefährden. Unsere Leistungen sind nicht ausgeschlossen, wenn die versicherte Person in unmittelbarem oder mittelbarem Zusammenhang mit kriegerischen Ereignissen berufsunfähig wird, denen sie während eines Aufenthalts außerhalb der Bundesrepublik Deutschland ausgesetzt und an denen sie nicht aktiv beteiligt war.

---

30 So noch § 2 Abs. 6 BB-BUZ (Stand: 23.8.2010 (≈ Abs. 4)); nach *Neuhaus*, BUV, Kap. G Rn 51 hatte „erheblich" keine eigenständige Bedeutung; Prölss/Martin/*Lücke*, § 2 BU Rn 124: keine überspannten Anforderungen.

I. Allgemeines	1	5. Kriegsereignis (Buchst. f)	22
II. Ausschlüsse nach den Bedingungen	8	6. Atomare und ähnliche Stoffe (Buchst. g)	25
1. Straftat (Buchst. a)	8	7. Weitere Ausschlüsse nach älteren Bedingungswerken	26
2. Innere Unruhe (Buchst. b)	13	a) Ausschluss Luftfahrt	26
3. Vorsätzliche Herbeiführung der Berufsunfähigkeit des Versicherten (Buchst. c, d)	16	b) Ausschluss Fahrveranstaltung	30
4. Strahlen durch Kernenergie (Buchst. e)	19	III. Individuelle Ausschlüsse	32

I. Allgemeines

1 S. 2 ist sprachlich neu gefasst und die Ausschlüsse sind gegenüber der der Vorauflage zugrunde liegenden GDV-Empfehlungen mit Stand 23.8.2010 geändert aufgelistet. Die bisher unter „Kriegsereignisse" erfassten „inneren Unruhen" (früher: Buchst. b) sind gesondert normiert, im Kriegsausschluss ist abweichend ein Wiedereinschluss definiert. Luftfahrt-Ausschluss und Ausschluss für „Kraftfahrzeug-Rennen" sind nicht mehr in den GDV-Empfehlungen enthalten (früher: Buchst. c und d), werden gleichwohl wegen der praktischen Bedeutung der älteren Bedingungen weiter kommentiert (s. Rn 20 f, 26 ff).

2 Grundsätzlich hängt die Leistungspflicht des VR nicht davon ab, wie es zur Berufsunfähigkeit des Versicherten gekommen ist, solange die berufliche Einschränkung auch im zeitlichen Moment nur „infolge" gesundheitlicher Umstände gegeben ist (vgl § 172 VVG Rn 45 ff). Es gibt aber Lebenssituationen, in denen die Gefahr eines zur Berufsunfähigkeit führenden „Gesundheitsschadens" so groß ist, dass für solche ein Risiko nicht zu kalkulieren ist.

3 Deshalb normiert § 3 in den Buchst. a–g **sekundäre Risikoabgrenzungen**, die das vom VR übernommene Risiko objektiv beschränken. Die Regelungen gehen zT auf die Unfallversicherung zurück, ohne dass dies unmittelbar Bedeutung für die Auslegung hat,[1] für die maßgeblich das Verständnis bei Vertragsschluss ist.[2]

4 Die **Beweislast** für das Eingreifen des Ausschlusses trifft den **VR**.[3] Dabei genügt grds. schon **Mitursächlichkeit** des ausgeschlossenen Umstandes,[4] es sei denn, im Rahmen individueller Ausschlüsse (s. dazu Rn 32) wird nach dem Wortlaut auf unmittelbare Verursachung abgestellt.[5]

5 Liegt durch einen ausgeschlossenen Umstand, der mit einem nicht ausgeschlossenen Umstand in Verbindung steht, eine Vorverlagerung des Zeitpunktes der BU vor, führt dies nicht zwingend dazu, dass ab dem späteren Zeitpunkt der BU wegen nicht ausgeschlossenen Umstands zu leisten wäre,[6] weil auch hier der Sinn und Zweck des Ausschlusses nicht allein wegen der VN-Interessen ausgehöhlt wer-

---

1 BGH 17.5.2000 – IV ZR 113/99, VersR 2000, 1090; BGH 19.6.2013 – IV ZR 22/12 (Tz 18), VersR 2013, 1039, 1040 = r+s 2013, 385 = NJW-RR 2013, 1252 (Entstehungsgeschichte ist ohne Bedeutung).
2 *Naumann/Brinkmann*, Zur Auslegung des Kriegsausschlusses in der privaten Unfallversicherung, r+s 2012, 469, 470.
3 BGH 25.9.1991 – IV ZR 145/90, VersR 1991, 1358 (unter 1 b); BGH 6.7.2011 – IV ZR 217/09 (Tz 21), VersR 2012, 48, 50 = r+s 2012, 192: keine Beweislastverschiebung zulasten des VN iSv § 309 Nr. 12 BGB.
4 OLG Koblenz 29.1.1990 – 12 U 1442/88, VersR 1990, 768; OLG Stuttgart 11.7.2002 – 7 U 31/01, VersR 2003, 1385; OLG Frankfurt 13.11.2002 – 7 U 31/02, VersR 2003, 1384; OLG Köln 14.9.2012 – 20 U 64/12.
5 OLG Karlsruhe 16.2.2006 – 12 U 261/05, VersR 2006, 1348.
6 So aber unter Hinweis auf Treu und Glauben: Prölss/Martin/*Lücke*, § 5 BU Rn 3; ähnl. Langheid/Wandt/*Dörner*, § 172 VVG Rn 185 f; *Neuhaus*, BUV, Kap. N Rn 129 (für ganz untergeordnete Bedeutung ausgeschlossenen Umstands, was fast nie vorkomme).

den darf. Nur wenn *allein* wegen nicht ausgeschlossener Umstände die Leistungsvoraussetzungen gegeben sind, besteht eine Leistungspflicht.

Ist bedingungsgemäße 50 %ige Berufsunfähigkeit zwar eingetreten, jedoch Leistungsfreiheit wegen des Risikoausschlusses gegeben, kommt eine Anwendung des § 80 VVG analog nicht in Betracht,[7] weil ansonsten gerade der Sinn und Zweck des Risikoausschlusses unterlaufen würden.

Auch eine Unmöglichkeit in Bezug auf die Verpflichtung zur Erbringung zukünftiger Versicherungsleistungen scheidet aus, die im Hinblick auf die §§ 275, 326 BGB den Anspruch auf Beitragszahlung entfallen ließe. Denn allein wegen nicht ausgeschlossener Umstände kann auch in Zukunft möglicherweise Berufsunfähigkeit eintreten. Soweit ein teilweises Entfallen versicherten Interesses postuliert wird, welches zu einer Vertragsanpassung nötige,[8] wird allerdings übersehen, dass gerade die Gefahr der BU wegen des zum Ausschluss führenden Umstandes Geschäftsgrundlage war.

II. Ausschlüsse nach den Bedingungen

1. Straftat (Buchst. a). Damit der Ausschluss eingreift, muss die versicherte Person (nicht der VN) ein strafbares Vergehen oder Verbrechen verübt haben oder zumindest den strafbaren Versuch[9] eines solchen. Maßgeblich ist dabei die Einordnung gem. §§ 12, 23 StGB.

Die Tat muss im objektiven und subjektiven Tatbestand erfüllt sein, wobei **Vorsatz** erforderlich ist. Der Versicherungsfall muss aber nicht vorsätzlich bewirkt sein; es muss nicht mal Fahrlässigkeit vorliegen.[10] Gegeben sein muss zudem die Rechtswidrigkeit der Tat. Auf Schuldausschlussgründe kommt es dagegen nicht an, so dass etwa ein Verbotsirrtum gem. § 17 StGB am Ausschluss nichts ändert.[11] Maßgeblich zur Beurteilung ist immer deutsches Recht.[12] Ein Strafurteil hat ebenso wie eine Einstellung des Verfahrens durch die Staatsanwaltschaft keine Bindungswirkung.[13] Jedoch müssen im Rahmen der zivilgerichtlichen Bewertung die strafrechtlichen Gesichtspunkte zugrunde gelegt werden.[14]

Die vorsätzliche strafbare Handlung muss für die Berufsunfähigkeit **mitursächlich** sein („durch ... verursacht ist"). Der dem Delikt eigentümliche Gefahrenbereich muss mithin für den Eintritt der Berufsunfähigkeit (mit-)verantwortlich geworden sein,[15] was zB bei unerlaubtem Waffenbesitz,[16] Fahren ohne Fahrerlaubnis,[17] bei

---

7 BGH 30.5.1990 – IV ZR 22/89, VersR 1990, 884 (zu § 63 VVG aF) (in der Restschuldversicherung); aA Prölss/Martin/*Lücke*, § 5 BU Rn 2; *Neuhaus*, BUV, Kap. N Rn 7.
8 *Neuhaus*, BUV, Kap. N Rn 128.
9 Ein Rücktritt hindert den Ausschluss nicht: OLG Hamm 17.8.2005 – 20 W 31/05, VersR 2006, 399 = r+s 2006, 31 = NJW-RR 2005, 1618; Beckmann/Matusche-Beckmann/*Rixecker*, § 46 Rn 221; Prölss/Martin/*Lücke*, § 5 BU Rn 10; aA *Neuhaus*, BUV, Kap. N Rn 21.
10 BGH 5.12.1990 – IV ZR 13/90, VersR 1991, 289 (unter III).
11 OLG Hamm 22.6.2005 – 20 U 104/05, VersR 2006, 399 = zfs 2005, 612 = MDR 2005, 1404 (zur AUB).
12 OLG Saarbrücken 22.3.1989 – 5 U 103/87, VersR 1989, 1184 (zu § 3 Abs. 2 AUB 61); OLG München 11.7.1997 – 14 U 953/96, VersR 1999, 881.
13 OLG Karlsruhe 22.12.1994 – 12 U 169/94, r+s 1996, 75 (Berufungsentscheidung zu LG Karlsruhe 5.6.1994 – 9 O 247/93, VersR 1995, 691).
14 BGH 29.6.2005 – IV ZR 33/04, VersR 2005, 1226 (Strafmündigkeit gem. § 3 JGG).
15 OLG Celle 31.8.2005 – 8 U 60/05, VersR 2006, 394 (verneint bei Depression infolge Ahndung des Betrugs).
16 BGH 26.9.1990 – IV ZR 176/89, VersR 1990, 1268; Prölss/Martin/*Lücke*, § 5 BU Rn 12.
17 OLG Koblenz 30.5.1997 – 10 U 1600/95, VersR 1998, 709; OLG Düsseldorf 30.7.1998 – 4 U 191/97, VersR 2000, 309 (LS).

einer Trunkenheitsfahrt, bei vorsätzlicher Verkehrsgefährdung,[18] beim Hantieren mit einer selbstgebastelten Rohrbombe[19] oder einer Kugelbombe[20] der Fall ist und bei der Beleidigung sein kann.[21]

11 Die Straftat kann auch im Wege der Beihilfe erfüllt sein.[22]

12 Tritt der zur Berufsunfähigkeit führende Umstand erst nach Beendigung der Straftat ein, ist der innere Zusammenhang dann gegeben, wenn sich die typische Gefahrenlage noch nicht abgebaut hat.[23]

13 **2. Innere Unruhe (Buchst. b).** Innere Unruhe liegt nicht schon bei Streiks oder Demonstrationen vor,[24] sondern erst dann, wenn ein nicht unerheblicher Teil des Volkes in einer die öffentliche Ruhe und Ordnung störenden Weise in Bewegung gerät und Gewalttätigkeiten verübt.[25] Darunter fällt etwa die Situation des Landfriedensbruchs[26] (der aber auch unter den Straftatausschluss nach Buchst. a fiele), nicht aber Terrorakte.[27]

14 Erforderlich ist, dass die versicherte Person **auf Seiten der Unruhestifter teilgenommen** hat. Wann eine solche Teilnahme gegeben ist, wird nicht ganz eindeutig dargestellt: Einerseits wird – vom VR zu beweisendes – aktives Tun der versicherten Person auf Seiten der Unruhestifter genannt,[28] andererseits wird das Nichtentfernen im Sinne passiver Teilnahme für ausreichend erachtet.[29]

15 Bis zur aktuellen Bedingungsfassung war die „innere Unruhe" Teil der Kriegsklausel (s. Rn 22).

16 **3. Vorsätzliche Herbeiführung der Berufsunfähigkeit des Versicherten (Buchst. c, d).** Sind die gesundheitlichen Umstände, die Berufsunfähigkeit begründen können (s. § 172 VVG Rn 42 ff), absichtlich herbeigeführt, besteht keine Leistungspflicht des VR (**Buchst. c**). Auch wenn in §§ 161, 171 VVG Vorsatz für den „Erfolg" (dort Tod, hier Berufsunfähigkeit) gefordert wird, bestehen keine AGB-rechtlichen Bedenken.[30]

17 In subjektiver Hinsicht ist **Absicht** der Gesundheitsbeschädigung als Ursache der BU erforderlich, nicht aber ein Verschulden an der Berufsunfähigkeit selbst. Die Absicht als subjektives Element der versicherten Person ist durch Indizien nachweisbar, etwa durch widersprüchliche Unfallschilderung, Unwahrscheinlichkeit des

---

18 BGH 5.12.1990 – IV ZR 13/90, VersR 1991, 289; OLG Köln 6.12.2006 – 5 W 117/06 (Trunkenheit bei Radfahrern: 1,6 ‰).
19 KG 20.1.2004 – 6 U 225/02, r+s 2006, 80 (Straftat: § 40 SprengG).
20 OLG Saarbrücken 25.6.2014 – 5 U 83/13, zfs 2015, 161 (Straftat: § 308 Abs. 1 StGB und § 42 iVm § 41 Abs. 1 Nr. 13 SprengG aF (zu AUB).
21 OLG Hamm 11.7.2008 – 20 U 219/07, VersR 2009, 388 (zu AUB).
22 OLG Naumburg 8.1.2004 – 4 U 102/03, OLGR 2004, 314.
23 OLG Hamm 2.3.2006 – 20 U 258/06, VersR 2008, 65 = r+s 2007, 297 (Fluchtversuch).
24 Prölss/Martin/*Lücke*, § 5 BU Rn 18; Langheid/Wandt/*Dörner*, § 172 VVG Rn 191; *Neuhaus*, BUV, Kap. N Rn 43 (allgM).
25 BGH 13.11.1974 – IV ZR 178/73, VersR 1975, 126 (innere Unruhe, insb. Landfriedensbruch); KG 18.5.1973 – 6 U 54/72, VersR 1975, 175 (Vorverfahren).
26 BGH 13.11.1974 – IV ZR 178/73, VersR 1975, 126; ausdr. FAKomm-VersR/*Gramse*, § 5 BU Rn 15.
27 Langheid/Wandt/*Dörner*, § 172 VVG Rn 191; *Neuhaus*, BUV, Kap. N Rn 37; FAKomm-VersR/*Gramse*, § 5 BU Rn 17.
28 Prölss/Martin/*Lücke*, § 5 BU Rn 18; wohl auch Langheid/Wandt/*Dörner*, § 172 VVG Rn 191.
29 *Neuhaus*, BUV, Kap. N Rn 44.
30 BGH 5.12.1990 – IV ZR 13/90 (unter III), VersR 1991, 289 = NJW 1991, 1357 (zu §§ 169, 178 VVG aF); *Neuhaus*, BUV, Kap. N Rn 84, 90 (kein § 307 BGB).

Hergangs, Schulden und hohe Absicherung.[31] Der VR trägt hier – wie auch für den **Selbstmordversuch** – die Darlegungs- und **Beweislast**. Der Beweis kann auch mittels Ausschlussverfahrens geführt werden.[32] Der Wiedereinschluss bei krankhafter Störung der Geistestätigkeit ist vom Versicherten darzulegen und zu beweisen. Siehe näher § 161 VVG Rn 14.

Buchst. d betrifft das Drei-Personen-Verhältnis VR, VN und versicherte Person und ist § 162 VVG nachgebildet. Hat der VN vorsätzlich und widerrechtlich die Berufsunfähigkeit der versicherten Person herbeigeführt, besteht keine Leistungspflicht. Die Widerrechtlichkeit bestimmt sich nach bürgerlichem Recht.[33] Das Vorsatzerfordernis umfasst nach überwiegender Auffassung auch die Herbeiführung der Berufsunfähigkeit.[34] Ob Schuldausschließungsgründe zu einer Leistungspflicht führen, bestimmt sich nach der Beweisregel des § 827 BGB (die Beweislast trägt der VN).[35] 18

4. Strahlen durch Kernenergie (Buchst. e). Der Strahlenausschluss ist gegenüber der BB-BUZ-Version bis 2012 gänzlich abweichend formuliert. Nur noch Strahlen **infolge Kernenergie** werden erfasst, ohne dass zwischen den einzelnen Strahlen-„arten" unterschieden wird.[36] Nicht jede kernenergetische Strahlung wird ausgeschlossen, sondern nur eine solche, die derart viele Menschen gefährdet, dass eine Katastrophenschutz- oder vergleichbare Behörde tätig wird. Wann das der Fall ist, bestimmt sich nach dem jeweiligen Landesrecht. 19

Bis 2012 lautete der Strahlenausschluss (§ 3 Buchst. e BB-BUZ aF): 20

e) durch energiereiche Strahlen mit einer Härte von mindestens 100 Elektronen-Volt, durch Neutronen jeder Energie, durch Laser- oder Maser-Strahlen und durch künstlich erzeugte ultraviolette Strahlen. Soweit die versicherte Person als Arzt oder medizinisches Hilfspersonal diesem Risiko ausgesetzt ist, oder wenn eine Bestrahlung für Heilzwecke durch einen Arzt oder unter ärztlicher Aufsicht erfolgt, werden wir leisten;

Die Strahlenarten sind in der BB-BUZ-Fassung bis 2012 abschließend aufgeführt, ihr konkretes Verständnis dagegen schwierig.[37] Die Ursache der Strahlenbelastung ist grds. irrelevant, so dass etwa insoweit Folgen eines **Terroranschlags** erfasst werden.[38] Allerdings besteht ein vom Versicherten zu beweisender Wiedereinschluss, wenn die versicherte Person als Arzt oder dem medizinischen Hilfspersonal zugehörig oder als Patient der Strahlung ausgesetzt war, solange Heilzwecke, nicht lediglich diagnostische Maßnahmen Grund der Bestrahlung waren. 21

5. Kriegsereignis (Buchst. f). Einigkeit dürfte darüber bestehen, dass unter „Kriegsereignis" jeder tatsächliche kriegsmäßige Gewaltzustand (= Gebrauch von Waffen oder Vorstoß von Streitkräften auf fremdes Gebiet) ohne Rücksicht auf die sachlichen, räumlichen, zeitlichen Grenzen im Sinne der völkerrechtlichen Defini- 22

---

31 OLG Oldenburg 20.3.1996 – 2 U 273/95, r+s 1996, 522 f, bestätigt von BGH 18.12.1996 – IV ZR 120/96; OLG Koblenz 12.9.2003 – 10 U 1026/02, OLGR 2004, 188; *Neuhaus*, BUV, Kap. N Rn 93.
32 OLG Düsseldorf 27.8.2002 – 4 U 223/01, VersR 2003, 1388.
33 *Neuhaus*, BUV, Kap. N Rn 107; *Voit*, BUV, 1994, Rn 484; FAKomm-VersR/*Gramse*, § 5 BU Rn 40.
34 Prölss/Martin/*Lücke*, § 5 BU Rn 32; *Neuhaus*, BUV, Kap. N Rn 106.
35 Beckmann/Matusche-Beckmann/*Rixecker*, § 46 Rn 224 unter Hinweis auf LG Berlin 13.11.1984 – 7 O 207/84, VersR 1986, 282; aA wohl *Flore*, VersR 1989, 131.
36 Alphastrahlen entstehen durch ausgesandte Heliumkerne, Betastrahlen durch ausgesandte Elektronen und Gammastrahlen aus der Abgabe von Quanten, Photonen (vgl *Volkmer*, Radioaktivität und Strahlenschutz 12/2012, 13 f).
37 *Neuhaus*, BUV, Kap. N Rn 75.
38 Prölss/Martin/*Lücke*, § 5 BU Rn 33.

tion ist.[39] Krieg ist aber auch der **Bürgerkrieg**, wenn es sich bei den Auseinandersetzungen nicht mehr nur um ein polizeiliches, sondern um ein militärisches Problem handelt,[40] ein organisierter, mit Waffengewalt ausgetragener Machtkonflikt zwischen Bevölkerungsgruppen eines Staates.[41]

23 Die Klausel beruht darauf, dass in solchen Situationen Kalkulation und Schadensentwicklung derart auseinanderfallen, dass die Funktionsfähigkeit der Versicherungswirtschaft gefährdet wäre.[42] Verstanden als genereller Ausschluss werden dagegen Bedenken erhoben, da es sich um eine unmittelbare Benachteiligung des VN handeln solle,[43] was zwar sympathisch sein mag, jedoch der Rechts- und Alltagssprache widerspricht.[44] Nicht überzeugend ist auch der Hinweis, die Klausel auf Unfälle (aus Sicht des VN) zu beschränken,[45] da zwar eine „nahezu" Übernahme aus der Unfallversicherung gegeben ist (vgl Ziff. 5.1.3 AUB 2010; s. Ziff. 5 AUB Rn 27), dies aber schon bei der Auslegung nicht berücksichtigungsfähig ist (s. Rn 3) und dort der Schutzzweck der Versicherung ein anderer ist. Deshalb unterfällt auch eine Berufsunfähigkeit infolge allgemeiner Kriegsverhältnisse dem Ausschluss („mittelbar").[46]

24 Die „Kriegsklausel" enthält nunmehr auch einen örtlichen Wiedereinschluss: Das Kriegsereignis muss außerhalb der Bundesrepublik stattfinden. Zudem darf der Anspruchsteller nicht aktiv beteiligt gewesen sein, was ähnlich des Unruheausschluss (s. Rn 3 f) dahin gehend zu verstehen ist, dass Versicherungsfälle durch zufällige Kriegsereignisse bei beruflichem oder touristischem Auslandsaufenthalt wieder eingeschlossen sind, bei „Befriedungsmissionen" dagegen ist dies nicht der Fall.[47]

25 6. **Atomare und ähnliche Stoffe (Buchst. g).** Der **ABC-Ausschluss (Buchst. g)** ist mit den Musterbedingungen 2008 erstmals eingeführt worden. Beruht die Berufsunfähigkeit auf dem Einsatz oder das Freisetzen von ABC-Stoffen, besteht kein Berufsunfähigkeitsschutz. Nach dem Wortlaut kommt es nicht darauf an, wer die Stoffe freisetzt. Hier dürfte – ähnlich der Kriegsklausel (vgl Rn 22 f) – das Betroffensein genügen, da die Freisetzung auf eine Vielzahl von Personen gerichtet sein muss. Zum wortlautidentischen Wiedereinschluss s. Rn 24.

26 7. **Weitere Ausschlüsse nach älteren Bedingungswerken. a) Ausschluss Luftfahrt.** Der sog. Luftfahrtausschluss war noch bis zur GDV-Empfehlung BB-BUZ 2010 im Bedingungswerk enthalten und lautete (§ 3 Buchst. c BB-BUZ aF):

---

39 RG 3.7.1917 – VII 114/17, RGZ 90, 378, 380; *Fricke*, VersR 1991, 1098; *Neuhaus*, BUV, Kap. N Rn 30; Beckmann/Matusche-Beckmann/*Rixecker*, § 46 Rn 216; näher *Naumann/Brinkmann*, Zur Auslegung des Kriegsausschlusses in der privaten Unfallversicherung, r+s 2012, 469, 470–472; unklar Prölss/Martin/*Lücke*, § 5 BU Rn 13.
40 So auch Beckmann/Matusche-Beckmann/*Rixecker*, § 46 Rn 218; aA Prölss/Martin/*Lücke*, § 5 BU Rn 17; differenzierend *Neuhaus*, BUV, Kap. N Rn 38 f; FAKomm-VersR/*Gramse*, § 5 BU Rn 18 (nach Gefährdungsniveau); zweifelnd *Schubach*, r+s 2002, 177, 180; ablehnend Prölss/Martin/*Lücke*, § 5 BU Rn 17.
41 LG München I 7.5.2010 – 26 O 14843/09, zfs 2011, 40, 41 m. abl. Anm. *Naumann*.
42 *Fricke*, VersR 1991, 1098.
43 *Voit*, BUV, 1994, Rn 447–461; nunmehr ohne Wirksamkeitsbedenken *Neuhaus*, BUV, Kap. N Rn 53; Prölss/Martin/*Lücke*, § 5 BU Rn 13.
44 Beckmann/Matusche-Beckmann/*Rixecker*, § 46 Rn 296; *Neuhaus*, BUV, Kap. N Rn 53 (wäre sonst Wegfall der Geschäftsgrundlage); FAKomm-VersR/*Gramse*, § 5 BU Rn 18.
45 So auch Prölss/Martin/*Lücke*, § 5 BU Rn 15.
46 *Naumann/Brinkmann*, Zur Auslegung des Kriegsausschlusses in der privaten Unfallversicherung, r+s 2012, 469, 472; aA *Neuhaus*, BUV, Kap. N Rn 50, der aber jedenfalls PTBS u.ä. als erfasst ansieht.
47 Vgl Beckmann/Matusche-Beckmann/*Rixecker*, § 46 Rn 219 (Problem der Beratung).

c) durch Unfälle der versicherten Person
- als Luftfahrzeugführer (auch Luftsportgeräteführer), soweit dieser nach deutschem Recht dafür eine Erlaubnis benötigt, sowie als sonstiges Besatzungsmitglied eines Luftfahrzeuges;
- bei einer mit Hilfe eines Luftfahrzeuges auszuübenden beruflichen Tätigkeit;
- bei der Benutzung von Raumfahrzeugen;

Gegenüber dem Ausschluss in noch älteren, weit verbreiteten Bedingungen auf Grundlage der MB-BUZ 1990, § 3 Abs. 3, ist der Ausschluss erheblich eingeschränkt. Damals war der Ausschluss als positive Leistungsbeschreibung definiert:

§ 3 Abs. 3 MB-BUZ 1990[48]

(3) Bei Luftfahrten leisten wir nur, wenn die Berufsunfähigkeit bei Reise- oder Rundflügen des Versicherten als Fluggast in einem Propeller- oder Strahlflugzeug oder in einem Hubschrauber verursacht wird. Fluggäste sind, mit Ausnahme der Besatzungsmitglieder, die Insassen, denen das Luftfahrzeug ausschließlich zur Beförderung dient.

Waren somit nach den MB-BUZ 1990 alle mit der Berufstätigkeit zusammenhängenden Umstände vom Ausschluss erfasst (zB unregelmäßige Arbeitszeit), musste bis zu den BB-BUZ 2010 als **Ausschlussvoraussetzung** ein **Unfall** vorliegen. Sofern ein Unfall gegeben ist, ist das Luftfahrtrisiko nur dann nicht ausgeschlossen, wenn die versicherte Person Fluggast ist. **Fluggast** ist, wer ausschließlich befördert wird.[49] Dass es sich bei der versicherten Person nicht um einen Fluggast handelt, hat der VR zu beweisen.[50] Die Erlaubnis in Buchst. c 1. Spiegelstrich BB-BUZ 2010 (s. Rn 26) richtet sich nach § 4 LuftVG iVm §§ 20 ff LuftVZO.[51] **Luftfahrzeug** sind dabei alle Gegenstände (Flugvorrichtungen), die (als Ganzes) für die Benutzung des Luftraumes bestimmt sind und die der Eigenschaften der Luft bedürfen, um sich in ihr zu halten.[52]

Der (private) Luftfahrzeugführer (**Pilot**), fliegendes Personal (zB **Stewardess**) oder sonstige im Luftfahrzeug beruflich tätige Personen sind mithin vom Versicherungsschutz dann ausgeschlossen, wenn die Berufsunfähigkeit zudem unfallbedingt ist. Liegt jedoch kein Unfall vor, besteht auch für diese Personen Versicherungsschutz. Der Ausschluss greift für diese Personen dann nicht ein, wenn im Rahmen der Berufsklauseln eine sog. **Fluguntauglichkeitsklausel**[53] (s. § 172 VVG Rn 35) vereinbart wurde.

b) Ausschluss Fahrveranstaltung. Bis 2010 war auch der nachfolgende Ausschluss Gegenstand der GDV-Empfehlungen (§ 3 Buchst. d BB-BUZ aF):

d) durch Beteiligung an Fahrtveranstaltungen mit Kraftfahrzeugen, bei denen es auf die Erzielung einer Höchstgeschwindigkeit ankommt, und den dazugehörigen Übungsfahrten;

Wer an Fahrzeugrennen teilnimmt, hat ein nicht kalkulierbares erhöhtes Risiko. Deshalb ist Berufsunfähigkeit, die auf Gesundheitsbeeinträchtigungen beruht, die durch Beteiligung an solchen verursacht ist, nicht versichert. Der Begriff „Fahrveranstaltung zur Erzielung einer Höchstgeschwindigkeit" umschreibt ein „**Rennen**" iSv § 29 StVO. Nach der Verwaltungsvorschrift zu § 29 StVO sind Rennen Wettbewerbe oder Teile eines Wettbewerbs (zB Sonderprüfungen mit Renncharakter)

---

48 VerBAV 1990 S. 347; VerBAV 1993 S. 140.
49 LG Oldenburg 22.2.1988 – 4 O 3311/87, VersR 1989, 178.
50 BGH 16.6.1999 – IV ZR 44/98, VersR 1999, 1224.
51 *Neuhaus*, BUV, Kap. N Rn 56.
52 BGH 27.4.1988 – IVa ZR 76/87, VersR 1988, 714.
53 *Voit*, BUV, 1994, Rn 277; *Neuhaus*, BUV, Kap. F Rn 256; zweifelhaft OLG Bremen 23.5.1995 – 3 U 149/94, VersR 1996, 223.

sowie Veranstaltungen (zB Rekordversuche) zur Erzielung von Höchstgeschwindigkeiten mit Kraftfahrzeugen.[54] Dies muss die Veranstaltung prägen.[55] Die Übungsfahrt muss sich auf diese Veranstaltung beziehen.

III. Individuelle Ausschlüsse

32 Von größerer Bedeutung sind die Ausschlüsse, welche aufgrund von Antragsangaben des VN zu Unfällen, Vorerkrankungen oder entsprechender Dispositionen mit diesem vereinbart werden.

33 **Beispiel:** Ausschlussklausel „Rücken"[56]
Antragsangabe: Beruf Fliesenleger. Gesundheitsangabe: Hexenschuss mit Arztkonsultation.
Klausel: „Der Versicherungsschutz erstreckt sich nicht auf eine vollständige oder teilweise Berufsunfähigkeit, die durch frühere oder in Zukunft noch eintretende Verletzungen oder Erkrankungen der Wirbelsäule hervorgerufen ist."

34 Da die Ausschlussklauseln von VR unterschiedlich formuliert werden, kommt es immer auf die konkrete Klausel an. Bedarf sie der Auslegung, so sind zunächst Sinn und Zweck aus der Sicht des durchschnittlichen und verständigen VN zu ermitteln. Sie sind zwar eng auszulegen; immer ist aber dabei der erkennbare Sinn unter Beachtung des wirtschaftlichen Ziels zu berücksichtigen.[57] Ohne hinreichende Verdeutlichung dürfen Lücken im Versicherungsschutz nicht bestehen.[58] Auch zu Gunsten des VN ist die Entstehungsgeschichte unerheblich.[59] Erforderlich, aber auch ausreichend ist immer, dass eine kausale Verbindung – sei es auch im Wege einer mehrgliedrigen Kausalkette – zwischen ausgeschlossenem Umstand und Versicherungsfall besteht.[60] Ist dies der Fall, setzt sich regelmäßig der Risikoausschluss durch. Zu allgemeinen Erwägungen s. Rn 3 f.

35 Zu beachten ist, dass regelmäßig das ausgeschlossene Organ im Rahmen der Bewertung des BU-Grades als voll funktionsfähig anzusehen ist.[61]

36 **Beispiele:** 1. Ausschlussklausel „Rücken".[62] – Bei degenerativer Vorerkrankung der LWS liegt eine Schadensneigung vor, so dass bei einem späteren Unfall mit langdauernden WS-Beschwerden Mitursächlichkeit nicht auszuschließen ist.

---

54 BGH 1.4.2003 – VI ZR 321/02, BGHZ 154, 316 = VersR 2003, 775.
55 OLG Köln 9.11.2006 – 9 U 76/06, VersR 2007, 683 = r+s 2007, 12 (nicht Geschicklichkeitswettbewerb); OLG Karlsruhe 6.9.2007 – 12 U 107/07, VersR 2008, 344 = r+s 2008, 64 (nicht bei Touristenfahrt auf Rennstrecke); vgl auch zur AKB-Klausel: OLG Karlsruhe 15.4.2014 – 12 U 149/13, VersR 2015, 62 = NJW-RR 2014, 1311.
56 Nach OLG Stuttgart 11.7.2002 – 7 U 31/01, VersR 2003, 1385; ähnl. LG Bonn 24.1.1997 – 10 O 362/96, r+s 1997, 263.
57 BGH 6.7.2011 – IV ZR 217/09 (Tz 16), VersR 2012, 48, 49 = r+s 2012, 192 = zfs 2012, 38; BGH 17.3.1999 – IV ZR 89/98, VersR 1999, 748; krit. *Prölss*, NVersZ 1998, 17.
58 OLG Stuttgart 11.7.2002 – 7 U 31/01, VersR 2003, 1385; OLG Karlsruhe 20.9.2007 – 12 U 27/07, VersR 2008, 346 (zu § 4 ARB); BGH 21.2.2001 – IV ZR 259/99, VersR 2001, 489.
59 BGH 17.5.2000 – IV ZR 113/99, VersR 2000, 1090 (zu AUB 61).
60 BGH 17.9.1975 – IV ZR 17/75, VersR 1975, 1093; OLG Koblenz 29.1.1990 – 12 U 1442/88, VersR 1990, 768; OLG Köln 11.12.2006 – 5 W 142/06.
61 OLG Nürnberg 23.10.1984 – 8 U 3938/84, VersR 1987, 249; LG Düsseldorf 18.8.2008 – 11 O 385/02, VersR 2008, 1522 = r+s 2009, 158 (bei Schädigung des linken Auge ist von Vollsichtigkeit des ausgeschlossenen rechten Auge auszugehen), bestätigt von BGH 6.7.2011 – IV ZR 217/09 (Tz 16), VersR 2012, 48, 49 = r+s 2012, 192 = zfs 2012, 38.
62 OLG Köln 15.5.1996 – 5 U 174/95, VersR 1998, 353.

2. Ausschlussklausel „Linkes Auge".[63] – Das Auge gilt als gesund, so dass Sehverschlechterungen rechts auch nur „einseitig" zu berücksichtigen sind.

§ 4 Was ist zu beachten, wenn eine Leistung verlangt wird?

(1) Wird eine Leistung aus der Berufsunfähigkeits-Zusatzversicherung beansprucht, müssen uns auf Kosten des Anspruchserhebenden folgende Auskünfte, die zur Feststellung unserer Leistungspflicht erforderlich sind, gegeben und Nachweise vorgelegt werden:
a) ein Zeugnis über den Tag der Geburt der versicherten Person *(das ist die Person, auf deren Berufsfähigkeit die Versicherung abgeschlossen ist)*;
b) eine Darstellung der Ursache für den Eintritt der Berufsunfähigkeit;
c) ausführliche Berichte der Ärzte, die die versicherte Person gegenwärtig behandeln, bzw. behandelt oder untersucht haben, über Ursache, Beginn, Art, Verlauf und voraussichtliche Dauer des Leidens der versicherten Person sowie über den Grad der Berufsunfähigkeit oder über die Pflegestufe;
d) eine Beschreibung des zuletzt ausgeübten Berufs der versicherten Person, deren Stellung und Tätigkeit im Zeitpunkt des Eintritts der Berufsunfähigkeit sowie über danach eingetretene Veränderungen;
e) Angaben über Einkommen aus beruflicher Tätigkeit;
f) bei Berufsunfähigkeit infolge Pflegebedürftigkeit zusätzlich eine Bescheinigung der Person oder der Einrichtung, die mit der Pflege betraut ist, über Art und Umfang der Pflege;
g) eine Aufstellung
 – der Ärzte, Krankenhäuser, Krankenanstalten, Pflegeeinrichtungen oder Pflegepersonen, bei denen die versicherte Person in Behandlung war, ist oder – sofern bekannt – sein wird,
 – der Versicherungsgesellschaften, Sozialversicherungsträger oder sonstiger Versorgungsträger, bei denen die versicherte Person ebenfalls Leistungen wegen Berufsunfähigkeit geltend machen könnte,
 – über den derzeitigen Arbeitgeber und frühere Arbeitgeber der versicherten Person.

(2) Wir können außerdem auf unsere Kosten weitere ärztliche Untersuchungen durch von uns beauftragte Ärzte sowie notwendige Nachweise – auch über die wirtschaftlichen Verhältnisse und ihre Veränderungen – verlangen, insbesondere zusätzliche Auskünfte und Aufklärungen.

(3) Wird eine Erhöhung der Berufsunfähigkeitsrente wegen einer höheren Pflegestufe verlangt, so gelten die Absätze 1 und 2 sinngemäß.

(4) Unsere Leistungen werden fällig, nachdem wir die Erhebungen abgeschlossen haben, die zur Feststellung des Versicherungsfalls und des Umfangs unserer Leistungspflicht notwendig sind. Wenn Sie eine der genannten Pflichten nicht erfüllen, kann dies zur Folge haben, dass wir nicht feststellen können, ob oder in welchem Umfang wir leistungspflichtig sind. Eine Pflichtverletzung kann somit dazu führen, dass unsere Leistung nicht fällig wird.

(5) Bei Überweisung von Leistungen in Länder außerhalb des Europäischen Wirtschaftsraumes trägt die empfangsberechtigte Person die damit verbundene Gefahr.

---

63 BGH 6.7.2011 – IV ZR 217/09 (Tz 16), VersR 2012, 48, 49 = r+s 2012, 192 = zfs 2012, 38.

I. Allgemeines

1 Gegenüber den BB-BUZ, Stand: 23.8.2010, wurde Abs. 1 Einleitungssatz neu gefasst, ferner wurden Abs. 1 Buchst. e und g sowie Abs. 4 und 5 neu eingeführt. – Die Abs. 1–3 regeln als Ausgestaltung der §§ 28, 31 VVG die **Tatbestände** vertraglicher Obliegenheiten. Daneben enthält § 6 Abs. 2 und 3 besondere Obliegenheiten im Nachprüfungsverfahren. Die **Rechtsfolgen** einer Obliegenheitsverletzung sind gesondert in § 7 (früher: § 8 MB-BUZ 90) – nunmehr lediglich für die Nachprüfung – normiert, nachdem Abs. 4 ab den GDV-Empfehlungen BB-BUZ mit Stand 10/2012 als Folge lediglich die fehlende Fälligkeit regelt, die aber schon immer im Rahmen der Erstprüfung neben den Rechtsfolgen der Obliegenheitsverletzung stand.

2 Während nach der Gesetzesbegründung keine Bedenken bestehen, *zusätzlich* eine **Rehabilitations- oder Umschulungsobliegenheit**[1] in die Bedingungen aufzunehmen,[2] werden in der aktuellen GDV-Fassung, Stand: 1.10.2013, der Bedingungen die bekannten Obliegenheiten lediglich redaktionell geändert. Die in anderen AVB ausdrücklich normierte Wahrheitspflicht[3] wird als ohnehin selbstverständlicher Teilaspekt der Auskünfte nicht gesondert genannt. Zum Teil abweichend kennen die Bedingungswerke eine sog. **Arztanordnungsklausel** (s. Rn 14 f). Die noch in den MB-BUZ 1990 enthaltene Obliegenheit zur Abgabe einer **generellen Schweigepflichtentbindung** ist nach der Entscheidung des BVerfG vom 23.10.2006[4] nicht mehr Gegenstand, stattdessen wird die Auflistung gem. Abs. 1 Buchst. g gefordert; die generelle Schweigepflichtentbindung selbst bleibt aber an sich weiter zulässig (§ 213 VVG Rn 4 f).[5]

3 **Zeitlich** gelten die Obliegenheiten bis zur endgültigen Leistungsablehnung des VR.[6] Sie können allerdings wieder aufleben, wenn der VR zweifelsfrei klarstellt, erneut in die Leistungsprüfung einzutreten, und dabei das Aufklärungsbedürfnis substantiiert.[7]

II. Beizubringende Informationen (Abs. 1)

4 Die in Abs. 1 Buchst. a–g genannten Unterlagen sind unverzüglich, mithin ohne schuldhaftes Verzögern, vorzulegen. Sie müssen noch nicht bei Mitteilung der (möglichen) Berufsunfähigkeit vorgelegt werden.[8] Abs. 1 Buchst. f betrifft nur die Pflegebedürftigkeit gem. § 2 Abs. 4–8. Gemäß Abs. 3 gelten die Obliegenheiten auch für Verlangen wegen einer höheren Pflegestufe.

5 Hinsichtlich der formellen Fragen der Berufsunfähigkeit ist das **Geburtszeugnis (Buchst. a)** vorzulegen. Falls bei Antragstellung das Alter des Versicherten unrichtig angegeben war, kann der VR dadurch eine sog. technische Leistungsberichtigung vornehmen. Eine solche Falschangabe berechtigt grds. nicht zum Rücktritt (§§ 157, 171, 176 VVG), es sei denn, der Vertrag wäre nicht geschlossen worden

---

1 Diese folgt auch nicht aus § 6 BB-BUZ (Nachprüfungsverfahren); vgl BGH 11.12.1996 – IV ZR 238/95, VersR 1997, 436; *Voit*, BUV, 1994, Rn 622.
2 Begr. RegE, BT-Drucks. 16/3945, S. 105 (zu § 172 Abs. 3 VVG); zu weiteren Vorschlägen der „kaum nennenswerten Mitwirkungspflichten" *Franke* (Franke & Bornberg), BUZaktuell 1/2007, 13–14.
3 ZB Ziff. 7.2 AUB 2014; E.1.3 AKB 2008; Ziff. 25.2 AHB.
4 BVerfG 23.10.2006 – 1 BvR 2027/02, VersR 2006, 1669.
5 BVerfG 23.10.2006 – 1 BvR 2027/02, VersR 2006, 1669 (Tz 57).
6 BGH 23.6.1999 – IV ZR 211/98, VersR 1999, 1134 (unter 4); OLG Koblenz 12.1.2007 – 10 U 1695/05, VersR 2007, 1686 (LS) = r+s 2008, 124 = zfs 2008, 224.
7 BGH 13.3.2013 – IV ZR 110/11 (Tz 19), VersR 2013, 609, 610 = r+s 2013, 273 = zfs 2013, 330 = NJW 2013, 1883.
8 BGH 27.9.1989 – IVa ZR 132/88, VersR 1989, 1182.

(§ 157 S. 2 VVG).⁹ Schon nach dem Gesetzeswortlaut des § 157 VVG bleibt die Anfechtung möglich (s. § 157 VVG Rn 4).

Häufig kann der VR die **Vorlage des Versicherungsscheins**[10] verlangen, um die Anspruchsberechtigung zu prüfen, zB § 9 Abs. 10 BB-BUZ iVm § 7 Abs. 1 AVB-KLV 2014. 6

Die weiteren Informationen (**Buchst. b–g**) betreffen den materiellen Teil der Berufsunfähigkeit. Da sämtliche Informationen nur in der Sphäre des VN oder der versicherten Person bekannt sind, müssen sie dem VR auch hinsichtlich der Punkte mitgeteilt werden, die eine Leistungspflicht des VR ausschließen können. So ist die **Ursache der Berufsunfähigkeit** darzustellen. Dadurch kann der VR zum einen prüfen, ob ein Ausschlussgrund gem. § 3 gegeben ist. Zum anderen wird dadurch auch die Prüfung einer etwaigen Anzeigepflichtverletzung iSd § 19 VVG erfasst,[11] so dass der VR umfassend prüfen darf und sollte (s. auch zur Fälligkeit § 173 VVG Rn 4).[12] Das macht nun auch Abs. 1 nochmal deutlich, wenn die Informationen zur Prüfung der „Leistungspflicht" erhoben werden, die aber gerade die Prüfung der Anzeigepflicht erfasst (s. § 31 VVG Rn 5 f).[13] 7

Zur Erfassung der **gesundheitlichen** Komponente (s. § 172 VVG Rn 42 ff) dienen auch die in **Buchst. c** geregelten Obliegenheiten. Die gesundheitlichen Beschwerden des Versicherten sind so gut wie möglich mitzuteilen; allein eine Benennung von Diagnosen (so wie sie verstanden wurden)[14] reicht nicht, weil die Diagnose zur tatsächlichen Einschränkung nichts besagt. Allein einen Rentenbescheid der Deutsche Rentenversicherung vorzulegen, genügt nicht.[15] Der Anspruchserhebende hat **Arztberichte und -briefe** mit den in Buchst. c genannten Informationen **vorzulegen**. Hat er sie nicht in der Hand, muss er sie sich beschaffen, denn es ist seine Sache, dem VR die Informationen zu bringen, die dieser zur vollständigen Prüfung des Sachverhalts und seiner Leistungspflicht benötigt.[16] Das ist in Ansehung des Anspruchs des Versicherten gegen seine Behandler aus § 630 g BGB auch nicht unzumutbar. Will er dies schon aufgrund des Aufwands auf den VR abwälzen, verbleibt die Möglichkeit der generellen oder individuellen Schweigepflichtentbindung. Die 8

---

9 Prölss/Martin/*Lücke*, § 11 BU Rn 3 f (der aber auch Heiratsurkunde, Familienbuch ausreichen lassen will); *Neuhaus*, BUV, Kap. K Rn 24.

10 Ausdrücklich noch in § 4 Abs. 1 a) BB-BUZ 1993 enthalten, s. dazu BGH 27.9.1989 – IVa ZR 132/88, VersR 1989, 1182. Zur Unterscheidung von Vorlage und Einreichung: *Neuhaus*, BUV, Kap. K Rn 22; Prölss/Martin/*Lücke*, § 11 BU Rn 7 (Einreichung erfordert Rückgabepflicht des VR).

11 BGH 28.10.2009 – IV ZR 140/08, VersR 2010, 97, 99 (Tz 27); OLG Köln 19.3.2010 – 20 U 173/09; OLG Hamburg 2.3.2010 – 9 U 186/09, VersR 2010, 749 m. Anm. *Schulze*; so auch *Neuhaus*, BUV, Kap. K Rn 25; zuletzt KG 8.7.2014 – 6 U 134/13, VersR 2014, 1191; zu Unrecht einengend noch *Spuhl*, VK 2010, 111; ablehnend *Egger*, Auskunftspflicht und Fälligkeit in der Berufsunfähigkeitsversicherung, VersR 2014, 1304 mwN auf seine Aufsätze.

12 Der VR hat einen erheblichen Beurteilungsspielraum, wobei die Erforderlichkeit ex ante zu beurteilen ist, BGH 22.10.2014 – IV ZR 242/13 (Tz 18), VersR 2015, 45, 46 = NJW 2015, 949, 950 = zfs 2015, 31.

13 OLG Brandenburg 11.6.2014 – 11 U 2/13, NJW-RR 2014, 1501; KG 8.7.2014 – 6 U 134/13, VersR 2014, 1191, bestätigt das LG Berlin 12.6.2013 – 23 O 341/12, VersR 2014, 230 (Revision BGH – IV ZR 289/14); OLG Köln 13.1.2014 – 20 W 91/13, VersR 2015, 305 = r+s 2015, 146 = zfs 2015, 34; *Britz*, Postmortale Gesundheitsdatenerhebung, GenRe BUaktuell 2/2012, 1, 2; *Britz*, Die vorvertragliche Anzeigepflicht in der Leistungsprüfung einer Lebensversicherung, VersR 2015, 410.

14 So aber Prölss/Martin/*Lücke*, § 11 BU Rn 5.

15 OLG Hamm 29.3.1996 – 20 W 5/96, VersR 1997, 217.

16 Beckmann/Matusche-Beckmann/*Rixecker*, § 46 Rn 204; jetzt auch Prölss/Martin/*Lücke*, § 11 BU Rn 6 (anders noch in der 27. Aufl., § 4 BUZ Rn 5).

Arztberichte sollen ausführlich sein, so dass insb. Befunde enthalten sein sollten[17] (zur näheren Begründung s. § 172 VVG Rn 48), zumal nur Diagnosen und Folgerungen dem Vergleich in der Nachprüfung nicht genügen sollen (s. § 174 VVG Rn 13 f). Werden sie teilgeschwärzt vorgelegt, liegt ein Obliegenheitsverstoß vor und wird Fälligkeit der Leistungen verhindert.[18]

9 Die Obliegenheit zur Information über die in **Buchst. d und e** genannten Punkte dient der Feststellung der **beruflichen** Komponente (s. § 172 VVG Rn 22 ff). Während in älteren Musterbedingungen von „Unterlagen" die Rede war, wird nun auf Informationen abgestellt, was weitergehend ist. Erfasst wird sowohl die konkrete Beschreibung des zuletzt ausgeübten Berufs (s. § 172 VVG Rn 27 ff) als auch der **Verdienstnachweis**, der jetzt aus Transparenzgründen (auch) in **Buchst. e** ausdrücklich genannt ist. Erfasst wird auch eine Auskunft des Arbeitgebers, etwa in Form einer Arbeitsplatzbeschreibung[19] oder der *Gefährdungsbeurteilung* bzgl. der Tätigkeit gem. § 5 Abs. 1 ArbSchG. Gerade bei Selbständigen sind insoweit neben Steuerbescheiden für mehrere Jahre vor dem Berufsunfähigkeitseintritt auch nun Gewinn- und Verlustrechnungen, Bilanzen oder auch Lohnkonten etc. vorzulegen, damit der VR die vom VN zu beweisende fehlende Umorganisationsmöglichkeit (s. § 172 VVG Rn 31) prüfen kann.[20]

10 Die in **Buchst. g** geforderte **Aufstellung** ist „Ersatz" für die frühere Obliegenheit zur Schweigepflichtentbindung. Indem der Versicherte die benannten Ärzte, Krankenhäuser, andere VR etc. und Arbeitgeber mitteilen muss, wird dem VR ermöglicht, die Leistungsprüfung ggf zu straffen. Er kann anhand der Daten eine Vorauswahl treffen, wo er ggf weitere erforderliche Informationen erwarten kann. So kann etwa der Arbeitgeber zur näheren Klärung der beruflichen Belastung dienlich sein. Damit ist die „Aufstellung" ein sehr mildes Mittel, um das Recht des Versicherten auf informationelle Selbstbestimmung zu wahren.[21]

III. Weitere Informationen, Untersuchung (Abs. 2)

11 Manchmal geben die nach Abs. 1 vom Anspruchsteller auf seine Kosten beizubringenden Informationen kein ausreichendes Bild der Anknüpfungstatsachen, um eine Berufsunfähigkeit bzw. die Leistungspflicht zu beurteilen. Deshalb muss die versicherte Person weitere Auskünfte zur Feststellung der Leistungspflicht erteilen und sich auf Verlangen von einem Arzt, den der VR beauftragt hat, untersuchen lassen. Gemeint ist nichts anderes als eine **Begutachtung** (s. zu dieser § 172 VVG Rn 48 f). Diese muss der versicherten Person **zumutbar** sein. Das „Persönlichkeitsrecht" kann gegen die Wahl des Gutachters nicht angeführt werden, weil die Begutachtung zur Schaffung notwendiger Tatsachengrundlage dient, deren Kenntnis als unverzichtbar anerkannt ist.[22] Gegen die Zumutbarkeit spricht auch nicht die bloße Behauptung, dass der Arzt – vermeintlich – nicht objektiv sei („versichererfreundlich")[23] oder dass eine Anreise zu bewältigen ist.[24] Ein Behandler der versicherten

---

17 BGH 30.6.2010 – IV ZR 163/09, VersR 2010, 1171, 1173 Tz 24 (zur KT); OLG Köln 18.11.2014 – 20 W 61/14; OLG Köln 8.4.2011 – 20 U 160/10: medizinische Tatsachen.
18 OLG Köln 16.4.2010 – 20 U 177/09; *Neuhaus*, BUV, Kap. K Rn 33.
19 OLG Köln 6.2.2015 – 20 U 162/14.
20 OLG Dresden 30.4.2009 – 4 W 406/09 (unter II 2); OLG Köln 14.6.2007 – 5 U 28/07, VersR 2008, 107, 108; *Benkel/Hirschberg*, 2. Aufl., § 4 Rn 26 (1. Aufl.: § 4 BUZ Rn 18 f); *Neuhaus*, BUV, Kap. K Rn 41.
21 Dazu BVerfG 17.7.2013 – 1 BvR 3167/08, VersR 2013, 1425 = r+s 2013, 510 = NJW 2013, 3086 (ausdr. für die Situation vor § 213 VVG).
22 KG 4.7.2014 – 6 U 30/13, r+s 2014, 509.
23 OLG Karlsruhe 31.10.1995 – 12 W 55/95, VersR 1997, 439; Prölss/Martin/*Lücke*, § 11 BU Rn 10.
24 OLG Köln 7.12.1991 – 6 U 137/90, VersR 1991, 411; *Neuhaus*, BUV, Kap. K Rn 46.

Person scheidet als Gutachter meist aus.[25] Auch eine mehrtägige stationäre Untersuchung kann grds. vom VR verlangt werden,[26] wovon dieser schon aufgrund der von ihm zu tragenden Kosten nur in Ausnahmefällen Gebrauch macht. Soweit Einwände, etwa gegen bestimmte Untersuchungsverfahren, erhoben werden, wie das EFL-Verfahren,[27] überzeugen sie nicht. Denn das EFL-Verfahren führt zu keinen höheren Schädigungsrisiken als eine normale (somatische) Untersuchung. Es dient der Objektivierung tatsächlicher Funktionseinschränkungen[28] und wurde deshalb auch als „Goldstandard" bezeichnet.[29] Gleiches gilt im Bereich psychischer Beschwerden hinsichtlich der Anwendung der AWMF-Leitlinie 051/029, Begutachtung psychischer und psychosomatischer Erkrankungen,[30] die verschiedene Ansätze zur Objektivierung benennt.

Wird die vom VR begehrte Untersuchung gleichwohl **verweigert**, so führt dies neben der Obliegenheitsverletzung auch zu fehlender Fälligkeit der Ansprüche im Erstprüfungsverfahren,[31] prozessual zur Beweisfälligkeit.[32] Die Informations- und Untersuchungspflicht gilt auch im Nachprüfungsverfahren, § 6 Abs. 2. Ob unabhängig von der Rechtsfolgenseite dann ein Zurückbehaltungsrecht des VR bei Verletzung besteht, ist zweifelhaft, weil Obliegenheiten keine erzwingbaren Verbindlichkeiten sind. Jedenfalls muss der Versicherte sich im Rahmen des Zumutbaren bemühen, einer Verhinderung der Untersuchung entgegenzuwirken,[33] etwa durch Benennung von Alternativterminen. 12

Soweit Abs. 2 die Begriffe „**Auskunft**" und „**Nachweis**" verwendet, ist zweifelhaft geworden, was darunter zu verstehen ist. Anknüpfungspunkt des Problems ist dabei das Fehlen des Begriffs „Nachweis" in § 6 Abs. 2 S. 1. Während das LG Dortmund meint, es sei verständig, dass Auskünfte in der Abgrenzung zu Nachweisen nur solche Informationen erfassen, die von der versicherten Person selbst stammen,[34] ist dies tatsächlich unverständlich: Denn Auskunft bedeutet Information, ohne dass dabei etwas zur Person des Informierenden folgt. Vielmehr ist schon durch den Bezug zu wirtschaftlichen Verhältnissen klar, dass hiermit keine personelle Einschränkung gemeint ist; die Auskunft inhaltsbezogen zu verstehen ist. Der Nachweis kann dementsprechend auch nicht personenbezogen, sondern inhaltlich 13

---

25 OLG Koblenz 11.1.2002 – 10 U 786/01, r+s 2003, 337; KG 4.7.2014 – 6 U 30/13, VersR 2015, 94, 97 (unter 3 b), r+s 2014, 509; er wäre „Anwalt des Patienten", so *Rompe/Erlenkämper*, Begutachtung der Haltungs- und Bewegungsorgane, 4. Aufl. 2004, S. 456; ebenso *Schröter*, in: Schiltenwolf/Hollo, Begutachtung der Haltungs- und Bewegungsorgane, 6. Aufl. 2013, S. 843; *Hausotter*, DtÄrzteBl 1999, 1481 mwN.
26 OLG Bremen 12.11.2002 – 3 U 97/01, VersR 2003, 1429; OLG Frankfurt 28.6.2000 – 7 U 174/97, NVersZ 2001, 165 (teilstationär 1 Woche [zu AUB]).
27 FAKomm-VersR/*Gramse*, § 11 BU Rn 15, § 172 VVG Rn 82.
28 *Grosser*, EFL-Test zur Einschätzung von Arbeitsfähigkeit und beruflicher Rehabilitation – Aus ärztlicher Sicht, in: Trauma und Berufskrankheit (Zeitschrift) 2007, 87–89.
29 LG Dresden 17.10.2014 – 8 O 1109/13, bestätigend: OLG Dresden 8.1.2015 – 2648/14; aA FAKomm-VersR/*Gramse*, § 172 VVG Rn 82.
30 *Jannsen*, Umgang der Prozessbeteiligten mit medizinischen Gutachten in der Tatsacheninstanz, r+s 2015, 161, 164.
31 BGH 28.10.2009 – IV ZR 140/08, VersR 2010, 97 (Tz 24 aE); OLG Hamburg 2.3.2010 – 9 U 186/09, VersR 2010, 749; LG Kassel 9.7.1996 – 9 O 333/96, VersR 1997, 688; LG Freiburg 9.7.1997 – 2 O 499/96, VersR 2000, 716.
32 OLG Düsseldorf 4.12.2001 – 4 U 87/98, VersR 2003, 1294; OLG Stuttgart 8.9.2006 – 7 U 90/06; OLG Koblenz 12.1.2007 – 10 U 1695/05, VersR 2007, 1686 (LS) = r+s 2008, 124 = zfs 2008, 224.
33 OLG Köln 19.7.2013 – 20 U 26/11, VersR 2013, 487, 488 = zfs 2014, 105.
34 LG Dortmund 22.1.2009 – 2 O 365/08, juris.

nur verstanden werden entweder als „Beleg" iSd § 31 VVG oder als Beweis nach dem Wortsinn.[35]

IV. Obliegenheiten in „Altverträgen"

14 Neben der Umformulierung zur beruflichen Komponente (s. Rn. 9) sind zwei weitere Tatbestände von Obliegenheiten in Verträgen enthalten, die vor dem 31.12.2007 geschlossen wurden: Die *nur* generelle Schweigepflichtentbindung ist als Obliegenheit nicht sanktionierbar geworden.[36] Gleichwohl erscheint es denkbar, auch in den Kanon der Mitwirkungsobliegenheiten eine Schweigepflichtentbindung „nach Maßgabe des § 213 VVG" aufzunehmen.

15 Als Zweites findet sich die sog. **Arztanordnungsklausel.**

Beispiel: Arztanordnungsklausel gem. § 4 Abs. 4 MB-BUZ 90: „Anordnungen, die der untersuchende oder behandelnde Arzt nach gewissenhaftem Ermessen trifft, um die Heilung zu fördern oder die Berufsunfähigkeit zu mindern, sind zu befolgen. Die Anordnungen müssen sich jedoch im Rahmen des Zumutbaren halten."

16 Die Regelung ist eine Art „normierte Treu- und Glaubens-Regel", die nur für den Zeitraum gelten soll, für welchen die Leistungen beansprucht werden.[37] **Anordnungen** sind dabei ernstliche und konkrete Empfehlungen, dringliche Ratschläge konkrete Weisungen.[38] Erforderlich ist, dass die vorgeschlagene Therapie Aussicht auf Erfolg bietet.[39] Bei Operationen ist dies nur dann der Fall, wenn sie einfach, gefahrlos und nicht mit besonderen Schmerzen verbunden sind.[40] Zwar erfasst der Wortlaut auch solche Anordnungen eines Gutachters (des Gerichts oder VR). Dies dürfte aber ein zu weitgehender Eingriff in die Persönlichkeitsrechte des Versicherten sein,[41] weshalb die Nichtbefolgung von Anordnungen dieser unmittelbar keine Obliegenheitsverletzung darstellt.[42] Die Darstellung der Behandlungsmöglichkeiten kann aber eine Hilfestellung für den Behandler sein, der sich dieser Empfehlung anschließt.

V. Folgen der Obliegenheitsverletzung (Abs. 4)

17 Solange die Auskünfte und Nachweise bzw die geforderte Untersuchung entsprechend der Abs. 1–3 fehlen, ist Fälligkeit nicht gegeben,[43] was Abs. 4 nunmehr ausdrücklich bestimmt.

Zur ausnahmsweisen Kündigung gem. § 314 BGB s. § 7 Rn 6.

---

35 Duden, Deutsche Rechtschreibung: nachweisen (beweisen); *Neuhaus*, BUV, Kap. K Rn 58; Überlegungen zum Umfang einer Auskunft: OLG München 6.9.2012 – 14 U 485/11, VersR 2013, 169, 170.
36 BVerfG 23.10.2006 – 1 BvR 2027/02, VersR 2006, 1669.
37 OLG Saarbrücken 28.12.2001 – 5 U 903/99, VersR 2002, 1013 (unter 3 a); zweifelhaft, da etwa Berufsunfähigkeit wegen Absetzens einer zumutbaren Medikation nicht zur Leistungspflicht führen kann (§ 242 BGB).
38 *Neuhaus*, BUV, Kap. K Rn 71 unter Hinweis auf das mangelnde Direktionsrecht des Arztes ggü. Patient; enger OLG Hamm 11.5.1988 – 20 U 257/87, r+s 1988, 345 = VersR 1989, 177 (unter II 1); OLG Nürnberg 26.6.1997 – 8 U 162/97, VersR 1998, 43 (nicht jedermann bekannte Ratschläge oder bloße Empfehlungen).
39 OLG Karlsruhe 3.4.2003 – 12 U 57/01, VersR 2004, 98.
40 OLG Hamm 26.6.1991 – 20 U 51/91, VersR 1992, 1120; OLG Koblenz 25.6.1992 – 6 U 1916/89 (vor BGH verglichen), r+s 1994, 35; BGH 15.3.1994 – VI ZR 44/93, r+s 1994, 217 (zum Schadensersatzrecht).
41 *Neuhaus*, BUV, Kap. K Rn 75.
42 OLG München 8.5.1991 – 27 U 558/90, VersR 1992, 1339 (unter 3); OLG Saarbrücken 28.12.2001 – 5 U 903/99, VersR 2002, 1013 (unter 3 b).
43 So auch *Neuhaus*, BUV, Kap. E Rn 184; FAKomm-VersR/*Gramse*, § 11 BU Rn 17.

§ 5 Wann geben wir eine Erklärung über unsere Leistungspflicht ab?

(1) Nach Prüfung der uns eingereichten sowie der von uns beigezogenen Unterlagen erklären wir in Textform *(z.B. Papierform oder E-Mail),* ob und in welchem Umfang wir eine Leistungspflicht anerkennen.

(2) Wir können unsere Leistungspflicht einmalig zeitlich befristet anerkennen, wenn hierfür ein sachlicher Grund besteht, den wir Ihnen mitteilen werden. Bis zum Ablauf der Frist ist dieses Anerkenntnis für uns bindend.

I. Allgemeines

§ 5 regelt das **Anerkenntnis** und stellt die vertragliche **Ausgestaltung des § 173 VVG** dar. Eine Änderung gegenüber den MB-BUZ 90 ist durch das Textformerfordernis in Abs. 1, dem geänderten Abs. 2 gegeben, der nunmehr § 173 Abs. 2 VVG angenähert ist (zum sachlichen Grund s. § 173 VVG Rn 9) und gegenüber der BB-BUZ-Fassung bis 2012 (vgl Vorauflage) nicht mehr auf die Zurückstellung der Verweisung abstellt. Zur Bindungswirkung s. § 173 VVG Rn 5. Zu uno actu-Entscheidungen s. § 173 VVG Rn 7 und § 174 VVG Rn 19. Zu Vereinbarungen s. § 173 VVG Rn 11.

II. Regelungsgehalt

1. Erklärungsinhalt (Abs. 1). Da § 173 Abs. 1 VVG konsequenterweise nur das „Ob" des Anerkenntnisses bei Fälligkeit regelt, da der Umfang der Leistungen den vertraglichen Bestimmungen vorbehalten bleibt,[1] bestimmt **Abs. 1** auch, dass der **Umfang** des Anerkenntnisses mitgeteilt wird. Der Anspruchsberechtigte soll wissen, welche Leistungen er erhält, zumal § 1 Abs. 8 die Möglichkeit der Erhöhung vereinbarter Rentenleistungen um Überschüsse vorsieht. Soweit im Wortlaut der Norm in zeitlicher Hinsicht auf „nach Prüfung der ... Unterlagen" abgestellt wird, ist dies nichts anderes als die Umschreibung der Fälligkeit (vgl § 173 VVG Rn 4).[2]

2. „Sachlicher Grund" (Abs. 2). Voraussetzung der einmalig möglichen Befristung (§ 173 Abs. 2 VVG) ist nach der BB-BUZ-Formulierung ab 10/2012 ein „**sachlicher Grund**" **(Abs. 2).** Näher umschrieben wird dieser allerdings nicht, so dass entsprechend der hier vertretenen Auffassung Zweifel des VR an den Leistungsvoraussetzungen erforderlich, aber auch ausreichend sind. Diese müssen gegenüber dem VN kommuniziert werden, wie die geregelte Mitteilungsverpflichtung des VR deutlich macht, so dass über den Gesetzestext hinaus ein Begründungserfordernis geschaffen wurde (vgl § 173 VVG Rn 9). Das Procedere nach Ablauf der Befristung ist nicht geregelt. Die Lit. verweist darauf, der VR müsse sich noch abschließend erklären, weshalb er von sich aus die weitere Prüfung aufnehmen müsse.[3] Das überzeugt nicht, weil die Befristung gerade dazu dient, dem VN ohne sichere BU-Feststellung gleichwohl Leistungen zu gewähren, statt abzulehnen. Die Befristung ist somit auf Grundlage ursprünglicher Geltendmachung die Abschlussentscheidung, so dass der VN die weitere Prüfung initiieren muss.

III. Ältere Bedingungswerke

Die Empfehlungen zur BB-BUZ bis 8/2010 enthielten in Abs. 1 die weitere Formulierung „und für welchen Zeitraum". Darin wurde gleichwohl keine Regelung eines befristeten Anerkenntnisses gesehen, sondern dies ausschließlich in Abs. 2 ver-

---

1 Begr. RegE, BT-Drucks. 16/3945, S. 105 (zu § 172 Abs. 1 VVG).
2 Dem VR ist aber ein Prüfungsrecht einzuräumen; vgl OLG Stuttgart 26.4.2010 – 3 W 15/10, VersR 2010, 1036, 1037 (zur Kfz-Haftpflicht).
3 Langheid/Wandt/*Dörner,* § 173 VVG Rn 24; *Neuhaus,* BUV, Kap. L Rn 49; Römer/Langheid/*Rixecker,* § 173 VVG Rn 9.

ortet, der damals nur die Zurückstellung der Prüfung der (abstrakten) Verweisbarkeit kannte.[4] Die Regelung des Abs. 2 (aF) lautet:

(2) Wir können einmalig ein zeitlich begrenztes Anerkenntnis unter einstweiliger Zurückstellung der Frage aussprechen, ob die versicherte Person eine andere Tätigkeit im Sinne von § 2 ausüben kann.[5] Bis zum Ablauf der Frist ist das zeitlich begrenzte Anerkenntnis für uns bindend.

5 Bedenken, die gegen die Wirksamkeit dieser Befristung erhoben werden,[6] gehen fehl. Da § 173 Abs. 2 VVG das voraussetzungslose befristete Anerkenntnis zulässt, ist ein Anerkenntnis, das nur hinsichtlich der abstrakten Verweisbarkeit befristet ist, eine Besserstellung des VN. Somit bestehen gegen die Regelung keine Bedenken.[7] Soweit in Bezug auf die *Möglichkeit* der Bedingungsanpassung gem. Art. 1 Abs. 3 EGVVG deshalb darauf hingewiesen wird, eine Anpassung an die nicht eingeschränkte Befristung gem. § 173 Abs. 2 VVG sei „nicht geboten",[8] überzeugt dies nicht, weil in der Güterabwägung zwischen den Interessen des Einzelnen und derer des VR das Interesse an einheitlichen Regelungen überwiegt.[9]

6 Da hier als weitere Regelung zu Gunsten des VN eine „**Zurückstellung**" statt Neuprüfung gegeben ist, hat sich der VR nach Ablauf der Befristung **von sich aus** zu erklären, ob er nun auch hinsichtlich der zurückgestellten Verweisbarkeit anerkennt oder nicht, wobei Prüfungsmaßstab der Zeitraum des Auslaufens des Anerkenntnisses ist.[10] Wird in Abs. 2 bei abweichendem Bedingungswortlaut statt „im Sinne von § 2" formuliert: „im Sinne von § 2 *Abs. 1*", ist damit keine Änderung verbunden. Auch dann kommt eine Befristung beim Außerstandesein nur gem. § 2 Abs. 2 (bzw Abs. 3 aF) in Betracht,[11] weil dies die „Fiktion" des Abs. 1 darstellt (s. § 2 Rn 4).

7 Deshalb wird regelmäßig die versicherte Person kurz vor Ablauf der Befristung angeschrieben, um den Stand der derzeitigen Tätigkeit oder zB der Umschulung zu erfahren. Kommt es im Rahmen der so eingeleiteten Prüfung zu Verzögerungen über den anerkannten Zeitraum hinaus, geht dies nicht zu Lasten des VR. Stellt der VR die nun gegebene Verweisbarkeit fest, so sollte er die Leistungen über die Befristung hinaus in Textform ablehnen, anderenfalls muss er das unbefristete Anerkenntnis erklären. Zur Vereinbarung s. § 173 VVG Rn 11.

§ 6 Was gilt nach Anerkennung der Berufsunfähigkeit?

Nachprüfung

(1) Wenn wir unsere Leistungspflicht unbefristet anerkannt haben oder sie gerichtlich festgestellt worden ist, sind wir berechtigt, das Fortbestehen der Berufsunfä-

---

4 OLG Hamm 22.11.2000 – 20 U 83/00, VersR 2001, 1098; umfassend *Wachholz*, VersR 2003, 161 ff; aA *Herold*, VersR 1991, 376, 380.
5 Bei Verzicht auf die abstrakte Verweisung muss es heißen: „... andere Tätigkeit im Sinne von § 2 ausübt, ...".
6 *Baumann/Sandkühler*, S. 148 (unter 6.2); unklar Begr. RegE, BT-Drucks. 16/3945, S. 106 (zu § 173 Abs. 1 VVG, 2. Abs.).
7 So auch ohne Begr. Marlow/Spuhl/*Marlow*, Rn 1214; die Begr. RegE, BT-Drucks. 16/3945, S. 106 (zu § 173 Abs. 1 VVG, 3. Abs.) sieht denn auch diese Befristung als einen Unterfall des befristeten Anerkenntnisses.
8 Prölss/Martin/*Lücke*, § 12 BU Rn 1 iVm vor § 172 VVG Rn 8.
9 Beckmann/Matusche-Beckmann/*Rixecker*, § 46 Rn 170.
10 OLG Karlsruhe 3.5.2005 – 12 U 326/04, VersR 2006, 59; wohl auch BGH 7.2.2007 – IV ZR 244/03, VersR 2007, 633 (unter II 2 b).
11 AA Prölss/Martin/*Lücke*, § 12 BU Rn 9; der bisherige § 2 Abs. 3 ist nun Abs. 2.

higkeit oder die Pflegestufe nachzuprüfen. Dabei können wir erneut prüfen, ob die versicherte Person *(das ist die Person, auf deren Berufsunfähigkeit die Versicherung abgeschlossen ist)* eine andere Tätigkeit im Sinne von § 2 ausübt[1], wobei neu erworbene berufliche Fähigkeiten zu berücksichtigen sind.

(2) Zur Nachprüfung können wir jederzeit sachdienliche Auskünfte anfordern und einmal jährlich verlangen, dass sich die versicherte Person durch von uns beauftragte Ärzte umfassend untersuchen lässt. Hierbei anfallende Kosten sind von uns zu tragen. Die Bestimmungen des § 4 Absätze 2 und 3 gelten entsprechend.

Mitteilungspflicht

(3) Sie müssen uns unverzüglich *(d.h. ohne schuldhaftes Zögern)* mitteilen, wenn sich die Berufsunfähigkeit oder die Pflegebedürftigkeit mindern oder wegfallen oder eine berufliche Tätigkeit wiederaufgenommen wird bzw sich ändert.

Leistungsfreiheit

(4) Wir sind leistungsfrei, wenn wir feststellen, dass die in § 1 und § 2 genannten Voraussetzungen der Leistungspflicht entfallen sind und wir Ihnen die Veränderung in Textform *(z.B. Papierform oder E-Mail)* darlegen. Unsere Leistungen können wir mit Ablauf des dritten Monats nach Zugang unserer Erklärung bei Ihnen einstellen. Ab diesem Zeitpunkt müssen Sie auch die Beiträge wieder zahlen. Ist keine Berufsunfähigkeitsrente mitversichert, muss die Beitragszahlung zu Beginn des darauffolgenden Beitragszahlungsabschnitts wieder aufgenommen werden.

(5) Liegt Berufsunfähigkeit infolge Pflegebedürftigkeit vor und hat sich die Art des Pflegefalls geändert oder sein Umfang gemindert, setzen wir unsere Leistungen herab oder stellen wir sie ein. Absatz 4 Satz 2 bis 4 gelten entsprechend, wenn wir unsere Leistungen einstellen.

I. Allgemeines

§ 6 ist die **vertragliche Ausgestaltung** des § 174 VVG und regelt das Nachprüfungsverfahren. In Bedingungen zu Altverträgen war dies in § 7 MB-BUZ 90 geregelt. Unterschied zu den Altbedingungen ist insb. die längere „Nachleistungspflicht" von drei Monaten (Abs. 4 S. 2) statt früher einem Monat. Außerdem ist die Formulierung in Abs. 1 S. 1 „berechtigt, ... ihren Grad ... nachzuprüfen", entfallen. Im Wortlaut – nicht aber in der Sache – weicht Abs. 1 S. 2 von der gesetzlichen Regelung ab und macht diese unter Berücksichtigung des § 2 transparenter. Die Regelung wurde nochmals gegenüber der in der Vorauflage dargestellten BB-BUZ-Fassung (Stand: 23.8.2010) überarbeitet. Dabei dürfte die Überarbeitung des Abs. 1 S. 1 auf die vom BGH[2] für unwirksam erachtete Regelung des § 9 Abs. 8 MB-BUZ 90 zurückzuführen sein.

II. Tatbestand der Nachprüfung (Abs. 1)

Die Abs. 1 und Abs. 4 S. 1 und 2 sind nähere Ausgestaltungen des § 174 Abs. 1 VVG. Das Fortbestehen der Berufsunfähigkeit oder die Pflegestufe darf der VR nachprüfen. Dies versteht sich schon daraus, dass es sich bei der Berufsunfähigkeit um einen gedehnten Versicherungsfall[3] handelt, für den der VR nur bei Vorliegen

---

1 Falls nach der Tarifierung eine abstrakte Verweisung erfolgt, muss es heißen: „... andere Tätigkeit im Sinne von § 2 ausüben kann".
2 BGH 16.6.2010 – IV ZR 226/07, VersR 2010, 1025 = r+s 2010, 336 = NJW 2011, 216. § 9 Abs. 8 MB-BUZ 90 lautete: „Anerkannte oder festgestellte Ansprüche aus der Zusatzversicherung werden durch Rückkauf oder ... nicht berührt."
3 OLG Saarbrücken 3.5.2006 – 5 U 578/00-48, VersR 2007, 780 (unter II 3 b); BGH 22.2.1984 – IVa ZR 63/82, VersR 1984, 630 (unter III); allg. zum gedehnten Versicherungsfall: BGH 12.4.1989 – IVa ZR 21/88, BGHZ 107, 170 = VersR 1989, 588.

der Leistungsvoraussetzungen (weiter) leisten will, § 1 Abs. 4. Auf der anderen Seite soll dem Versicherten **Bestandsschutz** gewährt werden (vgl § 174 VVG Rn 1).[4] Den Ausgleich dieser gegenläufigen Interessen wahrt die Berechtigung zur Nachprüfung nach **Abs. 1 S. 1**.

3 Soweit nach **Abs. 1 S. 2** neu erworbene berufliche Fähigkeiten zu berücksichtigen sind, handelt es sich bei diesen um eine „**Veränderung**" iSd § 174 Abs. 1 VVG (s. § 174 VVG Rn 6 f). Das Abstellen auf die „erneute" Prüfung einer Verweisungstätigkeit ergibt sich aus dem Umstand, dass etwa wegen einer Gesundheitsverbesserung erstmals eine Verweisungstätigkeit ausgeübt werden kann, was von Grund auf zu prüfen ist (s. § 174 VVG Rn 9).[5] Auch ohne diese Formulierung im konkreten Bedingungswerk sind neue Fähigkeiten zu berücksichtigen, wenn die Bedingungen für den Versicherungsfall voraussetzen, dass keine Verweisungstätigkeit ausgeübt wird (wie § 2).[6]

4 Hinsichtlich der formellen und materiellen Voraussetzungen der Einstellungsmitteilung wird auf die Erläuterungen zu § 174 VVG verwiesen (s. § 174 VVG Rn 3 ff, 12 ff).

III. Rechtsfolge und Nachleistung (Abs. 4)

5 Hat sich der Gesundheitszustand gebessert, liegen neue Fähigkeiten vor oder kann die versicherte Person aus sonstigen, nach dem dem Anerkenntnis zugrunde liegenden Zeitraum entstandenen Gründen die ursprüngliche Tätigkeit oder eine Verweisungstätigkeit ausüben, so führt die konstitutive[7] Einstellungsmitteilung bei Wegfall der Berufsunfähigkeit zur **Leistungsfreiheit** des VR. Der ursprünglich gedehnte Versicherungsfall ist dann beendet. Zum Problem „*uno actu*" s. § 174 VVG Rn 19. Abs. 4 S. 3 und 4 verdeutlichen dabei, dass der VN die Beitragszahlung mit Ablauf der dreimonatigen „Nachleistungspflicht" wieder aufnehmen muss. Dabei ist bei reiner Absicherung der Beitragsbefreiung nicht taggenau (s. § 174 VVG Rn 17 f), sondern aus Vereinfachungsgründen erst zum folgenden Beitragszahlungsabschnitt (bei monatlicher Prämie also zum nächsten Ersten) die Beitragszahlung wieder aufzunehmen.

6 Beruhte die Leistungspflicht des VR auf einem rechtskräftigen Leistungsurteil, so droht dem VR nach Leistungseinstellung die **Vollstreckung** der titulierten Ansprüche. Zur Beseitigung des Titels, sofern der VN die vollstreckbare Ausfertigung nicht herausgibt, kommt dann die Vollstreckungsgegenklage (§ 767 ZPO) in Betracht.[8] Dabei kommt es nicht darauf an, ob vor dem Zeitpunkt der rechtskräftigen Feststellung der Berufsunfähigkeit schon eine Einstellungsmöglichkeit bestand. Denn dies kann der VR nach § 6 nachholen. Die Einstellungsmitteilung ist konstitutiv.[9]

---

4 BGH 30.1.2008 – IV ZR 48/06, VersR 2008, 521; BGH 16.12.1987 – IVa ZR 156/86, VersR 1988, 281.
5 *Voit*, BUV, 1994, Rn 621; weniger deutlich: *Neuhaus*, BUV, Kap. M Rn 37.
6 *Neuhaus*, BUV, Kap. M Rn 42.
7 BGH 30.1.2008 – IV ZR 48/06, VersR 2008, 521.
8 Entgegen *Neuhaus*, BUV, Kap. M Rn 140 muss nicht zunächst Abänderungsklage des VN abgewartet werden.
9 OLG Düsseldorf 10.6.2003 – 4 U 194/02, VersR 2003, 1383; vgl auch BGH 27.5.1987 – IVa ZR 56/86, VersR 1987, 808 (Nachprüfung von Beginn an vorgesehen); aA OLG Karlsruhe 21.10.2004 – 19 U 120/03, VersR 2005, 775; krit. bei Einstellung wegen Anfechtung gem. § 123 BGB: Prölss/Martin/*Lücke*, § 9 BUZ Rn 7 unter Hinweis auf BGH 1.6.1964 – VII ZR 16/63, BGHZ 42, 37 = NJW 1964, 1797 (Präklusion durch Anfechtungslage).

IV. Obliegenheiten (Abs. 2, 3)

1. Mitteilungspflicht (Abs. 3). Unverzüglich muss eine Minderung der Berufsunfähigkeit bzw eine Wiederaufnahme der beruflichen Tätigkeit **angezeigt** werden (**Abs. 3**). Hintergrund ist hier, dass der VN zum einen keine Wertung über das Ausmaß der Verbesserung treffen soll,[10] zum anderen bei Aufnahme einer beruflichen Tätigkeit eine Verweisung grds. in Betracht kommt. Kenntnis des VN ist bei Aufnahme einer Tätigkeit nicht zu leugnen, bei erheblichen Gesundheitsverbesserungen wohl gleichfalls indiziert.[11] Den Hinweis nach § 28 Abs. 4 VVG sollte der VR schon deshalb in das Anerkenntnisschreiben aufnehmen.

2. Sachdienliche Auskünfte (Abs. 2). Sachdienliche Auskünfte kann der VR jederzeit verlangen, die Untersuchung durch von ihm bestimmte Ärzte jedoch nur einmal jährlich (**Abs. 2**), was der BGH als „ungewöhnliche Mitwirkungsobliegenheit" bezeichnete.[12] Berücksichtigt man jedoch die „Dehnung" des Versicherungsfalles über Jahre, so ist die Mitwirkung so ungewöhnlich nicht, weil die Mitwirkungspflicht „während" des Versicherungsfalles besteht. Insoweit leitet der VR meist ein Nachprüfungsverfahren ein, indem er den VN auffordert, Fragen zur derzeitigen beruflichen Situation, zum Einkommen und zum Gesundheitszustand zu beantworten.

Sachdienlich sind die Informationen, wie sie auch in der Erstprüfung vom VN verlangt werden,[13] woran auch die gegenüber § 4 Abs. 2 unterschiedliche Formulierung (dort „notwendig") nichts ändert (vgl § 4 Rn 11 f).[14] Aus dem Fehlen des Begriffs „Nachweis" in Abs. 2 S. 1 folgt zum Informationsumfang in Abgrenzung zu den genannten Auskünften ebenso wenig etwas wie zur Person des Auskunftsgebers (vgl § 4 Rn 13). Schon der Verweis in Abs. 2 S. 2 führt ohnehin zum Nachweiserfordernis auch im Nachprüfungsverfahren. Wegen der Hinweispflicht gem. § 28 Abs. 4 VVG sollte schon im Anschreiben zu dieser Aufforderung auf die Obliegenheit zu sachdienlichen Auskünften erneut hingewiesen werden.

§ 7 Was gilt bei einer Verletzung der Mitwirkungspflichten im Rahmen der Nachprüfung?

Solange eine Mitwirkungspflicht nach § 6 von Ihnen, der versicherten Person *(das ist die Person, auf deren Berufsfähigkeit die Versicherung abgeschlossen ist)* oder dem Anspruchserhebenden vorsätzlich nicht erfüllt wird, leisten wir nicht. Bei grob fahrlässiger Verletzung einer Mitwirkungspflicht sind wir berechtigt, unsere Leistung in einem der Schwere des Verschuldens entsprechenden Verhältnis zu kürzen. Beides gilt nur, wenn wir durch gesonderte Mitteilung in Textform *(z.B. Papierform oder E-Mail)* auf diese Rechtsfolgen hingewiesen haben.

Weisen Sie nach, dass die Mitwirkungspflicht nicht grob fahrlässig verletzt worden ist, bleibt unsere Leistungspflicht bestehen.

Die Ansprüche aus der Zusatzversicherung bleiben auch bestehen, soweit Sie uns nachweisen, dass die Verletzung ohne Einfluss auf die Feststellung oder den Umfang unserer Leistungspflicht ist. Das gilt nicht, wenn die Mitwirkungspflicht arglistig verletzt wird.

---

10 van Bühren/*Dunkel*, Hdb VersR, § 15 Rn 385.
11 Vgl Prölss/Martin/*Lücke*, § 13 BU Rn 16 unter Hinweis auf BGH 13.12.2006 – IV ZR 252/05, VersR 2007, 389 (AKB).
12 BGH 17.2.1993 – IV ZR 206/91, VersR 1993, 470 = BGHZ 121, 284 (unter 2).
13 Beckmann/Matusche-Beckmann/*Rixecker*, § 46 Rn 212.
14 So auch *Neuhaus*, BUV, Kap. K Rn 112 f; aA LG Dortmund 22.1.2009 – 2 O 365/08, juris.

Wenn die Mitwirkungspflicht später erfüllt wird, sind wir ab Beginn des laufenden Monats nach Maßgabe dieser Bedingungen zur Leistung verpflichtet.

I. Allgemeines

1 § 7 regelt die Rechtsfolgen einer Obliegenheitsverletzung nur im **Nachprüfungsverfahren**, deren Tatbestände in § 6 Abs. 2 und 3 genannt sind. Geregelt waren die Rechtsfolgen in Altverträgen in § 8 MB-BUZ 90, wobei es wegen der Reform des Obliegenheitsrechts (§ 28 VVG) und auch gegenüber der Fassung der Bedingungen aus der Vorauflage (BB-BUZ, Stand: 23.8.2010) auch im Wortlaut Änderungen gibt. In den älteren Fassungen der Bedingungen war auch die Verletzung der Obliegenheiten im Erstprüfungsverfahren zu Recht sanktioniert.

II. Regelungsgehalt

2 1. **Umfang und Voraussetzung.** Auch bei Vorsatz des VN, des Anspruchserhebenden[1] oder der versicherten Person besteht keine gänzliche, sondern nur eine vorübergehende Leistungsfreiheit. Da die Berufsunfähigkeit ein gedehnter Versicherungsfall ist,[2] sehen die Bedingungen in S. 1 – insoweit wie im früheren § 8 MB-BUZ 90 – vor, dass die Leistungsfreiheit nur **so lange** andauert, wie die Mitwirkungsobliegenheiten nicht erfüllt werden, so dass ein Obliegenheitsverstoß weniger gravierend ist als etwa in der Sachversicherung. Sofern Kausalität gegeben ist, beginnt die Leistungsfreiheit, sobald die Obliegenheit verletzt ist *und* auf die Folgen der Verletzung hingewiesen wurde. Sie endet nach § 7 letzter Satz mit Beginn des Monats, in dem die Mitwirkungsobliegenheit erfüllt wird. AGB-rechtliche Bedenken gegen diese Begrenzung der Leistungsfreiheit zu Gunsten des VN bestehen nicht.[3]

3 Im Übrigen wird hinsichtlich des Vorsatzes auf § 28 VVG Rn 74 f, hinsichtlich der groben Fahrlässigkeit auf § 28 VVG Rn 96 und hinsichtlich des Kausalitätsgegenbeweises auf § 28 VVG Rn 56 f verwiesen. Hinsichtlich der Formalien der „gesonderten Mitteilung" wird auf § 28 VVG Rn 228 ff und auf § 19 VVG Rn 45 ff verwiesen. Zusammengefasst muss die Belehrung „ins Auge fallen".[4]

4 Geändert gegenüber der noch in der Vorauflage kommentierten BB-BUZ-Fassung (Stand: 23.8.2010) wird in **S. 4** nunmehr entsprechend der Regelung des § 28 Abs. 2 S. 2 VVG die grobe Fahrlässigkeit vermutet (s. § 28 VVG Rn 164 ff, 168). Das war in den GDV-Empfehlungen vor dem Stand 25.10.2012 anders: Nach dem früheren Wortlaut traf den VR die Darlegungs- und Beweislast groben Verschuldens des VN.[5]

5 S. 5 regelt den Kausalitätsgegenbeweis, den der VN zu führen hat. Zu den Einzelheiten s. § 28 VVG Rn 96 ff. Bezogen auf die konkrete (Nach-)Prüfung muss der VN darlegen und beweisen, dass die Nichtmitteilungen oder die Nichtuntersuchung *ohne* Einfluss auf die Einstellungsmöglichkeit des VR war. Das gilt bei arglistiger Obliegenheitsverletzung nicht (**S. 6**). Eine solche kann vielmehr auch im Erstprüfungsverfahren zur Leistungsfreiheit für den **Versicherungsfall** führen.[6]

---

1 Zweifelnd, solange der Anspruchserhebende nicht VN oder VP ist, mangels Zurechenbarkeit gem. §§ 156, 176 VVG: Prölss/Martin/*Lücke*, § 14 BU Rn 3.
2 BGH 22.2.1984 – IVa ZR 63/82, VersR 1984, 630 (unter III).
3 OLG Hamburg 15.4.1987 – 5 U 77/86, VersR 1988, 705 (LS).
4 BGH 9.1.2013 – IV ZR 197/11, VersR 2013, 297 = r+s 2013, 114 = zfs 2013, 153 = NJW 2013, 876 (Beispiele zur Hervorhebung Tz 25).
5 *Neuhaus*, BUV, Kap. K Rn 172; LG Dortmund 22.1.2009 – 2 O 365/08, juris.
6 OLG Celle 26.4.2012 – 8 U 3/12 (unter 2.), zfs 2014, 341; OLG Köln 17.1.2014 – 20 U 208/12, r+s 2015, 150, 151 m. abl. Anm. *Jacob*, jurisPR-VersR 2014 Anm. 1.

2. Besonderheiten. a) Kündigung durch VR. Fraglich geworden sind die Anforderungen an eine **außerordentliche Kündigung** durch den VR, § 314 BGB. Dass eine solche bei **vorsätzlich falschen Angaben**, die einen **Betrug** begründen, negiert wird,[7] erscheint kaum nachzuvollziehen. Ebenso wenig überzeugt es nicht, wenn an sie strengere Anforderungen als in der Kranken-(tagegeld-)Versicherung gefordert werden.[8] Ausgangspunkt muss gem. § 314 BGB zunächst die Abwägung der Interessen von VN und VR sein. Dem VR darf die Fortsetzung des Vertragsverhältnisses bis zur vereinbarten Beendigung nicht zugemutet werden können. Dies ist in der Krankenversicherung im Hinblick auf deren soziale Funktion der Fall, wenn der VN sich Versicherungsleistungen erschleicht oder zu erschleichen versucht.[9] Dieses „Erschleichen" ist aber auch dann gegeben, wenn die konkret letzte Tätigkeit in der BUZ falsch dargestellt wird, denn diese ist das A und O der Prüfung bedingungsgemäßer Berufsunfähigkeit (vgl § 172 VVG Rn 27). Auch eine „bessere Beweissituation" des VR ist in der BUZ nicht gegeben, denn wie in der Krankentagegeldversicherung stehen Beruf, Krankheit und Beeinträchtigung zur Beweislast des VN (s. § 172 VVG Rn 27, § 1 MB/KT Rn 3, 10 mwN). Anders als in der Krankentagegeldversicherung ist aber in der BUZ eine Einstellung nicht jederzeit möglich, sondern nur nach (auch formal) erfolgreicher Nachprüfung (s. § 174 VVG Rn 12 ff). Der VR ist also tatsächlich noch mehr auf Loyalität des VN angewiesen, weshalb ihm auch in der Abwägung keinesfalls der prozessuale „Schutz" etwaiger Nichtbeweisbarkeit der Tätigkeit durch den VN genügt, wollte man nicht jede Leistungsprüfung den Gerichten überlassen. Da die BUZ auch ein gesetzliches Kündigungsverbot – anders als die Krankenversicherung (§ 206 VVG)[10] – nicht kennt, sind strengere Anforderungen nicht begründbar. Falschangaben zum Beruf können daher eine Kündigung rechtfertigen.[11] Zu Recht ist auch etwa **Simulation** in medizinischer Hinsicht als Kündigungsgrund anerkannt worden[12] oder die **Vorlage gefälschter Belege**.[13]

b) Observation. Erhält der VR seine Kenntnisse durch den Einsatz von **Detektiven**, so ist zu beachten, dass diese nicht agent provocateur sein dürfen, im Übrigen aber der Einsatz nicht zwingend auf den Erhalt von Kündigungsmöglichkeiten gerichtet ist,[14] sondern meist nur Zweifel ausräumen soll. Genügend und erforderlich ist aber bei ihrem Einsatz (Observation), dass die Zweifel begründbar sind,[15] etwa durch Internetrecherche, Widersprüche in Arztberichten. Im **Prozess** kann der Detektiv als (Augen-)Zeuge gehört werden, unter Güterabwägung können die Bildaufnahmen eingebracht werden.[16] Die Ermittlungskosten sind im Kostenfestset-

---

7 Prölss/Martin/*Lücke*, § 15 BU Rn 7; *Voit/Neuhaus*, BUV, 2. Aufl. 2008, Kap. O Rn 7 aE; zu Recht aufgegeben in *Neuhaus*, BUV, Kap. Q Rn 34.
8 OLG Saarbrücken 16.7.2008 – 5 U 135/06-27, VersR 2007, 344, 345 f (zu Falschangaben bzgl konkret letzter Tätigkeit).
9 BGH 20.5.2009 – IV ZR 274/09, VersR 2009, 1063, 1065 (Tz 17).
10 Kündigung des VR in der KV bei Einreichung gefälschter Belege gleichwohl zulässig: OLG Celle 24.2.2011 – 8 U 157/10, r+s 2011, 213.
11 So iE auch OLG Dresden 5.6.2015 – 7 U 1332/14.
12 OLG Saarbrücken 6.2.2013 – 5 U 106/10-18, VersR 2014, 1491; OLG Stuttgart 13.10.2006 – 7 U 90/06, n.v.; Prölss/Martin/*Lücke*, § 12 BU Rn 18 verweist auf die Anfechtung des Anerkenntnisses (dazu vgl § 174 VVG Rn 9).
13 BGH 7.12.2011 – IV ZR 50/11, VersR 2012, 219 m. Anm. *Marlow/Spuhl* = r+s 2012, 141 = zfs 2012, 154 = NJW 2012, 376 m. Anm. *Rolfs/Wiemer*, NJW 2012, 1370 in Bestätigung von OLG Celle 24.2.2011 – 8 U 157/10, VersR 2011, 738 = r+s 2011, 213.
14 So aber zur KT-Versicherung: BGH 20.5.2009 – IV ZR 274/09, VersR 2009, 1063, 1065 (Tz 22); BGH 18.7.2007 – IV ZR 129/06, VersR 2007, 1260 (Tz 36).
15 OLG Köln 3.8.2012 – 20 U 98/12, VersR 2013, 702 = r+s 2013, 217 = zfs 2013, 451 = NJW-RR 2013, 740.
16 So auch *Neuhaus*, BUV, Kap. J Rn 43 f.

zungsverfahren ansetzbar, wenn der VR sie aus der Sicht ex ante für notwendig zur Verteidigung im Prozess ansehen konnte.[17]

III. Altverträge

8 Die Mitwirkungsklauseln in Altverträgen sehen die Leistungsfreiheit ohne Quotelung schon bei grober Fahrlässigkeit vor und widersprechen damit dem § 28 VVG. Das Urteil des BGH vom 12.10.2011[18] führt daher auf den ersten Blick dazu, dass bei nicht erfolgter Anpassung der Verträge oder fehlender Beweisbarkeit des Zugangs[19] die tatbestandlichen Obliegenheiten sanktionslos wären. Das ist aber keineswegs zwingend auf die BUZ zu übertragen, da zum einen der vom BGH benannte „Rettungsanker" des § 81 VVG in der BUZ nicht gilt,[20] zum anderen schon durch die „Solange"-Regel nie vollständige Leistungsfreiheit bestand und zum Dritten „grob fahrlässig" im sog. blue-pencil-Test gestrichen werden kann. Die Sanktionen in Altverträgen greifen daher bei Vorsatz weiterhin.[21] Kommt es gar zu einer **arglistigen Obliegenheitsverletzung**, die gegeben ist, wenn der VN sich bewusst ist, dass sein Verhalten den VR bei der Leistungsprüfung möglicherweise beeinflussen kann, ohne dass eine Bereicherungsabsicht erforderlich ist,[22] führt dies zur Leistungsfreiheit, weil diese außerhalb des Sanktionssystems des § 28 Abs. 2 VVG steht.[23]

9 Bei Altverträgen und Altfall, also dem Eintritt von BU vor dem 1.1.2009, gelten die nicht angepassten Obliegenheiten weiter, was gerade für Nachprüfungsverfahren bedeutsam ist. Das ergibt sich aus der Natur als gedehnter Versicherungsfall.[24]

§ 8 Welche Besonderheiten gelten für die Überschussbeteiligung?

(1) Sie erhalten gemäß § 153 des Versicherungsvertragsgesetzes (VVG) eine Überschussbeteiligung. Dafür gelten die Regelungen zur Überschussbeteiligung in den Allgemeinen Bedingungen Ihrer Hauptversicherung. Nachfolgend erläutern wir Ihnen die Besonderheiten der Überschussbeteiligung dieser Zusatzversicherung.

(2) Wichtigster Einflussfaktor vor Eintritt einer Berufsunfähigkeit ist die Entwicklung des versicherten Risikos und der Kosten. Überschüsse entstehen insbesondere, wenn die Aufwendungen für das Berufsunfähigkeitsrisiko und die Kosten sich günstiger entwickeln als bei der Tarifkalkulation zugrunde gelegt.

(3) Die Beiträge für Ihre Zusatzversicherung dienen vorrangig der Deckung von Berufsunfähigkeitsrisiken Es stehen daher vor Eintritt einer Berufsunfähigkeit keine oder allenfalls geringfügige Beträge zur Verfügung, aus denen Kapitalerträge

---

17 OLG Nürnberg 7.12.2011 – 8 W 2303/11, n.v.; *Neuhaus*, BUV, Kap. J Rn 50.
18 BGH 12.10.2011 – IV ZR 199/10, VersR 2011, 1150 = r+s 2011, 469 = r+s 2012, 9 = zfs 2011, 688 = NJW 2012, 217.
19 *Rixecker*, Ein Regress des Versicherers bei fehlendem Nachweis des Zugangs einer Vertragsänderung, zfs 2012, 515.
20 *Neuhaus*, BUV, Kap. K Rn 153.
21 *Neuhaus*, BUV, Kap. K Rn 13 aE; *ders.*, Rechtsfolgenlosigkeit bei fehlender Anpassung?, MDR 2013, 1201, 1204.
22 BGH 23.10.2013 – IV ZR 122/13 Tz7, VersR 2014, 398, 399 = r+s 2015, 215.
23 OLG Köln 17.1.2014 – 20 U 208/12, r+s 2015, 150, 151 m. abl. Anm. *Jacob*, jurisPR-VersR 10/2014 Anm. 1; im Ergebnis wie das OLG Köln: OLG Celle 26.4.2012 – 8 U 3/12, zfs 2014, 341.
24 LG Berlin 14.8.2013 – 23 O 298/11, BeckRS 2013, 16415; so schon *Mertens*, Anm. zu LG Potsdam 12.12.2012 – 2 O 223/12, VersR 2013, 1034, 1035; ebenso *Hoenicke*, r+s 2013, 140.

entstehen können. Erst nach Eintritt einer Berufsunfähigkeit ist auch die Entwicklung des Kapitalmarktes von größerer Bedeutung.

(4) Aus diesem Grund entstehen vor Eintritt einer Berufsunfähigkeit auch keine oder nur geringfügige Bewertungsreserven. Soweit Bewertungsreserven überhaupt entstehen, wird deren Höhe jährlich neu ermittelt, zusätzlich auch
– für den Zeitpunkt der Beendigung Ihrer Zusatzversicherung vor Eintritt einer Berufsunfähigkeit,
– für den Beginn einer Rentenzahlung wegen Berufsunfähigkeit sowie
– während einer Rentenzahlung wegen Berufsunfähigkeit jeweils für das Ende eines Versicherungsjahres.[1]

§ 8 ist ab den BB-BUZ, Stand 5.9.2007, in das Bedingungswerk neu aufgenommen und gegenüber der noch in der Vorauflage kommentierten BB-BUZ-Fassung, Stand vom 23.8.2010, gänzlich neu gefasst und verkürzt worden. – Wegen der Nähe zur Lebensversicherung (§ 176 VVG) sind nur die Besonderheiten zur Überschussbeteiligung in der Zusatzversicherung (BUZ) beschrieben und erläutert (vgl. Abs. 1 S. 3), im Übrigen verweist Abs. 1 S. 2 auf die Regelungen in der Hauptversicherung. Da die Materie sehr komplex ist, darf nicht außer Betracht bleiben, dass etwa mögliche vollständige Angaben dem VN unverständlich sein würden.[2] Wegen der Einzelheiten, auch zum Grund der Aufnahme in das Bedingungswerk, wird auf § 153 VVG verwiesen. Nach § 153 Abs. 1 VVG kann aber auch die Beteiligung an den Überschüssen ausgeschlossen werden (s. § 153 VVG Rn 51 ff).

§ 9 Wie ist das Verhältnis zur Hauptversicherung?

(1) Die Berufsunfähigkeits-Zusatzversicherung bildet mit der Versicherung, zu der sie abgeschlossen worden ist (Hauptversicherung), eine Einheit; sie kann ohne die Hauptversicherung nicht fortgesetzt werden. Spätestens wenn der Versicherungsschutz aus der Hauptversicherung endet, bei Rentenversicherungen spätestens mit dem vereinbarten Rentenzahlungsbeginn, endet die Zusatzversicherung.

(2) Wenn Sie für Ihre Berufsunfähigkeits-Zusatzversicherung laufende Beiträge, also keinen Einmalbeitrag zahlen, können Sie die Zusatzversicherung allein ganz oder teilweise schriftlich kündigen. In den letzten … Versicherungsjahren vor Ablauf der Hauptversicherung, bei Rentenversicherungen in den letzten … Jahren vor dem vereinbarten Rentenbeginn, kann die Berufsunfähigkeits-Zusatzversicherung nur zusammen mit der Hauptversicherung gekündigt werden. Einen Rückkaufswert aus der Berufsunfähigkeits-Zusatzversicherung – soweit vorhanden – erhalten Sie nur, wenn Sie die Zusatzversicherung zusammen mit der Hauptversicherung kündigen.

(3) Eine Berufsunfähigkeits-Zusatzversicherung, für die keine Beiträge mehr zu zahlen sind (beitragsfreie Berufsunfähigkeits-Zusatzversicherung, Berufsunfähigkeits-Zusatzversicherung gegen Einmalbeitrag), können Sie nur zusammen mit der Hauptversicherung kündigen.

(4) Die Berufsunfähigkeits-Zusatzversicherung können Sie nur zusammen mit der Hauptversicherung in eine beitragsfreie Versicherung umwandeln, und nur dann, wenn die beitragsfreie Mindestrente von … erreicht wird. Das Verhältnis zwischen der Berufsunfähigkeitsrente und der Leistung aus der Hauptversicherung wird durch die Umwandlung in eine beitragsfreie Versicherung nicht verändert. Die bei-

---

[1] Ggf. unternehmensindividuellen anderen Zeitpunkt verwenden.
[2] Prölss/Martin/*Lücke*, § 3 BU Rn 3 unter Hinweis auf den Überblick bei *Voit/Neuhaus*, BUV, 2. Aufl. 2008, Kap. B Rn 15 ff.

tragsfreie Berufsunfähigkeitsrente errechnen wir nach anerkannten Regeln der Versicherungsmathematik für den Schluss der laufenden Versicherungsperiode. Wird die Mindestrente nicht erreicht, verwenden wir das durch die Beitragsfreistellung zur Verfügung stehende Kapital nach Abzug gemäß Absatz 5 zur Erhöhung der beitragsfreien Leistung der Hauptversicherung.

(5) Der Rückkaufswert nach Absatz 2 und 3 bzw. der aus der Berufsunfähigkeits-Zusatzversicherung für die Bildung der beitragsfreien Berufsunfähigkeitsrente zur Verfügung stehende Betrag nach Absatz 4 mindert sich um rückständige Beiträge. Außer-dem nehmen wir einen Abzug in Höhe von … vor. Der Abzug ist zulässig, wenn er angemessen ist. Dies ist im Zweifel von uns nachzuweisen. Wir halten den Abzug für angemessen, weil mit ihm die Veränderung der Risikolage des verbleibenden Versicherungsbestandes[1] ausgeglichen wird. Zudem wird damit ein Ausgleich für kollektiv gestelltes Risikokapital vorgenommen.[2] Wenn Sie uns nachweisen, dass der aufgrund Ihrer Kündigung von uns vorgenommene Abzug wesentlich niedriger liegen muss, wird er entsprechend herabgesetzt. Wenn Sie uns nachweisen, dass der Abzug überhaupt nicht gerechtfertigt ist, entfällt er.

(6) Bei Herabsetzung der versicherten Leistung aus der Hauptversicherung gelten die Absätze 2 bis 5 entsprechend.

(7) Erbringen wir Leistungen aus der Berufsunfähigkeits-Zusatzversicherung, berechnen wir die Leistung aus der Hauptversicherung (Rückkaufswert, beitragsfreie Versicherungsleistung und Überschussbeteiligung der Hauptversicherung) so, als ob Sie den Beitrag unverändert weiter gezahlt hätten.

(8) Ansprüche aus der Berufsunfähigkeits-Zusatzversicherung, die auf bereits vor der Kündigung oder Beitragsfreistellung der Hauptversicherung eingetretener Berufsunfähigkeit beruhen, werden durch Kündigung oder Beitragsfreistellung der Hauptversicherung nicht berührt.

(9) Ansprüche aus der Berufsunfähigkeits-Zusatzversicherung können Sie nicht abtreten oder verpfänden.

(10) Soweit in diesen Bedingungen nichts anderes bestimmt ist, finden die Allgemeinen Bedingungen für die Hauptversicherung sinngemäß Anwendung.

I. Allgemeines

1 § 9 ist neu formuliert, die Zählung der Absätze hat sich gegenüber der BB-BUZ-Fassung mit Stand 23.8.2010 (s. Vorauflage) geändert. Die Regelung ist das Bindeglied zwischen BUZ und Hauptversicherung. Eine gravierende Änderung ergab sich, nachdem § 9 Abs. 8 MB-BUZ 90, der lautete:

„*Anerkannte oder festgestellte Ansprüche aus der Zusatzversicherung werden durch Rückkauf oder Umwandlung der Hauptversicherung in eine beitragsfreie Versicherung mit herabgesetzter Versicherungsleistung nicht berührt.*"

für unwirksam erklärt wurde.[3] Ansonsten weichen die Absätze in der redaktionellen Darstellung und Absatzzählung von der Regelung in den MB-BUZ 90 ab. Die in den MB-BUZ 90 nicht geregelte Frage der Überschussbeteiligung ist nun in § 8 beschrieben.

---

1 Ggf. unternehmensindividuell anzupassen, wenn im Bedingungswerk eine andere Diktion veranlasst ist.
2 Ggf. unternehmensindividuell anzupassen, wenn auch aus anderen Gründen oder nur in eingeschränktem Umfang, also nicht aus allen oben genannten Gründen, ein Abzug erfolgen soll.
3 BGH 16.6.2010 – IV ZR 226/07, VersR 2010, 1025 = r+s 2010, 336 = NJW 2011, 216.

II. Regelungsgehalt

Da es sich um eine **Zusatzversicherung** handelt, kann die BUZ nicht ohne die Hauptversicherung bestehen. War die Hauptversicherung eine Kapitallebensversicherung, wurde wegen der sozialen Bedeutung der BUZ und ihrer Unpfändbarkeit (s. Rn 8 f) eine Verwertung durch Kündigung (und damit Leistung des Rückkaufswertes) zum Teil verneint,[4] eine Übertragung des Kündigungsrechts jedenfalls ausgeschlossen.[5] Dem ist zu Recht die ober- und höchstrichterliche Rechtsprechung nicht gefolgt.[6] Denn schon der Begriff „Zusatz"-Versicherung macht klar, dass die **BUZ nur Annex der Hauptversicherung** ist, ihre Wertungen daher nicht auf diese durchschlagen können. Erfasst ist bei Abtretung oder Pfändung der Hauptversicherung auch das Kündigungsrecht.[7] Endet die Hauptversicherung, endet auch die BUZ.[8] Daher führt ein Rücktritt nur von der Hauptversicherung nach § 19 VVG oder deren Anfechtung ebenso wie auch eine Kündigung nach § 38 VVG zum Erlöschen der BUZ (vgl **Abs. 1**). Umgekehrt führt das Erlöschen der BUZ nicht zum Erlöschen der Hauptversicherung, da insoweit Teilbarkeit (§ 29 VVG) besteht,[9] wie auch Abs. 2 S. 1 belegt.[10]

Ist jedoch schon vor dem Ende der Hauptversicherung aufgrund **Kündigung** Berufsunfähigkeit eingetreten, berührt dies die Leistungspflicht aus der BUZ nicht (arg.: BUZ als gedehnter Versicherungsfall, s. § 1 Rn 6).[11] Ist Berufsunfähigkeit eingetreten, bevor – was wohl theoretisch ist – *nur die Hauptversicherung angefochten* wird, dürfte eine Leistungspflicht nicht gegeben sein, da es wegen der Rückwirkung der Anfechtung (§ 142 BGB) am Eintritt während der Versicherungsdauer (s. § 172 VVG Rn 57, § 1 Rn 2 f) fehlt; Gleiches dürfte für den rückwirkenden Rücktritt gelten, bei dem dann aber fehlende Mitursächlichkeit iSd § 21 Abs. 2 VVG zu prüfen ist.

Gegenüber den früheren Bedingungen enthält **Abs. 8** nunmehr eine redaktionelle Änderung, die nicht mehr auf „anerkannte oder festgestellte Ansprüche" abstellt, sondern auf die Leistungserbringung des VR. Ist leistungspflichtige Berufsunfähigkeit eingetreten (also anerkannt, § 173 VVG, § 5 oder gerichtlich festgestellt), so wird Beitragsbefreiung zur Hauptversicherung gewährt. Als Folge dieses Leistungsinhalts stellt **Abs. 7** klar, dass trotz der eigentlich ex nunc wirkenden Änderungen der Hauptversicherung die Beitragsbefreiung auch hinsichtlich der **Überschüsse** etc. so wirkt, als wäre der Beitrag vom VN „normal" geleistet worden. Werden keine Leistungen erbracht, schlägt e contrario die Änderung der Hauptversicherung auf die BUZ durch.

---

4 OLG Jena 19.5.2000 – 5 W 129/00, VersR 2000, 1005; OLG Hamm 16.3.2006 – 27 U 118/05, ZInsO 2006, 878; OLG Frankfurt 8.5.2008 – 12 U 104/06, r+s 2008, 386 = OLGR 2009, 266 (aufgehoben durch BGH 18.11.2009 – IV ZR 134/08, VersR 2010, 375); aufgegeben von Prölss/Martin/*Lücke*, § 9 BUZ Rn 13.
5 OLG Köln 20.11.2008 – 20 W 46/08, VersR 2009, 621 = r+s 2009, 516.
6 BGH 18.11.2009 – IV ZR 39/08, VersR 2010, 237, 238 (Tz 21, 29); BGH 18.11.2009 – IV ZR 134/08, VersR 2010, 375 = r+s 2010, 74 (Revisionsentscheidung zu OLG Frankfurt 8.5.2008 – 12 U 104/06, r+s 2008, 386); OLG Köln 25.3.1996 – 5 U 148/95, VersR 1998, 222; OLG Saarbrücken 9.11.1995 – 5 U 69/94-3, VersR 1995, 1227; vgl *Neuhaus*, r+s 2009, 309, 315; *Gutzeit*, NJW 2010, 1644.
7 BGH 18.11.2009 – IV ZR 134/08, VersR 2010, 375 = r+s 2010, 71 = zfs 2010, 162 = NJW 2010, 374.
8 BGH 28.3.2001 – IV ZR 180/00, VersR 2001, 752 (unter 2 b); OLG Koblenz 17.11.2000 – 10 U 1979/99, VersR 2001, 887.
9 OLG Saarbrücken 19.5.1993 – 5 U 56/92, VersR 1996, 488 (unter B 5); OLG Saarbrücken 9.11.1995 – 5 U 69/94-3, VersR 1995, 1227; aA wohl OLG Jena 19.5.2000 – 5 W 129/00, VersR 2000, 1005.
10 OLG Hamm 29.5.1990 – 20 W 8/90, r+s 1990, 357; OLG Köln 22.9.1988 – 5 U 178/87, r+s 1988, 382.
11 OLG Karlsruhe 16.2.2006 – 12 U 261/05, VersR 2006, 1348 (unter B. 2).

5 § 168 VVG – gem. § 176 VVG auf die BUZ anwendbar – beschreibt eine Teilkündigung im Rahmen der Lebensversicherung nicht. Deshalb stellt **Abs. 2 S. 1** klar, dass die **BUZ alleine gekündigt** werden kann. Braucht der VR eine Teilkündigung aber grds. nicht hinzunehmen, bestehen keine Bedenken, dies in den letzten fünf Jahren an die Kündigung der Hauptversicherung zu koppeln.[12] Der Eintritt des Versicherungsfalles ist in der BUZ nicht gewiss, so dass grds. die Regeln zum **Rückkaufswert** nicht eingreifen, § 169 Abs. 1 VVG. Soweit ein Rückkaufswert überhaupt bzw gleichwohl gegeben ist, wird der Abzug gem. § 169 Abs. 5, 6 VVG in **Abs. 2 S. 3, Abs. 5** beschrieben.

6 Diese Erwägungen gelten im Ergebnis auch für die Regelung zur Kündigung einer **beitragsfreien** BUZ gem. **Abs. 3**, die sich an §§ 165 f VVG orientiert.

7 **Abs. 6** betrifft die Fälle, in den die Höhe der Versicherungsleistung der BUZ nicht absolut, sondern in prozentualem Verhältnis zur Versicherungssumme der Hauptversicherung geregelt ist. Da hier nur die **Herabsetzung** angesprochen wird, gilt diese Regelung nicht für Heraufsetzungen der Versicherungssumme der Hauptversicherung.[13] Zur Dynamik vgl Abs. 10 und § 1 Rn 10.

8 Die Hauptversicherung sieht regelmäßig die Abtretung und Verpfändung als möglich an (vgl § 159 VVG Rn 6). **Abs. 9** stellt daher die Abweichung (**Nichtpfändbarkeit**) klar. Mit Einführung des § 851 c ZPO zum 31.3.2007[14] war allerdings streitig geworden, ob die Nichtpfändbarkeit der BU auch für Selbständige gilt.[15] Während einerseits die BU-Rente als „Versicherungsrente" nur dem Schutzzweck des „Arbeitseinkommens" iSd §§ 850 Abs. 1, 850 Abs. 3 Buchst. b ZPO unterstellt wurde,[16] wurde aus dem Gesetz zum „Pfändungs*schutz*" das Gegenteil, wenn § 851 c Abs. 1 Nr. 1 ZPO dahin gehend verstanden wird, auch die BU-Rente müsse lebenslang erbracht werden, um dem Schutz zu unterfallen,[17] obwohl ein derartiges BU-Produkt am Markt nicht existent ist. Gänzlich übersehen wurde jedoch, dass die Regelung des § 850 b Abs. 1 Nr. 1 ZPO, wonach Renten wegen Verletzung des Körpers nur bedingt pfändbar sind, Arbeitseinkommen iSd § 850 ZPO nicht voraussetzt.[18] Dies erkannte die Rspr dann doch und unterstellte BU-Renten wieder dem **Pfändungsschutz** des **§ 850 b Abs. 1 Nr. 1 ZPO**, allerdings mit der Einschränkung der ausnahmsweisen (Teil-)Pfändbarkeit gem. § 850 b Abs. 2 ZPO.[19]

---

12 Prölss/Martin/*Lücke*, § 9 BUZ Rn 10; *Neuhaus*, BUV, Kap. Q Rn 9 f.
13 OLG Hamm 8.2.1995 – 20 U 228/94, VersR 1996, 47 = r+s 1995, 194.
14 Gesetz zum Pfändungsschutz der Altersvorsorge (AVPfSG) vom 26.3.2007 (BGBl. I S. 368); Überblick dazu *Hasse*, VersR 2006, 145 f.
15 Verneinend: BGH 15.11.2007 – IX ZB 99/05, r+s 2008, 431 = MDR 2008, 287 = BGHR 2008, 308 (der Entscheidung BGH 15.11.2007 – IX ZB 34/06, VersR 2008, 843 lag nur eine Altersrente zugrunde); OLG Hamm 20.5.2009 – 20 U 135/08, VersR 2010, 100; *Neuhaus/Köther*, ZfV 2009, 248, 251; aA zu Recht OLG Köln 30.7.2007 – 5 U 13/07.
16 BGH 15.11.2007 – IX ZB 99/05, MDR 2008, 287 = BGHR 2008, 308.
17 OLG Hamm 20.5.2009 – I-20 U 135/08, 20 U 135/08, VersR 2010, 100; iE so auch die Revisionsentscheidung BGH 15.7.2010 – IX ZR 132/09, MDR 2010, 1081 = ZInsO 2010, 1485 = NZI 2010, 777; die Gesetzesbegründung wollte existenzsichernde Einkünfte erhalten (BT-Drucks. 16/886, S. 7) in der Erkenntnis, dass lebenslange BU-Leistungen nicht geboten werden.
18 BGH 25.1.1978 – VIII ZR 137/76, BGHZ 70, 206 = VersR 1978, 950 = r+s 1978, 117; *Wollmann*, ZInsO 2009, 2319, *Gutzeit*, NJW 2010, 1644, 1645.
19 BGH 3.12.2009 – IX ZR 189/08, VersR 2010, 953 = ZInsO 2010, 188 m. dogmatischer Kritik *Wollmann*, ZInsO 2010, 754 = NZI 2010, 141 m. Anm. *Asmuß*; *Ahrens*, NJW-Spezial 2010, 597; *ders.*, VuR 2010, 445; BGH 15.7.2010 – IX ZR 132/09 (Tz 42), VersR 2011, 1252, 1254 = MDR 2010, 1081.

Damit kann zum Pfändungsschutz nach der Rspr des BGH (derzeit) festgehalten werden: 9
- BU-Renten unterfallen immer § 850b Abs. 1 Nr. 1 ZPO, können aber gem. § 850b Abs. 2 ZPO teilweise der Billigkeitspfändung unterliegen.[20]
- BU-Renten unterfallen § 851c ZPO, wenn sie (1) Selbständigen gewährt werden *und* (2) lebenslang bzw zumindest eine im Wesentlichen gleich bleibende Leistung mit unmittelbar anschließender Leistung zur Versorgung im Alter gegeben ist.[21]
- BU-Renten können § 850 Abs. 3 Buchst. b ZPO unterfallen, wenn sie einem Beamten oder Arbeitnehmer gewährt werden (arbeitsentgeltähnliches Einkommen).[22]

Geht man von der Möglichkeit der „Billigkeitspfändung" der BU-Renten gem. 10 § 850 Abs. 2 ZPO aus, müssen jedenfalls die Pfändungsfreibeträge gem. §§ 850 Abs. 1, 3 Buchst. b, 850a, 850c und 850f Abs. 1 ZPO berücksichtigt werden.[23] Sind die Ansprüche unpfändbar, so unterfallen sie auch nicht der Insolvenzmasse, § 36 Abs. 1 S. 1 InsO.[24]

Ist die BU-Rente nicht pfändbar, so ist sie auch **nicht abtretbar**, § 400 BGB.[25] Für 11 die Beitragsbefreiung gilt dies schon kraft Leistungsinhalts gem. § 399 BGB.[26] Die Pfändbarkeit und Abtretbarkeit der Hauptversicherung berührt dies aber nicht (s. Rn 2).

Abs. 10 ist Ausgestaltung zu § 176 VVG. Zur Vereinbarung einer Dynamik und 12 deren Bedeutung für die Höhe versicherter Berufsunfähigkeits-Leistungen s. § 1 Rn 10.

---

20 BGH 3.12.2009 – IX ZR 189/08, VersR 2010, 953; BGH 15.7.2010 – IX ZR 132/09, MDR 2010, 1081 = ZInsO 2010, 1485 = NZI 2010, 777.
21 BGH 15.7.2010 – IX ZR 132/09, VersR 2011, 1252 = MDR 2010, 1081 = ZInsO 2010, 1485 = NZI 2010, 777; so auch Vorinstanz OLG Hamm 20.5.2009 – 20 U 135/08, VersR 2010, 100.
22 So wohl BGH 15.11.2007 – IX ZB 99/05, r+s 2008, 431 = MDR 2008, 287 = BGHR 2008, 308; *Ahrens*, NJW-Spezial 2010, 597; zu Recht krit. *Wollmann*, ZInsO 2009, 2319.
23 LG Wiesbaden 13.4.2011 – 5 O 283/09; *Ahrens*, VuR 2010, 445, 448; krit. wohl *Wollmann*, ZInsO 2010, 754, 755, der § 850b Abs. 2 ZPO nach dem Wortlaut des § 36 Abs. 1 S. 2 InsO für nicht anwendbar erachtet.
24 BGH 3.12.2009 – IX ZR 189/08, VersR 2010, 953 (Tz 13).
25 OLG Oldenburg 23.6.1993 – 2 U 84/93, VersR 1994, 846; OLG Jena 19.5.2000 – 5 W 129/00, VersR 2000, 1005; KG 7.6.2002 – 6 U 112/01, VersR 2003, 490.
26 OLG Köln 25.3.1996 – 5 U 148/95, VersR 1998, 222.

Allgemeine Unfallversicherungs-Bedingungen (AUB 2010)

Musterbedingungen des GDV[1]

Stand: Oktober 2010

Vorbemerkung zu den AUB 2010

Auf der Grundlage der zum 1.1.2008 in Kraft getretenen Neufassung des VVG hat der Gesamtverband der Deutschen Versicherungswirtschaft e.V. (GDV) als unverbindliche Musterbedingungen die Allgemeinen Unfallversicherungs-Bedingungen **AUB 2008** mit Stand September 2007 (AUB 2008) bzw mit Stand Dezember 2008 (AUB 2008/II)[1] erstellt und bekannt gegeben. Mit Stand Oktober 2010 wurden die AUB 2010 veröffentlicht. Die AUB 2008 und AUB 2010 sind, was den Versicherungsumfang anbetrifft, im Wesentlichen inhaltsgleich mit den **AUB 99**. Im Übrigen sind die sich aus der Neufassung des VVG ergebenden materiellen Änderungen in die Bedingungen aufgenommen worden. Im April 2014 hat der GDV neue Allgemeine Unfallversicherungs-Bedingungen 2014 (**Muster-AUB 2014**) unverbindlich bekannt gegeben.[2] Die Muster-AUB 2014 unterscheiden sich inhaltlich nicht von den AUB 2010. Ziel der Neufassung ist es, durch eine veränderte sprachliche Gestaltung und die Einfügung von Überschriften eine bessere Verständlichkeit herbeizuführen. Darüber hinaus enthalten die Muster-AUB 2014 zahlreiche Beispiele und Definitionen zur Erläuterung des Bedingungstextes.[3]

Die hier abgedruckte Fassung entspricht den **AUB 2010, Stand: Oktober 2010**. Die Muster-AUB 2014 enthalten inhaltlich keine Änderungen.

Der Versicherungsumfang		2022
1	Was ist versichert?	2022
2	Welche Leistungsarten können vereinbart werden?	2024
2.1	Invaliditätsleistung	2024
2.2	Übergangsleistung	2026
2.3	Tagegeld	2026
2.4	Krankenhaustagegeld, ambulante Operationen	2027
2.5	Genesungsgeld	2027
2.6	Todesfallleistung	2027
3	Welche Auswirkung haben Krankheiten oder Gebrechen?	2040
4	GESTRICHEN	2042
5	In welchen Fällen ist der Versicherungsschutz ausgeschlossen?	2042
5.1	Kein Versicherungsschutz besteht für folgende Unfälle:	2042
5.2	Ausgeschlossen sind außerdem folgende Beeinträchtigungen:	2043
6	Was müssen Sie bei vereinbartem Kinder-Tarif und bei Änderungen der Berufstätigkeit oder Beschäftigung beachten?	2058

---

1 Unverbindliche Bekanntgabe des Gesamtverbandes der Deutschen Versicherungswirtschaft e.V. (GDV). Zur fakultativen Verwendung. Abweichende Vereinbarungen sind möglich.
1 Zum Abdruck und zur Kommentierung der **AUB 2008, Stand: Dezember 2008** (AUB 2008/II), s. die Vorauflage (2. Aufl. 2011), S. 1743–1798.
2 Abrufbar unter www.gdv.de/downloads/versicherungsbedingungen/allgemeine-unfallversicherungsbedingungen-aub-2014.
3 Vgl hierzu *Weiße*, VersR 2015, 297.

| 6.1 | Umstellung des Kinder-Tarifs | 2058 |
| 6.2 | Änderung der Berufstätigkeit oder Beschäftigung | 2059 |

Der Leistungsfall 2060
7	Was ist nach einem Unfall zu beachten (Obliegenheiten)?	2060
8	Welche Folgen hat die Nichtbeachtung von Obliegenheiten?	2064
9	Wann sind die Leistungen fällig?	2064

Die Versicherungsdauer 2071
10	Wann beginnt und wann endet der Vertrag? Wann ruht der Versicherungsschutz bei militärischen Einsätzen?	2071
10.1	Beginn des Versicherungsschutzes	2071
10.2	Dauer und Ende des Vertrages	2072
10.3	Kündigung nach Versicherungsfall	2072
10.4	Ruhen des Versicherungsschutzes bei militärischen Einsätzen	2072
10.5	Versicherungsjahr	2072

Der Versicherungsbeitrag 2074
11	Was müssen Sie bei der Beitragszahlung beachten? Was geschieht, wenn Sie einen Beitrag nicht rechtzeitig zahlen?	2074
11.1	Beitrag und Versicherungsteuer	2074
11.2	Zahlung und Folgen verspäteter Zahlung/Erster Beitrag	2074
11.3	Zahlung und Folgen verspäteter Zahlung/Folgebeitrag	2074
11.4	Rechtzeitigkeit der Zahlung bei Lastschriftermächtigung	2075
11.5	Beitrag bei vorzeitiger Vertragsbeendigung	2075
11.6	Beitragsbefreiung bei der Versicherung von Kindern	2075

Weitere Bestimmungen 2076
12	Wie sind die Rechtsverhältnisse der am Vertrag beteiligten Personen zueinander?	2076
13	Was bedeutet die vorvertragliche Anzeigepflicht?	2077
13.1	Vollständigkeit und Richtigkeit von Angaben über gefahrerhebliche Umstände	2077
13.2	Rücktritt	2077
13.3	Kündigung oder rückwirkende Vertragsanpassung	2078
13.4	Anfechtung	2079
14	GESTRICHEN	2079
15	Wann verjähren die Ansprüche aus dem Vertrag?	2079
16	Welches Gericht ist zuständig?	2079
17	Was ist bei Mitteilungen an uns zu beachten? Was gilt bei Änderung Ihrer Anschrift?	2080
18	Welches Recht findet Anwendung?	2080

Der Versicherungsumfang

1 Was ist versichert?

1.1 Wir bieten Versicherungsschutz bei Unfällen, die der versicherten Person während der Wirksamkeit des Vertrages zustoßen.

1.2 Der Versicherungsschutz umfasst Unfälle in der ganzen Welt.

1.3 Ein Unfall liegt vor, wenn die versicherte Person durch ein plötzlich von außen auf ihren Körper wirkendes Ereignis (Unfallereignis) unfreiwillig eine Gesundheitsschädigung erleidet.

1.4 Als Unfall gilt auch, wenn durch eine erhöhte Kraftanstrengung an Gliedmaßen oder Wirbelsäule
– ein Gelenk verrenkt wird oder
– Muskeln, Sehnen, Bänder oder Kapseln gezerrt oder zerrissen werden.

1.5 Auf die Regelungen über die Einschränkungen der Leistung (Ziffer 3) sowie die Ausschlüsse (Ziffer 5) weisen wir hin. Sie gelten für alle Leistungsarten.

I. Unfallbegriff (Ziff. 1.3)

Die **Definition des Unfalls** in Ziff. 1.3 stimmt überein mit dem in § 178 Abs. 2 VVG erstmals gesetzlich normierten Unfallbegriff. Es kann insoweit auf die Kommentierung von § 178 VVG verwiesen werden (s. § 178 VVG Rn 3 ff). 1

II. Erweiterung des Unfallbegriffs (Unfallfiktion) (Ziff. 1.4)

Ziff. 1.4 enthält den sog. **erweiterten Unfallbegriff (Unfallfiktion)**. Danach gilt als Unfall auch, wenn durch eine erhöhte Kraftanstrengung an Gliedmaßen oder Wirbelsäule ein Gelenk verrenkt wird oder Muskeln, Sehnen, Bänder oder Kapseln gezerrt oder zerrissen werden. 2

Der erweiterte Unfallbegriff hat seine Bedeutung darin, dass bestimmte Verletzungen auch dann als Unfall gelten, wenn es an einer plötzlichen Einwirkung von außen fehlt, vielmehr willensgesteuerte Eigenbewegungen vorliegen. Erforderlich ist insoweit eine **erhöhte Kraftanstrengung**, die sich auch aus einer Dauerbelastung ergeben kann.[1] Diese liegt nur dann vor, wenn der Kraftaufwand mit einem erhöhten Einsatz von Muskelkraft verbunden ist und damit über den Aufwand hinausgeht, der naturgemäß mit einer normalen körperlichen Bewegung verbunden ist.[2] Für die Beurteilung, ob eine erhöhte Kraftanstrengung vorliegt, ist auf die **individuelle körperliche Konstitution** der versicherten Person und auf deren Kräfteverhältnisse abzustellen.[3] 3

Bejaht worden ist eine erhöhte Kraftanstrengung insb. bei **sportlicher Betätigung**,[4] so bei der Vorführung einer schwierigen gymnastischen Übung,[5] bei kämpferischem Einsatz beim Fußballspiel,[6] bei besonderen Belastungen beim Sportkegeln[7] und bei ruckartigen Richtungsänderungen beim Handballspiel.[8] Typische Bewegungen beim **Tanzen** erfordern demgegenüber keine erhöhte Kraftanstrengung.[9] Beim **Tennisspiel** kann eine erhöhte Kraftanstrengung auch in normalen Spielsitua- 4

---

1 So zutr. Prölss/Martin/*Knappmann*, Ziff. 1 AUB 2010 Rn 8 a; aA Bruck/Möller/*Leverenz*, Ziff. 1 AUB 2008 Rn 57; *Naumann/Brinkmann*, zfs 2012, 72.
2 OLG Saarbrücken 28.12.2001 – 5 U 842/00-80, VersR 2002, 1096; OLG Hamm 18.6.1997 – 20 U 246/96, VersR 1998, 708; Prölss/Martin/*Knappmann*, Ziff. 1 AUB 2010 Rn 8.
3 OLG Frankfurt/M 7.4.1994 – 3 U 111/93, VersR 1996, 363; OLG Hamm 11.2.2011 – I-20 U 151/10, VersR 2011, 1136 = r+s 2011, 530; Prölss/Martin/*Knappmann*, Ziff. 1 AUB 2010 Rn 8; Römer/Langheid/*Rixecker*, § 178 VVG Rn 10; eingehend Bruck/Möller/*Leverenz*, Ziff. 1 AUB 2008 Rn 8.
4 Vgl hierzu *Wagner*, r+s 2013, 421; Bruck/Möller/*Leverenz*, Ziff. 1 AUB 2008 Rn 35.
5 OLG Saarbrücken 28.12.2001 – 5 U 842/00-80, VersR 2002, 1096 (Muskelfaserriss).
6 OLG Celle 9.2.1995 – 8 U 82/94, VersR 1996, 1355 (Achillessehnenriss); Bruck/Möller/*Leverenz*, Ziff. 1 AUB 2008 Rn 29.
7 OLG Nürnberg 30.3.2000 – 8 U 2372/99, r+s 2001, 302 (Bizepssehnenriss); LG Berlin 18.5.1995 – 7 O 74/94, r+s 1996, 423.
8 OLG Frankfurt/M 11.3.1998 – 7 U 232/96, OLGR 1998, 239.
9 OLG Köln 12.7.2000 – 5 U 50/00, r+s 2002, 482; LG Köln 3.5.2000 – 23 O 198/99, r+s 2002, 350.

tionen vorliegen.[10] Ein erhöhter Kraftaufwand ist regelmäßig auch mit dem Anheben oder dem Bewegen schwerer Gegenstände verbunden.[11] Bei einem schnellen Aufrichten aus der Hocke[12] oder bei normalen Armbewegungen beim Reinigen einer Windschutzscheibe[13] fehlt es dagegen an einer erhöhten Kraftanstrengung.

5 Die Verletzungen müssen an **Gliedmaßen oder Wirbelsäule** auftreten. Verletzungen an anderen Körperteilen (zB Schulter) fallen nicht unter den Versicherungsschutz.[14] Streitig ist insoweit vor allem, ob eine Ruptur der Rotatorenmanschette dem Arm (versichert) oder dem Rumpf (nicht versichert) zuzuordnen ist.[15]

6 Die erhöhte Kraftanstrengung an Gliedmaßen oder Wirbelsäule muss entweder zu einer **Verrenkung eines Gelenks** oder der **Zerrung oder Zerreißung von Muskeln, Sehnen, Bändern oder Kapseln** geführt haben. Meniskusverletzungen, bei denen es sich um die Verletzung eines Knorpels handelt,[16] und Bandscheibenschäden[17] erfüllen die Voraussetzungen des erweiterten Unfallbegriffs nicht, da keine Verletzung von Gelenken, Muskeln, Sehnen oder Kapseln vorliegt. Unter Geltung der AUB 61 dürften Bandscheibenvorfälle und Meniskusrisse als versichert anzusehen sein, nicht hingegen der Kompressionsbruch eines Wirbelkörpers.[18]

2 Welche Leistungsarten können vereinbart werden?

Die Leistungsarten, die Sie vereinbaren können, werden im Folgenden oder in zusätzlichen Bedingungen beschrieben.

Die von Ihnen mit uns vereinbarten Leistungsarten und die Versicherungssummen ergeben sich aus dem Vertrag.

2.1 Invaliditätsleistung

2.1.1 Voraussetzungen für die Leistung:

2.1.1.1
Die körperliche oder geistige Leistungsfähigkeit der versicherten Person ist unfallbedingt dauerhaft beeinträchtigt (Invalidität). Eine Beeinträchtigung ist dauerhaft, wenn sie voraussichtlich länger als drei Jahre

---

10 Zutr. Beckmann/Matusche-Beckmann/*Mangen*, § 47 Rn 33, 34; zweifelhaft OLG Frankfurt/M 7.4.1994 – 3 U 111/93, VersR 1996, 363; LG Köln 22.5.1996 – 23 S 60/95, r+s 1997, 435.
11 OLG Düsseldorf 15.6.2004 – 4 U 231/03, NJW-RR 2004, 1613 = zfs 2004, 574 m. Anm. *Rixecker* (Tragen eines 50–60 kg schweren Weihnachtsbaums; Zerreißung eines Muskels und einer Sehne); zweifelhaft LG Berlin 6.4.1989 – 7 S 65/88, VersR 1990, 374 (Gegenstände mit einem Gewicht von 10–20 kg); Prölss/Martin/*Knappmann*, Ziff. 1 AUB 2010 Rn 8.
12 OLG Hamm 18.6.1997 – 20 U 246/96, VersR 1998, 708; OLG Koblenz 6.7.1987 – 12 U 1125/86, r+s 1988, 27.
13 OLG Hamm 7.8.2002 – 20 U 87/02, r+s 2003, 439 = VersR 2003, 496.
14 Beckmann/Matusche-Beckmann/*Mangen*, § 47 Rn 31 Fn 100; abw. LG Berlin 11.2.2010 – 7 O 136/07, r+s 2010, 253 für Verletzungen der Schultermuskulatur.
15 Vgl hierzu *Hoenicke*, r+s 2009, 489; Prölss/Martin/*Knappmann*, Ziff. 1 AUB 2010 Rn 10; OLG Dresden 8.10.2007 – 4 U 1046/07, r+s 2008, 432; OLG Celle 20.8.2009 – 8 U 10/09, VersR 2010, 205.
16 OLG Saarbrücken 15.2.2004 – 5 U 752/03-72, r+s 2005, 344; LG Nürnberg-Fürth 18.11.1998 – 14 O 3156/98, r+s 2002, 394; *Grimm*, Ziff. 1 AUB 2010 Rn 53; Prölss/Martin/*Knappmann*, Ziff. 1 AUB 2010 Rn 9.
17 OLG Koblenz 18.12.1998 – 10 U 1477/97, VersR 2000, 45; OLG Köln 27.7.1995 – 5 U 33/95, VersR 1997, 443; OLG Hamm 26.11.1997 – 20 U 197/97, VersR 1999, 44; OLG Hamm 31.8.1994 – 20 U 87/94, VersR 1995, 774; OLG Karlsruhe 19.5.1994 – 12 U 33/94, r+s 1995, 159; Prölss/Martin/*Knappmann*, Ziff. 1 AUB 2010 Rn 9.
18 Beckmann/Matusche-Beckmann/*Mangen*, § 47 Rn 36 f; Prölss/Martin/*Knappmann*, Ziff. 1 AUB 2010 Rn 9.

bestehen wird und eine Änderung des Zustandes nicht erwartet werden kann.

Die Invalidität ist
- innerhalb eines Jahres nach dem Unfall eingetreten und
- innerhalb von fünfzehn Monaten nach dem Unfall von einem Arzt schriftlich festgestellt und von Ihnen bei uns geltend gemacht worden.

2.1.1.2 Kein Anspruch auf Invaliditätsleistung besteht, wenn die versicherte Person unfallbedingt innerhalb eines Jahres nach dem Unfall stirbt.

2.1.2 Art und Höhe der Leistung:

2.1.2.1 Die Invaliditätsleistung zahlen wir als Kapitalbetrag.

2.1.2.2 Grundlage für die Berechnung der Leistung bilden die Versicherungssumme und der Grad der unfallbedingten Invalidität.

2.1.2.2.1 Bei Verlust oder völliger Funktionsunfähigkeit der nachstehend genannten Körperteile und Sinnesorgane gelten ausschließlich die folgenden Invaliditätsgrade:

– Arm	70 %
– Arm bis oberhalb des Ellenbogengelenks	65 %
– Arm unterhalb des Ellenbogengelenks	60 %
– Hand	55 %
– Daumen	20 %
– Zeigefinger	10 %
– anderer Finger	5 %
– Bein über der Mitte des Oberschenkels	70 %
– Bein bis zur Mitte des Oberschenkels	60 %
– Bein bis unterhalb des Knies	50 %
– Bein bis zur Mitte des Unterschenkels	45 %
– Fuß	40 %
– große Zehe	5 %
– andere Zehe	2 %
– Auge	50 %
– Gehör auf einem Ohr	30 %
– Geruchssinn	10 %
– Geschmackssinn	5 %

Bei Teilverlust oder teilweiser Funktionsbeeinträchtigung gilt der entsprechende Teil des jeweiligen Prozentsatzes.

2.1.2.2.2 Für andere Körperteile und Sinnesorgane bemisst sich der Invaliditätsgrad danach, inwieweit die normale körperliche oder geistige Leistungsfähigkeit insgesamt beeinträchtigt ist. Dabei sind ausschließlich medizinische Gesichtspunkte zu berücksichtigen.

2.1.2.2.3 Waren betroffene Körperteile oder Sinnesorgane oder deren Funktionen bereits vor dem Unfall dauernd beeinträchtigt, wird der Invaliditätsgrad um die Vorinvalidität gemindert. Diese ist nach Ziffer 2.1.2.2.1 und Ziffer 2.1.2.2.2 zu bemessen.

2.1.2.2.4 Sind mehrere Körperteile oder Sinnesorgane durch den Unfall beeinträchtigt, werden die nach den vorstehenden Bestimmungen ermittelten Invaliditätsgrade zusammengerechnet. Mehr als 100 % werden jedoch nicht berücksichtigt.

2.1.2.3 Stirbt die versicherte Person
- aus unfallfremder Ursache innerhalb eines Jahres nach dem Unfall oder
- gleichgültig, aus welcher Ursache, später als ein Jahr nach dem Unfall,

und war ein Anspruch auf Invaliditätsleistung entstanden, leisten wir nach dem Invaliditätsgrad, mit dem aufgrund der ärztlichen Befunde zu rechnen gewesen wäre.

2.2 Übergangsleistung

2.2.1 Voraussetzungen für die Leistung:

Die normale körperliche oder geistige Leistungsfähigkeit der versicherten Person ist im beruflichen oder außerberuflichen Bereich unfallbedingt
- nach Ablauf von sechs Monaten vom Unfalltag an gerechnet und
- ohne Mitwirkung von Krankheiten oder Gebrechen

noch um mindestens 50 % beeinträchtigt.

Diese Beeinträchtigung hat innerhalb der sechs Monate ununterbrochen bestanden.

Sie ist von Ihnen spätestens sieben Monate nach Eintritt des Unfalles unter Vorlage eines ärztlichen Attestes bei uns geltend gemacht worden.

2.2.2 Art und Höhe der Leistung:

Die Übergangsleistung wird in Höhe der vereinbarten Versicherungssumme gezahlt.

2.3 Tagegeld

2.3.1 Voraussetzungen für die Leistung:

Die versicherte Person ist unfallbedingt
- in der Arbeitsfähigkeit beeinträchtigt und
- in ärztlicher Behandlung.

2.3.2 Höhe und Dauer der Leistung:

Das Tagegeld wird nach der vereinbarten Versicherungssumme berechnet. Es wird nach dem festgestellten Grad der Beeinträchtigung der Berufstätigkeit oder Beschäftigung abgestuft.

Das Tagegeld wird für die Dauer der ärztlichen Behandlung, längstens für ein Jahr, vom Unfalltag an gerechnet, gezahlt.

2.4 Krankenhaustagegeld, ambulante Operationen

2.4.1 Voraussetzungen für die Leistung:

Die versicherte Person
- befindet sich wegen des Unfalles in medizinisch notwendiger vollstationärer Heilbehandlung

oder

- unterzieht sich wegen eines Unfalls einer ambulanten chirurgischen Operation und ist deswegen für mindestens x Tage ununterbrochen vollständig arbeitsunfähig bzw. vollständig in ihrem Aufgaben- und Tätigkeitsbereich beeinträchtigt.

Kuren sowie Aufenthalte in Sanatorien und Erholungsheimen gelten nicht als medizinisch notwendige Heilbehandlung.

2.4.2 Höhe und Dauer der Leistung:

Das Krankenhaustagegeld wird in Höhe der vereinbarten Versicherungssumme
- für jeden Kalendertag der vollstationären Behandlung gezahlt, längstens jedoch für x Jahre, vom Unfalltag an gerechnet.
- für x Tage bei ambulanten chirurgischen Operationen gezahlt. Ein Anspruch auf Genesungsgeld nach Ziffer ... besteht nicht.

2.5 Genesungsgeld

2.5.1 Voraussetzungen für die Leistung:

Die versicherte Person ist aus der vollstationären Behandlung entlassen worden und hatte Anspruch auf Krankenhaus-Tagegeld nach Ziffer 2.4.

2.5.2 Höhe und Dauer der Leistung:

Das Genesungsgeld wird in Höhe der vereinbarten Versicherungssumme für die gleiche Anzahl von Kalendertagen gezahlt, für die wir Krankenhaus-Tagegeld leisten, längstens für 100 Tage.

2.6 Todesfallleistung

2.6.1 Voraussetzungen für die Leistung:

Die versicherte Person ist infolge des Unfalles innerhalb eines Jahres gestorben.

Auf die besonderen Pflichten nach Ziffer 7.5 weisen wir hin.

2.6.2 Höhe der Leistung:

Die Todesfallleistung wird in Höhe der vereinbarten Versicherungssumme gezahlt.

I. Invaliditätsleistung (Ziff. 2.1) 1
  1. Begriff der Invalidität
    (Ziff. 2.1.1.1 Abs. 1) 1
  2. Formelle Anspruchsvoraussetzungen
    (Ziff. 2.1.1.1 Abs. 2) 3
    a) Allgemeines............... 4
    b) Eintritt der Invalidität innerhalb eines Jahres 5
    c) Ärztliche Feststellung der Invalidität................. 6
    d) Frist zur Geltendmachung des Anspruchs 11
    e) Treuwidriges Berufen des VR auf Fristversäumung 14
  3. Art und Höhe der Leistung
    (Ziff. 2.1.2).................... 19
    a) Allgemeines............... 19

b)	Gliedertaxe	21	
c)	Bemessung des Invaliditätsgrades außerhalb der Gliedertaxe	29	
d)	Gesamtinvalidität	30	
e)	Vorinvalidität	31	
4.	Tod der versicherten Person (Ziff. 2.1.2.3)	35	

II. Übergangsleistung (Ziff. 2.2) 38
III. Tagegeld (Ziff. 2.3) 41
IV. Krankenhaustagegeld, ambulante Operationen (Ziff. 2.4) 46
VI. Genesungsgeld (Ziff. 2.5) 50
VII. Todesfallleistung (Ziff. 2.6) 51
VIII. Sonstige Leistungen 52

I. Invaliditätsleistung (Ziff. 2.1)

1 1. **Begriff der Invalidität (Ziff. 2.1.1.1 Abs. 1).** Ziff. 2.1.1.1 definiert die **Invalidität** als die unfallbedingte dauerhafte Beeinträchtigung der körperlichen oder geistigen Leistungsfähigkeit der versicherten Person. Auf die Beeinträchtigung der Arbeitsfähigkeit kommt es im Gegensatz zu früheren Bedingungen (AUB 61) nicht an. Ob eine **Beeinträchtigung** vorliegt, bemisst sich nach der Leistungsfähigkeit eines normalen, durchschnittlichen VN, wobei allerdings auch die vor dem Unfall bestehenden individuellen Fähigkeiten des Versicherten Berücksichtigung finden müssen.[1] Die AUB 2008/2010 enthalten unter Übernahme der gesetzlichen Regelung in § 180 S. 2 VVG in Ziff. 2.1.1.1 erstmals auch eine **Definition**, wann eine **dauerhafte Beeinträchtigung** vorliegt. Diese ist dann gegeben, wenn die Beeinträchtigung voraussichtlich länger als drei Jahre bestehen wird und eine Änderung des Zustands nicht erwartet werden kann. Die Bedingungen folgen damit einer in der obergerichtlichen Rspr vertretenen Auffassung.[2]

2 Die gesundheitliche Beeinträchtigung und ihre Dauerhaftigkeit sind vom VN nach dem Maßstab des § 286 ZPO voll zu **beweisen**. Zum Nachweis der Kausalität zwischen unfallbedingter Gesundheitsbeeinträchtigung und Invalidität kann demgegenüber von der Beweiserleichterung des § 287 ZPO Gebrauch gemacht werden.[3]

3 2. **Formelle Anspruchsvoraussetzungen (Ziff. 2.1.1.1 Abs. 2).** Neben der materiellen Voraussetzung der Invalidität enthalten die AUB bestimmte formelle Anspruchsvoraussetzungen. Danach muss die Invalidität **innerhalb eines Jahres nach dem Unfall eingetreten** und **innerhalb von fünfzehn Monaten nach dem Unfall von einem Arzt schriftlich festgestellt** sein. Ferner muss der VN die Invalidität innerhalb von fünfzehn Monaten nach dem Unfall beim VR geltend machen (**Ausschlussfrist**).[4]

4 a) **Allgemeines.** Ziel der Regelung ist es, **Streit über die Kausalität von Spätschäden**, die idR schwer aufklärbar und unübersehbar sind, **auszuschließen**.[5] Bedenken gegen die Wirksamkeit der den Versicherungsschutz einschränkenden Klausel wegen einer unangemessenen Benachteiligung des VN gem. § 307 BGB sind vom BGH – wie schon für die Vorgängerregelungen in den AUB 94 und AUB 88[6] – verneint worden.[7] Auch ein Verstoß gegen das Transparenzgebot des § 307 Abs. 1 S. 2 BGB, der im Schrifttum vermehrt angenommen worden ist, ist nach Auffas-

---

1 Prölss/Martin/*Knappmann*, § 180 VVG Rn 3; OLG Hamm 6.11.2002 – 20 U 35/02, VersR 2003, 586.
2 Vgl hierzu Beckmann/Matusche-Beckmann/*Mangen*, § 47 Rn 157; Prölss/Martin/*Knappmann*, § 180 VVG Rn 5; abw. *Grimm*, Ziff. 2 AUB 2010 Rn 6.
3 BGH 17.10.2001 – IV ZR 205/00, VersR 2001, 1547; OLG Düsseldorf 17.12.2002 – 4 U 79/02, VersR 2004, 461 zur Frage von HWS-Beschwerden; Beckmann/Matusche-Beckmann/*Mangen*, § 47 Rn 158 ff.
4 Zur Beweislast Prölss/Martin/*Knappmann*, Ziff. 2 AUB 2010 Rn 23.
5 Vgl instruktiv OLG Saarbrücken 20.6.2007 – 5 U 70/07, VersR 2008, 199.
6 BGH 19.11.1997 – IV ZR 348/96, VersR 1998, 175 = r+s 1998, 79; BGH 23.2.2005 – IV ZR 273/03, VersR 2005, 639 = r+s 2005, 257.
7 BGH 20.6.2012 – IV ZR 39/11, VersR 2012, 1113 = r+s 2012, 454; vgl hierzu *Lehmann*, r+s 2014, 429, 432.

sung des BGH nicht gegeben.[8] Durch die neu in das Gesetz aufgenommene **Hinweispflicht** des VR auf vertragliche Anspruchs- und Fälligkeitsvoraussetzungen (§ 186 VVG) ist der VN letztlich nicht mehr auf die in den AUB enthaltenen Regelungen angewiesen, um die notwendigen Informationen zu den von ihm zu beachtenden Fristen zu erlangen.[9]

b) Eintritt der Invalidität innerhalb eines Jahres. Die unfallbedingte Gesundheitsbeeinträchtigung muss **innerhalb eines Jahres** den Charakter eines **Dauerschadens (Invalidität)** erreicht haben. Hierbei handelt es sich um eine die Entschädigungspflicht des VR begrenzende **Anspruchsvoraussetzung**. Fehlt es hieran, besteht kein Anspruch.[10] Das Berufen des VR auf die verstrichene Jahresfrist kann in Einzelfällen treuwidrig sein.[11] Der Umfang der Dauerschädigung und damit der Grad der Invalidität spielen zunächst keine Rolle und können noch bis zum Ablauf von drei Jahren nach Eintritt des Unfalls neu bemessen und endgültig festgestellt werden (§ 188 VVG, Ziff. 9.4 AUB 2008/2010). 5

c) Ärztliche Feststellung der Invalidität. Die Invalidität muss spätestens vor Ablauf einer Frist von fünfzehn Monaten nach dem Unfall von einem Arzt **schriftlich**[12] festgestellt werden. Auch hierbei handelt es sich um eine formelle **Anspruchsvoraussetzung**, weshalb jede – auch eine kurzfristige – Überschreitung den Anspruch ausschließt.[13] 6

Die Feststellung muss von einem **Arzt** getroffen werden, weshalb bspw das Attest eines Neuropsychologen nicht ausreicht.[14] Der Bescheid eines Versorgungsamts kann eine ärztliche Feststellung selbst dann nicht ersetzen, wenn er auf ärztlichen Feststellungen beruht und einen bezifferten Grad der Behinderung enthält.[15] Dass die Feststellung von einem Dritten getroffen sein muss,[16] ergibt sich aus den Bedingungen nicht, so dass auch die Diagnose eines Arztes **in eigener Sache** ausreicht. Da der VR eine eigene Leistungsprüfung vorzunehmen hat, ist er an den Inhalt der ärztlichen Feststellung nicht gebunden, so dass das Argument, die Invaliditätsfeststellung müsse durch einen unbeteiligten und neutralen Arzt erfolgen, der kein Eigeninteresse am Ausgang der Untersuchung hat,[17] nicht überzeugt. Dies gilt auch deshalb, weil die ärztliche Feststellung nach der Rspr des BGH[18] nicht richtig sein muss und den VN der Beweislast für die Invalidität als Unfallfolge trifft. 7

An die ärztliche Feststellung sind **inhaltlich keine hohen Anforderungen** zu stellen. So braucht zu einem bestimmten Grad der Invalidität noch nicht abschließend 8

---

8 BGH 23.2.2005 – IV ZR 273/03, VersR 2005, 639 = r+s 2005, 257; vgl Prölss/Martin/*Knappmann*, Ziff. 2 AUB 2010 Rn 8.
9 *Lehmann*, r+s 2014, 429, 433.
10 Vgl *Kessal-Wulf*, r+s 2008, 313, 317.
11 Vgl Bruck/Möller/*Leverenz*, Ziff. 2.1 AUB 2008 Rn 134 (zB bei schädlichen Dauerfolgen durch Infektionen, die sich regelmäßig erst nach mehr als einem Jahr konkretisieren); Prölss/Martin/*Knappmann*, Ziff. 2 AUB 2010 Rn 8.
12 Zur Schriftform vgl sehr ausführlich: OLG Saarbrücken 20.6.2007 – 5 U 70/07-4, VersR 2008, 199, 200; OLG Celle 22.11.2007 – 8 U 161/07, VersR 2008, 670, 671 f = r+s 2009, 122; OLG Hamm 26.10.2011 – I-20 U 162/10, r+s 2012, 195.
13 OLG Koblenz 20.5.2010 – 10 U 1389/09, r+s 2011, 348.
14 OLG Koblenz 18.11.2011 – 10 U 230/11, VersR 2012, 1381, 1382.
15 BGH 5.7.1995 – IV ZR 43/94, VersR 1995, 1179; OLG Düsseldorf 29.2.2000 – 4 U 37/99, r+s 2001, 390, 391; OLG Hamm 13.6.2001 – 20 U 189/00, NVersZ 2001, 551; OLG Düsseldorf 22.5.2006 – I-4 U 128/05, VersR 2006, 1487.
16 OLG Koblenz 19.2.1999 – 10 U 1912/97, VersR 1999, 1227; Bruck/Möller/*Leverenz*, Ziff. 2.1 AUB 2008 Rn 86; Prölss/Martin/*Knappmann*, 27. Aufl. 2004, § 7 AUB 94 Rn 11; anders jetzt Prölss/Martin/*Knappmann*, Ziff. 2 AUB 2010 Rn 10.
17 So OLG Koblenz 19.2.1999 – 10 U 1912/97, VersR 1999, 1227.
18 BGH 16.12.1987 – IVa ZR 195/86, VersR 1988, 286 (der feststellende Arzt hat sich darauf berufen, dass die Bescheinigung nicht seiner ärztlichen Überzeugung entsprochen habe); BGH 19.1.1997 – IV ZR 348/96, VersR 1998, 175.

Stellung genommen zu werden.[19] Erst recht ist es nicht erforderlich, dass die Feststellung einen an der Gliedertaxe ausgerichteten Invaliditätsgrad enthält.[20] Allerdings müssen sich aus der ärztlichen Feststellung die angenommene **Ursache der Invalidität und die Art ihrer Auswirkung auf die Gesundheit** des Versicherten ergeben, ohne dass beides unbedingt richtig sein müsste.[21] Keine ärztlichen Invaliditätsfeststellungen sind bloße Feststellungen zum Gesundheitszustand und bloße Befund- und Diagnoseerhebungen.[22] Erforderlich ist, dass aus objektiven Feststellungen auf einen Dauerschaden geschlossen wird.[23] Die Wirkung der ärztlichen Invaliditätsfeststellung beschränkt sich auf den Dauerschaden, zu dessen Ursache und Auswirkungen sich die Bescheinigung des Arztes verhält.[24] Nicht erforderlich ist demgegenüber, dass sich die ärztliche Bescheinigung bereits zu allen möglichen Folgen der festgestellten Invalidität äußert.[25]

9 Entgegen verbreiteter Ansicht sind **prognostische Formulierungen** („mit einem Dauerschaden ist zu rechnen", „ein Dauerschaden wird voraussichtlich verbleiben") **unschädlich**, da sich die Feststellung eines zukünftigen, auf Dauer verbleibenden Zustands notwendigerweise immer auf eine Prognose beschränken muss.[26] Etwas anderes gilt dann, wenn sich aus den näheren Umständen (und nicht nur aus der gebrauchten Formulierung) ergibt, dass eine abschließende Beurteilung auch im Sinne einer Prognose gar nicht getroffen worden ist oder auf weitere Untersuchungen und Befunderhebungen verwiesen wird.[27] Nicht ausreichend sind deshalb Formulierungen wie „Dauerschaden noch nicht vorhersehbar",[28] „endgültige Beurteilung erst im nächsten halben Jahr möglich".[29] Unzureichend ist auch,

---

19 BGH 6.11.1996 – IV ZR 215/95, VersR 1997, 442; BGH 19.11.1997 – IV ZR 348/96, VersR 1998, 175.
20 BGH 9.12.1990 – IV ZR 255/89, NJW-RR 1991, 539; BGH 19.11.1997 – IV ZR 348/96, VersR 1998, 175.
21 BGH 6.11.1996 – IV ZR 215/95, VersR 1997, 442; OLG Düsseldorf 29.2.2000 – 4 U 37/99, r+s 2001, 390 = VersR 2001, 449; OLG Frankfurt/M 12.11.2000 – 7 U 33/99, r+s 2003, 29; OLG München 17.1.2012 – 25 U 620/11, VersR 2012, 1116, 1117.
22 OLG Saarbrücken 20.6.2007 – 5 U 70/07-4, VersR 2008, 199 = r+s 2010, 387; OLG Zweibrücken 14.4.2005 – 1 U 5/05, r+s 2008, 125; OLG Frankfurt/M 13.5.2003 – 7 U 17/03, r+s 2004, 253; OLG Celle 25.1.2004 – 8 U 130/03, VersR 2004, 1258 = r+s 2004, 251 m. Anm. *Knappmann*, r+s 2004, 339; OLG Karlsruhe 3.3.2005 – 12 U 290/04, VersR 2005, 1384; OLG Koblenz 20.2.2003 – 10 U 1201/02, r+s 2003, 473; OLG Düsseldorf 7.4.2009 – I-4 U 39/08, VersR 2010, 61; OLG Celle 5.3.2009 – 8 U 193/08, r+s 2011, 346.
23 BGH 7.3.2007 – IV ZR 137/06, r+s 2007, 255, 256 = VersR 2007, 1114; BGH 16.12.1987 – IVa ZR 195/86, VersR 1988, 286; OLG Hamm 12.1.1990 – 20 U 189/89, VersR 1990, 1344; OLG München 1.6.1989 – 1 U 4075/88, VersR 1991, 60; OLG Saarbrücken 20.6.2007 – 5 U 70/07-4, VersR 2008, 199; OLG Celle 12.3.2009 – 8 U 177/08, VersR 2009, 1215, 1217 = r+s 2010, 476; OLG Oldenburg 21.4.2010 – 5 U 78/09, VersR 2011, 387, 389; zur Erläuterung der Rspr des BGH vgl *Kessal-Wulf*, r+s 2008, 313, 318.
24 So BGH 7.3.2007 – IV ZR 137/06, r+s 2007, 255, 256 mit Hinweis auf den Zweck der ärztlichen Invaliditätsbescheinigung; OLG Celle 10.3.2011 – 8 U 172/10, r+s 2014, 519; OLG Karlsruhe 15.1.2009 – 12 U 167/08, r+s 2009, 425; Prölss/Martin/*Knappmann*, Ziff. 2 AUB 2010 Rn 14, der auf den vom Arzt benannten „Verletzungsbereich" abstellt.
25 OLG Celle 26.1.2014 – 8 U 192/10, r+s 2014, 518, 519.
26 OLG Köln 21.10.1993 – 5 U 102/92, VersR 1994, 714; OLG Düsseldorf 13.12.2005 – 4 U 3/05, r+s 2006, 518, 519; Prölss/Martin/*Knappmann*, Ziff. 2 AUB 2010 Rn 13; aA OLG Frankfurt/M 16.4.1992 – 16 U 107/91, VersR 1993, 174; LG Hamburg 21.7.2000 – 332 O 49/00, r+s 2003, 212; Schwintowski/Brömmelmeyer/*Brömmelmeyer*, § 180 VVG Rn 16; *Grimm*, Ziff. 2 AUB 2010 Rn 13.
27 Instruktiv OLG Köln 8.3.2012 – 20 U 204/12, r+s 2014, 299.
28 OLG Köln 21.11.1991 – 5 U 61/91, r+s 1992, 105.
29 OLG Karlsruhe 7.10.1991 – 12 W 44/91, r+s 1992, 359.

wenn die Invalidität mit Funktionsbeeinträchtigungen begründet wird, die nicht im Zusammenhang mit einem Unfall stehen.[30]

In eindeutigen Fällen, zB bei Querschnittslähmung, Hirnschädigung oder Amputation, reicht die Angabe des ärztlichen Befundes, zB in der Unfallanzeige, aus, wenn sich hieraus auch ohne ärztliche Prognose der **Dauerschaden unzweifelhaft** ergibt.[31]

d) Frist zur Geltendmachung des Anspruchs. Der Anspruch auf Invaliditätsleistung muss vom VN **innerhalb einer Frist von fünfzehn Monaten nach dem Unfall geltend gemacht** werden. Es handelt sich hierbei nicht um eine Anspruchsvoraussetzung, sondern um eine **Ausschlussfrist** mit der Folge, dass der VN die Möglichkeit hat, die Versäumung der Frist zu entschuldigen.[32] Unkenntnis der Versicherungsbedingungen stellt keinen Entschuldigungsgrund dar.[33] Bei entschuldbarer Fristversäumung[34] beginnt keine neue Frist. Vielmehr muss der VN die Geltendmachung der Invalidität nach Wegfall des Entschuldigungsgrundes unverzüglich nachholen.[35]

Inhaltlich sind an die Geltendmachung der Invalidität **keine strengen Anforderungen** zu stellen. Es reicht aus, wenn der VN fristgerecht gegenüber dem VR behauptet, es sei aufgrund eines Unfalls Invalidität eingetreten.[36] Dies kann auch durch Übersendung einer Klageschrift aus dem Haftpflichtprozess geschehen.[37] Es muss weder ein bestimmter Invaliditätsgrad noch eine bestimmte Invaliditätsleistung angegeben werden.[38] Nicht ausreichend ist jedoch die bloße Übersendung einer Unfallanzeige oder Unfallschilderung oder die Geltendmachung von anderen als Invaliditätsansprüchen.[39] Die Angabe von Verletzungen reicht als Geltendmachung unfallbedingter Invalidität nur dann aus, wenn hieraus zweifelsfrei eine Invalidität resultiert.[40]

Eine bestimmte **Form** für die Geltendmachung der Invalidität verlangen weder Ziff. 2.1.1.1 noch Ziff. 17.1 der Bedingungen; anders noch die früheren Bedingungen § 13 AUB 88/AUB 94 und Ziff. 17.1 AUB 99.

---

30 OLG Koblenz 5.7.2002 – 10 U 1867/01, r+s 2003, 169 („chronische Überlastung").
31 OLG Stuttgart 14.5.2009 – 7 U 174/08, r+s 2012, 406 („Ganzkörperverbrennungen 3. Grades"); OLG Köln 10.3.1994 – 5 U 116/93, r+s 1994, 236; OLG Koblenz 20.2.2003 – 10 U 1201/02, r+s 2003, 473 (Befund „Knorpelschädigung nach Unterschenkelquetschtrauma" nicht ausreichend); OLG Stuttgart 29.11.2001 – 7 U 137/01, r+s 2003, 211 (Feststellung eines Kreuzbandrisses nicht ausreichend).
32 BGH 5.7.1995 – IV ZR 43/94, BGHZ 130, 171, 174 = VersR 1995, 1179; BGH 19.11.1997 – IV ZR 348/96, r+s 1998, 79; BGH 13.3.2002 – IV ZR 40/01, r+s 2002, 217, 218.
33 OLG Koblenz 28.12.2001 – 10 U 529/01, r+s 2002, 524; OLG Karlsruhe 7.9.2000 – 12 U 122/00, r+s 2002, 129; OLG Düsseldorf 29.2.2000 – 4 U 37/99, VersR 2001, 449, 451.
34 Es dürfte nur grobe Fahrlässigkeit schaden, vgl *Klimke*, VersR 2010, 293; Prölss/Martin/ *Knappmann*, Ziff. 2 AUB 2010 Rn 20; aA Bruck/Möller/*Leverenz*, Ziff. 2.1 AUB 2008 Rn 128.
35 BGH 13.3.2002 – IV ZR 40/01, r+s 2002, 217, 218 (zwei Monate bei notwendiger Einarbeitung eines Betreuers in umfangreiche Akten).
36 BGH 19.11.1997 – IV ZR 348/96, r+s 1998, 79, 80; BGH 25.4.1990 – IV ZR 28/89, VersR 1990, 732 = r+s 1990, 286.
37 BGH 25.4.1990 – IV ZR 28/89, r+s 1990, 286; BGH 19.11.1997 – IV ZR 348/96, r+s 1998, 79, 80.
38 OLG Saarbrücken 3.11.2004 – 5 U 190/04-26, VersR 2005, 929, 930.
39 OLG Saarbrücken 3.11.2004 – 5 U 190/04-26, VersR 2005, 929, 930; OLG Koblenz 28.6.1991 – 10 U 1862/89, r+s 1992, 322; OLG Hamm 28.4.1978 – 20 U 324/77, VersR 1978, 1039.
40 OLG Frankfurt/M 21.2.1995 – 14 U 57/94, VersR 1996, 618; OLG Saarbrücken 3.11.2004 – 5 U 190/04-26, VersR 2005, 929, 930; OLG Stuttgart 14.5.2009 – 7 U 174/08, VersR 2009 1065; Prölss/Martin/*Knappmann*, Ziff. 2 AUB 2010 Rn 19.

14 **e) Treuwidriges Berufen des VR auf Fristversäumung.** Die Rspr hat sich in zahlreichen Fällen mit der Frage befasst, ob die Berufung des VR auf eine fehlende ärztliche Feststellung unfallbedingter Invalidität und eine fehlende Geltendmachung der Invalidität innerhalb des 15-Monats-Zeitraums **rechtsmissbräuchlich** ist, so dass die Versäumung der Frist dem VN nicht schadet. Insoweit sind verschiedene **Fallgruppen** zu unterscheiden.[41]

15 Eine Rechtsmissbräuchlichkeit hat der BGH[42] insb. bei einem **Verstoß gegen Informations- und Belehrungspflichten vor Fristablauf** angenommen. Wird dem VR bereits vor Fristablauf ein Belehrungsbedarf des VN hinsichtlich der zu wahrenden Frist deutlich, unterlässt er aber gleichwohl eine solche Belehrung, so stellt sich das Berufen auf den Fristablauf als treuwidrig dar.[43] Eine Belehrungsbedürftigkeit ist in der Rspr bejaht worden, wenn der Versicherte Invaliditätsansprüche rechtzeitig geltend gemacht hatte, seine Angaben oder die von ihm vorgelegten ärztlichen Atteste den Eintritt eines Dauerschadens nahe legten, die erforderliche ärztliche Feststellung der Invalidität aber noch fehlte.[44] Die bisherige Rspr, wonach der VR sich unter bestimmten Voraussetzungen bei unterbliebenem Hinweis nicht auf das Fristversäumnis berufen kann, ist in der Neufassung des VVG gesetzlich festgeschrieben und zu einer generellen Hinweispflicht erweitert worden. Nach der (zwingenden) Regelung des § 186 S. 1 VVG ist der VR nach Anzeige des Versicherungsfalles verpflichtet, den VN auf vertragliche Anspruchs- und Fälligkeitsvoraussetzungen sowie einzuhaltende Fristen in Textform hinzuweisen (zu Einzelheiten s. § 186 VVG Rn 3 ff).

16 Die **von der Rspr entwickelten Grundsätze** zum treuwidrigen Berufen des VR auf die Fristversäumung haben unabhängig von der nunmehr eingeführten gesetzlichen Hinweispflicht **für einzelne Fallgruppen nach wie vor Bedeutung**. Nach der Rspr kommt ein rechtsmissbräuchliches Berufen auf den Ablauf der Frist zur ärztlichen Feststellung der Invalidität u.a. dann in Betracht, wenn der VR nach Geltendmachung von Invalidität von sich aus noch innerhalb der Frist zur ärztlichen Feststellung ein ärztliches Gutachten einholt, ohne den VN darauf hinzuweisen, dass er unbeschadet dessen selbst für eine fristgerechte ärztliche Feststellung der Invalidität zu sorgen habe.[45] Dies dürfte auch dann gelten, wenn der VR den VN bei Meldung des Unfalls gem. § 186 VVG auf die einzuhaltenden Fristen hingewiesen hat, da eine vom VR veranlasste Einholung eines Gutachtens vor Fristablauf beim VN den Eindruck erwecken kann, er müsse nun selbst nicht mehr für eine fristgerechte ärztliche Feststellung sorgen.[46]

17 Hat der VR seine Eintrittspflicht innerhalb der 15-Monats-Frist endgültig abgelehnt, ist er aber zuvor seiner Hinweispflicht gem. § 186 VVG nachgekommen, berechtigt dies den VN nicht zu der Annahme, der VR werde sich auf das Fehlen einer fristgerechten ärztlichen Feststellung nicht berufen. Die ärztliche Feststellung

---

41 Vgl im Einzelnen *Manthey*, NVersZ 2001, 55 ff; *Marlow*, r+s 2006, 397, 400 ff; *Kessal-Wulf*, r+s 2008, 313, 318.
42 BGH 23.2.2005 – IV ZR 273/03, r+s 2005, 257, 259; BGH 30.11.2005 – IV ZR 154/04, r+s 2006, 122, 123.
43 BGH 23.2.2005 – IV ZR 273/03, r+s 2005, 257, 259; *Knappmann*, r+s 2002, 485, 489.
44 Vgl die Fälle OLG Köln 5.5.1994 – 5 U 129/93, VersR 1995, 907; OLG Hamm 2.12.1998 – 20 U 29/97, r+s 1999, 347, 348; OLG Frankfurt/M 9.10.2002 – 7 U 224/01, r+s 2004, 78; OLG Stuttgart 18.12.1997 – 7 U 158/97, r+s 1999, 172; OLG Düsseldorf 29.2.2000 – 4 U 37/99, r+s 2001, 390; OLG Frankfurt/M 20.6.2007 – 7 U 21/07, VersR 2008, 248; OLG Naumburg 19.4.2012 – 4 U 37/10, VersR 2013, 229.
45 BGH 23.2.2005 – IV ZR 273/03, r+s 2005, 257, 259; BGH 30.11.2005 – IV ZR 154/04, r+s 2006, 122; OLG Saarbrücken 13.3.2013 – 5 U 343/12, r+s 2015, 35; OLG Saarbrücken 8.5.1996 – 5 U 508/95-36, VersR 1997, 956; OLG Oldenburg 14.7.1999 – 2 U 97/99, r+s 2000, 260; OLG Nürnberg 21.3.2002 – 8 U 2788/02, VersR 2003, 846.
46 Zum Erfordernis der Veranlassung durch den VR vgl *Lehmann*, r+s 2014, 429, 433.

der unfallbedingten Invalidität bleibt unabhängig von den Gründen, die den VR zu seiner Leistungsablehnung veranlasst haben, eine Anspruchsvoraussetzung für die Invaliditätsleistung.[47]

Lehnt der VR nach Ablauf der 15-Monats-Frist Ansprüche des VN unter Hinweis darauf, dass eine ärztliche Feststellung unfallbedingter Invalidität nicht fristgerecht erfolgt sei, ab, ist dies, wenn der VR seiner Hinweispflicht aus § 186 VVG nachgekommen ist, grds. wirksam. Dies gilt auch dann, wenn der VR nach Fristablauf erstmals oder erneut in eine Sachprüfung eintritt. Der VR muss im Interesse aller Versicherten die Möglichkeit haben, auch nach Fristablauf auf der Grundlage einer medizinischen Klärung eine kulanzweise Regelung zu erwägen bzw zu entscheiden, ob er sich auf die Fristversäumung berufen will oder nicht.[48] Etwas anderes kann dann gelten, wenn sich der Versicherte auf Veranlassung des VR nach Fristablauf umfangreichen und mit erheblichen Belastungen verbundenen Untersuchungen unterzogen hat.[49] 18

3. Art und Höhe der Leistung (Ziff. 2.1.2). a) Allgemeines. Die Invaliditätsleistung wird als **Kapitalbetrag** gezahlt (Ziff. 2.1.2.1). Eine Rentenzahlung, die nach früheren Bedingungen bei Unfällen ab Vollendung des 65. Lebensjahres an die Stelle der Kapitalleistung tritt, sehen die Musterbedingungen AUB 2008/2010 nicht mehr vor. In der Praxis werden weiterhin auch Policen angeboten, die anstelle oder zusätzlich zur Kapitalleistung eine Unfallrente gewähren. Verbreitet sind darüber hinaus Unfallversicherungen mit progressiver Invaliditätsstaffel, bei denen sich die Kapitalleistung abhängig vom Grad der Invalidität um einen bestimmten Prozentsatz der vereinbarten Versicherungssumme erhöht. 19

Grundlage für die Berechnung der Invaliditätsleistung bilden die **Versicherungssumme** und der in einem Vomhundertsatz ausgedrückte **Grad der Invalidität** (Ziff. 2.1.2.2). 20

b) Gliedertaxe. Die AUB 2008/2010 sehen – wie schon die früheren Bedingungswerke – für bestimmte Gesundheitsschädigungen **pauschalierte Invaliditätsgrade (Gliedertaxe)** vor. Die in den Bedingungen genannten Sätze gelten für den Verlust oder die völlige Funktionsunfähigkeit der genannten Körperteile und Sinnesorgane. Bei einem Teilverlust oder einer teilweisen Funktionsbeeinträchtigung gilt der entsprechende Teil des jeweiligen Prozentsatzes. 21

Wie sich aus der Verwendung des Begriffs „ausschließlich" in Ziff. 2.1.2.2.1 ergibt, stellt die Gliedertaxe eine Sonderregelung zur vereinfachten Abrechnung der Invaliditätsleistung bei bestimmten Gesundheitsschäden dar und hat **Vorrang vor der Feststellung des tatsächlichen Invaliditätsgrades**. Die Geltendmachung einer höheren oder geringeren Invalidität und der konkreten Beeinträchtigung ist ausgeschlossen.[50] 22

Die Gliedertaxe enthält eine bestimmte **Systematik**, die dadurch gekennzeichnet ist, dass abgegrenzte Teilbereiche eines Gliedes (Arm, Bein) beschrieben werden 23

---

47 BGH 7.3.2007 – IV ZR 137/06, VersR 2007, 1114; BGH 30.11.2005 – IV ZR 154/04, r+s 2006, 122 = VersR 2006, 352, 353; OLG Saarbrücken 21.6.2006 – 5 U 51/06-06, VersR 2007, 487; OLG Celle 12.3.2009 – 8 U 177/08, VersR 2009, 1215, 1217 f; Bruck/Möller/*Leverenz*, Ziff. 2.1 AUB 2008 Rn 139.
48 OLG Saarbrücken 3.11.2004 – 5 U 190/04-26, VersR 2005, 929, 931; OLG Celle 22.1.2004 – 8 U 130/03, VersR 2004, 1258, 1259; OLG Düsseldorf 22.1.2008 – I-4 U 84/07, VersR 2008, 672, 673; Prölss/Martin/*Knappmann*, Ziff. 2 AUB 2010 Rn 25.
49 BGH 28.6.1978 – IV ZR 7/77, VersR 1978, 1036; OLG Saarbrücken 3.11.2004 – 5 U 190/04-26, VersR 2005, 929.
50 BGH 28.1.2009 – IV ZR 6/08, VersR 2009, 492, 494; OLG Köln 26.2.1996 – 5 U 198/95, VersR 1996, 1530; OLG Hamm 7.11.2001 – 20 U 103/01, r+s 2002, 306; Römer/Langheid/*Rixecker*, § 180 VVG Rn 5; Prölss/Martin/*Knappmann*, Ziff. 2 AUB 2010 Rn 31.

und jedem Teilbereich ein fester Invaliditätsgrad zugeordnet wird, der **mit Rumpfnähe des Teilgliedes steigt** (zB Hand 55 %, Arm unterhalb des Ellenbogengelenks 60 %, Arm bis oberhalb des Ellenbogengelenks 65 %). Der Verlust oder die Beeinträchtigung eines funktionell höher bewerteten, rumpfnäheren Gliedes schließt den Verlust oder die Beeinträchtigung des rumpfferneren Gliedes ein.[51] So wird zB der Verlust des Arms mit insgesamt 70 % bewertet, obwohl die Summe der verlorenen Teilglieder (Finger, Hand, Unterarm) einen wesentlich höheren Prozentsatz ergeben würde.[52] Umgekehrt bemisst sich der Invaliditätsgrad bei einem Verlust oder einer Gebrauchsunfähigkeit körperfernerer Gliedteile (zB der Finger) ausschließlich nach den Sätzen der Gliedertaxe für die einzelnen Finger und nicht nach dem Wert für den Teilverlust einer Hand.[53] Die unterschiedlichen **Auswirkungen auf die Gebrauchsfähigkeit** des jeweils verbliebenen, aber nicht durch den Unfall verlorenen oder selbst dauergeschädigten Restgliedes oder Teilbereichs eines Gliedes sind **in den Prozentsätzen der Gliedertaxe bereits berücksichtigt.**[54]

24 Für die Abrechnung nach der Gliedertaxe ist stets auf den **Sitz der unfallbedingten Schädigung** abzustellen und nicht darauf, wo sich die Funktionsbeeinträchtigung auswirkt.[55] Ausstrahlungen eines Teilgliedverlusts oder einer Teilgliedfunktionsunfähigkeit auf das Restglied sind bei dem für das Teilglied geltenden Invaliditätsgrad bereits mitberücksichtigt. Nicht „abgegolten" sind demgegenüber weitere Gesundheitsschäden im Bereich des übrigen Körpers, die durch solche Ausstrahlungen hervorgerufen wurden und ebenfalls dauerhafte Auswirkungen auf die Leistungsfähigkeit des Versicherten haben.[56]

25 Bei einer **Versteifung des Handgelenks** ist nach Auffassung des BGH trotz verbleibender Restfunktionen der Hand, insb. der Finger, von einer vollständigen „Funktionsunfähigkeit einer Hand im Handgelenk" entsprechend der Formulierung der Gliedertaxe in den früheren AUB (zB § 8 I Ziff. 2 a AUB 61, § 7 I Ziff. 2 a AUB 94) auszugehen.[57] Begründet hat der BGH dies damit, dass die Formulierung in der Gliedertaxe insoweit mehrdeutig sei und Zweifel bei der Auslegung von AGB zu Lasten des Verwenders gehen.[58] Übertragen hat der BGH seine Rspr auf die Funktionsunfähigkeit des Arms im Schultergelenk.[59] Eine verbliebene Funktionsfähig-

---

51 BGH 14.12.2011 – IV ZR 34/11, r+s 2012, 143.
52 Vgl BGH 14.12.2011 – IV ZR 34/11, r+s 2012, 143; OLG Hamm 12.1.2011 – 20 U 122/10, VersR 2011, 1433; OLG Frankfurt/M 3.2.2011 – 3 U 160/10, r+s 2011, 487; OLG Köln 15.2.1993 – 5 U 125/92, r+s 1994, 439; OLG Köln 28.5.2003 – 5 U 254/01, r+s 2003, 472; OLG Brandenburg 10.3.2005 – 12 U 147/04, r+s 2006, 207; Prölss/Martin/*Knappmann*, Ziff. 2 AUB 2010 Rn 31.
53 BGH 30.5.1990 – IV ZR 143/89, r+s 1990, 393 = VersR 1990, 964; BGH 23.1.1991 – IV ZR 60/90, VersR 1991, 413; OLG Köln 26.11.1992 – 5 U 37/92, r+s 1992, 318, 319.
54 BGH 23.1.1991 – IV ZR 60/90, VersR 1991, 413; BGH 17.10.1990 – IV ZR 178/89, VersR 1991, 57, 58; BGH 17.1.2001 – IV ZR 32/00, VersR 2001, 360 = r+s 2001, 130; BGH 9.7.2003 – IV ZR 74/02, r+s 2003, 427; OLG Hamm 12.1.2011 – 20 U 122/10, VersR 2011, 1433; *Kessal-Wulf*, r+s 2008, 313, 320.
55 BGH 14.12.2011 – IV ZR 34/11, r+s 2012, 143; BGH 17.10.1990 – IV ZR 178/89, VersR 1991, 57; BGH 23.1.1991 – IV ZR 60/90, r+s 1991, 355 = VersR 1991, 413; BGH 24.5.2006 – IV ZR 203/03, VersR 2006, 1117; BGH 9.7.2003 – IV ZR 74/02, r+s 2003, 427 = VersR 2003, 1163; OLG Köln 1.10.2010 – 20 U 79/09, VersR 2011, 789.
56 OLG Karlsruhe 17.2.2005 – 12 U 309/04, r+s 2007, 117 (selbständiger Befund eines Beckenschiefstands und einer Wirbelsäulenverkrümmung infolge Beinverkürzung).
57 BGH 9.7.2003 – IV ZR 74/02, r+s 2003, 427 = VersR 2003, 1163 – im Anschluss an die Vorinstanz OLG Hamm 7.11.2001 – 20 U 103/01, r+s 2002, 306 = VersR 2002, 747; BGH 18.5.2009 – IV ZR 57/08, VersR 2009, 975, 976; aA OLG Frankfurt/M 16.10.2002 – 7 U 117/01, VersR 2003, 495.
58 Zur Kritik an der Entscheidung des BGH *Knappmann*, VersR 2003, 430, 431; Prölss/Martin/*Knappmann*, Ziff. 2 AUB 2010 Rn 32.
59 BGH 24.5.2006 – IV ZR 203/03, VersR 2006, 1117 = r+s 2006, 387; BGH 12.12.2007 – IV ZR 178/06, VersR 2008, 483; so auch schon OLG Karlsruhe 14.10.2005 – 12 U

keit körperfernerer Teile des Arms ist nicht zu berücksichtigen. Bei Anwendung der AUB 2008/2010 stellt sich die Problematik nicht, da nicht mehr auf den Verlust oder die Funktionsunfähigkeit des „Arms im Schultergelenk" oder der „Hand im Handgelenk", sondern nur noch auf den Verlust oder die Funktionsunfähigkeit des Arms bzw der Hand insgesamt abgestellt wird.

Sind **paarige Körperteile oder Sinnesorgane** unfallbedingt beeinträchtigt, so ist nach der Gliedertaxe für jedes Körperteil der Invaliditätsgrad zu ermitteln. Bei der Bestimmung der Gesamtinvalidität sind die einzelnen Invaliditätsgrade zu addieren, eine wertende Ermittlung des Gesamtinvaliditätsgrades ist nach der Gliedertaxe nicht zulässig.[60]

Eine **Prothese** für verlorene Gliedmaßen oder Körperteile ändert nichts an deren Verlust und der dadurch begründeten Invalidität.[61] Anders ist dies bei der erfolgreichen **Implantation künstlicher Gelenke**, die der dauerhaften Wiederherstellung der Funktionsfähigkeit des Körperteils dienen und daher bei der Bemessung der Invalidität zu berücksichtigen sind.[62] Eine Verpflichtung zur Implantation besteht allerdings nicht.[63] Bei **Gebrauchshilfen** (Brille, Hörgerät) ist die hierdurch erreichte Korrektur bei der Beurteilung der Invalidität zu berücksichtigen. Die Invalidität ist dann nach den Unbequemlichkeiten und Belastungen durch die Gebrauchshilfen zu bemessen.[64]

Die Systematik der Gliedertaxe, wonach bei den Prozentsätzen für den Verlust des rumpfferneren Gliedes die notwendig verbundene Beeinträchtigung des verbleibenden körpernäheren Gliedes bereits berücksichtigt ist, findet auch Anwendung beim Verlust von **Geruchs- und Geschmackssinn**. Der Verlust des Geschmackssinns ist als notwendige Folge des Verlusts des nach der Systematik der Gliedertaxe übergeordneten Geruchssinns nicht gesondert zu entschädigen.[65]

c) **Bemessung des Invaliditätsgrades außerhalb der Gliedertaxe.** Außerhalb des Anwendungsbereichs der Gliedertaxe bemisst sich der Invaliditätsgrad gem. Ziff. 2.1.2.2.2 danach, inwieweit die **normale körperliche oder geistige Leistungsfähigkeit** unter ausschließlicher Berücksichtigung medizinischer Gesichtspunkte insgesamt **beeinträchtigt** ist. Es kommt insoweit – wie auch bei der Gliedertaxe – auf die körperliche Leistungsfähigkeit eines durchschnittlichen (normalen) VN an. Individuelle Besonderheiten, zB aufgrund des ausgeübten Berufs, bleiben außer Betracht.[66] Die Bemessung des Invaliditätsgrades außerhalb der Gliedertaxe hat sich auch an den dort festgesetzten Prozentsätzen zur orientieren und darf **nicht zu**

167/05, r+s 2006, 209; vgl auch *Marlow*, r+s 2007, 353, 359; zum Begriff „Schultergelenk" iSd Gliedertaxe OLG Koblenz 4.9.2009 – 10 U 1350/08, VersR 2010, 659, 660.
60 OLG Köln 28.7.2004 – 5 U 2/04, VersR 2005, 679, 680 = r+s 2006, 209; zur verbesserten Gliedertaxe bei Verlust oder Funktionsunfähigkeit paariger Körperteile OLG Hamm 7.10.2005 – 20 U 127/05, r+s 2006, 165; OLG Frankfurt/M 5.12.2007 – 7 U 200/06, r+s 2008, 522.
61 Prölss/Martin/*Knappmann*, Ziff. 2 AUB 2010 Rn 36.
62 BGH 28.2.1990 – IV ZR 36/89, VersR 1990, 478, 479 (Voraussetzung allerdings, dass der Dauererfolg innerhalb der Bemessungsfrist eingetreten ist); OLG Frankfurt/M 30.11.2005 – 7 U 178/04, r+s 2006, 467, 468.
63 BGH 17.10.1990 – IV ZR 178/89, r+s 1991, 68.
64 BGH 27.4.1983 – IVa ZR 193/81, VersR 1983, 581, 582; Prölss/Martin/*Knappmann*, Ziff. 2 AUB 2010 Rn 36; aA *Schubach/Jannsen*, Ziff. 2 AUB 2008 Rn 48.
65 OLG Saarbrücken 8.10.2003 – 5 U 157/03-15, VersR 2004, 856 = r+s 2005, 392; *Grimm*, Ziff. 2 AUB 2010 Rn 24; aA Prölss/Martin/*Knappmann*, Ziff. 2 AUB 2010 Rn 31; zweifelnd Bruck/Möller/*Leverenz*, Ziff. 2.1 AUB 2008 Rn 31.
66 OLG Hamm 9.5.2011 – 10 U 1321/10, r+s 2012, 253; OLG Hamm 6.11.2002 – 20 U 35/02, r+s 2003, 211; OLG Hamm 9.5.2007 – 20 U 228/06, VersR 2008, 389; abw. *Grimm*, Ziff. 2 AUB 2010 Rn 43.

einem **Wertungswiderspruch** führen.[67] Von Vollinvalidität ist demnach angesichts der Prozentsätze der Gliedertaxe, bei der schon der Verlust einzelner Glieder oder Sinne in der Addition zu einer 100 %igen Invalidität führen kann, nicht erst dann auszugehen, wenn der Versicherte sowohl im beruflichen als auch im Privatbereich vollständig leistungsunfähig ist.[68] Problematisch ist der **Verlust paariger Organe**, zB einer Niere. Wird der Verlust des einen Organs vollständig durch das andere Organ kompensiert, so kann eine Invaliditätsentschädigung vollständig entfallen.[69] Für den Verlust der Milz ist der Invaliditätsgrad auf 5 % geschätzt worden.[70]

30 **d) Gesamtinvalidität.** Sind mehrere Körperteile oder Sinnesorgane durch den Unfall beeinträchtigt, werden die nach Ziff. 2.1.2.2.1 und 2.1.2.2.2 ermittelten Invaliditätsgrade **zusammengerechnet**, wobei die Obergrenze 100 % beträgt. Auch für paarige Körperteile oder Sinnesorgane findet eine bloße Addition und keine wertende Ermittlung eines Gesamtinvaliditätsgrades statt.[71] Bei mehreren Unfällen kann sich zusammengerechnet eine Invalidität von mehr als 100 % ergeben.[72]

31 **e) Vorinvalidität.** Waren die durch den zu entschädigenden Unfall betroffenen Körperteile oder Sinnesorgane bereits zuvor (durch eine Erkrankung oder einen anderen Unfall) dauernd beeinträchtigt, so wird gem. Ziff. 2.1.2.2.3 der Invaliditätsgrad **um die Vorinvalidität gemindert**. Die Vorinvalidität ist nach den Grundsätzen der Ziff. 2.1.2.2.1 und Ziff. 2.1.2.2.2 zu bemessen. Die Kürzung des Invaliditätsgrades um die Vorinvalidität ist gegenüber dem gem. Ziff. 3 vorzunehmenden Abzug vorrangig.[73] Vorschäden an durch den Unfall nicht betroffenen Körperteilen oder Sinnesorganen bleiben unberücksichtigt.[74]

32 Musste der Versicherte bereits vor einem Unfall, durch den seine Augen geschädigt wurden, eine Brille tragen, ist diese Vorinvalidität durch einen „**Brillenabschlag**" zu berücksichtigen.[75] Eine altersbedingte Weitsichtigkeit entspricht der normalen körperlichen Leistungsfähigkeit und begründet deshalb keine Vorinvalidität.[76]

33 **Beweispflichtig** für das Vorhandensein einer Vorinvalidität ist der VR. Eine röntgenologisch nachgewiesene Veränderung der Wirbelsäule begründet keine Vorinvalidität, wenn der Versicherte vor dem Unfall völlig beschwerdefrei war.[77]

---

67 OLG Hamm 5.6.1992 – 20 U 20/92, VersR 1993, 472; OLG Hamm 9.5.2007 – 20 U 228/06, r+s 2007, 468 = VersR 2008, 389.
68 Prölss/Martin/*Knappmann*, Ziff. 2 AUB 2010 Rn 40; Langheid/Wandt/*Dörner*, § 178 VVG Rn 238.
69 OLG Celle 13.9.2007 – 8 U 100/07, VersR 2007, 1688 = r+s 2008, 254; Prölss/Martin/ *Knappmann*, Ziff. 2 AUB 2010 Rn 40; vgl hierzu *Grimm*, Ziff. 2 AUB 2010 Rn 42, der einen Invaliditätssatz von 20 % annimmt; zweifelnd auch Bruck/Möller/*Leverenz*, Ziff. 2.1 AUB 2008 Rn 231.
70 OLG Koblenz 17.4.2009 – 10 U 691/07, VersR 2009, 1348, 1349.
71 OLG Köln 28.7.2004 – 5 U 2/04, VersR 2005, 679, 680.
72 Prölss/Martin/*Knappmann*, Ziff. 2 AUB 2010 Rn 41.
73 OLG Karlsruhe 29.8.2002 – 19 U 142/01, VersR 2003, 1524, 1525; Prölss/Martin/ *Knappmann*, Ziff. 3 AUB 2010 Rn 3.
74 OLG Düsseldorf 23.3.1999 – 4 U 93/98, VersR 2000, 310; Prölss/Martin/*Knappmann*, Ziff. 2 AUB 2010 Rn 42.
75 OLG Düsseldorf 30.3.2004 – I-4 U 37/03, VersR 2005, 109, 110; OLG Düsseldorf 30.1.2009 – I-4 U 43/08, VersR 2009, 774 = r+s 2009, 475; OLG Brandenburg 8.11.2006 – 4 U 33/06, VersR 2007, 347 = r+s 2007, 429; zur Höhe des „Brillenabschlags" *Gramberg-Danielsen/Kern*, VersR 1989, 20; BGH 30.9.2009 – IV ZR 301/06, VersR 2009, 1651 = r+s 2010, 29.
76 OLG München 21.3.2006 – 25 U 3483/04, VersR 2006, 1397 = r+s 2007, 32; vgl auch *Marlow*, r+s 2007, 353, 360 f.
77 OLG Frankfurt/M 13.7.2005 – 7 U 197/01, r+s 2006, 164.

Bei vereinbarter **progressiver Invaliditätsstaffel** ist nach der Rspr des BGH[78] in Fällen der Vorinvalidität zunächst die unfallbedingte Invalidität unter Berücksichtigung der Vorinvalidität festzustellen und erst dann der Leistungsbetrag unter Anwendung der progressiven Invaliditätsstaffel zu ermitteln.[79]

4. Tod der versicherten Person (Ziff. 2.1.2.3). Stirbt die versicherte Person **infolge des Unfalls** innerhalb eines Jahres nach dem Unfall, so besteht gem. Ziff. 2.1.1.2 kein Anspruch auf die Invaliditätsleistung. Zu zahlen ist lediglich die Todesfallleistung gem. Ziff. 2.6.

Bei einem **Tod aus unfallfremder Ursache innerhalb eines Jahres** nach dem Unfall ist der VR zur Leistung verpflichtet, soweit ein Anspruch auf die Invaliditätsentschädigung entstanden ist (Ziff. 2.1.2.3). Erfüllt sein müssen demgemäß die formellen und materiellen Anspruchsvoraussetzungen für die Invaliditätsentschädigung.[80] Zu leisten ist nach dem Invaliditätsgrad, mit dem aufgrund der zuletzt erhobenen ärztlichen Befunde zu rechnen gewesen wäre.[81]

Stirbt die versicherte Person **später als ein Jahr nach dem Unfall**, so kommt es nicht darauf an, ob der Tod unfallbedingt eingetreten ist. Entscheidend ist auch in diesem Fall, ob die formellen und materiellen Anspruchsvoraussetzungen für die Invaliditätsentschädigung bereits erfüllt oder noch erfüllbar sind.

II. Übergangsleistung (Ziff. 2.2)

Anspruch auf eine **Übergangsleistung**, deren Art und Höhe sich nach dem VersVertrag richtet (Ziff. 2.2.2; idR Einmalzahlung), besteht dann, wenn die normale körperliche oder geistige Leistungsfähigkeit der versicherten Person im beruflichen oder außerberuflichen Bereich nach Ablauf von sechs Monaten seit dem Unfall ohne Mitwirkung von Krankheiten oder Gebrechen noch um mindestens 50 % beeinträchtigt ist. Erforderlich ist, dass die Beeinträchtigung innerhalb der sechs Monate **ununterbrochen** bestanden hat. Durch die Übergangsleistung soll der Zeitraum zwischen dem Krankenhaus-Tagegeld gem. Ziff. 2.4 und der Invaliditätsleistung gem. Ziff. 2.1 überbrückt werden.[82]

Die Übergangsentschädigung setzt voraus, dass die Arbeitsunfähigkeit **im engen zeitlichen Zusammenhang** mit dem Unfall eingetreten ist.[83] Wird – wie in den AUB 2008/2010 – auf die normale körperliche oder geistige Leistungsfähigkeit im beruflichen oder außerberuflichen Bereich abgestellt, so ist der konkret ausgeübte Beruf des Versicherten maßgeblich.[84]

Der Anspruch auf Zahlung der Übergangsleistung ist spätestens **sieben Monate nach Eintritt des Unfalls** unter Vorlage eines ärztlichen Attests **geltend zu machen.** Es handelt sich hierbei entsprechend der Frist zur Geltendmachung der Invalidität

---

[78] BGH 24.2.1988 – IVa ZR 220/86, r+s 1988, 151 = VersR 1988, 461; BGH 15.12.2010 – IV ZR 24/10, VersR 2011, 202.
[79] Vgl auch Beckmann/Matusche-Beckmann/*Mangen*, § 47 Rn 197 mit weiteren Hinweisen; zur progressiven Invaliditätsstaffel vgl OLG Saarbrücken 21.10.2009 – 5 U 47/09-15, VersR 2010, 661.
[80] Prölss/Martin/*Knappmann*, Ziff. 2 AUB 2010 Rn 6.
[81] *Grimm*, Ziff. 2 AUB 2010 Rn 48.
[82] *Grimm*, Ziff. 2 AUB 2010 Rn 56.
[83] OLG Hamm 9.6.1993 – 20 U 52/93, r+s 1993, 359, 360 (Beginn der Arbeitsunfähigkeit erst fünf Wochen nach dem Unfall); Prölss/Martin/*Knappmann*, Ziff. 2 AUB 2010 Rn 46; vgl auch OLG München 7.7.1999 – 15 U 5902/98, VersR 2000, 93 (zu einem mehraktigen Unfallereignis).
[84] LG Berlin 7.8.2001 – 7 S 8/01, VersR 2003, 725 m. Anm. *Lehmann*; anders nach § 7 II AUB 94, vgl hierzu Prölss/Martin/*Knappmann*, 28. Aufl., Ziff. 2 AUB 2008 Rn 45.

in Ziff. 2.1.1.1 um eine **Anspruchsvoraussetzung**.[85] Insoweit besteht eine Hinweispflicht gem. § 186 VVG.

III. Tagegeld (Ziff. 2.3)

41 Tagegeld wird, falls es im VersVertrag vereinbart ist, dann gezahlt, wenn der Unfall zu einer **Beeinträchtigung der Arbeitsfähigkeit** geführt hat und sich die versicherte Person wegen der Unfallfolgen in **ärztlicher Behandlung** befindet (Ziff. 2.3.1).

42 Eine Beeinträchtigung der Arbeitsfähigkeit liegt vor, wenn der Versicherte wegen der durch den Unfall erlittenen Gesundheitsschädigung seinen Beruf nicht oder nicht in vollem Umfang ausüben kann.[86] Auf einen konkreten Verdienstausfall kommt es, da die Tagegeldversicherung Summenversicherung ist, nicht an.[87]

43 Erforderlich ist eine ärztliche Behandlung der Unfallfolgen. Eine bloße Behandlungsbedürftigkeit reicht nicht aus.[88] Die Behandlung durch einen Heilpraktiker stellt keine ärztliche Behandlung iSd Bedingungen dar.[89] Ebenso wenig ausreichend sind bloße ärztliche Empfehlungen oder ein privat erteilter ärztlicher Rat.[90]

44 Das Tagegeld wird nach der vereinbarten **Versicherungssumme** berechnet und nach dem festgestellten Grad der Beeinträchtigung der Berufstätigkeit oder Beschäftigung **abgestuft** (Ziff. 2.3.2 Abs. 1). Es ist somit, anders als bei der Krankentagegeldversicherung, keine vollständige Arbeitsunfähigkeit erforderlich.

45 Gezahlt wird das Tagegeld für die **Dauer der ärztlichen Behandlung**, längstens für ein Jahr, vom Unfalltag an gerechnet (Ziff. 2.3.2 Abs. 2). Abzustellen ist mithin auf den Beginn der ärztlichen Behandlung (Tag des ersten Arztbesuchs) und deren Ende. Dieses richtet sich nach dem Abschluss der ärztlichen Therapie und ist nicht notwendig identisch mit dem Zeitpunkt des letzten Arztbesuchs.[91] Der Zahlungszeitraum verlängert sich nicht durch Zeiten, in denen kein Anspruch bestand.[92]

IV. Krankenhaustagegeld, ambulante Operationen (Ziff. 2.4)

46 Falls im VersVertrag vereinbart, besteht Anspruch auf ein Krankenhaustagegeld, wenn sich der Versicherte wegen des Unfalls in medizinisch notwendiger **vollstationärer Heilbehandlung** befindet. Teilstationäre Therapien reichen nicht aus.[93]

47 **Ambulante Operationen** begründeten nach früheren Fassungen der AUB 2008 keinen Leistungsanspruch. Nach der neuesten Fassung der AUB 2008 (Stand: Dezember 2008 – AUB 2008/II) und den AUB 2010 wird auch bei unfallbedingten ambulanten chirurgischen Operationen Krankenhaustagegeld für die im Vertrag vereinbarte Dauer gezahlt, wobei Voraussetzung ist, dass die versicherte Person während dieser Zeit ununterbrochen vollständig arbeitsunfähig bzw vollständig in ihrem Aufgaben- und Tätigkeitsbereich beeinträchtigt gewesen ist. Der Begriff der **ambulanten chirurgischen Operation** umfasst alle chirurgischen Eingriffe, also auch in der Kieferchirurgie. Wird bei einer vollstationären Heilbehandlung bei Beurlau-

---

85 Vgl auch Bruck/Möller/*Leverenz*, Ziff. 2.2 AUB 2008 Rn 19.
86 *Grimm*, Ziff. 2 AUB 2010 Rn 59.
87 Prölss/Martin/*Knappmann*, Ziff. 2 AUB 2010 Rn 48.
88 Prölss/Martin/*Knappmann*, Ziff. 2 AUB 2010 Rn 48.
89 OLG Düsseldorf 3.12.1996 – 4 U 222/95, VersR 1997, 1387.
90 OLG Düsseldorf 3.12.1996 – 4 U 222/95, VersR 1997, 1387; LG Frankfurt/M 12.12.1997 – 2/18 O 200/97, r+s 1999, 168.
91 Prölss/Martin/*Knappmann*, Ziff. 2 AUB 2010 Rn 48; *Grimm*, Ziff. 2 AUB 2010 Rn 60; OLG Düsseldorf 3.12.1996 – 4 U 222/95, VersR 1997, 1387; AG Köln 26.4.1995 – 130 C 591/94, VersR 1995, 950 m. abl. Anm. *Günther*.
92 Prölss/Martin/*Knappmann*, Ziff. 2 AUB 2010 Rn 49.
93 Prölss/Martin/*Knappmann*, Ziff. 2 AUB 2010 Rn 50.

bung ein ganzer Tag außerhalb des Krankenhauses verbracht, ist ein Anspruch für diesen Tag nicht gegeben.[94]

Kuren sowie Aufenthalte in Sanatorien und Erholungsheimen gelten nicht als medizinisch notwendige Heilbehandlung.[95] Der stationäre Aufenthalt in einer sog. gemischten Anstalt hindert demgegenüber (anders als nach den MB/KK 2009, s. § 4 Abs. 5 MB/KK 2009 Rn 13 ff) nicht, sofern er der medizinisch notwendigen Heilbehandlung dient.[96]

48

Gezahlt wird das Krankenhaustagegeld für jeden Kalendertag der vollstationären Behandlung, längstens jedoch für **zwei Jahre**, vom **Unfalltag** an gerechnet.[97]

49

VI. Genesungsgeld (Ziff. 2.5)

Im Anschluss an das Krankenhaus-Tagegeld kann ein Anspruch auf **Genesungsgeld** bestehen (Ziff. 2.5.1). Der Anspruch entsteht mit der Entlassung. Die Zahlung erfolgt für die gleiche Anzahl von Kalendertagen, für die Krankenhaus-Tagegeld geleistet worden ist, begrenzt auf längstens 100 Tage. Eine Abstufung der Höhe nach sehen die AUB 2008/2010 und die AUB 99 im Gegensatz zu früheren Bedingungen nicht mehr vor.

50

VII. Todesfallleistung (Ziff. 2.6)

Ist die versicherte Person **infolge des Unfalls innerhalb eines Jahres gestorben** (objektive Anspruchsvoraussetzung[98]), so entsteht der Anspruch auf die Todesfallleistung in Höhe der versicherten Summe (Ziff. 2.6).[99] Stirbt die versicherte Person aus unfallunabhängigen Gründen innerhalb der Jahresfrist, so besteht kein Anspruch. Die Todesfallleistung stellt den Ausgleich dafür dar, dass eine Invaliditätsleistung gem. Ziff. 2.1.1.2 bei einem unfallbedingten Tod innerhalb eines Jahres ausgeschlossen ist. Der Tod ist gem. Ziff. 7.5 **innerhalb von 48 Stunden zu melden**, auch wenn der Unfall bereits angezeigt war. Da die Einhaltung der Frist Anspruchsvoraussetzung ist, gilt die Hinweispflicht des VR gem. § 186 VVG.

51

VIII. Sonstige Leistungen

Einzelvertraglich kann eine Vielzahl anderer Leistungen vereinbart werden (Heilkosten, Bergungskosten, Kosten kosmetischer Operationen, Rentenzahlungen). Darüber hinaus gibt es spezielle Klauseln für bestimmte Berufsgruppen, die Rückausnahmen für Ausschlüsse (zB für Strahlen- und Infektionsschäden) oder verbesserte Leistungen (Progressionsstaffeln, verbesserte Gliedertaxen, Dynamisierungen) vorsehen.

52

Häufig vereinbart werden **Sofortleistungen bei Schwerverletzungen**. Ist eine Sofortleistung für Brüche langer Röhrenknochen an zwei unterschiedlichen Gliedmaßenteilen vorgesehen, so führt ein Mehrfachbruch innerhalb des Unterschenkels (Schien- und Wadenbein) nicht zu einem Leistungsanspruch. Gleiches gilt für einen

53

---

94 BGH 11.4.1984 – IVa ZR 38/83, VersR 1984, 677.
95 OLG Düsseldorf 7.4.1992 – 4 U 112/91, VersR 1993, 41; zur Abgrenzung zum Krankenhausaufenthalt vgl OLG Köln 11.1.2013 – 20 U 14/12, r+s 2015, 84; Vers Ombudsmann 8.12.2005 – 2744/05, r+s 2007, 73.
96 Prölss/Martin/*Knappmann*, Ziff. 2 AUB 2010 Rn 50; *Grimm*, Ziff. 2 AUB 2010 Rn 70.
97 OLG Karlsruhe 17.3.1994 – 12 U 131/93, r+s 1995, 157 (nicht für längstens zwei Jahre innerhalb eines beliebigen Zeitraums).
98 Bruck/Möller/*Leverenz*, Ziff. 2.6 AUB 2008 Rn 9.
99 Zeitgrenze gilt auch bei Einschluss der Selbsttötung infolge unfallbedingter Geistesstörung, vgl OLG Koblenz 24.3.2006 – 10 U 433/05, r+s 2007, 257.

Bruch von Elle und Speiche desselben Arms.[100] Eine Schwerverletzung liegt nur vor, wenn diese aller Voraussicht nach aus ärztlicher Sicht auf Dauer zu einer Behinderung/Einschränkung des VN führen wird.[101]

3 Welche Auswirkung haben Krankheiten oder Gebrechen?

Als Unfallversicherer leisten wir für Unfallfolgen. Haben Krankheiten oder Gebrechen bei der durch ein Unfallereignis verursachten Gesundheitsschädigung oder deren Folgen mitgewirkt, mindert sich

– im Falle einer Invalidität der Prozentsatz des Invaliditätsgrades,
– im Todesfall und, soweit nichts anderes bestimmt ist, in allen anderen Fällen die Leistung

entsprechend dem Anteil der Krankheit oder des Gebrechens.

Beträgt der Mitwirkungsanteil weniger als 25 %, unterbleibt jedoch die Minderung.

I. Mitwirkung von Vorerkrankungen (S. 1)

1 Die Bestimmung ist inhaltsgleich mit Ziff. 3 AUB 99 und entspricht § 8 AUB 94 und § 10 (1) AUB 61.

2 Ziff. 3 hat in der Praxis erhebliche Bedeutung und kann sich auf den gesamten Leistungskatalog aus der Unfallversicherung auswirken. Abgestellt wird allein auf die **Mitwirkung von Krankheiten oder Gebrechen bei den Unfallfolgen** (Gesundheitsschädigung), nicht darauf, ob sie mitursächlich für das Unfallereignis geworden sind.[1] Ziel der Vorschrift ist es, den Anteil unfallunabhängiger Vorschädigungen von der Entschädigung auszuschließen, sofern er **mindestens 25 %** beträgt.

3 Berücksichtigt wird die Mitwirkung von **Krankheiten** (regelwidriger Körperzustand, der eine ärztliche Behandlung erfordert)[2] oder **Gebrechen** (dauernde abnorme Gesundheitszustände, die eine einwandfreie Ausübung der normalen Körperfunktionen nicht mehr zulassen).[3] Unerheblich ist, ob der Versicherte Kenntnis von dem krankhaften Zustand hat oder sich krank fühlt.[4] Die bloße erhöhte Empfänglichkeit für Krankheiten infolge der individuellen Körperdisposition ist keine Krankheit und kein Gebrechen, solange sie noch als innerhalb der medizinischen Norm liegend bewertet werden kann.[5] Dies ist nicht mehr der Fall bei einer Verän-

---

100 OLG Frankfurt/M 25.6.1997 – 7 U 133/96, VersR 1998, 708; LG Berlin 31.1.2002 – 7 O 517/01, VersR 2003, 588.
101 KG 14.6.2002 – 6 U 46/02, r+s 2003, 256.
 1 BGH 7.6.1989 – IVa ZR 137/88, VersR 1989, 902; BGH 19.12.1990 – IV ZR 255/89, r+s 1991, 143; insoweit kann allerdings der Ausschlusstatbestand der Ziff. 5.1.1 in Betracht kommen.
 2 BGH 8.7.2009 – IV ZR 216/07, VersR 2009 1525, 1526 = r+s 2009, 423; vgl hierzu *Kessal-Wulf*, r+s 2010, 353, 354; OLG Schleswig 6.3.2014 – 16 U 95/13, VersR 2014, 1074; OLG Schleswig 12.1.1995 – 16 U 96/93, VersR 1995, 825; Prölss/Martin/ *Knappmann*, Ziff. 3 AUB 2010 Rn 5; *Grimm*, Ziff. 3 AUB 2010 Rn 2.
 3 BGH 23.10.2013 – IV ZR 98/12, VersR 2013, 1570, 1572 = r+s 2014, 91, 93; BGH 8.7.2009 – IV ZR 216/07, VersR 2009, 1525, 1526; OLG Schleswig 6.3.2014 – 16 U 95/13, VersR 2014, 1074; OLG Schleswig 12.1.1995 – 16 U 96/93, VersR 1995, 825; Prölss/Martin/*Knappmann*, Ziff. 3 AUB 2010 Rn 5; *Grimm*, Ziff. 3 AUB 2010 Rn 2.
 4 OLG Schleswig 6.3.2014 – 16 U 95/13, VersR 2014, 1074 (vorbestehende Spinalkanalstenose ohne Beschwerden); krit. hierzu *Jacob*, VersR 2014, 1076; OLG Schleswig 12.1.1995 – 16 U 96/93, VersR 1995, 825.
 5 BGH 23.10.2013 – IV ZR 98/12, VersR 2013, 1570, 1572 = r+s 2014, 91, 93; BGH 8.7.2009 – IV ZR 216/07, VersR 2009, 1525, 1526; OLG Braunschweig 15.3.1995 – 5 U 40/94, VersR 1995, 823, 824; Prölss/Martin/*Knappmann*, Ziff. 3 AUB 2010 Rn 5.

derung des Immunsystems, in deren Folge bereits geringste Mengen unschädlicher und verträglicher Nahrungsbestandteile zu einer tödlichen anaphylaktischen Reaktion führen können.[6] Eine Hypersensibilisierung gegen Insektengift ist ebenfalls ein regelwidriger Körperzustand.[7] Weder als Krankheiten noch als Gebrechen anzusehen sind **altersbedingt normale Verschleiß- und Schwächezustände** (Degenerationen).[8] Krankheiten und Gebrechen sind auch dann zu berücksichtigen, wenn sie ihrerseits auf Unfällen beruhen.[9] Dabei ist unerheblich, ob sich der frühere Unfall während der Laufzeit desselben VersVertrages oder vorher ereignet hat.[10]

Eine **Mitwirkung** iSv Ziff. 3 liegt vor, wenn Krankheiten oder Gebrechen zusammen mit dem Unfallereignis die Gesundheitsschädigung oder deren Folgen ausgelöst oder beeinflusst haben.[11] Erfasst wird somit auch der Einfluss auf die spätere Heilung oder Entwicklung der (ersten) Gesundheitsschädigung.[12]   4

II. Minderung (S. 2)

Beträgt der Mitwirkungsanteil **mindestens 25 %**, was durch Sachverständigengutachten festzustellen ist, so bestimmt Ziff. 3 S. 2, dass sich für die Bemessung der Invalidität der **Prozentsatz des Invaliditätsgrades** entsprechend **vermindert**. Die AUB 61/88/94 sehen demgegenüber vor, dass die nach dem festgestellten Invaliditätsgrad ermittelte Leistung entsprechend gekürzt wird. Bedeutsam ist die erstmals in Ziff. 3 AUB 99 angeordnete Minderung des Invaliditätsgrades bei Anwendung progressiver Invaliditätsstaffeln.[13]   5

III. Beweislast

Der **VR** ist **beweispflichtig** für die Mitwirkung von Krankheiten oder Gebrechen bei der Gesundheitsschädigung oder deren Folgen.[14] Dies gilt auch dafür, dass die Vorschädigungen (insb. Verschleißerscheinungen) das altersübliche Maß übersteigen.[15] Bleibt unklar, ob der Anteil der Mitwirkung 25 % übersteigt, ist eine Kür-   6

---

6 BGH 23.10.2013 – IV ZR 98/12, VersR 2013, 1570, 1572 f.
7 OLG Braunschweig 15.3.1995 – 5 U 40/94, VersR 1995, 823, 824; *Manthey*, VersR 1995, 825 m. abl. Anm. zu OLG Nürnberg 2.2.1995 – 8 U 3537/94; vgl OLG Frankfurt/M 18.4.1996 – 3 U 46/94, r+s 1996, 421; Prölss/Martin/*Knappmann*, Ziff. 3 AUB 2010 Rn 5; vgl auch *Hoenicke*, r+s 2015, 148 in Anm. zu OLG Stuttgart 7.8.2014 – 7 U 35/14.
8 OLG Celle 20.8.2009 – 8 U 10/09, VersR 2010, 205, 207 = r+s 2010, 29, 32; OLG Hamm 6.7.2001 – 20 U 200/99, VersR 2002, 180; OLG Köln 11.4.1994 – 5 U 232/93, r+s 1996, 202; OLG Saarbrücken 3.12.1997 – 5 U 646/97-62, VersR 1998, 836, 837; Prölss/Martin/*Knappmann*, Ziff. 3 AUB 2010 Rn 5.
9 LG Flensburg 10.7.2007 – 1 S 1/07, r+s 2008, 346; *Grimm*, Ziff. 3 AUB 2010 Rn 3.
10 BGH 8.7.2009 – IV ZR 216/07, VersR 2009, 1525, 1526; OLG Koblenz 26.5.2000 – 10 U 754/99, r+s 2001, 297; *Grimm*, Ziff. 3 AUB 2010 Rn 3; *Kloth*, Private Unfallversicherung, Kap. J Rn 10.
11 Zur Anwendung von Ziff. 3 bei Muskel- oder Sehnenriss infolge erhöhter Kraftanstrengung OLG Düsseldorf 15.6.2004 – 4 U 231/03, r+s 2005, 168; Prölss/Martin/*Knappmann*, Ziff. 3 AUB 2010 Rn 3.
12 OLG Schleswig 12.1.1995 – 16 U 96/93, VersR 1995, 825; *Grimm*, Ziff. 3 AUB 2010 Rn 4 f, insb. auch zur Rechtslage nach § 10 (1) AUB 61.
13 Vgl hierzu Beckmann/Matusche-Beckmann/*Mangen*, § 47 Rn 215; *Knappmann*, NVersZ 1999, 353.
14 BGH 23.11.2011 – IV ZR 70/11, VersR 2012, 92 = r+s 2012, 89; OLG Koblenz 18.6.2010 – 10 U 1014/09, VersR 2011, 1508; vgl § 182 VVG.
15 OLG Hamm 6.7.2001 – 20 U 200/91, r+s 2002, 84, 85 (degenerativer Bandscheibenvorfall); OLG Köln 5.10.1989 – 5 U 14/89, r+s 1989, 415, 416; OLG Koblenz 20.10.2000 – 10 U 1521/99, r+s 2001, 348.

zung nicht vorzunehmen.[16] Erforderlich ist der Vollbeweis gem. § 286 Abs. 1 ZPO. Die Annahme einer überwiegenden Wahrscheinlichkeit iSv § 287 Abs. 1 S. 1 ZPO reicht für den vom VR zu führenden Nachweis nicht aus.[17]

4 GESTRICHEN

5 In welchen Fällen ist der Versicherungsschutz ausgeschlossen?

5.1 Kein Versicherungsschutz besteht für folgende Unfälle:

5.1.1 Unfälle der versicherten Person durch Geistes- oder Bewusstseinsstörungen, auch soweit diese auf Trunkenheit beruhen, sowie durch Schlaganfälle, epileptische Anfälle oder andere Krampfanfälle, die den ganzen Körper der versicherten Person ergreifen.

Versicherungsschutz besteht jedoch, wenn diese Störungen oder Anfälle durch ein unter diesen Vertrag fallendes Unfallereignis verursacht waren.

5.1.2 Unfälle, die der versicherten Person dadurch zustoßen, dass sie vorsätzlich eine Straftat ausführt oder versucht.

5.1.3 Unfälle, die unmittelbar oder mittelbar durch Kriegs- oder Bürgerkriegsereignisse verursacht sind. Versicherungsschutz besteht jedoch, wenn die versicherte Person auf Reisen im Ausland überraschend von Kriegs- oder Bürgerkriegsereignissen betroffen wird.

Dieser Versicherungsschutz erlischt am Ende des siebten Tages nach Beginn eines Krieges oder Bürgerkrieges auf dem Gebiet des Staates, in dem sich die versicherte Person aufhält.

Die Erweiterung gilt nicht bei Reisen in oder durch Staaten, auf deren Gebiet bereits Krieg oder Bürgerkrieg herrscht. Sie gilt auch nicht für die aktive Teilnahme am Krieg oder Bürgerkrieg sowie für Unfälle durch ABC-Waffen und im Zusammenhang mit einem Krieg oder kriegsähnlichen Zustand zwischen den Ländern China, Deutschland, Frankreich, Großbritannien, Japan, Russland oder USA.

5.1.4 Unfälle der versicherten Person
- als Luftfahrzeugführer (auch Luftsportgeräteführer), soweit er nach deutschem Recht dafür eine Erlaubnis benötigt, sowie als sonstiges Besatzungsmitglied eines Luftfahrzeuges;
- bei einer mit Hilfe eines Luftfahrzeuges auszuübenden beruflichen Tätigkeit;
- bei der Benutzung von Raumfahrzeugen.

5.1.5 Unfälle, die der versicherten Person dadurch zustoßen, dass sie sich als Fahrer, Beifahrer oder Insasse eines Motorfahrzeuges an Fahrtveranstaltungen einschließlich der dazugehörigen Übungsfahrten beteiligt, bei denen es auf die Erzielung von Höchstgeschwindigkeiten ankommt.

---

[16] Prölss/Martin/*Knappmann*, Ziff. 3 AUB 2010 Rn 8; OLG Düsseldorf 21.8.2001 – 4 U 54/01, VersR 2002, 883; OLG Koblenz 18.6.2010 – 10 U 1014/09, VersR 2011, 1508, 1509.

[17] BGH 23.11.2011 – IV ZR 70/11, VersR 2012, 92, 93 = r+s 2012, 89; OLG Karlsruhe 3.4.2014 – 9 U 123/13, VersR 2014, 1244, 1245.

5.1.6   Unfälle, die unmittelbar oder mittelbar durch Kernenergie verursacht sind.

5.2   Ausgeschlossen sind außerdem folgende Beeinträchtigungen:

5.2.1   Schäden an Bandscheiben sowie Blutungen aus inneren Organen und Gehirnblutungen.

Versicherungsschutz besteht jedoch, wenn ein unter diesen Vertrag fallendes Unfallereignis nach Ziffer 1.3 die überwiegende Ursache ist.

5.2.2   Gesundheitsschäden durch Strahlen.

5.2.3   Gesundheitsschäden durch Heilmaßnahmen oder Eingriffe am Körper der versicherten Person. Versicherungsschutz besteht jedoch, wenn die Heilmaßnahmen oder Eingriffe, auch strahlendiagnostische und -therapeutische, durch einen unter diesen Vertrag fallenden Unfall veranlasst waren.

5.2.4   Infektionen.

5.2.4.1   Sie sind auch dann ausgeschlossen, wenn sie
– durch Insektenstiche oder -bisse oder
– durch sonstige geringfügige Haut- oder Schleimhautverletzungen

verursacht wurden, durch die Krankheitserreger sofort oder später in den Körper gelangten.

5.2.4.2   Versicherungsschutz besteht jedoch für
– Tollwut und Wundstarrkrampf sowie für
– Infektionen, bei denen die Krankheitserreger durch Unfallverletzungen, die nicht nach Ziffer 5.2.4.1 ausgeschlossen sind, in den Körper gelangten.

5.2.4.3   Für Infektionen, die durch Heilmaßnahmen oder Eingriffe verursacht sind, gilt Ziffer 5.2.3 Satz 2 entsprechend.

5.2.5   Vergiftungen infolge Einnahme fester oder flüssiger Stoffe durch den Schlund.

Versicherungsschutz besteht jedoch für Kinder, die zum Zeitpunkt des Unfalles das X. Lebensjahr noch nicht vollendet haben. Ausgeschlossen bleiben Vergiftungen durch Nahrungsmittel.

5.2.6   Krankhafte Störungen infolge psychischer Reaktionen, auch wenn diese durch einen Unfall verursacht wurden.

5.2.7   Bauch- oder Unterleibsbrüche.

Versicherungsschutz besteht jedoch, wenn sie durch eine unter diesen Vertrag fallende Gewaltsame von außen kommende Einwirkung entstanden sind.

I. Allgemeines 1
II. Geistes- oder Bewusstseinsstörungen, Anfälle (Ziff. 5.1.1) 3
   1. Allgemeines 3
   2. Geistesstörungen 4
   3. Bewusstseinsstörungen 5
4. Bewusstseinsstörung infolge Trunkenheit im Straßenverkehr 8
5. Anfälle 17
6. Wiedereinschluss Vorunfall .. 19
III. Vorsätzliche Straftaten (Ziff. 5.1.2) 20
   1. Allgemeines 20

2. Beurteilungsmaßstab	21	1. Zweck des Ausschlusses	39
3. Kausalität	24	2. Heilmaßnahmen	40
4. Beweislast	26	3. Eingriffe am Körper	42
IV. Kriegs- oder Bürgerkriegsereignisse (Ziff. 5.1.3)	27	4. Gegenausnahme	43
V. Luftfahrtunfälle (Ziff. 5.1.4)	29	XI. Infektionen (Ziff. 5.2.4)	44
VI. Kraftfahrzeugrennen (Ziff. 5.1.5)	31	1. Zweck des Ausschlusses	44
VII. Kernenergieunfälle (Ziff. 5.1.6)	33	2. Wiedereinschluss	45
VIII. Schäden an Bandscheiben sowie Blutungen aus inneren Organen und Gehirnblutungen (Ziff. 5.2.1)	34	3. Infektion durch Heilmaßnahme verursacht	46
		XII. Vergiftungen (Ziff. 5.2.5)	47
1. Allgemeines	34	1. Vergiftungen	47
2. Schäden an Bandscheiben, Blutungen aus inneren Organen und Gehirnblutungen	35	2. Vergiftung als Folge eines unter den Vertrag fallenden Unfallereignisses	48
3. Beweislast	37	3. Vergiftungen bei Kindern	49
IX. Gesundheitsschäden durch Strahlen (Ziff. 5.2.2)	38	XIII. Psychische Reaktionen (Ziff. 5.2.6)	50
X. Gesundheitsschäden durch Heilmaßnahmen oder Eingriffe am Körper (Ziff. 5.2.3)	39	1. Krankhafte Störungen infolge psychischer Reaktionen	50
		2. Wirksamkeit der Klausel	52
		XIV. Bauch- oder Unterleibsbrüche (Ziff. 5.2.7)	53

I. Allgemeines

1 Ziff. 5 AUB 2008/2010 ist (mit Ausnahme der Ersetzung des Wortes „Schädigungen" durch „Schaden") wortgleich mit Ziff. 5 AUB 99 und im Wesentlichen inhaltsgleich mit der Bestimmung über Ausschlüsse in § 2 AUB 94/88. Ziff. 5.1 enthält **Ausschlüsse bestimmter Unfallereignisse (Gefahrumstandsklauseln)**. Ziff. 5.2 fasst **Ausschlüsse von Gesundheitsschädigungen aus bestimmten Ursachen**, Teilausschlüsse von Gesundheitsschädigungen im Grenzbereich zwischen Unfall und krankhaften oder degenerativen Körperzuständen und den Sonderfall der krankhaften Störung durch **psychische Reaktionen** zusammen.[1]

2 Die Ausschlussklauseln greifen immer erst dann ein, wenn ein Unfall gem. Ziff. 1.3 vorliegt. Risikoausschlussklauseln sind grds. **eng auszulegen**. Der VN braucht nicht mit Lücken im Versicherungsschutz zu rechnen, ohne dass ihm dies hinreichend verdeutlicht wird.[2] Die Beweislast für das Vorliegen eines Ausschlusstatbestands trägt der VR. Im Rahmen der sekundären Darlegungslast hat der VN jedoch zu den in seiner Sphäre liegenden Umständen vorzutragen.[3] Ergibt sich der Tatbestand eines Ausschlusses aus dem unstreitigen oder bewiesenen Sachverhalt, so ist der Ausschluss **von Amts wegen** zu berücksichtigen.[4]

II. Geistes- oder Bewusstseinsstörungen, Anfälle (Ziff. 5.1.1)

3 **1. Allgemeines.** Kein Versicherungsschutz besteht für **Unfälle durch Geistes- oder Bewusstseinsstörungen**, auch soweit diese auf **Trunkenheit beruhen**, sowie für Unfälle durch bestimmte **Anfälle**. Der Ausschlusstatbestand greift allerdings dann nicht ein, wenn die Störungen oder Anfälle durch ein unter den Vertrag fallendes Unfallereignis verursacht worden sind. Der Sinn der Ausschlussklausel liegt darin,

---

[1] Zum Aufbau der Bestimmung vgl *Grimm*, Ziff. 5 AUB 2010 Rn 1; Prölss/Martin/*Knappmann*, Ziff. 5 AUB 2010 Rn 1.
[2] Vgl BGH 11.12.2002 – IV ZR 226/01, VersR 2003, 236, 257 mwN.
[3] OLG Hamm 14.5.2008 – 20 U 148/07, r+s 2009, 30 = VersR 2009, 349; OLG Hamburg 25.4.2007 – 9 U 23/07, r+s 2009, 386, 387.
[4] Prölss/Martin/*Knappmann*, Ziff. 5 AUB 2010 Rn 3; aA Bruck/Möller/*Leverenz*, Ziff. 5 AUB 2008 Rn 31.

solche Unfälle, bei denen der Versicherte aus den angegebenen Gründen nicht in der Lage ist, eine drohende Unfallgefahr klar zu erkennen oder ihr angemessen zu begegnen, vom Versicherungsschutz auszunehmen.[5]

2. Geistesstörungen. Nur geringe praktische Bedeutung hat der Ausschluss für Unfälle durch Geistesstörungen. Eine Geistesstörung liegt vor, wenn die dem Menschen normalerweise innewohnende Fähigkeit, Sinneseindrücke schnell und genau zu erfassen, diese geistig zu verarbeiten und darauf richtig zu reagieren, ausgeschlossen oder zumindest ernsthaft gefährdet ist.[6]

3. Bewusstseinsstörungen. Eine Bewusstseinsstörung liegt vor bei krankheitsbedingten oder auf **Alkohol** oder **Drogen** beruhenden **Beeinträchtigungen der Aufnahme- und Reaktionsfähigkeit** des Versicherten, die die gebotene und erforderliche Reaktion auf die vorhandene Gefahrenlage nicht mehr zulassen, also den Versicherten außerstande setzen, den Sicherheitsanforderungen seiner Umwelt zu genügen.[7] Eine solche Störung ist mithin dann gegeben, wenn die dem Versicherten bei normaler Verfassung innewohnende Fähigkeit, Sinneseindrücke schnell und genau zu erfassen, sie geistig zu verarbeiten und auf sie angemessen zu reagieren, ernstlich beeinträchtigt ist; sie muss einen Grad erreicht haben, bei dem die Gefahrenlage nicht mehr beherrscht werden kann. Eine völlige Bewusstlosigkeit ist nicht erforderlich.[8]

Ob eine Bewusstseinsstörung in diesem Sinne vorliegt, hängt damit sowohl vom Ausmaß der gesundheitlichen Beeinträchtigung der Aufnahme- und Reaktionsfähigkeit als auch von der konkreten Gefahrenlage ab, in der sich der Versicherte befindet. Dies macht eine **fallbezogene Betrachtung** mit ggf unterschiedlicher Bewertung der Störung erforderlich.[9]

Natürliche Störungen (Übermüdung, Schlaftrunkenheit) reichen für den Ausschluss nicht aus, es sei denn, sie beruhen auf Alkoholeinfluss, Medikamenten oder auf krankhaften Anlagen. Demgegenüber können **vorübergehende Kreislaufstörungen** oder **vorübergehende Schwindelanfälle** als Bewusstseinsstörungen angesehen werden, die zu einer Beeinträchtigung der Aufnahme- und Gegenwirkungsmöglichkeit und damit zum Ausschluss gem. Ziff. 5.1.1 führen.[10] Bewusstlosigkeit oder Ohnmacht sind stets, auch wenn sie nur kurzfristig auftreten, Bewusstseinsstörungen.[11] Gleiches gilt für schwere Schwindelanfälle.[12] Fehlreaktionen infolge Ablenkung durch plötzlich auftretenden Schmerz[13] reichen nicht aus, anders bei Vernichtungsschmerz anlässlich eines Herzinfarkts.[14] Schlafwandeln wird ebenfalls

---

5 Prölss/Martin/*Knappmann*, Ziff. 5 AUB 2010 Rn 4; *Grimm*, Ziff. 5 AUB 2010 Rn 6 f.
6 OLG Hamm 15.1.2003 – 20 U 118/02, r+s 2003, 341, 342; *Grimm*, Ziff. 5 AUB 2010 Rn 8.
7 BGH 17.5.2000 – IV ZR 113/99, VersR 2000, 1090, 1092; BGH 27.2.1985 – IVa ZR 96/83, VersR 1985, 583; BGH 7.6.1989 – IVa ZR 137/88, VersR 1989, 902; BGH 10.10.1990 – IV ZR 231/89, VersR 1990, 1343.
8 BGH 17.5.2000 – IV ZR 113/99, VersR 2000, 1090, 1092; BGH 24.9.2008 – IV ZR 219/07, r+s 2008, 521 = VersR 2008, 1683; OLG Hamm 14.5.2008 – 20 U 148/07, r+s 2009, 30 = VersR 2009, 349; OLG Celle 13.3.2009 – 8 U 177/08, VersR 2009, 1215; OLG Bamberg 8.12.2010 – 1 U 120/10, VersR 2011, 1172; OLG Düsseldorf – 4 U 218/11, r+s 2013, 36.
9 BGH 10.10.1990 – IV ZR 231/89, VersR 1990, 1343 = r+s 1991, 35; BGH 17.5.2000 – IV ZR 113/99, VersR 2000, 1090, 1092; Prölss/Martin/*Knappmann*, Ziff. 5 AUB 2010 Rn 7, 10.
10 BGH 17.5.2000 – IV ZR 113/99, VersR 2000, 1090, 1092; OLG Düsseldorf – 4 U 218/11, r+s 2013, 36; OLG Hamburg 25.4.2007 – 9 U 23/07, r+s 2007, 386, 387; LG Düsseldorf 13.9.2006 – 23 S 137/05, VersR 2007, 488.
11 OLG Hamm 14.8.1985 – 20 U 72/85, VersR 1986, 1187.
12 OLG Stuttgart 5.9.1991 – 7 U 129/91, r+s 1994, 439.
13 BGH 7.6.1989 – IVa ZR 137/88, VersR 1989, 902 = r+s 1989, 303.
14 OLG Saarbrücken 21.5.1997 – 5 U 861/96-5/97, VersR 1998, 310.

als Bewusstseinsstörung anzusehen sein, da es sich nicht um eine natürliche Form des Schlafs handelt.[15]

8   4. **Bewusstseinsstörung infolge Trunkenheit im Straßenverkehr.** Bei Trunkenheit im Straßenverkehr wird entsprechend den Grundsätzen der Rspr zur alkoholbedingten Fahruntüchtigkeit und den Grundsätzen des BGH, nach denen für die Feststellung einer Bewusstseinsstörung eine fallbezogene Betrachtung erforderlich ist, eine mit einer Bewusstseinsstörung gleichzusetzende **absolute Fahruntüchtigkeit**[16] wie folgt angenommen:

- Bei einem Kraftfahrer (Auto-, Motorrad-, Mopedfahrer) ab einer Blutalkoholkonzentration (BAK) von 1,1 ‰;[17]
- bei einem Radfahrer ab 1,6 ‰;[18]
- bei einem Fußgänger und einem Beifahrer eines fahruntüchtigen Fahrers ab etwa 2,0 ‰.[19]

9   Bei Überschreiten der genannten Promillegrenzen für Autofahrer, Radfahrer, Fußgänger und Beifahrer wird eine alkoholbedingte Bewusstseinsstörung unwiderlegbar vermutet.[20] Zudem spricht der Beweis des ersten Anscheins für eine Unfallursächlichkeit der Alkoholisierung.[21] Behauptet der VN einen **Nachtrunk** oder einen **Sturztrunk** vor dem Unfall, so hat der VR dies zu widerlegen.[22]

10 Bei einer **BAK von weniger als 0,8 ‰** soll nach überwiegender Auffassung von einer Bewusstseinsstörung nicht mehr ausgegangen werden können.[23] Dies ist sachlich nicht zu rechtfertigen. Wie seit langem wissenschaftlich gesichert ist, kann bereits eine BAK von 0,3 ‰ das psycho-physische Leistungsvermögen eines Verkehrsteilnehmers beeinträchtigen, so dass eine relative Fahruntüchtigkeit gegeben sein kann. Sind erhebliche Ausfallerscheinungen beweiskräftig festgestellt, so kann

---

15 OLG Bamberg 8.12.2010 – 1 U 120/10, VersR 2011, 1172; LG Paderborn 10.9.1992 – 5 S 165/92, r+s 1993, 396; LG Memmingen 17.7.2002 – 1 S 2376/01, VersR 2003, 1525, 1526; Prölss/Martin/*Knappmann*, Ziff. 5 AUB 2010 Rn 5; aA *Marlow*, r+s 2004, 353, 355 f.
16 Vgl BGH 9.10.1991 – IV ZR 264/90, VersR 1991, 1367.
17 BGH 28.6.1990 – 4 StR 297/90, VersR 1990, 1177; OLG Frankfurt/M 13.11.1991 – 7 U 238/89, VersR 1992, 399; OLG Hamm 3.7.1996 – 20 U 52/96, VersR 1997, 1344; OLG Saarbrücken 21.1.2009 – 5 U 249/08-29, VersR 2009, 1109, 1111.
18 OLG Schleswig 18.3.1992 – 9 U 156/88, r+s 1992, 394; OLG Hamm 15.10.1997 – 20 U 89/97, r+s 1998, 216 (entscheidend war in diesem Fall, ob der Radfahrer im Zeitpunkt des Unfalls sein Fahrrad geschoben hat oder gefahren ist).
19 BGH 8.7.1957 – II ZR 177/56, VersR 1957, 509; OLG Hamm 10.6.1989 – 20 U 139/87, VersR 1990, 514; OLG Oldenburg 14.7.1999 – 2 U 121/99, r+s 2000, 304; OLG Hamm 2.10.2002 – 20 U 140/01, r+s 2003, 167; OLG Frankfurt/M 5.2.1998 – 3 U 35/97, VersR 1999, 1403; OLG Hamm 3.7.1996 – 20 U 52/96, VersR 1997, 1344; Prölss/Martin/*Knappmann*, Ziff. 5 AUB 2010 Rn 14 f.
20 BGH 9.10.1991 – IV ZR 264/90, VersR 1991, 1367; zu den Bedenken gegen eine Gleichsetzung von absoluter und relativer Fahruntüchtigkeit mit alkoholbedingter Bewusstseinsstörung Prölss/Martin/*Knappmann*, Ziff. 5 AUB 2010 Rn 19.
21 BGH 30.10.1985 – IVa ZR 10/84, VersR 1986, 141; OLG Saarbrücken 21.1.2009 – 5 U 249/08-29, VersR 2009, 1109, 1111 = r+s 2011, 527 (auch zur Kausalität eines Folgeunfalls).
22 Prölss/Martin/*Knappmann*, Ziff. 5 AUB 2010 Rn 8; Langheid/Wandt/*Dörner*, § 178 VVG Rn 130; *Schubach/Jannsen*, Ziff. 5.1.1 AUB 2008 Rn 20; OLG Köln 28.9.2012 – 20 U 107/12, VersR 2013, 1166 m. abl. Anm. *Knappmann*, VersR 2013, 1521 = r+s 2014, 142 m. Anm. *Hoenicke*.
23 BGH 15.6.1988 – IVa ZR 8/87, VersR 1988, 950, 951 = r+s 1988, 311; OLG Koblenz 1.12.2000 – 10 U 936/99, r+s 2002, 128; *Marlow*, r+s 2007, 353, 355.

auch bei einer BAK von unter 0,8 ‰ eine Bewusstseinsstörung iSv Ziff. 5.1.1 vorliegen.[24]

Bei einer **BAK unterhalb der Grenzwerte der absoluten Fahruntüchtigkeit** reicht allein der Grad der Alkoholisierung für den Nachweis einer unfallursächlichen Bewusstseinsstörung nicht aus. Der VR muss in diesen Fällen konkrete Umstände beweisen, die den Schluss auf eine alkoholbedingte Fahruntüchtigkeit zulassen. Als solche sind insb. **Ausfallserscheinungen** und **alkoholtypische Fahrfehler** von Bedeutung. Alkoholtypische Fahrfehler werden v.a. angenommen beim Abkommen von der Fahrbahn in einer an sich einfachen Verkehrssituation ohne Behinderung durch Gegenverkehr,[25] bei überhöhter Geschwindigkeit innerhalb geschlossener Ortschaft und Kontrollverlust ohne erkennbaren äußeren Anlass[26] und einem verspäteten Erkennen von Hindernissen.[27] 11

Da Fahrfehler auch nüchternen Fahrern unterlaufen, ist stets zu prüfen, ob das zum Schaden führende Verhalten des Versicherten tatsächlich den Rückschluss auf eine alkoholbedingte Fahruntüchtigkeit zulässt. Durchgreifende Zweifel bestehen insb. dann, wenn auch eine andere Unfallursache ernsthaft in Betracht kommt.[28] 12

Bei einem **Radfahrer**, dessen Alkoholisierung unter dem Grenzwert von 1,6 ‰ liegt, bedarf es für die Annahme einer alkoholbedingten Bewusstseinsstörung ebenfalls des Nachweises von Ausfallserscheinungen, Fahrfehlern oder sonstigen Indizien.[29] Entsprechendes gilt für einen **Fußgänger**, dessen Alkoholisierung unter 2,0 ‰ liegt.[30] 13

Bei **Beifahrern**, die sich einem fahruntüchtigen Fahrzeugführer anvertrauen, ist entscheidend, in welchem Umfang es dem Beifahrer möglich war, die Alkoholbeeinträchtigung des Fahrers zu erkennen und entsprechend zu handeln.[31] Kausalität der alkoholbedingten Bewusstseinsstörung eines Beifahrers für den Unfall liegt nur vor, wenn der Beifahrer vor Fahrtantritt die Fahruntüchtigkeit des Fahrers infolge seiner Bewusstseinsstörung nicht erkannte und sich beim Einsteigen in eine Gefahrensituation begab, in die er sich in einem unterhalb der Schwelle der Bewusstseinsstörung liegenden Zustand nicht begeben hätte.[32] 14

---

24 OLG Celle 13.6.1996 – 8 U 119/95, VersR 1997, 820; Beckmann/Matusche-Beckmann/Mangen, § 47 Rn 47; Prölss/Martin/*Knappmann*, Ziff. 5 AUB 2010 Rn 17; Bruck/Möller/*Leverenz*, Ziff. 5.1.1 AUB 2008 Rn 37.
25 OLG Celle 3.4.1996 – 22 U 110/95, VersR 1997, 98; OLG Hamm 3.2.1993 – 20 U 285/92, r+s 1993, 236; OLG Hamburg 26.3.1997 – 5 U 157/96, VersR 1998, 1411; OLG Koblenz 20.4.2001 – 10 U 658/00, r+s 2002, 38, 39; OLG Hamm 6.1.1999 – 20 U 147/98, r+s 1999, 263; OLG Oldenburg 4.3.1996 – 2 W 28/96, r+s 1997, 393.
26 OLG Koblenz 1.12.2000 – 10 U 936/99, r+s 2002, 128; BGH 25.9.2002 – IV ZR 212/01, VersR 2002, 1413, 1415.
27 OLG Hamm 10.1.1997 – 20 U 193/96, VersR 1997, 1345; OLG Nürnberg 29.6.1989 – 8 U 189/88, VersR 1990, 480; OLG Celle 4.4.1996 – 22 U 110/95, VersR 1997, 98.
28 Vgl OLG Düsseldorf 17.12.2002 – 4 U 114/02, r+s 2004, 166 (Übermüdung).
29 OLG Schleswig 18.3.1992 – 9 U 156/88, r+s 1992, 394; OLG Hamm 15.10.1997 – 20 U 89/97, r+s 1998, 216.
30 OLG Köln 28.9.2012 – 20 U 107/12, VersR 2013, 1166 = r+s 2014, 142 m. Anm. *Hoenicke* (Überqueren einer Straße bei Dunkelheit trotz nahenden Kfz); OLG Hamm 2.10.2002 – 20 U 140/01, r+s 2003, 167 (unverständliches Überqueren einer Straße); OLG Karlsruhe 9.7.1999 – 14 U 131/98, VersR 2000, 446 (Sturz in 2,30 m tiefen Straßengraben, Beweis der Bewusstseinsstörung nicht geführt); OLG Braunschweig 12.3.1997 – 3 U 69/96, VersR 1997, 1343; LG Kassel 17.3.2006 – 4 O 597/05, VersR 2006, 1529.
31 OLG Frankfurt/M 5.2.1998 – 3 U 35/97, VersR 1999, 1403; OLG Hamm 3.7.1996 – 20 U 52/96, VersR 1997, 1344; OLG Karlsruhe 3.4.1997 – 12 U 260/96, VersR 1998, 835, 836.
32 So OLG Hamm 15.1.1999 – 20 U 146/98, r+s 1999, 297; OLG Karlsruhe 3.4.1997 – 12 U 260/96, VersR 1998, 835.

15 Die für leistungsausschließende Bewusstseinsstörungen durch Alkoholeinfluss im Straßenverkehr angenommenen **Grenzwerte** sind **auf andere Lebens- und Gefahrensituationen nicht ohne weiteres übertragbar**. In diesen Fällen muss konkret festgestellt werden, dass die versicherte Person in ihrer Aufnahme- und Reaktionsfähigkeit so herabgesetzt war, dass sie der Gefahrenlage nicht gewachsen war.[33]

16 Eine Bewusstseinsstörung kann auch durch **chemische Substanzen** (Drogen, Tabletten) herbeigeführt werden. Insoweit sind jedoch gesicherte Grenzwerte, die die Annahme absoluter Fahruntüchtigkeit im Straßenverkehr rechtfertigen, bisher nicht entwickelt worden.[34] Auch in diesen Fällen bedarf es der Feststellung konkreter Ausfallerscheinungen, um eine Bewusstseinsstörung aufgrund Drogen- oder Tablettenkonsums annehmen zu können.[35]

17 **5. Anfälle.** Ausgeschlossen vom Versicherungsschutz sind auch Unfälle, die durch einen **Schlaganfall**, einen **epileptischen Anfall** oder andere **Krampfanfälle**, sofern diese den ganzen Körper der versicherten Person ergreifen, ausgelöst worden sind. Rechtfertigung für diesen Ausschluss ist, wie bei der Bewusstseinsstörung, der Umstand, dass der Versicherte bei den genannten Anfällen regelmäßig nicht mehr in der Lage ist, die Gefahrensituation zu erkennen und zu beherrschen.[36]

18 Vom Ausschlustatbestand „Schlaganfall" wird nur der **Gehirnschlag** (Apoplexie) erfasst, worunter auch der **Hirninfarkt** fällt.[37] Vom Ausschluss nicht erfasst werden Herzschlag, Herzinfarkt oder der Abriss von Brückenvenen nach einer Schädelprellung.[38] Krampfanfälle führen nur dann zu einem Leistungsausschluss, wenn sie den **ganzen Körper** ergreifen. Krämpfe einzelner Gliedmaßen (zB der Wadenkrampf) reichen nicht aus.[39] Der Ausschlusstatbestand bezieht sich nur auf den akuten Krankheitsfall. Für Unfälle, die auf verbleibenden Folgen eines Schlaganfalls oder eines epileptischen Anfalls zurückzuführen sind, besteht Versicherungsschutz.

19 **6. Wiedereinschluss Vorunfall.** Beruhen Geistes- oder Bewusstseinsstörungen, Schlaganfall oder andere Anfälle auf einem früheren, unter den VersVertrag fallenden Unfallereignis (**Vorunfall**), so gilt der Ausschluss der Ziff. 5.1.1 nicht. Dies bedeutet, dass der Unfallversicherer ohne zeitliche Begrenzung für adäquat-kausale Folgen des ersten Unfalls eintritt, falls er auch im Zeitpunkt des zweiten Unfalls noch VR ist[40] und das Versicherungsverhältnis seit dem ersten Unfall ununterbro-

---

33 OLG Celle 12.3.2009 – 8 U 177/08, r+s 2010, 340 (Sturz aus Hotelfenster bei BAK von 1,1 ‰); OLG Köln 20.9.2005 – 5 W 111/05, r+s 2006, 252 (Begehen eines Klettersteiges bei einer BAK von 2,67 ‰); KG Berlin 4.2.2003 – 6 W 12/03, r+s 2003, 428, 429 (Sturz aus Hotelfenster); OLG Celle 11.4.2002 – 8 U 153/01, r+s 2003, 168 (Sturz einer Reiterin); OLG Rostock 22.12.2004 – 6 U 219/03, zfs 2006, 222 (Sturz von Boot oder Bootssteg, Bewusstseinsstörung verneint); OLG Saarbrücken 5.4.2006 – 5 U 633/05, zfs 2006, 338 (Fußgänger auf der Mitte einer unbeleuchteten Landstraße); OLG Koblenz 3.2.1989 – 10 U 406/88, r+s 1992, 197 (Sturz in der Toilette einer Gastwirtschaft, Bewusstseinsstörung verneint); OLG Schleswig 7.2.1991 – 16 U 83/90, r+s 1991, 392 (Klettern auf Fenstersims); LG Dortmund 5.12.2003 – 21 O 350/02, r+s 2004, 299 (Fußgänger mit BAK von 2,35 ‰ auf Autobahnausfahrt).
34 OLG Köln 7.9.1995 – 5 U 44/95, r+s 1998, 261; OLG Naumburg 14.7.2005 – 4 U 184/04, r+s 2006, 252.
35 OLG Naumburg 14.7.2005 – 4 U 184/04, r+s 2006, 252, 253; OLG Saarbrücken 18.12.1996 – 5 U 421/94-36, VersR 1997, 949, 951.
36 *Grimm*, Ziff. 5 AUB 2010 Rn 22.
37 OLG Stuttgart 21.12.1990 – 7 U 148/90, VersR 1992, 306; *Grimm*, Ziff. 5 AUB 2010 Rn 23.
38 OLG Hamm 27.1.1984 – 20 U 215/83, VersR 1984, 931; OLG Hamm 13.2.1981 – 20 U 258/80, VersR 1981, 830; insofern liegt allerdings regelmäßig der Ausschlusstatbestand der Bewusstseinsstörung vor.
39 Prölss/Martin/*Knappmann*, Ziff. 5 AUB 2010 Rn 26.
40 Prölss/Martin/*Knappmann*, Ziff. 5 AUB 2010 Rn 27.

chen fortbestanden hat.[41] Kein Vorunfall liegt vor, wenn der VN beim Sonnenbaden einschläft und durch die ungehinderte Sonneneinstrahlung einen Kreislaufzusammenbruch erleidet.[42]

III. Vorsätzliche Straftaten (Ziff. 5.1.2)

1. Allgemeines. Vom Versicherungsschutz ausgeschlossen sind Unfälle, die der versicherten Person dadurch zustoßen, dass sie **vorsätzlich eine Straftat ausführt oder versucht**. Grund für den Ausschluss ist die mit der Ausübung einer Straftat einhergehende Gefahrerhöhung. Der Ausschluss dient der Ausschaltung des selbstverschuldeten besonderen Unfallrisikos, das mit der Ausführung einer strafbaren Handlung gewöhnlich verbunden ist und durch die Erregung und Furcht vor Entdeckung noch gesteigert wird.[43] Eine typische, vom Zweck des Risikoausschlusses mitumfasste Gefahrerhöhung besteht bei Angriffen gegen eine andere Person auch darin, dass der Angegriffene sich wehrt und dadurch den Angreifer verletzt oder tötet.[44]

2. Beurteilungsmaßstab. Ob eine vorsätzlich ausgeführte Straftat vorliegt, beurteilt sich nach **geltendem Strafrecht**.[45] Bei Auslandsstraftaten kommt es darauf an, ob die Tat entweder nach dem Recht des Tatorts oder gem. §§ 5–7 StGB nach deutschem Recht strafbar ist.[46] Unerheblich ist, ob eine Bestrafung erfolgt ist.[47]

Die Straftat muss **vorsätzlich** begangen worden sein, wobei bedingter Vorsatz ausreicht. Rechtfertigungsgründe (zB Notwehr) und Schuldausschließungsgründe (zB Unzurechnungsfähigkeit) lassen den Ausschluss entfallen.[48] Ein vermeidbarer Verbotsirrtum berührt den Ausschluss nicht.[49] Der Ausschluss betrifft nicht nur den Haupttäter, sondern auch den Anstifter und Gehilfen.[50] Der **Versuch** einer Straftat reicht nach dem ausdrücklichen Wortlaut von Ziff. 5.1.2 aus, auch wenn er gem. § 23 Abs. 1 StGB nicht strafbar ist.[51] Anderes gilt für bloße Vorbereitungshandlungen. Der strafbefreiende Rücktritt vom Versuch lässt den Ausschluss nicht entfallen.[52]

Der Ausschluss erfasst Unfälle, die in unmittelbarem zeitlichen Zusammenhang mit der Straftat stehen. Die „**Ausführung**" einer Straftat beschränkt sich nicht auf den Zeitraum, in dem der Straftatbestand verwirklicht wird, sondern sie wirkt darüber hinaus, so dass auch Unfälle beim Rückzug vom Tatort und während der Flucht, bei der Sicherung von Diebesgut oder bei der Beseitigung von Tatspuren vom Ausschluss erfasst werden.[53]

---

41 Zu Einzelheiten vgl *Grimm*, Ziff. 5 AUB 2010 Rn 25.
42 BGH 24.9.2008 – IV ZR 219/07, VersR 2008, 1683.
43 BGH 23.9.1998 – IV ZR 1/98, VersR 1998, 1410, 1411; BGH 10.1.1957 – II ZR 162/55, VersR 1957, 90; OLG Hamm 1.3.2007 – 20 U 258/06, VersR 2008, 65, 66.
44 BGH 23.9.1998 – IV ZR 1/98, VersR 1998, 1410.
45 BGH 29.6.2005 – IV ZR 33/04, r+s 2005, 473 (Berichtigung r+s 2006, 31); OLG Hamm 22.6.2005 – 20 U 104/95, r+s 2006, 32; *Kessal-Wulf*, r+s 2008, 313, 316.
46 *Grimm*, Ziff. 5 AUB 2010 Rn 28; Beckmann/Matusche-Beckmann/*Mangen*, § 47 Rn 60; Bruck/Möller/*Leverenz*, Ziff. 5.1.2 AUB 2008 Rn 11; abw. Prölss/Martin/*Knappmann*, Ziff. 5 AUB 2010 Rn 30, der eine Strafbarkeit auch am Ort der Tat fordert.
47 OLG Düsseldorf 23.5.2000 – 4 U 160/99, VersR 2001, 361.
48 OLG Hamm 14.6.1978 – 20 U 136/77, VersR 1978, 1137.
49 OLG Hamm 22.6.2005 – 20 U 104/05, VersR 2006, 399 (Fahren ohne Führerschein).
50 OLG Düsseldorf 23.5.2000 – 4 U 160/99, VersR 2001, 361.
51 Prölss/Martin/*Knappmann*, Ziff. 5 AUB 2010 Rn 31; Beckmann/Matusche-Beckmann/*Mangen*, § 47 Rn 16.
52 OLG Hamm 17.8.2005 – 20 W 31/05, VersR 2006, 399 = r+s 2006, 31; hierzu *Marlow*, r+s 2006, 397, 398.
53 OLG Hamm 2.3.2007 – 20 U 258/06, r+s 2007, 297, 298; *Grimm*, Ziff. 5 AUB 2010 Rn 29; Prölss/Martin/*Knappmann*, Ziff. 5 AUB 2010 Rn 32.

24 **3. Kausalität.** Erforderlich ist, dass zwischen Straftat und Unfall ein **adäquater Kausalzusammenhang** besteht. Ein solcher ist immer dann gegeben, wenn durch die Ausführung der Tat eine erhöhte Gefahrenlage geschaffen worden ist, die generell geeignet war, Unfälle der eingetretenen Art herbeizuführen.[54] Mitursächlichkeit reicht aus. Bedeutung erlangt dies insb. für Unfälle bei **Fahren ohne Fahrerlaubnis.** Hierdurch wird grds. eine adäquate Ursache für einen eingetretenen Verkehrsunfall gesetzt.[55]

25 Der adäquate Kausalzusammenhang fehlt nur bei einem rein zufälligen Zusammentreffen zwischen Straftat und Unfall. Dies ist der Fall, wenn der Unfall unabhängig von der Straftat alleine auf ein Verhalten des Schädigers zurückzuführen ist oder sich der Unfall nur „gelegentlich" der Straftat ereignet hat, ohne mit ihr in einem inneren Zusammenhang zu stehen.[56] Insoweit ist allerdings eine Differenzierung angezeigt. Bestehen keinerlei konkrete Anhaltspunkte dafür, dass sich das Fehlen der Fahrerlaubnis risikoerhöhend auf den erlittenen Unfall ausgewirkt hat, kann von einem Kausalzusammenhang nicht ausgegangen werden. Dies gilt bspw. wenn der Fahrzeugführer nur deshalb strafbar ist, weil er lediglich über eine ausländische Fahrerlaubnis verfügt.[57] Immer zu prüfen ist in diesen Fällen auch, ob der erforderliche Vorsatz gegeben ist.[58]

26 **4. Beweislast.** Die Beweislast für den objektiven und subjektiven Tatbestand der Straftat und den adäquaten Kausalzusammenhang zwischen Unfall und Straftat trifft den VR.[59] Bleiben Zweifel, so greift der Ausschluss nicht ein.[60]

IV. Kriegs- oder Bürgerkriegsereignisse (Ziff. 5.1.3)

27 Unfälle, die unmittelbar oder mittelbar durch **Kriegs- oder Bürgerkriegsereignisse** verursacht sind, fallen nicht unter den Versicherungsschutz.[61] Eine Ausnahme gilt dann, wenn die versicherte Person auf **Reisen im Ausland** überraschend von Kriegs- oder Bürgerkriegsereignissen betroffen wird, da in diesen Fällen zumeist keine Möglichkeit besteht, sich der erhöhten Gefahr zu entziehen. Der Versicherungsschutz erlischt allerdings am Ende des siebten Tages nach Beginn eines Krieges oder Bürgerkrieges auf dem Gebiet des Staates, in dem sich die versicherte Person aufhält. Herrscht in dem betroffenen Staat bereits Krieg oder Bürgerkrieg, so greift die Erweiterung nicht ein (Ziff. 5.1.3 Abs. 3). Der Einschluss gilt auch nicht für die aktive Teilnahme am Krieg oder Bürgerkrieg sowie für Unfälle durch ABC-Waffen und im Zusammenhang mit einem Krieg zwischen den Weltmächten oder unter Beteiligung der Bundesrepublik.

---

54 BGH 23.9.1998 – IV ZR 1/98, VersR 1998, 1410; BGH 5.12.1990 – IV ZR 13/90, VersR 1991, 289; *Kessal-Wulf*, r+s 2008, 313, 316 („deliktstypische Gefahrenlage"); instruktiv OlG Hamm 18.4.2008 – 20 U 219/07, r+s 2010, 429, 430.
55 BGH 10.2.1982 – IVa ZR 243/80, VersR 1982, 465.
56 BGH 23.9.1998 – IV ZR 1/98, VersR 1998, 1410, 1411; BGH 26.9.1990 – IV ZR 176/89, VersR 1990, 1268; OLG Hamm 11.7.2008 – 20 U 219/07, VersR 2009, 388.
57 Zutr. Beckmann/Matusche-Beckmann/*Mangen*, § 47 Rn 63; aA OLG Stuttgart 5.6.2003 – 7 U 20/03, r+s 2003, 518; OLG Saarbrücken 22.3.1989 – 5 U 104/87, VersR 1989, 1184.
58 Vgl OLG Düsseldorf 30.7.1998 – 4 U 191/97, r+s 2000, 463; OLG Koblenz 30.5.1997 – 10 U 1600/95, VersR 1998, 709.
59 Vgl *Kessal-Wulf*, r+s 2008, 313, 316.
60 Vgl instruktiv OLG Düsseldorf 30.7.1998 – 4 U 191/97, r+s 2000, 436.
61 Zu den Begriffen „Krieg" und „Bürgerkrieg" und weiteren Einzelheiten vgl *Grimm*, Ziff. 5 AUB 2010 Rn 35 ff; *Schubach*, r+s 2002, 177 ff; *Naumann/Brinkmann*, r+s 2012, 469 ff.

Der in den AUB 88 und AUB 94 noch enthaltene Ausschlusstatbestand der inneren Unruhen[62] ist in den AUB 99 und den AUB 2008/2010 ersatzlos gestrichen worden. 28

V. Luftfahrtunfälle (Ziff. 5.1.4)

Für Unfälle der versicherten Person, die diese in ihrer Eigenschaft als **Luftfahrzeugführer** (auch Luftsportgeräteführer), soweit nach deutschem Recht hierfür eine Erlaubnis erforderlich ist, oder als **sonstiges Besatzungsmitglied eines Luftfahrzeuges** erleidet, besteht gem. Ziff. 5.1.4 kein Versicherungsschutz. Für Fluggäste eines Luftfahrzeuges ist Versicherungsschutz demgegenüber uneingeschränkt gegeben.[63] Luftfahrzeugführer oder Luftsportgeräteführer ist derjenige, der **dazu bestimmt ist, das Luftfahrzeug verantwortlich zu führen**. Zu den Besatzungsmitgliedern eines Luftfahrzeuges (fliegendes Personal) gehören alle Personen, die dazu bestimmt sind, den verantwortlichen Flugzeugführer zu unterstützen, und diejenigen, die im Auftrag des Veranstalters sonstige Dienste im Flugzeug zu verrichten haben.[64] Zum **fliegenden Personal** zählen somit Copilot, Navigator, Funker, Bordmechaniker, Stewards und Stewardessen sowie Sicherheitspersonal.[65] Erforderlich ist, dass die vorbezeichneten Personen schon bei Flugbeginn dazu bestimmt sind, das Flugzeug zu führen oder den Flug zu begleiten.[66] Übernimmt ein Fluggast während des Fluges aufgrund einer Notlage fliegerische oder sonstige unterstützende Aufgaben, so stellt dies bereits den Beginn der Verwirklichung des Fluggastrisikos dar und führt nicht zum Ausschluss des Versicherungsschutzes.[67] 29

Vom Ausschlusstatbestand erfasst werden darüber hinaus Unfälle bei einer **mit Hilfe eines Luftfahrzeuges auszuübenden beruflichen Tätigkeit**. Abzustellen ist darauf, ob der Versicherte das Flugzeug ausschließlich zur Beförderung als Fluggast oder aber auch zur Erfüllung beruflicher Aufgaben (zB Verkehrsüberwachung, Rettungsmaßnahmen,[68] Luftbildaufnahmen, Wetterbeobachtung, Schädlingsbekämpfung) benutzt.[69] 30

VI. Kraftfahrzeugrennen (Ziff. 5.1.5)

Der Ausschlusstatbestand bezieht sich auf **Fahrtveranstaltungen mit Motorfahrzeugen**, bei denen es auf die **Erzielung von Höchstgeschwindigkeiten** ankommt. Die Erreichung einer möglichst hohen Geschwindigkeit muss das Ziel der Veranstaltung sein und deren Charakter prägen (vgl auch A.1.5.2 AKB 2008 Rn 6). Der Ausschluss gilt mithin nicht für Zuverlässigkeitsprüfungen oder Geschicklichkeitsfahrten mit vorgeschriebener Geschwindigkeitsbeschränkung.[70] **Nicht entscheidend** ist das Erzielen **absoluter** Höchstgeschwindigkeiten. Für den Ausschluss 31

---

62 Vgl hierzu *Grimm*, Ziff. 5 AUB 2010 Rn 44 ff.
63 Nach den AUB 61 und den AUB 88 gilt ein Ausschluss auch für Fluggäste von Luftfahrzeugen ohne Motor, Motorseglern, Ultraleichtflugzeugen sowie beim Fallschirmspringen.
64 BGH 30.11.1983 – IVa ZR 32/82, VersR 1984, 155; OLG Koblenz 23.1.1998 – 10 U 963/96, VersR 1998, 1146; *Grimm*, Ziff. 5 AUB 2010 Rn 52.
65 *Grimm*, Ziff. 5 AUB 2010 Rn 52.
66 OLG Oldenburg 20.8.1986 – 2 U 95/86, NJW-RR 1986, 1474; Prölss/Martin/*Knappmann*, Ziff. 5 AUB 2010 Rn 43.
67 BGH 30.11.1983 – IVa ZR 32/82, VersR 1984, 155, 156.
68 LG München II 27.4.1989 – 12 O 558/89, VersR 1990, 40; Bruck/Möller/*Leverenz*, Ziff. 5.1.4 AUB 2008 Rn 27; abw. Prölss/Martin/*Knappmann*, Ziff. 5 AUB 2010 Rn 44.
69 Vgl LG Oldenburg 22.2.1988 – 4 O 3311/87, VersR 1989, 178.
70 OLG Celle 9.10.2003 – 8 U 256/02, r+s 2004, 164; LG München I 2.11.2011 – 10 O 1955/11, zfs 2012, 28; vgl auch OLG Düsseldorf 22.10.1996 – 4 U 144/95, VersR 1998, 224 = r+s 1997, 485; zum Ausschlusstatbestand nach A 1.5.2 und A 2.16.2 AKB 2008 vgl OLG Nürnberg 29.6.2007 – 8 U 158/07, VersR 2008, 207 (Gleichmäßigkeitsprüfung); OLG Karlsruhe 6.9.2007 – 12 U 107/07, r+s 2007, 502 (Sicherheitstraining).

reicht aus, dass es darauf ankommt, die nach den jeweiligen Streckenbedingungen höchstmögliche Geschwindigkeit zu fahren.[71] Vom Ausschluss erfasst werden nicht nur geplante oder sogar behördlich genehmigte Fahrtveranstaltungen, sondern auch spontan organisierte Wettfahrten (**illegale Straßenrennen**).[72] Der Ausschluss greift nicht ein, wenn Teilnehmer am öffentlichen Straßenverkehr sich mit anderen Verkehrsteilnehmern, ohne dies vorher organisiert zu haben, ein „Kräftemessen" liefern und hierbei versuchen, mit möglichst hoher Geschwindigkeit zu überholen oder ein Überholtwerden zu verhindern, da dies nicht den Charakter einer „Veranstaltung" erfüllt.[73]

32 Der Ausschluss bezieht sich auf **Motorfahrzeuge**, zu denen auch Motorboote gehören. Einen Ausschluss für Fahrradrennen gibt es nicht. Beschränkt ist der Ausschluss auf **Fahrer, Beifahrer oder Insassen** des Motorfahrzeuges. Versicherungsschutz besteht damit für Zuschauer, Streckenposten und Mechaniker.[74] Unfälle bei **Übungsfahrten**, die der Vorbereitung auf eine Fahrtveranstaltung iSv Ziff. 5.1.5 dienen, sind ebenfalls nicht versichert.[75]

VII. Kernenergieunfälle (Ziff. 5.1.6)

33 Ausgeschlossen ist der Versicherungsschutz gem. Ziff. 5.1.6 für Unfälle, die unmittelbar oder mittelbar durch Kernenergie verursacht sind.[76] Erforderlich für den Ausschluss ist, dass sich die besondere Gefahr der Kernenergie bei dem Unfall auswirkt.[77]

VIII. Schäden an Bandscheiben sowie Blutungen aus inneren Organen und Gehirnblutungen (Ziff. 5.2.1)

34 **1. Allgemeines.** Ein Risikoausschluss besteht für Schäden an Bandscheiben sowie Blutungen aus inneren Organen und Gehirnblutungen (Ziff. 5.2.1 Abs. 1).[78] Versicherungsschutz für derartige Schäden besteht jedoch dann, wenn ein unter den Vertrag fallendes Unfallereignis die überwiegende Ursache ist (Ziff. 5.2.1 Abs. 2). Grund für den Ausschluss ist, dass die genannten Schäden regelmäßig auf Vorerkrankungen oder degenerativen Veränderungen beruhen, also dem Krankheitsbereich und damit der Krankenversicherung zuzurechnen sind.[79] Bedenken gegen die Wirksamkeit des Ausschlusses bestehen nicht.[80]

---

71 OLG Celle 9.10.2003 – 8 U 256/02, r+s 2004, 164; OLG Düsseldorf 22.10.1996 – 4 U 144/95, VersR 1998, 224; *Marlow/Tschersich*, r+s 2009, 441, 446.
72 Beckmann/Matusche-Beckmann/*Mangen*, § 47 Rn 75; *Schubach/Jannsen*, Ziff. 5.1.5 AUB 2008 Rn 56; *Kloth*, Private Unfallversicherung, Kap. K Rn 65.
73 OLG Bamberg 23.2.2010 – 1 U 161/09, VersR 2010, 1029 f; *Grimm*, Ziff. 5 AUB 2010 Rn 61; *Kloth*, Private Unfallversicherung, Kap. K Rn 65; *Schubach/Jannsen*, Ziff. 5.1.5 AUB 2008 Rn 56; Prölss/Martin/*Knappmann*, Ziff. 5 AUB 2010 Rn 47; differenzierend Bruck/Möller/*Leverenz*, Ziff. 5.1.5 AUB 2008 Rn 12.
74 Prölss/Martin/*Knappmann*, Ziff. 5 AUB 2010 Rn 47.
75 OLG Celle 12.11.2005 – 4 U 162/04, VersR 2005, 778 (Pflichttraining eines Motorradsportlers).
76 Vgl hierzu *Grimm*, Ziff. 5 AUB 2010 Rn 64; Prölss/Martin/*Knappmann*, Ziff. 5 AUB 2010 Rn 49.
77 Kein Ausschluss gilt mithin für den Verkehrsunfall eines mit spaltbarem Material beladenen Fahrzeuges, ohne dass sich die Besonderheit der Ladung ausgewirkt hat, Prölss/Martin/*Knappmann*, Ziff. 5 AUB 2010 Rn 49.
78 Der Ausschluss für Schäden an Bandscheiben ist erstmals neu in die AUB 88 aufgenommen worden.
79 OLG Oldenburg 21.8.1996 – 2 U 107/96, VersR 1997, 821; *Grimm*, Ziff. 5 AUB 2010 Rn 65.
80 OLG Köln 18.10.2013 – 20 U 136/12, r+s 2014, 249 (nur LS); OLG Köln 22.5.2002 – 5 U 185/01, r+s 2004, 165 = VersR 2003, 1120; OLG Karlsruhe 17.3.2005 – 12 U 329/04,

2. Schäden an Bandscheiben, Blutungen aus inneren Organen und Gehirnblutungen.
35
Der Ausschluss „Schäden an Bandscheiben" erfasst auch durch diese Gesundheitsschädigung ausgelöste weitere Gesundheitsstörungen, wie zB Lähmungen.[81] Schäden an der **Bandscheibe**, die nach einem Unfall auftreten, sind nach nahezu einhelliger medizinischer Auffassung vornehmlich auf degenerative Veränderungen zurückzuführen.[82] Traumatisch bedingte Bandscheibenschäden setzen ein eindrucksvolles und dramatisches Geschehen voraus, bei dem regelmäßig auch andere Verletzungen (Wirbelbrüche, erhebliche Weichteilverletzungen) medizinisch zu erwarten sind.[83] Zu den **inneren Organen** zählt auch das Blutkreislaufsystem, so dass eine Aortablutung unter den Ausschluss fällt.[84] **Gehirnblutungen** beruhen häufig auf Gefäßanomalien (Aneurysma).[85]

Der Ausschluss für gesundheitliche Beeinträchtigungen wegen Schäden an Bandscheiben, Blutungen aus inneren Organen und Gehirnblutungen greift dann nicht ein, wenn ein Unfallereignis die **überwiegende Ursache** ist. Die Schädigung muss mithin zu mehr als 50 % auf den Unfall zurückzuführen sein.[86] Darüber hinaus ist Ziff. 3 (Mitwirkung von Krankheiten oder Gebrechen) zu berücksichtigen.
36

3. Beweislast.
37
Die Beweislast für die überwiegende Ursächlichkeit des Unfallereignisses trägt nach allgemeiner Auffassung der VN („Ausnahme von der Ausnahme", sog. tertiäre Risikobeschreibung).[87] Bei Bandscheibenschäden ist der Beweis einer überwiegenden Ursächlichkeit des Unfallereignisses (Mitursächlichkeit reicht nicht aus) idR nicht zu führen, da Bandscheibenschäden nach medizinischer Erfahrung zumeist auf degenerativen Veränderungen und nicht auf traumatischen Verletzungen beruhen.[88]

IX. Gesundheitsschäden durch Strahlen (Ziff. 5.2.2)

Zweck des Ausschlusses ist, die bei **Strahlenschäden** unübersehbaren Risiken wegen der Abgrenzungsschwierigkeit des Begriffs der „Plötzlichkeit" auszugren-
38

VersR 2005, 969 = r+s 2006, 296; OLG Hamm 1.2.2006 – 20 U 135/05, r+s 2006, 467; OLG Frankfurt/M 20.7.2005 – 7 U 193/04, r+s 2006, 165.
81 OLG Hamburg 15.5.2007 – 9 U 43/07, r+s 2008, 32.
82 Vgl hierzu die Hinweise der Schriftleitung in r+s 2012, 560 mit zahlreichen Entscheidungen.
83 Prölss/Martin/*Knappmann*, Ziff. 5 AUB 2010 Rn 52; *Grimm*, Ziff. 5 AUB 2010 Rn 66.
84 BGH 17.4.1991 – IV ZR 223/90, VersR 1991, 916; OLG Frankfurt/M 27.6.1990 – 21 U 201/87, VersR 1991, 213, 214.
85 Vgl OLG Koblenz 9.10.1998 – 10 U 1357/97, VersR 2000, 218; OLG Hamm 19.12.2001 – 20 U 102/01, VersR 2002, 883; Prölss/Martin/*Knappmann*, Ziff. 5 AUB 2010 Rn 51; *Grimm*, Ziff. 5 AUB 2010 Rn 69; vgl Rechtsprechungsübersicht r+s 2014, 249 f.
86 OLG Koblenz 16.3.2007 – 10 U 1238/05, VersR 2008, 67, 68 = r+s 2008, 303; OLG Düsseldorf 26.2.2008 – 4 U 111/07, r+s 2008, 525; vgl Rechtsprechungsübersicht r+s 2014, 249 f.
87 BGH 28.1.2009 – IV ZR 6/08, VersR 2009, 492, 493; OLG Köln 22.5.2002 – 5 U 185/01, r+s 2004, 165 = VersR 2003, 1120; OLG Hamm 24.1.2003 – 20 U 173/02, r+s 2003, 255; OLG Frankfurt/M 18.2.2003 – 25 U 225/00, r+s 2004, 431; OLG Karlsruhe 17.3.2005 – 12 U 329/04, VersR 2005, 969 = 296 m. Anm. der Schriftleitung; OLG Koblenz 3.3.2005 – 10 U 586/04, VersR 2005, 1425; OLG Koblenz 11.4.2008 – 10 U 1848/05, VersR 2008, 1683, 1684; OLG Düsseldorf 26.2.2008 – 4 U 111/07, r+s 2008, 525.
88 Vgl hierzu *Marlow*, r+s 2007, 353, 356; Fälle aus der Rspr: OLG Frankfurt/M 20.7.2005 – 7 U 193/04, VersR 2006, 1118 = r+s 2006, 165; OLG Hamm 1.2.2006 – 20 U 135/05, r+s 2006, 467; OLG Frankfurt/M 18.2.2003 – 25 U 225/00, r+s 2004, 431; Beweis geführt: OLG Koblenz 11.4.2008 – 10 U 1848/05, VersR 2008, 1683, 1684; vgl auch *Steinmetz/Röser*, VersR 2014, 38; *Ernestus/Gärtner*, VersR 1996, 419.

zen.[89] Unter dem Begriff „Strahlen" sind nicht nur eine radioaktive Strahlung, sondern auch Röntgenstrahlen und Strahlen anderer Art, zB Laserstrahlen, zu verstehen.[90] Entscheidend kommt es darauf an, dass die Strahlung eine Gesundheitsschädigung verursachen kann.[91] Ausdrücklich ist in Ziff. 5.2.3 bestimmt, dass Gesundheitsschäden durch **strahlendiagnostische und strahlentherapeutische Heilmaßnahmen** versichert sind, wenn diese Maßnahmen durch einen Unfall veranlasst worden sind.

X. Gesundheitsschäden durch Heilmaßnahmen oder Eingriffe am Körper (Ziff. 5.2.3)

39 **1. Zweck des Ausschlusses.** Der Ausschluss wird damit begründet, dass die mit einer gewollten Behandlung des menschlichen Körpers verbundenen erhöhten Gefahren vom Versicherungsschutz ausgenommen werden sollen.[92]

40 **2. Heilmaßnahmen.** Heilmaßnahmen sind alle zu therapeutischen Zwecken erfolgenden Maßnahmen oder Handlungen der versicherten Person oder eines Dritten.[93] Zu den Heilmaßnahmen zählen auch krankengymnastische Behandlungen,[94] Massagen, Bäder und Einreibungen.[95] Eine Heilmaßnahme stellt auch die Einnahme von Medikamenten dar.[96] Unerheblich ist, ob die Heilmaßnahme medizinisch indiziert war oder ob die Behandlung nach den Regeln der ärztlichen Kunst ausgeführt wurde. Voraussetzung ist, dass die Gesundheitsschädigung die adäquate Folge einer Heilmaßnahme ist und sich eine **Gefahr verwirklicht hat, die der durchgeführten Heilmaßnahme eigentümlich** ist.[97]

41 Von dem Ausschluss nicht erfasst sind solche einen Schaden verursachenden Umstände, die nur zufällig mit der Heilmaßnahme im Zusammenhang stehen oder sich nur bei Gelegenheit der Heilmaßnahme ausgewirkt haben (zB Sturz in einer Arztpraxis).[98]

42 **3. Eingriffe am Körper.** Eingriffe am Körper der versicherten Person sind nicht nur medizinische oder kosmetische Behandlungen im weitesten Sinne, sondern jede äußere physische Einwirkung auf die körperliche Integrität, die mit Willen des Versicherten von ihm oder Dritten vorgenommen wird. Sie müssen zu einer Substanzverletzung des Körpers führen oder eine Beeinträchtigung der körperlichen Funk-

---

89 *Grimm*, Ziff. 5 AUB 2010 Rn 72.
90 BGH 11.3.1998 – IV ZR 92/97, VersR 1998, 617.
91 BGH 11.3.1998 – IV ZR 92/97, VersR 1998, 617.
92 *Grimm*, Ziff. 5 AUB 2010 Rn 81; OLG Stuttgart 25.8.2005 – 7 U 94/05, VersR 2007, 786, 787; OLG Celle 19.11.2009 – 8 U 107/09, VersR 2010, 803, 804 = r+s 2011, 33.
93 *Prölss/Martin/Knappmann*, Ziff. 5 AUB 2010 Rn 55; OLG Stuttgart 25.8.2005 – 7 U 94/05, VersR 2007, 786, 787.
94 OLG Karlsruhe 18.10.2001 – 12 U 202/00, NVersZ 2002, 216 = VersR 2002, 562.
95 *Grimm*, Ziff. 5 AUB 2010 Rn 82.
96 OLG Stuttgart 25.8.2005 – 7 U 94/05, VersR 2007, 786, 787 (Hustenanfall nach Einatmen von verabreichtem Hustensaft).
97 OLG Hamm 6.9.2013 – 20 U 149/13, r+s 2014, 93; OLG Celle 19.11.2009 – 8 U 107/09, VersR 2010, 803, 804; OLG Stuttgart 25.8.2005 – 7 U 94/05, VersR 2007, 786, 787; LG Dortmund 23.2.2011 – 2 O 253/10, VersR 2012, 475.
98 BGH 21.9.1988 – IVa ZR 44/87, VersR 1988, 1148, 1149; OLG Saarbrücken 8.5.11996 – 5 U 508/95-36, VersR 1997, 956 (kein Ausschluss bei Umstoßen einer Schüssel mit heißer Inhalationsflüssigkeit); OLG Schleswig 18.2.1999 – 16 U 77/98, VersR 2003, 587 (für den Ausschluss reicht aus, dass der VN den ärztlichen Eingriff veranlasst hat; auf eine vorherige Aufklärung kommt es nicht an), vgl hierzu *Marlow*, r+s 2004, 353, 356; OLG München 12.3.2003 – 25 U 1993/03, VersR 2005, 261; OLG Stuttgart 25.8.2005 – 7 U 94/05, VersR 2007, 786, 787; LG Berlin 18.6.2002 – 7 S 8/02, VersR 2003, 54 (Ausschluss greift ein bei Sturz vom Behandlungstisch wegen Kreislaufschwäche nach Narkose).

tionen bezwecken.[99] Unter den Ausschluss können somit auch autoerotische Handlungen oder sadomasochistische Praktiken fallen.[100]

4. Gegenausnahme. Der Ausschluss greift dann nicht ein (Gegenausnahme), wenn die Heilmaßnahmen oder Eingriffe, auch strahlendiagnostische und -therapeutische, durch einen unter diesen Vertrag fallenden Unfall veranlasst waren (Ziff. 5.2.3 S. 2). Die fehlerhafte ärztliche Behandlung oder die missglückte Operation als solche stellt keinen Unfall dar und führt mithin auch nicht zu einem Wiedereinschluss, es sei denn, die Operation war durch einen Unfall veranlasst worden.[101] Da die Heilmaßnahme als solche keinen Unfall darstellt, führt diese auch nicht zu einer Verlängerung der Frist zur ärztlichen Invaliditätsfeststellung für den Gesundheitsschaden, der schon durch den versicherten Unfall eingetreten ist.[102] Die Beweislast für den Wiedereinschluss liegt beim VN.[103]

XI. Infektionen (Ziff. 5.2.4)

1. Zweck des Ausschlusses. Gesundheitsschädigungen durch **Infektionen** sind grds. vom Versicherungsschutz ausgeschlossen. Der Ausschluss wird damit begründet, dass Infektionen als Krankheiten nicht zu den typischen, durch eine Unfallversicherung abzudeckenden Lebensrisiken zählen.[104] Ausdrücklich klargestellt wird in Ziff. 5.2.4.1, dass Infektionen auch ausgeschlossen sind, wenn sie durch **Insektenstiche oder -bisse** oder durch sonstige **geringfügige Haut- oder Schleimhautverletzungen** verursacht werden, durch die Krankheitserreger sofort oder später in den Körper gelangten. **Geringfügig** ist eine Haut- und Schleimhautverletzung, wenn sie für sich betrachtet keinen Krankheitswert hat und keiner ärztlichen Behandlung bedarf. Dies gilt zB für geringfügige Nadelstiche, kleinere Kratz- und Schnittwunden.[105] Insektenstiche oder -bisse sind als geringfügige Verletzungen ausdrücklich ausgeschlossen, so dass auch Infektionen, die durch einen **Zeckenbiss** verursacht werden, nicht versichert sind.[106] Als geringfügige Haut- oder Schleimhautverletzung wird auch eine Infektion mit dem **AIDS-Virus** angesehen.[107] Liegt nicht nur eine Haut- oder Schleimhautverletzung vor, sondern auch eine Verletzung des darunter liegenden Gewebes, so greift der Ausschluss nicht ein. Der Beweis dafür, dass lediglich die Haut oder Schleimhaut verletzt ist, obliegt dem VR.[108]

2. Wiedereinschluss. Ziff. 5.2.4.2 enthält einen Wiedereinschluss, wonach Versicherungsschutz besteht für **Tollwut und Wundstarrkrampf** sowie für **Infektionen, bei denen die Krankheitserreger durch Unfallverletzungen, die nicht nach**

---

99 BGH 8.11.2000 – IV ZR 1/00, VersR 2001, 227; Prölss/Martin/*Knappmann*, Ziff. 5 AUB 2010 Rn 56.
100 BGH 8.11.2000 – IV ZR 1/00, VersR 2001, 227, 228; OLG Saarbrücken 18.12.1996 – 5 U 421/94-36, VersR 1997, 949 (Kausalzusammenhang im konkreten Fall verneint).
101 Im Ergebnis zutreffend, aber mit missglückter Begründung: OLG München 12.3.2003 – 25 U 1993/03, VersR 2005, 261, 262; vgl hierzu *Marlow*, r+s 2006, 397, 398.
102 OLG Stuttgart 14.6.2012 – 7 U 30/12, r+s 2013, 38.
103 BGH 19.12.1990 – IV ZR 255/89, r+s 1991, 143; *Kessal-Wulf*, r+s 2008, 313, 317.
104 *Grimm*, Ziff. 5 AUB 2010 Rn 89; OLG Hamm 23.2.2007 – 20 U 237/06, VersR 2008, 342.
105 *Grimm*, Ziff. 5 AUB 2010 Rn 91; OLG Düsseldorf 29.2.2000 – 4 U 37/99, VersR 2001, 449, 450; LG Düsseldorf 26.2.2009 – 11 O 423/08, r+s 2010, 210.
106 OLG Köln 19.3.2008 – 20 U 218/07, r+s 2008, 345; OLG Hamm 23.2.2007 – 20 U 237/06, VersR 2008, 342; OLG Koblenz 9.10.2003 – 10 U 44/03, r+s 2004, 298; LG Köln 10.7.2002 – 23 O 426/01, r+s 2004, 298 (Malaria nach Mückenstich); offen lassend OLG Düsseldorf 7.4.2009 – I-4 U 39/08, VersR 2010, 61, 62; zur Borrelioseinfektion durch Zecken aus medizinischer Sicht *Suermann*, r+s 2011, 50.
107 *Grimm*, Ziff. 5 AUB 2010 Rn 90; Prölss/Martin/*Knappmann*, Ziff. 5 AUB 2010 Rn 63.
108 OLG Karlsruhe 11.7.2013 – 12 U 12/13, VersR 2014, 237, 238; anders wohl Prölss/Martin/*Knappmann*, Ziff. 5 AUB 2010 Rn 63 f.

Ziff. 5.2.4.1 ausgeschlossen sind, in den Körper gelangten. Hieraus folgt, dass es sich bei der Unfallverletzung nicht nur um eine geringfügige Haut- oder Schleimhautverletzung, sondern um eine gravierende Verletzung handeln muss.[109] Erforderlich ist, dass die Erreger unmittelbar infolge der Unfallverletzung in den Körper gelangt sind.[110] Die Beweislast für den Wiedereinschluss einer nach der Systematik der AUB an sich ausgeschlossenen Unfallverletzung liegt beim VN.[111]

46 **3. Infektion durch Heilmaßnahme verursacht.** Ist die Infektion durch eine Heilmaßnahme verursacht, die ihrerseits durch einen unter den Vertrag fallenden Unfall veranlasst worden ist, besteht Versicherungsschutz (Ziff. 5.2.4.3 iVm Ziff. 5.2.3 S. 2).

XII. Vergiftungen (Ziff. 5.2.5)

47 **1. Vergiftungen.** Diese sind dann ausgeschlossen, wenn sie auf der Einnahme fester oder flüssiger Stoffe durch den Schlund beruhen. Erfasst werden Giftstoffe aller Art, auch Arzneimittel oder verdorbene Nahrungsmittel.[112] Das Einatmen giftiger Gase fällt nicht unter den Ausschluss. Verätzungen des Mundes und der Speiseröhre durch versehentliches Trinken von Säure oder Lauge sind ebenfalls nicht ausgeschlossen, da es insoweit an einer Einnahme durch den Schlund fehlt.[113] **Einnahme** bedeutet willentliches, nicht notwendig eigenhändiges Einverleiben des Stoffes. Ob die versicherte Person die Giftigkeit des Stoffes erkannt hat, ist unerheblich.[114] Der Ausschluss greift nicht ein, wenn die giftigen Stoffe durch Dritte gegen den Willen der versicherten Person oder auch nur ohne ihren Willen eingeführt werden.[115] Vom Ausschluss nicht erfasst werden Vergiftungen infolge Einspritzens durch die Haut oder durch Biss oder Stich eines Tieres.[116]

48 **2. Vergiftung als Folge eines unter den Vertrag fallenden Unfallereignisses.** Problematisch ist, dass die AUB 99 wie auch die Vorgängerregelungen – im Gegensatz zu § 2 (3 c) AUB 61 – **keinen Wiedereinschluss** für den Fall vorsehen, dass die Vergiftung die Folge eines unter den Vertrag fallenden Unfallereignisses ist. Als Beispiel ist zu nennen die **Medikamentenverwechslung** oder **unrichtige Dosierung** im Rahmen einer medizinischen Heilbehandlung nach einem Unfall. Da auch die AUB 2008/2010 einen solchen Wiedereinschluss nicht enthalten, kann man nicht mehr von einem Redaktionsversehen ausgehen. Gleichwohl dürfte im Hinblick darauf, dass sowohl bei Strahlenschäden als auch bei Infektionen ein solcher Wiedereinschluss besteht (Ziff. 5.2.3 und 5.2.4.3), eine unangemessene Benachteiligung iSv § 307 BGB vorliegen,[117] zumal eine Intoxikation als Folge einer durch einen Unfall veranlassten Heilbehandlung weit eher dem Bereich der Unfallversicherung zuzurechnen ist als eine Infektion. Im Übrigen greift der Zweck des Ausschlusses von Vergiftungen, der in erster Linie darin liegt, die ungünstige Beweislastverteilung

---

109 OLG Köln 21.9.2012 – 20 U 116/12, VersR 2013, 992 = r+s 2013, 399 (Verletzungsbild muss Veranlassung geben, sich in ärztliche Behandlung zu begeben); OLG Hamm 3.3.2006 – 20 U 227/05, r+s 2007, 164.
110 *Grimm*, Ziff. 5 AUB 2010 Rn 93.
111 OLG Hamm 3.3.2006 – 20 U 227/05, r+s 2007, 164; Prölss/Martin/*Knappmann*, Ziff. 5 AUB 2010 Rn 64.
112 Prölss/Martin/*Knappmann*, Ziff. 5 AUB 2010 Rn 66.
113 BGH 13.6.1955 – II ZR 339/53, VersR 1955, 385.
114 *Grimm*, Ziff. 5 AUB 2010 Rn 98; *Schubach/Jannsen*, Ziff. 5.2.5 AUB 2008 Rn 95.
115 Bruck/Möller/*Leverenz*, Ziff. 5.2.5 AUB 2008 Rn 10; zur Billigkeit der Regelung bei Gesundheitsschädigung durch einen vom Opfer nicht erkannten Giftanschlag: Prölss/Martin/*Knappmann*, Ziff. 5 AUB 2010 Rn 66.
116 *Grimm*, Ziff. 5 AUB 2010 Rn 99; Bruck/Möller/*Leverenz*, Ziff. 5.2.5 Rn 12.
117 So auch Prölss/Martin/*Knappmann*, Ziff. 5 AUB 2010 Rn 67; aA Bruck/Möller/*Leverenz*, Ziff. 5.2.5 AUB 2008 Rn 15, der allerdings die Einführung eines Wiedereinschlusses befürwortet.

bei in Selbstmordabsicht erfolgten Vergiftungen zu vermeiden,[118] bei Vergiftungen als Folge eines Unfallereignisses nicht ein.

3. Vergiftungen bei Kindern. Der Ausschluss gilt nicht für Vergiftungen bei Kindern, die zum Zeitpunkt des Unfalls ein bestimmtes Lebensjahr noch nicht vollendet haben. Ausgeschlossen bleiben aber auch hier Vergiftungen durch Nahrungsmittel (Ziff. 5.2.5 S. 2 und 3).

XIII. Psychische Reaktionen (Ziff. 5.2.6)

1. Krankhafte Störungen infolge psychischer Reaktionen. Vom Versicherungsschutz ausgeschlossen sind krankhafte Störungen infolge psychischer Reaktionen, auch wenn diese durch einen Unfall verursacht wurden. Hieraus folgt zunächst, dass Gesundheitsschäden infolge psychischer Reaktionen (Schock, Schreck, Angst) stets ausgeschlossen sind, es sei denn, hierdurch wird ein Unfallereignis ausgelöst (vgl hierzu § 178 VVG Rn 4). Ausgeschlossen sind darüber hinaus alle krankhaften Störungen, die im Anschluss an eine unfallbedingte Gesundheitsschädigung durch eine **psychische Fehlverarbeitung** entstehen.[119] Der Ausschluss greift mithin immer dann ein, wenn es an körperlichen Traumata fehlt oder die krankhafte Störung des Körpers nur mit ihrer psychogenen Natur erklärt werden kann.[120] Hierzu gehört insb. die sog. **posttraumatische Belastungsstörung**. Diese ist eine psychische Störung als Reaktion auf den Unfall, nicht eine psychische Störung als Reaktion auf eine durch den Unfall erlittene physische Erkrankung. Der posttraumatischen Belastungsstörung ist immanent, dass sie eine Folge aus dem Ereignis selbst ist und grds. nicht eine Folge einer sich aus dem Unfall ergebenden organischen Erkrankung.[121] Gleiches gilt für die sog. reaktive posttraumatische Depression.[122]

Eine krankhafte Störung infolge psychischer Reaktion wird in der Praxis regelmäßig dann anzunehmen sein, wenn nach sachverständiger Begutachtung unfallbedingte organische Schädigungen, die die gesundheitlichen Beeinträchtigungen und Krankheitssymptome erklären können, nicht nachzuweisen sind.[123] Der Ausschluss greift demgegenüber dann nicht ein, wenn die krankhaften Störungen auf unfallbedingten organischen Schädigungen oder physischen Reaktionen beruhen.[124] Krankhafte Störungen, die eine organische Ursache haben, sind nicht vom Versicherungsschutz ausgeschlossen, auch wenn im Einzelfall das Ausmaß, in dem sich die organische Ursache auswirkt, von der psychischen Verarbeitung durch den

---

118 *Grimm*, Ziff. 5 AUB 2010 Rn 97.
119 BGH 23.6.2004 – IV ZR 130/03, r+s 2004, 385, 386 = VersR 2004, 1039; BGH 19.3.2003 – IV ZR 283/02, r+s 2003, 295 = VersR 2003, 634; Prölss/Martin/*Knappmann*, Ziff. 5 AUB 2010 Rn 69.
120 BGH 23.6.2004 – IV ZR 130/03, r+s 2004, 385, 386 = VersR 2004, 1039; BGH 15.7.2009 – IV ZR 229/06, r+s 2010, 164 = VersR 2010, 60 m. Anm. *Abel*; OLG Frankfurt/M 16.7.2006 – 7 U 222/05, r+s 2010, 164; OLG Köln 24.8.2005 – 5 U 126/02, VersR 2007, 976 = r+s 2008, 31; OLG Oldenburg 17.11.2010 – 5 U 108/09, r+s 2011, 262 = VersR 2011, 520.
121 So zutr. OLG Hamm 8.3.2011 – 20 U 96/11, r+s 2013, 88; OLG Koblenz 28.1.2011 – 10 U 109/10, r+s 2013, 89; OLG Brandenburg 27.10.2005 – 12 U 87/05, VersR 2006, 1251; OLG Celle 22.5.2008 – 8 U 5/08, r+s 2008, 389; OLG Hamm 25.1.2006 – 20 U 89/05, r+s 2006, 428 (Somatisierungsstörung); OLG Köln 24.8.2005 – 5 U 126/02, VersR 2007, 976 = r+s 2008, 31; OLG Düsseldorf 19.12.2008 – 4 U 30/08, r+s 2010, 165; vgl *Abel/Winkens*, VersR 2009, 30 ff; *Knappmann*, VersR 2011, 324; Hinweise der Schriftleitung in r+s 2013, 91 ff.
122 OLG Düsseldorf 23.5.2006 – I-4 U 128/05, r+s 2007, 256 = VersR 2006, 1487.
123 OLG Köln 25.4.2012 – 5 U 28/06, VersR 2013, 349; OLG Köln 24.8.2005 – 5 U 126/02, r+s 2008, 31 = VersR 2008, 976 (Nichtzulassungsbeschwerde durch BGH zurückgewiesen); OLG Rostock 24.8.2004 – 6 U 138/03, VersR 2006, 105.
124 BGH 23.6.2004 – IV ZR 130/03, r+s 2004, 385, 386.

VN abhängt.[125] Ein Ausschluss ist ebenfalls nicht gegeben, wenn die krankhaften Veränderungen der Psyche auf einem unfallbedingten organischen Hirnschaden beruhen.[126] Bleibt unklar, ob organische Schäden für psychische Folgeerscheinungen ursächlich sind, greift der Ausschluss, für den der VR in vollem Umfang beweispflichtig ist, nicht ein.[127]

52 **2. Wirksamkeit der Klausel.** Nach der Rspr des BGH[128] ist die Klausel in der vom BGH erläuterten Auslegung weder unklar noch enthält sie eine unangemessene Benachteiligung des VN.

XIV. Bauch- oder Unterleibsbrüche (Ziff. 5.2.7)

53 Der Ausschluss von Bauch- oder Unterleibsbrüchen hat seinen Grund darin, dass diese Schäden zumeist auf anlagebedingten Bindegewebsschwächen beruhen.[129] Der Versicherungsschutz bleibt deshalb bestehen, wenn – was vom VN nachzuweisen ist[130] – die Brüche durch eine unter den Vertrag fallende **gewaltsame, von außen kommende Einwirkung** entstanden sind. Erforderlich ist mithin eine mechanische Einwirkung auf den Körper des Verletzten (Stoß, Tritt, Stich), die idR äußere Verletzungen im Bauchbereich mit sich bringt.[131] Die innerkörperliche Reaktion auf eine besondere Kraftanstrengung stellt keine von außen kommende Einwirkung dar.[132]

6 Was müssen Sie bei vereinbartem Kinder-Tarif und bei Änderungen der Berufstätigkeit oder Beschäftigung beachten?

6.1 Umstellung des Kinder-Tarifs

6.1.1 Bis zum Ablauf des Versicherungsjahres im Sinne von Ziffer 10.5, in dem das nach dem Kinder-Tarif versicherte Kind das X. Lebensjahr vollendet, besteht Versicherungsschutz zu den vereinbarten Versicherungssummen. Danach gilt der zu diesem Zeitpunkt gültige Tarif für Erwachsene. Sie haben jedoch folgendes Wahlrecht:
– Sie zahlen den bisherigen Beitrag, und wir reduzieren die Versicherungssummen entsprechend.
– Sie behalten die bisherigen Versicherungssummen, und wir berechnen einen entsprechend höheren Beitrag.

---

125 So BGH 29.9.2004 – IV ZR 233/03, r+s 2004, 516 = VersR 2004, 1449, 1450 (Tinnitus).
126 BGH 23.6.2004 – IV ZR 130/03, r+s 2004, 385, 386 = VersR 2005, 1039.
127 BGH 29.9.2004 – IV ZR 233/03, r+s 2004, 516 = VersR 2004, 1449; OLG Frankfurt/M 20.6.2007 – 7 U 21/07; Prölss/Martin/*Knappmann*, Ziff. 5 AUB 2010 Rn 71.
128 BGH 23.6.2004 – IV ZR 130/03, VersR 2005, 1039 = r+s 2004, 385; BGH 29.9.2004 – IV ZR 233/03, VersR 2004, 1449 = r+s 2004, 516.
129 Prölss/Martin/*Knappmann*, Ziff. 5 AUB 2008 Rn 72; ÖOGH 12.10.2011 – 7 Ob 181/11 k, VersR 2012, 1279.
130 OLG Hamburg 15.9.1998 – 10 U 44/88, r+s 1990, 102; Prölss/Martin/*Knappmann*, Ziff. 5 AUB 2010 Rn 72.
131 Eine unmittelbar auf Bauch oder Unterleib gerichtete Einwirkung ist nicht Voraussetzung, vgl Langheid/Wandt/*Dörner*, § 178 VVG Rn 207 f; Prölss/Martin/*Knappmann*, Ziff. 5 AUB 2010 Rn 72; LG Berlin 14.2.1989 – 7 S 53/88, VersR 1989, 1186.
132 AG Stuttgart 19.1.1984 – 13 C 12816/83, VersR 1984, 841.

6.1.2 Über Ihr Wahlrecht werden wir Sie rechtzeitig informieren. Teilen Sie uns das Ergebnis Ihrer Wahl nicht bis spätestens zwei Monate nach Beginn des neuen Versicherungsjahres im Sinne von Ziffer 10.5 mit, setzt sich der Vertrag entsprechend der ersten Wahlmöglichkeit fort.

6.2 Änderung der Berufstätigkeit oder Beschäftigung

6.2.1 Die Höhe der Versicherungssummen bzw des Beitrages hängt maßgeblich von der Berufstätigkeit oder der Beschäftigung der versicherten Person ab. Grundlage für die Bemessung der Versicherungssummen und Beiträge ist unser geltendes Berufsgruppenverzeichnis. *(Unternehmensindividueller Text zur Fundstelle)*

Eine Änderung der Berufstätigkeit oder Beschäftigung der versicherten Person müssen Sie uns daher unverzüglich mitteilen. Pflichtwehrdienst, Zivildienst oder militärische Reserveübungen fallen nicht darunter.

6.2.2 Errechnen sich bei gleichbleibendem Beitrag nach dem zum Zeitpunkt der Änderung gültigen Tarif niedrigere Versicherungssummen, gelten diese nach Ablauf eines Monats ab der Änderung. Errechnen sich dagegen höhere Versicherungssummen, gelten diese, sobald wir Kenntnis von der Änderung erlangen, spätestens jedoch nach Ablauf eines Monats ab der Änderung.

Errechnen sich dagegen höhere Versicherungssummen, gelten diese, sobald uns Ihre Erklärung zugeht, spätestens jedoch nach Ablauf eines Monats ab der Änderung. Die neu errechneten Versicherungssummen gelten sowohl für berufliche als auch für außerberufliche Unfälle.

6.2.3 Auf Ihren Wunsch führen wir den Vertrag auch mit den bisherigen Versicherungssummen bei erhöhtem oder gesenktem Beitrag weiter, sobald uns Ihre Erklärung zugeht.

I. Umstellung des Kinder-Tarifs (Ziff. 6.1)

Nachdem die Bedingungen der Kinderunfallversicherung in die AUB integriert worden sind, ist geregelt, wie sich die Umstellung des Kinder-Tarifs zum Erwachsenen-Tarif vollzieht. Bis zum Ablauf des Versicherungsjahres, in dem das Kind nach dem VersVertrag für den Kinder-Tarif das als Höchstalter festgesetzte Lebensjahr vollendet, besteht weiterhin Versicherungsschutz zu den vereinbarten Versicherungssummen. Danach hat der VN ein Wahlrecht, ob er den bisherigen (niedrigeren) Beitrag bei reduzierter Versicherungssumme fortentrichtet oder aber bei Beibehaltung der bisherigen Versicherungssumme einen entsprechend höheren Beitrag zahlt. Der VR ist verpflichtet, den VN über sein **Wahlrecht** zu unterrichten. Übt er sein Wahlrecht nicht aus, setzt sich der Vertrag zum bisherigen Beitrag mit reduzierten Versicherungssummen fort.

II. Änderung der Berufstätigkeit oder Beschäftigung (Ziff. 6.2)

1. Mitteilungspflicht (Ziff. 6.2.1 Abs. 2). Da die Höhe der Versicherungssumme bzw des Beitrages maßgeblich von der ausgeübten Berufstätigkeit oder der Beschäftigung der versicherten Person abhängt, ist der VN gem. Ziff. 6.2.1 Abs. 2 verpflichtet, jede **Änderung der Berufstätigkeit oder Beschäftigung** der versicherten Person **unverzüglich mitzuteilen**. Pflichtwehrdienst, Zivildienst oder militärische Reserveübungen fallen nicht darunter. Eine Verletzung der Mitteilungspflicht führt nicht zu einer Leistungsfreiheit. Die Folgen der Änderung ergeben sich aus Ziff. 6.2.2.

Rüffer

3 **2. Änderung der Berufstätigkeit oder Beschäftigung.** Bei der Änderung des Berufs oder der Beschäftigung muss es sich um eine **auf gewisse Dauer angelegte Tätigkeit** handeln. Nur vorübergehende Änderungen, zB Aushilfen, begründen keine Anzeigepflicht.[1] Beschäftigung meint nicht nur eine berufliche Tätigkeit, sondern erfasst auch andere Tätigkeiten des täglichen Lebens (Freizeitbeschäftigungen), wenn sie über einen längeren Zeitraum ausgeübt werden.[2] Eine Anzeigepflicht setzt jedoch voraus, dass nach derartigen Beschäftigungen bereits im Antrag gefragt worden ist, was die Ausnahme darstellt.[3] Nur dann kann eine Änderung der Berufstätigkeit oder Beschäftigung für den VR überhaupt von Bedeutung sein.

4 **3. Rechtsfolgen (Ziff. 6.2.2).** Die Rechtsfolgen einer Änderung der Berufstätigkeit oder Beschäftigung ergeben sich aus Ziff. 6.2.2. Es gilt der Grundsatz der **Beitragskontinuität**. Dies bedeutet, dass die Versicherungssummen an die Änderungen angepasst werden, ohne dass sich der Beitrag verändert.[4] Errechnen sich bei gleich bleibendem Beitrag aufgrund der Änderung niedrigere Versicherungssummen, so gelten diese nach Ablauf eines Monats ab der Änderung. Errechnen sich dagegen höhere Versicherungssummen, gelten diese, sobald dem VR die Erklärung des VN zugegangen ist, spätestens jedoch nach Ablauf eines Monats ab der Änderung. Diese Regelung entspricht § 181 Abs. 2 S. 1 VVG.

5 Ziff. 6.2.2 Abs. 2 S. 2 stellt klar, dass die neu errechneten Versicherungssummen sowohl für berufliche als auch für außerberufliche Unfälle gelten.

6 Auf Antrag des VN kann der Vertrag mit den bisherigen Versicherungssummen zu geänderten Beiträgen fortgeführt werden (Ziff. 6.2.3).

7 **4. Nicht versicherbare Berufe.** Vorschriften über nicht versicherbare Berufe enthalten die AUB 2008/2010 – wie schon die AUB 99 – nicht mehr.[5]

Der Leistungsfall

7 Was ist nach einem Unfall zu beachten (Obliegenheiten)?

Ohne Ihre Mitwirkung und die der versicherten Person können wir unsere Leistung nicht erbringen.

7.1 Nach einem Unfall, der voraussichtlich eine Leistungspflicht herbeiführt, müssen Sie oder die versicherte Person unverzüglich einen Arzt hinzuziehen, seine Anordnungen befolgen und uns unterrichten.

7.2 Die von uns übersandte Unfallanzeige müssen Sie oder die versicherte Person wahrheitsgemäß ausfüllen und uns unverzüglich zurücksenden; von uns darüber hinaus geforderte sachdienliche Auskünfte müssen in gleicher Weise erteilt werden.

7.3 Werden Ärzte von uns beauftragt, muss sich die versicherte Person auch von diesen untersuchen lassen. Die notwendigen Kosten einschließlich eines dadurch entstandenen Verdienstausfalles tragen wir.

7.4 Die Ärzte, die die versicherte Person – auch aus anderen Anlässen – behandelt oder untersucht haben, andere Versicherer, Versicherungsträger und Behörden sind zu ermächtigen, alle erforderlichen Auskünfte zu erteilen.

---

1 OLG Nürnberg 26.1.1989 – 8 U 3404/88, r+s 1989, 202; *Grimm*, Ziff. 6 AUB 2010 Rn 5.
2 Prölss/Martin/*Knappmann*, Ziff. 6 AUB 2010 Rn 4; *Grimm*, Ziff. 6 AUB 2010 Rn 5.
3 Prölss/Martin/*Knappmann*, Ziff. 6 AUB 2010 Rn 4; aA Bruck/Möller/*Leverenz*, Ziff. 6 AUB 2008 Rn 4.
4 Anders nach den AUB 88/94, die die Kontinuität der Versicherungssumme vorsehen.
5 Vgl *Grimm*, Ziff. 6 AUB 2010 Rn 9.

7.5 Hat der Unfall den Tod zur Folge, ist uns dies innerhalb von 48 Stunden zu melden, auch wenn uns der Unfall schon angezeigt war.

Uns ist das Recht zu verschaffen, gegebenenfalls eine Obduktion durch einen von uns beauftragten Arzt vornehmen zu lassen.

I. Hinzuziehung eines Arztes und Unterrichtungspflicht (Ziff. 7.1)

Dem VN oder der versicherten Person obliegt es, nach einem Unfall, aus dem voraussichtlich Leistungsansprüche gegen den VR herrühren können, unverzüglich einen Arzt hinzuzuziehen und seine Anordnungen zu befolgen. Die Obliegenheit dient der Schadenminderung und betrifft nicht nur die Erstversorgung nach dem Unfall, sondern den gesamten Heilungsprozess einschließlich aller Maßnahmen zur Abwendung einer dauernden Invalidität. Die ärztlichen Anordnungen müssen zumutbar sein. Die Empfehlung zu einer Krankenhausbehandlung ist regelmäßig zu befolgen. Einschränkungen können sich insoweit insb. aus der wirtschaftlichen und auch aus der familiären Situation des Verletzten ergeben.[1]

Soweit Operationen zur Wiederherstellung der Gesundheit und zur Vermeidung einer dauernden Invalidität angeraten werden, ist dies dann zumutbar, wenn ein vernünftiger Mensch unter Abwägung aller Umstände auch ohne rechtliche Bindung sich zur Vornahme der Operation entschließen würde.[2] Insoweit sind die vom BGH[3] zum allgemeinen Schadensersatzrecht aufgestellten Grundsätze zu berücksichtigen. Danach ist der Geschädigte lediglich gehalten, sich auf einfache, gefahrlose[4] und sicheren Erfolg versprechende Operationen einzulassen. Besonders risikoreichen, besonders schmerzhaften oder noch nicht ausreichend erprobten Eingriffen oder Behandlungsmethoden muss sich der Versicherte nicht unterziehen.[5] Umgekehrt besteht keine Obliegenheit des VN, von einer riskanten Operation abzusehen, solange diese medizinisch vertretbar ist.[6] Musste der VN nicht von einem Dauerschaden ausgehen, so ist die Obliegenheit, unverzüglich einen Arzt hinzuzuziehen, nicht verletzt.[7]

Durch die Pflicht zur Unterrichtung des VR soll es diesem ermöglicht werden, zeitnah Ermittlungen einzuleiten und die notwendigen Feststellungen zu treffen. Detaillierter Angaben bedarf es hierzu nicht. Diese sind der vom VR zuzusendenden Schadenanzeige vorbehalten.[8]

Sowohl die Hinzuziehung eines Arztes als auch die Unterrichtung des VR müssen unverzüglich erfolgen. Eine Meldung erst mehrere Monate nach dem Unfallereignis ist jedenfalls dann verspätet, wenn der VN wegen andauernder Schmerzen bereits seit längerem in ärztlicher Behandlung war.[9]

---

1 Prölss/Martin/*Knappmann*, Ziff. 7 AUB 2010 Rn 4.
2 Prölss/Martin/*Knappmann*, Ziff. 7 AUB 2010 Rn 5.
3 BGH 4.11.1986 – VI ZR 12/86, VersR 1987, 559; BGH 17.10.1990 – IV ZR 178/89, VersR 1991, 57.
4 Operationen in Vollnarkose sind grds. nicht als „gefahrlos" anzusehen; so zutr. Bruck/Möller/*Leverenz*, Ziff. 7 AUB 2008 Rn 46; OLG Hamm 29.9.1999 – 20 U 201/98, VersR 2000, 962; abw. Prölss/Martin/*Knappmann*, Ziff. 7 AUB 2010 Rn 5.
5 Prölss/Martin/*Knappmann*, Ziff. 7 AUB 2010 Rn 5; *Grimm*, Ziff. 7 AUB 2010 Rn 5; *Wussow*, VersR 2003, 1481, 1484; OLG Frankfurt/M 13.7.2005 – 7 U 197/01, r+s 2006, 164, 165.
6 BGH 20.4.2005 – IV ZR 237/03, r+s 2005, 299, 300.
7 Vgl OLG Hamm 29.10.1997 – 20 U 107/97, r+s 1998, 302 (Verletzung nach Treppensturz).
8 OLG Frankfurt/M 20.2.1992 – 22 U 136/90, VersR 1992, 1458; Prölss/Martin/*Knappmann*, Ziff. 7 AUB 2010 Rn 2.
9 OLG Celle 31.10.1996 – 8 U 162/95, VersR 1997, 690; OLG Koblenz 29.11.1996 – 10 U 198/96, r+s 1997, 348; OLG Köln 21.12.2007 – 20 U 167/07, VersR 2008, 528 = r+s

II. Unfallanzeige und sachdienliche Auskünfte; Aufklärungsobliegenheit (Ziff. 7.2)

5 Eine vom VR nach Meldung des Unfalls übersandte **Unfallanzeige** muss der VN oder die versicherte Person wahrheitsgemäß ausfüllen und unverzüglich zurücksenden. Wie auch sonst, ist es Sache des VR, die Unfallanzeige (Fragebogen) so zu gestalten, dass die für die Sachbearbeitung notwendigen Informationen abgefragt werden. Ergeben sich aus der vom VN ausgefüllten Schadenanzeige Unklarheiten, muss der VR rückfragen.[10]

6 Der VN oder die versicherte Person hat darüber hinaus sonstige vom VR geforderte sachdienliche Auskünfte unverzüglich zu erteilen. **Sachdienlich** sind alle vom VR erfragten Tatsachen, die für die Feststellung und Abwicklung der Leistungen aus dem Versicherungsverhältnis von Bedeutung sein können.[11] Sachdienlich ist insb. die Frage nach dem Bestehen weiterer Unfallversicherungsverträge, da bei Mehrfachversicherungen die erhöhte Gefahr einer freiwillig herbeigeführten Gesundheitsbeeinträchtigung besteht und der VR dies regelmäßig zum Anlass nimmt, die Glaubwürdigkeit des VN und seine Unfallschilderung näher zu prüfen. Auch ermöglicht die Offenlegung weiterer VersVerträge Nachforschungen des VR über die vom VN gegenüber anderen Versicherern gemachten Angaben.[12] Als sachdienlich anzusehen sind auch Fragen nach Vorschäden, Vorerkrankungen und Unfallentschädigungen anderer VR.[13] Für die Regulierung ebenfalls von Bedeutung ist die Frage nach Einzelheiten des Unfallhergangs, insb. nach Alkoholgenuss, da eine unzureichende Aufklärung für den VR die Gefahr birgt, dass er einen vorhandenen Leistungsausschluss nicht erkennt.[14]

III. Untersuchungsobliegenheit (Ziff. 7.3)

7 Beauftragt der VR Ärzte, so muss sich die versicherte Person auch von diesen untersuchen lassen. Die notwendigen Kosten einschließlich eines dadurch entstandenen Verdienstausfalls trägt der VR (vgl hierzu §§ 189, 85 VVG). Die Verpflichtung bezieht sich nur auf Untersuchungen, nicht auch auf schmerzhafte und riskante Eingriffe in die körperliche Integrität.[15] Der VN muss sich, falls nicht von vornherein erheblich beeinträchtigende Untersuchungen zu erwarten sind, einer Untersuchung jedenfalls stellen.[16] Hat der VR eine Entscheidung über die Erstbe-

---

2009, 75; LG Köln 8.8.2007 – 26 O 667/04, VersR 2008, 953; LG Köln 11.2.2004 – 23 O 1/03, r+s 2005, 167.
10 BGH 6.11.1996 – IV ZR 215/95, r+s 1997, 84.
11 OLG Köln 9.2.1995 – 5 U 264/94, VersR 1995, 1435; KG Berlin 15.10.2002 – 6 U 130/01, r+s 2003, 354.
12 Vgl hierzu aus der umfangr. Rspr: BGH 24.6.1981 – IVa ZR 133/80, VersR 1982, 182; OLG Saarbrücken 12.11.2008 – 5 U 122/08-14, VersR 2009, 1254 (auch wenn entsprechende Angaben schon im Versicherungsantrag erfolgt sind); OLG Saarbrücken 22.11.2006 – 5 U 269/06-043, r+s 2007, 336 = VersR 2007, 977; OLG Koblenz 14.1.2006 – 10 U 410/04, VersR 2007, 1524; OLG Frankfurt/M 21.1.1999 – 3 U 255/97, r+s 2002, 37; OLG Köln 9.2.1995 – 5 U 264/94, VersR 1995, 1435, 1436; aA OLG Hamm 30.5.1984 – 20 U 385/83, VersR 1985, 469 (nicht sachdienlich).
13 OLG Köln 25.5.1987 – 5 U 255/86, r+s 1988, 243; OLG Köln 10.3.1994 – 5 U 126/93, r+s 1994, 316; OLG Hamm 28.6.2000 – 20 U 61/99, r+s 2001, 347; KG Berlin 15.10.2002 – 6 U 130/01, r+s 2003, 354.
14 OLG Saarbrücken 12.7.2006 – 5 U 6/06-1, r+s 2007, 298, 300 = VersR 2007, 532, 533; OLG Hamm 27.1.1984 – 20 U 215/83, VersR 1984, 931; OLG Frankfurt/M 28.2.2001 – 7 U 22/00, VersR 2002, 302 (im konkreten Fall Relevanz verneint).
15 ÖOGH 19.10.1989 – 7 Ob 36/89, VersR 1990, 1139; Prölss/Martin/*Knappmann*, Ziff. 7 AUB 2010 Rn 10.
16 OLG Düsseldorf 9.12.2003 – I-4 U 69/03, VersR 2004, 503, 504 = r+s 2004, 252; OLG Stuttgart 12.5.2003 – 7 U 37/03, r+s 2004, 35; LG Lübeck 14.11.2012 – 4 O 96/12, r+s 2014, 193.

messung gem. Ziff. 9.1 getroffen, so besteht – mit Blick auf die Erstbemessung – keine Untersuchungsobliegenheit des VN mehr.[17]

Die Untersuchungsobliegenheit besteht grds. auch im Rahmen der Neubemessung der Invalidität gem. Ziff. 9.4, wobei der BGH[18] offen gelassen hat, ob dies auch dann gilt, wenn nur der VN das Recht auf ärztliche Neubemessung ausgeübt hat. Nach Ablauf der Drei-Jahres-Frist des § 11 IV Abs. 1 AUB 88/94 = Ziff. 9.4 AUB 99/2008/2010 ist der VN nicht mehr gehalten, sich durch vom VR beauftragte Ärzte untersuchen zu lassen.[19]

Gutachten und Auskünfte, die der VR eingeholt hat, müssen auch dem Versicherten zugeleitet werden, was sich aus § 810 BGB und den vertraglichen Beziehungen der Parteien ergibt.[20]

IV. Entbindung von der Schweigepflicht (Ziff. 7.4)

Der Versicherte ist verpflichtet, Ärzte, die ihn – auch aus anderen Anlässen – behandelt oder untersucht haben, zu ermächtigen, dem VR alle erforderlichen Auskünfte zu erteilen. Gleiches gilt im Hinblick auf andere VR, Versicherungsträger und Behörden. Die Obliegenheit zur Entbindung von der Schweigepflicht dient dem Interesse des VR an einer Überprüfung der Behauptungen des VN.[21] Der VR muss den Arzt oder die Institution, die ihm gegenüber ermächtigt werden sollen, näher bezeichnen und, soweit das nicht offensichtlich ist, auch darlegen, weshalb er an deren Auskünften interessiert ist.[22] Das Recht zur Entbindung von der Schweigepflicht ist ein höchstpersönliches Recht und kann somit nur vom Versicherten selbst, seinem gesetzlichen Vertreter oder einem ausdrücklich hierzu Bevollmächtigten ausgeübt werden.[23] Den Erben steht ein Entbindungsrecht nicht zu, da die Schweigepflicht auch gegenüber den hinterbliebenen nahen Angehörigen gilt.[24] In diesen Fällen ist für die Frage, ob der Arzt der Schweigepflicht unterliegt, maßgeblich, ob der Versicherte entweder zu seinen Lebzeiten ausdrücklich oder konkludent zu erkennen gegeben hat, dass Tatsachen im Zusammenhang mit dem Unfallgeschehen offen gelegt werden können, oder ob ein entsprechender mutmaßlicher Wille sich aus den Umständen ergibt.[25]

V. Todesfallanzeige, Obduktion (Ziff. 7.5)

Der Tod des Versicherten ist **innerhalb von 48 Stunden** zu melden, auch wenn der Unfall dem VR bereits angezeigt war. Die Anzeigepflicht dient den Interessen des VR an einer möglichen Beweissicherung.[26] Dem VR ist das Recht zu verschaffen, ggf eine Obduktion durch einen vom VR beauftragten Arzt vornehmen zu lassen. Die Obduktion erfasst auch die Blutentnahme und ggf eine Exhumierung. Die erforderliche Einwilligung kann vom Versicherten bereits vor seinem Tod erteilt werden, die Einbeziehung der AUB in den Vertrag reicht insoweit allerdings nicht

---

17 BGH 2.12.2009 – IV ZR 181/07, VersR 2010, 243, 245.
18 BGH 16.7.2003 – IV ZR 310/02, r+s 2003, 378, 379 = VersR 2003, 1165; vgl hierzu BGH 2.12.2009 – IV ZR 181/07, VersR 2010, 243, 245.
19 BGH 16.7.2003 – IV ZR 310/02, r+s 2003, 378, 379 = VersR 2003, 1165; BGH 4.5.1994 – IV ZR 192/93, r+s 1994, 356 = VersR 1994, 971, 972.
20 Prölss/Martin/*Knappmann*, Ziff. 7 AUB 2010 Rn 12; *Grimm*, § 7 AUB 2010 Rn 16.
21 BGH 30.11.2005 – IV ZR 154/04, VersR 2006, 352, 353.
22 Prölss/Martin/*Knappmann*, Ziff. 7 AUB 2010 Rn 13.
23 Prölss/Martin/*Knappmann*, Ziff. 7 AUB 2010 Rn 16.
24 Vgl hierzu im Einzelnen OLG Frankfurt/M 30.9.1998 – 7 U 216/97, r+s 2000, 350; Prölss/Martin/*Knappmann*, Ziff. 7 AUB 2010 Rn 16.
25 OLG Frankfurt/M 30.9.1998 – 7 U 216/97, r+s 2000, 350; teilweise abw. Prölss/Martin/ *Knappmann*, Ziff. 7 AUB 2010 Rn 16; *Knappmann*, NVersZ 1999, 511 mwN.
26 *Grimm*, Ziff. 7 AUB 2010 Rn 19.

aus.[27] Zuständig für die Erlaubnis zur Obduktion sind die totensorgeberechtigten Angehörigen.[28] Sind diese nicht mit dem Anspruchsberechtigten identisch, so ist eine Weigerung dem Anspruchsberechtigten nicht zuzurechnen. Ist der Anspruchsberechtigte dagegen selbst totensorgeberechtigt, so obliegt ihm die Erteilung der Zustimmung.

12 Aus einer Verweigerung der Obduktion können Rechtsfolgen nur abgeleitet werden, wenn die Maßnahme überhaupt zu einem entscheidungserheblichen Beweisergebnis führen konnte und für den VR die einzige Möglichkeit bot, den ihm obliegenden Beweis zu führen.[29]

8 Welche Folgen hat die Nichtbeachtung von Obliegenheiten?

Wird eine Obliegenheit nach Ziffer 7 vorsätzlich verletzt, verlieren Sie Ihren Versicherungsschutz. Bei grob fahrlässiger Verletzung einer Obliegenheit sind wir berechtigt, unsere Leistung in einem der Schwere Ihres Verschuldens entsprechenden Verhältnis zu kürzen. Beides gilt nur, wenn wir Sie durch gesonderte Mitteilung in Textform auf diese Rechtsfolgen hingewiesen haben.

Weisen Sie nach, dass Sie die Obliegenheit nicht grob fahrlässig verletzt haben, bleibt der Versicherungsschutz bestehen.

Der Versicherungsschutz bleibt auch bestehen, wenn Sie nachweisen, dass die Verletzung der Obliegenheit weder für den Eintritt oder die Feststellung des Versicherungsfalls noch für die Feststellung oder den Umfang der Leistung ursächlich war. Das gilt nicht, wenn Sie die Obliegenheit arglistig verletzt haben.

Diese Bestimmungen gelten unabhängig davon, ob wir ein uns zustehendes Kündigungsrecht wegen der Verletzung einer vorvertraglichen Anzeigepflicht ausüben.

1 Ziff. 8 regelt die Rechtsfolgen einer Verletzung der in Ziff. 7 genannten Obliegenheiten. Es gelten insoweit die zwingenden gesetzlichen Bestimmungen des § 28 Abs. 2–4 VVG, so dass auf die dortige Kommentierung verwiesen werden kann.

9 Wann sind die Leistungen fällig?

9.1 Wir sind verpflichtet, innerhalb eines Monats – beim Invaliditätsanspruch innerhalb von drei Monaten – in Textform zu erklären, ob und in welchem Umfang wir einen Anspruch anerkennen. Die Fristen beginnen mit dem Eingang folgender Unterlagen:
- Nachweis des Unfallhergangs und der Unfallfolgen,
- beim Invaliditätsanspruch zusätzlich der Nachweis über den Abschluss des Heilverfahrens, soweit es für die Bemessung der Invalidität notwendig ist.

---

[27] BGH 10.4.1991 – IV ZR 105/90, VersR 1991, 870; OLG Hamm 11.2.1983 – 20 U 273/82, VersR 1983, 1131; Prölss/Martin/*Knappmann*, Ziff. 7 AUB 2010 Rn 18.
[28] BGH 10.4.1991 – IV ZR 105/90, VersR 1991, 870.
[29] BGH 25.3.1992 – IV ZR 153/91, VersR 1992, 730 (Blutentnahme); Prölss/Martin/ *Knappmann*, Ziff. 7 AUB 2010 Rn 18.

Die ärztlichen Gebühren, die Ihnen zur Begründung des Leistungsanspruchs entstehen, übernehmen wir
- bei Invalidität bis zu ... ‰ der versicherten Summe,
- bei Übergangsleistung bis zu ... % der versicherten Summe,
- bei Tagegeld bis zu ... Tagegeldsatz,
- bei Krankenhaustagegeld bis zu ... Krankenhaustagegeldsatz.

Sonstige Kosten übernehmen wir nicht.

9.2 Erkennen wir den Anspruch an oder haben wir uns mit Ihnen über Grund und Höhe geeinigt, leisten wir innerhalb von zwei Wochen.

9.3 Steht die Leistungspflicht zunächst nur dem Grunde nach fest, zahlen wir – auf Ihren Wunsch – angemessene Vorschüsse.

Vor Abschluss des Heilverfahrens kann eine Invaliditätsleistung innerhalb eines Jahres nach dem Unfall nur bis zur Höhe einer vereinbarten Todesfallsumme beansprucht werden.

9.4 Sie und wir sind berechtigt, den Grad der Invalidität jährlich, längstens bis zu drei Jahren nach dem Unfall, erneut ärztlich bemessen zu lassen. Bei Kindern bis zur Vollendung des X. Lebensjahres verlängert sich diese Frist von drei auf X Jahre. Dieses Recht muss
- von uns zusammen mit unserer Erklärung über unsere Leistungspflicht nach Ziffer 9.1,
- von Ihnen vor Ablauf der Frist

ausgeübt werden.

Ergibt die endgültige Bemessung eine höhere Invaliditätsleistung, als wir bereits erbracht haben, ist der Mehrbetrag mit ... % jährlich zu verzinsen.

9.5 Zur Prüfung der Voraussetzungen für den Rentenbezug sind wir berechtigt, Lebensbescheinigungen anzufordern. Wird die Bescheinigung nicht unverzüglich übersandt, ruht die Rentenzahlung ab der nächsten Fälligkeit.

I. Erklärungspflicht des VR (Ziff. 9.1 Abs. 1) 1	IV. Vorschusspflicht, Invaliditätsleistung vor Abschluss des Heilverfahrens (Ziff. 9.3) 9
1. Frist 1	1. Angemessener Vorschuss 9
2. Anerkenntnis des VR, Rechtsnatur 3	2. Höhe bei Invaliditätsleistung 10
II. Kostentragungspflicht des VR (Ziff. 9.1 Abs. 2) 4	V. Neubemessung des Grades der Invalidität (Ziff. 9.4) 12
III. Fälligkeit der Leistungen (Ziff. 9.2) 6	1. Recht zur Neubemessung 12
1. Fälligkeitsregelung 6	2. Drei-Jahres-Frist 15
2. Leistungsablehnung durch VR 7	3. Verzinsung 18
	4. Rückforderung 19
3. Rechtsfolgen bei fehlender Mitwirkung des VN 8	5. Unterrichtungspflicht des VR 20
	VI. Lebensbescheinigungen (Ziff. 9.5) 21

I. Erklärungspflicht des VR (Ziff. 9.1 Abs. 1)

1. Frist. Die Erklärungspflicht des VR ist gesetzlich in § 187 Abs. 1 VVG geregelt und inhaltsgleich in Ziff. 9.1 übernommen worden. Danach hat der VR **innerhalb eines Monats** (beim Invaliditätsanspruch innerhalb von drei Monaten) in Textform zu erklären, ob und in welchem Umfang er den geltend gemachten Anspruch anerkennt. Zweck der Regelung, die noch nichts zur Fälligkeit aussagt und an deren Verletzung auch keine Sanktionen geknüpft sind,[1] ist zum einen, dem Versicherten die Gewissheit zu geben, dass die Bearbeitung seines Versicherungsfalles nicht ungebührlich hinausgezögert wird, zum anderen aber auch dem VR eine angemessene Zeitspanne für die Prüfung seiner Leistungspflicht einzuräumen.[2] Das Anbieten eines Vorschusses oder das Angebot einer Abfindung wegen vermeintlicher Unsicherheit über den Invaliditätsgrad stellt keine Erklärung iSv § 187 VVG und Ziff. 9.1 dar.[3]

2 Die **Frist beginnt** gem. § 187 Abs. 1 VVG mit der Vorlage der zur Beurteilung des Leistungsantrags erforderlichen Unterlagen. Dies sind gem. Ziff. 9.1 Unterlagen zum **Nachweis des Unfallhergangs und der Unfallfolgen** und beim Invaliditätsanspruch zusätzlich der Nachweis über den **Abschluss des Heilverfahrens**, soweit es für die Bemessung der Invalidität notwendig ist. Zu den vom VN vorzulegenden Unterlagen gehören die Unfallanzeige, besondere vom VR geforderte Auskünfte sowie ärztliche Berichte und Bescheinigungen. Im Todesfall ist die Sterbeurkunde beizubringen. Auf entsprechende Anforderung hat der VN auch seine Anspruchsberechtigung nachzuweisen.[4] Demgegenüber obliegt es dem VN nicht, dem VR Einsicht in die polizeilichen Ermittlungsakten zu verschaffen.[5] Ziff. 9.1 sieht nicht vor, dass die Erklärungspflicht des VR von eigenen Erhebungen bzw selbst in Auftrag gegebenen Gutachten abhängen soll.[6] Auf Verzögerungen durch die Einholung eines Gutachtens kann sich der VR mithin nicht berufen.[7] Bei **Unfalltod** ist die Anspruchsberechtigung durch Vorlage eines Erbscheins zu belegen, sofern das Erbrecht nicht auf andere Weise nachgewiesen werden kann.[8] Der in Ziff. 9.1 für den Beginn der Erklärungsfrist geforderte Abschluss des Heilverfahrens bezieht sich nicht auf das Heilverfahren insgesamt, sondern auf das zur Bemessung der Invalidität notwendige Heilverfahren.[9] Der VR ist, falls eine hinreichend sichere Prognosegrundlage gegeben ist, nicht berechtigt, mit der endgültigen Erstbemessung des Grades einer feststehenden unfallbedingten Invalidität bis zum Schluss des dritten Jahres nach dem Unfallereignis zu warten.[10]

3 **2. Anerkenntnis des VR, Rechtsnatur.** Ein vom VR im Rahmen seiner Erklärungspflicht gem. Ziff. 9.1 abgegebenes Anerkenntnis stellt nach allgemeiner Auffassung **kein verbindliches (abstraktes) Schuldanerkenntnis** iSv § 781 BGB dar. Die Überschrift zu § 187 VVG ist deshalb missglückt. Vielmehr handelt es sich um ein Anerkenntnis ohne besonderen rechtsgeschäftlichen Verpflichtungswillen, das der VR nur zu dem Zweck abgibt, dem VN seine Erfüllungsbereitschaft mitzuteilen.[11] Der VR ist also nicht gehindert, von ihm erbrachte Leistungen zurückzufordern, wenn

---

1 Der VR gibt, wenn er sich nicht äußert, allerdings Anlass zur Klage mit möglichen Kostenfolgen, vgl OLG Hamm 22.8.1973 – 20 U 112/73, VersR 1974, 329; Prölss/Martin/*Knappmann*, § 187 VVG Rn 2.
2 BGH 24.3.1976 – IV ZR 222/74, VersR 1977, 471; *Grimm*, Ziff. 9 AUB 2010 Rn 1.
3 OLG Saarbrücken 15.5.2013 – 5 U 347/12, VersR 2014, 1246, 1248.
4 Prölss/Martin/*Knappmann*, § 187 VVG Rn 4; OLG Bremen 16.3.1965 – 3 U 5/65, VersR 1965, 653.
5 OLG Hamm 22.8.1973 – 20 U 112/73, VersR 1974, 329; OLG Hamburg 6.8.1981 – 5 W 18/81, VersR 1982, 543; Prölss/Martin/*Knappmann*, § 187 VVG Rn 4.
6 OLG Koblenz 17.4.2009 – 10 U 691/07, VersR 2009, 1348, 1349 = r+s 2010, 341, 342.
7 KG 22.8.2003 – 6 U 87/03, VersR 2004, 767 = r+s 2005, 211; *Kloth*, Private Unfallversicherung, Kap. O Rn 5.
8 OLG Karlsruhe 15.2.1979 – 12 U 60/78, VersR 1979, 564.
9 OLG Köln 9.4.2010 – 20 U 179/09, r+s 2012, 90; LG Dortmund 23.10.2008 – 2 O 114/08, r+s 2009, 165, 166; *Grimm*, Ziff. 9 AUB 2010 Rn 7 f.
10 OLG Saarbrücken 15.5.2013 – 5 U 347/12, VersR 2014, 1246.
11 BGH 24.3.1976 – IV ZR 222/74, VersR 1977, 471; OLG Saarbrücken 25.2.2013 – 5 U 224/11-34, VersR 2014, 456, 457; OLG Köln 23.11.2012 – 20 U 163/12, r+s 2014, 362; OLG Hamm 16.6.2004 – 20 U 15/04, VersR 2005, 346, 347; OLG Oldenburg

sich später herausstellt, dass er hierzu nicht verpflichtet ist.[12] Etwas anderes kann dann gelten, wenn zuvor Streit oder Ungewissheit über Grund oder Höhe der Leistungspflicht bestanden hat und das Anerkenntnis gerade zu dem Zweck abgegeben worden ist, diesen Streit oder die Ungewissheit beizulegen.[13]

II. Kostentragungspflicht des VR (Ziff. 9.1 Abs. 2)

Gemäß Ziff. 9.1 Abs. 2 verpflichtet sich der VR, **ärztliche Gebühren**, die dem Versicherten zur Begründung seines Leistungsanspruchs entstehen, im Rahmen bestimmter Höchstgrenzen zu übernehmen. Die Regelung bezieht sich nur auf Kosten, die beim Versicherten anfallen, um seinen Leistungsanspruch zu begründen. Dies sind Gebühren für ärztliche Atteste und Bescheinigungen, insb. iSv Ziff. 2.1.1.1.[14] Die Übernahme der Kosten für Sachverständigengutachten richtet sich nach §§ 189, 85 Abs. 1 VVG.[15] Insoweit enthält Ziff. 9.1 Abs. 2 keine Abänderung der gesetzlichen Regelung, so dass Bedenken gegen die Wirksamkeit der Vorschrift nicht bestehen.[16] Dass Kosten für ärztliche Bescheinigungen und Atteste nur innerhalb bestimmter Höchstgrenzen erstattet werden, ist unbedenklich, da die Bestimmungen der §§ 189, 85 Abs. 1 VVG abdingbar sind (§§ 191, 87 VVG).

Kosten der vom VR zugezogenen oder befragten Ärzte sind vom VR als Auftraggeber zu übernehmen (vgl hierzu auch Ziff. 7.3). **Behandlungskosten** fallen **nicht** unter die Kostenerstattung, da es sich hierbei nicht um Gebühren zur Begründung des Leistungsanspruchs handelt.

III. Fälligkeit der Leistungen (Ziff. 9.2)

1. Fälligkeitsregelung. Ziff. 9.2 enthält in Übereinstimmung mit § 187 Abs. 2 S. 1 VVG die **eigentliche Fälligkeitsregelung** und bestimmt insoweit einen von § 14 Abs. 1 VVG abweichenden Fälligkeitszeitpunkt.[17] Danach wird der Leistungsanspruch, wenn er vom VR anerkannt worden ist oder eine Einigung mit dem VN über Grund und Höhe vorliegt, **innerhalb von zwei Wochen** fällig.[18] Nur für diesen Fall enthält Ziff. 9.2 eine Fälligkeitsbestimmung.

2. Leistungsablehnung durch VR. Von Ziff. 9.2 nicht erfasst ist der Fall der **Ablehnung von Leistungen durch den VR**.[19] Insoweit gilt die allgemeine Fälligkeitsregelung des § 14 Abs. 1 VVG. Lehnt der VR Leistungen endgültig ab, so gibt er damit zu erkennen, dass seine Feststellungen zum Versicherungsfall und zum Umfang der Leistung beendet sind. Mit Zugang der Erklärung über die Ablehnung der An-

---

27.8.1997 – 2 U 64/96, r+s 1998, 349; OLG Frankfurt/M 24.9.2003 – 7 U 131/02, VersR 2005, 779, 781.
12 BGH 24.3.1976 – IV ZR 222/74, VersR 1977, 471; OLG Oldenburg 18.9.2008 – 5 U 98/08, VersR 2009, 247, 248 = r+s 2008, 524; OLG Frankfurt/M 5.12.2007 – 7 U 200/06, r+s 2008, 522; OLG Frankfurt/M 18.9.2008 – 3 U 206/06, VersR 2009, 1653; OLG Hamm 7.8.2002 – 20 U 87/02, NVersZ 2002, 557, 558; OLG Hamm 16.6.2004 – 20 U 15/04, VersR 2004, 346, 347; OLG Koblenz 30.1.1998 – 10 U 1714/96, VersR 1999, 179 (auch zur Frage der Beweislast); OLG Oldenburg 27.8.1997 – 2 U 64/96, r+s 1998, 349; Prölss/Martin/*Knappmann*, § 187 VVG Rn 6; *Grimm*, Ziff. 9 AUB 2010 Rn 2; *Jacob*, VersR 2010, 39.
13 BGH 24.3.1976 – IV ZR 222/74, VersR 1977, 471.
14 *Grimm*, Ziff. 9 AUB 2010 Rn 10; Prölss/Martin/*Knappmann*, Ziff. 9 AUB 2010 Rn 2.
15 *Grimm*, Ziff. 9 AUB 2010 Rn 10.
16 *Grimm*, Ziff. 9 AUB 2010 Rn 10; Prölss/Martin/*Knappmann*, Ziff. 9 AUB 2010 Rn 2.
17 Vgl BGH 22.3.2000 – IV ZR 233/99, VersR 2000, 753, 754.
18 Zum Anerkenntnis des VR vgl OLG Karlsruhe 16.1.2012 – 9 W 64/11, VersR 2012, 1295 = r+s 2013, 302.
19 BGH 22.3.2000 – IV ZR 233/99, VersR 2000, 753, 754 (zu dem insoweit inhaltsgleichen § 11 AUB 88); BGH 27.2.2002 – IV ZR 238/00, VersR 2002, 472, 473.

sprüche tritt sofortige Fälligkeit ein.[20] Hieraus folgt jedoch nicht, dass auch noch nicht entstandene Ansprüche fällig werden, was Bedeutung für Invaliditätsansprüche hat, bei denen Voraussetzung ist, dass die Invalidität innerhalb eines Jahres eingetreten und spätestens innerhalb von fünfzehn Monaten nach dem Unfall ärztlich festgestellt und gegenüber dem VR geltend gemacht worden ist. Erst bei Vorliegen dieser Voraussetzungen tritt Fälligkeit ein.[21] Einer **endgültigen Ablehnung steht es gleich**, wenn der VR eine Erklärung ausdrücklich ablehnt oder aber eine Erklärung über die Fristen des § 187 Abs. 1 VVG bzw Ziff. 9.1 hinaus verzögert. Bereits entstandene Ansprüche werden in diesen Fällen zu dem Zeitpunkt fällig, zu dem sich der VR gem. Ziff. 9.1 hätte erklären müssen.[22]

8   3. **Rechtsfolgen bei fehlender Mitwirkung des VN.** Kommt der VN seiner Beibringungspflicht gem. § 187 Abs. 1 VVG bzw Ziff. 9.1 AUB 2008/2010 nicht oder nur zögerlich nach, so tritt Fälligkeit nicht ein. Auch eine Verjährung kann in diesen Fällen nicht beginnen, es sei denn, der VN hat seine Mitwirkung treuwidrig unterlassen.[23]

IV. Vorschusspflicht, Invaliditätsleistung vor Abschluss des Heilverfahrens (Ziff. 9.3)

9   1. **Angemessener Vorschuss.** Steht die Leistungspflicht dem Grunde nach fest, so hat der VR auf Verlangen des VN einen angemessenen Vorschuss zu leisten. Die in Ziff. 9.3 Abs. 1 enthaltene Bestimmung ist nunmehr auch in § 187 Abs. 2 S. 2 VVG gesetzlich verankert. Die **Angemessenheit** des Vorschusses richtet sich danach, welcher Betrag vom VR nach Lage des Falles mindestens zu zahlen ist.[24] Die Zahlung eines Vorschusses ohne ausdrückliche Anerkennung der Leistungspflicht stellt ein Anerkenntnis dem Grunde nach dar, falls vom VR nicht ausdrücklich klargestellt wird, dass die Leistung unter Vorbehalt erbracht wird.[25]

10 2. **Höhe bei Invaliditätsleistung.** Ziff. 9.3 Abs. 2 bestimmt, dass **vor Abschluss des Heilverfahrens** eine Invaliditätsleistung **innerhalb eines Jahres nach dem Unfall** nur bis zur Höhe einer vereinbarten Todesfallsumme beansprucht werden kann. Die Regelung ist im Zusammenhang mit Ziff. 2.1.1.2 zu sehen, wonach ein Anspruch auf Invaliditätsleistung nicht besteht, wenn die versicherte Person unfallbedingt innerhalb eines Jahres nach dem Unfall stirbt. Hieraus folgt zunächst, dass die Invaliditätsleistung ohne Einschränkung schon vor Ablauf eines Jahres nach dem Unfall verlangt werden kann, wenn das Heilverfahren abgeschlossen ist.[26] Zum Teil

---

20 BGH 22.3.2000 – IV ZR 233/99, VersR 2000, 753, 754; OLG Saarbrücken 12.11.2008 – 5 U 216/08-23, VersR 2009, 976, 977 = r+s 2010, 431; Prölss/Martin/*Knappmann*, Ziff. 9 AUB 2010 Rn 7; *Kessal-Wulf*, r+s 2008, 313, 321.
21 BGH 27.2.2002 – IV ZR 238/00, VersR 2002, 472, 473; OLG Saarbrücken 15.5.2013 – 5 U 347/12, VersR 2014, 1246, 1247; OLG Saarbrücken 12.11.2008 – 5 U 216/08-23, VersR 2009, 976, 977; Beckmann/Matusche-Beckmann/*Mangen*, § 47 Rn 225; *Kessal-Wulf*, r+s 2008, 313, 321.
22 OLG Hamm 6.2.1998 – 20 U 218/97, r+s 1998, 302; OLG Hamm 23.8.2000 – 20 U 45/00, r+s 2001, 263; OLG Koblenz 17.4.2009 – 10 U 691/07, VersR 2009, 1348, 1349 (zum Verzugseintritt und zur Verzinsung); OLG Köln 9.4.2010 – 20 U 179/09, r+s 2012, 90; *Grimm*, Ziff. 9 AUB 2010 Rn 13.
23 BGH 13.3.2002 – IV ZR 40/01, VersR 2002, 698; vgl im Einzelnen Beckmann/Matusche-Beckmann/*Mangen*, § 47 Rn 222; vgl Römer/Langheid/*Rixecker*, § 15 VVG Rn 8.
24 Prölss/Martin/*Knappmann*, Ziff. 9 AUB 2010 Rn 10; *Grimm*, Ziff. 9 AUB 2010 Rn 18.
25 Prölss/Martin/*Knappmann*, § 187 VVG Rn 10; Beckmann/Matusche-Beckmann/*Mangen*, § 47 Rn 226; *Grimm*, Ziff. 9 AUB 2010 Rn 17; vgl OLG Koblenz 30.1.1998 – 10 U 1714/96, VersR 1999, 179.
26 Prölss/Martin/*Knappmann*, Ziff. 9 AUB 2010 Rn 10; nach § 13 (1) AUB 61 konnte eine Invaliditätsleistung innerhalb des ersten Unfalljahres auch bei Abschluss des Heilverfahrens grds. nur bis zur Höhe einer mitversicherten Todesfallsumme verlangt werden; vgl hierzu *Grimm*, Ziff. 9 AUB 2010 Rn 19.

wird angenommen, dass die Invaliditätsleistung auch bei noch nicht abgeschlossenem Heilverfahren jedenfalls dann schon vor Ablauf der Jahresfrist verlangt werden kann, wenn der VR anhand der ihm vorliegenden Unterlagen die Invalidität in einer gewissen Schwankungsbreite bemessen kann und ein unfallbedingtes Ableben des Versicherten unwahrscheinlich ist.[27] Dies ist mit dem Bedingungswortlaut jedoch nicht zu vereinbaren. Ein Verstoß gegen Treu und Glauben ist nur in Ausnahmefällen anzunehmen.[28]

War das Heilverfahren vor Jahresfrist abgeschlossen und hat der VR Invaliditätsleistungen erbracht, so steht ihm für den Fall, dass der Versicherte innerhalb der Jahresfrist stirbt, ein Rückzahlungsanspruch zu (ggf Anrechnung auf eine vereinbarte Todesfallleistung).[29] 11

V. Neubemessung des Grades der Invalidität (Ziff. 9.4)

1. Recht zur Neubemessung. Das Recht jeder Vertragspartei, den **Grad der Invalidität jährlich**, längstens bis zu drei Jahren nach Eintritt des Unfalls, **neu bemessen zu lassen**, ist in § 188 Abs. 1 VVG gesetzlich normiert (zu Einzelheiten s. § 188 VVG Rn 1 ff). 12

Das Verfahren zur Neubemessung dient allein der Überprüfung einer Erstentscheidung des VR und **setzt demnach eine Erstfestsetzung voraus**.[30] Das Recht zur Neubemessung berührt demgemäß die Verpflichtung des VR, sich innerhalb der Fristen des § 187 Abs. 1 VVG bzw. der Ziff. 9.1 zu erklären, nicht.[31] Umgekehrt beschränkt die Möglichkeit, eine Neubemessung des Invaliditätsgrades zu verlangen, nicht das Recht des VN, die vom VR gem. § 187 Abs. 1 VVG getroffene Regulierungsentscheidung überprüfen zu lassen.[32] Die insoweit durchgeführten Erhebungen stellen eine Nachprüfung der Erstentscheidung des VR dar, durch die die Rechte zur Nachprüfung gem. Ziff. 9.4 nicht beeinträchtigt werden.[33] 13

Der Anspruch auf Neubemessung der Invalidität kann nicht nur in Form einer auf einen höheren Invaliditätsgrad gestützten **Zahlungsklage**, sondern auch mit einer **Leistungsklage** auf Durchführung einer fachärztlichen Nachbegutachtung geltend gemacht werden.[34] 14

2. Drei-Jahres-Frist. § 188 VVG und Ziff. 9.4 schränken das Recht, eine Neubemessung zu verlangen, für den VN lediglich insoweit ein, als dieses **bis zum Ablauf von drei Jahren nach dem Unfall** ausgeübt werden muss. Die bisherige Rspr, wonach die Neubemessung so früh verlangt werden muss, dass eine Begutachtung der verbliebenen Unfallfolgen samt der darauf gestützten Invaliditätsfeststellung noch 15

---

27 OLG Karlsruhe 19.8.2004 – 12 U 228/04, r+s 2005, 212; OLG Düsseldorf 21.6.1994 – 4 U 206/93, VersR 1994, 1460.
28 Vgl OLG Karlsruhe 19.8.2004 – 12 U 228/04, r+s 2005, 212, 213.
29 Vgl *Grimm*, Ziff. 9 AUB 2010 Rn 19.
30 BGH 16.1.2008 – IV ZR 271/06, VersR 2008, 527.
31 Prölss/Martin/*Knappmann*, Ziff. 9 AUB 2010 Rn 11.
32 BGH 22.4.2009 – IV ZR 328/07, VersR 2009, 920, 922 = r+s 2009, 293; vgl hierzu *Kessal-Wulf*, r+s 2010, 353, 355; BGH 2.12.2009 – IV ZR 181/07, VersR 2010, 243, 245; hierzu *Kessal-Wulf*, r+s 2010, 353, 355; OLG Saarbrücken 12.11.2008 – 5 U 216/08-23, VersR 2009, 976; OLG Hamm 5.6.1992 – 2 U 20/93, r+s 1993, 157; Prölss/Martin/*Knappmann*, Ziff. 9 AUB 2010 Rn 11.
33 BGH 2.12.2009 – IV ZR 181/07, VersR 2010, 243, 245.
34 Vgl OLG Frankfurt/M 17.6.2009 – 7 U 218/08, VersR 2009, 1482, 1483; OLG Hamm 14.7.1995 – 20 U 48/95, VersR 1996, 1402.

vor Fristablauf möglich ist,[35] ist mit § 188 VVG und Ziff. 9.4 nicht vereinbar.[36] Ziff. 9.4 S. 3 bestimmt, dass der VN das Recht auf Neubemessung bis zum Ablauf der Frist ausüben kann.[37] Für das **Nachprüfungsverlangen des VR** ist – in zulässiger Abweichung von § 188 Abs. 1 VVG – bestimmt, dass er dieses Recht bereits mit der Erklärung über die Leistungspflicht gem. Ziff. 9.1 ausüben muss (Ziff. 9.4 S. 3). Hat sich der VR bei seiner Regulierungsentscheidung eine Neubemessung entgegen Ziff. 9.4 S. 3 nicht vorbehalten, ist die von ihm vorgenommene Regulierung bindend.[38]

16 Die in § 188 VVG und Ziff. 9.4 bestimmte Frist von **drei Jahren** soll verhindern, dass die abschließende Bemessung der Invalidität auf unabsehbare Zeit hinausgeschoben wird.[39] Hieraus folgt, dass für die endgültige Beurteilung des Invaliditätsgrades auf den drei Jahre nach dem Unfall vorliegenden und den zu diesem Zeitpunkt erkennbaren, dh hinreichend prognostizierbaren Dauerzustand abzustellen ist.[40] Bei der Begutachtung des Gesundheitszustands (auch im gerichtlichen Verfahren) dürfen mithin nur Tatsachen berücksichtigt werden, die beim Ablauf der Drei-Jahres-Frist erkennbar waren. Spätere Veränderungen – seien sie positiv oder negativ – haben außer Betracht zu bleiben.[41] Ist die Drei-Jahres-Frist verstrichen, ohne dass eine erneute Feststellung des Invaliditätsgrades verlangt wurde, ist der Versicherte nicht verpflichtet, sich nochmals ärztlich untersuchen zu lassen.[42]

17 Im Rechtsstreit um die Erstfeststellung seiner Invalidität trifft den VN keine rechtliche Verpflichtung, bereits alle bis zum Schluss der mündlichen Verhandlung eingetretenen Veränderungen seines Gesundheitszustands geltend zu machen. Kann deshalb die Vertragspartei, welche später die Neubemessung der Invalidität verlangt, darlegen und beweisen, dass Veränderungen im Gesundheitszustand des VN, auf die sich das Begehren stützt, noch nicht in die gerichtliche Erstbemessung eingeflossen sind, so sind diese Veränderungen im Rahmen der Neubemessung zu berücksichtigen.[43]

18 **3. Verzinsung.** Ergibt die endgültige Bemessung eine höhere Invaliditätsleistung, als sie der VR bereits erbracht hat, ist der Mehrbetrag zu **verzinsen** (Ziff. 9.4 Abs. 2). Der Zinsanspruch hat zur Voraussetzung, dass bereits eine Erstfestsetzung erfolgt ist, und bezieht sich nur auf die Verzinsung des von der Erstfestsetzung ab-

---

35 Vgl OLG Hamm 14.7.1995 – 20 U 48/95, VersR 1996, 1402 (zu den AUB 61); OLG Braunschweig 16.8.2010 – 3 U 63/10, r+s 2011, 348, 349 (zu den AUB 94).
36 Prölss/Martin/*Knappmann*, § 11 AUB 94 Rn 2, Ziff. 9 AUB 2010 Rn 13; Langheid/Wandt/*Dörner*, § 188 VVG Rn 4; zweifelnd Bruck/Möller/*Leverenz*, Ziff. 9.4 AUB 2008 Rn 17.
37 Anders Ziff. 9.4 S. 3 AUB 99, der verlangt, dass das Recht spätestens drei Monate vor Ablauf der Frist ausgeübt werden muss.
38 Prölss/Martin/*Knappmann*, Ziff. 9 AUB 2010 Rn 11; *Grimm*, Ziff. 9 AUB 2010 Rn 23; OLG Frankfurt/M 18.9.2008 – 3 U 206/06, VersR 2009, 1653 = r+s 2010, 525.
39 *Grimm*, Ziff. 9 AUB 2010 Rn 20; OLG München 5.3.2004 – 14 U 495/03, r+s 2004, 472.
40 BGH 20.4.2005 – IV ZR 237/03, r+s 2005, 299 = VersR 2005, 927, 928, *Grimm*, Ziff. 9 AUB 2010 Rn 21; *Kessal-Wulf*, r+s 2008, 313, 319.
41 BGH 20.4.2005 – IV ZR 237/03, r+s 2005, 299 = VersR 2005, 926, 928; BGH 13.4.1988 – IVa ZR 303/86, VersR 1988, 798; OLG Koblenz 26.5.2000 – 7 U 754/99, VersR 2001, 1150; OLG Hamm 15.2.2008 – 20 U 77/07, VersR 2008, 1102; *Grimm*, Ziff. 9 AUB 2010 Rn 21.
42 BGH 16.7.2003 – IV ZR 310/02, r+s 2003, 378, 379 = VersR 2003, 1165; BGH 4.5.1994 – IV ZR 192/93, r+s 1994, 356 = VersR 1994, 971; Prölss/Martin/*Knappmann*, Ziff. 9 AUB 2010 Rn 13; *Kessal-Wulf*, r+s 2008, 313, 320.
43 BGH 22.4.2009 – IV ZR 328/07, VersR 2009, 920, 922 = r+s 2009, 293 (Revisionsentscheidung zu OLG Hamm 24.10.2007 – 20 U 146/07, VersR 2008, 913, 914); OLG Hamm 3.12.2010 – I-20 U 146/07, VersR 2011, 657, 658.

weichenden Betrages.[44] Unerheblich ist insoweit, wer die Neubemessung verlangt hat. Eine Verzinsung hat also auch dann zu erfolgen, wenn nur der VR ein Nachprüfungsverlangen gestellt hat, die Nachprüfung jedoch einen höheren Invaliditätsgrad ergibt.

4. Rückforderung. Stellt sich im Nachprüfungsverfahren heraus, dass eine unfallbedingte Invalidität tatsächlich gar nicht eingetreten ist oder nur eine geringere Invalidität vorliegt, so kann der VR eine aufgrund einer Erstfeststellung erbrachte Leistung (anteilig) aus ungerechtfertigter Bereicherung zurückfordern.[45] Dies liegt darin begründet, dass die Erklärung des VR über seine Leistungspflicht kein selbständiges oder deklaratorisches Anerkenntnis darstellt (vgl Rn 3). Dies gilt auch dann, wenn die Neubemessung nur vom VN begehrt wurde, diese jedoch zu einem geringeren Invaliditätsgrad führt.[46]   19

5. Unterrichtungspflicht des VR. Gemäß § 188 Abs. 2 VVG hat der VR den VN mit der Erklärung über seine Leistungspflicht über seine Befugnis zur Neubemessung des Invaliditätsgrades zu unterrichten. Unterbleibt die Unterrichtung, kann sich der VR auf eine Verspätung des Neubemessungsverlangens nicht berufen. Das Gesetz folgt damit der Auffassung im Schrifttum, die bereits zur früheren Rechtslage eine Belehrungspflicht des VR angenommen hat.[47]   20

VI. Lebensbescheinigungen (Ziff. 9.5)

Bezieht der Versicherte Rentenleistungen, so ist der VR berechtigt, Lebensbescheinigungen zur Prüfung der fortdauernden Berechtigung anzufordern. Wird die Bescheinigung nicht unverzüglich übersandt, ruht die Rentenzahlung ab der nächsten Fälligkeit.   21

Die Versicherungsdauer

10   Wann beginnt und wann endet der Vertrag?
Wann ruht der Versicherungsschutz bei militärischen Einsätzen?

10.1   Beginn des Versicherungsschutzes

Der Versicherungsschutz beginnt zu dem im Versicherungsschein angegebenen Zeitpunkt, wenn Sie den ersten Beitrag unverzüglich nach Fälligkeit im Sinne von Ziffer 11.2 zahlen.

---

44   OLG Nürnberg 6.2.1997 – 8 U 4031/96, VersR 1998, 446; OLG Düsseldorf 19.9.2000 – 4 U 173/99, r+s 2001, 524; OLG Koblenz 4.9.2009 – 10 U 1350/08, VersR 2010, 659, 660; OLG Saarbrücken 21.10.2009 – 5 U 47/09-15, VersR 2010, 661, 662; OLG Saarbrücken 15.5.2013 – 5 U 347/12, VersR 2014, 1246; Prölss/Martin/*Knappmann*, Ziff. 9 AUB 2010 Rn 15.
45   OLG Hamm 1.3.2006 – 20 U 182/05, r+s 2007, 33; OLG Frankfurt/M 1.7.1999 – 3 U 175/97, r+s 2002, 85; Prölss/Martin/*Knappmann*, Ziff. 9 AUB 2010 Rn 15; abzustellen ist insoweit auf den Gesundheitszustand drei Jahre nach dem Unfall, vgl OLG Hamm 11.4.2008 – 20 U 185/05, r+s 2009, 164.
46   OLG Oldenburg 18.9.2008 – 5 U 98/08, VersR 2009, 247; LG Bonn 4.9.2013 – 5 S 52/13, VersR 2014, 323; *Jacob*, VersR 2010, 39, 40; Prölss/Martin/*Knappmann*, Ziff. 9 AUB 2010 Rn 11; aA OLG Frankfurt/M 18.9.2008 – 3 U 206/06, VersR 2009, 1653.
47   Vgl hierzu Prölss/Martin/*Knappmann*, 27. Aufl. 2004, § 11 AUB 94 Rn 11; anders die überwiegende Rspr, vgl nur OLG München 5.3.2004 – 14 U 495/03, r+s 2004, 472; OLG Hamm 12.7.1989 – 20 U 81/89, VersR 1990, 965; differenzierend OLG Hamm 7.2.2001 – 20 U 117/00, VersR 2001, 1549.

10.2 Dauer und Ende des Vertrages

Der Vertrag ist für die im Versicherungsschein angegebene Zeit abgeschlossen.

Bei einer Vertragsdauer von mindestens einem Jahr verlängert sich der Vertrag um jeweils ein Jahr, wenn nicht Ihnen oder uns spätestens drei Monate vor dem Ablauf der jeweiligen Versicherungsdauer eine Kündigung zugegangen ist.

Bei einer Vertragsdauer von weniger als einem Jahr endet der Vertrag, ohne dass es einer Kündigung bedarf, zum vorgesehenen Zeitpunkt.

Bei einer Vertragsdauer von mehr als drei Jahren können Sie den Vertrag schon zum Ablauf des dritten Jahres oder jedes darauffolgenden Jahres kündigen; die Kündigung muss uns spätestens drei Monate vor dem Ablauf des jeweiligen Versicherungsjahres zugegangen sein.

10.3 Kündigung nach Versicherungsfall

Den Vertrag können Sie oder wir durch Kündigung beenden, wenn wir eine Leistung erbracht oder Sie gegen uns Klage auf eine Leistung erhoben haben.

Die Kündigung muss Ihnen oder uns spätestens einen Monat nach Leistung oder – im Falle eines Rechtsstreits – nach Klagrücknahme, Anerkenntnis, Vergleich oder Rechtskraft des Urteils in Schriftform zugegangen sein.

Kündigen Sie, wird Ihre Kündigung sofort nach ihrem Zugang bei uns wirksam. Sie können jedoch bestimmen, dass die Kündigung zu jedem späteren Zeitpunkt, spätestens jedoch zum Ablauf des Versicherungsjahres, wirksam wird.

Eine Kündigung durch uns wird einen Monat nach ihrem Zugang bei Ihnen wirksam.

10.4 Ruhen des Versicherungsschutzes bei militärischen Einsätzen

Der Versicherungsschutz tritt für die versicherte Person außer Kraft, sobald sie Dienst in einer militärischen oder ähnlichen Formation leistet, die an einem Krieg oder kriegsmäßigen Einsatz zwischen den Ländern China, Deutschland, Frankreich, Großbritannien, Japan, Russland oder USA beteiligt ist. Der Versicherungsschutz lebt wieder auf, sobald uns Ihre Anzeige über die Beendigung des Dienstes zugegangen ist.

10.5 Versicherungsjahr

Das Versicherungsjahr erstreckt sich über einen Zeitraum von zwölf Monaten. Besteht die vereinbarte Vertragsdauer jedoch nicht aus ganzen Jahren, wird das erste Versicherungsjahr entsprechend verkürzt. Die folgenden Versicherungsjahre bis zum vereinbarten Vertragsablauf sind jeweils ganze Jahre.

I. Beginn des Versicherungsschutzes (Ziff. 10.1)

1 Der Versicherungsschutz beginnt zu dem im Versicherungsschein angegebenen Zeitpunkt, sofern der VN den ersten oder einmaligen Beitrag unverzüglich nach Fälligkeit iSv Ziff. 11.2 zahlt. Der erste Beitrag wird unverzüglich nach Ablauf von zwei Wochen nach Zugang des Versicherungsscheins fällig. Wird nicht rechtzeitig

gezahlt, beginnt der Versicherungsschutz gem. Ziff. 11.2.2 erst mit der Zahlung. Bis zur Zahlung steht dem VR ein Rücktrittsrecht zu (Ziff. 11.2.3).

II. Dauer und Ende des Vertrages (Ziff. 10.2)

Die Laufzeit des Vertrages richtet sich nach den vertraglichen Vereinbarungen. Es gilt die im Versicherungsschein angegebene Zeit (Ziff. 10.2 Abs. 1).

Bei einer Vertragsdauer von weniger als einem Jahr endet der Vertrag, ohne dass es einer Kündigung bedarf, zum vorgesehenen Zeitpunkt (Ziff. 10.2 Abs. 3). Dies entspricht § 10 Hs 2 VVG (vgl § 10 VVG Rn 8). Ziff. 10.2 Abs. 2 entspricht § 11 Abs. 1 VVG (vgl § 11 VVG Rn 3 ff). Ziff. 10.2 Abs. 4 entspricht § 11 Abs. 4 VVG (vgl § 11 VVG Rn 53 ff).

III. Kündigung nach Versicherungsfall (Ziff. 10.3)

Der Vertrag kann von beiden Parteien durch **Kündigung** beendet werden, wenn entweder der VR eine Leistung erbracht oder aber der VN Klage auf eine Leistung erhoben hat (Ziff. 10.3 Abs. 1).

Voraussetzung für die Wirksamkeit ist, dass die Kündigung spätestens einen Monat nach Leistung oder – im Falle eines Rechtsstreits – einen Monat nach Klagerücknahme, Anerkenntnis, Vergleich oder Rechtskraft des Urteils dem anderen Vertragsteil in Schriftform zugegangen ist (Ziff. 10.3 Abs. 2). Das Kündigungsrecht des VR entsteht nicht erst mit vollständiger Abwicklung des Schadenfalles (Gesamtentschädigung), sondern bereits mit Leistung eines selbständigen Teils oder eines Teilbetrages.[1] Mit Erbringung der (ersten) Leistung beginnt auch die **Kündigungsfrist** für den VR gem. Ziff. 10.3 Abs. 2. Kommt es zu einem Rechtsstreit, so beginnt die Frist mit dessen Beendigung durch Rechtskraft des Urteils, Klagerücknahme, Anerkenntnis oder Vergleich. Hat der VR vor dem Rechtsstreit eine Teilleistung erbracht, so führt die Beendigung des auf eine weitere Leistung gerichteten Rechtsstreits nicht zu einem neuen Kündigungsrecht mit neuer Kündigungsfrist.[2]

Bei einer Kündigung nach Versicherungsfall ist der **Zeitpunkt der Vertragsbeendigung** unterschiedlich. Die Kündigung des VN wird sofort nach ihrem Zugang wirksam, wobei der VN einen anderen Zeitpunkt, spätestens jedoch zum Ablauf des Versicherungsjahres, bestimmen kann. Die Kündigung des VR wird einen Monat nach Zugang beim VN wirksam.

IV. Ruhen des Versicherungsschutzes bei militärischen Einsätzen (Ziff. 10.4)

Der Versicherungsschutz tritt bei bestimmten militärischen Einsätzen außer Kraft und lebt wieder auf, sobald dem VR die Beendigung des Dienstes angezeigt worden ist.[3]

V. Versicherungsjahr (Ziff. 10.5)

Die AUB 2010 enthalten erstmals eine **Definition** des Begriffs „Versicherungsjahr". Die Definition hat Bedeutung für die Umstellung des Kinder-Tarifs gem. Ziff. 6.1.1 und die Kündigung nach dem Versicherungsfall gem. Ziff. 10.3. Nach Ziff. 10.3 wird nicht mehr auf das Ende der laufenden Versicherungsperiode, sondern auf den Ablauf des Versicherungsjahres abgestellt.

---

1 Prölss/Martin/*Knappmann*, Ziff. 10 AUB 2010 Rn 6; *Grimm*, Ziff. 10 AUB 2010 Rn 20; LG München I 6.7.1977 – 14 S 12518/76, VersR 1981, 249.
2 Anders Prölss/Martin/*Knappmann*, Ziff. 11 AUB 2010 Rn 6.
3 Zu Einzelheiten vgl *Grimm*, Ziff. 10 AUB 2010 Rn 29 ff.

Der Versicherungsbeitrag

11 **Was müssen Sie bei der Beitragszahlung beachten?**
Was geschieht, wenn Sie einen Beitrag nicht rechtzeitig zahlen?

11.1 Beitrag und Versicherungsteuer

11.1.1 Beitragszahlung

Die Beiträge können je nach Vereinbarung durch Monats-, Vierteljahres-, Halbjahres- oder Jahresbeiträge entrichtet werden. Die Versicherungsperiode umfasst bei Monatsbeiträgen einen Monat, bei Vierteljahresbeiträgen ein Vierteljahr, bei Halbjahresbeiträgen ein Halbjahr und bei Jahresbeiträgen ein Jahr.

11.1.2 Versicherungsteuer

Der in Rechnung gestellte Beitrag enthält die Versicherungsteuer, die Sie in der jeweils vom Gesetz bestimmten Höhe zu entrichten haben.

11.2 Zahlung und Folgen verspäteter Zahlung/Erster Beitrag

11.2.1 Fälligkeit und Rechtzeitigkeit der Zahlung

Der erste Beitrag wird unverzüglich nach Ablauf von zwei Wochen nach Zugang des Versicherungsscheins fällig.

11.2.2 Späterer Beginn des Versicherungsschutzes

Zahlen Sie den ersten Beitrag nicht rechtzeitig, sondern zu einem späteren Zeitpunkt, beginnt der Versicherungsschutz erst ab diesem Zeitpunkt, sofern Sie durch gesonderte Mitteilung in Textform oder durch einen auffälligen Hinweis im Versicherungsschein auf diese Rechtsfolge aufmerksam gemacht wurden. Das gilt nicht, wenn Sie nachweisen, dass Sie die Nichtzahlung nicht zu vertreten haben.

11.2.3 Rücktritt

Zahlen Sie den ersten Beitrag nicht rechtzeitig, können wir vom Vertrag zurücktreten, solange der Beitrag nicht gezahlt ist. Wir können nicht zurücktreten, wenn Sie nachweisen, dass Sie die Nichtzahlung nicht zu vertreten haben.

11.3 Zahlung und Folgen verspäteter Zahlung/Folgebeitrag

11.3.1 Fälligkeit und Rechtzeitigkeit der Zahlung

Die Folgebeiträge werden zu dem jeweils vereinbarten Zeitpunkt fällig.

11.3.2 Verzug

Wird ein Folgebeitrag nicht rechtzeitig gezahlt, geraten Sie ohne Mahnung in Verzug, es sei denn, dass Sie die verspätete Zahlung nicht zu vertreten haben.

Wir werden Sie auf Ihre Kosten in Textform zur Zahlung auffordern und Ihnen eine Zahlungsfrist von mindestens zwei Wochen setzen. Diese Fristsetzung ist nur wirksam, wenn wir darin die rückständigen Beträge des Beitrags sowie die Zinsen und Kosten im Einzelnen beziffern und die Rechtsfolgen angeben, die nach den Ziffern 11.3.3 und 11.3.4 mit dem Fristablauf verbunden sind.

Wir sind berechtigt, Ersatz des uns durch den Verzug entstandenen Schadens zu verlangen.

11.3.3 Kein Versicherungsschutz

Sind Sie nach Ablauf dieser Zahlungsfrist noch mit der Zahlung in Verzug, besteht ab diesem Zeitpunkt bis zur Zahlung kein Versicherungsschutz, wenn Sie mit der Zahlungsaufforderung nach Ziffer 11.3.2 Absatz 2 darauf hingewiesen wurden.

11.3.4 Kündigung

Sind Sie nach Ablauf dieser Zahlungsfrist noch mit der Zahlung in Verzug, können wir den Vertrag ohne Einhaltung einer Frist kündigen, wenn wir Sie mit der Zahlungsaufforderung nach Ziffer 11.3.2 Absatz 2 darauf hingewiesen haben.

Haben wir gekündigt, und zahlen Sie danach innerhalb eines Monats den angemahnten Beitrag, besteht der Vertrag fort. Für Versicherungsfälle, die zwischen dem Zugang der Kündigung und der Zahlung eingetreten sind, besteht jedoch kein Versicherungsschutz.

11.4 Rechtzeitigkeit der Zahlung bei Lastschriftermächtigung

Ist die Einziehung des Beitrags von einem Konto vereinbart, gilt die Zahlung als rechtzeitig, wenn der Beitrag zu dem Fälligkeitstag eingezogen werden kann und Sie einer berechtigten Einziehung nicht widersprechen.

Konnte der fällige Beitrag ohne Ihr Verschulden von uns nicht eingezogen werden, ist die Zahlung auch dann noch rechtzeitig, wenn sie unverzüglich nach unserer in Textform abgegebenen Zahlungsaufforderung erfolgt.

Kann der fällige Beitrag nicht eingezogen werden, weil Sie die Einzugsermächtigung widerrufen haben, oder haben Sie aus anderen Gründen zu vertreten, dass der Beitrag wiederholt nicht eingezogen werden kann, sind wir berechtigt, künftig Zahlung außerhalb des Lastschriftverfahrens zu verlangen. Sie sind zur Übermittlung des Beitrags erst verpflichtet, wenn Sie von uns hierzu in Textform aufgefordert worden sind.

11.5 Beitrag bei vorzeitiger Vertragsbeendigung

Bei vorzeitiger Beendigung des Vertrages haben wir, soweit nicht etwas anderes bestimmt ist, nur Anspruch auf den Teil des Beitrages, der dem Zeitraum entspricht, in dem Versicherungsschutz bestanden hat.

11.6 Beitragsbefreiung bei der Versicherung von Kindern

Wenn Sie während der Versicherungsdauer sterben und
- Sie bei Versicherungsbeginn das X. Lebensjahr noch nicht vollendet hatten,
- die Versicherung nicht gekündigt war und
- Ihr Tod nicht durch Kriegs- oder Bürgerkriegsereignisse verursacht wurde,

gilt Folgendes:

11.6.1 Die Versicherung wird mit den zu diesem Zeitpunkt geltenden Versicherungssummen bis zum Ablauf des Versicherungsjahres beitragsfrei weitergeführt, in dem das versicherte Kind das X. Lebensjahr vollendet.

11.6.2 Der gesetzliche Vertreter des Kindes wird neuer Versicherungsnehmer, wenn nichts anderes vereinbart ist.

1 Ziff. 11.1.1 enthält eine Regelung zur Beitragsentrichtung in Monats-, Vierteljahres-, Halbjahres- oder Jahresbeiträgen.
Ziff. 11.2 entspricht inhaltlich § 37 VVG. Ziff. 11.3 übernimmt inhaltlich § 38 VVG. Insoweit kann auf die dortigen Kommentierungen verwiesen werden.
Ziff. 11.4 entspricht der Regelung des § 33 Abs. 2 VVG (s. § 33 VVG Rn 19 f).

2 Ziff. 11.5 regelt den Beitragsanspruch des VR bei vorzeitiger Beendigung des Vertragsverhältnisses und greift damit § 39 VVG auf (s. § 39 VVG Rn 2 ff).

3 Ziff. 11.6 regelt die Beitragsfreistellung in der Kinderunfallversicherung bei Tod des VN und den Übergang der Versicherungsnehmereigenschaft auf den gesetzlichen Vertreter.

Weitere Bestimmungen

12 Wie sind die Rechtsverhältnisse der am Vertrag beteiligten Personen zueinander?

12.1 Ist die Versicherung gegen Unfälle abgeschlossen, die einem anderen zustoßen (Fremdversicherung), steht die Ausübung der Rechte aus dem Vertrag nicht der versicherten Person, sondern Ihnen zu. Sie sind neben der versicherten Person für die Erfüllung der Obliegenheiten verantwortlich.

12.2 Alle für Sie geltenden Bestimmungen sind auf Ihren Rechtsnachfolger und sonstige Anspruchsteller entsprechend anzuwenden.

12.3 Die Versicherungsansprüche können vor Fälligkeit ohne unsere Zustimmung weder übertragen noch verpfändet werden.

1 Ziff. 12.1 erfasst sowohl die Fremdversicherung für fremde Rechnung (§ 179 Abs. 1 S. 2 VVG) als auch diejenige für eigene Rechnung (§ 179 Abs. 2 S. 1 VVG) und bestimmt abweichend von § 44 Abs. 2 VVG, dass die Ausübung der Rechte aus dem VersVertrag ausschließlich dem VN zusteht.[1] Der VN ist neben der versicherten Person für die Erfüllung der Obliegenheiten verantwortlich.[2] Alle für den VN geltenden Bestimmungen sind auf dessen Rechtsnachfolger und sonstige Anspruchsteller entsprechend anzuwenden. Dies betrifft sowohl Gesamtrechtsnachfolger (Erben) als auch Einzelrechtsnachfolger (Zessionäre, Pfand- und Vollstreckungsgläubiger). Sonstige Anspruchsteller sind insb. die versicherte Person sowie Bezugsberechtigte. Hauptanwendungsfall von **Ziff. 12.2** ist die Erfüllung von Obliegenheiten.[3]

---
1 Vgl OLG Köln 14.1.2008 – 20 U 161/07, r+s 2008, 391; OLG Düsseldorf 15.7.1993 – 4 U 114/93, r+s 1994, 118; OLG Köln 18.4.1994 – 5 U 224/93, r+s 1994, 475 f; *Grimm*, Ziff. 12 AUB 2010 Rn 1 ff.
2 Zu Einzelheiten vgl *Grimm*, Ziff. 12 AUB 2010 Rn 7.
3 Zu Einzelheiten vgl *Grimm*, Ziff. 12 AUB 2010 Rn 8 ff.

Versicherungsansprüche können vor Fälligkeit und ohne Zustimmung des VR weder übertragen noch verpfändet werden. **Ziff. 12.3** dient dem Schutz des VR vor einem Wechsel des Vertragspartners bei der Schadensregulierung.[4]

2

13 Was bedeutet die vorvertragliche Anzeigepflicht?

13.1 Vollständigkeit und Richtigkeit von Angaben über gefahrerhebliche Umstände

Sie haben uns bis zur Abgabe Ihrer Vertragserklärung alle Ihnen bekannten Gefahrumstände in Textform anzuzeigen, nach denen wir Sie in Textform gefragt haben und die für unseren Entschluss erheblich sind, den Vertrag mit dem vereinbarten Inhalt zu schließen. Sie sind auch insoweit zur Anzeige verpflichtet, als wir nach Ihrer Vertragserklärung, aber vor unserer Vertragsannahme Fragen im Sinne des S. 1 in Textform stellen. Gefahrerheblich sind die Umstände, die geeignet sind, auf unseren Entschluss Einfluss auszuüben, den Vertrag überhaupt oder mit dem vereinbarten Inhalt abzuschließen.

Soll eine andere Person versichert werden, ist diese neben Ihnen für die wahrheitsgemäße und vollständige Anzeige der gefahrerheblichen Umstände und die Beantwortung der an sie gestellten Fragen verantwortlich.

Wird der Vertrag von Ihrem Vertreter geschlossen und kennt dieser den gefahrerheblichen Umstand, müssen Sie sich so behandeln lassen, als hätten Sie selbst davon Kenntnis gehabt oder dies arglistig verschwiegen.

13.2 Rücktritt

13.2.1 Voraussetzungen und Ausübung des Rücktritts

Unvollständige und unrichtige Angaben zu den gefahrerheblichen Umständen berechtigen uns, vom Versicherungsvertrag zurückzutreten. Dies gilt nur, wenn wir Sie durch gesonderte Mitteilung in Textform auf die Folgen einer Anzeigepflichtverletzung hingewiesen haben.

Wir müssen unser Rücktrittsrecht innerhalb eines Monats schriftlich geltend machen. Dabei haben wir die Umstände anzugeben, auf die wir unsere Erklärung stützen. Innerhalb der Monatsfrist dürfen wir auch nachträglich weitere Umstände zur Begründung unserer Erklärung angeben. Die Frist beginnt mit dem Zeitpunkt, zu dem wir von der Verletzung der Anzeigepflicht, die unser Rücktrittsrecht begründet, Kenntnis erlangen.

Der Rücktritt erfolgt durch Erklärung Ihnen gegenüber.

13.2.2 Ausschluss des Rücktrittsrechts

Wir können uns auf unser Rücktrittsrecht nicht berufen, wenn wir den nicht angezeigten Gefahrumstand oder die Unrichtigkeit der Anzeige kannten.

Wir haben kein Rücktrittsrecht, wenn Sie nachweisen, dass Sie oder Ihr Vertreter die unrichtigen oder unvollständigen Angaben weder vorsätzlich noch grob fahrlässig gemacht haben.

---

4 *Grimm*, Ziff. 12 AUB 2010 Rn 13.

Unser Rücktrittsrecht wegen grob fahrlässiger Verletzung der Anzeigepflicht besteht nicht, wenn Sie nachweisen, dass wir den Vertrag auch bei Kenntnis der nicht angezeigten Umstände, wenn auch zu anderen Bedingungen, geschlossen hätten.

13.2.3 Folgen des Rücktritts

Im Fall des Rücktritts besteht kein Versicherungsschutz.

Treten wir nach Eintritt des Versicherungsfalls zurück, dürfen wir den Versicherungsschutz nicht versagen, wenn Sie nachweisen, dass der unvollständig oder unrichtig angezeigte Umstand weder für den Eintritt des Versicherungsfalls noch für die Feststellung oder den Umfang der Leistung ursächlich war. Auch in diesem Fall besteht aber kein Versicherungsschutz, wenn Sie die Anzeigepflicht arglistig verletzt haben.

Uns steht der Teil des Beitrages zu, der der bis zum Wirksamwerden der Rücktrittserklärung abgelaufenen Vertragszeit entspricht.

13.3 Kündigung oder rückwirkende Vertragsanpassung

13.3.1 Ist unser Rücktrittsrecht ausgeschlossen, weil Ihre Verletzung einer Anzeigepflicht weder auf Vorsatz noch auf grober Fahrlässigkeit beruhte, können wir den Versicherungsvertrag unter Einhaltung einer Frist von einem Monat in Schriftform kündigen. Dies gilt nur, wenn wir Sie durch gesonderte Mitteilung in Textform auf die Folgen einer Anzeigepflichtverletzung hingewiesen haben.

Dabei haben wir die Umstände anzugeben, auf die wir unsere Erklärung stützen. Innerhalb der Monatsfrist dürfen wir auch nachträglich weitere Umstände zur Begründung unserer Erklärung angeben. Die Frist beginnt mit dem Zeitpunkt, zu dem wir von der Verletzung Ihrer Anzeigepflicht Kenntnis erlangt haben.

Wir können uns auf unser Kündigungsrecht wegen Anzeigepflichtverletzung nicht berufen, wenn wir den nicht angezeigten Gefahrumstand oder die Unrichtigkeit der Anzeige kannten.

Das Kündigungsrecht ist auch ausgeschlossen, wenn Sie nachweisen, dass wir den Vertrag auch bei Kenntnis der nicht angezeigten Umstände, wenn auch zu anderen Bedingungen, geschlossen hätten.

13.3.2 Können wir nicht zurücktreten oder kündigen, weil wir den Vertrag auch bei Kenntnis der nicht angezeigten Umstände, aber zu anderen Bedingungen geschlossen hätten, werden die anderen Bedingungen auf unser Verlangen rückwirkend Vertragsbestandteil. Haben Sie die Pflichtverletzung nicht zu vertreten, werden die anderen Bedingungen ab der laufenden Versicherungsperiode Vertragsbestandteil. Dies gilt nur, wenn wir Sie durch gesonderte Mitteilung in Textform auf die Folgen einer Anzeigepflichtverletzung hingewiesen haben.

Wir müssen die Vertragsanpassung innerhalb eines Monats schriftlich geltend machen. Dabei haben wir die Umstände anzugeben, auf die wir unsere Erklärung stützen. Innerhalb der Monatsfrist dürfen wir auch nachträglich weitere Umstände zur Begründung unserer Erklärung angeben. Die Frist beginnt mit dem Zeitpunkt, zu dem wir von der Verletzung der Anzeigepflicht, die uns zur Vertragsanpassung berechtigt, Kenntnis erlangen.

Wir können uns auf eine Vertragsanpassung nicht berufen, wenn wir den nicht angezeigten Gefahrumstand oder die Unrichtigkeit der Anzeige kannten.

Erhöht sich durch die Vertragsanpassung der Beitrag um mehr als 10% oder schließen wir die Gefahrabsicherung für den nicht angezeigten Umstand aus, können Sie den Vertrag innerhalb eines Monats nach Zugang unserer Mitteilung fristlos in Schriftform kündigen.

13.4 Anfechtung

Unser Recht, den Vertrag wegen arglistiger Täuschung anzufechten, bleibt unberührt. Im Fall der Anfechtung steht uns der Teil des Beitrages zu, der der bis zum Wirksamwerden der Anfechtungserklärung abgelaufenen Vertragszeit entspricht.

Zu Ziff. 13 wird auf die Kommentierungen zu §§ 19–22 VVG verwiesen.

14 *GESTRICHEN*

15 Wann verjähren die Ansprüche aus dem Vertrag?

15.1 Die Ansprüche aus dem Versicherungsvertrag verjähren in drei Jahren. Die Fristberechnung richtet sich nach den allgemeinen Vorschriften des Bürgerlichen Gesetzbuches.

15.2 Ist ein Anspruch aus dem Versicherungsvertrag bei uns angemeldet worden, ist die Verjährung von der Anmeldung bis zu dem Zeitpunkt gehemmt, zu dem Ihnen unsere Entscheidung in Textform zugeht.

Ziff. 15 verweist zur Verjährung auf die allgemeinen Vorschriften des BGB sowie auf § 15 VVG.

16 Welches Gericht ist zuständig?

16.1 Für Klagen aus dem Versicherungsvertrag gegen uns bestimmt sich die gerichtliche Zuständigkeit nach unserem Sitz oder dem unserer für den Versicherungsvertrag zuständigen Niederlassung. Örtlich zuständig ist auch das Gericht, in dessen Bezirk Sie zur Zeit der Klageerhebung Ihren Wohnsitz oder, in Ermangelung eines solchen, Ihren gewöhnlichen Aufenthalt haben.

16.2 Klagen aus dem Versicherungsvertrag gegen Sie müssen bei dem Gericht erhoben werden, das für Ihren Wohnsitz oder, in Ermangelung eines solchen, den Ort Ihres gewöhnlichen Aufenthalts zuständig ist.

Ziff. 16 entspricht der gesetzlichen Regelung in § 215 VVG. Auf die dortige Kommentierung wird verwiesen.

17 Was ist bei Mitteilungen an uns zu beachten? Was gilt bei Änderung Ihrer Anschrift?

17.1 Alle für uns bestimmten Anzeigen und Erklärungen sollen an unsere Hauptverwaltung oder an die im Versicherungsschein oder in dessen Nachträgen als zuständig bezeichnete Geschäftsstelle gerichtet werden.

17.2 Haben Sie uns eine Änderung Ihrer Anschrift nicht mitgeteilt, genügt für eine Willenserklärung, die Ihnen gegenüber abzugeben ist, die Absendung eines eingeschriebenen Briefes an die letzte uns bekannte Anschrift. Die Erklärung gilt drei Tage nach der Absendung des Briefes als zugegangen. Dies gilt entsprechend für den Fall einer Änderung Ihres Namens.

1 **Ziff. 17.1** enthält lediglich eine Soll-Vorschrift. Anzeigen und Erklärungen können auch gegenüber dem gem. § 69 VVG als bevollmächtigt geltenden VersVertreter erfolgen. Das früher in den AUB enthaltene Schriftformerfordernis ist entfallen.

2 **Ziff. 17.2** entspricht § 13 Abs. 1 VVG. Auf die dortige Kommentierung wird verwiesen (s. § 13 VVG Rn 3 ff).

18 Welches Recht findet Anwendung?

Für diesen Vertrag gilt deutsches Recht.

Musterbedingungen 2009 für die Krankheitskosten- und Krankenhaustagegeldversicherung (MB/KK 2009)

Musterbedingungen des Verbands der privaten Krankenversicherung e.V. (PKV).
Stand: Juli 2013.[1] Änderungen vorbehalten.

Der Versicherungsschutz	2081
§ 1 Gegenstand, Umfang und Geltungsbereich des Versicherungsschutzes	2081
§ 2 Beginn des Versicherungsschutzes	2092
§ 3 Wartezeiten	2093
§ 4 Umfang der Leistungspflicht	2094
§ 5 Einschränkung der Leistungspflicht	2103
§ 6 Auszahlung der Versicherungsleistungen	2109
§ 7 Ende des Versicherungsschutzes	2110
Pflichten des Versicherungsnehmers	2110
§ 8 Beitragszahlung	2110
§ 8 a Beitragsberechnung	2112
§ 8 b Beitragsanpassung	2113
§ 9 Obliegenheiten	2114
§ 10 Folgen von Obliegenheitsverletzungen	2117
§ 11 Obliegenheiten und Folgen bei Obliegenheitsverletzungen bei Ansprüchen gegen Dritte	2118
§ 12 Aufrechnung	2118
Ende der Versicherung	2119
§ 13 Kündigung durch den Versicherungsnehmer	2119
§ 14 Kündigung durch den Versicherer	2121
§ 15 Sonstige Beendigungsgründe	2122
Sonstige Bestimmungen	2124
§ 16 Willenserklärungen und Anzeigen	2124
§ 17 Gerichtsstand	2124
§ 18 Änderungen der Allgemeinen Versicherungsbedingungen	2124
§ 19 Wechsel in den Standardtarif	2125
§ 20 Wechsel in den Basistarif	2125

Der Versicherungsschutz

§ 1 Gegenstand, Umfang und Geltungsbereich des Versicherungsschutzes

(1) Der Versicherer bietet Versicherungsschutz für Krankheiten, Unfälle und andere im Vertrag genannte Ereignisse. Er erbringt, sofern vereinbart, damit unmittelbar zusammenhängende zusätzliche Dienstleistungen. Im Versicherungsfall erbringt der Versicherer

---

[1] Zum Abdruck und zur Kommentierung der **MB/KK 2009, Stand: 1. Januar 2009**, s. die Vorauflage (2. Aufl. 2011), S. 1799–1838.

a) in der Krankheitskostenversicherung Ersatz von Aufwendungen für Heilbehandlung und sonst vereinbarte Leistungen,

b) in der Krankenhaustagegeldversicherung bei stationärer Heilbehandlung ein Krankenhaustagegeld.

(2) Versicherungsfall ist die medizinisch notwendige Heilbehandlung einer versicherten Person wegen Krankheit oder Unfallfolgen. Der Versicherungsfall beginnt mit der Heilbehandlung; er endet, wenn nach medizinischem Befund Behandlungsbedürftigkeit nicht mehr besteht. Muss die Heilbehandlung auf eine Krankheit oder Unfallfolge ausgedehnt werden, die mit der bisher behandelten nicht ursächlich zusammenhängt, so entsteht insoweit ein neuer Versicherungsfall. Als Versicherungsfall gelten auch

a) Untersuchung und medizinisch notwendige Behandlung wegen Schwangerschaft und die Entbindung,

b) ambulante Untersuchungen zur Früherkennung von Krankheiten nach gesetzlich eingeführten Programmen (gezielte Vorsorgeuntersuchungen),

c) Tod, soweit hierfür Leistungen vereinbart sind.

(3) Der Umfang des Versicherungsschutzes ergibt sich aus dem Versicherungsschein, späteren schriftlichen Vereinbarungen, den Allgemeinen Versicherungsbedingungen (Musterbedingungen mit Anhang, Tarif mit Tarifbedingungen) sowie den gesetzlichen Vorschriften. Das Versicherungsverhältnis unterliegt deutschem Recht.

(4) Der Versicherungsschutz erstreckt sich auf Heilbehandlung in Europa. Er kann durch Vereinbarung auf außereuropäische Länder ausgedehnt werden (vgl. aber § 15 Abs. 3). Während des ersten Monats eines vorübergehenden Aufenthaltes im außereuropäischen Ausland besteht auch ohne besondere Vereinbarung Versicherungsschutz. Muss der Aufenthalt wegen notwendiger Heilbehandlung über einen Monat hinaus ausgedehnt werden, besteht Versicherungsschutz, solange die versicherte Person die Rückreise nicht ohne Gefährdung ihrer Gesundheit antreten kann, längstens aber für weitere zwei Monate.

(5) Verlegt eine versicherte Person ihren gewöhnlichen Aufenthalt in einen anderen Mitgliedstaat der Europäischen Union oder in einen anderen Vertragsstaat des Abkommens über den Europäischen Wirtschaftsraum, so setzt sich das Versicherungsverhältnis mit der Maßgabe fort, dass der Versicherer höchstens zu denjenigen Leistungen verpflichtet bleibt, die er bei einem Aufenthalt im Inland zu erbringen hätte.

(6) Der Versicherungsnehmer kann die Umwandlung der Versicherung in einen gleichartigen Versicherungsschutz verlangen, sofern die versicherte Person die Voraussetzungen für die Versicherungsfähigkeit erfüllt. Der Versicherer nimmt den Antrag auf Umwandlung in angemessener Frist an. Die erworbenen Rechte bleiben erhalten; die nach den technischen Berechnungsgrundlagen gebildete Rückstellung für das mit dem Alter der versicherten Person wachsende Wagnis (Alterungsrückstellung) wird nach Maßgabe dieser Berechnungsgrundlagen angerechnet. Soweit der neue Versicherungsschutz höher oder umfassender ist, kann insoweit ein Risikozuschlag (§ 8a Abs. 3 und 4) verlangt oder ein Leistungsausschluss vereinbart werden; ferner sind für den hinzukommenden Teil des Versicherungsschutzes Wartezeiten (§ 3 Abs. 6) einzuhalten. Der Umwandlungsanspruch besteht bei Anwartschafts- und Ruhensversicherungen nicht, solange der Anwartschaftsgrund bzw. der Ruhensgrund nicht entfallen ist, und nicht bei befristeten Versicherungsverhältnissen.[1] Die Umwandlung des Versicherungsschutzes aus einem Tarif, bei dem die

---

1 Die BaFin vertritt die Auffassung, dass der VN gemäß § 178 f VVG a.F. einen Anspruch auf Umwandlung einer Anwartschafts- oder Ruhensversicherung bezüglich eines Tarifs in

Beiträge geschlechtsunabhängig kalkuliert werden, in einen Tarif, bei dem dies nicht der Fall ist, ist ausgeschlossen. Eine Umwandlung des Versicherungsschutzes in den Notlagentarif nach § 12 h Versicherungsaufsichtsgesetz (VAG) ist ebenfalls ausgeschlossen.

I. Produktbeschreibung (Abs. 1).... 1	IV. Neuer Versicherungsfall (Abs. 2 S. 3)........................ 19
II. Versicherungsfall (Abs. 2 S. 1).... 4	V. Weitere Versicherungsfälle (Abs. 2 S. 4)........................ 20
1. Heilbehandlung 5	
2. „Behandlung" 7	VI. Umfang des Versicherungsschutzes (Abs. 3, 4)..................... 21
3. Krankheit..................... 8	
4. Unfallfolgen 10	VII. Aufenthaltsverlegung (Abs. 5).... 26
5. Medizinisch notwendige Heilbehandlung 11	VIII. Tarifwechsel (Abs. 6) 27
III. Beginn und Ende des Versicherungsfalles (Abs. 2 S. 2)........... 18	IX. Prozessuales 28

I. Produktbeschreibung (Abs. 1)

Abs. 1 enthält eine allgemeine Beschreibung des Produkts „Krankenversicherung". S. 2 greift § 192 Abs. 3 VVG auf (s. § 192 VVG Rn 28 ff). S. 3 skizziert für die Krankheitskostenversicherung und Krankenhaustagegeldversicherung den Leistungsumfang, konkretisiert in Teilen aber auch den Versicherungsfall, wie er in Abs. 2 detailliert beschrieben ist.

Aufwendungen nach **Buchst. a** sind Kosten, die dem VN vom Partner des Behandlungsvertrages in Rechnung gestellt werden;[1] begrifflich scheiden damit Ansprüche aus einer Eigenbehandlung des VN aus.[2] Ein Aufwendungsersatz besteht aber nur bei berechtigtem Vergütungsanspruch des Behandlers[3] nach durchgeführter Behandlung.[4] Damit ist der VR etwa nicht zur Leistung verpflichtet, wenn die Abrechnung nach GOÄ fehlerhaft[5] ist, der Chefarztvertrag wegen fehlerhafter Stellvertreterregelung unwirksam ist[6] oder der Versicherte gegen den Behandler wegen Verletzung der wirtschaftlichen Aufklärungspflicht (seit 26.2.2013: § 630 c Abs. 3 BGB) einen entsprechenden Schadensersatzanspruch hat (vgl § 11 Abs. 2).[7] Fehlt eine Vergütungsordnung (wie zB für **physiotherapeutische Leistungen**; s. auch § 4 Rn 3), bestimmt sich – nur – bei Fehlen eines konkret vorab vereinbarten Honorars der Anspruchs des Behandlers – und damit gleichzeitig der Leistungsanspruch des VN gegen den VR – auf der Grundlage des § 612 Abs. 2 Alt. 2 BGB.[8] Die damit „übliche Vergütung" richtet sich nicht nach den beihilfefähigen Höchstsätzen,[9] sondern den allgemeinen Grundsätzen,[10] so dass auf den Kreis aller Versicherten,

---

eine solche bezüglich eines anderen Tarifs mit gleichartigem Versicherungsschutz habe; die Regelung also gegen § 178 o VVG a.F. verstoße.

1 BGH 21.2.2001 – IV ZR 11/00, VersR 2001, 576.
2 LG Köln 4.12.2013 – 23 O 78/13, VersR 2014, 1072.
3 BGH 12.3.2003 – IV ZR 278/01, VersR 2003, 581; OLG Karlsruhe 21.11.2006 – 12 U 38/06, VersR 2007, 679.
4 Kostenvoranschlag genügt nicht: OLG Koblenz 23.1.2009 – 10 U 213/08, VersR 2010, 58.
5 BGH 14.1.1998 – IV ZR 61/97, VersR 1998, 350; OLG Bamberg 11.3.2013 – 1 U 165/12, VersR 2013, 1162.
6 BGH 20.12.2007 – III ZR 144/07, VersR 2008, 493.
7 OLG Stuttgart 8.1.2013 – 1 U 87/12, VersR 2013, 583; KG 21.9.1999 – 6 U 261/98, VersR 2000, 89.
8 Instruktiv und überzeugend AG Köpenick 10.5.2012 – 13 C 107/11, juris.
9 LG Köln 14.10.2009 – 23 O 424/08, VersR 2010, 333; LG Frankfurt 20.3.2002 – 2 S 124/01, VersR 2003, 232.
10 ZB Staudinger/*Richardi/Fischinger*, BGB (2011), § 611 Rn 47.

inklusive der gesetzlich Krankenversicherten, abzustellen ist.[11] Die Leistung des VN an den Behandler ist keine Fälligkeitsvoraussetzung gegenüber dem VR.[12] Anderes muss gelten, wenn sich der VN gegenüber dem Behandler berechtigt auf Verjährung des Vergütungsanspruchs berufen könnte. Nach § 9 Abs. 4 obliegt es dem VN, die Einrede der Verjährung gegenüber einem Honoraranspruch zu erheben.[13] Erstattungsfähig sind nur konkrete Aufwendungen; eine abstrakte Aufwendungsberechnung ist nicht zulässig.[14] Der Vergütungsanspruch des Behandlers muss fällig sein.[15] Diese Fälligkeit tritt ein, wenn die Rechnung die formellen Voraussetzungen des § 12 Abs. 2–4 GOÄ (bzw § 10 GOZ) erfüllt; die Fälligkeit wird nicht davon berührt, dass die Rechnung mit dem materiellen Gebührenrecht nicht übereinstimmt.[16] Zur Fälligkeit des Leistungsanspruchs des VN s. noch § 6 Rn 1.

3   **Buchst. b** betrifft die **Krankenhaustagegeldversicherung** (s. § 192 VVG Rn 38). Der VN ist beweispflichtig dafür, dass gerade eine stationäre Heilbehandlung medizinisch notwendig ist.[17] „**Stationäre**" Heilbehandlung im hier verwendeten Sinn ist grds. auch die teilstationäre[18] bzw halbstationäre Behandlung.[19] Zu den Voraussetzungen einer stationären Behandlung gehört, dass sie über einen längeren zusammenhängenden Zeitabschnitt stattfindet und den Tagesablauf des VN nachhaltig bestimmt,[20] es also zu einer Eingliederung in den Krankenhausbetrieb kommt;[21] eine Übernachtung bzw ein Aufenthalt von mindestens 24 Stunden ist nicht zwingend erforderlich.[22] Eine stationäre Behandlung setzt eine mindestens zeitweise Anwesenheit des Patienten im Krankenhaus voraus, so dass eine „Beurlaubung" den Anspruch beendet.[23] Es bestehen aber keine Bedenken, in Tarifbedingungen Leistungskürzungen bzw einen Ausschluss bei teilstationärer Behandlung vorzusehen.[24] Der Versicherungsfall erfordert eine kausale Verknüpfung zwischen Heilbehandlung und stationärem Aufenthalt, die bei einer Unterbringung nach § 64 StGB nicht gegeben ist.[25] Der stationäre Aufenthalt in einer gemischten Anstalt (§ 4 Abs. 5; s. § 4 Rn 13 ff) oder einem Sanatorium (§ 5 Abs. 1 Buchst. d; s. § 5 Rn 9) genügt nicht. Hinzuweisen ist noch auf § 9 Abs. 6, der ausschließlich die Krankenhaustagegeldversicherung betrifft.

---

11 LG Berlin 5.10.1999 – 7 S 25/99, VersR 2001, 223 (str).
12 Looschelders/Pohlmann/*Reinhard*, § 192 VVG Rn 6; OLG Koblenz 7.8.2008 – 10 W 486/08, VersR 2008, 1638; aA *Boetius*, PKV, § 192 VVG Rn 163.
13 Vgl *Ombudsmann-PKV*, Jahresbericht 2009, S. 44 sowie § 11 Abs. 2.
14 Looschelders/Pohlmann/*Reinhard*, § 192 VVG Rn 6.
15 Schwintowski/Brömmelmeyer/*Brömmelmeyer*, § 192 VVG Rn 46.
16 BGH 21.12.2006 – III ZR 117/06, VersR 2007, 499.
17 OLG Karlsruhe 1.2.1996 – 12 U 152/95, r+s 1997, 33; LG Dortmund 12.4.2011 – 2 S 14/11, VersR 2011, 1305.
18 Vgl § 4 Abs. 8 MBPPV 96.
19 OLG Hamm 9.8.1989 – 20 U 292/88, VersR 1990, 843; Looschelders/Pohlmann/*Reinhard*, § 192 VVG Rn 34; vgl auch BGH 11.4.1984 – IVa ZR 38/83, VersR 1984, 677.
20 OLG Hamm 9.8.1989 – 20 U 292/88, VersR 1990, 843.
21 OLG Köln 30.6.2009 – 20 U 61/09, VersR 2010, 241.
22 OLG Köln 30.6.2009 – 20 U 61/09, VersR 2010, 241; aA LG Köln 24.1.1979 – 74 O 291/78, VersR 1979, 565.
23 BGH 11.4.1984 – IVa ZR 133/82, VersR 1984, 675.
24 BT-Drucks. 12/6959, S. 104 (zu § 178 b Abs. 2 VVG); vgl OLG Rostock 24.11.2004 – 6 U 204/02, r+s 2006, 291 (Krankenhaustag definiert als jede Übernachtung im Krankenhaus); Langheid/Wandt/*Kalis*, § 192 VVG Rn 121 (Krankenhausaufenthalt von mindestens 24 Stunden); s. auch LG Dortmund 19.2.2009 – 2 O 265/08, juris.
25 LG Dortmund 19.2.2009 – 2 O 265/08, juris.

II. Versicherungsfall (Abs. 2 S. 1)

Versicherungsfall ist die medizinisch notwendige Heilbehandlung einer versicherten Person wegen Krankheit oder Unfallfolgen.[26] Die Leistungspflicht des VR wird dem Grunde nach nur bei Vorliegen aller hier genannten Tatbestandsmerkmale in Kombination ausgelöst. Dies bedeutet etwa, dass alleine das Bestehen einer Krankheit ohne deren Heilbehandlung ebenso wenig einen Versicherungsfall darstellt wie eine Heilbehandlung, die nicht medizinisch notwendig war oder der keine Krankheit zugrunde lag. Rechtsfolge des Versicherungsfalles ist dann ein Erstattungsanspruch des VN nach Abs. 1 S. 3 (s. Rn 2). Zur evtl. Selbstbindung durch vorherige Zusage/Erstattung s. § 192 VVG Rn 50.   4

1. Heilbehandlung. Heilbehandlung iSd **Versicherungsfalles** nach Abs. 2 S. 1 ist   5
jegliche ärztliche Tätigkeit, die durch die betreffende Krankheit verursacht worden ist, sofern die Leistung des Arztes von ihrer Art her in den Rahmen der medizinisch notwendigen Krankenpflege fällt und auf die Heilung oder Linderung der Krankheit oder Verhinderung ihrer Verschlimmerung abzielt,[27] mag auch dieses Endziel erst nach Unterbrechungen oder mit Hilfe weiterer Ärzte erreicht werden.[28] Diesen Anforderungen können auch Maßnahmen im Rahmen einer klinischen Studie gerecht werden.[29] Die Beseitigung krankheitsverursachender Umweltfaktoren ist dagegen keine Heilbehandlung;[30] ebenso wenig die ambulante Medikamentengabe.[31] Zur Heilbehandlung gehören alle therapeutischen („behandelnden") und diagnostischen („erkennenden") Maßnahmen, auch wenn die Untersuchung zu einer falschen, unvollständigen oder gar negativen Diagnose führt. Schließlich liegt eine Heilbehandlung auch dann vor, wenn zur Verhinderung der Verschlimmerung einer Krankheit eine Überwachung zur Erhaltung der Vitalfunktionen rund um die Uhr (nicht-ärztliche Intensivpflege)[32] oder eine stationäre Nachkontrolle erforderlich ist.[33]

Reine Vorsorgeimpfungen sind keine Heilbehandlung (s. aber Abs. 2 S. 4   6
Buchst. b; s. Rn 20), ebenso wenn feststeht, dass eine Krankheit weder geheilt noch gelindert werden kann (dann evtl § 5 Abs. 1 Buchst. h;[34] s. auch Rn 16). An einer Heilung oder Linderung fehlt es auch, wenn die Behandlung ausschließlich anderen Zwecken dient (zB Sterilisation, Schönheitsoperationen,[35] Schwangerschaftsunterbrechung, soweit keine medizinische Indikation zugrunde liegt; prädiktive Gendiagnostik[36]). Die homologe In-vitro-Fertilisation ist Heilbehandlung,[37] auch bei (nicht gleichgeschlechtlichen) unverheirateten Partnern.[38]

---

26 BGH 15.9.2010 – IV ZR 187/07, VersR 2010, 1485.
27 BGH 22.4.2015 – IV ZR 419/13, r+s 2015, 297.
28 BGH 14.12.1977 – IV ZR 12/76, VersR 1978, 271; BGH 10.7.1996 – IV ZR 133/95, BGHZ 133, 208, 211.
29 *Rogler*, jurisPR-VersR 6/2008 Anm. 3; aA LG Köln 12.12.2007 – 23 O 86/07, juris.
30 OLG Frankfurt 23.9.1994 – 13 U 7/93, VersR 1995, 651.
31 OLG Schleswig 24.11.2011 – 16 U 43/11, juris.
32 OLG Hamm 12.10.2011 – 20 W 29/11, r+s 2012, 35; LG Bonn 26.11.2009 – 9 O 230/09, juris; LG Dortmund 12.7.2007 – 2 O 323/06, juris; vgl auch LG Gießen 12.8.2014 – 2 O 210/14, VersR 2015, 441.
33 OLG Karlsruhe 21.8.1997 – 12 U 118/97, r+s 1998, 255.
34 Langheid/Wandt/*Kalis*, § 192 VVG Rn 17.
35 BK/*Hohlfeld*, § 178 b VVG Rn 2.
36 LG Stuttgart 19.12.2012 – 13 S 131/12, NJW 2013, 1543.
37 BGH 17.12.1986 – IVa ZR 78/85, VersR 1987, 278; BGH 3.3.2004 – IV ZR 25/03, VersR 2004, 588; BGH 21.9.2005 – IV ZR 113/04, VersR 2005, 1673.
38 Str., LG Dortmund 10.4.2008 – 2 O 11/07, VersR 2008, 1484; LG Berlin 24.2.2004 – 7 O 433/02, r+s 2004, 203; zust. *Rogler*, jurisPR-VersR 7/2008 Anm. 2; aA LG Köln 21.2.2001 – 23 O 57/00, VersR 2001, 1373.

7 **2. „Behandlung".** Die Behandlung einer Krankheit **beginnt** nicht erst mit der unmittelbaren Heiltätigkeit, sondern schon mit der ersten ärztlichen Untersuchung, die auf die Erkennung des Leidens abzielt, ohne Rücksicht darauf, ob sofort oder erst nach weiteren Untersuchungen eine endgültige oder richtige Diagnose gestellt und mit den eigentlichen Heilmaßnahmen begonnen worden ist.[39] Es begründet also nicht alleine der Eintritt eines unter den Krankheitsbegriff fallenden Zustandes oder ein Unfall den Leistungsanspruch, sondern erst eine wegen dieses Zustandes oder Ereignisses vorgenommene medizinisch notwendige Heilbehandlung.[40]

8 **3. Krankheit.** Krankheit ist unabhängig von den subjektiven Vorstellungen des Betroffenen als ein objektiv nach ärztlichem Urteil bestehender anomaler Körper- oder Geisteszustand zu verstehen.[41] Dies ist stets anhand der konkreten Umstände des Einzelfalles unter Zuhilfenahme eines medizinischen Sachverständigen zu beurteilen.[42] Reine **Schönheitsoperationen** fallen **nicht** hierunter.[43] Der Verweis auf vermeintlich „einschlägige" Rechtsprechung kann deshalb hier in ganz besonderer Weise eine Einzelfallprüfung nicht ersetzen. Eine exakte klinische Diagnose ist ebenso wenig erforderlich[44] wie eine gewisse Erheblichkeit der Störung.[45]

9 **Einzelfälle:** Sterilität,[46] nicht aber bei vorsätzlicher (§ 5 Abs. 1 Buchst. b) Sterilisierung;[47] HIV-Infektion;[48] erektile Dysfunktion, sofern nicht altersbedingt;[49] Adipositas, jedenfalls bei starkem Übergewicht;[50] CFS (sog. chronisches Erschöpfungssyndrom), auch wenn eine exakte klinische Diagnose fehlt;[51] Myome (gutartige Muskelgeschwulste) bei Schwangerschaft;[52] Krankheit ist nicht die bloße Gefahr einer psychischen Erkrankung.[53]

10 **4. Unfallfolgen.** Die Einbeziehung von Unfallfolgen stellt klar, dass nicht nur körperintern vermittelte Störungen Krankheiten sind, sondern auch solche, die unmittelbar durch äußere Einwirkungen entstehen. Ein **Unfall** liegt vor, wenn der Versicherte durch ein plötzlich von außen auf seinen Körper wirkendes Ereignis unfreiwillig eine Gesundheitsschädigung erleidet (vgl § 178 Abs. 2 VVG). Bestehen nach den AVB Wartezeiten für Unfälle (§ 3 Abs. 2 Buchst. a) und Unfallfolgen nicht, so entfallen diese Wartezeiten auch für solche Krankheiten, die zwar schon vorher als

---

39 BGH 14.12.1977 – IV ZR 12/76, VersR 1978, 271.
40 BGH 10.7.1996 – IV ZR 133/95, BGHZ 133, 208, 211.
41 BGH 17.12.1986 – IVa ZR 78/85, BGHZ 99, 228, 230; BGH 15.9.2010 – IV ZR 187/07, VersR 2010, 1485; BGH 21.9.2005 – IV ZR 113/04, VersR 2005, 1673.
42 Vgl BGH 10.7.1996 – IV ZR 133/95, VersR 1996, 1224.
43 Langheid/Wandt/*Kalis*, § 192 VVG Rn 16; LG Köln 5.10.1981 – 24 O 212/81, VersR 1983, 388 (Lidkorrektur ohne funktionelle Beeinträchtigung).
44 OLG Hamm 12.6.1996 – 20 U 220/95, VersR 1997, 1342.
45 AA Schwintowski/Brömmelmeyer/*Brömmelmeyer*, § 192 VVG Rn 6 – die dort zitierte Rspr stützt diese Einschränkung nicht; ähnl. Langheid/Wandt/*Kalis*, § 192 VVG Rn 16. Die Frage der Erheblichkeit kann aber im Zusammenhang mit der medizinischen Notwendigkeit der Heilbehandlung relevant werden (s. dazu oben Rn 11).
46 BGH 17.12.1986 – IVa ZR 78/85, VersR 1987, 278; BGH 12.11.1997 – IV ZR 58/97, VersR 1998, 87; BGH 21.9.2005 – IV ZR 113/04, VersR 2005, 1673; zusammenfassend *Marlow/Spuhl*, VersR 2006, 1193.
47 Vgl OLG Nürnberg 24.3.2005 – 8 U 3617/04, VersR 2005, 1383.
48 BGH 10.7.1996 – IV ZR 133/95, VersR 1996, 1224; OLG Düsseldorf 14.1.1992 – 4 U 38/91, VersR 1992, 948.
49 OLG Karlsruhe 3.7.2003 – 12 U 32/03, VersR 2003, 1432; LG Köln 20.8.2003 – 23 S 57/02, VersR 2003, 1434 mwN.
50 BGH 29.11.1978 – IV ZR 175/77, VersR 1979, 221.
51 OLG Hamm 12.6.1996 – 20 U 220/95, VersR 1997, 1342; OLG Hamm 12.12.2003 – 20 U 71/03, VersR 2004, 1255; OLG Karlsruhe 24.4.2003 – 12 U 197/00, VersR 2004, 1256.
52 OLG Saarbrücken 4.3.1998 – 5 U 773/97-66, VersR 1999, 479.
53 OLG Stuttgart 27.11.1985 – 3 U 296/84, VersR 1987, 280.

Krankheitsanlage beim Versicherten vorhanden waren, aber erst durch einen Unfall ausgelöst worden sind.[54]

5. Medizinisch notwendige Heilbehandlung. Die Heilbehandlung muss **medizinisch notwendig** sein. Dies verlangt professionalisierte Heilkunde; nicht ausreichend ist die Anwendung geheimen Wissens oder Kräften. Medizinisch notwendige Heilbehandlung ist nach stRspr anhand eines objektiven Maßstabes zu ermitteln. Die Beurteilung hängt nicht allein von der Auffassung des VN oder des ihn behandelnden Arztes ab, sondern von den objektiven medizinischen Befunden und Erkenntnissen im Zeitpunkt der Vornahme der Behandlung.[55] Deshalb spricht weder das Ausbleiben eines Behandlungserfolges gegen die medizinische Notwendigkeit,[56] noch ist eine Maßnahme allein deshalb als medizinisch notwendig zu bewerten, weil ein Erfolg eintritt, der nach wissenschaftlichen Erkenntnissen im Vorfeld nicht zu erwarten war.[57] Steht die Eignung einer Behandlung, eine Krankheit zu heilen, zu lindern oder ihrer Verschlimmerung entgegenzuwirken, nach medizinischen Erkenntnissen fest, folgt daraus grds. auch die Eintrittspflicht des VR.[58]

11

Medizinisch notwendig kann eine Behandlung aber auch dann sein, wenn ihr Erfolg nicht sicher vorhersehbar ist. Es genügt insoweit, wenn die medizinischen Befunde und Erkenntnisse es im Zeitpunkt der Behandlung **vertretbar** erscheinen lassen, die Behandlung als notwendig anzusehen.[59] Ob dies der Fall ist bzw gegenwärtig bereits geklärt werden kann, lässt sich nur anhand der im Einzelfall maßgeblichen objektiven Gesichtspunkte mit Rücksicht auf die Besonderheiten der jeweiligen Erkrankung und der auf sie bezogenen Heilbehandlung bestimmen.[60] Erfolgt die Behandlung einer Erkrankung mit einem für diese über eine Vollzulassung nach § 25 AMG verfügenden Arzneimittel, spricht allerdings eine Vermutung für die medizinische Notwendigkeit der Behandlung.[61]

12

Die Korrektur einer Fehlsichtigkeit mittels **LASIK-Behandlung** (s. auch § 5 Rn 18) soll nur medizinisch notwendig sein, wenn die Fehlsichtigkeit nicht durch die Versorgung mit einer Brille oder Kontaktlinsen ausgeglichen werden kann oder eine solche Versorgung nicht zumutbar ist.[62] Dies lässt sich in rechtlicher Hinsicht den MB/KK nicht entnehmen.[63] Nach BGH stellen die MB/KK (u.a.) nur auf die „medizinisch notwendige" und nicht auf die „medizinische und notwendige", die „notwendige medizinische" oder die „medizinisch nur notwendige" Heilbehandlung ab.[64] Medizinisch notwendig wird die LASIK-OP aber idR sein.[65] Im Übrigen

13

---

54 BGH 24.3.1976 – IV ZR 208/74, VersR 1976, 851.
55 BGH 30.10.2013 – IV ZR 307/12, r+s 2014, 25; BGH 10.7.1996 – IV ZR 133/95, VersR 1996, 1224.
56 BGH 10.7.1996 – IV ZR 133/95, r+s 1996, 457.
57 OLG Köln 12.7.2013 – 20 U 58/13, VersR 2014, 574.
58 BGH 30.10.2013 – IV ZR 307/12, r+s 2014, 25.
59 BGH 30.10.2013 – IV ZR 307/12, r+s 2014, 25.
60 BGH 8.2.2006 – IV ZR 131/05, VersR 2006, 535; BGH 21.9.2005 – IV ZR 113/04, VersR 2005, 1673, jew. mwN.
61 AG Backnang 18.12.2013 – 4 C 1017/10, r+s 2015, 245.
62 LG Hannover 11.8.2009 – 2 S 85/08, juris; LG Köln 10.12.2008 – 23 S 6/08, VersR 2009, 535; LG Mannheim 4.3.2008 – 8 O 320/07, VersR 2008, 1200.
63 So auch LG Frankfurt (Oder) 2.10.2012 – 6 a S 198/11, r+s 2013, 29; LG Münster 21.8.2008 – 15 O 21/08, VersR 2009, 536; LG Dortmund 5.10.2006 – 2 S 17/05, VersR 2007, 1401; LG Göttingen 8.7.2008 – 2 S 4/08, juris. – Bezeichnenderweise werden beim BGH anhängige LASIK-Verfahren sämtlich unstreitig zu Lasten des VR entschieden: *Kessal-Wulf*, r+s 2010, 353, 359.
64 BGH 12.3.2003 – IV ZR 278/01, VersR 2003, 581 („Alphaklinik").
65 Vorbehaltlich anderweitiger sachverständiger medizinischer Bewertung zur Erfolgsaussicht im Einzelfall.

sehen die MB/KK eine „Verweisung" von einer Heilbehandlung auf die Benutzung eines Hilfsmittels (Brille als Alternative zur OP) nicht vor.[66]

14 Die **In-vitro-Fertilisation** (IVF) ist grds. geeignete Behandlung zur Behandlung einer Sterilität,[67] auch wenn der VN in nichtehelicher Lebensgemeinschaft lebt (s. auch Rn 6).[68]

15 Bei Beurteilung der medizinischen Notwendigkeit können auch medizinische Erkenntnisse berücksichtigt werden, die sich im Bereich der sog. **alternativen Medizin**[69] ergeben haben oder sich als das Ergebnis der Anwendung sog. **Außenseitermethoden** darstellen (s. aber § 4 Abs. 6).[70] Auf allgemein anerkannte wissenschaftliche Erkenntnisse kommt es nicht an.[71] Von vornherein aussichtsloses Behandeln genügt jedoch ebenso wenig wie die Verwendung unbrauchbarer oder jedenfalls nicht erfolgreich erprobter Arzneimittel. Zur stationären Heilbehandlung s. § 4 Rn 11.

16 Liegt eine **unheilbare Krankheit** vor, für die es keine allgemein anerkannte Therapie gibt, reicht es aus, wenn die Behandlung mit nicht nur ganz geringer Erfolgsaussicht die Erreichung des Behandlungsziels als möglich erscheinen lässt.[72] Bei einer unheilbaren, lebenszerstörenden Krankheit ist auch eine Heilbehandlung als notwendig anzusehen, der zwar noch Versuchscharakter anhaftet, die aber jedenfalls – medizinisch begründbar – Aussicht auf Heilung oder Linderung verspricht. Es reicht dann aus, wenn die Behandlung mit nicht nur ganz geringer Erfolgsaussicht die Erreichung des Behandlungsziels als möglich erscheinen lässt.[73] Kostengesichtspunkte spielen für die medizinische Notwendigkeit grds. keine Rolle (s. § 192 VVG Rn 17 ff).

17 Die **Beweislast** für das Vorliegen einer medizinisch notwendigen Heilbehandlung wegen Krankheit trägt der VN.[74] Sie erfordert im Streitfall praktisch immer die Einholung eines **gerichtlichen Sachverständigengutachtens**.[75] Diesem sind die Krankenunterlagen mit den seinerzeit objektiven Befunden zugrunde zu legen.[76] In der Regel wird das Sachverständigengutachten nicht ohne eigene Untersuchung des Versicherten erstellt werden können. Die Vernehmung des behandelnden Arztes ist idR ungeeignetes Beweismittel.[77] Kann der gerichtliche Sachverständige auf der Grundlage der Krankenunterlagen der versicherten Person keine Aussage tref-

---

66 LG Köln 18.7.2012 – 23 O 213/11, VersR 2013, 54 = r+s 2013, 32; *Ombudsmann-PKV*, Jahresbericht 2012, S. 32 f; LG Frankfurt (Oder) 2.10.2012 – 6 a S 198/11, r+s 2013, 29.
67 Grundlegend BGH 17.12.1986 – IVa ZR 78/85, VersR 1987, 278; BGH 12.11.1997 – IV ZR 58/97, VersR 1998, 87; BGH 21.9.2005 – IV ZR 113/04, VersR 2005, 1673; weiterführend BGH 13.9.2006 – IV ZR 133/05, VersR 2006, 1673; zur Darlegungslast BGH 15.9.2010 – IV ZR 187/10, VersR 2010, 1485.
68 LG Dortmund 10.4.2008 – 2 O 11/07, VersR 2008, 1484; *Rogler*, jurisPR-VersR 7/2008 Anm. 2; aA Langheid/Wandt/*Kalis*, § 192 VVG Rn 25.
69 Hierzu etwa KG 25.8.1998 – 6 U 7063/97, VersR 2001, 178; OLG Koblenz 16.11.2001 – 10 U 355/01, VersR 2002, 1367; OLG Saarbrücken 27.2.2002 – 5 U 804/98-71, VersR 2002, 1015; OLG Frankfurt 25.9.2002 – 7 U 120/97, VersR 2003, 585; OLG Köln 14.1.2004 – 5 U 211/01, VersR 2004, 631.
70 BGH 10.7.1996 – IV ZR 133/95, VersR 1996, 1224.
71 BGH 23.6.1993 – IV ZR 135/92, VersR 1993, 957.
72 BGH 10.7.1996 – IV ZR 133/95, VersR 1996, 1224.
73 BGH 30.10.2013 – IV ZR 307/12, r+s 2014, 25.
74 BGH 28.4.2004 – IV ZR 42/03, NJW-RR 2004, 1399; BGH 10.7.1996 – IV ZR 133/95, VersR 1996, 1224; KG 21.9.1999 – 6 U 261/98, VersR 2000, 89.
75 BGH 29.11.1978 – IV ZR 175/77, VersR 1979, 221; KG 21.9.1999 – 6 U 261/98, VersR 2000, 89.
76 KG 21.9.1999 – 6 U 261/98, VersR 2000, 89; BK/*Hohlfeld*, § 178 b VVG Rn 6.
77 KG 21.9.1999 – 6 U 261/98, VersR 2000, 89.

fen, geht dies zu Lasten des VN.[78] Zur stationären Heilbehandlung s. ergänzend § 4 Rn 11.

III. Beginn und Ende des Versicherungsfalles (Abs. 2 S. 2)

Die Norm beschreibt den sog. gedehnten Versicherungsfall (s. auch Rn 7), der v.a. bei der Vereinbarung von Wartezeiten Bedeutung hat. Dieser Begriff meint, dass sich der Versicherungsfall in der Krankenversicherung – anders als etwa in der Unfallversicherung – nicht in einem zeitlich punktuellen Ereignis erschöpft, sondern einen Zustand des Versicherten mit Beginn (der Heilbehandlung, zB erste diagnostische Untersuchung; s. Rn 7)[79] und Ende (der Behandlungsbedürftigkeit nach objektivem ärztlichem Befund)[80] umfasst. Wann die behandelte Krankheit begonnen hat, ist nicht maßgeblich. Anspruchsausschließende Vorvertraglichkeit (§ 2 Abs. 1 S. 2) ist gegeben, wenn der Beginn der Heilbehandlung (s. dazu Rn 7) vor dem Versicherungsbeginn liegt.[81] In der Praxis entbrennt hierzu häufig bei **Zahnbehandlungen** Streit.[82] So stellt etwa die Fertigung einer Röntgenaufnahme eines Zahnes mit Diagnose einer Auflösung des Kieferknochens, anschließender medizinischer Beratung, fortbestehender Behandlungsbedürftigkeit im Sinne einer röntgenologischen Überwachung trotz Beschwerdefreiheit und langfristig ungünstiger Prognose, die vorhersehbar zur Entfernung des Zahns und zum Einsatz eines Implantats führt, den Beginn eines Versicherungsfalles dar, auch wenn die Erkrankung zufällig festgestellt wurde.[83] 18

IV. Neuer Versicherungsfall (Abs. 2 S. 3)

Nach S. 3 liegt ein neuer Versicherungsfall vor, wenn während der Behandlung einer Krankheit eine weitere behandlungsbedürftig wird, die mit der ersten nicht ursächlich zusammenhängt. Es entsteht also kein neuer Versicherungsfall, wenn die Heilbehandlung auf eine Krankheit ausgedehnt werden muss, die mit der bisher behandelten ursächlich zusammenhängt. Für das Bestehen eines solchen Zusammenhangs ist der VR beweispflichtig.[84] Bei **chronischen Leiden** stellen akute Beschwerdeschübe im Verhältnis zum Dauerleiden regelmäßig eigenständige Versicherungsfälle dar. 19

V. Weitere Versicherungsfälle (Abs. 2 S. 4)

Nach S. 4 Buchst. a–c gelten auch Schwangerschaft (nicht: Schwangerschaftsabbruch, außer er ist medizinisch indiziert), Entbindung und ambulante Vorsorgeuntersuchungen (vgl §§ 25, 26 SGB V) als Versicherungsfall sowie – nach Vereinbarung – ein Sterbegeld. Dient eine Maßnahme der Überprüfung konkreter Beschwerden und/oder dem (erhofften) Ausschluss eines negativen Befundes, ist das keine „Früherkennung" einer Krankheit, sondern ein konkreter Behandlungsanlass und somit Heilbehandlung. 20

---

78 KG 21.9.1999 – 6 U 261/98, VersR 2000, 89.
79 Vgl BGH 14.12.1977 – IV ZR 12/76, VersR 1978, 271.
80 BGH 24.3.1976 – IV ZR 208/74, VersR 1976, 851.
81 ZB OLG Dresden 28.5.2009 – 4 U 246/09, VersR 2009, 1651.
82 ZB OLG Oldenburg 2.5.2012 – 5 U 37/12, VersR 2012, 1548; OLG Karlsruhe 27.6.2013 – 12 U 127/12, r+s 2013, 506; OLG Karlsruhe 7.5.2013 – 12 U 153/12, r+s 2013, 507; OLG Stuttgart 7.7.2011 – 7 U 27/11, r+s 2012, 399; *Steinbeck*, r+s 2014, 481.
83 BGH 17.12.2014 – IV ZR 399/13, r+s 2015, 142.
84 OLG Hamm 3.6.1977 – 20 U 260/76, VersR 1977, 953.

VI. Umfang des Versicherungsschutzes (Abs. 3, 4)

21 **Abs. 3** bestimmt deklaratorisch als Grundlage des zu gewährenden Versicherungsschutzes den VersVertrag, die AVB und die diese ergänzenden Tarife und Tarifbedingungen sowie sonstige schriftliche (Individual-)Abreden.[85] Siehe näher § 4 Rn 1 ff.

22 **Abs. 4** gewährt grds. eine **europaweite Risikodeckung**. Die Abgrenzung zu § 15 Abs. 3 erfolgt über die zeitliche Schiene (s. § 15 Rn 3). Abs. 4 übernimmt damit die Funktion einer Reisekrankenversicherung (s. § 192 VVG Rn 7).[86] Es obliegt der Privatautonomie des VR und des VN, ob insofern Versicherungsschutz auch für das **außereuropäische** Ausland gewährt werden soll. Dann ist allerdings die Vereinbarung eines angemessenen Beitragszuschlags möglich (§ 15 Abs. 3 S. 2). Unabhängig von einer solchen Vereinbarung erstreckt sich der Versicherungsschutz während des ersten Monats eines vorübergehenden Auslandsaufenthalts auch auf das außereuropäische Ausland (**S. 2**). Entscheidend ist aber, dass bereits im Zeitpunkt des Verlassens des Bundesgebietes klar war, dass der Aufenthalt nur ein vorübergehender sein sollte. Es ist nicht zulässig, die Rechtsfolge des Abs. 5 (Beendigung des Versicherungsverhältnisses) durch eine „Umwidmung" des Zwecks des Auslandsaufenthalts auszuhebeln.

23 Das außereuropäische Ausland ist aus der Sicht des VN **geographisch** zu bestimmen, wie insb. der systematische Vergleich mit Abs. 5 zeigt.

24 Die **Monatsfrist** beginnt mit dem Zeitpunkt des Verlassens des Bundesgebietes. Für die Berechnung gelten die §§ 186, 187 Abs. 1, 188 Abs. 2, 3 BGB.

25 Nach **Abs. 4 S. 3** besteht bei heilbehandlungsbedingter ununterbrochener Verlängerung des Auslandsaufenthalts Versicherungsschutz, solange die versicherte Person die Rückreise nicht ohne Gefährdung ihrer Gesundheit antreten kann. War der Auslandsaufenthalt also schon von vornherein auf mehr als einen Monat angelegt, liegt die Ausdehnung über einen Monat hinaus nicht in einer notwendigen Heilhandlung begründet, so dass der Versicherungsschutz mit Ablauf der Monatsfrist endet. Ob eine Gefährdung der Gesundheit der versicherten Person vorlag, ist aus objektiver Sicht ex ante zu bestimmen; es gelten insofern die Ausführungen in Rn 11 entsprechend. Mit Eintritt der Rückreisefähigkeit, spätestens aber mit Ablauf von drei Monaten – gerechnet ab dem ursprünglichen Verlassen des Bundesgebietes – endet der Versicherungsschutz. Der Bestand des VersVertrages bleibt davon aber unberührt.

VII. Aufenthaltsverlegung (Abs. 5)

26 Abs. 5 entspricht bis auf zwei irrelevante sprachliche Korrekturen wörtlich § 207 Abs. 3 VVG (s. § 207 VVG Rn 33 ff). Siehe insb. auch § 15 Abs. 3 (s. § 15 Rn 2). Abweichend bestimmt § 15 Abs. 3 MB/BT, dass bei Verlegung von Wohnsitz oder gewöhnlichem Aufenthalt außerhalb Deutschlands das Versicherungsverhältnis endet.[87]

VIII. Tarifwechsel (Abs. 6)

27 Die Regelung entspricht im Wesentlichen § 204 VVG. **S. 2** wurde mit der Neufassung 2013 wegen der durchgreifenden Bedenken gegen seine Vorgängerregelung

---

[85] BGH 19.5.2004 – IV ZR 29/03, VersR 2004, 1035; BGH 18.1.2006 – IV ZR 244/04, VersR 2006, 497; zu einer individuell ausgehandelten Ausschlussklausel: OLG Celle 12.2.2009 – 8 U 175/08, OLGR Celle 2009, 464 m. Anm. *Rogler*, jurisPR-VersR 4/2009 Anm. 4.

[86] Vgl Bach/Moser/*Kalis*, § 1 MBKK Rn 54.

[87] Zu Wirksamkeitszweifeln Prölss/Martin/*Voit*, § 207 VVG Rn 21.

wirksam neu gefasst. S. 2 in der – unwirksamen[88] – Vorgängerfassung lautete: „Der Versicherer ist zur Annahme eines solchen Antrags spätestens zu dem Zeitpunkt verpflichtet, zu dem der VN die Versicherung hätte kündigen können (§ 13)." S. 5 verstößt gegen § 208 S. 1 VVG, da auch Anwartschafts- und Ruhensversicherungen „bestehende" Versicherungsverhältnisse iSd § 204 S. 1 VVG sind.[89] S. 6 entspricht § 204 Abs. 1 S. 1 Nr. 1 aE. S. 7 entspricht § 193 Abs. 7 S. 1 VVG.

IX. Prozessuales

Die **Beweislast** für das Vorliegen eines Versicherungsfalles trägt nach allgemeinen Grundsätzen der VN (zur stationären Heilbehandlung s. zusätzlich § 4 Rn 11).[90] 28

Wegen des Charakters der Krankheitskostenversicherung als Passivenversicherung (s. § 192 VVG Rn 3) ist ein Anspruch auf **Freistellung** erst noch zukünftig anfallender Kosten oder auf eine in die Zukunft gerichtete Deckungszusage[91] grds. ebenso wenig denkbar wie eine darauf gerichtete **Feststellungsklage**.[92] Betrifft jedoch die Feststellung ein gegenwärtiges Rechtsverhältnis in dem Sinne, dass die zwischen VN und VR bestehenden Beziehungen schon zur Zeit der Klageerhebung wenigstens die Grundlage bestimmter Ansprüche bilden, das Begehren also nicht nur auf künftige, mögliche, sondern auf bereits aktualisierte, ärztlich für notwendig erachtete, bevorstehende Behandlungen gerichtet ist, ist eine Feststellungsklage zulässig, sofern außerdem ein Feststellungsinteresse dahingehend besteht, dass durch ein Feststellungsurteil eine sachgemäße und erschöpfende Lösung des Streits über die Erstattungspflichten zu erwarten ist.[93] Vertragliche Einwendungen des VR aus anderen Gesichtspunkten müssen durch den Feststellungsantrag aber unberührt bleiben.[94] Siehe auch **§ 192 Abs. 8 VVG** (s. § 192 VVG Rn 53). 29

Ein Antrag auf eine Kostenübernahmeerklärung des VR im Wege einer **einstweiligen Verfügung** ist der Krankheitskostenversicherung als Passivenversicherung fremd und wegen des Befriedigungscharakters der damit begehrten Leistungsverfügung grds. unzulässig, sofern nicht im Einzelfall in einer akuten Notlage die Verfügung zur Abwendung schwerwiegender Nachteile und Schäden für Gesundheit, Leib und Leben erforderlich ist.[95] Voraussetzung ist dann weiter, dass der VN die Kosten nicht tragen kann und die Ärzte deshalb dringend erforderliche Behandlungen nicht durchführen.[96] Es kann ein Verfügungsgrund fehlen, wenn der VN die Möglichkeit, sich bei seinem VR oder einem anderen KrankenVR im Basistarif zu versichern, nicht genutzt hat.[97] Zur Frage des Vorrangs der Sozialhilfe s. § 1 MB/KT 09 Rn 12. 30

---

88 S. Vorauflage (2. Aufl. 2011, aaO); ebenso Prölss/Martin/*Voit*, § 1 MBKK Rn 24.
89 Prölss/Martin/*Voit*, § 1 MBKK Rn 26.
90 Langheid/Wandt/*Kalis*, § 192 VVG Rn 30.
91 Zu Ausnahmen nach § 242 BGB: OLG Oldenburg 26.5.2009 – 5 U 23/09, VersR 2010, 471; OLG Koblenz 7.8.2008 – 10 W 486/08, VersR 2008, 1638; für einen generellen Anspruch auf Deckungszusage *Schünemann*, r+s 2010, 397.
92 OLG Karlsruhe 24.5.2007 – 19 U 88/06, VersR 2008, 339; OLG Koblenz 22.3.2007 – 10 U 1143/06, VersR 2008, 108; Prölss/Martin/*Voit*, § 6 MBKK Rn 6.
93 BGH 8.2.2006 – IV ZR 131/05, VersR 2006, 535.
94 BGH 8.2.2006 – IV ZR 131/05, VersR 2006, 535.
95 LG Berlin 12.6.2013 – 23 O 184/13, GesR 2013, 762; OLG Oldenburg 4.3.2011 – 5 W 11/11, VersR 2011, 1256; OLG Hamm 12.10.2011 – 20 W 29/11, VersR 2012, 611 = r+s 2012, 35; OLG Hamm 14.12.2005 – 20 U 198/05, VersR 2006, 826; LG Nürnberg-Fürth 6.11.2007 – 8 O 9385/07, juris.
96 OLG Bremen 8.3.2012 – 3 U 41/11, NJW-RR 2012, 1177; LG Berlin 12.6.2013 – 23 O 184/13, GesR 2013, 762; OLG Hamm 14.12.2005 – 20 U 198/05, VersR 2006, 826.
97 LG Schwerin 30.12.2009 – 1 O 265/09, VersR 2010, 622; vgl OLG Bremen 8.3.2012 – 3 U 41/11, NJW-RR 2012, 1177.

31 Ob nach § 485 Abs. 2 ZPO das **selbständige Beweisverfahren** für die Klärung der medizinischen Notwendigkeit einer Heilbehandlung zulässig ist, ist Frage des Einzelfalles.[98]

§ 2 Beginn des Versicherungsschutzes

(1) Der Versicherungsschutz beginnt mit dem im Versicherungsschein bezeichneten Zeitpunkt (Versicherungsbeginn), jedoch nicht vor Abschluss des Versicherungsvertrages (insbesondere Zugang des Versicherungsscheines oder einer schriftlichen Annahmeerklärung) und nicht vor Ablauf von Wartezeiten. Für Versicherungsfälle, die vor Beginn des Versicherungsschutzes eingetreten sind, wird nicht geleistet. Nach Abschluss des Versicherungsvertrages eingetretene Versicherungsfälle sind nur für den Teil von der Leistungspflicht ausgeschlossen, der in die Zeit vor Versicherungsbeginn oder in Wartezeiten fällt. Bei Vertragsänderungen gelten die Sätze 1 bis 3 für den hinzukommenden Teil des Versicherungsschutzes.

(2) Bei Neugeborenen beginnt der Versicherungsschutz ohne Risikozuschläge und ohne Wartezeiten ab Vollendung der Geburt, wenn am Tage der Geburt ein Elternteil mindestens drei Monate beim Versicherer versichert ist und die Anmeldung zur Versicherung spätestens zwei Monate nach dem Tage der Geburt rückwirkend erfolgt. Der Versicherungsschutz darf nicht höher oder umfassender als der eines versicherten Elternteils sein.

(3) Der Geburt eines Kindes steht die Adoption gleich, sofern das Kind im Zeitpunkt der Adoption noch minderjährig ist. Mit Rücksicht auf ein erhöhtes Risiko ist die Vereinbarung eines Risikozuschlages bis zur einfachen Beitragshöhe zulässig.

1 **Abs. 1 S. 1** meint den technischen Versicherungsbeginn (s. § 197 VVG Rn 8), schließt im Übrigen eine Rückwärtsversicherung grds. aus. Da der VN mit Versicherungsbeginn aber idR den Beginn des Versicherungsschutzes meint, kann die Vorverlegung des Versicherungsbeginns zu einer echten Rückwärtsversicherung führen.[1] Zu Wartezeiten s. § 3. Soweit **S. 2** mit § 198 Abs. 2 S. 1, Abs. 1 VVG kollidiert, kann sich der VR wegen § 208 S. 1 VVG hierauf nicht berufen (s. § 198 VVG Rn 5).[2] Zu **S. 3** s. § 197 VVG Rn 10. Die **Beweislast** für den Einwand der Vorvertraglichkeit, also dafür, dass der Versicherungsfall nicht im Haftungszeitraum eingetreten ist, trifft den VR.[3]

2 **Abs. 2 (neugeborenes Kind)** entspricht § 198 Abs. 1 VVG (s. auch § 198 VVG Rn 6), **Abs. 3 (Adoptivkind)** entspricht § 198 Abs. 2 VVG – je iVm § 198 Abs. 3 VVG (s. § 198 VVG Rn 10). Der sprachliche Zusatz „am Tage der Geburt" schränkt die Reichweite des § 198 Abs. 3 VVG nicht ein. Abzustellen ist aus der Sicht des durchschnittlichen VN auf die jeweils längste Versicherungsdauer – diese

---

98 Ablehnend LG Hannover 4.4.2001 – 3 OH 36/01, VersR 2001, 1099; generell bejahend *Rinke/Balser*, VersR 2009, 188; wohl auch OLG Köln 2.11.2010 – 20 W 62/10, juris; vgl auch BGH 21.1.2003 – VI ZB 51/02, VersR 2003, 794.
1 OLG Karlsruhe 19.3.1992 – 12 U 213/91, VersR 1992, 1123; vgl auch OLG Hamm 21.8.2002 – 20 U 24/02, VersR 2003, 185; OLG Hamm 20.12.1988 – 20 W 64/88, VersR 1989, 506; LG Dortmund 20.6.2012 – 2 O 457/09, juris.
2 BGH 27.9.2000 – IV ZR 115/99, VersR 2000, 1533.
3 OLG Hamm 3.6.1977 – 20 U 260/76, VersR 1977, 953; LG Nürnberg-Fürth 25.7.2013 – 2 O 393/12, r+s 2014, 514; LG Nürnberg-Fürth 5.9.2013 – 8 S 4461/12, r+s 2014, 515; Bach/Moser/*Hütt*, § 2 MBKK Rn 39; aA Prölss/Martin/*Voit*, § 2 MBKK Rn 4; LG Leipzig 29.11.2007 – 9 S 588/06, VersR 2008, 526.

kann sich also je nach Einzelfall, beginnend nach dem eigenen materiellen, formellen oder technischen Versicherungsbeginn (s. § 197 VVG Rn 8), bestimmen. „Tag der Geburt" ist immer nur der Tag der tatsächlichen Geburt, nicht der des errechneten Geburtstermins.[4]

§ 3 Wartezeiten

(1) Die Wartezeiten rechnen vom Versicherungsbeginn an.

(2) Die allgemeine Wartezeit beträgt drei Monate.

Sie entfällt
a) bei Unfällen;
b) für den Ehegatten oder den Lebenspartner gemäß § 1 Lebenspartnerschaftsgesetz einer mindestens seit drei Monaten versicherten Person, sofern eine gleichartige Versicherung innerhalb zweier Monate nach der Eheschließung bzw. Eintragung der Lebenspartnerschaft beantragt wird.

(3) Die besonderen Wartezeiten betragen für Entbindung, Psychotherapie, Zahnbehandlung, Zahnersatz und Kieferorthopädie acht Monate.

(4) Sofern der Tarif es vorsieht, können die Wartezeiten auf Grund besonderer Vereinbarung erlassen werden, wenn ein ärztliches Zeugnis über den Gesundheitszustand vorgelegt wird.

(5) Personen, die aus der gesetzlichen Krankenversicherung oder aus einem anderen Vertrag über eine Krankheitskostenvollversicherung ausgeschieden sind, wird die nachweislich dort ununterbrochen zurückgelegte Versicherungszeit auf die Wartezeiten angerechnet. Voraussetzung ist, dass die Versicherung spätestens zwei Monate nach Beendigung der Vorversicherung beantragt wurde und der Versicherungsschutz in Abweichung von § 2 Abs. 1 im unmittelbaren Anschluss beginnen soll. Entsprechendes gilt beim Ausscheiden aus einem öffentlichen Dienstverhältnis mit Anspruch auf Heilfürsorge.

(6) Bei Vertragsänderungen gelten die Wartezeitregelungen für den hinzukommenden Teil des Versicherungsschutzes.

Die wirksame Norm hält den durch § 197 VVG eröffneten Regelungsspielraum ein (s. generell die dortige Kommentierung). Zu **Abs. 1** s. § 197 VVG Rn 3, 6. Zum Unfall iSd **Abs. 2 S. 2 Buchst. a** siehe § 1 Rn 10. Der durch einen Unfall verursachte frühere Behandlungsbeginn einer latent bereits vorhandenen Krankheit, die ihrerseits an sich einer Wartezeit unterfiele, ist dem Unfallrisiko zuzuordnen, für das keine Wartezeit gilt.[1] Die Versicherungszeit rechnet auch bei **Abs. 2 S. 2 Buchst. b** vom technischen Versicherungsbeginn an (s. § 197 VVG Rn 8). 1

Abs. 2 S. 1 und Abs. 3 entsprechen § 197 VVG Abs. 1 (s. § 197 VVG Rn 3 f). **Abs. 4** ermöglicht kraft individueller Vereinbarung einen Erlass der Wartezeit. **Abs. 5** enthält gegenüber der gesetzlichen Regelung eine wirksame Einschränkung, soweit hier als Vorvertrag eine Krankheitskosten*voll*versicherung gefordert wird, während in § 197 Abs. 2 S. 1 VVG nur von Krankheitskostenversicherung im Allgemeinen die Rede ist (s. § 197 VVG Rn 20). Zu **Abs. 6** s. § 197 VVG Rn 11. 2

---

4 OLG Köln 19.2.1997 – 5 U 153/96, VersR 1998, 352.
1 BGH 24.3.1976 – IV ZR 208/74, VersR 1976, 851; Bach/Moser/*Hütt*, § 3 MBKK Rn 6; Prölss/Martin/*Voit*, § 197 VVG Rn 7.

§ 4 Umfang der Leistungspflicht

(1) Art und Höhe der Versicherungsleistungen ergeben sich aus dem Tarif mit Tarifbedingungen.

(2) Der versicherten Person steht die Wahl unter den niedergelassenen approbierten Ärzten und Zahnärzten frei. Soweit die Tarifbedingungen nichts anderes bestimmen, dürfen Heilpraktiker im Sinne des deutschen Heilpraktikergesetzes in Anspruch genommen werden.

(3) Arznei-, Verband-, Heil- und Hilfsmittel müssen von den in Abs. 2 genannten Behandelnden verordnet, Arzneimittel außerdem aus der Apotheke bezogen werden.

(4) Bei medizinisch notwendiger stationärer Heilbehandlung hat die versicherte Person freie Wahl unter den öffentlichen und privaten Krankenhäusern, die unter ständiger ärztlicher Leitung stehen, über ausreichende diagnostische und therapeutische Möglichkeiten verfügen und Krankengeschichten führen.

(5) Für medizinisch notwendige stationäre Heilbehandlung in Krankenanstalten, die auch Kuren bzw. Sanatoriumsbehandlung durchführen oder Rekonvaleszenten aufnehmen, im übrigen aber die Voraussetzungen von Abs. 4 erfüllen, werden die tariflichen Leistungen nur dann gewährt, wenn der Versicherer diese vor Beginn der Behandlung schriftlich zugesagt hat. Bei Tbc-Erkrankungen wird in vertraglichem Umfange auch für die stationäre Behandlung in Tbc-Heilstätten und -Sanatorien geleistet.

(6) Der Versicherer leistet im vertraglichen Umfang für Untersuchungs- oder Behandlungsmethoden und Arzneimittel, die von der Schulmedizin überwiegend anerkannt sind. Er leistet darüber hinaus für Methoden und Arzneimittel, die sich in der Praxis als ebenso erfolgversprechend bewährt haben oder die angewandt werden, weil keine schulmedizinischen Methoden oder Arzneimittel zur Verfügung stehen; der Versicherer kann jedoch seine Leistungen auf den Betrag herabsetzen, der bei der Anwendung vorhandener schulmedizinischer Methoden oder Arzneimittel angefallen wäre.

(7) Vor Beginn einer Heilbehandlung, deren Kosten voraussichtlich 2.000 Euro überschreiten werden, kann der Versicherungsnehmer in Textform Auskunft über den Umfang des Versicherungsschutzes für die beabsichtigte Heilbehandlung verlangen. Der Versicherer erteilt die Auskunft spätestens nach vier Wochen; ist die Durchführung der Heilbehandlung dringend, wird die Auskunft unverzüglich, spätestens nach zwei Wochen erteilt. Der Versicherer geht dabei auf einen vorgelegten Kostenvoranschlag und andere Unterlagen ein. Die Frist beginnt mit Eingang des Auskunftsverlangens beim Versicherer. Ist die Auskunft innerhalb der Frist nicht erteilt, wird bis zum Beweis des Gegenteils durch den Versicherer vermutet, dass die beabsichtigte medizinische Heilbehandlung notwendig ist.

(8) Der Versicherer gibt auf Verlangen des Versicherungsnehmers oder der versicherten Person Auskunft über und Einsicht in Gutachten oder Stellungnahmen, die der Versicherer bei der Prüfung der Leistungspflicht über die Notwendigkeit einer medizinischen Behandlung eingeholt hat. Wenn der Auskunft an oder der Einsicht durch den Versicherungsnehmer oder die versicherte Person erhebliche therapeutische Gründe oder sonstige erhebliche Gründe entgegenstehen, kann nur verlangt werden, einem benannten Arzt oder Rechtsanwalt Auskunft oder Einsicht zu geben. Der Anspruch kann nur von der jeweils betroffenen Person oder ihrem gesetzlichen Vertreter geltend gemacht werden. Hat der Versicherungsnehmer das Gutachten oder die Stellungnahme auf Veranlassung des Versicherers eingeholt, erstattet der Versicherer die entstandenen Kosten.

I. Inhaltskontrolle, Einschränkungen der Leistungspflicht (Abs. 1)	1	VI. Leistungspflicht für schulmedizinisch überwiegend anerkannte Behandlungsmethoden und Arzneimittel (Abs. 6)	18
II. Freie Arztwahl (Abs. 2)	4	VII. Auskunft zum Umfang des Versicherungsschutzes (Abs. 7)	20
III. Verordnung und Bezug von Arznei-, Heil- und Hilfsmittel (Abs. 3)	7	VIII. Auskunft zu Gutachten und Stellungnahmen (Abs. 8)	21
IV. Freie Krankenhauswahl, stationäre Heilbehandlung (Abs. 4)	11		
V. Gemischte Anstalten (Abs. 5)	13		

I. Inhaltskontrolle, Einschränkungen der Leistungspflicht (Abs. 1)

Tarife und Tarifbedingungen iSd Abs. 1 unterliegen als AVB – nach Auslegung[1] – regelmäßig der **Inhaltskontrolle**, sofern es sich nicht um reine Leistungsbeschreibungen handelt, die Art, Umfang und Güte der geschuldeten Leistung festlegen. Klauseln, die das Hauptleistungsversprechen einschränken, verändern, ausgestalten oder modifizieren, sind hingegen der Inhaltskontrolle zugänglich. Das gesetzliche Leitbild des Leistungsversprechens in § 192 Abs. 1 VVG ist grds. Einschränkungen zugänglich (arg. e § 208 S. 1 VVG). Für die der Inhaltskontrolle entzogene Leistungsbeschreibung verbleibt nur der enge Bereich der Leistungsbezeichnungen, ohne deren Vorliegen mangels Bestimmtheit oder Bestimmbarkeit des wesentlichen Vertragsinhalts ein wirksamer Vertrag nicht mehr angenommen werden kann.[2] Weil der Leistungsrahmen des Hauptleistungsversprechens in § 1 Abs. 1 S. 3 Buchst. a weit gesteckt ist, ist für den VN klar, dass dieses näherer Ausgestaltung bedarf, die auch **Einschränkungen** nicht ausschließt.[3]

Die höchstrichterliche Rspr hat sich immer wieder mit Leistungseinschränkungen zu befassen, ganz überwiegend mit einem dem VR günstigen Ergebnis. **Beispiele aus der höchstrichterlichen Rspr zu zulässigen Vereinbarungen bzw Klauseln:**

- Volle Kostenerstattung für ambulante Heilbehandlung nur bei (Erst-)Behandlung durch bestimmte (Fach-)Ärzte (sog. Elementartarif);[4]
- Beschränkung der Erstattung von Kosten privater Krankenhäuser auf höchstens 150 % der durch die BPflV bzw das KHEntgG für öffentlich geförderte Kliniken vorgegebenen Entgelte;[5]
- Versicherungsschutz für eine logopädische Behandlung durch Ärzte oder Logopäden gewährt keinen Versicherungsschutz für die therapeutische Behandlung einer Lese-Rechtschreib-Schwäche durch einen Pädagogen;[6]
- Beschränkung der Erstattungsfähigkeit auf Aufwendungen für ärztliche Behandler im Bereich der Stimm-, Sprech- und Sprachübungsbehandlung;[7]
- Vereinbarung der erstattungsfähigen zahnärztlichen Sachkosten abschließend und ihrer Höhe nach begrenzt in einer „Sachkostenliste";[8]
- Beschränkung der erstattungsfähigen Hilfsmittel durch eine abschließende Aufzählung;[9]

---

1 BGH 23.6.2004 – IV ZR 130/03, VersR 2004, 1039.
2 StRspr, BGH 17.3.1999 – IV ZR 137/98, VersR 1999, 745; BGH 13.7.2005 – IV ZR 83/04, VersR 2005, 1417.
3 BGH 19.5.2004 – IV ZR 29/03, VersR 2004, 1035; BGH 18.1.2006 – IV ZR 244/04, VersR 2006, 497.
4 BGH 18.2.2009 – IV ZR 11/07, VersR 2009, 623.
5 BGH 24.6.2009 – IV ZR 212/07, VersR 2009, 1210.
6 BGH 11.2.2009 – IV ZR 28/08, VersR 2009, 533.
7 BGH 27.10.2004 – IV ZR 141/03, VersR 2005, 64.
8 BGH 18.1.2006 – IV ZR 244/04, VersR 2006, 497.
9 BGH 19.5.2004 – IV ZR 29/03, VersR 2004, 1035.

- Abhängigkeit der Kostenerstattung von Zahnbehandlung von einer vorherigen Leistungszusage;[10] ebenso für psychotherapeutische Behandlung.[11] Unwirksam kann eine solche Klausel aber sein, wenn die Voraussetzungen, unter denen die Zusage erfolgt, unklar sind und/oder die Zusage bei Vorliegen der Voraussetzungen trotzdem nur als möglich in Aussicht gestellt wird.[12]
- Die klauselmäßige Beschränkung der Erstattungspflicht auf psychotherapeutische Behandlungen durch niedergelassene approbierte Ärzte ist zulässig (und umfasst nicht die Psychotherapie durch psychologische Psychotherapeuten)[13] ebenso wie die Beschränkung der Erstattung von Aufwendungen für Psychotherapie auf bis zu 30 Sitzungen je Kalenderjahr,[14] nicht jedoch auf 30 Sitzungen während der Vertragsdauer.[15]

3 Weitere **Beispiele** aus der Rspr zur Auslegung von **leistungsbegrenzenden Klauseln**:
- Sind nach den Tarifbestimmungen Aufwendungen für Krankengymnastik/Physiotherapie zu den „(in Deutschland) üblichen Preisen" zu erstatten, sind die für Privatversicherte üblichen Preise maßgebend.[16] Die Beweislast für die Üblichkeit hat der VN.[17] Keinen Anhaltspunkt stellen die beihilfefähigen Höchstsätze dar.[18] Siehe auch § 1 Rn 2.
- Der bedingungsgemäß geforderte Nachweis der Zweckmäßigkeit einer geplanten Behandlungsmaßnahme vor Behandlungsbeginn durch ein ärztliches Attest kann nicht durch ein Attest des behandelnden Arztes geführt werden.[19]
- Die Beschränkung der Kostenerstattung auf die Kosten einer nach den Regeln der GOÄ/GOZ wirksamen Honorar- und Rechnungsstellung ist zulässig;[20] fehlt eine solche Beschränkung, sind auch (wirksam) vereinbarte Honorare zu erstatten.[21] Ebenso wirksam ist die Beschränkung des Ersatzes zahnärztlicher Leistungen auf „Kosten nach Maßgabe der jeweils gültigen gesetzlichen Gebührenordnungen für Zahnärzte und Ärzte bis zu den dort festgelegten Höchstsätzen".[22]

---

10 BGH 14.12.1994 – IV ZR 3/94, VersR 1995, 328 (Heil- und Kostenplan).
11 BGH 17.3.1999 – IV ZR 137/98, VersR 1999, 745; OLG Köln 22.10.2010 – 20 U 30/10, VersR 2011, 656. Allerdings ist das Berufen auf die fehlende Zusage treuwidrig, wenn die Behandlung medizinisch notwendig war und der VR die Möglichkeit zur ordnungsgemäßen Vorprüfung hatte: OLG Köln 22.10.2010 – 20 U 30/10, VersR 2011, 656.
12 OLG Zweibrücken 14.12.2011 – 1 U 78/11, juris.
13 BGH 15.2.2006 – IV ZR 305/04, VersR 2006, 643.
14 BGH 16.6.2004 – IV ZR 257/03, VersR 2004, 1037.
15 BGH 17.3.1999 – IV ZR 137/98, VersR 1999, 745.
16 Sehr str., LG Frankfurt 6.2.2002 – 2/1 S 179/01, VersR 2003, 231; OLG Karlsruhe 6.12.1995 – 13 U 281/93, VersR 1996, 960; LG Hamburg 10.8.2000 – 302 S 69/99, VersR 2001, 224; Prölss/Martin/*Prölss*, 27. Aufl., § 1 MBKK 94 Rn 52 mwN; *Ombudsmann-PKV*, Jahresbericht 2013, S. 36 f; aA LG Wiesbaden 15.3.2006 – 9 O 243/03, VersR 2007, 387 (gesetzlich Versicherte); Bach/Moser/*Kalis*, § 4 MBKK Rn 4 mwN; Looschelders/Pohlmann/*Reinhard*, § 192 VVG Rn 14.
17 OLG Karlsruhe 24.5.2007 – 10 U 88/06, VersR 2008, 339; aA LG Frankfurt 6.2.2002 – 2/1 S 179/01, VersR 2003, 231.
18 Str., wie hier LG Köln 14.10.2009 – 23 O 424/08, VersR 2010, 333; aA LG Nürnberg-Fürth 25.11.2009 – 2 S 8270/09, VersR 2010, 623; LG Trier 29.4.2003 – 1 S 186/02, VersR 2003, 846.
19 LG Nürnberg-Fürth 7.3.2008 – 8 S 101/08, r+s 2008, 298.
20 OLG Karlsruhe 21.11.2006 – 12 U 38/06, VersR 2007, 679.
21 LG Mannheim 30.1.2009 – 1 S 141/05, NJW-RR 2009, 749; wohl auch LG Dortmund 18.6.2014 – 2 O 268/12, juris.
22 LG Dortmund 18.6.2014 – 2 O 268/12, juris.

- Die Beschränkung der Erstattungsfähigkeit von Brillengestellen auf solche „in einfacher Ausführung" ist unwirksam, da intransparent bleibt, ob es sich um ein quantitatives, qualitatives oder rein monetäres Kriterium handeln soll.[23]

II. Freie Arztwahl (Abs. 2)

Abs. 2 S. 1 gewährt die freie Arztwahl. Es handelt sich um eine wirksame[24] primäre Risikobegrenzung,[25] so dass es auf Verschulden des VN nicht ankommt;[26] die **Beweislast** für die Klauselvoraussetzungen liegt – wie **auch für Abs. 3 und 4** – beim VN.[27]

Approbation bezeichnet die staatliche Erlaubnis zur Berufsausübung als Arzt oder Zahnarzt. **Niedergelassene Ärzte** sind nach dem hier maßgeblichen Sprachgebrauch des ärztlichen Berufsrechts solche mit eigener Praxis,[28] so dass ein bei einer GmbH angestellter Arzt nicht niedergelassen ist,[29] schon aber ein als Hilfskraft eines niedergelassenen Arztes angestellter Arzt. Ausreichend ist die Behandlung durch eine Arzt-GmbH,[30] (nur wenn) deren Gesellschafter die behandelnden Ärzte sind.[31] Der Arzt muss sich öffentlich erkennbar der Allgemeinheit zur ärztlichen Versorgung in einer selbständigen Praxis anbieten.[32] Angestellte Ärzte – auch Chefärzte – in Krankenhäusern sind nicht niedergelassen.[33] Erfüllt das Krankenhaus aber die Voraussetzungen des Abs. 4, steht der Sinn der Klausel (Gewähr für ärztlichen Standard)[34] dem Versicherungsschutz nicht entgegen.[35] Bei fehlender Niederlassung ist dem VN ein Gegenbeweis entsprechend qualifizierter ärztlicher Leistung abgeschnitten,[36] es kann jedoch ein Schadensersatzanspruch gegen den Arzt wegen unterlassenem Hinweis auf Zweifel der Erstattungsfähigkeit bestehen.[37]

---

23 LG Dortmund 18.11.2010 – 2 S 39/10, NJW-RR 2011, 903; aA LG Wiesbaden 21.12.2012 – 1 O 139/12, r+s 2014, 136.
24 BGH 22.5.1991 – IV ZR 232/90, VersR 1991, 911; KG 28.2.2003 – 6 U 262/01, VersR 2004, 185.
25 BGH 30.11.1977 – IV ZR 69/76, VersR 1978, 267.
26 OLG Saarbrücken 19.7.2006 – 5 U 53/06-5, VersR 2007, 345.
27 Bach/Moser/*Kalis*, § 4 MBKK Rn 6; vgl BGH 14.1.1985 – II ZR 72/84, VersR 1985, 641.
28 LG Berlin 16.9.2003 – 7 S 13/03, VersR 2004, 56 (zu weiteren Anforderungen an die „Niederlassung"); Prölss/Martin/*Voit*, § 4 MBKK Rn 16 mwN.
29 HM, OLG Brandenburg 29.5.2012 – 6 U 42/09, juris; OLG Karlsruhe 1.4.1993 – 12 U 233/92, VersR 1994, 1459; OLG Hamm 24.6.1992 – 20 U 90/92, VersR 1993, 427; OLG Düsseldorf 14.1.1997 – 4 U 267/95, VersR 1997, 1129; LG Stuttgart 30.7.2008 – 22 O 238/07, MedR 2008, 748; aA – obiter – LG Frankfurt (Oder) 2.10.2012 – 6 a S 198/11, r+s 2013, 29.
30 Vgl BGH 25.11.1993 – I ZR 281/91, NJW 1994, 786.
31 Ähnlich Prölss/Martin/*Voit*, § 4 MBKK Rn 20 mwN; aA wohl Bach/Moser/*Schoenfeldt/Kalis*, § 4 MBKK Rn 8. Weitergehend OLG Stuttgart 22.9.2011 – 7 U 39/11, juris.
32 OLG Saarbrücken 19.7.2006 – 5 U 53/06-5, VersR 2007, 345.
33 Vgl KG 28.2.2003 – 6 U 262/01, VersR 2004, 185.
34 BGH 22.5.1991 – IV ZR 232/90, VersR 1991, 911.
35 BGH 30.11.1977 – IV ZR 69/76, VersR 1978, 267; OLG Karlsruhe 1.4.1993 – 12 U 233/92, VersR 1994, 1459.
36 LG Mainz 15.3.1991 – 7 O 520/90, VersR 1992, 44; Prölss/Martin/*Voit*, § 4 MBKK Rn 21.
37 Prölss/Martin/*Voit*, § 4 MBKK Rn 21 unter Hinweis auf BGH 1.2.1983 – VI ZR 104/81, VersR 1983, 443.

6   S. 2 ist wirksam und setzt für Erstattung von **Heilpraktikerleistungen** eine entsprechende Vereinbarung voraus, die wiederum ihrerseits die Leistungspflicht einschränken kann.[38] Die Heilpraktikerleistungen müssen im Übrigen die Anforderungen der MB/KK 09 erfüllen, insb. medizinisch notwendig sein.[39]

III. Verordnung und Bezug von Arznei-, Heil- und Hilfsmittel (Abs. 3)

7   **Arzneimittel** iSd Risikobegrenzung[40] des Abs. 3 sind innerlich oder äußerlich anzuwendende Medikamente (Pharmaka), die zur Verhütung und Behandlung von Krankheiten und Schmerzen dienen (vgl § 2 AMG).[41] Indiz ist die Eintragung im Arzneimittelregister mit Packungsaufdruck einer Registernummer. Keine Arzneimittel sind Lebens- oder Nährmittel (zB Traubenzucker).

8   **Heilmittel** sind v.a. die zur Beseitigung oder Linderung dienenden Anwendungen bzw Behandlungen durch staatlich geprüfte Angehörige von Heilberufen (zB Masseure, Krankengymnasten oder Physiotherapeuten) sowie durch Logopäden.[42]

9   **Hilfsmittel** sind insb. technische Mittel, die körperliche Defekte über längere Zeit auszugleichen suchen und damit unmittelbar eine Ersatzfunktion für ein krankes Organ wahrnehmen sollen, ohne dessen Funktionsfähigkeit wiederherzustellen,[43] wie zB Brillen, Kontaktlinsen, orthopädische Einlagen, künstliche Gliedmaßen, Hörgeräte[44] oder Rollstühle. Der VR kann den VN nicht auf die Beschaffung eines konkreten Hilfsmittels verweisen.[45] Energiekosten (zB Batterien für ein Cochlea-Implantat) für Hilfsmittel sind vorbehaltlich anderweitiger Regelung in Tarifbestimmungen nicht erstattungsfähig.[46] Eine Begrenzung auf Hilfsmittel „in einfacher Ausführung" ist wegen Intransparenz unwirksam.[47]

10 Die Beschränkung der Erstattungsfähigkeit auf eine ersichtlich abschließende Aufzählung ist wirksam.[48] Alle genannten Mittel müssen schriftlich **verordnet** sein und **aus der Apotheke bezogen** werden.[49] Maßgeblich ist die objektive Herkunft der Arzneimittel, so dass der Bezug über eine Internet-Apotheke oder durch den Behandelnden selbst ausreicht.[50]

IV. Freie Krankenhauswahl, stationäre Heilbehandlung (Abs. 4)

11 Auch die Regelung des Abs. 4 ist Risikobegrenzung.[51] Medizinisch notwendig ist eine **stationäre Heilbehandlung** dann, wenn sie nach objektiven medizinischen Befunden und Erkenntnissen im Zeitpunkt ihrer Vornahme geeigneter erschien als eine ambulante Behandlung. Was durch eine **ambulante** (zB psychotherapeuti-

---

38 OLG Köln 21.3.1991 – 5 U 88/90, VersR 1991, 1279.
39 OLG Düsseldorf 6.12.1994 – 4 U 295/93, VersR 1995, 773; Bach/Moser/*Kalis*, § 4 MBKK Rn 15 f.
40 Bach/Moser/*Kalis*, § 4 MBKK Rn 22; Prölss/Martin/*Voit*, § 4 MBKK Rn 26.
41 OLG Frankfurt 23.9.1994 – 13 U 7/93, VersR 1995, 651; bejaht für Viagra: OLG Karlsruhe 3.7.2003 – 12 U 32/03, VersR 2003, 1432; aA LG Köln 20.8.2003 – 23 S 57/02, VersR 2003, 1434.
42 Bach/Moser/*Kalis*, § 4 MBKK Rn 24.
43 BGH 13.5.2009 – IV ZR 217/08, VersR 2009, 1106.
44 BGH 22.4.2015 – IV ZR 419/13, r+s 2015, 297 – dort auch zur Kürzung nach § 5 Abs. 2 S. 1.
45 LG Nürnberg-Fürth 23.4.2015 – 8 O 3675/13, r+s 2015, 299.
46 BGH 13.5.2009 – IV ZR 217/08, VersR 2009, 1106.
47 LG Dortmund 18.11.2010 – 2 S 39/10, NJW-RR 2011, 903.
48 BGH 19.5.2004 – IV ZR 29/03, VersR 2004, 1035.
49 Die Klausel ist wirksam: LG Düsseldorf 22.3.2002 – 20 S 162/01, VersR 2003, 53.
50 Vgl OLG Hamm 23.5.1990 – 20 U 186/89, VersR 1991, 409.
51 BGH 30.11.1977 – IV ZR 69/76, VersR 1978, 267; OLG Köln 23.6.1999 – 5 U 222/98, VersR 2001, 221.

sche[52]) Therapie in gleicher Weise geheilt oder gelindert werden kann, erfordert keine stationäre Behandlung.[53] Es gilt auch hier der „Vertretbarkeits-Maßstab"[54] (s. § 1 Rn 12). Dass die ambulante Behandlung gegenüber der stationären mit größeren Umständen oder höherem Aufwand für den Versicherten verbunden ist, macht sie nicht notwendig.[55] Kostengesichtspunkte spielen keine Rolle. Die Beweislast für die (gerade) stationäre Notwendigkeit trägt der VN. Ist die stationäre Aufnahme an sich unstreitig, ist allerdings der VR für den Einwand, dass die Dauer des Aufenthalts zu lange sei, beweisbelastet (§ 5 Abs. 2, s. dort Rn 16). Auch in diesem Zusammenhang ist das Zeugnis des Behandlers grds. kein geeignetes Beweismittel für die medizinische Notwendigkeit; es ist die Beurteilung durch einen gerichtlichen Sachverständigen erforderlich (s. § 1 Rn 17).[56] Eine Exploration des Versicherten nach Abschluss einer stationären (statt ambulanten) Psychotherapie wird regelmäßig keinen Erkenntnisgewinn bringen und deshalb entbehrlich sein.[57] Der Umstand, dass es dem Versicherten nach stationärer Behandlung besser geht, ist ohne Aussagekraft, da diese Besserung möglicherweise auch mit einer ambulanten Therapie zu erzielen gewesen wäre.[58]

Zu den Voraussetzungen einer stationären Behandlung gehört (s. auch § 1 Rn 3), dass sie über einen längeren zusammenhängenden Zeitabschnitt stattfindet und den Tagesablauf des VN durch Eingliederung in den Klinikbetrieb nachhaltig bestimmt;[59] eine Übernachtung ist nicht erforderlich.[60] Neben den drei genannten Voraussetzungen[61] muss ein Krankenhaus eine Konzession nach § 30 GewO haben.[62] Ein Hotel mit medizinischen Einrichtungen,[63] bei fehlendem tariflichem Wahlrecht,[64] die Krankenabteilung einer JVA[65] oder Hospize[66] sind keine Krankenhäuser, schon aber zB eine Klinik des Maßregelvollzugs.[67]

---

52 Instruktiv hierzu OLG Brandenburg 29.5.2012 – 6 U 42/09, juris.
53 OLG Zweibrücken 16.8.2007 – 1 U 77/07, VersR 2007, 1505; OLG Karlsruhe 1.2.1996 – 12 U 152/95, r+s 1997, 33; vgl auch BGH 29.11.1978 – IV ZR 175/77, VersR 1979, 221; Bach/Moser/*Kalis*, § 1 MBKK Rn 31; *Ombudsmann-PKV*, Jahresbericht 2011, S. 27; *Rogler*, jurisPR-VersR 7/2007 Anm. 1 und jurisPR-VersR 10/2009 Anm. 4; aA *Egger*, VersR 2009, 1320.
54 BGH 29.11.1978 – IV ZR 175/77, VersR 1979, 221.
55 OLG Koblenz 20.4.2007 – 10 U 216/06, VersR 2008, 339.
56 OLG Koblenz 30.4.2009 – 10 U 959/08, VersR 2010, 204; *Rogler*, jurisPR-VersR 10/2009 Anm. 4; *Berst*, VersR 2007, 1172.
57 *Rogler*, jurisPR-VersR 10/2009 Anm. 4.
58 *Rogler*, jurisPR-VersR 10/2009 Anm. 4; OLG Koblenz 30.4.2009 – 10 U 959/08, VersR 2010, 204.
59 OLG Köln 30.6.2009 – 20 U 61/09, VersR 2010, 241; OLG Hamm 9.8.1989 – 20 U 292/88, VersR 1990, 843.
60 OLG Köln 30.6.2009 – 20 U 61/09, VersR 2010, 241; aA LG Köln 24.1.1979 – 74 O 291/78, VersR 1979, 565.
61 Zum Erfordernis der „ständigen ärztlicher Leitung" LG Hannover 22.11.2011 – 2 O 240/07, VersR 2012, 894.
62 OLG Köln 23.6.1999 – 5 U 222/98, VersR 2001, 221; Bach/Moser/*Kalis*, § 4 MBKK Rn 32.
63 OLG Düsseldorf 13.1.2004 – I-4 U 78/03, VersR 2004, 1300.
64 Bei Wahlrecht: OLG Köln 27.5.1993 – 5 U 266/92, r+s 1993, 391.
65 LG Berlin 6.11.2001 – 7 O 476/01, VersR 2002, 1136; aA Prölss/Martin/*Voit*, § 4 MBKK Rn 48.
66 LG Köln 31.1.2001 – 23 O 331/99, NVersZ 2001, 318; Bach/Moser/*Kalis*, § 4 MBKK Rn 30.
67 LG Dortmund 19.2.2009 – 2 O 265/08, juris.

V. Gemischte Anstalten (Abs. 5)

13 Die Vorschrift des Abs. 5 enthält eine wirksame[68] Risikobegrenzung[69] für die Behandlung in sog. gemischten Anstalten. Diese erfüllen zugleich die Anforderungen des Abs. 4 und des § 5 Abs. 1 Buchst. d. Die Regelung zielt darauf, medizinische Abgrenzungsstreitigkeiten zu vermeiden,[70] indem sie dem VR eine vorhergehende Prüfungsmöglichkeit einräumt; die schriftliche Leistungszusage steht im freien Ermessen des VR (s. aber Rn 17).[71] Dem VN, der sich ohne schriftliche Zustimmung – mündlich reicht nicht[72] – vor Behandlungsbeginn in eine gemischte Anstalt begibt, ist der nachträgliche Gegenbeweis abgeschnitten, dass keine Kur-, Sanatoriums- oder Rehabilitationsmaßnahme vorlag.[73]

14 Entscheidend für die Qualifikation als **gemischte Anstalt** ist der objektive Auftritt der Einrichtung nach außen,[74] also die tatsächliche Ausgestaltung[75] des gesamten Leistungsangebots,[76] wie es sich etwa anhand eines Internetauftritts darstellt.[77] Es genügt bereits, dass die Anstalt beide Möglichkeiten anbietet.[78] Das individuelle Behandlungskonzept des konkreten VN ist unbeachtlich.[79] Bei stationärer psychotherapeutischer Behandlung ist das Therapieangebot der Einrichtung spezifisch zu betrachten.[80] Ist die Einrichtung in räumlich, wirtschaftlich und organisatorisch voneinander getrennte Abteilungen gegliedert, macht dies diese Abteilungen nicht zu selbständigen Anstalten, wenn sie unter einem Namen, einheitlicher Leitung und auf einem räumlich in sich geschlossenen Komplex betrieben werden.[81] Führt ein Krankenhaus Rehabilitationsmaßnahmen für gesetzliche Rentenversicherungsträger durch, „nimmt es Rekonvaleszenten auf".[82]

15 Ein **Sanatorium** ist eine unter (fach-)ärztlicher Leitung stehende, klimatisch günstig gelegene, meist einer speziellen Zielrichtung gemäß ausgestattete stationäre Einrichtung zur Behandlung und Betreuung genesender und/oder chronisch Kranker, bei denen kein Krankenhausaufenthalt (mehr) erforderlich ist. Die Patienten werden dort auch durch spezielle Heilanwendungen, zB Ernährungs- und physikalische Therapie, behandelt, wobei ihre Herauslösung aus der gewohnten Umwelt als wichtiger Heilfaktor hinzukommt.[83] Auch durch ständige Übung des VR tritt eine

---

68 BGH 16.2.1983 – IVa ZR 20/81, VersR 1983, 576 (zum wortlautgleichen § 4 Abs. 5 MBKK 68); OLG Frankfurt 28.6.2006 – 7 U 9/05, VersR 2006, 1673; OLG Frankfurt 30.8.2000 – 7 U 201/99, VersR 2001, 972 mwN.
69 OLG Frankfurt 30.8.2000 – 7 U 201/99, VersR 2001, 972.
70 BGH 29.1.2003 – IV ZR 257/01, VersR 2003, 360.
71 BGH 29.1.2003 – IV ZR 257/01, VersR 2003, 360.
72 Langheid/Wandt/*Kalis*, § 192 VVG Rn 52.
73 BGH 16.2.1983 – IVa ZR 20/81, VersR 1983, 576; OLG Frankfurt 20.6.2001 – 7 U 22/01, VersR 2002, 601; OLG Koblenz 31.3.2008 – 10 U 1243/07, VersR 2008, 1525.
74 BGH 7.7.1971 – IV ZR 6/71, VersR 1971, 949; OLG Hamm 20.1.2012 – 20 U 148/11, VersR 2012, 1290; OLG Koblenz 4.4.2011 – 10 U 1120/10, VersR 2011, 1382 und 31.3.2008 – 10 U 1243/07, VersR 2008, 1525.
75 Abgrenzungskriterien bei BGH 7.7.1971 – IV ZR 6/71, VersR 1971, 949; OLG Karlsruhe 2.3.2006 – 12 U 244/05, VersR 2006, 1203.
76 KG 11.3.2003 – 6 U 171/01, r+s 2004, 244; OLG Karlsruhe 2.3.2006 – 12 U 244/05, VersR 2006, 1203.
77 OLG Koblenz 22.3.2007 – 10 U 1143/06, VersR 2008, 108; OLG Koblenz 4.3./29.4.2004 – 10 U 839/03, VersR 2004, 1126.
78 OLG Stuttgart 19.11.1998 – 7 U 93/98, VersR 1999, 1354.
79 OLG Koblenz 31.3.2008 – 10 U 1243/07, VersR 2008, 1525.
80 OLG Karlsruhe 2.3.2006 – 12 U 244/05, VersR 2006, 1203 – dort auch zum Zeugenbeweis.
81 BGH 7.7.1971 – IV ZR 6/71, VersR 1971, 949.
82 OLG Köln 21.3.1994 – 5 U 61/93, VersR 1994, 849.
83 BGH 4.5.1983 – IVa ZR 113/81, VersR 1983, 677.

Selbstbindung zur Zusage – vorbehaltlich sonstiger nach Treu und Glauben zu berücksichtigender Umstände – nicht ein (s. auch § 192 VVG Rn 50 ff).[84]

Die Frage, ob eine gemischte Anstalt vorliegt, kann das Gericht in eigener Würdigung ohne Zuhilfenahme eines Sachverständigen entscheiden.[85] Beweisbelastet ist der VR,[86] für eine behauptete Zusage dagegen der VN.[87] 16

Die **Versäumung einer vorherigen Abklärung** liegt ausschließlich im Risikobereich des VN, er hat die Pflicht, sich vorab zu informieren.[88] Die Berufung auf den Ausschluss kann aber rechts- bzw **ermessensmissbräuchlich** sein, wenn 17

- sich der Versicherte in einer lebensbedrohenden Notlage befindet,[89] die eine sofortige stationäre Behandlung erfordert und keine vorherige Anfrage beim VR mehr zulässt (zB Herzinfarkt); bei einer stationären psychotherapeutischen Behandlung wird dies *idR* nicht der Fall sein;[90]
- sich in der Umgebung des VN kein anderes Krankenhaus als die gemischte Anstalt befindet;
- die Behandlung in keinem anderen herkömmlichen Krankenhaus Erfolg verspricht;[91]
- eine höhere finanzielle Belastung des VR offenkundig ausscheidet, weil ein Leiden behandelt wurde, für das die speziellen Einrichtungen der gemischten Anstalt nicht gedacht waren und das deshalb in gleicher Weise auch in jedem allgemeinen Krankenhaus behandelt worden wäre (zB Blinddarmoperation);[92]
- sich der VR bei seiner Beurteilung von krass fehlerhaften bzw abwegigen Überlegungen hat leiten lassen und sich dies ihm hätte aufdrängen müssen.[93]

Die Zusage kann nicht wirksam befristet werden.[94] Ist die Zusage erteilt, kann sie nicht mit der Begründung, es fehle die medizinische Notwendigkeit, widerrufen werden.[95]

VI. Leistungspflicht für schulmedizinisch überwiegend anerkannte Behandlungsmethoden und Arzneimittel (Abs. 6)

Die Vorschrift ist wirksam.[96] Die sog. Wissenschaftlichkeitsklausel des § 5 Abs. 1 Buchst. f MB/KK 76, wonach keine Leistungspflicht besteht für wissenschaftlich nicht allgemein anerkannte Untersuchungs- oder Behandlungsmethoden und Arzneimittel, hat der BGH für unwirksam erklärt.[97] S. 1 enthält eine Risikobegren- 18

---

84 OLG Frankfurt 20.6.2001 – 7 U 22/01, VersR 2002, 601; Bach/Moser/*Kalis*, § 4 MBKK Rn 46; Prölss/Martin/*Voit*, § 4 MBKK Rn 71.
85 OLG Hamm 20.1.2012 – 20 U 148/11, VersR 2012, 1290; OLG Koblenz 4.4.2011 – 10 U 1120/10, VersR 2011, 1382 und 31.3.2008 – 10 U 1243/07, VersR 2008, 1525.
86 OLG Hamm 20.1.2012 – 20 U 148/11, VersR 2012, 1290; OLG Karlsruhe 2.3.2006 – 12 U 244/05, VersR 2006, 1203; Prölss/Martin/*Voit*, § 4 MBKK Rn 78.
87 Prölss/Martin/*Voit*, § 4 MBKK Rn 78.
88 BGH 7.7.1971 – IV ZR 6/71, VersR 1971, 949.
89 OLG Nürnberg 23.2.1995 – 8 U 2536/94, NJW-RR 1995, 1055 mwN; OLG Frankfurt 30.8.2000 – 7 U 201/99, VersR 2001, 972 aE; OLG Koblenz 31.3.2008 – 10 U 1243/07, VersR 2008, 1525.
90 LG Nürnberg-Fürth 30.12.2010 – 8 O 4489/10, juris.
91 BGH 2.12.1981 – IVa ZR 206, VersR 1982, 285; OLG Koblenz 7.8.2008 – 10 W 486/08, VersR 2008, 1638.
92 BGH 7.7.1971 – IV ZR 6/71, VersR 1971, 949; KG 11.3.2003 – 6 U 171/01, r+s 2004, 244.
93 OLG Frankfurt 20.6.2001 – 7 U 22/01, VersR 2002, 601.
94 BGH 29.1.2003 – IV ZR 257/01, VersR 2003, 360.
95 OLG Karlsruhe 21.8.1997 – 12 U 118/97, r+s 1998, 255.
96 BGH 30.10.2002 – IV ZR 60/01, VersR 2002, 1546.
97 BGH 23.6.1993 – IV ZR 135/92, VersR 1993, 957 = r+s 1993, 351.

zung,[98] so dass insoweit den VN die primäre Darlegungs- und Beweislast trifft. Gleiches gilt für die Voraussetzungen des S. 2 Hs 1.[99] Für die (wirksame) Kürzungsbefugnis des S. 2 Hs 2 ist dagegen der VR beweispflichtig.[100]

Nach **S. 1** leistet der VR für **schulmedizinisch überwiegend anerkannte** Arzneimittel und Methoden; die Schulmedizin beschreibt Methoden, die bei den an den Hochschulen und Universitäten Tätigen überwiegend anerkannt, also im Wesentlichen außer Streit sind;[101] die „Anerkennung" muss nicht in Deutschland gegeben sein.[102] Erfolgt die Behandlung einer Erkrankung mit einem für diese über eine Vollzulassung nach § 25 AMG verfügenden Arzneimittel, spricht eine Vermutung für die schulmedizinische Anerkennung der Behandlung.[103]

Nach **S. 2 Hs 1 Alt. 1** leistet der VR auch für Maßnahmen der **alternativen Medizin**, wenn diese sich in der Praxis als ebenso erfolgreich erwiesen haben wie die Schulmedizin (die Methoden müssen in ihrem jeweiligen Anwendungsbereich aufgrund praktischer Erfahrung grds. geeignet sein, den angestrebten Erfolg der Heilbehandlung ebenso[104] zu bewirken und es muss die gleiche Erfolgsprognose bestehen).[105]

Nach **S. 2 Hs 1 Alt. 2** schließlich leistet der VR für Maßnahmen, die angewandt werden, weil die Schulmedizin keine Methoden oder Arzneimittel zur Verfügung stellen kann (s. auch § 1 Rn 15). Dieser Alternative unterfallen insb. **unheilbare oder unerforschte Krankheiten**,[106] sie beschränkt sich aber nicht auf solche Krankheiten.[107] Bei einer unheilbaren Krankheit gilt ein weiterer Maßstab.[108]

Die **Kürzungsbefugnis** des **S. 2 Hs 2** besteht nur, wenn tatsächlich überhaupt schulmedizinische Methoden oder Arzneimittel zur Verfügung stehen.

19 Die ggf. erforderliche sachverständige Beurteilung einer Behandlungsmethode ist – sofern es nicht um „echte" Außenseitermethoden geht – aus der Sicht der Naturheilkunde vorzunehmen.[109] Dies schließt die Begutachtung durch einen Schulmediziner nicht aus, allerdings sollte auf eine unvoreingenommene Befassung des Sachverständigen mit alternativen Behandlungsmethoden geachtet werden.[110]

VII. Auskunft zum Umfang des Versicherungsschutzes (Abs. 7)

20 Die 2013 eingefügte Regelung entspricht mit geringfügigen sprachlichen Änderungen § 192 Abs. 8 VVG (s. § 192 Rn 53 ff).

---

98 So wohl BGH 30.10.2002 – IV ZR 60/01, VersR 2002, 1546; OLG Köln 26.3.2001 – 5 U 140/00, VersR 2001, 851.
99 BGH 30.10.2002 – IV ZR 60/01, VersR 2002, 1546.
100 Bach/Moser/*Kalis*, § 4 MBKK Rn 58.
101 BGH 23.6.1993 – IV ZR 135/92, r+s 1993, 351.
102 LG Berlin 16.10.2012 – 7 O 222/09, NJW-RR 2013, 278.
103 AG Backnang 18.12.2013 – 4 C 1017/10, r+s 2014, 245.
104 Hierzu OLG Köln 26.2.2010 – 20 U 159/09, juris; OLG Köln 24.7.2009 – 20 U 55/09, VersR 2010, 621.
105 Vgl BGH 10.7.1996 – IV ZR 133/95, VersR 1996, 1224.
106 BGH 30.10.2002 – IV ZR 60/01, VersR 2002, 1546.
107 OLG Stuttgart 19.11.2009 – 7 U 60/09, VersR 2010, 523; *Rogler*, jurisPR-VersR 4/2010 Anm. 2.
108 BGH 30.10.2013 – IV ZR 307/12, r+s 2014, 25.
109 Str.; für die sog. Binnentheorie zB LG Münster 17.11.2008 – 15 O 461/07, NJW-RR 2009, 750; OLG München 28.6.1996 – 8 U 2459/93, NJW 1996, 2434; Prölss/Martin/*Voit*, § 4 MBKK Rn 92; aA Bach/Moser/*Hütt*, § 4 MBKK Rn 59 mwN; Langheid/Wandt/*Kalis*, § 192 VVG Rn 22.
110 Vgl OLG Frankfurt 18.4.2001 – 7 U 154/99, VersR 2001, 848; OLG Karlsruhe 31.8.2000 – 10 U 243/99, VersR 2001, 180.

VIII. Auskunft zu Gutachten und Stellungnahmen (Abs. 8)

Die 2013 eingefügte Regelung entspricht mit geringfügigen sprachlichen Änderungen § 202 VVG (s. dort). 21

§ 5 Einschränkung der Leistungspflicht

(1) Keine Leistungspflicht besteht
a) für solche Krankheiten einschließlich ihrer Folgen sowie für Folgen von Unfällen und für Todesfälle, die durch Kriegsereignisse verursacht oder als Wehrdienstbeschädigung anerkannt und nicht ausdrücklich in den Versicherungsschutz eingeschlossen sind;
b) für auf Vorsatz beruhende Krankheiten und Unfälle einschließlich deren Folgen sowie für Entziehungsmaßnahmen einschließlich Entziehungskuren;
c) für Behandlung durch Ärzte, Zahnärzte, Heilpraktiker und in Krankenanstalten, deren Rechnungen der Versicherer aus wichtigem Grunde von der Erstattung ausgeschlossen hat, wenn der Versicherungsfall nach der Benachrichtigung des Versicherungsnehmers über den Leistungsausschluss eintritt. Sofern im Zeitpunkt der Benachrichtigung ein Versicherungsfall schwebt, besteht keine Leistungspflicht für die nach Ablauf von drei Monaten seit der Benachrichtigung entstandenen Aufwendungen;
d) für Kur- und Sanatoriumsbehandlung sowie für Rehabilitationsmaßnahmen der gesetzlichen Rehabilitationsträger, wenn der Tarif nichts anderes vorsieht;
e) für ambulante Heilbehandlung in einem Heilbad oder Kurort. Die Einschränkung entfällt, wenn die versicherte Person dort ihren ständigen Wohnsitz hat oder während eines vorübergehenden Aufenthaltes durch eine vom Aufenthaltszweck unabhängige Erkrankung oder einen dort eingetretenen Unfall Heilbehandlung notwendig wird;
f) –
g) für Behandlungen durch Ehegatten, Lebenspartner gemäß § 1 Lebenspartnerschaftsgesetz, Eltern oder Kinder. Nachgewiesene Sachkosten werden tarifgemäß erstattet.
h) für eine durch Pflegebedürftigkeit oder Verwahrung bedingte Unterbringung.

(2) Übersteigt eine Heilbehandlung oder sonstige Maßnahme, für die Leistungen vereinbart sind, das medizinisch notwendige Maß, so kann der Versicherer seine Leistungen auf einen angemessenen Betrag herabsetzen. Stehen die Aufwendungen für die Heilbehandlung oder sonstigen Leistungen in einem auffälligen Missverhältnis zu den erbrachten Leistungen, ist der Versicherer insoweit nicht zur Leistung verpflichtet.

(3) Besteht auch Anspruch auf Leistungen aus der gesetzlichen Unfallversicherung oder der gesetzlichen Rentenversicherung, auf eine gesetzliche Heilfürsorge oder Unfallfürsorge, so ist der Versicherer, unbeschadet der Ansprüche des Versicherungsnehmers auf Krankenhaustagegeld, nur für die Aufwendungen leistungspflichtig, welche trotz der gesetzlichen Leistungen notwendig bleiben.

(4) Hat die versicherte Person wegen desselben Versicherungsfalles einen Anspruch gegen mehrere Erstattungsverpflichtete, darf die Gesamterstattung die Gesamtaufwendungen nicht übersteigen.

I. Allgemeines	1	5. Ambulante Heilbehandlung im Heilbad/Kurort (Buchst. e)	12
II. Leistungsausschluss (Abs. 1)	2		
1. Verursachung durch Kriegsereignisse (Buchst. a)	2	6. Behandlung durch Familienmitglieder (Buchst. g)	13
2. Vorsätzliche Herbeiführung von Krankheiten und Unfällen (Buchst. b)	3	7. Unterbringung (Buchst. h)	14
		III. Beweislast	15
3. „Schwarze Liste" (Buchst. c)	7	IV. Übermaßbehandlung (Abs. 2)	16
4. Kur- und Sanatoriumsbehandlung (Buchst. d)	8	V. Subsidiaritätsklausel (Abs. 3)	19
		VI. Bereicherungsverbot (Abs. 4)	20

I. Allgemeines

1 Zu **tariflichen Einschränkungen** für Art und Höhe der Versicherungsleistungen s. § 4 Rn 1 ff.

II. Leistungsausschluss (Abs. 1)

2 **1. Verursachung durch Kriegsereignisse (Buchst. a).** Nach Buchst. a ist wegen der damit verbundenen unkalkulierbaren Gefahrerhöhung grds. jeder kriegsbedingte Versicherungsfall ausgeschlossen. Krieg erfordert den Einsatz von Waffen und ein nicht nur lokal isoliertes Ereignis.[1]

3 **2. Vorsätzliche Herbeiführung von Krankheiten und Unfällen (Buchst. b).** Für Buchst. b kann zunächst auf die Erläuterungen zu § 201 VVG verwiesen werden. Ergänzend gilt: Der **Vorsatz** muss sich nicht auf die hier genannten „Folgen" erstrecken. Darunter sind die medizinischen Entwicklungen des Zustandsbildes zu verstehen.[2] Diese Formulierung stellt nur scheinbar eine Erweiterung gegenüber § 201 VVG dar, da dessen teleologische Auslegung bereits ergibt, dass sämtliche kausal auf die Vorsatzerkrankung zurückzuführenden Maßnahmen vom Versicherungsschutz ausgeschlossen sein sollen. Dies erschließt sich auch einem durchschnittlichen VN bei der Lektüre von Buchst. b.[3] Entgegen OLG Köln[4] müssen solche Sekundärerkrankungen (etwa Psychose aufgrund vorsätzlicher Sterilisation) auch nicht deshalb als „neue", selbständige Krankheiten angesehen werden, da der Krankenversicherungsschutz sonst in vielen Fällen leer liefe. Dieser Hinweis auf § 307 Abs. 2 Nr. 2 BGB (Vertragszweckgefährdung) wird bereits durch § 201 VVG selbst widerlegt, der auf Vorsatz zurückzuführende Behandlungskosten als Vertragszweck nicht anerkennt. Der VR braucht bei vorsätzlich herbeigeführter Krankheit/Unfall also weder für zu deren Behandlung erforderliche Maßnahmen noch für auf diese kausal zurückzuführende Krankheiten zu leisten.[5]

4 Ist die Sekundärkrankheit allerdings **nur zu einem Teil** auf die vorsätzliche Krankheit/Unfall zurückzuführen, erschiene ein voller Leistungsausschluss zugunsten des VR unbillig. Dieser soll keinen Vorteil in Form völliger Leistungsfreiheit haben, nur weil der Ausbruch der Sekundärkrankheit zufällig mit deren ohnehin bevorstehendem Ausbruch zusammenfällt. In diesem Fall ist eine anteilige Schätzung der jeweiligen Kosten entsprechend § 287 ZPO die sachgerechteste Lösung.[6]

---

1 Ähnlich Langheid/Wandt/*Kalis*, § 192 VVG Rn 58; s. hierzu auch *Schäfer*, VersR 2010, 1525, 1527 mwN.
2 Bach/Moser/*Kalis*, § 5 MBKK Rn 6.
3 Im Ergebnis ebenso mit anderer – zutreffender – Argumentation Prölss/Martin/*Prölss*, 27. Aufl. 2004, § 178 l VVG Rn 4.
4 OLG Köln 13.1.1994 – 5 U 104/92, VersR 1994, 1170; zust. Prölss/Martin/*Voit*, § 201 VVG Rn 23.
5 Bach/Moser/*Kalis*, § 5 MBKK Rn 5; zweifelnd Prölss/Martin/*Voit*, § 201 VVG Rn 22.
6 Vgl *Wilmes*, VersR 1988, 573 als insofern abl. Anm. zu BGH 13.1.1988 – IVa 214/86, VersR 1988, 573, wo – allerdings für den Fall des Zusammentreffens von nach § 5 Abs. 1 b MBKK 94 ausgeschlossenen Entziehungsmaßnahmen mit sonstigen Krankheitsbe-

Sucht ist nach aktuellem Verständnis eine Krankheit. Die medizinisch notwendige Behandlung der Sucht oder deren Folgen ist daher gedeckt.[7] Buchst. b schließt aber **Entziehungsmaßnahmen und Entziehungskuren** ausdrücklich von der Leistungspflicht aus. Dies sind alle ambulanten und stationären Behandlungen, die darauf abzielen, den Patienten aus der Bindung an Suchtmittel zu lösen. Abgrenzungsmerkmal zur Krankheitsbehandlung ist die Zielrichtung der Maßnahme: Dient sie der Entwöhnung, liegt eine Entziehungsmaßnahme vor; dient sie der Heilung oder Linderung krankhafter Zustände, die durch die Sucht verursacht sind oder die Ursache für die Sucht sind, liegt gedeckte Krankenbehandlung vor.[8] Finden beide Behandlungsarten parallel statt, kommt eine Quotierung der anteilig zu erstattenden Kosten in Betracht (§ 287 ZPO; s. Rn 4 aE); die Beweislast hat insofern der VR.[9] Wenn dieselbe medizinisch notwendige Behandlung einerseits wegen einer Suchterkrankung erforderlich ist und andererseits wegen einer davon zu unterscheidenden psychotischen Erkrankung, soll der Leistungsausschluss „Entziehungsmaßnahmen" nicht eingreifen.[10] Der Ausschlussgrund Vorsatz greift bei einer Suchterkrankung nur ganz ausnahmsweise.[11]

Buchst. b erwähnt – anders als § 201 VVG – nicht, dass zum Leistungsausschluss der VN oder die versicherte Person die Krankheit bzw den Unfall „**bei sich selbst**" vorsätzlich herbeigeführt haben muss. Dies erweitert die gesetzliche Regelung zum Nachteil des VN/der versicherten Person, indem es auch eine gegenseitige vorsätzliche Herbeiführung zwischen diesen beiden dem Leistungsausschluss unterwirft. Indes kommt dann nicht § 208 VVG zum Tragen,[12] da die Regelung insoweit einer Inhaltskontrolle nicht standhält und deshalb bis zu ihrer ersten, teilbaren Hälfte („sowie") unwirksam ist. Zwar mag keine Vertragszweckgefährdung vorliegen, wohl aber eine erhebliche Abweichung von der gesetzlichen Regelung des § 201 VVG (§ 307 Abs. 2 Nr. 1 BGB).[13] Dessen wesentlicher Grundgedanke (s. § 201 VVG Rn 1) greift hier zumindest dann nicht, wenn der Versicherte ein eigenes Forderungsrecht iSd § 194 Abs. 4 VVG hat. Der vorsätzlich Geschädigte verdient Versicherungsschutz, da es aus seiner Sicht keinen Unterschied macht – sofern er nicht an der vorsätzlichen Herbeiführung wertend zurechenbar beteiligt ist –, ob er von seinem VN/Versicherten oder einem beliebigen Dritten verletzt wird.[14] Deshalb ist auch in den Fällen der vorsätzlichen Verletzung einer versicherten Person durch den VN ein Leistungsausschluss nicht gerechtfertigt.[15] Dies bedeutet, dass etwa im Falle einer gleichzeitigen Schädigung des VN und des Versicherten durch einen der beiden sich der VR nur gegenüber demjenigen auf Leistungsfreiheit berufen kann, dem die vorsätzliche Herbeiführung konkret vorgeworfen werden kann. Damit wird iE § 193 Abs. 2 VVG eingeschränkt.[16]

---

handlungen – nur „besondere ausscheidbare Kosten" als nicht erstattungsfähig anerkannt werden sollen. Wie hier auch LG Hannover 20.10.1982 – 13 O 442/80, VersR 1984, 930; Prölss/Martin/*Voit*, § 5 MBKK Rn 10.
7 LG Köln 15.1.2014 – 23 O 355/11, VersR 2014, 739: Entgiftung.
8 BGH 13.1.1988 – IVa ZR 214/86, VersR 1988, 573; OLG Oldenburg 15.1.1997 – 2 U 128/96, VersR 1997, 952; OLG Hamm 24.7.1998 – 20 U 62/98, VersR 1999, 1226.
9 OLG Hamm 7.12.1990 – 20 U 320/89, VersR 1992, 222.
10 OLG Karlsruhe 22.12.2011 – 9 U 3/10 r+s 2012, 500 = VersR 2012, 1502.
11 LG Köln 15.1.2014 – 23 O 355/11, VersR 2014, 739; LG Nürnberg-Fürth 11.12.2008 – 8 O 3170/07, VersR 2009, 919.
12 AA Schwintowski/Brömmelmeyer/*Brömmelmeyer*, § 201 VVG Rn 7.
13 Im Ergebnis ebenso Prölss/Martin/*Voit*, § 201 VVG Rn 14.
14 AA Prölss/Martin/*Voit*, § 201 VVG Rn 18 ff; BK/*Hohlfeld*, § 178 l VVG Rn 4; Schwintowski/Brömmelmeyer/*Brömmelmeyer*, § 201 VVG Rn 2.
15 AA Langheid/Wandt/*Hütt*, § 201 VVG Rn 9 ff; diff. Prölss/Martin/*Voit*, § 201 VVG Rn 14 ff und *Boetius*, PKV, § 201 VVG 25 ff.
16 Vgl *Wriede*, VersR 1994, 251.

7 **3. „Schwarze Liste" (Buchst. c).** Buchst. c ist wirksam.[17] Die Regelung ermöglicht dem VR als ultima ratio die wirksame Erstellung einer „schwarzen Liste".[18] Voraussetzung ist eine – vom VR zu beweisende – Benachrichtigung des VN[19] und ein „wichtiger Grund". Dieser muss es dem VR wegen besonders schwerer oder dauerhafter Verfehlungen unzumutbar machen, die Rechnungen des betreffenden Behandlers zu erstatten.[20] Dies ist etwa zu bejahen, wenn in einer Mehrzahl von Patientenfällen (die nicht zwingend bei demselben betroffenen VR anfallen müssen)[21] Rechnungen unangemessen erhöht werden, weil eine medizinisch nicht vertretbare, ungerechtfertigte Überdiagnostik und -therapie betrieben wird[22] oder Krankenunterlagen nicht herausgegeben werden.[23] Diese Voraussetzungen sind im Leistungsprozess zu klären, wobei auf rechtskräftige Parallelverfahren Bezug genommen werden kann.[24] S. 2 soll dem VN ermöglichen, sich in Ruhe einen anderen Behandler zu suchen.

8 **4. Kur- und Sanatoriumsbehandlung (Buchst. d).** Da Kur- und Sanatoriumsbehandlung iSd Buchst. d durchaus medizinisch notwendige Heilbehandlung sein können,[25] eine Abgrenzung aber schwierig ist, sind diese Behandlungen generell ausgeschlossen.

9 Eine **Krankenhausbehandlung** ist idR gekennzeichnet durch besonders intensiven Einsatz medizinischen Personals, ggf ergänzt durch den Einsatz von besonderen dafür vorgehaltenen medizinisch-technischen Geräten und ständiger ärztlicher Überwachung, insb. durch tägliche Visiten. Regelmäßig ist der Patient vollständig durch die Behandlung in Anspruch genommen; sein Tagesablauf wird durch die Notwendigkeit der ständigen medizinischen und ärztlichen Betreuung und Behandlung bestimmt. Während der Behandlung stellt sich deshalb ein Verlassen der Einrichtung – sei es zu Spaziergängen – als Ausnahme dar.[26] Bei einer **stationären psychotherapeutischen Behandlung** sind solche äußeren Merkmale nicht entscheidend.[27]

10 Für die Annahme eines **Kur- und Sanatoriumsaufenthalts** (s. auch § 4 Rn 15) spricht es demgegenüber zB, wenn der Patient nicht ans Bett gefesselt ist, nicht laufend ärztlich betreut und überwacht werden muss und die Behandlungsmethoden angewandt werden, die typischerweise vorbeugend oder im Anschluss an akute Krankheitstherapie eingesetzt werden.[28]

11 Eine **Rehabilitationsmaßnahme** muss eine Behandlung sein, die eher einem Kuroder Sanatoriumsaufenthalt denn einer Krankenhausbehandlung herkömmlicher Art entspricht. Im Zweifel liegt eine Rehabilitationsmaßnahme vor, wenn der VN nach vollständiger Durchführung der Krankenhausbehandlung in einer anderen

---

17 OLG Hamm 5.12.2008 – I-9 U 89/08, VersR 2009, 1672.
18 OLG München 7.12.1999 – 25 U 2049/99, NVersZ 2001, 125 (Revision nicht angenommen, BGH 8.11.2000 – IV ZR 41/00).
19 Zu einer Unterlassungsklage des Behandlers hiergegen OLG Hamm 5.12.2008 – I-9 U 89/08, VersR 2009, 1672.
20 Rechtsprechungsübersicht bei Bach/Moser/*Kalis*, § 5 MBKK Rn 14.
21 OLG Köln 21.12.1995 – 5 U 268/93, VersR 1996, 490.
22 OLG Koblenz 26.5.2000 – 10 U 847/99, VersR 2000, 1404; OLG Köln 21.12.1995 – 5 U 82/94, r+s 1996, 238; OLG Koblenz 19.3.2010 – 10 U 1328/03, VersR 2010, 1358 aE.
23 OLG Düsseldorf 22.3.1983 – U (Kart) 31/82, VersR 1984, 274.
24 OLG Hamm 5.12.2008 – I-9 U 89/08, VersR 2009, 1672; OLG Köln 21.12.1995 – 5 U 268/93, VersR 1996, 490.
25 BGH 4.5.1983 – IVa ZR 113/81, VersR 1983, 677.
26 BGH 5.7.1995 – IV ZR 320/94, r+s 1995, 351 = VersR 1995, 1040; OLG Köln 11.1.2013 – 20 U 164/12, r+s 2015, 84.
27 OLG Karlsruhe 22.12.2011 – 9 U 3/10, r+s 2012, 500 = VersR 2012, 1502.
28 BGH 5.7.1995 – IV ZR 320/94, VersR 1995, 1040; BGH 4.5.1983 – IVa ZR 113/81, VersR 1983, 677.

Anstalt auf Kosten eines Sozialversicherungsträgers eine zusätzliche Behandlung zur Herstellung seiner vollen Leistungsfähigkeit erhält.[29] Bei Parallelität der Behandlung ist der ausscheidbare Anteil nach § 287 ZPO zu schätzen;[30] gelingt dies nicht, geht dies zu Lasten des beweisbelasteten VR.

5. Ambulante Heilbehandlung im Heilbad/Kurort (Buchst. e). Buchst. e will Abgrenzungsschwierigkeiten der Kurbehandlung zur medizinisch notwendigen ambulanten Heilbehandlung vermeiden. S. 2 nennt deshalb eine vom VN zu beweisende Gegenausnahme, wenn die Abgrenzung unproblematisch möglich ist. Die Orte müssen nach Landesrecht anerkannt sein.[31]

6. Behandlung durch Familienmitglieder (Buchst. g). Die Regelung ist wirksam.[32] Die nahen Angehörigen müssen als Behandler selbst liquidationsberechtigt sein, so dass zB die Behandlung durch einen angestellten Krankenhausarzt erstattungsfähig ist,[33] nicht aber durch einen Physiotherapeuten und Krankengymnasten.[34] Sachkosten, die auch bei Behandlungen durch Dritte angefallen wären, bleiben erstattungsfähig. Ganz ausnahmsweise kann das Berufen auf die Klausel treuwidrig sein (zB Akutfall).[35]

7. Unterbringung (Buchst. h). Eine Unterbringung nach Buchst. h liegt vor bei schlichter Unterbringung nebst sog. **Grundpflege** (zB Körperpflege, Tag- und Nachtwache, Hilfestellungen aller Art), die auch von nichtmedizinischem Personal erbracht werden kann. Dagegen besteht Leistungsanspruch bei einem stationären Aufenthalt vor allem zur Linderung von Krankheitsfolgen, der ärztliches Personal erfordert (sog. **Behandlungspflege**).[36] Bei **Mischpflege** ist der ausgeschlossene Anteil nach § 287 ZPO zu schätzen.[37] Gegebenenfalls ist die Pflegeversicherung einstandspflichtig.

III. Beweislast

Für die Voraussetzungen der Risikoausschlüsse des Abs. 1 ist der VR beweispflichtig.

IV. Übermaßbehandlung (Abs. 2)

Abs. 2 entspricht in S. 1 der Regelung des § 5 Abs. 2 MB/KK 94. Der VR will sich dadurch vor einer unnötigen Kostenbelastung durch aus medizinischer Sicht nicht notwendige „Maßnahmen" schützen.[38] Er berechtigt zur Kürzung im Falle einer sog. **medizinischen Übermaßbehandlung**, wenn also die Behandlung in ihrem vollem Umfang schon gar nicht medizinisch erforderlich iSd § 1 Abs. 2 S. 1 war (zB übermäßig lange Krankenhausverweildauer oder zusätzliche kosmetische – medizinisch nicht erforderliche – Maßnahmen); die Regelung bezieht sich sinngemäß auch auf Hilfsmittel.[39] Dabei gilt: Zunächst muss die grundsätzliche medizinische Notwendigkeit vom VN bewiesen werden (oder unstreitig sein), – erst – dann hat der VR, der seine Leistungen nach S. 1 kürzen will, dessen Voraussetzungen darzu-

---

29 BGH 4.5.1983 – IVa ZR 113/81, VersR 1983, 677.
30 Prölss/Martin/*Voit*, § 5 MBKK Rn 19.
31 Bach/Moser/*Kalis*, § 5 MBKK Rn 27.
32 BGH 21.2.2001 – IV ZR 11/00, VersR 2001, 576.
33 BGH 21.2.2001 – IV ZR 11/00, VersR 2001, 576.
34 AA LG Ansbach 15.12.2009 – 3 O 127/08, VersR 2010, 901.
35 Vgl *Ombudsmann-PKV*, Jahresbericht 2012, S. 46.
36 OLG Hamm 7.12.1994 – 20 U 106/94, VersR 1995, 822.
37 Ähnlich OLG Hamm 7.12.1994 – 20 U 106/94, VersR 1995, 822; Prölss/Martin/*Voit*, § 5 MBKK Rn 27.
38 BGH 22.4.2015 – IV ZR 419/13, r+s 2015, 297.
39 BGH 22.4.2015 – IV ZR 419/13, r+s 2015, 297.

legen und ggf zu beweisen;[40] eine nicht ordnungsgemäße ärztliche Dokumentation geht dabei zu Lasten des VR.[41] Für ein vom Arzt verordnetes und vom VN erworbenes Hilfsmittel bedeutet dies: Das medizinisch notwendige Maß wird überstiegen, wenn einerseits das Hilfsmittel zusätzliche, nicht benötigte Funktionen oder Ausstattungsmerkmale aufweist, und andererseits zugleich preiswertere, den notwendigen medizinischen Anforderungen für den jeweiligen VN entsprechende Hilfsmittel ohne diese zusätzlichen Funktionen oder Ausstattungsmerkmale zur Verfügung stehen; die Darlegungs- und Beweislast hierfür trägt der VR.[42] Dieser niedrigere Preis stellt dann zugleich den angemessenen Betrag dar, auf den der VR seine Leistung kürzen kann.[43] Mehrkosten für einen etwaigen zusätzlichen Funktionsumfang, Bedienungskomfort oder Ähnliches muss der VN selbst tragen.[44] Die Leistungspflicht des VR ist aber nicht grds. auf das kostengünstigste Hilfsmittel beschränkt.[45] Zu erwägen ist in diesem Kontext eine Streitverkündung gegenüber dem Behandler im Hinblick auf einen Schadensersatzanspruch nach § 630f BGB.

17 S. 1 berechtigt dort zu einer Kürzung, wenn die medizinische Notwendigkeit gegeben ist, aber der Arzt einen im Verhältnis zum medizinischen Behandlungsumfang überhöhten Vergütungsansatz stellt (sog. **Übermaßvergütung**).[46] Zu prüfen ist hier vorrangig, ob überhaupt ein berechtigter Vergütungsanspruch besteht (s. hierzu § 1 Rn 2).

18 S. 2 entspricht inhaltlich § 192 Abs. 2 VVG (s. § 192 VVG Rn 17ff). Im extremen Ausnahmefall kann eine Leistungskürzung auf § 242 BGB gestützt werden.[47] Kostengründe vermögen die medizinische Notwendigkeit einer LASIK-Behandlung gegenüber konventionellen Methoden (Brille, Kontaktlinsen) nicht anzuzweifeln (s. auch § 1 Rn 13).[48]

V. Subsidiaritätsklausel (Abs. 3)

19 Die Subsidiaritätsklausel des Abs. 3 enthält einen wirksamen Risikoausschluss für die Anrechnung sonstiger gesetzlicher Leistungen bei der Schadensversicherung.[49] Sie ist im Zusammenhang mit Abs. 4 zu sehen: Während Abs. 4 nur die finanziellen Erstattungsansprüche erfasst – auch der gesetzlichen Krankenversicherung, die ihrerseits in Abs. 3 nicht genannt ist –, erfasst Abs. 3 auch die Erbringung von Sachleistungen (Heilfürsorge, s. § 197 VVG Rn 18 auch zur Beihilfe). Abs. 3 normiert – anders als Abs. 4 – auch eine echte Subsidiarität[50] (s. § 200 VVG Rn 8 f). Die Leistungen, auf die sich die Ansprüche richten, müssen sachlich und zeitlich **kongruent** sein.

---

40 BGH 28.4.2004 – IV ZR 42/03, NJW-RR 2004, 1399; BGH 29.5.1991 – IV ZR 151/90, VersR 1991, 987.
41 BGH 28.2.2004 – IV ZR 42/03, NJW-RR 2004, 1399; unzutr. die Annahme einer Umkehr der Beweislast im Einzelfall: OLG Düsseldorf 22.12.1999 – 4 U 223/98, VersR 2001, 48.
42 BGH 22.4.2015 – IV ZR 419/13, r+s 2015, 297 (zu einem Hörgerät).
43 BGH 22.4.2015 – IV ZR 419/13, r+s 2015, 297.
44 BGH 22.4.2015 – IV ZR 419/13, r+s 2015, 297.
45 LG Nürnberg-Fürth 23.4.2015 – 8 O 3675/13, r+s 2015, 299.
46 BGH 12.3.2003 – IV ZR 278/01, VersR 2003, 581 unter Aufgabe von BGH 30.11.1977 – IV ZR 69/76, VersR 1978, 267.
47 BGH 12.3.2003 – IV ZR 278/01, VersR 2003, 581; LG Köln 13.5.2009 – 23 S 65/08, VersR 2009, 1212 (Kosten einer medikamentösen Therapie 90-mal teurer als eine gleichwertige Standardtherapie).
48 LG Köln 10.12.2008 – 23 S 6/08, VersR 2009, 535; *Gedigk/Zach*, VersR 2008, 1043; aA *Hütt*, VersR 2007, 1402.
49 BGH 13.10.1971 – IV ZR 56/70, VersR 1971, 1138.
50 LG Köln 9.7.2008 – 23 O 137/07, VersR 2008, 1486.

VI. Bereicherungsverbot (Abs. 4)

Das in Abs. 4 geregelte Bereicherungsverbot entspricht der Regelung des § 200 VVG. 20

§ 6 Auszahlung der Versicherungsleistungen

(1) Der Versicherer ist zur Leistung nur verpflichtet, wenn die von ihm geforderten Nachweise erbracht sind; diese werden Eigentum des Versicherers.

(2) Im Übrigen ergeben sich die Voraussetzungen für die Fälligkeit der Leistungen des Versicherers aus § 14 VVG.

(3) Der Versicherer ist verpflichtet, an die versicherte Person zu leisten, wenn der Versicherungsnehmer ihm diese in Textform als Empfangsberechtigte für deren Versicherungsleistungen benannt hat. Liegt diese Voraussetzung nicht vor, kann nur der Versicherungsnehmer die Leistung verlangen.

(4) Die in ausländischer Währung entstandenen Krankheitskosten werden zum Kurs des Tages, an dem die Belege beim Versicherer eingehen, in Euro umgerechnet.

(5) Kosten für die Überweisung der Versicherungsleistungen und für Übersetzungen können von den Leistungen abgezogen werden.

(6) Ansprüche auf Versicherungsleistungen können weder abgetreten noch verpfändet werden.

Nach **Abs. 1 iVm Abs. 2** ist die Vorlage der vom VR geforderten Nachweise Voraussetzung für die **Fälligkeit** der Leistung[1] des VR und damit ggf auch für den Verzugseintritt (s. auch § 1 Rn 2). Rechtsgrundlage der Vorlagepflicht ist § 9 Abs. 2.[2] Welche Nachweise im Einzelnen – ggf auch Originale – erforderlich sind, regeln die Tarifbedingungen. Nachweise können zu Grund und Höhe der Behandlung verlangt werden.[3] Eigentum erwirbt der VR nur an Nachweisen, auf die er auch Leistungen erbracht hat.[4] Den VN trifft die Nebenpflicht, eingereichte Rechnungen zumindest auf ihre Plausibilität zu prüfen und den VR auf etwaige Ungereimtheiten hinzuweisen; dies kann im Einzelfall Schadensersatzansprüche begründen.[5] 1

Abs. 3 setzt § 194 Abs. 3 VVG um (s. § 194 VVG Rn 10 ff). Allerdings weicht die Regelung insoweit von § 194 Abs. 3 VVG ab, als hier von „Versicherungsleistungen", dort nur von der „Versicherungsleistung" gesprochen wird, für die die Benennung erfolgt. Soweit aus dem Plural hier gefolgert wird, dass der Benennung „eine gewisse Dauerhaftigkeit zukommen soll, also nicht für jeden neuen Beleg eine neue Benennung erfolgen kann",[6] ist dem schon deshalb nicht zu folgen, da darin eine Abweichung zum Nachteil des VN liegen würde (§ 208 S. 1 VVG). Bis zur Grenze des Rechtsmissbrauchs (§ 242 BGB) ist deshalb ein häufigerer Wechsel des (widerruflich benannten) Empfangsberechtigten zulässig. Das Benennungsrecht des Abs. 3 ist widerruflich ausgestaltet (vgl § 194 VVG Rn 19 f). 2

Abs. 4 und 5 dienen der vereinfachten Abwicklung des Massengeschäfts der Krankenversicherung, also berechtigten Interessen des VR, und sind damit wirksam. 3

---

1 OLG München 6.9.2012 – 14 U 4805/11, VersR 2013, 169; LG Düsseldorf 20.8.2007 – 11 O 76/07, VersR 2008, 628; LG Nürnberg-Fürth 30.8.1993 – 2 O 1234/93, r+s 1995, 30.
2 Prölss/Martin/*Voit*, § 6 MBKK Rn 5.
3 Bach/Moser/*Sauer*, § 6 MBKK Rn 5 f.
4 Kritisch Prölss/Martin/*Voit*, § 6 MBKK Rn 3.
5 AG München 4.7.2013 – 282 C 28161/12, juris.
6 Bach/Moser/*Sauer*, § 6 MBKK Rn 12.

Maßgeblich für Abs. 4 ist der Devisenkurs (Börsenkurs), nicht der Sortenkurs (Bargeldwechselkurs).[7]

4 Das **Abtretungsverbot** des Abs. 6 ist wirksam (vgl § 399 Alt. 2 BGB).[8] Es dient dem berechtigten Interesse des VR, im Schadensfall das Vertragsverhältnis nicht mit Dritten abwickeln zu müssen und sich ggf prozessualer Nachteile wegen einer Zeugenstellung des VN gegenüber zu sehen.[9] Es schließt auch die Abtretung an den Behandler aus.[10] Eine dennoch erfolgte Abtretung ist absolut unwirksam.[11] Hat der VN nach Abs. 3 einen Empfangsberechtigten benannt, kann er mangels Inhaberschaft die Forderung ohnehin nicht mehr abtreten.

§ 7 Ende des Versicherungsschutzes

Der Versicherungsschutz endet – auch für schwebende Versicherungsfälle – mit der Beendigung des Versicherungsverhältnisses.

1 Die Regelung ist wirksam.[1] Die Beendigung kann beruhen auf Kündigung, Tod des VN/Versicherten, Aufhebungsvertrag, Insolvenz des VR (§ 16 VVG) und Auflösung eines VVaG (§ 43 Abs. 3 S. 1 VAG), aber auch auf Anfechtung oder Rücktritt.[2] Die Beendigung für schwebende Fälle soll einer zeitlich unbeschränkten Erstattungspflicht (gedehnter Versicherungsfall!, s. § 1 Rn 18) und damit einer Verschiebung der Leistungsäquivalenz vorbeugen.[3] Im Fall des Rücktritts verstößt § 7 gegen § 21 Abs. 2 VVG, so dass die Leistungspflicht trotz Rücktritts unberührt bleibt.[4]

Pflichten des Versicherungsnehmers

§ 8 Beitragzahlung

(1) Der Beitrag ist ein Jahresbeitrag und wird vom Versicherungsbeginn an berechnet. Er ist zu Beginn eines jeden Versicherungsjahres zu entrichten, kann aber auch in gleichen monatlichen Beitragsraten gezahlt werden, die jeweils bis zur Fälligkeit der Beitragsrate als gestundet gelten. Die Beitragsraten sind am Ersten eines jeden Monats fällig. Wird der Jahresbeitrag während des Versicherungsjahres neu festgesetzt, so ist der Unterschiedsbetrag vom Änderungszeitpunkt an bis zum Beginn des nächsten Versicherungsjahres nachzuzahlen bzw. zurückzuzahlen.

(2) Wird der Vertrag für eine bestimmte Zeit mit der Maßgabe geschlossen, dass sich das Versicherungsverhältnis nach Ablauf dieser bestimmten Zeit stillschweigend um jeweils ein Jahr verlängert, sofern der Versicherungsnehmer nicht fristge-

---

7 Bach/Moser/*Sauer*, § 6 MBKK Rn 14.
8 OLG Saarbrücken 18.12.1996 – 5 U 800/95-82, VersR 1997, 863; ausdr. offen gelassen von BGH 21.4.2004 – IV ZR 113/03, VersR 2004, 994.
9 BGH 21.4.2004 – IV ZR 113/03, VersR 2004, 994.
10 AG München 5.7.2001 – 184 C 10679/01, NVersZ 2002, 76.
11 BGH 14.10.1963 – VII ZR 33/62, BGHZ 40, 156, 159.
1 OLG Köln 21.10.1993 – 5 U 18/93, VersR 1994, 165 (Revision nicht angenommen, BGH 28.9.1994 – IV ZR 275/93); AG Berlin-Schöneberg 11.3.1998 – 17 C 617/97, r+s 1999, 37; aA *Buchholz-Duffner*, r+s 2005, 93.
2 Bach/Moser/*Hütt*, § 7 MBKK Rn 2; aA Prölss/Martin/*Voit*, § 7 MBKK Rn 2 (für Rücktritt).
3 LG Düsseldorf 14.11.2008 – 14 O 484/03, NJW-RR 2009, 525.
4 BGH 16.6.1971 – IV ZR 91/70, VersR 1971, 810; str., aA Bach/Moser/*Hütt*, § 7 Rn 6 ff MBKK mwN.

mäß gekündigt hat, so kann der Tarif anstelle von Jahresbeiträgen Monatsbeiträge vorsehen. Diese sind am Ersten eines jeden Monats fällig.

(3) Wird der Versicherungsvertrag über eine der Erfüllung der Pflicht zur Versicherung dienende Krankheitskostenversicherung (§ 193 Abs. 3 VVG) später als einen Monat nach Entstehen der Pflicht zur Versicherung beantragt, ist ein Beitragszuschlag in Höhe eines Monatsbeitrags für jeden weiteren angefangenen Monat der Nichtversicherung zu entrichten, ab dem sechsten Monat der Nichtversicherung für jeden weiteren angefangenen Monat der Nichtversicherung ein Sechstel des Monatsbeitrags. Kann die Dauer der Nichtversicherung nicht ermittelt werden, ist davon auszugehen, dass der Versicherte mindestens fünf Jahre nicht versichert war; Zeiten vor dem 1. Januar 2009 werden nicht berücksichtigt. Der Beitragszuschlag ist einmalig zusätzlich zum laufenden Beitrag zu entrichten. Der Versicherungsnehmer kann vom Versicherer die Stundung des Beitragszuschlags verlangen, wenn den Interessen des Versicherers durch die Vereinbarung einer angemessenen Ratenzahlung Rechnung getragen werden kann. Der gestundete Betrag wird verzinst.

(4) Der erste Beitrag bzw. die erste Beitragsrate ist, sofern nicht anders vereinbart, unverzüglich nach Ablauf von zwei Wochen nach Zugang des Versicherungsscheines zu zahlen.

(5) Kommt der Versicherungsnehmer mit der Zahlung einer Beitragsrate in Verzug, so werden die gestundeten Beitragsraten des laufenden Versicherungsjahres fällig. Sie gelten jedoch erneut als gestundet, wenn der rückständige Beitragsteil einschließlich der Beitragsrate für den am Tage der Zahlung laufenden Monat und die Mahnkosten entrichtet sind.

(6) Ist der Versicherungsnehmer bei einer der Erfüllung der Pflicht zur Versicherung dienenden Krankheitskostenversicherung (§ 193 Abs. 3 VVG) mit einem Betrag in Höhe von Beitragsanteilen für zwei Monate im Rückstand, mahnt ihn der Versicherer. Der Versicherungsnehmer hat für jeden angefangenen Monat eines Beitragsrückstandes einen Säumniszuschlag von 1 % des Beitragsrückstandes sowie Mahnkosten in nachgewiesener Höhe, mindestens 5 Euro je Mahnung, zu entrichten. Ist der Beitragsrückstand einschließlich der Säumniszuschläge zwei Monate nach Zugang dieser Mahnung noch höher als der Beitragsanteil für einen Monat, mahnt der Versicherer unter Hinweis auf das mögliche Ruhen des Versicherungsvertrages ein zweites Mal.

Ist der Beitragsrückstand einschließlich der Säumniszuschläge einen Monat nach Zugang der zweiten Mahnung höher als der Beitragsanteil für einen Monat, ruht der Versicherungsvertrag ab dem ersten Tag des nachfolgenden Monats. Solange der Versicherungsvertrag ruht, gilt die versicherte Person als im Notlagentarif nach § 12h VAG versichert. Es gelten insoweit die Allgemeinen Versicherungsbedingungen für den Notlagentarif (AVB/NLT) in der jeweils geltenden Fassung.

Das Ruhen des Versicherungsvertrages tritt nicht ein oder endet, wenn der Versicherungsnehmer oder die versicherte Person hilfebedürftig im Sinne des Zweiten oder des Zwölften Buchs Sozialgesetzbuch ist oder wird. Unbeschadet davon wird der Vertrag ab dem ersten Tag des übernächsten Monats in dem Tarif fortgesetzt, in dem der Versicherungsnehmer oder die versicherte Person vor Eintritt des Ruhens versichert war, wenn alle rückständigen Prämienanteile einschließlich der Säumniszuschläge und der Beitreibungskosten gezahlt sind. In den Fällen der Sätze 7 und 8 ist der Versicherungsnehmer oder die versicherte Person so zu stellen, wie der Versicherungsnehmer oder die versicherte Person vor der Versicherung im Notlagentarif nach § 12h VAG stand, abgesehen von den während der Ruhenszeit verbrauchten Anteilen der Alterungsrückstellung. Während der Ruhenszeit vorgenommene Beitragsanpassungen und Änderungen der allgemeinen Versicherungsbedingungen in dem Tarif, in dem der Versicherungsnehmer oder die versicherte Person vor Eintritt des Ruhens versichert war, gelten ab dem Tag der Fortsetzung der

Versicherung in diesem Tarif. Die Hilfebedürftigkeit ist durch eine Bescheinigung des zuständigen Trägers nach dem Zweiten oder Zwölften Buch Sozialgesetzbuch nachzuweisen; der Versicherer kann in angemessenen Abständen die Vorlage einer neuen Bescheinigung verlangen.

(7) Bei anderen als den in Abs. 6 genannten Versicherungen kann die nicht rechtzeitige Zahlung des Erstbeitrages oder eines Folgebeitrages unter den Voraussetzungen der §§ 37 und 38 VVG zum Verlust des Versicherungsschutzes führen. Ist ein Beitrag bzw. eine Beitragsrate nicht rechtzeitig gezahlt und wird der Versicherungsnehmer in Textform gemahnt, so ist er zur Zahlung der Mahnkosten verpflichtet, deren Höhe sich aus dem Tarif ergibt.

(8) Wird das Versicherungsverhältnis vor Ablauf der Vertragslaufzeit beendet, steht dem Versicherer für diese Vertragslaufzeit nur derjenige Teil des Beitrags bzw. der Beitragsrate zu, der dem Zeitraum entspricht, in dem der Versicherungsschutz bestanden hat. Wird das Versicherungsverhältnis durch Rücktritt auf Grund des § 19 Abs. 2 VVG oder durch Anfechtung des Versicherers wegen arglistiger Täuschung beendet, steht dem Versicherer der Beitrag bzw. die Beitragsrate bis zum Wirksamwerden der Rücktritts- oder Anfechtungserklärung zu. Tritt der Versicherer zurück, weil der erste Beitrag bzw. die erste Beitragsrate nicht rechtzeitig gezahlt wird, kann er eine angemessene Geschäftsgebühr verlangen.

(9) Die Beiträge sind an die vom Versicherer zu bezeichnende Stelle zu entrichten.

1 Nach **Abs. 1** orientiert sich der Jahresbeitrag mit § 12 VVG an der gesetzlichen Versicherungsperiode. Gemeint ist der technische Versicherungsbeginn (s. § 197 VVG Rn 8).[1] **Abs. 1** S. 4 soll die Liquidität des VR bei früh im Jahr greifenden Prämienerhöhungen sichern. **Abs. 2** setzt § 11 Abs. 2 VVG um. Er bildet zusammen mit **Abs. 5** (Verfallsregelung bei Verzug)[2] die Grundlage für die Erhebung monatlicher Zahlungen durch den VN. **Abs. 3** entspricht § 193 Abs. 4 VVG (s. § 193 VVG Rn 38 ff). **Abs. 4** stimmt mit § 33 Abs. 1 VVG überein. **Abs. 6** entspricht § 193 Abs. 6, 7 und 9 VVG (s. § 193 VVG Rn 67 ff). **Abs. 7 S. 1** verweist klarstellend auf §§ 37 und 38 VVG; zu **Abs. 7 S. 2** vgl § 38 Abs. 1 S. 1 VVG. **Abs. 8** entspricht § 39 Abs. 1 VVG, der wiederum in § 205 Abs. 2 S. 3 VVG und § 206 Abs. 3 S. 1 Hs 2 VVG Ausdruck gefunden hat (s. § 205 VVG Rn 20, § 206 VVG Rn 11). **Abs. 9** setzt die Schickschuldregelung des § 36 Abs. 1 S. 2 VVG um.

2 **Prozessuales:** Zahlt der VN über einen längeren Zeitraum seine Beiträge zur Krankenversicherung nicht mehr ein, kann eine Klage des VR auf Leistung zukünftiger Beiträge gem. § 259 ZPO zulässig sein.[3] Der **Streitwert** einer Klage auf Zahlung laufender Beiträge bemisst sich gem. § 9 S. 1 ZPO nach dem 42fachen Monatsbetrag der verlangten Monatsprämie; die bloße Möglichkeit des VN, den VersVertrag durch Kündigung zu beenden, ist ohne Bedeutung – anders eine tatsächlich ausgesprochene Kündigung.[4]

§ 8 a Beitragsberechnung

(1) Die Berechnung der Beiträge erfolgt nach Maßgabe der Vorschriften des VAG und ist in den technischen Berechnungsgrundlagen des Versicherers festgelegt.

---

1 Bach/Moser/*Rudolph*, § 8 MBKK Rn 10.
2 Die Klausel ist wirksam: BGH 25.1.1968 – II ZR 76/65, VersR 1968, 241 (für § 10 Abs. 5 AKB).
3 OLG Hamm 25.4.2012 – 20 U 174/11, VersR 2013, 345 (zwei Jahre).
4 OLG Hamm 17.8.2012 – 20 W 29/12, r+s 2013, 154.

(2) Bei einer Änderung der Beiträge, auch durch Änderung des Versicherungsschutzes, wird das Geschlecht und das (die) bei Inkrafttreten der Änderung erreichte tarifliche Lebensalter (Lebensaltersgruppe) der versicherten Person berücksichtigt; dies gilt in Ansehung des Geschlechts nicht für Tarife, deren Beiträge geschlechtsunabhängig erhoben werden. Dabei wird dem Eintrittsalter der versicherten Person dadurch Rechnung getragen, dass eine Alterungsrückstellung gemäß den in den technischen Berechnungsgrundlagen festgelegten Grundsätzen angerechnet wird. Eine Erhöhung der Beiträge oder eine Minderung der Leistungen des Versicherers wegen des Älterwerdens der versicherten Person ist jedoch während der Dauer des Versicherungsverhältnisses ausgeschlossen, soweit eine Alterungsrückstellung zu bilden ist.

(3) Bei Beitragsänderungen kann der Versicherer auch besonders vereinbarte Risikozuschläge entsprechend ändern.

(4) Liegt bei Vertragsänderungen ein erhöhtes Risiko vor, steht dem Versicherer für den hinzukommenden Teil des Versicherungsschutzes zusätzlich zum Beitrag ein angemessener Zuschlag zu. Dieser bemisst sich nach den für den Geschäftsbetrieb des Versicherers zum Ausgleich erhöhter Risiken maßgeblichen Grundsätzen.

Zur Beitragsberechnung s. die Erläuterungen zu § 203 Abs. 1 VVG.

§ 8 b Beitragsanpassung

(1) Im Rahmen der vertraglichen Leistungszusage können sich die Leistungen des Versicherers z.B. wegen steigender Heilbehandlungskosten, einer häufigeren Inanspruchnahme medizinischer Leistungen oder aufgrund steigender Lebenserwartung ändern. Dementsprechend vergleicht der Versicherer zumindest jährlich für jeden Tarif die erforderlichen mit den in den technischen Berechnungsgrundlagen kalkulierten Versicherungsleistungen und Sterbewahrscheinlichkeiten. Ergibt diese Gegenüberstellung für eine Beobachtungseinheit eines Tarifs eine Abweichung von mehr als dem gesetzlich oder tariflich festgelegten Vomhundertsatz, werden alle Beiträge dieser Beobachtungseinheit vom Versicherer überprüft und, soweit erforderlich, mit Zustimmung des Treuhänders angepasst. Unter den gleichen Voraussetzungen kann auch eine betragsmäßig festgelegte Selbstbeteiligung angepasst und ein vereinbarter Risikozuschlag entsprechend geändert werden. Im Zuge einer Beitragsanpassung werden auch der für die Beitragsgarantie im Standardtarif erforderliche Zuschlag (§ 19 Abs. 1 Satz 2) sowie der für die Beitragsbegrenzungen im Basistarif erforderliche Zuschlag (§ 20 Satz 2) mit den jeweils kalkulierten Zuschlägen verglichen, und, soweit erforderlich, angepasst.

(2) Von einer Beitragsanpassung kann abgesehen werden, wenn nach übereinstimmender Beurteilung durch den Versicherer und den Treuhänder die Veränderung der Versicherungsleistungen als vorübergehend anzusehen ist.

(3) Beitragsanpassungen sowie Änderungen von Selbstbeteiligungen und evtl. vereinbarten Risikozuschlägen werden zu Beginn des zweiten Monats wirksam, der auf die Benachrichtigung des Versicherungsnehmers folgt.

Abs. 1 und 2 setzen § 203 Abs. 2 VVG und die darin enthaltenen Verweise auf die aufsichtsrechtlichen Vorschriften des VAG um. Abs. 1 S. 5 ist gegenüber den MB/KK 08 um den 2009 eingeführten Basistarif erweitert. Abs. 3 nimmt § 203 Abs. 5 VVG auf. Die Benachrichtigung erfordert danach auch die Mitteilung der maßgeblichen Änderungsgründe.

§ 9 Obliegenheiten

(1) Jede Krankenhausbehandlung ist binnen 10 Tagen nach ihrem Beginn anzuzeigen.

(2) Der Versicherungsnehmer und die als empfangsberechtigt benannte versicherte Person (vgl. § 6 Abs. 3) haben auf Verlangen des Versicherers jede Auskunft zu erteilen, die zur Feststellung des Versicherungsfalles oder der Leistungspflicht des Versicherers und ihres Umfanges erforderlich ist.

(3) Auf Verlangen des Versicherers ist die versicherte Person verpflichtet, sich durch einen vom Versicherer beauftragten Arzt untersuchen zu lassen.

(4) Die versicherte Person hat nach Möglichkeit für die Minderung des Schadens zu sorgen und alle Handlungen zu unterlassen, die der Genesung hinderlich sind.

(5) Wird für eine versicherte Person bei einem weiteren Versicherer ein Krankheitskostenversicherungsvertrag abgeschlossen oder macht eine versicherte Person von der Versicherungsberechtigung in der gesetzlichen Krankenversicherung Gebrauch, ist der Versicherungsnehmer verpflichtet, den Versicherer von der anderen Versicherung unverzüglich zu unterrichten.

(6) Eine weitere Krankenhaustagegeldversicherung darf nur mit Einwilligung des Versicherers abgeschlossen werden.

I. Allgemeines

1 Die Regelung statuiert in Abs. 5 und 6 **Obliegenheiten**, die vor, und in Abs. 1–4 Obliegenheiten, die nach Eintritt des Versicherungsfalles zu beachten sind. Unberührt bleibt die dem VN nach § 19 VVG obliegende vorvertragliche Anzeigepflicht für gefahrerhebliche Umstände mit der Folge eines Rücktrittsrechts des VR.

II. Anzeigepflicht (Abs. 1)

2 Abs. 1 reduziert die Anzeigepflicht des § 30 VVG auf die (nur) **stationäre Krankenhausbehandlung**. § 16 gilt. Es reicht, wenn der VR anderweitig sichere Kenntnis der Behandlung hat.[1] Die Frist beginnt mit der stationären Aufnahme.[2] Will der VR mehr als die reine Tatsache der stationären Krankenhausbehandlung wissen, muss er nach Abs. 2 vorgehen.

III. Erforderliche Auskunft (Abs. 2)

3 Abs. 2 setzt § 31 VVG um und gilt – anders als Abs. 1 – für alle Versicherungsfälle. Ist im Ausnahmefall das Aufklärungsinteresse des VR in ganz elementarer Weise berührt und liegt dies für den VN auf der Hand, besteht eine Obliegenheit zu **ungefragten Angaben**.[3] Die **Erforderlichkeit** ist aus der ex-ante-Sicht des VR – dem dabei ein erheblicher Beurteilungsspielraum zuzubilligen ist[4] – zu bestimmen und ist bei längeren/komplexeren Versicherungsfällen idR weitreichender als bei „Standardfällen". Es sind alle Umstände erfasst, die auf die konkrete Leistungspflicht Einfluss haben können, daher auch solche betreffend Risikoausschlüsse und die Frage einer Vorvertraglichkeit des Versicherungsfalles.[5] Auskunftsverpflichtet ist neben dem VN auch der materiell Versicherte (vgl § 194 VVG Rn 13).

---

1 Bach/Moser/*Moser*, 3. Aufl. 2002, § 9 MBKK 94 Rn 10.
2 Bach/Moser/*Sauer*, § 9 MBKK Rn 2.
3 OLG Köln 31.5.1990 – 5 U 262/89, VersR 1991, 410.
4 BGH 22.10.2014 – IV ZR 242/13, VersR 2015, 45 (zur Vermögensschadenhaftpflichtversicherung).
5 Vgl LG Dortmund 1.4.2010 – 2 S 56/09, juris.

In der Regel wird der VR auch ein berechtigtes Interesse an der Einsicht in die vollständigen **Krankenunterlagen** haben,[6] wobei zweifelhaft erscheint, ob eine „Auskunft" iSd Abs. 2 überhaupt „Unterlagen" umfasst.[7] Jedenfalls § 31 VVG trägt ein solches Verlangen, so dass Leistungsansprüche des VN jedenfalls nicht fällig werden[8] (§ 6 Abs. 2). Es muss aber ein Bezug zum aktuellen Versicherungsfall bestehen, so dass es nicht zulässig ist, ausforschend zu vorvertraglichen Krankheiten zu fragen.[9] Der Auskunftsverpflichtete ist jedenfalls im Einzelfall gehalten, seine Ärzte von der **Schweigepflicht** zu **entbinden**.[10] Es gilt, § 213 VVG zu beachten. Verweigert er die Schweigepflichtentbindung, hindert das jedenfalls die Fälligkeit eines Leistungsanspruchs.[11] Der VN hat als Patient gegenüber seinem behandelnden Arzt einen – bei psychischen Erkrankungen ggf. eingeschränkten[12] – Anspruch auf Einsicht in seine Behandlungsunterlagen (§ 630g BGB).[13] Zumindest bei vorsätzlicher Obliegenheitsverletzung kann der VN sich nicht darauf berufen, dass der VR den wahren Sachverhalt von dritter Seite noch zeitig genug erfahren hat oder dass er sich die erforderlichen Informationen anderweitig hätte beschaffen können.[14] Zur Bedeutung für die **Fälligkeit** der Versicherungsleistungen s. § 6 Rn 1.

4

IV. Untersuchung (Abs. 3)

Die wirksame[15] Untersuchungsobliegenheit des Abs. 3 ist gegenüber Abs. 2 nicht subsidiär.[16] Sie setzt einen behaupteten Versicherungsfall voraus; zur Feststellung vorvertraglicher Anzeigepflichtverletzungen gibt sie keine Grundlage.[17] Eine wegen damit verbundenen Gesundheitsgefahren oder Schmerzen als unzumutbar verweigerte Untersuchung führt als nicht grob fahrlässig nicht zur Leistungsfreiheit bzw -minderung nach § 10 Abs. 1 VVG.[18] Der VR ist in der Wahl des Arztes grundsätzlich frei.[19] Ist eine persönliche Exploration des VN nicht nötig (zB bei zahnärztlichen Maßnahmen), hat der VN keinen Anspruch darauf, den Namen des beauftragten Arztes vorab zu erfahren. **Untersuchungsort** ist – im Rahmen des Möglichen – der Wohnort des VN.[20] Zumutbar kann dem VN eine Anfahrt zur

5

---

6 LG Frankfurt 12.3.2007 – 2-08 S 72/07, r+s 2008, 383; LG Nürnberg 30.8.1993 – 2 O 1234/93, r+s 1995, 30.
7 Bejahend wohl *Ombudsmann-PKV*, Jahresbericht 2011, S. 39 ff.
8 OLG München 6.9.2012 – 14 U 4805/11, VersR 2013, 169.
9 Str., OLG Köln 29.10.1992 – 5 U 166/91, r+s 1993, 72; *Egger*, VersR 2007, 905 mwN; aA Bach/Moser/*Sauer*, § 10 MBKK Rn 8; Prölss/Martin/*Voit*, § 9 MBKK Rn 3 iVm § 213 VVG Rn 30; OLG Hamburg 2.3.2010 – 9 U 186/09, VersR 2010, 749 (für die BU-Versicherung – mit wohl anderen AVB).
10 Vgl BVerfG 23.10.2006 – 1 BvR 2027/02, VersR 2006, 1669.
11 LG Dortmund 1.4.2010 – 2 S 56/09, juris.
12 BVerfG 16.9.1998 – BvR 1130/98, NJW 1999, 1777; BGH 6.12.1988 – VI ZR 76/88, VersR 1989, 252; BGH 23.3.2010 – VI ZR 327/08, VersR 2010, 971. Der Einschränkung aufgrund therapeutischer Bedenken kann ggf durch direkte Übersendung der Krankenunterlagen an den Rechtsanwalt des VN oder den VR Rechnung getragen werden.
13 BGH 23.3.2010 – VI ZR 249/08, FamRZ 2010, 696 (Tz. 12); OLG München 9.10.2008 – 1 U 2500/08, VersR 2009, 982. Zum Umfang der ärztlichen Dokumentationspflicht *Bender*, VersR 1997, 918.
14 BGH 24.6.1981 – IVa ZR 133/80, VersR 1982, 182.
15 Ausf. KG 4.7.2014 – 6 U 30/13, r+s 2014, 509 (auch zu § 213 VVG); zu Zweifeln Prölss/Martin/*Voit*, § 9 MBKK Rn 10 mwN.
16 OLG Köln 7.12.1990 – 26 U 105/89, VersR 1991, 411.
17 BK/*Hohlfeld*, § 178 m VVG Rn 1.
18 OLG Köln 7.12.1990 – 26 U 105/89, VersR 1991, 411.
19 KG 4.7.2014 – 6 U 30/13, VersR 2015, 94; OLG Saarbrücken 29.6.2011 – 5 U 297/09, VersR 2012, 845 = r+s 2012, 189 mwN.
20 AG Regensburg 4.11.1997 – 8 C 2859/97, NJW-RR 1998, 1251.

Untersuchung von 100 km sein.[21] Die Kosten der Untersuchung hat der VR zu tragen. Der VN hat ein Informationsrecht (§ 202 VVG).

V. Schadensminderungspflicht (Abs. 4)

6 Die Regelung greift § 82 Abs. 1 VVG auf, der nur für die Schadensversicherung gilt (vgl § 194 Abs. 1 S. 1 VVG), und erweitert ihn zulässigerweise[22] auf die Krankenhaustagegeldversicherung als Summenversicherung. Als Richtschnur gilt der versicherungsrechtliche Imperativ: Der Versicherte hat sich so zu verhalten, wie er sich verhalten würde, wenn er nicht versichert wäre.[23] Damit bietet die Regelung an sich auch die Grundlage, vom VN den Griff zu etwaig kostengünstigeren Behandlungsalternativen zu verlangen (s. auch § 1 Rn 2).[24] Leistungsfreiheit bzw -minderung wird in diesem Zusammenhang aber idR mangels grober Fahrlässigkeit oder gar Vorsatzes ausscheiden. Im Ausnahmefall kann der VN gehalten sein, sich einer zumutbaren Operation zu unterziehen; diese muss einfach und gefahrlos und nicht mit besonderen Schmerzen verbunden sein und sichere Aussicht auf Heilung oder wesentliche Besserung bieten.[25] Das Weisungsrecht des VR nach § 82 Abs. 2 S. 1 VVG gilt unmittelbar aus dem Gesetz; Leistungsfreiheit bei entsprechender Obliegenheitsverletzung kann sich ebenfalls direkt unter den Voraussetzungen des § 82 Abs. 3, 4 VVG ergeben (§ 28 VVG gilt insoweit nicht, so dass die Nichterwähnung der Weisungsrechtsverletzung in § 10 einer evtl. Leistungsfreiheit nicht entgegensteht).[26] Nicht unter Abs. 4 fallen jedenfalls sämtliche Maßnahmen, die für den Versicherten mit Kosten verbunden sind, die ihm nicht erstattet werden.[27]

VI. Anzeige einer Krankheitskostenversicherung bei einem weiteren VR (Abs. 5)

7 Mit Abs. 5 soll dem VR die Möglichkeit gegeben werden, die ihm nach § 78 VVG im Fall der Mehrfachversicherung offen stehenden Ausgleichsoptionen oder bei Wechsel in die gesetzliche Krankenversicherung die Rechte nach § 200 VVG bzw § 5 Abs. 4 VVG wahrzunehmen; er erweitert die gesetzliche Obliegenheit des § 77 Abs. 1 VVG (iVm § 194 Abs. 1 S. 1 VVG) um die Sanktionsmöglichkeit des § 10 Abs. 1. Die bestehende Versicherung kann auch reine Krankenhaustagegeldversicherung sein.[28] Verhindern kann der VR den Abschluss einer weiteren (nur) Krankheitskostenversicherung nicht, schon aber nach dem wirksamen[29] Abs. 6 den einer Krankenhaustagegeldversicherung, da hier wegen deren Charakters als Summenversicherung die §§ 77 f VVG nicht gelten (s. im Übrigen § 9 MB/KT 09 Rn 7).

---

21 LG Düsseldorf 19.12.2008 – 22 S 240/08, VersR 2009, 1108.
22 Vgl Bach/Moser/*Kalis*, § 194 VVG Rn 4.
23 Vgl Langheid/Wandt/*Kalis*, § 194 VVG Rn 21; Bach/Moser/*Sauer*, § 10 MBKK Rn 23.
24 Bach/Moser/*Sauer*, § 10 MBKK Rn 23; Looschelders/Pohlmann/*Reinhard*, § 194 VVG Rn 9; aA wohl Prölss/Martin/*Voit*, § 9 MBKK Rn 12.
25 LG Stuttgart 25.7.1979 – 15 O 36/79, VersR 1980, 161; Bach/Moser/*Kalis*, § 194 VVG Rn 4 – der dortige Hinweis auf BGH 15.3.1994 (VI ZR 44/93, NJW 1994, 1592) trägt zwar nur bedingt, da dieser Entscheidung ein Haftpflichtfall zugrunde lag. Die dort genannten Kriterien dürften aber iE übertragbar sein. So wohl auch Looschelders/Pohlmann/*Reinhard*, § 194 VVG Rn 9; *Boetius*, PKV, § 194 VVG Rn 137.
26 BGH 11.2.1987 – IVa ZR 194/85, VersR 1987, 477.
27 OLG Celle 12.5.2010 – 8 U 216/09, juris; vgl BGH 20.5.2009 – IV ZR 274/06, VersR 2009, 1063; *Rogler*, jurisPR-VersR 8/2009 Anm. 3.
28 Prölss/Martin/*Voit*, § 9 MBKK Rn 13; aA Bach/Moser/*Sauer*, § 10 MBKK Rn 30.
29 BGH 13.11.1980 – IVa ZR 23/80, VersR 1981, 183.

VII. Einwilligung des VR zu einer weiteren Krankenhaustagegeldversicherung (Abs. 6)

Die Regelung betrifft nur den Fall einer bereits bestehenden Krankenhaustagegeldversicherung;[30] dann darf der Erstversicherer seine Einwilligung zum Abschluss einer weiteren Krankenhaustagegeldversicherung (ggf auch in Form einer Unfallversicherung)[31] regelmäßig verweigern. Es gelten die §§ 182 ff BGB. Dass die Zweitversicherung später wirksam angefochten wird, rettet den VN nicht.[32] Die Regelung ist wirksam.

8

§ 10 Folgen von Obliegenheitsverletzungen

(1) Der Versicherer ist mit den in § 28 Abs. 2 bis 4 VVG vorgeschriebenen Einschränkungen ganz oder teilweise von der Verpflichtung zur Leistung frei, wenn eine der in § 9 Abs. 1 bis 6 genannten Obliegenheiten verletzt wird.

(2) Wird eine der in § 9 Abs. 5 und 6 genannten Obliegenheiten verletzt, so kann der Versicherer ein Versicherungsverhältnis, das nicht der Erfüllung der Pflicht zur Versicherung (§ 193 Abs. 3 VVG) dient, unter der Voraussetzung des § 28 Abs. 1 VVG innerhalb eines Monats nach dem Bekanntwerden der Obliegenheitsverletzung ohne Einhaltung einer Frist auch kündigen.

(3) Die Kenntnis und das Verschulden der versicherten Person stehen der Kenntnis und dem Verschulden des Versicherungsnehmers gleich.

Allen Obliegenheiten ist gemein, dass ihre Verletzung nach **Abs. 1** jedenfalls dann folgenlos bleibt, wenn – und solange – der VR seine Leistungspflicht abschließend verneint und der VN auch eine weitere Überprüfung dieser Entscheidung anstrebt, da die Obliegenheiten lediglich dem erfüllungsbereiten VR dazu dienen sollen, die Prüfung seiner Leistungspflicht zu ermöglichen und zu erleichtern.[1]

1

Die gesetzlichen Voraussetzungen der Leistungsfreiheit müssen vorliegen. Unkenntnis der Versicherungsbedingungen entlastet den VN idR nicht von grober Fahrlässigkeit,[2] schon aber ein Handeln auf anwaltlichen Rat.[3] Die Hinweispflicht des § 28 Abs. 4 VVG gilt nicht für § 9 Abs. 5 und 6. Für diese beiden vor Eintritt des Versicherungsfalles bestehenden Obliegenheiten gilt nach **Abs. 2** deklaratorisch das Kündigungsrecht des § 28 Abs. 1 VVG, seit 2009 jedoch eingeschränkt durch § 206 Abs. 1 S. 1 VVG (s. § 206 VVG Rn 2 ff). Die neue Formulierung „auch kündigen" hebt in sprachlicher Hinsicht den Ausnahmecharakter einer Kündigung hervor. **Abs. 3** setzt § 193 Abs. 2 VVG um (s. § 193 VVG Rn 22 ff), ist jedoch enger: hier „Verschulden", dort „Verhalten".[4]

2

---

30 Vgl OLG Düsseldorf 19.9.1995 – 4 U 164/94, r+s 1996, 324, 325.
31 OLG Hamm 3.4.1981 – 20 U 6/81, VersR 1982, 35.
32 OLG Köln 27.4.1989 – 5 U 174/88, VersR 1989, 1075.
1 BGH 13.3.2013 – IV ZR 110/11, r+s 2013, 273; BGH 22.9.1999 – IV ZR 172/98, VersR 1999, 1535.
2 OLG Köln 19.12.1985 – 5 U 104/85, VersR 1986, 906.
3 OLG Saarbrücken 29.6.2011 – 5 U 297/09, VersR 2012, 845 = r+s 2012, 189.
4 *Boetius*, PKV, § 193 VVG Rn 62.

§ 11 Obliegenheiten und Folgen bei Obliegenheitsverletzungen bei Ansprüchen gegen Dritte

(1) Hat der Versicherungsnehmer oder eine versicherte Person Ersatzansprüche gegen Dritte, so besteht, unbeschadet des gesetzlichen Forderungsüberganges gemäß § 86 VVG, die Verpflichtung, diese Ansprüche bis zur Höhe, in der aus dem Versicherungsvertrag Ersatz (Kostenerstattung sowie Sach- und Dienstleistung) geleistet wird, an den Versicherer schriftlich abzutreten.

(2) Der Versicherungsnehmer oder die versicherte Person hat seinen (ihren) Ersatzanspruch oder ein zur Sicherung dieses Anspruchs dienendes Recht unter Beachtung der geltenden Form- und Fristvorschriften zu wahren und bei dessen Durchsetzung durch den Versicherer soweit erforderlich mitzuwirken.

(3) Verletzt der Versicherungsnehmer oder eine versicherte Person vorsätzlich die in den Absätzen 1 und 2 genannten Obliegenheiten, ist der Versicherer zur Leistung insoweit nicht verpflichtet, als er infolge dessen keinen Ersatz von dem Dritten erlangen kann. Im Falle einer grob fahrlässigen Verletzung der Obliegenheit ist der Versicherer berechtigt, seine Leistung in einem der Schwere des Verschuldens entsprechenden Verhältnis zu kürzen.

(4) Steht dem Versicherungsnehmer oder einer versicherten Person ein Anspruch auf Rückzahlung ohne rechtlichen Grund gezahlter Entgelte gegen den Erbringer von Leistungen zu, für die der Versicherer auf Grund des Versicherungsvertrages Erstattungsleistungen erbracht hat, sind die Absätze 1 bis 3 entsprechend anzuwenden.

1 Die Abtretungspflicht des **Abs. 1**, der nur für die Krankheitskostenversicherung gilt („Kostenerstattung"), ist wegen der Geltung des Forderungsübergangs (§ 194 Abs. 1 S. 1 VVG) dem Grunde nach überflüssig.[1] **Abs. 2** entspricht § 86 Abs. 2 S. 1 VVG. **Abs. 3** entspricht § 86 Abs. 2 S. 2, 3 Hs 1 VVG iVm § 193 Abs. 2 VVG. Dass die Beweislastregelung des § 86 Abs. 2 S. 3 Hs 2 VVG nicht auch noch erwähnt wird, schadet nicht. **Abs. 4** hat den Regelungsgehalt des § 194 Abs. 2 VVG iVm § 86 Abs. 1, 2 VVG.

§ 12 Aufrechnung

Der Versicherungsnehmer kann gegen Forderungen des Versicherers nur aufrechnen, soweit die Gegenforderung unbestritten oder rechtskräftig festgestellt ist. Gegen eine Forderung aus der Beitragspflicht kann jedoch ein Mitglied eines Versicherungsvereins nicht aufrechnen.

1 Die Regelung soll dem VR den Prämieneingang sichern und gleichzeitig einen erheblichen Verwaltungsaufwand durch andernfalls erforderliche Einzelfallbearbeitung verhindern.[1] Damit bestehen keine Bedenken nach § 307 BGB. Das Verbot richtet sich nur an den VN, nicht an den VR.[2]

---

1 Prölss/Martin/*Voit*, § 11 MBKK Rn 1.
1 Bach/Moser/*Sauer*, § 12 MBKK Rn 1.
2 OLG Frankfurt 3.8.2005 – 7 U 84/04, VersR 2006, 537.

Ende der Versicherung

§ 13 Kündigung durch den Versicherungsnehmer

(1) Der Versicherungsnehmer kann das Versicherungsverhältnis zum Ende eines jeden Versicherungsjahres, frühestens aber zum Ablauf einer vereinbarten Vertragsdauer von bis zu zwei Jahren, mit einer Frist von drei Monaten kündigen.

(2) Die Kündigung kann auf einzelne versicherte Personen oder Tarife beschränkt werden.

(3) Wird eine versicherte Person kraft Gesetzes in der gesetzlichen Krankenversicherung versicherungspflichtig, so kann der Versicherungsnehmer binnen drei Monaten nach Eintritt der Versicherungspflicht eine Krankheitskostenversicherung oder eine dafür bestehende Anwartschaftsversicherung rückwirkend zum Eintritt der Versicherungspflicht kündigen. Die Kündigung ist unwirksam, wenn der Versicherungsnehmer den Eintritt der Versicherungspflicht nicht innerhalb von zwei Monaten nachweist, nachdem der Versicherer ihn hierzu in Textform aufgefordert hat, es sei denn, der Versicherungsnehmer hat die Versäumung dieser Frist nicht zu vertreten. Macht der Versicherungsnehmer von seinem Kündigungsrecht Gebrauch, steht dem Versicherer der Beitrag nur bis zum Zeitpunkt des Eintritts der Versicherungspflicht zu. Später kann der Versicherungsnehmer die Krankheitskostenversicherung oder eine dafür bestehende Anwartschaftsversicherung zum Ende des Monats kündigen, in dem er den Eintritt der Versicherungspflicht nachweist. Dem Versicherer steht der Beitrag in diesem Fall bis zum Ende des Versicherungsvertrages zu. Der Versicherungspflicht steht gleich der gesetzliche Anspruch auf Familienversicherung oder der nicht nur vorübergehende Anspruch auf Heilfürsorge aus einem beamtenrechtlichen oder ähnlichen Dienstverhältnis.

(4) Hat eine Vereinbarung im Versicherungsvertrag zur Folge, dass bei Erreichen eines bestimmten Lebensalters oder bei Eintritt anderer dort genannter Voraussetzungen der Beitrag für ein anderes Lebensalter oder eine andere Altersgruppe gilt oder der Beitrag unter Berücksichtigung einer Alterungsrückstellung berechnet wird, kann der Versicherungsnehmer das Versicherungsverhältnis hinsichtlich der betroffenen versicherten Person binnen zwei Monaten nach der Änderung zum Zeitpunkt deren Inkrafttretens kündigen, wenn sich der Beitrag durch die Änderung erhöht.

(5) Erhöht der Versicherer die Beiträge aufgrund der Beitragsanpassungsklausel oder vermindert er seine Leistungen gemäß § 18 Abs. 1, so kann der Versicherungsnehmer das Versicherungsverhältnis hinsichtlich der betroffenen versicherten Person innerhalb von zwei Monaten nach Zugang der Änderungsmitteilung zum Zeitpunkt des Wirksamwerdens der Änderung kündigen. Bei einer Beitragserhöhung kann der Versicherungsnehmer das Versicherungsverhältnis auch bis und zum Zeitpunkt des Wirksamwerdens der Erhöhung kündigen.

(6) Der Versicherungsnehmer kann, sofern der Versicherer die Anfechtung, den Rücktritt oder die Kündigung nur für einzelne versicherte Personen oder Tarife erklärt, innerhalb von zwei Wochen nach Zugang dieser Erklärung die Aufhebung des übrigen Teils der Versicherung zum Schlusse des Monats verlangen, in dem ihm die Erklärung des Versicherers zugegangen ist, bei Kündigung zu dem Zeitpunkt, in dem diese wirksam wird.

(7) Dient das Versicherungsverhältnis der Erfüllung der Pflicht zur Versicherung (§ 193 Abs. 3 VVG), setzt die Kündigung nach den Absätzen 1, 2, 4, 5 und 6 voraus, dass für die versicherte Person bei einem anderen Versicherer ein neuer Vertrag abgeschlossen wird, der den Anforderungen an die Pflicht zur Versicherung genügt. Die Kündigung wird nur wirksam, wenn der Versicherungsnehmer inner-

halb von zwei Monaten nach der Kündigungserklärung nachweist, dass die versicherte Person bei einem neuen Versicherer ohne Unterbrechung versichert ist; liegt der Zeitpunkt, zu dem die Kündigung ausgesprochen wurde, mehr als zwei Monate nach der Kündigungserklärung, muss der Nachweis bis zu diesem Zeitpunkt erbracht werden.

(8) Bei Kündigung einer Krankheitskostenvollversicherung und gleichzeitigem Abschluss eines neuen substitutiven Vertrages (§ 195 Abs. 1 VVG) kann der Versicherungsnehmer verlangen, dass der Versicherer die kalkulierte Alterungsrückstellung der versicherten Person in Höhe des nach dem 31. Dezember 2008 ab Beginn der Versicherung im jeweiligen Tarif aufgebauten Übertragungswertes nach Maßgabe von § 12 Abs. 1 Nr. 5 VAG auf deren neuen Versicherer überträgt. Dies gilt nicht für vor dem 1. Januar 2009 abgeschlossene Verträge.

(9) Bestehen bei Beendigung des Versicherungsverhältnisses Beitragsrückstände, kann der Versicherer den Übertragungswert bis zum vollständigen Beitragsausgleich zurückbehalten.

(10) Kündigt der Versicherungsnehmer das Versicherungsverhältnis insgesamt oder für einzelne versicherte Personen, haben die versicherten Personen das Recht, das Versicherungsverhältnis unter Benennung des künftigen Versicherungsnehmers fortzusetzen. Die Erklärung ist innerhalb zweier Monate nach der Kündigung abzugeben. Die Kündigung ist nur wirksam, wenn der Versicherungsnehmer nachweist, dass die betroffenen versicherten Personen von der Kündigungserklärung Kenntnis erlangt haben.

(11) Soweit die Krankenversicherung nach Art der Lebensversicherung betrieben wird, haben der Versicherungsnehmer und die versicherten Personen das Recht, einen gekündigten Vertrag in Form einer Anwartschaftsversicherung fortzusetzen.

1 § 13 ist – bis auf Anpassungen, die den in § 205 VVG aufgenommenen Änderungen geschuldet sind (Abs. 1, 3) – gegenüber § 13 MB/KK 94 unverändert. Es kann zunächst auf die Erläuterungen zu § 205 VVG verwiesen werden. **Abs. 1** weicht nur sprachlich („vereinbarten Vertragsdauer von bis zu zwei Jahren"), nicht aber inhaltlich von § 205 Abs. 1 S. 1 VVG („für die Dauer von mehr als einem Jahr eingegangen") ab. **Abs. 2** ist identisch mit § 205 Abs. 1 S. 2 VVG.

2 **Abs. 3** ist – auf die Zwecke der MB/KK reduziert – mit § 205 Abs. 2 VVG weitgehend identisch. Anders als das Gesetz bestimmt S. 5 aber, dass dem VR im Fall der späteren ex-nunc-Kündigung des S. 4 der Beitrag bis zum Ende des VersVertrages zusteht. Das entspricht § 39 Abs. 1 S. 1 VVG (vgl. § 42 VVG), ist damit rechtlich unbedenklich und hat wie S. 3 nur klarstellende Bedeutung. Die gegenüber § 13 Abs. 3 MB/KK 08 vorgenommene sprachliche Änderung ist der Versicherungspflicht des § 193 Abs. 3 VVG geschuldet. Abs. 3 enthält – anders als noch § 13 Abs. 3 S. 1 MB/KK 94 – keine Einschränkung mehr („soweit") hinsichtlich des Umfangs der Kündigung. Dies bedeutet, dass alleine aus Anlass des Eintritts der Versicherungspflicht eine umfassende Kündigung des betroffenen VersVertrages ausgesprochen werden kann[1] – nicht aber muss – und diese nicht nur etwa auf die betroffene versicherte Person zu beschränken ist.[2] Zwar ist die Entstehungsgeschichte von AVB nicht Maßstab für deren Auslegung,[3] doch ergibt sich dieses Auslegungsergebnis auch ohne deren Kenntnis alleine aus dem Wortlaut der Klausel, der eine Einschränkung eben nicht enthält. Zu dem im Gesetz nicht enthaltenen S. 5 s. § 205 VVG Rn 20.

---

1 AA noch zu § 13 MBKK 94: Bach/Moser/*Moser*, 3. Aufl. 2002, § 13 MBKK 94 Rn 20.
2 AA noch zu § 13 MBKK 94: Prölss/Martin/*Prölss*, 27. Aufl. 2004, § 178 h VVG Rn 6.
3 StRspr, BGH 9.7.2003 – IV ZR 74/02, VersR 2003, 1163; BGH 15.12.2010 – IV ZR 24/10, juris.

Abs. 4 gibt § 205 Abs. 3 VVG wieder; ersetzt wird lediglich der Begriff der Prämie durch den für den durchschnittlichen VN besser fassbaren Begriff des Beitrags. **Abs. 5** entspricht weitgehend § 205 Abs. 4 VVG, ermöglicht jedoch dem VN bei einer Beitragserhöhung – abweichend von § 205 Abs. 4 VVG –, die Kündigung kurzfristig noch bis zum Wirksamwerden der Erhöhung auszusprechen. Abweichend von § 205 Abs. 4 VVG ist hinsichtlich einer betroffenen versicherten Person auch insoweit die Kündigung des gesamten „Versicherungsverhältnisses" möglich.[4] **Abs. 6** entspricht inhaltlich § 205 Abs. 5 VVG (s. § 205 VVG Rn 28 ff), **Abs. 7** entspricht im Wesentlichen § 205 Abs. 6 VVG (s. § 205 VVG Rn 31 ff). Zu Bedenken gegen die Wirksamkeit der Vorgängerregelung s. die 2. Auflage 2011 (aaO). Dass hier Abs. 3 (entspricht § 205 Abs. 2 VVG) anders als im Gesetz nicht genannt ist, schadet nicht, da dort ohnehin ein Nachweis der gesetzlichen Versicherungspflicht gefordert wird.[5] Zu **Abs. 8** s. § 204 Abs. 1 S. 1 Nr. 2 VVG (s. § 204 VVG Rn 45 ff). **Abs. 9** räumt dem VR bei Prämienrückständen des abwandernden VN ein Zurückbehaltungsrecht ein. Dessen Wirksamkeit ist im Hinblick auf § 204 Abs. 1 S. 1 Nr. 2 Buchst. a, S. 3 VVG fraglich.[6]

Abs. 10 entspricht inhaltlich weitgehend § 207 Abs. 2 S. 1, 2 iVm Abs. 1 VVG. **S. 2** bestimmt als maßgeblich für das Einhalten der Frist die Abgabe der Fortsetzungserklärung. Dies kann aus der für die Auslegung maßgeblichen Sicht des durchschnittlichen VN nur dahin verstanden werden, dass die rechtzeitige Absendung bzw ein sonstiges „auf-den-Weg-Bringen" der Fortsetzungserklärung für die Wahrung der Frist ausreicht; auf den fristgerechten Eingang beim VR kommt es demnach nicht an. Damit weicht Abs. 10 S. 2 in zulässiger Weise zugunsten des VN von § 207 Abs. 1 VVG ab (s. § 207 VVG Rn 21; § 208 S. 1 VVG). Nach § 14 Abs. 5 gelten S. 1, 2 bei einer Kündigung des Versicherungsverhältnisses durch den VR entsprechend. **S. 3** erweitert § 207 Abs. 1 S. 2 VVG um die noch in § 178 n Abs. 2 S. 2 VVG aF enthaltenen Worte „wenn der Versicherungsnehmer nachweist". Diese Regelung ist wirksam.[7]

Abs. 11 erhält dem VN die Option zur „verlustfreien Rückkehr" zum VR des gekündigten Vertrages. Im Falle einer Pflichtversicherung nach § 193 Abs. 3 VVG dürfte die praktische Bedeutung wegen Abs. 7 aber eher gering sein.

§ 14 Kündigung durch den Versicherer

(1) In einer der Erfüllung der Pflicht zur Versicherung dienenden Krankheitskostenversicherung (§ 193 Abs. 3 VVG) sowie in der substitutiven Krankheitskostenversicherung gemäß § 195 Abs. 1 VVG ist das ordentliche Kündigungsrecht ausgeschlossen. Dies gilt auch für eine Krankenhaustagegeldversicherung, die neben einer Krankheitskostenvollversicherung besteht.

(2) Liegen bei einer Krankenhaustagegeldversicherung oder Krankheitskostenteilversicherung die Voraussetzungen nach Abs. 1 nicht vor, so kann der Versicherer das Versicherungsverhältnis nur innerhalb der ersten drei Versicherungsjahre mit einer Frist von drei Monaten zum Ende eines Versicherungsjahres kündigen.

(3) Die gesetzlichen Bestimmungen über das außerordentliche Kündigungsrecht bleiben unberührt.

---

4 Prölss/Martin/*Voit*, § 13 MBKK Rn 3; ähnl. Bach/Moser/*Hütt*, § 13 MBKK Rn 31.
5 Bach/Moser/*Hütt*, § 13 MBKK Rn 34.
6 Zustimmend Prölss/Martin/*Voit*, § 13 MBKK Rn 7; aA Bach/Moser/*Hütt*, § 13 MBKK Rn 36.
7 BGH 16.1.2013 – IV ZR 94/11, r+s 2013, 185; aA Vorauflage (2. Aufl. 2011, aaO).

(4) Die Kündigung kann auf einzelne versicherte Personen oder Tarife beschränkt werden.

(5) Kündigt der Versicherer das Versicherungsverhältnis insgesamt oder für einzelne versicherte Personen, gilt § 13 Abs. 10 Sätze 1 und 2 entsprechend.

1 **Abs. 1 und 2** setzen § 206 Abs. 1 S. 2 Abs. 2, 3 VVG iVm § 195 Abs. 1 VVG um (s. § 206 VVG Rn 2 ff). Als Begriffe der Rechtssprache sind die verwendeten Termini wie im Gesetz auszulegen.[1] Abs. 1 iVm Abs. 3 scheint den Ausschluss (auch) des Rechts zur außerordentlichen Kündigung für den VR nach § 206 Abs. 1 S. 1 VVG nicht zu berücksichtigen (s. § 206 VVG Rn 2 ff). Das würde gegen die Leitbildfunktion des weiterreichenden § 206 Abs. 1 S. 1 VVG verstoßen und insoweit zur Unwirksamkeit führen (§ 307 Abs. 2 Nr. 1 BGB). Allerdings kann Abs. 3 auch so verstanden werden, dass § 206 Abs. 1 S. 1 VVG selbst eine „gesetzliche Bestimmung über das außerordentliche Kündigungsrecht" ist, so dass mit dessen „unberührter" Fortgeltung alles rechtens wäre. Im Sinne einer transparenten Information der VN über ihre Kündigungsrechte sollte Abs. 1 der gesetzlichen Regelung des § 206 Abs. 1 S. 1 VVG angepasst werden.

2 **Abs. 3** hat lediglich klarstellende Wirkung.[2] Außerordentliche Kündigungsrechte des VR finden sich im VVG (zB §§ 19 Abs. 3 S. 2, 38 Abs. 3 S. 2) und allgemein in § 314 BGB für Dauerschuldverhältnisse, wie sie VersVerträge sind.[3] Das außerordentliche Kündigungsrecht kann – außerhalb des § 206 Abs. 1 S. 1 VVG – nicht ausgeschlossen werden.[4] Zu Einzelheiten s. § 206 VVG Rn 2 ff, 17 ff.

3 **Abs. 4** gestattet dem VR, seine Kündigung auf einzelne versicherte Personen und/oder Tarife zu beschränken (s. § 206 VVG Rn 7). Diese Modifizierung des Kündigungsrechts ist zulässig, wie sich bereits aus § 205 Abs. 5 S. 1 VVG ergibt.[5] Dieser setzt die Möglichkeit einer Teilkündigung voraus, gibt aber dann dem betroffenen VN als Reaktionsmittel die Option, sich vollständig vom VersVertrag zu lösen (s. § 205 VVG Rn 28 ff). Abs. 4 gilt auch für die außerordentliche Kündigung.[6] Eine Pflicht zur Teilkündigung folgt aus Abs. 4 hingegen nicht grds. (s. § 205 VVG Rn 29, § 206 VVG Rn 25).

4 **Abs. 5** räumt im Falle einer (Teil-)Kündigung durch den VR den versicherten Personen des betroffenen VersVertrages das Recht ein, das Versicherungsverhältnis unter Benennung des künftigen VN fortzusetzen (s. § 13 Rn 4). Die Regelung geht über § 206 Abs. 3 VVG insoweit hinaus, als sie nicht auf die Krankheitskosten- und Pflegekrankenversicherung und auch nicht auf den bestimmten Kündigungsgrund Prämienverzug beschränkt ist.[7] § 14 MB/KT 09 gewährt aber für die Krankentagegeldversicherung keinen Fortsetzungsanspruch.[8]

§ 15 Sonstige Beendigungsgründe

(1) Das Versicherungsverhältnis endet mit dem Tod des Versicherungsnehmers. Die versicherten Personen haben jedoch das Recht, das Versicherungsverhältnis unter

---

[1] StRspr, BGH 25.4.2007 – IV ZR 85/05, VersR 2007, 939.
[2] Vgl allgemein BGH 3.10.1984 – IVa ZR 76/83, VersR 1985, 54.
[3] BGH 3.10.1984 – IVa ZR 76/83, VersR 1985, 54; Palandt/*Grüneberg*, § 314 BGB Rn 2.
[4] BGH 18.7.2007 – IV ZR 129/06, VersR 2007, 1260.
[5] Prölss/Martin/*Voit*, § 14 MBKK Rn 3.
[6] BGH 3.10.1984 – IVa ZR 76/83, VersR 1985, 54; LG Dortmund 19.10.2006 – 2 O 559/03, juris.
[7] Bach/Moser/*Hütt*, § 14 MBKK Rn 10; *ders.*, in: Langheid/Wandt, § 206 VVG Rn 21.
[8] Langheid/Wandt/*Hütt*, § 206 VVG Rn 22.

Benennung des künftigen Versicherungsnehmers fortzusetzen. Die Erklärung ist innerhalb zweier Monate nach dem Tode des Versicherungsnehmers abzugeben.
(2) Beim Tod einer versicherten Person endet insoweit das Versicherungsverhältnis.
(3)[1] Verlegt eine versicherte Person ihren gewöhnlichen Aufenthalt in einen anderen Staat als die in § 1 Absatz 5 genannten, endet insoweit das Versicherungsverhältnis, es sei denn, dass es aufgrund einer anderweitigen Vereinbarung fortgesetzt wird. Der Versicherer kann im Rahmen dieser anderweitigen Vereinbarung einen angemessenen Beitragszuschlag verlangen. Bei nur vorübergehender Verlegung des gewöhnlichen Aufenthaltes in einen anderen Staat als die in § 1 Abs. 5 genannten kann verlangt werden, das Versicherungsverhältnis in eine Anwartschaftsversicherung umzuwandeln.

Abs. 1 entspricht – bis auf einige rechtlich unerhebliche sprachliche Abweichungen – inhaltlich § 207 Abs. 1 VVG (s. § 207 VVG Rn 4 ff). Zu **Abs. 2** s. § 207 VVG Rn 4.

Abs. 3 S. 1 knüpft an § 1 Abs. 5 bzw § 207 Abs. 3 VVG an. Im Umkehrschluss kann bei Verlegung des gewöhnlichen Aufenthalts des Versicherten in „alle anderen" Staaten weiterhin in zulässiger Weise die Beendigung des Versicherungsverhältnisses bestimmt werden. Da nunmehr das nahezu vollständige europäische Ausland erfasst ist und die internationale Sonderstellung der Schweiz einem durchschnittlichen VN bekannt sein dürfte, ist die Klausel insb. nicht überraschend iSd § 305c Abs. 1 BGB.[1] Auch eine unangemessene Benachteiligung nach § 307 Abs. 1, 2 BGB liegt angesichts des beachtlichen Interesses des VR an effektiven Kontrollmöglichkeiten (s. § 207 VVG Rn 33) nicht vor.[2] Einen Anspruch auf eine Fortsetzungsvereinbarung hat der Versicherte nicht.

Da sich nach § 1 Abs. 4 S. 1 der Versicherungsschutz auf die Heilbehandlung in Europa erstreckt, ist eine **Abgrenzung** erforderlich. Diese wird der durchschnittliche VN in der zeitlichen Komponente erkennen können. Wie aus § 1 Abs. 4 S. 3 klar wird, gilt die Europadeckung bei Verlassen des Bundesgebietes nur bei einem vorübergehenden Auslandsaufenthalt, wenn also nicht gleichzeitig ein Fall des § 15 Abs. 3 S. 1 – also eine „echte" Verlegung des gewöhnlichen Aufenthalts – vorliegt.

Abs. 3 S. 2 knüpft an § 15 Abs. 3 S. 3 MB/KK 94 an. Nach der nunmehrigen Gesetzeslage (§ 207 Abs. 3 VVG) kann ein **Beitragszuschlag** nur bei einer Verlegung des gewöhnlichen Aufenthalts außerhalb der in § 1 Abs. 5 genannten europäischen Länder gefordert werden (vgl § 208 VVG S. 1). Innerhalb dieser Staaten bleibt die Prämienzahlungspflicht des VN unverändert (s. § 207 VVG Rn 33).

Abs. 3 S. 3 gewährt dagegen einen echten Anspruch auf Abschluss einer **Anwartschaftsversicherung** (s. § 192 VVG Rn 5), wenn die Verlegung des gewöhnlichen Aufenthaltes nur vorübergehender Natur ist. Maßgeblich für die Prognose einer nur vorübergehenden Natur der Aufenthaltsverlegung ist der Zeitpunkt des Umwandlungsbegehrens. „**Vorübergehend**" beinhaltet grundsätzlich keine Begrenzung der zeitlichen Dauer der Aufenthaltsverlegung; erforderlich ist lediglich, dass bereits zum Zeitpunkt der Verlegung feststeht, dass der gewöhnliche Aufenthalt in der Zukunft wieder im Inland genommen werden wird und somit sowohl für den Versicherten als auch den VR Planungssicherheit besteht. Sobald klar wird, dass entgegen der ursprünglichen Annahme die Verlegung doch von Dauer ist, muss der Versicherte dies anzeigen, um eine Neuregelung der Vertragssituation zu ermöglichen.

---

1 Unverbindliche Empfehlung.
1 Vgl OLG Karlsruhe 20.6.1991 – 12 U 39/91, VersR 1992, 863 bzw Prölss/Martin/*Voit*, § 15 MBKK Rn 1.
2 AA Bach/Moser/*Wilmes*, § 15 MBKK Rn 37; Prölss/Martin/*Voit*, § 15 MBKT Rn 37.

Sonstige Bestimmungen

§ 16 Willenserklärungen und Anzeigen

Willenserklärungen und Anzeigen gegenüber dem Versicherer bedürfen der Schriftform, sofern nicht ausdrücklich Textform vereinbart ist.

1 Die Regelung ist im Zusammenhang mit § 32 S. 2 VVG und § 208 S. 2 VVG (s. näher § 208 VVG Rn 6 f) zu sehen. Sie ist wirksam.[1] Erfasst werden nur Willenserklärungen und Anzeigen – also nicht sonstige Mitteilungen des VN und idR auch nur solche nach Vertragsschluss (zB nach § 9 Abs. 1), also nicht bei bzw vor Antragstellung.[2] Die Vollmachtsregelung des § 16 S. 2 MB/KK 94 („Zu ihrer Entgegennahme sind Versicherungsvermittler nicht bevollmächtigt.") wurde nicht übernommen.[3]

§ 17 Gerichtsstand

(1) Für Klagen aus dem Versicherungsverhältnis gegen den Versicherungsnehmer ist das Gericht des Ortes zuständig, an dem der Versicherungsnehmer seinen Wohnsitz oder in Ermangelung eines solchen seinen gewöhnlichen Aufenthalt hat.

(2) Klagen gegen den Versicherer können bei dem Gericht am Wohnsitz oder gewöhnlichen Aufenthalt des Versicherungsnehmers oder bei dem Gericht am Sitz des Versicherers anhängig gemacht werden.

(3) Verlegt der Versicherungsnehmer nach Vertragsschluss seinen Wohnsitz oder gewöhnlichen Aufenthalt in einen Staat, der nicht Mitgliedstaat der Europäischen Union oder Vertragsstaat des Abkommens über den Europäischen Wirtschaftsraum ist, oder ist sein Wohnsitz oder gewöhnlicher Aufenthalt im Zeitpunkt der Klageerhebung nicht bekannt, ist das Gericht am Sitz des Versicherers zuständig.

1 Abs. 1 und 2 entsprechen § 215 Abs. 1 VVG. Abs. 3 fußt in § 215 Abs. 3 VVG.

§ 18 Änderungen der Allgemeinen Versicherungsbedingungen

(1) Bei einer nicht nur als vorübergehend anzusehenden Veränderung der Verhältnisse des Gesundheitswesens können die Allgemeinen Versicherungsbedingungen und die Tarifbestimmungen den veränderten Verhältnissen angepasst werden, wenn die Änderungen zur hinreichenden Wahrung der Belange der Versicherungsnehmer erforderlich erscheinen und ein unabhängiger Treuhänder die Voraussetzungen für die Änderungen überprüft und ihre Angemessenheit bestätigt hat. Die Änderungen werden zu Beginn des zweiten Monats wirksam, der auf die Mitteilung der Änderungen und der hierfür maßgeblichen Gründe an den Versicherungsnehmer folgt.

(2) Ist eine Bestimmung in den Allgemeinen Versicherungsbedingungen durch höchstrichterliche Entscheidung oder durch einen bestandskräftigen Verwaltungsakt für unwirksam erklärt worden, kann sie der Versicherer durch eine neue Regelung ersetzen, wenn dies zur Fortführung des Vertrags notwendig ist oder wenn

---

1 Vgl BGH 10.2.1999 – IV ZR 324/97, VersR 1999, 565; Bach/Moser/*Kalis* § 16 MBKK Rn 1.
2 Vgl BGH 24.3.1999 – IV ZR 90/98, VersR 1999, 710; str., Prölss/Martin/*Voit*, § 16 MBKK Rn 1 mwN.
3 Siehe Bach/Moser/*Kalis*, § 16 MBKK Rn 4.

das Festhalten an dem Vertrag ohne neue Regelung für eine Vertragspartei auch unter Berücksichtigung der Interessen der anderen Vertragspartei eine unzumutbare Härte darstellen würde. Die neue Regelung ist nur wirksam, wenn sie unter Wahrung des Vertragsziels die Belange der Versicherungsnehmer angemessen berücksichtigt. Sie wird zwei Wochen, nachdem die neue Regelung und die hierfür maßgeblichen Gründe dem Versicherungsnehmer mitgeteilt worden sind, Vertragsbestandteil.

Abs. 1 entspricht § 203 Abs. 3, 5 VVG. **Abs. 2** entspricht § 203 Abs. 4 VVG iVm § 164 VVG.

§ 19 Wechsel in den Standardtarif

(1) Der Versicherungsnehmer kann verlangen, dass versicherte Personen seines Vertrages, die die in § 257 Abs. 2 a Nr. 2, 2 a und 2 b SGB V in der bis zum 31. Dezember 2008 geltenden Fassung genannten Voraussetzungen erfüllen, in den Standardtarif mit Höchstbeitragsgarantie wechseln können. Zur Gewährleistung dieser Beitragsgarantie wird der in den technischen Berechnungsgrundlagen festgelegte Zuschlag erhoben. Neben dem Standardtarif darf gemäß Nr. 1 Abs. 5 und Nr. 9 der Tarifbedingungen für den Standardtarif für eine versicherte Person keine weitere Krankheitskostenteil- oder -vollversicherung bestehen. Der Wechsel ist jederzeit nach Erfüllung der gesetzlichen Voraussetzungen möglich; die Versicherung im Standardtarif beginnt zum Ersten des Monats, der auf den Antrag des Versicherungsnehmers auf Wechsel in den Standardtarif folgt.

(2) Absatz 1 gilt nicht für ab dem 1. Januar 2009 abgeschlossene Verträge.

Der Standardtarif bietet brancheneinheitlich das Leistungsniveau der gesetzlichen Krankenversicherung mit der gleichzeitigen Garantie, den durchschnittlichen Höchstbeitrag der gesetzlichen Krankenversicherung nicht zu überschreiten (Einzelheiten: § 257 Abs. 2 a Nr. 2 SGB V). Die Beitragsgarantie wird über einen Zuschlag auf alle wechselberechtigten Tarife finanziert (§ 8 Abs. 5 KalV). Erfüllt der Versicherte die genannten Voraussetzungen des § 257 SGB V, kann er den Wechselanspruch gegenüber dem VR geltend machen, der dann einem Kontrahierungszwang unterliegt. **Abs. 2** stellt klar, dass das Modell Standardtarif durch den Basistarif (§ 20) überholt ist.

§ 20 Wechsel in den Basistarif

Der Versicherungsnehmer kann verlangen, dass versicherte Personen seines Vertrages in den Basistarif mit Höchstbeitragsgarantie und Beitragsminderung bei Hilfebedürftigkeit wechseln können, wenn der erstmalige Abschluss der bestehenden Krankheitskostenvollversicherung ab dem 1. Januar 2009 erfolgte oder die versicherte Person das 55. Lebensjahr vollendet hat oder das 55. Lebensjahr noch nicht vollendet hat, aber die Voraussetzungen für den Anspruch auf eine Rente der gesetzlichen Rentenversicherung erfüllt und diese Rente beantragt hat oder ein Ruhegehalt nach beamtenrechtlichen oder vergleichbaren Vorschriften bezieht oder hilfebedürftig nach dem Zweiten oder Zwölften Buch Sozialgesetzbuch ist. Zur Gewährleistung dieser Beitragsbegrenzungen wird der in den technischen Berechnungsgrundlagen festgelegte Zuschlag erhoben. § 19 Abs. 1 Satz 4 gilt entsprechend.

§ 20 geht zurück auf § 204 Abs. 1 S. 1 Nr. 1 VVG (s. § 204 VVG Rn 9 ff).

Musterbedingungen 2009 für die Krankentagegeldversicherung (MB/KT 2009)

Musterbedingungen des Verbands der privaten Krankenversicherung e.V. (PKV).
Stand: Juli 2013.[1] Änderungen vorbehalten.

Der Versicherungsschutz	2127
§ 1 Gegenstand, Umfang und Geltungsbereich des Versicherungsschutzes	2127
§ 2 Beginn des Versicherungsschutzes	2134
§ 3 Wartezeiten	2134
§ 4 Umfang der Leistungspflicht	2135
§ 5 Einschränkung der Leistungspflicht	2138
§ 6 Auszahlung der Versicherungsleistungen	2140
§ 7 Ende des Versicherungsschutzes	2141
Pflichten des Versicherungsnehmers	2141
§ 8 Beitragszahlung	2141
§ 8a Beitragsberechnung	2142
§ 8b Beitragsanpassung	2142
§ 9 Obliegenheiten	2143
§ 10 Folgen von Obliegenheitsverletzungen	2144
§ 11 Anzeigepflicht bei Wegfall der Versicherungsfähigkeit	2144
§ 12 Aufrechnung	2145
Ende der Versicherung	2145
§ 13 Kündigung durch den Versicherungsnehmer	2145
§ 14 Kündigung durch den Versicherer	2146
§ 15 Sonstige Beendigungsgründe	2147
Sonstige Bestimmungen	2153
§ 16 Willenserklärungen und Anzeigen	2153
§ 17 Gerichtsstand	2153
§ 18 Änderungen der Allgemeinen Versicherungsbedingungen	2153

Der Versicherungsschutz

§ 1 Gegenstand, Umfang und Geltungsbereich des Versicherungsschutzes

(1) Der Versicherer bietet Versicherungsschutz gegen Verdienstausfall als Folge von Krankheiten oder Unfällen, soweit dadurch Arbeitsunfähigkeit verursacht wird. Er zahlt im Versicherungsfall für die Dauer einer Arbeitsunfähigkeit ein Krankentagegeld in vertraglichem Umfang.

(2) Versicherungsfall ist die medizinisch notwendige Heilbehandlung einer versicherten Person wegen Krankheit oder Unfallfolgen, in deren Verlauf Arbeitsunfähigkeit ärztlich festgestellt wird. Der Versicherungsfall beginnt mit der Heilbehandlung; er endet, wenn nach medizinischem Befund keine Arbeitsunfähigkeit und keine Behandlungsbedürftigkeit mehr bestehen. Eine während der Behandlung

---

[1] Zum Abdruck und zur Kommentierung der MB/KT 2009, Stand: 1. Januar 2009, s. die Vorauflage (2. Aufl. 2011), S. 1839–1863.

neu eingetretene und behandelte Krankheit oder Unfallfolge, in deren Verlauf Arbeitsunfähigkeit ärztlich festgestellt wird, begründet nur dann einen neuen Versicherungsfall, wenn sie mit der ersten Krankheit oder Unfallfolge in keinem ursächlichen Zusammenhang steht. Wird Arbeitsunfähigkeit gleichzeitig durch mehrere Krankheiten oder Unfallfolgen hervorgerufen, so wird das Krankentagegeld nur einmal gezahlt.

(3) Arbeitsunfähigkeit im Sinne dieser Bedingungen liegt vor, wenn die versicherte Person ihre berufliche Tätigkeit nach medizinischem Befund vorübergehend in keiner Weise ausüben kann, sie auch nicht ausübt und keiner anderweitigen Erwerbstätigkeit nachgeht.

(4) Der Umfang des Versicherungsschutzes ergibt sich aus dem Versicherungsschein, späteren schriftlichen Vereinbarungen, den Allgemeinen Versicherungsbedingungen (Musterbedingungen mit Anhang, Tarif mit Tarifbedingungen) sowie den gesetzlichen Vorschriften. Das Versicherungsverhältnis unterliegt deutschem Recht.

(5) Der Versicherungsnehmer kann die Umwandlung der Versicherung in einen gleichartigen Versicherungsschutz verlangen, sofern die versicherte Person die Voraussetzungen für die Versicherungsfähigkeit erfüllt. Der Versicherer nimmt einen Antrag auf Umwandlung in angemessener Frist an. Die erworbenen Rechte bleiben erhalten; die nach den technischen Berechnungsgrundlagen gebildete Rückstellung für das mit dem Alter der versicherten Person wachsende Wagnis (Alterungsrückstellung) wird nach Maßgabe dieser Berechnungsgrundlagen angerechnet. Soweit der neue Versicherungsschutz höher oder umfassender ist, kann insoweit ein Risikozuschlag (§ 8 a Abs. 3 und 4) verlangt oder ein Leistungsausschluss vereinbart werden; ferner sind für den hinzukommenden Teil des Versicherungsschutzes Wartezeiten (§ 3 Abs. 6) einzuhalten. Der Umwandlungsanspruch besteht bei Anwartschafts- und Ruhensversicherungen nicht, solange der Anwartschaftsgrund bzw. der Ruhensgrund nicht entfallen ist[1]; mit Ausnahme einer Befristung nach § 196 VVG besteht der Umwandlungsanspruch auch nicht bei befristeten Versicherungsverhältnissen. Die Umwandlung des Versicherungsschutzes aus einem Tarif, bei dem die Beiträge geschlechtsunabhängig kalkuliert werden, in einen Tarif, bei dem dies nicht der Fall ist, ist ausgeschlossen.

(6) Der Versicherungsschutz erstreckt sich auf Deutschland.

(7) Bei einem vorübergehenden Aufenthalt im europäischen Ausland wird für im Ausland akut eingetretene Krankheiten oder Unfälle das Krankentagegeld in vertraglichem Umfang für die Dauer einer medizinisch notwendigen stationären Heilbehandlung in einem öffentlichen Krankenhaus gezahlt. Für einen vorübergehenden Aufenthalt im außereuropäischen Ausland können besondere Vereinbarungen getroffen werden.

(8) Verlegt eine versicherte Person ihren gewöhnlichen Aufenthalt in einen anderen Mitgliedstaat der Europäischen Union oder einen anderen Vertragsstaat des Abkommens über den Europäischen Wirtschaftsraum, wird für in diesem Staat akut eingetretene Krankheiten oder Unfälle das Krankentagegeld in vertraglichem Umfang für die Dauer einer medizinisch notwendigen stationären Heilbehandlung in einem öffentlichen Krankenhaus gezahlt.

---

1 Die BaFin vertritt die Auffassung, dass der Versicherungsnehmer gemäß § 178 f VVG a.F. einen Anspruch auf Umwandlung einer Anwartschafts- oder Ruhensversicherung bezüglich eines Tarifs in eine solche bezüglich eines anderen Tarifs mit gleichartigem Versicherungsschutz habe; die Regelung also gegen § 178 o VVG a.F. verstoße.

I. Verdienstausfallversicherung (Abs. 1)

Nach Abs. 1 ist die Krankentagegeldversicherung Verdienstausfallversicherung.[2] Ihr Zweck ist der Ausgleich der durch den Ausfall der Arbeitskraft des Versicherten entstehenden Vermögensnachteile.[3] Sie erfüllt damit auch einen sozialen Schutzzweck.[4] Die Krankentagegeldversicherung ist nach den MB/KT 09 idR Summenversicherung (s. § 192 VVG Rn 39), so dass nach § 194 Abs. 1 S. 1 VVG insb. § 86 VVG nicht gilt. Versicherbar sind Selbständige und abhängig Beschäftigte, für diese idR mit Karenzzeiten, die Lohnfortzahlungsansprüchen Rechnung tragen. 1

II. Versicherungsfall (Abs. 2); Arbeitsunfähigkeit (Abs. 3)

Abs. 2 S. 1 bestimmt den Versicherungsfall. Anspruchsvoraussetzung ist zum einen eine medizinisch notwendige Heilbehandlung (s. auch § 4 Abs. 5) wegen Krankheit oder Unfallfolgen; es gelten hier die gleichen Grundsätze wie in der Krankheitskostenversicherung[5] (s. § 1 MB/KK 09 Rn 4 ff). Kostenaspekte spielen hier wesensbedingt keine Rolle. Weiter muss eine auf Krankheit oder Unfallfolge zumindest mitursächlich zurückzuführende, nach Abs. 3 näher bestimmte Arbeitsunfähigkeit (s. Rn 3 f) hinzutreten.[6] Die Maßstäbe sozialrechtlicher Renten gelten nicht.[7] Schließlich muss die Arbeitsunfähigkeit ärztlich festgestellt sein; die Feststellung durch einen Heilpraktiker reicht nicht aus. § 4 Abs. 7 ist zu beachten, folglich muss die Feststellung schriftlich erfolgen (vgl auch § 9 Abs. 1). Sie ist nicht rückwirkend möglich.[8] Die ärztliche Feststellung entfaltet keine Bindungswirkung zu Lasten des VR (s. § 4 Rn 5). Die drei Voraussetzungen des – wirksamen[9] – Abs. 3 müssen **kumulativ** erfüllt sein.[10] Keine Anspruchsvoraussetzung ist nach zutreffender hM, dass dem Versicherten tatsächlich ein Schaden in Form eines Verdienstausfalles entstanden ist (vgl auch § 4 Rn 1):[11] Die Reichweite des gebotenen Schutzes ist erkennbar nicht unmittelbar am Verdienstausfall ausgerichtet. Der Versicherungsanspruch orientiert sich nicht am tatsächlich erzielten Arbeitseinkommen, sondern ist rein tätigkeitsbezogen.[12] 2

Arbeitsunfähigkeit knüpft an die konkrete berufliche Tätigkeit der versicherten Person und nicht allgemein an ihre beruflichen Möglichkeiten an. Dementsprechend bemisst sich die Arbeitsunfähigkeit nach der bisherigen Art der Berufsausübung, selbst wenn der Versicherte noch andere Tätigkeiten ausüben kann.[13] Bei der Bewertung, ob Tätigkeiten zur **Berufsausübung** gehören oder nicht, kommt es auf das Berufsbild an, das sich aus der bis zum Eintritt des Versicherungsfalles 3

---

2 BGH 11.3.2015 – IV ZR 54/14, r+s 2015, 242; Langheid/Wandt/*Hütt*, § 192 VVG Rn 125.
3 BGH 9.3.2011 – IV ZR 137/10, r+s 2011, 256 = VersR 2011, 518; *Rogler*, jurisPR-VersR 8/2010 Anm. 3; OLG Köln 26.2.1997 – 5 U 165/96, VersR 1998, 1365.
4 StRspr, BGH 11.3.2015 – IV ZR 54/14, r+s 2015, 242; BGH 6.7.1983 – IVa ZR 206/81, VersR 1983, 848.
5 BGH 30.6.2010 – IV ZR 163/09, VersR 2010, 1171 m. Anm. *Fuchs*, jurisPR-VersR 9/2010 Anm. 2.
6 BGH 20.5.2009 – IV ZR 274/06, VersR 2009, 1063.
7 BGH 30.6.2010 – IV ZR 163/09, VersR 2010, 1171.
8 LG Köln 18.5.2005 – 23 O 158/03, VersR 2006, 781.
9 OLG Köln 24.8.2012 – 20 U 77/12, VersR 2013, 893 = r+s 2013, 188; OLG Koblenz 24.10.2008 – 10 U 230/07, VersR 2009, 626.
10 Vgl BGH 25.11.1992 – IV ZR 187/91, VersR 1993, 297.
11 *Boetius*, PKV, § 192 VVG Rn 295; Bach/Moser/*Wilmes*, § 1 MBKT Rn 6 mwN.
12 BGH 11.3.2015 – IV ZR 54/14, r+s 2015, 242.
13 BGH 9.3.2011 – IV ZR 137/10, VersR 2011, 518 = r+s 2011, 256; BGH 20.5.2009 – IV ZR 274/06, VersR 2009, 1063.

konkret ausgeübten Tätigkeit der versicherten Person ergibt;[14] dabei ist nur entscheidend, ob die fragliche Tätigkeit nach ihrer Art der zuletzt konkret ausgeübten beruflichen Tätigkeit zuzuordnen ist.[15] Diese muss der VN im Prozess substantiiert darlegen.[16] Irrelevant ist also, welcher Beruf im Antragsformular angegeben, welcher Beruf zuletzt angezeigt wurde (§ 9 Abs. 5)[17] oder ob noch Tätigkeiten ausgeübt werden können, die in einem übergeordneten Berufsbild enthalten sind (zB Krankenschwester statt OP-Schwester).[18] In Phasen der **Arbeitssuche** (s. § 15 Rn 3) ist auf die konkrete bislang ausgeübte Berufstätigkeit abzustellen,[19] ebenso in der Freistellungsphase der Altersteilzeit (s. aber § 15 Rn 14).[20] Auf einen **Arbeitsstellenwechsel** muss sich der VN nicht verweisen lassen,[21] ebenso wenig auf einen Vergleichsberuf oder gar sonstige auf dem Arbeitsmarkt vorhandene Erwerbstätigkeiten (s. auch § 15 Rn 4).[22] Ein **Selbständiger** muss seinen Geschäftsbetrieb nicht umorganisieren, um sich auf einem Berufsfeld betätigen zu können, das ihm trotz seiner Erkrankung noch zugänglich ist.[23] Er ist nicht gezwungen, seine berufliche Tätigkeit durch Austausch oder Veränderung der bislang eingesetzten Arbeitsmittel neu zu organisieren.[24] Übernimmt der VR finanziell eine Änderung der Arbeitsmittel, die die Arbeitsunfähigkeit beheben, ohne dass hierzu gleichzeitig die Arbeitsabläufe an sich zu ändern sind, ist dem Versicherten dies im Rahmen von Treu und Glauben zumutbar.[25]

4 Der **Verlust der Arbeitsfähigkeit** muss **vollständig** sein, also zu 100 % bestehen;[26] kein Anspruch besteht daher, wenn der VN in der Lage ist, dem ausgeübten Beruf in seiner konkreten Ausgestaltung mindestens teilweise nachzugehen.[27] Hierfür genügt es aber nicht, dass der Versicherte lediglich zu einzelnen Tätigkeiten in der Lage ist, die im Rahmen seiner Berufstätigkeit zwar auch anfallen, isoliert aber keinen Sinn ergeben;[28] die für den Beruf erforderliche Grundvoraussetzung muss erhalten sein,[29] eine „wertschöpfende Tätigkeit" muss weiterhin möglich sein.[30] Damit entfällt etwa bei Selbständigen ein Anspruch, wenn der VN noch leitende, aufsichtsführende oder kaufmännische – wertschöpfende[31] – Tätigkeiten ausüben kann, sofern solche Tätigkeiten bereits zuvor – wenn auch in geringem Umfang –

---

14 BGH 18.7.2007 – IV ZR 129/06, VersR 2007, 1260; BGH 25.11.1992 – IV ZR 187/91, VersR 1993, 297.
15 BGH 11.3.2015 – IV ZR 54/14, r+s 2015, 242.
16 KG 21.11.2003 – 6 W 220/03, r+s 2004, 293.
17 Prölss/Martin/*Voit*, § 1 MBKT Rn 5.
18 BGH 25.11.1992 – IV ZR 187/91, VersR 1993, 297.
19 BGH 27.3.2013 – IV ZR 256/12, VersR 2013, 848.
20 AA LG Oldenburg 6.12.2013 – 13 O 1391/13, r+s 2014, 512.
21 BGH 25.11.1992 – IV ZR 187/91, VersR 1993, 297.
22 BGH 9.3.2011 – IV ZR 137/10, VersR 2011, 518 = r+s 2011, 256; BGH 20.5.2009 – IV ZR 274/06, VersR 2009, 1063; BGH 9.7.1997 – IV ZR 253/96, VersR 1997, 1133.
23 BGH 20.5.2009 – IV ZR 274/06, VersR 2009, 1063.
24 BGH 20.5.2009 – IV ZR 274/06, VersR 2009, 1063 m. Anm. *Rogler*, jurisPR-VersR 8/2009 Anm. 3.
25 *Rogler*, jurisPR-VersR 8/2009 Anm. 3; offen gelassen von BGH 20.5.2009 – IV ZR 274/06, VersR 2009, 1063.
26 BGH 11.3.2015 – IV ZR 54/14, r+s 2015, 242; BGH 25.11.1992 – IV ZR 187/91, VersR 1993, 297; OLG Koblenz 28.10.2004 – 10 U 1454/03, VersR 2005, 968.
27 BGH 11.3.2015 – IV ZR 54/14, r+s 2015, 242; BGH 3.4.2013 – IV ZR 239/11, VersR 2013, 615 = r+s 2013, 295.
28 BGH 3.4.2013 – IV ZR 239/11, VersR 2013, 615 = r+s 2013, 295.
29 BGH 3.4.2013 – IV ZR 239/11, VersR 2013, 615 = r+s 2013, 295: Rechtsanwalt mit schlaganfallbedingter Leseschwäche.
30 OLG Karlsruhe 14.6.2012 – 9 U 139/10, VersR 2013, 172 = r+s 2012, 555 mwN.
31 OLG Köln 18.2.2008 – 5 U 1/07, VersR 2008, 912; OLG Saarbrücken 23.11.2005 – 5 U 70/05-8, VersR 2006, 644; OLG Naumburg 10.3.2005 – 4 U 190/04, OLGR Naumburg 2006, 100.

zu seinem Aufgabenbereich gehörten.[32] Lediglich im Extremfall kann ein Berufen des VR hierauf treuwidrig sein (§ 242 BGB).[33] Ein vollständiger Verlust der Arbeitsfähigkeit ist auch nicht gegeben, wenn der Versicherte einem bereits zuvor ausgeübten „Zweitberuf" noch nachgehen kann.[34] Die sog. **Arbeitsplatzunverträglichkeit** (zB wegen Mobbings) schließt die Annahme von Arbeitsunfähigkeit nicht aus, nur weil/wenn eine Erkrankung durch Umstände an dem bisherigen Arbeitsplatz verursacht oder verstärkt worden ist (s. auch § 9 Rn 5).[35] Ob der Versicherte seinem Beruf nicht mehr in der bisherigen Ausgestaltung nachgehen kann, ist durch einen Vergleich der Leistungsfähigkeit, die für die bis zur Erkrankung konkret ausgeübte Tätigkeit erforderlich ist, mit der noch verbliebenen Leistungsfähigkeit festzustellen.[36] Die **Wiedererlangung der (teilweisen) Arbeitsfähigkeit** führt – vorbehaltlich einer anders lautenden Regelung in den AVB – zur Beendigung der Leistungspflicht des VR, da vollständige Arbeitsunfähigkeit während des gesamten Leistungszeitraums vorliegen muss.[37] Die Arbeitsunfähigkeit muss bzw darf nur vorübergehend sein, anderenfalls **Berufsunfähigkeit** nach § 15 Buchst. b vorliegen kann.

Eine tatsächliche Berufsausübung liegt auch bei einer nur geringfügig beruflichen Tätigkeit vor;[38] dies gilt auch für eine Wiedereingliederungsmaßnahme iSv § 74 SGB V.[39] Eine Korrektur im Einzelfall über § 242 BGB ist allenfalls als absolute Ausnahme denkbar.[40] Dass eine Tätigkeit des VN nicht zu einer Gewinnerzielung geführt hat, ist ohne Belang.[41] Reine Arbeitsversuche sind dagegen ebenso wenig anspruchsschädlich[42] wie Umschulungen, die der Vorbereitung eines neuen Berufes dienen. Anspruchsschädlich ist die tatsächliche Berufsausübung nur für die Tage, während derer sie auch ausgeübt wurde;[43] der VN muss die konkreten, genau zu bestimmenden Tage (bzw Zeiträume) der Arbeitsunfähig nach § 286 ZPO beweisen.[44] Die Möglichkeit zu einer außerordentlichen Kündigung (ex nunc) bleibt davon unberührt (§ 14 Abs. 2). Schließlich darf der VN auch keiner sonstigen („anderweitigen") Erwerbstätigkeit nachgehen. Damit sind nur Tätigkeiten außerhalb des zuletzt ausgeübten Berufs gemeint.[45]

Abs. 2 S. 2 bestimmt – wie in § 1 MB/KK 09 – den sog. **gedehnten Versicherungsfall**; demnach müssen Versicherungsfall und Anspruchs- bzw Leistungszeitraum nicht zusammenfallen. Die Leistungspflicht des VR endet mit der Wiedererlangung

5

6

---

32 Beispielhaft OLG Köln 30.8.2000 – 5 U 22/00, VersR 2002, 349 (Revision nicht angenommen, BGH 14.11.2001 – IV ZR 233/00); OLG Koblenz 6.9.2002 – 10 U 1950/01, VersR 2003, 494; OLG Karlsruhe 4.3.1999 – 12 U 305/98, VersR 2000, 1007.
33 BGH 25.11.1992 – IV ZR 187/91, VersR 1993, 297; OLG Köln 30.8.2000 – 5 U 22/00, VersR 2002, 349; KG 21.11.2003 – 6 W 220/03, r+s 2004, 293.
34 OLG Celle 20.5.1999 – 8 U 110/98, VersR 2000, 1531.
35 BGH 9.3.2011 – IV ZR 137/10, VersR 2011, 518 = r+s 2011, 256.
36 BGH 20.5.2009 – IV ZR 274/06, VersR 2009, 1063.
37 Vgl BGH 25.11.1992 – IV ZR 187/91, VersR 1993, 297; OLG Koblenz 3.12.1999 – 10 U 307/99, VersR 2000, 1532; KG 21.11.2003 – 6 W 220/03, r+s 2004, 293.
38 BGH 18.7.2007 – IV ZR 129/06, VersR 2007, 1260 entgegen der bislang überwiegenden Rspr, zB OLG Hamm 24.8.1990 – 20 U 302/89, VersR 1991, 452; weitere Nachw. bei Bach/Moser/*Wilmes*, § 1 MBKT Rn 22.
39 BGH 11.3.2015 – IV ZR 54/14, r+s 2015, 242; *Ombudsmann-PKV*, Jahresbericht 2013, S. 53.
40 Vgl BGH 18.7.2007 – IV ZR 129/06, VersR 2007, 1260.
41 Vgl OLG Saarbrücken 23.11.2005 – 5 U 70/05-8, VersR 2006, 644.
42 OLG Köln 10.1.2014 – 20 U 119/13, r+s 2014, 292 = VersR 2014, 292; offen gelassen von BGH 11.3.2015 – IV ZR 54/14, r+s 2015, 242; vgl auch BGH 20.5.2009 – IV ZR 274/06, VersR 2009, 1063, 1065.
43 BK/*Hohlfeld*, § 178 b VVG Rn 17; OLG Düsseldorf 19.9.1995 – 4 U 164/94, VersR 1996, 835 (Schätzung nach § 287 ZPO) – zweifelhaft.
44 OLG Karlsruhe 14.6.2012 – 9 U 139/10, VersR 2013, 172 = r+s 2012, 555.
45 BGH 11.3.2015 – IV ZR 54/14, r+s 2015, 242.

der Arbeitsfähigkeit. Zum Beginn des Versicherungsfalles s. § 1 MB/KK 09 Rn 18; sein Ende tritt ein, wenn weder Arbeitsunfähigkeit noch Behandlungsbedürftigkeit bestehen. Der weitere Anspruch entfällt, wenn Arbeitsfähigkeit im Anschluss an eine Erkrankung nach medizinischem Befund auch nur teilweise wiedererlangt wird; dies gilt auch dann, wenn der VN tatsächlich nicht arbeitet und deshalb kein Geld verdient.[46]

7 Ein **neuer Versicherungsfall** liegt nach Abs. 2 S. 3 nicht vor, wenn nach wiedergewonnener Arbeitsfähigkeit, aber noch vor Ende der Behandlungsbedürftigkeit erneut Arbeitsunfähigkeit wegen derselben Erkrankung eintritt. Hier setzt die Leistungspflicht des VR ohne erneute Anrechnung von Karenztagen wieder ein;[47] nur wenn die wieder eingetretene Arbeitsunfähigkeit in keinem Zusammenhang mit der bereits vorliegenden Behandlungsbedürftigkeit steht, liegt ein neuer Versicherungsfall vor und vereinbarte Karenztage werden erneut berücksichtigt. Bei bestehendem Grundleiden bilden Behandlungen, die von vornherein feststehen (zB Dialysebehandlungen bei Niereninsuffizienz), einen einheitlichen Versicherungsfall;[48] dagegen stellen bei Dauerleiden, die zeitweise akute Beschwerden hervorrufen (zB Bandscheibenerkrankungen), die Zustände akuter Beschwerden jeweils eigenständige Versicherungsfälle auch dann dar, wenn das Grundleiden für sich gesehen behandlungsbedürftig ist.[49]

III. Umfang des Versicherungsschutzes (Abs. 4, 5); Aufenthaltsverlegung (Abs. 6–8)

8 **Abs. 4 und 5** entsprechen § 1 Abs. 3, 6 MB/KK 09 (s. § 1 MB/KK 09 Rn 21 ff); der Sonderregelung des § 196 VVG für die Krankentagegeldversicherung wird in Abs. 5 S. 5 Hs 2 Rechnung getragen.

9 Nach dem unbedenklichen[50] **Abs. 6** wird Versicherungsschutz grds. nur in **Deutschland** gewährt. **Abs. 7** schränkt dies jedoch für die stationäre Behandlung eines Akutfalls in einem öffentlichen Krankenhaus während eines vorübergehenden **Auslandsaufenthalts in Europa** (s. § 1 MB/KK 09 Rn 22) ein.[51] **Abs. 8** bildet schließlich eine Gegenerweiterung für das assoziierte Europa: Der Aufenthalt muss dann zur Begründung der Leistungspflicht des VR nicht ein vorübergehender sein (vgl § 207 VVG Rn 33 ff). Abs. 8 verstößt nicht gegen §§ 207 Abs. 3, 208 S. 1 VVG,[52] da dieser seinem Sinn nach nur die Leistung der Höhe nach meint und nicht die Überprüfbarkeit des Versicherungsfalles dem Grunde nach wie Abs. 8.

IV. Prozessuales

10 **1. Beweislast.** Für eine schlüssige Klage muss vom VN substantiiert zu den gesundheitlichen Beschwerden, zur bisher ausgeübten Berufstätigkeit,[53] zu deren Beeinträchtigung durch die Erkrankung bzw zu den Unfallfolgen und deren Behand-

---

46 BGH 11.3.2015 – IV ZR 54/14, r+s 2015, 242.
47 OLG Stuttgart 30.12.1993 – 7 U 85/93, VersR 1995, 524; Bach/Moser/*Wilmes*, § 1 MBKT Rn 29; Langheid/Wandt/*Hütt*, § 192 VVG Rn 157.
48 OLG Köln 25.1.1990 – 5 U 179/89, VersR 1990, 963; OLG Stuttgart 30.12.1993 – 7 U 85/93, VersR 1995, 524.
49 Bach/Moser/*Wilmes*, § 1 MBKT Rn 29.
50 Langheid/Wandt/*Hütt*, § 192 VVG Rn 159; OLG Düsseldorf 30.9.1997 – 4 U 104/96, r+s 1998, 124 mwN.
51 Vgl OLG Düsseldorf 30.9.1997 – 4 U 104/96, r+s 1998, 124.
52 AA *Boetius*, PKV, § 192 VVG Rn 252 f.
53 OLG Saarbrücken 29.6.2011 – 5 U 297/09, VersR 2012, 845 = r+s 2012, 189; OLG Köln 18.2.2008 – 5 U 1/07, VersR 2008, 912; vgl auch BGH 12.11.2008 – IV ZR 273/07, juris.

lung vorgetragen werden.[54] Die Beweislast für das Vorliegen bedingungsgemäßer Arbeitsunfähigkeit hat der VN (vgl auch § 4 Rn 5).[55] Dies gilt insb. auch dafür, dass er seine berufliche Tätigkeit in keiner Weise ausüben konnte und sie oder eine andere Erwerbstätigkeit auch nicht ausgeübt hat,[56] da es sich insofern um eine primäre Risikobegrenzung handelt.[57] Insoweit genügt es allerdings zunächst – wie beim Beweis negativer Tatsachen üblich –, dass der VN sich auf schlichtes Behaupten beschränkt.[58] Dem VR obliegt es dann, substantiiert zu bestreiten und Gegenteiliges darzulegen.[59] Im **Rückforderungsfall** hat der VR nachzuweisen, dass der Versicherte im Leistungszeitraum nicht bedingungsgemäß arbeitsunfähig war, wenn der VR ihm zu Gebote stehende Aufklärungsmöglichkeiten (§ 9 Abs. 3) nicht nutzt und gleichwohl leistet.[60] Behauptet der VR Berufsunfähigkeit, konzediert er damit nicht gleichzeitig Arbeitsunfähigkeit.[61]

2. Rechtsschutz. Eine Leistungsklage auf Krankentagegeld für die Zukunft ist weder nach § 257 ZPO zulässig[62] noch idR nach § 258 ZPO,[63] da Grund und Umfang des Krankentagegeldgesamtanspruchs zur Zeit der Entscheidung mit überwiegender Wahrscheinlichkeit nicht feststellbar sein werden.[64] Damit ist mangels gegenwärtigen Rechtsverhältnisses iSd § 256 ZPO auch keine Feststellungsklage auf zukünftige Leistungspflicht zulässig.[65]

Der Anspruch auf Krankentagegeld kann grds. auch im Wege einer **einstweiligen Verfügung** durchgesetzt werden. Voraussetzung einer sog. **Befriedigungsverfügung** ist allerdings, dass sie zur Abwendung einer existenziellen Notlage des Versicherten erforderlich ist.[66] Die Möglichkeit, Sozialhilfe zu beantragen, beseitigt die Notlage nicht.[67] Der Anspruch geht allerdings nicht auf das vereinbarte Krankentage-

---

54 OLG Saarbrücken 29.6.2011 – 5 U 297/09, VersR 2012, 845 = r+s 2012, 189 mwN; LG Mühlhausen 15.3.2012 – 1 O 241/11, juris; LG Münster 5.11.2009 – 15 O 512/08, juris.
55 BGH 30.6.2010 – IV ZR 163/09, VersR 2010, 1171; BGH 3.5.2000 – IV ZR 110/99, VersR 2000, 841; OLG Köln 18.2.2008 – 5 U 1/07, VersR 2008, 912.
56 AA die wohl hM, Prölss/Martin/*Voit*, § 192 VVG Rn 198; OLG Hamm 23.5.1986 – 20 U 328/85, VersR 1987, 1085; Bach/Moser/*Wilmes*, § 1 MBKT Rn 24, 26; wie hier Langheid/Wandt/*Hütt*, § 192 VVG Rn 154; Prölss/Martin/*Prölss*, 27. Aufl. 2004, § 1 MBKT Rn 10.
57 Unentschieden BGH 29.6.1977 – IV ZR 63/76, VersR 1977, 833; unklar BGH 18.7.2007 – IV ZR 129/06, VersR 2007, 1260.
58 BGH 29.1.2008 – VI ZR 70/07, NJW 2008, 2033.
59 Vgl BGH 24.1.2006 – XI ZR 320/04, VersR 2006, 979; instruktiv auch OLG Köln 10.11.2008 – 5 U 48/08, OLGR Köln 2009, 276.
60 BGH 30.6.2010 – IV ZR 163/09, VersR 2010, 1171; BGH 3.5.2000 – IV ZR 110/99, VersR 2000, 841.
61 BGH 12.12.1990 – IV ZR 163/89, VersR 1991, 451.
62 *Rogler*, jurisPR-VersR 1/2009 Anm. 1.
63 Vgl LG Berlin 24.2.2005 – 7 O 569/04, r+s 2005, 338.
64 OLG Koblenz 7.3.2008 – 10 U 618/07, VersR 2009, 104; vgl auch BGH 2.12.1981 – IVb ZR 638/80, NJW 1982, 578; OLG Koblenz 18.11.2011 – 10 U 1111/10, VersR 2012, 1516 = r+s 2013, 398; LG Berlin 24.2.2005 – 7 O 569/04, r+s 2005, 338; Musielak/*Foerste*, ZPO, 7. Aufl. 2009, § 258 Rn 3; *Rogler*, jurisPR-VersR 1/2009 Anm. 1.
65 OLG Brandenburg 22.4.2014 – 11 U 234/12, juris; OLG Hamm 5.9.2012 – 20 U 80/12, VersR 2013, 309 = r+s 2013, 466; offen gelassen von OLG Hamm 1.4.2011 – 20 W 6/11, VersR 2011, 1329 = r+s 2012, 156.
66 OLG Koblenz 17.9.2010 – 10 U 249/10, VersR 2011, 1000; LG Dortmund 28.9.2006 – 2 O 310/06, juris; KG 16.9.2005 – 6 U 42/05, r+s 2006, 77; OLG München 9.10.2008 – 25 W 2183/08, NJW-RR 2009, 325; OLG Köln 1.9.2004 – 5 W 99/04, OLGR 2004, 418; OLG Köln 16.5.2007 – 5 U 39/07, r+s 2007, 463; OLG Jena 19.11.2008 – 4 U 716/08, OLGR Jena 2009, 131.
67 Str, OLG Köln 16.5.2007 – 5 U 39/07, r+s 2007, 463; LG Berlin 24.2.2005 – 7 O 569/04, r+s 2005, 338; *Rogler*, jurisPR-VersR 2/2008 Anm. 5; aA OLG Düsseldorf 15.5.2012 – 4 U 246/11, VersR 2012, 1378; OLG Koblenz 17.9.2010 – 10 U

geld in voller Höhe, sondern ist auf den Notbedarf des Antragstellers beschränkt.[68] Deshalb kann zB ein Bedarf für Kleidung nicht anerkannt werden.[69] Zum Streitwert s. Rn 13.

13 Zum **Streitwert** s. § 205 VVG Rn 39. Auch bei einem auf den Fortbestand eines Krankentagegeldvertrages gerichteten Feststellungsantrag sind vom VN behauptete, aber nicht eingeklagte Tagegeldansprüche mit 50 % zu berücksichtigen und der Regelbeschwer in Höhe der dreieinhalbfachen Jahresprämie hinzuzurechnen.[70] Eine Klage auf Feststellung der Verpflichtung zu zukünftigen Tagesgeldleistungen (s. aber Rn 11) bemisst sich nach dem Bezug von sechs Monaten, vermindert um einen Feststellungsabschlag von 20 %.[71] Der Streitwert einer **Befriedigungsverfügung** (s. Rn 12) kann nach dem um ein Drittel verminderten Hauptsachewert bemessen werden.[72]

§ 2 Beginn des Versicherungsschutzes

Der Versicherungsschutz beginnt mit dem im Versicherungsschein bezeichneten Zeitpunkt (Versicherungsbeginn), jedoch nicht vor Abschluss des Versicherungsvertrages (insbesondere Zugang des Versicherungsscheines oder einer schriftlichen Annahmeerklärung) und nicht vor Ablauf von Wartezeiten. Für Versicherungsfälle, die vor Beginn des Versicherungsschutzes eingetreten sind, wird nicht geleistet. Nach Abschluss des Versicherungsvertrages eingetretene Versicherungsfälle sind nur für den Teil von der Leistungspflicht ausgeschlossen, der in die Zeit vor Versicherungsbeginn oder in Wartezeiten fällt. Bei Vertragsänderungen gelten die Sätze 1 bis 3 für den hinzukommenden Teil des Versicherungsschutzes.

1 Die Regelung des § 2 entspricht § 2 Abs. 1 MB/KK 09 (s. § 2 MB/KK 09 Rn 1). Allerdings verstößt **S. 1** gegen § 196 Abs. 2 S. 1 VVG, wonach der Versicherungsschutz bereits mit Zugang des Antrags beim VR beginnt (§ 208 S. 1 VVG). **S. 2** entspricht dagegen § 196 Abs. 2 S. 2 VVG.

§ 3 Wartezeiten

(1) Die Wartezeiten rechnen vom Versicherungsbeginn an.

(2) Die allgemeine Wartezeit beträgt drei Monate. Sie entfällt bei Unfällen.

(3) Die besonderen Wartezeiten betragen für Psychotherapie, Zahnbehandlung, Zahnersatz und Kieferorthopädie acht Monate.

(4) Sofern der Tarif es vorsieht, können die Wartezeiten aufgrund besonderer Vereinbarung erlassen werden, wenn ein ärztliches Zeugnis über den Gesundheitszustand vorgelegt wird.

(5) Personen, die aus der privaten oder gesetzlichen Krankenversicherung ausgeschieden sind, wird bis zur Höhe des bisherigen Krankentagegeld- oder Kranken-

---

249/10,VersR 2011, 1000; OLG München 24.2.2010 – 14 W 14/10, VersR 2010, 755; LG Leipzig 19.12.2003 – 9 O 7492/03, r+s 2005, 114. Zur Krankheitskostenversicherung: OLG Oldenburg 4.3.2011 – 5 W 11/11, VersR 2011, 1256.
68 OLG Köln 16.5.2007 – 5 U 39/07, r+s 2007, 463; KG 16.9.2005 – 6 U 42/05, r+s 2006, 77.
69 Weitere Einzelposten bei LG Berlin 24.2.2005 – 7 O 569/04, r+s 2005, 338.
70 BGH 3.5.2000 – IV ZR 258/99, VersR 2000, 1430; OLG Jena 29.12.2009 – 4 W 565/09, juris.
71 OLG Hamm 1.4.2011 – 20 W 6/11, VersR 2011, 1329 = r+s 2012, 156.
72 OLG Hamm 1.4.2011 – 20 W 6/11, VersR 2011, 1329 = r+s 2012, 156.

geldanspruchs die nachweislich dort ununterbrochen zurückgelegte Versicherungszeit auf die Wartezeiten angerechnet. Voraussetzung ist, dass die Versicherung spätestens zwei Monate nach Beendigung der Vorversicherung zusammen mit einer Krankheitskostenversicherung beantragt wurde und der Versicherungsschutz in Abweichung von § 2 im unmittelbaren Anschluss beginnen soll. Entsprechendes gilt beim Ausscheiden aus einem öffentlichen Dienstverhältnis mit Anspruch auf Heilfürsorge.

(6) Bei Vertragsänderungen gelten die Wartezeitenregelungen für den hinzukommenden Teil des Versicherungsschutzes.

Zu Abs. 2 s. § 3 MB/KK 09 Rn 2. Abs. 3 entspricht – bis auf das Fehlen der Wartezeit für „Entbindung" – der Regelung des § 3 Abs. 3 MB/KK 09. Abs. 1, 4 und 6 sind mit § 3 MB/KK 09 identisch. Abs. 5 erstreckt die Wartezeitanrechnung wie § 3 Abs. 5 MB/KK 09 nunmehr auch auf private Kranken-(Tagegeld-)Versicherungen. 1

§ 4 Umfang der Leistungspflicht

(1) Höhe und Dauer der Versicherungsleistungen ergeben sich aus dem Tarif mit Tarifbedingungen.

(2) Das Krankentagegeld darf zusammen mit sonstigen Krankentage- und Krankengeldern das auf den Kalendertag umgerechnete, aus der beruflichen Tätigkeit herrührende Nettoeinkommen nicht übersteigen. Maßgebend für die Berechnung des Nettoeinkommens ist der Durchschnittsverdienst der letzten 12 Monate vor Antragstellung bzw. vor Eintritt der Arbeitsunfähigkeit, sofern der Tarif keinen anderen Zeitraum vorsieht.

(3) Der Versicherungsnehmer ist verpflichtet, dem Versicherer unverzüglich eine nicht nur vorübergehende Minderung des aus der Berufstätigkeit herrührenden Nettoeinkommens mitzuteilen.

(4) Erlangt der Versicherer davon Kenntnis, dass das Nettoeinkommen der versicherten Person unter die Höhe des dem Vertrage zugrunde gelegten Einkommens gesunken ist, so kann er ohne Unterschied, ob der Versicherungsfall bereits eingetreten ist oder nicht, das Krankentagegeld und den Beitrag mit Wirkung vom Beginn des zweiten Monats nach Kenntnis entsprechend dem geminderten Nettoeinkommen herabsetzen. Bis zum Zeitpunkt der Herabsetzung wird die Leistungspflicht im bisherigen Umfang für eine bereits eingetretene Arbeitsunfähigkeit nicht berührt.

(5) Die Zahlung von Krankentagegeld setzt voraus, dass die versicherte Person während der Dauer der Arbeitsunfähigkeit durch einen niedergelassenen approbierten Arzt oder Zahnarzt bzw. im Krankenhaus behandelt wird.

(6) Der versicherten Person steht die Wahl unter den niedergelassenen approbierten Ärzten und Zahnärzten frei.

(7) Eintritt und Dauer der Arbeitsunfähigkeit sind durch Bescheinigung des behandelnden Arztes oder Zahnarztes nachzuweisen. Etwaige Kosten derartiger Nachweise hat der Versicherungsnehmer zu tragen. Bescheinigungen von Ehegatten, Lebenspartnern gemäß § 1 Lebenspartnerschaftsgesetz Eltern oder Kindern reichen zum Nachweis der Arbeitsunfähigkeit nicht aus.

(8) Bei medizinisch notwendiger stationärer Heilbehandlung hat die versicherte Person freie Wahl unter den öffentlichen und privaten Krankenhäusern, die unter ständiger ärztlicher Leitung stehen, über ausreichende diagnostische und therapeutische Möglichkeiten verfügen und Krankengeschichten führen.

(9) Bei medizinisch notwendiger stationärer Heilbehandlung in Krankenanstalten, die auch Kuren bzw. Sanatoriumsbehandlung durchführen oder Rekonvaleszenten aufnehmen, im Übrigen aber die Voraussetzungen von Abs. 8 erfüllen, werden die tariflichen Leistungen nur dann erbracht, wenn der Versicherer diese vor Beginn der Behandlung schriftlich zugesagt hat. Bei Tbc-Erkrankungen wird in vertraglichem Umfange auch bei stationärer Behandlung in Tbc-Heilstätten und -Sanatorien geleistet.

(10) Der Versicherer gibt auf Verlangen des Versicherungsnehmers oder der versicherten Person Auskunft über und Einsicht in Gutachten oder Stellungnahmen, die der Versicherer bei der Prüfung der Leistungspflicht, für die Feststellung einer Arbeitsunfähigkeit oder einer Berufsunfähigkeit (vgl. § 15 Abs. 1 Buchstabe b), eingeholt hat. Wenn der Auskunft an oder der Einsicht durch den Versicherungsnehmer oder die versicherte Person erhebliche therapeutische Gründe oder sonstige erhebliche Gründe entgegenstehen, kann nur verlangt werden, einem benannten Arzt oder Rechtsanwalt Auskunft oder Einsicht zu geben. Der Anspruch kann nur von der jeweils betroffenen Person oder ihrem gesetzlichen Vertreter geltend gemacht werden. Hat der Versicherungsnehmer das Gutachten oder die Stellungnahme auf Veranlassung des Versicherers eingeholt, erstattet der Versicherer die entstandenen Kosten.

I. Höhe des Krankentagegeldes (Abs. 2)

1 Nach hM bewirkt die Regelung des Abs. 2 **keine automatische Herabsetzung oder Anpassung** des Krankentagegeldes an das maßgebende Nettoeinkommen der versicherten Person. Dies ergibt der Umkehrschluss aus Abs. 4, der dem VR eine eingeschränkte Herabsetzungsbefugnis einräumt. Abs. 2 ist damit lediglich rechtsfolgenloser **Programmsatz**.[1] Im Übrigen wäre die Regelung wegen der unklaren Benennung dreier ggf maßgeblicher Termine intransparent (§ 307 Abs. 1 S. 2 BGB).[2]

II. Mitteilungsobliegenheit (Abs. 3); Kürzung (Abs. 4)

2 Die in **Abs. 3** geregelte **Mitteilungsobliegenheit** ist unwirksam, da an dieser Stelle für den VN überraschend (§ 305 c Abs. 1 BGB); erwartet werden könnte eine solche Regelung berechtigterweise im Abschnitt „Pflichten des VN", konkret in § 9. Da Abs. 3 in § 10 Abs. 1 nicht genannt ist, bleibt eine Verletzung aber ohnehin sanktionslos;[3] es handelt sich lediglich um eine Ordnungsvorschrift. Ungeachtet dessen kann der VR nach **Abs. 4** mit entsprechender empfangsbedürftiger (konkludenter)[4] Erklärung gegenüber dem VN die Höhe des Krankentagegeldes unter entsprechender Herabsetzung der Prämie (nur) für die Zukunft **reduzieren**, frühestens

---

1 OLG Saarbrücken 20.3.2002 – 5 U 816/01, zfs 2002, 445; OLG Hamm 3.11.1999 – 20 U 102/99, VersR 2000, 750; Langheid/Wandt/*Hütt*, § 192 VVG Rn 139; Bach/Moser/*Wilmes*, § 4 MBKT Rn 9 mwN zur hM; aA im Sinne einer Leistungsgrenze OLG Celle 10.6.2010 – 8 U 18/10, VersR 2010, 1486; OLG Karlsruhe 11.6.1980 – 12 U 128/79, VersR 1982, 233; Prölss/Martin/*Voit*, § 4 MBKT Rn 5.
2 OLG Saarbrücken 20.3.2002 – 5 U 816/01, zfs 2002, 445; OLG Hamm 3.11.1999 – 20 U 102/99, VersR 2000, 750; zust. Bach/Moser/*Wilmes*, § 4 MBKT Rn 9 sowie BGH 19.12.1975 – IV ZR 107/74, VersR 1976, 431 zu ähnlichen AVB; vgl auch BGH 4.7.2001 – IV ZR 307/00, VersR 2001, 1100; aA OLG Celle 10.6.2010 – 8 U 18/10, VersR 2010, 1486.
3 OLG Brandenburg 27.7.2004 – 11 U 11/04, VersR 2005, 820; OLG Hamm 14.9.1989 – 5 U 245/88, VersR 1990, 769; Langheid/Wandt/*Hütt*, § 192 VVG Rn 170.
4 Unklar OLG Stuttgart 17.10.1998 – 7 U 139/98, VersR 1999, 1138 (Begründung der Herabsetzung erforderlich).

zwei Monate nach Kenntnis des VR;[5] die Klausel bewirkt keine automatische Anpassung.[6] Dass das Nettoeinkommen krankheitsbedingt gemindert ist, schließt die Anwendbarkeit der Abs. 3, 4 nicht aus.[7] Die Regelung ist aber (nur dann) wirksam, wenn sie dem VN die Möglichkeit gibt, durch eine Anwartschaftsversicherung eine spätere Erhöhung des versicherten Krankentagegeldes zurück auf den ursprünglichen Satz zu versichern.[8] Darüber hinaus können auch Bedenken wegen Intransparenz der Anpassungsregeln bestehen.[9] Nach Ablauf der 2-Monatsfrist ist eine Herabsetzung weiterhin für die Zukunft möglich.[10] Eine rückwirkende Herabsetzung könnte allerdings geboten sein, wenn der VN selbst gegen Abs. 3 verstoßen hat (§ 242 BGB);[11] da Abs. 3 indes unwirksam ist (s.o.), scheidet eine Rückwirkung auch insoweit aus.

Aus dem systematischen Zusammenhang mit Abs. 3 folgt, dass auch für **Abs. 4** eine „nicht nur vorübergehende" Minderung des Nettoeinkommens vorliegen muss; dies erfordert die Prognose voraussichtlicher Dauerhaftigkeit.[12] Der VN hat bei Herabsetzung die Möglichkeit zu kündigen (§ 13 Abs. 4).

Die **Beweislast** für das zugrunde gelegte Nettoeinkommen[13] – auch dafür, dass ein bestimmtes Einkommen überhaupt zugrunde gelegt wurde –, dessen nachfolgende Verringerung sowie den Zugang und den Zugangszeitpunkt des Herabsetzungsverlangens liegt beim VR; den VN trifft ggf eine sekundäre Darlegungslast.

III. Ärztliche Behandlung (Abs. 5); freie Arztwahl (Abs. 6)

Abs. 5 ist nach seinem Wortlaut und Kontext mit § 1 Abs. 2 S. 1 („Heilbehandlung") primäre Risikobeschränkung;[14] die Beweislast obliegt deshalb dem VN. Die Behandlung durch den VN als Arzt reicht nicht.[15] Die Behandlung muss nicht die „optimale" Therapie sein;[16] vgl im Übrigen § 4 MB/KK 09 Rn 5. **Abs. 6** entspricht § 4 Abs. 2 S. 1 MB/KK 09 (s. § 4 MB/KK 09 Rn 4 f). Die Behandlung durch einen Heilpraktiker reicht hier nicht.

IV. Freie Krankenhauswahl (Abs. 8); gemischte Anstalten (Abs. 9)

Abs. 8 und 9 entsprechen § 4 Abs. 4 und 5 MB/KK 09 (s. § 4 MB/KK 09 Rn 11 ff). Abs. 9 ist wirksam, da auch bei der Krankentagegeldversicherung, bei der es auf

---

5 Langheid/Wandt/*Hütt*, § 192 VVG Rn 139; vgl BGH 4.7.2001 – IV ZR 307/00, VersR 2001, 1100; str, vgl auch OLG Frankfurt 15.6.2000 – 3 U 184/99, VersR 2001, 318 sowie Bach/Moser/*Wilmes*, § 4 MBKT Rn 14.
6 BGH 4.7.2001 – IV ZR 307/00, VersR 2001, 1100 = r+s 2001, 431.
7 OLG München 27.7.2012 – 25 U 4610/11, r+s 2012, 607.
8 OLG München 27.7.2012 – 25 U 4610/11, r+s 2012, 607; insoweit zust. OLG Karlsruhe 23.12.2014 – 9 a U 15/14, r+s 2015, 78.
9 AA OLG Karlsruhe 23.12.2014 – 9 a U 15/14, r+s 2015, 78 (Revision eingelegt unter Az IV ZR 44/15).
10 OLG Stuttgart 17.10.1998 – 7 U 139/98, VersR 1999, 1138.
11 Bach/Moser/*Wilmes*, § 4 MBKT Rn 12; Prölss/Martin/*Voit*, § 4 MBKT Rn 18; Langheid/Wandt/*Hütt*, § 192 VVG Rn 171.
12 OLG München 27.7.2012 – 25 U 4610/11, r+s 2012, 607.
13 Zur Berechnung zB OLG Dresden 27.11.2013 – 7 U 26/13, r+s 2014, 418 = VersR 2014, 364; OLG Brandenburg 27.7.2004 – 11 U 11/04, VersR 2005, 820; OLG Frankfurt 15.6.2000 – 3 U 184/99, VersR 2001, 318; OLG Bamberg 18.10.2007 – 1 U 85/07, r+s 2007, 513.
14 LG Karlsruhe 30.1.1986 – 11 O 139/85, VersR 1987, 759; Bach/Moser/*Wilmes*, § 4 MBKT Rn 19; Prölss/Martin/*Voit*, § 4 MBKT Rn 27; aA OLG Stuttgart 28.7.1988 – 11 U 108/87, VersR 1989, 242 (LS).
15 OLG Köln 30.6.1988 – 5 U 36/88, VersR 1988, 1040.
16 OLG Koblenz 28.5.2010 – 10 U 686/09, VersR 2010, 1303; OLG Köln 24.11.2010 – 5 U 160/07, juris.

eine gerade stationäre Heilbehandlung zwar nicht ankommt (§ 1 Abs. 2 S. 1), Abgrenzungsprobleme zwischen medizinisch notwendiger Behandlung und Kurbehandlung bestehen können.[17] Allerdings sollte hier wegen der hier doch geminderten Gefahrenlage für den VR sein Berufen auf den Ausschluss rechtsmissbräuchlich sein, wenn der VN den Gegenbeweis führen kann, dass eine Kurbehandlung nicht vorlag.

V. Ärztliche Bescheinigung (Abs. 7)

5   Die **ärztliche Feststellung** nach S. 1 ist Fälligkeitsvoraussetzung,[18] die unverzügliche Vorlage gegenüber dem VR Obliegenheit des VN (§ 9 Abs. 1). Die (schriftliche;[19] s. § 1 Rn 2) Bescheinigung entfaltet selbst dann keine Bindungswirkung zu Lasten des VR, wenn dieser von seinem Untersuchungsrecht nach § 9 Abs. 3 keinen Gebrauch macht. Bei Bestreiten der Arbeitsunfähigkeit durch den VR kann der VN deren Nachweis durch die Vorlage der Arbeitsunfähigkeitsbescheinigung nicht führen, sondern ist im Prozess auf ein Sachverständigengutachten angewiesen.[20] Die ausstellenden bzw behandelnden Ärzte sind als Zeugen kein geeignetes Beweismittel, da die medizinische Bewertung der Arbeitsunfähigkeit Sache des Sachverständigen ist.[21] Einem vorgelegten (widersprechenden) Parteigutachten ist besondere Aufmerksamkeit zu schenken.[22]

6   Die **Kostenregelung** des S. 2 ist jedenfalls dann unbedenklich, wenn die Krankentagegeldversicherung Summenversicherung ist, da eine Abweichung von § 85 VVG, der nur für die Schadensversicherung gilt (s. auch § 194 Abs. 1 S. 1 VVG) nicht vorliegen kann.[23]

7   Der Regelung des S. 3 kann der VN entnehmen, dass auch eine Bestätigung durch **ihn selbst als Arzt** nicht ausreicht.[24]

VI. Auskunftspflicht (Abs. 10)

8   Die Regelung entspricht § 202 VVG. Sie ist bis auf S. 1 auch mit § 4 Abs. 8 MB/KK wortlautgleich. Die thematische Erweiterung (vgl § 208 S. 1 VVG) auf Gutachten oder Stellungnahmen, die für die Feststellung einer Arbeitsunfähigkeit oder einer Berufsunfähigkeit iSd § 15 Abs. 1 Buchst. b) eingeholt worden sind, ist lediglich deklaratorisch, da beide Aspekte letztlich ebenfalls die Prüfung der Leistungspflicht des VR betreffen.

§ 5 Einschränkung der Leistungspflicht

(1) Keine Leistungspflicht besteht bei Arbeitsunfähigkeit

---

17 Str, Bach/Moser/*Wilmes*, § 4 MBKT Rn 25 f; LG Bonn 25.6.2013 – 5 S 64/13, NJW-RR 2013, 1508; aA OLG Oldenburg 1.10.1997 – 2 U 185/97, VersR 1998, 174; einschr. OLG Köln 15.3.1990 – 5 U 184/89, r+s 1990, 213; OLG Nürnberg 23.2.1995 – 8 U 2536/94, VersR 1996, 49; offen Prölss/Martin/*Voit*, § 4 MBKT Rn 34 f.
18 BGH 30.6.2010 – IV ZR 163/09, VersR 2010, 1171; OLG Hamm 20.7.1988 – 20 W 28/88, r+s 1988, 309.
19 Bach/Moser/*Wilmes*, § 10 MBKT Rn 3 und Prölss/Martin/*Voit*, § 9 Rn 2 lassen unter Hinweis auf BGH 12.12.1990 – IV ZR 163/89, VersR 1991, 451 einen formlosen Nachweis zu. Die Entscheidung gibt dies mE aber nicht her.
20 BGH 30.6.2010 – IV ZR 163/09, VersR 2010, 1171; BGH 3.5.2000 – IV ZR 110/99, VersR 2000, 841.
21 So jetzt auch ausdr. BGH 30.6.2010 – IV ZR 163/09, VersR 2010, 1171.
22 BGH 30.6.2010 – IV ZR 163/09, VersR 2010, 1171.
23 Vgl Prölss/Martin/*Voit*, § 4 MBKT Rn 32; Bach/Moser/*Wilmes*, § 4 MBKT Rn 24.
24 Bach/Moser/*Wilmes*, § 4 MBKT Rn 23.

a) wegen solcher Krankheiten einschließlich ihrer Folgen, sowie wegen Folgen von Unfällen, die durch Kriegsereignisse verursacht oder als Wehrdienstbeschädigungen anerkannt und nicht ausdrücklich in den Versicherungsschutz eingeschlossen sind;

b) wegen auf Vorsatz beruhender Krankheiten und Unfälle einschließlich deren Folgen sowie wegen Entziehungsmaßnahmen einschließlich Entziehungskuren;

c) wegen Krankheiten und Unfallfolgen, die auf eine durch Alkoholgenuss bedingte Bewusstseinsstörung zurückzuführen sind;

d) ausschließlich wegen Schwangerschaft, ferner wegen Schwangerschaftsabbruch, Fehlgeburt und Entbindung;

e) während der gesetzlichen Beschäftigungsverbote für werdende Mütter und Wöchnerinnen in einem Arbeitsverhältnis (Mutterschutz). Diese befristete Einschränkung der Leistungspflicht gilt sinngemäß auch für selbständig Tätige, es sei denn, dass die Arbeitsunfähigkeit in keinem Zusammenhang mit den unter d) genannten Ereignissen steht;

f) wenn sich die versicherte Person nicht an ihrem gewöhnlichen Aufenthalt in Deutschland aufhält, es sei denn, dass sie sich – unbeschadet des Absatzes 2 – in medizinisch notwendiger stationärer Heilbehandlung befindet (vgl. § 4 Abs. 8 und 9). Wird die versicherte Person in Deutschland außerhalb ihres gewöhnlichen Aufenthalts arbeitsunfähig, so steht ihr das Krankentagegeld auch zu, solange die Erkrankung oder Unfallfolge nach medizinischem Befund eine Rückkehr ausschließt;

g) während Kur- und Sanatoriumsbehandlung sowie während Rehabilitationsmaßnahmen der gesetzlichen Rehabilitationsträger, wenn der Tarif nichts anderes vorsieht.

(2) Während des Aufenthaltes in einem Heilbad oder Kurort – auch bei einem Krankenhausaufenthalt – besteht keine Leistungspflicht. Die Einschränkung entfällt, wenn die versicherte Person dort ihren gewöhnlichen Aufenthalt hat oder während eines vorübergehenden Aufenthaltes durch eine vom Aufenthaltszweck unabhängige akute Erkrankung oder einen dort eingetretenen Unfall arbeitsunfähig wird, solange dadurch nach medizinischem Befund die Rückkehr ausgeschlossen ist.

Die **Beweislast** für die Ausschlusstatbestände liegt jeweils beim VR.[1]

Abs. 1 entspricht inhaltlich unter Berücksichtigung der Besonderheiten der Krankentagegeldversicherung in **Buchst. a, b und g** dem § 5 Abs. 1 Buchst. a, b und d MB/KK 09. Entgegen teilweise vertretener Ansicht ist Buchst. g wirksam:[2] Der VR hat ein berechtigtes Interesse, den Abgrenzungsschwierigkeiten zwischen bloßer Kurbedürftigkeit und Arbeitsunfähigkeit aus dem Weg zu gehen; der Versicherte kann dem durch anderweitige tarifliche Gestaltung begegnen.

Buchst. c schließt bei auf (auch einmaligem) **Alkoholgenuss** beruhender Arbeitsunfähigkeit wirksam[3] die Leistungspflicht aus. In übertragbarer[4] Anwendung der für die Unfallversicherung entwickelten Grundsätze ist von einer Bewusstseinsstörung – bei konkreter Einzelfallbetrachtung – auszugehen, wenn eine Störung der Aufnahme- und Reaktionsfähigkeit vorliegt, die so stark ist, dass der Versicherte der

---

1 OLG Saarbrücken 4.3.1998 – 5 U 773/97-66, VersR 1999, 479.
2 Wohl auch Bach/Moser/*Wilmes*, § 5 MBKT Rn 19; aA OLG Oldenburg 1.10.1997 – 2 U 185/97, VersR 1998, 174; offen Prölss/Martin/*Voit*, § 5 MBKT Rn 8 mwN.
3 BGH 24.11.1972 – IV ZR 149/71, VersR 1971, 176.
4 Bach/Moser/*Wilmes*, § 5 MBKT Rn 3.

Gefahrenlage, in der er sich befindet, nicht mehr gewachsen ist.[5] Bei alkoholbedingter Fahruntauglichkeit spricht eine Vermutung für das Vorliegen einer Bewusstseinsstörung. Deren Mitursächlichkeit für die Arbeitsunfähigkeit genügt, wobei dem VR die Regeln des Anscheinsbeweises zugute kommen.[6]

4 Der wirksame[7] **Buchst. d** erfordert die alleinige Kausalität der genannten Tatbestände für die Arbeitsunfähigkeit.[8] Thematisch anschließend befristet **Buchst. e** wirksam[9] den Ausschluss während der gesetzlichen Mutterschutzzeiten. Die Kausalitätsgegenausnahme des S. 2 Hs 2 für Selbständige findet keine (entsprechende) Anwendung auf unselbständig Beschäftigte.[10]

5 Der befristete Ausschluss nach **Buchst. f** ist wirksam.[11] Der Versicherte muss für den VR für Maßnahmen nach § 9 Abs. 3 greifbar sein.[12] Zum „gewöhnlichen Aufenthalt" s. § 207 VVG Rn 35. Die Beweislast für die Gegenausnahmen des S. 1 aE und S. 2 liegt beim VN.[13] Siehe auch § 1 Abs. 6.

6 Zu **Abs. 2** s. § 5 MB/KK 09 Rn 12. Die Regelung ist wirksam.[14] Für die Gegenausnahme des S. 2 trifft den VN die Beweislast.

§ 6 Auszahlung der Versicherungsleistungen

(1) Der Versicherer ist zur Leistung nur verpflichtet, wenn die von ihm geforderten Nachweise erbracht sind; diese werden Eigentum des Versicherers.

(2) Im Übrigen ergeben sich die Voraussetzungen für die Fälligkeit der Leistungen des Versicherers aus § 14 VVG.

(3) Der Versicherer ist verpflichtet, an die versicherte Person zu leisten, wenn der Versicherungsnehmer ihm diese in Textform als Empfangsberechtigte für deren Versicherungsleistungen benannt hat. Liegt diese Voraussetzung nicht vor, kann nur der Versicherungsnehmer die Leistung verlangen.

(4) Kosten für die Überweisung der Versicherungsleistungen und für Übersetzung können von den Leistungen abgezogen werden.

(5) Ansprüche auf Versicherungsleistungen können weder abgetreten noch verpfändet werden.

1 Die Regelung des § 6 entspricht § 6 Abs. 1–3, 5 und 6 MB/KK 09. Siehe auch § 4 Rn 5.

---

5 BGH 10.2.1982 – IVa ZR 194/80, VersR 1982, 463.
6 BGH 10.2.1982 – IVa ZR 194/80, VersR 1982, 463; Bach/Moser/*Wilmes*, § 5 MBKT Rn 4.
7 LG Köln 12.1.1994 – 25 O 96/92, r+s 1995, 30; vgl auch BVerfG 18.3.1993 – 1 BvR 1927/92, VersR 1993, 733.
8 OLG Saarbrücken 4.3.1998 – 5 U 773/97-66, VersR 1999, 479; LG Köln 12.1.1994 – 25 O 96/92, r+s 1995, 30; Langheid/Wandt/*Hütt*, § 192 VVG Rn 162.
9 OLG Karlsruhe 15.1.1987 – 12 U 218/86, VersR 1988, 510; Prölss/Martin/*Voit*, § 5 MBKT Rn 4.
10 OLG Karlsruhe 15.1.1987 – 12 U 218/86, VersR 1988, 510; Bach/Moser/*Wilmes*, § 5 MBKT Rn 11.
11 HM, LG Düsseldorf 10.5.1990 – 11 O 631/89, VersR 1991, 1364; LG Braunschweig 22.9.1995 – 6 S 133/95, r+s 1996, 70; aA Prölss/Martin/*Voit*, § 5 MBKT Rn 5; unentschieden LG Berlin 8.5.2001 – 7 O 506/00, NVersZ 2002, 22.
12 LG Berlin 8.5.2001 – 7 O 506/00, NVersZ 2002, 22.
13 Bach/Moser/*Wilmes*, § 5 MBKT Rn 16.
14 OLG Hamburg 11.1.1973 – 4 U 139/72, VersR 1973, 734; Bach/Moser/*Wilmes*, § 5 MBKT Rn 20; offen Prölss/Martin/*Voit*, § 5 MBKT Rn 9.

§ 7 Ende des Versicherungsschutzes

Der Versicherungsschutz endet – auch für schwebende Versicherungsfälle – mit der Beendigung des Versicherungsverhältnisses (§§ 13 bis 15). Kündigt der Versicherer das Versicherungsverhältnis gemäß § 14 Abs. 1, so endet der Versicherungsschutz für schwebende Versicherungsfälle erst am dreißigsten Tage nach Beendigung des Versicherungsverhältnisses. Endet das Versicherungsverhältnis wegen Wegfalls einer der im Tarif bestimmten Voraussetzungen für die Versicherungsfähigkeit oder wegen Eintritts der Berufsunfähigkeit, so bestimmt sich die Leistungspflicht nach § 15 Buchstabe a oder b.

Die Bestimmung des S. 1 ist auf die §§ 13–15 beschränkt. S. 2 und 3 regeln Modifikationen. S. 2 ist wirksam.[1] Im Übrigen s. § 7 MB/KK 09. 1

Pflichten des Versicherungsnehmers

§ 8 Beitragszahlung

(1) Der Beitrag ist ein Jahresbeitrag und wird vom Versicherungsbeginn an berechnet. Er ist zu Beginn eines jeden Versicherungsjahres zu entrichten, kann aber auch in gleichen monatlichen Beitragsraten gezahlt werden, die jeweils bis zur Fälligkeit der Beitragsrate als gestundet gelten. Die Beitragsraten sind am Ersten eines jeden Monats fällig. Wird der Jahresbeitrag während des Versicherungsjahres neu festgesetzt, so ist der Unterschiedsbetrag vom Änderungszeitpunkt an bis zum Beginn des nächsten Versicherungsjahres nachzuzahlen bzw. zurückzuzahlen.

(2) Wird der Vertrag für eine bestimmte Zeit mit der Maßgabe geschlossen, dass sich das Versicherungsverhältnis nach Ablauf dieser bestimmten Zeit stillschweigend um jeweils ein Jahr verlängert, sofern der Versicherungsnehmer nicht fristgemäß gekündigt hat, so kann der Tarif anstelle von Jahresbeiträgen Monatsbeiträge vorsehen. Diese sind am Ersten eines jeden Monats fällig.

(3) Der erste Beitrag bzw. die erste Beitragsrate ist, sofern nicht anders vereinbart, unverzüglich nach Ablauf von zwei Wochen nach Zugang des Versicherungsscheines zu zahlen.

(4) Kommt der Versicherungsnehmer mit der Zahlung einer Beitragsrate in Verzug, so werden die gestundeten Beitragsraten des laufenden Versicherungsjahres fällig. Sie gelten jedoch erneut als gestundet, wenn der rückständige Beitragsteil einschließlich der Beitragsrate für den am Tage der Zahlung laufenden Monat und die Mahnkosten entrichtet sind.

(5) Nicht rechtzeitige Zahlung des Erstbeitrages oder eines Folgebeitrages kann unter den Voraussetzungen der §§ 37 und 38 VVG zum Verlust des Versicherungsschutzes führen. Ist ein Beitrag bzw. eine Beitragsrate nicht rechtzeitig gezahlt und wird der Versicherungsnehmer in Textform gemahnt, so ist er zur Zahlung der Mahnkosten verpflichtet, deren Höhe sich aus dem Tarif ergibt.

(6) Wird das Versicherungsverhältnis vor Ablauf der Vertragslaufzeit beendet, steht dem Versicherer für diese Vertragslaufzeit nur derjenige Teil des Beitrags bzw. der Beitragsrate zu, der dem Zeitraum entspricht, in dem der Versicherungsschutz bestanden hat. Wird das Versicherungsverhältnis durch Rücktritt auf Grund des § 19 Abs. 2 VVG oder durch Anfechtung des Versicherers wegen arglistiger Täuschung beendet, steht dem Versicherer der Beitrag bzw. die Beitragsrate bis zum Wirksam-

---

1 HM, OLG Karlsruhe 19.2.1998 – 12 U 221/97, NVersZ 1999, 166; LG Berlin 12.3.2002 – 7 O 587/01, VersR 2003, 495 (bestätigt durch KG 5.8.2002 – 6 U 91/02).

werden der Rücktritts- oder Anfechtungserklärung zu. Tritt der Versicherer zurück, weil der erste Beitrag bzw. die erste Beitragsrate nicht rechtzeitig gezahlt wird, kann er eine angemessene Geschäftsgebühr verlangen.

(7) Die Beiträge sind an die vom Versicherer zu bezeichnende Stelle zu entrichten.

1 Die Regelung ist mit § 8 Abs. 1, 2, 4, 5, 7–9 MB/KK 09 praktisch identisch.

§ 8a Beitragsberechnung

(1) Die Berechnung der Beiträge erfolgt nach Maßgabe der Vorschriften des Versicherungsaufsichtsgesetzes (VAG) und ist in den technischen Berechnungsgrundlagen des Versicherers festgelegt.

(2) Bei einer Änderung der Beiträge, auch durch Änderung des Versicherungsschutzes, wird das Geschlecht und das (die) bei Inkrafttreten der Änderung erreichte tarifliche Lebensalter (Lebensaltersgruppe) der versicherten Person berücksichtigt; dies gilt in Ansehung des Geschlechts nicht für Tarife, deren Beiträge geschlechtsunabhängig erhoben werden. Dabei wird dem Eintrittsalter der versicherten Person dadurch Rechnung getragen, dass eine Alterungsrückstellung gemäß den in den technischen Berechnungsgrundlagen festgelegten Grundsätzen angerechnet wird. Eine Erhöhung der Beiträge oder eine Minderung der Leistungen des Versicherers wegen des Älterwerdens der versicherten Person ist jedoch während der Dauer des Versicherungsverhältnisses ausgeschlossen, soweit eine Alterungsrückstellung zu bilden ist.

(3) Bei Beitragsänderungen kann der Versicherer auch besonders vereinbarte Risikozuschläge entsprechend ändern.

(4) Liegt bei Vertragsänderungen ein erhöhtes Risiko vor, steht dem Versicherer für den hinzukommenden Teil des Versicherungsschutzes zusätzlich zum Beitrag ein angemessener Zuschlag zu. Dieser bemisst sich nach den für den Geschäftsbetrieb des Versicherers zum Ausgleich erhöhter Risiken maßgeblichen Grundsätzen.

1 Die Regelung ist mit § 8a MB/KK 09 identisch.

§ 8b Beitragsanpassung

(1) Im Rahmen der vertraglichen Leistungszusage können sich die Leistungen des Versicherers z.B. wegen häufigerer Arbeitsunfähigkeit der Versicherten, wegen längerer Arbeitsunfähigkeitszeiten oder aufgrund steigender Lebenserwartung ändern. Dementsprechend vergleicht der Versicherer zumindest jährlich für jeden Tarif die erforderlichen mit den in den technischen Berechnungsgrundlagen kalkulierten Versicherungsleistungen und Sterbewahrscheinlichkeiten. Ergibt diese Gegenüberstellung für eine Beobachtungseinheit eines Tarifs eine Abweichung von mehr als dem gesetzlich oder tariflich festgelegten Vomhundertsatz, werden alle Beiträge dieser Beobachtungseinheit vom Versicherer überprüft und, soweit erforderlich, mit Zustimmung des Treuhänders angepasst. Unter den gleichen Voraussetzungen kann auch ein vereinbarter Risikozuschlag entsprechend geändert werden.

(2) Von einer Beitragsanpassung kann abgesehen werden, wenn nach übereinstimmender Beurteilung durch den Versicherer und den Treuhänder die Veränderung der Versicherungsleistungen als vorübergehend anzusehen ist.

(3) Beitragsanpassungen sowie Änderungen von evtl. vereinbarten Risikozuschlägen werden zu Beginn des zweiten Monats wirksam, der auf die Benachrichtigung des Versicherungsnehmers folgt.

Bis auf einige der Krankentagegeldversicherung geschuldeten Modifikationen entspricht die Regelung § 8 b MB/KK 09.

§ 9 Obliegenheiten

(1) Die ärztlich festgestellte Arbeitsunfähigkeit ist dem Versicherer unverzüglich, spätestens aber innerhalb der im Tarif festgesetzten Frist, durch Vorlage eines Nachweises (§ 4 Abs. 7) anzuzeigen. Bei verspätetem Zugang der Anzeige kann das Krankentagegeld bis zum Zugangstage nach Maßgabe des § 10 gekürzt werden oder ganz entfallen; eine Zahlung vor dem im Tarif vorgesehenen Zeitpunkt erfolgt jedoch nicht. Fortdauernde Arbeitsunfähigkeit ist dem Versicherer innerhalb der im Tarif festgesetzten Frist nachzuweisen. Die Wiederherstellung der Arbeitsfähigkeit ist dem Versicherer binnen drei Tagen anzuzeigen.

(2) Der Versicherungsnehmer und die als empfangsberechtigt benannte versicherte Person (vgl. § 6 Abs. 3) haben auf Verlangen des Versicherers jede Auskunft zu erteilen, die zur Feststellung des Versicherungsfalles oder der Leistungspflicht des Versicherers und ihres Umfanges erforderlich ist. Die geforderten Auskünfte sind auch einem Beauftragten des Versicherers zu erteilen.

(3) Auf Verlangen des Versicherers ist die versicherte Person verpflichtet, sich durch einen vom Versicherer beauftragten Arzt untersuchen zu lassen.

(4) Die versicherte Person hat für die Wiederherstellung der Arbeitsfähigkeit zu sorgen; sie hat insbesondere die Weisungen des Arztes gewissenhaft zu befolgen und alle Handlungen zu unterlassen, die der Genesung hinderlich sind.

(5) Jeder Berufswechsel der versicherten Person ist unverzüglich anzuzeigen.

(6) Der Neuabschluss einer weiteren oder die Erhöhung einer anderweitig bestehenden Versicherung mit Anspruch auf Krankentagegeld darf nur mit Einwilligung des Versicherers vorgenommen werden.

Abs. 1–4 statuieren Obliegenheiten nach Eintritt des Versicherungsfalles, Abs. 5 und 6 für die Zeit davor (s. § 10 Abs. 2). Zur Sanktionierung s. § 10 Abs. 1.

Der **Erstnachweis** der Arbeitsunfähigkeit ist nach **Abs. 1 S. 1** idR unverzüglich (§ 121 Abs. 1 S. 1 BGB) zu erbringen. Die **Beweislast** für den Zugang trägt der VN.[1] **S. 3** regelt den **Folgenachweis**. Grundsätzlich gilt § 30 Abs. 2 VVG – der „Formzwang" des § 4 Abs. 7 bleibt davon jedoch unberührt. Auf die tariflichen Fristen des S. 3 kann sich der VR gegenüber dem VN bei abweichender Übung und der damit verbundenen Schaffung eines Vertrauenstatbestandes nicht berufen.[2] Siehe auch § 4 Rn 5. Die temporäre Leistungsfreiheit nach **S. 2** gilt auch für S. 3, sofern bei Zugang des verspäteten Nachweises die Arbeitsunfähigkeit noch andauert. S. 4 ist sanktionslos, da die Leistungspflicht mit Ende der Arbeitsunfähigkeit ohnehin endet.

Abs. 2 S. 1 entspricht § 9 Abs. 2 MB/KK 09. Hier wird die **Auskunftsobliegenheit** aber in persönlicher Hinsicht auf einen Beauftragten des VR erweitert.

Die in **Abs. 3** geregelte **Untersuchungsobliegenheit** ist mit § 9 Abs. 3 MB/KK 09 identisch. Monatliche Aufforderungen zur Nachuntersuchung sind grds. zulässig.[3]

---

1 Str, OLG Celle 10.6.2010 – 8 U 18/10, VersR 2010, 1486; aA wohl die hM OLG Köln 19.11.1992 – 5 U 103/91, VersR 1993, 310 (für die Hausratversicherung); OLG Hamm 18.5.1988 – 20 U 260/87, r+s 1988, 302; OLG Hamburg 4.9.1984 – 9 U 113/84, VersR 1984, 978.
2 OLG Düsseldorf 16.4.2002 – 4 U 81/01, VersR 2003, 96.
3 OLG Saarbrücken 29.6.2011 – 5 U 297/09, VersR 2012, 845 = r+s 2012, 189 mwN.

5 Die in **Abs. 4** geregelte **Schadensminderungspflicht** des VN ist mit der Regelung des § 9 Abs. 4 MB/KK 09 im Wesentlichen inhaltsgleich. Abs. 4 bietet dem VR keine Grundlage, um vom VN einen **Wechsel seines Arbeitsplatzes** abzuverlangen.[4] Arzt iSd Abs. 4 ist nur der den VN bzw Versicherten behandelnde Arzt.[5]

6 Der zuletzt ausgeübte **Beruf** des VN ist in der Krankentagegeldversicherung in vielfacher Hinsicht von Bedeutung. Der wirksame **Abs. 5** (unverzügliche Anzeige des **Berufswechsels**) soll den VR insofern auf dem aktuellen Stand halten.[6] Die Erweiterung des beruflichen Wirkungskreises ist kein Berufswechsel.[7]

7 Zum wirksamen[8] **Abs. 6** s. § 9 Abs. 6 MB/KK 09. Das Einwilligungserfordernis des VR erfasst jede Zweitversicherung mit Anspruch auf Tagegeld.[9]

§ 10 Folgen von Obliegenheitsverletzungen

(1) Der Versicherer ist mit den in § 28 Abs. 2 bis 4 VVG vorgeschriebenen Einschränkungen ganz oder teilweise von der Verpflichtung zur Leistung frei, wenn eine der in § 9 Abs. 1 bis 6 genannten Obliegenheiten verletzt wird.

(2) Wird eine der in § 9 Abs. 5 und 6 genannten Obliegenheiten verletzt, so kann der Versicherer unter der Voraussetzung des § 28 Abs. 1 VVG innerhalb eines Monats nach dem Bekanntwerden der Obliegenheitsverletzung ohne Einhaltung einer Frist auch kündigen.

(3) Die Kenntnis und das Verschulden der versicherten Person stehen der Kenntnis und dem Verschulden des Versicherungsnehmers gleich.

1 Die Regelung ist mit § 10 MB/KK 09 praktisch identisch. Auch hier gilt, dass eine Obliegenheitsverletzung nach Leistungsablehnung des VR keine Rechtsfolgen mehr haben kann (s. § 10 MB/KK 09 Rn 1).[1] Beispielsweise soll ein Verstoß gegen § 9 Abs. 1 S. 1, 2 durch einen VersMakler als VN eine Kürzung um 90 % rechtfertigen.[2]

§ 11 Anzeigepflicht bei Wegfall der Versicherungsfähigkeit

Der Wegfall einer im Tarif bestimmten Voraussetzung für die Versicherungsfähigkeit oder der Eintritt der Berufsunfähigkeit (vgl. § 15 Buchstabe b) einer versicherten Person ist dem Versicherer unverzüglich anzuzeigen. Erlangt der Versicherer von dem Eintritt dieses Ereignisses erst später Kenntnis, so sind beide Teile verpflichtet, die für die Zeit nach Beendigung des Versicherungsverhältnisses empfangenen Leistungen einander zurückzugewähren.

---

4 BGH 9.3.2011 – IV ZR 137/10, r+s 2011, 256 = VersR 2011, 518; *Rogler*, jurisPR-VersR 8/2010 Anm. 3.
5 OLG Koblenz 7.3.2008 – 10 U 618/07, VersR 2009, 104.
6 OLG Saarbrücken 31.5.2006 – 5 U 267/04-36, VersR 2007, 52.
7 OLG Saarbrücken 31.5.2006 – 5 U 267/04-36, VersR 2007, 52.
8 OLG Köln 27.4.1989 – 5 U 174/88, VersR 1989, 1075; vgl auch BGH 4.10.1989 – IVa ZR 220/87, VersR 1989, 1250.
9 Zum Regelungszweck BGH 28.4.1971 – IV ZR 174/69, VersR 1971, 662.
1 ZB BGH 13.3.2013 – IV ZR 110/11, r+s 2013, 273; BGH 12.12.1990 – IV ZR 163/89, VersR 1991, 451.
2 OLG Oldenburg 19.2.2013 – 5 U 3/13, juris.

Die Anzeigeobliegenheit des S. 1 ist nicht sanktioniert, führt also nicht zur Leistungsfreiheit des VR.[1] Nach S. 2 entsteht aber ein wechselseitiger vertraglicher Rückgewähranspruch für Prämie und erbrachte Krankentagegeldzahlungen; dies nach dem Verständnis des VN aber nur, wenn die Obliegenheit des S. 1 tatsächlich verletzt wurde.[2] Greift S. 2, schließt dies die Anwendung der §§ 812 ff BGB aus.[3] Zur Bedeutung des S. 2 im Zusammenhang mit § 15 Buchst. a und b siehe § 15 Rn 3 ff, 6 ff.

§ 12 Aufrechnung

Der Versicherungsnehmer kann gegen Forderungen des Versicherers nur aufrechnen, soweit die Gegenforderung unbestritten oder rechtskräftig festgestellt ist. Gegen eine Forderung aus der Beitragspflicht kann jedoch ein Mitglied eines Versicherungsvereins nicht aufrechnen.

Die Regelung ist mit § 12 MB/KK 09 identisch.

Ende der Versicherung

§ 13 Kündigung durch den Versicherungsnehmer

(1) Der Versicherungsnehmer kann das Versicherungsverhältnis zum Ende eines jeden Versicherungsjahres mit einer Frist von drei Monaten kündigen.

(2) Die Kündigung kann auf einzelne versicherte Personen oder Tarife beschränkt werden.

(3) Wird eine versicherte Person in der gesetzlichen Krankenversicherung versicherungspflichtig, so kann der Versicherungsnehmer binnen drei Monaten nach Eintritt der Versicherungspflicht die Krankentagegeldversicherung oder eine dafür bestehende Anwartschaftsversicherung rückwirkend zum Eintritt der Versicherungspflicht kündigen. Die Kündigung ist unwirksam, wenn der Versicherungsnehmer den Eintritt der Versicherungspflicht nicht innerhalb von zwei Monaten nachweist, nachdem der Versicherer ihn hierzu in Textform aufgefordert hat, es sei denn, der Versicherungsnehmer hat die Versäumung dieser Frist nicht zu vertreten. Macht der Versicherungsnehmer von seinem Kündigungsrecht Gebrauch, steht dem Versicherer der Beitrag nur bis zum Zeitpunkt des Eintritts der Versicherungspflicht zu. Später kann der Versicherungsnehmer die Krankentagegeldversicherung oder eine dafür bestehende Anwartschaftsversicherung nur zum Ende des Monats kündigen, in dem er den Eintritt der Versicherungspflicht nachweist. Dem Versicherer steht der Beitrag in diesem Fall bis zum Ende des Versicherungsvertrages zu. Der Versicherungspflicht steht gleich der gesetzliche Anspruch auf Familienversicherung oder der nicht nur vorübergehende Anspruch auf Heilfürsorge aus einem beamtenrechtlichen oder ähnlichen Dienstverhältnis.

(4) Erhöht der Versicherer die Beiträge aufgrund der Beitragsanpassungsklausel oder vermindert er seine Leistungen gemäß § 18 Abs. 1 oder macht er von seinem Recht auf Herabsetzung gemäß § 4 Abs. 4 Gebrauch, so kann der Versicherungsnehmer das Versicherungsverhältnis hinsichtlich der betroffenen versicherten Per-

---

1 Langheid/Wandt/*Hütt*, § 192 VVG Rn 169.
2 Bach/Moser/*Wilmes*, § 11 MBKT Rn 1.
3 BGH 26.2.1992 – IV ZR 339/90, VersR 1992, 479 gegen OLG Köln 22.11.1990 – 5 U 54/90, VersR 1991, 648.

son innerhalb eines Monats vom Zugang der Änderungsmitteilung an zum Zeitpunkt des Wirksamwerdens der Änderung kündigen. Bei einer Beitragserhöhung kann der Versicherungsnehmer das Versicherungsverhältnis auch bis und zum Zeitpunkt des Wirksamwerdens der Erhöhung kündigen.

(5) Der Versicherungsnehmer kann, sofern der Versicherer die Anfechtung, den Rücktritt oder die Kündigung nur für einzelne versicherte Personen oder Tarife erklärt, innerhalb von zwei Wochen nach Zugang dieser Erklärung die Aufhebung des übrigen Teils der Versicherung zum Schlusse des Monats verlangen, in dem ihm die Erklärung des Versicherers zugegangen ist, bei Kündigung zu dem Zeitpunkt, in dem diese wirksam wird.

(6) Kündigt der Versicherungsnehmer das Versicherungsverhältnis insgesamt oder für einzelne versicherte Personen, haben die versicherten Personen das Recht, das Versicherungsverhältnis unter Benennung des künftigen Versicherungsnehmers fortzusetzen. Die Erklärung ist innerhalb zweier Monate nach der Kündigung abzugeben. Die Kündigung ist nur wirksam, wenn der Versicherungsnehmer nachweist, dass die betroffenen versicherten Personen von der Kündigungserklärung Kenntnis erlangt haben.

1 Die Regelung entspricht § 13 Abs. 1–3, 5, 6 und 10 MB/KK 09. Die dortigen Abs. 4, 7–9, 11 fehlen hier.

§ 14 Kündigung durch den Versicherer

(1) Der Versicherer kann das Versicherungsverhältnis zum Ende eines jeden der ersten drei Versicherungsjahre mit einer Frist von drei Monaten kündigen, sofern kein gesetzlicher Anspruch auf einen Beitragszuschuss des Arbeitgebers besteht.

(2) Die gesetzlichen Bestimmungen über das außerordentliche Kündigungsrecht bleiben unberührt.

(3) Die Kündigung kann auf einzelne versicherte Personen, Tarife oder auf nachträgliche Erhöhungen des Krankentagegeldes beschränkt werden.

(4) Der Versicherer kann, sofern der Versicherungsnehmer die Kündigung nur für einzelne versicherte Personen oder Tarife erklärt, innerhalb von zwei Wochen nach Zugang der Kündigung die Aufhebung des übrigen Teils der Versicherung zu dem Zeitpunkt verlangen, in dem diese wirksam wird. Das gilt nicht für den Fall des § 13 Abs. 3.

1 **Abs. 1** entspricht § 206 Abs. 1 S. 4 VVG. Zu **Abs. 2**[1] s. § 206 VVG Rn 17 ff. Grundsätzlich rechtfertigt schon der Versuch, Leistungen zu erschleichen, eine außerordentliche Kündigung.[2] Gerade in der Krankentagegeldversicherung ist aber zur Zumutbarkeit der Vertragsfortführung eine differenzierende Gesamtwürdigung der konkreten Umstände geboten. Relevante **Kriterien** sind dabei insb. Art und Umfang des vorwerfbaren Verhaltens und eines tatsächlich eingetretenen Schadens, die bisherige ungestörte Dauer des Versicherungsverhältnisses oder zusätzliche, der außerordentlichen Kündigung vorausgehende Beeinträchtigungen des Vertrauensverhältnisses durch ein Verhalten des Kündigungsgegners,[3] der Umstand, dass eine Arbeitstätigkeit während schon eingestellter Leistungen erfolgte,[4]

---

1 BGH 18.7.2007 – IV ZR 129/06, VersR 2007, 1260; OLG Hamm 24.2.2006 – 20 U 179/05, VersR 2007, 236.
2 BGH 20.5.2009 – IV ZR 274/06, VersR 2009, 1063.
3 BGH 20.5.2009 – IV ZR 274/06, VersR 2009, 1063; BGH 18.7.2007 – IV ZR 129/06, VersR 2007, 1260; OLG Köln 10.11.2008 – 5 U 48/08, OLGR 2009, 276.
4 BGH 20.5.2009 – IV ZR 274/06, VersR 2009, 1063.

und die Provokation einer Berufsausübung durch den VR durch den unzulässigen – weil ohne tatsächliche Anhaltspunkte für eine Berufsausübung erfolgten – Einsatz von Detektiven.[5]

Zu Abs. 3 s. § 206 VVG Rn 7 und § 14 MB/KK 09 Rn 3, wobei hier zulässig die Teilkündigung auch auf nachträgliche Erhöhungen erweitert wird. Abs. 3 gilt auch für eine Kündigung aus wichtigem Grund. Wird von der Kündigung nur der VN als gleichzeitig versicherte Person betroffen, nicht aber weitere mitversicherte Personen, besteht der VersVertrag als Fremdversicherung weiter, ohne dass in der Person des VN eine Änderung eintritt.[6] Ist in der Kündigungserklärung eine Beschränkung nicht enthalten, ist regelmäßig das gesamte Vertragsverhältnis betroffen.[7]

Abs. 4 ist Parallelvorschrift zu § 205 Abs. 5 S. 1 VVG zugunsten des VR. Die MB/KK 09 sehen eine entsprechende Regelung nicht vor. Die Regelung ist **unwirksam**.[8] Sie verstößt gegen § 206 Abs. 1 S. 1 VVG, wonach die ordentliche Kündigung einer substitutiven Krankentagegeldversicherung durch den VR ausgeschlossen ist. Zwar normiert Abs. 4 ein (zusätzliches) außerordentliches Kündigungsrecht des VR, doch widerspräche diese Möglichkeit dem durch § 206 Abs. 1 S. 1 VVG deutlich statuierten Leitbild zur grundsätzlichen Unkündbarkeit (§ 307 Abs. 2 Nr. 1 BGB). Dass **S. 2** den Kündigungstatbestand des § 13 Abs. 3 (also § 205 Abs. 2 VVG) ausnimmt, ändert daran nichts. Es verbleiben immer noch die Fälle des § 13 Abs. 4 (§ 205 Abs. 4 VVG) und des § 205 Abs. 3 VVG sowie v.a. das ordentliche Kündigungsrecht des VN nach § 13 Abs. 1 (§ 205 Abs. 1 VVG) als Anlasstatbestände für ein Vorgehen des VR nach Abs. 4.

§ 15 Sonstige Beendigungsgründe

(1) Das Versicherungsverhältnis endet hinsichtlich der betroffenen versicherten Personen

a) bei Wegfall einer im Tarif bestimmten Voraussetzung für die Versicherungsfähigkeit zum Ende des Monats, in dem die Voraussetzung weggefallen ist. Besteht jedoch zu diesem Zeitpunkt in einem bereits eingetretenen Versicherungsfall Arbeitsunfähigkeit, so endet das Versicherungsverhältnis nicht vor dem Zeitpunkt, bis zu dem der Versicherer seine im Tarif aufgeführten Leistungen für diese Arbeitsunfähigkeit zu erbringen hat, spätestens aber drei Monate nach Wegfall der Voraussetzung;

b) mit Eintritt der Berufsunfähigkeit. Berufsunfähigkeit liegt vor, wenn die versicherte Person nach medizinischem Befund im bisher ausgeübten Beruf auf nicht absehbare Zeit mehr als 50 % erwerbsunfähig ist. Besteht jedoch zu diesem Zeitpunkt in einem bereits eingetretenen Versicherungsfall Arbeitsunfähigkeit, so endet das Versicherungsverhältnis nicht vor dem Zeitpunkt, bis zu dem der Versicherer seine im Tarif aufgeführten Leistungen für diese Arbeitsunfähigkeit zu erbringen hat, spätestens aber drei Monate nach Eintritt der Berufsunfähigkeit;

c) mit dem Bezug von Altersrente, spätestens, sofern tariflich vereinbart, mit Vollendung des 65. Lebensjahres. Sofern eine Beendigung mit Vollendung des 65. Lebensjahres vereinbart ist, hat die versicherte Person das Recht, nach

---

5 BGH 20.5.2009 – IV ZR 274/06, VersR 2009, 1063; LG Dortmund 20.11.2009 – 2 O 71/07, juris; *Rogler*, jurisPR-VersR 2/2010 Anm. 5.
6 BGH 3.10.1984 – IVa ZR 76/83, VersR 1985, 54.
7 BGH 3.10.1984 – IVa ZR 76/83, VersR 1985, 54; vgl auch OLG Stuttgart 25.4.2006 – 10 U 238/05, VersR 2006, 1485.
8 Prölss/Martin/*Voit*, § 14 MBKT Rn 4.

Maßgabe von § 196 VVG den Abschluss einer neuen Krankentagegeldversicherung zu verlangen;
d) mit dem Tod. Beim Tode des Versicherungsnehmers haben die versicherten Personen das Recht, das Versicherungsverhältnis unter Benennung des künftigen Versicherungsnehmers fortzusetzen. Die Erklärung ist innerhalb zwei Monate nach dem Tode des Versicherungsnehmers abzugeben;
e) bei Verlegung des gewöhnlichen Aufenthaltes in einen anderen Staat als die in § 1 Abs. 8 genannten, es sei denn, dass das Versicherungsverhältnis aufgrund einer anderweitigen Vereinbarung fortgesetzt wird.

(2) Der Versicherungsnehmer und die versicherten Personen haben das Recht, einen von ihnen gekündigten oder einen wegen Eintritts der Berufsunfähigkeit gemäß Abs. 1 Buchstabe b) beendeten Vertrag nach Maßgabe des Tarifs in Form einer Anwartschaftsversicherung fortzusetzen, sofern mit einer Wiederaufnahme der Erwerbstätigkeit zu rechnen ist.

I. Allgemeines

1 Die Regelung sieht für alle Tatbestände die **automatische Beendigung** des VersVertrages vor; es bedarf hierzu keiner entsprechenden Erklärung. Schließen die Vertragsparteien eine Vereinbarung zur Auflösung des VersVertrages, muss der VR den VN wegen seiner überlegenen Sach- und Rechtskenntnis auf die damit verbundenen Nachteile hinweisen, andernfalls ein Berufen auf die Vereinbarung gegen § 242 BGB verstoßen kann.[1]

2 Buchst. a ist **unwirksam**, da er dem VN bei endgültiger Beendigung des VersVertrages keine reelle Möglichkeit bietet, bei Wegfall des Beendigungstatbestandes gleichwertigen Versicherungsschutz zu erhalten.[2] Die Klausel kann deshalb nur dann Bestand haben, wenn (wie inzwischen meist in den Tarifbedingungen vereinbart) dem VN die Option offensteht, zB über eine **Anwartschaftsversicherung** seine Ansprüche zu bewahren.[3] Eine „automatische" Umwandlung in eine Anwartschaftsversicherung vollzieht sich aber nicht.[4] Für **Buchst. b**, auf den die vorstehende Erwägung in gleicher Weise zutrifft,[5] ist dies mit Abs. 2 nun erstmals in die MB/KT 09 selbst aufgenommen. Sind entsprechende Klauseln im konkreten Fall *unwirksam*, bleibt der VersVertrag bestehen. Als Folge einer ergänzenden Vertragsauslegung erlischt aber die Leistungspflicht des VR für den Zeitraum, in dem die Tatbestände des Buchst. a und (ohne bzw vor Geltung des Abs. 2 auch) Buchst. b[6] verwirklicht sind, und es entsteht ein Rückgewährschuldverhältnis;[7] § 11 S. 2 kann keinen Rückgewähranspruch liefern, da die Regelung nur für Leistungen nach Vertragsbeendigung gilt.[8] Sind die Klauseln nach dem Vorstehenden *wirksam*, ist der VR für die Dauer des Beendigungstatbestandes leistungsfrei – ggf rückwirkend (zB rückwirkende Rentenbewilligung). In Unkenntnis erbrachte Leistungen können

---

[1] BGH 30.6.2010 – IV ZR 163/09, VersR 2010, 1171 m. Anm. *Kural*.
[2] BGH 22.1.1992 – IV ZR 59/91, VersR 1992, 477; BGH 26.2.1992 – IV ZR 339/90, VersR 1992, 479; OLG Saarbrücken 15.12.1999 – 5 U 539/99-37, VersR 2001, 318.
[3] BGH 22.1.1992 – IV ZR 59/91, VersR 1992, 477; BGH 27.2.2008 – IV ZR 219/06, VersR 2008, 628; OLG Köln 22.12.2003 – 5 U 114/03, VersR 2005, 822; OLG Karlsruhe 6.7.2006 – 12 U 89/06, VersR 2007, 51.
[4] OLG Oldenburg 24.10.2012 – 5 U 109/12, VersR 2013, 1164 = r+s 2013, 80.
[5] BGH 9.3.2011 – IV ZR 137/10, r+s 2011, 256 = VersR 2011, 518; BGH 26.2.1992 – IV ZR 339/90, VersR 1992, 479.
[6] BGH 9.3.2011 – IV ZR 137/10, r+s 2011, 256 = VersR 2011, 518.
[7] BGH 22.1.1992 – IV ZR 59/91, VersR 1992, 477; BGH 27.2.2008 – IV ZR 219/06, VersR 2008, 628.
[8] BGH 22.1.1992 – IV ZR 59/91, VersR 1992, 477; BGH 26.2.1992 – IV ZR 339/90, VersR 1992, 479.

nach § 11 S. 2 zurückgefordert werden (§ 812 BGB gilt nicht, auch nicht § 818 Abs. 3 BGB).[9] Entfallen die Voraussetzungen einer genommenen Anwartschaftsversicherung, tritt nach entsprechender Anzeige des VN oder sonstiger Kenntnis durch den VR die Krankentagegeldversicherung rückwirkend unter Berücksichtigung relevanter Veränderungen zu dem Zeitpunkt in Kraft, zu dem die zur Anwartschaftsversicherung führenden Umstände wieder entfallen sind.[10] Ein Inkrafttreten ex nunc würde den VN uU schutzlos stellen. Die **Beweislast** liegt beim VR (s. Rn 6, 13); dieser muss etwa beweisen, dass die Versicherungsfähigkeit weggefallen ist (Buchst. a), auch wenn die Versicherungsfähigkeit schon vor Eintritt der Arbeitsunfähigkeit weggefallen sein soll.[11]

II. Beendigungstatbestände des Abs. 1

1. Wegfall der Versicherungsfähigkeit (Buchst. a). Voraussetzung der Versicherungsfähigkeit iSd Buchst. a sind v.a. in den Tarifbedingungen genannte berufliche Merkmale, wie zB die unselbständige Erwerbstätigkeit bzw – negativ – die Erwerbslosigkeit oder die Beendigung einer bestimmten Berufszugehörigkeit. Ist eine „selbständige Berufsausübung" Voraussetzung der Versicherungsfähigkeit,[12] so erfasst dies bei einem Rechtsanwalt nicht nur die unmittelbare anwaltliche Kerntätigkeit, sondern auch die Zusammenarbeit mit einem Kanzleiabwickler oder die Tätigkeit als Mediator.[13] Der Bezug einer Erwerbsunfähigkeitsrente führt nur dann zum Wegfall der Versicherungsfähigkeit, wenn dies in den Bedingungen ausdrücklich geregelt ist.[14] Um eine unangemessene Benachteiligung des VN zu vermeiden, darf seine Versicherungsfähigkeit nicht vom ununterbrochenen Vorhandensein eines festen Arbeitsverhältnisses bzw selbständiger Tätigkeit abhängig gemacht werden.[15] Wenn ein Versicherter (selbständig oder unselbständig) eine bestimmte berufliche Tätigkeit aufgegeben hat oder ihm gekündigt wurde, so bedeutet dies noch nicht das Ende seiner Erwerbstätigkeit bzw Versicherungsfähigkeit. Vielmehr muss, wenn nicht besondere Umstände auf das Gegenteil hindeuten, davon ausgegangen werden, dass der Versicherte alsbald wieder auf andere Weise eine Erwerbstätigkeit ausgeübt hätte. Das Gegenteil kann nur angenommen werden, wenn der VR konkrete Tatsachen vorträgt und ggf beweist, aus denen sich ergibt, dass der Versicherte nicht mehr gewillt war, (ggf nach Wiederherstellung seiner Gesundheit) eine Erwerbstätigkeit auf eine andere Weise auszuüben, oder dass ihm dieses nicht möglich gewesen wäre.[16] Um einem Selbständigen einen Wechsel in ein anderes berufliches Tätigkeitsfeld zu ermöglichen, kann ein Wegfall der Versicherungsfähigkeit nicht bereits dann angenommen werden, wenn der Wechsel nicht ohne eine Unterbrechung der Berufstätigkeit während einer Übergangszeit vorgenommen werden kann.[17] Wird die Versicherungsfähigkeit (kumulativ) vom Vorhandensein „regelmäßiger Einkünfte" abhängig gemacht, reicht bei einem

---

9 OLG Karlsruhe 6.7.2006 – 12 U 89/06, VersR 2007, 51; zu § 814 BGB s. OLG Köln 3.4.2009 – 20 U 168/08, VersR 2009, 1251.
10 Vgl Prölss/Martin/*Voit*, § 15 MBKT Rn 6; für Wirksamkeit ex nunc Langheid/Wandt/*Hütt*, § 192 VVG Rn 184.
11 BGH 17.2.2010 – IV ZR 259/08, VersR 2010, 473.
12 ZB BGH 17.2.2010 – IV ZR 259/08, VersR 2010, 473; OLG Saarbrücken 31.5.2006 – 5 U 267/04-36, VersR 2007, 52.
13 BGH 17.2.2010 – IV ZR 259/08, VersR 2010, 473.
14 BGH 30.6.2010 – IV ZR 163/09, VersR 2010, 1171; OLG Köln 22.12.2003 – 5 U 114/03, VersR 2005, 822.
15 BGH 27.2.2008 – IV ZR 219/06, VersR 2008, 628; OLG Saarbrücken 15.12.1999 – 5 U 539/99-37, VersR 2001, 318 mwN.
16 BGH 15.5.2002 – IV ZR 100/01, VersR 2002, 881; BGH 27.2.2008 – IV ZR 219/06, VersR 2008, 628; BGH 9.7.1997 – IV ZR 253/96, VersR 1997, 1133; zB OLG Köln 3.7.2009 – 20 W 26/09, VersR 2010, 476 (Inhaftierung des VN).
17 BGH 17.2.2010 – IV ZR 259/08, VersR 2010, 473.

Selbständigen hierfür aus, dass seine Tätigkeit ernsthaft auf die Erzielung nachhaltiger und in diesem Sinne regelmäßiger Einkünfte gerichtet ist, solange seine Bemühungen nicht ohne nachvollziehbare Aussicht auf Erfolg sind.[18]

4 Nach den MB/KT 09 hat der VR nicht die Berechtigung, den VN auf **Vergleichsberufe** oder sonstige auf dem Arbeitsmarkt vorhandene Erwerbstätigkeiten zu verweisen.[19] Die bloße Möglichkeit der **Verweisung** liefert deshalb nicht den Beweis dafür, dass ein arbeitsunfähig gewordener VN nicht mehr gewillt ist, seine Erwerbstätigkeit fortzusetzen.[20]

5 Bei einem **Berufswechsel** oder Wechsel zwischen selbständiger und unselbständiger Erwerbstätigkeit entfällt allerdings die Versicherungsfähigkeit im versicherten Tarif. Dem VN steht aber ein aus der entsprechenden Anwendung von § 204 Abs. 1 VVG oder jedenfalls aus § 242 BGB[21] abzuleitender Anspruch auf **Tarifwechsel** zu.

6 Die **Beweislast** für den Wegfall der Versicherungsfähigkeit vor und während der Krankheit bzw Arbeitsunfähigkeit hat der VR, wobei den VN die sekundäre Darlegungslast trifft.[22] Die von Anfang an fehlende Versicherungsfähigkeit ist deren nachträglichem Wegfall nicht gleichzustellen und fällt nicht unter Buchst. a.[23] Der VersVertrag ist dann lediglich nach § 4 Abs. 4 für die Zukunft anpassbar; § 313 BGB greift nicht.[24] Der dreimonatige Nachhaftungszeitraum des **S. 2** beginnt nach seinem eindeutigen Wortlaut mit dem Wegfall der Versicherungsfähigkeit.[25]

7 **2. Berufsunfähigkeit (Buchst. b).** Nach dem Grundsatz der Spezialität schließen sich Berufsunfähigkeit und Arbeitsunfähigkeit iSd § 1 Abs. 3 gegenseitig aus.[26] Für das Vorliegen von Berufsunfähigkeit ist ausschließlich die Definition von Berufsunfähigkeit des Buchst. b maßgeblich.[27]

8 Wenn bzw da regelmäßig die Begriffe der Berufsunfähigkeit in der Krankentagegeld- und der Berufsunfähigkeitsversicherung nicht deckungsgleich sind, ist bei einer Klage des VN eine Streitverkündung gegenüber dem jeweils anderen VR mangels Vorliegens der Voraussetzungen des § 72 Abs. 1 ZPO unwirksam.[28]

9 Abzustellen ist auf den zuletzt bei Eintritt des Versicherungsfalles ausgeübten Beruf, auch wenn nach Antragstellung ein Berufswechsel stattgefunden hat.[29] Auf Verweisbarkeit auf einen anderen Beruf kann sich der Versicherte nicht berufen.[30] Es gilt alleine ein medizinischer Maßstab, so dass sich der Versicherte nicht darauf

---

18 BGH 17.2.2010 – IV ZR 259/08, VersR 2010, 473.
19 BGH 9.3.2011 – IV ZR 137/10, VersR 2011, 518 = r+s 2011, 256.
20 BGH 9.7.1997 – IV ZR 253/96, VersR 1997, 1133.
21 So Prölss/Martin/*Voit*, § 15 MBKT Rn 10.
22 BGH 17.2.2010 – IV ZR 259/08, VersR 2010, 473; BGH 27.2.2008 – IV ZR 219/06, VersR 2008, 628; BGH 15.5.2002 – IV ZR 100/01, VersR 2002, 881.
23 OLG Köln 14.9.1989 – 5 U 245/88, VersR 1990, 769 (Revision nicht angenommen, BGH 25.4.1990 – IV ZR 235/89); offen gelassen von OLG Celle 11.12.2003 – 8 U 61/03, VersR 2004, 632.
24 OLG Köln 14.9.1989 – 5 U 245/88, VersR 1990, 769 (Revision nicht angenommen, BGH 25.4.1990 – IV ZR 235/89); aA OLG Celle 11.12.2003 – 8 U 61/03, VersR 2004, 632.
25 OLG Saarbrücken 28.11.1990 – 5 U 29/90, VersR 1991, 650.
26 BGH 22.1.1992 – IV ZR 59/91, VersR 1992, 477; vgl auch BGH 30.6.2010 – IV ZR 163/09, VersR 2010, 1171.
27 OLG Hamm 11.12.1996 – 20 U 134/96, VersR 1997, 1087; OLG Oldenburg 31.5.1995 – 2 U 76/95, VersR 1996, 617.
28 LG Nürnberg-Fürth 12.2.2009 – 8 O 5764/08, juris.
29 Vgl OLG Hamm 20.12.1991 – 20 U 159/91, VersR 1992, 862; OLG Düsseldorf 28.4.1998 – 4 U 95/97, VersR 1999, 356.
30 OLG Düsseldorf 28.4.1998 – 4 U 95/97, VersR 1999, 356.

berufen kann, tatsächlich noch beruflich tätig zu sein, wenn dies nach medizinischer Bewertung zu Raubbau an seiner Gesundheit führen würde.[31]

Mehr als **50%ige Erwerbsunfähigkeit** knüpft an die berufliche Belastbarkeit an, liegt also vor, wenn der Versicherte nur noch in der Lage ist, höchstens 49 % der anfallenden Tätigkeiten zu verrichten. Dafür kommt es nach objektiver Betrachtung in erster Linie auf den zeitlichen Anteil der noch ausübbaren Tätigkeiten an. Zu berücksichtigen sind aber auch die prägenden Tätigkeiten, die trotz der Gesundheitsbeeinträchtigung objektiv noch ausgeführt werden können. Auf das noch erzielbare Einkommen kommt es nicht an.[32] 10

Im Rahmen der **zeitlichen Prognosebeurteilung** gilt: Berufsunfähigkeit ist ein Zustand, dessen Fortbestand aus sachkundiger Sicht für nicht absehbare Zeit prognostiziert wird, der jedoch typischerweise nicht auch als endgültig oder unveränderlich beurteilt werden kann.[33] Besteht der Zustand nur vorübergehend, ohne dass jedoch ein Ende absehbar wäre, oder kann nicht festgestellt werden, ob überhaupt und ggf wann Erwerbsfähigkeit wieder eintritt, ist Berufsunfähigkeit anzunehmen, wenn nach aller Erfahrung trotz zumutbaren Einsatzes aller medizinischen Mittel mit einem Wiedereintritt der Erwerbsfähigkeit nicht zu rechnen ist oder die Aussichten auf Besserung so gering sind, dass ungewiss bleibt, ob der VN jemals wieder erwerbsfähig wird.[34] Solange nicht feststeht, dass ein VN eine seine Arbeitsunfähigkeit behebende Operation nicht durchführen wird, kann die Prognose dauerhafter Berufsunfähigkeit nicht gestellt werden.[35] Die erforderliche Prognose kann nur auf den jeweiligen Einzelfall bezogen gestellt werden; sie ist abhängig von individuellen Umständen, so dass ein bestimmter Zeitraum, für den die Prognose zu stellen ist – etwa drei Jahre – nicht zugrunde zu legen ist.[36] 11

Inhaltlich gilt ein objektiver Maßstab: Die Prognose der Berufsunfähigkeit ist für den Zeitpunkt zu stellen, für den der VR das Ende seiner Leistungspflicht behauptet;[37] für die sachverständige Beurteilung bedingungsgemäßer Berufsunfähigkeit sind alle ärztlichen Berichte und sonstigen Untersuchungsergebnisse heranzuziehen und auszuwerten, die der darlegungs- und beweisbelastete VR für die maßgeblichen Zeitpunkte vorlegen kann. Dabei ist es unerheblich, wann und zu welchem Zweck die medizinischen Befunde erhoben und dem VR bekannt geworden sind. Entscheidend ist nicht, wann und wie der VR in der Folge Kenntnis von der Berufsunfähigkeit erlangt, sondern wann diese eingetreten ist. Der Befund muss keine zutreffende Diagnose[38] und keine – ausdrückliche oder wenigstens stillschweigende – ärztliche Feststellung der Berufsunfähigkeit enthalten.[39] Die Prognose der Berufsunfähigkeit kann also **auch rückschauend** für den Zeitpunkt gestellt werden, für den der VR das Ende seiner Leistungspflicht behauptet, allerdings muss dies aus der Sicht **ex ante** geschehen, dh ohne Berücksichtigung des weiteren Verlaufs nach diesem Zeitpunkt. Bei einem nachträglich erstellten Gutachten muss der Verlauf zwischen dem Zeitpunkt, für den der VR das Ende seiner Leistungspflicht behauptet, und dem Zeitpunkt der Begutachtung durch den Sachverständigen außer 12

---

31 OLG Köln 13.5.2009 – 20 U 202/08, VersR 2010, 104.
32 Bach/Moser/*Wilmes*, § 15 MBKT Rn 22 unter ablehnendem Hinweis auf OLG Hamm 25.1.1978 – 20 U 227/77, VersR 1978, 1034.
33 BGH 20.6.2012 – IV ZR 141/11, VersR 2012, 981 = r+s 2012, 499.
34 BGH 30.6.2010 – IV ZR 163/09, VersR 2010, 1171; vgl OLG Zweibrücken 26.1.1990 – 1 U 60/89, VersR 1991, 292; OLG Hamm 11.12.1996 – 20 U 134/96, VersR 1997, 1087.
35 OLG Saarbrücken 29.6.2011 – 5 U 297/09, VersR 2012, 845 = r+s 2012, 189.
36 BGH 30.6.2010 – IV ZR 163/09, VersR 2010, 1171.
37 Hierzu und zum Folgenden BGH 20.6.2012 – IV ZR 141/11, VersR 2012, 981 = r+s 2012, 499.
38 OLG Frankfurt 9.12.2009 – 7 U 117/07, VersR 2010, 475.
39 BGH 30.6.2010 – IV ZR 163/09, VersR 2010, 1171.

Betracht bleiben.[40] Auch aus der tatsächlichen Wiederaufnahme der Arbeitstätigkeit des VN kann nicht auf die Wiedererlangung der Berufsfähigkeit rückgeschlossen werden – dies gilt insb., wenn der VN damit „Raubbau an seiner Gesundheit" betreibt.[41] Eine rückwirkende Befundung zur Feststellung der Berufsunfähigkeit ist nach hM unzulässig.[42] In der von einer abweichenden Interessenlage geprägten Restschuld-Arbeitsunfähigkeitsversicherung ist eine Klausel, die das Ende der Leistungspflicht bei Eintritt unbefristeter Berufs- oder Erwerbsunfähig vorsieht, aufgrund unangemessener Benachteiligung des VN unwirksam (s. § 192 VVG Rn 12).[43]

13 Die Beweislast für Berufsunfähigkeit liegt beim VR,[44] doch trifft den VN – wie in der Berufsunfähigkeitsversicherung – eine sekundäre Darlegungslast.[45] Im Prozess muss der VR nicht schon ein entsprechendes Gutachten vorlegen.[46] Die Behauptung von Berufsunfähigkeit konzediert nicht gleichzeitig Arbeitsunfähigkeit.[47]

14 **3. Altersrente (Buchst. c).** Die Regelung knüpft an § 15 Buchst. c MB/KT 94 an und setzt gleichzeitig § 196 VVG um. Das Gesetz geht von einem grds. unbefristeten Krankentagegeldversicherungsvertrag aus, die Vereinbarung einer Befristung bis zum 65. Lebensjahr (beachte § 196 Abs. 4 VVG) ist jedoch zulässig. Abweichend von den MB/KT 94 gilt die Beendigung nur bei tatsächlicher Vereinbarung einer Befristung. Unberührt bleibt die Vertragsbeendigung bei Bezug einer Altersrente (auch: Rente eines Versorgungswerks;[48] nicht: Freistellungsphase der Altersteilzeit;[49] hierfür sowie für Rente wegen Erwerbs- oder Berufsunfähigkeit gelten ggf Buchst. a und b), obwohl dieser Tatbestand in § 196 VVG nicht genannt ist[50] (es gilt deshalb auch nicht die dortige Belehrungspflicht).[51] Der VersVertrag kann also auch bereits vor Erreichen einer vereinbarten Altersgrenze enden. Dies hält angesichts der Interessenlage bei der Krankentagegeldversicherung einer Inhaltskontrolle stand (§ 307 BGB).[52] Da die neue Regelung aber von § 15 Buchst. c MB/KT 94 insoweit abweicht, als sie nicht mehr auf die Vollendung des 65. Lebensjahrs „zum Ende des Monats, in dem die Altersgrenze erreicht wird", abstellt, kann sich zum Nachteil des VN eine (unwirksame) Deckungslücke ergeben.[53] Ein Anspruch auf Rückzahlung danach unberechtigt erbrachter Leistungen erfolgt nach § 11 S. 2.[54]

---

40 BGH 30.6.2010 – IV ZR 163/09, VersR 2010, 1171.
41 OLG Oldenburg 24.10.2012 – 5 U 109/12, VersR 2013, 1164 = r+s 2013, 80 mwN.
42 OLG Saarbrücken 8.9.2004 – 5 U 90/03, r+s 2005, 515; OLG Karlsruhe 13.11.2003 – 12 U 73/03, VersR 2004, 230 mwN; OLG Düsseldorf 13.1.1998 – 4 U 207/96, VersR 1999, 354; aA Bach/Moser/*Wilmes*, § 15 MBKT Rn 25; wohl auch Langheid/Wandt/*Hütt*, § 192 VVG Rn 194.
43 LG Köln 4.11.2009 – 23 O 281/08, juris; aA OLG Dresden 7.9.2009 – 4 U 1043/09, VersR 2010, 760.
44 BGH 9.3.2011 – IV ZR 137/10, r+s 2011, 256 = VersR 2011, 518; OLG Hamm 11.12.1996 – 20 U 134/96, VersR 1997, 1087.
45 OLG Oldenburg 24.10.2012 – 5 U 109/12, VersR 2013, 1164 = r+s 2013, 80.
46 Bach/Moser/*Wilmes*, § 15 MBKT Rn 24; Langheid/Wandt/*Hütt*, § 192 VVG Rn 192 f; aA scheinbar OLG Hamm 11.12.1996 – 20 U 134/96, VersR 1997, 1087.
47 BGH 12.12.1990 – IV ZR 163/89, VersR 1991, 451.
48 OLG Frankfurt 23.11.2012 – 7 U 256/10, NJW-RR 2013, 807.
49 Vgl LG Oldenburg 6.12.2013 – 13 O 1391/13, r+s 2014, 512.
50 Ausführlich Langheid/Wandt/*Hütt*, § 196 VVG Rn 7 ff.
51 OLG Frankfurt 23.11.2012 – 7 U 256/10, NJW-RR 2013, 807.
52 HM, OLG Nürnberg 26.7.2012 – 8 U 760/12, VersR 2013, 1390 mwN; OLG Frankfurt 23.11.2012 – 7 U 256/10, NJW-RR 2013, 807; OLG Karlsruhe 16.9.2008 – 12 U 73/08, VersR 2009, 204; OLG Köln 21.10.1993 – 5 U 18/93, VersR 1994, 165 (Revision vom BGH nicht angenommen); OLG Düsseldorf 12.5.1998 – 4 U 76/97, r+s 1999, 82.
53 Langheid/Wandt/*Hütt*, § 196 VVG Rn 11.
54 OLG Frankfurt 23.11.2012 – 7 U 256/10, NJW-RR 2013, 807.

4. **Tod des VN** (Buchst. d). Die Regelung entspricht inhaltlich § 15 Abs. 1 und 2 MB/KK 09.

5. **Aufenthaltsverlegung** (Buchst. e). Die Regelung entspricht § 15 Abs. 3 S. 1 MB/KK 09.

III. Anwartschaftsversicherung (Abs. 2)

Die Variante „Kündigung" hat ihre Parallelregelung in § 13 Abs. 11 MB/KK 09. Die Einschränkung des letzten Halbsatzes meint nur die Variante „Berufsunfähigkeit", was aus dem Satzbau nicht ohne weiteres deutlich wird. Siehe hierzu im Übrigen Rn 2. Ob mit einer Wiederaufnahme der Erwerbstätigkeit zu rechnen ist, bestimmt sich aus objektiver Sicht ex ante. Die Beweislast hierfür liegt beim VN; s. im Übrigen Rn 11.

Sonstige Bestimmungen

§ 16 Willenserklärungen und Anzeigen

Willenserklärungen und Anzeigen gegenüber dem Versicherer bedürfen der Schriftform, sofern nicht ausdrücklich Textform vereinbart ist.

Die Regelung ist mit § 16 MB/KK 09 identisch.

§ 17 Gerichtsstand

(1) Für Klagen aus dem Versicherungsverhältnis gegen den Versicherungsnehmer ist das Gericht des Ortes zuständig, an dem der Versicherungsnehmer seinen Wohnsitz oder in Ermangelung eines solchen seinen gewöhnlichen Aufenthalt hat.

(2) Klagen gegen den Versicherer können bei dem Gericht am Wohnsitz oder gewöhnlichen Aufenthalt des Versicherungsnehmers oder bei dem Gericht am Sitz des Versicherers anhängig gemacht werden.

(3) Verlegt der Versicherungsnehmer nach Vertragsschluss seinen Wohnsitz oder gewöhnlichen Aufenthalt in einen Staat, der nicht Mitgliedstaat der Europäischen Union oder Vertragsstaat des Abkommens über dem Europäischen Wirtschaftsraum ist oder ist sein Wohnsitz oder gewöhnlicher Aufenthalt im Zeitpunkt der Klageerhebung nicht bekannt, ist das Gericht am Sitz des Versicherers zuständig.

Die Regelung ist mit § 17 MB/KK 09 identisch.

§ 18 Änderungen der Allgemeinen Versicherungsbedingungen

(1) Bei einer nicht nur als vorübergehend anzusehenden Veränderung der Verhältnisse des Gesundheitswesens können die Allgemeinen Versicherungsbedingungen und die Tarifbestimmungen den veränderten Verhältnissen angepasst werden, wenn die Änderungen zur hinreichenden Wahrung der Belange der Versicherungsnehmer erforderlich erscheinen und ein unabhängiger Treuhänder die Voraussetzungen für die Änderungen überprüft und ihre Angemessenheit bestätigt hat. Die Änderungen werden zu Beginn des zweiten Monats wirksam, der auf die Mitteilung der Änderungen und der hierfür maßgeblichen Gründe an den Versicherungsnehmer folgt.

(2) Ist eine Bestimmung in den Allgemeinen Versicherungsbedingungen durch höchstrichterliche Entscheidung oder durch einen bestandskräftigen Verwaltungsakt für unwirksam erklärt worden, kann sie der Versicherer durch eine neue Regelung ersetzen, wenn dies zur Fortführung des Vertrags notwendig ist oder wenn das Festhalten an dem Vertrag ohne neue Regelung für eine Vertragspartei auch unter Berücksichtigung der Interessen der anderen Vertragspartei eine unzumutbare Härte darstellen würde. Die neue Regelung ist nur wirksam, wenn sie unter Wahrung des Vertragsziels die Belange der Versicherungsnehmer angemessen berücksichtigt. Sie wird zwei Wochen, nachdem die neue Regelung und die hierfür maßgeblichen Gründe dem Versicherungsnehmer mitgeteilt worden sind, Vertragsbestandteil.

1 Die Regelung ist mit § 18 MB/KK 09 identisch.

Stichwortverzeichnis

Die **fetten** Zahlen ohne Gesetzesangabe verweisen auf die Paragrafen des VVG, anderenfalls steht vor der fetten Zahl die Abkürzung des in Bezug genommenen Gesetzes bzw des jeweiligen Bedingungswerkes. Die mageren Zahlen beziehen sich auf die Randnummern. Auf die Einleitung wird mit *Einl.* Bezug genommen.

Abandon
- Haftpflichtversicherung **109** 5
- Transportversicherung **141** 2 f

ABC-Ausschluss
- *siehe auch* Kernenergie, Ausschluss
- *siehe auch* Strahlenschäden, Ausschluss
- Berufsunfähigkeits-Zusatzversicherung *BB-BUZ* **3** 25
- Unfallversicherung *AUB* **5** 27

Abdingbarkeit
- *siehe* Halbzwingende Vorschriften

Abfindungsvergleich
- Abdingbarkeit **175** 3
- Streitwert **172** 16

Abgeschlepptes Kfz
- versichertes Kfz *KfzSBHH* **A.3** 6

Abhandenkommen
- als Folge eines Personen- oder Sachschadens *AHB* **2** 12
- Begriff *AHB* **2** 8 f
- Einschlussregelungen *AHB* **2** 18 f
- Haftpflichtversicherung *AHB* **1** 32, **2** 8 ff
- Kfz-Haftpflichtversicherung *AKB* **A.1.1** 8, **A.1.5** 9 ff
- nur Entwendung der Sache (also kein Sachschaden) *AHB* **2** 14
- Privathaftpflichtversicherung *AVB PHV* **A1-6.15** 8
- Schlüsselverlust *AHB* **2** 15
- und gleichzeitige/nachfolgende Zerstörung einer Sache *AHB* **2** 13
- Versicherungsschein **3** 26
- wirtschaftliche Entwertung *AHB* **2** 16 f

Abhängig Beschäftigter
- Privat-, Berufs- und Verkehrs-Rechtsschutz für Nichtselbständige *ARB 2010* **26** 1 f
- Privat- und Berufsrechtsschutz für Nichtselbständige *ARB 2010* **25** 1 ff

Ablösungsrecht des Dritten
- Prämienzahlung **34** 1 ff

Abmahnung
- außerordentliche Kündigung durch VR, Krankenversicherung **206** 23

Abschlagszahlung
- Fälligkeit von Geldleistungen des VR **14** 31 f

Abschleppen, Kfz
- Kfz-Haftpflichtversicherung *KfzPflVV* **3** 3; *AKB* **A.1.1** 12, **A.1.5** 10 ff
- Kfz-Kaskoversicherung *AKB* **A.2.7** 2
- Verwaltungs-Rechtsschutz in Verkehrssachen *ARB 2010* **2** 15

Abschluss- und Vertriebskosten
- Begriff *AltZertG* **2a** 6

Abschlusskosten
- Ausweis *VVG-InfoV* **2** 6 ff
- Begriff **169** 32 ff
- Prämienerhöhung *VVG-InfoV* **2** 9
- Produktinformationsblatt *VVG-InfoV* **4** 29
- ungezillmerter Tarif *VVG-InfoV* **2** 8
- Verrechnung *VVG-InfoV* **2** 26
- Verteilung **169** 29 ff

Abschlussvertreter des VN
- vorvertragliche Anzeigepflicht **20** 1 ff
- Zurechnung des Verhaltens **28** 132

Abschlussvertreter des VR **59** 16
- Empfangsvollmacht **69** 4
- Umfang der Abschlussvollmacht **71** 3 f
- Wissenszurechnung **70** 5

Abschlussvollmacht
- Beschränkung **72** 2 ff
- Umfang **71** 3 f
- Voraussetzungen **71** 2

Abschriften, Anspruch des VN auf
- Auskunftsanspruch **3** 29
- Begriff **3** 29
- Form **3** 32
- Fristen und Hemmung der Frist **3** 34
- Gesprächsaufzeichnungen **3** 29
- Informationspflichten des VR **7** 38
- Inhalt **3** 29 ff
- Kosten **3** 35
- relevante Erklärungen des VN **3** 30

Absicht **28** 82, **81** 7

Absonderungsrecht
- des Geschädigten bei Insolvenz des VN in der Haftpflichtversicherung **110** 1 ff

Absturz/Anprall von Luftfahrzeug
- *siehe* Luftfahrzeug, Anprall/Absturz

Abtretung
- BUZ *BB-BUZ* **9** 11

Abtretungsverbot
- Haftpflichtversicherung **108** 6, **112** 4; *AHB* **28** 1
- Krankenversicherung *MB/KK* **6** 4; *MB/KT* **6** 1
- Rechtsschutzversicherung *ARB 2010* **17** 26; *ARB 2012* **4.1** 11

Abtretungsverbot bei unpfändbaren Sachen
- keine Abtretbarkeit 17 2 ff
- Normzweck 17 1
- Rechtsfolgen 17 5 ff

Abwässer
- Privathaftpflichtversicherung *AVB PHV* **A1-6.5** 1

Abwasserrisiko
- Haftpflichtversicherung *AHB* 7 71 f

Abwehranspruch, Haftpflichtversicherung
- Fälligkeit 106 3
- Inhalt 100 2 ff

Abwehrdeckung
- Haftpflichtversicherung 100 5

Abweichender Versicherungsschein
- *siehe* Versicherungsschein, abweichender

Abzug „neu für alt"
- Ermittlung des Zeitwertes 88 5
- Kaskoversicherung *AKB* **A.2.7** 3 f
- Neuwertversicherung 88 6, 12
- nicht bei Neuwert 74 19
- Voraussetzungen bei regressfähigem Sachschaden 86 58 f

Adoptivkind
- Kindernachversicherung 198 9 f; *MB/KK* **2** 2

ADS 1919 *Einl.* 35

ADS Güter 1973/1994 *Einl.* 35; Vor 130–141 6

Affektionsinteresse 74 17

Aktivenversicherung 1 30, 192 3

Akute Erkrankung
- Leistungsanspruch trotz Ruhens 193 72 ff

Alkohol
- absolute Fahruntüchtigkeit 81 33 ff
- Bewusstseinsstörungen *AUB* 5 5, 8 ff
- Krankentagegeldversicherung *MB/KT* 5 3
- Krankenversicherung 201 6
- quotale Leistungskürzung 81 122
- relative Fahruntüchtigkeit 81 36 ff
- Selbsttötung 161 15
- Trunkenheitsfahrt 81 12 f, 33 ff, 122; *AKB* **A.2.16** 15

Alles-oder-Nichts-Prinzip
- bei der laufenden Versicherung 53 12, 57 2, 58 1, 4
- Gefahrerhöhung, Abkehr vom 26 3
- Herbeiführung des Versicherungsfalles, Abkehr vom 81 95, 97
- Obliegenheitsverletzung 28 155 ff
- Transportversicherung 132 3, 133 2, 134 1, 137 2
- VVG-Reform *Einl.* 30

Allgefahrendeckung 130 7 ff

Allgemeine Versicherungsbedingungen (AVB)
- *siehe auch* AVB-Kontrolle

- Anpassung Krankenversicherung, Übergangsrecht *EGVVG* **2** 3 ff
- Anpassungs-Unterlassen, Übergangsrecht *EGVVG* **1** 27 ff
- Anpassungs-Vornahme, Übergangsrecht *EGVVG* **1** 33 ff
- Auslegung *Einl.* 66 ff
- Bedingungsänderung *Einl.* 89 ff
- Bedingungsanpassung 164 1 ff
- Bedingungsanpassungsklauseln *Einl.* 76
- Begriff *Einl.* 61 f
- Deregulierung *Einl.* 20, 63
- Einbeziehung in VersVertrag *Einl.* 72 ff; 1 44
- Einbeziehung in VersVertrag, Verletzung von Informationspflichten 7 29 ff
- Funktion *Einl.* 60
- gesetzliche Leitbilder *Einl.* 86 f
- Herbeiführung des Versicherungsfalles, abweichende Regelungen in AVB 81 132 ff
- Informationspflichten des VR *VVG-InfoV* **1** 15 f
- Inhaltskontrolle *Einl.* 77 ff
- Mindestinhalt *Einl.* 64
- Produktinformationsblatt *Einl.* 75
- Produktinformationsblatt, Verweisung auf AVB *VVG-InfoV* **4** 39 f
- Verweisung auf AVB *VVG-InfoV* **1** 60

Allgemeines Gleichbehandlungsgesetz (AGG)
- Bedeutung im Versicherungsvertragsrecht *Einl.* 55 ff

Allgemeines Persönlichkeitsrecht
- Haftpflichtversicherung *AHB* 1 28, 7 84
- Privathaftpflichtversicherung *AVB PHV* **A1-7** 1

Allmählichkeitsschaden *AHB* 7 1, 3

Alphaklinik-Entscheidung 192 17

Alternative Medizin *MB/KK* **1** 15, 4 18 f

Altersangabe, unrichtige
- Lebensversicherung 157 1 ff

Altersvorsorgevertrag
- Abschluss- und Vertriebskosten *AltZertG* **2a** 6, 8
- anlassbezogene Kosten *AltZertG* **2a** 23 f
- Kündigung des VN 168 11 ff
- Steuern *VVG-InfoV* **2** 38
- Verwaltungskosten *AltZertG* **2a** 6, 10

Altersvorsorgevertrag, Informationen vor der Auszahlungsphase
- Kündigungsrecht des Anlegers *AltZertG* **7b** 15 ff
- Sanktionen *AltZertG* **7b** 18 ff
- zeitliche Anwendbarkeit *AltZertG* **7b** 24
- Zeitpunkt der Informationserteilung *AltZertG* **7b** 14 ff
- zu erteilende Informationen im Einzelnen *AltZertG* **7b** 2 ff

Altersvorsorgevertrag, Informationspflichten
- jährliche Informationspflicht *AltZertG* 7a 2 ff
- Kostenänderung *AltZertG* 7c 2 ff
- Modellrechnung *AltZertG* 7 9
- Produktinformationsblatt *AltZertG* 7 2 ff

Altersvorsorgevertrag, jährliche Information
- Ausnahmen *AltZertG* 7a 14 ff
- Reichweite und Form *AltZertG* 7a 2
- zeitliche Anwendbarkeit *AltZertG* 7a 20
- zu erteilende Informationen im Einzelnen *AltZertG* 7a 3 ff

Altersvorsorgevertrag, Kostenstruktur
- Abschluss- und Vertriebskosten und Verwaltungskosten *AltZertG* 2a 6 ff
- Kostenstruktur *AltZertG* 2a 4
- zeitliche Anwendbarkeit *AltZertG* 2a 29

Altersvorsorgevertrag, Produktinformationsblatt
- Inhalt *AltZertG* 7 3 ff
- kostenlose Bereitstellung *AltZertG* 7 11
- rechtzeitiger Zugang *AltZertG* 7 10
- Sanktionen *AltZertG* 7 12 ff
- Veröffentlichung von Muster-Produktinformationsblättern mit Musterdaten *AltZertG* 7 20 ff
- zeitliche Anwendung *AltZertG* 7 28 ff
- Zeitpunkt *AltZertG* 7 2

Alterungsrückstellung
- Anrechnung bei Tarifwechsel, Krankenversicherung 204 20

Altverträge
- *siehe auch* Übergangsrecht
- als LebensVersVerträge *EGVVG* 3 15 ff
- anwendbares Recht/Übergangsvorschriften *Einl.* 39 ff
- Bedingungsänderung *Einl.* 90; *EGVVG* 1 26 ff
- Berufsunfähigkeitsversicherung *Einl.* 43; 172 4; *EGVVG* 4 11 ff
- Datenerhebung personenbezogener Gesundheitsdaten bei Dritten 213 102
- Definition *EGVVG* 1 4
- Frühstornofälle in der Lebensversicherung *EGVVG* 4 8 ff
- Gerichtsstand *Einl.* 41
- keine LebensVersVerträge *EGVVG* 3 12 ff
- Kollisionsrecht *Einl.* 22
- Krankenversicherung *Einl.* 43 f
- Krankheitskostenversicherung 193 34
- Lebensversicherung *Einl.* 43
- Modellrechnung 154 5
- Rückkaufswert 169 80 ff
- Überschussbeteiligung *EGVVG* 4 2 ff, 17
- Verjährung, Grundsatz *EGVVG* 3 2 ff
- Versicherungsfall *Einl.* 43
- vertragliche Obliegenheitsverletzung 28 251
- Vertragsänderung als Neuabschluss *EGVVG* 1 6
- Vertragsverlängerung als Neuabschluss *EGVVG* 1 7

Ambulante Operationen *AUB* 2 47

Anaphylaktische Reaktion *AUB* 3 3

Änderung von Anschrift und Name
- Anschriftenänderung 13 4 ff
- Dreitagesfiktion 13 11
- eingeschriebener Brief 13 5
- falsche Adressangabe bei Vertragsschluss 13 4
- gesetzliche Obliegenheit 13 8
- Haftpflichtversicherung *AHB* 29 2
- Hausratversicherung *VHB* **Abschnitt B § 17** 1
- Namensänderung 13 12
- Normzweck 13 1
- Rechtsschutzversicherung *ARB 2010* 16 1
- Unfallversicherung *AUB* 17 2
- Verlegung der gewerblichen Niederlassung 13 13
- vorübergehende Abwesenheit 13 2
- Wissenszurechnung 13 7
- Wohngebäudeversicherung *VGB* **Abschnitt B § 17** 1

Änderung von Rechtsvorschriften
- Informationspflichten des VR *VVG-InfoV* 6 3

Anerkenntnis, Berufsunfähigkeitsversicherung
- Abdingbarkeit 173 2, 175 1
- Altverträge 173 2; *EGVVG* 4 14 ff
- Anspruch 173 1
- befristetes 173 8 ff; *BB-BUZ* 5 3 ff
- Befristungsdauer 173 8
- Befristungsende 173 10
- Befristungsgrund 173 9
- gebotenes Anerkenntnis 173 6
- Leistungsumfang *BB-BUZ* 5 2
- unbefristetes 173 3 ff
- unzulässige Befristung 173 8

Anerkenntnis und Befriedigung, Haftpflichtversicherung
- Abdingbarkeit 105 8
- Abgrenzung zur Kulanz 111 4
- Abschaffung des Anerkenntnis- und Befriedigungsverbots 100 2; *AHB* 5 4
- Anwendungsbereich 105 8
- Auswirkungen auf Regulierungspraxis 105 2 ff
- Insolvenzverfahren 105 6
- keine Bindungswirkung für VR 105 4; *AHB* 5 4
- Kollusion 105 7
- Normzweck 105 1
- Prüfung von Haftpflichtfragen im Deckungsprozess 105 5

Stichwortverzeichnis

Anerkenntnis, Unfallversicherung
- Erklärungsfrist 187 1; *AUB* 9 1 ff
- Fälligkeit 187 2; *AUB* 9 6
- Kostentragungspflicht des VR *AUB* 9 4 f
- Rechtsnatur *AUB* 9 3
- Vorschuss 187 3; *AUB* 9 9 ff

Anerkenntnisklausel 19 14

Anfechtung
- Gutachten des Sachverständigen 84 16
- vorläufige Deckung 49 14 f

Anfechtung des VersVertrages
- abweichender Versicherungsschein 5 13, 43 ff
- arglistige Täuschung 19 13, 22 1 ff
- Irrtum 19 2
- Krankenversicherung 205 30, 206 26
- Überversicherung, arglistige Täuschung 74 32
- Unfallversicherung *AUB* 13 1
- unrichtige Altersangabe in der Lebensversicherung 157 4

Angabe des Versicherungsbeginns
- Auslegung 2 6
- Rückdatierung 2 7

Angestellter des VR im Werbeaußendienst
- Empfangsvollmacht 69 6, 73 1
- keine Beratungspflicht 61 2
- keine Informationspflichten 60 6
- Kennzeichen 59 13

Anhänger
- Kfz-Haftpflichtversicherung *PflVG* 1 9; *KfzPflVV* 3 1; *AKB* A.1.1 12, A.1.5 10 ff
- Privathaftpflichtversicherung *AVB PHV* A1-7 6 ff, 9

Anhörung der Parteien
- Sachverständigenverfahren 84 17

Anliegerabgaben
- Rechtsschutzversicherung *ARB 2010* 3 18

Anmeldung des Direktanspruchs gegen VR, Pflichtversicherung
- formale und inhaltliche Anforderungen 115 12
- Hemmung der Verjährung 115 12 ff

Anmeldung eines Anspruchs aus dem VersVertrag
- Beweislast 15 29
- Hemmung der Verjährung 15 15 ff
- Kfz-Haftpflichtversicherung 15 17
- Rechtsschutzversicherung 15 17
- Schadensanzeige 15 17
- Unfallversicherung 15 17

Annexvertrieb 59 20

Anprall/Absturz von Luftfahrzeug
- siehe Luftfahrzeug, Anprall/Absturz

Anrechnung der Alterungsrückstellung
- Tarifwechsel, Krankenversicherung 204 20

Anscheinsagent 59 11

Anscheinsbeweis
- Selbsttötung 161 18

Anscheinsvollmacht 69 51

Anschlussversicherung
- Frist 205 34
- Kündigung einer Pflichtversicherung 205 31 ff
- Nachweis 205 11

Anschrift
- Änderung *VVG-InfoV* 6 2
- Vertreter *VVG-InfoV* 1 10
- VR *VVG-InfoV* 1 8 ff

Anschriftenänderung
- siehe Änderung von Anschrift und Name

Ansparphase 153 79

Anspruchserhebungsprinzip
- Definition des Versicherungsfalles in der Haftpflichtversicherung 82 7, 100 14

Antenne, Kfz *AKB* A.2.2 31

Antennenanlagen
- Feuerversicherung *AFB* Abschnitt A § 1 8, 21 f
- Hausratversicherung *VHB* Abschnitt A § 2 7, Abschnitt A § 5 22, Abschnitt A § 6 7
- Wohngebäudeversicherung *VGB* Abschnitt A § 2 4, 6, Abschnitt A § 5 5

Antiquitäten
- Begriff *VHB* Abschnitt A § 13 4
- Versicherungswert 88 4

Antiselektionsnachteil
- Stornoabzug beim Rückkaufswert 169 65, 68

Antrag des VN auf Abschluss eines VersVertrages
- Empfangsvollmacht des VersVertreters 69 22 ff

Antragsbindefrist *VVG-InfoV* 1 35

Antragsformular
- Auge-und-Ohr-Rechtsprechung 19 28
- Beweislast und Beweisführung, Anzeigeobliegenheit 69 54 ff
- Blankounterschrift des VN 19 12
- ungeprüfte Unterschrift 19 11

Antragsmodell
- Antragsbindefrist *VVG-InfoV* 1 35
- bedingtes 1 53
- fehlerhafte Belehrung bei Vertragsabschluss im A. 152 103 ff
- Fondsinformationen *VVG-InfoV* 2 37
- Gültigkeitsdauer *VVG-InfoV* 1 30
- Informationspflichten des VR 1 45, 7 2, 5
- Kennzeichen 1 46 ff; *EGVVG* 1 5
- Vertragsschluss und Einbeziehung von AVB 7 34

- Widerrufsrecht des VN 8 2, 15, 18, 22
- Zeitpunkt der Anzeige gefahrerheblicher Umstände 19 21
- Zustandekommen des VersVertrages *VVG-InfoV* 1 33

Anwaltsempfehlungen
- durch Rechtsschutzversicherung 125 2

Anwaltswahl, freie
- Anwaltsempfehlung durch Rechtsschutzversicherung 127 3 ff
- Begriff „Rechtsanwalt" 127 7
- Kooperations-/Gebührenvereinbarungen zwischen Rechtsschutzversicherung und Anwalt 127 4
- Rechtsschutzversicherung *ARB 2010* 17 20 ff; *ARB 2012* 4.1 10

Anwartschaftsversicherung
- Begriff 192 5
- Krankentagegeldversicherung *MB/KT* 15 2, 17
- Recht auf Fortführung eines gekündigten Vertrages in Form einer A. 204 67 ff
- Tarifwechsel 204 61 ff
- vorübergehende Aufenthaltsverlegung *MB/KK* 15 5

Anwendbares Recht
- EGVVG *Einl.* 39 ff; *EGVVG* 1 4 ff
- Informationspflichten *VVG-InfoV* 1 46 f

Anzeige der Veräußerung
- *siehe auch* Kündigung nach Veräußerung, Sachversicherung
- *siehe auch* Veräußerung der versicherten Sache
- Abdingbarkeit 97 6, 98 1
- Betriebshaftpflichtversicherung 102 5
- Beweislast 97 5
- Erwerb durch Hoheitsakt 99 1 f
- Leistungsfreiheit 97 3 f
- Normzweck 97 1
- Obliegenheit 97 2
- Rechtsnatur 97 2
- Verpflichteter 97 2

Anzeige des Versicherungsfalles
- Adressat 30 11
- Anmeldung eines Anspruchs aus dem VersVertrag 15 17
- Anzeigepflicht des Dritten 30 13 f, 18 ff
- Anzeigepflicht des VN 30 16 f
- Anzeigepflichtverletzung und Rechtsfolgen 104 7 ff
- Beweislast 30 27 ff, 104 7
- Eintritt des Versicherungsfalles 30 3
- Empfangsvollmacht des VersVertreters 69 34
- Feuerversicherung *AFB* **Abschnitt B § 8** 5
- Form 30 12
- Frist 30 5 ff
- grob fahrlässige Obliegenheitsverletzung 30 24
- Haftpflichtversicherung 104 2 ff, 112 3; *AHB* 25 2 f
- Inhalt 30 10
- Kenntnis des VN 30 4
- Leistungsfreiheit des VR bei Obliegenheitsverletzung 30 21 ff
- Normzweck 30 1
- Obliegenheit 30 2, 16 f
- Rechtsfolgen der Verletzung 30 2, 15 ff
- Rechtsnatur 30 2, 16 f
- Schadensersatzanspruch des VR bei Obliegenheitsverletzung 30 16 ff
- Voraussetzungen 30 3 f
- vorsätzliche Obliegenheitsverletzung 30 22
- Wohngebäudeversicherung *VGB* **Abschnitt B § 8** 4

Anzeige des VR
- Nichtbestehen bzw Beendigung des VersVertrages an zuständige Stelle, Pflichtversicherung 117 6 ff

Anzeigen
- Schrift-/Textform 32 3 ff

Anzeigepflicht des VN, vorvertragliche
- *siehe auch* Rücktrittsrecht des VR bei Verletzung der vorvertraglichen Anzeigepflicht
- Anerkenntnisklausel 19 14
- Annahmegrundsätze 19 41
- Antragsmodell 19 21
- arglistige Täuschung 19 13, 25
- Auge-und-Ohr-Stellung des VersVertreters 19 26 ff, 69 28
- Ausschluss des Rücktrittsrechts des VR 19 38 f
- Ausschlussfristen 21 20 ff
- Begründungspflicht des VR der Geltendmachung seiner Rechte bei Anzeigepflichtverletzung 21 10 ff
- Beweislast 19 19, 37, 39
- Blankounterschrift des VN 19 12
- Datensammlung des VR 19 53
- Erklärungen vor dem Arzt 19 32
- Erklärungsempfänger bei Geltendmachung der Rechte des VR 21 3
- Fehleinschätzung der Gefahrerheblichkeit 19 6, 13
- Formulierung der Fragen 19 17
- Fragen des VR in Textform 19 8 ff
- Frageobliegenheit des VR 19 9
- Frist zur Geltendmachung der Rechte des VR bei Anzeigepflichtverletzung 21 4 ff
- gefahrerhebliche Umstände 19 4 ff, 20 1 ff
- Gefahrerheblichkeit 19 16 ff
- Geltendmachung der Rechte des VR 19 44 ff
- Geltungsbereich 19 2 f
- Gendiagnostikgesetz 19 7

- Gesundheitsbeeinträchtigung/Gesundheitsfragen 19 6
- Haftpflichtversicherung *AHB* 23 1
- Invitatiomodell 19 22, 36
- Kausalität 21 13 ff
- Kollusion 19 31
- Krankenversicherung 194 4
- Kündigungsrecht des VN bei Vertragsanpassung 19 54 f
- Kündigungsrecht des VR 19 40 f
- Maklerfragen 19 15
- Maklervertrieb 19 30
- Nachfragepflicht des VR 19 23 ff, 22 13, 28 51, 69 30
- Nachmeldepflicht des VN 19 34 ff
- Nachschieben von Gründen durch VR bei Geltendmachung seiner Rechte bei Anzeigepflichtverletzung 21 12
- Neuvertrag 19 3
- Normzweck 19 1
- Personenversicherung 19 32
- positive Kenntnis des VN von den Gefahrumständen 19 6
- Rechtsnatur 19 4
- Renewal-Fragebogen 19 3
- Rücktrittsrecht des VR 19 37
- sekundäre Darlegungslast 19 41
- spontane Anzeigepflicht 19 13
- Träger der Anzeigepflicht 19 33
- Übergangsrecht *EGVVG* 1 17 f
- Verhältnis zur Gefahrerhöhung 23 4 f
- Verschulden 21 5 f
- Versicherung im Basistarif 193 48
- VersMakler und (Nicht-/Teil-)Verwendung von Fragebogen des VR 19 14
- Vertragsabschluss durch Vertreter des VN 20 1 f
- Vertragsänderung 19 3, 41 ff, 21 2 ff
- Voraussetzungen 19 5
- Wissen des Arztes 19 32
- Wohngebäudeversicherung *VGB* **Abschnitt B § 1 1**
- Zeitpunkt der Anzeige 19 21 f
- Zeitpunkt des Eintritts des Rechtsschutzfalles *ARB 2010* 4 11, 16
- Zugang der Fragen 19 10

Anzeigepflicht des VR
- Leitungswasserversicherung 142 4
- Sturmversicherung 142 4

Anzeigepflicht des VR, Gebäudefeuerversicherung
- Abdingbarkeit 142 14
- Anwendungsbereich 142 1 ff
- Belehrung 142 9
- Eintritt des Versicherungsfalles 142 10 f
- fehlende Prämienzahlung 142 5 ff
- Kündigung bei unterbliebener Folgeprämienzahlung 142 9
- Normzweck 142 2
- Schadensersatzpflicht des VR 142 12 f

- Übergangsrecht 142 15

Anzeigepflichten
- Anzeige einer Krankheitskostenversicherung bei einem weiteren VR *MB/KK* 9 7
- bei mehreren konkurrierenden Versicherungen 77 1 ff
- Feuerversicherung, vorvertragliche Anzeigepflichten *AFB* **Abschnitt B § 1** 1
- Feuerversicherung, Wiederauffinden und Wiederherbeischaffung abhanden gekommener Sachen *AFB* **Abschnitt A § 13** 1 ff
- Hausratversicherung *VHB* **Abschnitt B § 1 1, Abschnitt B § 8** 6 ff
- Kraftfahrtversicherung *AKB* E.1–E.6 2 ff

Anzeigepflichten des Geschädigten
- Pflichtversicherung 119 2 f, 120 1 ff

Approbation *MB/KK* 4 5

Arbeitnehmererfindungen
- Rechtsschutzversicherung *ARB 2010* 3 15

Arbeitslosigkeit *BB-BUZ* 2 9

Arbeitsplatzunverträglichkeit *MB/KT* 1 4, 9 5

Arbeits-Rechtsschutz
- Leistungsart *ARB 2010* 2 6 ff
- unbedingter Prozessauftrag *ARB 2010* 17 16
- Zeitpunkt des Eintritts des Rechtsschutzfalles *ARB 2010* 4 10

Arbeitsunfähigkeit
- Arbeitsplatzunverträglichkeit *MB/KT* 1 4
- Begriff 172 18
- Krankentagegeldversicherung *MB/KT* 1 3 ff
- Krankschreibung wegen *BB-BUZ* 2 5
- Versicherungen zur Einkommenssubstitution 177 1

Arbeitsunfähigkeitsbescheinigung 172 48

Arbeitsunfallklauseln 102 3; *AHB* 7 57

Arglist
- arglistige Unkenntnis der die Gefahrerhöhung begründenden Umstände 23 11, 51 f
- Belehrung bei Obliegenheitsverletzungen 28 226
- Beweislast 28 90 ff
- Gesundheitsfragen 28 88
- Kennzeichen 28 87 ff
- Obliegenheitsverletzung 28 69 f
- sekundäre Darlegungslast 28 90
- Zurechnung der Kenntnis und des Verhaltens Dritter in der Fremdversicherung 47 12 ff

Arglistige Täuschung
- Feuerversicherung *AFB* **Abschnitt B § 16** 4
- Haftpflichtversicherung *AHB* 26 6

- Hausratversicherung
  VHB **Abschnitt B § 16** 7 ff
- Teilkündigung 29 3
- Teilrücktritt 29 3
- unrichtige Altersangabe in der Lebensversicherung 157 4
- vorläufige Deckung 49 14
- vorvertragliche Anzeigepflicht des VN und Nachfragepflicht des VR 19 25
- Wohngebäudeversicherung
  VGB **Abschnitt B § 16** 7
- Zeitpunkt des Eintritts des Rechtsschutzfalles *ARB 2010* 4 11, 16

Arglistige Täuschung, Anfechtung des VersVertrages
- Anfechtungsgegenstand 22 8
- Begriff 22 2
- Beispiele aus der Rspr 22 4 ff
- Beweislast 22 3
- Empfangsvollmacht des VersVertreters 69 28
- fehlerhafte/fehlende Belehrung 22 14
- Kausalität 22 6
- Kenntnis- und Verhaltenszurechnung 20 2
- Nachfragepflicht des VR 22 13
- Normzweck 22 1
- sekundäre Darlegungslast 22 3
- spontane Anzeigepflicht 22 7
- Verhalten und Kenntnis Dritter 22 9 f
- Verlust des Anfechtungsrechts 22 11 ff
- Zahlung des Rückkaufswertes 169 6
- zeitanteiliger Prämienanspruch des VR 39 4

Arrest
- Eintrittsrecht des Bezugsberechtigten bei Arrest, Zwangsvollstreckung oder Insolvenz des VN 170 1 ff

Arzneimittel *AHB* 7 69; *MB/KK* 4 7

Arzt
- Beantwortung von Gesundheitsfragen iRd vorvertraglichen Anzeigepflicht des VN 19 33
- Empfangsvollmacht 69 16
- Erklärungen vor dem Arzt 69 16, 70 6, 13
- Erklärungen vor dem Arzt und vorvertragliche Anzeigepflicht des VN 19 32
- Schweigepflicht und Tod der betroffenen Person 213 14
- Wissensvertreter 70 13
- Wissenszurechnung 69 16, 70 6, 13

Arztanordnungsklausel *BB-BUZ* 4 2, 14 ff

Ärztliche Bescheinigung *MB/KT* 4 5 ff

Ärztliche Untersuchung, Verweigerung der versicherten Person
- Abdingbarkeit 151 2
- Anwendungsbereich 151 1
- Berufsunfähigkeitsversicherung 151 1
- Kostenerstattungspflicht des VN 151 9
- Kostentragung 151 7
- Kündigungsrecht des VR 151 8
- Lebensversicherung 151 1
- Vereinbarung einer ärztlichen Untersuchung 151 3 ff
- Vereinbarung von angemessenen Ausschlüssen 151 10
- vorvertragliche ärztliche Untersuchung 151 11 ff

Asbest, Ausschluss
- Haftpflichtversicherung *AHB* 7 4, 66
- Privathaftpflichtversicherung
  AVB PHV A1-7 1

Aufenthaltstitel
- Krankenversicherung für Personen mit befristetem Aufenthaltstitel 195 12 ff

Aufenthaltsverlegung
- Fortsetzung des Versicherungsverhältnisses 207 33 ff; *MB/KK* 1 26, 15 2; *MB/KT* 1 9, 15 16

Aufgabe des Gewerbebetriebs, Gefahrerhöhung
- Brand, Gefahrerhöhung 26 10
- Brandgefahr 23 29
- Einbruchdiebstahlgefahr 23 23

Aufhebungsvertrag
- Beendigung des Versicherungsverhältnisses 11 33 ff

Aufklärungsobliegenheiten 28 43 ff, 47 ff

Aufklärungspflichten
- kapitalbildende Lebensversicherung 1 27
- Kraftfahrtversicherung
  AKB E.1–E.6 13 ff

Auflieger
- Kfz-Haftpflichtversicherung
  KfzPflVV 3 1; *AKB* A.1.1 12, A.1.5 10

Aufopferungsanspruch
- Deckungsumfang Haftpflichtversicherung *AHB* 1 7

Aufräum- und Abbruchkosten
- Feuerversicherung
  AFB **Abschnitt A § 5** 3 ff
- Wohngebäudeversicherung
  VGB **Abschnitt A § 7** 1

Aufräumkosten
- Hausratversicherung
  VHB **Abschnitt A § 8** 1

Aufrechnung
- durch VN, Prämienzahlung 33 17, 37 11
- durch VR, Prämienzahlung 35 1 ff
- Krankenversicherung *MB/KK* 12 1

Aufrechnungsverbot
- Pflichtversicherung 121 1 f

Aufsichtsbehörde
- Beschwerde bei der A. *VVG-InfoV* 1 54
- Genehmigung zur Abweichung von VVG-Vorschriften 211 1 ff

2161

Aufsichtsrecht
- der BaFin *Einl.* 48 ff; *VVG-InfoV* **1** 54
- und Risikoabsicherung **1** 11

Aufwandsentschädigung
- Ehrenamt/Freiwilligenarbeit *AVB PHV* **A1-6.**2 3 ff

Aufwendungen
- Begriff **83** 6 ff
- des VR bei Direktanspruch gegen VR, Pflichtversicherung **116** 8
- Regressfähigkeit iRd Forderungsübergangs **86** 63

Aufwendungsersatz
- *siehe* Rettungskostenersatz
- Krankheitskostenversicherung *MB/KK* **1** 2
- Wohngebäudeversicherung *VGB* **Abschnitt B § 13** 1

Aufwendungsersatz, erweiterter
- *siehe* Erweiterter Aufwendungsersatz

Augenblicksversagen
- Begriff *AKB* **A.2.16** 1
- grobe Fahrlässigkeit **28** 102, **81** 9 ff, 29
- quotale Leistungskürzung **28** 198
- Rspr-Beispiele **81** 10 f

Auge-und-Ohr-Rechtsprechung
- Erstreckung der Empfangsvollmacht auf vorvertragliche Gefahranzeigen **Vor 59–73** 4
- Grundsätze **19** 26 ff
- Haftpflichtversicherung *AHB* **29** 1
- Kollusion und arglistige Täuschung **22** 4
- Maklervertrieb **19** 30
- vorvertragliche Anzeigepflicht des VN **19** 26 ff, **69** 28
- Wissenszurechnung **19** 26 ff, **69** 26 ff, **70** 2

Au-Pairs
- Privathaftpflichtversicherung *AVB PHV* **A1-2** 5

Ausbildung
- Berufsunfähigkeitsversicherung **172** 26, 76 f

Ausbildungskrankenversicherung **192** 11, **195** 11

Ausgabeaufschlag bei Fonds *VVG-InfoV* **1** 27

Auskunfts- und Einsichtsrecht des VN, Krankenversicherung
- Anspruchsberechtigter **202** 10 f
- Anspruchsgegenstand (Stellungnahmen und Gutachten) **202** 4
- Anspruchsgegner **202** 3
- Beweislast **202** 17
- Empfangsberechtigter bei therapeutischen oder sonstigen erheblichen Gründen **202** 7, 9a, 11
- Klageart **202** 14 f
- Kopierkosten **202** 13
- Kostentragung **202** 12 f
- Normzweck **202** 1
- Streitwert **202** 16
- Verlangen **202** 3
- Voraussetzungen **202** 5 ff; *MB/KT* **4** 8

Auskunftsanspruch des VN
- Inhalt der vertragsrelevanten Erklärungen statt Anspruch auf Abschriften **3** 29

Auskunftsanspruch des VN, Krankenversicherung
- vor Heilbehandlung über Kostentragung **192** 53 ff

Auskunftsobliegenheiten
- Feuerversicherung *AFB* **Abschnitt B § 8** 8
- Haftpflichtversicherung *AHB* **25** 5, **26** 2
- Normzweckzusammenhang **28** 47 ff
- Umfang **28** 43 ff
- Wohngebäudeversicherung *VGB* **Abschnitt B § 8** 7

Auskunftspflicht des VN nach Eintritt des Versicherungsfalles
- Auskunftspflicht des Dritten **31** 36
- Auskunftsverlagen des VR **31** 4 ff
- Beispiele **31** 27 ff
- Belehrung **31** 26
- Berichtigung falscher Angaben des VN **31** 20 ff
- Berufsunfähigkeits-(Zusatz-)Versicherung **31** 30
- Beweislast **31** 37
- Deckungsablehnung **31** 7
- Eintritt des Versicherungsfalles **31** 3
- Empfangsvollmacht des VersVertreters **69** 34
- Erkundigungspflicht des VN **31** 12
- Erkundigungspflicht des VR **31** 17
- Fahrzeugversicherung **31** 28 f
- Kenntnis des VR **31** 15 ff
- Krankenversicherung **31** 34
- Nichtbeantwortung **31** 11
- Normzweck **31** 1
- Obliegenheit **31** 2
- Prüfbereitschaft des VR **31** 7 ff
- Rechtsfolgen bei Verletzung **31** 2, 35
- Rechtsnatur **31** 2
- unwahre Auskunft **31** 11
- Verletzung der Auskunftspflicht **31** 11 ff
- Voraussetzungen **31** 3 ff
- weitere (unwahre) Angaben durch VN nach Deckungsablehnung **31** 8 ff
- Zumutbarkeit der Beibringung von Belegen **31** 24 f

Auskunftspflicht des VR
- Gebäudefeuerversicherung **146** 3 ff
- Krankentagegeldversicherung *MB/KT* **4** 8
- Mindestrückkaufswert **169** 87a

Auskunftspflichten des Geschädigten
- Pflichtversicherung **119** 8, **120** 1 ff

Stichwortverzeichnis

Auskunftsstelle
- GDV-Dienstleistungs GmbH & Co. KG, Zentralruf der Autoversicherer *PflVG* 8a 1 f

Auskunftsverweigerungsrecht
- keine Rechtfertigung iRv Obliegenheitsverletzung 28 79

Ausland
- ausländischer Anbieter, Normzinssatz *VVG-InfoV* 2 49
- Deutsches Büro Grüne Karte e.V. *PflVG* 1 3, 3a 7
- Entschädigungsstelle für Schäden aus Auslandsunfällen *PflVG* 12a 1
- Krankenversicherung *MB/KK* 1 22 ff; *MB/KT* 1 9
- Rechtsschutzfall im *ARB 2010* 5 10 ff
- Regulierung von Unfall im Ausland *PflVG* 3a 2 ff
- Überschussbeteiligung 153 17
- Unfall im Ausland *PflVG* 1 4 ff
- Unfall im Inland mit ausländischer Beteiligung *PflVG* 1 2 f
- Verkehrsopferhilfe e.V. *PflVG* 1 5, 3a 8
- Versicherungsfall im A., Privathaftpflichtversicherung *AVB PHV* A1-6.14 1 ff
- Vertragssprache *VVG-InfoV* 1 50
- vorvertragliches Statut *VVG-InfoV* 1 45

Auslandskrankenversicherung
- Kennzeichen 192 9

Auslandsreisekrankenversicherung
- ordentliche Kündigung des VN 205 2

Auslandsschäden
- Haftpflichtversicherung *AHB* 7 54 ff

Auslegung
- Abgrenzung der Fremd- zur Eigenversicherung 43 4, 26
- abweichender Versicherungsschein 5 12
- AVB *Einl.* 66 ff
- Bezugsberechtigung 159 3, 10, 160 1 ff
- Risikoausschluss *Einl.* 69
- Rückwärtsversicherung 2 5
- Versicherungsbeginn 2 5
- vertragliche Obliegenheit 28 10
- Vertragsstrafe 28 6

Aussageverweigerungsrecht
- keine Rechtfertigung iRv Obliegenheitsverletzung 28 79

Ausschließlichkeitsvertreter 59 15, 60 7

Ausschlussfrist
- Abgrenzung zur vertraglichen Obliegenheit 28 32 ff
- Gefahrerhöhung, Lebensversicherung 158 8 f
- Selbsttötung 161 9 ff

Außenseitermethoden *MB/KK* 1 15

Außenversicherung
- Hausratversicherung *VHB* Abschnitt A § 7 1 ff

Außergerichtliches Beschwerdeverfahren
- Aufsichtsbehörde (BaFin) *VVG-InfoV* 1 54
- Ombudsmannverfahren *VVG-InfoV* 1 51 f

Austrocknung
- Wohngebäudeversicherung *VGB* Abschnitt A § 4 14

Ausweichmanöver, Wildschaden
- *siehe* Wildschaden

Autobahn-Vignette
- Glasbruch *AKB* A.2.2 42

Autoschutzbrief
- Anzeigepflichten *AKB* E.1–E.6 11
- Versicherungsschutz *AKB* A.3.1–A.3.3 1 f
- vorläufige Deckung *AKB* B.2 2

Autowäsche
- Kfz-Haftpflichtversicherung *PflVG* 1 10

AVB
- *siehe* Allgemeine Versicherungsbedingungen (AVB)

AVB Flusskasko 137 9

AVB Flusskasko 2008/2013 Vor 130–141 6

AVB Wassersportfahrzeuge 1985/2008 Vor 130–141 6, 130 15

AVB-Kontrolle
- *siehe auch* Allgemeine Versicherungsbedingungen (AVB)
- anhand der §§ 305 ff BGB *Einl.* 52, 65
- Aufgabe *Einl.* 48
- Inhaltskontrolle *Einl.* 77 ff
- Missstandsaufsicht der BaFin *Einl.* 48
- Privatversicherungsrecht *Einl.* 7
- Transportversicherung 130 3, 5 f
- Unklarheiten *Einl.* 71
- vertragliche Obliegenheit 28 16
- Verwender *Einl.* 65

AWMF-Begutachtungsleitlinien 172 50

Badewanne
- Schaden durch Wasseraustritt *VGB* Abschnitt A § 3 11

BaFin
- Aufgabe *Einl.* 48 ff
- Information über Beschwerdemöglichkeit bei *VVG-InfoV* 1 54

Bagatellvermittler 6 54, 66 1

Bänder, Zerrung/Zerreißen
- Unfallbegriff *AUB* 1 6

Bandscheibenschaden
- Unfallbegriff *AUB* 1 6
- Unfallversicherung, Ausschlüsse *AUB* 5 34 ff

Banken als VersVermittler 59 20

Banküberweisung
- Prämienzahlung 33 13

2163

Bargeld
- Feuerversicherung
  AFB **Abschnitt A § 3** 13,
  Abschnitt A § 6 5

Barzahlung
- Prämienzahlung 33 9, 12

Basisrentenvertrag
- Abschluss- und Vertriebskosten
  AltZertG **2a** 6, 9
- anlassbezogene Kosten
  AltZertG **2a** 23 ff
- Modellrechnung 154 7
- Steuern *VVG-InfoV* **2** 38
- Verwaltungskosten *AltZertG* **2a** 6, 10

Basisrentenvertrag, Informationspflichten
- jährliche Informationspflicht
  AltZertG **7a** 2 ff
- Kostenänderung *AltZertG* **7c** 2 ff
- Modellrechnung *AltZertG* **7** 9
- Produktinformationsblatt
  AltZertG **7** 2 ff

Basisrentenvertrag, jährliche Information
- Ausnahme *AltZertG* **7a** 14 ff
- Reichweite und Form *AltZertG* **7a** 2
- zeitliche Anwendbarkeit *AltZertG* **7a** 20
- zu erteilende Informationen im Einzelnen
  AltZertG **7a** 3 ff

Basisrentenvertrag, Kostenstruktur
- Abschluss- und Vertriebskosten und Verwaltungskosten *AltZertG* **2a** 1 ff
- Kostenstruktur *AltZertG* **2a** 4
- zeitliche Anwendbarkeit *AltZertG* **2a** 29

Basisrentenvertrag, Produktinformationsblatt
- Inhalt *AltZertG* **7** 3 ff
- kostenlose Bereitstellung *AltZertG* **7** 11
- rechtzeitiger Zugang *AltZertG* **7** 10
- Sanktionen *AltZertG* **7** 12 ff
- Veröffentlichung von Muster-Produktinformationsblättern mit Musterdaten
  AltZertG **7** 20 ff
- zeitliche Anwendung *AltZertG* **7** 28 ff
- Zeitpunkt *AltZertG* **7** 2

Basistarif, Versicherung im
- Anspruch auf Vereinbarung eines Zusatztarifs beim Wechsel in den Basistarif
  204 65 f
- Aufrechnung von Leistungen und Beiträgen 193 82
- Bedingungsänderung 203 3, 33 f
- Begleichung aller rückständigen Prämienanteile 193 88 f
- Beihilfeempfänger 199 8 f
- berechtigter Personenkreis 193 49 ff
- Bezüge zur Sozialversicherung *Einl.* 4
- Direktabrechnung bei Krankheitskostenversicherung im B. 192 46 ff
- Eintritt von Hilfebedürftigkeit 193 89 f
- gesamtschuldnerische Haftung bei Krankheitskostenversicherung im B. 192 46 ff
- Gestaltungsvarianten des Basistarifs
  193 62
- Kontrahierungszwang des VR *Einl.* 4;
  193 5, 44 ff
- Mindestbindungsfrist bei Verträgen mit Selbstbehalt 193 63 ff
- Notlagentarif 193 84
- Prämienanpassung 203 3
- Prämienhöhe 193 59 ff
- Prämienverzug 193 67 ff
- Risikoprüfung 193 48
- Risikoprüfung bei Tarifwechsel 203 5
- Risikozuschlag, individueller 203 3
- Ruhen der Leistungen, Ende 193 88 ff
- Ruhen der Leistungen, Rechtsfolgen
  193 72 ff
- Ruhen der Leistungen, Voraussetzungen
  193 67 ff
- Ruhen von Zusatzversicherungen zum Basistarif bei Halbierung des Beitrags im Basistarif 193 85 f
- sachlicher Anwendungsbereich 193 47
- Säumniszuschlag 193 83
- Selbstbehalte 193 62, 80
- Tarifwechsel aus Basistarif in normale Krankheitskostentarife 204 33 ff
- Tarifwechsel in den Basistarif 204 38 ff
- Tarifwechselrecht 193 87
- Umfang des Versicherungsschutzes
  193 56 ff
- Unabhängigkeit der Kontrahierungspflicht vom Zeitpunkt des Wirksamwerdens der Kündigung der Vorversicherung 193 54 f
- Versicherungspflicht *Einl.* 11
- vorvertragliche Anzeigepflicht des VN
  193 48
- Wartezeit 197 5
- Wechsel in den B. *MB/KK* **20** 1

Bauchbrüche *AUB* **5** 53

Baufinanzierungsrisiko
- Risikoausschluss Rechtsschutzversicherung *ARB 2010* **3** 10

Bauherren-Haftpflichtversicherung
- Grundstückssenkung/Erdrutschung
  AHB **7** 75

Bauherrenrisiko
- Privathaftpflichtversicherung
  AVB PHV **A1-6.3** 10 ff

Baurisiko
- Risikoausschluss Rechtsschutzversicherung *ARB 2010* **3** 6 ff; *ARB 2012* **3.2** 3

Beamtenklauseln 172 37 ff

Bearbeitungskosten
- als Stornoabzug beim Rückkaufswert
  169 66

Bearbeitungsschäden
- Haftpflichtversicherung *AHB* **1** 40, 53,
  7 43 ff

Bedarfsdeckungstheorie
- Funktion der Versicherung 1 9

Bedienungsfehler
- Vollkasko AKB A.2.3 5

Bedingte Antragserklärung
- Informationspflichten des VR 7 4

Bedingter Vorsatz
- Abgrenzung zur groben Fahrlässigkeit 28 85, 81 7, 103 4 f
- Begriff 28 84

Bedingungsänderung
- Altverträge Einl. 90; EGVVG 1 26 ff
- Bedingungsänderungsklauseln Einl. 93
- ergänzende Vertragsauslegung Einl. 94
- Kettenersetzung Einl. 92
- kraft gesetzlicher Ermächtigung Einl. 89 ff
- Lebensversicherung Einl. 89, 91, 93
- nicht rechtzeitige Einl. 90
- Übergangsrecht Einl. 90; EGVVG 1 26 ff
- Verbandsklageverfahren Einl. 89

Bedingungsänderung, Krankenversicherung
- Bedingungstreuhänder 203 32
- Berechtigung/Verpflichtung 203 28
- Ersetzung unwirksamer Bedingungen 203 35 f; MB/KK 18 1; MB/KT 18 1
- im Basistarif 203 33 f
- nicht nur vorübergehende Änderung der Verhältnisse des Gesundheitswesens 203 29 f; MB/KK 18 1; MB/KT 18 1
- Normzweck 203 1
- Rechtsfolge 203 37
- Sachkostenlisten 203 28

Bedingungsänderungsklauseln Einl. 93

Bedingungsanpassung
- „Nichtanpassungsentscheidung" des BGH 28 257 f
- unterbliebene 28 257 f
- vertragliche Obliegenheitsverletzung 28 253 ff

Bedingungsanpassung, Altverträge
- Krankenversicherung EGVVG 2 3 ff
- Unterlassen der AVB-Anpassung EGVVG 1 27 ff
- Vornahme der AVB-Anpassung EGVVG 1 33 ff

Bedingungsanpassung, Lebensversicherung
- Abdingbarkeit 164 24
- Anwendungsbereich 164 2
- Beweislast 164 23
- ergänzende Vertragsauslegung 164 14
- Ersetzungsbefugnis 164 12 f
- inhaltliche Anforderungen an die Ersetzung 164 16 f
- keine Pflicht zur Durchführung eines Bedingungsanpassungsverfahrens 164 13
- Notwendigkeit der Klauselersetzung 164 7 ff

- Rechtsfolge 164 12 ff
- Risiken 164 25
- Treuhändermitwirkung 164 15
- unzumutbare Härte 164 9
- Voraussetzungen 164 4 ff
- Wirksamkeitszeitpunkt 164 18 ff

Bedingungsanpassungsklauseln Einl. 76

Beerdigungskosten 150 30

Befangenheit des Sachverständigen 84 14 f, 23

Beförderte Sachen
- Beschädigung AKB A.1.5 13 ff

Befristung
- Krankentagegeldversicherung 196 1 ff
- Krankenversicherungen 195 2, 10 ff
- Krankheitskostenversicherung 199 2

Beginn der Versicherung
- siehe Versicherungsbeginn

Begutachtung BB-BUZ 4 11 f, 17

Behandlungspflege MB/KK 5 14

Behördliche Wiederherstellungsbeschränkungen
- Mehrkosten durch W. VGB Abschnitt A § 8 1 ff
- Versicherungswert VGB Abschnitt A § 10 4
- zusätzlicher Mietausfall VGB Abschnitt A § 9 3

Behördliche Wiederherstellungsbeschränkungen, Mehrkosten durch
- Feuerversicherung AFB Abschnitt A § 5 3a, Abschnitt A § 7 5, Abschnitt A § 8 3, 7
- Wirksamkeit/Transparenzgebot 93 6

Beifahrer
- Kfz-Haftpflichtversicherung PflVG 1 11; AKB A.1.2 2

Beihilfe
- Bereicherungsverbot Krankenversicherung 200 1 ff

Beihilfeempfänger
- Krankheitskostenversicherung 199 1 ff

Beihilfeversicherte
- Krankenversicherung 193 37

Beitrag
- siehe Prämie

Belege/Unterlagen
- Wohngebäudeversicherung VGB Abschnitt B § 8 8
- Zumutbarkeit der Beibringung 31 24 f

Belehrung
- abweichender Versicherungsschein 5 24 ff
- Anzeige jedes neu eingetretenen Risikos bei Vorsorgeversicherung AHB 4 2
- Beendigung des Vertrages über die vorläufige Deckung wegen Prämienverzugs 52 6 ff

- bei vorvertraglicher Anzeigepflicht **19** 44 ff, **22** 14
- Beweislast **152** 34
- fehlerhafte B. bei Vertragsabschluss im Antragsmodell **152** 103 ff
- fehlerhafte B. bei Vertragsabschluss im Policenmodell **152** 35 ff
- Kündigung bei unterbliebener Folgeprämienzahlung in der Gebäudeversicherung **142** 9
- Verletzung der Auskunftspflicht des VN nach Eintritt des Versicherungsfalles **31** 26
- Widerrufsrecht des VN **8** 16 ff, **9** 12, **152** 8 f, 17 ff, 34; *VVG-InfoV* **1** 36 ff

Belehrung bei Obliegenheitsverletzungen
- Adressat **28** 232
- Anwendungsbereich **28** 223
- Arglist **28** 70, 226
- Form **28** 228
- Fragebogen **28** 228
- gesonderte Mitteilung in Textform **28** 228
- in den Versicherungsbedingungen/in der Police **28** 228
- Inhalt (mit Mustertexten) **28** 225 ff
- Kfz-Haftpflichtversicherung *AKB* **E.1–E.6** 28
- spontane Auskünfte des VN **28** 224, 231
- Spontanobliegenheiten **28** 224, 231
- Sprache **28** 233
- Wiederholung **28** 234
- Zeitpunkt **28** 230 f

Belehrung bei Zahlungsverzug mit Erstprämie
- Anwendungsbereich **37** 19 f
- Form **37** 20 f
- Inhalt **37** 22 f
- Rechtsfolgen **37** 19

Belehrung bei Zahlungsverzug mit Folgeprämie
- Inhalt **38** 6

Belohnung
- Schadensminderungsobliegenheit des VN **82** 16

Benachteiligungen (AGG), Ansprüche aus
- Privathaftpflichtversicherung *AVB PHV* **A1-6.17** 1 ff

Benzinklausel *AKB* **A.1.1** 4 f; *AHB* **4** 7; *AVB PHV* **A1-7** 6 ff

Beobachtungseinheit
- Prämienanpassung, Krankenversicherung **203** 9, 14

Beratungspflicht des VersMaklers
- bei Umdeckung von Risiken **61** 21
- bei Vermittlung von Lebensversicherung als Nettopolice **61** 15
- bei Wünschen und Weisungen des VN **61** 20
- Beratungsverzicht des VN **61** 16
- Rechtsberatung **61** 13
- Verhältnis zur Beratung durch VR **6** 3, 50
- Verschuldenszurechnung **6** 45
- Versicherungsprodukt **61** 12
- Versicherungswert **74** 3
- vorzeitige Vertragsbeendigung **61** 15

Beratungspflicht des VersVermittlers
- Anlass und Umfang der Beratung **61** 5 ff
- Anwendungsbereich **61** 2
- Ausnahmen **61** 29
- Beratungsverzicht des VN **61** 16
- Beweislast **63** 8
- Fernabsatz **61** 29
- Großrisiken **65** 1
- Haftung **63** 1 ff
- laufende Versicherung **65** 1
- Rechtsberatung **61** 10
- Versichererwechsel **61** 11
- Versicherungsprodukt **61** 9
- Versicherungswert **74** 3
- vorläufige Deckung **49** 6
- vorzeitige Vertragsbeendigung **61** 15

Beratungspflicht des VR
- Adressat der Beratungspflicht **6** 3
- anlassbezogen **6** 4, 6
- Anwendungsbereich/Ausschluss **6** 48 ff
- Ausnahmen **6** 48 ff
- bei Ermittlung des richtigen Versicherungswertes **6** 15, **75** 27 ff
- Beweislage **6** 47
- Direktversicherer **6** 52 f
- fehlerhafte Beratung durch VersVertreter und Erfüllungshaftung des VR **6** 43
- Fernabsatz **6** 52 f
- halbzwingend **6** 7, 45
- Normzweck **6** 1 f
- Pflichtverletzung **6** 44
- Schadensersatzpflicht des VR **6** 43 ff
- Verhältnis bei Vertragsvermittlung durch VersMakler **6** 3, 50
- Verhältnis zu den Aufklärungspflichten des VR **6** 4
- Verhältnis zu den Hinweis- und Belehrungspflichten des VR **6** 4
- Verhältnis zu den Informationspflichten des VR **6** 4
- Verhältnis zur Beratungspflicht des Vers-Vertreters **6** 3
- Verschulden **6** 45
- Versicherungswert **74** 3, **88** 11
- vorläufige Deckung **49** 6
- Zeitpunkt **6** 4
- Zurechnung des Verschuldens von Vers-Vertreter bzw VersMakler **6** 45

Beratungspflicht des VR, nach Vertragsbeendigung **6** 42

Beratungspflicht des VR, vorvertragliche
- Anwendungsbereich/Ausschluss **6** 48 ff
- Begründungspflicht **6** 25

- Beratungsanlass 6 8 ff
- Beratungsanlass, produktbezogener 6 12 ff
- Beratungsanlass, VN-bezogener 6 16 ff
- Beratungspflicht ieS 6 21 ff
- Beratungsverzicht 6 30 ff
- Deckungslücke, Beratungsanlass 6 18
- Dokumentationspflicht 6 26 f
- Erkennbarkeit des Beratungsanlasses für VR 6 10, 45
- Form 6 29
- Fragepflicht 6 20
- Gesprächssituation, Beratungsanlass 6 18
- Komplexität der Versicherung 6 12 ff
- Person des VN, Beratungsanlass 6 17
- Proportionalitätsregel 6 24
- Risikosituation, Beratungsanlass 6 18
- Situation des VN, Beratungsanlass 6 18
- Umfang 6 19 ff
- Verschulden 6 10, 45
- Zeitpunkt 6 28

Beratungspflicht des VR, während des Versicherungsverhältnisses
- Anwendungsbereich/Ausschluss 6 48 ff
- Beratungsanlass 6 36 ff
- Beratungsverzicht 6 41
- Dokumentation 6 40
- Erkennbarkeit des Beratungsanlasses für VR 6 45
- Hinweispflicht des VR auf Einführung neuer bzw günstigerer Tarife oder Bedingungen? 6 39
- Umfang 6 35
- Verschulden 6 45

Beratungs-Rechtsschutz im Familien-, Lebenspartnerschafts- und Erbrecht
- kein Leistungsausschluss bei vorsätzlicher Straftat ARB 2010 3 29
- Leistungsart ARB 2010 2 21 f; ARB 2012 4.2 4
- Notarkosten ARB 2010 5 4, 45
- Zeitpunkt des Eintritts des Rechtsschutzfalles ARB 2010 4 5

Beratungsverschulden
- Unterversicherung 75 4

Beratungsverzicht gegenüber VersVermittler
- Wirksamkeitsvoraussetzungen 61 16

Beratungsverzicht gegenüber VR
- bei vorvertraglicher Beratungspflicht 6 30 ff
- Extrablatt 6 31
- gesonderte schriftliche Erklärung 6 31 ff
- Hinweispflicht 6 33
- Rechtsfolge eines unwirksamen Verzichts 6 34
- während des Versicherungsverhältnisses 6 41

Bereicherungsverbot, Krankenversicherung
- Anwendungsbereich 200 5
- Beweislast 200 15
- derselbe Versicherungsfall 200 6
- Gesamtaufwendungen 200 7
- Gesamterstattung 200 7
- Normzweck 200 1 ff
- Rechtsfolge 200 8 ff
- vereinbarte Bereicherung 200 10 ff
- Voraussetzungen 200 6 f

Bergbauschäden AHB 7 76
- Risikoausschluss Rechtsschutzversicherung ARB 2010 3 5; ARB 2012 3.2 2

Berichtigung falscher Angaben des VN
- Kraftfahrtversicherung AKB E.1–E.6 20
- Obliegenheitsverletzung, Verschulden 28 169 f, 31 20 ff
- quotale Leistungskürzung 28 202

Beruf
- Abgrenzung zur Freizeitbeschäftigung 172 23
- Arbeitslosigkeit 172 25; BB-BUZ 2 9
- Ausbildung 172 26, 76 f
- Ausscheiden aus Berufsleben BB-BUZ 2 9
- Beamtenklausel 172 37 ff
- Begriff 172 22 ff
- Berufsklauseln 172 35 ff
- Berufslosigkeit BB-BUZ 2 9
- Betriebsinhaber 172 31 ff
- Dienstunfähigkeitsklausel 172 39
- GmbH-Geschäftsführer 172 31 ff
- Hausmann/Hausfrau als Beruf? 172 25
- leidensbedingter Berufswechsel 172 22
- mehrere Berufstätigkeiten 172 23
- Praktikum 172 26
- Prozessuales 172 41
- Schwarzarbeit 172 23
- Selbständiger 172 31 ff
- Tätigkeitsbeschreibung 172 27 ff
- Teilzeittätigkeit 172 24
- Umorganisationsmöglichkeit 172 31 ff
- Umschulung 172 26

Berufsgenossenschaften
- Übergangsrecht EGVVG 6 1 f

Berufsgruppenverzeichnis 181 1

Berufshaftpflichtversicherung
- Pflichtversicherung Einl. 13; 1 32
- Schadensabwendungsobliegenheit des VN 82 9
- Vermögensschaden AHB 2 6, 7

Berufsklauseln 172 35 ff

Berufs-Rechtsschutz
- Vertragsformen (versicherter Lebensbereich) ARB 2012 2 1, 2.1.1 6

Berufs-Rechtsschutz für Selbständige, Rechtsschutz für Firmen und Vereine ARB 2010 24 1 ff

Berufstätigkeit/Beschäftigung
- Mitteilungspflicht der Änderung AUB 6 2 ff

Berufsunfähigkeit
- Altersrente *MB/KT* **15** 14
- Beweislast *MB/KT* **15** 13
- Krankentagegeldversicherung *MB/KT* **15** 7 ff

Berufsunfähigkeit, Begriff
- 50 %-Klausel („ganz oder teilweise") **172** 51 ff
- Abgrenzung zur Arbeitsunfähigkeit iSd SGB V **172** 18
- Abgrenzung zur Berufskrankheit iSd SGB VII **172** 17
- Abweichung von Musterbedingungen **172** 20
- Arbeitslosigkeit *BB-BUZ* **2** 9
- Arbeitsunfähigkeit *BB-BUZ* **2** 5
- Arbeitsunfähigkeitsbescheinigung **172** 48
- AWMF-Begutachtungsleitlinien **172** 50
- Beamtenklausel **172** 37 ff
- berufliche Komponente **172** 22 ff
- Berufsklauseln **172** 35 ff
- Beweislast **172** 48, 59
- burn-out-Syndrom **172** 43
- BUZ *BB-BUZ* **2** 2 ff
- Dienstunfähigkeitsklausel **172** 39
- Eigenständigkeit des Begriffs **172** 17 ff
- Fiktion der Dauerhaftigkeit *BB-BUZ* **2** 4
- Informationspflichten *VVG-InfoV* **2** 61
- Kausalität **172** 45 ff
- Körperverletzung **172** 44
- Krankheit **172** 43
- Medikamenteneinnahme zur Steigerung der Leistungsfähigkeit **172** 46
- medizinische (Vor-)Befunde **172** 48
- medizinische/gesundheitliche Komponente **172** 42 ff, 49 ff
- mehr als altersentsprechender Kräfteverfall **172** 42
- mitgebrachte BU **172** 47, 57 f; *BB-BUZ* **1** 3
- Mobbing **172** 43
- Pflegebedürftigkeit *BB-BUZ* **2** 10 ff
- Pflegebedürftigkeit (BU infolge P.) *BB-BUZ* **1** 11
- Prognose der Dauerhaftigkeit **172** 54 f; *BB-BUZ* **2** 4
- Prozessuales **172** 41
- psychische Erkrankungen **172** 50
- Raubbau **172** 47, 57 f
- Stehpult **172** 46
- Tatbestandsmerkmale **172** 21 ff
- zeitliche Komponente **172** 54 ff; *BB-BUZ* **2** 4

Berufsunfähigkeit, Nachprüfung
- Altvertrag *BB-BUZ* **7** 8 f
- Ausbildung **174** 7 f
- außerordentliche Kündigung durch VR *BB-BUZ* **7** 6 f
- Besserung des Gesundheitszustands **174** 9
- Betrug *BB-BUZ* **7** 6
- Beweislast **174** 16
- Darlegung der Veränderung **174** 13 ff
- Detektiveinsatz *BB-BUZ* **7** 7
- Einkommenssteigerungen **174** 6
- Erwerb neuer Kenntnisse und Fähigkeiten **174** 6; *BB-BUZ* **6** 3
- Form *BB-BUZ* **6** 4
- Nachleistungspflicht **174** 17 f; *BB-BUZ* **6** 5
- Nachsendung von Arztberichten etc. **174** 15
- nachträgliche Andersbewertung durch VR **174** 9
- Nischenarbeitsplatz **174** 6
- Obliegenheiten *BB-BUZ* **6** 7 ff
- Obliegenheitsverletzung *BB-BUZ* **7** 1 ff
- Rechtsfolge *BB-BUZ* **6** 5 f
- Textform **174** 12
- Veränderung **174** 2 ff; *BB-BUZ* **6** 3
- Vollstreckung *BB-BUZ* **6** 6
- Wiedereingliederung gem. § 74 SGB V, § 28 SGB IX **174** 6
- Zeiträume **174** 5
- Zugang **174** 12

Berufsunfähigkeitsversicherung
- *siehe auch* Anerkenntnis, Berufsunfähigkeitsversicherung
- *siehe auch* Berufsunfähigkeit, Nachprüfung
- *siehe auch* Verweisung, Berufsunfähigkeitsversicherung
- Abdingbarkeit **172** 3
- Abfindungsvergleich **175** 3
- Ablehnung der Leistungspflicht **173** 12 f
- ähnliche Verträge **177** 1
- als Summenversicherung **172** 6
- Altverträge **172** 4; *EGVVG* **4** 11 ff
- anwendbares Recht/Übergangsvorschriften *Einl.* 43
- Anwendbarkeit, Vorschriften zur Lebensversicherung **172** 3, **176** 1
- ärztliche Untersuchung, Verweigerung durch versicherte Person **151** 1 ff
- Auskunftsobliegenheiten des VN nach Eintritt des Versicherungsfalles **31** 30 ff
- AWMF-Begutachtungsleitlinien **172** 50
- Bedingungsänderung *Einl.* 89, 93
- Einkommensminderung **172** 11
- Einwilligung der versicherten Person zum Vertragsabschluss **150** 7
- Erwerbsunfähigkeitsklausel **172** 10
- Fondsinformationen *VVG-InfoV* **2** 59
- Forderungsübergang **86** 3
- Garantie *VVG-InfoV* **2** 58
- halbzwingende Vorschriften **175** 1 ff
- Informationspflichten *VVG-InfoV* **2** 50 ff, **6** 9

- Kulanz 173 6
- Leistungsfreiheit des VR 174 1 ff
- Leistungsinhalt 172 13 ff
- Leitbildfunktion 172 7 ff
- medizinisches Sachverständigengutachten 172 49
- Mindeststandards 172 2
- mitgebrachte BU 172 47, 57 f; BB-BUZ 1 3
- Modellrechnung 154 4
- Prämienfreistellung VVG-InfoV 2 57
- Prämienreduzierung VVG-InfoV 2 57
- Prozessuales 172 14 ff
- Recht des VN auf informationelle Selbstbestimmung Einl. 25
- Rückkaufswert 169 10; VVG-InfoV 2 56
- Rückwärtsversicherung 2 19
- Selbständiger 172 31 ff
- Selbsttötung 161 4
- Steuern VVG-InfoV 2 60
- Streitwert 172 16
- Überschussbeteiligung 153 16; EGVVG 4 17
- Verjährung des abgelehnten Leistungsanspruchs 173 12 f
- Versorgungsmedizin-Verordnung 172 17
- Zweck 172 5

Berufsunfähigkeitsversicherung, Prozessuales
- Abfindungsvergleich 172 16
- Berufs-Begriff/Tätigkeitsbeschreibung 172 41
- Feststellungsantrag 172 16
- Geltendmachung nur des Fortbestands des BU-Vertrages 172 16
- Klageantrag 172 15
- medizinisches Sachverständigengutachten 172 49
- neue Beschwerden im Prozess 172 14
- Streitwert 172 16

Berufsunfähigkeits-Zusatzversicherung (BB-BUZ)
- Abtretung BB-BUZ 9 11
- Anerkenntnis BB-BUZ 5 1 ff
- Annexfunktion BUZ BB-BUZ 9 2
- Arztanordnungsklausel BB-BUZ 4 2, 14 ff
- Arztberichte und -gutachten BB-BUZ 4 8
- Aufstellung von Ärzten, Krankenhäusern, anderen VR etc. BB-BUZ 4 10
- Auskunft, Begriff BB-BUZ 4 13, 17
- Auskunftsobliegenheiten des VN nach Eintritt des Versicherungsfalles 31 30 ff
- Ausschlüsse BB-BUZ 3 1 ff
- Ausschlussfrist BB-BUZ 1 14 f
- außerordentliche Kündigung durch VR BB-BUZ 7 6 f
- Begutachtung BB-BUZ 4 11, 17
- Betrug BB-BUZ 7 6
- Bilanzen, Lohnkonten etc. BB-BUZ 4 9
- Dauer/Ende der Gefahrtragung (BU) BB-BUZ 1 2 ff
- Definition BU BB-BUZ 2 2 ff
- Detektiveinsatz BB-BUZ 7 7
- Dynamik BB-BUZ 1 10, 9 7, 12
- Einschränkungsgrad BB-BUZ 1 7 ff
- Fälligkeit von Geldleistungen des VR 14 30
- Geburtszeugnis BB-BUZ 4 5
- gefälschte Belege BB-BUZ 7 6
- Gutachtenverweigerung BB-BUZ 4 12
- Herabsetzung des Leistungsinhalts BB-BUZ 9 7
- Informationspflicht BB-BUZ 4 4 ff
- Leistungsbeginn BB-BUZ 1 12 f
- Leistungsdauer BB-BUZ 1 5
- Leistungsende/Erlöschen des Anspruchs BB-BUZ 1 17
- Leistungsumfang BB-BUZ 1 7 ff
- Meldung der BU BB-BUZ 1 13 ff
- Nachweis, Begriff BB-BUZ 4 13, 17
- Obliegenheiten BB-BUZ 4 1 ff, 6 7 f
- Obliegenheitsverletzung BB-BUZ 4 17, 7 1 ff
- Pfändung BB-BUZ 9 8 ff
- Prozessuales BB-BUZ 1 17
- Rehabilitationsobliegenheit BB-BUZ 4 2
- Rückkaufswert BB-BUZ 9 5
- Rückwärtsversicherung 2 19
- Schweigepflichtentbindung BB-BUZ 4 2, 10
- Selbständiger BB-BUZ 4 9
- Simulation BB-BUZ 7 6
- Staffelregel BB-BUZ 1 7
- Überschussbeteiligung BB-BUZ 1 9, 8 1, 9 4
- Umschulungsobliegenheit BB-BUZ 4 2
- Untersuchung BB-BUZ 4 11 f, 17
- Verdienstnachweis BB-BUZ 4 9
- Verhältnis zur Hauptversicherung BB-BUZ 9 2 ff
- Verjährung 15 5; BB-BUZ 1 15

Berufsunfähigkeits-Zusatzversicherung (BB-BUZ), Ausschlüsse
- ABC-Ausschluss BB-BUZ 3 25
- atomare und ähnliche Stoffe BB-BUZ 3 25
- Beweislast BB-BUZ 3 4
- Bürgerkrieg BB-BUZ 3 22
- Fluggast BB-BUZ 3 28
- individuelle Ausschlüsse BB-BUZ 3 32 ff
- Innere Unruhen BB-BUZ 3 13 ff
- Krieg BB-BUZ 3 22 ff
- Luftfahrt BB-BUZ 3 26 ff
- Pilot BB-BUZ 3 29
- Rechtsfolge BB-BUZ 3 5 ff
- Rennen BB-BUZ 3 30 f
- Stewardesse BB-BUZ 3 29
- Straftat BB-BUZ 3 8 ff

Stichwortverzeichnis

- Strahlen durch Kernenergie
  BB-BUZ 3 19
- Terroranschlag   BB-BUZ 3 13, 21
- vorsätzliche Herbeiführung der BU
  BB-BUZ 3 16 ff

Berufswechsel
- Krankentagegeldversicherung
  MB/KT 9 6, 15 5

Besatzung des Schiffes   137 6 ff

Beschädigung
- Fahrzeug, Teilkasko   AKB A.2.2 27 ff
- Gebäude, Neuwertversicherung   88 6
- Sachschaden, Haftpflichtversicherung
  AHB 1 30

Beschwerdeverfahren, außergerichtliches
- Aufsichtsbehörde (BaFin)
  VVG-InfoV 1 54
- Ombudsmannverfahren
  VVG-InfoV 1 51 f
- Sachverständigenverfahren
  VVG-InfoV 1 53

Bestandsschutz
- Krankheitskostenversicherung   193 34 ff

Bestätigungspflicht des VR
- Gebäudefeuerversicherung   146 2

Betrauung des VersVertreters
- Empfangsvollmacht   69 19
- Kennzeichen   59 4 ff

Betriebliche Altersversorgung
- Hinweispflicht bei Kündigung des VR
  166 3 f
- Informationspflichten des VR   7 8
- kein Einwilligungserfordernis der versicherten Person   150 2, 31 ff

Betriebs- und Nutzwärmeschäden
- Feuerversicherung
  AFB Abschnitt A § 1 17 ff
- Wohngebäudeversicherung
  VGB Abschnitt A § 2 16

Betriebsaufgabe
- Brand, Gefahrerhöhung   23 29, 26 10
- Einbruchdiebstahlgefahr   23 23

Betriebseinrichtung
- Sachinbegriff   89 2

Betriebshaftpflichtversicherung
- Anwendungsbereich   102 1
- Betriebsbezogenheit   102 4
- Erlöschen durch Betriebseinstellung
  AHB 17 2
- mitversicherte Personen   102 2 ff
- Nießbrauch etc. an Unternehmen   102 6
- Schadenereignis   AHB 1 25
- Tätigkeitsschaden   AHB 7 45
- Unternehmensveräußerung   102 5
- Veräußerungsanzeige   102 5
- Vertragsübergang   102 5 f

Betriebsunterbrechungsschaden
- Haftpflichtversicherung   AHB 7 46, 52

Betriebsvorgang
- Schäden aufgrund B., Vollkasko
  AKB A.2.3 3

Betrug
- Nachprüfungsverfahren bzgl Berufsunfähigkeit   BB-BUZ 7 6

Betrug, Fahrzeug
- Teilkasko   AKB A.2.2 24

Betrügerische Überversicherung   74 28 f

Bewachungskosten
- Hausratversicherung
  VHB Abschnitt A § 8 8

Bewegungs- und Schutzkosten
- Feuerversicherung
  AFB Abschnitt A § 5 3
- Hausratversicherung
  VHB Abschnitt A § 8 2
- Wohngebäudeversicherung
  VGB Abschnitt A § 7 1

Bewertungsreserven
- Aufsichtsrecht   153 83 f
- Begriff   153 33 ff
- Beteiligung   153 43 ff, 76 ff
- Bewertungsverfahren   153 40 ff
- Entstehen   153 35
- Ermittlung   153 71 f
- Höhe   153 37 ff, 77
- Informationspflichten   VVG-InfoV 2 21, 24, 6 6
- Lebensversicherungsreformgesetz
  153 84 f
- Niederstwertprinzip   153 35, 38
- Sicherungsbedarf   153 84 f
- Verursachungsorientiertheit
  VVG-InfoV 2 24
- Zeitpunkt   153 76 ff
- Zuordnung   153 17 f
- Zuteilung   153 74; VVG-InfoV 2 25

Bewusste Fahrlässigkeit   28 93

Bewusstseinsstörung
- Obliegenheitsverletzung   28 45

Bezugsberechtigter
- Begriff   1 3

Bezugsberechtigung, Auslegung
- Abdingbarkeit   160 12
- Benennung als „Ehefrau"/„Ehegatte"
  160 4 ff
- Benennung der Erben   160 8 f
- Benennung des Inhabers des Versicherungsscheins   160 3
- Benennung mehrerer Personen   160 7
- Fiskus als Erbe   160 11
- Nichterwerb des Bezugsberechtigten
  160 10
- Verhältnis des § 160 VVG zu §§ 133, 157 BGB   160 1

Bezugsfertiges Gebäude
- Wohngebäudeversicherung
  VGB **Abschnitt A § 3** 18,
  Abschnitt A § 4 16

Bezugsrecht
- Abdingbarkeit   159 29 f
- Änderung   159 4, 20
- Änderung der Bezugsberechtigung durch Verfügung von Todes wegen   159 24
- Annahme durch bzw Zurückweisungsrecht des Dritten   159 5a
- Auslegung   159 3, 160 1 ff
- Begründung/Änderung   159 4 ff
- Beschränkung   159 11
- Beweislast   159 31 f
- Bezugsberechtigter   159 17 ff
- Deckungsverhältnis   159 5
- Eintrittsrecht des Bezugsberechtigten bei Arrest, Zwangsvollstreckung oder Insolvenz des VN   170 1 ff
- Erklärung   159 4 ff
- Fiskus als Erbe   160 11
- Form   159 8 f
- geteiltes   159 11
- Inhalt der Erklärung   159 10 ff
- Normzweck   159 1 ff
- Pfändungs- und Überweisungsbeschluss 159 20
- Rechtsfolgen   159 25 ff
- Rechtsnatur   159 6
- Sicherungsabtretung   159 12 f, 15
- Umfang/Reichweite   159 11
- Unfallversicherung   185 1
- unwiderrufliches   159 3, 22 f, 168 20
- Valutaverhältnis   159 5
- Verfügungsberechtigter   159 15 f
- Widerruf   159 7
- widerrufliches   159 3, 21, 168 21
- Wirkung der Erklärung   159 6

Bilanzselbstmord   161 14, 30

Bindungswirkung
- Haftpflichtversicherung
  Vor 100–124 9 ff

Binnenschiffsversicherung
- Fahruntüchtigkeit eines Schiffes   138 2 ff
- Rechtsnatur   130 15
- versicherte Gefahren   130 16

Bisex-Tarif, Krankenversicherung
- Tarifwechsel von Unisex-Tarif in B. 204 6

Blankoerklärung
- Einwilligung der versicherten Person zum Vertragsabschluss   150 16

Blankounterschrift
- Antragsformular   19 12

Blitz, Überspannung durch
- Wohngebäudeversicherung
  VGB **Abschnitt A § 2** 8

Blitzschlag
- Feuerversicherung
  AFB **Abschnitt A § 1** 7 ff
- Hausratversicherung
  VHB **Abschnitt A § 2** 5 f,
  Abschnitt A § 5 20
- in Freileitungen   *VGB* **Abschnitt A § 2** 7
- Teilkasko   *AKB* **A.2.2** 32
- Wohngebäudeversicherung
  VGB **Abschnitt A § 2** 2 ff

Blitzschlagspuren
- Feuerversicherung
  AFB **Abschnitt A § 1** 9, 22
- Wohngebäudeversicherung
  VGB **Abschnitt A § 2** 6

Blutungen aus inneren Organen
  AUB 5 34 ff

Bodenkasko-Deckungen   83 10

Bodenkontamination
- Rettungskostenersatz   83 10

Boiler   *VHB* **Abschnitt A § 4** 6

Bonusrente   *EGVVG* 4 17

Boot
- grobe Fahrlässigkeit, Herbeiführung des Versicherungsfalles   81 66
- quotale Leistungskürzung   81 125

Bootskaskoversicherung   130 15

Bote
- Wissenszurechnung   28 131

Brand
- Feuerversicherung
  AFB **Abschnitt A § 1** 3 ff, 14 ff,
  Abschnitt B § 16 2
- Feuerversicherung, Eigenbrandstiftung 81 85 f, 96
- Gefahrerhöhung   23 28 ff, 26 10, 16
- Hausratversicherung
  VHB **Abschnitt A § 2** 1 ff,
  Abschnitt B § 16 6
- Kfz-Kaskoversicherung   81 44;
  AKB **E.1–E.6** 10
- quotale Leistungskürzung   26 10, 81 127
- Schadensminderungsobliegenheit des VN 82 15
- Teilkasko   *AKB* **A.2.2** 3 ff
- Wohngebäudeversicherung   81 46 ff, 127; *VGB* **Abschnitt A § 2** 1, 13 ff, **Abschnitt B § 16** 2 f

Brandrede
- Brandgefahr, Gefahrerhöhung   23 15, 20, 30

Brandschaden, Herbeiführung des Versicherungsfalles
- Arbeiten des VN an oder mit Gegenständen, die Brand verursachen können 81 51 f
- Brennenlassen einer Kerze   81 46 ff, 127
- Eigenbrandstiftung, Beweislast   81 85 f
- Eigenbrandstiftung, Rechtsfolge   81 96

2171

Stichwortverzeichnis

- Verwenden offenen Feuers (v.a. Rauchen, Kaminfeuer) 81 49 f, 127
Brems- oder Betriebsvorgänge
- Vollkasko *AKB* **A.2.3** 3
Brille
- Ausschluss Kraftfahrtversicherung *KfzPflVV* **4** 4; *AKB* **A.1.5** 14
- Krankenversicherung *MB/KK* **1** 13, **4** 9, **5** 18
- Unfallversicherung *AUB* **2** 27, 32
Bruchschäden
- Hausratversicherung *VHB* **Abschnitt A § 4** 1 ff
- Vollkasko *AKB* **A.2.3** 4
Bruchteilsversicherung
- Begriff **75** 14 f
Brücken
- Feuerversicherung *AFB* **Abschnitt A § 3** 3
Bruttopolice
- Abschluss der Lebensversicherung als B. und Beratungspflicht des VR **6** 14
- Vermittlung von Lebensversicherung als B. und Beratungspflicht des VersMaklers **61** 15
Büchersammlung
- Sachinbegriff **89** 2
Bundesanstalt für Finanzdienstleistungsaufsicht (BaFin)
- Aufgabe *Einl.* 48
- Information über Beschwerdemöglichkeit bei *VVG-InfoV* **1** 54
Bürgerkrieg, Ausschluss
- Berufsunfähigkeits-Zusatzversicherung *BB-BUZ* **3** 22
- Feuerversicherung *AFB* **Abschnitt A § 2** 1 f
- Hausratversicherung *VHB* **Abschnitt A § 1** 2
- Unfallversicherung *AUB* **5** 27 f
- Wohngebäudeversicherung *VGB* **Abschnitt A § 1** 3
Bürgerversicherung *Einl.* 25
Bürgschaftsvertrag
- Rechtsschutzversicherung *ARB 2010* **3** 27
burn-out-Syndrom **172** 43

Carport
- als Gebäudebestandteil *AFB* **Abschnitt A § 3** 4
- als versichertes Gebäude *VGB* **Abschnitt A § 5** 4
- Einbruchdiebstahl *VHB* **Abschnitt A § 3** 4
- Ruheversicherung *AKB* **H.1–H.3** 2
Causa-proxima-Regel **130** 10 ff
Chronische Leiden *MB/KK* **1** 19

Claims-made-Prinzip
- Definition des Versicherungsfalles in der Haftpflichtversicherung **82** 7, **100** 9, 14
Completion Bond
- Abgrenzung zur Versicherung **1** 28
Courtagevereinbarung **59** 7
D&O-Versicherung
- Abtretung des Freistellungsanspruchs in der Haftpflichtversicherung **108** 6
- Claims-made-Prinzip **100** 14
- Deckungsbegrenzung *AHB* **1** 4, 11
- Definition des Versicherungsfalles **100** 14 f
- Fremdversicherung **43** 21 f, **44** 16 ff
- Mehrfachversicherung und gesetzlich vorgeschriebene Vereinbarung eines Selbstbehalts **78** 20
- Verhältnis zur Gefahrerhöhung (§ 26) bei Beherrschungswechsel **23** 48
- Vermögensschaden *AHB* **2** 7
Darlehensvergabe
- Risikoausschluss Rechtsschutzversicherung *ARB 2012* **3.2** 5
Daten
- Feuerversicherung *AFB* **Abschnitt A § 4** 1
- Hausratversicherung *VHB* **Abschnitt A § 6** 24
- Privathaftpflichtversicherung *AVB PHV* **A1-6.16** 1 ff
- Wohngebäudeversicherung *VGB* **Abschnitt A § 5** 12
Daten, Schäden
- IT-Risiken *AHB* **7** 78 ff
Datenerhebung personenbezogener Gesundheitsdaten bei Dritten
- Altverträge **213** 102
- Anwendungsbereich **213** 11 ff
- auskunftsbefugte Stellen **213** 19
- Beweislast **213** 93 ff
- Datenerhebung/-beschaffung **213** 19
- Datenschutz **213** 92
- Datenverwertung bei unwirksamer Einwilligung **213** 67 ff, 86 ff
- Einwilligung der betroffenen Person **213** 25 ff
- Erforderlichkeit der Datenerhebung **213** 20 ff
- fehlende Einwilligung **213** 49 ff
- generelle Einwilligung bei Vertragsschluss **213** 28 f
- Hinweispflichten **213** 45 ff
- informationelle Selbstbestimmung **213** 56 ff
- Kosten der Informationserhebung **213** 101
- Normzweck **213** 1
- Obliegenheitsverletzung des VN **213** 55 ff

- personenbezogene Gesundheitsdaten 213 17
- Personenobservation 213 11
- Rechtsfolgen 213 48 ff
- Schweigepflicht von Ärzten und sonstigen Geheimnisträgern 213 14
- Tod der betroffenen Person 213 13
- Unterrichtung vor Datenerhebung 213 30 ff
- Verlangen einer Einzeleinwilligung 213 43 f
- Verschweigen von Vorerkrankungen bzw Beschwerden 213 50
- Voraussetzungen 213 16 ff
- Vorgaben des BVerfG 213 2 ff
- Widerspruchsrecht 213 37 ff

Datensammlung des VR
- Verwendung und vorvertragliche Anzeigepflichtverletzung 19 53

Datenschutz
- *siehe* Datenerhebung personenbezogener Gesundheitsdaten bei Dritten

Dauerschaden
- *siehe* Invalidität

Deckende Stundung 33 8

Deckung
- und Haftung in der Haftpflichtversicherung **Vor 100–124** 9 ff

Deckungskapital
- anerkannte Regeln der Versicherungsmathematik 169 26
- Begriff 169 20
- Berechnung des Rückkaufswertes 169 20 ff
- Rechnungsgrundlagen der Prämienkalkulation 169 23 ff

Deckungslücke
- Beratungsanlass für vorvertragliche Beratungspflicht des VR 6 18

Deckungsprozess
- Geltendmachung von versicherungsrechtlichen Einwendungen **Vor 100–124** 13
- Kollusion **Vor 100–124** 14
- Prüfung von Haftpflichtfragen im 105 5
- Trennungsprinzip und Bindungswirkung **Vor 100–124** 9 ff
- Versäumnisurteil **Vor 100–124** 11

Deckungsrückstellung 153 22

Deckungsrückstellung nach § 341f HGB
- Begriff 169 21
- Höhe 169 22

Deckungssumme
- Anrechnung von Abwehrkosten auf 101 4; *AHB* 6 8 f
- Haftpflichtversicherung *AHB* 6 1
- Leistungsbeschränkung Rechtsschutzversicherung *ARB 2010* 5 42 f
- Privathaftpflichtversicherung *AVB PHV* **A1-5** 1

- Vorsorgeversicherung *AHB* 4 5

Deckungsvorsorgepflicht
- Pflichtversicherung 113 3

Deckungszusage
- laufende Versicherung 53 14, 54 2
- Rechtsschutzfall *ARB 2010* 17 22, 24 f; *ARB 2012* **4.1** 9

Dekontamination
- Rettungskostenersatz 83 9

Demonstrationen, Ausschluss
- Rechtsschutzversicherung *ARB 2010* 3 4

Denkmalschutz
- Wohngebäudeversicherung, Gefahrerhöhung *VGB* **Abschnitt A § 17** 5

Depotkosten
- Kosteninformation *VVG-InfoV* 1 26

Deregulierung der Versicherungsmärkte
- AVB *Einl.* 7, 63
- Versicherungsaufsicht *Einl.* 48

Detektiveinsatz
- im Nachprüfungsverfahren bzgl Berufsunfähigkeit *BB-BUZ* 7 7

Deutsches Büro Grüne Karte e.V. *VVG-InfoV* 1 13; *PflVG* 1 3, 3a 7

Diebstahl
- Einbruchdiebstahl in Kellerräume 81 60 f, 129
- Einbruchdiebstahl in Wohnungen und Häuser 81 55 ff, 128
- Reisegepäck-, Transport- und sonstige Hausratversicherung 81 62 ff
- Schadensminderungsobliegenheit des VN 82 16

Diebstahl, Fahrzeug
- Begriff *AKB* **A.2.2** 8
- Beweis *AKB* **A.2.2** 9 ff
- Teilkasko *AKB* **A.2.2** 7 ff

Diebstahl, Kfz-Kaskoversicherung
- Art und Weise des Abstellens des Kfz 23 40, 81 15 ff
- Papiere 81 22 ff
- Schlüssel 81 18 ff, 22 ff

Dienstunfähigkeitsklauseln 172 39

Dienstverhältnis
- Inbegriffsversicherung 89 5

Dienstwagennutzung
- Repräsentantenhaftung 28 117

Differenzkasko-Klausel
- Kfz-Kaskoversicherung *AKB* **A.2.6** 10

Differenztheorie 86 23

Direktanspruch gegen VR des Schädigers, Pflichtversicherung
- Akzessorietät 115 9
- Anmeldung des Anspruchs beim VR 115 12
- Anwendungsbereich 115 2
- Anwendungsbereich und Voraussetzungen **Vor 100–124** 8

2173

- Anzeige- und Auskunftsobliegenheiten des Geschädigten 119 1 ff, 120 1 ff
- Aufwendungen des VR 116 8
- Außenverhältnis 115 7
- Gerichtsstand 115 10
- Gesamtschuldner 115 9, 116 1 ff
- Haftung des VR 115 7 ff
- Innenverhältnis 115 8, 116 4 f
- Kraftfahrthaftpflichtversicherung **Vor 100–124** 8
- Normzweck 115 1
- Rechtskrafterstreckung 124 1 ff
- Schadensersatz in Geld 115 9
- Verjährung 115 11 ff, 116 9
- Voraussetzungen 115 3 ff

Direkter Vorsatz 28 82
Direktgutschrift 153 23, 44
Direktversicherer
- Bedeutung **Vor 59–73** 1
- Beratungspflicht 6 52 f
- Berücksichtigung durch VersMakler im Angebot? 60 4

Direktvertrieb
- Informationspflichten des VR 7 13

Diskriminierung (AGG)
- geschlechtsabhängige Tarifierung *Einl.* 55 ff
- Haftpflichtversicherung *AHB* 7 85 f
- Privathaftpflichtversicherung *AVB PHV* **A1-7** 1 ff, 3

Diskriminierungsverbot
- Versicherung 1 18

Dispache 130 20
Disziplinar- und Standes-Rechtsschutz *ARB 2010* **2** 16
Dokumentationspflicht des VersVermittlers
- *siehe* Beratungspflicht des VersVermittlers

Dokumentationspflicht des VR
- vorvertragliche Beratung des VN 6 26 f

Dolmetscherkosten
- Kostenübernahme durch Rechtsschutzversicherung *ARB 2010* **5** 13

Dolus directus 28 82, 81 7, 103 3
Dolus eventualis 28 84, 81 7, 103 3
Domain-Streitigkeiten
- Rechtsschutzversicherung *ARB 2010* **3** 15

Doppelkarte
- kein Widerspruchsrecht des VN bei abweichender 5 15
- Übermittlung 3 8
- Vertragspartei 49 13
- vorläufige Deckung 49 2, 10 ff, **51** 1

Doppelversicherung 77 20
- Eintritt der gesetzl. Versicherungspflicht als außerordentliches Kündigungsrecht, Krankenversicherung 205 13 ff
- Kfz-Haftpflichtversicherung *KfzPflVV* **3** 2

Doppelverwertung von Tatsachen
- quotale Leistungskürzung 28 190

Doppelwohnsitz
- Hausratversicherung *VHB* **Abschnitt A § 11** 2

Download
- Bereitstellung des Versicherungsscheins zum D. 3 16

Drei-Säulen-Modell
- Zeitpunkt des Eintritts des Rechtsschutzfalles *ARB 2010* **4** 6 ff; *ARB 2012* **2.4** 4

Dritte Richtlinie Leben
- Informationspflichten *Einl.* 20, 63

Dritte Richtlinie Schaden
- Informationspflichten *Einl.* 20, 63

Drogen
- Ausschluss Rechtsschutzversicherung *ARB 2010* **3** 28
- Bewusstseinsstörungen *AUB* 5 5
- Kfz-Kaskoversicherung 81 39
- Kraftfahrtversicherung *KfzPflVV* **5** 6
- quotale Leistungskürzung 81 123

Drohne *AVB PHV* **A1-6.11** 4
DTV Güter 2000/2004/2008 *Einl.* 35
DTV Güterversicherungsbedingungen 2000/2011
- als laufende Versicherung 53 8
- Ziff. 2.3.1.2.1 **135** 2
- Ziff. 2.6 **130** 11
- Ziff. 4.2 **131** 3
- Ziff. 5 **132** 2
- Ziff. 6 **133** 1
- Ziff. 7.1 **134** 1
- Ziff. 7.2 **132** 3
- Ziff. 8 **130** 4
- Ziff. 14.2 **139** 1
- Ziff. 19.3 **141** 4
- Ziff. 23 **Vor 130–141** 3

DTV VHV 2003/2011 58 4
DTV-ADS 2009 *Einl.* 35
Duldungsvollmacht 69 51
Durchfahrtshöhe, Missachtung
- quotale Leistungskürzung 81 124

Dynamik *BB-BUZ* **1** 10, **9** 7, 12
Dynamisierung
- Kostenausweis *VVG-InfoV* **2** 9

Effektivkosten
- zusätzliche Informationen bei der Lebensversicherung *VVG-InfoV* **2** 39 f

EGVVG
- *siehe* Einführungsgesetz zum Versicherungsvertragsgesetz (EGVVG)

Ehegatte
- Repräsentantenhaftung 28 115, **81** 79

Ehrenamt
- Aufwandsentschädigung
  AVB PHV **A1-6.2** 3 ff
- Kausalität *AVB PHV* **A1-6.2** 7
- versichertes Risiko *AVB PHV* **A1-7** 1 f, 3, 25

Eigenbehandlung des VN
- Aufwendungsersatz *MB/KK* 1 2

Eigenbeteiligung
- *siehe* Selbstbeteiligung

Eigenbrandstiftung
- Beweislast 81 85 f
- Rechtsfolge 81 96
- Wiederherstellungsklausel 93 4

Eigenleistung
- Wiederherstellungsklausel 93 7 f

Eigenschaden
- Deckungsumfang Haftpflichtversicherung *AHB* 1 10

Eigentümer und Mieter von Wohnungen und Grundstücken, Rechtsschutz für *ARB 2010* 29 1 ff

Eigentümergrundpfandrechte 149 1 ff
- Übergangsrecht, Gebäudefeuerversicherung *EGVVG* 5 1 ff

Eigenversicherung
- Abgrenzung zur Fremdversicherung 43 4, 192 3
- Begriff 43 4
- Vermutungsregelung 43 27
- Zurechnung des Verhaltens Dritter in der kombinierten Eigen- und Fremdversicherung 47 7 ff

Einbaumöbel/Einbauküchen
- Hausratversicherung *VHB* **Abschnitt A** § 6 3, 5
- Wohngebäudeversicherung *VGB* **Abschnitt A** § 5 6, 11

Einbeziehung von AVB in VersVertrag *Einl.* 72 ff; 1 44

Einbruch
- Gefahrerhöhung 23 34, 26 12

Einbruchdiebstahl
- Außenversicherung *VHB* **Abschnitt A** § 7 4
- Beweislast, fingierter Versicherungsfall 81 87
- Hausratversicherung *VHB* **Abschnitt A** § 3 1 ff
- in Kellerräume 81 60 f
- in Wohnungen und Häuser 26 12, 81 55 ff

Einfache Wiederherstellungsklausel 93 3

Einfirmenvertreter 59 15

Einführungsgesetz zum Versicherungsvertragsgesetz (EGVVG)
- anwendbares Recht/Übergangsvorschriften *Einl.* 39 ff; *EGVVG* 1 4 ff

- Europäisches Internationales Versicherungsvertragsrecht *Einl.* 46
- Verjährung *Einl.* 45

Eingeschriebener Brief
- Änderung von Anschrift und Name 13 5

Einkommensminderung
- Berufsunfähigkeitsversicherung 172 11

Einlösungsprinzip
- Begriff 37 1, 14
- Rückwärtsversicherung 2 49 f

Einmalige Prämie
- Einlösungsprinzip 37 14
- Zahlungsverzug 37 2

Einrede
- des Sachverständigenverfahrens 84 20

Einschränkungsgrad
- Leistungsumfang *BB-BUZ* 1 7 ff

Einsichtnahme
- Schadensgutachten 3 30
- Versicherungsschein 3 33

Eintritt des Versicherungsfalles
- Leistungspflicht des VR 1 14, 62 ff
- Übergangsrecht, Beweislast für den Zeitpunkt des Eintritts des Versicherungsfalles *EGVVG* 1 23 f
- Übergangsrecht, Eintritt des Versicherungsfalles *EGVVG* 1 22

Eintrittsrecht des Bezugsberechtigten
- Abdingbarkeit 170 13
- Eintrittsanzeige 170 10
- Rechtsfolge 170 11 f
- Voraussetzungen 170 1 ff

Einwilligung der versicherten Person zum Vertragsabschluss, Berufsunfähigkeitsversicherung
- Anwendungsbereich 150 7

Einwilligung der versicherten Person zum Vertragsabschluss, Lebensversicherung
- Abdingbarkeit 150 42
- Anwendungsbereich 150 4 ff
- Ausnahmen 150 30 ff
- Blankoerklärung 150 16
- Einwilligungserfordernis 150 10 f
- Erklärender 150 25 f
- Erklärungsempfänger 150 27
- Fallgruppen 150 12 ff
- Generalvollmacht 150 19
- Grundsatz der Vertragsfreiheit 150 8 f
- Kenntnis der Gefahrumstände 150 15
- Kollektivlebensversicherung 150 2, 31 ff
- Minderjährige als VN 150 36 ff
- Normzweck 150 1
- Rechtsfolge bei Fehlen oder Unwirksamkeit 150 35
- Rechtsfolge bei Fehlen oder Unwirksamkeit der Einwilligung 150 21 ff
- Schriftform 150 12 f
- Todesfallversicherung auf das Leben des minderjährigen Kindes 150 34

- Vertragsabschluss mit Einschaltung eines Vertreters 150 18 ff
- Vertragsabschluss ohne Einschaltung eines Vertreters 150 13 ff
- vormundschaftsgerichtliche Genehmigung 150 36 ff
- Widerruf der Einwilligung 150 29
- Zeitpunkt 150 21 f

Einzelpolice 55 1 ff

Einzugsermächtigung
- Prämienzahlung 33 9, 20

Elektronische Daten
- *siehe* Daten

Elektronische Versicherungsbestätigung
- Vertragspartei 49 13
- vorläufige Deckung, Kfz-Haftpflichtversicherung 49 10 ff

Elektronische Wegfahrsperre
- Kfz-Kaskoversicherung *AKB* A.2.6 8

Elektronischer Geschäftsverkehr
- Widerrufsfrist bei Vertragsabschluss via Internet etc. 8 30

Elementargefahren
- Wohngebäudeversicherung *VGB* **Abschnitt A § 1** 1

Elternzeit, Fortsetzung der Lebensversicherung nach
- Anwendungsbereich 212 2
- Form des Fortsetzungsbegehrens 212 4
- Frist des Fortsetzungsbegehrens 212 3
- Rechtsfolgen 212 4

E-Mail
- Versicherungsschein 3 16

Embargoklausel
- Haftpflichtversicherung *AHB* 1 60

Emerging risk *AHB* 7 4, 68

Empfangsvertretung
- Abgrenzung zur Wissensvertretung 69 18, 70 3, 8
- Beschränkung 69 21
- Missbrauch 6 43, 69 20
- Wirkung 69 17
- Zurechnungsprinzip 69 27

Empfangsvollmacht
- *siehe auch* Versicherungsvertreter
- Anzeigen 69 26 ff, 34
- Arzt 69 16
- Auge-und-Ohr-Rechtsprechung 69 26
- Beschränkung 72 2 ff
- Beweislast und Beweisführung, Anzeigeobliegenheit 69 54 ff
- Beweislast und Beweisführung, Willenserklärungen 69 52 f
- evidenter Missbrauch 69 39 ff
- gesetzliche Vermutung 69 17
- Invitatiomodell 69 32
- Kollusion 69 36 ff
- Missbrauch 69 35 ff

- Schadensabwicklungsunternehmen 126 6
- sonstige Erklärungen 69 31 f
- Versicherungsantrag 69 22 ff, 52
- vorvertragliche 69 22 ff
- während des Versicherungsverhältnisses 69 33 ff
- Willenserklärungen 69 22 ff, 33

Empfehlungen von Rechtsanwälten
- durch Rechtsschutzversicherung 125 2, 127 3 ff
- Kooperations- und Gebührenvereinbarungen 127 4

Entbindung
- als Versicherungsfall *MB/KK* 1 20

Enteignungsangelegenheiten
- Rechtsschutzversicherung *ARB 2010* 3 21

Entgangener Gewinn
- Stornoabzug beim Rückkaufwert 169 67

Entladen eines Fahrzeugs
- Kfz-Haftpflichtversicherung *PflVG* 1 10

Entschädigung
- erweiterter Aufwendungsersatz 90 3 ff
- Verzinsung 91 2 ff

Entschädigungsfonds
- Anspruch gegen den *PflVG* 12 1 ff
- Haftungsumfang *PflVG* 12 6
- Rückgriff *PflVG* 12 7 f
- Verjährung des Anspruchs des Ersatzberechtigten *PflVG* 12 5

Entschädigungsstelle für Schäden aus Auslandsunfällen
- Aufgaben/Voraussetzungen der Geltendmachung *PflVG* 12a 1

Entschädigungswert
- Überversicherung/kein Einfluss auf Höhe des Versicherungswertes 74 23

Entwendung
- Teilkasko *AKB* A.2.2 5, 7 ff
- Wiederauffinden des Fahrzeugs *AKB* A.2.10–A.2.13 1 ff

Entziehungsmaßnahmen/-kur *MB/KK* 5 5

Epileptischer Anfall *AUB* 5 17
- Gefahrerhöhung 23 20, 42

Erbbaurecht
- Zahlung gegenüber Gläubigern von 94 7

Erbrecht
- Beratungs-Rechtsschutz *ARB 2010* 2 21 f, 3 29; *ARB 2012* **2.2** 4
- Zeitpunkt des Eintritts des Rechtsschutzfalles *ARB 2010* 4 5

Erdbeben
- als „weitere Elementargefahr"/Begriff *VGB* **Abschnitt A § 4** 13; *VHB* **Abschnitt A § 5** 12
- Definition *VGB* **Abschnitt A § 2** 13

- Feuerversicherung
  AFB **Abschnitt A** § 1 14
- Hausratversicherung
  VHB **Abschnitt A** § 2 11,
  Abschnitt A § 3 16
- Kraftfahrtversicherung *AKB* A.2.16 24
- Rechtsschutzversicherung *ARB 2010* 3 4
- Teilkasko *AKB* A.2.2 32
- Wohngebäudeversicherung
  VGB **Abschnitt A** § 2 13,
  Abschnitt A § 3 14, **Abschnitt A** § 4 13

Erdrutsch/Erdsenkung
- als „weitere Elementargefahr"/Begriff
  VGB **Abschnitt A** § 4 13;
  VHB **Abschnitt A** § 5 13 f
- Haftpflichtversicherung *AHB* 7 62, 73 ff
- Hausratversicherung
  VHB **Abschnitt A** § 3 16,
  Abschnitt A § 4 17
- Privathaftpflichtversicherung
  AVB PHV A1-7 1
- Teilkasko *AKB* A.2.2 32
- Wohngebäudeversicherung
  VGB **Abschnitt A** § 3 14,
  Abschnitt A § 4 13

Erfüllungshaftung
- Versicherungsagent, fehlende Vollmacht
  49 4

Erfüllungsschadenausschluss
- Äquivalenz- und Integritätsinteresse
  AHB 1 46 ff
- Begriff *AHB* 1 35
- Erfüllungssurrogate *AHB* 1 45
- Mangelbeseitigung *AHB* 1 39
- Mangelbeseitigungsnebenkosten
  AHB 1 40
- Mangelfolgeschaden *AHB* 1 46
- Nutzungsausfallschaden *AHB* 1 42
- Rspr-Beispiele *AHB* 1 50 ff
- Tätigkeitsschaden *AHB* 7 45
- vergebliche Aufwendungen *AHB* 1 43
- Verzugsschaden *AHB* 1 44

Erhebung personenbezogener Gesundheitsdaten
- *siehe* Datenerhebung personenbezogener Gesundheitsdaten des Dritten

Erklärungen vor dem Arzt
- Empfangsvollmacht 69 16
- vorvertragliche Anzeigepflicht des VN
  19 32
- Wissenszurechnung 70 6, 13

Ermittlungsverfahren
- Anzeigepflicht des VN in der Haftpflichtversicherung 104 4; *AHB* 25 8
- Fälligkeit von Geldleistungen des VR
  14 18 ff

Ersatzanschaffung 74 12 ff

Ersatzansprüche, Übergang von
- *siehe* Übergang von Ersatzansprüchen (Forderungsübergang)

Ersatzobjekt
- Wiederherstellungsklausel 93 11

Ersatzpolice
- Kosteninformation des VR
  VVG-InfoV 1 22, 2 19 f

Ersatzversicherungsschein
- Form 3 26
- kein Widerspruchsrecht des VN bei abweichendem 5 16
- Kosten 3 35 f
- Kraftloserklärung des Originals 3 28
- Streitwert 3 26
- Voraussetzungen 3 26 f

Erstantragsauswertung
- Tarifwechsel, Krankenversicherung
  204 31

Erstprämie
- *siehe auch* Leistungsfreiheit des VR bei Zahlungsverzug bei Erstprämie
- *siehe auch* Zahlungsverzug bei Erstprämie
- Begriff 37 3 ff
- Belehrungspflicht des VR 37 19 ff
- Einlösungsprinzip 37 1, 14
- Eintritt des Versicherungsfalles bereits vor Ablauf der Widerrufsfrist und Zahlung der Prämie 37 16 ff
- Ersetzung des alten VersVertrages durch einen neuen 37 5
- geringfügiger Zahlungsrückstand 37 10
- Lastschriftverfahren 37 8
- mehrere Prämienanforderungen 37 7
- präzise Erstprämienanforderung durch VR
  37 7
- Produktinformationsblatt
  VVG-InfoV 4 17
- Rechtzeitigkeit der Leistungshandlung
  37 6
- Teilleistungen des VN 37 10
- Tilgungsbestimmung 37 11

Ertragswert 74 20 f

Erweiterte Einlösungsklausel
- Haftpflichtversicherung *AHB* 8 1
- Zahlungsverzug mit Prämie 37 15
- Zahlungsverzug mit Prämie, vorläufige Deckung 52 5

Erweiterter Aufwendungsersatz
- *siehe auch* Verzinsungspflicht der Entschädigung
- Abdingbarkeit 90 8
- Anwendungsbereich 90 2
- Beweiserleichterungen 90 7
- Haftpflichtversicherung **Vor** 100–124 5
- Quotierung 90 6
- Rettungskostenersatz 90 5
- Vorerstreckungstheorie 90 3 f

Stichwortverzeichnis

- Wohngebäudeversicherung
  VGB **Abschnitt B § 13** 1
Erwerbsunfähigkeitsklausel 172 10
Erwerbsunfähigkeitsversicherung 177 1
Erworbene Rechte
- Tarifwechsel, Krankenversicherung
  204 17 ff
Euro-Angabe
- Informationen bei der Lebensversicherung
  VVG-InfoV 2 41 ff
- Informationen bei der substitutiven Krankenversicherung *VVG-InfoV* 3 12
Europäisches Internationales Versicherungsvertragsrecht
- EGVVG *Einl.* 46
Europa-VVG (PEICL) *Einl.* 24
Exhumierung
- Zustimmung 161 22 ff
Explosion
- Feuerversicherung
  AFB **Abschnitt A § 1** 11 f, 14 ff
- Hausratversicherung
  VHB **Abschnitt A § 2** 8 f, 11,
  Abschnitt A § 5 20
- Teilkasko *AKB* **A.2.2** 6
- Wohngebäudeversicherung
  VGB **Abschnitt A § 2** 9 f, 13 ff
Extrablatt 6 31, 64 1
Fahrer
- Kfz-Haftpflichtversicherung *PflVG* 1 11;
  AKB **A.1.2** 2 f
Fahrerlaubnis
- Ausschluss Rechtsschutzversicherung
  ARB 2010 3 28
- Überlassen des Kfz an Fahrer ohne gültige F., Gefahrerhöhung 23 47
- Verwaltungs-Rechtsschutz in Verkehrssachen *ARB 2010* 2 15
Fahrer-Rechtsschutz *ARB 2010* 22 1 ff;
ARB 2012 **2.1.1** 7
Fahrerregress
- Kfz-Kaskoversicherung *AKB* **A.2.15** 1 ff
Fahrerschutzversicherung *AKB* **Vor 2,
A.4.10** 1
Fahrgast
- Verkehrs-Rechtsschutz *ARB 2010* 21 5
Fahrlässigkeit
- bewusste 28 93
- einfache 28 95, 106, 81 8, 97
- Elemente 28 92
- grobe 28 96 ff, 81 8
- unbewusste 28 94
Fahrraddiebstahl
- Hausratversicherung
  VHB **Abschnitt A § 3** 17

Fahrradkeller
- Hausratversicherung
  VHB **Abschnitt A § 6** 15
Fahrsicherheitstraining
- Ausschluss AKB *AKB* **A.1.5** 6
Fahrtenbuch
- Verwaltungs-Rechtsschutz in Verkehrssachen *ARB 2010* 2 15
Fahruntüchtigkeit
- absolute 81 33 ff, 122
- relative 81 36 ff, 122
Fahruntüchtigkeit eines Schiffes 138 2 ff
Fahrzeugpapiere
- Aufbewahrung im Kfz 23 36 f, 26 13,
  81 26 f
Fahrzeug-Rechtsschutz
- Vertragsformen (versicherter Lebensbereich) *ARB 2012* **2 1, 2.1.1** 8
Fahrzeugteile
- Kfz-Kaskoversicherung *AKB* **A.2.18** 1
Fahrzeugversicherung
- *siehe* Kfz-Haftpflichtversicherung
- *siehe* Kfz-Kaskoversicherung
Fahrzeugwechsel
- Zahlungsverzug *AKB* **C.3** 1
Fahrzeugzubehör
- Kfz-Kaskoversicherung *AKB* **A.2.18** 1
Fälle erhöhter Vertragsgefahr
- Begriff 28 57
Fälligkeit
- des Leistungsanspruchs mit Abschluss des Sachverständigenverfahrens 84 24
Fälligkeit der Prämie
- Abdingbarkeit 33 24
- Auseinanderfallen von Widerspruchsfrist und Prämienfälligkeit 33 5 f
- Beweislast für Zahlung 33 23
- Grundsatz 33 4
- Lebensversicherung 152 27
- Rechtzeitigkeit der Leistungshandlung
  33 10 ff, 37 6
- Stundung 33 8
- Tilgung der Prämienschuld 33 9 ff
- unterjährige Prämienzahlung 33 18
- „unverzüglich" und Zahlungsaufforderung durch VR 33 7
- Verwendung von Zahlungsfristen 33 7
- Zahlungsarten 33 11 ff
Fälligkeit der Versicherungsleistung
- Feuerversicherung
  AFB **Abschnitt A § 9** 1 ff
- Haftpflichtversicherung, Freistellungsanspruch 106 3; *AHB* 5 5
- Hausratversicherung
  VHB **Abschnitt A § 14** 1
- Krankenversicherung *MB/KK* 6 1 f;
  MB/KT 6 1
- Unfallversicherung 187 2; *AUB* 9 6

Fälligkeit von Geldleistungen des VR
- Abdingbarkeit 14 40
- Abschlagszahlung 14 31 f
- Anwendungsbereich 14 5 ff
- Anzeige 14 14
- Beendigung der Feststellungen 14 26 ff
- Berufsunfähigkeits-Zusatzversicherung 14 30
- Erklärungen des VR 14 23
- Ermittlungsverfahren 14 18 ff
- Geldleistungen 14 8
- Hemmung 14 33 f
- Normzweck 14 1
- notwendige Erhebungen 14 10 ff
- notwendige Unterlagen 14 15
- Rückkaufswert in der Lebensversicherung 14 5
- Sachverständige 14 17
- Sachverständigenverfahren 14 24
- Sonderregelung 107 1
- Strafverfahren 14 21
- Unfallversicherung 14 29
- unsachgemäße Verzögerung 14 28
- Verzug 14 35 ff
- Verzugszinsen 14 39

Falschkalkulation
- Prämienkalkulation 163 3

Familienrecht
- Beratungs-Rechtsschutz *ARB 2010* 2 21 f, 3 29; *ARB 2012* 2.2 4
- Zeitpunkt des Eintritts des Rechtsschutzfalles *ARB 2010* 4 5

Familienversicherung 179 4, 192 3

Fehlendes versichertes Interesse, Prämie
- Abdingbarkeit 80 21
- anfänglicher Interessenmangel 80 5 ff
- Anwendungsbereich 80 2 ff
- betrügerische Absicht 80 19
- Beweislast 80 20
- nachträglicher Interessenmangel 80 11 ff
- teilweiser Interessenwegfall 80 18

Ferienhaus
- versichertes Risiko *AVB PHV* A1-6.3 3

Fernabsatz
- Beratungspflicht 6 52 f
- Beratungspflichten des VersVermittlers 61 29
- Informationspflichten des VR 7 17 ff

Fernabsatzrichtlinie für Finanzdienstleistungen
- Informationspflichten *Einl.* 20

Fernabsatzrichtlinie II
- Widerrufsrecht des VN 152 1 f

Feuergefährliche Materialien
- Lagerung, Gefahrerhöhung 23 30, 26 10

Feuerlöschkosten
- Feuerversicherung *AFB* **Abschnitt A** § 5 3, 8

Feuerversicherung
- *siehe auch* Gebäudefeuerversicherung
- Anprall oder Absturz eines Luftfahrzeugs *AFB* **Abschnitt A** § 1 13
- Antennenanlagen *AFB* **Abschnitt A** § 1 8, 21 f
- Anzeigepflichten, vorvertragliche *AFB* **Abschnitt B** § 1 1
- arglistige Täuschung *AFB* **Abschnitt B** § 16 4
- Aufklärungsobliegenheit *AFB* **Abschnitt B** § 8 8, 10
- Aufräum- und Abbruchkosten *AFB* **Abschnitt A** § 5 3 ff
- Aufschiebung der Zahlung *AFB* **Abschnitt A** § 9 7 ff
- Aufwendungsersatz *AFB* **Abschnitt B** § 13 1
- Auskunftsobliegenheit *AFB* **Abschnitt B** § 8 8
- Bargeld *AFB* **Abschnitt A** § 6 5
- Beginn des Versicherungsschutzes *AFB* **Abschnitt B** § 2 2
- Beibringung von Belegen *AFB* **Abschnitt B** § 8 9
- besondere gefahrerhöhende Umstände *AFB* **Abschnitt A** § 12 1 f
- Betriebs- und Nutzwärmeschäden *AFB* **Abschnitt A** § 1 17 ff
- bewegliche Sachen *AFB* **Abschnitt A** § 3 6 ff
- Bewegungs- und Schutzkosten *AFB* **Abschnitt A** § 5 3
- Blitzschlag *AFB* **Abschnitt A** § 1 7 ff
- Blitzschlagspuren *AFB* **Abschnitt A** § 1 9
- Brand *AFB* **Abschnitt A** § 1 3 ff, **Abschnitt B** § 16 2
- Daten *AFB* **Abschnitt A** § 4 1
- Dauer und Ende des VersVertrages *AFB* **Abschnitt B** § 2 1 f
- Eigenbrandstiftung, Beweislast 81 85 f
- Eigenbrandstiftung, Rechtsfolge 81 96
- Entschädigungsberechnung *AFB* **Abschnitt A** § 8 1 ff
- Erdbeben *AFB* **Abschnitt A** § 1 14
- Explosion *AFB* **Abschnitt A** § 1 11 f
- Fälligkeit der Entschädigung *AFB* **Abschnitt A** § 9 1 ff
- Fälligkeit der Erst- oder Einmalprämie *AFB* **Abschnitt B** § 4 1
- Feuerlöschkosten *AFB* **Abschnitt A** § 5 3, 8
- Folgeprämie *AFB* **Abschnitt B** § 5 1
- Forderungsübergang 86 37
- fremdes Eigentum/Obhutsklausel *AFB* **Abschnitt A** § 3 10
- Gebäude *AFB* **Abschnitt A** § 3 2 ff
- Gebäudebestandteil *AFB* **Abschnitt A** § 3 4
- Gebäudezubehör *AFB* **Abschnitt A** § 3 5

Stichwortverzeichnis

- Gebrauchsgegenstände von Betriebsangehörigen *AFB* **Abschnitt A § 6 4**
- Gefahrerhöhung
  AFB **Abschnitt A § 12 1 f, Abschnitt B § 9 1**
- gemeiner Wert *AFB* **Abschnitt A § 7 7**
- Gerichtsstand *AFB* **Abschnitt B § 21 1**
- grob fahrlässige Herbeiführung des Versicherungsfalles *AFB* **Abschnitt B § 16 2**
- Grundstücksbestandteil
  AFB **Abschnitt A § 3 4**
- Hemmung *AFB* **Abschnitt A § 9 6**
- in das Gebäude eingefügte Sachen
  AFB **Abschnitt A § 3 1a**
- Innere Unruhen *AFB* **Abschnitt A § 2 3**
- Kernenergie *AFB* **Abschnitt A § 2 4**
- Kontrolle der versicherten Räume
  AFB **Abschnitt A § 11 1 f**
- Krieg *AFB* **Abschnitt A § 2 2**
- Kündigung des VN
  AFB **Abschnitt B § 2 1 f**
- Kündigung nach Versicherungsfall
  AFB **Abschnitt B § 15 1**
- Kurzschlussschaden
  AFB **Abschnitt A § 1 8**
- Lastschriftverfahren
  AFB **Abschnitt B § 6**
- Leistungsverweigerungsrecht des VR
  AFB **Abschnitt A § 9 7 ff**
- mehrere Versicherer
  AFB **Abschnitt B § 11 1**
- Mehrkosten durch behördliche Wiederherstellungsbeschränkungen
  AFB **Abschnitt A § 5 3a**
- Mehrkosten durch Preissteigerungen
  AFB **Abschnitt A § 5 3a**
- Mehrwertsteuer *AFB* **Abschnitt A § 7 1, Abschnitt A § 8 13**
- Neuwert *AFB* **Abschnitt A § 7 2 f**
- Neuwertanteil *AFB* **Abschnitt A § 8 5 ff**
- nicht versicherte Sachen
  AFB **Abschnitt A § 3 13**
- Nichtzahlung *AFB* **Abschnitt B § 4 1**
- Obliegenheiten bei und nach Eintritt des Versicherungsfalles
  AFB **Abschnitt B § 8 3 ff**
- Obliegenheiten vor Eintritt des Versicherungsfalles *AFB* **Abschnitt B § 8 1 f**
- Obliegenheitsverletzung, Rechtsfolgen
  AFB **Abschnitt B § 8 11**
- örtlicher Geltungsbereich
  AFB **Abschnitt A § 6 1 f**
- Programme *AFB* **Abschnitt A § 4 1**
- Regressverzichtsabkommen der Feuerversicherer (RVA) **86 71 ff**
- Repräsentantenhaftung
  AFB **Abschnitt B § 19 1**
- Risikoausschluss
  AFB **Abschnitt A § 1 14 ff**
- Sabotageakte *AFB* **Abschnitt A § 2 3**
- Sachverständigenverfahren
  AFB **Abschnitt A § 10 1**
- Schäden an Verbrennungskraftmaschinen und Schaltorganen
  AFB **Abschnitt A § 1 16**
- Schadenbild unverändert lassen
  AFB **Abschnitt B § 8 7**
- Schadensanzeige *AFB* **Abschnitt B § 8 5**
- Sengschäden *AFB* **Abschnitt A § 1 15**
- Sicherheitsvorschriften
  AFB **Abschnitt A § 11 1 ff, Abschnitt B § 8 1 f**
- Taxe **76 3**
- Teilschaden *AFB* **Abschnitt A § 8 1 f**
- Terroranschlag *AFB* **Abschnitt A § 2 2**
- Totalschaden *AFB* **Abschnitt A § 8 1 f**
- Übergang von Ersatzansprüchen
  AFB **Abschnitt A § 14 1**
- Überspannungsschaden
  AFB **Abschnitt A § 1 8**
- Überstromschaden
  AFB **Abschnitt A § 1 8**
- Überversicherung
  AFB **Abschnitt B § 10 1**
- Unterversicherung
  AFB **Abschnitt A § 5 1 2, Abschnitt A § 8 12**
- Veräußerung der versicherten Sache
  AFB **Abschnitt A § 14 1**
- Verjährung *AFB* **Abschnitt B § 20 1**
- versicherte Gefahren
  AFB **Abschnitt A § 1 1**
- versicherte Interessen
  AFB **Abschnitt A § 3 11 f**
- versicherte Kosten
  AFB **Abschnitt A § 5 1 ff**
- versicherte Sachen
  AFB **Abschnitt A § 3 1 f**
- versicherte Schäden
  AFB **Abschnitt A § 1 2**
- Versicherung für fremde Rechnung
  AFB **Abschnitt B § 12 1**
- Versicherungsort
  AFB **Abschnitt A § 6 1 ff**
- Versicherungswert von beweglichen Sachen *AFB* **Abschnitt A § 7 9 f**
- Versicherungswert von Gebäuden
  AFB **Abschnitt A § 7 2 f**
- Verzinsung der Entschädigung
  AFB **Abschnitt A § 9 5**
- Vollmacht des VersVertreters
  AFB **Abschnitt B § 18 1**
- vorsätzliche Herbeiführung des Versicherungsfalles *AFB* **Abschnitt B § 16 1**
- vorzeitige Vertragsbeendigung, Prämie
  AFB **Abschnitt B § 7**
- Wertsachen *AFB* **Abschnitt A § 6 5**
- Wiederauffinden und Wiederherbeischaffung abhanden gekommener Sachen/Anzeigepflicht
  AFB **Abschnitt A § 13 1 ff**

Stichwortverzeichnis

- Zahlungsverzug   *AFB* **Abschnitt B** § 4 1
- Zeitwert   *AFB* **Abschnitt A** § 7 7
- Zeitwertschaden
  AFB **Abschnitt A** § 8 11

Fiktive Abrechnung
- Reparatur, Kfz-Kaskoversicherung
  AKB **A.2.7** 1

Filmausfallversicherung
- Gefahrsperson   43 4

Finanzielle Übermaßbehandlung   192 17

Finderlohn
- Rettungskostenersatz   83 11
- Schadensminderungsobliegenheit des VN
  82 16

Fingierte Versicherungsfälle
- Eigenbrandstiftung   81 85 f, 96
- Einbruchdiebstahlversicherung   81 87
- Kfz-Kaskoversicherung   81 87

Firma
- Berufs-Rechtsschutz für Selbständige,
  Rechtsschutz für Firmen und Vereine
  ARB 2010 24 1 ff

Firmen
- Rechtsschutz   *ARB 2012* 2 1, 2.1.1 3

Fluggast
- Ausschluss BUZ   *BB-BUZ* 3 28

Flugunttauglichkeitsklausel   *BB-BUZ* 3 29

Flusskaskoversicherung   Vor 130–141 6,
130 17

Folgeereignistheorie
- Definition des Versicherungsfalles in der
  Haftpflichtversicherung   100 12;
  AHB **1** 12 ff

Folgeprämie
- *siehe auch* Leistungsfreiheit des VR bei
  Zahlungsverzug bei Folgeprämie
- *siehe auch* Zahlungsverzug bei Folgeprämie
- Begriff   38 2
- Ersetzung des alten VersVertrages durch
  einen neuen   37 5
- geringfügiger Zahlungsrückstand   38 19
- Hausratversicherung
  VHB **Abschnitt B** § 5 1 f
- Kraftfahrtversicherung   *AKB* **C.2** 1 ff
- Kündigung des VR bei Zahlungsverzug
  38 24 ff
- Leistungsfreiheit des VR bei Zahlungsverzug   38 17 ff
- nicht rechtzeitige Zahlung   38 2
- ordnungsgemäße Fristsetzung   38 3 f
- Produktinformationsblatt
  VVG-InfoV 4 17
- Stundung   38 22

Fonds
- Ausgabeaufschlag   *VVG-InfoV* 1 27
- Fondsinformationen   *VVG-InfoV* 2 37
- Rückvergütung   *VVG-InfoV* 1 27, 2 3,
  45

- Verwaltungsvergütung   *VVG-InfoV* 1 27

Fondsgebundene Lebensversicherung
- Kosteninformation   *VVG-InfoV* 1 27
- Risikowarnung   *VVG-InfoV* 1 31
- Überschussbeteiligung   153 61
- Zeitwertberechnung   169 2, 48

Fondsgebundene Rentenversicherung
- Festlegung der Berechnung der Rente
  153 12

Fondsgebundene Versicherung
- Berufsunfähigkeitsversicherung
  VVG-InfoV 2 59
- Fondskosten als Verwaltungskosten
  AltZertG **2a** 7
- Hybridprodukte   *VVG-InfoV* 2 29
- Kosten   *VVG-InfoV* 2 19
- Kostenänderung   *AltZertG* **7c** 2
- Rückkaufswert   *VVG-InfoV* 2 28, 44

Fondskosten
- als Verwaltungskosten   *AltZertG* **2a** 7,
  7c 2
- Kostenänderung   *AltZertG* **7c** 2

Fondssparpläne
- Informationspflichten des VR
  AltZertG 7 27

Forderungsausfallversicherung
- Ausschlüsse   *AVB PHV* **A3-5** 1 ff
- Leistungsvoraussetzungen
  AVB PHV **A3-2** 1
- räumlicher Geltungsbereich
  AVB PHV **A3-4** 1 f
- Umfang der Forderungsausfalldeckung
  AVB PHV **A3-3** 1
- versichertes Risiko   *AVB PHV* **A3-1** 1 ff

Forderungsübergang
- *siehe* Übergang von Ersatzansprüchen
  (Forderungsübergang)
- *siehe auch* Quotenvorrecht, Forderungsübergang

Form
- Vertragsschluss   1 43

Formeller Versicherungsbeginn   2 4, 197 8;
EGVVG 1 5

Fortsetzungsklausel
- Haftpflichtversicherung   *AHB* **17** 1
- Privathaftpflichtversicherung
  AVB PHV **A1-10** 1

Fragebogen
- Belehrung bei Obliegenheitsverletzungen
  28 228

Freie Anwaltswahl
- *siehe* Anwaltswahl, freie

Freie Arztwahl   *MB/KK* 4 4 ff; *MB/KT* 4 3

Freie Heilfürsorge   197 18

Freie Krankenhauswahl   *MB/KK* 4 11;
MB/KT 4 4

2181

Freistellungsanspruch, Haftpflichtversicherung
- *siehe* Haftpflichtversicherung, Freistellungsanspruch

Fremdeigentumsklausel
- Inbegriffsversicherung   89 3

Fremdversicherung
- *siehe* Versicherung für fremde Rechnung (Fremdversicherung)

Fristbestimmungen
- Abgrenzung zur vertraglichen Obliegenheit   28 32 ff
- in der Unfallversicherung   28 33 ff

Fristen nach § 12 Abs. 3 VVG aF
- Übergangsrecht, Verjährung *EGVVG* 1 36

Fristüberschreitungen, obliegenheitswidrige
- Vorsatz   28 76

Frostschaden
- Gefahrerhöhung   23 32
- Heizkessel   *VGB* **Abschnitt A § 3** 2, 5
- quotale Leistungskürzung   81 126
- Wohngebäudeversicherung *VGB* **Abschnitt A § 3** 1 ff, **Abschnitt B § 16** 5

Fruchtziehungsrecht   99 2

Früherkennung
- Krankenversicherung   *MB/KK* 1 20

Frühstornofall
- Rückkaufswert und Zillmerung   169 83, 86

Frühstornofälle in der Lebensversicherung *EGVVG* 4 8 ff

Fuchs
- *siehe* Wildschaden

Führerscheinklausel   *KfzPflVV* 5 5; *AKB* **D.1–D.3** 6

Führung des Schiffes   137 8 f

Fußbodenbelag
- Wohngebäudeversicherung *VGB* **Abschnitt A § 5** 7

Fußgänger
- Verkehrs-Rechtsschutz   *ARB 2010* 21 5

Fütterungs- und Pflegekosten   83 22

GAP-Deckung
- Leasingfahrzeug   *AKB* **A.2.6** 9 f

Garage
- als versichertes Gebäude *VGB* **Abschnitt A § 5** 4
- Feuerversicherung *AFB* **Abschnitt A § 3** 3 f
- Hausratversicherung *VHB* **Abschnitt A § 3** 3, **Abschnitt A § 6** 16

Garantie
- Berufsunfähigkeitsversicherung *VVG-InfoV* 2 58
- Rückkaufswert   *VVG-InfoV* 2 35 f, 43 ff

Garantiefonds   *VVG-InfoV* 1 13 f

Garantieversprechen
- Haftpflichtversicherung   *AHB* 7 15

GDV-Dienstleistungs GmbH & Co. KG, Zentralruf der Autoversicherer   *PflVG* 8a 1 f

Gebäude
- Brand, Gefahrerhöhung   23 28, 26 10
- Feuerversicherung *AFB* **Abschnitt A § 3** 2 ff
- Wohngebäudeversicherung *VGB* **Abschnitt A § 5** 4

Gebäude, zerstörtes/beschädigtes
- Neuwertversicherung   88 6

Gebäudebestandteil
- Feuerversicherung *AFB* **Abschnitt A § 3** 4
- Wohngebäudeversicherung *VGB* **Abschnitt A § 5** 5 ff

Gebäudefeuerversicherung
- *siehe auch* Anzeigepflicht des VR, Gebäudefeuerversicherung
- *siehe auch* Feuerversicherung
- *siehe auch* Hypothekengläubiger, Gebäudefeuerversicherung
- *siehe auch* Kündigung des VN, Gebäudefeuerversicherung
- *siehe auch* Übergang der Hypothek auf VR, Gebäudefeuerversicherung
- Änderung von Anschrift und Name des Hypothekengläubigers   147 1 ff
- Anzeigepflicht des VR an Hypothekengläubiger   142 1 ff
- Auskunftspflicht des VR   146 3 ff
- Bestätigungspflicht des VR   146 2
- Eigentümergrundpfandrechte   149 1 ff
- fehlende Prämienzahlung, Anzeigepflicht des VR an Hypothekengläubiger   142 5 ff
- Fortdauer der Leistungspflicht gegenüber Hypothekengläubiger   143 1 ff
- Frist für Anzeige des Versicherungsfalles   30 6
- Grundschuld   148 1, 149 1 ff
- Kündigung des VN   144 1 ff
- Nießbrauch   148 2
- Reallast   148 1
- Rentenschuld   148 1, 149 1 ff
- Übergang der Hypothek auf VR   145 1 ff
- Übergangsrecht   *EGVVG* 5 1 ff
- Zahlungsverzug bei Folgeprämie   143 3

Gebäudeversicherung
- *siehe auch* Wohngebäudeversicherung
- Ausgleichsanspruch des Gebäudeversicherers gegen Haftpflichtversicherer (Mieterregress)   86 82 ff
- Brand, Gefahrerhöhung   23 28, 26 10
- Brandschaden   81 46 ff, 127

Stichwortverzeichnis

- Ersetzungsbefugnis des VN bei Maßnahmen zur Sicherung? 28 108
- Forderungsübergang 86 20 f
- Fremdversicherung 43 16 ff
- Gefahrenkompensation 23 23
- Mieterregress 86 75 ff, 103
- Repräsentantenhaftung 28 115, 81 77 f
- Teilungsabkommen Mieterregress 86 105
- Wasserschaden 81 53 ff, 126

Gebäudezubehör *AFB* **Abschnitt A § 3 5;** *VGB* **Abschnitt A § 5 8 f**

Gebrauch des Fahrzeugs
- Begriff *PflVG* 1 10; *AKB* A.1.1 2 ff
- Obliegenheiten *KfzPflVV* 5 1 ff; *AKB* D.1–D.3 2 ff

Gebrauchshilfen (Brille, Hörgerät) *AUB* 2 27

Gebrechen
- Begriff *AUB* 3 3

Gebühren
- Kosteninformation *VVG-InfoV* 1 24 f

Geburtszeugnis
- BB-BUZ *BB-BUZ* 4 5

Gedehnter Rechtsschutzfall *ARB 2010* 4 14; *ARB 2012* 2.4 5

Gedehnter Versicherungsfall
- Begriff 1 64; *MB/KK* 1 18; *MB/KT* 1 6
- Kündigungsrecht des VR bei Obliegenheitsverletzung 28 139
- Übergangsrecht *EGVVG* 1 22

Gefahränderung
- bei der laufenden Versicherung 53 12, 57 1 ff
- Transportversicherung 132 2 f, 133 2

Gefahrbezogene Obliegenheiten 28 3, 40 ff

Gefahrenkompensation
- Gebäudeversicherung 23 23
- Gefahrerhöhung 23 22 ff
- Kompensationskongruenz 23 24
- Leitungswasserversicherung 23 24, 31 f, 26 11, 16
- Stoßrichtungsgleichheit 23 24

Gefahrerhebliche Umstände
- vorvertragliche Anzeigepflicht des Vertreters des VN 20 1 ff
- vorvertragliche Anzeigepflicht des VN 19 4 ff

Gefahrerhöhung
- *siehe auch* Quotale Leistungskürzung, Gefahrerhöhung
- Abdingbarkeit 23 3
- Abgrenzung Gefahrwechsel/Gefahränderung 23 16
- Alles-oder-Nichts-Prinzip, Abkehr vom 26 3
- Anwendungsbereich 23 2, 47
- arglistige Unkenntnis 23 11, 51 f
- Art und Weise des Abstellens des Kfz 23 40
- Aufgabe des Gewerbebetriebs 23 29, 26 10
- Ausübung des Prämienanpassungsrechts 25 2 ff
- Ausübung des Risikoausschlussrechts 25 2 ff
- Begriff und Rspr.-Beispiele 23 13 ff
- Beweislast , 12, 23 50 ff, 26 17 f
- Brand 23 28 ff, 26 10, 16
- Brandrede 23 30
- Dauerhaftigkeit 23 19 ff
- durch Unterlassen 23 25 ff
- Einbruch 23 34, 26 12
- Empfangsvollmacht des VersVertreters 69 34
- Fahrzeugpapiere, Aufbewahrung im Kfz 23 36 f, 26 13
- Fallgruppen 23 28 ff, 26 9 ff, 16
- Feuerversicherung *AFB* **Abschnitt A § 12 1 f, Abschnitt B § 9 1**
- Gefahrenkompensation 23 22 ff
- Hausratversicherung 23 34; *VHB* **Abschnitt A § 17 1, Abschnitt B § 9 1**
- Kenntnis der die Gefahrerhöhung begründenden Umstände 23 10, 50 f
- Kfz-Haftpflichtversicherung 23 18, 43 ff, 26 14
- Kfz-Kaskoversicherung 23 35 ff, 26 13
- Kompensationskongruenz 23 24
- Krankenversicherung 194 3
- Kündigungsrecht des VN 25 5 ff
- Kündigungsrecht des VR 24 1 ff
- Lagerung feuergefährlicher Materialien 23 30, 26 10
- Lebensversicherung 158 3 ff
- Leerstehenlassen eines Gebäudes 23 28, 34, 26 10, 16; *VGB* **Abschnitt A § 17 2**
- Leistungsfreiheit 26 1 ff
- Leitungswasserversicherung 23 24, 31 f, 26 11, 16
- Medikamenteneinnahme 23 20
- Missachtung von Sicherheitsvorschriften 23 30, 26 10
- nach Abgabe der Vertragserklärung 23 17 f
- Normzweck 23 1
- objektive 23 8 ff
- Person des Fahrers 23 42, 44, 26 14
- Pflichtverletzung, grob fahrlässig 24 1, 26 1, 17
- Pflichtverletzung, leicht fahrlässig 24 3, 26 1
- Pflichtverletzung, vorsätzlich 24 1, 26 1 f, 17
- Prämienerhöhung 25 1 ff
- Rechtsschutzversicherung *ARB 2010* **11 1 ff**

2183

- Reifenprofil 23 27, 41, 46, 26 2, 14
- Risikoerhöhung 23 13 f
- Sachversicherung 23 28 ff, 26 10 ff
- Sonderregelungen 23 2, 47
- Stoßrichtungsgleichheit 23 24
- Sturm 23 33, 26 11
- subjektive 23 8 ff
- Teilkündigung 29 10
- Teilrücktritt 29 10
- teilweise Leistungsfreiheit 29 10
- Trunkenheit im Straßenverkehr 23 20, 42, 47
- Umbauten des Kfz 23 43 ff, 26 14
- unerhebliche 27 1 f
- Unfallversicherung 181 1 ff
- Verhältnis zur D&O-Versicherung bei Beherrschungswechsel 23 48
- Verhältnis zur Herbeiführung des Versicherungsfalles 81 3
- Verhältnis zur Herbeiführung des Versicherungsfalles (§ 81) 23 7
- Verhältnis zur vertraglichen Obliegenheitsverletzung (§ 28) 23 6
- Verhältnis zur vorvertraglichen Anzeigepflicht des VN (§§ 19 ff) 23 4 f
- Verlust/Diebstahl von Kfz-Schlüssel 23 26, 39, 26 13, 16
- Winter-/Sommerreifen 23 45
- Wohngebäudeversicherung *VGB* **Abschnitt A § 17 1 ff, Abschnitt B § 9 1**
- Zeitpunkt 23 17 f
- Zustand des Kfz 23 41, 43 ff, 26 2, 14
- Zweitschlüssel, Verwahrung im Kfz 23 35, 26 13

Gefahrerhöhung, Kündigung des VN wegen
- Prämienerhöhung 25 5 ff

Gefahrerhöhung, Kündigung des VR wegen
- befristete Kündigung 24 3 f
- Beweislast 24 2
- Erlöschen des Kündigungsrechts 24 5 f
- fristlose Kündigung 24 1 f
- Kündigungsfrist 24 3 f, 5, 26 22
- unterbliebene Kündigung 26 22
- Wahlrecht des VR 25 2 f
- Wiederherstellung des früheren Zustands 24 6

Gefahrerhöhung, Leistungsfreiheit wegen
- Beweislast 26 17 f
- Brandschaden 26 10
- Differenzierung nach Verschuldensgraden 26 17
- Einbruch 26 12
- Fallgruppen 26 9 ff
- grobe Fahrlässigkeit 26 3 ff, 17
- Kausalität bzw Kausalitätsgegenbeweis 26 19 ff
- Kausalitätsgegenbeweis 26 19
- Kfz-Haftpflichtversicherung 26 14
- Kfz-Kaskoversicherung 26 13 f
- Leitungswasserschaden 26 11
- nachträglich erkannte subjektive sowie objektive Gefahrerhöhung 26 15 ff
- quotale Entschädigung 26 17
- quotale Leistungskürzung 26 3
- Sturmschaden 26 11
- subjektiv gewollte Gefahrerhöhung 26 2 ff
- Vorsatz 26 2, 17
- Wegfall der Leistungsfreiheit 26 19 ff

Gefahrerhöhung, Prämienerhöhung wegen
- Fortführung des Versicherungsverhältnisses 25 1
- Kündigungsrecht des VN 25 5 ff
- Voraussetzungen 25 2 f
- Wahlrecht des VR 25 2 f

Gefahrminderung
- Lebensversicherung 158 7

Gefahrsperson
- Begriff 1 3, 13, 43 4
- Filmausfallversicherung 43 4
- Krankenversicherung 43 4, 193 14 f, 18, 194 13
- Lebensversicherung 150 1

Gefahrtragungstheorie
- VersVertrag 1 6, 35, 37

Gefälligkeitsverhältnis
- Bestehen von Versicherungsschutz und stillschweigender Haftungsausschluss **Vor 100–124 16**
- Haftpflichtversicherung *AHB* 7 34, 38, 40

Gehaltsklausel *AHB* 7 1 f

Geheimnisträger
- Schweigepflicht und Tod der betroffenen Person 213 14

Gehirnblutungen *AUB* 5 34 ff

Gehirnschlag
- Unfallversicherung, Ausschlüsse *AUB* 5 18

Geistesstörungen
- Unfallversicherung, Ausschlüsse *AUB* 5 4

Geistiges Eigentum
- Rechtsschutzversicherung *ARB 2010* 3 15

Geldautomat
- Feuerversicherung *AFB* **Abschnitt A § 3 13**

Geldempfangsvollmacht
- Beschränkung 69 49
- Voraussetzungen und Wirkung 69 48
- Zahlung des VR an VersVermittler 64 1

Geldleistungen
- siehe Fälligkeit von Geldleistungen des VR

Geldleistungstheorie
- VersVertrag 1 6, 36

Gelegenheitsvertreter
- Empfangsvollmacht 73 1

Gelenk, Verrenkung
- Unfallbegriff *AUB* 1 6

Gemäldesammlung
- Sachinbegriff 89 2

Gemeiner Wert
- Begriff 88 7
- Entschädigungsberechnung *VGB* **Abschnitt A** § 13 7
- Feuerversicherung *AFB* **Abschnitt A** § 7 7

Gemischte Anstalt *MB/KK* **4** 13 ff; *MB/KT* **4** 4

Gender-Richtlinie *Einl.* 56

Gendiagnostikgesetz
- vorvertragliche Anzeigepflicht des VN 19 7

Generalagent 59 18

Generalvollmacht
- Einwilligung der versicherten Person zum Vertragsabschluss 150 19

Genesungsgeld *AUB* 2 50

Gentechnik
- Haftpflichtversicherung *AHB* 7 68 f
- Privathaftpflichtversicherung *AVB PHV* **A1-7** 1

Gentechnik, Ausschluss
- Haftpflichtversicherung *AHB* 7 4

Gerichtskosten
- Rechtsschutzversicherung *ARB 2010* 5 13

Gerichtsstand
- Altverträge *Einl.* 41
- Direktanspruch gegen VR, Pflichtversicherung 115 10
- Feuerversicherung *AFB* **Abschnitt B** § 21 1
- Haftpflichtversicherung *AHB* 31 1
- Hausratversicherung *VHB* **Abschnitt B** § 21 1
- Informationspflichten *VVG-InfoV* 1 48
- Klage gegen VN 215 3 ff
- Klage gegen VR bzw VersVermittler 215 2
- Krankenversicherung *MB/KK* 17 1; *MB/KT* 17 1
- persönlicher Anwendungsbereich 215 9 ff
- Rechtsschutzversicherung *ARB 2010* 20 1; *ARB 2012* 9 1
- Regressprozess 86 108
- sachlicher Anwendungsbereich 215 6 ff
- Übergangsrecht 215 16 ff; *EGVVG* 1 14 ff
- Unfallversicherung *AUB* 16 1
- Widerklage 215 13
- Wohngebäudeversicherung *VGB* **Abschnitt B** § 21 1

Gerichtsstandsvereinbarung 215 14 f

Gerichtsvollzieherkosten
- Kostenübernahme durch Rechtsschutzversicherung *ARB 2010* 5 14

Gerichtszuständigkeit
- Rechtsschutzversicherung *ARB 2010* 20 1; *ARB 2012* 9 1

Geruchs-/Geschmackssinn, Verlust *AUB* 2 28

Gesamtbeurteilungsmodell
- Lösungsmodell bei Mehrfachverstoß 81 113

Gesamthandsgemeinschaft
- Fremdversicherung 43 12 f
- Zurechnung des Verhaltens Dritter 81 82

Gesamtinvalidität *AUB* 2 30

Gesamtpreis der Versicherung
- Begriff *VVG-InfoV* 1 17
- mehrere selbständige Verträge *VVG-InfoV* 1 20
- Risikolebensversicherung *VVG-InfoV* 1 21
- Risikozuschlag *VVG-InfoV* 1 18, 20
- Überschussverrechnung *VVG-InfoV* 1 17
- verbundene Verträge *VVG-InfoV* 1 19
- Zusatzversicherung *VVG-InfoV* 1 19

Gesamtschuldner
- Prämienzahlungspflicht 1 67

Gesamtverband der Deutschen Versicherungswirtschaft e.V. (GDV)
- Musterbedingungen *Einl.* 63

Geschäftsgebühr
- anfänglicher Interessenmangel 80 5 ff
- Rücktritt des VR bei Nichtzahlung der Einmal- oder Erstgebühr 39 5

Geschäftsunterlagen, Wiederherstellungskosten
- Feuerversicherung *AFB* **Abschnitt A** § 5 3

Geschirrspülmaschine
- grob fahrlässige Herbeiführung des Versicherungsfalles *VGB* **Abschnitt B** § 16 4
- Schaden durch Wasseraustritt *VGB* **Abschnitt A** § 3 11

Geschlechtsabhängige Tarifierung *Einl.* 56

Geschlechtsspezifische Kalkulation
- Test Achat-Entscheidung des EuGH *VVG-InfoV* 3 10

Geschlechtsumwandlung
- Tarifierung 23 2

Geschwindigkeitsüberschreitung
- quotale Leistungskürzung *AKB* **A.2.16** 18

Gesellschaftsrecht
- Haftpflichtversicherung *AHB* 7 29

- Rechtsschutzversicherung
  ARB 2010 3 12
- **Gesetz zur Reform des Versicherungsvertragsrechts**
- Gesetzgebungsverfahren *Einl.* 31 f
- Kernelemente *Einl.* 30
- VVG 2008 *Einl.* 26
- Ziel *Einl.* 1, 26
- **Gesetzliche Krankenversicherung**
- Bezüge zum Privatversicherungsrecht *Einl.* 3 ff
- Wechselmöglichkeit aus PKV in GKV *VVG-InfoV* 3 7
- **Gesonderte Mitteilung in Textform**
- Schadensmeldefragebogen 28 228
- **Gespannschäden**
- Vollkasko *AKB* A.2.3 6
- **Gesprächsaufzeichnungen**
- Anspruch des VN auf Kopie 3 29
- **Gesundheitsbeeinträchtigung**
- vorvertragliche Anzeigepflicht des VN 19 6
- **Gesundheitsdaten**
- *siehe* Datenerhebung personenbezogener Gesundheitsdaten bei Dritten
- **Gesundheitsdaten, personenbezogene**
- Begriff 213 17
- **Gesundheitsfragen**
- Arglist 28 88
- vorvertragliche Anzeigepflicht des VN 19 6
- **Gesundheitsschaden**
- Rettungskostenersatz 83 11
- **Gesundheitsschädigung**
- Unfallbegriff 178 11
- **Gesundheitszustand**
- Tarifwechsel, Krankenversicherung 204 31
- **Gewährleistungsansprüche**
- Deckungsumfang Haftpflichtversicherung *AHB* 1 6
- **Gewässer, stehendes/fließendes**
- Wohngebäudeversicherung *VGB* **Abschnitt A § 3** 13
- **Gewässerschäden**
- Ausschlüsse *AVB PHV* A2-1 10 f
- Rettungskosten *AVB PHV* A2-1 7 ff
- versichertes Risiko *AVB PHV* A2-1 1 ff
- **Gewässerschadenanlagenrisiko** *AHB* 7 63; *AVB PHV* A2-1 3
- **Gewässerschadenhaftpflichtversicherung**
- Schadenereignis *AHB* 1 18
- **Gewerbliche Schutzrechte**
- Privathaftpflichtversicherung *AVB PHV* A1-6.15 6
- **Glasbruch**
- Autobahn-Vignette *AKB* A.2.2 42

- Privathaftpflichtversicherung, Mietsachschäden *AVB PHV* A1-6.6 9
- Teilkasko *AKB* A.2.2 42 f
- Verglasung *AKB* A.2.2 1a, 42a
- **Gleitende Neuwertversicherung**
- Entschädigungsberechnung *VGB* **Abschnitt A § 13** 1 ff
- Ermittlung der Versicherungssumme *VGB* **Abschnitt A § 11** 1 ff
- Unterversicherungsverzicht *VGB* **Abschnitt A § 11** 5 f
- **Gleitender Neuwert**
- Wohngebäudeversicherung *VGB* **Abschnitt A § 10** 2
- **Gliedertaxe** *AUB* 2 21 ff
- **Gliedmaßen**
- Unfallbegriff *AUB* 1 5
- **Goslarer Orientierungsrahmen**
- quotale Leistungskürzung 28 176, 81 99
- **Grenzgänger**
- Krankheitskostenversicherung 193 33
- **Grobe Fahrlässigkeit**
- *siehe auch* Quotale Leistungskürzung, Gefahrerhöhung
- *siehe auch* Quotale Leistungskürzung, Herbeiführung des Versicherungsfalles
- *siehe auch* Quotale Leistungskürzung, Obliegenheitsverletzung
- Abgrenzung zum bedingten Vorsatz 28 85, 81 7, 103 4 f
- Abgrenzung zur einfachen Fahrlässigkeit 28 106, 81 8
- AGB-Recht 103 13
- als gesetzlich vermuteter Normalfall einer Obliegenheitsverletzung 28 164 ff, 168 ff
- Arbeiten des VN an oder mit Gegenständen, die Brand verursachen können 81 51 f
- Augenblicksversagen 28 102, 198, 81 9 ff, 29
- Begriff und Wesen 28 96 ff, 81 8
- Beweislast 81 8, 93
- Brand, Kfz-Kaskoversicherung 81 44
- Brennenlassen einer Kerze 81 46 ff
- Diebstahl, Kfz-Kaskoversicherung 81 14 ff
- Diebstahl, Reisegepäck-, Transport- und sonstige Hausratversicherung 81 62 ff
- Drogen, Kfz-Kaskoversicherung 81 39
- Einbruchdiebstahl in Kellerräume 81 60 f, 129
- Einbruchdiebstahl in Wohnungen und Häuser 26 12, 81 55 ff, 128
- entlastende Umstände 28 106 f
- Ersetzungsbefugnis des VN bei Maßnahmen zur Sicherung? 28 108
- Fallgruppen 28 101 ff, 81 14 ff
- Gefahrerhöhung, Pflichtverletzung 24 1, 26 3 ff

Stichwortverzeichnis

- Medikamenteneinnahme, Kfz-Kaskoversicherung 81 40, 123
- Mitverschulden des VR 28 107, 205
- quotale Entschädigung 26 3
- quotale Leistungskürzung 28 164 ff, 171 ff, 81 97 ff
- revisionsrechtliche Prüfung 28 99 f
- Rotlichtverstoß 28 102, 81 9, 28 ff
- Schweißarbeiten 81 51
- Selbstmord, Kfz-Kaskoversicherung 81 45
- sonstige Verstöße im Straßenverkehr/StVO 81 41 ff, 124
- Sturmversicherung 81 65
- Transportversicherung 137 4 f
- Trunkenheitsfahrt 81 33 ff, 122
- Verletzung der Schadensabwendungsobliegenheit 82 27
- Verwenden offenen Feuers 81 49 f
- Wasserschaden 81 53 f, 126

Große Haverei 130 20

Großrisiken
- Abbedingung von VVG-Vorschriften 210 9 ff
- als Ausnahme von der Beschränkung der Vertragsfreiheit 210 1
- Beratungspflicht des VersVermittlers 65 1
- Beratungspflicht des VR 6 49
- Großrisiko nach Sparte 210 3
- Großrisiko nach wirtschaftlicher Größe 210 4 f
- Gütertransportversicherung 130 2
- Informationspflichten des VR 7 39
- kein Widerrufsrecht des VN 8 27
- keine Beschränkung der Vertragsfreiheit *Einl.* 17, 36
- kombinierte Risiken 210 6
- laufende Versicherung 53 11
- unanwendbare Vorschriften *Einl.* 36; 105 8
- VersVermittler 65 1, 210 11

Grundpfandrechte
- Übergangsrecht, Gebäudefeuerversicherung *EGVVG* 5 1 ff
- Zahlung gegenüber Gläubigern von 94 1 ff

Grundrechte
- Privatautonomie im Privatversicherungsrecht *Einl.* 8 f, 25

Grundsatz der Unteilbarkeit der Prämie 39 1

Grundschuld
- Gebäudefeuerversicherung 148 1, 149 1 ff; *EGVVG* 5 1 ff
- Zahlung gegenüber Gläubigern von 94 7

Grundstück
- *siehe auch* Wohnungs- und Grundstücks-Rechtsschutz
- Rechtsschutz für Eigentümer und Mieter von Wohnungen und Grundstücken *ARB 2010* 29 1 ff

Grundstücksbestandteil
- Feuerversicherung *AFB* **Abschnitt A § 3** 4

Grundstücksbewertungen
- Rechtsschutzversicherung *ARB 2010* 3 18

Grundstückssenkungen
- Haftpflichtversicherung *AHB* 7 73

Grundwasser
- Hausratversicherung *VHB* **Abschnitt A § 4** 15
- Wohngebäudeversicherung *VGB* **Abschnitt A § 3** 13, **Abschnitt A § 4** 14

Grüne Karte
- Kfz-Haftpflichtversicherung *PflVG* 1 3, 3a 7; *AKB* **A.1.4** 2 f

Gruppenversicherung
- Adressat der vorvertraglichen Informationspflichten des VR 7 12
- als Fremdversicherung bei fehlender Einwilligung der versicherten Person 179 4
- Begriff 192 3, 206 15
- Einbeziehung von AVB *Einl.* 73
- einvernehmliche Aufhebung, Krankenversicherung 206 14
- Kündigung, Krankenversicherung 206 14 ff
- rückwirkende Änderung durch VR und VN 45 2

Gültigkeitsdauer
- Informationspflichten des VR *VVG-InfoV* 1 30

Gutachten
- Auskunfts- und Einsichtsrecht des VN, Krankenversicherung 202 4; *MB/KT* 4 8
- BB-BUZ *BB-BUZ* 4 11 f, 17

Gutachterverfahren
- Rechtsschutzversicherung 128 1 ff

Gütertransportversicherung
- Allgefahrendeckung 130 7 ff
- Begriff 130 2
- Beispiele 130 14
- causa-proxima-Regel 130 10 ff
- General- und Umsatzpolicen, laufende Versicherung 53 11
- Großrisiko 130 2
- Haus-zu-Haus-Versicherungen 130 4 ff
- Rechtsnatur **Vor 130–141** 1
- Verlust/Beschädigung der Güter 130 8
- versicherte Gefahren 130 8 f

Güterversicherung
- *siehe* Transportversicherung

Haarwild
- *siehe* Wildschaden

Stichwortverzeichnis

Haftpflichtprozess
- Kollusion Vor 100–124 14
- Nebenintervention Vor 100–124 14
- Trennungsprinzip und Bindungswirkung Vor 100–124 9 ff

Haftpflichtversicherung
- *siehe auch* Erfüllungsschadenausschluss
- *siehe auch* Haftpflichtversicherung, Ausschlüsse
- *siehe auch* Haftpflichtversicherung, Herbeiführung des Versicherungsfalles
- *siehe auch* Pflichtversicherung
- *siehe auch* Privathaftpflichtversicherung
- *siehe auch* Tätigkeitsschadenausschluss
- Abandon 109 5
- Abhandenkommen AHB 1 32, 2 8 ff
- Abhandenkommen und Abgrenzung zu Personen- und Sachschäden AHB 2 11 ff
- Abtretungsrecht gegenüber Dritten Vor 100–124 15, 108 6 ff, 112 4; AHB 28 1
- Abwehranspruch des VN 100 2 ff, 106 3; AHB 5 1 ff
- Abwehrdeckung 100 5
- Abwehrkosten 101 2; AHB 6 8 f
- Änderung von Anschrift und Name AHB 29 2
- Anerkenntnis des VN 105 1 ff; AHB 5 4
- Angehörige AHB 7 25 f, 32
- Ansprüche auf Schadensersatz AHB 1 5 ff
- Anspruchserhebungsprinzip 82 7, 100 14
- Anzeige des Versicherungsfalles 104 2 ff, 112 3; AHB 25 2 f
- Anzeigen (weitere Anzeigepflichten) 104 4 f
- Anzeigepflicht des VN bei Risikoerweiterung/-erhöhung AHB 13 1 ff
- Anzeigepflichtverletzung 104 7 f
- anzuwendendes Recht AHB 32 1
- Äquivalenz- und Integritätsinteresse AHB 1 46 ff
- Arbeitsunfallklauseln AHB 7 57
- arglistige Täuschung AHB 26 6
- Aufopferungsanspruch AHB 1 7
- Auge-und-Ohr-Stellung des VersVertreters AHB 29 1
- Ausgleichsanspruch des Gebäudeversicherers gegen Haftpflichtversicherer (Mieterregress) 86 82 ff
- Auskunftspflicht AHB 25 5
- Ausschlusstatbestände AHB 1 39 ff
- Beeinträchtigung der Nutzungsmöglichkeiten AHB 1 31
- Befriedigung des VN 105 1 ff; AHB 5 4
- Beginn der Schadensabwendungs- und -minderungspflicht des VN 82 7
- Beginn des Versicherungsschutzes AHB 8 1
- berechtigte Ansprüche 100 4; AHB 5 3
- Bergbauschäden AHB 7 76
- Beschädigung AHB 1 30
- besondere Anzeigepflichten 104 4 f; AHB 25 6 ff
- Bestehen von Versicherungsschutz und stillschweigender Haftungsausschluss Vor 100–124 16
- bewusste Pflichtwidrigkeit 103 12
- Bindungswirkung Vor 100–124 9 ff
- Claims-made-Prinzip 82 7, 100 9, 14
- Deckungsprozess Vor 100–124 9 ff
- Deckungssumme AHB 6 1
- Definitionen des Versicherungsfalles 82 7, 100 7 ff
- deliktische Haftung AHB 1 5
- Direktanspruch des Geschädigten gegen VR 108 1
- Direktanspruch gegen VR des Schädigers Vor 100–124 8
- Diskriminierung AHB 7 85 f
- Dritter AHB 1 10
- Eigenschaden AHB 1 10
- Eigentumsverhältnisse AHB 1 34
- Embargoklausel AHB 1 60
- Erfüllungsschäden AHB 1 35 ff
- erweiterter Aufwendungsersatz Vor 100–124 5
- Fälligkeit der Versicherungsleistung 106 1 ff; AHB 5 5
- Feststellungsklage 100 3
- Folgeereignistheorie 100 12; AHB 1 12 ff
- Forderungsübergang Vor 100–124 4
- Fortsetzungsklausel AHB 17 1
- Freistellungsanspruch des VN 100 2 ff, 106 3 ff; AHB 5 1 ff
- Frist für Anzeige des Versicherungsfalles 30 6, 104 2 ff, 112 3
- Frist für weitere Anzeigepflichten 104 5
- Garantieversprechen AHB 7 15
- Gefährdungshaftung AHB 1 5
- Gefälligkeitsverhältnis AHB 7 34, 38, 40
- Gegenstand 100 2 ff; AHB 1 1; AVB PHV A1-6 1 ff
- Geltungsbereich der Allgemeinen Vorschriften für die Schadensversicherung Vor 100–124 1 ff
- gesetzliche Haftpflichtansprüche privatrechtlichen Inhalts AHB 1 4 ff
- gesetzliche Vertreter AHB 7 27 f
- Gewährleistungsanspruch AHB 1 6
- Gewässerschadenanlagenrisiko AHB 7 63
- grob fahrlässige Obliegenheitsverletzung AHB 26 7 f
- Haftpflichtprozess Vor 100–124 9 ff
- Herbeiführung des Versicherungsfalles 103 1
- Hinterlegung 101 6
- Insolvenz des VN 110 1 ff

Stichwortverzeichnis

- Kausalität *AHB* 26 2 f
- Kausalitätsgegenbeweis *AHB* 26 5
- Kenntnis von Mangelhaftigkeit oder Schädlichkeit der Erzeugnisse, Arbeiten oder sonstigen Leistungen *AHB* 7 11 ff
- Kinder, mitversichert *AHB* 3 7, 4 1
- Kollusion Vor 100–124 14
- Kostentragungspflicht für Abwehr berechtigter Ansprüche Dritter 101 5
- Kostentragungspflicht für Abwehr unberechtigter Ansprüche Dritter 101 2
- Krankheitsübertragung *AHB* 7 87 ff
- Kündigung nach Beitragsangleichung *AHB* 18 1
- Kündigung nach Risikoerhöhung aufgrund Änderung oder Erlass von Rechtsvorschriften *AHB* 21 1 f
- Kündigung nach Veräußerung versicherter Unternehmen *AHB* 20 1
- Kündigung nach Versicherungsfall 111 1 ff; *AHB* 19 1 ff
- Landwirtschaft *AHB* 7 65
- Lastschriftverfahren *AHB* 11 1 ff
- Leistungen des VR 100 1 ff; *AHB* 5 1 ff
- Mähbinder-Entscheidung *AHB* 1 13 ff
- Mangelfolgeschaden *AHB* 1 46
- mangelhafte Herstellung von Sachen *AHB* 1 33
- Manifestationsprinzip 82 7, 100 13
- Maulkorbparagraph *AHB* 24 1
- mehrere Geschädigte und Verteilungsverfahren 109 2 ff, 118 2 ff
- Mehrfachversicherung Vor 100–124 3; *AHB* 22 1
- Mitternachtsregel *AHB* 16 1
- Mitversicherte *AHB* 7 20 ff, 27 1 ff
- mitversicherte Personen 102 2 ff, 103 9; *AHB* 1 10
- Nachbarschaftshilfe *AHB* 7 43
- Nachbesserungsbegleitschaden *AHB* 1 41
- Nacherfüllungsanspruch *AHB* 1 6
- Nachhaftung *AHB* 1 25
- Nachhaftungsvereinbarung *AHB* 17 2
- Nachhaftungszeit des VR 100 11 ff
- Nachmeldefristen 100 11 ff
- neuen Risiken *AHB* 3 8 ff
- Nullstellung des Umwelthaftpflichtrisikos *AHB* 7 60
- Obliegenheiten nach Eintritt des Versicherungsfalles *AHB* 25 1 ff
- Obliegenheiten vor Eintritt des Versicherungsfalles *AHB* 24 1 f
- öffentlich-rechtliche Ansprüche *AHB* 1 4
- Personenschaden 118 4; *AHB* 1 27 f, 7 46
- Persönlichkeitsrechtsverletzung *AHB* 7 84
- Pflichtwidrigkeitsklauseln 103 12, 114 4
- Prämienanpassung *AHB* 15 1
- Prozessführungsrecht *AHB* 5 6

- Prozessüberlassungspflicht *AHB* 25 10 ff
- Rangfolge mehrerer Ansprüche 118 1 ff
- Ratenzahlung und Verzug *AHB* 12 1 f
- Rechtsfolge von Obliegenheitsverletzungen 104 7 ff
- Rechtsschutzkosten 101 2
- Regress 103 10
- Relevanzrechtsprechung *AHB* 26 5
- Rentenzahlungspflicht des VN gegenüber Geschädigtem und Quotelung des Freistellungsanspruchs 107 1 ff; *AHB* 6 10 f
- Repräsentantenhaftung *AHB* 7 14, 27 5
- Repräsentantenstellung 103 9; *AHB* 7 14
- Risikoerweiterung/Risikoerhöhung *AHB* 3 3 ff
- Sachschaden *AHB* 1 29 ff
- Sanktionsklausel *AHB* 1 60
- Schadenbearbeitungsvollmacht des VR *AHB* 5 7
- Schadenbeseitigungsanspruch *AHB* 1 7
- „Schadenfallkündigung" 111 1
- Schadensabwendungs- und -minderungspflicht des VN Vor 100–124 5; *AHB* 25 4
- Schadensabwendungsobliegenheit des VN 82 7, 17
- Schadensereignis 100 12; *AHB* 1 12 ff, 20 ff
- Schadensereignisprinzip 82 7, 100 12
- Schadensermittlungskosten Vor 100–124 3
- Schadensersatzrente *AHB* 5 11
- Schadensregulierungsmacht des VR *AHB* 5 6 ff
- Schadensversicherung Vor 100–124 1
- Schiedsgerichtsvereinbarung *AHB* 25 13
- Schlüsselverlust *AHB* 2 15
- Selbstbehalt *AHB* 6 7
- SEPA-Lastschriftmandat *AHB* 11 1 ff
- Serienschadenklausel *AHB* 6 2 ff, 19 2
- Sicherheitsleistung 101 6, 107 4
- Störfalldeckung *AHB* 7 3
- Störungsbeseitigung *AHB* 1 8
- Strafverteidigerkosten *AHB* 5 10
- Tätigkeitsschadenausschluss *AHB* 7 43 ff
- Theorie der realen Verletzungszustands *AHB* 1 17
- Tod eines Menschen *AHB* 1 27
- Trennungsprinzip Vor 100–124 9 ff
- Überschwemmungen *AHB* 7 77
- Überversicherung Vor 100–124 2
- Umweltproduktrisiko *AHB* 7 64
- Umweltschäden *AHB* 7 58 f
- Unterversicherung Vor 100–124 2
- Ursachenereignis *AHB* 1 13 f
- Veräußerungsverbot, relatives 108 2 ff
- verbotene Eigenmacht *AHB* 7 42
- Verfallsklausel *AHB* 12 1
- vergebliche Aufwendungen *AHB* 1 43

2189

Stichwortverzeichnis

- Verjährung *AHB* 30 1 ff
- Vermögensschäden (echte/unechte) 118 4; *AHB* 2 2 ff
- versichertes Risiko *AHB* 3 1 ff
- Versicherungsfall 82 7, 100 7 ff; *AHB* 1 12 ff
- Versicherungsjahr *AHB* 33
- Versicherungsteuer *AHB* 8 1
- Verstoßprinzip 82 7, 100 11
- Verteilungsverfahren bei mehreren Geschädigten 109 2 ff, 118 2 ff
- vertragliche Haftung *AHB* 1 6
- Vertragsdauer *AHB* 16 1
- Verzugsschaden *AHB* 1 44
- Voraussetzungsidentität **Vor 100–124** 12
- Vorerstreckung des Rettungskostenersatzanspruchs **Vor 100–124** 5
- vorläufige Deckung *AHB* 8 2
- Vorsatzausschluss (mit Rspr.-Beispielen) 103 3 ff; *AHB* 7 6 ff
- vorsätzliche Obliegenheitsverletzung *AHB* 26 2 ff
- vorsätzliche Pflichtwidrigkeit 103 12
- Vorsorgeversicherung *AHB* 3 2, 8 ff, 4 1 ff
- vorvertragliche Anzeigepflichten *AHB* 23 1
- vorzeitige Vertragsbeendigung *AHB* 14 1
- Warenklausel *AHB* 6 4
- Wegfall des versicherten Risikos *AHB* 17 1 ff
- Weisung des VR an VN zum Haftpflichtprozess 111 7, 9
- Weiterfresser-Schaden *AHB* 1 33, 7 51
- Widerspruchsobliegenheit *AHB* 25 9
- Widerstandsklausel *AHB* 6 12
- wissentliche Pflichtwidrigkeit 103 12
- Zahlungsanspruch des VN gegen Haftpflichtversicherer 100 2
- Zahlungsverzug Erstprämie *AHB* 9 1
- Zahlungsverzug Folgeprämie *AHB* 10 1
- Zahlungsverzug Raten *AHB* 12 1 f
- zuständiges Gericht *AHB* 31 1

Haftpflichtversicherung, Ausschlüsse
- Abwasserrisiko *AHB* 7 71 f
- Allmählichkeitsschaden *AHB* 7 1, 3
- Asbestrisiko *AHB* 7 66
- Auslandsschäden *AHB* 7 54 ff
- Diskriminierung *AHB* 7 85 f
- Emerging risk *AHB* 7 4, 68
- Erdrutschungen *AHB* 7 62, 74 ff
- Garantieversprechen *AHB* 7 15
- Gehaltsklausel *AHB* 7 1 f
- Gentechnik *AHB* 7 68 f
- Grundstückssenkungen *AHB* 7 73
- Herstellungsschäden *AHB* 7 51 ff
- IT-Risiken *AHB* 7 78 ff
- Konzeptverantwortungsvereinbarungen *AHB* 7 16
- Krankheitsübertragung *AHB* 7 87 ff
- Miete, Leihe, Pacht, Verwahrung, Leasing etc. *AHB* 7 34 ff
- Mitversicherte, Angehörige, gesetzliche Vertreter etc. *AHB* 7 19 ff
- Nachbesserungsarbeiten *AHB* 7 53
- Namensrechtsverletzung *AHB* 7 84
- Persönlichkeitsrechtsverletzung *AHB* 1 28, 7 84
- Repräsentantenhaftung *AHB* 7 14
- Schäden durch Umwelteinwirkungen *AHB* 7 60 ff
- Sportklausel *AHB* 7 1 f
- Strahlenrisiko *AHB* 7 67
- Tätigkeitsschäden (berufliche Tätigkeit) *AHB* 7 43 ff
- über die gesetzliche Haftpflicht hinausgehende vertragliche Ansprüche *AHB* 7 15 ff
- Überschwemmungen *AHB* 7 77
- Umweltschäden *AHB* 7 58 f
- Verkehrssicherungspflichten *AHB* 7 17
- Vertragsstrafen *AHB* 7 15
- vorsätzliche Schadensherbeiführung (mit Rspr-Beispielen) 103 3 ff; *AHB* 7 6 ff

Haftpflichtversicherung, Ausschlusstatbestände
- Äquivalenz- und Integritätsinteresse *AHB* 1 46 ff
- Erfüllungssurrogate *AHB* 1 45
- Mangelbeseitigung *AHB* 1 39
- Mangelbeseitigungsnebenkosten *AHB* 1 40
- Mangelbeseitigungsnebenkostenklausel *AHB* 1 41
- Nutzungsausfallschaden *AHB* 1 42
- Rspr-Beispiele *AHB* 1 50 ff
- vergebliche Aufwendungen *AHB* 1 43
- Verzugsschaden *AHB* 1 44

Haftpflichtversicherung, Freistellungsanspruch
- Abtretungsrecht gegenüber Dritten 108 6 ff, 112 4; *AHB* 28 1
- Anerkenntnis 106 5; *AHB* 5 3 f
- D&O-Versicherung, Abtretung des F. 108 6
- Fälligkeit 106 3; *AHB* 5 5
- Inhalt 100 2 ff
- Kündigungsrecht 111 3
- Quotelung/Kürzungsverfahren 107 2 ff; *AHB* 6 10 f
- rechtskräftiges Urteil 106 5; *AHB* 5 3 f
- Rentenzahlung 107 1 ff; *AHB* 6 10 f
- Schiedsspruch 106 5; *AHB* 5 3
- unberechtigte Deckungsverweigerung 106 4
- Veräußerungsverbot, relatives 108 2 ff
- Vergleich 106 5; *AHB* 5 3 f

Haftpflichtversicherung, Herbeiführung des Versicherungsfalles
- Abdingbarkeit 103 11 ff
- Anwendungsbereich 103 2
- grobe Fahrlässigkeit 103 3 ff, 13
- Herbeiführung des Schadens 103 1
- Kenntnis von Mangelhaftigkeit oder Schädlichkeit der Erzeugnisse, Arbeiten oder sonstigen Leistungen *AHB* 7 11 ff
- Rechtswidrigkeit 103 7 f; *AHB* 7 10
- Repräsentantenhaftung 103 9; *AHB* 7 14
- Vorsatz 103 3 ff; *AHB* 7 6 ff
- Vorsatzausschluss 103 7 f

Haftpflichtversicherung, versichertes Risiko
- branchenübliche Nebentätigkeiten *AHB* 3 2
- Kinder, mitversichert *AHB* 3 7, 4 1
- neuen Risiken *AHB* 3 8 ff
- Risikoerweiterung/Risikoerhöhung *AHB* 3 3 ff, 13 1 ff
- Spezialität des versicherten Risikos *AHB* 3 1
- Vorsorgeversicherung *AHB* 3 2, 8 ff, 4 1 ff
- Wegfall des versicherten Risikos *AHB* 17 1 ff

Haftpflichtversicherung, Versicherungsfall-Definition
- Anspruchserhebungsprinzip 100 14
- Claims-made-Prinzip 100 14
- D&O-Versicherung 100 14 f
- Folgeereignistheorie 100 12
- Manifestationsprinzip 100 13
- Nachhaftungszeit des VR 100 11 ff
- Nachmeldefristen 100 11 ff
- Schadensereignisprinzip 100 12
- Vermögensschadenhaftpflichtversicherung 100 14
- Verstoßprinzip 100 11

Haftung
- und Deckung in der Haftpflichtversicherung **Vor 100–124** 9 ff

Haftung des VersVermittlers
- Beweislast 63 8
- Haftungsausschluss 67 1
- Haftungsregime 63 2 ff
- Haftungsvoraussetzungen 63 5 f

Haftzeiten
- Überversicherung/kein Einfluss auf Höhe des Versicherungswertes 74 23

Hagel
- Definition *VGB* **Abschnitt A** § 4 5
- Folgeschäden *VGB* **Abschnitt A** § 4 12
- Hausratversicherung *VHB* **Abschnitt A** § 5 4 ff, 19
- Rohbauten *VGB* **Abschnitt A** § 4 16
- Teilkasko *AKB* **A.2.2** 32
- versicherte Kausalverläufe *VGB* **Abschnitt A** § 4 6 ff
- Wohngebäudeversicherung *VGB* **Abschnitt A** § 4 5, 6 ff

Hagelversicherung
- Kündigung nach Eintritt des Versicherungsfalles 92 11 ff

Halbzwingende Vorschriften
- Allgemeine Vorschriften in der Schadensversicherung 87 1 ff
- Einschränkung der Privatautonomie im Privatversicherungsrecht *Einl.* 14 ff; 18 1 ff
- in Abschnitt 1 (§§ 1–18) 18 2 ff
- in Abschnitt 2 (§§ 19–32) 32 1
- in Abschnitt 3 (§§ 33–42) 42 1
- in Abschnitt 7 (§§ 59–73) 67 1

Halt- oder Parkverstoß
- Rechtsschutzversicherung *ARB 2010* 3 22

Halter
- Kfz-Haftpflichtversicherung *PflVG* 1 7, 11; *AKB* **A.1.2** 2

Handelsgesetzbuch (HGB)
- Bedeutung im Versicherungsvertragsrecht *Einl.* 54

Handelsrecht
- Rechtsschutzversicherung *ARB 2010* 3 12

Handy
- grob fahrlässige Herbeiführung des Versicherungsfalles 81 42
- nicht versicherbar *AKB* **A.2.1** 4

Hardware, Schäden *AVB PHV* **A1-6.16** 1

Hase
- *siehe* Wildschaden

Hauptgeschäftstätigkeit *VVG-InfoV* 1 12

Hauptvertreter 59 18

Haus
- Einbruch, Gefahrerhöhung 23 34
- Einbruchdiebstahl 26 12, 81 55 ff, 128

Haus- und Grundbesitz
- Bauherrenrisiko *AVB PHV* **A1-6.3** 10 ff
- Haftung als früherer Besitzer *AVB PHV* **A1-6.3** 13
- Verletzung von Verkehrssicherungspflichten *AVB PHV* **A1-6.3** 7
- Vermietung *AVB PHV* **A1-6.3** 8 f
- versichertes Risiko *AVB PHV* **A1-6.3** 1 ff

Haushaltsauflösung *VHB* **Abschnitt B** § 2 6

Häusliche Gemeinschaft
- Begriff 89 4
- Forderungsübergang, Regressprivileg 86 49 ff, 87 4
- Haftpflichtversicherung *AHB* 7 25, 32
- Inbegriffsversicherung 89 4

Hausrat
- Definitionen *VHB* **Abschnitt A** § 6 2 ff
- Neuwertversicherung 88 6

Stichwortverzeichnis

- Sachinbegriff 89 2
- **Hausratversicherung**
- Anpassung von Versicherungssumme und Prämie *VHB* **Abschnitt A § 9** 11 f
- Antiquitäten *VHB* **Abschnitt A § 13** 4
- Anzeigepflichten *VHB* **Abschnitt B § 1** 1, **Abschnitt B § 8** 6 ff
- anzuwendendes Recht *VHB* **Abschnitt B § 22** 1
- arglistige Täuschung *VHB* **Abschnitt B § 16** 7 ff
- Aufklärungsobliegenheit *VHB* **Abschnitt B § 8** 16 ff
- Aufräumungskosten *VHB* **Abschnitt A § 8** 1
- Aufschiebung der Zahlung *VHB* **Abschnitt A § 14** 4
- Aufwendungsersatz *VHB* **Abschnitt B § 13** 1
- Auslandswohnsitz *VHB* **Abschnitt A § 11** 3
- Außenversicherung *VHB* **Abschnitt A § 7** 1 ff
- Beginn des Versicherungsschutzes *VHB* **Abschnitt B § 2** 1
- Beratungspflicht des VR 88 11
- Bewachungskosten *VHB* **Abschnitt A § 8** 8
- Bewegungs- und Schutzkosten *VHB* **Abschnitt A § 8** 2
- Blitzschlag *VHB* **Abschnitt A § 2** 5 f
- Brand *VHB* **Abschnitt A § 2** 1 ff
- Bruchschäden *VHB* **Abschnitt A § 4** 1 ff
- Daten *VHB* **Abschnitt A § 6** 24
- Doppelwohnsitz *VHB* **Abschnitt A § 11** 2
- Einbaumöbel *VHB* **Abschnitt A § 6** 3
- Einbruchdiebstahl *VHB* **Abschnitt A § 3** 1 ff, **Abschnitt A § 7** 4
- Entschädigungsberechnung *VHB* **Abschnitt A § 12** 1 ff
- Entschädigungsgrenzen *VHB* **Abschnitt A § 13** 6
- Erdbeben *VHB* **Abschnitt A § 5** 12
- Erdrutsch *VHB* **Abschnitt A § 5** 14
- Erdsenkung *VHB* **Abschnitt A § 5** 13
- Explosion *VHB* **Abschnitt A § 2** 8 f
- Fahrraddiebstahl *VHB* **Abschnitt A § 3** 17
- Fälligkeit der Entschädigung *VHB* **Abschnitt A § 14** 1
- Fälligkeit der Prämie *VHB* **Abschnitt B § 4** 1 f
- Folgeprämie *VHB* **Abschnitt B § 5** 1 f
- Fremdversicherung *VHB* **Abschnitt B § 12** 1
- Gefahrerhöhung 23 34; *VHB* **Abschnitt A § 17** 1, **Abschnitt B § 9** 1
- Gerichtsstand *VHB* **Abschnitt B § 21** 1
- grob fahrlässige Herbeiführung des Versicherungsfalles 81 62 ff; *VHB* **Abschnitt B § 16** 2 ff
- Grundwasser *VHB* **Abschnitt A § 4** 15
- Hagel *VHB* **Abschnitt A § 5** 4
- Haushaltsauflösung *VHB* **Abschnitt B § 2** 6
- Hausrat, Definitionen *VHB* **Abschnitt A § 6** 2 ff
- Haustiere *VHB* **Abschnitt A § 6** 12
- Heizkörper/Heizkessel/Boiler *VHB* **Abschnitt A § 4** 6
- Hotelkosten *VHB* **Abschnitt A § 8** 3 f
- Implosion *VHB* **Abschnitt A § 2** 10
- Interessenwegfall *VHB* **Abschnitt B § 2** 4 ff
- Kündigung nach Versicherungsfall *VHB* **Abschnitt B § 15** 1
- Kündigung von mehrjährigen Verträgen *VHB* **Abschnitt B § 2** 3
- Kunstgegenstände *VHB* **Abschnitt A § 6** 23, **Abschnitt A § 9** 3
- Kurzschlussschaden *VHB* **Abschnitt A § 2** 7
- Lawine *VHB* **Abschnitt A § 5** 16
- Leitungswasser *VHB* **Abschnitt A § 4** 1 ff
- mehrere Versicherer *VHB* **Abschnitt B § 11** 1
- mehrere Wohnungen *VHB* **Abschnitt A § 11** 2
- Mehrwertsteuer *VHB* **Abschnitt A § 12** 5
- Mieterregress 86 104
- Modeschmuck *VHB* **Abschnitt A § 13** 1
- Musikinstrumente *VHB* **Abschnitt A § 6** 23
- Nässeschaden *VHB* **Abschnitt A § 4** 9 ff
- Naturgefahren *VHB* **Abschnitt A § 5** 2
- nicht versicherte Sachen *VHB* **Abschnitt A § 6** 17 ff
- Obliegenheiten des VN *VHB* **Abschnitt A § 16** 1 ff, **Abschnitt B § 8** 1 ff
- Pelze *VHB* **Abschnitt A § 6** 23, **Abschnitt A § 13** 2
- Prämie *VHB* **Abschnitt B § 3** 1
- Prämienanpassung *VHB* **Abschnitt A § 10** 1
- Programme *VHB* **Abschnitt A § 6** 24
- provisorische Maßnahmen *VHB* **Abschnitt A § 8** 12
- Raub *VHB* **Abschnitt A § 3** 14 f, **Abschnitt A § 7** 5

- Reparaturkosten
  VHB **Abschnitt A** § 8 8 ff, 11,
  Abschnitt A § 12 2
- Repräsentantenhaftung   28 115, 81 79;
  VHB **Abschnitt B** § 19 1
- Restwerte   *VHB* **Abschnitt A** § 12 4
- Risikoausschluss   *VHB* **Abschnitt A** § 1 2
- Rückstau   *VHB* **Abschnitt A** § 5 11
- Sachverständigenverfahren
  VHB **Abschnitt A** § 15 1 ff
- Schadensabwendungs- und -minderungspflicht des VN   *VHB* **Abschnitt B** § 8 5
- Schlossänderungskosten
  VHB **Abschnitt A** § 8 6
- Schlüssel, Verlust/Diebstahl
  VHB **Abschnitt A** § 3 10 ff
- Schmuck   *VHB* **Abschnitt A** § 6 23
- Schneedruck   *VHB* **Abschnitt A** § 5 15
- Schönheitsschaden
  VHB **Abschnitt A** § 12 3
- Schwamm   *VHB* **Abschnitt A** § 4 14
- Sengschäden   *VHB* **Abschnitt A** § 2 12
- Sicherheitsvorschriften
  VHB **Abschnitt A** § 16 1 ff,
  Abschnitt B § 8 1 f
- Stehlgutliste   *VHB* **Abschnitt B** § 8 10 ff, 21
- Sturm   *VHB* **Abschnitt A** § 5 3
- Sturmflutschaden
  VHB **Abschnitt A** § 5 18
- Tod des VN   *VHB* **Abschnitt B** § 2 6
- Totalschaden   *VHB* **Abschnitt A** § 12 1
- Transport- und Lagerkosten
  VHB **Abschnitt A** § 8 5
- Trennung von Ehegatten und Partnern
  VHB **Abschnitt A** § 11 6 ff
- Übergang von Ersatzansprüchen
  VHB **Abschnitt B** § 14 1
- Überschwemmung
  VHB **Abschnitt A** § 4 15,
  Abschnitt A § 5 9 f
- Überspannungsschaden
  VHB **Abschnitt A** § 2 7
- Überstromschaden
  VHB **Abschnitt A** § 2 7
- Überversicherung
  VHB **Abschnitt B** § 10 1
- Umzug   *VHB* **Abschnitt A** § 11 1
- Unterversicherungsverzicht
  VHB **Abschnitt A** § 9 7 ff
- Vandalismus   *VHB* **Abschnitt A** § 3 13
- Verjährung   *VHB* **Abschnitt B** § 20 1
- versicherte Gefahren und Schäden
  VHB **Abschnitt A** § 2 1 ff
- versicherte Kosten
  VHB **Abschnitt A** § 8 1 ff
- Versicherungsfall
  VHB **Abschnitt A** § 1 1
- Versicherungsort
  VHB **Abschnitt A** § 6 13 ff
- Versicherungsperiode
  VHB **Abschnitt B** § 3 2
- Versicherungssumme
  VHB **Abschnitt A** § 9 6
- Versicherungsumfang
  VHB **Abschnitt A** § 6 1
- Versicherungswert
  VHB **Abschnitt A** § 9 1 ff
- VersVertreter   *VHB* **Abschnitt B** § 18 1
- Vertragsdauer   *VHB* **Abschnitt B** § 2 2 f
- Verzinsung   *VHB* **Abschnitt A** § 14 2
- vorsätzliche Herbeiführung des Versicherungsfalles   *VHB* **Abschnitt B** § 16 1
- Vulkanausbruch
  VHB **Abschnitt A** § 5 17
- Waffen (Jagd-, Sportwaffen)
  VHB **Abschnitt A** § 6 23
- Waschmaschinenschlauch
  VHB **Abschnitt A** § 4 9,
  Abschnitt B § 16 6
- weitere Elementargefahren
  VHB **Abschnitt A** § 5 8 ff
- Wertpapiere   *VHB* **Abschnitt B** § 8 19
- Wertsachen   *VHB* **Abschnitt A** § 13 1 ff
- Wertschutzschrank
  VHB **Abschnitt A** § 13 5
- Wiederbeschaffungswert
  VHB **Abschnitt A** § 12 1
- wiederherbeigeschaffte Sachen
  VHB **Abschnitt A** § 18 1 ff
- Wohnungswechsel
  VHB **Abschnitt A** § 9 8,
  Abschnitt A § 11 1 ff
- Zurechnung der Kenntnis und des Verhaltens Dritter   47 9

Haustiere
- Hausratversicherung
  VHB **Abschnitt A** § 6 12
- Privathaftpflichtversicherung
  AVB PHV A1-6.9 1 ff

Haus-zu-Haus-Versicherungen   130 4

Heilbad   *MB/KK* 5 12

Heilbehandlung
- Auskunftsanspruch des VN vor H. über Kostentragung   192 53 ff
- Beweislast   *MB/KK* 1 17
- medizinisch notwendig   *MB/KK* 1 11 ff
- stationäre   *MB/KK* 1 3, 4 11 f
- Versicherungsfall   *MB/KK* 1 5 ff

Heilfürsorge   *MB/KK* 5 19

Heilfürsorgeberechtigte
- Krankheitskostenversicherung   193 37

Heilmaßnahmen   *AUB* 5 40 f

Heilmittel   *MB/KK* 4 8

Heizen der Wohnung
- in kalter Jahreszeit, Hausratversicherung
  VHB **Abschnitt A** § 16 1 ff

Heizkessel
- Frostschaden   *VGB* **Abschnitt A** § 3 2, 5

Heizkörper/Heizkessel
VHB **Abschnitt A** § 4 6
Heizöltank   *AHB* 7 63; *AVB PHV* **A2-1** 4 ff
Heizungsanlage
– Rohrbruch   *VGB* **Abschnitt A** § 3 5 f
Hemmung
– Feuerversicherung
AFB **Abschnitt A** § 9 6
Hemmung der Verjährung
– *siehe auch* Verjährung
– Anmeldung eines Anspruchs aus VersVertrag   15 15 ff
– Anspruch aus dem VersVertrag   15 16
– Berechnung   15 24
– Beweislast   15 29
– Direktanspruch gegen VR, Pflichtversicherung   115 12 f
– Empfänger der Mitteilung   15 23
– Ende der Hemmung durch Entscheidung des VR   15 1, 19 ff
– Form der Mitteilung   15 22
– Schlichtungsverfahren   214 4
– Verzinsung der Entschädigung   91 6
– Wirkung   15 25 ff
Herbeiführung des Versicherungsfalles
– *siehe auch* Quotale Leistungskürzung, Herbeiführung des Versicherungsfalles
– *siehe auch* Repräsentantenhaftung
– abweichende Regelung in AVB   81 132 ff
– Alles-oder-Nichts-Prinzip, Abkehr vom   81 97
– Anwendungsbereich   81 2, **Vor 100–124** 6
– Augenblicksversagen   81 9 ff
– Beweislast   81 83 ff
– Brandschaden, grobe Fahrlässigkeit   81 46 ff, 127
– Diebstahl, Art und Weise des Abstellens des Kfz   81 15 ff
– Eigenbrandstiftung   81 85 f, 96
– Einbruchdiebstahl in Kellerräume   81 60 f, 129
– Einbruchdiebstahl in Wohnungen und Häuser   81 55 ff, 128
– Einbruchdiebstahl-, Raub- und Hausratversicherung   81 55 ff
– Fallgruppen   81 14 ff
– fingierte Versicherungsfälle   81 85 ff
– Gebäudeversicherung   81 46 ff, 127
– grobe Fahrlässigkeit   81 8 ff, 93, 97 ff
– Herbeiführung   81 5 ff
– Kausalität   81 5, 88 ff
– Kfz-Kaskoversicherung   81 14 ff
– Krankenversicherung   201 1 ff
– mehrere Handlungen des VN (Mehrfachverstoß), Lösungsmodelle für quotale Leistungskürzung   81 109 ff
– Normzweck   81 1
– Rechtsfolgen   81 95 ff

– Reisegepäck-, Transport- und sonstige Hausratversicherung   81 62 ff
– Reisegepäckversicherung   81 130
– Sachversicherung   81 2
– Schlüssel, Verlust/Diebstahl   81 18 ff, 22 ff, 59
– Schuldunfähigkeit   81 12
– Sonderregelungen   81 2
– Sturmversicherung   81 65
– subjektiver Risikoausschluss bzw -begrenzung   81 1
– Transportversicherung   137 2 ff
– Trunkenheitsfahrten   81 12 f
– Unfallversicherung   183 1 f
– Unterlassen des Ergreifens geeigneter Sicherheitsvorkehrungen   81 6
– Unterschreiten des Sicherheitsstandards   81 5
– Verhältnis zur Gefahrerhöhung   23 7, 81 3
– Verhältnis zur Verletzung vertraglicher Obliegenheiten (§ 28)   81 4
– Verschulden   81 7 ff, 93
– Voraussetzungen   81 5 ff
– Vorsatz   81 7
– Wasserschaden, grobe Fahrlässigkeit   81 53 f, 126
Herbeiführung des Versicherungsfalles, Rechtsfolgen
– *siehe auch* Quotale Leistungskürzung, Herbeiführung des Versicherungsfalles
– Abkehr vom „Alles-oder-Nichts-Prinzip"   81 95
– Eigenbrandstiftung   81 96
– fingierte Versicherungsfälle   81 96
– grobe Fahrlässigkeit   81 97 ff
– quotale Leistungskürzung   81 97 ff
– Vorsatz   81 96
Herbeiführung des Versicherungsfalles, Zurechnung des Verhaltens Dritter (Repräsentantenhaftung)
– Begriff des Repräsentanten   81 67
– Erscheinungsformen   81 67
– Gebäudeversicherung   81 77 f
– Hausratversicherung   81 79
– Kfz-Haftpflichtversicherung   81 76
– Kfz-Kaskoversicherung   81 70 ff
– mehrere Beteiligte   81 82
– Reisegepäckversicherung   81 80
– Zurechnungsbeschränkung   81 68
Herdplatte, Wohnungsbrand
– Augenblicksversagen   81 11
– grobe Fahrlässigkeit   81 51
– quotale Leistungskürzung   81 127
Herstellungsschäden
– Haftpflichtversicherung   *AHB* 7 51 f
Hervorhebung
– Informationen   *VVG-InfoV* 1 55 ff
– Verweisung auf AVB   *VVG-InfoV* 1 60

Hilfebedürftigkeit
- Ende des Ruhens der Leistungen bei Eintritt von H. 193 89 f

Hilfsmittel *MB/KK* 4 9

Hilfspersonenklausel
- Haftpflichtversicherung *AHB* 7 50

Hinterlegung
- Haftpflichtversicherung 101 6

Hinweispflicht des VR, Krankenversicherung
- unterbliebener Hinweis 196 11 f
- Unwirksamkeit der Kündigung des VN 205 8 ff
- Verlängerungsrecht des VN bei Befristung 196 6 f

Hinweispflicht des VR, Lebensversicherung
- Modellrechnung 154 24 ff, 30

Hinweispflicht des VR, Unfallversicherung
- Adressat 186 3
- Anspruch auf Invaliditätsleistungen 186 1 f
- Form 186 5
- Inhalt 186 4
- Rechtsfolgen 186 6 f

Hirninfarkt
- Unfallversicherung, Ausschlüsse *AUB* 5 18

Hirsch
- *siehe* Wildschaden

Höchstentschädigung
- Kfz-Kaskoversicherung *AKB* **A.2.10–A.2.13** 6

Höchstrechnungszinssatz
- Informationen bei der Lebensversicherung *VVG-InfoV* 2 48

Höchstzillmersatz 169 36 ff

Höchstzinssatz
- ausländischer Anbieter *VVG-InfoV* 2 49
- Informationen bei der Lebensversicherung *VVG-InfoV* 2 48

Hörgerät *AUB* 2 27

Hotelkosten
- Hausratversicherung *VHB* **Abschnitt A § 8** 3 f

Hotline
- Kosteninformation *VVG-InfoV* 1 28

Hunde
- Einschlussregelungen *AVB PHV* **A1-6.9** 10 ff
- Risikoausschluss *AVB PHV* **A1-6.9** 5 ff
- Tierhalter- und Tierhüterrisiko *AVB PHV* **A1-6.9** 1 f

Hundehalterhaftpflicht
- Vorsorgeversicherung *AHB* 4 12

Hybridprodukte *VVG-InfoV* 2 29

Hypothekengläubiger, Gebäudefeuerversicherung
- Änderung von Anschrift und Name 147 1 ff

- Anzeigepflicht des VR in der Gebäudefeuerversicherung 142 1 ff
- Auskunftspflicht des VR 146 3 ff
- Bestätigungspflicht des VR 146 2
- Fortdauer der Leistungspflicht gegenüber 143 1 ff
- Kündigung des VN 144 1 ff
- Übergang der Hypothek auf VR 145 1 ff

Hypothekengläubiger, Sachversicherung
- Zahlung gegenüber 94 1 ff

Identität
- Änderung *VVG-InfoV* 6 2
- Makler *VVG-InfoV* 1 7
- Vertreter *VVG-InfoV* 1 6
- VR *VVG-InfoV* 1 3 f

Immunsystem *AUB* 3 3

Implantation *AUB* 2 27

Implosion
- Hausratversicherung *VHB* **Abschnitt A § 2** 10
- Teilkasko *AKB* **A.2.2** 6
- Wohngebäudeversicherung *VGB* **Abschnitt A § 2** 11

Inbegriffsversicherung
- *siehe* Versicherung für den Inbegriff von Sachen

Individualabrede *Einl.* 74

Indizien
- Selbsttötung 161 20

Industrieversicherung
- Einschluss von Ansprüchen mitversicherter (Tochter-)Unternehmen *AHB* 7 5, 21
- Haftungsausschluss *AHB* 7 4
- Preisdifferenzversicherung, Mehrkosten durch Preissteigerungen 88 12

Infektionen *AUB* 5 44 ff

Informationelle Selbstbestimmung
- Datenerhebung personenbezogener Gesundheitsdaten bei Dritten 213 56 ff

Informationen
- Hervorhebung *VVG-InfoV* 1 55 ff

Informationsobliegenheiten 28 3, 43 ff, 47 ff

Informationspflichten des VersVermittlers
- Beweislast 63 8
- des VersMaklers 60 4 f
- des VersVertreters 60 6 f
- Form 62 2 f
- Großrisiken 65 1
- Haftung 63 1 ff
- Informationsverzicht des VN 60 8
- laufende Versicherung 65 1
- vorläufige Deckung 49 6
- Zeitpunkt 62 1 ff

Informationspflichten des VR
- *siehe auch* VVG-Informationspflichtenverordnung (VVG-InfoV)

Stichwortverzeichnis

- Adressat der Information 7 10 ff; *VVG-InfoV* 1 2
- Adressat der Informationspflicht 7 13
- Änderung von Rechtsvorschriften *VVG-InfoV* 6 3
- Anschriften *VVG-InfoV* 1 8 ff
- Anschriftenänderung *VVG-InfoV* 6 2
- Anspruch des VN auf Überlassung von Abschriften 7 38
- Antragsbindefrist *VVG-InfoV* 1 35
- Antragsmodell 1 46 ff, 7 2, 5
- anwendbares Recht *VVG-InfoV* 1 46 f
- Art der Informationserfüllung 7 14 ff
- Aufsichtsbehörde, Beschwerde bei *VVG-InfoV* 1 54
- Ausnahmen 7 39
- AVB/wesentliche Merkmale der Versicherungsleistung *VVG-InfoV* 1 15 f
- Beendigung des VersVertrages *VVG-InfoV* 1 41 ff
- Berufsunfähigkeitsversicherung *VVG-InfoV* 6 9
- Berufsunfähigkeitsversicherung mit Prämienrückgewähr *VVG-InfoV* 2 50 ff
- Beschwerde bei der Aufsichtsbehörde (BaFin) *VVG-InfoV* 1 54
- Beschwerdeverfahren, außergerichtliche *VVG-InfoV* 1 51 ff
- Bewertungsreserven *VVG-InfoV* 2 24 f, 6 6
- Broschüren 7 14
- Direktvertrieb 7 13
- Effektivkosten *VVG-InfoV* 2 39
- Einbeziehung von AVB in VersVertrag 7 29 ff
- elektronische Übermittlung 7 15
- Euro-Angabe *VVG-InfoV* 2 41 ff, 3 12
- europäisches Recht *Einl.* 20
- Fernabsatz 7 17 ff
- Folgen bei Informationspflichtverletzung 7 24 ff
- Fondssparpläne *AltZertG* 7 27
- Garantiefonds *VVG-InfoV* 1 13 f
- Gerichtsstand *VVG-InfoV* 1 48
- geschützter Personenkreis 7 10 ff
- Gültigkeitsdauer *VVG-InfoV* 1 30
- Hauptgeschäftstätigkeit *VVG-InfoV* 1 12
- Identität des Maklers *VVG-InfoV* 1 7
- Identität des Vertreters *VVG-InfoV* 1 6
- Identität des VR *VVG-InfoV* 1 3 f
- Identitätsänderung *VVG-InfoV* 6 2
- Informationsverzicht 7 21 ff
- Invitatiomodell 1 54 ff, 7 2, 4
- keine Widerrufsfrist bei Informationspflichtverletzung 7 24
- Krankenversicherung *VVG-InfoV* 3 1 ff, 6 10
- Kündigungsbedingungen *VVG-InfoV* 1 41 ff
- Laufzeit des VersVertrages *VVG-InfoV* 1 40
- Lebensversicherung *VVG-InfoV* 2 1 ff, 5 ff
- Modell der bedingten Antragserklärung 7 4
- Neuvertrag 7 3
- Normzweck 7 1; *VVG-InfoV* 1 1
- Ombudsmann Private Kranken- und Pflegeversicherung *VVG-InfoV* 1 51 f
- Ombudsmannverfahren *VVG-InfoV* 1 51 f
- Pensionskassen 7 40
- Policenmodell 1 57 ff, 7 1
- Prämienzahlung *VVG-InfoV* 1 29
- Preis der Versicherung *VVG-InfoV* 1 17 ff
- Rechtzeitigkeit der Information 7 4 ff
- Risikokosten *VVG-InfoV* 2 13
- Risikowarnung *VVG-InfoV* 1 31 f
- Rückkaufswert 169 43 ff; *VVG-InfoV* 2 26 f
- Sachverständigenverfahren *VVG-InfoV* 1 53
- Schadensersatzanspruch des VN 7 27
- Selbstbehalte *VVG-InfoV* 1 16
- Sprache 7 16; *VVG-InfoV* 1 49
- steuerrechtliche Informationen bei der Lebensversicherung *VVG-InfoV* 2 38
- substitutive Krankenversicherung *VVG-InfoV* 3 1 ff, 6 10
- Summenbegrenzungen *VVG-InfoV* 1 16
- Telefongespräch *VVG-InfoV* 5 1 ff
- Teleinterviewing 7 20
- Teleunderwriting 7 20
- Textform 7 14
- Überschussbeteiligung *VVG-InfoV* 2 21 ff, 55, 6 6
- Unfallversicherung mit Prämienrückgewähr *VVG-InfoV* 2 62, 6 7 f
- Unterlassungsanspruch des VN 7 25 f
- Versicherungsbeginn *VVG-InfoV* 1 34
- Versicherungsombudsmann e.V. *VVG-InfoV* 1 51 f
- Vertragsänderung 7 3
- Vertragsaufhebung 7 27
- Vertragsfortsetzung 7 3
- Vertragsschluss 1 45
- Vertragsstrafe *VVG-InfoV* 1 44
- Verwaltungskosten *VVG-InfoV* 2 13, 15
- Verzicht des Interessenten *VVG-InfoV* 5 14
- vorläufige Deckung 7 40, 49 5
- vorvertragliches Statut *VVG-InfoV* 1 45
- während der Laufzeit des Vertrages *VVG-InfoV* 6 2
- Wartezeiten *VVG-InfoV* 1 16
- weitere Kosteninformation *VVG-InfoV* 1 22 ff
- Widerrufsrecht *VVG-InfoV* 1 36 ff
- Zeitpunkt *VVG-InfoV* 6 4

- Zustandekommen des VersVertrages
  VVG-InfoV 1 33

Informationspflichten des VR, Altersvorsorgevertrag
- Information vor der Auszahlungsphase
  AltZertG **7b** 2 ff
- jährliche Information *AltZertG* **7a** 2 ff
- Kostenänderung *AltZertG* **7c** 2 ff
- Produktinformationsblatt
  AltZertG **7** 2 ff

Informationspflichten des VR, Basisrentenvertrag
- jährliche Information *AltZertG* **7a** 2 ff
- Kostenänderung *AltZertG* **7c** 2 ff
- Produktinformationsblatt
  AltZertG **7** 2 ff

Informationsverzicht gegenüber VersVermittler
- Wirksamkeitsvoraussetzungen 60 8

Inhaltskontrolle von AVB
- Begriff und Funktion *Einl.* 77 f
- Krankenversicherung *MB/KK* **4** 1 ff
- Reichweite *Einl.* 79 f
- Transparenzgebot *Einl.* 81, 83 f
- unangemessene Benachteiligung
  Einl. 82 ff
- Versicherer als VVaG *Einl.* 77

Innere Unruhen, Ausschluss
- Berufsunfähigkeits-Zusatzversicherung
  BB-BUZ **3** 13 ff
- Feuerversicherung
  AFB **Abschnitt A § 2** 3
- Hausratversicherung
  VHB **Abschnitt A § 1** 2
- Kraftfahrtversicherung *AKB* **A.2.16** 25
- Rechtsschutzversicherung *ARB 2010* **3** 4
- Unfallversicherung *AUB* **5** 28
- Wohngebäudeversicherung
  VGB **Abschnitt A § 1** 3

Innungsunterstützungskassen
- Übergangsrecht *EGVVG* **6** 1 f

Insassenunfallversicherung
- Unfallversicherung 179 4

Insolvenz des VN
- Absonderungsrecht des Geschädigten in der Haftpflichtversicherung 110 1 ff
- Anerkenntnis und Befriedigung in der Haftpflichtversicherung 105 6
- Eintrittsrecht des Bezugsberechtigten bei Arrest, Zwangsvollstreckung oder Insolvenz des VN 170 1 ff
- Krankheitskostenversicherung 192 57

Insolvenz des VR
- Ansprüche des VN 16 7 ff
- Anwendung des VAG 16 14
- Eröffnung des Insolvenzverfahrens
  16 3 ff
- Kautionsversicherung 16 10 ff
- Monatsfrist 16 5
- Normzweck 16 1 f
- Pflichtversicherung 117 19
- Prämie 16 6, 39 6

Insolvenzverfahren
- Rechtsschutzversicherung
  ARB 2010 **3** 20

Insolvenzverwalter
- Haftpflichtversicherung *AHB* **7** 31
- Privathaftpflichtversicherung
  AVB PHV **A1-6.3** 14

Insurance Mediation Directive (IMD 2)
Vor 59–73 5

Internationale Versicherungskarte
PflVG **1** 3; *AKB* **A.1.4** 2 f

Internationales Privatrecht
- EGVVG *Einl.* 46

Internationales Versicherungsvertragsrecht
- ROM I-Verordnung *Einl.* 22, 24, 46

Internet
- Bereitstellung des Versicherungsscheins zum Download 3 16
- Vertragsschluss 1 43
- Widerrufsfrist bei Vertragsabschluss via Internet 8 30

Internetklausel *AHB* **7** 78

Internetvermittler
- Beratungspflichten 61 29

Invalidität
- ärztliche Feststellung *AUB* **2** 6 ff
- Ausschlussfrist *AUB* **2** 11 ff
- Begriff 180 1 f; *AUB* **2** 1
- Belehrung über Nachprüfungsrecht
  188 5; *AUB* **9** 20
- Beweislast *AUB* **2** 2
- Brillenabschlag *AUB* **2** 32
- Eintritt innerhalb eines Jahres *AUB* **2** 5
- Frist zur Geltendmachung des Anspruchs
  AUB **2** 11 ff
- Fristenregelung *AUB* **2** 5
- Gebrauchshilfen (Brille, Hörgerät)
  AUB **2** 27
- Gesamtinvalidität *AUB* **2** 30
- Gliedertaxe *AUB* **2** 21 ff
- Grad der Invalidität *AUB* **2** 20, 29
- Hinweispflicht des VR 186 1 ff
- Implantation *AUB* **2** 27
- Invaliditätsleistung *AUB* **2** 19 ff
- Neubemessung 188 1 ff
- Neubemessung des Grades *AUB* **9** 12 ff
- prognostische Formulierungen *AUB* **2** 9
- Prothese *AUB* **2** 27
- rechtsmissbräuchliches Verhalten des VR, Fallgruppen *AUB* **2** 14 ff
- Tod der versicherten Person *AUB* **2** 35 ff
- Verlust des Geruchs-/Geschmackssinns
  AUB **2** 28
- Versteifung des Handgelenks *AUB* **2** 25
- Vorinvalidität *AUB* **2** 31 ff

Invitatiomodell
- Antragsbindefrist *VVG-InfoV* **1** 35
- Empfangsvollmacht **69** 32
- fehlerhafte Belehrung bei Vertragsabschluss im I. **152** 103 ff
- Gültigkeitsdauer *VVG-InfoV* **1** 30
- Informationspflichten des VR **1** 45, **7** 2, 4
- Kennzeichen **1** 54 ff, **7** 35
- Risikozuschlag *VVG-InfoV* **1** 18
- Vertragsschluss und Einbeziehung von AVB **7** 34
- Widerrufsrecht des VN **8** 2, 15, 18, 22
- Zeitpunkt der Anzeige gefahrerheblicher Umstände **19** 22, 36
- Zustandekommen des VersVertrages *VVG-InfoV* **1** 33

Invitatiomodell mit Annahmefiktion
- Kennzeichen **7** 36

In-vitro-Fertilisation *MB/KK* **1** 6, 14

Irrtum des VN
- Vorsatzausschluss **28** 81, 105

IT-Risiken
- Haftpflichtversicherung *AHB* **7** 4, 78 ff
- Privathaftpflichtversicherung *AVB PHV* **A1-6.16** 1 ff

Jagdliche Betätigung
- Ausschluss PHV *AVB PHV* **A1-6.7** 2

Jahreskilometerleistung
- Vertragsstrafenklausel bei unterlassener Mitteilung **23** 49

Jährliche Unterrichtung
- Abdingbarkeit **155** 14
- Abweichung von der Modellrechnung **155** 9 ff
- Anwendungsbereich **155** 2
- Empfänger **155** 12 f
- Form **155** 8
- Inhalt **155** 4 ff
- Normzweck **155** 1
- Rechtsfolgen bei Verstoß **155** 15
- Rechtsnatur der Mitteilung **155** 7
- regelmäßige Information **155** 3

Kalkulation der Prämie
- *siehe* Prämienkalkulation

Kalkulationsverordnung *Einl.* 50; **1** 68, **203** 8 ff

Kaminfeuer
- Brandschaden, grobe Fahrlässigkeit/Herbeiführung des Versicherungsfalles **81** 50, 127

Kapitalanlage
- Risikoausschluss Rechtsschutzversicherung *ARB 2012* **3.2** 4

Kapitalbildende Lebensversicherung
- *siehe* Lebensversicherung
- Aufklärungspflicht des VR **1** 27

Kapitallebensversicherung
- Überschussbeteiligung **153** 50

Kapitän **137** 3, 6

Kapseln, Zerrung/Zerreißen
- Unfallbegriff *AUB* **1** 6

Karenzzeit **197** 10, 13

Kategorien der Versicherung **1** 29 ff

Kausalereignis
- Rechtsschutzfall *ARB 2010* **4** 2 ff

Kausalität
- arglistige Täuschung, Anfechtung des VersVertrages durch VR **22** 6
- Begriff **28** 60, 62
- bei Gefahrerhöhung **26** 19 ff
- bei Obliegenheitsverletzungen **28** 56 ff
- bei Verletzung der Schadensabwendungsobliegenheit **82** 28
- bei Verletzung der vorvertraglichen Anzeigepflicht des VN **21** 13 ff
- Berufsunfähigkeit, Begriff **172** 45 ff
- Einbruchdiebstahl **81** 58
- Fremdversicherung, Zurechnung der Verletzung der vorvertraglichen Anzeigepflicht **47** 10 f
- Haftpflichtversicherung *AHB* **26** 2 f
- Herbeiführung des Versicherungsfalles **81** 5, 88 ff
- Unfall **178** 18

Kausalitätsgegenbeweis
- Haftpflichtversicherung *AHB* **26** 5
- Obliegenheitsverletzung **28** 66 ff

Kautionsversicherung
- Abgrenzung zur Versicherung/Rechtsnatur **1** 27a
- Rechtsnatur **16** 10 ff

Keller
- Einbruchdiebstahl **81** 60 f, 129

Kennzeichen, ungestempelte
AKB **H.1–H.3** 4

Kernenergie, Ausschluss
- Berufsunfähigkeits-Zusatzversicherung *BB-BUZ* **3** 19
- Feuerversicherung *AFB* **Abschnitt A § 2** 4
- Hausratversicherung *VHB* **Abschnitt A § 1** 2
- Kraftfahrtversicherung *KfzPflVV* **4** 7; *AKB* **A.1.5** 19, **A.2.16** 24
- Unfallversicherung *AUB* **5** 33
- Wohngebäudeversicherung *VGB* **Abschnitt A § 1** 3

Kerze
- *siehe* Brandschaden, Herbeiführung des Versicherungsfalles

Kettenersetzung
- Bedingungsänderung *Einl.* 92

Kfz
- Aufbewahrung der Fahrzeugpapiere im 23 36 f, 26 13, 81 26 f
- Jahreskilometerleistung, unterlassene Mitteilung 23 49
- Tuning/Umbauten 23 41, 43, 26 14
- Vorschäden, Auskunftsobliegenheit 31 29
- Zustand des Fahrers, Gefahrerhöhung 23 42, 44, 26 14
- Zustand des Kfz, Gefahrerhöhung 23 41, 43 ff, 26 2, 14

Kfz, Privathaftpflichtversicherung
- Ausschlusstatbestand *AVB PHV* **A1-7** 6 ff
- Obliegenheiten des VN *AVB PHV* **A1-6.10** 11 ff
- versichertes Risiko *AVB PHV* **A1-6.10** 1 ff

Kfz-Haftpflichtversicherung
- *siehe auch* Kraftfahrtversicherung
- *siehe auch* Kraftfahrzeug-Pflichtversicherungsverordnung (KfzPflVV)
- *siehe auch* Pflichtversicherungsgesetz (PflVG)
- abgeschleppte Fahrzeuge *KfzPflVV* **3** 3; *AKB* **A.1.1** 12
- Abgrenzung zur allgemeinen Haftpflichtversicherung *AKB* **A.1.1** 4 ff
- Abhandenkommen des versicherten Fahrzeugs *KfzPflVV* **4** 3
- abweichende Versicherungsbestätigung (früher: Doppelkarte) 5 15
- Abweichung vom Antrag 5 19
- Anhänger *PflVG* **1** 9; *KfzPflVV* **3** 1; *AKB* **A.1.1** 12
- Anmeldung eines Anspruchs aus dem VersVertrag 15 17
- Anzeigepflichten *AKB* **E.1–E.6** 5 ff
- Art der Schadensersatzansprüche *AKB* **A.1.1** 9
- Art der versicherten Schäden *AKB* **A.1.1** 8
- Auflieger *KfzPflVV* **3** 1; *AKB* **A.1.1** 12
- Auskunftsobliegenheiten des VN nach Eintritt des Versicherungsfalles 31 28 f
- Auskunftsstelle (GDV-Dienstleistungs GmbH & Co. KG – Zentralruf der Autoversicherer) *PflVG* **8a** 1 f
- Ausschlüsse *KfzPflVV* **4** 2 ff; *AKB* **A.1.5** 1 ff
- Autowäsche *PflVG* **1** 10
- Befreiung von Versicherungspflicht *PflVG* **2** 1 ff
- begründete und unbegründete Schadensersatzansprüche *AKB* **A.1.1** 7
- Beifahrer *PflVG* **1** 11; *AKB* **A.1.2** 2
- Belehrung bei Obliegenheitsverletzungen *AKB* **E.1–E.6** 28
- Benzinklausel *AKB* **A.1.1** 4 ff
- Beschädigung des versicherten Fahrzeugs *KfzPflVV* **4** 3; *AKB* **A.1.5** 9
- Beschädigung von Anhängern oder abgeschleppten Fahrzeugen *AKB* **A.1.5** 10 ff
- Beschädigung von beförderten Sachen *KfzPflVV* **4** 4; *AKB* **A.1.5** 13 ff
- Deutsches Büro Grüne Karte e.V. *PflVG* **1** 3, **3a** 7
- Direktanspruch gegen VR 115 2
- Doppelversicherung *KfzPflVV* **3** 2
- Entladen *PflVG* **1** 10
- Entschädigungsfonds *PflVG* **12** 1 ff
- Entschädigungsstelle für Schäden aus Auslandsunfällen *PflVG* **12a** 1
- Fahrer *PflVG* **1** 11; *AKB* **A.1.2** 2 f
- Fahrsicherheitstraining *AKB* **A.1.5** 6
- Forderungsübergang, Regressprivileg 86 50
- Fremdversicherung 43 5 f
- Gebrauch des Fahrzeugs *PflVG* **1** 10; *AKB* **A.1.1** 2 f
- Gefahrerhöhung 23 18, 27, 43 ff, 26 14
- Halter *PflVG* **1** 7, 11; *AKB* **A.1.2** 2
- internationale Versicherungskarte *AKB* **A.1.4** 2 f
- Kernenergie *KfzPflVV* **4** 7; *AKB* **A.1.5** 19
- Kfz-Handel- und -Handwerk *KfzSBHH* **A.1** 1 ff
- Kfz-Handel- und -Handwerk, Leistungsumfang *KfzSBHH* **A.4** 1
- Kontrahierungszwang *PflVG* **5** 1 ff
- Liefer- und Beförderungsfristen *AKB* **A.1.5** 17
- Mindestversicherungsschutz *PflVG* **4** 1
- örtlicher Geltungsbereich *AKB* **A.1.4** 1 ff
- Personenschäden *KfzPflVV* **4** 2
- Pflichtversicherung *Einl.* 12; 1 32
- Quasiversicherer (Eigenversicherer) *PflVG* **2** 4 ff
- Rabattverlust *AKB* **A.1.1** 11
- radioaktive Strahlung/Materie *AKB* **A.1.5** 19
- Regress *PflVG* **2** 8
- Regulierungsvollmacht *AKB* **A.1.1** 10
- Rennen *KfzPflVV* **4** 5; *AKB* **A.1.5** 6 ff
- Rentenzahlungen *KfzPflVV* **8** 1 ff
- Reparatur *PflVG* **1** 10; *AKB* **A.1.1** 5
- Rücktrittsrecht des VR bei Prämienverzug 51 3
- Sach- und Vermögensschäden gegen Mitversicherte *KfzPflVV* **4** 2
- Schadensersatzanspruch gegen mitversicherte Person *AKB* **A.1.5** 16
- Übermittlung der Versicherungsbestätigung bzw Versicherungsbestätigungs-Nummer 3 8, 49 2, 10 ff, 51 1
- Unfall im Ausland, Regulierung *PflVG* **3a** 2 ff

2199

Stichwortverzeichnis

- Veräußerung des versicherten Kfz *PflVG* **3b** 1 ff
- Verkehrsopferhilfe e.V. *PflVG* **1** 5, **3a** 8
- versicherte Personen *PflVG* **1** 11; *KfzPflVV* **2** 2; *AKB* **A.1.2** 1 ff, **A.1.5** 16
- Versicherungssumme *PflVG* **4** 2; *AKB* **A.1.3** 1 f
- Versicherungsumfang *PflVG* **1** 8 ff; *AKB* **A.1.1** 1 ff
- Verweisungsprivileg *PflVG* **3** 1 ff
- vorläufige Deckung *KfzPflVV* **9** 1 ff; *AKB* **B.2** 2
- Vorsatz *AKB* **A.1.5** 2 ff
- vorsätzliche Herbeiführung des Schadens (Beispiele) **103** 6
- Zurechnung der Kenntnis und des Verhaltens Dritter **47** 9
- Zurechnung des Fahrerverhaltens **28** 111
- Zurechnung des Verhaltens Dritter **81** 76

Kfz-Handel- und -Handwerk
- Beginn und Endes des Versicherungsschutzes *KfzSBHH* **C.1–C.2**
- Betriebsstätte/Versicherungsschutz *KfzSBHH* **A.2** 1
- entgeltliche Güterbeförderung *KfzSBHH* **A.5** 4
- fremde Fahrzeuge in Obhut *KfzSBHH* **A.1** 4
- garagenmäßige Unterstellung *KfzSBHH* **A.5** 2
- gemischte Betriebe *KfzSBHH* **A.1** 6
- Kaskoversicherung *KfzSBHH* **A.4** 2
- Kfz ohne amtliches Kennzeichen *KfzSBHH* **A.5** 3
- Kfz-Haftpflichtversicherung *KfzSBHH* **A.4** 1
- Leistungsumfang *KfzSBHH* **A.4** 1 ff
- Mitteilungspflichten *KfzSBHH* **D.1–D.3** 1
- nicht versicherte Kfz (Risikoausschlüsse) *KfzSBHH* **A.5** 1 ff
- Obliegenheiten *KfzSBHH* **B.1–B.2** 1 f
- Tageszulassungen *KfzSBHH* **A.3** 4
- Überführungsfahrt *KfzSBHH* **A.3** 3
- versicherte Betriebsarten *KfzSBHH* **A.1** 1 ff
- versichertes Kfz *KfzSBHH* **A.3** 1 ff
- Vorführfahrzeug *KfzSBHH* **A.3** 4

Kfz-Handelsbetriebe
- Definition *KfzSBHH* **A.1** 5

Kfz-Handwerksbetriebe
- Definition *KfzSBHH* **A.1** 2

Kfz-Kaskoversicherung
- *siehe auch* Kraftfahrtversicherung
- *siehe auch* Teilkasko
- *siehe auch* Vollkasko
- Abschleppen *AKB* **A.2.7** 2
- Abtretungsverbot *AKB* **A.2.14** 3
- Abweichung vom Antrag **5** 19
- Abzug „neu für alt" *AKB* **A.2.7** 3 f
- Anzeigepflichten *AKB* **E.1–E.6** 9 f
- Augenblicksversagen *AKB* **A.2.16** 1
- Ausschluss *AKB* **A.2.16** 1 ff
- Beschädigung *AKB* **A.2.7** 1 ff
- Beweislast, fingierter Versicherungsfall **81** 87
- Brand **81** 44
- Diebstahl, Art und Weise des Abstellens des Kfz **23** 40, **81** 15 ff
- Diebstahl, Papiere **81** 22 ff
- Diebstahl, Schlüssel **81** 18 ff, 22 ff
- Differenzkasko-Klausel *AKB* **A.2.6** 10
- elektronische Wegfahrsperre *AKB* **A.2.6** 8
- Fahrerregress *AKB* **A.2.15** 1 ff
- Fälligkeit der Zahlung *AKB* **A.2.14** 1 f
- Forderungsübergang **86** 16 ff, 34 ff
- Fremdversicherung **43** 7 ff
- GAP-Deckung bei Leasingfahrzeug *AKB* **A.2.6** 9 f
- Gefahrerhöhung **23** 27, 35 ff, **26** 13
- Höchstentschädigung *AKB* **A.2.10–A.2.13** 6
- innere Unruhen *AKB* **A.2.16** 25
- Kernenergie *AKB* **A.2.16** 24
- Kfz-Handel- und -Handwerk *KfzSBHH* **A.1** 1 ff
- Kfz-Handel- und -Handwerk, Leistungsumfang *KfzSBHH* **A.4** 2
- Kriegsereignis *AKB* **A.2.16** 24
- Kurzschließen und elektronische Wegfahrsperre *AKB* **A.2.6** 8
- Leasing *AKB* **A.2.10–A.2.13** 11
- Maßnahmen der Staatsgewalt *AKB* **A.2.16** 26
- Mehrwertsteuer *AKB* **A.2.9** 1
- mitversicherte Fahrzeugteile *AKB* **A.2.18** 1
- mitversichertes Fahrzeugzubehör *AKB* **A.2.18** 1
- Neupreisentschädigung *AKB* **A.2.6** 5
- nicht ersatzfähige Kosten *AKB* **A.2.10–A.2.13** 9
- nicht versicherbare Gegenstände *AKB* **A.2.1** 4
- Obmann *AKB* **A.2.17** 2
- örtlicher Geltungsbereich *AKB* **A.2.5** 1
- Qualifizierung *AKB* **A.2.1** 1
- Quotelungsprinzip *AKB* **A.2.16** 2 ff
- Reifenschaden *AKB* **A.2.16** 23
- Rennen *AKB* **A.2.16** 22
- Reparatur *AKB* **A.2.7** 1
- Rest- und Altteile *AKB* **A.2.10–A.2.13** 10
- Restwert *AKB* **A.2.6** 3
- Sachverständigenkosten *AKB* **A.2.8** 1
- Sachverständigenverfahren *AKB* **A.2.17** 1

Stichwortverzeichnis

- Selbstbeteiligung
  AKB **A.2.10–A.2.13** 7 f
- Selbstmord 81 45
- Terroranschlag *AKB* **A.2.16** 24
- Totalschaden *AKB* **A.2.6** 1 ff
- Verlust *AKB* **A.2.6** 1 ff
- versicherte Person *AKB* **A.2.4** 1
- versicherte Schäden *AKB* **A.2.1** 2 f
- vorläufige Deckung *AKB* **B.2** 3
- Wiederbeschaffungswert *AKB* **A.2.6** 3
- Wiederherstellungsklausel
  AKB **A.2.6** 6 f
- Zerstörung *AKB* **A.2.6** 1 ff
- Zurechnung der Kenntnis und des Verhaltens Dritter 47 9
- Zurechnung des Fahrerverhaltens
  28 111, 81 70 ff

Kfz-Leasingvertrag
- Veräußerung der versicherten Sache 95 9

Kfz-Unfall
- *siehe* Unfall

Kfz-Unfallversicherung
- Anzeigepflichten *AKB* **E.1–E.6** 12
- versichertes Risiko *AKB* **A.4** 1
- vorläufige Deckung *AKB* **B.2** 3

Kinder
- Krankenversicherung 43 4, 44 15
- Privathaftpflichtversicherung
  AVB PHV **A1-2** 2 ff

Kinder, mitversichert
- Haftpflichtversicherung *AHB* 3 7, 4 1

Kinderbetreuung
- Privathaftpflichtversicherung
  AVB PHV **A1-6.1** 1

Kindernachversicherung
- Adoptivkind 198 9 f; *MB/KK* 2 2
- Aktivlegitimation 198 12
- Anmeldungsberechtigter 198 2
- Anmeldungserklärung 198 3
- Anwendungsausnahme 198 11
- Begriff 198 1
- Mindestversicherungsdauer 198 10
- neugeborenes Kind 198 2 ff; *MB/KK* 2 2
- Normzweck 198 1
- Rechtsfolge der Anmeldung 198 4 ff
- Rückwärtsversicherung 198 5
- Verweigerung der Annahme durch VR
  198 12

Kinder-Tarif
- Umstellung *AUB* 6 1

Klausel PK 7160
- Überspannungs-, Überstrom- und Kurzschlussschäden *VGB* **Abschnitt A § 2** 7

Klauselersetzung 164 7 ff

Kleinerer Versicherungsverein
- anwendbare Vorschriften 211 4

Kleinlebensversicherung 211 5

Kleinunfallversicherung 211 5

Klinikbindung 192 37
Klinik-Card 192 37
Kollektivlebensversicherung
- Begriff 150 31 f
- kein Einwilligungserfordernis 150 2, 31 ff

Kollisionsrecht *Einl.* 22, 46

Kollusion
- Abtretungsrecht in der Haftpflichtversicherung 108 8
- Anerkenntnis- und Befriedigungsverbot
  105 7
- Anfechtung wegen arglistiger Täuschung
  22 4
- Empfangsvollmacht 69 36 ff
- Haftpflichtversicherung (Trennungsprinzip und Bindungswirkung) **Vor 100–124** 14
- vorvertragliche Anzeigepflicht des VN
  19 31

Kommission zur Reform des Versicherungsvertragsrechts
- Abschlussbericht *Einl.* 32

Kompensationskongruenz
- Gefahrerhöhung/Gefahrenkompensation
  23 24

Kontrahierungszwang
- Berufshaftpflichtversicherung *Einl.* 13
- Kfz-Haftpflichtversicherung *Einl.* 12
- private Krankenversicherung *Einl.* 11
- private Pflegepflichtversicherung
  Einl. 10

Konzeptverantwortungsvereinbarungen
- Haftpflichtversicherung *AHB* 7 16

Konzernpolice
- Einschluss von Ansprüchen mitversicherter (Tochter-)Unternehmen *AHB* 7 5, 21

Konzernvertreter 59 15

Kooperations-/Gebührenvereinbarungen
- Anwaltsempfehlung durch Rechtsschutzversicherung 127 4

Kopierkosten
- Auskunfts- und Einsichtsrecht des VN, Krankenversicherung 202 13

Körperverletzung
- Begriff 172 44

Korrespondenzanwalt
- Rechtsschutzversicherung *ARB 2010* 5 7

Korrosion
- Rohrbruchversicherung
  VGB **Abschnitt A § 3** 3 f

Kosten
- Abschlusskosten *VVG-InfoV* 4 29
- Ausgabeaufschlag bei Fonds
  VVG-InfoV 1 27
- Datenerhebung personenbezogener Gesundheitsdaten bei Dritten 213 101
- einkalkulierte *VVG-InfoV* 2 6 ff

- mögliche sonstige *VVG-InfoV* **2** 19 f, **4** 30
- Produktinformationsblatt *VVG-InfoV* **4** 28 ff
- Ratenzuschlag *VVG-InfoV* **1** 27
- Risikokosten *VVG-InfoV* **2** 13
- Rückvergütung bei Fonds *VVG-InfoV* **1** 27
- Sachverständigenverfahren **84** 26, **85** 8 ff
- Telekommunikation *VVG-InfoV* **1** 28 f
- „übrige einkalkulierte Kosten" *VVG-InfoV* **2** 12 ff
- Vertriebskosten *VVG-InfoV* **4** 29
- Verwaltungskosten *VVG-InfoV* **2** 13, 15, **4** 29
- Verwaltungsvergütung bei Fonds *VVG-InfoV* **1** 27
- zusätzlich anfallende *VVG-InfoV* **1** 22 f, 26

Kostenausweis
- Dynamisierung *VVG-InfoV* **2** 9
- Krankenversicherung *VVG-InfoV* **4** 29 ff
- Krankenversicherung, substitutive *VVG-InfoV* **3** 4
- Lebensversicherung *VVG-InfoV* **2** 6 f, **4** 29 ff
- Prämienerhöhung *VVG-InfoV* **2** 9
- Produktinformationsblatt *VVG-InfoV* **4** 28 ff
- Provision *VVG-InfoV* **2** 7
- Risikozuschlag *VVG-InfoV* **2** 10
- Zusatzversicherung *VVG-InfoV* **2** 11
- Zuzahlung *VVG-InfoV* **2** 9

Kostenerstattung, Schadensermittlung
- siehe Schadensermittlungskosten

Kostenklauseln in der Haftpflichtversicherung **101** 3 f

Kostenminderungsgrundsatz
- Rechtsschutzversicherung **82** 11

Kostenstruktur, AltZertG
- Abschluss- und Vertriebskosten *AltZertG* **2a** 6 ff
- Altersvorsorgevertrag *AltZertG* **2a** 1 ff
- anlassbezogene Kosten *AltZertG* **2a** 23 ff
- Basisrentenvertrag *AltZertG* **2a** 1 ff
- Verwaltungskosten *AltZertG* **2a** 6 ff
- zeitliche Abwendbarkeit *AltZertG* **2a** 29

Kostenverzeichnis
- Ersatzversicherungsschein **3** 36

Kräfteverfall, mehr als altersentsprechender **172** 42

Kraftfahrt-Haftpflichtdeckung
- Bestehen von Versicherungsschutz und stillschweigender Haftungsausschluss **Vor 100–124** 16

Kraftfahrtversicherung
- siehe auch Kfz-Haftpflichtversicherung
- siehe auch Kfz-Kaskoversicherung
- Abweichung vom Antrag **5** 19
- Anzeigepflichten *AKB* **E.1–E.6** 2 ff
- Aufklärungsobliegenheiten *AKB* **E.1–E.6** 13 ff
- Autoschutzbrief *AKB* **A.3.1–A.3.3** 1 f
- Beginn des Versicherungsschutzes *KfzPflVV* **1** 4; *AKB* **B.1** 1
- betrügerische Absicht, Obliegenheitsverletzung *KfzPflVV* **7** 1 ff
- Drogen *KfzPflVV* **5** 6
- Erstbeitrag bzw einmaliger Beitrag *AKB* **C.1** 1 ff
- falsche oder unterlassene Angaben *AKB* **E.1–E.6** 17 ff
- falsche oder unterlassene Angaben, Berichtigung *AKB* **E.1–E.6** 20
- Folgebeitrag *AKB* **C.2** 1 ff
- Fremdversicherung **43** 5 ff
- Führerscheinklausel *KfzPflVV* **5** 5; *AKB* **D.1–D.3** 6
- Kaufpreis *AKB* **E.1–E.6** 21
- Kündigung *AKB* **G.1–G.8** 2 ff
- Kündigung des VR bei Zahlungsverzug *AKB* **C.2** 4
- Laufleistung *AKB* **E.1–E.6** 22
- Laufzeit des Vertrags *AKB* **G.1–G.8** 1
- mitversicherte Personen *AKB* **F.1–F.3** 1 ff
- Nachfrageobliegenheit des VR *AKB* **E.1–E.6** 19
- Obliegenheiten beim Gebrauch des Fahrzeugs *KfzPflVV* **5** 1 ff; *AKB* **D.1–D.3** 1 ff
- Obliegenheiten im Schadenfall *KfzPflVV* **6** 1 f, **7** 1 ff; *AKB* **E.1–E.6** 1 ff
- Obliegenheitsverletzung, Beispiele *AKB* **E.1–E.6** 21 ff
- Obliegenheitsverletzung, Folgen *KfzPflVV* **5** 7 ff; *AKB* **D.1–D.3** 9 ff, **E.1–E.6** 25 ff
- Obliegenheitsverletzung, mitversicherte Personen *AKB* **F.1–F.3** 1 ff
- Prämie *AKB* **C.1** 1 ff, **C.2** 1 ff
- Rennen *KfzPflVV* **5** 3; *AKB* **D.1–D.3** 8
- Rentenzahlungen *KfzPflVV* **8** 1 ff
- Ruheversicherung *AKB* **H.1–H.3** 1 f
- Saisonkennzeichen *AKB* **H.1–H.3** 3
- Schwarzfahrtklausel *KfzPflVV* **5** 4; *AKB* **D.1–D.3** 5
- Trunkenheitsklausel *KfzPflVV* **5** 6; *AKB* **D.1–D.3** 7
- unerlaubtes Entfernen vom Unfallort *AKB* **E.1–E.6** 14 ff
- ungestempelte Kennzeichen *AKB* **H.1–H.3** 4
- Veräußerung des Fahrzeugs *AKB* **G.1–G.8** 8 ff
- Verschrottung *AKB* **G.1–G.8** 10

Stichwortverzeichnis

- Verwendungsklausel *KfzPflVV* 5 2; *AKB* D.1–D.3 3 f
- Vorbesitzer *AKB* E.1–E.6 23
- vorläufige Deckung 49 2, 10 ff, 51 1; *KfzPflVV* 9 1 ff; *AKB* B.2 1 ff
- Vorschäden *AKB* E.1–E.6 24
- Wagniswegfall *AKB* G.1–G.8 10
- Wechselkennzeichen *AKB* D.1–D.3 6a
- Zahlungsperiode *AKB* C.4 1
- Zahlungsverzug bei Erstbeitrag *AKB* C.1 1 ff
- Zahlungsverzug bei Fahrzeugwechsel *AKB* C.3 1
- Zahlungsverzug bei Folgebeitrag *AKB* C.2 1 ff

Kraftfahrzeug-Pflichtversicherungsverordnung (KfzPflVV)
- *siehe auch* Kfz-Haftpflichtversicherung
- Änderungen *KfzPflVV* 10 1
- ausschließbare Ersatzansprüche *KfzPflVV* 4 1 ff
- Beginn und Ende des Versicherungsschutzes *KfzPflVV* 1 4
- Geltendmachung des Versicherungsschutzes *KfzPflVV* 2 3
- räumlicher Geltungsbereich *KfzPflVV* 1 2
- räumlicher Umfang des Versicherungsschutzes *KfzPflVV* 2 2
- Rechtsquellen des Privatversicherungsrechts *Einl.* 51
- Regressobergrenzen nach der KfzPflVV 28 220
- Rentenzahlungen *KfzPflVV* 8 1 ff
- sachlicher Geltungsbereich *KfzPflVV* 1 3
- sachlicher Umfang des Versicherungsschutzes *KfzPflVV* 2 1
- Schäden durch Anhänger und Auflieger *KfzPflVV* 3 1 f
- Schäden durch geschleppte und abgeschleppte Fahrzeuge *KfzPflVV* 3 3
- Selbstbehalt *KfzPflVV* 2 1
- Verordnungszweck *KfzPflVV* 1 1
- vorläufige Deckung *KfzPflVV* 9 1 ff
- Wechselkennzeichen *KfzPflVV* 5 6a

Kraftfahrzeugrennen
- Ausschluss PHV *AVB PHV* A1-6.7 3

Kraftloserklärung
- Orderpolice in der Transportversicherung 4 19
- Versicherungsschein 3 28
- Versicherungsschein auf den Inhaber 4 19

Krankenhausbehandlung *MB/KK* 5 9
Krankenhaustagegeld *AUB* 2 46 ff
Krankenhaustagegeldversicherung
- Einwilligung des VR zu einer weiteren K. *MB/KK* 9 8
- Heilbehandlung *MB/KK* 1 5 ff
- Kündigung durch VR 206 5

- Leistungsumfang 192 38
- ordentliche Kündigung des VN 205 2
- Rechtsnatur 192 38
- stationäre Heilbehandlung *MB/KK* 1 3
- Versicherungsfall *MB/KK* 1 4 ff
- Wartezeiten 197 4; *MB/KK* 3 1 f

Krankentagegeld
- Höhe *MB/KT* 4 1

Krankentagegeldversicherung
- Abtretungsverbot *MB/KT* 6 1
- Arbeitsplatzunverträglichkeit *MB/KT* 1 4, 9 5
- Arbeitsunfähigkeit *MB/KT* 1 3 ff
- ärztliche Behandlung *MB/KT* 4 3
- ärztliche Bescheinigung *MB/KT* 4 5 ff
- Aufenthaltsverlegung *MB/KT* 1 9, 15 16
- Aufrechnung *MB/KT* 12 1
- Auskunftspflicht *MB/KT* 9 3
- Auskunftspflicht des VR *MB/KT* 4 8
- Bedingungsänderung *MB/KT* 18 1
- Beitragsanpassung *MB/KT* 8b 1
- Beitragsberechnung *MB/KT* 8a 1
- Beitragszahlung *MB/KT* 8 1
- Berufsunfähigkeit *MB/KT* 15 7 ff
- Berufswechsel *MB/KT* 9 6, 15 5
- Beweislast *MB/KT* 1 10
- einstweilige Verfügung *MB/KT* 1 12
- Einwilligung des VR zu einer weiteren K. *MB/KT* 9 7
- Ende des Versicherungsschutzes *MB/KT* 7 1
- Fälligkeit der Leistung *MB/KT* 6 1
- freie Arztwahl *MB/KT* 4 3
- freie Krankenhauswahl *MB/KT* 4 4
- gedehnter Versicherungsfall *MB/KT* 1 6
- gemischte Anstalt *MB/KT* 4 4
- Gerichtsstand *MB/KT* 17 1
- Höhe des Krankentagegeldes *MB/KT* 4 1
- Klauseländerung *MB/KT* 18 1
- Kündigung durch VR 206 5
- Kürzungsrecht des VR *MB/KT* 4 2
- Leistungsumfang *MB/KT* 4 1 ff
- Obliegenheiten *MB/KT* 9 1 ff
- Obliegenheitsverletzung, Rechtsfolgen *MB/KT* 10 1 ff
- Rechtsnatur 192 39
- Risikoausschlüsse *MB/KT* 5 1 ff
- Rückwärtsversicherung 2 21
- Schadensminderungspflicht *MB/KT* 9 5
- Schriftformerfordernis *MB/KT* 16 1
- sonstige Beendigungsgründe *MB/KT* 15 1 ff
- Streitwert *MB/KT* 1 13
- Tod des VN *MB/KT* 15 15
- Umfang des Versicherungsschutzes *MB/KT* 1 8
- Untersuchungspflicht *MB/KT* 9 4
- Verdienstausfallversicherung *MB/KT* 1 1
- Versicherungsbeginn *MB/KT* 2 1
- Versicherungsfall *MB/KT* 1 2 ff

2203

Stichwortverzeichnis

- Verweisung auf Vergleichsberuf *MB/KT* 15 4
- Wartezeiten   197 4; *MB/KT* 3 1
- Wegfall der Versicherungsfähigkeit *MB/KT* 11 1, 15 3 ff

Krankentagegeldversicherung, Befristung
- abweichende Altersgrenzen   196 14 f
- Altershöchstgrenze   196 14
- Befristung   196 2
- Beweislast   196 16
- Hinweisobliegenheit   196 6 f
- keine Risikoprüfung bei Verlängerungsantrag   196 9
- Kontrahierungszwang   196 3 ff
- Leistungsklage   196 16
- Normzweck   196 1
- Rechtsfolge des Verlängerungsantrags   196 8 ff
- unterbliebener Hinweis   196 11 f
- zweite Verlängerung   196 13

Krankenunterlagen
- Einsichtsrecht   *MB/KK* 9 4

Krankenversicherung
- *siehe auch* Auskunfts- und Einsichtsrecht des VN, Krankenversicherung
- *siehe auch* Basistarif, Versicherung im
- *siehe auch* Bedingungsänderung, Krankenversicherung
- *siehe auch* Krankheitskostenversicherung
- *siehe auch* Kündigung des VN, Krankenversicherung
- *siehe auch* Kündigung des VR, Krankenversicherung
- *siehe auch* Prämienanpassung, Krankenversicherung
- *siehe auch* Substitutive Krankenversicherung
- *siehe auch* Tarifwechsel, Krankenversicherung
- *siehe auch* Übermaßverbot, Krankenversicherung
- *siehe auch* Wartezeiten, Krankenversicherung
- Abtretungsverbot   *MB/KK* 6 4
- abweichende Vereinbarungen   207 1 ff
- Aktivlegitimation   193 21
- alternative Medizin   *MB/KK* 4 18 ff
- amtliches Informationsblatt   *Einl.* 5
- anwendbare Vorschriften   194 2 ff
- anwendbares Recht/Übergangsvorschriften *Einl.* 43 f
- Anzeige einer Krankheitskostenversicherung bei einem weiteren VR   *MB/KK* 9 7
- Anzeigepflicht   194 4
- Arzneimittel   *MB/KK* 4 7
- Aufenthaltsverlegung   207 33 ff; *MB/KK* 1 26, 15 2; *MB/KT* 1 9
- Aufrechnung   *MB/KK* 12 1
- Aufsichtsrecht   *Einl.* 49 f
- Ausbildungskrankenversicherung   192 11, 195 11
- Auskunftspflicht   31 34; *MB/KK* 9 3 f
- Auslandsaufenthalt   *MB/KK* 1 22 ff; *MB/KT* 1 9
- Auslandskrankenversicherung   192 9, 195 10
- Ausschluss der Leistungspflicht bei vorsätzlicher Herbeiführung des Versicherungsfalles bei sich selbst   201 1 ff, 11
- Basistarif   *Einl.* 4, 11
- Bedeutung von Treu und Glauben (§ 242 BGB)   *Einl.* 53
- Bedingungsänderung   *Einl.* 89, 93; *MB/KK* 18 1; *MB/KT* 18 1
- Bedingungsanpassung, Altverträge *EGVVG* 2 3 ff
- Befristung   195 2, 10 ff, 196 1 ff
- Begriff   192 2 ff
- Behandlung durch Familienmitglieder *MB/KK* 5 13
- Beitragsanpassung   *MB/KK* 8b 1
- Beitragsberechnung   *MB/KK* 8a 1
- Beitragszahlung   *MB/KK* 8 1
- Bereicherungsverbot   200 1 ff
- Beweislast   193 21
- Beweislast für Leistungsausschluss   201 11
- Beweislast für Versicherungsfall *MB/KK* 1 28
- Bezüge zur Sozialversicherung   *Einl.* 3 ff
- einstweilige Verfügung   *MB/KK* 1 30; *MB/KT* 1 12
- Ende des Versicherungsschutzes *MB/KK* 7 1
- Entziehungsmaßnahmen/-kur *MB/KK* 5 5
- Fälligkeit der Leistung   *MB/KK* 6 1 f; *MB/KT* 6 1
- finanzielle Übermaßbehandlung   192 17
- Forderungsberechtigung   193 21, 194 13
- Forderungsübergang   194 2
- freie Arztwahl   *MB/KK* 4 4 ff
- freie Krankenhauswahl   *MB/KK* 4 11
- Fremdversicherung   43 23 ff
- für Personen mit befristetem Aufenthaltstitel   195 12 ff
- gedehnter Versicherungsfall *MB/KK* 1 18; *MB/KT* 1 6
- Gefahrerhöhung   194 3
- Gefahrsperson   43 4, 193 14 f, 18, 194 13
- gemischte Anstalt   *MB/KK* 4 13 ff
- Gerichtsstand   *MB/KK* 17 1
- geschlechtsabhängige Tarifierung *Einl.* 56
- geschlechtsspezifische Kalkulation (Test Achat-Entscheidung des EuGH) *VVG-InfoV* 3 10
- große Anwartschaftsversicherung   192 5, 204 61 ff

Stichwortverzeichnis

- Heilbad *MB/KK* 5 12
- Heilfürsorge *MB/KK* 5 19
- Heilmittel *MB/KK* 4 8
- Herbeiführung des Versicherungsfalles bei sich selbst 201 7 f
- Hilfsmittel *MB/KK* 4 9
- Informationspflichten *VVG-InfoV* 3 1 ff, 6 10
- Inhaltskontrolle von AVB *MB/KK* 4 1 ff
- In-vitro-Fertilisation *MB/KK* 1 6, 14
- Kindernachversicherung 198 1 ff
- Klauseländerung *MB/KK* 18 1; *MB/KT* 18 1
- kleine Anwartschaftsversicherung 192 5, 204 61 ff
- kombinierte 192 14
- Kontrahierungszwang *Einl.* 11
- Kostenausweis *VVG-InfoV* 3 4, 4 29 ff
- Krankenhausbehandlung *MB/KK* 5 9
- Krankheit *MB/KK* 1 8
- Krankheit, vorsätzliche Herbeiführung 201 2
- Krankheitskostenversicherung 192 16 ff
- Kuraufenthalt *MB/KK* 5 10
- Kurkostenversicherung 192 10
- Kurort *MB/KK* 5 12
- Laufzeitvereinbarungen 195 10 f
- Leistungsbeschränkungen/Inhaltskontrolle (Rspr-Beispiele) *MB/KK* 4 2 f
- Leistungsumfang *MB/KK* 4 1 ff
- Medicator AG *VVG-InfoV* 1 13
- medizinische Übermaßbehandlung 192 17
- mehrere K. eines VN bei demselben VR 192 13 ff
- mehrere Versicherer 77 3
- Mitversicherung 193 12
- Mitversicherung des Ehepartners 44 14
- Mitversicherung minderjähriger Kinder 43 4, 44 15
- neuer Versicherungsfall *MB/KK* 1 19; *MB/KT* 1 7
- nicht substitutive 195 9
- Notlagentarif *EGVVG* 7 1 ff
- Obliegenheiten *MB/KK* 9 1 ff
- Obliegenheitsverletzung, Rechtsfolgen *MB/KK* 10 1 ff, 11 1
- Personenversicherung 192 3
- Prämienbegrenzung *VVG-InfoV* 3 6
- Prämienberechnung 203 2 ff
- Prämienentwicklung *VVG-InfoV* 3 5, 9 ff
- Prämienerhöhung *VVG-InfoV* 6 10
- Rehabilitationsmaßnahme *MB/KK* 5 11
- Reisekrankenversicherung 192 7 ff, 195 10, 197 4
- Restschuldkrankenversicherung 192 12, 195 11
- Risikoausschlüsse *MB/KK* 5 1 ff
- Risikozuschlag, individueller 203 2 ff
- Rückwärtsversicherung 2 20 f
- Ruhensversicherung 192 5
- Sanatoriumsaufenthalt *MB/KK* 5 10
- Schadensabwendungs- und -minderungspflicht des VN 194 2
- Schadensminderungspflicht *MB/KK* 9 6
- Schönheitsoperation *MB/KK* 1 6, 8
- Schulmedizin *MB/KK* 4 18 f
- Schwangerschaft *MB/KK* 1 20
- Schwarze Liste *MB/KK* 5 7
- Schweigepflichtentbindung *MB/KK* 9 4
- selbständiges Beweisverfahren *MB/KK* 1 31
- Selbsttötung 201 6
- sonstige Beendigungsgründe *MB/KK* 15 1 ff
- substitutive 195 3 ff
- Suchtkrankheiten 201 6; *MB/KK* 5 5
- Tarifwechsel *MB/KK* 1 27
- Teilkündigung 29 2
- Teilrücktritt 29 2
- Teilversicherung 192 4
- teilweise Leistungsfreiheit 29 2
- Tod des VN 207 4 ff; *MB/KK* 15 1
- Übergang von Rückzahlungsansprüchen 194 9
- Übergangsrecht *EGVVG* 2 3 ff
- Übermaßbehandlung *MB/KK* 5 16
- Übermaßverbot 192 17 ff
- Übermaßvergütung *MB/KK* 5 17
- Unfallfolgen *MB/KK* 1 10
- Unterbringung *MB/KK* 5 14
- Untersuchungsort *MB/KK* 9 5
- Untersuchungspflicht *MB/KK* 9 5
- versicherte Person 193 1, 19 f, 194 13
- Versicherung dritter Personen 193 12 ff, 194 13
- Versicherungsbeginn 2 7 ff; *MB/KK* 1 18, 2 1 f
- Versicherungsdauer 195 1 ff
- Versicherungsfall *MB/KK* 1 4 ff, 19 f
- Vollversicherung 192 4
- vorsätzliche Herbeiführung des Versicherungsfalles 201 3 ff; *MB/KK* 5 3 ff
- vorvertragliche Beratungspflicht des VR 6 14
- Wartezeiten 197 3 ff
- Wechsel in den Basistarif *MB/KK* 20 1
- Wechsel in den Standardtarif *MB/KK* 19 1
- Wechselmöglichkeit in GKV *VVG-InfoV* 3 7
- Wechselmöglichkeit innerhalb PKV *VVG-InfoV* 3 8
- Willenserklärungen und Anzeigen *MB/KK* 16 1
- Wirtschaftlichkeitsgebot 192 20 ff
- Zahlungsverzug 194 6 ff
- Zurechnung von Kenntnis und Verhalten 193 22 ff

Krankenversicherung, Fortsetzung des Versicherungsverhältnisses
- Abdingbarkeit 207 38
- Anwendungsbereich 207 1
- Aufenthaltsverlegung 207 33 ff; *MB/KK* 1 26, 15 2; *MB/KT* 1 9, 15 16
- Benennungsrecht 207 6 f, 19
- Beweislast 207 39
- Fortsetzungsanspruch bei Kündigung 207 22 ff
- Fortsetzungserklärung 207 12 ff
- Klage 207 41 f
- Konstruktion 207 9 ff
- Normzweck 207 1 ff
- Prämienzahlungspflicht 207 16
- Rechtsfolge 207 15 ff
- Schwebezeit 207 20
- Statusidentität 207 17 f
- Streitwert 207 43
- Tod des VN 207 4 ff
- Zwangsvollstreckung 207 44
- Zwei-Monats-Frist 207 21, 32

Krankenversicherung, Fremdversicherung
- Abdingbarkeit 194 26
- Aktivlegitimation 194 2
- anwendbare Vorschriften 194 24 f
- Benennung eines Empfangsberechtigten 194 14 ff
- Beweislast 194 27
- Entwicklung 194 10 ff
- Rechtsfolge 194 22
- Rückabwicklung 194 23
- Versicherungsschein 194 25
- Widerruf der Empfangsberechtigung 194 19 f

Krankenversicherung, gesetzliche
- Bezüge zum Privatversicherungsrecht *Einl.* 3 ff

Krankenversicherung, Notlagentarif
- Hinweispflicht des VR *EGVVG* 7 6
- Rechtsfolgen *EGVVG* 7 5
- rückwirkende Einführung des N. *EGVVG* 7 3 f
- Umstellung in den N. *EGVVG* 7 2 ff
- Widerspruchsrecht des VN *EGVVG* 7 6
- zeitliche Geltung *EGVVG* 7 5

Krankheit
- als mitwirkende Ursache bei Unfallversicherung 182 1
- Begriff 172 43; *AUB* 3 3; *MB/KK* 1 8 f
- unheilbare *MB/KK* 1 16, 4 18
- vorsätzliche Herbeiführung, Krankenversicherung 201 3 ff

Krankheitskostenversicherung
- *siehe auch* Krankenversicherung
- Anzeige einer K. bei einem weiteren VR *MB/KK* 9 7
- Aufwendungsersatz *MB/KK* 1 2
- Auskunft über Umfang des Versicherungsschutzes 192 50 ff
- Auskunftsanspruch des VN vor Heilbehandlung 192 53 ff
- Beratung über Berechtigung von Entgeltansprüchen 192 34
- Beratung über Leistungen und deren Anbieter 192 33
- Direktabrechnung bei K. im Basistarif 192 46 ff
- Eigenbehandlung des VN *MB/KK* 1 2
- fehlerhafte Leistungserbringung 192 36
- gesamtschuldnerische Haftung bei K. im Basistarif 192 46 ff
- Heilbehandlung *MB/KK* 1 5 ff
- Insolvenz des VN 192 57
- Klinikbindung 192 37
- Klinik-Card 192 37
- Kündigung durch VR 206 5
- Leistungsinhalt 192 16
- Leistungszusage und Selbstbindung 192 50 ff
- Managed Care/Leistungsmanagement 192 29
- ordentliche Kündigung des VN 205 2
- Passivenversicherung 192 3
- Rechtsnatur 192 3
- unberechtigte Entgeltansprüche 192 35
- Versicherungsfall *MB/KK* 1 4 ff
- vertragliche Beziehungen 192 37
- Wartezeiten 197 4; *MB/KK* 3 1 f
- zusätzliche Dienstleistungen 192 28 ff

Krankheitskostenversicherung, Beihilfeempfänger
- Anpassungsanspruch 199 3 ff
- Antragsfrist 199 6 f
- Befristung 199 2
- Berechtigter 199 5
- Normzweck 199 1
- Risikoprüfung 199 6
- Versicherung im Basistarif 199 8 f
- Verweigerung der Annahme des Anpassungsantrags 199 10

Krankheitskostenversicherung, Versicherungspflicht
- akute Erkrankung, Leistungsanspruch trotz Ruhens 193 72 ff
- Altverträge 193 34
- Ausnahmen 193 28 f
- Begleichung aller rückständigen Beitragsanteile 193 88 f
- Beihilfeversicherte 193 37
- Bestandsschutz 193 34 ff
- Eintritt von Hilfebedürftigkeit 193 89 f
- Fortsetzung des Vertrages im Basistarif 193 88
- Geltungsbereich 193 25
- Grenzgänger 193 37
- Heilfürsorgeberechtigte 193 37
- Kontrahierungszwang des VR im Basistarif 193 5, 44 ff, 52 f

- Kostenerstattung für ambulante und stationäre Heilbehandlung 193 30
- Leistungsausschluss, individueller 193 32
- Mutterschaft, Leistungsanspruch trotz Ruhens 193 72 ff
- Prämienverzug 193 67 ff
- Prämienzuschlag 193 38 ff
- Ratenzahlung des Prämienzuschlags 193 41
- Ruhen der Leistungen, Ende 193 88 ff
- Ruhen der Leistungen, Rechtsfolgen 193 72 ff
- Ruhen der Leistungen, Voraussetzungen 193 67 ff
- Säumniszuschlag 193 83
- Schmerzzustände, Leistungsanspruch trotz Ruhens 193 72 ff
- Schwangerschaft, Leistungsanspruch trotz Ruhens 193 72 ff
- Selbstbehalte 193 31, 80
- Stundung des Prämienzuschlags 193 41
- Umfang 193 30 ff
- Verhältnis zur Versicherungspflicht in der GKV 193 26 f
- Verstoß 193 38 ff

Krankheitsübertragung *AHB* **7 87 ff**

Kreditaufnahmekosten
- Rettungskostenersatz 83 11

Kreditrestschuldversicherung
- Überversicherung 74 4

Kreislaufstörung
- Unfallversicherung, Ausschlüsse *AUB* **5 7**

Krieg, Ausschluss
- Berufsunfähigkeits-Zusatzversicherung *BB-BUZ* **3 22 ff**
- Feuerversicherung *AFB* **Abschnitt A § 2 2**
- Hausratversicherung *VHB* **Abschnitt A § 1 2**
- Kraftfahrtversicherung *AKB* **A.2.16 24**
- Krankentagegeldversicherung *MB/KT* **5 2**
- Krankheitskosten-/Krankenhaustagegeldversicherung *MB/KK* **5 2**
- Rechtsschutzversicherung *ARB 2010* **3 4**
- Unfallversicherung *AUB* **5 27**
- Wohngebäudeversicherung *VGB* **Abschnitt A § 1 3**

Kulanz
- Abgrenzung zum Anerkenntnis 111 4
- Anerkenntnis 173 6
- Forderungsübergang 86 10
- Haftung bei Mehrfachversicherung 78 22
- quotale Leistungskürzung 28 206

Kündigung bei Prämienerhöhung
- siehe Prämienerhöhung, Kündigung bei

Kündigung des VersVertrages
- außerordentliche Kündigung („wichtiger Grund") 11 46 ff
- Bestätigungsverlangen des VN 11 30
- Erklärungsempfänger 11 23 ff
- Fristberechnung Altverträge 11 57
- Informationspflichten des VR über Kündigungsbedingungen *VVG-InfoV* **1 41 ff**
- Kündigungsberechtigter 11 13
- Kündigungserklärung, Form 11 11 f
- Kündigungserklärung, Inhalt 11 8 ff
- Kündigungsfrist 11 49 ff
- Kündigungsgrund 11 7
- Kündigungsvollmacht 11 15 ff
- ordentliche Kündigung 11 42 ff
- Produktinformationsblatt *VVG-InfoV* **4 24 ff**
- Rechtsschutzversicherung *ARB 2010* **13 1 ff**; *ARB 2012* **6 1**
- Rücknahme 11 31 f
- Schweigen 11 52
- Sonderkündigungsrecht 11 53 ff
- Teilkündigung 11 37
- Treu und Glauben 11 29, 39
- Übertragung des Kündigungsrechts 11 14
- Umdeutung einer fristlosen Kündigung in ordentliche Kündigung 11 49 ff
- Umdeutung einer unzulässigen Kündigung in zulässige Kündigung 11 18 ff
- Unfallversicherung *AUB* **10 4 ff**
- VersVertrag auf unbestimmte Zeit 11 40 ff
- vorläufige Deckung 52 4, 14 f
- Widerruf 11 31
- Zurückweisungspflicht des VR 11 26 ff
- Zusammentreffen zweier Kündigungen 11 38

Kündigung des VN
- Feuerversicherung *AFB* **Abschnitt B § 2 1 f**
- Hausratversicherung *VHB* **Abschnitt B § 2 2 f, Abschnitt B § 15 1**
- Kraftfahrtversicherung *AKB* **G.1–G.8 3**
- Rechtsschutzversicherung *ARB 2010* **8 1 f**; *ARB 2012* **6 1**
- Teilkündigung des VR 29 9
- Teilrücktritt des VR 29 9
- Vertragsanpassung wegen Verletzung der vorvertraglichen Anzeigepflicht des VN 19 54 f
- Wohngebäudeversicherung *VGB* **Abschnitt B § 2 1 f, Abschnitt B § 15 1**

Kündigung des VN, Gebäudefeuerversicherung
- Abdingbarkeit 144 9
- Anwendungsbereich 144 2
- Beweislast 144 8

- Normzweck 144 1
- Wirksamkeit 144 3 ff
- Zustimmung des Realgläubigers 144 3, 7

Kündigung des VN, Haftpflichtversicherung
- nach Beitragsangleichung *AHB* 18 1
- nach Versicherungsfall *AHB* 19 1 ff

Kündigung des VN, Krankenversicherung
- anteilige Prämienpflicht 205 20
- außerordentliche 205 12
- Beschränkung auf einzelne versicherte Personen und Tarife 205 3
- Beweislast 205 36
- Doppelversicherung 205 13 ff
- Eintritt der gesetzl. Versicherungspflicht als außerordentliches Kündigungsrecht 205 13 ff
- Form 208 6 f
- Grundlagenänderung 205 22 f
- Hinweispflicht des VR auf Unwirksamkeit der K. 205 8 ff
- Kenntnis der versicherten Person von der Kündigung 207 24 ff
- Klageart 205 37 f
- Kündigungsberechtigter 205 7
- Kündigungsrecht des VN bei Abschluss einer neuen Pflichtversicherung 205 31 ff
- Leistungsherabsetzung 205 24 ff
- MB/KK *MB/KK* 13 1 ff
- MB/KT *MB/KT* 13 1
- Nachweis der Anschlussversicherung 205 34
- Nachweiserfordernis bei Kündigung einer Pflichtversicherung 205 31 ff
- Nachweispflicht des VN bzgl Eintritt der Versicherungspflicht 205 16 ff
- ordentliche 205 2 ff
- Pflichtversicherung, Kündigung 205 31 ff
- Prämienerhöhung 205 24 ff
- Rücknahme 205 6
- Streitwert 205 39
- Teilbeendigung 205 3
- Teilbeendigung durch VR 205 28 ff
- Umdeutung 205 4
- verspätete Kündigung 205 21
- Vertragsänderung 205 24 ff
- Widerruf 205 6

Kündigung des VN, Lebensversicherung
- Altersvorsorgevertrag 168 11 ff
- Bezeichnung des Bezugsberechtigten 168 20 f
- Kündigungsausschluss 168 12
- Kündigungsberechtigter 168 1 ff
- Kündigungserklärung 168 15 f
- Kündigungsfrist 168 17
- laufende Prämienzahlungspflicht 168 10
- Pfändung 168 6 ff
- Rechtsfolge 168 18 ff
- Teilkündigung 168 11
- Zustimmung 168 9

Kündigung des VR
- *siehe auch* Obliegenheitsverletzung, Kündigungsrecht des VR
- Hausratversicherung *VHB* **Abschnitt B § 8** 3
- Kraftfahrtversicherung *AKB* **G.1–G.8** 4
- Unfallversicherung *AUB* 13 1

Kündigung des VR bei Zahlungsverzug bei Folgeprämie
- Kündigungserklärung 38 24 f
- Wegfall der Kündigungswirkung 38 26 f

Kündigung des VR, Haftpflichtversicherung
- nach Risikoerhöhung aufgrund Änderung oder Erlass von Rechtsvorschriften *AHB* 21 1 f
- nach Veräußerung versicherter Unternehmen *AHB* 20 1
- nach Versicherungsfall *AHB* 19 1 ff

Kündigung des VR, Krankenversicherung
- Abdingbarkeit 206 27
- Abmahnung 206 23
- absolutes Kündigungsverbot 206 3
- Ausschluss des Kündigungsrechts 206 2 ff
- außerordentliche 206 17 ff
- Beweislast 206 27
- Erschleichen von Versicherungsleistungen 206 18
- Fortsetzungsanspruch 206 10 ff
- Gegenausnahmen 206 8 f
- GruppenVersVertrag 206 14 ff
- Klageart 206 27
- Krankenhaustagegeldversicherung 206 5
- Krankentagegeldversicherung 206 5
- Krankheitskostenversicherung 206 5
- Kündigungsfrist (außerordentliche Kündigung) 206 19
- MB/KK *MB/KK* 14 1 ff
- MB/KT *MB/KT* 14 1 f
- Mehrheit von VersVerträgen 206 24
- Normzweck 206 1
- ordentliche K./Kündigungsverbot 206 2 ff
- Pflegekrankenversicherung 206 5
- Rücknahme 206 21
- Streitwert 206 27
- Teilkündigung 206 7
- Widerruf 206 21
- Zahlungsverzug des VN 206 10 ff

Kündigung des VR, Lebensversicherung
- Abdingbarkeit 166 5
- Hinweispflicht in der betrieblichen Altersversorgung 166 3 f
- Kündigungsgrund 166 1
- Rechtsfolge 166 2

Kündigung des VR wegen Obliegenheitsverletzung
- *siehe* Obliegenheitsverletzung, Kündigungsrecht des VR

Kündigung nach Veräußerung, Sachversicherung
- *siehe auch* Anzeige der Veräußerung
- *siehe auch* Veräußerung der versicherten Sache
- Abdingbarkeit 96 13, 98 1
- Erwerb durch Hoheitsakt 99 1 f
- Kündigung des Erwerbers 96 5 ff, 98 1
- Kündigung des VR 96 2 ff
- Prämienzahlungspflicht 96 12

Kündigung nach Versicherungsfall, Haftpflichtversicherung
- Abdingbarkeit 111 13
- Frist 111 9 ff
- Kündigungsberechtigte 111 3
- Kündigungsrecht 111 2 ff
- zeitanteiliger Prämienanspruch 111 8

Kündigung nach Versicherungsfall, Sachversicherung
- Abdingbarkeit 92 14 f
- Eintritt des Versicherungsfalles 92 3 ff
- fingierter Versicherungsfall 92 4
- Hagelversicherung 92 11 ff
- Kündigungsberechtigte 92 6
- Kündigungszeitpunkt 92 7 f
- Schaden unterhalb des Selbstbehalts 92 5
- Sonderkündigungsrecht 92 1 f
- Wirksamwerden 92 9 f

Kündigungsfrist
- VersVertrag auf unbestimmte Zeit 11 49 ff

Kündigungsschutzklage
- unbedingter Prozessauftrag *ARB 2010* 17 16

Kündigungsvollmacht 11 15 ff

Kunstgegenstände
- Begriff *VHB* **Abschnitt A § 13 3**
- Hausratversicherung *VHB* **Abschnitt A § 6 23**
- Versicherungswert 88 4; *VHB* **Abschnitt A § 9 3**

Kuraufenthalt *MB/KK* 5 10
Kurkostenversicherung 192 10
Kurort *MB/KK* 5 12

Kurzschließen Kfz
- Kfz-Kaskoversicherung *AKB* A.2.6 8

Kurzschlussschaden
- an Verkabelung, Teilkasko *AKB* A.2.2 43
- Feuerversicherung *AFB* **Abschnitt A § 1 8**
- Hausratversicherung *VHB* **Abschnitt A § 2 7**
- Klausel PK 7160 *VGB* **Abschnitt A § 2 7**

- Wohngebäudeversicherung *VGB* **Abschnitt A § 2 4**

Ladenscheiben
- Wohngebäudeversicherung *VGB* **Abschnitt A § 4 16**

Landwirte
- Rechtsschutz *ARB 2012* 2 1, 2.1.1 5

Landwirtschaft
- Haftpflichtversicherung *AHB* 7 65

Landwirtschafts- und Verkehrs-Rechtsschutz *ARB 2010* 27 1 ff

LASIK-Behandlung *MB/KK* 1 13, 5 18

Lastschriftverfahren
- Erstprämienzahlung 37 8
- Feuerversicherung *AFB* **Abschnitt B § 6**
- Haftpflichtversicherung *AHB* 11 1 ff
- Informationspflichten des VR *VVG-InfoV* 1 29
- Prämienzahlung 33 9, 14 ff
- Rechtsschutzversicherung *ARB 2010* 9 2
- Wohngebäudeversicherung *VGB* **Abschnitt B § 6**

Laufende Versicherung
- Alles-oder-Nichts-Prinzip 53 12, 57 2, 58 1, 4
- als Ausnahme von der Beschränkung der Vertragsfreiheit 210 1, 7
- Anmeldepflicht des VN 53 13 f
- Anmeldepflichtverletzung 54 1 ff
- Anzeigepflichtverletzung 56 1
- Begriff 53 1 ff, 210 7
- Beispiele 53 4 ff
- Beratungs- und Dokumentationspflichten des VersVermittlers 65 1
- Deckungszusage 53 14, 54 2
- Einzelpolice 55 1 ff
- Gefahränderung 53 12, 57 1 ff
- geltende Vorschriften 53 9 ff, 210 7 f
- Großrisiken 53 11
- keine Beschränkung der Vertragsfreiheit *Einl.* 17, 37
- Musterbedingungen 53 8
- Obliegenheitsverletzung 58 1 ff
- Übermittlungsvollmacht 69 47
- Vertragsfreiheit 53 3, 9

Laufzeit des VersVertrages
- Informationspflichten des VR *VVG-InfoV* 1 40

Lawine
- als „weitere Elementargefahr"/Begriff *VGB* **Abschnitt A § 4 13**; *VHB* **Abschnitt A § 5 16**
- Hausratversicherung *VHB* **Abschnitt A § 3 16**
- Teilkasko *AKB* A.2.2 32
- Wohngebäudeversicherung *VGB* **Abschnitt A § 3 14, Abschnitt A § 4 13**

Leasing
- Fremdversicherung 43 7 f
- Fremdversicherung und Sicherungsschein 44 4 ff
- GAP-Deckung *AKB* **A.2.6** 9 f
- Haftpflichtversicherung *AHB* **7** 41
- Kfz-Kaskoversicherung *AKB* **A.2.10–A.2.13** 11
- Veräußerung der versicherten Sache 95 9

Lebensbescheinigung *AUB* **9** 21

Lebensgemeinschaft
- Repräsentantenhaftung 28 115, 81 79

Lebenspartnerschaftsrecht
- Beratungs-Rechtsschutz *ARB 2010* **2** 21 f, 3 29; *ARB 2012* **2.2** 4
- Risikoausschluss *ARB 2010* **2** 24
- Zeitpunkt des Eintritts des Rechtsschutzfalles *ARB 2010* **4** 5

Lebensversicherung
- *siehe auch* Bewertungsreserven
- *siehe auch* Bezugsrecht
- *siehe auch* Einwilligung der versicherten Person zum Vertragsabschluss, Lebensversicherung
- *siehe auch* Modellrechnung
- *siehe auch* Prämienänderung, Lebensversicherung
- *siehe auch* Rückkaufswert
- *siehe auch* Überschussbeteiligung
- *siehe auch* Umwandlung der Lebensversicherung zur Erlangung von Pfändungsschutz
- *siehe auch* Widerrufsrecht des VN, Lebensversicherung
- als Anlagegeschäft 6 14
- als Kapitalanlage ohne Absicherung eines biometrischen Risikos 1 27
- als Versicherungsprodukt 153 2 ff
- Altverträge *EGVVG* **3** 15 ff, **4** 2 ff, 8 ff
- Anfechtungsrecht des VR bei unrichtiger Altersangabe 157 4
- Anmeldung eines Anspruchs aus dem VersVertrag 15 16
- anwendbares Recht/Übergangsvorschriften *Einl.* 43
- ärztliche Untersuchung, Verweigerung durch versicherte Person 151 1 ff
- Aufsichtsrecht *Einl.* 49
- Bedingungsänderung *Einl.* 89, 91, 93
- Bedingungsanpassung 164 1 ff
- Beerdigungskosten 150 30
- Begriff 150 4, 153 2
- Beschränkung der Empfangsvollmacht durch Schriftformklauseln 72 15
- Bezugsberechtigung 159 1 ff
- Bruttopolice 6 14, 61 15
- Deckungskapital 169 20 ff
- Eintrittsrecht des Bezugsberechtigten bei Arrest, Zwangsvollstreckung oder Insolvenz des VN 170 1 ff
- falsche Angaben der versicherten Person 156 1
- Fernabsatzrichtlinie II 152 1 f
- Forderungsübergang 86 3
- Fortsetzung nach Elternzeit 212 1 ff
- Frühstornofälle *EGVVG* **4** 8 ff
- Gefahrerhöhung 158 3 ff
- Gefahrminderung 158 7
- Gefahrsperson 150 1
- geschlechtsabhängige Tarifierung *Einl.* 56
- Grundsatz der Vertragsfreiheit 150 8 f
- Informationspflichten *VVG-InfoV* **2** 1 ff, 5 ff
- Inhaberklausel 4 5
- jährliche Unterrichtung 155 1 ff
- Kostenausweis *VVG-InfoV* **2** 6 f, **4** 29 ff
- Kündigung des VN 168 1 ff
- Kündigung des VR 166 1 ff
- Leistungsänderung 163 1 ff
- Minderjährige als VN 150 36 ff
- Modellrechnung 154 3
- Nettopolice 6 14, 61 15
- Prämienänderung 163 1 ff
- prämienfreie Leistung 165 1 ff
- Produktinformationsblatt, Modellrechnung *VVG-InfoV* **4** 27
- Protektor Lebensversicherung AG *VVG-InfoV* **1** 13
- Provision *VVG-InfoV* **2** 7
- Richtlinie Lebensversicherungen 152 2
- Rückkaufswert 14 5, 169 5 ff
- Rücktritt des VR bei unrichtiger Altersangabe 157 2
- Rückwärtsversicherung 2 16 ff
- Selbsttötung der versicherten Person 161 1 ff
- Stellvertretung 150 9
- Sterbetafeln 163 4 f
- Stornoabzug *VVG-InfoV* **1** 44
- Tötung durch Bezugsberechtigten 162 7
- Tötung durch Leistungsberechtigten 161 2
- Tötung durch VN 162 2 ff
- Transparenzgebot *Einl.* 83
- Überschussbeteiligung 153 16; *EGVVG* **4** 2 ff
- unrichtige Altersangabe 157 1 ff
- versicherte Person („Gefahrsperson") 150 1
- Versicherungsbeginn 2 7
- Versicherungsinhalt 1 1
- Vertragsanpassung bei unrichtiger Altersangabe 157 1 ff
- vormundschaftsgerichtliche Genehmigung 150 36 ff
- vorvertragliche Beratungspflicht des VR 6 14
- Widerrufsfrist 8 2, 10, 152 7 ff
- Widerrufsrecht 9 5, 17
- Zillmerung *Einl.* 8

Stichwortverzeichnis

Lebensversicherungsreformgesetz
- Bewertungsreserven 153 84 f

Lebensversicherungsvertrag
- Partialbeteiligung 153 5
- Rechtsnatur 153 5

Leerstehenlassen eines Gebäudes
- Brand, Gefahrerhöhung 23 28, 26 10, 16
- Einbruch, Gefahrerhöhung 23 34
- Gefahrerhöhung
  VGB Abschnitt A § 17 2

Legitimationswirkung
- Versicherungsschein auf den Inhaber 4 8 ff
- Vorlage der Urkunde 4 12

Leichte Fahrlässigkeit
- Gefahrerhöhung, Pflichtverletzung 24 3, 26 1

Leihe
- Haftpflichtversicherung *AHB* 7 38

Leistungsänderung, Lebensversicherung
- *siehe* Prämienänderung, Lebensversicherung

Leistungsausschluss
- Produktinformationsblatt
  VVG-InfoV 4 10 ff, 18

Leistungsfreiheit des VR
- Rückwärtsversicherung 2 31 ff, 51

Leistungsfreiheit des VR bei Obliegenheitsverletzungen
- Alles-oder-Nichts-Prinzip 28 155 ff, 157
- Begrenzung nach Treu und Glauben 28 160
- Belehrung 28 222 ff
- Berufen auf L. als übermäßige Härte für VN 28 163
- Dispositionsrecht des VR/Berufung auf L. 28 236
- Geltendmachung 28 236 ff
- grobe Fahrlässigkeit als gesetzlich vermuteter Normalfall einer Obliegenheitsverletzung 28 164 ff
- grobe Fahrlässigkeit, Leistungskürzung (Quotenregelung) 28 171 ff
- Grundzüge des Sanktionenmodells 28 154 ff, 260
- Rückforderungsrechtsstreit 28 245 ff
- Übersicht 28 260
- unrichtiger Prozessvortrag des VN 28 242 ff
- unzulässige Rechtsausübung 28 161 ff
- volle Leistungsfreiheit mit Einschränkungen 28 159
- Vorsatz 28 157 ff

Leistungsfreiheit des VR bei Zahlungsverzug bei Erstprämie
- Ausschluss 37 24 ff
- praktische Hinweise 37 29
- Voraussetzungen 37 14 ff

- vorläufige Deckung 37 26

Leistungsfreiheit des VR bei Zahlungsverzug bei Folgeprämie
- Ausschluss der Leistungsfreiheit 38 20 ff
- geringfügiger Zahlungsrückstand 38 19
- praktische Hinweise 38 28
- Verschulden des VN 38 18
- Voraussetzungen 38 17 ff

Leistungsfreiheit wegen Gefahrerhöhung
- *siehe* Gefahrerhöhung, Leistungsfreiheit wegen

Leistungsherabsetzung
- außerordentliches Kündigungsrecht des VN bei einseitiger L. 205 24 ff

Leistungsort
- Prämienzahlung 36 1 ff

Leistungsverweigerungsrecht
- Feuerversicherung
  AFB Abschnitt A § 9 7 ff
- Wohngebäudeversicherung
  VGB Abschnitt A § 14 5

Leitbilder, gesetzliche *Einl.* 86 f

Leitungswasser
- *siehe auch* Wohngebäudeversicherung
- Badewanne *VGB* Abschnitt A § 3 11
- Bruchschäden außerhalb von Gebäuden
  VGB Abschnitt A § 3 6
- Bruchschäden innerhalb von Gebäuden
  VGB Abschnitt A § 3 2 ff
- Geschirrspülmaschine
  VGB Abschnitt A § 3 11
- Hausratversicherung
  VHB Abschnitt A § 4 1 ff
- Nässeschaden *VGB* Abschnitt A § 3 7 ff; *VHB* Abschnitt A § 4 9 ff
- nicht versicherte Schäden
  VGB Abschnitt A § 3 11 ff; *VHB* Abschnitt A § 4 12 ff
- Rohbauten *VGB* Abschnitt A § 3 18
- Waschmaschine
  VGB Abschnitt A § 3 11
- Wohngebäudeversicherung
  VGB Abschnitt A § 3 1, Abschnitt B § 16 4

Leitungswasserversicherung
- Gefahrenkompensation 23 24, 31 f, 26 11, 16
- keine Normierung 142 1, 4

Liberationswirkung
- Versicherungsschein auf den Inhaber 4 8 ff
- Vorlage der Urkunde 4 12

Liefer- und Beförderungsfristen
AKB A.1.5 17

Liquidator
- Haftpflichtversicherung *AHB* 7 31

Lizenzverträge
- Rechtsschutzversicherung
  ARB 2010 3 15

Stichwortverzeichnis

Lloyd´s of London
- Prozessstandschaft bei Versicherermehrheit 216 1 ff

Lohnsteuerhilfevereine
- Vermögensschaden-Haftpflichtversicherung 114 3

Löschhelfer
- Rettungskostenersatz 83 9

Löschmittelschaden
- Rettungskostenersatz 83 9

Lösegeld für gestohlenes Kfz
- Rettungskostenersatz 83 11

Loss-of-Hire-Versicherung 209 4

Luftbeförderung 130 4

Luftfahrt
- Ausschluss BUZ *BB-BUZ* **3** 26 ff
- Ausschluss Unfallereignis *AUB* **5** 29 f

Luftfahrzeug, Anprall/Absturz
- Feuerversicherung
  AFB **Abschnitt A § 1** 13
- Hausratversicherung
  VHB **Abschnitt A § 1** 1,
  Abschnitt A § 5 20
- Wohngebäudeversicherung
  VGB **Abschnitt A § 2** 12

Luftfahrzeug, Gebrauch
- Privathaftpflichtversicherung
  AVB PHV **A1-6.11** 1 ff

Mähbinder-Entscheidung *AHB* **1** 13 ff

Mahnkosten
- Kosteninformation des VR
  VVG-InfoV **1** 22, **2** 19 f

Mahnschreiben bei Zahlungsverzug bei Folgeprämie
- Angabe des Zahlungsrückstands 38 7
- Beweisfragen 38 11 ff
- Einzelfragen 38 14 ff
- Grundsätze 38 5 f
- Kraftfahrtversicherung *AKB* **C.2** 1 ff
- mehrere VN 38 8
- Zugang des Mahnschreibens 38 8 ff

Maklerklauseln
- Empfangsvollmacht 69 8

Maklervertrag 59 24 f
- Pflichten des VersMaklers aus M.
  61 19 ff

Managed Care/Leistungsmanagement 1 21, 65, 192 29

Mangelbeseitigung
- Ausschluss Haftpflichtversicherung
  AHB **1** 39

Mangelbeseitigungsnebenkosten
- Ausschluss Haftpflichtversicherung
  AHB **1** 40

Mangelbeseitigungsnebenkostenklausel
- Haftpflichtversicherung, Deckungserweiterung *AHB* **1** 41

Mangelfall 86 26

Mangelfolgeschaden
- Haftpflichtversicherung *AHB* **1** 46

Manifestationsprinzip
- Definition des Versicherungsfalles in der Haftpflichtversicherung 82 7, 100 13

Marder
- *siehe* Wildschaden

Marderbiss
- Teilkasko *AKB* **A.2.2** 38

Materieller Versicherungsbeginn 2 4, 6, 10 5, 197 8

Maulkorbparagraph *AHB* 24 1

Mediation
- als Dienstleistung der Rechtsschutzversicherung 125 2

Mediationsverfahren
- Kostenübernahme durch Rechtsschutzversicherung *ARB 2010* **5** 15;
  ARB 2012 **2.3** 3

Medicator AG *VVG-InfoV* **1** 13

Medikamenteneinnahme
- Gefahrerhöhung 23 20
- Kfz-Kaskoversicherung 81 40
- quotale Leistungskürzung 81 123
- Steigerung der Leistungsfähigkeit 172 46

Medizinisch notwendige Heilbehandlung
- selbständiges Beweisverfahren
  MB/KK **1** 31
- Versicherungsfall, Krankenversicherung
  MB/KK **1** 4 ff

Medizinische (Vor-)Befunde
- Berufsunfähigkeit, Begriff 172 48

Medizinische Übermaßbehandlung 192 17

Medizinisches Sachverständigengutachten
- Berufsunfähigkeit, medizinische/gesundheitliche Komponente 172 49

Mehrere Obliegenheitsverletzungen
- Lösungsmodelle für quotale Leistungskürzung bei Mehrfachverstoß 28 207 ff
- Quotenaddition 28 211
- Quotenkonsumtion 28 213
- Quotenmultiplikation 28 211

Mehrere Versicherer
- *siehe* Mehrfachversicherung

Mehrfachagent 59 15

Mehrfache Herbeiführung von Versicherungsfällen
- Lösungsmodelle für quotale Leistungskürzung bei Mehrfachverstoß 81 109 ff

Mehrfachversicherung
- Abdingbarkeit 77 18
- Anwendungsbereich 77 3
- Arten 77 19 ff
- Begriff 77 2
- Beweislast 77 17
- Feuerversicherung
  AFB **Abschnitt B § 11** 1

- Haftpflichtversicherung   Vor 100–124 3; *AHB* 22 1
- Hausratversicherung   *VHB* **Abschnitt B § 11** 1
- Identität von Interesse und Gefahr   77 7 ff
- Kennzeichen   77 20
- mehrere Versicherungen bei mehreren VR   77 6
- Mitversicherung   77 21 ff
- Nebenversicherung   77 19
- Normadressat   77 4 f
- Normzweck   77 1
- Rechtsfolgen   77 12 ff
- Subsidiaritätsklauseln   77 29 ff
- unverzügliche Anzeige   77 14
- Verletzung der Anzeigepflicht, Rechtsfolgen   77 15 f
- Wohngebäudeversicherung   *VGB* **Abschnitt B § 11** 1

Mehrfachversicherung, Beseitigung
- Abdingbarkeit   79 13
- Anwendungsbereich   Vor 100–124 3
- Anwendungsbereich/Regelungsgehalt   79 1 ff
- Beweislast   79 12
- Normzweck   79 1
- Rechtsfolge   79 8 ff
- Vertragsanpassung   79 9 ff
- Vertragsaufhebung   79 8
- Voraussetzungen   79 4 ff

Mehrfachversicherung, Haftung
- Abdingbarkeit   78 27
- Anwendungsbereich   78 3 ff, Vor 100–124 3
- Ausgleich der VR untereinander   78 21 ff
- betrügerisches Verhalten des VN   78 25
- Beweislast   78 26
- D&O-Versicherung   78 20
- Haftung gegenüber dem VR   78 18 ff
- Irrtum   78 22
- Kulanz   78 22
- Mehrfachversicherung aus anderen Gründen   78 14 ff
- Mieterregress   78 6
- Normzweck   78 1 f
- Rechtsfolgen   78 18 ff
- Selbstbeteiligung   78 19 f
- Verjährung des Ausgleichsanspruchs   78 28
- Versicherungssummen übersteigen den Versicherungswert   78 10 ff
- Voraussetzungen   78 7 ff

Mehrfirmenvertreter   59 15, 25

Mehrkosten durch behördliche Wiederherstellungsbeschränkungen
- *siehe* Behördliche Wiederherstellungsbeschränkungen, Mehrkosten durch

Mehrkosten durch Preissteigerungen
- *siehe* Preissteigerungen, Mehrkosten durch

Mehrversicherung
- Begriff   77 2

Mehrwertsteuer
- Erstattung, Kfz-Kaskoversicherung   *AKB* **A.2.9** 1
- Feuerversicherung   *AFB* **Abschnitt A § 7** 1, **Abschnitt A § 8** 13
- Hausratversicherung   *VHB* **Abschnitt A § 12** 5
- Regressfähigkeit iRd Forderungsübergangs   86 60
- Restwert, Kfz-Kaskoversicherung   *AKB* **A.2.6** 3
- Wohngebäudeversicherung   *VGB* **Abschnitt A § 13** 8

Mensikusverletzung
- Unfallbegriff   *AUB* 1 6

Miet-/Pachtverhältnis
- Haftpflichtversicherung   *AHB* 7 34 ff
- Repräsentantenhaftung   28 115, 81 77 f

Mietausfall
- Wohngebäudeversicherung   *VGB* **Abschnitt A § 9** 1 ff

Mieter von Wohnungen und Grundstücken, Rechtsschutz für   *ARB 2010* 29 1 ff

Mieterregress
- Ausgleichsanspruch des Gebäudeversicherers gegen Haftpflichtversicherer   86 82 ff
- Bestehen von Versicherungsschutz und stillschweigender Haftungsausschluss   Vor 100–124 16
- Gebäudeversicherung   86 75 ff
- Haftung bei Mehrfachversicherung   78 6
- Rspr-Entwicklung Regressverzicht   86 76 ff
- Teilungsabkommen Mieterregress   86 105
- Verjährung der Regressforderung   86 106

Mieterwechsel
- Veräußerung der versicherten Sache   95 9

Mietsachschäden (Schäden an gemieteten Sachen)
- Abnutzung/Verschleiß/übermäßige Beanspruchung   *AVB PHV* **A1-6.6** 6 f
- Ausschlusstatbestände   *AVB PHV* **A1-6.6** 6 ff
- Glasschäden   *AVB PHV* **A1-6.6** 9
- Schäden an Heizungs-, Maschinen-, Kessel- und Warmwasserbereitungsanlagen sowie an Elektro- und Gasgeräten   *AVB PHV* **A1-6.6** 8
- Schimmelbildung   *AVB PHV* **A1-6.6** 10
- versichertes Risiko   *AVB PHV* **A1-6.6** 1 ff

Mietwert
- Wohngebäudeversicherung   *VGB* **Abschnitt A § 9** 1 ff

Stichwortverzeichnis

Militärischer Einsatz
- Versicherungsdauer *AUB* **10** 7

Mindestrückkaufswert **169** 31 ff, 86

Mindeststandards
- Berufsunfähigkeitsversicherung **172** 2

Mindestversicherungsbetrag
- Prämienfreistellung *VVG-InfoV* **2** 32 ff
- Prämienreduzierung *VVG-InfoV* **2** 34

Mindestversicherungsdauer
- Umwandlung in prämienfreie Versicherung **165** 21

Mindestversicherungsleistung
- Umwandlung in prämienfreie Versicherung **165** 18 f, **166** 2

Mindestversicherungssumme
- Pflichtversicherung **114** 2 f, **117** 10 ff

Mindestzuführungsverordnung **153** 26, 29 f

Mischpflege *MB/KK* **5** 14

Missbrauch der Empfangsvollmacht
- evidenter **69** 39 ff
- fehlerhafte Beratung durch VersVertreter und Erfüllungshaftung des VR **6** 43
- Grundsätze **69** 35
- Kollusion **69** 36 ff

Missstandsaufsicht der BaFin
- AVB-Kontrolle *Einl.* 48

Mitgebrachte Berufsunfähigkeit **172** 47, 57 f; *BB-BUZ* **1** 3

Mittagsregel
- Versicherungsbeginn **10** 3, 10

Mittelwertmodell
- quotale Leistungskürzung **26** 6, **28** 178 ff, 192, **81** 100

Mitternachtsregel
- Haftpflichtversicherung *AHB* **16** 1
- Versicherungsbeginn **10** 4 f

Mitverschulden des VR
- grobe Fahrlässigkeit **28** 107
- quotale Leistungskürzung **28** 205

Mitversicherung
- Deckungszusage *ARB 2010* **17** 24
- in der Krankenversicherung **44** 14 f
- Kennzeichen **77** 21 ff
- Krankenversicherung **193** 12
- offene **77** 22 ff
- verdeckte **77** 22
- Versicherungsschein **3** 22

Mitverursachung
- Obliegenheitsverletzung **28** 61

Mobbing **172** 43

Modell der bedingten Antragserklärung
- Informationspflichten des VR **7** 4

Modellfahrzeug, Gebrauch
AVB PHV **A1-6.13** 1

Modellflugzeug *AVB PHV* **A1-6.11** 2

Modellrechnung
- Abdingbarkeit **154** 34

- Altersvorsorgevertrag *AltZertG* **7** 9
- Altverträge **154** 5
- Angaben des VR **154** 14 ff
- Angaben gegenüber dem VN **154** 17 ff
- Anwendungsbereich **154** 3 f
- Basisrentenvertrag **154** 7; *AltZertG* **7** 9
- Beweislast **154** 33
- Hinweispflicht des VR **154** 24 ff, 30
- Inhalt **154** 20 ff
- jährliche Unterrichtung **155** 9 ff
- Normzinssatz *VVG-InfoV* **2** 47
- Normzweck **154** 1 f
- Produktinformationsblatt, Lebensversicherung **154** 20; *VVG-InfoV* **4** 27
- Riester-Vertrag **154** 8
- Sterbetafel, veraltete **154** 32
- Tatbestandmerkmale **154** 9 ff
- Übermittlung/Form **154** 27 f
- Verbrauchereigenschaft des VN **154** 6
- Verstoßfolge **154** 29 ff
- Vertragserweiterung **154** 12
- Werbebroschüre **154** 13

Modeschmuck
- Hausratversicherung
VHB **Abschnitt A § 13** 1

Munition
- Privathaftpflichtversicherung
AVB PHV **A1-6.8** 1 ff

Musikinstrumente
- Hausratversicherung
VHB **Abschnitt A § 6** 23

Muskeln, Zerrung/Zerreißen
- Unfallbegriff *AUB* **1** 6

Musterbedingungen des GDV *Einl.* 63

Muster-Widerrufsbelehrung *Einl.* 33; **8** 31 ff

Mutterschaft
- geschlechtsabhängige Tarifierung und AGG *Einl.* 55 ff
- Leistungsanspruch trotz Ruhens **193** 72 ff

Nachbarschaftshilfe
- Haftpflichtversicherung *AHB* **7** 43

Nachbesserungsarbeiten
- Haftpflichtversicherung *AHB* **7** 53

Nachbesserungsbegleitschaden
- Haftpflichtversicherung *AHB* **1** 41

Nacherfüllungsansprüche
- Deckungsumfang Haftpflichtversicherung *AHB* **1** 6

Nachfragepflicht des VR
- Empfangsvollmacht des VersVertreters **69** 30
- Kraftfahrtversicherung *AKB* **E.1–E.6** 19

Nachhaftung
- Haftpflichtversicherung *AHB* **1** 25
- Pflichtversicherung **117** 6, 19, **123** 7

2214

Nachhaftungszeit des VR
- Begrenzung des Versicherungsschutzes in der Pflichtversicherung 114 7
- Haftpflichtversicherung 100 11 ff

Nachlässe/Preisvorteile
- Versicherungswert 74 13

Nachmeldefristen
- Begrenzung des Versicherungsschutzes in der Pflichtversicherung 114 7
- Haftpflichtversicherung 100 11 ff

Nachmeldepflicht des VN
- vorvertragliche Anzeigepflicht des VN 19 34 ff

Nachprüfung der Berufsunfähigkeit
- *siehe* Berufsunfähigkeit, Nachprüfung

Nachtragsschein
- Übermittlung 3 8
- Widerspruchsrecht des VN bei abweichendem 5 15

Nachtrunk *AUB* 5 9
- Herbeiführung des Versicherungsfalles 81 38
- Vorsatz 28 75, 194

Namensänderung
- *siehe* Änderung von Anschrift und Name

Namensrechtsverletzung
- Haftpflichtversicherung *AHB* 7 84
- Privathaftpflichtversicherung *AVB PHV* **A1-7** 1

Nässeschaden
- Hausratversicherung *VHB* Abschnitt A § 4 9 ff
- Wohngebäudeversicherung *VGB* Abschnitt A § 3 7 ff

Naturgefahren
- Hausratversicherung *VHB* Abschnitt A § 4 12, Abschnitt A § 5 1 f, Abschnitt A § 7 6
- Wohngebäudeversicherung *VGB* Abschnitt A § 4 1

Nautisches Verschulden 137 8

Navigationsgerät *AKB* **A.2.1** 4

Nebenintervention
- Haftpflichtprozess Vor 100–124 14

Nebenversicherung
- Kennzeichen 77 19

Nettopolice
- Abschluss der Lebensversicherung als N. und Beratungspflicht des VR 6 14
- Vermittlung von Lebensversicherung als N. und Beratungspflicht des VersMaklers 61 15

Neufestsetzung der Prämie 163 11 ff

Neugeborenenversicherung
- Rückwärtsversicherung 2 20

Neugeborenes Kind
- Kindernachversicherung 198 2 ff; *MB/KK* 2 2

Neupreisentschädigung
- Kfz-Kaskoversicherung *AKB* **A.2.6** 5

Neuverträge
- Anwendbarkeit des VVG 2008 *Einl.* 39 ff
- vertragliche Obliegenheitsverletzung 28 250

Neuwert
- Begriff 74 19, 88 6
- Feuerversicherung *AFB* Abschnitt A § 7 2 f
- Wohngebäudeversicherung *VGB* Abschnitt A § 10 1

Neuwertanteil
- Begriff 93 3

Neuwertanteil, Wohngebäudeversicherung
- Entschädigungsberechnung *VGB* Abschnitt A § 13 9
- Rückzahlung *VGB* Abschnitt A § 14 2

Neuwertentschädigung 93 3

Neuwertspitze
- Begriff 93 3 ff
- Quotenvorrecht 86 28
- Verzinsungspflicht der Entschädigung 91 5

Neuwertversicherung
- Entschädigungsberechnung *VGB* Abschnitt A § 13 1 ff
- Feuerversicherung *AFB* Abschnitt A § 8 5 ff
- Neuwertspitze 93 3
- Quotenvorrecht 86 28

Nicht substitutive Krankenversicherung 195 9

Nichteheliche Lebensgemeinschaft
- Forderungsübergang, Regressprivileg 86 50

Nichtselbständiger
- Privat-, Berufs- und Verkehrs-Rechtsschutz für Nichtselbständige *ARB 2010* 26 1 f
- Privat- und Berufsrechtsschutz für Nichtselbständige *ARB 2010* 25 1 ff

Niedergelassener Arzt *MB/KK* 4 5

Niederlassung *VVG-InfoV* 1 3 f

Niederstwertprinzip 153 35, 38

Nießbrauch
- Betriebshaftpflichtversicherung 102 6
- Erwerb aufgrund N. 99 2
- Gebäudefeuerversicherung 148 2

Nischenarbeitsplatz 172 73, 174 6

Normzinssatz
- ausländischer Anbieter *VVG-InfoV* 2 49
- für Modellrechnung *VVG-InfoV* 2 4, 46 ff

Notar
- Rechtsschutzerstreckung *ARB 2010* 5 4, 45

Stichwortverzeichnis

Notfallleistungen
- Leistungsanspruch trotz Ruhens 193 72 ff

Notlagentarif
- Hinweispflicht des VR *EGVVG* 7 6
- Rechtsfolgen *EGVVG* 7 5
- rückwirkende Einführung des N. *EGVVG* 7 3 f
- Tarifwechselrecht 193 87
- Umstellung in den N. *EGVVG* 7 2 ff
- Varianten des N. 193 84
- Wartezeiten 197 5
- Widerspruchsrecht des VN *EGVVG* 7 6
- zeitliche Geltung *EGVVG* 7 5

Null-Quoten
- quotale Leistungskürzung 28 175 f

Nullstellung
- des Internetrisikos *AHB* 7 78
- des Umwelthaftpflichtrisikos *AHB* 7 60

Nutzungsausfall
- Kongruenz iRd Forderungsübergangs 86 35, 37
- Regressfähigkeit iRd Forderungsübergangs 86 61 f

Nutzungsausfallschaden
- Haftpflichtversicherung *AHB* 1 42, 7 46

Nutzungsmöglichkeiten, Beeinträchtigung
- Sachschaden, Haftpflichtversicherung *AHB* 1 31

Obduktion 161 22 ff; *AUB* 7 11

Obhutsklausel
- Feuerversicherung *AFB* Abschnitt A § 3 10

Obliegenheiten
- *siehe auch* Schadensabwendungs- und -minderungspflicht des VN
- *siehe auch* Übergang von Ersatzansprüchen (Forderungsübergang), Mitwirkungsobliegenheiten des VN
- Feuerversicherung *AFB* Abschnitt B § 8 1 ff
- Hausratversicherung *VHB* Abschnitt A § 16 1 ff, Abschnitt B § 8 1 ff
- Kraftfahrtversicherung, O. beim Gebrauch *KfzPflVV* 5 1 ff; *AKB* D.1–D.3 1 ff
- Kraftfahrtversicherung, O. im Schadenfall *KfzPflVV* 6 1 f, 7 1 ff; *AKB* E.1–E.6 1 ff
- Produktinformationsblatt *VVG-InfoV* 4 19 ff, 22
- Rechtsnatur 1 71
- Rechtsschutzversicherung *ARB 2010* 17 2 ff; *ARB 2012* 4.1 1 ff
- Unfallversicherung *AUB* 7 1 ff, 8 1
- Vereinbarung *Einl.* 87
- Wohngebäudeversicherung *VGB* Abschnitt A § 16 1 ff

Obliegenheiten, verhüllte
- *siehe* Verhüllte Obliegenheiten

Obliegenheiten, vertragliche
- *siehe auch* Quotale Leistungskürzung, Obliegenheitsverletzung
- *siehe auch* Verhüllte Obliegenheiten
- Abgrenzung zu Fristbestimmungen 28 32 ff
- Abgrenzung zu Straftatklauseln 28 29 ff
- Abgrenzung zum Risikoausschluss/zur Risikobeschreibung (mit Rspr-Übersicht) 28 19 ff
- Abgrenzung zur Vertragsstrafe 28 6
- Abgrenzungsgrundsätze 28 17 f
- Adressat 28 4, 40
- AGB-Kontrolle 28 16
- Aufklärungsobliegenheiten 28 43 ff, 47 ff
- Auskunftsobliegenheiten 28 43 ff, 47 ff
- Begriff 28 2 ff
- Bestimmtheitsgrundsatz 28 10 ff, 38
- Bezugnahme auf Gesetze und Vorschriften 28 14
- Disposition des VR 28 15
- Fristen in der Unfallversicherung 28 33 ff
- gefahrbezogene Obliegenheiten 28 3, 40 f
- Geltungsbereich 28 9
- Gesetzesgeschichte 28 1
- Haftpflichtversicherung *AHB* 24 1 f
- Informationsobliegenheiten 28 3, 43 ff, 47 ff
- Kausalität der Obliegenheitsverletzung 28 56 ff
- keine konkludente Vereinbarung 28 10 f
- Klarheitsgebot 28 10 ff, 38
- Rechtsnatur 28 4 ff, 8
- Rspr-Beispiele 28 21
- Sprachgebrauch des Gesetzes 28 7
- Transparenzgebot 28 12
- Verhältnis der vertraglichen Obliegenheitsverletzung zur Herbeiführung des Versicherungsfalles 81 4
- Verhältnis zur Gefahrerhöhung 23 6
- verhüllte Obliegenheiten 28 17, 19 ff
- vertragliche Vereinbarung 28 9 ff
- Verwirkungsklauseln 28 36, 48
- Voraussetzungstheorie 28 5

Obliegenheitsverletzung
- *siehe auch* Belehrung bei Obliegenheitsverletzungen
- Adäquanz 28 60
- Alles-oder-Nichts-Prinzip 28 155 ff
- Arglist 28 69 f, 226
- Aufklärungs- und Auskunftsobliegenheiten 28 43 ff, 47 ff
- Ausschluss der Vereinbarung eines Rücktrittsrechts 28 235

Stichwortverzeichnis

- Bedeutung anderweitiger Erkenntnisquellen des VR (Fallgruppen) 28 49 ff
- Bedingungsanpassung 28 253 ff
- bei der laufenden Versicherung 58 1 ff
- Belehrungserfordernis 28 222 ff, 31 26
- Beweislast 28 38
- Datensammlungen/Auskunfts- und Aufklärungsobliegenheit 28 52 ff
- falsches Vorbringen des VN im Prozess 28 47
- gefahrbezogene Obliegenheiten 28 40 f
- Gefahrvorbeugung 28 55
- Geltendmachung 28 236 ff
- Grundzüge des Sanktionenmodells 28 154 ff, 260
- Hinweise des VN auf weitere Erkenntnisquellen (Abgrenzung zur Nachfrageobliegenheit)/Auskunfts- und Aufklärungsobliegenheit 28 51
- Kausalität, Begriff 28 60 ff
- Kausalität der Obliegenheitsverletzung für Feststellung des Eintritts des Versicherungsfalles 28 64
- Kausalität der Obliegenheitsverletzung für Feststellung und Umfang der Versicherungsleistung 28 65
- Kausalitätsgegenbeweis 28 56 ff, 66 ff
- keine Auskunfts- und Aufklärungsobliegenheit bei positiver Kenntnis des VR (Regulierung von Vorschaden) 31 18 f
- Kenntnis des VN als Teil des objektiven Tatbestands 28 44
- Kraftfahrtversicherung *KfzPflVV* 5 7 ff, 6 1 ff, 7 1 ff; *AKB* D.1–D.3 9 ff, E.1–E.6 25 ff
- Leistungsablehnung 28 47
- Leistungsfreiheit des VR 28 154 ff, 236 ff
- mehrere, Lösungsmodelle für quotale Leistungskürzung 28 207 ff
- Mitverursachung 28 61
- Normzweckzusammenhang 28 46 ff
- Pflichtversicherung 117 2
- positive Kenntnis des VR vom erfragten Umstand zum Zeitpunkt seiner Frage (hier: Regulierung von Vorschaden)/Auskunfts- und Aufklärungsobliegenheit 28 50
- Prozessuales 28 236 ff
- prüfungsbereiter VR 28 47
- Rechtfertigungsgründe 28 79 f
- Rechtswidrigkeit der Verletzung als ungeschriebenes Tatbestandsmerkmal? 28 79 f
- Rechtswidrigkeitszusammenhang 28 46 ff
- Relevanzrechtsprechung 28 56, 70, 156 f
- Rückforderungsrechtsstreit, Beweislastverteilung 28 245 ff
- Schadensaufstellungen, verspätete Vorlage 28 67
- Schuldunfähigkeit 28 45, 86
- Schutzzweckzusammenhang 28 55
- Stehlgutlisten, verspätete Vorlage 28 67
- subjektive Gefahrerhöhungen 28 57 ff
- Übergangsrecht 28 249 ff
- Uniwagnis-Datei 28 52 ff; *AKB* E.1–E.6 18
- unrichtiger Prozessvortrag des VN 28 242 ff
- Verhältnis der vertraglichen Obliegenheitsverletzung zur Herbeiführung des Versicherungsfalles 81 4
- Verhältnis zur Gefahrerhöhung 23 6
- Verschweigen anderweitigen Versicherungsschutzes 28 58
- Verwirkung der Geltendmachung 28 240
- Verzicht des VR auf Berufung 28 238 f
- vor und nach Versicherungsfall 28 37
- vorsätzliche folgenlose Obliegenheitsverletzung 28 56
- Zeitpunkt der Geltendmachung 28 238 ff

Obliegenheitsverletzung, Kündigungsrecht des VR
- Entlastungsgegenbeweis des VN 28 147
- Form 28 135
- gedehnter Versicherungsfall 28 139
- Grundsatz 28 134, 259
- keine Kündigung bei einfacher Fahrlässigkeit des VN 28 134, 146
- Kenntnis des VR vom Kündigungsgrund 28 143 ff
- Kündigungserklärungsfrist 28 140 ff
- Prämienzahlung, anteilig 28 137
- Rechtsmissbrauch 28 150 ff
- Übersicht 28 259
- Vereinbarung einer Kündigungsfrist in AVB 28 136
- Verschulden 28 146
- vor dem Versicherungsfall 28 138 f
- Wegfall des Kündigungserfordernisses nach § 6 Abs. 1 S. 3 aF 28 148 ff
- Zurückweisung der Kündigung 28 142

Obliegenheitsverletzung, Verschulden des VN
- *siehe auch* Leistungsfreiheit des VR bei Obliegenheitsverletzungen
- *siehe auch* Obliegenheitsverletzung, Kündigungsrecht des VR
- *siehe auch* Quotale Leistungskürzung, Obliegenheitsverletzung
- *siehe auch* Repräsentantenhaftung
- Abschlussvertreter des VN 28 132
- Alles-oder-Nichts-Prinzip 28 155 ff, 157
- Arglist 28 87 ff
- Bedeutung im Sanktionensystem des § 28 28 71 ff, 259 f

Stichwortverzeichnis

- Berichtigung falscher Angaben des VN 28 169 f, 202, 31 20 ff
- Bote 28 131
- Ersetzungsbefugnis des VN bei Maßnahmen zur Sicherung? 28 108
- Fahrlässigkeit 28 92 ff
- grobe Fahrlässigkeit als gesetzlich vermuteter Normalfall einer Obliegenheitsverletzung 28 164 ff, 168 ff
- Rechtsanwaltsverhalten 28 133
- Repräsentantenhaftung 28 109, 113 ff
- Unkenntnis des VN von Verpflichtungslage als grobe Fahrlässigkeit 28 104
- Verschuldensbegriff bei § 28 28 72
- Vorsatz 28 74 ff, 157 f, 159 ff
- Wissenszurechnung 28 125 ff
- Zurechnung des Verhaltens Dritter 28 109 ff

Obliegenheitsverletzung. Kündigungsrecht des VR
- vorvertragliche Anzeigepflicht 19 40 f

Obmann
- Aufgabe 84 7
- Befangenheit 84 14
- Kfz-Kaskoversicherung AKB A.2.17 2

Observierung des VN 1 4a

Offene Mitversicherung
- Führungsgeschäft 77 24 ff
- Kennzeichen 77 22 ff

Oldtimer
- Versicherungswert 88 4
- Wiederbeschaffungswert AKB A.2.6 4

Öltank AHB 7 63; AVB PHV A2-1 4 ff

Ombudsmann Private Kranken- und Pflegeversicherung 214 2 f
- Informationspflichten des VR VVG-InfoV 1 51 f

Ombudsmannverfahren
- Informationspflichten des VR VVG-InfoV 1 51 f

Omnibus II-Richtlinie Einl. 19

Opfer-Rechtsschutz
- Leistungsart ARB 2012 2.2 5

Ordnungswidrigkeiten-Rechtsschutz ARB 2010 2 20

Pachtverhältnis
- Betriebshaftpflichtversicherung 102 6

Pachtvertrag
- Erwerb aufgrund N. 99 2

Panne AKB A.3 1

Pannenhelfer AKB A.1.5 12

Parkhaus
- siehe Garage

Partnerschaftsgesellschaft
- Haftpflichtversicherung AHB 7 30

Passivenversicherung
- Begriff 1 30

- Krankheitskostenversicherung 192 3

Pauschalierte Quoten
- quotale Leistungskürzung 28 221

Pedelecs
- Privathaftpflichtversicherung AVB PHV A1-6.10 7

PEICL Einl. 24

Pelze
- Begriff VHB Abschnitt A § 13 2
- kein Hausrat VHB Abschnitt A § 6 23

Pensionskassen
- anwendbare Vorschriften 211 3, 6
- Informationspflichten des VR 7 40
- kein Widerrufsrecht des VN 8 26

Personenbezogene Gesundheitsdaten
- siehe Datenerhebung personenbezogener Gesundheitsdaten bei Dritten

Personenschaden
- Haftpflichtversicherung 118 4; AHB 1 27 f, 7 46
- Pflichtversicherung 118 4

Personenversicherung
- Begriff 1 31
- Forderungsübergang 86 3
- Krankenversicherung 192 3
- vorvertragliche Anzeigepflicht des VN und „Erklärungen vor dem Arzt" 19 32

Persönlichkeitsrechtsverletzung AHB 7 84
- Haftpflichtversicherung AHB 1 28
- Privathaftpflichtversicherung AVB PHV A1-7 1

Pfandrechtsgläubiger
- Prämienzahlung durch 34 5

Pfändung
- BUZ BB-BUZ 9 8 ff

Pfändungs- und Überweisungsbeschluss
- Änderung des Bezugsrechts? 159 20

Pfändungsschutz, Umwandlung der Lebensversicherung
- siehe Umwandlung der Lebensversicherung zur Erlangung von Pfändungsschutz

Pferde
- Einschlussregelungen AVB PHV A1-6.9 10 ff
- Risikoausschluss AVB PHV A1-6.9 5 ff
- Tierhalter- und Tierhüterrisiko AVB PHV A1-6.9 1 f

Pferderennen
- Ausschluss PHV AVB PHV A1-6.7 3

Pflegebedürftigkeit
- Ausschluss der Leistungspflicht bei vorsätzlicher Herbeiführung der P. bei sich selbst 201 2
- Berufsunfähigkeit infolge P. BB-BUZ 1 11, 2 10 ff
- BU infolge P. BB-BUZ 2 10 ff
- Pflegeversicherung 192 40

Pflegekostenversicherung 192 42

Pflegekrankenversicherung
- Kündigung durch VR 206 5
- Wartezeiten 197 4, 16

Pflegepflichtversicherung, private
- Kontrahierungszwang *Einl.* 10
- Rechtsquelle *Einl.* 18
- Versicherungsbeginn 2 10

Pflegetagegeldversicherung 192 42

Pflegeversicherung
- Bereicherungsverbot 200 5
- Pflegebedürftigkeit 192 40
- Pflegekostenversicherung 192 42
- Pflegetagegeldversicherung 192 42
- Rechtsweg 192 43
- Übermaßverbot 192 44
- Versicherungsfall 192 40
- Vertragsinhalt 192 41
- Zweck 192 40

Pflichtversicherung
- *siehe auch* Direktanspruch gegen VR, Pflichtversicherung
- *siehe auch* Kfz-Haftpflichtversicherung
- *siehe auch* Pflichtversicherungsgesetz (PflVG)
- Abschluss bei einem Versicherungsunternehmen im Inland 113 5
- andere Schadensversicherer 117 11
- Anordnung durch Rechtsvorschrift 113 2 ff
- Anzeige des VR über Nichtbestehen bzw Beendigung des VersVertrages an zuständige Stelle 117 6 ff
- Anzeige- und Auskunftspflichten des Geschädigten 119 1 ff, 120 1 ff
- Aufrechnungsverbot 121 1 f
- Begrenzung des Versicherungsschutzes 114 4 ff
- Berufshaftpflichtversicherung *Einl.* 13; 1 32
- Bescheinigungspflicht 113 6
- Deckungsvorsorgepflicht 113 3
- Direktanspruch gegen VR 115 1 ff
- Fremdversicherung 123 1 ff
- Geltungsbereich 113 7
- Haftungsumfang 117 10 ff
- Insolvenz des VR 117 19
- Kfz-Haftpflichtversicherung *Einl.* 12; 1 32
- Kündigungsrecht des VN bei Abschluss einer neuen Pflichtversicherung 205 31 ff
- Leistungspflicht des VR gegenüber Dritten 117 2 ff
- Mindestversicherungssumme 114 2 f, 117 10 ff
- Mitversicherte 123 1 ff
- Nachhaftung 117 6, 19, 123 7
- Obliegenheitsverletzungen 117 2
- Personenschaden 118 4
- private Krankenversicherung *Einl.* 11; 205 31 ff
- private Pflegepflichtversicherung *Einl.* 10 f
- Rangfolge mehrerer Ansprüche 118 1 ff
- Rechtskrafterstreckung und Direktanspruch des Geschädigten gegen VR 124 1 ff
- Regress 117 14 ff
- Satzungen berufsständischer Kammern 113 4
- Satzungen öffentlich-rechtlicher Körperschaften 113 4
- Schadensanzeigepflicht des Geschädigten 119 2 ff
- Selbstbehalt 114 8 f
- Serienschadenklauseln 114 6
- Unfallversicherung 190 1
- Veräußerung der versicherten Sache 122 1 ff
- Vermögensschäden (echte/unechte) 118 4
- verspätet gemeldete Ansprüche 118 5 f
- Vertragsübergang bei Veräußerung der versicherten Sache 122 2
- Vertragszweckgefährdung 114 4 f
- Verweisungsprivileg 117 10 ff; *PflVG* 3 1 ff
- Vorsatzausschluss *Vor* 100–124 10, 103 3, 7 f, 117 3
- Zweck 113 1

Pflichtversicherungsgesetz (PflVG)
- *siehe auch* Kfz-Haftpflichtversicherung
- Auskunftsstelle (GDV-Dienstleistungs GmbH & Co. KG – Zentralruf der Autoversicherer) *PflVG* 8a 1 f
- Befreiung von Versicherungspflicht *PflVG* 2 1 ff
- Entschädigungsfonds *PflVG* 12 1 ff
- Geltungsbereich *PflVG* 1 2 ff
- Kontrahierungszwang *PflVG* 5 1 ff
- Mindestversicherungsschutz *PflVG* 4 1
- Quasiversicherer (Eigenversicherer) *PflVG* 2 4 ff
- Rechtsquellen des Privatversicherungsrechts *Einl.* 51
- Regelungsgehalt *PflVG* 1 1
- Regress *PflVG* 2 8
- Unfall im Ausland, Regulierung *PflVG* 3a 2 ff
- Veräußerung des versicherten Kfz *PflVG* 3b 1 ff
- Versicherungspflicht des Halters *PflVG* 1 7

Pflichtwidrigkeitsklauseln
- Pflichtversicherung 114 4
- Rechtsnatur 103 12

Photovoltaikanlagen
- *VGB* **Abschnitt A § 5** 10

Pilot
- Ausschluss BUZ *BB-BUZ* **3** 29

Planschwasser
- Wohngebäudeversicherung, Risikoausschluss *VGB* **Abschnitt A § 3** 11

Plansicherungstheorie
- Funktion der Versicherung **1** 9

Police
- Begriff **3** 7, **5** 14

Policenmodell
- bei Informationsverzicht des VN **7** 21
- bei VersVertrag für Großrisiken **7** 39
- fehlerhafte Belehrung bei Vertragsabschluss im P. **152** 35 ff
- Kennzeichen **1** 45, 57 ff; *EGVVG* **1** 5
- Vereinbarkeit mit EU-Recht **1** 58

Posttraumatische Belastungsstörung
AUB **5** 50

Praktikum
- kein Beruf iSd BU **172** 26

Prämie
- *siehe auch* Erstprämie
- *siehe auch* Fälligkeit der Prämie
- *siehe auch* Fehlendes versichertes Interesse, Prämie
- *siehe auch* Folgeprämie
- *siehe auch* Vorzeitige Vertragsbeendigung, Prämie
- *siehe auch* Zahlungsverzug bei Erstprämie
- *siehe auch* Zahlungsverzug bei Folgeprämie
- Abholung der Prämie in bar **33** 19
- Aufrechnung durch VN **33** 17
- Aufrechnung durch VR **35** 1 ff
- Banküberweisung **33** 13
- Barzahlung **33** 9, 12
- Begriff **1** 68, **33** 2
- Berechnung in der Krankenversicherung **203** 2 ff
- Beweislast für Zahlung **33** 23
- Beweislast für Zugang des Versicherungsscheins **33** 21 f
- einmalige Prämie **37** 2, 14
- Eintritt des Versicherungsfalles bereits vor Ablauf der Widerrufsfrist und Zahlung der Erstprämie **37** 16 ff
- Einzugsermächtigung **33** 9, 20
- Erfüllungswirkung **33** 9
- Erstattung bei Widerruf **9** 4, 13, 17
- Erstprämie **37** 2
- Fälligkeit **33** 4 ff, **152** 27
- Folgeprämie **38** 1
- Gesamtschuldner **1** 67
- Grundsatz der Unteilbarkeit **39** 1
- Haupt- und Zusatzversicherung *VVG-InfoV* **1** 19
- Höhe **1** 68
- Informationspflichten des VR *VVG-InfoV* **1** 29
- Insolvenz des VR **16** 6, **39** 6
- Lastschriftverfahren **33** 9, 14 ff, **37** 8
- Leistungsort **36** 1 ff
- mehrere selbständige Verträge *VVG-InfoV* **1** 19
- Prämiengläubiger **33** 3
- Prämienschuldner **33** 3
- pro rata temporis-Grundsatz **39** 2
- Produktinformationsblatt *VVG-InfoV* **4** 14 ff
- Ratenzahlung **37** 4
- Rechtzeitigkeit der Leistungshandlung **33** 10 ff, **37** 6
- Stundung **33** 8, **38** 22
- Übermittlungsgefahr **36** 1 f
- unterjährige Prämienzahlung **33** 18
- verbundener Vertrag *VVG-InfoV* **1** 19
- Verwendung von Zahlungsfristen **33** 7
- vorläufige Deckung **51** 1 f, **52** 5 ff
- vorzeitige Vertragsbeendigung **39** 1 ff
- Zahlung durch Dritten (Ablösungsrecht) **34** 1 ff
- Zahlung durch Pfandrechtsgläubiger **34** 5
- Zahlungsarten **33** 11 ff
- Zusatzversicherung *VVG-InfoV* **1** 19

Prämienänderung, Lebensversicherung
- Abdingbarkeit **163** 16
- Änderung des Leistungsbedarfs **163** 3 f
- Angemessenheit und Erforderlichkeit **163** 7 f
- Rechtsfolgen **163** 11 ff
- Treuhänderbestätigung **163** 9 f
- Voraussetzungen **163** 3 ff

Prämienanpassung, Haftpflichtversicherung
AHB **15** 1

Prämienanpassung, Krankenversicherung
- Aufsichtsrecht **203** 6
- Beobachtungseinheit **203** 9, 14
- Gegenstand der Anpassung (Prämie, Selbstbehalt, Risikozuschlag) **203** 13
- gerichtliche Überprüfbarkeit **203** 24 f
- Normweck **203** 1
- Prämienerhöhung **203** 7
- Prämienermäßigung **203** 7
- Rechnungsgrundlagen (Versicherungsleistungen und Sterbewahrscheinlichkeiten) **203** 8 ff
- Rechtsfolge **203** 37
- stellvertretender Treuhänder **203** 20
- Sterbewahrscheinlichkeiten, Rechnungsgrundlagen **203** 8 ff
- Treuhänder-Zustimmung **203** 16 ff
- Versicherungsleistungen, Rechnungsgrundlagen **203** 8 ff
- Zustimmung eines unabhängigen Treuhänders **203** 16 ff

Prämienanpassungsklauseln
- AGB-Kontrolle **40** 6 ff
- Prämienerhöhung wegen Gefahrerhöhung **25** 1

Prämienerhöhung
- außerordentliches Kündigungsrecht des VN bei einseitiger P.   205 24 ff
- Informationspflicht des VR bei substitutiver Krankenversicherung *VVG-InfoV* **6** 10

Prämienerhöhung, Kündigung bei
- Änderung des Äquivalenzverhältnisses   **40** 2 ff
- Belehrung über Kündigungsrecht   **40** 15
- Branchenwerte   **40** 11
- Erhöhung der Versicherungssumme   **40** 3
- Gefahrerhöhung   **40** 4
- Geringfügigkeitsgrenze   **40** 12
- Höchstgrenze   **40** 13
- Kündigungsfrist   **40** 15
- Normzweck   **40** 1
- Prämienanpassungsklauseln/AGB-Kontrolle   **40** 6 ff
- Prämienerhöhung   **40** 5 ff
- unwirksame Prämienerhöhung   **40** 17
- Voraussetzungen   **40** 2 ff
- Zugang der Mitteilung des VR   **40** 16

Prämienerhöhung wegen Gefahrerhöhung
- *siehe* Gefahrerhöhung, Prämienerhöhung wegen

Prämienfreie Leistung, Lebensversicherung
- Abdingbarkeit   **165** 22
- Anwendungsbereich   **165** 1 f
- Auszahlung des Rückkaufswertes   **165** 18 ff
- Berechnungsmodalitäten   **165** 12 ff
- Erklärender   **165** 7
- Form   **165** 8
- Fortsetzung nach Elternzeit   **212** 1 ff
- Frist   **165** 9
- Rechtsfolgen   **165** 10 ff
- Riester-Vertrag   **165** 16
- Umwandlungsverlangen   **165** 4 ff

Prämienfreistellung
- Berufsunfähigkeitsversicherung *VVG-InfoV* **2** 57
- Mindestversicherungsbetrag *VVG-InfoV* **2** 32 ff

Prämienherabsetzung
- Angemessenheit   **41** 3
- Gefahrminderung/Voraussetzungen   **41** 2
- Normzweck   **41** 1
- Wirkung   **41** 1

Prämienkalkulation
- Aufsichtsrecht   *Einl.* 50; **1** 68
- Falschkalkulation   **163** 3
- geschlechtsabhängige Tarifierung *Einl.* 56
- Krankenversicherung   **203** 8 ff
- Lebensversicherung   **163** 3 ff
- Modellrechnung   **154** 20
- Rechnungsgrundlagen   **169** 23 ff

Prämienreduzierung
- Berufsunfähigkeitsversicherung *VVG-InfoV* **2** 57
- Mindestversicherungsbetrag *VVG-InfoV* **2** 34

Prämienverzug
- *siehe* Zahlungsverzug bei Erstprämie
- *siehe* Zahlungsverzug bei Folgeprämie

Prämienzuschlag
- Produktinformationsblatt *VVG-InfoV* **4** 16

Preisdifferenzversicherung
- Mehrkosten durch Preissteigerungen   **88** 12

Preissenkungen
- Versicherungswert   **88** 12

Preissteigerungen
- Mehrkosten durch P. *VGB* **Abschnitt A § 8** 1 ff
- Versicherungswert *VGB* **Abschnitt A § 10** 4

Preissteigerungen, Mehrkosten durch
- Feuerversicherung *AFB* **Abschnitt A § 5** 3a, **Abschnitt A § 7** 5
- Versicherungswert   **88** 12

Preisvorteile/Nachlässe
- Versicherungswert   **74** 13

Privat-, Berufs- und Verkehrs-Rechtsschutz für Nichtselbständige   *ARB 2010* **26** 1 f

Privat-, Berufs- und Verkehrs-Rechtsschutz für Selbständige   *ARB 2010* **28** 1 ff

Privat- und Berufsrechtsschutz für Nichtselbständige   *ARB 2010* **25** 1 ff

Privatautonomie im Privatversicherungsrecht
- Einschränkungen   *Einl.* 8 ff
- Grundrechte   *Einl.* 8 f, 25
- Grundsatz   *Einl.* 6 f
- halbzwingende Vorschriften   *Einl.* 14 ff; **18** 1 ff
- Kontrahierungszwang   *Einl.* 10 f
- Pflichtversicherung   *Einl.* 10 f; **1** 32

Private Krankenversicherung
- *siehe* Krankenversicherung

Privatgutachten
- Selbsttötung   **161** 26

Privathaftpflichtversicherung
- Abhandenkommen von Sachen *AVB PHV* **A1-6.15** 8
- Abwässer   *AVB PHV* **A1-6.5** 1
- Ansprüche aus Benachteiligungen *AVB PHV* **A1-6.17** 1 ff
- Ausübung der Rechte *AVB PHV* **A1-2** 10
- Deckungssumme   *AVB PHV* **A1-5** 1
- Diskriminierung   *AVB PHV* **A1-7** 1 ff, 3
- Ehrenamt   *AVB PHV* **A1-6.2** 1 ff, 3

- Familie und Haushalt
  AVB PHV **A1-6.1** 1 ff
- gewerbliche Schutzrechte
  AVB PHV **A1-6.15** 6
- Glasschäden   *AVB PHV* **A1-6.6** 9
- Haus- und Grundbesitz
  AVB PHV **A1-6.3** 1 ff
- Insolvenzverwalter   *AVB PHV* **A1-6.3** 14
- Kfz-Risiken   *AVB PHV* **A1-7** 1 ff, 6 ff
- Leistungen des VR   *AVB PHV* **A1-4** 1
- Mitversicherte   *AVB PHV* **A1-2** 8
- Munition   *AVB PHV* **A1-6.8** 1 ff
- nicht versicherte Risiken
  AVB PHV **A1-1** 4 ff
- Risikoerhöhungen/-erweiterungen
  AVB PHV **A1-8** 1
- Schäden an gemieteten Sachen (Mietsachschäden)   *AVB PHV* **A1-6.6** 1 ff
- Schäden im Ausland
  AVB PHV **A1-6.14** 1 ff
- Sportausübung   *AVB PHV* **A1-6.7** 1 ff
- Tageselternklausel   *AVB PHV* **A1-6.1** 2
- Tiere   *AVB PHV* **A1-6.9** 1 ff
- Tod des VN und Fortsetzung der PHV
  AVB PHV **A1-10** 1
- Übertragung elektronischer Daten
  AVB PHV **A1-6.16** 1 ff
- Umweltrisiko   *AVB PHV* **A1-6.4** 1 ff
- Urheberrechte   *AVB PHV* **A1-6.15** 6
- Veränderungen des versicherten Risikos
  AVB PHV **A1-8** 1
- Verantwortlichkeit für Obliegenheiten
  AVB PHV **A1-2** 10
- Verlust des Versicherungsschutzes
  AVB PHV **A1-2** 9
- Vermögensschäden
  AVB PHV **A1-6.15** 1 ff
- versichertes Risiko   *AVB PHV* **A1-1** 1
- Versicherungsfall   *AVB PHV* **A1-3** 1
- Vorsorgeversicherung (neu hinzukommende Risiken)   *AVB PHV* **A1-9** 1
- Waffenbesitz und -gebrauch
  AVB PHV **A1-6.8** 1 ff
- Währungsklausel   *AVB PHV* **A1-6.14** 7
- Zwangsverwalter   *AVB PHV* **A1-6.3** 14

Privathaftpflichtversicherung, Ausschlüsse
- Anfeindung, Schikane, Belästigung und sonstige Diskriminierung
  AVB PHV **A1-7** 1
- Anhänger   *AVB PHV* **A1-7** 6 ff
- Ansprüche der Versicherten untereinander
  AVB PHV **A1-7** 1
- Asbest   *AVB PHV* **A1-7** 1
- Diskriminierung   *AVB PHV* **A1-7** 3
- Erdrutschungen   *AVB PHV* **A1-7** 1
- Gentechnik   *AVB PHV* **A1-7** 1
- Kenntnis der Mangelhaftigkeit oder Schädlichkeit von Erzeugnissen, Arbeiten und sonstigen Leistungen
  AVB PHV **A1-7** 1
- Kraftfahrzeug, Gebrauch des
  AVB PHV **A1-7** 6 ff
- Leasing/Pacht/Leihe/verbotene Eigenmacht/besonderer Verwahrungsvertrag
  AVB PHV **A1-7** 1
- Namensrechtsverletzung
  AVB PHV **A1-7** 1
- Obhutsschäden   *AVB PHV* **A1-7** 2
- Persönlichkeitsrechtsverletzung
  AVB PHV **A1-7** 1
- Schäden an hergestellten oder gelieferten Sachen, Arbeiten und sonstigen Leistungen
  AVB PHV **A1-7** 1
- Schadenfälle von Angehörigen des VN und von wirtschaftlich verbundenen Personen
  AVB PHV **A1-7** 1
- Senkungen   *AVB PHV* **A1-7** 1
- Strahlen   *AVB PHV* **A1-7** 1
- Überschwemmungen   *AVB PHV* **A1-7** 1
- Übertragung von Krankheiten
  AVB PHV **A1-7** 1
- ungewöhnliche und gefährliche Beschäftigung   *AVB PHV* **A1-7** 21 ff
- Vereinstätigkeit   *AVB PHV* **A1-7** 24 ff
- vorsätzlich herbeigeführte Schäden
  AVB PHV **A1-7** 1

Privathaftpflichtversicherung, nicht versicherte Risiken
- Arbeitsunfall   *AVB PHV* **A1-2** 7
- Berufskrankheit   *AVB PHV* **A1-2** 7
- Gefahren eines Amtes   *AVB PHV* **A1-1** 9
- Gefahren eines Berufes
  AVB PHV **A1-6.3** 6 f, 14
- Gefahren eines Betriebes
  AVB PHV **A1-1** 4 f
- Gefahren eines Dienstes
  AVB PHV **A1-1** 8

Privathaftpflichtversicherung, versicherte Personen
- Au-Pairs   *AVB PHV* **A1-2** 5
- im Haushalt beschäftigte Personen
  AVB PHV **A1-2** 5 ff
- Kinder   *AVB PHV* **A1-2** 2 ff
- Partner   *AVB PHV* **A1-2** 1

Privat-Rechtsschutz
- Vertragsformen (versicherter Lebensbereich)   *ARB 2012* 2 1, 2.1.1 2

Privat-Rechtsschutz für Selbständige
ARB 2010 23 1 ff

Privatversicherungsrecht
- siehe auch Rechtsquellen des Privatversicherungsrechts
- Abgrenzung zur Sozialversicherung
  Einl. 2 ff; 1 19
- AVB-Kontrolle   *Einl.* 7
- Deregulierung   *Einl.* 7, 48
- Grundrechte   *Einl.* 8 f, 25
- halbzwingende Vorschriften   *Einl.* 14 ff; 18 1 ff
- historische Entwicklung   *Einl.* 1, 7

- Kollisionsrecht *Einl.* 22, 46
- Kontrahierungszwang *Einl.* 10 f
- Pflichtversicherung *Einl.* 10 f; 1 32
- Privatautonomie, Einschränkungen *Einl.* 8 ff
- Privatautonomie, Grundsatz *Einl.* 6 f
- Produktgestaltungsfreiheit *Einl.* 7
- VersVertrag 1 2 ff
- Vertragsfreiheit 1 2

Pro rata temporis-Grundsatz
- Abrechnung, vorläufige Deckung 50 3
- zeitanteilige Prämienerstattung 39 2

Probefahrt
- Begriff *KfzSBHH* **A.1** 3

Produktgestaltungsfreiheit
- Privatversicherungsrecht *Einl.* 7

Produkthaftpflichtversicherung
- Schadenereignis *AHB* 1 21, 25
- Vermögensschaden *AHB* 2 6

Produktinformationsblatt
- Abschlusskosten *VVG-InfoV* 4 29
- Adressat *VVG-InfoV* 4 4
- „Angaben", Begriffsbedeutung *VVG-InfoV* 4 6
- Art des Vertrages *VVG-InfoV* 4 7
- ausgeschlossene Risiken *VVG-InfoV* 4 10 ff
- Beendigung des VersVertrags *VVG-InfoV* 4 24 ff
- Bündelprodukte *VVG-InfoV* 4 35
- Einbeziehung von AVB in den VersVertrag *Einl.* 75
- Ermächtigungsgrundlage *VVG-InfoV* 4 2
- Form *VVG-InfoV* 4 33 ff
- formale Anforderungen *VVG-InfoV* 4 31 ff
- „Hinweis", Begriffsbedeutung *VVG-InfoV* 4 6
- Informationsgehalt *VVG-InfoV* 4 5
- Intransparenz einer AVB-Klausel *Einl.* 84
- Justitiabilität *VVG-InfoV* 4 9
- Kostenausweis *VVG-InfoV* 4 28 ff
- Kostenverzeichnis 3 37
- Leistungsausschluss *VVG-InfoV* 4 10 ff, 18
- Modellrechnung bei Lebensversicherung 154 20; *VVG-InfoV* 4 27
- Obliegenheiten bei Vertragsschluss *VVG-InfoV* 4 19 f
- Obliegenheiten im Versicherungsfall *VVG-InfoV* 4 22
- Obliegenheiten während der Vertragslaufzeit *VVG-InfoV* 4 21
- Platzierung *VVG-InfoV* 4 32
- Prämie *VVG-InfoV* 4 14
- Prämienzuschlag *VVG-InfoV* 4 16
- Ratenzuschlag *VVG-InfoV* 4 15
- Reihenfolge *VVG-InfoV* 4 38
- Risikoausschluss *VVG-InfoV* 4 10 ff
- Risikobeschreibung *VVG-InfoV* 4 8 ff
- sonstige Kosten *VVG-InfoV* 4 30
- versichertes Risiko *VVG-InfoV* 4 8 f
- Versicherungsschutz, Beginn und Ende *VVG-InfoV* 4 23
- Verständlichkeit *VVG-InfoV* 4 36 f
- Vertriebskosten *VVG-InfoV* 4 29
- Verwaltungskosten *VVG-InfoV* 4 29
- Verweisung auf AVB *VVG-InfoV* 4 39 f
- Zusatzversicherung *VVG-InfoV* 4 34
- Zweck *VVG-InfoV* 4 1, 9

Produktinformationsblatt nach AltZertG
- Altersvorsorgevertrag *AltZertG* 7 1
- Basisrentenvertrag *AltZertG* 7 1
- Erfordernis eines neuen P. *AltZertG* 7 7
- Inhalt *AltZertG* 7 3 ff
- Kostenänderung *AltZertG* 7c 3 ff
- kostenlose Bereitstellung *AltZertG* 7 11
- rechtzeitiger Zugang *AltZertG* 7 10
- Sanktionen *AltZertG* 7 12 ff
- Verhältnis zum Kostenausweise nach der VVG-InfoV *AltZertG* 7 6
- Veröffentlichung von Muster-Produktinformationsblättern mit Musterdaten *AltZertG* 7 20 ff
- zeitliche Anwendbarkeit *AltZertG* 7 28 ff
- Zeitpunkt *AltZertG* 7 2

Programme
- Feuerversicherung *AFB* **Abschnitt A § 4** 1
- Hausratversicherung *VHB* **Abschnitt A § 6** 24
- Wohngebäudeversicherung *VGB* **Abschnitt A § 5** 12

Proportionalitätsregel
- Unterversicherung 75 2, 6, 9

Prospekthaftung *ARB 2010* 3 13

Protektor Lebensversicherung AG
VVG-InfoV 1 13

Prothese *AUB* 2 27

Provision
- Ausweis *VVG-InfoV* 2 7

Prozessfinanzierung
- Abgrenzung zur Versicherung 1 26

Prozessführungsbefugnis
- Fremdversicherung 44 20 ff

Prozessstandschaft
- Schadensabwicklungsunternehmen 126 5
- Versicherermehrheit 216 1 ff

Pseudomakler
- Begriff 59 30 ff
- Empfangsvollmacht 69 9
- Wissenszurechnung 70 5

Pseudovertreter
- Begriff 59 11
- Empfangsvollmacht 69 10

Psychische Erkrankungen 172 50
Psychische Reaktionen *AUB* 5 50 ff
Psychotherapie
- Ruhen der Leistungen 193 75
- Wartezeit 197 7

Quadratmetermodell
  VHB Vorbem. zu VHB 2
Quadrokopter *AVB PHV* A1-6.11 4
Qualifiziertes Umweltprodukthaftpflichtrisiko
  AHB 7 64
Querverrechnung 153 29 f
Quotale Leistungskürzung, Gefahrerhöhung
- siehe auch Gefahrerhöhung
- Abkehr vom „Alles-oder-Nichts-Prinzip"
  26 3
- Beweislast 26 8
- Brandschaden 26 10
- Einbruchdiebstahl in Wohnungen und Häuser 26 12
- Fahrzeugversicherung 26 13 f
- Fallgruppen 26 9 ff
- Kürzungsschritte 26 9
- Methodik/Lösungsmodelle 26 3 ff
- Mittelwertmodell 26 6
- Regelfall 50 %ige Kürzung 26 6
- Sturmschaden 26 11
- Wasserschaden 26 11

Quotale Leistungskürzung, Herbeiführung des Versicherungsfalles
- siehe auch Herbeiführung des Versicherungsfalles
- Abkehr vom „Alles-oder-Nichts-Prinzip"
  81 95, 97
- abweichende Regelung in AVB **81** 132 ff
- Alkohol **81** 122; *AKB* A.2.16 15
- Augenblicksversagen *AKB* **A.2.16** 1
- ausländische Erfahrungen (Schweiz)
  81 97
- Brandschaden **81** 127
- „Drei-Bereichs-Modell" **81** 105
- Drogen **81** 123
- Einbruchdiebstahl in Kellerräume
  81 129
- Einbruchdiebstahl in Wohnungen und Häuser **81** 128
- Einstiegsgröße für die Quotelung (50 %)
  81 100
- Fahrzeugversicherung **81** 120
- Fallgruppen **81** 119 ff
- Geschwindigkeitsüberschreitung
  AKB **A.2.16** 18
- Goslarer Orientierungsrahmen **81** 99
- Grundsatz (Kürzung auf 50 %) **81** 100
- Hausratversicherung
  VHB **Abschnitt B § 16** 2 ff
- Kfz-Kaskoversicherung (mit Fallgruppen)
  AKB **A.2.16** 2 ff
- Kürzungsschritte (10 %-Schritte) **81** 106
- Medikamenteneinnahme **81** 123
- mehrfache Herbeiführung von Versicherungsfällen, Lösungsmodelle **81** 109 ff
- Methodik **81** 100 ff
- Missachtung der Durchfahrtshöhe
  81 124
- Mittelwertmodell **81** 100
- Quote von 0 bzw 100 % (100 : 0-Fälle)
  81 102
- Quotelungsmethode **81** 100 ff
- Reisegepäckversicherung **81** 130
- Rotlichtverstoß **81** 121; *AKB* A.2.16 17
- Sekundenschlaf *AKB* A.2.16 16
- sonstige Verstöße im Straßenverkehr
  81 124 f; *AKB* **A.2.16** 19 ff
- Überfahren eines Stoppschildes
  AKB **A.2.16** 17
- Übermüdung *AKB* A.2.16 16
- Wasserschaden **81** 126
- Wohngebäudeversicherung
  VGB **Abschnitt B § 16** 1 ff

Quotale Leistungskürzung, Obliegenheitsverletzung
- siehe auch Obliegenheitsverletzung, Verschulden des VN
- Augenblicksversagen 28 198
- Berichtigung falscher Angaben des VN
  28 202
- Bewusstseinsstörungen 28 199
- bisheriger Diskussionsstand 28 171 f
- bisheriger Versicherungsverlauf 28 206
- Dauer der Sorgfaltswidrigkeit 28 193
- Doppelverwertung von Tatsachen
  28 190
- Einstiegsgröße für die Quotelung (50 %)
  28 178 ff, 192
- Goslarer Orientierungsrahmen 28 176
- Grad der Ursächlichkeit 28 194
- grobe Fahrlässigkeit als gesetzlich vermuteter Normalfall einer Obliegenheitsverletzung **28** 164 ff
- Haftpflichtversicherung *AHB* 26 7 f
- Kulanz **28** 206
- mehrere Obliegenheitsverletzungen, Lösungsmodelle 28 207 ff
- Mindestanforderungen an Begründung
  28 171
- Mittelwertmodell 28 178 ff, 192
- Mitverschulden des VR 28 205
- Null-Quoten **28** 175 f
- objektives Gewicht der verletzten Sorgfaltspflicht 28 189
- Quote von 0 bzw 100 % (100 : 0-Fälle)
  28 174 f
- Quotelungsmethode **28** 173
- Quotelungsparameter **28** 188 ff
- Quotenpauschalierung **28** 221
- Regressobergrenzen (Rspr-Übersicht)
  28 219
- Regressobergrenzen nach der KfzPflVV
  28 220

Stichwortverzeichnis

- Rspr-Übersicht 28 219
- Schadenshöhe 28 195 f
- Schuldkompensation 28 200
- subjektive Besonderheiten in der Person des VN 28 197 f
- subjektive Leistungsfähigkeit des VN 28 199
- tätige Reue 28 201
- Trunkenheit im Verkehr 28 192
- Unzurechnungsfähigkeit 28 199
- Vereinbarung pauschalierter Quoten 28 221
- wirtschaftliche Verhältnisse des VN 28 203 f

Quotale Leistungskürzung. Obliegenheitsverletzung
- pauschalierte Quoten 28 221

Quotelungsmethode, Gefahrerhöhung
- Methodik/Lösungsmodelle 26 6 ff
- Mittelwertmodell 26 6

Quotelungsmethode, Herbeiführung des Versicherungsfalles
- Kürzungsschritte (10 %-Schritte) 81 106
- Methodik/Lösungsmodelle 81 100 ff
- Mittelwertmodell 81 100

Quotelungsmethode, Obliegenheitsverletzung
- Methodik 28 173 ff
- Mittelwertmodell 28 178 ff
- Quotelungsparameter 28 188 ff

Quotenaddition
- Lösungsmodell bei Mehrfachverstoß 28 211, 81 110

Quotenkonsumtion
- Lösungsmodell bei Mehrfachverstoß 28 213, 81 111

Quotenmitversicherung 77 23

Quotenmultiplikation
- Lösungsmodell bei Mehrfachverstoß 28 211, 81 112

Quotenpauschalierung
- Zulässigkeit 28 221

Quotenvorrecht, Forderungsübergang
- Grundsatz 86 23 f
- Konstellationen 86 25 ff
- Kritik 86 29 f
- Neuwertversicherung 86 28

Rabattverlust
- Kfz-Haftpflichtversicherung AKB A.1.1 11

Radfahrer
- Verkehrs-Rechtsschutz ARB 2010 21 5

Radioaktive Strahlung/Materie
- siehe Strahlenschäden, Ausschluss

Radrennen
- Ausschluss PHV AVB PHV A1-6.7 3

Rahmenteilungsabkommen 86 70

Rangverhältnis
- Übergang der Hypothek auf VR 145 5 f

Ratenzahlung
- Haftpflichtversicherung AHB 12 1 ff
- Prämie 37 4
- Prämienzuschlag 193 41

Ratenzuschlag
- Kosteninformation VVG-InfoV 1 27
- Produktinformationsblatt VVG-InfoV 4 15

Raub
- Außenversicherung VHB Abschnitt A § 7 5
- Hausratversicherung VHB Abschnitt A § 3 14 f

Raubbau 172 47, 57 f

Rauchen
- Brandschaden, grobe Fahrlässigkeit/Herbeiführung des Versicherungsfalles 81 49, 127

Rauschmittelinjektion
- Unfallbegriff 178 8

Reallast
- Gebäudefeuerversicherung 148 1; EGVVG 5 1 ff
- Zahlung gegenüber Gläubigern von 94 7

Rechnungszins 153 22, 26

Rechtsanwalt
- Zurechnung des Verhaltens 28 133

Rechtsanwaltsempfehlungen
- durch Rechtsschutzversicherung 125 2

Rechtsanwaltskosten
- Kostenübernahme durch Rechtsschutzversicherung ARB 2010 5 4 ff

Rechtsanwaltsverschulden
- Zurechnung ARB 2010 17 19; ARB 2012 4.1 8

Rechtsberatung
- Beratungsumfang des VersMaklers 61 13
- Beratungsumfang des VersVertreters 61 10
- telefonische R. als Dienstleistung der Rechtsschutzversicherung 125 2

Rechtskrafterstreckung
- Direktanspruch gegen VR, Pflichtversicherung 124 1 ff

Rechtsmissbrauch
- Obliegenheitsverletzung, Kündigungsrecht des VR 28 150 ff
- Verhalten des VR, Fallgruppen in der Unfallversicherung AUB 2 14 ff
- vorläufige Deckung 49 14

Rechtsquellen des Privatversicherungsrechts
- AGG Einl. 55 ff
- BGB Einl. 52
- EGVVG Einl. 39 ff
- europäisches Recht Einl. 19 ff
- Grundgesetz Einl. 25
- HGB Einl. 54

- KfzPflVV *Einl.* 51
- PflVG *Einl.* 51
- Treu und Glauben (§ 242 BGB) *Einl.* 53
- VAG *Einl.* 48 ff
- VersVermV *Einl.* 59
- VVG *Einl.* 26 ff
- VVG-InfoV *Einl.* 47

Rechtsscheinsvollmacht 72 4

Rechtsschutz für Landwirte
- Vertragsformen (versicherter Lebensbereich) *ARB 2012* 2 1, 2.1.1 5

Rechtsschutz für Selbstständige oder Firmen
- Vertragsformen (versicherter Lebensbereich) *ARB 2012* 2 1, 2.1.1 3

Rechtsschutz für Vereine
- Vertragsformen (versicherter Lebensbereich) *ARB 2012* 2 1, 2.1.1 4

Rechtsschutzfall
- Abstimmungsobliegenheiten *ARB 2010* 17 6 f; *ARB 2012* 4.1 4
- Anzeigeobliegenheit *ARB 2010* 17 2; *ARB 2012* 4.1 2
- Begriff *ARB 2010* 4 1; *ARB 2012* 2.4 1 ff
- Beratungs-Rechtsschutz *ARB 2012* 2.4 2
- Dauerverstoß *ARB 2010* 4 14, 17
- Deckungszusage *ARB 2010* 17 22, 24 f; *ARB 2012* 4.1 9
- freie Anwaltswahl 127 1 ff; *ARB 2010* 17 20 ff; *ARB 2012* 4.1 10
- gedehnter *ARB 2010* 4 14; *ARB 2012* 2.4 5
- im Ausland *ARB 2010* 5 10 ff
- Informationsobliegenheiten *ARB 2010* 17 3 f; *ARB 2012* 4.1 5
- Kausalereignis *ARB 2010* 4 2 ff
- mehrere *ARB 2010* 4 15 ff; *ARB 2012* 2.4 6
- Obliegenheitsverletzung, Rechtsfolgen *ARB 2010* 17 19; *ARB 2012* 4.1 7
- Schadensersatz-Rechtsschutz *ARB 2012* 2.4 3
- Schadensminderungsobliegenheit *ARB 2010* 17 9 ff; *ARB 2012* 4.1 6
- Verhalten des VN nach Eintritt des R. *ARB 2010* 17 1 ff
- Versichererwechsel *ARB 2010* 4a 1 ff; *ARB 2012* 6 1
- vorsätzliche und rechtswidrige Herbeiführung *ARB 2012* 3.2 6
- Zeitpunkt des Eintritts *ARB 2010* 4 2 ff
- Zustimmung des VR vor Klageerhebung bzw Rechtsmitteleinlegung *ARB 2010* 17 6 ff

Rechtsschutzkosten
- Haftpflichtversicherung 101 2

Rechtsschutzversicherung
- Abdingbarkeit 129 1
- Ablehnung des Rechtsschutzes, Kündigung *ARB 2010* 13 2

- Ablehnung des Rechtsschutzes wegen hinreichender Erfolgsaussicht *ARB 2010* 3a 4, 10
- Ablehnung des Rechtsschutzes wegen Mutwilligkeit *ARB 2010* 3a 3, 10
- Abtretungsverbot *ARB 2010* 17 26; *ARB 2012* 4.1 11
- Abwehr unberechtigter Kostenansprüche *ARB 2010* 1 2, 5 3
- Abwehr von Schadensersatzansprüchen *ARB 2010* 3 11
- Änderung von Anschrift und Name *ARB 2010* 16 1
- Anliegerabgaben *ARB 2010* 3 18
- Anmeldung eines Anspruchs aus dem VersVertrag 15 17
- Anspruch des VN auf Schuldbefreiung ggü. Kostengläubiger *ARB 2010* 5 3, 24
- Anspruch des VN auf Zahlung ggü. VR *ARB 2010* 5 3, 24
- Anwaltsverschulden *ARB 2010* 17 19; *ARB 2012* 4.1 8
- Anwaltswechsel *ARB 2010* 5 6
- Anzeige des Rechtsschutzfalles *ARB 2010* 17 2; *ARB 2012* 4.1 2
- Anzeigen *ARB 2010* 16 1
- anzuwendendes Recht *ARB 2010* 20 1; *ARB 2012* 9 1
- Arbeitnehmererfindungen *ARB 2010* 3 15
- Arbeits-Rechtsschutz *ARB 2010* 2 6 ff, 4 10, 17 16
- Aufgaben *ARB 2010* 1 1 f; *ARB 2012* 1 1
- Auseinandersetzungen mit Drittbeteiligung *ARB 2010* 3 23 ff
- Auseinandersetzungen zwischen Vertragsbeteiligten bzw Lebenspartnern *ARB 2010* 3 23 ff
- Baufinanzierungsrisiko *ARB 2010* 3 10
- Baurisiko *ARB 2010* 3 6 ff; *ARB 2012* 3.2 3
- Beauftragung mehrerer Rechtsanwälte *ARB 2010* 5 6
- Beginn des Versicherungsschutzes *ARB 2010* 7 1; *ARB 2012* 6 1
- Beitragsänderung *ARB 2010* 10 1; *ARB 2012* 7 1
- Beratungs-Rechtsschutz im Familien-, Lebenspartnerschafts- und Erbrecht *ARB 2010* 2 21 f, 3 29, 4 5; *ARB 2012* 2.2 4
- Bergbauschäden *ARB 2010* 3 5; *ARB 2012* 3.2 2
- Berufs-Rechtsschutz für Selbständige, Rechtsschutz für Firmen und Vereine *ARB 2010* 24 1 ff
- Beweislast *ARB 2010* 5 2
- Bürgschaftsvertrag *ARB 2010* 3 27
- Darlehensvergabe *ARB 2012* 3.2 5

Stichwortverzeichnis

- Deckungszusage *ARB 2010* 17 22, 24 f; *ARB 2012* **4.1** 9
- Demonstrationen *ARB 2010* 3 4
- Disziplinar- und Standes-Rechtsschutz *ARB 2010* 2 16
- Dolmetscherkosten *ARB 2010* 5 13
- Domain-Streitigkeiten *ARB 2010* 3 15
- Drei-Säulen-Modell/Zeitpunkt des Eintritts des Rechtsschutzfalles *ARB 2010* 4 6 ff; *ARB 2012* **2.4** 4
- eigene Rechtsschutzversicherung *ARB 2010* 3 17
- Empfehlung von Rechtsanwälten 125 2, 127 3 ff
- Enteignungsangelegenheiten *ARB 2010* 3 21
- Erbrecht *ARB 2010* 2 21 f; *ARB 2012* **2.2** 4
- Erdbeben *ARB 2010* 3 4
- Erstreckung des Rechtsschutzes auf andere Berufsgruppen *ARB 2010* 5 45
- Fahrer-Rechtsschutz *ARB 2010* 22 1 ff; *ARB 2012* **2.1.1** 7
- Fälligkeit der Erstprämie *ARB 2010* 9 1; *ARB 2012* 7 1
- Fälligkeit des Anspruchs auf Kostentragung *ARB 2010* 5 3, 24
- Familienrecht *ARB 2010* 2 21 f; *ARB 2012* **2.2** 4
- Forderungsübergang *ARB 2010* 17 27; *ARB 2012* **4.1** 12
- freie Anwaltswahl 127 1 ff; *ARB 2010* 17 20 ff; *ARB 2012* **4.1** 10
- Fürsorgepflicht *ARB 2010* 5 44
- Fürsorgepflichten des VR *ARB 2010* 1 2
- Gefahränderung *ARB 2010* 11 1 ff
- gegnerische Kosten *ARB 2010* 5 22 f; *ARB 2012* **2.3** 5
- geistiges Eigentum *ARB 2010* 3 15
- Gerichtskosten *ARB 2010* 5 13
- Gerichtsstand *ARB 2010* 20 1; *ARB 2012* 9 1
- Gerichtsvollzieherkosten *ARB 2010* 5 14
- Gewährung von Rechtsschutz, Kündigung *ARB 2010* 13 3
- Grundstücksbewertungen *ARB 2010* 3 18
- Gutachterverfahren 128 1 ff
- Halt- oder Parkverstoß *ARB 2010* 3 22
- Handels- und Gesellschaftsrecht *ARB 2010* 3 12
- hinreichende Aussicht auf Erfolg 128 2 f
- Hinweispflicht des VR 128 4 f
- Informationsobliegenheiten *ARB 2010* 17 3 f; *ARB 2012* **4.1** 5
- innere Unruhen *ARB 2010* 3 4
- Insolvenzverfahren *ARB 2010* 3 20
- Kapitalanlage *ARB 2012* **3.2** 4
- Kooperations-/Gebührenvereinbarungen mit Rechtsanwälten 127 4

- Korrespondenzanwalt *ARB 2010* 5 7
- Kostenminderungsgrundsatz 82 11
- Krieg *ARB 2010* 3 4
- Kündigung *ARB 2010* 8 1 f; *ARB 2012* 6 1
- Kündigung nach Versicherungsfall *ARB 2010* 13 1 ff
- Kündigungsfrist *ARB 2010* 13 4
- Kündigungsschutzklage *ARB 2010* 17 16
- Landwirtschafts- und Verkehrs-Rechtsschutz *ARB 2010* 27 1 ff
- Lastschriftverfahren *ARB 2010* 9 2
- Lebenspartnerschaftsrecht *ARB 2010* 2 21 f, 3 24; *ARB 2012* **2.2** 4
- Leistungsarten *ARB 2010* 2 1 ff; *ARB 2012* **2.2** 1 ff
- Leistungsbeschränkungen *ARB 2010* 5 25 ff; *ARB 2012* **3.3** 1 ff
- Leistungsumfang *ARB 2010* 5 1 ff; *ARB 2012* **2.3** 1 ff
- Lizenzverträge *ARB 2010* 3 15
- Mediation als weitere Dienstleistung 125 2
- Mediationsverfahrenskosten *ARB 2010* 5 15; *ARB 2012* **2.3** 3
- Meldepflicht des VN von veränderten Umständen *ARB 2010* 11 3 f
- mitversicherte Personen *ARB 2010* 15 1 ff
- Mitversicherung *ARB 2012* **2.1.2** 1
- mutwillige Rechtsverfolgung 128 2 f
- Notar, Rechtsschutzerstreckung *ARB 2010* 5 45
- Objektwechsel *ARB 2010* 12 3
- Obliegenheiten nach Eintritt des Rechtsschutzfalles *ARB 2010* 17 2 f; *ARB 2012* **4.1** 1 ff
- Obliegenheitsverletzung, Rechtsfolgen *ARB 2010* 17 19
- Opfer-Rechtsschutz *ARB 2012* **2.2** 5
- Ordnungswidrigkeiten-Rechtsschutz *ARB 2010* 2 20
- örtlicher Geltungsbereich *ARB 2010* 6 1 ff; *ARB 2012* 5 1
- Privat-, Berufs- und Verkehrs-Rechtsschutz für Nichtselbständige *ARB 2010* 26 1 f
- Privat-, Berufs- und Verkehrs-Rechtsschutz für Selbständige *ARB 2010* 28 1 ff
- Privat- und Berufsrechtsschutz für Nichtselbständige *ARB 2010* 25 1 ff
- Privat-Rechtsschutz für Selbständige *ARB 2010* 23 1 ff
- Prospekthaftung *ARB 2010* 3 13
- Rechtsanwaltskosten *ARB 2010* 5 4 ff
- Rechtsschutz für Eigentümer und Mieter von Wohnungen und Grundstücken *ARB 2010* 29 1 ff
- Rechtsschutzfall *ARB 2010* 4 1; *ARB 2012* **2.4** 1 ff

Stichwortverzeichnis

- Rechtsverfolgungskosten
  ARB 2010 **17** 9 ff
- Reisekosten des VN *ARB 2010* **5** 21
- Richtlinie über die *Einl.* 21
- Risikoausschlüsse *ARB 2010* **3** 1 ff
- Risikoausschlüsse, inhaltliche
  ARB 2012 **3.2** 1 ff
- Risikoausschlüsse, zeitliche
  ARB 2010 **4** 18 ff; *ARB 2012* **3.1** 1
- Sachverständigenkosten *ARB 2010* **5** 13, 16, 19 f
- Sammelklage *ARB 2010* **17** 12
- Sanktionenklausel *ARB 2012* **2.1** 1
- Schadensabwicklungsunternehmen
  126 3 ff
- Schadensersatz-Rechtsschutz
  ARB 2010 **2** 2 ff, **4** 2 ff
- Schadensminderungsobliegenheit
  ARB 2010 **17** 9 ff; *ARB 2012* **4.1** 6
- Schieds- und Schlichtungsverfahrenskosten
  ARB 2010 **5** 15
- Schiedsgutachter-Verfahren bei Ablehnung des Rechtsschutzes *ARB 2010* **3a** 2 ff
- Schuldbefreiungsanspruch des VN ggü. Kostengläubiger *ARB 2010* **5** 3, 24
- Schuldübernahmevertrag
  ARB 2010 **3** 27
- Sozialgerichts-Rechtsschutz
  ARB 2010 **2** 14
- Spekulationsgeschäfte *ARB 2010* **3** 16
- Steuerberater, Rechtsschutzerstreckung
  ARB 2010 **5** 45
- Steuer-Rechtsschutz *ARB 2010* **2** 13, **4** 20
- Stichentscheid-Verfahren bei Ablehnung des Rechtsschutzes *ARB 2010* **3a** 10 ff
- Straf-Rechtsschutz *ARB 2010* **2** 17 ff; *ARB 2012* **2.2** 3
- Straßenverkehrs-Ordnungswidrigkeiten
  ARB 2010 **3** 22
- Streik *ARB 2010* **3** 4
- Teilklageobliegenheit *ARB 2010* **17** 15
- telefonische Rechtsberatung als weitere Dienstleistung **125** 2
- Terroranschlag *ARB 2010* **3** 4
- Timesharing *ARB 2012* **3.2** 8
- Tod des VN *ARB 2010* **12** 2; *ARB 2012* **2.4** 7
- Treuhänder, Beitragsänderung durch
  ARB 2010 **10** 1
- Übersetzungskosten *ARB 2010* **5** 13
- unbedingter Prozessauftrag
  ARB 2010 **17** 16
- Verfahren vor internationalen und supranationalen Gerichten *ARB 2010* **3** 19
- Verfahren vor Verfassungsgerichten
  ARB 2010 **3** 19
- Verjährung *ARB 2010* **14** 1; *ARB 2012* **8** 1
- Verkehrsanwalt *ARB 2010* **5** 7

- verkehrsrechtliche Vergehen
  ARB 2010 **2** 18
- Verkehrs-Rechtsschutz
  ARB 2010 **21** 2 ff; *ARB 2012* **4.2–4.3** 1
- Versichererwechsel *ARB 2010* **4a** 1 ff; *ARB 2012* **6** 1
- versicherte Kosten *ARB 2010* **5** 4 ff
- versicherter Zeitraum *ARB 2010* **4** 12
- Versicherungsfall **125** 1; *ARB 2010* **4** 1; *ARB 2012* **2.4** 1 ff
- Versicherungsjahr *ARB 2010* **8a** 1; *ARB 2012* **7** 1
- Versicherungsleistung **125** 1 f; *ARB 2010* **1** 1 f
- versicherungsrechtliche Streitigkeiten, Zeitpunkt des Eintritts des Rechtsschutzfalles *ARB 2010* **4** 11, 16
- Versicherungsschein **126** 2 f
- Versicherungsteuer *ARB 2010* **9** 1; *ARB 2012* **7** 1
- Vertrags- und Sachenrecht
  ARB 2010 **2** 11 f; *ARB 2012* **2.2** 2
- Vertragsdauer *ARB 2010* **8** 1; *ARB 2012* **6** 1
- Vertragsende *ARB 2010* **8** 1; *ARB 2012* **6** 1
- Vertragsformen (versicherter Lebensbereich) *ARB 2012* **2** 1, **2.1.1** 1 ff
- Vertragsverlängerung *ARB 2010* **8** 1; *ARB 2012* **6** 1
- Vertrauensanwaltskosten
  ARB 2012 **2.3** 2
- Verwaltungs-Rechtsschutz in Verkehrssachen *ARB 2010* **2** 15
- Verwaltungsverfahrenskosten
  ARB 2010 **5** 17
- Verwaltungsvollstreckungskosten
  ARB 2010 **5** 18
- Verzicht auf Klageanträge
  ARB 2010 **17** 13
- Verzug mit Beitragszahlung
  ARB 2010 **9** 1; *ARB 2012* **7** 1
- vorsätzliche Straftaten *ARB 2010* **3** 28 ff
- vorzeitige Vertragsbeendigung
  ARB 2010 **9** 3
- Warteobliegenheit *ARB 2010* **17** 14
- Wartezeit *ARB 2010* **4** 13; *ARB 2012* **3.1** 1
- Wegfall des versicherten Interesses
  ARB 2010 **12** 1 f
- Weisungen des VR *ARB 2010* **17** 18
- Wohnungs- und Grundstücks-Rechtsschutz *ARB 2010* **2** 9 f, **12** 3
- Zahlungsanspruch des VN ggü. VR
  ARB 2010 **5** 3, 24
- Zeugenauslagen *ARB 2010* **5** 13
- zuständiges Gericht *ARB 2010* **20** 1; *ARB 2012* **9** 1
- Zustimmung des VR vor Klageerhebung bzw Rechtsmitteleinlegung
  ARB 2010 **17** 6 ff

Stichwortverzeichnis

Rechtsschutzversicherung, Leistungsbeschränkung
- außergerichtlicher Vergleich *ARB 2010* 5 31
- Deckungssumme *ARB 2010* 5 42 f
- Kostentragungspflicht Dritter *ARB 2010* 5 41
- Nachgeben *ARB 2010* 5 31
- Selbstbeteiligung *ARB 2010* 5 34 f; *ARB 2012* 3.3 4
- Vergleichsklausel *ARB 2010* 5 27 ff; *ARB 2012* 3.3 3
- vom VN freiwillig übernommene Kosten *ARB 2010* 5 26; *ARB 2012* 3.3 2
- Zwangsvollstreckungsmaßnahmen *ARB 2010* 5 36 ff

Rechtsschutzversicherung, Vertragsformen (ARB 2012)
- Berufs-Rechtsschutz *ARB 2012* 2 1, 2.1.1 6
- Fahrzeug-Rechtsschutz *ARB 2012* 2 1, 2.1.1 8
- Privat-Rechtsschutz *ARB 2012* 2 1, 2.1.1 2
- Rechtsschutz für Landwirte *ARB 2012* 2 1, 2.1.1 5
- Rechtsschutz für Selbstständige oder Firmen *ARB 2012* 2 1, 2.1.1 3
- Rechtsschutz für Vereine *ARB 2012* 2 1, 2.1.1 4
- Verkehrs-Rechtsschutz *ARB 2012* 2 1, 2.1.1 7
- Wohnungs- und Grundstücks-Rechtsschutz *ARB 2012* 2 1, 2.1.1 9

Rechtsverfolgungskosten
- Rechtsschutzversicherung *ARB 2010* 17 9 ff

Rechtsweg
- Regressprozess 86 107

Regenwasser aus Fallrohren
- Wohngebäudeversicherung, Risikoausschluss *VGB* Abschnitt A § 3 11

Regiekosten
- Wohngebäudeversicherung *VGB* **Abschnitt A** § 13 4

Regress
- *siehe auch* Mieterregress
- Haftpflichtversicherung 103 10
- Kfz-Haftpflichtversicherung *PflVG* 2 8
- Pflichtversicherung 117 14 ff

Regressprivileg
- Forderungsübergang 86 49 ff
- nichteheliche Lebensgemeinschaft 86 50

Regressprozess
- Aktivlegitimation 86 109 ff
- Beweislast 86 116 ff
- Gerichtsstand 86 108
- Rechtsweg 86 107

Regressverzicht
- Mieterregress 86 75 ff
- Schadenteilungsabkommen 86 64 ff

Regressverzichtsabkommen der Feuerversicherer (RVA)
- Ausgangslage 86 71
- Verhältnis zum Ausgleichsanspruch des Gebäudeversicherers 86 89
- Voraussetzungen 86 72 ff

Regulierung von Unfall im Ausland *PflVG* 3a 2 ff

Regulierungsbeauftragter des VR
- Empfangsvollmacht 69 15
- Wissenszurechnung 70 5, 12
- Zahlungsverzug bei Erstprämie und Verzicht 37 24

Regulierungskosten des VR
- Schadensermittlungskosten 85 7

Regulierungsvollmacht
- Kfz-Haftpflichtversicherung *AKB* **A.1.1** 10

Reh
- *siehe* Wildschaden

Rehabilitationsmaßnahme *MB/KK* 5 11

Reifen (Winter-/Sommer-)
- Gefahrerhöhung 23 45

Reifenprofil
- Gefahrerhöhung 23 27, 41, 46, 26 2, 14
- Herbeiführung des Versicherungsfalles 81 43

Reifenschaden
- Ausschluss AKB *AKB* **A.2.16** 23

Reinigungsmittel
- Rettungskostenersatz 83 9

Reinigungswasser
- Wohngebäudeversicherung, Risikoausschluss *VGB* Abschnitt A § 3 11

Reisegepäckversicherung
- grobe Fahrlässigkeit, Herbeiführung des Versicherungsfalles 81 62 ff, 130
- Repräsentantenhaftung 81 80

Reisekosten des VN
- Kostenübernahme durch Rechtsschutzversicherung *ARB 2010* 5 21

Reisekostenrücktrittsversicherung
- Forderungsübergang 86 3

Reisekrankenversicherung 195 10
- Auslandsaufenthalt *MB/KK* 1 22
- Auslandskrankenversicherung 192 9
- Kennzeichen 192 7
- Leistungsausschluss 192 8
- Wartezeit 197 4

Relevanzrechtsprechung
- Haftpflichtversicherung *AHB* 26 5
- Obliegenheitsverletzung 28 56, 70, 156 f

Renewal-Fragebogen
- vorvertragliche Anzeigepflicht des VN 19 3

Rennen
- Ausschluss AKB *KfzPflVV* 4 5; *AKB* **A.1.5** 6 ff, **A.2.16** 22
- Ausschluss BUZ *BB-BUZ* 3 30 f
- Ausschluss PHV *AVB PHV* **A1-6.7** 3
- Ausschluss Unfallereignis *AUB* 5 31 f
- Obliegenheiten beim Gebrauch des Fahrzeugs *KfzPflVV* 5 3; *AKB* **D.1–D.3** 8

Rentenschuld
- Gebäudefeuerversicherung 148 1, 149 1 ff; *EGVVG* 5 1 ff
- Zahlung gegenüber Gläubigern von 94 7

Rentenversicherung
- Bezugsberechtigung 159 1 ff
- Modellrechnung 154 3
- Rückkaufswert 169 9
- Überschussbeteiligung 153 47 ff
- Verwaltungskosten *VVG-InfoV* 2 17
- Zeitpunkt für Zuteilung der Beteiligung an Bewertungsreserven 153 79

Rentenzahlung
- Kraftfahrtversicherung *KfzPflVV* 8 1 ff
- Rentenzahlungspflicht des VN gegenüber Geschädigtem und Quotelung des Freistellungsanspruchs 107 1 ff; *AHB* 6 10 f

Reparatur eines Fahrzeugs
- fehlende Reparaturrechnung *AKB* **A.2.7** 1
- fiktive Abrechnung *AKB* **A.2.7** 1
- Kfz-Haftpflichtversicherung *PflVG* 1 10; *AKB* **A.1.1** 5
- Kfz-Kaskoversicherung *AKB* **A.2.7** 1
- vollständige Reparatur *AKB* **A.2.7** 1
- Werkstattbindung *AKB* **A.2.7** 1

Reparaturkosten
- Hausratversicherung *VHB* **Abschnitt A § 8** 8 ff, **Abschnitt A § 12** 2

Reparaturwerkstatt
- versicherte Betriebsarten *KfzSBHH* **A.1** 2

Repräsentant
- Begriff 81 67

Repräsentantenexzess 28 112

Repräsentantenhaftung
- Abgrenzung zur Wissenszurechnung 28 125
- Dienstwagennutzung 28 117
- Ehegatte 28 115, 81 79
- Erscheinungsformen 28 113, 81 67
- Fahrzeugversicherung 28 111, 81 70 ff
- Feuerversicherung *AFB* **Abschnitt B § 19** 1
- Gebäudeversicherung 28 115, 81 77 f
- Haftpflichtversicherung 103 9; *AHB* 7 14, 27 5
- Hausratversicherung 28 115, 81 79; *VHB* **Abschnitt B § 19** 1
- Lebensgemeinschaft 28 115, 81 79

- Miet-/Pachtverhältnis 28 115, 81 77 f
- Rechtsinstitut 28 109
- Reisegepäckversicherung 81 80
- Repräsentantenexzess 28 121
- Risikoverwaltung 28 114 ff, 124, 81 67
- Transportversicherung 137 3
- Vertragsverwaltung 28 119 f, 81 67
- vorvertragliche Anzeigepflicht 20 3
- Wohngebäudeversicherung *VGB* **Abschnitt B § 19** 1
- Zurechnung unter mehreren versicherten Personen 81 82
- Zurechnungsbeschränkung 28 121 ff, 81 68

Repräsentantenstellung
- Beweislast 81 69
- Einzelfälle (Rspr) 28 124

Restatement of European Insurance Contract Law
- Europa-VVG *Einl.* 24

Restschuldkrankenversicherung 192 12, 195 11

Restwert
- Kfz-Kaskoversicherung *AKB* **A.2.6** 3
- und Umsatzsteuerpflicht *AKB* **A.2.6** 3

Rettungskostenersatz
- Anspruchsvoraussetzungen 83 2 ff
- Anwendungsbereich *Vor* 100–124 5
- Aufwendungen auf Weisung des VR 83 19 ff
- Ausweichmanöver, Wildschaden 83 5, 13; *AKB* **A.2.2** 39 ff
- Begriff der Aufwendungen 83 6 ff
- Beweislast 83 16
- Bodenkontamination 83 10
- Dekontamination 83 9
- Finderlohn 83 11
- Gesundheitsschaden 83 11
- irrige Annahme des Eintritts eines Versicherungsfalles 83 13
- keine Zurechnung fremden Verhaltens 83 14
- Kreditaufnahmekosten 83 11
- Kürzungsrecht des VR 83 17 f
- Löschhelfer 83 9
- Löschmittelschaden 83 9
- Lösegeld für gestohlenes Kfz 83 11
- Normzweck 83 1
- Reflexwirkung 83 4
- Reinigungsmittel 83 9
- Rettungswille 83 3
- Sachversicherung 83 11
- Selbstbehalt 83 18
- Umfang 83 9 ff
- Verhältnismäßigkeit 83 12 ff

Rettungspflicht des VN
- *siehe* Schadensabwendungs- und -minderungspflicht des VN

Richtlinie Lebensversicherungen 152 2

Stichwortverzeichnis

Richtlinie über den elektronischen Geschäftsverkehr
- Informationspflichten *Einl.* 20

Richtlinie über die Rechtsschutzversicherung *Einl.* 21

Richtlinie über Versicherungsvermittlung
- Informationspflichten *Einl.* 20

Riester-Vertrag
- Fortsetzung der Prämienzahlung **165** 16
- Modellrechnung **154** 8
- Steuern *VVG-InfoV* **2** 38

Risikoabsicherung
- aufsichtsrechtliche Gewährleistung **1** 11
- Eintritt des vereinbarten Versicherungsfalles **1** 14, 61
- Hauptfunktion von Versicherung **1** 6, 10 ff, 61
- Rechtsanspruch **1** 12
- Risiko des VN **1** 13
- Risiko eines Dritten **1** 13
- Unfallversicherung **1** 1

Risikoausschluss
- Abgrenzung zur vertraglichen Obliegenheit (mit Rspr.-Übersicht) **28** 19 ff
- Abgrenzungsgrundsätze **28** 17 f
- Auslegung *Einl.* 69
- Produktinformationsblatt *VVG-InfoV* **4** 10 ff
- Rspr-Beispiele **28** 22
- Straftatklauseln **28** 29

Risikobeschreibung
- Produktinformationsblatt *VVG-InfoV* **4** 8 ff

Risikoerhöhung
- Begriff der Gefahrerhöhung **23** 13 f

Risikogemeinschaft, Bildung einer
- Versicherung **1** 16 ff

Risikokosten
- Ausweis *VVG-InfoV* **2** 13

Risikolebensversicherung
- Angabe der einkalkulierten Kosten *VVG-InfoV* **2** 2
- Gesamtpreis der Versicherung *VVG-InfoV* **1** 21

Risikoprüfung
- bei Tarifwechsel, Versicherung im Basistarif **203** 5
- Krankheitskostenversicherung eines Beihilfeempfängers **199** 6
- Verlängerungsantrag bei befristeter Krankentagegeldversicherung **196** 9
- Versicherung im Basistarif **193** 48
- Verzicht des VR, vorläufige Deckung **49** 15

Risikoverwaltung
- Repräsentantenhaftung **28** 114 ff, 124, **81** 67

Risikowarnung
- fondsgebundene Lebensversicherung *VVG-InfoV* **1** 31
- Informationspflichten des VR *VVG-InfoV* **1** 31 f

Risikozuschlag
- als Teil des Gesamtpreises *VVG-InfoV* **1** 18, 20
- Invitatiomodell *VVG-InfoV* **1** 18
- Kostenausweis *VVG-InfoV* **2** 10
- Krankenversicherung, Anpassung **203** 13
- Krankenversicherung, individueller R. **203** 2 ff

Rohbauten
- Leitungswasser *VGB Abschnitt A* § 3 18
- Sturm/Hagel *VGB Abschnitt A* § 4 16

Rohrbruch
- Definition *VGB Abschnitt A* § 3 3
- Korrosion *VGB Abschnitt A* § 3 3 f
- Rohre der Heizungsanlage *VGB Abschnitt A* § 3 5 f
- Wohngebäudeversicherung *VGB Abschnitt A* § 3 3, **Abschnitt B** § 16 5
- Zu- und Ableitungsrohre der Wasserversorgung *VGB Abschnitt A* § 3 5 f

Rohüberschuss **153** 20 f, 45

ROM I-Verordnung *Einl.* 22, 24, 46

Rotes Kennzeichen
- versichertes Kfz *KfzSBHH* A.3 1

Rotlichtverstoß
- grobe Fahrlässigkeit **28** 102, **81** 9, 28 ff
- quotale Leistungskürzung **81** 121; *AKB* A.2.16 17

Rückdatierung
- Angabe des Versicherungsbeginns **2** 7
- Rückwärtsversicherung **2** 3

Rückholkosten *AKB* A.2.10–A.2.13 3, 5

Rückkaufswert
- Abdingbarkeit **169** 76
- Abgrenzung zum Rückzahlungsbetrag **169** 44
- Abschlusskosten **169** 29 ff
- Altverträge **169** 80 ff
- analoge Anwendbarkeit **169** 10
- analoge Anwendung **169** 13 f
- Anfechtung des VN **169** 7
- Anfechtung des VR **169** 6, 17
- angesetzte Abschluss- und Vertriebskosten **169** 32 ff
- Anspruch auf R. **169** 18 ff
- Anwendungsbereich **169** 4 ff
- Auskunftsanspruch **169** 87a
- Auszahlung bei Umwandlung in prämienfreie Versicherung **165** 18 ff
- Auszahlungsbetrag **169** 49 ff
- Begrenzung auf Versicherungsleistung **169** 16 f

- Begriff 169 44
- Berechnung *Einl.* 8, 23
- Berufsunfähigkeitsversicherung 169 10; *VVG-InfoV* 2 56
- Beweislast 169 77 ff
- BUZ *BB-BUZ* 9 5
- Deckungskapital als Ausgangspunkt für Berechnung des R. 169 20 ff
- Erstattung bei Widerruf 9 5, 17
- Erstattung des R. in der Lebensversicherung 14 5
- EU-Versicherer 169 45 ff
- fondsgebundene Versicherungen 169 2, 48; *VVG-InfoV* 2 28, 44
- Garantie *VVG-InfoV* 2 35 f, 43 ff
- Gefährdung der Belange der VN 169 73 f
- „gewisse" (sichere) Eintrittspflicht des VR 169 8
- Hilfsanspruch 169 87a
- Höchstzillmersatz 169 36 ff
- Hybridprodukte *VVG-InfoV* 2 29
- Informationspflichten 169 43 ff; *VVG-InfoV* 2 26 f
- Kostenausgleichsvereinbarung mit dem Vermittler 169 42
- Kostenvereinbarung mit dem VR 169 41
- Kündigung des VN 169 5, 16
- Mindestrückkaufswert 169 31 ff, 86
- Normzweck 169 1
- Rechtsfolgen 169 18 ff
- Rentenversicherung 169 9
- Rücktritt des VN 169 7
- Rücktritt des VR 169 6, 17
- sonstiger Abzug 169 49 ff
- Stornoabzug 169 49 ff
- Transparenzgebot *Einl.* 83
- Überschussbeteiligung 169 75
- Verjährung 169 88 ff
- Versicherung gegen Einmalbeitrag 169 40
- Vertriebskosten 169 29 ff
- Voraussetzungen 169 5 ff
- Zeitpunkt für Berechnung des R. 169 19
- Zillmerverfahren 169 29 ff, 83, 86

Rückkaufswert, Stornoabzug
- Abwehr finanzrationaler Kündigungen 169 69
- Angemessenheit 169 64 ff
- Antiselektionsnachteil 169 65, 68
- Auszahlungsbetrag 169 49 ff
- Bearbeitungskosten 169 66
- Beweislast 169 77 ff
- Bezifferung 169 61 ff
- entgangener Gewinn 169 67
- kollektiv gestelltes Risikokapital 169 70
- mehrere Gründe 169 71
- sonstiger Abzug 169 49 ff
- Vereinbarung 169 58 ff
- Zweck 169 50 ff

Rücknahme
- der außerordentlichen Kündigung des VR, Krankenversicherung 206 21
- der ordentlichen Kündigung des VN, Krankenversicherung 205 6
- der ordentlichen Kündigung des VR, Krankenversicherung 206 21
- Kündigung des VersVertrages 11 31 f

Rücknahme des Antrags
- vorläufige Deckung, Beendigung des Vertrages 52 13

Rücksichtnahmegebot
- Haftpflichtversicherer bei Frage der Gewährung von Abwehrdeckung 100 5
- Versicherung 1 18

Rückstau
- als „weitere Elementargefahr"/Begriff *VGB* Abschnitt A § 4 13; *VHB* Abschnitt A § 5 11
- Hausratversicherung *VHB* Abschnitt A § 4 15 f
- Wohngebäudeversicherung *VGB* Abschnitt A § 3 13

Rückstellung für Beitragsrückerstattung 153 24, 29, 44

Rücktrittsrecht des VR
- *siehe auch* Teilrücktritt des VR
- Ausschluss der Vereinbarung eines Rücktrittsrechts bei vertraglicher Obliegenheitsverletzung 28 235
- bei unrichtiger Altersangabe in der Lebensversicherung 157 2
- Geschäftsgebühr 39 5
- KrankenVersVertrag 205 30, 206 4, 26
- vorläufige Deckung 49 14 f, 51 3
- Zahlungsverzug bei Erstprämie 37 12 f

Rücktrittsrecht des VR bei Verletzung der vorvertraglichen Anzeigepflicht
- *siehe auch* Anzeigepflicht des VN, vorvertragliche
- arglistige Täuschung 21 19
- Ausschluss 19 38 f
- Ausschlussfristen 21 20 ff
- Begründungspflicht 21 10 ff
- Belehrungserfordernis 19 44 ff
- Eintritt des Versicherungsfalles vor Geltendmachung des Rücktritts 21 17
- Erklärungsempfänger bei Geltendmachung 21 3
- Frist zur Geltendmachung 21 4 ff
- Kausalität 21 13 ff
- keine Kenntnis des VR 19 50 ff
- Kenntnis des zuständigen Mitarbeiters des VR 21 7 ff
- Unfallversicherung *AUB* 13 1
- Voraussetzungen 19 37
- zeitanteiliger Prämienanspruch des VR 39 3

Stichwortverzeichnis

Rückvergütung
- Informationspflichten des VR *VVG-InfoV* 2 3

Rückversicherung
- Begriff *Einl.* 34; 209 2
- Unanwendbarkeit des VVG *Einl.* 34; 209 1, 3

Rückwärtsversicherung
- Abdingbarkeit 2 2
- Abgrenzung zur vorläufigen Deckung 2 23, 49 3
- Auslegung 2 5
- bekannte Unmöglichkeit des Versicherungsfalles 2 24 ff, 44 f
- bekannter Versicherungsfall 2 31 ff, 46 ff
- Berufsunfähigkeitsversicherung 2 19
- Berufsunfähigkeits-Zusatzversicherung 2 19
- Beweislast 2 51
- Definition 2 1
- Einlösungsprinzip 2 49 f
- erweiterte Einlösungsklausel *AHB* 8 1
- Fallgruppen 2 43 ff
- Funktion 2 3
- Kennzeichen 2 3 f
- Kindernachversicherung 198 5
- kombinierte 2 12
- Krankentagegeldversicherung 2 21
- Krankenversicherung 2 20 f
- Lebensversicherung 2 16 ff
- Legitimation des Rechtsinstituts 2 13 f
- Leistungsfreiheit des VR 2 31 ff, 51
- Neugeborenenversicherung 2 20
- Normzweck 2 1 f
- reine 2 11
- Rückdatierung der Parteivereinbarung 2 3
- Sittenwidrigkeit 2 48
- Transportversicherung 2 22
- Übertrittsversicherungen 197 17
- Verlust des Prämienanspruchs 2 24 ff
- vertragliche Vereinbarung 2 5

Rückwirkung
- Übergangsrecht *EGVVG* 1 3

Ruhen der Versicherung
- Zahlungsverzug bei Folgeprämie 38 23

Ruhensversicherung 192 5

Ruheversicherung *AKB* H.1–H.3 1 f

Rürup-Vertrag
- Steuern *VVG-InfoV* 2 38

Sabotageakte, Ausschluss
- *siehe auch* Terroranschlag, Ausschluss
- Feuerversicherung *AFB* **Abschnitt A** § 2 3
- Wohngebäudeversicherung *VGB* **Abschnitt A** § 1 3

Sachenrecht, Rechtsschutz
- Leistungsart *ARB 2010* 2 11 f; *ARB 2012* 2.2 2

Sachkostenlisten
- Bedingungsänderung, Krankenversicherung 203 28

Sachschaden, Haftpflichtversicherung
- Abhandenkommen *AHB* 1 32
- Beeinträchtigung der Nutzungsmöglichkeiten *AHB* 1 31
- Begriff *AHB* 1 29 ff
- Beschädigung *AHB* 1 30
- Eigentumsverhältnisse *AHB* 1 34
- mangelhafte Herstellung von Sachen *AHB* 1 33

Sachversicherung
- Aufwendungsersatz 90 2
- Beginn der Schadensabwendungs- und -minderungspflicht des VN 82 6
- Begriff 1 31
- Gefahrerhöhung 23 28 ff, 26 10 ff
- Gemeiner Wert 88 7
- Herbeiführung des Versicherungsfalles 81 2
- Kündigung nach Eintritt des Versicherungsfalles 92 1 ff
- Neuwert 88 6
- Rettungskostenersatz 83 11
- Substanzwert 88 8
- Taxwert 88 9
- Versicherungswert 74 8, 88 1 f
- Zeitwert 88 2, 5

Sachverständigengutachten
- Berufsunfähigkeit, medizinische/gesundheitliche Komponente 172 49
- Selbsttötung 161 20

Sachverständigenkosten
- Kfz-Kaskoversicherung *AKB* A.2.8 1
- Kostenübernahme durch Rechtsschutzversicherung *ARB 2010* 5 13, 16, 19 f

Sachverständigenverfahren
- *siehe auch* Schadensermittlungskosten
- Abdingbarkeit 84 27
- Ablauf 84 6 f
- Anfechtung des Gutachtens 84 16
- Anhörung der Parteien 84 17
- Anwendungsbereich 84 3
- Befangenheit des Sachverständigen 84 14 f, 23
- Benennung des Sachverständigen 84 6
- Einleitung 84 4, 20
- Einrede 84 20
- erhebliche Abweichung 84 13
- Fälligkeit des Leistungsanspruchs mit Abschluss des Sachverständigenverfahrens 84 24
- Fälligkeit von Geldleistungen des VR 14 24
- Feuerversicherung *AFB* **Abschnitt A** § 10 1

Stichwortverzeichnis

- Gegenstand 84 5
- Gutachten außerhalb der Zuständigkeit 84 18
- Hausratversicherung
 VHB **Abschnitt A § 15** 1 ff
- Informationspflichten des VR
 VVG-InfoV 1 53
- Kfz-Kaskoversicherung *AKB* **A.2.17** 1
- Kosten 84 26, 85 8 ff
- Kostenübernahme durch Rechtsschutzversicherung *ARB 2010* 5 16, 19 f
- Normzweck 84 2
- Obmann 84 7, 14
- offenbare Unrichtigkeit 84 8, 11 f, 25
- Prozessuales 84 19 ff
- rechtliche Qualifikation 84 1
- Schiedsgutachter 84 1
- Unfallversicherung 189 1
- Unverbindlichkeit der Feststellung 84 8 ff
- Verfahrensmängel 84 17
- Verzögerung 84 23
- Wohngebäudeversicherung
 VGB **Abschnitt A § 15** 1 ff

Sachverständiger
- Befangenheit 84 14 f, 23
- Benennung 84 6
- fachliche Qualifikation 84 6
- Tod 84 23
- vertragliche Vereinbarung über die Benennung der Sachverständigen durch das Gericht 84 28

Saisonkennzeichen *AKB* **H.1–H.3** 3

Sammelklage *ARB 2010* 17 12

Sammlungen (Bücher etc.)
- Sachinbegriff 89 2

Sanatorium *MB/KK* 4 15

Sanatoriumsaufenthalt *MB/KK* 5 10

Sanierung von Umweltschäden gemäß USchadG
- *siehe* Umweltschäden gemäß USchadG, Sanierung

Sanktionsklausel
- Haftpflichtversicherung *AHB* 1 60

Schadenbeseitigungsanspruch
- Deckungsumfang Haftpflichtversicherung *AHB* 1 7

Schadenereignis
- Haftpflichtversicherung *AHB* 1 12 ff, 20 ff

Schadenfallkündigung
- Kündigung nach Versicherungsfall, Haftpflichtversicherung 111 1

Schadensabwendungs- und -minderungspflicht des VN
- *siehe auch* Rettungskostenersatz
- Anwendungsbereich **Vor 100–124** 5
- Aufwendungsersatzanspruch 83 2 ff
- Beginn der Rettungspflicht 82 4 ff
- Beginn der Rettungspflicht in der Haftpflichtversicherung 82 7
- Beginn der Rettungspflicht in der Sachversicherung 82 6
- Beispiele 82 15 ff
- Berufshaftpflichtversicherung 82 9
- Beweislast 82 8
- Brand 82 15
- Dauerobliegenheit 82 13
- Diebstahl 82 16
- Geeignetheit 82 14
- grob fahrlässige Verletzung 82 27
- Haftpflichtversicherung 82 17, **Vor 100–124** 5; *AHB* 25 4
- Hausratversicherung
 VHB **Abschnitt B § 8** 5
- Inhalt 82 8 ff
- Kausalität 82 28
- Krankenversicherung 194 2;
 MB/KK 9 6; *MB/KT* 9 5
- Rechtsfolgen bei Obliegenheitsverletzung 82 25 ff
- Rechtsschutzversicherung
 ARB 2010 17 9 ff
- Sammelklage *ARB 2010* 17 12
- Unfallversicherung 184 1 f
- Verhältnismäßigkeit 82 12
- Verzicht auf (zusätzliche) Klageanträge *ARB 2010* 17 13
- Vorerstreckung der Rettungspflicht (Vorerstreckungstheorie) 82 4
- vorsätzliche Verletzung 82 26
- Weisungen des VR 82 18 ff; *AHB* 25 4
- Zumutbarkeit 82 12 f

Schadensabwicklungsunternehmen
- Bezeichnung im Versicherungsschein 126 3
- Empfangsvollmacht 126 6
- Rechtsstellung 126 4 ff

Schadensanzeige
- *siehe* Anzeige des Versicherungsfalles

Schadensaufstellungen
- Obliegenheitsverletzung, verspätete Vorlage 28 67

Schadensereignisprinzip
- Definition des Versicherungsfalles in der Haftpflichtversicherung 82 7, 100 12

Schadensermittlungskosten
- Abdingbarkeit 85 13
- Beistandskosten 85 8
- Ermittlungs- und Feststellungskosten 85 2 f
- Gebotenheit 85 4
- Haftpflichtversicherung **Vor 100–124** 3
- keine Limitierung durch Versicherungssumme 85 5
- Kürzung des Kostensatzes 85 12
- Normzweck 85 1
- Regulierungskosten des VR 85 7
- Sachverständigenkosten 85 8 ff, 189 2

2234

Stichwortverzeichnis

- vom VR zu ersetzender Schaden 85 6
- **Schadensersatzanspruch**
- Direktanspruch gegen VR, Pflichtversicherung 115 9 ff
- Kfz-Haftpflichtversicherung *AKB A.1.1* 7, 9

Schadensersatzpflicht des VersVermittlers
- Beweislast 63 7, 8
- Haftungsregime 63 2 ff
- Haftungsvoraussetzungen 63 5 f
- Rechtsfolgen 63 7

Schadensersatzpflicht des VR
- Informationspflichtverletzung 7 27
- Verstoß gegen Beratungspflichten 6 43 ff

Schadensersatz-Rechtsschutz
- Leistungsart *ARB 2010* 2 2 ff
- Zeitpunkt des Eintritts des Rechtsschutzfalles *ARB 2010* 4 2 ff

Schadensersatzrente
- Haftpflichtversicherung *AHB* 5 11

Schadensgutachten
- Einsichtnahme 3 30

Schadenshöhe
- quotale Leistungskürzung 28 195 f

Schadensmeldefragebogen
- Belehrung bei Obliegenheitsverletzungen 28 228

Schadensminderungspflicht des VN
- *siehe* Schadensabwendungs- und -minderungspflicht des VN

Schadensregulierungsbeauftragter
- Unfall im Ausland *PflVG* 3a 2 ff

Schadensversicherung
- Aktivenversicherung 1 30
- Forderungsübergang 86 2
- Haftpflichtversicherung *Vor 100–124* 1
- Kennzeichen 1 30, 192 3
- Leistung des VR im Versicherungsfall 1 65
- Leistung im Versicherungsfall 1 65
- Passivenversicherung 1 30
- Überversicherung 74 4
- Unterversicherung 75 3

Schadenteilungsabkommen
- Rahmenteilungsabkommen 86 70
- Regressverzichtsabkommen der Feuerversicherer (RVA) 86 71 ff, 89
- Teilungsabkommen 86 65 ff

Schaltorgane
- Wohngebäudeversicherung, Risikoausschluss *VGB Abschnitt A § 2* 15

Schaufensterscheiben
- Wohngebäudeversicherung *VGB Abschnitt A § 4* 16

Schiedsgutachter
- Sachverständigenverfahren 84 1

Schiedsgutachter-Verfahren
- bei Ablehnung des Rechtsschutzes *ARB 2010* 3a 2 ff

Schiedsverfahren
- Kostenübernahme durch Rechtsschutzversicherung *ARB 2010* 5 15

Schiff
- grobe Fahrlässigkeit, Herbeiführung des Versicherungsfalles 81 66
- quotale Leistungskürzung 81 125

Schimmelbildung
- Privathaftpflichtversicherung, Mietsachschäden *AVB PHV A1-6.6* 10

Schlaganfall *AUB* 5 17

Schlichtungsstelle
- Anerkennung als S. 214 5
- Antwortpflicht 214 6
- Anwendungsbereich 214 1
- Aufgaben 214 1
- Kosten 214 7
- Ombudsmann Private Kranken- und Pflegeversicherung 214 2
- Unverbindlichkeit der Entscheidung der S. 214 1
- Versicherungsombudsmann e.V. 214 2

Schlichtungsverfahren
- Einleitung und Verfahrensordnungen 214 3
- Folgen für streitbefangene Ansprüche während Laufzeit des S. 214 4
- Kostenübernahme durch Rechtsschutzversicherung *ARB 2010* 5 15

Schlossänderungskosten
- Hausratversicherung *VHB Abschnitt A § 8* 6

Schlüssel, Anzahl
- Auskunftsobliegenheiten des VN nach Eintritt des Versicherungsfalles 31 29

Schlüssel, Verlust/Diebstahl
- Gefahrerhöhung 23 26, 39, 26 13, 16
- Haftpflichtversicherung *AHB* 2 15
- Hausratversicherung *VHB Abschnitt A § 3* 10 ff
- Herbeiführung des Versicherungsfalles 81 18 ff, 22 ff, 59

Schlussgewinnanteilsfonds 153 25

Schmerzzustände
- Leistungsanspruch trotz Ruhens 193 72 ff

Schmuck
- Hausratversicherung *VHB Abschnitt A § 6* 23, *Abschnitt A § 13* 1

Schneedruck
- als „weitere Elementargefahr"/Begriff *VGB Abschnitt A § 4* 13; *VHB Abschnitt A § 5* 15

Schonarbeitsplätze 172 73

Schönheitsoperation *MB/KK* 1 6, 8
Schönheitsschaden
- Hausratversicherung
  VHB Abschnitt A § 12 3
- Wohngebäudeversicherung
  VGB Abschnitt A § 13 5

Schreibhilfe 28 127
Schriftform
- Anzeigen 32 3 ff

Schriftformklauseln
- als Beschränkung der Empfangsvollmacht?
  72 12 ff

Schuldübernahmevertrag
- Rechtsschutzversicherung
  ARB 2010 3 27

Schuldunfähigkeit
- Beweislast 81 94
- Herbeiführung des Versicherungsfalles
  81 12 f
- Obliegenheitsverletzung 28 45, 86

Schulmedizin *MB/KK* 4 18 f
Schwamm
- Haftpflichtversicherung *AHB* 7 70
- Hausratversicherung
  VHB Abschnitt A § 4 14
- Wohngebäudeversicherung
  VGB Abschnitt A § 3 12

Schwangerschaft
- als Versicherungsfall *MB/KK* 1 20
- geschlechtsabhängige Tarifierung und
  AGG *Einl.* 55 ff
- Leistungsanspruch trotz Ruhens
  193 72 ff

Schwangerschaftsabbruch *MB/KK* 1 20
Schwarzarbeit 172 23
Schwarze Liste *MB/KK* 5 7
Schwarzfahrtklausel *KfzPflVV* 5 4;
AKB D.1–D.3 5
Schweigen
- Kündigung des VersVertrages 11 52

Schweigepflicht von Ärzten und sonstigen Geheimnisträgern
- Tod der betroffenen Person und Datenerhebung 213 14

Schweigepflichtentbindung
- *siehe auch* Datenerhebung personenbezogener Gesundheitsdaten bei Dritten
- Auskunftsobliegenheiten des VN nach Eintritt des Versicherungsfalles 31 30 ff
- Berufsunfähigkeits-Zusatzversicherung
  BB-BUZ 4 2, 10
- Krankenversicherung *MB/KK* 9 4
- Unfallversicherung *AUB* 7 10

Schweißarbeiten
- Brandschaden, grobe Fahrlässigkeit/
  Herbeiführung des Versicherungsfalles
  81 51

Schwerverletzung *AUB* 2 53

Schwindelanfälle
- Unfallversicherung, Ausschlüsse
  AUB 5 7

Sechste Kraftfahrzeughaftpflicht-Richtlinie
Einl. 21

Seeversicherung
- *siehe auch* Transportversicherung
- Begriff *Einl.* 35; 209 4
- Rechtsgrundlagen *Einl.* 35; 209 5
- Übergang des Regressanspruchs
  Vor 130–141 3
- Unanwendbarkeit des VVG *Einl.* 35;
  Vor 130–141 2, 209 1
- Versicherungsschein auf den Inhaber 4 7

Sehnen, Zerrung/Zerreißen
- Unfallbegriff *AUB* 1 6

Sekundenschlaf
- quotale Leistungskürzung
  AKB A.2.16 16

Selbständiger
- Berufs-Rechtsschutz für Selbständige,
  Rechtsschutz für Firmen und Vereine
  ARB 2010 24 1 ff
- Berufsunfähigkeitsversicherung
  172 31 ff
- Privat-, Berufs- und Verkehrs-Rechtsschutz
  für Selbständige *ARB 2010* 28 1 ff
- Privat-Rechtsschutz für Selbständige
  ARB 2010 23 1 ff
- Rechtsschutz *ARB 2012* 2 1, 3.2 7,
  2.1.1 3

Selbständiges Beweisverfahren
- medizinisch notwendige Heilbehandlung
  MB/KK 1 31

Selbstbehalt
- Haftpflichtversicherung *AHB* 6 7
- Informationspflichten des VR
  VVG-InfoV 1 16
- Krankenversicherung, Anpassung
  203 13
- Krankheitskostenversicherung 193 31,
  80
- Kürzungsrecht des VR bei Rettungskostenersatz 83 18
- Pflichtversicherung 114 8 f;
  KfzPflVV 2 1
- Schaden unterhalb des S., kein Kündigungsrecht 92 5
- Versicherung im Basistarif 193 62, 80

Selbstbeteiligung
- Haftung bei Mehrfachversicherung
  78 19 f
- Kfz-Kaskoversicherung
  AKB A.2.10–A.2.13 7 f
- Leistungsbeschränkung Rechtsschutzversicherung *ARB 2010* 5 34 f;
  ARB 2012 3.3 4
- Überversicherung/kein Einfluss auf Höhe
  des Versicherungswertes 74 23

- Unterversicherung 75 9
- vorläufige Deckung 50 4

Selbsttötung
- Abdingbarkeit 161 31
- Anfechtung wegen arglistiger Täuschung (Nichtangabe Suizidversuch) 22 4
- Anscheinsbeweis 161 18
- Anwendungsbereich 161 2 ff
- Ausschluss BUZ BB-BUZ 3 17
- Ausschluss der freien Willensbestimmung 161 14 f
- Ausschlussfrist 161 9 ff
- Beweislast 161 17 ff
- Demonstrationsabsicht 161 7
- Exhumierung, Zustimmung zur 161 22 ff
- finales Handeln 161 7
- Indizien 161 20
- Kfz-Kaskoversicherung 81 45
- Krankenversicherung 201 6
- mittelbare 161 8
- Normzweck 161 1
- Obduktion, Zustimmung zur 161 22 ff
- Privatgutachten 161 26
- Rechtsfolgen 161 16
- Rspr-Beispiele 161 27 ff
- Sachverständigengutachten 161 20
- Unfallbegriff 178 15
- Vollrausch 161 15
- Vorsatz 161 6 ff, 27 ff

Selbstverletzung/Selbstverstümmelung
- Unfallbegriff 178 15 ff

Sengschäden
- Feuerversicherung *AFB* **Abschnitt A § 1** 15
- Hausratversicherung *VHB* **Abschnitt A § 2** 12
- Wohngebäudeversicherung *VGB* **Abschnitt A § 2** 14

SEPA-Lastschriftmandat
- *siehe* Lastschriftverfahren
- Haftpflichtversicherung *AHB* **11** 1 ff

Serienschadenklausel
- Begrenzung des Versicherungsschutzes in der Pflichtversicherung 114 6
- Haftpflichtversicherung *AHB* 6 2 ff, 19 2

Sicherheitsleistung
- Haftpflichtversicherung 101 6, 107 4

Sicherheitsvorschriften
- Feuerversicherung *AFB* **Abschnitt A § 11** 1 ff, **Abschnitt B § 8** 1 f
- Hausratversicherung *VHB* **Abschnitt A § 16** 1 ff, **Abschnitt B § 8** 1 f
- Missachtung, Gefahrerhöhung 23 30, 26 10
- Wohngebäudeversicherung *VGB* **Abschnitt A § 16** 1 ff, **Abschnitt B § 8** 1

Sicherungsabtretung
- und Bezugsrecht 159 12 f, 15

Sicherungsbedarf
- Bewertungsreserven 153 84 f

Sicherungsschein
- Zahlungsverzug bei Erstprämie 37 25

Simulation
- im Nachprüfungsverfahren bzgl Berufsunfähigkeit *BB-BUZ* 7 6

Sittenwidrigkeit
- Rückwärtsversicherung 2 48

Skylaterne *AVB PHV* **A1-6.11** 4

Software, Schäden
- Leistungsbegrenzungen *AVB PHV* **A1-6.16** 5 ff
- Sicherungsobliegenheit *AVB PHV* **A1-6.16** 4
- versichertes Risiko *AVB PHV* **A1-6.16** 1 ff

Solvabilitätsanforderungen
- Verhältnis zur Überschussbeteiligung 153 83 f

Solvency II *Einl.* 19

Sondereigentum
- versichertes Risiko *AVB PHV* **A1-6.3** 6

Sonderkündigungsrecht 11 53 ff

Sozialgerichts-Rechtsschutz *ARB 2010* 2 14

Sozialversicherung
- Abgrenzung zur Privatversicherung *Einl.* 2 ff; 1 19

Sozialversicherungsträger
- Haftung Pflichtversicherung 117 11

Spätschäden *AUB* 2 4

Spekulationsgeschäfte
- Rechtsschutzversicherung *ARB 2010* 3 16

Spiel/Wette
- Abgrenzung zur Versicherung 1 25

Spontanobliegenheiten
- Belehrung, Obliegenheitsverletzung 28 224, 231

Sport
- erhöhte Kraftanstrengung, Unfallbegriff *AUB* 1 4

Sportart, gefährliche
- Unfallbegriff 178 13

Sportausübung
- Privathaftpflichtversicherung *AVB PHV* **A1-6.7** 1 ff

Sportboot-Kaskoversicherung 130 15

Sportklausel *AHB* 7 1 f

Sportunfall
- Bestehen von Versicherungsschutz und stillschweigender Haftungsausschluss Vor 100–124 16

Sprache
- Informationspflichten des VR *VVG-InfoV* 1 49

Staatsgewalt, Maßnahmen der
- Ausschluss AKB   *AKB* A.2.16 26

Standardtarif   *MB/KK* 19 1

Standes-Rechtsschutz   *ARB 2010* 2 16

Stationäre Heilbehandlung   *MB/KK* 1 3, 4 11 f

Stehlgutliste
- Einreichen zur Schadensminderung 82 11
- Hausratversicherung *VHB* **Abschnitt B** § 8 10 ff, 21
- Obliegenheitsverletzung, verspätete Vorlage 28 67

Stehpult
- Berufsunfähigkeit, Begriff 172 46

Steinschlag   *AKB* A.2.2 32, A.2.10–A.2.13 8

Stellungnahmen
- Auskunfts- und Einsichtsrecht des VN, Krankenversicherung 202 4; *MB/KT* 4 8

Sterbegeldversicherung
- Angabe von Effektivkosten *VVG-InfoV* 2 39
- anwendbare Vorschriften 211 5

Sterbetafeln
- Modellrechnung 154 32
- Prämienkalkulation 163 4 f, 169 24

Sterbewahrscheinlichkeiten
- als Rechnungsgrundlage für Prämienanpassung, Krankenversicherung 203 8 ff

Sterilisation   *MB/KK* 1 6

Steuerberater
- Rechtsschutzerstreckung   *ARB 2010* 5 4, 45

Steuern
- Berufsunfähigkeitsversicherung *VVG-InfoV* 2 60
- Kosteninformation   *VVG-InfoV* 1 24 f
- zusätzliche Informationen bei der Lebensversicherung   *VVG-InfoV* 2 38

Steuer-Rechtsschutz
- Leistungsart   *ARB 2010* 2 13
- Steuerberaterkosten   *ARB 2010* 5 4, 45
- zeitlicher Risikoausschluss *ARB 2010* 4 20

Stewardesse
- Ausschluss BUZ   *BB-BUZ* 3 29

Stichentscheid-Verfahren
- bei Ablehnung des Rechtsschutzes *ARB 2010* 3a 10 ff

Stichtagsklauseln
- Klauseln zur Vermeidung von Unterversicherung 75 18

Stoppschild, Überfahren
- quotale Leistungskürzung *AKB* A.2.16 17

Störfalldeckung   *AHB* 7 3

Stornoabzug
- *siehe* Rückkaufswert, Stornoabzug
- Lebensversicherung   *VVG-InfoV* 1 44

Störungsbeseitigung
- Deckungsumfang Haftpflichtversicherung *AHB* 1 8

Stoßrichtungsgleichheit
- Gefahrerhöhung/Gefahrenkompensation 23 24

Straf-Rechtsschutz
- Leistungsart   *ARB 2012* 2.2 3
- nicht verkehrsrechtliche Vergehen *ARB 2010* 2 19
- verkehrsrechtliche Vergehen *ARB 2010* 2 18

Straftat
- Ausschluss BUZ   *BE-BUZ* 3 8 ff
- Ausschluss Unfallereignis   *AUB* 5 20 ff

Straftatklauseln
- Abgrenzung zur vertraglichen Obliegenheit 28 29 ff
- Rechtsnatur 28 29

Strafverfahren
- Fälligkeit von Geldleistungen des VR 14 21

Strafverteidigerkosten
- Haftpflichtversicherung   *AHB* 5 10

Strahlenschäden, Ausschluss
- Berufsunfähigkeits-Zusatzversicherung *BB-BUZ* 3 19
- Feuerversicherung *AFB* **Abschnitt A** § 2 4
- Haftpflichtversicherung   *AHB* 7 67
- Hausratversicherung *VHB* **Abschnitt A** § 1 2
- Kraftfahrtversicherung   *KfzPflVV* 44 7; *AKB* A.1.5 19
- Privathaftpflichtversicherung *AVB PHV* A1-7 1
- Unfallversicherung   *AUB* 5 48
- Unfallversicherungs   *AUB* 5 38
- Wohngebäudeversicherung *VGB* **Abschnitt A** § 1 3

Straßenverkehr, Gefahrerhöhung
- Verstöße gegen StVO   23 27
- Verstöße gegen StVZO   23 41

Straßenverkehr, Herbeiführung des Versicherungsfalles
- Alkohol, absolute Fahruntüchtigkeit 81 33 ff, 122
- Alkohol, relative Fahruntüchtigkeit 81 36 ff, 122

Stichwortverzeichnis

- Art und Weise des Abstellens des Kfz 81 15 ff
- Brand 81 44
- Drogen 81 39, 123
- fehlerhaftes Befüllen des Tanks 81 124
- Medikamenteneinnahme 81 40, 123
- Missachtung der Durchfahrtshöhe 81 124
- Papiere, Diebstahl/Verlust (in oder am Kfz) 81 26 f, 120
- Reifenprofil, Unterlassen der regelmäßigen Kontrolle 81 43
- Rotlichtverstöße 81 28 ff, 121
- Schlüssel, Diebstahl (außerhalb des Kfz) 81 18 ff, 120
- Schlüssel, Diebstahl/Verlust (in oder am Kfz) 81 22 ff, 120
- Selbstmord 81 45
- Verstöße gegen StVO 81 41 ff, 124

Straßenverkehrs-Ordnungswidrigkeiten
- Rechtsschutzversicherung *ARB 2010* 3 22

Streik
- Risikoausschluss Rechtsschutzversicherung *ARB 2010* 3 4

Streitwert
- Auskunfts- und Einsichtsrecht des VN in der Krankenversicherung 202 16
- Berufsunfähigkeitsversicherung 172 16
- Ersatzversicherungsschein 3 26
- Fortsetzung des Versicherungsverhältnisses 207 43
- Krankentagegeldversicherung *MB/KT* 1 13
- Kündigung des VN, Krankenversicherung 205 39
- Kündigung durch VR, Krankenversicherung 206 27

Strenge Wiederherstellungsklausel 93 3
Strukturvertrieb 59 19
Stundung
- deckende 33 8
- Fälligkeit der Prämie 33 8
- Folgeprämie 38 22
- Prämienzuschlag 193 41

Sturm
- Definition *VGB* Abschnitt A § 4 2
- Folgeschäden *VGB* Abschnitt A § 4 12
- Gefahrerhöhung 23 33, 26 11
- Hausratversicherung *VHB* Abschnitt A § 5 3 ff, 19
- Rohbauten *VGB* Abschnitt A § 4 16
- Teilkasko *AKB* A.2.2 32
- versicherte Kausalverläufe *VGB* Abschnitt A § 4 6 ff
- Wohngebäudeversicherung *VGB* Abschnitt A § 4 2 ff, 6 ff

Sturmflut
- Wohngebäudeversicherung *VGB* Abschnitt A § 4 14

Sturmflutschaden
- Hausratversicherung *VHB* Abschnitt A § 5 18

Sturmschaden
- quotale Leistungskürzung 26 11

Sturmversicherung
- grobe Fahrlässigkeit, Herbeiführung des Versicherungsfalles 81 65
- keine Normierung 142 1, 4

Sturztrunk *AUB* 5 9
Subjektive Gefahrerhöhungen 28 57 ff
Subsidiaritätsklauseln bei Mehrfachversicherung
- Abgrenzung zu Zessionsklauseln 77 29
- einfache S. 77 30 f
- qualifizierte S. 77 33
- Zusammentreffen mehrerer S. 77 34 ff

Subsidiärversicherung
- Reisekrankenversicherung 192 7

Substanzwert
- Begriff 88 8

Substitutive Krankenversicherung
- Begriff 195 3 f
- Beispiele 195 5 f
- Informationspflichten des VR *VVG-InfoV* 3 1 ff, 6 10
- Kündigung durch VR 206 5
- Personen mit befristetem Aufenthaltstitel 195 12 ff
- Rechtsfolge 195 7 f

Suchtkrankheiten
- Krankenversicherung 201 6; *MB/KK* 5 5

Suizid
- *siehe* Selbsttötung

Summenausgleichsvereinbarung
- zur Vermeidung von Unterversicherung 75 19

Summenbegrenzungen
- Informationspflichten des VR *VVG-InfoV* 1 16

Summenversicherung
- Forderungsübergang 86 3
- Kennzeichen 1 30, 192 3
- Leistung des VR im Versicherungsfall 1 65

Syndrom 172 43

Tagegeld *AUB* 2 41 ff
Tageselternklausel
- Privathaftpflichtversicherung *AVB PHV* A1-6.1 2

Tageszulassungen *KfzSBHH* A.3 4
Tankanlagen *AHB* 7 63; *AVB PHV* A2-1 4 ff

Stichwortverzeichnis

Tanken
- fehlerhaftes Befüllen des Tanks, quotale Leistungskürzung 81 124

Tapete
- Wohngebäudeversicherung VGB Abschnitt A § 5 7

Tarifprämie
- Begriff 1 68

Tarifwechsel, Krankenversicherung
- Abdingbarkeit 204 13
- Anrechnung der Alterungsrückstellung 204 20
- Anspruch auf Vereinbarung eines Zusatztarifs beim Wechsel in den Basistarif 204 65 f
- Anwartschaftsversicherung 204 61 ff
- Anwendungsbereich 204 14
- aus Basistarif in normale Krankheitskostentarife 204 33 ff
- Erstantragsauswertung 204 31
- erworbene Rechte 204 17 ff
- Gesundheitszustand 204 31
- Gleichartigkeit des Versicherungsschutzes 204 10 ff, 15 f
- in den Basistarif, PKV-Altkunden 204 41 ff
- in den Basistarif, PKV-Neukunden 204 40
- Leistungsausschluss für Mehrleistung im Zieltarif 204 11 f, 21 ff
- MB/KK MB/KK 1 27
- Mehrleistungen im Zieltarif 204 11 f, 21 ff
- Mitgabe der Alterungsrückstellungen bei PKV-Altkunden 204 56 ff
- Mitgabe der Alterungsrückstellungen bei PKV-Neukunden 204 55
- Mitgabe der Alterungsrückstellungen beim Wechsel des VR 204 47 ff
- negative Risikoselektion 204 1 ff
- Normzweck 204 1 ff
- pauschaler Risikozuschlag 204 31
- Recht auf Fortführung eines gekündigten Vertrages in Form einer Anwartschaftsversicherung 204 67 ff
- Risikoprüfung für Mehrleistungen im Zieltarif 204 37
- Risikoprüfung, Versicherung im Basistarif 203 5
- Risikozuschlag für Mehrleistung im Zieltarif 204 11 f, 21 ff
- Selbstbehaltwegfall als Mehrleistung im Zieltarif 204 11 f
- Unisex-Tarif in Bisex-Tarif 204 6
- unterschiedliche Strukturen zwischen Ausgangstarif und Zieltarif 204 29 ff
- Vereinbarung von Risikozuschlag oder Leistungsausschluss 204 11 f, 21 ff
- Wahlrecht der Altkunden bzgl Zieltarif 204 32
- Wartezeit für Mehrleistung im Zieltarif 204 11 f

Tätigkeitsschäden
- Haftpflichtversicherung AHB 1 53, 7 43 ff

Tätigkeitsschadenausschluss
- Betriebsunterbrechungsschaden AHB 7 46
- Hilfspersonenklausel AHB 7 50
- Nutzungsausfallschaden AHB 7 46
- Wirkungsbereichsschaden AHB 7 48 f

Taxe
- *siehe auch* Versicherungswert
- Abdingbarkeit 76 14
- Absinken des Versicherungswertes 76 9
- Anwendungsbereich 76 3
- Bestimmbarkeit des Betrages 76 6
- Beweislast 76 16
- erheblich überhöhte Taxe 76 8 ff
- Festlegung des Versicherungswertes 74 22, 76 7
- Rechtsfolgen 76 7 f
- Teilschaden 76 2
- Unterversicherung bei Vereinbarung einer Taxe 76 12 f
- Voraussetzungen 76 4
- Wertdeklaration 76 5

Taxwert
- Begriff 88 9

Technischer Versicherungsbeginn 2 4, 197 8

Technologiefortschritt
- Feuerversicherung AFB Abschnitt § 7 4
- Wohngebäudeversicherung VGB Abschnitt A § 10 3

Teilkasko
- Beschädigung AKB A.2.2 27 ff
- Betrug AKB A.2.2 24
- Blitzschlag AKB A.2.2 32
- Brand AKB A.2.2 3 ff
- Diebstahl AKB A.2.2 8 ff
- Entwendung AKB A.2.2 5, 7 ff
- Erdbeben AKB A.2.2 32
- Erdrutsch AKB A.2.2 32
- Explosion AKB A.2.2 6
- Glasbruch AKB A.2.2 42 f
- Hagel AKB A.2.2 32
- Implosion AKB A.2.2 6
- Kurzschlussschaden an Verkabelung AKB A.2.2 43
- Lawinen AKB A.2.2 32
- Marderbiss AKB A.2.2 38
- Steinschlag AKB A.2.2 32
- Sturm AKB A.2.2 32
- Überschwemmung AKB A.2.2 32
- unbefugter Gebrauch AKB A.2.2 25 f
- Unterschlagung AKB A.2.2 21 ff
- Wasserschaden des Motors AKB A.2.2 33
- Zusammenstoß mit Haarwild AKB A.2.2 34 ff

Stichwortverzeichnis

Teilkaskoversicherung *AKB* **A.2.1** 1
Teilklageobliegenheit
- Rechtsschutzversicherung
  ARB 2010 **17** 15
Teilkündigung **11** 37
Teilkündigung des VR
- Anwendungsbereich **29** 2 f
- Auswirkung auf Prämienzahlung **29** 8
- einheitlicher Vertrag über mehrere Gegenstände oder Personen **29** 4 ff
- Gefahrerhöhung **29** 10
- Kündigungsrecht des VN **29** 9
- Voraussetzungen **29** 4 ff
Teilrücktritt des VR
- Anwendungsbereich **29** 2 f
- Auswirkung auf Prämienzahlung **29** 8
- einheitlicher Vertrag über mehrere Gegenstände oder Personen **29** 4 ff
- Gefahrerhöhung **29** 10
- Kündigungsrecht des VN **29** 9
- Voraussetzungen **29** 4 ff
Teilschaden
- Feuerversicherung
  AFB **Abschnitt A § 8** 1 f
- Taxe **76** 2
- Unterversicherung **75** 2, 6
Teilungsabkommen
- Begriff/Regressverzicht **86** 65 ff
- Mieterregress **86** 105
Teilversicherung
- Krankenversicherung **192** 4
Teilweise Leistungsfreiheit
- Anwendungsbereich **29** 2 f
- Auswirkung auf Prämienzahlung **29** 8
- Gefahrerhöhung **29** 10
- Voraussetzungen **29** 4 ff
Telefax/Telegramm etc.
- Versicherungsschein **3** 16
Telefongespräch
- Anlass *VVG-InfoV* **5** 11
- Informationspflichten *VVG-InfoV* **5** 8 ff
Telefonhotline, Mitarbeiter des VR
- Empfangsvollmacht **69** 15
- Wissenszurechnung **70** 5, 12
Teleinterviewing
- Informationspflichten des VR **7** 20
Telekommunikationskosten
- Kosteninformation *VVG-InfoV* **1** 28 f
Teleunderwriting
- Informationspflichten des VR **7** 20
Terroranschlag, Ausschluss
- Berufsunfähigkeits-Zusatzversicherung
  BB-BUZ **3** 13, 21
- Feuerversicherung
  AFB **Abschnitt A § 2** 2
- Kraftfahrtversicherung *AKB* **A.2.16** 24
- Rechtsschutzversicherung *ARB 2010* **3** 4

- Wohngebäudeversicherung
  VGB **Abschnitt A § 1** 3
Test Achats-Entscheidung
- Unisex-Urteil des EuGH *Einl.* 56
- Verbot geschlechtsspezifischer Kalkulation
  VVG-InfoV **3** 10
Textform
- Anzeigen **32** 3 ff
Theorie der Forderungsauswechselung
145 3
Tiefgarage
- *siehe* Garage
Tierarztkosten **83** 22
Tierhalter- und Tierhüterrisiko
- Ausschlusstatbestände
  AVB PHV **A1-6.9** 5 ff
- versichertes Risiko
  AVB PHV **A1-6.9** 1 ff
Tierversicherung **83** 22
Timesharing
- Rechtsschutzversicherung
  ARB 2012 **3.2** 8
Tippgeber
- Begriff **59** 3
Tod der versicherten Person
- Invaliditätsleistung *AUB 2* **35** ff
Tod des VN
- Fortsetzung des Versicherungsverhältnisses
  207 4 ff
- Privathaftpflichtversicherung
  AVB PHV **A1-10** 1
- Rechtsschutzversicherung
  ARB 2010 **12** 2; *ARB 2012* **2.4** 7
Tod eines Menschen
- Haftpflichtversicherung *AHB* **1** 27
Todesfallanzeige *AUB* **7** 11
Todesfallleistung *AUB 2* **51**
Todesfallversicherung
- auf das Leben des minderjährigen Kindes
  150 34
Totalschaden
- Feuerversicherung
  AFB **Abschnitt A § 8** 1 f
- Hausratversicherung
  VHB **Abschnitt A § 12** 1
- Kfz-Kaskoversicherung *AKB* **A.2.1** 2,
  A.2.6 1 ff
- Unterversicherung **75** 1, 7
- Wohngebäudeversicherung
  VGB **Abschnitt A § 13** 9
Tötung
- Abdingbarkeit **162** 8
- Beweislast **162** 9
- durch den Bezugsberechtigten **162** 7
- durch den VN **162** 2 ff
- Selbsttötung **161** 1 ff
Transaktionskosten
- Kosteninformation *VVG-InfoV* **1** 26

2241

Stichwortverzeichnis

Transparenzgebot
- Bedeutung *Einl.* 83 f
- Leistungsbeschreibung *Einl.* 81
- vertragliche Obliegenheiten und Klarheitsgebot 28 12

Transport- und Lagerkosten
- Hausratversicherung
 VHB Abschnitt A § 8 5

Transportversicherung
- *siehe auch* Binnenschiffsversicherung
- *siehe auch* Gütertransportversicherung
- Abandon 141 2 f
- AGB-Kontrolle 130 3, 5 f
- Alles-oder-Nichts-Prinzip 132 3, 133 2, 134 1, 137 2
- Anwendungsbereich Vor 130–141 1 f
- Anzeigepflicht 131 2 ff
- Aufwendungsersatz 135 2
- Bedingungswerke Vor 130–141 6
- Begriff 130 2
- Dispache 130 20
- Gefahränderung 132 2 f, 133 2
- Große Haverei 130 20
- Haftungsausschluss bei fahruntüchtigen Schiffen 138 2 ff
- Haus-zu-Haus-Versicherung 130 4
- Herbeiführung des Versicherungsfalles 137 2 ff
- Kraftloserklärung der Orderpolice 4 19
- Kündigungsrecht des VN 131 5
- Rechtsübergang Vor 130–141 4 f
- Repräsentantenstellung 137 3
- Rückwärtsversicherung 2 22
- schuldhafte Herbeiführung des Versicherungsfalles 137 2 ff
- ungeeignete Befördermittel 134 1
- Veräußerung der versicherten Sache oder Güter 139 1 ff
- Versicherungswert 74 9, 136 2
- vertragswidrige Beförderung 133 2
- Zurechnung des Besatzungsverschuldens 137 6 ff

Trennungsprinzip
- Haftpflichtversicherung
 Vor 100–124 9 ff

Treu und Glauben (§ 242 BGB)
- Bedeutung im Versicherungsvertragsrecht *Einl.* 53; 1 4a, 66, 69
- fehlende Belehrung 5 24

Treuhänder
- Bedingungsanpassung 164 15
- Beitragsänderung durch T.
 ARB 2010 10 1
- Prämienänderung 163 9 f

Treuhänder, Krankenversicherung
- fachliche Eignung 203 21 d
- stellvertretender Treuhänder 203 20
- Zustimmung zur Prämienanpassung 203 16 ff

Treuhandverhältnis
- zwischen VN und Versichertem bei Fremdversicherung 46 1 f

Trockenheit
- Wohngebäudeversicherung
 VGB Abschnitt A § 4 14

Trunkenheit im Straßenverkehr
- absolute Fahruntüchtigkeit 81 33 ff
- Ausschluss Rechtsschutzversicherung
 ARB 2010 3 28
- Bewusstseinsstörungen *AUB* 5 8 ff
- Gefahrerhöhung 23 20, 42, 47
- Herbeiführung des Versicherungsfalles 81 12 f, 33 ff
- quotale Leistungskürzung 28 192, 81 122; *AKB* A.2.16 15
- relative Fahruntüchtigkeit 81 36 ff
- Unzurechnungsfähigkeit 81 13

Trunkenheitsklausel *KfzPflVV* 5 6; *AKB* D.1–D.3 7

Tuning/Umbauten von Pkw
- Gefahrerhöhung 23 41, 43, 26 14

Überführungsfahrt
- versichertes Kfz *KfzSBHH* A.3 3

Übergang der Hypothek auf VR, Gebäudefeuerversicherung
- Abdingbarkeit 145 7
- Bewilligung 145 4
- Normzweck 145 1 f
- Rangverhältnis 145 5 f
- Rechtsübergang kraft Gesetzes 145 2
- Theorie der Forderungsauswechselung 145 3

Übergang von Ersatzansprüchen (Forderungsübergang)
- *siehe auch* Quotenvorrecht, Forderungsübergang
- *siehe auch* Schadenteilungsabkommen
- Aktivlegitimation 86 109 ff
- Anwendungsbereich 86 2 ff,
 Vor 100–124 4
- Befriedigungsvorrecht 86 38
- Beweislast 86 116 ff
- Dritter als Anspruchsgegner 86 14 ff
- Fahrzeugversicherung 86 16 ff, 34 ff
- Feuerversicherung 86 37
- Gebäudeversicherung 86 20 f
- Gerichtsstand 86 107 f
- Haftpflichtversicherung Vor 100–124 4
- häusliche Gemeinschaft, Regressprivileg 86 49 ff, 87 4
- Hausratversicherung
 VHB Abschnitt B § 14 1
- Kfz-Haftpflichtversicherung 86 50
- Kongruenzprinzip („soweit") 86 31 ff
- Krankenversicherung 194 2, 9
- Mietregress 86 73 ff
- nichteheliche Lebensgemeinschaft 86 50
- Normzweck 86 1

2242

Stichwortverzeichnis

- Quotenvorrecht 86 23 ff
- Rahmenteilungsabkommen 86 70
- Rechtsschutzversicherung ARB 2010 17 27; ARB 2012 4.1 12
- Rechtsweg 86 107 f
- regressfähige Aufwendungen 86 63
- regressfähige Schäden 86 56 ff
- Regressprivileg 86 49 ff
- Regressverzicht 86 64 ff
- Schadensversicherung 86 2
- Summenversicherung 86 3
- tatsächliche Ersatzleistung des VR 86 9 f
- technische Versicherungen 86 22
- Teilungsabkommen 86 65 ff
- übergangsfähiger Anspruch 86 11 ff
- Verjährung der Regressforderung 86 106
- Voraussetzungen 86 8 ff
- wiederkehrende Leistungen 86 53
- Wohngebäudeversicherung VGB Abschnitt B § 14 1

Übergang von Ersatzansprüchen (Forderungsübergang), Mitwirkungsobliegenheiten des VN
- Ausgangssituation 86 39
- Obliegenheit zur Mitwirkung bei der Durchsetzung 86 46
- Obliegenheit zur Wahrung des Ersatzanspruchs 86 41 ff
- Realisierbarkeit der Ersatzforderung 86 48
- Rechtsfolgen der Obliegenheitsverletzung 86 47
- Zeitpunkt 86 40

Übergangsleistung AUB 2 38 ff

Übergangsrecht
- siehe auch Altverträge
- Altverträge, Anpassung der AVB EGVVG 1 26 ff
- Altverträge, Versicherungsfall vor 31.12.2008 EGVVG 1 12 f
- Bedingungsänderung Einl. 90; EGVVG 1 26 ff
- Berufsgenossenschaften EGVVG 6 1 f
- Berufsunfähigkeitsversicherung Einl. 43
- Beweislast für den Zeitpunkt des Eintritts des Versicherungsfalles EGVVG 1 23 ff
- EGVVG Einl. 39 ff
- Eintritt des Versicherungsfalles EGVVG 1 22
- Fristen nach § 12 Abs. 3 VVG aF, Verjährung EGVVG 1 36
- Gebäudefeuerversicherung EGVVG 5 1 ff
- Geltung des VVG nF für Altverträge EGVVG 1 4 ff
- Gerichtsstand 215 16 ff; EGVVG 1 14 ff
- Innungsunterstützungskassen EGVVG 6 1 f
- Kollisionsrecht Einl. 22
- Krankenversicherung Einl. 43 f; EGVVG 2 3 ff
- Lebensversicherung Einl. 43
- Rückwirkung EGVVG 1 3
- Streitigkeiten bzgl Vertragsschluss EGVVG 1 9 ff
- Verjährung Einl. 45; EGVVG 3 1 ff
- Versicherungsfall Einl. 43
- vertragliche Obliegenheitsverletzung 28 249 ff
- Vertragsänderung von Altvertrag als Neuabschluss EGVVG 1 6
- Vertragsverlängerung von Altvertrag als Neuabschluss EGVVG 1 7
- Vertretungsmacht EGVVG 2 2
- vorvertragliche Anzeigepflichtverletzung EGVVG 1 17 ff
- VVG-InfoV VVG-InfoV 7 1 ff

Übermaßbehandlung MB/KK 5 16

Übermaßverbot, Krankenversicherung
- Alphaklinik-Entscheidung 192 17
- auffälliges Missverhältnis 192 23 ff
- Gesetzesentwicklung 192 17 ff
- Regelungsgehalt 192 20 ff
- Voraussetzung 192 23 ff

Übermaßverbot, Pflegeversicherung 192 44

Übermaßvergütung MB/KK 5 17

Übermittlungsvollmacht
- Umfang 69 47

Übermüdung
- quotale Leistungskürzung AKB A.2.16 16
- Unfallversicherung, Ausschlüsse AUB 5 6

Überobligatorische Anstrengung
- Versicherungswert 74 13

Überraschende Klausel Einl. 75

Überrumpelungseffekt bei AVB Einl. 75

Überschuss
- Ausschüttungssperre 153 27
- Berechnung 153 20 ff
- Mindestzuführungsverordnung 153 26, 29 f
- Querverrechnung 153 29 f
- Rohüberschuss 153 20 f, 45
- Rückstellung für Beitragsrückerstattung 153 24, 29
- Schlussgewinnanteilsfonds 153 25
- Verteilungsreihenfolge 153 28
- Verwendung 153 23 ff

Überschussbeteiligung
- Abdingbarkeit 153 86
- Altverträge EGVVG 4 2 ff, 17
- Anwendungsbereich 153 16 f
- Auslandsbezug 153 17
- Ausschluss 153 51 ff
- Beteiligung 153 43 ff
- Beweislast 153 87 ff
- Bewertungsreserven 153 33 ff

Stichwortverzeichnis

- BUZ *BB-BUZ* 1 9, 8 1, 9 4
- Deckungsrückstellung 153 22
- Definition 153 18 ff
- fondsgebundene Lebensversicherung 153 61
- geringere Prämienberechnung statt Kapitalauszahlung 153 46
- Informationspflichten *VVG-InfoV* 2 21 ff, 55, 6 6
- jährliche Unterrichtung 155 1 ff
- Kapitalisierungsprodukte 153 59
- Kapitallebensversicherung 153 50
- keine Gewährung von Ü. 153 15
- Normzweck 153 7 ff
- Regelungen zu Umfang und Inhalt der Verpflichtung zur Ü. 153 14
- Rentenversicherung 153 47 ff
- Risikoversicherungen 153 43, 46, 60
- Rückkaufswert 169 75
- Solvabilitätsanforderungen 153 83 f
- Überschuss (Begriff/Berechnung) 153 19 ff
- Verfahren 153 57 ff, 68
- Versicherungen mit Kapitalbezug 153 43 ff
- Vertragsdauer 153 76
- verursachungsorientiertes Verfahren 153 57 ff
- Voraussetzungen 153 18
- Zeitpunkt 153 75
- Zusatzversicherungen 153 43, 60

Überschussdeklaration 153 13, 71

Überschussverordnung
- Prämienkalkulation *Einl.* 50; 1 68

Überschussverrechnung
- Gesamtpreis der Versicherung *VVG-InfoV* 1 17

Überschwemmung
- als „weitere Elementargefahr"/Begriff *VGB* **Abschnitt A** § 4 13; *VHB* **Abschnitt A** § 5 9 f
- Haftpflichtversicherung *AHB* 7 77
- Hausratversicherung *VHB* **Abschnitt A** § 3 16, **Abschnitt A** § 4 15
- Privathaftpflichtversicherung *AVB PHV* **A1-7** 1
- Teilkasko *AKB* **A.2.2** 32
- Wohngebäudeversicherung *VGB* **Abschnitt A** § 3 13, **Abschnitt A** § 4 13

Übersetzungskosten
- Kostenübernahme durch Rechtsschutzversicherung *ARB 2010* 5 13

Überspannung durch Blitz
- Wohngebäudeversicherung *VGB* **Abschnitt A** § 2 8

Überspannungsschaden
- Feuerversicherung *AFB* **Abschnitt A** § 1 8

- Hausratversicherung *VHB* **Abschnitt A** § 2 7
- Klausel PK 7160 *VGB* **Abschnitt A** § 2 7
- Wohngebäudeversicherung *VGB* **Abschnitt A** § 2 4

Überstromschaden
- Feuerversicherung *AFB* **Abschnitt A** § 1 3
- Hausratversicherung *VHB* **Abschnitt A** § 2 7
- Klausel PK 7160 *VGB* **Abschnitt A** § 2 7
- Wohngebäudeversicherung *VGB* **Abschnitt A** § 2 4

Übertrittsversicherungen
- Anrechnung von Wartezeiten 197 17 ff
- Freie Heilfürsorge 197 18
- Qualifizierung 197 17

Überversicherung
- *siehe auch* Versicherungswert
- Abdingbarkeit 74 31
- anfängliche 74 24
- Anfechtung wegen arglistiger Täuschung 74 32
- Anwendungsbereich 74 4, **Vor 100–124** 2
- Begriff 74 6
- betrügerische 74 28 f
- Beweislast 74 30
- Ersatzanschaffung 74 12 f
- Feuerversicherung *AFB* **Abschnitt B** § 10 1
- Haftpflichtversicherung **Vor 100–124** 2
- Hausratversicherung *VHB* **Abschnitt B** § 10 1
- Kreditrestschuldversicherung 74 4
- Nachlässe/Preisvorteile 74 13
- nachträgliche 74 24
- Normzweck 74 1
- Rechtsfolgen 74 27
- versichertes Interesse 74 7
- Versicherung auf erstes Risiko 74 4
- Versicherungssumme 74 6
- Versicherungswert 74 7 fff
- Wiederbeschaffungswert 74 11
- Wohngebäudeversicherung *VGB* **Abschnitt B** § 10 1

Übungsfahrt, Ausschluss *KfzPflVV* 4 5, 5 3; *AKB* **A.1.5** 7, **A.2.16** 22

Umdeutung
- einer fristlosen Kündigung in ordentliche Kündigung 11 49 ff
- einer unzulässigen Kündigung in zulässige Kündigung 11 18 ff 205 4

Umorganisation 172 13, 174 6

Umorganisationsmöglichkeit
- Berufsunfähigkeitsversicherung 172 31 ff

Umschulung
- Berufsunfähigkeitsversicherung 172 26

Stichwortverzeichnis

Umwandlung der Lebensversicherung zur Erlangung von Pfändungsschutz
- Abdingbarkeit 167 21
- Form 167 10
- Frist 167 10
- Kostentragungspflicht 167 13
- Normzweck 167 1
- Pfändungsschutz 167 14 ff
- Rechtsfolge 167 11 ff
- Tarifauswahl 167 12
- Umwandlung 167 11 f
- Umwandlungsverlangen 167 8 ff
- Verfügungsbefugnis 167 3 ff
- Voraussetzungen 167 2 ff

Umwandlung in prämienfreie Versicherung
- Abdingbarkeit 165 19
- Abzug 165 17
- Auszahlung des Rückkaufswertes 165 18 ff
- Mindestversicherungsleistung 165 18 ff, 166 2
- Mindestvertragslaufzeit 165 21
- Rechtsfolgen 165 10 ff
- Rückgängigmachung mit Zustimmung des VR 165 15
- Voraussetzungen 165 1 ff

Umwelteinwirkungen, Schaden durch
- Rechtsbegriff AHB 7 61 f

Umwelthaftpflichtversicherung
- Gegenstand AHB 7 60
- Manifestationsprinzip als Versicherungsfall-Begriff 100 13
- Rettungskostenersatz 83 10
- Vermögensschaden AHB 2 5

Umweltproduktrisiko AHB 7 64

Umweltrisiko
- Privathaftpflichtversicherung AVB PHV A1-6.4 1 ff

Umweltschäden AHB 7 58 f

Umweltschäden gemäß USchadG, Sanierung
- Ausland AVB PHV A2-2 5
- Ausschlüsse AVB PHV A2-2 6 ff
- versichertes Risiko AVB PHV A2-2 1 ff

Umweltschadenversicherung
- Deckungsbegrenzung AHB 1 4, 11
- Gegenstand AHB 7 58 f

Umzug
- *siehe auch* Wohnungswechsel
- Hausratversicherung VHB Abschnitt A § 11 1

Unbedingter Prozessauftrag
- Rechtsschutzversicherung ARB 2010 17 16

Unbefugter Gebrauch, Fahrzeug
- Teilkasko AKB A.2.2 25 f

Unbewusste Fahrlässigkeit 28 94

Unerlaubtes Entfernen vom Unfallort
- Aufklärungspflichten AKB E.1–E.6 14 ff

- Auskunftsobliegenheiten des VN nach Eintritt des Versicherungsfalles 31 28
- Haftpflichtversicherung AHB 25 5
- Vorsatz 28 75

Unfall
- Auskunftsobliegenheiten des VN nach Eintritt des Versicherungsfalles 31 29
- Begriff AKB A.2.3 2
- Entschädigungsstelle für Schäden aus Auslandsunfällen PflVG 12a 1
- im Ausland PflVG 1 4 ff
- im Inland mit ausländischer Beteiligung PflVG 1 2 f
- Regulierung von Unfall im Ausland PflVG 3a 2 ff
- Vollkasko AKB A.2.3 2 ff
- vorsätzliche Herbeiführung, Krankenversicherung 201 3 ff

Unfall, Begriff
- Arbeiten mit oder an einem Gegenstand 178 7
- Beweislast 178 19
- Dauer der Einwirkung 178 10
- Definition 178 3; AUB 1 1
- Eigenbewegungen 178 6
- erhöhte Kraftanstrengung AUB 1 3 ff
- erweiterter Unfallbegriff AUB 1 2 ff
- gefährliche Sportarten 178 13
- Gelegenheitsursache 178 18
- Gesundheitsschädigung 178 11
- Kausalität 178 18
- plötzliche Einwirkung 178 8 ff
- Rauschmittelinjektion 178 8
- Selbsttötung 178 15
- Selbstverletzung/Selbstverstümmelung 178 15 ff
- Unfallfiktion AUB 1 2 ff
- Unfreiwilligkeit 178 12 ff
- von außen auf den Körper wirkendes Ereignis 178 4 f

Unfallanzeige AUB 7 5

Unfallfolgen
- Versicherungsfall MB/KK 1 10

Unfallskizze
- Auskunftsobliegenheiten des VN nach Eintritt des Versicherungsfalles 31 29

Unfallversicherung
- *siehe auch* Hinweispflicht des VR, Unfallversicherung
- *siehe auch* Invalidität
- am Vertrag beteiligte Personen AUB 12 1 f
- ambulante Operationen AUB 2 47
- Änderung von Anschrift und Name AUB 17 2
- Anerkenntnis 187 1 ff; AUB 9 1 ff
- Anfechtung AUB 13 1
- Anmeldung eines Anspruchs aus dem VersVertrag 15 17
- anwendbares Recht AUB 18 1

Stichwortverzeichnis

- Ausschlussklauseln AUB 5 1 ff
- Beginn des Versicherungsschutzes AUB 10 1
- Berufsgruppenverzeichnis 181 1
- Bezugsberechtigung 185 1
- Einwilligung 179 3 ff
- Erklärungsfrist 187 1; AUB 9 1 ff
- Fälligkeit 187 2; AUB 9 6
- Fälligkeit von Geldleistungen des VR 14 29
- Familienversicherung 179 4
- Forderungsübergang 86 3
- Fremdversicherung 179 1 ff, 4
- Fristen in der 28 33 ff
- Gebrechen als mitwirkende Ursache 182 1
- Gefahrerhöhung 181 1 ff
- Genesungsgeld AUB 2 50
- Gruppenversicherung 179 4
- halbzwingende Vorschriften 191 1
- Herbeiführung des Versicherungsfalles 183 1 f
- Hinzuziehung eines Arztes AUB 7 1 ff
- Immunsystem AUB 3 3
- Informationspflichten VVG-InfoV 2 62, 6 7 f
- Insassenunfallversicherung 179 4
- Invalidität 180 1 f
- Invaliditätsleistung AUB 2 1 ff, 19 ff, 35 ff
- Krankenhaustagegeld AUB 2 46 ff
- Krankheit als mitwirkende Ursache 182 1
- Kündigung AUB 13 1
- Kündigung nach Versicherungsfall AUB 10 4 ff
- Lebensbescheinigung AUB 9 21
- Leistungsablehnung durch VR AUB 9 7
- mehrere Versicherer 77 3
- militärischer Einsatz AUB 10 7
- Mitteilungspflicht der Änderung der Berufstätigkeit oder Beschäftigung AUB 6 2 ff
- mitwirkende Ursachen 182 1
- nicht versicherbare Berufe AUB 6 7
- Obduktion AUB 7 11
- Obliegenheiten AUB 7 1 ff
- Obliegenheitsverletzung, Rechtsfolgen AUB 8 1
- Pflichtversicherung 190 1
- Rechtsnatur 189 1
- Risikoabsicherung 1 1
- Rücktritt AUB 13 1
- rückwirkende Vertragsanpassung AUB 13 1
- sachdienliche Auskünfte AUB 7 6
- Sachverständigenkosten 189 2
- Sachverständigenverfahren 189 1
- Schadensabwendungs- und -minderungspflicht 184 1 f
- Schweigepflichtentbindung AUB 7 10
- Schwerverletzung AUB 2 53
- sonstige Leistungen AUB 2 52 ff
- stationäre Heilbehandlung AUB 2 46 ff
- Tagegeld AUB 2 41 ff
- teilstationäre Therapie AUB 2 46
- Todesfallanzeige AUB 7 11
- Todesfallleistung AUB 2 51
- Übergangsleistung AUB 2 38 ff
- Überschussbeteiligung 153 16
- Umstellung des Kinder-Tarifs AUB 6 1
- Unfallanzeige AUB 7 5
- Unfallbegriff 178 3 ff; AUB 1 1 ff
- Unterrichtungspflicht AUB 7 1 ff
- Untersuchungsobliegenheit AUB 7 7 ff
- verabredeter Versicherungsfall 183 1
- Verjährung 15 5; AUB 15 1
- versicherte Gefahr 178 1
- versicherte Person 179 1 ff
- Versicherungsbeitrag AUB 11 1 ff
- Versicherungsinhalt 1 1
- Versicherungsjahr AUB 10 8
- Versicherungsschein 3 20
- VersVertreter AUB 17 1
- Vertragsdauer AUB 10 2 f
- Vertragsende AUB 10 3
- Vorerkrankungen AUB 3 1 ff
- Vorschuss 187 3; AUB 9 9 ff
- vorvertragliche Anzeigepflicht AUB 13 1
- Zurechnung 179 6
- zuständiges Gericht AUB 16 1

Unfallversicherung, Ausschlüsse
- Alkohol AUB 5 5
- Anfälle AUB 5 3, 17 ff
- Bandscheibenschaden AUB 5 34 ff
- Bauchbrüche AUB 5 53
- Bewusstseinsstörungen AUB 5 5 ff
- Blutungen aus innerer Organen AUB 5 34 ff
- Drogen AUB 5 5
- Eingriffe am Körper AUB 5 42
- epileptischer Anfall AUB 5 17
- Gehirnblutungen AUB 5 34 ff
- Gehirnschlag AUB 5 18
- Geistesstörungen AUB 5 4
- Heilmaßnahmen AUB 5 40 f
- Hirninfarkt AUB 5 18
- Infektionen AUB 5 44 ff
- Kernenergieunfall AUB 5 33
- Krampfanfall AUB 5 17
- Kriegs- oder Bürgerkriegsereignisse AUB 5 27 f
- Luftfahrtunfälle AUB 5 29 f
- psychische Reaktionen AUB 5 50 ff
- Rennen AUB 5 31 f
- Schlaganfall AUB 5 17
- Strahlenschäden AUB 5 38
- Übermüdung AUB 5 6
- Unterleibsbrüche AUB 5 53
- Vergiftungen AUB 5 47 ff
- vorsätzliche Straftaten AUB 5 20 ff

Stichwortverzeichnis

- Vorunfall *AUB* 5 19
- **Ungestempelte Kennzeichen**
  AKB **H.1.–H.3** 4
- **Ungezillmerter Tarif**
  - Ausweis *VVG-InfoV* 2 8
- **Unheilbare Krankheit** *MB/KK* 1 16, 4 18
- **Unisex-Tarif, Krankenversicherung**
  - Tarifwechsel in Bisex-Tarif von U. 204 6
- **Unisex-Urteil des EuGH (Test Achats)**
  Einl. 56; *VVG-InfoV* 3 10
- **Uniwagnis-Datei** 28 52 ff; *AKB* **E.1–E.6** 18
- **Unpfändbare Sachen**
  - Abtretungsverbot 17 1 ff
- **Unteilbarkeit der Prämie** 39 1
- **Unterbringung** *MB/KK* 5 14
- **Unterdruck, Schäden durch U. (Implosion)**
  - Wohngebäudeversicherung
    VGB **Abschnitt A § 2** 11
- **Unterlagen/Belege**
  - Zumutbarkeit der Beibringung 31 24 f
- **Unterlassungsanspruch des VN**
  - Informationspflichtverletzung 7 25 f
- **Unterleibsbrüche** *AUB* 5 53
- **Unterschlagung, Fahrzeug**
  - Teilkasko *AKB* **A.2.2** 21 ff
- **Unterschrift**
  - Blankounterschrift des VN 19 12
  - ungeprüfte 19 11
- **Unterspülung**
  - Wohngebäudeversicherung
    VGB **Abschnitt A § 3** 14
- **Untersuchungspflicht**
  - Krankenversicherung *MB/KK* 9 5
- **Unterversicherung**
  - *siehe auch* Versicherungswert
  - Abdingbarkeit 75 26
  - Anwendungsbereich 75 3,
    Vor 100–124 2
  - Ausschluss 75 20
  - Begriff 75 1
  - bei Vereinbarung einer Taxte 76 12 f
  - Beratungspflichten des VR bei Ermittlung des richtigen Versicherungswertes 75 27 ff
  - Beratungspflichtverletzung 75 31
  - Beratungsverschulden 75 4
  - Beweislast 75 22 ff
  - Bruchteilsversicherung 75 14 f
  - Entschädigungsgrenzen in AVB 75 11 ff
  - Erheblichkeit der Abweichung 75 3
  - Feuerversicherung
    AFB **Abschnitt A § 5** 1 2,
    Abschnitt A § 8 12
  - Haftpflichtversicherung **Vor 100–124** 2
  - Inbegriff von Sachen 75 5
  - Klauseln zur Vermeidung 75 16 ff
  - Obliegenheiten des VN 75 25
  - Proportionalitätsregel 75 2, 6, 9
- Rechtsfolge 75 6 ff
- Regelungen in den AVB 75 10 ff
- Selbstbeteiligung 75 9
- Stichtagsklauseln 75 18
- Summenausgleichsvereinbarung 75 19
- Teilschaden 75 2, 6
- Totalschaden 75 1, 7
- Versicherung auf erstes Risiko 75 21
- Versicherungssumme 75 3
- Wertzuschlagsklauseln 75 17
- Wiederherstellungsklausel 93 10
- Zeitpunkt 75 4
- **Unterversicherungsverzicht**
  - Hausratversicherung
    VHB **Abschnitt A § 9** 7 ff
  - Wohngebäudeversicherung
    VGB **Abschnitt A § 11** 5 f
- **Unzumutbare Härte**
  - Bedingungsanpassung, Lebensversicherung 164 9
- **Unzurechnungsfähigkeit**
  - Beweislast 28 86, 81 12, 94
  - quotale Leistungskürzung 28 199
  - Trunkenheitsfahrt 81 13, 33 ff, 122
- **Urheberrechte**
  - Privathaftpflichtversicherung
    AVB PHV **A1-6.15** 6
- **Urkunde**
  - Übermittlung des Versicherungsscheins als 3 2 f, 17
- **Ursachenereignis**
  - Haftpflichtversicherung *AHB* 1 13 f
  - Vollkasko *AKB* **A.2.3** 7 f
- **Vandalismus**
  - nach einem Einbruch 81 87;
    VHB **Abschnitt A § 3** 13,
    Abschnitt A § 8 8
  - Vollkasko *AKB* **A.2.3** 7 f
- **Veräußerung der versicherten Güter** 139 1 ff
- **Veräußerung der versicherten Sache**
  - *siehe auch* Anzeige der Veräußerung
  - *siehe auch* Kündigung nach Veräußerung, Sachversicherung
  - Abdingbarkeit 95 15, 98 1
  - Anwendungsbereich 95 2
  - Eintritt des Erwerbers in den VersVertrag 95 11 f
  - Erwerb durch Hoheitsakt 99 1 f
  - Feuerversicherung
    AFB **Abschnitt A § 14** 1
  - Haftung für die Prämie 95 13
  - Kenntnis des VR/Gutglaubensschutz 95 14
  - Kfz-Leasingvertrag 95 9
  - Kraftfahrtversicherung *AKB* **G.1–G.8** 8 f
  - Mieterwechsel 95 9
  - Normzweck 95 1
  - Pflichtversicherung 122 1 ff
  - Transportversicherung 139 1 ff

Stichwortverzeichnis

- Veräußerung 95 5 ff
- Versicherung für fremde Rechnung 95 2
- Zwangsversteigerung 95 4

Veräußerung des versicherten Kfz
- Abschluss einer neuen Kfz-Haftpflichtversicherung *PflVG* **3b** 1 ff

Veräußerung des versicherten Schiffes 140 1 f

Veräußerungsanzeige
- *siehe* Anzeige der Veräußerung

Verbandsklageverfahren
- Prüfung der wirksamen Einbeziehung von Bedingungsänderungen *Einl.* 89

Verbotene Eigenmacht
- Haftpflichtversicherung *AHB* 7 42

Verbraucherinformationen
- vorläufige Deckung 49 5

Verbrennungskraftmaschinen
- Wohngebäudeversicherung, Risikoausschluss *VGB* **Abschnitt A** § 2 15

Verdeckte Mitversicherung
- Kennzeichen 77 22

Verdienstausfallversicherung *MB/KT* **1** 1

Verein
- Berufs-Rechtsschutz für Selbständige, Rechtsschutz für Firmen und Vereine *ARB 2010* 24 1 ff
- Rechtsschutz *ARB 2012* 2 1, 2.1.1 4

Vereinstätigkeit
- Privathaftpflichtversicherung *AVB PHV* **A1-7** 24 ff

Verfallsklausel
- Haftpflichtversicherung *AHB* 12 1

Verfassungsgerichtliche Verfahren
- Rechtsschutzversicherung *ARB 2010* 3 19

Verfügungsverbot
- Freistellungsanspruch, Haftpflichtversicherung 108 2 ff

Vergiftungen *AUB* 5 47 ff

Verglasung
- Begriff *AKB* **A.2.2** 1a, 42a

Vergleichsberuf
- Verweisung auf *MB/KT* 15 4

Vergleichsklausel
- Leistungsbeschränkung Rechtsschutzversicherung *ARB 2010* 5 27 ff; *ARB 2012* 3.3 3

Vergreisung 204 1 ff

Verhüllte Obliegenheiten
- Abgrenzung zum Risikoausschluss/zur Risikobeschreibung 28 19 ff
- Begriff/Rechtsnatur 28 17
- Kritik 28 23 ff
- Rspr-Übersicht 28 21

Verjährung
- *siehe auch* Hemmung der Verjährung

- Anspruch des Ersatzberechtigten gegen Entschädigungsfonds *PflVG* 12 5
- anwendbare Verjährungsvorschriften 15 3
- anwendbares Recht/Übergangsvorschriften *Einl.* 45
- Ausgleichsanspruch, Haftung bei Mehrfachversicherung 78 28
- Berufsunfähigkeitsversicherung, abgelehnter Leistungsanspruch 173 12 f
- Berufsunfähigkeits-Zusatzversicherung 15 5
- BUZ *BB-BUZ* 1 15
- Direktanspruch gegen VR, Pflichtversicherung 115 11, 116 9
- Feuerversicherung *AFB* **Abschnitt B** § 20 1
- Fristbeginn 15 4 ff
- Fristdauer 15 10 ff
- Fristen nach § 12 Abs. 3 VVG aF, Übergangsrecht *EGVVG* 1 36
- Fristende 15 14
- Haftpflichtversicherung *AHB* 30 1 ff
- Hausratversicherung *VHB* **Abschnitt B** § 20 1
- Rechtsschutzversicherung *ARB 2010* 14 1; *ARB 2012* 8 1
- Regressforderung iRd Forderungsübergangs 86 106
- Rückkaufswert 169 88 ff
- Übergangsrecht *EGVVG* 3 1 ff
- Unfallversicherung 15 5; *AUB* 15 1
- wiederkehrende Leistungen 15 5
- Wohngebäudeversicherung *VGB* **Abschnitt B** § 20 1

Verkehrsanwalt
- Rechtsschutzversicherung *ARB 2010* 5 7

Verkehrsopferhilfe e.V. *VVG-InfoV* 1 13; *PflVG* 1 5, 3a 8

Verkehrsrechtliche Vergehen
- Straf-Rechtsschutz *ARB 2010* 2 18

Verkehrs-Rechtsschutz *ARB 2010* 21 2 ff
- Obliegenheiten vor Versicherungsfall *ARB 2012* 4.2-4.3 1
- Vertragsformen (versicherter Lebensbereich) *ARB 2012* 2 1, 2.1.1 7

Verkehrssachen
- Verwaltungs-Rechtsschutz in *ARB 2010* 2 15

Verkehrssicherungspflichten
- Haftpflichtversicherung *AHB* 7 17

Verlängerung des VersVertrages
- Verlängerungsklausel 11 4 ff, 41
- von Altvertrag als Neuabschluss *EGVVG* 1 7

Verlegung der gewerblichen Niederlassung 13 13

Verlegung des Aufenthalts
- Fortsetzung des Versicherungsverhältnisses 207 33 ff; *MB/KK* 1 26, 15 2; *MB/KT* 1 9, 15 16

Vermittlergesetz Vor 59–73 3

Vermittlerregister
- Einsichtnahme 59 43
- zur Abgrenzung zwischen VersVertretern, VersMaklern und VersBeratern 59 40 ff

Vermittlerrichtlinie Vor 59–73 3

Vermittlungsvertreter
- Begriff 59 16
- Wissenszurechnung 70 5

Vermögensgestaltungstheorie
- Funktion der Versicherung 1 9

Vermögensschäden, echte/unechte
- Haftpflichtversicherung 118 4; *AHB* 2 2 ff
- Pflichtversicherung 118 4
- Privathaftpflichtversicherung *AVB PHV* A1-6.15 1 ff

Vermögensschaden-Haftpflichtversicherung
- Anspruchserhebungsprinzip als Versicherungsfall-Begriff 100 14
- beratende Berufe *AHB* 2 3
- Mindestversicherungssumme 114 3
- reiner Vermögensschaden *AHB* 2 3
- Zurechnung der Kenntnis und des Verhaltens Dritter 47 9

Verschrottung *AKB* G.1–G.8 10

Verschulden
- Abschlussvertreter des VN 28 132
- Arglist, Wesen und Begriff 28 87 ff
- Beweislast 81 93
- Bote 28 131
- Fahrlässigkeit, Wesen und Begriff 28 92 ff
- Haftung des VersVermittlers 63 6
- nautisches 137 8
- Rechtsanwaltsverhalten 28 133
- Repräsentantenhaftung 28 109, 113 ff, 81 67 ff, 103 9; *AHB* 7 14
- Unkenntnis des VN von Verpflichtungslage als grobe Fahrlässigkeit 28 104
- Vorsatz, Wesen und Begriff 28 74 ff, 81 7, 103 3
- Wissenszurechnung 28 125 ff
- Zurechnung des Verhaltens Dritter 28 109 ff, 81 67 ff, 137 6 ff
- Zurechnung unter mehreren versicherten Personen 28 110 ff, 81 82

Verschulden des VN bei Obliegenheitsverletzung
- *siehe* Obliegenheitsverletzung, Verschulden des VN

Versicherer
- Identität *VVG-InfoV* 1 3 f
- Partei des VersVertrages 1 3

Versicherermehrheit
- Prozessstandschaft 216 1 ff

Versichererwechsel
- *siehe* Wechsel des VR

Versicherte Person
- Begriff 1 3
- Krankenversicherung 193 1, 19 f, 194 13

Versicherter iSd §§ 43 ff
- Begriff 1 3

Versichertes Interesse
- *siehe auch* Fehlendes versichertes Interesse, Prämie
- Begriff 74 7

Versicherung
- Abgrenzung zu Completion Bond 1 28
- Abgrenzung zu Spiel/Wette 1 25
- Abgrenzung zur Kautionsversicherung 1 27a
- Abgrenzung zur Prozessfinanzierung 1 26
- Bedarfsdeckungstheorie 1 9
- Begriff 1 4 ff
- Beschränkung auf schätzbare, kalkulierbare oder gleichartige Risiken 1 23
- Diskriminierungsverbot 1 18
- Einlösungsprinzip 37 1, 14
- Eintritt des Versicherungsfalles 1 14, 62 ff
- Erscheinungsformen 1 8
- Funktion 1 6, 9 ff
- Grenzfälle/Abgrenzung 1 24 ff
- Kategorien 1 29 ff
- Liquiditäts- und Innovationsfunktion 1 9
- Personenversicherung 1 31
- Plansicherungstheorie 1 9
- Preis *VVG-InfoV* 1 17 ff
- privates Rechtsverhältnis 1 19
- Rechtsanspruch des VN 1 20
- Rechtsprodukt 1 5
- Risikoabsicherung 1 6, 10 ff, 61
- Risikogemeinschaft 1 16 ff
- Rücksichtnahmegebot 1 18
- Sachversicherung 1 31
- Schadensversicherung 1 30, 65
- Summenversicherung 1 30, 65
- Vermögensgestaltungstheorie 1 9
- Versicherungsbeginn 2 4, 6 ff

Versicherung auf den Todesfall
- Begriff 161 2

Versicherung auf erstes Risiko
- Überversicherung 74 4
- Unterversicherung 75 21

Versicherung für den Inbegriff von Sachen
- Abdingbarkeit 89 6
- Dienstverhältnis 89 5
- Fremdeigentumsklausel 89 3
- häusliche Gemeinschaft 89 4

- Inbegriff (Beispiele) 89 2
- Normzweck 89 1
- Sachinbegriff 89 2 f

Versicherung für fremde Rechnung (Fremdversicherung)
- *siehe auch* Krankenversicherung, Fremdversicherung
- Abgrenzung zur Eigenversicherung 43 4, 192 3
- Anwendungsbereich 43 1 f
- Auslegungsregel 43 26
- Begriff 1 3, 43 3
- D&O-Versicherung 43 21 f, 44 16 ff
- Familienversicherung 192 3
- Feuerversicherung
  AFB **Abschnitt B § 12 1**
- Gebäudeversicherung 43 16 ff
- Gefahrsperson 43 4
- Gesamthandsgemeinschaft 43 12 f
- Gruppenversicherung 192 3
- Hausratversicherung
  VHB **Abschnitt B § 12 1**
- Inhaber des Übermittlungsanspruchs des Versicherungsscheins 3 5
- Kfz-Haftpflichtversicherung 43 5 f
- Kfz-Kaskoversicherung 43 7 ff
- Klagebefugnis des Versicherten 44 8 ff
- Krankenversicherung 43 23 ff, 194 10 ff
- Mitversicherung des Ehepartners in der Krankenversicherung 44 14
- Mitversicherung minderjähriger Kinder in der Krankenversicherung 43 4, 44 15
- Pflichtversicherung 123 1 ff
- Prozessführungsbefugnis 44 20 ff, 45 5
- Rechte des Versicherten 44 2 ff, 19 3
- Rechte des VN 45 1 ff, 9
- Rechte zwischen VN und Versichertem (Treuhandverhältnis) 46 1 f
- Schadensersatzanspruch des Versicherten gegen VN 46 3 ff
- Sonderregelungen 43 2
- Treuhandverhältnis zwischen VN und Versichertem 46 1 ff
- Unfallversicherung 179 1 f
- Veräußerung der versicherten Sache 95 2
- Verfügungsbefugnis des Versicherten 44 8 ff
- Verfügungsbefugnis des VN 45 2 ff
- Vermutungsregelung 43 27
- versicherte Person 179 1 f, 4
- Versicherungsschein 44 9
- Versicherungsschein, Rechte des Versicherten 44 4 ff
- Versicherungsschein, Rechte des VN 45 6 f, 46 6
- Wohngebäudeversicherung
  VGB **Abschnitt B § 12 1**
- Wohnungseigentümergemeinschaft 43 14 f

- Zurechnung der Kenntnis, Ausnahmen 47 15 ff
- Zurechnung der Kenntnis, Rückausnahme 47 18 f
- Zurechnung der Kenntnis und des Verhaltens Dritter 28 112, 47 1 ff
- Zurechnung des Verhaltens Dritter 81 82
- Zustimmung des Versicherten zur Erbringung der Leistung an den VN 45 8

Versicherung für Rechnung „wen es angeht"
48 1 ff

Versicherung im Basistarif
- *siehe* Basistarif, Versicherung im

Versicherung mit kleineren Beträgen
- anwendbare Vorschriften 211 5

Versicherungsagent
- vorläufige Deckung 49 4

Versicherungsantrag
- Empfangsvollmacht des VersVertreters 69 22 ff, 52

Versicherungsaufsichtsgesetz (VAG)
- Regelungsgehalt *Einl.* 48 ff

Versicherungsbeginn
- Angabe des 2 6 f
- Auseinanderfallen von Vertragsabschluss und Haftungsbeginn 10 6 f
- Auslegung 2 5
- formeller 2 4, 197 8; *EGVVG* 1 5
- Informationspflichten *VVG-InfoV* 1 34
- Krankenversicherung 2 7 ff; *MB/KK* 1 18
- Lebensversicherung 2 7
- materieller 2 4, 6, 10 5, 197 8
- Mittagsregel 10 3, 10
- Mitternachtsregel 10 4 f
- Pflegepflichtversicherung 2 10
- technischer 2 4, 197 8
- vertragliche Vereinbarung 10 1

Versicherungsberater
- Anzahl 59 38
- Aufgabenspektrum 59 39
- Beratungsgrundlage 68 2 f
- Beratungspflichten 68 4
- Erscheinungsformen 59 37
- gewerbsmäßige Tätigkeit 59 36
- Kennzeichen 59 34
- Übermittlungspflicht 68 5
- Vermittlerregister 59 40 ff
- Voraussetzungen 59 35 f
- weitergehende Pflichten 68 6

Versicherungsbestätigung
- kein Widerspruchsrecht des VN bei abweichender 5 15
- Übermittlung 3 8

Versicherungsdauer
- Krankenversicherung 195 1 ff

Versicherungsende 10 8

Stichwortverzeichnis

Versicherungsfall
- *siehe auch* Anzeige des Versicherungsfalles
- *siehe auch* Auskunftspflicht des VN nach Eintritt des Versicherungsfalles
- *siehe auch* Herbeiführung des Versicherungsfalles
- anwendbares Recht/Übergangsvorschriften *Einl.* 43
- Eintritt 1 14, 62 ff
- fingierter 92 4
- gedehnter 1 64; *EGVVG* 1 22
- Haftpflichtversicherung 82 7, 100 7 ff; *AHB* 1 12
- Hausratversicherung *VHB* Abschnitt A § 1 1
- Krankenhaustagegeldversicherung *MB/KK* 1 4 ff
- Krankentagegeldversicherung *MB/KT* 1 2 ff
- Krankheitskostenversicherung *MB/KK* 1 4 ff
- Pflegeversicherung 192 40
- Rechtsschutzversicherung 125 1; *ARB 2010* 4 1; *ARB 2012* 2.4 1 ff
- Wohngebäudeversicherung *VGB* Abschnitt A § 1 1 f

Versicherungsjahr
- Haftpflichtversicherung *AHB* 33
- Rechtsschutzversicherung *ARB 2010* 8a 1; *ARB 2012* 7 1
- Unfallversicherung *AUB* 10 8

Versicherungskonsortium 1 3

Versicherungslaufzeit 10 9, 11 1

Versicherungsleistungen
- als Rechnungsgrundlage für Prämienanpassung, Krankenversicherung 203 8 ff

Versicherungsmakler
- Adressat der Informationspflicht 7 13
- Anzahl 59 28
- Aufgabenspektrum 59 29
- Beratungsgrundlage 60 4 f
- Beratungspflicht des VR 6 50
- Beratungspflicht, vorläufige Deckung 49 6
- Beratungspflichten 61 12 ff
- Beratungsverzicht des VN 61 16
- Empfangsvollmacht/Maklerklauseln 69 7 f
- Erscheinungsformen 59 27
- Förderung des Zahlungsverkehrs 61 25
- gewerbsmäßige Vermittlungstätigkeit 59 26
- Haftung 63 2 ff
- Haftungsausschluss 67 1 ff
- Identität *VVG-InfoV* 1 7
- Informationspflichten 60 4 f
- Informationspflichten, vorläufige Deckung 49 6
- Informationspflichten/Zeitpunkt und Form 62 1 ff
- Informationsverzicht des VN 60 8
- Kennzeichen 59 3, 23
- Maklerfragen 19 15
- Maklervertrag 59 24 f, 61 19 ff
- Pflichten bei Antragsablehnung 61 23
- Pflichten im Versicherungsfall 61 26
- Pflichten nach Beendigung des Maklervertrages 61 27
- Pflichten nach Vertragsschluss 61 24
- Pflichten während Vermittlungsbemühungen 61 22
- Rechtsstellung 61 18
- Risikoanalyse 61 19
- Vermittlerregister 59 40 ff
- Verschuldenszurechnung 6 45
- Voraussetzungen 59 24 ff
- vorvertragliche Anzeigepflicht des VN und (Nicht-/Teil-)Verwendung von Fragebogen des VR 19 14
- weitere Pflichten aus dem Maklervertrag 61 7 ff

Versicherungsmathematik
- Begriff 165 13

Versicherungsnehmer
- Partei des VersVertrages 1 3

Versicherungsombudsmann e.V. 214 2 f
- Informationspflichten des VR *VVG-InfoV* 1 51 f

Versicherungsperiode 12 1 ff
- Hausratversicherung *VHB* Abschnitt B § 3 2

Versicherungsprämie
- *siehe* Prämie

Versicherungsrecht
- *siehe* Privatversicherungsrecht

Versicherungsrechtliche Streitigkeiten
- Zeitpunkt des Eintritts des Rechtsschutzfalles *ARB 2010* 4 11, 16

Versicherungsschein
- Abhandenkommen 3 26
- Abschriften, Fristen 3 34
- Abschriften, Inhalt und Reichweite des Anspruchs auf A. 3 29 ff
- Abschriften, Kosten 3 35
- ausländische Niederlassung 3 25
- Begriff 3 7, 5 14
- Bereitstellung zum Download 3 16
- Beweisfunktion 3 12 ff
- Beweislast für Zugang 33 21 f
- Einsichtnahmeanspruch 3 33
- Ersatzversicherungsschein 3 26 ff, 35
- Form 3 16 ff
- Fremdversicherung, Verfügungsbefugnis des Versicherten 44 9
- Informationsfunktion 3 9 f
- Inhaber des Übermittlungsanspruchs 3 5
- Inhalt 3 18 ff
- Kosten 3 35 ff

Stichwortverzeichnis

- Kraftloserklärung des Originals bei Ausstellung eines Ersatzversicherungsscheins 3 28
- Krankenversicherung, Fremdversicherung 194 25
- Legitimationsfunktion 3 11
- Mitversicherung 3 22
- Normzweck 3 1, 7, 9 ff
- Rechte des Versicherten bei Fremdversicherung 44 4 ff
- Rechte des VN bei Fremdversicherung 45 6 f, 46 6
- Rechtsfolgen einer Pflichtversicherung 3 24
- Rechtsschutzversicherung 126 2 f
- Übermittlung als Urkunde 3 2 f, 17
- Übermittlung in Textform 3 2 f, 16
- Übermittlungsvollmacht 69 47
- Unfallversicherung 3 20
- Voraussetzung der Übermittlung 3 4
- vorläufige Deckung 3 6

Versicherungsschein, abweichender
- Abweichung vom Antrag 5 17 ff, 33 6
- Abweichung von den getroffenen Vereinbarungen 5 23
- Anwendung auf Abweichungen in den AVB? 5 11
- Anwendung auf Abweichungen zugunsten des VN? 5 8 ff
- Anwendungsbereich 5 15 f
- Auslegung 5 12
- Belehrungspflichten des VR 5 24 ff
- Beweislast 5 46
- Fallgruppen 5 3 ff
- fingierter Vertragsschluss auf der Basis des Antrags 5 39 ff
- Irrtumsanfechtung durch VN 5 13, 43 ff
- Normzweck 5 1, 14
- offene Mitversicherung 5 21
- Regelungszusammenhang 5 12 f
- Voraussetzungen der unwiderlegbar vermuteten Genehmigung 5 14 ff
- vorläufige Deckung 52 12
- Widerspruch des VN 5 12, 30 ff, 33 6

Versicherungsschein auf den Inhaber
- gefälschte Unterschrift unter Kündigungserklärung 4 9
- Inhaberklausel 4 5 f
- Kraftloserklärung 4 19
- Lebensversicherung 4 5
- Legitimationswirkung 4 8 ff
- Leistungspflicht nur gegen Rückgabe des Versicherungsscheins 4 17 ff
- Liberationswirkung 4 8 ff
- Normzweck 4 1
- Rechtsfolgenverweis 4 4
- Seeversicherung 4 5
- Urkundenform 4 2

Versicherungsschutz
- Beginn *VVG-InfoV* 1 34
- Bündelprodukte *VVG-InfoV* 4 35
- Darstellung, formale *VVG-InfoV* 4 31 ff
- Produktinformationsblatt, Beginn und Ende des V. *VVG-InfoV* 4 23

Versicherungssumme
- Anrechnung von Abwehrkosten auf 101 4; *AHB* 6 8 f
- Begriff 74 6
- Hausratversicherung *VHB* Abschnitt A § 5 6
- Kfz-Haftpflichtversicherung *PflVG* 4 2; *AKB* A.1.3 1 f
- Wohngebäudeversicherung *VGB* Abschnitt A § 10 6

Versicherungssummenmodell
VHB Vorbem. zu VH3 3

Versicherungsteuer
- Haftpflichtversicherung *AHB* 8 1
- Rechtsschutzversicherung *ARB 2010* 9 1; *ARB 2012* 7 1

Versicherungsverein auf Gegenseitigkeit
- Anwendbarkeit des VVG 1 8
- Inhaltskontrolle von AVB *Einl.* 77

Versicherungsverhältnis
- Abgrenzung zum Vers-Vertrag 1 4a

Versicherungsvermittler
- *siehe auch* Beratungspflicht des VersVermittlers
- *siehe auch* Informationspflichten des Vers-Vermittlers
- Begriff 59 2
- Beratungsgrundlagen 60 1 ff
- Beratungspflichten 61 2 ff
- Beratungsverzicht des VN 61 16
- Geldempfangsvollmacht für den VN 64 1
- Großrisiken 65 1, 210 11
- Haftungsausschluss 67 1 ff
- Informationspflichten/Zeitpunkt und Form 62 1 ff
- Schadensersatzpflicht 63 1 ff
- statusbezogene Informationspflicht 60 2

Versicherungsvermittlerrecht
- Insurance Mediation Directive (IMD 2) Vor 59–73 5
- Reformen Vor 59–73 2 ff
- Richtlinie über Versicherungsvermittlung *Einl.* 20

Versicherungsvermittlungsverordnung (VersVermV)
- Regelungsgehalt *Einl.* 59

Versicherungsvertrag
- *siehe auch* Beratungspflicht des VR
- *siehe auch* Informationspflichten des VR
- *siehe auch* Kündigung des VersVertrages
- Abgrenzung zum Versicherungsverhältnis 1 4a
- Abschluss im Internet 1 43

- Anfechtung wegen arglistiger Täuschung 22 1 ff
- Antragsmodell 1 46 ff; *EGVVG* 1 5
- Aufhebungsvertrag 11 33 ff
- Beendigung *VVG-InfoV* 1 41 ff, 4 24 ff
- Beschreibung der Hauptleistungspflichten der Vertragsparteien 1 1
- Beteiligte 1 2 ff
- Bezugsberechtigter 1 3
- Dauerschuldverhältnis 11 1
- dogmatische Einordnung 1 33 ff
- Dritte 1 3
- Einbeziehung von AVB *Einl.* 72 ff; 1 44
- Fernabsatz 7 17 ff
- Form 1 43
- funktionale Betrachtungsweise 1 22
- Gefahrsperson 1 3, 13
- Gefahrtragungstheorie 1 6, 35
- gegenseitiger Vertrag 1 34 ff
- Geldleistungstheorie 1 6, 36
- Hauptleistungspflicht des VN 1 67 f
- Hauptleistungspflicht des VR 1 61 ff
- Individualabrede *Einl.* 74
- Informationspflichten des VR 1 45
- Invitatiomodell 1 45, 54 ff, 7 35
- Invitatiomodell mit Annahmefiktion 7 4, 36
- Irrtumsanfechtung durch VN 5 13, 43 f
- Irrtumsanfechtung durch VR 5 45
- Kündigung 11 7 ff
- Kündigungsbedingungen *VVG-InfoV* 1 41 ff, 4 24 ff
- Kündigungsrecht des VR bei Verletzung der vorvertraglichen Anzeigepflicht 19 40 f
- Laufzeit 10 9, 11 1; *VVG-InfoV* 1 40
- Leistungspflicht des VR bei Eintritt des vereinbarten Versicherungsfalles 1 14, 62 ff
- Nebenleistungs- und Nebenpflichten des VN 1 69 f
- Nebenleistungs- und Nebenpflichten des VR 1 66
- Neuvertrag, Informationspflichten des VR 7 3
- Obliegenheiten 1 71
- Parteien 1 3
- Pflichten des VN 1 15, 67 ff
- Pflichten des VR 1 61 ff
- Policenmodell 1 45, 57 ff; *EGVVG* 1 5
- Prämie 1 15, 33 2
- privates Rechtsverhältnis 1 19
- Rechtsanspruch des VN 1 20
- Rechtsnatur 1 38 ff
- Rücktrittsrecht des VR bei Verletzung der vorvertraglichen Anzeigepflicht 19 37 ff, 41, 44 ff, 21 2 ff, 39 3 f
- Selbständigkeit 1 21 f
- Teilkündigung 11 37
- Übergangsrecht, Streitigkeiten bzgl Zustandekommen *EGVVG* 1 9 ff
- Verlängerungsklausel 11 4 ff
- Versicherer 1 3
- Versicherung für fremde Rechnung 1 3
- Versicherungsbeginn *VVG-InfoV* 1 34
- Versicherungsnehmer 1 3
- Vertragsänderung, Informationspflichten des VR 7 3
- Vertragsanpassung bei Verletzung der vorvertraglichen Anzeigpflicht des VN 19 42 f, 44 ff, 54 f, 21 2 ff
- Vertragsbeginn 2 6 ff
- Vertragsfortsetzung, Informationspflichten des VR 7 3
- Vertragsfreiheit 1 2
- Vertragsschluss 1 43 ff
- Vertragsstrafe *VVG-InfoV* 1 44
- Vertragsübergang 95 11 f
- Vertragsübergang bei Veräußerung der versicherten Sache 122 2
- Vertragsübergang Betriebshaftpflichtversicherung 102 5 f
- vorzeitige Vertragsbeendigung und Prämie 39 1 ff
- Widerruf des VN 8 2 ff
- Zustandekommen *VVG-InfoV* 1 33

Versicherungsvertrag auf unbestimmte Zeit
- Kündigung 11 40 ff

Versicherungsvertragsgesetz (VVG)
- Änderungsgesetze *Einl.* 27
- Anwendungsbereich *Einl.* 34 ff; 1 1
- Geltung des VVG nF für Altverträge *EGVVG* 1 4 ff
- historische Entwicklung *Einl.* 1
- Regelungssystematik *Einl.* 38
- Rückwirkung *EGVVG* 1 3
- sachliche Unanwendbarkeit 209 1 ff
- Übergangsrecht *EGVVG* 1 1 ff
- Vereinbarung der Geltung auch bei Nicht-VersVertrag 1 22
- VVG-Reform *Einl.* 26 ff

Versicherungsvertreter
- *siehe auch* Empfangsvollmacht
- Abschlussvertreter 59 16, 70 5, 71 2 ff
- Anscheinsvollmacht 69 51
- Anzahl 59 21
- Aufgabenspektrum 59 22
- Ausschließlichkeitsvertreter 59 15, 60 7
- Beratungspflicht, vorläufige Deckung 49 6
- Beratungspflichten 61 9 ff
- Beratungsverzicht des VN 61 16
- Betrauung 59 4 ff, 69 19
- branchenfremde Vermittler 59 20
- Duldungsvollmacht 69 51
- Einfirmenvertreter 59 15
- Empfangsvertreter 69 17 ff
- Empfangsvollmacht 69 4 ff
- Erscheinungsformen 59 14 ff
- fehlerhafte Beratung durch VersVertreter und Erfüllungshaftung des VR 6 43

- Geldempfangsvollmacht 69 48 f
- Generalagent 59 18
- gewerbsmäßige Vermittlungstätigkeit 59 12
- Haftung 63 2 ff
- Haftungsausschluss 67 1 ff
- Hauptvertreter 59 18
- Hausratversicherung
  VHB Abschnitt B § 18 1
- Identität VVG-InfoV 1 6
- Informationspflichten 60 6 f
- Informationspflichten, vorläufige Deckung 49 6
- Informationspflichten/Zeitpunkt und Form 62 1 ff
- Informationsverzicht des VN 60 8
- Kennzeichen 59 3, 23
- Kollusion 69 36 ff
- Konzernvertreter 59 15
- Mehrfachagent 59 15
- Mehrfirmenvertreter 59 15, 25
- Missbrauch der Empfangsvollmacht 6 43, 69 20, 35 ff
- nebenberufliche Ausübung der Versicherungsvermittlung 59 12, 17
- Rechtsformen 59 19
- Selbständigkeit 59 13
- sonstige Vollmachten 69 50 f
- Strukturvertrieb 59 19
- Übermittlungsvollmacht 69 47
- Unfallversicherung AUB 17 1
- Vermittlerregister 59 40 ff
- Vermittlungsvertreter 59 16
- Verschuldenszurechnung 6 45
- Voraussetzungen 59 4 ff
- Wissenszurechnung 70 5

Versicherungswert
- siehe auch Taxe
- siehe auch Überversicherung
- siehe auch Unterversicherung
- Abdingbarkeit 88 12
- Absinken 76 9
- Affektionsinteresse 74 17
- Begriff 74 7, 88 2
- Beratungspflichten des VR bei Ermittlung des richtigen Versicherungswertes 6 15, 74 3, 75 27 ff, 88 11
- Beratungspflichtverletzung 75 31
- Eigenleistung 93 7 f
- Entschädigungswert 74 23
- Entwertungsgrenze 88 6
- Erheblichkeit der Abweichung 74 25 f
- Ersatzanschaffung 74 12 ff
- Ersatzobjekt 93 11
- Ertragswert 74 20 f
- Feuerversicherung, bewegliche Sachen AFB Abschnitt A § 7 9 f
- Feuerversicherung, Gebäude AFB Abschnitt A § 7 2 ff
- Gemeiner Wert 74 11, 88 7
- Haftzeiten 74 23
- Hausratversicherung
  VHB Abschnitt A § 5 1 ff
- Nachlässe/Preisvorteile 74 13
- Neuwert 74 19, 88 6
- Preissenkungen 88 12
- Preissteigerungen 83 12
- Sachversicherung 74 8, 88 1 f
- Selbstbeteiligung 74 23, 75 9
- Substanzwert 88 8
- Taxe 74 22
- Taxwert 88 9
- Technologiefortschritt
  VGB Abschnitt A § 10 3
- Transportversicherung 74 9, 136 2
- überobligatorische Anstrengung 74 13
- Unterversicherung 93 10
- Warenbestand 74 25
- Wertermittlung 74 3 ff
- Wiederbeschaffungswert 74 11, 88 3
- Wiederherstellungswert 88 3
- Wohngebäudeversicherung
  VGB Abschnitt A § 10 1 ff
- Zeitpunkt der Wertermittlung 88 10
- Zeitpunkt für Berechnung 74 24
- Zeitwert 74 16, 88 5

Versorgungsmedizin-Verordnung 172 17
Verspätete Schadensmeldung
- Vorsatz 28 76

Versteifung des Handgelenks AUB 2 25
Verstoßprinzip
- Definition des Versicherungsfalles in der Haftpflichtversicherung 82 7, 100 11

Verteilungsverfahren Haftpflichtversicherung
- Abdingbarkeit 109 3
- mehrere Geschädigte 109 2 ff, 118 2 ff

Vertrags- und Sachenrecht, Rechtsschutz
- Leistungsart AFB 2010 2 11 f; ARB 2012 2.2 2

Vertragsänderung
- Verletzung der vorvertraglichen Anzeigepflicht des VN 19 41 ff, 21 2 ff
- von Altvertrag als Neuabschluss EGVVG 1 6

Vertragsanpassung
- unrichtige Altersangabe in der Lebensversicherung 157 1 ff
- Verletzung der vorvertraglichen Anzeigepflicht des VN 19 42 f, 44 ff, 54 f, 21 2 ff

Vertragsaufhebung
- Informationspflichtverletzung des VR 7 27

Vertragsbeendigung, vorzeitige
- siehe Vorzeitige Vertragsbeendigung, Prämie

Vertragsbeginn
- Bedeutung 2 6 f

Stichwortverzeichnis

Vertragsfreiheit
- Privatversicherungsrecht 1 2

Vertragssprache
- Informationspflichten des VR
  VVG-InfoV 1 50

Vertragsstrafe
- Abgrenzung zur vertraglichen Obliegenheit 28 6
- Haftpflichtversicherung *AHB* 7 15
- Informationspflichten *VVG-InfoV* 1 44

Vertragsverwaltung
- Repräsentantenhaftung 28 119 f, 81 67

Vertragswidrige Beförderung
- Transportversicherung 133 2

Vertreter des VN
- vorvertragliche Anzeigepflicht des Vertreters des VN 20 1 ff

Vertretungsmacht
- Abschluss eines LebensVersVertrages 150 9, 18 ff
- Beschränkung 72 2 ff
- Beweislast und Beweisführung, Anzeigeobliegenheit 69 54 ff
- Beweislast und Beweisführung, Willenserklärungen 69 52 f
- Empfangsvollmacht 69 17 ff
- Geldempfangsvollmacht 69 48 f
- Hausratsversicherung
  VHB **Abschnitt B § 18** 1
- sonstige Vollmachten 69 50 f
- Übergangsrecht *EGVVG* 2 2
- Übermittlungsvollmacht 69 47

Vertriebskosten
- Begriff 169 32 ff
- Informationspflichten *VVG-InfoV* 2 6 ff
- Produktinformationsblatt
  VVG-InfoV 4 29
- Verteilung 169 29 ff

Verursachungsorientiertes Verfahren
- Überschussbeteiligung 153 57 ff

Verwahrung
- Haftpflichtversicherung *AHB* 7 39 f

Verwaltungskosten
- Ausweis *VVG-InfoV* 2 13, 15
- Begriff *AltZertG* **2a** 6
- Einmalbeitragsversicherungen
  VVG-InfoV 2 18
- Fondskosten als V. *AltZertG* **2a** 7
- Produktinformationsblatt
  VVG-InfoV 4 29
- Rentenversicherung *VVG-InfoV* 2 17

Verwaltungs-Rechtsschutz in Verkehrssachen
ARB 2010 2 15

Verwaltungsverfahren
- Kostenübernahme durch Rechtsschutzversicherung *ARB 2010* 5 17

Verwaltungsvollstreckung
- Kostenübernahme durch Rechtsschutzversicherung *ARB 2010* 5 18

Verwarnungsgelder
- Deckungsumfang Haftpflichtversicherung *AHB* 1 4

Verweisung
- Produktinformationsblatt
  VVG-InfoV 4 6

Verweisung auf AVB
- Hervorhebung bei Informationen
  VVG-InfoV 1 60
- Produktinformationsblatt
  VVG-InfoV 4 39 f

Verweisung, Berufsunfähigkeitsversicherung
- abstrakte 172 62
- Arbeitsmarktlage 172 73
- Aufstiegschancen 172 72
- Ausbildung 172 76 f
- Ausbildung und Fähigkeiten 172 64 ff
- Beweislast 172 78 ff
- Einarbeitungszeit 172 64
- Einkommenseinbußen 172 11, 71
- Einkommensvergleich 172 68 ff
- Kenntnisse und Fähigkeiten 172 64 ff
- konkrete 172 62
- Mischformen 172 82
- Nischenarbeitsplätze 172 73
- Schonarbeitsplätze 172 73
- Selbständigkeit 172 75
- soziale Wertschätzung 172 72 ff
- Stichtagsprinzip 172 63
- Überforderung 172 65
- Unterforderung 172 66
- Vergleichbarkeit 172 63 ff
- Wahrung der Lebensstellung 172 67 ff

Verweisungsprivileg
- Haftung Kfz-Haftpflichtversicherung
  PflVG 3 1 ff
- Haftung Pflichtversicherung 117 10 ff

Verwender von AVB *Einl.* 65

Verwendungsklausel *KfzPflVV* 5 2;
AKB **D.1.–D.3** 3 f

Verwertungsverbot
- personenbezogene Gesundheitsdaten bei unwirksamer Einwilligung 213 67 ff, 86 ff

Verwirkung
- Geltendmachung der Obliegenheitsverletzung 28 240
- Kündigungsrecht 38 25
- Widerrufsrecht des VN 8 12

Verwirkungsklauseln
- Inhalt und Rechtsfolge 28 36
- Unanwendbarkeit nach Leistungsablehnung 28 48

Verzicht des Interessenten
- Mitteilung von Informationen 7 21 ff;
  VVG-InfoV 5 14

Verzicht des VN
- auf (zusätzliche) Klageanträge
  ARB 2010 17 13

2255

Stichwortverzeichnis

Verzicht des VR
- auf Berufung auf Obliegenheitsverletzung 28 238 f

Verzicht des VR auf Leistungsfreiheit
- Zahlungsverzug bei Erstprämie 37 24
- Zahlungsverzug bei Folgeprämie 38 20 f

Verzinsung
- Feuerversicherung *AFB* Abschnitt A § 9 5
- Hausratversicherung *VHB* Abschnitt A § 14 2
- Wohngebäudeversicherung *VGB* Abschnitt A § 14 3

Verzinsungspflicht der Entschädigung
- *siehe auch* Erweiterter Aufwendungsersatz
- Abdingbarkeit 91 8 f
- Fristbeginn 91 3
- Hemmung 91 6
- Neuwertspitze 91 5
- Normzweck 91 1
- Zinshöhe 91 2

Verzug
- Fälligkeit von Geldleistungen des VR 14 35 ff

Verzugsschaden
- Ausschluss Haftpflichtversicherung *AHB* 1 44

Verzugszinsen
- Fälligkeit von Geldleistungen des VR 14 39

Vielfachversicherung
- Begriff 77 2

Vignette
- Glasbruch *AKB* A.2.2 42

Volksversicherung 211 5

Vollkasko
- Bedienungsfehler *AKB* A.2.3 5
- Brems- oder Betriebsvorgänge *AKB* A.2.3 3
- Bruchschäden *AKB* A.2.3 4
- falsche Kraftstoffwahl *AKB* A.2.3 5
- Gespannschäden *AKB* A.2.3 6
- Unfall *AKB* A.2.3 2 ff
- Vandalismus *AKB* A.2.3 7 f

Vollmacht
- Beweislast 69 3
- Kündigungsvollmacht 11 15 ff
- Normzweck 69 1 f
- persönlicher Anwendungsbereich 69 4 ff

Vollmachtsbeschränkung
- durch AVB 72 8
- durch Schriftformklauseln 72 12 ff
- Erscheinungsformen 72 5 ff
- Form 72 3
- individuelle 72 9 ff
- Normzweck 72 1
- Wirkung 72 4

Vollrausch
- Selbsttötung 161 15

Vollschaden
- *siehe* Totalschaden

Vollversicherung
- Krankenversicherung 192 4

Voraussetzungsidentität
- als Voraussetzung der Bindungswirkung Vor 100–124 12

Voraussetzungstheorie
- Obliegenheit 28 5

Vorerkrankungen
- Beweislast *AUB* 3 6
- Datenerhebung personenbezogener Gesundheitsdaten bei Dritten 213 50
- Mitwirkung von Krankheiten oder Gebrechen bei den Unfallfolgen *AUB* 3 2 ff
- Sachverständigenbeweis 63 8

Vorerstreckungstheorie 82 4, 90 3 f, Vor 100–124 5

Vorführfahrzeug
- versichertes Kfz *KfzSBHH* A.3 4

Vorinvalidität *AUB* 2 31 ff

Vorläufige Deckung
- Abgrenzung zur Rückwärtsversicherung 2 23, 49 3
- Abrechnung pro rata temporis 50 3
- Abschluss des Hauptvertrages mit demselben VR, Prämienzahlung 50 1
- Abschluss des Hauptvertrages mit einem anderen VR, Prämienzahlung 50 2
- Anfechtung 49 14 f
- arglistige Täuschung 49 14
- Begriff 49 1
- Beratungspflicht des VersVermittlers 49 6
- Beratungspflicht des VR 49 6
- Doppelkarte 49 2, 10 ff, 51 1
- Einbeziehung von AVB in VersVertrag *Einl.* 73; 1 44, 49 8 f
- Erfüllungshaftung 49 4
- erweiterte Einlösungsklausel 52 5
- Haftpflichtversicherung *AHB* 8 2
- Informationspflichten des VersVermittlers 49 6
- Informationspflichten des VR 1 45, 7 40, 49 5
- Inhalt des Vertrages 49 7 ff
- Kfz-Haftpflichtversicherung, Übermittlung der Versicherungsbestätigung bzw Versicherungsbestätigungs-Nummer 49 2, 10 ff, 51 1
- Kraftfahrtversicherung *KfzPflVV* 9 1 ff; *AKB* B.2 1 ff
- Leistungsfreiheit des VR bei Zahlungsverzug bei Erstprämie 37 26
- Mitteilung des VR 51 2
- Prämienhöhe beim Hauptvertrag 50 3 f
- Prämienverzug 51 3, 52 5 ff
- Prämienzahlung 51 1 ff
- Rechtsmissbrauch 49 14

Stichwortverzeichnis

- Rücktritt 49 14 f
- Rücktrittsrecht des VR bei Prämienverzug 51 3
- rückwirkender Wegfall 51 3
- Selbstbeteiligung 50 4
- Übermittlung der Doppelkarte 49 10 ff
- Übermittlung der Verbraucherinformationen 49 5
- Übermittlung des Versicherungsscheins 3 6
- unterbliebene Mitteilung anzeigepflichtiger Umstände 49 14 f
- Versicherungsagent, fehlende Vollmacht 49 4
- Versicherungsschutz, Eintritt 51 1 ff
- Vertragspartei 49 13
- Verzicht des VR auf vorherige Risikoprüfung 49 15
- zeitliche Befristung in AVB 49 7
- Zustandekommen des Vertrages 49 2 ff

Vorläufige Deckung, Beendigung des Vertrages
- Abschluss des Hauptvertrages mit demselben VR 52 2 ff
- Abschluss des Hauptvertrages mit einem anderen VR 52 10 f
- Abschluss eines weiteren Vertrages über die vorläufige Deckung 52 2
- abweichender Versicherungsschein 52 12
- Belehrung 52 6 ff
- Kündigung 52 4, 14 f
- Prämienverzug 52 5 ff
- Rücknahme des Antrags 52 13
- Widerrufsrecht des VN 8 24 f, 52 12 f
- Widerspruchsrecht des VN 52 12 f

Vormundschaftsgerichtliche Genehmigung
- Minderjährige als VN 150 36 ff

Vorsatz
- Abgrenzung des bedingten Vorsatzes zur groben Fahrlässigkeit 28 85, 81 7, 103 4 f
- dolus directus 28 82, 103 3
- dolus eventualis 28 84, 81 7, 103 3
- Erstrecken des Vorsatzes auf Kausalverlauf 28 78
- Gefahrerhöhung, Pflichtverletzung 24 1, 26 2
- Irrtum des VN 28 81, 105
- Kenntnisse des VN als Teil des objektiven Tatbestands 28 77
- Kfz-Haftpflichtversicherung *AKB* **A.1.5** 2 ff
- Krankenversicherung 201 3 ff
- Nachtrunk 28 75, 194
- Obliegenheitsverletzung, Leistungsfreiheit des VR 28 157 f, 159 ff
- Rechtswidrigkeit als ungeschriebenes Tatbestandsmerkmal? 28 79
- unerlaubtes Entfernen vom Unfallort 28 75
- Verletzung der Schadensabwendungsobliegenheit 82 26
- verminderte Zurechnungsfähigkeit 28 86, 81 12
- verspätete Schadensmeldung 28 76
- Wesen und Begriff 28 74 ff, 81 7, 103 3
- Wissenselement 28 75 ff
- Wollenselement 28 82 ff

Vorsatzausschluss Vor 100–124 10, 103 3 ff, 7 f, 11, 117 3; *AHB* 7 6 ff

Vorsätzliche Straftaten
- Rechtsschutzversicherung *ARB 2010* 3 28 ff

Vorschäden, Kfz
- Auskunftsobliegenheiten des VN nach Eintritt des Versicherungsfalles 31 29

Vorschuss
- Auskunfts- und Einsichtsrecht des VN, Krankenversicherung 202 12
- Unfallversicherung 187 3; *AUB* 9 9 ff

Vorsorgeversicherung
- angemessener Beitrag *AHB* 4 3
- Anzeigepflicht *AHB* 4 2
- Ausnahmetatbestände *AHB* 4 6 ff
- Belehrung des VR *AHB* 4 2
- Deckungssumme *AHB* 4 5
- für Mitversicherte *AHB* 4 14
- Hundehalterhaftpflicht *AHB* 4 12
- länger andauernde Risiken *AHB* 4 13
- Mitversicherte *AHB* 27 2; *AVB PHV* **A1-2** 8
- neuen Risiken *AHB* 3 8 ff
- Risikoerhöhung/Risikoerweiterung *AHB* 3 8 ff
- versicherte Risiken *AVB PHV* **A1-9** 1
- Versicherungsbeginn *AHB* 4 2
- Versicherungsschutz *AHB* 3 2, 4 1

Vorteilsausgleichung
- *siehe* Übergang von Ersatzansprüchen (Forderungsübergang)

Vorunfall *AUB* 5 19

Vorvertragliche Anzeigepflicht des VN
- *siehe* Anzeigepflicht des VN, vorvertragliche

Vorwärtsversicherung 2 45

Vorweggenommener Deckungsprozess Vor 100–124 9

Vorzeitige Vertragsbeendigung, Prämie
- Geschäftsgebühr 39 5
- Insolvenz des VR 39 6
- Sonderfälle 39 3 f
- zeitanteilige Prämienerstattung 39 2

Vulkanausbruch
- als „weitere Elementargefahr"/Begriff *VGB* **Abschnitt A § 4** 13; *VHB* **Abschnitt A § 5** 17
- Hausratversicherung *VHB* **Abschnitt A § 3** 16

2257

Stichwortverzeichnis

- Wohngebäudeversicherung
  VGB **Abschnitt A** § 3 14,
  Abschnitt A § 4 13
VVG
- *siehe* Versicherungsvertragsgesetz (VVG)
**VVG-Informationspflichtenverordnung
(VVG-InfoV)**
- *siehe auch* Informationspflichten des VR
- Ermächtigungsgrundlage 7 37
- Inkrafttreten *VVG-InfoV* 7 7
- Regelungsgehalt *Einl.* 47
- Übergangsrecht *VVG-InfoV* 7 3 ff
VVG-Kommission *Einl.* 32
VVG-Reform
- *siehe* Gesetz zur Reform des Versicherungsvertragsrechts

Waffen (Jagd-, Sportwaffen)
- Hausratversicherung
  VHB **Abschnitt A** § 6 23
Waffenbesitz und -gebrauch
- Ausschlusstatbestände
  AVB PHV **A1-6.8** 5 ff
- versichertes Risiko
  AVB PHV **A1-6.8** 1 ff
Wahlrecht des VR
- Gefahrerhöhung 25 2
Währungsklausel *AVB PHV* **A1-6.14** 7
Warenbestand
- Versicherungswert 74 26
Warenklausel
- Haftpflichtversicherung *AHB* 6 4
Warteobliegenheit
- Rechtsschutzversicherung
  ARB 2010 17 14
Wartezeit
- Rechtsschutzversicherung
  ARB 2012 3.1 1
Wartezeiten
- Informationspflichten des VR
  VVG-InfoV 1 16
- Rechtsschutzversicherung
  ARB 2010 4 13
Wartezeiten, Krankenversicherung
- allgemeine Wartezeit 197 6
- Anwendungsbereich 197 3 ff
- besondere Wartezeiten 197 7
- Beweislast 197 25
- Folgen wirksamer Wartezeitvereinbarungen 197 8, 12 ff
- Karenzzeit 197 10, 13
- Klageart 197 26
- Krankenhaustagegeldversicherung
  MB/KK 3 1 f
- Krankentagegeldversicherung
  MB/KT 3 1
- Krankheitskostenversicherung
  MB/KK 3 1 f
- Normzweck 197 1

- Notlagentarif 197 5
- Pflegekrankenversicherung 197 16
- Prüfungsschritte 197 9 ff
- Rechtsfolge der Wartezeitanrechnung 197 24
- Reichweite der Wartezeitanrechnung 197 19 ff
- Übertrittsversicherungen 197 17 ff
- Voraussetzungen der Wartezeitanrechnung 197 22 f
- Zahnstaffel 197 7
Waschkeller
- Hausratversicherung
  VHB **Abschnitt A** § 6 16
Waschmaschine
- grob fahrlässige Herbeiführung des Versicherungsfalles *VGB* **Abschnitt B** § 16 4
- Schaden durch Wasseraustritt
  VGB **Abschnitt A** § 3 11
Waschmaschinenschlauch
- Hausratversicherung
  VHB **Abschnitt A** § 4 9,
  Abschnitt B § 16 6
Wasserfahrzeug, Gebrauch
- Begriff *AVB PHV* **A1-6.12** 1
- versichertes Risiko
  AVB PHV **A1-6.12** 2 ff
Wasserschaden
- Gebäudeversicherung 28 108, 81 53 f, 126
- quotale Leistungskürzung 26 11, 81 126
Wasserschlag des Motors
- Teilkasko *AKB* **A.2** 2 33
Wassersportfahrzeugkaskoversicherung
- quotale Leistungskürzung 81 125
Wasserversorgung
- Wohngebäudeversicherung
  VGB **Abschnitt A** § 3 5
Wechsel des RR
- Rechtsschutzversicherung *ARB 2012* 6 1
Wechsel des VR
- Beratungspflicht des VersVertreters 61 11
- Rechtsschutzversicherung
  ARB 2010 4a 1 ff
Wechselkennzeichen *KfzPflVV* 5 6a
- Kraftfahrtversicherung *AKB* **D.1–D.3** 6a
Weisungen des VR
- zur Schadensminderung
  ARB 2010 17 18
Weisungen des VR an VN zum Haftpflichtprozess
- Kündigungsfrist 11 9
- Kündigungsrecht 111 7
Weisungen des VR zur Schadensabwendung und -minderung
- anwendbare Vorschriften 82 21
- Aufwendungsersatzanspruch 83 19 ff

2258

- Haftpflichtversicherung *AHB 25* 4
- Recht und Pflicht zum Abweichen 82 23
- Rechtsnatur 82 21
- sachwidrige 82 22
- widersprüchliche 82 24

Weitere Elementargefahren
- Hausratversicherung
 VHB Abschnitt A § 5 8 ff
- Wohngebäudeversicherung
 VGB Abschnitt A § 4 13

Weiterfresser-Schaden *AHB* 1 33, 7 51

Werkstattbindung
- Reparatur, Kfz-Kaskoversicherung
 AKB A.2.7 1

Wertdeklaration
- Taxe 76 5

Wertermittlung
- Versicherungswert 74 8 ff

Wertsachen
- Feuerversicherung
 AFB Abschnitt A § 3 13,
 Abschnitt A § 6 5
- Hausratversicherung
 VHB Abschnitt A § 13 1 ff

Wertschutzschrank
 VHB Abschnitt A § 13 5

Wertzuschlagsklauseln
- Klauseln zur Vermeidung von Unterversicherung 75 17

Whole-of-Life-Versicherungen
- Angabe von Effektivkosten
 VVG-InfoV 2 39

Widerruf
- der außerordentlichen Kündigung des VR, Krankenversicherung 206 21
- der Einwilligung der versicherten Person zum Vertragsabschluss, Lebensversicherung 150 29
- der ordentlichen Kündigung des VN, Krankenversicherung 205 6
- der ordentlichen Kündigung des VR, Krankenversicherung 206 21
- Kündigung des VersVertrages 11 31

Widerruf des Versicherungsantrags
- Empfangsvollmacht des VersVertreters 69 25

Widerrufsbelehrung
- Muster 8 31 ff

Widerrufsfrist
- Eintritt des Versicherungsfalles bereits vor Ablauf der Widerrufsfrist und Zahlung der Erstprämie 37 16 ff
- kein Fristbeginn bei vorvertraglicher Informationspflichtverletzung 7 24

Widerrufsrecht des VN
- Antragsmodell 8 2, 15, 18, 22
- Ausnahmen 8 23 ff
- Belehrung 8 16 ff, 9 12
- erfüllte Verträge 8 28 f
- Form der Widerrufserklärung 8 9
- geschützter Personenkreis 8 2
- Großrisiken 8 27
- Informationspflichten des VR
 VVG-InfoV 1 36 ff
- Inhalt der Widerrufserklärung 8 9, 11
- Invitatiomodell 8 2, 15, 18, 22
- kurzfristige Verträge 8 23
- Muster-Widerrufsbelehrung *Einl.* 33; 8 31 ff
- Normzweck 8 1
- Pensionskassen 8 26
- Rechtsfolgen 8 6
- Rücknahme des Widerrufs 8 7
- Verhältnis zu anderen Widerrufsrechten 8 3
- verspäteter Widerruf 8 8
- Vertragsabschluss via Internet 8 30
- Vertragsänderung 8 5
- Vertragsneuabschluss 8 4
- Vertragsverlängerung 8 4
- Verwirkung 8 12
- vorläufige Deckung 8 24 f, 52 12
- Widerrufsfrist 8 12 ff
- Widerrufsfrist bei elektronischem Geschäftsverkehr 8 30

Widerrufsrecht des VN, Lebensversicherung
- Abdingbarkeit 152 32
- Anwendbarkeit des geltenden Rechts auf Altverträge (Widerspruchsfälle nach § 5a aF)? 152 28 ff
- Belehrung 152 8 f, 17 ff, 34
- Beweislast 152 33 f
- Einmalprämie 152 24
- Fälligkeit der Prämie 152 27
- Fernabsatzrichtlinie II 152 1 f
- Gewährung von Policendarlehen 152 26
- Rechtsfolgen 9 5, 17, 152 14 ff
- Richtlinie Lebensversicherungen 152 2
- Verhältnis zum Widerspruch 152 12 f
- Widerruf nach Beginn des Versicherungsschutzes 152 16
- Widerruf nach Inanspruchnahme von Leistungen des VR 152 25
- Widerruf vor Beginn des Versicherungsschutzes 152 15
- Widerrufsfrist 8 2, 10, 152 7 ff
- Zeitpunkt des Widerrufs 152 15 f, 22, 25

Widerrufsrecht des VN, Rechtsfolgen
- Anwendungsbereich 9 3
- Beendigung des VersVertrages durch Widerruf 9 2
- Beweislast 9 6
- fehlender/unvollständiger/verspäteter Hinweis 9 16 ff
- Lebensversicherung 9 5, 17
- Normzweck 9 1

2259

Stichwortverzeichnis

- Rechtsfolgen (Fallkonstellationen) 9 13 ff
- Umfang der Hinweispflicht 9 7 ff
- Wirksamkeit des VersVertrages trotz Widerrufsrechts 9 2
- Zeitpunkt der Hinweispflicht 9 10
- zusammenhängender Vertrag 9 20
- Zustimmung des VN 9 11 f

Widerrufsrecht des VR
- Widerrufsfrist *Einl.* 33

Widerspruchsrecht
- fehlerhafte Belehrung bei Vertragsabschluss im Antragsmodell 152 103 ff
- fehlerhafte Belehrung bei Vertragsabschluss im Policenmodell 152 35 ff

Widerspruchsrecht des VN
- abweichender Versicherungsschein 5 30 ff, 52 12
- Auseinanderfallen von Widerspruchsfrist und Prämienfälligkeit 33 5 f
- Datenerhebung personenbezogener Gesundheitsdaten bei Dritten 213 37 ff
- und abweichender Versicherungsschein 5 12
- Verhältnis zum Widerruf 152 12 f

Widerstandsklausel
- Haftpflichtversicherung *AHB* 6 12

Wiederauffinden des Fahrzeugs *AKB* A.2.10–A.2.13 1 ff

Wiederbeschaffungswert
- Begriff 74 11, 88 3
- Ersatzanschaffung 74 12 ff
- Hausratversicherung *VHB* Abschnitt A § 12 1
- Kfz-Kaskoversicherung *AKB* A.2.6 3

Wiedereingliederung gem. § 74 SGB V, § 28 SGB IX
- Berufsunfähigkeitsversicherung 174 6

Wiederherstellungsbeschränkungen (behördl.)
- Mehrkosten durch W. *VGB* Abschnitt A § 8 1 ff
- Versicherungswert *VGB* Abschnitt A § 10 4
- zusätzlicher Mietausfall *VGB* Abschnitt A § 9 3

Wiederherstellungsklausel
- Abdingbarkeit 93 18
- Anwendungsbereich 93 1
- Arten 93 3 ff
- Aufwand 93 7 ff
- Auslegungsregel 93 2
- Eigenleistung 93 7 f
- Kfz-Kaskoversicherung *AKB* A.2.6 6 f
- Rechtsfolgen bei Pflichtverletzung 93 17
- Sicherstellung der Wiederherstellung oder Wiederbeschaffung 93 12 ff
- Unterversicherung 93 10
- Wiederherstellung bleibt in Qualität oder Umfang hinter der versicherten Sache zurück 93 9
- Wiederherstellung und Identität 93 4 ff
- Zahlung gegenüber Hypothekengläubigern 94 1 ff

Wiederherstellungskosten
- Begriff 74 18
- von Geschäftsunterlagen, Feuerversicherung *AFB* Abschnitt A § 5 3

Wiederherstellungswert
- Begriff 88 3

Wiederkehrende Leistungen
- Verjährungsbeginn 15 5

Wildschaden
- Ausweichmanöver, Gebotenheit 90 4, 6
- Beweiserleichterungen 90 7
- Rettungskostenersatz 83 5, 13; *AKB* A.2.2 39 ff
- Vorerstreckungstheorie 90 4; *AKB* A.2.2 39 ff
- Zusammenstoß mit Haarwild, Teilkasko *AKB* A.2.2 34 ff

Wildschwein
- *siehe* Wildschaden

Wirbelsäule
- Unfallbegriff *AU3* 2 5

Wirkungsbereichsschaden
- Haftpflichtversicherung *AHB* 7 48 f

Wirtschaftlichkeitsgebot
- Krankenversicherung 192 20 ff

Wissenserklärungsvertreter
- Abgrenzung zur bloßen Schreibhilfe 28 127
- Einzelfälle (Rspr) 28 130
- Grundsätze der Wissenszurechnung 28 126 ff
- Haftpflichtversicherung *AHB* 27 5
- vorvertragliche Anzeigepflicht 20 3

Wissensvertreter
- Abgrenzung zur Empfangsvertretung 69 18, 70 3, 8
- Arzt 70 13
- Begriff 70 4
- Haftpflichtversicherung *AHB* 27 5
- Personen, die als Wissensvertreter qualifiziert werden können 70 12
- vorvertragliche Anzeigepflicht 20 3
- Wissenszurechnung 28 129 f
- Zurechnungsprinzip 69 27, 70 3 f

Wissenszurechnung
- *siehe auch* Empfangsvollmacht
- *siehe auch* Zurechnung des Verhaltens Dritter
- Abgrenzung zur bloßen Schreibhilfe 28 127
- Abgrenzung zur Repräsentanz 28 125
- Abschlussvertreter des VN 28 132
- Arzt 69 16, 70 6, 13

Stichwortverzeichnis

- Auge-und-Ohr-Rechtsprechung   19 26 ff, 69 26 ff, 70 2
- Beweislast   70 11
- Bote   28 131
- Einzelfälle (Rspr)   28 130
- Gegenstand   70 3 f
- Krankenversicherung   193 22 ff
- persönlicher Anwendungsbereich   70 5, 12
- Rechtsanwalt   28 133
- unter konzernverbundenen Unternehmen   19 52
- Wissenserklärungsvertreter   28 126 ff
- Wissensvertreter   28 129
- zurechenbares Wissen (dienstliches bzw privates Wissen)   70 10

Witterungsniederschlag
- Wohngebäudeversicherung   *VGB* **Abschnitt A § 3 13**

Wochenendhaus
- versichertes Risiko   *AVB PHV* **A1-6.3 3**

Wohnanschrift
- *siehe* Änderung von Anschrift und Name

Wohngebäudeversicherung
- *siehe auch* Gebäudeversicherung
- *siehe auch* Leitungswasser
- Abbruchgebäude, Versicherungswert   *VGB* **Abschnitt A § 10 5**
- Abgrenzung zu anderen Versicherungsbedingungen   *VGB* **Vorbem. zu VGB 1**
- Anprall oder Absturz eines Luftfahrzeugs   *VGB* **Abschnitt A § 2 12**
- Anschriftenänderung   *VGB* **Abschnitt B § 17 1**
- Antennenanlagen   *VGB* **Abschnitt A § 2 4, 6**
- Anzeigepflicht, vorvertragliche   *VGB* **Abschnitt B § 1 1**
- anzuwendendes Recht   *VGB* **Abschnitt B § 22 1**
- arglistige Täuschung   *VGB* **Abschnitt B § 16 7**
- Aufräumungs- und Abbruchkosten   *VGB* **Abschnitt A § 7 1**
- Aufschiebung der Zahlung   *VGB* **Abschnitt A § 14 5**
- Aufwendungsersatz   *VGB* **Abschnitt B § 13 1**
- Auskunftsobliegenheit   *VGB* **Abschnitt B § 8 7**
- Austrocknung   *VGB* **Abschnitt A § 4 14**
- Badewanne   *VGB* **Abschnitt A § 3 11**
- Beginn des Versicherungsschutzes   *VGB* **Abschnitt B § 2 1**
- Belege beibringen   *VGB* **Abschnitt B § 8 8**
- Beratungspflicht des VR   88 11
- Betriebs- und Nutzwärmeschäden   *VGB* **Abschnitt A § 2 16**
- Bewegungs- und Schutzkosten   *VGB* **Abschnitt A § 7 1**
- bezugsfertiges Gebäude   *VGB* **Abschnitt A § 3 18, Abschnitt A § 4 16**
- Blitzschlag   *VGB* **Abschnitt A § 2 2 ff**
- Blitzschlagspuren   *VGB* **Abschnitt A § 2 6**
- Brand   *VGB* **Abschnitt A § 2 1, Abschnitt B § 16 2 f**
- Daten/Programme   *VGB* **Abschnitt A § 5 12**
- Definitionen für versicherte und nicht versicherte Sachen   *VGB* **Abschnitt A § 5 3 ff**
- Denkmalschutz   *VGB* **Abschnitt A § 17 5**
- Einbaumöbel   *VGB* **Abschnitt A § 5 6, 11**
- elektronisch gespeicherte Daten/Programme   *VGB* **Abschnitt A § 5 12**
- Elementargefahren   *VGB* **Abschnitt A § 1 1**
- Entschädigungsberechnung   *VGB* **Abschnitt A § 13 1 ff**
- Erdbeben   *VGB* **Abschnitt A § 2 13, Abschnitt A § 3 14, Abschnitt A § 4 13**
- Erdrutsch/Erdsenkung   *VGB* **Abschnitt A § 3 14, Abschnitt A § 4 13**
- Explosion   *VGB* **Abschnitt A § 2 9 f**
- Fälligkeit der Entschädigung   *VGB* **Abschnitt A § 14 1**
- Fälligkeit der Erst- oder Einmalprämie   *VGB* **Abschnitt B § 4 1**
- Fälligkeit der Folgeprämie   *VGB* **Abschnitt B § 5 1**
- Fälligkeit der Prämie   *VGB* **Abschnitt B § 4 1, Abschnitt B § 5 1**
- Folgeschäden   *VGB* **Abschnitt A § 1 2**
- Fremdversicherung   *VGB* **Abschnitt B § 12 1**
- Frostschaden   *VGB* **Abschnitt A § 3 1 ff, Abschnitt B § 16 5**
- Fußbodenbelag   *VGB* **Abschnitt A § 5 7**
- Gebäude   *VGB* **Abschnitt A § 5 4**
- Gebäudebestandteil   *VGB* **Abschnitt A § 5 5 ff**
- Gebäudezubehör   *VGB* **Abschnitt A § 5 8 f**
- Gefahrerhöhung   *VGB* **Abschnitt A § 17 1 ff**
- Gerichtsstand   *VGB* **Abschnitt B § 21 1**
- Geschirrspülmaschine   *VGB* **Abschnitt A § 3 11**
- Gewässer, stehendes/fließendes   *VGB* **Abschnitt A § 3 13**
- Gleitende Neuwertversicherung   *VGB* **Abschnitt A § 11 1 ff**
- Gleitender Neuwert   *VGB* **Abschnitt A § 10 2**

Stichwortverzeichnis

- grob fahrlässige Herbeiführung des Versicherungsfalles
  VGB **Abschnitt B § 16 2 ff**
- Grundwasser *VGB* **Abschnitt A § 3 13, Abschnitt A § 4 14**
- Hagel *VGB* **Abschnitt A § 4 6 ff**
- Heizkessel *VGB* **Abschnitt A § 3 2, 5**
- Implosion *VGB* **Abschnitt A § 2 11**
- Innere Unruhen *VGB* **Abschnitt A § 1 3**
- Kernenergie *VGB* **Abschnitt A § 1 3**
- Klausel PK 7160 *VGB* **Abschnitt A § 2 7**
- Korrosion *VGB* **Abschnitt A § 3 3 f**
- Krieg *VGB* **Abschnitt A § 1 3**
- Kündigung nach Versicherungsfall
  VGB **Abschnitt B § 15 1**
- Kündigung von mehrjährigen Verträgen
  VGB **Abschnitt B § 2 1 f**
- Kurzschlussschaden
  VGB **Abschnitt A § 2 4**
- Ladenscheiben *VGB* **Abschnitt A § 4 16**
- Lastschriftverfahren
  VGB **Abschnitt B § 6**
- Lawine *VGB* **Abschnitt A § 4 13**
- Lawinen *VGB* **Abschnitt A § 3 14**
- leerstehendes Gebäude
  VGB **Abschnitt A § 3 18**
- Leerstehenlassen eines Gebäudes
  VGB **Abschnitt A § 17 2**
- Leistungsverweigerungsrecht des VR
  VGB **Abschnitt A § 14 5**
- Leitungswasser
  VGB **Abschnitt A § 3 1 ff, Abschnitt B § 16 4**
- mehrere Versicherer
  VGB **Abschnitt B § 11 1**
- Mehrkosten durch behördl. Wiederherstellungsbeschränkungen
  VGB **Abschnitt A § 8 1 f, Abschnitt A § 10 4**
- Mehrkosten durch Preissteigerungen
  VGB **Abschnitt A § 8 1 3, Abschnitt A § 10 4; f**
- Mehrwertsteuer
  VGB **Abschnitt A § 13 8**
- Mietausfall *VGB* **Abschnitt A § 9 1 ff**
- Mietwert *VGB* **Abschnitt A § 9 1 ff**
- Nässeschaden *VGB* **Abschnitt A § 3 7 ff**
- Naturgefahren *VGB* **Abschnitt A § 4 1**
- Neuwertanteil *VGB* **Abschnitt A § 13 9**
- Neuwertversicherung
  VGB **Abschnitt A § 10 1**
- Obliegenheiten
  VGB **Abschnitt A § 16 1 ff**
- Obliegenheiten des VN
  VGB **Abschnitt B § 8 1 ff**
- Photovoltaikanlagen
  VGB **Abschnitt A § 5 10**
- Regenwasser aus Fallrohren
  VGB **Abschnitt A § 3 11**
- Regiekosten *VGB* **Abschnitt A § 13 4**

- Repräsentantenhaftung
  VGB **Abschnitt B § 19 1**
- Risikoausschluss
  VGB **Abschnitt A § 1 3, Abschnitt A § 2 13 ff**
- Rohbauten *VGB* **Abschnitt A § 3 18**
- Rohrbruch *VGB* **Abschnitt A § 3 3, Abschnitt B § 16 5**
- Rückstau *VGB* **Abschnitt A § 4 13**
- Rückzahlung des Neuwertanteils
  VGB **Abschnitt A § 14 2**
- Sabotageakte *VGB* **Abschnitt A § 1 3**
- Sachverständigenverfahren
  VGB **Abschnitt A § 15 1 ff**
- Schäden an Verbrennungskraftmaschinen und Schaltorganen
  VGB **Abschnitt A § 2 15**
- Schadenbild unverändert lassen
  VGB **Abschnitt B § 8 6**
- Schadensanzeige *VGB* **Abschnitt B § 8 4**
- Schaufensterscheiben
  VGB **Abschnitt A § 4 16**
- Schneedruck *VGB* **Abschnitt A § 4 13**
- Schönheitsschäden
  VGB **Abschnitt A § 13 5**
- Schwamm *VGB* **Abschnitt A § 3 12**
- Sengschäden *VGB* **Abschnitt A § 2 14**
- Sicherheitsvorschriften
  VGB **Abschnitt A § 15 1 ff, Abschnitt B § 8 1**
- Sturm *VGB* **Abschnitt A § 4 2 ff, 6 ff**
- Sturmflut *VGB* **Abschnitt A § 4 14**
- Tapete *VGB* **Abschnitt A § 5 7**
- Technologiefortschritt
  VGB **Abschnitt A § 10 3**
- Terroranschlag *VGB* **Abschnitt A § 1 3**
- Totalschaden *VGB* **Abschnitt A § 13 9**
- Trockenheit *VGB* **Abschnitt A § 4 14**
- Übergang von Ersatzansprüchen
  VGB **Abschnitt B § 14 1**
- Überschwemmung
  VGB **Abschnitt A § 3 13, Abschnitt A § 4 13**
- Überspannung durch Blitz
  VGB **Abschnitt A § 2 8**
- Überspannungsschäden
  VGB **Abschnitt A § 2 4**
- Überstromschaden
  VGB **Abschnitt A § 2 4**
- Überversicherung
  VGB **Abschnitt B § 10 1**
- Unterversicherungsverzicht
  VGB **Abschnitt A § 11 5 f**
- Veräußerung der versicherten Sache
  VGB **Abschnitt A § 18 1**
- Verjährung *VGB* **Abschnitt B § 20 1**
- versicherte Gefahren
  VGB **Abschnitt A § 1 1**
- versicherte Kosten
  VGB **Abschnitt A § 7 1 f**

Stichwortverzeichnis

- versicherte Sachen
  VGB **Abschnitt A** § 2 1 ff,
  Abschnitt A § 5 1
- versicherte Schäden
  VGB **Abschnitt A** § 1 2
- Versicherungsfall
  VGB **Abschnitt A** § 1 1 f
- Versicherungssumme
  VGB **Abschnitt A** § 10 6
- Versicherungsumfang
  VGB **Abschnitt A** § 5 1
- Versicherungswert
  VGB **Abschnitt A** § 10 1 ff
- Vertragsdauer *VGB* **Abschnitt B** § 2 1
- Verzinsung *VGB* **Abschnitt A** § 14 3
- Verzug bei Folgeprämie
  VGB **Abschnitt B** § 5 1
- VGB 2008 – Wert 1914
  VGB **Vorbem.** zu VGB 2
- VGB 2008 – Wohnflächenmodell
  VGB **Vorbem.** zu VGB 2
- VGB 2010 und Änderungen ggü.
  VGB 2008 *VGB* **Vorbem.** zu VGB 3
- Vollmacht des Versicherungsvertreters
  VGB **Abschnitt B** § 18 1
- vorsätzliche Herbeiführung des Versicherungsfalles *VGB* **Abschnitt B** § 16 1
- Vulkanausbruch
  VGB **Abschnitt A** § 4 13
- Waschmaschine
  VGB **Abschnitt A** § 3 11
- Wasserversorgung
  VGB **Abschnitt A** § 3 5
- weitere Elementargefahren
  VGB **Abschnitt A** § 4 13
- Witterungsniederschlag
  VGB **Abschnitt A** § 3 13
- Wohnungs- und Teileigentum
  VGB **Abschnitt A** § 6 1 ff

Wohnung
- Einbruchdiebstahl 26 12, 81 55 ff, 128

Wohnungs- und Grundstücks-Rechtsschutz
- Leistungsart *ARB 2010* 2 9 f
- Objektwechsel *ARB 2010* 12 3
- Rechtsschutz für Eigentümer und Mieter von Wohnungen und Grundstücken *ARB 2010* 29 1 ff
- Vertragsformen (versicherter Lebensbereich) *ARB 2012* 2 1, 2.1.1 9

Wohnungs- und Teileigentum
- Wohngebäudeversicherung
  VGB **Abschnitt A** § 6 1 ff

Wohnungseigentümergemeinschaft
- Fremdversicherung 43 14 f

Wohnungsinhaberrisiko
- Bauherrenrisiko *AVB PHV* **A1-6.3** 10 ff
- Haftung als früherer Besitzer
  AVB PHV **A1-6.3** 13
- Verletzung von Verkehrssicherungspflichten *AVB PHV* **A1-6.3** 7

- Vermietung *AVB PHV* **A1-6.3** 8 f
- versichertes Risiko
  AVB PHV **A1-6.3** 1 ff

Wohnungswechsel
- Hausratversicherung
  VHB **Abschnitt A** § 11 1 ff
- Unterversicherung
  VHB **Abschnitt A** § 9 8

Yacht-Kaskoversicherung 130 15

Zahlung gegenüber Hypothekengläubigern 94 1 ff

Zahlungsanspruch
- des VN gegen Haftpflichtversicherer 100 2

Zahlungsaufforderung durch VR
- Fälligkeit der Prämie 33 7

Zahlungsperiode
- Kraftfahrtversicherung *AKB* C.4 1

Zahlungssicherung
- Geldempfangsvollmacht 64 1, 69 48 f

Zahlungsverzug bei Erstprämie
- *siehe auch* Erstprämie
- Abdingbarkeit 37 28
- Anwendungsbereich 37 2
- Aufrechnung und Verrechnung durch VN 37 11
- Belehrungspflicht des VR 37 19 ff
- Eintritt des Versicherungsfalles bereits vor Ablauf der Widerrufsfrist und Zahlung der Prämie 37 16 ff
- Erkrankung des VN 37 13
- geringfügiger Zahlungsrückstand 37 10
- Haftpflichtversicherung *AHB* 9 1
- Kraftfahrtversicherung *AKB* C.1 1 ff
- Leistungsfreiheit des VR, Ausschluss 37 24 ff
- Leistungsfreiheit des VR, Voraussetzungen 37 14 ff
- Nachweise des Zugangs der ordnungsgemäßen Zahlungsaufforderung 37 9
- nicht rechtzeitige Zahlung 37 6 ff
- Normzweck 37 1
- Ortsabwesenheit des VN 37 13
- praktische Hinweise 37 29
- Produktinformationsblatt
  VVG-InfoV 4 17
- Rücktritt des VR 37 12 ff
- Sicherungsschein 37 25
- Teilleistungen des VN 37 10
- Tilgungsbestimmung 37 11
- Verschulden des VN 37 13, 16 ff
- Verzicht des VR auf Leistungsfreiheit 37 24
- vorläufige Deckung 37 26

Zahlungsverzug bei Folgeprämie
- *siehe auch* Folgeprämie
- *siehe auch* Mahnschreiben bei Zahlungsverzug bei Folgeprämie

Stichwortverzeichnis

- fehlender Nachweis des Zugangs   38 17
- Fortsetzungsanspruch des VN bei Kündigung durch VR, Krankenversicherung   206 10 ff
- Gebäudefeuerversicherung   143 3
- geringfügiger Zahlungsrückstand   38 19
- Haftpflichtversicherung   *AHB* 10 1
- Krankheitskostenversicherung   193 67 ff, 194 6 ff
- Kündigung des VR   38 24 ff; *AKB* C.2 4
- Leistungsfreiheit des VR   38 18 ff
- Leistungsfreiheit des VR, Ausschluss   38 20 ff
- Mahnschreiben   38 5 ff
- nicht rechtzeitige Zahlung   38 2 ff
- ordnungsgemäße Fristsetzung   38 3 f
- praktische Hinweise   38 28
- Produktinformationsblatt   *VVG-InfoV* 4 17
- Ruhensvereinbarung   38 23
- Stundung   38 22
- Verschulden des VN   38 18
- Versicherung im Basistarif   193 67 ff
- Verzicht des VR auf Leistungsfreiheit   38 20 f

Zahlungsverzug mit Prämie, vorläufige Deckung
- Beendigung des Vertrages   52 5
- Belehrung   52 6 ff
- erweiterte Einlösungsklausel   52 5
- Rücktrittsrecht des VR   51 3

Zahnbehandlung
- Krankenversicherung   *MB/KK* 1 18

Zahnersatz/Zahnbehandlung
- Umfang der Versicherungspflicht in der Krankheitskostenversicherung   193 30

Zahnstaffel   197 7

Zeitwert
- Abzug „neu für alt"   88 5
- Begriff   74 16, 88 5
- Feuerversicherung   *AFB* Abschnitt A § 7 7
- Sachversicherung   88 2, 5

Zeitwertschaden
- Regressfähigkeit iRd Forderungsübergangs   86 56

Zelt
- Feuerversicherung   *AFB* Abschnitt A § 3 13

Zentralruf der Autoversicherer   *PflVG* 8a 1 f

Zerrung/Zerreißen
- Bänder/Kapseln/Muskeln/Sehnen, Unfallbegriff   *AUB* 1 6

Zerstörtes Gebäude
- Neuwertversicherung   88 6

Zerstörung
- Kfz-Kaskoversicherung   *AKB* A.2.6 1 ff

Zeugenauslagen
- Kostenübernahme durch Rechtsschutzversicherung   *ARB 2010* 5 13

Zeugnisverweigerungsrecht
- keine Rechtfertigung iRv Obliegenheitsverletzung   28 79

Zigarette/Rauchen
- Brandschaden, grobe Fahrlässigkeit/Herbeiführung des Versicherungsfalles   81 49, 127

Zillmerung   *Einl.* 8

Zillmerverfahren
- Rückkaufswert   169 29 ff, 83, 86

Zinspflicht
- Entschädigung   91 1 ff

Zinssatz
- für Modellrechnung   *VVG-InfoV* 2 46 ff

Zu- und Ableitungsrohre der Wasserversorgung
- Rohrbruch   *VGB* Abschnitt A § 3 5 f

Zurechnung des Verhaltens Dritter
- *siehe auch* Wissenszurechnung
- Abschlussvertreter des VN   28 132
- Anfechtung wegen arglistiger Täuschung   22 9 f
- Anwaltsverschulden   *ARB 2010* 17 19; *ARB 2012* 4.1 8
- Arglist   20 2
- Arglist, Fremdversicherung   47 12 ff
- Besatzungsverschulden in der Transportversicherung   137 6 f
- Bote   28 131
- Fremdversicherung   28 112, 47 1 ff
- Haftpflichtversicherung   103 9; *AHB* 7 14
- Herbeiführung des Versicherungsfalles   81 67 ff
- in der kombinierten Eigen- und Fremdversicherung   47 7 ff
- Kausalität   47 10 f
- Kfz-Haftpflichtversicherung   28 111, 81 76
- Kfz-Kaskoversicherung   28 111, 81 70 ff
- Krankenversicherung   193 22 ff
- Rechtsanwalt   28 133; *ARB 2010* 17 19; *ARB 2012* 4.1 8
- Repräsentantenhaftung   28 109, 113 ff
- Wissenszurechnung   28 125 ff
- Zurechnung unter mehreren versicherten Personen   28 110 ff, 81 82

Zurechnungsunfähigkeit
- *siehe* Unzurechnungsfähigkeit

Zurückbehaltungsrecht des VN
- Fremdversicherung und Versicherungsschein   46 6

Zusammenhängender Vertrag
- Widerrufsrecht des VN   9 20

Stichwortverzeichnis

Zusatztarif
- Anspruch auf Vereinbarung eines Zusatztarifs beim Wechsel in den Basistarif **204** 65 f

Zusatzversicherung
- Anrechnung von Wartezeiten **197** 20
- Gesamtpreis der Versicherung *VVG-InfoV* **1** 19
- Kostenausweis *VVG-InfoV* **2** 11
- Prämie *VVG-InfoV* **1** 19
- Produktinformationsblatt *VVG-InfoV* **4** 34
- Ruhen von Z. zum Basistarif **193** 85 f

Zuständige Stelle
- Anzeige des VR über Nichtbestehen bzw Beendigung des VersVertrages, Pflichtversicherung **117** 6 ff

Zuständiges Gericht
- *siehe* Gerichtsstand

Zuzahlung
- Kostenausweis *VVG-InfoV* **2** 9

Zwangsversteigerung
- Eigentumsübergang **99** 2
- Veräußerung der versicherten Sache **95** 4

Zwangsverwalter
- Haftpflichtversicherung *AHB* **7** 31
- Privathaftpflichtversicherung *AVB PHV* **A1-6.3** 14

Zwangsverwaltung
- Eigentumsübergang **99** 2

Zwangsvollstreckung
- Eintrittsrecht des Bezugsberechtigten bei Arrest, Zwangsvollstreckung oder Insolvenz des VN **170** 1 ff
- Fortsetzung des Versicherungsverhältnisses **207** 44
- Kostenübernahme durch Rechtsschutzversicherung *ARB 2010* **5** 36 ff

Zweitschlüssel
- Verwahrung im Kfz, Gefahrerhöhung **23** 35, **26** 13